Steuergesetze
Gebundene Ausgabe

STEUERGESETZE

Einkommen- und Lohnsteuer, Körperschaftsteuer,
Umwandlungssteuer, Bewertung, Erbschaftsteuer, Realsteuern,
Umsatzsteuer, sonstige Verkehrsteuern, Förderungsgesetze,
Abgabenordnung, Finanzverwaltungsvorschriften

Textsammlung
mit Verweisungen und Sachverzeichnis

Gebundene Ausgabe 2016
Stand: März 2016

C.H.BECK

Redaktioneller Hinweis: Paragraphenüberschriften in eckigen Klammern sind nichtamtlich. Sie sind ebenso wie die Fußnoten urheber- und wettbewerbsrechtlich geschützt.

www.beck.de

ISBN 978 3 406 69299 4

Wilhelmstraße 9, 80801 München
Druck: Druckerei C. H. Beck Nördlingen
(Adresse wie Verlag)

Gedruckt auf säurefreiem, alterungsbeständigem Papier
(hergestellt aus chlorfrei gebleichtem Zellstoff)

Geleitwort

Zur 185. Ergänzungslieferung März 2016

Mit der vorliegenden **185. Ergänzungslieferung** wird Ihre rote **Loseblatt-Textausgabe Steuergesetze** für die Texte auf den **Rechtsstand 1. 4. 2016** gebracht. Berücksichtigt sind folgende **Änderungsgesetze:**

- Gesetz zur Umsetzung der EU-Mobilitäts-Richtlinie vom 21. 12. 2015 (BGBl. I S. 2553). Die Änderungen gelten erst ab 2018 und wurden mit der EL 184 angekündigt.
- Gesetz zur Änderung des Einkommensteuergesetzes und zur Erhöhung des Lohnsteuereinbehalts in der Seeschifffahrt vom 24. 2. 2016 (BGBl. I S. 310).

Außerdem erfolgte eine Berichtigung des Gesetzes zur Änderung des Prozesskostenhilfe- und Beratungshilferechts vom 31. 8. 2013 (BGBl. I S. 3533, ber. BGBl. I 2016 S. 121).

Neu aufgenommen wird das Finanzkonten-Informationsaustauschgesetz – **FKAustG** unter der Nr. **806.**

Das **Sachverzeichnis** wurde auf den neuesten Stand gebracht, so dass alle Änderungsgesetze seit der Ergänzungslieferung 180 nun enthalten sind.

Fragen, Anregungen und Kritik werden gerne unter steuerrecht@beck.de entgegengenommen.

München, im März 2016 Verlag C. H.BECK

Vorwort

Die Textsammlung „Steuergesetze" enthält alle für die tägliche Beratung notwendigen Steuergesetze und Durchführungsverordnungen zum materiellen und formellen Steuerrecht, außerdem die wichtigsten EU-Richtlinien sowie die berufsrechtlichen Gesetze für Steuerberater und Wirtschaftsprüfer. Die Sammlung enthält auch die jeweils geltenden Einkommensteuer-Grundtabellen und -Splittingtabellen sowie die allgemeinen Jahreslohnsteuer- und Monatslohnsteuertabellen; zusätzlich beigegeben ist eine CD-ROM mit dem Berechnungsprogramm zur Lohn- und Einkommensteuer einschließlich Sozialversicherungsberechnung.

Mit Hilfe redaktioneller Textsynopsen, Klammerzusätzen sowie Fußnotenhinweisen werden die verschiedenen veranlagungsbezogenen Textfassungen benutzerfreundlich wiedergegeben.

Die Schnellübersicht, die auf dem Vorsatz (Buchdeckelinnenseite vorne) abgedruckt ist, ermöglicht ein erstes rasches Auffinden der einzelnen Gesetze der Textsammlung. Detaillierte Inhaltsverzeichnisse, geordnet nach Systematik und nach Alphabet dienen dem genaueren Überblick über die enthaltenen Gesetze. Zur leichteren Unterrichtung über Aufbau und Gliederung der einzelnen Gesetze wurde ihnen eine Inhaltsübersicht vorangestellt. Soweit der Gesetzgeber Paragraphen nicht mit Überschriften versehen hat, sind diese vom Verlag in eckigen Klammern eingefügt worden. Die nichtamtliche Satznummerierung soll dem Benutzer der Sammlung das Auffinden von Gesetzesstellen erleichtern.

Hinweise, Wünsche und Anregungen sind stets willkommen unter steuerrecht@beck.de.

München, im April 2016 VERLAG C. H. BECK

Inhaltsübersicht

Systematisches Inhaltsverzeichnis[1)]

Einkommensteuer, Lohnsteuer

Körperschaftsteuer

/

---

1) Ein nach Stichworten alphabetisch geordnetes Inhaltsverzeichnis siehe S. 9 ff.

Bewertung, Vermögen- und Erbschaftsteuer

Realsteuergesetze

Umsatzsteuer

Sonstige Verkehrsteuern

Steuerliche Förderungsgesetze

Abgabenordnung, Finanzverwaltungsvorschriften

Steuerberatungsgesetz, Wirtschaftsprüferordnung

Tabellenanhang

Sachverzeichnis

Alphabetisches Inhaltsverzeichnis

Inhalt alphabetisch

Inhalt alphabetisch

Abkürzungen

ABl.	Amtsblatt
Abs.	Absatz
ÄndG	Änderungsgesetz
aF	alte Fassung
AfA	Absetzung für Abnutzung
Amtl. Anm.	Amtliche Anmerkung
angef.	angefügt
AO	Abgabenordnung
Art.	Artikel
AStG	Außensteuergesetz
aufgeh.	aufgehoben
AuslInvestmG	Gesetz über den Vertrieb ausländischer Investmentanteile und über die Besteuerung der Erträge aus ausländischen Investmentanteilen
AuslInvG	Gesetz über steuerliche Maßnahmen bei Auslandsinvestitionen der deutschen Wirtschaft
BAnz.	Bundesanzeiger
BayRS	Bayerische Rechtssammlung
BdF	Bundesminister der Finanzen
BEEG	Bundeselterngeld- und Elternzeitgesetz
Bek.	Bekanntmachung
ber.	berichtigt
BergPDV	Verordnung zur Durchführung des Gesetzes über Bergmannsprämien
BergPG	Gesetz über Bergmannsprämien
BerlinFG	Gesetz zur Förderung der Berliner Wirtschaft
BErzGG	Bundeserziehungsgeldgesetz
BetrAVG	Gesetz zur Verbesserung der betrieblichen Altersversorgung
BetrKV	Betriebskostenverordnung
BewÄndG	Bewertungsänderungsgesetz
BewDV	Durchführungsverordnung zum Bewertungsgesetz
BewG	Bewertungsgesetz
BFH	Bundesfinanzhof
BGBl.	Bundesgesetzblatt
BGBl. III	Bereinigte Sammlung des Bundesrechts, abgeschlossen am 31. 12. 1968 (in Nachweisform fortgeführt in FNA)
bish.	bisher, bisherig
BKGG	Bundeskindergeldgesetz
BMF	Bundesminister der Finanzen
BodSchätzDB	Durchführungsbestimmungen zum Bodenschätzungsgesetz

BodSchätzG	Bodenschätzungsgesetz
BodSchätzOffVO	Verordnung über die Offenlegung der Ergebnisse der Bodenschätzung
BStBl.	Bundessteuerblatt
BV	II. Berechnungsverordnung
BVerfG	Bundesverfassungsgericht
DB	Durchführungs-Bestimmungen
DDR-IG	DDR-Investitionsgesetz
DV/DVO	Durchführungs-Verordnung
DVLStHV	Verordnung zur Durchführung der Vorschriften über Lohnsteuerhilfevereine
DVStB	Verordnung zur Durchführung der Vorschriften über Steuerberater, Steuerbevollmächtigte und Steuerberatungsgesellschaften
ECU	European Currency Unit (Währungseinheit des Europäischen Währungssystems)
EG	Europäische Gemeinschaft
EGAHiG	EG-Amtshilfe-Gesetz
EGAO	Einführungsgesetz zur Abgabenordnung
EigZulG	Eigenheimzulagengesetz
eingef.	eingefügt
EL	Ergänzungslieferung
EntwLStG	Gesetz über steuerliche Maßnahmen zur Förderung von privaten Kapitalanlagen in Entwicklungsländern
ErbStDV	Durchführungsverordnung zum Erbschaftsteuergesetz
ErbStG	Erbschaftsteuergesetz
ErbStRG	Gesetz zur Reform des Erbschaftsteuer- und Schenkungsteuerrechts
Erl.	Erlass
EStDV	Einkommensteuer-Durchführungsverordnung
EStG	Einkommensteuergesetz
EStR	Einkommensteuer-Richtlinien
EU	Europäische Union
EUBeitrG	EU-Beitreibungsgesetz
EuGH	Europäischer Gerichtshof
EUStBV	Einfuhrumsatzsteuer-Befreiungsverordnung
EWS	Europäisches Währungssystem
EZ	Erhebungszeitraum
FA	Finanzamt
FAG	Finanzausgleichsgesetz
FeuerSchStG	Feuerschutzsteuergesetz
FG	Finanzgericht
FGO	Finanzgerichtsordnung
FM	Finanzminister(-ministerium)
FNA	Bundesgesetzblatt Teil I, Fundstellennachweis A (Bundesrecht ohne völkerrechtliche Vereinbarungen)
FördergebietsG	Gesetz über Sonderabschreibungen und Abzugsbeträge im Fördergebiet

FVG	Gesetz über die Finanzverwaltung
FVerlV	Funktionsverlagerungsverordnung
FzgLiefgMeldV	Fahrzeuglieferungs-Meldepflichtverordnung
G	Gesetz
GAufzV	Gewinnabgrenzungsaufzeichnungsverordnung
GBl.	Gesetzblatt
geänd.	geändert
GewStDV	Durchführungsverordnung zum Gewerbesteuergesetz
GewStG	Gewerbesteuergesetz
GrEStG	Grunderwerbsteuergesetz
GrStG	Grundsteuergesetz
GVBl.	Gesetz- und Verordnungsblatt
GV. NW.	Gesetz- und Verordnungsblatt Nordrhein-Westfalen
GVOBl.	Gesetz- und Verordnungsblatt Schleswig-Holstein
HGB	Handelsgesetzbuch
idF	in der Fassung
InvStG	Investmentsteuergesetz
InvZulG	Investitionszulagengesetz
KAGG	Gesetz über Kapitalanlagegesellschaften
KBV	Kleinbetragsverordnung
Kj	Kalenderjahr
KraftStDV	Durchführungsverordnung zum Kraftfahrzeugsteuergesetz
KraftStG	Kraftfahrzeugsteuergesetz
KStDV	Verordnung zur Durchführung des Körperschaftsteuergesetzes
KStG	Körperschaftsteuergesetz
LStDV	Lohnsteuer-Durchführungsverordnung
LStR	Lohnsteuerrichtlinien
MaßstG	Maßstäbegesetz
MinBlFin.	Ministerialblatt des Bundesministeriums der Finanzen
MV	Mitteilungsverordnung
MWStSystRL	Mehrwertsteuer-Systemrichtlinie
mWv	mit Wirkung vom
neu gef.	neu gefasst
nF	neue Fassung
Nr., Nrn.	Nummer, Nummern
OFD	Oberfinanzdirektion
Rdvfg.	Rundverfügung
REITG	REIT-Gesetz
RennwLottAB	Ausführungsbestimmungen zum Rennwett- und Lotteriegesetz
RennwLottG	Rennwett- und Lotteriegesetz
RennwLottGZuStV	Verordnung über die örtliche Zuständigkeit des Rennwett- und Lotteriegesetzes
RL	Richtlinie
S.	Seite

Abkürzungen

SachBezV .... Verordnung über den Wert der Sachbezüge in der Sozialversicherung
SaDV .... Sammelantrags-Datenträger-Verordnung
SolzG .... Solidaritätszuschlaggesetz 1995
StADV .... Steueranmeldungs-Datenträger-Verordnung
StAnz .... Staatsanzeiger
StAuskV .... Steuer-Auskunftsverordnung
StBerG .... Steuerberatungsgesetz
StBVV .... Steuerberatervergütungsverordnung
StDAV .... Steuerdaten-Abrufverordnung
StDÜV .... Steuerdaten-Übermittlungsverordnung
SteuerHBekV .... Steuerhinterziehungsbekämpfungsverordnung
StIdV .... Steueridentifikationsnummerverordnung
StuZBl. .... Steuer- und Zollblatt
SvEV .... Sozialversicherungsentgeltverordnung
UmwStG .... Gesetz über steuerliche Maßnahmen bei Änderung der Unternehmensform
UStDV .... Umsatzsteuer-Durchführungsverordnung
UStErstV .... Umsatzsteuererstattungsverordnung
UStG .... Umsatzsteuergesetz
UStZustV .... Umsatzsteuerzuständigkeitsverordnung
v. .... vom
VE .... Vieheinheit
VermBDV .... Verordnung zur Durchführung des Vermögensbildungsgesetzes
VermBG .... Gesetz zur Vermögensbildung der Arbeitnehmer
VersStDV .... Durchführungsverordnung zum Versicherungsteuergesetz
VersStG .... Versicherungsteuergesetz
Vfg. .... Verfügung
V, VO .... Verordnung
VStG .... Vermögensteuergesetz
VStRG .... Gesetz zur Reform des Vermögensteuerrechts und zur Änderung anderer Steuergesetze
VwZG .... Verwaltungszustellungsgesetz
VZ .... Veranlagungszeitraum
WoBauG .... Wohnungsbaugesetz
WoFlV .... Wohnflächenverordnung
WoPDV .... Verordnung zur Durchführung des Wohnungsbau-Prämiengesetzes
WoPG .... Wohnungsbau-Prämiengesetz
WPO .... Wirtschaftsprüferordnung
ZerlG .... Zerlegungsgesetz
ZIV .... Zinsinformationsverordnung
ZMDV .... Datenträger-Verordnung über die Abgabe Zusammenfassender Meldungen
ZPO .... Zivilprozessordnung

1. Einkommensteuergesetz (EStG)[1]

In der Fassung der Bekanntmachung vom 8. Oktober 2009
(BGBl. I S. 3366, ber. I 2009 S. 3862)

Geändert durch Wachstumsbeschleunigungsgesetz vom 22. 12. 2009 (BGBl. I S. 3950), Gesetz zur Umsetzung steuerlicher EU-Vorgaben sowie zur Änderung steuerlicher Vorschriften vom 8. 4. 2010 (BGBl. I S. 386), Jahressteuergesetz 2010 (JStG 2010) vom 8. 12. 2010 (BGBl. I S. 1768), Restrukturierungsgesetz vom 9. 12. 2010 (BGBl. I S. 1900), Gesetz zur bestätigenden Regelung verschiedener steuerlicher und verkehrsrechtlicher Vorschriften des Haushaltsbegleitgesetzes 2004 vom 5. 4. 2011 (BGBl. I S. 554), Gesetz zur Umsetzung der Richtlinie 2009/65/EG zur Koordinierung der Rechts- und Verwaltungsvorschriften betreffend bestimmte Organismen für gemeinsame Anlagen in Wertpapieren (OGAW-IV-UmsG) vom 22. 6. 2011 (BGBl. I S. 1126), Steuervereinfachungsgesetz 2011 vom 1. 11. 2011 (BGBl. I S. 2131), Beitreibungsrichtlinie-Umsetzungsgesetz (BeitrRLUmsG) vom 7. 12. 2011 (BGBl. I S. 2592), Gesetz zur Verbesserung der Eingliederungschancen am Arbeitsmarkt vom 20. 12. 2011 (BGBl. I S. 2854), Gesetz zur Neuordnung der Organisation der landwirtschaftlichen Sozialversicherung vom 12. 4. 2012 (BGBl. I S. 579), Gesetz zur Änderung des Gemeindefinanzreformgesetzes und von steuerlichen Vorschriften vom 8. 5. 2012 (BGBl. I S. 1030), Gesetz zum Abbau der kalten Progression vom 20. 2. 2013 (BGBl. I S. 283), Gesetz zur Änderung und Vereinfachung der Unternehmensbesteuerung und des steuerlichen Reisekostenrechts vom 20. 2. 2013 (BGBl. I S. 285), Gesetz zur Stärkung des Ehrenamtes (Ehrenamtsstärkungsgesetz) vom 21. 3. 2013 (BGBl. I S. 556), Gesetz zur Fortentwicklung des Meldewesens (MeldFortG) vom 3. 5. 2013 (BGBl. I S. 1084; geänd. BGBl. I 2014 S. 1738), Altersvorsorge-Verbesserungsgesetz (AltvVerbG) vom 24. 6. 2013 (BGBl. I S. 1667), Amtshilferichtlinie-Umsetzungsgesetz (AmtshilfeRLUmsG) vom 26. 6. 2013 (BGBl. I S. 1809), Gesetz zur Änderung des Einkommensteuergesetzes in Umsetzung der Entscheidung des Bundesverfassungsgerichts vom 7. Mai 2013 vom 15. 7. 2013 (BGBl. I 2013 S. 2397), Gesetz zur Anpassung des Investmentsteuergesetzes und anderer Gesetze an das AIFM-Umsetzungsgesetz (AIFM-Steuer-Anpassungsgesetz – AIFM-StAnpG) vom 18. 12. 2013 (BGBl. I S. 4318), Gesetz zur Anpassung steuerlicher Regelungen an die Rechtsprechung des Bundesverfassungsgerichts vom 18. 7. 2014 (BGBl. I S. 1042), Gesetz zur Anpassung des nationalen Steuerrechts an den Beitritt Kroatiens zur EU und zur Änderung weiterer steuerlicher Vorschriften vom 25. 7. 2014 (BGBl. I S. 1266), Gesetz zur Änderung des Freizügigkeitsgesetzes/EU und weiterer Vorschriften vom 2. 12. 2014 (BGBl. I S. 1922), Gesetz zur Anpassung der Abgabenordnung an den Zollkodex der Union und zur Änderung weiterer steuerlicher Vorschriften vom 22. 12. 2014 (BGBl. I S. 2417), Gesetz zur Modernisierung der Finanzaufsicht über Versicherungen vom 1. 4. 2015 (BGBl. I S. 434; ber. BGBl. I S. 1834), Gesetz zur Neuregelung der Unterhaltssicherung sowie zur Änderung soldatenrechtlicher Vorschriften vom 29. 6. 2015 (BGBl. I S. 1061), Gesetz zur Anhebung des Grundfreibetrags, des Kinderfreibetrags, des Kindergeldes und des Kinderzuschlags vom 16. 7. 2015 (BGBl. I S. 1202), Gesetz zur Entlastung der mittelständischen Wirtschaft von Bürokratie (Bürokratieentlastungsgesetz) vom 28. 7. 2015 (BGBl. I S. 1400), Zehnte Zuständigkeitsanpassungsverordnung vom 31. 8. 2015 (BGBl. I S. 1474), Steueränderungsgesetz 2015 vom 2. 11. 2015 (BGBl. I S. 1834), Gesetz zur Umsetzung der EU-Mobilitäts-Richtlinie vom 21. 12. 2015 (BGBl. I S. 2553) und Gesetz zur Änderung des Einkommensteuergesetzes zur Erhöhung des Lohnsteuereinbehalts in der Seeschifffahrt vom 24. 2. 2016 (BGBl. I S. 310)[2]

---

[1] Neubekanntmachung des EStG idF der Bek. v. 19. 10. 2002 (BGBl. I S. 4210; 2003 I S. 179) auf Grund § 51 Abs. 4 Nr. 2 EStG 1997 in der ab 1. 9. 2009 geltenden Fassung.

[2] Zum Inkrafttreten siehe Art. 2 des Gesetzes: Dieses Gesetz tritt an dem Tag in Kraft, an dem die Europäische Kommission die nach den Leitlinien der Gemeinschaft für staatliche

(Fortsetzung Fußnote nächste Seite)

BGBl. III/FNA 611-1

Inhaltsübersicht[1)]

(Fortsetzung der Fußnote)

Beihilfen im Seeverkehr (ABl. C 13 vom 17. 1. 2004, S. 3) erforderliche beihilferechtliche Genehmigung erteilt. Der Zeitpunkt der Genehmigung sowie der Tag des Inkrafttretens sind vom Bundesministerium der Finanzen im Bundesgesetzblatt gesondert bekannt zu machen.

[1)] Zum Teil nicht amtlich.

(Fortsetzung nächstes Blatt)

§§

4. Überschuss der Einnahmen über die Werbungskosten

4 a. Umsatzsteuerrechtlicher Vorsteuerabzug

5. Sonderausgaben

6. Vereinnahmung und Verausgabung

7. Nicht abzugsfähige Ausgaben

8. Die einzelnen Einkunftsarten

a) Land- und Forstwirtschaft (§ 2 Absatz 1 Satz 1 Nummer 1)

b) Gewerbebetrieb (§ 2 Absatz 1 Satz 1 Nummer 2)

c) Selbständige Arbeit (§ 2 Absatz 1 Satz 1 Nummer 3)

d) Nichtselbständige Arbeit (§ 2 Absatz 1 Satz 1 Nummer 4)

X. Kindergeld

XI. Altersvorsorgezulage

I. Steuerpflicht

§ 1 Steuerpflicht. (1) [1] Natürliche Personen, die im Inland einen Wohnsitz oder ihren gewöhnlichen Aufenthalt haben, sind unbeschränkt einkommensteuerpflichtig. [2] Zum Inland im Sinne dieses Gesetzes gehört auch der der Bundesrepublik Deutschland zustehende Anteil

[ab VZ 2015:][1]

1. am Festlandsockel, soweit dort Naturschätze des Meeresgrundes und des Meeresuntergrundes erforscht oder ausgebeutet werden, und
2. an der ausschließlichen Wirtschaftszone, soweit dort Energieerzeugungsanlagen errichtet oder betrieben werden, die erneuerbare Energien nutzen.

[ab VZ 2016:][2]

1. an der ausschließlichen Wirtschaftszone, soweit dort
   a) die lebenden und nicht lebenden natürlichen Ressourcen der Gewässer über dem Meeresboden, des Meeresbodens und seines Untergrunds erforscht, ausgebeutet, erhalten oder bewirtschaftet werden,
   b) andere Tätigkeiten zur wirtschaftlichen Erforschung oder Ausbeutung der ausschließlichen Wirtschaftszone ausgeübt werden, wie beispielsweise die Energieerzeugung aus Wasser, Strömung und Wind oder
   c) künstliche Inseln errichtet oder genutzt werden und Anlagen und Bauwerke für die in den Buchstaben a und b genannten Zwecke errichtet oder genutzt werden, und
2. am Festlandsockel, soweit dort
   a) dessen natürliche Ressourcen erforscht oder ausgebeutet werden; natürliche Ressourcen in

---

[1] § 1 Abs. 1 Satz 2 neu gef. mWv VZ 2015 durch G v. 25. 7. 2014 (BGBl. I S. 1266).
[2] § 1 Abs. 1 Satz 2 neu gef. mWv VZ 2016 durch G v. 2. 11. 2015 (BGBl. I S. 1834).

[ab VZ 2016:]

diesem Sinne sind die mineralischen und sonstigen nicht lebenden Ressourcen des Meeresbodens und seines Untergrunds sowie die zu den sesshaften Arten gehörenden Lebewesen, die im nutzbaren Stadium entweder unbeweglich auf oder unter dem Meeresboden verbleiben oder sich nur in ständigem körperlichen Kontakt mit dem Meeresboden oder seinem Untergrund fortbewegen können; oder

b) künstliche Inseln errichtet oder genutzt werden und Anlagen und Bauwerke für die in Buchstabe a genannten Zwecke errichtet oder genutzt werden.

(2) [1] Unbeschränkt einkommensteuerpflichtig sind auch deutsche Staatsangehörige, die

1. im Inland weder einen Wohnsitz noch ihren gewöhnlichen Aufenthalt haben und
2. zu einer inländischen juristischen Person des öffentlichen Rechts in einem Dienstverhältnis stehen und dafür Arbeitslohn aus einer inländischen öffentlichen Kasse beziehen,

sowie zu ihrem Haushalt gehörende Angehörige, die die deutsche Staatsangehörigkeit besitzen oder keine Einkünfte oder nur Einkünfte beziehen, die ausschließlich im Inland einkommensteuerpflichtig sind. [2] Dies gilt nur für natürliche Personen, die in dem Staat, in dem sie ihren Wohnsitz oder ihren gewöhnlichen Aufenthalt haben, lediglich in einem der beschränkten Einkommensteuerpflicht ähnlichen Umfang zu einer Steuer vom Einkommen herangezogen werden.

(3) [1] Auf Antrag werden auch natürliche Personen als unbeschränkt einkommensteuerpflichtig behandelt, die im Inland weder einen Wohnsitz noch ihren gewöhnlichen Aufenthalt haben, soweit sie inländische Einkünfte im Sinne des § 49 haben. [2] Dies gilt nur, wenn ihre Einkünfte im Kalenderjahr mindestens zu 90 Prozent der deutschen Einkommensteuer unterliegen oder die nicht der deutschen Einkommensteuer unterliegenden Einkünfte den Grundfreibetrag nach § 32a Absatz 1 Satz 2 Nummer 1 nicht übersteigen; dieser Betrag ist zu kürzen, soweit es nach den Verhältnissen im Wohnsitzstaat des Steuerpflichtigen notwendig und angemessen ist. [3] Inländische Einkünfte, die nach einem Abkommen zur Vermeidung der Doppelbesteuerung nur der Höhe nach beschränkt besteuert werden dürfen, gelten hierbei als nicht der deutschen Einkommensteuer unterliegend. [4] Unberücksichtigt bleiben bei der Ermittlung der

Einkünfte nach Satz 2 nicht der deutschen Einkommensteuer unterliegende Einkünfte, die im Ausland nicht besteuert werden, soweit vergleichbare Einkünfte im Inland steuerfrei sind. [5] Weitere Voraussetzung ist, dass die Höhe der nicht der deutschen Einkommensteuer unterliegenden Einkünfte durch eine Bescheinigung der zuständigen ausländischen Steuerbehörde nachgewiesen wird. [6] Der Steuerabzug nach § 50 a ist ungeachtet der Sätze 1 bis 4 vorzunehmen.

(4) Natürliche Personen, die im Inland weder einen Wohnsitz noch ihren gewöhnlichen Aufenthalt haben, sind vorbehaltlich der Absätze 2 und 3 und des § 1 a beschränkt einkommensteuerpflichtig, wenn sie inländische Einkünfte im Sinne des § 49 haben.

§ 1 a [Fiktive unbeschränkte Steuerpflicht von EU- und EWR-Familienangehörigen] (1) Für Staatsangehörige eines Mitgliedstaates der Europäischen Union oder eines Staates, auf den das Abkommen über den Europäischen Wirtschaftsraum anwendbar ist, die nach § 1 Absatz 1 unbeschränkt einkommensteuerpflichtig sind oder die nach § 1 Absatz 3 als unbeschränkt einkommensteuerpflichtig zu behandeln sind, gilt bei Anwendung von § 10 *Absatz 1 Nummer 1, 1 a und 1 b* [***ab 1. 1. 2015:*** Absatz 1 a][1)] und § 26 Absatz 1 Satz 1 Folgendes:

[Fassung bis 31. 12. 2014:]

1. Unterhaltsleistungen an den geschiedenen oder dauernd getrennt lebenden Ehegatten (§ 10 Absatz 1 Nummer 1) sind auch dann als Sonderausgaben abziehbar, wenn der Empfänger nicht unbeschränkt einkommensteuerpflichtig ist. [2] Voraussetzung ist, dass der Empfänger seinen Wohnsitz oder gewöhnlichen Aufenthalt im Hoheitsgebiet eines anderen Mitgliedstaates der Europäischen Union oder eines Staates hat, auf den das Abkommen über den Europäischen Wirtschaftsraum Anwendung findet. [3] Weitere Voraussetzung ist, dass die Besteuerung der Unterhaltszahlungen beim Empfänger durch eine Bescheinigung der zuständigen ausländischen Steuerbehörde nachgewiesen wird;

[Fassung ab 1. 1. 2015:][2)]

1. Aufwendungen im Sinne des § 10 Absatz 1 a sind auch dann als Sonderausgaben abziehbar, wenn der Empfänger der Leistung oder Zahlung nicht unbeschränkt einkommensteuerpflichtig ist. [2] Voraussetzung ist, dass
   a) der Empfänger seinen Wohnsitz oder gewöhnlichen Aufenthalt im Hoheitsgebiet eines anderen Mitgliedstaates der Europäischen Union oder eines Staates hat, auf den das Abkommen über den Europäischen Wirtschaftsraum Anwendung findet und
   b) die Besteuerung der nach § 10 Absatz 1 a zu berücksichtigenden Leistung oder Zahlung beim Empfänger durch eine Bescheinigung der zuständigen ausländischen Steuerbehörde nachgewiesen wird;

---

1) Verweis geänd. mWv 1. 1. 2015 durch G v. 22. 12. 2014 (BGBl. I S. 2417); zur Anwendung von § 10 Abs. 1 a siehe § 52 Abs. 18 Sätze 1 und 2.

2) § 1 a Abs. 1 Nr. 1 neu gef. mWv 1. 1. 2015 durch G v. 22. 12. 2014 (BGBl. I S. 2417).

1 a.[1] *auf besonderen Verpflichtungsgründen beruhende Versorgungsleistungen (§ 10 Absatz 1 Nummer 1 a) sind auch dann als Sonderausgaben abziehbar, wenn der Empfänger nicht unbeschränkt einkommensteuerpflichtig ist. [2]Nummer 1 Satz 2 und 3 gilt entsprechend;*

1 b.[1] *Ausgleichszahlungen im Rahmen des Versorgungsausgleichs nach den §§ 20, 21, 22 und 26 des Versorgungsausgleichsgesetzes, §§ 1587f, 1587g, 1587i des Bürgerlichen Gesetzbuchs und § 3 a des Gesetzes zur Regelung von Härten im Versorgungsausgleich (§ 10 Absatz 1 Nummer 1 b) sind auch dann als Sonderausgaben abziehbar, wenn die ausgleichsberechtigte Person nicht unbeschränkt einkommensteuerpflichtig ist. [2]Nummer 1 Satz 2 und 3 gilt entsprechend;*

2. der nicht dauernd getrennt lebende Ehegatte ohne Wohnsitz oder gewöhnlichen Aufenthalt im Inland wird auf Antrag für die Anwendung des § 26 Absatz 1 Satz 1 als unbeschränkt einkommensteuerpflichtig behandelt. [2]Nummer 1 Satz 2 gilt entsprechend. [3]Bei Anwendung des § 1 Absatz 3 Satz 2 ist auf die Einkünfte beider Ehegatten abzustellen und der Grundfreibetrag nach § 32 a Absatz 1 Satz 2 Nummer 1 zu verdoppeln.

(2) Für unbeschränkt einkommensteuerpflichtige Personen im Sinne des § 1 Absatz 2, die die Voraussetzungen des § 1 Absatz 3 Satz 2 bis 5 erfüllen, und für unbeschränkt einkommensteuerpflichtige Personen im Sinne des § 1 Absatz 3, die die Voraussetzungen des § 1 Absatz 2 Satz 1 Nummer 1 und 2 erfüllen und an einem ausländischen Dienstort tätig sind, gilt die Regelung des Absatzes 1 Nummer 2 entsprechend mit der Maßgabe, dass auf Wohnsitz oder gewöhnlichen Aufenthalt im Staat des ausländischen Dienstortes abzustellen ist.

II. Einkommen

1. Sachliche Voraussetzungen für die Besteuerung

§ 2 Umfang der Besteuerung, Begriffsbestimmungen. (1) [1]Der Einkommensteuer unterliegen

1. Einkünfte aus Land- und Forstwirtschaft,
2. Einkünfte aus Gewerbebetrieb,
3. Einkünfte aus selbständiger Arbeit,
4. Einkünfte aus nichtselbständiger Arbeit,
5. Einkünfte aus Kapitalvermögen,
6. Einkünfte aus Vermietung und Verpachtung,
7. sonstige Einkünfte im Sinne des § 22,

die der Steuerpflichtige während seiner unbeschränkten Einkommensteuerpflicht oder als inländische Einkünfte während seiner beschränkten Einkommensteuerpflicht erzielt. [2]Zu welcher Einkunftsart die Einkünfte im einzelnen Fall gehören, bestimmt sich nach den §§ 13 bis 24.

---

[1] § 1 a Abs. 1 Nr. 1 b eingef. mWv VZ 2010 durch G v. 8. 12. 2010 (BGBl. I S. 1786); Nrn. 1 a und 1 b aufgeh. mWv 1. 1. 2015 durch G v. 22. 12. 2014 (BGBl. I S. 2417).

(2) [1]Einkünfte sind

1.[1)] bei Land- und Forstwirtschaft, Gewerbebetrieb und selbständiger Arbeit der Gewinn (§§ 4 bis 7k und 13a),

2. bei den anderen Einkunftsarten der Überschuss der Einnahmen über die Werbungskosten (§§ 8 bis 9a).

[2]Bei Einkünften aus Kapitalvermögen tritt § 20 Absatz 9 vorbehaltlich der Regelung in § 32d Absatz 2 an die Stelle der §§ 9 und 9a.

(3) Die Summe der Einkünfte, vermindert um den Altersentlastungsbetrag, den Entlastungsbetrag für Alleinerziehende und den Abzug nach § 13 Absatz 3, ist der Gesamtbetrag der Einkünfte.

(4) Der Gesamtbetrag der Einkünfte, vermindert um die Sonderausgaben und die außergewöhnlichen Belastungen, ist das Einkommen.

(5) [1]Das Einkommen, vermindert um die Freibeträge nach § 32 Absatz 6 und um die sonstigen vom Einkommen abzuziehenden Beträge, ist das zu versteuernde Einkommen; dieses bildet die Bemessungsgrundlage für die tarifliche Einkommensteuer. [2]Knüpfen andere Gesetze an den Begriff des zu versteuernden Einkommens an, ist für deren Zweck das Einkommen in allen Fällen des § 32 um die Freibeträge nach § 32 Absatz 6 zu vermindern.

(5a)[2)] [1]Knüpfen außersteuerliche Rechtsnormen an die in den vorstehenden Absätzen definierten Begriffe (Einkünfte, Summe der Einkünfte, Gesamtbetrag der Einkünfte, Einkommen, zu versteuerndes Einkommen) an, erhöhen sich für deren Zwecke diese Größen um die nach § 32d Absatz 1 und nach § 43 Absatz 5 zu besteuernden Beträge sowie um die nach § 3 Nummer 40 steuerfreien Beträge und mindern sich um die nach § 3c Absatz 2 nicht abziehbaren Beträge. [2]Knüpfen außersteuerliche Rechtsnormen an die in den Absätzen 1 bis 3 genannten Begriffe (Einkünfte, Summe der Einkünfte, Gesamtbetrag der Einkünfte) an, mindern sich für deren Zwecke diese Größen um die nach § 10 Absatz 1 Nummer 5 abziehbaren Kinderbetreuungskosten.

(5b)[3)] Soweit Rechtsnormen dieses Gesetzes an die in den vorstehenden Absätzen definierten Begriffe (Einkünfte, Summe der Einkünfte, Gesamtbetrag der Einkünfte, Einkommen, zu versteuerndes Einkommen) anknüpfen, sind Kapitalerträge nach § 32d Absatz 1 und § 43 Absatz 5 nicht einzubeziehen.

(6) [1]Die tarifliche Einkommensteuer, vermindert um die anzurechnenden ausländischen Steuern und die Steuerermäßigungen, vermehrt um die Steuer nach § 32d Absatz 3 und 4, die Steuer nach § 34c Absatz 5 und den Zuschlag nach § 3 Absatz 4 Satz 2 des Forstschäden-Ausgleichsgesetzes in der Fassung der Bekanntmachung vom 26. August 1985 (BGBl. I S. 1756), das zuletzt durch Artikel 18 des Gesetzes vom 19. Dezember 2008 (BGBl. I S. 2794) geändert worden ist, in der jeweils geltenden Fassung, ist die festzusetzende Einkommensteuer. [2]Wurde der Gesamtbetrag der Einkünfte in den Fällen des § 10a Absatz 2 um Sonderausgaben nach § 10a Absatz 1 gemindert, ist für die

---

1) § 2 Abs. 2 Satz 1 Nr. 1 geänd. mWv VZ 2010 durch G v. 8. 12. 2010 (BGBl. I S. 1786).

2) § 2 Abs. 5a Satz 2 angef. mWv VZ 2012 durch G v. 1. 11. 2011 (BGBl. I S. 2131).

3) § 2 Abs. 5b Satz 2 aufgeh. mWv VZ 2012 durch G v. 1. 11. 2011 (BGBl. I S. 2131).

Ermittlung der festzusetzenden Einkommensteuer der Anspruch auf Zulage nach Abschnitt XI der tariflichen Einkommensteuer hinzuzurechnen; bei der Ermittlung der dem Steuerpflichtigen zustehenden Zulage bleibt die Erhöhung der Grundzulage nach § 84 Satz 2 außer Betracht. [3]Wird das Einkommen in den Fällen des § 31 um die Freibeträge nach § 32 Absatz 6 gemindert, ist der Anspruch auf Kindergeld nach Abschnitt X der tariflichen Einkommensteuer hinzuzurechnen.

(7) [1]Die Einkommensteuer ist eine Jahressteuer. [2]Die Grundlagen für ihre Festsetzung sind jeweils für ein Kalenderjahr zu ermitteln. [3]Besteht während eines Kalenderjahres sowohl unbeschränkte als auch beschränkte Einkommensteuerpflicht, so sind die während der beschränkten Einkommensteuerpflicht erzielten inländischen Einkünfte in eine Veranlagung zur unbeschränkten Einkommensteuerpflicht einzubeziehen.

(8)[1] Die Regelungen dieses Gesetzes zu Ehegatten und Ehen sind auch auf Lebenspartner und Lebenspartnerschaften anzuwenden.

§ 2 a[2] Negative Einkünfte mit Bezug zu Drittstaaten. (1) [1]Negative Einkünfte

1. aus einer in einem Drittstaat belegenen land- und forstwirtschaftlichen Betriebsstätte,
2. aus einer in einem Drittstaat belegenen gewerblichen Betriebsstätte,
3. a) aus dem Ansatz des niedrigeren Teilwerts eines zu einem Betriebsvermögen gehörenden Anteils an einer Drittstaaten-Körperschaft oder
   b) aus der Veräußerung oder Entnahme eines zu einem Betriebsvermögen gehörenden Anteils an einer Drittstaaten-Körperschaft oder aus der Auflösung oder Herabsetzung des Kapitals einer Drittstaaten-Körperschaft,
4. in den Fällen des § 17 bei einem Anteil an einer Drittstaaten-Kapitalgesellschaft,
5. aus der Beteiligung an einem Handelsgewerbe als stiller Gesellschafter und aus partiarischen Darlehen, wenn der Schuldner Wohnsitz, Sitz oder Geschäftsleitung in einem Drittstaat hat,
6. a) aus der Vermietung oder der Verpachtung von unbeweglichem Vermögen oder von Sachinbegriffen, wenn diese in einem Drittstaat belegen sind, oder
   b) aus der entgeltlichen Überlassung von Schiffen, sofern der Überlassende nicht nachweist, dass diese ausschließlich oder fast ausschließlich in einem anderen Staat als einem Drittstaat eingesetzt worden sind, es sei denn, es handelt sich um Handelsschiffe, die
      aa) von einem Vercharterer ausgerüstet überlassen oder
      bb) an in einem anderen als in einem Drittstaat ansässige Ausrüster, die die Voraussetzungen des § 510 Absatz 1 des Handelsgesetzbuchs erfüllen, überlassen oder

---

[1] § 2 Abs. 8 angef. durch G v. 15. 7. 2013 (BGBl. I S. 2397). Siehe auch BVerfG v. 7. 5. 2013, 2 BvR 909/06, DStR 2013 S. 1228.

[2] Zur Anwendung von § 2 a siehe § 52 Abs. 2.

cc) insgesamt nur vorübergehend an in einem Drittstaat ansässige Ausrüster, die die Voraussetzungen des § 510 Absatz 1 des Handelsgesetzbuchs erfüllen, überlassen

worden sind, oder

c) aus dem Ansatz des niedrigeren Teilwerts oder der Übertragung eines zu einem Betriebsvermögen gehörenden Wirtschaftsguts im Sinne der Buchstaben a und b,

7. a) aus dem Ansatz des niedrigeren Teilwerts, der Veräußerung oder Entnahme eines zu einem Betriebsvermögen gehörenden Anteils an

b) aus der Auflösung oder Herabsetzung des Kapitals,

c) in den Fällen des § 17 bei einem Anteil an

einer Körperschaft mit Sitz oder Geschäftsleitung in einem anderen Staat als einem Drittstaat, soweit die negativen Einkünfte auf einen der in den Nummern 1 bis 6 genannten Tatbestände zurückzuführen sind,

dürfen nur mit positiven Einkünften der jeweils selben Art und, mit Ausnahme der Fälle der Nummer 6 Buchstabe b, aus demselben Staat, in den Fällen der Nummer 7 auf Grund von Tatbeständen der jeweils selben Art aus demselben Staat, ausgeglichen werden; sie dürfen auch nicht nach § 10d abgezogen werden. [2]Den negativen Einkünften sind Gewinnminderungen gleichgestellt. [3]Soweit die negativen Einkünfte nicht nach Satz 1 ausgeglichen werden können, mindern sie die positiven Einkünfte der jeweils selben Art, die der Steuerpflichtige in den folgenden Veranlagungszeiträumen aus demselben Staat, in den Fällen der Nummer 7 auf Grund von Tatbeständen der jeweils selben Art aus demselben Staat, erzielt. [4]Die Minderung ist nur insoweit zulässig, als die negativen Einkünfte in den vorangegangenen Veranlagungszeiträumen nicht berücksichtigt werden konnten (verbleibende negative Einkünfte). [5]Die am Schluss eines Veranlagungszeitraums verbleibenden negativen Einkünfte sind gesondert festzustellen; § 10d Absatz 4 gilt sinngemäß.

(2) [1]Absatz 1 Satz 1 Nummer 2 ist nicht anzuwenden, wenn der Steuerpflichtige nachweist, dass die negativen Einkünfte aus einer gewerblichen Betriebsstätte in einem Drittstaat stammen, die ausschließlich oder fast ausschließlich die Herstellung oder Lieferung von Waren, außer Waffen, die Gewinnung von Bodenschätzen sowie die Bewirkung gewerblicher Leistungen zum Gegenstand hat, soweit diese nicht in der Errichtung oder dem Betrieb von Anlagen, die dem Fremdenverkehr dienen, oder in der Vermietung oder der Verpachtung von Wirtschaftsgütern einschließlich der Überlassung von Rechten, Plänen, Mustern, Verfahren, Erfahrungen und Kenntnissen bestehen; das unmittelbare Halten einer Beteiligung von mindestens einem Viertel am Nennkapital einer Kapitalgesellschaft, die ausschließlich oder fast ausschließlich die vorgenannten Tätigkeiten zum Gegenstand hat, sowie die mit dem Halten der Beteiligung in Zusammenhang stehende Finanzierung gilt als Bewirkung gewerblicher Leistungen, wenn die Kapitalgesellschaft weder ihre Geschäftsleitung noch ihren Sitz im Inland hat. [2]Absatz 1 Satz 1 Nummer 3 und 4 ist nicht anzuwenden, wenn der Steuerpflichtige nachweist, dass *die in Satz 1 genannten* Voraussetzungen bei der Körperschaft entweder seit ihrer Gründung oder während der letzten fünf Jahre vor und in dem Veran-

lagungszeitraum vorgelegen haben, in dem die negativen Einkünfte bezogen werden.

(2a) [1]Bei der Anwendung der Absätze 1 und 2 sind

1. als Drittstaaten die Staaten anzusehen, die nicht Mitgliedstaaten der Europäischen Union sind;
2. Drittstaaten-Körperschaften und Drittstaaten-Kapitalgesellschaften solche, die weder ihre Geschäftsleitung noch ihren Sitz in einem Mitgliedstaat der Europäischen Union haben.

[2]Bei Anwendung des Satzes 1 sind den Mitgliedstaaten der Europäischen Union die Staaten gleichgestellt, auf die das Abkommen über den Europäischen Wirtschaftsraum anwendbar ist, sofern zwischen der Bundesrepublik Deutschland und dem anderen Staat auf Grund der Amtshilferichtlinie gemäß § 2 Absatz 2 des EU-Amtshilfegesetzes[1)] oder einer vergleichbaren zwei- oder mehrseitigen Vereinbarung Auskünfte erteilt werden, die erforderlich sind, um die Besteuerung durchzuführen.

(3)[2)] [1]*Sind nach einem Abkommen zur Vermeidung der Doppelbesteuerung bei einem unbeschränkt Steuerpflichtigen aus einer in einem ausländischen Staat belegenen Betriebsstätte stammende Einkünfte aus gewerblicher Tätigkeit von der Einkommensteuer zu befreien, so ist auf Antrag des Steuerpflichtigen ein Verlust, der sich nach den Vorschriften des inländischen Steuerrechts bei diesen Einkünften ergibt, bei der Ermittlung des Gesamtbetrags der Einkünfte abzuziehen, soweit er vom Steuerpflichtigen ausgeglichen oder abgezogen werden könnte, wenn die Einkünfte nicht von der Einkommensteuer zu befreien wären, und soweit er nach diesem Abkommen zu befreiende positive Einkünfte aus gewerblicher Tätigkeit aus anderen in diesem ausländischen Staat belegenen Betriebsstätten übersteigt.* [2]*Soweit der Verlust dabei nicht ausgeglichen wird, ist bei Vorliegen der Voraussetzungen des § 10d der Verlustabzug zulässig.* [3]*Der nach den Sätzen 1 und 2 abgezogene Betrag ist, soweit sich in einem der folgenden Veranlagungszeiträume bei den nach diesem Abkommen zu befreienden Einkünften aus gewerblicher Tätigkeit aus in diesem ausländischen Staat belegenen Betriebsstätten insgesamt ein positiver Betrag ergibt, in dem betreffenden Veranlagungszeitraum bei der Ermittlung des Gesamtbetrags der Einkünfte wieder hinzuzurechnen.* [4]*Satz 3 ist nicht anzuwenden, wenn der Steuerpflichtige nachweist, daß nach den für ihn geltenden Vorschriften des ausländischen Staates ein Abzug von Verlusten in anderen Jahren als dem Verlustjahr allgemein nicht beansprucht werden kann.* [5]*Der am Schluß eines Veranlagungszeitraums nach den Sätzen 3 und 4 der Hinzurechnung unterliegende und noch nicht hinzugerechnete (verbleibende) Betrag ist gesondert festzustellen; § 10d Absatz 3*[3)] *gilt entsprechend.* [6]*In die gesonderte Feststellung nach Satz 5 einzubeziehen ist der nach § 2 Absatz 1 Satz 3 und 4 des Gesetzes über steuerliche Maßnahmen bei Auslandsinvestitionen der deutschen Wirtschaft vom 18. August 1969 (BGBl. I S. 1214), das zuletzt durch Artikel 8 des Gesetzes vom 25. Juli 1988 (BGBl. I S. 1093) geändert worden ist, der Hinzurechnung unterliegende und noch nicht hinzugerechnete Betrag.*

[1)] Zitat geänd. mWv 1. 1. 2013 durch G v. 26. 6. 2013 (BGBl. I S. 1809).

[2)] § 2a Abs. 3 aufgeh. durch G v. 24. 3. 1999 (BGBl. I S. 402); zur weiteren Anwendung siehe § 52 Abs. 2 Sätze 3 und 4.

[3)] Siehe § 52 Abs. 2 Satz 4 iVm Satz 3.

(4)[1] 1 Wird eine in einem ausländischen Staat belegene Betriebsstätte

1. in eine Kapitalgesellschaft umgewandelt oder
2. entgeltlich oder unentgeltlich übertragen oder
3. aufgegeben, jedoch die ursprünglich von der Betriebsstätte ausgeübte Geschäftstätigkeit ganz oder teilweise von einer Gesellschaft, an der der inländische Steuerpflichtige zu mindestens 10 Prozent unmittelbar oder mittelbar beteiligt ist, oder von einer ihm nahe stehenden Person im Sinne des § 1 Absatz 2 des Außensteuergesetzes fortgeführt,

(Fortsetzung nächste Seite)

---

[1] § 2a Abs. 4 idF des § 52 Abs. 3 Satz 8 a. F. In der Neufassung von § 52 durch G v. 25. 7. 2014 (BGBl. I S. 1266) nicht mehr enthalten.

so ist ein nach Absatz 3 Satz 1 und 2 abgezogener Verlust, soweit er nach Absatz 3 Satz 3 nicht wieder hinzugerechnet worden ist oder nicht noch hinzuzurechnen ist, im Veranlagungszeitraum der Umwandlung, Übertragung oder Aufgabe in entsprechender Anwendung des Absatzes 3 Satz 3 dem Gesamtbetrag der Einkünfte hinzuzurechnen. [2] Satz 1 gilt entsprechend bei Beendigung der unbeschränkten Einkommensteuerpflicht (§ 1 Absatz 1) durch Aufgabe des Wohnsitzes oder des gewöhnlichen Aufenthalts oder bei Beendigung der unbeschränkten Körperschaftsteuerpflicht (§ 1 Absatz 1 des Körperschaftsteuergesetzes) durch Verlegung des Sitzes oder des Orts der Geschäftsleitung sowie bei unbeschränkter Einkommensteuerpflicht (§ 1 Absatz 1) oder unbeschränkter Körperschaftsteuerpflicht (§ 1 Absatz 1 des Körperschaftsteuergesetzes) bei Beendigung der Ansässigkeit im Inland auf Grund der Bestimmungen eines Abkommens zur Vermeidung der Doppelbesteuerung.

2. Steuerfreie Einnahmen

§ 3 [Steuerfreie Einnahmen] Steuerfrei sind

1. a) Leistungen aus einer Krankenversicherung, aus einer Pflegeversicherung und aus der gesetzlichen Unfallversicherung,
   b) Sachleistungen und Kinderzuschüsse aus den gesetzlichen Rentenversicherungen einschließlich der Sachleistungen nach dem Gesetz über die Alterssicherung der Landwirte,
   c) Übergangsgeld nach dem Sechsten Buch Sozialgesetzbuch und Geldleistungen nach den §§ 10, 36 bis 39 des Gesetzes über die Alterssicherung der Landwirte,
   d) das Mutterschaftsgeld nach dem Mutterschutzgesetz, der Reichsversicherungsordnung und dem Gesetz über die Krankenversicherung der Landwirte, die Sonderunterstützung für im Familienhaushalt beschäftigte Frauen, der Zuschuss zum Mutterschaftsgeld nach dem Mutterschutzgesetz sowie der Zuschuss bei Beschäftigungsverboten für die Zeit vor oder nach einer Entbindung sowie für den Entbindungstag während einer Elternzeit nach beamtenrechtlichen Vorschriften;

[Fassung bis VZ 2014:]

2. das Arbeitslosengeld, das Teilarbeitslosengeld, das Kurzarbeitergeld, das Winterausfallgeld, die Arbeitslosenhilfe, der Zuschuss zum Arbeitsentgelt, das Übergangsgeld, das Unterhaltsgeld, die Eingliederungshilfe, das Überbrückungsgeld, der Gründungszuschuss, der Existenzgründungszuschuss nach dem Dritten

[Fassung ab VZ 2015:]

2.[1] a) das Arbeitslosengeld, das Teilarbeitslosengeld, das Kurzarbeitergeld, der Zuschuss zum Arbeitsentgelt, das Übergangsgeld, der Gründungszuschuss nach dem Dritten Buch Sozialgesetzbuch sowie die übrigen Leistungen nach dem Dritten Buch Sozialgesetzbuch und den entsprechenden Programmen des

[1] § 3 Nr. 2 neu gef. mWv VZ 2015 durch G v. 25. 7. 2014 (BGBl. I S. 1266).

[Fassung bis VZ 2014:]

Buch Sozialgesetzbuch oder dem Arbeitsförderungsgesetz sowie das aus dem Europäischen Sozialfonds finanzierte Unterhaltsgeld und die aus Landesmitteln ergänzten Leistungen aus dem Europäischen Sozialfonds zur Aufstockung des Überbrückungsgeldes nach dem Dritten Buch Sozialgesetzbuch oder dem Arbeitsförderungsgesetz und die übrigen Leistungen nach dem Dritten Buch Sozialgesetzbuch oder dem Arbeitsförderungsgesetz und den entsprechenden Programmen des Bundes und der Länder, soweit sie Arbeitnehmern oder Arbeitsuchenden oder zur Förderung der Ausbildung oder Fortbildung der Empfänger gewährt werden, sowie Leistungen auf Grund der in § 141 m Absatz 1 und § 141 n Absatz 2 des Arbeitsförderungsgesetzes oder *§ 187 und § 208 Absatz 2* [***n. F.:*** § 169 und § 175 Absatz 2] [1] des Dritten Buches Sozialgesetzbuch genannten Ansprüche, Leistungen auf Grund der in § 115 Absatz 1 des Zehnten Buches Sozialgesetzbuch in Verbindung mit § 117 Absatz 4 Satz 1 oder § 134 Absatz 4, § 160 Absatz 1 Satz 1 und § 166 a des Arbeitsförderungsgesetzes oder in Verbindung mit § 157[1] Absatz 3 oder § 198 Satz 2 Nummer 6, § 335 Absatz 3 des Dritten Buches Sozialgesetzbuch genannten Ansprüche, wenn über das Vermögen des ehemaligen Arbeitgebers des Arbeitslosen das Konkursverfahren, Gesamtvoll-

[Fassung ab VZ 2015:]

Bundes und der Länder, soweit sie Arbeitnehmern oder Arbeitsuchenden oder zur Förderung der Aus- oder Weiterbildung oder Existenzgründung der Empfänger gewährt werden,

b) das Insolvenzgeld, Leistungen auf Grund der in § 169 und § 175 Absatz 2 des Dritten Buches Sozialgesetzbuch genannten Ansprüche sowie Zahlungen des Arbeitgebers an einen Sozialleistungsträger auf Grund des gesetzlichen Forderungsübergangs nach § 115 Absatz 1 des Zehnten Buches Sozialgesetzbuch, wenn ein Insolvenzereignis nach § 165 Absatz 1 Satz 2 auch in Verbindung mit Satz 3 des Dritten Buches Sozialgesetzbuch vorliegt,
c) die Arbeitslosenbeihilfe nach dem Soldatenversorgungsgesetz,
d) Leistungen zur Sicherung des Lebensunterhalts und zur Eingliederung in Arbeit nach dem Zweiten Buch Sozialgesetzbuch,
e) mit den in den Nummern 1 bis 2 Buchstabe d genannten Leistungen vergleichbare Leistungen ausländischer Rechtsträger, die ihren Sitz in einem Mitgliedstaat der Europäischen Union, in einem Staat, auf den das Abkommen über den Europäischen Wirtschaftsraum Anwendung findet oder in der Schweiz haben;

---

[1] § 3 Nr. 2 Verweise geänd. mWv 1. 4. 2012 durch G v. 20. 12. 2011 (BGBl. I S. 2854).

[Fassung bis VZ 2014:]

streckungsverfahren oder Insolvenzverfahren eröffnet worden ist oder einer der Fälle des § 141 b Absatz 3 des Arbeitsförderungsgesetzes oder des **§ 183** [***n. F.:*** § 165][1] Absatz 1 Nummer 2 oder 3 des Dritten Buches Sozialgesetzbuch vorliegt, und der Altersübergangsgeld-Ausgleichsbetrag nach § 249 e Absatz 4 a des Arbeitsförderungsgesetzes in der bis zum 31. Dezember 1997 geltenden Fassung;

2 a.[2] *die Arbeitslosenbeihilfe und die Arbeitslosenhilfe nach dem Soldatenversorgungsgesetz;*

2 b.[2] *Leistungen zur Sicherung des Lebensunterhalts und zur Eingliederung in Arbeit nach dem Zweiten Buch Sozialgesetzbuch;*

3. a) Rentenabfindungen nach § 107 des Sechsten Buches Sozialgesetzbuch, nach § 21 des Beamtenversorgungsgesetzes oder entsprechendem Landesrecht und nach § 43 des Soldatenversorgungsgesetzes in Verbindung mit § 21 des Beamtenversorgungsgesetzes,
   b) Beitragserstattungen an den Versicherten nach den §§ 210 und 286 d des Sechsten Buches Sozialgesetzbuch sowie nach den §§ 204, 205 und 207 des Sechsten Buches Sozialgesetzbuch, Beitragserstattungen nach den §§ 75 und 117 des Gesetzes über die Alterssicherung der Landwirte und nach § 26 des Vierten Buches Sozialgesetzbuch,
   c) Leistungen aus berufsständischen Versorgungseinrichtungen, die den Leistungen nach den Buchstaben a und b entsprechen,
   d) Kapitalabfindungen und Ausgleichszahlungen nach § 48 des Beamtenversorgungsgesetzes oder entsprechendem Landesrecht und nach den §§ 28 bis 35 und 38 des Soldatenversorgungsgesetzes;

4.[3] bei Angehörigen der Bundeswehr, der Bundespolizei, *des Zollfahndungsdienstes* [***ab VZ 2015:*** der Zollverwaltung], der Bereitschaftspolizei der Länder, der Vollzugspolizei und der Berufsfeuerwehr der Länder und Gemeinden und bei Vollzugsbeamten der Kriminalpolizei des Bundes, der Länder und Gemeinden
   a) der Geldwert der ihnen aus Dienstbeständen überlassenen Dienstkleidung,
   b) Einkleidungsbeihilfen und Abnutzungsentschädigungen für die Dienstkleidung der zum Tragen oder Bereithalten von Dienstkleidung Ver-

---

[1] § 3 Nr. 2 Verweise geänd. mWv 1. 4. 2012 durch G v. 20. 12. 2011 (BGBl. I S. 2854).

[2] § 3 Nr. 2 a und 2 b aufgeh. mWv VZ 2015 durch G v. 25. 7. 2014 (BGBl. I S. 1266).

[3] § 3 Nr. 4 Satzteil vor Buchst. a geänd., Buchst. b geänd. mWv VZ 2015 durch G v. 25. 7. 2014 (BGBl. I S. 1266).

pflichteten und für dienstlich notwendige Kleidungsstücke der Vollzugsbeamten der Kriminalpolizei *und der Zollfahndungsbeamten* [***ab VZ 2015:*** sowie der Angehörigen der Zollverwaltung],

c) im Einsatz gewährte Verpflegung oder Verpflegungszuschüsse,

d) der Geldwert der auf Grund gesetzlicher Vorschriften gewährten Heilfürsorge;

[Fassung bis VZ 2012:]

5.[1] die Geld- und Sachbezüge sowie die Heilfürsorge, die Soldaten auf Grund des § 1 Absatz 1 Satz 1 des Wehrsoldgesetzes und Zivildienstleistende auf Grund des § 35 des Zivildienstgesetzes erhalten;

[Fassung ab VZ 2013:]

5.[2] a) die Geld- und Sachbezüge, die Wehrpflichtige während des Wehrdienstes nach § 4 des Wehrpflichtgesetzes erhalten,

b) die Geld- und Sachbezüge, die Zivildienstleistende nach § 35 des Zivildienstgesetzes erhalten,

c) der nach § 2 Absatz 1 des Wehrsoldgesetzes an Soldaten im Sinne des § 1 Absatz 1 des Wehrsoldgesetzes gezahlte Wehrsold,

d) die an Reservistinnen und Reservisten der Bundeswehr im Sinne des § 1 des Reservistinnen- und Reservistengesetzes nach dem Wehrsoldgesetz gezahlten Bezüge,

e) die Heilfürsorge, die Soldaten nach § 6 des Wehrsoldgesetzes und Zivildienstleistende nach § 35 des Zivildienstgesetzes erhalten,

f) das an Personen, die einen in § 32 Absatz 4 Satz 1 Nummer 2 Buchstabe d genannten Freiwilligendienst leisten, gezahlte Taschengeld oder eine vergleichbare Geldleistung;

[Fassung bis VZ 2013:]

6. Bezüge, die auf Grund gesetzlicher Vorschriften aus öffentlichen Mit-

[Fassung ab VZ 2014:]

6.[3] Bezüge, die auf Grund gesetzlicher Vorschriften aus öffentlichen

---

[1] Zur weiteren Anwendung siehe § 52 Abs. 4 Satz 2.

[2] § 3 Nr. 5 neu gef. durch G v. 26. 6. 2013 (BGBl. I S. 1809); zur Anwendung siehe § 52 Abs. 4 Satz 1.

[3] § 3 Nr. 6 neu gef. mWv VZ 2014 durch G v. 25. 7. 2014 (BGBl. I S. 1266).

[Fassung bis VZ 2013:]

teln versorgungshalber an Wehrdienstbeschädigte und Zivildienstbeschädigte oder ihre Hinterbliebenen, Kriegsbeschädigte, Kriegshinterbliebene und ihnen gleichgestellte Personen gezahlt werden, soweit es sich nicht um Bezüge handelt, die auf Grund der Dienstzeit gewährt werden;

[Fassung ab VZ 2014:]

Mitteln versorgungshalber an Wehrdienstbeschädigte, im Freiwilligen Wehrdienst Beschädigte, Zivildienstbeschädigte und im Bundesfreiwilligendienst Beschädigte oder ihre Hinterbliebenen, Kriegsbeschädigte, Kriegshinterbliebene und ihnen gleichgestellte Personen gezahlt werden, soweit es sich nicht um Bezüge handelt, die auf Grund der Dienstzeit gewährt werden. [2] Gleichgestellte im Sinne des Satzes 1 sind auch Personen, die Anspruch auf Leistungen nach dem Bundesversorgungsgesetz oder auf Unfallfürsorgeleistungen nach dem Soldatenversorgungsgesetz, Beamtenversorgungsgesetz oder vergleichbarem Landesrecht haben;

7. Ausgleichsleistungen nach dem Lastenausgleichsgesetz, Leistungen nach dem Flüchtlingshilfegesetz, dem Bundesvertriebenengesetz, dem Reparationsschädengesetz, dem Vertriebenenzuwendungsgesetz, dem NS-Verfolgtenentschädigungsgesetz sowie Leistungen nach dem Entschädigungsgesetz und nach dem Ausgleichsleistungsgesetz, soweit sie nicht Kapitalerträge im Sinne des § 20 Absatz 1 Nummer 7 und Absatz 2 sind;
8. Geldrenten, Kapitalentschädigungen und Leistungen im Heilverfahren, die auf Grund gesetzlicher Vorschriften zur Wiedergutmachung nationalsozialistischen Unrechts gewährt werden. [2] Die Steuerpflicht von Bezügen aus einem aus Wiedergutmachungsgründen neu begründeten oder wieder begründeten Dienstverhältnis sowie von Bezügen aus einem früheren Dienstverhältnis, die aus Wiedergutmachungsgründen neu gewährt oder wieder gewährt werden, bleibt unberührt;

8a.[1] Renten wegen Alters und Renten wegen verminderter Erwerbsfähigkeit aus der gesetzlichen Rentenversicherung, die an Verfolgte im Sinne des § 1 des Bundesentschädigungsgesetzes gezahlt werden, wenn rentenrechtliche Zeiten auf Grund der Verfolgung in der Rente enthalten sind. [2] Renten wegen Todes aus der gesetzlichen Rentenversicherung, wenn der verstorbene Versicherte Verfolgter im Sinne des § 1 des Bundesentschädigungsgesetzes war und wenn rentenrechtliche Zeiten auf Grund der Verfolgung in dieser Rente enthalten sind;

9. Erstattungen nach § 23 Absatz 2 Satz 1 Nummer 3 und 4 sowie nach § 39 Absatz 4 Satz 2 des Achten Buches Sozialgesetzbuch;

---

[1] § 3 Nr. 8a eingef. durch G v. 7. 12. 2011 (BGBl. I S. 2592).

10.[1] Einnahmen einer Gastfamilie für die Aufnahme eines behinderten oder von Behinderung bedrohten Menschen nach § 2 Absatz 1 des Neunten Buches Sozialgesetzbuch zur Pflege, Betreuung, Unterbringung und Verpflegung, die auf Leistungen eines Leistungsträgers nach dem Sozialgesetzbuch beruhen. [2]Für Einnahmen im Sinne des Satzes 1, die nicht auf Leistungen eines Leistungsträgers nach dem Sozialgesetzbuch beruhen, gilt Entsprechendes bis zur Höhe der Leistungen nach dem Zwölften Buch Sozialgesetzbuch. [3]Überschreiten die auf Grund der in Satz 1 bezeichneten Tätigkeit bezogenen Einnahmen der Gastfamilie den steuerfreien Betrag, dürfen die mit der Tätigkeit in unmittelbarem wirtschaftlichen Zusammenhang stehenden Ausgaben abweichend von § 3c nur insoweit als Betriebsausgaben abgezogen werden, als sie den Betrag der steuerfreien Einnahmen übersteigen;

11. Bezüge aus öffentlichen Mitteln oder aus Mitteln einer öffentlichen Stiftung, die wegen Hilfsbedürftigkeit oder als Beihilfe zu dem Zweck bewilligt werden, die Erziehung oder Ausbildung, die Wissenschaft oder Kunst unmittelbar zu fördern. [2]Darunter fallen nicht Kinderzuschläge und Kinderbeihilfen, die auf Grund der Besoldungsgesetze, besonderer Tarife oder ähnlicher Vorschriften gewährt werden. [3]Voraussetzung für die Steuerfreiheit ist, dass der Empfänger mit den Bezügen nicht zu einer bestimmten wissenschaftlichen oder künstlerischen Gegenleistung oder zu einer bestimmten Arbeitnehmertätigkeit verpflichtet wird. [4]Den Bezügen aus öffentlichen Mitteln wegen Hilfsbedürftigkeit gleichgestellt sind Beitragsermäßigungen und Prämienrückzahlungen eines Trägers der gesetzlichen Krankenversicherung für nicht in Anspruch genommene Beihilfeleistungen;

[Fassung bis VZ 2013:]

12. aus einer Bundeskasse oder Landeskasse gezahlte Bezüge, die in einem Bundesgesetz oder Landesgesetz oder einer auf bundesgesetzlicher oder landesgesetzlicher Ermächtigung beruhenden Bestimmung oder von der Bundesregierung oder einer Landesregierung als Aufwandsentschädigung festgesetzt sind und als Aufwandsentschädigung im Haushaltsplan ausgewiesen werden.

[Fassung ab VZ 2014:]

12.[2] aus einer Bundeskasse oder Landeskasse gezahlte Bezüge, die zum einen
   a) in einem Bundesgesetz oder Landesgesetz,
   b) auf Grundlage einer bundesgesetzlichen oder landesgesetzlichen Ermächtigung beruhenden Bestimmung oder
   c) von der Bundesregierung oder einer Landesregierung

als Aufwandsentschädigung festgesetzt sind und die zum anderen jeweils auch als Aufwandsentschädigung im Haushaltsplan ausgewiesen werden.

---

[1] Zur Anwendung von § 3 Nr. 10 a. F. siehe § 52 Abs. 4 Satz 3.

[2] § 3 Nr. 12 Satz 1 neu gef. mWv VZ 2014 durch G v. 25. 7. 2014 (BGBl. I S. 1266).

²Das Gleiche gilt für andere Bezüge, die als Aufwandsentschädigung aus öffentlichen Kassen an öffentliche Dienste leistende Personen gezahlt werden, soweit nicht festgestellt wird, dass sie für Verdienstausfall oder Zeitverlust gewährt werden oder den Aufwand, der dem Empfänger erwächst, offenbar übersteigen;

13. die aus öffentlichen Kassen gezahlten Reisekostenvergütungen, Umzugskostenvergütungen und Trennungsgelder. ²Die als Reisekostenvergütungen gezahlten Vergütungen für *Verpflegungsmehraufwendungen* [***ab 1. 1. 2014:*** Verpflegung][1] sind nur insoweit steuerfrei, als sie die Pauschbeträge nach *§ 4 Absatz 5 Satz 1 Nummer 5* [***ab 1. 1. 2014:*** § 9 Absatz 4 a][1] nicht übersteigen; Trennungsgelder sind nur insoweit steuerfrei, als sie die nach § 9 Absatz 1 Satz 3 Nummer 5 und *Absatz 5 sowie § 4 Absatz 5 Satz 1 Nummer 5* [***ab 1. 1. 2014:*** Absatz 4 a][1] abziehbaren Aufwendungen nicht übersteigen;

14. Zuschüsse eines Trägers der gesetzlichen Rentenversicherung zu den Aufwendungen eines Rentners für seine Krankenversicherung und von dem gesetzlichen Rentenversicherungsträger getragene Anteile (§ 249 a des Fünften Buches Sozialgesetzbuch) an den Beiträgen für die gesetzliche Krankenversicherung;

15. (weggefallen)

16. die Vergütungen, die Arbeitnehmer außerhalb des öffentlichen Dienstes von ihrem Arbeitgeber zur Erstattung von Reisekosten, Umzugskosten oder Mehraufwendungen bei doppelter Haushaltsführung erhalten, soweit sie die *beruflich veranlassten Mehraufwendungen, bei Verpflegungsmehraufwendungen die Pauschbeträge nach § 4 Absatz 5 Satz 1 Nummer 5 und bei Familienheimfahrten mit dem eigenen oder außerhalb des Dienstverhältnisses zur Nutzung überlassenen Kraftfahrzeug die Pauschbeträge nach § 9 Absatz 1 Satz 3 Nummer 4 nicht übersteigen; Vergütungen zur Erstattung von Mehraufwendungen bei doppelter Haushaltsführung sind nur insoweit steuerfrei, als sie die nach § 9 Absatz 1 Satz 3 Nummer 5 und Absatz 5 sowie § 4 Absatz 5 Satz 1 Nummer 5* [***ab 1. 1. 2014:*** nach § 9 als Werbungskosten][1] abziehbaren Aufwendungen nicht übersteigen;

17. Zuschüsse zum Beitrag nach § 32 des Gesetzes über die Alterssicherung der Landwirte;

18. das Aufgeld für ein an die Bank für Vertriebene und Geschädigte (Lastenausgleichsbank) zugunsten des Ausgleichsfonds (§ 5 des Lastenausgleichsgesetzes) gegebenes Darlehen, wenn das Darlehen nach § 7 f des Gesetzes in der Fassung der Bekanntmachung vom 15. September 1953 (BGBl. I S. 1355) im Jahr der Hingabe als Betriebsausgabe abzugsfähig war;

19.[2] *Entschädigungen auf Grund des Gesetzes über die Entschädigung ehemaliger deutscher Kriegsgefangener;*

---

[1] § 3 Nr. 13 u. Nr. 16 geänd. mWv 1. 1. 2014 durch G v. 20. 2. 2013 (BGBl. I S. 285).

[2] § 3 Nr. 19 aufgeh. durch G v. 1. 11. 2011 (BGBl. I S. 2131); zur weiteren Anwendung siehe § 52 Abs. 4 Satz 4.

20. die aus öffentlichen Mitteln des Bundespräsidenten aus sittlichen oder sozialen Gründen gewährten Zuwendungen an besonders verdiente Personen oder ihre Hinterbliebenen;
21.[1] *(aufgehoben)*
22.[1] *(aufgehoben)*
23. die Leistungen nach dem Häftlingshilfegesetz, dem Strafrechtlichen Rehabilitierungsgesetz, dem Verwaltungsrechtlichen Rehabilitierungsgesetz und dem Beruflichen Rehabilitierungsgesetz;
24. Leistungen, die auf Grund des Bundeskindergeldgesetzes gewährt werden;
25. Entschädigungen nach dem Infektionsschutzgesetz vom 20. Juli 2000 (BGBl. I S. 1045);
26.[2] Einnahmen aus nebenberuflichen Tätigkeiten als Übungsleiter, Ausbilder, Erzieher, Betreuer oder vergleichbaren nebenberuflichen Tätigkeiten, aus nebenberuflichen künstlerischen Tätigkeiten oder der nebenberuflichen Pflege alter, kranker oder behinderter Menschen im Dienst oder im Auftrag einer juristischen Person des öffentlichen Rechts, die in einem Mitgliedstaat der Europäischen Union oder in einem Staat belegen ist, auf den das Abkommen über den Europäischen Wirtschaftsraum Anwendung findet, oder einer unter § 5 Absatz 1 Nummer 9 des Körperschaftsteuergesetzes fallenden Einrichtung zur Förderung gemeinnütziger, mildtätiger und kirchlicher Zwecke (§§ 52 bis 54 der Abgabenordnung) bis zur Höhe von insgesamt *2100 Euro* [***neue Fassung:*** 2400 Euro][3] im Jahr. [2]Überschreiten die Einnahmen für die in Satz 1 bezeichneten Tätigkeiten den steuerfreien Betrag, dürfen die mit den nebenberuflichen Tätigkeiten in unmittelbarem wirtschaftlichen Zusammenhang stehenden Ausgaben abweichend von § 3c nur insoweit als Betriebsausgaben oder Werbungskosten abgezogen werden, als sie den Betrag der steuerfreien Einnahmen übersteigen;
26a. Einnahmen aus nebenberuflichen Tätigkeiten im Dienst oder Auftrag einer juristischen Person des öffentlichen Rechts, die in einem Mitgliedstaat der Europäischen Union oder in einem Staat belegen ist, auf den das Abkommen über den Europäischen Wirtschaftsraum Anwendung findet, oder einer unter § 5 Absatz 1 Nummer 9 des Körperschaftsteuergesetzes fallenden Einrichtung zur Förderung gemeinnütziger, mildtätiger und kirchlicher Zwecke (§§ 52 bis 54 der Abgabenordnung) bis zur Höhe von insgesamt *500 Euro* [***neue Fassung:*** 720 Euro][3] im Jahr. [2]Die Steuerbefreiung ist ausgeschlossen, wenn für die Einnahmen aus der Tätigkeit – ganz oder teilweise – eine Steuerbefreiung nach § 3 Nummer 12, 26 oder 26b gewährt wird. [3]Überschreiten die Einnahmen für die in Satz 1 bezeichneten Tätigkeiten den steuerfreien Betrag, dürfen die mit den nebenberuflichen Tätigkeiten in unmittelbarem wirtschaftlichen Zusammenhang stehenden Ausgaben abweichend von § 3c nur insoweit als Betriebsausgaben oder Werbungskosten abgezogen werden, als sie den Betrag der steuerfreien Einnahmen übersteigen;

---

[1] § 3 Nrn. 21 und 22 aufgeh. durch G v. 1. 11. 2011 (BGBl. I S. 2131).
[2] § 3 Nr. 26 Satz 2 geänd. durch G v. 8. 12. 2010 (BGBl. I S. 1768).
[3] Betrag geänd. durch G v. 21. 3. 2013 (BGBl. I S. 556).

26 b.[1] Aufwandsentschädigungen nach § 1835 a des Bürgerlichen Gesetzbuchs, soweit sie zusammen mit den steuerfreien Einnahmen im Sinne der Nummer 26 den Freibetrag nach Nummer 26 Satz 1 nicht überschreiten. 2 Nummer 26 Satz 2 gilt entsprechend;

27. der Grundbetrag der Produktionsaufgaberente und das Ausgleichsgeld nach dem Gesetz zur Förderung der Einstellung der landwirtschaftlichen Erwerbstätigkeit bis zum Höchstbetrag von 18407 Euro;

28. die Aufstockungsbeträge im Sinne des § 3 Absatz 1 Nummer 1 Buchstabe a sowie die Beiträge und Aufwendungen im Sinne des § 3 Absatz 1 Nummer 1 Buchstabe b und des § 4 Absatz 2 des Altersteilzeitgesetzes, die Zuschläge, die versicherungsfrei Beschäftigte im Sinne des § 27 Absatz 1 Nummer 1 bis 3 des Dritten Buches Sozialgesetzbuch zur Aufstockung der Bezüge bei Altersteilzeit nach beamtenrechtlichen Vorschriften oder Grundsätzen erhalten sowie die Zahlungen des Arbeitgebers zur Übernahme der Beiträge im Sinne des § 187 a des Sechsten Buches Sozialgesetzbuch, soweit sie 50 Prozent der Beiträge nicht übersteigen;

29. das Gehalt und die Bezüge,
   a) die die diplomatischen Vertreter ausländischer Staaten, die ihnen zugewiesenen Beamten und die in ihren Diensten stehenden Personen erhalten. 2 Dies gilt nicht für deutsche Staatsangehörige oder für im Inland ständig ansässige Personen;
   b) der Berufskonsuln, der Konsulatsangehörigen und ihres Personals, soweit sie Angehörige des Entsendestaates sind. 2 Dies gilt nicht für Personen, die im Inland ständig ansässig sind oder außerhalb ihres Amtes oder Dienstes einen Beruf, ein Gewerbe oder eine andere gewinnbringende Tätigkeit ausüben;

30. Entschädigungen für die betriebliche Benutzung von Werkzeugen eines Arbeitnehmers (Werkzeuggeld), soweit sie die entsprechenden Aufwendungen des Arbeitnehmers nicht offensichtlich übersteigen;

31. die typische Berufskleidung, die der Arbeitgeber seinem Arbeitnehmer unentgeltlich oder verbilligt überlässt; dasselbe gilt für eine Barablösung eines nicht nur einzelvertraglichen Anspruchs auf Gestellung von typischer Berufskleidung, wenn die Barablösung betrieblich veranlasst ist und die entsprechenden Aufwendungen des Arbeitnehmers nicht offensichtlich übersteigt;

32.[2] die unentgeltliche oder verbilligte Sammelbeförderung eines Arbeitnehmers zwischen Wohnung und *Arbeitsstätte* [***ab VZ 2014:*** erster Tätigkeitsstätte sowie bei Fahrten nach § 9 Absatz 1 Satz 3 Nummer 4 a Satz 3] mit einem vom Arbeitgeber gestellten Beförderungsmittel, soweit die Sammelbeförderung für den betrieblichen Einsatz des Arbeitnehmers notwendig ist;

33. zusätzlich zum ohnehin geschuldeten Arbeitslohn erbrachte Leistungen des Arbeitgebers zur Unterbringung und Betreuung von nicht schulpflichtigen

---

[1] § 3 Nr. 26 b eingef. durch G v. 8. 12. 2010 (BGBl. I S. 1768).
[2] § 3 Nr. 32 geänd. mWv VZ 2014 durch G v. 25. 7. 2014 (BGBl. I S. 1266).

Kindern der Arbeitnehmer in Kindergärten oder vergleichbaren Einrichtungen;

34. zusätzlich zum ohnehin geschuldeten Arbeitslohn erbrachte Leistungen des Arbeitgebers zur Verbesserung des allgemeinen Gesundheitszustands und der betrieblichen Gesundheitsförderung, die hinsichtlich Qualität, Zweckbindung und Zielgerichtetheit den Anforderungen der §§ 20 und 20 a des Fünften Buches Sozialgesetzbuch genügen, soweit sie 500 Euro im Kalenderjahr nicht übersteigen;

[*ab* ***1. 1. 2015:***

34 a.[1] zusätzlich zum ohnehin geschuldeten Arbeitslohn erbrachte Leistungen des Arbeitgebers

a) an ein Dienstleistungsunternehmen, das den Arbeitnehmer hinsichtlich der Betreuung von Kindern oder pflegebedürftigen Angehörigen berät oder hierfür Betreuungspersonen vermittelt sowie

b) zur kurzfristigen Betreuung von Kindern im Sinne des § 32 Absatz 1, die das 14. Lebensjahr noch nicht vollendet haben oder die wegen einer vor Vollendung des 25. Lebensjahres eingetretenen körperlichen, geistigen oder seelischen Behinderung außerstande sind, sich selbst zu unterhalten oder pflegebedürftigen Angehörigen des Arbeitnehmers, wenn die Betreuung aus zwingenden und beruflich veranlassten Gründen notwendig ist, auch wenn sie im privaten Haushalt des Arbeitnehmers stattfindet, soweit die Leistungen 600 Euro im Kalenderjahr nicht übersteigen;]

35. die Einnahmen der bei der Deutsche Post AG, Deutsche Postbank AG oder Deutsche Telekom AG beschäftigten Beamten, soweit die Einnahmen ohne Neuordnung des Postwesens und der Telekommunikation nach den Nummern 11 bis 13 und 64 steuerfrei wären;

36. Einnahmen für Leistungen zur Grundpflege oder hauswirtschaftlichen Versorgung bis zur Höhe des Pflegegeldes nach § 37 des Elften Buches Sozialgesetzbuch, wenn diese Leistungen von Angehörigen des Pflegebedürftigen oder von anderen Personen, die damit eine sittliche Pflicht im Sinne des § 33 Absatz 2 gegenüber dem Pflegebedürftigen erfüllen, erbracht werden. [2]Entsprechendes gilt, wenn der Pflegebedürftige Pflegegeld aus privaten Versicherungsverträgen nach den Vorgaben des Elften Buches Sozialgesetzbuch oder eine Pauschalbeihilfe nach Beihilfevorschriften für häusliche Pflege erhält;

37.[2] *(aufgehoben)*

38.[3] Sachprämien, die der Steuerpflichtige für die persönliche Inanspruchnahme von Dienstleistungen von Unternehmen unentgeltlich erhält, die diese zum Zwecke der Kundenbindung im allgemeinen Geschäftsverkehr in einem jedermann zugänglichen planmäßigen Verfahren gewähren, soweit der Wert der Prämien 1080 Euro im Kalenderjahr nicht übersteigt;

---

[1] § 3 Nr. 34 a eingef. mWv 1. 1. 2015 durch G v. 22. 12. 2014 (BGBl. I S. 2417).
[2] § 3 Nr. 37 aufgeh. mWv VZ 2011 durch G v. 1. 11. 2011 (BGBl. I S. 2131).
[3] § 3 Nr. 38 bestätigt durch G v. 5. 4. 2011 (BGBl. I S. 554).

39.[1] der Vorteil des Arbeitnehmers im Rahmen eines gegenwärtigen Dienstverhältnisses aus der unentgeltlichen oder verbilligten Überlassung von Vermögensbeteiligungen im Sinne des § 2 Absatz 1 Nummer 1 Buchstabe a, b und *d bis l* [***ab VZ 2014:*** f bis l] und Absatz 2 bis 5 des Fünften Vermögensbildungsgesetzes in der Fassung der Bekanntmachung vom 4. März 1994 (BGBl. I S. 406), zuletzt geändert durch Artikel 2 des Gesetzes vom 7. März 2009 (BGBl. I S. 451), in der jeweils geltenden Fassung, am Unternehmen des Arbeitgebers, soweit der Vorteil insgesamt 360 Euro im Kalenderjahr nicht übersteigt. [2] Voraussetzung für die Steuerfreiheit ist, dass die Beteiligung mindestens allen Arbeitnehmern offensteht, die im Zeitpunkt der Bekanntgabe des Angebots ein Jahr oder länger ununterbrochen in einem gegenwärtigen Dienstverhältnis zum Unternehmen stehen. [3] Als Unternehmen des Arbeitgebers im Sinne des Satzes 1 gilt auch ein Unternehmen im Sinne des § 18 des Aktiengesetzes. [4] Als Wert der Vermögensbeteiligung ist der gemeine Wert anzusetzen;

40.[2] 40 Prozent

a)[3] der Betriebsvermögensmehrungen oder Einnahmen aus der Veräußerung oder der Entnahme von Anteilen an Körperschaften, Personenvereinigungen und Vermögensmassen, deren Leistungen beim Empfänger zu Einnahmen im Sinne des § 20 Absatz 1 Nummer 1 und 9 gehören, oder an einer Organgesellschaft im Sinne *der §§ 14, 17 oder 18* [***ab VZ 2014:*** des § 14 oder § 17] des Körperschaftsteuergesetzes, oder aus deren Auflösung oder Herabsetzung von deren Nennkapital oder aus dem Ansatz eines solchen Wirtschaftsguts mit dem Wert, der sich nach § 6 Absatz 1 Nummer 2 Satz 3 ergibt, soweit sie zu den Einkünften aus Land- und Forstwirtschaft, aus Gewerbebetrieb oder aus selbständiger Arbeit gehören. [2] Dies gilt nicht, soweit der Ansatz des niedrigeren Teilwerts in vollem Umfang zu einer Gewinnminderung geführt hat und soweit diese Gewinnminderung nicht durch Ansatz eines Werts, der sich nach § 6 Absatz 1 Nummer 2 Satz 3 ergibt, ausgeglichen worden ist. [3] Satz 1 gilt außer für Betriebsvermögensmehrungen aus dem Ansatz mit dem Wert, der sich nach § 6 Absatz 1 Nummer 2 Satz 3 ergibt, ebenfalls nicht, soweit Abzüge nach § 6b oder ähnliche Abzüge voll steuerwirksam vorgenommen worden sind,

b)[3] des Veräußerungspreises im Sinne des § 16 Absatz 2, soweit er auf die Veräußerung von Anteilen an Körperschaften, Personenvereinigungen und Vermögensmassen entfällt, deren Leistungen beim Empfänger zu Einnahmen im Sinne des § 20 Absatz 1 Nummer 1 und 9 gehören, oder an einer Organgesellschaft im Sinne *der §§ 14, 17 oder 18* [***ab VZ 2014:*** des § 14 oder § 17] des Körperschaftsteuergesetzes. [2] Satz 1 ist in den Fällen des § 16 Absatz 3 entsprechend anzuwenden. [3] Buchstabe a Satz 3 gilt entsprechend,

---

[1] § 3 Nr. 39 Satz 2 neu gef. (bish. Buchst. b wird neuer Satz) mWv Kj. 2009 durch G v. 8. 4. 2010 (BGBl. I S. 386); Satz 1 Verweis geänd. durch G v. 25. 7. 2014 (BGBl. I S. 1266).

[2] Zur erstmaligen bzw. zur weiteren Anwendung von § 3 Nr. 40 siehe § 52 Abs. 4 Sätze 5 bis 7.

[3] § 3 Nr. 40 Buchst. a Satz 1 und Buchst. b Satz 1 geänd. mWv VZ 2014 durch G v. 25. 7. 2014 (BGBl. I S. 1266).

c) des Veräußerungspreises oder des gemeinen Werts im Sinne des § 17 Absatz 2. 2 Satz 1 ist in den Fällen des § 17 Absatz 4 entsprechend anzuwenden,

d)[1] der Bezüge im Sinne des § 20 Absatz 1 Nummer 1 und der Einnahmen im Sinne des § 20 Absatz 1 Nummer 9. 2 Dies gilt *für sonstige Bezüge im Sinne des § 20 Absatz 1 Nummer 1 Satz 2 und der Einnahmen im Sinne des § 20 Absatz 1 Nummer 9 Satz 1 zweiter Halbsatz nur, soweit sie das Einkommen der leistenden Körperschaft nicht gemindert haben (§ 8 Absatz 3 Satz 2 des Körperschaftsteuergesetzes)* [***ab VZ 2014:*** nur, soweit sie das Einkommen der leistenden Körperschaft nicht gemindert haben]. 3 Satz 1 Buchstabe d Satz 2 gilt nicht, soweit eine verdeckte Gewinnausschüttung das Einkommen einer dem Steuerpflichtigen nahe stehenden Person erhöht hat und § 32 a des Körperschaftsteuergesetzes auf die Veranlagung dieser nahe stehenden Person keine Anwendung findet,

e) der Bezüge im Sinne des § 20 Absatz 1 Nummer 2,

f) der besonderen Entgelte oder Vorteile im Sinne des § 20 Absatz 3, die neben den in § 20 Absatz 1 Nummer 1 und Absatz 2 Satz 1 Nummer 2 Buchstabe a bezeichneten Einnahmen oder an deren Stelle gewährt werden,

g) des Gewinns aus der Veräußerung von Dividendenscheinen und sonstigen Ansprüchen im Sinne des § 20 Absatz 2 Satz 1 Nummer 2 Buchstabe a,

h) des Gewinns aus der Abtretung von Dividendenansprüchen oder sonstigen Ansprüchen im Sinne des § 20 Absatz 2 Satz 1 Nummer 2 Buchstabe a in Verbindung mit § 20 Absatz 2 Satz 2[2],

i) der Bezüge im Sinne des § 22 Nummer 1 Satz 2, soweit diese von einer nicht von der Körperschaftsteuer befreiten Körperschaft, Personenvereinigung oder Vermögensmasse stammen,

j)[3] *(aufgehoben)*

2 Dies gilt für Satz 1 Buchstabe d bis h nur in Verbindung mit § 20 Absatz 8. 3 Satz 1 Buchstabe a, b und d bis h ist nicht anzuwenden für Anteile, die bei Kreditinstituten und Finanzdienstleistungsinstituten nach § 1 a des Kreditwesengesetzes [***ab VZ 2014:*** in Verbindung mit den Artikeln 102 bis 106 der Verordnung (EU) Nr. 575/2013 des Europäischen Parlaments und des Rates vom 26. Juni 2013 über Aufsichtsanforderungen an Kreditinstitute und Wertpapierfirmen und zur Änderung der Verordnung (EU) Nr. 646/2012 (ABl. L 176 vom 27. 6. 2013, S. 1) oder unmittelbar nach den Artikeln 102 bis 106 der Verordnung (EU) Nr. 575/2013[4]] dem Handelsbuch zuzurechnen sind; Gleiches gilt für Anteile, die von Finanzunternehmen im Sinne des Gesetzes über das Kreditwesen mit dem Ziel der

---

1) § 3 Buchst. d Satz 2 neu gef. durch G v. 26. 6. 2013 (BGBl. I S. 1809); zur Anwendung siehe § 52 Abs. 4 Satz 7.

2) Zur Anwendung siehe § 52 Abs. 4 Sätze 8 und 9.

3) § 3 Nr. 40 Satz 1 Buchst. j aufgeh. mWv VZ 2009.

4) Klammerzusatz eingef. mWv VZ 2014 durch G v. 25. 7. 2014 (BGBl. I S. 1266).

kurzfristigen Erzielung eines Eigenhandelserfolges erworben werden. [4] Satz 3 zweiter Halbsatz gilt auch für Kreditinstitute, Finanzdienstleistungsinstitute und Finanzunternehmen mit Sitz in einem anderen Mitgliedstaat der Europäischen Union oder in einem anderen Vertragsstaat des EWR-Abkommens. [*ab VZ 2016:* [5] Satz 1 ist nicht anzuwenden bei Anteilen an Unterstützungskassen][1];

40 a.[2] 40 Prozent[3] der Vergütungen im Sinne des § 18 Absatz 1 Nummer 4;

41. a) Gewinnausschüttungen, soweit für das Kalenderjahr oder Wirtschaftsjahr, in dem sie bezogen werden, oder für die vorangegangenen sieben Kalenderjahre oder Wirtschaftsjahre aus einer Beteiligung an derselben ausländischen Gesellschaft Hinzurechnungsbeträge (§ 10 Absatz 2 des Außensteuergesetzes) der Einkommensteuer unterlegen haben, § 11 Absatz 1 und 2 des Außensteuergesetzes in der Fassung des Artikels 12 des Gesetzes vom 21. Dezember 1993 (BGBl. I S. 2310) nicht anzuwenden war und der Steuerpflichtige dies nachweist; § 3 c Absatz 2 gilt entsprechend;

    b) Gewinne aus der Veräußerung eines Anteils an einer ausländischen Kapitalgesellschaft sowie aus deren Auflösung oder Herabsetzung ihres Kapitals, soweit für das Kalenderjahr oder Wirtschaftsjahr, in dem sie bezogen werden, oder für die vorangegangenen sieben Kalenderjahre oder Wirtschaftsjahre aus einer Beteiligung an derselben ausländischen Gesellschaft Hinzurechnungsbeträge (§ 10 Absatz 2 des Außensteuergesetzes) der Einkommensteuer unterlegen haben, § 11 Absatz 1 und 2 des Außensteuergesetzes in der Fassung des Artikels 12 des Gesetzes vom 21. Dezember 1993 (BGBl. I S. 2310) nicht anzuwenden war, der Steuerpflichtige dies nachweist und der Hinzurechnungsbetrag ihm nicht als Gewinnanteil zugeflossen ist.

    [2] Die Prüfung, ob Hinzurechnungsbeträge der Einkommensteuer unterlegen haben, erfolgt im Rahmen der gesonderten Feststellung nach § 18 des Außensteuergesetzes;

42. die Zuwendungen, die auf Grund des Fulbright-Abkommens gezahlt werden;

43. der Ehrensold für Künstler sowie Zuwendungen aus Mitteln der Deutschen Künstlerhilfe, wenn es sich um Bezüge aus öffentlichen Mitteln handelt, die wegen der Bedürftigkeit des Künstlers gezahlt werden;

44.[4] Stipendien, die aus öffentlichen Mitteln oder von zwischenstaatlichen oder überstaatlichen Einrichtungen, denen die Bundesrepublik Deutschland als Mitglied angehört, zur Förderung der Forschung oder zur Förderung der wissenschaftlichen oder künstlerischen Ausbildung oder Fortbildung gewährt werden. [2] Das Gleiche gilt für Stipendien, die zu den in Satz 1 bezeichneten Zwecken von einer Einrichtung, die von einer Körperschaft des öffentlichen Rechts errichtet ist oder verwaltet wird, oder von einer Körperschaft, Personenvereinigung oder Vermögensmasse im Sinne des § 5 Ab-

---

[1] § 3 Nr. 40 Satz 5 angef. mWv VZ 2016 durch G v. 2. 11. 2015 (BGBl. I S. 1834).
[2] Zur Anwendung siehe § 52 Abs. 4 Sätze 8 und 9.
[3] Zur Anwendung siehe § 52 Abs. 4 Satz 9.
[4] § 3 Nr. 44 geänd. mWv VZ 2011 durch G v. 1. 11. 2011 (BGBl. I S. 2131).

satz 1 Nummer 9 des Körperschaftsteuergesetzes gegeben werden. [3]Voraussetzung für die Steuerfreiheit ist, dass

a) die Stipendien einen für die Erfüllung der Forschungsaufgabe oder für die Bestreitung des Lebensunterhalts und die Deckung des Ausbildungsbedarfs erforderlichen Betrag nicht übersteigen und nach den von dem Geber erlassenen Richtlinien vergeben werden,

b) der Empfänger im Zusammenhang mit dem Stipendium nicht zu einer bestimmten wissenschaftlichen oder künstlerischen Gegenleistung oder zu einer bestimmten Arbeitnehmertätigkeit verpflichtet ist;

45.[1)] die Vorteile des Arbeitnehmers aus der privaten Nutzung von betrieblichen Datenverarbeitungsgeräten und Telekommunikationsgeräten sowie deren Zubehör, aus zur privaten Nutzung überlassenen System- und Anwendungsprogrammen, die der Arbeitgeber auch in seinem Betrieb einsetzt, und aus den im Zusammenhang mit diesen Zuwendungen erbrachten Dienstleistungen. [***ab VZ 2015:*** [2]Satz 1 gilt entsprechend für Steuerpflichtige, denen die Vorteile im Rahmen einer Tätigkeit zugewendet werden, für die sie eine Aufwandsentschädigung im Sinne des § 3 Nummer 12 erhalten;]

46.[2)] *(aufgehoben)*

47. Leistungen nach § 14a Absatz 4 und § 14b des Arbeitsplatzschutzgesetzes;

48.[3)] Leistungen nach dem Unterhaltssicherungsgesetz, *soweit sie nicht nach dessen § 15 Absatz 1 Satz 2 steuerpflichtig sind* [***ab 1. 11. 2015:*** mit Ausnahme der Leistungen nach § 7 des Unterhaltssicherungsgesetzes];

49.[2)] *(aufgehoben)*

50. die Beträge, die der Arbeitnehmer vom Arbeitgeber erhält, um sie für ihn auszugeben (durchlaufende Gelder), und die Beträge, durch die Auslagen des Arbeitnehmers für den Arbeitgeber ersetzt werden (Auslagenersatz);

51. Trinkgelder, die anlässlich einer Arbeitsleistung dem Arbeitnehmer von Dritten freiwillig und ohne dass ein Rechtsanspruch auf sie besteht, zusätzlich zu dem Betrag gegeben werden, der für diese Arbeitsleistung zu zahlen ist;

52. (weggefallen)

53.[4)] die Übertragung von Wertguthaben nach § 7f Absatz 1 Satz 1 Nummer 2 des Vierten Buches Sozialgesetzbuch auf die Deutsche Rentenversicherung Bund. [2]Die Leistungen aus dem Wertguthaben durch die Deutsche Rentenversicherung Bund gehören zu den Einkünften aus nichtselbständiger Arbeit im Sinne des § 19. [3]Von ihnen ist Lohnsteuer einzubehalten;

54. Zinsen aus Entschädigungsansprüchen für deutsche Auslandsbonds im Sinne der §§ 52 bis 54 des Bereinigungsgesetzes für deutsche Auslandsbonds in der im Bundesgesetzblatt Teil III, Gliederungsnummer 4139-2,

---

[1)] § 3 Nr. 45 neu gef. durch G v. 8. 5. 2012 (BGBl. I S. 1030); Satz 2 angef. mWv VZ 2015 durch G v. 22. 12. 2014 (BGBl. I S. 2417).

[2)] § 3 Nrn. 46 und 49 aufgeh. mWv VZ 2011 durch G v. 1. 11. 2011 (BGBl. I S. 2131).

[3)] § 3 Nr. 48 geänd. mWv 1. 11. 2015 durch G v. 29. 6. 2015 (BGBl. I S. 1061); das Unterhaltssicherungsgesetz v. 26. 8. 2008 (BGBl. I S. 2008) idF des G v. 29. 6. 2015 tritt mWv 1. 11. 2005 außer Kraft.

[4)] § 3 Nr. 53 eingef. mWv VZ 2009 durch G v. 19. 12. 2008 (BGBl. I S. 2794).

veröffentlichten bereinigten Fassung, soweit sich die Entschädigungsansprüche gegen den Bund oder die Länder richten. 2 Das Gleiche gilt für die Zinsen aus Schuldverschreibungen und Schuldbuchforderungen, die nach den §§ 9, 10 und 14 des Gesetzes zur näheren Regelung der Entschädigungsansprüche für Auslandsbonds in der im Bundesgesetzblatt Teil III, Gliederungsnummer 4139-3, veröffentlichten bereinigten Fassung vom Bund oder von den Ländern für Entschädigungsansprüche erteilt oder eingetragen werden;

55.[1] der in den Fällen des § 4 Absatz 2 Nummer 2 und Absatz 3 des Betriebsrentengesetzes vom 19. Dezember 1974 (BGBl. I S. 3610), das zuletzt durch Artikel 8 des Gesetzes vom 5. Juli 2004 (BGBl. I S. 1427) geändert worden ist, in der jeweils geltenden Fassung geleistete Übertragungswert nach § 4 Absatz 5 des Betriebsrentengesetzes, wenn die betriebliche Altersversorgung beim ehemaligen und neuen Arbeitgeber über einen Pensionsfonds, eine Pensionskasse oder ein Unternehmen der Lebensversicherung durchgeführt wird. 2 Satz 1 gilt auch, wenn der Übertragungswert vom ehemaligen Arbeitgeber oder von einer Unterstützungskasse an den neuen Arbeitgeber oder eine andere Unterstützungskasse geleistet wird. 3 Die Leistungen des neuen Arbeitgebers, der Unterstützungskasse, des Pensionsfonds, der Pensionskasse oder des Unternehmens der Lebensversicherung auf Grund des Betrags nach Satz 1 und 2 gehören zu den Einkünften, zu denen die Leistungen gehören würden, wenn die Übertragung nach § 4 Absatz 2 Nummer 2 und Absatz 3 des Betriebsrentengesetzes nicht stattgefunden hätte;

55 a.[2] die nach § 10 des Versorgungsausgleichsgesetzes vom 3. April 2009 (BGBl. I S. 700) in der jeweils geltenden Fassung (interne Teilung) durchgeführte Übertragung von Anrechten für die ausgleichsberechtigte Person zu Lasten von Anrechten der ausgleichspflichtigen Person. 2 Die Leistungen aus diesen Anrechten gehören bei der ausgleichsberechtigten Person zu den Einkünften, zu denen die Leistungen bei der ausgleichspflichtigen Person gehören würden, wenn die interne Teilung nicht stattgefunden hätte;

55 b.[2] der nach § 14 des Versorgungsausgleichsgesetzes (externe Teilung) geleistete Ausgleichswert zur Begründung von Anrechten für die ausgleichsberechtigte Person zu Lasten von Anrechten der ausgleichspflichtigen Person, soweit Leistungen aus diesen Anrechten zu steuerpflichtigen Einkünften nach den §§ 19, 20 und 22 führen würden. 2 Satz 1 gilt nicht, soweit Leistungen, die auf dem begründeten Anrecht beruhen, bei der ausgleichsberechtigten Person zu Einkünften nach § 20 Absatz 1 Nummer 6 oder § 22 Nummer 1 Satz 3 Buchstabe a Doppelbuchstabe bb führen würden. 3 Der Versorgungsträger der ausgleichspflichtigen Person hat den Versorgungsträger der ausgleichsberechtigten Person über die für die Besteuerung der Leistungen erforderlichen Grundlagen zu informieren. 4 Dies gilt nicht, wenn der Versorgungsträger der ausgleichsberechtigten Person die Grundlagen bereits

---

[1] Siehe § 82 Abs. 4 Nr. 5.

[2] § 3 Nrn. 55 a und 55 b eingef. durch G v. 3. 4. 2009 (BGBl. I S. 700); siehe § 82 Abs. 4 Nr. 5.

kennt oder aus den bei ihm vorhandenen Daten feststellen kann und dieser Umstand dem Versorgungsträger der ausgleichspflichtigen Person mitgeteilt worden ist;

55 c.[1] Übertragungen von Altersvorsorgevermögen im Sinne des § 92 auf einen anderen auf den Namen des Steuerpflichtigen lautenden Altersvorsorgevertrag (§ 1 Absatz 1 Satz 1 Nummer 10 Buchstabe b des Altersvorsorgeverträge-Zertifizierungsgesetzes), soweit die Leistungen zu steuerpflichtigen Einkünften nach § 22 Nummer 5 führen würden. [2] Dies gilt entsprechend

a) wenn Anwartschaften der betrieblichen Altersversorgung abgefunden werden, soweit das Altersvorsorgvermögen zugunsten eines auf den Namen des Steuerpflichtigen lautenden Altersvorsorgevertrages geleistet wird,

b) wenn im Fall des Todes des Steuerpflichtigen das Altersvorsorgevermögen auf einen auf den Namen des Ehegatten lautenden Altersvorsorgevertrag übertragen wird, wenn die Ehegatten im Zeitpunkt des Todes des Zulageberechtigten nicht dauernd getrennt gelebt haben (§ 26 Absatz 1) und ihren Wohnsitz oder gewöhnlichen Aufenthalt in einem Mitgliedstaat der Europäischen Union oder einen Staat hatten, auf den das Abkommen über den Europäischen Wirtschaftsraum anwendbar ist;

55 d.[1] Übertragungen von Anrechten aus einem nach § 5 a Altersvorsorgeverträge-Zertifizierungsgesetz zertifizierten Vertrag auf einen anderen auf den Namen des Steuerpflichtigen lautenden nach § 5 a Altersvorsorgeverträge-Zertifizierungsgesetz zertifizierten Vertrag;

55 e.[1] die auf Grund eines Abkommens mit einer zwischen- oder überstaatlichen Einrichtung übertragenen Werte von Anrechten auf Altersversorgung, soweit diese zur Begründung von Anrechten auf Altersversorgung bei einer zwischen- oder überstaatlichen Einrichtung dienen. [2] Die Leistungen auf Grund des Betrags nach Satz 1 gehören zu den Einkünften, zu denen die Leistungen gehören, die die übernehmende Versorgungseinrichtung im Übrigen erbringt;

56. Zuwendungen des Arbeitgebers nach § 19 Absatz 1 Satz 1 Nummer 3 Satz 1 aus dem ersten Dienstverhältnis an eine Pensionskasse zum Aufbau einer nicht kapitalgedeckten betrieblichen Altersversorgung, bei der eine Auszahlung der zugesagten Alters-, Invaliditäts- oder Hinterbliebenenversorgung in Form einer Rente oder eines Auszahlungsplans (§ 1 Absatz 1 Satz 1 Nummer 4 des Altersvorsorgeverträge-Zertifizierungsgesetzes) vorgesehen ist, soweit diese Zuwendungen im Kalenderjahr 1 Prozent der Beitragsbemessungsgrenze in der allgemeinen Rentenversicherung nicht übersteigen. [2] Der in Satz 1 genannte Höchstbetrag erhöht sich ab 1. Januar 2014 auf 2 Prozent, ab 1. Januar 2020 auf 3 Prozent und ab 1. Januar 2025 auf 4 Prozent der Beitragsbemessungsgrenze in der allgemeinen Rentenversicherung. [3] Die Beträge nach den Sätzen 1 und 2 sind jeweils um die nach § 3 Nummer 63 Satz 1, 3 oder Satz 4 steuerfreien Beträge zu mindern;

---

[1] § 3 Nrn. 55 c, 55 d, 55 e eingef. mWv VZ 2011 durch G v. 7. 12. 2011 (BGBl. I S. 2592).

57. die Beträge, die die Künstlersozialkasse zugunsten des nach dem Künstlersozialversicherungsgesetz Versicherten aus dem Aufkommen von Künstlersozialabgabe und Bundeszuschuss an einen Träger der Sozialversicherung oder an den Versicherten zahlt;
58. das Wohngeld nach dem Wohngeldgesetz, die sonstigen Leistungen aus öffentlichen Haushalten oder Zweckvermögen zur Senkung der Miete oder Belastung im Sinne des § 11 Absatz 2 Nummer 4 des Wohngeldgesetzes sowie öffentliche Zuschüsse zur Deckung laufender Aufwendungen und Zinsvorteile bei Darlehen, die aus öffentlichen Haushalten gewährt werden, für eine zu eigenen Wohnzwecken genutzte Wohnung im eigenen Haus oder eine zu eigenen Wohnzwecken genutzte Eigentumswohnung, soweit die Zuschüsse und Zinsvorteile die Vorteile aus einer entsprechenden Förderung mit öffentlichen Mitteln nach dem *Zweiten Wohnungsbaugesetz*[1]), dem Wohnraumförderungsgesetz oder einem Landesgesetz zur Wohnraumförderung nicht überschreiten, der Zuschuss für die Wohneigentumsbildung in innerstädtischen Altbauquartieren nach den Regelungen zum Stadtumbau Ost in den Verwaltungsvereinbarungen über die Gewährung von Finanzhilfen des Bundes an die Länder nach Artikel 104 a Absatz 4 des Grundgesetzes zur Förderung städtebaulicher Maßnahmen;
59. die Zusatzförderung nach *§ 88 e des Zweiten Wohnungsbaugesetzes*[1]) und nach § 51 f des Wohnungsbaugesetzes für das Saarland und Geldleistungen, die ein Mieter zum Zwecke der Wohnkostenentlastung nach dem Wohnraumförderungsgesetz oder einem Landesgesetz zur Wohnraumförderung erhält, soweit die Einkünfte dem Mieter zuzurechnen sind, und die Vorteile aus einer mietweisen Wohnungsüberlassung im Zusammenhang mit einem Arbeitsverhältnis, soweit sie die Vorteile aus einer entsprechenden Förderung nach dem Zweiten Wohnungsbaugesetz, nach dem Wohnraumförderungsgesetz oder einem Landesgesetz zur Wohnraumförderung nicht überschreiten;
60. Leistungen aus öffentlichen Mitteln an Arbeitnehmer des Steinkohlen-, Pechkohlen- und Erzbergbaues, des Braunkohlentiefbaues und der Eisen- und Stahlindustrie aus Anlass von Stillegungs-, Einschränkungs-, Umstellungs- oder Rationalisierungsmaßnahmen;
61. Leistungen nach § 4 Absatz 1 Nummer 2, § 7 Absatz 3, §§ 9, 10 Absatz 1, §§ 13, 15 des Entwicklungshelfer-Gesetzes;
62. Ausgaben des Arbeitgebers für die Zukunftssicherung des Arbeitnehmers, soweit der Arbeitgeber dazu nach sozialversicherungsrechtlichen oder anderen gesetzlichen Vorschriften oder nach einer auf gesetzlicher Ermächtigung beruhenden Bestimmung verpflichtet ist, und es sich nicht um Zuwendungen oder Beiträge des Arbeitgebers nach den Nummern 56 und 63 handelt. [2]Den Ausgaben des Arbeitgebers für die Zukunftssicherung, die auf Grund gesetzlicher Verpflichtung geleistet werden, werden gleichgestellt Zuschüsse des Arbeitgebers zu den Aufwendungen des Arbeitnehmers

    a) für eine Lebensversicherung,

---

[1]) Zweites Wohnungsbaugesetz aufgeh. mWv 1. 1. 2002 durch WoFG v. 13. 9. 2001 (BGBl. I S. 2376); zur weiteren Anwendung siehe § 48 WoFG v. 13. 9. 2001 (BGBl. I S. 2376).

b) für die freiwillige Versicherung in der gesetzlichen Rentenversicherung,

c) für eine öffentlich-rechtliche Versicherungs- oder Versorgungseinrichtung seiner Berufsgruppe,

wenn der Arbeitnehmer von der Versicherungspflicht in der gesetzlichen Rentenversicherung befreit worden ist. [3]Die Zuschüsse sind nur insoweit steuerfrei, als sie insgesamt bei Befreiung von der Versicherungspflicht in der allgemeinen Rentenversicherung die Hälfte und bei Befreiung von der Versicherungspflicht in der knappschaftlichen Rentenversicherung zwei Drittel der Gesamtaufwendungen des Arbeitnehmers nicht übersteigen und nicht höher sind als der Betrag, der als Arbeitgeberanteil bei Versicherungspflicht in der allgemeinen Rentenversicherung oder in der knappschaftlichen Rentenversicherung zu zahlen wäre. [4]Die Sätze 2 und 3 gelten sinngemäß für Beiträge des Arbeitgebers zu einer Pensionskasse, wenn der Arbeitnehmer bei diesem Arbeitgeber nicht im Inland beschäftigt ist und der Arbeitgeber keine Beiträge zur gesetzlichen Rentenversicherung im Inland leistet; Beiträge des Arbeitgebers zu einer Rentenversicherung auf Grund gesetzlicher Verpflichtung sind anzurechnen;

63.[1)] Beiträge des Arbeitgebers aus dem ersten Dienstverhältnis an einen Pensionsfonds, eine Pensionskasse oder für eine Direktversicherung zum Aufbau einer kapitalgedeckten betrieblichen Altersversorgung, bei der eine Auszahlung der zugesagten Alters-, Invaliditäts- oder Hinterbliebenenversorgungsleistungen in Form einer Rente oder eines Auszahlungsplans (§ 1 Absatz 1 Satz 1 Nummer 4 des Altersvorsorgeverträge-Zertifizierungsgesetzes vom 26. Juni 2001 (BGBl. I S. 1310, 1322), das zuletzt durch Artikel 7 des Gesetzes vom 5. Juli 2004 (BGBl. I S. 1427) geändert worden ist, in der jeweils geltenden Fassung) vorgesehen ist, soweit die Beiträge im Kalenderjahr 4 Prozent der Beitragsbemessungsgrenze in der allgemeinen Rentenversicherung nicht übersteigen. [2]Dies gilt nicht, soweit der Arbeitnehmer nach § 1a Absatz 3 des Betriebsrentengesetzes verlangt hat, dass die Voraussetzungen für eine Förderung nach § 10a oder Abschnitt XI erfüllt werden. [3]Der Höchstbetrag nach Satz 1 erhöht sich um 1800 Euro, wenn die Beiträge im Sinne des Satzes 1 auf Grund einer Versorgungszusage geleistet werden, die nach dem 31. Dezember 2004 erteilt wurde. [4]Aus Anlass der Beendigung des Dienstverhältnisses geleistete Beiträge im Sinne des Satzes 1 sind steuerfrei, soweit sie 1800 Euro vervielfältigt mit der Anzahl der Kalenderjahre, in denen das Dienstverhältnis des Arbeitnehmers zu dem Arbeitgeber bestanden hat, nicht übersteigen; der vervielfältigte Betrag vermindert sich um die nach den Sätzen 1 und 3 steuerfreien Beiträge, die der Arbeitgeber in dem Kalenderjahr, in dem das Dienstverhältnis beendet wird, und in den sechs vorangegangenen Kalenderjahren erbracht hat; Kalenderjahre vor 2005 sind dabei jeweils nicht zu berücksichtigen;

64. bei Arbeitnehmern, die zu einer inländischen juristischen Person des öffentlichen Rechts in einem Dienstverhältnis stehen und dafür Arbeitslohn aus einer inländischen öffentlichen Kasse beziehen, die Bezüge für eine Tätigkeit im Ausland insoweit, als sie den Arbeitslohn übersteigen, der

---

[1)] Zur Anwendung siehe § 52 Abs. 4 Sätze 10 bis 12.

dem Arbeitnehmer bei einer gleichwertigen Tätigkeit am Ort der zahlenden öffentlichen Kasse zustehen würde. [2]Satz 1 gilt auch, wenn das Dienstverhältnis zu einer anderen Person besteht, die den Arbeitslohn entsprechend den im Sinne des Satzes 1 geltenden Vorschriften ermittelt, der Arbeitslohn aus einer öffentlichen Kasse gezahlt wird und ganz oder im Wesentlichen aus öffentlichen Mitteln aufgebracht wird. [3]Bei anderen für einen begrenzten Zeitraum in das Ausland entsandten Arbeitnehmern, die dort einen Wohnsitz oder gewöhnlichen Aufenthalt haben, ist der ihnen von einem inländischen Arbeitgeber gewährte Kaufkraftausgleich steuerfrei, soweit er den für vergleichbare Auslandsdienstbezüge nach § 55 des Bundesbesoldungsgesetzes zulässigen Betrag nicht übersteigt;

65. a) Beiträge des Trägers der Insolvenzsicherung (§ 14 des Betriebsrentengesetzes)[1)] zugunsten eines Versorgungsberechtigten und seiner Hinterbliebenen an eine Pensionskasse oder ein Unternehmen der Lebensversicherung zur Ablösung von Verpflichtungen, die der Träger der Insolvenzsicherung im Sicherungsfall gegenüber dem Versorgungsberechtigten und seinen Hinterbliebenen hat,

b) Leistungen zur Übernahme von Versorgungsleistungen oder unverfallbaren Versorgungsanwartschaften durch eine Pensionskasse oder ein Unternehmen der Lebensversicherung in den in § 4 Absatz 4 des Betriebsrentengesetzes[1)] bezeichneten Fällen und

c) der Erwerb von Ansprüchen durch den Arbeitnehmer gegenüber einem Dritten im Fall der Eröffnung des Insolvenzverfahrens oder in den Fällen des § 7 Absatz 1 Satz 4 des Betriebsrentengesetzes[1)], soweit der Dritte neben dem Arbeitgeber für die Erfüllung von Ansprüchen auf Grund bestehender Versorgungsverpflichtungen oder Versorgungsanwartschaften gegenüber dem Arbeitnehmer und dessen Hinterbliebenen einsteht; dies gilt entsprechend, wenn der Dritte für Wertguthaben aus einer Vereinbarung über die Altersteilzeit nach dem Altersteilzeitgesetz vom 23. Juli 1996 (BGBl. I S. 1078), zuletzt geändert durch Artikel 234 der Verordnung vom 31. Oktober 2006 (BGBl. I S. 2407), in der jeweils geltenden Fassung oder auf Grund von Wertguthaben aus einem Arbeitszeitkonto in den im ersten Halbsatz genannten Fällen für den Arbeitgeber einsteht.

[2]In den Fällen nach Buchstabe a, b und c gehören die Leistungen der Pensionskasse, des Unternehmens der Lebensversicherung oder des Dritten zu den Einkünften, zu denen jene Leistungen gehören würden, die ohne Eintritt eines Falles nach Buchstabe a, b und c zu erbringen wären. [3]Soweit sie zu den Einkünften aus nichtselbständiger Arbeit im Sinne des § 19 gehören, ist von ihnen Lohnsteuer einzubehalten. [4]Für die Erhebung der Lohnsteuer gelten die Pensionskasse, das Unternehmen der Lebensversicherung oder der Dritte als Arbeitgeber und der Leistungsempfänger als Arbeitnehmer;

66. Leistungen eines Arbeitgebers oder einer Unterstützungskasse an einen Pensionsfonds zur Übernahme bestehender Versorgungsverpflichtungen oder

---

1) Nr. **70**.

Versorgungsanwartschaften durch den Pensionsfonds, wenn ein Antrag nach § 4 d Absatz 3 oder § 4 e Absatz 3 gestellt worden ist;

[Fassung bis 31. 12. 2014:]

67. das Erziehungsgeld nach dem Bundeserziehungsgeldgesetz[1] und vergleichbare Leistungen der Länder, das Elterngeld nach dem Bundeselterngeld- und Elternzeitgesetz[2] und vergleichbare Leistungen der Länder sowie Leistungen für Kindererziehung an Mütter der Geburtsjahrgänge vor 1921 nach den §§ 294 bis 299 des Sechsten Buches Sozialgesetzbuch und die Zuschläge nach den §§ 50 a bis 50 e des Beamtenversorgungsgesetzes oder den §§ 70 bis 74 des Soldatenversorgungsgesetzes;

[Fassung ab 1. 1. 2015:][3]

67. a) das Erziehungsgeld nach dem Bundeserziehungsgeldgesetz[1] und vergleichbare Leistungen der Länder,
b) das Elterngeld nach dem Bundeselterngeld- und Elternzeitgesetz[2] und vergleichbare Leistungen der Länder,
c) Leistungen für Kindererziehung an Mütter der Geburtsjahrgänge vor 1921 nach den §§ 294 bis 299 des Sechsten Buches Sozialgesetzbuch sowie
d) Zuschläge, die nach den §§ 50 a bis 50e des Beamtenversorgungsgesetzes oder nach den §§ 70 bis 74 des Soldatenversorgungsgesetzes oder nach vergleichbaren Regelungen der Länder für ein vor dem 1. Januar 2015 geborenes Kind oder für eine vor dem 1. Januar 2015 begonnene Zeit der Pflege einer pflegebedürftigen Person zu gewähren sind; im Falle des Zusammentreffens von Zeiten für mehrere Kinder nach § 50b des Beamtenversorgungsgesetzes oder § 71 des Soldatenversorgungsgesetzes oder nach vergleichbaren Regelungen der Länder gilt dies, wenn eines der Kinder vor dem 1. Januar 2015 geboren ist;

68. die Hilfen nach dem Gesetz über die Hilfe für durch Anti-D-Immunprophylaxe mit dem Hepatitis-C-Virus infizierte Personen vom 2. August 2000 (BGBl. I S. 1270);

69. die von der Stiftung „Humanitäre Hilfe für durch Blutprodukte HIV-infizierte Personen" nach dem HIV-Hilfegesetz vom 24. Juli 1995 (BGBl. I S. 972) gewährten Leistungen;

---

[1] Nr. **61**.
[2] Nr. **62**.
[3] § 3 Nr. 67 neu gef. mWv 1. 1. 2015 durch G v. 22. 12. 2014 (BGBl. I S. 2417).

70. die Hälfte

a) der Betriebsvermögensmehrungen oder Einnahmen aus der Veräußerung von Grund und Boden und Gebäuden, die am 1. Januar 2007 mindestens fünf Jahre zum Anlagevermögen eines inländischen Betriebsvermögens des Steuerpflichtigen gehören, wenn diese auf Grund eines nach dem 31. Dezember 2006 und vor dem 1. Januar 2010 rechtswirksam abgeschlossenen obligatorischen Vertrages an eine REIT-Aktiengesellschaft oder einen Vor-REIT veräußert werden,

b) der Betriebsvermögensmehrungen, die auf Grund der Eintragung eines Steuerpflichtigen in das Handelsregister als REIT-Aktiengesellschaft im Sinne des REIT-Gesetzes vom 28. Mai 2007 (BGBl. I S. 914) durch Anwendung des § 13 Absatz 1 und 3 Satz 1 des Körperschaftsteuergesetzes auf Grund und Boden und Gebäude entstehen, wenn diese Wirtschaftsgüter vor dem 1. Januar 2005 angeschafft oder hergestellt wurden, und die Schlussbilanz im Sinne des § 13 Absatz 1 und 3 des Körperschaftsteuergesetzes auf einen Zeitpunkt vor dem 1. Januar 2010 aufzustellen ist.

[2] Satz 1 ist nicht anzuwenden,

a) wenn der Steuerpflichtige den Betrieb veräußert oder aufgibt und der Veräußerungsgewinn nach § 34 besteuert wird,

b) soweit der Steuerpflichtige von den Regelungen der §§ 6b und 6c Gebrauch macht,

c) soweit der Ansatz des niedrigeren Teilwerts in vollem Umfang zu einer Gewinnminderung geführt hat und soweit diese Gewinnminderung nicht durch den Ansatz eines Werts, der sich nach § 6 Absatz 1 Nummer 1 Satz 4 ergibt, ausgeglichen worden ist,

d) wenn im Fall des Satzes 1 Buchstabe a der Buchwert zuzüglich der Veräußerungskosten den Veräußerungserlös oder im Fall des Satzes 1 Buchstabe b der Buchwert den Teilwert übersteigt. [2] Ermittelt der Steuerpflichtige den Gewinn nach § 4 Abs. 3, treten an die Stelle des Buchwerts die Anschaffungs- oder Herstellungskosten verringert um die vorgenommenen Absetzungen für Abnutzung oder Substanzverringerung,

e) soweit vom Steuerpflichtigen in der Vergangenheit Abzüge bei den Anschaffungs- oder Herstellungskosten von Wirtschaftsgütern im Sinne des Satzes 1 nach § 6b oder ähnliche Abzüge voll steuerwirksam vorgenommen worden sind,

f) wenn es sich um eine Übertragung im Zusammenhang mit Rechtsvorgängen handelt, die dem Umwandlungssteuergesetz unterliegen und die Übertragung zu einem Wert unterhalb des gemeinen Werts erfolgt.

[3] Die Steuerbefreiung entfällt rückwirkend, wenn

a) innerhalb eines Zeitraums von vier Jahren seit dem Vertragsschluss im Sinne des Satzes 1 Buchstabe a der Erwerber oder innerhalb eines Zeitraums von vier Jahren nach dem Stichtag der Schlussbilanz im Sinne des Satzes 1 Buchstabe b die REIT-Aktiengesellschaft den Grund und Boden oder das Gebäude veräußert, b)[1] der Vor-REIT oder ein anderer Vor-REIT als sein Gesamtrechtsnachfolger den Status als Vor-REIT gemäß § 10 Absatz 3 Satz 1 des REIT-Gesetzes verliert,

c) die REIT-Aktiengesellschaft innerhalb eines Zeitraums von vier Jahren seit dem Vertragsschluss im Sinne des Satzes 1 Buchstabe a oder nach dem Stichtag der Schlussbilanz im Sinne des Satzes 1 Buchstabe b in keinem Veranlagungszeitraum die Voraussetzungen für die Steuerbefreiung erfüllt,

d) die Steuerbefreiung der REIT-Aktiengesellschaft innerhalb eines Zeitraums von vier Jahren seit dem Vertragsschluss im Sinne des Satzes 1 Buchstabe a oder nach dem Stichtag der Schlussbilanz im Sinne des Satzes 1 Buchstabe b endet,

e) das Bundeszentralamt für Steuern dem Erwerber im Sinne des Satzes 1 Buchstabe a den Status als Vor-REIT im Sinne des § 2 Satz 4 des REIT-Gesetzes vom 28. Mai 2007 (BGBl. I S. 914) bestandskräftig aberkannt hat.

4 Die Steuerbefreiung entfällt auch rückwirkend, wenn die Wirtschaftsgüter im Sinne des Satzes 1 Buchstabe a vom Erwerber an den Veräußerer oder eine ihm nahe stehende Person im Sinne des § 1 Abs. 2 des Außensteuergesetzes überlassen werden und der Veräußerer oder eine ihm nahe stehende Person im Sinne des § 1 Abs. 2 des Außensteuergesetzes nach Ablauf einer Frist von zwei Jahren seit Eintragung des Erwerbers als REIT-Aktiengesellschaft in das Handelsregister an dieser mittelbar oder unmittelbar zu mehr als 50 Prozent beteiligt ist. 5 Der Grundstückserwerber haftet für die sich aus dem rückwirkenden Wegfall der Steuerbefreiung ergebenden Steuern;

71.[2] die aus einer öffentlichen Kasse gezahlten Zuschüsse für den Erwerb eines Anteils an einer Kapitalgesellschaft in Höhe von 20 Prozent der Anschaffungskosten, höchstens jedoch 50 000 Euro. 2 Voraussetzung ist, dass

a) der Anteil an der Kapitalgesellschaft länger als drei Jahre gehalten wird,

b) die Kapitalgesellschaft, deren Anteile erworben werden,

  aa) nicht älter ist als zehn Jahre, wobei das Datum der Eintragung der Gesellschaft in das Handelsregister maßgeblich ist,

  bb) weniger als 50 Mitarbeiter (Vollzeitäquivalente) hat,

  cc) einen Jahresumsatz oder eine Jahresbilanzsumme von höchstens 10 Millionen Euro hat und

  dd) nicht börsennotiert ist und keinen Börsengang vorbereitet,

c) der Zuschussempfänger das 18. Lebensjahr vollendet hat oder eine GmbH ist, deren Anteilseigner das 18. Lebensjahr vollendet haben und

d) für den Erwerb des Anteils kein Fremdkapital eingesetzt wird.

---

[1] § 3 Nr. 70 Satz 3 Buchst. b neu gef. durch G v. 22. 6. 2011 (BGBl. I S. 1126).

[2] § 3 Nr. 71 angef. durch G v. 22. 12. 2014 (BGBl. I S. 2417); zur Anwendung ab VZ 2013 siehe § 52 Abs. 4 Satz 13.

§ 3 a. (weggefallen)

§ 3 b Steuerfreiheit von Zuschlägen für Sonntags-, Feiertags- oder Nachtarbeit. (1) Steuerfrei sind Zuschläge, die für tatsächlich geleistete Sonntags-, Feiertags- oder Nachtarbeit neben dem Grundlohn gezahlt werden, soweit sie

1. für Nachtarbeit 25 Prozent,
2. vorbehaltlich der Nummern 3 und 4 für Sonntagsarbeit 50 Prozent,
3. vorbehaltlich der Nummer 4 für Arbeit am 31. Dezember ab 14 Uhr und an den gesetzlichen Feiertagen 125 Prozent,
4. für Arbeit am 24. Dezember ab 14 Uhr, am 25. und 26. Dezember sowie am 1. Mai 150 Prozent

des Grundlohns nicht übersteigen.

(2) [1] Grundlohn ist der laufende Arbeitslohn, der dem Arbeitnehmer bei der für ihn maßgebenden regelmäßigen Arbeitszeit für den jeweiligen Lohnzahlungszeitraum zusteht; er ist in einen Stundenlohn umzurechnen und mit höchstens 50 Euro anzusetzen. [2] Nachtarbeit ist die Arbeit in der Zeit von 20 Uhr bis 6 Uhr. [3] Sonntagsarbeit und Feiertagsarbeit ist die Arbeit in der Zeit von 0 Uhr bis 24 Uhr des jeweiligen Tages. [4] Die gesetzlichen Feiertage werden durch die am Ort der Arbeitsstätte geltenden Vorschriften bestimmt.

(3) Wenn die Nachtarbeit vor 0 Uhr aufgenommen wird, gilt abweichend von den Absätzen 1 und 2 Folgendes:

1. Für Nachtarbeit in der Zeit von 0 Uhr bis 4 Uhr erhöht sich der Zuschlagssatz auf 40 Prozent,
2. als Sonntagsarbeit und Feiertagsarbeit gilt auch die Arbeit in der Zeit von 0 Uhr bis 4 Uhr des auf den Sonntag oder Feiertag folgenden Tages.

§ 3 c Anteilige Abzüge. (1) Ausgaben dürfen, soweit sie mit steuerfreien Einnahmen in unmittelbarem wirtschaftlichen Zusammenhang stehen, nicht als Betriebsausgaben oder Werbungskosten abgezogen werden; Absatz 2 bleibt unberührt.

(2)[1)·2)] [1] Betriebsvermögensminderungen, Betriebsausgaben, Veräußerungskosten oder Werbungskosten, die mit den dem § 3 Nummer 40 zugrunde liegenden Betriebsvermögensmehrungen oder Einnahmen oder mit Vergütungen nach § 3 Nummer 40 a in wirtschaftlichem Zusammenhang stehen, dürfen unabhängig davon, in welchem Veranlagungszeitraum die Betriebsvermögensmehrungen oder Einnahmen anfallen, bei der Ermittlung der Einkünfte nur zu 60 Prozent abgezogen werden; Entsprechendes gilt, wenn bei der Ermittlung der Einkünfte der Wert des Betriebsvermögens oder des Anteils am Betriebsvermögen oder die Anschaffungs- oder Herstellungskosten oder

1) Zur erstmaligen bzw. zur weiteren Anwendung von § 3 c Abs. 2 siehe § 52 Abs. 5.

2) § 3 c Abs. 2 Satz 1 geänd. durch G v. 14. 8. 2007 (BGBl. I S. 1912); Abs. 2 Satz 2 eingef., bish. Sätze 2 und 3 werden Sätze 3 und 4 durch G v. 8. 12. 2010 (BGBl. I S. 1768); Abs. 2 Sätze 2 bis 6 eingef., bish. Sätze 2 bis 4 werden Sätze 7 bis 9 durch G v. 22. 12. 2014 (BGBl. I S. 2417); zur Anwendung siehe § 52 Abs. 5 Satz 2.

der an deren Stelle tretende Wert mindernd zu berücksichtigen sind. [*ab 1. 1. 2015:* [2] Satz 1 ist auch für Betriebsvermögensminderungen oder Betriebsausgaben im Zusammenhang mit einer Darlehensforderung oder aus der Inanspruchnahme von Sicherheiten anzuwenden, die für ein Darlehen hingegeben wurden, wenn das Darlehen oder die Sicherheit von einem Steuerpflichtigen gewährt wird, der zu mehr als einem Viertel unmittelbar oder mittelbar am Grund- oder Stammkapital der Körperschaft, der das Darlehen gewährt wurde, beteiligt ist oder war. [3] Satz 2 ist insoweit nicht anzuwenden, als nachgewiesen wird, dass auch ein fremder Dritter das Darlehen bei sonst gleichen Umständen gewährt oder noch nicht zurückgefordert hätte; dabei sind nur die eigenen Sicherungsmittel der Körperschaft zu berücksichtigen. [4] Die Sätze 2 und 3 gelten entsprechend für Forderungen aus Rechtshandlungen, die einer Darlehensgewährung wirtschaftlich vergleichbar sind. [5] Gewinne aus dem Ansatz des nach § 6 Absatz 1 Nummer 2 Satz 3 maßgeblichen Werts bleiben bei der Ermittlung der Einkünfte außer Ansatz, soweit auf die vorangegangene Teilwertabschreibung Satz 2 angewendet worden ist. [6] Satz 1 ist außerdem ungeachtet eines wirtschaftlichen Zusammenhangs mit den dem § 3 Nummer 40 zugrunde liegenden Betriebsvermögensmehrungen oder Einnahmen oder mit Vergütungen nach § 3 Nummer 40 a auch auf Betriebsvermögensminderungen, Betriebsausgaben oder Veräußerungskosten eines Gesellschafters einer Körperschaft anzuwenden, soweit diese mit einer im Gesellschaftsverhältnis veranlassten unentgeltlichen Überlassung von Wirtschaftsgütern an diese Körperschaft oder bei einer teilentgeltlichen Überlassung von Wirtschaftsgütern mit dem unentgeltlichen Teil in Zusammenhang stehen und der Steuerpflichtige zu mehr als einem Viertel unmittelbar oder mittelbar am Grund- oder Stammkapital dieser Körperschaft beteiligt ist oder war.] [7] Für die Anwendung des Satzes 1 ist die Absicht zur Erzielung von Betriebsvermögensmehrungen oder Einnahmen im Sinne des § 3 Nummer 40 oder von Vergütungen im Sinne des § 3 Nummer 40 a ausreichend. [8] Satz 1 gilt auch für Wertminderungen des Anteils an einer Organgesellschaft, die nicht auf Gewinnausschüttungen zurückzuführen sind. [9] § 8 b Absatz 10 des Körperschaftsteuergesetzes gilt sinngemäß.

(3) Betriebsvermögensminderungen, Betriebsausgaben oder Veräußerungskosten, die mit den Betriebsvermögensmehrungen oder Einnahmen im Sinne des § 3 Nummer 70 in wirtschaftlichem Zusammenhang stehen, dürfen unabhängig davon, in welchem Veranlagungszeitraum die Betriebsvermögensmehrungen oder Einnahmen anfallen, nur zur Hälfte abgezogen werden.

(Fortsetzung nächste Seite)

3. Gewinn

§ 4 Gewinnbegriff im Allgemeinen. (1) [1]Gewinn ist der Unterschiedsbetrag zwischen dem Betriebsvermögen am Schluss des Wirtschaftsjahres und dem Betriebsvermögen am Schluss des vorangegangenen Wirtschaftsjahres, vermehrt um den Wert der Entnahmen und vermindert um den Wert der Einlagen. [2]Entnahmen sind alle Wirtschaftsgüter (Barentnahmen, Waren, Erzeugnisse, Nutzungen und Leistungen), die der Steuerpflichtige dem Betrieb für sich, für seinen Haushalt oder für andere betriebsfremde Zwecke im Laufe des Wirtschaftsjahres entnommen hat. [3]Einer Entnahme für betriebsfremde Zwecke steht der Ausschluss oder die Beschränkung des Besteuerungsrechts der Bundesrepublik Deutschland hinsichtlich des Gewinns aus der Veräußerung oder der Nutzung eines Wirtschaftsguts gleich. [4]Ein Ausschluss oder eine Beschränkung des Besteuerungsrechts hinsichtlich des Gewinns aus der Veräußerung eines Wirtschaftsguts liegt insbesondere vor, wenn ein bisher einer inländischen Betriebsstätte des Steuerpflichtigen zuzuordnendes Wirtschaftsgut einer ausländischen Betriebsstätte zuzuordnen ist.[1)] [5]Satz 3 gilt nicht für Anteile an einer Europäischen Gesellschaft oder Europäischen Genossenschaft in den Fällen

1. einer Sitzverlegung der Europäischen Gesellschaft nach Artikel 8 der Verordnung (EG) Nr. 2157/2001 des Rates vom 8. Oktober 2001 über das Statut der Europäischen Gesellschaft (SE) (ABl. EG Nr. L 294 S. 1), zuletzt geändert durch die Verordnung (EG) Nr. 885/2004 des Rates vom 26. April 2004 (ABl. EU Nr. L 168 S. 1), und
2. einer Sitzverlegung der Europäischen Genossenschaft nach Artikel 7 der Verordnung (EG) Nr. 1435/2003 des Rates vom 22. Juli 2003 über das Statut der Europäischen Genossenschaft (SCE) (ABl. EU Nr. L 207 S. 1).

[6]Ein Wirtschaftsgut wird nicht dadurch entnommen, dass der Steuerpflichtige zur Gewinnermittlung nach § 13a übergeht. [7]Eine Änderung der Nutzung eines Wirtschaftsguts, die bei Gewinnermittlung nach Satz 1 keine Entnahme ist, ist auch bei Gewinnermittlung nach § 13a keine Entnahme. [8]Einlagen sind alle Wirtschaftsgüter (Bareinzahlungen und sonstige Wirtschaftsgüter), die der Steuerpflichtige dem Betrieb im Laufe des Wirtschaftsjahres zugeführt hat; einer Einlage steht die Begründung des Besteuerungsrechts der Bundesrepublik Deutschland hinsichtlich des Gewinns aus der Veräußerung eines Wirtschaftsguts gleich. [9]Bei der Ermittlung des Gewinns sind die Vorschriften über die Betriebsausgaben, über die Bewertung und über die Absetzung für Abnutzung oder Substanzverringerung zu befolgen.

(2) [1]Der Steuerpflichtige darf die Vermögensübersicht (Bilanz) auch nach ihrer Einreichung beim Finanzamt ändern, soweit sie den Grundsätzen ordnungsmäßiger Buchführung unter Befolgung der Vorschriften dieses Gesetzes nicht entspricht; diese Änderung ist nicht zulässig, wenn die Vermögensübersicht (Bilanz) einer Steuerfestsetzung zugrunde liegt, die nicht mehr aufgeho-

---

1) § 4 Abs. 1 Satz 4 eingef., bish. Sätze 4 bis 8 werden Sätze 5 bis 9 durch G v. 8. 12. 2010 (BGBl. I S. 1768); zur Anwendung siehe § 52 Abs. 6 Satz 1.

ben oder geändert werden kann. [2]Darüber hinaus ist eine Änderung der Vermögensübersicht (Bilanz) nur zulässig, wenn sie in einem engen zeitlichen und sachlichen Zusammenhang mit einer Änderung nach Satz 1 steht und soweit die Auswirkung der Änderung nach Satz 1 auf den Gewinn reicht.

(3)[1)] [1]Steuerpflichtige, die nicht auf Grund gesetzlicher Vorschriften verpflichtet sind, Bücher zu führen und regelmäßig Abschlüsse zu machen, und die auch keine Bücher führen und keine Abschlüsse machen, können als Gewinn den Überschuss der Betriebseinnahmen über die Betriebsausgaben ansetzen. [2]Hierbei scheiden Betriebseinnahmen und Betriebsausgaben aus, die im Namen und für Rechnung eines anderen vereinnahmt und verausgabt werden (durchlaufende Posten). [3]Die Vorschriften über die Bewertungsfreiheit für geringwertige Wirtschaftsgüter (§ 6 Absatz 2), die Bildung eines Sammelpostens (§ 6 Absatz 2 a) und über die Absetzung für Abnutzung oder Substanzverringerung sind zu befolgen.

[Fassung für vor dem 6. 5. 2006[2)] angeschaffte WG][3)]

[4]Die Anschaffungs- oder Herstellungskosten für nicht abnutzbare Wirtschaftsgüter des Anlagevermögens sind erst im Zeitpunkt der Veräußerung oder Entnahme dieser Wirtschaftsgüter als Betriebsausgaben zu berücksichtigen. [5]Die nicht abnutzbaren Wirtschaftsgüter des Anlagevermögens sind unter Angabe des Tages der Anschaffung oder Herstellung und der Anschaffungs- oder Herstellungskosten oder des an deren Stelle getretenen Werts in besondere, laufend zu führende Verzeichnisse aufzunehmen.

[Fassung für nach dem 5. 5. 2006 angeschaffte WG][3)]

[4]Die Anschaffungs- oder Herstellungskosten für nicht abnutzbare Wirtschaftsgüter des Anlagevermögens, für Anteile an Kapitalgesellschaften, für Wertpapiere und vergleichbare nicht verbriefte Forderungen und Rechte, für Grund und Boden sowie Gebäude des Umlaufvermögens sind erst im Zeitpunkt des Zuflusses des Veräußerungserlöses oder bei Entnahme im Zeitpunkt der Entnahme als Betriebsausgaben zu berücksichtigen. [5]Die Wirtschaftsgüter des Anlagevermögens und Wirtschaftsgüter des Umlaufvermögens im Sinne des Satzes 4 sind unter Angabe des Tages der Anschaffung oder Herstellung und der Anschaffungs- oder Herstellungskosten oder des an deren Stelle getretenen Werts in besondere, laufend zu führende Verzeichnisse aufzunehmen.

(4) Betriebsausgaben sind die Aufwendungen, die durch den Betrieb veranlasst sind.

(4 a)[4)] [1]Schuldzinsen sind nach Maßgabe der Sätze 2 bis 4 nicht abziehbar, wenn Überentnahmen getätigt worden sind. [2]Eine Überentnahme ist

---

[1)] Zur Anwendung von § 4 Abs. 3 Satz 4 siehe § 52 Abs. 6 Satz 2.
[2)] Laut BGBl. „5. 5. 2006" – wohl Redaktionsversehen.
[3)] Zur Anwendung siehe § 52 Abs. 6 Sätze 3 und 4.
[4)] Zur Anwendung von Abs. 4 a siehe § 52 Abs. 6 Sätze 5 bis 7.

der Betrag, um den die Entnahmen die Summe des Gewinns und der Einlagen des Wirtschaftsjahres übersteigen. [3]Die nicht abziehbaren Schuldzinsen werden typisiert mit 6 Prozent der Überentnahme des Wirtschaftsjahres zuzüglich der Überentnahmen vorangegangener Wirtschaftsjahre und abzüglich der Beträge, um die in den vorangegangenen Wirtschaftsjahren der Gewinn und die Einlagen die Entnahmen überstiegen haben (Unterentnahmen), ermittelt; bei der Ermittlung der Überentnahme ist vom Gewinn ohne Berücksichtigung der nach Maßgabe dieses Absatzes nicht abziehbaren Schuldzinsen auszugehen. [4]Der sich dabei ergebende Betrag, höchstens jedoch der um 2050 Euro verminderte Betrag der im Wirtschaftsjahr angefallenen Schuldzinsen, ist dem Gewinn hinzuzurechnen. [5]Der Abzug von Schuldzinsen für Darlehen zur Finanzierung von Anschaffungs- oder Herstellungskosten von Wirtschaftsgütern des Anlagevermögens bleibt unberührt. [6]Die Sätze 1 bis 5 sind bei Gewinnermittlung nach § 4 Absatz 3 sinngemäß anzuwenden; hierzu sind Entnahmen und Einlagen gesondert aufzuzeichnen.

(5) [1]Die folgenden Betriebsausgaben dürfen den Gewinn nicht mindern:

1. Aufwendungen für Geschenke an Personen, die nicht Arbeitnehmer des Steuerpflichtigen sind. [2]Satz 1 gilt nicht, wenn die Anschaffungs- oder Herstellungskosten der dem Empfänger im Wirtschaftsjahr zugewendeten Gegenstände insgesamt 35 Euro nicht übersteigen;

2. Aufwendungen für die Bewirtung von Personen aus geschäftlichem Anlass, soweit sie 70 Prozent der Aufwendungen übersteigen, die nach der allgemeinen Verkehrsauffassung als angemessen anzusehen und deren Höhe und betriebliche Veranlassung nachgewiesen sind. [2]Zum Nachweis der Höhe und der betrieblichen Veranlassung der Aufwendungen hat der Steuerpflichtige schriftlich die folgenden Angaben zu machen: Ort, Tag, Teilnehmer und Anlass der Bewirtung sowie Höhe der Aufwendungen. [3]Hat die Bewirtung in einer Gaststätte stattgefunden, so genügen Angaben zu dem Anlass und den Teilnehmern der Bewirtung; die Rechnung über die Bewirtung ist beizufügen;

3. Aufwendungen für Einrichtungen des Steuerpflichtigen, soweit sie der Bewirtung, Beherbergung oder Unterhaltung von Personen, die nicht Arbeitnehmer des Steuerpflichtigen sind, dienen (Gästehäuser) und sich außerhalb des Orts eines Betriebs des Steuerpflichtigen befinden;

4. Aufwendungen für Jagd oder Fischerei, für Segeljachten oder Motorjachten sowie für ähnliche Zwecke und für die hiermit zusammenhängenden Bewirtungen;

5.[1)] Mehraufwendungen für die Verpflegung des Steuerpflichtigen, *soweit in den folgenden Sätzen nichts anderes bestimmt ist.* [2]Wird der Steuerpflichtige vorübergehend von seiner Wohnung und dem Mittelpunkt seiner dauerhaft angelegten betrieblichen Tätigkeit entfernt betrieblich tätig,

---

[1)] § 4 Abs. 5 Satz 1 Nr. 5 Satz 1 kursiver Satzteil aufgeh., Satz 2 geänd., Sätze 3 bis 6 aufgeh. mWv 1. 1. 2014 (§ 52 Abs. 6 Satz 8) durch G v. 20. 2. 2013 (BGBl. I S. 285).

[Fassung bis 31. 12. 2013:]

ist für jeden Kalendertag, an dem der Steuerpflichtige wegen dieser vorübergehenden Tätigkeit von seiner Wohnung und seinem Tätigkeitsmittelpunkt

a) 24 Stunden abwesend ist, ein Pauschbetrag von 24 Euro,

b) weniger als 24 Stunden, aber mindestens 14 Stunden abwesend ist, ein Pauschbetrag von 12 Euro,

c) weniger als 14 Stunden, aber mindestens 8 Stunden abwesend ist, ein Pauschbetrag von 6 Euro

abzuziehen; eine Tätigkeit, die nach 16 Uhr begonnen und vor 8 Uhr des nachfolgenden Kalendertags beendet wird, ohne dass eine Übernachtung stattfindet, ist mit der gesamten Abwesenheitsdauer dem Kalendertag der überwiegenden Abwesenheit zuzurechnen. [3] Wird der Steuerpflichtige bei seiner individuellen betrieblichen Tätigkeit typischerweise nur an ständig wechselnden Tätigkeitsstätten oder auf einem Fahrzeug tätig, gilt Satz 2 entsprechend; dabei ist allein die Dauer der Abwesenheit von der Wohnung maßgebend. [4] Bei einer Tätigkeit im Ausland treten an die Stelle der Pauschbeträge nach Satz 2 länderweise unterschiedliche Pauschbeträge, die für die Fälle der Buchstaben a, b und c mit 120, 80 und 40 Prozent der höchsten Auslandstagegelder nach dem Bundesreisekostengesetz vom Bundesministerium der Finanzen im Einvernehmen mit den obersten Finanzbehörden der Länder aufgerundet auf volle Euro festgesetzt werden; dabei bestimmt sich der Pauschbetrag nach dem Ort, den der Steuerpflichtige vor 24 Uhr Ortszeit zuletzt erreicht, oder, wenn dieser Ort im Inland liegt nach dem letzten Tätigkeitsort im Ausland.

[Fassung ab 1. 1. 2014:]

sind die Mehraufwendungen für Verpflegung nach Maßgabe des § 9 Absatz 4a abziehbar;

[Fassung bis 31. 12. 2013:]

[5]Bei einer längerfristigen vorübergehenden Tätigkeit an derselben Tätigkeitsstätte beschränkt sich der pauschale Abzug nach Satz 2 auf die ersten drei Monate. [6]Die Abzugsbeschränkung nach Satz 1, die Pauschbeträge nach den Sätzen 2 und 4 sowie die Dreimonatsfrist nach Satz 5 gelten auch für den Abzug von Verpflegungsmehraufwendungen bei einer aus betrieblichem Anlass begründeten doppelten Haushaltsführung; dabei ist für jeden Kalendertag innerhalb der Dreimonatsfrist, an dem gleichzeitig eine Tätigkeit im Sinne des Satzes 2 oder 3 ausgeübt wird, nur der jeweils höchste in Betracht kommende Pauschbetrag abzuziehen und die Dauer einer Tätigkeit im Sinne des Satzes 2 an dem Beschäftigungsort, der zur Begründung der doppelten Haushaltsführung geführt hat, auf die Dreimonatsfrist anzurechnen, wenn sie ihr unmittelbar vorausgegangen ist;

6.[1)] Aufwendungen für die Wege des Steuerpflichtigen zwischen Wohnung und Betriebsstätte und für Familienheimfahrten, soweit in den folgenden Sätzen nichts anderes bestimmt ist. [2]Zur Abgeltung dieser Aufwendungen ist § 9 Absatz 1 Satz 3 Nummer 4 *und 5 Satz 1 bis 6* [***ab 1. 1. 2014:*** Satz 2 bis 6 und Nummer 5 Satz 5 bis 7] und Absatz 2 entsprechend anzuwenden. [3]Bei der Nutzung eines Kraftfahrzeugs dürfen die Aufwendungen in Höhe des positiven Unterschiedsbetrags zwischen 0,03 Prozent des inländischen Listenpreises im Sinne des § 6 Absatz 1 Nummer 4 Satz 2 des Kraftfahrzeugs im Zeitpunkt der Erstzulassung je Kalendermonat für jeden Entfernungskilometer und dem sich nach § 9 Absatz 1 Satz 3 Nummer 4 [***ab 1. 1. 2014:*** Satz 2 bis 6] oder Absatz 2 ergebenden Betrag sowie Aufwendungen für Familienheimfahrten in Höhe des positiven Unterschiedsbetrags zwischen 0,002 Prozent des inländischen Listenpreises im Sinne des § 6 Absatz 1 Nummer 4 Satz 2 für jeden Entfernungskilometer und dem sich nach § 9 Absatz 1 Satz 3 Nummer 5 Satz *4 bis 6* [***ab 1. 1. 2014:*** 5 bis 7] oder Absatz 2 ergebenden Betrag den Gewinn nicht mindern; ermittelt der Steuerpflichtige die private Nutzung des Kraftfahrzeugs nach § 6 Absatz 1

---

1) § 4 Abs. 5 Satz 1 Nr. 6 Zitate geänd. mWv 1. 1. 2014 durch G v. 20. 2. 2013 (BGBl. I S. 285); Satz 3 zweiter Satzteil angef. mWv VZ 2013 durch G v. 26. 6. 2013 (BGBl. I S. 1809).

Nummer 4 Satz 1 oder Satz 3, treten an die Stelle des mit 0,03 oder 0,002 Prozent des inländischen Listenpreises ermittelten Betrags für Fahrten zwischen Wohnung und Betriebsstätte und für Familienheimfahrten die auf diese Fahrten entfallenden tatsächlichen Aufwendungen; [***ab VZ 2013:*** § 6 Absatz 1 Nummer 4 Satz 3 zweiter Halbsatz gilt sinngemäß;]

[***ab 1. 1. 2014:***]

6 a.[1] die Mehraufwendungen für eine betrieblich veranlasste doppelte Haushaltsführung, soweit sie die nach § 9 Absatz 1 Satz 3 Nummer 5 Satz 1 bis 4 abziehbaren Beträge und die Mehraufwendungen für betrieblich veranlasste Übernachtungen, soweit sie die nach § 9 Absatz 1 Satz 3 Nummer 5 a abziehbaren Beträge übersteigen;]

6 b.[2] Aufwendungen für ein häusliches Arbeitszimmer sowie die Kosten der Ausstattung. [2]Dies gilt nicht, wenn für die betriebliche oder berufliche Tätigkeit kein anderer Arbeitsplatz zur Verfügung steht. [3]In diesem Fall wird die Höhe der abziehbaren Aufwendungen auf 1250 Euro begrenzt; die Beschränkung der Höhe nach gilt nicht, wenn das Arbeitszimmer den Mittelpunkt der gesamten betrieblichen und beruflichen Betätigung bildet;

7. andere als die in den Nummern 1 bis 6 und 6 b bezeichneten Aufwendungen, die die Lebensführung des Steuerpflichtigen oder anderer Personen berühren, soweit sie nach allgemeiner Verkehrsauffassung als unangemessen anzusehen sind;

8. von einem Gericht oder einer Behörde im Geltungsbereich dieses Gesetzes oder von Organen der Europäischen Union festgesetzte Geldbußen, Ordnungsgelder und Verwarnungsgelder. [2]Dasselbe gilt für Leistungen zur Erfüllung von Auflagen oder Weisungen, die in einem berufsgerichtlichen Verfahren erteilt werden, soweit die Auflagen oder Weisungen nicht lediglich der Wiedergutmachung des durch die Tat verursachten Schadens dienen. [3]Die Rückzahlung von Ausgaben im Sinne der Sätze 1 und 2 darf den Gewinn nicht erhöhen. [4]Das Abzugsverbot für Geldbußen gilt nicht, soweit der wirtschaftliche Vorteil, der durch den Gesetzesverstoß erlangt wurde, abgeschöpft worden ist, wenn die Steuern vom Einkommen und Ertrag, die auf den wirtschaftlichen Vorteil entfallen, nicht abgezogen worden sind; Satz 3 ist insoweit nicht anzuwenden;

8 a. Zinsen auf hinterzogene Steuern nach § 235 der Abgabenordnung;

9.[3] Ausgleichszahlungen, die in den Fällen der *§§ 14, 17 und 18* [***ab VZ 2014:*** §§ 14 und 17] des Körperschaftsteuergesetzes an außenstehende Anteilseigner geleistet werden;

10. die Zuwendung von Vorteilen sowie damit zusammenhängende Aufwendungen, wenn die Zuwendung der Vorteile eine rechtswidrige Handlung darstellt, die den Tatbestand eines Strafgesetzes oder eines Gesetzes ver-

---

[1] § 4 Abs. 5 Satz 1 Nr. 6 a eingef. mWv 1. 1. 2014 (§ 52 Abs. 6 Satz 9) durch G v. 20. 2. 2013 (BGBl. I S. 285).

[2] § 4 Abs. 5 Satz 1 Nr. 6 b Satz 2 ersetzt durch Sätze 2 und 3 durch G v. 8. 12. 2010 (BGBl. I S. 1768).

[3] § 4 Abs. 5 Satz 1 Nr. 9 geänd. mWv VZ 2014 durch G v. 25. 7. 2014 (BGBl. I S. 1266).

wirklicht, das die Ahndung mit einer Geldbuße zulässt. [2]Gerichte, Staatsanwaltschaften oder Verwaltungsbehörden haben Tatsachen, die sie dienstlich erfahren und die den Verdacht einer Tat im Sinne des Satzes 1 begründen, der Finanzbehörde für Zwecke des Besteuerungsverfahrens und zur Verfolgung von Steuerstraftaten und Steuerordnungswidrigkeiten mitzuteilen. [3]Die Finanzbehörde teilt Tatsachen, die den Verdacht einer Straftat oder einer Ordnungswidrigkeit im Sinne des Satzes 1 begründen, der Staatsanwaltschaft oder der Verwaltungsbehörde mit. [4]Diese unterrichten die Finanzbehörde von dem Ausgang des Verfahrens und den zugrundeliegenden Tatsachen;

11. Aufwendungen, die mit unmittelbaren oder mittelbaren Zuwendungen von nicht einlagefähigen Vorteilen an natürliche oder juristische Personen oder Personengesellschaften zur Verwendung in Betrieben in tatsächlichem oder wirtschaftlichem Zusammenhang stehen, deren Gewinn nach § 5 a Absatz 1 ermittelt wird;
12. Zuschläge nach § 162 Absatz 4 der Abgabenordnung;
13.[1)] Jahresbeiträge nach § 12 Absatz 2 des Restrukturierungsfondsgesetzes.

[2]Das Abzugsverbot gilt nicht, soweit die in den Nummern 2 bis 4 bezeichneten Zwecke Gegenstand einer mit Gewinnabsicht ausgeübten Betätigung des Steuerpflichtigen sind. [3]§ 12 Nummer 1 bleibt unberührt.

(5 a) (weggefallen)

(5 b) Die Gewerbesteuer und die darauf entfallenden Nebenleistungen sind keine Betriebsausgaben.

(6) Aufwendungen zur Förderung staatspolitischer Zwecke (§ 10 b Absatz 2) sind keine Betriebsausgaben.

(7) [1]Aufwendungen im Sinne des Absatzes 5 Satz 1 Nummer 1 bis 4, 6 b und 7 sind einzeln und getrennt von den sonstigen Betriebsausgaben aufzuzeichnen. [2]Soweit diese Aufwendungen nicht bereits nach Absatz 5 vom Abzug ausgeschlossen sind, dürfen sie bei der Gewinnermittlung nur berücksichtigt werden, wenn sie nach Satz 1 besonders aufgezeichnet sind.

(8) Für Erhaltungsaufwand bei Gebäuden in Sanierungsgebieten und städtebaulichen Entwicklungsbereichen sowie bei Baudenkmalen gelten die §§ 11 a und 11 b entsprechend.

[Fassung bis VZ 2014:]

(9)[3)] Aufwendungen des Steuerpflichtigen für seine erstmalige Berufsausbildung oder für ein Erststudium, das zugleich eine Erstausbildung vermittelt, sind keine Betriebsausgaben.

[Fassung ab VZ 2015:][2)]

(9) [1]Aufwendungen des Steuerpflichtigen für seine Berufsausbildung oder für sein Studium sind nur dann Betriebsausgaben, wenn der Steuerpflichtige zuvor bereits eine Erstausbildung (Berufsausbildung oder Studium) abgeschlossen hat. [2]§ 9 Absatz 6 Satz 2 bis 5 gilt entsprechend.

[1)] § 4 Abs. 5 Satz 1 Nr. 13 angef. durch G v. 9. 12. 2010 (BGBl. I S. 1900).
[2)] § 4 Abs. 9 neu gef. mWv VZ 2015 durch G v. 22. 12. 2014 (BGBl. I S. 2417).
[3)] § 4 Abs. 9 angef. durch G v. 7. 12. 2011 (BGBl. I S. 2592).

§ 4a Gewinnermittlungszeitraum, Wirtschaftsjahr. (1) [1]Bei Land- und Forstwirten und bei Gewerbetreibenden ist der Gewinn nach dem Wirtschaftsjahr zu ermitteln. [2]Wirtschaftsjahr ist

1. bei Land- und Forstwirten der Zeitraum vom 1. Juli bis zum 30. Juni. [2]Durch Rechtsverordnung kann für einzelne Gruppen von Land- und Forstwirten ein anderer Zeitraum bestimmt werden, wenn das aus wirtschaftlichen Gründen erforderlich ist;
2. bei Gewerbetreibenden, deren Firma im Handelsregister eingetragen ist, der Zeitraum, für den sie regelmäßig Abschlüsse machen. [2]Die Umstellung des Wirtschaftsjahres auf einen vom Kalenderjahr abweichenden Zeitraum ist steuerlich nur wirksam, wenn sie im Einvernehmen mit dem Finanzamt vorgenommen wird;
3. bei anderen Gewerbetreibenden das Kalenderjahr. [2]Sind sie gleichzeitig buchführende Land- und Forstwirte, so können sie mit Zustimmung des Finanzamts den nach Nummer 1 maßgebenden Zeitraum als Wirtschaftsjahr für den Gewerbebetrieb bestimmen, wenn sie für den Gewerbebetrieb Bücher führen und für diesen Zeitraum regelmäßig Abschlüsse machen.

(2) Bei Land- und Forstwirten und bei Gewerbetreibenden, deren Wirtschaftsjahr vom Kalenderjahr abweicht, ist der Gewinn aus Land- und Forstwirtschaft oder aus Gewerbebetrieb bei der Ermittlung des Einkommens in folgender Weise zu berücksichtigen:

1. Bei Land- und Forstwirten ist der Gewinn des Wirtschaftsjahres auf das Kalenderjahr, in dem das Wirtschaftsjahr beginnt, und auf das Kalenderjahr, in dem das Wirtschaftsjahr endet, entsprechend dem zeitlichen Anteil aufzuteilen. [2]Bei der Aufteilung sind Veräußerungsgewinne im Sinne des § 14 auszuscheiden und dem Gewinn des Kalenderjahres hinzuzurechnen, in dem sie entstanden sind;
2. bei Gewerbetreibenden gilt der Gewinn des Wirtschaftsjahres als in dem Kalenderjahr bezogen, in dem das Wirtschaftsjahr endet.

§ 4b Direktversicherung. [1]Der Versicherungsanspruch aus einer Direktversicherung, die von einem Steuerpflichtigen aus betrieblichem Anlass abgeschlossen wird, ist dem Betriebsvermögen des Steuerpflichtigen nicht zuzurechnen, soweit am Schluss des Wirtschaftsjahres hinsichtlich der Leistungen des Versicherers die Person, auf deren Leben die Lebensversicherung abgeschlossen ist, oder ihre Hinterbliebenen bezugsberechtigt sind. [2]Das gilt auch, wenn der Steuerpflichtige die Ansprüche aus dem Versicherungsvertrag abgetreten oder beliehen hat, sofern er sich der bezugsberechtigten Person gegenüber schriftlich verpflichtet, sie bei Eintritt des Versicherungsfalls so zu stellen, als ob die Abtretung oder Beleihung nicht erfolgt wäre.

§ 4c Zuwendungen an Pensionskassen. (1) [1]Zuwendungen an eine Pensionskasse dürfen von dem Unternehmen, das die Zuwendungen leistet (Trägerunternehmen), als Betriebsausgaben abgezogen werden, soweit sie auf einer in der Satzung oder im Geschäftsplan der Kasse festgelegten Verpflichtung oder auf einer Anordnung der Versicherungsaufsichtsbehörde beruhen oder der

Abdeckung von Fehlbeträgen bei der Kasse dienen. 2 Soweit die allgemeinen Versicherungsbedingungen und die fachlichen Geschäftsunterlagen im Sinne des *§ 5 Absatz 3 Nummer 2 Halbsatz 2* [***ab 1. 1. 2016:*** § 234 Absatz 3 Nummer 1][1] des Versicherungsaufsichtsgesetzes nicht zum Geschäftsplan gehören, gelten diese als Teil des Geschäftsplans.

(2) Zuwendungen im Sinne des Absatzes 1 dürfen als Betriebsausgaben nicht abgezogen werden, soweit die Leistungen der Kasse, wenn sie vom Trägerunternehmen unmittelbar erbracht würden, bei diesem nicht betrieblich veranlasst wären.

§ 4d Zuwendungen an Unterstützungskassen. (1) 1 Zuwendungen an eine Unterstützungskasse dürfen von dem Unternehmen, das die Zuwendungen leistet (Trägerunternehmen), als Betriebsausgaben abgezogen werden, soweit die Leistungen der Kasse, wenn sie vom Trägerunternehmen unmittelbar erbracht würden, bei diesem betrieblich veranlasst wären und sie die folgenden Beträge nicht übersteigen:

1. bei Unterstützungskassen, die lebenslänglich laufende Leistungen gewähren:
   a) das Deckungskapital für die laufenden Leistungen nach der dem Gesetz als Anlage 1 beigefügten Tabelle[2]. 2 Leistungsempfänger ist jeder ehemalige Arbeitnehmer des Trägerunternehmens, der von der Unterstützungskasse Leistungen erhält; soweit die Kasse Hinterbliebenenversorgung gewährt, ist Leistungsempfänger der Hinterbliebene eines ehemaligen Arbeitnehmers des Trägerunternehmens, der von der Kasse Leistungen erhält. 3 Dem ehemaligen Arbeitnehmer stehen andere Personen gleich, denen Leistungen der Alters-, Invaliditäts- oder Hinterbliebenenversorgung aus Anlass ihrer ehemaligen Tätigkeit für das Trägerunternehmen zugesagt worden sind;
   b) in jedem Wirtschaftsjahr für jeden Leistungsanwärter,
      aa) wenn die Kasse nur Invaliditätsversorgung oder nur Hinterbliebenenversorgung gewährt, jeweils 6 Prozent,
      bb) wenn die Kasse Altersversorgung mit oder ohne Einschluss von Invaliditätsversorgung oder Hinterbliebenenversorgung gewährt, 25 Prozent

      der jährlichen Versorgungsleistungen, die der Leistungsanwärter oder, wenn nur Hinterbliebenenversorgung gewährt wird, dessen Hinterbliebene nach den Verhältnissen am Schluss des Wirtschaftsjahres der Zuwendung im letzten Zeitpunkt der Anwartschaft, spätestens zum Zeitpunkt des Erreichens der Regelaltersgrenze der gesetzlichen Rentenversicherung erhalten können. 2 Leistungsanwärter ist jeder Arbeitnehmer oder ehemalige Arbeitnehmer des Trägerunternehmens, der von der Unterstützungskasse schriftlich zugesagte Leistungen erhalten kann und am Schluss des Wirtschaftsjahres, in dem die Zuwendung erfolgt,

---

[1] Verweis geänd. mWv 1. 1. 2016 durch G v. 1. 4. 2015 (BGBl. I S. 434).

[2] Abgedruckt im Anschluss an dieses Gesetz.

[Fassung bis 31. 12. 2017:]

das 27. Lebensjahr[2] vollendet hat; soweit die Kasse nur Hinterbliebenenversorgung gewährt, gilt als Leistungsanwärter jeder Arbeitnehmer oder ehemalige Arbeitnehmer des Trägerunternehmens, der am Schluss des Wirtschaftsjahres, in dem die Zuwendung erfolgt, das 27. Lebensjahr[2] vollendet hat und dessen Hinterbliebene die Hinterbliebenenversorgung erhalten können.

[Fassung ab 1. 1. 2018:][1]

aa) bei erstmals nach dem 31. Dezember 2017 zugesagten Leistungen das 23. Lebensjahr vollendet hat,

bb) bei erstmals nach dem 31. Dezember 2008 und vor dem 1. Januar 2018 zugesagten Leistungen das 27. Lebensjahr vollendet hat oder

cc) bei erstmals vor dem 1. Januar 2009 zugesagten Leistungen das 28. Lebensjahr vollendet hat;

soweit die Kasse nur Hinterbliebenenversorgung gewährt, gilt als Leistungsanwärter jeder Arbeitnehmer oder ehemalige Arbeitnehmer des Trägerunternehmens, der am Schluss des Wirtschaftsjahres, in dem die Zuwendung erfolgt, das nach dem ersten Halbsatz maßgebende Lebensjahr vollendet hat und dessen Hinterbliebene die Hinterbliebenenversorgung erhalten können.

³Das Trägerunternehmen kann bei der Berechnung nach Satz 1 statt des dort maßgebenden Betrags den Durchschnittsbetrag der von der Kasse im Wirtschaftsjahr an Leistungsempfänger im Sinne des Buchstabens a Satz 2 gewährten Leistungen zugrunde legen. ⁴In diesem Fall sind Leistungsanwärter im Sinne des Satzes 2 nur die Arbeitnehmer oder ehemaligen Arbeitnehmer des Trägerunternehmens, die am Schluss des Wirtschaftsjahres, in dem die Zuwendung erfolgt, das 50. Lebensjahr vollendet haben. ⁵Dem Arbeitnehmer oder ehemaligen Arbeitnehmer als Leistungsanwärter stehen andere Personen gleich, denen schriftlich Leistungen der Alters-, Invaliditäts- oder Hinterbliebenenversorgung aus Anlass ihrer Tätigkeit für das Trägerunternehmen zugesagt worden sind;

c)[3] den Betrag des Beitrages, den die Kasse an einen Versicherer zahlt, soweit sie sich die Mittel für ihre Versorgungsleistungen, die der Leistungsanwärter oder Leistungsempfänger nach den Verhältnissen am Schluss des Wirtschaftsjahres der Zuwendung erhalten kann, durch Abschluss einer Versicherung verschafft. ²Bei Versicherungen für einen Leistungsanwär-

---

[1] § 4 d Abs. 1 Satz 1 Nr. 1 Buchst. b Satz 2 neu gef. mWv 1. 1. 2018 durch G v. 21. 12. 2015 (BGBl. I S. 2553).

[2] Zur erstmaligen Anwendung siehe § 52 Abs. 7 (Abs. 7 aufgeh. mWv 1. 1. 2018).

[3] § 4 d Abs. 1 Satz 1 Nr. 1 Satz 1 Buchst. c Satz 3 geänd. mWv 1. 1. 2018 durch G v. 21. 12. 2015 (BGBl. I S. 2553).

ter ist der Abzug des Beitrages nur zulässig, wenn der Leistungsanwärter die in Buchstabe b Satz 2 und 5 genannten Voraussetzungen erfüllt, die Versicherung für die Dauer bis zu dem Zeitpunkt abgeschlossen ist, für den erstmals Leistungen der Altersversorgung vorgesehen sind, mindestens jedoch bis zu dem Zeitpunkt, an dem der Leistungsanwärter das 55. Lebensjahr vollendet hat, und während dieser Zeit jährlich Beiträge gezahlt werden, die der Höhe nach gleich bleiben oder steigen. [3]Das Gleiche gilt für Leistungsanwärter, die *das 27. Lebensjahr*[1] *noch nicht vollendet haben* [***ab 1. 1. 2018:*** das nach Buchstabe b Satz 2 jeweils maßgebende Lebensjahr noch nicht vollendet haben], für Leistungen der Invaliditäts- oder Hinterbliebenenversorgung, für Leistungen der Altersversorgung unter der Voraussetzung, dass die Leistungsanwartschaft bereits unverfallbar ist. [4]Ein Abzug ist ausgeschlossen, wenn die Ansprüche aus der Versicherung der Sicherung eines Darlehens dienen. [5]Liegen die Voraussetzungen der Sätze 1 bis 4 vor, sind die Zuwendungen nach den Buchstaben a und b in dem Verhältnis zu vermindern, in dem die Leistungen der Kasse durch die Versicherung gedeckt sind;

d) den Betrag, den die Kasse einem Leistungsanwärter im Sinne des Buchstabens b Satz 2 und 5 vor Eintritt des Versorgungsfalls als Abfindung für künftige Versorgungsleistungen gewährt, den Übertragungswert nach § 4 Absatz 5 des Betriebsrentengesetzes oder den Betrag, den sie an einen anderen Versorgungsträger zahlt, der eine ihr obliegende Versorgungsverpflichtung übernommen hat.

[2]Zuwendungen dürfen nicht als Betriebsausgaben abgezogen werden, wenn das Vermögen der Kasse ohne Berücksichtigung künftiger Versorgungsleistungen am Schluss des Wirtschaftsjahres das zulässige Kassenvermögen übersteigt. [3]Bei der Ermittlung des Vermögens der Kasse ist am Schluss des Wirtschaftsjahres vorhandener Grundbesitz mit 200 Prozent der Einheitswerte anzusetzen, die zu dem Feststellungszeitpunkt maßgebend sind, der dem Schluss des Wirtschaftsjahres folgt; Ansprüche aus einer Versicherung sind mit dem Wert des geschäftsplanmäßigen Deckungskapitals zuzüglich der Guthaben aus Beitragsrückerstattung am Schluss des Wirtschaftsjahres anzusetzen, und das übrige Vermögen ist mit dem gemeinen Wert am Schluss des Wirtschaftsjahres zu bewerten. [4]Zulässiges Kassenvermögen ist die Summe aus dem Deckungskapital für alle am Schluss des Wirtschaftsjahres laufenden Leistungen nach der dem Gesetz als Anlage 1 beigefügten Tabelle[2] für Leistungsempfänger im Sinne des Satzes 1 Buchstabe a und dem Achtfachen der nach Satz 1 Buchstabe b abzugsfähigen Zuwendungen. [5]Soweit sich die Kasse die Mittel für ihre Leistungen durch Abschluss einer Versicherung verschafft, ist, wenn die Voraussetzungen für den Abzug des Beitrages nach Satz 1 Buchstabe c erfüllt sind, zulässiges Kassenvermögen der Wert des geschäftsplanmäßigen Deckungskapitals aus der Versicherung am Schluss des Wirtschaftsjahres; in diesem Fall ist das zulässige Kassenvermögen nach Satz 4 in dem Verhältnis zu vermindern, in dem die Leistun-

---

[1] Zur erstmaligen Anwendung siehe § 52 Abs. 7 (Abs. 7 aufgeh. mWv 1. 1. 2018).
[2] Abgedruckt im Anschluss an dieses Gesetz.

gen der Kasse durch die Versicherung gedeckt sind. 6 Soweit die Berechnung des Deckungskapitals nicht zum Geschäftsplan gehört, tritt an die Stelle des geschäftsplanmäßigen Deckungskapitals der nach *§ 176 Absatz 3 des Gesetzes über den Versicherungsvertrag berechnete Zeitwert* [***ab. 1. 1. 2018:*** § 169 Absatz 3 und 4 des Versicherungsvertragsgesetzes berechnete Wert],[1] beim zulässigen Kassenvermögen ohne Berücksichtigung des Guthabens aus Beitragsrückerstattung. 7 Gewährt eine Unterstützungskasse anstelle von lebenslänglich laufenden Leistungen eine einmalige Kapitalleistung, so gelten 10 Prozent der Kapitalleistung als Jahresbetrag einer lebenslänglich laufenden Leistung;

2. bei Kassen, die keine lebenslänglich laufenden Leistungen gewähren, für jedes Wirtschaftsjahr 0,2 Prozent der Lohn- und Gehaltssumme des Trägerunternehmens, mindestens jedoch den Betrag der von der Kasse in einem Wirtschaftsjahr erbrachten Leistungen, soweit dieser Betrag höher ist als die in den vorangegangenen fünf Wirtschaftsjahren vorgenommenen Zuwendungen abzüglich der in dem gleichen Zeitraum erbrachten Leistungen. 2 Diese Zuwendungen dürfen nicht als Betriebsausgaben abgezogen werden, wenn das Vermögen der Kasse am Schluss des Wirtschaftsjahres das zulässige Kassenvermögen übersteigt. 3 Als zulässiges Kassenvermögen kann 1 Prozent der durchschnittlichen Lohn- und Gehaltssumme der letzten drei Jahre angesetzt werden. 4 Hat die Kasse bereits 10 Wirtschaftsjahre bestanden, darf das zulässige Kassenvermögen zusätzlich die Summe der in den letzten zehn Wirtschaftsjahren gewährten Leistungen nicht übersteigen. 5 Für die Bewertung des Vermögens der Kasse gilt Nummer 1 Satz 3 entsprechend. 6 Bei der Berechnung der Lohn- und Gehaltssumme des Trägerunternehmens sind Löhne und Gehälter von Personen, die von der Kasse keine nicht lebenslänglich laufenden Leistungen erhalten können, auszuscheiden.

2 Gewährt eine Kasse lebenslänglich laufende und nicht lebenslänglich laufende Leistungen, so gilt Satz 1 Nummer 1 und 2 nebeneinander. 3 Leistet ein Trägerunternehmen Zuwendungen an mehrere Unterstützungskassen, so sind diese Kassen bei der Anwendung der Nummern 1 und 2 als Einheit zu behandeln.

(2) 1 Zuwendungen im Sinne des Absatzes 1 sind von dem Trägerunternehmen in dem Wirtschaftsjahr als Betriebsausgaben abzuziehen, in dem sie geleistet werden. 2 Zuwendungen, die bis zum Ablauf eines Monats nach Aufstellung oder Feststellung der Bilanz des Trägerunternehmens für den Schluss eines Wirtschaftsjahres geleistet werden, können von dem Trägerunternehmen noch für das abgelaufene Wirtschaftsjahr durch eine Rückstellung gewinnmindernd berücksichtigt werden. 3 Übersteigen die in einem Wirtschaftsjahr geleisteten Zuwendungen die nach Absatz 1 abzugsfähigen Beträge, so können die übersteigenden Beträge im Wege der Rechnungsabgrenzung auf die folgenden drei Wirtschaftsjahre vorgetragen und im Rahmen der für diese Wirtschaftsjahre abzugsfähigen Beträge als Betriebsausgaben behandelt werden. 4 § 5 Absatz 1 Satz 2 ist nicht anzuwenden.

---

[1] § 4 d Abs. 1 Satz 1 Nr. 1 Satz 6 geänd. mWv 1. 1. 2018 durch G v. 21. 12. 2015 (BGBl. I S. 2553).

(3) [1] Abweichend von Absatz 1 Satz 1 Nummer 1 Satz 1 Buchstabe d und Absatz 2 können auf Antrag die insgesamt erforderlichen Zuwendungen an die Unterstützungskasse für den Betrag, den die Kasse an einen Pensionsfonds zahlt, der eine ihr obliegende Versorgungsverpflichtung ganz oder teilweise übernommen hat, nicht im Wirtschaftsjahr der Zuwendung, sondern erst in den dem Wirtschaftsjahr der Zuwendung folgenden zehn Wirtschaftsjahren gleichmäßig verteilt als Betriebsausgaben abgezogen werden. [2] Der Antrag ist unwiderruflich; der jeweilige Rechtsnachfolger ist an den Antrag gebunden.

§ 4 e Beiträge an Pensionsfonds. (1) Beiträge an einen Pensionsfonds im Sinne des *§ 112* [***ab 1. 1. 2016:*** § 236][1)] des Versicherungsaufsichtsgesetzes dürfen von dem Unternehmen, das die Beiträge leistet (Trägerunternehmen), als Betriebsausgaben abgezogen werden, soweit sie auf einer festgelegten Verpflichtung beruhen oder der Abdeckung von Fehlbeträgen bei dem Fonds dienen.

(2) Beiträge im Sinne des Absatzes 1 dürfen als Betriebsausgaben nicht abgezogen werden, soweit die Leistungen des Fonds, wenn sie vom Trägerunternehmen unmittelbar erbracht würden, bei diesem nicht betrieblich veranlasst wären.

(3) [1] Der Steuerpflichtige kann auf Antrag die insgesamt erforderlichen Leistungen an einen Pensionsfonds zur teilweisen oder vollständigen Übernahme einer bestehenden Versorgungsverpflichtung oder Versorgungsanwartschaft durch den Pensionsfonds erst in den dem Wirtschaftsjahr der Übertragung folgenden zehn Wirtschaftsjahren gleichmäßig verteilt als Betriebsausgaben abziehen. [2] Der Antrag ist unwiderruflich; der jeweilige Rechtsnachfolger ist an den Antrag gebunden. [3] Ist eine Pensionsrückstellung nach § 6 a gewinnerhöhend aufzulösen, ist Satz 1 mit der Maßgabe anzuwenden, dass die Leistungen an den Pensionsfonds im Wirtschaftsjahr der Übertragung in Höhe der aufgelösten Rückstellung als Betriebsausgaben abgezogen werden können; der die aufgelöste Rückstellung übersteigende Betrag ist in den dem Wirtschaftsjahr der Übertragung folgenden zehn Wirtschaftsjahren gleichmäßig verteilt als Betriebsausgaben abzuziehen. [4] Satz 3 gilt entsprechend, wenn es im Zuge der Leistungen des Arbeitgebers an den Pensionsfonds zu Vermögensübertragungen einer Unterstützungskasse an den Arbeitgeber kommt.

§ 4 f[2)] Verpflichtungsübernahmen, Schuldbeitritte und Erfüllungsübernahmen. (1) [1] Werden Verpflichtungen übertragen, die beim ursprünglich

(Fortsetzung nächstes Blatt)

---

1) Verweis geänd. mWv 1. 1. 2016 durch G v. 1. 4. 2015 (BGBl. I S. 434).

2) § 4 f eingef. durch G v. 18. 12. 2013 (BGBl. I S. 4318); zur Anwendung siehe § 52 Abs. 8.

Verpflichteten Ansatzverboten, -beschränkungen oder Bewertungsvorbehalten unterlegen haben, ist der sich aus diesem Vorgang ergebende Aufwand im Wirtschaftsjahr der Schuldübernahme und den nachfolgenden 14 Jahren gleichmäßig verteilt als Betriebsausgabe abziehbar. [2]Ist auf Grund der Übertragung einer Verpflichtung ein Passivposten gewinnerhöhend aufzulösen, ist Satz 1 mit der Maßgabe anzuwenden, dass der sich ergebende Aufwand im Wirtschaftsjahr der Schuldübernahme in Höhe des aufgelösten Passivpostens als Betriebsausgabe abzuziehen ist; der den aufgelösten Passivposten übersteigende Betrag ist in dem Wirtschaftsjahr der Schuldübernahme und den nachfolgenden 14 Wirtschaftsjahren gleichmäßig verteilt als Betriebsausgabe abzuziehen. [3]Eine Verteilung des sich ergebenden Aufwands unterbleibt, wenn die Schuldübernahme im Rahmen einer Veräußerung oder Aufgabe des ganzen Betriebes oder des gesamten Mitunternehmeranteils im Sinne der §§ 14, 16 Absatz 1, 3 und 3a sowie des § 18 Absatz 3 erfolgt; dies gilt auch, wenn ein Arbeitnehmer unter Mitnahme seiner erworbenen Pensionsansprüche zu einem neuen Arbeitgeber wechselt oder wenn der Betrieb am Schluss des vorangehenden Wirtschaftsjahres die Größenmerkmale des § 7g Absatz 1 Satz 2 Nummer 1 Buchstabe a bis c nicht überschreitet. [4]Erfolgt die Schuldübernahme in dem Fall einer Teilbetriebsveräußerung oder -aufgabe im Sinne der §§ 14, 16 Absatz 1, 3 und 3a sowie des § 18 Absatz 3, ist ein Veräußerungs- oder Aufgabeverlust um den Aufwand im Sinne des Satzes 1 zu vermindern, soweit dieser den Verlust begründet oder erhöht hat. [5]Entsprechendes gilt für den einen aufgelösten Passivposten übersteigenden Betrag im Sinne des Satzes 2. [6]Für den hinzugerechneten Aufwand gelten Satz 2 zweiter Halbsatz und Satz 3 entsprechend. [7]Der jeweilige Rechtsnachfolger des ursprünglichen Verpflichteten ist an die Aufwandsverteilung nach den Sätzen 1 bis 6 gebunden.

(2) Wurde für Verpflichtungen im Sinne des Absatzes 1 ein Schuldbeitritt oder eine Erfüllungsübernahme mit ganzer oder teilweiser Schuldfreistellung vereinbart, gilt für die vom Freistellungsberechtigten an den Freistellungsverpflichteten erbrachten Leistungen Absatz 1 Satz 1, 2 und 7 entsprechend.

§ 4g Bildung eines Ausgleichspostens bei Entnahme nach § 4 Absatz 1 Satz 3. (1) [1]Ein unbeschränkt Steuerpflichtiger kann in Höhe des Unterschiedsbetrags zwischen dem Buchwert und dem nach § 6 Absatz 1 Nummer 4 Satz 1 zweiter Halbsatz anzusetzenden Wert eines Wirtschaftsguts des Anlagevermögens auf Antrag einen Ausgleichsposten bilden, soweit das Wirtschaftsgut infolge seiner Zuordnung zu einer Betriebsstätte desselben Steuerpflichtigen in einem anderen Mitgliedstaat der Europäischen Union gemäß § 4 Absatz 1 Satz 3 als entnommen gilt. [2]Der Ausgleichsposten ist für jedes Wirtschaftsgut getrennt auszuweisen. [3]Das Antragsrecht kann für jedes Wirtschaftsjahr nur einheitlich für sämtliche Wirtschaftsgüter ausgeübt werden. [4]Der Antrag ist unwiderruflich. [5]Die Vorschriften des Umwandlungssteuergesetzes bleiben unberührt.

(2) [1]Der Ausgleichsposten ist im Wirtschaftjahr der Bildung und in den vier folgenden Wirtschaftsjahren zu jeweils einem Fünftel gewinnerhöhend aufzulösen. [2]Er ist in vollem Umfang gewinnerhöhend aufzulösen,

1. wenn das als entnommen geltende Wirtschaftsgut aus dem Betriebsvermögen des Steuerpflichtigen ausscheidet,
2. wenn das als entnommen geltende Wirtschaftsgut aus der Besteuerungshoheit der Mitgliedstaaten der Europäischen Union ausscheidet oder
3. wenn die stillen Reserven des als entnommen geltenden Wirtschaftsguts im Ausland aufgedeckt werden oder in entsprechender Anwendung der Vorschriften des deutschen Steuerrechts hätten aufgedeckt werden müssen.

(3) 1 Wird die Zuordnung eines Wirtschaftsguts zu einer anderen Betriebsstätte des Steuerpflichtigen in einem anderen Mitgliedstaat der Europäischen Union im Sinne des Absatzes 1 innerhalb der tatsächlichen Nutzungsdauer, spätestens jedoch vor Ablauf von fünf Jahren nach Änderung der Zuordnung, aufgehoben, ist der für dieses Wirtschaftsgut gebildete Ausgleichsposten ohne Auswirkungen auf den Gewinn aufzulösen und das Wirtschaftsgut mit den fortgeführten Anschaffungskosten, erhöht um zwischenzeitlich gewinnerhöhend berücksichtigte Auflösungsbeträge im Sinne der Absätze 2 und 5 Satz 2 und um den Unterschiedsbetrag zwischen dem Rückführungswert und dem Buchwert im Zeitpunkt der Rückführung, höchstens jedoch mit dem gemeinen Wert, anzusetzen. 2 Die Aufhebung der geänderten Zuordnung ist ein Ereignis im Sinne des § 175 Absatz 1 Nummer 2 der Abgabenordnung.

(4) 1 Die Absätze 1 bis 3 finden entsprechende Anwendung bei der Ermittlung des Überschusses der Betriebseinnahmen über die Betriebsausgaben gemäß § 4 Absatz 3. 2 Wirtschaftsgüter, für die ein Ausgleichsposten nach Absatz 1 gebildet worden ist, sind in ein laufend zu führendes Verzeichnis aufzunehmen. 3 Der Steuerpflichtige hat darüber hinaus Aufzeichnungen zu führen, aus denen die Bildung und Auflösung der Ausgleichsposten hervorgeht. 4 Die Aufzeichnungen nach den Sätzen 2 und 3 sind der Steuererklärung beizufügen.

(5) 1 Der Steuerpflichtige ist verpflichtet, der zuständigen Finanzbehörde die Entnahme oder ein Ereignis im Sinne des Absatzes 2 unverzüglich anzuzeigen. 2 Kommt der Steuerpflichtige dieser Anzeigepflicht, seinen Aufzeichnungspflichten nach Absatz 4 oder seinen sonstigen Mitwirkungspflichten im Sinne des § 90 der Abgabenordnung nicht nach, ist der Ausgleichsposten dieses Wirtschaftsguts gewinnerhöhend aufzulösen.

§ 4h Betriebsausgabenabzug für Zinsaufwendungen (Zinsschranke).

(1)[1] 1 Zinsaufwendungen eines Betriebs sind abziehbar in Höhe des Zinsertrags, darüber hinaus nur bis zur Höhe des verrechenbaren EBITDA. 2 Das verrechenbare EBITDA ist 30 Prozent des um die Zinsaufwendungen und um die nach § 6 Absatz 2 Satz 1 abzuziehenden, nach § 6 Absatz 2 a Satz 2 gewinnmindernd aufzulösenden und nach § 7 abgesetzten Beträge erhöhten und um die Zinserträge verminderten maßgeblichen Gewinns. 3 Soweit das verrechenbare EBITDA die um die Zinserträge geminderten Zinsaufwendungen des Betriebs übersteigt, ist es in die folgenden fünf Wirtschaftsjahre vorzutragen (EBITDA-Vortrag); ein EBITDA-Vortrag entsteht nicht in Wirtschaftsjahren, in denen Absatz 2 die Anwendung von Absatz 1 Satz 1 ausschließt. 4 Zinsaufwendungen,

---

[1] § 4 h Abs. 1 neu gef. durch G v. 22. 12. 2009 (BGBl. I S. 3950).

die nach Satz 1 nicht abgezogen werden können, sind bis zur Höhe der EBITDA-Vorträge aus vorangegangenen Wirtschaftsjahren abziehbar und mindern die EBITDA-Vorträge in ihrer zeitlichen Reihenfolge. 5 Danach verbleibende nicht abziehbare Zinsaufwendungen sind in die folgenden Wirtschaftsjahre vorzutragen (Zinsvortrag). 6 Sie erhöhen die Zinsaufwendungen dieser Wirtschaftsjahre, nicht aber den maßgeblichen Gewinn.

(2) 1 Absatz 1 Satz 1 ist nicht anzuwenden, wenn

a) der Betrag der Zinsaufwendungen, soweit er den Betrag der Zinserträge übersteigt, weniger als drei Millionen Euro beträgt,

b) der Betrieb nicht oder nur anteilmäßig zu einem Konzern gehört, oder

c) der Betrieb zu einem Konzern gehört und seine Eigenkapitalquote am Schluss des vorangegangenen Abschlussstichtages gleich hoch oder höher ist als die des Konzerns (Eigenkapitalvergleich). 2 Ein Unterschreiten der Eigenkapitalquote des Konzerns um bis zu zwei Prozentpunkte[1)] ist unschädlich.

3 Eigenkapitalquote ist das Verhältnis des Eigenkapitals zur Bilanzsumme; sie bemisst sich nach dem Konzernabschluss, der den Betrieb umfasst, und ist für den Betrieb auf der Grundlage des Jahresabschlusses oder Einzelabschlusses zu ermitteln. 4 Wahlrechte sind im Konzernabschluss und im Jahresabschluss oder Einzelabschluss einheitlich auszuüben; bei gesellschaftsrechtlichen Kündigungsrechten ist insoweit mindestens das Eigenkapital anzusetzen, das sich nach den Vorschriften des Handelsgesetzbuchs ergeben würde. 5 Bei der Ermittlung der Eigenkapitalquote des Betriebs ist das Eigenkapital um einen im Konzernabschluss enthaltenen Firmenwert, soweit er auf den Betrieb entfällt, und um die Hälfte von Sonderposten mit Rücklagenanteil (§ 273 des Handelsgesetzbuchs) zu erhöhen sowie um das Eigenkapital, das keine Stimmrechte vermittelt – mit Ausnahme von Vorzugsaktien –, die Anteile an anderen Konzerngesellschaften und um Einlagen der letzten sechs Monate vor dem maßgeblichen Abschlussstichtag, soweit ihnen Entnahmen oder Ausschüttungen innerhalb der ersten sechs Monate nach dem maßgeblichen Abschlussstichtag gegenüberstehen, zu kürzen. 6 Die Bilanzsumme ist um Kapitalforderungen zu kürzen, die nicht im Konzernabschluss ausgewiesen sind und denen Verbindlichkeiten im Sinne des Absatzes 3 in mindestens gleicher Höhe gegenüberstehen. 7 Sonderbetriebsvermögen ist dem Betrieb der Mitunternehmerschaft zuzuordnen, soweit es im Konzernvermögen enthalten ist.

8 Die für den Eigenkapitalvergleich maßgeblichen Abschlüsse sind einheitlich nach den International Financial Reporting Standards (IFRS) zu erstellen. 9 Hiervon abweichend können Abschlüsse nach dem Handelsrecht eines Mitgliedstaats der Europäischen Union verwendet werden, wenn kein Konzernabschluss nach den IFRS zu erstellen und offen zu legen ist und für keines der letzten fünf Wirtschaftsjahre ein Konzernabschluss nach den IFRS erstellt wurde; nach den Generally Accepted Accounting Principles der Vereinigten Staaten von Amerika (US-GAAP) aufzustellende und offen

---

1) Erweiterung des Toleranzrahmens mW für nach dem 31. 12. 2009 endende Wj. (§ 52 Abs. 12 d Satz 4 a. F.) durch G v. 22. 12. 2009 (BGBl. I S. 3950).

zu legende Abschlüsse sind zu verwenden, wenn kein Konzernabschluss nach den IFRS oder dem Handelsrecht eines Mitgliedstaats der Europäischen Union zu erstellen und offen zu legen ist. [10]Der Konzernabschluss muss den Anforderungen an die handelsrechtliche Konzernrechnungslegung genügen oder die Voraussetzungen erfüllen, unter denen ein Abschluss nach den §§ 291 und 292 des Handelsgesetzbuchs befreiende Wirkung hätte. [11]Wurde der Jahresabschluss oder Einzelabschluss nicht nach denselben Rechnungslegungsstandards wie der Konzernabschluss aufgestellt, ist die Eigenkapitalquote des Betriebs in einer Überleitungsrechnung nach den für den Konzernabschluss geltenden Rechnungslegungsstandards zu ermitteln. [12]Die Überleitungsrechnung ist einer prüferischen Durchsicht zu unterziehen. [13]Auf Verlangen der Finanzbehörde ist der Abschluss oder die Überleitungsrechnung des Betriebs durch einen Abschlussprüfer zu prüfen, der die Voraussetzungen des § 319 des Handelsgesetzbuchs erfüllt.

[14]Ist ein dem Eigenkapitalvergleich zugrunde gelegter Abschluss unrichtig und führt der zutreffende Abschluss zu einer Erhöhung der nach Absatz 1 nicht abziehbaren Zinsaufwendungen, ist ein Zuschlag entsprechend § 162 Absatz 4 Satz 1 und 2 der Abgabenordnung festzusetzen. [15]Bemessungsgrundlage für den Zuschlag sind die nach Absatz 1 nicht abziehbaren Zinsaufwendungen. [16]§ 162 Absatz 4 Satz 4 bis 6 der Abgabenordnung gilt sinngemäß.

[2]Ist eine Gesellschaft, bei der der Gesellschafter als Mitunternehmer anzusehen ist, unmittelbar oder mittelbar einer Körperschaft nachgeordnet, gilt für die Gesellschaft § 8a Absatz 2 und 3 des Körperschaftsteuergesetzes entsprechend.

(3) [1]Maßgeblicher Gewinn ist der nach den Vorschriften dieses Gesetzes mit Ausnahme des Absatzes 1 ermittelte steuerpflichtige Gewinn. [2]Zinsaufwendungen sind Vergütungen für Fremdkapital, die den maßgeblichen Gewinn gemindert haben. [3]Zinserträge sind Erträge aus Kapitalforderungen jeder Art, die den maßgeblichen Gewinn erhöht haben. [4]Die Auf- und Abzinsung unverzinslicher oder niedrig verzinslicher Verbindlichkeiten oder Kapitalforderungen führen ebenfalls zu Zinserträgen oder Zinsaufwendungen. [5]Ein Betrieb gehört zu einem Konzern, wenn er nach dem für die Anwendung des Absatzes 2 Satz 1 Buchstabe c zugrunde gelegten Rechnungslegungsstandard mit einem oder mehreren anderen Betrieben konsolidiert wird oder werden könnte. [6]Ein Betrieb gehört für Zwecke des Absatzes 2 auch zu einem Konzern, wenn seine Finanz- und Geschäftspolitik mit einem oder mehreren anderen Betrieben einheitlich bestimmt werden kann.

(4)[1)] [1]Der EBITDA-Vortrag und der Zinsvortrag sind gesondert festzustellen. [2]Zuständig ist das für die gesonderte Feststellung des Gewinns und Verlusts der Gesellschaft zuständige Finanzamt, im Übrigen das für die Besteuerung zuständige Finanzamt. [3]§ 10d Absatz 4 gilt sinngemäß. [4]Feststellungsbescheide sind zu erlassen, aufzuheben oder zu ändern, soweit sich die nach Satz 1 festzustellenden Beträge ändern.

---

1) § 4h Abs. 4 Sätze 1 und 4 geänd. durch G v. 22. 12. 2009 (BGBl. I S. 3950).

(5)[1] 1Bei Aufgabe oder Übertragung des Betriebs gehen ein nicht verbrauchter EBITDA-Vortrag und ein nicht verbrauchter Zinsvortrag unter. 2Scheidet ein Mitunternehmer aus einer Gesellschaft aus, gehen der EBITDA-Vortrag und der Zinsvortrag anteilig mit der Quote unter, mit der der ausgeschiedene Gesellschafter an der Gesellschaft beteiligt war. 3§ 8c des Körperschaftsteuergesetzes ist auf den Zinsvortrag einer Gesellschaft entsprechend anzuwenden, soweit an dieser unmittelbar oder mittelbar eine Körperschaft als Mitunternehmer beteiligt ist.

§ 5 Gewinn bei Kaufleuten und bei bestimmten anderen Gewerbetreibenden. (1)[2] 1Bei Gewerbetreibenden, die auf Grund gesetzlicher Vorschriften verpflichtet sind, Bücher zu führen und regelmäßig Abschlüsse zu machen, oder die ohne eine solche Verpflichtung Bücher führen und regelmäßig Abschlüsse machen, ist für den Schluss des Wirtschaftsjahres das Betriebsvermögen anzusetzen (§ 4 Absatz 1 Satz 1), das nach den handelsrechtlichen Grundsätzen ordnungsmäßiger Buchführung auszuweisen ist, es sei denn, im Rahmen der Ausübung eines steuerlichen Wahlrechts wird oder wurde ein anderer Ansatz gewählt. 2Voraussetzung für die Ausübung steuerlicher Wahlrechte ist, dass die Wirtschaftsgüter, die nicht mit dem handelsrechtlich maßgeblichen Wert in der steuerlichen Gewinnermittlung ausgewiesen werden, in besondere, laufend zu führende Verzeichnisse aufgenommen werden. 3In den Verzeichnissen sind der Tag der Anschaffung oder Herstellung, die Anschaffungs- oder Herstellungskosten, die Vorschrift des ausgeübten steuerlichen Wahlrechts und die vorgenommenen Abschreibungen nachzuweisen.

(1 a) 1Posten der Aktivseite dürfen nicht mit Posten der Passivseite verrechnet werden. 2Die Ergebnisse der in der handelsrechtlichen Rechnungslegung zur Absicherung finanzwirtschaftlicher Risiken gebildeten Bewertungseinheiten sind auch für die steuerliche Gewinnermittlung maßgeblich.

(2) Für immaterielle Wirtschaftsgüter des Anlagevermögens ist ein Aktivposten nur anzusetzen, wenn sie entgeltlich erworben wurden.

(2 a) Für Verpflichtungen, die nur zu erfüllen sind, soweit künftig Einnahmen oder Gewinne anfallen, sind Verbindlichkeiten oder Rückstellungen erst anzusetzen, wenn die Einnahmen oder Gewinne angefallen sind

(3) 1Rückstellungen wegen Verletzung fremder Patent-, Urheber- oder ähnlicher Schutzrechte dürfen erst gebildet werden, wenn

1. der Rechtsinhaber Ansprüche wegen der Rechtsverletzung geltend gemacht hat oder
2. mit einer Inanspruchnahme wegen der Rechtsverletzung ernsthaft zu rechnen ist.

2Eine nach Satz 1 Nummer 2 gebildete Rückstellung ist spätestens in der Bilanz des dritten auf ihre erstmalige Bildung folgenden Wirtschaftsjahres gewinnerhöhend aufzulösen, wenn Ansprüche nicht geltend gemacht worden sind.

---

1) § 4h Abs. 5 Sätze 1 und 2 geänd. durch G v. 22. 12. 2009 (BGBl. I S. 3950).
2) Vgl. auch Art. 66 Abs. 3 Satz 6 EGHGB.

(4) Rückstellungen für die Verpflichtung zu einer Zuwendung anlässlich eines Dienstjubiläums dürfen nur gebildet werden, wenn das Dienstverhältnis mindestens zehn Jahre bestanden hat, das Dienstjubiläum das Bestehen eines Dienstverhältnisses von mindestens 15 Jahren voraussetzt, die Zusage schriftlich erteilt ist und soweit der Zuwendungsberechtigte seine Anwartschaft nach dem 31. Dezember 1992 erwirbt.

(4 a) [1] Rückstellungen für drohende Verluste aus schwebenden Geschäften dürfen nicht gebildet werden. [2] Das gilt nicht für Ergebnisse nach Absatz 1 a Satz 2.

(4 b) [1] Rückstellungen für Aufwendungen, die in künftigen Wirtschaftsjahren als Anschaffungs- oder Herstellungskosten eines Wirtschaftsguts zu aktivieren sind, dürfen nicht gebildet werden. [2] Rückstellungen für die Verpflichtung zur schadlosen Verwertung radioaktiver Reststoffe sowie ausgebauter oder abgebauter radioaktiver Anlagenteile dürfen nicht gebildet werden, soweit Aufwendungen im Zusammenhang mit der Bearbeitung oder Verarbeitung von Kernbrennstoffen stehen, die aus der Aufarbeitung bestrahlter Kernbrennstoffe gewonnen worden sind und keine radioaktiven Abfälle darstellen.

(5) [1] Als Rechnungsabgrenzungsposten sind nur anzusetzen

1. auf der Aktivseite Ausgaben vor dem Abschlussstichtag, soweit sie Aufwand für eine bestimmte Zeit nach diesem Tag darstellen;
2. auf der Passivseite Einnahmen vor dem Abschlussstichtag, soweit sie Ertrag für eine bestimmte Zeit nach diesem Tag darstellen.

[2] Auf der Aktivseite sind ferner anzusetzen

1. als Aufwand berücksichtigte Zölle und Verbrauchsteuern, soweit sie auf am Abschlussstichtag auszuweisende Wirtschaftsgüter des Vorratsvermögens entfallen,
2. als Aufwand berücksichtigte Umsatzsteuer auf am Abschlussstichtag auszuweisende Anzahlungen.

(6) Die Vorschriften über die Entnahmen und die Einlagen, über die Zulässigkeit der Bilanzänderung, über die Betriebsausgaben, über die Bewertung und über die Absetzung für Abnutzung oder Substanzverringerung sind zu befolgen.

(7)[1)] [1] Übernommene Verpflichtungen, die beim ursprünglich Verpflichteten Ansatzverboten, -beschränkungen oder Bewertungsvorbehalten unterlegen haben, sind zu den auf die Übernahme folgenden Abschlussstichtagen bei dem Übernehmer und dessen Rechtsnachfolger so zu bilanzieren, wie sie beim ursprünglich Verpflichteten ohne Übernahme zu bilanzieren wären. [2] Dies gilt in Fällen des Schuldbeitritts oder der Erfüllungsübernahme mit vollständiger oder teilweiser Schuldfreistellung für die sich aus diesem Rechtsgeschäft ergebenden Verpflichtungen sinngemäß. [3] Satz 1 ist für den Erwerb eines Mitunternehmeranteils entsprechend anzuwenden. [4] Wird eine Pensionsverpflichtung unter gleichzeitiger Übernahme von Vermögenswerten gegenüber einem

---

1) § 5 Abs. 7 angef. durch G v. 18. 12. 2013 (BGBl. I S. 4318); zur Anwendung siehe § 52 Abs. 9.

mer übernommen, der bisher in einem anderen Unternehmen tätig
atz 1 mit der Maßgabe anzuwenden, dass bei der Ermittlung des
s der Verpflichtung der Jahresbetrag nach § 6 a Absatz 3 Satz 2
1 so zu bemessen ist, dass zu Beginn des Wirtschaftsjahres der Über-
der Barwert der Jahresbeträge zusammen mit den übernommenen
enswerten gleich dem Barwert der künftigen Pensionsleistungen ist;
arf sich kein negativer Jahresbetrag ergeben. [5]Für einen Gewinn, der
s der Anwendung der Sätze 1 bis 3 ergibt, kann jeweils in Höhe von
n Fünfzehntel eine gewinnmindernde Rücklage gebildet werden, die
folgenden 14 Wirtschaftsjahren jeweils mit mindestens einem Vier-
el gewinnerhöhend aufzulösen ist (Auflösungszeitraum). [6]Besteht eine
lichtung, für die eine Rücklage gebildet wurde, bereits vor Ablauf des
gebenden Auflösungszeitraums nicht mehr, ist die insoweit verbleibende
klage erhöhend aufzulösen.

§ 5 a Gewinnermittlung bei Handelsschiffen im internationalen Verkehr. (1) [1]Anstelle der Ermittlung des Gewinns nach § 4 Absatz 1 oder § 5 ist bei einem Gewerbebetrieb mit Geschäftsleitung im Inland der Gewinn, soweit er auf den Betrieb von Handelsschiffen im internationalen Verkehr entfällt, auf unwiderruflichen Antrag des Steuerpflichtigen nach der in seinem Betrieb geführten Tonnage zu ermitteln, wenn die Bereederung dieser Handelsschiffe im Inland durchgeführt wird. [2]Der im Wirtschaftsjahr erzielte Gewinn beträgt pro Tag des Betriebs für jedes im internationalen Verkehr betriebene Handelsschiff für jeweils volle 100 Nettotonnen (Nettoraumzahl)

0,92 Euro	bei einer Tonnage bis zu 1000 Nettotonnen,
0,69 Euro	für die 1000 Nettotonnen übersteigende Tonnage bis zu 10 000 Nettotonnen,
0,46 Euro	für die 10 000 Nettotonnen übersteigende Tonnage bis zu 25 000 Nettotonnen,
0,23 Euro	für die 25 000 Nettotonnen übersteigende Tonnage.

(2) [1]Handelsschiffe werden im internationalen Verkehr betrieben, wenn eigene oder gecharterte Seeschiffe, die im Wirtschaftsjahr überwiegend in einem inländischen Seeschiffsregister eingetragen sind, in diesem Wirtschaftsjahr überwiegend zur Beförderung von Personen oder Gütern im Verkehr mit oder zwischen ausländischen Häfen, innerhalb eines ausländischen Hafens oder zwischen einem ausländischen Hafen und der Hohen See eingesetzt werden. [2]Zum Betrieb von Handelsschiffen im internationalen Verkehr gehören auch ihre Vercharterung, wenn sie vom Vercharterer ausgerüstet worden sind, und die unmittelbar mit ihrem Einsatz oder ihrer Vercharterung zusammenhängenden Neben- und Hilfsgeschäfte einschließlich der Veräußerung der Handelsschiffe und der unmittelbar ihrem Betrieb dienenden Wirtschaftsgüter. [3]Der Einsatz und die Vercharterung von gecharterten Handelsschiffen gilt nur dann als Betrieb von Handelsschiffen im internationalen Verkehr, wenn gleichzeitig eigene oder ausgerüstete Handelsschiffe im internationalen Verkehr betrieben werden. [4]Sind gecharterte Handelsschiffe nicht in einem inländischen Seeschiffsregister eingetragen, gilt Satz 3 unter der weiteren Voraussetzung, dass im Wirtschaftsjahr die Nettotonnage der gecharterten Han-

delsschiffe das Dreifache der nach den Sätzen 1 und 2 im international kehr betriebenen Handelsschiffe nicht übersteigt; für die Berechnu Nettotonnage sind jeweils die Nettotonnen pro Schiff mit der Anzal Betriebstage nach Absatz 1 zu vervielfältigen. 5 Dem Betrieb von Handelss fen im internationalen Verkehr ist gleichgestellt, wenn Seeschiffe, die im W schaftsjahr überwiegend in einem inländischen Seeschiffsregister eingetrag sind, in diesem Wirtschaftsjahr überwiegend außerhalb der deutschen Ho heitsgewässer zum Schleppen, Bergen oder zur Aufsuchung von Bodenschät zen eingesetzt werden; die Sätze 2 bis 4 sind sinngemäß anzuwenden.

(3)[1)] 1 Der Antrag auf Anwendung der Gewinnermittlung nach Absatz 1 ist im Wirtschaftsjahr der Anschaffung oder Herstellung des Handelsschiffs (Indienststellung) mit Wirkung ab Beginn dieses Wirtschaftsjahres zu stellen. 2 Vor Indienststellung des Handelsschiffs durch den Betrieb von Handelsschiffen im internationalen Verkehr erwirtschaftete Gewinne sind in diesem Fall nicht zu besteuern; Verluste sind weder ausgleichsfähig noch verrechenbar. 3 Bereits erlassene Steuerbescheide sind insoweit zu ändern. 4 Das gilt auch dann, wenn der Steuerbescheid unanfechtbar geworden ist; die Festsetzungsfrist endet insoweit nicht, bevor die Festsetzungsfrist für den Veranlagungszeitraum abgelaufen ist, in dem der Gewinn erstmals nach Absatz 1 ermittelt wird. 5 Wird der Antrag auf Anwendung der Gewinnermittlung nach Absatz 1 nicht nach Satz 1 im Wirtschaftsjahr der Anschaffung oder Herstellung des Handelsschiffs (Indienststellung) gestellt, kann er erstmals in dem Wirtschaftsjahr gestellt werden, das jeweils nach Ablauf eines Zeitraumes von zehn Jahren, vom Beginn des Jahres der Indienststellung gerechnet, endet. 6 Die Sätze 2 bis 4 sind insoweit nicht anwendbar. 7 Der Steuerpflichtige ist an die Gewinnermittlung nach Absatz 1 vom Beginn des Wirtschaftsjahres an, in dem er den Antrag stellt, zehn Jahre gebunden. 8 Nach Ablauf dieses Zeitraumes kann er den Antrag mit Wirkung für den Beginn jedes folgenden Wirtschaftsjahres bis zum Ende des Jahres unwiderruflich zurücknehmen. 9 An die Gewinnermittlung nach allgemeinen Vorschriften ist der Steuerpflichtige ab dem Beginn des Wirtschaftsjahres, in dem er den Antrag zurücknimmt, zehn Jahre gebunden.

(4) 1 Zum Schluss des Wirtschaftsjahres, das der erstmaligen Anwendung des Absatzes 1 vorangeht (Übergangsjahr), ist für jedes Wirtschaftsgut, das unmittelbar dem Betrieb von Handelsschiffen im internationalen Verkehr dient, der Unterschiedsbetrag zwischen Buchwert und Teilwert in ein besonderes Verzeichnis aufzunehmen. 2 Der Unterschiedsbetrag ist gesondert und bei Gesellschaften im Sinne des § 15 Absatz 1 Satz 1 Nummer 2 einheitlich festzustellen. 3 Der Unterschiedsbetrag nach Satz 1 ist dem Gewinn hinzuzurechnen:

1. in den dem letzten Jahr der Anwendung des Absatzes 1 folgenden fünf Wirtschaftsjahren jeweils in Höhe von mindestens einem Fünftel,
2. in dem Jahr, in dem das Wirtschaftsgut aus dem Betriebsvermögen ausscheidet oder in dem es nicht mehr unmittelbar dem Betrieb von Handelsschiffen im internationalen Verkehr dient,

---

1) § 5 a Abs. 3 neu gef. durch G v. 29. 12. 2003 (BGBl. I S. 3076); zur Anwendung siehe § 52 Abs. 10; Bestätigung durch G v. 5. 4. 2011 (BGBl. I S. 554).

3. in dem Jahr des Ausscheidens eines Gesellschafters hinsichtlich des auf ihn entfallenden Anteils.

4 Die Sätze 1 bis 3 sind entsprechend anzuwenden, wenn der Steuerpflichtige Wirtschaftsgüter des Betriebsvermögens dem Betrieb von Handelsschiffen im internationalen Verkehr zuführt.

(4 a) 1 Bei Gesellschaften im Sinne des § 15 Absatz 1 Satz 1 Nummer 2 tritt für die Zwecke dieser Vorschrift an die Stelle des Steuerpflichtigen die Gesellschaft. 2 Der nach Absatz 1 ermittelte Gewinn ist den Gesellschaftern entsprechend ihrem Anteil am Gesellschaftsvermögen zuzurechnen. 3 Vergütungen im Sinne des § 15 Absatz 1 Satz 1 Nummer 2 und Satz 2 sind hinzuzurechnen.

(5) 1 Gewinne nach Absatz 1 umfassen auch Einkünfte nach § 16. 2 §§ 34, 34 c Absatz 1 bis 3 und § 35 sind nicht anzuwenden. 3 Rücklagen nach den §§ 6 b und 6 d [*und 7g*][1] sind beim Übergang zur Gewinnermittlung nach Absatz 1 dem Gewinn im Erstjahr hinzuzurechnen [***für nach dem 17. 8. 2007 endende Wj.:*** ; bis zum Übergang in Anspruch genommene Investitionsabzugsbeträge nach § 7 g Absatz 1 sind nach Maßgabe des § 7 g Absatz 3 rückgängig zu machen][2]. 4 Für die Anwendung des § 15 a ist der nach § 4 Absatz 1 oder § 5 ermittelte Gewinn zugrunde zu legen.

(6) In der Bilanz zum Schluss des Wirtschaftsjahres, in dem Absatz 1 letztmalig angewendet wird, ist für jedes Wirtschaftsgut, das unmittelbar dem Betrieb von Handelsschiffen im internationalen Verkehr dient, der Teilwert anzusetzen.

§ 5 b[3] Elektronische Übermittlung von Bilanzen sowie Gewinn- und Verlustrechnungen. (1) 1 Wird der Gewinn nach § 4 Absatz 1, § 5 oder § 5 a ermittelt, so ist der Inhalt der Bilanz sowie der Gewinn- und Verlustrechnung nach amtlich vorgeschriebenem Datensatz durch Datenfernübertragung zu übermitteln. 2 Enthält die Bilanz Ansätze oder Beträge, die den steuerlichen Vorschriften nicht entsprechen, so sind diese Ansätze oder Beträge durch Zusätze oder Anmerkungen den steuerlichen Vorschriften anzupassen und nach amtlich vorgeschriebenem Datensatz durch Datenfernübertragung zu übermitteln. 3 Der Steuerpflichtige kann auch eine den steuerlichen Vorschriften entsprechende Bilanz nach amtlich vorgeschriebenem Datensatz durch Datenfernübertragung übermitteln. 4 § 150 Absatz 7 der Abgabenordnung gilt entsprechend. 5 Im Fall der Eröffnung des Betriebs sind die Sätze 1 bis 4 für den Inhalt der Eröffnungsbilanz entsprechend anzuwenden.

(2) 1 Auf Antrag kann die Finanzbehörde zur Vermeidung unbilliger Härten auf eine elektronische Übermittlung verzichten. 2 § 150 Absatz 8 der Abgabenordnung gilt entsprechend.

---

[1] § 5 a Abs. 5 Satz 3 Verweis auf § 7 g aufgeh. durch G v. 14. 8. 2007 (BGBl. I S. 1912); zur weiteren Anwendung der bish. Fassung siehe § 52 Abs. 10 Satz 4

[2] § 5 a Abs. 5 Satz 3 HS 2 angef. durch G v. 14. 8. 2007 (BGBl. I S. 1912); zur weiteren Anwendung der bish. Fassung siehe § 52 Abs. 10 Satz 4.

[3] Zur erstmaligen Anwendung siehe § 52 Abs. 11 iVm **§ 1 Anwendungszeitpunktverschiebungsverordnung (AnwZpvV)** vom 20. 12. 2010 (BGBl. I S. 2135) – dort abgedr. als Fn. 1.

§ 6 Bewertung. (1) Für die Bewertung der einzelnen Wirtschaftsgüter, die nach § 4 Absatz 1 oder nach § 5 als Betriebsvermögen anzusetzen sind, gilt das Folgende:

1. [1] Wirtschaftsgüter des Anlagevermögens, die der Abnutzung unterliegen, sind mit den Anschaffungs- oder Herstellungskosten oder dem an deren Stelle tretenden Wert, vermindert um die Absetzungen für Abnutzung, erhöhte Absetzungen, Sonderabschreibungen, Abzüge nach § 6b und ähnliche Abzüge, anzusetzen. [2] Ist der Teilwert auf Grund einer voraussichtlich dauernden Wertminderung niedriger, so kann dieser angesetzt werden. [3] Teilwert ist der Betrag, den ein Erwerber des ganzen Betriebs im Rahmen des Gesamtkaufpreises für das einzelne Wirtschaftsgut ansetzen würde; dabei ist davon auszugehen, dass der Erwerber den Betrieb fortführt. [4] Wirtschaftsgüter, die bereits am Schluss des vorangegangenen Wirtschaftsjahres zum Anlagevermögen des Steuerpflichtigen gehört haben, sind in den folgenden Wirtschaftsjahren gemäß Satz 1 anzusetzen, es sei denn, der Steuerpflichtige weist nach, dass ein niedrigerer Teilwert nach Satz 2 angesetzt werden kann.

1a. [1] Zu den Herstellungskosten eines Gebäudes gehören auch Aufwendungen für Instandsetzungs- und Modernisierungsmaßnahmen, die innerhalb von drei Jahren nach der Anschaffung des Gebäudes durchgeführt werden, wenn die Aufwendungen ohne die Umsatzsteuer 15 Prozent der Anschaffungskosten des Gebäudes übersteigen (anschaffungsnahe Herstellungskosten). [2] Zu diesen Aufwendungen gehören nicht die Aufwendungen für Erweiterungen im Sinne des § 255 Absatz 2 Satz 1 des Handelsgesetzbuchs sowie Aufwendungen für Erhaltungsarbeiten, die jährlich üblicherweise anfallen.

2. [1] Andere als die in Nummer 1 bezeichneten Wirtschaftsgüter des Betriebs (Grund und Boden, Beteiligungen, Umlaufvermögen) sind mit den Anschaffungs- oder Herstellungskosten oder dem an deren Stelle tretenden Wert, vermindert um Abzüge nach § 6b und ähnliche Abzüge, anzusetzen. [2] Ist der Teilwert (Nummer 1 Satz 3) auf Grund einer voraussichtlich dauernden Wertminderung niedriger, so kann dieser angesetzt werden. [3] Nummer 1 Satz 4 gilt entsprechend.

2a. [1] Steuerpflichtige, die den Gewinn nach § 5 ermitteln, können für den Wertansatz gleichartiger Wirtschaftsgüter des Vorratsvermögens unterstellen, dass die zuletzt angeschafften oder hergestellten Wirtschaftsgüter zuerst verbraucht oder veräußert worden sind, soweit dies den handelsrechtlichen Grundsätzen ordnungsmäßiger Buchführung entspricht. [2] Der Vorratsbestand am Schluss des Wirtschaftsjahres, das der erstmaligen Anwendung der Bewertung nach Satz 1 vorangeht, gilt mit seinem Bilanzansatz als erster Zugang des neuen Wirtschaftsjahres. [3] Von der Verbrauchs- oder Veräußerungsfolge nach Satz 1 kann in den folgenden Wirtschaftsjahren nur mit Zustimmung des Finanzamts abgewichen werden.

2b. [1] Steuerpflichtige, die in den Anwendungsbereich des § 340 des Handelsgesetzbuchs fallen, haben die zu Handelszwecken erworbenen Finanzinstrumente, die nicht in einer Bewertungseinheit im Sinne des § 5 Absatz 1a Satz 2 abgebildet werden, mit dem beizulegenden Zeitwert abzüglich eines

Risikoabschlages (§ 340 e Absatz 3 des Handelsgesetzbuchs[1]) zu bewerten. [2]Nummer 2 Satz 2 ist nicht anzuwenden.

3. [1]Verbindlichkeiten sind unter sinngemäßer Anwendung der Vorschriften der Nummer 2 anzusetzen und mit einem Zinssatz von 5,5 Prozent abzuzinsen. [2]Ausgenommen von der Abzinsung sind Verbindlichkeiten, deren Laufzeit am Bilanzstichtag weniger als zwölf Monate beträgt, und Verbindlichkeiten, die verzinslich sind oder auf einer Anzahlung oder Vorausleistung beruhen.

3a. Rückstellungen sind höchstens insbesondere unter Berücksichtigung folgender Grundsätze anzusetzen:

a) bei Rückstellungen für gleichartige Verpflichtungen ist auf der Grundlage der Erfahrungen in der Vergangenheit aus der Abwicklung solcher Verpflichtungen die Wahrscheinlichkeit zu berücksichtigen, dass der Steuerpflichtige nur zu einem Teil der Summe dieser Verpflichtungen in Anspruch genommen wird;

b) Rückstellungen für Sachleistungsverpflichtungen sind mit den Einzelkosten und den angemessenen Teilen der notwendigen Gemeinkosten zu bewerten;

c) künftige Vorteile, die mit der Erfüllung der Verpflichtung voraussichtlich verbunden sein werden, sind, soweit sie nicht als Forderung zu aktivieren sind, bei ihrer Bewertung wertmindernd zu berücksichtigen;

d) Rückstellungen für Verpflichtungen, für deren Entstehen im wirtschaftlichen Sinne der laufende Betrieb ursächlich ist, sind zeitanteilig in gleichen Raten anzusammeln. [2]Rückstellungen für gesetzliche Verpflichtungen zur Rücknahme und Verwertung von Erzeugnissen, die vor Inkrafttreten entsprechender gesetzlicher Verpflichtungen in Verkehr gebracht worden sind, sind zeitanteilig in gleichen Raten bis zum Beginn der jeweiligen Erfüllung anzusammeln; Buchstabe e ist insoweit nicht anzuwenden. [3]Rückstellungen für die Verpflichtung, ein Kernkraftwerk stillzulegen, sind ab dem Zeitpunkt der erstmaligen Nutzung bis zum Zeitpunkt, in dem mit der Stilllegung begonnen werden muss, zeitanteilig in gleichen Raten anzusammeln; steht der Zeitpunkt der Stilllegung nicht fest, beträgt der Zeitraum für die Ansammlung 25 Jahre;

e) Rückstellungen für Verpflichtungen sind mit einem Zinssatz von 5,5 Prozent abzuzinsen; Nummer 3 Satz 2 ist entsprechend anzuwenden. [2]Für die Abzinsung von Rückstellungen für Sachleistungsverpflichtungen ist der Zeitraum bis zum Beginn der Erfüllung maßgebend. [3]Für die Abzinsung von Rückstellungen für die Verpflichtung, ein Kernkraftwerk stillzulegen, ist der sich aus Buchstabe d Satz 3 ergebende Zeitraum maßgebend; und

f) bei der Bewertung sind die Wertverhältnisse am Bilanzstichtag maßgebend; künftige Preis- und Kostensteigerungen dürfen nicht berücksichtigt werden.

---

[1]) **Schönfelder Nr. 50.**

4.[1] [1]Entnahmen des Steuerpflichtigen für sich, für seinen Haushalt oder für andere betriebsfremde Zwecke sind mit dem Teilwert anzusetzen; in den Fällen des § 4 Absatz 1 Satz 3 ist die Entnahme mit dem gemeinen Wert anzusetzen. [2]Die private Nutzung eines Kraftfahrzeugs, das zu mehr als 50 Prozent betrieblich genutzt wird, ist für jeden Kalendermonat mit 1 Prozent des inländischen Listenpreises im Zeitpunkt der Erstzulassung zuzüglich der Kosten für Sonderausstattung einschließlich Umsatzsteuer anzusetzen; bei der privaten Nutzung von Fahrzeugen mit Antrieb ausschließlich durch Elektromotoren, die ganz ober überwiegend aus mechanischen oder elektrochemischen Energiespeichern oder aus emissionsfrei betriebenen Energiewandlern gespeist werden (Elektrofahrzeuge), oder von extern aufladbaren Hybridelektrofahrzeugen, ist der Listenpreis dieser Kraftfahrzeuge um die darin enthaltenen Kosten des Batteriesystems im Zeitpunkt der Erstzulassung des Kraftfahrzeugs wie folgt zu mindern: für bis zum 31. Dezember 2013 angeschaffte Kraftfahrzeuge um 500 Euro pro Kilowattstunde der Batteriekapazität, dieser Betrag mindert sich für in den Folgejahren angeschaffte Kraftfahrzeuge um jährlich 50 Euro pro Kilowattstunde der Batteriekapazität; die Minderung pro Kraftfahrzeug beträgt höchstens 10 000 Euro; dieser Höchstbetrag mindert sich für in den Folgejahren angeschaffte Kraftfahrzeuge um jährlich 500 Euro. [3]Die private Nutzung kann abweichend von Satz 2 mit den auf die Privatfahrten entfallenden Aufwendungen angesetzt werden, wenn die für das Kraftfahrzeug insgesamt entstehenden Aufwendungen durch Belege und das Verhältnis der privaten zu den übrigen Fahrten durch ein ordnungsgemäßes Fahrtenbuch nachgewiesen werden; bei der privaten Nutzung von Fahrzeugen mit Antrieb ausschließlich durch Elektromotoren, die ganz oder überwiegend aus mechanischen oder elektrochemischen Energiespeichern oder aus emissionsfrei betriebenen Energiewandlern gespeist werden (Elektrofahrzeuge), oder von extern aufladbaren Hybridelektrofahrzeugen, sind die der Berechnung der Entnahme zugrunde zu legenden insgesamt entstandenen Aufwendungen *um die nach Satz 2 in pauschaler Höhe festgelegten Aufwendungen, die auf das Batteriesystem entfallen, zu mindern* [***ab 1. 1. 2016:*** um Aufwendungen für das Batteriesystem zu mindern; dabei ist bei zum Betriebsvermögen des Steuerpflichtigen gehörenden Elektro- und Hybridelektrofahrzeugen die der Berechnung der Absetzungen für Abnutzung zugrunde zu legende Bemessungsgrundlage um die nach Satz 2 in pauschaler Höhe festgelegten Aufwendungen zu mindern, wenn darin Kosten für ein Batteriesystem enthalten sind]. [4]Wird ein Wirtschaftsgut unmittelbar nach seiner Entnahme einer nach § 5 Absatz 1 Nummer 9 des Körperschaftsteuergesetzes von der Körperschaftsteuer befreiten Körperschaft, Personenvereinigung oder Vermögensmasse oder einer juristischen Person des öffentlichen Rechts zur Verwendung für steuerbegünstigte Zwecke im Sinne des § 10b Absatz 1 Satz 1 unentgeltlich überlassen, so kann die Entnahme mit dem Buchwert angesetzt werden. [5]Satz 4 gilt nicht für die Entnahme von Nutzungen und Leistungen.

---

[1] § 6 Abs. 1 Nr. 4 Satz 2 und 3 jeweils 2. HS angef. durch G v. 26. 6. 2013 (BGBl. I S. 1809); Satz 3 geänd. durch G v. 2. 11. 2015 (BGBl. I S. 1834); zur Anwendung siehe § 52 Abs. 12 Satz 1.

5. [1] Einlagen sind mit dem Teilwert für den Zeitpunkt der Zuführung anzusetzen; sie sind jedoch höchstens mit den Anschaffungs- oder Herstellungskosten anzusetzen, wenn das zugeführte Wirtschaftsgut
   a) innerhalb der letzten drei Jahre vor dem Zeitpunkt der Zuführung angeschafft oder hergestellt worden ist,
   b) ein Anteil an einer Kapitalgesellschaft ist und der Steuerpflichtige an der Gesellschaft im Sinne des § 17 Absatz 1 oder Absatz 6 beteiligt ist; § 17 Absatz 2 Satz 5 gilt entsprechend, oder
   c) ein Wirtschaftsgut im Sinne des § 20 Absatz 2 ist.

   [2] Ist die Einlage ein abnutzbares Wirtschaftsgut, so sind die Anschaffungs- oder Herstellungskosten um Absetzungen für Abnutzung zu kürzen, die auf den Zeitraum zwischen der Anschaffung oder Herstellung des Wirtschaftsguts und der Einlage entfallen. [3] Ist die Einlage ein Wirtschaftsgut, das vor der Zuführung aus einem Betriebsvermögen des Steuerpflichtigen entnommen worden ist, so tritt an die Stelle der Anschaffungs- oder Herstellungskosten der Wert, mit dem die Entnahme angesetzt worden ist, und an die Stelle des Zeitpunkts der Anschaffung oder Herstellung der Zeitpunkt der Entnahme.

5a.[1] In den Fällen des § 4 Absatz 1 Satz 8 zweiter Halbsatz ist das Wirtschaftsgut mit dem gemeinen Wert anzusetzen.

6. Bei Eröffnung eines Betriebs ist Nummer 5 entsprechend anzuwenden.

7. Bei entgeltlichem Erwerb eines Betriebs sind die Wirtschaftsgüter mit dem Teilwert, höchstens jedoch mit den Anschaffungs- oder Herstellungskosten anzusetzen.

(2)[2] [1] Die Anschaffungs- oder Herstellungskosten oder der nach Absatz 1 Nummer 5 bis 6 an deren Stelle tretende Wert von abnutzbaren beweglichen Wirtschaftsgütern des Anlagevermögens, die einer selbständigen Nutzung fähig sind, können im Wirtschaftsjahr der Anschaffung, Herstellung oder Einlage des Wirtschaftsguts oder der Eröffnung des Betriebs in voller Höhe als Betriebsausgaben abgezogen werden, wenn die Anschaffungs- oder Herstellungskosten, vermindert um einen darin enthaltenen Vorsteuerbetrag (§ 9b Absatz 1), oder der nach Absatz 1 Nummer 5 bis 6 an deren Stelle tretende Wert für das einzelne Wirtschaftsgut 410 Euro nicht übersteigen. [2] Ein Wirtschaftsgut ist einer selbständigen Nutzung nicht fähig, wenn es nach seiner betrieblichen Zweckbestimmung nur zusammen mit anderen Wirtschaftsgütern des Anlagevermögens genutzt werden kann und die in den Nutzungszusammenhang eingefügten Wirtschaftsgüter technisch aufeinander abgestimmt sind. [3] Das gilt auch, wenn das Wirtschaftsgut aus dem betrieblichen Nutzungszusammenhang gelöst und in einen anderen betrieblichen Nutzungszusammenhang eingefügt werden kann. [4] Wirtschaftsgüter im Sinne des Satzes 1, deren Wert 150 Euro übersteigt, sind unter Angabe des Tages der Anschaffung, Herstellung oder Einlage des Wirtschaftsguts oder der Eröffnung des Betriebs und der Anschaffungs- oder Herstellungskosten oder des nach Absatz 1 Nummer 5

---

[1] § 6 Abs. 1 Nr. 5 a geänd. durch G v. 8. 12. 2010 (BGBl. I S. 1768).

[2] § 6 Abs. 2 idF des G v. 22. 12. 2009 (BGBl. I S. 3950) sind erstmals für Wirtschaftsgüter anzuwenden, die nach dem 31. 12. 2009 angeschafft, hergestellt oder in das BV eingelegt worden sind (§ 52 Abs. 16 Satz 14 a. F.).

bis 6 an deren Stelle tretenden Werts in ein besonderes, laufend zu führendes Verzeichnis aufzunehmen. [5]Das Verzeichnis braucht nicht geführt zu werden, wenn diese Angaben aus der Buchführung ersichtlich sind.

(2a)[1)] [1]Abweichend von Absatz 2 Satz 1 kann für die abnutzbaren beweglichen Wirtschaftsgüter des Anlagevermögens, die einer selbständigen Nutzung fähig sind, im Wirtschaftsjahr der Anschaffung, Herstellung oder Einlage des Wirtschaftsguts oder der Eröffnung des Betriebs ein Sammelposten gebildet werden, wenn die Anschaffungs- oder Herstellungskosten, vermindert um einen darin enthaltenen Vorsteuerbetrag (§ 9b Absatz 1), oder der nach Absatz 1 Nummer 5 bis 6 an deren Stelle tretende Wert für das einzelne Wirtschaftsgut 150 Euro, aber nicht 1000 Euro übersteigen. [2]Der Sammelposten ist im Wirtschaftsjahr der Bildung und den folgenden vier Wirtschaftsjahren mit jeweils einem Fünftel gewinnmindernd aufzulösen. [3]Scheidet ein Wirtschaftsgut im Sinne des Satzes 1 aus dem Betriebsvermögen aus, wird der Sammelposten nicht vermindert. [4]Die Anschaffungs- oder Herstellungskosten oder der nach Absatz 1 Nummer 5 bis 6 an deren Stelle tretende Wert von abnutzbaren beweglichen Wirtschaftsgütern des Anlagevermögens, die einer selbständigen Nutzung fähig sind, können im Wirtschaftsjahr der Anschaffung, Herstellung oder Einlage des Wirtschaftsguts oder der Eröffnung des Betriebs in voller Höhe als Betriebsausgaben abgezogen werden, wenn die Anschaffungs- oder Herstellungskosten, vermindert um einen darin enthaltenen Vorsteuerbetrag (§ 9b Absatz 1), oder der nach Absatz 1 Nummer 5 bis 6 an deren Stelle tretende Wert für das einzelne Wirtschaftsgut 150 Euro nicht übersteigen. [5]Die Sätze 1 bis 3 sind für alle in einem Wirtschaftsjahr angeschafften, hergestellten oder eingelegten Wirtschaftsgüter einheitlich anzuwenden.

(3) [1]Wird ein Betrieb, ein Teilbetrieb oder der Anteil eines Mitunternehmers an einem Betrieb unentgeltlich übertragen, so sind bei der Ermittlung des Gewinns des bisherigen Betriebsinhabers (Mitunternehmers) die Wirtschaftsgüter mit den Werten anzusetzen, die sich nach den Vorschriften über die Gewinnermittlung ergeben; dies gilt auch bei der unentgeltlichen Aufnahme einer natürlichen Person in ein bestehendes Einzelunternehmen sowie bei der unentgeltlichen Übertragung eines Teils eines Mitunternehmeranteils auf eine natürliche Person. [2]Satz 1 ist auch anzuwenden, wenn der bisherige Betriebsinhaber (Mitunternehmer) Wirtschaftsgüter, die weiterhin zum Betriebsvermögen derselben Mitunternehmerschaft gehören, nicht überträgt, sofern der Rechtsnachfolger den übernommenen Mitunternehmeranteil über einen Zeitraum von mindestens fünf Jahren nicht veräußert oder aufgibt. [3]Der Rechtsnachfolger ist an die in Satz 1 genannten Werte gebunden.

(4)[2)] Wird ein einzelnes Wirtschaftsgut außer in den Fällen der Einlage (§ 4 Absatz 1 Satz 8) unentgeltlich in das Betriebsvermögen eines anderen Steuerpflichtigen übertragen, gilt sein gemeiner Wert für das aufnehmende Betriebsvermögen als Anschaffungskosten.

[1)] § 6 Abs. 2a idF des G v. 22. 12. 2009 (BGBl. I S. 3950) sind erstmals für Wirtschaftsgüter anzuwenden, die nach dem 31. 12. 2009 angeschafft, hergestellt oder in das BV eingelegt worden sind (§ 52 Abs. 16 Satz 14 a. F.).

[2)] § 4 geänd. durch G v. 8. 12. 2010 (BGBl. I S. 1768).

(5) [1]Wird ein einzelnes Wirtschaftsgut von einem Betriebsvermögen in ein anderes Betriebsvermögen desselben Steuerpflichtigen überführt, ist bei der Überführung der Wert anzusetzen, der sich nach den Vorschriften über die Gewinnermittlung ergibt, sofern die Besteuerung der stillen Reserven sichergestellt ist; § 4 Absatz 1 Satz 4 ist entsprechend anzuwenden.[1)] [2]Satz 1 gilt auch für die Überführung aus einem eigenen Betriebsvermögen des Steuerpflichtigen in dessen Sonderbetriebsvermögen bei einer Mitunternehmerschaft und umgekehrt sowie für die Überführung zwischen verschiedenen Sonderbetriebsvermögen desselben Steuerpflichtigen bei verschiedenen Mitunternehmerschaften. [3]Satz 1 gilt entsprechend, soweit ein Wirtschaftsgut

1. unentgeltlich oder gegen Gewährung oder Minderung von Gesellschaftsrechten aus einem Betriebsvermögen des Mitunternehmers in das Gesamthandsvermögen einer Mitunternehmerschaft und umgekehrt,
2. unentgeltlich oder gegen Gewährung oder Minderung von Gesellschaftsrechten aus dem Sonderbetriebsvermögen eines Mitunternehmers in das Gesamthandsvermögen derselben Mitunternehmerschaft oder einer anderen Mitunternehmerschaft, an der er beteiligt ist, und umgekehrt oder
3. unentgeltlich zwischen den jeweiligen Sonderbetriebsvermögen verschiedener Mitunternehmer derselben Mitunternehmerschaft

übertragen wird. [4]Wird das nach Satz 3 übertragene Wirtschaftsgut innerhalb einer Sperrfrist veräußert oder entnommen, ist rückwirkend auf den Zeitpunkt der Übertragung der Teilwert anzusetzen, es sei denn, die bis zur Übertragung entstandenen stillen Reserven sind durch Erstellung einer Ergänzungsbilanz dem übertragenden Gesellschafter zugeordnet worden; diese Sperrfrist endet drei Jahre nach Abgabe der Steuererklärung des Übertragenden für den Veranlagungszeitraum, in dem die in Satz 3 bezeichnete Übertragung erfolgt ist. [5]Der Teilwert ist auch anzusetzen, soweit in den Fällen des Satzes 3 der Anteil einer Körperschaft, Personenvereinigung oder Vermögensmasse an dem Wirtschaftsgut unmittelbar oder mittelbar begründet wird oder dieser sich erhöht. [6]Soweit innerhalb von sieben Jahren nach der Übertragung des Wirtschaftsguts nach Satz 3 der Anteil einer Körperschaft, Personenvereinigung oder Vermögensmasse an dem übertragenen Wirtschaftsgut aus einem anderen Grund unmittelbar oder mittelbar begründet wird oder dieser sich erhöht, ist rückwirkend auf den Zeitpunkt der Übertragung ebenfalls der Teilwert anzusetzen.

(6) [1]Wird ein einzelnes Wirtschaftsgut im Wege des Tausches übertragen, bemessen sich die Anschaffungskosten nach dem gemeinen Wert des hingegebenen Wirtschaftsguts. [2]Erfolgt die Übertragung im Wege der verdeckten Einlage, erhöhen sich die Anschaffungskosten der Beteiligung an der Kapitalgesellschaft um den Teilwert des eingelegten Wirtschaftsguts. [3]In den Fällen des Absatzes 1 Nummer 5 Satz 1 Buchstabe a erhöhen sich die Anschaffungskosten im Sinne des Satzes 2 um den Einlagewert des Wirtschaftsguts. [4]Absatz 5 bleibt unberührt.

[1)] § 6 Abs. 5 Satz 1 2. HS angef. durch G v. 8. 12. 2010 (BGBl. I S. 1768); zur Anwendung siehe § 52 Abs. 12 Satz 2.

(7)[1] Im Fall des § 4 Absatz 3 sind

1. bei der Bemessung der Absetzungen für Abnutzung oder Substanzverringerung die sich bei der Anwendung der Absätze 3 bis 6 ergebenden Werte als Anschaffungskosten zugrunde zu legen und
2. die Bewertungsvorschriften des Absatzes 1 Nummer 1 a und der Nummern 4 bis 7 entsprechend anzuwenden.

§ 6 a Pensionsrückstellung. (1) Für eine Pensionsverpflichtung darf eine Rückstellung (Pensionsrückstellung) nur gebildet werden, wenn und soweit

1. der Pensionsberechtigte einen Rechtsanspruch auf einmalige oder laufende Pensionsleistungen hat,
2. die Pensionszusage keine Pensionsleistungen in Abhängigkeit von künftigen gewinnabhängigen Bezügen vorsieht und keinen Vorbehalt enthält, dass die Pensionsanwartschaft oder die Pensionsleistung gemindert oder entzogen werden kann, oder ein solcher Vorbehalt sich nur auf Tatbestände erstreckt, bei deren Vorliegen nach allgemeinen Rechtsgrundsätzen unter Beachtung billigen Ermessens eine Minderung oder ein Entzug der Pensionsanwartschaft oder der Pensionsleistung zulässig ist, und
3. die Pensionszusage schriftlich erteilt ist; die Pensionszusage muss eindeutige Angaben zu Art, Form, Voraussetzungen und Höhe der in Aussicht gestellten künftigen Leistungen enthalten.

(2) Eine Pensionsrückstellung darf erstmals gebildet werden

[Fassung bis 31. 12. 2017:]

1.[3] vor Eintritt des Versorgungsfalls für das Wirtschaftsjahr, in dem die Pensionszusage erteilt wird, frühestens jedoch für das Wirtschaftsjahr, bis zu dessen Mitte der Pensionsberechtigte das 27. Lebensjahr[4] vollendet oder für das Wirtschaftsjahr, in dessen Verlauf die Pensionsanwartschaft gemäß den Vorschriften des Betriebsrentengesetzes unverfallbar wird,

[Fassung ab 1. 1. 2018:][2]

1. vor Eintritt des Versorgungsfalls für das Wirtschaftsjahr, in dem die Pensionszusage erteilt wird, frühestens jedoch für das Wirtschaftsjahr, bis zu dessen Mitte der Pensionsberechtigte bei
   a) erstmals nach dem 31. Dezember 2017 zugesagten Pensionsleistungen das 23. Lebensjahr vollendet,
   b) erstmals nach dem 31. Dezember 2008 und vor dem 1. Januar 2018 zugesagten Pensionsleistungen das 27. Lebensjahr vollendet,

---

[1] § 6 Abs. 7 neu gef. mWv VZ 2013 durch G v. 26. 6. 2013 (BGBl. I S. 1809).

[2] § 6 a Abs. 2 Nr. 1 neu gef. mWv 1. 1. 2018 durch G v. 21. 12. 2015 (BGBl. I S. 2553).

[3] Zur erstmaligen Anwendung von § 6 a Abs. 2 Nr. 1 siehe § 52 Abs. 13 Satz 1 und 2 (Abs. 13 aufgeh. mWv 1. 1. 2018).

[4] Zur erstmaligen Anwendung siehe § 52 Abs. 13 Satz 2 (Abs. 13 aufgeh. mWv 1. 1. 2018).

[Fassung ab 1. 1. 2018:][1)]

c) erstmals nach dem 31. Dezember 2000 und vor dem 1. Januar 2009 zugesagten Pensionsleistungen das 28. Lebensjahr vollendet,

d) erstmals vor dem 1. Januar 2001 zugesagten Pensionsleistungen das 30. Lebensjahr vollendet

oder bei nach dem 31. Dezember 2000 vereinbarten Entgeltumwandlungen im Sinne von § 1 Absatz 2 des Betriebsrentengesetzes für das Wirtschaftsjahr, in dessen Verlauf die Pensionsanwartschaft gemäß den Vorschriften des Betriebsrentengesetzes unverfallbar wird,

2. nach Eintritt des Versorgungsfalls für das Wirtschaftsjahr, in dem der Versorgungsfall eintritt.

(3) [1] Eine Pensionsrückstellung darf höchstens mit dem Teilwert der Pensionsverpflichtung angesetzt werden. [2] Als Teilwert einer Pensionsverpflichtung gilt

1.[2)] vor Beendigung des Dienstverhältnisses des Pensionsberechtigten der Barwert der künftigen Pensionsleistungen am Schluss des Wirtschaftsjahres abzüglich des sich auf denselben Zeitpunkt ergebenden Barwerts betragsmäßig gleich bleibender Jahresbeträge, bei einer Entgeltumwandlung im Sinne von § 1 Absatz 2 des Betriebsrentengesetzes mindestens jedoch der Barwert der gemäß den Vorschriften des Betriebsrentengesetzes unverfallbaren künftigen Pensionsleistungen am Schluss des Wirtschaftsjahres. [2] Die Jahresbeträge sind so zu bemessen, dass am Beginn des Wirtschaftsjahres, in dem das Dienstverhältnis begonnen hat, ihr Barwert gleich dem Barwert der künftigen Pensionsleistungen ist; die künftigen Pensionsleistungen sind dabei mit dem Betrag anzusetzen, der sich nach den Verhältnissen am Bilanzstichtag ergibt. [3] Es sind die Jahresbeträge zugrunde zu legen, die vom Beginn des Wirtschaftsjahres, in dem das Dienstverhältnis begonnen hat, bis zu dem in der Pensionszusage vorgesehenen Zeitpunkt des Eintritts des Versorgungsfalls rechnungsmäßig aufzubringen sind. [4] Erhöhungen oder Verminderungen der Pensionsleistungen nach dem Schluss des Wirtschaftsjahres, die hinsichtlich des Zeitpunktes ihres Wirksamwerdens oder ihres Umfangs ungewiss sind, sind bei der Berechnung des Barwerts der künftigen Pensionsleistun-

---

1) § 6 a Abs. 2 Nr. 1 neu gef. mWv 1. 1. 2018 durch G v. 21. 12. 2015 (BGBl. I S. 2553).

2) Zur erstmaligen Anwendung von § 6 a Abs. 2 Nr. 1 siehe § 52 Abs. 13 Satz 1 und 2 (Abs. 13 aufgeh. mWv 1. 1. 2018).

gen und der Jahresbeträge erst zu berücksichtigen, wenn sie eingetreten sind. [5] Wird die Pensionszusage erst nach dem Beginn des Dienstverhältnisses erteilt, so ist die Zwischenzeit für die Berechnung der Jahresbeträge nur insoweit als Wartezeit zu behandeln, als sie in der Pensionszusage als solche bestimmt ist. [6] Hat das Dienstverhältnis schon vor der Vollendung

[Fassung bis 31. 12. 2017:]

des 27. Lebensjahres[2)] des Pensionsberechtigten bestanden, so gilt es als zu Beginn des Wirtschaftsjahres begonnen, bis zu dessen Mitte der Pensionsberechtigte das 27. Lebensjahr[2)] vollendet; in diesem Fall gilt für davor liegende Wirtschaftsjahre als Teilwert der Barwert der gemäß den Vorschriften des Betriebsrentengesetzes unverfallbaren künftigen Pensionsleistungen am Schluss des Wirtschaftsjahres;

[Fassung ab 1. 1. 2018:][1)]

des nach Absatz 2 Nummer 1 maßgebenden Lebensjahres des Pensionsberechtigten bestanden, gilt es als zu Beginn des Wirtschaftsjahres begonnen, bis zu dessen Mitte der Pensionsberechtigte das nach Absatz 2 Nummer 1 maßgebende Lebensjahr vollendet; bei nach dem 31. Dezember 2000 vereinbarten Entgeltumwandlungen im Sinne von § 1 Absatz 2 des Betriebsrentengesetzes gilt für davor liegende Wirtschaftsjahre als Teilwert der Barwert der gemäß den Vorschriften des Betriebsrentengesetzes unverfallbaren künftigen Pensionsleistungen am Schluss des Wirtschaftsjahres;

2. nach Beendigung des Dienstverhältnisses des Pensionsberechtigten unter Aufrechterhaltung seiner Pensionsanwartschaft oder nach Eintritt des Versorgungsfalls der Barwert der künftigen Pensionsleistungen am Schluss des Wirtschaftsjahres; Nummer 1 Satz 4 gilt sinngemäß.

[3] Bei der Berechnung des Teilwerts der Pensionsverpflichtung sind ein Rechnungszinsfuß von 6 Prozent und die anerkannten Regeln der Versicherungsmathematik anzuwenden.

(4) [1] Eine Pensionsrückstellung darf in einem Wirtschaftsjahr höchstens um den Unterschied zwischen dem Teilwert der Pensionsverpflichtung am Schluss des Wirtschaftsjahres und am Schluss des vorangegangenen Wirtschaftsjahres erhöht werden. [2] Soweit der Unterschiedsbetrag auf der erstmaligen Anwendung neuer oder geänderter biometrischer Rechnungsgrundlagen beruht, kann er nur auf mindestens drei Wirtschaftsjahre gleichmäßig verteilt der Pensionsrückstellung zugeführt werden; Entsprechendes gilt beim Wechsel auf andere biometrische Rechnungsgrundlagen. [3] In dem Wirtschaftsjahr, in dem mit der Bildung einer Pensionsrückstellung frühestens begonnen werden darf (Erstjahr), darf die Rückstellung bis zur Höhe des Teilwerts der Pensionsverpflichtung am Schluss des Wirtschaftsjahres gebildet werden; diese Rückstel-

---

[1)] § 6 a Abs. 3 Satz 2 Nr. 1 Satz 6 neu gef. mWv 1. 1. 2018 durch G v. 21. 12. 2015 (BGBl. I S. 2553).

[2)] Zur erstmaligen Anwendung siehe § 52 Abs. 13 Satz 2 (Abs. 13 aufgeh. mWv 1. 1. 2018).

lung kann auf das Erstjahr und die beiden folgenden Wirtschaftsjahre gleichmäßig verteilt werden. [4]Erhöht sich in einem Wirtschaftsjahr gegenüber dem vorangegangenen Wirtschaftsjahr der Barwert der künftigen Pensionsleistungen um mehr als 25 Prozent, so kann die für dieses Wirtschaftsjahr zulässige Erhöhung der Pensionsrückstellung auf dieses Wirtschaftsjahr und die beiden folgenden Wirtschaftsjahre gleichmäßig verteilt werden. [5]Am Schluss des Wirtschaftsjahres, in dem das Dienstverhältnis des Pensionsberechtigten unter Aufrechterhaltung seiner Pensionsanwartschaft endet oder der Versorgungsfall eintritt, darf die Pensionsrückstellung stets bis zur Höhe des Teilwerts der Pensionsverpflichtung gebildet werden; die für dieses Wirtschaftsjahr zulässige Erhöhung der Pensionsrückstellung kann auf dieses Wirtschaftsjahr und die beiden folgenden Wirtschaftsjahre gleichmäßig verteilt werden. [6]Satz 2 gilt in den Fällen der Sätze 3 bis 5 entsprechend.

(5) Die Absätze 3 und 4 gelten entsprechend, wenn der Pensionsberechtigte zu dem Pensionsverpflichteten in einem anderen Rechtsverhältnis als einem Dienstverhältnis steht.

§ 6b Übertragung stiller Reserven bei der Veräußerung bestimmter Anlagegüter. (1) [1]Steuerpflichtige, die

Grund und Boden,

Aufwuchs auf Grund und Boden mit dem dazugehörigen Grund und Boden, wenn der Aufwuchs zu einem land- und forstwirtschaftlichen Betriebsvermögen gehört,

Gebäude oder Binnenschiffe

veräußern, können im Wirtschaftsjahr der Veräußerung von den Anschaffungs- oder Herstellungskosten der in Satz 2 bezeichneten Wirtschaftsgüter, die im Wirtschaftsjahr der Veräußerung oder im vorangegangenen Wirtschaftsjahr angeschafft oder hergestellt worden sind, einen Betrag bis zur Höhe des bei der Veräußerung entstandenen Gewinns abziehen. [2]Der Abzug ist zulässig bei den Anschaffungs- oder Herstellungskosten von

1. Grund und Boden,
   soweit der Gewinn bei der Veräußerung von Grund und Boden entstanden ist,
2. Aufwuchs auf Grund und Boden mit dem dazugehörigen Grund und Boden, wenn der Aufwuchs zu einem land- und forstwirtschaftlichen Betriebsvermögen gehört, soweit der Gewinn bei der Veräußerung von Grund und Boden oder der Veräußerung von Aufwuchs auf Grund und Boden mit dem dazugehörigen Grund und Boden entstanden ist,
3. Gebäuden,
   soweit der Gewinn bei der Veräußerung von Grund und Boden, von Aufwuchs auf Grund und Boden mit dem dazugehörigen Grund und Boden oder Gebäuden entstanden ist, oder
4. Binnenschiffen, soweit der Gewinn bei der Veräußerung von Binnenschiffen entstanden ist.

[3]Der Anschaffung oder Herstellung von Gebäuden steht ihre Erweiterung, ihr Ausbau oder ihr Umbau gleich. [4]Der Abzug ist in diesem Fall nur von dem

Aufwand für die Erweiterung, den Ausbau oder den Umbau der Gebäude zulässig.

(2) [1] Gewinn im Sinne des Absatzes 1 Satz 1 ist der Betrag, um den der Veräußerungspreis nach Abzug der Veräußerungskosten den Buchwert übersteigt, mit dem das veräußerte Wirtschaftsgut im Zeitpunkt der Veräußerung anzusetzen gewesen wäre. [2] Buchwert ist der Wert, mit dem ein Wirtschaftsgut nach § 6 anzusetzen ist.

(Fortsetzung nächste Seite)

(2a)[1] 1Werden im Wirtschaftsjahr der Veräußerung der in Absatz 1 Satz 1 bezeichneten Wirtschaftsgüter oder in den folgenden vier Wirtschaftsjahren in Absatz 1 Satz 2 bezeichnete Wirtschaftsgüter angeschafft oder hergestellt oder sind sie in dem der Veräußerung vorangegangenen Wirtschaftsjahr angeschafft oder hergestellt worden, die einem Betriebsvermögen des Steuerpflichtigen in einem anderen Mitgliedstaat der Europäischen Union oder des Europäischen Wirtschaftsraums zuzuordnen sind, kann auf Antrag des Steuerpflichtigen die festgesetzte Steuer, die auf den Gewinn im Sinne des Absatzes 2 entfällt, in fünf gleichen Jahresraten entrichtet werden; die Frist von vier Jahren verlängert sich bei neu hergestellten Gebäuden auf sechs Jahre, wenn mit ihrer Herstellung vor dem Schluss des vierten auf die Veräußerung folgenden Wirtschaftsjahres begonnen worden ist. 2Der Antrag kann nur im Wirtschaftsjahr der Veräußerung der in Absatz 1 Satz 1 bezeichneten Wirtschaftsgüter gestellt werden. 3§ 36 Absatz 5 Satz 2 bis 5 ist sinngemäß anzuwenden.

(3) 1Soweit Steuerpflichtige den Abzug nach Absatz 1 nicht vorgenommen haben, können sie im Wirtschaftsjahr der Veräußerung eine den steuerlichen Gewinn mindernde Rücklage bilden. 2Bis zur Höhe dieser Rücklage können sie von den Anschaffungs- oder Herstellungskosten der in Absatz 1 Satz 2 bezeichneten Wirtschaftsgüter, die in den folgenden vier Wirtschaftsjahren angeschafft oder hergestellt worden sind, im Wirtschaftsjahr ihrer Anschaffung oder Herstellung einen Betrag unter Berücksichtigung der Einschränkungen des Absatzes 1 Satz 2 bis 4 abziehen. 3Die Frist von vier Jahren verlängert sich bei neu hergestellten Gebäuden auf sechs Jahre, wenn mit ihrer Herstellung vor dem Schluss des vierten auf die Bildung der Rücklage folgenden Wirtschaftsjahres begonnen worden ist. 4Die Rücklage ist in Höhe des abgezogenen Betrags gewinnerhöhend aufzulösen. 5Ist eine Rücklage am Schluss des vierten auf ihre Bildung folgenden Wirtschaftsjahres noch vorhanden, so ist sie in diesem Zeitpunkt gewinnerhöhend aufzulösen, soweit nicht ein Abzug von den Herstellungskosten von Gebäuden in Betracht kommt, mit deren Herstellung bis zu diesem Zeitpunkt begonnen worden ist; ist die Rücklage am Schluss des sechsten auf ihre Bildung folgenden Wirtschaftsjahres noch vorhanden, so ist sie in diesem Zeitpunkt gewinnerhöhend aufzulösen.

(4) 1Voraussetzung für die Anwendung der Absätze 1 und 3 ist, dass

1. der Steuerpflichtige den Gewinn nach § 4 Absatz 1 oder § 5 ermittelt,
2. die veräußerten Wirtschaftsgüter im Zeitpunkt der Veräußerung mindestens sechs Jahre ununterbrochen zum Anlagevermögen einer inländischen Betriebsstätte gehört haben,
3. die angeschafften oder hergestellten Wirtschaftsgüter zum Anlagevermögen einer inländischen Betriebsstätte gehören,
4. der bei der Veräußerung entstandene Gewinn bei der Ermittlung des im Inland steuerpflichtigen Gewinns nicht außer Ansatz bleibt und
5. der Abzug nach Absatz 1 und die Bildung und Auflösung der Rücklage nach Absatz 3 in der Buchführung verfolgt werden können.

---

[1] § 6b Abs. 2a eingef. durch G v. 2. 11. 2015 (BGBl. I S. 1834); zur Anwendung siehe § 52 Abs. 14 Satz 1.

[2] Der Abzug nach den Absätzen 1 und 3 ist bei Wirtschaftsgütern, die zu einem land- und forstwirtschaftlichen Betrieb gehören oder der selbständigen Arbeit dienen, nicht zulässig, wenn der Gewinn bei der Veräußerung von Wirtschaftsgütern eines Gewerbebetriebs entstanden ist.

(5) An die Stelle der Anschaffungs- oder Herstellungskosten im Sinne des Absatzes 1 tritt in den Fällen, in denen das Wirtschaftsgut im Wirtschaftsjahr vor der Veräußerung angeschafft oder hergestellt worden ist, der Buchwert am Schluss des Wirtschaftsjahres der Anschaffung oder Herstellung.

(6) [1] Ist ein Betrag nach Absatz 1 oder 3 abgezogen worden, so tritt für die Absetzungen für Abnutzung oder Substanzverringerung oder in den Fällen des § 6 Absatz 2 und Absatz 2a im Wirtschaftsjahr des Abzugs der verbleibende Betrag an die Stelle der Anschaffungs- oder Herstellungskosten. [2] In den Fällen des § 7 Absatz 4 Satz 1 und Absatz 5 sind die um den Abzugsbetrag nach Absatz 1 oder 3 geminderten Anschaffungs- oder Herstellungskosten maßgebend.

(7) Soweit eine nach Absatz 3 Satz 1 gebildete Rücklage gewinnerhöhend aufgelöst wird, ohne dass ein entsprechender Betrag nach Absatz 3 abgezogen wird, ist der Gewinn des Wirtschaftsjahres, in dem die Rücklage aufgelöst wird, für jedes volle Wirtschaftsjahr, in dem die Rücklage bestanden hat, um 6 Prozent des aufgelösten Rücklagenbetrags zu erhöhen.

(8) [1] Werden Wirtschaftsgüter im Sinne des Absatzes 1 zum Zweck der Vorbereitung oder Durchführung von städtebaulichen Sanierungs- oder Entwicklungsmaßnahmen an einen der in Satz 2[1)] bezeichneten Erwerber übertragen, sind die Absätze 1 bis 7 mit der Maßgabe anzuwenden, dass

1. die Fristen des Absatzes 3 Satz 2, 3 und 5 sich jeweils um drei Jahre verlängern und
2. an die Stelle der in Absatz 4 Nummer 2 bezeichneten Frist von sechs Jahren eine Frist von zwei Jahren tritt.

[2] Erwerber im Sinne des Satzes 1 sind Gebietskörperschaften, Gemeindeverbände, Verbände im Sinne des § 166 Absatz 4 des Baugesetzbuchs, Planungsverbände nach § 205 des Baugesetzbuchs, Sanierungsträger nach § 157 des Baugesetzbuchs, Entwicklungsträger nach § 167 des Baugesetzbuchs sowie Erwerber, die städtebauliche Sanierungsmaßnahmen als Eigentümer selbst durchführen (§ 147 Absatz 2 und § 148 Absatz 1 Baugesetzbuch).

(9) Absatz 8 ist nur anzuwenden, wenn die nach Landesrecht zuständige Behörde bescheinigt, dass die Übertragung der Wirtschaftsgüter zum Zweck der Vorbereitung oder Durchführung von städtebaulichen Sanierungs- oder Entwicklungsmaßnahmen an einen der in Absatz 8 Satz 2 bezeichneten Erwerber erfolgt ist.

(10) [1] Steuerpflichtige, die keine Körperschaften, Personenvereinigungen oder Vermögensmassen sind, können Gewinne aus der Veräußerung von Anteilen an Kapitalgesellschaften bis zu einem Betrag von 500 000 Euro auf die im Wirtschaftsjahr der Veräußerung oder in den folgenden zwei Wirtschaftsjahren angeschafften Anteile an Kapitalgesellschaften oder angeschafften oder hergestellten abnutzbaren beweglichen Wirtschaftsgüter oder auf die im Wirt-

---

[1)] Zitat berichtigt durch G v 26. 6. 2013 (BGBl. I S. 1809).

… Veräußerung oder in den folgenden vier Wirtschaftsjahren an-… der hergestellten Gebäude nach Maßgabe der Sätze 2 bis 10 … Wird der Gewinn im Jahr der Veräußerung auf Gebäude oder …wegliche Wirtschaftsgüter übertragen, so kann ein Betrag bis zur … der Veräußerung entstandenen und nicht nach § 3 Nummer 40 …tabe a und b in Verbindung mit § 3c Absatz 2 steuerbefreiten … den Anschaffungs- oder Herstellungskosten für Gebäude oder …wegliche Wirtschaftsgüter abgezogen werden. 3 Wird der Gewinn …eräußerung auf Anteile an Kapitalgesellschaften übertragen, min-… Anschaffungskosten der Anteile an Kapitalgesellschaften in Höhe …rungsgewinns einschließlich des nach § 3 Nummer 40 Satz 1 … und b in Verbindung mit § 3c Absatz 2 steuerbefreiten Betrags. …bsatz 4 Satz 1 Nummer 1, 2, 3, 5 und Satz 2 sowie Absatz 5 sind …nzuwenden. 5 Soweit Steuerpflichtige den Abzug nach den Sät-… …cht vorgenommen haben, können sie eine Rücklage nach Maßgabe … einschließlich des nach § 3 Nummer 40 Satz 1 Buchstabe a und b …dung mit § 3c Absatz 2 steuerbefreiten Betrags bilden. 6 Bei der Auf-… …er Rücklage gelten die Sätze 2 und 3 sinngemäß. 7 Im Fall des Satzes 2 ist …ücklage in gleicher Höhe um den nach § 3 Nummer 40 Satz 1 Buchstabe a …b in Verbindung mit § 3c Absatz 2 steuerbefreiten Betrag aufzulösen. 8 Ist …e Rücklage am Schluss des vierten auf ihre Bildung folgenden Wirtschaftsjah-…es noch vorhanden, so ist sie in diesem Zeitpunkt gewinnerhöhend aufzulösen. 9 Soweit der Abzug nach Satz 6 nicht vorgenommen wurde, ist der Gewinn des Wirtschaftsjahres, in dem die Rücklage aufgelöst wird, für jedes volle Wirtschaftsjahr, in dem die Rücklage bestanden hat, um 6 Prozent des nicht nach § 3 Nummer 40 Satz 1 Buchstabe a und b in Verbindung mit § 3c Absatz 2 steuerbefreiten aufgelösten Rücklagenbetrags zu erhöhen. 10 Für die zum Gesamthandsvermögen von Personengesellschaften oder Gemeinschaften gehörenden Anteile an Kapitalgesellschaften gelten die Sätze 1 bis 9 nur, soweit an den Personengesellschaften und Gemeinschaften keine Körperschaften, Personenvereinigungen oder Vermögensmassen beteiligt sind. 11 *Die Sätze 1 bis 10 sind bei der Veräußerung von einbringungsgeborenen Anteilen im Sinne des § 21 des Umwandlungssteuergesetzes nur anzuwenden, wenn die Voraussetzungen des § 3 Nummer 40 Satz 4 erfüllt sind.*[1)]

§ 6c Übertragung stiller Reserven bei der Veräußerung bestimmter Anlagegüter bei der Ermittlung des Gewinns nach § 4 Absatz 3 oder nach Durchschnittssätzen. (1) 1 § 6b mit Ausnahme des § 6b Absatz 4 Nummer 1 ist entsprechend anzuwenden, wenn der Gewinn nach § 4 Absatz 3 oder die Einkünfte aus Land- und Forstwirtschaft nach Durchschnittssätzen ermittelt werden. 2 Soweit nach § 6b Absatz 3 eine Rücklage gebildet werden kann, ist ihre Bildung als Betriebsausgabe (Abzug) und ihre Auflösung als Betriebseinnahme (Zuschlag) zu behandeln; der Zeitraum zwischen Abzug und Zuschlag gilt als Zeitraum, in dem die Rücklage bestanden hat.

(2) 1 Voraussetzung für die Anwendung des Absatzes 1 ist, dass die Wirtschaftsgüter, bei denen ein Abzug von den Anschaffungs- oder Herstellungs-

---

1) Satz 11 aufgeh.; zur weiteren Anwendung siehe § 52 Abs. 14 Satz 2.

kosten oder von dem Wert nach § 6b Absatz 5 vorgenommen wor
besondere, laufend zu führende Verzeichnisse aufgenommen werden
Verzeichnissen sind der Tag der Anschaffung oder Herstellung, die
fungs- oder Herstellungskosten, der Abzug nach § 6b Absatz 1 und 3
bindung mit Absatz 1, die Absetzungen für Abnutzung, die Abschrei
sowie die Beträge nachzuweisen, die nach § 6b Absatz 3 in Verbindu
Absatz 1 als Betriebsausgaben (Abzug) oder Betriebseinnahmen (Zus
behandelt worden sind.

§ 6 d Euroumrechnungsrücklage. (1) [1]Ausleihungen, Forderungen u
Verbindlichkeiten im Sinne des Artikels 43 des Einführungsgesetzes zum Ha
delsgesetzbuch, die auf Währungseinheiten der an der europäischen Wäh
rungsunion teilnehmenden anderen Mitgliedstaaten oder auf die ECU im Sinne des Artikels 2 der Verordnung (EG) Nr. 1103/97 des Rates vom 17. Juni 1997 (ABl. EG Nr. L 162 S. 1) lauten, sind am Schluss des ersten nach dem 31. Dezember 1998 endenden Wirtschaftsjahres mit dem vom Rat der Europäischen Union gemäß Artikel 1091 Absatz 4 Satz 1 des EG-Vertrages unwiderruflich festgelegten Umrechnungskurs umzurechnen und mit dem sich danach ergebenden Wert anzusetzen. [2]Der Gewinn, der sich aus diesem jeweiligen Ansatz für das einzelne Wirtschaftsgut ergibt, kann in eine den steuerlichen Gewinn mindernde Rücklage eingestellt werden. [3]Die Rücklage ist gewinnerhöhend aufzulösen, soweit das Wirtschaftsgut, aus dessen Bewertung sich der in die Rücklage eingestellte Gewinn ergeben hat, aus dem Betriebsvermögen ausscheidet. [4]Die Rücklage ist spätestens am Schluss des fünften nach dem 31. Dezember 1998 endenden Wirtschaftsjahres gewinnerhöhend aufzulösen.

(2) [1]In die Euroumrechnungsrücklage gemäß Absatz 1 Satz 2 können auch Erträge eingestellt werden, die sich aus der Aktivierung von Wirtschaftsgütern auf Grund der unwiderruflichen Festlegung der Umrechnungskurse ergeben. [2]Absatz 1 Satz 3 gilt entsprechend.

(3) Die Bildung und Auflösung der jeweiligen Rücklage müssen in der Buchführung verfolgt werden können.

§ 7 Absetzung für Abnutzung oder Substanzverringerung. (1) [1]Bei Wirtschaftsgütern, deren Verwendung oder Nutzung durch den Steuerpflichtigen zur Erzielung von Einkünften sich erfahrungsgemäß auf einen Zeitraum von mehr als einem Jahr erstreckt, ist jeweils für ein Jahr der Teil der Anschaffungs- oder Herstellungskosten abzusetzen, der bei gleichmäßiger Verteilung dieser Kosten auf die Gesamtdauer der Verwendung oder Nutzung auf ein Jahr entfällt (Absetzung für Abnutzung in gleichen Jahresbeträgen). [2]Die Absetzung bemisst sich hierbei nach der betriebsgewöhnlichen Nutzungsdauer des Wirtschaftsguts. [3]Als betriebsgewöhnliche Nutzungsdauer des Geschäfts- oder Firmenwerts eines Gewerbebetriebs oder eines Betriebs der Land- und Forstwirtschaft gilt ein Zeitraum von 15 Jahren. [4]Im Jahr der Anschaffung oder Herstellung des Wirtschaftsguts vermindert sich für dieses Jahr der Absetzungsbetrag nach Satz 1 um jeweils ein Zwölftel für jeden vollen Monat, der dem Monat der Anschaffung oder Herstellung vorangeht. [5]Bei Wirtschaftsgütern, die nach einer Verwendung zur Erzielung von Einkünften im Sinne des

§ 2 Absatz 1 Satz 1 Nummer 4 bis 7 in ein Betriebsvermögen eingelegt worden sind, mindert sich der Einlagewert um die Absetzungen für Abnutzung oder Substanzverringerung, Sonderabschreibungen oder erhöhte Absetzungen, die bis zum Zeitpunkt der Einlage vorgenommen worden sind, höchstens jedoch bis zu den fortgeführten Anschaffungs- oder Herstellungskosten [***ab 1. 1. 2011:*** ; ist der Einlagewert niedriger als dieser Wert, bemisst sich die weitere Absetzung für Abnutzung vom Einlagewert].[1] [6]Bei beweglichen Wirtschaftsgütern des Anlagevermögens, bei denen es wirtschaftlich begründet ist, die Absetzung für Abnutzung nach Maßgabe der Leistung des Wirtschaftsguts vorzunehmen, kann der Steuerpflichtige dieses Verfahren statt der Absetzung für Abnutzung in gleichen Jahresbeträgen anwenden, wenn er den auf das einzelne Jahr entfallenden Umfang der Leistung nachweist. [7]Ab-

(Fortsetzung nächstes Blatt)

---

[1] § 7 Abs. 1 Satz 5 geänd. durch G v. 8. 12. 2010 (BGBl. I S. 1768); siehe auch Übergangsregelung in BMF v. 27. 10. 2010, IV C 3 – S 2190/09/1007, DStR 2010 S. 2304.

setzungen für außergewöhnliche technische oder wirtschaftliche Abnutzung sind zulässig; soweit der Grund hierfür in späteren Wirtschaftsjahren entfällt, ist in den Fällen der Gewinnermittlung nach § 4 Absatz 1 oder nach § 5 eine entsprechende Zuschreibung vorzunehmen.

[Fassung bis 31. 12. 2007]

*(2) 1 Bei beweglichen Wirtschaftsgütern des Anlagevermögens kann der Steuerpflichtige statt der Absetzung für Abnutzung in gleichen Jahresbeträgen die Absetzung für Abnutzung in fallenden Jahresbeträgen bemessen. 2 Die Absetzung für Abnutzung in fallenden Jahresbeträgen kann nach einem unveränderlichen Prozentsatz vom jeweiligen Buchwert (Restwert) vorgenommen werden; der dabei anzuwendende Prozentsatz darf höchstens das Doppelte [**alte Fassung:** das Dreifache][1] des bei der Absetzung für Abnutzung in gleichen Jahresbeträgen in Betracht kommenden Prozentsatzes betragen und 20 Prozent [**alte Fassung:** 30 vom Hundert][1] nicht übersteigen. 3 Abweichend von Satz 2 darf bei beweglichen Wirtschaftsgütern des Anlagevermögens, die nach dem 31. Dezember 2005 und vor dem 1. Januar 2008 angeschafft oder hergestellt worden sind, der anzuwendende Prozentsatz höchstens das Dreifache des bei der Absetzung für Abnutzung in gleichen Jahresbeträgen in Betracht kommenden Prozentsatzes betragen und 30 Prozent nicht übersteigen. 4 [**für nach dem 31. 12. 2003 angeschaffte oder hergestellte WG:** Absatz 1 Satz 4 und] § 7 a Absatz 8 gelten entsprechend. 5 Bei Wirtschaftsgütern, bei denen die Absetzung für Abnutzung in fallenden Jahresbeträgen bemessen wird, sind Absetzungen für außergewöhnliche technische oder wirtschaftliche Abnutzung nicht zulässig.*

(3) 1 Der Übergang von der Absetzung für Abnutzung in fallenden Jahresbeträgen zur Absetzung für Abnutzung in gleichen

[Fassung vom 1. 1. 2009 – 31. 12. 2010]

(2) 1 Bei beweglichen Wirtschaftsgütern des Anlagevermögens, die nach dem 31. Dezember 2008 und vor dem 1. Januar 2011 angeschafft oder hergestellt worden sind, kann der Steuerpflichtige statt der Absetzung für Abnutzung in gleichen Jahresbeträgen die Absetzung für Abnutzung in fallenden Jahresbeträgen bemessen. 2 Die Absetzung für Abnutzung in fallenden Jahresbeträgen kann nach einem unveränderlichen Prozentsatz vom jeweiligen Buchwert (Restwert) vorgenommen werden; der dabei anzuwendende Prozentsatz darf höchstens das Zweieinhalbfache des bei der Absetzung für Abnutzung in gleichen Jahresbeträgen in Betracht kommenden Prozentsatzes betragen und 25 Prozent nicht übersteigen. 3 Absatz 1 Satz 4 und § 7 a Absatz 8 gelten entsprechend. 4 Bei Wirtschaftsgütern, bei denen die Absetzung für Abnutzung in fallenden Jahresbeträgen bemessen wird, sind Absetzungen für außergewöhnliche technische oder wirtschaftliche Abnutzung nicht zulässig.

(3) 1 Der Übergang von der Absetzung für Abnutzung in fallenden Jahresbeträgen zur Absetzung für Abnut-

[1] Zur weiteren Anwendung siehe § 52 Abs. 15 Satz 1.

[Fassung bis 31. 12. 2007]

Jahresbeträgen ist zulässig. 2 In diesem Fall bemisst sich die Absetzung für Abnutzung vom Zeitpunkt des Übergangs an nach dem dann noch vorhandenen Restwert und der Restnutzungsdauer des einzelnen Wirtschaftsguts. 3 Der Übergang von der Absetzung für Abnutzung in gleichen Jahresbeträgen zur Absetzung für Abnutzung in fallenden Jahresbeträgen ist nicht zulässig.

[Fassung vom 1. 1. 2009 – 31. 12. 2010]

zung in gleichen Jahresbeträgen ist zulässig. 2 In diesem Fall bemisst sich die Absetzung für Abnutzung vom Zeitpunkt des Übergangs an nach dem dann noch vorhandenen Restwert und der Restnutzungsdauer des einzelnen Wirtschaftsguts. 3 Der Übergang von der Absetzung für Abnutzung in gleichen Jahresbeträgen zur Absetzung für Abnutzung in fallenden Jahresbeträgen ist nicht zulässig.

(4) 1 Bei Gebäuden sind abweichend von Absatz 1 als Absetzung für Abnutzung die folgenden Beträge bis zur vollen Absetzung abzuziehen:

1. bei Gebäuden, soweit sie zu einem Betriebsvermögen gehören und nicht Wohnzwecken dienen und für die der Bauantrag nach dem 31. März 1985 gestellt worden ist, jährlich 3 Prozent [***alte Fassung:*** 4 vom Hundert][1],
2. bei Gebäuden, soweit sie die Voraussetzungen der Nummer 1 nicht erfüllen und die
   a) nach dem 31. Dezember 1924 fertiggestellt worden sind, jährlich 2 Prozent,
   b) vor dem 1. Januar 1925 fertiggestellt worden sind, jährlich 2,5 Prozent

der Anschaffungs- oder Herstellungskosten; Absatz 1 Satz 5 gilt entsprechend. 2 Beträgt die tatsächliche Nutzungsdauer eines Gebäudes in den Fällen des Satzes 1 Nummer 1 weniger als 33 Jahre [***alte Fassung:*** 25 Jahre][1], in den Fällen des Satzes 1 Nummer 2 Buchstabe a weniger als 50 Jahre, in den Fällen des Satzes 1 Nummer 2 Buchstabe b weniger als 40 Jahre, so können anstelle der Absetzungen nach Satz 1 die der tatsächlichen Nutzungsdauer entsprechenden Absetzungen für Abnutzung vorgenommen werden. 3 Absatz 1 letzter Satz bleibt unberührt. 4 Bei Gebäuden im Sinne der Nummer 2 rechtfertigt die für Gebäude im Sinne der Nummer 1 geltende Regelung weder die Anwendung des Absatzes 1 letzter Satz noch den Ansatz des niedrigeren Teilwerts (§ 6 Absatz 1 Nummer 1 Satz 2).

(5) 1 Bei *im Inland belegenen Gebäuden,* [***neue Fassung:*** Gebäuden, die in einem Mitgliedstaat der Europäischen Union oder einem anderen Staat belegen sind, auf den das Abkommen über den Europäischen Wirtschaftsraum (EWR-Abkommen) angewendet wird, und][2] die vom Steuerpflichtigen hergestellt oder bis zum Ende des Jahres der Fertigstellung angeschafft worden sind, können abweichend von Absatz 4 als Absetzung für Abnutzung die folgenden Beträge abgezogen werden:

---

[1] Zur weiteren Anwendung der a. F. siehe § 52 Abs. 15 Sätze 2 und 3.
[2] § 7 Abs. 5 Satz 1 geänd. mWv VZ 2010 durch G v. 8. 4. 2010 (BGBl. I S. 386).

1. bei Gebäuden im Sinne des Absatzes 4 Satz 1 Nummer 1, die vom Steuerpflichtigen auf Grund eines vor dem 1. Januar 1994 gestellten Bauantrags hergestellt oder auf Grund eines vor diesem Zeitpunkt rechtswirksam abgeschlossenen obligatorischen Vertrags angeschafft worden sind,
   - im Jahr der Fertigstellung und in den folgenden 3 Jahren jeweils 10 Prozent,
   - in den darauf folgenden 3 Jahren jeweils 5 Prozent,
   - in den darauf folgenden 18 Jahren jeweils 2,5 Prozent,
2. bei Gebäuden im Sinne des Absatzes 4 Satz 1 Nummer 2, die vom Steuerpflichtigen auf Grund eines vor dem 1. Januar 1995 gestellten Bauantrags hergestellt oder auf Grund eines vor diesem Zeitpunkt rechtswirksam abgeschlossenen obligatorischen Vertrags angeschafft worden sind,
   - im Jahr der Fertigstellung und in den folgenden 7 Jahren jeweils 5 Prozent,
   - in den darauf folgenden 6 Jahren jeweils 2,5 Prozent,
   - in den darauf folgenden 36 Jahren jeweils 1,25 Prozent,
3. bei Gebäuden im Sinne des Absatzes 4 Satz 1 Nummer 2, soweit sie Wohnzwecken dienen, die vom Steuerpflichtigen
   a) auf Grund eines nach dem 28. Februar 1989 und vor dem 1. Januar 1996 gestellten Bauantrags hergestellt oder nach dem 28. Februar 1989 auf Grund eines nach dem 28. Februar 1989 und vor dem 1. Januar 1996 rechtswirksam abgeschlossenen obligatorischen Vertrags angeschafft worden sind,
      - im Jahr der Fertigstellung und in den folgenden 3 Jahren jeweils 7 Prozent,
      - in den darauf folgenden 6 Jahren jeweils 5 Prozent,
      - in den darauf folgenden 6 Jahren jeweils 2 Prozent,
      - in den darauf folgenden 24 Jahren jeweils 1,25 Prozent,

   b)[1] auf Grund eines nach dem 31. Dezember 1995 und vor dem 1. Januar 2004 gestellten Bauantrags hergestellt oder auf Grund eines nach dem 31. Dezember 1995 und vor dem 1. Januar 2004 rechtswirksam abgeschlossenen obligatorischen Vertrags angeschafft worden sind,
      - im Jahr der Fertigstellung und in den folgenden 7 Jahren jeweils 5 Prozent,
      - in den darauf folgenden 6 Jahren jeweils 2,5 Prozent,
      - in den darauf folgenden 36 Jahren jeweils 1,25 Prozent,

   c) auf Grund eines nach dem 31. Dezember 2003 und vor dem 1. Januar 2006 gestellten Bauantrags hergestellt oder auf Grund eines nach dem 31. Dezember 2003 und vor dem 1. Januar 2006 rechtswirksam abgeschlossenen obligatorischen Vertrags angeschafft worden sind,
      - im Jahr der Fertigstellung und in den folgenden 9 Jahren jeweils 4 Prozent,
      - in den darauf folgenden 8 Jahren jeweils 2,5 Prozent,
      - in den darauf folgenden 32 Jahren jeweils 1,25 Prozent,

---

[1] § 7 Abs. 5 Satz 1 Nr. 3 Buchst. b bestätigt durch G v. 5. 4. 2011 (BGBl. I S. 554).

der Anschaffungs- oder Herstellungskosten. [2] Im Fall der Anschaffung kann Satz 1 nur angewendet werden, wenn der Hersteller für das veräußerte Gebäude weder Absetzungen für Abnutzung nach Satz 1 vorgenommen noch erhöhte Absetzungen oder Sonderabschreibungen in Anspruch genommen hat. [3] Absatz 1 Satz 4 gilt nicht.

(5a) Die Absätze 4 und 5 sind auf Gebäudeteile, die selbständige unbewegliche Wirtschaftsgüter sind, sowie auf Eigentumswohnungen und auf im Teileigentum stehende Räume entsprechend anzuwenden.

(6) Bei Bergbauunternehmen, Steinbrüchen und anderen Betrieben, die einen Verbrauch der Substanz mit sich bringen, ist Absatz 1 entsprechend anzuwenden; dabei sind Absetzungen nach Maßgabe des Substanzverzehrs zulässig (Absetzung für Substanzverringerung).

§ 7a Gemeinsame Vorschriften für erhöhte Absetzungen und Sonderabschreibungen. (1) [1] Werden in dem Zeitraum, in dem bei einem Wirtschaftsgut erhöhte Absetzungen oder Sonderabschreibungen in Anspruch genommen werden können (Begünstigungszeitraum), nachträgliche Herstellungskosten aufgewendet, so bemessen sich vom Jahr der Entstehung der nachträglichen Herstellungskosten an bis zum Ende des Begünstigungszeitraums die Absetzungen für Abnutzung, erhöhten Absetzungen und Sonderabschreibungen nach den um die nachträglichen Herstellungskosten erhöhten Anschaffungs- oder Herstellungskosten. [2] Entsprechendes gilt für nachträgliche Anschaffungskosten. [3] Werden im Begünstigungszeitraum die Anschaffungs- oder Herstellungskosten eines Wirtschaftsguts nachträglich gemindert, so bemessen sich vom Jahr der Minderung an bis zum Ende des Begünstigungszeitraums die Absetzungen für Abnutzung, erhöhten Absetzungen und Sonderabschreibungen nach den geminderten Anschaffungs- oder Herstellungskosten.

(2) [1] Können bei einem Wirtschaftsgut erhöhte Absetzungen oder Sonderabschreibungen bereits für Anzahlungen auf Anschaffungskosten oder für Teilherstellungskosten in Anspruch genommen werden, so sind die Vorschriften über erhöhte Absetzungen und Sonderabschreibungen mit der Maßgabe anzuwenden, dass an die Stelle der Anschaffungs- oder Herstellungskosten die Anzahlungen auf Anschaffungskosten oder die Teilherstellungskosten und an die Stelle des Jahres der Anschaffung oder Herstellung das Jahr der Anzahlung oder Teilherstellung treten. [2] Nach Anschaffung oder Herstellung des Wirtschaftsguts sind erhöhte Absetzungen oder Sonderabschreibungen nur zulässig, soweit sie nicht bereits für Anzahlungen auf Anschaffungskosten oder für Teilherstellungskosten in Anspruch genommen worden sind. [3] Anzahlungen auf Anschaffungskosten sind im Zeitpunkt der tatsächlichen Zahlung aufgewendet. [4] Werden Anzahlungen auf Anschaffungskosten durch Hingabe eines Wechsels geleistet, so sind sie in dem Zeitpunkt aufgewendet, in dem dem Lieferanten durch Diskontierung oder Einlösung des Wechsels das Geld tatsächlich zufließt. [5] Entsprechendes gilt, wenn anstelle von Geld ein Scheck hingegeben wird.

(3) Bei Wirtschaftsgütern, bei denen erhöhte Absetzungen in Anspruch genommen werden, müssen in jedem Jahr des Begünstigungszeitraums mindestens Absetzungen in Höhe der Absetzungen für Abnutzung nach § 7 Absatz 1 oder 4 berücksichtigt werden.

(4) Bei Wirtschaftsgütern, bei denen Sonderabschreibungen in Anspruch genommen werden, sind die Absetzungen für Abnutzung nach § 7 Absatz 1 oder 4 vorzunehmen.

(5) Liegen bei einem Wirtschaftsgut die Voraussetzungen für die Inanspruchnahme von erhöhten Absetzungen oder Sonderabschreibungen auf Grund mehrerer Vorschriften vor, so dürfen erhöhte Absetzungen oder Sonderabschreibungen nur auf Grund einer dieser Vorschriften in Anspruch genommen werden.

(6) Erhöhte Absetzungen oder Sonderabschreibungen sind bei der Prüfung, ob die in § 141 Absatz 1 Nummer 4 und 5 der Abgabenordnung bezeichneten Buchführungsgrenzen überschritten sind, nicht zu berücksichtigen.

(7) [1] Ist ein Wirtschaftsgut mehreren Beteiligten zuzurechnen und sind die Voraussetzungen für erhöhte Absetzungen oder Sonderabschreibungen nur bei einzelnen Beteiligten erfüllt, so dürfen die erhöhten Absetzungen und Sonderabschreibungen nur anteilig für diese Beteiligten vorgenommen werden. [2] Die erhöhten Absetzungen oder Sonderabschreibungen dürfen von den Beteiligten, bei denen die Voraussetzungen dafür erfüllt sind, nur einheitlich vorgenommen werden.

(8) [1] Erhöhte Absetzungen oder Sonderabschreibungen sind bei Wirtschaftsgütern, die zu einem Betriebsvermögen gehören, nur zulässig, wenn sie in ein besonderes, laufend zu führendes Verzeichnis aufgenommen werden, das den Tag der Anschaffung oder Herstellung, die Anschaffungs- oder Herstellungskosten, die betriebsgewöhnliche Nutzungsdauer und die Höhe der jährlichen Absetzungen für Abnutzung, erhöhten Absetzungen und Sonderabschreibungen enthält. [2] Das Verzeichnis braucht nicht geführt zu werden, wenn diese Angaben aus der Buchführung ersichtlich sind.

(9) Sind für ein Wirtschaftsgut Sonderabschreibungen vorgenommen worden, so bemessen sich nach Ablauf des maßgebenden Begünstigungszeitraums die Absetzungen für Abnutzung bei Gebäuden und bei Wirtschaftsgütern im Sinne des § 7 Absatz 5a nach dem Restwert und dem nach § 7 Absatz 4 unter Berücksichtigung der Restnutzungsdauer maßgebenden Prozentsatz, bei anderen Wirtschaftsgütern nach dem Restwert und der Restnutzungsdauer.

§ 7b[1)] ***Erhöhte Absetzungen für Einfamilienhäuser, Zweifamilienhäuser und Eigentumswohnungen.*** *(1) [1] Bei im Inland belegenen Einfamilienhäusern, Zweifamilienhäusern und Eigentumswohnungen, die zu mehr als 66 2/3 Prozent Wohnzwecken dienen und die vor dem 1. Januar 1987 hergestellt oder angeschafft worden sind, kann abweichend von § 7 Absatz 4 und 5 der Bauherr im Jahr der Fertigstellung und in den sieben folgenden Jahren jeweils bis zu 5 Prozent der Herstellungskosten oder ein Erwerber im Jahr der Anschaffung und in den sieben folgenden Jahren jeweils bis zu 5 Prozent der Anschaffungskosten absetzen. [2] Nach Ablauf dieser acht Jahre sind als Absetzung für Abnutzung bis zur vollen Absetzung jährlich 2,5 Prozent des Restwerts*

[1)] § 7b aufgeh. mWv 1. 1. 2015 durch G v. 22. 12. 2014 (BGBl. I S. 2417).

abzuziehen; § 7 Absatz 4 Satz 2 gilt entsprechend. 3 Übersteigen die Herstellungskosten oder die Anschaffungskosten bei einem Einfamilienhaus oder einer Eigentumswohnung 200 000 Deutsche Mark, bei einem Zweifamilienhaus 250 000 Deutsche Mark, bei einem Anteil an einem dieser Gebäude oder einer Eigentumswohnung den entsprechenden Teil von 200 000 Deutsche Mark oder von 250 000 Deutsche Mark, so ist auf den übersteigenden Teil der Herstellungskosten oder der Anschaffungskosten § 7 Absatz 4 anzuwenden. 4 Satz 1 ist nicht anzuwenden, wenn der Steuerpflichtige das Einfamilienhaus, Zweifamilienhaus, die Eigentumswohnung oder einen Anteil an einem dieser Gebäude oder an einer Eigentumswohnung

1. *von seinem Ehegatten anschafft und bei den Ehegatten die Voraussetzungen des § 26 Absatz 1 vorliegen;*

2. *anschafft und im zeitlichen Zusammenhang mit der Anschaffung an den Veräußerer ein Einfamilienhaus, Zweifamilienhaus oder eine Eigentumswohnung oder einen Anteil an einem dieser Gebäude oder an einer Eigentumswohnung veräußert; das gilt auch, wenn das veräußerte Gebäude, die veräußerte Eigentumswohnung oder der veräußerte Anteil dem Ehegatten des Steuerpflichtigen zuzurechnen war und bei den Ehegatten im Zeitpunkt der Anschaffung und im Zeitpunkt der Veräußerung die Voraussetzungen des § 26 Absatz 1 vorliegen;*

3. *nach einer früheren Veräußerung durch ihn wieder anschafft; das gilt auch, wenn das Gebäude, die Eigentumswohnung oder der Anteil im Zeitpunkt der früheren Veräußerung dem Ehegatten des Steuerpflichtigen zuzurechnen war und bei den Ehegatten die Voraussetzungen des § 26 Absatz 1 vorliegen.*

(2) 1 Absatz 1 gilt entsprechend für Herstellungskosten, die für Ausbauten und Erweiterungen an einem Einfamilienhaus, Zweifamilienhaus oder an einer Eigentumswohnung aufgewendet worden sind und der Ausbau oder die Erweiterung vor dem 1. Januar 1987 fertig gestellt worden ist, wenn das Einfamilienhaus, Zweifamilienhaus oder die Eigentumswohnung vor dem 1. Januar 1964 fertig gestellt und nicht nach dem 31. Dezember 1976 angeschafft worden ist. 2 Weitere Voraussetzung ist, dass das Gebäude oder die Eigentumswohnung im Inland belegen ist und die ausgebauten oder neu hergestellten Gebäudeteile zu mehr als 80 Prozent Wohnzwecken dienen. 3 Nach Ablauf des Zeitraums, in dem nach Satz 1 erhöhte Absetzungen vorgenommen werden können, ist der Restwert den Anschaffungs- oder Herstellungskosten des Gebäudes oder dem an deren Stelle tretenden Wert hinzuzurechnen; die weiteren Absetzungen für Abnutzung sind einheitlich für das gesamte Gebäude nach dem sich hiernach ergebenden Betrag und dem für das Gebäude maßgebenden Prozentsatz zu bemessen.

(3) 1 Der Bauherr kann erhöhte Absetzungen, die er im Jahr der Fertigstellung und in den zwei folgenden Jahren nicht ausgenutzt hat, bis zum Ende des dritten auf das Jahr der Fertigstellung folgenden Jahres nachholen. 2 Nachträgliche Herstellungskosten, die bis zum Ende des dritten auf das Jahr der Fertigstellung folgenden Jahres entstehen, können abweichend von § 7a Absatz 1 vom Jahr ihrer Entstehung an so behandelt werden, als wären sie bereits im ersten Jahr des Begünstigungszeitraums entstanden. 3 Die Sätze 1 und 2 gelten für den Erwerber eines Einfamilienhauses, eines Zweifamilienhauses oder einer Eigentumswohnung und bei Ausbauten und Erweiterungen im Sinne des Absatzes 2 entsprechend.

(4) [1] *Zum Gebäude gehörende Garagen sind ohne Rücksicht auf ihre tatsächliche Nutzung als Wohnzwecken dienend zu behandeln, soweit in ihnen nicht mehr als ein Personenkraftwagen für jede in dem Gebäude befindliche Wohnung untergestellt werden kann.* [2] *Räume für die Unterstellung weiterer Kraftwagen sind stets als nicht Wohnzwecken dienend zu behandeln.*

(5) [1] *Erhöhte Absetzungen nach den Absätzen 1 und 2 kann der Steuerpflichtige nur für ein Einfamilienhaus oder für ein Zweifamilienhaus oder für eine Eigentumswohnung oder für den Ausbau oder die Erweiterung eines Einfamilienhauses, eines Zweifamilienhauses oder einer Eigentumswohnung in Anspruch nehmen.* [2] *Ehegatten, bei denen die Voraussetzungen des § 26 Absatz 1 vorliegen, können erhöhte Absetzungen nach den Absätzen 1 und 2 für insgesamt zwei der in Satz 1 bezeichneten Gebäude, Eigentumswohnungen, Ausbauten oder Erweiterungen in Anspruch nehmen.* [3] *Den erhöhten Absetzungen nach den Absätzen 1 und 2 stehen die erhöhten Absetzungen nach § 7b in der jeweiligen Fassung ab Inkrafttreten des Gesetzes vom 16. Juni 1964 (BGBl. I S. 353) und nach § 15 Absatz 1 bis 4 des Berlinförderungsgesetzes in der Fassung des Gesetzes vom 11. Juli 1977 (BGBl. I S. 1213) gleich.* [4] *Ist das Einfamilienhaus, das Zweifamilienhaus oder die Eigentumswohnung (Erstobjekt) dem Steuerpflichtigen nicht bis zum Ablauf des Begünstigungszeitraums zuzurechnen, so kann der Steuerpflichtige abweichend von den Sätzen 1 bis 3 erhöhte Absetzungen bei einem weiteren Einfamilienhaus, Zweifamilienhaus oder einer weiteren Eigentumswohnung im Sinne des Absatzes 1 Satz 1 (Folgeobjekt) in Anspruch nehmen, wenn er das Folgeobjekt innerhalb eines Zeitraums von zwei Jahren vor und drei Jahren nach Ablauf des Veranlagungszeitraums, in dem ihm das Erstobjekt letztmals zugerechnet worden ist, anschafft oder herstellt; Entsprechendes gilt bei einem Ausbau oder einer Erweiterung eines Einfamilienhauses, Zweifamilienhauses oder einer Eigentumswohnung.* [5] *Im Fall des Satzes 4 ist der Begünstigungszeitraum für das Folgeobjekt um die Anzahl der Veranlagungszeiträume zu kürzen, in denen das Erstobjekt dem Steuerpflichtigen zugerechnet worden ist; hat der Steuerpflichtige das Folgeobjekt in einem Veranlagungszeitraum, in dem ihm das Erstobjekt noch zuzurechnen ist, hergestellt oder angeschafft oder einen Ausbau oder eine Erweiterung vorgenommen, so beginnt der Begünstigungszeitraum für das Folgeobjekt abweichend von Absatz 1 mit Ablauf des Veranlagungszeitraums, in dem das Erstobjekt dem Steuerpflichtigen letztmals zugerechnet worden ist.*

(6) [1] *Ist ein Einfamilienhaus, ein Zweifamilienhaus oder eine Eigentumswohnung mehreren Steuerpflichtigen zuzurechnen, so ist Absatz 5 mit der Maßgabe anzuwenden, dass der Anteil des Steuerpflichtigen an einem dieser Gebäude oder an einer Eigentumswohnung, einem Einfamilienhaus, einem Zweifamilienhaus oder einer Eigentumswohnung gleichsteht; Entsprechendes gilt bei dem Ausbau oder der Erweiterung von Einfamilienhäusern, Zweifamilienhäusern oder Eigentumswohnungen, die mehreren Steuerpflichtigen zuzurechnen sind.* [2] *Satz 1 ist nicht anzuwenden, wenn ein Einfamilienhaus, ein Zweifamilienhaus oder eine Eigentumswohnung ausschließlich dem Steuerpflichtigen und seinem Ehegatten zuzurechnen ist und bei den Ehegatten die Voraussetzungen des § 26 Absatz 1 vorliegen.*

(7) Der Bauherr von Kaufeigenheimen, Trägerkleinsiedlungen und Kaufeigentumswohnungen kann abweichend von Absatz 5 für alle von ihm vor dem 1. Januar 1987 erstellten Kaufeigenheime, Trägerkleinsiedlungen und Kaufeigentumswohnungen

im Jahr der Fertigstellung und im folgenden Jahr erhöhte Absetzungen bis zu jeweils 5 Prozent vornehmen.

(8) Führt eine nach § 7c begünstigte Baumaßnahme dazu, dass das bisher begünstigte Objekt kein Einfamilienhaus, Zweifamilienhaus und keine Eigentumswohnung mehr ist, kann der Steuerpflichtige die erhöhten Absetzungen nach den Absätzen 1 und 2 bei Vorliegen der übrigen Voraussetzungen für den restlichen Begünstigungszeitraum unter Einbeziehung der Herstellungskosten für die Baumaßnahme nach § 7c in Anspruch nehmen, soweit er diese Herstellungskosten nicht in die Bemessungsgrundlage nach § 7c einbezogen hat.

§ 7 c[1] ***Erhöhte Absetzungen für Baumaßnahmen an Gebäuden zur Schaffung neuer Mietwohnungen.*** *(1) Bei Wohnungen im Sinne des Absatzes 2, die durch Baumaßnahmen an Gebäuden im Inland hergestellt worden sind, können abweichend von § 7 Absatz 4 und 5 im Jahr der Fertigstellung und in den folgenden vier Jahren Absetzungen jeweils bis zu 20 Prozent der Bemessungsgrundlage vorgenommen werden.*

(2) Begünstigt sind Wohnungen,

1. für die der Bauantrag nach dem 2. Oktober 1989 gestellt worden ist oder, falls ein Bauantrag nicht erforderlich ist, mit deren Herstellung nach diesem Zeitpunkt begonnen worden ist,

2. die vor dem 1. Januar 1996 fertiggestellt worden sind und

3. für die keine Mittel aus öffentlichen Haushalten unmittelbar oder mittelbar gewährt werden.

(3) [1] Bemessungsgrundlage sind die Aufwendungen, die dem Steuerpflichtigen durch die Baumaßnahme entstanden sind, höchstens jedoch 60 000 Deutsche Mark je Wohnung. [2] Sind durch die Baumaßnahmen Gebäudeteile hergestellt worden, die selbständige unbewegliche Wirtschaftsgüter sind, gilt für die Herstellungskosten, für die keine Absetzungen nach Absatz 1 vorgenommen werden, § 7 Absatz 4; § 7b Absatz 8 bleibt unberührt.

(4) Die erhöhten Absetzungen können nur in Anspruch genommen werden, wenn die Wohnung vom Zeitpunkt der Fertigstellung bis zum Ende des Begünstigungszeitraums fremden Wohnzwecken dient.

(5) [1] Nach Ablauf des Begünstigungszeitraums ist ein Restwert den Anschaffungs- oder Herstellungskosten des Gebäudes oder dem an deren Stelle tretenden Wert hinzuzurechnen; die weiteren Absetzungen für Abnutzung sind einheitlich für das gesamte Gebäude nach dem sich hiernach ergebenden Betrag und dem für das Gebäude maßgebenden Prozentsatz zu bemessen. [2] Satz 1 ist auf Gebäudeteile, die selbständige unbewegliche Wirtschaftsgüter sind, und auf Eigentumswohnungen entsprechend anzuwenden.

§ 7 d[2] ***Erhöhte Absetzungen für Wirtschaftsgüter, die dem Umweltschutz dienen.*** *(1) [1] Bei abnutzbaren beweglichen und unbeweglichen Wirtschaftsgütern des An-*

---

[1] § 7 c aufgeh. mWv 1. 1. 2015 durch G v. 22. 12. 2014 (BGBl. I S. 2417).

[2] § 7 d aufgeh. mWv 1. 1. 2015 durch G v. 22. 12. 2014 (BGBl. I S. 2417).

lagevermögens, bei denen die Voraussetzungen des Absatzes 2 vorliegen und die nach dem 31. Dezember 1974 und vor dem 1. Januar 1991 angeschafft oder hergestellt worden sind, können abweichend von § 7 im Wirtschaftsjahr der Anschaffung oder Herstellung bis zu 60 Prozent und in den folgenden Wirtschaftsjahren bis zur vollen Absetzung jeweils bis zu 10 Prozent der Anschaffungs- oder Herstellungskosten abgesetzt werden. 2 Nicht in Anspruch genommene erhöhte Absetzungen können nachgeholt werden. 3 Nachträgliche Anschaffungs- oder Herstellungskosten, die vor dem 1. Januar 1991 entstanden sind, können abweichend von § 7a Absatz 1 so behandelt werden, als wären sie im Wirtschaftsjahr der Anschaffung oder Herstellung entstanden.

(2) Die erhöhten Absetzungen nach Absatz 1 können nur in Anspruch genommen werden, wenn

1. die Wirtschaftsgüter in einem im Inland belegenen Betrieb des Steuerpflichtigen unmittelbar und zu mehr als 70 Prozent dem Umweltschutz dienen und

2. die von der Landesregierung bestimmte Stelle bescheinigt, dass

a) die Wirtschaftsgüter zu dem in Nummer 1 bezeichneten Zweck bestimmt und geeignet sind und

b) die Anschaffung oder Herstellung der Wirtschaftsgüter im öffentlichen Interesse erforderlich ist.

(3) 1 Die Wirtschaftsgüter dienen dem Umweltschutz, wenn sie dazu verwendet werden,

1. a) den Anfall von Abwasser oder

b) Schädigungen durch Abwasser oder

c) Verunreinigungen der Gewässer durch andere Stoffe als Abwasser oder

d) Verunreinigungen der Luft oder

e) Lärm oder Erschütterungen

zu verhindern, zu beseitigen oder zu verringern oder

2. Abfälle nach den Grundsätzen des Abfallbeseitigungsgesetzes zu beseitigen.

2 Die Anwendung des Satzes 1 ist nicht dadurch ausgeschlossen, dass die Wirtschaftsgüter zugleich für Zwecke des innerbetrieblichen Umweltschutzes verwendet werden.

(4) 1 Die Absätze 1 bis 3 sind auf nach dem 31. Dezember 1974 und vor dem 1. Januar 1991 entstehende nachträgliche Herstellungskosten bei Wirtschaftsgütern, die dem Umweltschutz dienen und die vor dem 1. Januar 1975 angeschafft oder hergestellt worden sind, mit der Maßgabe entsprechend anzuwenden, dass im Wirtschaftsjahr der Fertigstellung der nachträglichen Herstellungsarbeiten erhöhte Absetzungen bis zur vollen Höhe der nachträglichen Herstellungskosten vorgenommen werden können. 2 Das Gleiche gilt, wenn bei Wirtschaftsgütern, die nicht dem Umweltschutz dienen, nachträgliche Herstellungskosten nach dem 31. Dezember 1974 und vor dem 1. Januar 1991 dadurch entstehen, dass ausschließlich aus Gründen des Umweltschutzes Veränderungen vorgenommen werden.

(5) 1 Die erhöhten Absetzungen nach Absatz 1 können bereits für Anzahlungen auf Anschaffungskosten und für Teilherstellungskosten in Anspruch genommen werden. 2 § 7a Absatz 2 ist mit der Maßgabe anzuwenden, dass die Summe der erhöhten Ab-

setzungen 60 Prozent der bis zum Ende des jeweiligen Wirtschaftsjahres insgesamt aufgewendeten Anzahlungen oder Teilherstellungskosten nicht übersteigen darf. [3] *Satz 1 gilt in den Fällen des Absatzes 4 sinngemäß.*

(6) Die erhöhten Absetzungen nach den Absätzen 1 bis 5 werden unter der Bedingung gewährt, dass die Voraussetzung des Absatzes 2 Nummer 1

1. *in den Fällen des Absatzes 1 mindestens fünf Jahre nach der Anschaffung oder Herstellung der Wirtschaftsgüter,*
2. *in den Fällen des Absatzes 4 Satz 1 mindestens fünf Jahre nach Beendigung der nachträglichen Herstellungsarbeiten*

erfüllt wird.

(7) [1] *Steuerpflichtige, die nach dem 31. Dezember 1974 und vor dem 1. Januar 1991 durch Hingabe eines Zuschusses zur Finanzierung der Anschaffungs- oder Herstellungskosten von abnutzbaren Wirtschaftsgütern im Sinne des Absatzes 2 ein Recht auf Mitbenutzung dieser Wirtschaftsgüter erwerben, können bei diesem Recht abweichend von § 7 erhöhte Absetzungen nach Maßgabe des Absatzes 1 oder 4 Satz 1 vornehmen.* [2] *Die erhöhten Absetzungen können nur in Anspruch genommen werden, wenn der Empfänger*

1. *den Zuschuss unverzüglich und unmittelbar zur Finanzierung der Anschaffung oder Herstellung der Wirtschaftsgüter oder der nachträglichen Herstellungsarbeiten bei den Wirtschaftsgütern verwendet und*
2. *dem Steuerpflichtigen bestätigt, dass die Voraussetzung der Nummer 1 vorliegt und dass für die Wirtschaftsgüter oder die nachträglichen Herstellungsarbeiten eine Bescheinigung nach Absatz 2 Nummer 2 erteilt ist.*

[3] *Absatz 6 gilt sinngemäß.*

(8) [1] *Die erhöhten Absetzungen nach den Absätzen 1 bis 7 können nicht für Wirtschaftsgüter in Anspruch genommen werden, die in Betrieben oder Betriebsstätten verwendet werden, die in den letzten zwei Jahren vor dem Beginn des Kalenderjahres, in dem das Wirtschaftsgut angeschafft oder hergestellt worden ist, errichtet worden sind.* [2] *Die Verlagerung von Betrieben oder Betriebsstätten gilt nicht als Errichtung im Sinne des Satzes 1, wenn die in Absatz 2 Nummer 2 bezeichnete Behörde bestätigt, dass die Verlagerung im öffentlichen Interesse aus Gründen des Umweltschutzes erforderlich ist.*

§ 7 e. (weggefallen)

§ 7 f[1)] ***Bewertungsfreiheit für abnutzbare Wirtschaftsgüter des Anlagevermögens privater Krankenhäuser.*** *(1) Steuerpflichtige, die im Inland ein privates Krankenhaus betreiben, können unter den Voraussetzungen des Absatzes 2 bei abnutzbaren Wirtschaftsgütern des Anlagevermögens, die dem Betrieb dieses Krankenhauses dienen, im Jahr der Anschaffung oder Herstellung und in den vier folgenden Jahren Sonderabschreibungen vornehmen, und zwar*

1. *bei beweglichen Wirtschaftsgütern des Anlagevermögens bis zur Höhe von insgesamt 50 Prozent,*

---

1) § 7 f aufgeh. mWv 1. 1. 2015 durch G v. 22. 12. 2014 (BGBl. I S. 2417).

2. bei unbeweglichen Wirtschaftsgütern des Anlagevermögens bis zur Höhe von insgesamt 30 Prozent

der Anschaffungs- oder Herstellungskosten.

(2) Die Abschreibungen nach Absatz 1 können nur in Anspruch genommen werden, wenn bei dem privaten Krankenhaus im Jahr der Anschaffung oder Herstellung der Wirtschaftsgüter und im Jahr der Inanspruchnahme der Abschreibungen die in § 67 Absatz 1 oder 2 der Abgabenordnung bezeichneten Voraussetzungen erfüllt sind.

(3) Die Abschreibungen nach Absatz 1 können bereits für Anzahlungen auf Anschaffungskosten und für Teilherstellungskosten in Anspruch genommen werden.

(4) [1] Die Abschreibungen nach den Absätzen 1 und 3 können nur für Wirtschaftsgüter in Anspruch genommen werden, die der Steuerpflichtige vor dem 1. Januar 1996 bestellt oder herzustellen begonnen hat. [2] Als Beginn der Herstellung gilt bei Baumaßnahmen, für die eine Baugenehmigung erforderlich ist, der Zeitpunkt, in dem der Bauantrag gestellt worden ist.

§ 7 g *[alte Fassung]* [1), 2)] **Sonderabschreibungen und Ansparabschreibungen zur Förderung kleiner und mittlerer Betriebe.** (1) Bei neuen beweglichen Wirtschaftsgütern des Anlagevermögens können unter den Voraussetzungen des Absatzes 2 im Jahr der Anschaffung oder Herstellung und in den vier folgenden Jahren neben den Absetzungen für Abnutzung nach § 7 Absatz 1 oder 2 Sonderabschreibungen bis zu insgesamt 20 Prozent der Anschaffungs- oder Herstellungskosten in Anspruch genommen werden.

(2) Die Sonderabschreibungen nach Absatz 1 können nur in Anspruch genommen werden, wenn

1. a) das Betriebsvermögen des Gewerbebetriebs oder des der selbständigen Arbeit dienenden Betriebs, zu dessen Anlagevermögen das Wirtschaftsgut gehört, zum Schluss des der Anschaffung oder Herstellung des Wirtschaftsgutes vorangehenden Wirtschaftsjahres nicht mehr als 204 517 Euro beträgt; diese Voraussetzung gilt bei Betrieben, die den Gewinn nach § 4 Absatz 3 ermitteln, als erfüllt;

   b) der Einheitswert des Betriebs der Land- und Forstwirtschaft, zu dessen Anlagevermögen das Wirtschaftsgut gehört, im Zeitpunkt der Anschaffung oder Herstellung des Wirtschaftsgutes nicht mehr als 122 710 Euro beträgt;

2. das Wirtschaftsgut

   a) mindestens ein Jahr nach seiner Anschaffung oder Herstellung in einer inländischen Betriebsstätte dieses Betriebs verbleibt und

---

1) **§ 7 g neue Fassung** nachstehend abgedruckt. Zur weiteren Anwendung der alten Fassung siehe § 52 Abs. 23 Satz 3 a. F.: „[3] Bei Ansparabschreibungen, die in vor dem 18. August 2007 endenden Wirtschaftsjahren gebildet worden sind, und Wirtschaftsgütern, die vor dem 1. Januar 2008 angeschafft oder hergestellt worden sind, ist § 7 g in der bis zum 17. August 2007 geltenden Fassung weiter anzuwenden."

2) Zur Anwendung im Beitrittsgebiet siehe § 57 Abs. 1 und 3.

b) im Jahr der Inanspruchnahme von Sonderabschreibungen im Betrieb des Steuerpflichtigen ausschließlich oder fast ausschließlich betrieblich genutzt wird und

3. für die Anschaffung oder Herstellung eine Rücklage nach den Absätzen 3 bis 7 gebildet worden ist. [2]Dies gilt nicht bei Existenzgründern im Sinne des Absatzes 7 für das Wirtschaftsjahr, in dem mit der Betriebseröffnung begonnen wird.

(3) [1]Steuerpflichtige können für die künftige Anschaffung oder Herstellung eines Wirtschaftsguts im Sinne des Absatzes 1 eine den Gewinn mindernde Rücklage bilden (Ansparabschreibung). [2]Die Rücklage darf 40 Prozent der Anschaffungs- oder Herstellungskosten des begünstigten Wirtschaftsgutes nicht überschreiten, das der Steuerpflichtige voraussichtlich bis zum Ende des zweiten auf die Bildung der Rücklage folgenden Wirtschaftsjahres anschaffen oder herstellen wird. [3]Eine Rücklage darf nur gebildet werden, wenn

1. der Steuerpflichtige den Gewinn nach § 4 Absatz 1 oder § 5 ermittelt;
2. der Betrieb am Schluss des Wirtschaftsjahres, das dem Wirtschaftsjahr der Bildung der Rücklage vorangeht, das in Absatz 2 genannte Größenmerkmal erfüllt;
3. die Bildung und Auflösung der Rücklage in der Buchführung verfolgt werden können und
4. der Steuerpflichtige keine Rücklagen nach § 3 Absatz 1 und 2a des Zonenrandförderungsgesetzes vom 5. August 1971 (BGBl. I S. 1237), zuletzt geändert durch Artikel 5 des Gesetzes vom 24. Juni 1991 (BGBl. I S. 1322), ausweist.

[4]Eine Rücklage kann auch gebildet werden, wenn dadurch ein Verlust entsteht oder sich erhöht. [5]Die am Bilanzstichtag insgesamt nach Satz 1 gebildeten Rücklagen dürfen je Betrieb des Steuerpflichtigen den Betrag von 154 000 Euro nicht übersteigen.

(4) [1]Sobald für das begünstigte Wirtschaftsgut Abschreibungen vorgenommen werden dürfen, ist die Rücklage in Höhe von 40 Prozent der Anschaffungs- oder Herstellungskosten gewinnerhöhend aufzulösen. [2]Ist eine Rücklage am Ende des zweiten auf ihre Bildung folgenden Wirtschaftsjahres noch vorhanden, so ist sie zu diesem Zeitpunkt gewinnerhöhend aufzulösen.

(5) Soweit die Auflösung einer Rücklage nicht auf Absatz 4 Satz 1 beruht, ist der Gewinn des Wirtschaftsjahres, in dem die Rücklage aufgelöst wird, für jedes volle Wirtschaftsjahr, in dem die Rücklage bestanden hat, um 6 Prozent des aufgelösten Rücklagenbetrages zu erhöhen.

(6) Ermittelt der Steuerpflichtige den Gewinn nach § 4 Absatz 3, so sind die Absätze 3 bis 5 mit Ausnahme von Absatz 3 Nummer 1 mit der Maßgabe entsprechend anzuwenden, dass die Bildung der Rücklage als Betriebsausgabe (Abzug) und ihre Auflösung als Betriebseinnahme (Zuschlag) zu behandeln ist; der Zeitraum zwischen Abzug und Zuschlag gilt als Zeitraum, in dem die Rücklage bestanden hat.

(7) [1]Wird eine Rücklage von einem Existenzgründer im Wirtschaftsjahr der Betriebseröffnung und den fünf folgenden Wirtschaftsjahren (Gründungszeitraum) gebildet, sind die Absätze 3 bis 6 mit der Maßgabe anzuwenden, dass

1. das begünstigte Wirtschaftsgut vom Steuerpflichtigen voraussichtlich bis zum Ende des fünften auf die Bildung der Rücklage folgenden Wirtschaftsjahres angeschafft oder hergestellt wird;
2. der Höchstbetrag in Absatz 3 Satz 5 für im Gründungszeitraum gebildete Rücklagen 307 000 Euro beträgt und
3. die Rücklage spätestens am Ende des fünften auf ihre Bildung folgenden Wirtschaftsjahres gewinnerhöhend aufzulösen ist;

bei diesen Rücklagen findet Absatz 5 keine Anwendung. [2]Existenzgründer im Sinne des Satzes 1 ist

1. eine natürliche Person, die innerhalb der letzten fünf Jahre vor dem Wirtschaftsjahr der Betriebseröffnung weder an einer Kapitalgesellschaft unmittelbar oder mittelbar zu mehr als einem Zehntel beteiligt gewesen ist noch Einkünfte im Sinne des § 2 Absatz 1 Nummer 1 bis 3 erzielt hat;
2. eine Gesellschaft im Sinne des § 15 Absatz 1 Satz 1 Nummer 2, bei der alle Mitunternehmer die Voraussetzungen der Nummer 1 erfüllen. [2]Ist Mitunternehmer eine Gesellschaft im Sinne des § 15 Absatz 1 Satz 1 Nummer 2, gilt Satz 1 für alle an dieser unmittelbar oder mittelbar beteiligten Gesellschafter entsprechend; oder
3. eine Kapitalgesellschaft im Sinne des § 1 Absatz 1 Nummer 1 des Körperschaftsteuergesetzes, an der nur natürliche Personen beteiligt sind, die die Voraussetzungen der Nummer 1 erfüllen.

[3]Die Übernahme eines Betriebes im Wege der vorweggenommenen Erbfolge gilt nicht als Existenzgründung; Entsprechendes gilt bei einer Betriebsübernahme im Wege der Auseinandersetzung einer Erbengemeinschaft unmittelbar nach dem Erbfall.

(8) [1]Absatz 7 ist nur anzuwenden, soweit in sensiblen Sektoren die Förderfähigkeit nicht ausgeschlossen ist. [2]Sensible Sektoren sind:

1. Stahlindustrie (Multisektoraler Regionalbeihilferahmen für große Investitionsvorhaben vom 13. Februar 2002 in Verbindung mit Anhang B (ABl. EG Nummer C 70 S. 8), geändert durch Mitteilung der Kommission vom 1. November 2003 (ABl. EU Nummer C 263 S. 3)),
2. Schiffbau (Mitteilung der Kommission „Rahmenbestimmungen für Beihilfen an den Schiffbau" vom 30. Dezember 2003 (ABl. EU Nummer C 317 S. 11), geändert durch Berichtigung vom 30. April 2004 (ABl. EU Nummer C 104 S. 71)),
3. Kraftfahrzeugindustrie (Multisektoraler Regionalbeihilferahmen vom 13. Februar 2002 in Verbindung mit Anhang C),
4. *Kunstfaserindustrie* (Multisektoraler Regionalbeihilferahmen vom 13. Februar 2002 in Verbindung mit Anhang D),
5. Landwirtschaftssektor (Gemeinschaftsrahmen für staatliche Beihilfen im Agrarsektor, ABl. EG Nummer C 28 S. 2 vom 1. Februar 2000),
6. Fischerei- und Aquakultursektor (Leitlinien für die Prüfung der einzelstaatlichen Beihilfen im Fischerei- und Aquakultursektor vom 20. Januar 2001 (ABl. EG Nummer C 19 S. 7)),

7. Verkehrssektor (Verordnung (EWG) Nummer 1107/70 des Rates vom 4. Juni 1970 über Beihilfen im Eisenbahn-, Straßen- und Binnenschiffsverkehr, ABl. EG Nummer L 130 S. 1, in der Fassung der Verordnung (EG) Nummer 543/97 des Rates vom 17. März 1997, ABl. EG Nummer L 84 S. 6, Mitteilung der Kommission „Leitlinien der Gemeinschaft für staatliche Beihilfen im Seeverkehr" vom 17. Januar 2004 (ABl. EU Nummer C 13 S. 3) und Anwendung der Artikel 92 und 93 des EG-Vertrages sowie des Artikels 61 des EWR-Abkommens auf staatliche Beihilfen im Luftverkehr, ABl. EG Nummer C 350 S. 5 vom 10. Dezember 1994) und
8. Steinkohlenbergbau (Entscheidung Nummer 3632/93 EGKS der Kommission vom 28. Dezember 1993 über die Gemeinschaftsregelung für staatliche Beihilfen zugunsten des Steinkohlenbergbaus, ABl. EG Nummer L 329 S. 12).

3 Der Umfang der Förderfähigkeit ergibt sich aus den in Satz 2 genannten Rechtsakten.

§ 7 g *[neue Fassung]*[1] Investitionsabzugsbeträge und Sonderabschreibungen zur Förderung kleiner und mittlerer Betriebe.

[Fassung bis 31. 12. 2015:]

(1) 1 Steuerpflichtige können für die künftige Anschaffung oder Herstellung eines abnutzbaren beweglichen Wirtschaftsguts des Anlagevermögens bis zu 40 Prozent der voraussichtlichen Anschaffungs- oder Herstellungskosten gewinnmindernd abziehen (Investitionsabzugsbetrag). 2 Der Investitionsabzugsbetrag kann nur in Anspruch genommen werden, wenn

1. [3] der Betrieb am Schluss des Wirtschaftsjahres, in dem der Abzug vorgenommen wird, die folgen-

[Fassung ab 1. 1. 2016:][2]

(1) 1 Steuerpflichtige können für die künftige Anschaffung oder Herstellung von abnutzbaren beweglichen Wirtschaftsgütern des Anlagevermögens, die mindestens bis zum Ende des dem Wirtschaftsjahr der Anschaffung oder Herstellung folgenden Wirtschaftsjahres in einer inländischen Betriebsstätte des Betriebes ausschließlich oder fast ausschließlich betrieblich genutzt werden, bis zu 40 Prozent der voraussichtlichen Anschaffungs- oder Herstellungskosten gewinnmindernd abziehen (Investitionsabzugsbeträge). 2 Investitionsabzugsbeträge können nur in Anspruch genommen werden, wenn

1. der Betrieb am Schluss des Wirtschaftsjahres, in dem die Abzüge vorgenommen werden, die fol-

---

[1] § 7 g neu gef. durch G v. 14. 8. 2007 (BGBl. I S. 1912); zur Anwendung siehe § 52 Abs. 16. **§ 7 g bisH. Fassung** vorstehend abgedruckt.

[2] § 7 g Abs. 1 bis 4 neu gef. durch G v. 2. 11. 2015 (BGBl. I S. 1834); zur Anwendung siehe *§ 52 Abs. 16 Sätze 1 bis 3.*

[3] Für den Zeitraum **vom 1. 1. 2009 bis 31. 12. 2010 siehe Maßgaben in § 52 Abs. 16 Satz 5.**

[Fassung bis 31. 12. 2015:]

den Größenmerkmale nicht überschreitet:

a) bei Gewerbebetrieben oder der selbständigen Arbeit dienenden Betrieben, die ihren Gewinn nach § 4 Absatz 1 oder § 5 ermitteln, ein Betriebsvermögen von *235 000 Euro* [***vom 1. 1. 2009 bis 31. 12. 2010:*** 335 000 Euro][1];

b) bei Betrieben der Land- und Forstwirtschaft einen Wirtschaftswert oder einen Ersatzwirtschaftswert von *125 000 Euro* [***vom 1. 1. 2009 bis 31. 12. 2010:*** 175 000 Euro][1] oder

c) bei Betrieben im Sinne der Buchstaben a und b, die ihren Gewinn nach § 4 Absatz 3 ermitteln, ohne Berücksichtigung des Investitionsabzugsbetrags einen Gewinn von *100 000 Euro* [***vom 1. 1. 2009 bis 31. 12. 2010:*** 200 000 Euro][1];

2. der Steuerpflichtige beabsichtigt, das begünstigte Wirtschaftsgut voraussichtlich

[Fassung ab 1. 1. 2016:]

genden Größenmerkmale nicht überschreitet:

a) bei Gewerbebetrieben oder der selbständigen Arbeit dienenden Betrieben, die ihren Gewinn nach § 4 Absatz 1 oder § 5 ermitteln, ein Betriebsvermögen von 235 000 Euro;

b) bei Betrieben der Land- und Forstwirtschaft einen Wirtschaftswert oder einen Ersatzwirtschaftswert von 125 000 Euro oder

c) bei Betrieben im Sinne der Buchstaben a und b, die ihren Gewinn nach § 4 Absatz 3 ermitteln, ohne Berücksichtigung der Investitionsabzugsbeträge einen Gewinn von 100 000 Euro;

2. der Steuerpflichtige die Summen der Abzugsbeträge und der nach den Absätzen 2 bis 4 hinzuzurechnenden oder rückgängig zu machenden Beträge nach amtlich vorgeschriebenen Datensätzen durch Datenfernübertragung übermittelt. [2]Auf Antrag kann die Finanzbehörde zur Vermeidung unbilliger Härten auf eine elektronische Übermittlung verzichten; § 150 Absatz 8 der Abgabenordnung gilt entsprechend. [3]In den Fällen des Satzes 2 müssen sich die Summen der Abzugsbeträge und der nach den Absätzen 2 bis 4 hinzuzurechnenden oder rückgängig zu machenden Beträge aus den beim Finanzamt einzureichenden Unterlagen ergeben.

[1] Fassung gem. § 52 Abs. 16 Satz 4.

[Fassung bis 31. 12. 2015:]

a) in den dem Wirtschaftsjahr des Abzugs folgenden drei Wirtschaftsjahren anzuschaffen oder herzustellen;

b) mindestens bis zum Ende des dem Wirtschaftsjahr der Anschaffung oder Herstellung folgenden Wirtschaftsjahres in einer inländischen Betriebsstätte des Betriebs ausschließlich oder fast ausschließlich betrieblich zu nutzen und

3. der Steuerpflichtige das begünstigte Wirtschaftsgut in den beim Finanzamt einzureichenden Unterlagen seiner Funktion nach benennt und die Höhe der voraussichtlichen Anschaffungs- oder Herstellungskosten angibt.

[3] Abzugsbeträge können auch dann in Anspruch genommen werden, wenn dadurch ein Verlust entsteht oder sich erhöht. [4] Die Summe der Beträge, die im Wirtschaftsjahr des Abzugs und in den drei vorangegangenen Wirtschaftsjahren nach Satz 1 insgesamt abgezogen und nicht nach Absatz 2 hinzugerechnet oder nach Absatz 3 oder 4 rückgängig gemacht wurden, darf je Betrieb 200 000 Euro nicht übersteigen.

(2) [1] Im Wirtschaftsjahr der Anschaffung oder Herstellung des begünstigten Wirtschaftsguts ist der für dieses Wirtschaftsgut in Anspruch genommene Investitionsabzugsbetrag in Höhe von 40 Prozent der Anschaffungs- oder Herstellungskosten gewinnerhöhend hinzuzurechnen; die Hinzurechnung darf den nach Absatz 1 abgezogenen Betrag nicht übersteigen. [2] Die Anschaffungs- oder Herstellungskosten des Wirtschaftsguts können in dem in Satz 1

[Fassung ab 1. 1. 2016:]

[3] Abzugsbeträge können auch dann in Anspruch genommen werden, wenn dadurch ein Verlust entsteht oder sich erhöht. [4] Die Summe der Beträge, die im Wirtschaftsjahr des Abzugs und in den drei vorangegangenen Wirtschaftsjahren nach Satz 1 insgesamt abgezogen und nicht nach Absatz 2 hinzugerechnet oder nach den Absätzen 3 oder 4 rückgängig gemacht wurden, darf je Betrieb 200 000 Euro nicht übersteigen.

(2) [1] Im Wirtschaftsjahr der Anschaffung oder Herstellung eines begünstigten Wirtschaftsguts können bis zu 40 Prozent der Anschaffungs- oder Herstellungskosten gewinnerhöhend hinzugerechnet werden; die Hinzurechnung darf die Summe der nach Absatz 1 abgezogenen und noch nicht nach den Absätzen 2 bis 4 hinzugerechneten oder rückgängig gemachten Abzugsbeträge nicht übersteigen. [2] Die Anschaffungs- oder Herstellungskosten des Wirtschafts-

[Fassung bis 31. 12. 2015:]

genannten Wirtschaftsjahr um bis zu 40 Prozent, höchstens jedoch um die Hinzurechnung nach Satz 1, gewinnmindernd herabgesetzt werden; die Bemessungsgrundlage für die Absetzungen für Abnutzung, erhöhten Absetzungen und Sonderabschreibungen sowie die Anschaffungs- oder Herstellungskosten im Sinne von § 6 Absatz 2 und 2 a verringern sich entsprechend.

(3) [1]Soweit der Investitionsabzugsbetrag nicht bis zum Ende des dritten auf das Wirtschaftsjahr des Abzugs folgenden Wirtschaftsjahres nach Absatz 2 hinzugerechnet wurde, ist der Abzug nach Absatz 1 rückgängig zu machen. [2]Wurde der Gewinn des maßgebenden Wirtschaftsjahres bereits einer Steuerfestsetzung oder einer gesonderten Feststellung zugrunde gelegt, ist der entsprechende Steuer- oder Feststellungsbescheid insoweit zu ändern. [3]Das gilt auch dann, wenn der Steuer- oder Feststellungsbescheid bestandskräftig geworden ist; die Festsetzungsfrist endet insoweit nicht, bevor die Festsetzungsfrist für den Veranlagungszeitraum abgelaufen ist, in dem das dritte auf das Wirtschaftsjahr des Abzugs folgende Wirtschaftsjahr endet. [*ab VZ 2013:* [4]§ 233 a Absatz 2 a der Abgabenordnung ist nicht anzuwenden.[1])]

(4) [1]Wird in den Fällen des Absatzes 2 das Wirtschaftsgut nicht bis zum Ende des dem Wirtschaftsjahr der Anschaffung oder Herstellung

[Fassung ab 1. 1. 2016:]

guts können in dem in Satz 1 genannten Wirtschaftsjahr um bis zu 40 Prozent, höchstens jedoch um die Hinzurechnung nach Satz 1, gewinnmindernd herabgesetzt werden; die Bemessungsgrundlage für die Absetzungen für Abnutzung, erhöhten Absetzungen und Sonderabschreibungen sowie die Anschaffungs- oder Herstellungskosten im Sinne von § 6 Absatz 2 und 2 a verringern sich entsprechend.

(3) [1]Soweit in Anspruch genommene Investitionsabzugsbeträge nicht bis zum Ende des dritten auf das Wirtschaftsjahr des jeweiligen Abzugs folgenden Wirtschaftsjahres nach Absatz 2 Satz 1 hinzugerechnet wurden, sind die Abzüge nach Absatz 1 rückgängig zu machen; die vorzeitige Rückgängigmachung von Investitionsabzugsbeträgen vor Ablauf der Investitionsfrist ist zulässig. [2]Wurde der Gewinn des maßgebenden Wirtschaftsjahres bereits einer Steuerfestsetzung oder einer gesonderten Feststellung zugrunde gelegt, ist der entsprechende Steuer- oder Feststellungsbescheid insoweit zu ändern. [3]Das gilt auch dann, wenn der Steuer- oder Feststellungsbescheid bestandskräftig geworden ist; die Festsetzungsfrist endet insoweit nicht, bevor die Festsetzungsfrist für den Veranlagungszeitraum abgelaufen ist, in dem das dritte auf das Wirtschaftsjahr des Abzugs folgende Wirtschaftsjahr endet. [4]§ 233 a Absatz 2 a der Abgabenordnung ist nicht anzuwenden.

(4) [1]Wird in den Fällen des Absatzes 2 ein begünstigtes Wirtschaftsgut nicht bis zum Ende des dem Wirtschaftsjahr der Anschaf-

1) § 7 g Abs. 3 Satz 4 angef. mWv VZ 2013 durch G v. 26. 6. 2013 (BGBl. I S. 1809).

[Fassung bis 31. 12. 2015:]

folgenden Wirtschaftsjahres in einer inländischen Betriebsstätte des Betriebs ausschließlich oder fast ausschließlich betrieblich genutzt, sind der Abzug nach Absatz 1 sowie die Herabsetzung der Anschaffungs- oder Herstellungskosten, die Verringerung der Bemessungsgrundlage und die Hinzurechnung nach Absatz 2 rückgängig zu machen. [2] Wurden die Gewinne der maßgebenden Wirtschaftsjahre bereits Steuerfestsetzungen oder gesonderten Feststellungen zugrunde gelegt, sind die entsprechenden Steuer- oder Feststellungsbescheide insoweit zu ändern. [3] Das gilt auch dann, wenn die Steuer- oder Feststellungsbescheide bestandskräftig geworden sind; die Festsetzungsfristen enden insoweit nicht, bevor die Festsetzungsfrist für den Veranlagungszeitraum abgelaufen ist, in dem die Voraussetzungen des Absatzes 1 Satz 2 Nummer 2 Buchstabe b erstmals nicht mehr vorliegen. [4] § 233 a Absatz 2 a der Abgabenordnung ist nicht anzuwenden.

[Fassung ab 1. 1. 2016:]

fung oder Herstellung folgenden Wirtschaftsjahres in einer inländischen Betriebsstätte des Betriebes ausschließlich oder fast ausschließlich betrieblich genutzt, sind die Herabsetzung der Anschaffungs- oder Herstellungskosten, die Verringerung der Bemessungsgrundlage und die Hinzurechnung nach Absatz 2 rückgängig zu machen. [2] Wurden die Gewinne der maßgebenden Wirtschaftsjahre bereits Steuerfestsetzungen oder gesonderten Feststellungen zugrunde gelegt, sind die entsprechenden Steuer- oder Feststellungsbescheide insoweit zu ändern. [3] Das gilt auch dann, wenn die Steuer- oder Feststellungsbescheide bestandskräftig geworden sind; die Festsetzungsfristen enden insoweit nicht, bevor die Festsetzungsfrist für den Veranlagungszeitraum abgelaufen ist, in dem die Voraussetzungen des Absatzes 1 Satz 1 erstmals nicht mehr vorliegen. [4] § 233 a Absatz 2 a der Abgabenordnung ist nicht anzuwenden.

(5) Bei abnutzbaren beweglichen Wirtschaftsgütern des Anlagevermögens können unter den Voraussetzungen des Absatzes 6 im Jahr der Anschaffung oder Herstellung und in den vier folgenden Jahren neben den Absetzungen für Abnutzung nach § 7 Absatz 1 oder Absatz 2 Sonderabschreibungen bis zu insgesamt 20 Prozent der Anschaffungs- oder Herstellungskosten in Anspruch genommen werden.

(6) Die Sonderabschreibungen nach Absatz 5 können nur in Anspruch genommen werden, wenn

1.[1)] der Betrieb zum Schluss des Wirtschaftsjahres, das der Anschaffung oder Herstellung vorangeht, die Größenmerkmale des Absatzes 1 Satz 2 Nummer 1 nicht überschreitet, und
2. das Wirtschaftsgut im Jahr der Anschaffung oder Herstellung und im darauf folgenden Wirtschaftsjahr in einer inländischen Betriebsstätte des Betriebs des Steuerpflichtigen ausschließlich oder fast ausschließlich betrieblich genutzt wird; Absatz 4 gilt entsprechend.

[1)] Für den **Zeitraum vom 1. 1. 2009 bis 31. 12. 2010** siehe Maßgaben in § 52 Abs. 16 Satz 5.

(7) Bei Personengesellschaften und Gemeinschaften sind die Absätze 1 bis 6 mit der Maßgabe anzuwenden, dass an die Stelle des Steuerpflichtigen die Gesellschaft oder die Gemeinschaft tritt.

§ 7h Erhöhte Absetzungen bei Gebäuden in Sanierungsgebieten und städtebaulichen Entwicklungsbereichen. (1) [1]Bei einem im Inland belegenen Gebäude in einem förmlich festgelegten Sanierungsgebiet oder städtebaulichen Entwicklungsbereich kann der Steuerpflichtige abweichend von § 7 Absatz 4 und 5 *jeweils bis zu 10 vom Hundert der Herstellungskosten für Modernisierungs- und Instandsetzungsmaßnahmen im Sinne des § 177 des Baugesetzbuchs im Jahr der Herstellung und in den folgenden neun Jahren absetzen* [***ab 1. 1. 2004:*** im Jahr der Herstellung und in den folgenden sieben Jahren jeweils bis zu 9 Prozent und in den folgenden vier Jahren jeweils bis zu 7 Prozent der Herstellungskosten für Modernisierungs- und Instandsetzungsmaßnahmen im Sinne des § 177 des Baugesetzbuchs absetzen]. [2]Satz 1 ist entsprechend anzuwenden auf Herstellungskosten für Maßnahmen, die der Erhaltung, Erneuerung und funktionsgerechten Verwendung eines Gebäudes im Sinne des Satzes 1 dienen, das wegen seiner geschichtlichen, künstlerischen oder städtebaulichen Bedeutung erhalten bleiben soll, und zu deren Durchführung sich der Eigentümer neben bestimmten Modernisierungsmaßnahmen gegenüber der Gemeinde verpflichtet hat. [3]Der Steuerpflichtige kann die erhöhten Absetzungen im Jahr des Abschlusses der Maßnahme und in den folgenden *neun Jahren* [***ab 1. 1. 2004:*** elf Jahren] auch für Anschaffungskosten in Anspruch nehmen, die auf Maßnahmen im Sinne der Sätze 1 und 2 entfallen, soweit

(Fortsetzung nächstes Blatt)

diese nach dem rechtswirksamen Abschluss eines obligatorischen Erwerbsvertrags oder eines gleichstehenden Rechtsakts durchgeführt worden sind. [4]Die erhöhten Absetzungen können nur in Anspruch genommen werden, soweit die Herstellungs- oder Anschaffungskosten durch Zuschüsse aus Sanierungs- oder Entwicklungsförderungsmitteln nicht gedeckt sind. [5]Nach Ablauf des Begünstigungszeitraums ist ein Restwert den Herstellungs- oder Anschaffungskosten des Gebäudes oder dem an deren Stelle tretenden Wert hinzuzurechnen; die weiteren Absetzungen für Abnutzung sind einheitlich für das gesamte Gebäude nach dem sich hiernach ergebenden Betrag und dem für das Gebäude maßgebenden Prozentsatz zu bemessen.

(2) [1]Der Steuerpflichtige kann die erhöhten Absetzungen nur in Anspruch nehmen, wenn er durch eine Bescheinigung der zuständigen Gemeindebehörde die Voraussetzungen des Absatzes 1 für das Gebäude und die Maßnahmen nachweist. [2]Sind ihm Zuschüsse aus Sanierungs- oder Entwicklungsförderungsmitteln gewährt worden, so hat die Bescheinigung auch deren Höhe zu enthalten; werden ihm solche Zuschüsse nach Ausstellung der Bescheinigung gewährt, so ist diese entsprechend zu ändern.

(3) Die Absätze 1 und 2 sind auf Gebäudeteile, die selbständige unbewegliche Wirtschaftsgüter sind, sowie auf Eigentumswohnungen und auf im Teileigentum stehende Räume entsprechend anzuwenden.

§ 7i Erhöhte Absetzungen bei Baudenkmalen. (1) [1]Bei einem im Inland belegenen Gebäude, das nach den jeweiligen landesrechtlichen Vorschriften ein Baudenkmal ist, kann der Steuerpflichtige abweichend von § 7 Absatz 4 und 5 *jeweils bis zu 10 vom Hundert der Herstellungskosten für Baumaßnahmen, die nach Art und Umfang zur Erhaltung des Gebäudes als Baudenkmal oder zu seiner sinnvollen Nutzung erforderlich sind, im Jahr der Herstellung und in den folgenden neun Jahren absetzen* [***ab 1. 1. 2004:*** im Jahr der Herstellung und in den folgenden sieben Jahren jeweils bis zu 9 Prozent und in den folgenden vier Jahren jeweils bis zu 7 Prozent der Herstellungskosten für Baumaßnahmen, die nach Art und Umfang zur Erhaltung des Gebäudes als Baudenkmal oder zu seiner sinnvollen Nutzung erforderlich sind, absetzen]. [2]Eine sinnvolle Nutzung ist nur anzunehmen, wenn das Gebäude in der Weise genutzt wird, dass die Erhaltung der schützenswerten Substanz des Gebäudes auf die Dauer gewährleistet ist. [3]Bei einem im Inland belegenen Gebäudeteil, das nach den jeweiligen landesrechtlichen Vorschriften ein Baudenkmal ist, sind die Sätze 1 und 2 entsprechend anzuwenden. [4]Bei einem im Inland belegenen Gebäude oder Gebäudeteil, das für sich allein nicht die Voraussetzungen für ein Baudenkmal erfüllt, aber Teil einer Gebäudegruppe oder Gesamtanlage ist, die nach den jeweiligen landesrechtlichen Vorschriften als Einheit geschützt ist, kann der Steuerpflichtige die erhöhten Absetzungen von den Herstellungskosten für Baumaßnahmen vornehmen, die nach Art und Umfang zur Erhaltung des schützenswerten äußeren Erscheinungsbildes der Gebäudegruppe oder Gesamtanlage erforderlich sind. [5]Der Steuerpflichtige kann die erhöhten Absetzungen im Jahr des Abschlusses der Baumaßnahme und in den folgenden *neun Jahren* [***ab 1. 1. 2004:*** elf Jahren] auch für Anschaffungskosten in Anspruch nehmen, die auf Baumaßnahmen im Sinne der Sätze 1 bis 4 entfallen, soweit diese nach dem rechtswirksamen Abschluss eines obligatorischen Erwerbsvertrags oder eines gleichstehenden Rechtsakts durchgeführt worden sind. [6]Die Baumaßnahmen müssen in Abstimmung mit der in Absatz 2 bezeichneten Stelle durchgeführt worden sein. [7]Die erhöhten Absetzungen können nur in Anspruch genommen werden, soweit die Herstellungs- oder Anschaffungskosten nicht durch Zuschüsse aus öffentlichen Kassen gedeckt sind. [8]§ 7h Absatz 1 Satz 5 ist entsprechend anzuwenden.

(2) [1]Der Steuerpflichtige kann die erhöhten Absetzungen nur in Anspruch nehmen, wenn er durch eine Bescheinigung der nach Landesrecht zuständigen oder von der Landesregierung bestimmten Stelle die Voraussetzungen des Absatzes 1 für das Gebäude oder Gebäudeteil und für die Erforderlichkeit der Aufwendungen nachweist. [2]Hat eine der für Denkmalschutz oder Denkmalpflege zuständigen Behörden ihm Zuschüsse gewährt, so hat die Bescheinigung auch deren Höhe zu enthalten; werden ihm solche Zuschüsse nach Ausstellung der Bescheinigung gewährt, so ist diese entsprechend zu ändern.

(3) § 7h Absatz 3 ist entsprechend anzuwenden.

§ 7k[1)] *Erhöhte Absetzungen für Wohnungen mit Sozialbindung.*

(1) [1]Bei Wohnungen im Sinne des Absatzes 2 können abweichend von § 7 Absatz 4 und 5 im Jahr der Fertigstellung und in den folgenden vier Jahren jeweils bis zu 10 Prozent und in den folgenden fünf Jahren jeweils bis zu 7 Prozent der Herstellungskosten oder Anschaffungskosten abgesetzt werden. [2]Im Fall der Anschaffung ist Satz 1 nur anzuwenden, wenn der Hersteller für die veräußerte Wohnung weder Absetzungen für Abnutzung nach § 7 Absatz 5 vorgenommen noch erhöhte Absetzungen oder Sonderabschreibungen in Anspruch genommen hat. [3]Nach Ablauf dieser zehn Jahre sind als Absetzungen für Abnutzung bis zur vollen Absetzung jährlich 3 1/3 Prozent des Restwerts abzuziehen; § 7 Absatz 4 Satz 2 gilt entsprechend.

(2) Begünstigt sind Wohnungen im Inland,

1. a) für die der Bauantrag nach dem 28. Februar 1989 gestellt worden ist und die vom Steuerpflichtigen hergestellt worden sind oder

b) die vom Steuerpflichtigen nach dem 28. Februar 1989 auf Grund eines nach diesem Zeitpunkt rechtswirksam abgeschlossenen obligatorischen Vertrages bis zum Ende des Jahres der Fertigstellung angeschafft worden sind,

2. die vor dem 1. Januar 1996 fertiggestellt worden sind,

3. für die keine Mittel aus öffentlichen Haushalten unmittelbar oder mittelbar gewährt werden,

4. die im Jahr der Anschaffung oder Herstellung und in den folgenden neun Jahren (Verwendungszeitraum) dem Steuerpflichtigen zu fremden Wohnzwecken dienen und

---

1) § 7k aufgeh. mWv 1. 1. 2015 durch G v. 22. 12. 2014 (BGBl. I S. 2417).

5. für die der Steuerpflichtige für jedes Jahr des Verwendungszeitraums, in dem er die Wohnungen vermietet hat, durch eine Bescheinigung nachweist, dass die Voraussetzungen des Absatzes 3 vorliegen.

(3) [1] Die Bescheinigung nach Absatz 2 Nummer 5 ist von der nach § 3 des Wohnungsbindungsgesetzes zuständigen Stelle, im Saarland von der durch die Landesregierung bestimmten Stelle (zuständigen Stelle), nach Ablauf des jeweiligen Jahres des Begünstigungszeitraums für Wohnungen zu erteilen,

1. a) die der Steuerpflichtige nur an Personen vermietet hat, für die

aa) eine Bescheinigung über die Wohnberechtigung nach § 5 des Wohnungsbindungsgesetzes, im Saarland eine Mieteranerkennung, dass die Voraussetzungen des § 14 des Wohnungsbaugesetzes für das Saarland erfüllt sind, ausgestellt worden ist, oder

bb) eine Bescheinigung ausgestellt worden ist, dass sie die Voraussetzungen des § 88a Absatz 1 Buchstabe b des Zweiten Wohnungsbaugesetzes, im Saarland des § 51b Absatz 1 Buchstabe b des Wohnungsbaugesetzes für das Saarland, erfüllen,

und wenn die Größe der Wohnung die in dieser Bescheinigung angegebene Größe nicht übersteigt, oder

b) für die der Steuerpflichtige keinen Mieter im Sinne des Buchstabens a gefunden hat und für die ihm die zuständige Stelle nicht innerhalb von sechs Wochen nach seiner Anforderung einen solchen Mieter nachgewiesen hat,

und

2. bei denen die Höchstmiete nicht überschritten worden ist. [2] Die Landesregierungen werden ermächtigt, die Höchstmiete in Anlehnung an die Beträge nach § 72 Absatz 3 des Zweiten Wohnungsbaugesetzes, im Saarland unter Berücksichtigung der Besonderheiten des Wohnungsbaugesetzes für das Saarland durch Rechtsverordnung festzusetzen. [3] In der Rechtsverordnung ist eine Erhöhung der Mieten in Anlehnung an die Erhöhung der Mieten im öffentlich geförderten sozialen Wohnungsbau zuzulassen. [4] § 4 des Gesetzes zur Regelung der Miethöhe bleibt unberührt.

[2] Bei Wohnungen, für die der Bauantrag nach dem 31. Dezember 1992 gestellt worden ist und die vom Steuerpflichtigen hergestellt worden sind oder die vom Steuerpflichtigen auf Grund eines nach dem 31. Dezember 1992 rechtswirksam abgeschlossenen obligatorischen Vertrages angeschafft worden sind, gilt Satz 1 Nummer 1 Buchstabe a mit der Maßgabe, dass der Steuerpflichtige die Wohnungen nur an Personen vermietet hat, die im Jahr der Fertigstellung zu ihm in einem Dienstverhältnis gestanden haben, und ist Satz 1 Nummer 1 Buchstabe b nicht anzuwenden.

4. Überschuss der Einnahmen über die Werbungskosten

§ 8 Einnahmen. (1) Einnahmen sind alle Güter, die in Geld oder Geldeswert bestehen und dem Steuerpflichtigen im Rahmen einer der Einkunftsarten des § 2 Absatz 1 Satz 1 Nummer 4 bis 7 zufließen.

(2)[1), 2)] [1]Einnahmen, die nicht in Geld bestehen (Wohnung, Kost, Waren, Dienstleistungen und sonstige Sachbezüge), sind mit den um übliche Preisnachlässe geminderten üblichen Endpreisen am Abgabeort anzusetzen. [2]Für die private Nutzung eines betrieblichen Kraftfahrzeugs zu privaten Fahrten gilt § 6 Absatz 1 Nummer 4 Satz 2 entsprechend. [3]Kann das Kraftfahrzeug auch für Fahrten zwischen Wohnung und *Arbeitsstätte* [***ab 1. 1. 2014:*** erster Tätigkeitsstätte sowie Fahrten nach § 9 Absatz 1 Satz 3 Nummer 4a Satz 3] genutzt werden, erhöht sich der Wert in Satz 2 für jeden Kalendermonat um 0,03 Prozent des Listenpreises im Sinne des § 6 Absatz 1 Nummer 4 Satz 2 für jeden Kilometer der Entfernung zwischen Wohnung und *Arbeitsstätte* [***ab 1. 1. 2014:*** erster Tätigkeitsstätte sowie der Fahrten nach § 9 Absatz 1 Satz 3 Nummer 4a Satz 3]. [4]Der Wert nach den Sätzen 2 und 3 kann mit dem auf die private Nutzung und die Nutzung zu Fahrten zwischen Wohnung und *Arbeitsstätte* [***ab 1. 1. 2014:*** erster Tätigkeitsstätte sowie Fahrten nach § 9 Absatz 1 Satz 3 Nummer 4a Satz 3] entfallenden Teil der gesamten Kraftfahrzeugaufwendungen angesetzt werden, wenn die durch das Kraftfahrzeug insgesamt entstehenden Aufwendungen durch Belege und das Verhältnis der privaten Fahrten und der Fahrten zwischen Wohnung und *Arbeitsstätte* [***ab 1. 1. 2014:*** erster Tätigkeitsstätte sowie Fahrten nach § 9 Absatz 1 Satz 3 Nummer 4a Satz 3] zu den übrigen Fahrten durch ein ordnungsgemäßes Fahrtenbuch nachgewiesen werden [***ab VZ 2013:*** ; § 6 Absatz 1 Nummer 4 Satz 3 zweiter Halbsatz gilt entsprechend.][3)] [5]Die Nutzung des Kraftfahrzeugs zu einer Familienheimfahrt im Rahmen einer doppelten Haushaltsführung ist mit 0,002 Prozent des Listenpreises im Sinne des § 6 Absatz 1 Nummer 4 Satz 2 für jeden Kilometer der Entfernung zwischen dem Ort des eigenen Hausstands und dem Beschäftigungsort anzusetzen; dies gilt nicht, wenn für diese Fahrt ein Abzug von Werbungskosten nach § 9 Absatz 1 Satz 3 Nummer 5 Satz *3 und 4* [***ab 1. 1. 2014:*** 5 und 6][4)] in Betracht käme; Satz 4 ist sinngemäß anzuwenden. [6]Bei Arbeitnehmern, für deren Sachbezüge durch Rechtsverordnung nach § 17 Absatz 1 Satz 1 Nummer 4 des Vierten Buches Sozialgesetzbuch Werte bestimmt worden sind, sind diese Werte maßgebend. [7]Die Werte nach Satz 6 sind auch bei Steuerpflichtigen anzusetzen, die nicht der gesetzlichen Rentenversicherungspflicht unterliegen. [***ab 1. 1. 2014:*** [8]Wird dem Arbeitnehmer während einer beruflichen Tätigkeit außerhalb seiner Wohnung und ersten Tätigkeitsstätte oder im Rahmen einer beruflich veranlassten doppelten Haushaltsführung vom Arbeitgeber oder auf dessen Veranlassung von einem Dritten eine Mahlzeit zur Verfügung gestellt, ist diese Mahlzeit mit dem Wert nach Satz 6 (maßgebender amtlicher Sachbezugswert nach der Sozialversicherungsentgeltverordnung) anzusetzen, wenn der Preis für die Mahlzeit 60 Euro nicht übersteigt. [9]Der Ansatz einer nach Satz 8 bewerteten Mahlzeit unterbleibt, wenn beim Arbeitnehmer für ihn entstehende Mehr-

---

[1)] Vgl. hierzu SozialversicherungsentgeltVO **(Nr. 21)** und die Zusammenstellung der Bewertung der Sachbezüge **(Steuertabellen Nr. 20/4)**.

[2)] § 8 Abs. 2 Sätze 3 und 4 geänd., Sätze 8 und 9 eingef., bish. Sätze 8 und 9 werden Sätze 10 und 11 mWv 1. 1. 2014 durch G v. 20. 2. 2013 (BGBl. I S. 285); Satz 8 nochmals ergänzt mWv 1. 1. 2014 durch G v. 25. 7. 2014 (BGBl. I S. 1266).

[3)] § 8 Abs. 2 Satz 4 2. HS angef. mWv VZ 2013 durch G v. 26. 6. 2013 (BGBl. I S. 1809).

[4)] Verweis geänd. mWv VZ 2014 durch G v. 25. 7. 2014 (BGBl. I S. 1266).

aufwendungen für Verpflegung ein Werbungskostenabzug nach § 9 Absatz 4 a Satz 1 bis 7 in Betracht käme.] [10]Die oberste Finanzbehörde eines Landes kann mit Zustimmung des Bundesministeriums der Finanzen für weitere Sachbezüge der Arbeitnehmer Durchschnittswerte festsetzen. [11]Sachbezüge, die nach Satz 1 zu bewerten sind, bleiben außer Ansatz, wenn die sich nach Anrechnung der vom Steuerpflichtigen gezahlten Entgelte ergebenden Vorteile insgesamt 44 Euro im Kalendermonat nicht übersteigen.[1)]

(3)[1)] [1]Erhält ein Arbeitnehmer auf Grund seines Dienstverhältnisses Waren oder Dienstleistungen, die vom Arbeitgeber nicht überwiegend für den Bedarf seiner Arbeitnehmer hergestellt, vertrieben oder erbracht werden und deren Bezug nicht nach § 40 pauschal versteuert wird, so gelten als deren Werte abweichend von Absatz 2 die um 4 Prozent geminderten Endpreise, zu denen der Arbeitgeber oder der dem Abgabeort nächstansässige Abnehmer die Waren oder Dienstleistungen fremden Letztverbrauchern im allgemeinen Geschäftsverkehr anbietet. [2]Die sich nach Abzug der vom Arbeitnehmer gezahlten Entgelte ergebenden Vorteile sind steuerfrei, soweit sie aus dem Dienstverhältnis insgesamt 1080 Euro im Kalenderjahr nicht übersteigen.

§ 9 Werbungskosten. (1) [1]Werbungskosten sind Aufwendungen zur Erwerbung, Sicherung und Erhaltung der Einnahmen. [2]Sie sind bei der Einkunftsart abzuziehen, bei der sie erwachsen sind. [3]Werbungskosten sind auch

1. Schuldzinsen und auf besonderen Verpflichtungsgründen beruhende Renten und dauernde Lasten, soweit sie mit einer Einkunftsart in wirtschaftlichem Zusammenhang stehen. [2]Bei Leibrenten kann nur der Anteil abgezogen werden, der sich nach § 22 Nummer 1 Satz 3 Buchstabe a Doppelbuchstabe bb ergibt;
2. Steuern vom Grundbesitz, sonstige öffentliche Abgaben und Versicherungsbeiträge, soweit solche Ausgaben sich auf Gebäude oder auf Gegenstände beziehen, die dem Steuerpflichtigen zur Einnahmeerzielung dienen;
3. Beiträge zu Berufsständen und sonstigen Berufsverbänden, deren Zweck nicht auf einen wirtschaftlichen Geschäftsbetrieb gerichtet ist;
4.[2)] Aufwendungen des Arbeitnehmers für die Wege zwischen Wohnung und *regelmäßiger Arbeitsstätte* [***ab 1. 1. 2014:*** erster Tätigkeitsstätte im Sinne des Absatzes 4.] [2]Zur Abgeltung dieser Aufwendungen ist für jeden Arbeitstag, an dem der Arbeitnehmer die *regelmäßige Arbeitsstätte* [***ab 1. 1. 2014:*** erste Tätigkeitsstätte] aufsucht eine Entfernungspauschale für jeden vollen Kilometer der Entfernung zwischen Wohnung und *regelmäßiger Arbeitsstätte* [***ab 1. 1. 2014:*** erster Tätigkeitsstätte] von 0,30 Euro anzusetzen, höchstens jedoch 4500 Euro im Kalenderjahr; ein höherer Betrag als 4500 Euro ist anzusetzen, soweit der Arbeitnehmer einen eigenen oder ihm zur Nutzung überlassenen Kraftwagen benutzt. [3]Die Entfernungspauschale gilt nicht für Flugstrecken und Strecken mit steuerfreier Sammelbeförderung nach § 3 Nummer 32. [4]Für die Bestimmung der Entfernung ist die kürzeste Stra-

---

[1)] § 8 Abs. 2 Satz 9 und Abs. 3 Satz 2 bestätigt durch G v. 5. 4. 2011 (BGBl. I S. 554).
[2)] § 9 Abs. 1 Satz 3 Nr. 4 geänd. mWv 1. 1. 2014 durch G v. 20. 2. 2013 (BGBl. I S. 285).

ßenverbindung zwischen Wohnung und *regelmäßiger Arbeitsstätte* [***ab 1. 1. 2014:*** erster Tätigkeitsstätte] maßgebend; eine andere als die kürzeste Straßenverbindung kann zugrunde gelegt werden, wenn diese offensichtlich verkehrsgünstiger ist und vom Arbeitnehmer regelmäßig für die Wege zwischen Wohnung und *regelmäßiger Arbeitsstätte* [***ab 1. 1. 2014:*** erster Tätigkeitsstätte] benutzt wird. [5] Nach § 8 [***ab 1. 1. 2014:*** Absatz 2 Satz 11 oder] Absatz 3 steuerfreie Sachbezüge für Fahrten zwischen Wohnung und *regelmäßiger Arbeitsstätte* [***ab 1. 1. 2014:*** erster Tätigkeitsstätte] mindern den nach Satz 2 abziehbaren Betrag; ist der Arbeitgeber selbst der Verkehrsträger, ist der Preis anzusetzen, den ein dritter Arbeitgeber an den Verkehrsträger zu entrichten hätte. [6] Hat ein Arbeitnehmer mehrere Wohnungen, so sind die Wege von einer Wohnung, die nicht der *regelmäßigen Arbeitsstätte* [***ab 1. 1. 2014:*** ersten Tätigkeitsstätte] am nächsten liegt, nur zu berücksichtigen, wenn sie den Mittelpunkt der Lebensinteressen des Arbeitnehmers bildet und nicht nur gelegentlich aufgesucht wird;

[***ab 1. 1. 2014:***

4a.[1] Aufwendungen des Arbeitnehmers für beruflich veranlasste Fahrten, die nicht Fahrten zwischen Wohnung und erster Tätigkeitsstätte im Sinne des Absatzes 4 sowie keine Familienheimfahrten sind. [2] Anstelle der tatsächlichen Aufwendungen, die dem Arbeitnehmer durch die persönliche Benutzung eines Beförderungsmittels entstehen, können die Fahrtkosten mit den pauschalen Kilometersätzen angesetzt werden, die für das jeweils benutzte Beförderungsmittel (Fahrzeug) als höchste Wegstreckenentschädigung nach dem Bundesreisekostengesetz festgesetzt sind. [3] Hat ein Arbeitnehmer keine erste Tätigkeitsstätte (§ 9 Absatz 4) und hat er nach den dienst- oder arbeitsrechtlichen Festlegungen sowie den diese ausfüllenden Absprachen und Weisungen zur Aufnahme seiner beruflichen Tätigkeit dauerhaft denselben Ort oder dasselbe weiträumige Tätigkeitsgebiet typischerweise arbeitstäglich aufzusuchen, gilt Absatz 1 Satz 3 Nummer 4 und Absatz 2 für die Fahrten von der Wohnung zu diesem Ort oder dem zur Wohnung nächstgelegenen Zugang zum Tätigkeitsgebiet entsprechend. [4] Für die Fahrten innerhalb des weiträumigen Tätigkeitsgebietes gelten die Sätze 1 und 2 entsprechend.]

5.[2] notwendige Mehraufwendungen, die einem Arbeitnehmer wegen einer *aus beruflichem Anlass begründeten doppelten Haushaltsführung entstehen, und zwar unabhängig davon, aus welchen Gründen die doppelte Haushaltsführung beibehalten wird* [***ab 1. 1. 2014:*** beruflich veranlassten doppelten Haushaltsführung entstehen]. [2] Eine doppelte Haushaltsführung liegt nur vor, wenn der Arbeitnehmer außerhalb des Ortes, *in dem er einen eigenen Hausstand unterhält, beschäftigt ist und auch am Beschäftigungsort wohnt.* [3] *Aufwendungen für die Wege vom Beschäftigungsort zum Ort des eigenen Hausstands und zurück (Familienheimfahrten) können jeweils nur für eine Familienheimfahrt wöchentlich abgezogen werden.* [4] *Zur Abgeltung der Aufwendungen für eine Familienheimfahrt ist eine Entfernungspauschale von 0,30 Euro für jeden vollen Kilometer der Entfernung zwischen*

---

[1] § 9 Abs. 1 Satz 3 Nr. 4a eingef. mWv 1. 1. 2014 durch G v. 20. 2. 2013 (BGBl. I S. 285).

[2] § 9 Abs. 1 Satz 3 Nr. 5 neu gef. mWv 1. 1. 2014 durch G v. 20. 2. 2013 (BGBl. I S. 285).

dem Ort des eigenen Hausstands und dem Beschäftigungsort anzusetzen. [5] *Nummer 4 Satz 3 bis 5 ist entsprechend anzuwenden.* [6] *Aufwendungen für Familienheimfahrten mit einem dem Steuerpflichtigen im Rahmen einer Einkunftsart überlassenen Kraftfahrzeug werden nicht berücksichtigt;* [***ab 1. 1. 2014:*** seiner ersten Tätigkeitsstätte einen eigenen Hausstand unterhält und auch am Ort der ersten Tätigkeitsstätte wohnt. [3] Das Vorliegen eines eigenen Hausstandes setzt das Innehaben einer Wohnung sowie eine finanzielle Beteiligung an den Kosten der Lebensführung voraus. [4] Als Unterkunftskosten für eine doppelte Haushaltsführung können im Inland die tatsächlichen Aufwendungen für die Nutzung der Unterkunft angesetzt werden, höchstens 1000 Euro im Monat. [5] Aufwendungen für die Wege vom Ort der ersten Tätigkeitsstätte zum Ort des eigenen Hausstandes und zurück (Familienheimfahrt) können jeweils nur für eine Familienheimfahrt wöchentlich abgezogen werden. [6] Zur Abgeltung der Aufwendungen für eine Familienheimfahrt ist eine Entfernungspauschale von 0,30 Euro für jeden vollen Kilometer der Entfernung zwischen dem Ort des eigenen Hausstandes und dem Ort der ersten Tätigkeitsstätte anzusetzen. [7] Nummer 4 Satz 3 bis 5 ist entsprechend anzuwenden. [8] Aufwendungen für Familienheimfahrten mit einem dem Steuerpflichtigen im Rahmen einer Einkunftsart überlassenen Kraftfahrzeug werden nicht berücksichtigt.]

[***ab 1. 1. 2014:***

5a.[1] notwendige Mehraufwendungen eines Arbeitnehmers für beruflich veranlasste Übernachtungen an einer Tätigkeitsstätte, die nicht erste Tätigkeitsstätte ist. [2] Übernachtungskosten sind die tatsächlichen Aufwendungen für die persönliche Inanspruchnahme einer Unterkunft zur Übernachtung. [3] Soweit höhere Übernachtungskosten anfallen, weil der Arbeitnehmer eine Unterkunft gemeinsam mit Personen nutzt, die in keinem Dienstverhältnis zum selben Arbeitgeber stehen, sind nur diejenigen Aufwendungen anzusetzen, die bei alleiniger Nutzung durch den Arbeitnehmer angefallen wären. [4] Nach Ablauf von 48 Monaten einer längerfristigen beruflichen Tätigkeit an derselben Tätigkeitsstätte, die nicht erste Tätigkeitsstätte ist, können Unterkunftskosten nur noch bis zur Höhe des Betrags nach Nummer 5 angesetzt werden. [5] Eine Unterbrechung dieser beruflichen Tätigkeit an derselben Tätigkeitsstätte führt zu einem Neubeginn, wenn die Unterbrechung mindestens sechs Monate dauert.]

6. Aufwendungen für Arbeitsmittel, zum Beispiel für Werkzeuge und typische Berufskleidung. [2] Nummer 7 bleibt unberührt;

7.[2] Absetzungen für Abnutzung und für Substanzverringerung und erhöhte Absetzungen. [2] § 6 Absatz 2 Satz 1 bis 3 ist in Fällen der Anschaffung oder Herstellung von Wirtschaftsgütern entsprechend anzuwenden.

(2)[3] [1] Durch die Entfernungspauschalen sind sämtliche Aufwendungen abgegolten, die durch die Wege zwischen Wohnung und *regelmäßiger Arbeitsstätte*

---

[1] § 9 Abs. 1 Satz 3 Nr. 5 a eingef. mWv 1. 1. 2014 durch G v. 20. 2. 2013 (BGBl. I S. 285).

[2] § 9 Abs. 1 Satz 3 Nr. 7 Satz 2 geänd. mWv VZ 2010 durch G v. 22. 12. 2009 (BGBl. I S. 3590).

[3] § 9 Abs. 2 Sätze 1 und 2 geänd. mWv 1. 1. 2014 durch G v. 20. 2. 2013 (BGBl. I S. 285).

[*ab 1. 1. 2014:* erster Tätigkeitsstätte im Sinne des Absatzes 4] und durch die Familienheimfahrten veranlasst sind. [2] Aufwendungen für die Benutzung öffentlicher Verkehrsmittel können angesetzt werden, soweit sie den [*ab VZ 2012:* im Kalenderjahr insgesamt][1)] als Entfernungspauschale abziehbaren Betrag übersteigen. [3] Behinderte Menschen,

1. deren Grad der Behinderung mindestens 70 beträgt,
2. deren Grad der Behinderung weniger als 70, aber mindestens 50 beträgt und die in ihrer Bewegungsfähigkeit im Straßenverkehr erheblich beeinträchtigt sind,

können anstelle der Entfernungspauschalen die tatsächlichen Aufwendungen für die Wege zwischen Wohnung und *regelmäßiger Arbeitsstätte* [*ab 1. 1. 2014:* erster Tätigkeitsstätte] und für Familienheimfahrten ansetzen. [4] Die Voraussetzungen der Nummern 1 und 2 sind durch amtliche Unterlagen nachzuweisen.

(3) Absatz 1 Satz 3 Nummer 4 *und 5 und Absatz 2* [*ab 1. 1. 2014:* bis 5 a sowie die Absätze 2 und 4 a][2)] gelten bei den Einkunftsarten im Sinne des § 2 Absatz 1 Satz 1 Nummer 5 bis 7 entsprechend.

[*ab 1. 1. 2014:*

(4)[3)] [1] Erste Tätigkeitsstätte ist die ortsfeste betriebliche Einrichtung des Arbeitgebers, eines verbundenen Unternehmens (§ 15 des Aktiengesetzes) oder eines vom Arbeitgeber bestimmten Dritten, der der Arbeitnehmer dauerhaft zugeordnet ist. [2] Die Zuordnung im Sinne des Satzes 1 wird durch die dienst- oder arbeitsrechtlichen Festlegungen sowie die diese ausfüllenden Absprachen und Weisungen bestimmt. [3] Von einer dauerhaften Zuordnung ist insbesondere auszugehen, wenn der Arbeitnehmer unbefristet, für die Dauer des Dienstverhältnisses oder über einen Zeitraum von 48 Monaten hinaus an einer solchen Tätigkeitsstätte tätig werden soll. [4] Fehlt eine solche dienst- oder arbeitsrechtliche Festlegung auf eine Tätigkeitsstätte oder ist sie nicht eindeutig, ist erste Tätigkeitsstätte die betriebliche Einrichtung, an der der Arbeitnehmer dauerhaft

1. typischerweise arbeitstäglich tätig werden soll oder
2. je Arbeitswoche zwei volle Arbeitstage oder mindestens ein Drittel seiner vereinbarten regelmäßigen Arbeitszeit tätig werden soll.

[5] Je Dienstverhältnis hat der Arbeitnehmer höchstens eine erste Tätigkeitsstätte. [6] Liegen die Voraussetzungen der Sätze 1 bis 4 für mehrere Tätigkeitsstätten vor, ist diejenige Tätigkeitsstätte erste Tätigkeitsstätte, die der Arbeitgeber bestimmt. [7] Fehlt es an dieser Bestimmung oder ist sie nicht eindeutig, ist die der Wohnung örtlich am nächsten liegende Tätigkeitsstätte die erste Tätigkeitsstätte. [8] Als erste Tätigkeitsstätte gilt auch eine Bildungseinrichtung, die außerhalb eines Dienstverhältnisses zum Zwecke eines Vollzeitstudiums oder einer vollzeitigen Bildungsmaßnahme aufgesucht wird; die Regelungen für Arbeit-

---

1) § 9 Abs. 2 Satz 2 Klammerzusatz eingef. mWv VZ 2012 durch G v. 1. 11. 2011 (BGBl. I S. 2131); Zitat geänd. durch G v. 20. 2. 2013 (BGBl. I S. 285).

2) Zitat geänd. mWv 1. 1. 2014 durch G v. 20. 2. 2013 (BGBl. I S. 285).

3) § 9 Abs. 4 eingef. mWv 1. 1. 2014 durch G v. 20. 2. 2013 (BGBl. I S. 285); geänd. mWv VZ 2014 durch G v. 25. 7. 2014 (BGBl. I S. 1266).

nehmer nach Absatz 1 Satz 3 Nummer 4 und 5 sowie Absatz 4 a sind entsprechend anzuwenden.]

[*ab 1. 1. 2014:*

(4 a)[1] [1]Mehraufwendungen des Arbeitnehmers für die Verpflegung sind nur nach Maßgabe der folgenden Sätze als Werbungskosten abziehbar. [2]Wird der Arbeitnehmer außerhalb seiner Wohnung und ersten Tätigkeitsstätte beruflich tätig (auswärtige berufliche Tätigkeit), ist zur Abgeltung der ihm tatsächlich entstandenen, beruflich veranlassten Mehraufwendungen eine Verpflegungspauschale anzusetzen. [3]Diese beträgt

1. 24 Euro für jeden Kalendertag, an dem der Arbeitnehmer 24 Stunden von seiner Wohnung und ersten Tätigkeitsstätte abwesend ist,
2. jeweils 12 Euro für den An- und Abreisetag, wenn der Arbeitnehmer an diesem, einem anschließenden oder vorhergehenden Tag außerhalb seiner Wohnung übernachtet,
3. 12 Euro für den Kalendertag, an dem der Arbeitnehmer ohne Übernachtung außerhalb seiner Wohnung mehr als 8 Stunden von seiner Wohnung und der ersten Tätigkeitsstätte abwesend ist; beginnt die auswärtige berufliche Tätigkeit an einem Kalendertag und endet am nachfolgenden Kalendertag ohne Übernachtung, werden 12 Euro für den Kalendertag gewährt, an dem der Arbeitnehmer den überwiegenden Teil der insgesamt mehr als 8 Stunden von seiner Wohnung und der ersten Tätigkeitsstätte abwesend ist.

[4]Hat der Arbeitnehmer keine erste Tätigkeitsstätte, gelten die Sätze 2 und 3 entsprechend; Wohnung im Sinne der Sätze 2 und 3 ist der Hausstand, der den Mittelpunkt der Lebensinteressen des Arbeitnehmers bildet sowie eine Unterkunft am Ort der ersten Tätigkeitsstätte im Rahmen der doppelten Haushaltsführung. [5]Bei einer Tätigkeit im Ausland treten an die Stelle der Pauschbeträge nach Satz 3 länderweise unterschiedliche Pauschbeträge, die für die Fälle der Nummer 1 mit 120 sowie der Nummern 2 und 3 mit 80 Prozent der Auslandstagegelder nach dem Bundesreisekostengesetz vom Bundesministerium der Finanzen im Einvernehmen mit den obersten Finanzbehörden der Länder aufgerundet auf volle Euro festgesetzt werden; dabei bestimmt sich der Pauschbetrag nach dem Ort, den der Arbeitnehmer vor 24 Uhr Ortszeit zuletzt erreicht, oder, wenn dieser Ort im Inland liegt, nach dem letzten Tätigkeitsort im Ausland. [6]Der Abzug der Verpflegungspauschalen ist auf die ersten drei Monate einer längerfristigen beruflichen Tätigkeit an derselben Tätigkeitsstätte beschränkt. [7]Eine Unterbrechung der beruflichen Tätigkeit an derselben Tätigkeitsstätte führt zu einem Neubeginn, wenn sie mindestens vier Wochen dauert. [8]Wird dem Arbeitnehmer anlässlich oder während einer Tätigkeit außerhalb seiner ersten Tätigkeitsstätte vom Arbeitgeber oder auf dessen Veranlassung von einem Dritten eine Mahlzeit zur Verfügung gestellt, sind die nach den Sätzen 3 und 5 ermittelten Verpflegungspauschalen zu kürzen:

1. für Frühstück um 20 Prozent,
2. für Mittag- und Abendessen um jeweils 40 Prozent,

---

[1] § 9 Abs. 4 a eingef. mWv 1. 1. 2014 durch G v. 20. 2. 2013 (BGBl. I S. 285); geänd. mWv VZ 2014 durch G v. 25. 7. 2014 (BGBl. I S. 1266).

der nach Satz 3 Nummer 1 gegebenenfalls in Verbindung mit Satz 5 maßgebenden Verpflegungspauschale für einen vollen Kalendertag; die Kürzung darf die ermittelte Verpflegungspauschale nicht übersteigen. 9 Satz 8 gilt auch, wenn Reisekostenvergütungen wegen der zur Verfügung gestellten Mahlzeiten einbehalten oder gekürzt werden oder die Mahlzeiten nach § 40 Absatz 2 Satz 1 Nummer 1a pauschal besteuert werden. 10 Hat der Arbeitnehmer für die Mahlzeit ein Entgelt gezahlt, mindert dieser Betrag den Kürzungsbetrag nach Satz 8. 11 Erhält der Arbeitnehmer steuerfreie Erstattungen für Verpflegung, ist ein Werbungskostenabzug insoweit ausgeschlossen. 12 Die Verpflegungspauschalen nach den Sätzen 3 und 5, die Dreimonatsfrist nach den Sätzen 6 und 7 sowie die Kürzungsregelungen nach den Sätzen 8 bis 10 gelten entsprechend auch für den Abzug von Mehraufwendungen für Verpflegung, die bei einer beruflich veranlassten doppelten Haushaltsführung entstehen, soweit der Arbeitnehmer vom eigenen Hausstand im Sinne des § 9 Absatz 1 Satz 3 Nummer 5 abwesend ist; dabei ist für jeden Kalendertag innerhalb der Dreimonatsfrist, an dem gleichzeitig eine Tätigkeit im Sinne des Satzes 2 oder des Satzes 4 ausgeübt wird, nur der jeweils höchste in Betracht kommende Pauschbetrag abziehbar. 13 Die Dauer einer Tätigkeit im Sinne des Satzes 2 an dem Tätigkeitsort, an dem die doppelte Haushaltsführung begründet wurde, ist auf die Dreimonatsfrist anzurechnen, wenn sie ihr unmittelbar vorausgegangen ist.]

(5)[1] 1 § 4 Absatz 5 Satz 1 Nummer 1 bis *5* [***ab 1. 1. 2014:*** 4], 6b bis 8a, 10, 12 und Absatz 6 gilt sinngemäß. 2 § 6 Absatz 1 Nummer 1a gilt entsprechend.

[Fassung bis 31. 12. 2014:]

(6)[3] Aufwendungen des Steuerpflichtigen für seine erstmalige Berufsausbildung oder für ein Erststudium, das zugleich eine Erstausbildung vermittelt, sind keine Werbungskosten, wenn diese Berufsausbildung oder dieses Erststudium nicht im Rahmen eines Dienstverhältnisses stattfinden.

[Fassung ab 1 1. 2015:][2]

(6) 1 Aufwendungen des Steuerpflichtigen für seine Berufsausbildung oder für sein Studium sind nur dann Werbungskosten, wenn der Steuerpflichtige zuvor bereits eine Erstausbildung (Berufsausbildung oder Studium) abgeschlossen hat oder wenn die Berufsausbildung oder das Studium im Rahmen eines Dienstverhältnisses stattfindet. 2 Eine Berufsausbildung als Erstausbildung nach Satz 1 liegt vor, wenn eine geordnete Ausbildung mit einer Mindestdauer von 12 Monaten bei vollzeitiger Ausbildung und mit einer Abschlussprüfung durchgeführt wird. 3 Eine geordnete Ausbildung liegt vor, wenn sie auf der Grundlage von Rechts- oder Verwaltungsvorschriften oder in-

---

[1] § 9 Abs. 5 Satz 1 geänd. mWv VZ 2012 durch G v. 1. 11. 2011 (BGBl. I S. 2131); geänd. mWv 1. 1. 2014 durch G v. 20. 2. 2013 (BGBl. I S. 285).

[2] § 9 Abs. 6 neu gef. mWv 1. 1. 2015 durch G v. 22. 12. 2014 (BGBl. I S. 2417).

[3] § 9 Abs. 6 angef. durch G v. 7. 12. 2011 (BGBl. I S. 2592) mWv VZ 2004.

[Fassung ab VZ 2015:]

ternen Vorschriften eines Bildungsträgers durchgeführt wird. [4]Ist eine Abschlussprüfung nach dem Ausbildungsplan nicht vorgesehen, gilt die Ausbildung mit der tatsächlichen planmäßigen Beendigung als abgeschlossen. [5]Eine Berufsausbildung als Erstausbildung hat auch abgeschlossen, wer die Abschlussprüfung einer durch Rechts- oder Verwaltungsvorschriften geregelten Berufsausbildung mit einer Mindestdauer von 12 Monaten bestanden hat, ohne dass er zuvor die entsprechende Berufsausbildung durchlaufen hat.

§ 9a Pauschbeträge für Werbungskosten. [1]Für Werbungskosten sind bei der Ermittlung der Einkünfte die folgenden Pauschbeträge abzuziehen, wenn nicht höhere Werbungskosten nachgewiesen werden:

1. a)[1)] von den Einnahmen aus nichtselbständiger Arbeit vorbehaltlich Buchstabe b:
   ein Arbeitnehmer-Pauschbetrag von 1000 Euro;
   b) von den Einnahmen aus nichtselbständiger Arbeit, soweit es sich um Versorgungsbezüge im Sinne des § 19 Absatz 2 handelt:
   ein Pauschbetrag von 102 Euro;
2. (weggefallen)
3.[2)] von den Einnahmen im Sinne des § 22 Nummer 1, 1 a, *1 b, 1 c*[3)] und 5:
   ein Pauschbetrag von insgesamt 102 Euro.

[2]Der Pauschbetrag nach Satz 1 Nummer 1 Buchstabe b darf nur bis zur Höhe der um den Versorgungsfreibetrag einschließlich des Zuschlags zum Versorgungsfreibetrag (§ 19 Absatz 2) geminderten Einnahmen, die Pauschbeträge nach Satz 1 Nummer 1 Buchstabe a und Nummer 3 dürfen nur bis zur Höhe der Einnahmen abgezogen werden.

4 a. Umsatzsteuerrechtlicher Vorsteuerabzug

§ 9b [Umsatzsteuerrechtlicher Vorsteuerabzug] (1) Der Vorsteuerbetrag nach § 15 des Umsatzsteuergesetzes gehört, soweit er bei der Umsatzsteuer abgezogen werden kann, nicht zu den Anschaffungs- oder Herstellungskosten des Wirtschaftsguts, auf dessen Anschaffung oder Herstellung er entfällt.

[1)] § 9 a Satz 1 Nr. 1 Buchst. a Betrag geänd. mWv VZ 2011; 2. Satzteil aufgeh. mWv VZ 2012 (§ 52 Abs. 1 idF des Art. 1 Nr. 33 Buchst. b des G v. 1. 11. 2011) durch G v. 1. 11. 2011 (BGBl. I S. 2131).

[2)] § 9 a Satz 1 Nr. 3 geänd. mWv VZ 2010 durch G v. 8. 12. 2010 (BGBl. I S. 1768).

[3)] Verweise aufgeh. mWv VZ 2015 durch G v. 22. 12. 2014 (BGBl. I S. 2417).

[Fassung bis 28. 11. 2013:]

(2) Wird der Vorsteuerabzug nach § 15a des Umsatzsteuergesetzes berichtigt, so sind die Mehrbeträge als Betriebseinnahmen oder Einnahmen, die Minderbeträge als Betriebsausgaben oder Werbungskosten zu behandeln; die Anschaffungs- oder Herstellungskosten bleiben unberührt.

[Fassung ab 29. 11. 2013:][1)]

(2) [1] Wird der Vorsteuerabzug nach § 15a des Umsatzsteuergesetzes berichtigt, so sind die Mehrbeträge als Betriebseinnahmen oder Einnahmen zu behandeln, wenn sie im Rahmen einer der Einkunftsarten des § 2 Absatz 1 Satz 1 bezogen werden; die Minderbeträge sind als Betriebsausgaben oder Werbungskosten zu behandeln, wenn sie durch den Betrieb veranlasst sind oder der Erwerbung, Sicherung und Erhaltung von Einnahmen dienen. [2] Die Anschaffungs- oder Herstellungskosten bleiben in den Fällen des Satzes 1 unberührt.

4 b. *(aufgehoben)*[2)]

§ 9 c.[2)] *(aufgehoben)*

5. Sonderausgaben

§ 10 [Sonderausgaben] (1) Sonderausgaben sind die folgenden Aufwendungen, wenn sie weder Betriebsausgaben noch Werbungskosten sind oder wie Betriebsausgaben oder Werbungskosten behandelt werden:

1.[3)] *Unterhaltsleistungen an den geschiedenen oder dauernd getrennt lebenden unbeschränkt einkommensteuerpflichtigen Ehegatten, wenn der Geber dies mit Zustimmung des Empfängers beantragt, bis zu 13 805 Euro im Kalenderjahr. [2] Der Höchstbetrag nach Satz 1 erhöht sich um den Betrag der im jeweiligen Veranlagungszeitraum nach Absatz 1 Nummer 3 für die Absicherung des geschiedenen oder dauernd getrennt lebenden unbeschränkt einkommensteuerpflichtigen Ehegatten aufgewandten Beiträge. [3] Der Antrag kann jeweils nur für ein Kalenderjahr gestellt und nicht zurückgenommen werden. [4] Die Zustimmung ist mit Ausnahme der nach § 894 Absatz 1 der Zivilprozessordnung als erteilt geltenden bis auf Widerruf wirksam. [5] Der Widerruf ist vor Beginn des Kalenderjahres, für das die Zustimmung erstmals nicht gelten soll, gegenüber dem Finanzamt zu erklären. [6] Die Sätze 1 bis 5 gelten für Fälle der Nichtigkeit oder der Aufhebung der Ehe entsprechend;*

1 a.[3)] *auf besonderen Verpflichtungsgründen beruhende, lebenslange und wiederkehrende Versorgungsleistungen, die nicht mit Einkünften in wirtschaftlichem Zusammenhang stehen, die bei der Veranlagung außer Betracht bleiben, wenn der Empfänger unbeschränkt einkommensteuerpflichtig ist. [2] Dies gilt nur für*

---

1) § 9 b Abs. 2 neu gef. durch G v. 18. 12. 2013 (BGBl. I S. 4318); zur Anwendung siehe § 52 Abs. 17.

2) Abschnitt II Unterabschnitt 4 b., § 9 c aufgeh. mWv VZ 2012 (§ 52 Abs. 1 idF des Art. 1 Nr. 33 Buchst. b des G v. 1. 11. 2011) durch G v. 1. 11. 2011 (BGBl. I S. 2131).

3) § 10 Abs. 1 Nrn. 1, 1 a aufgeh. mWv VZ 2015 durch G v. 22. 12. 2014 (BGBl. I S. 2417).

a) Versorgungsleistungen im Zusammenhang mit der Übertragung eines Mitunternehmeranteils an einer Personengesellschaft, die eine Tätigkeit im Sinne der §§ 13, 15 Absatz 1 Satz 1 Nummer 1 oder des § 18 Absatz 1 ausübt,

b) Versorgungsleistungen im Zusammenhang mit der Übertragung eines Betriebs oder Teilbetriebs, sowie

c) Versorgungsleistungen im Zusammenhang mit der Übertragung eines mindestens 50 Prozent betragenden Anteils an einer Gesellschaft mit beschränkter Haftung, wenn der Übergeber als Geschäftsführer tätig war und der Übernehmer diese Tätigkeit nach der Übertragung übernimmt.

[3] *Satz 2 gilt auch für den Teil der Versorgungsleistungen, der auf den Wohnteil eines Betriebs der Land- und Forstwirtschaft entfällt;*

1 b.[1] *Ausgleichszahlungen im Rahmen des Versorgungsausgleichs nach den §§ 20, 21, 22 und 26 des Versorgungsausgleichsgesetzes, §§ 1587f, 1587g, 1587i des Bürgerlichen Gesetzbuchs und § 3a des Gesetzes zur Regelung von Härten im Versorgungsausgleich, soweit die ihnen zu Grunde liegenden Einnahmen bei der ausgleichspflichtigen Person der Besteuerung unterliegen, wenn die ausgleichsberechtigte Person unbeschränkt einkommensteuerpflichtig ist;*

2. a) Beiträge zu den gesetzlichen Rentenversicherungen oder zur landwirtschaftlichen Alterskasse[2] sowie zu berufsständischen Versorgungseinrichtungen, die den gesetzlichen Rentenversicherungen vergleichbare Leistungen erbringen;

[Fassung bis VZ 2013:]

b) Beiträge des Steuerpflichtigen zum Aufbau einer eigenen kapitalgedeckten Altersversorgung, wenn der Vertrag nur die Zahlung einer monatlichen auf das Leben des Steuerpflichtigen bezogenen lebenslangen Leibrente nicht vor Vollendung *des 60. Lebensjahres*[4] oder die ergänzende Absicherung des Eintritts der Berufsunfähigkeit (Berufsunfähigkeitsrente), der verminderten Erwerbsfähigkeit (Erwerbsminderungsrente) oder von Hinterbliebenen (Hinterbliebenenrente) vorsieht; Hinterbliebene in diesem Sinne sind der Ehegatte des Steuerpflichtigen und die

[Fassung ab VZ 2014:][3]

b) Beiträge des Steuerpflichtigen

aa) zum Aufbau einer eigenen kapitalgedeckten Altersversorgung, wenn der Vertrag nur die Zahlung einer monatlichen, auf das Leben des Steuerpflichtigen bezogenen lebenslangen Leibrente nicht vor Vollendung des 62. Lebensjahres oder zusätzlich die ergänzende Absicherung des Eintritts der Berufsunfähigkeit (Berufsunfähigkeitsrente), der verminderten Erwerbsfähigkeit (Erwerbsminderungsrente) oder von Hinterbliebenen (Hinterbliebenenrente) vor-

---

[1] § 10 Abs. 1 Nr. 1b neu gef. mWv VZ 2010 durch G v. 8. 12. 2010 (BGBl. I S. 1768) und aufgeh. mWv VZ 2015 durch G v. 22. 12. 2014 (BGBl. I S. 2417).

[2] § 10 Abs. 1 Nr. 2 Buchst. a geänd. mWv 1. 1. 2013 durch G v. 12. 4. 2012 (BGBl. I S. 579).

[3] § 10 Abs. 1 Nr. 2 Buchst. b neu gef., Sätze 2 und 3 eingef., bish. Sätze 2 und 3 werden Sätze 4 und 5 durch G v. 24. 6. 2013 (BGBl. I S. 1667).

[4] Für Vertragsabschlüsse nach dem 31. 12. 2011: „des 62. Lebensjahres" – siehe § 52 Abs. 24 Satz 1 in der bis VZ 2013 gültigen a. F.

[Fassung bis VZ 2013:]

Kinder, für die er Anspruch auf Kindergeld oder auf einen Freibetrag nach § 32 Absatz 6 hat; der Anspruch auf Waisenrente darf längstens für den Zeitraum bestehen, in dem der Rentenberechtigte die Voraussetzungen für die Berücksichtigung als Kind im Sinne des § 32 erfüllt; die genannten Ansprüche dürfen nicht vererblich, nicht übertragbar, nicht beleihbar, nicht veräußerbar und nicht kapitalisierbar sein und es darf darüber hinaus kein Anspruch auf Auszahlungen bestehen.

[Fassung ab VZ 2014:]

sieht. [2]Hinterbliebene in diesem Sinne sind der Ehegatte des Steuerpflichtigen und die Kinder, für die er Anspruch auf Kindergeld oder auf einen Freibetrag nach § 32 Absatz 6 hat. [3]Der Anspruch auf Waisenrente darf längstens für den Zeitraum bestehen, in dem der Rentenberechtigte die Voraussetzungen für die Berücksichtigung als Kind im Sinne des § 32 erfüllt;

bb) für seine Absicherung gegen den Eintritt der Berufsunfähigkeit oder der verminderten Erwerbsfähigkeit (Versicherungsfall), wenn der Vertrag nur die Zahlung einer monatlichen, auf das Leben des Steuerpflichtigen bezogenen lebenslangen Leibrente für einen Versicherungsfall vorsieht, der bis zur Vollendung des 67. Lebensjahres eingetreten ist. [2]Der Vertrag kann die Beendigung der Rentenzahlung wegen eines medizinisch begründeten Wegfalls der Berufsunfähigkeit oder der verminderten Erwerbsfähigkeit vorsehen. [3]Die Höhe der zugesagten Rente kann vom Alter des Steuerpflichtigen bei Eintritt des Versicherungsfalls abhängig gemacht werden, wenn der Steuerpflichtige das 55. Lebensjahr vollendet hat.

[2]Die Ansprüche nach Buchstabe b dürfen nicht vererblich, nicht übertragbar, nicht beleihbar, nicht veräußerbar und nicht kapitalisier-

[Fassung bis VZ 2013:]	*[Fassung ab VZ 2014:]*
	bar sein. [*ab VZ 2015:* ³Anbieter und Steuerpflichtiger können vereinbaren, dass bis zu zwölf Monatsleistungen in einer Auszahlung zusammengefasst werden oder eine Kleinbetragsrente im Sinne von § 93 Absatz 3 Satz 2 abgefunden wird. ⁴Bei der Berechnung der Kleinbetragsrente sind alle bei einem Anbieter bestehenden Verträge des Steuerpflichtigen jeweils nach Buchstabe b Doppelbuchstabe aa oder Doppelbuchstabe bb zusammenzurechnen.][1] ⁵Neben den genannten Auszahlungsformen darf kein weiter Anspruch auf Auszahlungen bestehen.
²Zu den Beiträgen nach den Buchstaben a und b ist der nach § 3 Nummer 62 steuerfreie Arbeitgeberanteil zur gesetzlichen Rentenversicherung und ein diesem gleichgestellter steuerfreier Zuschuss des Arbeitgebers hinzuzurechnen. ³Beiträge nach § 168 Absatz 1 Nummer 1 b oder 1 c oder nach § 172 Absatz 3 oder 3 a des Sechsten Buches Sozialgesetzbuch werden abweichend von Satz 2 nur auf Antrag des Steuerpflichtigen hinzugerechnet;	⁶Zu den Beiträgen nach den Buchstaben a und b ist der nach § 3 Nummer 62 steuerfreie Arbeitgeberanteil zur gesetzlichen Rentenversicherung und ein diesem gleichgestellter steuerfreier Zuschuss des Arbeitgebers hinzuzurechnen. ⁷Beiträge nach § 168 Absatz 1 Nummer 1 b oder 1 c oder nach § 172 Absatz 3 oder 3 a des Sechsten Buches Sozialgesetzbuch werden abweichend von *Satz 2*[2] nur auf Antrag des Steuerpflichtigen hinzugerechnet;

3. Beiträge zu

   a) Krankenversicherungen, soweit diese zur Erlangung eines durch das Zwölfte Buch Sozialgesetzbuch bestimmten sozialhilfegleichen Versorgungsniveaus erforderlich sind [***ab VZ 2013:*** und sofern auf die Leistungen ein Anspruch besteht.][3] ²Für Beiträge zur gesetzlichen Krankenversicherung sind dies die nach dem Dritten Titel des Ersten Abschnitts des Achten Kapitels des Fünften Buches Sozialgesetzbuch oder die nach dem Sechsten Abschnitt des Zweiten Gesetzes über die Krankenversicherung der Landwirte festgesetzten Beiträge. ³Für Beiträge zu einer privaten Krankenversicherung sind dies die Beitragsanteile, die auf Vertragsleistungen entfallen, die, mit Ausnahme der auf das Krankengeld entfal-

---

[1] § 10 Abs. 1 Nr. 2 Sätze 3 und 4 eingef., bish. Sätze 3 bis 5 werden Sätze 5 bis 7 mWv VZ 2015 durch G v. 22. 12. 2014 (BGBl. I S. 2417).

[2] Jetzt Satz 6.

[3] § 10 Abs. 1 Nr. 3 Buchst. a Satz 1 Klammerzusatz eingef. mWv VZ 2013 durch G v. 26. 6. 2013 (BGBl. I S. 1809).

lenden Beitragsanteile, in Art, Umfang und Höhe den Leistungen nach dem Dritten Kapitel des Fünften Buches Sozialgesetzbuch vergleichbar sind, *auf die ein Anspruch besteht*[1]; *§ 12 Absatz 1 d des Versicherungsaufsichtsgesetzes in der Fassung der Bekanntmachung vom 17. Dezember 1992 (BGBl. 1993 I S. 2), das zuletzt durch Artikel 4 und 6 Absatz 2 des Gesetzes vom 17. Oktober 2008 (BGBl. I S. 1982) geändert worden ist,* [***ab 1. 1. 2016:*** § 158 Absatz 2 des Versicherungsaufsichtsgesetzes][2] gilt entsprechend. [4]Wenn sich aus den Krankenversicherungsbeiträgen nach Satz 2 ein Anspruch auf Krankengeld oder ein Anspruch auf eine Leistung, die anstelle von Krankengeld gewährt wird, ergeben kann, ist der jeweilige Beitrag um 4 Prozent zu vermindern;

b) gesetzlichen Pflegeversicherungen (soziale Pflegeversicherung und private Pflege-Pflichtversicherung).

[2]Als eigene Beiträge des Steuerpflichtigen werden auch die vom Steuerpflichtigen im Rahmen der Unterhaltsverpflichtung getragenen eigenen Beiträge im Sinne des Buchstaben a oder des Buchstaben b eines Kindes behandelt, für das ein Anspruch auf einen Freibetrag nach § 32 Absatz 6 oder auf Kindergeld besteht. [3]Hat der Steuerpflichtige in den Fällen des *Absatzes 1* [***ab VZ 2015:*** Absatzes 1 a][3] Nummer 1 eigene Beiträge im Sinne des Buchstaben a oder des Buchstaben b zum Erwerb einer Krankenversicherung oder gesetzlichen Pflegeversicherung für einen geschiedenen oder dauernd getrennt lebenden unbeschränkt einkommensteuerpflichtigen Ehegatten geleistet, dann werden diese abweichend von Satz 1 als eigene Beiträge des geschiedenen oder dauernd getrennt lebenden unbeschränkt einkommensteuerpflichtigen Ehegatten behandelt. [4]Beiträge, die für nach Ablauf des Veranlagungszeitraums beginnende Beitragsjahre geleistet werden und in der Summe das Zweieinhalbfache der auf den Veranlagungszeitraum entfallenden Beiträge überschreiten, sind in dem Veranlagungszeitraum anzusetzen, für den sie geleistet wurden; dies gilt nicht für Beiträge, soweit sie der unbefristeten Beitragsminderung nach Vollendung des 62. Lebensjahrs dienen;[4]

3 a. Beiträge zu Kranken- und Pflegeversicherungen, soweit diese nicht nach Nummer 3 zu berücksichtigen sind; Beiträge zu Versicherungen gegen Arbeitslosigkeit, zu Erwerbs- und Berufsunfähigkeitsversicherungen, die nicht unter Nummer 2 Satz 1 Buchstabe b fallen, zu Unfall- und Haftpflichtversicherungen sowie zu Risikoversicherungen, die nur für den Todesfall eine Leistung vorsehen; Beiträge zu Versicherungen im Sinne des § 10 Absatz 1 Nummer 2 Buchstabe b Doppelbuchstabe bb bis dd in der am 31. Dezember 2004 geltenden Fassung[5], wenn die Laufzeit dieser Versiche-

---

[1] Kursiver Satzteil aufgeh. mWv VZ 2013 durch G v. 26. 6. 2013 (BGBl. I S. 1809).

[2] Verweis geänd. mWv 1. 1. 2016 durch G v. 1. 4. 2015 (BGBl. I S. 434).

[3] Verweis geänd. mWv VZ 2015 durch G v. 22. 12. 2014 (BGBl. I S. 2417).

[4] § 10 Abs. 1 Nr. 3 Satz 4 angef. durch G v. 8. 12. 2010 (BGBl. I S. 1768).

[5] **Die am 31. 12. 2004 geltende Fassung hat folgenden Wortlaut:**

„2. a) Beiträge zu Kranken-, Pflege-, Unfall- und Haftpflichtversicherungen, zu den gesetzlichen Rentenversicherungen und an die Bundesagentur für Arbeit;

b) Beiträge zu den folgenden Versicherungen auf den Erlebens- oder Todesfall:

(Fortsetzung der Fußnote nächste Seite)

rungen vor dem 1. Januar 2005 begonnen hat und ein Versicherungsbeitrag bis zum 31. Dezember 2004 entrichtet wurde; § 10 Absatz 1 Nummer 2 Satz 2 bis 6 und Absatz 2 Satz 2 in der am 31. Dezember 2004 geltenden Fassung ist in diesen Fällen weiter anzuwenden;

4.[1] gezahlte Kirchensteuer; dies gilt nicht, soweit die Kirchensteuer als Zuschlag zur Kapitalertragsteuer oder als Zuschlag auf die nach dem gesonderten Tarif des § 32 d Absatz 1 ermittelte Einkommensteuer gezahlt wurde;

5.[2] zwei Drittel der Aufwendungen, höchstens 4000 Euro je Kind, für Dienstleistungen zur Betreuung eines zum Haushalt des Steuerpflichtigen gehörenden Kindes im Sinne des § 32 Absatz 1, welches das 14. Lebensjahr noch nicht vollendet hat oder wegen einer vor Vollendung des 25. Lebensjahres eingetretenen körperlichen, geistigen oder seelischen Behinderung außerstande ist, sich selbst zu unterhalten. [2]Dies gilt nicht für Aufwendungen für Unterricht, die Vermittlung besonderer Fähigkeiten sowie für sportliche und andere Freizeitbetätigungen. [3]Ist das zu betreuende Kind nicht nach § 1 Absatz 1 oder Absatz 2 unbeschränkt einkommensteuerpflichtig, ist der in Satz 1 genannte Betrag zu kürzen, soweit es nach den Verhältnissen im Wohnsitzstaat des Kindes notwendig und angemessen ist. [4]Voraussetzung für den Abzug der Aufwendungen nach Satz 1 ist, dass der Steuerpflichtige für die Aufwendungen eine Rechnung erhalten hat und die Zahlung auf das Konto des Erbringers der Leistung erfolgt ist;

6. (weggefallen)

(Fortsetzung der Fußnote)

aa) Risikoversicherungen, die nur für den Todesfall eine Leistung vorsehen,
bb) Rentenversicherungen ohne Kapitalwahlrecht,
cc) Rentenversicherungen mit Kapitalwahlrecht gegen laufende Beitragsleistung, wenn das Kapitalwahlrecht nicht vor Ablauf von zwölf Jahren seit Vertragsabschluss ausgeübt werden kann,
dd) Kapitalversicherungen gegen laufende Beitragsleistung mit Sparanteil, wenn der Vertrag für die Dauer von mindestens zwölf Jahren abgeschlossen worden ist.

[2]Beiträge zu Versicherungen ins Sinne der Doppelbuchstaben cc und dd sind ab dem Kalenderjahr 2004 in Höhe von 88 vom Hundert als Vorsorgeaufwendungen zu berücksichtigen. [3]Bei Steuerpflichtigen, die am 31. Dezember 1990 einen Wohnsitz oder ihren gewöhnlichen Aufenthalt in dem in Artikel 3 des Einigungsvertrages genannten Gebiet und vor dem 1. Januar 1991 keinen Wohnsitz oder gewöhnlichen Aufenthalt im bisherigen Geltungsbereich dieses Gesetzes hatten, gilt bis 31. Dezember 1996 Folgendes:
[4]Hat der Steuerpflichtige zurzeit des Vertragsabschlusses das 47. Lebensjahr vollendet, verkürzt sich bei laufender Beitragsleistung die Mindestvertragsdauer von zwölf Jahren um die Zahl der angefangenen Lebensjahre, um die er älter als 47 Jahre ist, höchstens jedoch auf sechs Jahre. [5]Fondsgebundene Lebensversicherungen sind ausgeschlossen. [6]Ausgeschlossen sind auch Versicherungen auf den Erlebens- oder Todesfall, bei denen der Steuerpflichtige Ansprüche aus einem von einer anderen Person abgeschlossenen Vertrag entgeltlich erworben hat, es sei denn, es werden aus anderen Rechtsverhältnissen entstandene Abfindungs- und Ausgleichsansprüche arbeitsrechtlicher, erbrechtlicher oder familienrechtlicher Art durch Übertragung von Ansprüchen aus Lebensversicherungsverträgen erfüllt;

c) Beiträge zu einer zusätzlichen freiwilligen Pflegeversicherung;“

---

[1] § 10 Abs. 1 Nr. 4 neu gef. durch G v. 8. 12. 2010 (BGBl. I S. 1768).

[2] § 10 Abs. 1 Nr. 5 eingef. durch G v. 1. 11. 2011 (BGBl. I S. 2131); zur Anwendung siehe § 52 Abs. 18 Satz 3.

7.[1] Aufwendungen für die eigene Berufsausbildung bis zu 6000 Euro im Kalenderjahr. [2]Bei Ehegatten, die die Voraussetzungen des § 26 Absatz 1 Satz 1 erfüllen, gilt Satz 1 für jeden Ehegatten. [3]Zu den Aufwendungen im Sinne des Satzes 1 gehören auch Aufwendungen für eine auswärtige Unterbringung. [4]§ 4 Absatz 5 Satz 1 Nummer *5 und 6b, § 9 Absatz 1 Satz 3 Nummer 4 und 5 und Absatz 2* [***ab 1. 1. 2014:*** 6b sowie § 9 Absatz 1 Satz 3 Nummer 4 und 5, Absatz 2, 4 Satz 8 und Absatz 4a] sind bei der Ermittlung der Aufwendungen anzuwenden;

8.[2] (weggefallen)

9. 30 Prozent des Entgelts, höchstens 5000 Euro, das der Steuerpflichtige für ein Kind, für das er Anspruch auf einen Freibetrag nach § 32 Absatz 6 oder auf Kindergeld hat, für dessen Besuch einer Schule in freier Trägerschaft oder einer überwiegend privat finanzierten Schule entrichtet, mit Ausnahme des Entgelts für Beherbergung, Betreuung und Verpflegung. [2]Voraussetzung ist, dass die Schule in einem Mitgliedstaat der Europäischen Union oder in einem Staat belegen ist, auf den das Abkommen über den Europäischen Wirtschaftsraum Anwendung findet, und die Schule zu einem von dem zuständigen inländischen Ministerium eines Landes, von der Kultusministerkonferenz der Länder oder von einer inländischen Zeugnisanerkennungsstelle anerkannten oder einem inländischen Abschluss an einer öffentlichen Schule als gleichwertig anerkannten allgemein bildenden oder berufsbildenden Schul-, Jahrgangs- oder Berufsabschluss führt. [3]Der Besuch einer anderen Einrichtung, die auf einen Schul-, Jahrgangs- oder Berufsabschluss im Sinne des Satzes 2 ordnungsgemäß vorbereitet, steht einem Schulbesuch im Sinne des Satzes 1 gleich. [4]Der Besuch einer Deutschen Schule im Ausland steht dem Besuch einer solchen Schule gleich, unabhängig von ihrer Belegenheit. [5]Der Höchstbetrag nach Satz 1 wird für jedes Kind, bei dem die Voraussetzungen vorliegen, je Elternpaar nur einmal gewährt.

[***ab VZ 2015:***]

(1a)[3] Sonderausgaben sind auch die folgenden Aufwendungen:

1.[4] Unterhaltsleistungen an den geschiedenen oder dauernd getrennt lebenden unbeschränkt einkommensteuerpflichtigen Ehegatten, wenn der Geber dies mit Zustimmung des Empfängers beantragt, bis zu 13805 Euro im Kalenderjahr. [2]Der Höchstbetrag nach Satz 1 erhöht sich um den Betrag der im jeweiligen Veranlagungszeitraum nach Absatz 1 Nummer 3 für die Absicherung des geschiedenen oder dauernd getrennt lebenden unbeschränkt einkommensteuerpflichtigen Ehegatten aufgewandten Beiträge. [3]Der Antrag kann jeweils nur für ein Kalenderjahr gestellt und nicht zurückgenom-

---

[1] § 10 Abs. 1 Nr. 7 Satz 1 geänd. durch G v. 7. 12. 2011 (BGBl. I S. 2592); Satz 4 geänd. mWv 1. 1. 2014 durch G v. 20. 2. 2013 (BGBl. I S. 285); Satz 4 geänd. mWv 1. 1. 2014 durch G v. 25. 7. 2014 (BGBl. I S. 1266).

[2] Nr. 8 aufgeh. mWv VZ 2009; siehe nunmehr § 9c Abs. 2 und 3.

[3] § 10 Abs. 1a eingef. durch G v. 22. 12. 2014 (BGBl. I S. 2417); zur Anwendung siehe § 52 Abs. 18 Sätze 1 und 2.

[4] § 10 Abs. 1a Nr. 1 Sätze 7 bis 9 angef. mWv VZ 2016 durch G v. 2. 11. 2015 (BGBl. I S. 1834).

men werden. [4]Die Zustimmung ist mit Ausnahme der nach § 894 der Zivilprozessordnung als erteilt geltenden bis auf Widerruf wirksam. [5]Der Widerruf ist vor Beginn des Kalenderjahres, für das die Zustimmung erstmals nicht gelten soll, gegenüber dem Finanzamt zu erklären. [6]Die Sätze 1 bis 5 gelten für Fälle der Nichtigkeit oder der Aufhebung der Ehe entsprechend. [***ab VZ 2016:*** [7]Voraussetzung für den Abzug der Aufwendungen ist die Angabe der erteilten Identifikationsnummer (§ 139b der Abgabenordnung) der unterhaltenen Person in der Steuererklärung des Unterhaltsleistenden, wenn die unterhaltene Person der unbeschränkten oder beschränkten Steuerpflicht unterliegt. [8]Die unterhaltene Person ist für diese Zwecke verpflichtet, dem Unterhaltsleistenden ihre erteilte Identifikationsnummer (§ 139b der Abgabenordnung) mitzuteilen. [9]Kommt die unterhaltene Person dieser Verpflichtung nicht nach, ist der Unterhaltsleistende berechtigt, bei der für ihn zuständigen Finanzbehörde die Identifikationsnummer der unterhaltenen Person zu erfragen;]

2.[1)] auf besonderen Verpflichtungsgründen beruhende, lebenslange und wiederkehrende Versorgungsleistungen, die nicht mit Einkünften in wirtschaftlichem Zusammenhang stehen, die bei der Veranlagung außer Betracht bleiben, wenn der Empfänger unbeschränkt einkommensteuerpflichtig ist. [2]Dies gilt nur für

   a) Versorgungsleistungen im Zusammenhang mit der Übertragung eines Mitunternehmeranteils an einer Personengesellschaft, die eine Tätigkeit im Sinne der §§ 13, 15 Absatz 1 Satz 1 Nummer 1 oder des § 18 Absatz 1 ausübt,

   b) Versorgungsleistungen im Zusammenhang mit der Übertragung eines Betriebs oder Teilbetriebs, sowie

   c) Versorgungsleistungen im Zusammenhang mit der Übertragung eines mindestens 50 Prozent betragenden Anteils an einer Gesellschaft mit beschränkter Haftung, wenn der Übergeber als Geschäftsführer tätig war und der Übernehmer diese Tätigkeit nach der Übertragung übernimmt.

   [3]Satz 2 gilt auch für den Teil der Versorgungsleistungen, der auf den Wohnteil eines Betriebs der Land- und Forstwirtschaft entfällt;

3. Ausgleichsleistungen zur Vermeidung eines Versorgungsausgleichs nach § 6 Absatz 1 Satz 2 Nummer 2 und § 23 des Versorgungsausgleichsgesetzes sowie § 1408 Absatz 2 und § 1587 des Bürgerlichen Gesetzbuchs, soweit der Verpflichtete dies mit Zustimmung des Berechtigten beantragt. [2]Nummer 1 Satz 3 bis 5 gilt entsprechend;

4. Ausgleichszahlungen im Rahmen des Versorgungsausgleichs nach den §§ 20 bis 22 und 26 des Versorgungsausgleichsgesetzes und nach den §§ 1587f, 1587g und 1587i des Bürgerlichen Gesetzbuchs in der bis zum 31. August 2009 geltenden Fassung sowie nach § 3a des Gesetzes zur Regelung von Härten im Versorgungsausgleich, soweit die ihnen zu Grunde liegenden Einnahmen bei der ausgleichspflichtigen Person der Besteuerung

---

[1)] Zur Anwendung siehe § 52 Abs. 18 Sätze 1 und 2.

unterliegen, wenn die ausgleichsberechtigte Person unbeschränkt einkommensteuerpflichtig ist.

(2) [1]Voraussetzung für den Abzug der in Absatz 1 Nummer 2, 3 und 3 a bezeichneten Beträge (Vorsorgeaufwendungen) ist, dass sie

1. nicht in unmittelbarem wirtschaftlichen Zusammenhang mit steuerfreien Einnahmen stehen; steuerfreie Zuschüsse zu einer Kranken- oder Pflegeversicherung stehen insgesamt in unmittelbarem wirtschaftlichen Zusammenhang mit den Vorsorgeaufwendungen im Sinne des Absatzes 1 Nummer 3,

[Fassung bis VZ 2012:]

2. a) an Versicherungsunternehmen, die ihren Sitz oder ihre Geschäftsleitung in einem Mitgliedstaat der Europäischen Gemeinschaft oder einem anderen Vertragsstaat des Europäischen Wirtschaftsraums haben und das Versicherungsgeschäft im Inland betreiben dürfen, und Versicherungsunternehmen, denen die Erlaubnis zum Geschäftsbetrieb im Inland erteilt ist,

[Fassung ab VZ 2013:] [1)]

2. geleistet werden an
   a) Versicherungsunternehmen,
      aa) die ihren Sitz oder ihre Geschäftsleitung in einem Mitgliedstaat der Europäischen Union oder einem Vertragsstaat des Abkommens über den Europäischen Wirtschaftsraum haben und das Versicherungsgeschäft im Inland betreiben dürfen, oder
      bb) denen die Erlaubnis zum Geschäftsbetrieb im Inland erteilt ist.

   [2]Darüber hinaus werden Beiträge nur berücksichtigt, wenn es sich um Beträge im Sinne des Absatzes 1 Nummer 3 Satz 1 Buchstabe a an eine Einrichtung handelt, die eine anderweitige Absicherung im Krankheitsfall im Sinne des § 5 Absatz 1 Nummer 13 des Fünften Buches Sozialgesetzbuch oder eine der Beihilfe oder freien Heilfürsorge vergleichbare Absicherung im Sinne des § 193 Absatz 3 Satz 2 Nummer 2 des Versicherungsvertragsgesetzes gewährt. [3]Dies gilt entsprechend, wenn ein Steuerpflichtiger, der weder seinen Wohnsitz noch seinen gewöhnlichen Aufenthalt im In-

---

1) § 10 Abs. 2 Satz 1 Nr. 2 neu gef. mWv VZ 2013 durch G v. 26. 6. 2013 (BGBl. I S. 1809).

[Fassung bis VZ 2012:]	*[Fassung ab VZ 2013:]*
	land hat, mit den Beiträgen einen Versicherungsschutz im Sinne des Absatzes 1 Nummer 3 Satz 1 erwirbt,
b) an berufsständische Versorgungseinrichtungen,	b) berufsständische Versorgungseinrichtungen,
c) an einen Sozialversicherungsträger oder	c) einen Sozialversicherungsträger oder
d) an einen Anbieter im Sinne des § 80	d) einen Anbieter im Sinne des § 80.

geleistet werden.

[2] Vorsorgeaufwendungen nach Absatz 1 Nummer 2 Buchstabe b werden nur berücksichtigt, wenn

1. die Beiträge zugunsten eines Vertrags geleistet wurden, der nach § 5a des Altersvorsorgeverträge-Zertifizierungsgesetzes zertifiziert ist, wobei die Zertifizierung Grundlagenbescheid im Sinne des § 171 Absatz 10 der Abgabenordnung ist, und
2. der Steuerpflichtige gegenüber dem Anbieter in die Datenübermittlung nach Absatz 2a eingewilligt hat.

[3] Vorsorgeaufwendungen nach Absatz 1 Nummer 3 werden nur berücksichtigt, wenn der Steuerpflichtige gegenüber dem Versicherungsunternehmen, dem Träger der gesetzlichen Kranken- und Pflegeversicherung *oder der Künstlersozialkasse* [**ab VZ 2014:** , der Künstlersozialkasse oder einer Einrichtung im Sinne des Satzes 1 Nummer 2 Buchstabe a Satz 2][1] in die Datenübermittlung nach Absatz 2a eingewilligt hat; die Einwilligung gilt für alle sich aus dem Versicherungsverhältnis ergebenden Zahlungsverpflichtungen[2] als erteilt, wenn die Beiträge mit der elektronischen Lohnsteuerbescheinigung (§ 41b Absatz 1 Satz 2) oder der Rentenbezugsmitteilung (§ 22a Absatz 1 Satz 1 Nummer 5) übermittelt werden.[3]

(2a)[4] [1] Der Steuerpflichtige hat in die Datenübermittlung nach Absatz 2 gegenüber der übermittelnden Stelle schriftlich einzuwilligen, spätestens bis zum Ablauf des zweiten Kalenderjahres, das auf das Beitragsjahr (Kalenderjahr, in dem die Beiträge geleistet worden sind) folgt; übermittelnde Stelle ist bei Vorsorgeaufwendungen nach Absatz 1 Nummer 2 Buchstabe b der Anbieter, bei Vorsorgeaufwendungen nach Absatz 1 Nummer 3 das Versicherungsunternehmen, der Träger der gesetzlichen Kranken- und Pflegeversicherung *oder die Künstlersozialkasse* [**ab VZ 2014:** , die Künstlersozialkasse oder eine Einrichtung im Sinne des Absatzes 2 Satz 1 Nummer 2 Buchstabe a Satz 2]. [2] Die Einwilligung gilt auch für die folgenden Beitragsjahre, es sei denn, der Steuer-

[1] § 10 Abs. 2 Satz 3 geänd. mWv VZ 2014 durch G v. 25. 7. 2014 (BGBl. I S. 1266).
[2] § 10 Abs. 2 Satz 3 geänd. durch G v. 8. 12. 2010 (BGBl. I S. 1768).
[3] § 10 Abs. 2 Sätze 4 und 5 aufgeh. mWv VZ 2011 durch G v. 7. 12. 2011 (BGBl. I S. 2592).
[4] § 10 Abs. 2a Satz 4 2. HS angef. mWv VZ 2011 durch G v. 24. 6. 2013 (BGBl. I S. 1667); Abs. 2a Satz 1 geänd. mWv VZ 2014 durch G v. 25. 7. 2014 (BGBl. I S. 1266).

pflichtige widerruft diese schriftlich gegenüber der übermittelnden Stelle. [3]Der Widerruf muss vor Beginn des Beitragsjahres, für das die Einwilligung erstmals nicht mehr gelten soll, der übermittelnden Stelle vorliegen. [4]Die übermittelnde Stelle hat bei Vorliegen einer Einwilligung

1. nach Absatz 2 Satz 2 Nummer 2 die Höhe der im jeweiligen Beitragsjahr geleisteten *und erstatteten*[1)] Beiträge nach Absatz 1 Nummer 2 Buchstabe b und die Zertifizierungsnummer,
2. nach Absatz 2 Satz 3 die Höhe der im jeweiligen Beitragsjahr geleisteten und erstatteten Beiträge nach Absatz 1 Nummer 3, soweit diese nicht mit der elektronischen Lohnsteuerbescheinigung oder der Rentenbezugsmitteilung zu übermitteln sind,

unter Angabe der Vertrags- oder Versicherungsdaten, des Datums der Einwilligung und der Identifikationsnummer (§ 139 b der Abgabenordnung) nach amtlich vorgeschriebenem Datensatz durch Datenfernübertragung an die zentrale Stelle (§ 81) bis zum 28. Februar des dem Beitragsjahr folgenden Kalenderjahres zu übermitteln; sind Versicherungsnehmer und versicherte Person nicht identisch, sind zusätzlich die Identifikationsnummer und das Geburtsdatum des Versicherungsnehmers anzugeben. [5]§ 22 a Absatz 2 gilt entsprechend. [6]Wird die Einwilligung nach Ablauf des Beitragsjahres, jedoch innerhalb der in Satz 1 genannten Frist abgegeben, sind die Daten bis zum Ende des folgenden Kalendervierteljahres zu übermitteln. [7]Stellt die übermittelnde Stelle fest, dass

1. die an die zentrale Stelle übermittelten Daten unzutreffend sind oder
2. der zentralen Stelle ein Datensatz übermittelt wurde, obwohl die Voraussetzungen hierfür nicht vorlagen,

ist dies unverzüglich durch Übermittlung eines Datensatzes an die zentrale Stelle zu korrigieren oder zu stornieren. [8]Ein Steuerbescheid ist zu ändern, soweit

1. Daten nach den Sätzen 4, 6 oder Satz 7 vorliegen oder
2. eine Einwilligung in die Datenübermittlung nach Absatz 2 Satz 2 Nummer 2 oder nach Absatz 2 Satz 3 nicht vorliegt

und sich hierdurch eine Änderung der festgesetzten Steuer ergibt.[2)] [9]Die übermittelnde Stelle hat den Steuerpflichtigen über die Höhe der nach den Sätzen 4, 6 oder Satz 7 übermittelten Beiträge für das Beitragsjahr zu unterrichten. [10]§ 150 Absatz 6 der Abgabenordnung gilt entsprechend. [11]Das Bundeszentralamt für Steuern kann die bei Vorliegen der Einwilligung nach Absatz 2 Satz 3 zu übermittelnden Daten prüfen; die §§ 193 bis 203 der Abgabenordnung sind sinngemäß anzuwenden. [12]Wer vorsätzlich oder grob fahrlässig eine unzutreffende Höhe der Beiträge im Sinne des Absatzes 1 Nummer 3 übermittelt, haftet für die entgangene Steuer. [13]Diese ist mit 30 Prozent des zu hoch ausgewiesenen Betrags anzusetzen.

(3)[3)] [1]Vorsorgeaufwendungen nach Absatz 1 Nummer 2 *Satz 4 sind bis zu 20 000 Euro* [***ab VZ 2015:*** sind bis zu dem Höchstbeitrag zur knappschaftlichen

---

[1)] Kursiver Satzteil gestrichen durch G v. 24. 6. 2013 (BGBl. I S. 1667).

[2)] § 10 Abs. 2 a Satz 8 neu gef. durch G v. 7. 12. 2011 (BGBl. I S. 2592).

[3)] § 10 Abs. 3 Satz 1 und Satz 7 geänd. mWv VZ 2015 durch G v. 22. 12. 2014 (BGBl. I S. 2417).

Rentenversicherung, aufgerundet auf einen vollen Betrag in Euro,] zu berücksichtigen. 2Bei zusammenveranlagten Ehegatten verdoppelt sich der Höchstbetrag. 3Der Höchstbetrag nach Satz 1 oder 2 ist bei Steuerpflichtigen, die

1. Arbeitnehmer sind und die während des ganzen oder eines Teils des Kalenderjahres
   a) in der gesetzlichen Rentenversicherung versicherungsfrei oder auf Antrag des Arbeitgebers von der Versicherungspflicht befreit waren und denen für den Fall ihres Ausscheidens aus der Beschäftigung auf Grund des Beschäftigungsverhältnisses eine lebenslängliche Versorgung oder an deren Stelle eine Abfindung zusteht oder die in der gesetzlichen Rentenversicherung nachzuversichern sind oder
   b) nicht der gesetzlichen Rentenversicherungspflicht unterliegen, eine Berufstätigkeit ausgeübt und im Zusammenhang damit auf Grund vertraglicher Vereinbarungen Anwartschaftsrechte auf eine Altersversorgung erworben haben, oder
2. Einkünfte im Sinne des § 22 Nummer 4 erzielen und die ganz oder teilweise ohne eigene Beitragsleistung einen Anspruch auf Altersversorgung erwerben,

um den Betrag zu kürzen, der, bezogen auf die Einnahmen aus der Tätigkeit, die die Zugehörigkeit zum genannten Personenkreis begründen, dem Gesamtbeitrag (Arbeitgeber- und Arbeitnehmeranteil) zur allgemeinen Rentenversicherung entspricht. 4Im Kalenderjahr *2005 sind 60 Prozent* [***ab VZ 2013:*** 2013 sind 76 Prozent][1)] der nach den Sätzen 1 bis 3 ermittelten Vorsorgeaufwendungen anzusetzen. 5Der sich danach ergebende Betrag, vermindert um den nach § 3 Nummer 62 steuerfreien Arbeitgeberanteil zur gesetzlichen Rentenversicherung und einen diesem gleichgestellten steuerfreien Zuschuss des Arbeitgebers, ist als Sonderausgabe abziehbar. 6Der Prozentsatz in Satz 4 erhöht sich in den folgenden Kalenderjahren bis zum Kalenderjahr 2025 um je 2 Prozentpunkte je Kalenderjahr. 7Beiträge nach § 168 Absatz 1 Nummer 1b oder 1c oder nach § 172 Absatz 3 oder 3a des Sechsten Buches Sozialgesetzbuch vermindern den abziehbaren Betrag nach Satz 5 nur, wenn der Steuerpflichtige die Hinzurechnung dieser Beiträge zu den Vorsorgeaufwendungen nach *§ 10 Absatz 1 Nummer 2 Satz 5* [***ab VZ 2015:*** Absatz 1 Nummer 2 Satz 7][2)] beantragt hat.

(4) 1Vorsorgeaufwendungen im Sinne des Absatzes 1 Nummer 3 und 3a können je Kalenderjahr insgesamt bis 2800 Euro abgezogen werden. 2Der Höchstbetrag beträgt 1900 Euro bei Steuerpflichtigen, die ganz oder teilweise ohne eigene Aufwendungen einen Anspruch auf vollständige oder teilweise Erstattung oder Übernahme von Krankheitskosten haben oder für deren Krankenversicherung Leistungen im Sinne des § 3 Nummer 9, 14, 57 oder 62 erbracht werden. 3Bei zusammen veranlagten Ehegatten bestimmt sich der gemeinsame Höchstbetrag aus der Summe der jedem Ehegatten unter den Voraussetzungen von Satz 1 und 2 zustehenden Höchstbeträge. 4Übersteigen die Vorsorgeaufwendungen im Sinne des Absatzes 1 Nummer 3 die nach den

---

1) Geänd. mWv VZ 2013 durch G v. 24. 6. 2013 (BGBl. I S. 1667).

2) Verweis geänd. durch G v. 24. 6. 2013 (BGBl. I S. 1667).

Sätzen 1 bis 3 zu berücksichtigenden Vorsorgeaufwendungen, sind diese abzuziehen und ein Abzug von Vorsorgeaufwendungen im Sinne des Absatzes 1 Nummer 3a scheidet aus.

(4a)[1] [1]Ist in den Kalenderjahren *2005* [***ab VZ 2013:*** 2013] bis 2019 der Abzug der Vorsorgeaufwendungen nach Absatz 1 Nummer 2 Buchstabe a, Absatz 1 Nummer 3 und Nummer 3a in der für das Kalenderjahr 2004 geltenden Fassung des § 10 Absatz 3[2] mit folgenden Höchstbeträgen für den Vorwegabzug

Kalenderjahr	Vorwegabzug für den Steuerpflichtigen	Vorwegabzug im Fall der Zusammenveranlagung von Ehegatten
2005[3]	*3068*	*6136*
2006[3]	*3068*	*6136*
2007[3]	*3068*	*6136*
2008[3]	*3068*	*6136*
2009[3]	*3068*	*6136*
2010[3]	*3068*	*6136*
2011[3]	*2700*	*5400*
2012[3]	*2400*	*4800*
2013	2100	4200
2014	1800	3600
2015	1500	3000
2016	1200	2400
2017	900	1800
2018	600	1200
2019	300	600

[1] § 10 Abs. 4a geänd., Tabelle Zeilen der Kalenderjahre 2005 bis 2012 aufgeh. mWv VZ 2013 durch G v. 24. 6. 2013 (BGBl. I S. 1667).

[2] **§ 10 Abs. 3 in der für das Kj. 2004 geltenden Fassung hat folgenden Wortlaut:**

„(3) Für Vorsorgeaufwendungen gelten je Kalenderjahr folgende Höchstbeträge:

1. ein Grundhöchstbetrag von 1334 Euro,
   im Fall der Zusammenveranlagung von Ehegatten von 2668 Euro;
2. ein Vorwegabzug von 3068 Euro,
   im Fall der Zusammenveranlagung von Ehegatten von 6136 Euro.
   [2]Diese Beträge sind zu kürzen um 16 vom Hundert der Summe der Einnahmen
   a) aus nichtselbständiger Arbeit im Sinne des § 19 ohne Versorgungsbezüge im Sinne des § 19 Abs. 2, wenn für die Zukunftssicherung des Steuerpflichtigen Leistungen im Sinne des § 3 Nr. 62 erbracht werden oder der Steuerpflichtige zum Personenkreis des § 10c Abs. 3 Nr. 1 oder 2 gehört, und
   b) aus der Ausübung eines Mandats im Sinne des § 22 Nr. 4;
3. für Beiträge nach Abs. 1 Nr. 2 Buchstabe c ein zusätzlicher Höchstbetrag von 184 Euro für Steuerpflichtige, die nach dem 31. Dezember 1957 geboren sind;
4. Vorsorgeaufwendungen, die die nach den Nummern 1 bis 3 abziehbaren Beträge übersteigen, können zur Hälfte, höchstens bis zu 50 vom Hundert des Grundhöchstbetrags abgezogen werden (hälftiger Höchstbetrag)."

[3] § 10 Abs. 4a geänd., Tabelle Zeilen der Kalenderjahre 2005 bis 2012 aufgeh. mWv VZ 2013 durch G v. 24. 6. 2013 (BGBl. I S. 1667).

zuzüglich des Erhöhungsbetrags nach Satz 3 günstiger, ist der sich danach ergebende Betrag anstelle des Abzugs nach Absatz 3 und 4 anzusetzen. [2]Mindestens ist bei Anwendung des Satzes 1 der Betrag anzusetzen, der sich ergeben würde, wenn zusätzlich noch die Vorsorgeaufwendungen nach Absatz 1 Nummer 2 Buchstabe b in die Günstigerprüfung einbezogen werden würden; der Erhöhungsbetrag nach Satz 3 ist nicht hinzuzurechnen. [3]Erhöhungsbetrag sind die Beiträge nach Absatz 1 Nummer 2 Buchstabe b, soweit sie nicht den um die Beiträge nach Absatz 1 Nummer 2 Buchstabe a und den nach § 3 Nummer 62 steuerfreien Arbeitgeberanteil zur gesetzlichen Rentenversicherung und einen diesem gleichgestellten steuerfreien Zuschuss verminderten Höchstbetrag nach Absatz 3 Satz 1 bis 3 überschreiten; Absatz 3 Satz 4 und 6 gilt entsprechend.

(Fortsetzung nächstes Blatt)

(4 b)[1] 1 Erhält der Steuerpflichtige für die von ihm für einen anderen Veranlagungszeitraum geleisteten Aufwendungen im Sinne des Satzes 2 einen steuerfreien Zuschuss, ist dieser den erstatteten Aufwendungen gleichzustellen. 2 Übersteigen bei den Sonderausgaben nach Absatz 1 Nummer 2 bis 3 a die im Veranlagungszeitraum erstatteten Aufwendungen die geleisteten Aufwendungen (Erstattungsüberhang), ist der Erstattungsüberhang mit anderen im Rahmen der jeweiligen Nummer anzusetzenden Aufwendungen zu verrechnen. 3 Ein verbleibender Betrag des sich bei den Aufwendungen nach Absatz 1 Nummer 3 und 4 ergebenden Erstattungsüberhangs ist dem Gesamtbetrag der Einkünfte hinzuzurechnen. [*ab VZ 2016:* 4 Behörden im Sinne des § 6 Absatz 1 der Abgabenordnung und andere öffentliche Stellen, die einem Steuerpflichtigen für die von ihm geleisteten Beiträge im Sinne des Absatzes 1 Nummer 2, 3 und 3 a steuerfreie Zuschüsse gewähren oder Vorsorgeaufwendungen im Sinne dieser Vorschrift erstatten (übermittelnde Stelle), haben der zentralen Stelle jährlich die zur Gewährung und Prüfung des Sonderausgabenabzugs nach § 10 erforderlichen Daten nach amtlich vorgeschriebenem Datensatz durch Datenfernübertragung zu übermitteln. 5 Ein Steuerbescheid ist zu ändern, soweit Daten nach Satz 4 vorliegen und sich hierdurch oder durch eine Korrektur oder Stornierung der entsprechenden Daten eine Änderung der festgesetzten Steuer ergibt. 6 § 22 a Absatz 2 sowie § 150 Absatz 6 der Abgabenordnung gelten entsprechend.]

[Fassung bis VZ 2009][2]

(5) Nach Maßgabe einer Rechtsverordnung ist eine Nachversteuerung durchzuführen bei Versicherungen im Sinne des Absatzes 1 Nummer 3 Buchstabe b, wenn die Voraussetzungen für den Sonderausgabenabzug nach Absatz 2 Satz 2 in der am 31. Dezember 2004 geltenden Fassung nicht erfüllt sind.

[Fassung ab VZ 2010]

(5) Durch Rechtsverordnung wird bezogen auf den Versicherungstarif bestimmt, wie der nicht abziehbare Teil der Beiträge zum Erwerb eines Krankenversicherungsschutzes im Sinne des Absatzes 1 Nummer 3 Buchstabe a Satz 3 durch einheitliche prozentuale Abschläge auf die zugunsten des jeweiligen Tarifs gezahlte Prämie zu ermitteln ist, soweit der nicht abziehbare Beitragsteil nicht bereits als gesonderter Tarif oder Tarifbaustein ausgewiesen wird.

[***ab VZ 2014:***

(6)[3] 1 Absatz 1 Nummer 2 Buchstabe b Doppelbuchstabe aa ist für Vertragsabschlüsse vor dem 1. Januar 2012 mit der Maßgabe anzuwenden, dass der Vertrag die Zahlung der Leibrente nicht vor der Vollendung des 60. Lebensjahres vorsehen darf. 2 Für Verträge im Sinne des Absatzes 1 Nummer 2 Buchstabe b, die vor dem 1. Januar 2011 abgeschlossen wurden, und bei Kranken- und Pflegeversicherungen im Sinne des Absatzes 1 Nummer 3, bei denen das

---

[1] § 10 Abs. 4 b eingef. mWv VZ 2012 durch G v. 1. 11. 2011 (BGBl. I S. 2131); Sätze 4 bis 6 angef. mWv VZ 2016 (§ 52 Abs. 18 Satz 4) durch G v. 26. 6. 2013 (BGBl. I S. 1809).

[2] Zur Weitergeltung siehe § 52 Abs. 18 Satz 5.

[3] § 10 Abs. 6 angef. mWv VZ 2014 durch G v. 25. 7. 2014 (BGBl. I S. 1266).

Versicherungsverhältnis vor dem 1. Januar 2011 bestanden hat, ist Absatz 2 Satz 2 Nummer 2 und Satz 3 mit der Maßgabe anzuwenden, dass die erforderliche Einwilligung zur Datenübermittlung als erteilt gilt, wenn

1. die übermittelnde Stelle den Steuerpflichtigen schriftlich darüber informiert, dass sie
   a) von einer Einwilligung ausgeht und
   b) die Daten an die zentrale Stelle übermittelt und
2. der Steuerpflichtige dem nicht innerhalb einer Frist von vier Wochen nach Erhalt der Information nach Nummer 1 schriftlich widerspricht.]

§ 10 a[1] Zusätzliche Altersvorsorge. (1)[2] [1]In der inländischen gesetzlichen Rentenversicherung Pflichtversicherte können Altersvorsorgebeiträge (§ 82) zuzüglich der dafür nach Abschnitt XI zustehenden Zulage jährlich bis zu 2100 Euro als Sonderausgaben abziehen; das Gleiche gilt für

1. Empfänger von inländischer[2] Besoldung nach dem Bundesbesoldungsgesetz oder einem Landesbesoldungsgesetz,
2. Empfänger von Amtsbezügen aus einem inländischen[2] Amtsverhältnis, deren Versorgungsrecht die entsprechende Anwendung des § 69 e Absatz 3 und 4 des Beamtenversorgungsgesetzes vorsieht,
3. die nach § 5 Absatz 1 Satz 1 Nummer 2 und 3 des Sechsten Buches Sozialgesetzbuch versicherungsfrei Beschäftigten, die nach § 6 Absatz 1 Satz 1 Nummer 2 oder nach § 230 Absatz 2 Satz 2 des Sechsten Buches Sozialgesetzbuch von der Versicherungspflicht befreiten Beschäftigten, deren Versorgungsrecht die entsprechende Anwendung des § 69 e Absatz 3 und 4 des Beamtenversorgungsgesetzes vorsieht,
4. Beamte, Richter, Berufssoldaten und Soldaten auf Zeit, die ohne Besoldung beurlaubt sind, für die Zeit einer Beschäftigung, wenn während der Beurlaubung die Gewährleistung einer Versorgungsanwartschaft unter den Voraussetzungen des § 5 Absatz 1 Satz 1 des Sechsten Buches Sozialgesetzbuch auf diese Beschäftigung erstreckt wird, und
5. Steuerpflichtige im Sinne der Nummern 1 bis 4, die beurlaubt sind und deshalb keine Besoldung, Amtsbezüge oder Entgelt erhalten, sofern sie eine Anrechnung von Kindererziehungszeiten nach § 56 des Sechsten Buches Sozialgesetzbuch in Anspruch nehmen könnten, wenn die Versicherungsfreiheit in der inländischen gesetzlichen Rentenversicherung nicht bestehen würde,

wenn sie spätestens bis zum Ablauf des zweiten Kalenderjahres, das auf das Beitragsjahr (§ 88) folgt, gegenüber der zuständigen Stelle (§ 81 a) schriftlich eingewilligt haben, dass diese der zentralen Stelle (§ 81) jährlich mitteilt, dass der Steuerpflichtige zum begünstigten Personenkreis gehört, dass die zuständige Stelle der zentralen Stelle die für die Ermittlung des Mindesteigenbeitrags (§ 86) und die Gewährung der Kinderzulage (§ 85) erforderlichen Daten übermittelt und die zentrale Stelle diese Daten für das Zulageverfahren verwenden darf. [2]Bei der Erteilung der Einwilligung ist der Steuerpflichtige darauf hinzuweisen, dass

---

[1] Zur Anwendung siehe Abs. 6.

[2] § 10 a Abs. 1 Satz 1 geänd. durch G v. 8. 4. 2010 (BGBl. I S. 386).

er die Einwilligung vor Beginn des Kalenderjahres, für das sie erstmals nicht mehr gelten soll, gegenüber der zuständigen Stelle widerrufen kann.

[bis VZ 2012:][1)]

[3] Versicherungspflichtige nach dem Gesetz über die Alterssicherung der Landwirte stehen Pflichtversicherten gleich; dies gilt auch für Personen, die eine Anrechnungszeit nach § 58 Absatz 1 Nummer 3 oder Nummer 6 des Sechsten Buches Sozialgesetzbuch in der gesetzlichen Rentenversicherung erhalten und unmittelbar vor der Arbeitslosigkeit einer der in Satz 1 oder der im ersten Halbsatz genannten begünstigten Personengruppen angehörten.

[ab VZ 2013:][2)]

[3] Versicherungspflichtige nach dem Gesetz über die Alterssicherung der Landwirte stehen Pflichtversicherten gleich; dies gilt auch für Personen, die

1. eine Anrechnungszeit nach § 58 Absatz 1 Nummer 3 oder Nummer 6 des Sechsten Buches Sozialgesetzbuch in der gesetzlichen Rentenversicherung erhalten und
2. unmittelbar vor einer Anrechnungszeit nach § 58 Absatz 1 Nummer 3 oder Nummer 6 des Sechsten Buches Sozialgesetzbuch einer der im ersten Halbsatz, in Satz 1 oder in Satz 4 genannten begünstigten Personengruppen angehörten.

[4] Die Sätze 1 und 2 gelten entsprechend für Steuerpflichtige, die nicht zum begünstigten Personenkreis nach Satz 1 oder 3 gehören und eine Rente wegen voller Erwerbsminderung oder Erwerbsunfähigkeit oder eine Versorgung wegen Dienstunfähigkeit aus einem der in Satz 1 oder 3 genannten Alterssicherungssysteme beziehen, wenn unmittelbar vor dem Bezug der entsprechenden Leistungen der Leistungsbezieher einer der in Satz 1 oder 3 genannten begünstigten Personengruppen angehörte; dies gilt nicht, wenn der Steuerpflichtige das 67. Lebensjahr vollendet hat. [5] Bei der Ermittlung der dem Steuerpflichtigen zustehenden Zulage nach Satz 1 bleibt die Erhöhung der Grundzulage nach § 84 Satz 2 außer Betracht.

(1 a) [1] Sofern eine Zulagenummer (§ 90 Absatz 1 Satz 2) durch die zentrale Stelle oder eine Versicherungsnummer nach § 147 des Sechsten Buches Sozialgesetzbuch noch nicht vergeben ist, haben die in Absatz 1 Satz 1 Nummer 1 bis 5 genannten Steuerpflichtigen über die zuständige Stelle eine Zulagenummer bei der zentralen Stelle zu beantragen. [2] Für Empfänger einer Versorgung im Sinne des Absatzes 1 Satz 4 gilt Satz 1 entsprechend.

(2) [1] Ist der Sonderausgabenabzug nach Absatz 1 für den Steuerpflichtigen günstiger als der Anspruch auf die Zulage nach Abschnitt XI, erhöht sich die unter Berücksichtigung des Sonderausgabenabzugs ermittelte tarifliche Einkommensteuer um den Anspruch auf Zulage. [2] In den anderen Fällen scheidet der Sonderausgabenabzug aus. [3] Die Günstigerprüfung wird von Amts wegen vorgenommen.

---

1) § 10 a Abs. 1 Satz 3 neu gef. mWv 1. 1. 2011 (Art. 32 Abs. 5 des JStG 2010) durch G v. 8. 12. 2010 (BGBl. I S. 1768).

2) § 10 a Abs. 1 Satz 3 neu gef. mWv VZ 2013 durch G v. 24. 6. 2013 (BGBl. I S. 1667).

[Fassung bis VZ 2009:]

(2 a) [1]Der Sonderausgabenabzug für nach dem 31. Dezember 2009 beginnende Veranlagungszeiträume setzt voraus, dass der Steuerpflichtige zuvor, spätestens bis zum Ablauf des zweiten Kalenderjahres, das auf das Beitragsjahr folgt, gegenüber dem Anbieter schriftlich darin eingewilligt hat, dass dieser die im jeweiligen Beitragsjahr zu berücksichtigenden Altersvorsorgebeiträge unter Angabe der Identifikationsnummer (§ 139 b der Abgabenordnung) an die zentrale Stelle übermittelt. [2]In den Fällen des Absatzes 3 Satz 2 und 3 ist die Einwilligung nach Satz 1 von beiden Ehegatten abzugeben. [3]Die Einwilligung gilt auch für folgende Beitragsjahre, es sei denn, der Steuerpflichtige widerruft die Einwilligungserklärung schriftlich gegenüber dem Anbieter.

[Fassung ab VZ 2010:]

(2 a) [1]Der Sonderausgabenabzug setzt voraus, dass der Steuerpflichtige gegenüber dem Anbieter (übermittelnde Stelle) in die Datenübermittlung nach Absatz 5 Satz 1 eingewilligt hat. [2]§ 10 Absatz 2 a Satz 1 bis Satz 3 gilt entsprechend. [3]In den Fällen des Absatzes 3 Satz 2 und 5[1)] ist die Einwilligung nach Satz 1 von beiden Ehegatten abzugeben.

[4]Hat der Zulageberechtigte den Anbieter nach § 89 Absatz 1 a bevollmächtigt [***ab VZ 2013:*** oder liegt dem Anbieter ein Zulageantrag nach § 89 Absatz 1 vor], gilt die Einwilligung nach Satz 1 [***ab VZ 2013:*** für das jeweilige Beitragsjahr][2)] als erteilt. [5]*Eine Einwilligung nach Satz 1 gilt auch für das jeweilige Beitragsjahr als erteilt, für das dem Anbieter ein Zulageantrag nach § 89 für den mittelbar Zulageberechtigten (§ 79 Satz 2) vorliegt.*[2)]

(3)[3)] [1]Der Abzugsbetrag nach Absatz 1 steht im Fall der Veranlagung von Ehegatten nach § 26 Absatz 1 jedem Ehegatten unter den Voraussetzungen des Absatzes 1 gesondert zu. [2]Gehört nur ein Ehegatte zu dem nach Absatz 1 begünstigten Personenkreis und ist der andere Ehegatte nach § 79 Satz 2 zulageberechtigt, sind bei dem nach Absatz 1 abzugsberechtigten Ehegatten die von beiden Ehegatten geleisteten Altersvorsorgebeiträge und die dafür zustehenden Zulagen bei der Anwendung der Absätze 1 und 2 zu berücksichtigen. [3]Der Höchstbetrag nach Absatz 1 Satz 1 erhöht sich in den Fällen des Satzes 2 um 60 Euro. [4]Dabei sind die von dem Ehegatten, der zu dem nach Absatz 1 begünstigten Personenkreis gehört, geleisteten Altersvorsorgebeiträge vorrangig zu berücksichtigen, jedoch mindestens 60 Euro der von dem anderen Ehegatten geleisteten Altersvorsorgebeiträge. [5]Gehören beide Ehegatten zu dem nach Absatz 1 begünstigten Personenkreis und liegt ein Fall der Veranla-

---

1) Verweis angepasst durch G v. 7. 12. 2011 (BGBl. I S. 2592).

2) § 10 a Abs. 2 a Satz 4 geänd., Satz 5 aufgeh. mWv VZ 2013 durch G v. 24. 6. 2013 (BGBl. I S. 1667).

3) § 10 a Abs. 3 Sätze 3 und 4 eingef., bish. Satz 3 wird Satz 5 mWv VZ 2012 durch G v. 7. 12. 2011 (BGBl. I S. 2592).

gung nach § 26 Absatz 1 vor, ist bei der Günstigerprüfung nach Absatz 2 der Anspruch auf Zulage beider Ehegatten anzusetzen.

(4) [1]Im Fall des Absatzes 2 Satz 1 stellt das Finanzamt die über den Zulageanspruch nach Abschnitt XI hinausgehende Steuerermäßigung gesondert fest und teilt diese der zentralen Stelle (§ 81) mit; § 10 d Absatz 4 Satz 3 bis 5 gilt entsprechend. [2]Sind Altersvorsorgebeiträge zugunsten von mehreren Verträgen geleistet worden, erfolgt die Zurechnung im Verhältnis der nach Absatz 1 berücksichtigten Altersvorsorgebeiträge. [3]Ehegatten ist der nach Satz 1 festzustellende Betrag auch im Fall der Zusammenveranlagung jeweils getrennt zuzurechnen; die Zurechnung erfolgt im Verhältnis der nach Absatz 1 berücksichtigten Altersvorsorgebeiträge. [4]Werden Altersvorsorgebeiträge nach Absatz 3 Satz 2 berücksichtigt, die der nach § 79 Satz 2 zulageberechtigte Ehegatte zugunsten eines auf seinen Namen lautenden Vertrages geleistet hat, ist die hierauf entfallende Steuerermäßigung dem Vertrag zuzurechnen, zu dessen Gunsten die Altersvorsorgebeiträge geleistet wurden. [5]Die Übermittlung an die zentrale Stelle erfolgt unter Angabe der Vertragsnummer und der Identifikationsnummer (§ 139 b der Abgabenordnung) sowie der Zulage- oder Versicherungsnummer nach § 147 des Sechsten Buches Sozialgesetzbuch.

(5) [1]Die übermittelnde Stelle hat bei Vorliegen einer Einwilligung nach Absatz 2 a die Höhe der im jeweiligen Beitragsjahr zu berücksichtigenden Altersvorsorgebeiträge unter Angabe der Vertragsdaten, des Datums der Einwilligung nach Absatz 2 a, der Identifikationsnummer (§ 139 b der Abgabenordnung) sowie der Zulage- oder der Versicherungsnummer nach § 147 des Sechsten Buches Sozialgesetzbuch nach amtlich vorgeschriebenem Datensatz durch Datenfernübertragung an die zentrale Stelle bis zum 28. Februar des dem Beitragsjahr folgenden Kalenderjahres zu übermitteln. [2]§ 10 Absatz 2 a Satz 6 bis 8 und § 22 a Absatz 2 gelten entsprechend. [3]Die Übermittlung erfolgt auch dann, wenn im Fall der mittelbaren Zulageberechtigung keine Altersvorsorgebeiträge geleistet worden sind. [4]Die übrigen Voraussetzungen für den Sonderausgabenabzug nach den Absätzen 1 bis 3 werden im Wege der Datenerhebung und des automatisierten Datenabgleichs nach § 91 überprüft. [5]Erfolgt eine Datenübermittlung nach Satz 1 und wurde noch keine Zulagenummer (§ 90 Absatz 1 Satz 2) durch die zentrale Stelle oder keine Versicherungsnummer nach § 147 des Sechsten Buches Sozialgesetzbuch vergeben, gilt § 90 Absatz 1 Satz 2 und 3 entsprechend.[1)]

[*ab VZ 2014:*

(6)[2)] [1]Für die Anwendung der Absätze 1 bis 5 stehen den in der inländischen gesetzlichen Rentenversicherung Pflichtversicherten nach Absatz 1 Satz 1 die Pflichtmitglieder in einem ausländischen gesetzlichen Alterssicherungssystem gleich, wenn diese Pflichtmitgliedschaft

1. mit einer Pflichtmitgliedschaft in einem inländischen Alterssicherungssystem nach Absatz 1 Satz 1 oder 3 vergleichbar ist und
2. vor dem 1. Januar 2010 begründet wurde.

---

1) § 10 a Abs. 5 Satz 5 angef. mWv VZ 2010 durch G v. 8. 12. 2010 (BGBl. I S. 1768).
2) § 10 a Abs. 6 angef. mWv VZ 2014 durch G v. 25. 7. 2014 (BGBl. I S. 1266).

2 Für die Anwendung der Absätze 1 bis 5 stehen den Steuerpflichtigen nach Absatz 1 Satz 4 die Personen gleich,

1. die aus einem ausländischen gesetzlichen Alterssicherungssystem eine Leistung erhalten, die den in Absatz 1 Satz 4 genannten Leistungen vergleichbar ist,
2. die unmittelbar vor dem Bezug der entsprechenden Leistung nach Satz 1 oder Absatz 1 Satz 1 oder 3 begünstigt waren und
3. die noch nicht das 67. Lebensjahr vollendet haben.

3 Als Altersvorsorgebeiträge (§ 82) sind bei den in Satz 1 oder 2 genannten Personen nur diejenigen Beiträge zu berücksichtigen, die vom Abzugsberechtigten zugunsten seines vor dem 1. Januar 2010 abgeschlossenen Vertrags geleistet wurden. 4 Endet die unbeschränkte Steuerpflicht eines Zulageberechtigten im Sinne des Satzes 1 oder 2 durch Aufgabe des inländischen Wohnsitzes oder gewöhnlichen Aufenthalts und wird die Person nicht nach § 1 Absatz 3 als unbeschränkt einkommensteuerpflichtig behandelt, so gelten die §§ 93 und 94 entsprechend; § 95 Absatz 2 und 3 und § 99 Absatz 1 in der am 31. Dezember 2008 geltenden Fassung sind anzuwenden.]

§ 10 b Steuerbegünstigte Zwecke.[1] (1) 1 Zuwendungen (Spenden und Mitgliedsbeiträge) zur Förderung steuerbegünstigter Zwecke im Sinne der §§ 52 bis 54 der Abgabenordnung können insgesamt bis zu

1. 20 Prozent des Gesamtbetrags der Einkünfte oder
2. 4 Promille der Summe der gesamten Umsätze und der im Kalenderjahr aufgewendeten Löhne und Gehälter

als Sonderausgaben abgezogen werden. 2 Voraussetzung für den Abzug ist, dass diese Zuwendungen

1. an eine juristische Person des öffentlichen Rechts oder an eine öffentliche Dienststelle, die in einem Mitgliedstaat der Europäischen Union oder in einem Staat belegen ist, auf den das Abkommen über den Europäischen Wirtschaftsraum (EWR-Abkommen) Anwendung findet, oder
2. an eine nach § 5 Absatz 1 Nummer 9 des Körperschaftsteuergesetzes steuerbefreite Körperschaft, Personenvereinigung oder Vermögensmasse oder
3. an eine Körperschaft, Personenvereinigung oder Vermögensmasse, die in einem Mitgliedstaat der Europäischen Union oder in einem Staat belegen ist, auf den das Abkommen über den Europäischen Wirtschaftsraum (EWR-Abkommen) Anwendung findet, und die nach § 5 Absatz 1 Nummer 9 des Körperschaftsteuergesetzes in Verbindung mit § 5 Absatz 2 Nummer 2 zweiter Halbsatz des Körperschaftsteuergesetzes steuerbefreit wäre, wenn sie inländische Einkünfte erzielen würde,

geleistet werden. 3 Für nicht im Inland ansässige Zuwendungsempfänger nach Satz 2 ist weitere Voraussetzung, dass durch diese Staaten Amtshilfe und Unterstützung bei der Beitreibung geleistet werden. 4 Amtshilfe ist der Auskunftsaus-

[1] § 10 b Abs. 1 Sätze 1 und 2 ersetzt durch Sätze 1 bis 7; bish. Sätze 3 bis 5 werden Sätze 8 bis 10 durch G v. 8. 4. 2010 (BGBl. I S. 386).

tausch im Sinne oder entsprechend der Amtshilferichtlinie gemäß § 2 Absatz 2 des EU-Amtshilfegesetzes.[1] [5]Beitreibung ist die gegenseitige Unterstützung bei der Beitreibung von Forderungen im Sinne oder entsprechend der Beitreibungsrichtlinie[2] einschließlich der in diesem Zusammenhang anzuwendenden Durchführungsbestimmungen in den für den jeweiligen Veranlagungszeitraum geltenden Fassungen oder eines entsprechenden Nachfolgerechtsaktes. [6]Werden die steuerbegünstigten Zwecke des Zuwendungsempfängers im Sinne von Satz 2 Nummer 1 nur im Ausland verwirklicht, ist für den Sonderausgabenabzug Voraussetzung, dass natürliche Personen, die ihren Wohnsitz oder ihren gewöhnlichen Aufenthalt im Geltungsbereich dieses Gesetzes haben, gefördert werden oder dass die Tätigkeit dieses Zuwendungsempfängers neben der Verwirklichung der steuerbegünstigten Zwecke auch zum Ansehen der Bundesrepublik Deutschland beitragen kann. [7]Abziehbar sind auch Mitgliedsbeiträge an Körperschaften, die Kunst und Kultur gemäß § 52 Absatz 2 Satz 1[3] Nummer 5 der Abgabenordnung fördern, soweit es sich nicht um Mitgliedsbeiträge nach Satz 8 Nummer 2 handelt, auch wenn den Mitgliedern Vergünstigungen gewährt werden. [8]Nicht abziehbar sind Mitgliedsbeiträge an Körperschaften, die

1. den Sport (§ 52 Absatz 2 Satz 1[3] Nummer 21 der Abgabenordnung),
2. kulturelle Betätigungen, die in erster Linie der Freizeitgestaltung dienen,
3. die Heimatpflege und Heimatkunde (§ 52 Absatz 2 Satz 1[3] Nummer 22 der Abgabenordnung) oder
4. Zwecke im Sinne des § 52 Absatz 2 Satz 1[3] Nummer 23 der Abgabenordnung

fördern. [9]Abziehbare Zuwendungen, die die Höchstbeträge nach Satz 1 überschreiten oder die den um die Beträge nach § 10 Absatz 3 und 4, § 10 c und § 10 d verminderten Gesamtbetrag der Einkünfte übersteigen, sind im Rahmen der Höchstbeträge in den folgenden Veranlagungszeiträumen als Sonderausgaben abzuziehen. [10]§ 10 d Absatz 4 gilt entsprechend.

(1 a) [1]Spenden zur Förderung steuerbegünstigter Zwecke im Sinne der §§ 52 bis 54 der Abgabenordnung *in den Vermögensstock einer Stiftung* [***neue Fassung:*** in das zu erhaltende Vermögen (Vermögensstock) einer Stiftung],[4] welche die Voraussetzungen des Absatzes 1 Satz 2 bis 6 erfüllt, können auf Antrag des Steuerpflichtigen im Veranlagungszeitraum der Zuwendung und in den folgenden neun Veranlagungszeiträumen bis zu einem Gesamtbetrag von 1 Million Euro [***neue Fassung:*** , bei Ehegatten, die nach den §§ 26, 26 b zusammen veranlagt werden, bis zu einem Gesamtbetrag von 2 Millionen Euro,][4] zusätzlich zu den Höchstbeträgen nach Absatz 1 Satz 1 abgezogen werden. [***neue Fassung:*** [2]Nicht abzugsfähig nach Satz 1 sind Spenden in das verbrauchbare Vermögen einer Stiftung.][4] [3]Der besondere Abzugsbetrag nach Satz 1 bezieht sich auf den gesamten Zehnjahreszeitraum und kann der Höhe

---

[1] § 10 b Abs. 1 Satz 4 geänd. mWv 1. 1. 2013 durch G v. 26. 6. 2013 (BGBl. I S. 1809).

[2] § 10 b Abs. 1 Satz 5 geänd. durch G v. 7. 12. 2011 (BGBl. I S. 2592).

[3] Verweis geänd. durch G v. 8. 12. 2010 (BGBl. I S. 1768).

[4] § 10 b Abs. 1 a Satz 1 geänd., Satz 2 eingef., bish. Sätze 2 und 3 werden Sätze 3 und 4 mWv VZ 2013 (siehe PM Nr. 19 des BMF v. 1. 3. 2013) durch G v. 21. 3. 2013 (BGBl. I S. 556).

nach innerhalb dieses Zeitraums nur einmal in Anspruch genommen werden. [4]§ 10 d Absatz 4 gilt entsprechend.

(2) [1]Zuwendungen an politische Parteien im Sinne des § 2 des Parteiengesetzes sind bis zur Höhe von insgesamt 1650 Euro und im Fall der Zusammenveranlagung von Ehegatten bis zur Höhe von insgesamt 3300 Euro im Kalenderjahr abzugsfähig. [2]Sie können nur insoweit als Sonderausgaben abgezogen werden, als für sie nicht eine Steuerermäßigung nach § 34 g gewährt worden ist.

(3) [1]Als Zuwendung im Sinne dieser Vorschrift gilt auch die Zuwendung von Wirtschaftsgütern mit Ausnahme von Nutzungen und Leistungen. [2]Ist das Wirtschaftsgut unmittelbar vor seiner Zuwendung einem Betriebsvermögen entnommen worden, so *darf bei der Ermittlung der Zuwendungshöhe der bei der Entnahme angesetzte Wert nicht überschritten werden.* [***neue Fassung:*** bemisst sich die Zuwendungshöhe nach dem Wert, der bei der Entnahme angesetzt wurde und nach der Umsatzsteuer, die auf die Entnahme entfällt.][1)] [3]Ansonsten bestimmt sich die Höhe der Zuwendung nach dem gemeinen Wert des zugewendeten Wirtschaftsguts, wenn dessen Veräußerung im Zeitpunkt der Zuwendung keinen Besteuerungstatbestand erfüllen würde. [4]In allen übrigen Fällen dürfen bei der Ermittlung der Zuwendungshöhe die fortgeführten Anschaffungs- oder Herstellungskosten nur überschritten werden, soweit eine Gewinnrealisierung stattgefunden hat. [5]Aufwendungen zugunsten einer Körperschaft, die zum Empfang steuerlich abziehbarer Zuwendungen berechtigt ist, können nur abgezogen werden, wenn ein Anspruch auf die Erstattung der Aufwendungen durch Vertrag oder Satzung eingeräumt und auf die Erstattung verzichtet worden ist. [6]Der Anspruch darf nicht unter der Bedingung des Verzichts eingeräumt worden sein.

(4) [1]Der Steuerpflichtige darf auf die Richtigkeit der Bestätigung über Spenden und Mitgliedsbeiträge vertrauen, es sei denn, dass er die Bestätigung durch unlautere Mittel oder falsche Angaben erwirkt hat oder dass ihm die Unrichtigkeit der Bestätigung bekannt oder infolge grober Fahrlässigkeit nicht bekannt war. [2]Wer vorsätzlich oder grob fahrlässig eine unrichtige Bestätigung ausstellt oder *wer*[2)] veranlasst, dass Zuwendungen nicht zu den in der Bestätigung angegebenen steuerbegünstigten Zwecken verwendet werden, haftet für die entgangene Steuer. [3]Diese ist mit 30 Prozent des zugewendeten Betrags anzusetzen. [4]In den Fällen des Satzes 2 zweite Alternative (Veranlasserhaftung) ist vorrangig der Zuwendungsempfänger in Anspruch zu nehmen; die in diesen Fällen für den Zuwendungsempfänger handelnden natürlichen Personen sind nur in Anspruch zu nehmen, wenn die entgangene Steuer nicht nach § 47 der Abgabenordnung erloschen ist und Vollstreckungsmaßnahmen gegen den Zuwendungsempfänger nicht erfolgreich sind.[3)] [5]Die Festsetzungsfrist für Haftungsansprüche nach Satz 2 läuft nicht ab, solange die Festsetzungsfrist für von dem Empfänger der Zuwendung geschuldete Körperschaftsteuer für den Veranlagungszeitraum nicht abgelaufen ist, in dem die unrichtige Bestätigung

---

1) § 10 b Abs. 3 Satz 2 geänd. mWv VZ 2013 (siehe PM Nr. 19 des BMF v. 1. 3. 2013) durch *G v. 21. 3. 2013* (BGBl. I S. 556).

2) Kursiver Satzteil aufgeh. durch G v. 21 3. 2013 (BGBl. I S. 556).

3) § 10 b Abs. 4 Satz 4 geänd. durch G v. 8. 4. 2010 (BGBl. I S. 386).

ausgestellt worden ist oder veranlasst wurde, dass die Zuwendung nicht zu den in der Bestätigung angegebenen steuerbegünstigten Zwecken verwendet worden ist; § 191 Absatz 5 der Abgabenordnung ist nicht anzuwenden.

§ 10 c[1] **Sonderausgaben-Pauschbetrag.** [1]Für Sonderausgaben nach § 10 Absatz 1 Nummer *1, 1 a, 1 b, 4, 5, 7 und 9* [***ab VZ 2015:*** 4, 5, 7 und 9 sowie Absatz 1 a][2] und nach § 10 b wird ein Pauschbetrag von 36 Euro abgezogen (Sonderausgaben-Pauschbetrag), wenn der Steuerpflichtige nicht höhere Aufwendungen nachweist. [2]Im Fall der Zusammenveranlagung von Ehegatten verdoppelt sich der Sonderausgaben-Pauschbetrag.

§ 10 d Verlustabzug. (1) [1]Negative Einkünfte, die bei der Ermittlung des Gesamtbetrags der Einkünfte nicht ausgeglichen werden, sind bis zu einem Betrag von *511 500* [***neue Fassung:*** 1 000 000][3] Euro, bei Ehegatten, die nach den §§ 26, 26 b zusammenveranlagt werden, bis zu einem Betrag von *1 023 000* [***neue Fassung:*** 2 000 000][3] Euro vom Gesamtbetrag der Einkünfte des unmittelbar vorangegangenen Veranlagungszeitraums vorrangig vor Sonderausgaben, außergewöhnlichen Belastungen und sonstigen Abzugsbeträgen abzuziehen (Verlustrücktrag). [2]Dabei wird der Gesamtbetrag der Einkünfte des unmittelbar vorangegangenen Veranlagungszeitraums um die Begünstigungsbeträge nach § 34 a Absatz 3 Satz 1 gemindert. [3]Ist für den unmittelbar vorangegangenen Veranlagungszeitraum bereits ein Steuerbescheid erlassen worden, so ist er insoweit zu ändern, als der Verlustrücktrag zu gewähren oder zu berichtigen ist. [4]Das gilt auch dann, wenn der Steuerbescheid unanfechtbar geworden ist; die Festsetzungsfrist endet insoweit nicht, bevor die Festsetzungsfrist für den Veranlagungszeitraum abgelaufen ist, in dem die negativen Einkünfte nicht ausgeglichen werden. [5]Auf Antrag des Steuerpflichtigen ist ganz oder teilweise von der Anwendung des Satzes 1 abzusehen. [6]Im Antrag ist die Höhe des Verlustrücktrags anzugeben.

(2) [1]Nicht ausgeglichene negative Einkünfte, die nicht nach Absatz 1 abgezogen worden sind, sind in den folgenden Veranlagungszeiträumen bis zu einem Gesamtbetrag der Einkünfte von 1 Million Euro unbeschränkt, darüber hinaus bis zu 60 Prozent des 1 Million Euro übersteigenden Gesamtbetrags der Einkünfte vorrangig vor Sonderausgaben, außergewöhnlichen Belastungen und sonstigen Abzugsbeträgen abzuziehen (Verlustvortrag). [2]Bei Ehegatten, die nach den §§ 26, 26 b zusammenveranlagt werden, tritt an die Stelle des Betrags von 1 Million Euro ein Betrag von 2 Millionen Euro. [3]Der Abzug ist nur insoweit zulässig, als die Verluste nicht nach Absatz 1 abgezogen worden sind und in den vorangegangenen Veranlagungszeiträumen nicht nach Satz 1 und 2 abgezogen werden konnten.

(3) (weggefallen)

(4)[4] [1]Der am Schluss eines Veranlagungszeitraums verbleibende Verlustvortrag ist gesondert festzustellen. [2]Verbleibender Verlustvortrag sind die bei der

---

[1] § 10 c neu gef. mWv VZ 2010 durch G v. 16. 7. 2009 (BGBl. I S. 1959).

[2] Verweis geänd. mWv VZ 2012 durch G v. 1. 11. 2011 (BGBl. I S. 2131); geänd. mWv VZ 2014 durch G v. 25. 7. 2014 (BGBl. I S. 1266); geänd. mWv VZ 2015 durch G v. 22. 12. 2014 (BGBl. I S. 2417).

[3] § 10 d Abs. 1 Satz 1 Beträge geänd. durch G v. 20. 2. 2013 (BGBl. I S. 285).

[4] § 10 d Abs. 4 Sätze 4 und 5 neu gef. durch G v. 8. 12. 2010 (BGBl. I S. 1768).

Ermittlung des Gesamtbetrags der Einkünfte nicht ausgeglichenen negativen Einkünfte, vermindert um die nach Absatz 1 abgezogenen und die nach Absatz 2 abziehbaren Beträge und vermehrt um den auf den Schluss des vorangegangenen Veranlagungszeitraums festgestellten verbleibenden Verlustvortrag. [3]Zuständig für die Feststellung ist das für die Besteuerung zuständige Finanzamt. [4]Bei der Feststellung des verbleibenden Verlustvortrags sind die Besteuerungsgrundlagen so zu berücksichtigen, wie sie den Steuerfestsetzungen des Veranlagungszeitraums, auf dessen Schluss der verbleibende Verlustvortrag festgestellt wird, und des Veranlagungszeitraums, in dem ein Verlustrücktrag vorgenommen werden kann, zu Grunde gelegt worden sind; § 171 Absatz 10, § 175 Absatz 1 Satz 1 Nummer 1 und § 351 Absatz 2 der Abgabenordnung sowie § 42 der Finanzgerichtsordnung gelten entsprechend. [5]Die Besteuerungsgrundlagen dürfen bei der Feststellung nur insoweit abweichend von Satz 4 berücksichtigt werden, wie die Aufhebung, Änderung oder Berichtigung der Steuerbescheide ausschließlich mangels Auswirkung auf die Höhe der festzusetzenden Steuer unterbleibt. [6]Die Feststellungsfrist endet nicht, bevor die Festsetzungsfrist für den Veranlagungszeitraum abgelaufen ist, auf dessen Schluss der verbleibende Verlustvortrag gesondert festzustellen ist; § 181 Absatz 5 der Abgabenordnung ist nur anzuwenden, wenn die zuständige Finanzbehörde die Feststellung des Verlustvortrags pflichtwidrig unterlassen hat.

§ 10 e[1)] Steuerbegünstigung der zu eigenen Wohnzwecken genutzten Wohnung im eigenen Haus. (1) [1]Der Steuerpflichtige kann von den Herstellungskosten einer Wohnung in einem im Inland belegenen eigenen Haus oder einer im Inland belegenen eigenen Eigentumswohnung zuzüglich der Hälfte der Anschaffungskosten für den dazugehörenden Grund und Boden (Bemessungsgrundlage) im Jahr der Fertigstellung und in den drei folgenden Jahren jeweils bis zu 6 Prozent, höchstens jeweils 10 124 Euro, und in den vier darauffolgenden Jahren jeweils bis zu 5 Prozent, höchstens jeweils 8437 Euro, wie Sonderausgaben abziehen. [2]Voraussetzung ist, dass der Steuerpflichtige die Wohnung hergestellt und in dem jeweiligen Jahr des Zeitraums nach Satz 1 (Abzugszeitraum) zu eigenen Wohnzwecken genutzt hat und die Wohnung keine Ferienwohnung oder Wochenendwohnung ist. [3]Eine Nutzung zu eigenen Wohnzwecken liegt auch vor, wenn Teile einer zu eigenen Wohnzwecken genutzten Wohnung unentgeltlich zu Wohnzwecken überlassen werden. [4]Hat der Steuerpflichtige die Wohnung angeschafft, so sind die Sätze 1 bis 3 mit der Maßgabe anzuwenden, dass an die Stelle des Jahres der Fertigstellung das Jahr der Anschaffung und an die Stelle der Herstellungskosten die Anschaffungskosten treten; hat der Steuerpflichtige die Wohnung nicht bis zum Ende des zweiten auf das Jahr der Fertigstellung folgenden Jahres angeschafft, kann er von der Bemessungsgrundlage im Jahr der Anschaffung und in den drei folgenden Jahren höchstens jeweils 4602 Euro und in den vier darauffolgenden Jahren höchstens jeweils 3835 Euro abziehen. [5]§ 6b Absatz 6 gilt sinngemäß. [6]Bei einem Anteil an der zu eigenen Wohnzwecken genutzten Wohnung

---

1) Zur erstmaligen und letztmaligen Anwendung von § 10 e siehe **§ 52 Abs. 19.**
Zur Anwendung im Beitrittsgebiet siehe § 57 Abs. 1.

kann der Steuerpflichtige den entsprechenden Teil der Abzugsbeträge nach Satz 1 wie Sonderausgaben abziehen. [7]Werden Teile der Wohnung nicht zu eigenen Wohnzwecken genutzt, ist die Bemessungsgrundlage um den auf den nicht zu eigenen Wohnzwecken entfallenden Teil zu kürzen. [8]Satz 4 ist nicht anzuwenden, wenn der Steuerpflichtige die Wohnung oder einen Anteil daran von seinem Ehegatten anschafft und bei den Ehegatten die Voraussetzungen des § 26 Absatz 1 vorliegen.

(2) Absatz 1 gilt entsprechend für Herstellungskosten zu eigenen Wohnzwecken genutzter Ausbauten und Erweiterungen an einer im Inland belegenen, zu eigenen Wohnzwecken genutzten Wohnung.

(3) [1]Der Steuerpflichtige kann die Abzugsbeträge nach den Absätzen 1 und 2, die er in einem Jahr des Abzugszeitraums nicht ausgenutzt hat, bis zum Ende des Abzugszeitraums abziehen. [2]Nachträgliche Herstellungskosten oder Anschaffungskosten, die bis zum Ende des Abzugszeitraums entstehen, können vom Jahr ihrer Entstehung an für die Veranlagungszeiträume, in denen der Steuerpflichtige Abzugsbeträge nach den Absätzen 1 und 2 hätte abziehen können, so behandelt werden, als wären sie zu Beginn des Abzugszeitraums entstanden.

(4) [1]Die Abzugsbeträge nach den Absätzen 1 und 2 kann der Steuerpflichtige nur für eine Wohnung oder für einen Ausbau oder eine Erweiterung abziehen. [2]Ehegatten, bei denen die Voraussetzungen des § 26 Absatz 1 vorliegen, können die Abzugsbeträge nach den Absätzen 1 und 2 für insgesamt zwei der in Satz 1 bezeichneten Objekte abziehen, jedoch nicht gleichzeitig für zwei in räumlichem Zusammenhang belegene Objekte, wenn bei den Ehegatten im Zeitpunkt der Herstellung oder Anschaffung der Objekte die Voraussetzungen des § 26 Absatz 1 vorliegen. [3]Den Abzugsbeträgen stehen die erhöhten Absetzungen nach § 7b in der jeweiligen Fassung ab Inkrafttreten des Gesetzes vom 16. Juni 1964 (BGBl. I S. 353) und nach § 15 Absatz 1 bis 4 des Berlinförderungsgesetzes in der jeweiligen Fassung ab Inkrafttreten des Gesetzes vom 11. Juli 1977 (BGBl. I S. 1213) gleich. [4]Nutzt der Steuerpflichtige die Wohnung im eigenen Haus oder die Eigentumswohnung (Erstobjekt) nicht bis zum Ablauf des Abzugszeitraums zu eigenen Wohnzwecken und kann er deshalb die Abzugsbeträge nach den Absätzen 1 und 2 nicht mehr in Anspruch nehmen, so kann er die Abzugsbeträge nach Absatz 1 bei einer weiteren Wohnung im Sinne des Absatzes 1 Satz 1 (Folgeobjekt) in Anspruch nehmen, wenn er das Folgeobjekt innerhalb von zwei Jahren vor und drei Jahren nach Ablauf des Veranlagungszeitraums, in dem er das Erstobjekt letztmals zu eigenen Wohnzwecken genutzt hat, anschafft oder herstellt; Entsprechendes gilt bei einem Ausbau oder einer Erweiterung einer Wohnung. [5]Im Fall des Satzes 4 ist der Abzugszeitraum für das Folgeobjekt um die Anzahl der Veranlagungszeiträume zu kürzen, in denen der Steuerpflichtige für das Erstobjekt die Abzugsbeträge nach den Absätzen 1 und 2 hätte abziehen können; hat der Steuerpflichtige das Folgeobjekt in einem Veranlagungszeitraum, in dem er das Erstobjekt noch zu eigenen Wohnzwecken genutzt hat, hergestellt oder angeschafft oder ausgebaut oder erweitert, so beginnt der Abzugszeitraum für das Folgeobjekt mit Ablauf des Veranlagungszeitraums, in dem der Steuerpflichtige das Erst-

objekt letztmals zu eigenen Wohnzwecken genutzt hat. [6] Für das Folgeobjekt sind die Prozentsätze der vom Erstobjekt verbliebenen Jahre maßgebend. [7] Dem Erstobjekt im Sinne des Satzes 4 steht ein Erstobjekt im Sinne des § 7b Absatz 5 Satz 4 sowie des § 15 Absatz 1 und des § 15b Absatz 1 des Berlinförderungsgesetzes gleich. [8] Ist für den Steuerpflichtigen Objektverbrauch nach den Sätzen 1 bis 3 eingetreten, kann er die Abzugsbeträge nach den Absätzen 1 und 2 für ein weiteres, in dem in Artikel 3 des Einigungsvertrages genannten Gebiet belegenes Objekt abziehen, wenn der Steuerpflichtige oder dessen Ehegatte, bei denen die Voraussetzungen des § 26 Absatz 1 vorliegen, in dem in Artikel 3 des Einigungsvertrages genannten Gebiet zugezogen ist und

1. seinen ausschließlichen Wohnsitz in diesem Gebiet zu Beginn des Veranlagungszeitraums hat oder ihn im Laufe des Veranlagungszeitraums begründet oder
2. bei mehrfachem Wohnsitz einen Wohnsitz in diesem Gebiet hat und sich dort überwiegend aufhält.

[9] Voraussetzung für die Anwendung des Satzes 8 ist, dass die Wohnung im eigenen Haus oder die Eigentumswohnung vor dem 1. Januar 1995 hergestellt oder angeschafft oder der Ausbau oder die Erweiterung vor diesem Zeitpunkt fertig gestellt worden ist. [10] Die Sätze 2 und 4 bis 6 sind für im Satz 8 bezeichnete Objekte sinngemäß anzuwenden.

(5) [1] Sind mehrere Steuerpflichtige Eigentümer einer zu eigenen Wohnzwecken genutzten Wohnung, so ist Absatz 4 mit der Maßgabe anzuwenden, dass der Anteil des Steuerpflichtigen an der Wohnung einer Wohnung gleichsteht; Entsprechendes gilt bei dem Ausbau oder bei der Erweiterung einer zu eigenen Wohnzwecken genutzten Wohnung. [2] Satz 1 ist nicht anzuwenden, wenn Eigentümer der Wohnung der Steuerpflichtige und sein Ehegatte sind und bei den Ehegatten die Voraussetzungen des § 26 Absatz 1 vorliegen. [3] Erwirbt im Fall des Satzes 2 ein Ehegatte infolge Erbfalls einen Miteigentumsanteil an der Wohnung hinzu, so kann er die auf diesen Anteil entfallenden Abzugsbeträge nach den Absätzen 1 und 2 weiter in der bisherigen Höhe abziehen; Entsprechendes gilt, wenn im Fall des Satzes 2 während des Abzugszeitraums die Voraussetzungen des § 26 Absatz 1 wegfallen und ein Ehegatte den Anteil des anderen Ehegatten an der Wohnung erwirbt.

(5a) [1] Die Abzugsbeträge nach den Absätzen 1 und 2 können nur für die Veranlagungszeiträume in Anspruch genommen werden, in denen der Gesamtbetrag der Einkünfte 61 355 Euro, bei nach § 26b zusammenveranlagten Ehegatten 122 710 Euro nicht übersteigt. [2] Eine Nachholung von Abzugsbeträgen nach Absatz 3 Satz 1 ist nur für Veranlagungszeiträume möglich, in denen die in Satz 1 genannten Voraussetzungen vorgelegen haben; Entsprechendes gilt für nachträgliche Herstellungskosten oder Anschaffungskosten im Sinne des Absatzes 3 Satz 2.

(6) [1] Aufwendungen des Steuerpflichtigen, die bis zum Beginn der erstmaligen Nutzung einer Wohnung im Sinne des Absatzes 1 zu eigenen Wohnzwecken entstehen, unmittelbar mit der Herstellung oder Anschaffung des

Gebäudes oder der Eigentumswohnung oder der Anschaffung des dazugehörenden Grund und Bodens zusammenhängen, nicht zu den Herstellungskosten oder Anschaffungskosten der Wohnung oder zu den Anschaffungskosten des Grund und Bodens gehören und die im Fall der Vermietung oder Verpachtung der Wohnung als Werbungskosten abgezogen werden könnten, können wie Sonderausgaben abgezogen werden. [2]Wird eine Wohnung bis zum Beginn der erstmaligen Nutzung zu eigenen Wohnzwecken vermietet oder zu eigenen beruflichen oder eigenen betrieblichen Zwecken genutzt und sind die Aufwendungen Werbungskosten oder Betriebsausgaben, können sie nicht wie Sonderausgaben abgezogen werden. [3]Aufwendungen nach Satz 1, die Erhaltungsaufwand sind und im Zusammenhang mit der Anschaffung des Gebäudes oder der Eigentumswohnung stehen, können insgesamt nur bis zu 15 Prozent der Anschaffungskosten des Gebäudes oder der Eigentumswohnung, höchstens bis zu 15 Prozent von 76694 Euro, abgezogen werden. [4]Die Sätze 1 und 2 gelten entsprechend bei Ausbauten und Erweiterungen an einer zu Wohnzwecken genutzten Wohnung.

(6a) [1]Nimmt der Steuerpflichtige Abzugsbeträge für ein Objekt nach den Absätzen 1 oder 2 in Anspruch oder ist er auf Grund des Absatzes 5a zur Inanspruchnahme von Abzugsbeträgen für ein solches Objekt nicht berechtigt, so kann er die mit diesem Objekt in wirtschaftlichem Zusammenhang stehenden Schuldzinsen, die für die Zeit der Nutzung zu eigenen Wohnzwecken entstehen, im Jahr der Herstellung oder Anschaffung und in den beiden folgenden Kalenderjahren bis zur Höhe von jeweils 12000 Deutsche Mark wie Sonderausgaben abziehen, wenn er das Objekt vor dem 1. Januar 1995 fertiggestellt oder vor diesem Zeitpunkt bis zum Ende des Jahres der Fertigstellung angeschafft hat. [2]Soweit der Schuldzinsenabzug nach Satz 1 nicht in vollem Umfang im Jahr der Herstellung oder Anschaffung in Anspruch genommen werden kann, kann er in dem dritten auf das Jahr der Herstellung oder Anschaffung folgenden Kalenderjahr nachgeholt werden. [3]Absatz 1 Satz 6 gilt sinngemäß.

(7) [1]Sind mehrere Steuerpflichtige Eigentümer einer zu eigenen Wohnzwecken genutzten Wohnung, so können die Abzugsbeträge nach den Absätzen 1 und 2 und die Aufwendungen nach den Absätzen 6 und 6a gesondert und einheitlich festgestellt werden. [2]Die für die gesonderte Feststellung von Einkünften nach § 180 Absatz 1 Nummer 2 Buchstabe a der Abgabenordnung geltenden Vorschriften sind entsprechend anzuwenden.

§ 10f Steuerbegünstigung für zu eigenen Wohnzwecken genutzte Baudenkmale und Gebäude in Sanierungsgebieten und städtebaulichen Entwicklungsbereichen. (1) [1]Der Steuerpflichtige kann Aufwendungen an einem eigenen Gebäude im Kalenderjahr des Abschlusses der Baumaßnahme und in den neun folgenden Kalenderjahren jeweils bis zu 9 Prozent wie Sonderausgaben abziehen, wenn die Voraussetzungen des § 7h oder des § 7i vorliegen. [2]Dies gilt nur, soweit er das Gebäude in dem jeweiligen Kalenderjahr zu eigenen Wohnzwecken nutzt und die Aufwendungen nicht in die Bemessungsgrundlage nach § 10e oder dem Eigenheimzulagengesetz einbezogen hat. [3]Für Zeiträume, für die der Steuerpflichtige erhöhte Absetzungen von Aufwendungen nach § 7h oder § 7i abgezogen hat, kann er für diese Aufwendungen keine Abzugsbeträge nach Satz 1 in Anspruch nehmen. [4]Eine Nutzung zu eigenen Wohnzwecken liegt auch vor, wenn Teile einer zu eigenen Wohnzwecken genutzten Wohnung unentgeltlich zu Wohnzwecken überlassen werden.

(2) [1]Der Steuerpflichtige kann Erhaltungsaufwand, der an einem eigenen Gebäude entsteht und nicht zu den Betriebsausgaben oder Werbungskosten gehört, im Kalenderjahr des Abschlusses der Maßnahme und in den neun folgenden Kalenderjahren jeweils bis zu 9 Prozent wie Sonderausgaben abziehen, wenn die Voraussetzungen des § 11a Absatz 1 in Verbindung mit § 7h Absatz 2 oder des § 11b Satz 1 oder 2 in Verbindung mit § 7i Absatz 1 Satz 2 und Absatz 2 vorliegen. [2]Dies gilt nur, soweit der Steuerpflichtige das Gebäude in dem jeweiligen Kalenderjahr zu eigenen Wohnzwecken nutzt und diese Aufwendungen nicht nach § 10e Absatz 6 oder § 10i abgezogen hat. [3]Soweit der Steuerpflichtige das Gebäude während des Verteilungszeitraums zur Einkunftserzielung nutzt, ist der noch nicht berücksichtigte Teil des Erhaltungsaufwands im Jahr des Übergangs zur Einkunftserzielung wie Sonderausgaben abzuziehen. [4]Absatz 1 Satz 4 ist entsprechend anzuwenden.

(3) [1]Die Abzugsbeträge nach den Absätzen 1 und 2 kann der Steuerpflichtige nur bei einem Gebäude in Anspruch nehmen. [2]Ehegatten, bei denen die Voraussetzungen des § 26 Absatz 1 vorliegen, können die Abzugsbeträge nach den Absätzen 1 und 2 bei insgesamt zwei Gebäuden abziehen. [3]Gebäuden im Sinne der Absätze 1 und 2 stehen Gebäude gleich, für die Abzugsbeträge nach § 52 Absatz 21 Satz 6 in Verbindung mit § 51 Absatz 1 Nummer 2 Buchstabe x oder Buchstabe y des Einkommensteuergesetzes 1987 in der Fassung der Bekanntmachung vom 27. Februar 1987 (BGBl. I S. 657) in Anspruch genommen worden sind; Entsprechendes gilt für Abzugsbeträge nach § 52 Absatz 21 Satz 7.

(4) [1]Sind mehrere Steuerpflichtige Eigentümer eines Gebäudes, so ist Absatz 3 mit der Maßgabe anzuwenden, dass der Anteil des Steuerpflichtigen an einem solchen Gebäude dem Gebäude gleichsteht. [2]Erwirbt ein Miteigentümer, der für seinen Anteil bereits Abzugsbeträge nach Absatz 1 oder Absatz 2 abgezogen hat, einen Anteil an demselben Gebäude hinzu, kann er für danach von ihm durchgeführte Maßnahmen im Sinne der Absätze 1 oder 2 auch die Abzugsbeträge nach den Absätzen 1 und 2 in Anspruch nehmen, die auf den hinzuerworbenen Anteil entfallen. [3]§ 10e Absatz 5 Satz 2 und 3 sowie Absatz 7 ist sinngemäß anzuwenden.

(5) Die Absätze 1 bis 4 sind auf Gebäudeteile, die selbständige unbewegliche Wirtschaftsgüter sind, und auf Eigentumswohnungen entsprechend anzuwenden.

§ 10 g Steuerbegünstigung für schutzwürdige Kulturgüter, die weder zur Einkunftserzielung noch zu eigenen Wohnzwecken genutzt werden. (1) [1]Der Steuerpflichtige kann Aufwendungen für Herstellungs- und Erhaltungsmaßnahmen an eigenen schutzwürdigen Kulturgütern im Inland, soweit sie öffentliche oder private Zuwendungen oder etwaige aus diesen Kulturgütern erzielte Einnahmen übersteigen, im Kalenderjahr des Abschlusses der Maßnahme und in den neun folgenden Kalenderjahren jeweils bis zu 9 Prozent wie Sonderausgaben abziehen. [2]Kulturgüter im Sinne des Satzes 1 sind

1. Gebäude oder Gebäudeteile, die nach den jeweiligen landesrechtlichen Vorschriften ein Baudenkmal sind,
2. Gebäude oder Gebäudeteile, die für sich allein nicht die Voraussetzungen für ein Baudenkmal erfüllen, aber Teil einer nach den jeweiligen landesrechtlichen Vorschriften als Einheit geschützten Gebäudegruppe oder Gesamtanlage sind,
3. gärtnerische, bauliche und sonstige Anlagen, die keine Gebäude oder Gebäudeteile und nach den jeweiligen landesrechtlichen Vorschriften unter Schutz gestellt sind,
4. Mobiliar, Kunstgegenstände, Kunstsammlungen, wissenschaftliche Sammlungen, Bibliotheken oder Archive, die sich seit mindestens 20 Jahren im Besitz der Familie des Steuerpflichtigen befinden oder in das Verzeichnis national wertvollen Kulturgutes oder das Verzeichnis national wertvoller Archive eingetragen sind und deren Erhaltung wegen ihrer Bedeutung für Kunst, Geschichte oder Wissenschaft im öffentlichen Interesse liegt,

wenn sie in einem den Verhältnissen entsprechenden Umfang der wissenschaftlichen Forschung oder der Öffentlichkeit zugänglich gemacht werden, es sei denn, dem Zugang stehen zwingende Gründe des Denkmal- oder Archivschutzes entgegen. [3]Die Maßnahmen müssen nach Maßgabe der geltenden Bestimmungen der Denkmal- und Archivpflege erforderlich und in Abstimmung mit der in Absatz 3 genannten Stelle durchgeführt worden sein; bei Aufwendungen für Herstellungs- und Erhaltungsmaßnahmen an Kulturgütern im Sinne des Satzes 2 Nummer 1 und 2 ist § 7i Absatz 1 Satz 1 bis 4 sinngemäß anzuwenden.

(2) [1]Die Abzugsbeträge nach Absatz 1 Satz 1 kann der Steuerpflichtige nur in Anspruch nehmen, soweit er die schutzwürdigen Kulturgüter im jeweiligen Kalenderjahr weder zur Erzielung von Einkünften im Sinne des § 2 noch Gebäude oder Gebäudeteile zu eigenen Wohnzwecken nutzt und die Aufwendungen nicht nach § 10e Absatz 6, § 10h Satz 3 oder § 10i abgezogen hat. [2]Für Zeiträume, für die der Steuerpflichtige von Aufwendungen Absetzungen für Abnutzung, erhöhte Absetzungen, Sonderabschreibungen oder Beträge nach § 10e Absatz 1 bis 5, den §§ 10f, 10h, 15b des Berlinförderungsgesetzes oder § 7 des Fördergebietsgesetzes abgezogen hat, kann er für diese Aufwendungen keine Abzugsbeträge nach Absatz 1 Satz 1 in Anspruch nehmen; Entsprechendes gilt, wenn der Steuerpflichtige für Aufwendungen die Eigenheimzulage nach dem Eigenheimzulagengesetz in Anspruch genommen hat. [3]Soweit die Kulturgüter während des Zeitraums nach Absatz 1 Satz 1 zur Einkunftserzielung genutzt werden, ist der noch nicht berücksichtigte Teil der Aufwendungen, die auf Erhaltungsarbeiten entfallen, im Jahr des Übergangs zur Einkunftserzielung wie Sonderausgaben abzuziehen.

(3) [1]Der Steuerpflichtige kann den Abzug vornehmen, wenn er durch eine Bescheinigung der nach Landesrecht zuständigen oder von der Landesregierung bestimmten Stelle die Voraussetzungen des Absatzes 1 für das Kulturgut und für die Erforderlichkeit der Aufwendungen nachweist. [2]Hat eine der für Denkmal- oder Archivpflege zuständigen Behörden ihm Zuschüsse gewährt, so hat die Bescheinigung auch deren Höhe zu enthalten; werden ihm solche Zuschüsse nach Ausstellung der Bescheinigung gewährt, so ist diese entsprechend zu ändern.

(4) [1]Die Absätze 1 bis 3 sind auf Gebäudeteile, die selbständige unbewegliche Wirtschaftsgüter sind, sowie auf Eigentumswohnungen und im Teileigentum stehende Räume entsprechend anzuwenden. [2]§ 10e Absatz 7 gilt sinngemäß.

§ 10h[1)] Steuerbegünstigung der unentgeltlich zu Wohnzwecken überlassenen Wohnung im eigenen Haus. [1]Der Steuerpflichtige kann von den Aufwendungen, die ihm durch Baumaßnahmen zur Herstellung einer Wohnung entstanden sind, im Jahr der Fertigstellung und in den drei folgenden Jahren jeweils bis zu 6 Prozent, höchstens jeweils 10 124 Euro, und in den vier darauffolgenden Jahren jeweils bis zu 5 Prozent, höchstens jeweils 8437 Euro, wie Sonderausgaben abziehen. [2]Voraussetzung ist, dass

1. der Steuerpflichtige nach dem 30. September 1991 den Bauantrag gestellt oder mit der Herstellung begonnen hat,
2. die Baumaßnahmen an einem Gebäude im Inland durchgeführt worden sind, in dem der Steuerpflichtige im jeweiligen Jahr des Zeitraums nach Satz 1 eine eigene Wohnung zu eigenen Wohnzwecken nutzt,
3. die Wohnung keine Ferienwohnung oder Wochenendwohnung ist,
4. der Steuerpflichtige die Wohnung insgesamt im jeweiligen Jahr des Zeitraums nach Satz 1 voll unentgeltlich an einen Angehörigen im Sinne des § 15 Absatz 1 Nummer 3 und 4 der Abgabenordnung auf Dauer zu Wohnzwecken überlassen hat und
5. der Steuerpflichtige die Aufwendungen nicht in die Bemessungsgrundlage nach den §§ 10e, 10f Absatz 1, § 10g, 52 Absatz 21 Satz 6 oder nach § 7 des Fördergebietsgesetzes einbezogen hat.

[3]§ 10e Absatz 1 Satz 5 und 6, Absatz 3, 5a, 6 und 7 gilt sinngemäß.

§ 10i[2)] Vorkostenabzug bei einer nach dem Eigenheimzulagengesetz begünstigten Wohnung. (1) [1]Der Steuerpflichtige kann nachstehende Vorkosten wie Sonderausgaben abziehen:

1. eine Pauschale von 1790 Euro im Jahr der Fertigstellung oder Anschaffung, wenn er für die Wohnung im Jahr der Herstellung oder Anschaffung oder in einem der zwei folgenden Jahre eine Eigenheimzulage nach dem Eigenheimzulagengesetz in Anspruch nimmt, und
2. Erhaltungsaufwendungen bis zu 11 504 Euro, die

---

1) Zur letztmaligen Anwendung siehe § 52 Abs. 20.
2) Zur letztmaligen Anwendung siehe § 52 Abs. 21.

a) bis zum Beginn der erstmaligen Nutzung einer Wohnung zu eigenen Wohnzwecken entstanden sind oder

b) bis zum Ablauf des auf das Jahr der Anschaffung folgenden Kalenderjahres entstanden sind, wenn der Steuerpflichtige eine von ihm bisher als Mieter genutzte Wohnung anschafft.

[2]Die Erhaltungsaufwendungen nach Satz 1 Nummer 2 müssen unmittelbar mit der Herstellung oder Anschaffung des Gebäudes oder der Eigentumswohnung zusammenhängen, dürfen nicht zu den Herstellungskosten oder Anschaffungskosten der Wohnung oder zu den Anschaffungskosten des Grund und Bodens gehören und müssten im Fall der Vermietung und Verpachtung der Wohnung als Werbungskosten abgezogen werden können. [3]Wird eine Wohnung bis zum Beginn der erstmaligen Nutzung zu eigenen Wohnzwecken vermietet oder zu eigenen beruflichen oder eigenen betrieblichen Zwecken genutzt und sind die Erhaltungsaufwendungen Werbungskosten oder Betriebsausgaben, können sie nicht wie Sonderausgaben abgezogen werden. [4]Bei einem Anteil an der zu eigenen Wohnzwecken genutzten Wohnung kann der Steuerpflichtige den entsprechenden Teil der Abzugsbeträge nach Satz 1 wie Sonderausgaben abziehen. [5]Die vorstehenden Sätze gelten entsprechend bei Ausbauten und Erweiterungen an einer zu eigenen Wohnzwecken genutzten Wohnung.

(2) [1]Sind mehrere Steuerpflichtige Eigentümer einer zu eigenen Wohnzwecken genutzten Wohnung, können die Aufwendungen nach Absatz 1 gesondert und einheitlich festgestellt werden. [2]Die für die gesonderte Feststellung von Einkünften nach § 180 Absatz 1 Nummer 2 Buchstabe a der Abgabenordnung geltenden Vorschriften sind entsprechend anzuwenden.

6. Vereinnahmung und Verausgabung

§ 11 [Vereinnahmung und Verausgabung] (1) [1]Einnahmen sind innerhalb des Kalenderjahres bezogen, in dem sie dem Steuerpflichtigen zugeflossen sind. [2]Regelmäßig wiederkehrende Einnahmen, die dem Steuerpflichtigen kurze Zeit vor Beginn oder kurze Zeit nach Beendigung des Kalenderjahres, zu dem sie wirtschaftlich gehören, zugeflossen sind, gelten als in diesem Kalenderjahr bezogen. [3]Der Steuerpflichtige kann Einnahmen, die auf einer Nutzungsüberlassung im Sinne des Absatzes 2 Satz 3 beruhen, insgesamt auf den Zeitraum gleichmäßig verteilen, für den die Vorauszahlung geleistet wird. [4]Für Einnahmen aus nichtselbständiger Arbeit gilt § 38a Absatz 1 Satz 2 und 3 und § 40 Absatz 3 Satz 2. [5]Die Vorschriften über die Gewinnermittlung (§ 4 Absatz 1, § 5) bleiben unberührt.

(2) [1]Ausgaben sind für das Kalenderjahr abzusetzen, in dem sie geleistet worden sind. [2]Für regelmäßig wiederkehrende Ausgaben gilt Absatz 1 Satz 2 entsprechend. [3]Werden Ausgaben für eine Nutzungsüberlassung von mehr als fünf Jahren im Voraus geleistet, sind sie insgesamt auf den Zeitraum gleichmäßig zu verteilen, für den die Vorauszahlung geleistet wird. [4]Satz 3 ist auf ein Damnum oder Disagio nicht anzuwenden, soweit dieses marktüblich ist. [5]§ 42 der Abgabenordnung bleibt unberührt. [6]Die Vorschriften über die Gewinnermittlung (§ 4 Absatz 1, § 5) bleiben unberührt.

§ 11 a Sonderbehandlung von Erhaltungsaufwand bei Gebäuden in Sanierungsgebieten und städtebaulichen Entwicklungsbereichen.

(1) [1]Der Steuerpflichtige kann durch Zuschüsse aus Sanierungs- oder Entwicklungsförderungsmitteln nicht gedeckten Erhaltungsaufwand für Maßnahmen im Sinne des § 177 des Baugesetzbuchs an einem im Inland belegenen Gebäude in einem förmlich festgelegten Sanierungsgebiet oder städtebaulichen Entwicklungsbereich auf zwei bis fünf Jahre gleichmäßig verteilen. [2]Satz 1 ist entsprechend anzuwenden auf durch Zuschüsse aus Sanierungs- oder Entwicklungsförderungsmitteln nicht gedeckten Erhaltungsaufwand für Maßnahmen, die der Erhaltung, Erneuerung und funktionsgerechten Verwendung eines Gebäudes im Sinne des Satzes 1 dienen, das wegen seiner geschichtlichen, künstlerischen oder städtebaulichen Bedeutung erhalten bleiben soll, und zu deren Durchführung sich der Eigentümer neben bestimmten Modernisierungsmaßnahmen gegenüber der Gemeinde verpflichtet hat.

(2) [1]Wird das Gebäude während des Verteilungszeitraums veräußert, ist der noch nicht berücksichtigte Teil des Erhaltungsaufwands im Jahr der Veräußerung als Betriebsausgaben oder Werbungskosten abzusetzen. [2]Das Gleiche gilt, wenn ein nicht zu einem Betriebsvermögen gehörendes Gebäude in ein Betriebsvermögen eingebracht oder wenn ein Gebäude aus dem Betriebsvermögen entnommen oder wenn ein Gebäude nicht mehr zur Einkunftserzielung genutzt wird.

(3) Steht das Gebäude im Eigentum mehrerer Personen, ist der in Absatz 1 bezeichnete Erhaltungsaufwand von allen Eigentümern auf den gleichen Zeitraum zu verteilen.

(4) § 7h Absatz 2 und 3 ist entsprechend anzuwenden.

§ 11 b Sonderbehandlung von Erhaltungsaufwand bei Baudenkmalen. [1]Der Steuerpflichtige kann durch Zuschüsse aus öffentlichen Kassen nicht gedeckten Erhaltungsaufwand für ein im Inland belegenes Gebäude oder Gebäudeteil, das nach den jeweiligen landesrechtlichen Vorschriften ein Baudenkmal ist, auf zwei bis fünf Jahre gleichmäßig verteilen, soweit die Aufwendungen nach Art und Umfang zur Erhaltung des Gebäudes oder Gebäudeteils als Baudenkmal oder zu seiner sinnvollen Nutzung erforderlich und die Maßnahmen in Abstimmung mit der in § 7i Absatz 2 bezeichneten Stelle vorgenommen worden sind. [2]Durch Zuschüsse aus öffentlichen Kassen nicht gedeckten Erhaltungsaufwand für ein im Inland belegenes Gebäude oder Gebäudeteil, das für sich allein nicht die Voraussetzungen für ein Baudenkmal erfüllt, aber Teil einer Gebäudegruppe oder Gesamtanlage ist, die nach den jeweiligen landesrechtlichen Vorschriften als Einheit geschützt ist, kann der Steuerpflichtige auf zwei bis fünf Jahre gleichmäßig verteilen, soweit die Aufwendungen nach Art und Umfang zur Erhaltung des schützenswerten äußeren Erscheinungsbildes der Gebäudegruppe oder Gesamtanlage erforderlich und die Maßnahmen in Abstimmung mit der in § 7i Absatz 2 bezeichneten Stelle vorgenommen worden sind. [3]§ 7h Absatz 3 und § 7i Absatz 1 Satz 2 und Absatz 2 sowie § 11a Absatz 2 und 3 sind entsprechend anzuwenden.

7. Nicht abzugsfähige Ausgaben

§ 12 [Nicht abzugsfähige Ausgaben] Soweit in § 10 Absatz 1 Nummer *1, 2 bis 5, 7 und 9* [***ab VZ 2015:*** 2 bis 5, 7 und 9 sowie Absatz 1a Nummer 1],[1] den §§ 10a, 10b und den §§ 33 bis 33b nichts anderes bestimmt ist, dürfen weder bei den einzelnen Einkunftsarten noch vom Gesamtbetrag der Einkünfte abgezogen werden

1. die für den Haushalt des Steuerpflichtigen und für den Unterhalt seiner Familienangehörigen aufgewendeten Beträge. [2]Dazu gehören auch die Aufwendungen für die Lebensführung, die die wirtschaftliche oder gesellschaftliche Stellung des Steuerpflichtigen mit sich bringt, auch wenn sie zur Förderung des Berufs oder der Tätigkeit des Steuerpflichtigen erfolgen;
2. freiwillige Zuwendungen, Zuwendungen auf Grund einer freiwillig begründeten Rechtspflicht und Zuwendungen an eine gegenüber dem Steuerpflichtigen oder seinem Ehegatten gesetzlich unterhaltsberechtigte Person oder deren Ehegatten, auch wenn diese Zuwendungen auf einer besonderen Vereinbarung beruhen;
3. die Steuern vom Einkommen und sonstige Personensteuern sowie die Umsatzsteuer für Umsätze, die Entnahmen sind, und die Vorsteuerbeträge auf Aufwendungen, für die das Abzugsverbot der Nummer 1 oder des § 4 Absatz 5 Satz 1 Nummer 1 bis 5, 7 oder Absatz 7 gilt; das gilt auch für die auf diese Steuern entfallenden Nebenleistungen;
4. in einem Strafverfahren festgesetzte Geldstrafen, sonstige Rechtsfolgen vermögensrechtlicher Art, bei denen der Strafcharakter überwiegt, und Leistungen zur Erfüllung von Auflagen oder Weisungen, soweit die Auflagen oder Weisungen nicht lediglich der Wiedergutmachung des durch die Tat verursachten Schadens dienen;
5.[2] *Aufwendungen des Steuerpflichtigen für seine erstmalige Berufsausbildung oder für ein Erststudium, das zugleich eine Erstausbildung vermittelt, wenn diese Berufsausbildung oder dieses Erststudium nicht im Rahmen eines Dienstverhältnisses stattfindet.*

8. Die einzelnen Einkunftsarten

a) Land- und Forstwirtschaft (§ 2 Absatz 1 Satz 1 Nummer 1)

§ 13 Einkünfte aus Land- und Forstwirtschaft. (1) Einkünfte aus Land- und Forstwirtschaft sind

1. Einkünfte aus dem Betrieb von Landwirtschaft, Forstwirtschaft, Weinbau, Gartenbau und aus allen Betrieben, die Pflanzen und Pflanzenteile mit Hilfe der Naturkräfte gewinnen. [2]Zu diesen Einkünften gehören auch die Einkünfte aus der Tierzucht und Tierhaltung, wenn im Wirtschaftsjahr

---

[1] Verweis geänd. mWv VZ 2012 durch G v. 1. 11. 2011 (BGBl. I S. 2131); geänd. mWv VZ 2015 durch G v. 22. 12. 2014 (BGBl. I S. 2417).

[2] § 12 Nr. 5 neu gef. durch G v. 7. 12. 2011 (BGBl. I S. 2592) und aufgeh. mWv VZ 2015 durch G v. 22. 12. 2014 (BGBl. I S. 2417).

für die ersten 20 Hektar	nicht mehr als 10 Vieheinheiten,
für die nächsten 10 Hektar	nicht mehr als 7 Vieheinheiten,
für die nächsten 20 Hektar	nicht mehr als 6 Vieheinheiten,
für die nächsten 50 Hektar	nicht mehr als 3 Vieheinheiten,
und für die weitere Fläche	nicht mehr als 1,5 Vieheinheiten

je Hektar der vom Inhaber des Betriebs regelmäßig landwirtschaftlich genutzten Fläche erzeugt oder gehalten werden. [3]Die Tierbestände sind nach dem Futterbedarf in Vieheinheiten umzurechnen. [4]§ 51 Absatz 2 bis 5 des Bewertungsgesetzes ist anzuwenden. [5]Die Einkünfte aus Tierzucht und Tierhaltung einer Gesellschaft, bei der die Gesellschafter als Unternehmer (Mitunternehmer) anzusehen sind, gehören zu den Einkünften im Sinne des Satzes 1, wenn die Voraussetzungen des § 51 a des Bewertungsgesetzes erfüllt sind und andere Einkünfte der Gesellschafter aus dieser Gesellschaft zu den Einkünften aus Land- und Forstwirtschaft gehören;

2. Einkünfte aus sonstiger land- und forstwirtschaftlicher Nutzung (§ 62 Bewertungsgesetz);
3. Einkünfte aus Jagd, wenn diese mit dem Betrieb einer Landwirtschaft oder einer Forstwirtschaft im Zusammenhang steht;
4. Einkünfte von Hauberg-, Wald-, Forst- und Laubgenossenschaften und ähnlichen Realgemeinden im Sinne des § 3 Absatz 2 des Körperschaftsteuergesetzes.

(2) Zu den Einkünften im Sinne des Absatzes 1 gehören auch

1. Einkünfte aus einem land- und forstwirtschaftlichen Nebenbetrieb. [2]Als Nebenbetrieb gilt ein Betrieb, der dem land- und forstwirtschaftlichen Hauptbetrieb zu dienen bestimmt ist;
2. der Nutzungswert der Wohnung des Steuerpflichtigen, wenn die Wohnung die bei Betrieben gleicher Art übliche Größe nicht überschreitet und das Gebäude oder der Gebäudeteil nach den jeweiligen landesrechtlichen Vorschriften ein Baudenkmal ist;
3. die Produktionsaufgaberente nach dem Gesetz zur Förderung der Einstellung der landwirtschaftlichen Erwerbstätigkeit.

(3) [1]Die Einkünfte aus Land- und Forstwirtschaft werden bei der Ermittlung des Gesamtbetrags der Einkünfte nur berücksichtigt, soweit sie den Betrag von *670 Euro* [***ab VZ 2015:*** 900 Euro][1)] übersteigen. [2]Satz 1 ist nur anzuwenden, wenn die Summe der Einkünfte 30 700 Euro nicht übersteigt. [3]Im Fall der Zusammenveranlagung von Ehegatten verdoppeln sich die Beträge der Sätze 1 und 2.

(4) [1]Absatz 2 Nummer 2 findet nur Anwendung, sofern im Veranlagungszeitraum 1986 bei einem Steuerpflichtigen für die von ihm zu eigenen Wohnzwecken oder zu Wohnzwecken des Altenteilers genutzte Wohnung die Voraussetzungen für die Anwendung des § 13 Absatz 2 Nummer 2 des Einkommensteuergesetzes in der Fassung der Bekanntmachung vom 16. April 1997 (BGBl. I S. 821) vorlagen. [2]Der Steuerpflichtige kann für einen Veran-

---

1) Betrag geänd. mWv VZ 2015 durch G v. 22. 12. 2014 (BGBl. I S. 2417).

lagungszeitraum nach dem Veranlagungszeitraum 1998 unwiderruflich beantragen, dass Absatz 2 Nummer 2 ab diesem Veranlagungszeitraum nicht mehr angewendet wird. [3] § 52 Absatz 21 Satz 4 und 6 des Einkommensteuergesetzes in der Fassung der Bekanntmachung vom 16. April 1997 (BGBl. I S. 821) ist entsprechend anzuwenden. [4] Im Fall des Satzes 2 gelten die Wohnung des Steuerpflichtigen und die Altenteilerwohnung sowie der dazugehörende Grund und Boden zu dem Zeitpunkt als entnommen, bis zu dem Absatz 2 Nummer 2 letztmals angewendet wird. [5] Der Entnahmegewinn bleibt außer Ansatz. [6] Werden

1. die Wohnung und der dazugehörende Grund und Boden entnommen oder veräußert, bevor sie nach Satz 4 als entnommen gelten, oder
2. eine vor dem 1. Januar 1987 einem Dritten entgeltlich zur Nutzung überlassene Wohnung und der dazugehörende Grund und Boden für eigene Wohnzwecke oder für Wohnzwecke eines Altenteilers entnommen,

bleibt der Entnahme- oder Veräußerungsgewinn ebenfalls außer Ansatz; Nummer 2 ist nur anzuwenden, soweit nicht Wohnungen vorhanden sind, die Wohnzwecken des Eigentümers des Betriebs oder Wohnzwecken eines Altenteilers dienen und die unter Satz 4 oder unter Nummer 1 fallen.

(5) Wird Grund und Boden dadurch entnommen, dass auf diesem Grund und Boden die Wohnung des Steuerpflichtigen oder eine Altenteilerwohnung errichtet wird, bleibt der Entnahmegewinn außer Ansatz; der Steuerpflichtige kann die Regelung nur für eine zu eigenen Wohnzwecken genutzte Wohnung und für eine Altenteilerwohnung in Anspruch nehmen.

(6) [1] Werden einzelne Wirtschaftsgüter eines land- und forstwirtschaftlichen Betriebs auf einen der gemeinschaftlichen Tierhaltung dienenden Betrieb im Sinne des § 34 Absatz 6a des Bewertungsgesetzes einer Erwerbs- und Wirtschaftsgenossenschaft oder eines Vereins gegen Gewährung von Mitgliedsrechten übertragen, so ist die auf den dabei entstehenden Gewinn entfallende Einkommensteuer auf Antrag in jährlichen Teilbeträgen zu entrichten. [2] Der einzelne Teilbetrag muss mindestens ein Fünftel dieser Steuer betragen.

(7)[1] § 15 Absatz 1 Satz 1 Nummer 2, Absatz 1a, Absatz 2 Satz 2 und 3, §§ 15a und 15b sind entsprechend anzuwenden.

[***Fassung bis 30. Dezember 2015:***][2]

§ 13 a Ermittlung des Gewinns aus Land- und Forstwirtschaft nach Durchschnittssätzen. (1) [1] Der Gewinn ist für einen Betrieb der Land- und Forstwirtschaft nach den Absätzen 3 bis 6 zu ermitteln, wenn

1. der Steuerpflichtige nicht auf Grund gesetzlicher Vorschriften verpflichtet ist, Bücher zu führen und regelmäßig Abschlüsse zu machen, und
2. die selbst bewirtschaftete Fläche der landwirtschaftlichen Nutzung (§ 34 Absatz 2 Nummer 1 Buchstabe a des Bewertungsgesetzes) ohne Sonderkulturen (§ 52 des Bewertungsgesetzes) nicht 20 Hektar überschreitet und

---

[1] Zur Anwendung siehe § 52 Abs. 22.

[2] Zur Anwendung dieser Fassung siehe **§ 52 Abs. 22a** Sätze 1 und 3. Neue Fassung ab 31. 12. 2015 im Anschluss.

3. die Tierbestände insgesamt 50 Vieheinheiten (Anlage 1 zum Bewertungsgesetz) nicht übersteigen und
4. der Wert der selbst bewirtschafteten Sondernutzungen nach Absatz 5 nicht mehr als 2000 Deutsche Mark je Sondernutzung beträgt.

[2] Der Gewinn ist letztmalig für das Wirtschaftsjahr nach Durchschnittssätzen zu ermitteln, das nach Bekanntgabe der Mitteilung endet, durch die die Finanzbehörde auf den Beginn der Buchführungspflicht (§ 141 Absatz 2 der Abgabenordnung) oder den Wegfall einer anderen Voraussetzung des Satzes 1 hingewiesen hat.

(2) [1] Auf Antrag des Steuerpflichtigen ist für einen Betrieb im Sinne des Absatzes 1 der Gewinn für vier aufeinander folgende Wirtschaftsjahre nicht nach den Absätzen 3 bis 6 zu ermitteln.[1)] [2] Wird der Gewinn eines dieser Wirtschaftsjahre durch den Steuerpflichtigen nicht durch Betriebsvermögensvergleich oder durch Vergleich der Betriebseinnahmen mit den Betriebsausgaben ermittelt, ist der Gewinn für den gesamten Zeitraum von vier Wirtschaftsjahren nach den Absätzen 3 bis 6 zu ermitteln. [3] Der Antrag ist bis zur Abgabe der Steuererklärung, jedoch spätestens zwölf Monate nach Ablauf des ersten Wirtschaftsjahres, auf das er sich bezieht, schriftlich zu stellen. [4] Er kann innerhalb dieser Frist zurückgenommen werden.

(3) [1] Durchschnittssatzgewinn ist die Summe aus
1. dem Grundbetrag (Absatz 4),
2. den Zuschlägen für Sondernutzungen (Absatz 5),
3. den nach Absatz 6 gesondert zu ermittelnden Gewinnen,
4. den vereinnahmten Miet- und Pachtzinsen,
5. den vereinnahmten Kapitalerträgen, die sich aus Kapitalanlagen von Veräußerungserlösen im Sinne des Absatzes 6 Satz 1 Nummer 2 ergeben.

[2] Abzusetzen sind verausgabte Pachtzinsen und diejenigen Schuldzinsen und dauernden Lasten, die Betriebsausgaben sind. [3] Die abzusetzenden Beträge dürfen insgesamt nicht zu einem Verlust führen.

(4) [1] Die Höhe des Grundbetrags richtet sich bei der landwirtschaftlichen Nutzung ohne Sonderkulturen nach dem Hektarwert (§ 40 Absatz 1 Satz 3 des Bewertungsgesetzes) der selbst bewirtschafteten Fläche. [2] Je Hektar der landwirtschaftlichen Nutzung sind anzusetzen

1. bei einem Hektarwert bis 300 Deutsche Mark	205 Euro,
2. bei einem Hektarwert über 300 Deutsche Mark bis 500 Deutsche Mark	307 Euro,
3. bei einem Hektarwert über 500 Deutsche Mark bis 1000 Deutsche Mark	358 Euro,
4. bei einem Hektarwert über 1000 Deutsche Mark bis 1500 Deutsche Mark	410 Euro,
5. bei einem Hektarwert über 1500 Deutsche Mark bis 2000 Deutsche Mark	461 Euro,
6. bei einem Hektarwert über 2000 Deutsche Mark	512 Euro.

[1)] Zur Weitergeltung vgl. **§ 52 Abs. 22 a Satz 3.**

(5) [1]Als Sondernutzungen gelten die in § 34 Absatz 2 Nummer 1 Buchstabe b bis e des Bewertungsgesetzes genannten Nutzungen, die in § 34 Absatz 2 Nummer 2 des Bewertungsgesetzes genannten Wirtschaftsgüter, die Nebenbetriebe (§ 34 Absatz 2 Nummer 3 Bewertungsgesetz) und die Sonderkulturen (§ 52 Bewertungsgesetz). [2]Die Werte der Sondernutzungen sind aus den jeweils zuletzt festgestellten Einheitswerten oder den nach § 125 des Bewertungsgesetzes ermittelten Ersatzwirtschaftswerten abzuleiten. [3]Bei Sondernutzungen, deren Werte jeweils 500 Deutsche Mark übersteigen, ist für jede Sondernutzung ein Zuschlag von 512 Euro zu machen. [4]Satz 3 ist bei der forstwirtschaftlichen Nutzung nicht anzuwenden.

(6) [1]In den Durchschnittssatzgewinn sind über die nach den Absätzen 4 und 5 zu ermittelnden Beträge hinaus auch Gewinne, soweit sie insgesamt 1534 Euro übersteigen, einzubeziehen aus

1. der forstwirtschaftlichen Nutzung,
2. der Veräußerung oder Entnahme von Grund und Boden und Gebäuden sowie der im Zusammenhang mit einer Betriebsumstellung stehenden Veräußerung oder Entnahme von Wirtschaftsgütern des übrigen Anlagevermögens,
3. Dienstleistungen und vergleichbaren Tätigkeiten, sofern diese dem Bereich der Land- und Forstwirtschaft zugerechnet und nicht für andere Betriebe der Land- und Forstwirtschaft erbracht werden,
4. der Auflösung von Rücklagen nach § 6 c und von Rücklagen für Ersatzbeschaffung.

[2]Bei der Ermittlung der Gewinne nach Satz 1 Nummer 1 und 2 ist § 4 Absatz 3 entsprechend anzuwenden. [3]Der Gewinn aus den in Nummer 3 genannten Tätigkeiten beträgt 35 Prozent der Einnahmen.

[***Fassung ab dem 31. Dezember 2015:***][1)]

§ 13 a Ermittlung des Gewinns aus Land- und Forstwirtschaft nach Durchschnittssätzen. (1) [1]Der Gewinn eines Betriebs der Land- und Forstwirtschaft ist nach den Absätzen 3 bis 7 zu ermitteln, wenn

1. der Steuerpflichtige nicht auf Grund gesetzlicher Vorschriften verpflichtet ist, für den Betrieb Bücher zu führen und regelmäßig Abschlüsse zu machen und
2. in diesem Betrieb am 15. Mai innerhalb des Wirtschaftsjahres Flächen der landwirtschaftlichen Nutzung (§ 160 Absatz 2 Satz 1 Nummer 1 Buchstabe a des Bewertungsgesetzes) selbst bewirtschaftet werden und diese Flächen 20 Hektar ohne Sondernutzungen nicht überschreiten und
3. die Tierbestände insgesamt 50 Vieheinheiten (§ 13 Absatz 1 Nummer 1) nicht übersteigen und
4. die selbst bewirtschafteten Flächen der forstwirtschaftlichen Nutzung (§ 160 Absatz 2 Satz 1 Nummer 1 Buchstabe b des Bewertungsgesetzes) 50 Hektar nicht überschreiten und

---

1) § 13 a neu gef. durch G v. 22. 12. 2014 (BGBl. I S. 2417); zur Anwendung siehe **§ 52 Abs. 22 a Satz 2.**

5. die selbst bewirtschafteten Flächen der Sondernutzungen (Absatz 6) die in Anlage 1 a Nummer 2 Spalte 2 genannten Grenzen nicht überschreiten.

[2] Satz 1 ist auch anzuwenden, wenn nur Sondernutzungen bewirtschaftet werden und die in Anlage 1 a Nummer 2 Spalte 2 genannten Grenzen nicht überschritten werden. [3] Die Sätze 1 und 2 gelten nicht, wenn der Betrieb im laufenden Wirtschaftsjahr im Ganzen zur Bewirtschaftung als Eigentümer, Miteigentümer, Nutzungsberechtigter oder durch Umwandlung übergegangen ist und der Gewinn bisher nach § 4 Absatz 1 oder 3 ermittelt wurde. [4] Der Gewinn ist letztmalig für das Wirtschaftsjahr nach Durchschnittssätzen zu ermitteln, das nach Bekanntgabe der Mitteilung endet, durch die die Finanzbehörde auf den Beginn der Buchführungspflicht (§ 141 Absatz 2 der Abgabenordnung) oder auf den Wegfall einer anderen Voraussetzung des Satzes 1 hingewiesen hat. [5] Der Gewinn ist erneut nach Durchschnittssätzen zu ermitteln, wenn die Voraussetzungen des Satzes 1 wieder vorliegen und ein Antrag nach Absatz 2 nicht gestellt wird.

(2) [1] Auf Antrag des Steuerpflichtigen ist für einen Betrieb im Sinne des Absatzes 1 der Gewinn für vier aufeinander folgende Wirtschaftsjahre nicht nach den Absätzen 3 bis 7 zu ermitteln. [2] Wird der Gewinn eines dieser Wirtschaftsjahre durch den Steuerpflichtigen nicht nach § 4 Absatz 1 oder 3 ermittelt, ist der Gewinn für den gesamten Zeitraum von vier Wirtschaftsjahren nach den Absätzen 3 bis 7 zu ermitteln. [3] Der Antrag ist bis zur Abgabe der Steuererklärung, jedoch spätestens zwölf Monate nach Ablauf des ersten Wirtschaftsjahres, auf das er sich bezieht, schriftlich zu stellen. [4] Er kann innerhalb dieser Frist zurückgenommen werden.

(3) [1] Durchschnittssatzgewinn ist die Summe aus

1. dem Gewinn der landwirtschaftlichen Nutzung,
2. dem Gewinn der forstwirtschaftlichen Nutzung,
3. dem Gewinn der Sondernutzungen,
4. den Sondergewinnen,
5. den Einnahmen aus Vermietung und Verpachtung von Wirtschaftsgütern des land- und forstwirtschaftlichen Betriebsvermögens,
6. den Einnahmen aus Kapitalvermögen, soweit sie zu den Einkünften aus Land- und Forstwirtschaft gehören (§ 20 Absatz 8).

[2] Die Vorschriften von § 4 Absatz 4 a, § 6 Absatz 2 und 2 a sowie zum Investitionsabzugsbetrag und zu Sonderabschreibungen finden keine Anwendung. [3] Bei abnutzbaren Wirtschaftsgütern des Anlagevermögens gilt die Absetzung für Abnutzung in gleichen Jahresbeträgen nach § 7 Absatz 1 Satz 1 bis 5 als in Anspruch genommen. [4] Die Gewinnermittlung ist nach amtlich vorgeschriebenem Datensatz durch Datenfernübertragung spätestens mit der Steuererklärung zu übermitteln. [5] Auf Antrag kann die Finanzbehörde zur Vermeidung unbilliger Härten auf eine elektronische Übermittlung verzichten; in diesem Fall ist der Steuererklärung eine Gewinnermittlung nach amtlich vorgeschriebenem Vordruck beizufügen. [6] § 150 Absatz 7 und 8 der Abgabenordnung gilt entsprechend.

(4) [1]Der Gewinn aus der landwirtschaftlichen Nutzung ist die nach den Grundsätzen des § 4 Absatz 1 ermittelte Summe aus dem Grundbetrag für die selbst bewirtschafteten Flächen und den Zuschlägen für Tierzucht und Tierhaltung. [2]Als Grundbetrag je Hektar der landwirtschaftlichen Nutzung (§ 160 Absatz 2 Satz 1 Nummer 1 Buchstabe a des Bewertungsgesetzes) ist der sich aus Anlage 1 a ergebende Betrag vervielfältigt mit der selbst bewirtschafteten Fläche anzusetzen. [3]Als Zuschlag für Tierzucht und Tierhaltung ist im Wirtschaftsjahr je Vieheinheit der sich aus Anlage 1 a jeweils ergebende Betrag vervielfältigt mit den Vieheinheiten anzusetzen.

(5) Der Gewinn aus der forstwirtschaftlichen Nutzung (§ 160 Absatz 2 Satz 1 Nummer 1 Buchstabe b des Bewertungsgesetzes) ist nach § 51 der Einkommensteuer-Durchführungsverordnung zu ermitteln.

(6) [1]Als Sondernutzungen gelten die in § 160 Absatz 2 Satz 1 Nummer 1 Buchstabe c bis e des Bewertungsgesetzes in Verbindung mit Anlage 1 a Nummer 2 genannten Nutzungen. [2]Bei Sondernutzungen, die die in Anlage 1 a Nummer 2 Spalte 3 genannten Grenzen überschreiten, ist ein Gewinn von 1000 Euro je Sondernutzung anzusetzen. [3]Für die in Anlage 1 a Nummer 2 nicht genannten Sondernutzungen ist der Gewinn nach § 4 Absatz 3 zu ermitteln.

(7) [1]Nach § 4 Absatz 3 zu ermittelnde Sondergewinne sind

1. Gewinne
   a) aus der Veräußerung oder Entnahme von Grund und Boden und dem dazugehörigen Aufwuchs, den Gebäuden, den immateriellen Wirtschaftsgütern und den Beteiligungen; § 55 ist anzuwenden;
   b) aus der Veräußerung oder Entnahme der übrigen Wirtschaftsgüter des Anlagevermögens und von Tieren, wenn der Veräußerungspreis oder der an dessen Stelle tretende Wert für das jeweilige Wirtschaftsgut mehr als 15 000 Euro betragen hat;
   c) aus Entschädigungen, die gewährt worden sind für den Verlust, den Untergang oder die Wertminderung der in den Buchstaben a und b genannten Wirtschaftsgüter;
   d) aus der Auflösung von Rücklagen;
2. Betriebseinnahmen oder Betriebsausgaben nach § 9 b Absatz 2;
3. Einnahmen aus dem Grunde nach gewerblichen Tätigkeiten, die dem Bereich der Land- und Forstwirtschaft zugerechnet werden, abzüglich der pauschalen Betriebsausgaben nach Anlage 1 a Nummer 3;
4. Rückvergütungen nach § 22 des Körperschaftsteuergesetzes aus Hilfs- und Nebengeschäften.

[2]Die Anschaffungs- oder Herstellungskosten bei Wirtschaftsgütern des abnutzbaren Anlagevermögens mindern sich für die Dauer der Durchschnittssatzgewinnermittlung mit dem Ansatz der Gewinne nach den Absätzen 4 bis 6 um die Absetzung für Abnutzung in gleichen Jahresbeträgen. [3]Die Wirtschaftsgüter im Sinne des Satzes 1 Nummer 1 Buchstabe a sind unter Angabe des Tages der Anschaffung oder Herstellung und der Anschaffungs- oder Herstellungskosten oder des an deren Stelle getretenen Werts in besondere, lau-

fend zu führende Verzeichnisse aufzunehmen. [4]Absatz 3 Satz 4 bis 6 gilt entsprechend.

(8) Das Bundesministerium der Finanzen wird ermächtigt, durch Rechtsverordnung mit Zustimmung des Bundesrates die Anlage 1 a dadurch zu ändern, dass es die darin aufgeführten Werte turnusmäßig an die Ergebnisse der Erhebungen nach § 2 des Landwirtschaftsgesetzes und im Übrigen an Erhebungen der Finanzverwaltung anpassen kann.

§ 14 Veräußerung des Betriebs. [1]Zu den Einkünften aus Land- und Forstwirtschaft gehören auch Gewinne, die bei der Veräußerung eines land- oder forstwirtschaftlichen Betriebs oder Teilbetriebs oder eines Anteils an einem land- und forstwirtschaftlichen Betriebsvermögen erzielt werden. [2]§ 16 gilt entsprechend mit der Maßgabe, dass der Freibetrag nach § 16 Absatz 4 nicht zu gewähren ist, wenn der Freibetrag nach § 14 a Absatz 1 gewährt wird.

§ 14 a Vergünstigungen bei der Veräußerung bestimmter land- und forstwirtschaftlicher Betriebe. (1) [1]Veräußert ein Steuerpflichtiger nach dem 30. Juni 1970 und vor dem 1. Januar 2001 seinen land- und forstwirtschaftlichen Betrieb im Ganzen, so wird auf Antrag der Veräußerungsgewinn (§ 16 Absatz 2) nur insoweit zur Einkommensteuer herangezogen, als er den Betrag von 150 000 Deutsche Mark übersteigt, wenn

1. der für den Zeitpunkt der Veräußerung maßgebende Wirtschaftswert (§ 46 des Bewertungsgesetzes) des Betriebs 40 000 Deutsche Mark nicht übersteigt,
2. die Einkünfte des Steuerpflichtigen im Sinne des § 2 Absatz 1 Satz 1 Nummer 2 bis 7 in den dem Veranlagungszeitraum der Veräußerung vorangegangenen beiden Veranlagungszeiträumen jeweils den Betrag von 35 000 Deutsche Mark nicht überstiegen haben. [2]Bei Ehegatten, die nicht dauernd getrennt leben, gilt Satz 1 mit der Maßgabe, dass die Einkünfte beider Ehegatten zusammen jeweils 70 000 Deutsche Mark nicht überstiegen haben.

[2]Ist im Zeitpunkt der Veräußerung ein nach Nummer 1 maßgebender Wirtschaftswert nicht festgestellt oder sind bis zu diesem Zeitpunkt die Voraussetzungen für eine Wertfortschreibung erfüllt, so ist der Wert maßgebend, der sich für den Zeitpunkt der Veräußerung als Wirtschaftswert ergeben würde.

(2) [1]Der Anwendung des Absatzes 1 und des § 34 Absatz 1 steht nicht entgegen, wenn die zum land- und forstwirtschaftlichen Vermögen gehörenden Gebäude mit dem dazugehörigen Grund und Boden nicht mitveräußert werden. [2]In diesem Fall gelten die Gebäude mit dem dazugehörigen Grund und Boden als entnommen. [3]Der Freibetrag kommt auch dann in Betracht, wenn zum Betrieb ein forstwirtschaftlicher Teilbetrieb gehört und dieser nicht mitveräußert, sondern als eigenständiger Betrieb vom Steuerpflichtigen fortgeführt wird. [4]In diesem Fall ermäßigt sich der Freibetrag auf den Teil, der dem Verhältnis des tatsächlich entstandenen Veräußerungsgewinns zu dem bei einer Veräußerung des ganzen land- und forstwirtschaftlichen Betriebs erzielbaren Veräußerungsgewinn entspricht.

(3) [1] Als Veräußerung gilt auch die Aufgabe des Betriebs, wenn

1. die Voraussetzungen des Absatzes 1 erfüllt sind und
2. der Steuerpflichtige seinen land- und forstwirtschaftlichen Betrieb zum Zweck der Strukturverbesserung abgegeben hat und dies durch eine Bescheinigung der nach Landesrecht zuständigen Stelle nachweist.

[2] § 16 Absatz 3 Satz 4 und 5 gilt entsprechend.

(4) [1] Veräußert oder entnimmt ein Steuerpflichtiger nach dem 31. Dezember 1979 und vor dem 1. Januar 2006 Teile des zu einem land- und forstwirtschaftlichen Betrieb gehörenden Grund und Bodens, so wird der bei der Veräußerung oder der Entnahme entstehende Gewinn auf Antrag nur insoweit zur Einkommensteuer herangezogen, als er den Betrag von 61 800 Euro übersteigt. [2] Satz 1 ist nur anzuwenden, wenn

1. der Veräußerungspreis nach Abzug der Veräußerungskosten oder der Grund und Boden innerhalb von zwölf Monaten nach der Veräußerung oder Entnahme in sachlichem Zusammenhang mit der Hoferbfolge oder Hofübernahme zur Abfindung weichender Erben verwendet wird und
2. das Einkommen des Steuerpflichtigen ohne Berücksichtigung des Gewinns aus der Veräußerung oder Entnahme und des Freibetrags in dem dem Veranlagungszeitraum der Veräußerung oder Entnahme vorangegangenen Veranlagungszeitraum den Betrag von 18 000 Euro, nicht überstiegen hat; bei Ehegatten, die nach den §§ 26, 26 b zusammen veranlagt werden, erhöht sich der Betrag von 18 000 Euro auf 36 000 Euro.

[3] Übersteigt das Einkommen den Betrag von 18 000 Euro, so vermindert sich der Betrag von 61 800 Euro nach Satz 1 je angefangene 250 Euro des übersteigenden Einkommens um 10 300 Euro; bei Ehegatten, die nach den §§ 26, 26 b zusammen veranlagt werden und deren Einkommen den Betrag von 36 000 Euro übersteigt, vermindert sich der Betrag von 61 800 Euro nach Satz 1 je angefangene 500 Euro des übersteigenden Einkommens um 10 300 Euro. [4] Werden mehrere weichende Erben abgefunden, so kann der Freibetrag mehrmals, jedoch insgesamt nur einmal je weichender Erbe geltend gemacht werden, auch wenn die Abfindung in mehreren Schritten oder durch mehrere Inhaber des Betriebs vorgenommen wird. [5] Weichender Erbe ist, wer gesetzlicher Erbe eines Inhabers eines land- und forstwirtschaftlichen Betriebs ist oder

(Fortsetzung nächstes Blatt)

bei gesetzlicher Erbfolge wäre, aber nicht zur Übernahme des Betriebs berufen ist; eine Stellung als Mitunternehmer des Betriebs bis zur Auseinandersetzung steht einer Behandlung als weichender Erbe nicht entgegen, wenn sich die Erben innerhalb von zwei Jahren nach dem Erbfall auseinandersetzen. [6]Ist ein zur Übernahme des Betriebs berufener Miterbe noch minderjährig, beginnt die Frist von zwei Jahren mit Eintritt der Volljährigkeit.

(5) [1]Veräußert ein Steuerpflichtiger nach dem 31. Dezember 1985 und vor dem 1. Januar 2001 Teile des zu einem land- und forstwirtschaftlichen Betrieb gehörenden Grund und Bodens, so wird der bei der Veräußerung entstehende Gewinn auf Antrag nur insoweit zur Einkommensteuer herangezogen, als er den Betrag von 90 000 Deutsche Mark übersteigt, wenn

1. der Steuerpflichtige den Veräußerungspreis nach Abzug der Veräußerungskosten zur Tilgung von Schulden verwendet, die zu dem land- und forstwirtschaftlichen Betrieb gehören und vor dem 1. Juli 1985 bestanden haben, und
2. die Voraussetzungen des Absatzes 4 Satz 2 Nummer 2 erfüllt sind.

[2]Übersteigt das Einkommen den Betrag von 35 000 Deutsche Mark, so vermindert sich der Betrag von 90 000 Deutsche Mark nach Satz 1 für jede angefangenen 500 Deutsche Mark des übersteigenden Einkommens um 15 000 Deutsche Mark; bei Ehegatten, die nach den §§ 26, 26 b zusammen veranlagt werden und bei denen das Einkommen den Betrag von 70 000 Deutsche Mark übersteigt, vermindert sich der Betrag von 90 000 Deutsche Mark nach Satz 1 für jede angefangenen 1000 Deutsche Mark des übersteigenden Einkommens um 15 000 Deutsche Mark. [3]Der Freibetrag von höchstens 90 000 Deutsche Mark wird für alle Veräußerungen im Sinne des Satzes 1 insgesamt nur einmal gewährt.

(6) Verwendet der Steuerpflichtige den Veräußerungspreis oder entnimmt er den Grund und Boden nur zum Teil zu den in den Absätzen 4 und 5 angegebenen Zwecken, so ist nur der entsprechende Teil des Gewinns aus der Veräußerung oder Entnahme steuerfrei.

(7) Auf die Freibeträge nach Absatz 4 in dieser Fassung sind die Freibeträge, die nach Absatz 4 in den vor dem 1. Januar 1986 geltenden Fassungen gewährt worden sind, anzurechnen.

b) Gewerbebetrieb (§ 2 Absatz 1 Satz 1 Nummer 2)

§ 15 Einkünfte aus Gewerbebetrieb. (1) [1]Einkünfte aus Gewerbebetrieb sind

1. Einkünfte aus gewerblichen Unternehmen. [2]Dazu gehören auch Einkünfte aus gewerblicher Bodenbewirtschaftung, z. B. aus Bergbauunternehmen und aus Betrieben zur Gewinnung von Torf, Steinen und Erden, soweit sie nicht land- oder forstwirtschaftliche Nebenbetriebe sind;
2. die Gewinnanteile der Gesellschafter einer Offenen Handelsgesellschaft, einer Kommanditgesellschaft und einer anderen Gesellschaft, bei der der Gesellschafter als Unternehmer (Mitunternehmer) des Betriebs anzusehen ist, und die Vergütungen, die der Gesellschafter von der Gesellschaft für sei-

ne Tätigkeit im Dienst der Gesellschaft oder für die Hingabe von Darlehen oder für die Überlassung von Wirtschaftsgütern bezogen hat. [2]Der mittelbar über eine oder mehrere Personengesellschaften beteiligte Gesellschafter steht dem unmittelbar beteiligten Gesellschafter gleich; er ist als Mitunternehmer des Betriebs der Gesellschaft anzusehen, an der er mittelbar beteiligt ist, wenn er und die Personengesellschaften, die seine Beteiligung vermitteln, jeweils als Mitunternehmer der Betriebe der Personengesellschaften anzusehen sind, an denen sie unmittelbar beteiligt sind;

3. die Gewinnanteile der persönlich haftenden Gesellschafter einer Kommanditgesellschaft auf Aktien, soweit sie nicht auf Anteile am Grundkapital entfallen, und die Vergütungen, die der persönlich haftende Gesellschafter von der Gesellschaft für seine Tätigkeit im Dienst der Gesellschaft oder für die Hingabe von Darlehen oder für die Überlassung von Wirtschaftsgütern bezogen hat.

[2]Satz 1 Nummer 2 und 3 gilt auch für Vergütungen, die als nachträgliche Einkünfte (§ 24 Nummer 2) bezogen werden. [3]§ 13 Absatz 5 gilt entsprechend, sofern das Grundstück im Veranlagungszeitraum 1986 zu einem gewerblichen Betriebsvermögen gehört hat.

(1 a)[1)] [1]In den Fällen des § 4 Absatz 1 Satz 5 ist der Gewinn aus einer späteren Veräußerung der Anteile ungeachtet der Bestimmungen eines Abkommens zur Vermeidung der Doppelbesteuerung in der gleichen Art und Weise zu besteuern, wie die Veräußerung dieser Anteile an der Europäischen Gesellschaft oder Europäischen Genossenschaft zu besteuern gewesen wäre, wenn keine Sitzverlegung stattgefunden hätte. [2]Dies gilt auch, wenn später die Anteile verdeckt in eine Kapitalgesellschaft eingelegt werden, die Europäische Gesellschaft oder Europäische Genossenschaft aufgelöst wird oder wenn ihr Kapital herabgesetzt und zurückgezahlt wird oder wenn Beträge aus dem steuerlichen Einlagenkonto im Sinne des § 27 des Körperschaftsteuergesetzes ausgeschüttet oder zurückgezahlt werden.

(2) [1]Eine selbständige nachhaltige Betätigung, die mit der Absicht, Gewinn zu erzielen, unternommen wird und sich als Beteiligung am allgemeinen wirtschaftlichen Verkehr darstellt, ist Gewerbebetrieb, wenn die Betätigung weder als Ausübung von Land- und Forstwirtschaft noch als Ausübung eines freien Berufs noch als eine andere selbständige Arbeit anzusehen ist. [2]Eine durch die Betätigung verursachte Minderung der Steuern vom Einkommen ist kein Gewinn im Sinne des Satzes 1. [3]Ein Gewerbebetrieb liegt, wenn seine Voraussetzungen im Übrigen gegeben sind, auch dann vor, wenn die Gewinnerzielungsabsicht nur ein Nebenzweck ist.

(3) Als Gewerbebetrieb gilt in vollem Umfang die mit Einkünfteerzielungsabsicht unternommene Tätigkeit

1. einer offenen Handelsgesellschaft, einer Kommanditgesellschaft oder einer anderen Personengesellschaft, wenn die Gesellschaft auch eine Tätigkeit im Sinne des Absatzes 1 *Nummer 1*[2)] ausübt oder gewerbliche Einkünfte im Sinne des Absatzes 1 Satz 1 Nummer 2 bezieht,

---

[1)] § 15 Abs. 1 a Satz 1 Verweis geänd. durch G v. 8. 12. 2010 (BGBl. I S. 1768).

[2)] Muss wohl lauten „Satz 1 Nummer 1".

2. einer Personengesellschaft, die keine Tätigkeit im Sinne des Absatzes 1 Satz 1 Nummer 1 ausübt und bei der ausschließlich eine oder mehrere Kapitalgesellschaften persönlich haftende Gesellschafter sind und nur diese oder Personen, die nicht Gesellschafter sind, zur Geschäftsführung befugt sind (gewerblich geprägte Personengesellschaft). 2 Ist eine gewerblich geprägte Personengesellschaft als persönlich haftender Gesellschafter an einer anderen Personengesellschaft beteiligt, so steht für die Beurteilung, ob die Tätigkeit dieser Personengesellschaft als Gewerbebetrieb gilt, die gewerblich geprägte Personengesellschaft einer Kapitalgesellschaft gleich.

(4)[1] 1 Verluste aus gewerblicher Tierzucht oder gewerblicher Tierhaltung dürfen weder mit anderen Einkünften aus Gewerbebetrieb noch mit Einkünften aus anderen Einkunftsarten ausgeglichen werden; sie dürfen auch nicht nach § 10 d abgezogen werden. 2 Die Verluste mindern jedoch nach Maßgabe des § 10 d die Gewinne, die der Steuerpflichtige in dem unmittelbar vorangegangenen und in den folgenden Wirtschaftsjahren aus gewerblicher Tierzucht oder gewerblicher Tierhaltung erzielt hat oder erzielt [***ab 30. 6. 2013:*** ; § 10 d Absatz 4 gilt entsprechend]. 3 Die Sätze 1 und 2 gelten entsprechend für Verluste aus Termingeschäften, durch die der Steuerpflichtige einen Differenzausgleich oder einen durch den Wert einer veränderlichen Bezugsgröße bestimmten Geldbetrag oder Vorteil erlangt. 4 Satz 3 gilt nicht für die Geschäfte, die zum gewöhnlichen Geschäftsbetrieb bei Kreditinstituten, Finanzdienstleistungsinstituten und Finanzunternehmen im Sinne des Gesetzes über das Kreditwesen gehören oder die der Absicherung von Geschäften des gewöhnlichen Geschäftsbetriebs dienen. 5 Satz 4 gilt nicht, wenn es sich um Geschäfte handelt, die der Absicherung von Aktiengeschäften dienen, bei denen der Veräußerungsgewinn nach § 3 Nummer 40 Satz 1 Buchstabe a und b in Verbindung mit § 3 c Absatz 2 teilweise steuerfrei ist, oder die nach § 8 b Absatz 2 des Körperschaftsteuergesetzes bei der Ermittlung des Einkommens außer Ansatz bleiben. 6 Verluste aus stillen Gesellschaften, Unterbeteiligungen oder sonstigen Innengesellschaften an Kapitalgesellschaften, bei denen der Gesellschafter oder Beteiligte als Mitunternehmer anzusehen ist, dürfen weder mit Einkünften aus Gewerbebetrieb noch aus anderen Einkunftsarten ausgeglichen werden; sie dürfen auch nicht nach § 10 d abgezogen werden. 7 Die Verluste mindern jedoch nach Maßgabe des § 10 d die Gewinne, die der Gesellschafter oder Beteiligte in dem unmittelbar vorangegangenen Wirtschaftsjahr oder in den folgenden Wirtschaftsjahren aus derselben stillen Gesellschaft, Unterbeteiligung oder sonstigen Innengesellschaft bezieht [***ab 30. 6. 2013:*** ; § 10 d Absatz 4 gilt entsprechend]. 8 Die Sätze 6 und 7 gelten nicht, soweit der Verlust auf eine natürliche Person als unmittelbar oder mittelbar beteiligter Mitunternehmer entfällt.

§ 15 a[2] Verluste bei beschränkter Haftung. (1) 1 Der einem Kommanditisten zuzurechnende Anteil am Verlust der Kommanditgesellschaft darf weder mit anderen Einkünften aus Gewerbebetrieb noch mit Einkünften aus anderen Einkunftsarten ausgeglichen werden, soweit ein negatives Kapitalkonto des Kom-

---

[1] § 15 Abs. 4 Satz 2 und Satz 7 Klammerzusätze angef. durch G v. 26. 6. 2013; zur Anwendung siehe § 52 Abs. 23.

[2] Zum Anwendungsbereich siehe **§ 52 Abs. 24.**

manditisten entsteht oder sich erhöht; er darf insoweit auch nicht nach § 10d abgezogen werden. [2] Haftet der Kommanditist am Bilanzstichtag den Gläubigern der Gesellschaft auf Grund des § 171 Absatz 1 des Handelsgesetzbuchs, so können abweichend von Satz 1 Verluste des Kommanditisten bis zur Höhe des Betrags, um den die im Handelsregister eingetragene Einlage des Kommanditisten seine geleistete Einlage übersteigt, auch ausgeglichen oder abgezogen werden, soweit durch den Verlust ein negatives Kapitalkonto entsteht oder sich erhöht. [3] Satz 2 ist nur anzuwenden, wenn derjenige, dem der Anteil zuzurechnen ist, im Handelsregister eingetragen ist, das Bestehen der Haftung nachgewiesen wird und eine Vermögensminderung auf Grund der Haftung nicht durch Vertrag ausgeschlossen oder nach Art und Weise des Geschäftsbetriebs unwahrscheinlich ist.

(1 a) [1] Nachträgliche Einlagen führen weder zu einer nachträglichen Ausgleichs- oder Abzugsfähigkeit eines vorhandenen verrechenbaren Verlustes noch zu einer Ausgleichs- oder Abzugsfähigkeit des dem Kommanditisten zuzurechnenden Anteils am Verlust eines zukünftigen Wirtschaftsjahres, soweit durch den Verlust ein negatives Kapitalkonto des Kommanditisten entsteht oder sich erhöht. [2] Nachträgliche Einlagen im Sinne des Satzes 1 sind Einlagen, die nach Ablauf eines Wirtschaftsjahres geleistet werden, in dem ein nicht ausgleichs- oder abzugsfähiger Verlust im Sinne des Absatzes 1 entstanden oder ein Gewinn im Sinne des Absatzes 3 Satz 1 zugerechnet worden ist.

(2) [1] Soweit der Verlust nach den Absätzen 1 und 1 a nicht ausgeglichen oder abgezogen werden darf, mindert er die Gewinne, die dem Kommanditisten in späteren Wirtschaftsjahren aus seiner Beteiligung an der Kommanditgesellschaft zuzurechnen sind. [2] Der verrechenbare Verlust, der nach Abzug von einem Veräußerungs- oder Aufgabegewinn verbleibt, ist im Zeitpunkt der Veräußerung oder Aufgabe des gesamten Mitunternehmeranteils oder der Betriebsveräußerung oder -aufgabe bis zur Höhe der nachträglichen Einlagen im Sinne des Absatzes 1 a ausgleichs- oder abzugsfähig.

(3) [1] Soweit ein negatives Kapitalkonto des Kommanditisten durch Entnahmen entsteht oder sich erhöht (Einlageminderung) und soweit nicht auf Grund der Entnahmen eine nach Absatz 1 Satz 2 zu berücksichtigende Haftung besteht oder entsteht, ist dem Kommanditisten der Betrag der Einlageminderung als Gewinn zuzurechnen. [2] Der nach Satz 1 zuzurechnende Betrag darf den Betrag der Anteile am Verlust der Kommanditgesellschaft nicht übersteigen, der im Wirtschaftsjahr der Einlageminderung und in den zehn vorangegangenen Wirtschaftsjahren ausgleichs- oder abzugsfähig gewesen ist. [3] Wird der Haftungsbetrag im Sinne des Absatzes 1 Satz 2 gemindert (Haftungsminderung) und sind im Wirtschaftsjahr der Haftungsminderung und den zehn vorangegangenen Wirtschaftsjahren Verluste nach Absatz 1 Satz 2 ausgleichs- oder abzugsfähig gewesen, so ist dem Kommanditisten der Betrag der Haftungsminderung, vermindert um auf Grund der Haftung tatsächlich geleistete Beträge, als Gewinn zuzurechnen; Satz 2 gilt sinngemäß. [4] Die nach den Sätzen 1 bis 3 zuzurechnenden Beträge mindern die Gewinne, die dem Kommanditisten im Wirtschaftsjahr der Zurechnung oder in späteren Wirtschaftsjahren aus seiner Beteiligung an der Kommanditgesellschaft zuzurechnen sind.

(4) [1] Der nach Absatz 1 nicht ausgleichs- oder abzugsfähige Verlust eines Kommanditisten, vermindert um die nach Absatz 2 abzuziehenden und ver-

mehrt um die nach Absatz 3 hinzuzurechnenden Beträge (verrechenbarer Verlust), ist jährlich gesondert festzustellen. 2 Dabei ist von dem verrechenbaren Verlust des vorangegangenen Wirtschaftsjahres auszugehen. 3 Zuständig für den Erlass des Feststellungsbescheids ist das für die gesonderte Feststellung des Gewinns und Verlustes der Gesellschaft zuständige Finanzamt. 4 Der Feststellungsbescheid kann nur insoweit angegriffen werden, als der verrechenbare Verlust gegenüber dem verrechenbaren Verlust des vorangegangenen Wirtschaftsjahres sich verändert hat. 5 Die gesonderten Feststellungen nach Satz 1 können mit der gesonderten und einheitlichen Feststellung der einkommensteuerpflichtigen und körperschaftsteuerpflichtigen Einkünfte verbunden werden. 6 In diesen Fällen sind die gesonderten Feststellungen des verrechenbaren Verlustes einheitlich durchzuführen.

(5) Absatz 1 Satz 1, Absatz 1 a, 2 und 3 Satz 1, 2 und 4 sowie Absatz 4 gelten sinngemäß für andere Unternehmer, soweit deren Haftung der eines Kommanditisten vergleichbar ist, insbesondere für

1. stille Gesellschafter einer stillen Gesellschaft im Sinne des § 230 des Handelsgesetzbuchs, bei der der stille Gesellschafter als Unternehmer (Mitunternehmer) anzusehen ist,
2. Gesellschafter einer Gesellschaft im Sinne des Bürgerlichen Gesetzbuchs, bei der der Gesellschafter als Unternehmer (Mitunternehmer) anzusehen ist, soweit die Inanspruchnahme des Gesellschafters für Schulden in Zusammenhang mit dem Betrieb durch Vertrag ausgeschlossen oder nach Art und Weise des Geschäftsbetriebs unwahrscheinlich ist,
3. Gesellschafter einer ausländischen Personengesellschaft, bei der der Gesellschafter als Unternehmer (Mitunternehmer) anzusehen ist, soweit die Haftung des Gesellschafters für Schulden in Zusammenhang mit dem Betrieb der eines Kommanditisten oder eines stillen Gesellschafters entspricht oder soweit die Inanspruchnahme des Gesellschafters für Schulden in Zusammenhang mit dem Betrieb durch Vertrag ausgeschlossen oder nach Art und Weise des Geschäftsbetriebs unwahrscheinlich ist,
4. Unternehmer, soweit Verbindlichkeiten nur in Abhängigkeit von Erlösen oder Gewinnen aus der Nutzung, Veräußerung oder sonstigen Verwertung von Wirtschaftsgütern zu tilgen sind,
5. Mitreeder einer Reederei im Sinne des § 489 des Handelsgesetzbuchs, bei der der Mitreeder als Unternehmer (Mitunternehmer) anzusehen ist, wenn die persönliche Haftung des Mitreeders für die Verbindlichkeiten der Reederei ganz oder teilweise ausgeschlossen oder soweit die Inanspruchnahme des Mitreeders für Verbindlichkeiten der Reederei nach Art und Weise des Geschäftsbetriebs unwahrscheinlich ist.

§ 15 b[1]) Verluste im Zusammenhang mit Steuerstundungsmodellen. (1) 1 Verluste im Zusammenhang mit einem Steuerstundungsmodell dürfen weder mit Einkünften aus Gewerbebetrieb noch mit Einkünften aus anderen

---

1) Zur Anwendung von § 15 b siehe § 52 Abs. 25.

Einkunftsarten ausgeglichen werden; sie dürfen auch nicht nach § 10 d abgezogen werden. [2]Die Verluste mindern jedoch die Einkünfte, die der Steuerpflichtige in den folgenden Wirtschaftsjahren aus derselben Einkunftsquelle erzielt. [3]§ 15 a ist insoweit nicht anzuwenden.

(2) [1]Ein Steuerstundungsmodell im Sinne des Absatzes 1 liegt vor, wenn auf Grund einer modellhaften Gestaltung steuerliche Vorteile in Form negativer Einkünfte erzielt werden sollen. [2]Dies ist der Fall, wenn dem Steuerpflichtigen auf Grund eines vorgefertigten Konzepts die Möglichkeit geboten werden soll, zumindest in der Anfangsphase der Investition Verluste mit übrigen Einkünften zu verrechnen. [3]Dabei ist es ohne Belang, auf welchen Vorschriften die negativen Einkünfte beruhen.

(3) Absatz 1 ist nur anzuwenden, wenn innerhalb der Anfangsphase das Verhältnis der Summe der prognostizierten Verluste zur Höhe des gezeichneten und nach dem Konzept auch aufzubringenden Kapitals oder bei Einzelinvestoren des eingesetzten Eigenkapitals 10 Prozent übersteigt.

(3 a)[1)] Unabhängig von den Voraussetzungen nach den Absätzen 2 und 3 liegt ein Steuerstundungsmodell im Sinne des Absatzes 1 insbesondere vor, wenn ein Verlust aus Gewerbebetrieb entsteht oder sich erhöht, indem ein Steuerpflichtiger, der nicht auf Grund gesetzlicher Vorschriften verpflichtet ist, Bücher zu führen und regelmäßig Abschlüsse zu machen, auf Grund des Erwerbs von Wirtschaftsgütern des Umlaufvermögens sofort abziehbare Betriebsausgaben tätigt, wenn deren Übereignung ohne körperliche Übergabe durch Besitzkonstitut nach § 930 des Bürgerlichen Gesetzbuchs oder durch Abtretung des Herausgabeanspruchs nach § 931 des Bürgerlichen Gesetzbuchs erfolgt.

(4) [1]Der nach Absatz 1 nicht ausgleichsfähige Verlust ist jährlich gesondert festzustellen. [2]Dabei ist von dem verrechenbaren Verlust des Vorjahres auszugehen. [3]Der Feststellungsbescheid kann nur insoweit angegriffen werden, als der verrechenbare Verlust gegenüber dem verrechenbaren Verlust des Vorjahres sich verändert hat. [4]Handelt es sich bei dem Steuerstundungsmodell um eine Gesellschaft oder Gemeinschaft im Sinne des § 180 Absatz 1 Nummer 2 Buchstabe a der Abgabenordnung, ist das für die gesonderte und einheitliche Feststellung der einkommensteuerpflichtigen und körperschaftsteuerpflichtigen Einkünfte aus dem Steuerstundungsmodell zuständige Finanzamt für den Erlass des Feststellungsbescheids nach Satz 1 zuständig; anderenfalls ist das Betriebsfinanzamt (§ 18 Absatz 1 Nummer 2 der Abgabenordnung) zuständig. [5]Handelt es sich bei dem Steuerstundungsmodell um eine Gesellschaft oder Gemeinschaft im Sinne des § 180 Absatz 1 Nummer 2 Buchstabe a der Abgabenordnung, können die gesonderten Feststellungen nach Satz 1 mit der gesonderten und einheitlichen Feststellung der einkommensteuerpflichtigen und körperschaftsteuerpflichtigen Einkünfte aus dem Steuerstundungsmodell verbunden werden; in diesen Fällen sind die gesonderten Feststellungen nach Satz 1 einheitlich durchzuführen.

---

1) § 15 b Abs. § 3 a eingef. durch G v. 18. 12. 2013 (BGBl. I S. 4318); zur Anwendung siehe § 52 Abs. 25 Satz 5.

§ 16 Veräußerung des Betriebs. (1) [1] Zu den Einkünften aus Gewerbebetrieb gehören auch Gewinne, die erzielt werden bei der Veräußerung

1. des ganzen Gewerbebetriebs oder eines Teilbetriebs. [2] Als Teilbetrieb gilt auch die das gesamte Nennkapital umfassende Beteiligung an einer Kapitalgesellschaft; im Fall der Auflösung der Kapitalgesellschaft ist § 17 Absatz 4 Satz 3 sinngemäß anzuwenden;
2. des gesamten Anteils eines Gesellschafters, der als Unternehmer (Mitunternehmer) des Betriebs anzusehen ist (§ 15 Absatz 1 Satz 1 Nummer 2);
3. des gesamten Anteils eines persönlich haftenden Gesellschafters einer Kommanditgesellschaft auf Aktien (§ 15 Absatz 1 Satz 1 Nummer 3).

[2] Gewinne, die bei der Veräußerung eines Teils eines Anteils im Sinne von Satz 1 Nummer 2 oder 3 erzielt werden, sind laufende Gewinne.

(2) [1] Veräußerungsgewinn im Sinne des Absatzes 1 ist der Betrag, um den der Veräußerungspreis nach Abzug der Veräußerungskosten den Wert des Betriebsvermögens (Absatz 1 Satz 1 Nummer 1) oder den Wert des Anteils am Betriebsvermögen (Absatz 1 Satz 1 Nummer 2 und 3) übersteigt. [2] Der Wert des Betriebsvermögens oder des Anteils ist für den Zeitpunkt der Veräußerung nach § 4 Absatz 1 oder nach § 5 zu ermitteln. [3] Soweit auf der Seite des Veräußerers und auf der Seite des Erwerbers dieselben Personen Unternehmer oder Mitunternehmer sind, gilt der Gewinn insoweit jedoch als laufender Gewinn.

(3) [1] Als Veräußerung gilt auch die Aufgabe des Gewerbebetriebs sowie eines Anteils im Sinne des Absatzes 1 Satz 1 Nummer 2 oder Nummer 3. [2] Werden im Zuge der Realteilung einer Mitunternehmerschaft Teilbetriebe, Mitunternehmeranteile oder einzelne Wirtschaftsgüter in das jeweilige Betriebsvermögen der einzelnen Mitunternehmer übertragen, so sind bei der Ermittlung des Gewinns der Mitunternehmerschaft die Wirtschaftsgüter mit den Werten anzusetzen, die sich nach den Vorschriften über die Gewinnermittlung ergeben, sofern die Besteuerung der stillen Reserven sichergestellt ist; der übernehmende Mitunternehmer ist an diese Werte gebunden; § 4 Absatz 1 Satz 4 ist entsprechend anzuwenden.[1)] [3] Dagegen ist für den jeweiligen Übertragungsvorgang rückwirkend der gemeine Wert anzusetzen, soweit bei einer Realteilung, bei der einzelne Wirtschaftsgüter übertragen worden sind, zum Buchwert übertragener Grund und Boden, übertragene Gebäude oder andere übertragene wesentliche Betriebsgrundlagen innerhalb einer Sperrfrist nach der Übertragung veräußert oder entnommen werden; diese Sperrfrist endet drei Jahre nach Abgabe der Steuererklärung der Mitunternehmerschaft für den Veranlagungszeitraum der Realteilung. [4] Satz 2 ist bei einer Realteilung, bei der einzelne Wirtschaftsgüter übertragen werden, nicht anzuwenden, soweit die Wirtschaftsgüter unmittelbar oder mittelbar auf eine Körperschaft, Personenvereinigung oder Vermögensmasse übertragen werden; in diesem Fall ist bei der Übertragung der gemeine Wert anzusetzen. [5] Soweit einzelne dem Betrieb gewidmete Wirtschaftsgüter im Rahmen der Aufgabe des Betriebs veräußert werden und soweit auf der Seite des Veräußerers und auf der Seite des Erwerbers dieselben Personen

---

1) § 16 Abs. 3 Satz 2 2. HS angef. durch G v. 8. 12. 2010 (BGBl. I S. 1768); zur Anwendung von § 4 Abs. 1 Satz 4 siehe § 52 Abs. 6 Satz 1.

Unternehmer oder Mitunternehmer sind, gilt der Gewinn aus der Aufgabe des Gewerbebetriebs als laufender Gewinn. 6 Werden die einzelnen dem Betrieb gewidmeten Wirtschaftsgüter im Rahmen der Aufgabe des Betriebs veräußert, so sind die Veräußerungspreise anzusetzen. 7 Werden die Wirtschaftsgüter nicht veräußert, so ist der gemeine Wert im Zeitpunkt der Aufgabe anzusetzen. 8 Bei Aufgabe eines Gewerbebetriebs, an dem mehrere Personen beteiligt waren, ist für jeden einzelnen Beteiligten der gemeine Wert der Wirtschaftsgüter anzusetzen, die er bei der Auseinandersetzung erhalten hat.

(3 a)[1] Einer Aufgabe des Gewerbebetriebs steht der Ausschluss oder die Beschränkung des Besteuerungsrechts der Bundesrepublik Deutschland hinsichtlich des Gewinns aus der Veräußerung sämtlicher Wirtschaftsgüter des Betriebs oder eines Teilbetriebs gleich; § 4 Absatz 1 Satz 4 gilt entsprechend.

(3 b)[2] 1 In den Fällen der Betriebsunterbrechung und der Betriebsverpachtung im Ganzen gilt ein Gewerbebetrieb sowie ein Anteil im Sinne des Absatzes 1 Satz 1 Nummer 2 oder Nummer 3 nicht als aufgegeben, bis

1. der Steuerpflichtige die Aufgabe im Sinne des Absatzes 3 Satz 1 ausdrücklich gegenüber dem Finanzamt erklärt oder
2. dem Finanzamt Tatsachen bekannt werden, aus denen sich ergibt, dass die Voraussetzungen für eine Aufgabe im Sinne des Absatzes 3 Satz 1 erfüllt sind.

2 Die Aufgabe des Gewerbebetriebs oder Anteils im Sinne des Absatzes 1 Satz 1 Nummer 2 oder Nummer 3 ist in den Fällen des Satzes 1 Nummer 1 rückwirkend für den vom Steuerpflichtigen gewählten Zeitpunkt anzuerkennen, wenn die Aufgabeerklärung spätestens drei Monate nach diesem Zeitpunkt abgegeben wird. 3 Wird die Aufgabeerklärung nicht spätestens drei Monate nach dem vom Steuerpflichtigen gewählten Zeitpunkt abgegeben, gilt der Gewerbebetrieb oder Anteil im Sinne des Absatzes 1 Satz 1 Nummer 2 oder Nummer 3 erst in dem Zeitpunkt als aufgegeben, in dem die Aufgabeerklärung beim Finanzamt eingeht.

(4) 1 Hat der Steuerpflichtige das 55. Lebensjahr vollendet oder ist er im sozialversicherungsrechtlichen Sinne dauernd berufsunfähig, so wird der Veräußerungsgewinn auf Antrag zur Einkommensteuer nur herangezogen, soweit er 45 000 Euro übersteigt. 2 Der Freibetrag ist dem Steuerpflichtigen nur einmal zu gewähren. 3 Er ermäßigt sich um den Betrag, um den der Veräußerungsgewinn 136 000 Euro übersteigt.

(5) Werden bei einer Realteilung, bei der Teilbetriebe auf einzelne Mitunternehmer übertragen werden, Anteile an einer Körperschaft, Personenvereinigung oder Vermögensmasse unmittelbar oder mittelbar von einem nicht von § 8 b Absatz 2 des Körperschaftsteuergesetzes begünstigten Steuerpflichtigen auf einen von § 8 b Absatz 2 des Körperschaftsteuergesetzes begünstigten Mitunternehmer übertragen, ist abweichend von Absatz 3 Satz 2 rückwirkend auf den Zeitpunkt der Realteilung der gemeine Wert anzusetzen, wenn der übernehmende Mitunternehmer die Anteile innerhalb eines Zeitraums von

[1] § 16 Abs. 3 a eingef. durch G v. 8. 12. 2010 (BGBl. I S. 1768).
[2] § 16 Abs. 3 b eingef. durch G v. 1. 11. 2011 (BGBl. I S. 2131).

sieben Jahren nach der Realteilung unmittelbar oder mittelbar veräußert oder durch einen Vorgang nach § 22 Absatz 1 Satz 6 Nummer 1 bis 5 des Umwandlungssteuergesetzes weiter überträgt; § 22 Absatz 2 Satz 3 des Umwandlungssteuergesetzes gilt entsprechend.

§ 17 Veräußerung von Anteilen an Kapitalgesellschaften. (1) [1]Zu den Einkünften aus Gewerbebetrieb gehört auch der Gewinn aus der Veräußerung von Anteilen an einer Kapitalgesellschaft, wenn der Veräußerer innerhalb der letzten fünf Jahre am Kapital der Gesellschaft unmittelbar oder mittelbar zu mindestens 1 Prozent beteiligt war. [2]Die verdeckte Einlage von Anteilen an einer Kapitalgesellschaft in eine Kapitalgesellschaft steht der Veräußerung der Anteile gleich. [3]Anteile an einer Kapitalgesellschaft sind Aktien, Anteile an einer Gesellschaft mit beschränkter Haftung, Genussscheine oder ähnliche Beteiligungen und Anwartschaften auf solche Beteiligungen. [4]Hat der Veräußerer den veräußerten Anteil innerhalb der letzten fünf Jahre vor der Veräußerung unentgeltlich erworben, so gilt Satz 1 entsprechend, wenn der Veräußerer zwar nicht selbst, aber der Rechtsvorgänger oder, sofern der Anteil nacheinander unentgeltlich übertragen worden ist, einer der Rechtsvorgänger innerhalb der letzten fünf Jahre im Sinne von Satz 1 beteiligt war.

(2) [1]Veräußerungsgewinn im Sinne des Absatzes 1 ist der Betrag, um den der Veräußerungspreis nach Abzug der Veräußerungskosten die Anschaffungskosten übersteigt. [2]In den Fällen des Absatzes 1 Satz 2 tritt an die Stelle des Veräußerungspreises der Anteile ihr gemeiner Wert. [3]Weist der Veräußerer nach, dass ihm die Anteile bereits im Zeitpunkt der Begründung der unbeschränkten Steuerpflicht nach § 1 Absatz 1 zuzurechnen waren und dass der bis zu diesem Zeitpunkt entstandene Vermögenszuwachs auf Grund gesetzlicher Bestimmungen des Wegzugsstaats im Wegzugsstaat einer der Steuer nach § 6 des Außensteuergesetzes vergleichbaren Steuer unterlegen hat, tritt an die Stelle der Anschaffungskosten der Wert, den der Wegzugsstaat bei der Berechnung der der Steuer nach § 6 des Außensteuergesetzes vergleichbaren Steuer angesetzt hat, höchstens jedoch der gemeine Wert. [4]Satz 3 ist in den Fällen des § 6 Absatz 3 des Außensteuergesetzes nicht anzuwenden. [5]Hat der Veräußerer den veräußerten Anteil unentgeltlich erworben, so sind als Anschaffungskosten des Anteils die Anschaffungskosten des Rechtsvorgängers maßgebend, der den Anteil zuletzt entgeltlich erworben hat. [6]Ein Veräußerungsverlust ist nicht zu berücksichtigen, soweit er auf Anteile entfällt,

a) die der Steuerpflichtige innerhalb der letzten fünf Jahre unentgeltlich erworben hatte. [2]Dies gilt nicht, soweit der Rechtsvorgänger anstelle des Steuerpflichtigen den Veräußerungsverlust hätte geltend machen können;
b) die entgeltlich erworben worden sind und nicht innerhalb der gesamten letzten fünf Jahre zu einer Beteiligung des Steuerpflichtigen im Sinne von Absatz 1 Satz 1 gehört haben. [2]Dies gilt nicht für innerhalb der letzten fünf Jahre erworbene Anteile, deren Erwerb zur Begründung einer Beteiligung des Steuerpflichtigen im Sinne von Absatz 1 Satz 1 geführt hat oder die nach Begründung der Beteiligung im Sinne von Absatz 1 Satz 1 erworben worden sind.

(3) [1]Der Veräußerungsgewinn wird zur Einkommensteuer nur herangezogen, soweit er den Teil von 9060 Euro übersteigt, der dem veräußerten Anteil an der Kapitalgesellschaft entspricht. [2]Der Freibetrag ermäßigt sich um den Betrag, um den der Veräußerungsgewinn den Teil von 36 100 Euro übersteigt, der dem veräußerten Anteil an der Kapitalgesellschaft entspricht.

(4) [1]Als Veräußerung im Sinne des Absatzes 1 gilt auch die Auflösung einer Kapitalgesellschaft, die Kapitalherabsetzung, wenn das Kapital zurückgezahlt wird, und die Ausschüttung oder Zurückzahlung von Beträgen aus dem steuerlichen Einlagenkonto im Sinne des § 27 des Körperschaftsteuergesetzes. [2]In diesen Fällen ist als Veräußerungspreis der gemeine Wert des dem Steuerpflichtigen zugeteilten oder zurückgezahlten Vermögens der Kapitalgesellschaft anzusehen. [3]Satz 1 gilt nicht, soweit die Bezüge nach § 20 Absatz 1 Nummer 1 oder 2 zu den Einnahmen aus Kapitalvermögen gehören.

(5) [1]Die Beschränkung oder der Ausschluss des Besteuerungsrechts der Bundesrepublik Deutschland hinsichtlich des Gewinns aus der Veräußerung der Anteile an einer Kapitalgesellschaft im Fall der Verlegung des Sitzes oder des Orts der Geschäftsleitung der Kapitalgesellschaft in einen anderen Staat stehen der Veräußerung der Anteile zum gemeinen Wert gleich. [2]Dies gilt nicht in den Fällen der Sitzverlegung einer Europäischen Gesellschaft nach Artikel 8 der Verordnung (EG) Nr. 2157/2001 und der Sitzverlegung einer anderen Kapitalgesellschaft in einen anderen Mitgliedstaat der Europäischen Union. [3]In diesen Fällen ist der Gewinn aus einer späteren Veräußerung der Anteile ungeachtet der Bestimmungen eines Abkommens zur Vermeidung der Doppelbesteuerung in der gleichen Art und Weise zu besteuern, wie die Veräußerung dieser Anteile zu besteuern gewesen wäre, wenn keine Sitzverlegung stattgefunden hätte. [4]§ 15 Absatz 1 a Satz 2 ist entsprechend anzuwenden.

(6) Als Anteile im Sinne des Absatzes 1 Satz 1 gelten auch Anteile an Kapitalgesellschaften, an denen der Veräußerer innerhalb der letzten fünf Jahre am Kapital der Gesellschaft nicht unmittelbar oder mittelbar zu mindestens 1 Prozent beteiligt war, wenn

1. die Anteile auf Grund eines Einbringungsvorgangs im Sinne des Umwandlungssteuergesetzes, bei dem nicht der gemeine Wert zum Ansatz kam, erworben wurden und
2. zum Einbringungszeitpunkt für die eingebrachten Anteile die Voraussetzungen von Absatz 1 Satz 1 erfüllt waren oder die Anteile auf einer Sacheinlage im Sinne von § 20 Absatz 1 des Umwandlungssteuergesetzes vom 7. Dezember 2006 (BGBl. I S. 2782, 2791) in der jeweils geltenden Fassung beruhen.

(7) Als Anteile im Sinne des Absatzes 1 Satz 1 gelten auch Anteile an einer Genossenschaft einschließlich der Europäischen Genossenschaft.

c) Selbständige Arbeit (§ 2 Absatz 1 Satz 1 Nummer 3)

§ 18 [Selbständige Arbeit] (1) Einkünfte aus selbständiger Arbeit sind

1. Einkünfte aus freiberuflicher Tätigkeit. [2]Zu der freiberuflichen Tätigkeit gehören die selbständig ausgeübte wissenschaftliche, künstlerische, schriftstel-

lerische, unterrichtende oder erzieherische Tätigkeit, die selbständige Berufstätigkeit der Ärzte, Zahnärzte, Tierärzte, Rechtsanwälte, Notare, Patentanwälte, Vermessungsingenieure, Ingenieure, Architekten, Handelschemiker, Wirtschaftsprüfer, Steuerberater, beratenden Volks- und Betriebswirte, vereidigten Buchprüfer, Steuerbevollmächtigten, Heilpraktiker, Dentisten, Krankengymnasten, Journalisten, Bildberichterstatter, Dolmetscher, Übersetzer, Lotsen und ähnlicher Berufe. [3]Ein Angehöriger eines freien Berufs im Sinne der Sätze 1 und 2 ist auch dann freiberuflich tätig, wenn er sich der Mithilfe fachlich vorgebildeter Arbeitskräfte bedient; Voraussetzung ist, dass er auf Grund eigener Fachkenntnisse leitend und eigenverantwortlich tätig wird. [4]Eine Vertretung im Fall vorübergehender Verhinderung steht der Annahme einer leitenden und eigenverantwortlichen Tätigkeit nicht entgegen;

2. Einkünfte der Einnehmer einer staatlichen Lotterie, wenn sie nicht Einkünfte aus Gewerbebetrieb sind;
3. Einkünfte aus sonstiger selbständiger Arbeit, z. B. Vergütungen für die Vollstreckung von Testamenten, für Vermögensverwaltung und für die Tätigkeit als Aufsichtsratsmitglied;
4.[1] Einkünfte, die ein Beteiligter an einer vermögensverwaltenden Gesellschaft oder Gemeinschaft, deren Zweck im Erwerb, Halten und in der Veräußerung von Anteilen an Kapitalgesellschaften besteht, als Vergütung für Leistungen zur Förderung des Gesellschafts- oder Gemeinschaftszwecks erzielt, wenn der Anspruch auf die Vergütung unter der Voraussetzung eingeräumt worden ist, dass die Gesellschafter oder Gemeinschafter ihr eingezahltes Kapital vollständig zurückerhalten haben; § 15 Absatz 3 ist nicht anzuwenden.

(2) Einkünfte nach Absatz 1 sind auch dann steuerpflichtig, wenn es sich nur um eine vorübergehende Tätigkeit handelt.

(3) [1]Zu den Einkünften aus selbständiger Arbeit gehört auch der Gewinn, der bei der Veräußerung des Vermögens oder eines selbständigen Teils des Vermögens oder eines Anteils am Vermögen erzielt wird, das der selbständigen Arbeit dient. [2]§ 16 Absatz 1 Satz 1 Nummer 1 und 2 und Absatz 1 Satz 2 sowie Absatz 2 bis 4 gilt entsprechend.

(4)[2] [1]§ 13 Absatz 5 gilt entsprechend, sofern das Grundstück im Veranlagungszeitraum 1986 zu einem der selbständigen Arbeit dienenden Betriebsvermögen gehört hat. [2]§ 15 Absatz 1 Satz 1 Nummer 2, Absatz 1 a, Absatz 2 Satz 2 und 3, §§ 15 a und 15 b sind entsprechend anzuwenden.

d) Nichtselbständige Arbeit (§ 2 Absatz 1 Satz 1 Nummer 4)

§ 19 [Nichtselbständige Arbeit] (1) [1]Zu den Einkünften aus nichtselbständiger Arbeit gehören

1. Gehälter, Löhne, Gratifikationen, Tantiemen und andere Bezüge und Vorteile für eine Beschäftigung im öffentlichen oder privaten Dienst;

---

[1] Zu Nr. 4 siehe § 52 Abs. 4 Satz 8.
[2] Zur Anwendung siehe § 52 Abs. 26.

[*ab 1. 1. 2015:*

1 a.[1] Zuwendungen des Arbeitgebers an seinen Arbeitnehmer und dessen Begleitpersonen anlässlich von Veranstaltungen auf betrieblicher Ebene mit gesellschaftlichem Charakter (Betriebsveranstaltung). [2]Zuwendungen im Sinne des Satzes 1 sind alle Aufwendungen des Arbeitgebers einschließlich Umsatzsteuer unabhängig davon, ob sie einzelnen Arbeitnehmern individuell zurechenbar sind oder ob es sich um einen rechnerischen Anteil an den Kosten der Betriebsveranstaltung handelt, die der Arbeitgeber gegenüber Dritten für den äußeren Rahmen der Betriebsveranstaltung aufwendet. [3]Soweit solche Zuwendungen den Betrag von 110 Euro je Betriebsveranstaltung und teilnehmenden Arbeitnehmer nicht übersteigen, gehören sie nicht zu den Einkünften aus nichtselbständiger Arbeit, wenn die Teilnahme an der Betriebsveranstaltung allen Angehörigen des Betriebs oder eines Betriebsteils offensteht. [4]Satz 3 gilt für bis zu zwei Betriebsveranstaltungen jährlich. [5]Die Zuwendungen im Sinne des Satzes 1 sind abweichend von § 8 Absatz 2 mit den anteilig auf den Arbeitnehmer und dessen Begleitpersonen entfallenden Aufwendungen des Arbeitgebers im Sinne des Satzes 2 anzusetzen;]

2. Wartegelder, Ruhegelder, Witwen- und Waisengelder und andere Bezüge und Vorteile aus früheren Dienstleistungen, auch soweit sie von Arbeitgebern ausgleichspflichtiger Personen an ausgleichsberechtigte Personen infolge einer nach § 10 oder § 14 des Versorgungsausgleichsgesetzes durchgeführten Teilung geleistet werden;

3. laufende Beiträge und laufende Zuwendungen des Arbeitgebers aus einem bestehenden Dienstverhältnis an einen Pensionsfonds, eine Pensionskasse oder für eine Direktversicherung für eine betriebliche Altersversorgung. [2]Zu den Einkünften aus nichtselbständiger Arbeit gehören auch Sonderzahlungen, die der Arbeitgeber neben den laufenden Beiträgen und Zuwendungen an eine solche Versorgungseinrichtung leistet, mit Ausnahme der Zahlungen des Arbeitgebers

[***Fassung bis 30. 12. 2014:***]

zur Erfüllung der Solvabilitätsvorschriften nach den §§ 53 c und 114 des Versicherungsaufsichtsgesetzes, Zahlungen des Arbeitgebers in der Rentenbezugszeit nach § 112 Absatz 1 a

[***Fassung ab 31. 12. 2014:***][2), 3)]

a) zur erstmaligen Bereitstellung der Kapitalausstattung zur Erfüllung *der Solvabilitätsvorschriften nach den §§ 53 c und 114* [***ab 1. 1. 2016:*** der Solvabilitätskapitalanforderung nach den §§ 89, 213, auch in Verbindung

---

[1] § 19 Abs. 1 Satz 1 Nr. 1 a eingef. mWv VZ 2015 durch G v. 22. 12. 2014 (BGBl. I S. 2417).

[2] § 19 Abs. 1 Satz 1 Nr. 3 Satz 2 neu gef. durch G v. 22. 12. 2014 (BGBl. I S. 2417); zur Anwendung siehe § 52 Abs. 26 a.

[3] § 19 Abs. 1 Satz 1 Nr. 3 Satz 2 geänd. mWv 1. 1. 2016 durch G v. 1. 4. 2015 (BGBl. I S. 434; korr. im BGBl. I S. 1834).

[*Fassung bis 30. 12. 2014:*]

des Versicherungsaufsichtsgesetzes oder Sanierungsgelder; Sonderzahlungen des Arbeitgebers sind insbesondere Zahlungen an eine Pensionskasse anlässlich

a) seines Ausscheidens aus einer nicht im Wege der Kapitaldeckung finanzierten betrieblichen Altersversorgung oder
b) des Wechsels von einer nicht im Wege der Kapitaldeckung zu einer anderen nicht im Wege der Kapitaldeckung finanzierten betrieblichen Altersversorgung.

[*Fassung ab 31. 12. 2014:*]

mit den §§ 234 und 238] des Versicherungsaufsichtsgesetzes,

b) zur Wiederherstellung einer angemessenen Kapitalausstattung nach unvorhersehbaren Verlusten oder zur Finanzierung der Verstärkung der Rechnungsgrundlagen auf Grund einer unvorhersehbaren und nicht nur vorübergehenden Änderung der Verhältnisse, wobei die Sonderzahlungen nicht zu einer Absenkung des laufenden Beitrags führen oder durch die Absenkung des laufenden Beitrags Sonderzahlungen ausgelöst werden dürfen,
c) in der Rentenbezugszeit nach *§ 112 Absatz 1 a* [***ab 1. 1. 2016:*** § 236 Absatz 2] des Versicherungsaufsichtsgesetzes oder
d) in Form von Sanierungsgeldern;

Sonderzahlungen des Arbeitgebers sind insbesondere Zahlungen an eine Pensionskasse anlässlich

a) seines Ausscheidens aus einer nicht im Wege der Kapitaldeckung finanzierten betrieblichen Altersversorgung oder
b) des Wechsels von einer nicht im Wege der Kapitaldeckung zu einer anderen nicht im Wege der Kapitaldeckung finanzierten betrieblichen Altersversorgung.

[3] Von Sonderzahlungen im Sinne des Satzes 2 [***ab 31. 12. 2014:*** zweiter Halbsatz][1)] Buchstabe b ist bei laufenden und wiederkehrenden Zahlungen entsprechend dem periodischen Bedarf nur auszugehen, soweit die Bemessung der Zahlungsverpflichtungen des Arbeitgebers in das Versorgungssystem nach dem Wechsel die Bemessung der Zahlungsverpflichtung zum Zeitpunkt des Wechsels übersteigt. [4] Sanierungsgelder sind Sonderzahlungen

1) § 19 Abs. 1 Satz 3 geänd. durch G v. 22. 12. 2014 (BGBl. I S. 2417); zur Anwendung siehe § 52 Abs. 26 a.

des Arbeitgebers an eine Pensionskasse anlässlich der Systemumstellung einer nicht im Wege der Kapitaldeckung finanzierten betrieblichen Altersversorgung auf der Finanzierungs- oder Leistungsseite, die der Finanzierung der zum Zeitpunkt der Umstellung bestehenden Versorgungsverpflichtungen oder Versorgungsanwartschaften dienen; bei laufenden und wiederkehrenden Zahlungen entsprechend dem periodischen Bedarf ist nur von Sanierungsgeldern auszugehen, soweit die Bemessung der Zahlungsverpflichtungen des Arbeitgebers in das Versorgungssystem nach der Systemumstellung die Bemessung der Zahlungsverpflichtung zum Zeitpunkt der Systemumstellung übersteigt.

[2] Es ist gleichgültig, ob es sich um laufende oder um einmalige Bezüge handelt und ob ein Rechtsanspruch auf sie besteht.

(2) [1] Von Versorgungsbezügen bleiben ein nach einem Prozentsatz ermittelter, auf einen Höchstbetrag begrenzter Betrag (Versorgungsfreibetrag) und ein Zuschlag zum Versorgungsfreibetrag steuerfrei. [2] Versorgungsbezüge sind

1. das Ruhegehalt, Witwen- oder Waisengeld, der Unterhaltsbeitrag oder ein gleichartiger Bezug
   a) auf Grund beamtenrechtlicher oder entsprechender gesetzlicher Vorschriften,

(Fortsetzung nächste Seite)

b) nach beamtenrechtlichen Grundsätzen von Körperschaften, Anstalten oder Stiftungen des öffentlichen Rechts oder öffentlich-rechtlichen Verbänden von Körperschaften

oder

2. in anderen Fällen Bezüge und Vorteile aus früheren Dienstleistungen wegen Erreichens einer Altersgrenze, verminderter Erwerbsfähigkeit oder Hinterbliebenenbezüge; Bezüge wegen Erreichens einer Altersgrenze gelten erst dann als Versorgungsbezüge, wenn der Steuerpflichtige das 63. Lebensjahr oder, wenn er schwerbehindert ist, das 60. Lebensjahr vollendet hat.

3Der maßgebende Prozentsatz, der Höchstbetrag des Versorgungsfreibetrags und der Zuschlag zum Versorgungsfreibetrag sind der nachstehenden Tabelle zu entnehmen:

Jahr des Versorgungsbeginns	Versorgungsfreibetrag		Zuschlag zum Versorgungsfreibetrag in Euro
	in % der Versorgungsbezüge	Höchstbetrag in Euro	
bis 2005	40,0	3000	900
ab 2006	38,4	2880	864
2007	36,8	2760	828
2008	35,2	2640	792
2009	33,6	2520	756
2010	32,0	2400	720
2011	30,4	2280	684
2012	28,8	2160	648
2013	27,2	2040	612
2014	25,6	1920	576
2015	24,0	1800	540
2016	22,4	1680	504
2017	20,8	1560	468
2018	19,2	1440	432
2019	17,6	1320	396
2020	16,0	1200	360
2021	15,2	1140	342
2022	14,4	1080	324
2023	13,6	1020	306
2024	12,8	960	288
2025	12,0	900	270
2026	11,2	840	252
2027	10,4	780	234
2028	9,6	720	216
2029	8,8	660	198
2030	8,0	600	180
2031	7,2	540	162
2032	6,4	480	144
2033	5,6	420	126
2034	4,8	360	108

Jahr des Versorgungs-beginns	Versorgungsfreibetrag		Zuschlag zum Versorgungs-freibetrag in Euro
	in % der Versorgungsbezüge	Höchstbetrag in Euro	
2035	4,0	300	90
2036	3,2	240	72
2037	2,4	180	54
2038	1,6	120	36
2039	0,8	60	18
2040	0,0	0	0

4 Bemessungsgrundlage für den Versorgungsfreibetrag ist

a) bei Versorgungsbeginn vor 2005
das Zwölffache des Versorgungsbezugs für Januar 2005,

b) bei Versorgungsbeginn ab 2005
das Zwölffache des Versorgungsbezugs für den ersten vollen Monat,

jeweils zuzüglich voraussichtlicher Sonderzahlungen im Kalenderjahr, auf die zu diesem Zeitpunkt ein Rechtsanspruch besteht. 5 Der Zuschlag zum Versorgungsfreibetrag darf nur bis zur Höhe der um den Versorgungsfreibetrag geminderten Bemessungsgrundlage berücksichtigt werden. 6 Bei mehreren Versorgungsbezügen mit unterschiedlichem Bezugsbeginn bestimmen sich der insgesamt berücksichtigungsfähige Höchstbetrag des Versorgungsfreibetrags und der Zuschlag zum Versorgungsfreibetrag nach dem Jahr des Beginns des ersten Versorgungsbezugs. 7 Folgt ein Hinterbliebenenbezug einem Versorgungsbezug, bestimmen sich der Prozentsatz, der Höchstbetrag des Versorgungsfreibetrags und der Zuschlag zum Versorgungsfreibetrag für den Hinterbliebenenbezug nach dem Jahr des Beginns des Versorgungsbezugs. 8 Der nach den Sätzen 3 bis 7 berechnete Versorgungsfreibetrag und Zuschlag zum Versorgungsfreibetrag gelten für die gesamte Laufzeit des Versorgungsbezugs. 9 Regelmäßige Anpassungen des Versorgungsbezugs führen nicht zu einer Neuberechnung. 10 Abweichend hiervon sind der Versorgungsfreibetrag und der Zuschlag zum Versorgungsfreibetrag neu zu berechnen, wenn sich der Versorgungsbezug wegen Anwendung von Anrechnungs-, Ruhens-, Erhöhungs- oder Kürzungsregelungen erhöht oder vermindert. 11 In diesen Fällen sind die Sätze 3 bis 7 mit dem geänderten Versorgungsbezug als Bemessungsgrundlage im Sinne des Satzes 4 anzuwenden; im Kalenderjahr der Änderung sind der höchste Versorgungsfreibetrag und Zuschlag zum Versorgungsfreibetrag maßgebend. 12 Für jeden vollen Kalendermonat, für den keine Versorgungsbezüge gezahlt werden, ermäßigen sich der Versorgungsfreibetrag und der Zuschlag zum Versorgungsfreibetrag in diesem Kalenderjahr um je ein Zwölftel.

§ 19 a[1)] *Überlassung von Vermögensbeteiligungen an Arbeitnehmer.*

(1) Erhält ein Arbeitnehmer im Rahmen eines gegenwärtigen Dienstverhältnisses unentgeltlich oder verbilligt Sachbezüge in Form von Vermögensbeteiligungen im Sinne des

[1)] § 19 a aufgeh. mWv Kj. 2009 – siehe nunmehr § 3 Nr. 39; zur weiteren Anwendung von § 19 a siehe § 52 Abs. 27.

§ 2 Absatz 1 Nummer 1 und Absatz 2 bis 5 des Fünften Vermögensbildungsgesetzes in der Fassung des Gesetzes vom 19. Dezember 2000 (BGBl. I S. 1790), so ist der Vorteil steuerfrei, soweit er nicht höher als der halbe Wert der Vermögensbeteiligung (Absatz 2) ist und insgesamt 135 Euro im Kalenderjahr nicht übersteigt.

(2) [1] Als Wert der Vermögensbeteiligung ist der gemeine Wert anzusetzen. [2] Werden einem Arbeitnehmer Vermögensbeteiligungen im Sinne des § 2 Absatz 1 Nummer 1 Buchstabe a, b und f des Fünften Vermögensbildungsgesetzes überlassen, die am Tag der Beschlussfassung über die Überlassung an einer deutschen Börse zum regulierten Markt zugelassen sind, so werden diese mit dem niedrigsten an diesem Tag für sie im regulierten Markt notierten Kurs angesetzt, wenn am Tag der Überlassung nicht mehr als neun Monate seit dem Tag der Beschlussfassung über die Überlassung vergangen sind. [3] Liegt am Tag der Beschlussfassung über die Überlassung eine Notierung nicht vor, so werden diese Vermögensbeteiligungen mit dem letzten innerhalb von 30 Tagen vor diesem Tag im amtlichen Handel regulierten Markt notierten Kurs angesetzt. [4] Die Sätze 2 und 3 gelten entsprechend für Vermögensbeteiligungen im Sinne des § 2 Absatz 1 Nummer 1 Buchstabe a, b und f des Fünften Vermögensbildungsgesetzes, die im Inland in den Freiverkehr einbezogen sind oder in einem anderen Staat des Europäischen Wirtschaftsraums zum Handel an einem geregelten Markt im Sinne des Artikels 1 Nummer 13 der Richtlinie 93/22/EWG des Rates vom 10. Mai 1993 über Wertpapierdienstleistungen (ABl. EG Nummer L 141 S. 27) zugelassen sind. [5] Sind am Tag der Überlassung von Vermögensbeteiligungen im Sinne des § 2 Absatz 1 Nummer 1 Buchstabe a, b und f des Fünften Vermögensbildungsgesetzes mehr als neun Monate seit dem Tag der Beschlussfassung über die Überlassung vergangen, so tritt an die Stelle des Tages der Beschlussfassung über die Überlassung im Sinne der Sätze 2 bis 4 der Tag der Überlassung. [6] Der Wert von Vermögensbeteiligungen im Sinne des § 2 Absatz 1 Nummer 1 Buchstabe c des Fünften Vermögensbildungsgesetzes wird mit dem Ausgabepreis am Tag der Überlassung angesetzt. [7] Der Wert von Vermögensbeteiligungen im Sinne des § 2 Absatz 1 Nummer 1 Buchstabe g, i, k und l des Fünften Vermögensbildungsgesetzes wird mit dem Nennbetrag angesetzt, wenn nicht besondere Umstände einen höheren oder niedrigeren Wert begründen.

e) Kapitalvermögen (§ 2 Absatz 1 Satz 1 Nummer 5)

§ 20[1)] **[Kapitalvermögen]** (1) Zu den Einkünften aus Kapitalvermögen gehören

1. Gewinnanteile (Dividenden), Ausbeuten und sonstige Bezüge aus Aktien, Genussrechten, mit denen das Recht am Gewinn und Liquidationserlös einer Kapitalgesellschaft verbunden ist, aus Anteilen an Gesellschaften mit beschränkter Haftung, an Erwerbs- und Wirtschaftsgenossenschaften sowie an bergbautreibenden Vereinigungen, die die Rechte einer juristischen Person haben. [2] Zu den sonstigen Bezügen gehören auch verdeckte Gewinnausschüttungen. [3] Die Bezüge gehören nicht zu den Einnahmen, soweit sie aus Ausschüttungen einer Körperschaft stammen, für die Beträge aus dem steuerlichen Einlagekonto im Sinne des § 27 des Körperschaftsteuergesetzes als verwendet gelten. [4] Als sonstige Bezüge gelten auch Einnahmen, die anstelle der Bezüge im Sinne des Satzes 1 von einem

---

[1)] Zur Anwendung siehe **§ 52 Abs. 28.**

anderen als dem Anteilseigner nach Absatz 5 bezogen werden, wenn die Aktien mit Dividendenberechtigung erworben, aber ohne Dividendenanspruch geliefert werden;

2. Bezüge, die nach der Auflösung einer Körperschaft oder Personenvereinigung im Sinne der Nummer 1 anfallen und die nicht in der Rückzahlung von Nennkapital bestehen; Nummer 1 Satz 3 gilt entsprechend. [2]Gleiches gilt für Bezüge, die auf Grund einer Kapitalherabsetzung oder nach der Auflösung einer unbeschränkt steuerpflichtigen Körperschaft oder Personenvereinigung im Sinne der Nummer 1 anfallen und die als Gewinnausschüttung im Sinne des § 28 Absatz 2 Satz 2 und 4 des Körperschaftsteuergesetzes gelten;
3. (weggefallen)
4. Einnahmen aus der Beteiligung an einem Handelsgewerbe als stiller Gesellschafter und aus partiarischen Darlehen, es sei denn, dass der Gesellschafter oder Darlehensgeber als Mitunternehmer anzusehen ist. [2]Auf Anteile des stillen Gesellschafters am Verlust des Betriebes sind § 15 Absatz 4 Satz 6 bis 8 und § 15 a sinngemäß anzuwenden;[1)]
5. Zinsen aus Hypotheken und Grundschulden und Renten aus Rentenschulden. [2]Bei Tilgungshypotheken und Tilgungsgrundschulden ist nur der Teil der Zahlungen anzusetzen, der als Zins auf den jeweiligen Kapitalrest entfällt;
6.[2)] der Unterschiedsbetrag zwischen der Versicherungsleistung und der Summe der auf sie entrichteten Beiträge (Erträge) im Erlebensfall oder bei Rückkauf des Vertrags bei Rentenversicherungen mit Kapitalwahlrecht, soweit nicht die lebenslange Rentenzahlung gewählt und erbracht wird, und bei Kapitalversicherungen mit Sparanteil, wenn der Vertrag nach dem 31. Dezember 2004 abgeschlossen worden ist. [2]Wird die Versicherungsleistung nach Vollendung des 60. Lebensjahres des Steuerpflichtigen und nach Ablauf von zwölf Jahren seit dem Vertragsabschluss ausgezahlt, ist die Hälfte des Unterschiedsbetrags anzusetzen. [3]Bei entgeltlichem Erwerb des Anspruchs auf die Versicherungsleistung treten die Anschaffungskosten an die Stelle der vor dem Erwerb entrichteten Beiträge. [4]Die Sätze 1 bis 3 sind auf Erträge aus fondsgebundenen Lebensversicherungen, auf Erträge im Erlebensfall bei Rentenversicherungen ohne Kapitalwahlrecht, soweit keine lebenslange Rentenzahlung vereinbart und erbracht wird, und auf Erträge bei Rückkauf des Vertrages bei Rentenversicherungen ohne Kapitalwahlrecht entsprechend anzuwenden. [5]Ist in einem Versicherungsvertrag eine gesonderte Verwaltung von speziell für diesen Vertrag zusammengestellten Kapitalanlagen vereinbart, die nicht auf öffentlich vertriebene Investmentfondsanteile oder Anlagen, die die Entwicklung eines veröffentlichten Indexes abbilden, beschränkt ist, und kann der wirtschaftlich Berechtigte unmittelbar oder mittelbar über die Veräußerung der Vermögensgegenstände und die Wiederanlage der Erlöse bestimmen (vermögensverwaltender Versicherungsvertrag), sind die dem Versicherungsunter-

---

[1)] Zur Anwendung von Satz 2 siehe § 52 Abs. 28 Sätze 1 und 2.
[2)] Zur Anwendung von Nr. 6 siehe § 52 Abs. 28 Sätze 3 bis 10.

nehmen zufließenden Erträge dem wirtschaftlich Berechtigten aus dem Versicherungsvertrag zuzurechnen; Sätze 1 bis 4 sind nicht anzuwenden. [6]Satz 2 ist nicht anzuwenden, wenn

a) in einem Kapitallebensversicherungsvertrag mit vereinbarter laufender Beitragszahlung in mindestens gleichbleibender Höhe bis zum Zeitpunkt des Erlebensfalls die vereinbarte Leistung bei Eintritt des versicherten Risikos weniger als 50 Prozent der Summe der für die gesamte Vertragsdauer zu zahlenden Beiträge beträgt und

b) bei einem Kapitallebensversicherungsvertrag die vereinbarte Leistung bei Eintritt des versicherten Risikos das Deckungskapital oder den Zeitwert der Versicherung spätestens fünf Jahre nach Vertragsabschluss nicht um mindestens 10 Prozent des Deckungskapitals, des Zeitwerts oder der Summe der gezahlten Beiträge übersteigt. [2]Dieser Prozentsatz darf bis zum Ende der Vertragslaufzeit in jährlich gleichen Schritten auf Null sinken.

[*ab VZ 2014:* [7]Hat der Steuerpflichtige Ansprüche aus einem von einer anderen Person abgeschlossenen Vertrag entgeltlich erworben, gehört zu den Einkünften aus Kapitalvermögen auch der Unterschiedsbetrag zwischen der Versicherungsleistung bei Eintritt eines versicherten Risikos und den Aufwendungen für den Erwerb und Erhalt des Versicherungsanspruches; insoweit findet Satz 2 keine Anwendung. [8]Satz 7 gilt nicht, wenn die versicherte Person den Versicherungsanspruch von einem Dritten erwirbt oder aus anderen Rechtsverhältnissen entstandene Abfindungs- und Ausgleichsansprüche arbeitsrechtlicher, erbrechtlicher oder familienrechtlicher Art durch Übertragung von Ansprüchen aus Versicherungsverträgen erfüllt werden;][1)]

7.[2)] Erträge aus sonstigen Kapitalforderungen jeder Art, wenn die Rückzahlung des Kapitalvermögens oder ein Entgelt für die Überlassung des Kapitalvermögens zur Nutzung zugesagt oder geleistet worden ist, auch wenn die Höhe der Rückzahlung oder des Entgelts von einem ungewissen Ereignis abhängt. [2]Dies gilt unabhängig von der Bezeichnung und der zivilrechtlichen Ausgestaltung der Kapitalanlage. [3]Erstattungszinsen im Sinne des § 233 a der Abgabenordnung sind Erträge im Sinne des Satzes 1;

8. Diskontbeträge von Wechseln und Anweisungen einschließlich der Schatzwechsel;

9. Einnahmen aus Leistungen einer nicht von der Körperschaftsteuer befreiten Körperschaft, Personenvereinigung oder Vermögensmasse im Sinne des § 1 Absatz 1 Nummer 3 bis 5 des Körperschaftsteuergesetzes, die Gewinnausschüttungen im Sinne der Nummer 1 wirtschaftlich vergleichbar sind, soweit sie nicht bereits zu den Einnahmen im Sinne der Nummer 1 gehören; Nummer 1 Satz 2, 3 und Nummer 2 gelten entsprechend. [2]Satz 1 ist auf Leistungen von vergleichbaren Körperschaften, Personen-

---

[1)] § 20 Abs. 1 Nr. 6 Sätze 7 und 8 angef. durch G v. 25. 7. 2014 (BGBl. I S. 1266); zur Anwendung siehe § 52 Abs. 28 Satz 10.

[2)] § 20 Abs. 1 Nr. 7 Satz 3 angef. durch G v. 8. 12. 2010 (BGBl. I S. 1768).

vereinigungen oder Vermögensmassen, die weder Sitz noch Geschäftsleitung im Inland haben, entsprechend anzuwenden;[1)]

10. a) Leistungen eines nicht von der Körperschaftsteuer befreiten Betriebs gewerblicher Art im Sinne des § 4 des Körperschaftsteuergesetzes mit eigener Rechtspersönlichkeit, die zu mit Gewinnausschüttungen im Sinne der Nummer 1 Satz 1 wirtschaftlich vergleichbaren Einnahmen führen; Nummer 1 Satz 2, 3 und Nummer 2 gelten entsprechend;

    b)[2)] der nicht den Rücklagen zugeführte Gewinn und verdeckte Gewinnausschüttungen eines nicht von der Körperschaftsteuer befreiten Betriebs gewerblicher Art im Sinne des § 4 des Körperschaftsteuergesetzes ohne eigene Rechtspersönlichkeit, der den Gewinn durch Betriebsvermögensvergleich ermittelt oder Umsätze einschließlich der steuerfreien Umsätze, ausgenommen die Umsätze nach § 4 Nummer 8 bis 10 des Umsatzsteuergesetzes, von mehr als 350 000 Euro im Kalenderjahr oder einen Gewinn von mehr als 30 000 Euro im Wirtschaftsjahr hat, sowie der Gewinn im Sinne des § 22 Absatz 4 des Umwandlungssteuergesetzes. [2]Die Auflösung der Rücklagen zu Zwecken außerhalb des Betriebs gewerblicher Art führt zu einem Gewinn im Sinne des Satzes 1; in Fällen der Einbringung nach dem Sechsten und des Formwechsels nach dem Achten Teil des Umwandlungssteuergesetzes gelten die Rücklagen als aufgelöst. [3]Bei dem Geschäft der Veranstaltung von Werbesendungen der inländischen öffentlich-rechtlichen Rundfunkanstalten gelten drei Viertel des Einkommens im Sinne des § 8 Absatz 1 Satz 3 des Körperschaftsteuergesetzes als Gewinn im Sinne des Satzes 1. [4]Die Sätze 1 und 2 sind bei wirtschaftlichen Geschäftsbetrieben der von der Körperschaftsteuer befreiten Körperschaften, Personenvereinigungen oder Vermögensmassen entsprechend anzuwenden. [5]Nummer 1 Satz 3 gilt entsprechend. [6]Satz 1 in der am 12. Dezember 2006 geltenden Fassung ist für Anteile, die einbringungsgeboren im Sinne des § 21 des Umwandlungssteuergesetzes in der am 12. Dezember 2006 geltenden Fassung sind, weiter anzuwenden;

11. Stillhalterprämien, die für die Einräumung von Optionen vereinnahmt werden; schließt der Stillhalter ein Glattstellungsgeschäft ab, mindern sich die Einnahmen aus den Stillhalterprämien um die im Glattstellungsgeschäft gezahlten Prämien.

(2)[3)] [1]Zu den Einkünften aus Kapitalvermögen gehören auch

1. der Gewinn aus der Veräußerung von Anteilen an einer Körperschaft im Sinne des Absatzes 1 Nummer 1. [2]Anteile an einer Körperschaft sind auch Genussrechte im Sinne des Absatzes 1 Nummer 1, den Anteilen im Sinne des Absatzes 1 Nummer 1 ähnliche Beteiligungen und Anwartschaften auf Anteile im Sinne des Absatzes 1 Nummer 1;

---

1) § 20 Abs. 1 Nr. 9 Satz 2 angef. durch G v. 8. 12. 2010 (BGBl. I S. 1768).
2) § 20 Abs. 1 Nr. 10 Buchst. b Satz 6 angef. durch G v. 25. 7. 2014 (BGBl. I S. 1266).
3) Zur Anwendung von Abs. 2 siehe § 52 Abs. 28 Sätze 11 bis 17.

2. der Gewinn aus der Veräußerung
   a)[1] von Dividendenscheinen und sonstigen Ansprüchen durch den Inhaber des Stammrechts, wenn die dazugehörigen Aktien oder sonstigen Anteile nicht mitveräußert werden. [2] *Diese Besteuerung tritt* [***ab VZ 2014:*** [2] Soweit eine Besteuerung nach Satz 1 erfolgt ist, tritt diese insoweit] an die Stelle der Besteuerung nach Absatz 1;
   b) von Zinsscheinen und Zinsforderungen durch den Inhaber oder ehemaligen Inhaber der Schuldverschreibung, wenn die dazugehörigen Schuldverschreibungen nicht mitveräußert werden. [2] Entsprechendes gilt für die Einlösung von Zinsscheinen und Zinsforderungen durch den ehemaligen Inhaber der Schuldverschreibung;

   [2] Satz 1 gilt sinngemäß für die Einnahmen aus der Abtretung von Dividenden- oder Zinsansprüchen oder sonstigen Ansprüchen im Sinne des Satzes 1, wenn die dazugehörigen Anteilsrechte oder Schuldverschreibungen nicht in einzelnen Wertpapieren verbrieft sind. [3] Satz 2 gilt auch bei der Abtretung von Zinsansprüchen aus Schuldbuchforderungen, die in ein öffentliches Schuldbuch eingetragen sind;
3. der Gewinn
   a) bei Termingeschäften, durch die der Steuerpflichtige einen Differenzausgleich oder einen durch den Wert einer veränderlichen Bezugsgröße bestimmten Geldbetrag oder Vorteil erlangt;
   b) aus der Veräußerung eines als Termingeschäft ausgestalteten Finanzinstruments;
4. der Gewinn aus der Veräußerung von Wirtschaftsgütern, die Erträge im Sinne des Absatzes 1 Nummer 4 erzielen;
5. der Gewinn aus der Übertragung von Rechten im Sinne des Absatzes 1 Nummer 5;
6. der Gewinn aus der Veräußerung von Ansprüchen auf eine Versicherungsleistung im Sinne des Absatzes 1 Nummer 6. [2] Das Versicherungsunternehmen hat nach Kenntniserlangung von einer Veräußerung unverzüglich Mitteilung an das für den Steuerpflichtigen zuständige Finanzamt zu machen und auf Verlangen des Steuerpflichtigen eine Bescheinigung über die Höhe der entrichteten Beiträge im Zeitpunkt der Veräußerung zu erteilen;
7. der Gewinn aus der Veräußerung von sonstigen Kapitalforderungen jeder Art im Sinne des Absatzes 1 Nummer 7;
8. der Gewinn aus der Übertragung oder Aufgabe einer die Einnahmen im Sinne des Absatzes 1 Nummer 9 vermittelnden Rechtsposition.

[2] Als Veräußerung im Sinne des Satzes 1 gilt auch die Einlösung, Rückzahlung, Abtretung oder verdeckte Einlage in eine Kapitalgesellschaft; in den Fällen von Satz 1 Nummer 4 gilt auch die Vereinnahmung eines Auseinandersetzungsguthabens als Veräußerung. [3] Die Anschaffung oder Veräußerung einer

---

[1] § 20 Abs. 2 Satz 1 Nummer 2 Buchst. a Satz 2 geänd. mWv VZ 2014 durch G v. 25. 7. 2014 (BGBl. I S. 1266).

unmittelbaren oder mittelbaren Beteiligung an einer Personengesellschaft gilt als Anschaffung oder Veräußerung der anteiligen Wirtschaftsgüter.

(3) Zu den Einkünften aus Kapitalvermögen gehören auch besondere Entgelte oder Vorteile, die neben den in den Absätzen 1 und 2 bezeichneten Einnahmen oder an deren Stelle gewährt werden.

(3 a)[1] [1]Korrekturen im Sinne des § 43 a Absatz 3 Satz 7 sind erst zu dem dort genannten Zeitpunkt zu berücksichtigen. [2]Weist der Steuerpflichtige durch eine Bescheinigung der auszahlenden Stelle nach, dass sie die Korrektur nicht vorgenommen hat und auch nicht vornehmen wird, kann der Steuerpflichtige die Korrektur nach § 32 d Absatz 4 und 6 geltend machen.]

(4) [1]Gewinn im Sinne des Absatzes 2 ist der Unterschied zwischen den Einnahmen aus der Veräußerung nach Abzug der Aufwendungen, die im unmittelbaren sachlichen Zusammenhang mit dem Veräußerungsgeschäft stehen, und den Anschaffungskosten; bei nicht in Euro getätigten Geschäften sind die Einnahmen im Zeitpunkt der Veräußerung und die Anschaffungskosten im Zeitpunkt der Anschaffung in Euro umzurechnen. [2]In den Fällen der verdeckten Einlage tritt an die Stelle der Einnahmen aus der Veräußerung der Wirtschaftsgüter ihr gemeiner Wert; der Gewinn ist für das Kalenderjahr der verdeckten Einlage anzusetzen. [3]Ist ein Wirtschaftsgut im Sinne des Absatzes 2 in das Privatvermögen durch Entnahme oder Betriebsaufgabe überführt worden, tritt an die Stelle der Anschaffungskosten der nach § 6 Absatz 1 Nummer 4 oder § 16 Absatz 3 angesetzte Wert. [4]In den Fällen des Absatzes 2 Satz 1 Nummer 6 gelten die entrichteten Beiträge im Sinne des Absatzes 1 Nummer 6 Satz 1 als Anschaffungskosten; ist ein entgeltlicher Erwerb vorausgegangen, gelten auch die nach dem Erwerb entrichteten Beiträge als Anschaffungskosten. [5]Gewinn bei einem Termingeschäft ist der Differenzausgleich oder der durch den Wert einer veränderlichen Bezugsgröße bestimmte Geldbetrag oder Vorteil abzüglich der Aufwendungen, die im unmittelbaren sachlichen Zusammenhang mit dem Termingeschäft stehen. [6]Bei unentgeltlichem Erwerb sind dem Einzelrechtsnachfolger für Zwecke dieser Vorschrift die Anschaffung, die Überführung des Wirtschaftsguts in das Privatvermögen, der Erwerb eines Rechts aus Termingeschäften oder die Beiträge im Sinne des Absatzes 1 Nummer 6 Satz 1 durch den Rechtsvorgänger zuzurechnen. [7]Bei vertretbaren Wertpapieren, die einem Verwahrer zur Sammelverwahrung im Sinne des § 5 des Depotgesetzes in der Fassung der Bekanntmachung vom 11. Januar 1995 (BGBl. I S. 34), das zuletzt durch Artikel 4 des Gesetzes vom 5. April 2004 (BGBl. I S. 502) geändert worden ist, in der jeweils geltenden Fassung anvertraut worden sind, ist zu unterstellen, dass die zuerst angeschafften Wertpapiere zuerst veräußert wurden.

(4 a)[2] [1]Werden Anteile an einer Körperschaft, Vermögensmasse oder Personenvereinigung gegen Anteile an einer anderen Körperschaft, Vermögensmasse oder Personenvereinigung getauscht und wird der Tausch auf Grund gesellschaftsrechtlicher Maßnahmen vollzogen, die von den beteiligten Un-

---

[1] § 20 Abs. 3 a eingef. durch G v. 8. 12. 2010 (BGBl. I S. 1768).
[2] § 20 Abs. 4 a Satz 1 geänd. durch G v. 8. 12. 2010 (BGBl. I S. 1768).

ternehmen ausgehen, treten abweichend von Absatz 2 Satz 1 und den §§ 13 und 21 des Umwandlungssteuergesetzes die übernommenen Anteile steuerlich an die Stelle der bisherigen Anteile, wenn das Recht der Bundesrepublik Deutschland hinsichtlich der Besteuerung des Gewinns aus der Veräußerung der erhaltenen Anteile nicht ausgeschlossen oder beschränkt ist oder die Mitgliedstaaten der Europäischen Union bei einer Verschmelzung Artikel 8 der Richtlinie 90/434/EWG anzuwenden haben; in diesem Fall ist der Gewinn aus einer späteren Veräußerung der erworbenen Anteile ungeachtet der Bestimmungen eines Abkommens zur Vermeidung der Doppelbesteuerung in der gleichen Art und Weise zu besteuern, wie die Veräußerung der Anteile an der übertragenden Körperschaft zu besteuern wäre, und § 15 Absatz 1a Satz 2 entsprechend anzuwenden. [2]Erhält der Steuerpflichtige in den Fällen des Satzes 1 zusätzlich zu den Anteilen eine Gegenleistung, gilt diese als Ertrag im Sinne des Absatzes 1 Nummer 1. [3]Besitzt bei sonstigen Kapitalforderungen im Sinne des Absatzes 1 Nummer 7 der Inhaber das Recht, bei Fälligkeit anstelle der Zahlung eines Geldbetrags vom Emittenten die Lieferung von Wertpapieren zu verlangen oder besitzt der Emittent das Recht, bei Fälligkeit dem Inhaber anstelle der Zahlung eines Geldbetrags Wertpapiere anzudienen und macht der Inhaber der Forderung oder der Emittent von diesem Recht Gebrauch, ist abweichend von Absatz 4 Satz 1 das Entgelt für den Erwerb der Forderung als Veräußerungspreis der Forderung und als Anschaffungskosten der erhaltenen Wertpapiere anzusetzen; Satz 2 gilt entsprechend.[1)] [4]Werden Bezugsrechte veräußert oder ausgeübt, die nach § 186 des Aktiengesetzes, § 55 des Gesetzes betreffend die Gesellschaften mit beschränkter Haftung oder eines vergleichbaren ausländischen Rechts einen Anspruch auf Abschluss eines Zeichnungsvertrags begründen, wird der Teil der Anschaffungskosten der Altanteile, der auf das Bezugsrecht entfällt, bei der Ermittlung des Gewinns nach Absatz 4 Satz 1 mit 0 Euro angesetzt. [5]Werden einem Steuerpflichtigen Anteile im Sinne des Absatzes 2 Satz 1 Nummer 1 zugeteilt, ohne dass dieser eine gesonderte Gegenleistung zu entrichten hat, werden der Ertrag und die Anschaffungskosten dieser Anteile mit 0 Euro angesetzt, wenn die Voraussetzungen der Sätze 3 und 4 nicht vorliegen und die Ermittlung der Höhe des Kapitalertrags nicht möglich ist. [6]Soweit es auf die steuerliche Wirksamkeit einer Kapitalmaßnahme im Sinne der vorstehenden Sätze 1 bis 5 ankommt, ist auf den Zeitpunkt der Einbuchung in das Depot des Steuerpflichtigen abzustellen. [*ab 1. 1. 2013:* [7]Geht Vermögen einer Körperschaft durch Abspaltung auf andere Körperschaften über, gelten abweichend von Satz 5 und § 15 des Umwandlungssteuergesetzes die Sätze 1 und 2 entsprechend.][2)]

(5) [1]Einkünfte aus Kapitalvermögen im Sinne des Absatzes 1 Nummer 1 und 2 erzielt der Anteilseigner. [2]Anteilseigner ist derjenige, dem nach § 39 der Abgabenordnung die Anteile an dem Kapitalvermögen im Sinne des Absatzes 1 Nummer 1 im Zeitpunkt des Gewinnverteilungsbeschlusses zuzurechnen sind. [3]Sind einem Nießbraucher oder Pfandgläubiger die Einnahmen

---

1) § 20 Abs. 4a Satz 3 neu gef. durch G v. 8. 12. 2010 (BGBl. I S. 1768); zur Anwendung siehe § 52 Abs. 28 Satz 18.

2) § 20 Abs. 4a Satz 7 angef. durch G v. 26. 6. 2013 (BGBl. I S. 1809).

im Sinne des Absatzes 1 Nummer 1 oder 2 zuzurechnen, gilt er als Anteilseigner.

(6)[1] *1 Verbleibende positive Einkünfte aus Kapitalvermögen sind nach der Verrechnung im Sinne des § 43a Absatz 3 zunächst mit Verlusten aus privaten Veräußerungsgeschäften nach Maßgabe des § 23 Absatz 3 Satz 9 und 10 zu verrechnen.* 1 Verluste aus Kapitalvermögen dürfen nicht mit Einkünften aus anderen Einkunftsarten ausgeglichen werden; sie dürfen auch nicht nach § 10d abgezogen werden. 2 Die Verluste mindern jedoch die Einkünfte, die der Steuerpflichtige in den folgenden Veranlagungszeiträumen aus Kapitalvermögen erzielt. 3 § 10d Absatz 4 ist sinngemäß anzuwenden. 4 Verluste aus Kapitalvermögen im Sinne des Absatzes 2 Satz 1 Nummer 1 Satz 1, die aus der Veräußerung von Aktien entstehen, dürfen nur mit Gewinnen aus Kapitalvermögen im Sinne des Absatzes 2 Satz 1 Nummer 1 Satz 1, die aus der Veräußerung von Aktien entstehen, ausgeglichen werden; die Sätze *3 und 4* [***ab VZ 2014:*** 2 und 3] gelten sinngemäß. 5 Verluste aus Kapitalvermögen, die der Kapitalertragsteuer unterliegen, dürfen nur verrechnet werden oder mindern die Einkünfte, die der Steuerpflichtige in den folgenden Veranlagungszeiträumen aus Kapitalvermögen erzielt, wenn eine Bescheinigung im Sinne des § 43a Absatz 3 Satz 4 vorliegt.

(7)[2] 1 § 15b ist sinngemäß anzuwenden. 2 Ein vorgefertigtes Konzept im Sinne des § 15b Absatz 2 Satz 2 liegt auch vor, wenn die positiven Einkünfte nicht der tariflichen Einkommensteuer unterliegen.

(8) 1 Soweit Einkünfte der in den Absätzen 1, 2 und 3 bezeichneten Art zu den Einkünften aus Land- und Forstwirtschaft, aus Gewerbebetrieb, aus selbständiger Arbeit oder aus Vermietung und Verpachtung gehören, sind sie diesen Einkünften zuzurechnen. 2 Absatz 4a findet insoweit keine Anwendung.

(9) 1 Bei der Ermittlung der Einkünfte aus Kapitalvermögen ist als Werbungskosten ein Betrag von 801 Euro abzuziehen (Sparer-Pauschbetrag); der Abzug der tatsächlichen Werbungskosten ist ausgeschlossen. 2 Ehegatten, die zusammen veranlagt werden, wird ein gemeinsamer Sparer-Pauschbetrag von 1602 Euro gewährt. 3 Der gemeinsame Sparer-Pauschbetrag ist bei der Einkunftsermittlung bei jedem Ehegatten je zur Hälfte abzuziehen; sind die Kapitalerträge eines Ehegatten niedriger als 801 Euro, so ist der anteilige Sparer-Pauschbetrag insoweit, als er die Kapitalerträge dieses Ehegatten übersteigt, bei dem anderen Ehegatten abzuziehen. 4 Der Sparer-Pauschbetrag und der gemeinsame Sparer-Pauschbetrag dürfen nicht höher sein als die nach Maßgabe des Absatzes 6 verrechneten Kapitalerträge.

f) Vermietung und Verpachtung (§ 2 Absatz 1 Satz 1 Nummer 6)

§ 21 [Vermietung und Verpachtung] (1) 1 Einkünfte aus Vermietung und Verpachtung sind

[1] § 20 Abs. 6 Satz 1 aufgeh. mWv VZ 2014, Sätze 2 bis 6 werden Sätze 1 bis 5 und Satz 4 Verweis geänd. durch G v. 25. 7. 2014 (BGBl. I S. 1266).

[2] Zur Anwendung von Abs. 7 (bish. Abs. 2b) siehe § 52 Abs. 28 Satz 2.

1. Einkünfte aus Vermietung und Verpachtung von unbeweglichem Vermögen, insbesondere von Grundstücken, Gebäuden, Gebäudeteilen, Schiffen, die in ein Schiffsregister eingetragen sind, und Rechten, die den Vorschriften des bürgerlichen Rechts über Grundstücke unterliegen (z.B. Erbbaurecht, Mineralgewinnungsrecht);
2. Einkünfte aus Vermietung und Verpachtung von Sachinbegriffen, insbesondere von beweglichem Betriebsvermögen;
3. Einkünfte aus zeitlich begrenzter Überlassung von Rechten, insbesondere von schriftstellerischen, künstlerischen und gewerblichen Urheberrechten, von gewerblichen Erfahrungen und von Gerechtigkeiten und Gefällen;
4. Einkünfte aus der Veräußerung von Miet- und Pachtzinsforderungen, auch dann, wenn die Einkünfte im Veräußerungspreis von Grundstücken enthalten sind und die Miet- oder Pachtzinsen sich auf einen Zeitraum beziehen, in dem der Veräußerer noch Besitzer war.

[2]§§ 15 a und 15 b sind sinngemäß anzuwenden.[1)]

(2)[2)] [1]Beträgt das Entgelt für die Überlassung einer Wohnung zu Wohnzwecken weniger als 66 Prozent der ortsüblichen Marktmiete, so ist die Nutzungsüberlassung in einen entgeltlichen und einen unentgeltlichen Teil aufzuteilen. [2]Beträgt das Entgelt bei auf Dauer angelegter Wohnungsvermietung mindestens 66 Prozent der ortsüblichen Miete, gilt die Wohnungsvermietung als entgeltlich.

(3) Einkünfte der in den Absätzen 1 und 2 bezeichneten Art sind Einkünften aus anderen Einkunftsarten zuzurechnen, soweit sie zu diesen gehören.

g) Sonstige Einkünfte (§ 2 Absatz 1 Satz 1 Nummer 7)

§ 22 Arten der sonstigen Einkünfte. Sonstige Einkünfte sind

1.[3)] [1]Einkünfte aus wiederkehrenden Bezügen, soweit sie nicht zu den in § 2 Absatz 1 Nummer 1 bis 6 bezeichneten Einkunftsarten gehören; § 15 b ist sinngemäß anzuwenden. [2]Werden die Bezüge freiwillig oder auf Grund einer freiwillig begründeten Rechtspflicht oder einer gesetzlich unterhaltsberechtigten Person gewährt, so sind sie nicht dem Empfänger zuzurechnen; dem Empfänger sind dagegen zuzurechnen
   a) Bezüge, die von einer Körperschaft, Personenvereinigung oder Vermögensmasse außerhalb der Erfüllung steuerbegünstigter Zwecke im Sinne der §§ 52 bis 54 der Abgabenordnung gewährt werden, und
   b) Bezüge im Sinne des § 1 der Verordnung über die Steuerbegünstigung von Stiftungen, die an die Stelle von Familienfideikommissen getreten sind, in der im Bundesgesetzblatt Teil III, Gliederungsnummer 611-4-3, veröffentlichten bereinigten Fassung.

[1)] Zur Anwendung von Satz 2 siehe § 52 Abs. 29.

[2)] § 21 Abs. 2 Satz 1 Prozentsatz geänd., Satz 2 angef. mWv VZ 2012 durch G v. 1. 11. 2011 (BGBl. I S. 2131).

[3)] Zur Anwendung von Nr. 1 Satz 1 HS 2 siehe § 52 Abs. 30.

[3] Zu den in Satz 1 bezeichneten Einkünften gehören auch

a) Leibrenten und andere Leistungen,

aa)[1)] die aus den gesetzlichen Rentenversicherungen, *den landwirtschaftlichen Alterskassen* [***ab 1. 1. 2013:*** der landwirtschaftlichen Alterskasse], den berufsständischen Versorgungseinrichtungen und aus Rentenversicherungen im Sinne des § 10 Absatz 1 Nummer 2 Buchstabe b erbracht werden, soweit sie jeweils der Besteuerung unterliegen. [2] Bemessungsgrundlage für den der Besteuerung unterliegenden Anteil ist der Jahresbetrag der Rente. [3] Der der Besteuerung unterliegende Anteil ist nach dem Jahr des Rentenbeginns und dem in diesem Jahr maßgebenden Prozentsatz aus der nachstehenden Tabelle zu entnehmen:

Jahr des Rentenbeginns	Besteuerungsanteil in %
bis 2005	50
ab 2006	52
2007	54
2008	56
2009	58
2010	60
2011	62
2012	64
2013	66
2014	68
2015	70
2016	72
2017	74
2018	76
2019	78
2020	80
2021	81
2022	82
2023	83
2024	84
2025	85
2026	86
2027	87
2028	88
2029	89
2030	90
2031	91
2032	92

[1)] § 22 Nr. 1 Satz 3 Buchst. a Doppelbuchst. aa geänd. mWv 1. 1. 2013 durch G v. 12. 4. 2012 (BGBl. I S. 579).

Jahr des Rentenbeginns	Besteuerungsanteil in %
2033	93
2034	94
2035	95
2036	96
2037	97
2038	98
2039	99
2040	100

4 Der Unterschiedsbetrag zwischen dem Jahresbetrag der Rente und dem der Besteuerung unterliegenden Anteil der Rente ist der steuerfreie Teil der Rente. 5 Dieser gilt ab dem Jahr, das dem Jahr des Rentenbeginns folgt, für die gesamte Laufzeit des Rentenbezugs. 6 Abweichend hiervon ist der steuerfreie Teil der Rente bei einer Veränderung des Jahresbetrags der Rente in dem Verhältnis anzupassen, in dem der veränderte Jahresbetrag der Rente zum Jahresbetrag der Rente steht, der der Ermittlung des steuerfreien Teils der Rente zugrunde liegt. 7 Regelmäßige Anpassungen des Jahresbetrags der Rente führen nicht zu einer Neuberechnung und bleiben bei einer Neuberechnung außer Betracht. 8 Folgen nach dem 31. Dezember 2004 Renten aus derselben Versicherung einander nach, gilt für die spätere Rente Satz 3 mit der Maßgabe, dass sich der Prozentsatz nach dem Jahr richtet, das sich ergibt, wenn die Laufzeit der vorhergehenden Renten von dem Jahr des Beginns der späteren Rente abgezogen wird; der Prozentsatz kann jedoch nicht niedriger bemessen werden als der für das Jahr 2005;

bb) die nicht solche im Sinne des Doppelbuchstaben aa sind und bei denen in den einzelnen Bezügen Einkünfte aus Erträgen des Rentenrechts enthalten sind. 2 Dies gilt auf Antrag auch für Leibrenten und andere Leistungen, soweit diese auf bis zum 31. Dezember 2004 geleisteten Beiträgen beruhen, welche oberhalb des Betrags des Höchstbeitrags zur gesetzlichen Rentenversicherung gezahlt wurden; der Steuerpflichtige muss nachweisen, dass der Betrag des Höchstbeitrags mindestens zehn Jahre überschritten wurde; soweit hiervon im Versorgungsausgleich übertragene Rentenanwartschaften betroffen sind, gilt § 4 Absatz 1 und 2[1] des Versorgungsausgleichsgesetzes entsprechend. 3 Als Ertrag des Rentenrechts gilt für die gesamte Dauer des Rentenbezugs der Unterschiedsbetrag zwischen dem Jahresbetrag der Rente und dem Betrag, der sich bei gleichmäßiger Verteilung des Kapitalwerts der Rente auf ihre voraussichtliche Laufzeit ergibt; dabei ist der Kapitalwert nach dieser Laufzeit zu berechnen. 4 Der Ertrag des Rentenrechts (Ertragsanteil) ist aus der nachstehenden Tabelle zu entnehmen:

[1] Verweis geänd. mWv VZ 2010 durch G v. 8. 12. 2010 (BGBl. I S. 1768).

Bei Beginn der Rente vollendetes Lebensjahr des Rentenberechtigten	Ertrags-anteil in %	Bei Beginn der Rente vollendetes Lebensjahr des Rentenberechtigten	Ertrags-anteil in %
0 bis 1	59	51 bis 52	29
2 bis 3	58	53	28
4 bis 5	57	54	27
6 bis 8	56	55 bis 56	26
9 bis 10	55	57	25
11 bis 12	54	58	24
13 bis 14	53	59	23
15 bis 16	52	60 bis 61	22
17 bis 18	51	62	21
19 bis 20	50	63	20
21 bis 22	49	64	19
23 bis 24	48	65 bis 66	18
25 bis 26	47	67	17
27	46	68	16
28 bis 29	45	69 bis 70	15
30 bis 31	44	71	14
32	43	72 bis 73	13
33 bis 34	42	74	12
35	41	75	11
36 bis 37	40	76 bis 77	10
38	39	78 bis 79	9
39 bis 40	38	80	8
41	37	81 bis 82	7
42	36	83 bis 84	6
43 bis 44	35	85 bis 87	5
45	34	88 bis 91	4
46 bis 47	33	92 bis 93	3
48	32	94 bis 96	2
49	31	ab 97	1
50	30		

[5] Die Ermittlung des Ertrags aus Leibrenten, die vor dem 1. Januar 1955 zu laufen begonnen haben, und aus Renten, deren Dauer von der Lebenszeit mehrerer Personen oder einer anderen Person als des Rentenberechtigten abhängt, sowie aus Leibrenten, die auf eine bestimmte Zeit beschränkt sind, wird durch eine Rechtsverordnung bestimmt;

b) Einkünfte aus Zuschüssen und sonstigen Vorteilen, die als wiederkehrende Bezüge gewährt werden;

[*Fassung bis VZ 2014:*]

1 a. Einkünfte aus Unterhaltsleistungen, soweit sie nach § 10 Absatz 1 Nummer 1 vom Geber abgezogen werden können;

[*Fassung ab VZ 2015:*] [1]

1 a. Einkünfte aus Leistungen und Zahlungen nach § 10 Absatz 1 a, soweit für diese die Voraussetzungen für den Sonderausgabenabzug beim Leistungs- oder Zahlungsverpflichteten nach § 10 Absatz 1 a erfüllt sind;

1 b.[2] *Einkünfte aus Versorgungsleistungen, soweit beim Zahlungsverpflichteten die Voraussetzungen für den Sonderausgabenabzug nach § 10 Absatz 1 Nummer 1 a erfüllt sind;*

1 c.[3] *Einkünfte aus Ausgleichszahlungen im Rahmen des Versorgungsausgleichs nach den §§ 20, 21, 22 und 26 des Versorgungsausgleichsgesetzes, §§ 1587f, 1587g, 1587i des Bürgerlichen Gesetzbuchs und § 3 a des Gesetzes zur Regelung von Härten im Versorgungsausgleich, soweit bei der ausgleichspflichtigen Person die Voraussetzungen für den Sonderausgabenabzug nach § 10 Absatz 1 Nummer 1 b erfüllt sind;*

2. Einkünfte aus privaten Veräußerungsgeschäften im Sinne des § 23;

3. Einkünfte aus Leistungen, soweit sie weder zu anderen Einkunftsarten (§ 2 Absatz 1 Satz 1 Nummer 1 bis 6) noch zu den Einkünften im Sinne der Nummern 1, 1 a, 2 oder 4 gehören, z. B. Einkünfte aus gelegentlichen Vermittlungen und aus der Vermietung beweglicher Gegenstände. 2 Solche Einkünfte sind nicht einkommensteuerpflichtig, wenn sie weniger als 256 Euro im Kalenderjahr betragen haben. 3 Übersteigen die Werbungskosten die Einnahmen, so darf der übersteigende Betrag bei Ermittlung des Einkommens nicht ausgeglichen werden; er darf auch nicht nach § 10 d abgezogen werden. 4 Die Verluste mindern jedoch nach Maßgabe des § 10 d die Einkünfte, die der Steuerpflichtige in dem unmittelbar vorangegangenen Veranlagungszeitraum oder in den folgenden Veranlagungszeiträumen aus Leistungen im Sinne des Satzes 1 erzielt hat oder erzielt; § 10 d Absatz 4 gilt entsprechend; *[5 Verluste aus Leistungen im Sinne des § 22 Nummer 3 in der bis zum 31. Dezember 2008 anzuwendenden Fassung können abweichend von Satz 3 auch mit Einkünften aus Kapitalvermögen im Sinne des § 20 Absatz 1 Nummer 11 ausgeglichen werden 6 Sie mindern abweichend von Satz 4 nach Maßgabe des § 10 d auch die Einkünfte, die der Steuerpflichtige in den folgenden Veranlagungszeiträumen aus § 20 Absatz 1 Nummer 11 erzielt;]*[4]

4.[5] Entschädigungen, Amtszulagen, Zuschüsse zu Kranken- und Pflegeversicherungsbeiträgen, Übergangsgelder, Überbrückungsgelder, Sterbegelder, Versorgungsabfindungen, Versorgungsbezüge, die auf Grund des Abgeord-

---

[1] § 22 Nr. 1 a neu gef. mWv VZ 2015 durch G v. 22. 12. 2014 (BGBl. I S. 2417).

[2] § 22 Nr. 1 b neu gef. mWv VZ 2010 durch G v. 8. 12. 2010 (BGBl. I S. 1768) und aufgeh. mWv VZ 2015 durch G v. 22. 12. 2014 (BGBl. I S. 2417).

[3] § 22 Nr. 1 c neu gef. mWv VZ 2010 durch G v. 8. 12. 2010 (BGBl. I S. 1768) und aufgeh. mWv VZ 2015 durch G v. 22. 12. 2014 (BGBl. I S. 2417).

[4] § 22 Nr. 3 Sätze 5 und 6 aufgeh. mWv VZ 2014 durch G v. 25. 7. 2014 (BGBl. I S. 1266).

[5] Zur Anwendung im Beitrittsgebiet siehe § 57 Abs. 5.

netengesetzes oder des Europaabgeordnetengesetzes, sowie vergleichbare Bezüge, die auf Grund der entsprechenden Gesetze der Länder gezahlt werden, und die Entschädigungen, das Übergangsgeld, das Ruhegehalt und die Hinterbliebenenversorgung, die auf Grund des Abgeordnetenstatuts des Europäischen Parlaments von der Europäischen Union gezahlt werden. [2]Werden zur Abgeltung des durch das Mandat veranlassten Aufwandes Aufwandsentschädigungen gezahlt, so dürfen die durch das Mandat veranlassten Aufwendungen nicht als Werbungskosten abgezogen werden. [3]Wahlkampfkosten zur Erlangung eines Mandats im Bundestag, im Europäischen Parlament oder im Parlament eines Landes dürfen nicht als Werbungskosten abgezogen werden. [4]Es gelten entsprechend

a) für Nachversicherungsbeiträge auf Grund gesetzlicher Verpflichtung nach den Abgeordnetengesetzen im Sinne des Satzes 1 und für Zuschüsse zu Kranken- und Pflegeversicherungsbeiträgen § 3 Nummer 62,
b) für Versorgungsbezüge § 19 Absatz 2 nur bezüglich des Versorgungsfreibetrags; beim Zusammentreffen mit Versorgungsbezügen im Sinne des § 19 Absatz 2 Satz 2 bleibt jedoch insgesamt höchstens ein Betrag in Höhe des Versorgungsfreibetrags nach § 19 Absatz 2 Satz 3 im Veranlagungszeitraum steuerfrei,
c) für das Übergangsgeld, das in einer Summe gezahlt wird, und für die Versorgungsabfindung § 34 Absatz 1,
d) für die Gemeinschaftssteuer, die auf die Entschädigungen, das Übergangsgeld, das Ruhegehalt und die Hinterbliebenenversorgung auf Grund des Abgeordnetenstatuts des Europäischen Parlaments von der Europäischen Union erhoben wird, § 34c Absatz 1; dabei sind die im ersten Halbsatz genannten Einkünfte für die entsprechende Anwendung des § 34c Absatz 1 wie ausländische Einkünfte und die Gemeinschaftssteuer wie eine der deutschen Einkommensteuer entsprechende ausländische Steuer zu behandeln;

5. [1)] Leistungen aus Altersvorsorgeverträgen, Pensionsfonds, Pensionskassen und Direktversicherungen. [2]Soweit die Leistungen nicht auf Beiträgen, auf die § 3 Nummer 63, § 10a oder Abschnitt XI angewendet wurde, nicht auf Zulagen im Sinne des Abschnitts XI, nicht auf Zahlungen im Sinne des § 92a Absatz 2 Satz 4 Nummer 1 und des § 92a Absatz 3 Satz 9 Nummer 2, nicht auf steuerfreien Leistungen nach § 3 Nummer 66 und nicht auf Ansprüchen beruhen, die durch steuerfreie Zuwendungen nach § 3 Nummer 56 oder die durch die nach § 3 Nummer 55b Satz 1 oder § 3 Nummer 55c[2)] steuerfreie Leistung aus einem neu begründeten Anrecht erworben wurden,

a) ist bei lebenslangen Renten sowie bei Berufsunfähigkeits-, Erwerbsminderungs- und Hinterbliebenenrenten Nummer 1 Satz 3 Buchstabe a entsprechend anzuwenden,

---

[1)] § 22 Nr. 5 Satz 6 Klammerzusatz eingef. mWv VZ 2010, Satz 10 angef. mWv 1. 9. 2009 durch G v. 8. 12. 2010 (BGBl. I S. 1768); Satz 2 geänd., Satz 11 angef. mWv VZ 2011 durch G v. 7. 12. 2011 (BGBl. I S. 2592).

[2)] Siehe hierzu § 82 Abs. 4 Nr. 5.

b) ist bei Leistungen aus Versicherungsverträgen, Pensionsfonds, Pensionskassen und Direktversicherungen, die nicht solche nach Buchstabe a sind, § 20 Absatz 1 Nummer 6 in der jeweils für den Vertrag geltenden Fassung entsprechend anzuwenden,

c) unterliegt bei anderen Leistungen der Unterschiedsbetrag zwischen der Leistung und der Summe der auf sie entrichteten Beiträge der Besteuerung; § 20 Absatz 1 Nummer 6 Satz 2 gilt entsprechend.

[3] In den Fällen des § 93 Absatz 1 Satz 1 und 2 gilt das ausgezahlte geförderte Altersvorsorgevermögen nach Abzug der Zulagen im Sinne des Abschnitts XI als Leistung im Sinne des Satzes 2. [4] Als Leistung im Sinne des

(Fortsetzung nächstes Blatt)

Satzes 1 gilt auch der Verminderungsbetrag nach § 92a Absatz 2 Satz 5 und der Auflösungsbetrag nach § 92a Absatz 3 Satz 5. 5 Der Auflösungsbetrag nach § 92a Absatz 2 Satz 6 wird zu 70 Prozent als Leistung nach Satz 1 erfasst. 6 Tritt nach dem Beginn der Auszahlungsphase zu Lebzeiten des Zulageberechtigten der Fall des § 92a Absatz 3 Satz 1 ein, dann ist

a) innerhalb eines Zeitraums bis zum zehnten Jahr nach dem Beginn der Auszahlungsphase das Eineinhalbfache,

b) innerhalb eines Zeitraums zwischen dem zehnten und 20. Jahr nach dem Beginn der Auszahlungsphase das Einfache

des nach Satz 5 noch nicht erfassten Auflösungsbetrags als Leistung nach Satz 1 zu erfassen; § 92a Absatz 3 Satz 9 gilt entsprechend mit der Maßgabe, dass als noch nicht zurückgeführter Betrag im Wohnförderkonto der noch nicht erfasste Auflösungsbetrag gilt. 7 Bei erstmaligem Bezug von Leistungen, in den Fällen des § 93 Absatz 1 sowie bei Änderung der im Kalenderjahr auszuzahlenden Leistung hat der Anbieter (§ 80) nach Ablauf des Kalenderjahres dem Steuerpflichtigen nach amtlich vorgeschriebenem *Vordruck* [***ab VZ 2014:*** Muster][1] den Betrag der im abgelaufenen Kalenderjahr zugeflossenen Leistungen im Sinne der Sätze 1 bis 3[2] je gesondert mitzuteilen. 8 *In den Fällen des § 92a Absatz 2 Satz 10 erster Halbsatz erhält der Steuerpflichtige die Angaben nach Satz 7 von der zentralen Stelle (§ 81).*[1] 8 Werden dem Steuerpflichtigen Abschluss- und Vertriebskosten eines Altersvorsorgevertrages erstattet, gilt der Erstattungsbetrag als Leistung im Sinne des Satzes 1. 9 In den Fällen des § 3 Nummer 55a richtet sich die Zuordnung zu Satz 1 oder Satz 2 bei der ausgleichsberechtigten Person danach, wie eine nur auf die Ehezeit bezogene Zuordnung der sich aus dem übertragenen Anrecht ergebenden Leistung zu Satz 1 oder Satz 2 bei der ausgleichspflichtigen Person im Zeitpunkt der Übertragung ohne die Teilung vorzunehmen gewesen wäre. 10 Dies gilt sinngemäß in den Fällen des § 3 Nummer 55 und 55e. [***ab VZ 2014:*** 11 Wird eine Versorgungsverpflichtung nach § 3 Nummer 66 auf einen Pensionsfonds übertragen und hat der Steuerpflichtige bereits vor dieser Übertragung Leistungen auf Grund dieser Versorgungsverpflichtung erhalten, so sind insoweit auf die Leistungen aus dem Pensionsfonds im Sinne des Satzes 1 die Beträge nach § 9a Satz 1 Nummer 1 und § 19 Absatz 2 entsprechend anzuwenden; § 9a Satz 1 Nummer 3 ist nicht anzuwenden. 12 Wird auf Grund einer internen Teilung nach § 10 des Versorgungsausgleichsgesetzes oder einer externen Teilung nach § 14 des Versorgungsausgleichsgesetzes ein Anrecht zugunsten der ausgleichsberechtigten Person begründet, so gilt dieser Vertrag insoweit zu dem gleichen Zeitpunkt als abgeschlossen wie der Vertrag der ausgleichspflichtigen Person, wenn die aus dem Vertrag der ausgleichspflichtigen Person ausgezahlten Leistungen zu einer Besteuerung nach Satz 2 führen.][2]

---

1) § 22 Nr. 5 Satz 7 geänd., Satz 8 aufgeh., Sätze 9 und 11 werden Sätze 8 bis 10 mWv VZ 2014 durch G v. 24. 6. 2013 (BGBl. I S. 1667).

2) § 22 Nr. 5 Satz 7 geänd., Sätze 11 und 12 angef. mWv VZ 2014 durch G v. 25. 7. 2014 (BGBl. I S. 1266).

§ 22 a Rentenbezugsmitteilungen an die zentrale Stelle. (1) [1] Die Träger der gesetzlichen Rentenversicherung, die landwirtschaftliche Alterskasse,[1)] die berufsständischen Versorgungseinrichtungen, die Pensionskassen, die Pensionsfonds, die Versicherungsunternehmen, die Unternehmen, die Verträge im Sinne des § 10 Absatz 1 Nummer 2 Buchstabe b anbieten, und die Anbieter im Sinne des § 80 (Mitteilungspflichtige) haben der zentralen Stelle (§ 81) bis zum 1. März des Jahres, das auf das Jahr folgt, in dem eine Leibrente oder andere Leistung nach § 22 Nummer 1 Satz 3 Buchstabe a und § 22 Nummer 5 einem Leistungsempfänger zugeflossen ist, unter Beachtung der im Bundessteuerblatt veröffentlichten Auslegungsvorschriften der Finanzverwaltung[2)] folgende Daten zu übermitteln (Rentenbezugsmitteilung):

1.[2)] Identifikationsnummer (§ 139 b der Abgabenordnung), Familienname, Vorname und Geburtsdatum des Leistungsempfängers. [2] Ist dem Mitteilungspflichtigen eine ausländische Anschrift des Leistungsempfängers bekannt, ist diese anzugeben. [3] In diesen Fällen ist auch die Staatsangehörigkeit des Leistungsempfängers, soweit bekannt, mitzuteilen;

2.[3)] je gesondert den Betrag der Leibrenten und anderen Leistungen im Sinne des § 22 Nummer 1 Satz 3 Buchstabe a Doppelbuchstabe aa, bb Satz 4 und Doppelbuchstabe bb Satz 5 in Verbindung mit § 55 Absatz 2 der Einkommensteuer-Durchführungsverordnung sowie im Sinne des § 22 Nummer 5 [***ab VZ 2014:*** Satz 1 bis 3]. [2] Der im Betrag der Rente enthaltene Teil, der ausschließlich auf einer Anpassung der Rente beruht, ist gesondert mitzuteilen;

3. Zeitpunkt des Beginns und des Endes des jeweiligen Leistungsbezugs; folgen nach dem 31. Dezember 2004 Renten aus derselben Versicherung einander nach, ist auch die Laufzeit der vorhergehenden Renten mitzuteilen;

4. Bezeichnung und Anschrift des Mitteilungspflichtigen;

5. die Beiträge im Sinne des § 10 Absatz 1 Nummer 3 Buchstabe a Satz 1 und 2 und Buchstabe b, soweit diese vom Mitteilungspflichtigen an die Träger der gesetzlichen Kranken- und Pflegeversicherung abgeführt werden;

6. die dem Leistungsempfänger zustehenden Beitragszuschüsse nach § 106 des Sechsten Buches Sozialgesetzbuch;

[***ab VZ 2014:***

7.[4)] ab dem 1. Januar 2017 ein gesondertes Merkmal für Verträge, auf denen gefördertes Altersvorsorgevermögen gebildet wurde; die zentrale Stelle ist in diesen Fällen berechtigt, die Daten dieser Rentenbezugsmitteilung im Zulagekonto zu speichern und zu verarbeiten.]

[2] Die Datenübermittlung hat nach amtlich vorgeschriebenem Datensatz durch Datenfernübertragung zu erfolgen. [3] Im Übrigen ist § 150 Absatz 6 der Abgabenordnung entsprechend anzuwenden.

[1)] § 22 a Abs. 1 Satz 1 geänd. mWv 1. 1. 2013 durch G v. 12. 4. 2012 (BGBl. I S. 579).

[2)] § 22 a Satzteil vor Nr. 1 geänd. mWv VZ 2010, Nr. 1 Sätze 2 und 3 angef. mWv VZ 2011 durch G v. 8. 12. 2010 (BGBl. I S. 1768).

[3)] § 22 a Abs. 1 Satz 1 Nr. 2 geänd. mWv VZ 2014 durch G v. 25. 7. 2014 (BGBl. I S. 1266).

[4)] § 22 a Abs. 1 Satz 1 Nr. 7 angef. mWv VZ 2014 durch G v. 25. 7. 2014 (BGBl. I S. 1266).

(2) [1]Der Leistungsempfänger hat dem Mitteilungspflichtigen seine Identifikationsnummer mitzuteilen. [2]Teilt der Leistungsempfänger die Identifikationsnummer dem Mitteilungspflichtigen trotz Aufforderung nicht mit, übermittelt das Bundeszentralamt für Steuern dem Mitteilungspflichtigen auf dessen Anfrage die Identifikationsnummer des Leistungsempfängers; weitere Daten dürfen nicht übermittelt werden. [3]In der Anfrage dürfen nur die in § 139b Absatz 3 der Abgabenordnung genannten Daten des Leistungsempfängers angegeben werden, soweit sie dem Mitteilungspflichtigen bekannt sind. [4]Die Anfrage des Mitteilungspflichtigen und die Antwort des Bundeszentralamtes für Steuern sind über die zentrale Stelle zu übermitteln. [5]Die zentrale Stelle führt eine ausschließlich automatisierte Prüfung der ihr übermittelten Daten daraufhin durch, ob sie vollständig und schlüssig sind und ob das vorgeschriebene Datenformat verwendet worden ist. [6]Sie speichert die Daten des Leistungsempfängers nur für Zwecke dieser Prüfung bis zur Übermittlung an das Bundeszentralamt für Steuern oder an den Mitteilungspflichtigen. [7]Die Daten sind für die Übermittlung zwischen der zentralen Stelle und dem Bundeszentralamt für Steuern zu verschlüsseln. [8]Für die Anfrage gilt Absatz 1 Satz 2 und 3 entsprechend. [9]Der Mitteilungspflichtige darf die Identifikationsnummer nur verwenden, soweit dies für die Erfüllung der Mitteilungspflicht nach Absatz 1 Satz 1 erforderlich ist.

(3) Der Mitteilungspflichtige hat den Leistungsempfänger jeweils darüber zu unterrichten, dass die Leistung der zentralen Stelle mitgeteilt wird.

(4) [1]Die zentrale Stelle (§ 81) kann bei den Mitteilungspflichtigen ermitteln, ob sie ihre Pflichten nach Absatz 1 *Satz 1*[1)] erfüllt haben. [2]Die §§ 193 bis 203 der Abgabenordnung gelten sinngemäß. [3]Auf Verlangen der zentralen Stelle haben die Mitteilungspflichtigen ihre Unterlagen, soweit sie im Ausland geführt und aufbewahrt werden, verfügbar zu machen.

(5)[2)] [1]Wird eine Rentenbezugsmitteilung nicht innerhalb der in Absatz 1 Satz 1 genannten Frist übermittelt, so ist für jeden angefangenen Monat, in dem die Rentenbezugsmitteilung noch aussteht, ein Betrag in Höhe von 10 Euro für jede ausstehende Rentenbezugsmitteilung an die zentrale Stelle zu entrichten (Verspätungsgeld). [2]Die Erhebung erfolgt durch die zentrale Stelle im Rahmen ihrer Prüfung nach Absatz 4. [3]Von der Erhebung ist abzusehen, soweit die Fristüberschreitung auf Gründen beruht, die der Mitteilungspflichtige nicht zu vertreten hat. [4]Das Handeln eines gesetzlichen Vertreters oder eines Erfüllungsgehilfen steht dem eigenen Handeln gleich. [5]Das von einem Mitteilungspflichtigen zu entrichtende Verspätungsgeld darf 50 000 Euro für alle für einen Veranlagungszeitraum zu übermittelnden Rentenbezugsmitteilungen nicht übersteigen.

§ 23[3)] **Private Veräußerungsgeschäfte.** (1)[4)] [1]Private Veräußerungsgeschäfte (§ 22 Nummer 2) sind

---

1) Verweis geänd. mWv VZ 2010 durch G v. 8. 12. 2010 (BGBl. I S. 1768).
2) § 22 a Abs. 5 angef. durch G v. 8. 12. 2010 (BGBl. I S. 1768).
3) Zur Anwendung siehe **§ 52 Abs. 31.**
4) Zur Anwendung von Abs. 1 siehe § 52 Abs. 31 Sätze 1 bis 3.

1. Veräußerungsgeschäfte bei Grundstücken und Rechten, die den Vorschriften des bürgerlichen Rechts über Grundstücke unterliegen (z. B. Erbbaurecht, Mineralgewinnungsrecht), bei denen der Zeitraum zwischen Anschaffung und Veräußerung nicht mehr als zehn Jahre beträgt. 2 Gebäude und Außenanlagen sind einzubeziehen, soweit sie innerhalb dieses Zeitraums errichtet, ausgebaut oder erweitert werden; dies gilt entsprechend für Gebäudeteile, die selbständige unbewegliche Wirtschaftsgüter sind, sowie für Eigentumswohnungen und im Teileigentum stehende Räume. 3 Ausgenommen sind Wirtschaftsgüter, die im Zeitraum zwischen Anschaffung oder Fertigstellung und Veräußerung ausschließlich zu eigenen Wohnzwecken oder im Jahr der Veräußerung und in den beiden vorangegangenen Jahren zu eigenen Wohnzwecken genutzt wurden;
2.[1] Veräußerungsgeschäfte bei anderen Wirtschaftsgütern, bei denen der Zeitraum zwischen Anschaffung und Veräußerung nicht mehr als ein Jahr beträgt. 2 Ausgenommen sind Veräußerungen von Gegenständen des täglichen Gebrauchs. [***ab VZ 2014:*** 3 Bei Anschaffung und Veräußerung mehrerer gleichartiger Fremdwährungsbeträge ist zu unterstellen, dass die zuerst angeschafften Beträge zuerst veräußert wurden.] 4 Bei Wirtschaftsgütern im Sinne von Satz 1[2], aus deren Nutzung als Einkunftsquelle zumindest in einem Kalenderjahr Einkünfte erzielt werden, erhöht sich der Zeitraum auf zehn Jahre.

2 Als Anschaffung gilt auch die Überführung eines Wirtschaftsguts in das Privatvermögen des Steuerpflichtigen durch Entnahme oder Betriebsaufgabe. 3 Bei unentgeltlichem Erwerb ist dem Einzelrechtsnachfolger für Zwecke dieser Vorschrift die Anschaffung oder die Überführung des Wirtschaftsguts in das Privatvermögen durch den Rechtsvorgänger zuzurechnen. 4 Die Anschaffung oder Veräußerung einer unmittelbaren oder mittelbaren Beteiligung an einer Personengesellschaft gilt als Anschaffung oder Veräußerung der anteiligen Wirtschaftsgüter. 5 Als Veräußerung im Sinne des Satzes 1 Nummer 1 gilt auch

1. die Einlage eines Wirtschaftsguts in das Betriebsvermögen, wenn die Veräußerung aus dem Betriebsvermögen innerhalb eines Zeitraums von zehn Jahren seit Anschaffung des Wirtschaftsguts erfolgt, und
2. die verdeckte Einlage in eine Kapitalgesellschaft.

(2) Einkünfte aus privaten Veräußerungsgeschäften der in Absatz 1 bezeichneten Art sind den Einkünften aus anderen Einkunftsarten zuzurechnen, soweit sie zu diesen gehören.

(3) 1 Gewinn oder Verlust aus Veräußerungsgeschäften nach Absatz 1 ist der Unterschied zwischen Veräußerungspreis einerseits und den Anschaffungs- oder Herstellungskosten und den Werbungskosten andererseits. 2 In den Fällen des Absatzes 1 Satz 5 Nummer 1 tritt an die Stelle des Veräußerungspreises der für den Zeitpunkt der Einlage nach § 6 Absatz 1 Nummer 5 angesetzte Wert, in den Fäl-

---

[1] § 23 Abs. 1 Satz 1 Nr. 2 Satz 2 eingef., bish. Satz 2 wird Satz 3 durch G v. 8. 12. 2010 (BGBl. I S. 1768); zur Anwendung siehe § 52 Abs. 31 Satz 1 2. HS; Satz 3 eingef., bish. Satz 3 wird Satz 4 mWv VZ 2014 durch G v. 25. 7. 2014 (BGBl. I S. 1266).

[2] Verweis geänd. durch G v. 8. 12. 2010 (BGBl. I S. 1768).

len des Absatzes 1 Satz 5 Nummer 2 der gemeine Wert. 3 In den Fällen des Absatzes 1 Satz 2 tritt an die Stelle der Anschaffungs- oder Herstellungskosten der nach § 6 Absatz 1 Nummer 4 oder § 16 Absatz 3 angesetzte Wert. 4 Die Anschaffungs- oder Herstellungskosten mindern sich um Absetzungen für Abnutzung, erhöhte Absetzungen und Sonderabschreibungen, soweit sie bei der Ermittlung der Einkünfte im Sinne des § 2 Absatz 1 Satz 1 Nummer 4 bis 7 abgezogen worden sind.[1)] 5 Gewinne bleiben steuerfrei, wenn der aus den privaten Veräußerungsgeschäften erzielte Gesamtgewinn im Kalenderjahr weniger als 600 Euro betragen hat. 6 In den Fällen des Absatzes 1 Satz 5 Nummer 1 sind Gewinne oder Verluste für das Kalenderjahr, in dem der Preis für die Veräußerung aus dem Betriebsvermögen zugeflossen ist, in den Fällen des Absatzes 1 Satz 5 Nummer 2 für das Kalenderjahr der verdeckten Einlage anzusetzen. 7 Verluste dürfen nur bis zur Höhe des Gewinns, den der Steuerpflichtige im gleichen Kalenderjahr aus privaten Veräußerungsgeschäften erzielt hat, ausgeglichen werden; sie dürfen nicht nach § 10 d abgezogen werden. 8 Die Verluste mindern jedoch nach Maßgabe des § 10 d die Einkünfte, die der Steuerpflichtige in dem unmittelbar vorangegangenen Veranlagungszeitraum oder in den folgenden Veranlagungszeiträumen aus privaten Veräußerungsgeschäften nach Absatz 1 erzielt hat oder erzielt; § 10 d Absatz 4 gilt entsprechend. *9 Verluste aus privaten Veräußerungsgeschäften, auf die § 23 in der bis zum 31. Dezember 2008 geltenden Fassung anzuwenden ist, können abweichend von Satz 7 auch mit Einkünften aus Kapitalvermögen im Sinne des § 20 Absatz 2 in der Fassung des Artikels 1 des Gesetzes vom 14. August 2007 (BGBl. I S. 1912) ausgeglichen werden. 10 Sie mindern abweichend von Satz 8 nach Maßgabe des § 10 d auch die Einkünfte, die der Steuerpflichtige in den folgenden Veranlagungszeiträumen aus § 20 Absatz 2 in der Fassung des Artikels 1 des Gesetzes vom 14. August 2007 (BGBl. I S. 1912) erzielt.*][2)]

h) Gemeinsame Vorschriften

§ 24 [Entschädigungen, Nutzungsvergütungen u. ä.] Zu den Einkünften im Sinne des § 2 Absatz 1 gehören auch

1. Entschädigungen, die gewährt worden sind
   a) als Ersatz für entgangene oder entgehende Einnahmen oder
   b) für die Aufgabe oder Nichtausübung einer Tätigkeit, für die Aufgabe einer Gewinnbeteiligung oder einer Anwartschaft auf eine solche;
   c) als Ausgleichszahlungen an Handelsvertreter nach § 89 b des Handelsgesetzbuchs;
2. Einkünfte aus einer ehemaligen Tätigkeit im Sinne des § 2 Absatz 1 Satz 1 Nummer 1 bis 4 oder aus einem früheren Rechtsverhältnis im Sinne des § 2 Absatz 1 Satz 1 Nummer 5 bis 7, und zwar auch dann, wenn sie dem Steuerpflichtigen als Rechtsnachfolger zufließen;
3. Nutzungsvergütungen für die Inanspruchnahme von Grundstücken für öffentliche Zwecke sowie Zinsen auf solche Nutzungsvergütungen und auf

---

1) Zur Anwendung von Satz 4 siehe § 52 Abs. 31 Satz 4 2. HS.

2) § 23 Abs. 3 Sätze 9 und 10 aufgeh. mWv VZ 2014 durch G v. 25. 7. 2014 (BGBl. I S. 1266).

Entschädigungen, die mit der Inanspruchnahme von Grundstücken für öffentliche Zwecke zusammenhängen.

§ 24 a Altersentlastungsbetrag. [1]Der Altersentlastungsbetrag ist bis zu einem Höchstbetrag im Kalenderjahr ein nach einem Prozentsatz ermittelter Betrag des Arbeitslohns und der positiven Summe der Einkünfte, die nicht solche aus nichtselbständiger Arbeit sind. [2]Bei der Bemessung des Betrags bleiben außer Betracht:

1. Versorgungsbezüge im Sinne des § 19 Absatz 2;
2. Einkünfte aus Leibrenten im Sinne des § 22 Nummer 1 Satz 3 Buchstabe a;
3. Einkünfte im Sinne des § 22 Nummer 4 Satz 4 Buchstabe b;
4. Einkünfte im Sinne des § 22 Nummer 5 Satz 1, soweit *§ 52 Absatz 34c* ***[ab VZ 2014:*** § 22 Nummer 5 Satz 11**]**[1)] anzuwenden ist;
5. Einkünfte im Sinne des § 22 Nummer 5 Satz 2 Buchstabe a.

[3]Der Altersentlastungsbetrag wird einem Steuerpflichtigen gewährt, der vor dem Beginn des Kalenderjahres, in dem er sein Einkommen bezogen hat, das 64. Lebensjahr vollendet hatte. [4]Im Fall der Zusammenveranlagung von Ehegatten zur Einkommensteuer sind die Sätze 1 bis 3 für jeden Ehegatten gesondert anzuwenden. [5]Der maßgebende Prozentsatz und der Höchstbetrag des Altersentlastungsbetrags sind der nachstehenden Tabelle zu entnehmen:

Das auf die Vollendung des 64. Lebensjahres folgende Kalenderjahr	Altersentlastungsbetrag		Das auf die Vollendung des 64. Lebensjahre s folgende Kalenderjahr	Altersentlastungsbetrag	
	in % der Einkünfte	Höchstbetrag in Euro		in % der Einkünfte	Höchstbetrag in Euro
2005	40,0	1900	2023	13,6	646
2006	38,4	1824	2024	12,8	608
2007	36,8	1748	2025	12,0	570
2008	35,2	1672	2026	11,2	532
2009	33,6	1596	2027	10,4	494
2010	32,0	1520	2028	9,6	456
2011	30,4	1444	2029	8,8	418
2012	28,8	1368	2030	8,0	380
2013	27,2	1292	2031	7,2	342
2014	25,6	1216	2032	6,4	304
2015	24,0	1140	2033	5,6	266
2016	22,4	1064	2034	4,8	228
2017	20,8	988	2035	4,0	190
2018	19,2	912	2036	3,2	152
2019	17,6	836	2037	2,4	114
2020	16,0	760	2038	1,6	76
2021	15,2	722	2039	0,8	38
2022	14,4	684	2040	0,0	0

[1)] Verweis geänd. durch G v. 25. 7. 2014 (BGBl. I S. 1266).

§ 24 b Entlastungsbetrag für Alleinerziehende

[*Fassung bis VZ 2014:*]

(1) 1 Allein stehende Steuerpflichtige können einen Entlastungsbetrag in Höhe von 1308 Euro im Kalenderjahr von der Summe der Einkünfte abziehen, wenn zu ihrem Haushalt mindestens ein Kind gehört, für das ihnen ein Freibetrag nach § 32 Absatz 6 oder Kindergeld zusteht. 2 Die Zugehörigkeit zum Haushalt ist anzunehmen, wenn das Kind in der Wohnung des allein stehenden Steuerpflichtigen gemeldet ist. 3 Ist das Kind bei mehreren Steuerpflichtigen gemeldet, steht der Entlastungsbetrag nach Satz 1 demjenigen Alleinstehenden zu, der die Voraussetzungen auf Auszahlung des Kindergeldes nach § 64 Absatz 2 Satz 1 erfüllt oder erfüllen würde in Fällen, in denen nur ein Anspruch auf einen Freibetrag nach § 32 Absatz 6 besteht.

(2) 1 Allein stehend im Sinne des Absatzes 1 sind Steuerpflichtige, die nicht die Voraussetzungen für die Anwendung des Splitting-Verfahrens (§ 26 Absatz 1) erfüllen oder verwitwet sind und keine Haushaltsgemeinschaft mit einer anderen volljährigen Person bilden, es sei denn, für diese steht ihnen ein Freibetrag nach § 32 Absatz 6 oder Kindergeld zu oder es handelt sich um ein Kind im Sinne des § 63 Absatz 1 Satz 1, das einen Dienst nach § 32 Absatz 5 Satz 1 Nummer 1 und 2 leistet oder eine Tätigkeit nach § 32 Absatz 5 Satz 1 Nummer 3 ausübt. 2 Ist die andere Person mit Haupt- oder Nebenwohnsitz in der Wohnung des Steuerpflichtigen gemeldet, wird vermutet, dass sie mit dem Steuerpflichtigen gemeinsam wirtschaftet (Haushaltsge-

[*Fassung ab VZ 2015:*][1)]

(1) 1 Allein stehende Steuerpflichtige können einen Entlastungsbetrag von der Summe der Einkünfte abziehen, wenn zu ihrem Haushalt mindestens ein Kind gehört, für das ihnen ein Freibetrag nach § 32 Absatz 6 oder Kindergeld zusteht. 2 Die Zugehörigkeit zum Haushalt ist anzunehmen, wenn das Kind in der Wohnung des allein stehenden Steuerpflichtigen gemeldet ist. 3 Ist das Kind bei mehreren Steuerpflichtigen gemeldet, steht der Entlastungsbetrag nach Satz 1 demjenigen Alleinstehenden zu, der die Voraussetzungen auf Auszahlung des Kindergeldes nach § 64 Absatz 2 Satz 1 erfüllt oder erfüllen würde in Fällen, in denen nur ein Anspruch auf einen Freibetrag nach § 32 Absatz 6 besteht. 4 Voraussetzung für die Berücksichtigung ist die Identifizierung des Kindes durch die an dieses Kind vergebene Identifikationsnummer (§ 139 b der Abgabenordnung). 5 Ist das Kind nicht nach einem Steuergesetz steuerpflichtig (§ 139 a Absatz 2 der Abgabenordnung), ist es in anderer geeigneter Weise zu identifizieren. 6 Die nachträgliche Vergabe der Identifikationsnummer wirkt auf Monate zurück, in denen die Voraussetzungen der Sätze 1 bis 3 vorliegen.

(2) 1 Gehört zum Haushalt des allein stehenden Steuerpflichtigen ein Kind im Sinne des Absatzes 1, beträgt der Entlastungsbetrag im Kalenderjahr 1908 Euro. 2 Für jedes weitere Kind im Sinne des Absatzes 1 erhöht sich der Betrag nach Satz 1 um 240 Euro je weiterem Kind.

(3) 1 Allein stehend im Sinne des Absatzes 1 sind Steuerpflichtige, die

---

1) § 24 b neu gef. mWv VZ 2015 durch G v. 16. 7. 2015 (BGBl. I S. 1202).

meinschaft). 3 Diese Vermutung ist widerlegbar, es sei denn, der Steuerpflichtige und die andere Person leben in einer eheähnlichen [***ab 24. 7. 2014:*** oder lebenspartnerschaftsähnlichen] Gemeinschaft *oder in einer eingetragenen Lebenspartnerschaft.*[1)]

(3) Für jeden vollen Kalendermonat, in dem die Voraussetzungen des Absatzes 1 nicht vorgelegen haben, ermäßigt sich der Entlastungsbetrag um ein Zwölftel.

nicht die Voraussetzungen für die Anwendung des Splitting-Verfahrens (§ 26 Absatz 1) erfüllen oder verwitwet sind und keine Haushaltsgemeinschaft mit einer anderen volljährigen Person bilden, es sei denn, für diese steht ihnen ein Freibetrag nach § 32 Absatz 6 oder Kindergeld zu oder es handelt sich um ein Kind im Sinne des § 63 Absatz 1 Satz 1, das einen Dienst nach § 32 Absatz 5 Satz 1 Nummer 1 und 2 leistet oder eine Tätigkeit nach § 32 Absatz 5 Satz 1 Nummer 3 ausübt. 2 Ist die andere Person mit Haupt- oder Nebenwohnsitz in der Wohnung des Steuerpflichtigen gemeldet, wird vermutet, dass sie mit dem Steuerpflichtigen gemeinsam wirtschaftet (Haushaltsgemeinschaft). 3 Diese Vermutung ist widerlegbar, es sei denn, der Steuerpflichtige und die andere Person leben in einer eheähnlichen oder lebenspartnerschaftsähnlichen Gemeinschaft.

(4)[2)] Für jeden vollen Kalendermonat, in dem die Voraussetzungen des Absatzes 1 nicht vorgelegen haben, ermäßigt sich der Entlastungsbetrag nach Absatz 2 um ein Zwölftel.

III. Veranlagung

§ 25 Veranlagungszeitraum, Steuererklärungspflicht. (1) Die Einkommensteuer wird nach Ablauf des Kalenderjahres (Veranlagungszeitraum) nach dem Einkommen veranlagt, das der Steuerpflichtige in diesem Veranlagungszeitraum bezogen hat, soweit nicht nach § 43 Absatz 5 und § 46 eine Veranlagung unterbleibt.

(2) (weggefallen)

(3)[3)] 1 Die steuerpflichtige Person hat für den Veranlagungszeitraum eine eigenhändig unterschriebene Einkommensteuererklärung abzugeben. 2 Wählen Ehegatten die Zusammenveranlagung (§ 26 b), haben sie eine gemeinsame Steuererklärung abzugeben, die von beiden eigenhändig zu unterschreiben ist.

---

1) § 24 b Abs. 2 Satz 3 geänd. mWv 24. 7. 2014 durch G v. 18. 7. 2014 (BGBl. I S. 1042).
2) Vgl. zu Abs. 4 § 52 Abs. 37 b Satz 4.
3) § 25 Abs. 3 neu gef. durch G v. 1. 11. 2011 (BGBl. I S. 2131).

(4) [1]Die Erklärung nach Absatz 3 ist nach amtlich vorgeschriebenem Datensatz durch Datenfernübertragung zu übermitteln, wenn Einkünfte nach § 2 Absatz 1 Satz 1 Nummer 1 bis 3 erzielt werden und es sich nicht um einen der Veranlagungsfälle gemäß § 46 Absatz 2 Nummer 2 bis 8 handelt. [2]Auf Antrag kann die Finanzbehörde zur Vermeidung unbilliger Härten auf eine Übermittlung durch Datenfernübertragung verzichten.

§ 26[1]) Veranlagung von Ehegatten. (1) [1]Ehegatten können zwischen der Einzelveranlagung (§ 26 a) und der Zusammenveranlagung (§ 26 b) wählen, wenn

1. beide unbeschränkt einkommensteuerpflichtig im Sinne des § 1 Absatz 1 oder 2 oder des § 1 a sind,
2. sie nicht dauernd getrennt leben und
3. bei ihnen die Voraussetzungen aus den Nummern 1 und 2 zu Beginn des Veranlagungszeitraums vorgelegen haben oder im Laufe des Veranlagungszeitraums eingetreten sind.

[2]Hat ein Ehegatte in dem Veranlagungszeitraum, in dem seine zuvor bestehende Ehe aufgelöst worden ist, eine neue Ehe geschlossen und liegen bei ihm und dem neuen Ehegatten die Voraussetzungen des Satzes 1 vor, bleibt die zuvor bestehende Ehe für die Anwendung des Satzes 1 unberücksichtigt.

(2) [1]Ehegatten werden einzeln veranlagt, wenn einer der Ehegatten die Einzelveranlagung wählt. [2]Ehegatten werden zusammen veranlagt, wenn beide Ehegatten die Zusammenveranlagung wählen. [3]Die Wahl wird für den betreffenden Veranlagungszeitraum durch Angabe in der Steuererklärung getroffen. [4]Die Wahl der Veranlagungsart innerhalb eines Veranlagungszeitraums kann nach Eintritt der Unanfechtbarkeit des Steuerbescheids nur noch geändert werden, wenn

1. ein Steuerbescheid, der die Ehegatten betrifft, aufgehoben, geändert oder berichtigt wird und
2. die Änderung der Wahl der Veranlagungsart der zuständigen Finanzbehörde bis zum Eintritt der Unanfechtbarkeit des Änderungs- oder Berichtigungsbescheids schriftlich oder elektronisch mitgeteilt oder zur Niederschrift erklärt worden ist und
3. der Unterschiedsbetrag aus der Differenz der festgesetzten Einkommensteuer entsprechend der bisher gewählten Veranlagungsart und der festzusetzenden Einkommensteuer, die sich bei einer geänderten Ausübung der Wahl der Veranlagungsarten ergeben würde, positiv ist. [2]Die Einkommensteuer der einzeln veranlagten Ehegatten ist hierbei zusammenzurechnen.

(3) Wird von dem Wahlrecht nach Absatz 2 nicht oder nicht wirksam Gebrauch gemacht, so ist eine Zusammenveranlagung durchzuführen.

§ 26 a[2]) Einzelveranlagung von Ehegatten. (1) [1]Bei der Einzelveranlagung von Ehegatten sind jedem Ehegatten die von ihm bezogenen Einkünfte

---

1) § 26 neu gef. durch G v. 1. 11. 2011 (BGBl. I S. 2131).
2) § 26 a neu gef. durch G v. 1. 11. 2011 (BGBl. I S. 2131).

zuzurechnen. [2]Einkünfte eines Ehegatten sind nicht allein deshalb zum Teil dem anderen Ehegatten zuzurechnen, weil dieser bei der Erzielung der Einkünfte mitgewirkt hat.

(2) [1]Sonderausgaben, außergewöhnliche Belastungen und die Steuerermäßigung nach § 35a werden demjenigen Ehegatten zugerechnet, der die Aufwendungen wirtschaftlich getragen hat. [2]Auf übereinstimmenden Antrag der Ehegatten werden sie jeweils zur Hälfte abgezogen. [3]Der Antrag des Ehegatten, der die Aufwendungen wirtschaftlich getragen hat, ist in begründeten Einzelfällen ausreichend. [4]§ 26 Absatz 2 Satz 3 gilt entsprechend.

(3) Die Anwendung des § 10d für den Fall des Übergangs von der Einzelveranlagung zur Zusammenveranlagung und von der Zusammenveranlagung zur Einzelveranlagung zwischen zwei Veranlagungszeiträumen, wenn bei beiden Ehegatten nicht ausgeglichene Verluste vorliegen, wird durch Rechtsverordnung der Bundesregierung mit Zustimmung des Bundesrates geregelt.

§ 26b Zusammenveranlagung von Ehegatten. Bei der Zusammenveranlagung von Ehegatten werden die Einkünfte, die die Ehegatten erzielt haben, zusammengerechnet, den Ehegatten gemeinsam zugerechnet und, soweit nichts anderes vorgeschrieben ist, die Ehegatten sodann gemeinsam als Steuerpflichtiger behandelt.

§ 26c[1)] ***Besondere Veranlagung für den Veranlagungszeitraum der Eheschließung.*** *(1) [1]Bei besonderer Veranlagung für den Veranlagungszeitraum der Eheschließung werden Ehegatten so behandelt, als ob sie diese Ehe nicht geschlossen hätten. [2]§ 12 Nummer 2 bleibt unberührt. [3]§ 26a Absatz 1 gilt sinngemäß.*

(2) Bei der besonderen Veranlagung ist das Verfahren nach § 32a Absatz 5 anzuwenden, wenn der zu veranlagende Ehegatte zu Beginn des Veranlagungszeitraums verwitwet war und bei ihm die Voraussetzungen des § 32a Absatz 6 Nummer 1 vorgelegen hatten.

§ 27. (weggefallen)

§ 28 Besteuerung bei fortgesetzter Gütergemeinschaft. Bei fortgesetzter Gütergemeinschaft gelten Einkünfte, die in das Gesamtgut fallen, als Einkünfte des überlebenden Ehegatten, wenn dieser unbeschränkt steuerpflichtig ist.

§§ 29 und 30. (weggefallen)

IV. Tarif

§ 31 Familienleistungsausgleich. [1]Die steuerliche Freistellung eines Einkommensbetrags in Höhe des Existenzminimums eines Kindes einschließlich

---

1) § 26c aufgeh. **mWv VZ 2013** (§ 52 Abs. 68 Satz 2 a. F.) durch G v. 1. 11. 2011 (BGBl. I S. 2131).

der Bedarfe für Betreuung und Erziehung oder Ausbildung wird im gesamten Veranlagungszeitraum entweder durch die Freibeträge nach § 32 Absatz 6 oder durch Kindergeld nach Abschnitt X bewirkt. [2]Soweit das Kindergeld dafür nicht erforderlich ist, dient es der Förderung der Familie. [3]Im laufenden Kalenderjahr wird Kindergeld als Steuervergütung monatlich gezahlt. [4]Bewirkt der Anspruch auf Kindergeld für den gesamten Veranlagungszeitraum die nach Satz 1 gebotene steuerliche Freistellung nicht vollständig und werden deshalb bei der Veranlagung zur Einkommensteuer die Freibeträge nach § 32 Absatz 6 vom Einkommen abgezogen, erhöht sich die unter Abzug dieser Freibeträge ermittelte tarifliche Einkommensteuer um den Anspruch auf Kindergeld für den gesamten Veranlagungszeitraum; bei nicht zusammenveranlagten Eltern wird der Kindergeldanspruch im Umfang des Kinderfreibetrags angesetzt. [5]Satz 4 gilt entsprechend für mit dem Kindergeld vergleichbare Leistungen nach § 65. [6]Besteht nach ausländischem Recht Anspruch auf Leistungen für Kinder, wird dieser insoweit nicht berücksichtigt, als er das inländische Kindergeld übersteigt.

§ 32[1)] Kinder, Freibeträge für Kinder. (1) Kinder sind

1. im ersten Grad mit dem Steuerpflichtigen verwandte Kinder,
2. Pflegekinder (Personen, mit denen der Steuerpflichtige durch ein familienähnliches, auf längere Dauer berechnetes Band verbunden ist, sofern er sie nicht zu Erwerbszwecken in seinen Haushalt aufgenommen hat und das Obhuts- und Pflegeverhältnis zu den Eltern nicht mehr besteht).

(2) [1]Besteht bei einem angenommenen Kind das Kindschaftsverhältnis zu den leiblichen Eltern weiter, ist es vorrangig als angenommenes Kind zu berücksichtigen. [2]Ist ein im ersten Grad mit dem Steuerpflichtigen verwandtes Kind zugleich ein Pflegekind, ist es vorrangig als Pflegekind zu berücksichtigen.

(3) Ein Kind wird in dem Kalendermonat, in dem es lebend geboren wurde, und in jedem folgenden Kalendermonat, zu dessen Beginn es das 18. Lebensjahr noch nicht vollendet hat, berücksichtigt.

(4)[2)] [1]Ein Kind, das das 18. Lebensjahr vollendet hat, wird berücksichtigt, wenn es

1. noch nicht das 21. Lebensjahr vollendet hat, nicht in einem Beschäftigungsverhältnis steht und bei einer Agentur für Arbeit im Inland als Arbeitsuchender gemeldet ist oder
2. noch nicht das 25. Lebensjahr vollendet hat und
   a) für einen Beruf ausgebildet wird oder
   b) sich in einer Übergangszeit von höchstens vier Monaten befindet, die zwischen zwei Ausbildungsabschnitten oder zwischen einem Ausbildungsabschnitt und der Ableistung des gesetzlichen Wehr- oder Zivil-

---

[1)] Zur Anwendung von § 32 siehe § 52 Abs. 32.

[2)] § 32 Abs. 4 Sätze 2 bis 10 ersetzt durch Sätze 2 und 3 mWv VZ 2012 durch G v. 1. 11. 2011 (BGBl. I S. 2131).

dienstes, einer vom Wehr- oder Zivildienst befreienden Tätigkeit als Entwicklungshelfer oder als Dienstleistender im Ausland nach § 14b des Zivildienstgesetzes [***ab 1. 1. 2015:*** oder der Ableistung des freiwilligen Wehrdienstes nach § 58b des Soldatengesetzes][1] oder der Ableistung eines freiwilligen Dienstes im Sinne des Buchstaben d liegt, oder

c) eine Berufsausbildung mangels Ausbildungsplatzes nicht beginnen oder fortsetzen kann oder

d)[2] ein freiwilliges soziales Jahr oder ein freiwilliges ökologisches Jahr im Sinne des Jugendfreiwilligendienstegesetzes oder *einen Freiwilligendienst im Sinne des Beschlusses Nr. 1719/2006/EG des Europäischen Parlaments und des Rates vom 15. November 2006 zur Einführung des Programms „Jugend in Aktion" (ABl. EU Nr. L 327 S. 30)* [***ab VZ 2014:*** einen Freiwilligendienst im Sinne der Verordnung (EU) Nr. 1288/2013 des Europäischen Parlaments und des Rates vom 11. Dezember 2013 zur Einrichtung von „Erasmus+", dem Programm der Union für allgemeine und berufliche Bildung, Jugend und Sport, und zur Aufhebung der Beschlüsse Nr. 1719/2006/EG, Nr. 1720/2006/EG und Nr. 1298/2008/EG (ABl. L 347 vom 20. 12. 2013, S. 50)] oder einen anderen Dienst im Ausland im Sinne von § 5 des Bundesfreiwilligendienstgesetzes[3] oder einen entwicklungspolitischen Freiwilligendienst „weltwärts" im Sinne der Richtlinie des Bundesministeriums für wirtschaftliche Zusammenarbeit und Entwicklung vom 1. August 2007 (BAnz. 2008 S. 1297) oder einen Freiwilligendienst aller Generationen im Sinne von § 2 Absatz 1a des Siebten Buches Sozialgesetzbuch oder einen Internationalen Jugendfreiwilligendienst im Sinne der Richtlinie des Bundesministeriums für Familie, Senioren, Frauen und Jugend vom 20. Dezember 2010 (GMBl S. 1778) oder einen Bundesfreiwilligendienst im Sinne des Bundesfreiwilligendienstgesetzes leistet oder

3. wegen körperlicher, geistiger oder seelischer Behinderung außerstande ist, sich selbst zu unterhalten; Voraussetzung ist, dass die Behinderung vor Vollendung des 25. Lebensjahres eingetreten ist.

2 Nach Abschluss einer erstmaligen Berufsausbildung oder[4] eines Erststudiums wird ein Kind in den Fällen des Satzes 1 Nummer 2 nur berücksichtigt, wenn das Kind keiner Erwerbstätigkeit nachgeht. 3 Eine Erwerbstätigkeit mit bis zu 20 Stunden regelmäßiger wöchentlicher Arbeitszeit, ein Ausbildungsdienstverhältnis oder ein geringfügiges Beschäftigungsverhältnis im Sinne der §§ 8 und 8a des Vierten Buches Sozialgesetzbuch sind unschädlich.

(5) 1 In den Fällen des Absatzes 4 Satz 1 Nummer 1 oder Nummer 2 Buchstabe a und b wird ein Kind, das

1. den gesetzlichen Grundwehrdienst oder Zivildienst geleistet hat, oder

---

[1] Klammerzusatz eingef. mWv 1. 1. 2015 durch G v. 22. 12. 2014 (BGBl. I S. 2417).

[2] § 32 Abs. 4 Satz 1 Nr. 2 Buchst. d geänd. mWv 1. 1. 2011 durch G v. 7. 12. 2011 (BGBl. I S. 2592); geänd. mWv VZ 2014 durch G v. 25. 7. 2014 (BGBl. I S. 1266).

[3] Verweis geänd. mWv 1. 1. 2012 durch G v. 26. 6. 2013 (BGBl. I S. 1809).

[4] Geänd. mWv 1. 1. 2012 durch G v. 26. 6. 2013 (BGBl. I S. 1809).

2. sich anstelle des gesetzlichen Grundwehrdienstes freiwillig für die Dauer von nicht mehr als drei Jahren zum Wehrdienst verpflichtet hat, oder
3. eine vom gesetzlichen Grundwehrdienst oder Zivildienst befreiende Tätigkeit als Entwicklungshelfer im Sinne des § 1 Absatz 1 des Entwicklungshelfer-Gesetzes ausgeübt hat,

für einen der Dauer dieser Dienste oder der Tätigkeit entsprechenden Zeitraum, höchstens für die Dauer des inländischen gesetzlichen Grundwehrdienstes oder bei anerkannten Kriegsdienstverweigerern für die Dauer des inländischen gesetzlichen Zivildienstes über das 21. oder 25. Lebensjahr hinaus berücksichtigt. 2 Wird der gesetzliche Grundwehrdienst oder Zivildienst in einem Mitgliedstaat der Europäischen Union oder einem Staat, auf den das Abkommen über den Europäischen Wirtschaftsraum Anwendung findet, geleistet, so ist die Dauer dieses Dienstes maßgebend. 3 Absatz 4 Satz 2 und 3[1)] gilt entsprechend.

(6)[2)] 1 Bei der Veranlagung zur Einkommensteuer wird für jedes zu berücksichtigende Kind des Steuerpflichtigen ein Freibetrag von *2184*[3)] *Euro* [***ab VZ 2015*****:** 2256 Euro; ***ab VZ 2016:*** 2304 Euro][4)] für das sächliche Existenzminimum des Kindes (Kinderfreibetrag) sowie ein Freibetrag von 1320[3)] Euro für den Betreuungs- und Erziehungs- oder Ausbildungsbedarf des Kindes vom Einkommen abgezogen. 2 Bei Ehegatten, die nach den §§ 26, 26 b zusammen zur Einkommensteuer veranlagt werden, verdoppeln sich die Beträge nach Satz 1, wenn das Kind zu beiden Ehegatten in einem Kindschaftsverhältnis steht. 3 Die Beträge nach Satz 2 stehen dem Steuerpflichtigen auch dann zu, wenn

1. der andere Elternteil verstorben oder nicht unbeschränkt einkommensteuerpflichtig ist oder
2. der Steuerpflichtige allein das Kind angenommen hat oder das Kind nur zu ihm in einem Pflegekindschaftsverhältnis steht.

4 Für ein nicht nach § 1 Absatz 1 oder 2 unbeschränkt einkommensteuerpflichtiges Kind können die Beträge nach den Sätzen 1 bis 3 nur abgezogen werden, soweit sie nach den Verhältnissen seines Wohnsitzstaates notwendig und angemessen sind. 5 Für jeden Kalendermonat, in dem die Voraussetzungen für einen Freibetrag nach den Sätzen 1 bis 4 nicht vorliegen, ermäßigen sich die dort genannten Beträge um ein Zwölftel. 6 Abweichend von Satz 1 wird bei einem unbeschränkt einkommensteuerpflichtigen Elternpaar, bei dem die Voraussetzungen des § 26 Absatz 1 Satz 1 nicht vorliegen, auf Antrag eines Elternteils der dem anderen Elternteil zustehende Kinderfreibetrag auf ihn übertragen, wenn er, nicht jedoch der andere Elternteil, seiner Unterhaltspflicht gegenüber dem Kind für das Kalenderjahr im Wesentlichen nachkommt oder der andere Elternteil mangels Leistungsfähigkeit nicht unterhaltspflichtig ist. 7 Eine Übertragung nach Satz 6 scheidet für Zeiträume aus, für die Unterhaltsleistungen nach dem Unterhaltsvorschussgesetz gezahlt werden.

---

1) Verweis geänd. mWv VZ 2012 durch G v. 1. 11. 2011 (BGBl. I S. 2131).

2) § 32 Abs. 6 Sätze 6 und 7 ersetzt durch Sätze 6 bis 11 mWv VZ 2012 durch G v. 1. 11. 2011 (BGBl. I S. 2131).

3) Beträge geänd. mWv VZ 2010 durch G v. 22. 12. 2009 (BGBl. I S. 3950).

4) Betrag geänd. mWv VZ 2015 bzw. VZ 2016 durch G v. 16. 7. 2015 (BGBl. I S. 1202).

[8] Bei minderjährigen Kindern wird der dem Elternteil, in dessen Wohnung das Kind nicht gemeldet ist, zustehende Freibetrag für den Betreuungs- und Erziehungs- oder Ausbildungsbedarf auf Antrag des anderen Elternteils auf diesen übertragen, wenn bei dem Elternpaar die Voraussetzungen des § 26 Absatz 1 Satz 1 nicht vorliegen. [9] Eine Übertragung nach Satz 8 scheidet aus, wenn der Übertragung widersprochen wird, weil der Elternteil, bei dem das Kind nicht gemeldet ist, Kinderbetreuungskosten trägt oder das Kind regelmäßig in einem nicht unwesentlichen Umfang betreut. [10] Die den Eltern nach den Sätzen 1 bis 9 zustehenden Freibeträge können auf Antrag auch auf einen Stiefelternteil oder Großelternteil übertragen werden, wenn dieser das Kind in seinen Haushalt aufgenommen hat oder dieser einer Unterhaltspflicht gegenüber dem Kind unterliegt. [11] Die Übertragung nach Satz 10 kann auch mit Zustimmung des berechtigten Elternteils erfolgen, die nur für künftige Kalenderjahre widerrufen werden kann.

§ 32 a[1)] Einkommensteuertarif

[Fassung für VZ 2014:][2)]

(1) [1] Die tarifliche Einkommensteuer in den Veranlagungszeiträumen ab 2014 bemisst sich nach dem zu versteuernden Einkommen. [2] Sie beträgt vorbehaltlich der §§ 32 b, 32 d, 34, 34 a, 34 b und 34 c jeweils in Euro für zu versteuernde Einkommen

1. bis 8354 Euro (Grundfreibetrag): 0;
2. von 8355 Euro bis 13469 Euro: $(974{,}58 \cdot y + 1400) \cdot y$;
3. von 13470 Euro bis 52881 Euro: $(228{,}74 \cdot z + 2397) \cdot z + 971$;
4. von 52882 Euro bis 250730 Euro: $0{,}42 \cdot x - 8239$;
5. von 250731 Euro an: $0{,}45 \cdot x - 15761$.

[3] „y“ ist ein Zehntausendstel des den Grundfreibetrag übersteigenden Teils des auf einen vollen Euro-Betrag abgerundeten zu versteuernden Einkommens. [4] „z“ ist ein Zehntausends-

[Fassung für VZ 2015:][3)]

(1) [1] Die tarifliche Einkommensteuer im Veranlagungszeitraum 2015 bemisst sich nach dem zu versteuernden Einkommen. [2] Sie beträgt vorbehaltlich der §§ 32 b, 32 d, 34, 34 a, 34 b und 34 c jeweils in Euro für zu versteuernde Einkommen

1. bis 8472 Euro (Grundfreibetrag): 0;
2. von 8473 Euro bis 13469 Euro: $(997{,}6 \cdot y + 1400) \cdot y$;
3. von 13470 Euro bis 52881 Euro: $(228{,}74 \cdot z + 2397) \cdot z + 948{,}68$;
4. von 52882 Euro bis 250730 Euro: $0{,}42 \cdot x - 8261{,}29$;
5. von 250731 Euro an: $0{,}45 \cdot x - 15783{,}19$.

[3] Die Größe „y“ ist ein Zehntausendstel des den Grundfreibetrag übersteigenden Teils des auf einen vollen Euro-Betrag abgerundeten zu versteuernden Einkommens. [4] Die Grö-

---

1) Zur Berechnung der geltenden Einkommensteuer siehe das beiliegende **Berechnungsprogramm auf CD-ROM** sowie die im **Anhang T 1 a und T 1 b** abgedruckten **Einkommensteuer-Grundtabellen und -Splittingtabellen.**

2) § 32 a Abs. 1 neu gef. mWv 1. 1. 2013/1. 1. 2014 (§ 52 Abs. 41 Sätze 2 und 3 a. F.) durch G v. 20. 2. 2013 (BGBl. I S. 283).

3) § 32 a Abs. 1 neu gef. durch G v. 16. 7. 2015 (BGBl. I S. 1202); zur Anwendung siehe § 52 Abs. 32 a.

tel des 13 469 Euro übersteigenden Teils des auf einen vollen Euro-Betrag abgerundeten zu versteuernden Einkommens. 5 „x" ist das auf einen vollen Euro-Betrag abgerundete zu versteuernde Einkommen. 6 Der sich ergebende Steuerbetrag ist auf den nächsten vollen Euro-Betrag abzurunden.

(2)–(4) (weggefallen)

ße „z" ist ein Zehntausendstel des 13 469 Euro übersteigenden Teils des auf einen vollen Euro-Betrag abgerundeten zu versteuernden Einkommens. 5 Die Größe „x" ist das auf einen vollen Euro-Betrag abgerundete zu versteuernde Einkommen. 6 Der sich ergebende Steuerbetrag ist auf den nächsten vollen Euro-Betrag abzurunden.

[Fassung für den VZ 2016:][1)]

(1) 1 Die tarifliche Einkommensteuer in den Veranlagungszeiträumen ab 2016 bemisst sich nach dem zu versteuernden Einkommen. 2 Sie beträgt vorbehaltlich der §§ 32 b, 32 d, 34, 34 a, 34 b und 34 c jeweils in Euro für zu versteuernde Einkommen

1. bis 8652 Euro (Grundfreibetrag): 0;
2. von 8653 Euro bis 13 669 Euro: $(993{,}62 \cdot y + 1400) \cdot y$;
3. von 13 670 Euro bis 53 665 Euro: $(225{,}40 \cdot z + 2397) \cdot z + 952{,}48$;
4. von 53 666 Euro bis 254 446 Euro: $0{,}42 \cdot x - 8394{,}14$;
5. von 254 447 Euro an: $0{,}45 \cdot x - 16\,027{,}52$.

3 Die Größe „y" ist ein Zehntausendstel des den Grundfreibetrag übersteigenden Teils des auf einen vollen Euro-Betrag abgerundeten zu versteuernden Einkommens. 4 Die Größe „z" ist ein Zehntausendstel des 13 669 Euro übersteigenden Teils des auf einen vollen Euro-Betrag abgerundeten zu versteuernden Einkommens. 5 Die Größe „x" ist das auf einen vollen Euro-Betrag abgerundete zu versteuernde Einkommen. 6 Der sich ergebende Steuerbetrag ist auf den nächsten vollen Euro-Betrag abzurunden.

---

1) § 32 a Abs. 1 neu gef. mWv 1. 1. 2016 durch G v. 16. 7. 2015.

(5) Bei Ehegatten, die nach den §§ 26, 26 b zusammen zur Einkommensteuer veranlagt werden, beträgt die tarifliche Einkommensteuer vorbehaltlich der §§ 32 b, 32 d, 34, 34 a, 34 b und 34 c das Zweifache des Steuerbetrags, der sich für die Hälfte ihres gemeinsam zu versteuernden Einkommens nach Absatz 1 ergibt (Splitting-Verfahren).

(6) [1] Das Verfahren nach Absatz 5 ist auch anzuwenden zur Berechnung der tariflichen Einkommensteuer für das zu versteuernde Einkommen

1. bei einem verwitweten Steuerpflichtigen für den Veranlagungszeitraum, der dem Kalenderjahr folgt, in dem der Ehegatte verstorben ist, wenn der Steuerpflichtige und sein verstorbener Ehegatte im Zeitpunkt seines Todes die Voraussetzungen des § 26 Absatz 1 Satz 1 erfüllt haben,
2. bei einem Steuerpflichtigen, dessen Ehe in dem Kalenderjahr, in dem er sein Einkommen bezogen hat, aufgelöst worden ist, wenn in diesem Kalenderjahr
   a) der Steuerpflichtige und sein bisheriger Ehegatte die Voraussetzungen des § 26 Absatz 1 Satz 1 erfüllt haben,
   b) der bisherige Ehegatte wieder geheiratet hat und
   c) der bisherige Ehegatte und dessen neuer Ehegatte ebenfalls die Voraussetzungen des § 26 Absatz 1 Satz 1 erfüllen.

   [2] *Dies gilt nicht, wenn eine Ehe durch Tod aufgelöst worden ist und die Ehegatten der neuen Ehe die besondere Veranlagung nach § 26c wählen.*[1)]

[2] Voraussetzung für die Anwendung des Satzes 1 ist, dass der Steuerpflichtige nicht nach den §§ 26, 26 a *getrennt* [***ab VZ 2013:*** einzeln][2)] zur Einkommensteuer veranlagt wird.

§ 32 b Progressionsvorbehalt. (1) [1] Hat ein zeitweise oder während des gesamten Veranlagungszeitraums unbeschränkt Steuerpflichtiger oder ein beschränkt Steuerpflichtiger, auf den § 50 Absatz 2 Satz 2 Nummer 4 Anwendung findet,

1.

[Fassung bis VZ 2014:]

a) Arbeitslosengeld, Teilarbeitslosengeld, Zuschüsse zum Arbeitsentgelt, Kurzarbeitergeld, Winterausfallgeld, Insolvenzgeld, Arbeitslosenhilfe, Übergangsgeld, Altersübergangsgeld, Altersübergangsgeld-Ausgleichsbetrag, Unterhaltsgeld als Zuschuss, Eingliederungshilfe nach dem Dritten Buch Sozial-

[Fassung ab VZ 2015:][3)]

1. a) Arbeitslosengeld, Teilarbeitslosengeld, Zuschüsse zum Arbeitsentgelt, Kurzarbeitergeld, Insolvenzgeld, Übergangsgeld nach dem Dritten Buch Sozialgesetzbuch; Insolvenzgeld, das nach § 170 Absatz 1 des Dritten Buches Sozialgesetzbuch einem Dritten zusteht, ist dem Arbeitnehmer zuzurechnen,

---

[1)] § 32 a Abs. 6 Satz 1 Nr. 2 Satz 2 aufgeh. mWv VZ 2013 (§ 52 Abs. 68 Satz 1 a. F.) durch G v. 1. 11. 2011 (BGBl. I S. 2131).

[2)] § 32 a Abs. 6 Satz 2 geänd. durch G v. 1. 11. 2011 (BGBl. I S. 2131).

[3)] § 32 b Abs. 1 Satz 1 Nr. 1 Buchst. a neu gef. mWv VZ 2015 durch G v. 25. 7. 2014 (BGBl. I S. 1266).

[Fassung bis VZ 2014:]

gesetzbuch oder dem Arbeitsförderungsgesetz, das aus dem Europäischen Sozialfonds finanzierte Unterhaltsgeld sowie Leistungen nach § 10 des Dritten Buches Sozialgesetzbuch, die dem Lebensunterhalt dienen; Insolvenzgeld, das nach *§ 188* [***n. F.:*** § 170][1] Absatz 1 des Dritten Buches Sozialgesetzbuch einem Dritten zusteht, ist dem Arbeitnehmer zuzurechnen,

b) Krankengeld, Mutterschaftsgeld, Verletztengeld, Übergangsgeld oder vergleichbare Lohnersatzleistungen nach dem Fünften, Sechsten oder Siebten Buch Sozialgesetzbuch, der Reichsversicherungsordnung, dem Gesetz über die Krankenversicherung der Landwirte oder dem Zweiten Gesetz über die Krankenversicherung der Landwirte,

c) Mutterschaftsgeld, Zuschuss zum Mutterschaftsgeld, die Sonderunterstützung nach dem Mutterschutzgesetz sowie den Zuschuss bei Beschäftigungsverboten für die Zeit vor oder nach einer Entbindung sowie für den

Entbindungstag während einer Elternzeit nach beamtenrechtlichen Vorschriften,

d) Arbeitslosenbeihilfe *oder Arbeitslosenhilfe*[2] nach dem Soldatenversorgungsgesetz,

e) Entschädigungen für Verdienstausfall nach dem Infektionsschutzgesetz vom 20. Juli 2000 (BGBl. I S. 1045),

f) Versorgungskrankengeld oder Übergangsgeld nach dem Bundesversorgungsgesetz,

g) nach § 3 Nummer 28 steuerfreie Aufstockungsbeträge oder Zuschläge,

h)[3] *Verdienstausfallentschädigung nach dem Unterhaltssicherungsgesetz* [***ab 1. 11. 2015:*** Leistungen an Nichtselbständige nach § 6 des Unterhaltssicherungsgesetzes],

i) (weggefallen)

j)[4] Elterngeld nach dem Bundeselterngeld- und Elternzeitgesetz,

---

[1] Verweis geänd. mWv 1. 4. 2012 durch G v. 20. 12. 2011 (BGBl. I S. 2854).

[2] Kursiver Satzteil gestrichen mWv VZ 2015 durch G v. 25. 7. 2014 (BGBl. I S. 1266).

[3] § 32 b Abs. 1 Satz 1 Nr. 1 Buchst. h neu gef. mWv 1. 11. 2015 durch G v. 29. 6. 2015 (BGBl. I S. 1061); das Unterhaltssicherungsgesetz v. 26. 8. 2008 (BGBl. I S. 1774) idF des G v. 29. 6. 2015 (BGBl. I S. 1061) tritt mWv 1. 11. 2015 außer Kraft.

[4] Nr. **62**.

[*ab VZ 2015:*

k)[1] nach § 3 Nummer 2 Buchstabe e steuerfreie Leistungen, wenn vergleichbare Leistungen inländischer öffentlicher Kassen nach den Buchstaben a bis j dem Progressionsvorbehalt unterfallen, oder]

2. ausländische Einkünfte, die im Veranlagungszeitraum nicht der deutschen Einkommensteuer unterlegen haben; dies gilt nur für Fälle der zeitweisen unbeschränkten Steuerpflicht einschließlich der in § 2 Absatz 7 Satz 3 geregelten Fälle; ausgenommen sind Einkünfte, die nach einem sonstigen zwischenstaatlichen Übereinkommen im Sinne der Nummer 4 steuerfrei sind und die nach diesem Übereinkommen nicht unter dem Vorbehalt der Einbeziehung bei der Berechnung der Einkommensteuer stehen,
3. Einkünfte, die nach einem Abkommen zur Vermeidung der Doppelbesteuerung steuerfrei sind,
4. Einkünfte, die nach einem sonstigen zwischenstaatlichen Übereinkommen unter dem Vorbehalt der Einbeziehung bei der Berechnung der Einkommensteuer steuerfrei sind,
5. Einkünfte, die bei Anwendung von § 1 Absatz 3 oder § 1 a oder § 50 Absatz 2 Satz 2 Nummer 4 im Veranlagungszeitraum bei der Ermittlung des zu versteuernden Einkommens unberücksichtigt bleiben, weil sie nicht der deutschen Einkommensteuer oder einem Steuerabzug unterliegen; ausgenommen sind Einkünfte, die nach einem sonstigen zwischenstaatlichen Übereinkommen im Sinne der Nummer 4 steuerfrei sind und die nach diesem Übereinkommen nicht unter dem Vorbehalt der Einbeziehung bei der Berechnung der Einkommensteuer stehen,

bezogen, so ist auf das nach § 32 a Absatz 1 zu versteuernde Einkommen ein besonderer Steuersatz anzuwenden. [2]Satz 1 Nummer 3 gilt nicht für Einkünfte

1. aus einer anderen als in einem Drittstaat belegenen land- und forstwirtschaftlichen Betriebsstätte,
2. aus einer anderen als in einem Drittstaat belegenen gewerblichen Betriebsstätte, die nicht die Voraussetzungen des § 2 a Absatz 2 Satz 1 erfüllt,
3. aus der Vermietung oder der Verpachtung von unbeweglichem Vermögen oder von Sachinbegriffen, wenn diese in einem anderen Staat als in einem Drittstaat belegen sind, oder
4. aus der entgeltlichen Überlassung von Schiffen, sofern diese ausschließlich oder fast ausschließlich in einem anderen als einem Drittstaat eingesetzt worden sind, es sei denn, es handelt sich um Handelsschiffe, die
   a) von einem Vercharterer ausgerüstet überlassen oder
   b) an in einem anderen als in einem Drittstaat ansässige Ausrüster, die die Voraussetzungen des § 510 Absatz 1 des Handelsgesetzbuchs erfüllen, überlassen oder
   c) insgesamt nur vorübergehend an in einem Drittstaat ansässige Ausrüster, die die Voraussetzungen des § 510 Absatz 1 des Handelsgesetzbuchs erfüllen, überlassen

---

[1] § 32 b Abs. 1 Satz 1 Nr. 1 Buchst. k angef. mWv VZ 2015 durch G v. 25. 7. 2014 (BGBl. I S. 1266).

worden sind, oder

5. aus dem Ansatz des niedrigeren Teilwerts oder der Übertragung eines zu einem Betriebsvermögen gehörenden Wirtschaftsguts im Sinne der Nummern 3 und 4.

3 § 2a Absatz 2a und § 15b sind sinngemäß anzuwenden.[1)]

(1a) Als unmittelbar von einem unbeschränkt Steuerpflichtigen bezogene ausländische Einkünfte im Sinne des Absatzes 1 Nummer 3 gelten auch die ausländischen Einkünfte, die eine Organgesellschaft im Sinne des § 14 oder des § 17 des Körperschaftsteuergesetzes bezogen hat und die nach einem Abkommen zur Vermeidung der Doppelbesteuerung steuerfrei sind, in dem Verhältnis, in dem dem unbeschränkt Steuerpflichtigen das Einkommen der Organgesellschaft bezogen auf das gesamte Einkommen der Organgesellschaft im Veranlagungszeitraum zugerechnet wird.

(2)[2)] Der besondere Steuersatz nach Absatz 1 ist der Steuersatz, der sich ergibt, wenn bei der Berechnung der Einkommensteuer das nach § 32a Absatz 1 zu versteuernde Einkommen vermehrt oder vermindert wird um

1. im Fall des Absatzes 1 Nummer 1 die Summe der Leistungen nach Abzug des Arbeitnehmer-Pauschbetrags (§ 9a Satz 1 Nummer 1), soweit er nicht bei der Ermittlung der Einkünfte aus nichtselbständiger Arbeit abziehbar ist;
2. im Fall des Absatzes 1 Nummer 2 bis 5 die dort bezeichneten Einkünfte, wobei die darin enthaltenen außerordentlichen Einkünfte mit einem Fünftel zu berücksichtigen sind. 2 Bei der Ermittlung der Einkünfte im Fall des Absatzes 1 Nummer 2 bis 5
   a) ist der Arbeitnehmer-Pauschbetrag (§ 9a Satz 1 Nummer 1 Buchstabe a) abzuziehen, soweit er nicht bei der Ermittlung der Einkünfte aus nichtselbständiger Arbeit abziehbar ist;
   b) sind Werbungskosten nur insoweit abzuziehen, als sie zusammen mit den bei der Ermittlung der Einkünfte aus nichtselbständiger Arbeit abziehbaren Werbungskosten den Arbeitnehmer-Pauschbetrag (§ 9a Satz 1 Numer 1 Buchstabe a) übersteigen;

   [***ab 1. 3. 2013:***
   c) [3)] sind bei Gewinnermittlung nach § 4 Absatz 3 die Anschaffungs- oder Herstellungskosten für Wirtschaftsgüter des Umlaufvermögens im Zeitpunkt des Zuflusses des Veräußerungserlöses oder bei Entnahme im Zeitpunkt der Entnahme als Betriebsausgaben zu berücksichtigen. 2 § 4 Absatz 3 Satz 5 gilt entsprechend.]

(3) 1 Die Träger der Sozialleistungen im Sinne des Absatzes 1 Nummer 1 haben die Daten über die im Kalenderjahr gewährten Leistungen sowie die

---

1) § 32b Abs. 1 Satz 3 geänd. durch G v. 18. 12. 2013 (BGBl. I S. 4318); zur Anwendung siehe § 52 Abs. 33 Satz 2.

2) § 32b Abs. 2 Sätze 2 und 3 letztmals anzuwenden für VZ 2007 (§ 52 Abs. 43a Satz 3 a. F.) und aufgeh. durch G v. 25. 7. 2014 (BGBl. I S. 1266).

3) § 32b Abs. 2 Satz 1 Nr. 2 Satz 2 Buchst. c) angef. durch G v. 26. 6. 2013 (BGBl. I S. 1809); zur Anwendung siehe § 52 Abs. 33 Satz 1.

Dauer des Leistungszeitraums für jeden Empfänger bis zum 28. Februar des Folgejahres nach amtlich vorgeschriebenem Datensatz durch amtlich bestimmte Datenfernübertragung zu übermitteln, soweit die Leistungen nicht auf der Lohnsteuerbescheinigung (§ 41 b Absatz 1 Satz 2 Nummer 5) auszuweisen sind; § 41 b Absatz 2 und § 22 a Absatz 2 gelten entsprechend. [2]Der Empfänger der Leistungen ist entsprechend zu informieren und auf die steuerliche Behandlung dieser Leistungen und seine Steuererklärungspflicht hinzuweisen. [3]In den Fällen des § 170[1] Absatz 1 des Dritten Buches Sozialgesetzbuch ist Empfänger des an Dritte ausgezahlten Insolvenzgeldes der Arbeitnehmer, der seinen Arbeitsentgeltanspruch übertragen hat.

§ 32 c[2] *(aufgehoben)*

§ 32 d Gesonderter Steuertarif für Einkünfte aus Kapitalvermögen. (1) [1]Die Einkommensteuer für Einkünfte aus Kapitalvermögen, die nicht unter § 20 Absatz 8 fallen, beträgt 25 Prozent. [2]Die Steuer nach Satz 1 vermindert sich um die nach Maßgabe des Absatzes 5 anrechenbaren ausländischen Steuern. [3]Im Fall der Kirchensteuerpflicht ermäßigt sich die Steuer nach den Sätzen 1 und 2 um 25 Prozent der auf die Kapitalerträge entfallenden Kirchensteuer. [4]Die Einkommensteuer beträgt damit

$$\frac{e - 4q}{4 + k}\ .$$

[5]Dabei sind „e" die nach den Vorschriften des § 20 ermittelten Einkünfte, „q" die nach Maßgabe des Absatzes 5 anrechenbare ausländische Steuer und „k" der für die Kirchensteuer erhebende Religionsgesellschaft (Religionsgemeinschaft) geltende Kirchensteuersatz.

(2) Absatz 1 gilt nicht

1. für Kapitalerträge im Sinne des § 20 Absatz 1 Nummer 4 und 7 sowie Absatz 2 Satz 1 Nummer 4 und 7,

   a)[3] wenn Gläubiger und Schuldner einander nahe stehende Personen sind, soweit die den Kapitalerträgen entsprechenden Aufwendungen beim Schuldner Betriebsausgaben oder Werbungskosten im Zusammenhang mit Einkünften sind, die der inländischen Besteuerung unterliegen und § 20 Absatz 9 Satz 1 zweiter Halbsatz keine Anwendung findet,

   b) wenn sie von einer Kapitalgesellschaft oder Genossenschaft an einen Anteilseigner gezahlt werden, der zu mindestens 10 Prozent an der Gesellschaft oder Genossenschaft beteiligt ist. [2]Dies gilt auch, wenn der Gläubiger der Kapitalerträge eine dem Anteilseigner nahe stehende Person ist, oder

---

[1] Verweis geänd. mWv 1. 4. 2012 durch G v. 20. 12. 2011 (BGBl. I S. 2854).

[2] § 32 c war nur für VZ 2007 anwendbar (§ 52 Abs. 44 a. F.) und aufgeh. durch G v. 25. 7. 2014 (BGBl. I S. 1266).

[3] § 32 d Abs. 2 Nr. 1 Satz 1 Buchst. a geänd. durch G v. 8. 12. 2010 (BGBl. I S. 1768).

c) soweit ein Dritter die Kapitalerträge schuldet und diese Kapitalanlage im Zusammenhang mit einer Kapitalüberlassung an einen Betrieb des Gläubigers steht. [2] Dies gilt entsprechend, wenn Kapital überlassen wird

aa) an eine dem Gläubiger der Kapitalerträge nahestehende Person oder

bb) an eine Personengesellschaft, bei der der Gläubiger der Kapitalerträge oder eine diesem nahestehende Person als Mitunternehmer beteiligt ist oder

cc) an eine Kapitalgesellschaft oder Genossenschaft, an der der Gläubiger der Kapitalerträge oder eine diesem nahestehende Person zu mindestens 10 Prozent beteiligt ist,

(Fortsetzung nächstes Blatt)

sofern der Dritte auf den Gläubiger oder eine diesem nahestehende Person zurückgreifen kann. [3]Ein Zusammenhang ist anzunehmen, wenn die Kapitalanlage und die Kapitalüberlassung auf einem einheitlichen Plan beruhen. [4]Hiervon ist insbesondere dann auszugehen, wenn die Kapitalüberlassung in engem zeitlichen Zusammenhang mit einer Kapitalanlage steht oder die jeweiligen Zinsvereinbarungen miteinander verknüpft sind. [5]Von einem Zusammenhang ist jedoch nicht auszugehen, wenn die Zinsvereinbarungen marktüblich sind oder die Anwendung des Absatzes 1 beim Steuerpflichtigen zu keinem Belastungsvorteil führt. [6]Die Sätze 1 bis 5 gelten sinngemäß, wenn das überlassene Kapital vom Gläubiger der Kapitalerträge für die Erzielung von Einkünften im Sinne des § 2 Absatz 1 Satz 1 Nummer 4, 6 und 7 eingesetzt wird.

[2]Insoweit findet § 20 Absatz 6 und 9 keine Anwendung;

2. für Kapitalerträge im Sinne des § 20 Absatz 1 Nummer 6 Satz 2. [2]Insoweit findet § 20 Absatz 6 keine Anwendung;
3. auf Antrag für Kapitalerträge im Sinne des § 20 Absatz 1 Nummer 1 und 2 aus einer Beteiligung an einer Kapitalgesellschaft, wenn der Steuerpflichtige im Veranlagungszeitraum, für den der Antrag erstmals gestellt wird, unmittelbar oder mittelbar
   a) zu mindestens 25 Prozent an der Kapitalgesellschaft beteiligt ist oder
   b) zu mindestens 1 Prozent an der Kapitalgesellschaft beteiligt und beruflich für diese tätig ist.

   [2]Insoweit finden § 3 Nummer 40 Satz 2 und § 20 Absatz 6 und 9 keine Anwendung. [3]Der Antrag gilt für die jeweilige Beteiligung erstmals für den Veranlagungszeitraum, für den er gestellt worden ist. [4]Er ist spätestens zusammen mit der Einkommensteuererklärung für den jeweiligen Veranlagungszeitraum zu stellen und gilt, solange er nicht widerrufen wird, auch für die folgenden vier Veranlagungszeiträume, ohne dass die Antragsvoraussetzungen erneut zu belegen sind. [5]Die Widerrufserklärung muss dem Finanzamt spätestens mit der Steuererklärung für den Veranlagungszeitraum zugehen, für den die Sätze 1 bis 4 erstmals nicht mehr angewandt werden sollen. [6]Nach einem Widerruf ist ein erneuter Antrag des Steuerpflichtigen für diese Beteiligung an der Kapitalgesellschaft nicht mehr zulässig;
4.[1)] für *sonstige* Bezüge im Sinne des § 20 Absatz 1 Nummer 1 *Satz 2* und für Einnahmen im Sinne des § 20 Absatz 1 Nummer 9 *Satz 1 zweiter Halbsatz,* soweit sie das Einkommen der leistenden Körperschaft gemindert haben; dies gilt nicht, soweit *die* [***ab 1. 1. 2014:*** eine] verdeckte Gewinnausschüttung das Einkommen einer dem Steuerpflichtigen nahe stehenden Person erhöht hat und § 32 a des Körperschaftsteuergesetzes auf die Veranlagung dieser nahe stehenden Person keine Anwendung findet.

(3) [1]Steuerpflichtige Kapitalerträge, die nicht der Kapitalertragsteuer unterlegen haben, hat der Steuerpflichtige in seiner Einkommensteuererklärung

---

[1)] § 32 d Abs. 2 Nr. 4 angef. durch G v. 8. 12. 2010 (BGBl. I S. 1768); kursive Satzteile aufgeh. und geänd. mWv 1. 1. 2014 durch G v. 26. 6. 2013 (BGBl. I S. 1809).

anzugeben. 2 Für diese Kapitalerträge erhöht sich die tarifliche Einkommensteuer um den nach Absatz 1 ermittelten Betrag.

(4) Der Steuerpflichtige kann mit der Einkommensteuererklärung für Kapitalerträge, die der Kapitalertragsteuer unterlegen haben, eine Steuerfestsetzung entsprechend Absatz 3 Satz 2 insbesondere in Fällen eines nicht vollständig ausgeschöpften Sparer-Pauschbetrags, einer Anwendung der Ersatzbemessungsgrundlage nach § 43 a Absatz 2 Satz 7, eines noch nicht im Rahmen des § 43 a Absatz 3 berücksichtigten Verlusts, eines Verlustvortrags nach § 20 Absatz 6 und noch nicht berücksichtigter ausländischer Steuern, zur Überprüfung des Steuereinbehalts dem Grund oder der Höhe nach oder zur Anwendung von Absatz 1 Satz 3 beantragen.

(5) 1 In den Fällen der Absätze 3 und 4 ist bei unbeschränkt Steuerpflichtigen, die mit ausländischen Kapitalerträgen in dem Staat, aus dem die Kapi-talerträge stammen, zu einer der deutschen Einkommensteuer entsprechenden Steuer herangezogen werden, die auf ausländische Kapitalerträge festgesetzte und gezahlte und um einen entstandenen Ermäßigungsanspruch gekürzte ausländische Steuer, jedoch höchstens 25 Prozent ausländische Steuer auf den einzelnen Kapitalertrag, auf die deutsche Steuer anzurechnen. 2 Soweit in einem Abkommen zur Vermeidung der Doppelbesteuerung die Anrechnung einer ausländischen Steuer einschließlich einer als gezahlt geltenden Steuer auf die deutsche Steuer vorgesehen ist, gilt Satz 1 entsprechend. 3 Die ausländischen Steuern sind nur bis zur Höhe der auf die im jeweiligen Veranlagungszeitraum bezogenen Kapitalerträge im Sinne des Satzes 1 entfallenden deutschen Steuer anzurechnen.

(6)[1] 1 Auf Antrag des Steuerpflichtigen werden anstelle der Anwendung der Absätze 1, 3 und 4 die nach § 20 ermittelten Kapitaleinkünfte den Einkünften im Sinne des § 2 hinzugerechnet und der tariflichen Einkommensteuer unterworfen, wenn dies zu einer niedrigeren Einkommensteuer einschließlich Zuschlagsteuern führt (Günstigerprüfung). 2 Absatz 5 ist mit der Maßgabe anzuwenden, dass die nach dieser Vorschrift ermittelten ausländischen Steuern auf die zusätzliche tarifliche Einkommensteuer anzurechnen sind, die auf die hinzugerechneten Kapitaleinkünfte entfällt. 3 Der Antrag kann für den jeweiligen Veranlagungszeitraum nur einheitlich für sämtliche Kapitalerträge gestellt werden. 4 Bei zusammenveranlagten Ehegatten kann der Antrag nur für sämtliche Kapitalerträge beider Ehegatten gestellt werden.

§ 33 Außergewöhnliche Belastungen. (1) Erwachsen einem Steuerpflichtigen zwangsläufig größere Aufwendungen als der überwiegenden Mehrzahl der Steuerpflichtigen gleicher Einkommensverhältnisse, gleicher Vermögensverhältnisse und gleichen Familienstands (außergewöhnliche Belastung), so wird auf Antrag die Einkommensteuer dadurch ermäßigt, dass der Teil der Aufwendungen, der die dem Steuerpflichtigen zumutbare Belastung (Absatz 3) übersteigt, vom Gesamtbetrag der Einkünfte abgezogen wird.

(2)[2] 1 Aufwendungen erwachsen dem Steuerpflichtigen zwangsläufig, wenn er sich ihnen aus rechtlichen, tatsächlichen oder sittlichen Gründen nicht ent-

---

[1] § 32 d Abs. 6 Satz 1 geänd. durch G v. 8. 12. 2010 (BGBl. I S. 1768).
[2] § 33 Abs. 2 Satz 2 geänd. mWv VZ 2011 durch G v. 1. 11. 2011 (BGBl. I S. 2131).

ziehen kann und soweit die Aufwendungen den Umständen nach notwendig sind und einen angemessenen Betrag nicht übersteigen. [2] Aufwendungen, die zu den Betriebsausgaben, Werbungskosten oder Sonderausgaben gehören, bleiben dabei außer Betracht; das gilt für Aufwendungen im Sinne des § 10 Absatz 1 Nummer 7 und 9 nur insoweit, als sie als Sonderausgaben abgezogen werden können. [3] Aufwendungen, die durch Diätverpflegung entstehen, können nicht als außergewöhnliche Belastung berücksichtigt werden. [*ab VZ 2013:* [4] Aufwendungen für die Führung eines Rechtsstreits (Prozesskosten) sind vom Abzug ausgeschlossen, es sei denn, es handelt sich um Aufwendungen ohne die der Steuerpflichtige Gefahr liefe, seine Existenzgrundlage zu verlieren und seine lebensnotwendigen Bedürfnisse in dem üblichen Rahmen nicht mehr befriedigen zu können.][1)]

(3) [1] Die zumutbare Belastung beträgt

bei einem Gesamtbetrag der Einkünfte	bis 15 340 EUR	über 15 340 EUR bis 51 130 EUR	über 51 130 EUR
1. bei Steuerpflichtigen, die keine Kinder haben und bei denen die Einkommensteuer			
a) nach § 32 a Absatz 1,	5	6	7
b) nach § 32 a Absatz 5 oder 6 (Splitting-Verfahren)	4	5	6
zu berechnen ist;			
2. bei Steuerpflichtigen mit			
a) einem Kind oder zwei Kindern,	2	3	4
b) drei oder mehr Kindern	1	1	2

Prozent des Gesamtbetrags der Einkünfte.

[2] Als Kinder des Steuerpflichtigen zählen die, für die er Anspruch auf einen Freibetrag nach § 32 Absatz 6 oder auf Kindergeld hat.

(4)[2)] Die Bundesregierung wird ermächtigt, durch Rechtsverordnung mit Zustimmung des Bundesrates die Einzelheiten des Nachweises von Aufwendungen nach Absatz 1 zu bestimmen.

§ 33 a Außergewöhnliche Belastung in besonderen Fällen. (1) [1] Erwachsen einem Steuerpflichtigen Aufwendungen für den Unterhalt und eine etwaige Berufsausbildung einer dem Steuerpflichtigen oder seinem Ehegatten gegenüber gesetzlich unterhaltsberechtigten Person, so wird auf Antrag die Einkommensteuer dadurch ermäßigt, dass die Aufwendungen bis zu *8004* [*für* ***VZ 2013:*** 8130[3)]; ***VZ 2014:*** 8354[4)]; ***VZ 2015:*** 8472[5)]; ***VZ 2016:*** 8652[5)]] Euro

---

1) § 33 Abs. 2 Satz 4 angef. mWv VZ 2013 durch G v. 26. 6. 2013 (BGBl. I S. 1809).

2) § 33 Abs. 4 angef. mWv VZ 2011 durch G v. 1. 11. 2011 (BGBl. I S. 2131).

3) Betrag geänd. durch G v. 18. 12. 2013 (BGBl. I S. 4318); zur Anwendung siehe § 52 Abs. 45 a. F.

4) Betrag geänd. durch G v. 18. 12. 2013 (BGBl. I S. 4318); zur Anwendung siehe § 52 Abs. 45 a a. F.

5) Beträge geänd. mWv VZ 2015 bzw. VZ 2016 durch G v. 16. 7. 2015 (BGBl. I S. 1202).

im Kalenderjahr vom Gesamtbetrag der Einkünfte abgezogen werden. [2]Der Höchstbetrag nach Satz 1 erhöht sich um den Betrag der im jeweiligen Veranlagungszeitraum nach § 10 Absatz 1 Nummer 3 für die Absicherung der unterhaltsberechtigten Person aufgewandten Beiträge; dies gilt nicht für Kranken- und Pflegeversicherungsbeiträge, die bereits nach § 10 Absatz 1 Nummer 3 Satz 1 anzusetzen sind. [3]Der gesetzlich unterhaltsberechtigten Person gleichgestellt ist eine Person, wenn bei ihr zum Unterhalt bestimmte inländische öffentliche Mittel mit Rücksicht auf die Unterhaltsleistungen des Steuerpflichtigen gekürzt werden. [4]Voraussetzung ist, dass weder der Steuerpflichtige noch eine andere Person Anspruch auf einen Freibetrag nach § 32 Absatz 6 oder auf Kindergeld für die unterhaltene Person hat und die unterhaltene Person kein oder nur ein geringes Vermögen besitzt; ein angemessenes Hausgrundstück im Sinne von § 90 Absatz 2 Nummer 8 des Zwölften Buches Sozialgesetzbuch bleibt unberücksichtigt.[1)] [5]Hat die unterhaltene Person andere Einkünfte oder Bezüge, so vermindert sich die Summe der nach Satz 1 und Satz 2 ermittelten Beträge um den Betrag, um den diese Einkünfte und Bezüge den Betrag von 624 Euro im Kalenderjahr übersteigen, sowie um die von der unterhaltenen Person als Ausbildungshilfe aus öffentlichen Mitteln oder von Förderungseinrichtungen, die hierfür öffentliche Mittel erhalten, bezogenen Zuschüsse; zu den Bezügen gehören auch steuerfreie Gewinne nach den §§ 14, 16 Absatz 4, § 17 Absatz 3 und § 18 Absatz 3, die nach § 19 Absatz 2 steuerfrei bleibenden Einkünfte sowie Sonderabschreibungen und erhöhte Absetzungen, soweit sie die höchstmöglichen Absetzungen für Abnutzung nach § 7 übersteigen.[2)] [6]Ist die unterhaltene Person nicht unbeschränkt einkommensteuerpflichtig, so können die Aufwendungen nur abgezogen werden, soweit sie nach den Verhältnissen des Wohnsitzstaates der unterhaltenen Person notwendig und angemessen sind, höchstens jedoch der Betrag, der sich nach den Sätzen 1 bis 5 ergibt; ob der Steuerpflichtige zum Unterhalt gesetzlich verpflichtet ist, ist nach inländischen Maßstäben zu beurteilen. [7]Werden die Aufwendungen für eine unterhaltene Person von mehreren Steuerpflichtigen getragen, so wird bei jedem der Teil des sich hiernach ergebenden Betrags abgezogen, der seinem Anteil am Gesamtbetrag der Leistungen entspricht. [8]Nicht auf Euro lautende Beträge sind entsprechend dem für Ende September des Jahres vor dem Veranlagungszeitraum von der Europäischen Zentralbank bekannt gegebenen Referenzkurs umzurechnen.[3)] [***ab VZ 2015:*** [9]Voraussetzung für den Abzug der Aufwendungen ist die Angabe der erteilten Identifikationsnummer (§ 139 b der Abgabenordnung) der unterhaltenen Person in der Steuererklärung des Unterhaltsleistenden, wenn die unterhaltene Person der unbeschränkten oder beschränkten Steuerpflicht unterliegt. [10]Die unterhaltene Person ist für diese Zwecke verpflichtet, dem Unterhaltsleistenden ihre erteilte

(Fortsetzung nächste Seite)

---

1) Zweiter Halbsatz angef. durch G v. 26. 6. 2013 (BGBl. I S. 1809).
2) § 33 a Abs. 1 Satz 5 geänd. mWv VZ 2012 durch G v. 1. 11. 2011 (BGBl. I S. 2131).
3) § 33 a Abs. 1 Satz 8 angef. durch G v. 26. 6. 2013 (BGBl. I S. 1809).

Identifikationsnummer (§ 139b der Abgabenordnung) mitzuteilen. [11]Kommt die unterhaltene Person dieser Verpflichtung nicht nach, ist der Unterhaltsleistende berechtigt, bei der für ihn zuständigen Finanzbehörde die Identifikationsnummer der unterhaltenen Person zu erfragen.][1)]

(2)[2)] [1]Zur Abgeltung des Sonderbedarfs eines sich in Berufsausbildung befindenden, auswärtig untergebrachten, volljährigen Kindes, für das Anspruch auf einen Freibetrag nach § 32 Absatz 6 oder Kindergeld besteht, kann der Steuerpflichtige einen Freibetrag in Höhe von 924 Euro je Kalenderjahr vom Gesamtbetrag der Einkünfte abziehen. [2]Für ein nicht unbeschränkt einkommensteuerpflichtiges Kind mindert sich der vorstehende Betrag nach Maßgabe des Absatzes 1 Satz 6. [3]Erfüllen mehrere Steuerpflichtige für dasselbe Kind die Voraussetzungen nach Satz 1, so kann der Freibetrag insgesamt nur einmal abgezogen werden. [4]Jedem Elternteil steht grundsätzlich die Hälfte des Abzugsbetrags nach den Sätzen 1 und 2 zu. [5]Auf gemeinsamen Antrag der Eltern ist eine andere Aufteilung möglich.

(3)[3)] [1]Für jeden vollen Kalendermonat, in dem die in den Absätzen 1 und 2 bezeichneten Voraussetzungen nicht vorgelegen haben, ermäßigen sich die dort bezeichneten Beträge um je ein Zwölftel. *[2]Eigene Einkünfte und Bezüge der unterhaltenen Person oder des Kindes, die auf diese Kalendermonate entfallen, vermindern die nach Satz 1 ermäßigten Höchstbeträge und Freibeträge nicht. [3]Als Ausbildungshilfe bezogene Zuschüsse mindern nur die zeitanteiligen Höchstbeträge und Freibeträge der Kalendermonate, für die die Zuschüsse bestimmt sind.* [***ab VZ 2014:*** [2]Eigene Einkünfte und Bezüge der nach Absatz 1 unterhaltenen Person, die auf diese Kalendermonate entfallen, vermindern den nach Satz 1 ermäßigten Höchstbetrag nicht. [3]Als Ausbildungshilfe bezogene Zuschüsse der nach Absatz 1 unterhaltenen Person mindern nur den zeitanteiligen Höchstbetrag der Kalendermonate, für die sie bestimmt sind.]

(4) In den Fällen der Absätze 1 und 2 kann wegen der in diesen Vorschriften bezeichneten Aufwendungen der Steuerpflichtige eine Steuerermäßigung nach § 33 nicht in Anspruch nehmen.

§ 33 b Pauschbeträge für behinderte Menschen, Hinterbliebene und Pflegepersonen. (1) [1]Wegen der Aufwendungen für die Hilfe bei den gewöhnlichen und regelmäßig wiederkehrenden Verrichtungen des täglichen Lebens, für die Pflege sowie für einen erhöhten Wäschebedarf können behinderte Menschen unter den Voraussetzungen des Absatzes 2 anstelle einer Steuerermäßigung nach § 33 einen Pauschbetrag nach Absatz 3 geltend machen (Behinderten-Pauschbetrag). [2]Das Wahlrecht kann für die genannten Aufwendungen im jeweiligen Veranlagungszeitraum nur einheitlich ausgeübt werden.

---

1) § 33 a Abs. 1 Sätze 9 bis 11 angef. mWv VZ 2015 durch G v. 25. 7. 2014 (BGBl. I S. 1266).

2) § 33 a Abs. 2 Satz 3 Verweis geänd. durch G v. 8. 12. 2010 (BGBl. I S. 1768); Satz 2 aufgeh., Sätze 3 bis 6 werden Sätze 2 bis 5, bish. Sätze 3 und 5 geänd. mWv VZ 2012 durch G v. 1. 11. 2011 (BGBl. I S. 2131).

3) § 33 a Abs. 3 Sätze 2 und 3 neu gef. mWv VZ 2014 durch G v. 25. 7. 2014 (BGBl. I S. 1266).

(2) Die Pauschbeträge erhalten

1. behinderte Menschen, deren Grad der Behinderung auf mindestens 50 festgestellt ist;
2. behinderte Menschen, deren Grad der Behinderung auf weniger als 50, aber mindestens auf 25 festgestellt ist, wenn
   a) dem behinderten Menschen wegen seiner Behinderung nach gesetzlichen Vorschriften Renten oder andere laufende Bezüge zustehen, und zwar auch dann, wenn das Recht auf die Bezüge ruht oder der Anspruch auf die Bezüge durch Zahlung eines Kapitals abgefunden worden ist, oder
   b) die Behinderung zu einer dauernden Einbuße der körperlichen Beweglichkeit geführt hat oder auf einer typischen Berufskrankheit beruht.

(3) [1] Die Höhe des Pauschbetrags richtet sich nach dem dauernden Grad der Behinderung. [2] Als Pauschbeträge werden gewährt bei einem Grad der Behinderung

von 25 und 30	310 Euro,
von 35 und 40	430 Euro,
von 45 und 50	570 Euro,
von 55 und 60	720 Euro,
von 65 und 70	890 Euro,
von 75 und 80	1060 Euro,
von 85 und 90	1230 Euro,
von 95 und 100	1420 Euro.

[3] Für behinderte Menschen, die hilflos im Sinne des Absatzes 6 sind, und für Blinde erhöht sich der Pauschbetrag auf 3700 Euro.

(4) [1] Personen, denen laufende Hinterbliebenenbezüge bewilligt worden sind, erhalten auf Antrag einen Pauschbetrag von 370 Euro (Hinterbliebenen-Pauschbetrag), wenn die Hinterbliebenenbezüge geleistet werden

1. nach dem Bundesversorgungsgesetz oder einem anderen Gesetz, das die Vorschriften des Bundesversorgungsgesetzes über Hinterbliebenenbezüge für entsprechend anwendbar erklärt, oder
2. nach den Vorschriften über die gesetzliche Unfallversicherung oder
3. nach den beamtenrechtlichen Vorschriften an Hinterbliebene eines an den Folgen eines Dienstunfalls verstorbenen Beamten oder
4. nach den Vorschriften des Bundesentschädigungsgesetzes über die Entschädigung für Schäden an Leben, Körper oder Gesundheit.

[2] Der Pauschbetrag wird auch dann gewährt, wenn das Recht auf die Bezüge ruht oder der Anspruch auf die Bezüge durch Zahlung eines Kapitals abgefunden worden ist.

(5)[1)] [1] Steht der Behinderten-Pauschbetrag oder der Hinterbliebenen-Pauschbetrag einem Kind zu, für das der Steuerpflichtige Anspruch auf einen Freibetrag nach § 32 Absatz 6 oder auf Kindergeld hat, so wird der Pauschbetrag

---

1) § 33b Abs. 5 Satz 2 2. Satzteil angef. mWv VZ 2012 durch G v. 1. 11. 2011 (BGBl. I S. 2131).

auf Antrag auf den Steuerpflichtigen übertragen, wenn ihn das Kind nicht in Anspruch nimmt. [2]Dabei ist der Pauschbetrag grundsätzlich auf beide Elternteile je zur Hälfte aufzuteilen, es sei denn, der Kinderfreibetrag wurde auf den anderen Elternteil übertragen. [3]Auf gemeinsamen Antrag der Eltern ist eine andere Aufteilung möglich. [4]In diesen Fällen besteht für Aufwendungen, für die der Behinderten-Pauschbetrag gilt, kein Anspruch auf eine Steuerermäßigung nach § 33.

(6) [1]Wegen der außergewöhnlichen Belastungen, die einem Steuerpflichtigen durch die Pflege einer Person erwachsen, die nicht nur vorübergehend hilflos ist, kann er anstelle einer Steuerermäßigung nach § 33 einen Pauschbetrag von 924 Euro im Kalenderjahr geltend machen (Pflege-Pauschbetrag), wenn er dafür keine Einnahmen erhält. [2]Zu diesen Einnahmen zählt unabhängig von der Verwendung nicht das von den Eltern eines behinderten Kindes für dieses Kind empfangene Pflegegeld. [3]Hilflos im Sinne des Satzes 1 ist eine Person, wenn sie für eine Reihe von häufig und regelmäßig wiederkehrenden Verrichtungen zur Sicherung ihrer persönlichen Existenz im Ablauf eines jeden Tages fremder Hilfe dauernd bedarf. [4]Diese Voraussetzungen sind auch erfüllt, wenn die Hilfe in Form einer Überwachung oder einer Anleitung zu den in Satz 3 genannten Verrichtungen erforderlich ist oder wenn die Hilfe zwar nicht dauernd geleistet werden muss, jedoch eine ständige Bereitschaft zur Hilfeleistung erforderlich ist. [5]Voraussetzung ist, dass der Steuerpflichtige die Pflege *im Inland*[1)] entweder in seiner Wohnung oder in der Wohnung des Pflegebedürftigen persönlich durchführt [***ab VZ 2013:*** und diese Wohnung in einem Mitgliedstaat der Europäischen Union oder in einem Staat belegen ist, auf den das Abkommen über den Europäischen Wirtschaftsraum anzuwenden ist.][2)] [6]Wird ein Pflegebedürftiger von mehreren Steuerpflichtigen im Veranlagungszeitraum gepflegt, wird der Pauschbetrag nach der Zahl der Pflegepersonen, bei denen die Voraussetzungen der Sätze 1 bis 5 vorliegen, geteilt.

(7) Die Bundesregierung wird ermächtigt, durch Rechtsverordnung mit Zustimmung des Bundesrates zu bestimmen, wie nachzuweisen ist, dass die Voraussetzungen für die Inanspruchnahme der Pauschbeträge vorliegen.

§ 34 Außerordentliche Einkünfte. (1) [1]Sind in dem zu versteuernden Einkommen außerordentliche Einkünfte enthalten, so ist die auf alle im Veranlagungszeitraum bezogenen außerordentlichen Einkünfte entfallende Einkommensteuer nach den Sätzen 2 bis 4 zu berechnen. [2]Die für die außerordentlichen Einkünfte anzusetzende Einkommensteuer beträgt das Fünffache des Unterschiedsbetrags zwischen der Einkommensteuer für das um diese Einkünfte verminderte zu versteuernde Einkommen (verbleibendes zu versteuerndes Einkommen) und der Einkommensteuer für das verbleibende zu versteuernde Einkommen zuzüglich eines Fünftels dieser Einkünfte. [3]Ist das verbleibende zu versteuernde Einkommen negativ und das zu versteuernde Einkommen positiv, so beträgt die Einkommensteuer das Fünffache der auf ein Fünftel des zu versteuernden Einkommens entfallenden Einkommensteuer. [4]Die Sätze 1 bis 3

[1)] Kursiver Satzteil aufgeh. mWv VZ 2013 durch G v. 26. 6. 2013 (BGBl. I S. 1809).
[2)] Klammerzusatz angef. mWv VZ 2013 durch G v. 26. 6. 2013 (BGBl. I S. 1809).

gelten nicht für außerordentliche Einkünfte im Sinne des Absatzes 2 Nummer 1, wenn der Steuerpflichtige auf diese Einkünfte ganz oder teilweise § 6b oder § 6c anwendet.

(2) Als außerordentliche Einkünfte kommen nur in Betracht:

1. Veräußerungsgewinne im Sinne der §§ 14, 14a Absatz 1, der §§ 16 und 18 Absatz 3 mit Ausnahme des steuerpflichtigen Teils der Veräußerungsgewinne, die nach § 3 Nummer 40 Buchstabe b in Verbindung mit § 3c Absatz 2 teilweise steuerbefreit sind;
2. Entschädigungen im Sinne des § 24 Nummer 1;
3. Nutzungsvergütungen und Zinsen im Sinne des § 24 Nummer 3, soweit sie für einen Zeitraum von mehr als drei Jahren nachgezahlt werden;
4. Vergütungen für mehrjährige Tätigkeiten; mehrjährig ist eine Tätigkeit, soweit sie sich über mindestens zwei Veranlagungszeiträume erstreckt und einen Zeitraum von mehr als zwölf Monaten umfasst.

5.[1] *(aufgehoben)*

(3) [1]Sind in dem zu versteuernden Einkommen außerordentliche Einkünfte im Sinne des Absatzes 2 Nummer 1 enthalten, so kann auf Antrag abweichend von Absatz 1 die auf den Teil dieser außerordentlichen Einkünfte, der den Betrag von insgesamt 5 Millionen Euro nicht übersteigt, entfallende Einkommensteuer nach einem ermäßigten Steuersatz bemessen werden, wenn der Steuerpflichtige das 55. Lebensjahr vollendet hat oder wenn er im sozialversicherungsrechtlichen Sinne dauernd berufsunfähig ist. [2]Der ermäßigte Steuersatz beträgt 56 Prozent des durchschnittlichen Steuersatzes, der sich ergäbe, wenn die tarifliche Einkommensteuer nach dem gesamten zu versteuernden Einkommen zuzüglich der dem Progressionsvorbehalt unterliegenden Einkünfte zu bemessen wäre, mindestens jedoch 14[2] Prozent. [3]Auf das um die in Satz 1 genannten Einkünfte verminderte zu versteuernde Einkommen (verbleibendes zu versteuerndes Einkommen) sind vorbehaltlich des Absatzes 1 die allgemeinen Tarifvorschriften anzuwenden. [4]Die Ermäßigung nach den Sätzen 1 bis 3 kann der Steuerpflichtige nur einmal im Leben in Anspruch nehmen. [5]Erzielt der Steuerpflichtige in einem Veranlagungszeitraum mehr als einen Veräußerungs- oder Aufgabegewinn im Sinne des Satzes 1, kann er die Ermäßigung nach den Sätzen 1 bis 3 nur für einen Veräußerungs- oder Aufgabegewinn beantragen. [6]Absatz 1 Satz 4 ist entsprechend anzuwenden.

§ 34 a Begünstigung der nicht entnommenen Gewinne. (1)[3] [1]Sind in dem zu versteuernden Einkommen nicht entnommene Gewinne aus Land- und Forstwirtschaft, Gewerbebetrieb oder selbständiger Arbeit (§ 2 Absatz 1 Satz 1 Nummer 1 bis 3) im Sinne des Absatzes 2 enthalten, ist die Einkommensteuer für diese Gewinne auf Antrag des Steuerpflichtigen ganz oder teilweise mit einem Steuersatz von 28,25 Prozent zu berechnen; dies gilt nicht, soweit für die Gewinne der Freibetrag nach § 16 Absatz 4 oder die Steuerer-

[1] § 34 Abs. 2 Nr. 5 aufgeh. mWv VZ 2012 durch G v. 1. 11. 2011 (BGBl. I S. 2131).
[2] Prozentsatz geänd. durch G v. 8. 12. 2010 (BGBl. I S. 1768).
[3] Zur erstmaligen Anwendung von § 34a siehe § 52 Abs. 34.

mäßigung nach § 34 Absatz 3 in Anspruch genommen wird oder es sich um Gewinne im Sinne des § 18 Absatz 1 Nummer 4 handelt. [2]Der Antrag nach Satz 1 ist für jeden Betrieb oder Mitunternehmeranteil für jeden Veranlagungszeitraum gesondert bei dem für die Einkommensbesteuerung zuständigen Finanzamt zu stellen. [3]Bei Mitunternehmeranteilen kann der Steuerpflichtige den Antrag nur stellen, wenn sein Anteil am nach § 4 Absatz 1 Satz 1 oder § 5 ermittelten Gewinn mehr als 10 Prozent beträgt oder 10 000 Euro übersteigt. [4]Der Antrag kann bis zur Unanfechtbarkeit des Einkommensteuerbescheids für den nächsten Veranlagungszeitraum vom Steuerpflichtigen ganz oder teilweise zurückgenommen werden; der Einkommensteuerbescheid ist entsprechend zu ändern. [5]Die Festsetzungsfrist endet insoweit nicht, bevor die Festsetzungsfrist für den nächsten Veranlagungszeitraum abgelaufen ist.

(2) Der nicht entnommene Gewinn des Betriebs oder Mitunternehmeranteils ist der nach § 4 Absatz 1 Satz 1 oder § 5 ermittelte Gewinn vermindert um den positiven Saldo der Entnahmen und Einlagen des Wirtschaftsjahres.

(3) [1]Der Begünstigungsbetrag ist der im Veranlagungszeitraum nach Absatz 1 Satz 1 auf Antrag begünstigte Gewinn. [2]Der Begünstigungsbetrag des Veranlagungszeitraums, vermindert um die darauf entfallende Steuerbelastung nach Absatz 1 und den darauf entfallenden Solidaritätszuschlag, vermehrt um den nachversteuerungspflichtigen Betrag des Vorjahres und den auf diesen Betrieb oder Mitunternehmeranteil nach Absatz 5 übertragenen nachversteuerungspflichtigen Betrag, vermindert um den Nachversteuerungsbetrag im Sinne des Absatzes 4 und den auf einen anderen Betrieb oder Mitunternehmeranteil nach Absatz 5 übertragenen nachversteuerungspflichtigen Betrag, ist der nachversteuerungspflichtige Betrag des Betriebs oder Mitunternehmeranteils zum Ende des Veranlagungszeitraums. [3]Dieser ist für jeden Betrieb oder Mitunternehmeranteil jährlich gesondert festzustellen.

(4) [1]Übersteigt der positive Saldo der Entnahmen und Einlagen des Wirtschaftsjahres bei einem Betrieb oder Mitunternehmeranteil den nach § 4 Absatz 1 Satz 1 oder § 5 ermittelten Gewinn (Nachversteuerungsbetrag), ist vorbehaltlich Absatz 5 eine Nachversteuerung durchzuführen, soweit zum Ende des vorangegangenen Veranlagungszeitraums ein nachversteuerungspflichtiger Betrag nach Absatz 3 festgestellt wurde. [2]Die Einkommensteuer auf den Nachversteuerungsbetrag beträgt 25 Prozent. [3]Der Nachversteuerungsbetrag ist um die Beträge, die für die Erbschaftsteuer (Schenkungsteuer) anlässlich der Übertragung des Betriebs oder Mitunternehmeranteils entnommen wurden, zu vermindern.

(5) [1]Die Übertragung oder Überführung eines Wirtschaftsguts nach § 6 Absatz 5 Satz 1 bis 3 führt unter den Voraussetzungen des Absatzes 4 zur Nachversteuerung. [2]Eine Nachversteuerung findet nicht statt, wenn der Steuerpflichtige beantragt, den nachversteuerungspflichtigen Betrag in Höhe des Buchwerts des übertragenen oder überführten Wirtschaftsguts, höchstens jedoch in Höhe des Nachversteuerungsbetrags, den die Übertragung oder Überführung des Wirtschaftsguts ausgelöst hätte, auf den anderen Betrieb oder Mitunternehmeranteil zu übertragen.

(6) [1]Eine Nachversteuerung des nachversteuerungspflichtigen Betrags nach Absatz 4 ist durchzuführen

1. in den Fällen der Betriebsveräußerung oder -aufgabe im Sinne der §§ 14, 16 Absatz 1 und 3 sowie des § 18 Absatz 3,
2. in den Fällen der Einbringung eines Betriebs oder Mitunternehmeranteils in eine Kapitalgesellschaft oder eine Genossenschaft sowie in den Fällen des Formwechsels einer Personengesellschaft in eine Kapitalgesellschaft oder Genossenschaft,
3. wenn der Gewinn nicht mehr nach § 4 Absatz 1 Satz 1 oder § 5 ermittelt wird oder
4. wenn der Steuerpflichtige dies beantragt.

[2]In den Fällen der Nummern 1 und 2 ist die nach Absatz 4 geschuldete Einkommensteuer auf Antrag des Steuerpflichtigen oder seines Rechtsnachfolgers in regelmäßigen Teilbeträgen für einen Zeitraum von höchstens zehn Jahren seit Eintritt der ersten Fälligkeit zinslos zu stunden, wenn ihre alsbaldige Einziehung mit erheblichen Härten für den Steuerpflichtigen verbunden wäre.

(7) [1]In den Fällen der unentgeltlichen Übertragung eines Betriebs oder Mitunternehmeranteils nach § 6 Absatz 3 hat der Rechtsnachfolger den nachversteuerungspflichtigen Betrag fortzuführen. [2]In den Fällen der Einbringung eines Betriebs oder Mitunternehmeranteils zu Buchwerten nach § 24 des Umwandlungssteuergesetzes geht der für den eingebrachten Betrieb oder Mitunternehmeranteil festgestellte nachversteuerungspflichtige Betrag auf den neuen Mitunternehmeranteil über.

(8) Negative Einkünfte dürfen nicht mit ermäßigt besteuerten Gewinnen im Sinne von Absatz 1 Satz 1 ausgeglichen werden; sie dürfen insoweit auch nicht nach § 10 d abgezogen werden.

(9) [1]Zuständig für den Erlass der Feststellungsbescheide über den nachversteuerungspflichtigen Betrag ist das für die Einkommensbesteuerung zuständige Finanzamt. [2]Die Feststellungsbescheide können nur insoweit angegriffen werden, als sich der nachversteuerungspflichtige Betrag gegenüber dem nachversteuerungspflichtigen Betrag des Vorjahres verändert hat. [3]Die gesonderten Feststellungen nach Satz 1 können mit dem Einkommensteuerbescheid verbunden werden.

(10) [1]Sind Einkünfte aus Land- und Forstwirtschaft, Gewerbebetrieb oder selbständiger Arbeit nach § 180 Absatz 1 Nummer 2 Buchstabe a oder b der Abgabenordnung gesondert festzustellen, können auch die Höhe der Entnahmen und Einlagen sowie weitere für die Tarifermittlung nach den Absätzen 1 bis 7 erforderliche Besteuerungsgrundlagen gesondert festgestellt werden. [2]Zuständig für die gesonderten Feststellungen nach Satz 1 ist das Finanzamt, das für die gesonderte Feststellung nach § 180 Absatz 1 Nummer 2 der Abgabenordnung zuständig ist. [3]Die gesonderten Feststellungen nach Satz 1 können mit der Feststellung nach § 180 Absatz 1 Nummer 2 der Abgabenordnung verbunden werden. [4]Die Feststellungsfrist für die gesonderte Feststellung nach Satz 1 endet nicht vor Ablauf der Feststellungsfrist für die Feststellung nach § 180 Absatz 1 Nummer 2 der Abgabenordnung.

(11)[1] [1]Der Bescheid über die gesonderte Feststellung des nachversteuerungspflichtigen Betrags ist zu erlassen, aufzuheben oder zu ändern, soweit der Steuerpflichtige einen Antrag nach Absatz 1 stellt oder diesen ganz oder teilweise zurücknimmt und sich die Besteuerungsgrundlagen im Einkommensteuerbescheid ändern. [2]Dies gilt entsprechend, wenn der Erlass, die Aufhebung oder Änderung des Einkommensteuerbescheids mangels steuerlicher Auswirkung unterbleibt. [3]Die Feststellungsfrist endet nicht, bevor die Festsetzungsfrist für den Veranlagungszeitraum abgelaufen ist, auf dessen Schluss der nachversteuerungspflichtige Betrag des Betriebs oder Mitunternehmeranteils gesondert festzustellen ist.

§ 34 b[2] Steuersätze bei Einkünften aus außerordentlichen Holznutzungen. (1) Außerordentliche Holznutzungen sind

1. Holznutzungen, die aus volks- oder staatswirtschaftlichen Gründen erfolgt sind. [2]Sie liegen nur insoweit vor, als sie durch gesetzlichen oder behördlichen Zwang veranlasst sind;
2. Holznutzungen infolge höherer Gewalt (Kalamitätsnutzungen). [2]Sie sind durch Eis-, Schnee-, Windbruch oder Windwurf, Erdbeben, Bergrutsch, Insektenfraß, Brand oder durch Naturereignisse mit vergleichbaren Folgen verursacht. [3]Hierzu gehören nicht die Schäden, die in der Forstwirtschaft regelmäßig entstehen.

(2) [1]Zur Ermittlung der Einkünfte aus außerordentlichen Holznutzungen sind von den Einnahmen sämtlicher Holznutzungen die damit in sachlichem Zusammenhang stehenden Betriebsausgaben abzuziehen. [2]Das nach Satz 1 ermittelte Ergebnis ist auf die ordentlichen und außerordentlichen Holznutzungsarten aufzuteilen, *in dem*[3] die außerordentlichen Holznutzungen zur gesamten Holznutzung ins Verhältnis gesetzt wird. [3]Bei einer Gewinnermittlung durch Betriebsvermögensvergleich sind die im Wirtschaftsjahr veräußerten Holzmengen maßgebend. [4]Bei einer Gewinnermittlung nach den Grundsätzen des § 4 Absatz 3 ist von den Holzmengen auszugehen, die den im Wirtschaftsjahr zugeflossenen Einnahmen zugrunde liegen. [5]Die Sätze 1 bis 4 gelten für entnommenes Holz entsprechend.

(3) Die Einkommensteuer bemisst sich für die Einkünfte aus außerordentlichen Holznutzungen im Sinne des Absatzes 1

1. nach der Hälfte des durchschnittlichen Steuersatzes, der sich ergäbe, wenn die tarifliche Einkommensteuer nach dem gesamten zu versteuernden Einkommen zuzüglich der dem Progressionsvorbehalt unterliegenden Einkünfte zu bemessen wäre;
2. nach dem halben Steuersatz der Nummer 1, soweit sie den Nutzungssatz (§ 68 der Einkommensteuer-Durchführungsverordnung) übersteigen.

(4) Einkünfte aus außerordentlichen Holznutzungen sind nur anzuerkennen, wenn

---

[1] Zur erstmaligen Anwendung von § 34 a Abs. 11 siehe § 52 Abs. 34.
[2] § 34 b neu gef. mWv VZ 2012 durch G v. 1. 11. 2011 (BGBl. I S. 2131).
[3] Muß wohl lauten „indem".

1. das im Wirtschaftsjahr veräußerte oder entnommene Holz mengenmäßig getrennt nach ordentlichen und außerordentlichen Holznutzungen nachgewiesen wird und
2. Schäden infolge höherer Gewalt unverzüglich nach Feststellung des Schadensfalls der zuständigen Finanzbehörde mitgeteilt und nach der Aufarbeitung mengenmäßig nachgewiesen werden.

(5) Die Bundesregierung wird ermächtigt, durch Rechtsverordnung mit Zustimmung des Bundesrates

1. die Steuersätze abweichend von Absatz 3 für ein Wirtschaftsjahr aus sachlichen Billigkeitsgründen zu regeln,
2. die Anwendung des § 4a des Forstschäden-Ausgleichsgesetzes für ein Wirtschaftsjahr aus sachlichen Billigkeitsgründen zu regeln,

wenn besondere Schadensereignisse nach Absatz 1 Nummer 2 vorliegen und eine Einschlagsbeschränkung (§ 1 Absatz 1 des Forstschäden-Ausgleichsgesetzes) nicht angeordnet wurde.

V. Steuerermäßigungen

1. Steuerermäßigung bei ausländischen Einkünften

§ 34c [Steuerermäßigung bei ausländischen Einkünften] (1) [1]Bei unbeschränkt Steuerpflichtigen, die mit ausländischen Einkünften in dem Staat, aus dem die Einkünfte stammen, zu einer der deutschen Einkommensteuer entsprechenden Steuer herangezogen werden, ist die festgesetzte und gezahlte und um einen entstandenen Ermäßigungsanspruch gekürzte ausländische Steuer auf die deutsche Einkommensteuer anzurechnen, die auf die Einkünfte aus diesem Staat entfällt; das gilt nicht für Einkünfte aus Kapitalvermögen, auf die § 32d Absatz 1 und 3 bis 6 anzuwenden ist. [2]Die auf die ausländischen Einkünfte nach Satz 1 erster Halbsatz entfallende deutsche Einkommensteuer ist in der Weise zu ermitteln, dass *die sich bei der Veranlagung des zu versteuernden Einkommens, einschließlich der ausländischen Einkünfte, nach den §§ 32a, 32b, 34, 34a und 34b ergebende deutsche Einkommensteuer im Verhältnis dieser ausländischen Einkünfte zur Summe der Einkünfte*[1] *aufgeteilt wird* [***ab VZ 2015:*** der sich bei der Veranlagung des zu versteuernden Einkommens, einschließlich der ausländischen Einkünfte, nach den §§ 32a, 32b, 34, 34a und 34b ergebende durchschnittliche Steuersatz auf die ausländischen Einkünfte anzuwenden ist].[2] [3]Bei der Ermittlung des zu versteuernden Einkommens, *der Summe der Einkünfte*[3] und der ausländischen Einkünfte sind die Einkünfte nach Satz 1 zweiter Halbsatz nicht zu berücksichtigen; bei der Ermittlung der ausländischen Einkünfte sind die ausländischen Einkünfte nicht zu berücksichtigen, die in dem Staat, aus dem sie stammen, nach dessen Recht nicht besteuert werden. [4]Gehören

---

[1] Vgl. hierzu **§ 52 Abs. 34a.**

[2] § 34c Abs. 1 Satz 2 geänd. mWv VZ 2015 durch G v. 22. 12. 2014 (BGBl. I S. 2417).

[3] Kursiver Satzteil aufgehoben mWv VZ 2015 durch G v. 22. 12. 2014 (BGBl. I S. 2417).

ausländische Einkünfte der in § 34 d Nummer 3, 4, 6, 7 und 8 Buchstabe c genannten Art zum Gewinn eines inländischen Betriebes, sind bei ihrer Ermittlung Betriebsausgaben und Betriebsvermögensminderungen abzuziehen, die mit den diesen Einkünften zugrunde liegenden Einnahmen in wirtschaftlichem Zusammenhang stehen. [5]Die ausländischen Steuern sind nur insoweit anzurechnen, als sie auf die im Veranlagungszeitraum bezogenen Einkünfte entfallen.

(Fortsetzung nächstes Blatt)

(2) Statt der Anrechnung (Absatz 1) ist die ausländische Steuer auf Antrag bei der Ermittlung der Einkünfte abzuziehen, soweit sie auf ausländische Einkünfte entfällt, die nicht steuerfrei sind.

(3) Bei unbeschränkt Steuerpflichtigen, bei denen eine ausländische Steuer vom Einkommen nach Absatz 1 nicht angerechnet werden kann, weil die Steuer nicht der deutschen Einkommensteuer entspricht oder nicht in dem Staat erhoben wird, aus dem die Einkünfte stammen, oder weil keine ausländischen Einkünfte vorliegen, ist die festgesetzte und gezahlte und um einen entstandenen Ermäßigungsanspruch gekürzte ausländische Steuer bei der Ermittlung der Einkünfte abzuziehen, soweit sie auf Einkünfte entfällt, die der deutschen Einkommensteuer unterliegen.

(4) (weggefallen)

(5) Die obersten Finanzbehörden der Länder oder die von ihnen beauftragten Finanzbehörden können mit Zustimmung des Bundesministeriums der Finanzen die auf ausländische Einkünfte entfallende deutsche Einkommensteuer ganz oder zum Teil erlassen oder in einem Pauschbetrag festsetzen, wenn es aus volkswirtschaftlichen Gründen zweckmäßig ist oder die Anwendung des Absatzes 1 besonders schwierig ist.

(6) [1] Die Absätze 1 bis 3 sind vorbehaltlich der Sätze 2 bis 6 nicht anzuwenden, wenn die Einkünfte aus einem ausländischen Staat stammen, mit dem ein Abkommen zur Vermeidung der Doppelbesteuerung besteht. [2] Soweit in einem Abkommen zur Vermeidung der Doppelbesteuerung die Anrechnung einer ausländischen Steuer auf die deutsche Einkommensteuer vorgesehen ist, sind Absatz 1 Satz 2 bis 5 und Absatz 2 entsprechend auf die nach dem Abkommen anzurechnende ausländische Steuer anzuwenden; das gilt nicht für Einkünfte, auf die § 32d Absatz 1 und 3 bis 6 anzuwenden ist; bei nach dem Abkommen als gezahlt geltenden ausländischen Steuerbeträgen sind Absatz 1 Satz 3 und Absatz 2 nicht anzuwenden. [3] Absatz 1 Satz 3 gilt auch dann entsprechend, wenn die Einkünfte in dem ausländischen Staat nach dem Abkommen zur Vermeidung der Doppelbesteuerung mit diesem Staat nicht besteuert werden können. [4] Bezieht sich ein Abkommen zur Vermeidung der Doppelbesteuerung nicht auf eine Steuer vom Einkommen dieses Staates, so sind die Absätze 1 und 2 entsprechend anzuwenden. [5] In den Fällen des § 50d Absatz 9 sind die Absätze 1 bis 3 und Satz 6 entsprechend anzuwenden. [6] Absatz 3 ist anzuwenden, wenn der Staat, mit dem ein Abkommen zur Vermeidung der Doppelbesteuerung besteht, Einkünfte besteuert, die nicht aus diesem Staat stammen, es sei denn, die Besteuerung hat ihre Ursache in einer Gestaltung, für die wirtschaftliche oder sonst beachtliche Gründe fehlen, oder das Abkommen gestattet dem Staat die Besteuerung dieser Einkünfte.

(7) Durch Rechtsverordnung können Vorschriften erlassen werden über

1. die Anrechnung ausländischer Steuern, wenn die ausländischen Einkünfte aus mehreren fremden Staaten stammen,
2. den Nachweis über die Höhe der festgesetzten und gezahlten ausländischen Steuern,
3. die Berücksichtigung ausländischer Steuern, die nachträglich erhoben oder zurückgezahlt werden.

§ 34 d Ausländische Einkünfte. Ausländische Einkünfte im Sinne des § 34 c Absatz 1 bis 5 sind

1. Einkünfte aus einer in einem ausländischen Staat betriebenen Land- und Forstwirtschaft (§§ 13 und 14) und Einkünfte der in den Nummern 3, 4, 6, 7 und 8 Buchstabe c genannten Art, soweit sie zu den Einkünften aus Land- und Forstwirtschaft gehören;
2. Einkünfte aus Gewerbebetrieb (§§ 15 und 16),
   a) die durch eine in einem ausländischen Staat belegene Betriebsstätte oder durch einen in einem ausländischen Staat tätigen ständigen Vertreter erzielt werden, und Einkünfte der in den Nummern 3, 4, 6, 7 und 8 Buchstabe c genannten Art, soweit sie zu den Einkünften aus Gewerbebetrieb gehören,
   b) die aus Bürgschafts- und Avalprovisionen erzielt werden, wenn der Schuldner Wohnsitz, Geschäftsleitung oder Sitz in einem ausländischen Staat hat, oder
   c) die durch den Betrieb eigener oder gecharterter Seeschiffe oder Luftfahrzeuge aus Beförderungen zwischen ausländischen oder von ausländischen zu inländischen Häfen erzielt werden, einschließlich der Einkünfte aus anderen mit solchen Beförderungen zusammenhängenden, sich auf das Ausland erstreckenden Beförderungsleistungen;
3. Einkünfte aus selbständiger Arbeit (§ 18), die in einem ausländischen Staat ausgeübt oder verwertet wird oder worden ist, und Einkünfte der in den Nummern 4, 6, 7 und 8 Buchstabe c genannten Art, soweit sie zu den Einkünften aus selbständiger Arbeit gehören;
4. Einkünfte aus der Veräußerung von
   a) Wirtschaftsgütern, die zum Anlagevermögen eines Betriebs gehören, wenn die Wirtschaftsgüter in einem ausländischen Staat belegen sind,
   b) Anteilen an Kapitalgesellschaften, wenn die Gesellschaft Geschäftsleitung oder Sitz in einem ausländischen Staat hat;
5. Einkünfte aus nichtselbständiger Arbeit (§ 19), die in einem ausländischen Staat ausgeübt oder, ohne im Inland ausgeübt zu werden oder worden zu sein, in einem ausländischen Staat verwertet wird oder worden ist, und Einkünfte, die von ausländischen öffentlichen Kassen mit Rücksicht auf ein gegenwärtiges oder früheres Dienstverhältnis gewährt werden. [2] Einkünfte, die von inländischen öffentlichen Kassen einschließlich der Kassen der Deutschen Bundesbahn und der Deutschen Bundesbank mit Rücksicht auf ein gegenwärtiges oder früheres Dienstverhältnis gewährt werden, gelten auch dann als inländische Einkünfte, wenn die Tätigkeit in einem ausländischen Staat ausgeübt wird oder worden ist;
6. Einkünfte aus Kapitalvermögen (§ 20), wenn der Schuldner Wohnsitz, Geschäftsleitung oder Sitz in einem ausländischen Staat hat oder das Kapitalvermögen durch ausländischen Grundbesitz gesichert ist;
7. Einkünfte aus Vermietung und Verpachtung (§ 21), soweit das unbewegliche Vermögen oder die Sachinbegriffe in einem ausländischen Staat bele-

gen oder die Rechte zur Nutzung in einem ausländischen Staat überlassen worden sind;

8. sonstige Einkünfte im Sinne des § 22, wenn
   a) der zur Leistung der wiederkehrenden Bezüge Verpflichtete Wohnsitz, Geschäftsleitung oder Sitz in einem ausländischen Staat hat,
   b) bei privaten Veräußerungsgeschäften die veräußerten Wirtschaftsgüter in einem ausländischen Staat belegen sind,
   c) bei Einkünften aus Leistungen einschließlich der Einkünfte aus Leistungen im Sinne des § 49 Absatz 1 Nummer 9 der zur Vergütung der Leistung Verpflichtete Wohnsitz, Geschäftsleitung oder Sitz in einem ausländischen Staat hat.

2. Steuerermäßigung bei Einkünften aus Land- und Forstwirtschaft

§ 34 e[1] *(aufgehoben)*

2 a. Steuerermäßigung für Steuerpflichtige mit Kindern bei Inanspruchnahme erhöhter Absetzungen für Wohngebäude oder der Steuerbegünstigungen für eigengenutztes Wohneigentum

§ 34 f [Steuerermäßigung für Steuerpflichtige mit Kindern bei Inanspruchnahme erhöhter Absetzungen für Wohngebäude oder der Steuerbegünstigungen für eigengenutztes Wohneigentum] (1) [1] Bei Steuerpflichtigen, die erhöhte Absetzungen nach § 7 b oder nach § 15 des Berlinförderungsgesetzes in Anspruch nehmen, ermäßigt sich die tarifliche Einkommensteuer, vermindert um die sonstigen Steuerermäßigungen mit Ausnahme der §§ 34 g und 35, auf Antrag um je 600 Deutsche Mark für das zweite und jedes weitere Kind des Steuerpflichtigen oder seines Ehegatten. [2] Voraussetzung ist,

1. dass der Steuerpflichtige das Objekt, bei einem Zweifamilienhaus mindestens eine Wohnung, zu eigenen Wohnzwecken nutzt oder wegen des Wechsels des Arbeitsortes nicht zu eigenen Wohnzwecken nutzen kann und
2. dass es sich einschließlich des ersten Kindes um Kinder im Sinne des § 32 Absatz 1 bis 5 oder 6 Satz 7 handelt, die zum Haushalt des Steuerpflichtigen gehören oder in dem für die erhöhten Absetzungen maßgebenden Begünstigungszeitraum gehört haben, wenn diese Zugehörigkeit auf Dauer angelegt ist oder war.

(2) [1] Bei Steuerpflichtigen, die die Steuerbegünstigung nach § 10 e Absatz 1 bis 5 oder nach § 15 b des Berlinförderungsgesetzes in Anspruch nehmen, ermäßigt sich die tarifliche Einkommensteuer, vermindert um die sonstigen Steuerermäßigungen mit Ausnahme des § 34 g, auf Antrag um je 512 Euro für jedes Kind des Steuerpflichtigen oder seines Ehegatten im Sinne des § 32 Absatz 1 bis 5 oder 6 Satz 7. [2] Voraussetzung ist, dass das Kind zum Haushalt des Steuerpflichtigen gehört oder in dem für die Steuerbegünstigung maßgeben-

---

[1] § 34 e aufgeh. durch G v. 25. 7. 2014 (BGBl. I S. 1266).

den Zeitraum gehört hat, wenn diese Zugehörigkeit auf Dauer angelegt ist oder war.

(3)[1] [1]Bei Steuerpflichtigen, die die Steuerbegünstigung nach § 10e Absatz 1, 2, 4 und 5 in Anspruch nehmen, ermäßigt sich die tarifliche Einkommensteuer, vermindert um die sonstigen Steuerermäßigungen, auf Antrag um je 512 Euro für jedes Kind des Steuerpflichtigen oder seines Ehegatten im Sinne des § 32 Absatz 1 bis 5 oder 6 Satz 7. [2]Voraussetzung ist, dass das Kind zum Haushalt des Steuerpflichtigen gehört oder in dem für die Steuerbegünstigung maßgebenden Zeitraum gehört hat, wenn diese Zugehörigkeit auf Dauer angelegt ist oder war. [3]Soweit sich der Betrag der Steuerermäßigung nach Satz 1 bei der Ermittlung der festzusetzenden Einkommensteuer nicht steuerentlastend auswirkt, ist er von der tariflichen Einkommensteuer der zwei vorangegangenen Veranlagungszeiträume abzuziehen. [4]Steuerermäßigungen, die nach den Sätzen 1 und 3 nicht berücksichtigt werden können, können bis zum Ende des Abzugszeitraums im Sinne des § 10 e und in den zwei folgenden Veranlagungszeiträumen abgezogen werden. [5]Ist für einen Veranlagungszeitraum bereits ein Steuerbescheid erlassen worden, so ist er insoweit zu ändern, als die Steuerermäßigung nach den Sätzen 3 und 4 zu gewähren oder zu berichtigen ist; die Verjährungsfristen enden insoweit nicht, bevor die Verjährungsfrist für den Veranlagungszeitraum abgelaufen ist, für den die Steuerermäßigung nach Satz 1 beantragt worden ist.

(4)[1] [1]Die Steuerermäßigungen nach den Absätzen 2 oder 3 kann der Steuerpflichtige insgesamt nur bis zur Höhe der Bemessungsgrundlage der Abzugsbeträge nach § 10 e Absatz 1 oder 2 in Anspruch nehmen. [2]Die Steuerermäßigung nach den Absätzen 1, 2 und 3 Satz 1 kann der Steuerpflichtige im Kalenderjahr nur für ein Objekt in Anspruch nehmen.

2 b. Steuerermäßigung bei Zuwendungen an politische Parteien und an unabhängige Wählervereinigungen

§ 34 g [Steuerermäßigung bei Zuwendungen an politische Parteien und an unabhängige Wählervereinigungen] [1]Die tarifliche Einkommensteuer, vermindert um die sonstigen Steuerermäßigungen mit Ausnahme des § 34 f Absatz 3, ermäßigt sich bei Zuwendungen an

1. politische Parteien im Sinne des § 2 des Parteiengesetzes und
2. Vereine ohne Parteicharakter, wenn
   a) der Zweck des Vereins ausschließlich darauf gerichtet ist, durch Teilnahme mit eigenen Wahlvorschlägen an Wahlen auf Bundes-, Landes- oder Kommunalebene bei der politischen Willensbildung mitzuwirken, und
   b) der Verein auf Bundes-, Landes- oder Kommunalebene bei der jeweils letzten Wahl wenigstens ein Mandat errungen oder der zuständigen Wahlbehörde oder dem zuständigen Wahlorgan angezeigt hat, dass er mit eigenen Wahlvorschlägen auf Bundes-, Landes- oder Kommunalebene an der jeweils nächsten Wahl teilnehmen will.

---

[1] Zur erstmaligen Anwendung siehe § 52 Abs. 35.

[2]Nimmt der Verein an der jeweils nächsten Wahl nicht teil, wird die Ermäßigung nur für die bis zum Wahltag an ihn geleisteten Beiträge und Spenden gewährt. [3]Die Ermäßigung für Beiträge und Spenden an den Verein wird erst wieder gewährt, wenn er sich mit eigenen Wahlvorschlägen an einer Wahl beteiligt hat. [4]Die Ermäßigung wird in diesem Fall nur für Beiträge und Spenden gewährt, die nach Beginn des Jahres, in dem die Wahl stattfindet, geleistet werden.

[2]Die Ermäßigung beträgt 50 Prozent der Ausgaben, höchstens jeweils 825 Euro für Ausgaben nach den Nummern 1 und 2, im Fall der Zusammenveranlagung von Ehegatten höchstens jeweils 1650 Euro. [3]§ 10b Absatz 3 und 4 gilt entsprechend.

3. Steuerermäßigung bei Einkünften aus Gewerbebetrieb

§ 35 [Steuerermäßigung bei Einkünften aus Gewerbebetrieb]

(1) [1]Die tarifliche Einkommensteuer, vermindert um die sonstigen Steuerermäßigungen mit Ausnahme der §§ 34f, 34g und 35a, ermäßigt sich, soweit sie anteilig auf im zu versteuernden Einkommen enthaltene gewerbliche Einkünfte entfällt (Ermäßigungshöchstbetrag),

1. bei Einkünften aus gewerblichen Unternehmen im Sinne des § 15 Absatz 1 Satz 1 Nummer 1
   um das 3,8-fache des jeweils für den dem Veranlagungszeitraum entsprechenden Erhebungszeitraum nach § 14 des Gewerbesteuergesetzes für das Unternehmen festgesetzten Steuermessbetrags (Gewerbesteuer-Messbetrag); Absatz 2 Satz 5 ist entsprechend anzuwenden;
2. bei Einkünften aus Gewerbebetrieb als Mitunternehmer im Sinne des § 15 Absatz 1 Satz 1 Nummer 2 oder als persönlich haftender Gesellschafter einer Kommanditgesellschaft auf Aktien im Sinne des § 15 Absatz 1 Satz 1 Nummer 3
   um das 3,8-fache des jeweils für den dem Veranlagungszeitraum entsprechenden Erhebungszeitraum festgesetzten anteiligen Gewerbesteuer-Messbetrags.

[2]Der Ermäßigungshöchstbetrag ist wie folgt zu ermitteln:

$$\frac{\text{Summe der positiven gewerblichen Einkünfte}}{\text{Summe aller positiven Einkünfte}} \cdot \text{geminderte tarifliche Steuer.}$$

[3]Gewerbliche Einkünfte im Sinne der Sätze 1 und 2 sind die der Gewerbesteuer unterliegenden Gewinne und Gewinnanteile, soweit sie nicht nach anderen Vorschriften von der Steuerermäßigung nach § 35 ausgenommen sind. [4]Geminderte tarifliche Steuer ist die tarifliche Steuer nach Abzug von Beträgen auf Grund der Anwendung zwischenstaatlicher Abkommen und nach Anrechnung der ausländischen Steuern nach § 32d Absatz 6 Satz 2[1)], § 34c Absatz 1 und 6 dieses Gesetzes und § 12 des Außensteuergesetzes. [5]Der Abzug des Steuerermäßigungsbetrags ist auf die tatsächlich zu zahlende Gewerbesteuer beschränkt.

[1)] Zitat ergänzt durch G v. 26. 6. 2013 (BGBl. I S. 1809).

(2) [1]Bei Mitunternehmerschaften im Sinne des § 15 Absatz 1 Satz 1 Nummer 2 oder bei Kommanditgesellschaften auf Aktien im Sinne des § 15 Absatz 1 Satz 1 Nummer 3 ist der Betrag des Gewerbesteuer-Messbetrags, die tatsächlich zu zahlende Gewerbesteuer und der auf die einzelnen Mitunternehmer oder auf die persönlich haftenden Gesellschafter entfallende Anteil gesondert und einheitlich festzustellen. [2]Der Anteil eines Mitunternehmers am Gewerbesteuer-Messbetrag richtet sich nach seinem Anteil am Gewinn der Mitunternehmerschaft nach Maßgabe des allgemeinen Gewinnverteilungsschlüssels; Vorabgewinnanteile sind nicht zu berücksichtigen. [3]Wenn auf Grund der Bestimmungen in einem Abkommen zur Vermeidung der Doppelbesteuerung bei der Festsetzung des Gewerbesteuer-Messbetrags für eine Mitunternehmerschaft nur der auf einen Teil der Mitunternehmer entfallende anteilige Gewerbeertrag berücksichtigt wird, ist der Gewerbesteuer-Messbetrag nach Maßgabe des allgemeinen Gewinnverteilungsschlüssels in voller Höhe auf diese Mitunternehmer entsprechend ihrer Anteile am Gewerbeertrag der Mitunternehmerschaft aufzuteilen. [4]Der anteilige Gewerbesteuer-Messbetrag ist als Prozentsatz mit zwei Nachkommastellen gerundet zu ermitteln. [5]Bei der Feststellung nach Satz 1 sind anteilige Gewerbesteuer-Messbeträge, die aus einer Beteiligung an einer Mitunternehmerschaft stammen, einzubeziehen.

(3) [1]Zuständig für die gesonderte Feststellung nach Absatz 2 ist das für die gesonderte Feststellung der Einkünfte zuständige Finanzamt. [2]Für die Ermittlung der Steuerermäßigung nach Absatz 1 sind die Festsetzung des Gewerbesteuer-Messbetrags, die Feststellung des Anteils an dem festzusetzenden Gewerbesteuer-Messbetrag nach Absatz 2 Satz 1 und die Festsetzung der Gewerbesteuer Grundlagenbescheide. [3]Für die Ermittlung des anteiligen Gewerbesteuer-Messbetrags nach Absatz 2 sind die Festsetzung des Gewerbesteuer-Messbetrags und die Festsetzung des anteiligen Gewerbesteuer-Messbetrags aus der Beteiligung an einer Mitunternehmerschaft Grundlagenbescheide.

(4) Für die Aufteilung und die Feststellung der tatsächlich zu zahlenden Gewerbesteuer bei Mitunternehmerschaften im Sinne des § 15 Absatz 1 Satz 1 Nummer 2 und bei Kommanditgesellschaften auf Aktien im Sinne des § 15 Absatz 1 Satz 1 Nummer 3 gelten die Absätze 2 und 3 entsprechend.

4. Steuerermäßigung bei Aufwendungen für haushaltsnahe Beschäftigungsverhältnisse und für die Inanspruchnahme haushaltsnaher Dienstleistungen

§ 35 a Steuerermäßigung bei Aufwendungen für haushaltsnahe Beschäftigungsverhältnisse, haushaltsnahe Dienstleistungen und Handwerkerleistungen. (1) Für haushaltsnahe Beschäftigungsverhältnisse, bei denen es sich um eine geringfügige Beschäftigung im Sinne des § 8 a des Vierten Buches Sozialgesetzbuch handelt, ermäßigt sich die tarifliche Einkommensteuer, vermindert um die sonstigen Steuerermäßigungen, auf Antrag um 20 Prozent, höchstens 510 Euro, der Aufwendungen des Steuerpflichtigen.

(2) [1]Für andere als in Absatz 1 aufgeführte haushaltsnahe Beschäftigungsverhältnisse oder für die Inanspruchnahme von haushaltsnahen Dienstleistungen,

die nicht Dienstleistungen nach Absatz 3 sind, ermäßigt sich die tarifliche Einkommensteuer, vermindert um die sonstigen Steuerermäßigungen, auf Antrag um 20 Prozent, höchstens 4000 Euro, der Aufwendungen des Steuerpflichtigen. 2 Die Steuerermäßigung kann auch in Anspruch genommen werden für die Inanspruchnahme von Pflege- und Betreuungsleistungen sowie für Aufwendungen, die einem Steuerpflichtigen wegen der Unterbringung in einem Heim oder zur dauernden Pflege erwachsen, soweit darin Kosten für Dienstleistungen enthalten sind, die mit denen einer Hilfe im Haushalt vergleichbar sind.

(3)[1)] 1 Für die Inanspruchnahme von Handwerkerleistungen für Renovierungs-, Erhaltungs- und Modernisierungsmaßnahmen ermäßigt sich die tarifliche Einkommensteuer, vermindert um die sonstigen Steuerermäßigungen, auf Antrag um 20 Prozent der Aufwendungen des Steuerpflichtigen, höchstens jedoch um 1200 Euro. 2 Dies gilt nicht für öffentlich geförderte Maßnahmen, für die zinsverbilligte Darlehen oder steuerfreie Zuschüsse in Anspruch genommen werden.

(4) 1 Die Steuerermäßigung nach den Absätzen 1 bis 3 kann nur in Anspruch genommen werden, wenn das Beschäftigungsverhältnis, die Dienstleistung oder die Handwerkerleistung in einem in der Europäischen Union oder dem Europäischen Wirtschaftsraum liegenden Haushalt des Steuerpflichtigen oder – bei Pflege- und Betreuungsleistungen – der gepflegten oder betreuten Person ausgeübt oder erbracht wird. 2 In den Fällen des Absatzes 2 Satz 2 zweiter Halbsatz ist Voraussetzung, dass das Heim oder der Ort der dauernden Pflege in der Europäischen Union oder dem Europäischen Wirtschaftsraum liegt.

(5)[2)] 1 Die Steuerermäßigungen nach den Absätzen 1 bis 3 können nur in Anspruch genommen werden, soweit die Aufwendungen nicht Betriebsausgaben oder Werbungskosten darstellen und soweit sie nicht als Sonderausgaben oder außergewöhnliche Belastungen berücksichtigt worden sind; für Aufwendungen, die dem Grunde nach unter § 10 Absatz 1 Nummer 5 fallen, ist eine Inanspruchnahme ebenfalls ausgeschlossen. 2 Der Abzug von der tariflichen Einkommensteuer nach den Absätzen 2 und 3 gilt nur für Arbeitskosten. 3 Voraussetzung für die Inanspruchnahme der Steuerermäßigung für haushaltsnahe Dienstleistungen nach Absatz 2 oder für Handwerkerleistungen nach Absatz 3 ist, dass der Steuerpflichtige für die Aufwendungen eine Rechnung erhalten hat und die Zahlung auf das Konto des Erbringers der Leistung erfolgt ist. 4 Leben zwei Alleinstehende in einem Haushalt zusammen, können sie die Höchstbeträge nach den Absätzen 1 bis 3 insgesamt jeweils nur einmal in Anspruch nehmen.

5. Steuerermäßigung bei Belastung mit Erbschaftsteuer

§ 35 b Steuerermäßigung bei Belastung mit Erbschaftsteuer. 1 Sind bei der Ermittlung des Einkommens Einkünfte berücksichtigt worden, die im Veranlagungszeitraum oder in den vorangegangenen vier Veranlagungszeiträumen als Erwerb von Todes wegen der Erbschaftsteuer unterlegen haben, so

---

1) § 35 a Abs. 3 neu gef. durch G v. 8. 12. 2010 (BGBl. I S. 1768).

2) § 35 a Abs. 5 Satz 1 neu gef. durch G v. 8. 12. 2010 (BGBl. I S. 1768); Satz 1 Verweis geänd. mWv VZ 2012 durch G v. 1. 11. 2011 (BGBl. I S. 2131).

wird auf Antrag die um sonstige Steuerermäßigungen gekürzte tarifliche Einkommensteuer, die auf diese Einkünfte entfällt, um den in Satz 2 bestimmten Prozentsatz ermäßigt. [2]Der Prozentsatz bestimmt sich nach dem Verhältnis, in dem die festgesetzte Erbschaftsteuer zu dem Betrag steht, der sich ergibt, wenn dem steuerpflichtigen Erwerb (§ 10 Absatz 1 des Erbschaftsteuer- und Schenkungsteuergesetzes) die Freibeträge nach den §§ 16 und 17 und der steuerfreie Betrag nach § 5 des Erbschaftsteuer- und Schenkungsteuergesetzes hinzugerechnet werden. [3]*Die Sätze 1 und 2 gelten nicht, soweit Erbschaftsteuer nach § 10 Absatz 1 Nummer 1a abgezogen wird.*[1)]

VI. Steuererhebung

1. Erhebung der Einkommensteuer

§ 36 Entstehung und Tilgung der Einkommensteuer. (1) Die Einkommensteuer entsteht, soweit in diesem Gesetz nichts anderes bestimmt ist, mit Ablauf des Veranlagungszeitraums.

(2) Auf die Einkommensteuer werden angerechnet:

1. die für den Veranlagungszeitraum entrichteten Einkommensteuer-Vorauszahlungen (§ 37);
2. die durch Steuerabzug erhobene Einkommensteuer, soweit sie auf die bei der Veranlagung erfassten Einkünfte oder auf die nach § 3 Nummer 40 dieses Gesetzes oder nach § 8b Absatz 1 und 6 Satz 2 des Körperschaftsteuergesetzes bei der Ermittlung des Einkommens außer Ansatz bleibenden Bezüge entfällt und nicht die Erstattung beantragt oder durchgeführt worden ist. [2]Die durch Steuerabzug erhobene Einkommensteuer wird nicht angerechnet, wenn die in § 45a Absatz 2 oder 3 bezeichnete Bescheinigung nicht vorgelegt worden ist. [3]In den Fällen des § 8b Absatz 6 Satz 2 des Körperschaftsteuergesetzes ist es für die Anrechnung ausreichend, wenn die Bescheinigung nach § 45a Absatz 2 und 3 vorgelegt wird, die dem Gläubiger der Kapitalerträge ausgestellt worden ist.

(3) [1]Die Steuerbeträge nach Absatz 2 Nummer 2 sind auf volle Euro aufzurunden. [2]Bei den durch Steuerabzug erhobenen Steuern ist jeweils die Summe der Beträge einer einzelnen Abzugsteuer aufzurunden.

(4) [1]Wenn sich nach der Abrechnung ein Überschuss zuungunsten des Steuerpflichtigen ergibt, hat der Steuerpflichtige (Steuerschuldner) diesen Betrag, soweit er den fällig gewordenen, aber nicht entrichteten Einkommensteuer-Vorauszahlungen entspricht, sofort, im Übrigen innerhalb eines Monats nach Bekanntgabe des Steuerbescheids zu entrichten (Abschlusszahlung). [2]Wenn sich nach der Abrechnung ein Überschuss zugunsten des Steuerpflichtigen ergibt, wird dieser dem Steuerpflichtigen nach Bekanntgabe des Steuerbescheids ausgezahlt. [3]Bei Ehegatten, die nach den §§ 26, 26b zusammen zur Einkommensteuer veranlagt worden sind, wirkt die Auszahlung an einen Ehegatten auch für und gegen den anderen Ehegatten.

[1)] § 35b Satz 3 aufgeh. mWv VZ 2015 durch G v. 22. 12. 2014 (BGBl. I S. 2417).

(5)[1] [1]In den Fällen des § 16 Absatz 3a kann auf Antrag des Steuerpflichtigen die festgesetzte Steuer, die auf den Aufgabegewinn und den durch den Wechsel der Gewinnermittlungsart erzielten Gewinn entfällt, in fünf gleichen Jahresraten entrichtet werden, wenn die Wirtschaftsgüter einem Betriebsvermögen des Steuerpflichtigen in einem anderen Mitgliedstaat der Europäischen Union oder des Europäischen Wirtschaftsraums zuzuordnen sind, sofern durch diese Staaten Amtshilfe entsprechend oder im Sinne der Amtshilferichtlinie gemäß § 2 Absatz 2 des EU-Amtshilfegesetzes und gegenseitige Unterstützung bei der Beitreibung im Sinne der Beitreibungsrichtlinie einschließlich der in diesem Zusammenhang anzuwendenden Durchführungsbestimmungen in den für den jeweiligen Veranlagungszeitraum geltenden Fassungen oder eines entsprechenden Nachfolgerechtsakts geleistet werden. [2]Die erste Jahresrate ist innerhalb eines Monats nach Bekanntgabe des Steuerbescheids zu entrichten; die übrigen Jahresraten sind jeweils am 31. Mai der Folgejahre fällig. [3]Die Jahresraten sind nicht zu verzinsen. [4]Wird der Betrieb oder Teilbetrieb während dieses Zeitraums eingestellt, veräußert oder in andere als die in Satz 1 genannten Staaten verlegt, wird die noch nicht entrichtete Steuer innerhalb eines Monats nach diesem Zeitpunkt fällig; Satz 2 bleibt unberührt. [5]Ändert sich die festgesetzte Steuer, sind die Jahresraten entsprechend anzupassen.

§ 37 Einkommensteuer-Vorauszahlung. (1) [1]Der Steuerpflichtige hat am 10. März, 10. Juni, 10. September und 10. Dezember Vorauszahlungen auf die Einkommensteuer zu entrichten, die er für den laufenden Veranlagungszeitraum voraussichtlich schulden wird. [2]Die Einkommensteuer-Vorauszahlung entsteht jeweils mit Beginn des Kalendervierteljahres, in dem die Vorauszahlungen zu entrichten sind, oder, wenn die Steuerpflicht erst im Laufe des Kalendervierteljahres begründet wird, mit Begründung der Steuerpflicht.

(2) (weggefallen)

(3)[2] [1]Das Finanzamt setzt die Vorauszahlungen durch Vorauszahlungsbescheid fest. [2]Die Vorauszahlungen bemessen sich grundsätzlich nach der Einkommensteuer, die sich nach Anrechnung der Steuerabzugsbeträge (§ 36 Absatz 2 Nummer 2) bei der letzten Veranlagung ergeben hat. [3]Das Finanzamt kann bis zum Ablauf des auf den Veranlagungszeitraum folgenden 15. Kalendermonats die Vorauszahlungen an die Einkommensteuer anpassen, die sich für den Veranlagungszeitraum voraussichtlich ergeben wird; dieser Zeitraum verlängert sich auf 23 Monate[3], wenn die Einkünfte aus Land- und Forstwirtschaft bei der erstmaligen Steuerfestsetzung die anderen Einkünfte voraussichtlich überwiegen werden. [4]Bei der Anwendung der Sätze 2 und 3 bleiben Aufwendungen im Sinne des § 10 Absatz 1 Nummer *1, 1a, 1b, 4, 5, 7 und 9* [***ab VZ 2015:*** 4, 5, 7 und 9 sowie Absatz 1a],[4] der §§ 10b und 33 sowie die abziehba-

---

[1] § 36 Abs. 5 angef. durch G v. 8. 12. 2010 (BGBl. I S. 1768); Satz 1 geänd. mWv VZ 2012 durch G v. 7. 12. 2011 (BGBl. I S. 2592); Satz 1 geänd. mWv 1. 1. 2013 durch G v. 26. 6. 2013 (BGBl. I S. 1809).

[2] Zur Anwendung von § 37 Abs. 3 siehe Abs. 6.

[3] Zeitraum verlängert durch G v. 1. 11. 2011 (BGBl. I S. 2131).

[4] § 37 Abs. 3 Satz 4 Verweis geänd. mWv VZ 2012 durch G v. 1. 11. 2011 (BGBl. I S. 2131); geänd. mWv VZ 2015 durch G v. 22. 12. 2014 (BGBl. I S. 2417).

ren Beträge nach § 33a, wenn die Aufwendungen und abziehbaren Beträge insgesamt 600 Euro nicht übersteigen, außer Ansatz. [5]Die Steuerermäßigung nach § 34a bleibt außer Ansatz. [6]Bei der Anwendung der Sätze 2 und 3 bleibt der Sonderausgabenabzug nach § 10a Absatz 1 außer Ansatz. [7]Außer Ansatz bleiben bis zur Anschaffung oder Fertigstellung der Objekte im Sinne des § 10e Absatz 1 und 2 und § 10h auch die Aufwendungen, die nach § 10e Absatz 6 und § 10h Satz 3 wie Sonderausgaben abgezogen werden; Entsprechendes gilt auch für Aufwendungen, die nach § 10i für nach dem Eigenheimzulagengesetz[1)] begünstigte Objekte wie Sonderausgaben abgezogen werden. [8]Negative Einkünfte aus der Vermietung oder Verpachtung eines Gebäudes im Sinne des § 21 Absatz 1 Satz 1 Nummer 1 werden bei der Festsetzung der Vorauszahlungen nur für Kalenderjahre berücksichtigt, die nach der Anschaffung oder Fertigstellung dieses Gebäudes beginnen. [9]Wird ein Gebäude vor dem Kalenderjahr seiner Fertigstellung angeschafft, tritt an die Stelle der Anschaffung die Fertigstellung. [10]Satz 8 gilt nicht für negative Einkünfte aus der Vermietung oder Verpachtung eines Gebäudes, für das erhöhte Absetzungen nach den §§ 14a, 14c oder 14d des Berlinförderungsgesetzes oder Sonderabschreibungen nach § 4 des Fördergebietsgesetzes in Anspruch genommen werden. [11]Satz 8 gilt für negative Einkünfte aus der Vermietung oder Verpachtung eines anderen Vermögensgegenstands im Sinne des § 21 Absatz 1 Satz 1 Nummer 1 bis 3 entsprechend mit der Maßgabe, dass an die Stelle der Anschaffung oder Fertigstellung die Aufnahme der Nutzung durch den Steuerpflichtigen tritt. [12]In den Fällen des § 31, in denen die gebotene steuerliche Freistellung eines Einkommensbetrags in Höhe des Existenzminimums eines Kindes durch das Kindergeld nicht in vollem Umfang bewirkt wird, bleiben bei der Anwendung der Sätze 2 und 3 Freibeträge nach § 32 Absatz 6 und zu verrechnendes Kindergeld außer Ansatz.

(4) [1]Bei einer nachträglichen Erhöhung der Vorauszahlungen ist die letzte Vorauszahlung für den Veranlagungszeitraum anzupassen. [2]Der Erhöhungsbetrag ist innerhalb eines Monats nach Bekanntgabe des Vorauszahlungsbescheids zu entrichten.

(5) [1]Vorauszahlungen sind nur festzusetzen, wenn sie mindestens 400 Euro im Kalenderjahr und mindestens 100 Euro für einen Vorauszahlungszeitpunkt betragen. [2]Festgesetzte Vorauszahlungen sind nur zu erhöhen, wenn sich der Erhöhungsbetrag im Fall des Absatzes 3 Satz 2 bis 5 für einen Vorauszahlungszeitpunkt auf mindestens 100 Euro, im Fall des Absatzes 4 auf mindestens 5000 Euro beläuft.

[*ab VZ 2014:*

(6)[2)] [1]Absatz 3 ist, soweit die erforderlichen Daten nach § 10 Absatz 2 Satz 3 noch nicht nach § 10 Absatz 2a übermittelt wurden, mit der Maßgabe anzuwenden, dass

1. als Beiträge im Sinne des § 10 Absatz 1 Nummer 3 Buchstabe a die für den letzten Veranlagungszeitraum geleisteten
   a) Beiträge zugunsten einer privaten Krankenversicherung vermindert um 20 Prozent oder

---

[1)] Nr. 5.
[2)] § 37 Abs. 6 angef. mWv VZ 2014 durch G v. 25. 7. 2014 (BGBl. I S. 1266).

b) Beiträge zur gesetzlichen Krankenversicherung vermindert um 4 Prozent,

2. als Beiträge im Sinne des § 10 Absatz 1 Nummer 3 Buchstabe b die bei der letzten Veranlagung berücksichtigten Beiträge zugunsten einer gesetzlichen Pflegeversicherung

anzusetzen sind; mindestens jedoch 1500 Euro. [2]Bei zusammen veranlagten Ehegatten ist der in Satz 1 genannte Betrag von 1500 Euro zu verdoppeln.]

§ 37 a Pauschalierung der Einkommensteuer durch Dritte. (1) [1]Das Finanzamt kann auf Antrag zulassen, dass das Unternehmen, das Sachprämien im Sinne des § 3 Nummer 38 gewährt, die Einkommensteuer für den Teil der Prämien, der nicht steuerfrei ist, pauschal erhebt. [2]Bemessungsgrundlage der pauschalen Einkommensteuer ist der gesamte Wert der Prämien, die den im Inland ansässigen Steuerpflichtigen zufließen. [3]Der Pauschsteuersatz beträgt 2,25 Prozent.[1)]

(2) [1]Auf die pauschale Einkommensteuer ist § 40 Absatz 3 sinngemäß anzuwenden. [2]Das Unternehmen hat die Prämienempfänger von der Steuerübernahme zu unterrichten.

(3) [1]Über den Antrag entscheidet das Betriebsstättenfinanzamt des Unternehmens (§ 41 a Absatz 1 Satz 1 Nummer 1). [2]Hat das Unternehmen mehrere Betriebsstättenfinanzämter, so ist das Finanzamt der Betriebsstätte zuständig, in der die für die pauschale Besteuerung maßgebenden Prämien ermittelt werden. [3]Die Genehmigung zur Pauschalierung wird mit Wirkung für die Zukunft erteilt und kann zeitlich befristet werden; sie erstreckt sich auf alle im Geltungszeitraum ausgeschütteten Prämien.

(4) Die pauschale Einkommensteuer gilt als Lohnsteuer und ist von dem Unternehmen in der Lohnsteuer-Anmeldung der Betriebsstätte im Sinne des Absatzes 3 anzumelden und spätestens am zehnten Tag nach Ablauf des für die Betriebsstätte maßgebenden Lohnsteuer-Anmeldungszeitraums an das Betriebsstättenfinanzamt abzuführen.

§ 37 b Pauschalierung der Einkommensteuer bei Sachzuwendungen. (1) [1]Steuerpflichtige können die Einkommensteuer einheitlich für alle innerhalb eines Wirtschaftsjahres gewährten

1. betrieblich veranlassten Zuwendungen, die zusätzlich zur ohnehin vereinbarten Leistung oder Gegenleistung erbracht werden, und
2. Geschenke im Sinne des § 4 Absatz 5 Satz 1 Nummer 1,

die nicht in Geld bestehen, mit einem Pauschsteuersatz von 30 Prozent erheben. [2]Bemessungsgrundlage der pauschalen Einkommensteuer sind die Aufwendungen des Steuerpflichtigen einschließlich Umsatzsteuer; bei Zuwendungen an Arbeitnehmer verbundener Unternehmen ist Bemessungsgrundlage mindestens der sich nach § 8 Absatz 3 Satz 1 ergebende Wert. [3]Die Pauschalierung ist ausgeschlossen,

1. soweit die Aufwendungen je Empfänger und Wirtschaftsjahr oder

---

[1)] § 37 a Abs. 1 Satz 3 bestätigt durch G v. 5. 4. 2011 (BGBl. I S. 554).

2. wenn die Aufwendungen für die einzelne Zuwendung

den Betrag von 10 000 Euro übersteigen.

(2) 1 Absatz 1 gilt auch für betrieblich veranlasste Zuwendungen an Arbeitnehmer des Steuerpflichtigen, soweit sie nicht in Geld bestehen und zusätzlich zum ohnehin geschuldeten Arbeitslohn erbracht werden. 2 In den Fällen des § 8 Absatz 2 Satz 2 bis *8* [***ab 1. 1. 2014:*** 10][1], Absatz 3, *§ 19a*[2], § 40 Absatz 2 sowie in Fällen, in denen Vermögensbeteiligungen überlassen werden, ist Absatz 1 nicht anzuwenden; Entsprechendes gilt, soweit die Zuwendungen nach § 40 Absatz 1 pauschaliert worden sind. 3 § 37a Absatz 1 bleibt unberührt.

(3) 1 Die pauschal besteuerten Sachzuwendungen bleiben bei der Ermittlung der Einkünfte des Empfängers außer Ansatz. 2 Auf die pauschale Einkommensteuer ist § 40 Absatz 3 sinngemäß anzuwenden. 3 Der Steuerpflichtige hat den Empfänger von der Steuerübernahme zu unterrichten.

(4) 1 Die pauschale Einkommensteuer gilt als Lohnsteuer und ist von dem die Sachzuwendung gewährenden Steuerpflichtigen in der Lohnsteuer-Anmeldung der Betriebsstätte nach § 41 Absatz 2 anzumelden und spätestens am zehnten Tag nach Ablauf des für die Betriebsstätte maßgebenden Lohnsteuer-Anmeldungszeitraums an das Betriebsstättenfinanzamt abzuführen. 2 Hat der Steuerpflichtige mehrere Betriebsstätten im Sinne des Satzes 1, so ist das Finanzamt der Betriebsstätte zuständig, in der die für die pauschale Besteuerung maßgebenden Sachbezüge ermittelt werden.

2. Steuerabzug vom Arbeitslohn (Lohnsteuer)

§ 38 Erhebung der Lohnsteuer. (1) 1 Bei Einkünften aus nichtselbständiger Arbeit wird die Einkommensteuer durch Abzug vom Arbeitslohn erhoben (Lohnsteuer), soweit der Arbeitslohn von einem Arbeitgeber gezahlt wird, der

1. im Inland einen Wohnsitz, seinen gewöhnlichen Aufenthalt, seine Geschäftsleitung, seinen Sitz, eine Betriebsstätte oder einen ständigen Vertreter im Sinne der §§ 8 bis 13 der Abgabenordnung hat (inländischer Arbeitgeber) oder
2. einem Dritten (Entleiher) Arbeitnehmer gewerbsmäßig zur Arbeitsleistung im Inland überlässt, ohne inländischer Arbeitgeber zu sein (ausländischer Verleiher).

2 Inländischer Arbeitgeber im Sinne des Satzes 1 ist in den Fällen der Arbeitnehmerentsendung auch das in Deutschland ansässige aufnehmende Unternehmen, das den Arbeitslohn für die ihm geleistete Arbeit wirtschaftlich trägt; Voraussetzung hierfür ist nicht, dass das Unternehmen dem Arbeitnehmer den Arbeitslohn im eigenen Namen und für eigene Rechnung auszahlt. 3 Der Lohnsteuer unterliegt auch der im Rahmen des Dienstverhältnisses von einem Dritten gewährte Arbeitslohn, wenn der Arbeitgeber weiß oder erkennen kann, dass derartige Vergütungen erbracht werden; dies ist insbesondere anzunehmen, wenn Arbeitgeber und Dritter verbundene Unternehmen im Sinne von § 15 des Aktiengesetzes sind.

---

[1] Verweis geänd. durch G v. 20. 2. 2013 (BGBl. I S. 285).

[2] § 19 a aufgeh. mWv Kj. 2009, zur weiteren Anwendung von § 19 a siehe § 52 Abs. 27.

(2) [1]Der Arbeitnehmer ist Schuldner der Lohnsteuer. [2]Die Lohnsteuer entsteht in dem Zeitpunkt, in dem der Arbeitslohn dem Arbeitnehmer zufließt.

(3) [1]Der Arbeitgeber hat die Lohnsteuer für Rechnung des Arbeitnehmers bei jeder Lohnzahlung vom Arbeitslohn einzubehalten. [2]Bei juristischen Personen des öffentlichen Rechts hat die öffentliche Kasse, die den Arbeitslohn zahlt, die Pflichten des Arbeitgebers. [3]In den Fällen der nach § 7f Absatz 1 Satz 1 Nummer 2 des Vierten Buches Sozialgesetzbuch an die Deutsche Rentenversicherung Bund übertragenen Wertguthaben hat die Deutsche Rentenversicherung Bund bei Inanspruchnahme des Wertguthabens die Pflichten des Arbeitgebers.

(3a) [1]Soweit sich aus einem Dienstverhältnis oder einem früheren Dienstverhältnis tarifvertragliche Ansprüche des Arbeitnehmers auf Arbeitslohn unmittelbar gegen einen Dritten mit Wohnsitz, Geschäftsleitung oder Sitz im Inland richten und von diesem durch die Zahlung von Geld erfüllt werden, hat der Dritte die Pflichten des Arbeitgebers. [2]In anderen Fällen kann das Finanzamt zulassen, dass ein Dritter mit Wohnsitz, Geschäftsleitung oder Sitz im Inland die Pflichten des Arbeitgebers im eigenen Namen erfüllt. [3]Voraussetzung ist, dass der Dritte

1. sich hierzu gegenüber dem Arbeitgeber verpflichtet hat,
2. den Lohn auszahlt oder er nur Arbeitgeberpflichten für von ihm vermittelte Arbeitnehmer übernimmt und
3. die Steuererhebung nicht beeinträchtigt wird.

[4]Die Zustimmung erteilt das Betriebsstättenfinanzamt des Dritten auf dessen Antrag im Einvernehmen mit dem Betriebsstättenfinanzamt des Arbeitgebers; sie darf mit Nebenbestimmungen versehen werden, die die ordnungsgemäße Steuererhebung sicherstellen und die Überprüfung des Lohnsteuerabzugs nach § 42f erleichtern sollen. [5]Die Zustimmung kann mit Wirkung für die Zukunft widerrufen werden. [6]In den Fällen der Sätze 1 und 2 sind die das Lohnsteuerverfahren betreffenden Vorschriften mit der Maßgabe anzuwenden, dass an die Stelle des Arbeitgebers der Dritte tritt; der Arbeitgeber ist von seinen Pflichten befreit, soweit der Dritte diese Pflichten erfüllt hat. [7]Erfüllt der Dritte die Pflichten des Arbeitgebers, kann er den Arbeitslohn, der einem Arbeitnehmer in demselben Lohnabrechnungszeitraum aus mehreren Dienstverhältnissen zufließt, für die Lohnsteuerermittlung und in der Lohnsteuerbescheinigung zusammenrechnen.

(4) [1]Wenn der vom Arbeitgeber geschuldete Barlohn zur Deckung der Lohnsteuer nicht ausreicht, hat der Arbeitnehmer dem Arbeitgeber den Fehlbetrag zur Verfügung zu stellen oder der Arbeitgeber einen entsprechenden Teil der anderen Bezüge des Arbeitnehmers zurückzubehalten. [2]Soweit der Arbeitnehmer seiner Verpflichtung nicht nachkommt und der Arbeitgeber den Fehlbetrag nicht durch Zurückbehaltung von anderen Bezügen des Arbeitnehmers aufbringen kann, hat der Arbeitgeber dies dem Betriebsstättenfinanzamt (§ 41a Absatz 1 Satz 1 Nummer 1) anzuzeigen. [3]Der Arbeitnehmer hat dem Arbeitgeber die von einem Dritten gewährten Bezüge (Absatz 1 Satz 3) am Ende des jeweiligen Lohnzahlungszeitraums anzugeben; wenn der Arbeitnehmer keine Angabe oder eine erkennbar unrichtige Angabe macht, hat der

Arbeitgeber dies dem Betriebsstättenfinanzamt anzuzeigen. 4 Das Finanzamt hat die zu wenig erhobene Lohnsteuer vom Arbeitnehmer nachzufordern.

§ 38 a Höhe der Lohnsteuer. (1) 1 Die Jahreslohnsteuer bemisst sich nach dem Arbeitslohn, den der Arbeitnehmer im Kalenderjahr bezieht (Jahresarbeitslohn). 2 Laufender Arbeitslohn gilt in dem Kalenderjahr als bezogen, in dem der Lohnzahlungszeitraum endet; in den Fällen des § 39 b Absatz 5 Satz 1 tritt der Lohnabrechnungszeitraum an die Stelle des Lohnzahlungszeitraums. 3 Arbeitslohn, der nicht als laufender Arbeitslohn gezahlt wird (sonstige Bezüge), wird in dem Kalenderjahr bezogen, in dem er dem Arbeitnehmer zufließt.

(2) Die Jahreslohnsteuer wird nach dem Jahresarbeitslohn so bemessen, dass sie der Einkommensteuer entspricht, die der Arbeitnehmer schuldet, wenn er ausschließlich Einkünfte aus nichtselbständiger Arbeit erzielt.

(3) 1 Vom laufenden Arbeitslohn wird die Lohnsteuer jeweils mit dem auf den Lohnzahlungszeitraum fallenden Teilbetrag der Jahreslohnsteuer erhoben, die sich bei Umrechnung des laufenden Arbeitslohns auf einen Jahresarbeitslohn ergibt. 2 Von sonstigen Bezügen wird die Lohnsteuer mit dem Betrag erhoben, der zusammen mit der Lohnsteuer für den laufenden Arbeitslohn des Kalenderjahres und für etwa im Kalenderjahr bereits gezahlte sonstige Bezüge die voraussichtliche Jahreslohnsteuer ergibt.

(4)[1] Bei der Ermittlung der Lohnsteuer werden die Besteuerungsgrundlagen des Einzelfalls durch die Einreihung der Arbeitnehmer in Steuerklassen (§ 38 b), Feststellung von Freibeträgen und Hinzurechnungsbeträgen (§ 39 a) sowie Bereitstellung von elektronischen Lohnsteuerabzugsmerkmalen (§ 39 e) oder Ausstellung von entsprechenden Bescheinigungen für den Lohnsteuerabzug (§ 39 Absatz 3 und § 39 e Absatz 7 und 8) berücksichtigt.

§ 38 b[2] Lohnsteuerklassen, Zahl der Kinderfreibeträge. (1) 1 Für die Durchführung des Lohnsteuerabzugs werden Arbeitnehmer in Steuerklassen eingereiht. 2 Dabei gilt Folgendes:

1. In die Steuerklasse I gehören Arbeitnehmer, die
   a) unbeschränkt einkommensteuerpflichtig und
      aa) ledig sind,
      bb) verheiratet, verwitwet oder geschieden sind und bei denen die Voraussetzungen für die Steuerklasse III oder IV nicht erfüllt sind; oder
   b) beschränkt einkommensteuerpflichtig sind;
2. in die Steuerklasse II gehören die unter Nummer 1 Buchstabe a bezeichneten Arbeitnehmer, wenn bei ihnen der Entlastungsbetrag für Alleinerziehende (§ 24 b) zu berücksichtigen ist;
3. in die Steuerklasse III gehören Arbeitnehmer,
   a) die verheiratet sind, wenn beide Ehegatten unbeschränkt einkommensteuerpflichtig sind und nicht dauernd getrennt leben und

---

[1] § 38 a Abs. 4 geänd. mWv VZ 2012 durch G v. 7. 12. 2011 (BGBl. I S. 2592).

[2] § 38 b Überschr. neu gef., bish. Wortlaut wird Abs. 1 und Satz 1 geänd., Satz 2 Nr. 1 neu gef., Nr. 2, 6 geänd., Abs. 2 und 3 angef. mWv 1. 1. 2012 durch G v. 7. 12. 2011 (BGBl. I S. 2592).

aa) der Ehegatte des Arbeitnehmers keinen Arbeitslohn bezieht oder
bb) der Ehegatte des Arbeitnehmers auf Antrag beider Ehegatten in die Steuerklasse V eingereiht wird,

b) die verwitwet sind, wenn sie und ihr verstorbener Ehegatte im Zeitpunkt seines Todes unbeschränkt einkommensteuerpflichtig waren und in diesem Zeitpunkt nicht dauernd getrennt gelebt haben, für das Kalenderjahr, das dem Kalenderjahr folgt, in dem der Ehegatte verstorben ist,

c) deren Ehe aufgelöst worden ist, wenn
aa) im Kalenderjahr der Auflösung der Ehe beide Ehegatten unbeschränkt einkommensteuerpflichtig waren und nicht dauernd getrennt gelebt haben und
bb) der andere Ehegatte wieder geheiratet hat, von seinem neuen Ehegatten nicht dauernd getrennt lebt und er und sein neuer Ehegatte unbeschränkt einkommensteuerpflichtig sind,

für das Kalenderjahr, in dem die Ehe aufgelöst worden ist;

4. in die Steuerklasse IV gehören Arbeitnehmer, die verheiratet sind, wenn beide Ehegatten unbeschränkt einkommensteuerpflichtig sind und nicht dauernd getrennt leben und der Ehegatte des Arbeitnehmers ebenfalls Arbeitslohn bezieht;
5. in die Steuerklasse V gehören die unter Nummer 4 bezeichneten Arbeitnehmer, wenn der Ehegatte des Arbeitnehmers auf Antrag beider Ehegatten in die Steuerklasse III eingereiht wird;
6. die Steuerklasse VI gilt bei Arbeitnehmern, die nebeneinander von mehreren Arbeitgebern Arbeitslohn beziehen, für die Einbehaltung der Lohnsteuer vom Arbeitslohn aus dem zweiten und einem weiteren Dienstverhältnis sowie in den Fällen des § 39 c.

[3] Als unbeschränkt einkommensteuerpflichtig im Sinne der Nummern 3 und 4 gelten nur Personen, die die Voraussetzungen des § 1 Absatz 1 oder 2 oder des § 1 a erfüllen.

(2) [1] Für ein minderjähriges und nach § 1 Absatz 1 unbeschränkt einkommensteuerpflichtiges Kind im Sinne des § 32 Absatz 1 Nummer 1 und Absatz 3 werden bei der Anwendung der Steuerklassen I bis IV die Kinderfreibeträge als Lohnsteuerabzugsmerkmal nach § 39 Absatz 1 wie folgt berücksichtigt:

1. mit Zähler 0,5, wenn dem Arbeitnehmer der Kinderfreibetrag nach § 32 Absatz 6 Satz 1 zusteht, oder
2. mit Zähler 1, wenn dem Arbeitnehmer der Kinderfreibetrag zusteht, weil
   a) die Voraussetzungen des § 32 Absatz 6 Satz 2 vorliegen oder
   b) der andere Elternteil vor dem Beginn des Kalenderjahres verstorben ist oder
   c) der Arbeitnehmer allein das Kind angenommen hat.

[2] Soweit dem Arbeitnehmer Kinderfreibeträge nach § 32 Absatz 1 bis 6 zustehen, die nicht nach Satz 1 berücksichtigt werden, ist die Zahl der Kinderfreibeträge auf Antrag vorbehaltlich des § 39 a Absatz 1 Nummer 6 zu Grunde zu legen. [3] In den Fällen des Satzes 2 können die Kinderfreibeträge für mehrere

Jahre gelten, wenn nach den tatsächlichen Verhältnissen zu erwarten ist, dass die Voraussetzungen bestehen bleiben. [4]Bei Anwendung der Steuerklassen III und IV sind auch Kinder des Ehegatten bei der Zahl der Kinderfreibeträge zu berücksichtigen. [5]Der Antrag kann nur nach amtlich vorgeschriebenem Vordruck gestellt werden.

(3) [1]Auf Antrag des Arbeitnehmers kann abweichend von Absatz 1 oder 2 eine für ihn ungünstigere Steuerklasse oder geringere Zahl der Kinderfreibeträge als Lohnsteuerabzugsmerkmal gebildet werden. [2]Dieser Antrag ist nach amtlich vorgeschriebenem Vordruck zu stellen und vom Arbeitnehmer eigenhändig zu unterschreiben.

§ 39[1)] Lohnsteuerabzugsmerkmale. (1) [1]Für die Durchführung des Lohnsteuerabzugs werden auf Veranlassung des Arbeitnehmers Lohnsteuerabzugsmerkmale gebildet (§ 39a Absatz 1 und 4, § 39e Absatz 1 in Verbindung mit § 39e Absatz 4 Satz 1 und nach § 39e Absatz 8). [2]Soweit Lohnsteuerabzugsmerkmale nicht nach § 39e Absatz 1 Satz 1 automatisiert gebildet werden oder davon abweichend zu bilden sind, ist das Finanzamt für die Bildung der Lohnsteuerabzugsmerkmale nach den §§ 38b und 39a und die Bestimmung ihrer Geltungsdauer zuständig. [3]Für die Bildung der Lohnsteuerabzugsmerkmale sind die von den Meldebehörden nach § 39e Absatz 2 Satz 2 mitgeteilten Daten vorbehaltlich einer nach Satz 2 abweichenden Bildung durch das Finanzamt bindend. [4]Die Bildung der Lohnsteuerabzugsmerkmale ist eine gesonderte Feststellung von Besteuerungsgrundlagen im Sinne des § 179 Absatz 1 der Abgabenordnung, die unter dem Vorbehalt der Nachprüfung steht. [5]Die Bildung und die Änderung der Lohnsteuerabzugsmerkmale sind dem Arbeitnehmer bekannt zu geben. [6]Die Bekanntgabe richtet sich nach § 119 Absatz 2 der Abgabenordnung und § 39e Absatz 6. [7]Der Bekanntgabe braucht keine Belehrung über den zulässigen Rechtsbehelf beigefügt zu werden. [8]Ein schriftlicher Bescheid mit einer Belehrung über den zulässigen Rechtsbehelf ist jedoch zu erteilen, wenn einem Antrag des Arbeitnehmers auf Bildung oder Änderung der Lohnsteuerabzugsmerkmale nicht oder nicht in vollem Umfang entsprochen wird oder der Arbeitnehmer die Erteilung eines Bescheids beantragt. [9]Vorbehaltlich des Absatzes 5 ist § 153 Absatz 2 der Abgabenordnung nicht anzuwenden.

(2) [1]Für die Bildung und die Änderung der Lohnsteuerabzugsmerkmale nach Absatz 1 Satz 2 des nach § 1 Absatz 1 unbeschränkt einkommensteuerpflichtigen Arbeitnehmers ist das Wohnsitzfinanzamt im Sinne des § 19 Absatz 1 Satz 1 und 2 der Abgabenordnung und in den Fällen des Absatzes 4 Nummer 5 das Betriebsstättenfinanzamt nach § 41a Absatz 1 Satz 1 Nummer 1 zuständig. [2]Ist der Arbeitnehmer nach § 1 Absatz 2 unbeschränkt einkommensteuerpflichtig, nach § 1 Absatz 3 als unbeschränkt einkommensteuerpflichtig zu behandeln oder beschränkt einkommensteuerpflichtig, ist das Betriebsstättenfinanzamt für die Bildung und die Änderung der Lohnsteuerabzugsmerkmale zuständig. [3]Ist der nach § 1 Absatz 3 als unbeschränkt einkommensteuerpflichtig zu behandelnde Arbeitnehmer gleichzeitig bei mehreren inländischen Arbeitgebern tätig, ist für die Bildung der weiteren Lohnsteuerabzugsmerkmale das Betriebs-

1) § 39 neu gef. mWv 1. 1. 2012 durch G v. 7. 12. 2011 (BGBl. I S. 2592).

stättenfinanzamt zuständig, das erstmals Lohnsteuerabzugsmerkmale gebildet hat. [4]Bei Ehegatten, die beide Arbeitslohn von inländischen Arbeitgebern beziehen, ist das Betriebstättenfinanzamt des älteren Ehegatten zuständig.

(3) [1]Wurde einem Arbeitnehmer in den Fällen des Absatzes 2 Satz 2 keine Identifikationsnummer zugeteilt, hat ihm das Betriebsstättenfinanzamt auf seinen Antrag hin eine Bescheinigung für den Lohnsteuerabzug auszustellen. [2]In diesem Fall tritt an die Stelle der Identifikationsnummer das vom Finanzamt gebildete lohnsteuerliche Ordnungsmerkmal nach § 41 b Absatz 2 Satz 1 und 2. [3]Die Bescheinigung der Steuerklasse I kann auch der Arbeitgeber beantragen, wenn dieser den Antrag nach Satz 1 im Namen des Arbeitnehmers stellt. [4]Diese Bescheinigung ist als Beleg zum Lohnkonto zu nehmen und während des Dienstverhältnisses, längstens bis zum Ablauf des jeweiligen Kalenderjahres, aufzubewahren.

(4) Lohnsteuerabzugsmerkmale sind

1. Steuerklasse (§ 38 b Absatz 1) und Faktor (§ 39 f),
2. Zahl der Kinderfreibeträge bei den Steuerklassen I bis IV (§ 38 b Absatz 2),
3. Freibetrag und Hinzurechnungsbetrag (§ 39 a),
4.[1)] Höhe der Beiträge für eine private Krankenversicherung und für eine private Pflege-Pflichtversicherung (§ 39 b Absatz 2 Satz 5 Nummer 3 Buchstabe d) für die Dauer von zwölf Monaten, wenn der Arbeitnehmer dies beantragt,
5.[1)] Mitteilung, dass der von einem Arbeitgeber gezahlte Arbeitslohn nach einem Abkommen zur Vermeidung der Doppelbesteuerung von der Lohnsteuer freizustellen ist, wenn der Arbeitnehmer oder der Arbeitgeber dies beantragt.

(5) [1]Treten bei einem Arbeitnehmer die Voraussetzungen für eine für ihn ungünstigere Steuerklasse oder geringere Zahl der Kinderfreibeträge ein, ist der Arbeitnehmer verpflichtet, dem Finanzamt dies mitzuteilen und die Steuerklasse und die Zahl der Kinderfreibeträge umgehend ändern zu lassen. [2]Dies gilt insbesondere, wenn die Voraussetzungen für die Berücksichtigung des Entlastungsbetrags für Alleinerziehende, für die die Steuerklasse II zur Anwendung kommt, entfallen. [3]Eine Mitteilung ist nicht erforderlich, wenn die Abweichung einen Sachverhalt betrifft, der zu einer Änderung der Daten führt, die nach § 39 e Absatz 2 Satz 2 von den Meldebehörden zu übermitteln sind. [4]Kommt der Arbeitnehmer seiner Verpflichtung nicht nach, ändert das Finanzamt die Steuerklasse und die Zahl der Kinderfreibeträge von Amts wegen. [5]Unterbleibt die Änderung der Lohnsteuerabzugsmerkmale, hat das Finanzamt zu wenig erhobene Lohnsteuer vom Arbeitnehmer nachzufordern, wenn diese 10 Euro übersteigt.

(6) [1]Ändern sich die Voraussetzungen für die Steuerklasse oder für die Zahl der Kinderfreibeträge zu Gunsten des Arbeitnehmers, kann dieser beim Finanzamt die Änderung der Lohnsteuerabzugsmerkmale beantragen. [2]Die Änderung ist mit Wirkung von dem ersten Tag des Monats an vorzunehmen, in dem erstmals die Voraussetzungen für die Änderung vorlagen. [3]Ehegatten, die beide in

---

[1)] Zur Anwendung siehe § 52 Abs. 36.

einem Dienstverhältnis stehen, können einmalig im Laufe des Kalenderjahres beim Finanzamt die Änderung der Steuerklassen beantragen. [4]Dies gilt unabhängig von der automatisierten Bildung der Steuerklassen nach § 39 e Absatz 3 Satz 3 sowie einer von den Ehegatten gewünschten Änderung dieser automatisierten Bildung. [5]Das Finanzamt hat eine Änderung nach Satz 3 mit Wirkung vom Beginn des Kalendermonats vorzunehmen, der auf die Antragstellung folgt. [6]Für eine Berücksichtigung der Änderung im laufenden Kalenderjahr ist der Antrag nach Satz 1 oder 3 spätestens bis zum 30. November zu stellen.

(7) [1]Wird ein unbeschränkt einkommensteuerpflichtiger Arbeitnehmer beschränkt einkommensteuerpflichtig, hat er dies dem Finanzamt unverzüglich mitzuteilen. [2]Das Finanzamt hat die Lohnsteuerabzugsmerkmale vom Zeitpunkt des Eintritts der beschränkten Einkommensteuerpflicht an zu ändern. [3]Absatz 1 Satz 5 bis 8 gilt entsprechend. [4]Unterbleibt die Mitteilung, hat das Finanzamt zu wenig erhobene Lohnsteuer vom Arbeitnehmer nachzufordern, wenn diese 10 Euro übersteigt.

(8) [1]Der Arbeitgeber darf die Lohnsteuerabzugsmerkmale nur für die Einbehaltung der Lohn- und Kirchensteuer verwenden. [2]Er darf sie ohne Zustimmung des Arbeitnehmers nur offenbaren, soweit dies gesetzlich zugelassen ist.

(9) [1]Ordnungswidrig handelt, wer vorsätzlich oder leichtfertig entgegen Absatz 8 ein *Lohnsteuermerkmal* **[*ab 1. 1. 2013:*** Lohnsteuerabzugsmerkmal][1)] verwendet. [2]Die Ordnungswidrigkeit kann mit einer Geldbuße bis zu zehntausend Euro geahndet werden.

§ 39 a[2)] Freibetrag und Hinzurechnungsbetrag. (1) [1]Auf Antrag des unbeschränkt einkommensteuerpflichtigen Arbeitnehmers ermittelt das Finanzamt die Höhe eines vom Arbeitslohn insgesamt abzuziehenden Freibetrags aus der Summe der folgenden Beträge:

1. Werbungskosten, die bei den Einkünften aus nichtselbständiger Arbeit anfallen, soweit sie den Arbeitnehmer-Pauschbetrag (§ 9 a Satz 1 Nummer 1 Buchstabe a) oder bei Versorgungsbezügen den Pauschbetrag (§ 9 a Satz 1 Nummer 1 Buchstabe b) übersteigen,
2. Sonderausgaben im Sinne des § 10 Absatz 1 Nummer *1, 1 a, 1 b, 4, 5, 7 und 9* **[*ab VZ 2015:*** 4, 5, 7 und 9 sowie Absatz 1 a][3)] und des § 10 b, soweit sie den Sonderausgaben-Pauschbetrag von 36 Euro übersteigen,
3. der Betrag, der nach den §§ 33, 33 a und 33 b Absatz 6 wegen außergewöhnlicher Belastungen zu gewähren ist,
4. die Pauschbeträge für behinderte Menschen und Hinterbliebene (§ 33 b Absatz 1 bis 5),

[*ab VZ 2015:*
4 a. der Erhöhungsbetrag nach § 24 b Absatz 2 Satz 2,][4)]

[1)] Geänd. mWv 1. 1. 2013 durch G v. 26. 6. 2013 (BGBl. I S. 1809).

[2)] § 39 a Abs. 1 Satzteil vor Nr. 1 neu gef., Nr. 6 Satz 2 neu gef., Satz 3 angef., Nr. 7 neu gef., Abs. 1 Satz 2 angef., Abs. 2 bis 5 neu gef. mWv VZ 2012 durch G v. 7. 12. 2011 (BGBl. I S. 2592).

[3)] Verweis geänd. mWv VZ 2015 durch G v. 22. 12. 2014 (BGBl. I S. 2417).

[4)] § 39 a Abs. 1 Satz 1 Nr. 4 a eingef. mWv VZ 2015 durch G v. 16. 7. 2015 (BGBl. I S. 1202).

5. die folgenden Beträge, wie sie nach § 37 Absatz 3 bei der Festsetzung von Einkommensteuer-Vorauszahlungen zu berücksichtigen sind:
   a) die Beträge, die nach § 10 d Absatz 2, §§ 10 e, 10 f, 10 g, 10 h, 10 i, nach § 15 b des Berlinförderungsgesetzes oder nach § 7 des Fördergebietsgesetzes[1] abgezogen werden können,
   b) die negative Summe der Einkünfte im Sinne des § 2 Absatz 1 Satz 1 Nummer 1 bis 3, 6 und 7 und der negativen Einkünfte im Sinne des § 2 Absatz 1 Satz 1 Nummer 5,
   c) das Vierfache der Steuerermäßigung nach den §§ 34 f und 35 a,
6. die Freibeträge nach § 32 Absatz 6 für jedes Kind im Sinne des § 32 Absatz 1 bis 4, für das kein Anspruch auf Kindergeld besteht. [2]Soweit für diese Kinder Kinderfreibeträge nach § 38 b Absatz 2 berücksichtigt worden sind, ist die Zahl der Kinderfreibeträge entsprechend zu vermindern. [3]Der Arbeitnehmer ist verpflichtet, den nach Satz 1 ermittelten Freibetrag ändern zu lassen, wenn für das Kind ein Kinderfreibetrag nach § 38 b Absatz 2 berücksichtigt wird,
7. ein Betrag für ein zweites oder ein weiteres Dienstverhältnis insgesamt bis zur Höhe des auf volle Euro abgerundeten zu versteuernden Jahresbetrags nach § 39 b Absatz 2 Satz 5, bis zu dem nach der Steuerklasse des Arbeitnehmers, die für den Lohnsteuerabzug vom Arbeitslohn aus dem ersten Dienstverhältnis anzuwenden ist, Lohnsteuer nicht zu erheben ist. [2]Voraussetzung ist, dass
   a) der Jahresarbeitslohn aus dem ersten Dienstverhältnis geringer ist als der nach Satz 1 maßgebende Eingangsbetrag und
   b) in Höhe des Betrags für ein zweites oder ein weiteres Dienstverhältnis zugleich für das erste Dienstverhältnis ein Betrag ermittelt wird, der dem Arbeitslohn hinzuzurechnen ist (Hinzurechnungsbetrag).

   [3]Soll für das erste Dienstverhältnis auch ein Freibetrag nach den Nummern 1 bis 6 und 8 ermittelt werden, ist nur der diesen Freibetrag übersteigende Betrag als Hinzurechnungsbetrag zu berücksichtigen. [4]Ist der Freibetrag höher als der Hinzurechnungsbetrag, ist nur der den Hinzurechnungsbetrag übersteigende Freibetrag zu berücksichtigen,
8. der Entlastungsbetrag für Alleinerziehende (§ 24 b) bei Verwitweten, die nicht in Steuerklasse II gehören.

[Fassung bis 30. 9. 2015:]

[2]Der insgesamt abzuziehende Freibetrag und der Hinzurechnungsbetrag gelten mit Ausnahme von Satz 1 Nummer 4 für die gesamte Dauer des Kalenderjahres.

[Fassung ab 1. 10. 2015:][2]

[2]Der insgesamt abzuziehende Freibetrag und der Hinzurechnungsbetrag gelten mit Ausnahme von Satz 1 Nummer 4 und vorbehaltlich der Sätze 3 bis 5 für die gesamte Dauer ei-

---

[1] Nr. **743**.

[2] § 39 a Abs. 1 Satz 2 ersetzt durch Sätze 2 bis 5 durch G v. 26. 6. 2013 (BGBl. I S. 1809); zur Anwendung siehe § 52 Abs. 37 iVm BMF v. 21. 5. 2015 (BStBl. I S. 488); Satz 3 geänd. durch G v. 16. 7. 2015 (BGBl. I S. 1202); Satz 3 geänd. durch G v. 28. 7. 2015 (BGBl. I S. 1400).

[Fassung ab 1. 10. 2015:]

nes Kalenderjahres. 3 Die Summe der nach Satz 1 Nummer 1 bis 3 sowie 4 a bis 8 ermittelten Beträge wird längstens für einen Zeitraum von zwei Kalenderjahren ab Beginn des Kalenderjahres, für das der Freibetrag erstmals gilt oder geändert wird, berücksichtigt. 4 Der Arbeitnehmer kann eine Änderung des Freibetrags innerhalb dieses Zeitraums beantragen, wenn sich die Verhältnisse zu seinen Gunsten ändern. 5 Ändern sich die Verhältnisse zu seinen Ungunsten, ist er verpflichtet, dies dem Finanzamt umgehend anzuzeigen.

(2) 1 Der Antrag nach Absatz 1 ist nach amtlich vorgeschriebenem Vordruck zu stellen und vom Arbeitnehmer eigenhändig zu unterschreiben. 2 Die Frist für die Antragstellung beginnt am 1. Oktober des Vorjahres, für das der Freibetrag gelten soll. 3 Sie endet am 30. November des Kalenderjahres, in dem der Freibetrag gilt. 4 Der Antrag ist hinsichtlich eines Freibetrags aus der Summe der nach Absatz 1 Satz 1 Nummer 1 bis 3 und 8 in Betracht kommenden Aufwendungen und Beträge unzulässig, wenn die Aufwendungen im Sinne des § 9, soweit sie den Arbeitnehmer-Pauschbetrag übersteigen, die Aufwendungen im Sinne des § 10 Absatz 1 Nummer *1, 1 a, 1 b, 4, 5, 7 und 9* [***ab VZ 2015:*** 4, 5, 7 und 9 sowie Absatz 1 a],[1)] der §§ 10 b und 33 sowie die abziehbaren Beträge nach den §§ 24 b, 33 a und 33 b Absatz 6 insgesamt 600 Euro nicht übersteigen. 5 Das Finanzamt kann auf nähere Angaben des Arbeitnehmers verzichten, wenn er

1. höchstens den Freibetrag beantragt, der für das vorangegangene Kalenderjahr ermittelt wurde, und
2. versichert, dass sich die maßgebenden Verhältnisse nicht wesentlich geändert haben.

6 Das Finanzamt hat den Freibetrag durch Aufteilung in Monatsfreibeträge, falls erforderlich in Wochen- und Tagesfreibeträge, jeweils auf die der Antragstellung folgenden Monate des Kalenderjahres gleichmäßig zu verteilen. 7 Abweichend hiervon darf ein Freibetrag, der im Monat Januar eines Kalenderjahres beantragt wird, mit Wirkung vom 1. Januar dieses Kalenderjahres an berücksichtigt werden. 8 Ist der Arbeitnehmer beschränkt einkommensteuerpflichtig, hat das Finanzamt den nach Absatz 4 ermittelten Freibetrag durch Aufteilung in Monatsbeträge, falls erforderlich in Wochen- und Tagesbeträge, jeweils auf die voraussichtliche Dauer des Dienstverhältnisses im Kalenderjahr gleichmäßig zu verteilen. 9 Die Sätze 5 bis 8 gelten für den Hinzurechnungsbetrag nach Absatz 1 Satz 1 Nummer 7 entsprechend.

---

1) Verweis geänd. mWv VZ 2015 durch G v. 22. 12. 2014 (BGBl. I S. 2417).

(3) 1 Für Ehegatten, die beide unbeschränkt einkommensteuerpflichtig sind und nicht dauernd getrennt leben, ist jeweils die Summe der nach Absatz 1 Satz 1 Nummer 2 *bis 5 und 8* [***ab VZ 2015:*** bis 4 und 5][1] in Betracht kommenden Beträge gemeinsam zu ermitteln; der in Absatz 1 Satz 1 Nummer 2 genannte Betrag ist zu verdoppeln. 2 Für die Anwendung des Absatzes 2 Satz 4 ist die Summe der für beide Ehegatten in Betracht kommenden Aufwendungen im Sinne des § 9, soweit sie jeweils den Arbeitnehmer-Pauschbetrag übersteigen, und der Aufwendungen im Sinne des § 10 Absatz 1 Nummer *1, 1a, 1b, 4, 5, 7 und 9* [***ab VZ 2015:*** 4, 5, 7 und 9 sowie Absatz 1a],[2] der §§ 10b und 33 sowie der abziehbaren Beträge nach den §§ 24b, 33a und 33b Absatz 6 maßgebend. 3 Die nach Satz 1 ermittelte Summe ist je zur Hälfte auf die Ehegatten aufzuteilen, wenn für jeden Ehegatten Lohnsteuerabzugsmerkmale gebildet werden und die Ehegatten keine andere Aufteilung beantragen. 4 Für eine andere Aufteilung gilt Absatz 1 Satz 2 entsprechend. 5 Für einen Arbeitnehmer, dessen Ehe in dem Kalenderjahr, für das der Freibetrag gilt, aufgelöst worden ist und dessen bisheriger Ehegatte in demselben Kalenderjahr wieder geheiratet hat, sind die nach Absatz 1 in Betracht kommenden Beträge ausschließlich auf Grund der in seiner Person erfüllten Voraussetzungen zu ermitteln. 6 Satz 1 zweiter Halbsatz ist auch anzuwenden, wenn die tarifliche Einkommensteuer nach § 32a Absatz 6 zu ermitteln ist.

(4) 1 Für einen beschränkt einkommensteuerpflichtigen Arbeitnehmer, für den § 50 Absatz 1 Satz 4 anzuwenden ist, ermittelt das Finanzamt auf Antrag einen Freibetrag, der vom Arbeitslohn insgesamt abzuziehen ist, aus der Summe der folgenden Beträge:

1. Werbungskosten, die bei den Einkünften aus nichtselbständiger Arbeit anfallen, soweit sie den Arbeitnehmer-Pauschbetrag (§ 9a Satz 1 Nummer 1 Buchstabe a) oder bei Versorgungsbezügen den Pauschbetrag (§ 9a Satz 1 Nummer 1 Buchstabe b) übersteigen,
2. Sonderausgaben im Sinne des § 10b, soweit sie den Sonderausgaben-Pauschbetrag (§ 10c) übersteigen, und die wie Sonderausgaben abziehbaren Beträge nach § 10e oder § 10i, jedoch erst nach Fertigstellung oder Anschaffung des begünstigten Objekts oder nach Fertigstellung der begünstigten Maßnahme,
3. den Freibetrag oder den Hinzurechnungsbetrag nach Absatz 1 Satz 1 Nummer 7.

2 Der Antrag kann nur nach amtlich vorgeschriebenem Vordruck bis zum Ablauf des Kalenderjahres gestellt werden, für das die Lohnsteuerabzugsmerkmale gelten.

(5) Ist zu wenig Lohnsteuer erhoben worden, weil ein Freibetrag unzutreffend als Lohnsteuerabzugsmerkmal ermittelt worden ist, hat das Finanzamt den Fehlbetrag vom Arbeitnehmer nachzufordern, wenn er 10 Euro übersteigt.

---

[1] Verweis geänd. mWv VZ 2015 durch G v. 16. 7. 2015 (BGBl. I S. 1202).
[2] Verweis geänd. mWv VZ 2015 durch G v. 22. 12. 2014 (BGBl. I S. 2417).

§ 39 b[1), 2)] **Einbehaltung der Lohnsteuer.** (1) Bei unbeschränkt und beschränkt einkommensteuerpflichtigen Arbeitnehmern hat der Arbeitgeber den Lohnsteuerabzug nach Maßgabe der Absätze 2 bis 6 durchzuführen.

(2)[3)] [1] Für die Einbehaltung der Lohnsteuer vom laufenden Arbeitslohn hat der Arbeitgeber die Höhe des laufenden Arbeitslohns im Lohnzahlungszeitraum festzustellen und auf einen Jahresarbeitslohn hochzurechnen. [2] Der Arbeitslohn eines monatlichen Lohnzahlungszeitraums ist mit zwölf, der Arbeitslohn eines wöchentlichen Lohnzahlungszeitraums mit $^{360}/_{7}$ und der Arbeitslohn eines täglichen Lohnzahlungszeitraums mit 360 zu vervielfältigen. [3] Von dem hochgerechneten Jahresarbeitslohn sind ein etwaiger Versorgungsfreibetrag (§ 19 Absatz 2) und Altersentlastungsbetrag (§ 24 a) abzuziehen. [4] Außerdem ist der hochgerechnete Jahresarbeitslohn um einen etwaigen als Lohnsteuerabzugsmerkmal für den Lohnzahlungszeitraum mitgeteilten Freibetrag (§ 39 a Absatz 1) oder Hinzurechnungsbetrag (§ 39 a Absatz 1 Satz 1 Nummer 7), vervielfältigt unter sinngemäßer Anwendung von Satz 2, zu vermindern oder zu erhöhen. [5] Der so verminderte oder erhöhte hochgerechnete Jahresarbeitslohn, vermindert um

1. den Arbeitnehmer-Pauschbetrag (§ 9 a Satz 1 Nummer 1 Buchstabe a) oder bei Versorgungsbezügen den Pauschbetrag (§ 9 a Satz 1 Nummer 1 Buchstabe b) und den Zuschlag zum Versorgungsfreibetrag (§ 19 Absatz 2) in den Steuerklassen I bis V,
2. den Sonderausgaben-Pauschbetrag (§ 10 c Satz 1) in den Steuerklassen I bis V,
3. eine Vorsorgepauschale aus den Teilbeträgen
   a)[4)] für die Rentenversicherung bei Arbeitnehmern, die in der gesetzlichen Rentenversicherung pflichtversichert oder von der gesetzlichen Rentenversicherung nach § 6 Absatz 1 Nummer 1 des Sechsten Buches Sozialgesetzbuch befreit sind, in den Steuerklassen I bis VI in Höhe des Betrags, der bezogen auf den Arbeitslohn 50 Prozent des Beitrags in der allgemeinen Rentenversicherung unter Berücksichtigung der jeweiligen Beitragsbemessungsgrenzen entspricht,
   b)[5)] für die Krankenversicherung bei Arbeitnehmern, die in der gesetzlichen Krankenversicherung versichert sind, in den Steuerklassen I bis VI in Höhe des Betrags, der bezogen auf den Arbeitslohn unter Berücksichtigung der Beitragsbemessungsgrenze *und den ermäßigten Beitragssatz (§ 243 des Fünften Buches Sozialgesetzbuch)* [***ab VZ 2015:*** , den ermäßigten Beitragssatz (§ 243 des Fünften Buches Sozialgesetzbuch) und den Zusatzbeitragssatz der Krankenkasse (§ 242 des Fünften Buches Sozialgesetzbuch)] dem Arbeitnehmeranteil eines pflichtversicherten Arbeitnehmers entspricht,

---

1) Zur Berechnung der geltenden Lohnsteuer siehe das beiliegende **Berechnungsprogramm auf CD-ROM** sowie die im **Anhang aT2 und aT3** abgedruckten **Jahreslohnsteuer- und Monatslohnsteuertabellen.**

2) § 39 b Überschr. und Abs. 1 neu gef. mWv VZ 2012 durch G v. 7. 12. 2011 (BGBl. I S. 2592).

3) § 39 b Abs. 2 Satz 4 und 8 geänd. mWv VZ 2012 durch G v. 7. 12. 2011 (BGBl. I S. 2592).

4) Von 2010 bis 2024 siehe Maßgabe in Abs. 4.

5) § 39 b Abs. 2 Satz 5 Nr. 3 Buchst. b geänd. mWv VZ 2015 durch G v. 25. 7. 2014 (BGBl. I S. 1266).

c) für die Pflegeversicherung bei Arbeitnehmern, die in der sozialen Pflegeversicherung versichert sind, in den Steuerklassen I bis VI in Höhe des Betrags, der bezogen auf den Arbeitslohn unter Berücksichtigung der Beitragsbemessungsgenze und den bundeseinheitlichen Beitragssatz dem Arbeitnehmeranteil eines pflichtversicherten Arbeitnehmers entspricht, erhöht um den Beitragszuschlag des Arbeitnehmers nach § 55 Absatz 3 des Elften Buches Sozialgesetzbuch, wenn die Voraussetzungen dafür vorliegen,

d) für die Krankenversicherung und für die private Pflege-Pflichtversicherung bei Arbeitnehmern, die nicht unter Buchstabe b und c fallen, in den Steuerklassen I bis V in Höhe der dem Arbeitgeber mitgeteilten Beiträge im Sinne des § 10 Absatz 1 Nummer 3, etwaig vervielfältigt unter sinngemäßer Anwendung von Satz 2 auf einen Jahresbetrag, vermindert um den Betrag, der bezogen auf den Arbeitslohn unter Berücksichtigung der Beitragsbemessungsgrenze und den ermäßigten Beitragssatz in der gesetzlichen Krankenversicherung sowie den bundeseinheitlichen Beitragssatz in der sozialen Pflegeversicherung dem Arbeitgeberanteil für einen pflichtversicherten Arbeitnehmer entspricht, wenn der Arbeitgeber gesetzlich verpflichtet ist, Zuschüsse zu den Kranken- und Pflegeversicherungsbeiträgen des Arbeitnehmers zu leisten;

[2] Entschädigungen im Sinne des § 24 Nummer 1 sind bei Anwendung der Buchstaben a bis c nicht zu berücksichtigen; mindestens ist für die Summe der Teilbeträge nach den Buchstaben b und c oder für den Teilbetrag nach Buchstabe d ein Betrag in Höhe von 12 Prozent des Arbeitslohns, höchstens 1900 Euro in den Steuerklassen I, II, IV, V, VI und höchstens 3000 Euro in der Steuerklasse III anzusetzen,

4.[1] den Entlastungsbetrag für Alleinerziehende *(§ 24b)* [***n. F.*:** für ein Kind (§ 24b Absatz 2 Satz 1)] in der Steuerklasse II,

ergibt den zu versteuernden Jahresbetrag. [6] Für den zu versteuernden Jahresbetrag ist die Jahreslohnsteuer in den Steuerklassen I, II und IV nach § 32a Absatz 1 sowie in der Steuerklasse III nach § 32a Absatz 5 zu berechnen.

[Fassung bis VZ 2015:]

[7] In den Steuerklassen V und VI ist die Jahreslohnsteuer zu berechnen, die sich aus dem Zweifachen des Unterschiedsbetrags zwischen dem Steuerbetrag für das Eineinviertelfache und dem Steuerbetrag für das Dreiviertelfache des zu versteuernden Jahresbetrags nach § 32a Absatz 1 ergibt; die Jahreslohnsteuer beträgt jedoch mindestens 14 Prozent des Jahresbetrags,

[Fassung ab VZ 2016:][2]

[7] In den Steuerklassen V und VI ist die Jahreslohnsteuer zu berechnen, die sich aus dem Zweifachen des Unterschiedsbetrags zwischen dem Steuerbetrag für das Eineinviertelfache und dem Steuerbetrag für das Dreiviertelfache des zu versteuernden Jahresbetrags nach § 32a Absatz 1 ergibt; die Jahreslohnsteuer beträgt jedoch mindestens 14 Prozent

---

[1] § 39b Abs. 2 Satz 5 Nr. 4 geänd. durch G v. 16. 7. 2015 (BGBl. I S. 1202); zur Anwendung siehe § 52 Abs. 37b.

[2] Satz 7 2. HS neu gef. mWv 1. 1. 2016 durch G v. 16. 7. 2015 (BGBl. I S. 1202).

für den *9144 Euro* [***ab 1. 1. 2013:*** 9550 Euro[1])/***ab 1. 1. 2014:*** 9763 Euro[1])/***ab 1. 1. 2015:*** 9873 Euro[2])] übersteigenden Teil des Jahresbetrags höchstens 42 Prozent und für den 26 441 Euro[3]) übersteigenden Teil des zu versteuernden Jahresbetrags jeweils 42 Prozent sowie für den 200 584 Euro[3]) übersteigenden Teil des zu versteuernden Jahresbetrags jeweils 45 Prozent.

des zu versteuernden Jahresbetrags, für den 10 070 Euro[2]) übersteigenden Teil des zu versteuernden Jahresbetrags höchstens 42 Prozent, für den 26 832 Euro[2]) übersteigenden Teil des zu versteuernden Jahresbetrags 42 Prozent und für den 203 557 Euro[2]) übersteigenden Teil des zu versteuernden Jahresbetrags 45 Prozent.

8 Für die Lohnsteuerberechnung ist die als Lohnsteuerabzugsmerkmal mitgeteilte Steuerklasse maßgebend. 9 Die monatliche Lohnsteuer ist $^{1}/_{12}$, die wöchentliche Lohnsteuer sind $^{7}/_{360}$ und die tägliche Lohnsteuer ist $^{1}/_{360}$ der Jahreslohnsteuer. 10 Bruchteile eines Cents, die sich bei der Berechnung nach den Sätzen 2 und 9 ergeben, bleiben jeweils außer Ansatz. 11 Die auf den Lohnzahlungszeitraum entfallende Lohnsteuer ist vom Arbeitslohn einzubehalten. 12 Das Betriebsstättenfinanzamt kann allgemein oder auf Antrag zulassen, dass die Lohnsteuer unter den Voraussetzungen des § 42 b Absatz 1 nach dem voraussichtlichen Jahresarbeitslohn ermittelt wird, wenn gewährleistet ist, dass die zutreffende Jahreslohnsteuer (§ 38 a Absatz 2) nicht unterschritten wird.

(3)[4]) 1 Für die Einbehaltung der Lohnsteuer von einem sonstigen Bezug hat der Arbeitgeber den voraussichtlichen Jahresarbeitslohn ohne den sonstigen Bezug festzustellen. 2 Hat der Arbeitnehmer Lohnsteuerbescheinigungen aus früheren Dienstverhältnissen des Kalenderjahres nicht vorgelegt, so ist bei der Ermittlung des voraussichtlichen Jahresarbeitslohns der Arbeitslohn für Beschäftigungszeiten bei früheren Arbeitgebern mit dem Betrag anzusetzen, der sich ergibt, wenn der laufende Arbeitslohn im Monat der Zahlung des sonstigen Bezugs entsprechend der Beschäftigungsdauer bei früheren Arbeitgebern hochgerechnet wird. 3 Der voraussichtliche Jahresarbeitslohn ist um den Versorgungsfreibetrag (§ 19 Absatz 2) und den Altersentlastungsbetrag (§ 24 a), wenn die Voraussetzungen für den Abzug dieser Beträge jeweils erfüllt sind, sowie um einen etwaigen als Lohnsteuerabzugsmerkmal mitgeteilten Jahresfreibetrag zu vermindern und um einen etwaigen Jahreshinzurechnungsbetrag zu erhöhen. 4 Für den so ermittelten Jahresarbeitslohn (maßgebender Jahresarbeitslohn) ist die Lohnsteuer nach Maßgabe des Absatzes 2 Satz 5 bis 7 zu ermitteln. 5 Außerdem ist die Jahreslohnsteuer für den maßgebenden Jahresarbeitslohn unter Einbeziehung des sonstigen Bezugs zu ermitteln. 6 Dabei ist der sonstige Bezug, *soweit es sich nicht um einen sonstigen Bezug im Sinne des Satzes 9 handelt,* um den Versorgungsfreibetrag und den Altersentlastungsbetrag zu vermindern, wenn die Voraussetzungen für den Abzug dieser Beträge

[1]) Beträge geänd. durch G v. 20. 2. 2013 (BGBl. I S. 283); zur Anwendung siehe § 52 Abs. 51 c und Abs. 51 d a. F.

[2]) Beträge geänd. mWv 1. 1. 2015 bzw. 1. 1. 2016 durch G v. 16. 7. 2015 (BGBl. I S. 1202).

[3]) Beträge gem. SteuervereinfachungsG v. 1. 11. 2011 (BGBl. I S. 2131).

[4]) § 39 b Abs. 3 Sätze 3 und 7 geänd. mWv VZ 2012 durch G v. 7. 12. 2011 (BGBl. I S. 2592); Abs. 3 Satz 6 geänd. mWv VZ 2014 durch G v. 25. 7. 2014 (BGBl. I S. 1266).

jeweils erfüllt sind und soweit sie nicht bei der Steuerberechnung für den maßgebenden Jahresarbeitslohn berücksichtigt worden sind. [7]Für die Lohnsteuerberechnung ist die als Lohnsteuerabzugsmerkmal mitgeteilte Steuerklasse maßgebend. [8]Der Unterschiedsbetrag zwischen den ermittelten Jahreslohnsteuerbeträgen ist die Lohnsteuer, die vom sonstigen Bezug einzubehalten ist. [9]Die Lohnsteuer ist bei einem sonstigen Bezug im Sinne des § 34 Absatz 1 und 2 Nummer 2 und 4 in der Weise zu ermäßigen, dass der sonstige Bezug bei der Anwendung des Satzes 5 mit einem Fünftel anzusetzen und der Unterschiedsbetrag im Sinne des Satzes 8 zu verfünffachen ist; § 34 Absatz 1 Satz 3 ist sinngemäß anzuwenden. [10]Ein sonstiger Bezug im Sinne des § 34 Absatz 1 und 2 Nummer 2 und Nummer 4 ist bei der Anwendung des Satzes 4 in die Bemessungsgrundlage für die Vorsorgepauschale nach Absatz 2 Satz 5 Nummer 3 einzubeziehen.

(4) In den Kalenderjahren 2010 bis 2024 ist Absatz 2 Satz 5 Nummer 3 Buchstabe a mit der Maßgabe anzuwenden, dass im Kalenderjahr 2010 der ermittelte Betrag auf 40 Prozent begrenzt und dieser Prozentsatz in jedem folgenden Kalenderjahr um je 4 Prozentpunkte erhöht wird.

(5) [1]Wenn der Arbeitgeber für den Lohnzahlungszeitraum lediglich Abschlagszahlungen leistet und eine Lohnabrechnung für einen längeren Zeitraum (Lohnabrechnungszeitraum) vornimmt, kann er den Lohnabrechnungszeitraum als Lohnzahlungszeitraum behandeln und die Lohnsteuer abweichend von § 38 Absatz 3 bei der Lohnabrechnung einbehalten. [2]Satz 1 gilt nicht, wenn der Lohnabrechnungszeitraum fünf Wochen übersteigt oder die Lohnabrechnung nicht innerhalb von drei Wochen nach dessen Ablauf erfolgt. [3]Das Betriebsstättenfinanzamt kann anordnen, dass die Lohnsteuer von den Abschlagszahlungen einzubehalten ist, wenn die Erhebung der Lohnsteuer sonst nicht gesichert erscheint. [4]Wenn wegen einer besonderen Entlohnungsart weder ein Lohnzahlungszeitraum noch ein Lohnabrechnungszeitraum festgestellt werden kann, gilt als Lohnzahlungszeitraum die Summe der tatsächlichen Arbeitstage oder Arbeitswochen.

(Fortsetzung nächstes Blatt)

(6)[1] 1 Das Bundesministerium der Finanzen hat im Einvernehmen mit den obersten Finanzbehörden der Länder auf der Grundlage der Absätze 2 und 3 einen Programmablaufplan für die maschinelle Berechnung der Lohnsteuer aufzustellen und bekannt zu machen. 2 Im Programmablaufplan kann von den Regelungen in den Absätzen 2 und 3 abgewichen werden, wenn sich das Ergebnis der maschinellen Berechnung der Lohnsteuer an das Ergebnis einer Veranlagung zur Einkommensteuer anlehnt.

(7) (weggefallen)

§ 39 c[2] Einbehaltung der Lohnsteuer ohne Lohnsteuerabzugsmerkmale. (1) 1 Solange der Arbeitnehmer dem Arbeitgeber zum Zweck des Abrufs der elektronischen Lohnsteuerabzugsmerkmale (§ 39 e Absatz 4 Satz 1) die ihm zugeteilte Identifikationsnummer sowie den Tag der Geburt schuldhaft nicht mitteilt oder das Bundeszentralamt für Steuern die Mitteilung elektronischer Lohnsteuerabzugsmerkmale ablehnt, hat der Arbeitgeber die Lohnsteuer nach Steuerklasse VI zu ermitteln. 2 Kann der Arbeitgeber die elektronischen Lohnsteuerabzugsmerkmale wegen technischer Störungen nicht abrufen oder hat der Arbeitnehmer die fehlende Mitteilung der ihm zuzuteilenden Identifikationsnummer nicht zu vertreten, hat der Arbeitgeber für die Lohnsteuerberechnung die voraussichtlichen Lohnsteuerabzugsmerkmale im Sinne des § 38 b längstens für die Dauer von drei Kalendermonaten zu Grunde zu legen. 3 Hat nach Ablauf der drei Kalendermonate der Arbeitnehmer die Identifikationsnummer sowie den Tag der Geburt nicht mitgeteilt, ist rückwirkend Satz 1 anzuwenden. 4 Sobald dem Arbeitgeber in den Fällen des Satzes 2 die elektronischen Lohnsteuerabzugsmerkmale vorliegen, sind die Lohnsteuerermittlungen für die vorangegangenen Monate zu überprüfen und, falls erforderlich, zu ändern. 5 Die zu wenig oder zu viel einbehaltene Lohnsteuer ist jeweils bei der nächsten Lohnabrechnung auszugleichen.

(2) 1 Ist ein Antrag nach § 39 Absatz 3 Satz 1 oder § 39 e Absatz 8 nicht gestellt, hat der Arbeitgeber die Lohnsteuer nach Steuerklasse VI zu ermitteln. 2 Legt der Arbeitnehmer binnen sechs Wochen nach Eintritt in das Dienstverhältnis oder nach Beginn des Kalenderjahres eine Bescheinigung für den Lohnsteuerabzug vor, ist Absatz 1 Satz 4 und 5 sinngemäß anzuwenden.

(3) 1 In den Fällen des § 38 Absatz 3 a Satz 1 kann der Dritte die Lohnsteuer für einen sonstigen Bezug mit 20 Prozent unabhängig von den Lohnsteuerabzugsmerkmalen des Arbeitnehmers ermitteln, wenn der maßgebende Jahresarbeitslohn nach § 39 b Absatz 3 zuzüglich des sonstigen Bezugs 10 000 Euro nicht übersteigt. 2 Bei der Feststellung des maßgebenden Jahresarbeitslohns sind nur die Lohnzahlungen des Dritten zu berücksichtigen.

§ 39 d.[3] *(aufgehoben)*

---

[1] § 39 b Abs. 6 Satz 2 angef. durch G v. 25. 7. 2014 (BGBl. I S. 1266).

[2] § 39 c neu gef. mWv VZ 2012 durch G v. 7. 12. 2011 (BGBl. I S. 2592).

[3] § 39 d aufgeh. mWv VZ 2012 durch G v. 7. 12. 2011 (BGBl. I S. 2592); siehe nunmehr § 39 Abs. 2 und 3 n. F., § 39 a Abs. 4 n. F.

§ 39 e[1), 2)] Verfahren zur Bildung und Anwendung der elektronischen Lohnsteuerabzugsmerkmale. (1) [1]Das Bundeszentralamt für Steuern bildet für jeden Arbeitnehmer grundsätzlich automatisiert die Steuerklasse und für die bei den Steuerklassen I bis IV zu berücksichtigenden Kinder die Zahl der Kinderfreibeträge nach § 38 b Absatz 2 Satz 1 als Lohnsteuerabzugsmerkmale (§ 39 Absatz 4 Satz 1 Nummer 1 und 2); für Änderungen gilt § 39 Absatz 2 entsprechend. [2]Soweit das Finanzamt Lohnsteuerabzugsmerkmale nach § 39 bildet, teilt es sie dem Bundeszentralamt für Steuern zum Zweck der Bereitstellung für den automatisierten Abruf durch den Arbeitgeber mit. [3]Lohnsteuerabzugsmerkmale sind frühestens bereitzustellen mit Wirkung von Beginn des Kalenderjahres an, für das sie anzuwenden sind, jedoch nicht für einen Zeitpunkt vor Beginn des Dienstverhältnisses.

(2) [1]Das Bundeszentralamt für Steuern speichert zum Zweck der Bereitstellung automatisiert abrufbarer Lohnsteuerabzugsmerkmale für den Arbeitgeber die Lohnsteuerabzugsmerkmale unter Angabe der Identifikationsnummer sowie für jeden Steuerpflichtigen folgende Daten zu den in § 139 b Absatz 3 der Abgabenordnung genannten Daten hinzu:

1. rechtliche Zugehörigkeit zu einer steuererhebenden Religionsgemeinschaft sowie Datum des Eintritts und Austritts,
2. melderechtlichen Familienstand sowie den Tag der Begründung oder Auflösung des Familienstands und bei Verheirateten die Identifikationsnummer des Ehegatten,
3. Kinder mit ihrer Identifikationsnummer.

[2]Die nach Landesrecht für das Meldewesen zuständigen Behörden (Meldebehörden) haben dem Bundeszentralamt für Steuern unter Angabe der Identifikationsnummer und des Tages der Geburt die in Satz 1 Nummer 1 bis 3 bezeichneten Daten und deren Änderungen im Melderegister mitzuteilen. [3]In den Fällen des Satzes 1 Nummer 3 besteht die Mitteilungspflicht nur, wenn das Kind mit Hauptwohnsitz oder alleinigem Wohnsitz im Zuständigkeitsbereich der Meldebehörde gemeldet ist und solange das Kind das 18. Lebensjahr noch nicht vollendet hat. [4]Sofern die Identifikationsnummer noch nicht zugeteilt wurde, teilt die Meldebehörde die Daten unter Angabe des Vorläufigen Bearbeitungsmerkmals nach § 139 b Absatz 6 Satz 2 der Abgabenordnung mit. [5]Für die Datenübermittlung gelten die §§ 2 und 3 der Zweiten Bundesmeldedatenübermittlungsverordnung vom 1. Dezember 2014 (BGBl. I S. 1950) in der jeweils geltenden Fassung entsprechend.[3)]

(3)[4)] [1]Das Bundeszentralamt für Steuern hält die Identifikationsnummer, den Tag der Geburt, Merkmale für den Kirchensteuerabzug und die Lohnsteuerabzugsmerkmale des Arbeitnehmers nach § 39 Absatz 4 zum unentgeltlichen automatisierten Abruf durch den Arbeitgeber nach amtlich vorgeschriebenem Datensatz bereit (elektronische Lohnsteuerabzugsmerkmale). [2]Bezieht ein Ar-

---

1) § 39 e neu gef. mWv VZ 2012 durch G v. 7. 12. 2011 (BGBl. I S. 2592).
2) Vgl. hierzu die Übergangsregelung in **§ 52 b**.
3) § 39 e Abs. 2 Satz 5 geänd. mWv 1. 11. 2015 durch G v. 2. 11. 2015 (BGBl. I S. 1834).
4) Vgl. § 52 Abs. 39.

beitnehmer nebeneinander von mehreren Arbeitgebern Arbeitslohn, sind für jedes weitere Dienstverhältnis elektronische Lohnsteuerabzugsmerkmale zu bilden. [3]Haben Arbeitnehmer im Laufe des Kalenderjahres geheiratet, gilt für die automatisierte Bildung der Steuerklassen Folgendes:

1. Steuerklasse III ist zu bilden, wenn die Voraussetzungen des § 38 b Absatz 1 Satz 2 Nummer 3 Buchstabe a Doppelbuchstabe aa vorliegen;
2. für beide Ehegatten ist Steuerklasse IV zu bilden, wenn die Voraussetzungen des § 38b Absatz 1 Satz 2 Nummer 4 vorliegen.

[4]Das Bundeszentralamt für Steuern führt die elektronischen Lohnsteuerabzugsmerkmale des Arbeitnehmers zum Zweck ihrer Bereitstellung nach Satz 1 mit der Wirtschafts-Identifikationsnummer (§ 139 c der Abgabenordnung) des Arbeitgebers zusammen.

(4) [1]Der Arbeitnehmer hat jedem seiner Arbeitgeber bei Eintritt in das Dienstverhältnis zum Zweck des Abrufs der Lohnsteuerabzugsmerkmale mitzuteilen,

1. wie die Identifikationsnummer sowie der Tag der Geburt lauten,
2. ob es sich um das erste oder ein weiteres Dienstverhältnis handelt (§ 38 b Absatz 1 Satz 2 Nummer 6) und
3. ob und in welcher Höhe ein nach § 39 a Absatz 1 Satz 1 Nummer 7 festgestellter Freibetrag abgerufen werden soll.

[2]Der Arbeitgeber hat bei Beginn des Dienstverhältnisses die elektronischen Lohnsteuerabzugsmerkmale für den Arbeitnehmer beim Bundeszentralamt für Steuern durch Datenfernübertragung abzurufen und sie in das Lohnkonto für den Arbeitnehmer zu übernehmen. [3]Für den Abruf der elektronischen Lohnsteuerabzugsmerkmale hat sich der Arbeitgeber zu authentifizieren und seine Wirtschafts-Identifikationsnummer, die Daten des Arbeitnehmers nach Satz 1 Nummer 1 und 2, den Tag des Beginns des Dienstverhältnisses und etwaige Angaben nach Satz 1 Nummer 3 mitzuteilen. [4]Zur Plausibilitätsprüfung der Identifikationsnummer hält das Bundeszentralamt für Steuern für den Arbeitgeber entsprechende Regeln bereit. [5]Der Arbeitgeber hat den Tag der Beendigung des Dienstverhältnisses unverzüglich dem Bundeszentralamt für Steuern durch Datenfernübertragung mitzuteilen. [6]Beauftragt der Arbeitgeber einen Dritten mit der Durchführung des Lohnsteuerabzugs, hat sich der Dritte für den Datenabruf zu authentifizieren und zusätzlich seine Wirtschafts-Identifikationsnummer mitzuteilen. [7]Für die Verwendung der elektronischen Lohnsteuerabzugsmerkmale gelten die Schutzvorschriften des § 39 Absatz 8 und 9 sinngemäß.

(5) [1]Die abgerufenen elektronischen Lohnsteuerabzugsmerkmale sind vom Arbeitgeber für die Durchführung des Lohnsteuerabzugs des Arbeitnehmers anzuwenden, bis

1. ihm das Bundeszentralamt für Steuern geänderte elektronische Lohnsteuerabzugsmerkmale zum Abruf bereitstellt oder
2. der Arbeitgeber dem Bundeszentralamt für Steuern die Beendigung des Dienstverhältnisses mitteilt.

[2]Sie sind in der üblichen Lohnabrechnung anzugeben. [3]Der Arbeitgeber ist verpflichtet, die vom Bundeszentralamt für Steuern bereitgestellten Mittei-

lungen und elektronischen Lohnsteuerabzugsmerkmale monatlich anzufragen und abzurufen.

(6) 1 Gegenüber dem Arbeitgeber gelten die Lohnsteuerabzugsmerkmale (§ 39 Absatz 4) mit dem Abruf der elektronischen Lohnsteuerabzugsmerkmale als bekannt gegeben. 2 Einer Rechtsbehelfsbelehrung bedarf es nicht. 3 Die Lohnsteuerabzugsmerkmale gelten gegenüber dem Arbeitnehmer als bekannt gegeben, sobald der Arbeitgeber dem Arbeitnehmer den Ausdruck der Lohnabrechnung mit den nach Absatz 5 Satz 2 darin ausgewiesenen elektronischen Lohnsteuerabzugsmerkmalen ausgehändigt oder elektronisch bereitgestellt hat. 4 Die elektronischen Lohnsteuerabzugsmerkmale sind dem Steuerpflichtigen auf Antrag vom zuständigen Finanzamt mitzuteilen oder elektronisch bereitzustellen. 5 Wird dem Arbeitnehmer bekannt, dass die elektronischen Lohnsteuerabzugsmerkmale zu seinen Gunsten von den nach § 39 zu bildenden Lohnsteuerabzugsmerkmalen abweichen, ist er verpflichtet, dies dem Finanzamt unverzüglich mitzuteilen. 6 Der Steuerpflichtige kann beim zuständigen Finanzamt

1. den Arbeitgeber benennen, der zum Abruf von elektronischen Lohnsteuerabzugsmerkmalen berechtig ist (Positivliste) oder nicht berechtigt ist (Negativliste). 2 Hierfür hat der Arbeitgeber dem Arbeitnehmer seine Wirtschafts-Identifikationsnummer mitzuteilen. 3 Für die Verwendung der Wirtschafts-Identifikationsnummer gelten die Schutzvorschriften des § 39 Absatz 8 und 9 sinngemäß; oder
2. die Bildung oder die Bereitstellung der elektronischen Lohnsteuerabzugsmerkmale allgemein sperren oder allgemein freischalten lassen.

7 Macht der Steuerpflichtige von seinem Recht nach Satz 6 Gebrauch, hat er die Positivliste, die Negativliste, die allgemeine Sperrung oder die allgemeine Freischaltung in einem bereitgestellten elektronischen Verfahren oder nach amtlich vorgeschriebenem Vordruck dem Finanzamt zu übermitteln. 8 Werden wegen einer Sperrung nach Satz 6 einem Arbeitgeber, der Daten abrufen möchte, keine elektronischen Lohnsteuerabzugmerkmale bereitgestellt, wird dem Arbeitgeber die Sperrung mitgeteilt und dieser hat die Lohnsteuer nach Steuerklasse VI zu ermitteln.

(7) 1 Auf Antrag des Arbeitgebers kann das Betriebsstättenfinanzamt zur Vermeidung unbilliger Härten zulassen, dass er nicht am Abrufverfahren teilnimmt. 2 Dem Antrag eines Arbeitgebers ohne maschinelle Lohnabrechnung, der ausschließlich Arbeitnehmer im Rahmen einer geringfügigen Beschäftigung in seinem Privathaushalt im Sinne des § 8 a des Vierten Buches Sozialgesetzbuch beschäftigt, ist stattzugeben. 3 Der Arbeitgeber hat dem Antrag unter Angabe seiner Wirtschafts-Identifikationsnummer ein Verzeichnis der beschäftigten Arbeitnehmer mit Angabe der jeweiligen Identifikationsnummer und des Tages der Geburt des Arbeitnehmers beizufügen. 4 Der Antrag ist nach amtlich vorgeschriebenem Vordruck jährlich zu stellen und vom Arbeitgeber zu unterschreiben. 5 Das Betriebsstättenfinanzamt übermittelt dem Arbeitgeber für die Durchführung des Lohnsteuerabzugs für ein Kalenderjahr eine arbeitgeberbezogene Bescheinigung mit den Lohnsteuerabzugsmerkmalen des Arbeitnehmers (Bescheinigung für den Lohnsteuerabzug) sowie etwaige Änderungen. 6 Diese Bescheinigung sowie die Änderungsmitteilungen sind

als Belege zum Lohnkonto zu nehmen und bis zum Ablauf des Kalenderjahres aufzubewahren. 7 Absatz 5 Satz 1 und 2 sowie Absatz 6 Satz 3 gelten entsprechend. 8 Der Arbeitgeber hat den Tag der Beendigung des Dienstverhältnisses unverzüglich dem Betriebsstättenfinanzamt mitzuteilen.

(8) 1 Ist einem nach § 1 Absatz 1 unbeschränkt einkommensteuer-pflichtigen Arbeitnehmer keine Identifikationsnummer zugeteilt, hat das Wohnsitzfinanzamt auf Antrag eine Bescheinigung für den Lohnsteuerabzug für die Dauer eines Kalenderjahres auszustellen. 2 Diese Bescheinigung ersetzt die Verpflichtung und Berechtigung des Arbeitgebers zum Abruf der elektronischen Lohnsteuerabzugsmerkmale (Absätze 4 und 6). 3 In diesem Fall tritt an die Stelle der Identifikationsnummer das lohnsteuerliche Ordnungsmerkmal nach § 41 b Absatz 2 Satz 1 und 2. 4 Für die Durchführung des Lohnsteuerabzugs hat der Arbeitnehmer seinem Arbeitgeber vor Beginn des Kalenderjahres oder bei Eintritt in das Dienstverhältnis die nach Satz 1 ausgestellte Bescheinigung für den Lohnsteuerabzug vorzulegen. 5 § 39 c Absatz 1 Satz 2 bis 5 ist sinngemäß anzuwenden. 6 Der Arbeitgeber hat die Bescheinigung für den Lohnsteuerabzug entgegenzunehmen und während des Dienstverhältnisses, längstens bis zum Ablauf des jeweiligen Kalenderjahres, aufzubewahren.

(9) Ist die Wirtschafts-Identifikationsnummer noch nicht oder nicht vollständig eingeführt, tritt an ihre Stelle die Steuernummer der Betriebsstätte oder des Teils des Betriebs des Arbeitgebers, in dem der für den Lohnsteuerabzug maßgebende Arbeitslohn des Arbeitnehmers ermittelt wird (§ 41 Absatz 2).

(10) Die beim Bundeszentralamt für Steuern nach Absatz 2 Satz 1 gespeicherten Daten können auch zur Prüfung und Durchführung der Einkommensbesteuerung (§ 2) des Steuerpflichtigen für Veranlagungszeiträume ab 2005 verwendet werden.

§ 39 f Faktorverfahren anstelle Steuerklassenkombination III/V.

(1)[1] 1 Bei Ehegatten, die in die Steuerklasse IV gehören (§ 38 b Absatz 1 Satz 2 Nummer 4), hat das Finanzamt auf Antrag beider Ehegatten nach § 39 a anstelle der Steuerklassenkombination III/V (§ 38 b Absatz 1 Satz 2 Nummer 5) als Lohnsteuerabzugsmerkmal jeweils die Steuerklasse IV in Verbindung mit einem Faktor zur Ermittlung der Lohnsteuer zu bilden, wenn der Faktor kleiner als 1 ist. 2 Der Faktor ist Y : X und vom Finanzamt mit drei Nachkommastellen ohne Rundung zu berechnen. 3 „Y" ist die voraussichtliche Einkommensteuer für beide Ehegatten nach dem Splittingverfahren (§ 32 a Absatz 5) unter Berücksichtigung der in § 39 b Absatz 2 genannten Abzugsbeträge. 4 „X" ist die Summe der voraussichtlichen Lohnsteuer bei Anwendung der Steuerklasse IV für jeden Ehegatten.

[aktuelle Fassung]	*[künftige Fassung]*[2]
5 In die Bemessungsgrundlage für Y werden jeweils neben den Jahresar-	5 Maßgeblich sind die Steuerbeträge des Kalenderjahres, für das der Faktor

[1] § 39 f Abs. 1 Sätze 1, 5 und 6 geänd. mWv VZ 2012 durch G v. 7. 12. 2011 (BGBl. I S. 2592).

[2] § 39 f Abs. 1 Satz 5 eingef., bish. Sätze 5 bis 7 werden Sätze 6 bis 8, Sätze 9 bis 11 angef. durch G v. 28. 7. 2015 (BGBl. I S. 1400); zur Anwendung siehe § 52 Abs. 37 a.

beitslöhnen der ersten Dienstverhältnisse zusätzlich nur Beträge einbezogen, die nach § 39 a Absatz 1 Satz 1 Nummer 1 bis 6 als Freibetrag ermittelt und als Lohnsteuerabzugsmerkmal gebildet werden könnten; Freibeträge werden neben dem Faktor nicht als Lohnsteuerabzugsmerkmal gebildet. 6 In den Fällen des § 39 a Absatz 1 Satz 1 Nummer 7 sind bei der Ermittlung von Y und X die Hinzurechnungsbeträge zu berücksichtigen; die Hinzurechnungsbeträge sind zusätzlich als Lohnsteuerabzugsmerkmal für das erste Dienstverhältnis zu bilden. 7 Arbeitslöhne aus zweiten und weiteren Dienstverhältnissen (Steuerklasse VI) sind im Faktorverfahren nicht zu berücksichtigen.

erstmals gelten soll. 6 In der Bemessungsgrundlage für Y werden jeweils neben den Jahresarbeitslöhnen der ersten Dienstverhältnisse zusätzlich nur Beträge einbezogen, die nach § 39 a Absatz 1 Satz 1 Nummer 1 bis 6 als Freibetrag ermittelt und als Lohnsteuerabzugsmerkmal gebildet werden könnten; Freibeträge werden neben dem Faktor nicht als Lohnsteuerabzugsmerkmal gebildet. 7 In den Fällen des § 39 a Absatz 1 Satz 1 Nummer 7 sind bei der Ermittlung von Y und X die Hinzurechnungsbeträge zu berücksichtigen; die Hinzurechnungsbeträge sind zusätzlich als Lohnsteuerabzugsmerkmal für das erste Dienstverhältnis zu bilden 8 Arbeitslöhne aus zweiten und weiteren Dienstverhältnissen (Steuerklasse VI) sind im Faktorverfahren nicht zu berücksichtigen. 9 Der nach Satz 1 gebildete Faktor gilt bis zum Ablauf des Kalenderjahres, das auf das Kalenderjahr folgt, in dem der Faktor erstmals gilt oder zuletzt geändert worden ist. 10 Die Ehegatten können eine Änderung des Faktors beantragen, wenn sich die für die Ermittlung des Faktors maßgeblichen Jahresarbeitslöhne im Sinne des Satzes 6 ändern. 11 Besteht eine Anzeigepflicht nach § 39 a Absatz 1 Satz 5 oder wird eine Änderung des Freibetrags nach § 39 a Absatz 1 Satz 4 beantragt, gilt die Anzeige oder der Antrag auf Änderung des Freibetrags zugleich als Antrag auf Anpassung des Faktors.

(2) Für die Einbehaltung der Lohnsteuer vom Arbeitslohn hat der Arbeitgeber Steuerklasse IV und den Faktor anzuwenden.

(3)[1)] 1 § 39 Absatz 6 Satz 3 und 5 gilt *sinngemäß* [***künftige Fassung:*** mit der Maßgabe, dass die Änderungen nach Absatz 1 Satz 10 und 11 keine Änderungen im Sinne des § 39 Absatz 6 Satz 3 sind].[2)] 2 § 39 a ist anzuwenden mit der

---

1) § 39 f Abs. 3 Sätze 1 und 2 geänd. mWv VZ 2012 durch G v. 7. 12. 2011 (BGBl. I S. 2592).

2) § 39 f Abs. 3 Satz 1 neu gef. durch G v. 28. 7. 2015 (BGBl. I S. 1400); zur Anwendung siehe § 52 Abs. 37 a.

Maßgabe, dass ein Antrag nach amtlich vorgeschriebenem Vordruck (§ 39a Absatz 2) nur erforderlich ist, wenn bei der Faktorermittlung zugleich Beträge nach § 39a Absatz 1 Satz 1 Nummer 1 bis 6 berücksichtigt werden sollen.

(4)[1] Das Faktorverfahren ist im Programmablaufplan für die maschinelle Berechnung der Lohnsteuer (§ 39b Absatz 6) zu berücksichtigen.

§ 40 Pauschalierung der Lohnsteuer in besonderen Fällen. (1) [1]Das Betriebsstättenfinanzamt (§ 41a Absatz 1 Satz 1 Nummer 1) kann auf Antrag des Arbeitgebers zulassen, dass die Lohnsteuer mit einem unter Berücksichtigung der Vorschriften des § 38a zu ermittelnden Pauschsteuersatz erhoben wird, soweit

1. von dem Arbeitgeber sonstige Bezüge in einer größeren Zahl von Fällen gewährt werden oder
2. in einer größeren Zahl von Fällen Lohnsteuer nachzuerheben ist, weil der Arbeitgeber die Lohnsteuer nicht vorschriftsmäßig einbehalten hat.

[2]Bei der Ermittlung des Pauschsteuersatzes ist zu berücksichtigen, dass die in Absatz 3 vorgeschriebene Übernahme der pauschalen Lohnsteuer durch den Arbeitgeber für den Arbeitnehmer eine in Geldeswert bestehende Einnahme im Sinne des § 8 Absatz 1 darstellt (Nettosteuersatz). [3]Die Pauschalierung ist in den Fällen des Satzes 1 Nummer 1 ausgeschlossen, soweit der Arbeitgeber einem Arbeitnehmer sonstige Bezüge von mehr als 1000 Euro im Kalenderjahr gewährt. [4]Der Arbeitgeber hat dem Antrag eine Berechnung beizufügen, aus der sich der durchschnittliche Steuersatz unter Zugrundelegung der durchschnittlichen Jahresarbeitslöhne und der durchschnittlichen Jahreslohnsteuer in jeder Steuerklasse für diejenigen Arbeitnehmer ergibt, denen die Bezüge gewährt werden sollen oder gewährt worden sind.

(2) [1]Abweichend von Absatz 1 kann der Arbeitgeber die Lohnsteuer mit einem Pauschsteuersatz von 25 Prozent erheben, soweit er

1. arbeitstäglich Mahlzeiten im Betrieb an die Arbeitnehmer unentgeltlich oder verbilligt abgibt oder Barzuschüsse an ein anderes Unternehmen leistet, das arbeitstäglich Mahlzeiten an die Arbeitnehmer unentgeltlich oder verbilligt abgibt. [2]Voraussetzung ist, dass die Mahlzeiten nicht als Lohnbestandteile vereinbart sind,

[*ab 1. 1. 2014:*

1a.[2] oder auf seine Veranlassung ein Dritter den Arbeitnehmern anlässlich einer beruflichen Tätigkeit außerhalb seiner Wohnung und ersten Tätigkeitsstätte Mahlzeiten zur Verfügung stellt, die nach § 8 Absatz 2 Satz 8 und 9 mit dem Sachbezugswert anzusetzen sind,]

2. Arbeitslohn aus Anlass von Betriebsveranstaltungen zahlt,
3. Erholungsbeihilfen gewährt, wenn diese zusammen mit Erholungsbeihilfen, die in demselben Kalenderjahr früher gewährt worden sind, 156 Euro für den Arbeitnehmer, 104 Euro für dessen Ehegatten und 52 Euro für jedes

---

[1] § 39f Abs. 4 geänd. mWv VZ 2012 durch G v. 7. 12. 2011 (BGBl. I S. 2592).

[2] § 40 Abs. 2 Satz 1 Nr. 1a eingef. mWv 1. 1. 2014 durch G v. 20. 2. 2013 (BGBl. I S. 285).

Kind nicht übersteigen und der Arbeitgeber sicherstellt, dass die Beihilfen zu Erholungszwecken verwendet werden,

4.[1] Vergütungen für Verpflegungsmehraufwendungen anlässlich einer Tätigkeit im Sinne des *§ 4 Absatz 5 Satz 1 Nummer 5 Satz 2 bis 4 zahlt, soweit diese die dort bezeichneten Pauschbeträge* [***ab 1. 1. 2014:*** § 9 Absatz 4 a Satz 2 oder Satz 4 zahlt, soweit die Vergütungen die nach § 9 Absatz 4 a Satz 3, 5 und 6 zustehenden Pauschalen] um nicht mehr als 100 Prozent übersteigen,

5.[2] den Arbeitnehmern zusätzlich zum ohnehin geschuldeten Arbeitslohn unentgeltlich oder verbilligt *Personalcomputer* [***ab 1. 1. 2013:*** Datenverarbeitungsgeräte] übereignet; das gilt auch für Zubehör und Internetzugang. 2 Das Gleiche gilt für Zuschüsse des Arbeitgebers, die zusätzlich zum ohnehin geschuldeten Arbeitslohn zu den Aufwendungen des Arbeitnehmers für die Internetnutzung gezahlt werden.

2 Der Arbeitgeber kann die Lohnsteuer mit einem Pauschsteuersatz von 15 Prozent für Sachbezüge in Form der unentgeltlichen oder verbilligten Beförderung eines Arbeitnehmers zwischen Wohnung und *Arbeitsstätte* [***ab 1. 1. 2014:*** erster Tätigkeitsstätte sowie Fahrten nach § 9 Absatz 1 Satz 3 Nummer 4 a Satz 3][3] und für zusätzlich zum ohnehin geschuldeten Arbeitslohn geleistete Zuschüsse zu den Aufwendungen des Arbeitnehmers für Fahrten zwischen Wohnung und *Arbeitsstätte* [***ab 1. 1. 2014:*** erster Tätigkeitsstätte sowie Fahrten nach § 9 Absatz 1 Satz 3 Nummer 4 a Satz 3][3] erheben, soweit diese Bezüge den Betrag nicht übersteigen, den der Arbeitnehmer nach § 9 Absatz 1 Satz 3 Nummer 4 und Absatz 2 als Werbungskosten geltend machen könnte, wenn die Bezüge nicht pauschal besteuert würden. 3 Die nach Satz 2 pauschal besteuerten Bezüge mindern die nach § 9 Absatz 1 Satz 3 Nummer 4 und Absatz 2 abziehbaren Werbungskosten; sie bleiben bei der Anwendung des § 40 a Absatz 1 bis 4 außer Ansatz.

(3) 1 Der Arbeitgeber hat die pauschale Lohnsteuer zu übernehmen. 2 Er ist Schuldner der pauschalen Lohnsteuer; auf den Arbeitnehmer abgewälzte pauschale Lohnsteuer gilt als zugeflossener Arbeitslohn und mindert nicht die Bemessungsgrundlage. 3 Der pauschal besteuerte Arbeitslohn und die pauschale Lohnsteuer bleiben bei einer Veranlagung zur Einkommensteuer und beim Lohnsteuer-Jahresausgleich außer Ansatz. 4 Die pauschale Lohnsteuer ist weder auf die Einkommensteuer noch auf die Jahreslohnsteuer anzurechnen.

§ 40 a[4] Pauschalierung der Lohnsteuer für Teilzeitbeschäftigte und geringfügig Beschäftigte. (1) 1 Der Arbeitgeber kann unter Verzicht auf den Abruf von elektronischen Lohnsteuerabzugsmerkmalen (§ 39 e Absatz 4 Satz 2) oder die Vorlage einer Bescheinigung für den Lohnsteuerabzug (§ 39 Absatz 3 oder § 39 e Absatz 7 oder Absatz 8) bei Arbeitnehmern, die nur

---

[1] § 40 Abs. 2 Satz 1 Nr. 4 geänd. mWv 1. 1. 2014 durch G v. 25. 7. 2014 (BGBl. I S. 1266), berichtigt mWv 1. 1. 2015 durch G v. 22. 12. 2014 (BGBl. I S. 2417).

[2] § 40 Abs. 2 Satz 1 Nr. 5 geänd. mWv 1. 1. 2013 durch G v. 26. 6. 2013 (BGBl. I S. 1809).

[3] § 40 Abs. 2 Satz 2 geänd. mWv 1. 1. 2014 durch G v. 20. 2. 2013 (BGBl. I S. 285); geänd. mWv 1. 1. 2014 durch G v. 25. 7. 2014 (BGBl. I S. 1266).

[4] § 40 a Abs. 1 bis 4 geänd. mWv VZ 2012 durch G v. 7. 12. 2011 (BGBl. I S. 2592).

kurzfristig beschäftigt werden, die Lohnsteuer mit einem Pauschsteuersatz von 25 Prozent des Arbeitslohns erheben. [2]Eine kurzfristige Beschäftigung liegt vor, wenn der Arbeitnehmer bei dem Arbeitgeber gelegentlich, nicht regelmäßig wiederkehrend beschäftigt wird, die Dauer der Beschäftigung 18 zusammenhängende Arbeitstage nicht übersteigt und

1. der Arbeitslohn während der Beschäftigungsdauer *62 Euro* [***ab VZ 2015:*** 68 Euro][1] durchschnittlich je Arbeitstag nicht übersteigt oder
2. die Beschäftigung zu einem unvorhersehbaren Zeitpunkt sofort erforderlich wird.

(2)[2] Der Arbeitgeber kann unter Verzicht auf den Abruf von elektronischen Lohnsteuerabzugsmerkmalen (§ 39 e Absatz 4 Satz 2) oder die Vorlage einer Bescheinigung für den Lohnsteuerabzug (§ 39 Absatz 3 oder § 39 e Absatz 7 oder Absatz 8) die Lohnsteuer einschließlich Solidaritätszuschlag und Kirchensteuern (einheitliche Pauschsteuer) für das Arbeitsentgelt aus geringfügigen Beschäftigungen im Sinne des § 8 Absatz 1 Nummer 1 oder des § 8 a des Vierten Buches Sozialgesetzbuch, für das er Beiträge nach § 168 Absatz 1 Nummer 1 b oder 1 c (geringfügig versicherungspflichtig Beschäftigte) oder nach § 172 Absatz 3 oder 3 a [***ab 1. 1. 2013:*** (versicherungsfrei oder von der Versicherungspflicht befreite geringfügig Beschäftigte) oder nach § 276 a Absatz 1] (versicherungsfrei geringfügig Beschäftigte) des Sechsten Buches Sozialgesetzbuch zu entrichten hat, mit einem einheitlichen Pauschsteuersatz in Höhe von insgesamt 2 Prozent des Arbeitsentgelts erheben.

(2 a)[3] Hat der Arbeitgeber in den Fällen des Absatzes 2 keine Beiträge nach § 168 Absatz 1 Nummer 1 b oder 1 c oder nach § 172 Absatz 3 oder 3 a [***ab 1. 1. 2013:*** oder nach § 276 a Absatz 1] des Sechsten Buches Sozialgesetzbuch zu entrichten, kann er unter Verzicht auf den Abruf von elektronischen Lohnsteuerabzugsmerkmalen (§ 39 e Absatz 4 Satz 2) oder die Vorlage einer Bescheinigung für den Lohnsteuerabzug (§ 39 Absatz 3 oder § 39 e Absatz 7 oder Absatz 8) die Lohnsteuer mit einem Pauschsteuersatz in Höhe von 20 Prozent des Arbeitsentgelts erheben.

(Fortsetzung nächstes Blatt)

---

[1] Betrag geänd. mWv VZ 2015 durch G v. 28. 7. 2015 (BGBl. I S. 1400).

[2] § 40 a Abs. 2 geänd. durch G v. 25. 7. 2014 (BGBl. I S. 1266); zur Anwendung siehe § 52 Abs. 38.

[3] § 40 a Abs. 2 a geänd. durch G v. 25. 7. 2014 (BGBl. I S. 1266); zur Anwendung siehe § 52 Abs. 38.

(3) [1]Abweichend von den Absätzen 1 und 2a kann der Arbeitgeber unter Verzicht auf den Abruf von elektronischen Lohnsteuerabzugsmerkmalen (§ 39e Absatz 4 Satz 2) oder die Vorlage einer Bescheinigung für den Lohnsteuerabzug (§ 39 Absatz 3 oder § 39e Absatz 7 oder Absatz 8) bei Aushilfskräften, die in Betrieben der Land- und Forstwirtschaft im Sinne des § 13 Absatz 1 Nummer 1 bis 4 ausschließlich mit typisch land- oder forstwirtschaftlichen Arbeiten beschäftigt werden, die Lohnsteuer mit einem Pauschsteuersatz von 5 Prozent des Arbeitslohns erheben. [2]Aushilfskräfte im Sinne dieser Vorschrift sind Personen, die für die Ausführung und für die Dauer von Arbeiten, die nicht ganzjährig anfallen, beschäftigt werden; eine Beschäftigung mit anderen land- und forstwirtschaftlichen Arbeiten ist unschädlich, wenn deren Dauer 25 Prozent der Gesamtbeschäftigungsdauer nicht überschreitet. [3]Aushilfskräfte sind nicht Arbeitnehmer, die zu den land- und forstwirtschaftlichen Fachkräften gehören oder die der Arbeitgeber mehr als 180 Tage im Kalenderjahr beschäftigt.

(4) Die Pauschalierungen nach den Absätzen 1 und 3 sind unzulässig

1. bei Arbeitnehmern, deren Arbeitslohn während der Beschäftigungsdauer durchschnittlich je Arbeitsstunde 12 Euro übersteigt,
2. bei Arbeitnehmern, die für eine andere Beschäftigung von demselben Arbeitgeber Arbeitslohn beziehen, der nach § 39b oder § 39c dem Lohnsteuerabzug unterworfen wird.

(5) Auf die Pauschalierungen nach den Absätzen 1 bis 3 ist § 40 Absatz 3 anzuwenden.

(6)[1)] [1]Für die Erhebung der einheitlichen Pauschsteuer nach Absatz 2 ist die Deutsche Rentenversicherung Knappschaft-Bahn-See zuständig. [2]Die Regelungen zum Steuerabzug vom Arbeitslohn sind entsprechend anzuwenden. [3]Für die Anmeldung, Abführung und Vollstreckung der einheitlichen Pauschsteuer [***ab VZ 2013:*** sowie die Erhebung eines Säumniszuschlags und das Mahnverfahren für die einheitliche Pauschsteuer] gelten dabei die Regelungen für die Beiträge nach § 168 Absatz 1 Nummer 1b oder 1c oder nach § 172 Absatz 3 oder 3a [***ab 1. 1. 2013:*** oder nach § 276a Absatz 1] des Sechsten Buches Sozialgesetzbuch. [4]Die Deutsche Rentenversicherung Knappschaft-Bahn-See hat die einheitliche Pauschsteuer auf die erhebungsberechtigten Körperschaften aufzuteilen; dabei entfallen aus Vereinfachungsgründen 90 Prozent der einheitlichen Pauschsteuer auf die Lohnsteuer, 5 Prozent auf den Solidaritätszuschlag und 5 Prozent auf die Kirchensteuern. [5]Die erhebungsberechtigten Kirchen haben sich auf eine Aufteilung des Kirchensteueranteils zu verständigen und diesen der Deutschen Rentenversicherung Knappschaft-Bahn-See mitzuteilen. [6]Die Deutsche Rentenversicherung Knappschaft-Bahn-See ist berechtigt, die einheitliche Pauschsteuer nach Absatz 2 zusammen mit den Sozialversicherungsbeiträgen beim Arbeitgeber einzuziehen.

---

1) § 40a Abs. 6 Sätze 1, 3, 4, 5 und 6 geänd. mWv VZ 2013 durch G v. 26. 6. 2013 (BGBl. I S. 1809); Satz 3 geänd. durch G v. 25. 7. 2014 (BGBl. I S. 1266); zur Anwendung siehe § 52 Abs. 38.

§ 40 b Pauschalierung der Lohnsteuer bei bestimmten Zukunftssicherungsleistungen

[Fassung bis 31. 12. 2004:][1)]

(1) [1]Der Arbeitgeber kann die Lohnsteuer von den Beiträgen für eine Direktversicherung des Arbeitnehmers und von den Zuwendungen an eine Pensionskasse mit einem Pauschsteuersatz von 20 vom Hundert der Beiträge und Zuwendungen erheben. [2]Die pauschale Erhebung der Lohnsteuer von Beiträgen für eine Direktversicherung ist nur zulässig, wenn die Versicherung nicht auf den Erlebensfall eines früheren als des 60. Lebensjahres abgeschlossen und eine vorzeitige Kündigung des Versicherungsvertrags durch den Arbeitnehmer ausgeschlossen worden ist.

(2) [1]Absatz 1 gilt nicht, soweit die zu besteuernden Beiträge und Zuwendungen des Arbeitgebers für den Arbeitnehmer 1752 Euro im Kalenderjahr übersteigen oder nicht aus seinem ersten Dienstverhältnis bezogen werden. [2]Sind mehrere Arbeitnehmer gemeinsam in einem Direktversicherungsvertrag oder in einer Pensionskasse versichert, so gilt als Beitrag oder Zuwendung für den einzelnen Arbeitnehmer der Teilbetrag, der sich bei einer Aufteilung der gesamten Beiträge oder der gesamten Zuwendungen durch die Zahl der begünstigten Arbeitnehmer ergibt, wenn dieser Teilbetrag 1752 Euro nicht übersteigt; hierbei sind Arbeitnehmer, für die Beiträge und Zuwendungen von mehr als 2148 Euro im Kalenderjahr geleistet werden, nicht einzubeziehen. [3]Für Beiträge und Zuwendungen, die der Arbeitgeber für den Arbeitnehmer aus Anlass der Beendigung des Dienstverhältnisses erbracht hat, vervielfältigt sich der

[Fassung ab 1. 1. 2005:]

(1) Der Arbeitgeber kann die Lohnsteuer von den Zuwendungen zum Aufbau einer nicht kapitalgedeckten betrieblichen Altersversorgung an eine Pensionskasse mit einem Pauschsteuersatz von 20 Prozent der Zuwendungen erheben.

(2) [1]Absatz 1 gilt nicht, soweit die zu besteuernden Zuwendungen des Arbeitgebers für den Arbeitnehmer 1752 Euro im Kalenderjahr übersteigen oder nicht aus seinem ersten Dienstverhältnis bezogen werden. [2]Sind mehrere Arbeitnehmer gemeinsam in der Pensionskasse versichert, so gilt als Zuwendung für den einzelnen Arbeitnehmer der Teilbetrag, der sich bei einer Aufteilung der gesamten Zuwendungen durch die Zahl der begünstigten Arbeitnehmer ergibt, wenn dieser Teilbetrag 1752 Euro nicht übersteigt; hierbei sind Arbeitnehmer, für die Zuwendungen von mehr als 2148 Euro im Kalenderjahr geleistet werden, nicht einzubeziehen. [3]Für Zuwendungen, die der Arbeitgeber für den Arbeitnehmer aus Anlass der Beendigung des Dienstverhältnisses erbracht hat, vervielfältigt sich der Betrag von 1752 Euro mit der Anzahl der Kalenderjahre, in denen das Dienstverhältnis des Arbeitnehmers

---

1) Zur weiteren Anwendung siehe § 52 Abs. 40.

[Fassung bis 31. 12. 2004:]

Betrag von 1752 Euro mit der Anzahl der Kalenderjahre, in denen das Dienstverhältnis des Arbeitnehmers zu dem Arbeitgeber bestanden hat; in diesem Fall ist Satz 2 nicht anzuwenden. [4]Der vervielfältigte Betrag vermindert sich um die nach Absatz 1 pauschal besteuerten Beiträge und Zuwendungen, die der Arbeitgeber in dem Kalenderjahr, in dem das Dienstverhältnis beendet wird, und in den sechs vorangegangenen Kalenderjahren erbracht hat.

[Fassung ab 1. 1. 2005:]

zu dem Arbeitgeber bestanden hat; in diesem Fall ist Satz 2 nicht anzuwenden. [4]Der vervielfältigte Betrag vermindert sich um die nach Absatz 1 pauschal besteuerten Zuwendungen, die der Arbeitgeber in dem Kalenderjahr, in dem das Dienstverhältnis beendet wird, und in den sechs vorangegangenen Kalenderjahren erbracht hat.

(3) Von den Beiträgen für eine Unfallversicherung des Arbeitnehmers kann der Arbeitgeber die Lohnsteuer mit einem Pauschsteuersatz von 20 Prozent der Beiträge erheben, wenn mehrere Arbeitnehmer gemeinsam in einem Unfallversicherungsvertrag versichert sind und der Teilbetrag, der sich bei einer Aufteilung der gesamten Beiträge nach Abzug der Versicherungsteuer durch die Zahl der begünstigten Arbeitnehmer ergibt, 62 Euro im Kalenderjahr nicht übersteigt.

(4) In den Fällen des § 19 Absatz 1 Satz 1 Nummer 3 Satz 2 hat der Arbeitgeber die Lohnsteuer mit einem Pauschsteuersatz in Höhe von 15 Prozent der Sonderzahlungen zu erheben.

(5) [1]§ 40 Absatz 3 ist anzuwenden. [2]Die Anwendung des § 40 Absatz 1 Satz 1 Nummer 1 auf Bezüge im Sinne des Absatzes 1, des Absatzes 3 und des Absatzes 4 ist ausgeschlossen.

§ 41 Aufzeichnungspflichten beim Lohnsteuerabzug. (1)[1)] [1]Der Arbeitgeber hat am Ort der Betriebsstätte (Absatz 2) für jeden Arbeitnehmer und jedes Kalenderjahr ein Lohnkonto zu führen. [2]In das Lohnkonto sind die nach § 39e Absatz 4 Satz 2 und Absatz 5 Satz 3 abgerufenen elektronischen Lohnsteuerabzugsmerkmale sowie die für den Lohnsteuerabzug erforderlichen Merkmale aus der vom Finanzamt ausgestellten Bescheinigung für den Lohnsteuerabzug (§ 39 Absatz 3 oder § 39e Absatz 7 oder Absatz 8) zu übernehmen. [3]Bei jeder Lohnzahlung für das Kalenderjahr, für das das Lohnkonto gilt, sind im Lohnkonto die Art und Höhe des gezahlten Arbeitslohns einschließlich der steuerfreien Bezüge sowie die einbehaltene oder übernommene Lohnsteuer einzutragen; an die Stelle der Lohnzahlung tritt in den Fällen des § 39b Absatz 5 Satz 1 die Lohnabrechnung. [4]Ferner sind das Kurzarbeitergeld, das Schlechtwettergeld, das Winterausfallgeld, der Zuschuss zum Mutterschaftsgeld nach dem Mutterschutzgesetz, der Zuschuss bei Beschäftigungsverboten für die Zeit vor oder nach einer Entbindung sowie für den Entbindungstag während einer Elternzeit nach beamtenrechtlichen Vorschrif-

---

[1)] § 41 Abs. 1 Satz 4 aufgeh. mWv 1. 1. 2010; nachfolgende Satzzählung demzufolge neu; Satz 2 geänd. mWv VZ 2012 durch G v. 7. 12. 2011 (BGBl. I S. 2592).

ten, die Entschädigungen für Verdienstausfall nach dem Infektionsschutzgesetz vom 20. Juli 2000 (BGBl. I S. 1045) sowie die nach § 3 Nummer 28 steuerfreien Aufstockungsbeträge oder Zuschläge einzutragen. [5]Ist während der Dauer des Dienstverhältnisses in anderen Fällen als in denen des Satzes 4 der Anspruch auf Arbeitslohn für mindestens fünf aufeinander folgende Arbeitstage im Wesentlichen weggefallen, so ist dies jeweils durch Eintragung des Großbuchstabens U zu vermerken. [6]Hat der Arbeitgeber die Lohnsteuer von einem sonstigen Bezug im ersten Dienstverhältnis berechnet und ist dabei der Arbeitslohn aus früheren Dienstverhältnissen des Kalenderjahres außer Betracht geblieben, so ist dies durch Eintragung des Großbuchstabens S zu vermerken. [7]Die Bundesregierung wird ermächtigt, durch Rechtsverordnung mit Zustimmung des Bundesrates vorzuschreiben, welche Einzelangaben im Lohnkonto aufzuzeichnen sind. [8]Dabei können für Arbeitnehmer mit geringem Arbeitslohn und für die Fälle der §§ 40 bis 40 b Aufzeichnungserleichterungen sowie für steuerfreie Bezüge Aufzeichnungen außerhalb des Lohnkontos zugelassen werden. [9]Die Lohnkonten sind bis zum Ablauf des sechsten Kalenderjahres, das auf die zuletzt eingetragene Lohnzahlung folgt, aufzubewahren.

(2) [1]Betriebsstätte ist der Betrieb oder Teil des Betriebs des Arbeitgebers, in dem der für die Durchführung des Lohnsteuerabzugs maßgebende Arbeitslohn ermittelt wird. [2]Wird der maßgebende Arbeitslohn nicht in dem Betrieb oder einem Teil des Betriebs des Arbeitgebers oder nicht im Inland ermittelt, so gilt als Betriebsstätte der Mittelpunkt der geschäftlichen Leitung des Arbeitgebers im Inland; im Fall des § 38 Absatz 1 Satz 1 Nummer 2 gilt als Betriebsstätte der Ort im Inland, an dem die Arbeitsleistung ganz oder vorwiegend stattfindet. [3]Als Betriebsstätte gilt auch der inländische Heimathafen deutscher Handelsschiffe, wenn die Reederei im Inland keine Niederlassung hat.

§ 41 a Anmeldung und Abführung der Lohnsteuer. (1) [1]Der Arbeitgeber hat spätestens am zehnten Tag nach Ablauf eines jeden Lohnsteuer-Anmeldungszeitraums

1. dem Finanzamt, in dessen Bezirk sich die Betriebsstätte (§ 41 Absatz 2) befindet (Betriebsstättenfinanzamt), eine Steuererklärung einzureichen, in der er die Summen der im Lohnsteuer-Anmeldungszeitraum einzubehaltenden und zu übernehmenden Lohnsteuer angibt (Lohnsteuer-Anmeldung),
2. die im Lohnsteuer-Anmeldungszeitraum insgesamt einbehaltene und übernommene Lohnsteuer an das Betriebsstättenfinanzamt abzuführen.

[2]Die Lohnsteuer-Anmeldung ist nach amtlich vorgeschriebenem Datensatz durch Datenfernübertragung nach Maßgabe der Steuerdaten-Übermittlungsverordnung[1)] zu übermitteln. [3]Auf Antrag kann das Finanzamt zur Vermeidung unbilliger Härten auf eine elektronische Übermittlung verzichten; in diesem Fall ist die Lohnsteuer-Anmeldung nach amtlich vorgeschriebenem Vordruck abzugeben und vom Arbeitgeber oder von einer zu seiner Vertretung berechtigten Person zu unterschreiben. [4]Der Arbeitgeber wird von der

---

1) Nr. **800 d**.

Verpflichtung zur Abgabe weiterer Lohnsteuer-Anmeldungen befreit, wenn er Arbeitnehmer, für die er Lohnsteuer einzubehalten oder zu übernehmen hat, nicht mehr beschäftigt und das dem Finanzamt mitteilt.

(2) [1]Lohnsteuer-Anmeldungszeitraum ist grundsätzlich der Kalendermonat. [2]Lohnsteuer-Anmeldungszeitraum ist das Kalendervierteljahr, wenn die abzuführende Lohnsteuer für das vorangegangene Kalenderjahr mehr als *1000 Euro* [***ab VZ 2015:*** 1080 Euro][1)], aber nicht mehr als 4000 Euro betragen hat; Lohnsteuer-Anmeldungszeitraum ist das Kalenderjahr, wenn die abzuführende Lohnsteuer für das vorangegangene Kalenderjahr nicht mehr als *1000 Euro* [***ab VZ 2015:*** 1080 Euro][1)] betragen hat. [3]Hat die Betriebsstätte nicht während des ganzen vorangegangenen Kalenderjahres bestanden, so ist die für das vorangegangene Kalenderjahr abzuführende Lohnsteuer für die Feststellung des Lohnsteuer-Anmeldungszeitraums auf einen Jahresbetrag umzurechnen. [4]Wenn die Betriebsstätte im vorangegangenen Kalenderjahr noch nicht bestanden hat, ist die auf einen Jahresbetrag umgerechnete für den ersten vollen Kalendermonat nach der Eröffnung der Betriebsstätte abzuführende Lohnsteuer maßgebend.

(3) [1]Die oberste Finanzbehörde des Landes kann bestimmen, dass die Lohnsteuer nicht dem Betriebsstättenfinanzamt, sondern einer anderen öffentlichen Kasse anzumelden und an diese abzuführen ist; die Kasse erhält insoweit die Stellung einer Landesfinanzbehörde. [2]Das Betriebsstättenfinanzamt oder die zuständige andere öffentliche Kasse können anordnen, dass die Lohnsteuer abweichend von dem nach Absatz 1 maßgebenden Zeitpunkt anzumelden und abzuführen ist, wenn die Abführung der Lohnsteuer nicht gesichert erscheint.

(4) [1]Arbeitgeber, die eigene oder gecharterte Handelsschiffe betreiben, dürfen

[aktuelle Fassung:]

vom Gesamtbetrag der anzumeldenden und abzuführenden Lohnsteuer einen Betrag von 40 Prozent der Lohnsteuer der auf solchen Schiffen in einem zusammenhängenden Arbeitsverhältnis von mehr als 183 Tagen beschäftigten Besatzungsmitglieder abziehen und einbehalten.

[künftige Fassung:][2)]

die gesamte anzumeldende und abzuführende Lohnsteuer, die auf den Arbeitslohn entfällt, der an die Besatzungsmitglieder für die Beschäftigungszeiten auf diesen Schiffen gezahlt wird, abziehen und einbehalten.

[2]Die Handelsschiffe müssen in einem inländischen Seeschiffsregister eingetragen sein, die deutsche Flagge führen und zur Beförderung von Personen oder Gütern im Verkehr mit oder zwischen ausländischen Häfen, innerhalb eines ausländischen Hafens oder zwischen einem ausländischen Hafen und der Hohen See betrieben werden. [3]Die Sätze 1 und 2 sind entsprechend anzuwenden,

---

1) Betrag geänd. mWv VZ 2015 durch G v. 25. 7. 2014 (BGBl. I S. 1266).

2) § 41 a Abs. 4 Satz 1 neu gef. durch G v. 24. 2. 2016 (BGBl. I S. 310); zur Anwendung siehe § 52 Abs. 40 a: Voraussetzung für die Anwendung (Dauer: 60 Monate) ist die beihilferechtliche Genehmigung der Kommission (siehe auch S. 1 Fn. 2).

wenn Seeschiffe im Wirtschaftsjahr überwiegend außerhalb der deutschen Hoheitsgewässer zum Schleppen, Bergen oder zur Aufsuchung von Bodenschätzen oder zur Vermessung von Energielagerstätten unter dem Meeresboden eingesetzt werden. 4 Ist für den Lohnsteuerabzug die Lohnsteuer nach der Steuerklasse V oder VI zu ermitteln, so bemisst sich der Betrag nach Satz 1 nach der Lohnsteuer der Steuerklasse I.

§ 41 b Abschluss des Lohnsteuerabzugs. (1) 1 Bei Beendigung eines Dienstverhältnisses oder am Ende des Kalenderjahres hat der Arbeitgeber das Lohnkonto des Arbeitnehmers abzuschließen. 2 Auf Grund der Eintragungen im Lohnkonto hat der Arbeitgeber spätestens bis zum 28. Februar des Folgejahres nach amtlich vorgeschriebenem Datensatz auf elektronischem Weg nach Maßgabe der Steuerdaten-Übermittlungsverordnung vom 28. Januar 2003 (BGBl. I S. 139), zuletzt geändert durch *Artikel 1 der Verordnung vom 26. Juni 2007 (BGBl. I S. 1185)*[1], in der jeweils geltenden Fassung, insbesondere folgende Angaben zu übermitteln (elektronische Lohnsteuerbescheinigung):

1.[2] Name, Vorname, Tag der Geburt und Anschrift des Arbeitnehmers, die abgerufenen elektronischen Lohnsteuerabzugsmerkmale oder die auf der entsprechenden Bescheinigung für den Lohnsteuerabzug eingetragenen Lohnsteuerabzugsmerkmale, die Bezeichnung und die Nummer des Finanzamts, an das die Lohnsteuer abgeführt worden ist, sowie die Steuernummer des Arbeitgebers,
2. die Dauer des Dienstverhältnisses während des Kalenderjahres sowie die Anzahl der nach § 41 Absatz 1 *Satz 6*[3] vermerkten Großbuchstaben U,
3. die Art und Höhe des gezahlten Arbeitslohns sowie den nach § 41 Absatz 1 Satz 6 vermerkten Großbuchstaben S,
4. die einbehaltene Lohnsteuer, den Solidaritätszuschlag und die Kirchensteuer,
5. das Kurzarbeitergeld, das Schlechtwettergeld, das Winterausfallgeld, den Zuschuss zum Mutterschaftsgeld nach dem Mutterschutzgesetz, die Entschädigungen für Verdienstausfall nach dem Infektionsschutzgesetz vom 20. Juli 2000 (BGBl. I S. 1045), zuletzt geändert durch Artikel 11 § 3 des Gesetzes vom 6. August 2002 (BGBl. I S. 3082), in der jeweils geltenden Fassung, sowie die nach § 3 Nummer 28 steuerfreien Aufstockungsbeträge oder Zuschläge,
6.[4] die auf die Entfernungspauschale anzurechnenden steuerfreien Arbeitgeberleistungen für Fahrten zwischen Wohnung und *Arbeitsstätte* [***ab 1. 1. 2014:*** erster Tätigkeitsstätte sowie Fahrten nach § 9 Absatz 1 Satz 3 Nummer 4 a Satz 3],

---

[1] Redaktionelles Versehen, müsste lauten: „zuletzt geändert durch VO vom 8. 1. 2009 (BGBl. I S. 31)".

[2] § 41 b Abs. 1 Satz 2 Nr. 1 neu gef. mWv VZ 2012 durch G v. 7. 12. 2011 (BGBl. I S. 2592).

[3] Jetzt „Satz 5".

[4] § 41 b Abs. 1 Satz 2 Nrn. 6 geänd. mWv 1. 1. 2014 durch G v. 25. 7. 2014 (BGBl. I S. 1266).

7.[1] die pauschal besteuerten Arbeitgeberleistungen für Fahrten zwischen Wohnung und *Arbeitsstätte* [***ab 1. 1. 2014:*** erster Tätigkeitsstätte sowie Fahrten nach § 9 Absatz 1 Satz 3 Nummer 4 a Satz 3],

[***ab 1. 1. 2014:***

8.[2] für die dem Arbeitnehmer zur Verfügung gestellten Mahlzeiten nach § 8 Absatz 2 Satz 8 den Großbuchstaben M,]

9. für die steuerfreie Sammelbeförderung nach § 3 Nummer 32 den Großbuchstaben F,

10. die nach § 3 Nummer 13 und 16 steuerfrei gezahlten Verpflegungszuschüsse und Vergütungen bei doppelter Haushaltsführung,

(Fortsetzung nächstes Blatt)

---

[1] § 41 b Abs. 1 Satz 2 Nrn. 7 geänd. mWv 1. 1. 2014 durch G v. 25. 7. 2014 (BGBl. I S. 1266).

[2] § 41 b Abs. 1 Satz 2 Nr. 8 neu gef. mWv 1. 1. 2014 durch G v. 20. 2. 2012 (BGBl. I S. 285).

11. Beiträge zu den gesetzlichen Rentenversicherungen und an berufsständische Versorgungseinrichtungen, getrennt nach Arbeitgeber- und Arbeitnehmeranteil,
12. die nach § 3 Nummer 62 gezahlten Zuschüsse zur Kranken- und Pflegeversicherung,
13. die Beiträge des Arbeitnehmers zur gesetzlichen Krankenversicherung und zur sozialen Pflegeversicherung,
14. die Beiträge des Arbeitnehmers zur Arbeitslosenversicherung,
15. den nach § 39 b Absatz 2 Satz 5 Nummer 3 Buchstabe d berücksichtigten Teilbetrag der Vorsorgepauschale.

3 Der Arbeitgeber hat dem Arbeitnehmer einen nach amtlich vorgeschriebenem Muster gefertigten Ausdruck der elektronischen Lohnsteuerbescheinigung mit Angabe [***ab 1. 1. 2014:*** der Identifikationsnummer (§ 139 b der Abgabenordnung) oder][1] des lohnsteuerlichen Ordnungsmerkmals (Absatz 2) auszuhändigen oder elektronisch bereitzustellen. 4 Soweit der Arbeitgeber nicht zur elektronischen Übermittlung nach Absatz 1 Satz 2 verpflichtet ist, hat er nach Ablauf des Kalenderjahres oder wenn das Dienstverhältnis vor Ablauf des Kalenderjahres beendet wird, *auf der vom Finanzamt ausgestellten Bescheinigung für den Lohnsteuerabzug (§ 39 Absatz 3, § 39 e Absatz 7 oder Absatz 8) eine Lohnsteuerbescheinigung auszustellen* [***ab 1. 1. 2014:*** eine Lohnsteuerbescheinigung nach amtlich vorgeschriebenem Muster auszustellen.].[1] 5 Er hat dem Arbeitnehmer diese Bescheinigung auszuhändigen. 6 Nicht ausgehändigte Bescheinigungen für den Lohnsteuerabzug mit Lohnsteuerbescheinigungen hat der Arbeitgeber dem Betriebsstättenfinanzamt einzureichen.[2]

[Fassung bis 31. 12. 2013:]

(2) 1 Für die Datenübermittlung nach Absatz 1 Satz 2 hat der Arbeitgeber aus dem Namen, Vornamen und Geburtsdatum des Arbeitnehmers ein Ordnungsmerkmal nach amtlich festgelegter Regel für den Arbeitnehmer zu bilden und zu verwenden. 2 Das lohnsteuerliche Ordnungsmerkmal darf nur erhoben, gebildet, verarbeitet oder genutzt werden für die Zuordnung der elektronischen Lohnsteuerbescheinigung oder sonstiger für das Besteuerungsverfahren erforderlicher Daten zu

[Fassung ab 1. 1. 2014:][3]

(2) 1 Ist dem Arbeitgeber die Identifikationsnummer (§ 139 b der Abgabenordnung) des Arbeitnehmers nicht bekannt, hat er für die Datenübermittlung nach Absatz 1 Satz 2 aus dem Namen, Vornamen und Geburtsdatum des Arbeitnehmers ein Ordnungsmerkmal nach amtlich festgelegter Regel für den Arbeitnehmer zu bilden und das Ordnungsmerkmal zu verwenden. 2 Er darf das lohnsteuerliche Ordnungsmerkmal nur für die Zuordnung der elektronischen Lohnsteuerbescheini-

---

1) § 41 b Abs. 1 Sätze 3 und 4 geänd. mWv 1. 1. 2014 durch G v. 25. 7. 2014 (BGBl. I S. 1266).

2) § 41 b Abs. 1 Sätze 4 bis 6 geänd. mWv VZ 2012 durch G v. 7. 12. 2011 (BGBl. I S. 2592); Satz 3 geänd. mWv 1. 1. 2014 durch G v. 25. 7. 2014 (BGBl. I S. 1266).

3) § 41 b Abs. 2 neu gef., Abs. 2 a eingef. mWv 1. 1. 2014 durch G v. 25. 7. 2014 (BGBl. I S. 1266).

[Fassung bis 31. 12. 2013:]

einem bestimmten Steuerpflichtigen und für Zwecke des Besteuerungsverfahrens. 3 Nach Vergabe der Identifikationsnummer (§ 139 b der Abgabenordnung) hat der Arbeitgeber für die Datenübermittlung anstelle des lohnsteuerlichen Ordnungsmerkmals die Identifikationsnummer des Arbeitnehmers zu verwenden. 4 Das Bundesministerium der Finanzen teilt den Zeitpunkt der erstmaligen Verwendung durch ein im Bundessteuerblatt zu veröffentlichendes Schreiben[1] mit. 5 Der nach Maßgabe der Steuerdaten-Übermittlungsverordnung authentifizierte Arbeitgeber kann die Identifikationsnummer des Arbeitnehmers für die Übermittlung der Lohnteuerbescheinigung 2010 beim Bundeszentralamt für Steuern erheben. 6 Das Bundeszentralamt für Steuern teilt dem Arbeitgeber die Identifikationsnummer des Arbeitnehmers mit, sofern die übermittelten Daten mit den nach § 139 b Absatz 3 der Abgabenordnung beim Bundeszentralamt für Steuern gespeicherten Daten übereinstimmen. 7 Die Anfrage des Arbeitgebers und die Antwort des Bundeszentralamtes für Steuern sind über die zentrale Stelle (§ 81) zu übermitteln. 8 § 22 a Absatz 2 Satz 5 bis 8 ist entsprechend anzuwenden.

[Fassung ab 1. 1. 2014:][2]

gung oder sonstiger für das Besteuerungsverfahren erforderlicher Daten zu einem bestimmten Steuerpflichtigen und für Zwecke des Besteuerungsverfahrens erheben, bilden, verarbeiten oder verwenden.

(2 a) 1 Ordnungswidrig handelt, wer vorsätzlich oder leichtfertig entgegen Absatz 2 Satz 2 das Ordnungsmerkmal verwendet. 2 Die Ordnungswidrigkeit kann mit einer Geldbuße bis zu zehntausend Euro geahndet werden.

(3)[3] 1 Ein Arbeitgeber ohne maschinelle Lohnabrechnung, der ausschließlich Arbeitnehmer im Rahmen einer geringfügigen Beschäftigung in seinem Privathaushalt im Sinne des § 8 a des Vierten Buches Sozialgesetzbuch beschäftigt und keine elektronische Lohnsteuerbescheinigung erteilt, hat anstelle der elektronischen Lohnsteuerbescheinigung eine entsprechende Lohnsteuerbescheinigung nach amtlich vorgeschriebenem Muster auszustellen. 2 Der Ar-

---

[1] Vgl. BMF v. 28. 8. 2013 (BStBl. I S. 1132).

[2] § 41 b Abs. 2 neu gef., Abs. 2 a eingef. mWv 1. 1. 2014 durch G v. 25. 7. 2014 (BStBl. I S. 1266).

[3] § 41 b Abs. 3 Satz 1 geänd., Sätze 2 und 3 ersetzt durch Satz 2, bish. Satz 4 wird Satz 3 mWv VZ 2012 durch G v. 7. 12. 2011 (BGBl. I S. 2592).

beitgeber hat dem Arbeitnehmer die Lohnsteuerbescheinigung auszuhändigen. [3]In den übrigen Fällen hat der Arbeitgeber die Lohnsteuerbescheinigung dem Betriebsstättenfinanzamt einzureichen.

(4) Die Absätze 1 bis 3 gelten nicht für Arbeitnehmer, soweit sie Arbeitslohn bezogen haben, der nach den §§ 40 bis 40 b pauschal besteuert worden ist.

§ 41 c Änderung des Lohnsteuerabzugs. (1) [1]Der Arbeitgeber ist berechtigt, bei der jeweils nächstfolgenden Lohnzahlung bisher erhobene Lohnsteuer zu erstatten oder noch nicht erhobene Lohnsteuer nachträglich einzubehalten,

1.[1)] wenn ihm elektronische Lohnsteuerabzugsmerkmale zum Abruf zur Verfügung gestellt werden oder ihm der Arbeitnehmer eine Bescheinigung für den Lohnsteuerabzug mit Eintragungen vorlegt, die auf einen Zeitpunkt vor Abruf der Lohnsteuerabzugsmerkmale oder vor Vorlage der Bescheinigung für den Lohnsteuerabzug zurückwirken, oder

2. wenn er erkennt, dass er die Lohnsteuer bisher nicht vorschriftsmäßig einbehalten hat; dies gilt auch bei rückwirkender Gesetzesänderung.

[2]In den Fällen des Satzes 1 Nummer 2 ist der Arbeitgeber jedoch verpflichtet, wenn ihm dies wirtschaftlich zumutbar ist.

(2) [1]Die zu erstattende Lohnsteuer ist dem Betrag zu entnehmen, den der Arbeitgeber für seine Arbeitnehmer insgesamt an Lohnsteuer einbehalten oder übernommen hat. [2]Wenn die zu erstattende Lohnsteuer aus dem Betrag nicht gedeckt werden kann, der insgesamt an Lohnsteuer einzubehalten oder zu übernehmen ist, wird der Fehlbetrag dem Arbeitgeber auf Antrag vom Betriebsstättenfinanzamt ersetzt.

(3) [1]Nach Ablauf des Kalenderjahres oder, wenn das Dienstverhältnis vor Ablauf des Kalenderjahres endet, nach Beendigung des Dienstverhältnisses, ist die Änderung des Lohnsteuerabzugs nur bis zur Übermittlung oder Ausschreibung der Lohnsteuerbescheinigung zulässig. [2]Bei Änderung des Lohnsteuerabzugs nach Ablauf des Kalenderjahres ist die nachträglich einzubehaltende Lohnsteuer nach dem Jahresarbeitslohn zu ermitteln. [3]Eine Erstattung von Lohnsteuer ist nach Ablauf des Kalenderjahres nur im Wege des Lohnsteuer-Jahresausgleichs nach § 42 b zulässig. [***ab 1. 1. 2014:*** [4]Eine Minderung der einzubehaltenden und zu übernehmenden Lohnsteuer (§ 41 a Absatz 1 Satz 1 Nummer 1) nach § 164 Absatz 2 Satz 1 der Abgabenordnung ist nach der Übermittlung oder Ausschreibung der Lohnsteuerbescheinigung nur dann zulässig, wenn sich der Arbeitnehmer ohne vertraglichen Anspruch und gegen den Willen des Arbeitgebers Beträge verschafft hat, für die Lohnsteuer einbehalten wurde. [5]In diesem Fall hat der Arbeitgeber die bereits übermittelte oder ausgestellte Lohnsteuerbescheinigung zu berichtigen und sie als geändert gekennzeichnet an die Finanzverwaltung zu übermitteln; § 41 b Absatz 1 gilt

---

[1)] § 41 c Abs. 1 Satz 1 Nr. 1 neu gef. mWv VZ 2012 durch G v. 7. 12. 2011 (BGBl. I S. 2592).

entsprechend. [6]Der Arbeitgeber hat seinen Antrag zu begründen und die Lohnsteuer-Anmeldung (§ 41 a Absatz 1 Satz 1) zu berichtigen.][1)]

(4)[2)] [1]Der Arbeitgeber hat die Fälle, in denen er die Lohnsteuer nach Absatz 1 nicht nachträglich einbehält oder die Lohnsteuer nicht nachträglich einbehalten kann, weil

1. der Arbeitnehmer vom Arbeitgeber Arbeitslohn nicht mehr bezieht oder
2. der Arbeitgeber nach Ablauf des Kalenderjahres bereits die Lohnsteuerbescheinigung übermittelt oder ausgeschrieben hat,

dem Betriebsstättenfinanzamt unverzüglich anzuzeigen. [2]Das Finanzamt hat die zu wenig erhobene Lohnsteuer vom Arbeitnehmer nachzufordern, wenn der nachzufordernde Betrag 10 Euro übersteigt. [3]§ 42 d bleibt unberührt.

§§ 42 und 42 a. (weggefallen)

§ 42 b Lohnsteuer-Jahresausgleich durch den Arbeitgeber. (1)[3)] [1]Der Arbeitgeber ist berechtigt, seinen unbeschränkt einkommensteuerpflichtigen Arbeitnehmern, die während des abgelaufenen Kalenderjahres (Ausgleichsjahr) ständig in einem zu ihm bestehenden Dienstverhältnis gestanden haben, die für das Ausgleichsjahr einbehaltene Lohnsteuer insoweit zu erstatten, als sie die auf den Jahresarbeitslohn entfallende Jahreslohnsteuer übersteigt (Lohnsteuer-Jahresausgleich). [2]Er ist zur Durchführung des Lohnsteuer-Jahresausgleichs verpflichtet, wenn er am 31. Dezember des Ausgleichsjahres mindestens zehn Arbeitnehmer beschäftigt. [3]Der Arbeitgeber darf den Lohnsteuer-Jahresausgleich nicht durchführen, wenn

1. der Arbeitnehmer es beantragt oder
2. der Arbeitnehmer für das Ausgleichsjahr oder für einen Teil des Ausgleichsjahres nach den Steuerklassen V oder VI zu besteuern war oder
3. der Arbeitnehmer für einen Teil des Ausgleichsjahres nach den Steuerklassen II, III oder IV zu besteuern war oder

3 a. bei der Lohnsteuerberechnung ein Freibetrag oder Hinzurechnungsbetrag zu berücksichtigen war oder

3 b. das Faktorverfahren angewandt wurde oder

4. der Arbeitnehmer im Ausgleichsjahr Kurzarbeitergeld, Schlechtwettergeld, Winterausfallgeld, Zuschuss zum Mutterschaftsgeld nach dem Mutterschutzgesetz, Zuschuss bei Beschäftigungsverboten für die Zeit vor oder nach einer Entbindung sowie für den Entbindungstag während einer Elternzeit nach beamtenrechtlichen Vorschriften, Entschädigungen für Verdienstausfall nach dem Infektionsschutzgesetz vom 20. Juli 2000 (BGBl. I

---

1) § 41 c Abs. 3 Sätze 4 bis 6 angef. mWv 1. 1. 2014 durch G v. 25. 7. 2014 (BGBl. I S. 1266).

2) § 41c Abs. 4 Satz 1 Nr. 1 aufgeh., bish. Nrn. 2 und 3 werden Nrn. 1 und 2 mWv VZ 2012 *durch G* v. 7. 12. *2011* (BGBl. I S. 2592).

3) § 42 b Abs. 1 Satz 1 geänd., Satz 3 aufgeh., bish. Satz 4 wird Satz 3 mWv VZ 2012 durch G v. 7. 12. 2011 (BGBl. I S. 2592).

S. 1045) oder nach § 3 Nummer 28 steuerfreie Aufstockungsbeträge oder Zuschläge bezogen hat oder

4a. die Anzahl der im Lohnkonto oder in der Lohnsteuerbescheinigung eingetragenen Großbuchstaben U mindestens eins beträgt oder

5.[1] für den Arbeitnehmer im Ausgleichsjahr im Rahmen der Vorsorgepauschale jeweils nur zeitweise Beträge nach § 39b Absatz 2 Satz 5 Nummer 3 Buchstabe a bis d oder der Beitragszuschlag nach § 39b Absatz 2 Satz 5 Nummer 3 Buchstabe c berücksichtigt wurden [***ab VZ 2015:*** oder sich im Ausgleichsjahr der Zusatzbeitragssatz (§ 39b Absatz 2 Satz 5 Nummer 3 Buchstabe b) geändert hat] oder

6. der Arbeitnehmer im Ausgleichsjahr ausländische Einkünfte aus nichtselbständiger Arbeit bezogen hat, die nach einem Abkommen zur Vermeidung der Doppelbesteuerung oder unter Progressionsvorbehalt nach § 34c Absatz 5 von der Lohnsteuer freigestellt waren.

(2)[2] [1] Für den Lohnsteuer-Jahresausgleich hat der Arbeitgeber den Jahresarbeitslohn aus dem zu ihm bestehenden Dienstverhältnis festzustellen. [2] Dabei bleiben Bezüge im Sinne des § 34 Absatz 1 und 2 Nummer 2 und 4 außer Ansatz, wenn der Arbeitnehmer nicht jeweils die Einbeziehung in den Lohnsteuer-Jahresausgleich beantragt. [3] Vom Jahresarbeitslohn sind der etwa in Betracht kommende Versorgungsfreibetrag und Zuschlag zum Versorgungsfreibetrag und der etwa in Betracht kommende Altersentlastungsbetrag abzuziehen. [4] Für den so geminderten Jahresarbeitslohn ist die Jahreslohnsteuer nach § 39b Absatz 2 Satz 6 und 7 zu ermitteln nach Maßgabe der Steuerklasse, die die für den letzten Lohnzahlungszeitraum des Ausgleichsjahres als elektronisches Lohnsteuerabzugsmerkmal abgerufen oder auf der Bescheinigung für den Lohnsteuerabzug oder etwaigen Mitteilungen über Änderungen zuletzt eingetragen wurde. [5] Den Betrag, um den die sich hiernach ergebende Jahreslohnsteuer die Lohnsteuer unterschreitet, die von dem zugrunde gelegten Jahresarbeitslohn insgesamt erhoben worden ist, hat der Arbeitgeber dem Arbeitnehmer zu erstatten. [6] Bei der Ermittlung der insgesamt erhobenen Lohnsteuer ist die Lohnsteuer auszuscheiden, die von den nach Satz 2 außer Ansatz gebliebenen Bezügen einbehalten worden ist.

(3) [1] Der Arbeitgeber darf den Lohnsteuer-Jahresausgleich frühestens bei der Lohnabrechnung für den letzten im Ausgleichsjahr endenden Lohnzahlungszeitraum, spätestens bei der Lohnabrechnung für den letzten Lohnzahlungszeitraum, der im Monat März des dem Ausgleichsjahr folgenden Kalenderjahres endet, durchführen. [2] Die zu erstattende Lohnsteuer ist dem Betrag zu entnehmen, den der Arbeitgeber für seine Arbeitnehmer für den Lohnzahlungszeitraum insgesamt an Lohnsteuer erhoben hat. [3] § 41c Absatz 2 Satz 2 ist anzuwenden.

(4)[3] [1] Im Lohnkonto für das Ausgleichsjahr ist die im Lohnsteuer-Jahresausgleich erstattete Lohnsteuer gesondert einzutragen. [2] In der Lohnsteuerbe-

---

[1] § 42b Abs. 1 Satz 3 Nr. 5 letzter Satzteil angef. mWv VZ 2015 durch G v. 25. 7. 2014 (BGBl. I S. 1266).

[2] § 42b Abs. 2 Satz 1 kursiver Satzteil aufgeh., Satz 4 neu gef. mWv VZ 2012 durch G v. 7. 12. 2011 (BGBl. I S. 2592).

[3] § 42b Abs. 4 Satz 1 aufgeh., bish. Sätze 2 und 3 werden Sätze 1 und 2 mWv VZ 2012 durch G v. 7. 12. 2011 (BGBl. I S. 2592).

scheinigung für das Ausgleichsjahr ist der sich nach Verrechnung der erhobenen Lohnsteuer mit der erstatteten Lohnsteuer ergebende Betrag als erhobene Lohnsteuer einzutragen.

§ 42 c. (weggefallen)

§ 42 d Haftung des Arbeitgebers und Haftung bei Arbeitnehmerüberlassung. (1) Der Arbeitgeber haftet

1. für die Lohnsteuer, die er einzubehalten und abzuführen hat,
2. für die Lohnsteuer, die er beim Lohnsteuer-Jahresausgleich zu Unrecht erstattet hat,
3. für die Einkommensteuer (Lohnsteuer), die auf Grund fehlerhafter Angaben im Lohnkonto oder in der Lohnsteuerbescheinigung verkürzt wird,
4. für die Lohnsteuer, die in den Fällen des § 38 Absatz 3 a der Dritte zu übernehmen hat.

(2)[1] Der Arbeitgeber haftet nicht, soweit Lohnsteuer nach § 39 Absatz 5 oder § 39 a Absatz 5 nachzufordern ist und in den vom Arbeitgeber angezeigten Fällen des § 38 Absatz 4 Satz 2 und 3 und des § 41 c Absatz 4.

(3) [1]Soweit die Haftung des Arbeitgebers reicht, sind der Arbeitgeber und der Arbeitnehmer Gesamtschuldner. [2]Das Betriebsstättenfinanzamt kann die Steuerschuld oder Haftungsschuld nach pflichtgemäßem Ermessen gegenüber jedem Gesamtschuldner geltend machen. [3]Der Arbeitgeber kann auch dann in Anspruch genommen werden, wenn der Arbeitnehmer zur Einkommensteuer veranlagt wird. [4]Der Arbeitnehmer kann im Rahmen der Gesamtschuldnerschaft nur in Anspruch genommen werden,

1. wenn der Arbeitgeber die Lohnsteuer nicht vorschriftsmäßig vom Arbeitslohn einbehalten hat,
2. wenn der Arbeitnehmer weiß, dass der Arbeitgeber die einbehaltene Lohnsteuer nicht vorschriftsmäßig angemeldet hat. [2]Dies gilt nicht, wenn der Arbeitnehmer den Sachverhalt dem Finanzamt unverzüglich mitgeteilt hat.

(4) [1]Für die Inanspruchnahme des Arbeitgebers bedarf es keines Haftungsbescheids und keines Leistungsgebots, soweit der Arbeitgeber

1. die einzubehaltende Lohnsteuer angemeldet hat oder
2. nach Abschluss einer Lohnsteuer-Außenprüfung seine Zahlungsverpflichtung schriftlich anerkennt.

[2]Satz 1 gilt entsprechend für die Nachforderung zu übernehmender pauschaler Lohnsteuer.

(5) Von der Geltendmachung der Steuernachforderung oder Haftungsforderung ist abzusehen, wenn diese insgesamt 10 Euro nicht übersteigt.

(6)[2] [1]Soweit einem Dritten (Entleiher) Arbeitnehmer *gewerbsmäßig* [***ab VZ 2013:*** im Sinne des § 1 Absatz 1 Satz 1 des Arbeitnehmerüberlassungsgesetzes

---

[1] § 42 d Abs. 2 Verweis geänd. mWv VZ 2012 durch G v. 7. 12. 2011 (BGBl. I S. 2592).

[2] § 42 d Abs. 6 Satz 1 geänd., Satz 2 kursiver Satzteil aufgeh. mWv VZ 2013 durch G v. 26. 6. 2013 (BGBl. I S. 1809).

in der Fassung der Bekanntmachung vom 3. Februar 1995 (BGBl. I S. 158), das zuletzt durch Artikel 26 des Gesetzes vom 20. Dezember 2011 (BGBl. I S. 2854) geändert worden ist,] zur Arbeitsleistung überlassen werden, haftet er mit Ausnahme der Fälle, in denen eine Arbeitnehmerüberlassung nach § 1 Absatz 3 des Arbeitnehmerüberlassungsgesetzes vorliegt, neben dem Arbeitgeber. [2]Der Entleiher haftet nicht, wenn der Überlassung eine Erlaubnis nach § 1 des Arbeitnehmerüberlassungsgesetzes *in der Fassung der Bekanntmachung vom 3. Februar 1995 (BGBl. I S. 158), das zuletzt durch Artikel 11 Nummer 21 des Gesetzes vom 30. Juli 2004 (BGBl. I S. 1950) geändert worden ist,* in der jeweils geltenden Fassung zugrunde liegt und soweit er nachweist, dass er den nach § 51 Absatz 1 Nummer 2 Buchstabe d vorgesehenen Mitwirkungspflichten nachgekommen ist. [3]Der Entleiher haftet ferner nicht, wenn er über das Vorliegen einer Arbeitnehmerüberlassung ohne Verschulden irrte. [4]Die Haftung beschränkt sich auf die Lohnsteuer für die Zeit, für die ihm der Arbeitnehmer überlassen worden ist. [5]Soweit die Haftung des Entleihers reicht, sind der Arbeitgeber, der Entleiher und der Arbeitnehmer Gesamtschuldner. [6]Der Entleiher darf auf Zahlung nur in Anspruch genommen werden, soweit die Vollstreckung in das inländische bewegliche Vermögen des Arbeitgebers fehlgeschlagen ist oder keinen Erfolg verspricht; § 219 Satz 2 der Abgabenordnung ist entsprechend anzuwenden. [7]Ist durch die Umstände der Arbeitnehmerüberlassung die Lohnsteuer schwer zu ermitteln, so ist die Haftungsschuld mit 15 Prozent des zwischen Verleiher und Entleiher vereinbarten Entgelts ohne Umsatzsteuer anzunehmen, solange der Entleiher nicht glaubhaft macht, dass die Lohnsteuer, für die er haftet, niedriger ist. [8]Die Absätze 1 bis 5 sind entsprechend anzuwenden. [9]Die Zuständigkeit des Finanzamts richtet sich nach dem Ort der Betriebsstätte des Verleihers.

(7) Soweit der Entleiher Arbeitgeber ist, haftet der Verleiher wie ein Entleiher nach Absatz 6.

(8) [1]Das Finanzamt kann hinsichtlich der Lohnsteuer der Leiharbeitnehmer anordnen, dass der Entleiher einen bestimmten Teil des mit dem Verleiher vereinbarten Entgelts einzubehalten und abzuführen hat, wenn dies zur Sicherung des Steueranspruchs notwendig ist; Absatz 6 Satz 4 ist anzuwenden. [2]Der Verwaltungsakt kann auch mündlich erlassen werden. [3]Die Höhe des einzubehaltenden und abzuführenden Teils des Entgelts bedarf keiner Begründung, wenn der in Absatz 6 Satz 7 genannte Prozentsatz nicht überschritten wird.

(9) [1]Der Arbeitgeber haftet auch dann, wenn ein Dritter nach § 38 Absatz 3a dessen Pflichten trägt. [2]In diesen Fällen haftet der Dritte neben dem Arbeitgeber. [3]Soweit die Haftung des Dritten reicht, sind der Arbeitgeber, der Dritte und der Arbeitnehmer Gesamtschuldner. [4]Absatz 3 Satz 2 bis 4 ist anzuwenden; Absatz 4 gilt auch für die Inanspruchnahme des Dritten. [5]Im Fall des § 38 Absatz 3a Satz 2 beschränkt sich die Haftung des Dritten auf die Lohnsteuer, die für die Zeit zu erheben ist, für die er sich gegenüber dem Arbeitgeber zur Vornahme des Lohnsteuerabzugs verpflichtet hat; der maßgebende Zeitraum endet nicht, bevor der Dritte seinem Betriebsstättenfinanzamt die Beendigung seiner Verpflichtung gegenüber dem Arbeitgeber angezeigt hat. [6]In den Fällen des § 38 Absatz 3a Satz 7 ist als Haftungsschuld

der Betrag zu ermitteln, um den die Lohnsteuer, die für den gesamten Arbeitslohn des Lohnzahlungszeitraums zu berechnen und einzubehalten ist, die insgesamt tatsächlich einbehaltene Lohnsteuer übersteigt. [7]Betrifft die Haftungsschuld mehrere Arbeitgeber, so ist sie bei fehlerhafter Lohnsteuerberechnung nach dem Verhältnis der Arbeitslöhne und für nachträglich zu erfassende Arbeitslohnbeträge nach dem Verhältnis dieser Beträge auf die Arbeitgeber aufzuteilen. [8]In den Fällen des § 38 Absatz 3 a ist das Betriebsstättenfinanzamt des Dritten für die Geltendmachung der Steuer- oder Haftungsschuld zuständig.

§ 42 e Anrufungsauskunft. [1]Das Betriebsstättenfinanzamt hat auf Anfrage eines Beteiligten darüber Auskunft zu geben, ob und inwieweit im einzelnen Fall die Vorschriften über die Lohnsteuer anzuwenden sind. [2]Sind für einen Arbeitgeber mehrere Betriebsstättenfinanzämter zuständig, so erteilt das Finanzamt die Auskunft, in dessen Bezirk sich die Geschäftsleitung (§ 10 der Abgabenordnung) des Arbeitgebers im Inland befindet. [3]Ist dieses Finanzamt kein Betriebsstättenfinanzamt, so ist das Finanzamt zuständig, in dessen Bezirk sich die Betriebsstätte mit den meisten Arbeitnehmern befindet. [4]In den Fällen der Sätze 2 und 3 hat der Arbeitgeber sämtliche Betriebsstättenfinanzämter, das Finanzamt der Geschäftsleitung und erforderlichenfalls die Betriebsstätte mit den meisten Arbeitnehmern anzugeben sowie zu erklären, für welche Betriebsstätten die Auskunft von Bedeutung ist.

§ 42 f Lohnsteuer-Außenprüfung. (1) Für die Außenprüfung der Einbehaltung oder Übernahme und Abführung der Lohnsteuer ist das Betriebsstättenfinanzamt zuständig.

(2) [1]Für die Mitwirkungspflicht des Arbeitgebers bei der Außenprüfung gilt § 200 der Abgabenordnung. [2]Darüber hinaus haben die Arbeitnehmer des Arbeitgebers dem mit der Prüfung Beauftragten jede gewünschte Auskunft über Art und Höhe ihrer Einnahmen zu geben und auf Verlangen die etwa in ihrem Besitz befindlichen Bescheinigungen für den Lohnsteuerabzug[1)] sowie die Belege über bereits entrichtete Lohnsteuer vorzulegen. [3]Dies gilt auch für Personen, bei denen es streitig ist, ob sie Arbeitnehmer des Arbeitgebers sind oder waren.

(3) [1]In den Fällen des § 38 Absatz 3 a ist für die Außenprüfung das Betriebsstättenfinanzamt des Dritten zuständig; § 195 Satz 2 der Abgabenordnung bleibt unberührt. [2]Die Außenprüfung ist auch beim Arbeitgeber zulässig; dessen Mitwirkungspflichten bleiben neben den Pflichten des Dritten bestehen.

(4)[2)] Auf Verlangen des Arbeitgebers können die Außenprüfung und die Prüfungen durch die Träger der Rentenversicherung (§ 28 p des Vierten Buches Sozialgesetzbuch) zur gleichen Zeit durchgeführt werden.

§ 42 g[3)] Lohnsteuer-Nachschau. (1) [1]Die Lohnsteuer-Nachschau dient der Sicherstellung einer ordnungsgemäßen Einbehaltung und Abführung der

---

1) § 42 f Abs. 2 Satz 2 geänd. mWv VZ 2012 durch G v. 7. 12. 2011 (BGBl. I S. 2592).
2) § 42 f Abs. 4 angef. mWv 1. 1. 2010 durch G v. 20. 12. 2008 (BGBl. I S. 2850).
3) § 42 g eingef. mWv VZ 2013 durch G v. 26. 6. 2013 (BGBl. I S. 1809).

Lohnsteuer. [2]Sie ist ein besonderes Verfahren zur zeitnahen Aufklärung steuererheblicher Sachverhalte.

(2) [1]Eine Lohnsteuer-Nachschau findet während der üblichen Geschäfts- und Arbeitszeiten statt. [2]Dazu können die mit der Nachschau Beauftragten ohne vorherige Ankündigung und außerhalb einer Lohnsteuer-Außenprüfung Grundstücke und Räume von Personen, die eine gewerbliche oder berufliche Tätigkeit ausüben, betreten. [3]Wohnräume dürfen gegen den Willen des Inhabers nur zur Verhütung dringender Gefahren für die öffentliche Sicherheit und Ordnung betreten werden.

(3) [1]Die von der Lohnsteuer-Nachschau betroffenen Personen haben dem mit der Nachschau Beauftragten auf Verlangen Lohn- und Gehaltsunterlagen, Aufzeichnungen, Bücher, Geschäftspapiere und andere Urkunden über die der Lohnsteuer-Nachschau unterliegenden Sachverhalte vorzulegen und Auskünfte zu erteilen, soweit dies zur Feststellung einer steuerlichen Erheblichkeit zweckdienlich ist. [2]§ 42f Absatz 2 Satz 2 und 3 gilt sinngemäß.

(4) [1]Wenn die bei der Lohnsteuer-Nachschau getroffenen Feststellungen hierzu Anlass geben, kann ohne vorherige Prüfungsanordnung (§ 196 der Abgabenordnung) zu einer Lohnsteuer-Außenprüfung nach § 42f übergegangen werden. [2]Auf den Übergang zur Außenprüfung wird schriftlich hingewiesen.

(5) Werden anlässlich einer Lohnsteuer-Nachschau Verhältnisse festgestellt, die für die Festsetzung und Erhebung anderer Steuern erheblich sein können, so ist die Auswertung der Feststellungen insoweit zulässig, als ihre Kenntnis für die Besteuerung der in Absatz 2 genannten Personen oder anderer Personen von Bedeutung sein kann.

3. Steuerabzug vom Kapitalertrag (Kapitalertragsteuer)

§ 43 Kapitalerträge mit Steuerabzug. (1) [1]Bei den folgenden inländischen und in den Fällen der Nummern 6, 7 Buchstabe a und Nummern 8 bis 12 sowie Satz 2 auch ausländischen Kapitalerträgen wird die Einkommensteuer durch Abzug vom Kapitalertrag (Kapitalertragsteuer) erhoben:

1.[1)] Kapitalerträgen im Sinne des § 20 Absatz 1 Nummer 1, soweit diese nicht nachfolgend in Nummer 1 a gesondert genannt sind, und Kapitalerträgen im Sinne des § 20 Absatz 1 Nummer 2. [2]Entsprechendes gilt für Kapitalerträge im Sinne des § 20 Absatz 2 Satz 1 Nummer 2 Buchstabe a und Nummer 2 Satz 2;

1 a.[2)] Kapitalerträgen im Sinne des § 20 Absatz 1 Nummer 1 aus Aktien [***ab 1. 1. 2013:*** und Genussscheinen], die entweder gemäß § 5 des Depotgesetzes zur Sammelverwahrung durch eine Wertpapiersammelbank zugelassen sind und dieser zur Sammelverwahrung im Inland anvertraut wurden, bei denen eine Sonderverwahrung gemäß § 2 Satz 1 des Depotgesetzes erfolgt oder bei denen die Erträge gegen Aushändigung der Dividenden-

---

[1)] § 43 Abs. 1 Satz 1 geänd. durch G v. 22. 6. 2011 (BGBl. I S. 1126).

[2)] § 43 Abs. 1 Satz 1 Nr. 1 a eingef. durch G v. 22. 6. 2011 (BGBl. I S. 1126); geänd. mWv 1. 1. 2013 durch G v. 26. 6. 2013 (BGBl. I S. 1809).

scheine [*ab 1. 1. 2013:* oder sonstigen Erträgnisscheine] ausgezahlt oder gutgeschrieben werden;

2. Zinsen aus Teilschuldverschreibungen, bei denen neben der festen Verzinsung ein Recht auf Umtausch in Gesellschaftsanteile (Wandelanleihen) oder eine Zusatzverzinsung, die sich nach der Höhe der Gewinnausschüttungen des Schuldners richtet (Gewinnobligationen), eingeräumt ist, und Zinsen aus Genussrechten, die nicht in § 20 Absatz 1 Nummer 1 genannt sind. [2]Zu den Gewinnobligationen gehören nicht solche Teilschuldverschreibungen, bei denen der Zinsfuß nur vorübergehend herabgesetzt und gleichzeitig eine von dem jeweiligen Gewinnergebnis des Unternehmens abhängige Zusatzverzinsung bis zur Höhe des ursprünglichen Zinsfußes festgelegt worden ist. [3]Zu den Kapitalerträgen im Sinne des Satzes 1 gehören nicht die Bundesbankgenussrechte im Sinne des § 3 Absatz 1 des Gesetzes über die Liquidation der Deutschen Reichsbank und der Deutschen Golddiskontbank in der im Bundesgesetzblatt Teil III, Gliederungsnummer 7620-6, veröffentlichten bereinigten Fassung, das zuletzt durch das Gesetz vom 17. Dezember 1975 (BGBl. I S. 3123) geändert worden ist. [*ab 1. 1. 2013:* [4]Beim Steuerabzug auf Kapitalerträge sind die für den Steuerabzug nach Nummer 1 a geltenden Vorschriften entsprechend anzuwenden, wenn
   a) die Teilschuldverschreibungen und Genussrechte gemäß § 5 des Depotgesetzes zur Sammelverwahrung durch eine Wertpapiersammelbank zugelassen sind und dieser zur Sammelverwahrung im Inland anvertraut wurden,
   b) die Teilschuldverschreibungen und Genussrechte gemäß § 2 Satz 1 des Depotgesetzes gesondert aufbewahrt werden oder
   c) die Erträge der Teilschuldverschreibungen und Genussrechte gegen Aushändigung der Erträgnisscheine ausgezahlt oder gutgeschrieben werden;][1)]
3. Kapitalerträgen im Sinne des § 20 Absatz 1 Nummer 4;
4. [2)] Kapitalerträgen im Sinne des § 20 Absatz 1 Nummer 6 Satz 1 bis 6; § 20 Absatz 1 Nummer 6 Satz 2 und 3 in der am 1. Januar 2008 anzuwendenden Fassung bleiben für Zwecke der Kapitalertragsteuer unberücksichtigt. [2]Der Steuerabzug vom Kapitalertrag ist in den Fällen des § 20 Absatz 1 Nummer 6 Satz 4 in der am 31. Dezember 2004 geltenden Fassung nur vorzunehmen, wenn das Versicherungsunternehmen auf Grund einer Mitteilung des Finanzamts weiß oder infolge der Verletzung eigener Anzeigeverpflichtungen nicht weiß, dass die Kapitalerträge nach dieser Vorschrift zu den Einkünften aus Kapitalvermögen gehören;
5. (weggefallen)
6. [3)] ausländischen Kapitalerträgen im Sinne der Nummern 1 und 1 a;

[1)] § 43 Abs. 1 Satz 1 Nr. 2 Satz 4 angef. durch G v. 26. 6. 2013 (BGBl. I S. 1809).
[2)] § 43 Abs. 1 Satz 1 Nr. 4 1. HS Verweis geänd. durch G v. 25. 7. 2014 (BGBl. I S. 1266).
[3)] § 43 Abs. 1 Satz 1 Nr. 6 geänd. durch G v. 22. 6. 2011 (BGBl. I S. 1126).

7. Kapitalerträgen im Sinne des § 20 Absatz 1 Nummer 7, außer bei Kapitalerträgen im Sinne der Nummer 2, wenn

   a) es sich um Zinsen aus Anleihen und Forderungen handelt, die in ein öffentliches Schuldbuch oder in ein ausländisches Register eingetragen oder über die Sammelurkunden im Sinne des § 9a des Depotgesetzes oder Teilschuldverschreibungen ausgegeben sind;

   b)[1] der Schuldner der nicht in Buchstabe a genannten Kapitalerträge ein inländisches Kreditinstitut oder ein inländisches Finanzdienstleistungsinstitut im Sinne des Gesetzes über das Kreditwesen ist. [2]Kreditinstitut in diesem Sinne ist auch die Kreditanstalt für Wiederaufbau, eine Bausparkasse, ein Versicherungsunternehmen für Erträge aus Kapitalanlagen, die mit Einlagegeschäften bei Kreditinstituten vergleichbar sind, die Deutsche Postbank AG, die Deutsche Bundesbank bei Geschäften mit jedermann einschließlich ihrer Betriebsangehörigen im Sinne der §§ 22 und 25 des Gesetzes über die Deutsche Bundesbank und eine inländische Zweigstelle [***ab 1. 1. 2014:*** oder Zweigniederlassung] eines ausländischen *Kreditinstituts oder eines ausländischen Finanzdienstleistungsinstituts* [***ab 1. 1. 2014:*** Unternehmens] im Sinne der §§ 53 und 53b des Gesetzes über das Kreditwesen, nicht aber eine ausländische Zweigstelle eines inländischen Kreditinstituts oder eines inländischen Finanzdienstleistungsinstituts. [3]Die inländische Zweigstelle [***ab 1. 1. 2014:*** oder Zweigniederlassung] gilt anstelle des ausländischen *Kreditinstituts oder des ausländischen Finanzdienstleistungsinstituts* [***ab 1. 1. 2014:*** Unternehmens] als Schuldner der Kapitalerträge;

7a. Kapitalerträgen im Sinne des § 20 Absatz 1 Nummer 9;

7b. Kapitalerträgen im Sinne des § 20 Absatz 1 Nummer 10 Buchstabe a;

7c. Kapitalerträgen im Sinne des § 20 Absatz 1 Nummer 10 Buchstabe b;

8. Kapitalerträgen im Sinne des § 20 Absatz 1 Nummer 11;

9. Kapitalerträgen im Sinne des § 20 Absatz 2 Satz 1 Nummer 1 Satz 1 und 2;

10. Kapitalerträgen im Sinne des § 20 Absatz 2 Satz 1 Nummer 2 Buchstabe b und Nummer 7;

11. Kapitalerträgen im Sinne des § 20 Absatz 2 Satz 1 Nummer 3;

12. Kapitalerträgen im Sinne des § 20 Absatz 2 Satz 1 Nummer 8.

[2]Dem Steuerabzug unterliegen auch Kapitalerträge im Sinne des § 20 Absatz 3, die neben den in den Nummern 1 bis 12 bezeichneten Kapitalerträgen oder an deren Stelle gewährt werden. [3]Der Steuerabzug ist ungeachtet des § 3 Nummer 40 und des § 8b des Körperschaftsteuergesetzes vorzunehmen. [4]Für Zwecke des Kapitalertragsteuerabzugs gilt die Übertragung eines von einer auszahlenden Stelle verwahrten oder verwalteten Wirtschaftsguts im Sinne des § 20 Absatz 2 auf einen anderen Gläubiger als Veräußerung des Wirtschaftsguts. [5]Satz 4 gilt nicht, wenn der Steuerpflichtige der auszahlenden Stelle unter Be-

---

[1] Zur erstmaligen Anwendung von Nr. 7 Buchst. b Satz 2 siehe § 52 Abs. 42; Buchst. b Sätze 2 und 3 geänd. mWv 1. 1. 2014 durch G v. 25. 7. 2014 (BGBl. I S. 1266).

nennung der in Satz 6 Nummer 4 bis 6 bezeichneten Daten mitteilt, dass es sich um eine unentgeltliche Übertragung handelt.[1)] 6 Die auszahlende Stelle hat in den Fällen des Satzes 5 folgende Daten dem für sie zuständigen Betriebsstättenfinanzamt bis zum 31. Mai des jeweiligen Folgejahres nach amtlich vorgeschriebenem Datensatz auf elektronischem Weg nach Maßgabe der Steuerdaten-Übermittlungsverordnung in der jeweils geltenden Fassung mitzuteilen:

1. Bezeichnung der auszahlenden Stelle,
2. das zuständige Betriebsstättenfinanzamt,
3. das übertragene Wirtschaftsgut, den Übertragungszeitpunkt, den Wert zum Übertragungszeitpunkt und die Anschaffungskosten des Wirtschaftsguts,
4. Name, Geburtsdatum, Anschrift und Identifikationsnummer des Übertragenden,
5. Name, Geburtsdatum, Anschrift und Identifikationsnummer des Empfängers sowie die Bezeichnung des Kreditinstituts, der Nummer des Depots, des Kontos oder des Schuldbuchkontos,
6. soweit bekannt, das persönliche Verhältnis (Verwandtschaftsverhältnis, Ehe, Lebenspartnerschaft) zwischen Übertragendem und Empfänger.[1)]

(1 a)[2)] *(aufgehoben)*

(2)[3)] 1 Der Steuerabzug ist außer in den Fällen des Absatzes 1 Satz 1 Nummer 1 a und 7 c nicht vorzunehmen, wenn Gläubiger und Schuldner der Kapitalerträge (Schuldner) oder die auszahlende Stelle im Zeitpunkt des Zufließens dieselbe Person sind. 2 Der Steuerabzug ist außerdem nicht vorzunehmen, wenn in den Fällen des Absatzes 1 Satz 1 Nummer 6, 7 und 8 bis 12 Gläubiger der Kapitalerträge ein inländisches Kreditinstitut oder inländisches Finanzdienstleistungsinstitut nach Absatz 1 Satz 1 Nummer 7 Buchstabe b oder eine inländische *Kapitalanlagegesellschaft* [***ab 24. 12. 2013:*** Kapitalverwaltungsgesellschaft][4)] ist. 3 Bei Kapitalerträgen im Sinne des Absatzes 1 Satz 1 Nummer 6 und 8 bis 12 ist ebenfalls kein Steuerabzug vorzunehmen, wenn

1. eine unbeschränkt steuerpflichtige Körperschaft, Personenvereinigung oder Vermögensmasse, die nicht unter Satz 2 oder § 44 a Absatz 4 Satz 1 fällt, Gläubigerin der Kapitalerträge ist, oder
2. die Kapitalerträge Betriebseinnahmen eines inländischen Betriebs sind und der Gläubiger der Kapitalerträge dies gegenüber der auszahlenden Stelle nach amtlich vorgeschriebenem Muster erklärt; dies gilt entsprechend für Kapitalerträge aus Options- und Termingeschäften im Sinne des Absatzes 1 Satz 1 Nummer 8 und 11, wenn sie zu den Einkünften aus Vermietung und Verpachtung gehören.

4 Im Fall des § 1 Absatz 1 Nummer 4 und 5 des Körperschaftsteuergesetzes ist Satz 3 Nummer 1 nur anzuwenden, wenn die Körperschaft, Personenvereini-

---

[1)] § 43 Abs. 1 Sätze 5 und 6 neu gef. durch G v. 8. 12. 2010 (BGBl. I S. 1768).

[2)] § 43 Abs. 1 a aufgeh. mWv 1. 1. 2009 durch G v. 8. 12. 2010 (BGBl. I S. 1768).

[3)] § 43 Abs. 2 Satz 3 Nr. 2, Satz 6 geänd. mWv 1. 1. 2009 durch G v. 8. 12. 2010 (BGBl. I S. 1768); Satz 1 geänd. mWv. 1. 1. 2012 durch G v. 22. 6. 2011 (BGBl. I S. 1126).

[4)] Bezeichnung geänd. durch G v. 18. 12. 2013 (BGBl. I S. 4318).

gung oder Vermögensmasse durch eine Bescheinigung des für sie zuständigen Finanzamts ihre Zugehörigkeit zu dieser Gruppe von Steuerpflichtigen nachweist. 5 Die Bescheinigung ist unter dem Vorbehalt des Widerrufs auszustellen. 6 Die Fälle des Satzes 3 Nummer 2 hat die auszahlende Stelle gesondert aufzuzeichnen und die Erklärung der Zugehörigkeit der Kapitalerträge zu den Betriebseinnahmen oder zu den Einnahmen aus Vermietung und Verpachtung sechs Jahre aufzubewahren; die Frist beginnt mit dem Schluss des Kalenderjahres, in dem die Freistellung letztmalig berücksichtigt wird. 7 Die auszahlende Stelle hat in den Fällen des Satzes 3 Nummer 2 daneben die Konto- oder Depotbezeichnung oder die sonstige Kennzeichnung des Geschäftsvorgangs, Vor- und Zunamen des Gläubigers sowie die Identifikationsnummer nach § 139 b der Abgabenordnung bzw. bei Personenmehrheit den Firmennamen und die zugehörige Steuernummer nach amtlich vorgeschriebenem Datensatz zu speichern und durch Datenfernübertragung zu übermitteln. 8 Das Bundesministerium der Finanzen wird den Empfänger der Datenlieferungen sowie den Zeitpunkt der erstmaligen Übermittlung durch ein im Bundessteuerblatt zu veröffentlichendes Schreiben mitteilen.

(3) 1 Kapitalerträge im Sinne des Absatzes 1 Satz 1 Nummer 1 Satz 1 sowie Nummer 1 a bis 4[1] sind inländische, wenn der Schuldner Wohnsitz, Geschäftsleitung oder Sitz im Inland hat; Kapitalerträge im Sinne des Absatzes 1 Satz 1 Nummer 4 sind auch dann inländische, wenn der Schuldner eine Niederlassung im Sinne *des § 106, § 110 a oder § 110 d* [***ab 1. 1. 2016:*** der §§ 61, 65 oder des § 68][2] des Versicherungsaufsichtsgesetzes im Inland hat. 2 Kapitalerträge im Sinne des Absatzes 1 Satz 1 Nummer 1 Satz 2 sind inländische, wenn der Schuldner der veräußerten Ansprüche die Voraussetzungen des Satzes 1 erfüllt. 3 Kapitalerträge im Sinne des § 20 Absatz 1 Nummer 1 Satz 4 sind inländische, wenn der Emittent der Aktien Geschäftsleitung oder Sitz im Inland hat. 4 Kapitalerträge im Sinne des Absatzes 1 Satz 1 Nummer 6 sind ausländische, wenn weder die Voraussetzungen nach Satz 1 noch nach Satz 2 vorliegen.

(4) Der Steuerabzug ist auch dann vorzunehmen, wenn die Kapitalerträge beim Gläubiger zu den Einkünften aus Land- und Forstwirtschaft, aus Gewerbebetrieb, aus selbständiger Arbeit oder aus Vermietung und Verpachtung gehören.

(5)[3] 1 Für Kapitalerträge im Sinne des § 20, soweit sie der Kapitalertragsteuer unterlegen haben, ist die Einkommensteuer mit dem Steuerabzug abgegolten; die Abgeltungswirkung des Steuerabzugs tritt nicht ein, wenn der Gläubiger nach § 44 Absatz 1 Satz 8 und 9 und Absatz 5 in Anspruch genommen werden kann. 2 Dies gilt nicht in Fällen des § 32 d Absatz 2 und für Kapitalerträge, die zu den Einkünften aus Land- und Forstwirtschaft, aus Gewerbebetrieb, aus selbständiger Arbeit oder aus Vermietung und Verpachtung gehören. 3 Auf Antrag des Gläubigers werden Kapitalerträge im Sinne des Satzes 1 in die besondere Besteuerung von Kapitalerträgen nach § 32 d einbezogen. 4 Eine vorläufige Festsetzung der Einkommensteuer im Sinne des

---

[1] Verweis geänd. durch G v. 22. 6. 2011 (BGBl. I S. 1126).

[2] Verweis geänd. mWv 1. 1. 2016 durch G v. 1. 4. 2015 (BGBl. I S. 434).

[3] § 43 Abs. 5 Satz 1 geänd., Satz 4 angef. mWv 1. 1. 2009 durch G v. 8. 12. 2010 (BGBl. I S. 1768).

§ 165 Absatz 1 Satz 2 Nummer 2 bis 4 der Abgabenordnung umfasst auch Einkünfte im Sinne des Satzes 1, für die der Antrag nach Satz 3 nicht gestellt worden ist.

§ 43 a Bemessung der Kapitalertragsteuer. (1) [1]Die Kapitalertragsteuer beträgt

1. in den Fällen des § 43 Absatz 1 Satz 1 Nummer 1 bis 4, 6 bis 7 a und 8 bis 12 sowie Satz 2:
   25 Prozent des Kapitalertrags;
2. in den Fällen des § 43 Absatz 1 Satz 1 Nummer 7 b und 7 c:
   15 Prozent des Kapitalertrags.

[2]Im Fall einer Kirchensteuerpflicht ermäßigt sich die Kapitalertragsteuer um 25 Prozent der auf die Kapitalerträge entfallenden Kirchensteuer. [3]§ 32 d Absatz 1 Satz 4 und 5 gilt entsprechend.

(2) [1]Dem Steuerabzug unterliegen die vollen Kapitalerträge ohne jeden Abzug. [2]In den Fällen des § 43 Absatz 1 Satz 1 Nummer 9 bis 12 bemisst sich der Steuerabzug nach § 20 Absatz 4 und 4 a, wenn die Wirtschaftsgüter von der die Kapitalerträge auszahlenden Stelle erworben oder veräußert und seitdem verwahrt oder verwaltet worden sind. [3]Überträgt der Steuerpflichtige die Wirtschaftsgüter auf ein anderes Depot, hat die abgebende inländische auszahlende Stelle der übernehmenden inländischen auszahlenden Stelle die Anschaffungsdaten mitzuteilen. [4]Satz 3 gilt in den Fällen des § 43 Absatz 1 Satz 5 entsprechend. [5]Handelt es sich bei der abgebenden auszahlenden Stelle um ein Kreditinstitut oder Finanzdienstleistungsinstitut mit Sitz in einem anderen Mitgliedstaat der Europäischen Union, in einem anderen Vertragsstaat des EWR-Abkommens vom 3. Januar 1994 (ABl. EG Nr. L 1 S. 3) in der jeweils geltenden Fassung oder in einem anderen Vertragsstaat nach Artikel 17 Absatz 2 Ziffer i der Richtlinie 2003/48/EG vom 3. Juni 2003 im Bereich der Besteuerung von Zinserträgen (ABl. EU Nr. L 157 S. 38), kann der Steuerpflichtige den Nachweis nur durch eine Bescheinigung des ausländischen Instituts führen; dies gilt entsprechend für eine in diesem Gebiet belegene Zweigstelle eines inländischen Kreditinstituts oder Finanzdienstleistungsinstituts. [6]In allen anderen Fällen ist ein Nachweis der Anschaffungsdaten nicht zulässig. [7]Sind die Anschaffungsdaten nicht nachgewiesen, bemisst sich der Steuerabzug nach 30 Prozent der Einnahmen aus der Veräußerung oder Einlösung der Wirtschaftsgüter. [8]In den Fällen des § 43 Absatz 1 Satz 4 gelten der Börsenpreis zum Zeitpunkt der Übertragung zuzüglich Stückzinsen als Einnahmen aus der Veräußerung und die mit dem Depotübertrag verbundenen Kosten als Veräußerungskosten im Sinne des § 20 Absatz 4 Satz 1. [9]Zur Ermittlung des Börsenpreises ist der niedrigste am Vortag der Übertragung im regulierten Markt notierte Kurs anzusetzen; liegt am Vortag eine Notierung nicht vor, so werden die Wirtschaftsgüter mit dem letzten innerhalb von 30 Tagen vor dem Übertragungstag im regulierten Markt notierten Kurs angesetzt; Entsprechendes gilt für Wertpapiere, die im Inland in den Freiverkehr einbezogen sind oder in einem anderen Staat des Europäischen Wirtschaftsraums zum Handel an einem geregelten Markt im Sinne des Artikels 1 Nr. 13 der Richtlinie 93/22/EWG des Rates vom 10. Mai 1993 über Wertpapier-

dienstleistungen (ABl. EG Nr. L 141 S. 27) zugelassen sind. [10] Liegt ein Börsenpreis nicht vor, bemisst sich die Steuer nach 30 Prozent der Anschaffungskosten. [11] Die übernehmende auszahlende Stelle hat als Anschaffungskosten den von der abgebenden Stelle angesetzten Börsenpreis anzusetzen und die bei der Übertragung als Einnahmen aus der Veräußerung angesetzten Stückzinsen nach Absatz 3 zu berücksichtigen. [12] Satz 9 gilt entsprechend. [13] Liegt ein Börsenpreis nicht vor, bemisst sich der Steuerabzug nach 30 Prozent der Einnahmen aus der Veräußerung oder Einlösung der Wirtschaftsgüter. [14] Hat die auszahlende Stelle die Wirtschafsgüter vor dem 1. Januar 1994 erworben oder veräußert und seitdem verwahrt oder verwaltet, kann sie den Steuerabzug nach 30 Prozent der Einnahmen aus der Veräußerung oder Einlösung der Wertpapiere und Kapitalforderungen bemessen. [15] Abweichend von den Sätzen 2 bis 14 bemisst sich der Steuerabzug bei Kapitalerträgen aus nicht für einen marktmäßigen Handel bestimmten schuldbuchfähigen Wertpapieren des Bundes und der Länder oder bei Kapitalerträgen im Sinne des § 43 Absatz 1 Satz 1 Nummer 7 Buchstabe b aus nicht in Inhaber- oder Orderschuldverschreibungen verbrieften Kapitalforderungen nach dem vollen Kapitalertrag ohne jeden Abzug.

(3)[1)] [1] Die auszahlende Stelle hat ausländische Steuern auf Kapitalerträge nach Maßgabe des § 32 d Absatz 5 zu berücksichtigen. [2] Sie hat unter Berücksichtigung des § 20 Absatz 6 Satz 4 im Kalenderjahr negative Kapitalerträge einschließlich gezahlter Stückzinsen bis zur Höhe der positiven Kapitalerträge auszugleichen; liegt ein gemeinsamer Freistellungsauftrag im Sinne des § 44 a Absatz 2 Satz 1 Nummer 1 in Verbindung mit § 20 Absatz 9 Satz 2 vor, erfolgt ein gemeinsamer Ausgleich. [3] Der nicht ausgeglichene Verlust ist auf das nächste Kalenderjahr zu übertragen. [4] Auf Verlangen des Gläubigers der Kapitalerträge hat sie über die Höhe eines nicht ausgeglichenen Verlusts eine Bescheinigung nach amtlich vorgeschriebenem Muster zu erteilen; der Verlustübertrag entfällt in diesem Fall. [5] Der unwiderrufliche Antrag auf Erteilung der Bescheinigung muss bis zum 15. Dezember des laufenden Jahres der auszahlenden Stelle zugehen. [6] Überträgt der Gläubiger der Kapitalerträge seine im Depot befindlichen Wirtschaftsgüter vollständig auf ein anderes Depot, hat die abgebende auszahlende Stelle der übernehmenden auszahlenden Stelle auf Verlangen des Gläubigers der Kapitalerträge die Höhe des nicht ausgeglichenen Verlusts mitzuteilen; eine Bescheinigung nach Satz 4 darf in diesem Fall nicht erteilt werden. [7] Erfährt die auszahlende Stelle nach Ablauf des Kalenderjahres von der Veränderung einer Bemessungsgrundlage oder einer zu erhebenden Kapitalertragsteuer, hat sie die entsprechende Korrektur erst zum Zeitpunkt ihrer Kenntnisnahme vorzunehmen; § 44 Absatz 5 bleibt unberührt. [8] Die vorstehenden Sätze gelten nicht in den Fällen des § 20 Absatz 8 und des § 44 Absatz 1 Satz 4 Nummer 1 Buchstabe a Doppelbuchstabe bb sowie bei Körperschaften, Personenvereinigungen oder Vermögensmassen.

(4) [1] Die Absätze 2 und 3 gelten entsprechend für die das Bundesschuldbuch führende Stelle oder eine Landesschuldenverwaltung als auszahlende Stelle.

[1)] § 43 a Abs. 3 Satz 7 eingef., bish. Satz 7 wird Satz 8 mWv 1. 1. 2009 durch G v. 8. 12. 2010 (BGBl. I S. 1768); Satz 2 geänd. durch G v. 25. 7. 2014 (BGBl. I S. 1266).

[2] Werden die Wertpapiere oder Forderungen von einem Kreditinstitut oder einem Finanzdienstleistungsinstitut mit der Maßgabe der Verwahrung und Verwaltung durch die das Bundesschuldbuch führende Stelle oder eine Landesschuldenverwaltung erworben, hat das Kreditinstitut oder das Finanzdienstleistungsinstitut der das Bundesschuldbuch führenden Stelle oder einer Landesschuldenverwaltung zusammen mit den im Schuldbuch einzutragenden Wertpapieren und Forderungen den Erwerbszeitpunkt und die Anschaffungsdaten sowie in Fällen des Absatzes 2 den Erwerbspreis der für einen marktmäßigen Handel bestimmten schuldbuchfähigen Wertpapiere des Bundes oder der Länder und außerdem mitzuteilen, dass es diese Wertpapiere und Forderungen erworben oder veräußert und seitdem verwahrt oder verwaltet hat.

§ 43 b Bemessung der Kapitalertragsteuer bei bestimmten Gesellschaften. (1) [1] Auf Antrag wird die Kapitalertragsteuer für Kapitalerträge im Sinne des § 20 Absatz 1 Nummer 1, die einer Muttergesellschaft, die weder ihren Sitz noch ihre Geschäftsleitung im Inland hat, oder einer in einem anderen Mitgliedstaat der Europäischen Union gelegenen Betriebsstätte dieser Muttergesellschaft, aus Ausschüttungen einer Tochtergesellschaft zufließen, nicht erhoben. [2] Satz 1 gilt auch für Ausschüttungen einer Tochtergesellschaft, die einer in einem anderen Mitgliedstaat der Europäischen Union gelegenen Betriebsstätte einer unbeschränkt steuerpflichtigen Muttergesellschaft zufließen. [3] Ein Zufluss an die Betriebsstätte liegt nur vor, wenn die Beteiligung an der Tochtergesellschaft tatsächlich zu dem Betriebsvermögen der Betriebsstätte gehört. [4] Die Sätze 1 bis 3 gelten nicht für Kapitalerträge im Sinne des § 20 Absatz 1 Nummer 1, die anlässlich der Liquidation oder Umwandlung einer Tochtergesellschaft zufließen.

(2) [1] Muttergesellschaft im Sinne des Absatzes 1 ist jede Gesellschaft, die

[Fassung bis 31. 12. 2015:] [1)]

die in der Anlage 2[3)] zu diesem Gesetz bezeichneten Voraussetzungen erfüllt und nach Artikel 3 Absatz 1 Buchstabe a der Richtlinie 2011/96/EU des Rates vom 30. November 2011 über das gemeinsame Steuersystem der Mutter- und Tochtergesellschaften verschiedener Mitgliedstaaten (ABl. L 345 vom 29. 12. 2011, S. 8), die zuletzt durch die Richtlinie 2013/13/EU (ABl. L 141 vom 28. 5. 2013, S. 30) geändert worden ist, zum Zeitpunkt der Entstehung der Kapitalertragsteuer gemäß § 44 Ab-

[Fassung ab 1. 1. 2016:] [2)]

1. die in der Anlage 2 zu diesem Gesetz bezeichneten Voraussetzungen erfüllt und
2. nach Artikel 3 Absatz 1 Buchstabe a der Richtlinie 2011/96/EU des Rates vom 30. November 2011 über das gemeinsame Steuersystem der Mutter- und Tochtergesellschaften verschiedener Mitgliedstaaten (ABl. L 345 vom 29. 12. 2011, S. 8), die zuletzt durch die Richtlinie 2014/86/EU (ABl. L 219 vom 25. 7. 2014, S. 40) geändert worden ist, zum

---

1) § 43 b Abs. 2 Satz 1 geänd. mWv 1. 1. 2012 durch G v. 26. 6. 2013 (BGBl. I S. 1809); geänd. durch G v. 25. 7. 2014 (BGBl. I S. 1266).

2) § 43 b Abs. 2 Satz 1 neu gef. durch G v. 2. 11. 2015 (BGBl. I S. 1834); zur Anwendung siehe § 52 Abs. 42 a.

3) Abgedruckt im Anschluss an dieses Gesetz.

[Fassung bis 31. 12. 2015:]

satz 1 Satz 2 nachweislich mindestens zu 10 Prozent[1] unmittelbar am Kapital der Tochtergesellschaft (Mindestbeteiligung) beteiligt ist.

[Fassung ab 1.1. 2016:]

Zeitpunkt der Entstehung der Kapitalertragsteuer gemäß § 44 Absatz 1 Satz 2 nachweislich mindestens zu 10 Prozent unmittelbar am Kapital der Tochtergesellschaft beteiligt ist (Mindestbeteiligung).

2 Ist die Mindestbeteiligung zu diesem Zeitpunkt nicht erfüllt, ist der Zeitpunkt des Gewinnverteilungsbeschlusses maßgeblich. 3 Tochtergesellschaft im Sinne des Absatzes 1 sowie des Satzes 1 ist jede unbeschränkt steuerpflichtige Gesellschaft, die die in der Anlage 2[2] zu diesem Gesetz und in Artikel 3 Absatz 1 Buchstabe b der Richtlinie 2011/96/EU bezeichneten Voraussetzungen erfüllt. 4 Weitere Voraussetzung ist, dass die Beteiligung nachweislich ununterbrochen zwölf Monate besteht. 5 Wird dieser Beteiligungszeitraum nach dem Zeitpunkt der Entstehung der Kapitalertragsteuer gemäß § 44 Absatz 1 Satz 2 vollendet, ist die einbehaltene und abgeführte Kapitalertragsteuer nach § 50 d Absatz 1 zu erstatten; das Freistellungsverfahren nach § 50 d Absatz 2 ist ausgeschlossen.

(2 a) Betriebsstätte im Sinne der Absätze 1 und 2 ist eine feste Geschäftseinrichtung in einem anderen Mitgliedstaat der Europäischen Union, durch die die Tätigkeit der Muttergesellschaft ganz oder teilweise ausgeübt wird, wenn das Besteuerungsrecht für die Gewinne dieser Geschäftseinrichtung nach dem jeweils geltenden Abkommen zur Vermeidung der Doppelbesteuerung dem Staat, in dem sie gelegen ist, zugewiesen wird und diese Gewinne in diesem Staat der Besteuerung unterliegen.

(3)[3] *(aufgehoben)*

§ 44 Entrichtung der Kapitalertragsteuer. (1)[4] 1 Schuldner der Kapitalertragsteuer ist in den Fällen des § 43 Absatz 1 Satz 1 Nummer 1 bis 7 b und 8 bis 12 sowie Satz 2 der Gläubiger der Kapitalerträge. 2 Die Kapitalertragsteuer entsteht in dem Zeitpunkt, in dem die Kapitalerträge dem Gläubiger zufließen. 3 In diesem Zeitpunkt haben in den Fällen des § 43 Absatz 1 Satz 1 Nummer 1, 2 bis 4 sowie 7 a und 7 b der Schuldner der Kapitalerträge, jedoch in den Fällen des § 43 Absatz 1 Satz 1 Nummer 1 Satz 2 die für den Verkäufer der Wertpapiere den Verkaufsauftrag ausführende Stelle im Sinne des Satzes 4 Nummer 1, und in den Fällen des § 43 Absatz 1 Satz 1 Nummer 1 a, 6, 7 und 8 bis 12 sowie Satz 2 die die Kapitalerträge auszahlende Stelle den Steuerabzug [***ab 1. 1. 2016:*** unter Beachtung der im Bundessteuerblatt veröffentlichten Auslegungsvorschriften der Finanzverwaltung] für Rechnung des Gläubigers der Kapitalerträge vorzunehmen. 4 Die die Kapitalerträge auszahlende Stelle ist

---

[1] Ab 1. 1. 2009.

[2] Abgedruckt im Anschluss an dieses Gesetz.

[3] § 43 b Abs. 3 ist letztmals auf Ausschüttungen anzuwenden, die vor dem 1. 1. 2009 zugeflossen sind, daher aufgeh. durch G v. 26. 6. 2013 (BGBl. I S. 1809).

[4] § 44 Abs. 1 Satz 3 und Satz 5 geänd. durch G v. 22. 6. 2011 (BGBl. I S. 1126); Satz 3 ergänzt mWv 1. 1. 2016 durch G v. 2. 11. 2015 (BGBl. I S. 1834).

1. in den Fällen des § 43 Absatz 1 Satz 1 Nummer 6, 7 Buchstabe a und Nummer 8 bis 12 sowie Satz 2
   a) das inländische Kreditinstitut oder das inländische Finanzdienstleistungsinstitut im Sinne des § 43 Absatz 1 Satz 1 Nummer 7 Buchstabe b, das inländische Wertpapierhandelsunternehmen oder die inländische Wertpapierhandelsbank,
      aa) das die Teilschuldverschreibungen, die Anteile an einer Sammelschuldbuchforderung, die Wertrechte, die Zinsscheine oder sonstigen Wirtschaftsgüter verwahrt oder verwaltet oder deren Veräußerung durchführt und die Kapitalerträge auszahlt oder gutschreibt oder in den Fällen des § 43 Absatz 1 Satz 1 Nummer 8 und 11[1] die Kapitalerträge auszahlt oder gutschreibt,
      bb) das die Kapitalerträge gegen Aushändigung der Zinsscheine oder der Teilschuldverschreibungen einem anderen als einem ausländischen Kreditinstitut oder einem ausländischen Finanzdienstleistungsinstitut auszahlt oder gutschreibt;
   b) der Schuldner der Kapitalerträge in den Fällen des § 43 Absatz 1 Satz 1 Nummer 7 Buchstabe a und Nummer 10 unter den Voraussetzungen des Buchstabens a, wenn kein inländisches Kreditinstitut oder kein inländisches Finanzdienstleistungsinstitut die die Kapitalerträge auszahlende Stelle ist;
2. in den Fällen des § 43 Absatz 1 Satz 1 Nummer 7 Buchstabe b das inländische Kreditinstitut oder das inländische Finanzdienstleistungsinstitut, das die Kapitalerträge als Schuldner auszahlt oder gutschreibt;
3.[2] in den Fällen des § 43 Absatz 1 Satz 1 Nummer 1a
   a) das inländische Kredit- oder Finanzdienstleistungsinstitut im Sinne des § 43 Absatz 1 Satz 1 Nummer 7 Buchstabe b, das inländische Wertpapierhandelsunternehmen oder die inländische Wertpapierhandelsbank, welche die Anteile verwahrt oder verwaltet und die Kapitalerträge auszahlt oder gutschreibt oder die Kapitalerträge gegen Aushändigung der Dividendenscheine auszahlt oder gutschreibt oder die Kapitalerträge an eine ausländische Stelle auszahlt,
   b) die Wertpapiersammelbank, der die Anteile zur Sammelverwahrung anvertraut wurden, wenn sie die Kapitalerträge an eine ausländische Stelle auszahlt,

   [***ab 1. 1. 2015:***
   c)[3] der Schuldner der Kapitalerträge, soweit die Wertpapiersammelbank, der die Anteile zur Sammelverwahrung anvertraut wurden, keine Dividendenregulierung vornimmt; die Wertpapiersammelbank hat dem Schuldner der Kapitalerträge den Umfang der Bestände ohne Dividendenregulierung mitzuteilen.]

---

[1] Verweis geänd. durch G v. 8. 12. 2010 (BGBl. I S. 1768).
[2] § 44 Abs. 1 Satz 4 Nr. 3 eingef. durch G v. 22. 6. 2011 (BGBl. I S. 1126).
[3] § 44 Abs. 1 Satz 4 Nr. 3 Buchst. c angef. mWv 1. 1. 2015 durch G v. 22. 12. 2014 (BGBl. I S. 2417).

[5] Die innerhalb eines Kalendermonats einbehaltene Steuer ist jeweils bis zum zehnten des folgenden Monats an das Finanzamt abzuführen, das für die Besteuerung

1. des Schuldners der Kapitalerträge,
2. der den Verkaufsauftrag ausführenden Stelle oder
3. der die Kapitalerträge auszahlenden Stelle

nach dem Einkommen zuständig ist; bei Kapitalerträgen im Sinne des § 43 Absatz 1 Satz 1 Nummer 1 ist die einbehaltene Steuer in dem Zeitpunkt abzuführen, in dem die Kapitalerträge dem Gläubiger zufließen. [6] Dabei ist die Kapitalertragsteuer, die zu demselben Zeitpunkt abzuführen ist, jeweils auf den nächsten vollen Eurobetrag abzurunden. [7] Wenn Kapitalerträge ganz oder teilweise nicht in Geld bestehen (§ 8 Absatz 2) und der in Geld geleistete Kapitalertrag nicht zur Deckung der Kapitalertragsteuer ausreicht, hat der Gläubiger der Kapitalerträge dem zum Steuerabzug Verpflichteten den Fehlbetrag zur Verfügung zu stellen. [8] Soweit der Gläubiger seiner Verpflichtung nicht nachkommt, hat der zum Steuerabzug Verpflichtete dies dem für ihn zuständigen Betriebsstättenfinanzamt anzuzeigen. [9] Das Finanzamt hat die zu wenig erhobene Kapitalertragsteuer vom Gläubiger der Kapitalerträge nachzufordern.

[***ab 1. 1. 2013:*** (1 a)[1] [1] Werden inländische Aktien über eine ausländische Stelle mit Dividendenberechtigung erworben, aber ohne Dividendenanspruch geliefert und leitet die ausländische Stelle auf die Erträge im Sinne des § 20 Absatz 1 Nummer 1 Satz 4 einen einbehaltenen Steuerbetrag im Sinne des § 43 a Absatz 1 Satz 1 Nummer 1 an eine inländische Wertpapiersammelbank weiter, ist diese zur Abführung der einbehaltenen Steuer verpflichtet. [2] Bei Kapitalerträgen im Sinne des § 43 Absatz 1 Satz 1 Nummer 1 und 2 gilt Satz 1 entsprechend.]

(2)[2] [1] Gewinnanteile (Dividenden) und andere Kapitalerträge im Sinne des § 43 Absatz 1 Satz 1 Nummer 1, deren Ausschüttung von einer Körperschaft beschlossen wird, fließen dem Gläubiger der Kapitalerträge an dem Tag zu (Absatz 1), der im Beschluss als Tag der Auszahlung bestimmt worden ist. [2] Ist die Ausschüttung nur festgesetzt, ohne dass über den Zeitpunkt der Auszahlung ein Beschluss gefasst worden ist, so gilt als Zeitpunkt des Zufließens der Tag nach der Beschlussfassung [***ab 1. 1. 2016:*** ; ist durch Gesetz eine abweichende Fälligkeit des Auszahlungsanspruchs bestimmt oder lässt das Gesetz eine abweichende Bestimmung der Fälligkeit durch Satzungsregelung zu, gilt als Zeitpunkt des Zufließens der Tag der Fälligkeit]. [3] Für Kapitalerträge im Sinne des § 20 Absatz 1 Nummer 1 Satz 4 gelten diese Zuflusszeitpunkte entsprechend.

(3) [1] Ist bei Einnahmen aus der Beteiligung an einem Handelsgewerbe als stiller Gesellschafter in dem Beteiligungsvertrag über den Zeitpunkt der Ausschüttung keine Vereinbarung getroffen, so gilt der Kapitalertrag am Tag nach der Aufstellung der Bilanz oder einer sonstigen Feststellung des Gewinnanteils des stillen Gesellschafters, spätestens jedoch sechs Monate nach Ablauf des

---

[1] § 44 Abs. 1 a eingef. durch G v. 26. 6. 2013 (BGBl. I S. 1809).

[2] § 44 Abs. 2 Satz 2 2. HS angefügt mWv 1. 1. 2016 durch G v. 2. 11. 2015 (BGBl. I S. 1834).

Wirtschaftsjahres, für das der Kapitalertrag ausgeschüttet oder gutgeschrieben werden soll, als zugeflossen. 2Bei Zinsen aus partiarischen Darlehen gilt Satz 1 entsprechend.

(4) Haben Gläubiger und Schuldner der Kapitalerträge vor dem Zufließen ausdrücklich Stundung des Kapitalertrags vereinbart, weil der Schuldner vorübergehend zur Zahlung nicht in der Lage ist, so ist der Steuerabzug erst mit Ablauf der Stundungsfrist vorzunehmen.

(5) 1Die Schuldner der Kapitalerträge, die den Verkaufsauftrag ausführenden Stellen oder die die Kapitalerträge auszahlenden Stellen haften für die Kapitalertragsteuer, die sie einzubehalten und abzuführen haben, es sei denn, sie weisen nach, dass sie die ihnen auferlegten Pflichten weder vorsätzlich noch grob fahrlässig verletzt haben. 2Der Gläubiger der Kapitalerträge wird nur in Anspruch genommen, wenn

1. der Schuldner, die den Verkaufsauftrag ausführende Stelle oder die die Kapitalerträge auszahlende Stelle die Kapitalerträge nicht vorschriftsmäßig gekürzt hat,
2. der Gläubiger weiß, dass der Schuldner, die den Verkaufsauftrag ausführende Stelle oder die die Kapitalerträge auszahlende Stelle die einbehaltene Kapitalertragsteuer nicht vorschriftsmäßig abgeführt hat, und dies dem Finanzamt nicht unverzüglich mitteilt oder
3. das die Kapitalerträge auszahlende inländische Kreditinstitut oder das inländische Finanzdienstleistungsinstitut die Kapitalerträge zu Unrecht ohne Abzug der Kapitalertragsteuer ausgezahlt hat.

3Für die Inanspruchnahme des Schuldners der Kapitalerträge, der den Verkaufsauftrag ausführenden Stelle und der die Kapitalerträge auszahlenden Stelle bedarf es keines Haftungsbescheids, soweit der Schuldner, die den Verkaufsauftrag ausführende Stelle oder die die Kapitalerträge auszahlende Stelle die einbehaltene Kapitalertragsteuer richtig angemeldet hat oder soweit sie ihre Zahlungsverpflichtungen gegenüber dem Finanzamt oder dem Prüfungsbeamten des Finanzamts schriftlich anerkennen.

(6)[1] 1In den Fällen des § 43 Absatz 1 Satz 1 Nummer 7 c gilt die juristische Person des öffentlichen Rechts und die von der Körperschaftsteuer befreite Körperschaft, Personenvereinigung oder Vermögensmasse als Gläubiger und der Betrieb gewerblicher Art und der wirtschaftliche Geschäftsbetrieb als Schuldner der Kapitalerträge. 2Die Kapitalertragsteuer entsteht, auch soweit sie auf verdeckte Gewinnausschüttungen entfällt, die im abgelaufenen Wirtschaftsjahr vorgenommen worden sind, im Zeitpunkt der Bilanzerstellung; sie entsteht spätestens acht Monate nach Ablauf des Wirtschaftsjahres; in den Fällen des § 20 Absatz 1 Nummer 10 Buchstabe b Satz 2 am Tag nach der Beschlussfassung über die Verwendung und in den Fällen des § 22 Absatz 4 des Umwandlungssteuergesetzes am Tag nach der Veräußerung. 3Die Kapitalertragsteuer entsteht in den Fällen des § 20 Absatz 1 Nummer 10 Buchstabe b Satz 3 zum Ende des Wirtschaftsjahres. 4Die Absätze 1 bis 4 und 5 Satz 2 sind entsprechend anzuwenden. 5Der Schuldner der Kapitalerträge haftet für die Kapitaler-

[1] Vgl. § 52 Abs. 44.

tragsteuer, soweit sie auf verdeckte Gewinnausschüttungen und auf Veräußerungen im Sinne des § 22 Absatz 4 des Umwandlungssteuergesetzes entfällt.

(7) 1 In den Fällen des § 14 Absatz 3 des Körperschaftsteuergesetzes entsteht die Kapitalertragsteuer in dem Zeitpunkt der Feststellung der Handelsbilanz der Organgesellschaft; sie entsteht spätestens acht Monate nach Ablauf des Wirtschaftsjahres der Organgesellschaft. 2 Die entstandene Kapitalertragsteuer ist an dem auf den Entstehungszeitpunkt nachfolgenden Werktag an das Finanzamt abzuführen, das für die Besteuerung der Organgesellschaft nach dem Einkommen zuständig ist. 3 Im Übrigen sind die Absätze 1 bis 4 entsprechend anzuwenden.

§ 44 a[1] Abstandnahme vom Steuerabzug.

[bis 31. 12. 2012:]

(1) Bei Kapitalerträgen im Sinne des § 43 Absatz 1 Satz 1 Nummer 3, 4, 6, 7 und 8 bis 12 sowie Satz 2, die einem unbeschränkt einkommensteuerpflichtigen Gläubiger zufließen, ist der Steuerabzug nicht vorzunehmen,

1.[4] soweit die Kapitalerträge zusammen mit den Kapitalerträgen, für die die Kapitalertragsteuer nach § 44 b zu erstatten ist [***ab 1. 1. 2012:*** oder nach Absatz 10 kein Steuerabzug vorzunehmen ist], den Sparer-Pauschbetrag nach § 20 Absatz 9 nicht übersteigen,

2. wenn anzunehmen ist, dass auch für Fälle der Günstigerpüfung nach § 32 d Absatz 6 keine Steuer entsteht.

[ab 1. 1. 2013:][2]

(1)[3] 1 Soweit die Kapitalerträge [***ab 1. 1. 2016:*** , die einem unbeschränkt einkommensteuerpflichtigen Gläubiger zufließen,] zusammen mit den Kapitalerträgen, für die die Kapitalertragsteuer nach § 44 b zu erstatten ist oder nach Absatz 10 kein Steuerabzug vorzunehmen ist, den Sparer-Pauschbetrag nach § 20 Absatz 9 nicht übersteigen, ist ein Steuerabzug nicht vorzunehmen bei Kapitalerträgen im Sinne des

1. § 43 Absatz 1 Satz 1 Nummer 1 und 2 aus Genussrechten oder

2. § 43 Absatz 1 Satz 1 Nummer 1 und 2 aus Anteilen, die von einer Kapitalgesellschaft ihren Arbeitnehmern überlassen worden sind und von ihr, einem von der Kapitalgesellschaft bestellten Treuhänder, einem inländischen Kreditinstitut oder einer inländischen

---

[1] Vgl. § 52 Abs. 43.

[2] § 44 a Abs. 1 neu gef. durch G v. 26. 6. 2013 (BGBl. I S. 1809).

[3] § 44 a Abs. 1 Satz 1 Klammerzusatz eingef. mWv 1. 1. 2016 durch G v. 2. 11. 2015 (BGBl. I S. 1834).

[4] § 44 a Abs. 1 Nr. 1 geänd. durch G v. 22. 6. 2011 (BGBl. I S. 1126).

[ab 1. 1. 2013:]

Zweigniederlassung einer der in § 53 b Absatz 1 oder 7 des Kreditwesengesetzes genannten *Institute oder*[1] Unternehmen verwahrt werden, und

3. § 43 Absatz 1 Satz 1 Nummer 3 bis 7 und 8 bis 12 sowie Satz 2, *die einem unbeschränkt einkommensteuerpflichtigen Gläubiger zufließen.*[2]

[2] Den Arbeitnehmern im Sinne des Satzes 1 stehen Arbeitnehmer eines mit der Kapitalgesellschaft verbundenen Unternehmens nach § 15 des Aktiengesetzes sowie frühere Arbeitnehmer der Kapitalgesellschaft oder eines mit ihr verbundenen Unternehmens gleich. [3] Den von der Kapitalgesellschaft überlassenen Anteilen stehen Aktien gleich, die den Arbeitnehmern bei einer Kapitalerhöhung auf Grund ihres Bezugsrechts aus den von der Kapitalgesellschaft überlassenen Aktien zugeteilt worden sind oder die den Arbeitnehmern auf Grund einer Kapitalerhöhung aus Gesellschaftsmitteln gehören. [4] Bei Kapitalerträgen im Sinne des § 43 Absatz 1 Satz 1 Nummer 1, 2 bis 7 und 8 bis 12 sowie Satz 2, die einem unbeschränkt einkommensteuerpflichtigen Gläubiger zufließen, ist der Steuerabzug nicht vorzunehmen, wenn anzunehmen ist, dass auch für Fälle der Günstigerprüfung nach § 32 d Absatz 6 keine Steuer entsteht.

(2) [1] Voraussetzung für die Abstandnahme vom Steuerabzug nach Absatz 1 ist, dass dem nach § 44 Absatz 1 zum Steuerabzug Verpflichteten in den Fällen

1.[3] des Absatzes 1 *Nummer* [***ab 1. 1. 2013:*** Satz] 1 ein Freistellungsauftrag des Gläubigers der Kapitalerträge nach amtlich vorgeschriebenem Muster oder

2. des Absatzes 1 *Nummer 2* [***ab 1. 1. 2013:*** Satz 4] eine Nichtveranlagungs-Bescheinigung des für den Gläubiger zuständigen Wohnsitzfinanzamts

---

[1] Kursiver Satzteil gestrichen mWv 1. 1. 2014 durch G v. 25. 7. 2014 (BGBl. I S. 1266).

[2] Kursiver Satzteil gestrichen mWv 1. 1. 2016 durch G v. 2. 11. 2015 (BGBl. I S. 1834).

[3] § 44 a Abs. 2 Satz 1 Nr. 1 geänd. mWv 1. 1. 2009 durch G v. 8. 12. 2010 (BGBl. I S. 1768); Satz 1 Nrn. 1 und 2 Zitat geänd. durch G v. 26. 6. 2013 (BGBl. I S. 1809).

vorliegt. 2 In den Fällen des Satzes 1 Nummer 2 ist die Bescheinigung unter dem Vorbehalt des Widerrufs auszustellen. 3 Ihre Geltungsdauer darf höchstens drei Jahre betragen und muss am Schluss eines Kalenderjahres enden. 4 Fordert das Finanzamt die Bescheinigung zurück oder erkennt der Gläubiger, dass die Voraussetzungen für ihre Erteilung weggefallen sind, so hat er dem Finanzamt die Bescheinigung zurückzugeben.

(2 a)[1] 1 Ein Freistellungsauftrag kann nur erteilt werden, wenn der Gläubiger der Kapitalerträge seine Identifikationsnummer (§ 139 b der Abgabenordnung) und bei gemeinsamen Freistellungsaufträgen auch die Identifikationsnummer des Ehegatten mitteilt. 2 Ein Freistellungsauftrag ist ab dem 1. Januar 2016 unwirksam, wenn der Meldestelle im Sinne des § 45 d Absatz 1 Satz 1 keine Identifikationsnummer des Gläubigers der Kapitalerträge und bei gemeinsamen Freistellungsaufträgen auch keine des Ehegatten vorliegen. *3 Die Meldestelle im Sinne des § 45 d Absatz 1 Satz 1 kann die Identifikationsnummer beim Bundeszentralamt für Steuern anfragen, sofern der Gläubiger der Kapitalerträge nicht widerspricht; Gleiches gilt für die Identifikationsnummer des Ehegatten bei gemeinsamen Freistellungsaufträgen, sofern dieser nicht widerspricht.* [***ab 1. 1. 2014:*** 3 Sofern der Meldestelle im Sinne des § 45 d Absatz 1 Satz 1 die Identifikationsnummer nicht bereits bekannt ist, kann sie diese beim Bundeszentralamt für Steuern abfragen.][2] 4 In der Anfrage dürfen nur die in § 139 b Absatz 3 der Abgabenordnung genannten Daten des Gläubigers der Kapitalerträge und bei gemeinsamen Freistellungsaufträgen die des Ehegatten angegeben werden, soweit sie der Meldestelle bekannt sind. 5 Die Anfrage hat nach amtlich vorgeschriebenem Datensatz durch Datenfernübertragung zu erfolgen. 6 Im Übrigen ist § 150 Absatz 6 der Abgabenordnung entsprechend anzuwenden. 7 Das Bundeszentralamt für Steuern teilt der Meldestelle die Identifikationsnummer mit, sofern die übermittelten Daten mit den nach § 139 b Absatz 3 der Abgabenordnung beim Bundeszentralamt für Steuern gespeicherten Daten übereinstimmen. 8 Die Meldestelle darf die Identifikationsnummer nur verwenden, soweit dies zur Erfüllung von steuerlichen Pflichten erforderlich ist.

(3) Der nach § 44 Absatz 1 zum Steuerabzug Verpflichtete hat in seinen Unterlagen das Finanzamt, das die Bescheinigung erteilt hat, den Tag der Ausstel-

(Fortsetzung nächstes Blatt)

---

[1] § 44 a Abs. 2 a eingef. durch durch G v. 8. 12. 2010 (BGBl. I S. 1768).

[2] § 44 a Abs. 2 a Satz 3 neu gef. mWv 1. 1. 2014 durch G v. 25. 7. 2014 (BGBl. I S. 1266).

lung der Bescheinigung und die in der Bescheinigung angegebene Steuer- und Listennummer zu vermerken sowie die Freistellungsaufträge aufzubewahren.

(4)[1] [1]Ist der Gläubiger

1. eine von der Körperschaftsteuer befreite inländische Körperschaft, Personenvereinigung oder Vermögensmasse oder
2. eine inländische juristische Person des öffentlichen Rechts,

so ist der Steuerabzug bei Kapitalerträgen im Sinne des § 43 Absatz 1 Satz 1 Nummer 4, 6, 7 und 8 bis 12 sowie Satz 2 nicht vorzunehmen. [2]Dies gilt auch, wenn es sich bei den Kapitalerträgen um Bezüge im Sinne des § 20 Absatz 1 Nummer 1 und 2 handelt, die der Gläubiger von einer von der Körperschaftsteuer befreiten Körperschaft bezieht. [3]Voraussetzung ist, dass der Gläubiger dem Schuldner oder dem die Kapitalerträge auszahlenden inländischen Kreditinstitut oder inländischen Finanzdienstleistungsinstitut durch eine Bescheinigung des für seine Geschäftsleitung oder seinen Sitz zuständigen Finanzamts nachweist, dass er eine Körperschaft, Personenvereinigung oder Vermögensmasse im Sinne des Satzes 1 Nummer 1 oder 2 ist. [4]Absatz 2 Satz 2 bis 4 und Absatz 3 gelten entsprechend. [5]Die in Satz 3 bezeichnete Bescheinigung wird nicht erteilt, wenn die Kapitalerträge in den Fällen des Satzes 1 Nummer 1 in einem wirtschaftlichen Geschäftsbetrieb anfallen, für den die Befreiung von der Körperschaftsteuer ausgeschlossen ist, oder wenn sie in den Fällen des Satzes 1 Nummer 2 in einem nicht von der Körperschaftsteuer befreiten Betrieb gewerblicher Art anfallen. [6]Ein Steuerabzug ist auch nicht vorzunehmen bei Kapitalerträgen im Sinne des § 49 Absatz 1 Nummer 5 Buchstabe c und d, die einem Anleger zufließen, der eine nach den Rechtsvorschriften eines Mitgliedstaates der Europäischen Union oder des Europäischen Wirtschaftsraums gegründete Gesellschaft im Sinne des Artikels 54 des Vertrags über die Arbeitsweise der Europäischen Union oder des Artikels 34 des Abkommens über den Europäischen Wirtschaftsraum mit Sitz und Ort der Geschäftsleitung innerhalb des Hoheitsgebietes eines dieser Staaten ist, und der einer Körperschaft im Sinne des § 5 Absatz 1 Nummer 3 des Körperschaftsteuergesetzes vergleichbar ist; soweit es sich um eine nach den Rechtsvorschriften eines Mitgliedstaates des Europäischen Wirtschaftsraums gegründete Gesellschaft oder eine Gesellschaft mit Ort und Geschäftsleitung in diesem Staat handelt, ist zusätzlich Voraussetzung, dass mit diesem Staat ein Amtshilfeabkommen besteht.

(4 a)[2] [1]Absatz 4 ist entsprechend auf Personengesellschaften im Sinne des § 212 Absatz 1 des Fünften Buches Sozialgesetzbuch anzuwenden. [2]Dabei tritt die Personengesellschaft an die Stelle des Gläubigers der Kapitalerträge.

(4 b)[3] [1]Werden Kapitalerträge im Sinne des § 43 Absatz 1 Satz 1 Nummer 1 von einer Genossenschaft an ihre Mitglieder gezahlt, hat sie den Steuerabzug nicht vorzunehmen, wenn ihr für das jeweilige Mitglied

1. eine Nichtveranlagungs-Bescheinigung nach Absatz 2 Satz 1 Nummer 2,

---

[1] § 44 a Abs. 4 Satz 6 angef. mWv 1. 1. 2009 durch G v. 8. 12. 2010 (BGBl. I S. 1768).
[2] § 44 a Abs. 4 a eingef. mWv 1. 1. 2009 durch G v. 8. 12. 2010 (BGBl. I S. 1768).
[3] § 44 a Abs. 4 b eingef. durch G v. 1. 11. 2011 (BGBl. I S. 2131).

2. eine Bescheinigung nach Absatz 5 Satz 4,
3. eine Bescheinigung nach Absatz 7 Satz 4 oder
4. eine Bescheinigung nach Absatz 8 Satz 3 vorliegt; in diesen Fällen ist ein Steuereinbehalt in Höhe von drei Fünfteln vorzunehmen.

2 Eine Genossenschaft hat keinen Steuerabzug vorzunehmen, wenn ihr ein Freistellungsauftrag erteilt wurde, der auch Kapitalerträge im Sinne des Satzes 1 erfasst, soweit die Kapitalerträge zusammen mit den Kapitalerträgen, für die nach Absatz 1 kein Steuerabzug vorzunehmen ist oder für die die Kapitalertragsteuer nach § 44 b zu erstatten ist, den mit dem Freistellungsauftrag beantragten Freibetrag nicht übersteigen. 3 Dies gilt auch, wenn die Genossenschaft einen Verlustausgleich nach § 43 a Absatz 3 Satz 2 unter Einbeziehung von Kapitalerträgen im Sinne des Satzes 1 durchgeführt hat.

(5) 1 Bei Kapitalerträgen im Sinne des § 43 Absatz 1 Satz 1 *Nummer 6,* 7 [***ab 1. 1. 2013:*** Nummer 1, 2, 6, 7][1] und 8 bis 12 sowie Satz 2, die einem unbeschränkt oder beschränkt einkommensteuerpflichtigen Gläubiger zufließen, ist der Steuerabzug nicht vorzunehmen, wenn die Kapitalerträge Betriebseinnahmen des Gläubigers sind und die Kapitalertragsteuer bei ihm auf Grund der Art seiner Geschäfte auf Dauer höher wäre als die gesamte festzusetzende Einkommensteuer oder Körperschaftsteuer. 2 Ist der Gläubiger ein Lebens- oder Krankenversicherungsunternehmen als Organgesellschaft, ist für die Anwendung des Satzes 1 eine bestehende Organschaft im Sinne des § 14 des Körperschaftsteuergesetzes nicht zu berücksichtigen, wenn die beim Organträger anzurechnende Kapitalertragsteuer, einschließlich der Kapitalertragsteuer des Lebens- oder Krankenversicherungsunternehmens, die auf Grund von § 19 Absatz 5 des Körperschaftsteuergesetzes anzurechnen wäre, höher wäre, als die gesamte festzusetzende Körperschaftsteuer. 3 Für die Prüfung der Voraussetzung des Satzes 2 ist auf die Verhältnisse der dem Antrag auf Erteilung einer Bescheinigung im Sinne des Satzes 4 vorangehenden drei Veranlagungszeiträume abzustellen. 4 Die Voraussetzung des Satzes 1 ist durch eine Bescheinigung des für den Gläubiger zuständigen Finanzamts nachzuweisen. 5 Die Bescheinigung ist unter dem Vorbehalt des Widerrufs auszustellen. 6 Die Voraussetzung des Satzes 2 ist gegenüber dem für den Gläubiger zuständigen Finanzamt durch eine Bescheinigung des für den Organträger zuständigen Finanzamts nachzuweisen.

(6) 1 Voraussetzung für die Abstandnahme vom Steuerabzug nach den Absätzen 1, 4 und 5 bei Kapitalerträgen im Sinne des § 43 Absatz 1 Satz 1 Nummer 6, 7, und 8 bis 12 sowie Satz 2 ist, dass die Teilschuldverschreibungen, die Anteile an der Sammelschuldbuchforderung, die Wertrechte, die Einlagen und Guthaben oder sonstigen Wirtschaftsgüter im Zeitpunkt des Zufließens der Einnahmen unter dem Namen des Gläubigers der Kapitalerträge bei der die Kapitalerträge auszahlenden Stelle verwahrt oder verwaltet werden. 2 Ist dies nicht der Fall, ist die Bescheinigung nach § 45 a Absatz 2 durch einen entsprechenden Hinweis zu kennzeichnen. 3 Wird bei einem inländischen Kredit- oder Finanzdienstleistungsinstitut im Sinne des § 43 Absatz 1 Satz 1 Nummer 7

[1] § 44 a Abs. 5 Satz 1 geänd. durch G v. 26. 6. 2013 (BGBl. I S. 1809).

Buchstabe b ein Konto oder Depot für eine gemäß § 5 Absatz 1 Nummer 9 des Körperschaftsteuergesetzes befreite Stiftung im Sinne des § 1 Absatz 1 Nummer 5 des Körperschaftsteuergesetzes auf den Namen eines anderen Berechtigten geführt und ist das Konto oder Depot durch einen Zusatz zur Bezeichnung eindeutig sowohl vom übrigen Vermögen des anderen Berechtigten zu unterscheiden als auch steuerlich der Stiftung zuzuordnen, so gilt es für die Anwendung des Absatzes 4, des Absatzes 7, des Absatzes 10 Satz 1 Nummer 3 und des § 44 b Absatz 6 in Verbindung mit Absatz 7 als im Namen der Stiftung geführt.[1]

(7)[2] [1] Ist der Gläubiger eine inländische

1. Körperschaft, Personenvereinigung oder Vermögensmasse im Sinne des § 5 Absatz 1 Nummer 9 des Körperschaftsteuergesetzes oder
2. Stiftung des öffentlichen Rechts, die ausschließlich und unmittelbar gemeinnützigen oder mildtätigen Zwecken dient, oder
3. juristische Person des öffentlichen Rechts, die ausschließlich und unmittelbar kirchlichen Zwecken dient,

so ist der Steuerabzug bei Kapitalerträgen im Sinne des § 43 Absatz 1 Satz 1 Nummer [***ab 1. 1. 2013:*** 1, 2, 3 und] 7 a bis 7 c nicht vorzunehmen. [2] *Der Steuerabzug vom Kapitalertrag ist außerdem nicht vorzunehmen bei Kapitelerträgen im Sinne des § 43 Absatz 1 Satz 1 Nummer 1, soweit es sich um Erträge aus Anteilen an Gesellschaften mit beschränkter Haftung, Namensaktien nicht börsennotierter Aktiengesellschaften und Anteilen an Erwerbs- und Wirtschaftsgenossenschaften sowie aus Genussrechten handelt, und bei Kapitalerträgen im Sinne des § 43 Absatz 1 Satz 1 Nummer 2 und 3; Voraussetzung für die Abstandnahme bei Kapitalerträgen aus Genussrechten im Sinne des § 43 Absatz 1 Satz 1 Nummer 1 und Kapitalerträgen im Sinne des § 43 Absatz 1 Satz 1 Nummer 2 ist, dass die Genussrechte und Wirtschaftsgüter im Sinne des § 43 Absatz 1 Satz 1 Nummer 2 nicht sammelverwahrt werden. [3] Bei allen übrigen Kapitalerträgen nach § 43 Absatz 1 Satz 1 Nummer 1 und 2 ist § 44b Absatz 6 sinngemäß anzuwenden.*[3] [2] Voraussetzung für die Anwendung *der Sätze 1 und 2* [***ab 1. 1. 2013:*** des Satzes 1] ist, dass der Gläubiger durch eine Bescheinigung des für seine Geschäftsleitung oder seinen Sitz zuständigen Finanzamts nachweist, dass er eine Körperschaft, Personenvereinigung oder Vermögensmasse nach Satz 1 ist. [3] Absatz 4 gilt entsprechend.

(8) [1] Ist der Gläubiger

1. eine nach § 5 Absatz 1 mit Ausnahme der Nummer 9 des Körperschaftsteuergesetzes oder nach anderen Gesetzen von der Körperschaftsteuer befreite Körperschaft, Personenvereinigung oder Vermögensmasse oder
2. eine inländische juristische Person des öffentlichen Rechts, die nicht in Absatz 7 bezeichnet ist,

---

[1] § 44 a Abs. 6 Satz 3 angef. durch G v. 1. 11. 2011 (BGBl. I S. 2131).

[2] § 44 a Abs. 7 Satz 1 geänd., Sätze 2 und 3 aufgeh., bish. Sätze 4 und 5 werden Sätze 2 und 3, neuer Satz 2 geänd. durch G v. 26. 6. 2013 (BGBl. I S. 1809).

[3] Kursiver Satzteil gestrichen durch G v. 1. 11. 2011 (BGBl. I S. 2131).

[Fassung bis 31. 12. 2012:]

so ist der Steuerabzug bei Kapitalerträgen im Sinne des § 43 Absatz 1 Satz 1 Nummer 1, soweit es sich um Erträge aus Anteilen an Gesellschaften mit beschränkter Haftung, *Namensaktien nicht börsennotierter Aktiengesellschaften und Erwerbs- und Wirtschaftsgenossenschaften* [***ab 1. 1. 2012:*** und Namensaktien nicht börsennotierter Aktiengesellschaften][2] handelt, sowie von Erträgen aus Genussrechten im Sinne des § 43 Absatz 1 Satz 1 Nummer 1 und Kapitalerträgen im Sinne des § 43 Absatz 1 Satz 1 Nummer 2 und 3 unter der Voraussetzung, dass diese Wirtschaftsgüter nicht sammelverwahrt werden, und bei Kapitalerträgen im Sinne des § 43 Absatz 1 Satz 1 Nummer 7 a nur in Höhe von drei Fünfteln vorzunehmen. [2]Bei allen übrigen Kapitalerträgen nach § 43 Absatz 1 Satz 1 Nummer 1 bis 3 ist § 44 b Absatz 6 in Verbindung mit Satz 1 sinngemäß anzuwenden (Erstattung von zwei Fünfteln der gesetzlich in § 43 a vorgeschriebenen Kapitalertragsteuer). [3]Voraussetzung für die Anwendung des Satzes 1 ist, dass der Gläubiger durch eine Bescheinigung des für seine Geschäftsleitung oder seinen Sitz zuständigen Finanzamts nachweist, dass er eine Körperschaft, Personenvereinigung oder Vermögensmasse im Sinne des Satzes 1 ist. [4]Absatz 4 gilt entsprechend.

[Fassung ab 1. 1. 2013:][1]

so ist der Steuerabzug bei Kapitalerträgen im Sinne des § 43 Absatz 1 Satz 1 Nummer 1, 2, 3 und 7 a nur in Höhe von drei Fünfteln vorzunehmen. [2]Voraussetzung für die Anwendung des Satzes 1 ist, dass der Gläubiger durch eine Bescheinigung des für seine Geschäftsleitung oder seinen Sitz zuständigen Finanzamts nachweist, dass er eine Körperschaft, Personenvereinigung oder Vermögensmasse im Sinne des Satzes 1 ist. [3]Absatz 4 gilt entsprechend.

(8 a)[3] [1]Absatz 8 ist entsprechend auf Personengesellschaften im Sinne des § 212 Absatz 1 des Fünften Buches Sozialgesetzbuch anzuwenden. [2]Dabei tritt die Personengesellschaft an die Stelle des Gläubigers der Kapitalerträge.

---

[1] § 44 a Abs. 8 Satz 1 geänd., Satz 2 aufgeh., bisch. Sätze 3 und 4 werden Sätze 2 und 3 durch G v. 26. 6. 2013 (BGBl. I S. 1809).

[2] § 44 a Abs. 8 Satz 1 geänd. durch G v. 1. 11. 2011 (BGBl. I S. 2131).

[3] § 44 a Abs. 8 a eingef. mWv VZ 2012 durch G v. 7. 12. 2011 (BGBl. I S. 2592).

(9)[1] [1]Ist der Gläubiger der Kapitalerträge im Sinne des § 43 Absatz 1 eine beschränkt steuerpflichtige Körperschaft im Sinne des § 2 Nummer 1 des Körperschaftsteuergesetzes, so werden zwei Fünftel der einbehaltenen und abgeführten Kapitalertragsteuer erstattet. [2]§ 50 d Absatz 1 Satz 3 bis 12[2], Absatz 3 und 4 ist entsprechend anzuwenden. [3]Der Anspruch auf eine weitergehende Freistellung und Erstattung nach § 50 d Absatz 1 in Verbindung mit § 43 b oder § 50 g oder nach einem Abkommen zur Vermeidung der Doppelbesteuerung bleibt unberührt. [4]Verfahren nach den vorstehenden Sätzen und nach § 50 d Absatz 1 soll das Bundeszentralamt für Steuern verbinden.

(10)[3] [1]Werden Kapitalerträge im Sinne des § 43 Absatz 1 Satz 1 Nummer 1 a gezahlt, hat die auszahlende Stelle keinen Steuerabzug vorzunehmen, wenn

1. der auszahlenden Stelle eine Nichtveranlagungs-Bescheinigung nach Absatz 2 Satz 1 Nummer 2 für den Gläubiger vorgelegt wird,
2. der auszahlenden Stelle eine Bescheinigung nach Absatz 5 für den Gläubiger vorgelegt wird,
3. der auszahlenden Stelle eine Bescheinigung nach Absatz 7 Satz *4* [***ab 1. 1. 2013:*** 2] für den Gläubiger vorgelegt wird oder
4. der auszahlenden Stelle eine Bescheinigung nach Absatz 8 Satz *3* [***ab 1. 1. 2013:*** 2] für den Gläubiger vorgelegt wird; in diesen Fällen ist ein Steuereinbehalt in Höhe von drei Fünfteln vorzunehmen.

[2]Wird der auszahlenden Stelle ein Freistellungsauftrag erteilt, der auch Kapitalerträge im Sinne des Satzes 1 erfasst, oder führt diese einen Verlustausgleich nach § 43 a Absatz 3 Satz 2 unter Einbeziehung von Kapitalerträgen im Sinne des Satzes 1 durch, so hat sie den Steuerabzug nicht vorzunehmen, soweit die Kapitalerträge zusammen mit den Kapitalerträgen, für die nach Absatz 1 kein Steuerabzug vorzunehmen ist oder die Kapitalertragsteuer nach § 44 b zu erstatten ist, den mit dem Freistellungsauftrag beantragten Freistellungsbetrag nicht übersteigen. [3]Absatz 6 ist entsprechend anzuwenden. [4]Werden Kapitalerträge im Sinne des § 43 Absatz 1 Satz 1 Nummer 1 a von einer auszahlenden Stelle im Sinne des § 44 Absatz 1 Satz 4 Nummer 3 an eine ausländische Stelle ausgezahlt, hat diese auszahlende Stelle über den von ihr vor der Zahlung in das Ausland von diesen Kapitalerträgen vorgenommenen Steuerabzug der letzten inländischen auszahlenden Stelle in der Wertpapierverwahrkette, welche die Kapitalerträge auszahlt oder gutschreibt, auf deren Antrag eine Sammel-Steuerbescheinigung für die Summe der eigenen und der für Kunden verwahrten Aktien nach amtlich vorgeschriebenem Muster auszustellen. [5]Der Antrag darf nur für Aktien gestellt werden, die mit Dividendenberechtigung erworben und mit Dividendenanspruch geliefert wurden. [6]Wird eine solche Sammel-Steuerbescheinigung beantragt, ist die Ausstellung von Einzel-Steuerbescheinigungen oder die Weiterleitung eines Antrags auf Ausstellung einer

---

[1] § 44 a Abs. 9 Sätze 1 und 3 geänd. mWv 1. 1. 2009 durch G v. 8. 12. 2010 (BGBl. I S. 1768); Satz 2 geänd. mWv 1. 1. 2012 durch G v. 22. 6. 2011 (BGBl. I S. 1126).

[2] Zitat geänd. durch G v. 26. 6. 2013 (BGBl. I S. 1809).

[3] § 44 a Abs. 10 eingef. durch G v. 22. 6. 2011 (BGBl. I S. 1126); Sätze 4 bis 7 angef. durch G v. 7. 12. 2011 (BGBl. I S. 2592); Nrn. 3 und 4 Zitate angepasst durch G v. 26. 6. 2013 (BGBl. I S. 1809).

Einzel-Steuerbescheinigung über den Steuerabzug von denselben Kapitalerträgen ausgeschlossen; die Sammel-Steuerbescheinigung ist als solche zu kennzeichnen. [7] Auf die ihr ausgestellte Sammel-Steuerbescheinigung wendet die letzte inländische auszahlende Stelle § 44 b Absatz 6 mit der Maßgabe an, dass sie von den ihr nach dieser Vorschrift eingeräumten Möglichkeiten Gebrauch zu machen hat.

§ 44 b[1)] Erstattung der Kapitalertragsteuer. *(1) [1] Bei Kapitalerträgen im Sinne des § 43 Absatz 1 Satz 1 Nummer 1 und 2, die einem unbeschränkt einkommensteuerpflichtigen und in den Fällen des § 44 a Absatz 5 auch einem beschränkt einkommensteuerpflichtigen Gläubiger zufließen, wird auf Antrag die einbehaltene und abgeführte Kapitalertragsteuer unter den Voraussetzungen des § 44 a Absatz 1 Nummer 2, Absatz 2 Satz 1 Nummer 2 und Absatz 5 in dem dort bestimmten Umfang erstattet. [2] Dem Antrag auf Erstattung sind*

a) die Nichtveranlagungs-Bescheinigung nach § 44 a Absatz 2 Satz 1 Nummer 2 sowie eine Steuerbescheinigung nach § 45 a Absatz 3 oder

b) die Bescheinigung nach § 44 a Absatz 5 sowie eine Steuerbescheinigung nach § 45 a Absatz 2 oder Absatz 3 beizufügen.

(2) [1] Für die Erstattung ist das Bundeszentralamt für Steuern zuständig. [2] Der Antrag ist nach amtlich vorgeschriebenem Muster zu stellen und zu unterschreiben.

(3) [1] Die Antragsfrist endet am 31. Dezember des Jahres, das dem Kalenderjahr folgt, in dem die Einnahmen zugeflossen sind. [2] Die Frist kann nicht verlängert werden.

(4) Die Erstattung ist ausgeschlossen, wenn die vorgeschriebenen Steuerbescheinigungen nicht vorgelegt oder durch einen Hinweis nach § 44 a Absatz 6 Satz 2 gekennzeichnet worden sind.

(5)[2)] [1] Ist Kapitalertragsteuer einbehalten oder abgeführt worden, obwohl eine Verpflichtung hierzu nicht bestand, oder hat der Gläubiger dem nach § 44 Absatz 1 zum Steuerabzug Verpflichteten die Bescheinigung nach § 43 Absatz 2 Satz 4, den Freistellungsauftrag, die Nichtveranlagungs-Bescheinigung oder die Bescheinigungen nach § 44 a Absatz 4 oder Absatz 5 erst zu einem Zeitpunkt vorgelegt, zu dem die Kapitalertragsteuer bereits abgeführt war, oder nach diesem Zeitpunkt erst die Erklärung nach § 43 Absatz 2 Satz 3 Nummer 2 abgegeben, ist auf Antrag des nach § 44 Absatz 1 zum Steuerabzug Verpflichteten die Steueranmeldung (§ 45 a Absatz 1) insoweit zu ändern; stattdessen kann der zum Steuerabzug Verpflichtete bei der folgenden Steueranmeldung die abzuführende Kapitalertragsteuer entsprechend kürzen. [2] Erstattungsberechtigt ist der Antragsteller. [***ab 1. 1. 2015:*** [3] Solange noch keine Steuerbescheinigung nach § 45 a erteilt ist, hat der zum Steuerabzug Verpflichtete das Verfahren nach Satz 1 zu betreiben.] [4] Die vorstehenden Sätze sind in den Fällen des Absatzes 6 nicht anzuwenden.

(6) [1] Werden Kapitalerträge im Sinne des § 43 Absatz 1 Satz 1 Nummer 1 und 2 durch ein inländisches Kredit- oder Finanzdienstleistungsinstitut im Sinne des § 43 Absatz 1 Satz 1 Nummer 7 Buchstabe b, das die Wertpapiere,

---

1) § 44 b Abs. 1 bis 4 aufgeh. mWv 1. 1. 2013 durch G v. 26. 6. 2013 (BGBl. I S. 1809).

2) § 44 b Abs. 5 Satz 3 eingef., bish. Satz 3 wird Satz 4 mWv 1. 1. 2015 durch G v. 22. 12. 2014 (BGBl. I S. 2417).

Wertrechte oder sonstigen Wirtschaftsgüter unter dem Namen des Gläubigers verwahrt oder verwaltet, als Schuldner der Kapitalerträge oder für Rechnung des Schuldners gezahlt, kann das Kredit- oder Finanzdienstleistungsinstitut die einbehaltene und abgeführte Kapitalertragsteuer dem Gläubiger der Kapitalerträge bis zur Ausstellung einer Steuerbescheinigung, längstens bis zum 31. März des auf den Zufluss der Kapitalerträge folgenden Kalenderjahres, unter den folgenden Voraussetzungen erstatten:

1. dem Kredit- oder Finanzdienstleistungsinstitut wird eine Nichtveranlagungs-Bescheinigung nach § 44 a Absatz 2 Satz 1 Nummer 2 für den Gläubiger vorgelegt,
2. dem Kredit- oder Finanzdienstleistungsinstitut wird eine Bescheinigung nach § 44 a Absatz 5 für den Gläubiger vorgelegt,
3. dem Kredit- oder Finanzdienstleistungsinstitut wird eine Bescheinigung nach § 44 a Absatz 7 Satz *4* [***ab 1. 1. 2013:*** 2][1] für den Gläubiger vorgelegt und eine Abstandnahme war nicht möglich oder
4. dem Kredit- oder Finanzdienstleistungsinstitut wird eine Bescheinigung nach § 44 a Absatz 8 Satz *3* [***ab 1. 1. 2013:*** 2][1] für den Gläubiger vorgelegt und die teilweise Abstandnahme war nicht möglich; in diesen Fällen darf die Kapitalertragsteuer nur in Höhe von zwei Fünfteln erstattet werden.

2 Das erstattende Kredit- oder Finanzdienstleistungsinstitut haftet in sinngemäßer Anwendung des § 44 Absatz 5 für zu Unrecht vorgenommene Erstattungen; für die Zahlungsaufforderung gilt § 219 Satz 2 der Abgabenordnung entsprechend. 3 Das Kredit- oder Finanzdienstleistungsinstitut hat die Summe der Erstattungsbeträge in der Steueranmeldung gesondert anzugeben und von der von ihm abzuführenden Kapitalertragsteuer abzusetzen. 4 Wird dem Kredit- oder Finanzdienstleistungsinstitut ein Freistellungsauftrag erteilt, der auch Kapitalerträge im Sinne des Satzes 1 erfasst, oder führt das Institut einen Verlustausgleich nach § 43 a Absatz 3 Satz 2 unter Einbeziehung von Kapitalerträgen im Sinne des Satzes 1 aus, so hat es bis zur Ausstellung der Steuerbescheinigung, längstens bis zum 31. März des auf den Zufluss der Kapitalerträge folgenden Kalenderjahres, die einbehaltene und abgeführte Kapitalertragsteuer auf diese Kapitalerträge zu erstatten; Satz 2 ist entsprechend anzuwenden.

[***ab 1. 1. 2013:***

(7)[2] 1 Eine Gesamthandsgemeinschaft kann für ihre Mitglieder im Sinne des § 44 a Absatz 7 oder Absatz 8 eine Erstattung der Kapitalertragsteuer bei dem für die gesonderte Feststellung ihrer Einkünfte zuständigen Finanzamt beantragen. 2 Die Erstattung ist unter den Voraussetzungen des § 44 a Absatz 4, 7 oder Absatz 8 und in dem dort bestimmten Umfang zu gewähren.]

§ 45 Ausschluss der Erstattung von Kapitalertragsteuer. 1 In den Fällen, in denen die Dividende an einen anderen als an den Anteilseigner ausgezahlt wird, ist die Erstattung von Kapitalertragsteuer an den Zahlungsempfänger ausgeschlossen. 2 Satz 1 gilt nicht für den Erwerber eines Dividenden-

---

[1] Zitat geänd. durch G v. 26. 6. 2013 (BGBl. I S. 1809).
[2] § 44 b Abs. 7 angef. durch G v. 26. 6. 2013 (BGBl. I S. 1809).

scheines [*ab 1. 1. 2014:* oder sonstigen Anspruches] in den Fällen des § 20 Absatz 2 Satz 1 Nummer 2 Buchstabe a [*ab 1. 1. 2014:* Satz 2].[1)] [3]In den Fällen des § 20 Absatz 2 Satz 1 Nummer 2 Buchstabe b ist die Erstattung von Kapitalertragsteuer an den Erwerber von Zinsscheinen nach § 37 Absatz 2 der Abgabenordnung ausgeschlossen.

§ 45 a Anmeldung und Bescheinigung der Kapitalertragsteuer.

(1)[2)] [1]Die Anmeldung der einbehaltenen Kapitalertragsteuer ist dem Finanzamt innerhalb der in § 44 Absatz 1 oder Absatz 7 bestimmten Frist nach amtlich vorgeschriebenem Vordruck auf elektronischem Weg nach Maßgabe der Steuerdaten-Übermittlungsverordnung zu übermitteln; die auszahlende Stelle hat die Kapitalertragsteuer auf die Erträge im Sinne des § 43 Absatz 1 Satz 1 Nummer 1 a jeweils gesondert für das Land, in dem sich der Ort der Geschäftsleitung des Schuldners der Kapitalerträge befindet, anzugeben. [2]Satz 1 gilt entsprechend, wenn ein Steuerabzug nicht oder nicht in voller Höhe vorzunehmen ist. [3]Der Grund für die Nichtabführung ist anzugeben. [4]Auf Antrag kann das Finanzamt zur Vermeidung unbilliger Härten auf eine elektronische Übermittlung verzichten; in diesem Fall ist die Kapitalertragsteuer-Anmeldung von dem Schuldner, der den Verkaufsauftrag ausführenden Stelle, der auszahlenden Stelle oder einer vertretungsberechtigten Person zu unterschreiben.

[bis 31. 12. 2012:]

(2)[4)] [1]In den Fällen des § 43 Absatz 1 Satz 1 Nummer 1 [***ab 1. 1. 2012:*** , 2] bis 4, 7 a und 7 b sind der Schuldner der Kapitalerträge und in den Fällen des § 43 Absatz 1 Satz 1 Nummer [***ab 1. 1. 2012:*** 1 a,] 6, 7 und 8 bis 12 sowie Satz 2 die die Kapitalerträge auszahlende Stelle vorbehaltlich des Absatzes 3 verpflichtet, dem Gläubiger der Kapitalerträge auf Verlangen eine Bescheinigung nach amtlich vorgeschriebenem Muster auszustellen, die die nach § 32 d erforderlichen Angaben enthält.

[ab 1. 1. 2013:][3)]

(2) [1]Folgende Stellen sind verpflichtet, dem Gläubiger der Kapitalerträge auf Verlangen eine Bescheinigung nach amtlich vorgeschriebenem Muster auszustellen, die die nach § 32 d erforderlichen Angaben enthält; bei Vorliegen der Voraussetzungen des

1. § 43 Absatz 1 Satz 1 Nummer 1, 2 bis 4, 7 a und 7 b der Schuldner der Kapitalerträge,
2. § 43 Absatz 1 Satz 1 Nummer 1 a, 6, 7 und 8 bis 12 sowie Satz 2 die die Kapitalerträge auszahlende Stelle vorbehaltlich des Absatzes 3, und
3. § 44 Absatz 1 a die zur Abführung der Steuer verpflichtete Stelle.

[2]Die Bescheinigung braucht nicht unterschrieben zu werden, wenn sie in einem maschinellen Verfahren ausgedruckt worden ist und den Aussteller erkennen lässt. [3]§ 44 a Absatz 6 gilt sinngemäß; über die zu kennzeichnenden

---

1) § 45 Satz 2 neu gef. mWv 1. 1. 2014 durch G v. 25. 7. 2014 (BGBl. I S. 1266).
2) § 45 a Abs. 1 2. HS angef. durch G v. 22. 6. 2011 (BGBl. I S. 1126).
3) § 45 a Abs. 2 Satz 1 neu gef. durch G v. 26. 6. 2013 (BGBl. I S. 1809).
4) § 45 a Abs. 2 Satz 1 geänd. durch G v. 22. 6. 2011 (BGBl. I S. 1126).

Bescheinigungen haben die genannten Institute und Unternehmen Aufzeichnungen zu führen. 4 Diese müssen einen Hinweis auf den Buchungsbeleg über die Auszahlung an den Empfänger der Bescheinigung enthalten.

(3)[1] 1 Werden Kapitalerträge für Rechnung des Schuldners durch ein inländisches Kreditinstitut oder ein inländisches Finanzdienstleistungsinstitut gezahlt, so hat anstelle des Schuldners das Kreditinstitut oder das Finanzdienstleistungsinstitut die Bescheinigung zu erteilen, sofern nicht die Voraussetzungen des Absatzes 2 Satz 1 erfüllt sind. 2 Satz 1 gilt in den Fällen des § 20 Absatz 1 Nummer 1 Satz 4 entsprechend; der Emittent der Aktien gilt insoweit als Schuldner der Kapitalerträge.

(4) 1 Eine Bescheinigung nach Absatz 2 oder Absatz 3 ist auch zu erteilen, wenn in Vertretung des Gläubigers ein Antrag auf Erstattung der Kapitalertragsteuer nach § 44 b gestellt worden ist oder gestellt wird. 2 Satz 1 gilt entsprechend, wenn nach § 44 a Absatz 8 Satz 1 der Steuerabzug nur nicht in voller Höhe vorgenommen worden ist.

(5) 1 Eine Ersatzbescheinigung darf nur ausgestellt werden, wenn die Urschrift nach den Angaben des Gläubigers abhanden gekommen oder vernichtet ist. 2 Die Ersatzbescheinigung muss als solche gekennzeichnet sein. 3 Über die Ausstellung von Ersatzbescheinigungen hat der Aussteller Aufzeichnungen zu führen.

(6) 1 Eine Bescheinigung, die den Absätzen 2 bis 5 nicht entspricht, hat der Aussteller zurückzufordern und durch eine berichtigte Bescheinigung zu ersetzen. 2 Die berichtigte Bescheinigung ist als solche zu kennzeichnen. 3 Wird die zurückgeforderte Bescheinigung nicht innerhalb eines Monats nach Zusendung der berichtigten Bescheinigung an den Aussteller zurückgegeben, hat der Aussteller das nach seinen Unterlagen für den Empfänger zuständige Finanzamt schriftlich zu benachrichtigen.

(7) 1 Der Aussteller einer Bescheinigung, die den Absätzen 2 bis 5 nicht entspricht, haftet für die auf Grund der Bescheinigung verkürzten Steuern oder zu Unrecht gewährten Steuervorteile. 2 Ist die Bescheinigung nach Absatz 3 durch ein inländisches Kreditinstitut oder ein inländisches Finanzdienstleistungsinstitut auszustellen, so haftet der Schuldner auch, wenn er zum Zweck der Bescheinigung unrichtige Angaben macht. 3 Der Aussteller haftet nicht

1. in den Fällen des Satzes 2,
2. wenn er die ihm nach Absatz 6 obliegenden Verpflichtungen erfüllt hat.

§ 45 b[2] *Erstattung von Kapitalertragsteuer auf Grund von Sammelanträgen.*

(1) 1 Wird in den Fällen des § 44 b Absatz 1 der Antrag auf Erstattung von Kapitalertragsteuer in Vertretung des Gläubigers der Kapitalerträge durch einen Vertreter im Sinne des Absatzes 2 gestellt, kann von der Nichtveranlagungs-Bescheinigung nach § 44 a Absatz 2 Satz 1 Nummer 2 oder der Bescheinigung nach § 44 a Absatz 5 sowie der Steuerbescheinigung nach § 45 a Absatz 2 oder 3 abgesehen werden, wenn der Vertreter versichert, dass

---

[1] § 45 a Abs. 3 Satz 1 geänd. durch G v. 22. 6. 2011 (BGBl. I S. 1126).
[2] § 45 b aufgeh. durch G v. 26. 6. 2013 (BGBl. I S. 1809).

1. *eine Bescheinigung im Sinne des § 45 a Absatz 2 oder 3 als ungültig gekennzeichnet oder nach den Angaben des Gläubigers der Kapitalerträge abhanden gekommen oder vernichtet ist,*
2. *die Wertpapiere oder die Kapitalforderungen im Zeitpunkt des Zufließens der Einnahmen in einem auf den Namen des Vertreters lautenden Wertpapierdepot bei einem inländischen Kreditinstitut oder bei der inländischen Zweigniederlassung eines der in § 53 b Absatz 1 oder Absatz 7 des Gesetzes über das Kreditwesen genannten Institute oder Unternehmen verzeichnet waren oder bei Vertretern im Sinne des Absatzes 2 Satz 1 Nummer 3 zu diesem Zeitpunkt der Geschäftsanteil vom Vertreter verwaltet wurde,*
3. *eine Nichtveranlagungs-Bescheinigung nach § 44 a Absatz 2 Satz 1 Nummer 2 oder eine Bescheinigung nach § 44 a Absatz 5 vorliegt und*
4. *die Angaben in dem Antrag wahrheitsgemäß nach bestem Wissen und Gewissen gemacht worden sind.*

2 Über Anträge, in denen ein Vertreter versichert, dass die Bescheinigung im Sinne des § 45 a Absatz 2 oder Absatz 3 als ungültig gekennzeichnet oder nach den Angaben des Gläubigers der Kapitalerträge abhanden gekommen oder vernichtet ist, haben die Vertreter Aufzeichnungen zu führen. 3 Die Sätze 1 und 2 sind entsprechend anzuwenden, wenn der Gläubiger der Kapitalerträge dem Vertreter einen Freistellungsauftrag erteilt hat.[1)]

(2) 1 Absatz 1 gilt für Anträge, die

1. *eine Kapitalgesellschaft in Vertretung ihrer Arbeitnehmer stellt, soweit es sich um Einnahmen aus Anteilen handelt, die den Arbeitnehmern von der Kapitalgesellschaft überlassen worden sind und von ihr, einem inländischen Kreditinstitut oder einer inländischen Zweigniederlassung eines der in § 53 b Absatz 1 oder 7 des Gesetzes über das Kreditwesen genannten Institute oder Unternehmen verwahrt werden;*
2. *der von einer Kapitalgesellschaft bestellte Treuhänder in Vertretung der Arbeitnehmer dieser Kapitalgesellschaft stellt, soweit es sich um Einnahmen aus Anteilen handelt, die den Arbeitnehmern von der Kapitalgesellschaft überlassen worden sind und von dem Treuhänder, einem inländischen Kreditinstitut oder einer inländischen Zweigniederlassung eines der in § 53 b Absatz 1 oder 7 des Gesetzes über das Kreditwesen genannten Institute oder Unternehmen verwahrt werden.*
3. [2)] *eine Erwerbs- oder Wirtschaftsgenossenschaft in Vertretung ihrer Mitglieder stellt, soweit es sich um Einnahmen aus Anteilen an dieser Genossenschaft handelt und nicht die Abstandnahme gemäß § 44 a Absatz 8 durchgeführt wurde.*

2 Den Arbeitnehmern im Sinne des Satzes 1 Nummer 1 und 2 stehen Arbeitnehmer eines mit der Kapitalgesellschaft verbundenen Unternehmens (§ 15 des Aktiengesetzes) sowie frühere Arbeitnehmer der Kapitalgesellschaft oder eines mit ihr verbundenen Unternehmens gleich. 3 Den von der Kapitalgesellschaft überlassenen Anteilen stehen Aktien gleich, die den Arbeitnehmern bei einer Kapitalerhöhung auf Grund ihres Bezugsrechts aus den von der Kapitalgesellschaft überlassenen Aktien zugeteilt worden sind oder die den Arbeitnehmern auf Grund einer Kapitalerhöhung aus Gesellschaftsmitteln gehören.

---

1) § 45 b Abs. 1 Satz 3 angef. durch G v. 8. 12. 2010 (BGBl. I S. 1768).
2) § 45 b Absatz 2 Satz 1 Nr. 3 aufgeh. durch G v. 1. 11. 2011 (BGBl. I S. 2131).

(2 a) 1 Sammelanträge auf volle oder teilweise Erstattung können auch Gesamthandsgemeinschaften für ihre Mitglieder im Sinne von § 44 a Absatz 7 und 8 stellen. 2 Die Absätze 1 und 2 sind entsprechend anzuwenden.

(3) 1 Erkennt der Vertreter des Gläubigers der Kapitalerträge vor Ablauf der Festsetzungsfrist im Sinne der §§ 169 bis 171 der Abgabenordnung, dass die Erstattung ganz oder teilweise zu Unrecht festgesetzt worden ist, so hat er dies dem Bundeszentralamt für Steuern anzuzeigen. 2 Das Bundeszentralamt für Steuern hat die zu Unrecht erstatteten Beträge von dem Gläubiger zurückzufordern, für den sie festgesetzt worden sind. 3 Der Vertreter des Gläubigers haftet für die zurückzuzahlenden Beträge.

(4) 1 § 44 b Absatz 1 bis 4 gilt entsprechend. 2 Die Antragsfrist gilt als gewahrt, wenn der Gläubiger die beantragende Stelle bis zu dem in § 44 b Absatz 3 bezeichneten Zeitpunkt schriftlich mit der Antragstellung beauftragt hat.

(5) Die Vollmacht, den Antrag auf Erstattung von Kapitalertragsteuer zu stellen, ermächtigt zum Empfang der Steuererstattung.

§ 45 c. (weggefallen)

§ 45 d Mitteilungen an das Bundeszentralamt für Steuern. (1) 1 Wer nach § 44 Absatz 1 dieses Gesetzes und § 7 des Investmentsteuergesetzes[1] zum Steuerabzug verpflichtet ist *oder auf Grund von Sammelanträgen nach § 45 b Absatz 1 und 2 die Erstattung von Kapitalertragsteuer beantragt*[2] [***ab 1. 1. 2013:*** (Meldestelle)][3], hat dem Bundeszentralamt für Steuern bis zum *31. Mai* [***ab 1. 1. 2013:*** 1. März][3] des Jahres, das auf das Jahr folgt, in dem die Kapitalerträge den Gläubigern zufließen, folgende Daten zu übermitteln:

[Fassung bis 31. 12. 2012:]

1. Vor- und Zunamen sowie das Geburtsdatum der Person – gegebenenfalls auch des Ehegatten –, die den Freistellungsauftrag erteilt hat (Auftraggeber),
2. Anschrift des Auftraggebers,
3. bei den Kapitalerträgen, für die ein Freistellungsauftrag erteilt worden ist,
   a) die Kapitalerträge, bei denen vom Steuerabzug Abstand genommen worden ist [***ab 1. 1. 2010:*** oder bei denen auf Grund

[Fassung ab 1. 1. 2013:][3]

1. Vor- und Zuname, Identifikationsnummer (§ 139 b der Abgabenordnung) sowie das Geburtsdatum des Gläubigers der Kapitalerträge; bei einem gemeinsamen Freistellungsauftrag sind die Daten beider Ehegatten zu übermitteln,
2. Anschrift des Gläubigers der Kapitalerträge,
3. bei den Kapitalerträgen, für die ein Freistellungsauftrag erteilt worden ist,
   a) die Kapitalerträge, bei denen vom Steuerabzug Abstand genommen worden ist oder bei denen auf Grund des Freistel-

---

[1] Nr. **120**.
[2] Kursiver Satzteil aufgeh. durch G v. 26. 6. 2013 (BGBl. I S. 1809).
[3] § 45 d Abs. 1 neu gef. durch G v. 8. 12. 2010 (BGBl. I S. 1768); zur Anwendung siehe § 52 Abs. 45.

[Fassung bis 31. 12. 2012:]

Grund des Freistellungsauftrags gemäß § 44 b Absatz 6 Satz 4 oder gemäß § 7 Absatz 5 Satz 1 des Investmentsteuergesetzes Kapitalertragsteuer erstattet wurde],

b) die Kapitalerträge, bei denen die Erstattung von Kapitalertragsteuer beim Bundeszentralamt für Steuern beantragt worden ist,

4. Namen und Anschrift des Empfängers des Freistellungsauftrags.

²Die Datenübermittlung hat nach amtlich vorgeschriebenem Datensatz auf amtlich vorgeschriebenen maschinell verwertbaren Datenträgern zu erfolgen. ³Im Übrigen findet § 150 Absatz 6 der Abgabenordnung entsprechende Anwendung. ⁴Das Bundeszentralamt für Steuern kann auf Antrag eine Übermittlung nach amtlich vorgeschriebenem Vordruck zulassen, wenn eine Übermittlung nach Satz 2 eine unbillige Härte mit sich bringen würde.

[Fassung ab 1. 1. 2013:]

lungsauftrags gemäß § 44 b Absatz 6 Satz 4 dieses Gesetzes oder gemäß § 7 Absatz 5 Satz 1 des Investmentsteuergesetzes Kapitalertragsteuer erstattet wurde,

b) die Kapitalerträge, bei denen die Erstattung von Kapitalertragsteuer beim Bundeszentralamt für Steuern beantragt worden ist,

4. die Kapitalerträge, bei denen auf Grund einer Nichtveranlagungs-Bescheinigung einer natürlichen Person nach § 44 a Absatz 2 Satz 1 Nummer 2 vom Steuerabzug Abstand genommen oder eine Erstattung vorgenommen wurde,

5. Name und Anschrift der Meldestelle.

²Die Daten sind nach amtlich vorgeschriebenem Datensatz durch Datenfernübertragung zu übermitteln; im Übrigen ist § 150 Absatz 6 der Abgabenordnung entsprechend anzuwenden.

(2) ¹Das Bundeszentralamt für Steuern darf den Sozialleistungsträgern die Daten nach Absatz 1 mitteilen, soweit dies zur Überprüfung des bei der Sozialleistung zu berücksichtigenden Einkommens oder Vermögens erforderlich ist oder der Betroffene zustimmt. ²Für Zwecke des Satzes 1 ist das Bundeszentralamt für Steuern berechtigt, die ihm von den Sozialleistungsträgern übermittelten Daten mit den vorhandenen Daten nach Absatz 1 im Wege des automatisierten Datenabgleichs zu überprüfen und das Ergebnis den Sozialleistungsträgern mitzuteilen.

(3)[1] ¹Ein inländischer Versicherungsvermittler im Sinne des § 59 Absatz 1 des Versicherungsvertragsgesetzes hat bis zum 30. März des Folgejahres das Zustan-

[1] § 45 d Abs. 3 Sätze 2 und 3 neu gef. durch G v. 8. 12. 2010 (BGBl. I S. 1768).

dekommen eines Vertrages im Sinne des § 20 Absatz 1 Nummer 6 zwischen einer im Inland ansässigen Person und einem Versicherungsunternehmen mit Sitz und Geschäftsleitung im Ausland gegenüber dem Bundeszentralamt für Steuern mitzuteilen; dies gilt nicht, wenn das Versicherungsunternehmen eine Niederlassung im Inland hat oder das Versicherungsunternehmen dem Bundeszentralamt für Steuern bis zu diesem Zeitpunkt das Zustandekommen eines Vertrages angezeigt und den Versicherungsvermittler hierüber in Kenntnis gesetzt hat. 2 Folgende Daten sind zu übermitteln:

1. Vor- und Zuname sowie Geburtsdatum, Anschrift und Identifikationsnummer des Versicherungsnehmers,
2. Name und Anschrift des Versicherungsunternehmens sowie Vertragsnummer oder sonstige Kennzeichnung des Vertrages,
3. Name und Anschrift des Versicherungsvermittlers, wenn die Mitteilung nicht vom Versicherungsunternehmen übernommen wurde,
4. Laufzeit und garantierte Versicherungssumme oder Beitragssumme für die gesamte Laufzeit,
5. Angabe, ob es sich um einen konventionellen, einen fondsgebundenen oder einen vermögensverwaltenden Versicherungsvertrag handelt.

3 Die Daten sind nach amtlich vorgeschriebenem Datensatz durch Datenfernübertragung zu übermitteln; im Übrigen ist § 150 Absatz 6 der Abgabenordnung entsprechend anzuwenden.

§ 45 e[1)] Ermächtigung für Zinsinformationsverordnung. 1 Die Bundesregierung wird ermächtigt, durch Rechtsverordnung[2)] mit Zustimmung des Bundesrates die Richtlinie 2003/48/EG des Rates vom 3. Juni 2003 (ABl. EU Nr. L 157 S. 38) in der jeweils geltenden Fassung im Bereich der Besteuerung von Zinserträgen umzusetzen. 2 § 45 d Absatz 1 Satz 2 *bis 4 und Absatz 2 sind* [***ab 1. 1. 2013:*** und Absatz 2 ist] entsprechend anzuwenden.

4. Veranlagung von Steuerpflichtigen mit steuerabzugspflichtigen Einkünften

§ 46 Veranlagung bei Bezug von Einkünften aus nichtselbständiger Arbeit. (1) (weggefallen)

(2) Besteht das Einkommen ganz oder teilweise aus Einkünften aus nichtselbständiger Arbeit, von denen ein Steuerabzug vorgenommen worden ist, so wird eine Veranlagung nur durchgeführt,

1. wenn die positive Summe der einkommensteuerpflichtigen Einkünfte, die nicht dem Steuerabzug vom Arbeitslohn zu unterwerfen waren, vermindert um die darauf entfallenden Beträge nach § 13 Absatz 3 und § 24 a, oder die positive Summe der Einkünfte und Leistungen, die dem Progressionsvorbehalt unterliegen, jeweils mehr als 410 Euro beträgt;

---

1) § 45 e Satz 2 geänd. durch G v. 25. 7. 2014 (BGBl. I S. 1266).
2) ZinsinformationsVO v. 26. 1. 2004 (Nr. **11**).

2. wenn der Steuerpflichtige nebeneinander von mehreren Arbeitgebern Arbeitslohn bezogen hat; das gilt nicht, soweit nach § 38 Absatz 3a Satz 7 Arbeitslohn von mehreren Arbeitgebern für den Lohnsteuerabzug zusammengerechnet worden ist;

3.[1] wenn bei einem Steuerpflichtigen die Summe der beim Steuerabzug vom Arbeitslohn nach § 39b Absatz 2 Satz 5 Nummer 3 Buchstabe b bis d berücksichtigten Teilbeträge der Vorsorgepauschale größer ist als die abziehbaren Vorsorgeaufwendungen nach § 10 Absatz 1 Nummer 3 und Nummer 3a in Verbindung mit Absatz 4 und der im Kalenderjahr insgesamt erzielte Arbeitslohn *10 200* [***ab VZ 2013:*** 10 500[2]); ***ab VZ 2014:*** 10 700[3]); ***ab VZ 2015:*** 10 800[4]); ***ab VZ 2016:*** 11 000[4])] Euro übersteigt, oder bei Ehegatten, die die Voraussetzungen des § 26 Absatz 1 erfüllen, der im Kalenderjahr von den Ehegatten insgesamt erzielte Arbeitslohn *19 400* [***ab VZ 2013:*** 19 700[2]); ***ab VZ 2014:*** 20 200[3]); ***ab VZ 2015:*** 20 500[4]); ***ab VZ 2016:*** 20 900[4])] Euro übersteigt;

3a. wenn von Ehegatten, die nach den §§ 26, 26b zusammen zur Einkommensteuer zu veranlagen sind, beide Arbeitslohn bezogen haben und einer für den Veranlagungszeitraum oder einen Teil davon nach der Steuerklasse V oder VI besteuert oder bei Steuerklasse IV der Faktor (§ 39f) eingetragen worden ist;

4.[5] wenn *auf der Lohnsteuerkarte eines Steuerpflichtigen ein Freibetrag im Sinne des § 39a Absatz 1 Nummer 1 bis 3, 5 oder Nummer 6 eingetragen* [***ab VZ 2012:*** für einen Steuerpflichtigen ein Freibetrag im Sinne des § 39a Absatz 1 Satz 1 Nummer 1 bis 3, 5 oder Nummer 6 ermittelt] worden ist und der im Kalenderjahr insgesamt erzielte Arbeitslohn *10 200* [***ab VZ 2013:*** 10 500[2]); ***ab VZ 2014:*** 10 700[3]); ***ab VZ 2015:*** 10 800[4]); ***ab VZ 2016:*** 11 000[4])] Euro übersteigt oder bei Ehegatten, die die Voraussetzungen des § 26 Absatz 1 erfüllen, der im Kalenderjahr von den Ehegatten insgesamt erzielte Arbeitslohn *19 400* [***ab VZ 2013:*** 19 700[2]); ***ab VZ 2014:*** 20 200[3]); ***ab VZ 2015:*** 20 500[4]); ***ab VZ 2016:*** 20 900[4])] Euro übersteigt; dasselbe gilt für einen Steuerpflichtigen, der zum Personenkreis des § 1 Absatz 2 gehört oder für einen beschränkt einkommensteuerpflichtigen Arbeitnehmer, wenn diese Eintragungen auf einer Bescheinigung *nach § 39c oder § 39d* [***ab VZ 2012:*** für den Lohnsteuerabzug (§ 39 Absatz 3 Satz 1)] erfolgt sind;

4a. wenn bei einem Elternpaar, bei dem die Voraussetzungen des § 26 Absatz 1 Satz 1 nicht vorliegen,

a) bis c) (weggefallen)

---

[1]) § 46 Abs. 2 Nr. 3 2. HS angef. mWv VZ 2010 durch G v. 1. 11. 2011 (BGBl. I S. 2131).

[2]) Betrag geänd. durch G v. 20. 2. 2013 (BGBl. I S. 283).

[3]) Betrag geänd. durch G v. 20. 2. 2013 (BGBl. I S. 283).

[4]) Beträge geänd. mWv VZ 2015 bzw. VZ 2016 durch G v. 16. 7. 2015 (BGBl. I S. 1202).

[5]) § 46 Abs. 2 Nr. 4 neu gef. mWv VZ 2009 durch G v. 8. 12. 2010 (BGBl. I S. 1768); geänd. mWv VZ 2012 durch G v. 7. 12. 2011 (BGBl. I S. 2592).

d) im Fall des § 33 a Absatz 2 Satz *6* [***n. F.:*** 5][1)] das Elternpaar gemeinsam eine Aufteilung des Abzugsbetrags in einem anderen Verhältnis als je zur Hälfte beantragt oder

e) im Fall des § 33 b Absatz 5 Satz 3 das Elternpaar gemeinsam eine Aufteilung des Pauschbetrags für behinderte Menschen oder des Pausch-

(Fortsetzung nächstes Blatt)

[1)] Verweis geänd. mWv VZ 2012 durch G v. 1. 11. 2011 (BGBl. I S. 2131).

betrags für Hinterbliebene in einem anderen Verhältnis als je zur Hälfte beantragt.

[2]Die Veranlagungspflicht besteht für jeden Elternteil, der Einkünfte aus nichtselbständiger Arbeit bezogen hat;

5. wenn bei einem Steuerpflichtigen die Lohnsteuer für einen sonstigen Bezug im Sinne des § 34 Absatz 1 und 2 Nummer 2 und 4 nach § 39 b Absatz 3 Satz 9 oder für einen sonstigen Bezug nach § 39 c Absatz 3[1)] ermittelt wurde;

5 a. wenn der Arbeitgeber die Lohnsteuer von einem sonstigen Bezug berechnet hat und dabei der Arbeitslohn aus früheren Dienstverhältnissen des Kalenderjahres außer Betracht geblieben ist (§ 39 b Absatz 3 Satz 2, § 41 Absatz 1 Satz 6[2)], Großbuchstabe S);

6. wenn die Ehe des Arbeitnehmers im Veranlagungszeitraum durch Tod, Scheidung oder Aufhebung aufgelöst worden ist und er oder sein Ehegatte der aufgelösten Ehe im Veranlagungszeitraum wieder geheiratet hat;

7.[3)] wenn

a) für einen unbeschränkt Steuerpflichtigen im Sinne des § 1 Absatz 1 bei der Bildung der Lohnsteuerabzugsmerkmale (§ 39) ein Ehegatte im Sinne des § 1 a Absatz 1 Nummer 2 berücksichtigt worden ist oder

b) für einen Steuerpflichtigen, der zum Personenkreis des § 1 Absatz 3 oder des § 1 a gehört, Lohnsteuerabzugsmerkmale nach § 39 Absatz 2 gebildet worden sind; das nach § 39 Absatz 2 Satz 2 bis 4 zuständige Betriebsstättenfinanzamt ist dann auch für die Veranlagung zuständig;

8. wenn die Veranlagung beantragt wird, insbesondere zur Anrechnung von Lohnsteuer auf die Einkommensteuer. [2]Der Antrag ist durch Abgabe einer Einkommensteuererklärung zu stellen.

(3)[4)] [1]In den Fällen des Absatzes 2 ist ein Betrag in Höhe der einkommensteuerpflichtigen Einkünfte, von denen der Steuerabzug vom Arbeitslohn nicht vorgenommen worden ist [***ab 1. 1. 2014:*** und die nicht nach § 32 d Absatz 6 der tariflichen Einkommensteuer unterworfen wurden], vom Einkommen abzuziehen, wenn diese Einkünfte insgesamt nicht mehr als 410 Euro betragen. [2]Der Betrag nach Satz 1 vermindert sich um den Altersentlastungsbetrag, soweit dieser den unter Verwendung des nach § 24 a Satz 5 maßgebenden Prozentsatzes zu ermittelnden Anteil des Arbeitslohns mit Ausnahme der Versorgungsbezüge im Sinne des § 19 Absatz 2 übersteigt, und um den nach § 13 Absatz 3 zu berücksichtigenden Betrag.

(4) [1]Kommt nach Absatz 2 eine Veranlagung zur Einkommensteuer nicht in Betracht, so gilt die Einkommensteuer, die auf die Einkünfte aus nichtselbständiger Arbeit entfällt, für den Steuerpflichtigen durch den Lohnsteuerabzug als abgegolten, soweit er nicht für zuwenig erhobene Lohnsteuer in Anspruch genommen werden kann. [2]§ 42 b bleibt unberührt.

[1)] Verweis geänd. mWv VZ 2012 durch G v. 7. 12. 2011 (BGBl. I S. 2592).
[2)] Verweis angepasst durch G v. 25. 7. 2014 (BGBl. I S. 1266).
[3)] § 46 Abs. 2 Nr. 7 geänd. mWv VZ 2012 durch G v. 7. 12. 2011 (BGBl. I S. 2592).
[4)] § 46 Abs. 3 Satz 1 geänd. mWv 1. 1. 2014 durch G v. 25. 7. 2014 (BGBl. I S. 1266).

(5)[1] Durch Rechtsverordnung kann in den Fällen des Absatzes 2 Nummer 1, in denen die einkommensteuerpflichtigen Einkünfte, von denen der Steuerabzug vom Arbeitslohn nicht vorgenommen worden ist [***ab 1. 1. 2014:*** und die nicht nach § 32 d Absatz 6 der tariflichen Einkommensteuer unterworfen wurden], den Betrag von 410 Euro übersteigen, die Besteuerung so gemildert werden, dass auf die volle Besteuerung dieser Einkünfte stufenweise übergeleitet wird.

§ 47. (weggefallen)

VII. Steuerabzug bei Bauleistungen

§ 48 Steuerabzug. (1) [1] Erbringt jemand im Inland eine Bauleistung (Leistender) an einen Unternehmer im Sinne des § 2 des Umsatzsteuergesetzes oder an eine juristische Person des öffentlichen Rechts (Leistungsempfänger), ist der Leistungsempfänger verpflichtet, von der Gegenleistung einen Steuerabzug in Höhe von 15 Prozent für Rechnung des Leistenden vorzunehmen. [2] Vermietet der Leistungsempfänger Wohnungen, so ist Satz 1 nicht auf Bauleistungen für diese Wohnungen anzuwenden, wenn er nicht mehr als zwei Wohnungen vermietet. [3] Bauleistungen sind alle Leistungen, die der Herstellung, Instandsetzung, Instandhaltung, Änderung oder Beseitigung von Bauwerken dienen. [4] Als Leistender gilt auch derjenige, der über eine Leistung abrechnet, ohne sie erbracht zu haben.

(2) [1] Der Steuerabzug muss nicht vorgenommen werden, wenn der Leistende dem Leistungsempfänger eine im Zeitpunkt der Gegenleistung gültige Freistellungsbescheinigung nach § 48 b Absatz 1 Satz 1 vorlegt oder die Gegenleistung im laufenden Kalenderjahr den folgenden Betrag voraussichtlich nicht übersteigen wird:

1. 15 000 Euro, wenn der Leistungsempfänger ausschließlich steuerfreie Umsätze nach § 4 Nummer 12 Satz 1 des Umsatzsteuergesetzes ausführt,
2. 5000 Euro in den übrigen Fällen.

[2] Für die Ermittlung des Betrags sind die für denselben Leistungsempfänger erbrachten und voraussichtlich zu erbringenden Bauleistungen zusammenzurechnen.

(3) Gegenleistung im Sinne des Absatzes 1 ist das Entgelt zuzüglich Umsatzsteuer.

(4) Wenn der Leistungsempfänger den Steuerabzugsbetrag angemeldet und abgeführt hat,

1. ist § 160 Absatz 1 Satz 1 der Abgabenordnung nicht anzuwenden,
2. sind § 42 d Absatz 6 und 8 und § 50 a Absatz 7 nicht anzuwenden.

§ 48 a Verfahren. (1) [1] Der Leistungsempfänger hat bis zum zehnten Tag nach Ablauf des Monats, in dem die Gegenleistung im Sinne des § 48 erbracht wird,

---

[1] § 46 Abs. 5 geänd. mWv 1. 1. 2014 durch G v. 25. 7. 2014 (BGBl. I S. 1266).

eine Anmeldung nach amtlich vorgeschriebenem Vordruck abzugeben, in der er den Steuerabzug für den Anmeldungszeitraum selbst zu berechnen hat. [2]Der Abzugsbetrag ist am zehnten Tag nach Ablauf des Anmeldungszeitraums fällig und an das für den Leistenden zuständige Finanzamt für Rechnung des Leistenden abzuführen. [3]Die Anmeldung des Abzugsbetrags steht einer Steueranmeldung gleich.

(2) Der Leistungsempfänger hat mit dem Leistenden unter Angabe

1. des Namens und der Anschrift des Leistenden,
2. des Rechnungsbetrags, des Rechnungsdatums und des Zahlungstags,
3. der Höhe des Steuerabzugs und
4. des Finanzamts, bei dem der Abzugsbetrag angemeldet worden ist,

über den Steuerabzug abzurechnen.

(3) [1]Der Leistungsempfänger haftet für einen nicht oder zu niedrig abgeführten Abzugsbetrag. [2]Der Leistungsempfänger haftet nicht, wenn ihm im Zeitpunkt der Gegenleistung eine Freistellungsbescheinigung (§ 48 b) vorgelegen hat, auf deren Rechtmäßigkeit er vertrauen konnte. [3]Er darf insbesondere dann nicht auf eine Freistellungsbescheinigung vertrauen, wenn diese durch unlautere Mittel oder durch falsche Angaben erwirkt wurde und ihm dies bekannt oder infolge grober Fahrlässigkeit nicht bekannt war. [4]Den Haftungsbescheid erlässt das für den Leistenden zuständige Finanzamt.

(4) § 50 b gilt entsprechend.

§ 48 b Freistellungsbescheinigung. (1) [1]Auf Antrag des Leistenden hat das für ihn zuständige Finanzamt, wenn der zu sichernde Steueranspruch nicht gefährdet erscheint und ein inländischer Empfangsbevollmächtigter bestellt ist, eine Bescheinigung nach amtlich vorgeschriebenem Vordruck zu erteilen, die den Leistungsempfänger von der Pflicht zum Steuerabzug befreit. [2]Eine Gefährdung kommt insbesondere dann in Betracht, wenn der Leistende

1. Anzeigepflichten nach § 138 der Abgabenordnung nicht erfüllt,
2. seiner Auskunfts- und Mitwirkungspflicht nach § 90 der Abgabenordnung nicht nachkommt,
3. den Nachweis der steuerlichen Ansässigkeit durch Bescheinigung der zuständigen ausländischen Steuerbehörde nicht erbringt.

(2) Eine Bescheinigung soll erteilt werden, wenn der Leistende glaubhaft macht, dass keine zu sichernden Steueransprüche bestehen.

(3) In der Bescheinigung sind anzugeben:

1. Name, Anschrift und Steuernummer des Leistenden,
2. Geltungsdauer der Bescheinigung,
3. Umfang der Freistellung sowie der Leistungsempfänger, wenn sie nur für bestimmte Bauleistungen gilt,
4. das ausstellende Finanzamt.

(4) Wird eine Freistellungsbescheinigung aufgehoben, die nur für bestimmte Bauleistungen gilt, ist dies den betroffenen Leistungsempfängern mitzuteilen.

(5) Wenn eine Freistellungsbescheinigung vorliegt, gilt § 48 Absatz 4 entsprechend.

(6) [1] Das Bundeszentralamt für Steuern erteilt dem Leistungsempfänger im Sinne des § 48 Absatz 1 Satz 1 im Wege einer elektronischen Abfrage Auskunft über die beim Bundeszentralamt für Steuern gespeicherten Freistellungsbescheinigungen. [2] Mit dem Antrag auf die Erteilung einer Freistellungsbescheinigung stimmt der Antragsteller zu, dass seine Daten nach § 48 b Absatz 3 beim Bundeszentralamt für Steuern gespeichert werden und dass über die gespeicherten Daten an die Leistungsempfänger Auskunft gegeben wird.

§ 48 c Anrechnung. (1) [1] Soweit der Abzugsbetrag einbehalten und angemeldet worden ist, wird er auf vom Leistenden zu entrichtende Steuern nacheinander wie folgt angerechnet:

1. die nach § 41 a Absatz 1 einbehaltene und angemeldete Lohnsteuer,
2. die Vorauszahlungen auf die Einkommen- oder Körperschaftsteuer,
3. die Einkommen- oder Körperschaftsteuer des Besteuerungs- oder Veranlagungszeitraums, in dem die Leistung erbracht worden ist, und
4. die vom Leistenden im Sinne der §§ 48, 48 a anzumeldenden und abzuführenden Abzugsbeträge.

[2] Die Anrechnung nach Satz 1 Nummer 2 kann nur für Vorauszahlungszeiträume innerhalb des Besteuerungs- oder Veranlagungszeitraums erfolgen, in dem die Leistung erbracht worden ist. [3] Die Anrechnung nach Satz 1 Nummer 2 darf nicht zu einer Erstattung führen.

(2) [1] Auf Antrag des Leistenden erstattet das nach § 20 a Absatz 1 der Abgabenordnung zuständige Finanzamt den Abzugsbetrag. [2] Die Erstattung setzt voraus, dass der Leistende nicht zur Abgabe von Lohnsteueranmeldungen verpflichtet ist und eine Veranlagung zur Einkommen- oder Körperschaftsteuer nicht in Betracht kommt oder der Leistende glaubhaft macht, dass im Veranlagungszeitraum keine zu sichernden Steueransprüche entstehen werden. [3] Der Antrag ist nach amtlich vorgeschriebenem Muster bis zum Ablauf des zweiten Kalenderjahres zu stellen, das auf das Jahr folgt, in dem der Abzugsbetrag angemeldet worden ist; weitergehende Fristen nach einem Abkommen zur Vermeidung der Doppelbesteuerung bleiben unberührt.

(3) Das Finanzamt kann die Anrechnung ablehnen, soweit der angemeldete Abzugsbetrag nicht abgeführt worden ist und Anlass zu der Annahme besteht, dass ein Missbrauch vorliegt.

§ 48 d Besonderheiten im Fall von Doppelbesteuerungsabkommen.
(1) [1] Können Einkünfte, die dem Steuerabzug nach § 48 unterliegen, nach einem Abkommen zur Vermeidung der Doppelbesteuerung nicht besteuert werden, so sind die Vorschriften über die Einbehaltung, Abführung und Anmeldung der Steuer durch den Schuldner der Gegenleistung ungeachtet des Abkommens anzuwenden. [2] Unberührt bleibt der Anspruch des Gläubigers der Gegenleistung auf Erstattung der einbehaltenen und abgeführten Steuer. [3] Der Anspruch ist durch Antrag nach § 48 c Absatz 2 geltend zu machen. [4] Der Gläubiger der Gegenleistung hat durch eine Bestätigung der für ihn zuständigen Steuerbehörde

des anderen Staates nachzuweisen, dass er dort ansässig ist. [5] § 48 b gilt entsprechend. [6] Der Leistungsempfänger kann sich im Haftungsverfahren nicht auf die Rechte des Gläubigers aus dem Abkommen berufen.

(2) Unbeschadet des § 5 Absatz 1 Nummer 2 des Finanzverwaltungsgesetzes liegt die Zuständigkeit für Entlastungsmaßnahmen nach Absatz 1 bei dem nach § 20 a der Abgabenordnung zuständigen Finanzamt.

VIII. Besteuerung beschränkt Steuerpflichtiger

§ 49 Beschränkt steuerpflichtige Einkünfte. (1) Inländische Einkünfte im Sinne der beschränkten Einkommensteuerpflicht (§ 1 Absatz 4) sind

1. Einkünfte aus einer im Inland betriebenen Land- und Forstwirtschaft (§§ 13, 14);
2. Einkünfte aus Gewerbebetrieb (§§ 15 bis 17),
   a) für den im Inland eine Betriebsstätte unterhalten wird oder ein ständiger Vertreter bestellt ist,
   b) die durch den Betrieb eigener oder gecharterter Seeschiffe oder Luftfahrzeuge aus Beförderungen zwischen inländischen und von inländischen zu ausländischen Häfen erzielt werden, einschließlich der Einkünfte aus anderen mit solchen Beförderungen zusammenhängenden, sich auf das Inland erstreckenden Beförderungsleistungen,
   c) die von einem Unternehmen im Rahmen einer internationalen Betriebsgemeinschaft oder eines Pool-Abkommens, bei denen ein Unternehmen mit Sitz oder Geschäftsleitung im Inland die Beförderung durchführt, aus Beförderungen und Beförderungsleistungen nach Buchstabe b erzielt werden,
   d) die, soweit sie nicht zu den Einkünften im Sinne der Nummern 3 und 4 gehören, durch im Inland ausgeübte oder verwertete künstlerische, sportliche, artistische, unterhaltende oder ähnliche Darbietungen erzielt werden, einschließlich der Einkünfte aus anderen mit diesen Leistungen zusammenhängenden Leistungen, unabhängig davon, wem die Einnahmen zufließen,
   e) die unter den Voraussetzungen des § 17 erzielt werden, wenn es sich um Anteile an einer Kapitalgesellschaft handelt,
      aa) die ihren Sitz oder ihre Geschäftsleitung im Inland hat oder
      bb) bei deren Erwerb auf Grund eines Antrags nach § 13 Absatz 2 oder § 21 Absatz 2 Satz 3 Nummer 2 des Umwandlungssteuergesetzes nicht der gemeine Wert der eingebrachten Anteile angesetzt worden ist oder auf die § 17 Absatz 5 Satz 2 anzuwenden war,
   f) die, soweit sie nicht zu den Einkünften im Sinne des Buchstaben a gehören, durch
      aa) Vermietung und Verpachtung oder
      bb) Veräußerung

      von inländischem unbeweglichem Vermögen, von Sachinbegriffen oder Rechten, die im Inland belegen oder in ein inländisches öffentliches Buch oder Register eingetragen sind oder deren Verwertung in einer inländischen Betriebsstätte oder anderen Einrichtung erfolgt, erzielt werden. [2] Als Einkünfte aus Gewerbebetrieb gelten auch die Einkünfte aus Tätigkeiten im Sinne dieses Buchstabens, die von einer Körperschaft im Sinne des § 2 Nummer 1 des Körperschaftsteuergesetzes erzielt werden, die mit einer Kapitalgesellschaft oder sonstigen juristischen Person im Sinne des § 1 Absatz 1 Nummer 1 bis 3 des Körperschaftsteuergesetzes vergleichbar ist, oder

g)[1)] die aus der Verschaffung der Gelegenheit erzielt werden, einen Berufssportler als solchen im Inland vertraglich zu verpflichten; dies gilt nur, wenn die Gesamteinnahmen 10 000 Euro übersteigen;

3. Einkünfte aus selbständiger Arbeit (§ 18), die im Inland ausgeübt oder verwertet wird oder worden ist, oder für die im Inland eine feste Einrichtung oder eine Betriebsstätte unterhalten wird;
4. Einkünfte aus nichtselbständiger Arbeit (§ 19), die
   a) im Inland ausgeübt oder verwertet wird oder worden ist,
   b) aus inländischen öffentlichen Kassen einschließlich der Kassen des Bundeseisenbahnvermögens und der Deutschen Bundesbank mit Rücksicht auf ein gegenwärtiges oder früheres Dienstverhältnis gewährt werden, ohne dass ein Zahlungsanspruch gegenüber der inländischen öffentlichen Kasse bestehen muss,
   c) als Vergütung für eine Tätigkeit als Geschäftsführer, Prokurist oder Vorstandsmitglied einer Gesellschaft mit Geschäftsleitung im Inland bezogen werden,
   d) als Entschädigung im Sinne des § 24 Nummer 1 für die Auflösung eines Dienstverhältnisses gezahlt werden, soweit die für die zuvor ausgeübte Tätigkeit bezogenen Einkünfte der inländischen Besteuerung unterlegen haben,
   e) an Bord eines im internationalen Luftverkehr eingesetzten Luftfahrzeugs ausgeübt wird, das von einem Unternehmen mit Geschäftsleitung im Inland betrieben wird;
5. Einkünfte aus Kapitalvermögen im Sinne des
   a) § 20 Absatz 1 Nummer 1 mit Ausnahme der Erträge aus Investmentanteilen im Sinne des § 2 des Investmentsteuergesetzes,[2)] Nummer 2, 4, 6 und 9, wenn der Schuldner Wohnsitz, Geschäftsleitung oder Sitz im Inland hat oder wenn es sich um Fälle des § 44 Absatz 1 Satz 4 Nummer 1 Buchstabe a Doppelbuchstabe bb dieses Gesetzes handelt; dies gilt auch für Erträge aus Wandelanleihen und Gewinnobligationen,
   b) § 20 Absatz 1 Nummer 1 in Verbindung mit den §§ 2 und 7 des Investmentsteuergesetzes[2)]
      aa) bei Erträgen im Sinne des § 7 Absatz 3 des Investmentsteuergesetzes,

---

1) § 49 Abs. 1 Nr. 2 Buchst. g angef. mWv VZ 2010 durch G v. 8. 12. 2010 (BGBl. I S. 1768).

2) Nr. **120**.

bb) bei Erträgen im Sinne des § 7 Absatz 1, 2 und 4 des Investmentsteuergesetzes, wenn es sich um Fälle des § 44 Absatz 1 Satz 4 Nummer 1 Buchstabe a Doppelbuchstabe bb dieses Gesetzes handelt,

c) § 20 Absatz 1 Nummer 5 und 7, wenn

aa) das Kapitalvermögen durch inländischen Grundbesitz, durch inländische Rechte, die den Vorschriften des bürgerlichen Rechts über Grundstücke unterliegen, oder durch Schiffe, die in ein inländisches Schiffsregister eingetragen sind, unmittelbar oder mittelbar gesichert ist. [2] Ausgenommen sind Zinsen aus Anleihen und Forderungen, die in ein öffentliches Schuldbuch eingetragen oder über die Sammelurkunden im Sinne des § 9a des Depotgesetzes oder Teilschuldverschreibungen ausgegeben sind, oder

bb) das Kapitalvermögen aus Genussrechten besteht, die nicht in § 20 Absatz 1 Nummer 1 genannt sind,

d) § 43 Absatz 1 Satz 1 Nummer 7 Buchstabe a, Nummer 9 und 10 sowie Satz 2, wenn sie von einem Schuldner oder von einem inländischen Kreditinstitut oder einem inländischen Finanzdienstleistungsinstitut im Sinne des § 43 Absatz 1 Satz 1 Nummer 7 Buchstabe b einem anderen als einem ausländischen Kreditinstitut oder einem ausländischen Finanzdienstleistungsinstitut

aa) gegen Aushändigung der Zinsscheine ausgezahlt oder gutgeschrieben werden und die Teilschuldverschreibungen nicht von dem Schuldner, dem inländischen Kreditinstitut oder dem inländischen Finanzdienstleistungsinstitut verwahrt werden oder

bb) gegen Übergabe der Wertpapiere ausgezahlt oder gutgeschrieben werden und diese vom Kreditinstitut weder verwahrt noch verwaltet werden.

[2] § 20 Absatz 3 gilt entsprechend;

6. Einkünfte aus Vermietung und Verpachtung (§ 21), soweit sie nicht zu den Einkünften im Sinne der Nummern 1 bis 5 gehören, wenn das unbewegliche Vermögen, die Sachinbegriffe oder Rechte im Inland belegen oder in ein inländisches öffentliches Buch oder Register eingetragen sind oder in einer inländischen Betriebsstätte oder in einer anderen Einrichtung verwertet werden;

7.[1)] sonstige Einkünfte im Sinne des § 22 Nummer 1 Satz 3 Buchstabe a, die von den inländischen gesetzlichen Rentenversicherungsträgern, *den inländischen landwirtschaftlichen Alterskassen* [***ab 1. 1. 2013:*** der inländischen landwirtschaftlichen Alterskasse], den inländischen berufsständischen Versorgungseinrichtungen, den inländischen Versicherungsunternehmen oder sonstigen inländischen Zahlstellen gewährt werden; dies gilt entsprechend für Leibrenten und andere Leistungen ausländischer Zahlstellen, wenn die Beiträge, die den Leistungen zugrunde liegen, nach § 10 Absatz 1 Nummer 2 ganz oder teilweise bei der Ermittlung der Sonderausgaben berücksichtigt wurden;

[1)] § 49 Abs. 1 Nr. 7 letzter HS angef. mWv VZ 2010 durch G v. 8. 4. 2010 (BGBl. I S. 386); erster HS geänd. mWv 1. 1. 2013 durch G v. 12. 4. 2012 (BGBl. I S. 579).

8. sonstige Einkünfte im Sinne des § 22 Nummer 2, soweit es sich um private Veräußerungsgeschäfte handelt, mit
   a) inländischen Grundstücken oder
   b) inländischen Rechten, die den Vorschriften des bürgerlichen Rechts über Grundstücke unterliegen;

8a. sonstige Einkünfte im Sinne des § 22 Nummer 4;

9. sonstige Einkünfte im Sinne des § 22 Nummer 3, auch wenn sie bei Anwendung dieser Vorschrift einer anderen Einkunftsart zuzurechnen wären, soweit es sich um Einkünfte aus inländischen unterhaltenden Darbietungen, aus der Nutzung beweglicher Sachen im Inland oder aus der Überlassung der Nutzung oder des Rechts auf Nutzung von gewerblichen, technischen, wissenschaftlichen und ähnlichen Erfahrungen, Kenntnissen und Fertigkeiten, zum Beispiel Plänen, Mustern und Verfahren, handelt, die im Inland genutzt werden oder worden sind; dies gilt nicht, soweit es sich um steuerpflichtige Einkünfte im Sinne der Nummern 1 bis 8 handelt;

10.[1] sonstige Einkünfte im Sinne des § 22 Nummer 5; dies gilt auch für Leistungen ausländischer Zahlstellen, soweit die Leistungen bei einem unbeschränkt Steuerpflichtigen zu Einkünften nach § 22 Nummer 5 Satz 1 führen würden oder wenn die Beiträge, die den Leistungen zugrunde liegen, nach § 10 Absatz 1 Nummer 2 ganz oder teilweise bei der Ermittlung der Sonderausgaben berücksichtigt wurden.

(2) Im Ausland gegebene Besteuerungsmerkmale bleiben außer Betracht, soweit bei ihrer Berücksichtigung inländische Einkünfte im Sinne des Absatzes 1 nicht angenommen werden könnten.

(3) [1]Bei Schifffahrt- und Luftfahrtunternehmen sind die Einkünfte im Sinne des Absatzes 1 Nummer 2 Buchstabe b mit 5 Prozent der für diese Beförderungsleistungen vereinbarten Entgelte anzusetzen. [2]Das gilt auch, wenn solche Einkünfte durch eine inländische Betriebsstätte oder einen inländischen ständigen Vertreter erzielt werden (Absatz 1 Nummer 2 Buchstabe a). [3]Das gilt nicht in den Fällen des Absatzes 1 Nummer 2 Buchstabe c oder soweit das deutsche Besteuerungsrecht nach einem Abkommen zur Vermeidung der Doppelbesteuerung ohne Begrenzung des Steuersatzes aufrechterhalten bleibt.

(4) [1]Abweichend von Absatz 1 Nummer 2 sind Einkünfte steuerfrei, die ein beschränkt Steuerpflichtiger mit Wohnsitz oder gewöhnlichem Aufenthalt in einem ausländischen Staat durch den Betrieb eigener oder gecharterter Schiffe oder Luftfahrzeuge aus einem Unternehmen bezieht, dessen Geschäftsleitung sich in dem ausländischen Staat befindet. [2]Voraussetzung für die Steuerbefreiung ist, dass dieser ausländische Staat Steuerpflichtigen mit Wohnsitz oder gewöhnlichem Aufenthalt im Geltungsbereich dieses Gesetzes eine entsprechende Steuerbefreiung für derartige Einkünfte gewährt und dass das Bundesministerium für Verkehr und digitale Infrastruktur[2] die Steuerbefreiung nach Satz 1 für verkehrspolitisch unbedenklich erklärt hat.

---

[1] § 49 Abs. 1 Nr. 10 neu gef. mWv VZ 2010 durch G v. 8. 4. 2010 (BGBl. I S. 386).
[2] Bezeichnung geänd. durch VO v. 31. 8. 2015 (BGBl. I S. 1474).

§ 50 Sondervorschriften für beschränkt Steuerpflichtige. (1)[1] [1]Beschränkt Steuerpflichtige dürfen Betriebsausgaben (§ 4 Absatz 4 bis 8) oder Werbungskosten (§ 9) nur insoweit abziehen, als sie mit inländischen Einkünften in wirtschaftlichem Zusammenhang stehen. [2]§ 32 a Absatz 1 ist mit der Maßgabe anzuwenden, dass das zu versteuernde Einkommen um den Grundfreibetrag des § 32 a Absatz 1 Satz 2 Nummer 1 erhöht wird; dies gilt bei Einkünften nach § 49 Absatz 1 Nummer 4 nur in Höhe des diese Einkünfte abzüglich der nach Satz 4 abzuziehenden Aufwendungen übersteigenden Teils des Grundfreibetrags. [3]Die §§ 10, 10 a, 10 c, 16 Absatz 4, die §§ 24 b, 32, 32 a Absatz 6, die §§ 33, 33 a, 33 b und 35 a sind nicht anzuwenden. [4]Hiervon abweichend sind bei Arbeitnehmern, die Einkünfte aus nichtselbständiger Arbeit im Sinne des § 49 Absatz 1 Nummer 4 beziehen, § 10 Absatz 1 Nummer 2 Buchstabe a, Nummer 3 und Absatz 3[2] sowie § 10 c anzuwenden, soweit die Aufwendungen auf die Zeit entfallen, in der Einkünfte im Sinne des § 49 Absatz 1 Nummer 4 erzielt wurden und die Einkünfte nach § 49 Absatz 1 Nummer 4 nicht übersteigen. [5]Die Jahres- und Monatsbeträge der Pauschalen nach § 9 a Satz 1 Nummer 1 und § 10 c ermäßigen sich zeitanteilig, wenn Einkünfte im Sinne des § 49 Absatz 1 Nummer 4 nicht während eines vollen Kalenderjahres oder Kalendermonats zugeflossen sind.

(2)[3] [1]Die Einkommensteuer für Einkünfte, die dem Steuerabzug vom Arbeitslohn oder vom Kapitalertrag oder dem Steuerabzug auf Grund des § 50 a unterliegen, gilt bei beschränkt Steuerpflichtigen durch den Steuerabzug als abgegolten. [2]Satz 1 gilt nicht

1. für Einkünfte eines inländischen Betriebs;
2. wenn nachträglich festgestellt wird, dass die Voraussetzungen der unbeschränkten Einkommensteuerpflicht im Sinne des § 1 Absatz 2 oder Absatz 3 oder des § 1 a nicht vorgelegen haben; § 39 Absatz 7 ist sinngemäß anzuwenden;
3. in Fällen des § 2 Absatz 7 Satz 3;
4. für Einkünfte aus nichtselbständiger Arbeit im Sinne des § 49 Absatz 1 Nummer 4,
   a) wenn als Lohnsteuerabzugsmerkmal ein Freibetrag nach § 39 a Absatz 4 gebildet worden ist oder
   b) wenn die Veranlagung zur Einkommensteuer beantragt wird (§ 46 Absatz 2 Nummer 8);
5. für Einkünfte im Sinne des § 50 a Absatz 1 Nummer 1, 2 und 4, wenn die Veranlagung zur Einkommensteuer beantragt wird.

[3]In den Fällen des Satzes 2 Nummer 4 erfolgt die Veranlagung durch das Betriebsstättenfinanzamt, das nach § 39 Absatz 2 Satz 2 oder Satz 4 für die Bildung und die Änderung der Lohnsteuerabzugsmerkmale zuständig ist. [4]Bei mehreren Betriebsstättenfinanzämtern ist das Betriebsstättenfinanzamt zuständig, in dessen Bezirk der Arbeitnehmer zuletzt beschäftigt war. [5]Bei Arbeitnehmern mit Steu-

---

[1] § 50 Abs. 1 Satz 2 geänd., Satz 4 ergänzt mWv VZ 2011 durch G v. 7. 12. 2011 (BGBl. I S. 2592); Sätze 3 und 4 geänd. mWv VZ 2012 durch G v. 1. 11. 2011 (BGBl. I S. 2131).

[2] Verweis geänd. durch G v. 8. 12. 2010 (BGBl. I S. 1768).

[3] § 50 Abs. 2 Satz 2 Nr. 2 Verweis geänd., Nr. 4 Buchst. a neu gef., Sätze 3 und 6 geänd. mWv VZ 2012 durch G v. 7. 12. 2011 (BGBl. I S. 2592).

erklasse VI ist das Betriebsstättenfinanzamt zuständig, in dessen Bezirk der Arbeitnehmer zuletzt unter Anwendung der Steuerklasse I beschäftigt war. [6] Hat der Arbeitgeber für den Arbeitnehmer keine elektronischen Lohnsteuerabzugsmerkmale (§ 39 e Absatz 4 Satz 2) abgerufen und wurde keine Bescheinigung für den Lohnsteuerabzug nach § 39 Absatz 3 Satz 1 oder § 39 e Absatz 7 Satz 5 ausgestellt, ist das Betriebsstättenfinanzamt zuständig, in dessen Bezirk der Arbeitnehmer zuletzt beschäftigt war. [7] Satz 2 Nummer 4 Buchstabe b und Nummer 5 gilt nur für Staatsangehörige eines Mitgliedstaats der Europäischen Union oder eines anderen Staates, auf den das Abkommen über den Europäischen Wirtschaftsraum Anwendung findet, die im Hoheitsgebiet eines dieser Staaten ihren Wohnsitz oder gewöhnlichen Aufenthalt haben. [8] In den Fällen des Satzes 2 Nummer 5 erfolgt die Veranlagung durch das Bundeszentralamt für Steuern.[1)]

(3) § 34 c Absatz 1 bis 3 ist bei Einkünften aus Land- und Forstwirtschaft, Gewerbebetrieb oder selbständiger Arbeit, für die im Inland ein Betrieb unterhalten wird, entsprechend anzuwenden, soweit darin nicht Einkünfte aus einem ausländischen Staat enthalten sind, mit denen der beschränkt Steuerpflichtige dort in einem der unbeschränkten Steuerpflicht ähnlichen Umfang zu einer Steuer vom Einkommen herangezogen wird.

(4) Die obersten Finanzbehörden der Länder oder die von ihnen beauftragten Finanzbehörden können mit Zustimmung des Bundesministeriums der Finanzen die Einkommensteuer bei beschränkt Steuerpflichtigen ganz oder zum Teil erlassen oder in einem Pauschbetrag festsetzen, wenn dies im besonderen öffentlichen Interesse liegt; ein besonderes öffentliches Interesse besteht *insbesondere*[2)]

1.[3)] an der inländischen Veranstaltung international bedeutsamer kultureller und sportlicher Ereignisse, um deren Ausrichtung ein internationaler Wettbewerb stattfindet, oder

2.[3)] am inländischen Auftritt einer ausländischen Kulturvereinigung, wenn ihr Auftritt wesentlich aus öffentlichen Mitteln gefördert wird.

§ 50 a Steuerabzug bei beschränkt Steuerpflichtigen. (1) Die Einkommensteuer wird bei beschränkt Steuerpflichtigen im Wege des Steuerabzugs erhoben

1. bei Einkünften, die durch im Inland ausgeübte künstlerische, sportliche, artistische, unterhaltende oder ähnliche Darbietungen erzielt werden, einschließlich der Einkünfte aus anderen mit diesen Leistungen zusammenhängenden Leistungen, unabhängig davon, wem die Einkünfte zufließen (§ 49 Absatz 1 Nummer 2 bis 4 und 9), es sei denn, es handelt sich um Einkünfte aus nichtselbständiger Arbeit, die bereits dem Steuerabzug vom Arbeitslohn nach § 38 Absatz 1 Satz 1 Nummer 1 unterliegen,
2. bei Einkünften aus der inländischen Verwertung von Darbietungen im Sinne der Nummer 1 (§ 49 Absatz 1 Nummer 2 bis 4 und 6),

---

[1)] Zur erstmaligen Anwendung von Satz 8 siehe § 52 Abs. 46 Satz 1 iVm § 2 Abs. 1 der VO v. 24. 6. 2013 (BGBl. I S. 1679): 1. 1. 2014.

[2)] Kursives Wort gestrichen durch G v. 2. 11. 2015 (BGBl. I S. 1834); zur Anwendung siehe § 52 Abs. 46 Satz 2.

[3)] § 50 Abs. 4 Nrn. 1 und 2 geänd. mWv VZ 2010 durch G v. 8. 12. 2010 (BGBl. I S. 1768).

3.[1] bei Einkünften, die aus Vergütungen für die Überlassung der Nutzung oder des Rechts auf Nutzung von Rechten, insbesondere von Urheberrechten und gewerblichen Schutzrechten, von gewerblichen, technischen, wissenschaftlichen und ähnlichen Erfahrungen, Kenntnissen und Fertigkeiten, zum Beispiel Plänen, Mustern und Verfahren, herrühren, sowie bei Einkünften, die aus der Verschaffung der Gelegenheit erzielt werden, einen Berufssportler über einen begrenzten Zeitraum vertraglich zu verpflichten (§ 49 Absatz 1 Nummer 2, 3, 6 und 9),

4. bei Einkünften, die Mitgliedern des Aufsichtsrats, Verwaltungsrats, Grubenvorstands oder anderen mit der Überwachung der Geschäftsführung von Körperschaften, Personenvereinigungen und Vermögensmassen im Sinne des § 1 des Körperschaftsteuergesetzes beauftragten Personen sowie von anderen inländischen Personenvereinigungen des privaten und öffentlichen Rechts, bei denen die Gesellschafter nicht als Unternehmer (Mitunternehmer) anzusehen sind, für die Überwachung der Geschäftsführung gewährt werden (§ 49 Absatz 1 Nummer 3).

(2) [1] Der Steuerabzug beträgt 15 Prozent, in den Fällen des Absatzes 1 Nummer 4 beträgt er 30 Prozent der gesamten Einnahmen. [2] Vom Schuldner der Vergütung ersetzte oder übernommene Reisekosten gehören nur insoweit zu den Einnahmen, als die Fahrt- und Übernachtungsauslagen die tatsächlichen Kosten und die Vergütungen für Verpflegungsmehraufwand die Pauschbeträge nach § 4 Absatz 5 Satz 1 Nummer 5 übersteigen. [3] Bei Einkünften im Sinne des Absatzes 1 Nummer 1 wird ein Steuerabzug nicht erhoben, wenn die Einnahmen je Darbietung 250 Euro nicht übersteigen.

(3) [1] Der Schuldner der Vergütung kann von den Einnahmen in den Fällen des Absatzes 1 Nummer 1, 2 und 4 mit ihnen in unmittelbarem wirtschaftlichem Zusammenhang stehende Betriebsausgaben oder Werbungskosten abziehen, die ihm ein beschränkt Steuerpflichtiger in einer für das Bundeszentralamt für Steuern[2] nachprüfbaren Form nachgewiesen hat oder die vom Schuldner der Vergütung übernommen worden sind. [2] Das gilt nur, wenn der beschränkt Steuerpflichtige Staatsangehöriger eines Mitgliedstaats der Europäischen Union oder eines anderen Staates ist, auf den das Abkommen über den Europäischen Wirtschaftsraum Anwendung findet, und im Hoheitsgebiet eines dieser Staaten seinen Wohnsitz oder gewöhnlichen Aufenthalt hat. [3] Es gilt entsprechend bei einer beschränkt steuerpflichtigen Körperschaft, Personenvereinigung oder Vermögensmasse im Sinne des § 32 Absatz 4 des Körperschaftsteuergesetzes. [4] In diesen Fällen beträgt der Steuerabzug von den nach Abzug der Betriebsausgaben oder Werbungskosten verbleibenden Einnahmen (Nettoeinnahmen), wenn

1. Gläubiger der Vergütung eine natürliche Person ist, 30 Prozent,
2. Gläubiger der Vergütung eine Körperschaft, Personenvereinigung oder Vermögensmasse ist, 15 Prozent.

(4) [1] Hat der Gläubiger einer Vergütung seinerseits Steuern für Rechnung eines anderen beschränkt steuerpflichtigen Gläubigers einzubehalten (zweite Stu-

---

[1] § 50 a Abs. 1 Nr. 3 geänd. mWv VZ 2010 durch G v. 8. 12. 2010 (BGBl. I S. 1768).

[2] Zur erstmaligen Anwendung § 52 Abs. 47 Satz 1 iVm § 2 Abs. 2 der VO vom 24. 6. 2013 (BGBl. I S. 1679): 1. 1. 2014.

fe), kann er vom Steuerabzug absehen, wenn seine Einnahmen bereits dem Steuerabzug nach Absatz 2 unterlegen haben. [2] Wenn der Schuldner der Vergütung auf zweiter Stufe Betriebsausgaben oder Werbungskosten nach Absatz 3 geltend macht, die Veranlagung nach § 50 Absatz 2 Satz 2 Nummer 5 beantragt oder die Erstattung der Abzugsteuer nach § 50 d Absatz 1 oder einer anderen Vorschrift beantragt, hat er die sich nach Absatz 2 oder Absatz 3 ergebende Steuer zu diesem Zeitpunkt zu entrichten; Absatz 5 gilt entsprechend.

(5) [1] Die Steuer entsteht in dem Zeitpunkt, in dem die Vergütung dem Gläubiger zufließt. [2] In diesem Zeitpunkt hat der Schuldner der Vergütung den Steuerabzug für Rechnung des Gläubigers (Steuerschuldner) vorzunehmen. [3] Er hat die innerhalb eines Kalendervierteljahres einbehaltene Steuer jeweils bis zum zehnten des dem Kalendervierteljahr folgenden Monats an das Bundeszentralamt für Steuern[1)] abzuführen. [4] Der Schuldner der Vergütung haftet für die Einbehaltung und Abführung der Steuer. [5] Der Steuerschuldner kann in Anspruch genommen werden, wenn der Schuldner der Vergütung den Steuerabzug nicht vorschriftsmäßig vorgenommen hat. [6] Der Schuldner der Vergütung ist verpflichtet, dem Gläubiger auf Verlangen die folgenden Angaben nach amtlich vorgeschriebenem Muster zu bescheinigen:

1. den Namen und die Anschrift des Gläubigers,
2. die Art der Tätigkeit und Höhe der Vergütung in Euro,
3. den Zahlungstag,
4. den Betrag der einbehaltenen und abgeführten Steuer nach Absatz 2 oder Absatz 3,

5.[2)] *das Finanzamt, an das die Steuer abgeführt worden ist.*

(6) Die Bundesregierung kann durch Rechtsverordnung mit Zustimmung des Bundesrates bestimmen, dass bei Vergütungen für die Nutzung oder das Recht auf Nutzung von Urheberrechten (Absatz 1 Nummer 3), die nicht unmittelbar an den Gläubiger, sondern an einen Beauftragten geleistet werden, anstelle des Schuldners der Vergütung der Beauftragte die Steuer einzubehalten und abzuführen hat und für die Einbehaltung und Abführung haftet.

(7)[3)] [1] Das Finanzamt des Vergütungsgläubigers kann anordnen, dass der Schuldner der Vergütung für Rechnung des Gläubigers (Steuerschuldner) die Einkommensteuer von beschränkt steuerpflichtigen Einkünften, soweit diese nicht bereits dem Steuerabzug unterliegen, im Wege des Steuerabzugs einzubehalten und abzuführen hat, wenn dies zur Sicherung des Steueranspruchs zweckmäßig ist. [2] Der Steuerabzug beträgt 25 Prozent der gesamten Einnahmen, bei Körperschaften, Personenvereinigungen oder Vermögensmassen 15 Prozent der gesamten Einnahmen, *wenn der Vergütungsgläubiger nicht glaubhaft macht, dass die voraussichtlich geschuldete Steuer niedriger ist* [***ab 1. 1. 2015:*** ; das Finanzamt kann die Höhe des Steuerabzugs hiervon abweichend an die voraussichtlich ge-

---

1) Zur erstmaligen Anwendung siehe § 52 Abs. 47 Satz 1; iVm § 2 Abs. 2 der VO vom 24. 6. 2013 (BGBl. I S. 1679): 1. 1. 2014.

2) § 50 a Abs. 5 Satz 6 Nr. 5 aufgeh.; zur erstmaligen Anwendung siehe § 52 Abs. 47 Satz 1.

3) § 50 a Abs. 7 Sätze 2 und 3 geänd. durch G v. 25. 7. 2014 (BGBl. I S. 1266); zur Anwendung siehe § 52 Abs. 47 Satz 2.

schuldete Steuer anpassen]. [3]Absatz 5 gilt entsprechend mit der Maßgabe, dass die Steuer bei dem Finanzamt anzumelden und abzuführen ist, das den Steuerabzug angeordnet hat [***ab 1. 1. 2015:*** ; das Finanzamt kann anordnen, dass die innerhalb eines Monats einbehaltene Steuer jeweils bis zum zehnten des Folgemonats anzumelden und abzuführen ist]. [4]§ 50 Absatz 2 Satz 1 ist nicht anzuwenden.

IX. Sonstige Vorschriften, Bußgeld-, Ermächtigungs- und Schlussvorschriften

§ 50 b Prüfungsrecht. [1]Die Finanzbehörden sind berechtigt, Verhältnisse, die für die Anrechnung oder Vergütung von Körperschaftsteuer, für die Anrechnung oder Erstattung von Kapitalertragsteuer, für die Nichtvornahme des Steuerabzugs, für die Ausstellung der Jahresbescheinigung nach § 24 c oder für die Mitteilungen an das Bundeszentralamt für Steuern nach § 45 e von Bedeutung sind oder der Aufklärung bedürfen, bei den am Verfahren Beteiligten zu prüfen. [2]Die §§ 193 bis 203 der Abgabenordnung gelten sinngemäß.

§ 50 c. (weggefallen)

§ 50 d Besonderheiten im Fall von Doppelbesteuerungsabkommen und der §§ 43 b und 50 g. (1)[1)] [1]Können Einkünfte, die dem Steuerabzug vom Kapitalertrag oder dem Steuerabzug auf Grund des § 50 a unterliegen, nach den §§ 43 b, 50 g oder nach einem Abkommen zur Vermeidung der Doppelbesteuerung nicht oder nur nach einem niedrigeren Steuersatz besteuert werden, so sind die Vorschriften über die Einbehaltung, Abführung und Anmeldung der Steuer ungeachtet der §§ 43 b und 50 g sowie des Abkommens anzuwenden. [2]Unberührt bleibt der Anspruch des Gläubigers der Kapitalerträge oder Vergütungen auf völlige oder teilweise Erstattung der einbehaltenen und abgeführten oder der auf Grund Haftungsbescheid oder Nachforderungsbescheid entrichteten Steuer. [3]Die Erstattung erfolgt auf Antrag des Gläubigers der Kapitalerträge oder Vergütungen auf der Grundlage eines Freistellungsbescheids; der Antrag ist nach amtlich vorgeschriebenem Vordruck bei dem Bundeszentralamt für Steuern zu stellen. [4]Dem Vordruck ist in den Fällen des § 43 Absatz 1 Satz 1 Nummer 1 a eine Bescheinigung nach § 45 a Absatz 2 beizufügen. [5]Der zu erstattende Betrag wird nach Bekanntgabe des Freistellungsbescheids ausgezahlt. [6]Hat der Gläubiger der Vergütungen im Sinne des § 50 a nach § 50 a Absatz 5 Steuern für Rechnung beschränkt steuerpflichtiger Gläubiger einzubehalten, kann die Auszahlung des Erstattungsanspruchs davon abhängig gemacht werden, dass er die Zahlung der von ihm einzubehaltenden Steuer nachweist, hierfür Sicherheit leistet oder unwiderruflich die Zustimmung zur Verrechnung seines Erstattungsanspruchs mit seiner Steuerzahlungsschuld erklärt. [7]Das Bundeszentralamt für Steuern

---

[1)] § 50 d Abs. 1 Satz 4 eingef., bish. Sätze 4 bis 6 werden Sätze 5 bis 7, Satz 8 eingef., bish. Sätze 7 bis 10 werden Sätze 9 bis 12 durch G v. 22. 6. 2011 (BGBl. I S. 1126); Satz 11 eingef., bish. Sätze 11 und 12 werden Sätze 12 und 13 durch G v. 26. 6. 2013 (BGBl. I S. 1809).

kann zulassen, dass Anträge auf maschinell verwertbaren Datenträgern gestellt werden. [8]Der Antragsteller hat in den Fällen des § 43 Absatz 1 Satz 1 Nummer 1 a zu versichern, dass ihm eine Bescheinigung im Sinne des § 45 a Absatz 2 vorliegt oder, soweit er selbst die Kapitalerträge als auszahlende Stelle dem Steuerabzug unterworfen hat, nicht ausgestellt wurde; er hat die Bescheinigung zehn Jahre nach Antragstellung aufzubewahren. [9]Die Frist für den Antrag auf Erstattung beträgt vier Jahre nach Ablauf des Kalenderjahres, in dem die Kapitalerträge oder Vergütungen bezogen worden sind. [10]Die Frist nach Satz 9 endet nicht vor Ablauf von sechs Monaten nach dem Zeitpunkt der Entrichtung der Steuer. [*ab 1. 7. 2013:* [11]Ist der Gläubiger der Kapitalerträge oder Vergütungen eine Person, der die Kapitalerträge oder Vergütungen nach diesem Gesetz oder nach dem Steuerrecht des anderen Vertragsstaats nicht zugerechnet werden, steht der Anspruch auf völlige oder teilweise Erstattung des Steuerabzugs vom Kapitalertrag oder nach § 50 a auf Grund eines Abkommens zur Vermeidung der Doppelbesteuerung nur der Person zu, der die Kapitalerträge oder Vergütungen nach den Steuergesetzen des anderen Vertragsstaats als Einkünfte oder Gewinne einer ansässigen Person zugerechnet werden.] [12]Für die Erstattung der Kapitalertragsteuer gilt § 45 entsprechend. [13]Der Schuldner der Kapitalerträge oder Vergütungen kann sich vorbehaltlich des Absatzes 2 nicht auf die Rechte des Gläubigers aus dem Abkommen berufen.

(1 a) [1]Der nach Absatz 1 in Verbindung mit § 50 g zu erstattende Betrag ist zu verzinsen. [2]Der Zinslauf beginnt zwölf Monate nach Ablauf des Monats, in dem der Antrag auf Erstattung und alle für die Entscheidung erforderlichen Nachweise vorliegen, frühestens am Tag der Entrichtung der Steuer durch den Schuldner der Kapitalerträge oder Vergütungen. [3]Er endet mit Ablauf des Tages, an dem der Freistellungsbescheid wirksam wird. [4]Wird der Freistellungsbescheid aufgehoben, geändert oder nach § 129 der Abgabenordnung berichtigt, ist eine bisherige Zinsfestsetzung zu ändern. [5]§ 233 a Absatz 5 der Abgabenordnung gilt sinngemäß. [6]Für die Höhe und Berechnung der Zinsen gilt § 238 der Abgabenordnung. [7]Auf die Festsetzung der Zinsen ist § 239 der Abgabenordnung sinngemäß anzuwenden. [8]Die Vorschriften dieses Absatzes sind nicht anzuwenden, wenn der Steuerabzug keine abgeltende Wirkung hat (§ 50 Absatz 2).

(2) [1]In den Fällen der §§ 43 b, 50 a Absatz 1, § 50 g kann der Schuldner der Kapitalerträge oder Vergütungen den Steuerabzug nach Maßgabe von § 43 b oder § 50 g oder des Abkommens unterlassen oder nach einem niedrigeren Steuersatz vornehmen, wenn das Bundeszentralamt für Steuern dem Gläubiger auf Grund eines von ihm nach amtlich vorgeschriebenem Vordruck gestellten Antrags bescheinigt, dass die Voraussetzungen dafür vorliegen (Freistellung im Steuerabzugsverfahren); dies gilt auch bei Kapitalerträgen, die einer nach einem Abkommen zur Vermeidung der Doppelbesteuerung im anderen Vertragsstaat ansässigen Kapitalgesellschaft, die am Nennkapital einer unbeschränkt steuerpflichtigen Kapitalgesellschaft im Sinne des § 1 Absatz 1 Nummer 1 des Körperschaftsteuergesetzes zu mindestens einem Zehntel unmittelbar beteiligt ist und im Staat ihrer Ansässigkeit den Steuern vom Einkommen oder Gewinn unterliegt, ohne davon befreit zu sein, von der unbeschränkt steuerpflichtigen Kapitalgesellschaft zufließen. [2]Die Freistellung kann unter dem Vorbehalt des Widerrufs erteilt und von Auflagen oder Bedingungen abhängig gemacht werden. [3]Sie

kann in den Fällen des § 50 a Absatz 1 von der Bedingung abhängig gemacht werden, dass die Erfüllung der Verpflichtungen nach § 50 a Absatz 5 nachgewiesen werden, soweit die Vergütungen an andere beschränkt Steuerpflichtige weitergeleitet werden. [4]Die Geltungsdauer der Bescheinigung nach Satz 1 beginnt frühestens an dem Tag, an dem der Antrag beim Bundeszentralamt für Steuern eingeht; sie beträgt mindestens ein Jahr und darf drei Jahre nicht überschreiten; der Gläubiger der Kapitalerträge oder der Vergütungen ist verpflichtet, den Wegfall der Voraussetzungen für die Freistellung unverzüglich dem Bundeszentralamt für Steuern mitzuteilen. [5]Voraussetzung für die Abstandnahme vom Steuerabzug ist, dass dem Schuldner der Kapitalerträge oder Vergütungen die Bescheinigung nach Satz 1 vorliegt. [6]Über den Antrag ist innerhalb von drei Monaten zu entscheiden. [7]Die Frist beginnt mit der Vorlage aller für die Entscheidung erforderlichen Nachweise. [8]Bestehende Anmeldeverpflichtungen bleiben unberührt.

(3)[1)] [1]Eine ausländische Gesellschaft hat keinen Anspruch auf völlige oder teilweise Entlastung nach Absatz 1 oder Absatz 2, soweit Personen an ihr beteiligt sind, denen die Erstattung oder Freistellung nicht zustände, wenn sie die Einkünfte unmittelbar erzielten, und die von der ausländischen Gesellschaft im betreffenden Wirtschaftsjahr erzielten Bruttoerträge nicht aus eigener Wirtschaftstätigkeit stammen, sowie

1. in Bezug auf diese Erträge für die Einschaltung der ausländischen Gesellschaft wirtschaftliche oder sonst beachtliche Gründe fehlen oder
2. die ausländische Gesellschaft nicht mit einem für ihren Geschäftszweck angemessen eingerichteten Geschäftsbetrieb am allgemeinen wirtschaftlichen Verkehr teilnimmt.

[2]Maßgebend sind ausschließlich die Verhältnisse der ausländischen Gesellschaft; organisatorische, wirtschaftliche oder sonst beachtliche Merkmale der Unternehmen, die der ausländischen Gesellschaft nahe stehen (§ 1 Absatz 2 des Außensteuergesetzes), bleiben außer Betracht. [3]An einer eigenen Wirtschaftstätigkeit fehlt es, soweit die ausländische Gesellschaft ihre Bruttoerträge aus der Verwaltung von Wirtschaftsgütern erzielt oder ihre wesentlichen Geschäftstätigkeiten auf Dritte überträgt. [4]Die Feststellungslast für das Vorliegen wirtschaftlicher oder sonst beachtlicher Gründe im Sinne von Satz 1 Nummer 1 sowie des Geschäftsbetriebs im Sinne von Satz 1 Nummer 2 obliegt der ausländischen Gesellschaft. [5]Die Sätze 1 bis 3 sind nicht anzuwenden, wenn mit der Hauptgattung der Aktien der ausländischen Gesellschaft ein wesentlicher und regelmäßiger Handel an einer anerkannten Börse stattfindet oder für die ausländische Gesellschaft die Vorschriften des Investmentsteuergesetzes gelten.

(4) [1]Der Gläubiger der Kapitalerträge oder Vergütungen im Sinne des § 50 a hat nach amtlich vorgeschriebenem Vordruck durch eine Bestätigung der für ihn zuständigen Steuerbehörde des anderen Staates nachzuweisen, dass er dort ansässig ist oder die Voraussetzungen des § 50 g Absatz 3 Nummer 5 Buchstabe c erfüllt sind. [2]Das Bundesministerium der Finanzen kann im Einvernehmen mit den

---

[1)] § 50 d Abs. 3 Satz 1 neu gef., Satz 4 eingef., bish. Satz 4 wird Satz 5 mWv VZ 2012 durch G v. 7. 12. 2011 (BGBl. I S. 2592).

obersten Finanzbehörden der Länder erleichterte Verfahren oder vereinfachte Nachweise zulassen.

(5) [1]Abweichend von Absatz 2 kann das Bundeszentralamt für Steuern in den Fällen des § 50a Absatz 1 Nummer 3 den Schuldner der Vergütung auf Antrag allgemein ermächtigen, den Steuerabzug zu unterlassen oder nach einem niedrigeren Steuersatz vorzunehmen (Kontrollmeldeverfahren). [2]Die Ermächtigung kann in Fällen geringer steuerlicher Bedeutung erteilt und mit Auflagen verbunden werden. [3]Einer Bestätigung nach Absatz 4 Satz 1 bedarf es im Kontrollmeldeverfahren nicht. [4]Inhalt der Auflage kann die Angabe des Namens, des Wohnortes oder des Ortes des Sitzes oder der Geschäftsleitung des Schuldners und des Gläubigers, der Art der Vergütung, des Bruttobetrags und des Zeitpunkts der Zahlungen sowie des einbehaltenen Steuerbetrags sein. [5]Mit dem Antrag auf Teilnahme am Kontrollmeldeverfahren gilt die Zustimmung des Gläubigers und des Schuldners zur Weiterleitung der Angaben des Schuldners an den Wohnsitz- oder Sitzstaat des Gläubigers als erteilt. [6]Die Ermächtigung ist als Beleg aufzubewahren. [7]Absatz 2 Satz 8 gilt entsprechend.

(6) Soweit Absatz 2 nicht anwendbar ist, gilt Absatz 5 auch für Kapitalerträge im Sinne des § 43 Absatz 1 Satz 1 Nummer 1 und 4, wenn sich im Zeitpunkt der Zahlung des Kapitalertrags der Anspruch auf Besteuerung nach einem niedrigeren Steuersatz ohne nähere Ermittlung feststellen lässt.

(7) Werden Einkünfte im Sinne des § 49 Absatz 1 Nummer 4 aus einer Kasse einer juristischen Person des öffentlichen Rechts im Sinne der Vorschrift eines Abkommens zur Vermeidung der Doppelbesteuerung über den öffentlichen Dienst gewährt, so ist diese Vorschrift bei Bestehen eines Dienstverhältnisses mit einer anderen Person in der Weise auszulegen, dass die Vergütungen für der erstgenannten Person geleistete Dienste gezahlt werden, wenn sie ganz oder im Wesentlichen aus öffentlichen Mitteln aufgebracht werden.

(8) [1]Sind Einkünfte eines unbeschränkt Steuerpflichtigen aus nichtselbständiger Arbeit (§ 19) nach einem Abkommen zur Vermeidung der Doppelbesteuerung von der Bemessungsgrundlage der deutschen Steuer auszunehmen, wird die Freistellung bei der Veranlagung ungeachtet des Abkommens nur gewährt, soweit der Steuerpflichtige nachweist, dass der Staat, dem nach dem Abkommen das Besteuerungsrecht zusteht, auf dieses Besteuerungsrecht verzichtet hat oder dass die in diesem Staat auf die Einkünfte festgesetzten Steuern entrichtet wurden. [2]Wird ein solcher Nachweis erst geführt, nachdem die Einkünfte in eine Veranlagung zur Einkommensteuer einbezogen wurden, ist der Steuerbescheid insoweit zu ändern. [3]§ 175 Absatz 1 Satz 2 der Abgabenordnung ist entsprechend anzuwenden.

(9) [1]Sind Einkünfte eines unbeschränkt Steuerpflichtigen nach einem Abkommen zur Vermeidung der Doppelbesteuerung von der Bemessungsgrundlage der deutschen Steuer auszunehmen, so wird die Freistellung der Einkünfte ungeachtet des Abkommens nicht gewährt, wenn

1. der andere Staat die Bestimmungen des Abkommens so anwendet, dass die Einkünfte in diesem Staat von der Besteuerung auszunehmen sind oder nur zu einem durch das Abkommen begrenzten Steuersatz besteuert werden können, oder

2. die Einkünfte in dem anderen Staat nur deshalb nicht steuerpflichtig sind, weil sie von einer Person bezogen werden, die in diesem Staat nicht auf Grund ihres Wohnsitzes, ständigen Aufenthalts, des Ortes ihrer Geschäftsleitung, des Sitzes oder eines ähnlichen Merkmals unbeschränkt steuerpflichtig ist.

[2]Nummer 2 gilt nicht für Dividenden, die nach einem Abkommen zur Vermeidung der Doppelbesteuerung von der Bemessungsgrundlage der deutschen Steuer auszunehmen sind, es sei denn, die Dividenden sind bei der Ermittlung des Gewinns der ausschüttenden Gesellschaft abgezogen worden. [3]Bestimmungen eines Abkommens zur Vermeidung der Doppelbesteuerung, *die die Freistellung von Einkünften in einem weitergehenden Umfang einschränken,* sowie Absatz 8 und § 20 Absatz 2 des Außensteuergesetzes bleiben unberührt [***neue Fassung:*** , soweit sie jeweils die Freistellung von Einkünften in einem weitergehenden Umfang einschränken].[1)]

(10)[2)] [1]Sind auf *Vergütungen* [***neue Fassung:*** eine Vergütung] im Sinne des § 15 Absatz 1 Satz 1 Nummer 2 Satz 1 zweiter Halbsatz und Nummer 3 zweiter Halbsatz die Vorschriften eines Abkommens zur Vermeidung der Doppelbesteuerung anzuwenden und enthält das Abkommen keine solche Vergütungen betreffende ausdrückliche Regelung, *gelten diese Vergütungen für Zwecke der Anwendung des Abkommens ausschließlich als Unternehmensgewinne.* [2]*Absatz 9 Nummer 1 bleibt unberührt* [***neue Fassung:*** gilt die Vergütung für Zwecke der Anwendung des Abkommens zur Vermeidung der Doppelbesteuerung ausschließlich als Teil des Unternehmensgewinns des vergütungsberechtigten Gesellschafters. [2]Satz 1 gilt auch für die durch das Sonderbetriebsvermögen veranlassten Erträge und Aufwendungen. [3]Die Vergütung des Gesellschafters ist ungeachtet der Vorschriften eines Abkommens zur Vermeidung der Doppelbesteuerung über die Zuordnung von Vermögenswerten zu einer Betriebsstätte derjenigen Betriebsstätte der Gesellschaft zuzurechnen, der der Aufwand für die der Vergütung zugrunde liegende Leistung zuzuordnen ist; die in Satz 2 genannten Erträge und Aufwendungen sind der Betriebsstätte zuzurechnen, der die Vergütung zuzuordnen ist. [4]Die Sätze 1 bis 3 gelten auch in den Fällen des § 15 Absatz 1 Satz 1 Nummer 2 Satz 2 sowie in den Fällen des § 15 Absatz 1 Satz 2 entsprechend. [5]Sind Einkünfte im Sinne der Sätze 1 bis 4 einer Person zuzurechnen, die nach einem Abkommen zur Vermeidung der Doppelbesteuerung als im anderen Staat ansässig gilt, und weist der Steuerpflichtige nach, dass der andere Staat die Einkünfte besteuert, ohne die darauf entfallende deutsche Steuer anzurechnen, ist die in diesem Staat nachweislich auf diese Einkünfte festgesetzte und gezahlte und um einen entstandenen Ermäßigungsanspruch gekürzte, der deutschen Einkommensteuer entsprechende, anteilige ausländische Steuer bis zur Höhe der anteilig auf diese Einkünfte entfallenden deutschen Einkommensteuer anzurechnen. [6]Satz 5 gilt nicht, wenn das Abkommen zur Vermeidung der Doppelbesteuerung eine ausdrückliche Regelung für solche Einkünfte enthält. [7]Die Sätze 1 bis 6

---

1) § 50 d Abs. 9 Satz 3 geänd. durch G v. 26. 6. 2013 (BGBl. I S. 1809).
2) § 50 d Abs. 10 neu gef. durch G v. 26. 6. 2013 (BGBl. I S. 1809).

1. sind nicht auf Gesellschaften im Sinne des § 15 Absatz 3 Nummer 2 anzuwenden;
2. gelten entsprechend, wenn die Einkünfte zu den Einkünften aus selbständiger Arbeit im Sinne des § 18 gehören; dabei tritt der Artikel über die selbständige Arbeit an die Stelle des Artikels über die Unternehmenseinkünfte, wenn das Abkommen zur Vermeidung der Doppelbesteuerung einen solchen Artikel enthält.

8 Absatz 9 Satz 1 Nummer 1 bleibt unberührt.]

(11)[1] 1 Sind Dividenden beim Zahlungsempfänger nach einem Abkommen zur Vermeidung der Doppelbesteuerung von der Bemessungsgrundlage der deutschen Steuer auszunehmen, wird die Freistellung ungeachtet des Abkommens nur insoweit gewährt, als die Dividenden nach deutschem Steuerrecht nicht einer anderen Person zuzurechnen sind. 2 Soweit die Dividenden nach deutschem Steuerrecht einer anderen Person zuzurechnen sind, werden sie bei dieser Person freigestellt, wenn sie bei ihr als Zahlungsempfänger nach Maßgabe des Abkommens freigestellt würden.

§ 50 e Bußgeldvorschriften; Nichtverfolgung von Steuerstraftaten bei geringfügiger Beschäftigung in Privathaushalten. (1) 1 Ordnungswidrig handelt, wer vorsätzlich oder leichtfertig entgegen § 45 d Absatz 1 Satz 1, § 45 d Absatz 3 Satz 1, der nach § 45 e erlassenen Rechtsverordnung oder den unmittelbar geltenden Verträgen mit den in Artikel 17 der Richtlinie 2003/48/EG genannten Staaten und Gebieten eine Mitteilung nicht, nicht richtig, nicht vollständig oder nicht rechtzeitig abgibt. 2 Die Ordnungswidrigkeit kann mit einer Geldbuße bis zu fünftausend Euro geahndet werden.

[*ab 1. 1. 2014:*

(1 a)[2] Verwaltungsbehörde im Sinne des § 36 Absatz 1 Nummer 1 des Gesetzes über Ordnungswidrigkeiten ist in den Fällen des Absatzes 1 Satz 1 das Bundeszentralamt für Steuern.]

(2) 1 Liegen die Voraussetzungen des § 40 a Absatz 2 vor, werden Steuerstraftaten (§§ 369 bis 376 der Abgabenordnung) als solche nicht verfolgt, wenn der Arbeitgeber in den Fällen des § 8 a des Vierten Buches Sozialgesetzbuch entgegen § 41 a Absatz 1 Nummer 1, auch in Verbindung mit Absatz 2 und 3 und § 51 a, und § 40 a Absatz 6 Satz 3 dieses Gesetzes in Verbindung mit § 28 a Absatz 7 Satz 1 des Vierten Buches Sozialgesetzbuch für das Arbeitsentgelt die Lohnsteuer-Anmeldung und die Anmeldung der einheitlichen Pauschsteuer nicht oder nicht rechtzeitig durchführt und dadurch Steuern verkürzt oder für sich oder einen anderen nicht gerechtfertigte Steuervorteile erlangt. 2 Die Freistellung von der Verfolgung nach Satz 1 gilt auch für den Arbeitnehmer einer in Satz 1 genannten Beschäftigung, der die Finanzbehörde pflichtwidrig über steuerlich erhebliche Tatsachen aus dieser Beschäftigung in Unkenntnis lässt. 3 Die Bußgeldvorschriften der §§ 377 bis 384 der Abgabenordnung bleiben mit der Maßgabe anwendbar, dass § 378 der Abgabenordnung auch bei vorsätzlichem Handeln anwendbar ist.

---

[1] § 50 d Abs. 11 angef. durch G v. 8. 5. 2012 (BGBl. I S. 1030).

[2] § 50 e Abs. 1 a eingef. mWv 1. 1. 2014 durch G v. 25. 7. 2014 (BGBl. I S. 1266).

§ 50 f[1]) Bußgeldvorschriften. (1) Ordnungswidrig handelt, wer vorsätzlich oder leichtfertig

1. entgegen § 22 a Absatz 1 Satz 1 und 2 dort genannte Daten nicht, nicht richtig, nicht vollständig oder nicht rechtzeitig übermittelt oder eine Mitteilung nicht, nicht richtig, nicht vollständig oder nicht rechtzeitig macht oder
2. entgegen § 22 a Absatz 2 Satz 9 die Identifikationsnummer für andere als die dort genannten Zwecke verwendet.

(2) Die Ordnungswidrigkeit kann in den Fällen des Absatzes 1 Nummer 1 mit einer Geldbuße bis zu fünfzigtausend Euro und in den übrigen Fällen mit einer Geldbuße bis zu zehntausend Euro geahndet werden.

(3) Verwaltungsbehörde im Sinne des § 36 Absatz 1 Nummer 1 des Gesetzes über Ordnungswidrigkeiten ist die zentrale Stelle nach § 81.

§ 50 g Entlastung vom Steuerabzug bei Zahlungen von Zinsen und Lizenzgebühren zwischen verbundenen Unternehmen verschiedener Mitgliedstaaten der Europäischen Union. (1) [1] Auf Antrag werden die Kapitalertragsteuer für Zinsen und die Steuer auf Grund des § 50 a für Lizenzgebühren, die von einem Unternehmen der Bundesrepublik Deutschland oder einer dort gelegenen Betriebsstätte eines Unternehmens eines anderen Mitgliedstaates der Europäischen Union als Schuldner an ein Unternehmen eines anderen Mitgliedstaates der Europäischen Union oder an eine in einem anderen Mitgliedstaat der Europäischen Union gelegene Betriebsstätte eines Unternehmens eines Mitgliedstaates der Europäischen Union als Gläubiger gezahlt werden, nicht erhoben. [2] Erfolgt die Besteuerung durch Veranlagung, werden die Zinsen und Lizenzgebühren bei der Ermittlung der Einkünfte nicht erfasst. [3] Voraussetzung für die Anwendung der Sätze 1 und 2 ist, dass der Gläubiger der Zinsen oder Lizenzgebühren ein mit dem Schuldner verbundenes Unternehmen oder dessen Betriebsstätte ist. [4] Die Sätze 1 bis 3 sind nicht anzuwenden, wenn die Zinsen oder Lizenzgebühren an eine Betriebsstätte eines Unternehmens eines Mitgliedstaates der Europäischen Union als Gläubiger gezahlt werden, die in einem Staat außerhalb der Europäischen Union oder im Inland gelegen ist und in der die Tätigkeit des Unternehmens ganz oder teilweise ausgeübt wird.

(2) Absatz 1 ist nicht anzuwenden auf die Zahlung von

1. Zinsen,
   a) die nach deutschem Recht als Gewinnausschüttung behandelt werden (§ 20 Absatz 1 Nummer 1 Satz 2) oder
   b) die auf Forderungen beruhen, die einen Anspruch auf Beteiligung am Gewinn des Schuldners begründen;
2. Zinsen oder Lizenzgebühren, die den Betrag übersteigen, den der Schuldner und der Gläubiger ohne besondere Beziehungen, die zwischen den beiden oder einem von ihnen und einem Dritten auf Grund von Absatz 3 Nummer 5 Buchstabe b bestehen, vereinbart hätten.

---

[1]) § 50 f neu gef. durch G v. 8. 12. 2010 (BGBl. I S. 1768).

(3) Für die Anwendung der Absätze 1 und 2 gelten die folgenden Begriffsbestimmungen und Beschränkungen:

1. Der Gläubiger muss der Nutzungsberechtigte sein. [2]Nutzungsberechtigter ist
   a) ein Unternehmen, wenn es die Einkünfte im Sinne von § 2 Absatz 1 erzielt;
   b) eine Betriebsstätte, wenn
      aa) die Forderung, das Recht oder der Gebrauch von Informationen, auf Grund derer/dessen Zahlungen von Zinsen oder Lizenzgebühren geleistet werden, tatsächlich zu der Betriebsstätte gehört und
      bb)[1] die Zahlungen der Zinsen oder Lizenzgebühren Einkünfte darstellen, auf Grund derer die Gewinne der Betriebsstätte in dem Mitgliedstaat der Europäischen Union, in dem sie gelegen ist, zu einer der in Nummer 5 Satz 1 Buchstabe a Doppelbuchstabe cc genannten Steuern beziehungsweise im Fall Belgiens dem „impôt des non-résidents/belasting der nietverblijfhouders" beziehungsweise im Fall Spaniens dem „Impuesto sobre la Renta de no Residentes" oder zu einer mit diesen Steuern identischen oder weitgehend ähnlichen Steuer herangezogen werden, die nach dem jeweiligen Zeitpunkt des Inkrafttretens der Richtlinie 2003/49/EG des Rates vom 3. Juni 2003 über eine gemeinsame Steuerregelung für Zahlungen von Zinsen und Lizenzgebühren zwischen verbundenen Unternehmen verschiedener Mitgliedstaaten (ABl. L 157 vom 26. 6. 2003, S. 49), die zuletzt durch die Richtlinie 2013/13/EU (ABl. L 141 vom 28. 5. 2013, S. 30) geändert worden ist, anstelle der bestehenden Steuern oder ergänzend zu ihnen eingeführt wird.
2. Eine Betriebsstätte gilt nur dann als Schuldner der Zinsen oder Lizenzgebühren, wenn die Zahlung bei der Ermittlung des Gewinns der Betriebsstätte eine steuerlich abzugsfähige Betriebsausgabe ist.
3. Gilt eine Betriebsstätte eines Unternehmens eines Mitgliedstaates der Europäischen Union als Schuldner oder Gläubiger von Zinsen oder Lizenzgebühren, so wird kein anderer Teil des Unternehmens als Schuldner oder Gläubiger der Zinsen oder Lizenzgebühren angesehen.
4. Im Sinne des Absatzes 1 sind
   a) „Zinsen" Einkünfte aus Forderungen jeder Art, auch wenn die Forderungen durch Pfandrechte an Grundstücken gesichert sind, insbesondere Einkünfte aus öffentlichen Anleihen und aus Obligationen einschließlich der damit verbundenen Aufgelder und der Gewinne aus Losanleihen; Zuschläge für verspätete Zahlung und die Rückzahlung von Kapital gelten nicht als Zinsen;
   b) „Lizenzgebühren" Vergütungen jeder Art, die für die Nutzung oder für das Recht auf Nutzung von Urheberrechten an literarischen, künstlerischen

[1] § 50 g Abs. 3 Nr. 1 Buchst. b Doppelbuchst. bb geänd. durch G v. 25. 7. 2014 (BGBl. I S. 1266).

oder wissenschaftlichen Werken, einschließlich kinematografischer Filme und Software, von Patenten, Marken, Mustern oder Modellen, Plänen, geheimen Formeln oder Verfahren oder für die Mitteilung gewerblicher, kaufmännischer oder wissenschaftlicher Erfahrungen gezahlt werden; Zahlungen für die Nutzung oder das Recht auf Nutzung gewerblicher, kaufmännischer oder wissenschaftlicher Ausrüstungen gelten als Lizenzgebühren.

5. Die Ausdrücke „Unternehmen eines Mitgliedstaates der Europäischen Union", „verbundenes Unternehmen" und „Betriebsstätte" bedeuten:

a) „Unternehmen eines Mitgliedstaates der Europäischen Union" jedes Unternehmen, das

aa) eine der in Anlage 3 Nummer 1 zu diesem Gesetz aufgeführten Rechtsformen aufweist und

bb) nach dem Steuerrecht eines Mitgliedstaates in diesem Mitgliedstaat ansässig ist und nicht nach einem zwischen dem betreffenden Staat und einem Staat außerhalb der Europäischen Union geschlossenen Abkommen zur Vermeidung der Doppelbesteuerung von Einkünften für steuerliche Zwecke als außerhalb der Gemeinschaft ansässig gilt und

cc)[1] einer der in Anlage 3 Nummer 2 zu diesem Gesetz aufgeführten Steuern unterliegt und nicht von ihr befreit ist. [2] Entsprechendes gilt für eine mit diesen Steuern identische oder weitgehend ähnliche Steuer, die nach dem jeweiligen Zeitpunkt des Inkrafttretens der Richtlinie 2003/49/EG des Rates vom 3. Juni 2003 (ABl. L 157 vom 26. 6. 2003, S. 49), zuletzt geändert durch die Richtlinie 2013/13/EU (ABl. L 141 vom 28. 5. 2013, S. 30) anstelle der bestehenden Steuern oder ergänzend zu ihnen eingeführt wird.

[2] Ein Unternehmen ist im Sinne von Doppelbuchstabe bb in einem Mitgliedstaat der Europäischen Union ansässig, wenn es der unbeschränkten Steuerpflicht im Inland oder einer vergleichbaren Besteuerung in einem anderen Mitgliedstaat der Europäischen Union nach dessen Rechtsvorschriften unterliegt.

b) „Verbundenes Unternehmen" jedes Unternehmen, das dadurch mit einem zweiten Unternehmen verbunden ist, dass

aa) das erste Unternehmen unmittelbar mindestens zu 25 Prozent an dem Kapital des zweiten Unternehmens beteiligt ist oder

bb) das zweite Unternehmen unmittelbar mindestens zu 25 Prozent an dem Kapital des ersten Unternehmens beteiligt ist oder

cc) ein drittes Unternehmen unmittelbar mindestens zu 25 Prozent an dem Kapital des ersten Unternehmens und dem Kapital des zweiten Unternehmens beteiligt ist.

[2] Die Beteiligungen dürfen nur zwischen Unternehmen bestehen, die in einem Mitgliedstaat der Europäischen Union ansässig sind.

---

[1] § 50g Abs. 3 Nr. 5 Satz 1 Buchst. a Doppelbuchst. cc geänd. durch G v. 25. 7. 2014 (BGBl. I S. 1266).

c) „Betriebsstätte" eine feste Geschäftseinrichtung in einem Mitgliedstaat der Europäischen Union, in der die Tätigkeit eines Unternehmens eines anderen Mitgliedstaates der Europäischen Union ganz oder teilweise ausgeübt wird.

(4) [1] Die Entlastung nach Absatz 1 ist zu versagen oder zu entziehen, wenn der hauptsächliche Beweggrund oder einer der hauptsächlichen Beweggründe für Geschäftsvorfälle die Steuervermeidung oder der Missbrauch sind. [2] § 50d Absatz 3 bleibt unberührt.

(5) Entlastungen von der Kapitalertragsteuer für Zinsen und der Steuer auf Grund des § 50a nach einem Abkommen zur Vermeidung der Doppelbesteuerung, die weiter gehen als die nach Absatz 1 gewährten, werden durch Absatz 1 nicht eingeschränkt.

(6) [1] Ist im Fall des Absatzes 1 Satz 1 eines der Unternehmen ein Unternehmen der Schweizerischen Eidgenossenschaft oder ist eine in der Schweizerischen Eidgenossenschaft gelegene Betriebsstätte eines Unternehmens eines anderen Mitgliedstaats der Europäischen Union Gläubiger der Zinsen oder Lizenzgebühren, gelten die Absätze 1 bis 5 entsprechend mit der Maßgabe, dass die Schweizerische Eidgenossenschaft insoweit einem Mitgliedstaat der Europäischen Union gleichgestellt ist. [2] Absatz 3 Nummer 5 Buchstabe a gilt entsprechend mit der Maßgabe, dass ein Unternehmen der Schweizerischen Eidgenossenschaft jedes Unternehmen ist, das

1. eine der folgenden Rechtsformen aufweist:
   - Aktiengesellschaft/société anonyme/società anonima;
   - Gesellschaft mit beschränkter Haftung/société à responsabilité limitée/società a responsabilità limitata;
   - Kommanditaktiengesellschaft/société en commandite par actions/società in accomandita per azioni, und
2. nach dem Steuerrecht der Schweizerischen Eidgenossenschaft dort ansässig ist und nicht nach einem zwischen der Schweizerischen Eidgenossenschaft und einem Staat außerhalb der Europäischen Union geschlossenen Abkommen zur Vermeidung der Doppelbesteuerung von Einkünften für steuerliche Zwecke als außerhalb der Gemeinschaft oder der Schweizerischen Eidgenossenschaft ansässig gilt, und
3. unbeschränkt der schweizerischen Körperschaftsteuer unterliegt, ohne von ihr befreit zu sein.

§ 50h Bestätigung für Zwecke der Entlastung von Quellensteuern in einem anderen Mitgliedstaat der Europäischen Union oder der Schweizerischen Eidgenossenschaft. Auf Antrag hat das Finanzamt, das für die Besteuerung eines Unternehmens der Bundesrepublik Deutschland oder einer dort gelegenen Betriebsstätte eines Unternehmens eines anderen Mitgliedstaats der Europäischen Union im Sinne des § 50g Absatz 3 Nummer 5 oder eines Unternehmens der Schweizerischen Eidgenossenschaft im Sinne des § 50g Absatz 6 Satz 2 zuständig ist, für die Entlastung von der Quellensteuer dieses Staats auf Zinsen oder Lizenzgebühren im Sinne des § 50g zu bescheinigen, dass das empfangene Unternehmen steuerlich im Inland ansässig ist oder die Betriebsstätte im Inland gelegen ist.

§ 50i[1]) Besteuerung bestimmter Einkünfte und Anwendung von Doppelbesteuerungsabkommen. (1) [1]Sind Wirtschaftsgüter des Betriebsvermögens oder sind Anteile im Sinne des § 17 vor dem 29. Juni 2013 in das Betriebsvermögen einer Personengesellschaft im Sinne des § 15 Absatz 3 übertragen oder überführt worden, und ist eine Besteuerung der stillen Reserven im Zeitpunkt der Übertragung oder Überführung unterblieben, so ist der Gewinn, den ein Steuerpflichtiger, der im Sinne eines Abkommens zur Vermeidung der Doppelbesteuerung im anderen Vertragsstaat ansässig ist, aus der späteren Veräußerung oder Entnahme dieser Wirtschaftsgüter oder Anteile erzielt, ungeachtet entgegenstehender Bestimmungen des Abkommens zur Vermeidung der Doppelbesteuerung zu versteuern. [2]Als Übertragung oder Überführung von Anteilen im Sinne des § 17 in das Betriebsvermögen einer Personengesellschaft gilt auch die Gewährung neuer Anteile an eine Personengesellschaft, die bisher auch eine Tätigkeit im Sinne des § 15 Absatz 1 Satz 1 Nummer 1 ausgeübt hat oder gewerbliche Einkünfte im Sinne des 15 Absatz 1 Satz 1 Nummer 2 bezogen hat, im Rahmen der Einbringung eines Betriebs oder Teilbetriebs oder eines Mitunternehmeranteils dieser Personengesellschaft in eine Körperschaft nach § 20 des Umwandlungssteuergesetzes, wenn der Einbringungszeitpunkt vor dem 29. Juni 2013 liegt und die Personengesellschaft nach der Einbringung als Personengesellschaft im Sinne des § 15 Absatz 3 fortbesteht. [3]Auch die laufenden Einkünfte aus der Beteiligung an der Personengesellschaft, auf die die in Satz 1 genannten Wirtschaftsgüter oder Anteile übertragen oder überführt oder der im Sinne des Satzes 2 neue Anteile gewährt wurden, sind ungeachtet entgegenstehender Bestimmungen des Abkommens zur Vermeidung der Doppelbesteuerung zu versteuern. [4]Die Sätze 1 und 3 gelten sinngemäß, wenn Wirtschaftsgüter vor dem 29. Juni 2013 Betriebsvermögen [***ab 1. 1. 2014:*** eines Einzelunternehmens oder] einer Personengesellschaft geworden sind, die deswegen Einkünfte aus Gewerbebetrieb *erzielt* [***ab 1. 1. 2014:*** erzielen], weil der Steuerpflichtige sowohl im überlassenden Betrieb als auch im nutzenden Betrieb allein oder zusammen mit anderen Gesellschaftern einen einheitlichen geschäftlichen Betätigungswillen durchsetzen kann und dem nutzenden Betrieb eine wesentliche Betriebsgrundlage zur Nutzung überlässt.[2])

[***ab 1. 1. 2014:*** (2)[3]) [1]Im Rahmen von Umwandlungen und Einbringungen im Sinne des § 1 des Umwandlungssteuergesetzes sind Sachgesamtheiten, die Wirtschaftsgüter und Anteile im Sinne des Absatzes 1 enthalten, abweichend von den Bestimmungen des Umwandlungssteuergesetzes, stets mit dem gemeinen Wert anzusetzen. [2]Ungeachtet des § 6 Absatz 3 und 5 gilt Satz 1 für die Überführung oder Übertragung

1. der Wirtschaftsgüter und Anteile im Sinne des Absatzes 1 aus dem Gesamthandsvermögen der Personengesellschaft im Sinne des Absatzes 1 oder aus dem Sonderbetriebsvermögen eines Mitunternehmers dieser Personengesellschaft oder
2. eines Mitunternehmeranteils an dieser Personengesellschaft

---

[1]) § 50i eingef. durch G v. 26. 6. 2013 (BGBl. I S. 1809); neu gef. durch G v. 25. 7. 2014 (BGBl. I S. 1266); zur Anwendung siehe § 52 Abs. 48.

[2]) Zur Anwendung von Satz 4 siehe § 52 Abs. 48 Satz 3.

[3]) Zur Anwendung siehe § 52 Abs. 48 Sätze 4 und 5.

entsprechend. [3]Werden die Wirtschaftsgüter oder Anteile im Sinne des Absatzes 1 von der Personengesellschaft für eine Betätigung im Sinne des § 15 Absatz 2 genutzt (Strukturwandel), gilt Satz 1 entsprechend. [4]Absatz 1 Satz 4 bleibt unberührt.

§ 51 Ermächtigungen. (1) Die Bundesregierung wird ermächtigt, mit Zustimmung des Bundesrates

1. zur Durchführung dieses Gesetzes Rechtsverordnungen zu erlassen, soweit dies zur Wahrung der Gleichmäßigkeit bei der Besteuerung, zur Beseitigung von Unbilligkeiten in Härtefällen, zur Steuerfreistellung des Existenzminimums oder zur Vereinfachung des Besteuerungsverfahrens erforderlich ist, und zwar:
   a) über die Abgrenzung der Steuerpflicht, die Beschränkung der Steuererklärungspflicht auf die Fälle, in denen eine Veranlagung in Betracht kommt, über die den Einkommensteuererklärungen beizufügenden Unterlagen und über die Beistandspflichten Dritter;
   b) über die Ermittlung der Einkünfte und die Feststellung des Einkommens einschließlich der abzugsfähigen Beträge;
   c) über die Höhe von besonderen Betriebsausgaben-Pauschbeträgen für Gruppen von Betrieben, bei denen hinsichtlich der Besteuerungsgrundlagen annähernd gleiche Verhältnisse vorliegen, wenn der Steuerpflichtige Einkünfte aus Gewerbebetrieb (§ 15) oder selbständiger Arbeit (§ 18) erzielt, in Höhe eines Prozentsatzes der Umsätze im Sinne des § 1 Absatz 1 Nummer 1 des Umsatzsteuergesetzes; Umsätze aus der Veräußerung von Wirtschaftsgütern des Anlagevermögens sind nicht zu berücksichtigen. [2]Einen besonderen Betriebsausgaben-Pauschbetrag dürfen nur Steuerpflichtige in Anspruch nehmen, die ihren Gewinn durch Einnahme-Überschussrechnung nach § 4 Absatz 3 ermitteln. [3]Bei der Festlegung der Höhe des besonderen Betriebsausgaben-Pauschbetrags ist der Zuordnung der Betriebe entsprechend der Klassifikation der Wirtschaftszweige, Fassung für Steuerstatistiken, Rechnung zu tragen. [4]Bei der Ermittlung der besonderen Betriebsausgaben-Pauschbeträge sind alle Betriebsausgaben mit Ausnahme der an das Finanzamt gezahlten Umsatzsteuer zu berücksichtigen. [5]Bei der Veräußerung oder Entnahme von Wirtschaftsgütern des Anlagevermögens sind die Anschaffungs- oder Herstellungskosten, vermindert um die Absetzungen für Abnutzung nach § 7 Absatz 1 oder 4 sowie die Veräußerungskosten neben dem besonderen Betriebsausgaben-Pauschbetrag abzugsfähig. [6]Der Steuerpflichtige kann im folgenden Veranlagungszeitraum zur Ermittlung der tatsächlichen Betriebsausgaben übergehen. [7]Wechselt der Steuerpflichtige zur Ermittlung der tatsächlichen Betriebsausgaben, sind die abnutzbaren Wirtschaftsgüter des Anlagevermögens mit ihren Anschaffungs- oder Herstellungskosten, vermindert um die Absetzungen für Abnutzung nach § 7 Absatz 1 oder 4, in ein laufend zu führendes Verzeichnis aufzunehmen. [8]§ 4 Absatz 3 Satz 5 bleibt unberührt. [9]Nach dem Wechsel zur Ermittlung der tatsächlichen Betriebsausgaben ist eine erneute Inanspruchnahme des besonderen Betriebsausgaben-Pauschbetrags erst nach

Ablauf der folgenden vier Veranlagungszeiträume zulässig; die §§ 140 und 141 der Abgabenordnung bleiben unberührt;

d) über die Veranlagung, die Anwendung der Tarifvorschriften und die Regelung der Steuerentrichtung einschließlich der Steuerabzüge;

e) über die Besteuerung der beschränkt Steuerpflichtigen einschließlich eines Steuerabzugs;

f)[1] in Fällen, in denen ein Sachverhalt zu ermitteln und steuerrechtlich zu beurteilen ist, der sich auf Vorgänge außerhalb des Geltungsbereichs dieses Gesetzes bezieht, und außerhalb des Geltungsbereichs dieses Gesetzes ansässige Beteiligte oder andere Personen nicht wie bei Vorgängen innerhalb des Geltungsbereichs dieses Gesetzes zur Mitwirkung bei der Ermittlung des Sachverhalts herangezogen werden können, zu bestimmen,

aa) in welchem Umfang Aufwendungen im Sinne des § 4 Absatz 4 oder des § 9 den Gewinn oder den Überschuss der Einnahmen über die Werbungskosten nur unter Erfüllung besonderer Mitwirkungs- und Nachweispflichten mindern dürfen. [2]Die besonderen Mitwirkungs- und Nachweispflichten können sich erstrecken auf

aaa) die Angemessenheit der zwischen nahestehenden Personen im Sinne des § 1 Absatz 2 des Außensteuergesetzes in ihren Geschäftsbeziehungen vereinbarten Bedingungen,

bbb) die Angemessenheit der Gewinnabgrenzung zwischen unselbständigen Unternehmensteilen,

ccc) die Pflicht zur Einhaltung von für nahestehende Personen geltenden Dokumentations- und Nachweispflichten auch bei Geschäftsbeziehungen zwischen nicht nahestehenden Personen,

ddd) die Bevollmächtigung der Finanzbehörde durch den Steuerpflichtigen, in seinem Namen mögliche Auskunftsansprüche gegenüber den von der Finanzbehörde benannten Kreditinstituten außergerichtlich und gerichtlich geltend zu machen;

bb) dass eine ausländische Gesellschaft ungeachtet des § 50 d Absatz 3 nur dann einen Anspruch auf völlige oder teilweise Entlastung vom Steuerabzug nach § 50 d Absatz 1 und 2 oder § 44 a Absatz 9 hat, soweit sie die Ansässigkeit der an ihr unmittelbar oder mittelbar beteiligten natürlichen Personen, deren Anteil unmittelbar oder mittelbar 10 Prozent übersteigt, darlegt und nachweisen kann;

cc) dass § 2 Absatz 5 b Satz 1, § 32 d Absatz 1 und § 43 Absatz 5 in Bezug auf Einkünfte im Sinne des § 20 Absatz 1 Nummer 1 und die steuerfreien Einnahmen nach § 3 Nummer 40 Satz 1 und 2 nur dann anzuwenden sind, wenn die Finanzbehörde bevollmächtigt wird, im Namen des Steuerpflichtigen mögliche Auskunftsansprüche gegenüber den von der Finanzbehörde benannten Kreditinstituten außergerichtlich und gerichtlich geltend zu machen.

[2]Die besonderen Nachweis- und Mitwirkungspflichten auf Grund dieses Buchstabens gelten nicht, wenn die außerhalb des Geltungsbereichs dieses

---

[1] Zu § 51 Abs. 1 Nr. 1 Buchst. f siehe SteuerhinterziehungsbekämpfungsVO v. 18. 9. 2009 (Nr. **12**).

Gesetzes ansässigen Beteiligten oder andere Personen in einem Staat oder Gebiet ansässig sind, mit dem ein Abkommen besteht, das die Erteilung von Auskünften entsprechend Artikel 26 des Musterabkommens der OECD zur Vermeidung der Doppelbesteuerung auf dem Gebiet der Steuern vom Einkommen und vom Vermögen in der Fassung von 2005 vorsieht oder der Staat oder das Gebiet Auskünfte in einem vergleichbaren Umfang erteilt oder die Bereitschaft zu einer entsprechenden Auskunftserteilung besteht;

2. Vorschriften durch Rechtsverordnung zu erlassen

a) über die sich aus der Aufhebung oder Änderung von Vorschriften dieses Gesetzes ergebenden Rechtsfolgen, soweit dies zur Wahrung der Gleichmäßigkeit bei der Besteuerung oder zur Beseitigung von Unbilligkeiten in Härtefällen erforderlich ist;

b) (weggefallen)

c)[1] über den Nachweis von Zuwendungen im Sinne des § 10b einschließlich erleichterter Nachweisanforderungen;

d) über Verfahren, die in den Fällen des § 38 Absatz 1 *Satz 1*[2] Nummer 2 den Steueranspruch der Bundesrepublik Deutschland sichern oder die sicherstellen, dass bei Befreiungen im Ausland ansässiger Leiharbeitnehmer von der Steuer der Bundesrepublik Deutschland auf Grund von Abkommen zur Vermeidung der Doppelbesteuerung die ordnungsgemäße Besteuerung im Ausland gewährleistet ist. [2] Hierzu kann nach Maßgabe zwischenstaatlicher Regelungen bestimmt werden, dass

aa) der Entleiher in dem hierzu notwendigen Umfang an derartigen Verfahren mitwirkt,

bb) er sich im Haftungsverfahren nicht auf die Freistellungsbestimmungen des Abkommens berufen kann, wenn er seine Mitwirkungspflichten verletzt;

e) bis m) (weggefallen)

n) über Sonderabschreibungen

aa) im Tiefbaubetrieb des Steinkohlen-, Pechkohlen-, Braunkohlen- und Erzbergbaues bei Wirtschaftsgütern des Anlagevermögens unter Tage und bei bestimmten mit dem Grubenbetrieb unter Tage in unmittelbarem Zusammenhang stehenden, der Förderung, Seilfahrt, Wasserhaltung und Wetterführung sowie der Aufbereitung des Minerals dienenden Wirtschaftsgütern des Anlagevermögens über Tage, soweit die Wirtschaftsgüter

für die Errichtung von neuen Förderschachtanlagen, auch in Form von Anschlussschachtanlagen,

für die Errichtung neuer Schächte sowie die Erweiterung des Grubengebäudes und den durch Wasserzuflüsse aus stillliegenden Anlagen bedingten Ausbau der Wasserhaltung bestehender Schachtanlagen,

für Rationalisierungsmaßnahmen in der Hauptschacht-, Blindschacht-, Strecken- und Abbauförderung, im Streckenvortrieb, in der

---

[1] § 51 Abs. 1 Nr. 2 Buchst. c geänd. durch G v. 1. 11. 2011 (BGBl. I S. 2131).

[2] Red. Anm.: „Satz 1" müsste zur Vollständigkeit des Verweises eingefügt werden.

Gewinnung, Versatzwirtschaft, Seilfahrt, Wetterführung und Wasserhaltung sowie in der Aufbereitung,
für die Zusammenfassung von mehreren Förderschachtanlagen zu einer einheitlichen Förderschachtanlage und
für den Wiederaufschluss stillliegender Grubenfelder und Feldesteile,

bb) im Tagebaubetrieb des Braunkohlen- und Erzbergbaues bei bestimmten Wirtschaftsgütern des beweglichen Anlagevermögens (Grubenaufschluss, Entwässerungsanlagen, Großgeräte sowie Einrichtungen des Grubenrettungswesens und der Ersten Hilfe und im Erzbergbau auch Aufbereitungsanlagen), die
für die Erschließung neuer Tagebaue, auch in Form von Anschlusstagebauen, für Rationalisierungsmaßnahmen bei laufenden Tagebauen, beim Übergang zum Tieftagebau für die Freilegung und Gewinnung der Lagerstätte und
für die Wiederinbetriebnahme stillgelegter Tagebaue

von Steuerpflichtigen, die den Gewinn nach § 5 ermitteln, vor dem 1. Januar 1990 angeschafft oder hergestellt werden. [2]Die Sonderabschreibungen können bereits für Anzahlungen auf Anschaffungskosten und für Teilherstellungskosten zugelassen werden. [3]Hat der Steuerpflichtige vor dem 1. Januar 1990 die Wirtschaftsgüter bestellt oder mit ihrer Herstellung begonnen, so können die Sonderabschreibungen auch für nach dem 31. Dezember 1989 und vor dem 1. Januar 1991 angeschaffte oder hergestellte Wirtschaftsgüter sowie für vor dem 1. Januar 1991 geleistete Anzahlungen auf Anschaffungskosten und entstandene Teilherstellungskosten in Anspruch genommen werden. [4]Voraussetzung für die Inanspruchnahme der Sonderabschreibungen ist, dass die Förderungswürdigkeit der bezeichneten Vorhaben von der obersten Landesbehörde für Wirtschaft im Einvernehmen mit dem Bundesministerium für Wirtschaft und Energie[1)] bescheinigt worden ist. [5]Die Sonderabschreibungen können im Wirtschaftsjahr der Anschaffung oder Herstellung und in den vier folgenden Wirtschaftsjahren in Anspruch genommen werden, und zwar bei beweglichen Wirtschaftsgütern des Anlagevermögens bis zu insgesamt 50 Prozent, bei unbeweglichen Wirtschaftsgütern des Anlagevermögens bis zu insgesamt 30 Prozent der Anschaffungs- oder Herstellungskosten. [6]Bei den begünstigten Vorhaben im Tagebaubetrieb des Braunkohlen- und Erzbergbaues kann außerdem zugelassen werden, dass die vor dem 1. Januar 1991 aufgewendeten Kosten für den Vorabraum bis zu 50 Prozent als sofort abzugsfähige Betriebsausgaben behandelt werden;

o) (weggefallen)

p) über die Bemessung der Absetzungen für Abnutzung oder Substanzverringerung bei nicht zu einem Betriebsvermögen gehörenden Wirtschaftsgütern, die vor dem 21. Juni 1948 angeschafft oder hergestellt oder die unentgeltlich erworben sind. [2]Hierbei kann bestimmt werden, dass die Absetzungen für Abnutzung oder Substanzverringerung nicht nach den Anschaffungs- oder Herstellungskosten, sondern nach Hilfswerten (am 21. Juni 1948 maßgebender Einheitswert, Anschaffungs- oder Herstellungskosten des Rechtsvorgängers abzüglich der von ihm vorgenommenen

---

1) Bezeichnung geänd. durch VO v. 31. 8. 2015 (BGBl. I S. 1474).

Absetzungen, fiktive Anschaffungskosten an einem noch zu bestimmenden Stichtag) zu bemessen sind. 3 Zur Vermeidung von Härten kann zugelassen werden, dass anstelle der Absetzungen für Abnutzung, die nach dem am 21. Juni 1948 maßgebenden Einheitswert zu bemessen sind, der Betrag abgezogen wird, der für das Wirtschaftsgut in dem Veranlagungszeitraum 1947 als Absetzung für Abnutzung geltend gemacht werden konnte. 4 Für das Land Berlin tritt in den Sätzen 1 bis 3 an die Stelle des 21. Juni 1948 jeweils der 1. April 1949;

q) über erhöhte Absetzungen bei Herstellungskosten
   aa) für Maßnahmen, die für den Anschluss eines im Inland belegenen Gebäudes an eine Fernwärmeversorgung einschließlich der Anbindung an das Heizsystem erforderlich sind, wenn die Fernwärmeversorgung überwiegend aus Anlagen der Kraft-Wärme-Kopplung, zur Verbrennung von Müll oder zur Verwertung von Abwärme gespeist wird,
   bb) für den Einbau von Wärmepumpenanlagen, Solaranlagen und Anlagen zur Wärmerückgewinnung in einem im Inland belegenen Gebäude einschließlich der Anbindung an das Heizsystem,
   cc) für die Errichtung von Windkraftanlagen, wenn die mit diesen Anlagen erzeugte Energie überwiegend entweder unmittelbar oder durch Verrechnung mit Elektrizitätsbezügen des Steuerpflichtigen von einem Elektrizitätsversorgungsunternehmen zur Versorgung eines im Inland belegenen Gebäudes des Steuerpflichtigen verwendet wird, einschließlich der Anbindung an das Versorgungssystem des Gebäudes,
   dd) für die Errichtung von Anlagen zur Gewinnung von Gas, das aus pflanzlichen oder tierischen Abfallstoffen durch Gärung unter Sauerstoffabschluss entsteht, wenn dieses Gas zur Beheizung eines im Inland belegenen Gebäudes des Steuerpflichtigen oder zur Warmwasserbereitung in einem solchen Gebäude des Steuerpflichtigen verwendet wird, einschließlich der Anbindung an das Versorgungssystem des Gebäudes,
   ee) für den Einbau einer Warmwasseranlage zur Versorgung von mehr als einer Zapfstelle und einer zentralen Heizungsanlage oder bei einer zentralen Heizungs- und Warmwasseranlage für den Einbau eines Heizkessels, eines Brenners, einer zentralen Steuerungseinrichtung, einer Wärmeabgabeeinrichtung und eine Änderung der Abgasanlage in einem im Inland belegenen Gebäude oder in einer im Inland belegenen Eigentumswohnung, wenn mit dem Einbau nicht vor Ablauf von zehn Jahren seit Fertigstellung dieses Gebäudes begonnen worden ist und der Einbau nach dem 30. Juni 1985 fertiggestellt worden ist; Entsprechendes gilt bei Anschaffungskosten für neue Einzelöfen, wenn keine Zentralheizung vorhanden ist.

2 Voraussetzung für die Gewährung der erhöhten Absetzungen ist, dass die Maßnahmen vor dem 1. Januar 1992 fertiggestellt worden sind; in den Fällen des Satzes 1 Doppelbuchstabe aa müssen die Gebäude vor dem 1. Juli 1983 fertiggestellt worden sein, es sei denn, dass der Anschluss nicht schon im Zusammenhang mit der Errichtung des Gebäudes möglich war. 3 Die erhöhten Absetzungen dürfen jährlich 10 Prozent der Aufwendungen nicht übersteigen. 4 Sie dürfen nicht gewährt werden, wenn für dieselbe

Maßnahme eine Investitionszulage in Anspruch genommen wird. [5]Sind die Aufwendungen Erhaltungsaufwand und entstehen sie bei einer zu eigenen Wohnzwecken genutzten Wohnung im eigenen Haus, für die der Nutzungswert nicht mehr besteuert wird, und liegen in den Fällen des Satzes 1 Doppelbuchstabe aa die Voraussetzungen des Satzes 2 zweiter Halbsatz vor, so kann der Abzug dieser Aufwendungen wie Sonderausgaben mit gleichmäßiger Verteilung auf das Kalenderjahr, in dem die Arbeiten abgeschlossen worden sind, und die neun folgenden Kalenderjahre zugelassen werden, wenn die Maßnahme vor dem 1. Januar 1992 abgeschlossen worden ist;

r) nach denen Steuerpflichtige größere Aufwendungen
   aa) für die Erhaltung von nicht zu einem Betriebsvermögen gehörenden Gebäuden, die überwiegend Wohnzwecken dienen,
   bb) zur Erhaltung eines Gebäudes in einem förmlich festgelegten Sanierungsgebiet oder städtebaulichen Entwicklungsbereich, die für Maßnahmen im Sinne des § 177 des Baugesetzbuchs sowie für bestimmte Maßnahmen, die der Erhaltung, Erneuerung und funktionsgerechten Verwendung eines Gebäudes dienen, das wegen seiner geschichtlichen, künstlerischen oder städtebaulichen Bedeutung erhalten bleiben soll, und zu deren Durchführung sich der Eigentümer neben bestimmten Modernisierungsmaßnahmen gegenüber der Gemeinde verpflichtet hat, aufgewendet worden sind,
   cc) zur Erhaltung von Gebäuden, die nach den jeweiligen landesrechtlichen Vorschriften Baudenkmale sind, soweit die Aufwendungen nach Art und Umfang zur Erhaltung des Gebäudes als Baudenkmal und zu seiner sinnvollen Nutzung erforderlich sind,

   auf zwei bis fünf Jahre gleichmäßig verteilen können. [2]In den Fällen der Doppelbuchstaben bb und cc ist Voraussetzung, dass der Erhaltungsaufwand vor dem 1. Januar 1990 entstanden ist. [3]In den Fällen von Doppelbuchstabe cc sind die Denkmaleigenschaft des Gebäudes und die Voraussetzung, dass die Aufwendungen nach Art und Umfang zur Erhaltung des Gebäudes als Baudenkmal und zu seiner sinnvollen Nutzung erforderlich sind, durch eine Bescheinigung der nach Landesrecht zuständigen oder von der Landesregierung bestimmten Stelle nachzuweisen;

s) nach denen bei Anschaffung oder Herstellung von abnutzbaren beweglichen und bei Herstellung von abnutzbaren unbeweglichen Wirtschaftsgütern des Anlagevermögens auf Antrag ein Abzug von der Einkommensteuer für den Veranlagungszeitraum der Anschaffung oder Herstellung bis zur Höhe von 7,5 Prozent der Anschaffungs- oder Herstellungskosten dieser Wirtschaftsgüter vorgenommen werden kann, wenn eine Störung des gesamtwirtschaftlichen Gleichgewichts eingetreten ist oder sich abzeichnet, die eine nachhaltige Verringerung der Umsätze oder der Beschäftigung zur Folge hatte oder erwarten lässt, insbesondere bei einem erheblichen Rückgang der Nachfrage nach Investitionsgütern oder Bauleistungen. [2]Bei der Bemessung des von der Einkommensteuer abzugsfähigen Betrags dürfen nur berücksichtigt werden
   aa) die Anschaffungs- oder Herstellungskosten von beweglichen Wirtschaftsgütern, die innerhalb eines jeweils festzusetzenden Zeitraums,

der ein Jahr nicht übersteigen darf (Begünstigungszeitraum), angeschafft oder hergestellt werden,

bb) die Anschaffungs- oder Herstellungskosten von beweglichen Wirtschaftsgütern, die innerhalb des Begünstigungszeitraums bestellt und angezahlt werden oder mit deren Herstellung innerhalb des Begünstigungszeitraums begonnen wird, wenn sie innerhalb eines Jahres, bei Schiffen innerhalb zweier Jahre nach Ablauf des Begünstigungszeitraums geliefert oder fertiggestellt werden. [2]Soweit bewegliche Wirtschaftsgüter im Sinne des Satzes 1 mit Ausnahme von Schiffen nach Ablauf eines Jahres, aber vor Ablauf zweier Jahre nach dem Ende des Begünstigungszeitraums geliefert oder fertiggestellt werden, dürfen bei Bemessung des Abzugs von der Einkommensteuer die bis zum Ablauf eines Jahres nach dem Ende des Begünstigungszeitraums aufgewendeten Anzahlungen und Teilherstellungskosten berücksichtigt werden,

cc) die Herstellungskosten von Gebäuden, bei denen innerhalb des Begünstigungszeitraums der Antrag auf Baugenehmigung gestellt wird, wenn sie bis zum Ablauf von zwei Jahren nach dem Ende des Begünstigungszeitraums fertiggestellt werden;

dabei scheiden geringwertige Wirtschaftsgüter im Sinne des § 6 Absatz 2 und Wirtschaftsgüter, die in gebrauchtem Zustand erworben werden, aus. [3]Von der Begünstigung können außerdem Wirtschaftsgüter ausgeschlossen werden, für die Sonderabschreibungen, erhöhte Absetzungen oder die Investitionszulage nach § 19 des Berlinförderungsgesetzes in Anspruch genommen werden. [4]In den Fällen des Satzes 2 Doppelbuchstabe bb und cc können bei Bemessung des von der Einkommensteuer abzugsfähigen Betrags bereits die im Begünstigungszeitraum, im Fall des Satzes 2 Doppelbuchstabe bb Satz 2 auch die bis zum Ablauf eines Jahres nach dem Ende des Begünstigungszeitraums aufgewendeten Anzahlungen und Teilherstellungskosten berücksichtigt werden; der Abzug von der Einkommensteuer kann insoweit schon für den Veranlagungszeitraum vorgenommen werden, in dem die Anzahlungen oder Teilherstellungskosten aufgewendet worden sind. [5]Übersteigt der von der Einkommensteuer abzugsfähige Betrag die für den Veranlagungszeitraum der Anschaffung oder Herstellung geschuldete Einkommensteuer, so kann der übersteigende Betrag von der Einkommensteuer für den darauf folgenden Veranlagungszeitraum abgezogen werden. [6]Entsprechendes gilt, wenn in den Fällen des Satzes 2 Doppelbuchstabe bb und cc der Abzug von der Einkommensteuer bereits für Anzahlungen oder Teilherstellungskosten geltend gemacht wird. [7]Der Abzug von der Einkommensteuer darf jedoch die für den Veranlagungszeitraum der Anschaffung oder Herstellung und den folgenden Veranlagungszeitraum insgesamt zu entrichtende Einkommensteuer nicht übersteigen. [8]In den Fällen des Satzes 2 Doppelbuchstabe bb Satz 2 gilt dies mit der Maßgabe, dass an die Stelle des Veranlagungszeitraums der Anschaffung oder Herstellung der Veranlagungszeitraum tritt, in dem zuletzt Anzahlungen oder Teilherstellungskosten aufgewendet worden sind. [9]Werden begünstigte Wirtschaftsgüter von Gesellschaften im Sinne des § 15 Absatz 1

Satz 1 Nummer 2 und 3 angeschafft oder hergestellt, so ist der abzugsfähige Betrag nach dem Verhältnis der Gewinnanteile einschließlich der Vergütungen aufzuteilen. [10]Die Anschaffungs- oder Herstellungskosten der Wirtschaftsgüter, die bei Bemessung des von der Einkommensteuer abzugsfähigen Betrags berücksichtigt worden sind, werden durch den Abzug von der Einkommensteuer nicht gemindert. [11]Rechtsverordnungen auf Grund dieser Ermächtigung bedürfen der Zustimmung des Bundestages. [12]Die Zustimmung gilt als erteilt, wenn der Bundestag nicht binnen vier Wochen nach Eingang der Vorlage der Bundesregierung die Zustimmung verweigert hat;

t) (weggefallen)

u) über Sonderabschreibungen bei abnutzbaren Wirtschaftsgütern des Anlagevermögens, die der Forschung oder Entwicklung dienen und nach dem 18. Mai 1983 und vor dem 1. Januar 1990 angeschafft oder hergestellt werden. [2]Voraussetzung für die Inanspruchnahme der Sonderabschreibungen ist, dass die beweglichen Wirtschaftsgüter ausschließlich und die unbeweglichen Wirtschaftsgüter zu mehr als 33¹/₃ Prozent der Forschung oder Entwicklung dienen. [3]Die Sonderabschreibungen können auch für Ausbauten und Erweiterungen an bestehenden Gebäuden, Gebäudeteilen, Eigentumswohnungen oder im Teileigentum stehenden Räumen zugelassen werden, wenn die ausgebauten oder neu hergestellten Gebäudeteile zu mehr als 33¹/₃ Prozent der Forschung oder Entwicklung dienen. [4]Die Wirtschaftsgüter dienen der Forschung oder Entwicklung, wenn sie verwendet werden

aa) zur Gewinnung von neuen wissenschaftlichen oder technischen Erkenntnissen und Erfahrungen allgemeiner Art (Grundlagenforschung) oder

bb) zur Neuentwicklung von Erzeugnissen oder Herstellungsverfahren oder

cc) zur Weiterentwicklung von Erzeugnissen oder Herstellungsverfahren, soweit wesentliche Änderungen dieser Erzeugnisse oder Verfahren entwickelt werden.

[5]Die Sonderabschreibungen können im Wirtschaftsjahr der Anschaffung oder Herstellung und in den vier folgenden Wirtschaftsjahren in Anspruch genommen werden, und zwar

aa) bei beweglichen Wirtschaftsgütern des Anlagevermögens bis zu insgesamt 40 Prozent,

bb) bei unbeweglichen Wirtschaftsgütern des Anlagevermögens, die zu mehr als 66²/₃ Prozent der Forschung oder Entwicklung dienen, bis zu insgesamt 15 Prozent, die nicht zu mehr als 66²/₃ Prozent, aber zu mehr als 33¹/₃ Prozent der Forschung oder Entwicklung dienen, bis zu insgesamt 10 Prozent,

cc) bei Ausbauten und Erweiterungen an bestehenden Gebäuden, Gebäudeteilen, Eigentumswohnungen oder im Teileigentum stehenden Räumen, wenn die ausgebauten oder neu hergestellten Gebäudeteile zu mehr als 66²/₃ Prozent der Forschung oder Entwicklung dienen, bis zu insgesamt 15 Prozent, zu nicht mehr als 66²/₃Prozent, aber zu mehr als 33¹/₃ Prozent der Forschung oder Entwicklung dienen, bis zu insgesamt 10 Prozent

der Anschaffungs- oder Herstellungskosten. [6] Sie können bereits für Anzahlungen auf Anschaffungskosten und für Teilherstellungskosten zugelassen werden. [7] Die Sonderabschreibungen sind nur unter der Bedingung zuzulassen, dass die Wirtschaftsgüter und die ausgebauten oder neu hergestellten Gebäudeteile mindestens drei Jahre nach ihrer Anschaffung oder Herstellung in dem erforderlichen Umfang der Forschung oder Entwicklung in einer inländischen Betriebsstätte des Steuerpflichtigen dienen;

v) (weggefallen)

w) über Sonderabschreibungen bei Handelsschiffen, die auf Grund eines vor dem 25. April 1996 abgeschlossenen Schiffbauvertrags hergestellt, in einem inländischen Seeschiffsregister eingetragen und vor dem 1. Januar 1999 von Steuerpflichtigen angeschafft oder hergestellt worden sind, die den Gewinn nach § 5 ermitteln. [2] Im Fall der Anschaffung eines Handelsschiffes ist weitere Voraussetzung, dass das Schiff vor dem 1. Januar 1996 in ungebrauchtem Zustand vom Hersteller oder nach dem 31. Dezember 1995 auf Grund eines vor dem 25. April 1996 abgeschlossenen Kaufvertrags bis zum Ablauf des vierten auf das Jahr der Fertigstellung folgenden Jahres erworben worden ist. [3] Bei Steuerpflichtigen, die in eine Gesellschaft im Sinne des § 15 Absatz 1 Satz 1 Nummer 2 und Absatz 3 nach Abschluss des Schiffbauvertrags (Unterzeichnung des Hauptvertrags) eingetreten sind, dürfen Sonderabschreibungen nur zugelassen werden, wenn sie der Gesellschaft vor dem 1. Januar 1999 beitreten. [4] Die Sonderabschreibungen können im Wirtschaftsjahr der Anschaffung oder Herstellung und in den vier folgenden Wirtschaftsjahren bis zu insgesamt 40 Prozent der Anschaffungs- oder Herstellungskosten in Anspruch genommen werden. [5] Sie können bereits für Anzahlungen auf Anschaffungskosten und für Teilherstellungskosten zugelassen werden. [6] Die Sonderabschreibungen sind nur unter der Bedingung zuzulassen, dass die Handelsschiffe innerhalb eines Zeitraums von acht Jahren nach ihrer Anschaffung oder Herstellung nicht veräußert werden; für Anteile an einem Handelsschiff gilt dies entsprechend. [7] Die Sätze 1 bis 6 gelten für Schiffe, die der Seefischerei dienen, entsprechend. [8] Für Luftfahrzeuge, die vom Steuerpflichtigen hergestellt oder in ungebrauchtem Zustand vom Hersteller erworben worden sind und die zur gewerbsmäßigen Beförderung von Personen oder Sachen im internationalen Luftverkehr oder zur Verwendung zu sonstigen gewerblichen Zwecken im Ausland bestimmt sind, gelten die Sätze 1 bis 4 und 6 mit der Maßgabe entsprechend, dass an die Stelle der Eintragung in ein inländisches Seeschiffsregister die Eintragung in die deutsche Luftfahrzeugrolle, an die Stelle des Höchstsatzes von 40 Prozent ein Höchstsatz von 30 Prozent und bei der Vorschrift des Satzes 6 an die Stelle des Zeitraums von acht Jahren ein Zeitraum von sechs Jahren treten;

x) über erhöhte Absetzungen bei Herstellungskosten für Modernisierungs- und Instandsetzungsmaßnahmen im Sinne des § 177 des Baugesetzbuchs sowie für bestimmte Maßnahmen, die der Erhaltung, Erneuerung und funktionsgerechten Verwendung eines Gebäudes dienen, das wegen seiner geschichtlichen, künstlerischen oder städtebaulichen Bedeutung erhalten bleiben soll, und zu deren Durchführung sich der Eigentümer neben bestimmten Modernisierungsmaßnahmen gegenüber der Gemeinde verpflichtet hat, die für Gebäude in einem förmlich festgelegten Sanierungsgebiet oder städtebaulichen Entwicklungsbereich aufgewendet worden sind; Voraussetzung ist, dass die Maßnahmen vor dem 1. Januar 1991 abgeschlossen worden sind. [2]Die erhöhten Absetzungen dürfen jährlich 10 Prozent der Aufwendungen nicht übersteigen;

y) über erhöhte Absetzungen für Herstellungskosten an Gebäuden, die nach den jeweiligen landesrechtlichen Vorschriften Baudenkmale sind, soweit die Aufwendungen nach Art und Umfang zur Erhaltung des Gebäudes als Baudenkmal und zu seiner sinnvollen Nutzung erforderlich sind; Voraussetzung ist, dass die Maßnahmen vor dem 1. Januar 1991 abgeschlossen worden sind. [2]Die Denkmaleigenschaft des Gebäudes und die Voraussetzung, dass die Aufwendungen nach Art und Umfang zur Erhaltung des Gebäudes als Baudenkmal und zu seiner sinnvollen Nutzung erforderlich sind, sind durch eine Bescheinigung der nach Landesrecht zuständigen oder von der Landesregierung bestimmten Stelle nachzuweisen. [3]Die erhöhten Absetzungen dürfen jährlich 10 Prozent der Aufwendungen nicht übersteigen;

3. die in § 4a Absatz 1 Satz 2 Nummer 1, § 10 Absatz 5, § 22 Nummer 1 Satz 3 Buchstabe a, § 26a Absatz 3, § 34c Absatz 7, § 46 Absatz 5 und § 50a Absatz 6 vorgesehenen Rechtsverordnungen zu erlassen.

(2) [1]Die Bundesregierung wird ermächtigt, durch Rechtsverordnung Vorschriften zu erlassen, nach denen die Inanspruchnahme von Sonderabschreibungen und erhöhten Absetzungen sowie die Bemessung der Absetzung für Abnutzung in fallenden Jahresbeträgen ganz oder teilweise ausgeschlossen werden können, wenn eine Störung des gesamtwirtschaftlichen Gleichgewichts eingetreten ist oder sich abzeichnet, die erhebliche Preissteigerungen mit sich gebracht hat oder erwarten lässt, insbesondere, wenn die Inlandsnachfrage nach Investitionsgütern oder Bauleistungen das Angebot wesentlich übersteigt. [2]Die Inanspruchnahme von Sonderabschreibungen und erhöhten Absetzungen sowie die Bemessung der Absetzung für Abnutzung in fallenden Jahresbeträgen darf nur ausgeschlossen werden

1. für bewegliche Wirtschaftsgüter, die innerhalb eines jeweils festzusetzenden Zeitraums, der frühestens mit dem Tage beginnt, an dem die Bundesregierung ihren Beschluss über die Verordnung bekannt gibt, und der ein Jahr nicht übersteigen darf, angeschafft oder hergestellt werden. [2]Für bewegliche Wirtschaftsgüter, die vor Beginn dieses Zeitraums bestellt und angezahlt worden sind oder mit deren Herstellung vor Beginn dieses Zeitraums angefangen worden ist, darf jedoch die Inanspruchnahme von Sonderabschreibungen und erhöhten Absetzungen sowie die Bemessung der Absetzung für Abnutzung in fallenden Jahresbeträgen nicht ausgeschlossen werden;
2. für bewegliche Wirtschaftsgüter und für Gebäude, die in dem in Nummer 1 bezeichneten Zeitraum bestellt werden oder mit deren Herstellung in diesem Zeitraum begonnen wird. [2]Als Beginn der Herstellung gilt bei Gebäuden der Zeitpunkt, in dem der Antrag auf Baugenehmigung gestellt wird.

[3]Rechtsverordnungen auf Grund dieser Ermächtigung bedürfen der Zustimmung des Bundestages und des Bundesrates. [4]Die Zustimmung gilt als erteilt, wenn der Bundesrat nicht binnen drei Wochen, der Bundestag nicht binnen vier Wochen nach Eingang der Vorlage der Bundesregierung die Zustimmung verweigert hat.

(3) [1]Die Bundesregierung wird ermächtigt, durch Rechtsverordnung mit Zustimmung des Bundesrates Vorschriften zu erlassen, nach denen die Einkommensteuer einschließlich des Steuerabzugs vom Arbeitslohn, des Steuerabzugs vom Kapitalertrag und des Steuerabzugs bei beschränkt Steuerpflichtigen

1. um höchstens 10 Prozent herabgesetzt werden kann. [2]Der Zeitraum, für den die Herabsetzung gilt, darf ein Jahr nicht übersteigen; er soll sich mit dem Kalenderjahr decken. [3]Voraussetzung ist, dass eine Störung des gesamtwirtschaftlichen Gleichgewichts eingetreten ist oder sich abzeichnet, die eine nachhaltige Verringerung der Umsätze oder der Beschäftigung zur Folge hatte oder erwarten lässt, insbesondere bei einem erheblichen Rückgang der Nachfrage nach Investitionsgütern und Bauleistungen oder Verbrauchsgütern;
2. um höchstens 10 Prozent erhöht werden kann. [2]Der Zeitraum, für den die Erhöhung gilt, darf ein Jahr nicht übersteigen; er soll sich mit dem Kalenderjahr decken. [3]Voraussetzung ist, dass eine Störung des gesamtwirtschaftlichen Gleichgewichts eingetreten ist oder sich abzeichnet, die erhebliche Preissteigerungen mit sich gebracht hat oder erwarten lässt, insbesondere, wenn die Nachfrage nach Investitionsgütern und Bauleistungen oder Verbrauchsgütern das Angebot wesentlich übersteigt.

[2]Rechtsverordnungen auf Grund dieser Ermächtigung bedürfen der Zustimmung des Bundestages.

(4)[1)] Das Bundesministerium der Finanzen wird ermächtigt,

1. im Einvernehmen mit den obersten Finanzbehörden der Länder die Vordrucke für
   a) (weggefallen)
   b) die Erklärungen zur Einkommensbesteuerung,
   c) die Anträge nach § 38 b Absatz 2, nach § 39 a Absatz 2, in dessen Vordrucke der Antrag nach § 39 f einzubeziehen ist, die Anträge nach § 39 a Absatz 4 sowie die Anträge zu den elektronischen Lohnsteuerabzugsmerkmalen (§ 38 b Absatz 3 und § 39 e Absatz 6 Satz 7),
   d) die Lohnsteuer-Anmeldung (§ 41 a Absatz 1),
   e) die Anmeldung der Kapitalertragsteuer (§ 45 a Absatz 1) und den Freistellungsauftrag nach § 44 a Absatz 2 Satz 1 Nummer 1,
   f) die Anmeldung des Abzugsbetrags (§ 48 a),
   g) die Erteilung der Freistellungsbescheinigung (§ 48 b),
   h) die Anmeldung der Abzugsteuer (§ 50 a),
   i) die Entlastung von der Kapitalertragsteuer und vom Steuerabzug nach § 50 a auf Grund von Abkommen zur Vermeidung der Doppelbesteuerung

[1)] § 51 Abs. 4 Nr. 1 Buchst. c neu gef., Satzteil nach Buchst. i neu gef. durch G v. 7. 12. 2011 (BGBl. I S. 2592).

und die Muster der Bescheinigungen für den Lohnsteuerabzug nach § 39 Absatz 3 Satz 1 und § 39 e Absatz 7 Satz 5, des Ausdrucks der elektronischen Lohnsteuerbescheinigung (§ 41 b Absatz 1), das Muster der Lohnsteuerbescheinigung nach § 41 b Absatz 3 Satz 1, der Anträge auf Erteilung einer Bescheinigung für den Lohnsteuerabzug nach § 39 Absatz 3 Satz 1 und § 39 e Absatz 7 Satz 1 sowie der in § 45 a Absatz 2 und 3 und § 50 a Absatz 5 Satz 6 vorgesehenen Bescheinigungen zu bestimmen;

1 a. im Einvernehmen mit den obersten Finanzbehörden der Länder auf der Basis der §§ 32 a und 39 b einen Programmablaufplan für die Herstellung von Lohnsteuertabellen zur manuellen Berechnung der Lohnsteuer aufzustellen und bekannt zu machen. [2]Der Lohnstufenabstand beträgt bei den Jahrestabellen 36. [3]Die in den Tabellenstufen auszuweisende Lohnsteuer ist aus der Obergrenze der Tabellenstufen zu berechnen und muss an der Obergrenze mit der maschinell berechneten Lohnsteuer übereinstimmen. [4]Die Monats-, Wochen- und Tagestabellen sind aus den Jahrestabellen abzuleiten;

1 b. im Einvernehmen mit den obersten Finanzbehörden der Länder den Mindestumfang der nach § 5 b elektronisch zu übermittelnden Bilanz und Gewinn- und Verlustrechnung zu bestimmen;

1 c. durch Rechtsverordnung zur Durchführung dieses Gesetzes mit Zustimmung des Bundesrates Vorschriften über einen von dem vorgesehenen erstmaligen Anwendungszeitpunkt gemäß § 52 *Absatz 15 a*[1] in der Fassung des Artikels 1 des Gesetzes vom 20. Dezember 2008 (BGBl. I S. 2850) abweichenden späteren Anwendungszeitpunkt[2] zu erlassen, wenn bis zum 31. Dezember 2010 erkennbar ist, dass die technischen oder organisatorischen Voraussetzungen für eine Umsetzung der in § 5 b Absatz 1 in der Fassung des Artikels 1 des Gesetzes vom 20. Dezember 2008 (BGBl. I S. 2850) vorgesehenen Verpflichtung nicht ausreichen;

2. den Wortlaut dieses Gesetzes und der zu diesem Gesetz erlassenen Rechtsverordnungen in der jeweils geltenden Fassung satzweise nummeriert mit neuem Datum und in neuer Paragraphenfolge bekannt zu machen und dabei Unstimmigkeiten im Wortlaut zu beseitigen.

§ 51 a Festsetzung und Erhebung von Zuschlagsteuern. (1) Auf die Festsetzung und Erhebung von Steuern, die nach der Einkommensteuer bemessen werden (Zuschlagsteuern), sind die Vorschriften dieses Gesetzes entsprechend anzuwenden.

(2) [1]Bemessungsgrundlage ist die Einkommensteuer, die abweichend von § 2 Absatz 6 unter Berücksichtigung von Freibeträgen nach § 32 Absatz 6 in allen Fällen des § 32 festzusetzen wäre. [2]Zur Ermittlung der Einkommensteuer im Sinne des Satzes 1 ist das zu versteuernde Einkommen um die nach § 3 Nummer 40 steuerfreien Beträge zu erhöhen und um die nach § 3 c Absatz 2 nicht abziehbaren Beträge zu mindern. [3]§ 35 ist bei der Ermittlung der festzusetzenden Einkommensteuer nach Satz 1 nicht anzuwenden.

---

[1] Jetzt § 52 Abs. 11.

[2] Siehe hierzu Anwendungszeitpunktverschiebungsverordnung **(AnwZpvV)** vom 20. 12. 2010 (BGBl. I S. 2135); abgedruckt zu § 52 Abs. 11.

(2 a)[1] [1]Vorbehaltlich des § 40 a Absatz 2 *in der Fassung des Gesetzes vom 23. Dezember 2002 (BGBl. I S. 4621)*[2] ist beim Steuerabzug vom Arbeitslohn Bemessungsgrundlage die Lohnsteuer; beim Steuerabzug vom laufenden Arbeitslohn und beim Jahresausgleich ist die Lohnsteuer maßgebend, die sich ergibt, wenn der nach § 39 b Absatz 2 Satz 5 zu versteuernde Jahresbetrag für die Steuerklassen I, II und III um den Kinderfreibetrag von 4368[3] [***ab VZ 2015:*** 4512/***ab VZ 2016:*** 4608][2] Euro sowie den Freibetrag für den Betreuungs- und Erziehungs- oder Ausbildungsbedarf von 2640[3] Euro und für die Steuerklasse IV um den Kinderfreibetrag von 2184[3] [***ab VZ 2015:*** 2256/***ab VZ 2016:*** 2304][2] Euro sowie den Freibetrag für den Betreuungs- und Erziehungs- oder Ausbildungsbedarf von 1320[3] Euro für jedes Kind vermindert wird, für das eine Kürzung der Freibeträge für Kinder nach § 32 Absatz 6 Satz 4 nicht in Betracht kommt. [2]Bei der Anwendung des § 39 b für die Ermittlung der Zuschlagsteuern ist die als Lohnsteuerabzugsmerkmal gebildete Zahl der Kinderfreibeträge maßgebend. [3]Bei Anwendung des § 39 f ist beim Steuerabzug vom laufenden Arbeitslohn die Lohnsteuer maßgebend, die sich bei Anwendung des nach § 39 f Absatz 1 ermittelten Faktors auf den nach den Sätzen 1 und 2 ermittelten Betrag ergibt.

(2 b) Wird die Einkommensteuer nach § 43 Absatz 1 durch Abzug vom Kapitalertrag (Kapitalertragsteuer) erhoben, wird die darauf entfallende Kirchensteuer nach dem Kirchensteuersatz der Religionsgemeinschaft, der der Kirchensteuerpflichtige angehört, als Zuschlag zur Kapitalertragsteuer erhoben.

[Fassung bis 31. 12. 2014:]

(2 c) [1]Der zur Vornahme des Steuerabzugs verpflichtete Schuldner der Kapitalerträge oder die auszahlende Stelle im Sinne des § 44 Absatz 1 Satz 3 oder in den Fällen des Satzes 2 die Person oder Stelle, die die Auszahlung an den Gläubiger vornimmt, hat die auf die Kapitalertragsteuer nach Absatz 2 b entfallende Kirchensteuer auf schriftlichen Antrag des Kirchensteuerpflichtigen hin einzubehalten (Kirchensteuerabzugsverpflichteter). [2]Zahlt der Abzugsverpflichtete die Kapitalerträge nicht

[Fassung ab 1. 1. 2015:]

(2 c)[4] [1]Der zur Vornahme des Steuerabzugs vom Kapitalertrag Verpflichtete (Kirchensteuerabzugsverpflichteter) hat die auf die Kapitalertragsteuer nach Absatz 2 b entfallende Kirchensteuer nach folgenden Maßgaben einzubehalten:

1. [1]Das Bundeszentralamt für Steuern speichert unabhängig von und zusätzlich zu den in § 139 b Absatz 3 der Abgabenordnung genannten und nach § 39 e gespeicherten Daten des Steuerpflichtigen den Kirchensteuersatz der steuererheben-

---

[1] § 51 a Abs. 2 a Satz 2 geänd. mWv 1. 1. 2012 durch G v. 7. 12. 2011 (BGBl. I S. 2592).

[2] § 51 a Abs. 2 a Satz 1 kursiver Satzteil aufgeh., Beträge geänd. mWv VZ 2015 bzw. VZ 2016 durch G v. 16. 7. 2015 (BGBl. I S. 1202).

[3] Beträge geänd. mWv VZ 2010 durch G v. 22. 12. 2009 (BGBl. I S. 3950).

[4] § 51 a Abs. 2 c neu gef. mWv VZ 2015 (§ 52 a Abs. 49) durch G v. 7. 12. 2011 (BGBl. I S. 2592); geänd. durch G v. 26. 6. 2013 (BGBl. I S. 1809).

[Fassung bis 31. 12. 2014:]

unmittelbar an den Gläubiger aus, ist Kirchensteuerabzugsverpflichteter die Person oder Stelle, die die Auszahlung für die Rechnung des Schuldners an den Gläubiger vornimmt; in diesem Fall hat der Kirchensteuerabzugsverpflichtete zunächst die vom Schuldner der Kapitalerträge erhobene Kapitalertragsteuer gemäß § 43 a Absatz 1 Satz 3 in Verbindung mit § 32 d Absatz 1 Satz 4 und 5 zu ermäßigen und im Rahmen seiner Steueranmeldung nach § 45 a Absatz 1 die abzuführende Kapitalertragsteuer entsprechend zu kürzen. [3]Der Antrag nach Satz 1 kann nicht auf Teilbeträge des Kapitalertrags eingeschränkt werden; er kann nicht rückwirkend widerrufen werden. [4]Der Antrag hat die Religionsangehörigkeit des Steuerpflichtigen zu benennen. [5]Der Kirchensteuerabzugsverpflichtete hat den Kirchensteuerabzug getrennt nach Religionsangehörigkeiten an das für ihn zuständige Finanzamt abzuführen. [6]Der abgeführte Steuerabzug ist an die Religionsgemeinschaft weiterzuleiten. [7]§ 44 Absatz 5 ist mit der Maßgabe anzuwenden, dass der Haftungsbescheid von dem für den Kirchensteuerabzugsverpflichteten zuständigen Finanzamt erlassen wird. [8]Satz 6 gilt entsprechend. [9]§ 45 a Absatz 2 ist mit der Maßgabe anzuwenden, dass auch die Religionsgemeinschaft angegeben wird. [10]Sind an den Kapitalerträgen mehrere Personen beteiligt, kann der Antrag nach Satz 1 nur gestellt werden, wenn es sich um Ehegatten handelt oder alle Beteiligten derselben Religionsgemeinschaft angehören. [11]Sind an den Kapitalerträgen Ehegatten beteiligt, haben diese für den Antrag nach Satz 1 übereinstimmend zu

[Fassung ab 1. 1. 2015:]

den Religionsgemeinschaft des Kirchensteuerpflichtigen sowie die ortsbezogenen Daten, mit deren Hilfe der Kirchensteuerpflichtige seiner Religionsgemeinschaft zugeordnet werden kann. [2]Die Daten werden als automatisiert abrufbares Merkmal für den Kirchensteuerabzug bereitgestellt;

2. sofern dem Kirchensteuerabzugsverpflichteten die Identifikationsnummer des Schuldners der Kapitalertragsteuer nicht bereits bekannt ist, kann er sie beim Bundeszentralamt für Steuern anfragen. [2]In der Anfrage dürfen nur die in § 139 b Absatz 3 der Abgabenordnung genannten Daten des Schuldners der Kapitalertragsteuer angegeben werden, soweit sie dem Kirchensteuerabzugsverpflichteten bekannt sind. [3]Die Anfrage hat nach amtlich vorgeschriebenem Datensatz durch Datenfernübertragung zu erfolgen. [4]Im Übrigen ist die Steuerdaten-Übermittlungsverordnung entsprechend anzuwenden. [5]Das Bundeszentralamt für Steuern teilt dem Kirchensteuerabzugsverpflichteten die Identifikationsnummer mit, sofern die übermittelten Daten mit den nach § 139 b Absatz 3 der Abgabenordnung beim Bundeszentralamt für Steuern gespeicherten Daten übereinstimmen;

3. der Kirchensteuerabzugsverpflichtete hat unter Angabe der Identifikationsnummer und des Geburtsdatums des Schuldners der Kapitalertragsteuer einmal jährlich im Zeitraum vom 1. September bis 31. Oktober beim Bundeszentralamt für Steuern anzufragen, ob der Schuldner der Kapitalertragsteuer am 31. August des betreffenden

[Fassung bis 31. 12. 2014:]

erklären, in welchem Verhältnis der auf jeden Ehegatten entfallende Anteil der Kapitalerträge zu diesen Erträgen steht. [12]Die Kapitalerträge sind entsprechend diesem Verhältnis aufzuteilen und die Kirchensteuer ist einzubehalten, soweit ein Anteil einem kirchensteuerpflichtigen Ehegatten zuzuordnen ist. [13]Wird das Verhältnis nicht erklärt, wird der Anteil nach dem auf ihn entfallenden Kopfteil ermittelt. [14]Der Kirchensteuerabzugsverpflichtete darf die durch den Kirchensteuerabzug erlangten Daten nur für den Kirchensteuerabzug verwenden; für andere Zwecke darf er sie nur verwenden, soweit der Kirchensteuerpflichtige zustimmt oder dies gesetzlich zugelassen ist.

[Fassung ab 1. 1. 2015:]

Jahres (Stichtag) kirchensteuerpflichtig ist (Regelabfrage). [2]Für Kapitalerträge im Sinne des § 43 Absatz 1 Nummer 4 aus Versicherungsverträgen hat der Kirchensteuerabzugsverpflichtete eine auf den Zuflusszeitpunkt der Kapitalerträge bezogene Abfrage (Anlassabfrage) an das Bundeszentralamt für Steuern zu richten. [3]Im Übrigen kann der Kirchensteuerabzugsverpflichtete eine Anlassabfrage bei Begründung einer Geschäftsbeziehung oder auf Veranlassung des Kunden an das Bundeszentralamt für Steuer richten. [4]Auf die Anfrage hin teilt das Bundeszentralamt für Steuern dem Kirchensteuerabzugsverpflichteten die rechtliche Zugehörigkeit zu einer steuererhebenden Religionsgemeinschaft und den für die Religionsgemeinschaft geltenden Kirchensteuersatz zum Zeitpunkt der Anfrage als automatisiert abrufbares Merkmal nach Nummer 1 mit. [5]*Rechtzeitig vor Regel- oder Anlassabfrage ist der Schuldner der Kapitalertragsteuer vom Kirchensteuerabzugsverpflichteten auf die bevorstehende* [***ab 1. 8. 2015:*** [5]Während der Dauer der rechtlichen Verbindung ist der Schuldner der Kapitalertragssteuer zumindest einmal vom Kirchensteuerabzugsverpflichteten auf die] Datenabfrage sowie das gegenüber dem Bundeszentralamt für Steuern bestehende Widerspruchsrecht, das sich auf die Übermittlung von Daten zur Religionszugehörigkeit bezieht (Absatz 2 e Satz 1), schriftlich oder in [***ab 1. 8. 2015:*** *anderer*] geeigneter Form hinzuweisen.[1)]

[1)] § 51 a Abs. 2 c Satz 1 Nr. 3 Satz 5 geänd. mWv 1. 8. 2015 durch G v. 28. 7. 2015 (BGBl. I S. 1400).

[Fassung ab 1. 1. 2015:]

6 Anträge auf das Setzen der Sperrvermerke, die im aktuellen Kalenderjahr für eine Regelabfrage berücksichtigt werden sollen, müssen bis zum 30. Juni beim Bundeszentralamt für Steuern eingegangen sein. 7 Alle übrigen Sperrvermerke können nur berücksichtigt werden, wenn sie spätestens zwei Monate vor der Abfrage des Kirchensteuerabzugsverpflichteten eingegangen sind. 8 Dies gilt für den Widerruf entsprechend. 9 Der Hinweis *hat individuell* [***ab 1. 8. 2015:*** nach Satz 5 hat rechtzeitig vor der Regel- oder Anlassabfrage] zu erfolgen.[1)] 10 Gehört der Schuldner der Kapitalertragsteuer keiner steuererhebenden Religionsgemeinschaft an oder hat er dem Abruf von Daten zur Religionszugehörigkeit widersprochen (Sperrvermerk), so teilt das Bundeszentralamt für Steuern dem Kirchensteuerabzugsverpflichteten zur Religionszugehörigkeit einen neutralen Wert (Nullwert) mit. 11 Der Kirchensteuerabzugsverpflichtete hat die vorhandenen Daten zur Religionszugehörigkeit unverzüglich zu löschen, wenn ein Nullwert übermittelt wurde;

4. im Falle einer am Stichtag oder im Zuflusszeitpunkt bestehenden Kirchensteuerpflicht hat der Kirchensteuerabzugsverpflichtete den Kirchensteuerabzug für die steuererhebende Religionsgemeinschaft durchzuführen und den Kirchensteuerbetrag an das für ihn zuständige Finanzamt abzuführen. 2 § 45 a Absatz 1 gilt entsprechend; in der Steueranmeldung sind die

1) § 51 a Abs. 2 c Satz 1 Nr. 3 Satz 9 geänd. mWv 1. 8. 2015 durch G v. 28. 7. 2015 (BGBl. I S. 1400).

[Fassung ab 1. 1. 2015:]

nach Satz 1 einbehaltenen Kirchensteuerbeträge für jede steuererhebende Religionsgemeinschaft jeweils als Summe anzumelden. 3 Die auf Grund der Regelabfrage vom Bundeszentralamt für Steuern bestätigte Kirchensteuerpflicht hat der Kirchensteuerabzugsverpflichtete dem Kirchensteuerabzug des auf den Stichtag folgenden Kalenderjahres zu Grunde zu legen. 4 Das Ergebnis einer Anlassabfrage wirkt anlassbezogen.

2 Die Daten gemäß Nummer 3 sind nach amtlich vorgeschriebenem Datensatz durch Datenfernübertragung zu übermitteln. 3 Die Verbindung der Anfrage nach Nummer 2 mit der Anfrage nach Nummer 3 zu einer Anfrage ist zulässig. 4 Auf Antrag kann das Bundeszentralamt für Steuern zur Vermeidung unbilliger Härten auf eine elektronische Übermittlung verzichten. 5 § 44 Absatz 5 ist mit der Maßgabe anzuwenden, dass der Haftungsbescheid von dem für den Kirchensteuerabzugsverpflichteten zuständigen Finanzamt erlassen wird. 6 § 45 a Absatz 2 ist mit der Maßgabe anzuwenden, dass die steuererhebende Religionsgemeinschaft angegeben wird. 7 Sind an den Kapitalerträgen ausschließlich Ehegatten beteiligt, wird der Anteil an der Kapitalertragsteuer hälftig ermittelt. 8 Der Kirchensteuerabzugsverpflichtete darf die von ihm für die Durchführung des Kirchensteuerabzugs erhobenen Daten ausschließlich für diesen Zweck verwenden. 9 Er hat organisatorisch dafür Sorge zu tragen, dass ein Zugriff auf diese Daten für andere Zwecke gesperrt ist. 10 Für andere Zwecke dürfen der Kirchensteuerabzugsverpflichtete und die beteiligte Finanzbehörde die Daten nur verwenden,

[Fassung ab 1. 1. 2015:]

soweit der Kirchensteuerpflichtige zustimmt oder dies gesetzlich zugelassen ist.

(2 d) [1]Wird die nach Absatz 2 b zu erhebende Kirchensteuer nicht nach Absatz 2 c als Kirchensteuerabzug vom Kirchensteuerabzugsverpflichteten einbehalten, wird sie nach Ablauf des Kalenderjahres nach dem Kapitalertragsteuerbetrag veranlagt, der sich ergibt, wenn die Steuer auf Kapitalerträge nach § 32 d Absatz 1 Satz 4 und 5 errechnet wird; wenn Kirchensteuer als Kirchensteuerabzug nach Absatz 2 c erhoben wurde, wird eine Veranlagung auf Antrag des Steuerpflichtigen durchgeführt. [2]Der Abzugsverpflichtete hat dem Kirchensteuerpflichtigen auf dessen Verlangen hin eine Bescheinigung über die einbehaltene Kapitalertragsteuer zu erteilen. [3]Der Kirchensteuerpflichtige hat die erhobene Kapitalertragsteuer zu erklären und die Bescheinigung nach Satz 2 oder nach § 45 a Absatz 2 oder 3 vorzulegen.

(Fortsetzung nächstes Blatt)

[Fassung bis 31. 12. 2014:]

(2 e) [1]Die Auswirkungen der Absätze 2 c bis 2 d werden unter Beteiligung von Vertretern von Kirchensteuern erhebenden Religionsgemeinschaften und weiteren Sachverständigen durch die Bundesregierung mit dem Ziel überprüft, einen umfassenden verpflichtenden Quellensteuerabzug auf der Grundlage eines elektronischen Informationssystems, das den Abzugsverpflichteten Auskunft über die Zugehörigkeit zu einer Kirchensteuer erhebenden Religionsgemeinschaft gibt, einzuführen. [2]Die Bundesregierung unterrichtet den Bundestag bis spätestens zum 30. Juni 2010 über das Ergebnis.

[Fassung ab 1. 1. 2015:]

(2 e)[1)] [1]Der Schuldner der Kapitalertragsteuer kann unter Angabe seiner Identifikationsnummer nach amtlich vorgeschriebenem Vordruck schriftlich beim Bundeszentralamt für Steuern beantragen, dass der automatisierte Datenabruf seiner rechtlichen Zugehörigkeit zu einer steuererhebenden Religionsgemeinschaft bis auf schriftlichen Widerruf unterbleibt (Sperrvermerk). [2]Das Bundeszentralamt für Steuern kann für die Abgabe der Erklärungen nach Satz 1 ein anderes sicheres Verfahren zur Verfügung stellen. [3]Der Sperrvermerk verpflichtet den Kirchensteuerpflichtigen für jeden Veranlagungszeitraum, in dem Kapitalertragsteuer einbehalten worden ist, zur Abgabe einer Steuererklärung zum Zwecke der Veranlagung nach Absatz 2 d Satz 1. [4]Das Bundeszentralamt für Steuern übermittelt für jeden Veranlagungszeitraum, in dem der Sperrvermerk abgerufen worden ist, an das Wohnsitzfinanzamt Name und Anschrift des Kirchensteuerabzugsverpflichteten, an den im Fall des Absatzes 2 c Nummer 3 auf Grund des Sperrvermerks ein Nullwert im Sinne des Absatzes 2 c Satz 1 Nummer 3 Satz 6 mitgeteilt worden ist. [5]Das Wohnsitzfinanzamt fordert den Kirchensteuerpflichtigen zur Abgabe einer Steuererklärung nach § 149 Absatz 1 Satz 1 und 2 der Abgabenordnung auf.

(3) Ist die Einkommensteuer für Einkünfte, die dem Steuerabzug unterliegen, durch den Steuerabzug abgegolten oder werden solche Einkünfte bei der Veranlagung zur Einkommensteuer oder beim Lohnsteuer-Jahresausgleich nicht erfasst, gilt dies für die Zuschlagsteuer entsprechend.

(4) [1]Die Vorauszahlungen auf Zuschlagsteuern sind gleichzeitig mit den festgesetzten Vorauszahlungen auf die Einkommensteuer zu entrichten; § 37 Ab-

---

[1)] § 51 a Abs. 2 e neu gef. mWv VZ 2015 (§ 52 Abs. 49) durch G v. 7. 12. 2011 (BGBl. I S. 2592); geänd. durch G v. 26. 6. 2013 (BGBl. I S. 1809).

satz 5 ist nicht anzuwenden. [2] Solange ein Bescheid über die Vorauszahlungen auf Zuschlagsteuern nicht erteilt worden ist, sind die Vorauszahlungen ohne besondere Aufforderung nach Maßgabe der für die Zuschlagsteuern geltenden Vorschriften zu entrichten. [3] § 240 Absatz 1 Satz 3 der Abgabenordnung ist insoweit nicht anzuwenden; § 254 Absatz 2 der Abgabenordnung gilt insoweit sinngemäß.

(5) [1] Mit einem Rechtsbehelf gegen die Zuschlagsteuer kann weder die Bemessungsgrundlage noch die Höhe des zu versteuernden Einkommens angegriffen werden. [2] Wird die Bemessungsgrundlage geändert, ändert sich die Zuschlagsteuer entsprechend.

(6) Die Absätze 1 bis 5 gelten für die Kirchensteuern nach Maßgabe landesrechtlicher Vorschriften.

§ 52[1] Anwendungsvorschriften.

[Fassung Abs. 1 für VZ 2014:][2]

(1) [1] Diese Fassung des Gesetzes ist, soweit in den folgenden Absätzen nichts anderes bestimmt ist, erstmals für den Veranlagungszeitraum 2014 anzuwenden. [2] Beim Steuerabzug vom Arbeitslohn gilt Satz 1 mit der Maßgabe, dass diese Fassung erstmals auf den laufenden Arbeitslohn anzuwenden ist, der für einen nach dem 31. Dezember 2013 endenden Lohnzahlungszeitraum gezahlt wird, und auf sonstige Bezüge, die nach dem 31. Dezember 2013 zufließen. [3] Beim Steuerabzug vom Kapitalertrag gilt Satz 1 mit der Maßgabe, dass diese Fassung des Gesetzes erstmals auf Kapitalerträge anzuwenden ist, die dem Gläubiger nach dem 31. Dezember 2013 zufließen.

[Fassung Abs. 1 für VZ 2016:][3]

(1) [1] Diese Fassung des Gesetzes ist, soweit in den folgenden Absätzen nichts anderes bestimmt ist, erstmals für den Veranlagungszeitraum 2016 anzuwenden. [2] Beim Steuerabzug vom Arbeitslohn gilt Satz 1 mit der Maßgabe, dass diese Fassung erstmals auf den laufenden Arbeitslohn anzuwenden ist, der für einen nach dem 31. Dezember 2015 endenden Lohnzahlungszeitraum gezahlt wird, und auf sonstige Bezüge, die nach dem 31. Dezember 2015 zufließen. [3] Beim Steuerabzug vom Kapitalertrag gilt Satz 1 mit der Maßgabe, dass diese Fassung des Gesetzes erstmals auf Kapitalerträge anzuwenden ist, die dem Gläubiger nach dem 31. Dezember 2015 zufließen.

(2) [1] § 2a Absatz 1 Satz 1 Nummer 6 Buchstabe b in der am 1. Januar 2000 geltenden Fassung ist erstmals auf negative Einkünfte eines Steuerpflichtigen anzuwenden, die er aus einer entgeltlichen Überlassung von Schiffen auf Grund eines nach dem 31. Dezember 1999 rechtswirksam abgeschlossenen obligatorischen Vertrags oder gleichstehenden Rechtsakts erzielt. [2] Für negative Einkünfte im Sinne des § 2a Absatz 1 und 2 in der am 24. Dezember 2008 geltenden Fassung, die vor dem 25. Dezember 2008 nach § 2a Absatz 1 Satz 5 bestandskräftig gesondert festgestellt wurden, ist § 2a Absatz 1 Satz 3 bis 5 in der am 24. Dezember 2008 geltenden Fassung weiter anzuwenden. [3] § 2a

[1] § 52 neu gef. durch G v. 25. 7. 2014 (BGBl. I S. 1266).

[2] § 52 Abs. 1 neu gef. durch Art. 2 des G v. 25. 7. 2014 (BGBl. I S. 1266).

[3] § 52 Abs. 1 neu gef. durch Art. 3 des G v. 25. 7. 2014 (BGBl. I S. 1266); neu gef. durch G v. 2. 11. 2015 (BGBl. I S. 1834).

Absatz 3 Satz 3, 5 und 6 in der am 29. April 1997 geltenden Fassung ist für Veranlagungszeiträume ab 1999 weiter anzuwenden, soweit sich ein positiver Betrag im Sinne des § 2a Absatz 3 Satz 3 in der am 29. April 1997 geltenden Fassung ergibt oder soweit eine in einem ausländischen Staat belegene Betriebsstätte im Sinne des § 2a Absatz 4 in der Fassung des § 52 Absatz 3 Satz 8 in der am 30. Juli 2014[1] geltenden Fassung in eine Kapitalgesellschaft umgewandelt, übertragen oder aufgegeben wird. [4]Insoweit ist in § 2 a Absatz 3 Satz 5 letzter Halbsatz in der am 29. April 1997 geltenden Fassung die Angabe „§ 10d Absatz 3" durch die Angabe „§ 10d Absatz 4" zu ersetzen.

(3) § 2b in der Fassung der Bekanntmachung vom 19. Oktober 2002 (BGBl. I S. 4210; 2003 I S. 179) ist weiterhin für Einkünfte aus einer Einkunftsquelle im Sinne des § 2b anzuwenden, die der Steuerpflichtige nach dem 4. März 1999 und vor dem 11. November 2005 rechtswirksam erworben oder begründet hat.

(4)[2] [1]§ 3 Nummer 5 in der am 30. Juni 2013 geltenden Fassung ist vorbehaltlich des Satzes 2 erstmals für den Veranlagungszeitraum 2013 anzuwenden. [2]§ 3 Nummer 5 in der am 29. Juni 2013 geltenden Fassung ist weiterhin anzuwenden für freiwillig Wehrdienst Leistende, die das Dienstverhältnis vor dem 1. Januar 2014 begonnen haben. [3]§ 3 Nummer 10 in der am 31. Dezember 2005 geltenden Fassung ist weiter anzuwenden für ausgezahlte Übergangsbeihilfen an Soldatinnen auf Zeit und Soldaten auf Zeit, wenn das Dienstverhältnis vor dem 1. Januar 2006 begründet worden ist. [4]Auf fortlaufende Leistungen nach dem Gesetz über die Heimkehrerstiftung vom 21. Dezember 1992 (BGBl. I S. 2094, 2101), das zuletzt durch Artikel 1 des Gesetzes vom 10. Dezember 2007 (BGBl. I S. 2830) geändert worden ist, in der jeweils geltenden Fassung ist § 3 Nummer 19 in der am 31. Dezember 2010 geltenden Fassung weiter anzuwenden. [5]§ 3 Nummer 40 ist erstmals anzuwenden für

1. Gewinnausschüttungen, auf die bei der ausschüttenden Körperschaft der nach Artikel 3 des Gesetzes vom 23. Oktober 2000 (BGBl. I S. 1433) aufgehobene Vierte Teil des Körperschaftsteuergesetzes nicht mehr anzuwenden ist; für die übrigen in § 3 Nummer 40 genannten Erträge im Sinne des § 20 gilt Entsprechendes;
2. Erträge im Sinne des § 3 Nummer 40 Satz 1 Buchstabe a, b, c und j nach Ablauf des ersten Wirtschaftsjahres der Gesellschaft, an der die Anteile bestehen, für das das Körperschaftsteuergesetz in der Fassung des Artikels 3 des Gesetzes vom 23. Oktober 2000 (BGBl. I S. 1433) erstmals anzuwenden ist.

[6]§ 3 Nummer 40 Satz 3 und 4 in der am 12. Dezember 2006 geltenden Fassung ist für Anteile, die einbringungsgeboren im Sinne des § 21 des Umwandlungssteuergesetzes in der am 12. Dezember 2006 geltenden Fassung sind, weiter anzuwenden. [7]Bei vom Kalenderjahr abweichenden Wirtschaftsjahren ist § 3 Nummer 40 Buchstabe d Satz 2 in der am 30. Juni 2013 geltenden Fassung erstmals für den Veranlagungszeitraum anzuwenden, in dem das Wirt-

[1] Datum des Tags der Verkündung des G v. 25. 7. 2014 (BGBl. I S. 1266).
[2] § 52 Abs. 4 Satz 13 angef. durch G v. 22. 12. 2014 (BGBl. I S. 2417).

schaftsjahr endet, das nach dem 31. Dezember 2013 begonnen hat. [8]§ 3 Nummer 40 a in der am 6. August 2004 geltenden Fassung ist auf Vergütungen im Sinne des § 18 Absatz 1 Nummer 4 anzuwenden, wenn die vermögensverwaltende Gesellschaft oder Gemeinschaft nach dem 31. März 2002 und vor dem 1. Januar 2009 gegründet worden ist oder soweit die Vergütungen in Zusammenhang mit der Veräußerung von Anteilen an Kapitalgesellschaften stehen, die nach dem 7. November 2003 und vor dem 1. Januar 2009 erworben worden sind. [9]§ 3 Nummer 40 a in der am 19. August 2008 geltenden Fassung ist erstmals auf Vergütungen im Sinne des § 18 Absatz 1 Nummer 4 anzuwenden, wenn die vermögensverwaltende Gesellschaft oder Gemeinschaft nach dem 31. Dezember 2008 gegründet worden ist. [10]§ 3 Nummer 63 ist bei Beiträgen für eine Direktversicherung nicht anzuwenden, wenn die entsprechende Versorgungszusage vor dem 1. Januar 2005 erteilt wurde und der Arbeitnehmer gegenüber dem Arbeitgeber für diese Beiträge auf die Anwendung des § 3 Nummer 63 verzichtet hat. [11]Der Verzicht gilt für die Dauer des Dienstverhältnisses; er ist bis zum 30. Juni 2005 oder bei einem späteren Arbeitgeberwechsel bis zur ersten Beitragsleistung zu erklären. [12]§ 3 Nummer 63 Satz 3 und 4 ist nicht anzuwenden, wenn § 40 b Absatz 1 und 2 in der am 31. Dezember 2004 geltenden Fassung angewendet wird. [13]§ 3 Nummer 71 in der am 31. Dezember 2014 geltenden Fassung ist erstmals für den Veranlagungszeitraum 2013 anzuwenden.

(5)[1)] [1]§ 3 c Absatz 2 *Satz 3 und 4*[2)] in der am 12. Dezember 2006 geltenden Fassung ist für Anteile, die einbringungsgeboren im Sinne des § 21 des Umwandlungssteuergesetzes in der am 12. Dezember 2006 geltenden Fassung sind, weiter anzuwenden. [2]§ 3 c Absatz 2 in der am 31. Dezember 2014 geltenden Fassung ist erstmals für Wirtschaftsjahre anzuwenden, die nach dem 31. Dezember 2014 beginnen.

(6) [1]§ 4 Absatz 1 Satz 4 in der Fassung des Artikels 1 des Gesetzes vom 8. Dezember 2010 (BGBl. I S. 1768) gilt in allen Fällen, in denen § 4 Absatz 1 Satz 3 anzuwenden ist. [2]§ 4 Absatz 3 Satz 4 ist nicht anzuwenden, soweit die Anschaffungs- oder Herstellungskosten vor dem 1. Januar 1971 als Betriebsausgaben abgesetzt worden sind. [3]§ 4 Absatz 3 Satz 4 und 5 in der Fassung des Artikels 1 des Gesetzes vom 28. April 2006 (BGBl. I S. 1095) ist erstmals für Wirtschaftsgüter anzuwenden, die nach dem 5. Mai 2006 angeschafft, hergestellt oder in das Betriebsvermögen eingelegt werden. [4]Die Anschaffungs- oder Herstellungskosten für nicht abnutzbare Wirtschaftsgüter des Anlagevermögens, die vor dem 5. Mai 2006 angeschafft, hergestellt oder in das Betriebsvermögen eingelegt wurden, sind erst im Zeitpunkt des Zuflusses des Veräußerungserlöses oder im Zeitpunkt der Entnahme als Betriebsausgaben zu berücksichtigen. [5]§ 4 Absatz 4 a in der Fassung des Gesetzes vom 22. Dezember 1999 (BGBl. I S. 2601) ist erstmals für das Wirtschaftsjahr anzuwenden, das nach dem 31. Dezember 1998 endet. [6]Über- und Unterentnahmen vorangegangener Wirtschaftsjahre bleiben unberücksichtigt. [7]Bei vor dem 1. Januar 1999 eröffneten Betrieben sind im Fall der Betriebsaufgabe bei der Überfüh-

---

1) § 52 Abs. 5 Satz 2 angef. durch G v. 22. 12. 2014 (BGBl. I S. 2417).
2) Jetzt: Satz 8 und 9.

rung von Wirtschaftsgütern aus dem Betriebsvermögen in das Privatvermögen die Buchwerte nicht als Entnahme anzusetzen; im Fall der Betriebsveräußerung ist nur der Veräußerungsgewinn als Entnahme anzusetzen. [8] § 4 Absatz 5 Satz 1 Nummer 5 in der Fassung des Artikels 1 des Gesetzes vom 20. Februar 2013 (BGBl. I S. 285) ist erstmals ab dem 1. Januar 2014 anzuwenden. [9] § 4 Absatz 5 Satz 1 Nummer 6a in der Fassung des Artikels 1 des Gesetzes vom 20. Februar 2013 (BGBl. I S. 285) ist erstmals ab dem 1. Januar 2014 anzuwenden.

(7)[1)] *§ 4d Absatz 1 Satz 1 Nummer 1 Satz 1 in der Fassung des Artikels 5 Nummer 1 des Gesetzes vom 10. Dezember 2007 (BGBl. I S. 2838) ist erstmals bei nach dem 31. Dezember 2008 zugesagten Leistungen der betrieblichen Altersversorgung anzuwenden.*

(8) § 4f in der Fassung des Gesetzes vom 18. Dezember 2013 (BGBl. I S. 4318) ist erstmals für Wirtschaftsjahre anzuwenden, die nach dem 28. November 2013 enden.

(9) [1] § 5 Absatz 7 in der Fassung des Gesetzes vom 18. Dezember 2013 (BGBl. I S. 4318) ist erstmals für Wirtschaftsjahre anzuwenden, die nach dem 28. November 2013 enden. [2] Auf Antrag kann § 5 Absatz 7 auch für frühere Wirtschaftsjahre angewendet werden. [3] Bei Schuldübertragungen, Schuldbeitritten und Erfüllungsübernahmen, die vor dem 14. Dezember 2011 vereinbart wurden, ist § 5 Absatz 7 Satz 5 mit der Maßgabe anzuwenden, dass für einen Gewinn, der sich aus der Anwendung von § 5 Absatz 7 Satz 1 bis 3 ergibt, jeweils in Höhe von 19 Zwanzigsteln eine gewinnmindernde Rücklage gebildet werden kann, die in den folgenden 19 Wirtschaftsjahren jeweils mit mindestens einem Neunzehntel gewinnerhöhend aufzulösen ist.

(10) [1] § 5a Absatz 3 in der Fassung des Artikels 9 des Gesetzes vom 29. Dezember 2003 (BGBl. I S. 3076) ist erstmals für das Wirtschaftsjahr anzuwenden, das nach dem 31. Dezember 2005 endet. [2] § 5a Absatz 3 Satz 1 in der am 31. Dezember 2003 geltenden Fassung ist weiterhin anzuwenden, wenn der Steuerpflichtige im Fall der Anschaffung das Handelsschiff auf Grund eines vor dem 1. Januar 2006 rechtswirksam abgeschlossenen schuldrechtlichen Vertrags oder gleichgestellten Rechtsakts angeschafft oder im Fall der Herstellung mit der Herstellung des Handelsschiffs vor dem 1. Januar 2006 begonnen hat. [3] In Fällen des Satzes 2 muss der Antrag auf Anwendung des § 5a Absatz 1 spätestens bis zum Ablauf des Wirtschaftsjahres gestellt werden, das vor dem 1. Januar 2008 endet. [4] Soweit Ansparabschreibungen im Sinne des § 7g Absatz 3 in der am 17. August 2007 geltenden Fassung zum Zeitpunkt des Übergangs zur Gewinnermittlung nach § 5a Absatz 1 noch nicht gewinnerhöhend aufgelöst worden sind, ist § 5a Absatz 5 Satz 3 in der am 17. August 2007 geltenden Fassung weiter anzuwenden.

(11)[2)] § 5b in der Fassung des Artikels 1 des Gesetzes vom 20. Dezember 2008 (BGBl. I S. 2850) ist erstmals für Wirtschaftsjahre anzuwenden, die nach dem 31. Dezember 2010 beginnen.

[1)] § 52 Abs. 7 aufgeh. mWv 1. 1. 2018 durch G v. 21. 12. 2015 (BGBl. I S. 2553).

[2)] Siehe hierzu jedoch Verordnung zur Festlegung eines späteren Anwendungszeitpunkts der Verpflichtungen nach § 5b des Einkommensteuergesetzes **(Anwendungszeitpunktverschie-**

(Fortsetzung der Fußnote nächste Seite)

(12)[1] [1]§ 6 Absatz 1 Nummer 4 Satz 2 und 3 in der am 1. Januar 2016 geltenden Fassung ist für Fahrzeuge mit Antrieb ausschließlich durch Elektromotoren, die ganz oder überwiegend aus mechanischen oder elektrochemischen Energiespeichern oder aus emissionsfrei betriebenen Energiewandlern gespeist werden (Elektrofahrzeuge), oder für extern aufladbare Hybridelektrofahrzeuge anzuwenden, die vor dem 1. Januar 2023 angeschafft werden. [2]§ 6 Absatz 5 Satz 1 zweiter Halbsatz in der am 14. Dezember 2010 geltenden Fassung gilt in allen Fällen, in denen § 4 Absatz 1 Satz 3 anzuwenden ist.

(13)[2] *[1]§ 6a Absatz 2 Nummer 1 erste Alternative und Absatz 3 Satz 2 Nummer 1 Satz 6 erster Halbsatz in der am 1. Januar 2001 geltenden Fassung ist bei Pensionsverpflichtungen gegenüber Berechtigten anzuwenden, denen der Pensionsverpflichtete erstmals eine Pensionszusage nach dem 31. Dezember 2000 erteilt hat; § 6a Absatz 2 Nummer 1 zweite Alternative sowie § 6a Absatz 3 Satz 2 Nummer 1 Satz 1 und § 6a Absatz 3 Satz 2 Nummer 1 Satz 6 zweiter Halbsatz sind bei Pensionsverpflichtungen anzuwenden, die auf einer nach dem 31. Dezember 2000 vereinbarten Entgeltumwandlung im Sinne von § 1 Absatz 2 des Betriebsrentengesetzes beruhen. [2]§ 6a Absatz 2 Nummer 1 und Absatz 3 Satz 2 Nummer 1 Satz 6 in der am 1. September 2009 geltenden Fassung ist erstmals bei nach dem 31. Dezember 2008 erteilten Pensionszusagen anzuwenden.*

(14)[3] [1]§ 6b Absatz 2a in der am 6. November 2015 geltenden Fassung ist auch auf Gewinne im Sinne des § 6b Absatz 2 anzuwenden, die vor dem 6. November 2015 entstanden sind. [2]§ 6b Absatz 10 Satz 11 in der am 12. Dezember 2006 geltenden Fassung ist für Anteile, die einbringungsgeboren im Sinne des § 21 des Umwandlungssteuergesetzes in der am 12. Dezember 2006 geltenden Fassung sind, weiter anzuwenden.

(15) [1]Bei Wirtschaftsgütern, die vor dem 1. Januar 2001 angeschafft oder hergestellt worden sind, ist § 7 Absatz 2 Satz 2 in der Fassung des Gesetzes vom 22. Dezember 1999 (BGBl. I S. 2601) weiter anzuwenden. [2]Bei Gebäuden, soweit sie zu einem Betriebsvermögen gehören und nicht Wohnzwecken dienen, ist § 7 Absatz 4 Satz 1 und 2 in der am 31. Dezember 2000 geltenden Fassung weiter anzuwenden, wenn der Steuerpflichtige im Fall der Herstellung vor dem 1. Januar 2001 mit der Herstellung des Gebäudes begonnen hat oder im Fall der Anschaffung das Objekt auf Grund eines vor dem 1. Januar 2001 rechtswirksam abgeschlossenen obligatorischen Vertrags oder gleichstehenden Rechtsakts angeschafft hat. [3]Als Beginn der Herstellung gilt bei Gebäuden, für die eine Baugenehmigung erforderlich ist, der Zeitpunkt, in dem der Bauantrag gestellt wird; bei baugenehmigungsfreien Gebäuden, für die Bauunterlagen einzureichen sind, der Zeitpunkt, in dem die Bauunterlagen eingereicht werden.

(Fortsetzung der Fußnote)

bungsverordnung – AnwZpvV) vom 20. 12. 2010 (BGBl. I S. 2135): „**§ 1 Verschiebung des erstmaligen Anwendungszeitpunktes der Verpflichtungen nach § 5b des Einkommensteuergesetzes.** Abweichend von § 52 Absatz 15a des Einkommensteuergesetzes sind die Bilanz und die Gewinn- und Verlustrechnung erstmals für Wirtschaftsjahre, die nach dem 31. Dezember 2011 beginnen, elektronisch zu übermitteln.“

[1] § 52 Abs. 12 Satz 1 geänd. durch G v. 2. 11. 2015 (BGBl. I S. 1834).

[2] § 52 Abs. 13 aufgeh. mWv 1. 1. 2018 durch G v. 21. 12. 2015 (BGBl. I S. 2553).

[3] § 52 Abs. 14 Satz 1 eingef., bish. Text wird Satz 2 durch G v. 2. 11. 2015 (BGBl. I S. 1834).

(16)[1] [1] § 7g Absatz 1 bis 4 in der am 1. Januar 2016 geltenden Fassung ist erstmals für Investitionsabzugsbeträge anzuwenden, die in nach dem 31. Dezember 2015 endenden Wirtschaftsjahren in Anspruch genommen werden. [2] Bei Investitionsabzugsbeträgen, die in vor dem 1. Januar 2016 endenden Wirtschaftsjahren in Anspruch genommen wurden, ist § 7g Absatz 1 bis 4 in der am 31. Dezember 2015 geltenden Fassung weiter anzuwenden. [3] Soweit vor dem 1. Januar 2016 beanspruchte Investitionsabzugsbeträge noch nicht hinzugerechnet oder rückgängig gemacht worden sind, vermindert sich der Höchstbetrag von 200 000 Euro nach § 7g Absatz 1 Satz 4 in der am 1. Januar 2016 geltenden Fassung entsprechend. [4] In Wirtschaftsjahren, die nach dem 31. Dezember 2008 und vor dem 1. Januar 2011 enden, ist § 7g Absatz 1 Satz 2 Nummer 1 mit der Maßgabe anzuwenden, dass bei Gewerbebetrieben oder der selbständigen Arbeit dienenden Betrieben, die ihren Gewinn nach § 4 Absatz 1 oder § 5 ermitteln, ein Betriebsvermögen von 335 000 Euro, bei Betrieben der Land- und Forstwirtschaft ein Wirtschaftswert oder Ersatzwirtschaftswert von 175 000 Euro und bei Betrieben, die ihren Gewinn nach § 4 Absatz 3 ermitteln, ohne Berücksichtigung von Investitionsabzugsbeträgen ein Gewinn von 200 000 Euro nicht überschritten wird. [5] Bei Wirtschaftsgütern, die nach dem 31. Dezember 2008 und vor dem 1. Januar 2011 angeschafft oder hergestellt worden sind, ist § 7g Absatz 6 Nummer 1 mit der Maßgabe anzuwenden, dass der Betrieb zum Schluss des Wirtschaftsjahres, das der Anschaffung oder Herstellung vorangeht, die Größenmerkmale des Satzes 1 nicht überschreitet.

(17) § 9b Absatz 2 in der Fassung des Artikels 11 des Gesetzes vom 18. Dezember 2013 (BGBl. I S. 4318) ist auf Mehr- und Minderbeträge infolge von Änderungen der Verhältnisse im Sinne von § 15a des Umsatzsteuergesetzes anzuwenden, die nach dem 28. November 2013 eingetreten sind.

(18)[2] [1] § 10 Absatz 1a Nummer 2 in der am 1. Januar 2015 geltenden Fassung ist auf alle Versorgungsleistungen anzuwenden, die auf Vermögensübertragungen beruhen, die nach dem 31. Dezember 2007 vereinbart worden sind. [2] Für Versorgungsleistungen, die auf Vermögensübertragungen beruhen, die vor dem 1. Januar 2008 vereinbart worden sind, gilt dies nur, wenn das übertragene Vermögen nur deshalb einen ausreichenden Ertrag bringt, weil ersparte Aufwendungen, mit Ausnahme des Nutzungsvorteils eines vom Vermögensübernehmer zu eigenen Zwecken genutzten Grundstücks, zu den Erträgen des Vermögens gerechnet werden. [3] § 10 Absatz 1 Nummer 5 in der am 1. Januar 2012 geltenden Fassung gilt auch für Kinder, die wegen einer vor dem 1. Januar 2007 in der Zeit ab Vollendung des 25. Lebensjahres und vor Vollendung des 27. Lebensjahres eingetretenen körperlichen, geistigen oder seelischen Behinderung außerstande sind, sich selbst zu unterhalten. [4] § 10 Absatz 4b Satz 4 bis 6 in der am 30. Juni 2013 geltenden Fassung ist erstmals für die Übermittlung der Daten des Veranlagungszeitraums 2016 anzuwenden. [5] § 10 Absatz 5 in der am 31. Dezember 2009 geltenden Fassung ist auf Beiträge

---

[1] § 52 Abs. 16 Sätze 1 bis 3 eingef., bish. Sätze 1 und 2 werden Sätze 4 und 5 durch G v. 2. 11. 2015 (BGBl. I S. 1834).

[2] § 52 Abs. 18 Satz 1 geänd. durch G v. 22. 12. 2014 (BGBl. I S. 2417).

zu Versicherungen im Sinne des § 10 Absatz 1 Nummer 2 Buchstabe b Doppelbuchstabe bb bis dd in der am 31. Dezember 2004 geltenden Fassung weiterhin anzuwenden, wenn die Laufzeit dieser Versicherungen vor dem 1. Januar 2005 begonnen hat und ein Versicherungsbeitrag bis zum 31. Dezember 2004 entrichtet wurde.

(19) [1] Für nach dem 31. Dezember 1986 und vor dem 1. Januar 1991 hergestellte oder angeschaffte Wohnungen im eigenen Haus oder Eigentumswohnungen sowie in diesem Zeitraum fertiggestellte Ausbauten oder Erweiterungen ist § 10e in der am 30. Dezember 1989 geltenden Fassung weiter anzuwenden. [2] Für nach dem 31. Dezember 1990 hergestellte oder angeschaffte Wohnungen im eigenen Haus oder Eigentumswohnungen sowie in diesem Zeitraum fertiggestellte Ausbauten oder Erweiterungen ist § 10e in der am 28. Juni 1991 geltenden Fassung weiter anzuwenden. [3] Abweichend von Satz 2 ist § 10e Absatz 1 bis 5 und 6 bis 7 in der am 28. Juni 1991 geltenden Fassung erstmals für den Veranlagungszeitraum 1991 bei Objekten im Sinne des § 10e Absatz 1 und 2 anzuwenden, wenn im Fall der Herstellung der Steuerpflichtige nach dem 30. September 1991 den Bauantrag gestellt oder mit der Herstellung des Objekts begonnen hat oder im Fall der Anschaffung der Steuerpflichtige das Objekt nach dem 30. September 1991 auf Grund eines nach diesem Zeitpunkt rechtswirksam abgeschlossenen obligatorischen Vertrags oder gleichstehenden Rechtsakts angeschafft hat oder mit der Herstellung des Objekts nach dem 30. September 1991 begonnen worden ist. [4] § 10e Absatz 5a ist erstmals bei den in § 10e Absatz 1 und 2 bezeichneten Objekten anzuwenden, wenn im Fall der Herstellung der Steuerpflichtige den Bauantrag nach dem 31. Dezember 1991 gestellt oder, falls ein solcher nicht erforderlich ist, mit der Herstellung nach diesem Zeitpunkt begonnen hat, oder im Fall der Anschaffung der Steuerpflichtige das Objekt auf Grund eines nach dem 31. Dezember 1991 rechtswirksam abgeschlossenen obligatorischen Vertrags oder gleichstehenden Rechtsakts angeschafft hat. [5] § 10e Absatz 1 Satz 4 in der am 27. Juni 1993 geltenden Fassung und § 10e Absatz 6 Satz 3 in der am 30. Dezember 1993 geltenden Fassung sind erstmals anzuwenden, wenn der Steuerpflichtige das Objekt auf Grund eines nach dem 31. Dezember 1993 rechtswirksam abgeschlossenen obligatorischen Vertrags oder gleichstehenden Rechtsakts angeschafft hat. [6] § 10e ist letztmals anzuwenden, wenn der Steuerpflichtige im Fall der Herstellung vor dem 1. Januar 1996 mit der Herstellung des Objekts begonnen hat oder im Fall der Anschaffung das Objekt auf Grund eines vor dem 1. Januar 1996 rechtswirksam abgeschlossenen obligatorischen Vertrags oder gleichstehenden Rechtsakts angeschafft hat. [7] Als Beginn der Herstellung gilt bei Objekten, für die eine Baugenehmigung erforderlich ist, der Zeitpunkt, in dem der Bauantrag gestellt wird; bei baugenehmigungsfreien Objekten, für die Bauunterlagen einzureichen sind, gilt als Beginn der Herstellung der Zeitpunkt, in dem die Bauunterlagen eingereicht werden.

(20) [1] § 10h ist letztmals anzuwenden, wenn der Steuerpflichtige vor dem 1. Januar 1996 mit der Herstellung begonnen hat. [2] Als Beginn der Herstellung gilt bei Baumaßnahmen, für die eine Baugenehmigung erforderlich ist, der Zeitpunkt, in dem der Bauantrag gestellt wird; bei baugenehmigungsfreien

Baumaßnahmen, für die Bauunterlagen einzureichen sind, gilt als Beginn der Herstellung der Zeitpunkt, in dem die Bauunterlagen eingereicht werden.

(21) [1] § 10i in der am 1. Januar 1996 geltenden Fassung ist letztmals anzuwenden, wenn der Steuerpflichtige im Fall der Herstellung vor dem 1. Januar 1999 mit der Herstellung des Objekts begonnen hat oder im Fall der Anschaffung das Objekt auf Grund eines vor dem 1. Januar 1999 rechtswirksam abgeschlossenen obligatorischen Vertrags oder gleichstehenden Rechtsakts angeschafft hat. [2] Als Beginn der Herstellung gilt bei Objekten, für die eine Baugenehmigung erforderlich ist, der Zeitpunkt, in dem der Bauantrag gestellt wird; bei baugenehmigungsfreien Objekten, für die Bauunterlagen einzureichen sind, gilt als Beginn der Herstellung der Zeitpunkt, in dem die Bauunterlagen eingereicht werden.

(22) Für die Anwendung des § 13 Absatz 7 in der am 31. Dezember 2005 geltenden Fassung gilt Absatz 25 entsprechend.

(Fortsetzung nächstes Blatt)

(22 a)[1] [1] § 13 a in der am 31. Dezember 2014 geltenden Fassung ist letztmals für das Wirtschaftsjahr anzuwenden, das vor dem 31. Dezember 2015 endet. [2] § 13 a in der am 1. Januar 2015 geltenden Fassung ist erstmals für das Wirtschaftsjahr anzuwenden, das nach dem 30. Dezember 2015 endet. [3] Die Bindungsfrist auf Grund des § 13 a Absatz 2 Satz 1 in der am 31. Dezember 2014 geltenden Fassung bleibt bestehen.

(23) § 15 Absatz 4 Satz 2 und 7 in der am 30. Juni 2013 geltenden Fassung ist in allen Fällen anzuwenden, in denen am 30. Juni 2013 die Feststellungsfrist noch nicht abgelaufen ist.

(24) [1] § 15 a ist nicht auf Verluste anzuwenden, soweit sie

1. durch Sonderabschreibungen nach § 82 f der Einkommensteuer-Durchführungsverordnung,
2. durch Absetzungen für Abnutzung in fallenden Jahresbeträgen nach § 7 Absatz 2 von den Herstellungskosten oder von den Anschaffungskosten von in ungebrauchtem Zustand vom Hersteller erworbenen Seeschiffen, die in einem inländischen Seeschiffsregister eingetragen sind,

entstehen; Nummer 1 gilt nur bei Schiffen, deren Anschaffungs- oder Herstellungskosten zu mindestens 30 Prozent durch Mittel finanziert werden, die weder unmittelbar noch mittelbar in wirtschaftlichem Zusammenhang mit der Aufnahme von Krediten durch den Gewerbebetrieb stehen, zu dessen Betriebsvermögen das Schiff gehört. [2] § 15 a ist in diesen Fällen erstmals anzuwenden auf Verluste, die in nach dem 31. Dezember 1999 beginnenden Wirtschaftsjahren entstehen, wenn der Schiffbauvertrag vor dem 25. April 1996 abgeschlossen worden ist und der Gesellschafter der Gesellschaft vor dem 1. Januar 1999 beigetreten ist; soweit Verluste, die in dem Betrieb der Gesellschaft entstehen und nach Satz 1 oder nach § 15 a Absatz 1 Satz 1 ausgleichsfähig oder abzugsfähig sind, zusammen das Eineinviertelfache der insgesamt geleisteten Einlage übersteigen, ist § 15 a auf Verluste anzuwenden, die in nach dem 31. Dezember 1994 beginnenden Wirtschaftsjahren entstehen. [3] Scheidet ein Kommanditist oder ein anderer Mitunternehmer, dessen Haftung der eines Kommanditisten vergleichbar ist und dessen Kapitalkonto in der Steuerbilanz der Gesellschaft auf Grund von ausgleichs- oder abzugsfähigen Verlusten negativ geworden ist, aus der Gesellschaft aus oder wird in einem solchen Fall die Gesellschaft aufgelöst, so gilt der Betrag, den der Mitunternehmer nicht ausgleichen muss, als Veräußerungsgewinn im Sinne des § 16. [4] In Höhe der nach Satz 3 als Gewinn zuzurechnenden Beträge sind bei den anderen Mitunternehmern unter Berücksichtigung der für die Zurechnung von Verlusten geltenden Grundsätze Verlustanteile anzusetzen. [5] Bei der Anwendung des § 15 a Absatz 3 sind nur Verluste zu berücksichtigen, auf die § 15 a Absatz 1 anzuwenden ist.

(25) [1] § 15 b in der Fassung des Artikels 1 des Gesetzes vom 22. Dezember 2005 (BGBl. I S. 3683) ist nur auf Verluste der dort bezeichneten Steuerstundungsmodelle anzuwenden, denen der Steuerpflichtige nach dem 10. November 2005 beigetreten ist oder für die nach dem 10. November 2005 mit dem

---

[1] § 52 Abs. 22 a eingef. durch G v. 22. 12. 2014 (BGBl. I S. 2417).

Außenvertrieb begonnen wurde. [2]Der Außenvertrieb beginnt in dem Zeitpunkt, in dem die Voraussetzungen für die Veräußerung der konkret bestimmbaren Fondsanteile erfüllt sind und die Gesellschaft selbst oder über ein Vertriebsunternehmen mit Außenwirkung an den Markt herangetreten ist. [3]Dem Beginn des Außenvertriebs stehen der Beschluss von Kapitalerhöhungen und die Reinvestition von Erlösen in neue Projekte gleich. [4]Besteht das Steuerstundungsmodell nicht im Erwerb eines Anteils an einem geschlossenen Fonds, ist § 15b in der Fassung des Artikels 1 des Gesetzes vom 22. Dezember 2005 (BGBl. I S. 3683) anzuwenden, wenn die Investition nach dem 10. November 2005 rechtsverbindlich getätigt wurde. [5]§ 15b Absatz 3a ist erstmals auf Verluste der dort bezeichneten Steuerstundungsmodelle anzuwenden, bei denen Wirtschaftsgüter des Umlaufvermögens nach dem 28. November 2013 angeschafft, hergestellt oder in das Betriebsvermögen eingelegt werden.

(26) Für die Anwendung des § 18 Absatz 4 Satz 2 in der Fassung des Artikels 1 des Gesetzes vom 22. Dezember 2005 (BGBl. I S. 3683) gilt Absatz 25 entsprechend.

(26a)[1)] § 19 Absatz 1 Satz 1 Nummer 3 Satz 2 und 3 in der am 31. Dezember 2014 geltenden Fassung gilt für alle Zahlungen des Arbeitgebers nach dem 30. Dezember 2014.

(27) § 19a in der am 31. Dezember 2008 geltenden Fassung ist weiter anzuwenden, wenn

1. die Vermögensbeteiligung vor dem 1. April 2009 überlassen wird oder
2. auf Grund einer am 31. März 2009 bestehenden Vereinbarung ein Anspruch auf die unentgeltliche oder verbilligte Überlassung einer Vermögensbeteiligung besteht sowie die Vermögensbeteiligung vor dem 1. Januar 2016 überlassen wird

und der Arbeitgeber bei demselben Arbeitnehmer im Kalenderjahr nicht § 3 Nummer 39 anzuwenden hat.

(28) [1]Für die Anwendung des § 20 Absatz 1 Nummer 4 Satz 2 in der am 31. Dezember 2005 geltenden Fassung gilt Absatz 25 entsprechend. [2]Für die Anwendung von § 20 Absatz 1 Nummer 4 Satz 2 und Absatz 2b in der am 1. Januar 2007 geltenden Fassung gilt Absatz 25 entsprechend. [3]§ 20 Absatz 1 Nummer 6 in der Fassung des Gesetzes vom 7. September 1990 (BGBl. I S. 1898) ist erstmals auf nach dem 31. Dezember 1974 zugeflossene Zinsen aus Versicherungsverträgen anzuwenden, die nach dem 31. Dezember 1973 abgeschlossen worden sind. [4]§ 20 Absatz 1 Nummer 6 in der Fassung des Gesetzes vom 20. Dezember 1996 (BGBl. I S. 2049) ist erstmals auf Zinsen aus Versicherungsverträgen anzuwenden, bei denen die Ansprüche nach dem 31. Dezember 1996 entgeltlich erworben worden sind. [5]Für Kapitalerträge aus Versicherungsverträgen, die vor dem 1. Januar 2005 abgeschlossen worden sind, ist § 20 Absatz 1 Nummer 6 in der am 31. Dezember 2004 geltenden Fassung mit der Maßgabe weiterhin anzuwenden, dass in Satz 3 die Wörter „§ 10 Absatz 1 Nummer 2 Buchstabe b Satz 5" durch die Wörter „§ 10 Absatz 1 Nummer 2 Buchstabe b Satz 6" ersetzt werden. [6]§ 20 Absatz 1 Nummer 6

[1)] § 52 Abs. 26a eingef. durch G v. 22. 12. 2014 (BGBl. I S. 2417).

Satz 3 in der Fassung des Artikels 1 des Gesetzes vom 13. Dezember 2006 (BGBl. I S. 2878) ist erstmals anzuwenden auf Versicherungsleistungen im Erlebensfall bei Versicherungsverträgen, die nach dem 31. Dezember 2006 abgeschlossen werden, und auf Versicherungsleistungen bei Rückkauf eines Vertrages nach dem 31. Dezember 2006. [7] § 20 Absatz 1 Nummer 6 Satz 2 ist für Vertragsabschlüsse nach dem 31. Dezember 2011 mit der Maßgabe anzuwenden, dass die Versicherungsleistung nach Vollendung des 62. Lebensjahres des Steuerpflichtigen ausgezahlt wird. [8] § 20 Absatz 1 Nummer 6 Satz 6 in der Fassung des Artikels 1 des Gesetzes vom 19. Dezember 2008 (BGBl. I S. 2794) ist für alle Versicherungsverträge anzuwenden, die nach dem 31. März 2009 abgeschlossen werden oder bei denen die erstmalige Beitragsleistung nach dem 31. März 2009 erfolgt. [9] Wird auf Grund einer internen Teilung nach § 10 des Versorgungsausgleichsgesetzes oder einer externen Teilung nach § 14 des Versorgungsausgleichsgesetzes ein Anrecht in Form eines Versicherungsvertrags zugunsten der ausgleichsberechtigten Person begründet, so gilt dieser Vertrag insoweit zu dem gleichen Zeitpunkt als abgeschlossen wie derjenige der ausgleichspflichtigen Person. [10] § 20 Absatz 1 Nummer 6 Satz 7 und 8 ist auf Versicherungsleistungen anzuwenden, die auf Grund eines nach dem 31. Dezember 2014 eingetretenen Versicherungsfalles ausgezahlt werden. [11] § 20 Absatz 2 Satz 1 Nummer 1 in der am 18. August 2007 geltenden Fassung ist erstmals auf Gewinne aus der Veräußerung von Anteilen anzuwenden, die nach dem 31. Dezember 2008 erworben wurden. [12] § 20 Absatz 2 Satz 1 Nummer 3 in der am 18. August 2007 geltenden Fassung ist erstmals auf Gewinne aus Termingeschäften anzuwenden, bei denen der Rechtserwerb nach dem 31. Dezember 2008 stattgefunden hat. [13] § 20 Absatz 2 Satz 1 Nummer 4, 5 und 8 in der am 18. August 2007 geltenden Fassung ist erstmals auf Gewinne anzuwenden, bei denen die zugrunde liegenden Wirtschaftsgüter, Rechte oder Rechtspositionen nach dem 31. Dezember 2008 erworben oder geschaffen wurden. [14] § 20 Absatz 2 Satz 1 Nummer 6 in der am 18. August 2007 geltenden Fassung ist erstmals auf die Veräußerung von Ansprüchen nach dem 31. Dezember 2008 anzuwenden, bei denen der Versicherungsvertrag nach dem 31. Dezember 2004 abgeschlossen wurde; dies gilt auch für Versicherungsverträge, die vor dem 1. Januar 2005 abgeschlossen wurden, sofern bei einem Rückkauf zum Veräußerungszeitpunkt die Erträge nach § 20 Absatz 1 Nummer 6 in der am 31. Dezember 2004 geltenden Fassung steuerpflichtig wären. [15] § 20 Absatz 2 Satz 1 Nummer 7 in der Fassung des Artikels 1 des Gesetzes vom 14. August 2007 (BGBl. I S. 1912) ist erstmals auf nach dem 31. Dezember 2008 zufließende Kapitalerträge aus der Veräußerung sonstiger Kapitalforderungen anzuwenden. [16] Für Kapitalerträge aus Kapitalforderungen, die zum Zeitpunkt des vor dem 1. Januar 2009 erfolgten Erwerbs zwar Kapitalforderungen im Sinne des § 20 Absatz 1 Nummer 7 in der am 31. Dezember 2008 anzuwendenden Fassung, aber nicht Kapitalforderungen im Sinne des § 20 Absatz 2 Satz 1 Nummer 4 in der am 31. Dezember 2008 anzuwendenden Fassung sind, ist § 20 Absatz 2 Satz 1 Nummer 7 nicht anzuwenden; für die bei der Veräußerung in Rechnung gestellten Stückzinsen ist Satz 15 anzuwenden; Kapitalforderungen im Sinne des § 20 Absatz 2 Satz 1 Nummer 4 in der am 31. Dezember 2008 anzuwendenden Fassung liegen auch vor, wenn die Rückzahlung nur teilweise garantiert ist oder wenn eine Trennung zwischen Ertrags- und Vermögensebene möglich erscheint. [17]Bei Kapitalforderungen, die zwar nicht die Voraussetzungen von § 20 Absatz 1 Nummer 7 in der am 31. Dezember 2008 geltenden Fassung, aber die Voraussetzungen von § 20 Absatz 1 Nummer 7 in der am 18. August 2007 geltenden Fassung erfüllen, ist § 20 Absatz 2 Satz 1 Nummer 7 in Verbindung mit § 20 Absatz 1 Nummer 7 vorbehaltlich der Regelung in Absatz 31 Satz 2 und 3 auf alle nach dem 30. Juni 2009 zufließenden Kapitalerträge anzuwenden, es sei denn, die Kapitalforderung wurde vor dem 15. März 2007 angeschafft. [18]§ 20 Absatz 4 a Satz 3 in der Fassung des Artikels 1 des Gesetzes vom 8. Dezember 2010 (BGBl. I S. 1768) ist erstmals für Wertpapiere anzuwenden, die nach dem 31. Dezember 2009 geliefert wurden, sofern für die Lieferung § 20 Absatz 4 anzuwenden ist.

(29) Für die Anwendung des § 21 Absatz 1 Satz 2 in der am 31. Dezember 2005 geltenden Fassung gilt Absatz 25 entsprechend.

(30) Für die Anwendung des § 22 Nummer 1 Satz 1 zweiter Halbsatz in der am 31. Dezember 2005 geltenden Fassung gilt Absatz 25 entsprechend.

(31) [1]§ 23 Absatz 1 Satz 1 Nummer 2 in der am 18. August 2007 geltenden Fassung ist erstmals auf Veräußerungsgeschäfte anzuwenden, bei denen die Wirtschaftsgüter nach dem 31. Dezember 2008 auf Grund eines nach diesem Zeitpunkt rechtswirksam abgeschlossenen obligatorischen Vertrags oder gleichstehenden Rechtsakts angeschafft wurden; § 23 Absatz 1 Satz 1 Nummer 2 Satz 2 in der am 14. Dezember 2010 geltenden Fassung ist erstmals auf Veräußerungsgeschäfte anzuwenden, bei denen die Gegenstände des täglichen Gebrauchs auf Grund eines nach dem 13. Dezember 2010 rechtskräftig abgeschlossenen Vertrags oder gleichstehenden Rechtsakts angeschafft wurden. [2]§ 23 Absatz 1 Satz 1 Nummer 2 in der am 1. Januar 1999 geltenden Fassung ist letztmals auf Veräußerungsgeschäfte anzuwenden, bei denen die Wirtschaftsgüter vor dem 1. Januar 2009 erworben wurden. [3]§ 23 Absatz 1 Satz 1 Nummer 4 ist auf Termingeschäfte anzuwenden, bei denen der Erwerb des Rechts auf einen Differenzausgleich, Geldbetrag oder Vorteil nach dem 31. Dezember 1998 und vor dem 1. Januar 2009 erfolgt. [4]§ 23 Absatz 3 Satz 4 in der am 1. Januar 2000 geltenden Fassung ist auf Veräußerungsgeschäfte anzuwenden, bei denen der Steuerpflichtige das Wirtschaftsgut nach dem 31. Juli 1995 und vor dem 1. Januar 2009 angeschafft oder nach dem 31. Dezember 1998 und vor dem 1. Januar 2009 fertiggestellt hat; § 23 Absatz 3 Satz 4 in der am 1. Januar 2009 geltenden Fassung ist auf Veräußerungsgeschäfte anzuwenden, bei denen der Steuerpflichtige das Wirtschaftsgut nach dem 31. Dezember 2008 angeschafft oder fertiggestellt hat. [5]§ 23 Absatz 1 Satz 2 und 3 sowie Absatz 3 Satz 3 in der am 12. Dezember 2006 geltenden Fassung sind für Anteile, die einbringungsgeboren im Sinne des § 21 des Umwandlungssteuergesetzes in der am 12. Dezember 2006 geltenden Fassung sind, weiter anzuwenden.

(32) [1]§ 32 Absatz 4 Satz 1 Nummer 3 in der Fassung des Artikels 1 des Gesetzes vom 19. Juli 2006 (BGBl. I S. 1652) ist erstmals für Kinder anzuwenden, die im Veranlagungszeitraum 2007 wegen einer vor Vollendung des 25. Lebensjahres eingetretenen körperlichen, geistigen oder seelischen Behin-

derung außerstande sind, sich selbst zu unterhalten; für Kinder, die wegen einer vor dem 1. Januar 2007 in der Zeit ab der Vollendung des 25. Lebensjahres und vor Vollendung des 27. Lebensjahres eingetretenen körperlichen, geistigen oder seelischen Behinderung außerstande sind, sich selbst zu unterhalten, ist § 32 Absatz 4 Satz 1 Nummer 3 weiterhin in der bis zum 31. Dezember 2006 geltenden Fassung anzuwenden. [2] § 32 Absatz 5 ist nur noch anzuwenden, wenn das Kind den Dienst oder die Tätigkeit vor dem 1. Juli 2011 angetreten hat. [3] Für die nach § 10 Absatz 1 Nummer 2 Buchstabe b und den §§ 10 a, 82 begünstigten Verträge, die vor dem 1. Januar 2007 abgeschlossen wurden, gelten für das Vorliegen einer begünstigten Hinterbliebenenversorgung die Altersgrenzen des § 32 in der am 31. Dezember 2006 geltenden Fassung. [4] Dies gilt entsprechend für die Anwendung des § 93 Absatz 1 Satz 3 Buchstabe b.

(32 a)[1] [1] § 32 a Absatz 1 und § 51 a Absatz 2 a Satz 1 in der am 23. Juli 2015 geltenden Fassung sind beim Steuerabzug vom Arbeitslohn erstmals anzuwenden auf laufenden Arbeitslohn, der für einen nach dem 30. November 2015 endenden Lohnzahlungszeitraum gezahlt wird, und auf sonstige Bezüge, die nach dem 30. November 2015 zufließen. [2] Bei der Lohnsteuerberechnung auf laufenden Arbeitslohn, der für einen nach dem 30. November 2015, aber vor dem 1. Januar 2016 endenden täglichen, wöchentlichen und monatlichen Lohnzahlungszeitraum gezahlt wird, ist zu berücksichtigen, dass § 32 a Absatz 1 und § 51 a Absatz 2 a Satz 1 in der am 23. Juli 2015 geltenden Fassung bis zum 30. November 2015 nicht angewandt wurden (Nachholung). [3] Das Bundesministerium der Finanzen hat im Einvernehmen mit den obersten Finanzbehörden der Länder entsprechende Programmablaufpläne aufzustellen und bekannt zu machen (§ 39 b Absatz 6 und § 51 Absatz 4 Nummer 1 a).

(33) [1] § 32 b Absatz 2 Satz 1 Nummer 2 Satz 2 Buchstabe c ist erstmals auf Wirtschaftsgüter des Umlaufvermögens anzuwenden, die nach dem 28. Februar 2013 angeschafft, hergestellt oder in das Betriebsvermögen eingelegt werden. [2] § 32 b Absatz 1 Satz 3 in der Fassung des Artikels 11 des Gesetzes vom 18. Dezember 2013 (BGBl. I S. 4318) ist in allen offenen Fällen anzuwenden.

(34) § 34 a in der Fassung des Artikels 1 des Gesetzes vom 19. Dezember 2008 (BGBl. I S. 2794) ist erstmals für den Veranlagungszeitraum 2008 anzuwenden.

(34 a)[2] Für Veranlagungszeiträume bis einschließlich 2014 ist § 34 c Absatz 1 Satz 2 in der bis zum 31. Dezember 2014 geltenden Fassung in allen Fällen, in denen die Einkommensteuer noch nicht bestandskräftig festgesetzt ist, mit der Maßgabe anzuwenden, dass an die Stelle der Wörter „Summe der Einkünfte" die Wörter „Summe der Einkünfte abzüglich des Altersentlastungsbetrages (§ 24 a), des Entlastungsbetrages für Alleinerziehende (§ 24 b), der Sonderausgaben (§§ 10, 10 a, 10 b, 10 c), der außergewöhnlichen Belastungen (§§ 33 bis 33 b), der berücksichtigten Freibeträge für Kinder (§§ 31, 32

---

[1] § 52 Abs. 32 a eingef. durch G v. 16. 7. 2015 (BGBl. I S. 1202).
[2] § 52 Abs. 34 a eingef. durch G v. 22. 12. 2014 (BGBl. I S. 2417).

Absatz 6) und des Grundfreibetrages (§ 32 a Absatz 1 Satz 2 Nummer 1)" treten.

(35) [1] § 34 f Absatz 3 und 4 Satz 2 in der Fassung des Gesetzes vom 25. Februar 1992 (BGBl. I S. 297) ist erstmals anzuwenden bei Inanspruchnahme der Steuerbegünstigung nach § 10 e Absatz 1 bis 5 in der Fassung des Gesetzes vom 25. Februar 1992 (BGBl. I S. 297). [2] § 34 f Absatz 4 Satz 1 ist erstmals anzuwenden bei Inanspruchnahme der Steuerbegünstigung nach § 10 e Absatz 1 bis 5 oder nach § 15 b des Berlinförderungsgesetzes für nach dem 31. Dezember 1991 hergestellte oder angeschaffte Objekte.

(36) [1] Das Bundesministerium der Finanzen kann im Einvernehmen mit den obersten Finanzbehörden der Länder in einem Schreiben mitteilen, wann die in § 39 Absatz 4 Nummer 4 und 5 genannten Lohnsteuerabzugsmerkmale erstmals abgerufen werden können (§ 39 e Absatz 3 Satz 1). [2] Dieses Schreiben ist im Bundessteuerblatt zu veröffentlichen.

(37) [1] Das Bundesministerium der Finanzen kann im Einvernehmen mit den obersten Finanzbehörden der Länder in einem Schreiben mitteilen, ab wann die Regelungen in § 39 a Absatz 1 Satz 3 bis 5 erstmals anzuwenden sind. [2] Dieses Schreiben ist im Bundessteuerblatt zu veröffentlichen.[1)]

(37 a)[2)] [1] § 39 f Absatz 1 Satz 9 bis 11 und Absatz 3 Satz 1 ist erstmals für den Veranlagungszeitraum anzuwenden, der auf den Veranlagungszeitraum folgt, in dem die für die Anwendung des § 39 f Absatz 1 Satz 9 bis 11 und Absatz 3 Satz 1 erforderlichen Programmierarbeiten im Verfahren zur Bildung und Anwendung der elektronischen Lohnsteuerabzugsmerkmale (§ 39 e) abgeschlossen sind. [2] Das Bundesministerium der Finanzen gibt im Einvernehmen mit den obersten Finanzbehörden der Länder im Bundesgesetzblatt den Veranlagungszeitraum bekannt, ab dem die Regelung des § 39 f Absatz 1 Satz 9 bis 11 und Absatz 3 Satz 1 erstmals anzuwenden ist.

(37 b)[3)] [1] § 39 b Absatz 2 Satz 5 Nummer 4 in der am 23. Juli 2015 geltenden Fassung ist erstmals anzuwenden auf laufenden Arbeitslohn, der für einen nach dem 30. November 2015 endenden Lohnzahlungszeitraum gezahlt wird, und auf sonstige Bezüge, die nach dem 30. November 2015 zufließen. [2] Bei der Lohnsteuerberechnung auf laufenden Arbeitslohn, der für einen nach dem 30. November 2015, aber vor dem 1. Januar 2016 endenden täglichen, wöchentlichen und monatlichen Lohnzahlungszeitraum gezahlt wird, ist zu berücksichtigen, dass § 39 b Absatz 2 Satz 5 Nummer 4 in der am 23. Juli 2015 geltenden Fassung bis zu 30. November 2015 nicht angewandt wurde (Nachholung). [3] Das Bundesministerium der Finanzen hat dies im Einvernehmen mit den obersten Finanzbehörden der Länder bei der Aufstellung und Bekanntmachung der geänderten Programmablaufpläne für 2015 zu berücksichtigen (§ 39 b Absatz 6 und § 51 Absatz 4 Nummer 1 a). [4] In den Fällen des § 24 b Absatz 4 ist für das Kalenderjahr 2015 eine Veranlagung durchzuführen, wenn die Nachholung nach Satz 2 durchgeführt wurde.

[1)] BMF v. 21. 5. 2015 (BGBl. I S. 488).
[2)] § 52 Abs. 37 a eingef. durch G v. 28. 7. 2015 (BGBl. I S. 1400).
[3)] § 52 Abs. 37 b eingef. durch G v. 16. 7. 2015 (BGBl. I S. 1202).

(38) § 40 a Absatz 2, 2 a und 6 in der am 31. Juli 2014[1] geltenden Fassung ist erstmals ab dem Kalenderjahr 2013 anzuwenden.

(39) Haben Arbeitnehmer im Laufe des Kalenderjahres geheiratet, wird längstens bis zum Ablauf des Kalenderjahres 2017 abweichend von § 39 e Absatz 3 Satz 3 für jeden Ehegatten automatisiert die Steuerklasse IV gebildet, wenn die Voraussetzungen des § 38 b Absatz 1 Satz 2 Nummer 3 oder Nummer 4 vorliegen.

(40) [1] § 40 b Absatz 1 und 2 in der am 31. Dezember 2004 geltenden Fassung ist weiter anzuwenden auf Beiträge für eine Direktversicherung des Arbeitnehmers und Zuwendungen an eine Pensionskasse, die auf Grund einer Versorgungszusage geleistet werden, die vor dem 1. Januar 2005 erteilt wurde. [2] Sofern die Beiträge für eine Direktversicherung die Voraussetzungen des § 3 Nummer 63 erfüllen, gilt dies nur, wenn der Arbeitnehmer nach Absatz 4 gegenüber dem Arbeitgeber für diese Beiträge auf die Anwendung des § 3 Nummer 63 verzichtet hat.

(40 a)[2] [1] § 41 a Absatz 4 Satz 1 in der Fassung des Artikels 1 des Gesetzes vom 24. Februar 2016 (BGBl. I S. 310) gilt für eine Dauer von 60 Monaten und ist erstmals für laufenden Arbeitslohn anzuwenden, der für den Lohnzahlungszeitraum gezahlt wird, der nach dem Kalendermonat folgt, in dem die Europäische Kommission die Genehmigung zu diesem Änderungsgesetz erteilt hat; die Regelung ist erstmals für sonstige Bezüge anzuwenden, die nach dem Monat zufließen, in dem die Europäische Kommission die Genehmigung zu diesem Änderungsgesetz erteilt hat. [2] Das Bundesministerium der Finanzen gibt den Tag der erstmaligen Anwendung im Bundesgesetzblatt bekannt. [3] Nach Ablauf der 60 Monate ist wieder § 41 a Absatz 4 Satz 1 in der Fassung der Bekanntmachung des Einkommensteuergesetzes vom 8. Oktober 2009 (BGBl. I S. 3366, 3862) anzuwenden.

(41) Bei der Veräußerung oder Einlösung von Wertpapieren und Kapitalforderungen, die von der das Bundesschuldbuch führenden Stelle oder einer Landesschuldenverwaltung verwahrt oder verwaltet werden können, bemisst sich der Steuerabzug nach den bis zum 31. Dezember 1993 geltenden Vorschriften, wenn die Wertpapier- und Kapitalforderungen vor dem 1. Januar 1994 emittiert worden sind; dies gilt nicht für besonders in Rechnung gestellte Stückzinsen.

(42) § 43 Absatz 1 Satz 1 Nummer 7 Buchstabe b Satz 2 in der Fassung des Artikels 1 des Gesetzes vom 13. Dezember 2006 (BGBl. I S. 2878) ist erstmals auf Verträge anzuwenden, die nach dem 31. Dezember 2006 abgeschlossen werden.

(42 a)[3] § 43 b und Anlage 2 (zu § 43 b) in der am 1. Januar 2016 geltenden Fassung sind erstmals auf Ausschüttungen anzuwenden, die nach dem 31. Dezember 2015 zufließen.

(43) [1] Ist ein Freistellungsauftrag im Sinne des § 44 a vor dem 1. Januar 2007 unter Beachtung des § 20 Absatz 4 in der bis dahin geltenden Fassung erteilt worden, darf der nach § 44 Absatz 1 zum Steuerabzug Verpflichtete den ange-

---

[1] Tag nach der Verkündung des G v. 25. 7. 2014 (BGBl. I S. 1266).
[2] § 52 Abs. 40 a eingef. durch G v. 24. 2. 2016 (BGBl. I S. 310).
[3] § 52 Abs. 42 a eingef. durch G v. 2. 11. 2015 (BGBl. I S. 1834).

gebenen Freistellungsbetrag nur zu 56,37 Prozent berücksichtigen. [2]Sind in dem Freistellungsauftrag der gesamte Sparer-Freibetrag nach § 20 Absatz 4 in der Fassung des Artikels 1 des Gesetzes vom 19. Juli 2006 (BGBl. I S. 1652) und der gesamte Werbungskosten-Pauschbetrag nach § 9 a Satz 1 Nummer 2 in der Fassung des Artikels 1 des Gesetzes vom 19. Juli 2006 (BGBl. I S. 1652) angegeben, ist der Werbungskosten-Pauschbetrag in voller Höhe zu berücksichtigen.

(44) § 44 Absatz 6 Satz 2 und 5 in der am 12. Dezember 2006 geltenden Fassung ist für Anteile, die einbringungsgeboren im Sinne des § 21 des Umwandlungssteuergesetzes in der am 12. Dezember 2006 geltenden Fassung sind, weiter anzuwenden.

(45) § 45 d Absatz 1 in der am 14. Dezember 2010 geltenden Fassung ist erstmals für Kapitalerträge anzuwenden, die ab dem 1. Januar 2013 zufließen; eine Übermittlung der Identifikationsnummer hat für Kapitalerträge, die vor dem 1. Januar 2016 zufließen, nur zu erfolgen, wenn die Identifikationsnummer der Meldestelle vorliegt.

(46)[1)] [1]Der Zeitpunkt der erstmaligen Anwendung des § 50 Absatz 2 in der am 18. August 2009 geltenden Fassung wird durch eine Rechtsverordnung[2)] der Bundesregierung bestimmt, die der Zustimmung des Bundesrates bedarf; dieser Zeitpunkt darf nicht vor dem 31. Dezember 2011 liegen. [2]§ 50 Absatz 4 in der am 1. Januar 2016 geltenden Fassung ist in allen offenen Fällen anzuwenden.

(47) [1]Der Zeitpunkt der erstmaligen Anwendung des § 50 a Absatz 3 und 5 in der am 18. August 2009 geltenden Fassung wird durch eine Rechtsverordnung der Bundesregierung bestimmt, die der Zustimmung des Bundesrates bedarf; dieser Zeitpunkt darf nicht vor dem 31. Dezember 2011 liegen. [2]§ 50 a Absatz 7 in der am 31. Juli 2014 geltenden Fassung ist erstmals auf Vergütungen anzuwenden, für die der Steuerabzug nach dem 31. Dezember 2014 angeordnet worden ist.

(48) [1]§ 50 i Absatz 1 Satz 1 und 2 ist auf die Veräußerung oder Entnahme von Wirtschaftsgütern oder Anteilen anzuwenden, die nach dem 29. Juni 2013 stattfindet. [2]Hinsichtlich der laufenden Einkünfte aus der Beteiligung an der Personengesellschaft ist die Vorschrift in allen Fällen anzuwenden, in denen die Einkommensteuer noch nicht bestandskräftig festgesetzt worden ist. [3]§ 50 i Absatz 1 Satz 4 in der am 31. Juli 2014[3)] geltenden Fassung ist erstmals auf die Veräußerung oder Entnahme von Wirtschaftsgütern oder Anteilen anzuwenden, die nach dem 31. Dezember 2013 stattfindet. [4]§ 50 i Absatz 2 Satz 1 gilt für Umwandlungen und Einbringungen, bei denen der Umwandlungsbeschluss nach dem 31. Dezember 2013 erfolgt ist oder der Einbringungsvertrag nach dem 31. Dezember 2013 geschlossen worden ist. [5]§ 50 i Absatz 2 Satz 2 gilt für Übertragungen und Überführungen und § 50 i Absatz 2 Satz 3 für einen Strukturwandel nach dem 31. Dezember 2013.

[1)] § 52 Abs. 46 Satz 2 angef., bish. Text wird Satz 1 durch G v. 2. 11. 2015 (BGBl. I S. 1834).

[2)] *VO v. 24. 6. 2013 (BGBl. I S. 1769).*

[3)] Tag der Verkündung des G v. 25. 7. 2014 (BGBl. I S. 1266); Datum korrigiert durch G v. 22. 12. 2014 (BGBl. I S. 2417).

(49) § 51a Absatz 2c und 2e in der am 30. Juni 2013 geltenden Fassung ist erstmals auf nach dem 31. Dezember 2014 zufließende Kapitalerträge anzuwenden.

(49a)[1] [1]Die §§ 62, 63 und 67 in der am 9. Dezember 2014 geltenden Fassung sind für Kindergeldfestsetzungen anzuwenden, die Zeiträume betreffen, die nach dem 31. Dezember 2015 beginnen. [2]Die §§ 62, 63 und 67 in der am 9. Dezember 2014 geltenden Fassung sind auch für Kindergeldfestsetzungen anzuwenden, die Zeiträume betreffen, die vor dem 1. Januar 2016 liegen, der Antrag auf Kindergeld aber erst nach dem 31. Dezember 2015 gestellt wird. [3]§ 66 Absatz 1 in der am 23. Juli 2015 geltenden Fassung ist für Kindergeldfestsetzungen anzuwenden, die Zeiträume betreffen, die nach dem 31. Dezember 2014 beginnen. [4]§ 66 Absatz 1 in der am 1. Januar 2016 gel-

(Fortsetzung nächstes Blatt)

---

[1] § 52 Abs. 49a eingef. durch G v. 2. 12. 2014 (BGBl. I S. 1922); Sätze 3 und 4 angef. durch G v. 16. 7. 2015 (BGBl. I S. 1202).

tenden Fassung ist für Kindergeldfestsetzungen anzuwenden, die Zeiträume betreffen, die nach dem 31. Dezember 2015 beginnen.

(50) § 70 Absatz 4 in der am 31. Dezember 2011 geltenden Fassung ist weiter für Kindergeldfestsetzungen anzuwenden, die Zeiträume betreffen, die vor dem 1. Januar 2012 enden.

§ 52 a.[1] *(aufgehoben)*

§ 52 b[2] **Übergangsregelungen bis zur Anwendung der elektronischen Lohnsteuerabzugsmerkmale.** (1) [1]Die Lohnsteuerkarte 2010 und die Bescheinigung für den Lohnsteuerabzug (Absatz 3) gelten mit den eingetragenen Lohnsteuerabzugsmerkmalen auch für den Steuerabzug vom Arbeitslohn ab dem 1. Januar 2011 bis zur erstmaligen Anwendung der elektronischen Lohnsteuerabzugsmerkmale durch den Arbeitgeber (Übergangszeitraum). [2]Voraussetzung ist, dass dem Arbeitgeber entweder die Lohnsteuerkarte 2010 oder die Bescheinigung für den Lohnsteuerabzug vorliegt. [3]In diesem Übergangszeitraum hat der Arbeitgeber die Lohnsteuerkarte 2010 und die Bescheinigung für den Lohnsteuerabzug

1. während des Dienstverhältnisses aufzubewahren, er darf sie nicht vernichten;
2. dem Arbeitnehmer zur Vorlage beim Finanzamt vorübergehend zu überlassen sowie
3. nach Beendigung des Dienstverhältnisses innerhalb einer angemessenen Frist herauszugeben.

[4]Nach Ablauf des auf den Einführungszeitraum (Absatz 5 Satz 2) folgenden Kalenderjahres darf der Arbeitgeber die Lohnsteuerkarte 2010 und die Bescheinigung für den Lohnsteuerabzug vernichten. [5]Ist auf der Lohnsteuerkarte 2010 eine Lohnsteuerbescheinigung erteilt und ist die Lohnsteuerkarte an den Arbeitnehmer herausgegeben worden, kann der Arbeitgeber bei fortbestehendem Dienstverhältnis die Lohnsteuerabzugsmerkmale der Lohnsteuerkarte 2010 im Übergangszeitraum weiter anwenden, wenn der Arbeitnehmer schriftlich erklärt, dass die Lohnsteuerabzugsmerkmale der Lohnsteuerkarte 2010 weiterhin zutreffend sind.

(2) [1]Für Eintragungen auf der Lohnsteuerkarte 2010 und in der Bescheinigung für den Lohnsteuerabzug im Übergangszeitraum ist das Finanzamt zuständig. [2]Der Arbeitnehmer ist verpflichtet, die Eintragung der Steuerklasse und der Zahl der Kinderfreibeträge auf der Lohnsteuerkarte 2010 und in der Bescheinigung für den Lohnsteuerabzug umgehend durch das Finanzamt ändern zu lassen, wenn die Eintragung von den Verhältnissen zu Beginn des jeweiligen Kalenderjahres im Übergangszeitraum zu seinen Gunsten abweicht. [3]Diese Verpflichtung gilt auch in den Fällen, in denen die Steuerklasse II bescheinigt ist und die Voraussetzungen für die Berücksichtigung des Entlastungsbetrags für Alleinerziehende (§ 24 b) im Laufe des Kalenderjahres entfallen. [4]Kommt der Arbeitnehmer seiner Verpflichtung nicht nach, so hat das Finanzamt die Eintragung von Amts wegen zu ändern; der Arbeitnehmer hat

---

[1] § 52 a aufgeh. durch G v. 25. 7. 2014 (BGBl. I S. 1266).

[2] § 52 b neu gef. durch G v. 26. 6. 2013 (BGBl. I S. 1809).

die Lohnsteuerkarte 2010 und die Bescheinigung für den Lohnsteuerabzug dem Finanzamt auf Verlangen vorzulegen.

(3) [1] Hat die Gemeinde für den Arbeitnehmer keine Lohnsteuerkarte für das Kalenderjahr 2010 ausgestellt oder ist die Lohnsteuerkarte 2010 verloren gegangen, unbrauchbar geworden oder zerstört worden, hat das Finanzamt im Übergangszeitraum auf Antrag des Arbeitnehmers eine Bescheinigung für den Lohnsteuerabzug nach amtlich vorgeschriebenem Muster (Bescheinigung für den Lohnsteuerabzug) auszustellen. [2] Diese Bescheinigung tritt an die Stelle der Lohnsteuerkarte 2010.

(4) [1] Beginnt ein nach § 1 Absatz 1 unbeschränkt einkommensteuerpflichtiger lediger Arbeitnehmer im Übergangszeitraum ein Ausbildungsdienstverhältnis als erstes Dienstverhältnis, kann der Arbeitgeber auf die Vorlage einer Bescheinigung für den Lohnsteuerabzug verzichten. [2] In diesem Fall hat der Arbeitgeber die Lohnsteuer nach der Steuerklasse I zu ermitteln; der Arbeitnehmer hat dem Arbeitgeber seine Identifikationsnummer sowie den Tag der Geburt und die rechtliche Zugehörigkeit zu einer steuererhebenden Religionsgemeinschaft mitzuteilen und schriftlich zu bestätigen, dass es sich um das erste Dienstverhältnis handelt. [3] Der Arbeitgeber hat die Erklärung des Arbeitnehmers bis zum Ablauf des Kalenderjahres als Beleg zum Lohnkonto aufzubewahren.

(5)[1)] [1] Das Bundesministerium der Finanzen hat im Einvernehmen mit den obersten Finanzbehörden der Länder den Zeitpunkt der erstmaligen Anwendung der ELStAM für die Durchführung des Lohnsteuerabzugs ab dem Kalenderjahr 2013 oder einem späteren Anwendungszeitpunkt sowie den Zeitpunkt des erstmaligen Abrufs der ELStAM durch den Arbeitgeber (Starttermin) in einem Schreiben zu bestimmen, das im Bundessteuerblatt zu veröffentlichen ist. [2] Darin ist für die Einführung des Verfahrens der elektronischen Lohnsteuerabzugsmerkmale ein Zeitraum zu bestimmen (Einführungszeitraum). [3] Der Arbeitgeber oder sein Vertreter (§ 39 e Absatz 4 Satz 6) hat im Einführungszeitraum die nach § 39 e gebildeten ELStAM abzurufen und für die auf den Abrufzeitpunkt folgende nächste Lohnabrechnung anzuwenden. [4] Für den Abruf der ELStAM hat sich der Arbeitgeber oder sein Vertreter zu authentifizieren und die Steuernummer der Betriebsstätte oder des Teils des Betriebs des Arbeitgebers, in dem der für die Durchführung des Lohnsteuerabzugs maßgebende Arbeitslohn des Arbeitnehmers ermittelt wird (§ 41 Absatz 2), die Identifikationsnummer und den Tag der Geburt des Arbeitnehmers sowie, ob es sich um das erste oder ein weiteres Dienstverhältnis handelt, mitzuteilen. [5] Er hat ein erstes Dienstverhältnis mitzuteilen, wenn auf der Lohnsteuerkarte 2010 oder der Bescheinigung für den Lohnsteuerabzug eine der Steuerklassen I bis V (§ 38 b Absatz 1 Satz 2 Nummer 1 bis 5) eingetragen ist oder wenn die Lohnsteuerabzugsmerkmale nach Absatz 4 gebildet worden sind. [6] Ein weiteres Dienstverhältnis (§ 38 b Absatz 1 Satz 2 Nummer 6) ist mitzuteilen, wenn die Voraussetzungen des Satzes 5 nicht vorliegen. [7] Der Arbeitgeber hat die ELStAM in das Lohnkonto zu über-

[1)] Starttermin des ELStAM-Verfahrens: 1. 11. 2012 (BMF v. 19. 12. 2012, BStBl. I S. 1258; v. 25. 7. 2013, BStBl. I S. 943).

nehmen und gemäß der übermittelten zeitlichen Gültigkeitsangabe anzuwenden.

(5 a) [1] Nachdem der Arbeitgeber die ELStAM für die Durchführung des Lohnsteuerabzugs angewandt hat, sind die Übergangsregelungen in Absatz 1 Satz 1 und in den Absätzen 2 bis 5 nicht mehr anzuwenden. [2] Die Lohnsteuerabzugsmerkmale der vorliegenden Lohnsteuerkarte 2010 und der Bescheinigung für den Lohnsteuerabzug gelten nicht mehr. [3] Wenn die nach § 39 e Absatz 1 Satz 1 gebildeten Lohnsteuerabzugsmerkmale den tatsächlichen Ver-

(Fortsetzung nächstes Blatt)

hältnissen des Arbeitnehmers nicht entsprechen, hat das Finanzamt auf dessen Antrag eine besondere Bescheinigung für den Lohnsteuerabzug (Besondere Bescheinigung für den Lohnsteuerabzug) mit den Lohnsteuerabzugsmerkmalen des Arbeitnehmers auszustellen sowie etwaige Änderungen einzutragen (§ 39 Absatz 1 Satz 2) und die Abrufberechtigung des Arbeitgebers auszusetzen. 4 Die Gültigkeit dieser Bescheinigung ist auf längstens zwei Kalenderjahre zu begrenzen. 5 § 39e Absatz 5 Satz 1 und Absatz 7 Satz 6 gilt entsprechend. 6 Die Lohnsteuerabzugsmerkmale der Besonderen Bescheinigung für den Lohnsteuerabzug sind für die Durchführung des Lohnsteuerabzugs nur dann für den Arbeitgeber maßgebend, wenn ihm gleichzeitig die Lohnsteuerkarte 2010 vorliegt oder unter den Voraussetzungen des Absatzes 1 Satz 5 vorgelegen hat oder eine Bescheinigung für den Lohnsteuerabzug für das erste Dienstverhältnis des Arbeitnehmers vorliegt. 7 Abweichend von Absatz 5 Satz 3 und 7 kann der Arbeitgeber nach dem erstmaligen Abruf der ELStAM die Lohnsteuer im Einführungszeitraum längstens für die Dauer von sechs Kalendermonaten weiter nach den Lohnsteuerabzugsmerkmalen der Lohnsteuerkarte 2010, der Bescheinigung für den Lohnsteuerabzug oder den nach Absatz 4 maßgebenden Lohnsteuerabzugsmerkmalen erheben, wenn der Arbeitnehmer zustimmt. 8 Dies gilt auch, wenn der Arbeitgeber die ELStAM im Einführungszeitraum erstmals angewandt hat.

(6) bis (8) (weggefallen)

(9) Ist der unbeschränkt einkommensteuerpflichtige Arbeitnehmer seinen Verpflichtungen nach Absatz 2 Satz 2 und 3 nicht nachgekommen und kommt eine Veranlagung zur Einkommensteuer nach § 46 Absatz 2 Nummer 1 bis 7 nicht in Betracht, kannt das Finanzamt den Arbeitnehmer zur Abgabe einer Einkommensteuererklärung auffordern und eine Veranlagung zur Einkommensteuer durchführen.

§ 53 Sondervorschrift zur Steuerfreistellung des Existenzminimums eines Kindes in den Veranlagungszeiträumen 1983 bis 1995. 1 In den Veranlagungszeiträumen 1983 bis 1995 sind in Fällen, in denen die Einkommensteuer noch nicht formell bestandskräftig oder hinsichtlich der Höhe der Kinderfreibeträge vorläufig festgesetzt ist, für jedes bei der Festsetzung berücksichtigte Kind folgende Beträge als Existenzminimum des Kindes steuerfrei zu belassen:

1983	3732 Deutsche Mark,
1984	3864 Deutsche Mark,
1985	3924 Deutsche Mark,
1986	4296 Deutsche Mark,
1987	4416 Deutsche Mark,
1988	4572 Deutsche Mark,
1989	4752 Deutsche Mark,
1990	5076 Deutsche Mark,
1991	5388 Deutsche Mark,
1992	5676 Deutsche Mark,
1993	5940 Deutsche Mark,
1994	6096 Deutsche Mark,
1995	6168 Deutsche Mark.

[2]Im Übrigen ist § 32 in der für den jeweiligen Veranlagungszeitraum geltenden Fassung anzuwenden. [3]Für die Prüfung, ob die nach Satz 1 und 2 gebotene Steuerfreistellung bereits erfolgt ist, ist das dem Steuerpflichtigen im jeweiligen Veranlagungszeitraum zustehende Kindergeld mit dem auf das bisherige zu versteuernde Einkommen des Steuerpflichtigen in demselben Veranlagungszeitraum anzuwendenden Grenzsteuersatz in einen Freibetrag umzurechnen; dies gilt auch dann, soweit das Kindergeld dem Steuerpflichtigen im Wege eines zivilrechtlichen Ausgleichs zusteht. [4]Die Umrechnung des zustehenden Kindergeldes ist entsprechend dem Umfang der bisher abgezogenen Kinderfreibeträge vorzunehmen. [5]Bei einem unbeschränkt einkommensteuerpflichtigen Elternpaar, bei dem die Voraussetzungen des § 26 Absatz 1 Satz 1 nicht vorliegen, ist eine Änderung der bisherigen Inanspruchnahme des Kinderfreibetrags unzulässig. [6]Erreicht die Summe aus dem bei der bisherigen Einkommensteuerfestsetzung abgezogenen Kinderfreibetrag und dem nach Satz 3 und 4 berechneten Freibetrag nicht den nach Satz 1 und 2 für den jeweiligen Veranlagungszeitraum maßgeblichen Betrag, ist der Unterschiedsbetrag vom bisherigen zu versteuernden Einkommen abzuziehen und die Einkommensteuer neu festzusetzen. [7]Im Zweifel hat der Steuerpflichtige die Voraussetzungen durch Vorlage entsprechender Unterlagen nachzuweisen.

§ 54. (weggefallen)

§ 55 Schlussvorschriften (Sondervorschriften für die Gewinnermittlung nach § 4 oder nach Durchschnittssätzen bei vor dem 1. Juli 1970 angeschafftem Grund und Boden). (1) [1]Bei Steuerpflichtigen, deren Gewinn für das Wirtschaftsjahr, in das der 30. Juni 1970 fällt, nicht nach § 5 zu ermitteln ist, gilt bei Grund und Boden, der mit Ablauf des 30. Juni 1970 zu ihrem Anlagevermögen gehört hat, als Anschaffungs- oder Herstellungskosten (§ 4 Absatz 3 Satz 4 und § 6 Absatz 1 Nummer 2 Satz 1) das Zweifache des nach den Absätzen 2 bis 4 zu ermittelnden Ausgangsbetrags. [2]Zum Grund und Boden im Sinne des Satzes 1 gehören nicht die mit ihm in Zusammenhang stehenden Wirtschaftsgüter und Nutzungsbefugnisse.

(2) [1]Bei der Ermittlung des Ausgangsbetrags des zum land- und forstwirtschaftlichen Vermögen (§ 33 Absatz 1 Satz 1 des Bewertungsgesetzes in der Fassung der Bekanntmachung vom 10. Dezember 1965 – BGBl. I S. 1861 –, zuletzt geändert durch das Bewertungsänderungsgesetz 1971 vom 27. Juli 1971 – BGBl. I S. 1157) gehörenden Grund und Bodens ist seine Zuordnung zu den Nutzungen und Wirtschaftsgütern (§ 34 Absatz 2 des Bewertungsgesetzes) am 1. Juli 1970 maßgebend; dabei sind die Hof- und Gebäudeflächen sowie die Hausgärten im Sinne des § 40 Absatz 3 des Bewertungsgesetzes nicht in die einzelne Nutzung einzubeziehen. [2]Es sind anzusetzen:

1. bei Flächen, die nach dem Bodenschätzungsgesetz[1)] vom 20. Dezember 2007 (BGBl. I S. 3150, 3176) in der jeweils geltenden Fassung zu schätzen sind, für jedes katastermäßig abgegrenzte Flurstück der Betrag in Deutsche Mark, der sich ergibt, wenn die für das Flurstück am 1. Juli 1970 im amtli-

---

[1)] Nr. **210**.

chen Verzeichnis nach § 2 Absatz 2 der Grundbuchordnung (Liegenschaftskataster) ausgewiesene Ertragsmesszahl vervierfacht wird. [2]Abweichend von Satz 1 sind für Flächen der Nutzungsteile

a) Hopfen, Spargel, Gemüsebau und Obstbau
2,05 Euro je Quadratmeter,

b) Blumen- und Zierpflanzenbau sowie Baumschulen
2,56 Euro je Quadratmeter

anzusetzen, wenn der Steuerpflichtige dem Finanzamt gegenüber bis zum 30. Juni 1972 eine Erklärung über die Größe, Lage und Nutzung der betreffenden Flächen abgibt,

2. für Flächen der forstwirtschaftlichen Nutzung
je Quadratmeter 0,51 Euro,

3. für Flächen der weinbaulichen Nutzung der Betrag, der sich unter Berücksichtigung der maßgebenden Lagenvergleichszahl (Vergleichszahl der einzelnen Weinbaulage, § 39 Absatz 1 Satz 3 und § 57 Bewertungsgesetz), die für ausbauende Betriebsweise mit Fassweinerzeugung anzusetzen ist, aus der nachstehenden Tabelle ergibt:

Lagenvergleichszahl	Ausgangsbetrag je Quadratmeter in Euro
bis 20	1,28
21 bis 30	1,79
31 bis 40	2,56
41 bis 50	3,58
51 bis 60	4,09
61 bis 70	4,60
71 bis 100	5,11
über 100	6,39

4. für Flächen der sonstigen land- und forstwirtschaftlichen Nutzung, auf die Nummer 1 keine Anwendung findet,
je Quadratmeter 0,51 Euro,

5. für Hofflächen, Gebäudeflächen und Hausgärten im Sinne des § 40 Absatz 3 des Bewertungsgesetzes
je Quadratmeter 2,56 Euro,

6. für Flächen des Geringstlandes
je Quadratmeter 0,13 Euro,

7. für Flächen des Abbaulandes
je Quadratmeter 0,26 Euro,

8. für Flächen des Unlandes
je Quadratmeter 0,05 Euro.

(3) [1]Lag am 1. Juli 1970 kein Liegenschaftskataster vor, in dem Ertragsmesszahlen ausgewiesen sind, so ist der Ausgangsbetrag in sinngemäßer Anwendung des Absatzes 2 Nummer 1 Satz 1 auf der Grundlage der durchschnittlichen Ertragsmesszahl der landwirtschaftlichen Nutzung eines Betriebs zu ermitteln,

die die Grundlage für die Hauptfeststellung des Einheitswerts auf den 1. Januar 1964 bildet. [2] Absatz 2 Satz 2 Nummer 1 Satz 2 bleibt unberührt.

(4) Bei nicht zum land- und forstwirtschaftlichen Vermögen gehörendem Grund und Boden ist als Ausgangsbetrag anzusetzen:

1. Für unbebaute Grundstücke der auf den 1. Januar 1964 festgestellte Einheitswert. [2] Wird auf den 1. Januar 1964 kein Einheitswert festgestellt oder hat sich der Bestand des Grundstücks nach dem 1. Januar 1964 und vor dem 1. Juli 1970 verändert, so ist der Wert maßgebend, der sich ergeben würde, wenn das Grundstück nach seinem Bestand vom 1. Juli 1970 und nach den Wertverhältnissen vom 1. Januar 1964 zu bewerten wäre;
2. für bebaute Grundstücke der Wert, der sich nach Nummer 1 ergeben würde, wenn das Grundstück unbebaut wäre.

(5) [1] Weist der Steuerpflichtige nach, dass der Teilwert für Grund und Boden im Sinne des Absatzes 1 am 1. Juli 1970 höher ist als das Zweifache des Ausgangsbetrags, so ist auf Antrag des Steuerpflichtigen der Teilwert als Anschaffungs- oder Herstellungskosten anzusetzen. [2] Der Antrag ist bis zum 31. Dezember 1975 bei dem Finanzamt zu stellen, das für die Ermittlung des Gewinns aus dem Betrieb zuständig ist. [3] Der Teilwert ist gesondert festzustellen. [4] Vor dem 1. Januar 1974 braucht diese Feststellung nur zu erfolgen, wenn ein berechtigtes Interesse des Steuerpflichtigen gegeben ist. [5] Die Vorschriften der Abgabenordnung und der Finanzgerichtsordnung über die gesonderte Feststellung von Besteuerungsgrundlagen gelten entsprechend.

(6) [1] Verluste, die bei der Veräußerung oder Entnahme von Grund und Boden im Sinne des Absatzes 1 entstehen, dürfen bei der Ermittlung des Gewinns in Höhe des Betrags nicht berücksichtigt werden, um den der ausschließlich auf den Grund und Boden entfallende Veräußerungspreis oder der an dessen Stelle tretende Wert nach Abzug der Veräußerungskosten unter dem Zweifachen des Ausgangsbetrags liegt. [2] Entsprechendes gilt bei Anwendung des § 6 Absatz 1 Nummer 2 Satz 2.

(7) Grund und Boden, der nach § 4 Absatz 1 Satz 5 des Einkommensteuergesetzes 1969 nicht anzusetzen war, ist wie eine Einlage zu behandeln; er ist dabei mit dem nach Absatz 1 oder Absatz 5 maßgebenden Wert anzusetzen.

§ 56 Sondervorschriften für Steuerpflichtige in dem in Artikel 3 des Einigungsvertrages genannten Gebiet. Bei Steuerpflichtigen, die am 31. Dezember 1990 einen Wohnsitz oder ihren gewöhnlichen Aufenthalt in dem in Artikel 3 des Einigungsvertrages genannten Gebiet und im Jahre 1990 keinen Wohnsitz oder gewöhnlichen Aufenthalt im bisherigen Geltungsbereich dieses Gesetzes hatten, gilt Folgendes:

§ 7 Absatz 5 ist auf Gebäude anzuwenden, die in dem in Artikel 3 des Einigungsvertrages genannten Gebiet nach dem 31. Dezember 1990 angeschafft oder hergestellt worden sind.

§ 57 Besondere Anwendungsregeln aus Anlass der Herstellung der Einheit Deutschlands. (1) Die §§ 7c, 7f, 7g, 7k und 10e dieses Gesetzes, die §§ 76, 78, 82a und 82f der Einkommensteuer-Durchführungsverordnung sowie die §§ 7 und 12 Absatz 3 des Schutzbaugesetzes[1] sind auf Tatbestände anzuwenden, die in dem in Artikel 3 des Einigungsvertrages genannten Gebiet nach dem 31. Dezember 1990 verwirklicht worden sind.

(2) Die §§ 7b und 7d dieses Gesetzes sowie die §§ 81, 82d, 82g und 82i der Einkommensteuer-Durchführungsverordnung sind nicht auf Tatbestände anzuwenden, die in dem in Artikel 3 des Einigungsvertrages genannten Gebiet verwirklicht worden sind.

(3) Bei der Anwendung des § 7g Absatz 2 Nummer 1 und des § 14a Absatz 1 ist in dem in Artikel 3 des Einigungsvertrages genannten Gebiet anstatt vom maßgebenden Einheitswert des Betriebs der Land- und Forstwirtschaft und den darin ausgewiesenen Werten vom Ersatzwirtschaftswert nach § 125 des Bewertungsgesetzes auszugehen.

(4) [1]§ 10d Absatz 1 ist mit der Maßgabe anzuwenden, dass der Sonderausgabenabzug erstmals von dem für die zweite Hälfte des Veranlagungszeitraums 1990 ermittelten Gesamtbetrag der Einkünfte vorzunehmen ist. [2]§ 10d Absatz 2 und 3 ist auch für Verluste anzuwenden, die in dem in Artikel 3 des Einigungsvertrages genannten Gebiet im Veranlagungszeitraum 1990 entstanden sind.

(5) § 22 Nummer 4 ist auf vergleichbare Bezüge anzuwenden, die auf Grund des Gesetzes über Rechtsverhältnisse der Abgeordneten der Volkskammer der Deutschen Demokratischen Republik vom 31. Mai 1990 (GBl. I Nr. 30 S. 274)[2] gezahlt worden sind.

(6) § 34f Absatz 3 Satz 3 ist erstmals auf die in dem in Artikel 3 des Einigungsvertrags genannten Gebiet für die zweite Hälfte des Veranlagungszeitraums 1990 festgesetzte Einkommensteuer anzuwenden.

§ 58 Weitere Anwendung von Rechtsvorschriften, die vor Herstellung der Einheit Deutschlands in dem in Artikel 3 des Einigungsvertrages genannten Gebiet gegolten haben. (1) Die Vorschriften über Sonderabschreibungen nach § 3 Absatz 1 des Steueränderungsgesetzes vom 6. März 1990 (GBl. I Nr. 17 S. 136)[2] in Verbindung mit § 7 der Durchführungsbestimmung zum Gesetz zur Änderung der Rechtsvorschriften über die Einkommen-, Körperschaft- und Vermögensteuer – Steueränderungsgesetz – vom 16. März 1990 (GBl. I Nr. 21 S. 195)[2] sind auf Wirtschaftsgüter weiter anzuwenden, die nach dem 31. Dezember 1989 und vor dem 1. Januar 1991 in dem in Artikel 3 des Einigungsvertrages genannten Gebiet angeschafft oder hergestellt worden sind.

(2) [1]Rücklagen nach § 3 Absatz 2 des Steueränderungsgesetzes vom 6. März 1990 (GBl. I Nr. 17 S. 136) in Verbindung mit § 8 der Durchführungsbestimmung zum Gesetz zur Änderung der Rechtsvorschriften über die Einkommen-, Körperschaft- und Vermögensteuer – Steueränderungsgesetz – vom 16. März 1990 (GBl. I Nr. 21 S. 195) dürfen, soweit sie zum 31. Dezember 1990 zulässigerweise gebildet worden sind, auch nach diesem Zeitpunkt fortgeführt werden. [2]Sie sind spätestens im Veranlagungszeitraum 1995 gewinn-

---

[1] Nr. **65**.
[2] GBl. der DDR.

oder sonst einkünfteerhöhend aufzulösen. [3]Sind vor dieser Auflösung begünstigte Wirtschaftsgüter angeschafft oder hergestellt worden, sind die in Rücklage eingestellten Beträge von den Anschaffungs- oder Herstellungskosten abzuziehen; die Rücklage ist in Höhe des abgezogenen Betrags im Veranlagungszeitraum der Anschaffung oder Herstellung gewinn- oder sonst einkünfteerhöhend aufzulösen.

(3) Die Vorschrift über den Steuerabzugsbetrag nach § 9 Absatz 1 der Durchführungsbestimmung zum Gesetz zur Änderung der Rechtsvorschriften über die Einkommen-, Körperschaft- und Vermögensteuer – Steueränderungsgesetz – vom 16. März 1990 (GBl. I Nr. 21 S. 195) ist für Steuerpflichtige weiter anzuwenden, die vor dem 1. Januar 1991 in dem in Artikel 3 des Einigungsvertrages genannten Gebiet eine Betriebsstätte begründet haben, wenn sie von dem Tag der Begründung der Betriebsstätte an zwei Jahre lang die Tätigkeit ausüben, die Gegenstand der Betriebsstätte ist.

§§ 59 bis 61. (weggefallen)

X. Kindergeld

§ 62 Anspruchsberechtigte. (1)[1] [1]Für Kinder im Sinne des § 63 hat Anspruch auf Kindergeld nach diesem Gesetz, wer

1. im Inland einen Wohnsitz oder seinen gewöhnlichen Aufenthalt hat oder
2. ohne Wohnsitz oder gewöhnlichen Aufenthalt im Inland
   a) nach § 1 Absatz 2 unbeschränkt einkommensteuerpflichtig ist oder
   b) nach § 1 Absatz 3 als unbeschränkt einkommensteuerpflichtig behandelt wird.

[*ab 1. 1. 2016:* [2]Voraussetzung für den Anspruch nach Satz 1 ist, dass der Berechtigte durch die an ihn vergebene Identifikationsnummer (§ 139 b der Abgabenordnung) identifiziert wird. [3]Die nachträgliche Vergabe der Identifikationsnummer wirkt auf Monate zurück, in denen die Voraussetzungen des Satzes 1 vorliegen.]

(2) Ein nicht freizügigkeitsberechtigter Ausländer erhält Kindergeld nur, wenn er

1. eine Niederlassungserlaubnis besitzt,
2. eine Aufenthaltserlaubnis besitzt, die zur Ausübung einer Erwerbstätigkeit berechtigt oder berechtigt hat, es sei denn, die Aufenthaltserlaubnis wurde
   a) nach § 16 oder § 17 des Aufenthaltsgesetzes erteilt,
   b) nach § 18 Absatz 2 des Aufenthaltsgesetzes erteilt und die Zustimmung der Bundesagentur für Arbeit darf nach der Beschäftigungsverordnung nur für einen bestimmten Höchstzeitraum erteilt werden,

---

[1] § 62 Abs. 1 Sätze 2 und 3 angef. durch G v. 2. 12. 2014 (BGBl. I S. 1922); zur Anwendung siehe § 52 Abs. 49 a.

c) nach § 23 Absatz 1 des Aufenthaltsgesetzes wegen eines Krieges in seinem Heimatland oder nach den §§ 23 a, 24, 25 Absatz 3 bis 5 des Aufenthaltsgesetzes erteilt

oder

3. eine in Nummer 2 Buchstabe c genannte Aufenthaltserlaubnis besitzt und
   a) sich seit mindestens drei Jahren rechtmäßig, gestattet oder geduldet im Bundesgebiet aufhält und
   b) im Bundesgebiet berechtigt erwerbstätig ist, laufende Geldleistungen nach dem Dritten Buch Sozialgesetzbuch bezieht oder Elternzeit in Anspruch nimmt.

§ 63 Kinder. (1) [1]Als Kinder werden berücksichtigt
1. Kinder im Sinne des § 32 Absatz 1,
2. vom Berechtigten in seinen Haushalt aufgenommene Kinder seines Ehegatten,
3. vom Berechtigten in seinen Haushalt aufgenommene Enkel.

[Fassung bis 31. 12. 2015:]

[2]§ 32 Absatz 3 bis 5 gilt entsprechend. [3]Kinder, die weder einen Wohnsitz noch ihren gewöhnlichen Aufenthalt im Inland, in einem Mitgliedstaat der Europäischen Union oder in einem Staat, auf den das Abkommen über den Europäischen Wirtschaftsraum Anwendung findet, haben, werden nicht berücksichtigt, es sei denn, sie leben im Haushalt eines Berechtigten im Sinne des § 62 Absatz 1 Nummer 2 Buchstabe a. [4]Kinder im Sinne von § 2 Absatz 4 Satz 2 des Bundeskindergeldgesetzes[2)] werden nicht berücksichtigt.

[Fassung ab 1. 1. 2016:][1)]

[2]§ 32 Absatz 3 bis 5 gilt entsprechend. [3]Voraussetzung für die Berücksichtigung ist die Identifizierung des Kindes durch die an dieses Kind vergebene Identifikationsnummer (§ 139 b der Abgabenordnung). [4]Ist das Kind nicht nach einem Steuergesetz steuerpflichtig (§ 139 a Absatz 2 der Abgabenordnung), ist es in anderer geeigneter Weise zu identifizieren. [5]Die nachträgliche Identifizierung oder nachträgliche Vergabe der Identifikationsnummer wirkt auf Monate zurück, in denen die Voraussetzungen der Sätze 1 bis 4 vorliegen. [6]Kinder, die weder einen Wohnsitz noch ihren gewöhnlichen Aufenthalt im Inland, in einem Mitgliedstaat der Europäischen Union oder in einem Staat, auf den das Abkommen über den Europäischen Wirtschaftsraum Anwendung findet, haben, werden nicht berücksichtigt, es sei denn, sie leben im Haushalt eines Berechtigten im Sinne des § 62 Absatz 1 Satz 1

[1)] § 63 Abs. 1 Sätze 3 bis 5 eingef., bish. Sätze 3 und 4 werden Sätze 6 und 7, neuer Satz 6 geänd. durch G v. 2. 12. 2014 (BGBl. I S. 1922); zur Anwendung siehe § 52 Abs. 49 a.

[2)] Nr. **60**.

[Fassung ab 1. 1. 2016:]

Nummer 2 Buchstabe a. [7] Kinder im Sinne von § 2 Absatz 4 Satz 2 des Bundeskindergeldgesetzes[1)] werden nicht berücksichtigt.

(2) Die Bundesregierung wird ermächtigt, durch Rechtsverordnung, die nicht der Zustimmung des Bundesrates bedarf, zu bestimmen, dass einem Berechtigten, der im Inland erwerbstätig ist oder sonst seine hauptsächlichen Einkünfte erzielt, für seine in Absatz 1 Satz 3 erster Halbsatz bezeichneten Kinder Kindergeld ganz oder teilweise zu leisten ist, soweit dies mit Rücksicht auf die durchschnittlichen Lebenshaltungskosten für Kinder in deren Wohnsitzstaat und auf die dort gewährten dem Kindergeld vergleichbaren Leistungen geboten ist.

§ 64 Zusammentreffen mehrerer Ansprüche. (1) Für jedes Kind wird nur einem Berechtigten Kindergeld gezahlt.

(2) [1] Bei mehreren Berechtigten wird das Kindergeld demjenigen gezahlt, der das Kind in seinen Haushalt aufgenommen hat. [2] Ist ein Kind in den gemeinsamen Haushalt von Eltern, einem Elternteil und dessen Ehegatten, Pflegeeltern oder Großeltern aufgenommen worden, so bestimmen diese untereinander den Berechtigten. [3] Wird eine Bestimmung nicht getroffen, so bestimmt das Familiengericht auf Antrag den Berechtigten. [4] Den Antrag kann stellen, wer ein berechtigtes Interesse an der Zahlung des Kindergeldes hat. [5] Lebt ein Kind im gemeinsamen Haushalt von Eltern und Großeltern, so wird das Kindergeld vorrangig einem Elternteil gezahlt; es wird an einen Großelternteil gezahlt, wenn der Elternteil gegenüber der zuständigen Stelle auf seinen Vorrang schriftlich verzichtet hat.

(3) [1] Ist das Kind nicht in den Haushalt eines Berechtigten aufgenommen, so erhält das Kindergeld derjenige, der dem Kind eine Unterhaltsrente zahlt. [2] Zahlen mehrere Berechtigte dem Kind Unterhaltsrenten, so erhält das Kindergeld derjenige, der dem Kind die höchste Unterhaltsrente zahlt. [3] Werden gleich hohe Unterhaltsrenten gezahlt oder zahlt keiner der Berechtigten dem Kind Unterhalt, so bestimmen die Berechtigten untereinander, wer das Kindergeld erhalten soll. [4] Wird eine Bestimmung nicht getroffen, so gilt Absatz 2 Satz 3 und 4 entsprechend.

§ 65 Andere Leistungen für Kinder. (1)[2)] [1] Kindergeld wird nicht für ein Kind gezahlt, für das eine der folgenden Leistungen zu zahlen ist oder bei entsprechender Antragstellung zu zahlen wäre:

1. Kinderzulagen aus der gesetzlichen Unfallversicherung oder Kinderzuschüsse aus den gesetzlichen Rentenversicherungen,
2. Leistungen für Kinder, die im Ausland gewährt werden und dem Kindergeld oder einer der unter Nummer 1 genannten Leistungen vergleichbar sind,
3. Leistungen für Kinder, die von einer zwischen- oder überstaatlichen Einrichtung gewährt werden und dem Kindergeld vergleichbar sind.

[1)] Nr. **60**.

[2)] § 65 Abs. 1 Satz 3 geänd. durch G v. 26. 6. 2013 (BGBl. I S. 1809).

2 Soweit es für die Anwendung von Vorschriften dieses Gesetzes auf den Erhalt von Kindergeld ankommt, stehen die Leistungen nach Satz 1 dem Kindergeld gleich. 3 Steht ein Berechtigter in einem Versicherungspflichtverhältnis zur Bundesagentur für Arbeit nach § 24 des Dritten Buches Sozialgesetzbuch oder ist er versicherungsfrei nach § 28 Absatz 1 Nummer 1 des Dritten Buches Sozialgesetzbuch oder steht er im Inland in einem öffentlich-rechtlichen Dienst- oder Amtsverhältnis, so wird sein Anspruch auf Kindergeld für ein Kind nicht nach Satz 1 Nummer 3 mit Rücksicht darauf ausgeschlossen, dass sein Ehegatte als Beamter, Ruhestandsbeamter oder sonstiger Bediensteter der Europäischen Union für das Kind Anspruch auf Kinderzulage hat.

(2) Ist in den Fällen des Absatzes 1 Satz 1 Nummer 1 der Bruttobetrag der anderen Leistung niedriger als das Kindergeld nach § 66, wird Kindergeld in Höhe des Unterschiedsbetrags gezahlt, wenn er mindestens 5 Euro beträgt.

§ 66 Höhe des Kindergeldes, Zahlungszeitraum. (1)[1] 1 Das Kindergeld beträgt monatlich für erste und zweite Kinder jeweils *184* [***ab 1. 1. 2015:*** 188/***ab 1. 1. 2016:*** 190] Euro, für dritte Kinder *190* [***ab 1. 1. 2015:*** 194/***ab 1. 1. 2016:*** 196] Euro und für das vierte und jedes weitere Kind jeweils *215* [***ab 1. 1. 2015:*** 219/***ab 1. 1. 2016:*** 221] Euro. *2 Darüber hinaus wird für jedes Kind, für das im Kalenderjahr 2009 mindestens für einen Kalendermonat ein Anspruch auf Kindergeld besteht, für das Kalenderjahr 2009 ein Einmalbetrag in Höhe von 100 Euro gezahlt.*

(2) Das Kindergeld wird monatlich vom Beginn des Monats an gezahlt, in dem die Anspruchsvoraussetzungen erfüllt sind, bis zum Ende des Monats, in dem die Anspruchsvoraussetzungen wegfallen.

§ 67[2] **Antrag.** 1 Das Kindergeld ist bei der zuständigen Familienkasse schriftlich zu beantragen. 2 Den Antrag kann außer dem Berechtigten auch stellen, wer ein berechtigtes Interesse an der Leistung des Kindergeldes hat. [***ab 1. 1. 2016:*** 3 In Fällen des Satzes 2 ist § 62 Absatz 1 Satz 2 bis 3 anzuwenden. 4 Der Berechtigte ist zu diesem Zweck verpflichtet, demjenigen, der ein berechtigtes Interesse an der Leistung des Kindergeldes hat, seine an ihn vergebene Identifikationsnummer (§ 139 b der Abgabenordnung) mitzuteilen. 5 Kommt der Berechtigte dieser Verpflichtung nicht nach, teilt die zuständige Familienkasse demjenigen, der ein berechtigtes Interesse an der Leistung des Kindergeldes hat, auf seine Anfrage die Identifikationsnummer des Berechtigten mit.]

§ 68 Besondere Mitwirkungspflichten. (1) 1 Wer Kindergeld beantragt oder erhält, hat Änderungen in den Verhältnissen, die für die Leistung erheblich sind oder über die im Zusammenhang mit der Leistung Erklärungen abgegeben worden sind, unverzüglich der zuständigen Familienkasse mitzuteilen. 2 Ein Kind, das das 18. Lebensjahr vollendet hat, ist auf Verlangen der Familienkasse verpflichtet, an der Aufklärung des für die Kindergeldzahlung maß-

---

[1] Beträge geänd. durch G v. 22. 12. 2009 (BGBl. I S. 3950); Beträge geänd. sowie Satz 2 aufgeh. durch G v. 16. 7. 2015 (BGBl. I S. 1202); zur Anwendung siehe § 52 Abs. 49 a Sätze 3 und 4.

[2] § 67 Sätze 3 bis 5 angef. durch G v. 2. 12. 2014 (BGBl. I S. 1922); zur Anwendung siehe § 52 Abs. 49 a.

gebenden Sachverhalts mitzuwirken; § 101 der Abgabenordnung findet insoweit keine Anwendung.

(2) (weggefallen)

(3) Auf Antrag des Berechtigten erteilt die das Kindergeld auszahlende Stelle eine Bescheinigung über das für das Kalenderjahr ausgezahlte Kindergeld.

(4) Die Familienkassen dürfen den die Bezüge im öffentlichen Dienst anweisenden Stellen Auskunft über den für die jeweilige Kindergeldzahlung maßgebenden Sachverhalt erteilen.

§ 69[1)] Überprüfung des Fortbestehens von Anspruchsvoraussetzungen durch Meldedaten-Übermittlung. Die Meldebehörden übermitteln in regelmäßigen Abständen den Familienkassen nach Maßgabe einer auf Grund des *§ 20 Absatz 1 des Melderechtsrahmengesetzes* [***ab 1. 11. 2015:*** § 56 Absatz 1 Nummer 2 des Bundesmeldegesetzes] zu erlassenden Rechtsverordnung die in *§ 18 Absatz 1 des Melderechtsrahmengesetzes* [***ab 1. 11. 2015:*** § 34 Absatz 1 und 2 des Bundesmeldegesetzes] genannten Daten aller Einwohner, zu deren Person im Melderegister Daten von minderjährigen Kindern gespeichert sind, und dieser Kinder, soweit die Daten nach ihrer Art für die Prüfung der Rechtmäßigkeit des Bezuges von Kindergeld geeignet sind.

§ 70 Festsetzung und Zahlung des Kindergeldes. (1) Das Kindergeld nach § 62 wird von den Familienkassen durch Bescheid festgesetzt und ausgezahlt.

(2) [1]Soweit in den Verhältnissen, die für den Anspruch auf Kindergeld erheblich sind, Änderungen eintreten, ist die Festsetzung des Kindergeldes mit Wirkung vom Zeitpunkt der Änderung der Verhältnisse aufzuheben oder zu ändern. [2]Ist die Änderung einer Kindergeldfestsetzung nur wegen einer Anhebung der in § 66 Absatz 1 genannten Kindergeldbeträge erforderlich, kann von der Erteilung eines schriftlichen Änderungsbescheides abgesehen werden.

(3)[2)] [1]Materielle Fehler der letzten Festsetzung können durch *Neufestsetzung oder durch Aufhebung der Festsetzung* [***ab 1. 1. 2015:*** Aufhebung oder Änderung der Festsetzung mit Wirkung ab dem auf die Bekanntgabe der Aufhebung oder Änderung der Festsetzung folgenden Monat] beseitigt werden. [2]*Neu festgesetzt oder aufgehoben wird mit Wirkung ab dem auf die Bekanntgabe der Neufestsetzung oder der Aufhebung der Festsetzung folgenden Monat.* [3]*Bei der Neufestsetzung oder Aufhebung der Festsetzung nach Satz 1 ist § 176 der Abgabenordnung entsprechend anzuwenden;* [***ab 1. 1. 2015:*** [2]Bei der Aufhebung oder Änderung der Festsetzung nach Satz 1 ist § 176 der Abgabenordnung entsprechend anzuwenden;] dies gilt nicht für Monate, die nach der Verkündung der maßgeblichen Entscheidung eines obersten *Gerichtshofes des Bundes* [***ab 1. 1. 2015:*** Bundesgerichts] beginnen.

(4)[3)] *(aufgehoben)*

[1)] § 69 geänd. mWv 1. 5. 2015 durch G v. 3. 5. 2013 (BGBl. I S. 1084); geänd. durch G v. 20. 11. 2014, BGBl. I S. 1738.

[2)] § 70 Abs. 3 Satz 1 geänd., Satz 2 aufgeh., bish. Satz 3 wird Satz 2 und 1. HS geänd. mWv 1. 1. 2015 durch G v. 22. 12. 2014 (BGBl. I S. 2417).

[3)] § 70 Abs. 4 aufgeh. durch G v. 1. 11. 2011 (BGBl. I S. 2131); zur Anwendung siehe § 52 Abs. 50.

§ 71. (weggefallen)

§ 72 Festsetzung und Zahlung des Kindergeldes an Angehörige des öffentlichen Dienstes. (1) [1]Steht Personen, die

1. in einem öffentlich-rechtlichen Dienst-, Amts- oder Ausbildungsverhältnis stehen, mit Ausnahme der Ehrenbeamten, oder
2. Versorgungsbezüge nach beamten- oder soldatenrechtlichen Vorschriften oder Grundsätzen erhalten oder
3. Arbeitnehmer des Bundes, eines Landes, einer Gemeinde, eines Gemeindeverbandes oder einer sonstigen Körperschaft, einer Anstalt oder einer Stiftung des öffentlichen Rechts sind, einschließlich der zu ihrer Berufsausbildung Beschäftigten,

Kindergeld nach Maßgabe dieses Gesetzes zu, wird es von den Körperschaften, Anstalten oder Stiftungen des öffentlichen Rechts festgesetzt und ausgezahlt. [2]Die genannten juristischen Personen sind insoweit Familienkasse.

(2) Der Deutschen Post AG, der Deutschen Postbank AG und der Deutschen Telekom AG obliegt die Durchführung dieses Gesetzes für ihre jeweiligen Beamten und Versorgungsempfänger in Anwendung des Absatzes 1.

(3) Absatz 1 gilt nicht für Personen, die ihre Bezüge oder Arbeitsentgelt

1. von einem Dienstherrn oder Arbeitgeber im Bereich der Religionsgesellschaften des öffentlichen Rechts oder
2. von einem Spitzenverband der Freien Wohlfahrtspflege, einem diesem unmittelbar oder mittelbar angeschlossenen Mitgliedsverband oder einer einem solchen Verband angeschlossenen Einrichtung oder Anstalt

erhalten.

(4) Die Absätze 1 und 2 gelten nicht für Personen, die voraussichtlich nicht länger als sechs Monate in den Kreis der in Absatz 1 Satz 1 Nummer 1 bis 3 und Absatz 2 Bezeichneten eintreten.

(5) Obliegt mehreren Rechtsträgern die Zahlung von Bezügen oder Arbeitsentgelt (Absatz 1 Satz 1) gegenüber einem Berechtigten, so ist für die Durchführung dieses Gesetzes zuständig:

1. bei Zusammentreffen von Versorgungsbezügen mit anderen Bezügen oder Arbeitsentgelt der Rechtsträger, dem die Zahlung der anderen Bezüge oder des Arbeitsentgelts obliegt;
2. bei Zusammentreffen mehrerer Versorgungsbezüge der Rechtsträger, dem die Zahlung der neuen Versorgungsbezüge im Sinne der beamtenrechtlichen Ruhensvorschriften obliegt;
3. bei Zusammentreffen von Arbeitsentgelt (Absatz 1 Satz 1 Nummer 3) mit Bezügen aus einem der in Absatz 1 Satz 1 Nummer 1 bezeichneten Rechtsverhältnisse der Rechtsträger, dem die Zahlung dieser Bezüge obliegt;
4. bei Zusammentreffen mehrerer Arbeitsentgelte (Absatz 1 Satz 1 Nummer 3) der Rechtsträger, dem die Zahlung des höheren Arbeitsentgelts obliegt oder – falls die Arbeitsentgelte gleich hoch sind – der Rechtsträger, zu dem das zuerst begründete Arbeitsverhältnis besteht.

(6) [1]Scheidet ein Berechtigter im Laufe eines Monats aus dem Kreis der in Absatz 1 Satz 1 Nummer 1 bis 3 Bezeichneten aus oder tritt er im Laufe eines Monats in diesen Kreis ein, so wird das Kindergeld für diesen Monat von der Stelle gezahlt, die bis zum Ausscheiden oder Eintritt des Berechtigten zuständig war. [2]Dies gilt nicht, soweit die Zahlung von Kindergeld für ein Kind in Betracht kommt, das erst nach dem Ausscheiden oder Eintritt bei dem Berechtigten nach § 63 zu berücksichtigen ist. [3]Ist in einem Fall des Satzes 1 das Kindergeld bereits für einen folgenden Monat gezahlt worden, so muss der für diesen Monat Berechtigte die Zahlung gegen sich gelten lassen.

(7) [1]In den Abrechnungen der Bezüge und des Arbeitsentgelts ist das Kindergeld gesondert auszuweisen, wenn es zusammen mit den Bezügen oder dem Arbeitsentgelt ausgezahlt wird. [2]Der Rechtsträger hat die Summe des von ihm für alle Berechtigten ausgezahlten Kindergeldes dem Betrag, den er insgesamt an Lohnsteuer einzubehalten hat, zu entnehmen und bei der nächsten Lohnsteuer-Anmeldung gesondert abzusetzen. [3]Übersteigt das insgesamt ausgezahlte Kindergeld den Betrag, der insgesamt an Lohnsteuer abzuführen ist, so wird der übersteigende Betrag dem Rechtsträger auf Antrag von dem Finanzamt, an das die Lohnsteuer abzuführen ist, aus den Einnahmen der Lohnsteuer ersetzt.

(8) [1]Abweichend von Absatz 1 Satz 1 werden Kindergeldansprüche auf Grund über- oder zwischenstaatlicher Rechtsvorschriften durch die Familienkassen der Bundesagentur für Arbeit festgesetzt und ausgezahlt. [2]Dies gilt auch für Fälle, in denen Kindergeldansprüche sowohl nach Maßgabe dieses Gesetzes als auch auf Grund über- oder zwischenstaatlicher Rechtsvorschriften bestehen.

§ 73. (weggefallen)

§ 74 Zahlung des Kindergeldes in Sonderfällen. (1) [1]Das für ein Kind festgesetzte Kindergeld nach § 66 Absatz 1 kann an das Kind ausgezahlt werden, wenn der Kindergeldberechtigte ihm gegenüber seiner gesetzlichen Unterhaltspflicht nicht nachkommt. [2]Kindergeld kann an Kinder, die bei der Festsetzung des Kindergeldes berücksichtigt werden, bis zur Höhe des Betrags, der sich bei entsprechender Anwendung des § 76 ergibt, ausgezahlt werden. [3]Dies gilt auch, wenn der Kindergeldberechtigte mangels Leistungsfähigkeit nicht unterhaltspflichtig ist oder nur Unterhalt in Höhe eines Betrags zu leisten braucht, der geringer ist als das für die Auszahlung in Betracht kommende Kindergeld. [4]Die Auszahlung kann auch an die Person oder Stelle erfolgen, die dem Kind Unterhalt gewährt.

(2) Für Erstattungsansprüche der Träger von Sozialleistungen gegen die Familienkasse gelten die §§ 102 bis 109 und 111 bis 113 des Zehnten Buches Sozialgesetzbuch entsprechend.

§ 75 Aufrechnung. (1) Mit Ansprüchen auf *Rückzahlung* [*ab 1. 1. 2015:* Erstattung][1)] von Kindergeld kann die Familienkasse gegen Ansprüche auf *lau-*

[1)] § 75 Abs. 1 geänd., kursiver Satzteil aufgeh. mWv 1. 1. 2015 durch G v. 22. 12. 2014 (BGBl. I S. 2417).

fendes[1)] Kindergeld bis zu deren Hälfte aufrechnen, wenn der Leistungsberechtigte nicht nachweist, dass er dadurch hilfebedürftig im Sinne der Vorschriften des Zwölften Buches Sozialgesetzbuch über die Hilfe zum Lebensunterhalt oder im Sinne der Vorschriften des Zweiten Buches Sozialgesetzbuch über die Leistungen zur Sicherung des Lebensunterhalts wird.

(2) Absatz 1 gilt für die Aufrechnung eines Anspruchs auf Erstattung von Kindergeld gegen einen späteren Kindergeldanspruch eines mit dem Erstattungspflichtigen in Haushaltsgemeinschaft lebenden Berechtigten entsprechend, soweit es sich um laufendes Kindergeld für ein Kind handelt, das bei beiden berücksichtigt werden kann oder konnte.

§ 76 Pfändung. [1]Der Anspruch auf Kindergeld kann nur wegen gesetzlicher Unterhaltsansprüche eines Kindes, das bei der Festsetzung des Kindergeldes berücksichtigt wird, gepfändet werden. [2]Für die Höhe des pfändbaren Betrags gilt:

1. [1]Gehört das unterhaltsberechtigte Kind zum Kreis der Kinder, für die dem Leistungsberechtigten Kindergeld gezahlt wird, so ist eine Pfändung bis zu dem Betrag möglich, der bei gleichmäßiger Verteilung des Kindergeldes auf jedes dieser Kinder entfällt. [2]Ist das Kindergeld durch die Berücksichtigung eines weiteren Kindes erhöht, für das einer dritten Person Kindergeld oder dieser oder dem Leistungsberechtigten eine andere Geldleistung für Kinder zusteht, so bleibt der Erhöhungsbetrag bei der Bestimmung des pfändbaren Betrags des Kindergeldes nach Satz 1 außer Betracht;
2. der Erhöhungsbetrag nach Nummer 1 Satz 2 ist zugunsten jedes bei der Festsetzung des Kindergeldes berücksichtigten unterhaltsberechtigten Kindes zu dem Anteil pfändbar, der sich bei gleichmäßiger Verteilung auf alle Kinder, die bei der Festsetzung des Kindergeldes zugunsten des Leistungsberechtigten berücksichtigt werden, ergibt.

§ 76 a.[2)] *(aufgehoben)*

§ 77 Erstattung von Kosten im Vorverfahren. (1) [1]Soweit der Einspruch gegen die Kindergeldfestsetzung erfolgreich ist, hat die Familienkasse demjenigen, der den Einspruch erhoben hat, die zur zweckentsprechenden Rechtsverfolgung oder Rechtsverteidigung notwendigen Aufwendungen zu erstatten. [2]Dies gilt auch, wenn der Einspruch nur deshalb keinen Erfolg hat, weil die Verletzung einer Verfahrens- oder Formvorschrift nach § 126 der Abgabenordnung unbeachtlich ist. [3]Aufwendungen, die durch das Verschulden eines Erstattungsberechtigten entstanden sind, hat dieser selbst zu tragen; das Verschulden eines Vertreters ist dem Vertretenen zuzurechnen.

(2) Die Gebühren und Auslagen eines Bevollmächtigten oder Beistandes, der nach den Vorschriften des Steuerberatungsgesetzes zur geschäftsmäßigen

---

[1)] § 75 Abs. 1 geänd., kursiver Satzteil aufgeh. mWv 1. 1. 2015 durch G v. 22. 12. 2014 (BGBl. I S. 2417).

[2)] **§ 76 a aufgeh. mWv 1. 1. 2012** durch Art. 7 Abs. 4 des G v. 7. 7. 2009 (BGBl. I S. 1707).

Hilfeleistung in Steuersachen befugt ist, sind erstattungsfähig, wenn dessen Zuziehung notwendig war.

(3) [1]Die Familienkasse setzt auf Antrag den Betrag der zu erstattenden Aufwendungen fest. [2]Die Kostenentscheidung bestimmt auch, ob die Zuziehung eines Bevollmächtigten oder Beistandes im Sinne des Absatzes 2 notwendig war.

§ 78 Übergangsregelungen. (1) bis (4) (weggefallen)

(Fortsetzung nächste Seite)

(5) [1]Abweichend von § 64 Absatz 2 und 3 steht Berechtigten, die für Dezember 1990 für ihre Kinder Kindergeld in dem in Artikel 3 des Einigungsvertrages genannten Gebiet bezogen haben, das Kindergeld für diese Kinder auch für die folgende Zeit zu, solange sie ihren Wohnsitz oder gewöhnlichen Aufenthalt in diesem Gebiet beibehalten und die Kinder die Voraussetzungen ihrer Berücksichtigung weiterhin erfüllen. [2]§ 64 Absatz 2 und 3 ist insoweit erst für die Zeit vom Beginn des Monats an anzuwenden, in dem ein hierauf gerichteter Antrag bei der zuständigen Stelle eingegangen ist; der hiernach Berechtigte muss die nach Satz 1 geleisteten Zahlungen gegen sich gelten lassen.

XI. Altersvorsorgezulage

§ 79[1)] **Zulageberechtigte.** [1]Die in § 10 a Absatz 1 genannten Personen haben Anspruch auf eine Altersvorsorgezulage (Zulage).

[Fassung bis VZ 2012:]

[2]Leben die Ehegatten nicht dauernd getrennt (§ 26 Absatz 1) und haben sie ihren Wohnsitz oder gewöhnlichen Aufenthalt in einem Mitgliedstaat der Europäischen Union oder einem Staat, auf den das Abkommen über den Europäischen Wirtschaftsraum (EWR-Abkommen) anwendbar ist, und ist nur ein Ehegatte nach Satz 1 begünstigt, so ist auch der andere Ehegatte zulageberechtigt, wenn ein auf seinen Namen lautender Altersvorsorgevertrag besteht [*ab 1. 1. 2012:* und er zugunsten dieses Altersvorsorgevertrages im jeweiligen Beitragsjahr mindestens 60 Euro geleistet hat.]

[Fassung ab VZ 2013:][2)]

[2]Ist nur ein Ehegatte nach Satz 1 begünstigt, so ist auch der andere Ehegatte zulageberechtigt, wenn

1. beide Ehegatten nicht dauernd getrennt leben (§ 26 Absatz 1),
2. beide Ehegatten ihren Wohnsitz oder gewöhnlichen Aufenthalt in einem Mitgliedstaat der Europäischen Union oder einem Staat haben, auf den das Abkommen über den Europäischen Wirtschaftsraum anwendbar ist,
3. ein auf den Namen des anderen Ehegatten lautender Altersvorsorgevertrag besteht,
4. der andere Ehegatte zugunsten des Altersvorsorgevertrags nach Nummer 3 im jeweiligen Beitragsjahr mindestens 60 Euro geleistet hat und
5. die Auszahlungsphase des Altersvorsorgevertrages nach Nummer 3 noch nicht begonnen hat.

[*ab VZ 2014:* [3]Satz 1 gilt entsprechend für die in § 10 a Absatz 6

---

1) § 79 neu gef. durch G v. 8. 4. 2010 (BGBl. I S. 386); Satz 2 ergänzt mWv 1. 1. 2012 durch G v. 7. 12. 2011 (BGBl. I S. 2592).

2) § 79 Satz 2 neu gef. mWv VZ 2013 durch G v. 24. 6. 2013 (BGBl. I S. 1667); Satz 3 angef. mWv VZ 2014 durch G v. 25. 7. 2014 (BGBl. I S. 1266).

[Fassung ab VZ 2013:]

Satz 1 und 2 genannten Personen, sofern sie unbeschränkt steuerpflichtig sind oder für das Beitragsjahr nach § 1 Absatz 3 als unbeschränkt steuerpflichtig behandelt werden.]

§ 80 Anbieter. Anbieter im Sinne dieses Gesetzes sind Anbieter von Altersvorsorgeverträgen gemäß § 1 Absatz 2 des Altersvorsorgeverträge-Zertifizierungsgesetzes[1)] sowie die in § 82 Absatz 2 genannten Versorgungseinrichtungen.

§ 81 Zentrale Stelle. Zentrale Stelle im Sinne dieses Gesetzes ist die Deutsche Rentenversicherung Bund.

§ 81 a Zuständige Stelle. [1] Zuständige Stelle ist bei einem

1. Empfänger von Besoldung nach dem Bundesbesoldungsgesetz oder einem Landesbesoldungsgesetz die die Besoldung anordnende Stelle,
2. Empfänger von Amtsbezügen im Sinne des § 10 a Absatz 1 Satz 1 Nummer 2 die die Amtsbezüge anordnende Stelle,
3. versicherungsfrei Beschäftigten sowie bei einem von der Versicherungspflicht befreiten Beschäftigten im Sinne des § 10 a Absatz 1 Satz 1 Nummer 3 der die Versorgung gewährleistende Arbeitgeber der rentenversicherungsfreien Beschäftigung,
4. Beamten, Richter, Berufssoldaten und Soldaten auf Zeit im Sinne des § 10 a Absatz 1 Satz 1 Nummer 4 der zur Zahlung des Arbeitsentgelts verpflichtete Arbeitgeber und
5. Empfänger einer Versorgung im Sinne des § 10 a Absatz 1 Satz 4 die die Versorgung anordnende Stelle.

[2] Für die in § 10 a Absatz 1 Satz 1 Nummer 5 genannten Steuerpflichtigen gilt Satz 1 entsprechend.

§ 82 Altersvorsorgebeiträge. (1)[2)] [1] Geförderte Altersvorsorgebeiträge sind im Rahmen *der in § 10 a genannten Grenzen* [***ab VZ 2013:*** des in § 10 a Absatz 1 Satz 1 genannten Höchstbetrags]

1. Beiträge,
2. Tilgungsleistungen,

die der Zulageberechtigte (§ 79) bis zum Beginn der Auszahlungsphase zugunsten eines auf seinen Namen lautenden Vertrags leistet, der nach § 5 des

---

1) **Aichberger** Sozialgesetzbuch Nr. 6/80.

2) § 82 Abs. 1 Sätze 1 und 3 geänd. mWv 1. 1. 2010 durch G v. 8. 12. 2010 (BGBl. I S. 1768); Satz 1 geänd. mWv VZ 2013, Sätze 6 und 7 angef. mWv VZ 2014 durch G v. 24. 6. 2013 (BGBl. I S. 1667); Satz 8 angef. mWv VZ 2014 durch G v. 25. 7. 2014 (BGBl. I S. 1266).

Altersvorsorgeverträge-Zertifizierungsgesetzes[1)] zertifiziert ist (Altersvorsorgevertrag). [2]Die Zertifizierung ist Grundlagenbescheid im Sinne des § 171 Absatz 10 der Abgabenordnung. [3]Als Tilgungsleistungen gelten auch Beiträge, die vom Zulageberechtigten zugunsten eines auf seinen Namen lautenden Altersvorsorgevertrags im Sinne des § 1 Absatz 1a Satz 1 Nummer 3 des Altersvorsorgeverträge-Zertifizierungsgesetzes erbracht wurden und die zur Tilgung eines im Rahmen des Altersvorsorgevertrags abgeschlossenen Darlehens abgetreten wurden. [4]Im Fall der Übertragung von gefördertem Altersvorsorgevermögen nach § 1 Absatz 1 Satz 1 Nummer 10 Buchstabe b des Altersvorsorgeverträge-Zertifizierungsgesetzes in einen Altersvorsorgevertrag im Sinne des § 1 Absatz 1a Satz 1 Nummer 3 des Altersvorsorgeverträge-Zertifizierungsgesetzes gelten die Beiträge nach Satz 1 Nummer 1 ab dem Zeitpunkt der Übertragung als Tilgungsleistungen nach Satz 3; eine erneute Förderung nach § 10a oder Abschnitt XI erfolgt insoweit nicht. [5]Tilgungsleistungen nach den Sätzen 1 und 3 werden nur berücksichtigt, wenn das zugrunde liegende Darlehen für eine nach dem 31. Dezember 2007 vorgenommene wohnungswirtschaftliche Verwendung im Sinne des § 92a Absatz 1 Satz 1 eingesetzt wurde. [*ab VZ 2014:* [6]Bei einer Aufgabe der Selbstnutzung nach § 92a Absatz 3 Satz 1 gelten im Beitragsjahr der Aufgabe der Selbstnutzung auch die nach der Aufgabe der Selbstnutzung geleisteten Beiträge oder Tilgungsleistungen als Altersvorsorgebeiträge nach Satz 1. [7]Bei einer Reinvestition nach § 92a Absatz 3 Satz 9 Nummer 1 gelten im Beitragsjahr der Reinvestition auch die davor geleisteten Beiträge oder Tilgungsleistungen als Altersvorsorgebeiträge nach Satz 1. [8]Bei einem beruflich bedingten Umzug nach § 92a Absatz 4 gelten

1. im Beitragsjahr des Wegzugs auch die nach dem Wegzug und
2. im Beitragsjahr des Wiedereinzugs auch die vor dem Wiedereinzug

geleisteten Beiträge und Tilgungsleistungen als Altersvorsorgebeiträge nach Satz 1.]

(2) [1]Zu den Altersvorsorgebeiträgen gehören auch

a) die aus dem individuell versteuerten Arbeitslohn des Arbeitnehmers geleisteten Beiträge an einen Pensionsfonds, eine Pensionskasse oder eine Direktversicherung zum Aufbau einer kapitalgedeckten betrieblichen Altersversorgung und
b) Beiträge des Arbeitnehmers und des ausgeschiedenen Arbeitnehmers, die dieser im Fall der zunächst durch Entgeltumwandlung (§ 1a des Betriebsrentengesetzes) finanzierten und nach § 3 Nummer 63 oder § 10a und diesem Abschnitt geförderten kapitalgedeckten betrieblichen Altersversorgung nach Maßgabe des § 1a Absatz 4 und § 1b Absatz 5 Satz 1 Nummer 2 des Betriebsrentengesetzes selbst erbringt,

wenn eine Auszahlung der zugesagten Altersversorgungsleistung in Form einer Rente oder eines Auszahlungsplans (§ 1 Absatz 1 Satz 1 Nummer 4 des Altersvorsorgeverträge-Zertifizierungsgesetzes) vorgesehen ist. [2]Die §§ 3 und 4 des Betriebsrentengesetzes stehen dem vorbehaltlich des § 93 nicht entgegen.

---

1) **Aichberger** Sozialgesetzbuch Nr. 6/80.

(3) Zu den Altersvorsorgebeiträgen gehören auch die Beitragsanteile, die zur Absicherung der verminderten Erwerbsfähigkeit des Zulageberechtigten und zur Hinterbliebenenversorgung verwendet werden, wenn in der Leistungsphase die Auszahlung in Form einer Rente erfolgt.

(4) Nicht zu den Altersvorsorgebeiträgen zählen

1.[1] Aufwendungen, die vermögenswirksame Leistungen nach dem Fünften Vermögensbildungsgesetz in der jeweils geltenden Fassung darstellen,
2. prämienbegünstigte Aufwendungen nach dem Wohnungsbau-Prämiengesetz in der Fassung der Bekanntmachung vom 30. Oktober 1997 (BGBl. I S. 2678), zuletzt geändert durch Artikel 5 des Gesetzes vom 29. Juli 2008 (BGBl. I S. 1509), in der jeweils geltenden Fassung,
3. Aufwendungen, die im Rahmen des § 10 als Sonderausgaben geltend gemacht werden,
4. Zahlungen nach § 92a Absatz 2 Satz 4 Nummer 1 und Absatz 3 Satz 9 Nummer 2 oder
5.[2] Übertragungen im Sinne des § 3 Nummer 55 bis 55c.

[*ab 1. 1. 2014:*

(5)[3] [1]Der Zulageberechtigte kann für ein abgelaufenes Beitragsjahr bis zum Beitragsjahr 2011 Altersvorsorgebeiträge auf einen auf seinen Namen lautenden Altersvorsorgevertrag leisten, wenn

1. der Anbieter des Altersvorsorgevertrags davon Kenntnis erhält, in welcher Höhe und für welches Beitragsjahr die Altersvorsorgebeiträge berücksichtigt werden sollen,
2. in dem Beitragsjahr, für das die Altersvorsorgebeiträge berücksichtigt werden sollen, ein Altersvorsorgevertrag bestanden hat,
3. im fristgerechten Antrag auf Zulage für dieses Beitragsjahr eine Zulageberechtigung nach § 79 Satz 2 angegeben wurde, aber tatsächlich eine Zulageberechtigung nach § 79 Satz 1 vorliegt,
4. die Zahlung der Altersvorsorgebeiträge für abgelaufene Beitragsjahre bis zum Ablauf von zwei Jahren nach Erteilung der Bescheinigung nach § 92, mit der zuletzt Ermittlungsergebnisse für dieses Beitragsjahr bescheinigt wurden, längstens jedoch bis zum Beginn der Auszahlungsphase des Altersvorsorgevertrages erfolgt und
5. der Zulageberechtigte vom Anbieter in hervorgehobener Weise darüber informiert wurde oder dem Anbieter seine Kenntnis darüber versichert, dass die Leistungen aus diesen Altersvorsorgebeiträgen der vollen nachgelagerten Besteuerung nach § 22 Nummer 5 Satz 1 unterliegen.

[2]Wurden die Altersvorsorgebeiträge dem Altersvorsorgevertrag gutgeschrieben und sind die Voraussetzungen nach Satz 1 erfüllt, so hat der Anbieter der zentralen Stelle (§ 81) die entsprechenden Daten nach § 89 Absatz 2 Satz 1

[1] § 82 Abs. 4 Nr. 1 geänd. durch G v. 8. 12. 2010 (BGBl. I S. 1768).
[2] § 82 Abs. 4 Nr. 5 angef. durch G v. 7. 12. 2011 (BGBl. I S. 2592).
[3] § 82 Abs. 5 angef. mWv VZ 2014 durch G v. 25. 7. 2014 (BGBl. I S. 1266).

für das zurückliegende Beitragsjahr nach einem mit der zentralen Stelle abgestimmten Verfahren mitzuteilen. 3 Die Beträge nach Satz 1 gelten für die Ermittlung der zu zahlenden Altersvorsorgezulage nach § 83 als Altersvorsorgebeiträge für das Beitragsjahr, für das sie gezahlt wurden. 4 Für die Anwendung des § 10 a Absatz 1 Satz 1 sowie bei der Ermittlung der dem Steuerpflichtigen zustehenden Zulage im Rahmen des § 2 Absatz 6 und des § 10 a sind die nach Satz 1 gezahlten Altersvorsorgebeiträge weder für das Beitragsjahr nach Satz 1 Nummer 2 noch für das Beitragsjahr der Zahlung zu berücksichtigen.]

§ 83 Altersvorsorgezulage. In Abhängigkeit von den geleisteten Altersvorsorgebeiträgen wird eine Zulage gezahlt, die sich aus einer Grundzulage (§ 84) und einer Kinderzulage (§ 85) zusammensetzt.

§ 84 Grundzulage. 1 Jeder Zulageberechtigte erhält eine Grundzulage; diese beträgt jährlich 154 Euro. 2 Für Zulageberechtigte nach § 79 Satz 1, die zu Beginn des Beitragsjahres (§ 88) das 25. Lebensjahr noch nicht vollendet haben, erhöht sich die Grundzulage nach Satz 1 um einmalig 200 Euro. 3 Die Erhöhung nach Satz 2 ist für das erste nach dem 31. Dezember 2007 beginnende Beitragsjahr zu gewähren, für das eine Altersvorsorgezulage beantragt wird.

§ 85 Kinderzulage. (1) 1 Die Kinderzulage beträgt für jedes Kind, für das dem Zulageberechtigten Kindergeld ausgezahlt wird, jährlich 185 Euro. 2 Für ein nach dem 31. Dezember 2007 geborenes Kind erhöht sich die Kinderzulage nach Satz 1 auf 300 Euro. 3 Der Anspruch auf Kinderzulage entfällt für den Veranlagungszeitraum, für den das Kindergeld insgesamt zurückgefordert wird. 4 Erhalten mehrere Zulageberechtigte für dasselbe Kind Kindergeld, steht die Kinderzulage demjenigen zu, dem für den ersten Anspruchszeitraum (§ 66 Absatz 2) im Kalenderjahr Kindergeld ausgezahlt worden ist.

(2)[1)] 1 Bei Eltern, die miteinander verheiratet sind, nicht dauernd getrennt leben (§ 26 Absatz 1) und ihren Wohnsitz oder gewöhnlichen Aufenthalt in einem Mitgliedstaat der Europäischen Union oder einem Staat haben, auf den das Abkommen über den Europäischen Wirtschaftsraum (EWR-Abkommen) anwendbar ist, wird die Kinderzulage der Mutter zugeordnet, auf Antrag beider Eltern dem Vater. [***ab 24. 7. 2014:*** 2 Bei Eltern, die miteinander eine Lebenspartnerschaft führen, nicht dauernd getrennt leben (§ 26 Absatz 1) und ihren Wohnsitz oder gewöhnlichen Aufenthalt in einem Mitgliedstaat der Europäischen Union oder einem Staat haben, auf den das EWR-Abkommen anwendbar ist, ist die Kinderzulage dem Lebenspartner zuzuordnen, dem das Kindergeld ausgezahlt wird, auf Antrag beider Eltern dem anderen Lebenspartner.] 3 Der Antrag kann für ein abgelaufenes Beitragsjahr nicht zurückgenommen werden.

§ 86[2)] **Mindesteigenbeitrag.** (1) 1 Die Zulage nach den §§ 84 und 85 wird gekürzt, wenn der Zulageberechtigte nicht den Mindesteigenbeitrag leistet.

---

1) § 85 Abs. 2 Satz 1 geänd. mWv VZ 2010 durch G v. 8. 4. 2010 (BGBl. I S. 386); Satz 2 eingef., bish. Satz 2 wird Satz 3 mWv 24. 7. 2014 durch G v. 18. 7. 2014 (BGBl. I S. 1042).

2) Zur Anwendung siehe Abs. 5.

[2]Dieser beträgt jährlich 4 Prozent der Summe der in dem dem Kalenderjahr vorangegangenen Kalenderjahr

1. erzielten beitragspflichtigen Einnahmen im Sinne des Sechsten Buches Sozialgesetzbuch,
2. bezogenen Besoldung und Amtsbezüge,
3. in den Fällen des § 10 a Absatz 1 Satz 1 Nummer 3 und Nummer 4 erzielten Einnahmen, die beitragspflichtig wären, wenn die Versicherungsfreiheit in der gesetzlichen Rentenversicherung nicht bestehen würde und
4. bezogenen Rente wegen voller Erwerbsminderung oder Erwerbsunfähigkeit oder bezogenen Versorgungsbezüge wegen Dienstunfähigkeit in den Fällen des § 10 a Absatz 1 Satz 4,

jedoch nicht mehr als *die in § 10 a Absatz 1 Satz 1 genannten Beträge* [***ab VZ 2013:*** der in § 10 a Absatz 1 Satz 1 genannte Höchstbetrag],[1)] vermindert um die Zulage nach den §§ 84 und 85; gehört der Ehegatte zum Personenkreis nach § 79 Satz 2, berechnet sich der Mindesteigenbeitrag des nach § 79 Satz 1 Begünstigten unter Berücksichtigung der den Ehegatten insgesamt zustehenden Zulagen. [3]Auslandsbezogene Bestandteile nach den §§ 52 ff. des Bundesbesoldungsgesetzes oder entsprechender Regelungen eines Landesbesoldungsgesetzes bleiben unberücksichtigt. [4]Als Sockelbetrag sind ab dem Jahr 2005 jährlich 60 Euro zu leisten. [5]Ist der Sockelbetrag höher als der Mindesteigenbeitrag nach Satz 2, so ist der Sockelbetrag als Mindesteigenbeitrag zu leisten. [6]Die Kürzung der Zulage ermittelt sich nach dem Verhältnis der Altersvorsorgebeiträge zum Mindesteigenbeitrag.

(2)[2)] [1]Ein nach § 79 Satz 2 begünstigter Ehegatte hat Anspruch auf eine ungekürzte Zulage, wenn der zum begünstigten Personenkreis nach § 79 Satz 1 gehörende Ehegatte seinen geförderten Mindesteigenbeitrag unter Berücksichtigung der den Ehegatten insgesamt zustehenden Zulagen erbracht hat. [2]Werden bei einer in der gesetzlichen Rentenversicherung pflichtversicherten Person beitragspflichtige Einnahmen zu Grunde gelegt, die höher sind als das tatsächlich erzielte Entgelt oder die Entgeltersatzleistung, ist das tatsächlich erzielte Entgelt oder der Zahlbetrag der Entgeltersatzleistung für die Berechnung des Mindesteigenbeitrags zu berücksichtigen. *[3]Satz 2 gilt auch in den Fällen, in denen im vorangegangenen Jahr keine der in Absatz 1 Satz 2 genannten Beträge bezogen wurden.* [***ab VZ 2013:*** [3]Für die nicht erwerbsmäßig ausgeübte Pflegetätigkeit einer nach § 3 Satz 1 Nummer 1 a des Sechsten Buches Sozialgesetzbuch rentenversicherungspflichtigen Person ist für die Berechnung des Mindesteigenbeitrags ein tatsächlich erzieltes Entgelt von 0 Euro zu berücksichtigen.]

(3) [1]Für Versicherungspflichtige nach dem Gesetz über die Alterssicherung der Landwirte ist Absatz 1 mit der Maßgabe anzuwenden, dass auch die Einkünfte aus Land- und Forstwirtschaft im Sinne des § 13 des zweiten dem Beitragsjahr vorangegangenen Veranlagungszeitraums als beitragspflichtige Ein-

---

1) § 86 Abs. 1 Satz 2 geänd. mWv VZ 2013 durch G v. 24. 6. 2013 (BGBl. I S. 1667).

2) § 86 Abs. 2 Satz 2 geänd. mWv 1. 1. 2011 durch G v. 8. 12. 2010 (BGBl. I S. 1786); Satz 4 angef. mWv VZ 2013 durch G v. 24. 6. 2013 (BGBl. I S. 1667); Satz 3 aufgeh., bish. Satz 4 wird Satz 3 mWv VZ 2014 durch G v. 25. 7. 2014 (BGBl. I S. 1266).

nahmen des vorangegangenen Kalenderjahres gelten. [2]Negative Einkünfte im Sinne des Satzes 1 bleiben unberücksichtigt, wenn weitere nach Absatz 1 oder Absatz 2 zu berücksichtigende Einnahmen erzielt werden.

(4) Wird nach Ablauf des Beitragsjahres festgestellt, dass die Voraussetzungen für die Gewährung einer Kinderzulage nicht vorgelegen haben, ändert sich dadurch die Berechnung des Mindesteigenbeitrags für dieses Beitragsjahr nicht.

[*ab VZ 2014:*

(5)[1)] Bei den in § 10 a Absatz 6 Satz 1 und 2 genannten Personen ist der Summe nach Absatz 1 Satz 2 die Summe folgender Einnahmen und Leistungen aus dem dem Kalenderjahr vorangegangenen Kalenderjahr hinzuzurechnen:

1. die erzielten Einnahmen aus der Tätigkeit, die die Zugehörigkeit zum Personenkreis des § 10 a Absatz 6 Satz 1 begründet, und
2. die bezogenen Leistungen im Sinne des § 10 a Absatz 6 Satz 2 Nummer 1.]

§ 87 Zusammentreffen mehrerer Verträge. (1) [1]Zahlt der nach § 79 Satz 1 Zulageberechtigte Altersvorsorgebeiträge zugunsten mehrerer Verträge, so wird die Zulage nur für zwei dieser Verträge gewährt. [2]Der insgesamt nach § 86 zu leistende Mindesteigenbeitrag muss zugunsten dieser Verträge geleistet worden sein. [3]Die Zulage ist entsprechend dem Verhältnis der auf diese Verträge geleisteten Beiträge zu verteilen.

(2) [1]Der nach § 79 Satz 2 Zulageberechtigte kann die Zulage für das jeweilige Beitragsjahr nicht auf mehrere Altersvorsorgeverträge verteilen. [2]Es ist nur der Altersvorsorgevertrag begünstigt, für den zuerst die Zulage beantragt wird.

§ 88 Entstehung des Anspruchs auf Zulage. Der Anspruch auf die Zulage entsteht mit Ablauf des Kalenderjahres, in dem die Altersvorsorgebeiträge geleistet worden sind (Beitragsjahr).

§ 89 Antrag. (1) [1]Der Zulageberechtigte hat den Antrag auf Zulage nach amtlich vorgeschriebenem Vordruck bis zum Ablauf des zweiten Kalenderjahres, das auf das Beitragsjahr (§ 88) folgt, bei dem Anbieter seines Vertrages einzureichen. [2]Hat der Zulageberechtigte im Beitragsjahr Altersvorsorgebeiträge für mehrere Verträge gezahlt, so hat er mit dem Zulageantrag zu bestimmen, auf welche Verträge die Zulage überwiesen werden soll. [3]Beantragt der Zulageberechtigte die Zulage für mehr als zwei Verträge, so wird die Zulage nur für die zwei Verträge mit den höchsten Altersvorsorgebeiträgen gewährt. [4]Sofern eine Zulagenummer (§ 90 Absatz 1 Satz 2) durch die zentrale Stelle (§ 81) oder eine Versicherungsnummer nach § 147 des Sechsten Buches Sozialgesetzbuch für den nach § 79 Satz 2 berechtigten Ehegatten noch nicht vergeben ist, hat dieser über seinen Anbieter eine Zulagenummer bei der zentralen Stelle zu beantragen. [5]Der Antragsteller ist verpflichtet, dem Anbieter unverzüglich eine Änderung der Verhältnisse mitzuteilen, die zu einer Minderung oder zum Wegfall des Zulageanspruchs führt.

[1)] § 86 Abs. 5 angef. mWv VZ 2014 durch G v. 25. 7. 2014 (BGBl. I S. 1266).

(1 a) [1]Der Zulageberechtigte kann den Anbieter seines Vertrages schriftlich bevollmächtigen, für ihn abweichend von Absatz 1 die Zulage für jedes Beitragsjahr zu beantragen. [2]Absatz 1 Satz 5 gilt mit Ausnahme der Mitteilung geänderter beitragspflichtiger Einnahmen entsprechend. [3]Ein Widerruf der Vollmacht ist bis zum Ablauf des Beitragsjahres, für das der Anbieter keinen Antrag auf Zulage stellen soll, gegenüber dem Anbieter zu erklären.

(2) [1]Der Anbieter ist verpflichtet,

a) die Vertragsdaten,

b) die Versicherungsnummer nach § 147 des Sechsten Buches Sozialgesetzbuch, die Zulagenummer des Zulageberechtigten und dessen Ehegatten oder einen Antrag auf Vergabe einer Zulagenummer eines nach § 79 Satz 2 berechtigten Ehegatten,

c) die vom Zulageberechtigten mitgeteilten Angaben zur Ermittlung des Mindesteigenbeitrags (§ 86),

d) die für die Gewährung der Kinderzulage erforderlichen Daten,

e) die Höhe der geleisteten Altersvorsorgebeiträge und

f) das Vorliegen einer nach Absatz 1 a erteilten Vollmacht

als die für die Ermittlung und Überprüfung des Zulageanspruchs und Durchführung des Zulageverfahrens erforderlichen Daten zu erfassen. [2]Er hat die Daten der bei ihm im Laufe eines Kalendervierteljahres eingegangenen Anträge bis zum Ende des folgenden Monats nach amtlich vorgeschriebenem Datensatz durch amtlich bestimmte Datenfernübertragung an die zentrale Stelle zu übermitteln. [3]Dies gilt auch im Fall des Absatzes 1 Satz 5.

(3) [1]Ist der Anbieter nach Absatz 1 a Satz 1 bevollmächtigt worden, hat er der zentralen Stelle die nach Absatz 2 Satz 1 erforderlichen Angaben für jedes Kalenderjahr bis zum Ablauf des auf das Beitragsjahr folgenden Kalenderjahres zu übermitteln. [2]Liegt die Bevollmächtigung erst nach dem im Satz 1 genannten Meldetermin vor, hat der Anbieter die Angaben bis zum Ende des folgenden Kalendervierteljahres nach der Bevollmächtigung, spätestens jedoch bis zum Ablauf der in Absatz 1 Satz 1 genannten Antragsfrist, zu übermitteln. [3]Absatz 2 Satz 2 und 3 gilt sinngemäß.

§ 90 Verfahren. (1) [1]Die zentrale Stelle ermittelt auf Grund der von ihr erhobenen oder der ihr übermittelten Daten, ob und in welcher Höhe ein Zulageanspruch besteht. [2]Soweit der zuständige Träger der Rentenversicherung keine Versicherungsnummer vergeben hat, vergibt die zentrale Stelle zur Erfüllung der ihr nach diesem Abschnitt zugewiesenen Aufgaben eine Zulagenummer. [3]Die zentrale Stelle teilt im Falle eines Antrags nach § 10 a Absatz 1 a der zuständigen Stelle, im Falle eines Antrags nach § 89 Absatz 1 Satz 4 dem Anbieter die Zulagenummer mit; von dort wird sie an den Antragsteller weitergeleitet.

(2) [1]Die zentrale Stelle veranlasst die Auszahlung an den Anbieter zugunsten der Zulageberechtigten durch die zuständige Kasse. [2]Ein gesonderter Zulagenbescheid ergeht vorbehaltlich des Absatzes 4 nicht. [3]Der Anbieter hat die erhaltenen Zulagen unverzüglich den begünstigten Verträgen gutzuschreiben.

[4]Zulagen, die nach Beginn der Auszahlungsphase für das Altersvorsorgevermögen von der zentralen Stelle an den Anbieter überwiesen werden, können vom Anbieter an den Anleger ausgezahlt werden. [5]Besteht kein Zulageanspruch, so teilt die zentrale Stelle dies dem Anbieter durch Datensatz mit. [6]Die zentrale Stelle teilt dem Anbieter die Altersvorsorgebeiträge im Sinne des § 82, auf die § 10 a oder dieser Abschnitt angewendet wurde, durch Datensatz mit.

(3) [1]Erkennt die zentrale Stelle nachträglich, dass der Zulageanspruch ganz oder teilweise nicht besteht oder weggefallen ist, so hat sie zu Unrecht gutgeschriebene oder ausgezahlte Zulagen zurückzufordern und dies dem Anbieter durch Datensatz mitzuteilen. [2]Bei bestehendem Vertragsverhältnis hat der Anbieter das Konto zu belasten. [3]Die ihm im Kalendervierteljahr mitgeteilten Rückforderungsbeträge hat er bis zum zehnten Tag des dem Kalendervierteljahr folgenden Monats in einem Betrag bei der zentralen Stelle anzumelden und an diese abzuführen. [4]Die Anmeldung nach Satz 3 ist nach amtlich vorgeschriebenem Vordruck abzugeben. [5]Sie gilt als Steueranmeldung im Sinne der Abgabenordnung.

(4)[1)] [1]Eine Festsetzung der Zulage erfolgt nur auf besonderen Antrag des Zulageberechtigten. [2]Der Antrag ist schriftlich innerhalb eines Jahres *nach Erteilung der Bescheinigung nach § 92 durch den Anbieter vom Antragsteller an den Anbieter zu richten* [***ab VZ 2013:*** vom Antragsteller an den Anbieter zu richten; die Frist beginnt mit der Erteilung der Bescheinigung nach § 92, die die Ermittlungsergebnisse für das Beitragsjahr enthält, für das eine Festsetzung der Zulage erfolgen soll.] [3]Der Anbieter leitet den Antrag der zentralen Stelle zur Festsetzung zu. [4]Er hat dem Antrag eine Stellungnahme und die zur Festsetzung erforderlichen Unterlagen beizufügen. [5]Die zentrale Stelle teilt die Festsetzung auch dem Anbieter mit. [6]Im Übrigen gilt Absatz 3 entsprechend.

§ 91 Datenerhebung und Datenabgleich. (1) [1]Für die Berechnung und Überprüfung der Zulage sowie die Überprüfung des Vorliegens der Voraussetzungen des Sonderausgabenabzugs nach § 10 a übermitteln die Träger der gesetzlichen Rentenversicherung, *der Spitzenverband der landwirtschaftlichen Sozialversicherung für die Träger der Alterssicherung der Landwirte* [***ab 1. 1. 2013:*** die landwirtschaftliche Alterskasse][2)], die Bundesagentur für Arbeit, die Meldebehörden, die Familienkassen und die Finanzämter der zentralen Stelle auf Anforderung die bei ihnen vorhandenen Daten nach § 89 Absatz 2 durch Datenfernübertragung; für Zwecke der Berechnung des Mindesteigenbeitrags für ein Beitragsjahr darf die zentrale Stelle bei den Trägern der gesetzlichen Rentenversicherung und *dem Spitzenverband der landwirtschaftlichen Sozialversicherung für die Träger der Alterssicherung der Landwirte* [***ab 1. 1. 2013:*** der landwirtschaftlichen Alterskasse][2)] die bei ihnen vorhandenen Daten zu den beitragspflichtigen Einnahmen sowie in den Fällen des § 10 a Absatz 1 Satz 4 zur Höhe der bezogenen Rente wegen voller Erwerbsminderung oder Erwerbsunfähigkeit erheben, sofern diese nicht vom Anbieter nach § 89 übermittelt worden sind. [2]Für Zwecke der Überprüfung nach Satz 1 darf die zentrale

---

[1)] § 90 Abs. 4 Satz 2 neu gef. mWv VZ 2013 durch G v. 24. 6. 2013 (BGBl. I S. 1667).
[2)] § 91 Abs. 1 Satz 1 geänd. mWv 1. 1. 2013 durch G v. 12. 4. 2012 (BGBl. I S. 579).

Stelle die ihr übermittelten Daten mit den ihr nach § 89 Absatz 2 übermittelten Daten automatisiert abgleichen. [3]Führt die Überprüfung zu einer Änderung der ermittelten oder festgesetzten Zulage, ist dies dem Anbieter mitzuteilen. [4]Ergibt die Überprüfung eine Abweichung von dem in der Steuerfestsetzung berücksichtigten Sonderausgabenabzug nach § 10 a oder der gesonderten Feststellung nach § 10 a Absatz 4, ist dies dem Finanzamt mitzuteilen; die Steuerfestsetzung oder die gesonderte Feststellung ist insoweit zu ändern.

(2) [1]Die zuständige Stelle hat der zentralen Stelle die Daten nach § 10 a Absatz 1 Satz 1 zweiter Halbsatz bis zum 31. März des dem Beitragsjahr folgenden Kalenderjahres durch Datenfernübertragung zu übermitteln. [2]Liegt die Einwilligung nach § 10 a Absatz 1 Satz 1 zweiter Halbsatz erst nach dem im Satz 1 genannten Meldetermin vor, hat die zuständige Stelle die Daten spätestens bis zum Ende des folgenden Kalendervierteljahres nach Erteilung der Einwilligung nach Maßgabe von Satz 1 zu übermitteln.

§ 92 Bescheinigung. [1]Der Anbieter hat dem Zulageberechtigten jährlich eine Bescheinigung nach amtlich vorgeschriebenem *Vordruck* [*ab VZ 2013:* Muster][1] zu erteilen über

1. die Höhe der im abgelaufenen Beitragsjahr geleisteten Altersvorsorgebeiträge (Beiträge und Tilgungsleistungen),
2. die im abgelaufenen Beitragsjahr getroffenen, aufgehobenen oder geänderten Ermittlungsergebnisse (§ 90),
3. die Summe der bis zum Ende des abgelaufenen Beitragsjahres dem Vertrag gutgeschriebenen Zulagen,
4. die Summe der bis zum Ende des abgelaufenen Beitragsjahres geleisteten Altersvorsorgebeiträge (Beiträge und Tilgungsleistungen),
5. den Stand des Altersvorsorgevermögens,
6.[2] den Stand des Wohnförderkontos (§ 92 a Absatz 2 Satz 1) [***ab VZ 2013:*** , sofern er diesen von der zentralen Stelle mitgeteilt bekommen hat,] und
7.[3] die Bestätigung der durch den Anbieter erfolgten Datenübermittlung an die zentrale Stelle im Fall des § 10 a Absatz 5 Satz 1.

[Fassung bis VZ 2013:]

[2]In den Fällen des § 92 a Absatz 2 Satz 10 erster Halbsatz bedarf es keiner jährlichen Bescheinigung, wenn zu Satz 1 Nummer 1 und 2 keine Angaben erforderlich sind, sich zu Satz 1 Nummer 3 bis 5 keine Änderungen gegenüber der zuletzt erteil-

[Fassung ab VZ 2014:][4]

[2]Einer jährlichen Bescheinigung bedarf es nicht, wenn zu Satz 1 Nummer 1, 2, 6 und 7 keine Angaben erforderlich sind und sich zu Satz 1 Nummer 3 bis 5 keine Änderungen gegenüber der zuletzt erteilten Bescheinigung ergeben. [3]Liegen die

---

[1] § 92 Satz 1 geänd. mWv VZ 2013 durch G v. 24. 6. 2013 (BGBl. I S. 1667).

[2] § 92 Satz 1 Nr. 6 geänd. mWv VZ 2013 durch G v. 24. 6. 2013 (BGBl. I S. 1667).

[3] § 92 Satz 1 Nr. 7 Verweis berichtigt durch G v. 8. 12. 2010 (BGBl. I S. 1768).

[4] § 92 Sätze 2 und 3 ersetzt durch Sätze 2 bis 4 mWv VZ 2014 durch G v. 24. 6. 2013 (BGBl. I S. 1667).

[Fassung bis VZ 2013:]

ten Bescheinigung ergeben und der Anbieter dem Zulageberechtigten eine Bescheinigung ausgestellt hat, in der der jährliche Stand des Wohnförderkontos bis zum Beginn der vereinbarten Auszahlungsphase ausgewiesen wurde. [3]Der Anbieter kann dem Zulageberechtigten mit dessen Einverständnis die Bescheinigung auch elektronisch bereitstellen.

[Fassung ab VZ 2014:]

Voraussetzungen des Satzes 2 nur hinsichtlich der Angabe nach Satz 1 Nummer 6 nicht vor und wurde die Geschäftsbeziehung im Hinblick auf den jeweiligen Altersvorsorgevertrag zwischen Zulageberechtigtem und Anbieter beendet, weil

1. das angesparte Kapital vollständig aus dem Altersvorsorgevertrag entnommen wurde oder
2. das gewährte Darlehen vollständig getilgt wurde,

bedarf es keiner jährlichen Bescheinigung, wenn der Anbieter dem Zulageberechtigten in einer Bescheinigung im Sinne dieser Vorschrift Folgendes mitteilt: „Das Wohnförderkonto erhöht sich bis zum Beginn der Auszahlungsphase jährlich um 2 Prozent,[1)] solange Sie keine Zahlungen zur Minderung des Wohnförderkontos leisten.“ [4]Der Anbieter kann dem Zulageberechtigten mit dessen Einverständnis die Bescheinigung auch elektronisch bereitstellen.

§ 92 a Verwendung für eine selbst genutzte Wohnung.

[Fassung ab VZ 2008:]

(1) [1]Der Zulageberechtigte kann das in einem Altersvorsorgevertrag gebildete und nach § 10 a oder diesem Abschnitt geförderte Kapital bis zu 75 Prozent oder zu 100 Prozent wie folgt verwenden (Altersvorsorge-Eigenheimbetrag):

1. bis zum Beginn der Auszahlungsphase unmittelbar für die Anschaf-

[Fassung ab VZ 2014:][2)]

(1) [1]Der Zulageberechtigte kann das in einem Altersvorsorgevertrag gebildete und nach § 10 a oder nach diesem Abschnitt geförderte Kapital in vollem Umfang oder, wenn das verbleibende geförderte Restkapital mindestens 3000 Euro beträgt, teilweise wie folgt verwenden (Altersvorsorge-Eigenheimbetrag):

1. bis zum Beginn der Auszahlungsphase unmittelbar für die Anschaf-

---

1) Prozentsatz geänd. mWv VZ 2014 durch G v. 25. 7. 2014 (BGBl. I S. 1266).

2) § 92 a Abs. 1 Satz 1 Nr. 3 geänd. mWv 1. 1. 2010 durch G v. 8. 12. 2010 (BGBl. I S. 1768).

[Fassung ab VZ 2008:]

fung oder Herstellung einer Wohnung oder

2. zu Beginn der Auszahlungsphase zur Entschuldung einer Wohnung oder

3.[1] [*ab VZ 2010:* bis zum Beginn der Auszahlungsphase unmittelbar] für den Erwerb von Geschäftsanteilen (Pflichtanteilen) an einer eingetragenen Genossenschaft für die Selbstnutzung einer Genossenschaftswohnung.

[Fassung ab VZ 2014:]

fung oder Herstellung einer Wohnung oder zur Tilgung eines zu diesem Zweck aufgenommenen Darlehens, wenn das dafür entnommene Kapital mindestens 3000 Euro beträgt, oder

2. bis zum Beginn der Auszahlungsphase unmittelbar für den Erwerb von Pflicht-Geschäftsanteilen an einer eingetragenen Genossenschaft für die Selbstnutzung einer Genossenschaftswohnung oder zur Tilgung eines zu diesem Zweck aufgenommenen Darlehens, wenn das dafür entnommene Kapital mindestens 3000 Euro beträgt, oder

3.[2] bis zum Beginn der Auszahlungsphase unmittelbar für die Finanzierung eines Umbaus einer Wohnung, wenn
   a) das dafür entnommene Kapital
      aa) mindestens 6000 Euro beträgt und für einen innerhalb eines Zeitraums von drei Jahren nach der Anschaffung oder Herstellung der Wohnung vorgenommenen Umbau verwendet wird oder
      bb) mindestens 20 000 Euro beträgt,
   b) das dafür entnommene Kapital zu mindestens 50 Prozent auf Maßnahmen entfällt, die die Vorgaben der DIN 18040 Teil 2, Ausgabe September 2011, soweit baustrukturell möglich, erfüllen, und der verbleibende Teil der Kosten der Reduzierung von Barrieren in oder an der Wohnung dient;

---

[1] § 92 a Abs. 1–3 neu gef. durch G v. 24. 6. 2013 (BGBl. I S. 1667).

[2] § 92 a Abs. 1 Satz 1 Nr. 3 Satzteil vor Buchst. a geänd. mWv VZ 2014 durch G v. 25. 7. 2014 (BGBl. I S. 1266).

[Fassung ab VZ 2008:]

[Fassung ab VZ 2014:]

die zweckgerechte Verwendung ist durch einen Sachverständigen zu bestätigen; und

c) der Zulageberechtigte oder ein Mitnutzer der Wohnung für die Umbaukosten weder eine Förderung durch Zuschüsse noch eine Steuerermäßigung nach § 35 a in Anspruch nimmt oder nehmen wird noch die Berücksichtigung als außergewöhnliche Belastung nach § 33 beantragt hat oder beantragen wird und dies schriftlich bestätigt. [2]Diese Bestätigung ist bei der Antragstellung nach § 92 b Absatz 1 Satz 1 gegenüber der zentralen Stelle abzugeben. [3]Bei der Inanspruchnahme eines Darlehens im Rahmen eines Altersvorsorgevertrags nach § 1 Absatz 1 a des Altersvorsorgeverträge-Zertifizierungsgesetzes hat der Zulageberechtigte die Bestätigung gegenüber seinem Anbieter abzugeben.

[2]Die DIN 18040 ist im Beuth-Verlag GmbH, Berlin und Köln, erschienen und beim Deutschen Patent- und Markenamt in München archivmäßig gesichert niedergelegt. [3]Die technischen Mindestanforderungen für die Reduzierung von Barrieren in oder an der Wohnung nach Satz 1 Nummer 3 Buchstabe b werden durch das Bundesministerium für Umwelt, Naturschutz, Bau und Reaktorsicherheit[1)] im Einvernehmen mit dem Bundesministerium der Finanzen festgelegt und im Bundesbaublatt veröffentlicht. [4]Sachverständige im Sinne dieser Vorschrift sind nach Landesrecht Bauvorlageberechtigte sowie nach § 91 Absatz 1 Nummer 8 der Handwerksordnung öffentlich be-

[1)] Bezeichnung geänd. durch VO v. 31. 8. 2015 (BGBl. I S. 1474).

[Fassung ab VZ 2008:]

[2]Eine nach Satz 1 begünstigte Wohnung ist

1. eine Wohnung in einem eigenen Haus oder
2. eine eigene Eigentumswohnung oder
3. eine Genossenschaftswohnung einer eingetragenen Genossenschaft,

wenn diese Wohnung *den Lebensmittelpunkt des Zulageberechtigten bildet, im Inland belegen ist und vom Zulageberechtigten zu eigenen Wohnzwecken als Hauptwohnsitz genutzt wird* [***ab VZ 2009:*** *im Inland belegen ist und die Hauptwohnung oder den Mittelpunkt der Lebensinteressen des Zulageberechtigten darstellt*] [***ab VZ 2010:*** in einem Mitgliedstaat der Europäischen Union oder in einem Staat, auf den das Abkommen über den Europäischen Wirtschaftsraum (EWR-Abkommen) anwendbar ist, belegen ist und die Hauptwohnung oder den Mittelpunkt der Lebensinteressen des Zulageberechtigten darstellt].[1)] [3]Der Altersvorsorge-Eigenheimbetrag nach Satz 1 gilt nicht als Leistung aus einem Altersvorsorgevertrag, die dem Zulageberechtigten im Zeitpunkt der Auszahlung zufließt. [4]*Der Anschaffung einer zu eigenen Wohnzwecken genutzten Wohnung steht die Anschaffung eines eigentumsähnlichen oder lebenslangen Dauerwohnrechts* [***ab VZ 2010:*** Einer Wohnung im Sinne des Satzes 2 steht ein eigentumsähnliches oder lebenslanges Dauerwohnrecht] nach § 33 des Wohnungseigentumsgesetzes

[Fassung ab VZ 2014:]

stellte und vereidigte Sachverständige, die für ein Sachgebiet bestellt sind, das die Barrierefreiheit und Barrierereduzierung in Wohngebäuden umfasst, und die eine besondere Sachkunde oder ergänzende Fortbildung auf diesem Gebiet nachweisen. [5]Eine nach Satz 1 begünstigte Wohnung ist

1. eine Wohnung in einem eigenen Haus oder
2. eine eigene Eigentumswohnung oder
3. eine Genossenschaftswohnung einer eingetragenen Genossenschaft,

wenn diese Wohnung in einem Mitgliedstaat der Europäischen Union oder in einem Staat, auf den das Abkommen über den Europäischen Wirtschaftsraum (EWR-Abkommen) anwendbar ist, belegen ist und die Hauptwohnung oder den Mittelpunkt der Lebensinteressen des Zulageberechtigten darstellt. [6]Einer Wohnung im Sinne des Satzes 5 steht ein eigentumsähnliches oder lebenslanges Dauerwohnrecht nach § 33 des Wohnungseigentumsgesetzes gleich, soweit Vereinbarungen nach § 39 des Wohnungseigentumsgesetzes getroffen werden. [7]Bei der Ermittlung des Restkapitals nach Satz 1 ist auf den Stand des geförderten Altersvorsorgevermögens zum Ablauf des Tages abzustellen, an dem die zentrale Stelle den Bescheid nach § 92b ausgestellt hat. [8]Der Altersvorsorge-Eigenheimbetrag gilt nicht als Leistung aus einem Altersvorsorgevertrag, die dem Zulageberechtigten im Zeitpunkt der Auszahlung zufließt.

---

1) § 92 a Abs. 1 Satz 2 geänd. durch G v. 8. 4. 2010 (BGBl. I S. 386).

[Fassung ab VZ 2008:]

gleich, soweit Vereinbarungen nach § 39 des Wohnungseigentumsgesetzes getroffen werden.[1)]

(2) [1]Der Altersvorsorge-Eigenheimbetrag, die Tilgungsleistungen im Sinne des § 82 Absatz 1 Satz 1 Nummer 2 und die hierfür gewährten Zulagen sind vom jeweiligen Anbieter gesondert zu erfassen (Wohnförderkonto). [2]Beiträge, die nach § 82 Absatz 1 Satz 3 wie Tilgungsleistungen behandelt wurden, sind im Zeitpunkt der unmittelbaren Darlehenstilgung einschließlich der zur Tilgung eingesetzten Zulagen und Erträge in das Wohnförderkonto aufzunehmen; dies gilt nicht, wenn Absatz 3 Satz 8 anzuwenden ist. [3]Nach Ablauf eines Beitragsjahres, letztmals für das Beitragsjahr des Beginns der Auszahlungsphase, ist der sich aus dem Wohnförderkonto ergebende Gesamtbetrag um 2 Prozent zu erhöhen. [4]Das Wohnförderkonto ist zu vermindern um

1. Zahlungen des Zulageberechtigten auf einen auf seinen Namen lautenden zertifizierten Altersvorsorgevertrag nach § 1 Absatz 1 des Altersvorsorgeverträge-Zertifizierungsgesetzes [***ab VZ 2010:*** bis zum Beginn der Auszahlungs-

[Fassung ab VZ 2014:]

(2) [1]Der Altersvorsorge-Eigenheimbetrag, die Tilgungsleistungen im Sinne des § 82 Absatz 1 Satz 1 Nummer 2 und die hierfür gewährten Zulagen sind durch die zentrale Stelle in Bezug auf den zugrunde liegenden Altersvorsorgevertrag gesondert zu erfassen (Wohnförderkonto); die zentrale Stelle teilt für jeden Altersvorsorgevertrag, für den sie ein Wohnförderkonto (Altersvorsorgevertrag mit Wohnförderkonto) führt, dem Anbieter jährlich den Stand des Wohnförderkontos nach amtlich vorgeschriebenem Datensatz durch Datenfernübertragung mit. [2]Beiträge, die nach § 82 Absatz 1 Satz 3 wie Tilgungsleistungen behandelt wurden, sind im Zeitpunkt der unmittelbaren Darlehenstilgung einschließlich der zur Tilgung eingesetzten Zulagen und Erträge in das Wohnförderkonto aufzunehmen; zur Tilgung eingesetzte ungeförderte Beiträge einschließlich der darauf entfallenden Erträge fließen dem Zulageberechtigten in diesem Zeitpunkt zu. [3]Nach Ablauf eines Beitragsjahres, letztmals für das Beitragsjahr des Beginns der Auszahlungsphase, ist der sich aus dem Wohnförderkonto ergebende Gesamtbetrag um 2 Prozent zu erhöhen. [4]Das Wohnförderkonto ist zu vermindern um

1. Zahlungen des Zulageberechtigten auf einen auf seinen Namen lautenden zertifizierten Altersvorsorgevertrag nach § 1 Absatz 1 des Altersvorsorgeverträge-Zertifizierungsgesetzes bis zum Beginn der Auszahlungsphase zur Minderung

---

1) § 92 a Abs. 1 Satz 4 geänd. mWv VZ 2010 durch G v. 8. 12. 2010 (BGBl. I S. 1768).

[Fassung ab VZ 2008:]

phase][1]) zur Minderung der in das Wohnförderkonto eingestellten Beträge; erfolgt die Einzahlung nicht beim Anbieter, der das Wohnförderkonto führt, hat der Zulageberechtigte dies den Anbietern, in den Fällen des Satzes 10 erster Halbsatz auch der zentralen Stelle mitzuteilen,

2. den Verminderungsbetrag nach Satz 5.

[5] Verminderungsbetrag ist der sich mit Ablauf des Kalenderjahres des Beginns der Auszahlungsphase ergebende Stand des Wohnförderkontos dividiert durch die Anzahl der Jahre bis zur Vollendung des 85. Lebensjahres des Zulageberechtigten; als Beginn der Auszahlungsphase gilt der vom Zulageberechtigten und Anbieter vereinbarte Zeitpunkt, der zwischen der Vollendung des 60. Lebensjahres und des 68. Lebensjahres des Zulageberechtigten liegen muss; ist ein Auszahlungszeitpunkt nicht vereinbart, so gilt die Vollendung des 67. Lebensjahres als Beginn der Auszahlungsphase. [6] Anstelle einer Verminderung nach Satz 5 kann der Zulageberechtigte zu Beginn der Auszahlungsphase von seinem Anbieter, in den Fällen des Satzes 10 erster Halbsatz von der zentralen Stelle die Auflösung des Wohnförderkontos verlangen (Auflösungsbetrag). [7] Der Anbieter hat bei Einstellung in das Wohnförderkonto

[Fassung ab VZ 2014:]

der in das Wohnförderkonto eingestellten Beträge; der Anbieter, bei dem die Einzahlung erfolgt, hat die Einzahlung der zentralen Stelle nach amtlich vorgeschriebenen Datensatz durch Datenfernübertragung mitzuteilen; erfolgt die Einzahlung nicht auf den Altersvorsorgevertrag mit Wohnförderkonto, hat der Zulageberechtigte dem Anbieter, bei dem die Einzahlung erfolgt, die Vertragsdaten des Altersvorsorgevertrags mit Wohnförderkonto mitzuteilen, diese hat der Anbieter der zentralen Stelle zusätzlich mitzuteilen;

2. den Verminderungsbetrag nach Satz 5.

[5] Verminderungsbetrag ist der sich mit Ablauf der Kalenderjahres des Beginns der Auszahlungsphase ergebende Stand des Wohnförderkontos dividiert durch die Anzahl der Jahre bis zur Vollendung des 85. Lebensjahres des Zulageberechtigten; als Beginn der Auszahlungsphase gilt der vom Zulageberechtigten und Anbieter vereinbarte Zeitpunkt, der zwischen der Vollendung des 60. Lebensjahres und des 68. Lebensjahres des Zulageberechtigten liegen muss; ist ein Auszahlungszeitpunkt nicht vereinbart, so gilt die Vollendung des 67. Lebensjahres als Beginn der Auszahlungsphase. [6] Anstelle einer Verminderung nach Satz 5 kann der Zulageberechtigte jederzeit in der Auszahlungsphase von der zentralen Stelle die Auflösung des Wohnförderkontos verlangen (Auflösungsbetrag). [7] Der Anbieter hat im Zeitpunkt der unmittelbaren Darlehenstilgung die Beträge nach Satz 2 erster

---

[1]) § 92 a Abs. 2 Satz 4 Nr. 1 geänd. mWv 1. 1. 2010 durch G v. 8. 12. 2010 (BGBl. I S. 1768).

[Fassung ab VZ 2008:]

die Beträge nach den Sätzen 2 und 4 Nummer 1 und zu Beginn der Auszahlungsphase den vertraglich vorgesehenen Beginn der Auszahlungsphase sowie ein Verlangen nach Satz 6 der zentralen Stelle nach amtlich vorgeschriebenem Datensatz durch Datenfernübertragung mitzuteilen. [8] Wird gefördertes Altersvorsorgevermögen nach § 93 Absatz 2 Satz 1 von einem Anbieter auf einen anderen auf den Namen des Zulageberechtigten lautenden Altersvorsorgevertrag übertragen und wird für den Zulageberechtigten zugleich ein Wohnförderkonto geführt, so ist das Wohnförderkonto beim Anbieter des bisherigen Vertrags zu schließen und vom Anbieter des neuen Altersvorsorgevertrags fortzuführen. [9] Dies gilt entsprechend bei Übertragungen nach § 93 Absatz 1 Satz 4 Buchstabe c und § 93 Absatz 1 a. [10] Wurde die Geschäftsbeziehung im Hinblick auf den jeweiligen Altersvorsorgevertrag zwischen dem Zulageberechtigten und dem Anbieter beendet, weil das angesparte Kapital vollständig aus dem Altersvorsorgevertrag entnommen oder das gewährte Darlehen vollständig getilgt wurde, wird das Wohnförderkonto bei diesem Anbieter geschlossen und von der zentralen Stelle weitergeführt; erfolgt eine Zahlung nach Satz 4 Nummer 1 oder nach Absatz 3 Satz 9 Nummer 2, wird das Wohnförderkonto vom Zeitpunkt der Einzahlung vom Anbieter, bei dem die Einzahlung erfolgt, weitergeführt. [11] Der Zulageberechtigte kann abweichend von Satz 10 bestimmen, dass das Wohnförderkonto nicht von der zentralen Stelle weitergeführt, sondern mit dem Wohnförderkonto eines weiteren Anbieters, der ebenfalls ein Wohnförderkonto für den

[Fassung ab VZ 2014:]

Halbsatz und der Anbieter eines Altersvorsorgevertrags mit Wohnförderkonto hat zu Beginn der Auszahlungsphase den Zeitpunkt des Beginns der Auszahlungsphase der zentralen Stelle nach amtlich vorgeschriebenem Datensatz durch Datenfernübertragung mitzuteilen. [8] Wird gefördertes Altersvorsorgevermögen nach § 93 Absatz 2 Satz 1 von einem Anbieter auf einen anderen auf den Namen des Zulageberechtigten lautenden Altersvorsorgevertrag vollständig übertragen und hat die zentrale Stelle für den bisherigen Altersvorsorgevertrag ein Wohnförderkonto geführt, so schließt sie das Wohnförderkonto des bisherigen Vertrags und führt es zu dem neuen Altersvorsorgevertrag fort. [9] Erfolgt eine Zahlung nach Satz 4 Nummer 1 oder nach Absatz 3 Satz 9 Nummer 2 auf einen anderen Altersvorsorgevertrag als auf den Altersvorsorgevertrag mit Wohnförderkonto, schließt die zentrale Stelle das Wohnförderkonto des bisherigen Vertrags und führt es ab dem Zeitpunkt der Einzahlung für den Altersvorsorgevertrag fort, auf den die Einzahlung erfolgt ist. [10] Die zentrale Stelle teilt die Schließung des Wohnförderkontos dem Anbieter des bisherigen Altersvorsorgevertrags mit Wohnförderkonto mit.

[Fassung ab VZ 2008:]

Zulageberechtigten führt, zusammengeführt wird. [12]Der Zulageberechtigte hat dies beiden Anbietern schriftlich mitzuteilen. [13]In den Fällen des Satzes 10 erster Halbsatz teilt der Anbieter dem Zulageberechtigten die beabsichtigte Übertragung des Wohnförderkontos auf die zentrale Stelle mit. [14]Erhält der Anbieter innerhalb von vier Wochen nach Übersendung der Mitteilung nach Satz 13 keine Mitteilung des Zulageberechtigten nach Satz 12, teilt der Anbieter der zentralen Stelle nach amtlich vorgeschriebenem Datensatz durch amtlich bestimmte Datenfernübertragung den Stand des Wohnförderkontos und den Zeitpunkt der Beendigung der Geschäftsbeziehung mit. [15]In den Fällen des Satzes 11 hat der Anbieter die Mitteilung des Satzes 14 ergänzt um die Angaben zu dem neuen Anbieter der zentralen Stelle zu übermitteln. [16]In den Fällen des Satzes 10 zweiter Halbsatz teilt die zentrale Stelle dem Anbieter nach amtlich vorgeschriebenem Datensatz durch amtlich bestimmte Datenfernübertragung den Stand des Wohnförderkontos mit.

[ab VZ 2010:

(2 a)[1)] [1]Geht im Rahmen der Regelung von Scheidungsfolgen der Eigentumsanteil des Zulageberechtigten an der Wohnung im Sinne des Absatzes 1 Satz 2 ganz oder teilweise auf den anderen Ehegatten über, geht das Wohnförderkonto in Höhe des Anteils, der dem Verhältnis des übergegangenen Eigentumsanteils zum verbleibenden Eigentumsanteil entspricht, mit allen Rechten und Pflichten auf den anderen Ehegatten

(2 a) [1]Geht im Rahmen der Regelung von Scheidungsfolgen der Eigentumsanteil des Zulageberechtigten an der Wohnung im Sinne des Absatzes 1 Satz 5 ganz oder teilweise auf den anderen Ehegatten über, geht das Wohnförderkonto in Höhe des Anteils, der dem Verhältnis des übergegangenen Eigentumsanteils zum verbleibenden Eigentumsanteil entspricht, mit allen Rechten und Pflichten auf den anderen Ehegatten

---

[1)] § 92 a Abs. 2 a eingef. mWv 1. 1. 2010 durch G v. 8. 12. 2010 (BGBl. I S. 1768).

[Fassung ab VZ 2008:]

über; dabei ist auf das Lebensalter des anderen Ehegatten abzustellen. 2 Hat der andere Ehegatte das Lebensalter für den vertraglich vereinbarten Beginn der Auszahlungsphase oder, soweit kein Beginn der Auszahlungsphase vereinbart wurde, das 67. Lebensjahr im Zeitpunkt des Übergangs des Wohnförderkontos bereits überschritten, so gilt als Beginn der Auszahlungsphase der Zeitpunkt des Übergangs des Wohnförderkontos. 3 Der Anbieter, der das Wohnförderkonto für den Zulageberechtigten führt, in den Fällen des Absatzes 2 Satz 10 erster Halbsatz die zentrale Stelle, hat auch das übergegangene Wohnförderkonto zu führen. 4 Der Zulageberechtigte hat den Übergang des Eigentumsanteils dem Anbieter, in den Fällen des Absatzes 2 Satz 10 erster Halbsatz der zentralen Stelle, nachzuweisen. 5 Dazu hat er die für die Anlage eines Wohnförderkontos erforderlichen Daten des anderen Ehegatten mitzuteilen. 6 Der Anbieter hat der zentralen Stelle die Daten des anderen Ehegatten und den Stand des übergegangenen Wohnförderkontos nach amtlich vorgeschriebenem Datensatz durch amtlich bestimmte Datenfernübertragung zu übermitteln, es sei denn, es liegt ein Fall des Absatzes 2 Satz 10 vor.]

(3) 1 Nutzt der Zulageberechtigte die Wohnung im Sinne des Absatzes 1 Satz 2, für die ein Altersvorsorge-Eigenheimbetrag verwendet oder für die eine Tilgungsförderung im Sinne des § 82 Absatz 1 in Anspruch genommen worden ist, nicht nur vorübergehend nicht mehr zu eigenen Wohnzwecken, hat er dies dem Anbieter, in der Auszahlungsphase der zentralen Stelle, unter Angabe des Zeitpunkts der Aufgabe [*ab VZ*

[Fassung ab VZ 2014:]

über; dabei ist auf das Lebensalter des anderen Ehegatten abzustellen. 4 Hat der andere Ehegatte das Lebensalter für den vertraglich vereinbarten Beginn der Auszahlungsphase oder, soweit kein Beginn der Auszahlungsphase vereinbart wurde, das 67. Lebensjahr im Zeitpunkt des Übergangs des Wohnförderkontos bereits überschritten, so gilt als Beginn der Auszahlungsphase der Zeitpunkt des Übergangs des Wohnförderkontos. 3 Der Zulageberechtigte hat den Übergang des Eigentumsanteils der zentralen Stelle, nachzuweisen. 4 Dazu hat er die für die Anlage eines Wohnförderkontos erforderlichen Daten des anderen Ehegatten mitzuteilen. 5 Die Sätze 1 bis 4 gelten entsprechend für Ehegatten, die im Zeitpunkt des Todes des Zulageberechtigten

1. nicht dauernd getrennt gelebt haben (§ 26 Absatz 1) und
2. ihren Wohnsitz oder gewöhnlichen Aufenthalt in einem Mitgliedstaat der Europäischen Union oder einem Staat hatten, auf den das Abkommen über den Europäischen Wirtschaftsraum anwendbar ist.

(3) 1 Nutzt der Zulageberechtigte die Wohnung im Sinne des Absatzes 1 Satz 5, für die ein Altersvorsorge-Eigenheimbetrag verwendet oder für die eine Tilgungsförderung im Sinne des § 82 Absatz 1 in Anspruch genommen worden ist, nicht nur vorübergehend nicht mehr zu eigenen Wohnzwecken, hat er dies dem Anbieter, in der Auszahlungsphase der zentralen Stelle, unter Angabe des Zeitpunkts der Aufgabe der

[Fassung ab VZ 2008:]
2009: der Selbstnutzung] mitzuteilen [***ab VZ 2009:*** ; eine Aufgabe der Selbstnutzung liegt auch vor, soweit der Zulageberechtigte das Eigentum an der Wohnung aufgibt]. [2] In den Fällen des Absatzes 2 Satz 10 erster Halbsatz besteht die Mitteilungspflicht auch in der Zeit bis zum Beginn der Auszahlungsphase gegenüber der zentralen Stelle. [3] Die Mitteilungspflicht gilt entsprechend für den Rechtsnachfolger der begünstigten Wohnung, wenn der Zulageberechtigte stirbt. [4] Die Anzeigepflicht entfällt, wenn das Wohnförderkonto vollständig zurückgeführt worden ist, [***ab VZ 2010:*** es sei denn, es liegt ein Fall des § 22 Nummer 5 Satz 6 vor].[1)] [5] Im Fall des Satzes 1 gelten bei einem bestehenden Wohnförderkonto die erfassten Beträge als Leistungen aus einem Altersvorsorgevertrag, die dem Zulageberechtigten im Zeitpunkt der Aufgabe zufließen; das Wohnförderkonto ist aufzulösen (Auflösungsbetrag). [6] Verstirbt der Zulageberechtigte, ist der Auflösungsbetrag ihm noch zuzurechnen. [7] Der Anbieter hat den Auflösungsbetrag der zentralen Stelle nach amtlich vorgeschriebenem Datensatz durch Datenfernübertragung unter Angabe des Zeitpunkts der Aufgabe mitzuteilen. [8] Wurde im Fall des Satzes 1 eine Tilgungsförderung nach § 82 Absatz 1 Satz 3 in Anspruch genommen und erfolgte keine Einstellung in das Wohnförderkonto nach Absatz 2 Satz 2, gelten die Tilgungsleistungen sowie die darauf entfallenden Zulagen und Erträge als gefördertes Altersvorsorgevermögen. [9] Die Sätze 5 und 6 sind nicht anzuwenden, wenn

[Fassung ab VZ 2014:]
Selbstnutzung mitzuteilen. [2] Eine Aufgabe der Selbstnutzung liegt auch vor, soweit der Zulageberechtigte das Eigentum an der Wohnung aufgibt. [3] Die Mitteilungspflicht gilt entsprechend für den Rechtsnachfolger der begünstigten Wohnung, wenn der Zulageberechtigte stirbt. [4] Die Anzeigepflicht entfällt, wenn das Wohnförderkonto vollständig zurückgeführt worden ist, es sei denn, es liegt ein Fall des § 22 Nummer 5 Satz 6 vor. [5] Im Fall des Satzes 1 gelten die im Wohnförderkonto erfassten Beträge als Leistungen aus einem Altersvorsorgevertrag, die dem Zulageberechtigten nach letztmaliger Erhöhung des Wohnförderkontos nach Absatz 2 Satz 3 zum Ende des Veranlagungszeitraums, in dem die Selbstnutzung aufgegeben wurde, zufließen; das Wohnförderkonto ist aufzulösen (Auflösungsbetrag). [6] Verstirbt der Zulageberechtigte, ist der Auflösungsbetrag ihm noch zuzurechnen. [7] Der Anbieter hat der zentralen Stelle den Zeitpunkt der Aufgabe nach amtlich vorgeschriebenem Datensatz durch Datenfernübertragung mitzuteilen. [8] Wurde im Fall des Satzes 1 eine Tilgungsförderung nach § 82 Absatz 1 Satz 3 in Anspruch genommen und erfolgte keine Einstellung in das Wohnförderkonto nach Absatz 2 Satz 2, sind die Beiträge, die nach § 82 Absatz 1 Satz 3 wie Tilgungsleistungen behandelt wurden, sowie die darauf entfallenden Zulagen und Erträge in ein Wohnförderkonto aufzunehmen und anschließend die weiteren Regelungen dieses Absatzes anzuwenden; Absatz 2 Satz 2 zweiter Halbsatz und Satz 7 gilt entsprechend. [9] Die Sätze 5 bis 7 sowie § 20[2)] sind nicht anzuwenden, wenn

---

[1)] § 92 a Abs. 3 Satz 4 geänd. mWv 1. 1. 2010 durch G v. 8. 12. 2010 (BGBl. I S. 1768).
[2)] Verweis ergänzt durch G v. 25. 7. 2014 (BGBl. I S. 1266).

[Fassung ab VZ 2008:]

1. der Zulageberechtigte einen Betrag in Höhe des noch nicht zurückgeführten Betrags im Wohnförderkonto innerhalb eines Jahres vor und von vier Jahren nach Ablauf des Veranlagungszeitraums, in dem er die Wohnung letztmals zu eigenen Wohnzwecken genutzt hat, für eine weitere Wohnung im Sinne des Absatzes 1 Satz 2 verwendet,
2. der Zulageberechtigte einen Betrag in Höhe des noch nicht zurückgeführten Betrags im Wohnförderkonto innerhalb eines Jahres nach Ablauf des Veranlagungszeitraums, in dem er die Wohnung letztmals zu eigenen Wohnzwecken genutzt hat, auf einen auf seinen Namen lautenden zertifizierten Altersvorsorgevertrag zahlt; Absatz 2 Satz 4 Nummer 1 und Satz 7 ist entsprechend anzuwenden,
3. [1] der Ehegatte des verstorbenen Zulageberechtigten innerhalb eines Jahres Eigentümer der Wohnung wird, er sie zu eigenen Wohnzwecken nutzt und die Ehegatten im Zeitpunkt des Todes des Zulageberechtigten *die Voraussetzungen des § 26 Absatz 1 erfüllt haben* [***ab VZ 2010:*** nicht dauernd getrennt gelebt haben (§ 26 Absatz 1) und ihren Wohnsitz oder gewöhnlichen Aufenthalt in einem Mitgliedstaat der Europäischen Union oder einem Staat hatten, auf den das Abkommen über den Europäischen Wirtschaftsraum (EWR-Abkommen) anwendbar ist; dem vollständigen Übergang des Eigentumsanteils

[Fassung ab VZ 2014:]

1. der Zulageberechtigte einen Betrag in Höhe des noch nicht zurückgeführten Betrags im Wohnförderkonto innerhalb von zwei Jahren vor dem Veranlagungszeitraum und von fünf Jahren nach Ablauf des Veranlagungszeitraums, in dem er die Wohnung letztmals zu eigenen Wohnzwecken genutzt hat, für eine weitere Wohnung im Sinne des Absatzes 1 Satz 5 verwendet,
2. der Zulageberechtigte einen Betrag in Höhe des noch nicht zurückgeführten Betrags im Wohnförderkonto innerhalb eines Jahres nach Ablauf des Veranlagungszeitraums, in dem er die Wohnung letztmals zu eigenen Wohnzwecken genutzt hat, auf einen auf seinen Namen lautenden zertifizierten Altersvorsorgevertrag zahlt; Absatz 2 Satz 4 Nummer 1 ist entsprechend anzuwenden,

[1] § 92 a Abs. 3 Satz 9 Nr. 3 geänd. mWv VZ 2010 durch G v. 8. 4. 2010 (BGBl. I S. 386); geänd. mWv 1. 1. 2010 durch G v. 8. 12. 2010 (BGBl. I S. 1768).

[Fassung ab VZ 2008:]

gentumsanteils des verstorbenen Zulageberechtigten an den Ehegatten steht ein anteiliger Übergang gleich, wenn der Stand des Wohnförderkontos zum Todeszeitpunkt die auf den übergehenden Anteil entfallenden originären Anschaffungs- oder Herstellungskosten nicht übersteigt;] in diesem Fall führt der Anbieter das Wohnförderkonto für den überlebenden Ehegatten fort und teilt dies der zentralen Stelle mit,

4. die Ehewohnung auf Grund einer richterlichen Entscheidung nach § 1361 b des Bürgerlichen Gesetzbuchs oder nach der Verordnung über die Behandlung der Ehewohnung und des Hausrats dem anderen Ehegatten zugewiesen wird, oder
5. der Zulageberechtigte krankheits- oder pflegebedingt die Wohnung nicht mehr bewohnt, sofern er Eigentümer dieser Wohnung bleibt, sie ihm weiterhin zur Selbstnutzung zur Verfügung steht und sie nicht von Dritten, mit Ausnahme seines Ehegatten, genutzt wird.

10 In den Fällen des Satzes 9 Nummer 1 und 2 hat der Zulageberechtigte dem Anbieter, in den Fällen des Absatzes 2 Satz 10 erster Halbsatz und in der Auszahlungsphase der zentralen Stelle, die Reinvestitionsabsicht und den Zeitpunkt der Reinvestition oder die Aufgabe der Reinvestitionsabsicht mitzuteilen; in den Fällen des Satzes 9 Nummer 3 und 4 gelten die Sätze 1 bis *8 und Satz 9 Nummer 1 und 2* [***ab VZ 2010:*** 9][1] entsprechend für den

[Fassung ab VZ 2014:]

3. die Ehewohnung auf Grund einer richterlichen Entscheidung nach § 1361 b des Bürgerlichen Gesetzbuchs oder nach der Verordnung über die Behandlung der Ehewohnung und des Hausrats dem anderen Ehegatten zugewiesen wird oder
4. der Zulageberechtigte krankheits- oder pflegebedingt die Wohnung nicht mehr bewohnt, sofern er Eigentümer dieser Wohnung bleibt, sie ihm weiterhin zur Selbstnutzung zur Verfügung steht und sie nicht von Dritten, mit Ausnahme seines Ehegatten, genutzt wird.

10 Der Zulageberechtigte hat dem Anbieter, in der Auszahlungsphase der zentralen Stelle, die Reinvestitionsabsicht und den Zeitpunkt der Reinvestition im Rahmen der Mitteilung nach Satz 1 oder die Aufgabe der Reinvestitionsabsicht mitzuteilen; in den Fällen des Absatzes 2a und Satzes 9 Nummer 3 gelten die Sätze 1 bis 9 entsprechend für den anderen, geschiedenen oder überlebenden Ehegatten,[2] wenn er die Wohnung

[1] Verweis geänd. durch G v. 8. 12. 2010 (BGBl. I S. 1768).
[2] § 92 a Satz 10 geänd. durch G v. 25. 7. 2014 (BGBl. I S. 1266).

[Fassung ab VZ 2008:]

Ehegatten, wenn er die Wohnung nicht nur vorübergehend nicht mehr zu eigenen Wohnzwecken nutzt. [11]Satz 5 ist mit der Maßgabe anzuwenden, dass der Eingang der Mitteilung der aufgegebenen Reinvestitionsabsicht als Zeitpunkt der Aufgabe gilt.

[Fassung ab VZ 2014:]

nicht nur vorübergehend nicht mehr zu eigenen Wohnzwecken nutzt. [11]Satz 5 ist mit der Maßgabe anzuwenden, dass der Eingang der Mitteilung der aufgegebenen Reinvestitionsabsicht, spätestens jedoch der 1. Januar

1. des sechsten Jahres nach dem Jahr der Aufgabe der Selbstnutzung bei einer Reinvestitionsabsicht nach Satz 9 Nummer 1 oder
2. des zweiten Jahres nach dem Jahr der Aufgabe der Selbstnutzung bei einer Reinvestitionsabsicht nach Satz 9 Nummer 2

als Zeitpunkt der Aufgabe gilt.

(4)[1)] [1]*Absatz 3 ist* [***ab VZ 2014:*** Absatz 3 sowie § 20 sind] auf Antrag des Steuerpflichtigen nicht anzuwenden, wenn er

1. die Wohnung im Sinne des Absatzes 1 *Satz 2* [***ab VZ 2014:*** Satz 5] auf Grund eines beruflich bedingten Umzugs für die Dauer der beruflich bedingten Abwesenheit nicht selbst nutzt; wird während dieser Zeit mit einer anderen Person ein Nutzungsrecht für diese Wohnung vereinbart, ist diese Vereinbarung von vorneherein entsprechend zu befristen,
2. beabsichtigt, die Selbstnutzung wieder aufzunehmen und
3. die Selbstnutzung spätestens mit der Vollendung seines 67. Lebensjahres aufnimmt.

[2]Der Steuerpflichtige hat den Antrag bei der zentralen Stelle zu stellen und dabei die notwendigen Nachweise zu erbringen. [3]Die zentrale Stelle erteilt dem Steuerpflichtigen einen Bescheid über die Bewilligung des Antrags [***ab VZ 2014:*** und informiert den Anbieter des Altersvorsorgevertrags mit Wohnförderkonto des Zulageberechtigten über die Bewilligung, eine Wiederaufnahme der Selbstnutzung nach einem beruflich bedingten Umzug und den Wegfall der Voraussetzungen nach diesem Absatz; die Information hat nach amtlich vorgeschriebenem Datensatz durch Datenfernübertragung zu erfolgen]. [4]Entfällt eine der in Satz 1 genannten Voraussetzungen, ist Absatz 3 mit der Maßgabe anzuwenden, dass bei einem Wegfall der Voraussetzung nach Satz 1 Nummer 1 als Zeitpunkt der Aufgabe der Zeitpunkt des Wegfalls der Voraussetzung und bei einem Wegfall der Voraussetzung nach Satz 1 Nummer 2 oder Nummer 3 der Eingang der Mitteilung des Steuerpflichtigen nach Absatz 3 als Zeitpunkt der Aufgabe gilt, spätestens jedoch die Vollendung des 67. Lebensjahres des Steuerpflichtigen.

[1)] § 92 a Abs. 4 Satz 1 Verweis geänd. durch G v. 24. 6. 2013 (BGBl. I S. 1667); Sätze 1 und 3 geänd. mWv VZ 2014 durch G v. 25. 7. 2014 (BGBl. I S. 1266).

§ 92 b Verfahren bei Verwendung für eine selbst genutzte Wohnung.

(1)[1] 1 Der Zulageberechtigte hat die Verwendung des Kapitals nach § 92 a Absatz 1 Satz 1 [***ab VZ 2014:*** spätestens zehn Monate vor dem Beginn der Auszahlungsphase des Altersvorsorgevertrags im Sinne des § 1 Absatz 1 Nummer 2 des Altersvorsorgeverträge-Zertifizierungsgesetzes] bei der zentralen Stelle zu beantragen und dabei die notwendigen Nachweise zu erbringen. 2 Er hat zu bestimmen, aus welchen Altersvorsorgeverträgen *welche Beträge ausgezahlt werden sollen* [***ab VZ 2014:*** der Altersvorsorge-Eigenheimbetrag ausgezahlt werden soll]. 3 Die zentrale Stelle teilt dem Zulageberechtigten durch Bescheid und den Anbietern der in Satz 2 genannten Altersvorsorgeverträge nach amtlich vorgeschriebenem Datensatz durch Datenfernübertragung mit, *welche Beträge förderunschädlich ausgezahlt werden können* [***ab VZ 2014:*** bis zu welcher Höhe eine wohnungswirtschaftliche Verwendung im Sinne des § 92 a Absatz 1 Satz 1 vorliegen kann].

(2) 1 Die Anbieter der in Absatz 1 Satz 2 genannten Altersvorsorgeverträge dürfen den Altersvorsorge-Eigenheimbetrag auszahlen, sobald sie die Mitteilung nach Absatz 1 Satz 3 erhalten haben. 2 Sie haben der zentralen Stelle nach amtlich vorgeschriebenem Datensatz durch Datenfernübertragung Folgendes anzuzeigen:

1. den Auszahlungszeitpunkt und den Auszahlungsbetrag,
2. die Summe der bis zum Auszahlungszeitpunkt dem Altersvorsorgevertrag gutgeschriebenen Zulagen,
3. die Summe der bis zum Auszahlungszeitpunkt geleisteten Altersvorsorgebeiträge und
4. den Stand des geförderten Altersvorsorgevermögens im Zeitpunkt der Auszahlung.

(3)[2] 1 Die zentrale Stelle stellt zu Beginn der Auszahlungsphase und in den Fällen des § 92 a *Absatz 2 Satz 8 bis 11,*[3] Absatz 2 a und 3 Satz 5 den Stand des Wohnförderkontos, soweit für die Besteuerung erforderlich, den Verminderungsbetrag und den Auflösungsbetrag von Amts wegen gesondert fest. 2 Die zentrale Stelle teilt die Feststellung dem Zulageberechtigten, in den Fällen des § 92 a Absatz 2 a [***ab VZ 2014:*** Satz 1][3] auch dem anderen Ehegatten, durch Bescheid und dem Anbieter nach amtlich vorgeschriebenem Datensatz durch Datenfernübertragung mit. 3 Der Anbieter hat auf Anforderung der zentralen Stelle die zur Feststellung erforderlichen Unterlagen vorzulegen. 4 Auf Antrag des Zulageberechtigten stellt die zentrale Stelle den Stand des Wohnförderkontos gesondert fest. 5 § 90 Absatz 4 Satz 2 bis 5 gilt entsprechend.

§ 93 Schädliche Verwendung. (1) 1 Wird gefördertes Altersvorsorgevermögen nicht unter den in § 1 Absatz 1 Satz 1 Nummer 4 und 10 Buchstabe c des Altersvorsorgeverträge-Zertifizierungsgesetzes[4] oder § 1 Absatz 1 Satz 1 Nummer 4, 5 und 10 Buchstabe c des Altersvorsorgeverträge-Zertifizierungs-

---

[1] § 92 b Abs. 1 geänd. durch G v. 24. 6. 2013 (BGBl. I S. 1667).
[2] § 92 b Abs. 3 Sätze 1 und 2 geänd. durch G v. 8. 12. 2010 (BGBl. I S. 1768).
[3] Zitat geänd. mWv VZ 2014 durch G v. 24. 6. 2013 (BGBl. I S. 1667).
[4] **Aichberger** Sozialgesetzbuch Nr. 6/80.

gesetzes in der bis zum 31. Dezember 2004 geltenden Fassung genannten Voraussetzungen an den Zulageberechtigten ausgezahlt (schädliche Verwendung), sind die auf das ausgezahlte geförderte Altersvorsorgevermögen entfallenden Zulagen und die nach § 10a Absatz 4 gesondert festgestellten Beträge (Rückzahlungsbetrag) zurückzuzahlen. 2 Dies gilt auch bei einer Auszahlung nach Beginn der Auszahlungsphase (§ 1 Absatz 1 Satz 1 Nummer 2 des Altersvorsorgeverträge-Zertifizierungsgesetzes) und bei Auszahlungen im Fall des Todes des Zulageberechtigten. 3 Hat der Zulageberechtigte Zahlungen im Sinne des § 92a Absatz 2 Satz 4 Nummer 1 oder § 92a Absatz 3 Satz 9 Nummer 2 geleistet, dann handelt es sich bei dem hierauf beruhenden Altersvorsorgevermögen um gefördertes Altersvorsorgevermögen im Sinne des Satzes 1; der Rückzahlungsbetrag bestimmt sich insoweit nach der für die in das Wohnförderkonto eingestellten Beträge gewährten Förderung. 4 Eine Rückzahlungsverpflichtung besteht nicht für den Teil der Zulagen und der Steuerermäßigung,

a) der auf nach § 1 Absatz 1 Satz 1 Nummer 2 des Altersvorsorgeverträge-Zertifizierungsgesetzes angespartes gefördertes Altersvorsorgevermögen entfällt, wenn es in Form einer Hinterbliebenenrente an die dort genannten Hinterbliebenen ausgezahlt wird; dies gilt auch für Leistungen im Sinne des § 82 Absatz 3 an Hinterbliebene des Steuerpflichtigen;

b) der den Beitragsanteilen zuzuordnen ist, die für die zusätzliche Absicherung der verminderten Erwerbsfähigkeit und eine zusätzliche Hinterbliebenenabsicherung ohne Kapitalbildung verwendet worden sind;

c)[1] der auf gefördertes Altersvorsorgevermögen entfällt, das im Fall des Todes des Zulageberechtigten auf einen auf den Namen des Ehegatten lautenden Altersvorsorgevertrag übertragen wird, wenn die Ehegatten im Zeitpunkt des Todes des Zulageberechtigten *die Voraussetzungen des § 26 Absatz 1 erfüllt haben* [***ab VZ 2010:*** nicht dauernd getrennt gelebt haben (§ 26 Absatz 1) und ihren Wohnsitz oder gewöhnlichen Aufenthalt in einem Mitgliedstaat der Europäischen Union oder einem Staat hatten, auf den das Abkommen über den Europäischen Wirtschaftsraum (EWR-Abkommen) anwendbar ist];

d) der auf den Altersvorsorge-Eigenheimbetrag entfällt.

(1a)[2] 1 Eine schädliche Verwendung liegt nicht vor, wenn gefördertes Altersvorsorgevermögen auf Grund einer internen Teilung nach § 10 des Versorgungsausgleichsgesetzes oder auf Grund einer externen Teilung nach § 14 des Versorgungsausgleichsgesetzes auf einen zertifizierten Altersvorsorgevertrag oder eine nach § 82 Absatz 2 begünstigte betriebliche Altersversorgung übertragen wird; die auf das übertragene Anrecht entfallende steuerliche Förderung geht mit allen Rechten und Pflichten auf die ausgleichsberechtigte Person über. 2 Eine schädliche Verwendung liegt ebenfalls nicht vor, wenn gefördertes Altersvorsorgevermögen auf Grund einer externen Teilung nach § 14 des Versorgungsausgleichsgesetzes auf die Versorgungsausgleichskasse oder die gesetzliche Rentenversicherung übertragen wird; die Rechte und Pflichten der

[1] § 93 Abs. 1 Satz 4 Buchst. c geänd. mWv VZ 2010 durch G v. 8. 4. 2010 (BGBl. I S. 386).

[2] § 93 Abs. 1a neu gef. mWv 1. 9. 2009 durch G v. 8. 12. 2010 (BGBl. I S. 1768); Satz 3 Klammerzusatz eingef. mWv 24. 7. 2014 durch G v. 18. 7. 2014 (BGBl. I S. 1042).

ausgleichspflichtigen Person aus der steuerlichen Förderung des übertragenen Anteils entfallen. [3]In den Fällen der Sätze 1 und 2 teilt die zentrale Stelle der ausgleichspflichtigen Person die Höhe der auf die Ehezeit im Sinne des § 3 Absatz 1 des Versorgungsausgleichsgesetzes [***ab 24. 7. 2014:*** oder die Lebenspartnerschaftszeit im Sinne des § 20 Absatz 2 des Lebenspartnerschaftsgesetzes] entfallenden gesondert festgestellten Beträge nach § 10 a Absatz 4 und die ermittelten Zulagen mit. [4]Die entsprechenden Beträge sind monatsweise zuzuordnen. [5]Die zentrale Stelle teilt die geänderte Zuordnung der gesondert festgestellten Beträge nach § 10 a Absatz 4 sowie der ermittelten Zulagen der ausgleichspflichtigen und in den Fällen des Satzes 1 auch der ausgleichsberechtigten Person durch Feststellungsbescheid mit. [6]Nach Eintritt der Unanfechtbarkeit dieses Feststellungsbescheids informiert die zentrale Stelle den Anbieter durch einen Datensatz über die geänderte Zuordnung.

(2) [1]Die Übertragung von gefördertem Altersvorsorgevermögen auf einen anderen auf den Namen des Zulageberechtigten lautenden Altersvorsorgevertrag (§ 1 Absatz 1 Satz 1 Nummer 10 Buchstabe b des Altersvorsorgeverträge-Zertifizierungsgesetzes) stellt keine schädliche Verwendung dar. [2]Dies gilt sinngemäß in den Fällen des § 4 Absatz 2 und 3 des Betriebsrentengesetzes, wenn das geförderte Altersvorsorgevermögen auf eine der in § 82 Absatz 2 Buchstabe a genannten Einrichtungen der betrieblichen Altersversorgung zum Aufbau einer kapitalgedeckten betrieblichen Altersversorgung übertragen und eine lebenslange Altersversorgung im Sinne des § 1 Absatz 1 Satz 1 Nummer 4 des Altersvorsorgeverträge-Zertifizierungsgesetzes oder § 1 Absatz 1 Satz 1 Nummer 4 und 5 des Altersvorsorgeverträge-Zertifizierungsgesetzes in der bis zum 31. Dezember 2004 geltenden Fassung vorgesehen wird. [3]In den übrigen Fällen der Abfindung von Anwartschaften der betrieblichen Altersversorgung gilt dies, soweit das geförderte Altersvorsorgevermögen zugunsten eines auf den Namen des Zulageberechtigten lautenden Altersvorsorgevertrages geleistet wird.

(3) [1]Auszahlungen zur Abfindung einer Kleinbetragsrente zu Beginn der Auszahlungsphase gelten nicht als schädliche Verwendung. [2]Eine Kleinbetragsrente ist eine Rente, die bei gleichmäßiger Verrentung des gesamten zu Beginn der Auszahlungsphase zur Verfügung stehenden Kapitals eine monatliche Rente ergibt, die 1 Prozent der monatlichen Bezugsgröße nach § 18 des Vierten Buches Sozialgesetzbuch nicht übersteigt. [3]Bei der Berechnung dieses Betrags sind alle bei einem Anbieter bestehenden Verträge des Zulageberechtigten insgesamt zu berücksichtigen, auf die nach diesem Abschnitt geförderte Altersvorsorgebeiträge geleistet wurden.

(4)[1)] [1]Wird bei einem *Altersvorsorgevertrag* [***ab VZ 2013:*** einheitlichen Vertrag] nach § 1 Absatz 1 a [***ab VZ 2013:*** Satz 1 Nummer 2 zweiter Halbsatz] des Altersvorsorgeverträge-Zertifizierungsgesetzes das Darlehen nicht wohnungswirtschaftlich im Sinne des § 92 a Absatz 1 Satz 1 verwendet *oder tritt ein Fall des § 92 a Absatz 3 Satz 8 ein, kommt es zum Zeitpunkt der Darlehensauszahlung oder in Fällen des § 92 a Absatz 3 Satz 8 zum Zeitpunkt der Aufgabe der Wohnung*

[1)] § 93 Abs. 4 angef. mWv VZ 2010 durch G v. 8. 12. 2010 (BGBl. I S. 1768); geänd. mWv VZ 2013 durch G v. 24. 6. 2013 (BGBl. I S. 1667).

zu einer schädlichen Verwendung des geförderten Altersvorsorge*vermögens,* [***ab VZ 2013:*** liegt zum Zeitpunkt der Darlehensauszahlung eine schädliche Verwendung des geförderten Altersvorsorgevermögens vor,] es sei denn, das geförderte Altersvorsorgevermögen wird innerhalb eines Jahres nach Ablauf des Veranlagungszeitraums, in dem das Darlehen ausgezahlt wurde *[**bis VZ 2013:** oder der Zulageberechtigte die Wohnung letztmals zu eigenen Wohnzwecken nutzte],* auf einen anderen zertifizierten Altersvorsorgevertrag übertragen, der auf den Namen des Zulageberechtigten lautet. [2]Der Zulageberechtigte hat dem Anbieter die Absicht zur Kapitalübertragung den Zeitpunkt der Kapitalübertragung [***ab VZ 2013:*** bis zum Zeitpunkt der Darlehensauszahlung] und die Aufgabe der Absicht zur Kapitalübertragung mitzuteilen. [3]Wird die Absicht zur Kapitalübertragung aufgegeben, tritt die schädliche Verwendung zu dem Zeitpunkt ein, zu dem die Mitteilung des Zulageberechtigten hierzu beim Anbieter eingeht, spätestens aber am 1. Januar des zweiten Jahres nach dem Jahr, in dem das Darlehen ausgezahlt wurde *[**bis VZ 2013:** oder der Zulageberechtigte die Wohnung letztmals zu eigenen Wohnzwecken nutzte.]*

§ 94 Verfahren bei schädlicher Verwendung. (1) [1]In den Fällen des § 93 Absatz 1 hat der Anbieter der zentralen Stelle vor der Auszahlung des geförderten Altersvorsorgevermögens die schädliche Verwendung nach amtlich vorgeschriebenem Datensatz durch amtlich bestimmte Datenfernübertragung anzuzeigen. [2]Die zentrale Stelle ermittelt den Rückzahlungsbetrag und teilt diesen dem Anbieter durch Datensatz mit. [3]Der Anbieter hat den Rückzahlungsbetrag einzubehalten, mit der nächsten Anmeldung nach § 90 Absatz 3 anzumelden und an die zentrale Stelle abzuführen. [4]Der Anbieter hat die einbehaltenen und abgeführten Beträge der zentralen Stelle nach amtlich vorgeschriebenem Datensatz durch amtlich bestimmte Datenfernübertragung mitzuteilen und diese Beträge *sowie die dem Vertrag bis zur schädlichen Verwendung gutgeschriebenen Erträge*[1)] dem Zulageberechtigten zu bescheinigen. [5]In den Fällen des § 93 Absatz 3 gilt Satz 1 entsprechend.

(2)[2)] [1]Eine Festsetzung des Rückzahlungsbetrags erfolgt durch die zentrale Stelle auf besonderen Antrag des Zulageberechtigten oder sofern die Rückzahlung nach Absatz 1 ganz oder teilweise nicht möglich oder nicht erfolgt ist. [2]§ 90 Absatz 4 Satz 2 bis 6 gilt entsprechend; [***ab VZ 2010:*** § 90 Absatz 4 Satz 5 gilt nicht, wenn die Geschäftsbeziehung im Hinblick auf den jeweiligen Altersvorsorgevertrag zwischen dem Zulagerechtigten und dem Anbieter beendet wurde]. [3]Im Rückforderungsbescheid sind auf den Rückzahlungsbetrag die vom Anbieter bereits einbehaltenen und abgeführten Beträge nach Maßgabe der Bescheinigung nach Absatz 1 Satz 4 anzurechnen. [4]Der Zulageberechtigte hat den verbleibenden Rückzahlungsbetrag innerhalb eines Monats nach Bekanntgabe des Rückforderungsbescheids an die zuständige Kasse zu entrichten. [5]Die Frist für die Festsetzung des Rückzahlungsbetrags beträgt vier Jahre und beginnt mit Ablauf des Kalenderjahres, in dem die Auszahlung im Sinne des § 93 Absatz 1 erfolgt ist.

---

1) Kursiver Satzteil aufgeh. mWv VZ 2014 durch G v. 24. 6. 2013 (BGBl. I S. 1667).

2) § 94 Abs. 2 Satz 2 2. HS angef. mWv VZ 2010 durch G v. 8. 12. 2010 (BGBl. I S. 1768).

§ 95[1] Sonderfälle der Rückzahlung. (1) Die §§ 93 und 94 gelten entsprechend, wenn

1. sich der Wohnsitz oder gewöhnliche Aufenthalt des Zulageberechtigten außerhalb der Mitgliedstaaten der Europäischen Union und der Staaten befindet, auf die das Abkommen über den Europäischen Wirtschaftsraum (EWR-Abkommen) anwendbar ist, oder wenn der Zulageberechtigte ungeachtet eines Wohnsitzes oder gewöhnlichen Aufenthaltes in einem dieser Staaten nach einem Abkommen zur Vermeidung der Doppelbesteuerung mit einem dritten Staat als außerhalb des Hoheitsgebiets dieser Staaten ansässig gilt und

2.[2] entweder *die Zulageberechtigung endet oder die Auszahlungsphase des Altersvorsorgevertrags begonnen hat* [***ab VZ 2013:*** keine Zulageberechtigung besteht oder der Vertrag in der Auszahlungsphase ist.]

(2)[3] [1]Auf Antrag des Zulageberechtigten ist der Rückzahlungsbetrag *(§ 93 Absatz 1 Satz 1)* [***ab VZ 2013:*** im Sinne des § 93 Absatz 1 Satz 1][4] zunächst bis zum Beginn der Auszahlung *(§ 1 Absatz 1 Nummer 2 des Altersvorsorgeverträge-Zertifizierungsgesetzes*[5] *oder § 92a Absatz 2 Satz 5)*[4] zu stunden. [2]Die Stundung ist zu verlängern, wenn der Rückzahlungsbetrag mit mindestens 15 Prozent der Leistungen aus dem *Altersvorsorgevertrag* [***ab VZ 2013:*** Vertrag][4] getilt wird. [3]Die Stundung endet, wenn das geförderte Altersvorsorgevermögen nicht unter den in § 1 Absatz 1 Satz 1 Nummer 4 des Altersvorsorgeverträge-Zertifizierungsgesetzes[1] genannten Voraussetzungen an den Zulageberechtigten ausgezahlt wird. [4]Der Stundungsantrag ist über den Anbieter an die zentrale Stelle zu richten. [5]Die zentrale Stelle teilt ihre Entscheidung auch dem Anbieter mit.

(3)[6] Wurde der Rückzahlungsbetrag nach Absatz 2 gestundet und

1. verlegt der eheamls Zulageberechtigte seinen ausschließlichen Wohnsitz oder gewöhnlichen Aufenthalt in einen Mitgliedstaat der Europäischen Union oder einen Staat, auf den das Abkommen über den Europäischen Wirtschaftsraum (EWR-Abkommen) anwendbar ist, oder
2. wird der ehemals Zulageberechtigte erneut zulageberechtigt,

sind der Rückzahlungsbetrag und die bereits entstandenen Stundungszinsen von der zentralen Stelle zu erlassen.

§ 96 Anwendung der Abgabenordnung, allgemeine Vorschriften. (1) [1]Auf die Zulagen und die Rückzahlungsbeträge sind die für Steuervergütungen geltenden Vorschriften der Abgabenordnung entsprechend anzuwenden. [2]Dies gilt nicht für § 163 der Abgabenordnung.

---

[1] § 95 Überschr. neu gef., Abs. 1 neu gef. durch G v. 8. 4. 2010 (BGBl. I S. 386).

[2] § 95 Abs. 1 Nr. 2 neu gef. mWv VZ 2013 durch G v. 24. 6. 2013 (BGBl. I S. 1667).

[3] § 95 Abs. 2 Satz 1 geänd., Satz 3 aufgeh., bish. Sätze 4 bis 6 werden Sätze 3 bis 5 durch G v. 8. 4. 2010 (BGBl. I S. 386).

[4] § 95 Abs. 2 Satz 1 Verweise geänd., Satz 2 geänd. mWv VZ 2013 durch G v. 24. 6. 2013 (BGBl. I S. 1667).

[5] **Aichberger** Sozialgesetzbuch Nr. 6/80.

[6] § 95 Abs. 3 neu gef. durch G v. 8. 4. 2010 (BGBl. I S. 386).

(2) [1]Der Anbieter haftet als Gesamtschuldner neben dem Zulageempfänger für die Zulagen und die nach § 10 a Absatz 4 gesondert festgestellten Beträge, die wegen seiner vorsätzlichen oder grob fahrlässigen Pflichtverletzung zu Unrecht gezahlt, nicht einbehalten oder nicht zurückgezahlt worden sind. [2]Für die Inanspruchnahme des Anbieters ist die zentrale Stelle zuständig.

(3) Die zentrale Stelle hat auf Anfrage des Anbieters Auskunft über die Anwendung des Abschnitts XI zu geben.

(4) [1]Die zentrale Stelle kann beim Anbieter ermitteln, ob er seine Pflichten erfüllt hat. [2]Die §§ 193 bis 203 der Abgabenordnung gelten sinngemäß. [3]Auf Verlangen der zentralen Stelle hat der Anbieter ihr Unterlagen, soweit sie im Ausland geführt und aufbewahrt werden, verfügbar zu machen.

(5) Der Anbieter erhält vom Bund oder den Ländern keinen Ersatz für die ihm aus diesem Verfahren entstehenden Kosten.

(6) [1]Der Anbieter darf die im Zulageverfahren bekannt gewordenen Verhältnisse der Beteiligten nur für das Verfahren verwerten. [2]Er darf sie ohne Zustimmung der Beteiligten nur offenbaren, soweit dies gesetzlich zugelassen ist.

(7) [1]Für die Zulage gelten die Strafvorschriften des § 370 Absatz 1 bis 4, der §§ 371, 375 Absatz 1 und des § 376 sowie die Bußgeldvorschriften der §§ 378, 379 Absatz 1 und 4 und der §§ 383 und 384 der Abgabenordnung entsprechend. [2]Für das Strafverfahren wegen einer Straftat nach Satz 1 sowie der Begünstigung einer Person, die eine solche Tat begangen hat, gelten die §§ 385 bis 408, für das Bußgeldverfahren wegen einer Ordnungswidrigkeit nach Satz 1 die §§ 409 bis 412 der Abgabenordnung entsprechend.

§ 97 Übertragbarkeit. [1]Das nach § 10 a oder Abschnitt XI geförderte Altersvorsorgevermögen einschließlich seiner Erträge, die geförderten laufenden Altersvorsorgebeiträge und der Anspruch auf die Zulage sind nicht übertragbar. [2]§ 93 Absatz 1 a und § 4 des Betriebsrentengesetzes bleiben unberührt.

§ 98 Rechtsweg. In öffentlich-rechtlichen Streitigkeiten über die auf Grund des Abschnitts XI ergehenden Verwaltungsakte ist der Finanzrechtsweg gegeben.

§ 99 Ermächtigung. (1) Das Bundesministerium der Finanzen wird ermächtigt, die Vordrucke für die Anträge nach § 89[1)], für die Anmeldung nach § 90 Absatz 3 und für die in den §§ 92 und 94 Absatz 1 Satz 4 vorgesehenen Bescheinigungen und im Einvernehmen mit den obersten Finanzbehörden der Länder den Vordruck für die nach § 22 Nummer 5 Satz 7 vorgesehene Bescheinigung[2)] und den Inhalt und Aufbau der für die Durchführung des Zulageverfahrens zu übermittelnden Datensätze zu bestimmen.

(2)[3)] [1]Das Bundesministerium der Finanzen wird ermächtigt, im Einvernehmen mit dem Bundesministerium für Arbeit und Soziales und dem Bundesministerium des Innern durch Rechtsverordnung mit Zustimmung des

---

[1)] Verweis geänd. durch G v. 8. 4. 2010 (BGBl. I S. 386).

[2)] § 99 Abs. 1 geänd. durch G v. 8. 12. 2010 (BGBl. I. S. 1768).

[3)] Siehe hierzu VO zur Durchführung der steuerlichen Vorschriften des EStG zur Altersvorsorge (Altersvorsorge-DurchführungsVO) idF der Bek. v. 28. 2. 2005 (BGBl. I S. 487).

Bundesrates Vorschriften zur Durchführung dieses Gesetzes über das Verfahren für die Ermittlung, Festsetzung, Auszahlung, Rückzahlung und Rückforderung der Zulage sowie die Rückzahlung und Rückforderung der nach § 10a Absatz 4 festgestellten Beträge zu erlassen. [2] Hierzu gehören insbesondere

1. Vorschriften über Aufzeichnungs-, Aufbewahrungs-, Bescheinigungs- und Anzeigepflichten des Anbieters,
2. Grundsätze des vorgesehenen Datenaustausches zwischen den Anbietern, der zentralen Stelle, den Trägern der gesetzlichen Rentenversicherung, der Bundesagentur für Arbeit, den Meldebehörden, den Familienkassen, den zuständigen Stellen und den Finanzämtern und
3. Vorschriften über Mitteilungspflichten, die für die Erteilung der Bescheinigungen nach § 22 Nummer 5 Satz 7 und § 92 erforderlich sind.

Anlage 1 (zu § 4 d Absatz 1)

Tabelle für die Errechnung des Deckungskapitals für lebenslänglich laufende Leistungen von Unterstützungskassen

Erreichtes Alter des Leistungsempfängers (Jahre)	Die Jahresbeiträge der laufenden Leistungen sind zu vervielfachen bei Leistungen	
	an männliche Leistungsempfänger mit	an weibliche Leistungsempfänger mit
1	2	3
bis 26	11	17
27 bis 29	12	17
30	13	17
31 bis 35	13	16
36 bis 39	14	16
40 bis 46	14	15
47 und 48	14	14
49 bis 52	13	14
53 bis 56	13	13
57 und 58	13	12
59 und 60	12	12
61 bis 63	12	11
64	11	11
65 bis 67	11	10
68 bis 71	10	9
72 bis 74	9	8
75 bis 77	8	7
78	8	6
79 bis 81	7	6
82 bis 84	6	5
85 bis 87	5	4
88	4	4
89 und 90	4	3
91 bis 93	3	3
94	3	2
95 und älter	2	2

Anlage 1 a (zu § 13 a)[1]

Ermittlung des Gewinns aus Land- und Forstwirtschaft nach Durchschnittssätzen

Für ein Wirtschaftsjahr betragen

1. der Grundbetrag und die Zuschläge für Tierzucht und Tierhaltung der landwirtschaftlichen Nutzung (§ 13 a Absatz 4):

Gewinn pro Hektar selbst bewirtschafteter Fläche	350 EUR
bei Tierbeständen für die ersten 25 Vieheinheiten	0 EUR/Vieheinheit
bei Tierbeständen für alle weiteren Vieheinheiten	300 EUR/ Vieheinheit

Angefangene Hektar und Vieheinheiten sind anteilig zu berücksichtigen.

2. die Grenzen und Gewinne der Sondernutzungen (§ 13 a Absatz 6):

Nutzung	Grenze	Grenze
1	2	3
Weinbauliche Nutzung	0,66 ha	0,16 ha
Nutzungsteil Obstbau	1,37 ha	0,34 ha
Nutzungsteil Gemüsebau Freilandgemüse Unterglas Gemüse	 0,67 ha 0,06 ha	 0,17 ha 0,015 ha
Nutzungsteil Blumen/ Zierpflanzenbau Freiland Zierpflanzen Unterglas Zierpflanzen	 0,23 ha 0,04 ha	 0,05 ha 0,01 ha
Nutzungsteil Baumschulen	0,15 ha	0,04 ha
Sondernutzung Spargel	0,42 ha	0,1 ha
Sondernutzung Hopfen	0,78 ha	0,19 ha
Binnenfischerei	2000 kg Jahresfang	500 kg Jahresfang
Teichwirtschaft	1,6 ha	0,4 ha
Fischzucht	0,2 ha	0,05 ha
Imkerei	70 Völker	30 Völker
Wanderschäfereien	120 Mutterschafe	30 Mutterschafe
Weihnachtsbaumkulturen	0,4 ha	0,1 ha

3. in den Fällen des § 13 a Absatz 7 Satz 1 Nummer 3 die Betriebsausgaben 60 Prozent der Betriebseinnahmen.

---

[1] Anlage 1 a eingef. mWv 1. 1. 2015 durch G v. 22. 12. 2014 (BGBl. I S. 2417).

Anlage 2 (zu § 43 b)

Gesellschaften im Sinne der Richtlinie Nr. 2011/96/EU

Gesellschaft im Sinne der genannten Richtlinie ist jede Gesellschaft, die

1.[1] eine der folgenden Formen aufweist:

a) eine Gesellschaft, die gemäß der Verordnung (EG) Nr. 2157/2001 des Rates vom 8. Oktober 2001 über das Statut der Europäischen Gesellschaft (SE) und der Richtlinie 2001/86/EG des Rates vom 8. Oktober 2001 zur Ergänzung des Statuts der Europäischen Gesellschaft hinsichtlich der Beteiligung der Arbeitnehmer gegründet wurde, sowie eine Genossenschaft, die gemäß der Verordnung (EG) Nr. 1435/2003 des Rates vom 22. Juli 2003 über das Statut der Europäischen Genossenschaft (SCE) und gemäß der Richtlinie 2003/72/EG des Rates vom 22. Juli 2003 zur Ergänzung des Statuts der Europäischen Genossenschaft hinsichtlich der Beteiligung der Arbeitnehmer gegründet wurde,

b) Gesellschaften belgischen Rechts mit der Bezeichnung „société anonyme"/„naamloze vennootschap", „société en commandite par actions"/„commanditaire vennootschap op aandelen", „société privée à responsabilité limitée"/„besloten vennootschap met beperkte aansprakelijkheid", „société coopérative à responsabilité limitée"/„coöperatieve vennootschap met beperkte aansprakelijkheid", „société coopérative à responsabilité illimitée"/„coöperatieve vennootschap met onbeperkte aansprakelijkheid", „société en nom collectif"/„vennootschap onder firma" oder „société en commandite simple"/„gewone commanditaire vennootschap", öffentliche Unternehmen, die eine der genannten Rechtsformen angenommen haben, und andere nach belgischem Recht gegründete Gesellschaften, die der belgischen Körperschaftsteuer unterliegen,

c) Gesellschaften bulgarischen Rechts mit der Bezeichnung „събирателно дружество", „командитно дружество", „дружество с ограничена отговорност", „акционерно дружество", „командитно дружество с акции", „неперсонифицирано дружество", „кооперации", „кооперативни съюзи" oder „държавни предприятия", die nach bulgarischem Recht gegründet wurden und gewerbliche Tätigkeiten ausüben,

d) Gesellschaften tschechischen Rechts mit der Bezeichnung „akciová společnost" oder „společnost s ručením omezeným",

e) Gesellschaften dänischen Rechts mit der Bezeichnung „aktieselskab" oder „anpartsselskab" und weitere nach dem Körperschaftsteuergesetz steuerpflichtige Gesellschaften, soweit ihr steuerbarer Gewinn nach den

(Fortsetzung nächstes Blatt)

---

[1] Anlage 2 neu gef. durch G v. 25. 7. 2014 (BGBl. I S. 1266); zur erstmaligen Anwendung siehe § 52 Abs. 55 a Satz 2 a. F.:

„§ 43 b und die Anlage 2 (zu § 43 b) in der am 1. Juli 2013 geltenden Fassung sind erstmals auf Ausschüttungen anzuwenden, die nach dem 30. Juni 2013 zufließen."

allgemeinen steuerrechtlichen Bestimmungen für die „aktieselskaber“ ermittelt und besteuert wird,

f) Gesellschaften deutschen Rechts mit der Bezeichnung „Aktiengesellschaft“, „Kommanditgesellschaft auf Aktien“, „Gesellschaft mit beschränkter Haftung“, „Versicherungsverein auf Gegenseitigkeit“, „Erwerbs- und Wirtschaftsgenossenschaft“ oder „Betrieb gewerblicher Art von juristischen Personen des öffentlichen Rechts“ und andere nach deutschem Recht gegründete Gesellschaften, die der deutschen Körperschaftsteuer unterliegen,

g) Gesellschaften estnischen Rechts mit der Bezeichnung „täisühing“, „usaldusühing“, „osaühing“, „aktsiaselts“ oder „tulundusühistu“,

h) nach irischem Recht gegründete oder eingetragene Gesellschaften, gemäß dem Industrial and Provident Societies Act eingetragene Körperschaften, gemäß dem Building Societies Act gegründete „building societies“ und „trustee savings banks“ im Sinne des Trustee Savings Banks Act von 1989,

i) Gesellschaften griechischen Rechts mit der Bezeichnung „ανώνυμη εταιρεία“ oder „εταιρεία περιωρισμένης ευθύνης (Ε.Π.Ε.)“ und andere nach griechischem Recht gegründete Gesellschaften, die der griechischen Körperschaftsteuer unterliegen,

j) Gesellschaften spanischen Rechts mit der Bezeichnung „sociedad anónima“, „sociedad comanditaria por acciones“ oder „sociedad de responsabilidad limitada“ und die öffentlich-rechtlichen Körperschaften, deren Tätigkeit unter das Privatrecht fällt sowie andere nach spanischem Recht gegründete Körperschaften, die der spanischen Körperschaftsteuer („impuesto sobre sociedades“) unterliegen,

k) Gesellschaften französischen Rechts mit der Bezeichnung „société anonyme“, „société en commandite par actions“, „société à responsabilité limitée“, „sociétés par actions simplifiées“, „sociétés d'assurances mutuelles“, „caisses d'épargne et de prévoyance“, „sociétés civiles“, die automatisch der Körperschaftsteuer unterliegen, „coopératives“, „unions de coopératives“, die öffentlichen Industrie- und Handelsbetriebe, die öffentlichen Industrie- und Handelsunternehmen und andere nach französischem Recht gegründete Gesellschaften, die der französischen Körperschaftsteuer unterliegen,

l) Gesellschaften kroatischen Rechts mit der Bezeichnung „dioničko društvo“ oder „društvo s ograničenom odgovornošću“ und andere nach kroatischem Recht gegründete Gesellschaften, die der kroatischen Gewinnsteuer unterliegen,

m) Gesellschaften italienischen Rechts mit der Bezeichnung „società per azioni“, „società in accomandita per azioni“, „società a responsabilità limitata“, „società cooperative“ oder „società di mutua assicurazione“ sowie öffentliche und private Körperschaften, deren Tätigkeit ganz oder überwiegend handelsgewerblicher Art ist,

n) Gesellschaften zyprischen Rechts mit der Bezeichnung „εταιρείες“ im Sinne der Einkommensteuergesetze,

o) Gesellschaften lettischen Rechts mit der Bezeichnung „akciju sabiedrība" oder „sabiedrība ar ierobežotu atbildību",

p) Gesellschaften litauischen Rechts,

q) Gesellschaften luxemburgischen Rechts mit der Bezeichnung „société anonyme", „société en commandite par actions", „société à responsabilité limitée", „société coopérative", „société coopérative organisée comme une société anonyme", „association d'assurances mutuelles", „association d'épargne-pension" oder „entreprise de nature commerciale, industrielle ou minière de l'Etat, des communes, des syndicats de communes, des établissements publics et des autres personnes morales de droit public" sowie andere nach luxemburgischem Recht gegründete Gesellschaften, die der luxemburgischen Körperschaftsteuer unterliegen,

r) Gesellschaften ungarischen Rechts mit der Bezeichnung: „közkereseti társaság", „betéti társaság", „közös vállalat", „korlátolt felelősségű társaság", „részvénytársaság", „egyesülés" oder „szövetkezet",

s) Gesellschaften maltesischen Rechts mit der Bezeichnung: „Kumpaniji ta' Responsabilita' Limitata" oder „Soċjetajiet en commandite li l-kapital tagħhom maqsum f'azzjonijiet",

t) Gesellschaften niederländischen Rechts mit der Bezeichnung „naamloze vennootschap", „besloten vennootschap met beperkte aansprakelijkheid", „open commanditaire vennootschap", „coöperatie", „onderlinge waarborgmaatschappij", „fonds voor gemene rekening", „vereniging op coöperatieve grondslag" oder „vereniging welke op onderlinge grondslag als verzekeraar of keredietinstelling optreedt" und andere nach niederländischem Recht gegründete Gesellschaften, die der niederländischen Körperschaftsteuer unterliegen,

u) Gesellschaften österreichischen Rechts mit der Bezeichnung „Aktiengesellschaft", „Gesellschaft mit beschränkter Haftung", „Versicherungsvereine auf Gegenseitigkeit", „Erwerbs- und Wirtschaftsgenossenschaften", „Betriebe gewerblicher Art von Körperschaften des öffentlichen Rechts" oder „Sparkassen" sowie andere nach österreichischem Recht gegründete Gesellschaften, die der österreichischen Körperschaftsteuer unterliegen,

v)[1] Gesellschaften polnischen Rechts mit der Bezeichnung „spółka akcyjna", „spółka z ograniczoną odpowiedzialnością" oder „spółka kommandytowo-akcyjna",

w) Gesellschaften portugiesischen Rechts in Form von Handelsgesellschaften oder zivilrechtlichen Handelsgesellschaften sowie Genossenschaften und öffentliche Unternehmen,

x)[1] Gesellschaften rumänischen Rechts mit der Bezeichnung „societăţi pe acţiuni", „societăţi în comandită pe acţiuni", „societăţi cu răspundere limitată", „societăţi în nume colectiv" oder „societăţi în comandită simplă",

y) Gesellschaften slowenischen Rechts mit der Bezeichnung „delniška družba", „komanditna družba" oder „družba z omejeno odgovornostjo",

---

[1] Anlage 2 Buchst. v) und x) neu gef. mWv 1. 1. 2016 (§ 52 Abs. 42a) durch G v. 2. 11. 2015 (BGBl. I S. 1834).

z) Gesellschaften slowakischen Rechts mit der Bezeichnung „akciová spoločnosť", „spoločnosť s ručením obmedzeným" oder „komanditná spoločnosť",

aa) Gesellschaften finnischen Rechts mit der Bezeichnung „osakeyhtiö"/„aktiebolag", „osuuskunta"/„andelslag", „säästöpankki"/„sparbank" oder „vakuutusyhtiö"/„försäkringsbolag",

bb) Gesellschaften schwedischen Rechts mit der Bezeichnung „aktiebolag", „försäkringsaktiebolag", „ekonomiska föreningar", „sparbanker", „ömsesidiga försäkringsbolag" oder „försäkringsföreningar",

cc) nach dem Recht des Vereinigten Königreichs gegründete Gesellschaften;

2. nach dem Steuerrecht eines Mitgliedstaates in Bezug auf den steuerlichen Wohnsitz als in diesem Staat ansässig betrachtet wird und auf Grund eines mit einem dritten Staat geschlossenen Doppelbesteuerungsabkommens in Bezug auf den steuerlichen Wohnsitz nicht als außerhalb der Gemeinschaft ansässig betrachtet wird und

3. ohne Wahlmöglichkeit einer der folgenden Steuern oder irgendeiner Steuer, die eine dieser Steuern ersetzt, unterliegt, ohne davon befreit zu sein:

- vennootschapsbelasting/impôt des sociétés in Belgien,
- корпоративен данък in Bulgarien,
- daň z příjmů právnických osob in der Tschechischen Republik,
- selskabsskat in Dänemark,
- Körperschaftsteuer in Deutschland,
- tulumaks in Estland,
- corporation tax in Irland,
- φόρος εισοδήματος νομικών προσώπων κερδοσκοπικού χαρακτήρα in Griechenland,
- impuesto sobre sociedades in Spanien,
- impôt sur les sociétés in Frankreich,
- porez na dobit in Kroatien,
- imposta sul reddito delle persone giuridiche in Italien,
- φόρος εισοδήματος in Zypern,
- uzņēmumu ienākuma nodoklis in Lettland,
- pelno mokestis in Litauen,
- impôt sur le revenu des collectivités in Luxemburg,
- társasági adó, osztalékadó in Ungarn,
- taxxa fuq l-income in Malta,
- vennootschapsbelasting in den Niederlanden,
- Körperschaftsteuer in Österreich,
- podatek dochodowy od osób prawnych in Polen,
- imposto sobre o rendimento das pessoas colectivas in Portugal,
- impozit pe profit in Rumänien,
- davek od dobička pravnih oseb in Slowenien,
- daň z príjmov právnických osôb in der Slowakei,
- yhteisöjen tulovero/inkomstskatten för samfund in Finnland,
- statlig inkomstskatt in Schweden,
- corporation tax im Vereinigten Königreich.

Anlage 3 (zu § 50 g)[1)]

1. Unternehmen im Sinne von § 50 g Absatz 3 Nummer 5 Buchstabe a Doppelbuchstabe aa sind:
   a) Gesellschaften belgischen Rechts mit der Bezeichnung „naamloze vennootschap"/„société anonyme", „commanditaire vennootschap op aandelen"/„société en commandite par actions" oder „besloten vennootschap met beperkte aansprakelijkheid"/„société privée à responsabilité limitée" sowie öffentlich-rechtliche Körperschaften, deren Tätigkeit unter das Privatrecht fällt;
   b) Gesellschaften dänischen Rechts mit der Bezeichnung „aktieselskab" und „anpartsselskab";
   c) Gesellschaften deutschen Rechts mit der Bezeichnung „Aktiengesellschaft", „Kommanditgesellschaft auf Aktien" oder „Gesellschaft mit beschränkter Haftung";
   d) Gesellschaften griechischen Rechts mit der Bezeichnung „ανώνυμη εταιρία";
   e) Gesellschaften spanischen Rechts mit der Bezeichnung „sociedad anónima", „sociedad comanditaria por acciones" oder „sociedad de responsabilidad limitada" sowie öffentlich-rechtliche Körperschaften, deren Tätigkeit unter das Privatrecht fällt;
   f) Gesellschaften französischen Rechts mit der Bezeichnung „société anonyme", „société en commandite par actions" oder „société à responsabilité limitée" sowie die staatlichen Industrie- und Handelsbetriebe und Unternehmen;
   g) Gesellschaften irischen Rechts mit der Bezeichnung „public companies limited by shares or by guarantee", „private companies limited by shares or by guarantee", gemäß den „Industrial and Provident Societies Acts" eingetragene Einrichtungen oder gemäß den „Building Societies Acts" eingetragene „building societies";
   h) Gesellschaften italienischen Rechts mit der Bezeichnung „società per azioni", „società in accomandita per azioni" oder „società a responsabilità limitata" sowie staatliche und private Industrie- und Handelsunternehmen;
   i) Gesellschaften luxemburgischen Rechts mit der Bezeichnung „société anonyme", „société en commandite par actions" oder „société à responsabilité limitée";
   j) Gesellschaften niederländischen Rechts mit der Bezeichnung „naamloze vennootschap" oder „besloten vennootschap met beperkte aansprakelijkheid";

[1)] Anlage 3 neu gef. durch G v. 25. 7. 2014 (BGBl. I S. 1266); zur erstmaligen Anwendung siehe § 52 Abs. 59 c Satz 2 a. F.:
„§ 50 g und die Anlage 3 (zu § 50 g) in der am 1. Juli 2013 geltenden Fassung sind erstmals auf Zahlungen anzuwenden, die nach dem 30. Juni 2013 erfolgen."

k) Gesellschaften österreichischen Rechts mit der Bezeichnung „Aktiengesellschaft“ oder „Gesellschaft mit beschränkter Haftung“;

l) Gesellschaften portugiesischen Rechts in Form von Handelsgesellschaften oder zivilrechtlichen Handelsgesellschaften sowie Genossenschaften und öffentliche Unternehmen;

m) Gesellschaften finnischen Rechts mit der Bezeichnung „osakeyhtiö/aktiebolag“, „osuuskunta/andelslag“, „säästöpankki/sparbank“ oder „vakuutusyhtiö/försäkringsbolag“;

n) Gesellschaften schwedischen Rechts mit der Bezeichnung „aktiebolag“ oder „försäkringsaktiebolag“;

o) nach dem Recht des Vereinigten Königreichs gegründete Gesellschaften;

p) Gesellschaften tschechischen Rechts mit der Bezeichnung „akciová spolecnost“, „spolecnost s rucením omezeným“, „verejná obchodní spolecnost“, „komanditní spolecnost“ oder „druzstvo“;

q) Gesellschaften estnischen Rechts mit der Bezeichnung „täisühing“, „usaldusühing“, „osaühing“, „aktsiaselts“ oder „tulundusühistu“;

r) Gesellschaften zyprischen Rechts, die nach dem Gesellschaftsrecht als Gesellschaften bezeichnet werden, Körperschaften des öffentlichen Rechts und sonstige Körperschaften, die als Gesellschaft im Sinne der Einkommensteuergesetze gelten;

s) Gesellschaften lettischen Rechts mit der Bezeichnung „akciju sabiedríba“ oder „sabiedríba ar ierobezotu atbildíbu“;

t) nach dem Recht Litauens gegründete Gesellschaften;

u) Gesellschaften ungarischen Rechts mit der Bezeichnung „közkereseti társaság“, „betéti társaság“, „közös vállalat“, „korlátolt felelosségv társaság“, „részvénytársaság“, „egyesülés“, „közhasznú társaság“ oder „szövetkezet“;

v) Gesellschaften maltesischen Rechts mit der Bezeichnung „Kumpaniji ta’ Responsabilita’ Limitata“oder „Soc̓jetajiet in akkomandita li l-kapital tagħhom maqsum f’azzjonijiet“;

w) Gesellschaften polnischen Rechts mit der Bezeichnung „spólka akcyjna“ oder „spólka z ograniczonå odpowiedzialno³ciå“;

x) Gesellschaften slowenischen Rechts mit der Bezeichnung „delniška druzba“, „komanditna delniška druzba“, „komanditna druzba“, „druzba z omejeno odgovornostjo“ oder „druzba z neomejeno odgovornostjo“;

y) Gesellschaften slowakischen Rechts mit der Bezeichnung „akciová spolocnos“, „spolocnosť s rucením obmedzeným“, „komanditná spolocnos“, „verejná obchodná spolocnos“ oder „druzstvo“;

aa) Gesellschaften bulgarischen Rechts mit der Bezeichnung „събирателното дружество“, „командитното дружество“, „дружеството с ограничена отговорност“, „акционерното дружество“, „командитното дружество с акции“,

„кооперации", „кооперативни съюзи" oder „държавни предприятия", die nach bulgarischem Recht gegründet wurden und gewerbliche Tätigkeiten ausüben;

bb) Gesellschaften rumänischen Rechts mit der Bezeichnung „societàţi pe acţiuni", „societàţi în comandità pe acţiuni" oder „societàţi cu ràspundere limitatà";

cc) Gesellschaften kroatischen Rechts mit der Bezeichnung „dionicko društvo" oder „društvo s ogranicenom odgovornošću" und andere nach kroatischem Recht gegründete Gesellschaften, die der kroatischen Gewinnsteuer unterliegen.

2. Steuern im Sinne von § 50g Absatz 3 Nummer 5 Buchstabe a Doppelbuchstabe cc sind:
– impôt des sociétés/vennootschapsbelasting in Belgien,
– selskabsskat in Dänemark,
– Körperschaftsteuer in Deutschland,
– φόρος εισοδήματος νομικών προσώπων in Griechenland,
– impuesto sobre sociedades in Spanien,
– impôt sur les sociétés in Frankreich,
– corporation tax in Irland,
– imposta sul reddito delle persone giuridiche in Italien,
– impôt sur le revenu des collectivités in Luxemburg,
– vennootschapsbelasting in den Niederlanden,
– Körperschaftsteuer in Österreich,
– imposto sobre o rendimento da pessoas colectivas in Portugal,
– yhteisöjen tulovero/inkomstskatten för samfund in Finnland,
– statlig inkomstskatt in Schweden,
– corporation tax im Vereinigten Königreich,
– Daň z příjmů právnických osob in der Tschechischen Republik,
– Tulumaks in Estland,
– φόρος εισοδήματος in Zypern,
– Uzņēmumu ienākuma nodoklis in Lettland,
– Pelno mokestis in Litauen,
– Társasági adó in Ungarn,
– Taxxa fuq l-income in Malta,
– Podatek dochodowy od osµb prawnych in Polen,
– Davek od dobicka pravnih oseb in Slowenien,
– Daň z príjmov právnických osôb in der Slowakei,
– корпоративен данък in Bulgarien,
– impozit pe profit, impozitul pe veniturile obţinute din România de nerezidenţi in Rumänien,
– porez na dobit in Kroatien.

1a. Solidaritätszuschlaggesetz 1995 (SolzG 1995)

In der Fassung der Bekanntmachung vom 15. Oktober 2002 (BGBl. I S. 4130)[1]

Geändert durch Zweites Gesetz für moderne Dienstleistungen am Arbeitsmarkt vom 23. 12. 2002 (BGBl. I S. 4621), Jahressteuergesetz 2007 vom 13. 12. 2006 (BGBl. I S. 2878), Jahressteuergesetz 2008 vom 20. 12. 2007 (BGBl. I S. 3150), Jahressteuergesetz 2009 vom 19. 12. 2008 (BGBl. I S. 2794), Familienleistungsgesetz vom 22. 12. 2008 (BGBl. I S. 2955), Wachstumsbeschleunigungsgesetz vom 22. 12. 2009 (BGBl. I S. 3950), Jahressteuergesetz 2010 (JStG 2010) vom 8.12. 2010 (BGBl. I S. 1768), Beitreibungsrichtlinie-Umsetzungsgesetz (BeitrRLUmsG) vom 7. 12. 2011 (BGBl. I S. 2592) und Gesetz zur Anhebung des Grundfreibetrags, des Kinderfreibetrags, des Kindergeldes und des Kinderzuschlags vom 16. 7. 2015 (BGBl. I S. 1202)

BGBl. III/FNA 610-6-12

§ 1 Erhebung eines Solidaritätszuschlags. (1) Zur Einkommensteuer und zur Körperschaftsteuer wird ein Solidaritätszuschlag als Ergänzungsabgabe erhoben.

(2) Auf die Festsetzung und Erhebung des Solidaritätszuschlags sind die Vorschriften des Einkommensteuergesetzes und des Körperschaftsteuergesetzes entsprechend anzuwenden.

(3) Ist die Einkommen- oder Körperschaftsteuer für Einkünfte, die dem Steuerabzug unterliegen, durch den Steuerabzug abgegolten oder werden solche Einkünfte bei der Veranlagung zur Einkommen- oder Körperschaftsteuer oder beim Lohnsteuer-Jahresausgleich nicht erfasst, gilt dies für den Solidaritätszuschlag entsprechend.

(4) [1] Die Vorauszahlungen auf den Solidaritätszuschlag sind gleichzeitig mit den festgesetzten Vorauszahlungen auf die Einkommensteuer oder Körperschaftsteuer zu entrichten; § 37 Abs. 5 des Einkommensteuergesetzes ist nicht anzuwenden. [2] Solange ein Bescheid über die Vorauszahlungen auf den Solidaritätszuschlag nicht erteilt worden ist, sind die Vorauszahlungen ohne besondere Aufforderung nach Maßgabe der für den Solidaritätszuschlag geltenden Vorschriften zu entrichten. [3] § 240 Abs. 1 Satz 3 der Abgabenordnung ist insoweit nicht anzuwenden; § 254 Abs. 2 der Abgabenordnung gilt insoweit sinngemäß.

(5) [1] Mit einem Rechtsbehelf gegen den Solidaritätszuschlag kann weder die Bemessungsgrundlage noch die Höhe des zu versteuernden Einkommens angegriffen werden. [2] Wird die Bemessungsgrundlage geändert, ändert sich der Solidaritätszuschlag entsprechend.

---

[1] Neubekanntmachung des SolzG 1995 v. 23. 6. 1993 (BGBl. I S. 944, 975) auf Grund des Art. 15 5. G zur Änd. des Steuerbeamtenausbildungsgesetzes v. 23. 7. 2002 (BGBl. I S. 2715) in der ab 27. 7. 2002 geltenden Fassung.

§ 2 Abgabepflicht. Abgabepflichtig sind

1. natürliche Personen, die nach § 1 des Einkommensteuergesetzes einkommensteuerpflichtig sind,
2. natürliche Personen, die nach § 2 des Außensteuergesetzes erweitert beschränkt steuerpflichtig sind,
3. Körperschaften, Personenvereinigungen und Vermögensmassen, die nach § 1 oder § 2 des Körperschaftsteuergesetzes körperschaftsteuerpflichtig sind.

§ 3 Bemessungsgrundlage und zeitliche Anwendung. (1) Der Solidaritätszuschlag bemisst sich vorbehaltlich der Absätze 2 bis 5,

1. soweit eine Veranlagung zur Einkommensteuer oder Körperschaftsteuer vorzunehmen ist:
   nach der nach Absatz 2 berechneten Einkommensteuer oder der festgesetzten Körperschaftsteuer für Veranlagungszeiträume ab 1998, vermindert um die anzurechnende oder vergütete Körperschaftsteuer, wenn ein positiver Betrag verbleibt;
2. soweit Vorauszahlungen zur Einkommensteuer oder Körperschaftsteuer zu leisten sind:
   nach den Vorauszahlungen auf die Steuer für Veranlagungszeiträume ab 2002;
3. soweit Lohnsteuer zu erheben ist:
   nach der nach Absatz 2a berechneten Lohnsteuer für
   a) laufenden Arbeitslohn, der für einen nach dem 31. Dezember 1997 endenden Lohnzahlungszeitraum gezahlt wird,
   b) sonstige Bezüge, die nach dem 31. Dezember 1997 zufließen;
4. soweit ein Lohnsteuer-Jahresausgleich durchzuführen ist, nach der nach Absatz 2a sich ergebenden Jahreslohnsteuer für Ausgleichsjahre ab 1998;
5. soweit Kapitalertragsteuer oder Zinsabschlag zu erheben ist außer in den Fällen des § 43b des Einkommensteuergesetzes:
   nach der ab 1. Januar 1998 zu erhebenden Kapitalertragsteuer oder dem ab diesem Zeitpunkt zu erhebenden Zinsabschlag;
6. soweit bei beschränkt Steuerpflichtigen ein Steuerabzugsbetrag nach § 50a des Einkommensteuergesetzes zu erheben ist:
   nach dem ab 1. Januar 1998 zu erhebenden Steuerabzugsbetrag.

(2) Bei der Veranlagung zur Einkommensteuer ist Bemessungsgrundlage für den Solidaritätszuschlag die Einkommensteuer, die abweichend von § 2 Abs. 6 des Einkommensteuergesetzes unter Berücksichtigung von Freibeträgen nach § 32 Abs. 6 des Einkommensteuergesetzes in allen Fällen des § 32 des Einkommensteuergesetzes festzusetzen wäre.

(2a)[1] [1]Vorbehaltlich des § 40a Absatz 2 des Einkommensteuergesetzes ist beim Steuerabzug vom Arbeitslohn Bemessungsgrundlage die Lohnsteuer;

---

[1] § 3 Absatz 2a erstmals anzuwenden ab VZ 2002 (§ 6 Abs. 8); 1. HS geänd. durch G v. 23. 12. 2002 (BGBl. I S. 4621).

beim Steuerabzug vom laufenden Arbeitslohn und beim Jahresausgleich ist die Lohnsteuer maßgebend, die sich ergibt, wenn der nach § 39 b Absatz 2 Satz 5 des Einkommensteuergesetzes zu versteuernde Jahresbetrag für die Steuerklassen I, II und III im Sinne des § 38 b des Einkommensteuergesetzes um den Kinderfreibetrag von *4368*[1] [***ab 1. 12. 2015:*** 4512; ***ab 1. 1. 2016:*** 4608][2] Euro sowie den Freibetrag für den Betreuungs- und Erziehungs- oder Ausbildungsbedarf von 2640[1] Euro und für die Steuerklasse IV im Sinne des § 38 b des Einkommensteuergesetzes um den Kinderfreibetrag von *2184*[1] [***ab 1. 12. 2015:*** 2256; ***ab 1. 1. 2016:*** 2304][2] Euro sowie den Freibetrag für den Betreuungs- und Erziehungs- oder Ausbildungsbedarf von 1320[1] Euro für jedes Kind vermindert wird, für das eine Kürzung der Freibeträge für Kinder nach § 32 Absatz 6 Satz 4 des Einkommensteuergesetzes nicht in Betracht kommt. [2]Bei der Anwendung des § 39 b des Einkommensteuergesetzes für die Ermittlung des Solidaritätszuschlages ist die als Lohnsteuerabzugsmerkmal gebildete Zahl der Kinderfreibeträge maßgebend.[3] [3]Bei Anwendung des § 39 f des Einkommensteuergesetzes ist beim Steuerabzug vom laufenden Arbeitslohn die Lohnsteuer maßgebend, die sich bei Anwendung des nach § 39 f Abs. 1 des Einkommensteuergesetzes ermittelten Faktors auf den nach den Sätzen 1 und 2 ermittelten Betrag ergibt.[4]

(3)[5] [1]Der Solidaritätszuschlag ist von einkommensteuerpflichtigen Personen nur zu erheben, wenn die Bemessungsgrundlage nach Absatz 1 Nummer 1 und 2, vermindert um die Einkommensteuer nach § 32 d Absatz 3 und 4 des Einkommensteuergesetzes,

1. in den Fällen des § 32 a Absatz 5 und 6 des Einkommensteuergesetzes 1944 Euro,
2. in anderen Fällen 972 Euro

übersteigt. [2]Auf die Einkommensteuer nach § 32 d Absatz 3 und 4 des Einkommensteuergesetzes ist der Solidaritätszuschlag ungeachtet des Satzes 1 zu erheben.

(4) [1]Beim Abzug vom laufenden Arbeitslohn ist der Solidaritätszuschlag nur zu erheben, wenn die Bemessungsgrundlage im jeweiligen Lohnzahlungszeitraum

1. bei monatlicher Lohnzahlung
   a) in der Steuerklasse III mehr als 162 Euro und
   b) in den Steuerklassen I, II, IV bis VI mehr als 81 Euro,
2. bei wöchentlicher Lohnzahlung
   a) in der Steuerklasse III mehr als 37,80 Euro und
   b) in den Steuerklassen I, II, IV bis VI mehr als 18,90 Euro,

---

[1] Betrag geänd. mWv VZ 2010 (§ 6 Abs. 11) durch G v. 22. 12. 2009 (BGBl. I S. 3950).

[2] Beträge geänd. mWv 1. 12. 2015/1. 1. 2016 durch G v. 16. 7. 2015 (BGBl. I S. 1202); zur Anwendung siehe § 6 Abs. 14 und 15.

[3] § 3 Abs. 2 a Satz 2 angef. durch G v. 13. 12. 2006 (BGBl. I S. 2878); geänd. mWv VZ 2012 (§ 6 Abs. 13) durch G v. 7. 12. 2011 (BGBl. I S. 2592).

[4] § 3 Abs. 2 a Satz 3 angef. durch G v. 19. 12. 2008 (BGBl. I S. 2794).

[5] § 3 Abs. 3 Satz 1 geänd., Satz 2 angef. durch G v. 8. 12. 2010 (BGBl. I S. 1768); zur Anwendung siehe § 6 Abs. 12.

3. bei täglicher Lohnzahlung
   a) in der Steuerklasse III mehr als 5,40 Euro und
   b) in den Steuerklassen I, II, IV bis VI mehr als 2,70 Euro

beträgt. [2] § 39b Abs. 4 des Einkommensteuergesetzes ist sinngemäß anzuwenden.

(5) Beim Lohnsteuer-Jahresausgleich ist der Solidaritätszuschlag nur zu ermitteln, wenn die Bemessungsgrundlage in Steuerklasse III mehr als 1944 Euro und in den Steuerklassen I, II oder IV mehr als 972 Euro beträgt.

§ 4[1)] Zuschlagsatz. [1]Der Solidaritätszuschlag beträgt 5,5 Prozent der Bemessungsgrundlage. [2]Er beträgt nicht mehr als 20 Prozent des Unterschiedsbetrages zwischen der Bemessungsgrundlage, vermindert um die Einkommensteuer nach § 32d Absatz 3 und 4 des Einkommensteuergesetzes, und der nach § 3 Absatz 3 bis 5 jeweils maßgebenden Freigrenze. [3]Bruchteile eines Cents bleiben außer Ansatz. [4]Der Solidaritätszuschlag auf die Einkommensteuer nach § 32d Absatz 3 und 4 des Einkommensteuergesetzes beträgt ungeachtet des Satzes 2 5,5 Prozent.

§ 5 Doppelbesteuerungsabkommen. Werden auf Grund eines Abkommens zur Vermeidung der Doppelbesteuerung im Geltungsbereich dieses Gesetzes erhobene Steuern vom Einkommen ermäßigt, so ist diese Ermäßigung zuerst auf den Solidaritätszuschlag zu beziehen.

§ 6 Anwendungsvorschrift. (1) § 2 in der Fassung des Gesetzes vom 18. Dezember 1995 (BGBl. I S. 1959) ist ab dem Veranlagungszeitraum 1995 anzuwenden.

(2) Das Gesetz in der Fassung des Gesetzes vom 11. Oktober 1995 (BGBl. I S. 1250) ist erstmals für den Veranlagungszeitraum 1996 anzuwenden.

(3) Das Gesetz in der Fassung des Gesetzes vom 21. November 1997 (BGBl. I S. 2743) ist erstmals für den Veranlagungszeitraum 1998 anzuwenden.

(4) Das Gesetz in der Fassung des Gesetzes vom 23. Oktober 2000 (BGBl. I S. 1433) ist erstmals für den Veranlagungszeitraum 2001 anzuwenden.

(5) Das Gesetz in der Fassung des Gesetzes vom 21. Dezember 2000 (BGBl. I S. 1978) ist erstmals für den Veranlagungszeitraum 2001 anzuwenden.

(6) Das Solidaritätszuschlaggesetz 1995 in der Fassung des Artikels 6 des Gesetzes vom 19. Dezember 2000 (BGBl. I S. 1790) ist erstmals für den Veranlagungszeitraum 2002 anzuwenden.

[1)] § 4 Satz 2 geänd., Satz 4 angef. durch G v. 8. 12. 2010 (BGBl. I S. 1768); zur Anwendung siehe § 6 Abs. 12.

(7) § 1 Abs. 2a in der Fassung des Gesetzes zur Regelung der Bemessungsgrundlage für Zuschlagsteuern vom 21. Dezember 2000 (BGBl. I S. 1978, 1979) ist letztmals für den Veranlagungszeitraum 2001 anzuwenden.

(8) § 3 Abs. 2a *in der Fassung des Gesetzes zur Regelung der Bemessungsgrundlage für Zuschlagsteuern vom 21. Dezember 2000 (BGBl. I S. 1978, 1979)*[1] ist erstmals für den Veranlagungszeitraum 2002 anzuwenden.

(9)[2] § 3 in der Fassung des Artikels 7 des Gesetzes vom 20. 12. 2007 (BGBl. I S. 3150) ist erstmals für den Veranlagungszeitraum 2008 anzuwenden.

(10)[3] § 3 in der Fassung des Artikels 5 des Gesetzes vom 22. Dezember 2008 (BGBl. I S. 2955) ist erstmals für den Veranlagungszeitraum 2009 anzuwenden.

(11)[4] § 3 in der Fassung des Artikels 9 des Gesetzes vom 22. Dezember 2009 (BGBl. I S. 3950) ist erstmals für den Veranlagungszeitraum 2010 anzuwenden.

(12)[5] [1]§ 3 Absatz 3 und § 4 in der Fassung des Artikels 31 des Gesetzes vom 8. Dezember 2010 (BGBl. I S. 1768) sind erstmals für den Veranlagungszeitraum 2011 anzuwenden. [2]Abweichend von Satz 1 sind § 3 Absatz 3 und § 4 in der Fassung des Artikels 31 des Gesetzes vom 8. Dezember 2010 (BGBl. I S. 1768) auch für die Veranlagungszeiträume 2009 und 2010 anzuwenden, soweit sich dies zu Gunsten des Steuerpflichtigen auswirkt.

(13)[6] § 3 Absatz 2a Satz 2 in der Fassung des Artikels 6 des Gesetzes vom 7. Dezember 2011 (BGBl. I S. 2592) ist erstmals für den Veranlagungszeitraum 2012 anzuwenden.

(14)[7] [1]§ 3 Absatz 2a Satz 1 in der am 23. Juli 2015 geltenden Fassung ist erstmals anzuwenden auf laufenden Arbeitslohn, der für einen nach dem 30. November 2015 endenden Lohnzahlungszeitraum gezahlt wird, und auf sonstige Bezüge, die nach dem 30. November 2015 zufließen. [2]Bei der Lohnsteuerberechnung auf laufenden Arbeitslohn, der für einen nach dem 30. November 2015, aber vor dem 1. Januar 2016 endenden täglichen, wöchentlichen und monatlichen Lohnzahlungszeitraum gezahlt wird, ist zu berücksichtigen, dass § 3 Absatz 2a Satz 1 in der am 23. Juli 2015 geltenden Fassung bis zum 30. November 2015 nicht angewandt wurde (Nachholung). [3]Das Bundesministerium der Finanzen hat dies im Einvernehmen mit den obersten Finanzbehörden der Länder bei der Aufstellung und Bekanntmachung der entsprechenden Programmablaufpläne zu berücksichtigen (§ 52 Absatz 32a Satz 3 des Einkommensteuergesetzes).

---

[1] Redaktionelles Versehen des Gesetzgebers – müsste richtig lauten: idF des Zweiten Gesetzes zur Familienförderung v. 16. 8. 2001 (BGBl. I S. 2074) bzw. idF des Fünften Gesetzes zur Änderung des Steuerbeamten-Ausbildungsgesetzes und zur Änderung von Steuergesetzen v. 23. 7. 2002 (BGBl. I S. 2715).

[2] § 6 Abs. 9 angef. durch G v. 20. 12. 2007 (BGBl. I S. 3150).

[3] § 6 Abs. 10 angef. durch G v. 22. 12. 2008 (BGBl. I S. 2955).

[4] § 6 Abs. 11 angef. durch G v. 22. 12. 2009 (BGBl. I S. 3950).

[5] § 6 Abs. 12 angef. durch G v. 8. 12. 2010 (BGBl. I S. 1768).

[6] § 6 Abs. 13 angef. durch G v. 7. 12. 2011 (BGBl. I S. 2592).

[7] § 6 Abs. 14 angef. durch G v. 16. 7. 2015 (BGBl. I S. 1202).

(15)[1] § 3 Absatz 2a in der am 1. Januar 2016 geltenden Fassung ist erstmals auf den laufenden Arbeitslohn anzuwenden, der für einen nach dem 31. Dezember 2015 endenden Lohnzahlungszeitraum gezahlt wird, und auf sonstige Bezüge, die nach dem 31. Dezember 2015 zufließen.

---

[1] § 6 Abs. 15 angef. durch G v. 16. 7. 2015 (BGBl. I S. 1202).

2. Richtlinie 2011/96/EU des Rates über das gemeinsame Steuersystem der Mutter- und Tochtergesellschaften verschiedener Mitgliedstaaten

Vom 30. November 2011 (ABl. EU Nr. L 345 S. 9)

Zuletzt geändert durch RL 2015/121/EU vom 27. 1. 2015 (ABl. EU Nr. L 21 S. 1)

Art. 1[1)] **[Anwendungsbereich]** (1) Jeder Mitgliedstaat wendet diese Richtlinie an

a) auf Gewinnausschüttungen, die Gesellschaften dieses Mitgliedstaats von Tochtergesellschaften eines anderen Mitgliedstaats zufließen;

b) auf Gewinnausschüttungen von Tochtergesellschaften dieses Mitgliedstaats an Gesellschaften anderer Mitgliedstaaten;

c) auf Gewinnausschüttungen, die in diesem Mitgliedstaat gelegenen Betriebstätten von Gesellschaften anderer Mitgliedstaaten von ihren Tochtergesellschaften eines anderen Mitgliedstaats als dem der Betriebstätte zufließen;

d) auf Gewinnausschüttungen von Gesellschaften dieses Mitgliedstaats an in einem anderen Mitgliedstaat gelegene Betriebstätten von Gesellschaften dieses Mitgliedstaats, deren Tochtergesellschaften sie sind.

(2) Liegt – unter Berücksichtigung aller relevanten Fakten und Umstände – eine unangemessene Gestaltung oder eine unangemessene Abfolge von Gestaltungen vor, bei der der wesentliche Zweck oder einer der wesentlichen Zwecke darin besteht, einen steuerlichen Vorteil zu erlangen, der dem Ziel oder Zweck dieser Richtlinie zuwiderläuft, so gewähren die Mitgliedstaaten Vorteile dieser Richtlinie nicht.

Eine Gestaltung kann mehr als einen Schritt oder Teil umfassen.

(3) Für die Zwecke von Absatz 2 gilt eine Gestaltung oder eine Abfolge von Gestaltungen in dem Umfang als unangemessen, wie sie nicht aus triftigen wirtschaftlichen Gründen vorgenommen wurde, die die wirtschaftliche Realität widerspiegeln.

(4) Die vorliegende Richtlinie steht der Anwendung einzelstaatlicher oder vertraglicher Bestimmungen zur Verhinderung von Steuerhinterziehung, Steuerbetrug oder Missbrauch nicht entgegen.

Art. 2 [Begriffsbestimmungen] Für die Zwecke dieser Richtlinie gelten folgende Begriffsbestimmungen:

a) „Gesellschaft eines Mitgliedstaats“ ist jede Gesellschaft,

i) die eine der in Anhang I Teil A aufgeführten Formen aufweist;

ii) die nach dem Steuerrecht eines Mitgliedstaats in Bezug auf den steuerlichen Wohnsitz als in diesem Mitgliedstaat ansässig und aufgrund eines

---

[1)] Art. 1 Abs. 2 ersetzt durch Abs. 2 bis 4 mWv 17. 2. 2015 durch RL 2015/121/EU v. 27. 1. 2015 (ABl. EU Nr. L 21 S. 1).

mit einem dritten Staat geschlossenen Doppelbesteuerungsabkommens in Bezug auf den steuerlichen Wohnsitz nicht als außerhalb der Union ansässig betrachtet wird;

iii) die ferner ohne Wahlmöglichkeit einer der in Anhang I Teil B aufgeführten Steuern oder irgendeiner Steuer, die eine dieser Steuern ersetzt, unterliegt, ohne davon befreit zu sein.

b) „Betriebstätte" ist eine feste Geschäftseinrichtung in einem Mitgliedstaat, durch die die Tätigkeit einer Gesellschaft eines anderen Mitgliedstaats ganz oder teilweise ausgeübt wird, sofern die Gewinne dieser Geschäftseinrichtung in dem Mitgliedstaat, in dem sie gelegen ist, nach dem jeweils geltenden bilateralen Doppelbesteuerungsabkommen oder – in Ermangelung eines solchen Abkommens – nach innerstaatlichem Recht steuerpflichtig sind.

Art. 3 [Mutter- und Tochtergesellschaft] (1) Im Sinne dieser Richtlinie

a) gilt als „Muttergesellschaft"

i) wenigstens eine Gesellschaft eines Mitgliedstaats, die die Bedingungen des Artikels 2 erfüllt und die einen Anteil von wenigstens 10% am Kapital einer Gesellschaft eines anderen Mitgliedstaats hält, die die gleichen Bedingungen erfüllt;

ii) unter denselben Bedingungen eine Gesellschaft eines Mitgliedstaats, die einen Anteil von wenigstens 10% am Kapital einer Gesellschaft desselben Mitgliedstaats hält, der ganz oder teilweise von einer in einem anderen Mitgliedstaat gelegenen Betriebstätte der erstgenannten Gesellschaft gehalten wird;

b) ist „Tochtergesellschaft" die Gesellschaft, an deren Kapital eine andere Gesellschaft den in Buchstabe a genannten Anteil hält.

(2) Abweichend von Absatz 1 haben die Mitgliedstaaten die Möglichkeit,

a) durch bilaterale Vereinbarung als Kriterium die Stimmrechte statt des Kapitalanteils vorzusehen,

b) von dieser Richtlinie ihre Gesellschaften auszunehmen, die nicht während eines ununterbrochenen Zeitraums von mindestens zwei Jahren im Besitz einer Beteiligung bleiben, aufgrund deren sie als Muttergesellschaften gelten, oder an denen eine Gesellschaft eines anderen Mitgliedstaats nicht während eines ununterbrochenen Zeitraums von mindestens zwei Jahren eine solche Beteiligung hält.

Art. 4 [Bewertungsgrundsätze] (1) Fließen einer Muttergesellschaft oder ihrer Betriebstätte aufgrund der Beteiligung der Muttergesellschaft an der Tochtergesellschaft Gewinne zu, die nicht anlässlich der Liquidation der Tochtergesellschaft ausgeschüttet werden, so

a)[1] besteuern der Mitgliedstaat der Muttergesellschaft und der Mitgliedstaat der Betriebsstätte diese Gewinne insoweit nicht, als sie von der Tochtergesellschaft nicht abgezogen werden können, und besteuern sie diese Gewin-

---

[1] Art. 4 Abs. 1 Buchst. a neu gef. mWv 14. 8. 2014 durch RL 2014/86/EU v. 8. 7. 2014 (ABl. EU Nr. L 219 S. 40).

ne insoweit, als sie von der Tochtergesellschaft abgezogen werden können, oder

b) lassen der Mitgliedstaat der Muttergesellschaft und der Staat der Betriebstätte im Falle einer Besteuerung zu, dass die Muttergesellschaft und die Betriebstätte auf die geschuldete Steuer den Steuerteilbetrag, den die Tochtergesellschaft und jegliche Enkelgesellschaft für diesen Gewinn entrichten, bis zur Höhe der entsprechenden Steuerschuld anrechnen können, vorausgesetzt, dass die Gesellschaft und die ihr nachgeordnete Gesellschaft im Sinne von Artikel 2 auf jeder Stufe die Bedingungen gemäß Artikel 3 erfüllen.

(2) Diese Richtlinie hindert den Mitgliedstaat der Muttergesellschaft nicht daran, eine Tochtergesellschaft aufgrund seiner Bewertung der rechtlichen Merkmale dieser Tochtergesellschaft, die sich aus dem Recht, nach dem sie gegründet wurde, ergeben, als steuerlich transparent zu betrachten und daher die Muttergesellschaft im Zeitpunkt der Entstehung in Höhe des auf die Muttergesellschaft entfallenden Anteils am Gewinn der Tochtergesellschaft zu besteuern. In diesem Fall besteuert der Mitgliedstaat der Muttergesellschaft die von der Tochtergesellschaft ausgeschütteten Gewinne nicht.

Bestimmt der Mitgliedstaat der Muttergesellschaft deren Anteil an den ihr zuzurechnenden Gewinnen ihrer Tochtergesellschaft im Zeitpunkt der Entstehung, so gewährt er entweder eine Steuerbefreiung dieser Gewinne oder gestattet, dass die Muttergesellschaft auf die geschuldete Steuer den Teilbetrag

(Fortsetzung nächstes Blatt)

der Körperschaftssteuer, der sich auf den Gewinnanteil der Muttergesellschaft bezieht und den ihre Tochtergesellschaft und jede Enkelgesellschaft für diese Gewinne entrichten, bis zur Höhe der entsprechenden Steuerschuld anrechnen kann, vorausgesetzt, dass die Gesellschaft und die ihr nachgeordnete Gesellschaft im Sinne von Artikel 2 auf jeder Stufe die Bedingungen gemäß Artikel 3 erfüllen.

(3) Jeder Mitgliedstaat kann bestimmen, dass Kosten der Beteiligung an der Tochtergesellschaft und Minderwerte, die sich aufgrund der Ausschüttung ihrer Gewinne ergeben, nicht vom steuerpflichtigen Gewinn der Muttergesellschaft abgesetzt werden können.

Werden in diesem Fall die mit der Beteiligung zusammenhängenden Verwaltungskosten pauschal festgesetzt, so darf der Pauschalbetrag 5% der von der Tochtergesellschaft ausgeschütteten Gewinne nicht übersteigen.

(4) Die Absätze 1 und 2 gelten bis zum Zeitpunkt der tatsächlichen Anwendung eines gemeinsamen Körperschaftssteuersystems.

(5) Der Rat erlässt gemäß einem besonderen Gesetzgebungsverfahren einstimmig und nach Anhörung des Europäischen Parlaments und des Wirtschafts- und Sozialausschusses rechtzeitig die ab dem Zeitpunkt der tatsächlichen Anwendung eines gemeinsamen Körperschaftssteuersystems geltenden Bestimmungen.

Art. 5 [Steuerabzug von der Quelle] Die von einer Tochtergesellschaft an ihre Muttergesellschaft ausgeschütteten Gewinne sind vom Steuerabzug an der Quelle befreit.

Art. 6 [Ausschluss des Steuerabzugs] Der Mitgliedstaat der Muttergesellschaft kann keinen Steuerabzug an der Quelle auf Gewinne vornehmen, die diese Gesellschaft von ihrer Tochtergesellschaft bezieht.

Art. 7 [Abgrenzungsvorschriften] (1) Der in dieser Richtlinie verwendete Ausdruck „Steuerabzug an der Quelle" umfasst nicht die in Verbindung mit der Ausschüttung von Gewinnen an die Muttergesellschaft erfolgende Vorauszahlung der Körperschaftssteuer an den Sitzmitgliedstaat der Tochtergesellschaft.

(2) Diese Richtlinie berührt nicht die Anwendung einzelstaatlicher oder vertraglicher Bestimmungen, die die Beseitigung oder Minderung der Doppelbesteuerung der Dividenden bezwecken, und insbesondere nicht die Bestimmungen, die die Auszahlung von Steuerkrediten an die Dividendenempfänger betreffen.

Art. 8 [Umsetzungsfrist] (1) Die Mitgliedstaaten setzen die Rechts- und Verwaltungsvorschriften in Kraft, die erforderlich sind, um dieser Richtlinie spätestens bis zum 18. Januar 2012 nachzukommen. Sie setzen die Kommission unverzüglich davon in Kenntnis.

Wenn die Mitgliedstaaten diese Vorschriften erlassen, nehmen sie in den Vorschriften selbst oder durch einen Hinweis bei der amtlichen Veröffentlichung auf diese Richtlinie Bezug. Die Mitgliedstaaten regeln die Einzelheiten der Bezugnahme.

(2) Die Mitgliedstaaten teilen der Kommission den Wortlaut der wichtigsten innerstaatlichen Rechtsvorschriften mit, die sie auf dem unter diese Richtlinie fallenden Gebiet erlassen; der Mitteilung ist eine Tabelle der Entsprechungen zwischen diesen Rechtsvorschriften und der vorliegenden Richtlinie beigefügt.

Art. 9 [Aufgehobene Fassung][1] Die Richtlinie 90/435/EWG, in der Fassung der in Anhang II Teil A aufgeführten Rechtsakte, wird unbeschadet der Verpflichtung der Mitgliedstaaten hinsichtlich der in Anhang II Teil B genannten Fristen für die Umsetzung in innerstaatliches Recht aufgehoben.

Bezugnahmen auf die aufgehobene Richtlinie gelten als Bezugnahmen auf die vorliegende Richtlinie und sind nach Maßgabe der Entsprechungstabelle in Anhang III zu lesen.

Art. 10 [Inkrafttreten] Diese Richtlinie tritt am zwanzigsten Tag nach ihrer Veröffentlichung im Amtsblatt der Europäischen Union in Kraft.[2]

Art. 11 [Adressat] Diese Richtlinie ist an die Mitgliedstaaten gerichtet.

ANHANG I

TEIL A

Liste der unter Artikel 2 Buchstabe a Ziffer i fallenden Gesellschaften

a) Die gemäß der Verordnung (EG) Nr. 2157/2001 des Rates vom 8. Oktober 2001 über das Statut der Europäischen Gesellschaft (SE)[3] und der Richtlinie 2001/86/EG des Rates vom 8. Oktober 2001 zur Ergänzung des Statuts der Europäischen Gesellschaft hinsichtlich der Beteiligung der Arbeitnehmer[4] gegründeten Gesellschaften sowie die gemäß der Verordnung (EG) Nr. 1435/2003 des Rates vom 22. Juli 2003 über das Statut der Europäischen Genossenschaft (SCE)[5] und gemäß der Richtlinie 2003/72/EG des Rates vom 22. Juli 2003 zur Ergänzung des Statuts der Europäischen Genossenschaft hinsichtlich der Beteiligung der Arbeitnehmer[6] gegründeten Genossenschaften,

b) Gesellschaften belgischen Rechts mit der Bezeichnung „société anonyme"/„naamloze vennootschap", „société en commandite par actions"/„commanditaire vennootschap op aandelen", „société privée à responsabilité limitée"/„besloten vennootschap met beperkte aansprakelijkheid", „société coopérative à responsabilité limitée"/„coöperatieve vennootschap met beperkte aansprakelijkheid", „société coopérative à responsabilité illimitée"/„coöperatieve vennootschap met onbeperkte aansprakelijkheid", „société en nom collectif"/„vennootschap onder firma" oder „société en commandite simple"/„gewone commanditaire vennootschap", öffentliche Unternehmen, die eine der genannten Rechts-

---

[1] Anhang II.
[2] 18. 1. 2012.
[3] **[Amtl. Anm.:]** ABl. L 294 vom 10. 11. 2001, S. 1.
[4] **[Amtl. Anm.:]** ABl. L 294 vom 10. 11. 2001, S. 22.
[5] **[Amtl. Anm.:]** ABl. L 207 vom 18. 8. 2003, S. 1.
[6] **[Amtl. Anm.:]** ABl. L 207 vom 18. 8. 2003, S. 25.

formen angenommen haben, und andere nach belgischem Recht gegründete Gesellschaften, die der belgischen Körperschaftssteuer unterliegen,

c) Gesellschaften bulgarischen Rechts mit der Bezeichnung „събирателно дружество“, „командитно дружество“, „дружество с ограничена отговорност“, „акционерно дружество“, „командитно дружество с акции“, „неперсонифицирано дружество“, „кооперации“, „кооперативни съюзи“ oder „държавни предприятия“, die nach bulgarischem Recht gegründet wurden und gewerbliche Tätigkeiten ausüben,

d) Gesellschaften tschechischen Rechts mit der Bezeichnung „akciová spolecnost“ oder „spolecnost s rucením omezeným“,

e) Gesellschaften dänischen Rechts mit der Bezeichnung „aktieselskab“ oder „anpartsselskab“. Weitere nach dem Körperschaftssteuergesetz steuerpflichtige Gesellschaften, soweit ihr steuerbarer Gewinn nach den allgemeinen steuerrechtlichen Bestimmungen für die „aktieselskaber“ ermittelt und besteuert wird,

f) Gesellschaften deutschen Rechts mit der Bezeichnung „Aktiengesellschaft“, „Kommanditgesellschaft auf Aktien“, „Gesellschaft mit beschränkter Haftung“, „Versicherungsverein auf Gegenseitigkeit“, „Erwerbs- und Wirtschaftsgenossenschaft“ oder „Betrieb gewerblicher Art von juristischen Personen des öffentlichen Rechts“ und andere nach deutschem Recht gegründete Gesellschaften, die der deutschen Körperschaftssteuer unterliegen,

g) Gesellschaften estnischen Rechts mit der Bezeichnung „täisühing“, „usaldusühing“, „osaühing“, „aktsiaselts“ oder „tulundusühistu“,

h) nach irischem Recht gegründete oder eingetragene Gesellschaften, gemäß dem Industrial and Provident Societies Act eingetragene Körperschaften, gemäß dem Building Societies Act gegründete „building societies“ und „trustee savings banks“ im Sinne des Trustee Savings Banks Act von 1989,

i) Gesellschaften griechischen Rechts mit der Bezeichnung „ανώνυμη εταιρεία“ oder „εταιρεία περιωρισμένης ευθύνης (Ε.Π.Ε.)“ und andere nach griechischem Recht gegründete Gesellschaften, die der griechischen Körperschaftssteuer unterliegen,

j) Gesellschaften spanischen Rechts mit der Bezeichnung „sociedad anónima“, „sociedad comanditaria por acciones“ oder „sociedad de responsabilidad limitada“ und die öffentlich-rechtlichen Körperschaften, deren Tätigkeit unter das Privatrecht fällt. Andere nach spanischem Recht gegründete Körperschaften, die der spanischen Körperschaftssteuer („impuesto sobre sociedades“) unterliegen,

k) Gesellschaften französischen Rechts mit der Bezeichnung „société anonyme“, „société en commandite par actions“, „société à responsabilité limitée“, „sociétés par actions simplifiées“, „sociétés d'assurances mutuelles“, „caisses d'épargne et de prévoyance“, „sociétés civiles“, die automatisch der Körperschaftssteuer unterliegen, „coopératives“, „unions de coopératives“, die öffentlichen Industrie- und Handelsbetriebe und -unternehmen und andere nach französischem Recht gegründete Gesellschaften, die der französischen Körperschaftssteuer unterliegen,

ka)[1] Gesellschaften kroatischen Rechts mit der Bezeichung ‚dioničko društvo‘ oder ‚društvo s ograničenom odgovornošću‘ und andere nach kroatischem Recht gegründete Gesellschaften, die der kroatischen Gewinnsteuer unterliegen,

l) Gesellschaften italienischen Rechts mit der Bezeichnung „società per azioni“, „società in accomandita per azioni“, „società a responsabilità limitata“, „società cooperative“, „società di mutua assicurazione“ sowie öffentliche und private Körperschaften, deren Tätigkeit ganz oder überwiegend handelsgewerblicher Art ist,

m) Gesellschaften zyprischen Rechts mit der Bezeichnung: „εταιρείες“ im Sinne der Einkommensteuergesetze,

n) Gesellschaften lettischen Rechts mit der Bezeichnung: „akciju sabiedríba“, „sabiedríba ar ierobežotu atbildíbu“,

o) Gesellschaften litauischen Rechts,

---

[1] Buchst. ka) eingef. durch RL 2013/13/EU (ABl. EU Nr. L 141, S. 30).

p) Gesellschaften luxemburgischen Rechts mit der Bezeichnung „société anonyme“, „société en commandite par actions“, „société à responsabilité limitée“, „société coopérative“, „société coopérative organisée comme une société anonyme“, „association d’assurances mutuelles“, „association d’épargne-pension“, „entreprise de nature commerciale, industrielle ou minière de l’Etat, des communes, des syndicats de communes, des établissements publics et des autres personnes morales de droit public“ sowie andere nach luxemburgischem Recht gegründete Gesellschaften, die der luxemburgischen Körperschaftssteuer unterliegen,

q) Gesellschaften ungarischen Rechts mit der Bezeichnung: „közkereseti társaság“, „betéti társaság“, „közös vállalat“, „korlátolt felelosségv társaság“, „részvénytársaság“, „egyesülés“, „szövetkezet“,

r) Gesellschaften maltesischen Rechts mit der Bezeichnung: „Kumpaniji ta’ Responsabilita’ Limitata“, „Soċjetajiet en commandite li l-kapital tagħhom maqsum f’azzjonijiet“,

s) Gesellschaften niederländischen Rechts mit der Bezeichnung „naamloze vennootschap“, „besloten vennootschap met beperkte aansprakelijkheid“, „open commanditaire vennootschap“, „coöperatie“, „onderlinge waarborgmaatschappij“, „fonds voor gemene rekening“, „vereniging op coöperatieve grondslag“, „vereniging welke op onderlinge grondslag als verzekeraar of keredietinstelling optreedt“ und andere nach niederländischem Recht gegründete Gesellschaften, die der niederländischen Körperschaftssteuer unterliegen,

t) Gesellschaften österreichischen Rechts mit der Bezeichnung „Aktiengesellschaft“, „Gesellschaft mit beschränkter Haftung“, „Versicherungsvereine auf Gegenseitigkeit“, „Erwerbs- und Wirtschaftsgenossenschaften“, „Betriebe gewerblicher Art von Körperschaften des öffentlichen Rechts“, „Sparkassen“ sowie andere nach österreichischem Recht gegründete Gesellschaften, die der österreichischen Körperschaftssteuer unterliegen,

u)[1] Gesellschaften polnischen Rechts mit der Bezeichnung: „spółka akcyjna“, „spółka z ograniczoną odpowiedzialnością“, „spółka komandytowo-akcyjna“,

v) Gesellschaften portugiesischen Rechts in Form von Handelsgesellschaften oder zivilrechtlichen Handelsgesellschaften sowie Genossenschaften und öffentliche Unternehmen,

w)[2] Gesellschaften rumänischen Rechts mit der Bezeichnung: „societăÃi pe acÃiuni“, „societăÃi în comandită pe acÃiuni“, „societăÃi cu răspundere limitată“, „societăÃi în nume colectiv“, „societăÃi în comandită simplă“,

x) Gesellschaften slowenischen Rechts mit der Bezeichnung: „delniška družba“, „komanditna družba“, „družba z omejeno odgovornostjo“,

y) Gesellschaften slowakischen Rechts mit der Bezeichnung: „akciová spoločnosť“, „spoločnosť s ručením obmedzeným“, „komanditná spoločnosť“,

z) Gesellschaften finnischen Rechts mit der Bezeichnung „osakeyhtiö“/„aktiebolag“, „osuuskunta“/„andelslag“, „säästöpankki“/„sparbank“ und „vakuutusyhtiö“/„försäkringsbolag“,

aa) Gesellschaften schwedischen Rechts mit der Bezeichnung „aktiebolag“, „försäkringsaktiebolag“, „ekonomiska föreningar“, „sparbanker“, „ömsesidiga försäkringsbolag“ und „försäkringsföreningar“,

ab) nach dem Recht des Vereinigten Königreichs gegründete Gesellschaften.

TEIL B

Liste der unter Artikel 2 Buchstabe a Ziffer iii fallenden Steuern

– impôt des sociétés/vennootschapsbelasting in Belgien,
– корпоративен данък in Bulgarien,

---

[1] Buchst. u) neu gef. mWv 14. 8. 2014 durch RL 2014/86/EU v. 8. 7. 2014 (ABl. EU Nr. L 219 S. 40).

[2] Buchst. w) neu gef. mWv 14. 8. 2014 durch RL 2014/86/EU v. 8. 7. 2014 (ABl. EU Nr. L 219 S. 40).

– daň z příjmů právnických osob in der Tschechischen Republik,
– selskabsskat in Dänemark,
– Körperschaftssteuer in Deutschland,
– tulumaks in Estland,
– corporation tax in Irland,
– φόρος εισοδήματος νομικών προσώπων κερδοσκοπικού χαρακτήρα in Griechenland,
– impuesto sobre sociedades in Spanien,
– impôt sur les sociétés in Frankreich,
– porez na dobit in Kroatien,[1)]
– imposta sul reddito delle società in Italien,
– φόρος εισοδήματος in Zypern,
– uzŌēmumu ienākuma nodoklis in Lettland,
– pelno mokestis in Litauen,
– impôt sur le revenu des collectivités in Luxemburg,
– társasági adó, osztalékadó in Ungarn,
– taxxa fuq l-income in Malta,
– vennootschapsbelasting in den Niederlanden,
– Körperschaftssteuer in Österreich,
– podatek dochodowy od osób prawnych in Polen,
– imposto sobre o rendimento das pessoas colectivas in Portugal,
– impozit pe profit in Rumänien,
– davek od dobička pravnih oseb in Slowenien,
– daň z príjmov právnických osôb in der Slowakei,
– yhteisöjen tulovero/inkomstskatten för samfund in Finnland,
– statlig inkomstskatt in Schweden,
– corporation tax im Vereinigten Königreich.

ANHANG II

TEIL A

Aufgehobene Richtlinie mit Liste ihrer nachfolgenden Änderungen
(gemäß Artikel 9)

Richtlinie 90/435/EWG des Rates
(ABl. L 225 vom 20. 8. 1990, S. 6):

Beitrittsakte von 1994 Anhang I, Nummer XI. B. I.3 (ABl. C 241 vom 29. 8. 1994, S. 196).	
Richtlinie 2003/123/EG des Rates (ABl. L 7 vom 13. 1. 2004, S. 41).	
Beitrittsakte von 2003 Anhang II, Nummer 9.8 (ABl. L 236 vom 23. 9. 2003, S. 555).	
Richtlinie 2006/98/EG des Rates (ABl. L 363 vom 20. 12. 2006, S. 129).	nur Nummer 7 des Anhangs

1) Spiegelstr. eingef. durch RL 2013/13/EU (ABl. EU Nr. L 141, S. 30).

TEIL B

Fristen für die Umsetzung in innerstaatliches Recht
(gemäß Artikel 9)

Richtlinie	Umsetzungsfrist
90/435/EWG	31. Dezember 1991
2003/123/EG	1. Januar 2005
2006/98/EG	1. Januar 2007

ANHANG III

Entsprechungstabelle

Richtlinie 90/435/EWG	Vorliegende Richtlinie
Artikel 1 Absatz 1 erster bis vierter Gedankenstrich	Artikel 1 Absatz 1 Buchstaben a bis d
Artikel 1 Absatz 2	Artikel 1 Absatz 2
Artikel 2 Absatz 1 erster Teil des einleitenden Satzes	Artikel 2 einleitender Satz
Artikel 2 Absatz 1 zweiter Teil des einleitenden Satzes	Artikel 2 Buchstabe a einleitender Satz
Artikel 2 Absatz 1 Buchstabe a	Artikel 2 Buchstabe a Ziffer i
Artikel 2 Absatz 1 Buchstabe b	Artikel 2 Buchstabe a Ziffer ii
Artikel 2 Absatz 1 Buchstabe c einleitender Satz von Unterabsatz 1 und Unterabsatz 2	Artikel 2 Buchstabe a Ziffer iii
Artikel 2 Absatz 1 Buchstabe c Unterabsatz 1 erster bis siebenundzwanzigster Gedankenstrich	Anhang I Teil B erster bis siebenundzwanzigster Gedankenstrich
Artikel 2 Absatz 2	Artikel 2 Buchstabe b
Artikel 3 Absatz 1 einleitender Satz	Artikel 3 Absatz 1 einleitender Satz
Artikel 3 Absatz 1 Buchstabe a Unterabsatz 1 erste Worte	Artikel 3 Absatz 1 Buchstabe a einleitender Satz
Artikel 3 Absatz 1 Buchstabe a Unterabsatz 1 letzte Worte	Artikel 3 Absatz 1 Buchstabe a Ziffer i
Artikel 3 Absatz 1 Buchstabe a Unterabsatz 2	Artikel 3 Absatz 1 Buchstabe a Ziffer ii
Artikel 3 Absatz 1 Buchstabe a Unterabsatz 3	–
Artikel 3 Absatz 1 Buchstabe a Unterabsatz 4	–
Artikel 3 Absatz 1 Buchstabe b	Artikel 3 Absatz 1 Buchstabe b
Artikel 3 Absatz 2 erster und zweiter Gedankenstrich	Artikel 3 Absatz 2 Buchstaben a und b

Richtlinie 90/435/EWG	Vorliegende Richtlinie
Artikel 4 Absatz 1 erster und zweiter Gedankenstrich	Artikel 4 Absatz 1 Buchstaben a und b
Artikel 4 Absatz 1 a	Artikel 4 Absatz 2
Artikel 4 Absatz 2 erster Satz	Artikel 4 Absatz 3 Unterabsatz 1
Artikel 4 Absatz 2 zweiter Satz	Artikel 4 Absatz 3 Unterabsatz 2
Artikel 4 Absatz 3 Unterabsatz 1	Artikel 4 Absatz 4
Artikel 4 Absatz 3 Unterabsatz 2	Artikel 4 Absatz 5
Artikel 5, 6 und 7	Artikel 5, 6 und 7
Artikel 8 Absatz 1	–
Artikel 8 Absatz 2	*Artikel 8*
–	*Artikel 9*
–	*Artikel 10*
Artikel 9	*Artikel 11*
Anhang	Anhang I, Teil A
–	*Anhang II*
–	Anhang III

5. Eigenheimzulagengesetz (EigZulG)[1]

In der Fassung der Bekanntmachung vom 26. März 1997
(BGBl. I S. 734)[2]

Geändert durch Gesetz zur Änderung des § 42 Abs. 2 des Wohngeldgesetzes und des § 9 Abs. 3 und 4 des Eigenheimzulagengesetzes vom 16. 7. 1998 (BGBl. I S. 1860), Steuerentlastungsgesetz 1999/2000/2002 vom 24. 3. 1999 (BGBl. I S. 402), Gesetz zur Familienförderung vom 22. 12. 1999 (BGBl. I S. 2552), Gesetz zur Änderung des Wohngeldgesetzes und anderer Gesetze vom 22. 12. 1999 (BGBl. I S. 2671), Steuer-Euroglättungsgesetz vom 19. 12. 2000 (BGBl. I S. 1790), Gesetz zur Änderung des Eigenheimzulagenge-setzes und anderer Gesetze vom 19. 12. 2000 (BGBl. I S. 1810), Haushaltsbegleitgesetz 2004 vom 29. 12. 2003 (BGBl. I S. 3076), Gesetz zur Abschaffung der Eigenheimzulage vom 22. 12. 2005 (BGBl. I S. 3680), Jahressteuergesetz 2009 vom 19. 12. 2008 (BGBl. I S. 2794) und Gesetz zur Anpassung steuerlicher Regelungen an die Rechtsprechung des Bundesverfassungsgerichts vom 18. 7. 2014 (BGBl. I S. 1042)

BGBl. III/FNA 2330-30

§ 1 Anspruchsberechtigter. Unbeschränkt Steuerpflichtige im Sinne des Einkommensteuergesetzes haben Anspruch auf eine Eigenheimzulage nach Maßgabe der folgenden Vorschriften.

§ 2 Begünstigtes Objekt. (1) [1]Begünstigt ist die Herstellung oder Anschaffung einer Wohnung in einem im Inland belegenen eigenen Haus oder einer im Inland belegenen eigenen Eigentumswohnung. [2]Nicht begünstigt ist eine Ferien- oder Wochenendwohnung oder eine Wohnung, für die Absetzungen für Abnutzung als Betriebsausgaben oder Werbungskosten im Rahmen der doppelten Haushaltsführung abgezogen werden oder § 52 Abs. 15 Satz 2 oder 3 oder Abs. 21 Satz 2 des Einkommensteuergesetzes gilt. [3]Nicht begünstigt sind auch eine Wohnung oder ein Anteil daran, die der Anspruchsberechtigte von seinem Ehegatten anschafft, wenn bei den Ehegatten im Zeitpunkt der Anschaffung die Voraussetzungen des § 26 Abs. 1 des Einkommensteuergesetzes vorliegen.

(2)[3] *Ausbauten und Erweiterungen an einer Wohnung in einem im Inland belegenen eigenen Haus oder einer im Inland belegenen eigenen Eigentumswohnung stehen der Herstellung einer Wohnung im Sinne des Absatzes 1 gleich.*

§ 3 Förderzeitraum. Der Anspruchsberechtigte kann die Eigenheimzulage im Jahr der Fertigstellung oder Anschaffung und in den sieben folgenden Jahren (Förderzeitraum) in Anspruch nehmen.

§ 4 Nutzung zu eigenen Wohnzwecken. [1]Der Anspruch besteht nur für Kalenderjahre, in denen der Anspruchsberechtigte die Wohnung zu eigenen Wohnzwecken nutzt. [2]Eine Nutzung zu eigenen Wohnzwecken liegt auch vor, soweit eine Wohnung unentgeltlich an einen Angehörigen im Sinne des § 15 der Abgabenordnung zu Wohnzwecken überlassen wird.

---

[1] **Eigenheimzulage abgeschafft mWv 1. 1. 2006.** Zum Einzelnen siehe § 19 Abs. 9.

[2] Neubekanntmachung des EigZulG idF der Bek. v. 30. 1. 1996 (BGBl. I S. 113) auf Grund des § 18 EigZulG idF der Bek. v. 30. 1. 1996 (BGBl. I S. 113) in der ab 28. 12. 1996 geltenden Fassung.

[3] § 2 Abs. 2 aufgeh. durch G v. 29. 12. 2003 (BGBl. I S. 3076); zur erstmaligen Anwendung siehe § 19 Abs. 8 Satz 1.

§ 5 Einkunftsgrenze

[Fassung bis 31. 12. 2003]

[1]Der Anspruchsberechtigte kann die Eigenheimzulage ab dem Jahr in Anspruch nehmen (Erstjahr), in dem der Gesamtbetrag der Einkünfte nach § 2 Abs. 3 des Einkommensteuergesetzes des Erstjahrs zuzüglich des Gesamtbetrags der Einkünfte des vorangegangenen Jahrs (Vorjahr) *160 000 Deutsche Mark*[2)] [***ab 1. 1. 2002:*** 81 807 Euro][3)] nicht übersteigt. [2]Bei Ehegatten, die im Erstjahr nach § 26 b des Einkommensteuergesetzes zusammenveranlagt werden oder die nicht zur Einkommensteuer veranlagt werden und die Voraussetzungen des § 26 Abs. 1 des Einkommensteuergesetzes erfüllen, tritt an die Stelle des Betrags von *160 000 Deutsche Mark*[2)] [***ab 1. 1. 2002:*** 81 807 Euro][3)] der Betrag von *320 000 Deutsche Mark*[2)] [***ab 1. 1. 2002:*** 163 614 Euro][3)]. [3]Für jedes Kind, für das im Erstjahr die Voraussetzungen für die Inanspruchnahme der Kinderzulage nach § 9 Abs. 5 Satz 1 und 2 vorliegen, erhöhen sich die Beträge nach den Sätzen 1 und 2 um *60 000 Deutsche Mark* [***ab 1. 1. 2002:*** 30 678 Euro][3)], in den Fällen des § 9 Abs. 5 Satz 3 um *30 000 Deutsche Mark* [***ab 1. 1. 2002:*** 15 339 Euro][3)] für jeden Anspruchsberechtigten. [4]Ist in den Fällen des Satzes 1 im Vorjahr für den Anspruchsberechtigten eine Zusammenveranlagung nach § 26 b des Einkommensteuergesetzes durchgeführt worden oder ist er nicht zur Einkommensteuer veranlagt worden und waren die Voraus-

[Fassung ab 1. 1. 2004][1)]

[1]Der Anspruchsberechtigte kann die Eigenheimzulage ab dem Jahr in Anspruch nehmen (Erstjahr), in dem die Summe der positiven Einkünfte nach § 2 Abs. 2 des Einkommensteuergesetzes des Erstjahrs zuzüglich der Summe der positiven Einkünfte des vorangegangenen Jahrs (Vorjahr) 70 000 Euro nicht übersteigt. [2]Ehegatten, die im Erstjahr die Voraussetzungen des § 26 Abs. 1 des Einkommensteuergesetzes erfüllen, können die Eigenheimzulage ab dem Jahr in Anspruch nehmen, in dem die Summe der positiven Einkünfte der Eheleute nach § 2 Abs. 2 des Einkommensteuergesetzes des Erstjahrs zuzüglich der Summe der positiven Einkünfte der Eheleute des vorangegangenen Jahrs 140 000 Euro nicht übersteigt. [3]Für jedes Kind, für das im Erstjahr die Voraussetzungen für die Inanspruchnahme der Kinderzulage nach § 9 Abs. 5 Satz 1 und 2 vorliegen, erhöhen sich die Beträge nach den Sätzen 1 und 2 um 30 000 Euro, in den Fällen des § 9 Abs. 5 Satz 3 um 15 000 Euro für jeden Anspruchsberechtigten.

---

1) § 5 neu gef. durch G v. 29. 12. 2003 (BGBl. I S. 3076); zur erstmaligen Anwendung siehe § 19 Abs. 8 Satz 1; zu § 5 Satz 3 (Berechnung der Einkunftsgrenze) siehe § 19 Abs. 10.

2) § 5 Sätze 1 und 2 Beträge geänd., Satz 3 eingef. durch G v. 22. 12. 1999 (BGBl. I S. 2671); zur erstmaligen Anwendung siehe § 19 Abs. 3.

3) § 5 Sätze 1, 2 und 3 Beträge geänd. durch G v. 19. 12. 2000 (BGBl. I S. 1790); zur erstmaligen Anwendung siehe § 19 Abs. 7.

[Fassung bis 31. 12. 2003]

setzungen des § 26 Abs. 1 des Einkommensteuergesetzes erfüllt, ist der auf den Anspruchsberechtigten entfallende Anteil am Gesamtbetrag der Einkünfte des Vorjahrs zu berücksichtigen. 5 Liegen in den Fällen des Satzes 2 im Vorjahr die dort genannten Voraussetzungen nicht vor, ist der Gesamtbetrag der Einkünfte des Vorjahrs beider Ehegatten zu berücksichtigen.

§ 6 Objektbeschränkung. (1) 1 Der Anspruchsberechtigte kann die Eigenheimzulage nur für eine Wohnung oder einen Ausbau oder eine Erweiterung (Objekt) in Anspruch nehmen. 2 Ehegatten, bei denen die Voraussetzungen des § 26 Abs. 1 des Einkommensteuergesetzes vorliegen, können die Eigenheimzulage für insgesamt zwei Objekte beanspruchen, jedoch nicht gleichzeitig für zwei in räumlichem Zusammenhang belegene Objekte, wenn bei den Ehegatten im Zeitpunkt der Fertigstellung oder Anschaffung der Objekte die Voraussetzungen des § 26 Abs. 1 des Einkommensteuergesetzes vorliegen.

(2) 1 Sind mehrere Anspruchsberechtigte Eigentümer einer Wohnung, steht jeder Anteil an dieser Wohnung einer Wohnung gleich; Entsprechendes gilt bei dem Ausbau oder der Erweiterung der Wohnung. 2 Satz 1 ist nicht anzuwenden, wenn Ehegatten Eigentümer der Wohnung sind und bei den Ehegatten die Voraussetzungen des § 26 Abs. 1 des Einkommensteuergesetzes vorliegen. 3 Erwirbt im Fall des Satzes 2 ein Ehegatte infolge Erbfalls einen Miteigentumsanteil an der Wohnung hinzu, so kann er den auf diesen Anteil entfallenden Fördergrundbetrag nach § 9 Abs. 2 bis 4 weiter in der bisherigen Höhe in Anspruch nehmen; *Entsprechendes gilt, wenn im Fall des Satzes 2 während des Förderzeitraums die Voraussetzungen des § 26 Abs. 1 des Einkommensteuergesetzes wegfallen und ein Ehegatte den Anteil des anderen Ehegatten an der Wohnung erwirbt.* [***ab 1. 1. 2004:*** 4 Absatz 1 Satz 1 findet insoweit keine Anwendung. 5 Satz 3 gilt entsprechend, wenn im Fall des Satzes 2 während des Förderzeitraums die Voraussetzungen des § 26 Abs. 1 des Einkommensteuergesetzes wegfallen und ein Ehegatte den Anteil des anderen Ehegatten an der Wohnung erwirbt.][1]

(3) Der Eigenheimzulage stehen die erhöhten Absetzungen nach § 7b des Einkommensteuergesetzes in der jeweiligen Fassung ab Inkrafttreten des Gesetzes vom 16. Juni 1964 (BGBl. I S. 353) und nach § 15 Abs. 1 bis 4 des Berlinförderungsgesetzes in der jeweiligen Fassung ab Inkrafttreten des Gesetzes vom 11. Juli 1977 (BGBl. I S. 1213), die Abzugsbeträge nach § 10e des Einkommensteuergesetzes und nach § 15b des Berlinför-

[1] § 6 Abs. 2 Satz 3 HS 2 ersetzt durch Sätze 4 und 5 durch G v. 29. 12. 2003 (BGBl. I S. 3076).

derungsgesetzes in der jeweiligen Fassung ab Inkrafttreten des Gesetzes vom 15. Mai 1986 (BGBl. I S. 730) [*ab 1. 1. 2004:* sowie eine steuerliche Begünstigung von Aufwendungen für dasselbe selbstgenutzte Wohneigentum in einem anderen Staat][1] gleich.

§ 7 Folgeobjekt. 1 Nutzt der Anspruchsberechtigte die Wohnung (Erstobjekt) nicht bis zum Ablauf des Förderzeitraums zu eigenen Wohnzwecken und kann er deshalb die Eigenheimzulage nicht mehr in Anspruch nehmen, kann er die Eigenheimzulage für ein weiteres Objekt (Folgeobjekt) beanspruchen. 2 Das Folgeobjekt ist ein eigenständiges Objekt im Sinne des § 2. 3 Der Förderzeitraum für das Folgeobjekt ist um die Kalenderjahre zu kürzen, in denen der Anspruchsberechtigte die Eigenheimzulage für das Erstobjekt in Anspruch hätte nehmen können; hat der Anspruchsberechtigte das Folgeobjekt in einem Jahr, in dem er das Erstobjekt noch zu eigenen Wohnzwecken genutzt hat, hergestellt, *angeschafft, ausgebaut oder erweitert* [*ab 1. 1. 2004:* oder angeschafft][2], so beginnt der Förderzeitraum für das Folgeobjekt mit Ablauf des Jahres, in dem der Anspruchsberechtigte das Erstobjekt letztmals zu eigenen Wohnzwecken genutzt hat. 4 Dem Erstobjekt im Sinne des Satzes 1 steht ein Erstobjekt im Sinne des § 7b Abs. 5 Satz 4 und § 10e Abs. 4 Satz 4 des Einkommensteuergesetzes sowie § 15 Abs. 1 und § 15b Abs. 1 des Berlinförderungsgesetzes gleich.

§ 8 Bemessungsgrundlage

[Fassung bis 31. 12. 2003]

1 Bemessungsgrundlage für den Fördergrundbetrag nach § 9 Abs. 2 sind die Herstellungskosten oder Anschaffungskosten der Wohnung zuzüglich der Anschaffungskosten für den dazugehörenden Grund und Boden. 2 Bei Ausbauten oder Erweiterungen nach § 2 Abs. 2 sind Bemessungsgrundlage die Herstellungskosten.

[Fassung ab 1. 1. 2004][3]

1 Bemessungsgrundlage für den Fördergrundbetrag nach § 9 Abs. 2 sind die Herstellungskosten oder Anschaffungskosten der Wohnung zuzüglich der Anschaffungskosten für den dazugehörigen Grund und Boden sowie die Aufwendungen für Instandsetzungs- und Modernisierungsmaßnahmen, die innerhalb von zwei Jahren nach der Anschaffung an der Wohnung durchgeführt werden. 2 Zu den Aufwendungen gehören nicht die Aufwendungen für Erhaltungsarbeiten, die jährlich üblicherweise anfallen.

3 Werden Teile der Wohnung nicht zu eigenen Wohnzwecken genutzt, ist die Bemessungsgrundlage um den hierauf entfallenden Teil zu kürzen.

---

1) § 6 Abs. 3 geänd. durch G v. 29. 12. 2003 (BGBl. I S. 3076); zur erstmaligen Anwendung von Abs. 3 siehe § 19 Abs. 8 Satz 1.

2) § 7 Satz 3 Halbsatz 2 geänd. durch G v. 29. 12. 2003 (BGBl. I S. 3076); zur erstmaligen Anwendung siehe § 19 Abs. 8 Satz 1.

3) § 8 Sätze 1 und 2 neugef. durch G v. 29. 12. 2003 (BGBl. I S. 3076); zur erstmaligen Anwendung siehe § 19 Abs. 8 Satz 1.

§ 9 Höhe der Eigenheimzulage. (1) Die Eigenheimzulage umfaßt den Fördergrundbetrag nach den Absätzen 2 bis 4 und die Kinderzulage nach Absatz 5.

(2)[1] [1]Der Fördergrundbetrag beträgt jährlich *5 vom Hundert* [***ab 1. 1. 2004:*** 1 vom Hundert][2] der Bemessungsgrundlage, höchstens *5000 Deutsche Mark* [***ab 1. 1. 2002:*** 2556 Euro[3])/***ab 1. 1. 2004:*** 1250 Euro[2]]. [2]*Bei Anschaffung der Wohnung nach Ablauf des zweiten auf das Jahr der Fertigstellung folgenden Jahres sowie bei Ausbauten und Erweiterungen nach § 2 Abs. 2 beträgt der Fördergrundbetrag jährlich 2,5 vom Hundert der Bemessungsgrundlage, höchstens 2500 Deutsche Mark [**ab 1. 1. 2002:** 1278 Euro]*[4] [5]. [3]Sind mehrere Anspruchsberechtigte Eigentümer einer Wohnung, kann der Anspruchsberechtigte den Fördergrundbetrag entsprechend seinem Miteigentumsanteil in Anspruch nehmen. [4]Der Fördergrundbetrag für die Herstellung oder Anschaffung einer Wohnung mindert sich jeweils um den Betrag, den der Anspruchsberechtigte im jeweiligen Kalenderjahr des Förderzeitraums für die Anschaffung von Genossenschaftsanteilen nach § 17 in Anspruch genommen hat.

(3)[6] [1]Der Fördergrundbetrag nach Absatz 2 erhöht sich jährlich um 2 vom Hundert der Bemessungsgrundlage nach Satz 3, höchstens um *500 Deutsche Mark* [***ab 1. 1. 2002:*** 256 Euro][4]. [2]Dies gilt nicht bei Ausbauten und Erweiterungen nach § 2 Abs. 2. [3]Bemessungsgrundlage sind

1. die Aufwendungen für den Einbau einer verbrennungsmotorisch oder thermisch angetriebenen Wärmepumpenanlage mit einer Leistungszahl von mindestens 1,3, einer Elektro-Wärmepumpenanlage mit einer Leistungszahl von mindestens 4,0, einer elektrischen Sole-Wasser-Wärmepumpenanlage mit einer Leistungszahl von mindestens 3,8, einer Solaranlage oder einer Anlage zur Wärmerückgewinnung einschließlich der Anbindung an das Heizsystem, wenn der Anspruchsberechtigte
   a) eine Wohnung, für deren Errichtung die Wärmeschutzverordnung vom 16. August 1994 (BGBl. I S. 2121) gilt, hergestellt oder bis zum Ende des Jahres der Fertigstellung angeschafft, oder
   b) eine Wohnung nach Ablauf des Jahres der Fertigstellung angeschafft

   und die Maßnahme vor Beginn der Nutzung der Wohnung zu eigenen Wohnzwecken und vor dem 1. Januar 2003 abgeschlossen hat, oder
2. die Anschaffungskosten einer Wohnung, für deren Errichtung die Wärmeschutzverordnung vom 16. August 1994 (BGBl. I S. 2121) gilt, und die der Anspruchsberechtigte bis zum Ende des zweiten auf das Jahr der Fertigstellung folgenden Jahres und vor dem 1. Januar 2003 ange-

---

[1] Zur erstmaligen Anwendung von § 9 Abs. 2 Satz 2 siehe § 19 Abs. 4.

[2] § 9 Abs. 2 Satz 1 geänd. durch G v. 29. 12. 2003 (BGBl. I S. 3076); zur erstmaligen Anwendung siehe § 19 Abs. 8 Satz 1.

[3] § 9 Abs. 2 Satz 1 Betrag geänd. durch G v. 19. 12. 2000 (BGBl. I S. 1790); zur erstmaligen Anwendung siehe § 19 Abs. 7.

[4] § 9 Abs. 2 Satz 2 und Abs. 3 Satz 1 Beträge geänd. durch G v. 19. 12. 2000 (BGBl. I S. 1790 und 1810); zur erstmaligen Anwendung siehe § 19 Abs. 7.

[5] § 9 Abs. 2 Satz 2 aufgeh. mWv 1. 1. 2004 durch G v. 29. 12. 2003 (BGBl. I S. 3076); zur erstmaligen Anwendung siehe § 19 Abs. 8 Satz 1.

[6] § 9 Abs. 3 Satz 3 neugef. durch G v. 19. 12. 2000 (BGBl. I S. 1810).

schafft hat, soweit sie auf die in Nummer 1 genannten Maßnahmen entfallen.

(4)[1] [1]Der Fördergrundbetrag nach Absatz 2 erhöht sich um jährlich *400 Deutsche Mark* [***ab 1. 1. 2002:*** 205 Euro][2], wenn

1. die Wohnung in einem Gebäude belegen ist, für dessen Errichtung die Wärmeschutzverordnung vom 16. August 1994 (BGBl. I S. 2121) gilt und dessen Jahres-Heizwärmebedarf den danach geforderten Wert um mindestens 25 vom Hundert unterschreitet, und
2. der Anspruchsberechtigte die Wohnung vor dem 1. Januar 2003 fertiggestellt oder vor diesem Zeitpunkt bis zum Ende des Jahres der Fertigstellung angeschafft hat.

[2]Dies gilt nicht bei Ausbauten und Erweiterungen nach § 2 Abs. 2. [3]Der Anspruchsberechtigte kann den Betrag nach Satz 1 nur in Anspruch nehmen, wenn er durch einen Wärmebedarfsausweis im Sinne des § 12 der Wärmeschutzverordnung nachweist, daß die Voraussetzungen des Satzes 1 Nr. 1 vorliegen.

(5)[3] [1]Die Kinderzulage beträgt jährlich für jedes Kind, für das der Anspruchsberechtigte oder sein Ehegatte im jeweiligen Kalenderjahr des Förderzeitraums einen Freibetrag für Kinder nach § 32 Abs. 6 des Einkommensteuergesetzes oder Kindergeld erhält, *1500 Deutsche Mark* [***ab 1. 1. 2002:*** 767 Euro[4]/***ab 1. 1. 2004:*** 800 Euro[5]]. [2]Voraussetzung ist, daß das Kind im Förderzeitraum zum inländischen Haushalt des Anspruchsberechtigten gehört oder gehört hat. [3]Sind mehrere Anspruchsberechtigte Eigentümer einer Wohnung, und haben sie zugleich für ein Kind Anspruch auf die Kinderzulage, ist bei jedem die Kinderzulage zur Hälfte anzusetzen. [4]Der Anspruchsberechtigte kann die Kinderzulage im Kalenderjahr nur für eine Wohnung in Anspruch nehmen. [5]Der Kinderzulage steht die Steuerermäßigung nach § 34f des Einkommensteuergesetzes gleich. [6]Absatz 2 *Satz 4* [***ab 1. 1. 2004:*** Satz 3][5] ist entsprechend anzuwenden.

(6)[6] [1]Die Summe der Fördergrundbeträge nach Absatz 2 und der Kinderzulagen nach Absatz 5 darf die Bemessungsgrundlage nach § 8 nicht überschreiten. [2]Sind mehrere Anspruchsberechtigte Eigentümer der Wohnung, darf die Summe der Beträge nach Satz 1 die auf den Anspruchsberechtigten entfallende Bemessungsgrundlage nicht überschreiten. [3]*Bei Ausbauten und Erweiterungen nach § 2 Abs. 2 darf die Summe der Beträge nach Satz 1 50 vom Hundert der Bemessungsgrundlage, in den Fällen des Satzes 2 50 vom Hundert der auf den Anspruchsberechtigten entfallenden Bemessungsgrundlage nicht überschreiten.*[5]

---

[1] § 9 Abs. 4 Satz 1 neugef. durch G v. 19. 12. 2000 (BGBl. I S. 1810).

[2] § 9 Abs. 4 Satz 1 Beträge geänd. durch G v. 19. 12. 2000 (BGBl. I S. 1790 und 1810); zur erstmaligen Anwendung siehe § 19 Abs. 7.

[3] § 9 Abs. 5 Satz 1 geänd. durch G v. 22. 12. 1999 (BGBl. I S. 2552). Zu § 9 Abs. 5 (Festsetzung der Kinderzulage) siehe § 19 Abs. 10.

[4] § 9 Abs. 5 Satz 1 Betrag geänd. durch G v. 19. 12. 2000 (BGBl. I S. 1790); zur erstmaligen Anwendung siehe § 19 Abs. 7.

[5] § 9 Abs. 5 Satz 1 und Satz 6 geänd., Abs. 6 Satz 3 aufgeh. durch G v. 29. 12. 2003 (BGBl. I S. 3076); zur erstmaligen Anwendung siehe § 19 Abs. 8 Satz 1.

[6] Zur erstmaligen Anwendung von § 9 Abs. 6 Satz 3 siehe § 19 Abs. 4.

§ 10 Entstehung des Anspruchs auf Eigenheimzulage. Der Anspruch auf Eigenheimzulage entsteht mit Beginn der Nutzung der hergestellten oder angeschafften Wohnung zu eigenen Wohnzwecken, für jedes weitere Jahr des Förderzeitraums mit Beginn des Kalenderjahres, für das eine Eigenheimzulage festzusetzen ist.

§ 11 Festsetzung der Eigenheimzulage. (1) [1]Die Eigenheimzulage wird für das Jahr, in dem erstmals die Voraussetzungen für die Inanspruchnahme der Eigenheimzulage vorliegen, und die folgenden Jahre des Förderzeitraums von dem für die Besteuerung des Anspruchsberechtigten nach dem Einkommen zuständigen Finanzamt festgesetzt. [2]Für die Höhe des Fördergrundbetrags nach § 9 Abs. 2 und die Zahl der Kinder nach § 9 Abs. 5 Satz 1 und 2 sind die Verhältnisse bei Beginn der Nutzung der hergestellten oder angeschafften Wohnung zu eigenen Wohnzwecken maßgeblich. [3]Liegen die Voraussetzungen für die Inanspruchnahme der Eigenheimzulage erst zu einem späteren Zeitpunkt vor, sind die Verhältnisse zu diesem Zeitpunkt maßgeblich. [4]Die Festsetzungsfrist für die Eigenheimzulage endet nicht vor Ablauf der Festsetzungsfrist für die Einkommensteuer der nach § 5 maßgebenden Jahre. [5]Ist der Ablauf der Festsetzungsfrist nach Satz 4 hinausgeschoben, verlängert sich die Festsetzungsfrist für die folgenden Jahre des Förderzeitraums um die gleiche Zeit.

(2) [1]Haben sich die Verhältnisse für die Höhe des Fördergrundbetrags nach § 9 Abs. 2 oder die Zahl der Kinder nach § 9 Abs. 5 Satz 1 und 2, die bei der zuletzt festgesetzten Eigenheimzulage zugrunde gelegt worden sind, geändert, ist die Eigenheimzulage neu festzusetzen (Neufestsetzung). [2]Neu festgesetzt wird mit Wirkung ab dem Kalenderjahr, für das sich die Abweichung bei der Eigenheimzulage ergibt.

(3) [1]Entfallen die Voraussetzungen nach den §§ 1, 2, 4 und 6 während eines Jahres des Förderzeitraums und kann der Anspruchsberechtigte die Eigenheimzulage nicht mehr in Anspruch nehmen, ist die Festsetzung mit Wirkung ab dem folgenden Kalenderjahr aufzuheben. [2]Liegen die Voraussetzungen für die Inanspruchnahme erneut vor, ist Absatz 1 entsprechend anzuwenden.

(4) Der Bescheid über die Festsetzung der Eigenheimzulage ist aufzuheben oder zu ändern, wenn nachträglich bekannt wird, daß *der Gesamtbetrag der Einkünfte* [***ab 1. 1. 2004:*** die Summe der positiven Einkünfte][1)] in den nach § 5 maßgebenden Jahren insgesamt die Einkunftsgrenze über- oder unterschreitet.

(5) [1]Materielle Fehler der letzten Festsetzung können durch Neufestsetzung oder durch Aufhebung der Festsetzung beseitigt werden. [2]Neu festgesetzt wird mit Wirkung ab dem Kalenderjahr, in dem der Fehler dem Finanzamt bekannt wird, bei einer Aufhebung oder einer Neufestsetzung zuungunsten des Anspruchsberechtigten jedoch frühestens mit Wirkung ab dem Kalenderjahr, in dem das Finanzamt aufhebt oder neu festsetzt. [3]Bei

---

[1)] § 11 Abs. 4 geänd. durch G v. 29. 12. 2003 (BGBl. I S. 3076); zur erstmaligen Anwendung siehe § 19 Abs. 8 Satz 1.

der Neufestsetzung oder Aufhebung der Festsetzung nach Satz 1 ist § 176 der Abgabenordnung entsprechend anzuwenden; dies gilt nicht für ein Kalenderjahr, das nach der Verkündung der maßgeblichen Entscheidung eines obersten Gerichts des Bundes beginnt.

(6) 1 Sind mehrere Anspruchsberechtigte Eigentümer einer Wohnung, kann die Bemessungsgrundlage nach § 8 und § 9 Abs. 3 gesondert und einheitlich festgestellt werden. 2 Die für die gesonderte Feststellung von Einkünften nach § 180 Abs. 1 Nr. 2 Buchstabe a der Abgabenordnung geltenden Vorschriften sind entsprechend anzuwenden. 3 Bei Ehegatten, die gemeinsam Eigentümer einer Wohnung sind, ist die Festsetzung der Zulage für Jahre des Förderzeitraums, in denen die Voraussetzungen des § 26 Abs. 1 des Einkommensteuergesetzes vorliegen, zusammen durchzuführen. 4 Die Eigenheimzulage ist neu festzusetzen, wenn die Voraussetzungen des § 26 Abs. 1 des Einkommensteuergesetzes während des Förderzeitraums entfallen oder eintreten.

§ 12 Antrag auf Eigenheimzulage. (1) Der Antrag auf Eigenheimzulage ist nach amtlichem Vordruck zu stellen und eigenhändig zu unterschreiben.

(2) Der Anspruchsberechtigte ist verpflichtet, dem zuständigen Finanzamt unverzüglich eine Änderung der Verhältnisse mitzuteilen, die zu einer Minderung oder dem Wegfall der Eigenheimzulage führen.

§ 13 Auszahlung. (1) 1 Für das Jahr der Bekanntgabe des Bescheids und die vorangegangenen Jahre ist die Eigenheimzulage innerhalb eines Monats nach Bekanntgabe des Bescheids, für jedes weitere Jahr des Förderzeitraums am 15. März auszuzahlen. 2 Ergibt sich auf Grund der Neufestsetzung eine Erhöhung der Eigenheimzulage, ist der Unterschiedsbetrag innerhalb eines Monats nach Bekanntgabe des Bescheids auszuzahlen. 3 Ist die Eigenheimzulage nach § 11 Abs. 6 Satz 3 für beide Ehegatten zusammen festgesetzt worden, wirkt die Auszahlung der Eigenheimzulage an einen Ehegatten auch für und gegen den anderen Ehegatten; dies gilt auch, wenn die Eigenheimzulage nach der Auszahlung nach § 11 Abs. 6 Satz 4 neu festgesetzt wird.

(2) Die Eigenheimzulage ist aus den Einnahmen an Einkommensteuer auszuzahlen.

§ 14 Rückforderung. Ergibt sich auf Grund der Neufestsetzung eine Minderung der Eigenheimzulage oder wird die Festsetzung aufgehoben, sind überzahlte Beträge innerhalb eines Monats nach Bekanntgabe des Bescheids zurückzuzahlen.

§ 15 Anwendung der Abgabenordnung. (1) 1 Die für Steuervergütungen geltenden Vorschriften der Abgabenordnung sind entsprechend anzuwenden. 2 Dies gilt nicht für § 163 der Abgabenordnung. 3 In öffentlich-rechtlichen Streitigkeiten über die auf Grund dieses Gesetzes ergehenden Verwaltungsakte der Finanzbehörden ist der Finanzrechtsweg gegeben.

(2) Für die Verfolgung einer Straftat nach § 263 des Strafgesetzbuches[1], die sich auf die Eigenheimzulage bezieht, sowie die Begünstigung einer Person, die eine solche Straftat begangen hat, gelten die Vorschriften der Abgabenordnung über die Verfolgung von Steuerstraftaten entsprechend.

§ 16 Ertragsteuerliche Behandlung der Eigenheimzulage. [1]Die Eigenheimzulage gehört nicht zu den Einkünften im Sinne des Einkommensteuergesetzes. [2]Sie mindert nicht die steuerlichen Herstellungs- und Anschaffungskosten.

§ 17[2] Eigenheimzulage bei Anschaffung von Genossenschaftsanteilen. [1]Der Anspruchsberechtigte kann die Eigenheimzulage einmal für die Anschaffung von Geschäftsanteilen in Höhe von mindestens *10 000 Deutsche Mark* [***ab 1. 1. 2002:*** 5113 Euro[3])/***ab 1. 1. 2004:*** 5000 Euro[4]] an einer nach dem 1. Januar 1995 in das Genossenschaftsregister eingetragenen Genossenschaft (Genossenschaftsanteile) in Anspruch nehmen [***ab 1. 1. 2004:***, wenn er spätestens im letzten Jahr des Förderzeitraums mit der Nutzung einer Genossenschaftswohnung zu eigenen Wohnzwecken beginnt.][4] [2]Voraussetzung ist, daß die Satzung der Genossenschaft unwiderruflich den Genossenschaftsmitgliedern, die Förderung erhalten, das vererbliche Recht auf Erwerb des Eigentums an der von ihnen zu Wohnzwecken genutzten Wohnung für den Fall einräumt, daß die Mehrheit der in einem Objekt wohnenden Genossenschaftsmitglieder der Begründung von Wohnungseigentum und Veräußerung der Wohnungen schriftlich zugestimmt hat. [3]Bemessungsgrundlage ist die geleistete Einlage. [4]Der Fördergrundbetrag beträgt jährlich 3 vom Hundert der Bemessungsgrundlage, höchstens *2400 Deutsche Mark* [***ab 1. 1. 2002:*** 1227 Euro[5]/***ab 1. 1. 2004:*** 1200 Euro[4]] für jedes Jahr, in dem der Anspruchsberechtigte die Genossenschaftsanteile innehat. [5]Die Kinderzulage beträgt für jedes Kind, für das die Voraussetzungen des § 9 Abs. 5 Satz 1 und 2 vorliegen, jährlich *500 Deutsche Mark* [***ab 1. 1. 2002:*** 256 Euro[5]/***ab 1. 1. 2004:*** 250 Euro[4]]; haben beide Elternteile zugleich für ein Kind Anspruch auf die Kinderzulage, ist bei jedem die Kinderzulage zur Hälfte anzusetzen. [6]Die Summe der Fördergrundbeträge und der Kinderzulagen darf die Bemessungsgrundlage nicht überschreiten. [7]Der Anspruch auf Eigenheimzulage entsteht mit dem Jahr der Anschaffung der Genossenschaftsanteile. [8]Im übrigen sind die §§ 1, 3, 5, 7 und 10 bis 16 entsprechend anzuwenden.

---

[1] Verweis geänd. durch G v. 24. 3. 1999 (BGBl. I S. 402).

[2] § 17 Satz 5 neugef. durch G v. 24. 3. 1999 (BGBl. I S. 402); zur erstmaligen Anwendung siehe § 19 Abs. 6.

[3] § 17 Satz 1 Betrag geänd. durch G v. 19. 12. 2000 (BGBl. I S. 1790); zur erstmaligen Anwendung siehe § 19 Abs. 7.

[4] § 17 Satz 1 geänd. bzw. ergänzt, Sätze 4 und 5 Beträge geänd. durch G v. 29. 12. 2003 (BGBl. I S. 3076); zur erstmaligen Anwendung siehe § 19 Abs. 8 Satz 2.

[5] § 17 Sätze 4 und 5 Beträge geänd. durch G v. 19. 12. 2000 (BGBl. I S. 1790); zur erstmaligen Anwendung siehe § 19 Abs. 7.

§ 18 Ermächtigung. Das Bundesministerium der Finanzen wird ermächtigt, den Wortlaut dieses Gesetzes in der jeweils geltenden Fassung satzweise numeriert mit neuem Datum, unter neuer Überschrift und in neuer Paragraphenfolge bekanntzumachen und dabei Unstimmigkeiten des Wortlauts zu beseitigen und im Einvernehmen mit den obersten Finanzbehörden der Länder den Vordruck für den nach § 12 Abs. 1 vorgesehenen Antrag zu bestimmen.

§ 19 Anwendungsbereich. (1) Dieses Gesetz ist erstmals anzuwenden, wenn der Anspruchsberechtigte im Fall der Herstellung nach dem 31. Dezember 1995 mit der Herstellung des Objekts begonnen oder im Fall der Anschaffung die Wohnung oder die Genossenschaftsanteile nach dem 31. Dezember 1995 auf Grund eines nach diesem Zeitpunkt rechtswirksam abgeschlossenen obligatorischen Vertrags oder gleichstehenden Rechtsakts angeschafft hat.

(2) [1] Das Gesetz kann auf Antrag des Anspruchsberechtigten auch angewandt werden, wenn der Anspruchsberechtigte

1. die Wohnung als Mieter auf Grund einer Veräußerungspflicht des Wohnungsunternehmens nach § 5 des Altschuldenhilfe-Gesetzes anschafft und der Zeitpunkt des zugrundeliegenden rechtswirksam abgeschlossenen obligatorischen Vertrags oder gleichstehenden Rechtsakts nach dem 28. Juni 1995 liegt oder
2. im Fall der Herstellung nach dem 26. Oktober 1995 mit der Herstellung des Objekts begonnen oder im Fall der Anschaffung die Wohnung nach dem 26. Oktober 1995 auf Grund eines nach diesem Zeitpunkt rechtswirksam abgeschlossenen obligatorischen Vertrags oder gleichstehenden Rechtsakts angeschafft hat.

[2] Stellt der Anspruchsberechtigte den Antrag nach Satz 1, finden die §§ 10e, 10h und 34f des Einkommensteuergesetzes keine Anwendung. [3] Der Antrag ist unwiderruflich. [4] Er ist ausgeschlossen, wenn der Anspruchsberechtigte für das Objekt in einem Jahr Abzugsbeträge nach § 10e Abs. 1 bis 5 oder § 10h des Einkommensteuergesetzes, die Steuerermäßigung nach § 34f des Einkommensteuergesetzes in Anspruch genommen oder für Veranlagungszeiträume nach dem Veranlagungszeitraum 1994 Aufwendungen nach § 10e Abs. 6 oder § 10h Satz 3 des Einkommensteuergesetzes abgezogen hat.

(3)[1)] § 5 Satz 1 bis 3 in der Fassung des Gesetzes vom 22. Dezember 1999 (BGBl. I S. 2671) ist erstmals anzuwenden, wenn der Anspruchsberechtigte im Fall der Herstellung nach dem 31. Dezember 1999 mit der Herstellung des Objekts begonnen oder im Fall der Anschaffung die Wohnung oder die Genossenschaftsanteile nach dem 31. Dezember 1999 auf Grund eines nach diesem Zeitpunkt rechtswirksam abgeschlossenen obligatorischen Vertrags oder gleichstehenden Rechtsakts angeschafft hat.

[1)] § 19 Abs. 3 eingef., bish. Abs. 3 bis 5 werden Abs. 4 bis 6 durch G v. 22. 12. 1999 (BGBl. I S. 2671).

(4) § 9 Abs. 2 Satz 2 und Abs. 6 Satz 3 ist erstmals auf Ausbauten und Erweiterungen nach § 2 Abs. 2 anzuwenden, wenn der Anspruchsberechtigte mit der Herstellung nach dem 31. Dezember 1996 begonnen hat.

(5) Als Beginn der Herstellung gilt bei Objekten, für die eine Baugenehmigung erforderlich ist, der Zeitpunkt, in dem der Bauantrag gestellt wird; bei baugenehmigungsfreien Objekten, für die Bauunterlagen einzureichen sind, der Zeitpunkt, in dem die Bauunterlagen eingereicht werden.

(6)[1)] § 17 Satz 5 in der Fassung des Gesetzes vom 24. März 1999 (BGBl. I S. 402) ist erstmals anzuwenden, wenn der Anspruchsberechtigte nach dem 31. Dezember 1998 einer Genossenschaft beigetreten ist.

(7)[2)] § 5 Satz 1 bis 3, § 9 Abs. 2 Satz 1 und 2, § 9 Abs. 5 Satz 1 und § 17 Satz 1, 4 und 5 in der Fassung des Artikels 11 des Gesetzes vom 19. Dezember 2000 (BGBl. I S. 1790) und § 9 Abs. 3 Satz 1, § 9 Abs. 4 Satz 1 in der Fassung des Artikels 1 Nr. 2 des Gesetzes vom 19. Dezember 2000 (BGBl. I S. 1810) sind erstmals anzuwenden auf nach dem 31. Dezember 2001 fertig gestellte oder angeschaffte Wohnungen, fertig gestellte Ausbauten und Erweiterungen oder angeschaffte Genossenschaftsanteile.

(8)[3)] [1]Die §§ 2, 5 und 6 Abs. 3 sowie die §§ 7, 8, 9 und 11 in der Fassung des Artikels 6 des Gesetzes vom 29. Dezember 2003 (BGBl. I S. 3076) sind erstmals anzuwenden, wenn der Anspruchsberechtigte im Fall der Herstellung nach dem 31. Dezember 2003 mit der Herstellung des Objekts begonnen oder im Fall der Anschaffung die Wohnung nach dem 31. Dezember 2003 auf Grund eines nach diesem Zeitpunkt rechtswirksam abgeschlossenen obligatorischen Vertrags oder gleichstehenden Rechtsakts angeschafft hat. [2]§ 17 in der Fassung des Artikels 6 des Gesetzes vom 29. Dezember 2003 (BGBl. I S. 3076) ist erstmals anzuwenden, wenn der Anspruchsberechtigte nach dem 31. Dezember 2003 einer Genossenschaft beigetreten ist.

(8 a)[4)] [1]Bei Lebenspartnern ist auf gemeinsamen Antrag die für das jeweilige Jahr geltende Fassung des Eigenheimzulagengesetzes mit der Maßgabe anzuwenden, dass die für Ehegatten geltenden Regelungen sinngemäß anzuwenden sind. [2]Satz 1 ist in allen Fällen anzuwenden, in denen die Eigenheimzulage für die begünstigten Objekte entweder noch nicht bestandskräftig festgesetzt wurde oder eine Neufestsetzung nach § 11 Absatz 5 zulässig ist.

(9)[5)] Dieses Gesetz ist letztmals anzuwenden, wenn der Anspruchsberechtigte im Fall der Herstellung vor dem 1. Januar 2006 mit der Herstellung des Objekts begonnen oder im Fall der Anschaffung die Wohnung auf Grund eines vor diesem Zeitpunkt rechtswirksam abgeschlossenen obligatorischen Vertrags oder gleichstehenden Rechtsakts angeschafft hat oder vor diesem Zeitpunkt einer Genossenschaft beigetreten ist.

[1)] § 19 Abs. 6 (bish. Abs. 5) angef. durch G v. 24. 3. 1999 (BGBl. I S. 402).

[2)] § 19 Abs. 7 angef. durch G v. 19. 12. 2000 (BGBl. I S. 1790) und neugef. durch G v. 19. 12. 2000 (BGBl. I S. 1810).

[3)] § 19 Abs. 8 angef. durch G v. 29. 12. 2003 (BGBl. I S. 3076).

[4)] § 19 Abs. 8 a eingef. durch G v. 18. 7. 2014 (BGBl. I S. 1042).

[5)] § 19 Abs. 9 angef. durch G v. 22. 12. 2005 (BGBl. I S. 3680).

(10)[1] Für die Berechnung der Einkunftsgrenze (§ 5 Satz 3) und die Festsetzung der Kinderzulage (§ 9 Abs. 5) ist § 32 Abs. 4 Satz 1 Nr. 2, 3 und Abs. 5 Satz 1 des Einkommensteuergesetzes in der am 31. Dezember 2006 geltenden Fassung weiterhin anzuwenden.

---

[1] § 19 Abs. 10 angef. durch G v. 19. 12. 2008 (BGBl. I S. 2794).

10. Einkommensteuer-Durchführungsverordnung 2000 (EStDV 2000)[1)]

In der Fassung der Bekanntmachung vom 10. Mai 2000 (BGBl. I S. 717)

Geändert durch Gesetz zur weiteren steuerlichen Förderung von Stiftungen vom 14. 7. 2000 (BGBl. I S. 1034), Steuersenkungsgesetz vom 23. 10. 2000 (BGBl. I S. 1433), Steuer-Euroglättungsgesetz vom 19. 12. 2000 (BGBl. I S. 1790), Neuntes Buch Sozialgesetzbuch (SGB IX) vom 19. 6. 2001 (BGBl. I S. 1046), Siebente Zuständigkeitsanpassungs-Verordnung vom 29. 10. 2001 (BGBl. I S. 2785), Steueränderungsgesetz 2001 vom 20. 12. 2001 (BGBl. I S. 3794), Flutopfersolidaritätsgesetz vom 19. 9. 2002 (BGBl. I S. 3651), Kleinunternehmerförderungsgesetz vom 31. 7. 2003 (BGBl. I S. 1550), Achte Zuständigkeitsanpassungsverordnung vom 25. 11. 2003 (BGBl. I S. 2304), Gesetz zur Umsetzung der Protokollerklärung der Bundesregierung zur Vermittlungsempfehlung zum Steuervergünstigungsabbaugesetz vom 22. 12. 2003 (BGBl. I S. 2840), Gesetz zur Einordnung des Sozialhilferechts in das Sozialgesetzbuch vom 27. 12. 2003 (BGBl. I S. 3022), Haushaltsbegleitgesetz 2004 vom 29. 12. 2003 (BGBl. I S. 3076), Geschmacksmusterreformgesetz vom 12. 3. 2004 (BGBl. I S. 390), Alterseinkünftegesetz vom 5. 7. 2004 (BGBl. I S. 1427), EU-Richtlinien-Umsetzungsgesetz vom 9. 12. 2004 (BGBl. I S. 3310), Dreiundzwanzigste Verordnung zur Änderung der Einkommensteuer-Durchführungsverordnung vom 29. 12. 2004 (BGBl. I S. 3884), Neunte Zuständigkeitsanpassungsverordnung vom 31. 10. 2006 (BGBl. I S. 2407), Gesetz über steuerliche Begleitungsmaßnahmen zur Einführung der Europäischen Gesellschaft und zur Änderung weiterer steuerrechtlicher Vorschriften (SEStEG) vom 7. 12. 2006 (BGBl. I S. 2782), Gesetz zur weiteren Stärkung des bürgerschaftlichen Engagements vom 10. 10. 2007 (BGBl. I S. 2332), Jahressteuergesetz 2008 vom 20. 12. 2007 (BGBl. I S. 3150), Jahressteuergesetz 2009 vom 19. 12. 2008 (BGBl. I S. 2794), Steuerbürokratieabbaugesetz vom 20. 12. 2008 (BGBl. I S. 2850), Gesetz zur Sicherung von Beschäftigung und Stabilität in Deutschland vom 2. 3. 2009 (BGBl. I S. 416), Begleitgesetz zur zweiten Föderalismusreform vom 10. 8. 2009 (BGBl. I S. 2702), Verordnung zur Änderung steuerlicher Verordnungen vom 17. 11. 2010 (BGBl. I S. 1544), Gesetz über die weitere Bereinigung von Bundesrecht vom 8. 12. 2010 (BGBl. I S. 1864), Steuervereinfachungsgesetz 2011 vom 1. 11. 2011 (BGBl. I S. 2131), Verordnung zum Erlass und zur Änderung steuerlicher Verordnungen vom 11. 12. 2012 (BGBl. I S. 2637), Ehrenamtsstärkungsgesetz vom 21. 3. 2013 (BGBl. I S. 556), Verordnung zur Übertragung der Zuständigkeit für das Steuerabzugs- und Veranlagungsverfahren nach den §§ 50 und 50 a des Einkommensteuergesetzes auf das Bundeszentralamt für Steuern und zur Regelung verschiedener Anwendungszeitpunkte und weiterer Vorschriften vom 24. 6. 2013 (BGBl. I S. 1679), Gesetz zur Anpassung steuerlicher Regelungen an die Rechtsprechung des Bundesverfassungsgerichts vom 18. 7. 2014 (BGBl. I S. 1042), Gesetz zur Anpassung des nationalen Steuerrechts an den Beitritt Kroatiens zur EU und zur Änderung weiterer steuerlicher Vorschriften vom 25. 7. 2014 (BGBl. I S. 1266), Verordnung zur Änderung steuerlicher Verordnungen und weiterer Vorschriften vom 22. 12. 2014 (BGBl. I S. 2392) und Zehnte Zuständigkeitsanpassungsverordnung vom 31. 8. 2015 (BGBl. I S. 1474)

BGBl. III/FNA 611-1-1

Inhaltsübersicht §§

[1)] Neubekanntmachung der Einkommensteuer-Durchführungsverordnung idF der Bek. v. 18. 6. 1997 (BGBl. I S. 1558) auf Grund des § 51 Abs. 4 Nr. 2 des EStG idF der Bek. v. 16. 4. 1997 (BGBl. I S. 821) und auf Grund des Art. 26 des StBereinG 1999 v. 22. 12. 1999 (BGBl. I S. 2601) in der ab 1. 1. 2000 geltenden Fassung.

Zum Anwendungsbereich vgl. § 84.

Zur Anwendung im **Beitrittsgebiet** siehe §§ 56–58 EStG (Nr. **1**).

Anlagen

§ 1[1] **Anwendung auf Ehegatten und Lebenspartner.** Die Regelungen dieser Verordnung zu Ehegatten und Ehen sind auch auf Lebenspartner und Lebenspartnerschaften anzuwenden.

§§ 2 und **3.** (weggefallen)

Zu § 3 des Gesetzes

§ 4 Steuerfreie Einnahmen. Die Vorschriften der Lohnsteuer-Durchführungsverordnung über die Steuerpflicht oder die Steuerfreiheit von Einnahmen aus nichtselbständiger Arbeit sind bei der Veranlagung anzuwenden.

§ 5. (weggefallen)

Zu den §§ 4 bis 7 des Gesetzes

§ 6 Eröffnung, Erwerb, Aufgabe und Veräußerung eines Betriebs. (1) Wird ein Betrieb eröffnet oder erworben, so tritt bei der Ermittlung des Gewinns an die Stelle des Betriebsvermögens am Schluss des vorangegangenen Wirtschaftsjahrs das Betriebsvermögen im Zeitpunkt der Eröffnung oder des Erwerbs des Betriebs.

(2) Wird ein Betrieb aufgegeben oder veräußert, so tritt bei der Ermittlung des Gewinns an die Stelle des Betriebsvermögens am Schluss des Wirtschaftsjahrs das Betriebsvermögen im Zeitpunkt der Aufgabe oder der Veräußerung des Betriebs.

§ 7.[2] (weggefallen)

§ 8 Eigenbetrieblich genutzte Grundstücke von untergeordnetem Wert. Eigenbetrieblich genutzte Grundstücksteile brauchen nicht als Betriebsvermögen behandelt zu werden, wenn ihr Wert nicht mehr als ein Fünftel des gemeinen Werts des gesamten Grundstücks und nicht mehr als 20 500 Euro[3] beträgt.

§ 8 a. (weggefallen)

---

[1] § 1 eingef. durch G. v. 18. 7. 2014 (BGBl. I S. 1042); zur Anwendung siehe § 84 Abs. 1 a.
[2] § 7 weggefallen; zur letztmaligen Anwendung siehe § 84 Abs. 1 b.
[3] Betrag geänd. durch G v. 19. 12. 2000 (BGBl. I S. 1790).

§ 8 b Wirtschaftsjahr. [1] Das Wirtschaftsjahr umfasst einen Zeitraum von zwölf Monaten. [2] Es darf einen Zeitraum von weniger als zwölf Monaten umfassen, wenn

1. ein Betrieb eröffnet, erworben, aufgegeben oder veräußert wird oder
2. ein Steuerpflichtiger von regelmäßigen Abschlüssen auf einen bestimmten Tag zu regelmäßigen Abschlüssen auf einen anderen bestimmten Tag übergeht. [2] Bei Umstellung eines Wirtschaftsjahrs, das mit dem Kalenderjahr übereinstimmt, auf ein vom Kalenderjahr abweichendes Wirtschaftsjahr und bei Umstellung eines vom Kalenderjahr abweichenden Wirtschaftsjahrs auf ein anderes vom Kalenderjahr abweichendes Wirtschaftsjahr gilt dies nur, wenn die Umstellung im Einvernehmen mit dem Finanzamt vorgenommen wird.

§ 8 c[1)] Wirtschaftsjahr bei Land- und Forstwirten. (1) [1] Als Wirtschaftsjahr im Sinne des § 4 a Abs. 1 Nr. 1 des Gesetzes können Betriebe mit

1. einem Futterbauanteil von 80 Prozent[2)] und mehr der Fläche der landwirtschaftlichen Nutzung den Zeitraum vom 1. Mai bis 30. April,
2. reiner Forstwirtschaft den Zeitraum vom 1. Oktober bis 30. September,
3. reinem Weinbau den Zeitraum vom 1. September bis 31. August

bestimmen. [2] Ein Betrieb der in Satz 1 bezeichneten Art liegt auch dann vor, wenn daneben in geringem Umfang noch eine andere land- und forstwirtschaftliche Nutzung vorhanden ist. [3] Soweit die Oberfinanzdirektionen vor dem 1. Januar 1955 ein anderes als die in § 4 a Abs. 1 Nr. 1 des Gesetzes oder in Satz 1 bezeichneten Wirtschaftsjahre festgesetzt haben, kann dieser andere Zeitraum als Wirtschaftsjahr bestimmt werden; dies gilt nicht für den Weinbau.

(2) [1] Gartenbaubetriebe und reine Forstbetriebe können auch das Kalenderjahr als Wirtschaftsjahr bestimmen. [2] Stellt ein Land- und Forstwirt von einem vom Kalenderjahr abweichenden Wirtschaftsjahr auf ein mit dem Kalenderjahr übereinstimmendes Wirtschaftsjahr um, verlängert sich das letzte vom Kalenderjahr abweichende Wirtschaftsjahr um den Zeitraum bis zum Beginn des ersten mit dem Kalenderjahr übereinstimmenden Wirtschaftsjahr; ein Rumpfwirtschaftsjahr ist nicht zu bilden. [3] Stellt ein Land- und Forstwirt das Wirtschaftsjahr für einen Betrieb mit reinem Weinbau auf ein Wirtschaftsjahr im Sinne des Absatzes 1 Satz 1 Nr. 3 um, gilt Satz 2 entsprechend.

(3) Buchführende Land- und Forstwirte im Sinne des § 4 a Absatz 1 Satz 2 Nummer 3 Satz 2[3)] des Gesetzes sind Land- und Forstwirte, die auf Grund einer gesetzlichen Verpflichtung oder ohne eine solche Verpflichtung Bücher führen und regelmäßig Abschlüsse machen.

---

1) Zum Anwendungsbereich siehe § 84 Abs. 2 Sätze 1 und 2.
2) Bezeichnung geänd. durch VO v. 17. 11. 2010 (BGBl. I S. 1544).
3) Verweis geänd. durch VO v. 17. 11. 2010 (BGBl. I S. 1544).

§ 9. (weggefallen)

§ 9a Anschaffung, Herstellung. Jahr der Anschaffung ist das Jahr der Lieferung, Jahr der Herstellung ist das Jahr der Fertigstellung.

§ 10 Absetzung für Abnutzung im Fall des § 4 Abs. 3 des Gesetzes.

(1) [1]Bei nicht in dem in Artikel 3 des Einigungsvertrages genannten Gebiet belegenen Gebäuden, die bereits am 21. Juni 1948 zum Betriebsvermögen gehört haben, sind im Fall des § 4 Abs. 3 des Gesetzes für die Bemessung der Absetzung für Abnutzung als Anschaffungs- oder Herstellungskosten höchstens die Werte zugrunde zu legen, die sich bei sinngemäßer Anwendung des § 16 Abs. 1 des D-Markbilanzgesetzes in der im Bundesgesetzblatt Teil III, Gliederungsnummer 4140-1, veröffentlichten bereinigten Fassung ergeben würden. [2]In dem Teil des Landes Berlin, in dem das Grundgesetz bereits vor dem 3. Oktober 1990 galt, tritt an die Stelle des 21. Juni 1948 der 1. April 1949.

(2) Für Gebäude, die zum Betriebsvermögen eines Betriebs oder einer Betriebsstätte im Saarland gehören, gilt Absatz 1 mit der Maßgabe, daß an die Stelle des 21. Juni 1948 der 6. Juli 1959 sowie an die Stelle des § 16 Abs. 1 des D-Markbilanzgesetzes der § 8 Abs. 1 und der § 11 des D-Markbilanzgesetzes für das Saarland in der im Bundesgesetzblatt Teil III, Gliederungsnummer 4140-2, veröffentlichten bereinigten Fassung treten.

§ 10a.[1] *(aufgehoben)*

§§ 11 bis **11b.** (weggefallen)

§ 11c Absetzung für Abnutzung bei Gebäuden. (1) [1]Nutzungsdauer eines Gebäudes im Sinne des § 7 Abs. 4 Satz 2 des Gesetzes ist der Zeitraum, in dem ein Gebäude voraussichtlich seiner Zweckbestimmung entsprechend genutzt werden kann. [2]Der Zeitraum der Nutzungsdauer beginnt

1. bei Gebäuden, die der Steuerpflichtige vor dem 21. Juni 1948 angeschafft oder hergestellt hat, mit dem 21. Juni 1948;
2. bei Gebäuden, die der Steuerpflichtige nach dem 20. Juni 1948 hergestellt hat, mit dem Zeitpunkt der Fertigstellung;
3. bei Gebäuden, die der Steuerpflichtige nach dem 20. Juni 1948 angeschafft hat, mit dem Zeitpunkt der Anschaffung.

[3]Für im Land Berlin belegene Gebäude treten an die Stelle des 20. Juni 1948 jeweils der 31. März 1949 und an die Stelle des 21. Juni 1948 jeweils der 1. April 1949. [4]Für im Saarland belegene Gebäude treten an die Stelle des 20. Juni 1948 jeweils der 19. November 1947 und an die Stelle des 21. Juni 1948 jeweils der 20. November 1947; soweit im Saarland belegene Gebäude zu einem Betriebsvermögen gehören, treten an die Stelle des 20. Juni 1948 jeweils der 5. Juli 1959 und an die Stelle des 21. Juni 1948 jeweils der 6. Juli 1959.

---

[1] § 10 a aufgeh. mWv VZ 2009 durch G v. 8. 12. 2010 (BGBl. I S. 1864).

(2)[1] 1Hat der Steuerpflichtige nach § 7 Abs. 4 Satz 3 des Gesetzes bei einem Gebäude eine Absetzung für außergewöhnliche technische oder wirtschaftliche Abnutzung vorgenommen, so bemessen sich die Absetzungen für Abnutzung von dem folgenden Wirtschaftsjahr oder Kalenderjahr an nach den Anschaffungs- oder Herstellungskosten des Gebäudes abzüglich des Betrags der Absetzung für außergewöhnliche technische oder wirtschaftliche Abnutzung. 2Entsprechendes gilt, wenn der Steuerpflichtige ein zu einem Betriebsvermögen gehörendes Gebäude nach § 6 Abs. 1 Nr. 1 Satz 2 des Gesetzes mit dem niedrigeren Teilwert angesetzt hat. 3Im Fall der Zuschreibung nach § 7 Abs. 4 Satz 3 des Gesetzes oder der Wertaufholung nach § 6 Abs. 1 Nr. 1 Satz 4 des Gesetzes erhöht sich die Bemessungsgrundlage für die Absetzungen für Abnutzung von dem folgenden Wirtschaftsjahr oder Kalenderjahr an um den Betrag der Zuschreibung oder Wertaufholung.

§ 11 d Absetzung für Abnutzung oder Substanzverringerung bei nicht zu einem Betriebsvermögen gehörenden Wirtschaftsgütern, die der Steuerpflichtige unentgeltlich erworben hat. (1)[2] 1Bei den nicht zu einem Betriebsvermögen gehörenden Wirtschaftsgütern, die der Steuerpflichtige unentgeltlich erworben hat, bemessen sich die Absetzungen für Abnutzung nach den Anschaffungs- oder Herstellungskosten des Rechtsvorgängers oder dem Wert, der beim Rechtsvorgänger an deren Stelle getreten ist oder treten würde, wenn dieser noch Eigentümer wäre, zuzüglich der vom Rechtsnachfolger aufgewendeten Herstellungskosten und nach dem Prozentsatz, der für den Rechtsvorgänger maßgebend sein würde, wenn er noch Eigentümer des Wirtschaftsguts wäre. 2Absetzungen für Abnutzung durch den Rechtsnachfolger sind nur zulässig, soweit die vom Rechtsvorgänger und vom Rechtsnachfolger zusammen vorgenommenen Absetzungen für Abnutzung, erhöhten Absetzungen und Abschreibungen bei dem Wirtschaftsgut noch nicht zur vollen Absetzung geführt haben. 3Die Sätze 1 und 2 gelten für die Absetzung für Substanzverringerung und für erhöhte Absetzungen entsprechend.

(2) Bei Bodenschätzen, die der Steuerpflichtige auf einem ihm gehörenden Grundstück entdeckt hat, sind Absetzungen für Substanzverringerung nicht zulässig.

§ 12. (weggefallen)

Zu den §§ 7 e und 10 a des Gesetzes

§§ 13 und **14.** (weggefallen)

Zu § 7 b des Gesetzes

§ 15 Erhöhte Absetzungen für Einfamilienhäuser, Zweifamilienhäuser und Eigentumswohnungen. (1) Bauherr ist, wer auf eigene Rechnung und Gefahr ein Gebäude baut oder bauen lässt.

---

[1] Zur erstmaligen Anwendung von § 11 c Abs. 2 Satz 3 siehe § 84 Abs. 2 a.

[2] § 11 d Abs. 1 Satz 1 geänd. durch VO v. 17. 11. 2010 (BGBl. I S. 1544).

(2) In den Fällen des § 7b des Gesetzes in den vor Inkrafttreten des Gesetzes vom 22. Dezember 1981 (BGBl. I S. 1523) geltenden Fassungen und des § 54 des Gesetzes in der Fassung der Bekanntmachung vom 24. Januar 1984 (BGBl. I S. 113) ist § 15 der Einkommensteuer-Durchführungsverordnung 1979 (BGBl. 1980 I S. 1801), geändert durch die Verordnung vom 11. Juni 1981 (BGBl. I S. 526)[1], weiter anzuwenden.

§§ 16 bis **21.** (weggefallen)

Zu § 7e des Gesetzes

§§ 22 bis **28.** (weggefallen)

Zu § 10 des Gesetzes

§ 29 Anzeigepflichten bei Versicherungsverträgen. (1) [1]Bei Versicherungen, deren Laufzeit vor dem 1. Januar 2005 begonnen hat, hat der Sicherungsnehmer nach amtlich vorgeschriebenem Muster dem für die Veranlagung des Versicherungsnehmers nach dem Einkommen zuständigen Finanzamt, bei einem Versicherungsnehmer, der im Inland weder einen Wohnsitz noch seinen gewöhnlichen Aufenthalt hat, dem für die Veranlagung des Sicherungsnehmers zuständigen Finanzamt (§§ 19, 20 der Abgabenordnung) unverzüglich die Fälle anzuzeigen, in denen Ansprüche aus Versicherungsverträgen zur Tilgung oder Sicherung von Darlehen eingesetzt werden.[2] [2]Satz 1 gilt entsprechend für das Versicherungsunternehmen, wenn der Sicherungsnehmer Wohnsitz, Sitz oder Geschäftsleitung im Ausland hat. [3]Werden Ansprüche aus Versicherungsverträgen von Personen, die im Inland einen Wohnsitz oder ihren gewöhnlichen Aufenthalt haben (§ 1 Abs. 1 des Gesetzes), zur Tilgung oder Sicherung von Darlehen eingesetzt, sind die Sätze 1 und 2 nur anzuwen-

---

[1] § 15 in dieser Fassung hat folgenden Wortlaut:
„§ 15 Erhöhte Absetzungen für Einfamilienhäuser, Zweifamilienhäuser und Eigentumswohnungen. (1) Bauherr im Sinne des § 7b des Gesetzes ist, wer auf eigene Rechnung und Gefahr ein Gebäude baut oder bauen läßt.

(2) Zu den Anschaffungskosten im Sinne des § 7b Abs. 1 des Gesetzes gehören nicht die Aufwendungen für den Grund und Boden.

(3) Ausbauten und Erweiterungen sind Baumaßnahmen im Sinne des § 17 Abs. 1 und 2, Kaufeigenheime sind Wohngebäude im Sinne des § 9 Abs. 2, Trägerkleinsiedlungen sind Kleinsiedlungen im Sinne des § 10 Abs. 3 und Kaufeigentumswohnungen sind Eigentumswohnungen im Sinne des § 12 Abs. 2 des Zweiten Wohnungsbaugesetzes (Wohnungsbau- und Familienheimgesetz).

(4) Bei Bemessung der erhöhten Absetzungen für Kaufeigenheime, Trägerkleinsiedlungen und Kaufeigentumswohnungen nach § 7b Abs. 7 des Gesetzes bleiben Herstellungskosten, die bei einem Einfamilienhaus oder einer Eigentumswohnung die Grenze von 150 000 Deutsche Mark, bei einem Zweifamilienhaus die Grenze von 200 000 Deutsche Mark übersteigen, außer Ansatz.

(5) In den Fällen des § 7b des Gesetzes in den vor Inkrafttreten des Gesetzes vom 11. Juli 1977 (BGBl. I S. 1213) geltenden Fassungen und des § 54 des Gesetzes sind die §§ 15, 16 und 83a der Einkommensteuer-Durchführungsverordnung in der Fassung der Bekanntmachung vom 5. Dezember 1977 (BGBl. I S. 2443) weiter anzuwenden."

[2] § 29 Abs. 1 Satz 1 neu gef. durch G v. 5. 7. 2004 (BGBl. I S. 1427).

den, wenn die Darlehen den Betrag von 25 565 Euro[1] übersteigen. [4]Der Steuerpflichtige hat dem für seine Veranlagung zuständigen Finanzamt (§ 19 der Abgabenordnung) die Abtretung und die Beleihung unverzüglich anzuzeigen.[2]

(2)[3]–(6)[4] *(aufgehoben)*

§ 30 Nachversteuerung bei Versicherungsverträgen

[Fassung bis 31. 12. 2004]

(1) [1]Wird bei vor dem 1. Januar 1975 abgeschlossenen Versicherungsverträgen gegen Einmalbeitrag, soweit dieser nach dem 31. Dezember 1966 geleistet worden ist, oder bei nachdem 31. Dezember 1974 abgeschlossenen Rentenversicherungsverträgen ohne Kapitalwahlrecht gegen Einmalbeitrag (§ 10 Abs. 5 Nr. 2 des Gesetzes) vor Ablauf der Vertragsdauer

1. die Versicherungssumme ausgezahlt, ohne dass der Schadensfall eingetreten ist oder in der Rentenversicherung die vertragsmäßige Rentenleistung erbracht wird, oder
2. der Einmalbeitrag zurückgezahlt,

so ist eine Nachversteuerung für den Veranlagungszeitraum durchzuführen, in dem einer dieser Tatbestände verwirklicht ist. [2]Zu diesem Zweck ist die Steuer zu berechnen, die festzusetzen gewesen wäre, wenn der Steuerpflichtige den Einmalbeitrag nicht geleistet hätte. [3]Der Unterschiedsbetrag zwischen dieser und der festgesetzten Steuer ist als Nachsteuer zu erheben.

[Fassung ab 1. 1. 2005][5]

[1]Eine Nachversteuerung ist durchzuführen, wenn der Sonderausgabenabzug von Beiträgen nach § 10 Abs. 1 Nr. 3 Buchstabe b des Gesetzes zu versagen ist. [2]Zu diesem Zweck ist die Steuer zu berechnen, die festzusetzen gewesen wäre, wenn der Steuerpflichtige die Beiträge nicht geleistet hätte. [3]Der Unterschied zwischen dieser und der festgesetzten Steuer ist als Nachsteuer zu erheben.

---

[1] Betrag geänd. durch G v. 19. 12. 2000 (BGBl. I S. 1790).

[2] § 29 Abs. 1 Satz 4 angef. (bish. Abs. 4) durch G v. 5. 7. 2004 (BGBl. I S. 1427).

[3] § 29 Abs. 2 und 4 aufgeh. mWv 1. 1. 2005 durch G v. 5. 7. 2004 (BGBl. I S. 1427).

[4] § 29 Abs. 3, 5 und 6 aufgeh. mWv VZ 1996 durch G v. 15. 12. 1995 (BGBl. I S. 1783); zur letztmaligen Anwendung für VZ 2005 vgl. § 84 Abs. 3.

[5] § 30 neu gef. durch G v. 5. 7. 2004 (BGBl. I S. 1427).

[Fassung bis 31. 12. 2004]

(2) Eine Nachversteuerung ist entsprechend Absatz 1 auch durchzuführen, wenn der Sonderausgabenabzug von Beiträgen zu Lebensversicherungen nach § 10 Abs. 2 des Gesetzes zu versagen ist.

§§ 31 bis **44.** (weggefallen)

Zu § 10 a des Gesetzes

§§ 45 bis **47.** (weggefallen)

Zu § 10 b des Gesetzes

§§ 48 und **49.** [1)] (weggefallen)

§ 50 Zuwendungsnachweis. (1)[2)] [1] Zuwendungen im Sinne der §§ 10 b und 34 g des Gesetzes dürfen nur abgezogen werden, wenn sie durch eine Zuwendungsbestätigung nachgewiesen werden, die der Empfänger [*ab 29. 3. 2013:* unter Berücksichtigung des § 63 Absatz 5 der Abgabenordnung][3)] nach amtlich vorgeschriebenem Vordruck ausgestellt hat. [2] [*ab 1. 1. 2013:* Dies gilt nicht für Zuwendungen an nicht im Inland ansässige Zuwendungsempfänger nach § 10 b Absatz 1 Satz 2 Nummer 1 und 3 des Gesetzes.]

(1 a)[4)] [1] Der Zuwendende kann den Zuwendungsempfänger bevollmächtigen, die Zuwendungsbestätigung der Finanzbehörde nach amtlich vorgeschriebenem Datensatz durch Datenfernübertragung nach Maßgabe der Steuerdaten-Übermittlungsverordnung zu übermitteln. [2] Der Zuwendende hat dem Zuwendungsempfänger zu diesem Zweck seine Identifikationsnummer (§ 139 b der Abgabenordnung) mitzuteilen. [3] Die Vollmacht kann nur mit Wirkung für die Zukunft widerrufen werden. [4] Der Datensatz ist bis zum 28. Februar des Jahres, das auf das Jahr folgt, in dem die Zuwendung geleistet worden ist, an die Finanzbehörde zu übermitteln. [5] Der Zuwendungsempfänger hat dem Zuwendenden die nach Satz 1 übermittelten Daten elektronisch oder auf dessen Wunsch als Ausdruck zur Verfügung zu stellen; in beiden Fällen ist darauf hinzuweisen, dass die Daten der Finanzbehörde übermittelt worden sind.

(2) [1] Als Nachweis genügt der Bareinzahlungsbeleg oder die Buchungsbestätigung eines Kreditinstituts, wenn

1.[5)] die Zuwendung zur Hilfe in Katastrophenfällen:

   a) innerhalb eines Zeitraums, den die obersten Finanzbehörden der Länder im Benehmen mit dem Bundesministerium der Finanzen bestimmen, auf

---

[1)] § 48 und § 49 aufgeh. mWv 1. 1. 2007 durch G v. 10. 10. 2007 (BGBl. I S. 2332).

[2)] § 50 Abs. 1 bish. Text wird Satz 1, Satz 2 angef. mWv 1. 1. 2013 durch VO v. 11. 12. 2012 (BGBl. I S. 2637).

[3)] Klammerzusatz eingef. mWv 29. 3. 2013 durch G v. 21. 3. 2013 (BGBl. I S. 556).

[4)] § 50 Abs. 1 a eingef. mWv VZ 2009 durch G v. 20. 12. 2008 (BGBl. I S. 2850).

[5)] § 50 Abs. 2 Nr. 1 neu gef. mWv VZ 2011 (§ 84 Abs. 1 a. F.) durch G v. 1. 11. 2011 (BGBl. I S. 2131).

ein für den Katastrophenfall eingerichtetes Sonderkonto einer inländischen juristischen Person des öffentlichen Rechts, einer inländischen öffentlichen Dienststelle oder eines inländischen amtlich anerkannten Verbandes der freien Wohlfahrtspflege einschließlich seiner Mitgliedsorganisationen eingezahlt worden ist oder

b) bis zur Einrichtung des Sonderkontos auf ein anderes Konto der genannten Zuwendungsempfänger geleistet wird. [2]Wird die Zuwendung über ein als Treuhandkonto geführtes Konto eines Dritten auf eines der genannten Sonderkonten geleistet, genügt als Nachweis der Bareinzahlungsbeleg oder die Buchungsbestätigung des Kreditinstituts des Zuwendenden zusammen mit einer Kopie des Barzahlungsbelegs oder der Buchungsbestätigung des Kreditinstituts des Dritten;

2.[1)] die Zuwendung 200 Euro nicht übersteigt und

a) der Empfänger eine inländische juristische Person des öffentlichen Rechts oder eine inländische öffentliche Dienststelle ist oder

b) der Empfänger eine Körperschaft, Personenvereinigung oder Vermögensmasse im Sinne des § 5 Abs. 1 Nr. 9 des Körperschaftsteuergesetzes ist, wenn der steuerbegünstigte Zweck, für den die Zuwendung verwendet wird, und die Angaben über die Freistellung des Empfängers von der Körperschaftsteuer auf einem von ihm hergestellten Beleg aufgedruckt sind und darauf angegeben ist, ob es sich bei der Zuwendung um eine Spende oder einen Mitgliedsbeitrag handelt oder

c) der Empfänger eine politische Partei im Sinne des § 2 des Parteiengesetzes ist und bei Spenden der Verwendungszweck auf dem vom Empfänger hergestellten Beleg aufgedruckt ist.

[2]Aus der Buchungsbestätigung müssen Name und Kontonummer *des Auftraggebers und Empfängers, der Betrag sowie der Buchungstag* [***ab 1. 1. 2013:*** oder ein sonstiges Identifizierungsmerkmal des Auftraggebers und des Empfängers, der Betrag, der Buchungstag sowie die tatsächliche Durchführung der Zahlung] ersichtlich sein.[2)] [3]In den Fällen des Satzes 1 Nummer 2 Buchstabe b[3)] hat der Zuwendende zusätzlich den vom Zuwendungsempfänger hergestellten Beleg vorzulegen.

(2 a)[4)] Bei Zuwendungen zur Hilfe in Katastrophenfällen innerhalb eines Zeitraums, den die obersten Finanzbehörden der Länder im Benehmen mit dem Bundesministerium der Finanzen bestimmen, die über ein Konto eines Dritten an eine inländische juristische Person des öffentlichen Rechts, eine inländische öffentliche Dienststelle oder eine nach § 5 Absatz 1 Nummer 9 des Körperschaftsteuergesetzes steuerbefreite Körperschaft, Personenvereinigung oder Vermögensmasse geleistet werden, genügt als Nachweis die auf den jeweiligen Spender ausgestellte Zuwendungsbestätigung des Zuwendungsempfängers, wenn das Konto des Dritten als Treuhandkonto geführt wurde, die Spenden von dort an den Zuwendungsempfänger weitergeleitet wurden und

---

[1)] § 50 Abs. 2 Nr. 2 geänd., Satz 3 HS 2 aufgeh. mWv 1. 1. 2007 durch G v. 10. 10. 2007 (BGBl. I S. 2332).

[2)] § 50 Abs. 2 Satz 2 geänd. mWv 1. 1. 2013 durch VO v. 11. 12. 2012 (BGBl. I S. 2637).

[3)] Verweis geänd. durch VO v. 17. 11. 2010 (BGBl. I S. 1544).

[4)] § 50 Abs. 2 a eingef. mWv VZ 2012 durch G v. 1. 11. 2011 (BGBl. I S. 2131).

diesem eine Liste mit den einzelnen Spendern und ihrem jeweiligen Anteil an der Spendensumme übergeben wurde.

(3) Als Nachweis für die Zahlung von Mitgliedsbeiträgen an politische Parteien im Sinne des § 2 des Parteiengesetzes genügt die Vorlage von Bareinzahlungsbelegen, Buchungsbestätigungen oder Beitragsquittungen.

(4) [1]Eine in § 5 Abs. 1 Nr. 9 des Körperschaftsteuergesetzes bezeichnete Körperschaft, Personenvereinigung oder Vermögensmasse hat die Vereinnahmung der Zuwendung und ihre zweckentsprechende Verwendung ordnungsgemäß aufzuzeichnen und ein Doppel der Zuwendungsbestätigung aufzubewahren. [2]Bei Sachzuwendungen und beim Verzicht auf die Erstattung von Aufwand müssen sich aus den Aufzeichnungen auch die Grundlagen für den vom Empfänger bestätigten Wert der Zuwendung ergeben.

Zu § 13 des Gesetzes

§ 51[1)] Pauschale Ermittlung der Gewinne aus Holznutzungen.

(1) Steuerpflichtige, die für ihren Betrieb nicht zur Buchführung verpflichtet sind, den Gewinn nicht nach § 4 Absatz 1 des Einkommensteuergesetzes ermitteln und deren forstwirtschaftlich genutzte Fläche 50 Hektar nicht übersteigt, können auf Antrag für ein Wirtschaftsjahr bei der Ermittlung der Gewinne aus Holznutzungen pauschale Betriebsausgaben abziehen.

(2) Die pauschalen Betriebsausgaben betragen 55 Prozent der Einnahmen aus der Verwertung des eingeschlagenen Holzes.

(3) Soweit Holz auf dem Stamm verkauft wird, betragen die pauschalen Betriebsausgaben 20 Prozent der Einnahmen aus der Verwertung des stehenden Holzes.

(4) Mit den pauschalen Betriebsausgaben nach den Absätzen 2 und 3 sind sämtliche Betriebsausgaben mit Ausnahme der Wiederaufforstungskosten und der Minderung des Buchwerts für ein Wirtschaftsgut Baumbestand abgegolten.

(5) Diese Regelung gilt nicht für die Ermittlung des Gewinns aus Waldverkäufen sowie für die übrigen Einnahmen und die damit in unmittelbarem Zusammenhang stehenden Betriebsausgaben.

Zu § 13 a des Gesetzes

§ 52. (weggefallen)

Zu § 17 des Gesetzes

§ 53 Anschaffungskosten bestimmter Anteile an Kapitalgesellschaften.

[1]Bei Anteilen an einer Kapitalgesellschaft, die vor dem 21. Juni 1948 erworben worden sind, sind als Anschaffungskosten im Sinne des § 17 Abs. 2 des Gesetzes die endgültigen Höchstwerte zugrunde zu legen, mit denen die Anteile in eine steuerliche Eröffnungsbilanz in Deutscher Mark auf den 21. Juni 1948 hätten eingestellt werden können; bei Anteilen, die am 21. Juni 1948 als Auslandsvermögen beschlagnahmt waren, ist bei Veräußerung vor

1) § 51 neu gef. durch G v. 1. 11. 2011 (BGBl. I S. 2131); zur Anwendung siehe § 84 Abs. 3 a.

der Rückgabe der Veräußerungserlös und bei Veräußerung nach der Rückgabe der Wert im Zeitpunkt der Rückgabe als Anschaffungskosten maßgebend. 2 Im Land Berlin tritt an die Stelle des 21. Juni 1948 jeweils der 1. April 1949; im Saarland tritt an die Stelle des 21. Juni 1948 für die in § 43 Abs. 1 Ziff. 1 des Gesetzes über die Einführung des deutschen Rechts auf dem Gebiete der Steuern, Zölle und Finanzmonopole im Saarland vom 30. Juni 1959 (BGBl. I S. 339) bezeichneten Personen jeweils der 6. Juli 1959.

§ 54 Übersendung von Urkunden durch die Notare. (1)[1)] 1 Die Notare übersenden dem in § 20 der Abgabenordnung bezeichneten Finanzamt eine beglaubigte Abschrift aller auf Grund gesetzlicher Vorschrift aufgenommenen oder beglaubigten Urkunden, die die Gründung, Kapitalerhöhung oder -herabsetzung, Umwandlung oder Auflösung von Kapitalgesellschaften oder die Verfügung über Anteile an Kapitalgesellschaften zum Gegenstand haben. 2 Gleiches gilt für Dokumente, die im Rahmen einer Anmeldung einer inländischen Zweigniederlassung einer Kapitalgesellschaft mit Sitz im Ausland zur Eintragung in das Handelsregister diesem zu übersenden sind.

(2) 1 Die Abschrift ist binnen zwei Wochen, von der Aufnahme oder Beglaubigung der Urkunde ab gerechnet, einzureichen. 2 Sie soll mit der Steuernummer gekennzeichnet sein, mit der die Kapitalgesellschaft bei dem Finanzamt geführt wird. 3 Die Absendung der Urkunde ist auf der zurückbehaltenen Urschrift der Urkunde beziehungsweise auf einer zurückbehaltenen Abschrift zu vermerken.

(3) Den Beteiligten dürfen die Urschrift, eine Ausfertigung oder beglaubigte Abschrift der Urkunde erst ausgehändigt werden, wenn die Abschrift der Urkunde an das Finanzamt abgesandt ist.

(4)[2)] Im Fall der Verfügung über Anteile an Kapitalgesellschaften durch einen Anteilseigner, der nicht nach § 1 Abs. 1 des Gesetzes unbeschränkt steuerpflichtig ist, ist zusätzlich bei dem Finanzamt Anzeige zu erstatten, das bei Beendigung einer zuvor bestehenden unbeschränkten Steuerpflicht des Anteilseigners oder bei unentgeltlichem Erwerb dessen Rechtsvorgängers nach § 19 der Abgabenordnung für die Besteuerung des Anteilseigners zuständig war.

Zu § 22 des Gesetzes

§ 55 Ermittlung des Ertrags aus Leibrenten in besonderen Fällen.

(1) Der Ertrag des Rentenrechts ist in den folgenden Fällen auf Grund der in § 22 Nr. 1 Satz 3 Buchstabe a Doppelbuchstabe bb[3)] des Gesetzes aufgeführten Tabelle zu ermitteln:

1. bei Leibrenten, die vor dem 1. Januar 1955 zu laufen begonnen haben. 2 Dabei ist das vor dem 1. Januar 1955 vollendete Lebensjahr des Rentenberechtigten maßgebend;

[1)] § 54 Abs. 1 Satz 2 angef. mWv 1. 1. 2008 (§ 84 Abs. 3b Satz 1) durch G v. 20. 12. 2007 (BGBl. I S. 3150).

[2)] § 54 Abs. 4 angef. durch G v. 7. 12. 2006 (BGBl. I S. 2782); zur erstmaligen Anwendung siehe § 84 Abs. 3b Satz 2.

[3)] Zitat geänd. durch G v. 5. 7. 2004 (BGBl. I S. 1427).

2. bei Leibrenten, deren Dauer von der Lebenszeit einer anderen Person als des Rentenberechtigten abhängt. [2]Dabei ist das bei Beginn der Rente, im Fall der Nummer 1 das vor dem 1. Januar 1955 vollendete Lebensjahr dieser Person maßgebend;
3. bei Leibrenten, deren Dauer von der Lebenszeit mehrerer Personen abhängt. [2]Dabei ist das bei Beginn der Rente, im Fall der Nummer 1 das vor dem 1. Januar 1955 vollendete Lebensjahr der ältesten Person maßgebend, wenn das Rentenrecht mit dem Tod des zuerst Sterbenden erlischt, und das Lebensjahr der jüngsten Person, wenn das Rentenrecht mit dem Tod des zuletzt Sterbenden erlischt.

(2) [1]Der Ertrag der Leibrenten, die auf eine bestimmte Zeit beschränkt sind (abgekürzte Leibrenten), ist nach der Lebenserwartung unter Berücksichtigung der zeitlichen Begrenzung zu ermitteln. [2]Der Ertragsanteil ist aus der nachstehenden Tabelle[1)] zu entnehmen. [3]Absatz 1 ist entsprechend anzuwenden.

Beschränkung der Laufzeit der Rente auf ... Jahre ab Beginn des Rentenbezugs (ab 1. Januar 1955, falls die Rente vor diesem Zeitpunkt zu laufen begonnen hat)	Der Ertragsanteil beträgt vorbehaltlich der Spalte 3 ... Prozent[2)]	Der Ertragsanteil ist der Tabelle in § 22 Nr. 1 Satz 3 Buchstabe a Doppelbuchstabe bb des Gesetzes zu entnehmen, wenn der Rentenberechtigte zu Beginn des Rentenbezugs (vor dem 1. Januar 1955, falls die Rente vor diesem Zeitpunkt zu laufen begonnen hat) das ... te Lebensjahr vollendet hatte
1	2	3
1	0	entfällt
2	1	entfällt
3	2	97
4	4	92
5	5	88
6	7	83
7	8	81
8	9	80
9	10	78
10	12	75
11	13	74
12	14	72
13	15	71
14–15	16	69
16–17	18	67
18	19	65
19	20	64
20	21	63
21	22	62

1) Tabelle neu gef. durch G v. 5. 7. 2004 (BGBl. I S. 1427).
2) Bezeichnung geänd. durch VO v. 17. 11. 2010 (BGBl. I S. 1544).

Beschränkung der Laufzeit der Rente auf ... Jahre ab Beginn des Rentenbezugs (ab 1. Januar 1955, falls die Rente vor diesem Zeitpunkt zu laufen begonnen hat)	Der Ertragsanteil beträgt vorbehaltlich der Spalte 3 ... Prozent[1)]	Der Ertragsanteil ist der Tabelle in § 22 Nr. 1 Satz 3 Buchstabe a Doppelbuchstabe bb des Gesetzes zu entnehmen, wenn der Rentenberechtigte zu Beginn des Rentenbezugs (vor dem 1. Januar 1955, falls die Rente vor diesem Zeitpunkt zu laufen begonnen hat) das ... te Lebensjahr vollendet hatte
1	2	3
22	23	60
23	24	59
24	25	58
25	26	57
26	27	55
27	28	54
28	29	53
29–30	30	51
31	31	50
32	32	49
33	33	48
34	34	46
35–36	35	45
37	36	43
38	37	42
39	38	41
40–41	39	39
42	40	38
43–44	41	36
45	42	35
46–47	43	33
48	44	32
49–50	45	30
51–52	46	28
53	47	27
54–55	48	25
56–57	49	23
58–59	50	21
60–61	51	19
62–63	52	17
64–65	53	15
66–67	54	13
68–69	55	11
70–71	56	9
72–74	57	6

1) Bezeichnung geänd. durch VO v. 17. 11. 2010 (BGBl. I S. 1544).

Beschränkung der Laufzeit der Rente auf ... Jahre ab Beginn des Rentenbezugs (ab 1. Januar 1955, falls die Rente vor diesem Zeitpunkt zu laufen begonnen hat)	Der Ertragsanteil beträgt vorbehaltlich der Spalte 3 ... Prozent[1]	Der Ertragsanteil ist der Tabelle in § 22 Nr. 1 Satz 3 Buchstabe a Doppelbuchstabe bb des Gesetzes zu entnehmen, wenn der Rentenberechtigte zu Beginn des Rentenbezugs (vor dem 1. Januar 1955, falls die Rente vor diesem Zeitpunkt zu laufen begonnen hat) das ... te Lebensjahr vollendet hatte
1	2	3
75–76	58	4
77–79	59	2
ab 80	Der Ertragsanteil ist immer der Tabelle in § 22 Nr. 1 Satz 3 Buchstabe a Doppelbuchstabe bb des Gesetzes zu entnehmen.	

Zu § 25 des Gesetzes

§ 56 Steuererklärungspflicht. [1] Unbeschränkt Steuerpflichtige haben eine jährliche Einkommensteuererklärung für das abgelaufene Kalenderjahr (Veranlagungszeitraum) in den folgenden Fällen abzugeben:

1. Ehegatten, bei denen im Veranlagungszeitraum die Voraussetzungen des § 26 Abs. 1 des Gesetzes vorgelegen haben und von denen keiner die *getrennte Veranlagung nach § 26a des Gesetzes oder die besondere Veranlagung nach § 26c des Gesetzes* [***ab VZ 2013:*** Einzelveranlagung nach § 26a des Gesetzes][2] wählt,

   a)[3] wenn keiner der Ehegatten Einkünfte aus nichtselbständiger Arbeit, von denen ein Steuerabzug vorgenommen worden ist, bezogen und der Gesamtbetrag der Einkünfte mehr als das Zweifache des Grundfreibetrages nach § 32a Absatz 1 Satz 2 Nummer 1 des Gesetzes in der jeweils geltenden Fassung betragen hat,

   b) wenn mindestens einer der Ehegatten Einkünfte aus nichtselbständiger Arbeit, von denen ein Steuerabzug vorgenommen worden ist, bezogen hat und eine Veranlagung nach § 46 Abs. 2 Nr. 1 bis 7 des Gesetzes in Betracht kommt.

   c)[4] *(aufgehoben)*

2. Personen, bei denen im Veranlagungszeitraum die Voraussetzungen des § 26 Abs. 1 des Gesetzes nicht vorgelegen haben,

[1] Bezeichnung geänd. durch VO v. 17. 11. 2010 (BGBl. I S. 1544).

[2] § 56 Satz 1 Nummer 1 geänd. durch G v. 1. 11. 2011 (BGBl. I S. 2131); zur Anwendung siehe § 84 Abs. 11.

[3] § 56 Satz 1 Nr. 1 Buchst. a geänd. mWv VZ 2009 durch G v. 2. 3. 2009 (BGBl. I S. 416).

[4] § 56 Satz 1 Nr. 1 Buchst. c aufgeh. mWv VZ 2009 durch VO v. 17. 11. 2010 (BGBl. I S. 1544).

a)[1] wenn der Gesamtbetrag der Einkünfte den Grundfreibetrag nach § 32a Absatz 1 Satz 2 Nummer 1 des Gesetzes in der jeweils geltenden Fassung überstiegen hat und darin keine Einkünfte aus nichtselbständiger Arbeit, von denen ein Steuerabzug vorgenommen worden ist, enthalten sind,

b) wenn in dem Gesamtbetrag der Einkünfte Einkünfte aus nichtselbständiger Arbeit, von denen ein Steuerabzug vorgenommen worden ist, enthalten sind und eine Veranlagung nach § 46 Abs. 2 Nr. 1 bis 6 und 7 Buchstabe b des Gesetzes in Betracht kommt.

c)[2] *(aufgehoben)*

2 Eine Steuererklärung ist außerdem abzugeben, wenn zum Schluss des vorangegangenen Veranlagungszeitraums ein verbleibender Verlustabzug festgestellt worden ist.

§§ 57 bis **59.** (weggefallen)

§ 60 Unterlagen zur Steuererklärung. (1)[3] 1 Der Steuererklärung ist eine Abschrift der Bilanz, die auf dem Zahlenwerk der Buchführung beruht, im Fall der Eröffnung des Betriebs auch eine Abschrift der Eröffnungsbilanz beizufügen, wenn der Gewinn nach § 4 Abs. 1, § 5 oder § 5 a des Gesetzes ermittelt und auf eine elektronische Übermittlung nach § 5 b Abs. 2 des Gesetzes verzichtet wird. 2 Werden Bücher geführt, die den Grundsätzen der doppelten Buchführung entsprechen, ist eine Gewinn- und Verlustrechnung beizufügen.

(2) 1 Enthält die Bilanz Ansätze oder Beträge, die den steuerlichen Vorschriften nicht entsprechen, so sind diese Ansätze oder Beträge durch Zusätze oder Anmerkungen den steuerlichen Vorschriften anzupassen. 2 Der Steuerpflichtige kann auch eine den steuerlichen Vorschriften entsprechende Bilanz (Steuerbilanz) beifügen.

(3) 1 Liegt ein Anhang, ein Lagebericht oder ein Prüfungsbericht vor, so ist eine Abschrift der Steuererklärung beizufügen. 2 Bei der Gewinnermittlung nach § 5 a des Gesetzes ist das besondere Verzeichnis nach § 5 a Abs. 4 des Gesetzes der Steuererklärung beizufügen.

[Fassung bis 31. 12. 2010][4]

(4) Wird der Gewinn nach § 4 Abs. 3 des Gesetzes durch den Überschuss der Betriebseinnahmen über die Betriebsausgaben ermittelt, ist der Steuererklärung eine Gewinnermitt-

[Fassung ab 1. 1. 2011][5]

(4) 1 Wird der Gewinn nach § 4 Abs. 3 des Gesetzes durch den Überschuss der Betriebseinnahmen über die Betriebsausgaben ermittelt, ist die Einnahmenüberschussrechnung nach

---

1) § 56 Satz 1 Nr. 2 Buchst. a geänd. mWv VZ 2009 durch G v. 2. 3. 2009 (BGBl. I S. 416).

2) § 56 Satz 1 Nr. 2 Buchst. c aufgeh. mWv VZ 2009 durch VO v. 17. 11. 2010 (BGBl. I S. 1544).

3) § 60 Abs. 1 Satz 1 neu gef. durch G v. 20. 12. 2008 (BGBl. I S. 2850); zur erstmaligen Anwendung siehe § 84 Abs. 3 d.

4) § 60 Abs. 4 angef. durch G v. 31. 7. 2003 (BGBl. I S. 1550).

5) § 60 Abs. 4 neu gef. durch G v. 20. 12. 2008 (BGBl. I S. 2850); zur erstmaligen Anwendung siehe § 84 Abs. 3 d.

[Fassung bis 31. 12. 2010]

lung nach amtlich vorgeschriebenem Vordruck beizufügen.

[Fassung ab 1. 1. 2011]

amtlich vorgeschriebenem Datensatz durch Datenfernübertragung zu übermitteln. [2] Auf Antrag kann die Finanzbehörde zur Vermeidung unbilliger Härten auf eine elektronische Übermittlung verzichten; in diesem Fall ist der Steuererklärung eine Gewinnermittlung nach amtlich vorgeschriebenem Vordruck beizufügen. [3] § 150 Abs. 7 und 8 der Abgabenordnung gilt entsprechend.

Zu den §§ 26 a bis 26 c des Gesetzes

[Fassung bis VZ 2012:]

§ 61 Antrag auf anderweitige Verteilung der außergewöhnlichen Belastungen im Fall des § 26 a des Gesetzes. [1] Der Antrag auf anderweitige Verteilung der als außergewöhnliche Belastungen vom Gesamtbetrag der Einkünfte abzuziehenden Beträge (§ 26 a Abs. 2 des Gesetzes) kann nur von beiden Ehegatten gemeinsam gestellt werden. [2] Kann der Antrag nicht gemeinsam gestellt werden, weil einer der Ehegatten dazu aus zwingenden Gründen nicht in der Lage ist, so kann das Finanzamt den Antrag des anderen Ehegatten als genügend ansehen.

[Fassung ab VZ 2013:]

§ 61[1)] Antrag auf hälftige Verteilung von Abzugsbeträgen im Fall des § 26 a des Gesetzes. Können die Ehegatten den Antrag nach § 26 a Absatz 2 des Gesetzes nicht gemeinsam stellen, weil einer der Ehegatten dazu aus zwingenden Gründen nicht in der Lage ist, kann das Finanzamt den Antrag des anderen Ehegatten als genügend ansehen.

§§ 62 bis **62 c.** (weggefallen)

§ 62 d Anwendung des § 10 d des Gesetzes bei der Veranlagung von Ehegatten. (1)[2)] [1] Im Fall der *getrennten Veranlagung* [***ab VZ 2013:*** Einzelveranlagung] von Ehegatten (§ 26 a des Gesetzes) kann der Steuerpflichtige den Verlustabzug nach § 10 d des Gesetzes auch für Verluste derjenigen Veranlagungszeiträume geltend machen, in denen die Ehegatten nach § 26 b des Gesetzes zusammen *oder nach § 26 c des Gesetzes besonders* veranlagt worden sind. [2] Der Verlustabzug kann in diesem Fall nur für Verluste geltend gemacht werden, die der *getrennt* [***ab VZ 2013:*** einzeln] veranlagte Ehegatte erlitten hat.

[1)] § 61 neu gef. durch G v. 1. 11. 2011 (BGBl. I S. 2131); zur Anwendung siehe § 84 Abs. 11.

[2)] § 62 d Abs. 1 Satz 1 geänd. bzw. kursiver Satzteil aufgeh., Satz 2 geänd. durch G v. 1. 11. 2011 (BGBl. I S. 2131); zur Anwendung siehe § 84 Abs. 11.

(2)[1] [1]Im Fall der Zusammenveranlagung von Ehegatten (§ 26b des Gesetzes) kann der Steuerpflichtige den Verlustabzug nach § 10d des Gesetzes auch für Verluste derjenigen Veranlagungszeiträume geltend machen, in denen die Ehegatten nach § 26a des Gesetzes *getrennt oder nach § 26c des Gesetzes besonders* [***ab VZ 2013:*** einzeln] veranlagt worden sind. [2]Im Fall der Zusammenveranlagung von Ehegatten (§ 26b des Gesetzes) in einem Veranlagungszeitraum, in den negative Einkünfte nach § 10d Abs. 1 des Gesetzes zurückgetragen werden, sind nach Anwendung des § 10d Abs. 1 des Gesetzes verbleibende negative Einkünfte für den Verlustvortrag nach § 10d Abs. 2 des Gesetzes in Veranlagungszeiträume, in denen eine Zusammenveranlagung nicht stattfindet, auf die Ehegatten nach dem Verhältnis aufzuteilen, in dem die auf den einzelnen Ehegatten entfallenden Verluste im Veranlagungszeitraum der Verlustentstehung zueinander stehen.

§ 63. (weggefallen)

Zu § 33 des Gesetzes

[alte Fassung:]

§ 64 Mitwirkung der Gesundheitsbehörden beim Nachweis des Gesundheitszustandes für steuerliche Zwecke. Die zuständigen Gesundheitsbehörden haben auf Verlangen des Steuerpflichtigen die für steuerliche Zwecke erforderlichen Gesundheitszeugnisse, Gutachten oder Bescheinigungen auszustellen.

[neue Fassung:]

§ 64[2] Nachweis von Krankheitskosten. (1) Den Nachweis der Zwangsläufigkeit von Aufwendungen im Krankheitsfall hat der Steuerpflichtige zu erbringen:

1. durch eine Verordnung eines Arztes oder Heilpraktikers für Arznei-, Heil- und Hilfsmittel (§§ 2, 23, 31 bis 33 des Fünften Buches Sozialgesetzbuch);
2. durch ein amtsärztliches Gutachten oder eine ärztliche Bescheinigung eines Medizinischen Dienstes der Krankenversicherung (§ 275 des Fünften Buches Sozialgesetzbuch) für
   a) eine Bade- oder Heilkur; bei einer Vorsorgekur ist auch die Gefahr einer durch die Kur abzuwendenden Krankheit, bei einer Klimakur der medizinisch angezeigte Kurort und die voraussichtliche Kurdauer zu bescheinigen,

---

[1] § 62d Abs. 2 Satz 2 neu gef. durch G v. 22. 12. 2003 (BGBl. I S. 2840); zur erstmaligen Anwendung siehe § 84 Abs. 3e; Abs. 2 Satz 1 geänd. durch G v. 1. 11. 2011 (BGBl. I S. 2131); zur Anwendung siehe § 84 Abs. 11.

[2] § 64 neu gef. durch G v. 1. 11. 2011 (BGBl. I S. 2131); zur Anwendung siehe § 84 Abs. 3f.

[neue Fassung:]

b) eine psychotherapeutische Behandlung; die Fortführung einer Behandlung nach Ablauf der Bezuschussung durch die Krankenversicherung steht einem Behandlungsbeginn gleich,

c) eine medizinisch erforderliche auswärtige Unterbringung eines an Legasthenie oder einer anderen Behinderung leidenden Kindes des Steuerpflichtigen,

d) die Notwendigkeit der Betreuung des Steuerpflichtigen durch eine Begleitperson, sofern sich diese nicht bereits aus dem Nachweis der Behinderung nach § 65 Absatz 1 Nummer 1 ergibt,

e) medizinische Hilfsmittel, die als allgemeine Gebrauchsgegenstände des täglichen Lebens im Sinne von § 33 Absatz 1 des Fünften Buches Sozialgesetzbuch anzusehen sind,

f) wissenschaftlich nicht anerkannte Behandlungsmethoden, wie z. B. Frisch- und Trockenzellenbehandlungen, Sauerstoff-, Chelat- und Eigenbluttherapie.

[2]Der nach Satz 1 zu erbringende Nachweis muss vor Beginn der Heilmaßnahme oder dem Erwerb des medizinischen Hilfsmittels ausgestellt worden sein;

3. durch eine Bescheinigung des behandelnden Krankenhausarztes für Besuchsfahrten zu einem für längere Zeit in einem Krankenhaus liegenden Ehegatten oder Kind des Steuerpflichtigen, in dem bestätigt wird, dass der Besuch des Steuerpflichtigen zur

[neue Fassung:]

Heilung oder Linderung einer Krankheit entscheidend beitragen kann.

(2) Die zuständigen Gesundheitsbehörden haben auf Verlangen des Steuerpflichtigen die für steuerliche Zwecke erforderlichen Gesundheitszeugnisse, Gutachten oder Bescheinigungen auszustellen.

Zu § 33 b des Gesetzes

§ 65[1] **Nachweis der Behinderung.** (1) Den Nachweis einer Behinderung hat der Steuerpflichtige zu erbringen:

1. bei einer Behinderung, deren Grad auf mindestens 50 festgestellt ist, durch Vorlage eines Ausweises nach dem Neunten Buch Sozialgesetzbuch oder eines Bescheides der nach § 69 Absatz 1 des Neunten Buches Sozialgesetzbuch[2] zuständigen Behörde,
2. bei einer Behinderung, deren Grad auf weniger als 50, aber mindestens 25 festgestellt ist,
   a) durch eine Bescheinigung der nach § 69 Absatz 1 des Neunten Buches Sozialgesetzbuch[2] zuständigen Behörde auf Grund eines Feststellungsbescheids nach § 69 Absatz 1 des Neunten Buches Sozialgesetzbuch, die eine Äußerung darüber enthält, ob die Behinderung zu einer dauernden Einbuße der körperlichen Beweglichkeit geführt hat oder auf einer typischen Berufskrankheit beruht, oder,
   b) wenn ihm wegen seiner Behinderung nach den gesetzlichen Vorschriften Renten oder andere laufende Bezüge zustehen, durch den Rentenbescheid oder den die anderen laufenden Bezüge nachweisenden Bescheid.

(2) [1] Die gesundheitlichen Merkmale „blind" und „hilflos" hat der Steuerpflichtige durch einen Ausweis nach dem Neunten Buch Sozialgesetzbuch, der mit den Merkzeichen „Bl" oder „H" gekennzeichnet ist, oder durch einen Bescheid der nach § 69 Absatz 1 des Neunten Buches Sozialgesetzbuch[2] zuständigen Behörde, der die entsprechenden Feststellungen enthält, nachzuweisen. [2] Dem Merkzeichen „H" steht die Einstufung als Schwerstpflegebedürftiger in Pflegestufe III nach dem Elften Buch Sozialgesetzbuch, dem Zwölften Buch Sozialgesetzbuch[3] oder diesen entsprechenden gesetzlichen Bestimmungen gleich; dies ist durch Vorlage des entsprechenden Bescheides nachzuweisen.

(3) Der Steuerpflichtige hat die Unterlagen nach den Absätzen 1 und 2 zusammen mit seiner Steuererklärung oder seinem Antrag auf Lohnsteuerermäßigung der Finanzbehörde vorzulegen.

---

[1] Zur erstmaligen Anwendung von § 65 siehe § 84 Abs. 3 f.
[2] Verweis geänd. durch VO v. 17. 11. 2010 (BGBl. I S. 1544).
[3] Bezeichnung geänd. durch G v. 27. 12. 2003 (BGBl. I S. 3022).

(4) [1]Ist der behinderte Mensch verstorben und kann sein Rechtsnachfolger die Unterlagen nach den Absätzen 1 und 2 nicht vorlegen, so genügt zum Nachweis eine gutachtliche Stellungnahme der nach § 69 Absatz 1 des Neunten Buches Sozialgesetzbuch[1)] zuständigen Behörde. [2]Diese Stellungnahme hat die Finanzbehörde einzuholen.

§§ 66 und **67.** (weggefallen)

Zu § 34 b des Gesetzes

§ 68[2)] **Nutzungssatz, Betriebsgutachten, Betriebswerk.** (1) [1]Der Nutzungssatz muss periodisch für zehn Jahre durch die Finanzbehörde festgesetzt werden. [2]Er muss den Nutzungen entsprechen, die unter Berücksichtigung der vollen Ertragsfähigkeit des Waldes in Kubikmetern (Festmetern) nachhaltig erzielbar sind.

(2) [1]Der Festsetzung des Nutzungssatzes ist ein amtlich anerkanntes Betriebsgutachten oder ein Betriebswerk zugrunde zu legen, das auf den Anfang des Wirtschaftsjahres aufzustellen ist, von dem an die Periode von zehn Jahren beginnt. [2]Es soll innerhalb eines Jahres nach diesem Stichtag der Finanzbehörde übermittelt werden. [3]Sofern der Zeitraum, für den es aufgestellt wurde, nicht unmittelbar an den vorherigen Zeitraum der Nutzungssatzfeststellung anschließt, muss es spätestens auf den Anfang des Wirtschaftsjahrs des Schadensereignisses aufgestellt sein.

(3) [1]Ein Betriebsgutachten im Sinne des Absatzes 2 ist amtlich anerkannt, wenn die Anerkennung von einer Behörde oder einer Körperschaft des öffentlichen Rechts des Landes, in dem der forstwirtschaftliche Betrieb liegt, ausgesprochen wird. [2]Die Länder bestimmen, welche Behörden oder Körperschaften des öffentlichen Rechts diese Anerkennung auszusprechen haben.

Zu § 34 c des Gesetzes

§ 68 a[3)] **Einkünfte aus mehreren ausländischen Staaten.** [1]Die für die Einkünfte aus einem ausländischen Staat festgesetzte und gezahlte und um einen entstandenen Ermäßigungsanspruch gekürzte ausländische Steuer ist nur bis zur Höhe der deutschen Steuer anzurechnen, die auf die Einkünfte aus diesem ausländischen Staat entfällt. [2]Stammen die Einkünfte aus mehreren ausländischen Staaten, so sind die Höchstbeträge der anrechenbaren ausländischen Steuern für jeden einzelnen ausländischen Staat gesondert zu berechnen.

§ 68 b Nachweis über die Höhe der ausländischen Einkünfte und Steuern. [1]Der Steuerpflichtige hat den Nachweis über die Höhe der ausländischen Einkünfte und über die Festsetzung und Zahlung der ausländischen Steuern durch Vorlage entsprechender Urkunden (z. B. Steuerbescheid, Quit-

---

[1)] Verweis geänd. durch VO v. 17. 11. 2010 (BGBl. I S. 1544).
[2)] § 68 neu gef. mWv VZ 2012 durch G v. 1. 11. 2011 (BGBl. I S. 2131).
[3)] § 68 a Satz 1 geänd. mWv VZ 2009 durch VO v. 17. 11. 2010 (BGBl. I S. 1544).

tung über die Zahlung) zu führen. [2] Sind diese Urkunden in einer fremden Sprache abgefasst, so kann eine beglaubigte Übersetzung in die deutsche Sprache verlangt werden.

§ 69. (weggefallen)

Zu § 46 des Gesetzes

§ 70[1)] **Ausgleich von Härten in bestimmten Fällen.** [1] Betragen in den Fällen des § 46 Absatz 2 Nummer 1 bis 7 des Gesetzes die einkommensteuerpflichtigen Einkünfte, von denen der Steuerabzug vom Arbeitslohn nicht vorgenommen worden ist [***ab VZ 2014:*** und die nicht nach § 32 d Absatz 6 des Gesetzes der tariflichen Einkommensteuer unterworfen wurden], insgesamt mehr als 410 Euro, so ist vom Einkommen der Betrag abzuziehen, um den die bezeichneten Einkünfte, vermindert um den auf sie entfallenden Altersentlastungsbetrag (§ 24 a des Gesetzes) und den nach § 13 Absatz 3 des Gesetzes zu berücksichtigenden Betrag, niedriger als 820 Euro sind (Härteausgleichsbetrag). [2] Der Härteausgleichsbetrag darf nicht höher sein als die nach Satz 1 verminderten Einkünfte.

§§ 71 und **72.** (weggefallen)

Zu § 50 des Gesetzes

§ 73. (weggefallen)

Zu § 50 a des Gesetzes

§ 73 a[2)] **Begriffsbestimmungen.** (1) Inländisch im Sinne des § 50 a Abs. 1 Nr. 4 des Gesetzes sind solche Personenvereinigungen, die ihre Geschäftsleitung oder ihren Sitz im Geltungsbereich des Gesetzes haben.

(2) Urheberrechte im Sinne des § 50 a Abs. 1 Nr. 3 des Gesetzes sind Rechte, die nach Maßgabe des Urheberrechtsgesetzes vom 9. September 1965 (BGBl. I S. 1273), zuletzt geändert durch das Gesetz vom 7. Dezember 2008 (BGBl. I S. 2349), in der jeweils geltenden Fassung geschützt sind.

(3) Gewerbliche Schutzrechte im Sinne des § 50 a Absatz 1 Nummer 3 des Gesetzes sind Rechte, die nach Maßgabe

1. des Designgesetzes,
2. des Patentgesetzes,
3. des Gebrauchsmustergesetzes oder
4. des Markengesetzes

geschützt sind.

[1)] § 70 Beträge geänd. mWv 1. 1. 2002 durch G v. 19. 12. 2000 (BGBl. I S. 1790); zur erstmaligen Anwendung siehe § 84 Abs. 3 g; Satz 1 geänd. mWv VZ 2014 (§ 84 Abs. 3 g) durch G v. 25. 7. 2014 (BGBl. I S. 1266).

[2)] § 73 a Abs. 1 und 2 geänd., Abs. 3 neu gef. durch G v. 19. 12. 2008 (BGBl. I S. 2794); zur erstmaligen Anwendung siehe § 84 Abs. 3 h Satz 1; Abs. 3 neu gef. durch VO v. 22. 12. 2014 (BGBl. I S. 2392); zur Anwendung siehe § 84 Abs. 3 h Satz 6.

§ 73 b. (weggefallen)

§ 73 c[1)] Zeitpunkt des Zufließens im Sinne des § 50 a Abs. 5 Satz 1 des Gesetzes. Die Vergütungen im Sinne des § 50 a Abs. 1 des Gesetzes fließen dem Gläubiger zu

1. im Fall der Zahlung, Verrechnung oder Gutschrift:
   bei Zahlung, Verrechnung oder Gutschrift;
2. im Fall der Hinausschiebung der Zahlung wegen vorübergehender Zahlungsunfähigkeit des Schuldners:
   bei Zahlung, Verrechnung oder Gutschrift;
3. im Fall der Gewährung von Vorschüssen:
   bei Zahlung, Verrechnung oder Gutschrift der Vorschüsse.

§ 73 d Aufzeichnungen, Aufbewahrungspflichten, Steueraufsicht.

(1)[2)] [1]Der Schuldner der Vergütungen im Sinne des § 50 a Abs. 1 des Gesetzes (Schuldner) hat besondere Aufzeichnungen zu führen. [2]Aus den Aufzeichnungen müssen ersichtlich sein:

1. Name und Wohnung des beschränkt steuerpflichtigen Gläubigers (Steuerschuldners),
2. Höhe der Vergütungen in Euro[3)],
3. Höhe und Art der von der Bemessungsgrundlage des Steuerabzugs abgezogenen Betriebsausgaben oder Werbungskosten,
4. Tag, an dem die Vergütungen dem Steuerschuldner zugeflossen sind,
5. Höhe und Zeitpunkt der Abführung der einbehaltenen Steuer.

[3]Er hat in Fällen des § 50 a Abs. 3 des Gesetzes die von der Bemessungsgrundlage des Steuerabzugs abgezogenen Betriebsausgaben oder Werbungskosten und die Staatsangehörigkeit des beschränkt steuerpflichtigen Gläubigers in einer für das *Finanzamt* [Bundeszentralamt für Steuern][4)] nachprüfbaren Form zu dokumentieren.

(2) Bei der Veranlagung des Schuldners zur Einkommensteuer (Körperschaftsteuer) und bei Außenprüfungen, die bei dem Schuldner vorgenommen

(Fortsetzung nächste Seite)

[1)] § 73 c einleitender Satzteil geänd. durch G v. 19. 12. 2008 (BGBl. I S. 2794); zur erstmaligen Wirkung siehe § 84 Abs. 3 h Satz 1.

[2)] § 73 d Abs. 1 neu gef. durch G v. 19. 12. 2008 (BGBl. I S. 2794); zur erstmaligen Anwendung siehe § 84 Abs. 3 h Satz 1.

[3)] Bezeichnung geänd. durch G v. 19. 12. 2000 (BGBl. I S. 1790).

[4)] § 73 d Abs. 1 Satz 3 geänd. durch G v. 10. 8. 2009 (BGBl. I S. 2702); zur erstmaligen Anwendung siehe § 84 Abs. 3 h Satz 4.

werden, ist auch zu prüfen, ob die Steuern ordnungsmäßig einbehalten und abgeführt worden sind.

§ 73 e[1)] Einbehaltung, Abführung und Anmeldung der Steuer von Vergütungen im Sinne des § 50 a Abs. 1 und 7 des Gesetzes (§ 50 a Abs. 5 des Gesetzes). [1]Der Schuldner hat die innerhalb eines Kalendervierteljahrs einbehaltene Steuer von Vergütungen im Sinne des § 50 a Absatz 1 des Gesetzes unter der Bezeichnung „Steuerabzug von Vergütungen im Sinne des § 50 a Absatz 1 des Einkommensteuergesetzes" jeweils bis zum zehnten des dem Kalendervierteljahr folgenden Monats an das *für seine Besteuerung nach dem Einkommen zuständige Finanzamt (Finanzkasse) abzuführen; stimmen Betriebs- und Wohnsitzfinanzamt nicht überein, so ist die einbehaltene Steuer an das Betriebsfinanzamt* [Bundeszentralamt für Steuern][2)] abzuführen. [2]Bis zum gleichen Zeitpunkt hat der Schuldner dem *nach Satz 1 zuständigen Finanzamt* [Bundeszentralamt für Steuern][2)] eine Steueranmeldung über den Gläubiger, die Höhe der Vergütungen im Sinne des § 50 a Absatz 1 des Gesetzes, die Höhe und Art der von der Bemessungsgrundlage des Steuerabzugs abgezogenen Betriebsausgaben oder Werbungskosten und die Höhe des Steuerabzugs zu übersenden. [3]Satz 2 gilt entsprechend, wenn ein Steuerabzug auf Grund der Vorschrift des § 50 a Abs. 2 Satz 3 oder Abs. 4 Satz 1 des Gesetzes nicht vorzunehmen ist oder auf Grund eines Abkommens zur Vermeidung der Doppelbesteuerung nicht oder nicht in voller Höhe vorzunehmen ist. [4]Die Steueranmeldung ist nach amtlich vorgeschriebenem Vordruck auf elektronischem Weg zu übermitteln nach Maßgabe der Steuerdaten-Übermittlungsverordnung vom 28. Januar 2003 (BGBl. I S. 139), geändert durch die Verordnung vom 20. Dezember 2006 (BGBl. I S. 3380), in der jeweils geltenden Fassung. [5]Auf Antrag kann das *Finanzamt* [Bundeszentralamt für Steuern][2)] zur Vermeidung unbilliger Härten auf eine elektronische Übermittlung verzichten; in diesem Fall ist die Steueranmeldung vom Schuldner oder von einem zu seiner Vertretung Berechtigten zu unterschreiben. [6]Ist es zweifelhaft, ob der Gläubiger beschränkt oder unbeschränkt steuerpflichtig ist, so darf der Schuldner die Einbehaltung der Steuer nur dann unterlassen, wenn der Gläubiger durch eine Bescheinigung des nach den abgabenrechtlichen Vorschriften für die Besteuerung seines Einkommens zuständigen Finanzamts nachweist, dass er unbeschränkt steuerpflichtig ist. [7]Die Sätze 1, 2, 4 und 5 gelten entsprechend für die Steuer nach § 50 a Absatz 7 des Gesetzes mit der Maßgabe, dass *die Steuer an das Finanzamt abzuführen und bei dem Finanzamt anzumelden ist, das den Steuerabzug angeordnet hat.*

[***ab 1. 1. 2015:***

1. die Steuer an das Finanzamt abzuführen und bei dem Finanzamt anzumelden ist, das den Steuerabzug angeordnet hat, und

---

1) § 73 e neu gef. durch G v. 19. 12. 2008 (BGBl. I S. 2794); zur erstmaligen Anwendung siehe § 84 Abs. 3 h Sätze 1 und 2.

2) § 73 e Sätze 1, 2 und 5 geänd. durch G v. 10. 8. 2009 (BGBl. I S. 2702); zur erstmaligen Anwendung siehe § 84 Abs. 3 h Satz 4.

2. bei entsprechender Anordnung die innerhalb eines Monats einbehaltene Steuer jeweils bis zum zehnten des Folgemonats anzumelden und abzuführen ist.][1)]

§ 73 f Steuerabzug in den Fällen des § 50 a Abs. 6 des Gesetzes. [1]Der Schuldner der Vergütungen für die Nutzung oder das Recht auf Nutzung von Urheberrechten im Sinne des § 50 a Abs. 1 Nr. 3[2)] des Gesetzes braucht den Steuerabzug nicht vorzunehmen, wenn er diese Vergütungen auf Grund eines Übereinkommens nicht an den beschränkt steuerpflichtigen Gläubiger (Steuerschuldner), sondern an die Gesellschaft für musikalische Aufführungs- und mechanische Vervielfältigungsrechte (Gema) oder an einen anderen Rechtsträger abführt und die obersten Finanzbehörden der Länder mit Zustimmung des Bundesministeriums der Finanzen einwilligen, dass dieser andere Rechtsträger an die Stelle des Schuldners tritt. [2]In diesem Fall hat die Gema oder der andere Rechtsträger den Steuerabzug vorzunehmen; § 50 a Abs. 5 des Gesetzes sowie die §§ 73 d und 73 e gelten entsprechend.

§ 73 g Haftungsbescheid. (1) Ist die Steuer nicht ordnungsmäßig einbehalten oder abgeführt, so hat das *Finanzamt* [Bundeszentralamt für Steuern oder das zuständige Finanzamt][3)] die Steuer von dem Schuldner, in den Fällen des § 73 f von dem dort bezeichneten Rechtsträger, durch Haftungsbescheid oder von dem Steuerschuldner durch Steuerbescheid anzufordern.

(2) Der Zustellung des Haftungsbescheids an den Schuldner bedarf es nicht, wenn der Schuldner die einbehaltene Steuer dem [Bundeszentralamt für Steuern oder dem][3)] Finanzamt ordnungsmäßig angemeldet hat (§ 73 e) oder wenn er vor dem [Bundeszentralamt für Steuern oder dem][3)] Finanzamt oder einem Prüfungsbeamten des [Bundeszentralamts für Steuern oder des][3)] Finanzamts seine Verpflichtung zur Zahlung der Steuer schriftlich anerkannt hat.

Zu § 51 des Gesetzes

§§ 74 bis **80.** (weggefallen)

§ 81[4)] Bewertungsfreiheit für bestimmte Wirtschaftsgüter des Anlagevermögens im Kohlen- und Erzbergbau. (1) [1]Steuerpflichtige, die den Gewinn nach § 5 des Gesetzes ermitteln, können bei abnutzbaren Wirtschaftsgütern des Anlagevermögens, bei denen die in den Absätzen 2 und 3 bezeichneten Voraussetzungen vorliegen, im Wirtschaftsjahr der Anschaffung oder Herstellung und in den vier folgenden Wirtschaftsjahren Sonderabschreibungen vornehmen, und zwar

---

[1)] § 73 e Satz 7 neu gef. durch G v. 25. 7. 2014 (BGBl. I S. 1266); zur Anwendung siehe § 84 Abs. 3 h Satz 5.

[2)] § 73 f Verweis geänd. durch G v. 19. 12. 2008 (BGBl. I S. 2794); zur erstmaligen Anwendung siehe § 84 Abs. 3 h Satz 1.

[3)] § 73 g Abs. 1 geänd., Abs. 2 Klammerzusätze eingef. durch G v. 10. 8. 2009 (BGBl. I S. 2702); zur erstmaligen Anwendung siehe § 84 Abs. 3 h Satz 4.

[4)] Zur Anwendung im Beitrittsgebiet siehe § 57 Abs. 2 EStG (Nr. **1**).

1. bei beweglichen Wirtschaftsgütern des Anlagevermögens
   bis zur Höhe von insgesamt 50 Prozent[1]),
2. bei unbeweglichen Wirtschaftsgütern des Anlagevermögens
   bis zur Höhe von insgesamt 30 Prozent[1])

der Anschaffungs- oder Herstellungskosten. 2 § 9a gilt entsprechend.

(2) Voraussetzung für die Anwendung des Absatzes 1 ist,

1. dass die Wirtschaftsgüter
   a) im Tiefbaubetrieb des Steinkohlen-, Pechkohlen-, Braunkohlen- und Erzbergbaues
      aa) für die Errichtung von neuen Förderschachtanlagen, auch in der Form von Anschlussschachtanlagen,
      bb) für die Errichtung neuer Schächte sowie die Erweiterung des Grubengebäudes und den durch Wasserzuflüsse aus stillliegenden Anlagen bedingten Ausbau der Wasserhaltung bestehender Schachtanlagen,
      cc) für Rationalisierungsmaßnahmen in der Hauptschacht-, Blindschacht-, Strecken- und Abbauförderung, im Streckenvortrieb, in der Gewinnung, Versatzwirtschaft, Seilfahrt, Wetterführung und Wasserhaltung sowie in der Aufbereitung,
      dd) für die Zusammenfassung von mehreren Förderschachtanlagen zu einer einheitlichen Förderschachtanlage oder
      ee) für den Wiederaufschluss stillliegender Grubenfelder und Feldesteile,
   b) im Tagebaubetrieb des Braunkohlen- und Erzbergbaues
      aa) für die Erschließung neuer Tagebaue, auch in Form von Anschlusstagebauen,
      bb) für Rationalisierungsmaßnahmen bei laufenden Tagebauen,
      cc) beim Übergang zum Tieftagebau für die Freilegung und Gewinnung der Lagerstätte oder
      dd) für die Wiederinbetriebnahme stillgelegter Tagebaue

   angeschafft oder hergestellt werden und
2. dass die Förderungswürdigkeit dieser Vorhaben von der obersten Landesbehörde oder der von ihr bestimmten Stelle im Einvernehmen mit dem Bundesministerium für Wirtschaft und Energie[2]) bescheinigt worden ist.

(3) Die Abschreibungen nach Absatz 1 können nur in Anspruch genommen werden

1. in den Fällen des Absatzes 2 Nr. 1 Buchstabe a bei Wirtschaftsgütern des Anlagevermögens unter Tage und bei den in der Anlage 5 zu dieser Verordnung bezeichneten Wirtschaftsgütern des Anlagevermögens über Tage,

---

[1]) Bezeichnung geänd. durch VO v. 17. 11. 2010 (BGBl. I S. 1544).
[2]) Bezeichnung geänd. durch VO v. 31. 8. 2015 (BGBl. I S. 1474).

2. in den Fällen des Absatzes 2 Nr. 1 Buchstabe b bei den in der Anlage 6 zu dieser Verordnung bezeichneten Wirtschaftsgütern des beweglichen Anlagevermögens.

(4) Die Abschreibungen nach Absatz 1 können in Anspruch genommen werden bei im Geltungsbereich dieser Verordnung ausschließlich des in Artikel 3 des Einigungsvertrages genannten Gebiets

1. vor dem 1. Januar 1990 angeschafften oder hergestellten Wirtschaftsgütern,
2. a) nach dem 31. Dezember 1989 und vor dem 1. Januar 1991 angeschafften oder hergestellten Wirtschaftsgütern,
   b) vor dem 1. Januar 1991 geleisteten Anzahlungen auf Anschaffungskosten und entstandenen Teilherstellungskosten,

   wenn der Steuerpflichtige vor dem 1. Januar 1990 die Wirtschaftsgüter bestellt oder mit ihrer Herstellung begonnen hat.

(5) Bei den in Absatz 2 Nr. 1 Buchstabe b bezeichneten Vorhaben können die vor dem 1. Januar 1990 im Geltungsbereich dieser Verordnung ausschließlich des in Artikel 3 des Einigungsvertrages genannten Gebiets aufgewendeten Kosten für den Vorabraum bis zu 50 Prozent[1] als sofort abzugsfähige Betriebsausgaben behandelt werden.

§ 82. (weggefallen)

§ 82 a[2] Erhöhte Absetzungen von Herstellungskosten und Sonderbehandlung von Erhaltungsaufwand für bestimmte Anlagen und Einrichtungen bei Gebäuden. (1)[3] [1]Der Steuerpflichtige kann von den Herstellungskosten

1.[4] für Maßnahmen, die für den Anschluss eines im Inland belegenen Gebäudes an eine Fernwärmeversorgung einschließlich der Anbindung an das Heizsystem erforderlich sind, wenn die Fernwärmeversorgung überwiegend aus Anlagen der Kraft-Wärme-Kopplung, zur Verbrennung von Müll oder zur Verwertung von Abwärme gespeist wird,
2. für den Einbau von Wärmepumpenanlagen, Solaranlagen und Anlagen zur Wärmerückgewinnung in einem im Inland belegenen Gebäude einschließlich der Anbindung an das Heizsystem,
3. für die Errichtung von Windkraftanlagen, wenn die mit diesen Anlagen erzeugte Energie überwiegend entweder unmittelbar oder durch Verrechnung mit Elektrizitätsbezügen des Steuerpflichtigen von einem Elektrizitätsversorgungsunternehmen zur Versorgung eines im Inland belegenen Gebäudes des Steuerpflichtigen verwendet wird, einschließlich der Anbindung an das Versorgungssystem des Gebäudes,

---

[1] Bezeichnung geänd. durch VO v. 17. 11. 2010 (BGBl. I S. 1544).

[2] Zur Anwendung im Beitrittsgebiet siehe § 84 Abs. 4 Satz 1 EStDV sowie § 57 Abs 1 *EStG (Nr. **1**)*.

[3] Zur Anwendung siehe § 84 Abs. 4 Nr. 1.

[4] § 82 a Abs. 1 Satz 1 geänd. durch VO v. 17. 11. 2010 (BGBl. I S. 1544).

4. für die Errichtung von Anlagen zur Gewinnung von Gas, das aus pflanzlichen oder tierischen Abfallstoffen durch Gärung unter Sauerstoffabschluss entsteht, wenn dieses Gas zur Beheizung eines im Inland belegenen Gebäudes des Steuerpflichtigen oder zur Warmwasserbereitung in einem solchen Gebäude des Steuerpflichtigen verwendet wird, einschließlich der Anbindung an das Versorgungssystem des Gebäudes,
5. für den Einbau einer Warmwasseranlage zur Versorgung von mehr als einer Zapfstelle und einer zentralen Heizungsanlage oder bei einer zentralen Heizungs- und Warmwasseranlage für den Einbau eines Heizkessels, eines Brenners, einer zentralen Steuerungseinrichtung, einer Wärmeabgabeeinrichtung und eine Änderung der Abgasanlage in einem im Inland belegenen Gebäude oder in einer im Inland belegenen Eigentumswohnung, wenn mit der Maßnahme nicht vor Ablauf von zehn Jahren seit Fertigstellung dieses Gebäudes begonnen worden ist,

an Stelle der nach § 7 Abs. 4 oder 5 oder § 7b des Gesetzes zu bemessenden Absetzungen für Abnutzung im Jahr der Herstellung und in den folgenden neun Jahren jeweils bis zu 10 Prozent absetzen. 2 Nach Ablauf dieser zehn Jahre ist ein etwa noch vorhandener Restwert den Anschaffungs- oder Herstellungskosten des Gebäudes oder dem an deren Stelle tretenden Wert hinzuzurechnen; die weiteren Absetzungen für Abnutzung sind einheitlich für das gesamte Gebäude nach dem sich hiernach ergebenden Betrag und dem für das Gebäude maßgebenden Hundertsatz zu bemessen. 3 Voraussetzung für die Inanspruchnahme der erhöhten Absetzungen ist, dass das Gebäude in den Fällen der Nummer 1 vor dem 1. Juli 1983 fertiggestellt worden ist; die Voraussetzung entfällt, wenn der Anschluss nicht schon im Zusammenhang mit der Errichtung des Gebäudes möglich war.

(2)[1] Die erhöhten Absetzungen können nicht vorgenommen werden, wenn für dieselbe Maßnahme eine Investitionszulage gewährt wird.

(3)[2] 1 Sind die Aufwendungen für eine Maßnahme im Sinne des Absatzes 1 Erhaltungsaufwand und entstehen sie bei einer zu eigenen Wohnzwecken genutzten Wohnung im eigenen Haus, deren Nutzungswert nicht mehr besteuert wird, und liegen in den Fällen des Absatzes 1 Nr. 1 die Voraussetzungen des Absatzes 1 Satz 3 vor, können die Aufwendungen wie Sonderausgaben abgezogen werden; sie sind auf das Jahr, in dem die Arbeiten abgeschlossen worden sind, und die neun folgenden Jahre gleichmäßig zu verteilen. 2 Entsprechendes gilt bei Aufwendungen zur Anschaffung neuer Einzelöfen für eine Wohnung, wenn keine zentrale Heizungsanlage vorhanden ist und die Wohnung seit mindestens zehn Jahren fertiggestellt ist. 3 § 82b Abs. 2 und 3 gilt entsprechend.

§ 82b[3] Behandlung größeren Erhaltungsaufwands bei Wohngebäuden. (1) 1 Der Steuerpflichtige kann größere Aufwendungen für die Erhaltung

---

[1] Zur Anwendung siehe § 84 Abs. 4 Nr. 1.
[2] Zur Anwendung siehe § 84 Abs. 4 Nrn. 2 und 3.
[3] § 82b eingef. durch G v. 29. 12. 2003 (BGBl. I S. 3076); zur erstmaligen Anwendung siehe § 84 Abs. 4a Satz 2.

von Gebäuden, die im Zeitpunkt der Leistung des Erhaltungsaufwands nicht zu einem Betriebsvermögen gehören und überwiegend Wohnzwecken dienen, abweichend von § 11 Abs. 2 des Gesetzes auf zwei bis fünf Jahre gleichmäßig verteilen. [2]Ein Gebäude dient überwiegend Wohnzwecken, wenn die Grundfläche der Wohnzwecken dienenden Räume des Gebäudes mehr als die Hälfte der gesamten Nutzfläche beträgt. [3]Zum Gebäude gehörende Garagen sind ohne Rücksicht auf ihre tatsächliche Nutzung als Wohnzwecken dienend zu behandeln, soweit in ihnen nicht mehr als ein Personenkraftwagen für jede in dem Gebäude befindliche Wohnung untergestellt werden kann. [4]Räume für die Unterstellung weiterer Kraftwagen sind stets als nicht Wohnzwecken dienend zu behandeln.

(2) [1]Wird das Gebäude während des Verteilungszeitraums veräußert, ist der noch nicht berücksichtigte Teil des Erhaltungsaufwands im Jahr der Veräußerung als Werbungskosten abzusetzen. [2]Das Gleiche gilt, wenn ein Gebäude in ein Betriebsvermögen eingebracht oder nicht mehr zur Einkunftserzielung genutzt wird.

(3) Steht das Gebäude im Eigentum mehrerer Personen, so ist der in Absatz 1 bezeichnete Erhaltungsaufwand von allen Eigentümern auf den gleichen Zeitraum zu verteilen.

§§ 82 c bis 82 e. (weggefallen)

§ 82 d[1)] ***Bewertungsfreiheit für abnutzbare Wirtschaftsgüter des Anlagevermögens, die der Forschung oder Entwicklung dienen.*** *(1) [1]Bei abnutzbaren Wirtschaftsgütern des Anlagevermögens können unter den Voraussetzungen des Absatzes 3 im Wirtschaftsjahr der Anschaffung oder Herstellung und in den vier folgenden Wirtschaftsjahren folgende Sonderabschreibungen vorgenommen werden:*

1. bei beweglichen Wirtschaftsgütern des Anlagevermögens bis zu insgesamt 40 vom Hundert,

2. bei unbeweglichen Wirtschaftsgütern des Anlagevermögens sowie bei Ausbauten und Erweiterungen an bestehenden Gebäuden, Gebäudeteilen, Eigentumswohnungen oder im Teileigentum stehenden Räumen des Anlagevermögens

   a) in den Fällen des Absatzes 3 Nr. 2 Buchstabe a bis zu insgesamt 15 vom Hundert,

   b) in den Fällen des Absatzes 3 Nr. 2 Buchstabe b bis zu insgesamt 10 vom Hundert

der Anschaffungs- oder Herstellungskosten. [2]§ 9 a gilt entsprechend.

(2) Die Abschreibungen nach Absatz 1 können bereits für Anzahlungen auf Anschaffungskosten und für Teilherstellungskosten in Anspruch genommen werden.

(3) Die Abschreibungen nach Absatz 1 können nur in Anspruch genommen werden, wenn

1. die beweglichen Wirtschaftsgüter ausschließlich,

---

1) § 82 d aufgeh.; zur Anwendung siehe § 84 Abs. 4 b sowie § 57 Abs. 2 EStG (Nr. **1**).

2. die unbeweglichen Wirtschaftsgüter sowie die ausgebauten oder neu hergestellten Gebäudeteile

a) zu mehr als 66 1/3 vom Hundert[1] *oder*

b) zu nicht mehr als 66 1/3 vom Hundert[1]*, aber zu mehr als 33 1/3 vom Hundert*

seit ihrer Anschaffung oder Herstellung mindestens drei Jahre in einer inländischen Betriebsstätte des Steuerpflichtigen der Forschung oder Entwicklung dienen.

(4) Die Wirtschaftsgüter sowie die ausgebauten oder neu hergestellten Gebäudeteile dienen der Forschung oder Entwicklung, wenn sie verwendet werden

1. zur Gewinnung von neuen wissenschaftlichen oder technischen Erkenntnissen und Erfahrungen allgemeiner Art (Grundlagenforschung) oder

2. zur Neuentwicklung von Erzeugnissen oder Herstellungsverfahren oder

3. zur Weiterentwicklung von Erzeugnissen oder Herstellungsverfahren, soweit wesentliche Änderungen dieser Erzeugnisse oder Verfahren entwickelt werden.

(5) Die Abschreibungen nach Absatz 1 können für Wirtschaftsgüter sowie für ausgebaute und neu hergestellte Gebäudeteile in Anspruch genommen werden, die in der Zeit vom 19. Mai 1983 bis zum 31. Dezember 1989 angeschafft oder hergestellt werden.

§ 82f Bewertungsfreiheit für Handelsschiffe, für Schiffe, die der Seefischerei dienen, und für Luftfahrzeuge. (1) [1] Steuerpflichtige, die den Gewinn nach § 5 des Gesetzes ermitteln, können bei Handelsschiffen, die in einem inländischen Seeschiffsregister eingetragen sind, im Wirtschaftsjahr der Anschaffung oder Herstellung und in den vier folgenden Wirtschaftsjahren Sonderabschreibungen bis zu insgesamt 40 Prozent[2] der Anschaffungs- oder Herstellungskosten vornehmen. [2] § 9a gilt entsprechend.

(2) Im Fall der Anschaffung eines Handelsschiffs ist Absatz 1 nur anzuwenden, wenn das Handelsschiff vor dem 1. Januar 1996 in ungebrauchtem Zustand vom Hersteller oder nach dem 31. Dezember 1995 bis zum Ablauf des vierten auf das Jahr der Fertigstellung folgenden Jahres erworben worden ist.

(3) [1] Die Inanspruchnahme der Abschreibungen nach Absatz 1 ist nur unter der Bedingung zulässig, dass die Handelsschiffe innerhalb eines Zeitraums von acht Jahren nach ihrer Anschaffung oder Herstellung nicht veräußert werden. [2] Für Anteile an Handelsschiffen gilt dies entsprechend.

(4) Die Abschreibungen nach Absatz 1 können bereits für Anzahlungen auf Anschaffungskosten und für Teilherstellungskosten in Anspruch genommen werden.

(5) [1] Die Abschreibungen nach Absatz 1 können nur in Anspruch genommen werden, wenn das Handelsschiff vor dem 1. Januar 1999 angeschafft oder hergestellt wird und der Kaufvertrag oder Bauvertrag vor dem 25. April 1996 abgeschlossen worden ist. [2] Bei Steuerpflichtigen, die in eine Gesellschaft

---

[1] Redaktionelles Versehen – muß richtig lauten: „66 2/3 vom Hundert".

[2] Bezeichnung geänd. durch VO v. 17. 11. 2010 (BGBl. I S. 1544).

im Sinne des § 15 Absatz 1 Satz 1 Nummer 2 und Absatz 3[1] des Einkommensteuergesetzes nach Abschluss des Schiffbauvertrags (Unterzeichnung des Hauptvertrags) eintreten, sind Sonderabschreibungen nur zulässig, wenn sie der Gesellschaft vor dem 1. Januar 1999 beitreten.

(6) [1] Die Absätze 1 bis 5 gelten für Schiffe, die der Seefischerei dienen, entsprechend. [2] Für Luftfahrzeuge, die vom Steuerpflichtigen hergestellt oder in ungebrauchtem Zustand vom Hersteller erworben worden sind und die zur gewerbsmäßigen Beförderung von Personen oder Sachen im internationalen Luftverkehr oder zur Verwendung zu sonstigen gewerblichen Zwecken im Ausland bestimmt sind, gelten die Absätze 1 und 3 bis 5 mit der Maßgabe entsprechend, dass an die Stelle der Eintragung in ein inländisches Seeschiffsregister die Eintragung in die deutsche Luftfahrzeugrolle, an die Stelle des Höchstsatzes von 40 Prozent[2] ein Höchstsatz von 30 Prozent[2] und bei der Vorschrift des Absatzes 3 an die Stelle des Zeitraums von acht Jahren ein Zeitraum von sechs Jahren treten.

§ 82 g[3] Erhöhte Absetzungen von Herstellungskosten für bestimmte Baumaßnahmen. [1] Der Steuerpflichtige kann von den durch Zuschüsse aus Sanierungs- oder Entwicklungsförderungsmitteln nicht gedeckten Herstellungskosten für Modernisierungs- und Instandsetzungsmaßnahmen im Sinne des § 177 des Baugesetzbuchs sowie für Maßnahmen, die der Erhaltung, Erneuerung und funktionsgerechten Verwendung eines Gebäudes dienen, das wegen seiner geschichtlichen, künstlerischen oder städtebaulichen Bedeutung erhalten bleiben soll, und zu deren Durchführung sich der Eigentümer neben bestimmten Modernisierungsmaßnahmen gegenüber der Gemeinde verpflichtet hat, die für Gebäude in einem förmlich festgelegten Sanierungsgebiet oder städtebaulichen Entwicklungsbereich aufgewendet worden sind, an Stelle der nach § 7 Abs. 4 oder 5 oder § 7 b des Gesetzes zu bemessenden Absetzungen für Abnutzung im Jahr der Herstellung und in den neun folgenden Jahren jeweils bis zu 10 Prozent[2] absetzen. [2] § 82 a Abs. 1 Satz 2 gilt entsprechend. [3] Satz 1 ist anzuwenden, wenn der Steuerpflichtige eine Bescheinigung der zuständigen Gemeindebehörde vorlegt, dass er Baumaßnahmen im Sinne des Satzes 1 durchgeführt hat; sind ihm Zuschüsse aus Sanierungs- oder Entwicklungsförderungsmitteln gewährt worden, so hat die Bescheinigung auch deren Höhe zu enthalten.

§ 82 h.[4] (weggefallen)

§ 82 i[5] Erhöhte Absetzungen von Herstellungskosten bei Baudenkmälern. (1) [1] Bei einem Gebäude, das nach den jeweiligen landesrechtlichen Vorschriften ein Baudenkmal ist, kann der Steuerpflichtige von den Herstellungskosten für Baumaßnahmen, die nach Art und Umfang zur Erhaltung des

---

[1] Verweis geänd. durch VO v. 17. 11. 2010 (BGBl. I S. 1544).
[2] Bezeichnung geänd. durch VO v. 17. 11. 2010 (BGBl. I S. 1544).
[3] Zur Anwendung von § 82 g siehe § 84 Abs. 6 sowie § 57 Abs. 2 EStG (Nr. **1**).
[4] § 82 h weggefallen; zur Anwendung siehe § 84 Abs. 7 Satz 1.
[5] Zur Anwendung von § 82 i siehe § 84 Abs. 8 sowie § 57 Abs. 2 EStG (Nr. **1**).

Gebäudes als Baudenkmal und zu seiner sinnvollen Nutzung erforderlich sind und die nach Abstimmung mit der in Absatz 2 bezeichneten Stelle durchgeführt worden sind, an Stelle der nach § 7 Abs. 4 des Gesetzes zu bemessenden Absetzungen für Abnutzung im Jahr der Herstellung und in den neun folgenden Jahren jeweils bis zu 10 Prozent[1] absetzen. 2 Eine sinnvolle Nutzung ist nur anzunehmen, wenn das Gebäude in der Weise genutzt wird, dass die Erhaltung der schützenswerten Substanz des Gebäudes auf die Dauer gewährleistet ist. 3 Bei einem Gebäudeteil, der nach den jeweiligen landesrechtlichen Vorschriften ein Baudenkmal ist, sind die Sätze 1 und 2 entsprechend anzuwenden. 4 Bei einem Gebäude, das für sich allein nicht die Voraussetzungen für ein Baudenkmal erfüllt, aber Teil einer Gebäudegruppe oder Gesamtanlage ist, die nach den jeweiligen landesrechtlichen Vorschriften als Einheit geschützt ist, können die erhöhten Absetzungen von den Herstellungskosten der Gebäudeteile und Maßnahmen vorgenommen werden, die nach Art und Umfang zur Erhaltung des schützenswerten Erscheinungsbildes der Gruppe oder Anlage erforderlich sind. 5 § 82 a Abs. 1 Satz 2 gilt entsprechend.

(2) Die erhöhten Absetzungen können nur in Anspruch genommen werden, wenn der Steuerpflichtige die Voraussetzungen des Absatzes 1 für das Gebäude oder den Gebäudeteil und für die Erforderlichkeit der Herstellungskosten durch eine Bescheinigung der nach Landesrecht zuständigen oder von der Landesregierung bestimmten Stelle nachweist.

§ 83. (weggefallen)

Schlussvorschriften

§ 84 Anwendungsvorschriften. (1)[2] Die vorstehende Fassung dieser Verordnung ist, soweit in den folgenden Absätzen nichts anderes bestimmt ist, erstmals für den Veranlagungszeitraum 2012 anzuwenden.

(1 a)[3] § 1 in der Fassung des Artikels 2 des Gesetzes vom 18. Juli 2014 (BGBl. I S. 1042) ist in allen Fällen anzuwenden, in denen die Einkommensteuer noch nicht bestandskräftig festgesetzt ist.

(1 b)[3] § 7 der Einkommensteuer-Durchführungsverordnung 1997 in der Fassung der Bekanntmachung vom 18. Juni 1997 (BGBl. I S. 1558) ist letztmals für das Wirtschaftsjahr anzuwenden, das vor dem 1. Januar 1999 endet.

(1 c)[3] Die §§ 8 und 8 a der Einkommensteuer-Durchführungsverordnung 1986 in der Fassung der Bekanntmachung vom 24. Juli 1986 (BGBl. I S. 1239) sind letztmals für das Wirtschaftsjahr anzuwenden, das vor dem 1. Januar 1990 endet.

---

[1] Bezeichnung geänd. durch VO v. 17. 11. 2010 (BGBl. I S. 1544).

[2] § 84 Abs. 1 geänd. durch G v. 20. 12. 2008 (BGBl. I S. 2850); Abs. 1 geänd. durch G v. 1. 11. 2011 (BGBl. I S. 2131).

[3] § 84 Abs. 1 a eingef., bish. Abs. 1 a und 1 b werden Abs. 1 b und 1 c durch G v. 18. 7. 2014 (BGBl. I S. 1042).

(2) [1] § 8c Abs. 1 und 2 Satz 3 in der Fassung dieser Verordnung ist erstmals für Wirtschaftsjahre anzuwenden, die nach dem 31. August 1993 beginnen. [2] § 8c Abs. 2 Satz 1 und 2 ist erstmals für Wirtschaftsjahre anzuwenden, die nach dem 30. Juni 1990 beginnen. [3] Für Wirtschaftsjahre, die vor dem 1. Mai 1984 begonnen haben, ist § 8c Abs. 1 und 2 der Einkommensteuer-Durchführungsverordnung 1981 in der Fassung der Bekanntmachung vom 23. Juni 1982 (BGBl. I S. 700)[1)] weiter anzuwenden.

(2a) § 11c Abs. 2 Satz 3 ist erstmals für das nach dem 31. Dezember 1998 endende Wirtschaftsjahr anzuwenden.

(2b) § 29 Abs. 1 ist auch für Veranlagungszeiträume vor 1996 anzuwenden, soweit die Fälle, in denen Ansprüche aus Versicherungsverträgen nach dem 13. Februar 1992 zur Tilgung oder Sicherung von Darlehen eingesetzt wurden, noch nicht angezeigt worden sind.

(3) § 29 Abs. 3 bis 6, §§ 31 und 32 sind in der vor dem 1. Januar 1996 geltenden Fassung für vor diesem Zeitpunkt an Bausparkassen geleistete Beiträge letztmals für den Veranlagungszeitraum 2005 anzuwenden.

(3a)[2)] § 51 in der Fassung des Artikels 2 des Gesetzes vom 1. November 2011 (BGBl. I S. 2131) ist erstmals für das Wirtschaftsjahr anzuwenden, das nach dem 31. Dezember 2011 beginnt.

(3b)[3)] [1] § 54 Abs. 1 Satz 2 in der Fassung des Artikels 1a des Gesetzes vom 20. Dezember 2007 (BGBl. I S. 3150) ist erstmals für Vorgänge nach dem 31. Dezember 2007 anzuwenden. [2] § 54 Abs. 4 in der Fassung des Artikels 2 des Gesetzes vom 7. Dezember 2006 (BGBl. I S. 2782) ist erstmals auf Verfügungen über Anteile an Kapitalgesellschaften anzuwenden, die nach dem 31. Dezember 2006 beurkundet werden.

(3c)[4)] § 56 in der Fassung des Artikels 10 des Gesetzes vom 29. Dezember 2003 (BGBl. I S. 3076) ist erstmals für den Veranlagungszeitraum 2004 anzuwenden.

[1)] § 8c Abs. 1 und 2 hat folgenden Wortlaut:

„(1) Macht ein Land- und Forstwirt regelmäßig Abschlüsse für ein Wirtschaftsjahr, das nicht am 30. Juni, aber an einem anderen Tag in der Zeit vom 24. Juni bis 6. Juli endet, so ist dieses Wirtschaftsjahr das Wirtschaftsjahr im Sinne des § 4a Abs. 1 Nr. 1 Satz 1 des Gesetzes.

(2) Wirtschaftsjahr im Sinne des § 4a Abs. 1 Nr. 1 des Gesetzes ist bei

1. reiner Weidewirtschaft und reiner Viehzucht der Zeitraum vom 1. Mai bis 30. April,
2. reiner Forstwirtschaft der Zeitraum vom 1. Oktober bis 30. September.

Ein Betrieb der in Satz 1 bezeichneten Art liegt auch vor, wenn daneben in geringem Umfang noch eine andere land- oder forstwirtschaftliche Nutzung vorhanden ist. Soweit die Oberfinanzdirektionen vor dem 1. Januar 1955 ein anderes als die in § 4a Abs. 1 Nr. 1 des Gesetzes oder in Satz 1 bezeichneten Wirtschaftsjahre festgesetzt haben, wird dieser Zeitraum als Wirtschaftsjahr bestimmt; dies gilt nicht für den Weinbau."

[2)] § 84 Abs. 3a neu gef. durch G v. 1. 11. 2011 (BGBl. I S. 2131).

[3)] § 84 Abs. 3b eingef., bish. Abs. 3b bis 3h werden Abs. 3c bis 3i durch G v. 7. 12. 2006 (BGBl. I S. 2782), Satz 1 eingef. durch G v. 20. 12. 2007 (BGBl. I S. 3150).

[4)] § 84 bish. Abs. 3b neu gef. durch G v. 29. 12. 2003 (BGBl. I S. 3076), wird Abs. 3c durch G v. 7. 12. 2006 (BGBl. I S. 2782).

(3 d)[1] § 60 Abs. 1 und 4 in der Fassung des Artikels 2 des Gesetzes vom 20. Dezember 2008 (BGBl. I S. 2850) ist erstmals für Wirtschaftsjahre (Gewinnermittlungszeiträume) anzuwenden, die nach dem 31. Dezember 2010 beginnen.

(3 e)[2] § 62 d Abs. 2 Satz 2 in der Fassung des Artikels 2 des Gesetzes vom 22. Dezember 2003 (BGBl. I S. 2840) ist erstmals auf Verluste anzuwenden, die aus dem Veranlagungszeitraum 2004 in den Veranlagungszeitraum 2003 zurückgetragen werden.

(3 f)[3] § 64 Absatz 1 in der Fassung des Artikels 2 des Gesetzes vom 1. November 2011 (BGBl. I S. 2131) ist in allen Fällen anzuwenden, in denen die Einkommensteuer noch nicht bestandskräftig festgesetzt ist.

(3 g)[3] § 70 in der Fassung des Artikels 24 des Gesetzes vom 25. Juli 2014 (BGBl. I S. 1266) ist erstmals ab dem Veranlagungszeitraum 2014 anzuwenden.

(3 h)[3]·[4] [1]Die §§ 73 a, 73 c, 73 d Abs. 1 sowie die §§ 73 e und 73 f Satz 1 in der Fassung des Artikels 2 des Gesetzes vom 19. Dezember 2008 (BGBl. I S. 2794) sind erstmals auf Vergütungen anzuwenden, die nach dem 31. Dezember 2008 zufließen. [2]Abweichend von Satz 1 ist § 73 e Satz 4 und 5 in der Fassung des Artikels 2 des Gesetzes vom 19. Dezember 2008 (BGBl. I S. 2794) erstmals auf Vergütungen anzuwenden, die nach dem 31. Dezember 2009 zufließen. [3]§ 73 e Satz 4 in der Fassung der Bekanntmachung vom 10. Mai 2000 (BGBl. I S. 717) ist letztmals auf Vergütungen anzuwenden, die vor dem 1. Januar 2010 zufließen. [4]§ 73 d Absatz 1 Satz 3, § 73 e Satz 1, 2 und 5 sowie § 73 g Absatz 1 und 2 in der Fassung des Artikels 9 des Gesetzes vom 10. August 2009 (BGBl. I S. 2702) sind erstmals auf Vergütungen anzuwenden, die nach dem 31. Dezember 2013 zufließen. [5]§ 73 e Satz 7 in der am 31. Juli 2014[5] geltenden Fassung ist erstmals auf Vergütungen anzuwenden, für die der Steuerabzug nach dem 31. Dezember 2014 angeordnet worden ist. [6]§ 73 a Absatz 3 in der am 30. Dezember 2014 geltenden Fassung ist erstmals ab dem 1. Januar 2014 anzuwenden.

(3 i)[3] § 80 der Einkommensteuer-Durchführungsverordnung 1997 in der Fassung der Bekanntmachung vom 18. Juni 1997 (BGBl. I S. 1558) ist letztmals für das Wirtschaftsjahr anzuwenden, das vor dem 1. Januar 1999 endet.

(4) [1]§ 82 a ist auf Tatbestände anzuwenden, die in dem in Artikel 3 des Einigungsvertrages genannten Gebiet nach dem 31. Dezember 1990 und vor

---

[1] § 84 Abs. 3 d neu gef. durch G v. 20. 12. 2008 (BGBl. I S. 2850).

[2] § 84 bish. Abs. 3 d eingef. durch G v. 22. 12. 2003 (BGBl. I S. 2840), wird Abs. 3 e durch G v. 7. 12. 2006 (BGBl. I S. 2782).

[3] § 84 Abs. 3 e neu gef. und Abs. 3 f eingef., bish. Abs. 3 f wird Abs. 3 g durch G v. 20. 12. 2001 (BGBl. I S. 3794), Abs. 3 d bis 3 g werden Abs. 3 e bis 3 h durch G v. 22. 12. 2003 (BGBl. I S. 2840), werden Abs. 3 f bis 3 i durch G v. 7. 12. 2006 (BGBl. I S. 2782); Abs. 3 f neu gef. durch G v. 1. 11. 2011 (BGBl. I S. 2131), Abs. 3 g neu gef. durch G v. 25. 7. 2014 (BGBl. I S. 1266).

[4] § 84 Abs. 3 h neu gef. durch G v. 19. 12. 2008 (BGBl. I S. 2794), Satz 4 angef. durch G v. 10. 8. 2009 (BGBl. I S. 2702) und neu gef. durch VO v. 24. 6. 2013 (BGBl. I S. 1679); Satz 5 angef. durch G v. 25. 7. 2014 (BGBl. I S. 1266); Satz 6 angef. durch VO v. 22. 12. 2014 (BGBl. I S. 2392).

[5] Datum des Tages nach der Verkündung des G. v. 25. 7. 2014 (BGBl. I S. 1266).

dem 1. Januar 1992 verwirklicht worden sind. [2]Auf Tatbestände, die im Geltungsbereich dieser Verordnung ausschließlich des in Artikel 3 des Einigungsvertrages genannten Gebiets verwirklicht worden sind, ist

1. § 82a Abs. 1 und 2 bei Herstellungskosten für Einbauten von Anlagen und Einrichtungen im Sinne von dessen Absatz 1 Nr. 1 bis 5 anzuwenden, die nach dem 30. Juni 1985 und vor dem 1. Januar 1992 fertiggestellt worden sind,
2. § 82a Abs. 3 Satz 1 ab dem Veranlagungszeitraum 1987 bei Erhaltungsaufwand für Arbeiten anzuwenden, die vor dem 1. Januar 1992 abgeschlossen worden sind,
3. § 82a Abs. 3 Satz 2 ab dem Veranlagungszeitraum 1987 bei Aufwendungen für Einzelöfen anzuwenden, die vor dem 1. Januar 1992 angeschafft worden sind,
4. § 82a Abs. 3 Satz 1 in der Fassung der Bekanntmachung vom 24. Juli 1986 für Veranlagungszeiträume vor 1987 bei Erhaltungsaufwand für Arbeiten anzuwenden, die nach dem 30. Juni 1985 abgeschlossen worden sind,
5. § 82a Abs. 3 Satz 2 in der Fassung der Bekanntmachung vom 24. Juli 1986 für Veranlagungszeiträume vor 1987 bei Aufwendungen für Einzelöfen anzuwenden, die nach dem 30. Juni 1985 angeschafft worden sind,
6. § 82a bei Aufwendungen für vor dem 1. Juli 1985 fertiggestellte Anlagen und Einrichtungen in den vor diesem Zeitpunkt geltenden Fassungen weiter anzuwenden.

(4a)[1] [1]§ 82b der Einkommensteuer-Durchführungsverordnung 1997 in der Fassung der Bekanntmachung vom 18. Juni 1997 (BGBl. I S. 1558) ist letztmals auf Erhaltungsaufwand anzuwenden, der vor dem 1. Januar 1999 entstanden ist. [2]§ 82b in der Fassung des Artikels 10 des Gesetzes vom 29. Dezember 2003 (BGBl. I S. 3076) ist erstmals auf Erhaltungsaufwand anzuwenden, der nach dem 31. Dezember 2003 entstanden ist.

(4b) § 82d der Einkommensteuer-Durchführungsverordnung 1986 ist auf Wirtschaftsgüter sowie auf ausgebaute und neu hergestellte Gebäudeteile anzuwenden, die im Geltungsbereich dieser Verordnung ausschließlich des in Artikel 3 des Einigungsvertrages genannten Gebiets nach dem 18. Mai 1983 und vor dem 1. Januar 1990 hergestellt oder angeschafft worden sind.

(5) § 82f Abs. 5 und 7 Satz 1 der Einkommensteuer-Durchführungsverordnung 1979 in der Fassung der Bekanntmachung vom 24. September 1980 (BGBl. I S. 1801) ist letztmals für das Wirtschaftsjahr anzuwenden, das dem Wirtschaftsjahr vorangeht, für das § 15a des Gesetzes erstmals anzuwenden ist.

(6) [1]§ 82g ist auf Maßnahmen anzuwenden, die nach dem 30. Juni 1987 und vor dem 1. Januar 1991 in dem Geltungsbereich dieser Verordnung ausschließlich des in Artikel 3 des Einigungsvertrages genannten Gebiets abgeschlossen worden sind. [2]Auf Maßnahmen, die vor dem 1. Juli 1987 in dem Geltungsbereich dieser Verordnung ausschließlich des in Artikel 3 des Einigungsvertrages genannten Gebiets abgeschlossen worden sind, ist § 82g in der vor diesem Zeitpunkt geltenden Fassung weiter anzuwenden.

---

[1] § 84 Abs. 4a Satz 2 angef. durch G v. 29. 12. 2003 (BGBl. I S. 3076).

(7) [1] § 82h in der durch die Verordnung vom 19. Dezember 1988 (BGBl. I S. 2301) geänderten Fassung ist erstmals auf Maßnahmen, die nach dem 30. Juni 1987 in dem Geltungsbereich dieser Verordnung ausschließlich des in Artikel 3 des Einigungsvertrages genannten Gebiets abgeschlossen worden sind, und letztmals auf Erhaltungsaufwand, der vor dem 1. Januar 1990 in dem Geltungsbereich dieser Verordnung ausschließlich des in Artikel 3 des Einigungsvertrages genannten Gebiets entstanden ist, mit der Maßgabe anzuwenden, dass der noch nicht berücksichtigte Teil des Erhaltungsaufwands in dem Jahr, in dem das Gebäude letztmals zur Einkunftserzielung genutzt wird, als Betriebsausgaben oder Werbungskosten abzusetzen ist. [2] Auf Maßnahmen, die vor dem 1. Juli 1987 in dem Geltungsbereich dieser Verordnung ausschließlich des in Artikel 3 des Einigungsvertrages genannten Gebiets abgeschlossen worden sind, ist § 82h in der vor diesem Zeitpunkt geltenden Fassung weiter anzuwenden.

(8) § 82i ist auf Herstellungskosten für Baumaßnahmen anzuwenden, die nach dem 31. Dezember 1977 und vor dem 1. Januar 1991 in dem Geltungsbereich dieser Verordnung ausschließlich des in Artikel 3 des Einigungsvertrages genannten Gebiets abgeschlossen worden sind.

(9) § 82k der Einkommensteuer-Durchführungsverordnung 1986 ist auf Erhaltungsaufwand, der vor dem 1. Januar 1990 in dem Geltungsbereich dieser Verordnung ausschließlich des in Artikel 3 des Einigungsvertrages genannten Gebiets entstanden ist, mit der Maßgabe anzuwenden, dass der noch nicht berücksichtigte Teil des Erhaltungsaufwands in dem Jahr, in dem das Gebäude letztmals zur Einkunftserzielung genutzt wird, als Betriebsausgaben oder Werbungskosten abzusetzen ist.

(10) [1] In Anlage 3 (zu § 80 Abs. 1) ist die Nummer 26 erstmals für das Wirtschaftsjahr anzuwenden, das nach dem 31. Dezember 1990 beginnt. [2] Für Wirtschaftsjahre, die vor dem 1. Januar 1991 beginnen, ist die Nummer 26 in Anlage 3 in der vor diesem Zeitpunkt geltenden Fassung anzuwenden.

(11)[1)] § 56 Satz 1 Nummer 1, die §§ 61 und 62d in der Fassung des Artikels 2 des Gesetzes vom 1. November 2011 (BGBl. I S. 2131) sind erstmals für den Veranlagungszeitraum 2013 anzuwenden.

§ 85. (gegenstandslos)

Anlage 1[2)] (weggefallen)

Anlage 2 bis **4** (weggefallen)

Anlage 5 (Zu § 81 Abs. 3 Nr. 1)

[1)] § 84 Abs. 11 angef. durch G v. 1. 11. 2011 (BGBl. I S. 2131).
[2)] Anlage 1 aufgeh. mWv 1. 1. 2007 durch G v. 10. 10. 2007 (BGBl. I S. 2332).

Verzeichnis der Wirtschaftsgüter des Anlagevermögens über Tage im Sinne des § 81 Abs. 3 Nr. 1

Die Bewertungsfreiheit des § 81 kann im Tiefbaubetrieb des Steinkohlen-, Pechkohlen-, Braunkohlen- und Erzbergbaues für die Wirtschaftsgüter des Anlagevermögens über Tage in Anspruch genommen werden, die zu den folgenden, mit dem Grubenbetrieb unter Tage in unmittelbarem Zusammenhang stehenden, der Förderung, Seilfahrt, Wasserhaltung und Wetterführung sowie der Aufbereitung des Minerals dienenden Anlagen und Einrichtungen gehören:

1. Förderanlagen und -einrichtungen einschließlich Schachthalle, Hängebank, Wagenumlauf und Verladeeinrichtungen sowie Anlagen der Berge- und Grubenholzwirtschaft,
2. Anlagen und Einrichtungen der Wetterwirtschaft und Wasserhaltung,
3. Waschkauen sowie Einrichtungen der Grubenlampenwirtschaft, des Grubenrettungswesens und der Ersten Hilfe,
4. Sieberei, Wäsche und sonstige Aufbereitungsanlagen; im Erzbergbau alle der Aufbereitung dienenden Anlagen sowie die Anlagen zum Rösten von Eisenerzen, wenn die Anlagen nicht zu einem Hüttenbetrieb gehören.

Anlage 6 (Zu § 81 Abs. 3 Nr. 2)

Verzeichnis der Wirtschaftsgüter des beweglichen Anlagevermögens im Sinne des § 81 Abs. 3 Nr. 2

Die Bewertungsfreiheit des § 81 kann im Tagebaubetrieb des Braunkohlen- und Erzbergbaues für die folgenden Wirtschaftsgüter des beweglichen Anlagevermögens in Anspruch genommen werden:

1. Grubenaufschluss,
2. Entwässerungsanlagen,
3. Großgeräte, die der Lösung, Bewegung und Verkippung der Abraummassen sowie der Förderung und Bewegung des Minerals dienen, soweit sie wegen ihrer besonderen, die Ablagerungs- und Größenverhältnisse des Tagebaubetriebs berücksichtigenden Konstruktion nur für diesen Tagebaubetrieb oder anschließend für andere begünstigte Tagebaubetriebe verwendet werden; hierzu gehören auch Spezialabraun- und -kohlenwagen einschließlich der dafür erforderlichen Lokomotiven sowie Transportbandanlagen mit den Auf- und Übergaben und den dazugehörigen Bunkereinrichtungen mit Ausnahme der Rohkohlenbunker in Kraftwerken, Brikettfabriken oder Versandanlagen, wenn die Wirtschaftsgüter die Voraussetzungen des ersten Halbsatzes erfüllen,
4. Einrichtungen des Grubenrettungswesens und der Ersten Hilfe,
5. Wirtschaftsgüter, die zu den Aufbereitungsanlagen im Erzbergbau gehören, wenn die Aufbereitungsanlagen nicht zu einem Hüttenbetrieb gehören.

11. Verordnung zur Umsetzung der Richtlinie 2003/48/EG des Rates vom 3. Juni 2003 im Bereich der Besteuerung von Zinserträgen (Zinsinformationsverordnung – ZIV)

Vom 26. Januar 2004 (BGBl. I S. 128)[1)]

Geändert durch 1. Änderungsverordnung vom 22. 6. 2005 (BGBl. I S. 1692)[1)], Gesetz zur Neuorganisation der Bundesfinanzverwaltung und zur Schaffung eines Refinanzierungsregisters vom 22. 9. 2005 (BGBl. I S. 2809) und Zweite Verordnung zur Änderung der Zinsinformationsverordnung vom 5. 11. 2007 (BGBl. I S. 2562)

BGBl. III/FNA 611-1-33

Auf Grund des § 45 e des Einkommensteuergesetzes in der Fassung der Bekanntmachung vom 19. Oktober 2002 (BGBl. I S. 4210, 2003 I S. 179), der durch Artikel 1 Nr. 28 des Gesetzes vom 15. Dezember 2003 (BGBl. I S. 2645) eingefügt worden ist, verordnet die Bundesregierung:

Inhaltsübersicht

[1)] In Kraft ab **1. 7. 2005.** Siehe Anm. zu § 17 Satz 2.

Abschnitt 1. Allgemeine Bestimmungen

§ 1 Zielsetzung. Die inländischen Zahlstellen haben die für die Durchführung dieser Verordnung notwendigen Aufgaben unabhängig davon wahrzunehmen, wo der Schuldner der den Zinsen zugrunde liegenden Forderung niedergelassen ist.

§ 2[1] Definition des wirtschaftlichen Eigentümers. (1) Als „wirtschaftlicher Eigentümer" im Sinne dieser Verordnung gilt jede natürliche Person, die eine Zinszahlung vereinnahmt oder zu deren Gunsten eine Zinszahlung erfolgt, es sei denn, sie weist nach, dass sie die Zahlung nicht für sich selbst vereinnahmt hat oder sie nicht zu ihren Gunsten erfolgt ist, das heißt, dass sie

1. als Zahlstelle im Sinne von § 4 Abs. 1 handelt oder
2. im Auftrag
   a) einer juristischen Person,
   b) einer Einrichtung, deren Gewinne den allgemeinen Vorschriften der Unternehmensbesteuerung unterliegen,
   c) eines nach der Richtlinie 85/611/EWG des Rates vom 20. Dezember 1985 zur Koordinierung der Rechts- und Verwaltungsvorschriften betreffend bestimmte Organismen für gemeinsame Anlagen in Wertpapieren (ABl. EG Nr. L 375 S. 3), zuletzt geändert durch die Richtlinie 2001/108/EG des Europäischen Parlaments und des Rates vom 21. Januar 2002 (ABl. EG Nr. L 41 S. 35), zugelassenen Organismus für gemeinsame Anlagen in Wertpapieren (OGAW) oder
   d) einer Einrichtung nach § 4 Abs. 2 der Verordnung

   handelt und in letzterem Fall Namen und Anschrift der betreffenden Einrichtung dem Wirtschaftsbeteiligten mitteilt, der die Zinsen zahlt, welcher diese Angaben wiederum der zuständigen Behörde des Mitgliedstaats, in dem er ansässig ist, übermittelt, oder
3. im Auftrag einer anderen natürlichen Person handelt, welche der wirtschaftliche Eigentümer ist, und deren Identität und Wohnsitz nach § 3 Abs. 2 der Zahlstelle mitteilt.

(2) [1] Liegen einer Zahlstelle Informationen vor, die den Schluss nahe legen, dass die natürliche Person, die eine Zinszahlung vereinnahmt oder zu deren Gunsten eine Zinszahlung erfolgt, möglicherweise nicht der wirtschaftliche Eigentümer ist, und fällt diese natürliche Person weder unter Absatz 1 Nr. 1 noch unter Absatz 1 Nr. 2, so unternimmt die Zahlstelle angemessene Schritte nach § 3 Abs. 2 zur Feststellung der Identität des wirtschaftlichen Eigentümers. [2] Kann die Zahlstelle den wirtschaftlichen Eigentümer nicht feststellen, so behandelt sie die betreffende natürliche Person als den wirtschaftlichen Eigentümer.

---

[1] § 2 Abs. 1 Nr. 2 Buchst. d, Nr. 3, Abs. 2 Satz 1 geänd. durch VO v. 22. 6. 2005 (BGBl. I S. 1692).

§ 3 Ermittlung von Identität und Wohnsitz des wirtschaftlichen Eigentümers. (1) Bei vertraglichen Beziehungen, die vor dem 1. Januar 2004 eingegangen wurden, ermittelt die Zahlstelle die Identität des wirtschaftlichen Eigentümers, nämlich seinen Namen und seine Anschrift sowie seinen Wohnsitz, anhand der Informationen, die ihr auf Grund der geltenden Vorschriften, insbesondere des Geldwäschegesetzes in der jeweils geltenden Fassung, zur Verfügung stehen.

(2) [1]Bei vertraglichen Beziehungen oder, wenn vertragliche Beziehungen fehlen, bei Transaktionen, die ab dem 1. Januar 2004 eingegangen oder getätigt wurden, ermittelt die Zahlstelle die Identität des wirtschaftlichen Eigentümers, nämlich seinen Namen und seine Anschrift, seinen Wohnsitz und, sofern vorhanden, die ihm vom Mitgliedstaat seines steuerlichen Wohnsitzes zu Steuerzwecken erteilte Steuer-Identifikationsnummer. [2]Die Angaben zur Identität des wirtschaftlichen Eigentümers und seiner Steuer-Identifikationsnummer werden auf der Grundlage des Passes oder des von ihm vorgelegten amtlichen Personalausweises festgestellt. [3]Ist die Anschrift nicht in diesem Pass oder diesem amtlichen Personalausweis eingetragen, so wird sie auf der Grundlage eines anderen vom wirtschaftlichen Eigentümer vorgelegten beweiskräftigen Dokuments festgestellt. [4]Ist die Steuer-Identifikationsnummer nicht im Pass, im amtlichen Personalausweis oder einem anderen vom wirtschaftlichen Eigentümer vorgelegten beweiskräftigen Dokument, etwa einem Nachweis über den steuerlichen Wohnsitz, eingetragen, so wird seine Identität anhand seines auf der Grundlage des Passes oder amtlichen Personalausweises festgestellten Geburtsdatums und -ortes präzisiert. [5]Der Wohnsitz wird anhand der im Pass oder im amtlichen Personalausweis angegebenen Adresse oder erforderlichenfalls anhand eines anderen vom wirtschaftlichen Eigentümer vorgelegten beweiskräftigen Dokuments in der Weise ermittelt, dass bei einer natürlichen Person, die einen in einem Mitgliedstaat ausgestellten Pass oder amtlichen Personalausweis vorlegt und die ihren Angaben zufolge in einem Staat ihren Wohnsitz haben soll, der nicht Mitgliedstaat ist (Drittstaat), der Wohnsitz anhand eines Nachweises über den steuerlichen Wohnsitz festgestellt wird, der von der zuständigen Behörde des Drittstaats ausgestellt ist, in dem die betreffende Person ihren eigenen Angaben zufolge ihren Wohnsitz haben soll. [6]Wird dieser Nachweis nicht vorgelegt, so gilt der Wohnsitz als in dem Mitgliedstaat belegen, in dem der Pass oder ein anderer amtlicher Identitätsausweis ausgestellt wurde.

§ 4 Definition der Zahlstelle. (1) [1]Als „Zahlstelle“ im Sinne dieser Verordnung gilt jeder Wirtschaftsbeteiligte, der dem wirtschaftlichen Eigentümer Zinsen zahlt oder eine Zinszahlung zu dessen unmittelbaren Gunsten einzieht, und zwar unabhängig davon, ob dieser Wirtschaftsbeteiligte der Schuldner der den Zinsen zugrunde liegenden Forderung ist oder vom Schuldner oder dem wirtschaftlichen Eigentümer mit der Zinszahlung oder deren Einziehung beauftragt ist. [2]Ein Wirtschaftsbeteiligter ist jegliche natürliche oder juristische Person, die in Ausübung ihres Berufs oder ihres Gewerbes Zinszahlungen tätigt.

(2) [1]Jegliche in einem Mitgliedstaat niedergelassene Einrichtung, an die eine Zinszahlung zugunsten des wirtschaftlichen Eigentümers geleistet wird oder die eine Zinszahlung zugunsten des wirtschaftlichen Eigentümers einzieht, gilt bei einer solchen Zahlung oder Einnahme ebenfalls als Zahlstelle. [2]Dies gilt nicht, wenn der Wirtschaftsbeteiligte auf Grund beweiskräftiger und von der Einrichtung vorgelegter offizieller Unterlagen Grund zu der Annahme hat, dass

1. sie eine juristische Person mit Ausnahme der in Absatz 5 genannten juristischen Personen ist oder
2. ihre Gewinne den allgemeinen Vorschriften für die Unternehmensbesteuerung unterliegen oder
3. sie ein nach der Richtlinie 85/611/EWG zugelassener OGAW ist.

[3]Zahlt ein Wirtschaftsbeteiligter Zinsen zugunsten einer solchen in einem anderen Mitgliedstaat niedergelassenen und gemäß Satz 1 als Zahlstelle geltenden Einrichtung oder zieht er für sie Zinsen ein, so teilt er Namen und Anschrift der Einrichtung sowie den Gesamtbetrag der zugunsten dieser Einrichtung gezahlten oder eingezogenen Zinsen der zuständigen Behörde des Mitgliedstaats seiner Niederlassung mit, welche diese Informationen an die zuständige Behörde des Mitgliedstaats weiterleitet, in dem die betreffende Einrichtung niedergelassen ist.

(3) [1]Inländische Einrichtungen im Sinne von Absatz 2 Satz 1 können sich für die Zwecke dieser Verordnung jedoch als OGAW im Sinne von Absatz 2 Satz 2 Nr. 3 behandeln lassen, wenn sie steuerlich erfasst sind. [2]Macht eine inländische Einrichtung von dieser Wahlmöglichkeit Gebrauch, so wird ihr von der nach § 5 zuständigen Behörde ein entsprechender Nachweis ausgestellt, den sie an den Wirtschaftsbeteiligten weiterleitet.

(4) Sind der Wirtschaftsbeteiligte und die Einrichtung im Sinne von Absatz 2 im Inland niedergelassen, so gelten die Vorschriften dieser Verordnung für die Einrichtung, wenn sie als Zahlstelle handelt.

(5) Die von Absatz 2 Satz 2 Nr. 1 ausgenommenen juristischen Personen sind:

1. in Finnland: avoin yhtiö (Ay) und kommandiittiyhtiö (Ky)/öppet bolag und kommanditbolag,
2. in Schweden: handelsbolag (HB) und kommanditbolag (KB).

§ 5 Definition der zuständigen Behörde. (1) Als „zuständige Behörde" im Sinne dieser Verordnung gilt:

1. in den Mitgliedstaaten jegliche Behörde, die die Mitgliedstaaten der Kommission melden, und
2. in Drittländern die für Zwecke bilateraler oder multilateraler Steuerabkommen zuständige Behörde oder, in Ermangelung einer solchen, diejenige Behörde, die für die Ausstellung von Aufenthaltsbescheinigungen für steuerliche Zwecke zuständig ist.

(2) [1]Zuständige Behörde im Inland ist das Bundeszentralamt für Steuern[1)]. [2]Abweichend hiervon ist für die Ausstellung des Nachweises nach § 4 Abs. 3 das Finanzamt, bei dem die Einrichtung steuerlich geführt wird, und für die Bescheinigung nach § 13 das Wohnsitzfinanzamt des Antragstellers zuständig.

§ 6 Definition der Zinszahlung. (1) [1]Als „Zinszahlung" im Sinne dieser Verordnung gelten:

1.[2)] gezahlte oder einem Konto gutgeschriebene Zinsen, die mit Forderungen jeglicher Art zusammenhängen, unabhängig davon, ob diese grundpfandrechtlich gesichert sind oder nicht und ob sie ein Recht auf Beteiligung am Gewinn des Schuldners beinhalten oder nicht, insbesondere Erträge aus Staatspapieren, Anleihen und Schuldverschreibungen einschließlich der mit diesen Titeln verbundenen Prämien und Gewinne; Zuschläge für verspätete Zahlungen gelten nicht als Zinszahlung;
2. bei Abtretung, Rückzahlung oder Einlösung von Forderungen im Sinne von Nummer 1 aufgelaufene oder kapitalisierte Zinsen;
3. direkte oder über eine Einrichtung im Sinne von § 4 Abs. 2 laufende Zinserträge, die ausgeschüttet werden von
   a) nach der Richtlinie 85/611/EWG zugelassenen OGAW,
   b) Einrichtungen, die von der Wahlmöglichkeit des § 4 Abs. 3 Gebrauch gemacht haben,
   c) außerhalb des Gebiets im Sinne von § 7 niedergelassenen Organismen für gemeinsame Anlagen;
4. Erträge, die bei Abtretung, Rückzahlung oder Einlösung von Anteilen an den nachstehend aufgeführten Organismen und Einrichtungen realisiert werden, wenn diese direkt oder indirekt über nachstehend aufgeführte andere Organismen für gemeinsame Anlagen oder Einrichtungen mehr als 40 Prozent ihres Vermögens in den unter Nummer 1 genannten Forderungen angelegt haben:
   a) nach der Richtlinie 85/611/EWG zugelassene OGAW,
   b) Einrichtungen, die von der Wahlmöglichkeit des § 4 Abs. 3 Gebrauch gemacht haben,
   c) außerhalb des Gebiets im Sinne von § 7 niedergelassene Organismen für gemeinsame Anlagen.

[2]Die in Satz 1 Nr. 4 genannten Erträge sind nur insoweit in die Definition der Zinsen einzubeziehen, wie sie Erträgen entsprechen, die mittelbar oder unmittelbar aus Zinszahlungen im Sinne des Satzes 1 Nr. 1 und 2 stammen.

(2) In Bezug auf Absatz 1 Satz 1 Nr. 3 und 4 gilt für den Fall, dass einer Zahlstelle keine Informationen über den Anteil der Zinszahlungen an den

---

1) Bezeichnung geänd. durch G v. 22. 9. 2005 (BGBl. I S. 2809).

2) § 6 Abs. 1 Satz 1 Nr. 1 geänd. mWv 1. 7. 2005 durch VO v. 22. 6. 2005 (BGBl. I S. 1692).

Erträgen vorliegen, der Gesamtbetrag der betreffenden Erträge als Zinszahlung.

(3) [1]In Bezug auf Absatz 1 Satz 1 Nr. 4 gilt für den Fall, dass einer Zahlstelle keine Informationen über den Prozentanteil des in Forderungen oder in Anteilen gemäß der Definition unter jener Nummer angelegten Vermögens vorliegen, dieser Prozentanteil als über 40 Prozent liegend. [2]Kann die Zahlstelle den vom wirtschaftlichen Eigentümer erzielten Ertrag nicht bestimmen, so gilt als Ertrag der Erlös aus der Abtretung, der Rückzahlung oder der Einlösung der Anteile.

(4) Werden Zinsen im Sinne von Absatz 1 an eine Einrichtung im Sinne von § 4 Abs. 2 gezahlt, der die Wahlmöglichkeit in § 4 Abs. 3 nicht eingeräumt wurde, oder einem Konto einer solchen Einrichtung gutgeschrieben, so gelten sie als Zinszahlung durch diese Einrichtung.

(5)[1)] [1]Abweichend von Absatz 1 Satz 1 Nr. 3 und 4 sind von der Definition der Zinszahlung jegliche Erträge im Sinne der genannten Bestimmungen ausgeschlossen, die von im Inland niedergelassenen Unternehmen oder Einrichtungen stammen, sofern diese höchstens 15 Prozent ihres Vermögens in Forderungen im Sinne von Absatz 1 Satz 1 Nr. 1 angelegt haben. [2]Ebenso sind abweichend von Absatz 4 von der Definition der Zinszahlung nach Absatz 1 die Zinsen ausgeschlossen, die einer im Inland niedergelassenen Einrichtung nach § 4 Abs. 2, der die Wahlmöglichkeit nach § 4 Abs. 3 nicht eingeräumt wurde, gezahlt oder einem Konto dieser Einrichtung gutgeschrieben worden sind, sofern die entsprechenden Einrichtungen höchstens 15 Prozent ihres Vermögens in Forderungen im Sinne von Absatz 1 Satz 1 Nr. 1 angelegt haben.

(6) Der in Absatz 1 Satz 1 Nr. 4 und Absatz 3 genannte Prozentanteil beträgt ab dem 1. Januar 2011 25 Prozent.

(7) Maßgebend für die Prozentanteile gemäß Absatz 1 Satz 1 Nr. 4 und Absatz 5 ist die in den Vertragsbedingungen oder in der Satzung der betreffenden Organismen oder Einrichtungen dargelegte Anlagepolitik oder, in Ermangelung solcher Angaben, die tatsächliche Zusammensetzung des Vermögens der betreffenden Organismen oder Einrichtungen.

§ 7 Räumlicher Geltungsbereich. Diese Verordnung gilt für Zinszahlungen durch eine inländische Zahlstelle an wirtschaftliche Eigentümer, die ihren Wohnsitz in einem anderen Mitgliedstaat der Europäischen Gemeinschaft haben.

Abschnitt 2. Datenübermittlung

§ 8[2)] Datenübermittlung durch die Zahlstelle. [1]Wenn der wirtschaftliche Eigentümer der Zinsen in einem anderen Mitgliedstaat ansässig

---

[1)] § 6 Abs. 5 Satz 2 neugef. mWv 1. 7. 2005 durch VO v. 22. 6. 2005 (BGBl. I S. 1692).

[2)] § 8 neugef. mWv 1. 7. 2005 durch VO v. 22. 6. 2005 (BGBl. I S. 1692).

ist, hat die inländische Zahlstelle dem Bundeszentralamt für Steuern[1] zum Zwecke der Weiterübermittlung nach § 9 folgende Daten zu übermitteln:

1. die nach § 3 zu ermittelnden Daten über den wirtschaftlichen Eigentümer,
2. den Namen und die Anschrift der Zahlstelle,
3. die Kontonummer des wirtschaftlichen Eigentümers oder, in Ermangelung einer solchen, das Kennzeichen der Forderung, aus der die Zinsen herrühren,
4. den Gesamtbetrag der Zinsen oder Erträge und den Gesamtbetrag des Erlöses aus der Abtretung, Rückzahlung oder Einlösung, die im Kalenderjahr zugeflossen sind.

[2]Die Datenübermittlung hat bis zum 31. Mai des Jahres zu erfolgen, das auf das Jahr des Zuflusses folgt.

§ 9[2] Datenerhebung und Datenübermittlung durch das Bundeszentralamt für Steuern[3]. (1) [1]Das Bundeszentralamt für Steuern[2] speichert die nach § 8 übermittelten Daten und übermittelt sie zum Zwecke der Besteuerung weiter an die zuständigen Behörden des Mitgliedstaats, in dem der wirtschaftliche Eigentümer ansässig ist. [2]Die Daten über sämtliche während eines Kalenderjahres erfolgte Zinszahlungen werden einmal jährlich automatisiert weiter übermittelt, und zwar binnen sechs Monaten nach dem Ende des Kalenderjahres.

(2) Soweit nichts anderes bestimmt ist, gelten für die Datenübermittlung nach Absatz 1 die Bestimmungen des EG-Amtshilfe-Gesetzes mit Ausnahme von dessen § 3.

(3) Das Bundeszentralamt für Steuern[2] nimmt Daten über Zinszahlungen an wirtschaftliche Eigentümer, die im Inland ansässig sind, von den zuständigen Behörden der anderen Mitgliedstaaten entgegen, speichert sie und übermittelt sie zum Zwecke der Besteuerung an die Landesfinanzverwaltungen weiter.

(4) Die nach den Absätzen 1 und 3 beim Bundeszentralamt für Steuern[2] gespeicherten Daten werden drei Jahre nach Ablauf des Jahres, in dem die Weiterübermittlung erfolgt ist, gelöscht.

Abschnitt 3. Übergangsbestimmungen

§ 10[4] Übergangszeitraum. Deutschland übermittelt Belgien, Luxemburg und Österreich durch das Bundeszentralamt für Steuern[1] Daten nach Abschnitt 2 dieser Verordnung, auch wenn diese Staaten während des in Artikel 10 der Richtlinie des Rates vom 3. Juni 2003 benannten Über-

---

[1] Bezeichnung geänd. durch G v. 22. 9. 2005 (BGBl. I S. 2809).
[2] § 9 neugef. mWv 1. 7. 2005 durch VO v. 22. 6. 2005 (BGBl. I S. 1692).
[3] Überschrift geänd. durch G v. 22. 9. 2005 (BGBl. I S. 2809).
[4] § 10 neugef. mWv 1. 7. 2005 durch VO v. 22. 6. 2005 (BGBl. I S. 1692).

gangszeitraums ab dem in § 17 Satz 1 und 2 genannten Zeitpunkt und vorbehaltlich des § 13 die Bestimmungen des Abschnitts 2 der Richtlinie nicht anwenden müssen.

§ 11 Besteuerung nach innerstaatlichen Rechtsvorschriften. Die Erhebung einer Quellensteuer durch Belgien, Luxemburg und Österreich als Zahlstellenstaat steht einer Besteuerung der Erträge durch Deutschland als Wohnsitzstaat des wirtschaftlichen Eigentümers gemäß seinen innerstaatlichen Rechtsvorschriften nicht entgegen.

§ 12 Einnahmen. Das Bundeszentralamt für Steuern[1] nimmt den der Bundesrepublik Deutschland zustehenden Anteil aus der Erhebung von Quellensteuern durch die Staaten Belgien, Luxemburg und Österreich entgegen.

§ 13 Ausnahmen vom Quellensteuerverfahren. [1]Zur Ermöglichung einer Abstandnahme von der Erhebung einer Quellensteuer in den Staaten Belgien, Luxemburg und Österreich stellt das nach § 5 Abs. 2 Satz 2 zuständige Finanzamt auf Antrag des wirtschaftlichen Eigentümers mit inländischem steuerlichen Wohnsitz eine Bescheinigung mit folgenden Angaben zur Vorlage bei seiner Zahlstelle aus:

1. Name, Anschrift und Steuer- oder sonstige Identifikationsnummer oder, in Ermangelung einer solchen, Geburtsdatum und -ort des wirtschaftlichen Eigentümers;
2. Name und Anschrift der Zahlstelle;
3. Kontonummer des wirtschaftlichen Eigentümers oder, in Ermangelung einer solchen, Kennzeichen des Wertpapiers.

[2]Diese Bescheinigung gilt für die Dauer von höchstens drei Jahren. [3]Sie wird jedem wirtschaftlichen Eigentümer auf Antrag binnen zwei Monaten ausgestellt.

§ 14 Vermeidung der Doppelbesteuerung. (1) Bei einem wirtschaftlichen Eigentümer mit inländischem steuerlichen Wohnsitz wird gemäß den Absätzen 2 und 3 jegliche Doppelbesteuerung, die sich aus der Erhebung von Quellensteuer durch Belgien, Luxemburg und Österreich nach § 11 ergeben könnte, ausgeschlossen.

(2)[2] [1]Wurden von einem wirtschaftlichen Eigentümer vereinnahmte Zinsen im Mitgliedstaat der Zahlstelle mit der Quellensteuer belastet, so wird dem wirtschaftlichen Eigentümer eine Steuergutschrift in Höhe der einbehaltenen Steuer gewährt. [2]Zu diesem Zweck rechnet die Bundesrepublik Deutschland entsprechend § 36 des Einkommensteuergesetzes unter Ausschluss von Anrechnungsregeln in Abkommen zur Vermeidung der Doppelbesteuerung und des § 34 c des Einkommensteuergesetzes die Quellensteuer auf die deutsche Einkommensteuer an. [3]Die Quellensteuer

---

[1] Bezeichnung geänd. durch G v. 22. 9. 2005 (BGBl. I S. 2809).
[2] § 14 Abs. 2 Satz 2 geänd. durch VO v. 22. 6. 2005 (BGBl. I S. 1692).

wird auch bei der Festsetzung der Einkommensteuervorauszahlungen berücksichtigt.

(3) Wurden von einem wirtschaftlichen Eigentümer vereinnahmte Zinsen über die Quellensteuer nach § 11 hinaus noch mit anderen Arten von ausländischen Steuern belastet und wird ihm dafür nach einem von der Bundesrepublik Deutschland abgeschlossenen Abkommen zur Vermeidung der Doppelbesteuerung oder nach § 34 c des Einkommensteuergesetzes eine Anrechnung dieser ausländischen Steuer auf die deutsche Einkommensteuer gewährt, so hat diese Anrechnung vor Anwendung von Absatz 2 zu erfolgen.

§ 15 Umlauffähige Schuldtitel. (1)[1] [1]Während des Übergangszeitraums nach Artikel 10 Abs. 2 der Richtlinie 2003/48/EG des Rates vom 3. Juni 2003 im Bereich der Besteuerung von Zinserträgen (ABl. EU Nr. L 157 S. 38), spätestens jedoch bis zum 31. Dezember 2010, gelten in- und ausländische Anleihen sowie andere umlauffähige Schuldtitel, die erstmals vor dem 1. März 2001 begeben wurden oder bei denen die zugehörigen Emissionsprospekte vor diesem Zeitpunkt durch die zuständigen Behörden im Sinne der Richtlinie 80/390/EWG des Rates vom 17. März 1980 zur Koordinierung der Bedingungen für die Erstellung, die Kontrolle und die Vorbereitung des Prospekts, der für die Zulassung von Wertpapieren zur amtlichen Notierung an einer Wertpapierbörse zu veröffentlichen ist (ABl. EG Nr. L 100 S. 1), aufgehoben durch die Richtlinie 2001/34/EG des Europäischen Parlaments und des Rates vom 28. Mai 2001 (ABl. EG Nr. L 184 S. 1, Nr. L 217 S. 18), oder durch die zuständigen Behörden von Drittländern genehmigt wurden, nicht als Forderungen im Sinne des § 6 Abs. 1 Satz 1 Nr. 1, wenn ab dem 1. März 2002 keine Folgeemissionen dieser umlauffähigen Schuldtitel mehr getätigt werden. [2]Sofern der Übergangszeitraum nach § 10 über den 31. Dezember 2010 hinausgeht, finden die Bestimmungen dieser Vorschrift jedoch nur dann weiterhin Anwendung auf die betreffenden umlauffähigen Schuldtitel, wenn

1. diese Bruttozinsklauseln und Klauseln über die vorzeitige Ablösung enthalten,
2. die Zahlstelle des Emittenten in einem Mitgliedstaat niedergelassen ist, der die Quellensteuer nach § 11 erhebt, und die Zahlstelle die Zinsen unmittelbar an einen wirtschaftlichen Eigentümer mit Wohnsitz in einem anderen Mitgliedstaat zahlt.

[3]Tätigt eine Regierung oder eine damit verbundene Einrichtung nach der Anlage, die als Behörde handelt oder deren Funktion durch einen internationalen Vertrag anerkannt ist, ab dem 1. März 2002 eine Folgeemission eines der vorstehend genannten umlauffähigen Schuldtitel, so gilt die gesamte Emission, das heißt die erste und alle Folgeemissionen, als Forderung im Sinne des § 6 Abs. 1 Satz 1 Nr. 1. [4]Tätigt eine von Satz 3 nicht erfasste Einrichtung ab dem 1. März 2002 eine Folgeemission eines der

---

[1] § 15 Abs. 1 Satz 3 geänd. durch VO v. 22. 6. 2005 (BGBl. I S. 1692).

vorstehend genannten umlauffähigen Schuldtitel, so gilt diese Folgeemission als Forderung im Sinne von § 6 Abs. 1 Satz 1 Nr. 1.

(2) Diese Vorschrift steht einer Besteuerung von Erträgen aus den in Absatz 1 genannten umlauffähigen Schuldtiteln nach inländischen Rechtsvorschriften nicht entgegen.

Abschnitt 4. Anwendungs- und Schlussbestimmungen

§ 16 Andere Quellensteuern. Diese Verordnung steht der Erhebung anderer Arten der Quellensteuer als die nach § 11 gemäß den innerstaatlichen Rechtsvorschriften nicht entgegen.

§ 16 a[1)] Erweiterung des Anwendungsbereichs. (1) [1]Diese Verordnung ist vorbehaltlich der Absätze 2 bis 4 entsprechend anwendbar auf

1. Zinszahlungen durch eine inländische Zahlstelle an wirtschaftliche Eigentümer, die in den nachfolgenden Staaten oder abhängigen oder assoziierten Gebieten steuerlich ansässig sind:
   a) Schweizerische Eidgenossenschaft, Fürstentum Liechtenstein, Republik San Marino, Fürstentum Monaco, Fürstentum Andorra,
   b) Guernsey, Jersey, Insel Man, Anguilla, Britische Jungferninseln, Kaimaninseln, Montserrat, Turks- und Caicosinseln, Aruba, Niederländische Antillen,
2. die aus den in Nummer 1 genannten Staaten oder Gebieten übermittelten Daten über Zinszahlungen an wirtschaftliche Eigentümer, die im Inland ansässig sind,
3. die in der Schweizerischen Eidgenossenschaft, im Fürstentum Liechtenstein, in der Republik San Marino, im Fürstentum Monaco und im Fürstentum Andorra sowie auf Guernsey, Jersey, der Insel Man, den Britischen Jungferninseln, den Turks- und Caicosinseln und den Niederländischen Antillen erhobene Quellensteuer auf Zinszahlungen, von der 75 Prozent der Einnahmen an den Mitgliedstaat der Europäischen Union weiterzuleiten sind, in dem der wirtschaftliche Eigentümer ansässig ist.

[2]§ 14 Abs. 3 ist entsprechend anwendbar auf eine Belastung mit anderen Arten von ausländischen Steuern über die Quellensteuer im Sinne des Satzes 1 Nr. 3 hinaus.

(2)[2)] [1]Die inländischen Zahlstellen und das Bundeszentralamt für Steuern[3)] erheben und übermitteln Daten nach Abschnitt 2 dieser Verordnung nur bei Zinszahlungen an wirtschaftliche Eigentümer, die auf den Britischen Jungferninseln, Guernsey, Jersey, der Insel Man, Montserrat, Aruba oder den Niederländischen Antillen steuerlich ansässig sind. [2]Solange auf

1) § 16 a eingef. mWv 1. 7. 2005 durch VO v. 22. 6. 2005 (BGBl. I S. 1692).
2) § 16 a Abs. 2 Sätze 1 und 2 geänd. durch VO v. 5. 11. 2007 (BGBl. I S. 2562).
3) Bezeichnung geänd. durch G v. 22. 9. 2005 (BGBl. I S. 2809).

Anguilla sowie den Turks- und Caicosinseln keine direkten Steuern erhoben werden, sind keine Daten zu erheben und zu übermitteln bei Zinszahlungen an wirtschaftliche Eigentümer, die in diesen Gebieten ansässig sind.

(3) Das nach § 5 Abs. 2 Satz 2 zuständige Finanzamt stellt eine Bescheinigung nach § 13 nur zur Ermöglichung einer Abstandnahme von der Erhebung einer Quellensteuer im Sinne des Absatzes 1 Satz 1 Nr. 3 im Fürstentum Andorra sowie auf Guernsey, Jersey, der Insel Man, den Britischen Jungferninseln, den Turks- und Caicosinseln oder den Niederländischen Antillen aus.

(4) Zuständige Behörde im Sinne dieser Verordnung ist

1. in der Schweizerischen Eidgenossenschaft:
   le Directeur de l'Administration fédérale des contributions/der Direktor der Eidgenössischen Steuerverwaltung/il direttore dell'Amministrazione federale delle contribuzioni oder sein Vertreter oder Beauftragter,
2. im Fürstentum Liechtenstein:
   die Regierung des Fürstentums Liechtenstein oder ein Beauftragter,
3. in der Republik San Marino:
   il Segretario di Stato per le Finanze e il Bilancio oder ein Beauftragter,
4. im Fürstentum Monaco:
   le Conseiller de Gouvernement pour les Finances et l'Economie oder ein Beauftragter,
5. im Fürstentum Andorra:
   el Ministre encarregat de les Finances oder ein Beauftragter; für die Anwendung des Artikels 3 des Abkommens zwischen der Europäischen Gemeinschaft und dem Fürstentum Andorra über Regelungen, die denen der Richtlinie 2003/48/EG des Rates im Bereich der Besteuerung von Zinserträgen gleichwertig sind, ist die zuständige Behörde jedoch el Ministre encarregat de l'Interior oder ein Beauftragter,
6. auf Guernsey:
   the Administrator of Income Tax,
7. auf Jersey:
   the Comptroller of Income Tax,
8. auf der Insel Man:
   the Chief Financial Officer of the Treasury or his delegate,
9. auf Anguilla:
   der Leiter des Rechnungswesens der Finanzämter,
10. auf den Britischen Jungferninseln:
    der Finanzminister (Financial Secretary),
11. auf den Kaimaninseln:
    der Finanzminister (Financial Secretary),
12. auf Montserrat:
    das Dezernat für Steuereinnahmen (Inland Revenue Departement),
13. auf den Turks- und Caicosinseln:
    die Finanzdienstleistungskommission (Financial Services Commission),

14. auf Aruba:
    der Finanzminister oder sein Beauftragter,
15. auf den Niederländischen Antillen:
    der Finanzminister oder sein Beauftragter.

§ 17[1)] [2)] Inkrafttreten. [1]Diese Verordnung tritt am 1. Januar 2005 in Kraft, sofern der Rat der Europäischen Union die Festlegung gemäß Artikel 17 Abs. 3 Satz 1 der Richtlinie 2003/48/EG trifft. [2]Anderenfalls tritt die Verordnung zu dem Zeitpunkt in Kraft, ab dem die Vorschriften der Richtlinie 2003/48/EG von den Mitgliedstaaten auf Grund eines Beschlusses des Rates der Europäischen Union nach Artikel 17 Abs. 3 Satz 2 der Richtlinie anzuwenden sind. [3]Das Bundesministerium der Finanzen gibt den Zeitpunkt des Inkrafttretens im Bundesgesetzblatt bekannt.

Anlage
(zu § 15)

Liste der verbundenen Einrichtungen

Folgende Einrichtungen sind als „mit der Regierung verbundene Einrichtungen, die als Behörde handeln oder deren Funktion durch einen internationalen Vertrag anerkannt ist," im Sinne des § 15 zu betrachten:
– Einrichtungen innerhalb der Europäischen Union:

Belgien	Région flamande (Vlaams Gewest) (Flämische Region) Région wallonne (Wallonische Region) Région bruxelloise (Brussels Gewest) (Region Brüssel-Hauptstadt) Communauté française (Französische Gemeinschaft) Communauté flamande (Vlaamse Gemeenschap) (Flämische Gemeinschaft) Communauté germanophone (Deutschsprachige Gemeinschaft)
Bulgarien[3)]	Общините (Städte und Gemeinden) Социалноосигурителни фондове (Sozialverischerungsfonds)
Spanien	Xunta de Calicia (Regierung der autonomen Gemeinschaft Galicien) Junta de Andalucía (Regierung der autonomen Gemeinschaft Andalusien) Junta de Extremadura (Regierung der autonomen Gemeinschaft Extremadura) Junta de Castilla-La Mancha (Regierung der autonomen Gemeinschaft Kastilien-La Mancha) Junta de Castilla-León (Regierung der autonomen Gemeinschaft Kastilien und León)

---

1) § 17 Satz 2 geänd. durch VO v. 22. 6. 2005 (BGBl. I S. 1692).

2) Siehe hierzu Bek. des BMF v. 22. 6. 2005 (BGBl. I S. 1695):
„Nach § 17 Satz 2 der Zinsinformationsverordnung vom 26. Januar 2004 (BGBl. I S. 128), die durch Artikel 1 der Verordnung vom 22. Juni 2005 (BGBl. I S. 1692) geändert worden ist, wird hiermit bekannt gemacht, dass ab dem 1. Juli 2005 die Vorschriften der Richtlinie 2003/48/EG von den Mitgliedstaaten auf Grund des Beschlusses des Rates der Europäischen Union vom 19. Juli 2004 gemäß Artikel 17 Abs. 3 Satz 2 der Richtlinie *anzuwenden sind. Die Zinsinformationsverordnung tritt damit am* **1. Juli 2005 in Kraft**."

3) Eingefügt durch VO v. 5. 11. 2007 (BGBl. I S. 2562).

	Gobierno Foral de Navarra (Regierung der autonomen Gemeinschaft Navarra) Govern de les Illes Balears (Regierung der autonomen Gemeinschaft Balearen) Generalitat de Catalunya (Regierung der autonomen Gemeinschaft Katalonien) Generalitat de Valencia (Regierung der autonomen Gemeinschaft Valencia) Diputación General de Aragón (Regierung der autonomen Gemeinschaft Aragón) Gobierno de la Islas Canarias (Regierung der autonomen Gemeinschaft Kanarische Inseln) Gobierno de Murcia (Regierung der autonomen Gemeinschaft Murcia) Gobierno de Madrid (Regierung der autonomen Gemeinschaft Madrid) Gobierno de la Comunidad Autónoma del País Vasco/Euzkadi (Regierung der autonomen Gemeinschaft Baskenland) Diputación Foral de Cuipúzcoa (Provinzrat von Cuipúzcoa) Diputación Foral de Vizcaya/Biskaia (Provinzrat von Biskaya) Diputación Foral de Alava (Provinzrat von Àlava) Ayuntamiento de Madrid (Stadt Madrid) Ayuntamiento de Barcelona (Stadt Barcelona) Cabildo Insular de Gran Canaria (Inselrat Gran Canaria) Cabildo Insular de Tenerife (Inselrat Teneriffa) Instituto de Crédito Oficial (Amtliches Kreditinstitut) Instituto Catalán de Finanzas (Katalanisches Finanzinstitut) Instituto Valenciano de Finanzas (Valencianisches Finanzinstitut)
Griechenland	Griechische Telekommunikationsanstalt Griechisches Eisenbahnnetz Staatliche Elektrizitätswerke
Frankreich	La Caisse d'amortissement de la dette sociale (CADES) (Schuldenfinanzierungskasse der Sozialversicherung) L'Agence française de développement (AFD) (Französische Agentur für Entwicklung) Réseau Ferré de France (RFF) (Eigentums- und Verwaltungsgesellschaft des französischen Eisenbahnnetzes) Caisse Nationale des Autoroutes (CNA) (Staatliche Finanzierungskasse der Autobahnen) Assistance publique Hôpitaux des Paris (APHP) (Verbund der öffentlichen Krankenhäuser des Großraums Paris) Charbonnages des France (CDF) (Zentralverwaltung der staatlichen französischen Steinkohleförderunternehmen) Entreprise minière et chimique (EMC.) (Staatliche Bergbau- und Chemieholdinggesellschaft)
Italien	Regionen Provinzen Städte und Gemeinden Cassa Depositi e Prestiti (Spar- und Kreditkasse)
Lettland[1]	Pašvaldības (Kommunalverwaltungen)
Polen[1]	gminy (Gemeinden) powiaty (Bezirke) województwa (Woiwodschaften)

---

[1] Eingefügt durch VO v. 22. 6. 2005 (BGBl. I S. 1692).

	związki gmin (Gemeindeverbände) powiatów (Bezirksverbände) województw (Woiwodschaftsverbände) miastro stoleczne Warszawa (Hauptstadt Warschau) Agencja Restrukturyzacji i Modernizacji Rolnictwa (Amt für die Umstrukturierung und Modernisierung der Landwirtschaft) Agencja Nieruchomości Rolnych (Amt für landwirtschaftliche Eigentumsfragen)
Portugal	Região autónoma da Madeira (Autonome Region Madeira) Região autónoma dos Açores (Autonome Region Azoren) Städte und Gemeinden
Rumänien[1]	autorităţile administraţiei publice locale (lokale Behörden der öffentlichen Verwaltung)
Slowakei[2]	mestá a obce (Gemeinden) Železnice Slovenskey republiky (Slowakische Eisenbahngesellschaft) Štátny fond cestného hospodárstva (Staatlicher Straßenfonds) Slovenkské elektrárne (Slowakische Kraftwerke) Vodohospodárska výstavba (Wasserwirtschaftsgesellschaft)

– internationale Einrichtungen:

Europäische Bank für Wiederaufbau und Entwicklung
Europäische Investitionsbank
Asiatische Entwicklungsbank
Afrikanische Entwicklungsbank
Weltbank/IBRD/IWF
Internationale Finanzkorporation
Interamerikanische Entwicklungsbank
Sozialentwicklungsfonds des Europarats
EURATOM
Europäische Gemeinschaft
Corporación Andina de Fomento (CAF) (Anden-Entwicklungsgesellschaft)
Eurofima
Europäische Gemeinschaft für Kohle und Stahl
Nordische Investitionsbank
Karibische Entwicklungsbank

Die Bestimmungen des § 15 gelten unbeschadet internationaler Verpflichtungen, die die Mitgliedstaaten in Bezug auf die oben aufgeführten internationalen Einrichtungen eingegangen sind.

– Einrichtungen in Drittländern:

Einrichtungen, die folgende Kriterien erfüllen:

1. Die Einrichtung gilt nach im Geltungsbereich der Verordnung anzuwendenden Kriterien eindeutig als öffentliche Körperschaft.
2. Sie ist eine von der Regierung kontrollierte Einrichtung, die gemeinwirtschaftliche Aktivitäten verwaltet und finanziert, wozu in erster Linie die Bereitstellung von gemeinwirtschaftlichen (nicht marktbestimmten) Gütern und Dienstleistungen zum Nutzen der Allgemeinheit gehört.
3. Sie legt regelmäßig in großem Umfang Anleihen auf.
4. Der betreffende Staat kann gewährleisten, dass die betreffende Einrichtung im Falle von Bruttozinsklauseln keine vorzeitige Tilgung vornehmen wird.

---

1) Eingefügt durch VO v. 5. 11. 2007 (BGBl. I S. 2562).
2) Eingefügt durch VO v. 22. 6. 2005 (BGBl. I S. 1692).

12. Steuerhinterziehungsbekämpfungsverordnung (SteuerHBekV)

Vom 18. September 2009 (BGBl. I S. 3046)

BGBl. III/FNA 611-1-35

Auf Grund des § 51 Absatz 1 Nummer 1 Buchstabe f des Einkommensteuergesetzes, des § 33 Absatz 1 Nummer 2 Buchstabe e des Körperschaftsteuergesetzes und des Artikels 97 § 22 Absatz 2 des Einführungsgesetzes zur Abgabenordnung, von denen § 51 Absatz 1 Nummer 1 Buchstabe f des Einkommensteuergesetzes durch Artikel 1, § 33 Absatz 1 Nummer 2 Buchstabe e des Körperschaftsteuergesetzes durch Artikel 2 und Artikel 97 § 22 Absatz 2 des Einführungsgesetzes zur Abgabenordnung durch Artikel 4 des Gesetzes vom 29. Juli 2009 (BGBl. I S. 2302) eingefügt worden ist, verordnet die Bundesregierung:

Abschnitt 1. Vorschriften zu § 51 Absatz 1 Nummer 1 Buchstabe f des Einkommensteuergesetzes

§ 1 Versagung des Abzugs von Betriebsausgaben und Werbungskosten. (1) Aufwendungen, die im Zusammenhang mit Vorgängen im Sinne des § 51 Absatz 1 Nummer 1 Buchstabe f Satz 1 Teilsatz vor Doppelbuchstabe aa des Einkommensteuergesetzes stehen, dürfen, soweit nicht eine der Voraussetzungen des § 51 Absatz 1 Nummer 1 Buchstabe f Satz 2 des Einkommensteuergesetzes erfüllt ist, den Gewinn oder den Überschuss der Einnahmen über die Werbungskosten nur mindern, wenn die in den Absätzen 2 bis 5 genannten besonderen Mitwirkungs- und Aufzeichnungspflichten erfüllt worden sind.

(2) Auf Geschäftsbeziehungen zum Ausland mit einer nahe stehenden Person im Sinne des § 1 Absatz 1 des Außensteuergesetzes ist § 90 Absatz 3 der Abgabenordnung mit der Maßgabe anzuwenden, dass die Aufzeichnungen für alle Geschäftsbeziehungen in sinngemäßer Anwendung des § 90 Absatz 3 Satz 3 der Abgabenordnung zeitnah zu erstellen und auf Anforderung entsprechend § 90 Absatz 3 Satz 9 der Abgabenordnung vorzulegen sind.

(3) Für Steuerpflichtige, die für die inländische Besteuerung Gewinne zwischen ihrem inländischen Unternehmen und dessen Betriebsstätten im Ausland aufzuteilen oder die den Gewinn der inländischen Betriebsstätte ihres ausländischen Unternehmens zu ermitteln haben, gilt Absatz 2 entsprechend.

(4) [1] Der Steuerpflichtige hat für Geschäftsbeziehungen zum Ausland mit einer Person, die keine nahe stehende Person im Sinne des § 1 Absatz 2 des Außensteuergesetzes ist, insbesondere Aufzeichnungen über Folgendes zu erstellen:

1. Art und Umfang der Geschäftsbeziehungen,
2. Verträge und vereinbarte Vertragsbedingungen, die den Geschäftsbeziehungen zugrunde liegen, und ihre Veränderung,
3. die immateriellen Wirtschaftsgüter, die der Steuerpflichtige im Rahmen der betreffenden Geschäftsbeziehungen nutzt oder zur Nutzung überlässt,
4. die von den Beteiligten im Rahmen der Geschäftsbeziehungen ausgeübten Funktionen und übernommenen Risiken sowie deren Veränderungen,
5. die eingesetzten Wirtschaftsgüter,
6. die gewählten Geschäftsstrategien,
7. die bedeutsamen Markt- und Wettbewerbsverhältnisse,
8. die natürlichen Personen, die unmittelbar oder mittelbar Gesellschafter oder Anteilseigner der Person sind. [2]Das gilt nicht, soweit mit der Hauptgattung der Aktien der Person oder eines unmittelbar oder mittelbar beteiligten Gesellschafters oder Anteilseigners der Person ein wesentlicher und regelmäßiger Handel an einer anerkannten Börse stattfindet.

[2]Die Aufzeichnungen nach Satz 1 sind zeitnah im Sinne des § 90 Absatz 3 Satz 3 der Abgabenordnung zu erstellen und auf Anforderung entsprechend § 90 Absatz 3 Satz 9 der Abgabenordnung vorzulegen; § 6 der Gewinnabgrenzungsaufzeichnungsverordnung ist nicht anzuwenden. [3]Die Aufzeichnungspflichten gelten nur für Geschäftsbeziehungen im Sinne des Satzes 1, wenn die Summe der Entgelte für Lieferungen und Leistungen aus der betreffenden Geschäftsbeziehung zu einer Person im Wirtschaftsjahr den Betrag von 10 000 Euro übersteigt.

(5) Unterhält der Steuerpflichtige Geschäftsbeziehungen zu Kreditinstituten im Ausland oder bestehen objektiv erkennbare Anhaltspunkte für die Annahme, dass der Steuerpflichtige über Geschäftsbeziehungen zu Kreditinstituten im Ausland verfügt, hat der Steuerpflichtige nach Aufforderung durch die Finanzbehörde diese zu bevollmächtigen, in seinem Namen mögliche Auskunftsansprüche gegenüber den von der Finanzbehörde benannten Kreditinstituten außergerichtlich und gerichtlich geltend zu machen.

§ 2 Versagung der Entlastung vom Steuerabzug. [1]Hat eine ausländische Gesellschaft Anspruch auf völlige oder teilweise Entlastung vom Steuerabzug nach § 50 d Absatz 1 und 2 oder § 44 a Absatz 9 des Einkommensteuergesetzes und sind an dieser Gesellschaft unmittelbar oder mittelbar natürliche Personen beteiligt, deren Anteil an ihr 10 Prozent übersteigt, wird diese Entlastung ungeachtet des § 50 d Absatz 3 des Einkommensteuergesetzes nur gewährt,

1. wenn die Gesellschaft den Namen und die Ansässigkeit der natürlichen Personen offen legt,
2. soweit keine der Voraussetzungen des § 51 Absatz 1 Nummer 1 Buchstabe f Satz 2 des Einkommensteuergesetzes erfüllt ist.

[2]Die Finanzbehörde kann für diese Personen eine Bestätigung nach § 50d Absatz 4 des Einkommensteuergesetzes verlangen.

§ 3 Versagung des gesonderten Steuertarifs für Einkünfte aus Kapitalvermögen und Versagung des Teileinkünfteverfahrens. [1]Kommt der Steuerpflichtige der Aufforderung im Sinne des § 1 Absatz 5 nicht nach, sind § 2 Absatz 5b Satz 1, § 32d Absatz 1 und § 43 Absatz 5 des Einkommensteuergesetzes in Bezug auf Einkünfte im Sinne des § 20 Absatz 1 Nummer 1 des Einkommensteuergesetzes, die das Kreditinstitut für Rechnung des Schuldners an den Steuerpflichtigen zahlt, und die Vorschriften über die teilweise steuerbefreiten Einnahmen nach § 3 Nummer 40 Satz 1 und 2 des Einkommensteuergesetzes nicht anzuwenden. [2]Satz 1 ist nicht anzuwenden, soweit eine der Voraussetzungen des § 51 Absatz 1 Nummer 1 Buchstabe f Satz 2 des Einkommensteuergesetzes erfüllt ist.

Abschnitt 2. Vorschriften zu § 33 Absatz 1 Nummer 2 Buchstabe e des Körperschaftsteuergesetzes

§ 4 Versagung der Steuerbefreiung nach § 8b Absatz 1 Satz 1 und Absatz 2 Satz 1 des Körperschaftsteuergesetzes. [1]Wenn die in § 1 Absatz 2 oder Absatz 5 genannten besonderen Mitwirkungs- und Aufzeichnungspflichten nicht erfüllt werden, sind auf Vorgänge im Sinne des § 33 Absatz 1 Nummer 2 Buchstabe e Satz 1 des Körperschaftsteuergesetzes folgende Vorschriften nicht anzuwenden:

1. die Vorschriften über die Steuerbefreiung nach § 8b Absatz 1 Satz 1 und Absatz 2 Satz 1 des Körperschaftsteuergesetzes sowie
2. vergleichbare Vorschriften in Abkommen zur Vermeidung der Doppelbesteuerung.

[2]Das gilt nicht, soweit eine der Voraussetzungen des § 33 Absatz 1 Nummer 2 Buchstabe e Satz 3 des Körperschaftsteuergesetzes erfüllt ist.

Abschnitt 3. Vorschriften zu Artikel 97 § 22 Absatz 2 des Einführungsgesetzes zur Abgabenordnung

§ 5 Erstmalige Anwendung des § 90 Absatz 2 Satz 3, des § 147a, des § 162 Absatz 2 Satz 3 und des § 193 Absatz 1 und 2 Nummer 3 der Abgabenordnung. [1]§ 90 Absatz 2 Satz 3, § 147a, § 162 Absatz 2 Satz 3 und § 193 Absatz 1 und 2 Nummer 3 der Abgabenordnung in der Fassung des Gesetzes vom 29. Juli 2009 (BGBl. I S. 2302) sind erstmals für Besteuerungszeiträume anzuwenden, die nach dem 31. Dezember 2009 beginnen. [2]Bei Anwendung des § 147a Satz 3 der Abgabenordnung in der Fassung des Gesetzes vom 29. Juli 2009 (BGBl. I S. 2302) im Besteuerungszeitraum 2010 sind die Einkünfte des Besteuerungszeitraums 2009 maßgebend.

Abschnitt 4. Schlussvorschriften

§ 6 Anwendungsvorschrift. [1]Die §§ 1, 3 und 4 sind erstmals ab dem Veranlagungszeitraum 2010 anzuwenden. [2]Hat der Steuerpflichtige ein vom Kalenderjahr abweichendes Wirtschaftsjahr, sind die §§ 1, 3 und 4 erstmals ab dem 1. Januar 2010 anzuwenden. [3]§ 2 ist erstmals auf Gewinnausschüttungen anzuwenden, die nach dem 31. Dezember 2009 gezahlt oder gutgeschrieben werden.

§ 7 Inkrafttreten. Diese Verordnung tritt am Tag nach der Verkündung[1)] in Kraft.

[1)] Verkündet am 24. 9. 2009.

20. Lohnsteuer-Durchführungsverordnung (LStDV 1990)

In der Fassung der Bekanntmachung vom 10. Oktober 1989 (BGBl. I S. 1848)[1)]

Geändert durch Steueränderungsgesetz 1992 vom 25. 2. 1992 (BGBl. I S. 297), Jahressteuergesetz 1996 vom 11. 10. 1995 (BGBl. I S. 1250), Steuerentlastungsgesetz 1999/2000/2002 vom 24. 3. 1999 (BGBl. I S. 402), Steuerbereinigungsgesetz 1999 vom 22. 12. 1999 (BGBl. I S. 2601), Steuer-Euroglättungsgesetz vom 19. 12. 2000 (BGBl. I S. 1790), Steueränderungsgesetz 2001 vom 20. 12. 2001 (BGBl. I S. 3794), Steueränderungsgesetz 2003 vom 15. 12. 2003 (BGBl. I S. 2645), Alterseinkünftegesetz vom 5. 7. 2004 (BGBl. I S. 1427), Jahressteuergesetz 2007 vom 13. 12. 2006 (BGBl. I S. 2878), Verordnung zur Änderung steuerlicher Verordnungen vom 17. 11. 2010 (BGBl. I S. 1544), Beitreibungsrichtlinie-Umsetzungsgesetz (BeitrRLUmsG) vom 7. 12. 2011 (BGBl. I S. 2592), Gesetz zur Änderung und Vereinfachung der Unternehmensbesteuerung und des steuerlichen Reisekostenrechts vom 20. 2. 2013 (BGBl. I S. 285) und Gesetz zur Anpassung des nationalen Steuerrechts an den Beitritt Kroatiens zur EU und zur Änderung weiterer steuerlicher Vorschriften vom 25. 7. 2014 (BGBl. I S. 1266)

BGBl. III/FNA 611-2

§ 1 Arbeitnehmer, Arbeitgeber. (1) [1]Arbeitnehmer sind Personen, die in öffentlichem oder privatem Dienst angestellt oder beschäftigt sind oder waren und die aus diesem Dienstverhältnis oder einem früheren Dienstverhältnis Arbeitslohn beziehen. [2]Arbeitnehmer sind auch die Rechtsnachfolger dieser Personen, soweit sie Arbeitslohn aus dem früheren Dienstverhältnis ihres Rechtsvorgängers beziehen.

(2) [1]Ein Dienstverhältnis (Absatz 1) liegt vor, wenn der Angestellte (Beschäftigte) dem Arbeitgeber (öffentliche Körperschaft, Unternehmer, Haushaltsvorstand) seine Arbeitskraft schuldet. [2]Dies ist der Fall, wenn die tätige Person in der Betätigung ihres geschäftlichen Willens unter der Leitung des Arbeitgebers steht oder im geschäftlichen Organismus des Arbeitgebers dessen Weisungen zu folgen verpflichtet ist.

(3) Arbeitnehmer ist nicht, wer Lieferungen und sonstige Leistungen innerhalb der von ihm selbständig ausgeübten gewerblichen oder beruflichen Tätigkeit im Inland gegen Entgelt ausführt, soweit es sich um die Entgelte für diese Lieferungen und sonstigen Leistungen handelt.

§ 2 Arbeitslohn. (1) [1]Arbeitslohn sind alle Einnahmen, die dem Arbeitnehmer aus dem Dienstverhältnis zufließen. [2]Es ist unerheblich, unter welcher Bezeichnung oder in welcher Form die Einnahmen gewährt werden.

(2) Zum Arbeitslohn gehören auch

1. Einnahmen im Hinblick auf ein künftiges Dienstverhältnis;
2. Einnahmen aus einem früheren Dienstverhältnis, unabhängig davon, ob sie dem zunächst Bezugsberechtigten oder seinem Rechtsnachfolger zufließen.

[1)] Neubekanntmachung der Lohnsteuer-Durchführungsverordnung idF der Bek. v. 23. 10. 1984 (BGBl. I S. 1313) auf Grund des § 51 Abs. 4 EStG idF der Bek. v. 27. 2. 1987 (BGBl. I S. 657) in der ab 20. 10. 1989 geltenden Fassung.

[2]Bezüge, die ganz oder teilweise auf früheren Beitragsleistungen des Bezugsberechtigten oder seines Rechtsvorgängers beruhen, gehören nicht zum Arbeitslohn, es sei denn, daß die Beitragsleistungen Werbungskosten gewesen sind;

3.[1)] Ausgaben, die ein Arbeitgeber leistet, um einen Arbeitnehmer oder diesem nahestehende Personen für den Fall der Krankheit, des Unfalls, der Invalidität, des Alters oder des Todes abzusichern (Zukunftssicherung). [2]Voraussetzung ist, daß der Arbeitnehmer der Zukunftssicherung ausdrücklich oder stillschweigend zustimmt. [3]Ist bei einer Zukunftssicherung für mehrere Arbeitnehmer oder diesen nahestehende Personen in Form einer Gruppenversicherung oder Pauschalversicherung der für den einzelnen Arbeitnehmer geleistete Teil der Ausgaben nicht in anderer Weise zu ermitteln, so sind die Ausgaben nach der Zahl der gesicherten Arbeitnehmer auf diese aufzuteilen. [4]Nicht zum Arbeitslohn gehören Ausgaben, die nur dazu dienen, dem Arbeitgeber die Mittel zur Leistung einer dem Arbeitnehmer zugesagten Versorgung zu verschaffen;
4. Entschädigungen, die dem Arbeitnehmer oder seinem Rechtsnachfolger als Ersatz für entgangenen oder entgehenden Arbeitslohn oder für die Aufgabe oder Nichtausübung einer Tätigkeit gewährt werden;
5. besondere Zuwendungen, die auf Grund des Dienstverhältnisses oder eines früheren Dienstverhältnisses gewährt werden, zum Beispiel Zuschüsse im Krankheitsfall;
6. besondere Entlohnungen für Dienste, die über die regelmäßige Arbeitszeit hinaus geleistet werden, wie Entlohnung für Überstunden, Überschichten, Sonntagsarbeit;
7. Lohnzuschläge, die wegen der Besonderheit der Arbeit gewährt werden;
8. Entschädigungen für Nebenämter und Nebenbeschäftigungen im Rahmen eines Dienstverhältnisses.

§ 3.[2)] *(aufgehoben)*

§ 4 Lohnkonto. (1) Der Arbeitgeber hat im Lohnkonto des Arbeitnehmers Folgendes aufzuzeichnen:

[Fassung bis 31. 12. 2011:]	***[Fassung ab 1. 1. 2012:]***[4)]
1.[3)] den Vornamen, den Familiennamen, den Geburtstag, den Wohnort, die Wohnung, den amtlichen Gemeindeschlüssel der Gemeinde, die die Lohnsteuerkarte ausgestellt hat, das Finanzamt, in dessen Bezirk die Lohnsteuerkarte oder die entsprechende Bescheinigung aus-	1. den Vornamen, den Familiennamen, den Tag der Geburt, den Wohnort, die Wohnung sowie die in einer vom Finanzamt ausgestellten Bescheinigung für den Lohnsteuerabzug eingetragenen allgemeinen Besteuerungsmerkmale. [2]Ändern sich im Laufe des

[1)] § 2 Abs. 2 Nr. 3 Satz 1 bish. Halbsatz 2 aufgeh. durch G v. 22. 12. 1999 (BGBl. I S. 2601).

[2)] § 3 aufgeh. mWv 1. 1. 1999 durch G v. 24. 3. 1999 (BGBl. I S. 402).

[3)] § 4 Abs. 1 Nr. 1 geänd. durch G v. 25. 2. 1992 (BGBl. I S. 297); geänd. durch G v. 15. 12. 2003 (BGBl. I S. 2645); zur erstmaligen Anwendung siehe § 8 Abs. 1.

[4)] § 4 Abs. 1 Nr. 1 neu gef. mWv 1. 1. 2012 durch G v. 7. 12. 2011 (BGBl. I S. 2592).

[Fassung bis 31. 12. 2011:]

gestellt worden ist, sowie die auf der Lohnsteuerkarte oder in einer entsprechenden Bescheinigung eingetragenen allgemeinen Besteuerungsmerkmale *und in den Fällen des § 41 Abs. 1 Satz 4 des Einkommensteuergesetzes den Großbuchstaben B*[1]. [2]Ändern sich im Laufe des Jahres die auf der Lohnsteuerkarte oder in einer entsprechenden Bescheinigung eingetragenen allgemeinen Besteuerungsmerkmale, so ist auch der Zeitpunkt anzugeben, von dem an die Änderung gilt;

[Fassung ab 1. 1. 2012:]

Jahres die in einer Bescheinigung für den Lohnsteuerabzug eingetragenen allgemeinen Besteuerungsmerkmale, so ist auch der Zeitpunkt anzugeben, von dem an die Änderungen gelten;

2.[2] den Jahresfreibetrag *und* [***ab 1. 1. 2012:*** oder] den Jahreshinzurechnungsbetrag sowie den Monatsbetrag, Wochenbetrag oder Tagesbetrag, der *auf der Lohnsteuerkarte oder in einer entsprechenden Bescheinigung* [***ab 1. 1. 2012:*** in einer vom Finanzamt ausgestellten Bescheinigung für den Lohnsteuerabzug] eingetragen ist, und den Zeitraum, für den die *Eintragung gilt* [***ab 1. 1. 2012:*** Eintragungen gelten];

3.[3] bei einem Arbeitnehmer, der dem Arbeitgeber eine Bescheinigung nach § 39b Absatz 6 des Einkommensteuergesetzes [***ab 1. 1. 2012:*** in der am 31. Dezember 2010 geltenden Fassung] (Freistellungsbescheinigung) vorgelegt hat, einen Hinweis darauf, daß eine Bescheinigung vorliegt, den Zeitraum, für den die Lohnsteuerbefreiung gilt, das Finanzamt, das die Bescheinigung ausgestellt hat, und den Tag der Ausstellung;

4.[4] in den Fällen des § 19 Abs. 2 des Einkommensteuergesetzes die für die zutreffende Berechnung des Versorgungsfreibetrags und des Zuschlags zum Versorgungsfreibetrag erforderlichen Angaben.

(2) Bei jeder Lohnabrechnung ist im Lohnkonto folgendes aufzuzeichnen:

1. der Tag der Lohnzahlung und der Lohnzahlungszeitraum;
2. in den Fällen des § 41 Absatz 1 Satz 5[5] des Einkommensteuergesetzes jeweils der Großbuchstabe U;
3. der Arbeitslohn, getrennt nach Barlohn und Sachbezügen, und die davon einbehaltene Lohnsteuer. [2]Dabei sind die Sachbezüge einzeln zu bezeichnen und – unter Angabe des Abgabetags oder bei laufenden Sachbezügen des Abgabezeitraums, des Abgabeorts und des Entgelts – mit dem nach § 8 Abs. 2

---

[1] § 4 Abs. 1 Nr. 1 Satz 1 kursiver Satzteil aufgeh. mWv 23. 11. 2010 durch VO v. 17. 11. 2010 (BGBl. I S. 1544).

[2] § 4 Abs. 1 Nr. 2 geänd. mWv 1. 1. 2000 durch G v. 22. 12. 1999 (BGBl. I S. 2601); geänd. mWv 1. 1. 2012 durch G v. 7. 12. 2011 (BGBl. I S. 2592).

[3] § 4 Abs. 1 Nr. 3 geänd. mWv 1. 1. 2012 durch G v. 7. 12. 2011 (BGBl. I S. 2592).

[4] § 4 Abs. 1 Nr. 4 angef. mWv 1. 1. 2005 durch G v. 5. 7. 2004 (BGBl. I S. 1427).

[5] Verweis geänd. durch VO v. 17. 11. 2010 (BGBl. I S. 1544).

oder 3 des Einkommensteuergesetzes maßgebenden und um das Entgelt geminderten Wert zu erfassen. [3]Sachbezüge im Sinne des § 8 Abs. 3 des Einkommensteuergesetzes und Versorgungsbezüge sind jeweils als solche kenntlich zu machen und ohne Kürzung um Freibeträge nach § 8 Abs. 3 oder § 19 Abs. 2 des Einkommensteuergesetzes einzutragen. [4]Trägt der Arbeitgeber im Falle der Nettolohnzahlung die auf den Arbeitslohn entfallende Steuer selbst, ist in jedem Fall der Bruttoarbeitslohn einzutragen, die nach den Nummern 4 bis 8 gesondert aufzuzeichnenden Beträge sind nicht mitzuzählen;

4.[1)] steuerfreie Bezüge mit Ausnahme der Vorteile im Sinne des § 3 Nr. 45 des Einkommensteuergesetzes und der Trinkgelder. [2]Das Betriebsstättenfinanzamt kann zulassen, daß auch andere nach § 3 des Einkommensteuergesetzes steuerfreie Bezüge nicht angegeben werden, wenn es sich um Fälle von geringer Bedeutung handelt oder wenn die Möglichkeit zur Nachprüfung in anderer Weise sichergestellt ist;

5. Bezüge, die nach einem Abkommen zur Vermeidung der Doppelbesteuerung oder unter Progressionsvorbehalt nach § 34c Abs. 5 des Einkommensteuergesetzes von der Lohnsteuer freigestellt sind;

6.[2)] außerordentliche Einkünfte im Sinne des § 34 Abs. 1 und 2 Nr. 2 und 4 des Einkommensteuergesetzes und die davon nach § 39b Abs. 3 Satz 9 des Einkommensteuergesetzes einbehaltene Lohnsteuer;

7.[3)] *(aufgehoben)*

8.[4)] Bezüge, die nach den §§ 40 bis 40b des Einkommensteuergesetzes pauschal besteuert worden sind, und die darauf entfallende Lohnsteuer. [2]Lassen sich in den Fällen des § 40 Absatz 1 Satz 1 Nummer 2 und Absatz 2 des Einkommensteuergesetzes die auf den einzelnen Arbeitnehmer entfallenden Beträge nicht ohne weiteres ermitteln, so sind sie in einem Sammelkonto anzuschreiben. [3]Das Sammelkonto muß die folgenden Angaben enthalten: Tag der Zahlung, Zahl der bedachten Arbeitnehmer, Summe der insgesamt gezahlten Bezüge, Höhe der Lohnsteuer sowie Hinweise auf die als Belege zum Sammelkonto aufzubewahrenden Unterlagen, insbesondere Zahlungsnachweise, Bestätigung des Finanzamts über die Zulassung der Lohnsteuerpauschalierung. [4]In den Fällen des § 40a des Einkommensteuergesetzes genügt es, wenn der Arbeitgeber Aufzeichnungen führt, aus denen sich für die einzelnen Arbeitnehmer Name und Anschrift, Dauer der Beschäftigung, Tag der Zahlung, Höhe des Arbeitslohns und in den Fällen des § 40a Abs. 3 des Einkommensteuergesetzes auch die Art der Beschäftigung ergeben. [5]Sind in den Fällen der Sätze 3 und 4 Bezüge nicht mit dem ermäßigten Kirchensteuersatz besteuert worden, so ist zusätzlich der fehlende Kirchensteuerabzug aufzuzeichnen und auf die als Beleg aufzubewahrende Unterlage hinzuweisen, aus der hervorgeht, daß der Arbeitnehmer keiner Religionsgemeinschaft angehört, für die die Kirchensteuer von den Finanzbehörden erhoben wird.

[1)] § 4 Abs. 2 Nr. 4 Satz 1 geänd. durch G v. 20. 12. 2001 (BGBl. I S. 3794); geänd. mWv 1. 1. 2002 (Art. 25 Abs. 2 des G v. 15. 12. 2003) durch G v. 15. 12. 2003 (BGBl. I S. 2645).

[2)] § 4 Abs. 2 Nr. 6 geänd. mWv 1. 1. 1999 durch G v. 24. 3. 1999 (BGBl. I S. 402).

[3)] § 4 Abs. 2 Nr. 7 aufgeh. mWv 1. 1. 1999 durch G v. 24. 3. 1999 (BGBl. I S. 402).

[4)] § 4 Abs. 2 Nr. 8 geänd. durch G v. 25. 2. 1992 (BGBl. I S. 297); Satz 2 Verweis geänd. durch VO v. 17. 11. 2010 (BGBl. I S. 1544).

(3)[1] [1]Das Betriebsstättenfinanzamt kann bei Arbeitgebern, die für die Lohnabrechnung ein maschinelles Verfahren anwenden, Ausnahmen von den Vorschriften der Absätze 1 und 2 zulassen, wenn die Möglichkeit zur Nachprüfung in anderer Weise sichergestellt ist. [2]Das Betriebsstättenfinanzamt soll zulassen, daß Sachbezüge im Sinne des *§ 8 Abs. 2 Satz 9 und Abs. 3* [***ab 1. 1. 2014:*** § 8 Absatz 2 Satz 11 und Absatz 3] des Einkommensteuergesetzes für solche Arbeitnehmer nicht aufzuzeichnen sind, für die durch betriebliche Regelungen und entsprechende Überwachungsmaßnahmen gewährleistet ist, daß die in *§ 8 Abs. 2 Satz 9 oder Abs. 3* [***ab 1. 1. 2014:*** § 8 Absatz 2 Satz 11 oder Absatz 3] des Einkommensteuergesetzes genannten Beträge nicht überschritten werden.

(4)[2] [1]In den Fällen des § 38 Abs. 3a des Einkommensteuergesetzes ist ein Lohnkonto vom Dritten zu führen. [2]In den Fällen des § 38 Abs. 3a Satz 2 ist der Arbeitgeber anzugeben und auch der Arbeitslohn einzutragen, der nicht vom Dritten, sondern vom Arbeitgeber selbst gezahlt wird. [3]In den Fällen des § 38 Abs. 3a Satz 7 ist der Arbeitslohn für jedes Dienstverhältnis gesondert aufzuzeichnen.

(Fortsetzung nächstes Blatt)

---

[1] § 4 Abs. 3 Satz 2 neu gef. durch G v. 11. 10. 1995 (BGBl. I S. 1250); Satz 1 geänd. durch VO v. 17. 11. 2010 (BGBl. I S. 1544); Satz 2 geänd. mWv 1. 1. 2014 durch G v. 20. 2. 2013 (BGBl. I S. 285).

[2] § 4 Abs. 4 aufgeh. durch G v. 22. 12. 1999 (BGBl. I S. 2601) und angef. mWv 1. 1. 2004 (§ 8 Abs. 1) durch G v. 15. 12. 2003 (BGBl. I S. 2645).

§ 5[1] Besondere Aufzeichnungs- und Mitteilungspflichten im Rahmen der betrieblichen Altersversorgung. (1) Der Arbeitgeber hat bei Durchführung einer kapitalgedeckten betrieblichen Altersversorgung über einen Pensionsfonds, eine Pensionskasse oder eine Direktversicherung ergänzend zu den in § 4 Abs. 2 Nr. 4 und 8 angeführten Aufzeichnungspflichten gesondert je Versorgungszusage und Arbeitnehmer Folgendes aufzuzeichnen:

1. bei Inanspruchnahme der Steuerbefreiung nach § 3 Nr. 63 Satz 3 des Einkommensteuergesetzes den Zeitpunkt der Erteilung, den Zeitpunkt der Übertragung nach dem „Abkommen zur Übertragung von Direktversicherungen oder Versicherungen in eine Pensionskasse bei Arbeitgeberwechsel" oder nach vergleichbaren Regelungen zur Übertragung von Versicherungen in Pensionskassen oder Pensionsfonds, bei der Änderung einer vor dem 1. Januar 2005 erteilten Versorgungszusage alle Änderungen der Zusage nach dem 31. Dezember 2004;

2.[2] bei Anwendung des § 40 b des Einkommensteuergesetz in der am 31. Dezember 2004 geltenden Fassung den Inhalt der am 31. Dezember 2004 bestehenden Versorgungszusagen, sowie im Fall des § 52 Absatz 4 Satz 10 des Einkommensteuergesetzes die erforderliche Verzichtserklärung und bei der Übernahme einer Versorgungszusage nach § 4 Abs. 2 Nr. 1 des Betriebsrentengesetzes vom 19. Dezember 1974 (BGBl. I S. 3610), das zuletzt durch Artikel 2 des Gesetzes vom 29. August 2005 (BGBl. I S. 2546) geändert worden ist, in der jeweils geltenden Fassung oder bei einer Übertragung nach dem „Abkommen zur Übertragung von Direktversicherungen oder Versicherungen in eine Pensionskasse bei Arbeitgeberwechsel" oder nach vergleichbaren Regelungen zur Übertragung von Versicherungen in Pensionskassen oder Pensionsfonds im Falle einer vor dem 1. Januar 2005 erteilten Versorgungszusage zusätzlich die Erklärung des ehemaligen Arbeitgebers, dass diese Versorgungszusage vor dem 1. Januar 2005 erteilt und dass diese bis zur Übernahme nicht als Versorgungszusage im Sinne des § 3 Nr. 63 Satz 3 des Einkommensteuergesetzes behandelt wurde.

(2) [1] Der Arbeitgeber hat der Versorgungseinrichtung (Pensionsfonds, Pensionskasse, Direktversicherung), die für ihn die betriebliche Altersversorgung durchführt, spätestens zwei Monate nach Ablauf des Kalenderjahres oder nach Beendigung des Dienstverhältnisses im Laufe des Kalenderjahres gesondert je Versorgungszusage die für den einzelnen Arbeitnehmer geleisteten und

1. nach § 3 Nr. 56 und 63 des Einkommensteuergesetzes steuerfrei belassenen,
2. nach § 40 b des Einkommensteuergesetzes in der am 31. Dezember 2004 geltenden Fassung pauschal besteuerten oder
3. individuell besteuerten

Beiträge mitzuteilen. [2] Ferner hat der Arbeitgeber oder die Unterstützungskasse die nach § 3 Nr. 66 des Einkommensteuergesetzes steuerfrei belassenen Leistungen mitzuteilen. [3] Die Mitteilungspflicht des Arbeitgebers oder der Unterstützungskasse kann durch einen Auftragnehmer wahrgenommen werden.

---

[1] § 5 eingef. mWv 1. 1. 2007 durch G v. 13. 12. 2006 (BGBl. I S. 2878).
[2] § 5 Abs. 1 Nr. 2 geänd. durch G v. 25. 7. 2014 (BGBl. I S. 1266).

(3) [1]Eine Mitteilung nach Absatz 2 kann unterbleiben, wenn die Versorgungseinrichtung die steuerliche Behandlung der für den einzelnen Arbeitnehmer im Kalenderjahr geleisteten Beiträge bereits kennt oder aus den bei ihr vorhandenen Daten feststellen kann, und dieser Umstand dem Arbeitgeber mitgeteilt worden ist. [2]Unterbleibt die Mitteilung des Arbeitgebers, ohne dass ihm eine entsprechende Mitteilung der Versorgungseinrichtung vorliegt, so hat die Versorgungseinrichtung davon auszugehen, dass es sich insgesamt bis zu den in § 3 Nr. 56 oder 63 des Einkommensteuergesetzes genannten Höchstbeträgen um steuerbegünstigte Beiträge handelt, die in der Auszahlungsphase als Leistungen im Sinne von § 22 Nr. 5 Satz 1 des Einkommensteuergesetzes zu besteuern sind.

§ 6.[1)] *(aufgehoben)*

§ 7.[2)] *(aufgehoben)*

§ 8[3)] **Anwendungszeitraum.** (1) Die Vorschriften dieser Verordnung in der Fassung des Artikels 2 des Gesetzes vom 13. Dezember 2006 (BGBl. I S. 2878) sind erstmals anzuwenden auf laufenden Arbeitslohn, der für einen nach dem 31. Dezember 2006 endenden Lohnzahlungszeitraum gezahlt wird, und auf sonstige Bezüge, die nach dem 31. Dezember 2006 zufließen.

(2) [1]§ 6 Abs. 3 und 4 sowie § 7 in der am 31. Dezember 2001 geltenden Fassung sind weiter anzuwenden im Falle einer schädlichen Verfügung vor dem 1. Januar 2002. [2]Die Nachversteuerung nach § 7 Abs. 1 Satz 1 unterbleibt, wenn der nachzufordernde Betrag 10 Euro nicht übersteigt.

§ 9[4)] **Berlin-Klausel.** *(aufgehoben)*

[1)] § 6 aufgeh. mWv 1. 1. 2002 durch G v. 20. 12. 2001 (BGBl. I S. 3794); zur weiteren Anwendung von § 6 Abs. 3 und 4 siehe § 8 Abs. 2 Satz 1.

[2)] § 7 aufgeh. mWv 1. 1. 2002 durch G v. 20. 12. 2001 (BGBl. I S. 3794); zur weiteren Anwendung siehe § 8 Abs. 2.

[3)] § 8 neu gef. durch G v. 20. 12. 2001 (BGBl. I S. 3794), Abs. 1 neu gef. durch G v. 13. 12. 2006 (BGBl. I S. 2878).

[4)] § 9 aufgeh. durch G v. 25. 2. 1992 (BGBl. I S. 297).

21. Verordnung über die sozialversicherungsrechtliche Beurteilung von Zuwendungen des Arbeitgebers als Arbeitsentgelt (Sozialversicherungsentgeltverordnung – SvEV)[1)·2)]

Vom 21. Dezember 2006 (BGBl. I S. 3385)

Geändert durch VO vom 21. 12. 2006 (BGBl. I S. 3385), Gesetz zur Förderung der zusätzlichen Altersvorsorge vom 10. 12. 2007 (BGBl. I S. 2838), Gesetz zur Änderung des Vierten Buches Sozialgesetzbuch und anderer Gesetze vom 19. 12. 2007 (BGBl. I S. 3024), Erste VO zur Änderung der SozialversicherungsentgeltVO vom 18. 11. 2008 (BGBl. I S. 2220), Gesetz zur Änderung des Vierten Buches Sozialgesetzbuch, zur Errichtung einer Versorgungsausgleichskasse und anderer Gesetze vom 15. 7. 2009 (BGBl. I S. 1939), Zweite VO zur Änderung der SozialversicherungsentgeltVO vom 19. 10. 2009 (BGBl. I S. 3667), Dritte VO zur Änderung der SozialversicherungsentgeltVO vom 10. 11. 2010 (BGBl. I S. 1751), Vierte VO zur Änderung der SozialversicherungsentgeltVO vom 2. 12. 2011 (BGBl. I S. 2453), Beitreibungsrichtlinie-Umsetzungsgesetz (BeitrRLUmsG) vom 7. 12. 2011 (BGBl. I S. 2592), Gesetz zur Verbesserung der Eingliederungschancen am Arbeitsmarkt vom 20. 12. 2011 (BGBl. I S. 2854), Fünfte Verordnung zur Änderung der Sozialversicherungsentgeltverordnung vom 19. 12. 2012 (BGBl. I S. 2714), Sechste Verordnung zur Änderung der Sozialversicherungsentgeltverordnung vom 21. 10. 2013 (BGBl. I S. 3871), Siebte Verordnung zur Änderung der Sozialversicherungsentgeltverordnung vom 24. 11. 2014 (BGBl. I S. 1799), Fünftes Gesetz zur Änderung des Vierten Buches Sozialgesetzbuch und anderer Gesetze vom 15. 4. 2015 (BGBl. I S. 583) und Achte Verordnung zur Änderung der Sozialversicherungsentgeltverordnung vom 18. 11. 2015 (BGBl. I S. 2075)

BGBl. III/FNA 860-4-1-16

§ 1 Dem sozialversicherungspflichtigen Arbeitsentgelt nicht zuzurechnende Zuwendungen. (1)[3)] [1] Dem Arbeitsentgelt sind nicht zuzurechnen:

1. einmalige Einnahmen, laufende Zulagen, Zuschläge, Zuschüsse sowie ähnliche Einnahmen, die zusätzlich zu Löhnen oder Gehältern gewährt werden, soweit sie lohnsteuerfrei sind; dies gilt nicht für Sonntags-, Feiertags- und Nachtarbeitszuschläge, soweit das Entgelt, auf dem sie berechnet werden, mehr als 25 Euro für jede Stunde beträgt,
2. sonstige Bezüge nach § 40 Abs. 1 Satz 1 Nr. 1 des Einkommensteuergesetzes, die nicht einmalig gezahltes Arbeitsentgelt nach § 23 a des Vierten Buches Sozialgesetzbuch sind,
3. Einnahmen nach § 40 Abs. 2 des Einkommensteuergesetzes,
4.[4)] Beiträge nach § 40 b des Einkommensteuergesetzes in der am 31. Dezember 2004 geltenden Fassung, die zusätzlich zu Löhnen und Gehältern ge-

---

[1)] Die SvEV ist als Art. 1 der VO zur Neuordnung der Regelungen über die sozialversicherungsrechtliche Beurteilung von Zuwendungen des Arbeitgebers als Arbeitsentgelt v. 21. 12. 2006 verkündet worden.

[2)] In Kraft ab 1. 1. 2007. Gleichzeitig tritt die SachbezV außer Kraft.

[3)] § 1 Abs. 1 Satz 3 geänd. und Satz 4 angef. mWv 1. 1. 2008 durch G v. 19. 12. 2007 (BGBl. I S. 3024); Satz 2 neu gef., Satz 3 ergänzt mWv 22. 4. 2015 durch G v. 15. 4. 2015 (BGBl. I S. 583).

[4)] § 1 Abs. 1 Nr. 4 neu gef. mWv 1. 1. 2008 durch G v. 19. 12. 2007 (BGBl. I S. 3024), Nr. 4 HS 2 angef. mWv 1. 1. 2009 durch VO v. 18. 11. 2008 (BGBl. I S. 2220).

währt werden; dies gilt auch für darin enthaltene Beiträge, die aus einer Entgeltumwandlung (§ 1 Abs. 2 Nr. 3 des Betriebsrentengesetzes[1]) stammen,

4 a.[2] Zuwendungen nach § 3 Nr. 56 und § 40 b des Einkommensteuergesetzes, die zusätzlich zu Löhnen und Gehältern gewährt werden und für die Satz 3 und 4 nichts Abweichendes bestimmen,

5. Beträge nach § 10 des Entgeltfortzahlungsgesetzes,

6. Zuschüsse zum Mutterschaftsgeld nach § 14 des Mutterschutzgesetzes,

7. in den Fällen des § 3 Abs. 3 der vom Arbeitgeber insoweit übernommene Teil des Gesamtsozialversicherungsbeitrags,

8. Zuschüsse des Arbeitgebers zum Kurzarbeitergeld und Saison-Kurzarbeitergeld, soweit sie zusammen mit dem Kurzarbeitergeld 80 Prozent des Unterschiedsbetrages zwischen dem Sollentgelt und dem Ist-Entgelt nach § 106[3] des Dritten Buches Sozialgesetzbuch nicht übersteigen,

9. steuerfreie Zuwendungen an Pensionskassen, Pensionsfonds oder Direktversicherungen nach § 3 Nr. 63 Satz 1 und 2 des Einkommensteuergesetzes im Kalenderjahr bis zur Höhe von insgesamt 4 Prozent der Beitragsbemessungsgrenze in der allgemeinen Rentenversicherung; dies gilt auch für darin enthaltene Beträge, die aus einer Entgeltumwandlung (§ 1 Abs. 2 Nr. 3 des Betriebsrentengesetzes) stammen,[4]

10. Leistungen eines Arbeitgebers oder einer Unterstützungskasse an einen Pensionsfonds zur Übernahme bestehender Versorgungsverpflichtungen oder Versorgungsanwartschaften durch den Pensionsfonds, soweit diese nach § 3 Nr. 66 des Einkommensteuergesetzes steuerfrei sind,

11. steuerlich nicht belastete Zuwendungen des Beschäftigten zugunsten von durch Naturkatastrophen im Inland Geschädigten aus Arbeitsentgelt einschließlich Wertguthaben,

12.[5] Sonderzahlungen nach § 19 Absatz 1 Satz 1 Nummer 3 Satz 2 bis 4 des Einkommensteuergesetzes der Arbeitgeber zur Deckung eines finanziellen Fehlbetrages an die Einrichtungen, für die Satz 3 gilt,

13.[6] Sachprämien nach § 37 a des Einkommensteuergesetzes,

14.[6] Zuwendungen nach § 37 b Abs. 1 des Einkommensteuergesetzes, soweit die Zuwendungen an Arbeitnehmer eines Dritten erbracht werden und diese Arbeitnehmer nicht Arbeitnehmer eines mit dem Zuwendenden verbundenen Unternehmens sind,

15.[7] vom Arbeitgeber getragene oder übernommene Studiengebühren für ein Studium des Beschäftigten, soweit sie steuerrechtlich kein Arbeitslohn sind,

---

[1] Nr. **70**.
[2] § 1 Abs. 1 Nr. 4 a eingef. mWv 1. 1. 2008 durch G v. 19. 12. 2007 (BGBl. I S. 3024).
[3] Verweis geänd. mWv 1. 4. 2012 durch G v. 20. 12. 2011 (BGBl. I S. 2854).
[4] § 1 Nr. 9 HS 2 angef. mWv 1. 1. 2009 durch G v. 10. 12. 2007 (BGBl. I S. 2838).
[5] § 1 Abs. 1 Nr. 12 geänd. mWv 22. 4. 2015 durch G v. 15. 4. 2015 (BGBl. I S. 583).
[6] § 1 Nrn. 13 und 14 angef. mWv 1. 1. 2009 durch VO v. 18. 11. 2008 (BGBl. I S. 2220).
[7] § 1 Abs. 1 Satz 1 Nr. 15 angef. mWv 22. 7. 2009 durch G v. 15. 7. 2009 (BGBl. I S. 1939).

16.[1] steuerfreie Aufwandsentschädigungen und die in § 3 Nummer 26 und 26 a des Einkommensteuergesetzes genannten steuerfreien Einnahmen.

[2]Dem Arbeitsentgelt sind die in Satz 1 Nummer 1 bis 4 a, 9 bis 11, 13, 15 und 16 genannten Einnahmen, Zuwendungen und Leistungen nur dann nicht zuzurechnen, soweit diese vom Arbeitgeber oder von einem Dritten mit der Entgeltabrechnung für den jeweiligen Abrechnungszeitraum lohnsteuerfrei belassen oder pauschal besteuert werden. [3]Die Summe der in Satz 1 Nr. 4 a genannten Zuwendungen nach § 3 Nr. 56 und § 40 b des Einkommensteuergesetzes, die vom Arbeitgeber oder von einem Dritten mit der Entgeltabrechnung für den jeweiligen Abrechnungszeitraum lohnsteuerfrei belassen oder pauschal besteuert werden, höchstens jedoch monatlich 100 Euro, sind bis zur Höhe von 2,5 Prozent des für ihre Bemessung maßgebenden Entgelts dem Arbeitsentgelt zuzurechnen, wenn die Versorgungsregelung mindestens bis zum 31. Dezember 2000 vor der Anwendung etwaiger Nettobegrenzungsregelungen eine allgemein erreichbare Gesamtversorgung von mindestens 75 Prozent des gesamtversorgungsfähigen Entgelts und nach dem Eintritt des Versorgungsfalles eine Anpassung nach Maßgabe der Entwicklung der Arbeitsentgelte im Bereich der entsprechenden Versorgungsregelung oder gesetzlicher Versorgungsbezüge vorsieht; die dem Arbeitsentgelt zuzurechnenden Beiträge und Zuwendungen vermindern sich um monatlich 13,30 Euro. [4]Satz 3 gilt mit der Maßgabe, dass die Zuwendungen nach § 3 Nr. 56 und § 40 b des Einkommensteuergesetzes dem Arbeitsentgelt insoweit zugerechnet werden, als sie in der Summe monatlich 100 Euro übersteigen.

(2) In der gesetzlichen Unfallversicherung und in der Seefahrt sind auch lohnsteuerfreie Zuschläge für Sonntags-, Feiertags- und Nachtarbeit dem Arbeitsentgelt zuzurechnen; dies gilt in der Unfallversicherung nicht für Erwerbseinkommen, das bei einer Hinterbliebenenrente zu berücksichtigen ist.

§ 2 Verpflegung, Unterkunft und Wohnung als Sachbezug. (1) [1]Der Wert der als Sachbezug zur Verfügung gestellten Verpflegung wird auf monatlich 236 Euro[2] festgesetzt. [2]Dieser Wert setzt sich zusammen aus dem Wert für

1. Frühstück von 50 Euro[3],
2. Mittagessen von 93 Euro[3] und
3. Abendessen von 93 Euro[3].

(2) [1]Für Verpflegung, die nicht nur dem Beschäftigten, sondern auch seinen nicht bei demselben Arbeitgeber beschäftigten Familienangehörigen zur Ver-

[1] § 1 Abs. 1 Nr. 16 angef. mWv 22. 4. 2015 durch G v. 15. 4. 2015 (BGBl. I S. 583).

[2] Betrag geänd. mWv 1. 1. 2011 durch VO v. 10. 11. 2010 (BGBl. I S. 1751); geänd. mWv 1. 1. 2012 durch VO v. 2. 12. 2011 (BGBl. I S. 2453); geänd. mWv 1. 1. 2013 durch VO v. 19. 12. 2012 (BGBl. I S. 2714); geänd. mWv 1. 1. 2014 durch VO v. 21. 10. 2013 (BGBl. I S. 3871); geänd. mWv 1. 1. 2016 durch VO v. 18. 11. 2015 (BGBl. I S. 2075).

[3] Beträge geänd. mWv 1. 1. 2010 durch VO v. 19. 10. 2009 (BGBl. I S. 3667); geänd. mWv 1. 1. 2011 durch VO v. 10. 11. 2010 (BGBl. I S. 1751); geänd. mWv 1. 1. 2012 durch VO v. 2. 12. 2011 (BGBl. I S. 2453); geänd. mWv 1. 1. 2013 durch VO v. 19. 12. 2012 (BGBl. I S. 2714); geänd. mWv 1. 1. 2014 durch VO v. 21. 10. 2013 (BGBl. I S. 3871); geänd. mWv 1. 1. 2016 durch VO v. 18. 11. 2015 (BGBl. I S. 2075).

fügung gestellt wird, erhöhen sich die nach Absatz 1 anzusetzenden Werte je Familienangehörigen,

1. der das 18. Lebensjahr vollendet hat, um 100 Prozent,
2. der das 14., aber noch nicht das 18. Lebensjahr vollendet hat, um 80 Prozent,
3. der das 7., aber noch nicht das 14. Lebensjahr vollendet hat, um 40 Prozent und
4. der das 7. Lebensjahr noch nicht vollendet hat, um 30 Prozent.

²Bei der Berechnung des Wertes ist das Lebensalter des Familienangehörigen im ersten Entgeltabrechnungszeitraum des Kalenderjahres maßgebend. ³Sind Ehegatten bei demselben Arbeitgeber beschäftigt, sind die Erhöhungswerte nach Satz 1 für Verpflegung der Kinder beiden Ehegatten je zur Hälfte zuzurechnen.

(3) ¹Der Wert einer als Sachbezug zur Verfügung gestellten Unterkunft wird auf monatlich 223 Euro[1)] festgesetzt. ²Der Wert der Unterkunft nach Satz 1 vermindert sich

1. bei Aufnahme des Beschäftigten in den Haushalt des Arbeitgebers oder bei Unterbringung in einer Gemeinschaftsunterkunft um 15 Prozent,
2. für Jugendliche bis zur Vollendung des 18. Lebensjahres und Auszubildende um 15 Prozent und
3. bei der Belegung
   a) mit zwei Beschäftigten um 40 Prozent,
   b) mit drei Beschäftigten um 50 Prozent und
   c) mit mehr als drei Beschäftigten um 60 Prozent.

³Ist es nach Lage des einzelnen Falles unbillig, den Wert einer Unterkunft nach Satz 1 zu bestimmen, kann die Unterkunft mit dem ortsüblichen Mietpreis bewertet werden; Absatz 4 Satz 2 gilt entsprechend.

(4) ¹Für eine als Sachbezug zur Verfügung gestellte Wohnung ist als Wert der ortsübliche Mietpreis unter Berücksichtigung der sich aus der Lage der Wohnung zum Betrieb ergebenden Beeinträchtigungen anzusetzen. ²Ist im Einzelfall die Feststellung des ortsüblichen Mietpreises mit außergewöhnlichen Schwierigkeiten verbunden, kann die Wohnung mit 3,92 Euro[1)] je Quadratmeter monatlich, bei einfacher Ausstattung (ohne Sammelheizung oder ohne Bad oder Dusche) mit 3,20 Euro[1)] je Quadratmeter monatlich bewertet werden. ³Bestehen gesetzliche Mietpreisbeschränkungen, sind die durch diese Beschränkungen festgelegten Mietpreise als Werte anzusetzen. ⁴Dies gilt auch für die vertraglichen Mietpreisbeschränkungen im sozialen Wohnungsbau, die nach den jeweiligen Förderrichtlinien des Landes für den betreffenden Förderjahrgang sowie für die mit Wohnungsfürsorgemitteln aus öffentlichen Haus-

---

[1)] Beträge geänd. mWv 1. 1. 2009 durch VO v. 18. 11. 2008 (BGBl. I S. 2220); geänd. mWv 1. 1. 2011 durch VO v. 10. 11. 2010 (BGBl. I S. 1751); geänd. mWv 1. 1. 2012 durch VO v. 2. 12. 2011 (BGBl. I S. 2453); geänd. mWv 1. 1. 2013 durch VO v. 19. 12. 2012 (BGBl. I S. 2714); geänd. mWv 1. 1. 2014 durch VO v. 21. 10. 2013 (BGBl. I S. 3871); geänd. mWv 1. 1. 2015 durch VO v. 24. 11. 2014 (BGBl. I S. 1799).

halten geförderten Wohnungen vorgesehen sind. 5 Für Energie, Wasser und sonstige Nebenkosten ist der übliche Preis am Abgabeort anzusetzen.

(5) Werden Verpflegung, Unterkunft oder Wohnung verbilligt als Sachbezug zur Verfügung gestellt, ist der Unterschiedsbetrag zwischen dem vereinbarten Preis und dem Wert, der sich bei freiem Bezug nach den Absätzen 1 bis 4 ergeben würde, dem Arbeitsentgelt zuzurechnen.

(6) 1 Bei der Berechnung des Wertes für kürzere Zeiträume als einen Monat ist für jeden Tag ein Dreißigstel der Werte nach den Absätzen 1 bis 5 zugrunde zu legen. 2 Die Prozentsätze der Absätze 2 und 3 sind auf den Tageswert nach Satz 1 anzuwenden. 3 Die Berechnungen werden jeweils auf 2 Dezimalstellen durchgeführt; die zweite Dezimalstelle wird um 1 erhöht, wenn sich in der dritten Dezimalstelle eine der Zahlen 5 bis 9 ergibt.

§ 3 Sonstige Sachbezüge. (1)[1] 1 Werden Sachbezüge, die nicht von § 2 erfasst werden, unentgeltlich zur Verfügung gestellt, ist als Wert für diese Sachbezüge der um übliche Preisnachlässe geminderte übliche Endpreis am Abgabeort anzusetzen. 2 Sind auf Grund des § 8 Absatz 2 Satz 10 des Einkommensteuergesetzes Durchschnittswerte festgesetzt worden, sind diese Werte maßgebend. 3 Findet § 8 Abs. 2 Satz 2, 3, 4 oder 5 oder Abs. 3 Satz 1 des Einkommensteuergesetzes Anwendung, sind die dort genannten Werte maßgebend. 4 § 8 Absatz 2 Satz 11 des Einkommensteuergesetzes gilt entsprechend.

(2) Werden Sachbezüge, die nicht von § 2 erfasst werden, verbilligt zur Verfügung gestellt, ist als Wert für diese Sachbezüge der Unterschiedsbetrag zwischen dem vereinbarten Preis und dem Wert, der sich bei freiem Bezug nach Absatz 1 ergeben würde, dem Arbeitsentgelt zuzurechnen.

(3) 1 Waren und Dienstleistungen, die vom Arbeitgeber nicht überwiegend für den Bedarf seiner Arbeitnehmer hergestellt, vertrieben oder erbracht werden und die nach § 40 Abs. 1 Satz 1 Nr. 1 des Einkommensteuergesetzes pauschal versteuert werden, können mit dem Durchschnittsbetrag der pauschal versteuerten Waren und Dienstleistungen angesetzt werden; dabei kann der Durchschnittsbetrag des Vorjahres angesetzt werden. 2 Besteht das Beschäftigungsverhältnis nur während eines Teils des Kalenderjahres, ist für jeden Tag des Beschäftigungsverhältnisses der dreihundertsechzigste Teil des Durchschnittswertes nach Satz 1 anzusetzen. 3 Satz 1 gilt nur, wenn der Arbeitgeber den von dem Beschäftigten zu tragenden Teil des Gesamtsozialversicherungsbeitrags übernimmt. 4 Die Sätze 1 bis 3 gelten entsprechend für Sachzuwendungen im Wert von nicht mehr als 80 Euro, die der Arbeitnehmer für Verbesserungsvorschläge sowie für Leistungen in der Unfallverhütung und im Arbeitsschutz erhält. 5 Die mit einem Durchschnittswert angesetzten Sachbezüge, die in einem Kalenderjahr gewährt werden, sind insgesamt dem letzten Entgeltabrechnungszeitraum in diesem Kalenderjahr zuzuordnen.

§ 4[2] *(aufgehoben)*

---

[1] § 3 Abs. 1 Sätze 2 und 4 geänd. mWv 1. 1. 2014 durch VO v. 21. 10. 2013 (BGBl. I S. 3871).

[2] § 4 aufgeh. mWv 1. 1. 2009 durch Art. 2 der VO v. 21. 12. 2006 (BGBl. I S. 3385).

24. Fünftes Gesetz zur Förderung der Vermögensbildung der Arbeitnehmer (Fünftes Vermögensbildungsgesetz – 5. VermBG)[1], [2]

In der Fassung der Bekanntmachung vom 4. März 1994 (BGBl. I S. 406)

Geändert durch Drittes Durchführungsgesetz/EWG zum VAG vom 21. 7. 1994 (BGBl. I S. 1630), Arbeitsförderungs-Reformgesetz vom 24. 3. 1997 (BGBl. I S. 594), Zivilschutzneuordnungsgesetz vom 25. 3. 1997 (BGBl. I S. 726), Drittes Finanzmarktförderungsgesetz vom 24. 3. 1998 (BGBl. I S. 529), Drittes Vermögensbeteiligungsgesetz vom 7. 9. 1998 (BGBl. I S. 2647), Steuer-Euroglättungsgesetz vom 19. 12. 2000 (BGBl. I S. 1790), Altersvermögensgesetz vom 26. 6. 2001 (BGBl. I S. 1310), Steueränderungsgesetz 2001 vom 20. 12. 2001 (BGBl. I S. 3794), Investmentmodernisierungsgesetz vom 15. 12. 2003 (BGBl. I S. 2676), Drittes Gesetz für moderne Dienstleistungen am Arbeitsmarkt vom 23. 12. 2003 (BGBl. I S. 2848), Haushaltsbegleitgesetz 2004 vom 29. 12. 2003 (BGBl. I S. 3076), Gesetz zur Einführung der Europäischen Genossenschaft und zur Änderung des Genossenschaftsrechts vom 14. 8. 2006 (BGBl. I S. 1911), Finanzmarktrichtlinie-Umsetzungsgesetz vom 16. 7. 2007 (BGBl. I S. 1330), Gesetz zur Reform des Versicherungsvertragsrechts vom 23. 11. 2007 (BGBl. I S. 2631), Investmentänderungsgesetz vom 21. 12. 2007 (BGBl. I S. 3089), Eigenheimrentengesetz vom 29. 7. 2008 (BGBl. I S. 1509), Gesetz zur Änderung des Fünften Vermögensbildungsgesetzes vom 8. 12. 2008 (BGBl. I S. 2373), Steuerbürokratieabbaugesetz vom 20. 12. 2008 (BGBl. I S. 2850), Mitarbeiterkapitalbeteiligungsgesetz vom 7. 3. 2009 (BGBl. I S. 451), Bürgerentlastungsgesetz Krankenversicherung vom 16. 7. 2009 (BGBl. I S. 1959), Jahressteuergesetz 2010 (JStG 2010) vom 8. 12. 2010 (BGBl. I S. 1768), Gesetz zur bestätigenden Regelung verschiedener steuerlicher und verkehrsrechtlicher Vorschriften des Haushaltsbegleitgesetzes 2004 vom 5. 4. 2011 (BGBl. I S. 554), Beitreibungsrichtlinie-Umsetzungsgesetz (BeitrRLUmsG) vom 7. 12. 2011 (BGBl. I S. 2592), Amtshilferichtlinie-Umsetzungsgesetz (AmtshilfeRLUmsG vom 26. Juni 2013 (BGBl. I S. 1809) und Gesetz zur Anpassung des Investmentsteuergesetzes und anderer Gesetze an das AIFM-Umsetzungsgesetz (AIFM-Steuer-Anpassungsgesetz – AIFM-StAnpG) vom 18. 12. 2013 (BGBl. I S. 4318)

BGBl. III/FNA 800-9

§ 1 Persönlicher Geltungsbereich. (1) Die Vermögensbildung der Arbeitnehmer durch vereinbarte vermögenswirksame Leistungen der Arbeitgeber wird nach den Vorschriften dieses Gesetzes gefördert.

(2) [1] Arbeitnehmer im Sinne dieses Gesetzes sind Arbeiter und Angestellte einschließlich der zu ihrer Berufsausbildung Beschäftigten. [2] Als Arbeitnehmer gelten auch die in Heimarbeit Beschäftigten.

(3) Die Vorschriften dieses Gesetzes gelten nicht

1. für vermögenswirksame Leistungen juristischer Personen an Mitglieder des Organs, das zur gesetzlichen Vertretung der juristischen Person berufen ist,
2. für vermögenswirksame Leistungen von Personengesamtheiten an die durch Gesetz, Satzung oder Gesellschaftsvertrag zur Vertretung der Personengesamtheit berufenen Personen.

---

[1] Neubekanntmachung des 5. VermBG idF der Bek. v. 19. 2. 1987 (BGBl. I S. 630) auf Grund Art. 33 des Mißbrauchsbekämpfungs- und Steuerbereinigungsgesetzes v. 21. 12. 1993 (BGBl. I S. 2310) in der seit 1. 1. 1994 geltenden Fassung.

[2] Die hier abgedruckte Fassung gilt für **vermögenswirksame Leistungen,** die **nach** dem **31. 12. 1993 angelegt** werden (§ 17).

(4)[1] Für Beamte, Richter, Berufssoldaten und Soldaten auf Zeit gelten die nachstehenden Vorschriften dieses Gesetzes entsprechend.

§ 2 Vermögenswirksame Leistungen, Anlageformen. (1) Vermögenswirksame Leistungen sind Geldleistungen, die der Arbeitgeber für den Arbeitnehmer anlegt

1. als Sparbeiträge des Arbeitnehmers auf Grund eines Sparvertrags über Wertpapiere oder andere Vermögensbeteiligungen (§ 4)
   a) zum Erwerb von Aktien, die vom Arbeitgeber ausgegeben werden oder an einer deutschen Börse zum *amtlichen Handel oder zum geregelten Markt* [*ab 1. 11. 2007:* regulierten Markt][2] zugelassen oder in den Freiverkehr einbezogen sind,
   b) zum Erwerb von Wandelschuldverschreibungen, die vom Arbeitgeber ausgegeben werden oder an einer deutschen Börse *zum amtlichen Handel oder zum geregelten Markt* [*ab 1. 11. 2007:* regulierten Markt][2] zugelassen oder in den Freiverkehr einbezogen sind, sowie von Gewinnschuldverschreibungen, die vom Arbeitgeber ausgegeben werden, zum Erwerb von Namensschuldverschreibungen des Arbeitgebers jedoch nur dann, wenn auf dessen Kosten die Ansprüche des Arbeitnehmers aus der Schuldverschreibung durch ein Kreditinstitut verbürgt oder durch ein Versicherungsunternehmen privatrechtlich gesichert sind und das Kreditinstitut oder Versicherungsunternehmen im Geltungsbereich dieses Gesetzes zum Geschäftsbetrieb befugt ist,

[Fassung ab 1. 1. 2004:][3]

   c) zum Erwerb von Anteilen an Sondervermögen nach den §§ 46 bis 65 und 83 bis 86 des Investmentgesetzes sowie von ausländischen Investmentanteilen, die nach dem Investmentgesetz öffentlich vertrieben werden dürfen, wenn nach dem Jahresbericht für das vorletzte Geschäftsjahr, das dem Kalenderjahr des Abschlusses des Vertrags im Sinne des § 4 oder des § 5 vorausgeht, der Wert der Aktien in diesem Sonderver-

[Fassung ab 1. 1. 2014:][4]

   c) zum Erwerb von Anteilen an OGAW-Sondervermögen sowie an als Sondervermögen aufgelegten offenen Publikums-AIF nach den §§ 218 und 219 des Kapitalanlagegesetzbuchs sowie von Anteilen an offenen EU-Investmentvermögen und offenen ausländischen AIF, die nach dem Kapitalanlagegesetzbuch vertrieben werden dürfen, wenn nach dem Jahresbericht für das vorletzte Geschäftsjahr, das dem Kalenderjahr des Ab-

---

[1] § 1 Abs. 4 geänd. durch G v. 25. 3. 1997 (BGBl. I S. 726).

[2] § 2 Abs. 1 Nr. 1 Buchst. a und b geänd. mWv 1. 11. 2007 durch G v. 16. 7. 2007 (BGBl. I S. 1330).

[3] § 2 Abs. 1 Nr. 1 Buchst. c neu gef. mWv 1. 1. 2004 durch G v. 15. 12. 2003 (BGBl. I S. 2676).

[4] § 2 Abs. 1 Nr. 1 Buchst. c neu gef. durch G v. 18. 12. 2013 (BGBl. I S. 4318); zur Anwendung siehe § 17 Abs. 15 Satz 1.

[Fassung ab 1. 1. 2004:]

mögen 60 Prozent des Werts dieses Sondervermögens nicht unterschreitet; für neu aufgelegte Sondervermögen ist für das erste und zweite Geschäftsjahr der erste Jahresbericht oder der erste Halbjahresbericht nach Auflegung des Sondervermögens maßgebend,

[Fassung ab 1. 1. 2014:]

schlusses des Vertrags im Sinne des § 4 oder des § 5 vorausgeht, der Wert der Aktien in diesem Investmentvermögen 60 Prozent des Werts dieses Investmentvermögens nicht unterschreitet; für neu aufgelegte Investmentvermögen ist für das erste und das zweite Geschäftsjahr der erste Jahresbericht oder der erste Halbjahresbericht nach Auflegung des Investmentvermögens maßgebend,

d)[1] *zum Erwerb von Anteilen an einem Mitarbeiterbeteiligungs-Sondervermögen nach Abschnitt 7a des Investmentgesetzes vom 15. Dezember 2003 (BGBl. I S. 2676), zuletzt geändert durch Art. 3 des Gesetzes vom 7. März 2009 (BGBl. I S. 451), in der jeweils geltenden Fassung,*

e) *(aufgehoben)*

f) zum Erwerb von Genußscheinen, die vom Arbeitgeber als Wertpapiere ausgegeben werden oder an einer deutschen Börse zum *amtlichen Handel oder zum geregelten Markt* [***ab 1. 11. 2007:*** regulierten Markt][2] zugelassen oder in den Freiverkehr einbezogen sind und von Unternehmen mit Sitz und Geschäftsleitung im Geltungsbereich dieses Gesetzes, die keine Kreditinstitute sind, ausgegeben werden, wenn mit den Genußscheinen das Recht am Gewinn eines Unternehmens verbunden ist und der Arbeitnehmer nicht als Mitunternehmer im Sinne des § 15 Abs. 1 Satz 1 Nr. 2[3] des Einkommensteuergesetzes anzusehen ist,

g) zur Begründung oder zum Erwerb eines Geschäftsguthabens bei einer Genossenschaft mit Sitz und Geschäftsleitung im Geltungsbereich dieses Gesetzes; ist die Genossenschaft nicht der Arbeitgeber, so setzt die Anlage vermögenswirksamer Leistungen voraus, daß die Genossenschaft entweder ein Kreditinstitut oder eine Bau- oder Wohnungsgenossenschaft im Sinne des § 2 Abs. 1 Nr. 2 des Wohnungsbau-Prämiengesetzes ist, die zum Zeitpunkt der Begründung oder des Erwerbs des Geschäftsguthabens seit mindestens drei Jahren im Genossenschaftsregister ohne wesentliche Änderung ihres Unternehmensgegenstandes eingetragen und nicht aufgelöst ist oder Sitz und Geschäftsleitung in dem in Artikel 3 des Einigungs-

---

[1] § 2 Abs. 1 Nr. 1 Buchst. d eingef. mWv 1. 4. 2009 durch G v. 7. 3. 2009 (BGBl. I S. 451) und aufgeh. mWv 1. 1. 2014 (§ 17 Abs. 15 Satz 1) durch G v. 18. 12. 2013 (BGBl. I S. 4318).

[2] § 2 Abs. 1 Nr. 1 Buchst. f geänd. mWv 1. 11. 2007 durch G v. 16. 7. 2007 (BGBl. I S. 1330).

[3] § 2 Abs. 1 Nr. 1 Buchst. f Zitat geänd. mWv 1. 4. 2009 durch G v. 7. 3. 2009 (BGBl. I S. 451).

vertrages genannten Gebiet hat und dort entweder am 1. Juli 1990 als Arbeiterwohnungsbaugenossenschaft, Gemeinnützige Wohnungsbaugenossenschaft oder sonstige Wohnungsbaugenossenschaft bestanden oder einen nicht unwesentlichen Teil von Wohnungen aus dem Bestand einer solchen Bau- oder Wohnungsgenossenschaft erworben hat,

h) zur Übernahme einer Stammeinlage oder zum Erwerb eines Geschäftsanteils an einer Gesellschaft mit beschränkter Haftung mit Sitz und Geschäftsleitung im Geltungsbereich dieses Gesetzes, wenn die Gesellschaft das Unternehmen des Arbeitgebers ist,

i) zur Begründung oder zum Erwerb einer Beteiligung als stiller Gesellschafter im Sinne des § 230 des Handelsgesetzbuchs am Unternehmen des Arbeitgebers mit Sitz und Geschäftsleitung im Geltungsbereich dieses Gesetzes, wenn der Arbeitnehmer nicht als Mitunternehmer im Sinne des § 15 Abs. 1 Nr. 2 des Einkommensteuergesetzes anzusehen ist,

k) zur Begründung oder zum Erwerb einer Darlehensforderung gegen den Arbeitgeber, wenn auf dessen Kosten die Ansprüche des Arbeitnehmers aus dem Darlehensvertrag durch ein Kreditinstitut verbürgt oder durch ein Versicherungsunternehmen privatrechtlich gesichert sind und das Kreditinstitut oder Versicherungsunternehmen im Geltungsbereich dieses Gesetzes zum Geschäftsbetrieb befugt ist,

l) zur Begründung oder zum Erwerb eines Genußrechts am Unternehmen des Arbeitgebers mit Sitz und Geschäftsleitung im Geltungsbereich dieses Gesetzes, wenn damit das Recht am Gewinn dieses Unternehmens verbunden ist, der Arbeitnehmer nicht als Mitunternehmer im Sinne des § 15 Abs. 1 Nr. 2 des Einkommensteuergesetzes anzusehen ist und über das Genußrecht kein Genußschein im Sinne des Buchstaben f ausgegeben wird,

2. als Aufwendungen des Arbeitnehmers auf Grund eines Wertpapier- Kaufvertrags (§ 5),
3. als Aufwendungen des Arbeitnehmers auf Grund eines Beteiligungs-Vertrags (§ 6) oder eines Beteiligungs-Kaufvertrags (§ 7),
4. als Aufwendungen des Arbeitnehmers nach den Vorschriften des Wohnungsbau-Prämiengesetzes; die Voraussetzungen für die Gewährung einer Prämie nach dem Wohnungsbau-Prämiengesetz brauchen nicht vorzuliegen; die Anlage vermögenswirksamer Leistungen als Aufwendungen nach § 2 Absatz 1 Nummer 2 des Wohnungsbau-Prämiengesetzes für den ersten Erwerb von Anteilen an Bau- und Wohnungsgenossenschaften setzt voraus, daß die Voraussetzungen der Nummer 1 Buchstabe g zweiter Halbsatz erfüllt sind,
5. als Aufwendungen des Arbeitnehmers

a) zum Bau, zum Erwerb, zum Ausbau oder zur Erweiterung eines im Inland belegenen Wohngebäudes oder einer im Inland belegenen Eigentumswohnung,

b) zum Erwerb eines Dauerwohnrechts im Sinne des Wohnungseigentumsgesetzes an einer im Inland belegenen Wohnung,

c) zum Erwerb eines im Inland belegenen Grundstücks zum Zwecke des Wohnungsbaus oder

d) zur Erfüllung von Verpflichtungen, die im Zusammenhang mit den in den Buchstaben a bis c bezeichneten Vorhaben eingegangen sind,

die Förderung [***ab 1. 1. 2012:*** sofern der Anlage nicht ein von einem Dritten vorgefertigtes Konzept zu Grunde liegt, bei dem der Arbeitnehmer vermögenswirksame Leistungen zusammen mit mehr als 15 anderen Arbeitnehmern anlegen kann; die Förderung][1)] der Aufwendungen nach den Buchstaben a bis c setzt voraus, daß sie unmittelbar für die dort bezeichneten Vorhaben verwendet werden,

6. als Sparbeiträge des Arbeitnehmers auf Grund eines Sparvertrags (§ 8),
7. als Beiträge des Arbeitnehmers auf Grund eines Kapitalversicherungsvertrags (§ 9),
8. als Aufwendungen des Arbeitnehmers, der nach § 18 Abs. 2 oder 3 die Mitgliedschaft in einer Genossenschaft oder Gesellschaft mit beschränkter Haftung gekündigt hat, zur Erfüllung von Verpflichtungen aus der Mitgliedschaft, die nach dem 31. Dezember 1994 fortbestehen oder entstehen.

(2) [1] Aktien, Wandelschuldverschreibungen, Gewinnschuldverschreibungen oder Genußscheine eines Unternehmens, das im Sinne des § 18 Abs. 1 des Aktiengesetzes als herrschendes Unternehmen mit dem Unternehmen des Arbeitgebers verbunden ist, stehen Aktien, Wandelschuldverschreibungen, Gewinnschuldverschreibungen oder Genußscheinen im Sinne des Absatzes 1 Nr. 1 Buchstabe a, b oder f gleich, die vom Arbeitgeber ausgegeben werden. [2] Ein Geschäftsguthaben bei einer Genossenschaft mit Sitz und Geschäftsleitung im Geltungsbereich dieses Gesetzes, die im Sinne des § 18 Abs. 1 des Aktiengesetzes als herrschendes Unternehmen mit dem Unternehmen des Arbeitgebers verbunden ist, steht einem Geschäftsguthaben im Sinne des Absatzes 1 Nr. 1 Buchstabe g bei einer Genossenschaft, die das Unternehmen des Arbeitgebers ist, gleich. [3] Eine Stammeinlage oder ein Geschäftsanteil an einer Gesellschaft mit beschränkter Haftung mit Sitz und Geschäftsleitung im Geltungsbereich dieses Gesetzes, die im Sinne des § 18 Abs. 1 des Aktiengesetzes als herrschendes Unternehmen mit dem Unternehmen des Arbeitgebers verbunden ist, stehen einer Stammeinlage oder einem Geschäftsanteil im Sinne des Absatzes 1 Nr. 1 Buchstabe h an einer Gesellschaft, die das Unternehmen des Arbeitgebers ist, gleich. [4] Eine Beteiligung als stiller Gesellschafter an einem Unternehmen mit Sitz und Geschäftsleitung im Geltungsbereich dieses Gesetzes, das im Sinne des § 18 Abs. 1 des Aktiengesetzes als herrschendes Unternehmen mit dem Unternehmen des Arbeitgebers verbunden ist oder das auf Grund eines Vertrags mit dem Arbeitgeber an dessen Unternehmen gesellschaftsrechtlich beteiligt ist, steht einer Beteiligung als stiller Gesellschafter im Sinne des Absatzes 1 Nr. 1 Buchstabe i gleich. [5] Eine Darlehensforderung gegen ein Unternehmen mit Sitz und Geschäftsleitung im Geltungsbereich dieses Gesetzes, das im Sinne des § 18 Abs. 1 des Aktiengesetzes als herrschendes

---

[1)] § 2 Abs. 1 Nr. 5 Satzteil nach Buchst. d ergänzt durch G v. 7. 12. 2011 (BGBl. I S. 2592); zur Anwendung siehe § 17 Abs. 12.

Unternehmen mit dem Unternehmen des Arbeitgebers verbunden ist, oder ein Genußrecht an einem solchen Unternehmen stehen einer Darlehensforderung oder einem Genußrecht im Sinne des Absatzes 1 Nr. 1 Buchstabe k oder l gleich.

(3) Die Anlage vermögenswirksamer Leistungen in Gewinnschuldverschreibungen im Sinne des Absatzes 1 Nr. 1 Buchstabe b und des Absatzes 2 Satz 1, in denen neben der gewinnabhängigen Verzinsung eine gewinnunabhängige Mindestverzinsung zugesagt ist, setzt voraus, daß

1. der Aussteller in der Gewinnschuldverschreibung erklärt, die gewinnunabhängige Mindestverzinsung werde im Regelfall die Hälfte der Gesamtverzinsung nicht überschreiten, oder
2. die gewinnunabhängige Mindestverzinsung zum Zeitpunkt der Ausgabe der Gewinnschuldverschreibung die Hälfte der Emissionsrendite festverzinslicher Wertpapiere nicht überschreitet, die in den Monatsberichten der Deutschen Bundesbank für den viertletzten Kalendermonat ausgewiesen wird, der dem Kalendermonat der Ausgabe vorausgeht.

(4) Die Anlage vermögenswirksamer Leistungen in Genußscheinen und Genußrechten im Sinne des Absatzes 1 Nr. 1 Buchstabe f und l und des Absatzes 2 Satz 1 und 5 setzt voraus, daß eine Rückzahlung zum Nennwert nicht zugesagt ist; ist neben dem Recht am Gewinn eine gewinnunabhängige Mindestverzinsung zugesagt, gilt Absatz 3 entsprechend.

(5) Der Anlage vermögenswirksamer Leistungen nach Absatz 1 Nr. 1 Buchstabe f, i bis l, Absatz 2 Satz 1, 4 und 5 sowie Absatz 4 in einer Genossenschaft mit Sitz und Geschäftsleitung im Geltungsbereich dieses Gesetzes stehen § 19 und eine Festsetzung durch *Statut* [***ab 18. 8. 2006:*** Satzung][1] gemäß § 20 des *Gesetzes betreffend die Erwerbs- und Wirtschaftsgenossenschaften* [***ab 18. 8. 2006:*** Genossenschaftsgesetzes][1] nicht entgegen.

(5 a)[2] [1]Der Arbeitgeber hat vor der Anlage vermögenswirksamer Leistungen im eigenen Unternehmen in Zusammenarbeit mit dem Arbeitnehmer Vorkehrungen zu treffen, die der Absicherung der angelegten vermögenswirksamen Leistungen bei einer während der Dauer der Sperrfrist eintretenden Zahlungsunfähigkeit des Arbeitgebers dienen. [2]Das Bundesministerium für Arbeit und Sozialordnung berichtet den gesetzgebenden Körperschaften bis zum 30. Juni 2002 über die nach Satz 1 getroffenen Vorkehrungen.

(6) [1]Vermögenswirksame Leistungen sind steuerpflichtige Einnahmen im Sinne des Einkommensteuergesetzes und Einkommen, Verdienst oder Entgelt (Arbeitsentgelt) im Sinne der Sozialversicherung und des Dritten Buches Sozialgesetzbuch.[3] [2]Reicht der nach Abzug der vermögenswirksamen Leistung verbleibende Arbeitslohn zur Deckung der einzubehaltenden Steuern, Sozialversicherungsbeiträge und Beiträge zur Bundesagentur[4] für Arbeit nicht aus, so hat der Arbeitnehmer dem Arbeitgeber den zur Deckung erforderlichen Betrag zu zahlen.

---

[1] § 2 Abs. 5 geänd. durch G v. 14. 8. 2006 (BGBl. I S. 1911).
[2] § 2 Abs. 5 a eingef. mWv 1. 1. 1999 durch G v. 7. 9. 1998 (BGBl. I S. 2647).
[3] Geänd. durch G v. 24. 3. 1997 (BGBl. I S. 594).
[4] Bezeichnung geänd. durch G v. 23. 12. 2003 (BGBl. I S. 2848).

(7) [1]Vermögenswirksame Leistungen sind arbeitsrechtlich Bestandteil des Lohns oder Gehalts. [2]Der Anspruch auf die vermögenswirksame Leistung ist nicht übertragbar.

§ 3 Vermögenswirksame Leistungen für Angehörige, Überweisung durch den Arbeitgeber, Kennzeichnungs-, Bestätigungs- und Mitteilungspflichten. (1) [1]Vermögenswirksame Leistungen können auch angelegt werden

1.[1)] zugunsten des *Ehegatten des Arbeitnehmers (§ 26 Abs. 1 des Einkommensteuergesetzes)* [***ab 1. 1. 2013:*** nicht dauernd getrennt lebenden Ehegatten oder Lebenspartners des Arbeitnehmers],
2. zugunsten der in § 32 Abs. 1 des Einkommensteuergesetzes bezeichneten Kinder, die zu Beginn des maßgebenden Kalenderjahrs das 17. Lebensjahr noch nicht vollendet hatten oder die in diesem Kalenderjahr lebend geboren wurden oder
3. zugunsten der Eltern oder eines Elternteils des Arbeitnehmers, wenn der Arbeitnehmer als Kind die Voraussetzungen der Nummer 2 erfüllt.

[2]Dies gilt nicht für die Anlage vermögenswirksamer Leistungen auf Grund von Verträgen nach den §§ 5 bis 7.

(2) [1]Der Arbeitgeber hat die vermögenswirksamen Leistungen für den Arbeitnehmer unmittelbar an das Unternehmen oder Institut zu überweisen, bei dem sie angelegt werden sollen. [2]Er hat dabei gegenüber dem Unternehmen oder Institut die vermögenswirksamen Leistungen zu kennzeichnen. [3]Das Unternehmen oder Institut hat die nach § 2 Abs. 1 Nr. 1 bis 5, Abs. 2 bis 4 angelegten vermögenswirksamen Leistungen und die Art ihrer Anlage zu kennzeichnen. [4]Kann eine vermögenswirksame Leistung nicht oder nicht mehr die Voraussetzungen des § 2 Abs. 1 bis 4 erfüllen, so hat das Unternehmen oder Institut dies dem Arbeitgeber unverzüglich schriftlich mitzuteilen. [5]Die Sätze 1 bis 4 gelten nicht für die Anlage vermögenswirksamer Leistungen auf Grund von Verträgen nach den §§ 5, 6 Abs. 1 und § 7 Abs. 1 mit dem Arbeitgeber.

(3) [1]Für eine vom Arbeitnehmer gewählte Anlage nach § 2 Abs. 1 Nr. 5 hat der Arbeitgeber auf Verlangen des Arbeitnehmers die vermögenswirksamen Leistungen an den Arbeitnehmer zu überweisen, wenn dieser dem Arbeitgeber eine schriftliche Bestätigung seines Gläubigers vorgelegt hat, daß die Anlage bei ihm die Voraussetzungen des § 2 Abs. 1 Nr. 5 erfüllt; Absatz 2 gilt in diesem Falle nicht. [2]Der Arbeitgeber hat die Richtigkeit der Bestätigung nicht zu prüfen.

§ 4 Sparvertrag über Wertpapiere oder andere Vermögensbeteiligungen. (1) Ein Sparvertrag über Wertpapiere oder andere Vermögensbeteiligungen im Sinne des § 2 Abs. 1 Nr. 1 ist ein Sparvertrag mit einem Kreditinstitut [***ab 28. 12. 2007:*** oder einer Kapitalanlagegesellschaft; ***ab 24. 12. 2013:***

[1)] § 3 Abs. 1 Satz 1 Nr. 1 neu gef. durch G v. 26. 6. 2013 (BGBl. I S. 1809); zur Anwendung siehe § 17 Abs. 13 Satz 1.

Kapitalverwaltungsgesellschaft][1], in dem sich der Arbeitnehmer verpflichtet, als Sparbeiträge zum Erwerb von Wertpapieren im Sinne des § 2 Abs. 1 Nr. 1 Buchstabe a bis f, Abs. 2 Satz 1, Abs. 3 und 4 oder zur Begründung oder zum Erwerb von Rechten im Sinne des § 2 Abs. 1 Nr. 1 Buchstabe g bis l, Abs. 2 Satz 2 bis 5 und Abs. 4 einmalig oder für die Dauer von sechs Jahren seit Vertragsabschluß laufend vermögenswirksame Leistungen einzahlen zu lassen oder andere Beträge einzuzahlen.

(2) [1]Die Förderung der auf Grund eines Vertrags nach Absatz 1 angelegten vermögenswirksamen Leistungen setzt voraus, daß

1. die Leistungen eines Kalenderjahrs, vorbehaltlich des Absatzes 3, spätestens bis zum Ablauf des folgenden Kalenderjahrs zum Erwerb der Wertpapiere oder zur Begründung oder zum Erwerb der Rechte verwendet und bis zur Verwendung festgelegt werden und
2. die mit den Leistungen erworbenen Wertpapiere unverzüglich nach ihrem Erwerb bis zum Ablauf einer Frist von sieben Jahren (Sperrfrist) festgelegt werden und über die Wertpapiere oder die mit den Leistungen begründeten oder erworbenen Rechte bis zum Ablauf der Sperrfrist nicht durch Rückzahlung, Abtretung, Beleihung oder in anderer Weise verfügt wird.

[2]Die Sperrfrist gilt für alle auf Grund des Vertrags angelegten vermögenswirksamen Leistungen und beginnt am 1. Januar des Kalenderjahrs, in dem der Vertrag abgeschlossen worden ist. [3]Als Zeitpunkt des Vertragsabschlusses gilt der Tag, an dem die vermögenswirksame Leistung, bei Verträgen über laufende Einzahlungen die erste vermögenswirksame Leistung, beim Kreditinstitut [***ab 28. 12. 2007:*** oder bei der *Kapitalanlagegesellschaft;* ***ab 24. 12. 2013:*** Kapitalverwaltungsgesellschaft][1] eingeht.

(3) Vermögenswirksame Leistungen, die nicht bis zum Ablauf der Frist nach Absatz 2 Nr. 1 verwendet worden sind, gelten als rechtzeitig verwendet, wenn sie am Ende eines Kalenderjahrs insgesamt 150 Euro[2] nicht übersteigen und bis zum Ablauf der Sperrfrist nach Absatz 2 verwendet oder festgelegt werden.

(4) Eine vorzeitige Verfügung ist abweichend von Absatz 2 unschädlich, wenn

1.[3] der Arbeitnehmer oder sein von ihm nicht dauernd getrennt lebender Ehegatte *(§ 26 Abs. 1 Satz 1 des Einkommensteuergesetzes)* [***ab 1. 1. 2013:*** oder Lebenspartner] nach Vertragsabschluß gestorben oder völlig erwerbsunfähig geworden ist,

2.[3] der Arbeitnehmer nach Vertragsabschluß, aber vor der vorzeitigen Verfügung geheiratet [***ab 1. 1. 2013:*** oder eine Lebenspartnerschaft begründet] hat und im Zeitpunkt der vorzeitigen Verfügung mindestens zwei Jahre seit Beginn der Sperrfrist vergangen sind,

3. der Arbeitnehmer nach Vertragsabschluß arbeitslos geworden ist und die Arbeitslosigkeit mindestens ein Jahr lang ununterbrochen bestanden hat und im Zeitpunkt der vorzeitigen Verfügung noch besteht,

---

[1] § 4 Abs. 1 und Abs. 2 Satz 3 ergänzt mWv 28. 12. 2007 durch G v. 21. 12. 2007 (BGBl. I S. 3089); geänd. mWv 24. 12. 2013 durch G v. 18. 12. 2013 (BGBl. I S. 4318).

[2] Betrag geänd. durch G v. 19. 12. 2000 (BGBl. I S. 1790).

[3] § 4 Abs. 4 Nrn. 1 und 2 geänd. durch G v. 26. 6. 2013 (BGBl. I S. 1809); zur Anwendung siehe § 17 Abs. 13 Satz 2.

4.[1] der Arbeitnehmer den Erlös innerhalb der folgenden drei Monate unmittelbar für die eigene Weiterbildung oder für die seines von ihm nicht dauernd getrennt lebenden Ehegatten [***ab 1. 1. 2013:*** oder Lebenspartners] einsetzt und die Maßnahem außerhalb des Betriebes, dem er oder der Ehegatte [***ab 1. 1. 2013:*** oder der Lebenspartner] angehört, durchgeführt wird und Kenntnisse und Fertigkeiten vermittelt werden, die dem beruflichen Fortkommen dienen und über arbeitsplatzbezogene Anpassungsfortbildungen hinausgehen; für vermögenswirksame Leistungen, die der Arbeitgeber für den Arbeitnehmer nach § 2 *Abs. 1 Nr. 1 Buchstabe a, b, d, f bis l* [***ab 1. 1. 2014:*** Absatz 1 Nummer 1 Buchstabe a, b, f bis l][2] angelegt hat und die Rechte am Unternehmen des Arbeitgebers begründen, gilt dies nur bei Zustimmung des Arbeitgebers; bei nach § 2 Abs. 2 gleichgestellten Anlagen gilt dies nur bei Zustimmung des Unternehmens, das im Sinne des § 18 Abs. 1 des Aktiengesetzes als herrschendes Unternehmen mit dem Unternehmen des Arbeitgebers verbunden ist,

5. der Arbeitnehmer nach Vertragsabschluß unter Aufgabe der nichtselbständigen Arbeit eine Erwerbstätigkeit, die nach § 138 Abs. 1 der Abgabenordnung der Gemeinde mitzuteilen ist, aufgenommen hat oder

6. festgelegte Wertpapiere veräußert werden und der Erlös bis zum Ablauf des Kalendermonats, der dem Kalendermonat der Veräußerung folgt, zum Erwerb von in Absatz 1 bezeichneten Wertpapieren wiederverwendet wird; der bis zum Ablauf des der Veräußerung folgenden Kalendermonats nicht wiederverwendete Erlös gilt als rechtzeitig wiederverwendet, wenn er am Ende eines Kalendermonats insgesamt *300 Deutsche Mark* [***ab 1. 1. 2002:*** 150 Euro][3] nicht übersteigt.

(5) Unschädlich ist auch, wenn in die Rechte und Pflichten des Kreditinstituts [***ab 28. 12. 2007:*** oder der *Kapitalanlagegesellschaft;* ***ab 24. 12. 2013:*** Kapitalverwaltungsgesellschaft][4] aus dem Sparvertrag an seine Stelle ein anderes Kreditinstitut [***ab 28. 12. 2007:*** oder eine andere *Kapitalanlagegesellschaft;* ***ab 24. 12. 2013:*** Kapitalverwaltungsgesellschaft][4] während der Laufzeit des Vertrags durch Rechtsgeschäft eintritt.

(6) [1] Werden auf einen Vertrag über laufend einzuzahlende vermögenswirksame Leistungen oder andere Beträge in einem Kalenderjahr, das dem Kalenderjahr des Vertragsabschlusses folgt, weder vermögenswirksame Leistungen noch andere Beträge eingezahlt, so ist der Vertrag unterbrochen und kann nicht fortgeführt werden. [2] Das gleiche gilt, wenn mindestens alle Einzahlungen eines Kalenderjahrs zurückgezahlt oder die Rückzahlungsansprüche aus dem Vertrag abgetreten oder beliehen werden.

---

[1] § 4 Abs. 4 Nr. 4 neu gef. durch G v. 8. 12. 2008 (BGBl. I S. 2373); zur erstmaligen Anwendung § 17 Abs. 9; erster Halbsatz geänd. durch G v. 26. 6. 2013 (BGBl. I S. 1809); zur Anwendung siehe § 17 Abs. 13 Satz 2.

[2] Verweis geänd. durch G v. 18. 12. 2013 (BGBl. I S. 4318); zur Anwendung siehe § 17 Abs. 15 Satz 2.

[3] Betrag geänd. durch G v. 19. 12. 2000 (BGBl. I S. 1790).

[4] § 4 Abs. 5 ergänzt mWv 28. 12. 2007 durch G v. 21. 12. 2007 (BGBl. I S. 3089); geändert mWv 24. 12. 2013 durch G v. 18. 12. 2013 (BGBl. I S. 4318).

§ 5 Wertpapier-Kaufvertrag. (1) Ein Wertpapier-Kaufvertrag im Sinne des § 2 Abs. 1 Nr. 2 ist ein Kaufvertrag zwischen dem Arbeitnehmer und dem Arbeitgeber zum Erwerb von Wertpapieren im Sinne des § 2 Abs. 1 Nr. 1 Buchstabe a bis f, Abs. 2 Satz 1, Abs. 3 und 4 durch den Arbeitnehmer mit der Vereinbarung, den vom Arbeitnehmer geschuldeten Kaufpreis mit vermögenswirksamen Leistungen zu verrechnen oder mit anderen Beträgen zu zahlen.

(2) Die Förderung der auf Grund eines Vertrags nach Absatz 1 angelegten vermögenswirksamen Leistungen setzt voraus, daß

1. mit den Leistungen eines Kalenderjahrs spätestens bis zum Ablauf des folgenden Kalenderjahrs die Wertpapiere erworben werden und
2. die mit den Leistungen erworbenen Wertpapiere unverzüglich nach ihrem Erwerb bis zum Ablauf einer Frist von sechs Jahren (Sperrfrist) festgelegt werden und über die Wertpapiere bis zum Ablauf der Sperrfrist nicht durch Rückzahlung, Abtretung, Beleihung oder in anderer Weise verfügt wird; die Sperrfrist beginnt am 1. Januar des Kalenderjahrs, in dem das Wertpapier erworben worden ist; § 4 Abs. 4 Nr. 1 bis 5 gilt entsprechend.

§ 6 Beteiligungs-Vertrag. (1) Ein Beteiligungs-Vertrag im Sinne des § 2 Abs. 1 Nr. 3 ist ein Vertrag zwischen dem Arbeitnehmer und dem Arbeitgeber über die Begründung von Rechten im Sinne des § 2 Abs. 1 Nr. 1 Buchstabe g bis l und Abs. 4 für den Arbeitnehmer am Unternehmen des Arbeitgebers mit der Vereinbarung, die vom Arbeitnehmer für die Begründung geschuldete Geldsumme mit vermögenswirksamen Leistungen zu verrechnen oder mit anderen Beträgen zu zahlen.

(2) Ein Beteiligungs-Vertrag im Sinne des § 2 Abs. 1 Nr. 3 ist auch ein Vertrag zwischen dem Arbeitnehmer und

1. einem Unternehmen, das nach § 2 Abs. 2 Satz 2 bis 5 mit dem Unternehmen des Arbeitgebers verbunden oder nach § 2 Abs. 2 Satz 4 an diesem Unternehmen beteiligt ist, über die Begründung von Rechten im Sinne des § 2 Abs. 1 Nr. 1 Buchstabe g bis l, Abs. 2 Satz 2 bis 5 und Abs. 4 für den Arbeitnehmer an diesem Unternehmen oder
2. einer Genossenschaft mit Sitz und Geschäftsleitung im Geltungsbereich dieses Gesetzes, die ein Kreditinstitut oder eine Bau- oder Wohnungsgenossenschaft ist, die die Voraussetzungen des § 2 Abs. 1 Nr. 1 Buchstabe g zweiter Halbsatz erfüllt, über die Begründung eines Geschäftsguthabens für den Arbeitnehmer bei dieser Genossenschaft

mit der Vereinbarung, die vom Arbeitnehmer für die Begründung der Rechte oder des Geschäftsguthabens geschuldete Geldsumme mit vermögenswirksamen Leistungen zahlen zu lassen oder mit anderen Beträgen zu zahlen.

(3) Die Förderung der auf Grund eines Vertrags nach Absatz 1 oder 2 angelegten vermögenswirksamen Leistungen setzt voraus, daß

1. mit den Leistungen eines Kalenderjahrs spätestens bis zum Ablauf des folgenden Kalenderjahrs die Rechte begründet werden und
2. über die mit den Leistungen begründeten Rechte bis zum Ablauf einer Frist von sechs Jahren (Sperrfrist) nicht durch Rückzahlung, Abtretung, Be-

leihung oder in anderer Weise verfügt wird; die Sperrfrist beginnt am 1. Januar des Kalenderjahrs, in dem das Recht begründet worden ist; § 4 Abs. 4 Nr. 1 bis 5 gilt entsprechend.

§ 7 Beteiligungs-Kaufvertrag. (1) Ein Beteiligungs-Kaufvertrag im Sinne des § 2 Abs. 1 Nr. 3 ist ein Kaufvertrag zwischen dem Arbeitnehmer und dem Arbeitgeber zum Erwerb von Rechten im Sinne des § 2 Abs. 1 Nr. 1 Buchstabe g bis l, Abs. 2 Satz 2 bis 5 und Abs. 4 durch den Arbeitnehmer mit der Vereinbarung, den vom Arbeitnehmer geschuldeten Kaufpreis mit vermögenswirksamen Leistungen zu verrechnen oder mit anderen Beträgen zu zahlen.

(2) Ein Beteiligungs-Kaufvertrag im Sinne des § 2 Abs. 1 Nr. 3 ist auch ein Kaufvertrag zwischen dem Arbeitnehmer und einer Gesellschaft mit beschränkter Haftung, die nach § 2 Abs. 2 Satz 3 mit dem Unternehmen des Arbeitgebers verbunden ist, zum Erwerb eines Geschäftsanteils im Sinne des § 2 Abs. 1 Nr. 1 Buchstabe h an dieser Gesellschaft durch den Arbeitnehmer mit der Vereinbarung, den vom Arbeitnehmer geschuldeten Kaufpreis mit vermögenswirksamen Leistungen zahlen zu lassen oder mit anderen Beträgen zu zahlen.

(3) Für die Förderung der auf Grund eines Vertrags nach Absatz 1 oder 2 angelegten vermögenswirksamen Leistungen gilt § 6 Abs. 3 entsprechend.

§ 8 Sparvertrag. (1) Ein Sparvertrag im Sinne des § 2 Abs. 1 Nr. 6 ist ein Sparvertrag zwischen dem Arbeitnehmer und einem Kreditinstitut, in dem die in den Absätzen 2 bis 5 bezeichneten Vereinbarungen, mindestens aber die in den Absätzen 2 und 3 bezeichneten Vereinbarungen, getroffen sind.

(2) [1] Der Arbeitnehmer ist verpflichtet,

1. einmalig oder für die Dauer von sechs Jahren seit Vertragsabschluß laufend, mindestens aber einmal im Kalenderjahr, als Sparbeiträge vermögenswirksame Leistungen einzahlen zu lassen oder andere Beträge einzuzahlen und
2. bis zum Ablauf einer Frist von sieben Jahren (Sperrfrist) die eingezahlten vermögenswirksamen Leistungen bei dem Kreditinstitut festzulegen und die Rückzahlungsansprüche aus dem Vertrag weder abzutreten noch zu beleihen.

[2] Der Zeitpunkt des Vertragsabschlusses und der Beginn der Sperrfrist bestimmen sich nach den Regelungen des § 4 Abs. 2 Satz 2 und 3.

(3) Der Arbeitnehmer ist abweichend von der in Absatz 2 Satz 1 Nr. 2 bezeichneten Vereinbarung zu vorzeitiger Verfügung berechtigt, wenn eine der in § 4 Abs. 4 Nr. 1 bis 5 bezeichneten Voraussetzungen erfüllt ist.

(4) [1] Der Arbeitnehmer ist abweichend von der in Absatz 2 Satz 1 Nr. 2 bezeichneten Vereinbarung auch berechtigt, vor Ablauf der Sperrfrist mit eingezahlten vermögenswirksamen Leistungen zu erwerben

1. Wertpapiere im Sinne des § 2 Abs. 1 Nr. 1 Buchstabe a bis f, Abs. 2 Satz 1, Abs. 3 und 4,

2. Schuldverschreibungen, die vom Bund, von den Ländern, von den Gemeinden, von anderen Körperschaften des öffentlichen Rechts, vom Arbeitgeber, von einem im Sinne des § 18 Abs. 1 des Aktiengesetzes als herrschendes Unternehmen mit dem Unternehmen des Arbeitgebers verbundenen Unternehmen oder von einem Kreditinstitut mit Sitz und Geschäftsleitung im Geltungsbereich dieses Gesetzes ausgegeben werden, Namensschuldverschreibungen des Arbeitgebers jedoch nur dann, wenn auf dessen Kosten die Ansprüche des Arbeitnehmers aus der Schuldverschreibung durch ein Kreditinstitut verbürgt oder durch ein Versicherungsunternehmen privatrechtlich gesichert sind und das Kreditinstitut oder Versicherungsunternehmen im Geltungsbereich dieses Gesetzes zum Geschäftsbetrieb befugt ist,
3. Genußscheine, die von einem Kreditinstitut mit Sitz und Geschäftsleitung im Geltungsbereich dieses Gesetzes, das nicht der Arbeitgeber ist, als Wertpapiere ausgegeben werden, wenn mit den Genußscheinen das Recht am Gewinn des Kreditinstituts verbunden ist, der Arbeitnehmer nicht als Mitunternehmer im Sinne des § 15 Abs. 1 Nr. 2 des Einkommensteuergesetzes anzusehen ist und die Voraussetzungen des § 2 Abs. 4 erfüllt sind,
4. Anleiheforderungen, die in ein Schuldbuch des Bundes oder eines Landes eingetragen werden,
5. *Anteilscheine* [***ab 1. 1. 2004:*** Anteile][1)] an einem Sondervermögen, die von *Kapitalanlagegesellschaften* [***ab 24. 12. 2013:*** Kapitalverwaltungsgesellschaften][2)] im Sinne des *Gesetzes über Kapitalanlagegesellschaften* [***ab 1. 1. 2004:*** Investmentgesetzes[1)]; ***ab 24. 12. 2013:*** Kapitalanlagegesetzbuchs[2)]] ausgegeben werden und nicht unter § 2 Abs. 1 Nr. 1 Buchstabe c *oder d*[2)] fallen, oder

[Fassung bis 23. 12. 2013:]

6. ausländische Investmentanteile, die nach dem *Gesetz über den Vertrieb ausländischer Investmentanteile und über die Besteuerung der Erträge aus ausländischen Investmentanteilen* [**ab 1. 1. 2004:** Investmentgesetz][1)] im Wege des öffentlichen Anbietens, der öffentlichen Werbung oder in ähnlicher Weise vertrieben werden dürfen und nicht unter § 2 Abs. 1 Nr. 1 Buchstabe e fallen.

[Fassung ab 24. 12. 2013:][3)]

6. Anteile an offenen EU-Investmentvermögen und ausländischen AIF, die nach dem Kapitalanlagegesetzbuch vertrieben werden dürfen.

---

1) § 8 Abs. 4 Satz 1 Nrn. 5 und 6 geänd. mWv 1. 1. 2004 durch G v. 15. 12. 2003 (BGBl. I S. 2676).

2) Verweise geänd. bzw. aufgeh. mWv 24. 12. 2013 durch G v. 18. 12. 2013 (BGBl. I S. 4318).

3) § 8 Abs. 4 Satz 1 Nr. 6 neu gef. mWv 24. 12. 2013 durch G v. 18. 12. 2013 (BGBl. I S. 4318).

[2]Der Arbeitnehmer ist verpflichtet, bis zum Ablauf der Sperrfrist die nach Satz 1 erworbenen Wertpapiere bei dem Kreditinstitut, mit dem der Sparvertrag abgeschlossen ist, festzulegen und über die Wertpapiere nicht zu verfügen; diese Verpflichtung besteht nicht, wenn eine der in § 4 Abs. 4 Nr. 1 bis 5 bezeichneten Voraussetzungen erfüllt ist.

[Fassung bis 31. 12. 2008]

(5) Der Arbeitnehmer ist abweichend von der in Absatz 2 Satz 1 Nr. 2 bezeichneten Vereinbarung auch berechtigt, vor Ablauf der Sperrfrist die Überweisung eingezahlter vermögenswirksamer Leistungen auf einen von ihm oder seinem Ehegatten (§ 26 Abs. 1 des Einkommensteuergesetzes) abgeschlossenen Bausparvertrag zu verlangen, wenn weder mit der Auszahlung der Bausparsumme begonnen worden ist noch die überwiesenen Beträge vor Ablauf der Sperrfrist ganz oder zum Teil zurückgezahlt, noch Ansprüche aus dem Bausparvertrag abgetreten oder beliehen werden oder wenn eine solche vorzeitige Verfügung nach § 2 Abs. 2 Satz 2 Nr. 1 und 2 des Wohnungsbau-Prämiengesetzes unschädlich ist.

[Fassung ab 1. 1. 2009][1]

(5) [1]Der Arbeitnehmer ist abweichend von der in Absatz 2 Satz 1 Nummer 2 bezeichneten Vereinbarung auch berechtigt, vor Ablauf der Sperrfrist die Überweisung eingezahlter vermögenswirksamer Leistungen auf einen von ihm oder seinem *Ehegatten (§ 26 Abs. 1 des Einkommensteuergesetzes)* [**ab 1. 1. 2013:** nicht dauernd getrennt lebenden Ehegatten oder Lebenspartner][2] abgeschlossenen Bausparvertrag zu verlangen, wenn weder mit der Auszahlung der Bausparsumme begonnen worden ist noch die überwiesenen Beträge vor Ablauf der Sperrfrist ganz oder zum Teil zurückgezahlt, noch Ansprüche aus dem Bausparvertrag abgetreten oder beliehen werden oder wenn eine solche vorzeitige Verfügung nach § 2 Absatz 3 Satz 2 Nummer 1 und 2 des Wohnungsbau-Prämiengesetzes in der Fassung der Bekanntmachung vom 30. Oktober 1997 (BGBl. I S. 2678), das zuletzt durch Artikel 7 des Gesetzes vom 5. April 2011 (BGBl. I S. 554) geändert worden ist, in der jeweils geltenden Fassung unschädlich ist. [2]Satz 1 gilt für vor dem 1. Januar 2009 und nach dem 31. Dezember 2008 abgeschlossene Bausparverträge.

§ 9 Kapitalversicherungsvertrag. (1) Ein Kapitalversicherungsvertrag im Sinne des § 2 Abs. 1 Nr. 7 ist ein Vertrag über eine Kapitalversicherung auf

---

[1] § 8 Abs. 5 neu gef. durch G v. 29. 7. 2008 (BGBl. I S. 1509); zur erstmaligen Anwendung siehe § 17 Abs. 8.

[2] § 8 Abs. 5 Satz 1 geänd. durch G v. 26. 6. 2013 (BGBl. I S. 1809); zur Anwendung siehe § 17 Abs. 13 Satz 2.

den Erlebens- und Todesfall gegen laufenden Beitrag, der für die Dauer von mindestens zwölf Jahren und mit den in den Absätzen 2 bis 5 bezeichneten Vereinbarungen zwischen dem Arbeitnehmer und einem Versicherungsunternehmen abgeschlossen ist, das im Geltungsbereich dieses Gesetzes zum Geschäftsbetrieb befugt ist.

(2) Der Arbeitnehmer ist verpflichtet, als Versicherungsbeiträge vermögenswirksame Leistungen einzahlen zu lassen oder andere Beträge einzuzahlen.

(3) Die Versicherungsbeiträge enthalten keine Anteile für Zusatzleistungen wie für Unfall, Invalidität oder Krankheit.

(4)[1] Der Versicherungsvertrag sieht vor, daß bereits ab Vertragsbeginn ein nicht kürzbarer Anteil von mindestens 50 Prozent des gezahlten Beitrags als Rückkaufswert (§ 169[2] des Versicherungsvertragsgesetzes) erstattet oder der Berechnung der prämienfreien Versicherungsleistung (§ 165[2] des Versicherungsvertragsgesetzes) zugrunde gelegt wird.

(5) Die Gewinnanteile werden verwendet

1. zur Erhöhung der Versicherungsleistung oder
2. auf Verlangen des Arbeitnehmers zur Verrechnung mit fälligen Beiträgen, wenn er nach Vertragsabschluß arbeitslos geworden ist und die Arbeitslosigkeit mindestens ein Jahr lang ununterbrochen bestanden hat und im Zeitpunkt der Verrechnung noch besteht.

§ 10[3] Vereinbarung zusätzlicher vermögenswirksamer Leistungen. (1) Vermögenswirksame Leistungen können in Verträgen mit Arbeitnehmern, in Betriebsvereinbarungen, in Tarifverträgen oder in bindenden Festsetzungen (§ 19 des Heimarbeitsgesetzes) vereinbart werden.

(2) Vermögenswirksame Leistungen, die in Tarifverträgen vereinbart werden, werden nur dann nach den Vorschriften dieses Gesetzes gefördert, wenn die Tarifverträge nicht die Möglichkeit vorsehen, daß statt einer vermögenswirksamen Leistung eine andere Leistung, insbesondere eine Barleistung, erbracht wird.

(3) 1 Der Anspruch des Arbeitnehmers gegen den Arbeitgeber auf die in einem Tarifvertrag vereinbarte vermögenswirksame Leistung erlischt nicht, wenn der Arbeitnehmer statt der vermögenswirksamen Leistung eine andere Leistung, insbesondere eine Barleistung, annimmt. 2 Der Arbeitnehmer ist nicht verpflichtet, die andere Leistung an den Arbeitgeber herauszugeben.

(4) Absatz 3 gilt entsprechend für einen nichttarifgebundenen Arbeitnehmer, wenn der Arbeitgeber ihm statt der den tarifgebundenen Arbeitnehmern auf Grund eines Tarifvertrags gezahlten vermögenswirksamen Leistungen eine andere Leistung, insbesondere eine Barleistung, erbringt.

(5) 1 Der Arbeitgeber kann auf tarifvertraglich vereinbarte vermögenswirksame Leistungen die betrieblichen Sozialleistungen anrechnen, die dem Ar-

---

[1] § 9 Abs. 4 neugef. mWv 1. 1. 1994 (§ 17 Abs. 1) durch G v. 21. 7. 1994 (BGBl. I S. 1630).

[2] Zitat geänd. durch G v. 23. 11. 2007 (BGBl. I S. 2631).

[3] § 10 Abs. 2 bis 4 und Abs. 5 Satz 2 aufgeh. mWv 1. 1. 2002 durch G v. 26. 6. 2001 (BGBl. I S. 1310).

beitnehmer in dem Kalenderjahr bisher schon als vermögenswirksame Leistungen erbracht worden sind. [2] *Das gilt nicht, soweit der Arbeitnehmer bei den betrieblichen Sozialleistungen zwischen einer vermögenswirksamen Leistung und einer anderen Leistung, insbesondere einer Barleistung, wählen konnte.*

§ 11 Vermögenswirksame Anlage von Teilen des Arbeitslohns. (1) Der Arbeitgeber hat auf schriftliches Verlangen des Arbeitnehmers einen Vertrag über die vermögenswirksame Anlage von Teilen des Arbeitslohns abzuschließen.

(2) Auch vermögenswirksam angelegte Teile des Arbeitslohns sind vermögenswirksame Leistungen im Sinne dieses Gesetzes.

(3) [1] Zum Abschluß eines Vertrags nach Absatz 1, wonach die Lohnteile nicht zusammen mit anderen vermögenswirksamen Leistungen für den Arbeitnehmer angelegt und überwiesen werden sollen, ist der Arbeitgeber nur dann verpflichtet, wenn der Arbeitnehmer die Anlage von Teilen des Arbeitslohns in monatlichen der Höhe nach gleichbleibenden Beträgen von mindestens 13 Euro[1)] oder in vierteljährlichen der Höhe nach gleichbleibenden Beträgen von mindestens 39 Euro[1)] oder nur einmal im Kalenderjahr in Höhe eines Betrags von mindestens 39 Euro[1)] verlangt. [2] Der Arbeitnehmer kann bei der Anlage in monatlichen Beträgen während des Kalenderjahrs die Art der vermögenswirksamen Anlage und das Unternehmen oder Institut, bei dem sie erfolgen soll, nur mit Zustimmung des Arbeitgebers wechseln.

(4) [1] Der Arbeitgeber kann einen Termin im Kalenderjahr bestimmen, zu dem die Arbeitnehmer des Betriebs oder Betriebsteils die einmalige Anlage von Teilen des Arbeitslohns nach Absatz 3 verlangen können. [2] Die Bestimmung dieses Termins unterliegt der Mitbestimmung des Betriebsrats oder der zuständigen Personalvertretung; das für die Mitbestimmung in sozialen Angelegenheiten vorgeschriebene Verfahren ist einzuhalten. [3] Der nach Satz 1 bestimmte Termin ist den Arbeitnehmern in jedem Kalenderjahr erneut in geeigneter Form bekanntzugeben. [4] Zu einem anderen als dem nach Satz 1 bestimmten Termin kann der Arbeitnehmer eine einmalige Anlage nach Absatz 3 nur verlangen

1. von Teilen des Arbeitslohns, den er im letzten Lohnzahlungszeitraum des Kalenderjahrs erzielt, oder
2. von Teilen besonderer Zuwendungen, die im Zusammenhang mit dem Weihnachtsfest oder Jahresende gezahlt werden.

(5) [1] Der Arbeitnehmer kann jeweils einmal im Kalenderjahr von dem Arbeitgeber schriftlich verlangen, daß der Vertrag über die vermögenswirksame Anlage von Teilen des Arbeitslohns aufgehoben, eingeschränkt oder erweitert wird. [2] Im Fall der Aufhebung ist der Arbeitgeber nicht verpflichtet, in demselben Kalenderjahr einen neuen Vertrag über die vermögenswirksame Anlage von Teilen des Arbeitslohns abzuschließen.

(6) In Tarifverträgen oder Betriebsvereinbarungen kann von den Absätzen 3 bis 5 abgewichen werden.

[1)] Beträge geänd. mWv 1. 1. 2002 durch G v. 19. 12. 2000 (BGBl. I S. 1790).

§ 12[1] **Freie Wahl der Anlage.** [1]Vermögenswirksame Leistungen werden nur dann nach den Vorschriften dieses Gesetzes gefördert, wenn der Arbeitnehmer die Art der vermögenswirksamen Anlage und das Unternehmen oder Institut, bei dem sie erfolgen soll, frei wählen kann. [2]Einer Förderung steht jedoch nicht entgegen, daß durch Tarifvertrag die Anlage auf die Formen des § 2 Abs. 1 Nr. 1 bis 5, Abs. 2 bis 4 beschränkt wird. [3]Eine Anlage im Unternehmen des Arbeitgebers nach § 2 Abs. 1 Nr. 1 Buchstabe g bis l und Abs. 4 ist nur mit Zustimmung des Arbeitgebers zulässig.

§ 13 Anspruch auf Arbeitnehmer-Sparzulage

[Fassung für vor dem 1. 1. 1999 angelegte vermögenswirksame Leistungen][2]

(1) Der Arbeitnehmer, der Einkünfte aus nichtselbständiger Arbeit im Sinne des § 19 Abs. 1 des Einkommensteuergesetzes bezieht, hat für die nach § 2 Abs. 1 Nr. 1 bis 5, Abs. 2 bis 4 angelegten vermögenswirksamen Leistungen, soweit sie insgesamt 936 Deutsche Mark im Kalenderjahr nicht übersteigen, Anspruch auf eine Arbeitnehmer-Sparzulage nach diesem Gesetz, wenn das zu versteuernde Einkommen (§ 2 Abs. 5 des Einkommensteuergesetzes) in dem Kalenderjahr, in dem die vermögenswirksamen Leistungen angelegt worden sind, 27000 Deutsche Mark oder bei einer Zusammenveranlagung von Ehegatten nach § 26b des Einkommensteuergesetzes 54000 Deutsche Mark nicht übersteigt.

[Fassung für nach dem 31. 12. 1998 angelegte vermögenswirksame Leistungen][3]

(1) [1]*Der Arbeitnehmer, der Einkünfte aus nichtselbständiger Arbeit im Sinne des § 19 Abs. 1 des Einkommensteuergesetzes bezieht, hat Anspruch auf Sparzulage nach Absatz 2, wenn sein Einkommen die Einkommensgrenze nicht überschreitet.* [2]*Diese beträgt 17 900 Euro*[4] *oder bei einer Zusammenveranlagung von Ehegatten nach § 26 b des Einkommensteuergesetzes 35 800 Euro*[3]. ***[ab 1. 1. 2009:*** [1]Der Arbeitnehmer hat Anspruch auf eine Arbeitnehmer-Sparzulage nach Absatz 2, wenn [***neue Fassung:*** er gegenüber dem Unternehmen, dem Institut oder dem in § 3 Absatz 3 genannten Gläubiger in die Datenübermittlung nach Maßgabe des § 15 Absatz 1 Satz 2 und 3 eingewilligt hat und][5] sein Einkommen folgende Grenzen nicht übersteigt:

1. bei nach § 2 Abs. 1 Nr. 1 bis 3, Abs. 2 bis 4 angelegten vermögenswirksamen Leistungen die Einkommensgrenze von 20 000 Euro oder bei einer Zusammenveranlagung *von Ehegatten*[6] nach § 26 b

---

[1] § 12 Satz 2 eingef. mWv 1. 1. 1999 durch G v. 7. 9. 1998 (BGBl. I S. 2647).

[2] Zur Anwendung siehe § 17 Abs. 6.

[3] § 13 Abs. 1 und 2 neu gef. durch G v. 7. 9. 1998 (BGBl. I S. 2647).

[4] Beträge geänd. mWv 1. 1. 2002 durch G v. 19. 12. 2000 (BGBl. I S. 1790).

[5] § 13 Abs. 1 Satz 1 Klammerzusatz eingef. durch G v. 26. 6. 2013 (BGBl. I S. 1809); zur Anwendung siehe § 17 Abs. 14.

[6] Kursiver Satzteil gestrichen durch G v. 26. 6. 2013 (BGBl. I S. 1809); zur Anwendung siehe § 17 Abs. 14.

[Fassung für vor dem 1. 1. 1999 angelegte vermögenswirksame Leistungen]

(2) Die Arbeitnehmer-Sparzulage beträgt 10 vom Hundert der vermögenswirksamen Leistungen, die nach § 2 Abs. 1 Nr. 1 bis 5, Abs. 2 bis 4 angelegt werden.

[Fassung für nach dem 31. 12. 1998 angelegte vermögenswirksame Leistungen]

des Einkommensteuergesetzes von 40 000 Euro oder

2. bei nach § 2 Abs. 1 Nr. 4 und 5 angelegten vermögenswirksamen Leistungen die Einkommensgrenze von 17 900 Euro oder bei einer Zusammenveranlagung *von Ehegatten*[1)] nach § 26 b des Einkommensteuergesetzes von 35 800 Euro.][2)]

[2]Maßgeblich ist das zu versteuernde Einkommen nach § 2 [***ab 1. 1. 2009:*** Absatz 5][3)] des Einkommensteuergesetzes[4)] in dem Kalenderjahr, in dem die vermögenswirksamen Leistungen angelegt worden sind.

(2) [1]Die Arbeitnehmer-Sparzulage beträgt *20 vom Hundert* [***ab 1. 1. 2004:*** 18 vom Hundert[5)]/***ab 1. 1. 2009:*** 20 Prozent[6)]] der nach § 2 Absatz 1 Nummer 1 bis 3, Absatz 2 bis 4 angelegten vermögenswirksamen Leistungen, soweit sie *408 Euro*[7)] [***ab 1. 1. 2004:*** 400 Euro[5)]] im Kalenderjahr nicht übersteigen, und *10 vom Hundert* [***ab 1. 1. 2004:*** 9 Prozent][5)] der nach § 2 Absatz 1 Nummer 4 und 5 angelegten vermögenswirksamen Leistungen, soweit sie *480 Euro*[7)] [***ab 1. 1. 2004:*** 470 Euro][5)] im Kalenderjahr nicht übersteigen. [2]*Für Arbeitnehmer, die ihren Hauptwohnsitz in dem*

---

1) Kursiver Satzteil gestrichen durch G v. 26. 6. 2013 (BGBl. I S. 1809); zur Anwendung siehe § 17 Abs. 14.

2) § 13 Abs. 1 Sätze 1 und 2 ersetzt durch Satz 1 durch G v. 7. 3. 2009 (BGBl. I S. 451); zur Anwendung siehe § 17 Abs. 7.

3) Verweis ergänzt durch G v. 8. 12. 2010 (BGBl. I S. 1768); zur Anwendung siehe § 17 Abs. 11.

4) Verweis geänd. durch G v. 20. 12. 2001 (BGBl. I S. 3794).

5) § 13 Abs. 2 geänd. durch G v. 29. 12. 2003 (BGBl. I S. 3076); bestätigt durch G v. 5. 4. 2011 (BGBl. I S. 554).

6) § 13 Abs. 2 Satz 1 geänd., Satz 2 aufgeh. durch G v. 7. 3. 2009 (BGBl. I S. 451); zur Anwendung siehe § 17 Abs. 7.

7) Beträge geänd. mWv 1. 1. 2002 durch G v. 19. 12. 2000 (BGBl. I S. 1790).

[Fassung für vor dem 1. 1. 1999 angelegte vermögenswirksame Leistungen]

[Fassung für nach dem 31. 12. 1998 angelegte vermögenswirksame Leistungen]

*in Artikel 3 des Einigungsvertrages genannten Gebiet haben, tritt an die Stelle des Zulagesatzes von 20 vom Hundert [**vom 1. 1.–31. 12. 2004:** 18 vom Hundert][1] der Zulagesatz von 25 vom Hundert [**vom 1. 1.–31. 12. 2004:** 22 vom Hundert][2].*

(3)[3] [1]Die Arbeitnehmer-Sparzulage gilt weder als steuerpflichtige Einnahme im Sinne des Einkommensteuergesetzes noch als Einkommen, Verdienst oder Entgelt (Arbeitsentgelt) im Sinne der Sozialversicherung und des Dritten Buches Sozialgesetzbuch[4]; sie gilt arbeitsrechtlich nicht als Bestandteil des Lohns oder Gehalts. [2]Der Anspruch auf Arbeitnehmer-Sparzulage ist nicht übertragbar.

(4) Der Anspruch auf Arbeitnehmer-Sparzulage entsteht mit Ablauf des Kalenderjahrs, in dem die vermögenswirksamen Leistungen angelegt worden sind.

[Fassung bis 31. 12. 2008]

(5) [1]Der Anspruch auf Arbeitnehmer-Sparzulage entfällt mit Wirkung für die Vergangenheit, soweit die in den §§ 4 bis 7 genannten Fristen oder bei einer Anlage nach § 2 Abs. 1 Nr. 4 die in § 2 Abs. 1 Nr. 3 und 4 und Abs. 2 Satz 1 des Wohnungsbau-Prämiengesetzes vorgesehenen Voraussetzungen nicht eingehalten werden.

[Fassung ab 1. 1. 2009][5]

(5) [1]Der Anspruch auf Arbeitnehmer-Sparzulage entfällt rückwirkend, soweit die in den §§ 4 bis 7 genannten Fristen oder bei einer Anlage nach § 2 Abs. 1 Nr. 4 die in § 2 Abs. 1 Nr. 3 und 4 und Abs. 3 Satz 1 des Wohnungsbau-Prämiengesetzes vorgesehenen Voraussetzungen nicht eingehalten werden. [2]Satz 1 gilt für vor dem 1. Januar 2009 und nach dem 31. Dezember 2008 abgeschlossene Bausparverträge.

[3]Der Anspruch entfällt nicht, wenn die Sperrfrist nicht eingehalten wird, weil

1. der Arbeitnehmer das Umtausch- oder Abfindungsangebot eines Wertpapier-Emittenten angenommen hat oder Wertpapiere dem Aussteller nach

---

[1] § 13 Abs. 2 geänd. durch G v. 29. 12. 2003 (BGBl. I S. 3076); bestätigt durch G v. 5. 4. 2011 (BGBl. I S. 554).

[2] § 13 Abs. 2 Satz 1 geänd., Satz 2 aufgeh. durch G v. 7. 3. 2009 (BGBl. I S. 451); zur Anwendung siehe § 17 Abs. 7.

[3] § 13 Abs. 3 Satz 2 angef. mWv 1. 1. 1994 (§ 17 Abs. 1) durch G v. 21. 7. 1994 (BGBl. I S. 1630).

[4] Geänd. durch G v. 24. 3. 1997 (BGBl. I S. 594).

[5] § 13 Abs. 5 Satz 1 ersetzt durch Sätze 1 und 2 durch G v. 29. 7. 2008 (BGBl. I S. 1509); zur erstmaligen Anwendung siehe § 17 Abs. 8.

Auslosung oder Kündigung durch den Aussteller zur Einlösung vorgelegt worden sind,

2. die mit den vermögenswirksamen Leistungen erworbenen oder begründeten Wertpapiere oder Rechte im Sinne des § 2 Abs. 1 Nr. 1, Abs. 2 bis 4 ohne Mitwirkung des Arbeitnehmers wertlos geworden sind oder

3.[1] der Arbeitnehmer über nach § 2 Abs. 1 Nr. 4 angelegte vermögenswirksame Leistungen nach Maßgabe des § 4 Abs. 4 Nr. 4 in Höhe von mindestens 30 Euro verfügt.

§ 14 Festsetzung der Arbeitnehmer-Sparzulage, Anwendung der Abgabenordnung, Verordnungsermächtigung, Rechtsweg. (1) [1] Die Verwaltung der Arbeitnehmer-Sparzulage obliegt den Finanzämtern. [2] Die Arbeitnehmer-Sparzulage wird aus den Einnahmen an Lohnsteuer gezahlt.

(2) [1] Auf die Arbeitnehmer-Sparzulage sind die für Steuervergütungen geltenden Vorschriften der Abgabenordnung entsprechend anzuwenden. [2] Dies gilt nicht für § 163 der Abgabenordnung.

(3) [1] Für die Arbeitnehmer-Sparzulage gelten die Strafvorschriften des § 370 Abs. 1 bis 4, der §§ 371, 375 Abs. 1 und des § 376 sowie die Bußgeldvorschriften der §§ 378, 379 Abs. 1 und 4 und der §§ 383 und 384 der Abgabenordnung entsprechend. [2] Für das Strafverfahren wegen einer Straftat nach Satz 1 sowie der Begünstigung einer Person, die eine solche Tat begangen hat, gelten die §§ 385 bis 408, für das Bußgeldverfahren wegen einer Ordnungswidrigkeit nach Satz 1 die §§ 409 bis 412 der Abgabenordnung entsprechend.

(4) [1] Die Arbeitnehmer-Sparzulage wird auf Antrag durch das für die Besteuerung des Arbeitnehmers nach dem Einkommen zuständige Finanzamt festgesetzt. [2] *Der Arbeitnehmer hat den Antrag nach amtlich vorgeschriebenem Vordruck spätestens bis zum Ablauf des zweiten Kalenderjahrs nach dem Kalenderjahr zu stellen, in dem die vermögenswirksamen Leistungen nach § 2 Abs. 1 Nr. 1 bis 5, Abs. 2 bis 4 angelegt worden sind.* [***ab 1. 1. 2007:*** [2] Der Arbeitnehmer hat den Antrag nach amtlich vorgeschriebenem Vordruck zu stellen.][2] [3] *Der Arbeitnehmer hat die vermögenswirksamen Leistungen durch die Bescheinigung nach § 15 Abs. 1 nachzuweisen.*[3] [3] Die Arbeitnehmer-Sparzulage wird fällig

a) mit Ablauf der für die Anlageform vorgeschriebenen Sperrfrist nach diesem Gesetz,

b) mit Ablauf der im Wohnungsbau-Prämiengesetz oder in der Verordnung zur Durchführung des Wohnungsbau-Prämiengesetzes genannten Sperr-

---

[1] § 13 Abs. 5 Satz 3 Nr. 3 angef. durch G v. 8. 12. 2008 (BGBl. I S. 2373); zur erstmaligen Anwendung siehe § 17 Abs. 9.

[2] § 14 Abs. 4 Satz 2 neugef. durch G v. 16. 7. 2009 (BGBl. I S. 1959); zur erstmaligen Anwendung siehe § 17 Abs. 10.

[3] § 14 Abs. 4 Satz 3 aufgeh., bish. Satz 4 wird Satz 3 durch G v. 26. 6. 2013 (BGBl. I S. 1809); zur Anwendung siehe § 17 Abs. 14.

und Rückzahlungsfristen. [2]Bei Bausparverträgen gelten die in § 2 Abs. 3 Satz 1 des Wohnungsbau-Prämiengesetzes genannten Sperr- und Rückzahlungsfristen und zwar unabhängig davon, ob der Vertrag vor dem 1. Januar 2009 oder nach dem 31. Dezember 2008 abgeschlossen worden ist,[1)]

c) mit Zuteilung des Bausparvertrags oder

d) in den Fällen unschädlicher Verfügung.

[Fassung bis 29. 6. 2013:]

(5)[3)] Wird im Besteuerungsverfahren die Entscheidung über die Höhe des zu versteuernden Einkommens nachträglich in der Weise geändert, dass dadurch die Einkommensgrenzen des § 13 Abs. 1 unterschritten werden und entsteht für Aufwendungen, die vermögenswirksame Leistungen darstellen, erstmals ein Anspruch auf Arbeitnehmer-Sparzulage, kann der Arbeitnehmer den Antrag auf Arbeitnehmer-Sparzulage abweichend von Absatz 4 innerhalb eines Jahres nach Bekanntgabe der Änderung stellen.

(6)[3)] Besteht für Aufwendungen, die vermögenswirksame Leistungen darstellen, ein Anspruch auf Arbeitnehmer-Sparzulage und hat der Arbeitnehmer hierfür abweichend von § 1 Satz 2 Nr. 1 des Wohnungsbau-Prämiengesetzes Wohnungsbauprämie beantragt, kann der Arbeitnehmer die Arbeitnehmer-Sparzulage abweichend von Absatz 4 innerhalb eines Jahres nach Bekanntgabe der Mitteilung über die Änderung des Prämienanspruchs (§ 4a Abs. 4 Satz 1 und 2, § 4b Abs. 2 Satz 3 des Wohnungsbau-Prämiengesetzes) erstmalig beantragen.

[Fassung ab 30. 6. 2013:][2)]

(5) [1]Ein Bescheid über die Ablehnung der Festsetzung einer Arbeitnehmer-Sparzulage ist aufzuheben und die Arbeitnehmer-Sparzulage ist nachträglich festzusetzen, wenn der Einkommensteuerbescheid nach Ergehen des Ablehnungsbescheides geändert wird und dadurch erstmals festgestellt wird, dass die Einkommensgrenzen des § 13 Absatz 1 unterschritten sind. [2]Die Frist für die Festsetzung der Arbeitnehmer-Sparzulage endet in diesem Fall nicht vor Ablauf eines Jahres nach Bekanntgabe des geänderten Steuerbescheides. [3]Satz 2 gilt entsprechend, wenn der geänderten Einkommensteuerfestsetzung kein Bescheid über die Ablehnung der Festsetzung einer Arbeitnehmer-Sparzulage vorangegangen ist.

(6) Besteht für Aufwendungen, die vermögenswirksame Leistungen darstellen, ein Anspruch auf Arbeitnehmer-Sparzulage und hat der Arbeitnehmer hierfür abweichend von § 1 Satz 2 Nummer 1 des Wohnungsbau-Prämiengesetzes eine Wohnungsbauprämie beantragt, endet die Frist für die Festssetzung der Arbeitnehmer-Sparzulage nicht vor Ablauf eines Jahres nach Bekanntgabe der Mitteilung über die Änderung des Prämienanspruchs.

[1)] § 14 Abs. 4 Satz 4 Buchst. b Satz 2 angef. durch G v. 29. 7. 2008 (BGBl. I S. 1509); zur erstmaligen Anwendung siehe § 17 Abs. 8.

[2)] § 14 Abs. 5 und 6 neu gef. durch G v. 26. 6. 2013 (BGBl. I S. 1809).

[3)] § 14 Abs. 5 und 6 eingef. mWv 1. 1. 1998 durch G v. 26. 6. 2001 (BGBl. I S. 1310).

(7) 1Die Bundesregierung wird ermächtigt, durch Rechtsverordnung mit Zustimmung des Bundesrates das Verfahren bei der Festsetzung und der Auszahlung der Arbeitnehmer-Sparzulage näher zu regeln, soweit dies zur Vereinfachung des Verfahrens erforderlich ist. 2Dabei kann auch bestimmt werden, daß der Arbeitgeber, das Unternehmen, das Institut oder der in § 3 Abs. 3 genannte Gläubiger bei der Antragstellung mitwirkt und ihnen die Arbeitnehmer-Sparzulage zugunsten des Arbeitnehmers überwiesen wird.

(8) In öffentlich-rechtlichen Streitigkeiten über die auf Grund dieses Gesetzes ergehenden Verwaltungsakte der Finanzbehörden ist der Finanzrechtsweg gegeben.

[alte Fassung:]

§ 15 Bescheinigungspflichten, Haftung, Verordnungsermächtigung, Anrufungsauskunft.

(1)[2] 1Das Unternehmen, das Institut oder der in § 3 Abs. 3 genannte Gläubiger hat dem Arbeitnehmer auf Verlangen eine Bescheinigung auszustellen über

1. den jeweiligen Jahresbetrag der nach § 2 Abs. 1 Nr. 1 bis 5, Abs. 2 bis 4 angelegten vermögenswirksamen Leistungen sowie die Art ihrer Anlage,
2. das Kalenderjahr, dem diese vermögenswirksamen Leistungen zuzuordnen sind, und
3.[3] entweder das Ende der für die Anlageform vorgeschriebenen Sperrfrist nach diesem Gesetz oder bei einer Anlage nach § 2 Abs. 1 Nr. 4 das Ende der im Wohnungsbau-Prämiengesetz oder in der Verordnung zur Durchführung des Wohnungsbau-Prämiengesetzes genannten Sperr- und Rückzahlungsfristen. 2Bei Bausparverträgen

[neue Fassung:][1]

§ 15 Elektronische Vermögensbildungsbescheinigung, Verordnungsermächtigungen, Haftung, Anrufungsauskunft, Außenprüfung.

(1) 1Das Unternehmen, das Institut oder der in § 3 Absatz 3 genannte Gläubiger hat spätestens bis zum 28. Februar des der Anlage der vermögenswirksamen Leistungen folgenden Kalenderjahres nach amtlich vorgeschriebenem Datensatz durch Datenfernübertragung nach Maßgabe der Steuerdaten-Übermittlungsverordnung im Rahmen einer elektronischen Vermögensbildungsbescheinigung folgende Daten zu übermitteln, wenn der Arbeitnehmer gegenüber dem Mitteilungspflichtigen in die Datenübermittlung eingewilligt hat:

1. Name, Vorname, Geburtsdatum, Anschrift und Identifikationsnummer (§ 139b der Abgabenordnung) des Arbeitnehmers,
2. den jeweiligen Jahresbetrag der nach § 2 Abs. 1 Nr. 1 bis 5, Abs. 2 bis 4 angelegten vermögenswirk-

---

[1] § 15 Überschrift und Abs. 1 neu gef. durch G v. 26. 6. 2013 (BGBl. I S. 1809); zur Anwendung siehe § 17 Abs. 14.

[2] § 15 Abs. 1 Sätze 2 bis 5 angef. durch G v. 20. 12. 2008 (BGBl. I S. 2850).

[3] § 15 Abs. 1 Nr. 3 Satz 2 angef. durch G v. 29. 7. 2008 (BGBl. I S. 1509); zur erstmaligen Anwendung siehe § 17 Abs. 8.

[alte Fassung:]

sind die in § 2 Abs. 3 Satz 1 des Wohnungsbau-Prämiengesetzes genannten Sperr- und Rückzahlungsfristen zu bescheinigen unabhängig davon, ob der Vertrag vor dem 1. Januar 2009 oder nach dem 31. Dezember 2008 abgeschlossen worden ist.

2 Das Bundesministerium der Finanzen kann mit Zustimmung des Bundesrates durch Rechtsverordnung bestimmen, dass die Bescheinigung nach Satz 1 nach amtlich vorgeschriebenem Datensatz durch Datenfernübertragung an eine amtlich bestimmte Stelle zu übermitteln ist. 3 In der Rechtsverordnung können Ausnahmen zugelassen werden. 4 In den Fällen des Satzes 2 kann auf das Ausstellen einer Bescheinigung nach Satz 1 verzichtet werden, wenn der Arbeitnehmer entsprechend unterrichtet wird. 5 Durch die Datenfernübertragung gilt der Nachweis im Sinne des § 14 Abs. 4 Satz 3 als erbracht.

[neue Fassung:]

samen Leistungen sowie die Art ihrer Anlage,

3. das Kalenderjahr, dem diese vermögenswirksamen Leistungen zuzuordnen sind, und
4. entweder das Ende der für die Anlageform vorgeschriebenen Sperrfrist nach diesem Gesetz oder bei einer Anlage nach § 2 Abs. 1 Nr. 4 das Ende der im Wohnungsbau-Prämiengesetz oder in der Verordnung zur Durchführung des Wohnungsbau-Prämiengesetzes genannten Sperr- und Rückzahlungsfristen. 2 Bei Bausparverträgen sind die in § 2 Abs. 3 Satz 1 des Wohnungsbau-Prämiengesetzes genannten Sperr- und Rückzahlungsfristen zu bescheinigen unabhängig davon, ob der Vertrag vor dem 1. Januar 2009 oder nach dem 31. Dezember 2008 abgeschlossen worden ist.

2 Die Einwilligung nach Satz 1 ist spätestens bis zum Ablauf des zweiten Kalenderjahres, das auf das Kalenderjahr der Anlage der vermögenswirksamen Leistungen folgt, zu erteilen. 3 Dabei hat der Arbeitnehmer dem Mitteilungspflichtigen die Identifikationsnummer mitzuteilen. 4 Die Einwilligung gilt als erteilt, wenn die übermittelnde Stelle den Arbeitnehmer schriftlich darüber informiert, dass vom Vorliegen einer Einwilligung ausgegangen wird und die Daten übermittelt werden, wenn der Arbeitnehmer dem nicht innerhalb einer Frist von vier Wochen nach Erhalt dieser schriftlichen Information schriftlich widerspricht. 5 Die Einwilligung gilt auch für die folgenden Kalenderjahre, es sei denn, der Arbeitnehmer widerruft diese schriftlich gegenüber der übermit-

[neue Fassung]

telnden Stelle. [6]Der Widerruf muss der übermittelnden Stelle vor Beginn des Kalenderjahres, für das die Einwilligung erstmals nicht mehr gelten soll, vorliegen. [7]Die übermittelnde Stelle hat den Arbeitnehmer über den Inhalt der Datenübermittlung nach Satz 1 zu unterrichten. [8]Wird die Einwilligung nach Ablauf des Kalenderjahres der Anlage der vermögenswirksamen Leistungen, jedoch innerhalb der in Satz 2 genannten First abgegeben, sind die Daten bis zum Ende des folgenden Kalendervierteljahres zu übermitteln.

(2) Die Bundesregierung wird ermächtigt, durch Rechtsverordnung mit Zustimmung des Bundesrates weitere Vorschriften zu erlassen über

1. Aufzeichnungs- und Mitteilungspflichten des Arbeitgebers und des Unternehmens oder Instituts, bei dem die vermögenswirksamen Leistungen angelegt sind, und
2. die Festlegung von Wertpapieren und die Art der Festlegung, soweit dies erforderlich ist, damit nicht die Arbeitnehmer-Sparzulage zu Unrecht gezahlt, versagt, nicht zurückgefordert oder nicht einbehalten wird.

(3) Haben der Arbeitgeber, das Unternehmen, das Institut oder der in § 3 Abs. 3 genannte Gläubiger ihre Pflichten nach diesem Gesetz oder nach einer auf Grund dieses Gesetzes erlassenen Rechtsverordnung verletzt, so haften sie für die Arbeitnehmer-Sparzulage, die wegen ihrer Pflichtverletzung zu Unrecht gezahlt, nicht zurückgefordert oder nicht einbehalten worden ist.

(4) Das Finanzamt, das für die Besteuerung der in Absatz 3 Genannten zuständig ist, hat auf deren Anfrage Auskunft darüber zu erteilen, wie im einzelnen Fall die Vorschriften über vermögenswirksame Leistungen anzuwenden sind, die nach § 2 Abs. 1 Nr. 1 bis 5, Abs. 2 bis 4 angelegt werden.

(5) [1]Das für die Lohnsteuer-Außenprüfung zuständige Finanzamt kann bei den in Absatz 3 Genannten eine Außenprüfung durchführen, um festzustellen, ob sie ihre Pflichten nach diesem Gesetz oder nach einer auf Grund dieses Gesetzes erlassenen Rechtsverordnung, soweit diese mit der Anlage vermögenswirksamer Leistungen nach § 2 Abs. 1 Nr. 1 bis 5, Abs. 2 bis 4 zusammenhängen, erfüllt haben. [2]Die §§ 195 bis 202 der Abgabenordnung gelten entsprechend.

§ 16 Berlin-Klausel. (gegenstandslos)

§ 17 Anwendungsvorschriften. (1)[1] Die vorstehenden Vorschriften dieses Gesetzes gelten vorbehaltlich der nachfolgenden Absätze für vermögenswirksame Leistungen, die nach dem 31. Dezember 1993 angelegt werden.

(2) Für vermögenswirksame Leistungen, die vor dem 1. Januar 1994 angelegt werden, gilt, soweit Absatz 5 nichts anderes bestimmt, § 17 des Fünften Vermögensbildungsgesetzes in der Fassung der Bekanntmachung vom 19. Januar 1989 (BGBl. I S. 137) – Fünftes Vermögensbildungsgesetz 1989 –, unter Berücksichtigung der Änderung durch Artikel 2 Nr. 1 des Gesetzes vom 13. Dezember 1990 (BGBl. I S. 2749).

(3) Für vermögenswirksame Leistungen, die im Jahr 1994 angelegt werden auf Grund eines vor dem 1. Januar 1994 abgeschlossenen Vertrags

1. nach § 4 Abs. 1 oder § 5 Abs. 1 des Fünften Vermögensbildungsgesetzes 1989 zum Erwerb von Aktien oder Wandelschuldverschreibungen, die keine Aktien oder Wandelschuldverschreibungen im Sinne des vorstehenden § 2 Abs. 1 Nr. 1 Buchstabe a oder b, Abs. 2 Satz 1 sind, oder
2. nach § 6 Abs. 2 des Fünften Vermögensbildungsgesetzes 1989 über die Begründung eines Geschäftsguthabens bei einer Genossenschaft, die keine Genossenschaft im Sinne des vorstehenden § 2 Abs. 1 Nr. 1 Buchstabe g, Abs. 2 Satz 2 ist, oder
3. nach § 6 Abs. 2 oder § 7 Abs. 2 des Fünften Vermögensbildungsgesetzes 1989 über die Übernahme einer Stammeinlage oder zum Erwerb eines Geschäftsanteils an einer Gesellschaft mit beschränkter Haftung, die keine Gesellschaft im Sinne des vorstehenden § 2 Abs. 1 Nr. 1 Buchstabe h, Abs. 2 Satz 3 ist,

gelten statt der vorstehenden §§ 2, 4, 6 und 7 die §§ 2, 4, 6 und 7 des Fünften Vermögensbildungsgesetzes 1989.

(4) Für vermögenswirksame Leistungen, die nach dem 31. Dezember 1993 auf Grund eines Vertrags im Sinne des § 17 Abs. 5 Satz 1 des Fünften Vermögensbildungsgesetzes 1989 angelegt werden, gilt § 17 Abs. 5 und 6 des Fünften Vermögensbildungsgesetzes 1989.

(5) [1] Für vermögenswirksame Leistungen, die vor dem 1. Januar 1994 auf Grund eines Vertrags im Sinne des Absatzes 3 angelegt worden sind, gelten § 4 Abs. 2 bis 5, § 5 Abs. 2, § 6 Abs. 3 und § 7 Abs. 3 des Fünften Vermögensbildungsgesetzes 1989 über Fristen für die Verwendung vermögenswirksamer Leistungen und über Sperrfristen nach dem 31. Dezember 1993 nicht mehr. [2] Für vermögenswirksame Leistungen, die vor dem 1. Januar 1990 auf Grund eines Vertrags im Sinne des § 17 Abs. 2 des Fünften Vermögensbildungsgesetzes 1989 über die Begründung einer oder mehrerer Beteiligungen als stiller Gesellschafter angelegt worden sind, gilt § 7 Abs. 3 des Fünften Vermögensbildungsgesetzes in der Fassung der Bekanntmachung vom 19. Februar 1987 (BGBl. I S. 630) über die Sperrfrist nach dem 31. Dezember 1993 nicht mehr.

---

[1] § 17 Abs. 1 neu gef. durch G v. 29. 7. 2008 (BGBl. I S. 1509).

(6)[1] Für vermögenswirksame Leistungen, die vor dem 1. Januar 1999 angelegt worden sind, gilt § 13 Abs. 1 und 2 dieses Gesetzes in der Fassung der Bekanntmachung vom 4. März 1994 (BGBl. I S. 406).

(7)[2] § 13 Abs. 1 Satz 1 und Abs. 2 in der Fassung des Artikels 2 des Gesetzes vom 7. März 2009 (BGBl. I S. 451) ist erstmals für vermögenswirksame Leistungen anzuwenden, die nach dem 31. Dezember 2008 angelegt werden.

(8)[3] § 8 Abs. 5, § 13 Abs. 5 Satz 1 und 2, § 14 Abs. 4 Satz 4 Buchstabe b und § 15 Abs. 1 Nr. 3 in der Fassung des Artikels 7 des Gesetzes vom 29. Juli 2008 (BGBl. I S. 1509) sind erstmals für vermögenswirksame Leistungen anzuwenden, die nach dem 31. Dezember 2008 angelegt werden.

(9)[4] § 4 Abs. 4 Nr. 4 und § 13 Abs. 5 Satz 3 Nr. 3 in der Fassung des Artikels 1 des Gesetzes vom 8. Dezember 2008 (BGBl. I S. 2373) ist erstmals bei Verfügungen nach dem 31. Dezember 2008 anzuwenden.

(10)[5] § 14 Absatz 4 Satz 2 in der Fassung des Artikels 12 des Gesetzes vom 16. Juli 2009 (BGBl. I S. 1959) ist erstmals für vermögenswirksame Leistungen anzuwenden, die nach dem 31. Dezember 2006 angelegt werden, und in Fällen, in denen am 22. Juli 2009 über einen Antrag auf Arbeitnehmer-Sparzulage noch nicht bestandskräftig entschieden ist.

(11)[6] § 13 Absatz 1 Satz 2 in der Fassung des Artikels 10 des Gesetzes vom 8. Dezember 2010 (BGBl. I S. 1768) ist erstmals für vermögenswirksame Leistungen anzuwenden, die nach dem 31. Dezember 2008 angelegt werden.

(12)[7] § 2 Absatz 1 Nummer 5 in der Fassung des Artikels 13 des Gesetzes vom 7. Dezember 2011 (BGBl. I S. 2592) ist erstmals für vermögenswirksame Leistungen anzuwenden, die nach dem 31. Dezember 2011 angelegt werden.

(13)[8] [1] § 3 Absatz 1 Satz 1 Nummer 1 in der Fassung des Artikels 18 des Gesetzes vom 26. Juni 2013 (BGBl. I S. 1809) ist erstmals für vermögenswirksame Leistungen anzuwenden, die nach dem 31. Dezember 2012 angelegt werden. [2] § 4 Absatz 4 Nummer 1, 2 und 4 sowie § 8 Absatz 5 Satz 1 in der Fassung des Artikels 18 des Gesetzes vom 26. Juni 2013 (BGBl. I S. 1809) sind erstmals bei Verfügungen nach dem 31. Dezember 2012 anzuwenden.

(14)[8] [1] Das Bundesministerium der Finanzen teilt den Zeitpunkt der erstmaligen Anwendung der §§ 13 und 14 Absatz 4 sowie des § 15 in der Fassung des Artikels 18 des Gesetzes vom 26. Juni 2013 (BGBl. I S. 1809) durch ein im Bundessteuerblatt zu veröffentlichendes Schreiben mit. [2] Bis zu diesem Zeitpunkt sind die §§ 13 und 14 Absatz 4 sowie der § 15 in der Fassung des Artikels 13 des Gesetzes vom 7. Dezember 2011 (BGBl. I S. 2592) weiter anzuwenden.

---

[1] § 17 Abs. 6 angef. durch G v. 7. 9. 1998 (BGBl. I S. 2647).
[2] § 17 Abs. 7 neu gef. durch G v. 7. 3. 2009 (BGBl. I S. 451).
[3] § 17 Abs. 8 angef. durch G v. 29. 7. 2008 (BGBl. I S. 1509).
[4] § 17 Abs. 9 angef. durch G v. 8. 12. 2008 (BGBl. I S. 2373).
[5] § 17 Abs. 10 angef. durch G v. 16. 7. 2009 (BGBl. I S. 1959).
[6] § 17 Abs. 11 angef. durch G v. 8. 12. 2010 (BGBl. I S. 1768).
[7] § 17 Abs. 12 angef. durch G v. 7. 12. 2011 (BGBl. I S. 2592).
[8] § 17 Abs. 13 und 14 angef. durch G v. 26. 6. 2013 (BGBl. I S. 1809).

(15)[1] [1]§ 2 Absatz 1 Nummer 1 in der Fassung des Artikels 5 des Gesetzes vom 18. Dezember 2013 (BGBl. I S. 4318) ist erstmals für vermögenswirksame Leistungen anzuwenden, die nach dem 31. Dezember 2013 angelegt werden. [2]§ 4 Absatz 4 Nummer 4 in der Fassung des Artikels 5 des Gesetzes vom 18. Dezember 2013 (BGBl. I S. 4318) ist erstmals bei Verfügungen nach dem 31. Dezember 2013 anzuwenden.

§ 18 Kündigung eines vor 1994 abgeschlossenen Anlagevertrags und der Mitgliedschaft in einer Genossenschaft oder Gesellschaft mit beschränkter Haftung. (1) Hat sich der Arbeitnehmer in einem Vertrag im Sinne des § 17 Abs. 3 verpflichtet, auch nach dem 31. Dezember 1994 vermögenswirksame Leistungen überweisen zu lassen oder andere Beträge zu zahlen, so kann er den Vertrag bis zum 30. September 1994 auf den 31. Dezember 1994 mit der Wirkung schriftlich kündigen, daß auf Grund dieses Vertrags vermögenswirksame Leistungen oder andere Beträge nach dem 31. Dezember 1994 nicht mehr zu zahlen sind.

(2) [1]Ist der Arbeitnehmer im Zusammenhang mit dem Abschluß eines Vertrags im Sinne des § 17 Abs. 3 Nr. 2 Mitglied in einer Genossenschaft geworden, so kann er die Mitgliedschaft bis zum 30. September 1994 auf den 31. Dezember 1994 mit der Wirkung schriftlich kündigen, daß nach diesem Zeitpunkt die Verpflichtung, Einzahlungen auf einen Geschäftsanteil zu leisten und ein Eintrittsgeld zu zahlen, entfällt. [2]Weitergehende Rechte des Arbeitnehmers nach dem Statut der Genossenschaft bleiben unberührt. [3]Der ausgeschiedene Arbeitnehmer kann die Auszahlung des Auseinandersetzungsguthabens, die Genossenschaft kann die Zahlung eines den ausgeschiedenen Arbeitnehmer treffenden Anteils an einem Fehlbetrag zum 1. Januar 1998 verlangen.

(3) [1]Ist der Arbeitnehmer im Zusammenhang mit dem Abschluß eines Vertrags im Sinne des § 17 Abs. 3 Nr. 3 Gesellschafter einer Gesellschaft mit beschränkter Haftung geworden, so kann er die Mitgliedschaft bis zum 30. September 1994 auf den 31. Dezember 1994 schriftlich kündigen. [2]Weitergehende Rechte des Arbeitnehmers nach dem Gesellschaftsvertrag bleiben unberührt. [3]Der zum Austritt berechtigte Arbeitnehmer kann von der Gesellschaft als Abfindung den Verkehrswert seines Geschäftsanteils verlangen; maßgebend ist der Verkehrswert im Zeitpunkt des Zugangs der Kündigungserklärung. [4]Der Arbeitnehmer kann die Abfindung nur verlangen, wenn die Gesellschaft sie ohne Verstoß gegen § 30 Abs. 1 des Gesetzes betreffend die Gesellschaften mit beschränkter Haftung zahlen kann. [5]Hat die Gesellschaft die Abfindung bezahlt, so stehen dem Arbeitnehmer aus seinem Geschäftsanteil keine Rechte mehr zu. [6]Kann die Gesellschaft bis zum 31. Dezember 1996 die Abfindung nicht gemäß Satz 4 zahlen, so ist sie auf Antrag des zum Austritt berechtigten Arbeitnehmers aufzulösen. [7]§ 61 Abs. 1, Abs. 2 Satz 1 und Abs. 3 des Gesetzes betreffend die Gesellschaften mit beschränkter Haftung gilt im übrigen entsprechend.

(4) Werden auf Grund der Kündigung nach Absatz 1, 2 oder 3 Leistungen nicht erbracht, so hat der Arbeitnehmer dies nicht zu vertreten.

---

[1] § 17 Abs. 15 angef. durch G v. 18. 12. 2013 (BGBl. I S. 4318).

(5) [1] Hat der Arbeitnehmer nach Absatz 1 einen Vertrag im Sinne des § 17 Abs. 3 Nr. 2 oder nach Absatz 2 die Mitgliedschaft in einer Genossenschaft gekündigt, so gelten beide Kündigungen als erklärt, wenn der Arbeitnehmer dies nicht ausdrücklich ausgeschlossen hat. [2] Entsprechendes gilt, wenn der Arbeitnehmer nach Absatz 1 einen Vertrag im Sinne des § 17 Abs. 3 Nr. 3 oder nach Absatz 3 die Mitgliedschaft in einer Gesellschaft mit beschränkter Haftung gekündigt hat.

(6) Macht der Arbeitnehmer von seinem Kündigungsrecht nach Absatz 1 keinen Gebrauch, so gilt die Verpflichtung, vermögenswirksame Leistungen überweisen zu lassen, nach dem 31. Dezember 1994 als Verpflichtung, andere Beträge in entsprechender Höhe zu zahlen.

24 5. VermBG

24a. Verordnung zur Durchführung des Fünften Vermögensbildungsgesetzes (VermBDV 1994)[1)]

Vom 20. Dezember 1994 (BGBl. I S. 3904)

Geändert durch Steuer-Euroglättungsgesetz vom 19. 12. 2000 (BGBl. I S. 1790), Investmentänderungsgesetz vom 21. 12. 2007 (BGBl. I S. 3089), Eigenheimrentengesetz vom 29. 7. 2008 (BGBl. I S. 1509), Steuerbürokratieabbaugesetz vom 20. 12. 2008 (BGBl. I S. 2850), Amtshilferichtlinie-Umsetzungsgesetz (AmtshilfeRLUmsG) vom 26. 6. 2013 (BGBl. I S. 1809), Gesetz zur Anpassung des Investmentsteuergesetzes und anderer Gesetze an das AIFM-Umsetzungsgesetz (AIFM-Steuer-Anpassungsgesetz – AIFM-StAnpG) vom 18. 12. 2013 (BGBl. I S. 4318), Gesetz zur Anpassung steuerlicher Regelungen an die Rechtsprechung des Bundesverfassungsgerichts vom 18. 7. 2014 (BGBl. I S. 1042) und Verordnung zur Änderung steuerlicher Verordnungen und weiterer Vorschriften vom 22. 12. 2014 (BGBl. I S. 2392)

BGBl. III/FNA 800-9-3-3

Auf Grund des § 14 Abs. 5 und des § 15 Abs. 2 des Fünften Vermögensbildungsgesetzes in der Fassung der Bekanntmachung vom 4. März 1994 (BGBl. I S. 406) verordnet die Bundesregierung und auf Grund des § 156 Abs. 1 der Abgabenordnung vom 16. März 1976 (BGBl. I S. 613), der durch Artikel 26 des Gesetzes vom 21. Dezember 1993 (BGBl. I S. 2310) geändert worden ist, verordnet das Bundesministerium der Finanzen:

§ 1 Verfahren. Auf das Verfahren bei der Festsetzung, Auszahlung und Rückzahlung der Arbeitnehmer-Sparzulage sind neben den in § 14 Abs. 2 des Gesetzes bezeichneten Vorschriften die für die Einkommensteuer und Lohnsteuer geltenden Regelungen sinngemäß anzuwenden, soweit sich aus den nachstehenden Vorschriften nichts anderes ergibt.

§ 2 Mitteilungspflichten des Arbeitgebers, des Kreditinstituts oder des Unternehmens. (1) Der Arbeitgeber hat bei Überweisung vermögenswirksamer Leistungen im Dezember und Januar eines Kalenderjahres dem Kreditinstitut oder dem Unternehmen, bei dem die vermögenswirksamen Leistungen angelegt werden, das Kalenderjahr mitzuteilen, dem die vermögenswirksamen Leistungen zuzuordnen sind.

(2) [1] Werden bei einer Anlage nach § 2 Abs. 1 Nr. 4 des Gesetzes oder § 17 Abs. 5 Satz 1 Nr. 1 des Fünften Vermögensbildungsgesetzes in der Fassung der Bekanntmachung vom 19. Januar 1989 (BGBl. I S. 137)

1. Wohnbau-Sparverträge in Baufinanzierungsverträge umgewandelt (§ 12 Abs. 1 Nr. 2 der Verordnung zur Durchführung des Wohnungsbau-Prämiengesetzes in der Fassung der Bekanntmachung vom 29. Juni 1994, BGBl. I S. 1446),
2. Baufinanzierungsverträge in Wohnbau-Sparverträge umgewandelt (§ 18 Abs. 1 Nr. 2 der Verordnung zur Durchführung des Wohnungsbau-Prämien-

---

1) § 8 ist auf vermögenswirksame Leistungen, über die nach dem 31. 12. 1994 vorzeitig verfügt worden ist, anzuwenden. Im übrigen ist diese VO auf vermögenswirksame Leistungen, die nach dem 31. 12. 1993 angelegt werden, anzuwenden (§ 10).

gesetzes in der Fassung der Bekanntmachung vom 29. Juni 1994, BGBl. I S. 1446) oder

3.[1)] Sparbeiträge auf einen von dem Arbeitnehmer oder seinem Ehegatten [***ab 24. 7. 2014:*** oder Lebenspartner] abgeschlossenen Bausparvertrag überwiesen (§ 4 Abs. 3 Nr. 7 des Fünften Vermögensbildungsgesetzes in der Fassung der Bekanntmachung vom 19. Februar 1987, BGBl. I S. 630),

so hat das Kreditinstitut oder Unternehmen, bei dem die vermögenswirksamen Leistungen angelegt worden sind, dem neuen Kreditinstitut oder Unternehmen den Betrag der vermögenswirksamen Leistungen, das Kalenderjahr, dem sie zuzuordnen sind, das Ende der Sperrfrist, seinen Institutsschlüssel *(§ 5 Abs. 2)* [***neue Fassung:*** gemäß § 5 Absatz 1][2)] und die bisherige Vertragsnummer des Arbeitnehmers unverzüglich schriftlich mitzuteilen. [2]Das neue Kreditinstitut oder Unternehmen hat die Angaben aufzuzeichnen.

(3) [1]Das Kreditinstitut oder die *Kapitalanlagegesellschaft* [***ab 24. 12. 2013:*** Kapitalverwaltungsgesellschaft][3)], bei dem vermögenswirksame Leistungen auf Grund eines Vertrags im Sinne des § 4 des Gesetzes angelegt werden, hat

1. dem Arbeitgeber, der mit den vermögenswirksamen Leistungen erworbene Wertpapiere verwahrt oder an dessen Unternehmen eine nichtverbriefte Vermögensbeteiligung im Sinne des § 2 Abs. 1 Nr. 1 Buchstabe g bis l des Gesetzes mit den vermögenswirksamen Leistungen begründet oder erworben wird, oder
2. dem Unternehmen, an dem eine nichtverbriefte Vermögensbeteiligung im Sinne des § 2 Abs. 1 Nr. 1 Buchstabe g bis l des Gesetzes mit den vermögenswirksamen Leistungen begründet oder erworben wird,

das Ende der für die vermögenswirksamen Leistungen geltenden Sperrfrist unverzüglich schriftlich mitzuteilen. [2]Wenn über die verbrieften oder nichtverbrieften Vermögensbeteiligungen vor Ablauf der Sperrfrist verfügt worden ist, hat dies der Arbeitgeber oder das Unternehmen dem Kreditinstitut oder der *Kapitalanlagegesellschaft* [***ab 24. 12. 2013:*** Kapitalverwaltungsgesellschaft][3)] unverzüglich mitzuteilen.

(4) [1]Der Arbeitgeber, bei dem vermögenswirksame Leistungen auf Grund eines Vertrags im Sinne des § 5 des Gesetzes angelegt werden, hat dem vom Arbeitnehmer benannten Kreditinstitut, das die erworbenen Wertpapiere verwahrt, oder der vom Arbeitnehmer benannten *Kapitalanlagegesellschaft* [***ab 24. 12. 2013:*** Kapitalverwaltungsgesellschaft][3)], die die erworbenen Wertpapiere verwahrt, das Ende der für die vermögenswirksamen Leistungen geltenden Sperrfrist unverzüglich schriftlich mitzuteilen. [2]Wenn über die Wertpapiere vor Ablauf der Sperrfrist verfügt worden ist, hat dies das Kreditinstitut oder die *Kapitalanlagegesellschaft* [***ab 24. 12. 2013:*** Kapitalverwaltungsgesellschaft][3)] dem Arbeitgeber unverzüglich mitzuteilen.

[1)] § 2 Abs. 2 Satz 1 Nr. 3 geänd. mWv 24. 7. 2014 durch G v. 18. 7. 2014 (BGBl. I S. 1042).

[2)] § 2 Abs. 2 Satz 1 geänd. durch G v. 26. 6. 2013 (BGBl. I S. 1809); zur Anwendung siehe § 11 Abs. 1 Sätze 2 und 3.

[3)] Bezeichnung geänd. mWv 24. 12. 2013 durch G v. 18. 12. 2013 (BGBl. I S. 4318).

§ 3 Aufzeichnungspflichten des Beteiligungsunternehmens.

(1) [1]Das Unternehmen, an dem eine nichtverbriefte Vermögensbeteiligung im Sinne des § 2 Abs. 1 Nr. 1 Buchstabe g bis l des Gesetzes auf Grund eines Vertrags im Sinne des § 6 Abs. 2 oder des § 7 Abs. 2 des Gesetzes mit vermögenswirksamen Leistungen begründet oder erworben wird, hat den Betrag der vermögenswirksamen Leistungen und das Kalenderjahr, dem sie zuzuordnen sind, sowie das Ende der Sperrfrist aufzuzeichnen. [2]Bei Verträgen im Sinne des § 4 des Gesetzes genügt die Aufzeichnung des Endes der Sperrfrist.

(2) Zu den Aufzeichnungen nach Absatz 1 Satz 1 ist auch der Arbeitgeber verpflichtet, an dessen Unternehmen eine nichtverbriefte Vermögensbeteiligung im Sinne des § 2 Abs. 1 Nr. 1 Buchstabe g bis l des Gesetzes auf Grund eines Vertrags im Sinne des § 6 Abs. 1 oder des § 7 Abs. 1 des Gesetzes mit vermögenswirksamen Leistungen begründet oder erworben wird.

§ 4 Festlegung von Wertpapieren. (1) Wertpapiere, die auf Grund eines Vertrags im Sinne des § 4 des Gesetzes mit vermögenswirksamen Leistungen erworben werden, sind auf den Namen des Arbeitnehmers dadurch festzulegen, daß sie für die Dauer der Sperrfrist wie folgt in Verwahrung gegeben werden:

1. [1]Erwirbt der Arbeitnehmer Einzelurkunden, so müssen diese in das Depot bei dem Kreditinstitut oder der *Kapitalanlagegesellschaft* [***ab 24. 12. 2013:*** Kapitalverwaltungsgesellschaft][1)] gegeben werden, mit dem er den Sparvertrag abgeschlossen hat. [2]Das Kreditinstitut oder die *Kapitalanlagegesellschaft* [***ab 24. 12. 2013:*** Kapitalverwaltungsgesellschaft][1)] muß in den Depotbüchern einen Sperrvermerk für die Dauer der Sperrfrist anbringen. [3]Bei Drittverwahrung genügt ein Sperrvermerk im Kundenkonto beim erstverwahrenden Kreditinstitut oder bei der erstverwahrenden *Kapitalanlagegesellschaft* [***ab 24. 12. 2013:*** Kapitalverwaltungsgesellschaft][1)].
2. Erwirbt der Arbeitnehmer Anteile an einem Sammelbestand von Wertpapieren oder werden Wertpapiere bei einer Wertpapiersammelbank in Sammelverwahrung gegeben, so muß das Kreditinstitut oder die *Kapitalanlagegesellschaft* [***ab 24. 12. 2013:*** Kapitalverwaltungsgesellschaft][1)] einen Sperrvermerk in das Depotkonto eintragen.

(2) [1]Wertpapiere nach Absatz 1 Satz 1,

1. die eine Vermögensbeteiligung an Unternehmen des Arbeitgebers oder eine gleichgestellte Vermögensbeteiligung (§ 2 Abs. 2 Satz 1 des Gesetzes) verbriefen oder
2. die der Arbeitnehmer vom Arbeitgeber erwirbt,

können auch vom Arbeitgeber verwahrt werden. [2]Der Arbeitgeber hat die Verwahrung sowie das Ende der Sperrfrist aufzuzeichnen.

(3) [1]Wertpapiere, die auf Grund eines Vertrags im Sinne des § 5 des Gesetzes erworben werden, sind festzulegen durch Verwahrung

---

[1)] Bezeichnung geänd. mWv 24. 12. 2013 durch G v. 18. 12. 2013 (BGBl. I S. 4318).

1. beim Arbeitgeber oder
2. im Auftrag des Arbeitgebers bei einem Dritten oder
3. bei einem vom Arbeitnehmer benannten inländischen Kreditinstitut oder bei einer vom Arbeitnehmer benannten inländischen *Kapitalanlagegesellschaft* [***ab 24. 12. 2013:*** Kapitalverwaltungsgesellschaft][1].

[2]In den Fällen der Nummern 1 und 2 hat der Arbeitgeber die Verwahrung, den Betrag der vermögenswirksamen Leistungen, das Kalenderjahr, dem sie zuzuordnen sind, und das Ende der Sperrfrist aufzuzeichnen. [3]Im Falle der Nummer 3 hat das Kreditinstitut oder die *Kapitalanlagegesellschaft* [***ab 24. 12. 2013:*** Kapitalverwaltungsgesellschaft][1] das Ende der Sperrfrist aufzuzeichnen.

(4) Bei einer Verwahrung durch ein Kreditinstitut oder eine *Kapitalanlagegesellschaft* [***ab 24. 12. 2013:*** Kapitalverwaltungsgesellschaft][1] hat der Arbeitnehmer innerhalb von drei Monaten nach dem Erwerb der Wertpapiere dem Arbeitgeber eine Bescheinigung des Kreditinstituts oder der *Kapitalanlagegesellschaft* [***ab 24. 12. 2013:*** Kapitalverwaltungsgesellschaft][1] darüber vorzulegen, daß die Wertpapiere entsprechend Absatz 1 in Verwahrung genommen worden sind.

§ 5[2] ***Bescheinigung vermögenswirksamer Leistungen*** **[*neue Fassung:* Elektronische Vermögensbildungsbescheinigung].** (1) [1]*Die Bescheinigung nach § 15 Abs. 1 des Gesetzes ist nach amtlich vorgeschriebenem Vordruck zu erteilen.* [2]*Vermögenswirksame Leistungen, die nach dem 31. Dezember 1994 angelegt werden, sind nach amtlich vorgeschriebenem datenerfassungsgerechten Vordruck zu bescheinigen.*

(1) [1]Das Kreditinstitut, das Unternehmen oder der Arbeitgeber, bei dem vermögenswirksame Leistungen nach § 2 Abs. 1 Nr. 1 bis 4, Abs. 2 bis 4 des Gesetzes oder nach § 17 Abs. 5 Satz 1 des Fünften Vemögensbildungsgesetzes in der am 19. Januar 1989 geltenden Fassung (BGBl. I S. 137) angelegt werden, hat in der *Bescheinigung* [***neue Fassung:*** elektronischen Vermögensbildungsbescheinigung] seinen Institutsschlüssel und die Vertragsnummer des Arbeitnehmers anzugeben; dies gilt nicht für Anlagen nach § 2 Abs. 1 Nr. 4 des Gesetzes in Verbindung mit § 2 Abs. 1 Nr. 2 des Wohnungsbau-Prämiengesetzes. [2]Der Institutsschlüssel ist bei der Zentralstelle der Länder anzufordern. [3]Bei der Anforderung sind anzugeben

1. Name und Anschrift des anfordernden Kreditinstituts, Unternehmens oder Arbeitgebers,
2. Bankverbindung für die Überweisung der Arbeitnehmer-Sparzulagen,
3. Lieferanschrift für die Übersendung von Datenträgern.

[4]Die Vertragsnummer darf keine Sonderzeichen enthalten.

(2) Der Arbeitgeber oder das Unternehmen, bei dem vermögenswirksame Leistungen nach § 2 Abs. 1 Nr. 2 und 3, Abs. 2 bis 4 des Gesetzes angelegt

---

[1] Bezeichnung geänd. mWv 24. 12. 2013 durch G v. 18. 12. 2013 (BGBl. I S. 4318).

[2] § 5 Überschr. neu gef., Abs. 1 aufgeh., bish. Abs. 2 bis 5 werden Abs. 1 bis 4, neuer Abs. 1 Satz 1, Abs. 3 Satz 1 und Abs. 4 geänd. durch G v. 26. 6. 2013 (BGBl. I S. 1809); zur Anwendung siehe § 11 Abs. 1 Sätze 2 und 3.

werden, hat in der *Bescheinigung für vermögenswirksame Leistungen* [***neue Fassung:*** elektronischen Vermögensbildungsbescheinigung], die noch nicht zum Erwerb von Wertpapieren oder zur Begründung von Rechten verwendet worden sind, als Ende der Sperrfrist den 31. Dezember des sechsten Kalenderjahres nach dem Kalenderjahr anzugeben, dem die vermögenswirksamen Leistungen zuzuordnen sind.

(3)[1] [1]In der *Bescheinigung* [***neue Fassung:*** elektronischen Vermögensbildungsbescheinigung] über vermögenswirksame Leistungen, die nach § 2 Absatz 1 Nummer 1 oder Nummer 4 des Gesetzes oder nach § 17 Absatz 5 Satz 1 des Gesetzes in der am 19. Januar 1989 geltenden Fassung bei Kreditinstituten, *Kapitalanlagegesellschaften* [***ab 24. 12. 2013:*** Kapitalverwaltungsgesellschaften][2] oder Versicherungsunternehmen angelegt worden sind, ist bei einer unschädlichen vorzeitigen Verfügung als Ende der Sperrfrist der Zeitpunkt dieser Verfügung anzugeben. [2]Dies gilt bei Zuteilung eines Bausparvertrags entsprechend.

(4) Bei einer schädlichen vorzeitigen Verfügung über vermögenswirksame Leistungen, die nach § 2 Abs. 1 Nr. 1 oder 4 des Gesetzes oder nach § 17 Abs. 5 Satz 1 des Fünften Vermögensbildungsgesetzes in der am 19. Januar 1989 geltenden Fassung (BGBl. I S. 137) bei Kreditinstituten, *Kapitalanlagegesellschaften* [***ab 24. 12. 2013:*** Kapitalverwaltungsgesellschaften][2] oder Versicherungsunternehmen angelegt worden sind, darf eine *Bescheinigung* [***neue Fassung:*** elektronische Vermögensbildungsbescheinigung] nicht erteilt werden.

§ 6 Festsetzung der Arbeitnehmer-Sparzulage, Mitteilungspflichten der Finanzämter. (1) [1]Die Festsetzung der Arbeitnehmer-Sparzulage ist regelmäßig mit der Einkommensteuererklärung zu beantragen. [2]Die festzusetzende Arbeitnehmer-Sparzulage ist auf den nächsten vollen Euro-Betrag[3] aufzurunden. [3]Sind für den Arbeitnehmer die vermögenswirksamen Leistungen eines Kalenderjahres auf mehr als einem der in § 2 Abs. 1 Nr. 1 bis 5 des Gesetzes und der in § 17 Abs. 5 Satz 1 des Fünften Vermögensbildungsgesetzes in der am 19. Januar 1989 geltenden Fassung (BGBl. I S. 137) bezeichneten Anlageverträge angelegt worden, so gilt die Aufrundung für jeden Vertrag.

(2) [1]Festgesetzte, noch nicht fällige Arbeitnehmer-Sparzulagen sind der Zentralstelle der Länder zur Aufzeichnung der für ihre Auszahlung notwendigen Daten mitzuteilen. [2]Das gilt auch für die Änderung festgesetzter Arbeitnehmer-Sparzulagen sowie in den Fällen, in denen festgesetzte Arbeitnehmer-Sparzulagen nach Auswertung einer Anzeige über die teilweise schädliche vorzeitige Verfügung (§ 8 Abs. 4 Satz 2) unberührt bleiben.

(3) Werden bei einer Anlage nach § 2 Abs. 1 Nr. 1 bis 4, Abs. 2 bis 4 des Gesetzes oder nach § 17 Abs. 5 Satz 1 des Fünften Vermögensbildungsgesetzes in der am 19. Januar 1989 geltenden Fassung (BGBl. I S. 137) vor Ablauf der Sperrfrist teilweise Beträge zurückgezahlt, Ansprüche aus dem Vertrag abgetre-

[1] § 5 Abs. 3 Satz 1 geänd. durch VO v. 22. 12. 2014 (BGBl. I S. 2392).
[2] Bezeichnung geänd. mWv 24. 12. 2013 durch G v. 18. 12. 2013 (BGBl. I S. 4318).
[3] Bezeichnung geänd. mWv 1. 1. 2002 durch G v. 19. 12. 2000 (BGBl. I S. 1790).

ten oder beliehen, die Bauspar- oder Versicherungssumme ausgezahlt, die Festlegung aufgehoben oder Spitzenbeträge nach § 4 Abs. 3 des Gesetzes oder des § 5 Abs. 3 des Fünften Vermögensbildungsgesetzes in der am 19. Februar 1987 geltenden Fassung (BGBl. I S. 630) von mehr als 150 Euro[1)] nicht rechtzeitig verwendet, so gelten für die Festsetzung oder Neufestsetzung der Arbeitnehmer-Sparzulage die Beträge in folgender Reihenfolge als zurückgezahlt:

1. Beträge, die keine vermögenswirksamen Leistungen sind,
2. vermögenswirksame Leistungen, für die keine Arbeitnehmer-Sparzulage festgesetzt worden ist,
3. vermögenswirksame Leistungen, für die eine Arbeitnehmer-Sparzulage festgesetzt worden ist.

(4) [1] In den Fällen des § 4 Abs. 4 Nr. 6 des Gesetzes oder des § 5 Abs. 4 des Fünften Vermögensbildungsgesetzes in der am 19. Februar 1987 geltenden Fassung (BGBl. I S. 630) gilt für die Festsetzung oder Neufestsetzung der Arbeitnehmer-Sparzulage der nicht wiederverwendete Erlös, wenn er 150 Euro[1)] übersteigt, in folgender Reihenfolge als zurückgezahlt:

1. Beträge, die keine vermögenswirksamen Leistungen sind,
2. vermögenswirksame Leistungen, für die keine Arbeitnehmer-Sparzulage festgesetzt worden ist,
3. vermögenswirksame Leistungen, für die eine Arbeitnehmer-Sparzulage festgesetzt worden ist.

[2] Maßgebend sind die bis zum Ablauf des Kalenderjahres, das dem Kalenderjahr der Veräußerung vorangeht, angelegten Beträge.

§ 7 Auszahlung der Arbeitnehmer-Sparzulage. (1) Die festgesetzte Arbeitnehmer-Sparzulage ist vom Finanzamt an den Arbeitnehmer auszuzahlen

1. bei einer Anlage nach § 2 Abs. 1 Nr. 4 des Gesetzes in Verbindung mit § 2 Abs. 1 Nr. 2 des Wohnungsbau-Prämiengesetzes sowie bei einer Anlage nach § 2 Abs. 1 Nr. 5 des Gesetzes;
2.[2)] bei einer Anlage nach § 2 Abs. 1 Nr. 1 bis 4, Abs. 2 bis 4 des Gesetzes oder nach § 17 Abs. 5 Satz 1 des Gesetzes in der am 1. Januar 1989 geltenden Fassung, wenn im Zeitpunkt der Bekanntgabe des Bescheids über die Festsetzung der Arbeitnehmer-Sparzulage die für die Anlageform vorgeschriebene Sperrfrist oder die im Wohnungsbau-Prämiengesetz oder in der Verordnung zur Durchführung des Wohnungsbau-Prämiengesetzes in der Fassung der Bekanntmachung vom 29. Juni 1994 (BGBl. I S. 1446) genannten Sperr- und Rückzahlungsfristen abgelaufen sind. [2] Bei Bausparverträgen gelten die in § 2 Abs. 3 Satz 1 des Wohnungsbau-Prämiengesetzes genannten Sperr- und Rückzahlungsfristen unabhängig davon, ob der Vertrag vor dem 1. Januar 2009 oder nach dem 31. Dezember 2008 abgeschlossen worden ist;

[1)] Betrag geänd. mWv 1. 1. 2002 durch G v. 19. 12. 2000 (BGBl. I S. 1790).

[2)] § 7 Abs. 1 Nr. 2 Satz 1 geänd., Satz 2 angef. durch G v. 29. 7. 2008 (BGBl. I S. 1509); zur erstmaligen Anwendung siehe § 11 Abs. 1.

3.[1] in den Fällen des § 5 *Abs. 4* [***neue Fassung:*** Absatz 3];

4. bei einer Anlage nach § 2 Abs. 1 Nr. 2 und 3 des Gesetzes, wenn eine unschädliche vorzeitige Verfügung vorliegt.

(2) [1]Die bei der Zentralstelle der Länder aufgezeichneten Arbeitnehmer-Sparzulagen für Anlagen nach § 2 Abs. 1 Nr. 1 bis 4, Abs. 2 bis 4 des Gesetzes oder nach § 17 Abs. 5 Satz 1 des Fünften Vermögensbildungsgesetzes in der am 19. Januar 1989 geltenden Fassung (BGBl. I S. 137) sind dem Kreditinstitut, dem Unternehmen oder dem Arbeitgeber, bei dem die vermögenswirksamen Leistungen angelegt worden sind, zugunsten des Arbeitnehmers zu überweisen. [2]Die Überweisung ist in den Fällen des § 14 Abs. 4 Satz 4 Buchstabe c und d des Gesetzes bis zum Ende des Kalendermonats vorzunehmen, der auf den Kalendermonat folgt, in dem die Zuteilung oder die unschädliche vorzeitige Verfügung angezeigt worden ist.

§ 8 Anzeigepflichten des Kreditinstituts, des Unternehmens oder des Arbeitgebers. (1) Der Zentralstelle der Länder ist anzuzeigen

1. von dem Kreditinstitut, der *Kapitalanlagegesellschaft* [***ab 24. 12. 2013:*** Kapitalverwaltungsgesellschaft][2] oder dem Versicherungsunternehmen, das bei ihm nach § 2 Abs. 1 Nr. 1 oder 4 des Gesetzes oder § 17 Abs. 5 Satz 1 des Fünften Vermögensbildungsgesetzes in der am 19. Januar 1989 geltenden Fassung (BGBl. I S. 137) angelegte vermögenswirksame Leistungen nach § 15 Abs. 1 des Gesetzes bescheinigt hat, wenn vor Ablauf der Sperrfrist
   a) vermögenswirksame Leistungen zurückgezahlt werden,
   b) über Ansprüche aus einem Vertrag im Sinne des § 4 des Gesetzes, einem Bausparvertrag oder einem Vertrag nach § 17 Abs. 5 Satz 1 des Fünften Vermögensbildungsgesetzes in der am 19. Januar 1989 geltenden Fassung (BGBl. I S. 137) durch Rückzahlung, Abtretung, Beleihung oder in anderer Weise verfügt wird,
   c) die Festlegung erworbener Wertpapiere aufgehoben oder über solche Wertpapiere verfügt wird,
   d) der Bausparvertrag zugeteilt oder die Bausparsumme ausgezahlt wird oder
   e) die Versicherungssumme ausgezahlt oder der Versicherungsvertrag in einen Vertrag umgewandelt wird, der die Voraussetzungen des in § 17 Abs. 5 Satz 1 Nr. 3 des Fünften Vermögensbildungsgesetzes in der am 19. Januar 1989 geltenden Fassung (BGBl. I S. 137) bezeichneten Vertrags nicht erfüllt;
2. von dem Kreditinstitut oder der *Kapitalanlagegesellschaft* [***ab 24. 12. 2013:*** Kapitalverwaltungsgesellschaft][1], bei dem vermögenswirksame Leistungen nach § 4 des Gesetzes oder § 17 Abs. 5 Satz 1 Nr. 2 des Fünften Vermögensbildungsgesetzes in der am 19. Januar 1989 geltenden Fassung (BGBl. I

---

[1] § 7 Abs. 1 Nr. 3 Verweis geänd. durch G v. 26. 6. 2013 (BGBl. I S. 1809); zur Anwendung siehe § 11 Abs. 1 Sätze 2 und 3.

[2] § 8 Abs. 1 Nrn. 1 und 2 ergänzt durch G v. 21. 12. 2007 (BGBl. I S. 3089); Bezeichnung geänd. mWv 24. 12. 2013 durch G v. 18. 12. 2013 (BGBl. I S. 4318).

S. 137) angelegt worden sind, wenn Spitzenbeträge nach § 4 Abs. 3 oder Abs. 4 Nr. 6 des Gesetzes oder § 5 Abs. 3 oder 4 des Fünften Vermögensbildungsgesetzes in der am 19. Februar 1987 geltenden Fassung (BGBl. I S. 630) von mehr als 150 Euro[1)] nicht rechtzeitig verwendet oder wiederverwendet worden sind;

3. von dem Kreditinstitut oder der *Kapitalanlagegesellschaft* [***ab 24. 12. 2013:*** Kapitalverwaltungsgesellschaft][2)], dem nach § 2 Abs. 3 Satz 2 mitgeteilt worden ist, daß über verbriefte oder nichtverbriefte Vermögensbeteiligungen vor Ablauf der Sperrfrist verfügt worden ist;
4. von dem Unternehmen oder Arbeitgeber, bei dem eine nichtverbriefte Vermögensbeteiligung nach § 2 Abs. 1 Nr. 1 Buchstabe g bis l des Gesetzes auf Grund eines Vertrags nach § 6 oder § 7 des Gesetzes mit vermögenswirksamen Leistungen begründet oder erworben worden ist, wenn vor Ablauf der Sperrfrist über die Vermögensbeteiligung verfügt wird oder wenn der Arbeitnehmer die Vermögensbeteiligung nicht bis zum Ablauf des Kalenderjahres erhalten hat, das auf das Kalenderjahr der vermögenswirksamen Leistungen folgt;
5. von dem Arbeitgeber, der Wertpapiere nach § 4 Abs. 3 Satz 1 Nr. 1 oder 2 verwahrt oder bei einem Dritten verwahren läßt, wenn vor Ablauf der Sperrfrist die Festlegung von Wertpapieren aufgehoben oder über Wertpapiere verfügt wird oder wenn bei einer Verwahrung nach § 4 Abs. 3 Satz 1 Nr. 3 der Arbeitnehmer die Verwahrungsbescheinigung nach § 4 Abs. 4 nicht rechtzeitig vorlegt;
6. von dem Arbeitgeber, bei dem vermögenswirksame Leistungen auf Grund eines Vertrags im Sinne des § 5 des Gesetzes angelegt werden, wenn ihm die Mitteilung des Kreditinstituts oder der *Kapitalanlagegesellschaft* [***ab 24. 12. 2013:*** Kapitalverwaltungsgesellschaft][2)] nach § 2 Abs. 4 Satz 2 zugegangen ist oder wenn der Arbeitnehmer mit den vermögenswirksamen Leistungen eines Kalenderjahres nicht bis zum Ablauf des folgenden Kalenderjahres die Wertpapiere erworben hat.

(2) [1] Das Kreditinstitut, die *Kapitalanlagegesellschaft* [***ab 24. 12. 2013:*** Kapitalverwaltungsgesellschaft][2)] oder das Versicherungsunternehmen hat in den Anzeigen nach Absatz 1 Nr. 1 bis 3 zu kennzeichnen, ob eine unschädliche, vollständig schädliche oder teilweise schädliche vorzeitige Verfügung vorliegt. [2] Der Betrag, über den schädlich vorzeitig verfügt worden ist, sowie die in den einzelnen Kalenderjahren jeweils angelegten vermögenswirksamen Leistungen sind nur in Anzeigen über teilweise schädliche vorzeitige Verfügungen anzugeben.

(3) Die Anzeigen nach Absatz 1 sind nach amtlich vorgeschriebenem Vordruck oder nach amtlich vorgeschriebenem Datensatz *durch Datenübermittlung auf amtlich vorgeschriebenen maschinell verwertbaren Datenträgern* [***ab 1. 1. 2009:*** durch Datenfernübertragung][3)] für die innerhalb eines Kalendermonats be-

---

1) Betrag geänd. mWv 1. 1. 2002 durch G v. 19. 12. 2000 (BGBl. I S. 1790).

2) § 8 Abs. 1 Nrn. 3 und 6 sowie Abs. 2 Satz 1 ergänzt durch G v. 21. 12. 2007 (BGBl. I S. 3089); Bezeichnung geänd. mWv 24. 12. 2013 durch G v. 18. 12. 2013 (BGBl. I S. 4318).

3) § 8 Abs. 3 geänd. durch G v. 20. 12. 2008 (BGBl. I S. 2850).

kannt gewordenen vorzeitigen Verfügungen der Zentralstelle der Länder jeweils spätestens bis zum 15. Tag des folgenden Kalendermonats zuzuleiten.

(4) [1]Sind bei der Zentralstelle der Länder Arbeitnehmer-Sparzulagen für Fälle aufgezeichnet,

1. die nach Absatz 1 Nr. 4 bis 6 angezeigt werden oder
2. die nach Absatz 1 Nr. 1 bis 3 angezeigt werden, wenn die Anzeigen als vollständig oder teilweise schädliche vorzeitige Verfügung gekennzeichnet sind,

so hat die Zentralstelle die Auszahlung der aufgezeichneten Arbeitnehmer-Sparzulagen zu sperren. [2]Die Zentralstelle hat die Anzeigen um ihre Aufzeichnungen zu ergänzen und zur Auswertung dem Finanzamt zu übermitteln, das nach Kenntnis der Zentralstelle zuletzt eine Arbeitnehmer-Sparzulage für den Arbeitnehmer festgesetzt hat.

§ 9 Rückforderung der Arbeitnehmer-Sparzulage durch das Finanzamt. [1]Das für die Besteuerung des Arbeitnehmers nach dem Einkommen zuständige Finanzamt (§ 19 der Abgabenordnung) hat eine zu Unrecht gezahlte Arbeitnehmer-Sparzulage vom Arbeitnehmer zurückzu-fordern. [2]Die Rückforderung unterbleibt, wenn der zurückzufordernde Betrag fünf Euro[1)] nicht übersteigt.

§ 10 Anwendungszeitraum. [1]§ 8 dieser Verordnung ist auf vermögenswirksame Leistungen, über die nach dem 31. Dezember 1994 vorzeitig verfügt worden ist, anzuwenden. [2]Im übrigen ist diese Verordnung auf vermögenswirksame Leistungen, die nach dem 31. Dezember 1993 angelegt werden, anzuwenden.

§ 11 Inkrafttreten, weiter anzuwendende Vorschriften. (1)[2)] [1]Diese Verordnung in der Fassung des Artikels 14 des Gesetzes vom 20. Dezember 2008 (BGBl. I S. 2850) ist ab 1. Januar 2009 anzuwenden. [2]Das Bundesministerium der Finanzen teilt den Zeitpunkt der erstmaligen Anwendung von § 2 Absatz 2 Satz 1, der §§ 5 und 7 Absatz 1 Nummer 3 in der Fassung des Artikels 19 des Gesetzes vom 26. Juni 2013 (BGBl. I S. 1809) durch ein im Bundessteuerblatt zu veröffentlichendes Schreiben mit. [3]Bis zu diesem Zeitpunkt sind § 2 Absatz 2 Satz 1, die §§ 5 und 7 Absatz 1 Nummer 3 in der Fassung des Artikels 14 des Gesetzes vom 20. Dezember 2008 (BGBl. I S. 2850) weiter anzuwenden.

(2) [1]Die Verordnung zur Durchführung des Fünften Vermögensbildungsgesetzes vom 4. Dezember 1991 (BGBl. I S. 1556), geändert durch Artikel 4 des Gesetzes vom 21. Dezember 1993 (BGBl. I S. 2310), tritt am Tage nach der Verkündung dieser Verordnung außer Kraft. [2]Sie ist auf vermögenswirksame Leistungen, die vor dem 1. Januar 1994 angelegt worden sind, weiter anzuwenden; § 7 ist auch auf vermögenswirksame Leistungen, über die vor dem

---

1) Betrag geänd. mWv 1. 1. 2002 durch G v. 19. 12. 2000 (BGBl. I S. 1790).

2) § 11 Abs. 1 neu gef. durch G v. 20. 12. 2008 (BGBl. I S. 2850); Sätze 2 und 3 angef. durch G v. 26. 6. 2013 (BGBl. I S. 1809).

1. Januar 1995 vorzeitig verfügt worden ist, weiter anzuwenden. [3] Im übrigen ist die Verordnung zur Durchführung des Fünften Vermögensbildungsgesetzes vom 4. Dezember 1991 auf vermögenswirksame Leistungen, die nach dem 31. Dezember 1993 angelegt worden sind, nicht mehr anzuwenden.

52. Wohnungsbau-Prämiengesetz (WoPG 1996)

In der Fassung der Bekanntmachung vom 30. Oktober 1997 (BGBl. I S. 2678)[1)·2)]

Geändert durch Steuer-Euroglättungsgesetz vom 19. 12. 2000 (BGBl. I S. 1790), Steueränderungsgesetz 2001 vom 20. 12. 2001 (BGBl. I S. 3794), Fünftes Gesetz zur Änderung des Steuerbeamten-Ausbildungsgesetzes und zur Änderung von Steuergesetzen vom 23. 7. 2002 (BGBl. I S. 2715), Haushaltsbegleitgesetz 2004 vom 29. 12. 2003 (BGBl. I S. 3076), Eigenheimrentengesetz vom 29. 7. 2008 (BGBl. I S. 1509), Steuerbürokratieabbaugesetz vom 20. 12. 2008 (BGBl. I S. 2850), Jahressteuergesetz 2010 (JStG 2010) vom 8. 12. 2010 (BGBl. I S. 1768), Gesetz zur bestätigenden Regelung verschiedener steuerlicher und verkehrsrechtlicher Vorschriften des Haushaltsbegleitgesetzes 2004 vom 5. 4. 2011 (BGBl. I S. 554) und Gesetz zur Anpassung steuerlicher Regelungen an die Rechtsprechung des Bundesverfassungsgerichts vom 18. 7. 2014 (BGBl.I S. 1042)

BGBl. III/FNA 2330-9

§ 1 Prämienberechtigte. [1]Unbeschränkt einkommensteuerpflichtige Personen im Sinne des § 1 Abs. 1 oder 2 oder Abs. 3 in Verbindung mit Abs. 2 Satz 1 Nr. 1 und 2 des Einkommensteuergesetzes, die das 16. Lebensjahr vollendet haben oder Vollwaisen sind, können für Aufwendungen zur Förderung des Wohnungsbaus eine Prämie erhalten. [2]Voraussetzung ist, daß

1. die Aufwendungen nicht vermögenswirksame Leistungen darstellen, für die Anspruch auf Arbeitnehmer-Sparzulage nach § 13 des Fünften Vermögensbildungsgesetzes besteht, und
2. das maßgebende Einkommen des Prämienberechtigten die Einkommensgrenze (§ 2a) nicht überschritten hat.

§ 2 Prämienbegünstigte Aufwendungen. (1) Als Aufwendungen zur Förderung des Wohnungsbaus im Sinne des § 1 gelten

1. Beiträge an Bausparkassen zur Erlangung von Baudarlehen, soweit die an dieselbe Bausparkasse geleisteten Beiträge im Sparjahr (§ 4 Abs. 1) mindestens 50 Euro[3)] betragen. [2]Voraussetzung ist, daß die Bausparkasse ihren Sitz oder ihre Geschäftsleitung in einem Mitgliedstaat der Europäischen Union hat und ihr die Erlaubnis zum Geschäftsbetrieb im Gebiet der Europäischen Union erteilt ist. [3]Bausparkassen sind Kreditinstitute, deren Geschäftsbetrieb darauf gerichtet ist, Bauspareinlagen entgegenzunehmen und aus den angesammelten Beträgen den Bausparern nach einem auf gleichmäßige Zuteilungsfolge gerichteten Verfahren Baudarlehen für wohnungswirtschaftliche Maßnahmen zu gewähren. [4]Werden Beiträge an Bausparkassen zugunsten eines zertifizierten Altervorsorgevertrages zur Erlangung eines Bauspardar-

---

[1)] Neubekanntmachung des WoPG idF der Bek. v. 30. 7. 1992 (BGBl. I S. 1405) auf Grund des § 9 Abs. 2 WoPG idF der Bek. v. 30. 7. 1992 (BGBl. I S. 1405) in der ab 18. 12. 1996 geltenden Fassung.

Die vorliegende Fassung ist erstmals für das Sparjahr 2009 anzuwenden (§ 10 Abs. 1).

[2)] **Zur Anwendung im Beitrittsgebiet siehe § 10 Abs. 2.**

[3)] Betrag geänd. mWv 1. 1. 2002 durch G v. 19. 12. 2000 (BGBl. I S. 1790).

lehens in einem Sparjahr (§ 4 Abs. 1) vom Anbieter den Altersvorsorgebeiträgen nach § 82 des Einkommensteuergesetzes zugeordnet, handelt es sich bei allen Beiträgen zu diesem Vertrag innerhalb dieses Sparjahres bis zu den in § 10 a Abs. 1 des Einkommensteuergesetzes genannten Höchstbeträgen um Altersvorsorgebeiträge und nicht um prämienbegünstigte Aufwendungen im Sinne der Absätze 2 und 3;[1]

2. Aufwendungen für den ersten Erwerb von Anteilen an Bau- und Wohnungsgenossenschaften;

3.[2] Beiträge auf Grund von Sparverträgen, die auf die Dauer von drei bis sechs Jahren als allgemeine Sparverträge oder als Sparverträge mit festgelegten Sparraten mit einem Kreditinstitut abgeschlossen werden, wenn die eingezahlten Sparbeiträge und die Prämien zum Bau oder Erwerb selbst genutzten Wohneigentums oder zum Erwerb eines eigentumsähnlichen Dauerwohnrechts verwendet werden;

4.[3] Beiträge auf Grund von Verträgen, die mit Wohnungs- und Siedlungsunternehmen nach der Art von Sparverträgen mit festgelegten Sparraten auf die Dauer von drei bis acht Jahren mit dem Zweck einer Kapitalansammlung abgeschlossen werden, wenn die eingezahlten Beiträge und die Prämien zum Bau oder Erwerb selbst genutzten Wohneigentums oder zum Erwerb eines eigentumsähnlichen Dauerwohnrechts verwendet werden. [2]Den Verträgen mit Wohnungs- und Siedlungsunternehmen stehen Verträge mit den am 31. Dezember 1989 als Organe der staatlichen Wohnungspolitik anerkannten Unternehmen gleich, soweit sie die Voraussetzungen nach Satz 1 erfüllen.

[Fassung bis Sparjahr 2008]

(2) [1]Für die Prämienbegünstigung der in Absatz 1 Nr. 1 bezeichneten Aufwendungen ist Voraussetzung, daß vor Ablauf von sieben Jahren seit Vertragsabschluß weder die Bausparsumme ganz oder zum Teil ausgezahlt noch geleistete Beiträge ganz oder zum Teil zurückgezahlt oder Ansprüche aus dem Bausparvertrag abgetreten oder beliehen werden. [2]Unschädlich ist jedoch die vorzeitige Verfügung, wenn

1. die Bausparsumme ausgezahlt oder die Ansprüche aus dem Vertrag beliehen werden und der Bauspa-

[Fassung ab Sparjahr 2009][4]

(2) [1]Für die Prämienbegünstigung der in Absatz 1 Nr. 1 bezeichneten Aufwendungen ist Voraussetzung, dass

1. bei Auszahlung der Bausparsumme oder bei Beleihung der Ansprüche aus dem Vertrag der Bausparer die empfangenen Beträge unverzüglich und unmittelbar zum Wohnungsbau verwendet oder
2. im Fall der Abtretung der Erwerber die Bausparsumme oder die auf Grund einer Beleihung empfangenen Beträge unverzüglich und

---

[1] § 2 Abs. 1 Nr. 1 Satz 4 angef. mit erstmaliger Wirkung für Sparjahr 2008 (§ 10 Abs. 1 Satz 2) durch G v. 29. 7. 2008 (BGBl. I S. 1509).

[2] § 2 Abs. 1 Nr. 3 geänd. durch G v. 23. 7. 2002 (BGBl. I S. 2715).

[3] § 2 Abs. 1 Nr. 4 geänd. durch G v. 23. 7. 2002 (BGBl. I S. 2715).

[4] § 2 Abs. 2 Sätze 1 und 2 ersetzt durch Sätze 1 bis 7 mit erstmaliger Wirkung für Sparjahr 2009 durch G v. 29. 7. 2008 (BGBl. I S. 1509).

[Fassung bis Sparjahr 2008]

rer die empfangenen Beträge unverzüglich und unmittelbar zum Wohnungsbau verwendet oder

2. im Falle der Abtretung der Erwerber die Bausparsumme oder die auf Grund einer Beleihung empfangenen Beträge unverzüglich und unmittelbar zum Wohnungsbau für den Abtretenden oder dessen Angehörige im Sinne des § 15 der Abgabenordnung verwendet oder
3. der Bausparer oder sein von ihm nicht dauernd getrennt lebender Ehegatte nach Vertragsabschluß gestorben oder völlig erwerbsunfähig geworden ist oder
4. der Bausparer nach Vertragsabschluß arbeitslos geworden ist und die Arbeitslosigkeit mindestens ein Jahr lang ununterbrochen bestanden hat und im Zeitpunkt der vorzeitigen Verfügung noch besteht *oder*
5.[1] *der Bausparer, der Staatsangehöriger eines Staates ist, mit dem die Bundesregierung Vereinbarungen über Anwerbung und Beschäftigung von Arbeitnehmern abgeschlossen hat und der nicht Mitglied der Europäischen Gemeinschaft ist, die Bausparsumme oder die Zwischenfinanzierung nach dem Gesetz über eine Wiedereingliederungshilfe im Wohnungsbau für rückkehrende Ausländer vom 18. Februar 1986 (BGBl. I S. 280) unverzüglich und unmittelbar zum Wohnungsbau im Heimatland verwendet und innerhalb von vier Jahren und drei Monaten nach Beginn der Auszahlung der Bausparsumme, spätestens am 31. März 1998, den Geltungsbereich dieses Gesetzes auf Dauer verlassen hat.*

[Fassung ab Sparjahr 2009]

unmittelbar zum Wohnungsbau für die abtretende Person oder deren Angehörige im Sinne des § 15 der Abgabenordnung verwendet.

2 Unschädlich ist jedoch eine Verfügung ohne Verwendung zum Wohnungsbau, die frühestens sieben Jahre nach dem Vertragsabschluss erfolgt, wenn der Bausparer bei Vertragsabschluss das 25. Lebensjahr noch nicht vollendet hatte. 3 Die Prämienbegünstigung ist in diesen Fällen auf die Berücksichtigung der in Absatz 1 Nr. 1 bezeichneten Aufwendungen der letzten sieben Sparjahre bis zu der Verfügung beschränkt. 4 Jeder Bausparer kann nur einmal über einen vor Vollendung des 25. Lebensjahres abgeschlossenen Bausparvertrag ohne wohnungswirtschaftliche Verwendung prämienunschädlich verfügen. 5 Unschädlich ist auch eine Verfügung ohne Verwendung zum Wohnungsbau, wenn der Bausparer oder sein von ihm nicht dauernd getrennt lebender Ehegatte nach Vertragsabschluss gestorben oder völlig erwerbsunfähig geworden ist oder der Bausparer nach Vertragsabschluss arbeitslos geworden ist und die Arbeitslosigkeit mindestens ein Jahr lang ununterbrochen bestanden hat und im Zeitpunkt der Verfügung noch besteht. 6 Die Prämienbegünstigung ist in diesen Fällen auf die Berücksichtigung der in Absatz 1 Nr. 1 bezeichneten Aufwendungen der letzten sieben Sparjahre bis zum Eintritt des Ereignisses beschränkt. 7 Die Vereinbarung über die Erhöhung der Bausparsumme ist als selbständiger Vertrag zu behandeln.

---

[1] § 2 Abs. 2 Nr. 5 aufgeh. mit erstmaliger Wirkung für Sparjahr 2002 durch G v. 20. 12. 2001 (BGBl. I S. 3794).

[8] Als Wohnungsbau im Sinne der Nummern 1 und 2 gelten auch bauliche Maßnahmen des Mieters zur Modernisierung seiner Wohnung. [9] Dies gilt ebenfalls für den ersten Erwerb von Anteilen an Bau- und Wohnungsgenossenschaften im Sinne des Absatzes 1 Nr. 2 und den Erwerb von Rechten zur dauernden Selbstnutzung von Wohnraum in Alten-, Altenpflege- und Behinderteneinrichtungen oder -anlagen. [10] Die Unschädlichkeit setzt weiter voraus, daß die empfangenen Beträge nicht zum Wohnungsbau im Ausland eingesetzt werden, sofern nichts anderes bestimmt ist.

(3)[1] [1] Für vor dem 1. Januar 2009 abgeschlossene Verträge, für die bis zum 31. Dezember 2008 mindestens ein Beitrag in Höhe der Regelsparrate entrichtet wurde, ist Voraussetzung für die Prämienbegünstigung der in Absatz 1 Nr. 1 bezeichneten Aufwendungen, dass vor Ablauf von sieben Jahren seit Vertragsabschluss weder die Bausparsumme ganz oder zum Teil ausgezahlt noch geleistete Beiträge ganz oder zum Teil zurückgezahlt oder Ansprüche aus dem Bausparvertrag abgetreten oder beliehen werden. [2] Unschädlich ist jedoch die vorzeitige Verfügung, wenn

1. die Bausparsumme ausgezahlt oder die Ansprüche aus dem Vertrag beliehen werden und der Bausparer die empfangenen Beträge unverzüglich und unmittelbar zum Wohnungsbau verwendet,
2. im Fall der Abtretung der Erwerber die Bausparsumme oder die auf Grund einer Beleihung empfangenen Beträge unverzüglich und unmittelbar zum Wohnungsbau für die abtretende Person oder deren Angehörige im Sinne des § 15 der Abgabenordnung verwendet,
3. der Bausparer oder sein von ihm nicht dauernd getrennt lebender Ehegatte nach Vertragsabschluss gestorben oder völlig erwerbsunfähig geworden ist oder
4. der Bausparer nach Vertragsabschluss arbeitslos geworden ist und die Arbeitslosigkeit mindestens ein Jahr lang ununterbrochen bestanden hat und im Zeitpunkt der vorzeitigen Verfügung noch besteht.

[3] Absatz 2 Satz 7 bis 10 gilt sinngemäß.

§ 2a Einkommensgrenze. [1] Die Einkommensgrenze beträgt 25 600 Euro[2], bei Ehegatten (§ 3 Abs. 3) 51 200 Euro[2]. [2] Maßgebend ist das zu versteuernde Einkommen (§ 2 [*ab 2009:* Absatz 5] des Einkommensteuergesetzes)[3] des Sparjahrs (§ 4 Abs. 1). [3] Bei Ehegatten ist das zu versteuernde Einkommen maßgebend, das sich bei einer Zusammenveranlagung nach § 26 b des Einkommensteuergesetzes ergeben hat oder, falls eine Veranlagung nicht durchgeführt worden ist, ergeben würde.

§ 2b. (weggefallen)

---

[1] § 2 Abs. 3 angef. durch G v. 29. 7. 2008 (BGBl. I S. 1509).

[2] Beträge geänd. mWv 1. 1. 2002 durch G v. 19. 12. 2000 (BGBl. I S. 1790).

[3] Zitat geänd. durch G v. 20. 12. 2001 (BGBl. I S. 3794); geänd. mWv Sparjahr 2009 durch G v. 8. 12. 2010 (BGBl. I S. 1768).

§ 3 Höhe der Prämie. (1) [1]Die Prämie bemißt sich nach den im Sparjahr (§ 4 Abs. 1) geleisteten prämienbegünstigten Aufwendungen. [2]Sie beträgt 8,8 Prozent[1)] der Aufwendungen.

(2) [1]Die Aufwendungen des Prämienberechtigten sind je Kalenderjahr bis zu einem Höchstbetrag von 512 Euro[2)], bei Ehegatten (Absatz 3) zusammen bis zu 1024 Euro[2)] prämienbegünstigt. [2]Die Höchstbeträge stehen den Prämienberechtigten gemeinsam zu (Höchstbetragsgemeinschaft).

(3)[3)] Ehegatten im Sinne dieses Gesetzes sind Personen, welche nach § 26 b des Einkommensteuergesetzes zusammen veranlagt werden oder die, falls eine Veranlagung zur Einkommensteuer nicht durchgeführt wird, die Voraussetzungen des § 26 Absatz 1 Satz 1 des Einkommensteuergesetzes erfüllen. [*ab 24. 7. 2014:* [2]Die Regelungen dieses Gesetzes zu Ehegatten sind auch auf Lebenspartner anzuwenden, wenn in Verbindung mit § 2 Absatz 8 des Einkommensteuergesetzes die Voraussetzungen des Satzes 1 erfüllt sind.]

§ 4 Prämienverfahren allgemein. (1) [1]Der Anspruch auf Prämie entsteht mit Ablauf des Sparjahrs. [2]Sparjahr ist das Kalenderjahr, in dem die prämienbegünstigten Aufwendungen geleistet worden sind.

(2) [1]Die Prämie ist nach amtlich vorgeschriebenem Vordruck bis zum Ablauf des zweiten Kalenderjahrs, das auf das Sparjahr (Absatz 1) folgt, bei dem Unternehmen zu beantragen, an das die prämienbegünstigten Aufwendungen geleistet worden sind. [2]Der Antragsteller hat zu erklären, für welche Aufwendungen er die Prämie beansprucht, wenn bei mehreren Verträgen die Summe der Aufwendungen den Höchstbetrag (§ 3 Abs. 2) überschreitet; Ehegatten (§ 3 Abs. 3) haben dies einheitlich zu erklären. [3]Der Antragsteller ist verpflichtet, dem Unternehmen unverzüglich eine Änderung der Verhältnisse mitzuteilen, die zu einer Minderung oder zum Wegfall des Prämienanspruchs führen.

(3) [1]Überschreiten bei mehreren Verträgen die insgesamt ermittelten oder festgesetzten Prämien die für das Sparjahr höchstens zulässige Prämie (§ 3), ist die Summe der Prämien hierauf zu begrenzen. [2]Dabei ist die Prämie vorrangig für Aufwendungen auf Verträge mit dem jeweils älteren Vertragsdatum zu belassen. [3]Insoweit ist eine abweichende Erklärung des Prämienberechtigten oder seines Ehegatten unbeachtlich.

(4)[4)] Ein Rückforderungsanspruch erlischt, wenn er nicht bis zum Ablauf des vierten Kalenderjahrs geltend gemacht worden ist, das auf das Kalenderjahr folgt, in dem der Prämienberechtigte die Prämie verwendet hat (§ 5).

[1)] Geänd. durch G v. 29. 12. 2003 (BGBl. I S. 3076); bestätigt durch G v. 5. 4. 2011 (BGBl. I S. 554).

[2)] Beträge geänd. mWv 1. 1. 2002 durch G v. 19. 12. 2000 (BGBl. I S. 1790).

[3)] § 3 Abs. 3 Satz 2 angef. mWv 24. 7. 2014 durch G v. 18. 7. 2014 (BGBl. I S. 1042).

[4)] § 4 Abs. 4 geänd. durch G v. 20. 12. 2001 (BGBl. I S. 3794); zur erstmaligen Anwendung siehe § 10 Abs. 1 Satz 4.

(5) 1 Das Unternehmen darf die im Prämienverfahren bekanntgewordenen Verhältnisse der Beteiligten nur für das Verfahren verwerten. 2 Es darf sie ohne Zustimmung der Beteiligten nur offenbaren, soweit dies gesetzlich zugelassen ist.

§ 4a Prämienverfahren im Fall des § 2 Abs. 1 Nr. 1. (1) 1 Bei Aufwendungen im Sinne des § 2 Abs. 1 Nr. 1 hat die Bausparkasse auf Grund des Antrags zu ermitteln, ob und in welcher Höhe ein Prämienanspruch nach Maßgabe dieses Gesetzes oder nach einer auf Grund dieses Gesetzes erlassenen Rechtsverordnung besteht. 2 Dabei hat sie alle Verträge mit dem Prämienberechtigten und seinem Ehegatten (§ 3 Abs. 3) zu berücksichtigen. 3 Die Bausparkasse hat dem Antragsteller das Ermittlungsergebnis spätestens im nächsten Kontoauszug mitzuteilen.

(2) 1 Die Bausparkasse hat die im Kalendermonat ermittelten Prämien (Absatz 1 Satz 1) im folgenden Kalendermonat in einem Betrag zur Auszahlung anzumelden [***ab Sparjahr 2009:*** , wenn die Voraussetzungen für die Prämienbegünstigung nach § 2 Abs. 2 nachgewiesen sind][1]. 2 *Sind die Aufwendungen auf Grund eines nach dem 31. Dezember 1991 geschlossenen Vertrags geleistet worden,* [***ab Sparjahr 2009:*** 2 In den Fällen des § 2 Abs. 3][1] darf die Prämie nicht vor Ablauf des Kalendermonats angemeldet werden, in dem

a) der Bausparvertrag zugeteilt,

b) die in § 2 *Abs. 2* [***ab Sparjahr 2009:*** Abs. 3][1] Satz 1 genannte Frist überschritten oder

c) unschädlich im Sinne des § 2 *Abs. 2* [***ab Sparjahr 2009:*** Abs. 3][1] Satz 2 verfügt

worden ist. 3 Die Anmeldung ist nach amtlich vorgeschriebenem Vordruck (Wohnungsbauprämien-Anmeldung) bei dem für die Besteuerung der Bausparkasse nach dem Einkommen zuständigen Finanzamt (§ 20 der Abgabenordnung) abzugeben. 4 Hierbei hat die Bausparkasse zu bestätigen, daß die Voraussetzungen für die Auszahlung des angemeldeten Prämien-betrags vorliegen. 5 Die Wohnungsbauprämien-Anmeldung gilt als Steueranmeldung im Sinne der Abgabenordnung. 6 Das Finanzamt veranlaßt die Auszahlung an die Bausparkasse zugunsten der Prämienberechtigten durch die zuständige Bundeskasse. 7 Die Bausparkasse hat die erhaltenen Prämien unverzüglich dem Prämienberechtigten gutzuschreiben oder auszuzahlen.

(3) 1 Die Bausparkasse hat die für die Überprüfung des Prämienanspruchs erforderlichen Daten innerhalb von vier Monaten nach Ablauf der Antragsfrist für das Sparjahr (§ 4 Abs. 2 Satz 1) nach amtlich vorgeschriebenem Datensatz *durch Datenübermittlung auf amtlich vorgeschriebenen maschinell verwertbaren Datenträgern* [***ab 1. 1. 2009:*** durch Datenfernübertragung][2] an die Zentralstelle der Länder zu übermitteln. 2 Besteht der Prämienan-

---

[1] § 4 a Abs. 2 Satz 1 HS 2 angef., Satz 2 geänd. mit erstmaliger Wirkung für Sparjahr 2009 durch G v. 29. 7. 2008 (BGBl. I S. 1509).

[2] § 4 a Abs. 3 Satz 1 geänd. durch G v. 20. 12. 2008 (BGBl. I S. 2850); zur erstmaligen Anwendung siehe § 10 Abs. 1 Satz 5.

spruch nicht oder in anderer Höhe, so teilt die Zentralstelle dies der Bausparkasse durch einen Datensatz mit.

(4) 1 Erkennt die Bausparkasse oder wird ihr mitgeteilt, daß der Prämienanspruch ganz oder teilweise nicht besteht oder weggefallen ist, so hat sie das bisherige Ermittlungsergebnis aufzuheben oder zu ändern; zu Unrecht gutgeschriebene oder ausgezahlte Prämien hat sie zurückzufordern. 2 Absatz 1 Satz 3 gilt entsprechend. 3 Bei fortbestehendem Vertragsverhältnis kann sie das Konto belasten. 4 Die Bausparkasse hat geleistete Rückforderungsbeträge in der Wohnungsbauprämien-Anmeldung des nachfolgenden Monats abzusetzen. 5 Kann die Bausparkasse zu Unrecht gutgeschriebene oder ausgezahlte Prämien nicht belasten oder kommt der Prämienempfänger ihrer Zahlungsaufforderung nicht nach, so hat sie hierüber unverzüglich das für die Besteuerung nach dem Einkommen des Prämienberechtigten zuständige Finanzamt (Wohnsitzfinanzamt nach § 19 der Abgabenordnung) zu unterrichten. 6 In diesen Fällen erläßt das Wohnsitzfinanzamt einen Rückforderungsbescheid.

(5) 1 Eine Festsetzung der Prämie erfolgt nur auf besonderen Antrag des Prämienberechtigten. 2 Der Antrag ist schriftlich innerhalb eines Jahres nach Bekanntwerden des Ermittlungsergebnisses der Bausparkasse vom Antragsteller unter Angabe seines Wohnsitzfinanzamts an die Bausparkasse zu richten. 3 Die Bausparkasse leitet den Antrag diesem Finanzamt zur Entscheidung zu. 4 Dem Antrag hat sie eine Stellungnahme und die zur Entscheidung erforderlichen Unterlagen beizufügen. 5 Das Finanzamt teilt seine Entscheidung auch der Bausparkasse mit.

(6) 1 Die Bausparkasse haftet als Gesamtschuldner neben dem Prämienempfänger für die Prämie, die wegen ihrer Pflichtverletzung zu Unrecht gezahlt, nicht einbehalten oder nicht zurückgefordert wird. 2 Die Bausparkasse haftet nicht, wenn sie ohne Verschulden darüber irrte, daß die Prämie zu zahlen war. 3 Für die Inanspruchnahme der Bausparkasse ist das in Absatz 2 Satz 3 bestimmte Finanzamt zuständig. 4 Für die Inanspruchnahme des Prämienempfängers ist das Wohnsitzfinanzamt zuständig.

(7) Das nach Absatz 2 Satz 3 zuständige Finanzamt hat auf Anfrage der Bausparkasse Auskunft über die Anwendung dieses Gesetzes zu geben.

(8) 1 Das nach Absatz 2 Satz 3 zuständige Finanzamt kann bei der Bausparkasse ermitteln, ob sie ihre Pflichten nach diesem Gesetz oder nach einer auf Grund dieses Gesetzes erlassenen Rechtsverordnung erfüllt hat. 2 Die §§ 193 bis 203 der Abgabenordnung gelten sinngemäß. 3 Die Unterlagen über das Prämienverfahren sind im Geltungsbereich dieses Gesetzes zu führen und aufzubewahren.

(9) Die Bausparkasse erhält vom Bund oder den Ländern keinen Ersatz für die ihr aus dem Prämienverfahren entstehenden Kosten.

§ 4b Prämienverfahren in den Fällen des § 2 Abs. 1 Nr. 2 bis 4.

(1) Bei Aufwendungen im Sinne des § 2 Abs. 1 Nr. 2 bis 4 hat das Unternehmen den Antrag an das Wohnsitzfinanzamt des Prämienberechtigten weiterzuleiten.

(2) [1]Wird dem Antrag entsprochen, veranlaßt das Finanzamt die Auszahlung der Prämie an das Unternehmen zugunsten des Prämienberechtigten durch die zuständige Bundeskasse. [2]Einen Bescheid über die Festsetzung der Prämie erteilt das Finanzamt nur auf besonderen Antrag des Prämienberechtigten. [3]Wird nachträglich festgestellt, daß die Voraussetzungen für die Prämie nicht vorliegen oder die Prämie aus anderen Gründen ganz oder teilweise zu Unrecht gezahlt worden ist, so hat das Finanzamt die Prämienfestsetzung aufzuheben oder zu ändern und die Prämie, soweit sie zu Unrecht gezahlt worden ist, zurückzufordern. [4]Sind zu diesem Zeitpunkt die prämienbegünstigten Aufwendungen durch das Unternehmen noch nicht ausgezahlt, so darf die Auszahlung nicht vorgenommen werden, bevor die Prämien an das Finanzamt zurückgezahlt sind.

§ 5 Verwendung der Prämie. (1) (weggefallen)

(2) [1]Die Prämien für die in § 2 Abs. 1 Nr. 1, 3 und 4 bezeichneten Aufwendungen sind vorbehaltlich des *§ 2 Abs. 2 Satz 2* [***ab Sparjahr 2009:*** § 2 Abs. 2 Satz 2 bis 6 sowie Abs. 3 Satz 2][1)] zusammen mit den prämienbegünstigten Aufwendungen zu dem vertragsmäßigen Zweck zu verwenden. [2]Geschieht das nicht, so hat das Unternehmen in den Fällen des § 4b dem Finanzamt unverzüglich Mitteilung zu machen.

(3) Über Prämien, die für Aufwendungen nach § 2 Abs. 1 Nr. 2 ausgezahlt werden, kann der Prämienberechtigte verfügen, wenn das Geschäftsguthaben beim Ausscheiden des Prämienberechtigten aus der Genossenschaft ausgezahlt wird.

§ 6 Steuerliche Behandlung der Prämie. Die Prämien gehören nicht zu den Einkünften im Sinne des Einkommensteuergesetzes.

§ 7 Aufbringung der Mittel. Der Bund stellt die Beträge für die Prämien den Ländern in voller Höhe gesondert zur Verfügung.

§ 8 Anwendung der Abgabenordnung und der Finanzgerichtsordnung. (1) [1]Auf die Wohnungsbauprämie sind die für Steuervergütungen geltenden Vorschriften der Abgabenordnung entsprechend anzuwenden. [2]Dies gilt nicht für § 108 Abs. 3 der Abgabenordnung hinsichtlich der in § 2 genannten Fristen sowie für die §§ 109 und 163 der Abgabenordnung.

(2) [1]Für die Wohnungsbauprämie gelten die Strafvorschriften des § 370 Abs. 1 bis 4, der §§ 371, 375 Abs. 1 und des § 376 sowie die Bußgeldvorschriften der §§ 378, 379 Abs. 1, 4 und der §§ 383 und 384 der Abgabenordnung entsprechend. [2]Für das Strafverfahren wegen einer Straftat nach Satz 1 sowie der Begünstigung einer Person, die eine solche Tat begangen hat, gelten die §§ 385 bis 408, für das Bußgeldverfahren wegen einer Ordnungs-

---

[1)] Verweis geänd. durch G v. 29. 7. 2008 (BGBl. I S. 1509).

widrigkeit nach Satz 1 die §§ 409 bis 412 der Abgabenordnung entsprechend.

(3) In öffentlich-rechtlichen Streitigkeiten über die auf Grund dieses Gesetzes ergehenden Verwaltungsakte der Finanzbehörden ist der Finanzrechtsweg gegeben.

(4) Besteuerungsgrundlagen für die Berechnung des nach § 2a maßgebenden Einkommens, die der Veranlagung zur Einkommensteuer zugrunde gelegen haben, können der Höhe nach nicht durch einen Rechtsbehelf gegen die Prämie angegriffen werden.

§ 9 Ermächtigungen. (1) Die Bundesregierung wird ermächtigt, durch Rechtsverordnung mit Zustimmung des Bundesrates Vorschriften zur Durchführung dieses Gesetzes zu erlassen über

1. (weggefallen)
2. die Bestimmung der Genossenschaften, die zu den Bau- und Wohnungsgenossenschaften gehören (§ 2 Abs. 1 Nr. 2);
3. den Inhalt der in § 2 Abs. 1 Nr. 3 bezeichneten Sparverträge, die Berechnung der Rückzahlungsfristen, die Folgen vorzeitiger Rückzahlung von Sparbeträgen und die Verpflichtungen der Kreditinstitute; die Vorschriften sind den in den §§ 18 bis 29 der Einkommensteuer-Durchführungsverordnung 1953 enthaltenen Vorschriften mit der Maßgabe anzupassen, daß eine Frist bestimmt werden kann, innerhalb der die Prämien zusammen mit den prämienbegünstigten Aufwendungen zu dem vertragsmäßigen Zweck zu verwenden sind;
4. den Inhalt der in § 2 Abs. 1 Nr. 4 bezeichneten Verträge und die Verwendung der auf Grund solcher Verträge angesammelten Beträge; dabei kann der vertragsmäßige Zweck auf den Bau durch das Unternehmen oder auf den Erwerb von dem Unternehmen, mit dem der Vertrag abgeschlossen worden ist, beschränkt und eine Frist von mindestens drei Jahren bestimmt werden, innerhalb der die Prämien zusammen mit den prämienbegünstigten Aufwendungen zu dem vertragsmäßigen Zweck zu verwenden sind. [2]Die Prämienbegünstigung kann auf Verträge über Gebäude beschränkt werden, die nach dem 31. Dezember 1949 fertiggestellt worden sind. [3]Für die Fälle des Erwerbs kann bestimmt werden, daß der angesammelte Betrag und die Prämien nur zur Leistung des in bar zu zahlenden Kaufpreises verwendet werden dürfen;
5. die Ermittlung, Festsetzung, Auszahlung oder Rückzahlung der Prämie, wenn Besteuerungsgrundlagen für die Berechnung des nach § 2a maßgebenden Einkommens, die der Veranlagung zur Einkommensteuer zugrunde gelegen haben, geändert werden oder wenn für Aufwendungen, die vermögenswirksame Leistungen darstellen, Arbeitnehmer-Sparzulagen zurückgezahlt oder nachträglich festgesetzt oder ausgezahlt werden;
6. das Verfahren für die Ermittlung, Festsetzung, Auszahlung und Rückforderung der Prämie. [2]Hierzu gehören insbesondere Vorschriften über Aufzeichnungs-, Aufbewahrungs-, Bescheinigungs- und Anzeigepflichten des

Unternehmens, bei dem die prämienbegünstigten Aufwendungen angelegt worden sind.

(2) Das Bundesministerium der Finanzen wird ermächtigt, den Wortlaut des Wohnungsbau-Prämiengesetzes und der hierzu erlassenen Durchführungsverordnung in der jeweils geltenden Fassung mit neuem Datum, unter neuer Überschrift und in neuer Paragraphenfolge bekanntzumachen und dabei Unstimmigkeiten des Wortlauts zu beseitigen.

(3) Das Bundesministerium der Finanzen wird ermächtigt, im Einvernehmen mit den obersten Finanzbehörden der Länder

a) den in § 4 Abs. 2 Satz 1 und den in § 4a Abs. 2 Satz 3 vorgeschriebenen Vordruck und

b) die in § 4a Abs. 3 vorgeschriebenen Datensätze *und Datenträger*[1)]

zu bestimmen.

§ 10[2)] **Schlußvorschriften.** (1)[3)] [1]Dieses Gesetz in der Fassung des Artikels 11 des Gesetzes vom 8. Dezember 2010 (BGBl. I S. 1768) ist vorbehaltlich Satz 2 erstmals für das Sparjahr 2009 anzuwenden. [2]§ 2 Abs. 1 Nr. 1 Satz 4 in der Fassung des Artikels 5 des Gesetzes vom 29. Juli 2008 (BGBl. I S. 1509) ist erstmals für das Sparjahr 2008 anzuwenden. [3]Bei Aufwendungen im Sinne des § 2 Abs. 1 Nr. 1 ist die Prämie für Sparjahre vor 1996 nach § 4 in der Fassung des Artikels 7 des Gesetzes vom 15. Dezember 1995 (BGBl. I S. 1783)[4)] festzusetzen. [4]§ 4 Abs. 4 in der Fassung des Artikels 29 des Gesetzes vom 20. De-

---

1) § 9 Abs. 3 Buchst. b kursive Worte aufgeh. durch G v. 20. 12. 2008 (BGBl. I S. 2850); zur erstmaligen Anwendung siehe § 10 Abs. 1 Satz 5.

2) § 10 Abs. 1 Satz 1 ersetzt durch Sätze 1 und 2, Sätze 2 und 3 werden Sätze 3 und 4 durch G v. 29. 7. 2008 (BGBl. I S. 1509), Satz 4 angef. durch G v. 20. 12. 2001 (BGBl. I S. 3794), Satz 5 angef. durch G v. 20. 12. 2008 (BGBl. I S. 2850).

3) § 10 Abs. 1 Satz 1 geänd. durch G v. 8. 12. 2010 (BGBl. I S. 1768).

4) § 4 hat folgenden Wortlaut: „§ 4 Prämienverfahren. (1) Die Prämie wird für Aufwendungen im Sinne des § 2 Abs. 1 Nr. 2 bis 4 auf Antrag nach Ablauf des Sparjahrs gezahlt. Sparjahr ist das Kalenderjahr, in dem die Aufwendungen geleistet worden sind. Für Aufwendungen im Sinne des § 2 Abs. 1 Nr. 1 wird die Prämie auf Antrag nach Ablauf des Sparjahrs ebenfalls gezahlt, wenn sie auf Grund eines Vertrages geleistet worden sind, der vor dem 1. Januar 1992 geschlossen worden ist. Ist der Vertrag nach dem 31. Dezember 1991 geschlossen worden, so wird die Prämie auf Antrag nach Ablauf des Sparjahrs lediglich festgesetzt.

(2) Der Antrag ist nach amtlich vorgeschriebenem Vordruck bis zum Ablauf des zweiten Kalenderjahrs, das auf das Sparjahr (Absatz 1) folgt, an das Unternehmen oder Institut zu richten, an das die prämienbegünstigten Aufwendungen geleistet worden sind. Das Unternehmen oder Institut leitet den Antrag an das Finanzamt weiter, das für die Besteuerung des Einkommens des Prämienberechtigten zuständig ist.

(3) Wird dem Antrag in den Fällen des Absatzes 1 Satz 1 und 3 entsprochen, überweist das Finanzamt die Prämie zugunsten des Prämienberechtigten an das Unternehmen oder Institut. Einen Bescheid über die Festsetzung der Prämie erteilt das Finanzamt nur auf zusätzlichen Antrag des Prämienberechtigten. Wird nachträglich festgestellt, daß die Voraussetzungen des § 2 Abs. 2 nicht vorliegen oder die Prämie aus anderen Gründen ganz oder teilweise zu Unrecht gezahlt worden ist, so hat das Finanzamt die Prämienfestsetzung aufzuheben oder zu ändern und die Prämie, soweit sie zu Unrecht gezahlt worden ist, zurückzufordern. Sind zu diesem Zeitpunkt die prämienbegünstigten Aufwendungen durch das Unternehmen oder Institut noch nicht ausgezahlt, so darf die Auszahlung nicht vorgenommen werden, bevor die

(Fortsetzung der Fußnote nächste Seite)

zember 2001 (BGBl. I S. 3794) ist erstmals bei nicht vertragsgemäßer Verwendung nach dem 31. Dezember 1998 anzuwenden. 5 § 4a Abs. 3 Satz 1 und § 9 Abs. 3 Buchstabe b in der Fassung des Arikels 13 des Gesetzes vom 20. Dezember 2008 (BGBl. I S. 2850) sind erstmals für Datenlieferungen nach dem 31. Dezember 2008 anzuwenden.

(2) 1 Beiträge an Bausparkassen (§ 2 Abs. 1 Nr. 1), für die in den Kalenderjahren 1991 bis 1993 die Zusatzförderung nach § 10 Abs. 6 dieses Gesetzes in der Fassung der Bekanntmachung vom 30. Juli 1992 (BGBl. I S. 1405)[1] in Anspruch genommen worden ist, müssen ausdrücklich zur Verwendung für den Wohnungsbau in dem in Artikel 3 des Einigungsvertrages genannten Gebiet bestimmt sein. 2 Eine Verfügung, die § 2 Abs. 3[2] entspricht, nicht aber dem besonderen vertraglichen Zweck, ist hinsichtlich der Zusatzprämie und des zusätzlichen Höchstbetrages schädlich. 3 Schädlich ist auch die Verwendung für Ferien- und Wochenendwohnungen, die in einem entsprechend ausgewiesenen Sondergebiet liegen oder die sich auf Grund ihrer Bauweise nicht zum dauernden Bewohnen eignen.

(Fortsetzung der Fußnote)

Prämien an das Finanzamt zurückgezahlt sind. Ein Rückforderungsanspruch erlischt, wenn er nicht bis zum Ablauf des zweiten Kalenderjahrs geltend gemacht worden ist, das auf das Kalenderjahr folgt, in dem die Prämie dem Prämienberechtigten von dem Unternehmen oder Institut ausgezahlt worden ist.

(4) Wird dem Antrag in den Fällen des Absatzes 1 Satz 4 entsprochen, teilt das Finanzamt der Bausparkasse die Höhe der festgesetzten Prämie mit. Die Bausparkasse merkt die Prämie im Konto des Bausparers gesondert vor. Sobald
a) der Bausparvertrag zugeteilt,
b) die in § 2 Abs. 2 Satz 1 genannte Frist überschritten oder
c) unschädlich im Sinne des § 2 Abs. 2 Satz 2 Nr. 1 bis 5 verfügt
worden ist, fordert die Bausparkasse die festgesetzten Prämienbeträge bei dem Finanzamt an, das zu diesem Zeitpunkt für die Besteuerung des Einkommens des Prämienberechtigten zuständig ist. Das Finanzamt überweist den angeforderten Prämienbetrag an die Bausparkasse, wenn diese bestätigt hat, daß die Voraussetzungen für die Auszahlung der Prämie vorliegen. Wird der Bausparvertrag in den Fällen des Satzes 3 fortgeführt, sind anfallende Prämien jährlich an die Bausparkasse zu überweisen. Absatz 3 Satz 2 bis 5 gilt entsprechend."

---

[1] § 10 Abs. 6 hat folgenden Wortlaut: „(6) In den Kalenderjahren 1991 bis 1993 gilt für Beiträge an Bausparkassen zur Erlangung von Baudarlehen, die zur Förderung des Wohnungsbaus in dem in Artikel 3 des Einigungsvertrages genannten Gebiet bestimmt sind, zusätzlich:

1. Der Vertrag muß ausdrücklich zur Verwendung zum Wohnungsbau in dem in Artikel 3 des Einigungsvertrages genannten Gebiet bestimmt sein. Ein Vertrag, der diese Bestimmung nicht enthält, kann entsprechend ergänzt werden.
2. Für Beiträge auf Grund eines Vertrags nach Nummer 1 gilt § 3 Abs. 1 und Abs. 2 mit der Maßgabe, daß sich der Prämiensatz um 5 vom Hundert der Aufwendungen (Zusatzprämie) und die prämienbegünstigten Aufwendungen um 1200 Deutsche Mark, bei Ehegatten um 2400 Deutsche Mark, erhöhen (zusätzlicher Höchstbetrag).
3. Eine Verfügung, die § 2 Abs. 2, nicht aber dem besonderen vertraglichen Zweck entspricht, ist hinsichtlich der Zusatzprämie und des zusätzlichen Höchstbetrages schädlich. Schädlich ist auch die Verwendung für Ferien- und Wochenendwohnungen, die in einem entsprechend ausgewiesenen Sondergebiet liegen oder die sich auf Grund ihrer Bauweise nicht zum dauernden Bewohnen eignen."

[2] Verweis geänd. durch G v. 29. 7. 2008 (BGBl. I S. 1509).

53. Verordnung zur Durchführung des Wohnungsbau-Prämiengesetzes (WoPDV 1996)[1]

In der Fassung der Bekanntmachung vom 30. Oktober 1997 (BGBl. I S. 2684)

Geändert durch Fünftes Gesetz zur Änderung des Steuerbeamten-Ausbildungsgesetzes und zur Änderung von Steuergesetzen vom 23. 7. 2002 (BGBl. I S. 2715) und Eigenheimrentengesetz vom 29. 7. 2008 (BGBl. I S. 1509)

BGBl. III/FNA 2330-9-1

1. Beiträge an Bausparkassen zur Erlangung von Baudarlehen

§ 1. (weggefallen)

§ 1 a Aufzeichnungs- und Aufbewahrungspflichten. (1) Die Bausparkasse hat Aufzeichnungen zu führen über

1. den Namen und die Anschrift des Bausparers sowie des Abtretenden und des Abtretungsempfängers der Ansprüche aus einem Bausparvertrag,
2. die Vertragsnummer und das Vertragsdatum des Bausparvertrags,
3. die prämienbegünstigten Aufwendungen je Sparjahr,
4. die ermittelte oder festgesetzte Prämie je Sparjahr,
5. die ausgezahlte Prämie je Sparjahr,
6. den Anlaß der Anmeldung in den Fällen des § 4 a Abs. 2 Satz 2 des Gesetzes,
7. den nach § 4 a Abs. 3 Satz 2 des Gesetzes mitgeteilten Prämienanspruch,
8. das Finanzamt, das im Fall des § 4 a Abs. 5 des Gesetzes festgesetzt hat.

(2) Die Bausparkasse hat Unterlagen zu den Aufzeichnungen zu nehmen, aus denen sich der Inhalt des Bausparvertrags und die zweckentsprechende Verwendung oder eine unschädliche Verfügung über die Bausparsumme ergeben.

(3) [1]Der Antrag auf Wohnungsbauprämie und die sonstigen Unterlagen sind geordnet zu sammeln und nach Ende des Sparjahrs zehn Jahre lang aufzubewahren. [2]Die Bausparkasse kann die Unterlagen durch Bildträger oder andere Speichermedien ersetzen.

(4) Sonstige Vorschriften über Aufzeichnungspflichten bleiben unberührt.

(5) Die Bausparkasse hat dem Finanzamt auf Anforderung den Inhalt der Aufzeichnungen mitzuteilen und die für die Festsetzung der Prämie erforderlichen Unterlagen auszuhändigen.

---

[1] Neubekanntmachung der WoPDV idF der Bek. v. 29. 6. 1994 (BGBl. I S. 1446) auf Grund des § 9 Abs. 2 WoPG idF der Bek. v. 30. 7. 1992 (BGBl. I S. 1405) in der ab 18. 12. 1996 geltenden Fassung.

Die vorliegende Fassung ist erstmals für das Sparjahr 2009 anzuwenden (§ 20).

§ 1b Übertragung von Bausparverträgen auf eine andere Bausparkasse. [1]Werden Bausparverträge auf eine andere Bausparkasse übertragen und verpflichtet sich diese gegenüber dem Bausparer und der Bausparkasse, mit der der Vertrag abgeschlossen worden ist, in die Rechte und Pflichten aus dem Vertrag einzutreten, so gilt die Übertragung nicht als Rückzahlung. [2]Das Bausparguthaben muß von der übertragenden Bausparkasse unmittelbar an die übernehmende Bausparkasse überwiesen werden.

§ 2 Wegfall des Prämienanspruchs und Rückzahlung der Prämien. (1) [1]Der Prämienanspruch entfällt, soweit bei Bausparverträgen

1. prämienschädlich verfügt wird, oder
2. die für die Zusatzförderung nach § 10 Abs. 2 des Gesetzes erforderlichen Voraussetzungen nicht erfüllt werden.

[2]Bereits ausgezahlte Prämien sind an die Bausparkasse oder an das zuständige Finanzamt zurückzuzahlen. [3]Bei einer Teilrückzahlung von Beiträgen kann der Bausparer bestimmen, welche Beiträge als zurückgezahlt gelten sollen. [4]Das gilt auch, wenn die Bausparsumme zum Teil ausgezahlt oder die ausgezahlte Bausparsumme teilweise schädlich verwendet wird oder Ansprüche aus dem Vertrag zum Teil abgetreten oder beliehen werden.

(2) [1]Absatz 1 ist nicht anzuwenden, wenn unschädlich nach *§ 2 Abs. 2 Satz 2 bis 5* [***ab Sparjahr 2009:*** § 2 Abs. 2 Satz 2 bis 6 sowie Abs. 3 Satz 2 und 3][1)] des Gesetzes verfügt worden ist. [2]Beabsichtigt im Fall des *§ 2 Abs. 2 Satz 2 Nr. 2* [***ab Sparjahr 2009:*** § 2 Abs. 2 Satz 1 Nr. 2 oder Abs. 3 Satz 2 Nr. 2][1)] des Gesetzes der Abtretungsempfänger im Zeitpunkt der Abtretung der Ansprüche aus dem Bausparvertrag eine unverzügliche und unmittelbare Verwendung zum Wohnungsbau für den Abtretenden oder dessen Angehörige (§ 15 der Abgabenordnung), so ist die Prämie dem Abtretenden auszuzahlen oder die Rückforderung bereits ausgezahlter Prämien auszusetzen, wenn der Abtretende eine Erklärung des Abtretungsempfängers über die Verwendungsabsicht beibringt.

2. Bau- und Wohnungsgenossenschaften

§ 3 Bau- und Wohnungsgenossenschaften. Bau- und Wohnungsgenossenschaften im Sinne des § 2 Abs. 1 Nr. 2 des Gesetzes sind Genossenschaften, deren Zweck auf den Bau und die Finanzierung sowie die Verwaltung oder Veräußerung von Wohnungen oder auf die wohnungswirtschaftliche Betreuung gerichtet ist.

3. Wohnbau-Sparverträge

§ 4 Allgemeine Sparverträge. (1) [1]Allgemeine Sparverträge im Sinne des § 2 Abs. 1 Nr. 3 des Gesetzes sind Verträge mit

1. einem Kreditinstitut oder
2. einem am 31. Dezember 1989 als gemeinnützig anerkannten Wohnungsunternehmen oder einem am 31. Dezember 1989 als Organ der

---

1) Verweise geänd. durch G v. 29. 7. 2008 (BGBl. I S. 1509).

staatlichen Wohnungspolitik anerkannten Unternehmen, wenn diese Unternehmen eigene Spareinrichtungen unterhalten, auf die die Vorschriften des Gesetzes über das Kreditwesen anzuwenden sind,

in denen der Prämienberechtigte sich verpflichtet, die eingezahlten Sparbeiträge auf drei bis sechs Jahre festzulegen und die eingezahlten Sparbeiträge sowie die Prämien zu dem in § 2 Abs. 1 Nr. 3 des Gesetzes bezeichneten Zweck zu verwenden. [2]Die Verträge können zugunsten dritter Personen abgeschlossen werden.

(2) [1]Die Verlängerung der Festlegung um jeweils ein Jahr oder um mehrere Jahre bis zu einer Gesamtdauer der Festlegung von sechs Jahren kann zwischen dem Prämienberechtigten und dem Unternehmen vereinbart werden. [2]Die Vereinbarung über die Verlängerung ist vor Ablauf der Festlegungsfrist zu treffen.

§ 5 Rückzahlungsfrist bei allgemeinen Sparverträgen. [1]Die Sparbeiträge dürfen erst nach Ablauf der vereinbarten Festlegungsfrist (§ 4) zurückgezahlt werden. [2]Die Festlegungsfrist beginnt am 1. Januar, wenn der Vertrag vor dem 1. Juli, und am 1. Juli, wenn der Vertrag nach dem 30. Juni des betreffenden Kalenderjahrs abgeschlossen worden ist.

§ 6 Sparverträge mit festgelegten Sparraten. (1) [1]Sparverträge mit festgelegten Sparraten im Sinne des § 2 Abs. 1 Nr. 3 des Gesetzes sind Verträge mit einem der in § 4 Abs. 1 bezeichneten Unternehmen, in denen sich der Prämienberechtigte verpflichtet, für drei bis sechs Jahre laufend, jedoch mindestens vierteljährlich, der Höhe nach gleichbleibende Sparraten einzuzahlen und die eingezahlten Sparbeiträge sowie die Prämien zu dem in § 2 Abs. 1 Nr. 3 des Gesetzes bezeichneten Zweck zu verwenden. [2]Die Verträge können zugunsten dritter Personen abgeschlossen werden.

(2) [1]Die Verlängerung der Einzahlungsverpflichtung um jeweils ein Jahr oder um mehrere Jahre bis zu einer Gesamtdauer der Einzahlungen von sechs Jahren kann zwischen dem Prämienberechtigten und dem Unternehmen vereinbart werden. [2]Die Vereinbarung über die Verlängerung ist spätestens im Zeitpunkt der letzten nach dem Vertrag zu leistenden Einzahlung zu treffen.

(3) Den in Absatz 1 bezeichneten Einzahlungen werden gleichgestellt

1. zusätzliche Einzahlungen, soweit sie in einem Kalenderjahr nicht höher sind als der Jahresbetrag der in Absatz 1 bezeichneten Einzahlungen, sowie
2. zusätzliche Einzahlungen, die vermögenswirksame Leistungen darstellen, bis zur Höhe des nach dem Fünften Vermögensbildungsgesetz geförderten Betrags.

§ 7 Rückzahlungsfrist bei Sparverträgen mit festgelegten Sparraten. Die auf Grund eines Sparvertrags mit festgelegten Sparraten eingezahlten Sparbeiträge dürfen ein Jahr nach dem Tag der letzten Einzahlung, jedoch nicht vor Ablauf eines Jahres nach dem letzten regelmäßigen Fälligkeitstag, zurückgezahlt werden.

§ 8 Unterbrechung von Sparverträgen mit festgelegten Sparraten. (1) [1]Sparraten, die nicht rechtzeitig geleistet worden sind, können innerhalb eines halben Jahres nach ihrer Fälligkeit, spätestens bis zum 15. Januar des folgenden Kalenderjahrs, nachgeholt werden; die im folgenden Kalenderjahr nachgeholten Sparraten gelten als Einzahlungen des Kalenderjahrs der Fälligkeit. [2]Innerhalb des letzten halben Jahres vor Ablauf der Festlegungsfrist ist eine Nachholung ausgeschlossen.

(2) [1]Der Vertrag ist in vollem Umfang unterbrochen, wenn eine Sparrate nicht spätestens vor Ablauf der in Absatz 1 bezeichneten Nachholfrist eingezahlt worden ist oder wenn Einzahlungen zurückgezahlt werden; das gleiche gilt, wenn Ansprüche aus dem Vertrag abgetreten werden, es sei denn, der Abtretungsempfänger ist ein Angehöriger (§ 15 der Abgabenordnung) oder die im Vertrag bezeichnete andere Person. [2]Der Vertrag ist teilweise unterbrochen, wenn eine Sparrate in geringerer als der vereinbarten Höhe geleistet und der Unterschiedsbetrag nicht innerhalb der in Absatz 1 bezeichneten Frist nachgeholt worden ist.

(3) [1]Ist der Vertrag in vollem Umfang unterbrochen (Absatz 2 Satz 1), so sind spätere Einzahlungen nicht mehr prämienbegünstigt. [2]Liegt eine teilweise Unterbrechung (Absatz 2 Satz 2) vor, so sind spätere Einzahlungen nur in Höhe des Teils der Sparraten prämienbegünstigt, der ununterbrochen in gleichbleibender Höhe geleistet worden ist. [3]Dieser Betrag ist auch maßgebend für die zusätzlichen Einzahlungen, die nach § 6 Abs. 3 Nr. 1 erbracht werden können.

§ 9 Vorzeitige Rückzahlung. [1]Soweit vor Ablauf der in den §§ 5 und 7 bezeichneten Fristen, außer in den Fällen des § 12, Sparbeiträge im Sinne des § 4 oder des § 6 zurückgezahlt werden, werden Prämien nicht ausgezahlt; bereits ausgezahlte Prämien sind an das Finanzamt zurückzuzahlen. [2]Das gilt nicht, wenn der Prämienberechtigte oder die im Vertrag bezeichnete andere Person stirbt oder nach Vertragsabschluß völlig erwerbsunfähig wird.

§ 10 Verwendung der Sparbeiträge. (1) [1]Die auf Grund eines allgemeinen Sparvertrags (§ 4) oder eines Sparvertrags mit festgelegten Sparraten (§ 6) eingezahlten Beträge sind von dem Prämienberechtigten oder der in dem Vertrag bezeichneten anderen Person zusammen mit den Prämien innerhalb eines Jahres nach der Rückzahlung der Sparbeiträge, spätestens aber innerhalb von vier Jahren nach dem Zeitpunkt, in dem die eingezahlten Sparbeiträge frühestens zurückgezahlt werden dürfen, zu dem in § 2 Abs. 1 Nr. 3 des Gesetzes bezeichneten Zweck zu verwenden. [2]§ 9 Satz 2 findet Anwendung.

(2)[1] Eine Verwendung zu dem in § 2 Abs. 1 Nr. 3 des Gesetzes bezeichneten Zweck ist gegeben, wenn die eingezahlten Beträge verwendet werden

1. zum Bau selbstgenutzten Wohneigentums für den Prämienberechtigten, die in dem Vertrag bezeichnete andere Person oder die in § 15 der Abgabenordnung bezeichneten Angehörigen dieser Personen,

---

[1] § 10 Abs. 2 Nrn. 1 und 2 geänd. durch G v. 23. 7. 2002 (BGBl. I S. 2715).

2. zum Erwerb selbstgenutzten Wohneigentums oder eines eigentumsähnlichen Dauerwohnrechts durch den Prämienberechtigten, die in dem Vertrag bezeichnete andere Person oder die in § 15 der Abgabenordnung bezeichneten Angehörigen dieser Personen.

§ 11 Anzeigepflicht. [1]Die in § 4 Abs. 1 bezeichneten Unternehmen haben, außer im Fall des Todes des Prämienberechtigten oder der in dem Vertrag bezeichneten anderen Person, dem für ihre Veranlagung oder dem für die Veranlagung des Prämienberechtigten zuständigen Finanzamt unverzüglich die Fälle mitzuteilen, in denen

1. Sparbeiträge vor Ablauf der in den §§ 5 und 7 bezeichneten Fristen zurückgezahlt werden,
2. Sparbeiträge und Prämien nicht oder nicht innerhalb der Fristen des § 10 zu dem dort bezeichneten Zweck verwendet werden,
3. Sparverträge auf ein anderes Unternehmen übertragen oder in Verträge mit Wohnungs- und Siedlungsunternehmen oder mit am 31. Dezember 1989 anerkannten Organen der staatlichen Wohnungspolitik umgewandelt werden (§ 12 Abs. 1).

[2]Die Anzeige kann auch von der Niederlassung eines Unternehmens an das Finanzamt gerichtet werden, in dessen Bezirk sich die Niederlassung befindet.

§ 12 Übertragung und Umwandlung von Sparverträgen. (1) Prämien werden auch ausgezahlt und bereits ausgezahlte Prämien werden nicht zurückgefordert, wenn

1. allgemeine Sparverträge (§ 4) und Sparverträge mit festgelegten Sparraten (§ 6) während ihrer Laufzeit unter Übertragung der bisherigen Einzahlungen und der Prämien auf ein anderes Unternehmen übertragen werden und sich dieses gegenüber dem Prämienberechtigten und dem Unternehmen, mit dem der Vertrag abgeschlossen worden ist, verpflichtet, in die Rechte und Pflichten aus dem Vertrag einzutreten,
2. Sparverträge mit festgelegten Sparraten während ihrer Laufzeit unter Übertragung der bisherigen Einzahlungen und der Prämien in Verträge mit Wohnungs- und Siedlungsunternehmen oder mit am 31. Dezember 1989 anerkannten Organen der staatlichen Wohnungspolitik im Sinne des § 13 umgewandelt werden.

(2) [1]In Fällen der Übertragung (Absatz 1 Nr. 1) gelten die §§ 4 bis 11 weiter mit der Maßgabe, daß die bisherigen Einzahlungen als Einzahlungen auf Grund des Vertrags mit dem Unternehmen, auf das der Vertrag übertragen worden ist, behandelt werden. [2]In Fällen der Umwandlung (Absatz 1 Nr. 2) gelten die §§ 15 bis 17 mit der Maßgabe, daß die bisherigen Einzahlungen als Einzahlungen auf Grund des Vertrags mit dem Wohnungs- oder Siedlungsunternehmen oder mit dem am 31. Dezember 1989 anerkannten Organ der staatlichen Wohnungspolitik behandelt werden.

4. Verträge mit Wohnungs- und Siedlungsunternehmen und Organen der staatlichen Wohnungspolitik (Baufinanzierungsverträge)

§ 13 Inhalt der Verträge. (1) [1]Verträge im Sinne des § 2 Abs. 1 Nr. 4 des Gesetzes sind Verträge mit einem Wohnungs- oder Siedlungsunternehmen (§ 14) oder einem am 31. Dezember 1989 anerkannten Organ der staatlichen Wohnungspolitik (§ 2 Abs. 1 Nr. 4 Satz 2 des Gesetzes), in denen sich der Prämienberechtigte verpflichtet,

1. einen bestimmten Kapitalbetrag in der Weise anzusammeln, daß er für drei bis acht Jahre laufend, jedoch mindestens vierteljährlich, der Höhe nach gleichbleibende Sparraten bei dem Wohnungs- oder Siedlungsunternehmen oder dem am 31. Dezember 1989 anerkannten Organ der staatlichen Wohnungspolitik einzahlt, und
2. den angesammelten Betrag und die Prämien zu dem in § 2 Abs. 1 Nr. 4 des Gesetzes bezeichneten Zweck zu verwenden (§ 16),

und in denen sich das Wohnungs- oder Siedlungsunternehmen oder das am 31. Dezember 1989 anerkannte Organ der staatlichen Wohnungspolitik verpflichtet, die nach dem Vertrag vorgesehene Leistung (§ 16) zu erbringen. [2]§ 6 Abs. 2 gilt entsprechend. [3]Die Verträge können zugunsten dritter Personen abgeschlossen werden.

(2) Den in Absatz 1 bezeichneten Einzahlungen werden gleichgestellt

1. zusätzliche Einzahlungen, soweit sie in einem Kalenderjahr nicht höher sind als der Jahresbetrag der in Absatz 1 bezeichneten Einzahlungen, sowie
2. zusätzliche Einzahlungen, die vermögenswirksame Leistungen darstellen, bis zur Höhe des nach dem Fünften Vermögensbildungsgesetz geförderten Betrags.

§ 14 Wohnungs- und Siedlungsunternehmen. Wohnungs- und Siedlungsunternehmen im Sinne des § 13 sind

1. am 31. Dezember 1989 als gemeinnützig anerkannte Wohnungsunternehmen,
2. gemeinnützige Siedlungsunternehmen,
3. Unternehmen, die vor Aufhebung des Reichsheimstättengesetzes zur Ausgabe von Heimstätten zugelassen waren,
4. andere Wohnungs- und Siedlungsunternehmen, wenn sie die folgenden Voraussetzungen erfüllen:
   a) Das Unternehmen muß im Handelsregister oder im Genossenschaftsregister eingetragen sein;
   b) der Zweck des Unternehmens muß ausschließlich oder weit überwiegend auf den Bau und die Verwaltung oder Übereignung von Wohnungen oder die wohnungswirtschaftliche Betreuung gerichtet sein. [2]Die tatsächliche Geschäftsführung muß dem entsprechen;
   c) das Unternehmen muß sich einer regelmäßigen und außerordentlichen Überprüfung seiner wirtschaftlichen Lage und seines Geschäfts-

gebarens, insbesondere der Verwendung der gesparten Beträge, durch einen wohnungswirtschaftlichen Verband, zu dessen satzungsmäßigem Zweck eine solche Prüfung gehört, unterworfen haben. 2 Soweit das Unternehmen oder seine Gesellschafter an anderen Unternehmen gleicher Art beteiligt sind, muß sich die Überprüfung zugleich auf diese erstrecken.

§ 15 Unterbrechung und Rückzahlung der Einzahlungen.

(1) 1 Sparraten, die nicht rechtzeitig geleistet worden sind, können innerhalb eines halben Jahres nach ihrer Fälligkeit, spätestens bis zum 15. Januar des folgenden Kalenderjahrs, nachgeholt werden; die im folgenden Kalenderjahr nachgeholten Sparraten gelten als Einzahlungen des Kalenderjahrs der Fälligkeit. 2 Innerhalb des letzten halben Jahres vor Ablauf der Festlegungsfrist ist eine Nachholung ausgeschlossen.

(2) 1 Der Vertrag ist in vollem Umfang unterbrochen, wenn eine Sparrate nicht spätestens vor Ablauf der in Absatz 1 bezeichneten Nachholfrist eingezahlt worden ist oder wenn Einzahlungen zurückgezahlt werden; das gleiche gilt, wenn Ansprüche aus dem Vertrag abgetreten werden, es sei denn, der Abtretungsempfänger ist ein Angehöriger (§ 15 der Abgabenordnung) oder die im Vertrag bezeichnete andere Person. 2 Der Vertrag ist teilweise unterbrochen, wenn eine Sparrate in geringerer als der vereinbarten Höhe geleistet und der Unterschiedsbetrag nicht innerhalb der in Absatz 1 bezeichneten Frist nachgeholt worden ist.

(3) 1 Ist der Vertrag in vollem Umfang unterbrochen (Absatz 2 Satz 1), so sind spätere Einzahlungen nicht mehr prämienbegünstigt. 2 Liegt eine teilweise Unterbrechung (Absatz 2 Satz 2) vor, so sind spätere Einzahlungen nur in Höhe des Teils der Sparraten prämienbegünstigt, der ununterbrochen in gleichbleibender Höhe geleistet worden ist. 3 Dieser Betrag ist auch maßgebend für die zusätzlichen Einzahlungen, die nach § 13 Abs. 2 Nr. 1 erbracht werden können.

(4) 1 Soweit eingezahlte Beiträge, außer in den Fällen des § 18, zurückgezahlt werden, werden Prämien nicht ausgezahlt; bereits ausgezahlte Prämien sind an das Finanzamt zurückzuzahlen. 2 Das gilt nicht, wenn der Prämienberechtigte oder die im Vertrag bezeichnete andere Person stirbt oder nach Vertragsabschluß völlig erwerbsunfähig wird.

§ 16 Verwendung der angesammelten Beträge. (1) 1 Der angesammelte Betrag ist zusammen mit den Prämien innerhalb von fünf Jahren nach dem Zeitpunkt, in dem nach dem Vertrag die letzte Zahlung zu leisten ist, von dem Prämienberechtigten oder der im Vertrag bezeichneten anderen Person zu dem in § 2 Abs. 1 Nr. 4 des Gesetzes bezeichneten Zweck zu verwenden. 2 § 15 Abs. 4 Satz 2 findet Anwendung.

(2)[1] Eine Verwendung zu dem in § 2 Abs. 1 Nr. 4 des Gesetzes bezeichneten Zweck ist gegeben, wenn der angesammelte Betrag und die Prämien verwendet werden

---

[1] § 16 Abs. 2 Nrn. 1 und 2 geänd. durch G v. 23. 7. 2002 (BGBl. I S. 2715).

1. zum Bau selbstgenutzten Wohneigentums für den Prämienberechtigten, die in dem Vertrag bezeichnete andere Person oder die in § 15 der Abgabenordnung bezeichneten Angehörigen dieser Person durch das Wohnungs- und Siedlungsunternehmen oder das am 31. Dezember 1989 anerkannte Organ der staatlichen Wohnungspolitik oder
2. zum Erwerb selbstgenutzten Wohneigentums oder eines eigentumsähnlichen Dauerwohnrechts durch den Prämienberechtigten, die in dem Vertrag bezeichnete andere Person oder die in § 15 der Abgabenordnung bezeichneten Angehörigen dieser Personen; dabei muß es sich um einen Erwerb von dem Wohnungs- und Siedlungsunternehmen oder dem am 31. Dezember 1989 anerkannten Organ der staatlichen Wohnungspolitik und um selbstgenutztes Wohneigentum handeln, das nach dem 31. Dezember 1949 errichtet worden ist.

(3) Bei einer Verwendung im Sinne des Absatzes 2 Nr. 2 dürfen der angesammelte Betrag und die Prämien nur zur Leistung des bar zu zahlenden Teils des Kaufpreises verwendet werden.

§ 17 Anzeigepflicht. [1]Das Wohnungs- oder Siedlungsunternehmen oder das am 31. Dezember 1989 anerkannte Organ der staatlichen Wohnungspolitik hat, außer im Fall des Todes des Prämienberechtigten oder der in dem Vertrag bezeichneten anderen Person, dem für seine Veranlagung oder dem für die Veranlagung des Prämienberechtigten zuständigen Finanzamt unverzüglich die Fälle mitzuteilen, in denen

1. angesammelte Beträge zurückgezahlt werden (§ 15),
2. angesammelte Beträge und Prämien nicht oder nicht innerhalb der Frist des § 16 zu dem in § 2 Abs. 1 Nr. 4 des Gesetzes bezeichneten Zweck verwendet werden,
3. Verträge auf ein anderes Wohnungs- oder Siedlungsunternehmen oder ein anderes am 31. Dezember 1989 anerkanntes Organ der staatlichen Wohnungspolitik übertragen oder in Sparverträge mit festgelegten Sparraten im Sinne des § 6 umgewandelt werden (§ 18 Abs. 1).

[2]Die Anzeige kann auch von der Niederlassung eines Wohnungs- oder Siedlungsunternehmens oder eines am 31. Dezember 1989 anerkannten Organs der staatlichen Wohnungspolitik an das Finanzamt gerichtet werden, in dessen Bezirk sich die Niederlassung befindet.

§ 18 Übertragung und Umwandlung von Verträgen mit Wohnungs- und Siedlungsunternehmen und Organen der staatlichen Wohnungspolitik. (1) Prämien werden auch ausgezahlt und bereits ausgezahlte Prämien werden nicht zurückgefordert, wenn Verträge mit Wohnungs- und Siedlungsunternehmen oder am 31. Dezember 1989 anerkannten Organen der staatlichen Wohnungspolitik (§ 13) während ihrer Laufzeit unter Übertragung der bisherigen Einzahlungen und der Prämien

1. auf ein anderes Wohnungs- oder Siedlungsunternehmen oder ein anderes am 31. Dezember 1989 anerkanntes Organ der staatlichen Wohnungspolitik übertragen werden und sich dieses gegenüber dem Prämien-

berechtigten und dem Unternehmen, mit dem der Vertrag abgeschlossen worden ist, verpflichtet, in die Rechte und Pflichten aus dem Vertrag einzutreten,

2. in einen Sparvertrag mit festgelegten Sparraten im Sinne des § 6 umgewandelt werden.

(2) § 12 Abs. 2 ist entsprechend anzuwenden.

5. Änderung der Voraussetzungen für den Prämienanspruch in besonderen Fällen

§ 19 Änderung des zu versteuernden Einkommens. (1) Wird im Besteuerungsverfahren die Entscheidung über die Höhe des zu versteuernden Einkommens nachträglich in der Weise geändert, daß dadurch

1. die Einkommensgrenze (§ 2a des Gesetzes) unterschritten wird, so kann der Prämienberechtigte die Prämie innerhalb eines Jahres nach Bekanntgabe der Änderung erstmalig oder erneut beantragen;
2. die Einkommensgrenze überschritten wird, so ist die Prämie neu zu ermitteln oder festzusetzen; ausgezahlte Prämien sind zurückzufordern.

(2) Besteht oder entsteht für Aufwendungen, die vermögenswirksame Leistungen darstellen,

1. kein Anspruch auf Arbeitnehmer-Sparzulage und liegen dennoch die Voraussetzungen für den Prämienanspruch vor, so kann der Prämienberechtigte die Prämie innerhalb eines Jahres nach Bekanntgabe des Bescheids über die Arbeitnehmer-Sparzulage erstmalig oder erneut beantragen;
2. nachträglich ein Anspruch auf Arbeitnehmer-Sparzulage und entfällt damit der Prämienanspruch, so ist die Prämie neu zu ermitteln oder festzusetzen; ausgezahlte Prämien sind zurückzufordern.

6. Anwendungszeitraum

§ 20[1)] Anwendungsvorschrift. Diese Verordnung in der Fassung des Artikels 6 des Gesetzes vom 29. Juli 2008 (BGBl. I S. 1509) ist erstmals für das Sparjahr 2009 anzuwenden.

---

1) § 20 neugef. durch G v. 29. 7. 2008 (BGBl. I S. 1509).

60. Bundeskindergeldgesetz (BKGG)

In der Fassung der Bekanntmachung vom 28. Januar 2009
(BGBl. I S. 142, ber. S. 3177)[1]

Geändert durch Dienstrechtsneuordnungsgesetz vom 5. 2. 2009 (BGBl. I S. 160), Gesetz zur Sicherung von Beschäftigung und Stabilität in Deutschland vom 2. 3. 2009 (BGBl. I S. 416), Bürgerentlastungsgesetz Krankenversicherung vom 16. 7. 2009 (BGBl. I S. 1959), Wachstumsbeschleunigungsgesetz vom 22. 12. 2009 (BGBl. I S. 3950), Gesetz zur Ermittlung von Regelbedarfen und zur Änderung des Zweiten und Zwölften Buches Sozialgesetzbuch vom 24. 3. 2011 (BGBl. I S. 453), Gesetz zur Änderung des Bundesversorgungsgesetzes und anderer Vorschriften vom 20. 6. 2011 (BGBl. I S. 1114), Steuervereinfachungsgesetz 2011 vom 1. 11. 2011 (BGBl. I S. 2131), Beitreibungsrichtlinie-Umsetzungsgesetz (BeitrRLUmsG) vom 7. 12. 2011 (BGBl. I S. 2592), Unterhaltsvorschussentbürokratisierungsgesetz vom 3. 5. 2013 (BGBl. I S. 1108), Gesetz zur Änderung des Zweiten Buches Sozialgesetzbuch und anderer Gesetze vom 7. 5. 2013 (BGBl. I S. 1167), Amtshilferichtlinie-Umsetzungsgesetz (AmtshilfeRLUmsG) vom 26. 6. 2013 (BGBl. I S. 1809), Gesetz zur Anpassung steuerlicher Regelungen an die Rechtsprechung des Bundesverfassungsgerichts vom 18. 7. 2014 (BGBl. I S. 1042), Gesetz zur Anpassung des nationalen Steuerrechts an den Beitritt Kroatiens zur EU und zur Änderung weiterer steuerlicher Vorschriften vom 25. 7. 2014 (BGBl. I S. 1266), Gesetz zur Anpassung der Abgabenordnung an den Zollkodex der Union und zur Änderung weiterer steuerlicher Vorschriften vom 22. 12. 2014 (BGBl. I S. 2417) und Gesetz zur Anhebung des Grundfreibetrags, des Kinderfreibetrags, des Kindergeldes und des Kinderzuschlags vom 16. 7. 2015 (BGBl. I S. 1202)

BGBl. III/FNA 85-4

Erster Abschnitt. Leistungen

§ 1 Anspruchsberechtigte. (1) Kindergeld nach diesem Gesetz für seine Kinder erhält, wer nach § 1 Absatz 1 und 2 des Einkommensteuergesetzes nicht unbeschränkt steuerpflichtig ist und auch nicht nach § 1 Absatz 3 des Einkommensteuergesetzes als unbeschränkt steuerpflichtig behandelt wird und

1. in einem Versicherungspflichtverhältnis zur Bundesagentur für Arbeit nach dem Dritten Buch Sozialgesetzbuch steht oder versicherungsfrei nach § 28 Absatz 1 Nummer 1 des Dritten Buches Sozialgesetzbuch ist oder
2. als Entwicklungshelfer Unterhaltsleistungen im Sinne des § 4 Absatz 1 Nummer 1 des Entwicklungshelfer-Gesetzes erhält oder als Missionar der Missionswerke und -gesellschaften, die Mitglieder oder Vereinbarungspartner des Evangelischen Missionswerkes Hamburg, der Arbeitsgemeinschaft Evangelikaler Missionen e. V., des Deutschen katholischen Missionsrates oder der Arbeitsgemeinschaft pfingstlich-charismatischer Missionen sind, tätig ist oder

---

[1] Neubekanntmachung des BKGG idF der Bek. v. 17. 7. 2007 (BGBl. I S. 1450) auf Grund Art. 6 Familienleistungsgesetz v. 22. 12. 2009 (BGBl. I S. 2955) in der ab 1. 1. 2009 geltenden Fassung.

Zum Kindergeld für unbeschränkt Steuerpflichtige siehe §§ 62 ff. EStG (Nr. 1).

3.[1] eine nach § 123a des Beamtenrechtsrahmengesetzes oder § 29 des Bundesbeamtengesetzes oder § 20 des Beamtenstatusgesetzes bei einer Einrichtung außerhalb Deutschlands zugewiesene Tätigkeit ausübt oder

4.[2] als Ehegatte [*ab 24. 7. 2014:* oder Lebenspartner] eines Mitglieds der Truppe oder des zivilen Gefolges eines NATO-Mitgliedstaates die Staatsangehörigkeit eines EU/EWR-Mitgliedstaates besitzt und in Deutschland seinen Wohnsitz oder gewöhnlichen Aufenthalt hat.

(2) [1] Kindergeld für sich selbst erhält, wer

1. in Deutschland einen Wohnsitz oder seinen gewöhnlichen Aufenthalt hat,
2. Vollwaise ist oder den Aufenthalt seiner Eltern nicht kennt und
3. nicht bei einer anderen Person als Kind zu berücksichtigen ist.

[2] § 2 Absatz 2 und 3 sowie die §§ 4 und 5 sind entsprechend anzuwenden. [3] Im Fall des § 2 Absatz 2 Satz 1 Nummer 3 wird Kindergeld längstens bis zur Vollendung des 25. Lebensjahres[3] gewährt.

(3) Ein nicht freizügigkeitsberechtigter Ausländer erhält Kindergeld nur, wenn er

1. eine Niederlassungserlaubnis besitzt,
2. eine Aufenthaltserlaubnis besitzt, die zur Ausübung einer Erwerbstätigkeit berechtigt oder berechtigt hat, es sei denn, die Aufenthaltserlaubnis wurde
   a) nach § 16 oder § 17 des Aufenthaltsgesetzes erteilt,
   b) nach § 18 Absatz 2 des Aufenthaltsgesetzes erteilt und die Zustimmung der Bundesagentur für Arbeit darf nach der Beschäftigungsverordnung nur für einen bestimmten Höchstzeitraum erteilt werden,
   c) nach § 23 Absatz 1 des Aufenthaltsgesetzes wegen eines Krieges in seinem Heimatland oder nach den §§ 23a, 24, 25 Absatz 3 bis 5 des Aufenthaltsgesetzes erteilt

   oder
3. eine in Nummer 2 Buchstabe c genannte Aufenthaltserlaubnis besitzt und
   a) sich seit mindestens drei Jahren rechtmäßig, gestattet oder geduldet im Bundesgebiet aufhält und
   b) im Bundesgebiet berechtigt erwerbstätig ist, laufende Geldleistungen nach dem Dritten Buch Sozialgesetzbuch bezieht oder Elternzeit in Anspruch nimmt.

§ 2 Kinder. (1) Als Kinder werden auch berücksichtigt

1.[4] vom Berechtigten in seinen Haushalt aufgenommene Kinder seines Ehegatten [*ab 24. 7. 2014:* oder Lebenspartners],

---

[1] § 1 Abs. 1 Nr. 3 Verweis ergänzt durch G v. 5. 2. 2009 (BGBl. I S. 160/271); durch G v. 1. 11. 2011 (BGBl. I S. 2131).

[2] § 1 Abs. 1 Nr. 4 ergänzt mWv 24. 7. 2014 durch G v. 18. 7. 2014 (BGBl. I S. 1042).

[3] Fassung durch G v. 19. 7. 2006 (BGBl. I S. 1652); zur Übergangsregelung siehe § 20 Abs. 4.

[4] § 2 Abs. 1 Nr. 1 ergänzt mWv 24. 7. 2014 durch G v. 18. 7. 2014 (BGBl. I S. 1042).

2. Pflegekinder (Personen, mit denen der Berechtigte durch ein familienähnliches, auf Dauer berechnetes Band verbunden ist, sofern er sie nicht zu Erwerbszwecken in seinen Haushalt aufgenommen hat und das Obhuts- und Pflegeverhältnis zu den Eltern nicht mehr besteht),
3. vom Berechtigten in seinen Haushalt aufgenommene Enkel.

(2) [1]Ein Kind, das das 18. Lebensjahr vollendet hat, wird berücksichtigt, wenn es

1. noch nicht das 21. Lebensjahr vollendet hat, nicht in einem Beschäftigungsverhältnis steht und bei einer Agentur für Arbeit im Inland als Arbeitsuchender gemeldet ist oder
2. noch nicht das 25. Lebensjahr vollendet hat und
   a) für einen Beruf ausgebildet wird oder
   b) sich in einer Übergangszeit von höchstens vier Monaten befindet, die zwischen zwei Ausbildungsabschnitten oder zwischen einem Ausbildungsabschnitt und der Ableistung des gesetzlichen Wehr- oder Zivildienstes, einer vom Wehr- oder Zivildienst befreienden Tätigkeit als Entwicklungshelfer oder als Dienstleistender im Ausland nach § 14b des Zivildienstgesetzes [***ab 1. 1. 2015:*** oder der Ableistung des freiwilligen Wehrdienstes nach § 58b des Soldatengesetzes][1)] oder der Ableistung eines freiwilligen Dienstes im Sinne des Buchstaben d liegt, oder
   c) eine Berufsausbildung mangels Ausbildungsplatzes nicht beginnen oder fortsetzen kann oder
   d)[2)·3)] ein freiwilliges soziales Jahr oder ein freiwilliges ökologisches Jahr im Sinne des Jugendfreiwilligendienstegesetzes oder einen *Freiwilligendienst im Sinne des Beschlusses Nr. 1719/2006/EG des Europäischen Parlaments und des Rates vom 15. November 2006 zur Einführung des Programms „Jugend in Aktion" (ABl. EU Nr. L 327 S. 30)* [***ab 1. 1. 2014:*** Freiwilligendienst im Sinne der Verordnung (EU) Nr. 1288/2013 des Europäischen Parlaments und des Rates vom 11. Dezember 2013 zur Einrichtung von „Erasmus+", dem Programm der Union für allgemeine und berufliche Bildung, Jugend und Sport, und zur Aufhebung der Beschlüsse Nr. 1719/2006/EG, Nr. 1720/2006/EG und Nr. 1298/2008/EG (ABl. L 347 vom 20. 12. 2013, S. 50)] oder einen anderen Dienst im Ausland im Sinne von § 5 des Bundesfreiwilligendienstgesetzes[4)] oder einen entwicklungspolitischen Freiwilligendienst „weltwärts" im Sinne der Richtlinie des Bundesministeriums für wirtschaftliche Zusammenarbeit und Entwicklung vom 1. August 2007 (BAnz. 2008 S. 1297) oder einen Freiwilligendienst aller Generationen im Sinne von § 2 Absatz 1a des Siebten Buches Sozialgesetzbuch [***ab 1. 1./3. 5. 2011:*** oder einen Internationalen Jugendfreiwilligendienst im

---

1) Klammerzusatz ergänzt mWv 1. 1. 2015 durch G v. 22. 12. 2014 (BGBl. I S. 2417).
2) Zur erstmaligen Anwendung von § 2 Abs. 2 Satz 1 Nr. 2 Buchst. d siehe § 20 Abs. 5 Satz 1.
3) § 2 Abs. 2 Satz 1 Nr. 2 Buchst. d geänd. durch G v. 16. 7. 2009 (BGBl. I S. 1959); zur Anwendung siehe § 20 Abs. 5 Satz 3; geänd. durch G v. 25. 7. 2014 (BGBl. I S. 1266); zur Anwendung siehe § 20 Abs. 5 Sätze 1 und 5.
4) Verweis geänd. mWv 1. 1. 2012 durch G v. 26. 6. 2013 (BGBl. I S. 1809).

Sinne der Richtlinie des Bundesministeriums für Familie, Senioren, Frauen und Jugend vom 20. Dezember 2010 (GMBl. S. 1778) oder einen Bundesfreiwilligendienst im Sinne des Bundesfreiwilligendienstgesetzes][1] leistet oder

3. wegen körperlicher, geistiger oder seelischer Behinderung außerstande ist, sich selbst zu unterhalten; Voraussetzung ist, dass die Behinderung vor Vollendung des 25. Lebensjahres[2] eingetreten ist.

[2] Nach Abschluss einer erstmaligen Berufsausbildung *und* [***ab 1. 1. 2012:*** oder][3] eines Erststudiums wird ein Kind in den Fällen des Satzes 1 Nummer 2 nur berücksichtigt, wenn das Kind keiner Erwerbstätigkeit nachgeht. [3] Eine Erwerbstätigkeit mit bis zu 20 Stunden regelmäßiger wöchentlicher Arbeitszeit, ein Ausbildungsdienstverhältnis oder ein geringfügiges Beschäftigungsverhältnis im Sinne der §§ 8 und 8 a des Vierten Buches Sozialgesetzbuch sind unschädlich.[4]

(3)[5] [1] In den Fällen des Absatzes 2 Satz 1 Nummer 1 oder Nummer 2 Buchstabe a und b wird ein Kind, das

1. den gesetzlichen Grundwehrdienst oder Zivildienst geleistet hat oder
2. sich an Stelle des gesetzlichen Grundwehrdienstes freiwillig für die Dauer von nicht mehr als drei Jahren zum Wehrdienst verpflichtet hat oder
3. eine vom gesetzlichen Grundwehrdienst oder Zivildienst befreiende Tätigkeit als Entwicklungshelfer im Sinne des § 1 Absatz 1 des Entwicklungshelfer-Gesetzes ausgeübt hat,

für einen der Dauer dieser Dienste oder der Tätigkeit entsprechenden Zeitraum, höchstens für die Dauer des inländischen gesetzlichen Grundwehrdienstes, bei anerkannten Kriegsdienstverweigerern für die Dauer des inländischen gesetzlichen Zivildienstes über das 21. oder 25. Lebensjahr[1] hinaus berücksichtigt. [2] Wird der gesetzliche Grundwehrdienst oder Zivildienst in einem Mitgliedstaat der Europäischen Union oder einem Staat, auf den das Abkommen über den Europäischen Wirtschaftsraum Anwendung findet, geleistet, so ist die Dauer dieses Dienstes maßgebend. [3] Absatz 2 Satz 2 *bis* 7 [***ab 1. 1. 2012:*** und 3][6] gilt entsprechend.

(4) [1] Kinder, für die einer anderen Person nach dem Einkommensteuergesetz Kindergeld oder ein Kinderfreibetrag zusteht, werden nicht berücksichtigt. [2] Dies gilt nicht für Kinder, die in den Haushalt des Anspruchsberechtigten nach § 1 aufgenommen worden sind oder für die dieser die höhere Unterhaltsrente zahlt, wenn sie weder in seinen Haushalt noch in den Haushalt eines nach § 62 des Einkommensteuergesetzes Anspruchsberechtigten aufgenommen sind.

---

[1] § 2 Abs. 2 Satz 1 Nr. 2 Buchst. d ergänzt durch G v. 7. 12. 2011 (BGBl. I S. 2592); zur Anwendung siehe § 20 Abs. 5 Satz 4.

[2] Fassung durch G v. 19. 7. 2006 (BGBl. I S. 1652); zur Übergangsregelung siehe § 20 Abs. 4.

[3] Geänd. mWv 1. 1. 2012 durch G v. 26. 6. 2013 (BGBl. I S. 1809).

[4] § 2 Abs. 2 Sätze 2 bis 10 ersetzt durch Sätze 2 und 3 mWv 1. 1. 2012 durch G v. 1. 11. 2011 (BGBl. I S. 2131).

[5] Zur Anwendung siehe § 20 Abs. 9.

[6] Verweis geänd. durch G v. 1. 11. 2011 (BGBl. I S. 2131).

(5) [1]Kinder, die weder einen Wohnsitz noch ihren gewöhnlichen Aufenthalt in Deutschland haben, werden nicht berücksichtigt. [2]Dies gilt nicht gegenüber Berechtigten nach § 1 Absatz 1 Nummer 2 und 3, wenn sie die Kinder in ihren Haushalt aufgenommen haben.

(6) Die Bundesregierung wird ermächtigt, durch Rechtsverordnung, die nicht der Zustimmung des Bundesrates bedarf, zu bestimmen, dass einem

(Fortsetzung nächstes Blatt)

Berechtigten, der in Deutschland erwerbstätig ist oder sonst seine hauptsächlichen Einkünfte erzielt, für seine in Absatz 5 Satz 1 bezeichneten Kinder Kindergeld ganz oder teilweise zu leisten ist, soweit dies mit Rücksicht auf die durchschnittlichen Lebenshaltungskosten für Kinder in deren Wohnland und auf die dort gewährten dem Kindergeld vergleichbaren Leistungen geboten ist.

§ 3[1)] **Zusammentreffen mehrerer Ansprüche.** (1) Für jedes Kind werden nur einer Person Kindergeld, Kinderzuschlag und Leistungen für Bildung und Teilhabe gewährt.

(2) [1] Erfüllen für ein Kind mehrere Personen die Anspruchsvoraussetzungen, so werden das Kindergeld, der Kinderzuschlag und die Leistungen für Bildung und Teilhabe derjenigen Person gewährt, die das Kind in ihren Haushalt aufgenommen hat. [2] Ist ein Kind in den gemeinsamen Haushalt von Eltern, von einem Elternteil und dessen Ehegatten [*ab 24. 7. 2014:* oder Lebenspartner], von Pflegeeltern oder Großeltern aufgenommen worden, bestimmen diese untereinander den Berechtigten. [3] Wird eine Bestimmung nicht getroffen, bestimmt das Familiengericht[2)] auf Antrag den Berechtigten. [4] Antragsberechtigt ist, wer ein berechtigtes Interesse an der Leistung des Kindergeldes hat. [5] Lebt ein Kind im gemeinsamen Haushalt von Eltern und Großeltern, werden das Kindergeld, der Kinderzuschlag und die Leistungen für Bildung und Teilhabe vorrangig einem Elternteil gewährt; sie werden an einen Großelternteil gewährt, wenn der Elternteil gegenüber der zuständigen Stelle auf seinen Vorrang schriftlich verzichtet hat.

(3) [1] Ist das Kind nicht in den Haushalt einer der Personen aufgenommen, die die Anspruchsvoraussetzungen erfüllen, wird das Kindergeld derjenigen Person gewährt, die dem Kind eine Unterhaltsrente zahlt. [2] Zahlen mehrere anspruchsberechtigte Personen dem Kind Unterhaltsrenten, wird das Kindergeld derjenigen Person gewährt, die dem Kind laufend die höchste Unterhaltsrente zahlt. [3] Werden gleich hohe Unterhaltsrenten gezahlt oder zahlt keiner der Berechtigten dem Kind Unterhalt, so bestimmen die Berechtigten untereinander, wer das Kindergeld erhalten soll. [4] Wird eine Bestimmung nicht getroffen, so gilt Absatz 2 Satz 3 und 4 entsprechend.

§ 4 Andere Leistungen für Kinder. (1) [1] Kindergeld wird nicht für ein Kind gewährt, für das eine der folgenden Leistungen zu zahlen ist oder bei entsprechender Antragstellung zu zahlen wäre:

1. Kinderzulagen aus der gesetzlichen Unfallversicherung oder Kinderzuschüsse aus den gesetzlichen Rentenversicherungen,

---

[1)] § 3 Abs. 1 und Abs. 2 Satz 1 und Satz 5 geänd. mWv 1. 1. 2011 durch G v. 24. 3. 2011 (BGBl. I S. 453); Abs. 2 Satz 2 ergänzt mWv 24. 7. 2014 durch G v. 18. 7. 2014 (BGBl. I S. 1042).

[2)] **Amtl. Anm.:** Gemäß Artikel 104 des FGG-Reformgesetzes vom 17. Dezember 2008 (BGBl. I S. 2586) wird am 1. September 2009 das Wort „Vormundschaftsgericht“ durch das Wort „Familiengericht“ ersetzt.

2. Leistungen für Kinder, die außerhalb Deutschlands gewährt werden und dem Kindergeld oder einer der unter Nummer 1 genannten Leistungen vergleichbar sind,
3. Leistungen für Kinder, die von einer zwischen- oder überstaatlichen Einrichtung gewährt werden und dem Kindergeld vergleichbar sind.

2 Steht ein Berechtigter in einem Versicherungspflichtverhältnis zur Bundesagentur für Arbeit nach dem Dritten Buch Sozialgesetzbuch oder ist er versicherungsfrei nach § 28 Absatz 1 Nummer 1 des Dritten Buches Sozialgesetzbuch oder steht er in Deutschland in einem öffentlich-rechtlichen Dienst- oder Amtsverhältnis, so wird sein Anspruch auf Kindergeld für ein Kind nicht nach Satz 1 Nummer 3 mit Rücksicht darauf ausgeschlossen, dass sein Ehegatte [*ab 24. 7. 2014:* oder Lebenspartner] als Beamter, Ruhestandsbeamter oder sonstiger Bediensteter der Europäischen Gemeinschaften für das Kind Anspruch auf Kinderzulage hat.[1]

(2) 1 Ist in den Fällen des Absatzes 1 Satz 1 Nummer 1 der Bruttobetrag der anderen Leistung niedriger als das Kindergeld nach § 6, wird Kindergeld in Höhe des Unterschiedsbetrages gezahlt. 2 Ein Unterschiedsbetrag unter 5 Euro wird nicht geleistet.

§ 5[2] Beginn und Ende des Anspruchs. (1) Das Kindergeld, der Kinderzuschlag und die Leistungen für Bildung und Teilhabe werden vom Beginn des Monats an gewährt, in dem die Anspruchsvoraussetzungen erfüllt sind; sie werden bis zum Ende des Monats gewährt, in dem die Anspruchsvoraussetzungen wegfallen.

(2)[3] Abweichend von Absatz 1 wird in den Fällen des § 6 a Absatz 1 Nummer 4 Satz 3 Kinderzuschlag erst ab dem Monat, der auf den Monat der Antragstellung folgt, gewährt, wenn Leistungen nach dem Zweiten Buch Sozialgesetzbuch für den Monat, in dem der Antrag auf Kinderzuschlag gestellt worden ist, bereits erbracht worden sind.

§ 6 Höhe des Kindergeldes. (1) Das Kindergeld beträgt monatlich für erste und zweite Kinder jeweils *184 Euro*[4] [*ab 2015:* 188 Euro; *ab 2016:* 190 Euro][5], für dritte Kinder *190 Euro*[4] [*ab 2015:* 194 Euro; *ab 2016:* 196 Euro][5] und für das vierte und jedes weitere Kind jeweils *215 Euro*[4] [*ab 2015:* 219 Euro; *ab 2016:* 221 Euro][5].

(2) In den Fällen des § 1 Absatz 2 beträgt das Kindergeld *184 Euro*[4] [*ab 2015:* 188 Euro; *ab 2016:* 190 Euro][5] monatlich.

(3)[6] Für jedes Kind, für das im Kalenderjahr 2009 mindestens für einen Kalendermonat ein Anspruch auf Kindergeld besteht, wird für das Kalenderjahr 2009 ein Einmalbetrag in Höhe von 100 Euro gezahlt.

---

1) § 4 Abs. 1 Satz 2 ergänzt mWv 24. 7. 2014 durch G v. 18. 7. 2014 (BGBl. I S. 1042).

2) § 5 Abs. 1 und 2 geänd. mWv 1. 1. 2011 durch G v. 24. 3. 2011 (BGBl. I S. 453).

3) § 5 Abs. 2 geänd. durch G v. 3. 5. 2013 (BGBl. I S. 1108).

4) Betrag geänd. mWv 1. 1. 2010 durch G v. 22. 12. 2009 (BGBl. I S. 3950).

5) Beträge geänd. mWv Kj. 2015/2016 durch G v. 16. 7 2015 (BGBl. I S. 1202).

6) § 6 Abs. 3 angef. durch G v. 2. 3. 2009 (BGBl. I S. 416).

§ 6a Kinderzuschlag. (1)[1] Personen erhalten nach diesem Gesetz für in ihrem Haushalt lebende *unverheiratete* [*ab 1. 7. 2013:* unverheiratete oder nicht verpartnerte] Kinder, die noch nicht das 25. Lebensjahr vollendet haben, einen Kinderzuschlag, wenn

1. sie für diese Kinder nach diesem Gesetz oder nach dem X. Abschnitt des Einkommensteuergesetzes Anspruch auf Kindergeld oder Anspruch auf andere Leistungen im Sinne von § 4 haben,

[Fassung bis 30. 9. 2008:][2)]

2. sie mit Ausnahme des Wohngeldes über Einkommen oder Vermögen im Sinne der §§ 11, 12 des Zweiten Buches Sozialgesetzbuch mindestens in Höhe des nach Absatz 4 Satz 1 für sie maßgebenden Betrages und höchstens in Höhe der Summe aus diesem Betrag und dem Gesamtkinderzuschlag nach Absatz 2 verfügen und

[Fassung ab 1. 10. 2008:]

2.[3)] sie mit Ausnahme des Wohngeldes und des Kindergeldes über Einkommen im Sinne des § 11 Absatz 1 Satz 1 des Zweiten Buches Sozialgesetzbuch in Höhe von 900 Euro oder, wenn sie alleinerziehend sind, in Höhe von 600 Euro verfügen, [*ab 1. 1. 2012:* wobei Beträge nach § 11b des Zweiten Buches Sozialgesetzbuch nicht abzusetzen sind,]

3.[4)] sie mit Ausnahme des Wohngeldes über Einkommen oder Vermögen im Sinne der §§ 11 bis 12 des Zweiten Buches Sozialgesetzbuch verfügen, das höchstens dem nach Absatz 4 Satz 1 für sie maßgebenden Betrag zuzüglich dem Gesamtkinderzuschlag nach Absatz 2 entspricht, und

4.[4)] durch den Kinderzuschlag Hilfebedürftigkeit nach § 9 des Zweiten Buches Sozialgesetzbuch vermieden wird. [2]Bei der Prüfung, ob Hilfebedürftigkeit vermieden wird, bleiben die Bedarfe nach § 28 des Zweiten Buches Sozialgesetzbuch außer Betracht. [3]Das Gleiche gilt für Mehrbedarfe nach den §§ 21 und 23 Nummer 2 bis 4 des Zweiten Buches Sozialgesetzbuch, wenn kein Mitglied der Bedarfsgemeinschaft Leistungen nach dem Zweiten oder Zwölften Buch Sozialgesetzbuch beantragt hat oder erhält oder alle Mitglieder der Bedarfsgemeinschaft für den Zeitraum, für den Kinderzuschlag beantragt wird, auf die Inanspruchnahme von Leistungen nach dem Zweiten oder Zwölften Buch Sozialgesetzbuch verzichten. [4]In diesem Fall ist § 46 Absatz 2 des Ersten Buches Sozialgesetzbuch nicht anzuwenden. [5]Der Verzicht kann auch gegenüber der Familienkasse erklärt werden; diese unterrichtet den für den Wohnort des Berechtigten

---

1) § 6a Abs. 1 geänd. mWv 1. 7. 2013 durch G v. 3. 5. 2013 (BGBl. I S. 1108).

2) Zur weiteren Anwendung von § 6a Abs. 1 Nr. 2 siehe § 20 Abs. 7.

3) § 6a Abs. 1 Nr. 2 geänd. mWv 1. 1. 2012 durch G v. 7. 12. 2011 (BGBl. I S. 2592).

4) § 6a Abs. 1 Nr. 3 geänd., Nr. 4 Satz 2 ersetzt durch Sätze 2 und 3, bish. Sätze 3 und 4 werden Sätze 4 und 5 mWv 1. 1. 2011 durch G v. 24. 3. 2011 (BGBl. I S. 453).

zuständigen Träger der Grundsicherung für Arbeitsuchende über den Verzicht.

(2) [1]Der Kinderzuschlag beträgt für jedes zu berücksichtigende Kind jeweils bis zu *140 Euro* [***ab 1. 7. 2016:*** 160 Euro][1)] monatlich. [2]Die Summe der Kinderzuschläge bildet den Gesamtkinderzuschlag. [3]Er soll jeweils für sechs Monate bewilligt werden. [4]Kinderzuschlag wird nicht für Zeiten vor der Antragstellung erbracht. [5]§ 28 des Zehnten Buches Sozialgesetzbuch gilt mit der Maßgabe, dass der Antrag unverzüglich nach Ablauf des Monats, in dem die Ablehnung oder Erstattung der anderen Leistungen bindend geworden ist, nachzuholen ist.

(3)[2)] [1]Der Kinderzuschlag mindert sich um das nach den §§ 11 bis 12 des Zweiten Buches Sozialgesetzbuch mit Ausnahme des Wohngeldes zu berücksichtigende Einkommen und Vermögen des Kindes. [2]Hierbei bleibt das Kindergeld außer Betracht. [3]Ein Anspruch auf Zahlung des Kinderzuschlags für ein Kind besteht nicht für Zeiträume, in denen zumutbare Anstrengungen unterlassen wurden, Einkommen des Kindes zu erzielen.

(4)[3)] [1]Der Kinderzuschlag wird, soweit die Voraussetzungen des Absatzes 3 nicht vorliegen, in voller Höhe gewährt, wenn das nach den §§ 11 bis 12 des Zweiten Buches Sozialgesetzbuch mit Ausnahme des Wohngeldes zu berücksichtigende elterliche Einkommen oder Vermögen einen Betrag in Höhe der bei der Berechnung des Arbeitslosengeldes II oder des Sozialgeldes zu berücksichtigenden elterlichen Bedarfe nicht übersteigt. [2]Dazu sind die Bedarfe für Unterkunft und Heizung in dem Verhältnis aufzuteilen, das sich aus den im jeweils letzten Bericht der Bundesregierung über die Höhe des Existenzminimums von Erwachsenen und Kindern festgestellten entsprechenden Bedarfen für Alleinstehende, Ehepaare [***ab 24. 7. 2014:*** , Lebenspartnerschaften] und Kinder ergibt. [3]Der Kinderzuschlag wird außer in den in Absatz 3 genannten Fällen auch dann stufenweise gemindert, wenn das nach den §§ 11 bis 12 des Zweiten Buches Sozialgesetzbuch mit Ausnahme des Wohngeldes zu berücksichtigende elterliche Einkommen oder Vermögen den in Satz 1 genannten jeweils maßgebenden Betrag übersteigt. [4]Als elterliches Einkommen oder Vermögen gilt dabei dasjenige *des mit dem Kind im gemeinsamen Haushalt lebenden alleinerziehenden Elternteils, Ehepaares oder als eingetragene Lebenspartner oder in einer eheähnlichen Gemeinschaft zusammenlebenden Paares* [***ab 24. 7. 2014:*** der Mitglieder der Bedarfsgemeinschaft mit Ausnahme des Einkommens und Vermögens der in dem Haushalt lebenden Kinder]. [5]Soweit das zu berücksichtigende elterliche Einkommen nicht nur aus Erwerbseinkünften besteht, ist davon auszugehen, dass die Überschreitung des in Satz 1 genannten jeweils maßgebenden Betrages durch die Erwerbseinkünfte verursacht wird, wenn nicht die Summe der anderen Einkommensteile oder des Vermögens für sich genommen diesen maßgebenden Betrag übersteigt. [6]Für je 10 Euro, um die die monatlichen Erwerbseinkünfte den

---

1) Betrag geänd. mWv 1. 7. 2016 durch G v. 16. 7. 2015 (BGBl. I S. 1202).

2) § 6 a Abs. 3 geänd. mWv 1. 1. 2011 durch G v. 24. 3. 2011 (BGBl. I S. 453).

3) § 6 a Abs. 4 Sätze 1, 2 und 3 geänd. mWv 1. 1. 2011 durch G v. 24. 3. 2011 (BGBl. I S. 453); Satz 2 ergänzt, Satz 4 geänd. mWv 24. 7. 2014 durch G v. 18. 7. 2014 (BGBl. I S. 1042).

maßgebenden Betrag übersteigen, wird der Kinderzuschlag um 5 Euro monatlich gemindert. [7]Anderes Einkommen sowie Vermögen mindern den Kinderzuschlag in voller Höhe. [8]Kommt die Minderung des für mehrere Kinder zu zahlenden Kinderzuschlags in Betracht, wird sie beim Gesamtkinderzuschlag vorgenommen.

(5) [1]Ein Anspruch auf Kinderzuschlag entfällt, wenn der Berechtigte erklärt, ihn für einen bestimmten Zeitraum wegen eines damit verbundenen Verlustes von anderen höheren Ansprüchen nicht geltend machen zu wollen. [2]In diesen Fällen unterrichtet die Familienkasse den für den Wohnort des

(Fortsetzung nächstes Blatt)

Berechtigten zuständigen Träger der Grundsicherung für Arbeitsuchende über die Erklärung. [3] Die Erklärung nach Satz 1 kann mit Wirkung für die Zukunft widerrufen werden.

§ 6 b[1)] Leistungen für Bildung und Teilhabe. (1) [1] Personen erhalten Leistungen für Bildung und Teilhabe für ein Kind, wenn sie für dieses Kind nach diesem Gesetz oder nach dem X. Abschnitt des Einkommensteuergesetzes Anspruch auf Kindergeld oder Anspruch auf andere Leistungen im Sinne von § 4 haben und wenn

1. das Kind mit ihnen in einem Haushalt lebt und sie für ein Kind Kinderzuschlag nach § 6 a beziehen oder
2. im Falle der Bewilligung von Wohngeld sie und das Kind, für das sie Kindergeld beziehen, zu berücksichtigende Haushaltsmitglieder sind.

[2] Satz 1 gilt entsprechend, wenn das Kind, nicht jedoch die berechtigte Person zu berücksichtigendes Haushaltsmitglied im Sinne von Satz 1 Nummer 2 ist und die berechtigte Person Leistungen nach dem Zweiten oder Zwölften Buch Sozialgesetzbuch bezieht. [3] Wird das Kindergeld nach § 74 Absatz 1 des Einkommensteuergesetzes oder nach § 48 Absatz 1 des Ersten Buches Sozialgesetzbuch ausgezahlt, stehen die Leistungen für Bildung und Teilhabe dem Kind oder der Person zu, die dem Kind Unterhalt gewährt.

(2)[2)] [1] Die Leistungen für Bildung und Teilhabe entsprechen den Leistungen zur Deckung der Bedarfe nach § 28 Absatz 2 bis 7 des Zweiten Buches Sozialgesetzbuch. [2] § 28 Absatz 1 Satz 2 des Zweiten Buches Sozialgesetzbuch gilt entsprechend. [3] Für die Bemessung der Leistungen für die Schülerbeförderung nach § 28 Absatz 4 des Zweiten Buches Sozialgesetzbuch *ist ein Betrag in Höhe der regelbedarfsrelevanten Verbrauchsausgaben nach § 6 des Regelbedarfsermittlungsgesetzes entsprechend zu berücksichtigen* [***ab 1. 8. 2013:*** sind die erforderlichen tatsächlichen Aufwendungen zu berücksichtigen, soweit sie nicht von Dritten übernommen werden und den Leistungsberechtigten nicht zugemutet werden kann, die Aufwendungen aus eigenen Mitteln zu bestreiten. [4] Als zumutbare Eigenleistung gilt in der Regel ein Betrag in Höhe von 5 Euro monatlich.] [5] Für die gemeinschaftliche Mittagsverpflegung nach § 28 Absatz 6 des Zweiten Buches Sozialgesetzbuch wird zur Ermittlung der Mehraufwendungen für jedes Mittagessen ein Betrag in Höhe des in § 9 des Regelbedarfsermittlungsgesetzes festgelegten Eigenanteils berücksichtigt. [6] Die Leistungen nach Satz 1 gelten nicht als Einkommen oder Vermögen im Sinne dieses Gesetzes. [7] § 19 Absatz 3 des Zweiten Buches Sozialgesetzbuch findet keine Anwendung.

[***ab 1. 8. 2013:***

(2 a)[3)] Ansprüche auf Leistungen für Bildung und Teilhabe verjähren in zwölf Monaten nach Ablauf des Kalendermonats, in dem sie entstanden sind.]

[1)] § 6 b eingef. mWv 1. 1. 2011 durch G v. 24. 3. 2011 (BGBl. I S. 453); zur Anwendung siehe § 20 Abs. 8.

[2)] § 6 b Abs. 2 Satz 3 geänd., Satz 4 eingef., bish. Sätze 4 bis 6 werden Sätze 5 bis 7 mWv 1. 8. 2013 durch G v. 7. 5. 2013 (BGBl. I S. 1167).

[3)] § 6 b Abs. 2 a eingef. mWv 1. 8. 2013 durch G v. 7. 5. 2013 (BGBl. I S. 1167).

(3) Für die Erbringung der Leistungen für Bildung und Teilhabe gelten die §§ 29 [*ab 1. 8. 2013:* , 30][1] und 40 Absatz 3 des Zweiten Buches Sozialgesetzbuch entsprechend.

Zweiter Abschnitt. Organisation und Verfahren

§ 7[2] **Zuständigkeit.** (1) Die Bundesagentur für Arbeit (Bundesagentur) führt dieses Gesetz nach fachlichen Weisungen des Bundesministeriums für Familie, Senioren, Frauen und Jugend durch.

(2) Die Bundesagentur führt bei der Durchführung dieses Gesetzes die Bezeichnung „Familienkasse".

(3) Abweichend von Absatz 1 führen die Länder § 6b als eigene Angelegenheit aus.

§ 7 a[3] **Datenübermittlung.** Die Träger der Leistungen nach § 6b und die Träger der Grundsicherung für Arbeitsuchende teilen sich alle Tatsachen mit, die für die Erbringung und Abrechnung der Leistungen nach § 6b dieses Gesetzes und § 28 des Zweiten Buches Sozialgesetzbuch erforderlich sind.

§ 8[4] **Aufbringung der Mittel.** (1) Die Aufwendungen der Bundesagentur für die Durchführung dieses Gesetzes trägt der Bund.

(2) Der Bund stellt der Bundesagentur nach Bedarf die Mittel bereit, die sie für die Zahlung des Kindergeldes benötigt.

(3) Der Bund erstattet die Verwaltungskosten, die der Bundesagentur aus der Durchführung dieses Gesetzes entstehen, in einem Pauschbetrag, der zwischen der Bundesregierung und der Bundesagentur vereinbart wird.

(4) Abweichend von den Absätzen 1 bis 3 tragen die Länder die Ausgaben für die Leistungen nach § 6b und ihre Durchführung.

§ 9[5] **Antrag.** (1) [1]Das Kindergeld und der Kinderzuschlag sind schriftlich zu beantragen. [2]Der Antrag soll bei der nach § 13 zuständigen Familienkasse gestellt werden. [3]Den Antrag kann außer dem Berechtigten auch stellen, wer ein berechtigtes Interesse an der Leistung des Kindergeldes hat.

(2) [1]Vollendet ein Kind das 18. Lebensjahr, so wird es für den Anspruch auf Kindergeld nur dann weiterhin berücksichtigt, wenn der oder die Berechtigte anzeigt, dass die Voraussetzungen des § 2 Absatz 2 vorliegen. [2]Absatz 1 gilt entsprechend.

---

[1] Zitat ergänzt mWv 1. 8. 2013 durch G v. 7. 5. 2013 (BGBl. I S. 1167).

[2] § 7 Überschrift geänd., Abs. 3 angef. mWv 1. 1. 2011 durch G v. 24. 3. 2011 (BGBl. I S. 453).

[3] § 7 a eingef. mWv 1. 1. 2011 durch G v. 24. 3. 2011 (BGBl. I S. 453).

[4] § 8 Überschr. geänd., Abs. 4 angef. mWv 1. 1. 2011 durch G v. 24. 3. 2011 (BGBl. I S. 453).

[5] § 9 Abs. 3 angef. mWv 1. 1. 2011 durch G v. 24. 3. 2011 (BGBl. I S. 453).

(3) [1]Die Leistungen für Bildung und Teilhabe sind bei der zuständigen Stelle schriftlich zu beantragen. [2]Absatz 1 Satz 3 gilt entsprechend.

§ 10 Auskunftspflicht. (1)[1)] [1]§ 60 Absatz 1 des Ersten Buches Sozialgesetzbuch gilt auch für die bei dem Antragsteller oder Berechtigten berücksichtigten Kinder, für den nicht dauernd getrennt lebenden Ehegatten des Antragstellers oder Berechtigten und für die sonstigen Personen, bei denen die bezeichneten Kinder berücksichtigt werden. [***ab 24. 7. 2014:*** [2]§ 60 Absatz 4 des Zweiten Buches Sozialgesetzbuch gilt entsprechend.]

(2) Soweit es zur Durchführung der §§ 2 und § 6a erforderlich ist, hat der jeweilige Arbeitgeber der in diesen Vorschriften bezeichneten Personen auf Verlangen der zuständigen Stelle eine Bescheinigung über den Arbeitslohn, die einbehaltenen Steuern und Sozialabgaben *sowie den auf der Lohnsteuerkarte eingetragenen Freibetrag*[2)] auszustellen.

(3) Die Familienkassen können den nach Absatz 2 Verpflichteten eine angemessene Frist zur Erfüllung der Pflicht setzen.

§ 11[3)] **Gewährung des Kindergeldes und des Kinderzuschlags.** (1) Das Kindergeld und der Kinderzuschlag werden monatlich gewährt.

(2) Auszuzahlende Beträge sind auf Euro abzurunden, und zwar unter 50 Cent nach unten, sonst nach oben.

(3) § 45 Absatz 3 des Zehnten Buches Sozialgesetzbuch findet keine Anwendung.

(4) Ein rechtswidriger nicht begünstigender Verwaltungsakt ist abweichend von § 44 Absatz 1 des Zehnten Buches Sozialgesetzbuch für die Zukunft zurückzunehmen; er kann ganz oder teilweise auch für die Vergangenheit zurückgenommen werden.

§ 12 Aufrechnung. § 51 des Ersten Buches Sozialgesetzbuch gilt für die Aufrechnung eines Anspruchs auf Erstattung von Kindergeld und Kinderzuschlag gegen einen späteren Anspruch auf Kindergeld und Kinderzuschlag eines oder einer mit dem Erstattungspflichtigen in Haushaltsgemeinschaft lebenden Berechtigten entsprechend, soweit es sich um laufendes Kindergeld oder laufenden Kinderzuschlag für ein Kind handelt, das bei beiden berücksichtigt werden konnte.

§ 13[4)] **Zuständige Stelle.** (1) [1]Für die Entgegennahme des Antrages und die Entscheidungen über den Anspruch ist die Familienkasse (§ 7 Absatz 2) zuständig, in deren Bezirk der Berechtigte seinen Wohnsitz hat. [2]Hat der Berechtigte keinen Wohnsitz im Geltungsbereich dieses Gesetzes, ist die Fami-

---

1) § 10 Abs. 1 Satz 2 angef. mWv 24. 7. 2014 durch G v. 18. 7. 2014 (BGBl. I S. 1042).

2) Kursiver Satzteil aufgeh. mWv 1. 1. 2012 durch G v. 7. 12. 2011 (BGBl. I S. 2592).

3) § 11 Überschr. geänd., Abs. 1 geänd. mWv 1. 1. 2011 durch G v. 24. 3. 2011 (BGBl. I S. 453).

4) § 13 Überschr. geänd., Abs. 4 angef. mWv 1. 1. 2011 durch G v. 24. 3. 2011 (BGBl. I S. 453).

lienkasse zuständig, in deren Bezirk er seinen gewöhnlichen Aufenthalt hat. [3]Hat der Berechtigte im Geltungsbereich dieses Gesetzes weder einen Wohnsitz noch einen gewöhnlichen Aufenthalt, ist die Familienkasse zuständig, in deren Bezirk er erwerbstätig ist. [4]In den übrigen Fällen ist die Familienkasse Nürnberg zuständig.

(2) Die Entscheidungen über den Anspruch trifft die Leitung der Familienkasse.

(3) Der Vorstand der Bundesagentur kann für bestimmte Bezirke oder Gruppen von Berechtigten die Entscheidungen über den Anspruch auf Kindergeld einer anderen Familienkasse übertragen.

(4) Für die Leistungen nach § 6b bestimmen abweichend von den Absätzen 1 und 2 die Landesregierungen oder die von ihnen beauftragten Stellen die für die Durchführung zuständigen Behörden.

§ 14[1)] Bescheid. [1]Wird der Antrag auf Kindergeld, Kinderzuschlag oder Leistungen für Bildung und Teilhabe abgelehnt, ist ein schriftlicher Bescheid zu erteilen. [2]Das Gleiche gilt, wenn das Kindergeld, Kinderzuschlag oder Leistungen für Bildung und Teilhabe entzogen werden.

§ 15 Rechtsweg. Für Streitigkeiten nach diesem Gesetz sind die Gerichte der Sozialgerichtsbarkeit zuständig.

Dritter Abschnitt. Bußgeldvorschriften

§ 16 Ordnungswidrigkeiten. (1) Ordnungswidrig handelt, wer vorsätzlich oder leichtfertig

1. entgegen § 60 Absatz 1 Satz 1 Nummer 1 oder Nummer 3 des Ersten Buches Sozialgesetzbuch in Verbindung mit § 10 Absatz 1 auf Verlangen nicht die leistungserheblichen Tatsachen angibt oder Beweisurkunden vorlegt,
2.[2)] entgegen § 60 Absatz 1 Satz 1 Nummer 2 des Ersten Buches Sozialgesetzbuch eine Änderung in den Verhältnissen, die für einen Anspruch auf Kindergeld, Kinderzuschlag oder Leistungen für Bildung und Teilhabe erheblich ist, nicht, nicht richtig, nicht vollständig oder nicht rechtzeitig mitteilt oder
3. entgegen § 10 Absatz 2 oder Absatz 3 auf Verlangen eine Bescheinigung nicht, nicht richtig, nicht vollständig oder nicht rechtzeitig ausstellt.

(2) Die Ordnungswidrigkeit kann mit einer Geldbuße geahndet werden.

(3) § 66 des Zehnten Buches Sozialgesetzbuch gilt entsprechend.

(4) Verwaltungsbehörden im Sinne des § 36 Absatz 1 Nummer 1 des Gesetzes über Ordnungswidrigkeiten sind die nach § 409 der Abgabenordnung bei Steuerordnungswidrigkeiten wegen des Kindergeldes nach dem X. Abschnitt des Einkommensteuergesetzes zuständigen Verwaltungsbehörden.

[1)] § 14 geänd. mWv 1. 1. 2011 durch G v. 24. 3. 2011 (BGBl. I S. 453).

[2)] § 16 Abs. 1 Nr. 2 geänd. mWv 1. 1. 2011 durch G v. 24. 3. 2011 (BGBl. I S. 453).

Vierter Abschnitt. Übergangs- und Schlussvorschriften

§ 17 Recht der Europäischen Gemeinschaft. [1]Soweit in diesem Gesetz Ansprüche Deutschen vorbehalten sind, haben Angehörige der anderen Mitgliedstaaten der Europäischen Union, Flüchtlinge und Staatenlose nach Maßgabe des Vertrages zur Gründung der Europäischen Gemeinschaft und der auf seiner Grundlage erlassenen Verordnungen die gleichen Rechte. [2]Auch im Übrigen bleiben die Bestimmungen der genannten Verordnungen unberührt.

§ 18 Anwendung des Sozialgesetzbuches. Soweit dieses Gesetz keine ausdrückliche Regelung trifft, ist bei der Ausführung das Sozialgesetzbuch anzuwenden.

§ 19 Übergangsvorschriften. (1) Ist für die Nachzahlung und Rückforderung von Kindergeld und Zuschlag zum Kindergeld für Berechtigte mit geringem Einkommen der Anspruch eines Jahres vor 1996 maßgeblich, finden die §§ 10, 11 und 11 a in der bis zum 31. Dezember 1995 geltenden Fassung[1)] Anwendung.

(2) Verfahren, die am 1. Januar 1996 anhängig sind, werden nach den Vorschriften des Sozialgesetzbuches und des Bundeskindergeldgesetzes in der bis zum 31. Dezember 1995 geltenden Fassung zu Ende geführt, soweit in § 78 des Einkommensteuergesetzes nichts anderes bestimmt ist.

§ 20 Anwendungsvorschrift. (1) [1]§ 1 Absatz 3 in der am 19. Dezember 2006 geltenden Fassung ist in Fällen, in denen eine Entscheidung über den Anspruch auf Kindergeld für Monate in dem Zeitraum zwischen dem 1. Januar 1994 und dem 18. Dezember 2006 noch nicht bestandskräftig geworden ist, anzuwenden, wenn dies für den Antragsteller günstiger ist. [2]In diesem Fall werden die Aufenthaltsgenehmigungen nach dem Ausländergesetz den Aufenthaltstiteln nach dem Aufenthaltsgesetz entsprechend den Fortgeltungsregelungen in § 101 des Aufenthaltsgesetzes gleichgestellt.

(2) § 5 Absatz 2 des Bundeskindergeldgesetzes in der Fassung der Bekanntmachung vom 23. Januar 1997 (BGBl. I S. 46) ist letztmals für das Kalenderjahr 1997 anzuwenden, so dass Kindergeld auf einen nach dem 31. Dezember 1997 gestellten Antrag rückwirkend längstens bis einschließlich Juli 1997 gezahlt werden kann.

(3) In Fällen, in denen die Entscheidung über die Höhe des Kindergeldanspruchs für Monate in dem Zeitraum zwischen dem 1. Januar 1994 und dem 31. Dezember 1995 noch nicht bestandskräftig geworden ist, ist statt des § 3 Absatz 3 Satz 1 dieses Gesetzes in der Fassung des Ersten Gesetzes zur Umsetzung des Spar-, Konsolidierungs- und Wachstumsprogramms vom 21. Dezember 1993 (BGBl. I S. 2353) § 3 Absatz 2 Satz 1 und 2 dieses Gesetzes in der am 23. Dezember 2003 geltenden Fassung anzuwenden.

---

1) Nachstehend als Anhang abgedruckt.

(4) [1] § 1 Absatz 2 Satz 3 und § 2 Absatz 2 und 3 in der Fassung des Artikels 3 des Gesetzes vom 19. Juli 2006 (BGBl. I S. 1652) ist für Kinder, die im Kalenderjahr 2006 das 24. Lebensjahr vollendeten, mit der Maßgabe anzuwenden, dass jeweils an die Stelle der Angabe „25. Lebensjahres" die Angabe „26. Lebensjahres" und an die Stelle der Angabe „25. Lebensjahr" die Angabe „26. Lebensjahr" tritt; für Kinder, die im Kalenderjahr 2006 das 25. oder 26. Lebensjahr vollendeten, sind § 1 Absatz 2 Satz 3 und § 2 Absatz 2 und 3 weiterhin in der bis zum 31. Dezember 2006 geltenden Fassung anzuwenden. [2] § 1 Absatz 2 Satz 3 und § 2 Absatz 2 und 3 in der Fassung des Artikels 3 des Gesetzes vom 19. Juli 2006 (BGBl. I S. 1652) sind erstmals für Kinder anzuwenden, die im Kalenderjahr 2007 wegen einer vor Vollendung des 25. Lebensjahres eingetretenen körperlichen, geistigen oder seelischen Behinderung außerstande sind, sich selbst zu unterhalten; für Kinder, die wegen einer vor dem 1. Januar 2007 in der Zeit ab der Vollendung des 25. Lebensjahres und vor Vollendung des 27. Lebensjahres eingetretenen körperlichen, geistigen oder seelischen Behinderung außerstande sind, sich selbst zu unterhalten, ist § 2 Absatz 2 Satz 1 Nummer 3 weiterhin in der bis zum 31. Dezember 2006 geltenden Fassung anzuwenden. [3] § 2 Absatz 3 Satz 1 in der Fassung des Artikels 3 des Gesetzes vom 19. Juli 2006 (BGBl. I S. 1652) ist für Kinder, die im Kalenderjahr 2006 das 24. Lebensjahr vollendeten, mit der Maßgabe anzuwenden, dass an die Stelle der Angabe „über das 21. oder 25. Lebensjahr hinaus" die Angabe „über das 21. oder 26. Lebensjahr hinaus" tritt; für Kinder, die im Kalenderjahr 2006 das 25., 26. oder 27. Lebensjahr vollendeten, ist § 2 Absatz 3 Satz 1 weiterhin in der bis zum 31. Dezember 2006 geltenden Fassung anzuwenden.

(5)[1)] [1] § 2 Absatz 2 Satz 1 Nummer 2 Buchstabe d in der Fassung des Artikels 2 Absatz 8 Buchstabe a Doppelbuchstabe aa des Gesetzes vom 16. Mai 2008 (BGBl. I S. 842) ist auf Freiwilligendienste im Sinne des Beschlusses Nummer 1719/2006/EG des Europäischen Parlaments und des Rates vom 15. November 2006 zur Einführung des Programms „Jugend in Aktion" (ABl. EU Nummer L 327 S. 30), die vor dem 1. Januar 2014 begonnen wurden, in der Zeit vom 1. Januar 2007 bis zum 31. Dezember 2013 und auf Freiwilligendienste „weltwärts" im Sinne der Richtlinie des Bundesministeriums für wirtschaftliche Zusammenarbeit und Entwicklung vom 1. August 2007 (BAnz. 2008 S. 1297) ab dem 1. Januar 2008 anzuwenden. [2] Die Regelungen des § 2 Absatz 2 Satz 1 Nummer 2 Buchstabe d in der bis zum 31. Mai 2008 geltenden Fassung sind bezogen auf die Ableistung eines freiwilligen sozialen Jahres im Sinne des Gesetzes zur Förderung eines freiwilligen sozialen Jahres oder eines freiwilligen ökologischen Jahres im Sinne des Gesetzes zur Förderung eines freiwilligen ökologischen Jahres auch über den 31. Mai 2008 hinaus anzuwenden, soweit die vorstehend genannten freiwilligen Jahre vor dem 1. Juni 2008 vereinbart oder begonnen wurden und über den 31. Mai 2008 hinausgehen und die Beteiligten nicht die Anwendung der Vorschriften des Jugendfreiwilligendienstgesetzes vereinbaren. [3] § 2 Absatz 2 Satz 1 Nummer 2

[1)] § 20 Abs. 5 Satz 3 angef., Abs. 5a eingef. durch G v. 16. 7. 2009 (BGBl. I S. 1959); Abs. 5 Satz 4 angef. durch G v. 7. 12. 2011 (BGBl. I S. 2592); Satz 1 geänd., Satz 5 angef. durch G v. 25. 7. 2014 (BGBl. I S. 1266).

Buchstabe d in der Fassung des Artikels 13 des Gesetzes vom 16. Juli 2009 (BGBl. I S. 1959) ist auf einen Freiwilligendienst aller Generationen im Sinne von § 2 Absatz 1 a des Siebten Buches Sozialgesetzbuch ab dem 1. Januar 2009 anzuwenden. 4 § 2 Absatz 2 Satz 1 Nummer 2 Buchstabe d in der Fassung des Artikels 9 des Gesetzes vom 7. Dezember 2011 (BGBl. I S. 2592) ist auf einen Internationalen Jugendfreiwilligendienst ab dem 1. Januar 2011 und auf einen Bundesfreiwilligendienst ab dem 3. Mai 2011 anzuwenden. 5 § 2 Absatz 2 Satz 1 Nummer 2 Buchstabe d in der am 31. Juli 2014[1)] geltenden Fassung ist auf Freiwilligendienste im Sinne der Verordnung (EU) Nr. 1288/2013 des Europäischen Parlaments und des Rates vom 11. Dezember 2013 zur Einrichtung von „Erasmus+", dem Programm der Union für allgemeine und berufliche Bildung, Jugend und Sport, und zur Aufhebung der Beschlüsse Nr. 1719/2006/EG, Nr. 1720/2006/EG und Nr. 1298/2008/EG (ABl. L 347 vom 20. 12. 2013, S. 50), die ab dem 1. Janaur 2014 begonnen wurden, ab dem 1. Januar 2014 anzuwenden.

(5 a) § 2 Absatz 2 Satz 2 in der Fassung des Artikels 13 des Gesetzes vom 16. Juli 2009 (BGBl. I S. 1959) ist ab dem 1. Januar 2010 anzuwenden.

(6) § 2 Absatz 2 Satz 4 in der Fassung des Artikels 2 Absatz 8 des Gesetzes vom 16. Mai 2008 (BGBl. I S. 842) ist erstmals ab dem 1. Januar 2009 anzuwenden.

(7) § 6 a Absatz 1 Nummer 2 in der am 30. September 2008 geltenden Fassung ist in Fällen, in denen zu diesem Zeitpunkt Kinderzuschlag bezogen wurde, so lange weiter anzuwenden, wie dies für die Antragsteller günstiger ist und der Bezug des Kinderzuschlags nicht unterbrochen wurde.

(8)[2)] 1 Abweichend von § 9 Absatz 3 können die Leistungen nach § 6 b vom 1. Januar bis 31. Mai 2011 bei der nach § 13 Absatz 1 zuständigen Familienkasse beantragt werden. 2 Die Familienkasse, bei der die leistungsberechtigte Person den Antrag stellt, leitet den Antrag an die nach § 13 Absatz 4 bestimmte Stelle weiter. 3 § 77 Absatz 7 und 11 Satz 4 des Zweiten Buches Sozialgesetzbuch gilt entsprechend. 4 § 77 Absatz 9 und 11 Satz 1 bis 3 des Zweiten Buches Sozialgesetzbuch gilt mit der Maßgabe, dass die abweichende Leistungserbringung bis zum 31. Mai 2011 erfolgt; dabei bleibt § 77 Absatz 8 des Zweiten Buches Sozialgesetzbuch außer Betracht. 5 Leistungen für mehrtägige Klassenfahrten nach § 6 b Absatz 2 Satz 1 in Verbindung mit § 28 Absatz 2 Satz 1 Nummer 2 des Zweiten Buches Sozialgesetzbuch werden für den Zeitraum vom 1. Januar bis zum 31. Mai 2011 durch Geldleistung erbracht.

(9)[3)] § 2 Absatz 3 ist letztmals bis zum 31. Dezember 2018 anzuwenden; Voraussetzung ist in diesen Fällen, dass das Kind den Dienst oder die Tätigkeit vor dem 1. Juli 2011 angetreten hat.

§ 21 Sondervorschrift zur Steuerfreistellung des Existenzminimums eines Kindes in den Veranlagungszeiträumen 1983 bis 1995 durch

---

[1)] Datum des Tages nach der Verkündung des G v. 25. 7. 2014 (BGBl. I S. 1266).

[2)] § 20 Abs. 8 angef. durch G v. 24. 3. 2011 (BGBl. I S. 453); Satz 3 ersetzt durch Sätze 3 und 4, bish. Satz 4 wird Satz 5 durch G v. 20. 6. 2011 (BGBl. I S. 1114).

[3)] § 20 Abs. 9 angef. durch G v. 26. 6. 2013 (BGBl. I S. 1809).

Kindergeld. [1]In Fällen, in denen die Entscheidung über die Höhe des Kindergeldanspruchs für Monate in dem Zeitraum zwischen dem 1. Januar 1983 und dem 31. Dezember 1995 noch nicht bestandskräftig geworden ist, kommt eine von den §§ 10 und 11 in der jeweils geltenden Fassung abweichende Bewilligung von Kindergeld nur in Betracht, wenn die Einkommensteuer formell bestandskräftig und hinsichtlich der Höhe der Kinderfreibeträge nicht vorläufig festgesetzt sowie das Existenzminimum des Kindes nicht unter der Maßgabe des § 53 des Einkommensteuergesetzes steuerfrei belassen worden ist. [2]Dies ist vom Kindergeldberechtigten durch eine Bescheinigung des zuständigen Finanzamtes nachzuweisen. [3]Nach Vorlage dieser Bescheinigung hat die Familienkasse den vom Finanzamt ermittelten Unterschiedsbetrag zwischen der festgesetzten Einkommensteuer und der Einkommensteuer, die nach § 53 Satz 6 des Einkommensteuergesetzes festzusetzen gewesen wäre, wenn die Voraussetzungen nach § 53 Satz 1 und 2 des Einkommensteuergesetzes vorgelegen hätten, als zusätzliches Kindergeld zu zahlen.

§ 22 Bericht der Bundesregierung. Die Bundesregierung legt dem Deutschen Bundestag bis zum 31. Dezember 2006 einen Bericht über die Auswirkungen des § 6a (Kinderzuschlag) sowie über die gegebenenfalls notwendige Weiterentwicklung dieser Vorschrift vor.

Anhang zu § 19
§§ 10, 11, 11a a. F.

§ 10 Höhe des Kindergeldes. (1) [1]Das Kindergeld beträgt für das 1. Kind 70 Deutsche Mark, für das 2. Kind 130 Deutsche Mark, für das 3. Kind 220 Deutsche Mark und für das 4. und jedes weitere Kind je 240 Deutsche Mark monatlich. [2]Bei der Anwendung des Satzes 1 gelten Kinder, Geschwister und Pflegekinder eines Berechtigten, dem auch Kindergeld nach § 1 Abs. 2 zusteht oder ohne Anwendung des § 8 Abs. 1 zustehen würde, als 2. oder weiteres Kind, wenn sie zuvor bei den Eltern des Berechtigten berücksichtigt wurden.

(2) [1]Das Kindergeld für das 2. und jedes weitere Kind wird nach dem in Satz 4 genannten Maßstab stufenweise bis auf den Sockelbetrag von
- 70 Deutsche Mark für das 2. Kind,
- 140 Deutsche Mark für jedes weitere Kind

gemindert, wenn das Jahreseinkommen des Berechtigten und seines nicht dauernd von ihm getrenntlebenden Ehegatten den für ihn maßgeblichen Freibetrag um wenigstens 480 Deutsche Mark übersteigt. [2]Für die Minderung des nach § 8 Abs. 2 bemessenen Kindergeldes verringert sich der Sockelbetrag des Satzes 1 um den Betrag der bei der Bemessung nach § 8 Abs. 2 berücksichtigten anderen Leistung. [3]Der Freibetrag setzt sich zusammen aus
- 26 600 Deutsche Mark für Berechtigte, die verheiratet sind und von ihrem Ehegatten nicht dauernd getrennt leben,
- 19 000 Deutsche Mark für sonstige Berechtigte

sowie 9 200 Deutsche Mark für jedes Kind, für das dem Berechtigten Kindergeld zusteht oder ohne Anwendung des § 8 Abs. 1 zustehen würde. [4]Für je

480 Deutsche Mark, um die das Jahreseinkommen den Freibetrag übersteigt, wird das Kindergeld um 20 Deutsche Mark monatlich gemindert; kommt die Minderung des für mehrere Kinder zu zahlenden Kindergeldes in Betracht, wird sie beim Gesamtkindergeld vorgenommen.

(3) [1]Der Sockelbetrag für das 3. und jedes weitere Kind wird auf 70 Deutsche Mark festgesetzt, wenn das Jahreseinkommen des Berechtigten und seines nicht dauernd von ihm getrennt lebenden Ehegatten den für ihn nach diesem Absatz maßgeblichen Freibetrag übersteigt. [2]Der Freibetrag beträgt

– 100 000 Deutsche Mark für Berechtigte, die verheiratet sind und von ihrem Ehegatten nicht dauernd getrennt leben,
– 75 000 Deutsche Mark für sonstige Berechtigte

sowie 9200 Deutsche Mark für das 4. und jedes weitere Kind, für das dem Berechtigten Kindergeld zusteht oder ohne Anwendung des § 8 Abs. 1 zustehen würde.

§ 11 Jahreseinkommen. (1) [1]Als Jahreseinkommen gilt die Summe der in dem nach Absatz 3 oder 4 maßgeblichen Kalenderjahr erzielten positiven Einkünfte im Sinne des § 2 Abs. 1 und 2 des Einkommensteuergesetzes. [2]Ein Ausgleich mit Verlusten aus anderen Einkunftsarten und mit Verlusten des Ehegatten ist nicht zulässig.

(2) Vom Einkommen werden abgezogen

1. die Einkommensteuer und die Kirchensteuer, die für das nach Absatz 3 oder 4 maßgebliche Kalenderjahr zu leisten waren oder sind,
2. die steuerlich anerkannten Vorsorgeaufwendungen für das nach Absatz 3 oder 4 maßgebliche Kalenderjahr, soweit sie im Rahmen der Höchstbeträge nach § 10 des Einkommensteuergesetzes abziehbar sind, zumindest die Vorsorgepauschale (§ 10c des Einkommensteuergesetzes),

2a. der nach § 33b Abs. 5 des Einkommensteuergesetzes für das nach Absatz 3 oder 4 maßgebliche Kalenderjahr abgezogene Behinderten- Pauschbetrag für ein Kind, für das der Freibetrag nach § 10 Abs. 2 Satz 3 erhöht worden ist, oder die nach § 33 des Einkommensteuergesetzes wegen der Behinderung des Kindes geltend gemachten außergewöhnlichen Belastungen bis zur Höhe dieses Pauschbetrages,

3. die Unterhaltsleistungen, die der Berechtigte oder sein nicht dauernd von ihm getrenntlebender Ehegatte in dem nach Absatz 3 oder 4 maßgeblichen Kalenderjahr erbracht hat oder erbringt
   a) an Kinder, für die der Freibetrag nach § 10 Abs. 2 Satz 3 nicht erhöht worden ist, jedoch nur bis zu dem durch Unterhaltsurteil oder -vergleich festgesetzten Betrag,
   b) an sonstige Personen, soweit die Leistungen nach § 10 Abs. 1 Nr. 1 oder § 33a Abs. 1 des Einkommensteuergesetzes berücksichtigt worden oder zu berücksichtigen sind.

(2a) Für die Berücksichtigung von Einkünften aus nichtselbständiger Arbeit, die keiner staatlichen Besteuerung unterlagen oder die nur nach ausländischem Steuerrecht, und zwar abschließend ohne Festsetzungsbescheid der Steuerbehörde, zu besteuern waren, ist von deren Bruttobetrag auszugehen; hiervon werden abgezogen

1. ein Betrag in Höhe des Arbeitnehmer-Pauschbetrages (§ 9a Nr. 1 des Einkommensteuergesetzes),
2. die darauf entfallenden Lohn- und Kirchensteuern oder steuerähnlichen Abgaben,
3. Vorsorgeaufwendungen bis zu dem nach Absatz 2 Nr. 2 maßgeblichen Höchstbetrag,

3a. der für das nach Absatz 3 oder 4 maßgebliche Kalenderjahr bei der Besteuerung nach ausländischem Steuerrecht abgezogene, dem Behinderten-Pauschbetrag nach § 33b Abs. 5 des Einkommensteuergesetzes entsprechende Betrag für ein Kind, für das der Freibetrag nach § 10 Abs. 2 Satz 3 erhöht worden ist,

4. Unterhaltsleistungen an Kinder nach Absatz 2 Nr. 3 Buchstabe a oder entsprechend dieser Vorschrift bis zu dem Betrag von je 9200 DM an sonstige unterhaltsberechtigte Personen.

(2b) [1] Für die Berücksichtigung von Einkünften, die nur nach ausländischem Steuerrecht, und zwar abschließend durch Festsetzungsbescheid der Steuerbehörde, zu besteuern waren, gelten die Absätze 1 und 2 mit der Maßgabe, daß an die Stelle der darin genannten Vorschriften die entsprechenden Vorschriften des ausländischen Steuerrechts treten. [2] Kann die Anwendung des Satzes 1 wegen der Unterschiede zwischen dem ausländischen Steuerrecht und dem Einkommensteuergesetz nicht erfolgen, ist abweichend von Satz 1 als Einkommen der Betrag anzusetzen, der die Bemessungsgrundlage für die im Einzelfall festgesetzte tarifliche Einkommensteuer ist; hiervon werden die darauf entfallenden Einkommen- und Kirchensteuern sowie Unterhaltsleistungen nach Absatz 2 Nr. 3 Buchstabe a abgezogen.

(2c) [1] Einkünfte und Abzüge in ausländischer Währung sind nach dem Mittelkurs der anderen Währung, der an der Frankfurter Devisenbörse für Ende September des nach Absatz 3 oder 4 maßgeblichen Kalenderjahres amtlich festgestellt ist, in Deutsche Mark umzurechnen. [2] § 8 Abs. 2 Satz 5 gilt entsprechend.

(3) [1] Maßgeblich ist das Einkommen im vorletzten Kalenderjahr vor dem Kalenderjahr, für das die Zahlung des Kindergeldes in Betracht kommt, und zwar mit Ausnahme der in Absatz 2a genannten Einkünfte so, wie es der Besteuerung zugrunde gelegt worden ist. [2] Steht die Steuerfestsetzung noch aus, so werden zunächst die Sockelbeträge (§ 10 Abs. 2 Satz 1) gezahlt. [3] Jedoch ist Berechtigten, denen für Dezember des vorigen Jahres mehr als die Sockelbeträge zustand, die Sockelbeträge übersteigendes Kindergeld nach dem für diesen Monat maßgeblichen Einkommen bis einschließlich Juni unter dem Vorbehalt der Rückforderung zu zahlen. [4] Sobald die Steuer festgesetzt ist, ist endgültig über die Höhe des Kindergeldes zu entscheiden. [5] Überzahltes Kindergeld ist vom Berechtigten zu erstatten. [6] Mit dem Erstattungsanspruch kann gegen Ansprüche auf laufendes Kindergeld bis zu deren voller Höhe aufgerechnet werden; § 23 Abs. 2 gilt entsprechend.

(4) [1]Macht der Berechtigte vor Ablauf des Kalenderjahres, für das die Zahlung des Kindergeldes in Betracht kommt (Leistungsjahr), glaubhaft, daß das Einkommen in diesem Jahr voraussichtlich so gering sein wird, daß bei seiner Berücksichtigung das Kindergeld nicht nur in Höhe des Sockelbetrages zu leisten wäre, so wird dieses Einkommen zugrunde gelegt und Kindergeld in Höhe des den Sockelbetrag übersteigenden Betrages unter dem Vorbehalt der Rückforderung gezahlt. [2]Sobald sich das im Leistungsjahr erzielte Einkommen endgültig feststellen läßt, wird abschließend entschieden. [3]Ergibt sich dabei, daß der Berechtigte zu Unrecht Kindergeld erhalten hat, hat er den überzahlten Betrag zurückzuzahlen. [4]Mit dem Erstattungsanspruch kann gegen laufende Kindergeldansprüche bis zu deren voller Höhe aufgerechnet werden; § 23 Abs. 2 gilt entsprechend.

§ 11a Zuschlag zum Kindergeld für Berechtigte mit geringem Einkommen. (1) [1]Das Kindergeld für die Kinder, für die dem Berechtigten der Kinderfreibetrag nach § 32 Abs. 6 des Einkommensteuergesetzes zusteht, erhöht sich um den nach Absatz 6 bemessenen Zuschlag, wenn das zu versteuernde Einkommen (§ 2 Abs. 5 des Einkommensteuergesetzes) des Berechtigten geringer ist als der Grundfreibetrag nach § 32a Abs. 1 Nr. 1 des Einkommensteuergesetzes. [2]Das zu versteuernde Einkommen wird berücksichtigt, soweit und wie es der Besteuerung zugrunde gelegt wurde; soweit erheblich, ist das zu versteuernde Einkommen als Negativbetrag festzustellen. [3]Ist die tarifliche Einkommensteuer nach § 32a Abs. 5 oder 6 des Einkommensteuergesetzes berechnet worden, tritt an die Stelle des Grundfreibetrages das Zweifache dieses Betrages. [4]Satz 1 gilt nicht für Berechtigte, deren Einkommen zuzüglich des Einkommens ihres nicht dauernd von ihnen getrenntlebenden Ehegatten überwiegend aus ausländischen, im Ausland erzielten inländischen oder von einer über- oder zwischenstaatlichen Einrichtung gezahlten Einkünften besteht und insoweit nicht nach dem Einkommensteuergesetz versteuert wird.

(2) [1]Ist die tarifliche Einkommensteuer für Ehegatten, die beide Kindergeld beziehen, nach § 32a Abs. 5 des Einkommensteuergesetzes berechnet worden, erhält derjenige von ihnen, der das höhere nach § 10 bemessene Kindergeld bezieht, den Zuschlag auch für die Kinder, für die dem anderen Kindergeld gezahlt wird. [2]Bei gleich hohem Kindergeld gilt § 3 Abs. 3 entsprechend.

(3) Steht der Kinderfreibetrag für ein Kind dem Berechtigten und einem anderen je zur Hälfte zu, so erhält auch der andere entsprechend Absatz 1 einen nach Absatz 6 bemessenen Zuschlag als Kindergeld.

(4) [1]Steht der Kinderfreibetrag für ein Kind nicht dem Berechtigten, sondern einer Person zu, die nach § 3 Abs. 2 Satz 1 als Berechtigter ausgeschlossen ist, so erhält diese Person entsprechend Absatz 1 einen nach Absatz 6 bemessenen Zuschlag als Kindergeld. [2]Absatz 3 gilt entsprechend.

(5) [1]Für ein Kind, für das nach § 8 kein Kindergeld zu zahlen ist, erhält derjenige, der ohne die Anwendung des § 8 Abs. 1 Anspruch auf Kindergeld hätte, entsprechend Absatz 1 einen nach Absatz 6 bemessenen Zuschlag als Kindergeld. [2]Die Absätze 3 und 4 gelten entsprechend.

(6) [1] Der Zuschlag beträgt ein Zwölftel von 19 vom Hundert des Unterschiedsbetrages zwischen dem zu versteuernden Einkommen und dem nach Absatz 1 Satz 1 oder Satz 3 maßgeblichen Grundfreibetrag, höchstens von 19 vom Hundert der Summe der dem Berechtigten zustehenden Kinderfreibeträge. [2] In Fällen der Steuerfestsetzung nach § 32b des Einkommensteuergesetzes tritt an die Stelle des nach Satz 1 maßgeblichen Vomhundertsatzes ein Vomhundertsatz in Höhe des Unterschiedes zwischen dem nach Satz 1 maßgeblichen Vomhundertsatz und dem im Steuerbescheid ausgewiesenen besonderen Steuersatz. [3] § 20 Abs. 3 ist anzuwenden.

(7) [1] Der Zuschlag wird nach Ablauf des Jahres, für das er zu leisten ist, auf Antrag gezahlt. [2] Die Zahlung setzt voraus, daß der Antrag spätestens innerhalb von sechs Monaten nach Ablauf dieses Jahres oder, wenn die Steuer erst nach Ablauf dieses Jahres festgesetzt wird, nach der Steuerfestsetzung gestellt worden ist.

(8) [1] Macht der Berechtigte glaubhaft, daß die ihm und seinem nicht dauernd von ihm getrenntlebenden Ehegatten zustehenden Kinderfreibeträge sich voraussichtlich nicht oder nur teilweise auswirken werden, wird der Zuschlag unter dem Vorbehalt der Rückforderung bereits während des Jahres, für das er in Betracht kommt, gezahlt. [2] Dies gilt nicht, soweit die Zahlung des Zuschlags nach oder in entsprechender Anwendung von Absatz 3 in Betracht kommt. [3] Zuschläge unter 20 Deutsche Mark werden hiernach nicht geleistet. [4] § 11 Abs. 3 Satz 4 bis 6 gilt entsprechend.

62. Gesetz zum Elterngeld und zur Elternzeit (Bundeselterngeld- und Elternzeitgesetz – BEEG)[1)·2)]

In der Fassung der Bekanntmachung vom 27. Januar 2015 (BGBl. I S. 33)

Die Neufassung enthält folgende Änderungsgesetze: Gesetz zur Umsetzung aufenthalts- und asylrechtlicher Richtlinien der EU vom 19. 8. 2007 (BGBl. I S. 1970), Erstes Gesetz zur Änderung des Bundeselterngeld- und Elternzeitgesetzes vom 17. 1. 2009 (BGBl. I S. 61), Dienstrechtsneuordnungsgesetz vom 5. 2. 2009 (BGBl. I S. 160), ELENA-Verfahrensgesetz vom 28. 3. 2009 (BGBl. I S. 634), Haushaltsbegleitgesetz 2011 (HBeglG 2011) vom 9. 12. 2010 (BGBl. I S. 1885), Steuervereinfachungsgesetz 2011 vom 1. 11. 2011 (BGBl. I S. 2131), Gesetz zur Änderung des Beherbergungsstatistikgesetzes und des Handelsstatistikgesetzes sowie zur Aufhebung von Vorschriften zum Verfahren des elektronischen Entgeltnachweises vom 23. 11. 2011 (BGBl. I S. 2298), Gesetz zur Vereinfachung des Elterngeldvollzugs vom 10. 9. 2012 (BGBl. I S. 1878; ber. I 2013 S. 69), Gesetz zur Neuausrichtung der Pflegeversicherung vom 23. 10. 2012 (BGBl. I S. 2246), Gesetz zur Einführung eines Betreuungsgeldes (Betreuungsgeldgesetz) vom 15. 2. 2013 (BGBl. I S. 254) und Gesetz zur Einführung des Elterngeld Plus mit Partnerschaftsbonus und einer flexibleren Elternzeit im Bundeselterngeld- und Elternzeitgesetz vom 18. 12. 2014 (BGBl. I S. 2325)

BGBl. III/FNA 85-5

Abschnitt 1. Elterngeld[3)]

§ 1 Berechtigte. (1) [1] Anspruch auf Elterngeld hat, wer

1. einen Wohnsitz oder seinen gewöhnlichen Aufenthalt in Deutschland hat,
2. mit seinem Kind in einem Haushalt lebt,
3. dieses Kind selbst betreut und erzieht und
4. keine oder keine volle Erwerbstätigkeit ausübt.

[2] Bei Mehrlingsgeburten besteht nur ein Anspruch auf Elterngeld.[4)]

(2) [1] Anspruch auf Elterngeld hat auch, wer, ohne eine der Voraussetzungen des Absatzes 1 Satz 1 Nummer 1[5)] zu erfüllen,

1. nach § 4 des Vierten Buches Sozialgesetzbuch dem deutschen Sozialversicherungsrecht unterliegt oder im Rahmen seines in Deutschland bestehenden öffentlich-rechtlichen Dienst- oder Amtsverhältnisses vorübergehend ins Ausland abgeordnet, versetzt oder kommandiert ist,

---

1) Das BEEG ist als Art. 1 des Gesetzes zur Einführung des Elterngeldes vom 5. 12. 2006 (BGBl. I S. 2748) verkündet worden.

2) Diese Fassung des Gesetzes berücksichtigt das **Elterngeld Plus** für **ab dem 1. 1. 2015** (§ 1; Mehrlingsgeburten) **bzw. ab dem 1. 7. 2015** (§§ 2–22) **geborene Kinder** (§ 27 Abs. 1 Sätze 1 und 2). Für **vorher geborene Kinder** siehe das BEEG in der bis zum 31. 12. 2014 geltenden Fassung, abgedruckt unter **Nr. 62 a.**

3) Zur **Anwendung siehe § 27 Abs. 1.**

4) § 1 Abs. 1 Satz 2 angef. durch G v. 18. 12. 2014 (BGBl. I S. 2325); zur Anwendung siehe § 27 Abs. 1 Satz 1.

5) Verweis geänd. durch G v. 18. 12. 2014 (BGBl. I S. 2325); zur Anwendung siehe § 27 Abs. 1 Satz 1.

2. Entwicklungshelfer oder Entwicklungshelferin im Sinne des § 1 des Entwicklungshelfer-Gesetzes ist oder als Missionar oder Missionarin der Missionswerke und -gesellschaften, die Mitglieder oder Vereinbarungspartner des Evangelischen Missionswerkes Hamburg, der Arbeitsgemeinschaft Evangelikaler Missionen e. V., des Deutschen katholischen Missionsrates oder der Arbeitsgemeinschaft pfingstlich-charismatischer Missionen sind, tätig ist oder
3. die deutsche Staatsangehörigkeit besitzt und nur vorübergehend bei einer zwischen- oder überstaatlichen Einrichtung tätig ist, insbesondere nach den Entsenderichtlinien des Bundes beurlaubte Beamte und Beamtinnen, oder wer vorübergehend eine nach § 123a des Beamtenrechtsrahmengesetzes oder § 29 des Bundesbeamtengesetzes[1)] zugewiesene Tätigkeit im Ausland wahrnimmt.

[2]Dies gilt auch für mit der nach Satz 1 berechtigten Person in einem Haushalt lebende Ehegatten, Ehegattinnen, Lebenspartner oder Lebenspartnerinnen.

(3) [1]Anspruch auf Elterngeld hat abweichend von Absatz 1 Satz 1 Nummer 2[2)] auch, wer
1. mit einem Kind in einem Haushalt lebt, das er mit dem Ziel der Annahme als Kind aufgenommen hat,
2. ein Kind des Ehegatten, der Ehegattin, des Lebenspartners oder der Lebenspartnerin in seinen Haushalt aufgenommen hat oder
3. mit einem Kind in einem Haushalt lebt und die von ihm erklärte Anerkennung der Vaterschaft nach § 1594 Absatz 2 des Bürgerlichen Gesetzbuchs noch nicht wirksam oder über die von ihm beantragte Vaterschaftsfeststellung nach § 1600d des Bürgerlichen Gesetzbuchs noch nicht entschieden ist.

[2]Für angenommene Kinder und Kinder im Sinne des Satzes 1 Nummer 1 sind die Vorschriften dieses Gesetzes mit der Maßgabe anzuwenden, dass statt des Zeitpunktes der Geburt der Zeitpunkt der Aufnahme des Kindes bei der berechtigten Person maßgeblich ist.

(4) Können die Eltern wegen einer schweren Krankheit, Schwerbehinderung oder Tod der Eltern ihr Kind nicht betreuen, haben Verwandte bis zum dritten Grad und ihre Ehegatten, Ehegattinnen, Lebenspartner oder Lebenspartnerinnen Anspruch auf Elterngeld, wenn sie die übrigen Voraussetzungen nach Absatz 1 erfüllen und von anderen Berechtigten Elterngeld nicht in Anspruch genommen wird.

(5) Der Anspruch auf Elterngeld bleibt unberührt, wenn die Betreuung und Erziehung des Kindes aus einem wichtigen Grund nicht sofort aufgenommen werden kann oder wenn sie unterbrochen werden muss.

(6)[3)] Eine Person ist nicht voll erwerbstätig, wenn ihre Arbeitszeit 30 Wochenstunden im Durchschnitt des Monats nicht übersteigt, sie eine Beschäfti-

---

[1)] Eingef. durch G v. 5. 2. 2009 (BGBl. I S. 160).

[2)] Verweis geänd. durch G v. 18. 12. 2014 (BGBl. I S. 2325); zur Anwendung siehe § 27 Abs. 1 Satz 1.

[3)] § 1 Abs. 6 geänd. durch G v. 10. 9. 2012 (BGBl. S. 1878).

gung zur Berufsbildung ausübt oder sie eine geeignete Tagespflegeperson im Sinne des § 23 des Achten Buches Sozialgesetzbuch ist und nicht mehr als fünf Kinder in Tagespflege betreut.

(7) Ein nicht freizügigkeitsberechtigter Ausländer oder eine nicht freizügigkeitsberechtigte Ausländerin ist nur anspruchsberechtigt, wenn diese Person

1. eine Niederlassungserlaubnis besitzt,
2. eine Aufenthaltserlaubnis besitzt, die zur Ausübung einer Erwerbstätigkeit berechtigt oder berechtigt hat, es sei denn, die Aufenthaltserlaubnis wurde
   a) nach § 16 oder § 17 des Aufenthaltsgesetzes erteilt,
   b) nach § 18 Absatz 2 des Aufenthaltsgesetzes erteilt und die Zustimmung der Bundesagentur für Arbeit darf nach der Beschäftigungsverordnung nur für einen bestimmten Höchstzeitraum erteilt werden,
   c) nach § 23 Absatz 1 des Aufenthaltsgesetzes wegen eines Krieges in ihrem Heimatland oder nach den §§ 23a, 24, 25 Absatz 3 bis 5 des Aufenthaltsgesetzes erteilt,
   d)[1] nach § 104a des Aufenthaltsgesetzes erteilt oder
3. eine in Nummer 2 Buchstabe c genannte Aufenthaltserlaubnis besitzt und
   a) sich seit mindestens drei Jahren rechtmäßig, gestattet oder geduldet im Bundesgebiet aufhält und
   b)[2] im Bundesgebiet berechtigt erwerbstätig ist, laufende Geldleistungen nach dem Dritten Buch Sozialgesetzbuch bezieht oder Elternzeit in Anspruch nimmt.

(8)[3] [1]Ein Anspruch entfällt, wenn die berechtigte Person im letzten abgeschlossenen Veranlagungszeitraum vor der Geburt des Kindes ein zu versteuerndes Einkommen nach § 2 Absatz 5 des Einkommensteuergesetzes in Höhe von mehr als 250 000 Euro erzielt hat. [2]Erfüllt auch eine andere Person die Voraussetzungen des Absatzes 1 Satz 1 Nummer 2 oder der Absätze 3 oder 4, entfällt abweichend von Satz 1 der Anspruch, wenn die Summe des zu versteuernden Einkommens beider Personen mehr als 500 000 Euro beträgt.

§ 2 Höhe des Elterngeldes. (1)[4] [1]Elterngeld wird in Höhe von 67 Prozent des Einkommens aus Erwerbstätigkeit vor der Geburt des Kindes gewährt. [2]Es wird bis zu einem Höchstbetrag von 1800 Euro monatlich für volle Monate gezahlt, in denen die berechtigte Person kein Einkommen aus Erwerbstätigkeit hat. [3]Das Einkommen aus Erwerbstätigkeit errechnet sich nach Maßgabe der §§ 2c bis 2f aus der um die Abzüge für Steuern und Sozialabgaben verminderten Summe der positiven Einkünfte aus

---

[1] § 1 Abs. 7 Nr. 2 Buchst. d angef. mWv 28. 8. 2007 durch G v. 19. 8. 2007 (BGBl. I S. 1970/2008).

[2] Vgl. BVerfG v. 10. 7. 2012 (BGBl. I S. 1898).

[3] § 1 Abs. 8 angef. mWv 1. 1. 2011 durch G v. 9. 12. 2010 (BGBl. I S. 1885); Satz 1 und 2 geänd. mWv 1. 8. 2013 durch G v. 15. 2. 2013 (BGBl. I S. 254); Satz 2 geänd. durch G v. 18. 12. 2014 (BGBl. I S. 2325); zur Anwendung siehe § 27 Abs. 1 Satz 1.

[4] § 2 Abs. 1 neu gef. durch G v. 10. 9. 2012 (BGBl. I S. 1878).

1. nichtselbständiger Arbeit nach § 2 Absatz 1 Satz 1 Nummer 4 des Einkommensteuergesetzes sowie
2. Land- und Forstwirtschaft, Gewerbebetrieb und selbständiger Arbeit nach § 2 Absatz 1 Satz 1 Nummer 1 bis 3 des Einkommensteuergesetzes,

die im Inland zu versteuern sind und die die berechtigte Person durchschnittlich monatlich im Bemessungszeitraum nach § 2b oder in Monaten der Bezugszeit nach § 2 Absatz 3 hat.

(2)[1)] [1]In den Fällen, in denen das Einkommen aus Erwerbstätigkeit vor der Geburt geringer als 1000 Euro war, erhöht sich der Prozentsatz von 67 Prozent um 0,1 Prozentpunkte für je 2 Euro, um die dieses Einkommen den Betrag von 1000 Euro unterschreitet, auf bis zu 100 Prozent. [2]In den Fällen, in denen das Einkommen aus Erwerbstätigkeit vor der Geburt höher als 1200 Euro war, sinkt der Prozentsatz von 67 Prozent um 0,1 Prozentpunkte für je 2 Euro, um die dieses Einkommen den Betrag von 1200 Euro überschreitet, auf bis zu 65 Prozent.

(3)[2)] [1]Für Monate nach der Geburt des Kindes, in denen die berechtigte Person ein Einkommen aus Erwerbstätigkeit hat, das durchschnittlich geringer ist als das Einkommen aus Erwerbstätigkeit vor der Geburt, wird Elterngeld in Höhe des nach Absatz 1 oder 2 maßgeblichen Prozentsatzes des Unterschiedsbetrages dieser Einkommen aus Erwerbstätigkeit gezahlt. [2]Als Einkommen aus Erwerbstätigkeit vor der Geburt ist dabei höchstens der Betrag von 2770 Euro anzusetzen. [3]Der Unterschiedsbetrag nach Satz 1 ist für das Einkommen aus Erwerbstätigkeit in Monaten, in denen die berechtigte Person Elterngeld im Sinne des § 4 Absatz 2 Satz 2 in Anspruch nimmt, und in Monaten, in denen sie Elterngeld Plus im Sinne des § 4 Absatz 3 Satz 1 in Anspruch nimmt, getrennt zu berechnen.

(4)[3)] [1]Elterngeld wird mindestens in Höhe von 300 Euro gezahlt. [2]Dies gilt auch, wenn die berechtigte Person vor der Geburt des Kindes kein Einkommen aus Erwerbstätigkeit hat.

(6)–(9)[4)] *(aufgehoben)*

§ 2a[5)] Geschwisterbonus und Mehrlingszuschlag. (1) [1]Lebt die berechtigte Person in einem Haushalt mit

1. zwei Kindern, die noch nicht drei Jahre alt sind, oder
2. drei oder mehr Kindern, die noch nicht sechs Jahre alt sind,

wird das Elterngeld um 10 Prozent, mindestens jedoch um 75 Euro erhöht (Geschwisterbonus). [2]Zu berücksichtigen sind alle Kinder, für die die berechtigte Person die Voraussetzungen des § 1 Absatz 1 und 3 erfüllt und für die sich das Elterngeld nicht nach Absatz 4 erhöht.

[1)] § 2 Abs. 2 geänd. durch G v. 10. 9. 2012 (BGBl. I S. 1878).

[2)] § 2 Abs. 3 Satz 3 angef. durch G v. 18. 12. 2014 (BGBl. I S. 2325); zur Anwendung siehe § 27 Abs. 1 Satz 2.

[3)] § 2 Abs. 4 aufgeh., bish. Abs. 5 wird Abs. 4 und geänd. durch G v. 10. 9. 2012 (BGBl. I S. 1878).

[4)] § 2 Abs. 6 bis 9 aufgeh. durch G v. 10. 9. 2012 (BGBl. I S. 1878).

[5)] §§ 2a bis 2f eingef. durch G v. 10. 9. 2012 (BGBl. I S. 1878).

(2) 1 Für angenommene Kinder, die noch nicht 14 Jahre alt sind, gilt als Alter des Kindes der Zeitraum seit der Aufnahme des Kindes in den Haushalt der berechtigten Person. 2 Dies gilt auch für Kinder, die die berechtigte Person entsprechend § 1 Absatz 3 Satz 1 Nummer 1 mit dem Ziel der Annahme als Kind in ihren Haushalt aufgenommen hat. 3 Für Kinder mit Behinderung im Sinne von § 2 Absatz 1 Satz 1 des Neunten Buches Sozialgesetzbuch liegt die Altersgrenze nach Absatz 1 Satz 1 bei 14 Jahren.

(3) Der Anspruch auf den Geschwisterbonus endet mit Ablauf des Monats, in dem eine der in Absatz 1 genannten Anspruchsvoraussetzungen entfällt.

(4) 1 Bei Mehrlingsgeburten erhöht sich das Elterngeld um je 300 Euro für das zweite und jedes weitere Kind (Mehrlingszuschlag). 2 Dies gilt auch, wenn ein Geschwisterbonus nach Absatz 1 gezahlt wird.

§ 2 b[1] Bemessungszeitraum. (1) 1 Für die Ermittlung des Einkommens aus nichtselbstständiger Erwerbstätigkeit im Sinne von § 2 c vor der Geburt sind die zwölf Kalendermonate vor dem Monat der Geburt des Kindes maßgeblich. 2 Bei der Bestimmung des Bemessungszeitraums nach Satz 1 bleiben Kalendermonate unberücksichtigt, in denen die berechtigte Person

1.[2] im Zeitraum nach § 4 Absatz 1 Satz 1 Elterngeld für ein älteres Kind bezogen hat,
2.[3] während der Schutzfristen nach § 3 Absatz 2 oder § 6 Absatz 1 des Mutterschutzgesetzes nicht beschäftigt werden durfte oder Mutterschaftsgeld nach dem Fünften Buch Sozialgesetzbuch oder nach dem Zweiten Gesetz über die Krankenversicherung der Landwirte bezogen hat,
3. eine Krankheit hatte, die maßgeblich durch eine Schwangerschaft bedingt war, oder
4. Wehrdienst nach dem Wehrpflichtgesetz in der bis zum 31. Mai 2011 geltenden Fassung oder nach dem Vierten Abschnitt des Soldatengesetzes oder Zivildienst nach dem Zivildienstgesetz geleistet hat

und in den Fällen der Nummern 3 und 4 dadurch ein geringeres Einkommen aus Erwerbstätigkeit hatte.

(2) 1 Für die Ermittlung des Einkommens aus selbstständiger Erwerbstätigkeit im Sinne von § 2 d vor der Geburt sind die jeweiligen steuerlichen Gewinnermittlungszeiträume maßgeblich, die dem letzten abgeschlossenen steuerlichen Veranlagungszeitraum vor der Geburt des Kindes zugrunde liegen. 2 Haben in einem Gewinnermittlungszeitraum die Voraussetzungen des Absatzes 1 Satz 2 vorgelegen, sind auf Antrag die Gewinnermittlungszeiträume maßgeblich, die dem diesen Ereignissen vorangegangenen abgeschlossenen steuerlichen Veranlagungszeitraum zugrunde liegen.

---

[1] §§ 2 a bis 2 f eingef. durch G v. 10. 9. 2012 (BGBl. I S. 1878).

[2] § 2 b Abs. 1 Satz 2 Nr. 1 geänd. durch G v. 18. 12. 2014 (BGBl. I S. 2325); zur Anwendung siehe § 27 Abs. 1 Satz 2.

[3] § 2 b Abs. 1 Satz 2 Nr. 2 geänd. durch G v. 23. 10. 2012 (BGBl. I S. 2246); zur Anwendung siehe § 27 Abs. 1 b.

(3) [1]Abweichend von Absatz 1 ist für die Ermittlung des Einkommens aus nichtselbstständiger Erwerbstätigkeit vor der Geburt der steuerliche Veranlagungszeitraum maßgeblich, der den Gewinnermittlungszeiträumen nach Absatz 2 zugrunde liegt, wenn die berechtigte Person in den Zeiträumen nach Absatz 1 oder Absatz 2 Einkommen aus selbstständiger Erwerbstätigkeit hatte. [2]Haben im Bemessungszeitraum nach Satz 1 die Voraussetzungen des Absatzes 1 Satz 2 vorgelegen, ist Absatz 2 Satz 2 mit der zusätzlichen Maßgabe anzuwenden, dass für die Ermittlung des Einkommens aus nichtselbstständiger Erwerbstätigkeit vor der Geburt der vorangegangene steuerliche Veranlagungszeitraum maßgeblich ist.

§ 2 c[1)] Einkommen aus nichtselbstständiger Erwerbstätigkeit.

(1)[2)] [1]Der monatlich durchschnittlich zu berücksichtigende Überschuss der Einnahmen aus nichtselbstständiger Arbeit in Geld oder Geldeswert über ein Zwölftel des Arbeitnehmer-Pauschbetrags, vermindert um die Abzüge für Steuern und Sozialabgaben nach den §§ 2 e und 2 f, ergibt das Einkommen aus nichtselbstständiger Erwerbstätigkeit. [2]Nicht berücksichtigt werden Einnahmen, die im Lohnsteuerabzugsverfahren nach den lohnsteuerlichen Vorgaben als sonstige Bezüge zu behandeln sind. [3]Maßgeblich ist der Arbeitnehmer-Pauschbetrag nach § 9 a Satz 1 Nummer 1 Buchstabe a des Einkommensteuergesetzes in der am 1. Januar des Kalenderjahres vor der Geburt des Kindes für dieses Jahr geltenden Fassung.

(2)[3)] [1]Grundlage der Ermittlung der Einnahmen sind die Angaben in den für die maßgeblichen Monate erstellten Lohn- und Gehaltsbescheinigungen des Arbeitgebers. [2]Die Richtigkeit und Vollständigkeit der Angaben in den maßgeblichen Lohn- und Gehaltsbescheinigungen wird vermutet.

(3)[3)] [1]Grundlage der Ermittlung der nach den §§ 2 e und 2 f erforderlichen Abzugsmerkmale für Steuern und Sozialabgaben sind die Angaben in der Lohn- und Gehaltsbescheinigung, die für den letzten Monat im Bemessungszeitraum mit Einnahmen nach Absatz 1 erstellt wurde. [2]Soweit sich in den Lohn- und Gehaltsbescheinigungen des Bemessungszeitraums eine Angabe zu einem Abzugsmerkmal geändert hat, ist die von der Angabe nach Satz 1 abweichende Angabe maßgeblich, wenn sie in der überwiegenden Zahl der Monate des Bemessungszeitraums gegolten hat. [3]§ 2 c Absatz 2 Satz 2 gilt entsprechend.

§ 2 d[1)] Einkommen aus selbstständiger Erwerbstätigkeit. (1) Die monatlich durchschnittlich zu berücksichtigende Summe der positiven Einkünfte aus Land- und Forstwirtschaft, Gewerbebetrieb und selbstständiger Arbeit (Gewinneinkünfte), vermindert um die Abzüge für Steuern und Sozialabgaben nach den §§ 2 e und 2 f, ergibt das Einkommen aus selbstständiger Erwerbstätigkeit.

[1)] §§ 2 a bis 2 f eingef. durch G v. 10. 9. 2012 (BGBl. I S. 1878).

[2)] § 2 c Abs. 1 Satz 2 geänd. durch G v. 18. 12. 2014 (BGBl. I S. 2325); zur Anwendung siehe § 27 Abs. 1 Sätze 2 und 3.

[3)] § 2 c Abs. 2 Satz 2, Abs. 3 Satz 3 angef. durch G v. 18. 12. 2014 (BGBl. I S. 2325); zur Anwendung siehe § 27 Abs. 1 Satz 2.

(2) [1]Bei der Ermittlung der im Bemessungszeitraum zu berücksichtigenden Gewinneinkünfte sind die entsprechenden im Einkommensteuerbescheid ausgewiesenen Gewinne anzusetzen. [2]Ist kein Einkommensteuerbescheid zu erstellen, werden die Gewinneinkünfte in entsprechender Anwendung des Absatzes 3 ermittelt.

(3) [1]Grundlage der Ermittlung der in den Bezugsmonaten zu berücksichtigenden Gewinneinkünfte ist eine Gewinnermittlung, die mindestens den Anforderungen des § 4 Absatz 3 des Einkommensteuergesetzes entspricht. [2]Als Betriebsausgaben sind 25 Prozent der zugrunde gelegten Einnahmen oder auf Antrag die damit zusammenhängenden tatsächlichen Betriebsausgaben anzusetzen.

(4) [1]Soweit nicht in § 2c Absatz 3 etwas anderes bestimmt ist, sind bei der Ermittlung der nach § 2e erforderlichen Abzugsmerkmale für Steuern die Angaben im Einkommensteuerbescheid maßgeblich. [2]§ 2c Absatz 3 Satz 2 gilt entsprechend.

§ 2e[1] Abzüge für Steuern. (1) [1]Als Abzüge für Steuern sind Beträge für die Einkommensteuer, den Solidaritätszuschlag und, wenn die berechtigte Person kirchensteuerpflichtig ist, die Kirchensteuer zu berücksichtigen. [2]Die Abzüge für Steuern werden einheitlich für Einkommen aus nichtselbstständiger und selbstständiger Erwerbstätigkeit auf Grundlage einer Berechnung anhand des am 1. Januar des Kalenderjahres vor der Geburt des Kindes für dieses Jahr geltenden Programmablaufplans für die maschinelle Berechnung der vom Arbeitslohn einzubehaltenden Lohnsteuer, des Solidaritätszuschlags und der Maßstabsteuer für die Kirchenlohnsteuer im Sinne von § 39b Absatz 6 des Einkommensteuergesetzes nach den Maßgaben der Absätze 2 bis 5 ermittelt.

(2) [1]Bemessungsgrundlage für die Ermittlung der Abzüge für Steuern ist die monatlich durchschnittlich zu berücksichtigende Summe der Einnahmen nach § 2c, soweit sie von der berechtigten Person zu versteuern sind, und der Gewinneinkünfte nach § 2d. [2]Bei der Ermittlung der Abzüge für Steuern nach Absatz 1 werden folgende Pauschalen berücksichtigt:

1. der Arbeitnehmer-Pauschbetrag nach § 9a Satz 1 Nummer 1 Buchstabe a des Einkommensteuergesetzes, wenn die berechtigte Person von ihr zu versteuernde Einnahmen hat, die unter § 2c fallen, und
2. eine Vorsorgepauschale
   a) mit den Teilbeträgen nach § 39b Absatz 2 Satz 5 Nummer 3 Buchstabe b und c des Einkommensteuergesetzes, falls die berechtigte Person von ihr zu versteuernde Einnahmen nach § 2c hat, ohne in der gesetzlichen Rentenversicherung oder einer vergleichbaren Einrichtung versicherungspflichtig gewesen zu sein, oder
   b) mit den Teilbeträgen nach § 39b Absatz 2 Satz 5 Nummer 3 Buchstabe a bis c des Einkommensteuergesetzes in allen übrigen Fällen,

---

[1] §§ 2a bis 2f eingef. durch G v. 10. 9. 2012 (BGBl. I S. 1878).

wobei die Höhe der Teilbeträge ohne Berücksichtigung der besonderen Regelungen zur Berechnung der Beiträge nach § 55 Absatz 3 und § 58 Absatz 3 des Elften Buches Sozialgesetzbuch bestimmt wird.

(3) [1] Als Abzug für die Einkommensteuer ist der Betrag anzusetzen, der sich unter Berücksichtigung der Steuerklasse und des Faktors nach § 39f des Einkommensteuergesetzes nach § 2c Absatz 3 ergibt; die Steuerklasse VI bleibt unberücksichtigt. [2] War die berechtigte Person im Bemessungszeitraum nach § 2b in keine Steuerklasse eingereiht oder ist ihr nach § 2d zu berücksichtigender Gewinn höher als ihr nach § 2c zu berücksichtigender Überschuss der Einnahmen über ein Zwölftel des Arbeitnehmer-Pauschbetrags, ist als Abzug für die Einkommensteuer der Betrag anzusetzen, der sich unter Berücksichtigung der Steuerklasse IV ohne Berücksichtigung eines Faktors nach § 39f des Einkommensteuergesetzes ergibt.

(4) [1] Als Abzug für den Solidaritätszuschlag ist der Betrag anzusetzen, der sich nach den Maßgaben des Solidaritätszuschlagsgesetzes 1995 für die Einkommensteuer nach Absatz 3 ergibt. [2] Freibeträge für Kinder werden nach den Maßgaben des § 3 Absatz 2a des Solidaritätszuschlagsgesetzes 1995 berücksichtigt.

(5) [1] Als Abzug für die Kirchensteuer ist der Betrag anzusetzen, der sich unter Anwendung eines Kirchensteuersatzes von 8 Prozent für die Einkommensteuer nach Absatz 3 ergibt. [2] Freibeträge für Kinder werden nach den Maßgaben des § 51a Absatz 2a des Einkommensteuergesetzes berücksichtigt.

(6) Vorbehaltlich der Absätze 2 bis 5 werden Freibeträge und Pauschalen nur berücksichtigt, wenn sie ohne weitere Voraussetzung jeder berechtigten Person zustehen.

§ 2f[1)] Abzüge für Sozialabgaben. (1) [1] Als Abzüge für Sozialabgaben sind Beträge für die gesetzliche Sozialversicherung oder für eine vergleichbare Einrichtung sowie für die Arbeitsförderung zu berücksichtigen. [2] Die Abzüge für Sozialabgaben werden einheitlich für Einkommen aus nichtselbstständiger und selbstständiger Erwerbstätigkeit anhand folgender Beitragssatzpauschalen ermittelt:

1. 9 Prozent für die Kranken- und Pflegeversicherung, falls die berechtigte Person in der gesetzlichen Krankenversicherung nach § 5 Absatz 1 Nummer 1 bis 12 des Fünften Buches Sozialgesetzbuch versicherungspflichtig gewesen ist,
2. 10 Prozent für die Rentenversicherung, falls die berechtigte Person in der gesetzlichen Rentenversicherung oder einer vergleichbaren Einrichtung versicherungspflichtig gewesen ist, und
3. 2 Prozent für die Arbeitsförderung, falls die berechtigte Person nach dem Dritten Buch Sozialgesetzbuch versicherungspflichtig gewesen ist.

(2) [1] Bemessungsgrundlage für die Ermittlung der Abzüge für Sozialabgaben ist die monatlich durchschnittlich zu berücksichtigende Summe der Einnah-

---

[1)] §§ 2a bis 2f eingef. durch G v. 10. 9. 2012 (BGBl. I S. 1878).

men nach § 2c und der Gewinneinkünfte nach § 2d. [2]Einnahmen aus Beschäftigungen im Sinne des § 8, des § 8a oder des § 20 Absatz 3 Satz 1 des Vierten Buches Sozialgesetzbuch werden nicht berücksichtigt. [3]Für Einnahmen aus Beschäftigungsverhältnissen im Sinne des § 20 Absatz 2 des Vierten Buches Sozialgesetzbuch ist der Betrag anzusetzen, der sich nach § 344 Absatz 4 des Dritten Buches Sozialgesetzbuch für diese Einnahmen ergibt, wobei der Faktor im Sinne des § 163 Absatz 10 Satz 2 des Sechsten Buches Sozialgesetzbuch unter Zugrundelegung der Beitragssatzpauschalen nach Absatz 1 bestimmt wird.

(3) Andere Maßgaben zur Bestimmung der sozialversicherungsrechtlichen Beitragsbemessungsgrundlagen werden nicht berücksichtigt.

§ 3[1)] Anrechnung von anderen Einnahmen. (1)[2)] [1]Auf das der berechtigten Person nach § 2 oder nach § 2 in Verbindung mit § 2a zustehende Elterngeld werden folgende Einnahmen angerechnet:

1.[3)] Mutterschaftsleistungen
   a) in Form des Mutterschaftsgeldes nach dem Fünften Buch Sozialgesetzbuch oder nach dem Zweiten Gesetz über die Krankenversicherung der Landwirte mit Ausnahme des Mutterschaftsgeldes nach § 13 Absatz 2 des Mutterschutzgesetzes oder
   b) in Form des Zuschusses zum Mutterschaftsgeld nach § 14 des Mutterschutzgesetzes, die der berechtigten Person für die Zeit ab dem Tag der Geburt des Kindes zustehen,
2. Dienst- und Anwärterbezüge sowie Zuschüsse, die der berechtigten Person nach beamten- oder soldatenrechtlichen Vorschriften für die Zeit eines Beschäftigungsverbots ab dem Tag der Geburt des Kindes zustehen,
3.[4)] dem Elterngeld oder dem Betreuungsgeld vergleichbare Leistungen, auf die eine nach § 1 berechtigte Person außerhalb Deutschlands oder gegenüber einer über- oder zwischenstaatlichen Einrichtung Anspruch hat,
4. Elterngeld, das der berechtigten Person für ein älteres Kind zusteht, sowie
5. Einnahmen, die der berechtigten Person als Ersatz für Erwerbseinkommen zustehen und
   a) die nicht bereits für die Berechnung des Elterngeldes nach § 2 berücksichtigt werden oder
   b) bei deren Berechnung das Elterngeld nicht berücksichtigt wird.

[2]Stehen der berechtigten Person die Einnahmen nur für einen Teil des Lebensmonats des Kindes zu, sind sie nur auf den entsprechenden Teil des Elterngeldes anzurechnen. [3]Für jeden Kalendermonat, in dem Einnahmen nach

---

[1)] § 3 Überchrift geänd. durch G v. 10. 9. 2012 (BGBl. I S. 1878).

[2)] § 3 Abs. 1 und 2 neu gef. durch G v. 10. 9. 2012 (BGBl. I S. 1878); Abs. 1 Satz 1 Nr. 1 geänd. durch G v. 23. 10. 2012 (BGBl. I S. 2246), zur Anwendung siehe § 27 Abs. 1b.

[3)] § 3 Abs. 1 Satz 1 Nr. 1 neu gef. durch G v. 18. 12. 2014 (BGBl. I S. 2325); zur Anwendung siehe § 27 Abs. 1 Satz 2.

[4)] § 3 Abs. 1 Satz 1 Nr. 3 geänd. mWv 1. 8. 2013 durch G v. 15. 2. 2013 (BGBl. I S. 254).

Satz 1 Nummer 4 oder Nummer 5 im Bemessungszeitraum bezogen worden sind, wird der Anrechnungsbetrag um ein Zwölftel gemindert.

(2)[1] [1]Bis zu einem Betrag von 300 Euro ist das Elterngeld von der Anrechnung nach Absatz 1 frei, soweit nicht Einnahmen nach Absatz 1 Satz 1 Nummer 1 bis 3 auf das Elterngeld anzurechnen sind. [2]Dieser Betrag erhöht sich bei Mehrlingsgeburten um je 300 Euro für das zweite und jedes weitere Kind.

(3)[2] Solange kein Antrag auf die in Absatz 1 Satz 1 Nummer 3 genannten vergleichbaren Leistungen gestellt wird, ruht der Anspruch auf Elterngeld bis zur möglichen Höhe der vergleichbaren Leistung.

§ 4[3] Art und Dauer des Bezugs. (1) [1]Elterngeld kann in der Zeit vom Tag der Geburt bis zur Vollendung des 14. Lebensmonats des Kindes bezogen werden. [2]Abweichend von Satz 1 kann Elterngeld Plus nach Absatz 3 auch nach dem 14. Lebensmonat bezogen werden, solange es ab dem 15. Lebensmonat in aufeinander folgenden Lebensmonaten von zumindest einem Elternteil in Anspruch genommen wird. [3]Für angenommene Kinder und Kinder im Sinne des § 1 Absatz 3 Satz 1 Nummer 1 kann Elterngeld ab Aufnahme bei der berechtigten Person längstens bis zur Vollendung des achten Lebensjahres des Kindes bezogen werden.

(2)[3] [1]Elterngeld wird in Monatsbeträgen für Lebensmonate des Kindes gezahlt. [2]Es wird allein nach den Vorgaben der §§ 2 bis 3 ermittelt (Basiselterngeld), soweit nicht Elterngeld nach Absatz 3 in Anspruch genommen wird. [3]Der Anspruch endet mit dem Ablauf des Monats, in dem eine Anspruchsvoraussetzung entfallen ist. [4]Die Eltern können die jeweiligen Monatsbeträge abwechselnd oder gleichzeitig beziehen.

(3)[4] [1]Statt für einen Monat Elterngeld im Sinne des Absatzes 2 Satz 2 zu beanspruchen, kann die berechtigte Person jeweils zwei Monate lang ein Elterngeld beziehen, das nach den §§ 2 bis 3 und den zusätzlichen Vorgaben der Sätze 2 und 3 ermittelt wird (Elterngeld Plus). [2]Das Elterngeld Plus beträgt monatlich höchstens die Hälfte des Elterngeldes nach Absatz 2 Satz 2, das der berechtigten Person zustünde, wenn sie während des Elterngeldbezugs keine Einnahmen im Sinne des § 2 oder des § 3 hätte oder hat.[3]Für die Berechnung des Elterngeld Plus halbieren sich:

1. der Mindestbetrag für das Elterngeld nach § 2 Absatz 4 Satz 1,
2. der Mindestgeschwisterbonus nach § 2a Absatz 1 Satz 1,
3. der Mehrlingszuschlag nach § 2a Absatz 4 sowie

---

[1] § 3 Abs. 1 und 2 neu gef. durch G v. 10. 9. 2012 (BGBl. I S. 1878); Abs. 1 Nr. 1 geänd. durch G v. 23. 10. 2012 (BGBl. I S. 2246), zur Anwendung siehe § 27 Abs. 1b.

[2] § 3 Abs. 3 Satz 1 aufgeh., bish. Satz 2 wird Abs. 3 und geänd. durch G v. 10. 9. 2012 (BGBl. I S. 1878).

[3] § 4 Überschr. neu gef., Abs.1 Satz 2 eingef. und neuer Satz 3 geänd., Abs. 2 Sätze 2 und 3 neu gef. durch G v. 18. 12. 2014 (BGBl. I S. 2325); zur Anwendung siehe § 27 Abs. 1 Satz 2.

[4] § 4 Abs. 3 ersetzt durch Abs. 3 bis 6 durch G v. 18. 12. 2014 (BGBl. I S. 2325); zur Anwendung siehe § 27 Abs. 1 Satz 2.

4. die von der Anrechnung freigestellten Elterngeldbeträge nach § 3 Absatz 2.

(4)[1] [1]Die Eltern haben gemeinsam Anspruch auf zwölf Monatsbeträge Elterngeld im Sinne des Absatzes 2 Satz 2. [2]Erfolgt für zwei Monate eine Minderung des Einkommens aus Erwerbstätigkeit, können sie für zwei weitere Monate Elterngeld im Sinne des Absatzes 2 Satz 2 beanspruchen (Partnermonate). [3]Wenn beide Elternteile in vier aufeinander folgenden Lebensmonaten gleichzeitig

1. nicht weniger als 25 und nicht mehr als 30 Wochenstunden im Durchschnitt des Monats erwerbstätig sind und
2. die Voraussetzungen des § 1 erfüllen,

hat jeder Elternteil für diese Monate Anspruch auf vier weitere Monatsbeträge Elterngeld Plus (Partnerschaftsbonus).

(5)[1] [1]Ein Elternteil kann höchstens zwölf Monatsbeträge Elterngeld im Sinne des Absatzes 2 Satz 2 zuzüglich der vier nach Absatz 4 Satz 3 zustehenden Monatsbeträge Elterngeld Plus beziehen. [2]Er kann Elterngeld nur beziehen, wenn er es mindestens für zwei Monate in Anspruch nimmt. [3]Lebensmonate des Kindes, in denen einem Elternteil nach § 3 Absatz 1 Satz 1 Nummer 1 bis 3 anzurechnende Leistungen zustehen, gelten als Monate, für die dieser Elternteil Elterngeld im Sinne des Absatzes 2 Satz 2 bezieht.

(6)[1] [1]Ein Elternteil kann abweichend von Absatz 5 Satz 1 zusätzlich auch die weiteren Monatsbeträge Elterngeld nach Absatz 4 Satz 2 beziehen, wenn für zwei Monate eine Minderung des Einkommens aus Erwerbstätigkeit erfolgt und wenn

1. bei ihm die Voraussetzungen für den Entlastungsbetrag für Alleinerziehende nach § 24b Absatz 1 und 2 des Einkommensteuergesetzes vorliegen und der andere Elternteil weder mit ihm noch mit dem Kind in einer Wohnung lebt,
2. mit der Betreuung durch den anderen Elternteil eine Gefährdung des Kindeswohls im Sinne von § 1666 Absatz 1 und 2 des Bürgerlichen Gesetzbuchs verbunden wäre oder
3. die Betreuung durch den anderen Elternteil unmöglich ist, insbesondere weil er wegen einer schweren Krankheit oder Schwerbehinderung sein Kind nicht betreuen kann; für die Feststellung der Unmöglichkeit der Betreuung bleiben wirtschaftliche Gründe und Gründe einer Verhinderung wegen anderweitiger Tätigkeiten außer Betracht.

[2]Ist ein Elternteil im Sinne des Satzes 1 Nummer 1 bis 3 in vier aufeinander folgenden Lebensmonaten nicht weniger als 25 und nicht mehr als 30 Wochenstunden im Durchschnitt des Monats erwerbstätig, kann er für diese Monate abweichend von Absatz 5 Satz 1 vier weitere Monatsbeträge Elterngeld Plus beziehen.

---

[1] § 4 Abs. 3 ersetzt durch Abs. 3 bis 6 durch G v. 18. 12. 2014 (BGBl. I S. 2325); zur Anwendung siehe § 27 Abs. 1 Satz 2.

(7)[1] [1]Die Absätze 1 bis 6 gelten in den Fällen des § 1 Absatz 3 und 4 entsprechend. [2]Nicht sorgeberechtigte Elternteile und Personen, die nach § 1 Absatz 3 Satz 1 Nummer 2 und 3 Elterngeld beziehen können, bedürfen der Zustimmung des sorgeberechtigten Elternteils.

Abschnitt 2. Betreuungsgeld[2]

§ 4 a Berechtigte. (1) Anspruch auf Betreuungsgeld hat, wer

1. die Voraussetzungen des § 1 Absatz 1 Nummer 1 bis 3, Absatz 2 bis 5, 7 und 8 erfüllt und
2. für das Kind keine Leistungen nach § 24 Absatz 2 in Verbindung mit den §§ 22 bis 23 des Achten Buches Sozialgesetzbuch in Anspruch nimmt.

(2) Können die Eltern ihr Kind wegen einer schweren Krankheit, Schwerbehinderung oder Tod der Eltern nicht betreuen, haben Berechtigte im Sinne von Absatz 1 Nummer 1 in Verbindung mit § 1 Absatz 4 einen Anspruch auf Betreuungsgeld abweichend von Absatz 1 Nummer 2, wenn für das Kind nicht mehr als 20 Wochenstunden im Durchschnitt des Monats Leistungen nach § 24 Absatz 2 in Verbindung mit den §§ 22 bis 23 des Achten Buches Sozialgesetzbuch in Anspruch genommen werden.

§ 4 b Höhe des Betreuungsgeldes. Das Betreuungsgeld beträgt für jedes Kind 150 Euro[3] pro Monat.

§ 4 c Anrechnung von anderen Leistungen. [1]Dem Betreuungsgeld oder dem Elterngeld vergleichbare Leistungen, auf die eine nach § 4 a berechtigte Person außerhalb Deutschlands oder gegenüber einer über- oder zwischenstaatlichen Einrichtung Anspruch hat, werden auf das Betreuungsgeld angerechnet, soweit sie den Betrag übersteigen, der für denselben Zeitraum nach § 3 Absatz 1 Satz 1 Nummer 3 auf das Elterngeld anzurechnen ist. [2]Stehen der berechtigten Person die Leistungen nur für einen Teil des Lebensmonats des Kindes zu, sind sie nur auf den entsprechenden Teil des Betreuungsgeldes anzurechnen. [3]Solange kein Antrag auf die in Satz 1 genannten vergleichbaren Leistungen gestellt wird, ruht der Anspruch auf Betreuungsgeld bis zur möglichen Höhe der vergleichbaren Leistung.

§ 4 d Bezugszeitraum. (1)[4] [1]Betreuungsgeld kann in der Zeit vom ersten Tag des 15. Lebensmonats bis zur Vollendung des 36. Lebensmonats des Kindes bezogen werden. [2]Vor dem 15. Lebensmonat wird Betreuungsgeld nur gewährt, wenn die Eltern die Monatsbeträge des Elterngeldes, die ihnen für ihr Kind nach § 4 Absatz 4 Satz 1 und 2 und nach § 4 Absatz 6 Satz 1 zuste-

---

[1] § 4 Abs. 7 Verweise geänd. durch G v. 18. 12. 2014 (BGBl. I S. 2325); zur Anwendung siehe § 27 Abs. 1 Satz 2.

[2] Abschnitt 2 eingef. mWv 1. 8. 2013 durch G v. 15. 2. 2013 (BGBl. I S. 254). **Zur Anwendung siehe § 27 Abs. 3 Satz 1.**

[3] Siehe aber § 27 Abs. 3 Satz 2.

[4] § 4 d Abs. 1 Satz 2 geänd. durch G v. 18. 12. 2014 (BGBl. I S. 2325); zur Anwendung siehe § 27 Abs. 1 Satz 2.

hen, bereits bezogen haben. [3]Für jedes Kind wird höchstens für 22 Lebensmonate Betreuungsgeld gezahlt.

(2) [1]Für angenommene Kinder und Kinder im Sinne des § 1 Absatz 3 Satz 1 Nummer 1 kann Betreuungsgeld ab dem ersten Tag des 15. Monats nach Aufnahme bei der berechtigten Person längstens bis zur Vollendung des dritten Lebensjahres des Kindes bezogen werden. [2]Absatz 1 Satz 2 und 3 ist entsprechend anzuwenden.

(3) [1]Für einen Lebensmonat eines Kindes kann nur ein Elternteil Betreuungsgeld beziehen. [2]Lebensmonate des Kindes, in denen einem Elternteil nach § 4c anzurechnende Leistungen zustehen, gelten als Monate, für die dieser Elternteil Betreuungsgeld bezieht.

(4) Der Anspruch endet mit dem Ablauf des Monats, in dem eine Anspruchsvoraussetzung entfallen ist.

(5) [1]Absatz 1 Satz 2 und Absatz 3 gelten in den Fällen des § 4a Absatz 1 Nummer 1 in Verbindung mit § 1 Absatz 3 und 4 entsprechend. [2]Nicht sorgeberechtigte Elternteile und Personen, die nach § 4a Absatz 1 Nummer 1 in Verbindung mit § 1 Absatz 3 Satz 1 Nummer 2 und 3 Betreuungsgeld beziehen können, bedürfen der Zustimmung des sorgeberechtigten Elternteils.

Abschnitt 3. Verfahren und Organisation[1)]

§ 5 Zusammentreffen von Ansprüchen. (1)[2)] Erfüllen beide Elternteile die Anspruchsvoraussetzungen für Elterngeld oder Betreuungsgeld, bestimmen sie, wer von ihnen welche Monatsbeträge der jeweiligen Leistung in Anspruch nimmt.

(2)[3)] [1]Beanspruchen beide Elternteile zusammen mehr als die ihnen nach § 4 Absatz 4 oder nach § 4 Absatz 4 in Verbindung mit § 4 Absatz 7 zustehenden Monatsbeträge Elterngeld oder mehr als die ihnen zustehenden 22 Monatsbeträge Betreuungsgeld, besteht der Anspruch eines Elternteils auf die jeweilige Leistung, der nicht über die Hälfte der Monatsbeträge hinausgeht, ungekürzt; der Anspruch des anderen Elternteils wird gekürzt auf die verbleibenden Monatsbeträge. [2]Beanspruchen beide Elternteile mehr als die Hälfte der Monatsbeträge Elterngeld oder Betreuungsgeld, steht ihnen jeweils die Hälfte der Monatsbeträge der jeweiligen Leistung zu.

(3)[4)] [1]Die Absätze 1 und 2 gelten in den Fällen des § 1 Absatz 3 und 4 oder des § 4a Absatz 1 Nummer 1 in Verbindung mit § 1 Absatz 3 und 4 entsprechend. [2]Wird eine Einigung mit einem nicht sorgeberechtigten Elternteil

---

1) Überschrift eingef. mWv 1. 8. 2013 durch G v. 15. 2. 2013 (BGBl. I S. 254).

2) § 5 Abs. 1 Sätze 2 und 3 aufgeh. mWv 24. 1. 2009 durch G v. 17. 1. 2009 (BGBl. I S. 61); Abs. 1 geänd. mWv 1. 8. 2013 durch G v. 15. 2. 2013 (BGBl. I S. 254).

3) § 5 Abs. 2 Sätze 1 und 2 geänd. mWv 1. 8. 2013 durch G v. 15. 2. 2013 (BGBl. I S. 254); geänd. durch G v. 18. 12. 2014 (BGBl. I S. 2325), zur Anwendung siehe § 27 Abs. 1 Satz 2.

4) § 5 Abs. 3 neu gef. mWv 1. 8. 2013 durch G v. 15. 2. 2013 (BGBl. I S. 254).

oder einer Person, die nach § 1 Absatz 3 Satz 1 Nummer 2 und 3 Elterngeld oder nach § 4a Absatz 1 Nummer 1 in Verbindung mit § 1 Absatz 3 Satz 1 Nummer 2 und 3 Betreuungsgeld beziehen kann, nicht erzielt, kommt es abweichend von Absatz 2 allein auf die Entscheidung des sorgeberechtigten Elternteils an.

§ 6[1] **Auszahlung.** Elterngeld und Betreuungsgeld werden im Laufe des Monats gezahlt, für den sie bestimmt sind.

§ 7 Antragstellung. (1)[2] [1]Elterngeld oder Betreuungsgeld ist schriftlich zu beantragen. [2]Sie werden rückwirkend nur für die letzten drei Monate vor Beginn des Monats geleistet, in dem der Antrag auf die jeweilige Leistung eingegangen ist. [3]In dem Antrag auf Elterngeld oder Betreuungsgeld ist anzugeben, für welche Monate Elterngeld im Sinne des § 4 Absatz 2 Satz 2, für welche Monate Elterngeld Plus oder für welche Monate Betreuungsgeld beantragt wird.

(2)[3] [1]Die im Antrag getroffenen Entscheidungen können bis zum Ende des Bezugszeitraums geändert werden. [2]Eine Änderung kann rückwirkend nur für die letzten drei Monate vor Beginn des Monats verlangt werden, in dem der Änderungsantrag eingegangen ist. [3]Sie ist außer in den Fällen besonderer Härte unzulässig, soweit Monatsbeträge bereits ausgezahlt sind. [4]Abweichend von den Sätzen 2 und 3 kann für einen Monat, in dem bereits Elterngeld Plus bezogen wurde, nachträglich Elterngeld nach § 4 Absatz 2 Satz 2 beantragt werden. [5]Im Übrigen finden die für die Antragstellung geltenden Vorschriften auch auf den Änderungsantrag Anwendung.

(3)[3] [1]Der Antrag ist außer in den Fällen des § 4 Absatz 6 und der Antragstellung durch eine allein sorgeberechtigte Person von der Person, die ihn stellt, und zur Bestätigung der Kenntnisnahme auch von der anderen berechtigten Person zu unterschreiben. [2]Die andere berechtigte Person kann gleichzeitig einen Antrag auf das von ihr beanspruchte Elterngeld oder Betreuungsgeld stellen oder der Behörde anzeigen, wie viele Monatsbeträge sie für die jeweilige Leistung beansprucht, wenn mit ihrem Anspruch die Höchstgrenzen nach § 4 Absatz 4 überschritten würden. [3]Liegt der Behörde weder ein Antrag auf Elterngeld oder Betreuungsgeld noch eine Anzeige der anderen berechtigten Person nach Satz 2 vor, erhält der Antragsteller oder die Antragstellerin die Monatsbeträge der jeweiligen Leistung ausgezahlt; die andere berechtigte Person kann bei einem späteren Antrag abweichend von § 5 Absatz 2 nur die

---

[1] § 6 Satz 1 neu gef., Satz 2 geänd. mWv 1. 8. 2013 durch G v. 15. 2. 2013 (BGBl. I S. 254); Überschr. geänd., Sätze 2 und 3 aufgeh. durch G v. 18. 12. 2014 (BGBl. I S. 2325), zur Anwendung siehe § 27 Abs. 1 Satz 2.

[2] § 7 Abs. 1 Sätze 1 und 2 geänd. mWv 1. 8. 2013 durch G v. 15. 2. 2013 (BGBl. I S. 254); Satz 3 angef. durch G v. 18. 12. 2014 (BGBl. I S. 2325), zur Anwendung siehe § 27 Abs. 1 Satz 2.

[3] § 7 Abs. 2 neu gef., Abs. 3 angef. mWv 24. 1. 2009 durch G v. 17. 1. 2009 (BGBl. I S. 61); Abs. 2 Satz 2 geänd., Satz 3 aufgeh. durch G v. 10. 9. 2012 (BGBl. I S. 1878); Abs. 2 Satz 1 geänd., Abs. 3 Sätze 2 und 3 geänd. mWv 1. 8. 2013 durch G v. 15. 2. 2013 (BGBl. I S. 254); Abs. 2 Satz 1 aufgeh., Satz 4 eingef., Abs. 3 Satz 1 geänd., Sätze 2 und 3 neu gef. durch G v. 18. 12. 2014 (BGBl. I S. 2325), zur Anwendung siehe § 27 Abs. 1 Satz 2.

unter Berücksichtigung von § 4 Absatz 4 oder § 4d Absatz 1 Satz 3 verbleibenden Monatsbeträge der jeweiligen Leistung erhalten.

§ 8 Auskunftspflicht, Nebenbestimmungen. (1)[1] Soweit im Antrag auf Elterngeld Angaben zum voraussichtlichen Einkommen aus Erwerbstätigkeit gemacht wurden, sind nach Ablauf des Bezugszeitraums für diese Zeit das tatsächliche Einkommen aus Erwerbstätigkeit und die Arbeitszeit nachzuweisen.

(1a)[2] [1]Die Mitwirkungspflichten nach § 60 des Ersten Buches Sozialgesetzbuch gelten

1. im Falle des § 1 Absatz 8 Satz 2 auch für die andere Person im Sinne des § 1 Absatz 8 Satz 2 und
2. im Falle des § 4 Absatz 4 Satz 3 oder des § 4 Absatz 4 Satz 3 in Verbindung mit § 4 Absatz 7 Satz 1 für beide Personen, die den Partnerschaftsbonus beantragt haben.

[2]§ 65 Absatz 1 und 3 des Ersten Buches Sozialgesetzbuch gilt entsprechend.

(2)[3] [1]Elterngeld wird in den Fällen, in denen die berechtigte Person nach ihren Angaben im Antrag im Bezugszeitraum voraussichtlich kein Einkommen aus Erwerbstätigkeit haben wird, unter dem Vorbehalt des Widerrufs für den Fall gezahlt, dass sie entgegen ihren Angaben im Antrag Einkommen aus Erwerbstätigkeit hat. [2]In den Fällen, in denen zum Zeitpunkt der Antragstellung der Steuerbescheid für den letzten abgeschlossenen Veranlagungszeitraum vor der Geburt des Kindes nicht vorliegt und nach den Angaben im Antrag auf Elterngeld oder Betreuungsgeld die Beträge nach § 1 Absatz 8 oder nach § 4a Absatz 1 Nummer 1 in Verbindung mit § 1 Absatz 8 voraussichtlich nicht überschritten werden, wird die jeweilige Leistung unter dem Vorbehalt des Widerrufs für den Fall gezahlt, dass entgegen den Angaben im Antrag auf die jeweilige Leistung die Beträge nach § 1 Absatz 8 oder nach § 4a Absatz 1 Nummer 1 in Verbindung mit § 1 Absatz 8 überschritten werden.

(3)[4] [1]Das Elterngeld wird bis zum Nachweis der jeweils erforderlichen Angaben vorläufig unter Berücksichtigung der glaubhaft gemachten Angaben gezahlt, wenn

1. zum Zeitpunkt der Antragstellung der Steuerbescheid für den letzten abgeschlossenen Veranlagungszeitraum vor der Geburt des Kindes nicht vorliegt und noch nicht angegeben werden kann, ob die Beträge nach § 1 Absatz 8 oder nach § 4a Absatz 1 Nummer 1 in Verbindung mit § 1 Absatz 8 überschritten werden,

---

[1] § 8 Abs. 1 geänd. durch G v. 10. 9. 2012 (BGBl. I S. 1878); geänd. mWv 1. 8. 2013 durch G v. 15. 2. 2013 (BGBl. I S. 254); geänd. durch G v. 18. 12. 2014 (BGBl. I S. 2325), zur Anwendung siehe § 27 Abs. 1 Satz 2.

[2] § 8 Abs. 1a eingef. durch G v. 18. 12. 2014 (BGBl. I S. 2325); zur Anwendung siehe § 27 Abs. 1 Satz 2.

[3] § 8 Abs. 2 Satz 2, Abs. 3 Satz 2 angef. mWv 1. 1. 2011 durch G v. 9. 12. 2010 (BGBl. I S. 1885); Abs. 2 Satz 1 neu gef. durch G v. 10. 9. 2012 (BGBl. I S. 1878); Satz 2 geänd., kursive Satzteile aufgeh. mWv 1. 8. 2013 durch G v. 15. 2. 2013 (BGBl. I S. 254).

[4] § 8 Abs. 3 neu gef. durch G v. 18. 12. 2014 (BGBl. I S. 2325); zur Anwendung siehe § 27 Abs. 1 Satz 2.

2. das Einkommen aus Erwerbstätigkeit vor der Geburt nicht ermittelt werden kann,
3. die berechtigte Person nach den Angaben im Antrag auf Elterngeld im Bezugszeitraum voraussichtlich Einkommen aus Erwerbstätigkeit hat oder
4. die berechtigte Person weitere Monatsbeträge Elterngeld Plus nach § 4 Absatz 4 Satz 3 oder nach § 4 Absatz 6 Satz 2 beantragt.

[2] Satz 1 Nummer 1 gilt entsprechend bei der Beantragung von Betreuungsgeld.

§ 9[1)] Einkommens- und Arbeitszeitnachweis, Auskunftspflicht des Arbeitgebers. [1] Soweit es zum Nachweis des Einkommens aus Erwerbstätigkeit oder der wöchentlichen Arbeitszeit erforderlich ist, hat der Arbeitgeber der nach § 12 zuständigen Behörde für bei ihm Beschäftigte das Arbeitsentgelt, die für die Ermittlung der nach den §§ 2e und 2f erforderlichen Abzugsmerkmale für Steuern und Sozialabgaben sowie die Arbeitszeit auf Verlangen zu bescheinigen; das Gleiche gilt für ehemalige Arbeitgeber. [2] Für die in Heimarbeit Beschäftigten und die ihnen Gleichgestellten (§ 1 Absatz 1 und 2 des Heimarbeitsgesetzes) tritt an die Stelle des Arbeitgebers der Auftraggeber oder Zwischenmeister.

§ 10[2)] Verhältnis zu anderen Sozialleistungen. (1) Das Elterngeld, das Betreuungsgeld und jeweils vergleichbare Leistungen der Länder sowie die nach § 3 oder § 4c auf die jeweilige Leistung angerechneten Einnahmen oder Leistungen bleiben bei Sozialleistungen, deren Zahlung von anderen Einkommen abhängig ist, bis zu einer Höhe von insgesamt 300 Euro im Monat als Einkommen unberücksichtigt.

(2) Das Elterngeld, das Betreuungsgeld und jeweils vergleichbare Leistungen der Länder sowie die nach § 3 oder § 4c auf die jeweilige Leistung angerechneten Einnahmen oder Leistungen dürfen bis zu einer Höhe von insgesamt 300 Euro nicht dafür herangezogen werden, um auf Rechtsvorschriften beruhende Leistungen anderer, auf die kein Anspruch besteht, zu versagen.

(3)[3)] Soweit die berechtigte Person Elterngeld Plus bezieht, bleibt das Elterngeld nur bis zur Hälfte des Anrechnungsfreibetrags, der nach Abzug der anderen nach Absatz 1 nicht zu berücksichtigenden Einnahmen für das Elterngeld verbleibt, als Einkommen unberücksichtigt und darf nur bis zu dieser Höhe nicht dafür herangezogen werden, um auf Rechtsvorschriften beruhende Leistungen anderer, auf die kein Anspruch besteht, zu versagen.

[1)] § 9 Satz 1 geänd. mWv 24. 1. 2009 durch G v. 17. 1. 2009 (BGBl. I S. 61); Satz 1 HS 2 aufgeh. mWv 2. 4. 2009 durch G v. 28. 3. 2009 (BGBl. I S. 634); Satz 1 und 2 geänd. durch G v. 10. 9. 2012 (BGBl. I S. 1878).

[2)] § 10 Abs. 1, 2, 3 und 5 geänd., Abs. 6 angef. durch G v. 10. 9. 2012 (BGBl. I S. 1878); Abs. 1 und 2 geänd. mWv 1. 8. 2013 durch G v. 15. 2. 2013 (BGBl. I S. 254).

[3)] § 10 Abs. 3 geänd. durch G v. 18. 12. 2014 (BGBl. I S. 2325); zur Anwendung siehe § 27 Abs. 1 Satz 2.

(4) Die nach den Absätzen 1 bis 3 nicht zu berücksichtigenden oder nicht heranzuziehenden Beträge vervielfachen sich bei Mehrlingsgeburten mit der Zahl der geborenen Kinder.

(5)[1] [1]Die Absätze 1 bis 4 gelten nicht bei Leistungen nach dem Zweiten Buch Sozialgesetzbuch, dem Zwölften Buch Sozialgesetzbuch und § 6a des Bundeskindergeldgesetzes. [2]Bei den in Satz 1 bezeichneten Leistungen bleiben das Elterngeld und vergleichbare Leistungen der Länder sowie die nach § 3 auf das Elterngeld angerechneten Einnahmen in Höhe des nach § 2 Absatz 1 berücksichtigten Einkommens aus Erwerbstätigkeit vor der Geburt bis zu 300 Euro im Monat als Einkommen unberücksichtigt. [3]Soweit die berechtigte Person Elterngeld Plus bezieht, verringern sich die Beträge nach Satz 2 um die Hälfte.

(6) Die Absätze 1 bis 4 gelten entsprechend, soweit für eine Sozialleistung ein Kostenbeitrag erhoben werden kann, der einkommensabhängig ist.

§ 11[2] Unterhaltspflichten. [1]Unterhaltsverpflichtungen werden durch die Zahlung des Elterngeldes, des Betreuungsgeldes und jeweils vergleichbarer Leistungen der Länder nur insoweit berührt, als die Zahlung 300 Euro monatlich übersteigt. [2]Soweit die berechtigte Person Elterngeld Plus bezieht, werden die Unterhaltspflichten insoweit berührt, als die Zahlung 150 Euro übersteigt. [3]Die in den Sätzen 1 und 2 genannten Beträge vervielfachen sich bei Mehrlingsgeburten mit der Zahl der geborenen Kinder. [4]Die Sätze 1 bis 3 gelten nicht in den Fällen des § 1361 Absatz 3, der §§ 1579, 1603 Absatz 2 und des § 1611 Absatz 1 des Bürgerlichen Gesetzbuchs.

§ 12[3] Zuständigkeit; Aufbringung der Mittel. (1) [1]Die Landesregierungen oder die von ihnen beauftragten Stellen bestimmen die für die Ausführung dieses Gesetzes zuständigen Behörden. [2]Diesen Behörden obliegt auch die Beratung zur Elternzeit. [3]In den Fällen des § 1 Absatz 2 oder des § 4a Absatz 1 Nummer 1 in Verbindung mit § 1 Absatz 2 ist die von den Ländern für die Durchführung dieses Gesetzes bestimmte Behörde des Bezirks zuständig, in dem die berechtigte Person ihren letzten inländischen Wohnsitz hatte; hilfsweise ist die Behörde des Bezirks zuständig, in dem der entsendende Dienstherr oder Arbeitgeber der berechtigten Person oder der Arbeitgeber des Ehegatten, der Ehegattin, des Lebenspartners oder der Lebenspartnerin der berechtigten Person den inländischen Sitz hat.

(2) Der Bund trägt die Ausgaben für das Elterngeld und das Betreuungsgeld.

§ 13 Rechtsweg. (1) [1]Über öffentlich-rechtliche Streitigkeiten in Angelegenheiten der §§ 1 bis 12 entscheiden die Gerichte der Sozialgerichtsbarkeit.

---

[1] § 10 Abs. 5 angef. mWv 1. 1. 2011 durch G v. 9. 12. 2010 (BGBl. I S. 1885); Satz 3 geänd. durch G v. 18. 12. 2014 (BGBl. I S. 2325), zur Anwendung siehe § 27 Abs. 1 Satz 2.

[2] § 11 Satz 1 geänd. mWv 1. 8. 2013 durch G v. 15. 2. 2013 (BGBl. I S. 254); Satz 2 geänd. durch G v. 18. 12. 2014 (BGBl. I S. 2325), zur Anwendung siehe § 27 Abs. 1 Satz 2.

[3] § 12 Abs. 1 Satz 3 geänd., Abs. 2 geänd. mWv 1. 8. 2013 durch G v. 15. 2. 2013 (BGBl. I S. 254).

[2] § 85 Absatz 2 Nummer 2 des Sozialgerichtsgesetzes gilt mit der Maßgabe, dass die zuständige Stelle nach § 12 bestimmt wird.

(2) Widerspruch und Anfechtungsklage haben keine aufschiebende Wirkung.

§ 14 Bußgeldvorschriften. (1)[1)] Ordnungswidrig handelt, wer vorsätzlich oder fahrlässig

1. entgegen § 8 Absatz 1 einen Nachweis nicht, nicht richtig, nicht vollständig oder nicht rechtzeitig erbringt,
2. entgegen § 9 eine dort genannte Angabe nicht, nicht richtig, nicht vollständig oder nicht rechtzeitig bescheinigt,
3. entgegen § 60 Absatz 1 Satz 1 Nummer 1 des Ersten Buches Sozialgesetzbuch, auch in Verbindung mit § 8 Absatz 1a Satz 1, eine Angabe nicht, nicht richtig, nicht vollständig oder nicht rechtzeitig macht,
4. entgegen § 60 Absatz 1 Satz 1 Nummer 2 des Ersten Buches Sozialgesetzbuch, auch in Verbindung mit § 8 Absatz 1a Satz 1, eine Mitteilung nicht, nicht richtig, nicht vollständig oder nicht rechtzeitig macht oder
5. entgegen § 60 Absatz 1 Satz 1 Nummer 3 des Ersten Buches Sozialgesetzbuch, auch in Verbindung mit § 8 Absatz 1a Satz 1, eine Beweisurkunde nicht, nicht richtig, nicht vollständig oder nicht rechtzeitig vorlegt.

(2) Die Ordnungswidrigkeit kann mit einer Geldbuße von bis zu zweitausend Euro geahndet werden.

(3) Verwaltungsbehörden im Sinne des § 36 Absatz 1 Nummer 1 des Gesetzes über Ordnungswidrigkeiten sind die in § 12 Absatz 1 Satz 1 und 3 genannten Behörden.

Abschnitt 4. Elternzeit für Arbeitnehmerinnen und Arbeitnehmer

§ 15 Anspruch auf Elternzeit. (1) [1] Arbeitnehmerinnen und Arbeitnehmer haben Anspruch auf Elternzeit, wenn sie

1. a) mit ihrem Kind,
   b) mit einem Kind, für das sie die Anspruchsvoraussetzungen nach § 1 Abs. 3 oder 4 erfüllen, oder
   c) mit einem Kind, das sie in Vollzeitpflege nach § 33 des Achten Buches Sozialgesetzbuch aufgenommen haben,

   in einem Haushalt leben und
2. dieses Kind selbst betreuen und erziehen.

---

1) § 14 Abs. 1 Nr. 1 eingef., bish. Nrn. 1 bis 4 werden Nrn. 2 bis 5 und geänd. durch G v. 18. 12. 2014 (BGBl. I S. 2325); zur Anwwendung siehe § 27 Abs. 1 Satz 2.

[2]Nicht sorgeberechtigte Elternteile und Personen, die nach Satz 1 Nr. 1 Buchstabe b und c Elternzeit nehmen können, bedürfen der Zustimmung des sorgeberechtigten Elternteils.

(1 a)[1)] [1]Anspruch auf Elternzeit haben Arbeitnehmerinnen und Arbeitnehmer auch, wenn sie mit ihrem Enkelkind in einem Haushalt leben und dieses Kind selbst betreuen und erziehen und

1. ein Elternteil des Kindes minderjährig ist oder

2. ein Elternteil des Kindes sich in einer Ausbildung befindet, die vor Vollendung des 18. Lebensjahres begonnen wurde und die Arbeitskraft des Elternteils im Allgemeinen voll in Anspruch nimmt.

[2]Der Anspruch besteht nur für Zeiten, in denen keiner der Elternteile des Kindes selbst Elternzeit beansprucht.

(2)[2)] [1]Der Anspruch auf Elternzeit besteht bis zur Vollendung des dritten Lebensjahres eines Kindes. [2]Ein Anteil von bis zu 24 Monaten kann zwischen dem dritten Geburtstag und dem vollendeten achten Lebensjahr des Kindes in Anspruch genommen werden. [3]Die Zeit der Mutterschutzfrist nach § 6 Absatz 1 des Mutterschutzgesetzes wird für die Elternzeit der Mutter auf die Begrenzung nach den Sätzen 1 und 2 angerechnet. [4]Bei mehreren Kindern besteht der Anspruch auf Elternzeit für jedes Kind, auch wenn sich die Zeiträume im Sinne der Sätze 1 und 2 überschneiden. [5]Bei einem angenommenen Kind und bei einem Kind in Vollzeit- oder Adoptionspflege kann Elternzeit von insgesamt bis zu drei Jahren ab der Aufnahme bei der berechtigten Person, längstens bis zur Vollendung des achten Lebensjahres des Kindes genommen werden; die Sätze 2 und 4 sind entsprechend anwendbar, soweit sie die zeitliche Aufteilung regeln. [6]Der Anspruch kann nicht durch Vertrag ausgeschlossen oder beschränkt werden.

(3) [1]Die Elternzeit kann, auch anteilig, von jedem Elternteil allein oder von beiden Elternteilen gemeinsam genommen werden. [2]Satz 1 gilt in den Fällen des Absatzes 1 Satz 1 Nummer 1 Buchstabe b und c entsprechend.

(4)[3)] [1]Der Arbeitnehmer oder die Arbeitnehmerin darf während der Elternzeit nicht mehr als 30 Wochenstunden im Durchschnitt des Monats erwerbstätig sein. [2]Eine im Sinne des § 23 des Achten Buches Sozialgesetzbuch geeignete Tagespflegeperson kann bis zu fünf Kinder in Tagespflege betreuen, auch wenn die wöchentliche Betreuungszeit 30 Stunden übersteigt. [3]Teilzeitarbeit bei einem anderen Arbeitgeber oder selbstständige Tätigkeit nach Satz 1 bedürfen der Zustimmung des Arbeitgebers. [4]Dieser kann sie nur innerhalb von vier Wochen aus dringenden betrieblichen Gründen schriftlich ablehnen.

[1)] § 15 Abs. 1 a eingef. mWv 24. 1. 2009 durch G v. 17. 1. 2009 (BGBl. I S. 61); geänd. durch G v. 18. 12. 2014 (BGBl. I S. 2325), zur Anwendung siehe § 27 Abs. 1 Satz 2.

[2)] § 15 Abs. 2 Satz 2 eingef., bish. Sätze 2 und 3 werden Sätze 3 und 4 und geänd., bish. Satz 4 wird aufgeh., Satz 5 geänd. durch G v. 18. 12. 2014 (BGBl. I S. 2325); zur Anwendung siehe § 27 Abs. 1 Satz 2.

[3)] § 15 Abs. 4 Satz 1 geänd. durch G v. 10. 9. 2012 (BGBl. I S. 1878).

(5)[1] [1]Der Arbeitnehmer oder die Arbeitnehmerin kann eine Verringerung der Arbeitszeit und ihre Verteilung beantragen. [2]Über den Antrag sollen sich der Arbeitgeber und der Arbeitnehmer oder die Arbeitnehmerin innerhalb von vier Wochen einigen. [3]Der Antrag kann mit der schriftlichen Mitteilung nach Absatz 7 Satz 1 Nummer 5 verbunden werden. [4]Unberührt bleibt das Recht, sowohl die vor der Elternzeit bestehende Teilzeitarbeit unverändert während der Elternzeit fortzusetzen, soweit Absatz 4 beachtet ist, als auch nach der Elternzeit zu der Arbeitszeit zurückzukehren, die vor Beginn der Elternzeit vereinbart war.

(6) Der Arbeitnehmer oder die Arbeitnehmerin kann gegenüber dem Arbeitgeber, soweit eine Einigung nach Absatz 5 nicht möglich ist, unter den Voraussetzungen des Absatzes 7 während der Gesamtdauer der Elternzeit zweimal eine Verringerung seiner oder ihrer Arbeitszeit beanspruchen.

(7)[2] [1]Für den Anspruch auf Verringerung der Arbeitszeit gelten folgende Voraussetzungen:

1. Der Arbeitgeber beschäftigt, unabhängig von der Anzahl der Personen in Berufsbildung, in der Regel mehr als 15 Arbeitnehmer und Arbeitnehmerinnen,
2. das Arbeitsverhältnis in demselben Betrieb oder Unternehmen besteht ohne Unterbrechung länger als sechs Monate,
3. die vertraglich vereinbarte regelmäßige Arbeitszeit soll für mindestens zwei Monate auf einen Umfang von nicht weniger als 15 und nicht mehr als 30 Wochenstunden im Durchschnitt des Monats verringert werden,
4. dem Anspruch stehen keine dringenden betrieblichen Gründe entgegen und
5. der Anspruch auf Teilzeit wurde dem Arbeitgeber
   a) für den Zeitraum bis zum vollendeten dritten Lebensjahr des Kindes sieben Wochen und
   b) für den Zeitraum zwischen dem dritten Geburtstag und dem vollendeten achten Lebensjahr des Kindes 13 Wochen

   vor Beginn der Teilzeittätigkeit schriftlich mitgeteilt.

[2]Der Antrag muss den Beginn und den Umfang der verringerten Arbeitszeit enthalten. [3]Die gewünschte Verteilung der verringerten Arbeitszeit soll im Antrag angegeben werden. [4]Falls der Arbeitgeber die beanspruchte Verringerung oder Verteilung der Arbeitszeit ablehnen will, muss er dies innerhalb von vier Wochen mit schriftlicher Begründung tun. [5]Hat ein Arbeitgeber die Verringerung der Arbeitszeit

1. in einer Elternzeit zwischen der Geburt und dem vollendeten dritten Lebensjahr des Kindes nicht spätestens vier Wochen nach Zugang des Antrags oder

---

[1] § 15 Abs. 5 Satz 1 geänd. durch G v. 18. 12. 2014 (BGBl. I S. 2325); zur Anwendung siehe § 27 Abs. 1 Satz 2.

[2] § 15 Abs. 7 Satz 1 Nr. 3 geänd., Nr. 5 neu gef., Satz 4 geänd., Satz 5 neu gef., Sätze 6 und 7 angef. durch G v. 18. 12. 2014 (BGBl. I S. 2325); zur Anwendung siehe § 27 Abs. 1 Satz 2.

2. in einer Elternzeit zwischen dem dritten Geburtstag und dem vollendeten achten Lebensjahr des Kindes nicht spätestens acht Wochen nach Zugang des Antrags

schriftlich abgelehnt, gilt die Zustimmung als erteilt und die Verringerung der Arbeitszeit entsprechend den Wünschen der Arbeitnehmerin oder des Arbeitnehmers als festgelegt. 6 Haben Arbeitgeber und Arbeitnehmerin oder Arbeitnehmer über die Verteilung der Arbeitszeit kein Einvernehmen nach Absatz 5 Satz 2 erzielt und hat der Arbeitgeber nicht innerhalb der in Satz 5 genannten Fristen die gewünschte Verteilung schriftlich abgelehnt, gilt die Verteilung der Arbeitszeit entsprechend den Wünschen der Arbeitnehmerin oder des Arbeitnehmers als festgelegt. 7 Soweit der Arbeitgeber den Antrag auf Verringerung oder Verteilung der Arbeitszeit rechtzeitig ablehnt, kann die Arbeitnehmerin oder der Arbeitnehmer Klage vor dem Gericht für Arbeitssachen erheben.

§ 16 Inanspruchnahme der Elternzeit. (1)[1] 1 Wer Elternzeit beanspruchen will, muss sie

1. für den Zeitraum bis zum vollendeten dritten Lebensjahr des Kindes spätestens sieben Wochen und
2. für den Zeitraum zwischen dem dritten Geburtstag und dem vollendeten achten Lebensjahr des Kindes spätestens 13 Wochen

vor Beginn der Elternzeit schriftlich vom Arbeitgeber verlangen. 2 Verlangt die Arbeitnehmerin oder der Arbeitnehmer Elternzeit nach Satz 1 Nummer 1, muss sie oder er gleichzeitig erklären, für welche Zeiten innerhalb von zwei Jahren Elternzeit genommen werden soll. 3 Bei dringenden Gründen ist ausnahmsweise eine angemessene kürzere Frist möglich. 4 Nimmt die Mutter die Elternzeit im Anschluss an die Mutterschutzfrist, wird die Zeit der Mutterschutzfrist nach § 6 Absatz 1 des Mutterschutzgesetzes auf den Zeitraum nach Satz 2 angerechnet. 5 Nimmt die Mutter die Elternzeit im Anschluss an einen auf die Mutterschutzfrist folgenden Erholungsurlaub, werden die Zeit der Mutterschutzfrist nach § 6 Absatz 1 des Mutterschutzgesetzes und die Zeit des Erholungsurlaubs auf den Zweijahreszeitraum nach Satz 2 angerechnet. 6 Jeder Elternteil kann seine Elternzeit auf drei Zeitabschnitte verteilen; eine Verteilung auf weitere Zeitabschnitte ist nur mit der Zustimmung des Arbeitgebers möglich. 7 Der Arbeitgeber kann die Inanspruchnahme eines dritten Abschnitts einer Elternzeit innerhalb von acht Wochen nach Zugang des Antrags aus dringenden betrieblichen Gründen ablehnen, wenn dieser Abschnitt im Zeitraum zwischen dem dritten Geburtstag und dem vollendeten achten Lebensjahr des Kindes liegen soll. 8 Der Arbeitgeber hat dem Arbeitnehmer oder der Arbeitnehmerin die Elternzeit zu bescheinigen. 9 Bei einem Arbeitgeberwechsel ist bei der Anmeldung der Elternzeit auf Verlangen des neuen Arbeitgebers eine Bescheinigung des früheren Arbeitgebers über bereits ge-

---

[1] § 16 Abs. 1 Satz 1 ersetzt durch Sätze 1 und 2, bish. Sätze 2 bis 5 werden Sätze 3 bis 6 und geänd., Satz 7 eingef., bish. Satz 6 wird Satz 8, Satz 9 angef. durch G v. 18. 12. 2014 (BGBl. I S. 2325); zur Anwendung siehe § 27 Abs. 1 Satz 2.

nommene Elternzeit durch die Arbeitnehmerin oder den Arbeitnehmer vorzulegen.

(2)[1] Können Arbeitnehmerinnen aus einem von ihnen nicht zu vertretenden Grund eine sich unmittelbar an die Mutterschutzfrist des § 6 Absatz 1 des Mutterschutzgesetzes anschließende Elternzeit nicht rechtzeitig verlangen, können sie dies innerhalb einer Woche nach Wegfall des Grundes nachholen.

(3)[2] [1]Die Elternzeit kann vorzeitig beendet oder im Rahmen des § 15 Absatz 2 verlängert werden, wenn der Arbeitgeber zustimmt. [2]Die vorzeitige Beendigung wegen der Geburt eines weiteren Kindes oder in Fällen besonderer Härte, insbesondere bei Eintritt einer schweren Krankheit, Schwerbehinderung oder Tod eines Elternteils oder eines Kindes der berechtigten Person oder bei erheblich gefährdeter wirtschaftlicher Existenz der Eltern nach Inanspruchnahme der Elternzeit, kann der Arbeitgeber unbeschadet von Satz 3 nur innerhalb von vier Wochen aus dringenden betrieblichen Gründen schriftlich ablehnen. [3]Die Elternzeit kann zur Inanspruchnahme der Schutzfristen des § 3 Absatz 2 und des § 6 Absatz 1 des Mutterschutzgesetzes auch ohne Zustimmung des Arbeitgebers vorzeitig beendet werden; in diesen Fällen soll die Arbeitnehmerin dem Arbeitgeber die Beendigung der Elternzeit rechtzeitig mitteilen. [4]Eine Verlängerung der Elternzeit kann verlangt werden, wenn ein vorgesehener Wechsel der Anspruchsberechtigten aus einem wichtigen Grund nicht erfolgen kann.

(4) Stirbt das Kind während der Elternzeit, endet diese spätestens drei Wochen nach dem Tod des Kindes.

(5) Eine Änderung in der Anspruchsberechtigung hat der Arbeitnehmer oder die Arbeitnehmerin dem Arbeitgeber unverzüglich mitzuteilen.

§ 17 Urlaub. (1) [1]Der Arbeitgeber kann den Erholungsurlaub, der dem Arbeitnehmer oder der Arbeitnehmerin für das Urlaubsjahr zusteht, für jeden vollen Kalendermonat der Elternzeit um ein Zwölftel kürzen. [2]Dies gilt nicht, wenn der Arbeitnehmer oder die Arbeitnehmerin während der Elternzeit bei seinem oder ihrem Arbeitgeber Teilzeitarbeit leistet.

(2) Hat der Arbeitnehmer oder die Arbeitnehmerin den ihm oder ihr zustehenden Urlaub vor dem Beginn der Elternzeit nicht oder nicht vollständig erhalten, hat der Arbeitgeber den Resturlaub nach der Elternzeit im laufenden oder im nächsten Urlaubsjahr zu gewähren.

(3) Endet das Arbeitsverhältnis während der Elternzeit oder wird es im Anschluss an die Elternzeit nicht fortgesetzt, so hat der Arbeitgeber den noch nicht gewährten Urlaub abzugelten.

(4) Hat der Arbeitnehmer oder die Arbeitnehmerin vor Beginn der Elternzeit mehr Urlaub erhalten, als ihm oder ihr nach Absatz 1 zusteht, kann der Arbeitgeber den Urlaub, der dem Arbeitnehmer oder der Arbeitnehmerin

---

[1] § 16 Abs. 2 geänd. durch G v. 18. 12. 2014 (BGBl. I S. 2325); zur Anwendung siehe § 27 Abs. 1 Satz 2.

[2] § 16 Abs. 3 neu gef. durch G v. 10. 9. 2012 (BGBl. I S. 1878).

nach dem Ende der Elternzeit zusteht, um die zu viel gewährten Urlaubstage kürzen.

§ 18[1] **Kündigungsschutz.** (1) [1]Der Arbeitgeber darf das Arbeitsverhältnis ab dem Zeitpunkt, von dem an Elternzeit verlangt worden ist, nicht kündigen. [2]Der Kündigungsschutz nach Satz 1 beginnt

1. frühestens acht Wochen vor Beginn einer Elternzeit bis zum vollendeten dritten Lebensjahr des Kindes und
2. frühestens 14 Wochen vor Beginn einer Elternzeit zwischen dem dritten Geburtstag und dem vollendeten achten Lebensjahr des Kindes.

[3]Während der Elternzeit darf der Arbeitgeber das Arbeitsverhältnis nicht kündigen. [4]In besonderen Fällen kann ausnahmsweise eine Kündigung für zulässig erklärt werden. [5]Die Zulässigkeitserklärung erfolgt durch die für den Arbeitsschutz zuständige oberste Landesbehörde oder die von ihr bestimmte Stelle. [6]Die Bundesregierung kann mit Zustimmung des Bundesrates allgemeine Verwaltungsvorschriften zur Durchführung des Satzes 4 erlassen.

(2) Absatz 1 gilt entsprechend, wenn Arbeitnehmer oder Arbeitnehmerinnen

1. während der Elternzeit bei demselben Arbeitgeber Teilzeitarbeit leisten oder
2. ohne Elternzeit in Anspruch zu nehmen, Teilzeitarbeit leisten und Anspruch auf Elterngeld nach § 1 während des Zeitraums nach § 4 Absatz 1 Satz 1 und 3 haben.

§ 19 Kündigung zum Ende der Elternzeit. Der Arbeitnehmer oder die Arbeitnehmerin kann das Arbeitsverhältnis zum Ende der Elternzeit nur unter Einhaltung einer Kündigungsfrist von drei Monaten kündigen.

§ 20 Zur Berufsbildung Beschäftigte, in Heimarbeit Beschäftigte. (1) [1]Die zu ihrer Berufsbildung Beschäftigten gelten als Arbeitnehmer oder Arbeitnehmerinnen im Sinne dieses Gesetzes. [2]Die Elternzeit wird auf Berufsbildungszeiten nicht angerechnet.

(2) [1]Anspruch auf Elternzeit haben auch die in Heimarbeit Beschäftigten und die ihnen Gleichgestellten (§ 1 Absatz 1 und 2 des Heimarbeitsgesetzes), soweit sie am Stück mitarbeiten. [2]Für sie tritt an die Stelle des Arbeitgebers der Auftraggeber oder Zwischenmeister und an die Stelle des Arbeitsverhältnisses das Beschäftigungsverhältnis.

§ 21 Befristete Arbeitsverträge. (1) Ein sachlicher Grund, der die Befristung eines Arbeitsverhältnisses rechtfertigt, liegt vor, wenn ein Arbeitnehmer oder eine Arbeitnehmerin zur Vertretung eines anderen Arbeitnehmers oder einer anderen Arbeitnehmerin für die Dauer eines Beschäftigungsverbotes

---

[1] § 18 Abs. 1 Satz 1 geänd., Sätze 2 und 3 eingef., bish. Sätze 2 bis 4 werden Sätze 4 bis 6, Satz 6 geänd.; Abs. 2 geänd. durch G v. 18. 12. 2014 (BGBl. I S. 2325); zur Anwendung siehe § 27 Abs. 1 Satz 2.

nach dem Mutterschutzgesetz, einer Elternzeit, einer auf Tarifvertrag, Betriebsvereinbarung oder einzelvertraglicher Vereinbarung beruhenden Arbeitsfreistellung zur Betreuung eines Kindes oder für diese Zeiten zusammen oder für Teile davon eingestellt wird.

(2) Über die Dauer der Vertretung nach Absatz 1 hinaus ist die Befristung für notwendige Zeiten einer Einarbeitung zulässig.

(3) Die Dauer der Befristung des Arbeitsvertrags muss kalendermäßig bestimmt oder bestimmbar oder den in den Absätzen 1 und 2 genannten Zwecken zu entnehmen sein.

(4) [1]Der Arbeitgeber kann den befristeten Arbeitsvertrag unter Einhaltung einer Frist von mindestens drei Wochen, jedoch frühestens zum Ende der Elternzeit, kündigen, wenn die Elternzeit ohne Zustimmung des Arbeitgebers vorzeitig endet und der Arbeitnehmer oder die Arbeitnehmerin die vorzeitige Beendigung der Elternzeit mitgeteilt hat. [2]Satz 1 gilt entsprechend, wenn der Arbeitgeber die vorzeitige Beendigung der Elternzeit in den Fällen des § 16 Absatz 3 Satz 2 nicht ablehnen darf.

(5) Das Kündigungsschutzgesetz ist im Falle des Absatzes 4 nicht anzuwenden.

(6) Absatz 4 gilt nicht, soweit seine Anwendung vertraglich ausgeschlossen ist.

(7) [1]Wird im Rahmen arbeitsrechtlicher Gesetze oder Verordnungen auf die Zahl der beschäftigten Arbeitnehmer und Arbeitnehmerinnen abgestellt, so sind bei der Ermittlung dieser Zahl Arbeitnehmer und Arbeitnehmerinnen, die sich in der Elternzeit befinden oder zur Betreuung eines Kindes freigestellt sind, nicht mitzuzählen, solange für sie aufgrund von Absatz 1 ein Vertreter oder eine Vertreterin eingestellt ist. [2]Dies gilt nicht, wenn der Vertreter oder die Vertreterin nicht mitzuzählen ist. [3]Die Sätze 1 und 2 gelten entsprechend, wenn im Rahmen arbeitsrechtlicher Gesetze oder Verordnungen auf die Zahl der Arbeitsplätze abgestellt wird.

Abschnitt 5. Statistik und Schlussvorschriften

§ 22[1)] Bundesstatistik. (1) [1]Zur Beurteilung der Auswirkungen dieses Gesetzes sowie zu seiner Fortentwicklung sind laufende Erhebungen zum Bezug von Elterngeld und Betreuungsgeld als Bundesstatistiken durchzuführen. [2]Die Erhebungen erfolgen zentral beim Statistischen Bundesamt.

(2)[2)] [1]Die Statistik zum Bezug von Elterngeld erfasst vierteljährlich zum jeweils letzten Tag des aktuellen und der vorangegangenen zwei Kalendermonate für Personen, die in einem dieser Kalendermonate Elterngeld bezogen

---

[1)] § 22 Abs. 2 Nrn. 8 und 13 Buchst. d und e, Abs. 3 und Abs. 4 Nrn. 1 und 2 geänd., Abs. 4 Nr. 3 angef. mWv 24. 1. 2009 durch G v. 17. 1. 2009 (BGBl. I S. 61); Abs. 2 und 3 neu gef. durch G v. 10. 9. 2012 (BGBl. I S. 1878); Abs. 1 geänd., Abs. 2 bish. Wortlaut wird Satz 1 und geänd., Satz 2 angef. mWv 1. 8. 2013 durch G v. 15. 2. 2013 (BGBl. I S. 254).

[2)] § 22 Abs. 2 Satz 1 Satzteil vor Nr. 1 geänd., Nr. 2 geänd., Nrn. 3 und 5 neu gef., Satz 2 geänd. durch G v. 18. 12. 2014 (BGBl. I S. 2325); zur Anwendung siehe § 27 Abs. 1 Sätze 2 und 3.

haben, für jedes den Anspruch auslösende Kind folgende Erhebungsmerkmale:

1. Art der Berechtigung nach § 1,
2.[1] Grundlagen der Berechnung des zustehenden Monatsbetrags nach Art und Höhe (§ 2 Absatz 1, 2, 3 oder 4, § 2a Absatz 1 oder 4, § 2c, die §§ 2d, 2e oder § 2f),
3. Höhe und Art des zustehenden Monatsbetrags (§ 4 Absatz 2 Satz 2 und Absatz 3 Satz 1) ohne die Berücksichtigung der Einnahmen nach § 3,
4. Art und Höhe der Einnahmen nach § 3,
5. Inanspruchnahme der als Partnerschaftsbonus gewährten Monatsbeträge nach § 4 Absatz 4 Satz 3 und der weiteren Monatsbeträge Elterngeld Plus nach § 4 Absatz 6 Satz 2,
6. Höhe des monatlichen Auszahlungsbetrags,
7. Geburtstag des Kindes,
8. für die Elterngeld beziehende Person:
   a) Geschlecht, Geburtsjahr und -monat,
   b) Staatsangehörigkeit,
   c) Wohnsitz oder gewöhnlicher Aufenthalt,
   d) Familienstand und unverheiratetes Zusammenleben mit dem anderen Elternteil und
   e) Anzahl der im Haushalt lebenden Kinder.

[2]Die Angaben nach den Nummern 2, 3, 5 und 6 sind für jeden Lebensmonat des Kindes, bezogen auf den nach § 4 Absatz 1 möglichen Zeitraum des Leistungsbezugs zu melden.

(3)[2] [1]Die Statistik zum Bezug von Betreuungsgeld erfasst vierteljährlich zum jeweils letzten Tag des aktuellen und der vorangegangenen zwei Kalendermonate erstmalig zum 30. September 2013 für Personen, die in einem dieser Kalendermonate Betreuungsgeld bezogen haben, für jedes den Anspruch auslösende Kind folgende Erhebungsmerkmale:

1. Art der Berechtigung nach § 4a,
2. Höhe des monatlichen Auszahlungsbetrags,
3. Geburtstag des Kindes,
4. für die Betreuungsgeld beziehende Person:
   a) Geschlecht, Geburtsjahr und -monat,
   b) Staatsangehörigkeit,
   c) Wohnsitz oder gewöhnlicher Aufenthalt,
   d) Familienstand und unverheiratetes Zusammenleben mit dem anderen Elternteil und
   e) Anzahl der im Haushalt lebenden Kinder.

---

[1] Vgl. § 27 Abs. 1 Satz 3 iVm Satz 2.

[2] § 22 Abs. 3 neu gef. mWv 1. 8. 2013 durch G v. 15. 2. 2013 (BGBl. I S. 254).

2 Die Angaben nach Nummer 2 sind für jeden Lebensmonat des Kindes bezogen auf den nach § 4 d Absatz 1 möglichen Zeitraum des Leistungsbezugs zu melden.

(4) Hilfsmerkmale sind:

1. Name und Anschrift der zuständigen Behörde,
2. Name und Telefonnummer sowie Adresse für elektronische Post der für eventuelle Rückfragen zur Verfügung stehenden Person und
3. Kennnummer des Antragstellers oder der Antragstellerin.

§ 23[1)] Auskunftspflicht; Datenübermittlung an das Statistische Bundesamt. (1) 1 Für die Erhebung nach § 22 besteht Auskunftspflicht. 2 Die Angaben nach § 22 Absatz 4 Nummer 2 sind freiwillig. 3 Auskunftspflichtig sind die nach § 12 Absatz 1 zuständigen Stellen.

(2)[2)] 1 Der Antragsteller oder die Antragstellerin ist gegenüber den nach § 12 Absatz 1 zuständigen Stellen zu den Erhebungsmerkmalen nach § 22 Absatz 2 und 3 auskunftspflichtig. 2 Die zuständigen Stellen nach § 12 Absatz 1 dürfen die Angaben nach § 22 Absatz 2 Satz 1 Nummer 8 und Absatz 3 Satz 1 Nummer 4, soweit sie für den Vollzug dieses Gesetzes nicht erforderlich sind, nur durch technische und organisatorische Maßnahmen getrennt von den übrigen Daten nach § 22 Absatz 2 und 3 und nur für die Übermittlung an das Statistische Bundesamt verwenden und haben diese unverzüglich nach Übermittlung an das Statistische Bundesamt zu löschen.

(3) Die in sich schlüssigen Angaben sind als Einzeldatensätze elektronisch bis zum Ablauf von 30 Arbeitstagen nach Ablauf des Berichtszeitraums an das Statistische Bundesamt zu übermitteln.

§ 24[3)] Übermittlung von Tabellen mit statistischen Ergebnissen durch das Statistische Bundesamt. 1 Zur Verwendung gegenüber den gesetzgebenden Körperschaften und zu Zwecken der Planung, jedoch nicht zur Regelung von Einzelfällen, übermittelt das Statistische Bundesamt Tabellen mit statistischen Ergebnissen, auch soweit Tabellenfelder nur einen einzigen Fall ausweisen, an die fachlich zuständigen obersten Bundes- oder Landesbehörden. 2 Tabellen, deren Tabellenfelder nur einen einzigen Fall ausweisen, dürfen nur dann übermittelt werden, wenn sie nicht differenzierter als auf Regierungsbezirksebene, im Falle der Stadtstaaten auf Bezirksebene, aufbereitet sind.

§ 24 a[4)] Übermittlung von Einzelangaben durch das Statistische Bundesamt. (1) 1 Zur Abschätzung von Auswirkungen der Änderungen dieses Gesetzes im Rahmen der Zwecke nach § 24 übermittelt das Statistische Bundesamt auf Anforderung des fachlich zuständigen Bundesministeriums diesem

1) § 23 Abs. 2 eingef., bish Abs. 2 wird Abs. 3 mWv 24. 1. 2009 durch G v. 17. 1. 2009 (BGBl. I S. 61); Überschr. geänd., Abs. 2 geänd. durch G v. 10. 9. 2012 (BGBl. I S. 1878).

2) § 23 Abs. 2 geänd. mWv 1. 8. 2013 durch G v. 15. 2. 2013 (BGBl. I S. 254).

3) § 24 neu gef., durch G v. 10. 9. 2012 (BGBl. I S. 1878).

4) § 24 a eingef. durch G v. 10. 9. 2012 (BGBl. I S. 1878).

oder von ihm beauftragten Forschungseinrichtungen Einzelangaben ab dem Jahr 2007 ohne Hilfsmerkmale mit Ausnahme des Merkmals nach § 22 Absatz 4 Nummer 3 für die Entwicklung und den Betrieb von Mikrosimulationsmodellen. [2]Die Einzelangaben dürfen nur im hierfür erforderlichen Umfang und mittels eines sicheren Datentransfers übermittelt werden.

(2) [1]Bei der Verarbeitung und Nutzung der Daten nach Absatz 1 ist das Statistikgeheimnis nach § 16 des Bundesstatistikgesetzes zu wahren. [2]Dafür ist die Trennung von statistischen und nichtstatistischen Aufgaben durch Organisation und Verfahren zu gewährleisten. [3]Die nach Absatz 1 übermittelten Daten dürfen nur für die Zwecke verwendet werden, für die sie übermittelt wurden. [4]Die übermittelten Einzeldaten sind nach dem Erreichen des Zweckes zu löschen, zu dem sie übermittelt wurden.

(3) [1]Personen, die Empfängerinnen und Empfänger von Einzelangaben nach Absatz 1 Satz 1 sind, unterliegen der Pflicht zur Geheimhaltung nach § 16 Absatz 1 und 10 des Bundesstatistikgesetzes. [2]Personen, die Einzelangaben nach Absatz 1 Satz 1 erhalten sollen, müssen Amtsträger oder für den öffentlichen Dienst besonders Verpflichtete sein. [3]Personen, die Einzelangaben erhalten sollen und die nicht Amtsträger oder für den öffentlichen Dienst besonders Verpflichtete sind, sind vor der Übermittlung zur Geheimhaltung zu verpflichten. [4]§ 1 Absatz 2, 3 und 4 Nummer 2 des Verpflichtungsgesetzes vom 2. März 1974 (BGBl. I S. 469, 547), das durch § 1 Nummer 4 des Gesetzes vom 15. August 1974 (BGBl. I S. 1942) geändert worden ist, gilt in der jeweils geltenden Fassung entsprechend. [5]Die Empfängerinnen und Empfänger von Einzelangaben dürfen aus ihrer Tätigkeit gewonnene Erkenntnisse nur für die in Absatz 1 genannten Zwecke verwenden.

§ 25[1)] Bericht. [1]Die Bundesregierung legt dem Deutschen Bundestag bis zum 31. Dezember 2015 einen Bericht über die Auswirkungen des Betreuungsgeldes vor. [2]Bis zum 31. Dezember 2017 legt sie einen Bericht über die Auswirkungen der Regelungen zum Elterngeld Plus und zum Partnerschaftsbonus sowie zur Elternzeit vor. [3]Die Berichte dürfen keine personenbezogenen Daten enthalten.

§ 26 Anwendung der Bücher des Sozialgesetzbuches. (1)[2)] Soweit dieses Gesetz zum Elterngeld oder Betreuungsgeld keine ausdrückliche Regelung trifft, ist bei der Ausführung des Ersten, Zweiten und Dritten Abschnitts das Erste Kapitel des Zehnten Buches Sozialgesetzbuch anzuwenden.

(2)[3)] § 328 Absatz 3 und § 331 des Dritten Buches Sozialgesetzbuch gelten entsprechend.

§ 27 Übergangsvorschrift. (1)[4)] [1]Für die vor dem 1. Januar 2015 geborenen oder mit dem Ziel der Adoption aufgenommenen Kinder ist § 1 in der

---

[1)] § 25 Satz 1 geänd. mWv 1. 8. 2013 durch G v. 15. 2. 2013 (BGBl. I S. 254); Satz 2 eingef., bish. Satz 2 wird Satz 3 und geänd. durch G v. 18. 12. 2014 (BGBl. I S. 2325).

[2)] § 26 Abs. 1 geänd. mWv 1. 8. 2013 durch G v. 15. 2. 2013 (BGBl. I S. 254).

[3)] § 26 Abs. 2 neu gef. durch G v. 10. 9. 2012 (BGBl. I S. 1878).

[4)] § 27 Abs. 1 neu gef. durch G v. 18. 12. 2014 (BGBl. I S. 2325).

bis zum 31. Dezember 2014 geltenden Fassung[1] weiter anzuwenden. [2]Für die vor dem 1. Juli 2015 geborenen oder mit dem Ziel der Adoption aufgenommenen Kinder sind die §§ 2 bis 22 in der bis zum 31. Dezember 2014 geltenden Fassung[1] weiter anzuwenden. [3]Satz 2 gilt nicht für § 2c Absatz 1 Satz 2 und § 22 Absatz 2 Satz 1 Nummer 2.

(1 a)[2] Soweit dieses Gesetz Mutterschaftsgeld nach dem Fünften Buch Sozialgesetzbuch oder nach dem Zweiten Gesetz über die Krankenversicherung der Landwirte in Bezug nimmt, gelten die betreffenden Regelungen für Mutterschaftsgeld nach der Reichsversicherungsordnung oder nach dem Gesetz über die Krankenversicherung der Landwirte entsprechend.

(2)[3] Für die dem Erziehungsgeld vergleichbaren Leistungen der Länder sind § 8 Absatz 1 und § 9 des Bundeserziehungsgeldgesetzes in der bis zum 31. Dezember 2006 geltenden Fassung weiter anzuwenden.

(3)[4] [1]Betreuungsgeld wird nicht für vor dem 1. August 2012 geborene Kinder gezahlt. [2]Bis zum 31. Juli 2014 beträgt das Betreuungsgeld abweichend von § 4b 100 Euro pro Monat.

---

[1] Abgedruckt unter Nr. **62 a**.

[2] § 27 Abs. 1 a eingef. als Abs. 1 b durch G v. 23. 10. 2012 (BGBl. I S. 2246); bish. Abs. 1 a aufgeh., Abs. 1 b wird Abs. 1 a durch G v. 18. 12. 2014 (BGBl. I S. 2325).

[3] § 27 Abs. 2 und 3 aufgeh. bish. Abs. 4 wird Abs. 2 durch G v. 10. 9. 2012 (BGBl. I S. 1878).

[4] § 27 Abs. 3 angef. durch G v. 15. 2. 2013 (BGBl. I S. 254).

62 a. Gesetz zum Elterngeld und zur Elternzeit (Bundeselterngeld- und Elternzeitgesetz – BEEG)[1)·2)]

Vom 5. Dezember 2006 (BGBl. I S. 2748)

Geändert durch Gesetz zur Umsetzung aufenthalts- und asylrechtlicher Richtlinien der EU vom 19. 8. 2007 (BGBl. I S. 1970), Erstes Gesetz zur Änderung des Bundeselterngeld- und Elternzeitgesetzes vom 17. 1. 2009 (BGBl. I S. 61), Dienstrechtsneuordnungsgesetz vom 5. 2. 2009 (BGBl. I S. 160), ELENA-Verfahrensgesetz vom 28. 3. 2009 (BGBl. I S. 634), Haushaltsbegleitgesetz 2011 (HBeglG 2011) vom 9. 12. 2010 (BGBl. I S. 1885), Steuervereinfachungsgesetz 2011 vom 1. 11. 2011 (BGBl. I S. 2131), Gesetz zur Änderung des Beherbergungsstatistikgesetzes und des Handelsstatistikgesetzes sowie zur Aufhebung von Vorschriften zum Verfahren des elektronischen Entgeltnachweises vom 23. 11. 2011 (BGBl. I S. 2298), Gesetz zur Vereinfachung des Elterngeldvollzugs vom 10. 9. 2012 (BGBl. I S. 1878; ber. I 2013 S. 69), Gesetz zur Neuausrichtung der Pflegeversicherung vom 23. 10. 2012 (BGBl. I S. 2246) und Gesetz zur Einführung eines Betreuungsgeldes (Betreuungsgeldgesetz) vom 15. 2. 2013 (BGBl. I S. 254)

BGBl. III/FNA 85-5

Abschnitt 1. Elterngeld[3)]

§ 1 Berechtigte. (1) Anspruch auf Elterngeld hat, wer

1. einen Wohnsitz oder seinen gewöhnlichen Aufenthalt in Deutschland hat,
2. mit seinem Kind in einem Haushalt lebt,
3. dieses Kind selbst betreut und erzieht und
4. keine oder keine volle Erwerbstätigkeit ausübt.

(2) [1] Anspruch auf Elterngeld hat auch, wer, ohne eine der Voraussetzungen des Absatzes 1 Nr. 1 zu erfüllen,

1. nach § 4 des Vierten Buches Sozialgesetzbuch dem deutschen Sozialversicherungsrecht unterliegt oder im Rahmen seines in Deutschland bestehenden öffentlich-rechtlichen Dienst- oder Amtsverhältnisses vorübergehend ins Ausland abgeordnet, versetzt oder kommandiert ist,
2. Entwicklungshelfer oder Entwicklungshelferin im Sinne des § 1 des Entwicklungshelfer-Gesetzes ist oder als Missionar oder Missionarin der Missionswerke und -gesellschaften, die Mitglieder oder Vereinbarungspartner des Evangelischen Missionswerkes Hamburg, der Arbeitsgemeinschaft Evangelikaler Missionen e. V., des Deutschen katholischen Missionsrates oder der Arbeitsgemeinschaft pfingstlich-charismatischer Missionen sind, tätig ist oder

---

1) Das BEEG ist als Art. 1 des Gesetzes zur Einführung des Elterngeldes vom 5. 12. 2006 (BGBl. I S. 2748) verkündet worden.

2) Diese Fassung des Gesetzes gilt für **nach dem 31. 12. 2012 geborene Kinder** (§ 27 Abs. 1 Satz 1 i. d. F. des G v. 23. 10. 2012). Für **nach dem 31. 12. 2014 geborene Mehrlingsgeburten bzw. nach dem 30. 6. 2015 geborene Kinder** gilt das BEEG i. d. F. der **Nr. 62**.

3) Zur **Anwendung siehe § 27 Abs. 1 Satz 1** i. d. F. des G v. 15. 2. 2013 (BGBl. I S. 254).

3. die deutsche Staatsangehörigkeit besitzt und nur vorübergehend bei einer zwischen- oder überstaatlichen Einrichtung tätig ist, insbesondere nach den Entsenderichtlinien des Bundes beurlaubte Beamte und Beamtinnen, oder wer vorübergehend eine nach § 123a des Beamtenrechtsrahmengesetzes oder § 29 des Bundesbeamtengesetzes[1] zugewiesene Tätigkeit im Ausland wahrnimmt.

[2] Dies gilt auch für mit der nach Satz 1 berechtigten Person in einem Haushalt lebende Ehegatten, Ehegattinnen, Lebenspartner oder Lebenspartnerinnen.

(3) [1] Anspruch auf Elterngeld hat abweichend von Absatz 1 Nr. 2 auch, wer

1. mit einem Kind in einem Haushalt lebt, das er mit dem Ziel der Annahme als Kind aufgenommen hat,
2. ein Kind des Ehegatten, der Ehegattin, des Lebenspartners oder der Lebenspartnerin in seinen Haushalt aufgenommen hat oder
3. mit einem Kind in einem Haushalt lebt und die von ihm erklärte Anerkennung der Vaterschaft nach § 1594 Abs. 2 des Bürgerlichen Gesetzbuchs noch nicht wirksam oder über die von ihm beantragte Vaterschaftsfeststellung nach § 1600d des Bürgerlichen Gesetzbuchs noch nicht entschieden ist.

[2] Für angenommene Kinder und Kinder im Sinne des Satzes 1 Nr. 1 sind die Vorschriften dieses Gesetzes mit der Maßgabe anzuwenden, dass statt des Zeitpunktes der Geburt der Zeitpunkt der Aufnahme des Kindes bei der berechtigten Person maßgeblich ist.

(4) Können die Eltern wegen einer schweren Krankheit, Schwerbehinderung oder Tod der Eltern ihr Kind nicht betreuen, haben Verwandte bis zum dritten Grad und ihre Ehegatten, Ehegattinnen, Lebenspartner oder Lebenspartnerinnen Anspruch auf Elterngeld, wenn sie die übrigen Voraussetzungen nach Absatz 1 erfüllen und von anderen Berechtigten Elterngeld nicht in Anspruch genommen wird.

(5) Der Anspruch auf Elterngeld bleibt unberührt, wenn die Betreuung und Erziehung des Kindes aus einem wichtigen Grund nicht sofort aufgenommen werden kann oder wenn sie unterbrochen werden muss.

(6)[2] Eine Person ist nicht voll erwerbstätig, wenn ihre Arbeitszeit 30 Wochenstunden im Durchschnitt des Monats nicht übersteigt, sie eine Beschäftigung zur Berufsbildung ausübt oder sie eine geeignete Tagespflegeperson im Sinne des § 23 des Achten Buches Sozialgesetzbuch ist und nicht mehr als fünf Kinder in Tagespflege betreut.

(7) Ein nicht freizügigkeitsberechtigter Ausländer oder eine nicht freizügigkeitsberechtigte Ausländerin ist nur anspruchsberechtigt, wenn diese Person

1. eine Niederlassungserlaubnis besitzt,
2. eine Aufenthaltserlaubnis besitzt, die zur Ausübung einer Erwerbstätigkeit berechtigt oder berechtigt hat, es sei denn, die Aufenthaltserlaubnis wurde
   a) nach § 16 oder § 17 des Aufenthaltsgesetzes erteilt,

---

[1] Eingef. durch G v. 5. 2. 2009 (BGBl. I S. 160).
[2] § 1 Abs. 6 geänd. durch G v. 10. 9. 2012 (BGBl. S. 1878).

b) nach § 18 Abs. 2 des Aufenthaltsgesetzes erteilt und die Zustimmung der Bundesagentur für Arbeit darf nach der Beschäftigungsverordnung nur für einen bestimmten Höchstzeitraum erteilt werden,

c) nach § 23 Abs. 1 des Aufenthaltsgesetzes wegen eines Krieges in ihrem Heimatland oder nach den §§ 23 a, 24, 25 Abs. 3 bis 5 des Aufenthaltsgesetzes erteilt,

d)[1] nach § 104 a des Aufenthaltsgesetzes erteilt oder

3. eine in Nummer 2 Buchstabe c genannte Aufenthaltserlaubnis besitzt und

a) sich seit mindestens drei Jahren rechtmäßig, gestattet oder geduldet im Bundesgebiet aufhält und

b) im Bundesgebiet berechtigt erwerbstätig ist, laufende Geldleistungen nach dem Dritten Buch Sozialgesetzbuch bezieht oder Elternzeit in Anspruch nimmt.

(8)[2] [1]Ein Anspruch entfällt, wenn die berechtigte Person im letzten abgeschlossenen Veranlagungszeitraum [***ab 1. 8. 2013:*** vor der Geburt des Kindes] ein zu versteuerndes Einkommen nach § 2 Absatz 5 des Einkommensteuergesetzes in Höhe von mehr als 250 000 Euro erzielt hat. [2]*Ist auch eine andere Person nach den Absätzen 1, 3 oder 4 berechtigt,* [***ab 1. 8. 2013:*** [2]Erfüllt auch eine andere Person die Voraussetzungen des Absatzes 1 Nummer 2 oder der Absätze 3 oder 4,] entfällt abweichend von Satz 1 der Anspruch, wenn die Summe des zu versteuernden Einkommens beider *berechtigter* Personen mehr als 500 000 Euro beträgt.

§ 2 Höhe des Elterngeldes. (1)[3] [1]Elterngeld wird in Höhe von 67 Prozent des Einkommens aus Erwerbstätigkeit vor der Geburt des Kindes gewährt. [2]Es wird bis zu einem Höchstbetrag von 1800 Euro monatlich für volle Monate gezahlt, in denen die berechtigte Person kein Einkommen aus Erwerbstätigkeit hat. [3]Das Einkommen aus Erwerbstätigkeit errechnet sich nach Maßgabe der §§ 2 c bis 2 f aus der um die Abzüge für Steuern und Sozialabgaben verminderten Summe der positiven Einkünfte aus

1. nichtselbständiger Arbeit nach § 2 Absatz 1 Satz 1 Nummer 4 des Einkommensteuergesetzes sowie
2. Land- und Forstwirtschaft, Gewerbebetrieb und selbständiger Arbeit nach § 2 Absatz 1 Satz 1 Nummer 1 bis 3 des Einkommensteuergesetzes,

die im Inland zu versteuern sind und die die berechtigte Person durchschnittlich monatlich im Bemessungszeitraum nach § 2 b oder in Monaten der Bezugszeit nach § 2 Absatz 3 hat.

(2)[3] [1]In den Fällen, in denen das Einkommen aus Erwerbstätigkeit vor der Geburt geringer als 1000 Euro war, erhöht sich der Prozentsatz von 67 Pro-

---

[1] § 1 Abs. 7 Nr. 2 Buchst. d angef. mWv 28. 8. 2007 durch G v. 19. 8. 2007 (BGBl. I S. 1970/2008).

[2] § 1 Abs. 8 angef. mWv 1. 1. 2011 durch G v. 9. 12. 2010 (BGBl. I S. 1885); Satz 1 Klammerzusatz eingef., Satz 2 geänd., kursive Satzteile aufgeh. mWv 1. 8. 2013 durch G v. 15. 2. 2013 (BGBl. I S. 254).

[3] § 2 Abs. 1 neu gef., Abs. 2 geänd. durch G v. 10. 9. 2012 (BGBl. I S. 1878).

Fassung für bis zum 31. 12. 2014 / 30. 6. 2015 geborene Kinder

zent um 0,1 Prozentpunkte für je 2 Euro, um die dieses Einkommen den Betrag von 1000 Euro unterschreitet, auf bis zu 100 Prozent. [2] In den Fällen, in denen das Einkommen aus Erwerbstätigkeit vor der Geburt höher als 1200 Euro war, sinkt der Prozentsatz von 67 Prozent um 0,1 Prozentpunkte für je 2 Euro, um die dieses Einkommen den Betrag von 1200 Euro überschreitet, auf bis zu 65 Prozent.

(3)[1)] [1] Für Monate nach der Geburt des Kindes, in denen die berechtigte Person ein Einkommen aus Erwerbstätigkeit hat, das durchschnittlich geringer ist als das Einkommen aus Erwerbstätigkeit vor der Geburt, wird Elterngeld in Höhe des nach Absatz 1 oder 2 maßgeblichen Prozentsatzes des Unterschiedsbetrages dieser Einkommen aus Erwerbstätigkeit gezahlt. [2] Als Einkommen aus Erwerbstätigkeit vor der Geburt ist dabei höchstens der Betrag von 2770 Euro anzusetzen.

(4)[2)] [1] Elterngeld wird mindestens in Höhe von 300 Euro gezahlt. [2] Dies gilt auch, wenn die berechtigte Person vor der Geburt des Kindes kein Einkommen aus Erwerbstätigkeit hat.

(6)–(9)[3)] *(aufgehoben)*

§ 2 a[4)] Geschwisterbonus und Mehrlingszuschlag. (1) [1] Lebt die berechtigte Person in einem Haushalt mit

1. zwei Kindern, die noch nicht drei Jahre alt sind, oder
2. drei oder mehr Kindern, die noch nicht sechs Jahre alt sind,

wird das Elterngeld um 10 Prozent, mindestens jedoch um 75 Euro erhöht (Geschwisterbonus). [2] Zu berücksichtigen sind alle Kinder, für die die berechtigte Person die Voraussetzungen des § 1 Absatz 1 und 3 erfüllt und für die sich das Elterngeld nicht nach Absatz 4 erhöht.

(2) [1] Für angenommene Kinder, die noch nicht 14 Jahre alt sind, gilt als Alter des Kindes der Zeitraum seit der Aufnahme des Kindes in den Haushalt der berechtigten Person. [2] Dies gilt auch für Kinder, die die berechtigte Person entsprechend § 1 Absatz 3 Satz 1 Nummer 1 mit dem Ziel der Annahme als Kind in ihren Haushalt aufgenommen hat. [3] Für Kinder mit Behinderung im Sinne von § 2 Absatz 1 Satz 1 des Neunten Buches Sozialgesetzbuch liegt die Altersgrenze nach Absatz 1 Satz 1 bei 14 Jahren.

(3) Der Anspruch auf den Geschwisterbonus endet mit Ablauf des Monats, in dem eine der in Absatz 1 genannten Anspruchsvoraussetzungen entfällt.

(4) [1] Bei Mehrlingsgeburten erhöht sich das Elterngeld um je 300 Euro für das zweite und jedes weitere Kind (Mehrlingszuschlag). [2] Dies gilt auch, wenn ein Geschwisterbonus nach Absatz 1 gezahlt wird.

§ 2 b[4)] Bemessungszeitraum. (1) [1] Für die Ermittlung des Einkommens aus nichtselbstständiger Erwerbstätigkeit im Sinne von § 2 c vor der Geburt sind

---

1) § 2 Abs. 3 geänd. durch G v. 10. 9. 2012 (BGBl. I S. 1878).
2) § 2 Abs. 4 aufgeh., bish. Abs. 5 wird Abs. 4 und geänd. durch G v. 10. 9. 2012 (BGBl. I S. 1878).
3) § 2 Abs. 6 bis 9 aufgeh. durch G v. 10. 9. 2012 (BGBl. I S. 1878).
4) §§ 2 a bis 2 f eingefügt durch G v. 10. 9. 2012 (BGBl. I S. 1878).

die zwölf Kalendermonate vor dem Monat der Geburt des Kindes maßgeblich. 2 Bei der Bestimmung des Bemessungszeitraums nach Satz 1 bleiben Kalendermonate unberücksichtigt, in denen die berechtigte Person

1. ohne Berücksichtigung einer Verlängerung des Auszahlungszeitraums nach § 6 Satz 2 Elterngeld für ein älteres Kind bezogen hat,
2.[1] während der Schutzfristen nach § 3 Absatz 2 oder § 6 Absatz 1 des Mutterschutzgesetzes nicht beschäftigt werden durfte oder Mutterschaftsgeld nach dem Fünften Buch Sozialgesetzbuch oder nach dem Zweiten Gesetz über die Krankenversicherung der Landwirte bezogen hat,
3. eine Krankheit hatte, die maßgeblich durch eine Schwangerschaft bedingt war, oder
4. Wehrdienst nach dem Wehrpflichtgesetz in der bis zum 31. Mai 2011 geltenden Fassung oder nach dem Vierten Abschnitt des Soldatengesetzes oder Zivildienst nach dem Zivildienstgesetz geleistet hat

und in den Fällen der Nummern 3 und 4 dadurch ein geringeres Einkommen aus Erwerbstätigkeit hatte.

(2) 1 Für die Ermittlung des Einkommens aus selbstständiger Erwerbstätigkeit im Sinne von § 2d vor der Geburt sind die jeweiligen steuerlichen Gewinnermittlungszeiträume maßgeblich, die dem letzten abgeschlossenen steuerlichen Veranlagungszeitraum vor der Geburt des Kindes zugrunde liegen. 2 Haben in einem Gewinnermittlungszeitraum die Voraussetzungen des Absatzes 1 Satz 2 vorgelegen, sind auf Antrag die Gewinnermittlungszeiträume maßgeblich, die dem diesen Ereignissen vorangegangenen abgeschlossenen steuerlichen Veranlagungszeitraum zugrunde liegen.

(3) 1 Abweichend von Absatz 1 ist für die Ermittlung des Einkommens aus nichtselbstständiger Erwerbstätigkeit vor der Geburt der steuerliche Veranlagungszeitraum maßgeblich, der den Gewinnermittlungszeiträumen nach Absatz 2 zugrunde liegt, wenn die berechtigte Person in den Zeiträumen nach Absatz 1 oder Absatz 2 Einkommen aus selbstständiger Erwerbstätigkeit hatte. 2 Haben im Bemessungszeitraum nach Satz 1 die Voraussetzungen des Absatzes 1 Satz 2 vorgelegen, ist Absatz 2 Satz 2 mit der zusätzlichen Maßgabe anzuwenden, dass für die Ermittlung des Einkommens aus nichtselbstständiger Erwerbstätigkeit vor der Geburt der vorangegangene steuerliche Veranlagungszeitraum maßgeblich ist.

§ 2c[2] Einkommen aus nichtselbstständiger Erwerbstätigkeit. (1) 1 Der monatlich durchschnittlich zu berücksichtigende Überschuss der Einnahmen aus nichtselbstständiger Arbeit in Geld oder Geldeswert über ein Zwölftel des Arbeitnehmer-Pauschbetrags, vermindert um die Abzüge für Steuern und Sozialabgaben nach den §§ 2e und 2f, ergibt das Einkommen aus nichtselbstständiger Erwerbstätigkeit. 2 Nicht berücksichtigt werden Einnahmen, die im Lohnsteuerabzugsverfahren als sonstige Bezüge behandelt werden. 3 Maßgeb-

---

[1] § 2b Abs. 1 Satz 2 Nr. 2 geänd. durch G v. 23. 10. 2012 (BGBl. I S. 2246); zur Anwendung siehe § 27 Abs. 1b.

[2] §§ 2a bis 2f eingefügt durch G v. 10. 9. 2012 (BGBl. I S. 1878).

Fassung für bis zum 31. 12. 2014 / 30. 6. 2015 geborene Kinder

lich ist der Arbeitnehmer-Pauschbetrag nach § 9a Satz 1 Nummer 1 Buchstabe a des Einkommensteuergesetzes in der am 1. Januar des Kalenderjahres vor der Geburt des Kindes für dieses Jahr geltenden Fassung.

(2) Grundlage der Ermittlung der Einnahmen sind die Angaben in den für die maßgeblichen Monate erstellten Lohn- und Gehaltsbescheinigungen des Arbeitgebers.

(3) 1 Grundlage der Ermittlung der nach den §§ 2e und 2f erforderlichen Abzugsmerkmale für Steuern und Sozialabgaben sind die Angaben in der Lohn- und Gehaltsbescheinigung, die für den letzten Monat im Bemessungszeitraum mit Einnahmen nach Absatz 1 erstellt wurde. 2 Soweit sich in den Lohn- und Gehaltsbescheinigungen des Bemessungszeitraums eine Angabe zu einem Abzugsmerkmal geändert hat, ist die von der Angabe nach Satz 1 abweichende Angabe maßgeblich, wenn sie in der überwiegenden Zahl der Monate des Bemessungszeitraums gegolten hat.

§ 2 d[1)] Einkommen aus selbstständiger Erwerbstätigkeit. (1) Die monatlich durchschnittlich zu berücksichtigende Summe der positiven Einkünfte aus Land- und Forstwirtschaft, Gewerbebetrieb und selbstständiger Arbeit (Gewinneinkünfte), vermindert um die Abzüge für Steuern und Sozialabgaben nach den §§ 2e und 2f, ergibt das Einkommen aus selbstständiger Erwerbstätigkeit.

(2) 1 Bei der Ermittlung der im Bemessungszeitraum zu berücksichtigenden Gewinneinkünfte sind die entsprechenden im Einkommensteuerbescheid ausgewiesenen Gewinne anzusetzen. 2 Ist kein Einkommensteuerbescheid zu erstellen, werden die Gewinneinkünfte in entsprechender Anwendung des Absatzes 3 ermittelt.

(3) 1 Grundlage der Ermittlung der in den Bezugsmonaten zu berücksichtigenden Gewinneinkünfte ist eine Gewinnermittlung, die mindestens den Anforderungen des § 4 Absatz 3 des Einkommensteuergesetzes entspricht. 2 Als Betriebsausgaben sind 25 Prozent der zugrunde gelegten Einnahmen oder auf Antrag die damit zusammenhängenden tatsächlichen Betriebsausgaben anzusetzen.

(4) 1 Soweit nicht in § 2c Absatz 3 etwas anderes bestimmt ist, sind bei der Ermittlung der nach § 2e erforderlichen Abzugsmerkmale für Steuern die Angaben im Einkommensteuerbescheid maßgeblich. 2 § 2c Absatz 3 Satz 2 gilt entsprechend.

§ 2 e[1)] Abzüge für Steuern. (1) 1 Als Abzüge für Steuern sind Beträge für die Einkommensteuer, den Solidaritätszuschlag und, wenn die berechtigte Person kirchensteuerpflichtig ist, die Kirchensteuer zu berücksichtigen. 2 Die Abzüge für Steuern werden einheitlich für Einkommen aus nichtselbstständiger und selbstständiger Erwerbstätigkeit auf Grundlage einer Berechnung anhand des am 1. Januar des Kalenderjahres vor der Geburt des Kindes für dieses Jahr geltenden Programmablaufplans für die maschinelle Berechnung der vom

---

1) §§ 2a bis 2f eingefügt durch G v. 10. 9. 2012 (BGBl. I S. 1878).

Arbeitslohn einzubehaltenden Lohnsteuer, des Solidaritätszuschlags und der Maßstabsteuer für die Kirchenlohnsteuer im Sinne von § 39b Absatz 6 des Einkommensteuergesetzes nach den Maßgaben der Absätze 2 bis 5 ermittelt.

(2) 1 Bemessungsgrundlage für die Ermittlung der Abzüge für Steuern ist die monatlich durchschnittlich zu berücksichtigende Summe der Einnahmen nach § 2c, soweit sie von der berechtigten Person zu versteuern sind, und der Gewinneinkünfte nach § 2d. 2 Bei der Ermittlung der Abzüge für Steuern nach Absatz 1 werden folgende Pauschalen berücksichtigt:

1. der Arbeitnehmer-Pauschbetrag nach § 9a Satz 1 Nummer 1 Buchstabe a des Einkommensteuergesetzes, wenn die berechtigte Person von ihr zu versteuernde Einnahmen hat, die unter § 2c fallen, und
2. eine Vorsorgepauschale
   a) mit den Teilbeträgen nach § 39b Absatz 2 Satz 5 Nummer 3 Buchstabe b und c des Einkommensteuergesetzes, falls die berechtigte Person von ihr zu versteuernde Einnahmen nach § 2c hat, ohne in der gesetzlichen Rentenversicherung oder einer vergleichbaren Einrichtung versicherungspflichtig gewesen zu sein, oder
   b) mit den Teilbeträgen nach § 39b Absatz 2 Satz 5 Nummer 3 Buchstabe a bis c des Einkommensteuergesetzes in allen übrigen Fällen,

   wobei die Höhe der Teilbeträge ohne Berücksichtigung der besonderen Regelungen zur Berechnung der Beiträge nach § 55 Absatz 3 und § 58 Absatz 3 des Elften Buches Sozialgesetzbuch bestimmt wird.

(3) 1 Als Abzug für die Einkommensteuer ist der Betrag anzusetzen, der sich unter Berücksichtigung der Steuerklasse und des Faktors nach § 39f des Einkommensteuergesetzes nach § 2c Absatz 3 ergibt; die Steuerklasse VI bleibt unberücksichtigt. 2 War die berechtigte Person im Bemessungszeitraum nach § 2b in keine Steuerklasse eingereiht oder ist ihr nach § 2d zu berücksichtigender Gewinn höher als ihr nach § 2c zu berücksichtigender Überschuss der Einnahmen über ein Zwölftel des Arbeitnehmer-Pauschbetrags, ist als Abzug für die Einkommensteuer der Betrag anzusetzen, der sich unter Berücksichtigung der Steuerklasse IV ohne Berücksichtigung eines Faktors nach § 39f des Einkommensteuergesetzes ergibt.

(4) 1 Als Abzug für den Solidaritätszuschlag ist der Betrag anzusetzen, der sich nach den Maßgaben des Solidaritätszuschlagsgesetzes 1995 für die Einkommensteuer nach Absatz 3 ergibt. 2 Freibeträge für Kinder werden nach den Maßgaben des § 3 Absatz 2a des Solidaritätszuschlagsgesetzes 1995 berücksichtigt.

(5) 1 Als Abzug für die Kirchensteuer ist der Betrag anzusetzen, der sich unter Anwendung eines Kirchensteuersatzes von 8 Prozent für die Einkommensteuer nach Absatz 3 ergibt. 2 Freibeträge für Kinder werden nach den Maßgaben des § 51a Absatz 2a des Einkommensteuergesetzes berücksichtigt.

(6) Vorbehaltlich der Absätze 2 bis 5 werden Freibeträge und Pauschalen nur berücksichtigt, wenn sie ohne weitere Voraussetzung jeder berechtigten Person zustehen.

§ 2f[1] **Abzüge für Sozialabgaben.** (1) [1]Als Abzüge für Sozialabgaben sind Beträge für die gesetzliche Sozialversicherung oder für eine vergleichbare Einrichtung sowie für die Arbeitsförderung zu berücksichtigen. [2]Die Abzüge für Sozialabgaben werden einheitlich für Einkommen aus nichtselbstständiger und selbstständiger Erwerbstätigkeit anhand folgender Beitragssatzpauschalen ermittelt:

1. 9 Prozent für die Kranken- und Pflegeversicherung, falls die berechtigte Person in der gesetzlichen Krankenversicherung nach § 5 Absatz 1 Nummer 1 bis 12 des Fünften Buches Sozialgesetzbuch versicherungspflichtig gewesen ist,
2. 10 Prozent für die Rentenversicherung, falls die berechtigte Person in der gesetzlichen Rentenversicherung oder einer vergleichbaren Einrichtung versicherungspflichtig gewesen ist, und
3. 2 Prozent für die Arbeitsförderung, falls die berechtigte Person nach dem Dritten Buch Sozialgesetzbuch versicherungspflichtig gewesen ist.

(2) [1]Bemessungsgrundlage für die Ermittlung der Abzüge für Sozialabgaben ist die monatlich durchschnittlich zu berücksichtigende Summe der Einnahmen nach § 2c und der Gewinneinkünfte nach § 2d. [2]Einnahmen aus Beschäftigungen im Sinne des § 8, des § 8a oder des § 20 Absatz 3 Satz 1 des Vierten Buches Sozialgesetzbuch werden nicht berücksichtigt. [3]Für Einnahmen aus Beschäftigungsverhältnissen im Sinne des § 20 Absatz 2 des Vierten Buches Sozialgesetzbuch ist der Betrag anzusetzen, der sich nach § 344 Absatz 4 des Dritten Buches Sozialgesetzbuch für diese Einnahmen ergibt, wobei der Faktor im Sinne des § 163 Absatz 10 Satz 2 des Sechsten Buches Sozialgesetzbuch unter Zugrundelegung der Beitragssatzpauschalen nach Absatz 1 bestimmt wird.

(3) Andere Maßgaben zur Bestimmung der sozialversicherungsrechtlichen Beitragsbemessungsgrundlagen werden nicht berücksichtigt.

§ 3[2] **Anrechnung von anderen Einnahmen.** (1)[3] [1]Auf das der berechtigten Person nach § 2 oder nach § 2 in Verbindung mit § 2a zustehende Elterngeld werden folgende Einnahmen angerechnet:

1. Mutterschaftsleistungen in Form des Mutterschaftsgeldes nach dem Fünften Buch Sozialgesetzbuch oder nach dem Zweiten Gesetz über die Krankenversicherung der Landwirte mit Ausnahme des Mutterschaftsgeldes nach § 13 Absatz 2 des Mutterschutzgesetzes oder des Zuschusses zum Mutterschaftsgeld nach § 14 des Mutterschutzgesetzes, die der berechtigten Person für die Zeit ab dem Tag der Geburt des Kindes zustehen,
2. Dienst- und Anwärterbezüge sowie Zuschüsse, die der berechtigten Person nach beamten- oder soldatenrechtlichen Vorschriften für die Zeit eines Beschäftigungsverbots ab dem Tag der Geburt des Kindes zustehen,

---

[1] §§ 2a bis 2f eingefügt durch G v. 10. 9. 2012 (BGBl. I S. 1878).
[2] § 3 Überschrift geänd. durch G v. 10. 9. 2012 (BGBl. I S. 1878).
[3] § 3 Abs. 1 und 2 neu gef. durch G v. 10. 9. 2012 (BGBl. I S. 1878); Abs. 1 Satz 1 Nr. 1 geänd. durch G v. 23. 10. 2012 (BGBl. I S. 2246), zur Anwendung siehe § 27 Abs. 1b.

3.[1] dem Elterngeld [*ab 1. 8. 2013:* oder dem Betreuungsgeld] vergleichbare Leistungen, auf die eine nach § 1 berechtigte Person außerhalb Deutschlands oder gegenüber einer über- oder zwischenstaatlichen Einrichtung Anspruch hat,

4. Elterngeld, das der berechtigten Person für ein älteres Kind zusteht, sowie

5. Einnahmen, die der berechtigten Person als Ersatz für Erwerbseinkommen zustehen und

   a) die nicht bereits für die Berechnung des Elterngeldes nach § 2 berücksichtigt werden oder

   b) bei deren Berechnung das Elterngeld nicht berücksichtigt wird.

2 Stehen der berechtigten Person die Einnahmen nur für einen Teil des Lebensmonats des Kindes zu, sind sie nur auf den entsprechenden Teil des Elterngeldes anzurechnen. 3 Für jeden Kalendermonat, in dem Einnahmen nach Satz 1 Nummer 4 oder Nummer 5 im Bemessungszeitraum bezogen worden sind, wird der Anrechnungsbetrag um ein Zwölftel gemindert.

(2)[2] 1 Bis zu einem Betrag von 300 Euro ist das Elterngeld von der Anrechnung nach Absatz 1 frei, soweit nicht Einnahmen nach Absatz 1 Satz 1 Nummer 1 bis 3 auf das Elterngeld anzurechnen sind. 2 Dieser Betrag erhöht sich bei Mehrlingsgeburten um je 300 Euro für das zweite und jedes weitere Kind.

(3)[3] Solange kein Antrag auf die in Absatz 1 Satz 1 Nummer 3 genannten vergleichbaren Leistungen gestellt wird, ruht der Anspruch auf Elterngeld bis zur möglichen Höhe der vergleichbaren Leistung.

§ 4 Bezugszeitraum. (1) 1 Elterngeld kann in der Zeit vom Tag der Geburt bis zur Vollendung des 14. Lebensmonats des Kindes bezogen werden. 2 Für angenommene Kinder und Kinder im Sinne des § 1 Abs. 3 Nr. 1 kann Elterngeld ab Aufnahme bei der berechtigten Person für die Dauer von bis zu 14 Monaten, längstens bis zur Vollendung des achten Lebensjahres des Kindes bezogen werden.

(2) 1 Elterngeld wird in Monatsbeträgen für Lebensmonate des Kindes gezahlt. 2 Die Eltern haben insgesamt Anspruch auf zwölf Monatsbeträge. 3 Sie haben Anspruch auf zwei weitere Monatsbeträge, wenn für zwei Monate eine Minderung des Einkommens aus Erwerbstätigkeit erfolgt. 4 Die Eltern können die jeweiligen Monatsbeträge abwechselnd oder gleichzeitig beziehen.

(3)[4] 1 Ein Elternteil kann mindestens für zwei und höchstens für zwölf Monate Elterngeld beziehen. 2 Lebensmonate des Kindes, in denen einem Elternteil nach § 3 Absatz 1 Nummer 1 bis 3 anzurechnende Einnahmen zustehen,

---

[1] § 3 Abs. 1 Satz 1 Nr. 3 Klammerzusatz eingef. mWv 1. 8. 2013 durch G v. 15. 2. 2013 (BGBl. I S. 254).

[2] § 3 Abs. 1 und 2 neu gef. durch G v. 10. 9. 2012 (BGBl. I S. 1878); Abs. 1 Nr. 1 geänd. durch G v. 23. 10. 2012 (BGBl. I S. 2246), zur Anwendung siehe § 27 Abs. 1 b.

[3] § 3 Abs. 3 Satz 1 aufgeh., bish. Satz 2 wird Abs. 3 und geänd. durch G v. 10. 9. 2012 (BGBl. I S. 1878).

[4] § 4 Abs. 3 Satz 1 geänd. mWv 24. 1. 2009 durch G v. 17. 1. 2009 (BGBl. I S. 61); Satz 2 neu gef. durch G v. 10. 9. 2012 (BGBl. I S. 1878).

Fassung für bis zum 31. 12. 2014 / 30. 6. 2015 geborene Kinder

gelten als Monate, für die dieser Elternteil Elterngeld bezieht. [3]Ein Elternteil kann abweichend von Satz 1 für 14 Monate Elterngeld beziehen, wenn eine Minderung des Einkommens aus Erwerbstätigkeit erfolgt und mit der Betreuung durch den anderen Elternteil eine Gefährdung des Kindeswohls im Sinne von § 1666 Abs. 1 und 2 des Bürgerlichen Gesetzbuchs verbunden wäre oder die Betreuung durch den anderen Elternteil unmöglich ist, insbesondere weil er wegen einer schweren Krankheit oder Schwerbehinderung sein Kind nicht betreuen kann; für die Feststellung der Unmöglichkeit der Betreuung bleiben wirtschaftliche Gründe und Gründe einer Verhinderung wegen anderweitiger Tätigkeiten außer Betracht. [4]Elterngeld für 14 Monate steht einem Elternteil auch zu, wenn

1. ihm die elterliche Sorge oder zumindest das Aufenthaltsbestimmungsrecht allein zusteht oder er eine einstweilige Anordnung erwirkt hat, mit der ihm die elterliche Sorge oder zumindest das Aufenthaltsbestimmungsrecht für das Kind vorläufig übertragen worden ist,
2. eine Minderung des Einkommens aus Erwerbstätigkeit erfolgt und
3. der andere Elternteil weder mit ihm noch mit dem Kind in einer Wohnung lebt.

(4) Der Anspruch endet mit dem Ablauf des Monats, in dem eine Anspruchsvoraussetzung entfallen ist.

(5) [1]Die Absätze 2 und 3 gelten in den Fällen des § 1 Abs. 3 und 4 entsprechend. [2]Nicht sorgeberechtigte Elternteile und Personen, die nach § 1 Abs. 3 Nr. 2 und 3 Elterngeld beziehen können, bedürfen der Zustimmung des sorgeberechtigten Elternteils.

[*ab 1. 8. 2013:*

Abschnitt 2. Betreuungsgeld[1)]

§ 4 a Berechtigte. (1) Anspruch auf Betreuungsgeld hat, wer

1. die Voraussetzungen des § 1 Absatz 1 Nummer 1 bis 3, Absatz 2 bis 5, 7 und 8 erfüllt und
2. für das Kind keine Leistungen nach § 24 Absatz 2 in Verbindung mit den §§ 22 bis 23 des Achten Buches Sozialgesetzbuch in Anspruch nimmt.

(2) Können die Eltern ihr Kind wegen einer schweren Krankheit, Schwerbehinderung oder Tod der Eltern nicht betreuen, haben Berechtigte im Sinne von Absatz 1 Nummer 1 in Verbindung mit § 1 Absatz 4 einen Anspruch auf Betreuungsgeld abweichend von Absatz 1 Nummer 2, wenn für das Kind nicht mehr als 20 Wochenstunden im Durchschnitt des Monats Leistungen nach § 24 Absatz 2 in Verbindung mit den §§ 22 bis 23 des Achten Buches Sozialgesetzbuch in Anspruch genommen werden.

[1)] Abschnitt 2 eingef. mWv 1. 8. 2013 durch G v. 15. 2. 2013 (BGBl. I S. 254). **Zur Anwendung siehe § 27 Abs. 3 Satz 1.**

§ 4 b Höhe des Betreuungsgeldes. Das Betreuungsgeld beträgt für jedes Kind 150 Euro[1] pro Monat.

§ 4 c Anrechnung von anderen Leistungen. [1] Dem Betreuungsgeld oder dem Elterngeld vergleichbare Leistungen, auf die eine nach § 4 a berechtigte Person außerhalb Deutschlands oder gegenüber einer über- oder zwischenstaatlichen Einrichtung Anspruch hat, werden auf das Betreuungsgeld angerechnet, soweit sie den Betrag übersteigen, der für denselben Zeitraum nach § 3 Absatz 1 Satz 1 Nummer 3 auf das Elterngeld anzurechnen ist. [2] Stehen der berechtigten Person die Leistungen nur für einen Teil des Lebensmonats des Kindes zu, sind sie nur auf den entsprechenden Teil des Betreuungsgeldes anzurechnen. [3] Solange kein Antrag auf die in Satz 1 genannten vergleichbaren Leistungen gestellt wird, ruht der Anspruch auf Betreuungsgeld bis zur möglichen Höhe der vergleichbaren Leistung.

§ 4 d Bezugszeitraum. (1) [1] Betreuungsgeld kann in der Zeit vom ersten Tag des 15. Lebensmonats bis zur Vollendung des 36. Lebensmonats des Kindes bezogen werden. [2] Vor dem 15. Lebensmonat wird Betreuungsgeld nur gewährt, wenn die Eltern die Monatsbeträge des Elterngeldes, die ihnen für ihr Kind nach § 4 Absatz 2 und 3 zustehen, bereits bezogen haben. [3] Für jedes Kind wird höchstens für 22 Lebensmonate Betreuungsgeld gezahlt.

(2) [1] Für angenommene Kinder und Kinder im Sinne des § 1 Absatz 3 Satz 1 Nummer 1 kann Betreuungsgeld ab dem ersten Tag des 15. Monats nach Aufnahme bei der berechtigten Person längstens bis zur Vollendung des dritten Lebensjahres des Kindes bezogen werden. [2] Absatz 1 Satz 2 und 3 ist entsprechend anzuwenden.

(3) [1] Für einen Lebensmonat eines Kindes kann nur ein Elternteil Betreuungsgeld beziehen. [2] Lebensmonate des Kindes, in denen einem Elternteil nach § 4 c anzurechnende Leistungen zustehen, gelten als Monate, für die dieser Elternteil Betreuungsgeld bezieht.

(4) Der Anspruch endet mit dem Ablauf des Monats, in dem eine Anspruchsvoraussetzung entfallen ist.

(5) [1] Absatz 1 Satz 2 und Absatz 3 gelten in den Fällen des § 4 a Absatz 1 Nummer 1 in Verbindung mit § 1 Absatz 3 und 4 entsprechend. [2] Nicht sorgeberechtigte Elternteile und Personen, die nach § 4 a Absatz 1 Nummer 1 in Verbindung mit § 1 Absatz 3 Satz 1 Nummer 2 und 3 Betreuungsgeld beziehen können, bedürfen der Zustimmung des sorgeberechtigten Elternteils.]

Abschnitt 3. Verfahren und Organisation[2]

§ 5 Zusammentreffen von Ansprüchen. (1)[3] Erfüllen beide Elternteile die Anspruchsvoraussetzungen [*ab 1. 8. 2013:* für Elterngeld oder Betreuungs-

---

[1] Siehe aber § 27 Abs. 3 Satz 2.

[2] Überschrift eingef. mWv 1. 8. 2013 durch G v. 15. 2. 2013 (BGBl. I S. 254).

[3] § 5 Abs. 1 Sätze 2 und 3 aufgeh. mWv 24. 1. 2009 durch G v. 17. 1. 2009 (BGBl. I S. 61); Abs. 1 geänd. mWv 1. 8. 2013 durch G v. 15. 2. 2013 (BGBl. I S. 254).

Fassung für bis zum 31. 12. 2014 / 30. 6. 2015 geborene Kinder

geld] bestimmen sie, wer von ihnen welche Monatsbeträge [*ab 1. 8. 2013:* der jeweiligen Leistung] in Anspruch nimmt.

(2)[1] [1]Beanspruchen beide Elternteile zusammen mehr als die ihnen zustehenden zwölf oder 14 Monatsbeträge Elterngeld [*ab 1. 8. 2013:* oder mehr als die ihnen zustehenden 22 Monatsbeträge Betreuungsgeld], besteht der Anspruch eines Elternteils [*ab 1. 8. 2013:* auf die jeweilige Leistung], der nicht über die Hälfte der Monatsbeträge hinausgeht, ungekürzt; der Anspruch des anderen Elternteils wird gekürzt auf die verbleibenden Monatsbeträge. [2]Beanspruchen beide Elternteile Elterngeld [*ab 1. 8. 2013:* oder Betreuungsgeld] für mehr als die Hälfte der Monate, steht ihnen jeweils die Hälfte der Monatsbeträge [*ab 1. 8. 2013:* der jeweiligen Leistung] zu.

[Fassung bis 31. 7. 2013:]

(3) [1]Die Absätze 1 und 2 gelten in den Fällen des § 1 Abs. 3 und 4 entsprechend. [2]Wird eine Einigung mit einem nicht sorgeberechtigten Elternteil oder einer Person, die nach § 1 Abs. 3 Nr. 2 und 3 Elterngeld beziehen kann, nicht erzielt, kommt es abweichend von Absatz 2 allein auf die Entscheidung des sorgeberechtigten Elternteils an.

[Fassung ab 1. 8. 2013:][2]

(3) [1]Die Absätze 1 und 2 gelten in den Fällen des § 1 Absatz 3 und 4 oder des § 4a Absatz 1 Nummer 1 in Verbindung mit § 1 Absatz 3 und 4 entsprechend. [2]Wird eine Einigung mit einem nicht sorgeberechtigten Elternteil oder einer Person, die nach § 1 Absatz 3 Satz 1 Nummer 2 und 3 Elterngeld oder nach § 4a Absatz 1 Nummer 1 in Verbindung mit § 1 Absatz 3 Satz 1 Nummer 2 und 3 Betreuungsgeld beziehen kann, nicht erzielt, kommt es abweichend von Absatz 2 allein auf die Entscheidung des sorgeberechtigten Elternteils an.

§ 6[3] **Auszahlung und Verlängerungsmöglichkeit.** [1]*Das Elterngeld wird im Laufe des Monats gezahlt, für den es bestimmt ist.* [*ab 1. 8. 2013:* [1]Elterngeld und Betreuungsgeld werden im Laufe des Monats gezahlt, für den sie bestimmt sind.] [2]Die einer Person zustehenden Monatsbeträge [*ab 1. 8. 2013:* des Elterngeldes] werden auf Antrag in jeweils zwei halben Monatsbeträgen ausgezahlt, so dass sich der Auszahlungszeitraum verdoppelt. [3]Die zweite Hälfte der jeweiligen Monatsbeträge wird beginnend mit dem Monat gezahlt, der auf den letzten Monat folgt, für den der berechtigten Person ein Monatsbetrag der ersten Hälfte gezahlt wurde.

§ 7 Antragstellung. (1)[4] [1]*Das Elterngeld* [*ab 1. 8. 2013:* [1]Elterngeld oder Betreuungsgeld] ist schriftlich zu beantragen. [2]*Es wird* [*ab 1. 8. 2013:* Sie werden] rückwirkend nur für die letzten drei Monate vor Beginn des Monats

---

[1] § 5 Abs. 2 Sätze 1 und 2 geänd. mWv 1. 8. 2013 durch G v. 15. 2. 2013 (BGBl. I S. 254).
[2] § 5 Abs. 3 neu gef. mWv 1. 8. 2013 durch G v. 15. 2. 2013 (BGBl. I S. 254).
[3] § 6 Satz 1 neu gef., Satz 2 geänd. mWv 1. 8. 2013 durch G v. 15. 2. 2013 (BGBl. I S. 254).
[4] § 7 Abs. 1 Sätze 1 und 2 geänd. mWv 1. 8. 2013 durch G v. 15. 2. 2013 (BGBl. I S. 254).

geleistet, in dem der Antrag auf *Elterngeld* [***ab 1. 8. 2013:*** die jeweilige Leistung] eingegangen ist.

(2)[1] [1]In dem Antrag [***ab 1. 8. 2013:*** auf Elterngeld oder Betreuungsgeld] ist anzugeben, für welche Monate *Elterngeld beantragt* [***ab 1. 8. 2013:*** die jeweilige Leistung beantragt] wird. [2]Die im Antrag getroffenen Entscheidungen können bis zum Ende des Bezugszeitraums geändert werden. [3]Eine Änderung kann rückwirkend nur für die letzten drei Monate vor Beginn des Monats verlangt werden, in dem der Änderungsantrag eingegangen ist. [4]Sie ist außer in den Fällen besonderer Härte unzulässig, soweit Monatsbeträge bereits ausgezahlt sind. [5]Im Übrigen finden die für die Antragstellung geltenden Vorschriften auch auf den Änderungsantrag Anwendung.

(3)[1] [1]Der Antrag ist außer in den Fällen des § 4 Abs. 3 Satz 3 und 4 und der Antragstellung durch eine allein sorgeberechtigte Person von der Person, die ihn stellt, und zur Bestätigung der Kenntnisnahme auch von der anderen berechtigten Person zu unterschreiben. [2]Die andere berechtigte Person kann gleichzeitig einen Antrag auf das von ihr beanspruchte Elterngeld [***ab 1. 8. 2013:*** oder Betreuungsgeld] stellen oder der Behörde anzeigen, für wie viele Monate sie *Elterngeld* [***ab 1. 8. 2013:*** die jeweilige Leistung] beansprucht, wenn mit ihrem Anspruch die Höchstgrenze nach § 4 Absatz 2 Satz 2 und 3 [***ab 1. 8. 2013:*** oder § 4d Absatz 1 Satz 3] überschritten *würde* [***ab 1. 8. 2013:*** würden]. [3]Liegt der Behörde weder ein Antrag [***ab 1. 8. 2013:*** auf Elterngeld oder Betreuungsgeld] noch eine Anzeige der anderen berechtigten Person nach Satz 2 vor, erhält der Antragsteller oder die Antragstellerin die Monatsbeträge [***ab 1. 8. 2013:*** der jeweiligen Leistung] ausgezahlt; die andere berechtigte Person kann bei einem späteren Antrag abweichend von § 5 Absatz 2 nur für die unter Berücksichtigung von § 4 Absatz 2 Satz 2 und 3 [***ab 1. 8. 2013:*** oder § 4d Absatz 1 Satz 3] verbleibenden Monate *Elterngeld* [***ab 1. 8. 2013:*** die jeweilige Leistung] erhalten.

§ 8 Auskunftspflicht, Nebenbestimmungen. (1)[2] Soweit im Antrag [***ab 1. 8. 2013:*** auf Elterngeld] Angaben zum voraussichtlichen Einkommen aus Erwerbstätigkeit gemacht wurden, ist nach Ablauf des Bezugszeitraums für diese Zeit das tatsächliche Einkommen aus Erwerbstätigkeit nachzuweisen.

(2)[3] [1]Elterngeld wird in den Fällen, in denen die berechtigte Person nach ihren Angaben im Antrag im Bezugszeitraum voraussichtlich kein Einkommen aus Erwerbstätigkeit haben wird, unter dem Vorbehalt des Widerrufs für den Fall gezahlt, dass sie entgegen ihren Angaben im Antrag Einkommen aus Erwerbstätigkeit hat. [2]In den Fällen, in denen zum Zeitpunkt der Antragstellung der Steuerbescheid *der berechtigten Person oder einer anderen nach § 1 Absatz 1, 3 oder 4 an-*

[1] § 7 Abs. 2 neu gef., Abs. 3 angef. mWv 24. 1. 2009 durch G v. 17. 1. 2009 (BGBl. I S. 61); Abs. 2 Satz 2 geänd., Satz 3 aufgeh. durch G v. 10. 9. 2012 (BGBl. I S. 1878); Abs. 2 Satz 1 geänd., Abs. 3 Sätze 2 und 3 geänd. mWv 1. 8. 2013 durch G v. 15. 2. 2013 (BGBl. I S. 254).

[2] § 8 Abs. 1 geänd. durch G v. 10. 9. 2012 (BGBl. I S. 1878); geänd. mWv 1. 8. 2013 durch G v. 15. 2. 2013 (BGBl. I S. 254).

[3] § 8 Abs. 2 Satz 2, Abs. 3 Satz 2 angef. mWv 1. 1. 2011 durch G v. 9. 12. 2010 (BGBl. I S. 1885); Abs. 2 Satz 1 neu gef. durch G v. 10. 9. 2012 (BGBl. I S. 1878); Satz 2 geänd., kursive Satzteile aufgeh. mWv 1. 8. 2013 durch G v. 15. 2. 2013 (BGBl. I S. 254).

spruchsberechtigten Person für den letzten abgeschlossenen Veranlagungszeitraum [***ab 1. 8. 2013:*** vor der Geburt des Kindes] nicht vorliegt und nach den Angaben im Antrag [***ab 1. 8. 2013:*** auf Elterngeld oder Betreuungsgeld] die Beträge nach § 1 Absatz 8 [***ab 1. 8. 2013:*** oder nach § 4a Absatz 1 Nummer 1 in Verbindung mit § 1 Absatz 8] voraussichtlich nicht überschritten werden, wird *Elterngeld* [***ab 1. 8. 2013:*** die jeweilige Leistung] unter dem Vorbehalt des Widerrufs für den Fall gezahlt, dass entgegen den Angaben im Antrag [***ab 1. 8. 2013:*** auf die jeweilige Leistung] die Beträge nach § 1 Absatz 8 [***ab 1. 8. 2013:*** oder nach § 4a Absatz 1 Nummer 1 in Verbindung mit § 1 Absatz 8] überschritten werden.

(3)[1] [1]Kann das Einkommen aus Erwerbstätigkeit vor der Geburt nicht ermittelt werden oder hat die berechtigte Person nach den Angaben im Antrag [***ab 1. 8. 2013:*** auf Elterngeld] im Bezugszeitraum voraussichtlich Einkommen aus Erwerbstätigkeit, wird Elterngeld bis zum Nachweis des tatsächlich zu berücksichtigenden Einkommens aus Erwerbstätigkeit vorläufig unter Berücksichtigung des glaubhaft gemachten Einkommens aus Erwerbstätigkeit gezahlt. [2]Das Gleiche gilt *in Fällen, in denen* [***ab 1. 8. 2013:*** bei der Beantragung von Elterngeld oder Betreuungsgeld, wenn] zum Zeitpunkt der Antragstellung der Steuerbescheid *der berechtigten Person oder einer anderen nach § 1 Absatz 1, 3 oder 4 anspruchsberechtigten Person* für den letzten abgeschlossenen Veranlagungszeitraum [***ab 1. 8. 2013:*** vor der Geburt des Kindes] nicht vorliegt und *in denen* noch nicht angegeben werden kann, ob die Beträge nach § 1 Absatz 8 [***ab 1. 8. 2013:*** oder nach § 4a Absatz 1 Nummer 1 in Verbindung mit § 1 Absatz 8] überschritten werden.

§ 9[2] Einkommens- und Arbeitszeitnachweis, Auskunftspflicht des Arbeitgebers. [1]Soweit es zum Nachweis des Einkommens aus Erwerbstätigkeit oder der wöchentlichen Arbeitszeit erforderlich ist, hat der Arbeitgeber der nach § 12 zuständigen Behörde für bei ihm Beschäftigte das Arbeitsentgelt, die für die Ermittlung der nach den §§ 2e und 2f erforderlichen Abzugsmerkmale für Steuern und Sozialabgaben sowie die Arbeitszeit auf Verlangen zu bescheinigen; das Gleiche gilt für ehemalige Arbeitgeber. [2]Für die in Heimarbeit Beschäftigten und die ihnen Gleichgestellten (§ 1 Absatz 1 und 2 des Heimarbeitsgesetzes) tritt an die Stelle des Arbeitgebers der Auftraggeber oder Zwischenmeister.

§ 10[3] Verhältnis zu anderen Sozialleistungen. (1) Das Elterngeld *und* [***ab 1. 8. 2013:*** , das Betreuungsgeld und jeweils] vergleichbare Leistungen der Länder sowie die nach § 3 *auf das Elterngeld* [***ab 1. 8. 2013:*** oder § 4c auf die

[1] § 8 Abs. 3 Satz 2 angef. mWv 1. 1. 2011 durch G v. 9. 12. 2010 (BGBl. I S. 1885); Abs. 3 Satz 1 neu gef. durch G v. 10. 9. 2012 (BGBl. I S. 1878); Sätze 1 und 2 geänd., kursive Satzteile aufgeh. mWv 1. 8. 2013 durch G v. 15. 2. 2013 (BGBl. I S. 254).

[2] § 9 Satz 1 geänd. mWv 24. 1. 2009 durch G v. 17. 1. 2009 (BGBl. I S. 61); Satz 1 HS 2 aufgeh. mWv 2. 4. 2009 durch G v. 28. 3. 2009 (BGBl. I S. 634); Satz 1 und 2 geänd. durch G v. 10. 9. 2012 (BGBl. I S. 1878).

[3] § 10 Abs. 1, 2, 3 und 5 geänd., Abs. 6 angef. durch G v. 10. 9. 2012 (BGBl. I S. 1878); Abs. 1 und 2 geänd. mWv 1. 8. 2013 durch G v. 15. 2. 2013 (BGBl. I S. 254).

jeweilige Leistung] angerechneten Einnahmen [*ab 1. 8. 2013:* oder Leistungen] bleiben bei Sozialleistungen, deren Zahlung von anderen Einkommen abhängig ist, bis zu einer Höhe von insgesamt 300 Euro im Monat als Einkommen unberücksichtigt.

(2) Das Elterngeld *und* [*ab 1. 8. 2013:* , das Betreuungsgeld und jeweils] vergleichbare Leistungen der Länder sowie die nach § 3 *auf das Elterngeld* [*ab 1. 8. 2013:* oder § 4c auf die jeweilige Leistung] angerechneten Einnahmen [*ab 1. 8. 2013:* oder Leistungen] dürfen bis zu einer Höhe von [*ab 1. 8. 2013:* insgesamt] 300 Euro nicht dafür herangezogen werden, um auf Rechtsvorschriften beruhende Leistungen anderer, auf die kein Anspruch besteht, zu versagen.

(3) Bei Ausübung der Verlängerungsoption nach § 6 Satz 2 bleibt das Elterngeld nur bis zur Hälfte des Anrechnungsfreibetrags, der nach Abzug der anderen nach Absatz 1 nicht zu berücksichtigenden Einnahmen für das Elterngeld verbleibt, als Einkommen unberücksichtigt und darf nur bis zu dieser Höhe nicht dafür herangezogen werden, um auf Rechtsvorschriften beruhende Leistungen anderer, auf die kein Anspruch besteht, zu versagen.

(4) Die nach den Absätzen 1 bis 3 nicht zu berücksichtigenden oder nicht heranzuziehenden Beträge vervielfachen sich bei Mehrlingsgeburten mit der Zahl der geborenen Kinder.

(5)[1)] [1]Die Absätze 1 bis 4 gelten nicht bei Leistungen nach dem Zweiten Buch Sozialgesetzbuch, dem Zwölften Buch Sozialgesetzbuch und § 6a des Bundeskindergeldgesetzes. [2]Bei den in Satz 1 bezeichneten Leistungen bleiben das Elterngeld und vergleichbare Leistungen der Länder sowie die nach § 3 auf das Elterngeld angerechneten Einnahmen in Höhe des nach § 2 Absatz 1 berücksichtigten Einkommens aus Erwerbstätigkeit vor der Geburt bis zu 300 Euro im Monat als Einkommen unberücksichtigt. [3]In den Fällen des § 6 Satz 2 verringern sich die Beträge nach Satz 2 um die Hälfte.

(6) Die Absätze 1 bis 4 gelten entsprechend, soweit für eine Sozialleistung ein Kostenbeitrag erhoben werden kann, der einkommensabhängig ist.

§ 11[2)] Unterhaltspflichten. [1]Unterhaltsverpflichtungen werden durch die Zahlung des Elterngeldes *und* [*ab 1. 8. 2013:* , des Betreuungsgeldes und jeweils] vergleichbarer Leistungen der Länder nur insoweit berührt, als die Zahlung 300 Euro monatlich übersteigt. [2]In den Fällen des § 6 Satz 2 werden die Unterhaltspflichten insoweit berührt, als die Zahlung 150 Euro übersteigt. [3]Die in den Sätzen 1 und 2 genannten Beträge vervielfachen sich bei Mehrlingsgeburten mit der Zahl der geborenen Kinder. [4]Die Sätze 1 bis 3 gelten nicht in den Fällen des § 1361 Abs. 3, der §§ 1579, 1603 Abs. 2 und des § 1611 Abs. 1 des Bürgerlichen Gesetzbuchs.

§ 12[3)] Zuständigkeit; Aufbringung der Mittel. (1) [1]Die Landesregierungen oder die von ihnen beauftragten Stellen bestimmen die für die Ausführung

---

1) § 10 Abs. 5 angef. mWv 1. 1. 2011 durch G v. 9. 12. 2010 (BGBl. I S. 1885).

2) § 11 Satz 1 geänd. mWv 1. 8. 2013 durch G v. 15. 2. 2013 (BGBl. I S. 254).

3) § 12 Abs. 1 Satz 3 geänd., Abs. 2 geänd. mWv 1. 8. 2013 durch G v. 15. 2. 2013 (BGBl. I S. 254).

dieses Gesetzes zuständigen Behörden. [2] Diesen Behörden obliegt auch die Beratung zur Elternzeit. [3] In den Fällen des *§ 1 Abs. 2* [***ab 1. 8. 2013:*** § 1 Absatz 2 oder des § 4 a Absatz 1 Nummer 1 in Verbindung mit § 1 Absatz 2] ist die von den Ländern für die Durchführung dieses Gesetzes bestimmte Behörde des Bezirks zuständig, in dem die berechtigte Person ihren letzten inländischen Wohnsitz hatte; hilfsweise ist die Behörde des Bezirks zuständig, in dem der entsendende Dienstherr oder Arbeitgeber der berechtigten Person oder der Arbeitgeber des Ehegatten, der Ehegattin, des Lebenspartners oder der Lebenspartnerin der berechtigten Person den inländischen Sitz hat.

(2) Der Bund trägt die Ausgaben für das Elterngeld [***ab 1. 8. 2013:*** und das Betreuungsgeld].

§ 13 Rechtsweg. (1) [1] Über öffentlich-rechtliche Streitigkeiten in Angelegenheiten der §§ 1 bis 12 entscheiden die Gerichte der Sozialgerichtsbarkeit. [2] § 85 Abs. 2 Nr. 2 des Sozialgerichtsgesetzes gilt mit der Maßgabe, dass die zuständige Stelle nach § 12 bestimmt wird.

(2) Widerspruch und Anfechtungsklage haben keine aufschiebende Wirkung.

§ 14 Bußgeldvorschriften. (1) Ordnungswidrig handelt, wer vorsätzlich oder fahrlässig

1. entgegen § 9 eine dort genannte Angabe nicht, nicht richtig, nicht vollständig oder nicht rechtzeitig bescheinigt,
2. entgegen § 60 Abs. 1 Satz 1 Nr. 1 des Ersten Buches Sozialgesetzbuch, auch in Verbindung mit § 8 Abs. 1 Satz 1, eine Angabe nicht, nicht richtig, nicht vollständig oder nicht rechtzeitig macht,
3. entgegen § 60 Abs. 1 Satz 1 Nr. 2 des Ersten Buches Sozialgesetzbuch eine Mitteilung nicht, nicht richtig, nicht vollständig oder nicht rechtzeitig macht oder
4. entgegen § 60 Abs. 1 Satz 1 Nr. 3 des Ersten Buches Sozialgesetzbuch eine Beweisurkunde nicht, nicht richtig, nicht vollständig oder nicht rechtzeitig vorlegt.

(2) Die Ordnungswidrigkeit kann mit einer Geldbuße von bis zu zweitausend Euro geahndet werden.

(3) Verwaltungsbehörden im Sinne des § 36 Abs. 1 Nr. 1 des Gesetzes über Ordnungswidrigkeiten sind die in § 12 Abs. 1 Satz 1 und 3 genannten Behörden.

Abschnitt *2* [***ab 1. 8. 2013:*** 4.] Elternzeit für Arbeitnehmerinnen und Arbeitnehmer

§ 15 Anspruch auf Elternzeit. (1) [1] Arbeitnehmerinnen und Arbeitnehmer haben Anspruch auf Elternzeit, wenn sie

1. a) mit ihrem Kind,

b) mit einem Kind, für das sie die Anspruchsvoraussetzungen nach § 1 Abs. 3 oder 4 erfüllen, oder

c) mit einem Kind, das sie in Vollzeitpflege nach § 33 des Achten Buches Sozialgesetzbuch aufgenommen haben,

in einem Haushalt leben und

2. dieses Kind selbst betreuen und erziehen.

[2]Nicht sorgeberechtigte Elternteile und Personen, die nach Satz 1 Nr. 1 Buchstabe b und c Elternzeit nehmen können, bedürfen der Zustimmung des sorgeberechtigten Elternteils.

(1 a)[1)] [1]Anspruch auf Elternzeit haben Arbeitnehmer und Arbeitnehmerinnen auch, wenn sie mit ihrem Enkelkind in einem Haushalt leben und dieses Kind selbst betreuen und erziehen und

1. ein Elternteil des Kindes minderjährig ist oder
2. ein Elternteil des Kindes sich im letzten oder vorletzten Jahr einer Ausbildung befindet, die vor Vollendung des 18. Lebensjahres begonnen wurde und die Arbeitskraft des Elternteils im Allgemeinen voll in Anspruch nimmt.

[2]Der Anspruch besteht nur für Zeiten, in denen keiner der Elternteile des Kindes selbst Elternzeit beansprucht.

(2) [1]Der Anspruch auf Elternzeit besteht bis zur Vollendung des dritten Lebensjahres eines Kindes. [2]Die Zeit der Mutterschutzfrist nach § 6 Abs. 1 des Mutterschutzgesetzes wird auf die Begrenzung nach Satz 1 angerechnet. [3]Bei mehreren Kindern besteht der Anspruch auf Elternzeit für jedes Kind, auch wenn sich die Zeiträume im Sinne von Satz 1 überschneiden. [4]Ein Anteil der Elternzeit von bis zu zwölf Monaten ist mit Zustimmung des Arbeitgebers auf die Zeit bis zur Vollendung des achten Lebensjahres übertragbar; dies gilt auch, wenn sich die Zeiträume im Sinne von Satz 1 bei mehreren Kindern überschneiden. [5]Bei einem angenommenen Kind und bei einem Kind in Vollzeit- oder Adoptionspflege kann Elternzeit von insgesamt bis zu drei Jahren ab der Aufnahme bei der berechtigten Person, längstens bis zur Vollendung des achten Lebensjahres des Kindes genommen werden; die Sätze 3 und 4 sind entsprechend anwendbar, soweit sie die zeitliche Aufteilung regeln. [6]Der Anspruch kann nicht durch Vertrag ausgeschlossen oder beschränkt werden.

(3) [1]Die Elternzeit kann, auch anteilig, von jedem Elternteil allein oder von beiden Elternteilen gemeinsam genommen werden. [2]Satz 1 gilt in den Fällen des Absatzes 1 Satz 1 Nr. 1 Buchstabe b und c entsprechend.

(4)[2)] [1]Der Arbeitnehmer oder die Arbeitnehmerin darf während der Elternzeit nicht mehr als 30 Wochenstunden im Durchschnitt des Monats erwerbstätig sein. [2]Eine im Sinne des § 23 des Achten Buches Sozialgesetzbuch geeignete Tagespflegeperson kann bis zu fünf Kinder in Tagespflege betreuen, auch wenn die wöchentliche Betreuungszeit 30 Stunden übersteigt. [3]Teilzeitarbeit bei einem anderen Arbeitgeber oder selbstständige Tätigkeit nach Satz 1 bedürfen der

---

[1)] § 15 Abs. 1 a eingef. mWv 24. 1. 2009 durch G v. 17. 1. 2009 (BGBl. I S. 61).

[2)] § 15 Abs. 4 Satz 1 geänd. durch G v. 10. 9. 2012 (BGBl. I S. 1878).

Zustimmung des Arbeitgebers. [4] Dieser kann sie nur innerhalb von vier Wochen aus dringenden betrieblichen Gründen schriftlich ablehnen.

(5) [1] Der Arbeitnehmer oder die Arbeitnehmerin kann eine Verringerung der Arbeitszeit und ihre Ausgestaltung beantragen. [2] Über den Antrag sollen sich der Arbeitgeber und der Arbeitnehmer oder die Arbeitnehmerin innerhalb von vier Wochen einigen. [3] Der Antrag kann mit der schriftlichen Mitteilung nach Absatz 7 Satz 1 Nr. 5 verbunden werden. [4] Unberührt bleibt das Recht, sowohl die vor der Elternzeit bestehende Teilzeitarbeit unverändert während der Elternzeit fortzusetzen, soweit Absatz 4 beachtet ist, als auch nach der Elternzeit zu der Arbeitszeit zurückzukehren, die vor Beginn der Elternzeit vereinbart war.

(6) Der Arbeitnehmer oder die Arbeitnehmerin kann gegenüber dem Arbeitgeber, soweit eine Einigung nach Absatz 5 nicht möglich ist, unter den Voraussetzungen des Absatzes 7 während der Gesamtdauer der Elternzeit zweimal eine Verringerung seiner oder ihrer Arbeitszeit beanspruchen.

(7) [1] Für den Anspruch auf Verringerung der Arbeitszeit gelten folgende Voraussetzungen:

1. Der Arbeitgeber beschäftigt, unabhängig von der Anzahl der Personen in Berufsbildung, in der Regel mehr als 15 Arbeitnehmer und Arbeitnehmerinnen,
2. das Arbeitsverhältnis in demselben Betrieb oder Unternehmen besteht ohne Unterbrechung länger als sechs Monate,
3. die vertraglich vereinbarte regelmäßige Arbeitszeit soll für mindestens zwei Monate auf einen Umfang zwischen 15 und 30 Wochenstunden verringert werden,
4. dem Anspruch stehen keine dringenden betrieblichen Gründe entgegen und
5. der Anspruch wurde dem Arbeitgeber sieben Wochen vor Beginn der Tätigkeit schriftlich mitgeteilt.

[2] Der Antrag muss den Beginn und den Umfang der verringerten Arbeitszeit enthalten. [3] Die gewünschte Verteilung der verringerten Arbeitszeit soll im Antrag angegeben werden. [4] Falls der Arbeitgeber die beanspruchte Verringerung der Arbeitszeit ablehnen will, muss er dies innerhalb von vier Wochen mit schriftlicher Begründung tun. [5] Soweit der Arbeitgeber der Verringerung der Arbeitszeit nicht oder nicht rechtzeitig zustimmt, kann der Arbeitnehmer oder die Arbeitnehmerin Klage vor den Gerichten für Arbeitssachen erheben.

§ 16 Inanspruchnahme der Elternzeit. (1) [1] Wer Elternzeit beanspruchen will, muss sie spätestens sieben Wochen vor Beginn schriftlich vom Arbeitgeber verlangen und gleichzeitig erklären, für welche Zeiten innerhalb von zwei Jahren Elternzeit genommen werden soll. [2] Bei dringenden Gründen ist ausnahmsweise eine angemessene kürzere Frist möglich. [3] Nimmt die Mutter die Elternzeit im Anschluss an die Mutterschutzfrist, wird die Zeit der Mutterschutzfrist nach § 6 Abs. 1 des Mutterschutzgesetzes auf den Zeitraum nach Satz 1 angerechnet. [4] Nimmt die Mutter die Elternzeit im Anschluss an einen auf die Mutterschutzfrist folgenden Erholungsurlaub, werden die Zeit der

Mutterschutzfrist nach § 6 Abs. 1 des Mutterschutzgesetzes und die Zeit des Erholungsurlaubs auf den Zweijahreszeitraum nach Satz 1 angerechnet. 5 Die Elternzeit kann auf zwei Zeitabschnitte verteilt werden; eine Verteilung auf weitere Zeitabschnitte ist nur mit der Zustimmung des Arbeitgebers möglich. 6 Der Arbeitgeber hat dem Arbeitnehmer oder der Arbeitnehmerin die Elternzeit zu bescheinigen.

(2) Können Arbeitnehmerinnen und Arbeitnehmer aus einem von ihnen nicht zu vertretenden Grund eine sich unmittelbar an die Mutterschutzfrist des § 6 Abs. 1 des Mutterschutzgesetzes anschließende Elternzeit nicht rechtzeitig verlangen, können sie dies innerhalb einer Woche nach Wegfall des Grundes nachholen.

(3)[1] 1 Die Elternzeit kann vorzeitig beendet oder im Rahmen des § 15 Absatz 2 verlängert werden, wenn der Arbeitgeber zustimmt. 2 Die vorzeitige Beendigung wegen der Geburt eines weiteren Kindes oder in Fällen besonderer Härte, insbesondere bei Eintritt einer schweren Krankheit, Schwerbehinderung oder Tod eines Elternteils oder eines Kindes der berechtigten Person oder bei erheblich gefährdeter wirtschaftlicher Existenz der Eltern nach Inanspruchnahme der Elternzeit, kann der Arbeitgeber unbeschadet von Satz 3 nur innerhalb von vier Wochen aus dringenden betrieblichen Gründen schriftlich ablehnen. 3 Die Elternzeit kann zur Inanspruchnahme der Schutzfristen des § 3 Absatz 2 und des § 6 Absatz 1 des Mutterschutzgesetzes auch ohne Zustimmung des Arbeitgebers vorzeitig beendet werden; in diesen Fällen soll die Arbeitnehmerin dem Arbeitgeber die Beendigung der Elternzeit rechtzeitig mitteilen. 4 Eine Verlängerung der Elternzeit kann verlangt werden, wenn ein vorgesehener Wechsel der Anspruchsberechtigten aus einem wichtigen Grund nicht erfolgen kann.

(4) Stirbt das Kind während der Elternzeit, endet diese spätestens drei Wochen nach dem Tod des Kindes.

(5) Eine Änderung in der Anspruchsberechtigung hat der Arbeitnehmer oder die Arbeitnehmerin dem Arbeitgeber unverzüglich mitzuteilen.

§ 17 Urlaub. (1) 1 Der Arbeitgeber kann den Erholungsurlaub, der dem Arbeitnehmer oder der Arbeitnehmerin für das Urlaubsjahr zusteht, für jeden vollen Kalendermonat der Elternzeit um ein Zwölftel kürzen. 2 Dies gilt nicht, wenn der Arbeitnehmer oder die Arbeitnehmerin während der Elternzeit bei seinem oder ihrem Arbeitgeber Teilzeitarbeit leistet.

(2) Hat der Arbeitnehmer oder die Arbeitnehmerin den ihm oder ihr zustehenden Urlaub vor dem Beginn der Elternzeit nicht oder nicht vollständig erhalten, hat der Arbeitgeber den Resturlaub nach der Elternzeit im laufenden oder im nächsten Urlaubsjahr zu gewähren.

(3) Endet das Arbeitsverhältnis während der Elternzeit oder wird es im Anschluss an die Elternzeit nicht fortgesetzt, so hat der Arbeitgeber den noch nicht gewährten Urlaub abzugelten.

---

[1] § 16 Abs. 3 neu gef. durch G v. 10. 9. 2012 (BGBl. I S. 1878).

Fassung für bis zum 31. 12. 2014 / 30. 6. 2015 geborene Kinder

(4) Hat der Arbeitnehmer oder die Arbeitnehmerin vor Beginn der Elternzeit mehr Urlaub erhalten, als ihm oder ihr nach Absatz 1 zusteht, kann der Arbeitgeber den Urlaub, der dem Arbeitnehmer oder der Arbeitnehmerin nach dem Ende der Elternzeit zusteht, um die zu viel gewährten Urlaubstage kürzen.

§ 18 Kündigungsschutz. (1) [1]Der Arbeitgeber darf das Arbeitsverhältnis ab dem Zeitpunkt, von dem an Elternzeit verlangt worden ist, höchstens jedoch acht Wochen vor Beginn der Elternzeit, und während der Elternzeit nicht kündigen. [2]In besonderen Fällen kann ausnahmsweise eine Kündigung für zulässig erklärt werden. [3]Die Zulässigkeitserklärung erfolgt durch die für den Arbeitsschutz zuständige oberste Landesbehörde oder die von ihr bestimmte Stelle. [4]Die Bundesregierung kann mit Zustimmung des Bundesrates allgemeine Verwaltungsvorschriften zur Durchführung des Satzes 2 erlassen.

(2) Absatz 1 gilt entsprechend, wenn Arbeitnehmer oder Arbeitnehmerinnen

1. während der Elternzeit bei demselben Arbeitgeber Teilzeitarbeit leisten oder
2. ohne Elternzeit in Anspruch zu nehmen, Teilzeitarbeit leisten und Anspruch auf Elterngeld nach § 1 während des Bezugszeitraums nach § 4 Abs. 1 haben.

§ 19 Kündigung zum Ende der Elternzeit. Der Arbeitnehmer oder die Arbeitnehmerin kann das Arbeitsverhältnis zum Ende der Elternzeit nur unter Einhaltung einer Kündigungsfrist von drei Monaten kündigen.

§ 20 Zur Berufsbildung Beschäftigte, in Heimarbeit Beschäftigte.
(1) [1]Die zu ihrer Berufsbildung Beschäftigten gelten als Arbeitnehmer oder Arbeitnehmerinnen im Sinne dieses Gesetzes. [2]Die Elternzeit wird auf Berufsbildungszeiten nicht angerechnet.

(2) [1]Anspruch auf Elternzeit haben auch die in Heimarbeit Beschäftigten und die ihnen Gleichgestellten (§ 1 Abs. 1 und 2 des Heimarbeitsgesetzes), soweit sie am Stück mitarbeiten. [2]Für sie tritt an die Stelle des Arbeitgebers der Auftraggeber oder Zwischenmeister und an die Stelle des Arbeitsverhältnisses das Beschäftigungsverhältnis.

§ 21 Befristete Arbeitsverträge. (1) Ein sachlicher Grund, der die Befristung eines Arbeitsverhältnisses rechtfertigt, liegt vor, wenn ein Arbeitnehmer oder eine Arbeitnehmerin zur Vertretung eines anderen Arbeitnehmers oder einer anderen Arbeitnehmerin für die Dauer eines Beschäftigungsverbotes nach dem Mutterschutzgesetz, einer Elternzeit, einer auf Tarifvertrag, Betriebsvereinbarung oder einzelvertraglicher Vereinbarung beruhenden Arbeitsfreistellung zur Betreuung eines Kindes oder für diese Zeiten zusammen oder für Teile davon eingestellt wird.

(2) Über die Dauer der Vertretung nach Absatz 1 hinaus ist die Befristung für notwendige Zeiten einer Einarbeitung zulässig.

Fassung für bis zum 31. 12. 2014 / 30. 6. 2015 geborene Kinder

(3) Die Dauer der Befristung des Arbeitsvertrags muss kalendermäßig bestimmt oder bestimmbar oder den in den Absätzen 1 und 2 genannten Zwecken zu entnehmen sein.

(4) [1]Der Arbeitgeber kann den befristeten Arbeitsvertrag unter Einhaltung einer Frist von mindestens drei Wochen, jedoch frühestens zum Ende der Elternzeit, kündigen, wenn die Elternzeit ohne Zustimmung des Arbeitgebers vorzeitig endet und der Arbeitnehmer oder die Arbeitnehmerin die vorzeitige Beendigung der Elternzeit mitgeteilt hat. [2]Satz 1 gilt entsprechend, wenn der Arbeitgeber die vorzeitige Beendigung der Elternzeit in den Fällen des § 16 Abs. 3 Satz 2 nicht ablehnen darf.

(5) Das Kündigungsschutzgesetz ist im Falle des Absatzes 4 nicht anzuwenden.

(6) Absatz 4 gilt nicht, soweit seine Anwendung vertraglich ausgeschlossen ist.

(7) [1]Wird im Rahmen arbeitsrechtlicher Gesetze oder Verordnungen auf die Zahl der beschäftigten Arbeitnehmer und Arbeitnehmerinnen abgestellt, so sind bei der Ermittlung dieser Zahl Arbeitnehmer und Arbeitnehmerinnen, die sich in der Elternzeit befinden oder zur Betreuung eines Kindes freigestellt sind, nicht mitzuzählen, solange für sie aufgrund von Absatz 1 ein Vertreter oder eine Vertreterin eingestellt ist. [2]Dies gilt nicht, wenn der Vertreter oder die Vertreterin nicht mitzuzählen ist. [3]Die Sätze 1 und 2 gelten entsprechend, wenn im Rahmen arbeitsrechtlicher Gesetze oder Verordnungen auf die Zahl der Arbeitsplätze abgestellt wird.

Abschnitt *3* [*ab 1. 8. 2013:* 5.] Statistik und Schlussvorschriften

§ 22[1)] **Bundesstatistik.** (1) [1]Zur Beurteilung der Auswirkungen dieses Gesetzes sowie zu seiner Fortentwicklung *ist eine laufende Erhebung* [***ab 1. 8. 2013:*** sind laufende Erhebungen] zum Bezug von Elterngeld [***ab 1. 8. 2013:*** und Betreuungsgeld] als *Bundesstatistik* [***ab 1. 8. 2013:*** Bundesstatistiken] durchzuführen. [2]Die *Erhebung erfolgt* [***ab 1. 8. 2013:*** Erhebungen erfolgen] zentral beim Statistischen Bundesamt.

(2) [1]Die Statistik [***ab 1. 8. 2013:*** zum Bezug von Elterngeld] erfasst vierteljährlich zum jeweils letzten Tag des aktuellen und der vorangegangenen zwei Kalendermonate erstmalig zum 31. März 2013 für *Elterngeld beziehende Personen* [***ab 1. 8. 2013:*** Personen, die in einem dieser Kalendermonate Elterngeld bezogen haben, für jedes den Anspruch auslösende Kind] folgende Erhebungsmerkmale:

1. Art der Berechtigung nach § 1,
2. Grundlagen der Berechnung des zustehenden Monatsbetrags nach Art und Höhe (§ 2 Absatz 1, 2, 3 oder 4, § 2a Absatz 1 oder 4, § 2c oder § 2d),

---

1) § 22 Abs. 2 Nrn. 8 und 13 Buchst. d und e, Abs. 3 und Abs. 4 Nrn. 1 und 2 geänd., Abs. 4 Nr. 3 angef. mWv 24. 1. 2009 durch G v. 17. 1. 2009 (BGBl. I S. 61); Abs. 2 und 3 neu gef. durch G v. 10. 9. 2012 (BGBl. I S. 1878); Abs. 1 geänd., Abs. 2 bish. Wortlaut wird Satz 1 und geänd., Satz 2 angef. mWv 1. 8. 2013 durch G v. 15. 2. 2013 (BGBl. I S. 254).

3. Höhe des zustehenden Monatsbetrags ohne die Berücksichtigung der Einnahmen nach § 3 und der Ausübung der Verlängerungsmöglichkeit (§ 6),
4. Art und Höhe der Einnahmen nach § 3,
5. Ausübung der Verlängerungsmöglichkeit (§ 6),
6. Höhe des *ausgezahlten Monatsbetrags* [***ab 1. 8. 2013:*** monatlichen Auszahlungsbetrags],
7. Geburtstag des Kindes,
8. für die *Antragstellerin oder den Antragsteller* [***ab 1. 8. 2013:*** Elterngeld beziehende Person]:
   a) Geschlecht, Geburtsjahr und -monat,
   b) Staatsangehörigkeit,
   c) Wohnsitz oder gewöhnlicher Aufenthalt,
   d) Familienstand und unverheiratetes Zusammenleben mit dem anderen Elternteil und
   e) Anzahl der im Haushalt lebenden Kinder.

[ab 1. 8. 2013: [2]Die Angaben nach den Nummer 2, 3 und 6 sind für jeden Lebensmonat des Kindes, bezogen auf den nach § 4 Absatz 1 möglichen Zeitraum des Leistungsbezugs zu melden.***]***

[Fassung bis 31. 7. 2013:]

(3) Die Angaben nach Absatz 2 Nummer 2, 3 und 6 sind für jeden Lebensmonat des Kindes, bezogen auf den Zeitraum des Leistungsbezugs, zu melden.

[Fassung ab 1. 8. 2013:][1)]

(3) [1]Die Statistik zum Bezug von Betreuungsgeld erfasst vierteljährlich zum jeweils letzten Tag des aktuellen und der vorangegangenen zwei Kalendermonate erstmalig zum 30. September 2013 für Personen, die in einem dieser Kalendermonate Betreuungsgeld bezogen haben, für jedes den Anspruch auslösende Kind folgende Erhebungsmerkmale:
1. Art der Berechtigung nach § 4 a,
2. Höhe des monatlichen Auszahlungsbetrags,
3. Geburtstag des Kindes,
4. für die Betreuungsgeld beziehende Person:
   a) Geschlecht, Geburtsjahr und -monat,
   b) Staatsangehörigkeit,

1) § 22 Abs. 3 neu gef. mWv 1. 8. 2013 durch G v. 15. 2. 2013 (BGBl. I S. 254).

[Fassung ab 1. 8. 2013:]

c) Wohnsitz oder gewöhnlicher Aufenthalt,

d) Familienstand und unverheiratetes Zusammenleben mit dem anderen Elternteil und

e) Anzahl der im Haushalt lebenden Kinder.

[2] Die Angaben nach Nummer 2 sind für jeden Lebensmonat des Kindes bezogen auf den nach § 4 d Absatz 1 möglichen Zeitraum des Leistungsbezugs zu melden.

(4) Hilfsmerkmale sind:

1. Name und Anschrift der zuständigen Behörde,
2. Name und Telefonnummer sowie Adresse für elektronische Post der für eventuelle Rückfragen zur Verfügung stehenden Person und
3. Kennnummer des Antragstellers oder der Antragstellerin.

§ 23[1)] Auskunftspflicht; Datenübermittlung an das Statistische Bundesamt. (1) [1] Für die Erhebung nach § 22 besteht Auskunftspflicht. [2] Die Angaben nach § 22 Abs. 4 Nr. 2 sind freiwillig. [3] Auskunftspflichtig sind die nach § 12 Abs. 1 zuständigen Stellen.

(2)[2)] [1] Der Antragsteller oder die Antragstellerin ist gegenüber den nach § 12 Absatz 1 zuständigen Stellen zu den Erhebungsmerkmalen nach § 22 Absatz 2 [*ab 1. 8. 2013:* und 3] auskunftspflichtig. [2] Die zuständigen Stellen nach § 12 Absatz 1 dürfen die Angaben nach § 22 Absatz 2 *Nummer* 7 [*ab 1. 8. 2013:* Satz 1 Nummer 8 und Absatz 3 Satz 1 Nummer 4], soweit sie für den Vollzug dieses Gesetzes nicht erforderlich sind, nur durch technische und organisatorische Maßnahmen getrennt von den übrigen Daten nach § 22 Absatz 2 [*ab 1. 8. 2013:* und 3] und nur für die Übermittlung an das Statistische Bundesamt verwenden und haben diese unverzüglich nach Übermittlung an das Statistische Bundesamt zu löschen.

(3) Die in sich schlüssigen Angaben sind als Einzeldatensätze elektronisch bis zum Ablauf von 30 Arbeitstagen nach Ablauf des Berichtszeitraums an das Statistische Bundesamt zu übermitteln.

§ 24[3)] Übermittlung von Tabellen mit statistischen Ergebnissen durch das Statistische Bundesamt. [1] Zur Verwendung gegenüber den ge-

---

1) § 23 Abs. 2 eingef., bish Abs. 2 wird Abs. 3 mWv 24. 1. 2009 durch G v. 17. 1. 2009 (BGBl. I S. 61); Überschr. geänd., Abs. 2 geänd. durch G v. 10. 9. 2012 (BGBl. I S. 1878).

2) § 23 Abs. 2 geänd. mWv 1. 8. 2013 durch G v. 15. 2. 2013 (BGBl. I S. 254).

3) § 24 neu gef., durch G v. 10. 9. 2012 (BGBl. I S. 1878).

Fassung für bis zum 31. 12. 2014 / 30. 6. 2015 geborene Kinder

setzgebenden Körperschaften und zu Zwecken der Planung, jedoch nicht zur Regelung von Einzelfällen, übermittelt das Statistische Bundesamt Tabellen mit statistischen Ergebnissen, auch soweit Tabellenfelder nur einen einzigen Fall ausweisen, an die fachlich zuständigen obersten Bundes- oder Landesbehörden. 2 Tabellen, deren Tabellenfelder nur einen einzigen Fall ausweisen, dürfen nur dann übermittelt werden, wenn sie nicht differenzierter als auf Regierungsbezirksebene, im Falle der Stadtstaaten auf Bezirksebene, aufbereitet sind.

§ 24 a[1)] Übermittlung von Einzelangaben durch das Statistische Bundesamt. (1) 1 Zur Abschätzung von Auswirkungen der Änderungen dieses Gesetzes im Rahmen der Zwecke nach § 24 übermittelt das Statistische Bundesamt auf Anforderung des fachlich zuständigen Bundesministeriums diesem oder von ihm beauftragten Forschungseinrichtungen Einzelangaben ab dem Jahr 2007 ohne Hilfsmerkmale mit Ausnahme des Merkmals nach § 22 Absatz 4 Nummer 3 für die Entwicklung und den Betrieb von Mikrosimulationsmodellen. 2 Die Einzelangaben dürfen nur im hierfür erforderlichen Umfang und mittels eines sicheren Datentransfers übermittelt werden.

(2) 1 Bei der Verarbeitung und Nutzung der Daten nach Absatz 1 ist das Statistikgeheimnis nach § 16 des Bundesstatistikgesetzes zu wahren. 2 Dafür ist die Trennung von statistischen und nichtstatistischen Aufgaben durch Organisation und Verfahren zu gewährleisten. 3 Die nach Absatz 1 übermittelten Daten dürfen nur für die Zwecke verwendet werden, für die sie übermittelt wurden. 4 Die übermittelten Einzeldaten sind nach dem Erreichen des Zweckes zu löschen, zu dem sie übermittelt wurden.

(3) 1 Personen, die Empfängerinnen und Empfänger von Einzelangaben nach Absatz 1 Satz 1 sind, unterliegen der Pflicht zur Geheimhaltung nach § 16 Absatz 1 und 10 des Bundesstatistikgesetzes. 2 Personen, die Einzelangaben nach Absatz 1 Satz 1 erhalten sollen, müssen Amtsträger oder für den öffentlichen Dienst besonders Verpflichtete sein. 3 Personen, die Einzelangaben erhalten sollen und die nicht Amtsträger oder für den öffentlichen Dienst besonders Verpflichtete sind, sind vor der Übermittlung zur Geheimhaltung zu verpflichten. 4 § 1 Absatz 2, 3 und 4 Nummer 2 des Verpflichtungsgesetzes vom 2. März 1974 (BGBl. I S. 469, 547), das durch § 1 Nummer 4 des Gesetzes vom 15. August 1974 (BGBl. I S. 1942) geändert worden ist, gilt in der jeweils geltenden Fassung entsprechend. 5 Die Empfängerinnen und Empfänger von Einzelangaben dürfen aus ihrer Tätigkeit gewonnene Erkenntnisse nur für die in Absatz 1 genannten Zwecke verwenden.

§ 25[2)] Bericht. 1 Die Bundesregierung legt dem Deutschen Bundestag bis zum *1. Oktober 2008 einen Bericht über die Auswirkungen dieses Gesetzes sowie über die gegebenenfalls notwendige Weiterentwicklung dieser Vorschriften* [***ab 1. 8. 2013:*** 31. Dezember 2015 einen Bericht über die Auswirkungen des Betreuungsgeldes] vor. 2 Er darf keine personenbezogenen Daten enthalten.

---

1) § 24 a eingef. durch G v. 10. 9. 2012 (BGBl. I S. 1878).

2) § 25 Satz 1 geänd. mWv 1. 8. 2013 durch G v. 15. 2. 2013 (BGBl. I S. 254).

§ 26 Anwendung der Bücher des Sozialgesetzbuches. (1)[1] Soweit dieses Gesetz zum Elterngeld [*ab 1. 8. 2013:* oder Betreuungsgeld] keine ausdrückliche Regelung trifft, ist bei der Ausführung des Ersten [*ab 1. 8. 2013:* , Zweiten und Dritten] Abschnitts das Erste Kapitel des Zehnten Buches Sozialgesetzbuch anzuwenden.

(2)[2] § 328 Absatz 3 und § 331 des Dritten Buches Sozialgesetzbuch gelten entsprechend.

§ 27 Übergangsvorschrift. (1)[3] [1]Für die vor dem 1. Januar 2013 geborenen oder mit dem Ziel der Adoption aufgenommenen Kinder wird Elterngeld unter Anwendung der Vorschriften des Ersten Abschnitts dieses Gesetzes und § 9 in der bis zum 16. September 2012 geltenden Fassung[4] gezahlt. [2]Soweit das Gesetz in der bis zum 16. September 2012 geltenden Fassung Mutterschaftsgeld nach der Reichsversicherungsordnung oder nach dem Gesetz über die Krankenversicherung der Landwirte in Bezug nimmt, gelten die betreffenden Regelungen für Mutterschaftsgeld nach dem Fünften Buch Sozialgesetzbuch oder nach dem Zweiten Gesetz über die Krankenversicherung der Landwirte entsprechend. [3]Die Statistik für das Elterngeld nach Satz 1 erfolgt nach den Vorgaben der §§ 22 und 23 in der bis zum 16. September 2012 geltenden Fassung.[4]

(1 a)[5] Bei der Ermittlung des Überschusses der Einnahmen über die Werbungskosten nach § 2 Absatz 7 Satz 1 ist für die vor dem 1. Januar 2012 geborenen oder mit dem Ziel der Adoption aufgenommenen Kinder § 9 a Satz 1 Nummer 1 Buchstabe a des Einkommensteuergesetzes in der am 4. November 2011[6] geltenden Fassung anzuwenden.

(1 b)[7] Soweit dieses Gesetz Mutterschaftsgeld nach dem Fünften Buch Sozialgesetzbuch oder nach dem Zweiten Gesetz über die Krankenversicherung der Landwirte in Bezug nimmt, gelten die betreffenden Regelungen für Mutterschaftsgeld nach der Reichsversicherungsordnung oder nach dem Gesetz über die Krankenversicherung der Landwirte entsprechend.

(2)[8] Für die dem Erziehungsgeld vergleichbaren Leistungen der Länder sind § 8 Absatz 1 und § 9 des Bundeserziehungsgeldgesetzes in der bis zum 31. Dezember 2006 geltenden Fassung weiter anzuwenden.

(3)[9] [1]Betreuungsgeld wird nicht für vor dem 1. August 2012 geborene Kinder gezahlt. [2]Bis zum 31. Juli 2014 beträgt das Betreuungsgeld abweichend von § 4 b 100 Euro pro Monat.

---

[1] § 26 Abs. 1 geänd. mWv 1. 8. 2013 durch G v. 15. 2. 2013 (BGBl. I S. 254).
[2] § 26 Abs. 2 neu gef. durch G v. 10. 9. 2012 (BGBl. I S. 1878).
[3] § 27 Abs. 1 neu gef. durch G v. 10. 9. 2012 (BGBl. I S. 1878); neu gef. durch G v. 23. 10. 2012 (BGBl. I S. 2246); Satz 1 neu gef., Satz 3 angef. durch G v. 15. 2. 2013 (BGBl. I S. 254).
[4] Abgedruckt unter Nr. **62 a**.
[5] § 27 Abs. 1 a eingef. durch G v. 1. 11. 2011 (BGBl. I S. 2131).
[6] Datum der Verkündung des SteuervereinfachungsG 2011 v. 1. 11. 2011.
[7] § 27 Abs. 1 b eingef. durch G v. 23.10. 2012 (BGBl. I S. 2246).
[8] § 27 Abs. 2 und 3 aufgeh. bish. Abs. 4 wird Abs. 2 durch G v. 10. 9. 2012 (BGBl. I S. 1878).
[9] § 27 Abs. 3 angef. durch G v. 15. 2. 2013 (BGBl. I S. 254).

Fassung für bis zum 31. 12. 2014 / 30. 6. 2015 geborene Kinder

70. Gesetz zur Verbesserung der betrieblichen Altersversorgung (Betriebsrentengesetz – BetrAVG)[1)]

Vom 19. Dezember 1974 (BGBl. I S. 3610)

Geändert durch 14. Gesetz zur Änderung des Versicherungsaufsichtsgesetzes vom 29. 3. 1983 (BGBl. I S. 377), Gesetz zur Förderung der Rückkehrbereitschaft von Ausländern vom 28. 11. 1983 (BGBl. I S. 1377), Gesetz zur Erleichterung des Übergangs vom Arbeitsleben in den Ruhestand vom 13. 4. 1984 (BGBl. I S. 601), Gesetz zur Änderung des Gesetzes über die Lastenausgleichsbank vom 20. 2. 1986 (BGBl. I S. 297), Gesetz über weitere Maßnahmen auf dem Gebiet des Versorgungsausgleichs vom 8. 12. 1986 (BGBl. I S. 2317), Rentenreformgesetz 1992 vom 18. 12. 1989 (BGBl. I S. 2261), Steueränderungsgesetz 1992 vom 25. 2. 1992 (BGBl. I S. 297), Drittes Durchführungsgesetz/EWG zum VAG vom 21. 7. 1994 (BGBl. I S. 1630), Einführungsgesetz zur Insolvenzordnung vom 5. 10. 1994 (BGBl. I S. 2911), Rentenreformgesetz 1999 vom 16. 12. 1997 (BGBl. I S. 2998), Steuerbereinigungsgesetz 1999 vom 22. 12. 1999 (BGBl. I S. 2601), Erstes Gesetz zur Änderung des Gesetzes zur Verbesserung der betrieblichen Altersversorgung vom 21. 12. 2000 (BGBl. I S. 1914), 4. Euro-Einführungsgesetz vom 21. 12. 2000 (BGBl. I S. 1983), Altersvermögensgesetz vom 26. 6. 2001 (BGBl. I S. 1310), Gesetz zur Modernisierung des Schuldrechts vom 26. 11. 2001 (BGBl. I S. 3138), Gesetz zu dem Abkommen vom 22. September 2000 zwischen der BRD und Luxemburg über Zusammenarbeit im Bereich der Insolvenzsicherung betrieblicher Altersversorgung vom 10. 12. 2001 (BGBl. II S. 1258), Hüttenknappschaftliches Zusatzversicherungs-Neuregelungs-Gesetz vom 21. 6. 2002 (BGBl. I S. 2167), Gesetz zur Änderung von Fristen und Bezeichnungen im Neunten Buch Sozialgesetzbuch und zur Änderung anderer Gesetze vom 3. 4. 2003 (BGBl. I S. 462), Gesetz zur Änderung des Sozialgesetzbuches und anderer Gesetze vom 24. 7. 2003 (BGBl. I S. 1526), Förderbankenneustrukturierungsgesetz vom 15. 8. 2003 (BGBl. I S. 1657), Alterseinkünftegesetz vom 5. 7. 2004 (BGBl. I S. 1427), Gesetz zur Organisationsreform in der gesetzlichen Rentenversicherung vom 9. 12. 2004 (BGBl. I S. 3242), Siebtes Gesetz zur Änderung des Versicherungsaufsichtsgesetzes vom 29. 8. 2005 (BGBl. I S. 2546), Gesetz zur Änderung des Betriebsrentengesetzes und anderer Gesetze vom 2. 12. 2006 (BGBl. I S. 2742) RV-Altersgrenzenanpassungsgesetz vom 20. 4. 2007 (BGBl. I S. 554) Gesetz zur Reform des Versicherungsvertragsrechts vom 23. 11. 2007 (BGBl. I S. 2631), Gesetz zur Förderung der zusätzlichen Altersvorsorge und zur Änderung des Dritten Buches Sozialgesetzbuch vom 10. 12. 2007 (BGBl. I S. 2838), Gesetz zur Verbesserung der Rahmenbedingungen für die Absicherung flexibler Arbeitszeitregelungen und zur Änderung anderer Gesetze vom 21. 12. 2008 (BGBl. I S. 2940), Gesetz über die Leistungsverbesserungen in der gesetzlichen Rentenversicherung (RV-Leistungsverbesserungsgesetz) vom 23. 6. 2014 (BGBl. I S. 787) und Gesetz zur Modernisierung der Finanzaufsicht über Versicherungen vom 1. 4. 2015 (BGBl. I S. 434)

BGBl. III/FNA 800-22

Der Bundestag hat mit Zustimmung des Bundesrates das folgende Gesetz beschlossen:

[1)] **Zur Anwendung im Beitrittsgebiet** bestimmt der Einigungsvertrag v. 31. 8. 1990 (BGBl. II S. 889, 1024):

„a) Dieses Gesetz tritt am 1. Januar 1992 in Kraft.

b) §§ 1 bis 18 finden auf Zusagen über Leistungen der betrieblichen Altersversorgung Anwendung, die nach dem 31. Dezember 1991 erteilt werden; die Nachversicherung gemäß § 18 Abs. 6 von Zeiten vor dem 1. Januar 1992 ist ausgeschlossen.

c) §§ 26 bis 30 sind nicht anzuwenden.“

Erster Teil. Arbeitsrechtliche Vorschriften

Erster Abschnitt. Durchführung der betrieblichen Altersversorgung[1)]

§ 1[1)] Zusage des Arbeitgebers auf betriebliche Altersversorgung.

(1) [1] Werden einem Arbeitnehmer Leistungen der Alters-, Invaliditäts- oder Hinterbliebenenversorgung aus Anlass seines Arbeitsverhältnisses vom Arbeitgeber zugesagt (betriebliche Altersversorgung), gelten die Vorschriften dieses Gesetzes. [2] Die Durchführung der betrieblichen Altersversorgung kann unmittelbar über den Arbeitgeber oder über einen der in § 1 b Abs. 2 bis 4 genannten Versorgungsträger erfolgen. [3] Der Arbeitgeber steht für die Erfüllung der von ihm zugesagten Leistungen auch dann ein, wenn die Durchführung nicht unmittelbar über ihn erfolgt.

(2)[2)] Betriebliche Altersversorgung liegt auch vor, wenn

1. der Arbeitgeber sich verpflichtet, bestimmte Beiträge in eine Anwartschaft auf Alters-, Invaliditäts- oder Hinterbliebenenversorgung umzuwandeln (beitragsorientierte Leistungszusage),
2. der Arbeitgeber sich verpflichtet, Beiträge zur Finanzierung von Leistungen der Betrieblichen Altersversorgung an einen Pensionsfonds, eine Pensionskasse oder eine Direktversicherung zu zahlen und für Leistungen zur Altersversorgung das planmäßig zuzurechnende Versorgungskapital auf der Grundlage der gezahlten Beiträge (Beiträge und die daraus erzielten Erträge), mindestens die Summe der zugesagten Beiträge, soweit sie nicht rechnungsmäßig für einen biometrischen Risikoausgleich verbraucht wurden, hierfür zur Verfügung zu stellen (Beitragszusage mit Mindestleistung),
3. künftige Entgeltansprüche in eine wertgleiche Anwartschaft auf Versorgungsleistungen umgewandelt werden (Entgeltumwandlung) oder
4. der Arbeitnehmer Beiträge aus seinem Arbeitsentgelt zur Finanzierung von Leistungen der betrieblichen Altersversorgung an einen Pensionsfonds, eine Pensionskasse oder eine Direktversicherung leistet und die Zusage des Arbeitgebers auch die Leistungen aus diesen Beiträgen umfasst; die Regelungen für Entgeltumwandlung sind hierbei entsprechend anzuwenden, soweit die zugesagten Leistungen aus diesen Beiträgen im Wege der Kapitaldeckung finanziert werden.

§ 1 a[3)] Anspruch auf betriebliche Altersversorgung durch Entgeltumwandlung. (1) [1] Der Arbeitnehmer kann vom Arbeitgeber verlangen, dass von seinen künftigen Entgeltansprüchen bis zu 4 vom Hundert der jeweiligen Beitragsbemessungsgrenze in der allgemeinen Rentenversiche-

---

1) Überschrift und § 1 neugef. mWv 1. 1. 2001 durch G v. 26. 6. 2001 (BGBl. I S. 1310).

2) § 1 Abs. 2 neugef. durch G v. 26. 6. 2001 (BGBl. I S. 1310), Nr. 4 angef. durch G v. 21. 6. 2002 (BGBl. I S. 2167).

3) § 1 a eingef. mWv 1. 1. 2002 durch G v. 26. 6. 2001 (BGBl. I S. 1310), Abs. 4 angef. mWv 1. 1. 2005 durch G v. 5. 7. 2004 (BGBl. I S. 1427).

rung[1] durch Entgeltumwandlung für seine betriebliche Altersversorgung verwendet werden. 2 Die Durchführung des Anspruchs des Arbeitnehmers wird durch Vereinbarung geregelt. 3 Ist der Arbeitgeber zu einer Durchführung über einen Pensionsfonds oder eine Pensionskasse (§ 1b Abs. 3) bereit, ist die betriebliche Altersversorgung dort durchzuführen; andernfalls kann der Arbeitnehmer verlangen, dass der Arbeitgeber für ihn eine Direktversicherung (§ 1b Abs. 2) abschließt. 4 Soweit der Anspruch geltend gemacht wird, muss der Arbeitnehmer jährlich einen Betrag in Höhe von mindestens einem Hundertsechzigstel der Bezugsgröße nach § 18 Abs. 1 des Vierten Buches Sozialgesetzbuch für seine betriebliche Altersversorgung verwenden. 5 Soweit der Arbeitnehmer Teile seines regelmäßigen Entgelts für betriebliche Altersversorgung verwendet, kann der Arbeitgeber verlangen, dass während eines laufenden Kalenderjahres gleich bleibende monatliche Beträge verwendet werden.

(2) Soweit eine durch Entgeltumwandlung finanzierte betriebliche Altersversorgung besteht, ist der Anspruch des Arbeitnehmers auf Entgeltumwandlung ausgeschlossen.

(3) Soweit der Arbeitnehmer einen Anspruch auf Entgeltumwandlung für betriebliche Altersversorgung nach Absatz 1 hat, kann er verlangen, dass die Voraussetzungen für eine Förderung nach den §§ 10a, 82 Abs. 2 des Einkommensteuergesetzes erfüllt werden, wenn die betriebliche Altersversorgung über einen Pensionsfonds, eine Pensionskasse oder eine Direktversicherung durchgeführt wird.

(4) 1 Falls der Arbeitnehmer bei fortbestehendem Arbeitsverhältnis kein Entgelt erhält, hat er das Recht, die Versicherung oder Versorgung mit eigenen Beiträgen fortzusetzen. 2 Der Arbeitgeber steht auch für die Leistungen aus diesen Beiträgen ein. 3 Die Regelungen über Entgeltumwandlung gelten entsprechend.

§ 1 b[2] Unverfallbarkeit und Durchführung der betrieblichen Altersversorgung. (1) 1 Einem Arbeitnehmer, dem Leistungen aus der betrieblichen Altersversorgung zugesagt worden sind, bleibt die Anwartschaft erhalten, wenn das Arbeitsverhältnis vor Eintritt des Versorgungsfalls, jedoch nach Vollendung des *30. Lebensjahres* [***ab 1. 1. 2009:*** 25. Lebensjahres][3] endet und die Versorgungszusage zu diesem Zeitpunkt mindestens fünf Jahre bestanden hat (unverfallbare Anwartschaft). 2 Ein Arbeitnehmer behält seine Anwartschaft auch dann, wenn er aufgrund einer Vorruhestandsregelung ausscheidet und ohne das vorherige Ausscheiden die Wartezeit und die sonstigen Voraussetzungen für den Bezug von Leistungen der betrieblichen Altersversorgung hätte erfüllen können. 3 Eine Änderung der Versorgungszusage oder ihre Übernahme durch eine andere Person unterbricht nicht den Ablauf der Fristen nach Satz 1. 4 Der Verpflichtung aus einer Versorgungszusage stehen Versorgungsverpflichtungen gleich, die auf betrieblicher Übung oder dem Grundsatz

---

[1] Bezeichnung geänd. durch G v. 9. 12. 2004 (BGBl. I S. 3242).

[2] § 1b eingef. mWv 1. 1. 2001 durch G v. 26. 6. 2001 (BGBl. I S. 1310); zur Anwendung vor dem 1. 1. 2001 siehe § 30f.

[3] § 1b Abs. 1 Satz 1 geänd. mWv 1. 1. 2009 durch G v. 10. 12. 2007 (BGBl. I S. 2838).

der Gleichbehandlung beruhen. [5]Der Ablauf einer vorgesehenen Wartezeit wird durch die Beendigung des Arbeitsverhältnisses nach Erfüllung der Voraussetzungen der Sätze 1 und 2 nicht berührt. [6]Wechselt ein Arbeitnehmer vom Geltungsbereich dieses Gesetzes in einen anderen Mitgliedstaat der Europäischen Union, bleibt die Anwartschaft in gleichem Umfange wie für Personen erhalten, die auch nach Beendigung eines Arbeitsverhältnisses innerhalb des Geltungsbereichs dieses Gesetzes verbleiben.

(2) [1]Wird für die betriebliche Altersversorgung eine Lebensversicherung auf das Leben des Arbeitnehmers durch den Arbeitgeber abgeschlossen und sind der Arbeitnehmer oder seine Hinterbliebenen hinsichtlich der Leistungen des Versicherers ganz oder teilweise bezugsberechtigt (Direktversicherung), so ist der Arbeitgeber verpflichtet, wegen Beendigung des Arbeitsverhältnisses nach Erfüllung der in Absatz 1 Satz 1 und 2 genannten Voraussetzungen das Bezugsrecht nicht mehr zu widerrufen. [2]Eine Vereinbarung, nach der das Bezugsrecht durch die Beendigung des Arbeitsverhältnisses nach Erfüllung der in Absatz 1 Satz 1 und 2[1)] genannten Voraussetzungen auflösend bedingt ist, ist unwirksam. [3]Hat der Arbeitgeber die Ansprüche aus dem Versicherungsvertrag abgetreten oder beliehen, so ist er verpflichtet, den Arbeitnehmer, dessen Arbeitsverhältnis nach Erfüllung der in Absatz 1 Satz 1 und 2 genannten Voraussetzungen geendet hat, bei Eintritt des Versicherungsfalles so zu stellen, als ob die Abtretung oder Beleihung nicht erfolgt wäre. [4]Als Zeitpunkt der Erteilung der Versorgungszusage im Sinne des Absatzes 1 gilt der Versicherungsbeginn, frühestens jedoch der Beginn der Betriebszugehörigkeit.

(3)[2)] [1]Wird die betriebliche Altersversorgung von einer rechtsfähigen Versorgungseinrichtung durchgeführt, die dem Arbeitnehmer oder seinen Hinterbliebenen auf ihre Leistungen einen Rechtsanspruch gewährt (Pensionskasse und Pensionsfonds), so gilt Absatz 1 entsprechend. [2]Als Zeitpunkt der Erteilung der Versorgungszusage im Sinne des Absatzes 1 gilt der Versicherungsbeginn, frühestens jedoch der Beginn der Betriebszugehörigkeit.

(4) [1]Wird die betriebliche Altersversorgung von einer rechtsfähigen Versorgungseinrichtung durchgeführt, die auf ihre Leistungen keinen Rechtsanspruch gewährt (Unterstützungskasse), so sind die nach Erfüllung der in Absatz 1 Satz 1 und 2 genannten Voraussetzungen und vor Eintritt des Versorgungsfalles aus dem Unternehmen ausgeschiedenen Arbeitnehmer und ihre Hinterbliebenen den bis zum Eintritt des Versorgungsfalles dem Unternehmen angehörenden Arbeitnehmern und deren Hinterbliebenen gleichgestellt. [2]Die Versorgungszusage gilt in dem Zeitpunkt als erteilt im Sinne des Absatzes 1, von dem an der Arbeitnehmer zum Kreis der Begünstigten der Unterstützungskasse gehört.

(5)[3)] [1]Soweit betriebliche Altersversorgung durch Entgeltumwandlung erfolgt, behält der Arbeitnehmer seine Anwartschaft, wenn sein Arbeitsverhältnis vor Eintritt des Versorgungsfalles endet; in den Fällen der Absätze 2 und 3

1. dürfen die Überschussanteile nur zur Verbesserung der Leistung verwendet,

---

[1)] Verweis geänd. durch G v. 21. 6. 2002 (BGBl. I S. 2167).

[2)] § 1b Abs. 3 Satz 1 geänd. mWv 1. 1. 2002 durch G v. 26. 6. 2001 (BGBl. I S. 1310).

[3)] § 1b Abs. 5 bish. Nr. 1 aufgeh., Satz 2 angef. durch G v. 21. 6. 2002 (BGBl. I S. 2167).

2. muss dem ausgeschiedenen Arbeitnehmer das Recht zur Fortsetzung der Versicherung oder Versorgung mit eigenen Beiträgen eingeräumt und
3. muss das Recht zur Verpfändung, Abtretung oder Beleihung durch den Arbeitgeber ausgeschlossen werden.

[2]Im Fall einer Direktversicherung ist dem Arbeitnehmer darüber hinaus mit Beginn der Entgeltumwandlung ein unwiderrufliches Bezugsrecht einzuräumen.

§ 2[1)] Höhe der unverfallbaren Anwartschaft. (1) [1]Bei Eintritt des Versorgungsfalles wegen Erreichens der Altersgrenze, wegen Invalidität oder Tod haben ein vorher ausgeschiedener Arbeitnehmer, dessen Anwartschaft nach § 1b[2)] fortbesteht, und seine Hinterbliebenen einen Anspruch mindestens in Höhe des Teiles der ohne das vorherige Ausscheiden zustehenden Leistung, der dem Verhältnis der Dauer der Betriebszugehörigkeit zu der Zeit vom Beginn der Betriebszugehörigkeit bis zum Erreichen der Regelaltersgrenze in der gesetzlichen Rentenversicherung entspricht; an die Stelle des Erreichens der Regelaltersgrenze tritt ein früherer Zeitpunkt, wenn dieser in der Versorgungsregelung als feste Altersgrenze vorgesehen ist, spätestens der Zeitpunkt *in dem* [***ab 1. 7. 2014:*** der Vollendung des 65. Lebensjahres, falls] der Arbeitnehmer ausscheidet und gleichzeitig eine Altersrente aus der gesetzlichen Rentenversicherung für besonders langjährig Versicherte in Anspruch nimmt.[3)] [2]Der Mindestanspruch auf Leistungen wegen Invalidität oder Tod vor Erreichen der Altersgrenze ist jedoch nicht höher als der Betrag, den der Arbeitnehmer oder seine Hinterbliebenen erhalten hätten, wenn im Zeitpunkt des Ausscheidens der Versorgungsfall eingetreten wäre und die sonstigen Leistungsvoraussetzungen erfüllt gewesen wären.

(2)[4)] [1]Ist bei einer Direktversicherung der Arbeitnehmer nach Erfüllung der Voraussetzungen des § 1b Abs. 1 und 5[2)] vor Eintritt des Versorgungsfalles ausgeschieden, so gilt Absatz 1 mit der Maßgabe, daß sich der vom Arbeitgeber zu finanzierende Teilanspruch nach Absatz 1, soweit er über die von dem Versicherer nach dem Versicherungsvertrag auf Grund der Beiträge des Arbeitgebers zu erbringende Versicherungsleistung hinausgeht, gegen den Arbeitgeber richtet. [2]An die Stelle der Ansprüche nach Satz 1 tritt auf Verlangen des Arbeitgebers die von dem Versicherer auf Grund des Versicherungsvertrages zu erbringende Versicherungsleistung, wenn

1. spätestens nach 3 Monaten seit dem Ausscheiden des Arbeitnehmers das Bezugsrecht unwiderruflich ist und eine Abtretung oder Beleihung des Rechts aus dem Versicherungsvertrag durch den Arbeitgeber und Beitragsrückstände nicht vorhanden sind,

---

[1)] § 2 Abs. 2 Satz 4, Abs. 3 Sätze 1 und 2 sowie Abs. 5 Satz 2 HS 2 geänd. mWv 29. 7. 1994 durch G v. 21. 7. 1994 (BGBl. I S. 1630).

[2)] Zitate geänd. mWv 1. 1. 2001 durch G v. 26. 6. 2001 (BGBl. I S. 1310).

[3)] § 2 Abs. 1 Satz 1 geänd. durch G v. 20. 4. 2007 (BGBl. I S. 554); geänd. mWv 1. 7. 2014 durch G v. 23. 6. 2014 (BGBl. I S. 787).

[4)] § 2 Abs. 2 Sätze 4 und 6 geänd. mWv 1. 1. 2008 durch G v. 23. 11. 2007 (BGBl. I S. 2631), Satz 7 angef. mWv 1. 1. 2009 durch G v. 21. 12. 2008 (BGBl. I S. 2940).

2. vom Beginn der Versicherung, frühestens jedoch vom Beginn der Betriebszugehörigkeit an, nach dem Versicherungsvertrag die Überschußanteile nur zur Verbesserung der Versicherungsleistung zu verwenden sind und
3. der ausgeschiedene Arbeitnehmer nach dem Versicherungsvertrag das Recht zur Fortsetzung der Versicherung mit eigenen Beiträgen hat.

3 Der Arbeitgeber kann sein Verlangen nach Satz 2 nur innerhalb von 3 Monaten seit dem Ausscheiden des Arbeitnehmers diesem und dem Versicherer mitteilen. 4 Der ausgeschiedene Arbeitnehmer darf die Ansprüche aus dem Versicherungsvertrag in Höhe des durch Beitragszahlungen des Arbeitgebers gebildeten geschäftsplanmäßigen Deckungskapitals oder, soweit die Berechnung des Deckungskapitals nicht zum Geschäftsplan gehört, das nach § 169 Abs. 3 und 4 des Versicherungsvertragsgesetzes berechneten Wertes weder abtreten noch beleihen. 5 In dieser Höhe darf der Rückkaufswert auf Grund einer Kündigung des Versicherungsvertrages nicht in Anspruch genommen werden; im Falle einer Kündigung wird die Versicherung in eine prämienfreie Versicherung umgewandelt. 6 § 169 Abs. 1 des Versicherungsvertragsgesetzes findet insoweit keine Anwendung. 7 Eine Abfindung des Anspruchs nach § 3 ist weiterhin möglich.

(3)[1] 1 Für Pensionskassen gilt Absatz 1 mit der Maßgabe, daß sich der vom Arbeitgeber zu finanzierende Teilanspruch nach Absatz 1, soweit er über die von der Pensionskasse nach dem aufsichtsbehördlich genehmigten Geschäftsplan oder, soweit eine aufsichtsbehördliche Genehmigung nicht vorgeschrieben ist, nach den allgemeinen Versicherungsbedingungen und den fachlichen Geschäftsunterlagen im Sinne des *§ 5 Abs. 3 Nr. 2 Halbsatz 2* [***ab 1. 1. 2016:*** § 9 Absatz 2 Nummer 2 in Verbindung mit § 234 Absatz 3 Nummer 1] des Versicherungsaufsichtsgesetzes (Geschäftsunterlagen) auf Grund der Beiträge des Arbeitgebers zu erbringende Leistung hinausgeht, gegen den Arbeitgeber richtet. 2 An die Stelle der Ansprüche nach Satz 1 tritt auf Verlangen des Arbeitgebers die von der Pensionskasse auf Grund des Geschäftsplanes oder der Geschäftsunterlagen zu erbringende Leistung, wenn nach dem aufsichtsbehördlich genehmigten Geschäftsplan oder den Geschäftsunterlagen

1. vom Beginn der Versicherung, frühestens jedoch vom Beginn der Betriebszugehörigkeit an, Überschußanteile, die auf Grund des Finanzierungsverfahrens regelmäßig entstehen, nur zur Verbesserung der Versicherungsleistung zu verwenden sind oder die Steigerung der Versorgungsanwartschaften des Arbeitnehmers der Entwicklung seines Arbeitsentgeltes, soweit es unter den jeweiligen Beitragsbemessungsgrenzen der gesetzlichen Rentenversicherungen liegt, entspricht und
2. der ausgeschiedene Arbeitnehmer das Recht zur Fortsetzung der Versicherung mit eigenen Beiträgen hat.

3 Absatz 2 Satz 3 bis 7 gilt entsprechend.

---

[1] § 2 Abs. 3 Satz 3 Verweis geänd. mWv 1. 1. 2009 durch G v. 21. 12. 2008 (BGBl. I S. 2940); Abs. 3 Satz 1 Verweis geänd. mWv 1. 1. 2016 durch G v. 1. 4. 2015 (BGBl. I S. 434).

(3 a)[1] Für Pensionsfonds gilt Absatz 1 mit der Maßgabe, dass sich der vom Arbeitgeber zu finanzierende Teilanspruch, soweit er über die vom Pensionsfonds auf der Grundlage der nach dem geltenden Pensionsplan im Sinne des *§ 112 Abs. 1 Satz 2 in Verbindung mit § 113 Abs. 2 Nr. 5* [***ab 1. 1. 2016:*** § 237 Absatz 3 Nummer 2 und 3] des Versicherungsaufsichtsgesetzes berechnete Deckungsrückstellung hinausgeht, gegen den Arbeitgeber richtet.

(4) Eine Unterstützungskasse hat bei Eintritt des Versorgungsfalles einem vorzeitig ausgeschiedenen Arbeitnehmer, der nach § 1 b Abs. 4 gleichgestellt ist, und seinen Hinterbliebenen mindestens den nach Absatz 1 berechneten Teil der Versorgung zu gewähren.

(5)[2] [1]Bei der Berechnung des Teilanspruchs nach Absatz 1 bleiben Veränderungen der Versorgungsregelung und der Bemessungsgrundlagen für die Leistung der betrieblichen Altersversorgung, soweit sie nach dem Ausscheiden des Arbeitnehmers eintreten, außer Betracht; dies gilt auch für die Bemessungsgrundlagen anderer Versorgungsbezüge, die bei der Berechnung der Leistung der betrieblichen Altersversorgung zu berücksichtigen sind. [2]Ist eine Rente der gesetzlichen Rentenversicherung zu berücksichtigen, so kann das bei der Berechnung von Pensionsrückstellungen allgemein zulässige Verfahren zugrunde gelegt werden, wenn nicht der ausgeschiedene Arbeitnehmer die Anzahl der im Zeitpunkt des Ausscheidens erreichten Entgeltpunkte nachweist; bei Pensionskassen sind der aufsichtsbehördlich genehmigte Geschäftsplan oder die Geschäftsunterlagen maßgebend. [3]Bei Pensionsfonds sind der Pensionsplan und die sonstigen Geschäftsunterlagen maßgebend.[3] [4]Versorgungsanwartschaften, die der Arbeitnehmer nach seinem Ausscheiden erwirbt, dürfen zu keiner Kürzung des Teilanspruchs nach Absatz 1 führen.

(5 a)[4] Bei einer unverfallbaren Anwartschaft aus Entgeltumwandlung tritt an die Stelle der Ansprüche nach Absatz 1, 3 a oder 4[5] die vom Zeitpunkt der Zusage auf betriebliche Altersversorgung bis zum Ausscheiden des Arbeitnehmers erreichte Anwartschaft auf Leistungen aus den bis dahin umgewandelten Entgeltbestandteilen; dies gilt entsprechend für eine unverfallbare Anwartschaft aus Beiträgen im Rahmen einer beitragsorientierten Leistungszusage.

(5 b)[3] An die Stelle der Ansprüche nach den Absätzen 2, 3, 3 a und 5 a[4] tritt bei einer Beitragszusage mit Mindestleistung das dem Arbeitnehmer planmäßig zuzurechnende Versorgungskapital auf der Grundlage der bis zu seinem Ausscheiden geleisteten Beiträge (Beiträge und die bis zum Eintritt des Versorgungsfalls erzielten Erträge), mindestens die Summe der bis dahin zugesagten Beiträge, soweit sie nicht rechnungsmäßig für einen biometrischen Risikoausgleich verbraucht wurden.

---

[1] § 2 Abs. 3 a eingef. mWv 1. 1. 2002 und Abs. 4 Zitat geänd. mWv 1. 1. 2001 durch G v. 26. 6. 2001 (BGBl. I S. 1310); Verweis geänd. mWv 1. 1. 2016 durch G v. 1. 4. 2015 (BGBl. I S. 434).

[2] § 2 Abs. 5 Satz 2 geänd. mWv 1. 1. 1992 durch G v. 18. 12. 1989 (BGBl. I S. 2261).

[3] § 2 Abs. 5 Satz 3 und Abs. 5 b eingef. mWv 1. 1. 2002 durch G v. 26. 6. 2001 (BGBl. I S. 1310).

[4] § 2 Abs. 5 a eingef. mWv 1. 1. 2001 durch G v. 26. 6. 2001 (BGBl. I S. 1310); zur Anwendung vor dem 1. 1. 2001 siehe § 30 g Abs. 1.

[5] Verweise geänd. durch G v. 21. 6. 2002 (BGBl. I S. 2167).

(6)[1] *Der Arbeitgeber oder der sonstige Versorgungsträger hat dem ausgeschiedenen Arbeitnehmer Auskunft darüber zu erteilen, ob für ihn die Voraussetzungen einer unverfallbaren betrieblichen Altersversorgung erfüllt sind und in welcher Höhe er Versorgungsleistungen bei Erreichen der in der Versorgungsregelung vorgesehenen Altersgrenze beanspruchen kann.*

§ 3 Abfindung

[Fassung bis 31. 12. 2004][2]

(1) [1]Eine nach § 1b Abs. 1 bis 3 und 5[4] unverfallbare Anwartschaft kann im Falle der Beendigung des Arbeitsverhältnisses nur nach den Sätzen 2 bis 6 abgefunden werden. [2]Die Anwartschaft ist auf Verlangen des Arbeitgebers oder des Arbeitnehmers abzufinden, wenn der bei Erreichen der vorgesehenen Altersgrenze maßgebliche Monatsbetrag der laufenden Versorgungsleistung eins vom Hundert der monatlichen Bezugsgröße (§ 18 Viertes Buch Sozialgesetzbuch), bei Kapitalleistungen zwölf Zehntel der monatlichen Bezugsgröße nicht übersteigt. [3]Die Anwartschaft kann nur mit Zustimmung des Arbeitnehmers abgefunden werden, wenn

1. ihr monatlicher Wert zwei vom Hundert der monatlichen Bezugsgröße, bei Kapitalleistungen vierundzwanzig Zehntel der monatlichen Bezugsgröße nicht übersteigt,
2.[5] ihr monatlicher Wert vier vom Hundert der monatlichen Bezugsgröße, bei Kapitalleistungen achtundvierzig Zehntel der monatlichen Bezugsgröße nicht übersteigt und der Abfindungsbetrag vom Arbeitgeber unmittelbar zur Zah-

[Fassung ab 1. 1. 2005][3]

(1) Unverfallbare Anwartschaften im Falle der Beendigung des Arbeitsverhältnisses und laufende Leistungen dürfen nur unter den Voraussetzungen der folgenden Absätze abgefunden werden.

(2) [1]Der Arbeitgeber kann eine Anwartschaft ohne Zustimmung des Arbeitnehmers abfinden, wenn der Monatsbetrag der aus der Anwartschaft resultierenden laufenden Leistung bei Erreichen der vorgesehenen Altersgrenze eins vom Hundert, bei Kapitalleistungen zwölf Zehntel der monatlichen Bezugsgröße nach § 18 des Vierten Buches Sozialgesetzbuch nicht übersteigen würde. [2]Dies gilt entsprechend für die Abfindung einer laufenden Leistung. [3]Die Abfindung ist unzulässig, wenn der Arbeitnehmer von seinem Recht auf Übertragung der Anwartschaft Gebrauch macht.

(3) Die Anwartschaft ist auf Verlangen des Arbeitnehmers abzufinden, wenn die Beiträge zur gesetzlichen Rentenversicherung erstattet worden sind.

(4) Der Teil der Anwartschaft, der während eines Insolvenzverfahrens erdient worden ist, kann ohne Zustimmung des Arbeitnehmers abge-

---

[1] § 2 Abs. 6 aufgeh. mWv 1. 1. 2005 durch G v. 5. 7. 2004 (BGBl. I S. 1427).

[2] § 3 Abs. 1 neugef. mWv 1. 1. 1999 durch G v. 16. 12. 1997 (BGBl. I S. 2998), Abs. 2 Sätze 2 und 3 geänd. mWv 29. 7. 1994 durch G v. 21. 7. 1994 (BGBl. I S. 1630).

[3] § 3 neugef. durch G v. 5. 7. 2004 (BGBl. I S. 1427); zur Anwendung siehe § 30 g Abs. 2.

[4] § 3 Abs. 1 Satz 1 geänd. mWv 1. 1. 2001 durch G v. 26. 6. 2001 (BGBl. I S. 1310).

[5] § 3 Abs. 1 Satz 3 Nr. 2 geänd. mWv 1. 1. 2001 durch G v. 26. 6. 2001 (BGBl. I S. 1310).

[Fassung bis 31. 12. 2004]

lung von Beiträgen zur gesetzlichen Rentenversicherung oder zum Aufbau einer Versorgungsleistung bei einer Direktversicherung, Pensionskasse oder einem Pensionsfonds verwendet wird,

3. die Beiträge zur gesetzlichen Rentenversicherung erstattet worden sind oder

4.[1] sie auf einer Entgeltumwandlung beruht und die Grenzwerte nach den Nummern 1 oder 2 nicht überschritten werden.

[4]Der Teil einer Anwartschaft, der während eines Insolvenzverfahrens erdient worden ist, kann ohne Zustimmung des Arbeitnehmers abgefunden werden, wenn die Betriebstätigkeit vollständig eingestellt und das Unternehmen liquidiert wird. [5]Die Abfindung ist gesondert auszuweisen und einmalig zu zahlen. [6]Für Versorgungsleistungen, die gemäß § 2 Abs. 4 von einer Unterstützungskasse zu erbringen sind, gelten die Sätze 1 bis 5 entsprechend.

(2)[1] [1]Die Abfindung wird nach dem Barwert der nach § 2 bemessenen künftigen Versorgungsleistungen im Zeitpunkt der Beendigung des Arbeitsverhältnisses berechnet. [2]Soweit sich der Anspruch auf die künftigen Versorgungsleistungen gegen ein Unternehmen der Lebensversicherung, einen Pensionsfonds oder eine Pensionskasse richtet, berechnet sich die Abfindung nach dem geschäftsplanmäßigen Deckungskapital im Zeitpunkt der Beendigung des Arbeitsverhältnisses oder, soweit die Berechnung des Deckungskapitals nicht zum Geschäftsplan gehört, nach dem Zeitwert gemäß § 176

[Fassung ab 1. 1. 2005]

funden werden, wenn die Betriebstätigkeit vollständig eingestellt und das Unternehmen liquidiert wird.

(5) Für die Berechnung des Abfindungsbetrages gilt § 4 Abs. 5 entsprechend.

(6) Die Abfindung ist gesondert auszuweisen und einmalig zu zahlen.

[1] § 3 Abs. 1 Satz 3 Nr. 4 angef. und Abs. 2 Satz 2 geänd. mWv 1. 1. 2001 durch G v. 26. 6. 2001 (BGBl. I S. 1310).

[Fassung bis 31. 12. 2004]

Abs. 3 des Gesetzes über den Versicherungsvertrag. [3]Hierbei sind der bei der jeweiligen Form der betrieblichen Altersversorgung vorgeschriebene Rechnungszinsfuß und die Rechnungsgrundlagen sowie die anerkannten Regeln der Versicherungsmathematik, bei Direktversicherungen und Pensionskassen deren Geschäftsplan oder Geschäftsunterlagen, maßgebend.

[Fassung bis 31. 12. 2004]

§ 4 Übernahme. (1) [1]Die Verpflichtung, bei Eintritt des Versorgungsfalles Versorgungsleistungen nach § 2 Abs. 1 bis 3a[2)] zu gewähren, kann von jedem Unternehmen, bei dem der ausgeschiedene Arbeitnehmer beschäftigt wird, von einer Pensionskasse, von einem Unternehmen der Lebensversicherung oder einem öffentlich-rechtlichen Versorgungsträger mit Zustimmung des Arbeitnehmers übernommen werden. [2]Eine vertragliche Schuldübernahme durch andere Versorgungsträger ist dem Arbeitnehmer gegenüber unwirksam. [3]Bei einer Schuldübernahme durch ein Unternehmen der Lebensversicherung gilt § 2 Abs. 2 Satz 4 bis 6 entsprechend.

(2) Hat eine Unterstützungskasse einem vorzeitig ausgeschiedenen Arbeitnehmer Versorgungsleistungen nach § 2 Abs. 4 zu gewähren, kann diese Verpflichtung mit Zustimmung des Arbeitnehmers von den in Absatz 1 genannten Trägern oder von einer anderen Unterstützungskasse übernommen werden.

[Fassung ab 1. 1. 2005][1)]

§ 4 Übertragung. (1) Unverfallbare Anwartschaften und laufende Leistungen dürfen nur unter den Voraussetzungen der folgenden Absätze übertragen werden.

(2) Nach Beendigung des Arbeitsverhältnisses kann im Einvernehmen des ehemaligen mit dem neuen Arbeitgeber sowie dem Arbeitnehmer

1. die Zusage vom neuen Arbeitgeber übernommen werden oder
2. der Wert der vom Arbeitnehmer erworbenen unverfallbaren Anwartschaft auf betriebliche Altersversorgung (Übertragungswert) auf den neuen Arbeitgeber übertragen werden, wenn dieser eine wertgleiche Zusage erteilt; für die neue Anwartschaft gelten die Regelungen über Entgeltumwandlung entsprechend.

(3) [1]Der Arbeitnehmer kann innerhalb eines Jahres nach Beendigung des Arbeitsverhältnisses von seinem ehemaligen Arbeitgeber verlangen, dass der Übertragungswert auf den neuen Arbeitgeber übertragen wird, wenn

---

[1)] § 4 neugef. durch G v. 5. 7. 2004 (BGBl. I S. 1427); zur Anwendung von § 4 Abs. 3 siehe § 30b.

[2)] Verweis geänd. durch G v. 21. 6. 2002 (BGBl. I S. 2167).

[Fassung bis 31. 12. 2004]

(3)[1] [1]Wird die Betriebstätigkeit eingestellt und das Unternehmen liquidiert, kann eine Versorgungsleistung auf Grund einer Zusage oder einer unverfallbaren Anwartschaft nach § 1b Abs. 1[2] oder eine Versorgungsleistung, die gemäß § 1b Abs. 4[2] von einer Unterstützungskasse oder gemäß § 1b Abs. 3 von einem Pensionsfonds erbracht wird oder zu erbringen ist, von einer Pensionskasse oder von einem Unternehmen der Lebensversicherung ohne Zustimmung des Versorgungsempfängers oder Arbeitnehmers übernommen werden, wenn sichergestellt ist, dass die Überschussanteile ab Rentenbeginn entsprechend § 16 Abs. 3 Nr. 2 verwendet werden. [2]§ 2 Abs. 2 Satz 4 bis 6 gilt entsprechend.

(4)[2] [1]Der Arbeitgeber ist verpflichtet, auf Verlangen des Arbeitnehmers frühestens ab Beendigung des Arbeitsverhältnisses den Barwert der nach § 1b Abs. 5 unverfallbaren Anwartschaft auf einen neuen Arbeitgeber, bei dem der ausgeschiedene Arbeitnehmer beschäftigt ist oder einen Versorgungsträger des neuen Arbeitgebers zu übertragen, wenn der neue Arbeitgeber dem Arbeitnehmer eine dem übertragenden Barwert wertmäßig entsprechende Zusage erteilt. [2]Für die Höhe des Barwertes gilt § 3 Abs. 2 entsprechend mit der Maßgabe, dass an die Stelle des Zeitpunktes der Beendigung des Arbeitsverhältnisses der Zeitpunkt der Übertragung tritt. [3]Mit der Erteilung der Zusage durch den

[Fassung ab 1. 1. 2005]

1. die betriebliche Altersversorgung über einen Pensionsfonds, eine Pensionskasse oder eine Direktversicherung durchgeführt worden ist und
2. der Übertragungswert die Beitragsbemessungsgrenze in der allgemeinen Rentenversicherung[3] nicht übersteigt.

[2]Der Anspruch richtet sich gegen den Versorgungsträger, wenn der ehemalige Arbeitgeber die versicherungsförmige Lösung nach § 2 Abs. 2 oder 3 gewählt hat oder soweit der Arbeitnehmer die Versicherung oder Versorgung mit eigenen Beiträgen fortgeführt hat. [3]Der neue Arbeitgeber ist verpflichtet, eine dem Übertragungswert wertgleiche Zusage zu erteilen und über einen Pensionsfonds, eine Pensionskasse oder eine Direktversicherung durchzuführen. [4]Für die neue Anwartschaft gelten die Regelungen über Entgeltumwandlung entsprechend.

(4) [1]Wird die Betriebstätigkeit eingestellt und das Unternehmen liquidiert, kann eine Zusage von einer Pensionskasse oder einem Unternehmen der Lebensversicherung ohne Zustimmung des Arbeitnehmers oder Versorgungsempfängers übernommen werden, wenn sichergestellt ist, dass die Überschussanteile ab Rentenbeginn entsprechend § 16 Abs. 3 Nr. 2 verwendet werden. [2]§ 2 Abs. 2 Satz 4 bis 6 gilt entsprechend.

(5) [1]Der Übertragungswert entspricht bei einer unmittelbar über

---

[1] § 4 Abs. 3 angef. mWv 1. 1. 1999 durch G v. 16. 12. 1997 (BGBl. I S. 2998), Abs. 3 neugef. mWv 1. 1. 2000 durch G v. 22. 12. 1999 (BGBl. I S. 2601), Abs. 3 Satz 1 geänd. durch G v. 21. 6. 2002 (BGBl. I S. 2167).

[2] § 4 Abs. 3 Zitate geänd. und Abs. 4 angef. mWv 1. 1. 2001 durch G v. 26. 6. 2001 (BGBl. I S. 1310).

[3] Bezeichnung geänd. durch G v. 9. 12. 2004 (BGBl. I S. 3242).

[Fassung bis 31. 12. 2004]

neuen Arbeitgeber erlischt die Verpflichtung des alten Arbeitgebers.

[Fassung ab 1. 1. 2005]

den Arbeitgeber oder über eine Unterstützungskasse durchgeführten betrieblichen Altersversorgung dem Barwert der nach § 2 bemessenen künftigen Versorgungsleistung im Zeitpunkt der Übertragung; bei der Berechnung des Barwerts sind die Rechnungsgrundlagen sowie die anerkannten Regeln der Versicherungsmathematik maßgebend. [2] Soweit die betriebliche Altersversorgung über einen Pensionsfonds, eine Pensionskasse oder eine Direktversicherung durchgeführt worden ist, entspricht der Übertragungswert dem gebildeten Kapital im Zeitpunkt der Übertragung.

(6) Mit der vollständigen Übertragung des Übertragungswerts erlischt die Zusage des ehemaligen Arbeitgebers.

§ 4 a[1)] Auskunftsanspruch. (1) Der Arbeitgeber oder der Versorgungsträger hat dem Arbeitnehmer bei einem berechtigten Interesse auf dessen Verlangen schriftlich mitzuteilen,

1. in welcher Höhe aus der bisher erworbenen unverfallbaren Anwartschaft bei Erreichen der in der Versorgungsregelung vorgesehenen Altersgrenze ein Anspruch auf Altersversorgung besteht und
2. wie hoch bei einer Übertragung der Anwartschaft nach § 4 Abs. 3 der Übertragungswert ist.

(2) Der neue Arbeitgeber oder der Versorgungsträger hat dem Arbeitnehmer auf dessen Verlangen schriftlich mitzuteilen, in welcher Höhe aus dem Übertragungswert ein Anspruch auf Altersversorgung und ob eine Invaliditäts- oder Hinterbliebenenversorgung bestehen würde.

Zweiter Abschnitt. Auszehrungsverbot

§ 5 Auszehrung und Anrechnung. (1) Die bei Eintritt des Versorgungsfalles festgesetzten Leistungen der betrieblichen Altersversorgung dürfen nicht mehr dadurch gemindert oder entzogen werden, daß Beträge, um die sich andere Versorgungsbezüge nach diesem Zeitpunkt durch Anpassung an die wirtschaftliche Entwicklung erhöhen, angerechnet oder bei der Begrenzung der Gesamtversorgung auf einen Höchstbetrag berücksichtigt werden.

---

1) § 4 a eingef. mWv 1. 1. 2005 durch G v. 5. 7. 2004 (BGBl. I S. 1427).

(2) [1]Leistungen der betrieblichen Altersversorgung dürfen durch Anrechnung oder Berücksichtigung anderer Versorgungsbezüge, soweit sie auf eigenen Beiträgen des Versorgungsempfängers beruhen, nicht gekürzt werden. [2]Dies gilt nicht für Renten aus den gesetzlichen Rentenversicherungen, soweit sie auf Pflichtbeiträgen beruhen, sowie für sonstige Versorgungsbezüge, die mindestens zur Hälfte auf Beiträgen oder Zuschüssen des Arbeitgebers beruhen.

Dritter Abschnitt. Altersgrenze

§ 6[1)] Vorzeitige Altersleistung. [1]Einem Arbeitnehmer, der die Altersrente aus der gesetzlichen Rentenversicherung *vor Vollendung des 65. Lebensjahres*[2)] als Vollrente in Anspruch nimmt, sind auf sein Verlangen nach Erfüllung der Wartezeit und sonstiger Leistungsvoraussetzungen Leistungen der betrieblichen Altersversorgung zu gewähren. [2]Fällt die Altersrente aus der gesetzlichen Rentenversicherung wieder weg oder wird sie auf einen Teilbetrag beschränkt, so können auch die Leistungen der betrieblichen Altersversorgung eingestellt werden. [3]Der ausgeschiedene Arbeitnehmer ist verpflichtet, die Aufnahme oder Ausübung einer Beschäftigung oder Erwerbstätigkeit, die zu einem Wegfall oder zu einer Beschränkung der Altersrente aus der gesetzlichen Rentenversicherung führt, dem Arbeitgeber oder sonstigen Versorgungsträger unverzüglich anzuzeigen.

Vierter Abschnitt. Insolvenzsicherung

§ 7[3)] Umfang des Versicherungsschutzes. (1)[4)] [1]Versorgungsempfänger, deren Ansprüche aus einer unmittelbaren Versorgungszusage des Arbeitgebers nicht erfüllt werden, weil über das Vermögen des Arbeitgebers oder über seinen Nachlaß das Insolvenzverfahren eröffnet worden ist, und ihre Hinterbliebenen haben gegen den Träger der Insolvenzsicherung einen Anspruch in Höhe der Leistung, die der Arbeitgeber aufgrund der Versorgungszusage zu erbringen hätte, wenn das Insolvenzverfahren nicht eröffnet worden wäre. [2]Satz 1 gilt entsprechend,

1. wenn Leistungen aus einer Direktversicherung aufgrund der in § 1b Abs. 2 Satz 3 genannten Tatbestände nicht gezahlt werden und der Arbeitgeber seiner Verpflichtung nach § 1b Abs. 2 Satz 3 wegen der Eröffnung des Insolvenzverfahrens nicht nachkommt,
2. wenn eine Unterstützungskasse oder ein Pensionsfonds die nach ihrer Versorgungsregelung vorgesehene Versorgung nicht erbringt, weil über das Vermögen oder den Nachlass eines Arbeitgebers, der der Unterstützungs-

---

[1)] § 6 neugef. mWv 1. 1. 1992 durch G v. 18. 12. 1989 (BGBl. I S. 2261), Satz 1 geänd. mWv 1. 1. 1999 durch G v. 16. 12. 1997 (BGBl. I S. 2998).

[2)] § 6 Satz 1 kursiver Satzteil aufgeh. mWv 1. 1. 2008 durch G v. 20. 4. 2007 (BGBl. I S. 554).

[3)] § 7 neugef. mWv 1. 1. 1999 durch G v. 16. 12. 1997 (BGBl. I S. 2998).

[4)] § 7 Abs. 1 Satz 2 neugef. mWv 1. 1. 2002 durch G v. 26. 6. 2001 (BGBl. I S. 1310), Satz 6 geänd. mWv 1. 1. 2008 durch G v. 23. 11. 2007 (BGBl. I S. 2631).

kasse oder dem Pensionsfonds Zuwendungen leistet (Trägerunternehmen), das Insolvenzverfahren eröffnet worden ist.

[3] § 14 des Versicherungsvertragsgesetzes findet entsprechende Anwendung. [4] Der Eröffnung des Insolvenzverfahrens stehen bei der Anwendung der Sätze 1 bis 3 gleich

1. die Abweisung des Antrags auf Eröffnung des Insolvenzverfahrens mangels Masse,
2. der außergerichtliche Vergleich (Stundungs-, Quoten- oder Liquidationsvergleich) des Arbeitgebers mit seinen Gläubigern zur Abwendung eines Insolvenzverfahrens, wenn ihm der Träger der Insolvenzsicherung zustimmt,
3. die vollständige Beendigung der Betriebstätigkeit im Geltungsbereich dieses Gesetzes, wenn ein Antrag auf Eröffnung des Insolvenzverfahrens nicht gestellt worden ist und ein Insolvenzverfahren offensichtlich mangels Masse nicht in Betracht kommt.

(1 a) [1] Der Anspruch gegen den Träger der Insolvenzsicherung entsteht mit dem Beginn des Kalendermonats, der auf den Eintritt des Sicherungsfalles folgt. [2] Der Anspruch endet mit Ablauf des Sterbemonats des Begünstigten, soweit in der Versorgungszusage des Arbeitgebers nicht etwas anderes bestimmt ist. [3] In den Fällen des Absatzes 1 Satz 1 und 4 Nr. 1 und 3 umfaßt der Anspruch auch rückständige Versorgungsleistungen, soweit diese bis zu zwölf Monaten[1)] vor Entstehen der Leistungspflicht des Trägers der Insolvenzsicherung entstanden sind.

(2)[2)] [1] Personen, die bei Eröffnung des Insolvenzverfahrens oder bei Eintritt der nach Absatz 1 Satz 4 gleichstehenden Voraussetzungen (Sicherungsfall) eine nach § 1 b unverfallbare Versorgungsanwartschaft haben, und ihre Hinterbliebenen haben bei Eintritt des Versorgungsfalls einen Anspruch gegen den Träger der Insolvenzsicherung, wenn die Anwartschaft beruht

1. auf einer unmittelbaren Versorgungszusage des Arbeitgebers oder
2. auf einer Direktversicherung und der Arbeitnehmer hinsichtlich der Leistungen des Versicherers widerruflich bezugsberechtigt ist oder die Leistungen aufgrund der in § 1 b Abs. 2 Satz 3 genannten Tatbestände nicht gezahlt werden und der Arbeitgeber seiner Verpflichtung aus § 1 b Abs. 2 Satz 3 wegen der Eröffnung des Insolvenzverfahrens nicht nachkommt.

[2] Satz 1 gilt entsprechend für Personen, die zum Kreis der Begünstigten einer Unterstützungskasse oder eines Pensionsfonds gehören, wenn der Sicherungsfall bei einem Trägerunternehmen eingetreten ist. [3] Die Höhe des Anspruchs richtet sich nach der Höhe der Leistungen gemäß § 2 Abs. 1, 2 Satz 2 und Abs. 5, bei Unterstützungskassen nach dem Teil der nach der Versorgungsregelung vorgesehenen Versorgung, der dem Verhältnis der Dauer der Betriebszugehörigkeit zu der Zeit vom Beginn der Betriebszugehörigkeit bis zum Erreichen der in der Versorgungsregelung vorgesehenen festen Altersgrenze entspricht, es sei denn, § 2 Abs. 5 a ist anwendbar. [4] Für die Berechnung der

[1)] Von sechs auf zwölf Monate verlängert mWv 1. 1. 2009 durch G v. 21. 12. 2008 (BGBl. I S. 2940).

[2)] § 7 Abs. 2 neugef. mWv 1. 1. 2002 durch G v. 26. 6. 2001 (BGBl. I S. 1310).

Höhe des Anspruchs nach Satz 3 wird die Betriebszugehörigkeit bis zum Eintritt des Sicherungsfalles berücksichtigt. [5]Bei Pensionsfonds mit Leistungszusagen gelten für die Höhe des Anspruchs die Bestimmungen für unmittelbare Versorgungszusagen entsprechend, bei Beitragszusagen mit Mindestleistung gilt für die Höhe des Anspruchs § 2 Abs. 5 b.

(3)[1)] [1]Ein Anspruch auflaufende Leistungen gegen den Träger der Insolvenzsicherung beträgt im Monat höchstens das Dreifache der im Zeitpunkt der ersten Fälligkeit maßgebenden monatlichen Bezugsgröße gemäß § 18 des Vierten Buches Sozialgesetzbuch. [2]Satz 1 gilt entsprechend bei einem Anspruch auf Kapitalleistungen mit der Maßgabe, daß zehn vom Hundert der Leistung als Jahresbetrag einer laufenden Leistung anzusetzen sind.

(4) [1]Ein Anspruch auf Leistungen gegen den Träger der Insolvenzsicherung vermindert sich in dem Umfang, in dem der Arbeitgeber oder sonstige Träger der Versorgung die Leistungen der betrieblichen Altersversorgung erbringt. [2]Wird im Insolvenzverfahren ein Insolvenzplan bestätigt, vermindert sich der Anspruch auf Leistungen gegen den Träger der Insolvenzsicherung insoweit, als nach dem Insolvenzplan der Arbeitgeber oder sonstige Träger der Versorgung einen Teil der Leistungen selbst zu erbrin-gen hat. [3]Sieht der Insolvenzplan vor, daß der Arbeitgeber oder sonstige Träger der Versorgung die Leistungen der betrieblichen Altersversorgung von einem bestimmten Zeitpunkt an selbst zu erbringen hat, entfällt der Anspruch auf Leistungen gegen den Träger der Insolvenzsicherung von diesem Zeitpunkt an. [4]Die Sätze 2 und 3 sind für den außergerichtlichen Vergleich nach Absatz 1 Satz 4 Nr. 2 entsprechend anzuwenden. [5]Im Insolvenzplan soll vorgesehen werden, daß bei einer nachhaltigen Besserung der wirtschaftlichen Lage des Arbeitgebers die vom Träger der Insolvenzsicherung zu erbringenden Leistungen ganz oder zum Teil vom Arbeitgeber oder sonstigen Träger der Versorgung wieder übernommen werden.

(5) [1]Ein Anspruch gegen den Träger der Insolvenzsicherung besteht nicht, soweit nach den Umständen des Falles die Annahme gerechtfertigt ist, daß es der alleinige oder überwiegende Zweck der Versorgungszusage oder ihre Verbesserung oder der für die Direktversicherung in § 1 b Abs. 2 Satz 3[2)] genannten Tatbestände gewesen ist, den Träger der Insolvenzsicherung in Anspruch zu nehmen. [2]Diese Annahme ist insbesondere dann gerechtfertigt, wenn bei Erteilung oder Verbesserung der Versorgungszusage wegen der wirtschaftlichen Lage des Arbeitgebers zu erwarten war, daß die Zusage nicht erfüllt werde.

[Fassung bis 31. 12. 2004]

[3]Verbesserungen der Versorgungszusagen werden bei der Bemessung

[Fassung ab 1. 1. 2005][3)]

[3]Ein Anspruch auf Leistungen gegen den Träger der Insolvenzsicherung

---

[1)] § 7 Abs. 3 Zitat geänd. mWv 1. 1. 2001, bish. Satz 4 angef. mWv 1. 1. 2002 durch G v. 26. 6. 2001 (BGBl. I S. 1310) und bish. Sätze 3 und 4 aufgeh. mWv 1. 7. 2002 durch G v. 21. 6. 2002 (BGBl. I S. 2167).

[2)] § 7 Abs. 5 Satz 1 Zitat geänd. mWv 1. 1. 2001 durch G v. 26. 6. 2001 (BGBl. I S. 1310), Satz 3 Halbsatz 2 angef. mWv 1. 7. 2002 durch G v. 21. 6. 2002 (BGBl. I S. 2167).

[3)] § 7 Abs. 5 Satz 3 neugef. mWv 1. 1. 2005 durch G v. 5. 7. 2004 (BGBl. I S. 1427).

[Fassung bis 31. 12. 2004]

der Leistungen des Trägers der Insolvenzsicherung nicht berücksichtigt, soweit sie in den beiden letzten Jahren vor dem Eintritt des Sicherungsfalls vereinbart worden sind; dies gilt nicht für ab 1. Januar 2002 gegebene Zusagen, soweit bei Entgeltumwandlung Beträge von bis zu 4 vom Hundert der Beitragsbemessungsgrenze in der Rentenversicherung der Arbeiter und Angestellten für eine betriebliche Altersversorgung verwendet werden.

[Fassung ab 1. 1. 2005]

besteht bei Zusagen und Verbesserungen von Zusagen, die in den beiden letzten Jahren vor dem Eintritt des Sicherungsfalls erfolgt sind, nur

1. für ab dem 1. Januar 2002 gegebene Zusagen, soweit bei Entgeltumwandlung Beträge von bis zu 4 vom Hundert der Beitragsbemessungsgrenze in der allgemeinen Rentenversicherung[1] für eine betriebliche Altersversorgung verwendet werden oder
2. für im Rahmen von Übertragungen gegebene Zusagen, soweit der Übertragungswert die Beitragsbemessungsgrenze in der allgemeinen Rentenversicherung[1] nicht übersteigt.

(6) Ist der Sicherungsfall durch kriegerische Ereignisse, innere Unruhen, Naturkatastrophen oder Kernenergie verursacht worden, kann der Träger der Insolvenzsicherung mit Zustimmung der Bundesanstalt für Finanzdienstleistungsaufsicht[2] die Leistungen nach billigem Ermessen abweichend von den Absätzen 1 bis 5 festsetzen.

§ 8 Übertragung der Leistungspflicht und Abfindung. (1) Ein Anspruch gegen den Träger der Insolvenzsicherung auf Leistungen nach § 7 besteht nicht, wenn eine Pensionskasse oder ein Unternehmen der Lebensversicherung sich dem Träger der Insolvenzsicherung gegenüber verpflichtet, diese Leistungen zu erbringen, und die nach § 7 Berechtigten ein unmittelbares Recht erwerben, die Leistungen zu fordern.

(1 a)[3] [1]Der Träger der Insolvenzsicherung hat die gegen ihn gerichteten Ansprüche auf den Pensionsfonds, dessen Trägerunternehmen die Eintrittspflicht nach § 7 ausgelöst hat, im Sinne von Absatz 1 zu übertragen, wenn die Bundesanstalt für Finanzdienstleistungsaufsicht[4] hierzu die Genehmigung erteilt. [2]Die Genehmigung kann nur erteilt werden, wenn durch Auflagen der Bundesanstalt für Finanzdienstleistungsaufsicht[4] die dauernde Erfüllbarkeit der Leistungen aus dem Pensionsplan sichergestellt werden kann. [3]Die Genehmigung der Bundesanstalt für Finanzdienstleistungsaufsicht[4] kann der Pensionsfonds nur innerhalb *eines Monats* [***ab 1. 1. 2005:*** von drei Monaten][5] nach Eintritt des Sicherungsfalles beantragen.

---

[1] Bezeichnung geänd. durch G v. 9. 12. 2004 (BGBl. I S. 3242).
[2] Bezeichnung geänd. durch G v. 5. 7. 2004 (BGBl. I S. 1427).
[3] § 8 Abs. 1 a eingef. mWv 1. 1. 2002 durch G v. 26. 6. 2001 (BGBl. I S. 1310).
[4] Bezeichnung geänd. durch G v. 29. 8. 2005 (BGBl. I S. 2546).
[5] Frist verlängert durch G v. 5. 7. 2004 (BGBl. I S. 1427).

[Fassung bis 31. 12. 2004][1)]

(2) [1]Eine Abfindung von Anwartschaften ist ohne Zustimmung des Arbeitnehmers möglich, wenn die Voraussetzungen nach § 3 Abs. 1 Satz 2 oder 3 erfüllt sind. [2]Die Abfindung ist über die nach § 3 Abs. 1 bestimmten Beträge hinaus möglich, wenn sie an ein Unternehmen der Lebensversicherungswirtschaft oder Pensionskassen gezahlt wird, bei dem der Versorgungsberechtigte im Rahmen eines Versicherungsvertrages nach § 1 b Abs. 2 oder 3[1)] versichert ist. [3]§ 2 Abs. 2 Satz 4 bis 6 und § 3 Abs. 2 gelten entsprechend.

[Fassung ab 1. 1. 2005][2)]

(2) [1]Der Träger der Insolvenzsicherung kann eine Anwartschaft ohne Zustimmung des Arbeitnehmers abfinden, wenn der Monatsbetrag der aus der Anwartschaft resultierenden laufenden Leistung bei Erreichen der vorgesehenen Altersgrenze eins vom Hundert, bei Kapitalleistungen zwölf Zehntel der monatlichen Bezugsgröße nach § 18 des Vierten Buches Sozialgesetzbuch nicht übersteigen würde oder wenn dem Arbeitnehmer die Beiträge zur gesetzlichen Rentenversicherung erstattet worden sind. [2]Dies gilt entsprechend für die Abfindung einer laufenden Leistung. [3]Die Abfindung ist darüber hinaus möglich, wenn sie an ein Unternehmen der Lebensversicherung gezahlt wird, bei dem der Versorgungsberechtigte im Rahmen einer Direktversicherung versichert ist. [4]§ 2 Abs. 2 Satz 4 bis 6 und § 3 Abs. 5 gelten entsprechend.

§ 9[3)] Mitteilungspflicht; Forderungs- und Vermögensübergang.

(1) [1]Der Träger der Insolvenzsicherung teilt dem Berechtigten die ihm nach § 7 oder § 8 zustehenden Ansprüche oder Anwartschaften schriftlich mit. [2]Unterbleibt die Mitteilung, so ist der Anspruch oder die Anwartschaft spätestens ein Jahr nach dem Sicherungsfall bei dem Träger der Insolvenzsicherung anzumelden; erfolgt die Anmeldung später, so beginnen die Leistungen frühestens mit dem Ersten des Monats der Anmeldung, es sei denn, daß der Berechtigte an der rechtzeitigen Anmeldung ohne sein Verschulden verhindert war.

(2) [1]Ansprüche oder Anwartschaften des Berechtigten gegen den Arbeitgeber auf Leistungen der betrieblichen Altersversorgung, die den Anspruch gegen den Träger der Insolvenzsicherung begründen, gehen im Falle eines Insolvenzverfahrens mit dessen Eröffnung, in den übrigen Sicherungsfällen dann auf den Träger der Insolvenzsicherung über, wenn dieser nach Absatz 1 Satz 1 dem Berechtigten die ihm zustehenden Ansprüche oder Anwartschaften mitteilt.

---

1) § 8 Abs. 2 neugef. mWv 1. 1. 1999 durch G v. 16. 12. 1997 (BGBl. I S. 2998), Satz 2 Zitat geänd. mWv 1. 1. 2001 durch G v. 26. 6. 2001 (BGBl. I S. 1310).

2) § 8 Abs. 2 neugef. durch G v. 5. 7. 2004 (BGBl. I S. 1427).

3) § 9 Abs. 2 Satz 1 und Abs. 3 Satz 4 geänd., Abs. 2 Satz 3 sowie Abs. 4 und 5 angef. mWv 1. 1. 1999 durch G v. 5. 10. 1994 (BGBl. I S. 2911), Abs. 3 Satz 4 Halbsatz 2 angef. mWv 1. 1. 1999 durch G v. 16. 12. 1997 (BGBl. I S. 2998).

[2] Der Übergang kann nicht zum Nachteil des Berechtigten geltend gemacht werden. [3] Die mit der Eröffnung des Insolvenzverfahrens übergegangenen Anwartschaften werden im Insolvenzverfahren als unbedingte Forderungen nach § 45 der Insolvenzordnung geltend gemacht.

(3) [1] Ist der Träger der Insolvenzsicherung zu Leistungen verpflichtet, die ohne den Eintritt des Sicherungsfalles eine Unterstützungskasse erbringen würde, geht deren Vermögen einschließlich der Verbindlichkeiten auf ihn über; die Haftung für die Verbindlichkeiten beschränkt sich auf das übergegangene Vermögen. [2] Wenn die übergegangenen Vermögenswerte den Barwert der Ansprüche und Anwartschaften gegen den Träger der Insolvenzsicherung übersteigen, hat dieser den übersteigenden Teil entsprechend der Satzung der Unterstützungskasse zu verwenden. [3] Bei einer Unterstützungskasse mit mehreren Trägerunternehmen hat der Träger der Insolvenzsicherung einen Anspruch gegen die Unterstützungskasse auf einen Betrag, der dem Teil des Vermögens der Kasse entspricht, der auf das Unternehmen entfällt, bei dem der Sicherungsfall eingetreten ist. [4] Die Sätze 1 bis 3 gelten nicht, wenn der Sicherungsfall auf den in § 7 Abs. 1 Satz 4 Nr. 2 genannten Gründen beruht, es sei denn, daß das Trägerunternehmen seine Betriebstätigkeit nach Eintritt des Sicherungsfalls nicht fortsetzt und aufgelöst wird (Liquidationsvergleich).

(3 a)[1)] Absatz 3 findet entsprechende Anwendung auf einen Pensionsfonds, wenn die Bundesanstalt für Finanzdienstleistungsaufsicht[2)] die Genehmigung für die Übertragung der Leistungspflicht durch den Träger der Insolvenzsicherung nach § 8 Abs. 1 a nicht erteilt.

(4) [1] In einem Insolvenzplan, der die Fortführung des Unternehmens oder eines Betriebes vorsieht, kann für den Träger der Insolvenzsicherung eine besondere Gruppe gebildet werden. [2] Sofern im Insolvenzplan nichts anderes vorgesehen ist, kann der Träger der Insolvenzsicherung, wenn innerhalb von drei Jahren nach der Aufhebung des Insolvenzverfahrens ein Antrag auf Eröffnung eines neuen Insolvenzverfahrens über das Vermögen des Arbeitgebers gestellt wird, in diesem Verfahren als Insolvenzgläubiger Erstattung der von ihm erbrachten Leistungen verlangen.

(5) Dem Träger der Insolvenzsicherung steht gegen den Beschluß, durch den das Insolvenzverfahren eröffnet wird, die sofortige Beschwerde zu.

§ 10[3)] Beitragspflicht und Beitragsbemessung. (1) Die Mittel für die Durchführung der Insolvenzsicherung werden auf Grund öffentlich-rechtlicher Verpflichtung durch Beiträge aller Arbeitgeber aufgebracht, die Leistungen der betrieblichen Altersversorgung unmittelbar zugesagt haben oder eine betriebliche Altersversorgung über eine Unterstützungskasse, eine Direktversicherung der in § 7 Abs. 1 Satz 2 und Absatz 2 Satz 1 Nr. 2 bezeichneten Art oder einen Pensionsfonds durchführen.

[1)] § 9 Abs. 3 a eingef. mWv 1. 1. 2002 durch G v. 26. 6. 2001 (BGBl. I S. 1310).

[2)] Bezeichnung geänd. durch G v. 29. 8. 2005 (BGBl. I S. 2546).

[3)] § 10 Abs. 3 Nr. 3 neugef. durch G v. 25. 2. 1992 (BGBl. I S. 297), Nr. 2 geänd. mWv 29. 7. 1994 durch G v. 21. 7. 1994 (BGBl. I S. 1630), Abs. 1 geänd. mWv 1. 1. 2002 durch G v. 26. 6. 2001 (BGBl. I S. 1310).

(2)[1] [1]Die Beiträge müssen den Barwert der im laufenden Kalenderjahr entstehenden Ansprüche auf Leistungen der Insolvenzsicherung decken zuzüglich eines Betrages für die aufgrund eingetretener Insolvenzen zu sichernden Anwartschaften, der sich aus dem Unterschied der Barwerte dieser Anwartschaften am Ende des Kalenderjahres und am Ende des Vorjahres bemisst. [2]Der Rechnungszinsfuß bei der Berechnung des Barwerts der Ansprüche auf Leistungen der Insolvenzsicherung bestimmt sich nach *§ 65* [***ab 1. 1. 2016:*** § 235 Nummer 4] des Versicherungsaufsichtsgesetzes; soweit keine Übertragung nach § 8 Abs. 1 stattfindet, ist der Rechnungszinsfuß bei der Berechnung des Barwerts der Anwartschaften um ein Drittel höher. [3]Darüber hinaus müssen die Beiträge die im gleichen Zeitraum entstehenden Verwaltungskosten und sonstigen Kosten, die mit der Gewährung der Leistungen zusammenhängen, und die Zuführung zu einem von der Bundesanstalt für Finanzdienstleistungsaufsicht festgesetzten Ausgleichsfonds decken; *§ 37* [***ab 1. 1. 2016:*** § 193] des Versicherungsaufsichtsgesetzes bleibt unberührt. [4]Auf die am Ende des Kalenderjahres fälligen Beiträge können Vorschüsse erhoben werden.

[Satz 5 und 6 idF bis 31. 12. 2015:]

[5]Sind die nach den Sätzen 1 bis 3 erforderlichen Beiträge höher als im vorangegangenen Kalenderjahr, so kann der Unterschiedsbetrag auf das laufende und die folgenden vier Kalenderjahre verteilt werden. [6]In Jahren, in denen sich außergewöhnlich hohe Beiträge ergeben würden, kann zu deren Ermäßigung der Ausgleichsfonds in einem von der Bundesanstalt für Finanzdienstleistungsaufsicht zu genehmigenden Umfang herangezogen werden.

[Satz 5 idF ab 1. 1. 2016:][2]

[5]In Jahren, in denen sich außergewöhnlich hohe Beiträge ergeben würden, kann zu deren Ermäßigung der Ausgleichsfonds in einem von der Bundesanstalt für Finanzdienstleistungsaufsicht zu genehmigenden Umfang herangezogen werden; außerdem können die nach den Sätzen 1 bis 3 erforderlichen Beiträge auf das laufende und die bis zu vier folgenden Kalenderjahre verteilt werden.

(3) Die nach Absatz 2 erforderlichen Beiträge werden auf die Arbeitgeber nach Maßgabe der nachfolgenden Beträge umgelegt, soweit sie sich auf die laufenden Versorgungsleistungen und die nach § 1b unverfallbaren Versorgungsanwartschaften beziehen (Beitragsbemessungsgrundlage); diese Beträge sind festzustellen auf den Schluß des Wirtschaftsjahres des Arbeitgebers, das im abgelaufenen Kalenderjahr geendet hat:

1. Bei Arbeitgebern, die Leistungen der betrieblichen Altersversorgung unmittelbar zugesagt haben, ist Beitragsbemessungsgrundlage der Teilwert der Pensionsverpflichtung (§ 6a Abs. 3 des Einkommensteuergesetzes).
2. [1]Bei Arbeitgebern, die eine betriebliche Altersversorgung über eine Direktversicherung mit widerruflichem Bezugsrecht durchführen, ist Beitragsbemessungsgrundlage das geschäftsplanmäßige Deckungskapital oder, soweit die Berechnung des Deckungskapitals nicht zum Geschäftsplan gehört, die Deckungsrückstellung. [2]Für Versicherungen, bei denen der Versicherungs-

---

[1] § 10 Abs. 2 neu gef. mWv 12. 12. 2006 durch G v. 2. 12. 2006 (BGBl. I S. 2742); Abs. 2 Satz 2 und 3 Verweis geänd. mWv 1. 1. 2016 durch G v. 1. 4. 2015 (BGBl. I S. 434).

[2] § 10 Abs. 2 Satz 5 neu gef., Satz 6 aufgeh. mWv 1. 1. 2016 durch G v. 1. 4. 2015 (BGBl. I S. 434).

fall bereits eingetreten ist, und für Versicherungsanwartschaften, für die ein unwiderrufliches Bezugsrecht eingeräumt ist, ist das Deckungskapital oder die Deckungsrückstellung nur insoweit zu berücksichtigen, als die Versicherungen abgetreten oder beliehen sind.

3. Bei Arbeitgebern, die eine betriebliche Altersversorgung über eine Unterstützungskasse durchführen, ist Beitragsbemessungsgrundlage das Deckungskapital für die laufenden Leistungen (§ 4 d Abs. 1 Nr. 1 Buchstabe a des Einkommensteuergesetzes) zuzüglich des Zwanzigfachen der nach § 4 d Abs. 1 Nr. 1 Buchstabe b Satz 1 des Einkommensteuergesetzes errechneten jährlichen Zuwendungen für Leistungsanwärter im Sinne von § 4 d Abs. 1 Nr. 1 Buchstabe b Satz 2 des Einkommensteuergesetzes.

4.[1] Bei Arbeitgebern, soweit sie betriebliche Altersversorgung über einen Pensionsfonds durchführen, ist Beitragsbemessungsgrundlage 20 vom Hundert des entsprechend Nummer 1 ermittelten Betrages.

(4) [1] Aus den Beitragsbescheiden des Trägers der Insolvenzsicherung findet die Zwangsvollstreckung in entsprechender Anwendung der Vorschriften der Zivilprozeßordnung statt. [2] Die vollstreckbare Ausfertigung erteilt der Träger der Insolvenzsicherung.

§ 10 a[2] Säumniszuschläge; Zinsen; Verjährung. (1) Für Beiträge, die wegen Verstoßes des Arbeitgebers gegen die Meldepflicht erst nach Fälligkeit erhoben werden, kann der Träger der Insolvenzsicherung für jeden angefangenen Monat vom Zeitpunkt der Fälligkeit an einen Säumniszuschlag in Höhe von bis zu eins vom Hundert der nacherhobenen Beiträge erheben.

(2) [1] Für festgesetzte Beiträge und Vorschüsse, die der Arbeitgeber nach Fälligkeit zahlt, erhebt der Träger der Insolvenzsicherung für jeden Monat Verzugszinsen in Höhe von 0,5 vom Hundert der rückständigen Beiträge. [2] Angefangene Monate bleiben außer Ansatz.

(3) [1] Vom Träger der Insolvenzsicherung zu erstattende Beiträge werden vom Tage der Fälligkeit oder bei Feststellung des Erstattungsanspruchs durch gerichtliche Entscheidung vom Tage der Rechtshängigkeit an für jeden Monat mit 0,5 vom Hundert verzinst. [2] Angefangene Monate bleiben außer Ansatz.

(4) [1] Ansprüche auf Zahlung der Beiträge zur Insolvenzsicherung gemäß § 10 sowie Erstattungsansprüche nach Zahlung nicht geschuldeter Beiträge zur Insolvenzsicherung verjähren in sechs Jahren. [2] Die Verjährungsfrist beginnt mit Ablauf des Kalenderjahres, in dem die Beitragspflicht entstanden oder der Erstattungsanspruch fällig geworden ist. [3] Auf die Verjährung sind die Vorschriften des Bürgerlichen Gesetzbuchs anzuwenden.

§ 11 Melde-, Auskunfts- und Mitteilungspflichten. (1)[3] [1] Der Arbeitgeber hat dem Träger der Insolvenzsicherung eine betriebliche Altersversor-

---

[1] § 10 Abs. 3 Nr. 4 angef. mWv 1. 1. 2002 durch G v. 26. 6. 2001 (BGBl. I S. 1310), Nr. 4 neugef. mWv 1. 1. 2002 durch G v. 24. 7. 2003 (BGBl. I S. 1526).

[2] § 10 a eingef. mWv 1. 1. 1999 durch G v. 16. 12. 1997 (BGBl. I S. 2998).

[3] § 11 Abs. 1 Satz 1 geänd. mWv 1. 1. 1999 durch G v. 16. 12. 1997 (BGBl. I S. 2998), Satz 2 geänd. mWv 1. 1. 1999 durch G v. 5. 10. 1994 (BGBl. I S. 2911), Abs. 1 Satz 1 geänd. mWv 1. 1. 2002 durch G v. 26. 6. 2001 (BGBl. I S. 1310).

gung nach § 1 b Abs. 1 bis 4[1] für seine Arbeitnehmer innerhalb von 3 Monaten nach Erteilung der unmittelbaren Versorgungszusage, dem Abschluß einer Direktversicherung oder der Errichtung einer Unterstützungskasse oder eines Pensionsfonds mitzuteilen. [2]Der Arbeitgeber, der sonstige Träger der Versorgung, der Insolvenzverwalter und die nach § 7 Berechtigten sind verpflichtet, dem Träger der Insolvenzsicherung alle Auskünfte zu erteilen, die zur Durchführung der Vorschriften dieses Abschnittes erforderlich sind, sowie Unterlagen vorzulegen, aus denen die erforderlichen Angaben ersichtlich sind.

(2)[2] [1]Ein beitragspflichtiger Arbeitgeber hat dem Träger der Insolvenzsicherung spätestens bis zum 30. September eines jeden Kalenderjahres die Höhe des nach § 10 Abs. 3 für die Bemessung des Beitrages maßgebenden Betrages bei unmittelbaren Versorgungszusagen und Pensionsfonds auf Grund eines versicherungsmathematischen Gutachtens, bei Direktversicherungen auf Grund einer Bescheinigung des Versicherers und bei Unter-stützungskassen auf Grund einer nachprüfbaren Berechnung mitzuteilen. [2]Der Arbeitgeber hat die in Satz 1 bezeichneten Unterlagen mindestens 6 Jahre aufzubewahren.

(3)[3] [1]Der Insolvenzverwalter hat dem Träger der Insolvenzsicherung die Eröffnung des Insolvenzverfahrens, Namen und Anschriften der Versorgungsempfänger und die Höhe ihrer Versorgung nach § 7 unverzüglich mitzuteilen. [2]Er hat zugleich Namen und Anschriften der Personen, die bei Eröffnung des Insolvenzverfahrens eine nach § 1 unverfallbare Versorgungsanwartschaft haben, sowie die Höhe ihrer Anwartschaft nach § 7 mitzuteilen.

(4)[3] Der Arbeitgeber, der sonstige Träger der Versorgung und die nach § 7 Berechtigten sind verpflichtet, dem Insolvenzverwalter Auskünfte über alle Tatsachen zu erteilen, auf die sich die Mitteilungspflicht nach Absatz 3 bezieht.

(5)[3] In den Fällen, in denen ein Insolvenzverfahren nicht eröffnet wird (§ 7 Abs. 1 Satz 4) oder nach § 207 der Insolvenzordnung eingestellt worden ist, sind die Pflichten des Insolvenzverwalters nach Absatz 3 vom Arbeitgeber oder dem sonstigen Träger der Versorgung zu erfüllen.

(6) Kammern und andere Zusammenschlüsse von Unternehmern oder anderen selbständigen Berufstätigen, die als Körperschaften des öffentlichen Rechts errichtet sind, ferner Verbände und andere Zusammenschlüsse, denen Unternehmer oder andere selbständige Berufstätige kraft Gesetzes angehören oder anzugehören haben, haben den Träger der Insolvenzsicherung bei der Ermittlung der nach § 10 beitragspflichtigen Arbeitgeber zu unterstützen.

(7) Die nach den Absätzen 1 bis 3 und 5 zu Mitteilungen und Auskünften und die nach Absatz 6 zur Unterstützung Verpflichteten haben die vom Träger der Insolvenzsicherung vorgesehenen Vordrucke zu verwenden.

(8) [1]Zur Sicherung der vollständigen Erfassung der nach § 10 beitragspflichtigen Arbeitgeber können die Finanzämter dem Träger der Insolvenzsicherung mitteilen, welche Arbeitgeber für die Beitragspflicht in Betracht

---

[1] § 11 Abs. 1 Satz 1 Zitat geänd. durch G v. 26. 6. 2001 (BGBl. I S. 1310).

[2] § 11 Abs. 2 Satz 1 geänd. mWv 1. 1. 2002 durch G v. 26. 6. 2001 (BGBl. I S. 1310).

[3] § 11 Abs. 3 und 4 geänd., Abs. 5 angef. mWv 1. 1. 1999 durch G v. 5. 10. 1994 (BGBl. I S. 2911).

kommen. [2]Die Bundesregierung wird ermächtigt, durch Rechtsverordnung mit Zustimmung des Bundesrates das Nähere zu bestimmen und Einzelheiten des Verfahrens zu regeln.

§ 12 Ordnungswidrigkeiten. (1) Ordnungswidrig handelt, wer vorsätzlich oder fahrlässig

1. entgegen § 11 Abs. 1 Satz 1, Abs. 2 Satz 1, Abs. 3 oder Abs. 5 eine Mitteilung nicht, nicht richtig, nicht vollständig oder nicht rechtzeitig vornimmt,
2. entgegen § 11 Abs. 1 Satz 2 oder Abs. 4 eine Auskunft nicht, nicht richtig, nicht vollständig oder nicht rechtzeitig erteilt oder
3. entgegen § 11 Abs. 1 Satz 2 Unterlagen nicht, nicht richtig, nicht vollständig oder nicht rechtzeitig vorlegt oder entgegen § 11 Abs. 2 Satz 2 Unterlagen nicht aufbewahrt.

(2) Die Ordnungswidrigkeit kann mit einer Geldbuße bis zu zweitausendfünfhundert Euro[1)] geahndet werden.

(3) Verwaltungsbehörde im Sinne des § 36 Abs. 1 Nr. 1 des Gesetzes über Ordnungswidrigkeiten ist die Bundesanstalt für Finanzdienstleistungsaufsicht[2)].

§ 13.[3)] *(aufgehoben)*

§ 14 Träger der Insolvenzsicherung. (1)[4)] [1]Träger der Insolvenzsicherung ist der Pensions-Sicherungs-Verein Versicherungsverein auf Gegenseitigkeit. [2]Er ist zugleich Träger der Insolvenzsicherung von Versorgungszusagen Luxemburger Unternehmen nach Maßgabe des Abkommens vom 22. September 2000 zwischen der Bundesrepublik Deutschland und dem Großherzogtum Luxemburg über Zusammenarbeit im Bereich der Insolvenzsicherung betrieblicher Altersversorgung. [3]*Er unterliegt der Aufsicht durch die Bundesanstalt für Finanzdienstleistungsaufsicht*[2)]. [4]*Die Vorschriften des Versicherungsaufsichtsgesetzes gelten, soweit dieses Gesetz nichts anderes bestimmt.*

[***ab 1. 1. 2016:***

(2)[5)] [1]Der Pensions-Sicherungs-Verein Versicherungsverein auf Gegenseitigkeit unterliegt der Aufsicht durch die Bundesanstalt für Finanzdienstleistungsaufsicht. [2]Soweit dieses Gesetz nichts anderes bestimmt, gelten für ihn die Vorschriften für kleine Versicherungsunternehmen nach den §§ 212 bis 216 des Versichungsaufsichtsgesetzes und die auf Grund des § 217 des Versicherungsaufsichtsgesetzes erlassenen Rechtsverordnungen entsprechend. [3]Die folgenden Vorschriften gelten mit folgenden Maßgaben:

1. § 212 Absatz 2 Nummer 1 des Versicherungsaufsichtsgesetzes gilt mit der Maßgabe, dass § 30 des Versicherungsaufsichtsgesetzes Anwendung findet;

---

1) Betrag geänd. durch G v. 21. 12. 2000 (BGBl. I S. 1983).

2) Bezeichnung geänd. durch G v. 5. 7. 2004 (BGBl. I S. 1427).

3) § 13 aufgeh. durch G v. 16. 12. 1997 (BGBl. I S. 2998).

4) § 14 Abs. 1 neu gef. durch G v. 10. 12. 2001 (BGBl. II S. 1258); Abs. 1 Sätze 3 und 4 aufgeh. **mWv 1. 1. 2016** durch G v. 1. 4. 2015 (BGBl. I S. 434).

5) § 14 Abs. 2 eingef., bish. Abs. 2 und 3 werden Abs. 3 und 4 **mWv 1. 1. 2016** durch G v. 1. 4. 2015 (BGBl. I S. 434).

2. § 212 Absatz 3 Nummer 6 des Versicherungsaufsichtsgesetzes gilt ohne Maßgabe; § 212 Absatz 3 Nummer 7, 10 und 12 des Versicherungsaufsichtsgesetzes gilt mit der Maßgabe, dass die dort genannten Vorschriften auch auf die interne Revision Anwendung finden; § 212 Absatz 3 Nummer 13 des Versicherungsaufsichtsgesetzes gilt mit der Maßgabe, dass die Bundesanstalt für Finanzdienstleistungsaufsicht bei Vorliegen der gesetzlichen Tatbestandsmerkmale die Erlaubnis zum Geschäftsbetrieb widerrufen kann;
3. § 214 Absatz 1 des Versicherungsaufsichtsgesetzes gilt mit der Maßgabe, dass grundsätzlich die Hälfte des Ausgleichsfonds den Eigenmitteln zugerechnet werden kann. [2] Auf Antrag des Pensions-Sicherungs-Vereins Versicherungsverein auf Gegenseitigkeit kann die Bundesanstalt für Finanzdienstleistungsaufsicht im Fall einer Inanspruchnahme des Ausgleichsfonds nach § 10 Absatz 2 Satz 5 festsetzen, dass der Ausgleichsfonds vorübergehend zu einem hierüber hinausgehenden Anteil den Eigenmitteln zugerechnet werden kann; § 214 Absatz 1 Satz 2 des Versicherungsaufsichtsgesetzes findet keine Anwendung;
4. der Umfang des Sicherungsvermögens muss mindestens der Summe aus den Bilanzwerten der in § 125 Absatz 2 des Versicherungsaufsichtsgesetzes genannten Beträge und dem nicht den Eigenmitteln zuzurechnenden Teil des Ausgleichsfonds entsprechen;
5. § 134 Absatz 3 Satz 2 des Versicherungsaufsichtsgesetzes gilt mit der Maßgabe, dass die Aufsichtsbehörde die Frist für Maßnahmen des Pensions-Sicherungs-Vereins Versicherungsverein auf Gegenseitigkeit um einen angemessenen Zeitraum verlängern kann; § 134 Absatz 6 Satz 1 des Versicherungsaufsichtsgesetzes ist entsprechend anzuwenden;
6. § 135 Absatz 2 Satz 2 des Versicherungsaufsichtsgesetzes gilt mit der Maßgabe, dass die Aufsichtsbehörde die genannte Frist um einen angemessenen Zeitraum verlängern kann.]

(3) [1] Der Bundesminister für Arbeit und Sozialordnung weist durch Rechtsverordnung mit Zustimmung des Bundesrates die Stellung des Trägers der Insolvenzsicherung der Kreditanstalt für Wiederaufbau[1)] zu, bei der ein Fonds zur Insolvenzsicherung der betrieblichen Altersversorgung gebildet wird, wenn

1. bis zum 31. Dezember 1974 nicht nachgewiesen worden ist, daß der in Absatz 1 genannte Träger die Erlaubnis der Aufsichtsbehörde zum Geschäftsbetrieb erhalten hat,
2. der in Absatz 1 genannte Träger aufgelöst worden ist oder
3. die Aufsichtsbehörde den Geschäftsbetrieb des in Absatz 1 genannten Trägers untersagt oder die Erlaubnis zum Geschäftsbetrieb widerruft.

[2] In den Fällen der Nummern 2 und 3 geht das Vermögen des in Absatz 1 genannten Trägers einschließlich der Verbindlichkeiten auf die Kreditanstalt für Wiederaufbau[1)] über, die es dem Fonds zur Insolvenzsicherung der betrieblichen Altersversorgung zuweist.

[1)] Geänd. durch G v. 15. 8. 2003 (BGBl. I S. 1657).

(4) 1 Wird die Insolvenzsicherung von der Kreditanstalt für Wiederaufbau[1)] durchgeführt, gelten die Vorschriften dieses Abschnittes mit folgenden Abweichungen:

1. In § 7 Abs. 6 entfällt die Zustimmung der Bundesanstalt für Finanzdienstleistungsaufsicht[2)].
2. 1 § 10 Abs. 2 findet keine Anwendung. 2 Die von der Kreditanstalt für Wiederaufbau[1)] zu erhebenden Beiträge müssen den Bedarf für die laufenden Leistungen der Insolvenzsicherung im laufenden Kalenderjahr und die im gleichen Zeitraum entstehenden Verwaltungskosten und sonstigen Kosten, die mit der Gewährung der Leistungen zusammenhängen, decken. 3 Bei einer Zuweisung nach Absatz 2 Nr. 1 beträgt der Beitrag für die ersten 3 Jahre mindestens 0,1 vom Hundert der Beitragsbemessungsgrundlage gemäß § 10 Abs. 3; der nicht benötigte Teil dieses Beitragsaufkommens wird einer Betriebsmittelreserve zugeführt. 4 Bei einer Zuweisung nach Absatz 2 Nr. 2 oder 3 wird in den ersten 3 Jahren zu dem Beitrag nach Nummer 2 Satz 2 ein Zuschlag von 0,08 vom Hundert der Beitragsbemessungsgrundlage gemäß § 10 Abs. 3 zur Bildung einer Betriebsmittelreserve erhoben. 5 Auf die Beiträge können Vorschüsse erhoben werden.
3. In § 12 Abs. 3 tritt an die Stelle der Bundesanstalt für Finanzdienstleistungsaufsicht[2)] die Kreditanstalt für Wiederaufbau[1)].

2 Die Kreditanstalt für Wiederaufbau[1)] verwaltet den Fonds im eigenen Namen. 3 Für Verbindlichkeiten des Fonds haftet sie nur mit dem Vermögen des Fonds. 4 Dieser haftet nicht für die sonstigen Verbindlichkeiten der Bank. 5 § 11 Abs. 1 Satz 1 des Gesetzes über die Kreditanstalt für Wiederaufbau in der Fassung der Bekanntmachung vom 23. Juni 1969 (BGBl. I S. 573), das zuletzt durch Artikel 14 des Gesetzes vom 21. Juni 2002 (BGBl. I S. 2010) geändert worden ist, ist in der jeweils geltenden Fassung auch für den Fonds anzuwenden.[3)]

§ 15 Verschwiegenheitspflicht. 1 Personen, die bei dem Träger der Insolvenzsicherung beschäftigt oder für ihn tätig sind, dürfen fremde Geheimnisse, insbesondere Betriebs- oder Geschäftsgeheimnisse, nicht unbefugt offenbaren oder verwerten. 2 Sie sind nach dem Gesetz über die förmliche Verpflichtung nichtbeamteter Personen vom 2. März 1974 (Bundesgesetzbl. I S. 469, 547) von der Bundesanstalt für Finanzdienstleistungsaufsicht[2)] auf die gewissenhafte Erfüllung ihrer Obliegenheiten zu verpflichten.

Fünfter Abschnitt. Anpassung

§ 16 Anpassungsprüfungspflicht. (1) Der Arbeitgeber hat alle drei Jahre eine Anpassung der laufenden Leistungen der betrieblichen Altersversorgung zu prüfen und hierüber nach billigem Ermessen zu entscheiden; dabei sind

---

1) Geänd. durch G v. 15. 8. 2003 (BGBl. I S. 1657).

2) Bezeichnung geänd. durch G v. 5. 7. 2004 (BGBl. I S. 1427).

3) § 14 Abs. 3 Satz 5 neugef. mWv 22. 8. 2003 durch G v. 15. 8. 2003 (BGBl. I S. 1657).

insbesondere die Belange des Versorgungsempfängers und die wirtschaftliche Lage des Arbeitgebers zu berücksichtigen.

(2)[1] Die Verpflichtung nach Absatz 1 gilt als erfüllt, wenn die Anpassung nicht geringer ist als der Anstieg

1.[2] des Verbraucherpreisindexes für Deutschland oder

2. der Nettolöhne vergleichbarer Arbeitnehmergruppen des Unternehmens

im Prüfungszeitraum.

(3)[3] Die Verpflichtung nach Absatz 1 entfällt, wenn

1. der Arbeitgeber sich verpflichtet, die laufenden Leistungen jährlich um wenigstens eins vom Hundert anzupassen,
2. die betriebliche Altersversorgung über eine Direktversicherung im Sinne des § 1b Abs. 2[4] oder über eine Pensionskasse im Sinne des § 1b Abs. 3[4] durchgeführt wird, ab Rentenbeginn sämtliche auf den Rentenbestand entfallende Überschußanteile zur Erhöhung der laufenden Leistungen verwendet werden und zur Berechnung der garantierten Leistung der nach *§ 65 Abs. 1 Nr. 1 Buchstabe a* [***ab 1. 1. 2016:*** § 235 Nummer 4][5] des Versicherungsaufsichtsgesetzes festgesetzte Höchstzinssatz zur Berechnung der Deckungsrückstellung nicht überschritten wird oder
3.[6] eine Beitragszusage mit Mindestleistung erteilt wurde; Absatz 5 findet insoweit keine Anwendung.

(4)[7] [1]Sind laufende Leistungen nach Absatz 1 nicht oder nicht in vollem Umfang anzupassen (zu Recht unterbliebene Anpassung), ist der Arbeitgeber nicht verpflichtet, die Anpassung zu einem späteren Zeitpunkt nachzuholen. [2]Eine Anpassung gilt als zu Recht unterblieben, wenn der Arbeitgeber dem Versorgungsempfänger die wirtschaftliche Lage des Unternehmens schriftlich dargelegt, der Versorgungsempfänger nicht binnen drei Kalendermonaten nach Zugang der Mitteilung schriftlich widersprochen hat und er auf die Rechtsfolgen eines nicht fristgemäßen Widerspruchs hingewiesen wurde.

(5)[4] Soweit betriebliche Altersversorgung durch Entgeltumwandlung finanziert wird, ist der Arbeitgeber verpflichtet, die Leistungen mindestens entsprechend Absatz 3 Nr. 1 anzupassen oder im Falle der Durchführung über eine Direktversicherung oder eine Pensionskasse sämtliche Überschussanteile entsprechend Absatz 3 Nr. 2 zu verwenden.

(Fortsetzung nächstes Blatt)

---

[1] § 16 Abs. 2 angef. mWv 1. 1. 1999 durch G v. 16. 12. 1997 (BGBl. I S. 2998).

[2] § 16 Abs. 2 Nr. 1 neugef. mWv 1. 1. 2003 durch G v. 3. 4. 2003 (BGBl. I S. 462).

[3] § 16 Abs. 3 angef. mWv 1. 1. 1999 durch G v. 16. 12. 1997 (BGBl. I S. 2998); zur Geltung von § 16 Abs. 3 Nr. 1 siehe § 30c Abs. 1.

[4] § 16 Abs. 3 Zitate geänd. sowie Abs. 5 und 6 angef. mWv 1. 1. 2001 durch G v. 26. 6. 2001 (BGBl. I S. 1310); zur Geltung von Abs. 5 siehe § 30c Abs. 3.

[5] Verweis geänd. mWv 1. 1. 2016 durch G v. 1. 4. 2015 (BGBl. I S. 434).

[6] § 16 Abs. 3 Nr. 3 angef. mWv 1. 1. 2002 durch G v. 26. 6. 2001 (BGBl. I S. 1310).

[7] § 16 Abs. 4 angef. mWv 1. 1. 1999 durch G v. 16. 12. 1997 (BGBl. I S. 2998); zur Geltung von § 16 Abs. 4 siehe § 30c Abs. 2.

(6)[1] [2] Eine Verpflichtung zur Anpassung besteht nicht für monatliche Raten im Rahmen eines Auszahlungsplans sowie für Renten ab Vollendung des 85. Lebensjahres im Anschluss an einen Auszahlungsplan.

Sechster Abschnitt. Geltungsbereich

§ 17 Persönlicher Geltungsbereich und Tariföffnungsklausel.

(1) [1] Arbeitnehmer im Sinne der §§ 1 bis 16 sind Arbeiter und Angestellte einschließlich der zu ihrer Berufsausbildung Beschäftigten; ein Berufsausbildungsverhältnis steht einem Arbeitsverhältnis gleich. [2] Die §§ 1 bis 16 gelten entsprechend für Personen, die nicht Arbeitnehmer sind, wenn ihnen Leistungen der Alters-, Invaliditäts- oder Hinterbliebenenversorgung aus Anlaß ihrer Tätigkeit für ein Unternehmen zugesagt worden sind. [3] Arbeitnehmer im Sinne von § 1 a Abs. 1 sind nur Personen nach den Sätzen 1 und 2, soweit sie aufgrund der Beschäftigung oder Tätigkeit bei dem Arbeitgeber, gegen den sich der Anspruch nach § 1 a richten würde, in der gesetzlichen Rentenversicherung pflichtversichert sind.[3]

(2)[4] Die §§ 7 bis 15 gelten nicht für den Bund, die Länder, die Gemeinden sowie die Körperschaften, Stiftungen und Anstalten des öffentlichen Rechts, bei denen das Insolvenzverfahren nicht zulässig ist, und solche juristische Personen des öffentlichen Rechts, bei denen der Bund, ein Land oder eine Gemeinde kraft Gesetzes die Zahlungsfähigkeit sichert.

(3) [1] Von den §§ 1 a, 2 bis 5, 16, 18 a Satz 1, §§ 27 und 28[5] kann in Tarifverträgen abgewichen werden. [2] Die abweichenden Bestimmungen haben zwischen nichttarifgebundenen Arbeitgebern und Arbeitnehmern Geltung, wenn zwischen diesen die Anwendung der einschlägigen tariflichen Regelung vereinbart ist. [3] Im übrigen kann von den Bestimmungen dieses Gesetzes nicht zuungunsten des Arbeitnehmers abgewichen werden.

(4) Gesetzliche Regelungen über Leistungen der betrieblichen Altersversorgung werden unbeschadet des § 18 durch die §§ 1 bis 16 und 26 bis 30 nicht berührt.

(5)[6] Soweit Entgeltansprüche auf einem Tarifvertrag beruhen, kann für diese eine Entgeltumwandlung nur vorgenommen werden, soweit dies durch Tarifvertrag vorgesehen oder durch Tarifvertrag zugelassen ist.

§ 18[7] Sonderregelungen für den öffentlichen Dienst. (1) Für Personen, die

---

[1] § 16 Abs. 3 Zitate geänd. sowie Abs. 5 und 6 angef. mWv 1. 1. 2001 durch G v. 26. 6. 2001 (BGBl. I S. 1310); zur Geltung von Abs. 5 siehe § 30 c Abs. 3.

[2] § 16 Abs. 6 neugef. durch G v. 21. 6. 2002 (BGBl. I S. 2167).

[3] § 17 Abs. 1 Satz 3 angef. mWv 1. 1. 2002 durch G v. 26. 6. 2001 (BGBl. I S. 1310).

[4] § 17 Abs. 2 geänd. mWv 1. 1. 1999 durch G v. 5. 10. 1994 (BGBl. I S. 2911).

[5] Verweis geänd. durch G v. 26. 11. 2001 (BGBl. I S. 3138).

[6] § 17 Abs. 5 angef. mWv 30. 6. 2001 durch G v. 26. 6. 2001 (BGBl. I S. 1310); zur Geltung siehe § 30 h.

[7] § 18 neugef. mWv 1. 1. 2001 – mit Ausnahme von Abs. 9, der ab 1. 1. 1999 gilt – durch G v. 21. 12. 2000 (BGBl. I S. 1914).

1. bei der Versorgungsanstalt des Bundes und der Länder (VBL) oder einer kommunalen oder kirchlichen Zusatzversorgungseinrichtung pflichtversichert sind, oder
2. bei einer anderen Zusatzversorgungseinrichtung pflichtversichert sind, die mit einer der Zusatzversorgungseinrichtungen nach Nummer 1 ein Überleitungsabkommen abgeschlossen hat oder aufgrund satzungsrechtlicher Vorschriften der Zusatzversorgungseinrichtungen nach Nummer 1 ein solches Abkommen abschließen kann, oder
3. unter das Gesetz über die zusätzliche Alters- und Hinterbliebenenversorgung für Angestellte und Arbeiter der Freien und Hansestadt Hamburg (Erstes Ruhegeldgesetz – 1. RGG), das Gesetz zur Neuregelung der zusätzlichen Alters- und Hinterbliebenenversorgung für Angestellte und Arbeiter der Freien und Hansestadt Hamburg (Zweites Ruhegeldgesetz – 2. RGG) oder unter das Bremische Ruhelohngesetz in ihren jeweiligen Fassungen fallen oder auf die diese Gesetze sonst Anwendung finden,

gelten die §§ 2, 5, 16, 27 und 28 nicht, soweit sich aus den nachfolgenden Regelungen nichts Abweichendes ergibt; § 4 gilt nicht, wenn die Anwartschaft oder die laufende Leistung ganz oder teilweise umlage- oder haushaltsfinanziert ist.[1)]

(2) Bei Eintritt des Versorgungsfalles erhalten die in Absatz 1 Nr. 1 und 2 bezeichneten Personen, deren Anwartschaft nach § 1 b[2)] fortbesteht und deren Arbeitsverhältnis vor Eintritt des Versorgungsfalles geendet hat, von der Zusatzversorgungseinrichtung eine Zusatzrente nach folgenden Maßgaben:

1. [1]Der monatliche Betrag der Zusatzrente beträgt für jedes Jahr der aufgrund des Arbeitsverhältnisses bestehenden Pflichtversicherung bei einer Zusatzversorgungseinrichtung 2,25 vom Hundert, höchstens jedoch 100 vom Hundert der Leistung, die bei dem höchstmöglichen Versorgungssatz zugestanden hätte (Voll-Leistung). [2]Für die Berechnung der Voll-Leistung
   a) ist der Versicherungsfall der Regelaltersrente maßgebend,
   b) ist das Arbeitsentgelt maßgebend, das nach der Versorgungsregelung für die Leistungsbemessung maßgebend wäre, wenn im Zeitpunkt des Ausscheidens der Versicherungsfall im Sinne der Versorgungsregelung eingetreten wäre,
   c) finden § 2 Abs. 5 Satz 1 und § 2 Abs. 6 entsprechend Anwendung,
   d) ist im Rahmen einer Gesamtversorgung der im Falle einer Teilzeitbeschäftigung oder Beurlaubung nach der Versorgungsregelung für die gesamte Dauer des Arbeitsverhältnisses maßgebliche Beschäftigungsquotient nach der Versorgungsregelung als Beschäftigungsquotient auch für die übrige Zeit maßgebend,
   e) finden die Vorschriften der Versorgungsregelung über eine Mindestleistung keine Anwendung und

---

[1)] § 18 Abs. 1 Satz 1 HS 2 angef. mWv 1. 1. 2005 durch G v. 5. 7. 2004 (BGBl. I S. 1427).

[2)] Verweis geänd. durch G v. 26. 11. 2001 (BGBl. I S. 3138).

f) ist eine anzurechnende Grundversorgung nach dem bei der Berechnung von Pensionsrückstellungen für die Berücksichtigung von Renten aus der gesetzlichen Rentenversicherung allgemein zulässigen Verfahren zu ermitteln. 2 Hierbei ist das Arbeitsentgelt nach Buchstabe b zugrunde zu legen und – soweit während der Pflichtversicherung Teilzeitbeschäftigung bestand – diese nach Maßgabe der Versorgungsregelung zu berücksichtigen.

2. Die Zusatzrente vermindert sich um 0,3 vom Hundert für jeden vollen Kalendermonat, den der Versorgungsfall vor Vollendung des 65. Lebensjahres eintritt, höchstens jedoch um den in der Versorgungsregelung für die Voll-Leistung vorgesehenen Vomhundertsatz.

3. Übersteigt die Summe der Vomhundertsätze nach Nummer 1 aus unterschiedlichen Arbeitsverhältnissen 100, sind die einzelnen Leistungen im gleichen Verhältnis zu kürzen.

4. Die Zusatzrente muss monatlich mindestens den Betrag erreichen, der sich aufgrund des Arbeitsverhältnisses nach der Versorgungsregelung als Versicherungsrente aus den jeweils maßgeblichen Vomhundertsätzen der zusatzversorgungspflichtigen Entgelte oder der gezahlten Beiträge und Erhöhungsbeträge ergibt.

5. 1 Die Vorschriften der Versorgungsregelung über das Erlöschen, das Ruhen und die Nichtleistung der Versorgungsrente gelten entsprechend. 2 Soweit die Versorgungsregelung eine Mindestleistung in Ruhensfällen vorsieht, gilt dies nur, wenn die Mindestleistung der Leistung im Sinne der Nummer 4 entspricht.

6. 1 Verstirbt die in Absatz 1 genannte Person, erhält eine Witwe oder ein Witwer 60 vom Hundert, eine Witwe oder ein Witwer im Sinne des § 46 Abs. 1 des Sechsten Buches Sozialgesetzbuch 42 vom Hundert, eine Halbwaise 12 vom Hundert und eine Vollwaise 20 vom Hundert der unter Berücksichtigung der in diesem Absatz genannten Maßgaben zu berechnenden Zusatzrente; die §§ 46, 48, 103 bis 105 des Sechsten Buches Sozialgesetzbuch sind entsprechend anzuwenden. 2 Die Leistungen an mehrere Hinterbliebene dürfen den Betrag der Zusatzrente nicht übersteigen; gegebenenfalls sind die Leistungen im gleichen Verhältnis zu kürzen.

7. Versorgungsfall ist der Versicherungsfall im Sinne der Versorgungsregelung.

(3) Personen, auf die bis zur Beendigung ihres Arbeitsverhältnisses die Regelungen des Ersten Ruhegeldgesetzes, des Zweiten Ruhegeldgesetzes oder des Bremischen Ruhelohngesetzes in ihren jeweiligen Fassungen Anwendung gefunden haben, haben Anspruch gegenüber ihrem ehemaligen Arbeitgeber auf Leistungen in sinngemäßer Anwendung des Absatzes 2 mit Ausnahme von Absatz 2 Nr. 3 und 4 sowie Nr. 5 Satz 2; bei Anwendung des Zweiten Ruhegeldgesetzes bestimmt sich der monatliche Betrag der Zusatzrente abweichend von Absatz 2 nach der nach dem Zweiten Ruhegeldgesetz maßgebenden Berechnungsweise.

(4) Die Leistungen nach den Absätzen 2 und 3 werden, mit Ausnahme der Leistungen nach Absatz 2 Nr. 4, jährlich zum 1. Juli um 1 vom Hundert erhöht, soweit in diesem Jahr eine allgemeine Erhöhung der Versorgungsrenten erfolgt.

(5) Besteht bei Eintritt des Versorgungsfalles neben dem Anspruch auf Zusatzrente oder auf die in Absatz 3 oder Absatz 7 bezeichneten Leistungen auch Anspruch auf eine Versorgungsrente oder Versicherungsrente der in Absatz 1 Satz 1 Nr. 1 und 2 bezeichneten Zusatzversorgungseinrichtungen oder Anspruch auf entsprechende Versorgungsleistungen der Versorgungsanstalt der deutschen Kulturorchester oder der Versorgungsanstalt der deutschen Bühnen oder nach den Regelungen des Ersten Ruhegeldgesetzes, des Zweiten Ruhegeldgesetzes oder des Bremischen Ruhelohngesetzes, in deren Berechnung auch die der Zusatzrente zugrunde liegenden Zeiten berücksichtigt sind, ist nur die im Zahlbetrag höhere Rente zu leisten.

(6) Eine Anwartschaft auf Zusatzrente nach Absatz 2 oder auf Leistungen nach Absatz 3 kann bei Übertritt der anwartschaftsberechtigten Person in ein Versorgungssystem einer überstaatlichen Einrichtung in das Versorgungssystem dieser Einrichtung übertragen werden, wenn ein entsprechendes Abkommen zwischen der Zusatzversorgungseinrichtung oder der Freien und Hansestadt Hamburg oder der Freien Hansestadt Bremen und der überstaatlichen Einrichtung besteht.

(7) [1] Für Personen, die bei der Versorgungsanstalt der deutschen Kulturorchester oder der Versorgungsanstalt der deutschen Bühnen pflichtversichert sind, gelten die §§ 2 bis 5, 16, 27 und 28 nicht. [2] Bei Eintritt des Versorgungsfalles treten an die Stelle der Zusatzrente und der Leistungen an Hinterbliebene nach Absatz 2 und an die Stelle der Regelung in Absatz 4 die satzungsgemäß vorgesehenen Leistungen; Absatz 2 Nr. 5 findet entsprechend Anwendung. [3] Die Höhe der Leistungen kann nach dem Ausscheiden aus dem Beschäftigungsverhältnis nicht mehr geändert werden. [4] Als pflichtversichert gelten auch die freiwillig Versicherten der Versorgungsanstalt der deutschen Kulturorchester und der Versorgungsanstalt der deutschen Bühnen.

(8) Gegen Entscheidungen der Zusatzversorgungseinrichtungen über Ansprüche nach diesem Gesetz ist der Rechtsweg gegeben, der für Versicherte der Einrichtung gilt.

(9)[1] Bei Personen, die aus einem Arbeitsverhältnis ausscheiden, in dem sie nach § 5 Abs. 1 Satz 1 Nr. 2 des Sechsten Buches Sozialgesetzbuch versicherungsfrei waren, dürfen die Ansprüche nach § 2 Abs. 1 Satz 1 und 2 nicht hinter dem Rentenanspruch zurückbleiben, der sich ergeben hätte, wenn der Arbeitnehmer für die Zeit der versicherungsfreien Beschäftigung in der gesetzlichen Rentenversicherung nachversichert worden wäre; die Vergleichsberechnung ist im Versorgungsfall aufgrund einer Auskunft der Deutschen Rentenversicherung Bund[2] vorzunehmen.

---

[1] In Kraft ab 1. 1. 1999 (Art. 2 des G v. 21. 12. 2000, BGBl. I S. 1914).

[2] Bezeichnung geänd. mWv 1. 10. 2005 durch G v. 9. 12. 2004 (BGBl. I S. 3242).

§ 18 a[1] Verjährung. [1]Der Anspruch auf Leistungen aus der betrieblichen Altersversorgung verjährt in 30 Jahren. [2]Ansprüche auf regelmäßig wiederkehrende Leistungen unterliegen der regelmäßigen Verjährungsfrist nach den Vorschriften des Bürgerlichen Gesetzbuchs.

Zweiter Teil. Steuerrechtliche Vorschriften

§§ 19 bis 24. *[betreffen Änderungen des EStG, KStG, GewStG, VStG, VersStG, UStG, die dort bereits berücksichtigt sind]*

§ 25 Aufhebung des Zuwendungsgesetzes. Das Gesetz über die Behandlung von Zuwendungen an betriebliche Pensionskassen und Unterstützungskassen bei den Steuern vom Einkommen und Ertrag vom 26. März 1952 (Bundesgesetzbl. I S. 206) wird hinsichtlich der Unterstützungskassen mit Wirkung für Wirtschaftsjahre, die nach dem 31. Dezember 1974 enden, im übrigen mit Wirkung für Wirtschaftsjahre, die nach dem 21. Dezember 1974 enden, aufgehoben.

Dritter Teil. Übergangs- und Schlußvorschriften

§ 26 [Ausschluß der Rückwirkung] Die §§ 1 bis 4 und 18 gelten nicht, wenn das Arbeitsverhältnis oder Dienstverhältnis vor dem Inkrafttreten des Gesetzes beendet worden ist.

§ 27 [Direktversicherungen und Pensionskassen] § 2 Abs. 2 Satz 2 Nr. 2 und 3 und Abs. 3 Satz 2 Nr. 1 und 2 gelten in Fällen, in denen vor dem Inkrafttreten des Gesetzes die Direktversicherung abgeschlossen worden ist oder die Versicherung des Arbeitnehmers bei einer Pensionskasse begonnen hat, mit der Maßgabe, daß die in diesen Vorschriften genannten Voraussetzungen spätestens für die Zeit nach Ablauf eines Jahres seit dem Inkrafttreten des Gesetzes erfüllt sein müssen.

§ 28 [Auszehrungs- und Anrechnungsverbot] § 5 gilt für Fälle, in denen der Versorgungsfall vor dem Inkrafttreten des Gesetzes eingetreten ist, mit der Maßgabe, daß diese Vorschrift bei der Berechnung der nach dem Inkrafttreten des Gesetzes fällig werdenden Versorgungsleistungen anzuwenden ist.

§ 29 [Vorzeitige Altersleistungen] § 6 gilt für die Fälle, in denen das Altersruhegeld der gesetzlichen Rentenversicherung bereits vor dem Inkrafttreten des Gesetzes in Anspruch genommen worden ist, mit der Maßgabe, daß die Leistungen der betrieblichen Altersversorgung vom Inkrafttreten des Gesetzes an zu gewähren sind.

---

[1] § 18 a eingef. mWv 1. 1. 2002 durch G v. 26. 11. 2001 (BGBl. I S. 3138).

§ 30 [Erstmalige Beitrags- und Leistungspflicht bei Insolvenzsicherung] [1] Ein Anspruch gegen den Träger der Insolvenzsicherung nach § 7 besteht nur, wenn der Sicherungsfall nach dem Inkrafttreten der §§ 7 bis 15 eingetreten ist; er kann erstmals nach dem Ablauf von sechs Monaten nach diesem Zeitpunkt geltend gemacht werden. [2] Die Beitragspflicht des Arbeitgebers beginnt mit dem Inkrafttreten der §§ 7 bis 15.

§ 30 a[1)] [Männliche Arbeitnehmer] (1) [1] Männlichen Arbeitnehmern,

1. die vor dem 1. Januar 1952 geboren sind,
2. die das 60. Lebensjahr vollendet haben,
3. die nach Vollendung des 40. Lebensjahres mehr als 10 Jahre Pflichtbeiträge für eine in der gesetzlichen Rentenversicherung versicherte Beschäftigung oder Tätigkeit nach den Vorschriften des Sechsten Buches Sozialgesetzbuch haben,
4. die die Wartezeit von 15 Jahren in der gesetzlichen Rentenversicherung erfüllt haben und
5. deren Arbeitsentgelt oder Arbeitseinkommen die Hinzuverdienstgrenze nach § 34 Abs. 3 Nr. 1 des Sechsten Buches Sozialgesetzbuch nicht überschreitet,

sind auf deren Verlangen nach Erfüllung der Wartezeit und sonstiger Leistungsvoraussetzungen der Versorgungsregelung für nach dem 17. Mai 1990 zurückgelegte Beschäftigungszeiten Leistungen der betrieblichen Altersversorgung zu gewähren. [2] § 6 Satz 3 gilt entsprechend.

(2) Haben der Arbeitnehmer oder seine anspruchsberechtigten Angehörigen vor dem 17. Mai 1990 gegen die Versagung der Leistungen der betrieblichen Altersversorgung Rechtsmittel eingelegt, ist Absatz 1 für Beschäftigungszeiten nach dem 8. April 1976 anzuwenden.

(3) Die Vorschriften des Bürgerlichen Gesetzbuchs über die Verjährung von Ansprüchen aus dem Arbeitsverhältnis bleiben unberührt.

§ 30 b[2)] [3)] [Geltung von § 4 Abs. 3] § 4 Abs. 3 gilt nur für Zusagen, die nach dem 31. Dezember 2004 erteilt wurden.

§ 30 c[2)] [Geltung von § 16 Abs. 3 Nr. 1, von Abs. 4 und Abs. 5]
(1) § 16 Abs. 3 Nr. 1 gilt nur für laufende Leistungen, die auf Zusagen beruhen, die nach dem 31. Dezember 1998 erteilt werden.

(2) § 16 Abs. 4 gilt nicht für vor dem 1. Januar 1999 zu Recht unterbliebene Anpassungen.

(3)[4)] § 16 Abs. 5 gilt nur für laufende Leistungen, die auf Zusagen beruhen, die nach dem 31. Dezember 2000 erteilt werden.

[1)] § 30 a eingef. mWv 17. 5. 1990 durch G v. 16. 12. 1997 (BGBl. I S. 2998).
[2)] §§ 30 b–30 d eingef. mWv 1. 1. 1999 durch G v. 16. 12. 1997 (BGBl. I S. 2998).
[3)] § 30 b neugef. durch G v. 5. 7. 2004 (BGBl. I S. 1427).
[4)] § 30 c Abs. 3 angef. durch G v. 26. 6. 2001 (BGBl. I S. 1310).

(4)[1] Für die Erfüllung der Anpassungsprüfungspflicht für Zeiträume vor dem 1. Januar 2003 gilt § 16 Abs. 2 Nr. 1 mit der Maßgabe, dass an die Stelle des Verbraucherpreisindexes für Deutschland der Preisindex für die Lebenshaltung von 4-Personen-Haushalten von Arbeitern und Angestellten mit mittlerem Einkommen tritt.

§ 30 d[2), 3)] Übergangsregelung zu § 18. (1) [1]Ist der Versorgungsfall vor dem 1. Januar 2001 eingetreten oder ist der Arbeitnehmer vor dem 1. Januar 2001 aus dem Beschäftigungsverhältnis bei einem öffentlichen Arbeitgeber ausgeschieden und der Versorgungsfall nach dem 31. Dezember 2000 eingetreten, sind für die Berechnung der Voll-Leistung die Regelungen der Zusatzversorgungseinrichtungen nach § 18 Abs. 1 Satz 1 Nr. 1 und 2 oder die Gesetze im Sinne des § 18 Abs. 1 Satz 1 Nr. 3 sowie die weiteren Berechnungsfaktoren jeweils in der am 31. Dezember 2000 geltenden Fassung maßgebend; § 18 Abs. 2 Nr. 1 Buchstabe b bleibt unberührt. [2]Die Steuerklasse III/0 ist zugrunde zu legen. [3]Ist der Versorgungsfall vor dem 1. Januar 2001 eingetreten, besteht der Anspruch auf Zusatzrente mindestens in der Höhe, wie er sich aus § 18 in der Fassung vom 16. Dezember 1997 (BGBl. I S. 2998) ergibt.

(2) Die Anwendung des § 18 ist in den Fällen des Absatzes 1 ausgeschlossen, soweit eine Versorgungsrente der in § 18 Abs. 1 Satz 1 Nr. 1 und 2 bezeichneten Zusatzversorgungseinrichtungen oder eine entsprechende Leistung aufgrund der Regelungen des Ersten Ruhegeldgesetzes, des Zweiten Ruhegeldgesetzes oder des Bremischen Ruhelohngesetzes bezogen wird, oder eine Versicherungsrente abgefunden wurde.

(3) [1]Für Arbeitnehmer im Sinne des § 18 Abs. 1 Satz 1 Nr. 4, 5 und 6 in der bis zum 31. Dezember 1998 geltenden Fassung, für die bis zum 31. Dezember 1998 ein Anspruch auf Nachversicherung nach § 18 Abs. 6 entstanden ist, gilt Absatz 1 Satz 1 für die aufgrund der Nachversicherung zu ermittelnde Voll-Leistung entsprechend mit der Maßgabe, dass sich der nach § 2 zu ermittelnde Anspruch gegen den ehemaligen Arbeitgeber richtet. [2]Für den nach § 2 zu ermittelnden Anspruch gilt § 18 Abs. 2 Nr. 1 Buchstabe b entsprechend; für die übrigen Bemessungsfaktoren ist auf die Rechtslage am 31. Dezember 2000 abzustellen. [3]Leistungen der gesetzlichen Rentenversicherung, die auf einer Nachversicherung wegen Ausscheidens aus einem Dienstordnungsverhältnis beruhen, und Leistungen, die die zuständige Versorgungseinrichtung aufgrund von Nachversicherungen im Sinne des § 18 Abs. 6 in der am 31. Dezember 1998 geltenden Fassung gewährt, werden auf den Anspruch nach § 2 angerechnet. [4]Hat das Arbeitsverhältnis im Sinne des § 18 Abs. 9 bereits am 31. Dezember 1998 bestanden, ist in die Vergleichsberechnung nach § 18 Abs. 9 auch die Zusatzrente nach § 18 in der bis zum 31. Dezember 1998 geltenden Fassung einzubeziehen.

---

1) § 30 c Abs. 4 angef. durch G v. 3. 4. 2003 (BGBl. I S. 462).
2) §§ 30 b–30 d eingef. mWv 1. 1. 1999 durch G v. 16. 12. 1997 (BGBl. I S. 2998).
3) § 30 d neugef. durch G v. 21. 12. 2000 (BGBl. I S. 1914).

§ 30 e[1)] [Geltung von § 1 Abs. 2 Nr. 4] (1) § 1 Abs. 2 Nr. 4 zweiter Halbsatz gilt für Zusagen, die nach dem 31. Dezember 2002 erteilt werden.

(2) [1] § 1 Abs. 2 Nr. 4 zweiter Halbsatz findet auf Pensionskassen, deren Leistungen der betrieblichen Altersversorgung durch Beiträge der Arbeitnehmer und Arbeitgeber gemeinsam finanziert und die als beitragsorientierte Leistungszusage oder als Leistungszusage durchgeführt werden, mit der Maßgabe Anwendung, dass dem ausgeschiedenen Arbeitnehmer das Recht zur Fortführung mit eigenen Beiträgen nicht eingeräumt werden und eine Überschussverwendung gemäß § 1 b Abs. 5 Nr. 1 nicht erfolgen muss. [2] Wird dem ausgeschiedenen Arbeitnehmer ein Recht zur Fortführung nicht eingeräumt, gilt für die Höhe der unverfallbaren Anwartschaft § 2 Abs. 5 a entsprechend. [3] Für die Anpassung laufender Leistungen gelten die Regelungen nach § 16 Abs. 1 bis 4. [4] Die Regelung in Absatz 1 bleibt unberührt.

§ 30 f[2)] [Geltung von § 1 b Abs. 1] (1) [1] Wenn Leistungen der betrieblichen Altersversorgung vor dem 1. Januar 2001 zugesagt worden sind, ist § 1 b Abs. 1 mit der Maßgabe anzuwenden, dass die Anwartschaft erhalten bleibt, wenn das Arbeitsverhältnis vor Eintritt des Versorgungsfalles, jedoch nach Vollendung des 35. Lebensjahres endet und die Versorgungszusage zu diesem Zeitpunkt

1. mindestens zehn Jahre oder

2. bei mindestens zwölfjähriger Betriebszugehörigkeit mindestens drei Jahre

bestanden hat *(unverfallbare Anwartschaft)*[3)]*;* in diesen Fällen bleibt die Anwartschaft auch erhalten, wenn die Zusage ab dem 1. Januar 2001 fünf Jahre bestanden hat und bei Beendigung des Arbeitsverhältnisses das 30. Lebensjahr vollendet ist. [2] § 1 b Abs. 5 findet für Anwartschaften aus diesen Zusagen keine Anwendung.

(2)[3)] *[ab 1. 1. 2009]* Wenn Leistungen der betrieblichen Altersversorgung vor dem 1. Januar 2009 und nach dem 31. Dezember 2000 zugesagt worden sind, ist § 1 b Abs. 1 Satz 1 mit der Maßgabe anzuwenden, dass die Anwartschaft erhalten bleibt, wenn das Arbeitsverhältnis vor Eintritt des Versorgungsfalls, jedoch nach Vollendung des 30. Lebensjahres endet und die Versorgungszusage zu diesem Zeitpunkt fünf Jahre bestanden hat; in diesen Fällen bleibt die Anwartschaft auch erhalten, wenn die Zusage ab dem 1. Januar 2009 fünf Jahre bestanden hat und bei Beendigung des Arbeitsverhältnisses das 25. Lebensjahr vollendet ist.

§ 30 g[2)] [Geltung von § 2 Abs. 5 a] (1) [1] § 2 Abs. 5 a gilt nur für Anwartschaften, die auf Zusagen beruhen, die nach dem 31. Dezember 2000 erteilt worden sind. [2] Im Einvernehmen zwischen Arbeitgeber und Ar-

---

[1)] § 30 e eingef. durch G v. 21. 6. 2002 (BGBl. I S. 2167), Abs. 2 Satz 2 eingef. durch G v. 5. 7. 2004 (BGBl. I S. 1427).

[2)] §§ 30 f und 30 g eingef. durch G v. 26. 6. 2001 (BGBl. I S. 1310).

[3)] § 30 f Abs. 1 Satz 1 HS 1 kursiver Satzteil aufgeh., Abs. 2 angef. mWv 1. 1. 2009 durch G v. 10. 12. 2007 (BGBl. I S. 2838).

beitnehmer kann § 2 Abs. 5a auch auf Anwartschaften angewendet werden, die auf Zusagen beruhen, die vor dem 1. Januar 2001 erteilt worden sind.

(2)[1] § 3 findet keine Anwendung auf laufende Leistungen, die vor dem 1. Januar 2005 erstmals gezahlt worden sind.

§ 30h[2] **[Geltung von § 17 Abs. 5]** § 17 Abs. 5 gilt für Entgeltumwandlungen, die auf Zusagen beruhen, die nach dem 29. Juni 2001 erteilt werden.

§ 30i[3] **[Umlage des Barwerts der Anwartschaften bei Insolvenz]**

(1) [1]Der Barwert der bis zum 31. Dezember 2005 aufgrund eingetretener Insolvenzen zu sichernden Anwartschaften wird einmalig auf die beitragspflichtigen Arbeitgeber entsprechend § 10 Abs. 3 umgelegt und vom Träger der Insolvenzsicherung nach Maßgabe der Beträge zum Schluss des Wirtschaftsjahres, das im Jahr 2004 geendet hat, erhoben. [2]Der Rechnungszinsfuß bei der Berechnung des Barwerts beträgt 3,67 vom Hundert.

(2) [1]Der Betrag ist in 15 gleichen Raten fällig. [2]Die erste Rate wird am 31. März 2007 fällig, die weiteren zum 31. März der folgenden Kalenderjahre. [3]Bei vorfälliger Zahlung erfolgt eine Diskontierung der einzelnen Jahresraten mit dem zum Zeitpunkt der Zahlung um ein Drittel erhöhten Rechnungszinsfuß nach *§ 65 des Versicherungsaufsichtsgesetzes* [***ab 1. 1. 2016:*** der nach § 235 Nummer 4 des Versicherungsaufsichtsgesetzes erlassenen Rechtsverordnung], wobei nur volle Monate berücksichtigt werden.

(3) Der abgezinste Gesamtbetrag ist gemäß Absatz 2 am 31. März 2007 fällig, wenn die sich ergebende Jahresrate nicht höher als 50 Euro ist.

(4) Insolvenzbedingte Zahlungsausfälle von ausstehenden Raten werden im Jahr der Insolvenz in die erforderlichen jährlichen Beiträge gemäß § 10 Abs. 2 eingerechnet.

§ 31[4] **[Anwendung]** Auf Sicherungsfälle, die vor dem 1. Januar 1999 eingetreten sind, ist dieses Gesetz in der bis zu diesem Zeitpunkt geltenden Fassung anzuwenden.

§ 32 **[Inkrafttreten]** [1]Dieses Gesetz tritt vorbehaltlich des Satzes 2 am Tage nach seiner Verkündung[5] in Kraft. [2]Die §§ 7 bis 15 treten am 1. Januar 1975 in Kraft.

---

[1] § 30g Abs. 2 neugef. durch G v. 5. 7. 2004 (BGBl. I S. 1427).

[2] § 30h eingef. durch G v. 26. 6. 2001 (BGBl. I S. 1310).

[3] § 30i eingef. mWv 12. 12. 2006 durch G v. 2. 12. 2006 (BGBl. I S. 2742); Abs. 2 Satz 3 geänd. mWv 1. 1. 2016 durch G v. 1. 4. 2015 (BGBl. I S. 434).

[4] § 31 neugef. durch G v. 5. 10. 1994 (BGBl. I S. 2911).

[5] Verkündet am 21. 12. 1974. Das Inkrafttreten der späteren Änderungen ergibt sich aus den jeweiligen Änderungsgesetzen.

100. Körperschaftsteuergesetz (KStG) [1)·2)]

In der Fassung der Bekanntmachung vom 15. Oktober 2002

(BGBl. I S. 4144)

Geändert durch Steuervergünstigungsabbaugesetz vom 16. 5. 2003 (BGBl. I S. 660), Förderbankenneustrukturierungsgesetz vom 15. 8. 2003 (BGBl. I S. 1657), Steueränderungsgesetz 2003 vom 15. 12. 2003 (BGBl. I S. 2645), Gesetz zur Umsetzung der Protokollerklärung der Bundesregierung zur Vermittlungsempfehlung zum Steuervergünstigungsabbaugesetz vom 22. 12. 2003 (BGBl. I S. 2840), Haushaltsbegleitgesetz 2004 vom 29. 12. 2003 (BGBl. I S. 3076), EG-Amtshilfe-Anpassungsgesetz vom 2. 12. 2004 (BGBl. I S. 3112), Gesetz zur Organisationsreform in der gesetzlichen Rentenversicherung vom 9. 12. 2004 (BGBl. I S. 3242), EURichtlinien-Umsetzungsgesetz vom 9. 12. 2004 (BGBl. I S. 3310), Gesetz zur Änderung des Versicherungsaufsichtsgesetzes und anderer Gesetze vom 15. 12. 2004 (BGBl. I S. 3416), Steueränderungsgesetz 2007 vom 19. 7. 2006 (BGBl. I S. 1652), Gesetz zur Umsetzung der neu gefassten Bankenrichtlinie und der neu gefassten Kapitaladäquanzrichtlinie vom 17. 11. 2006 (BGBl. I S. 2606), Gesetz über steuerliche Begleitmaßnahmen zur Einführung der Europäischen Gesellschaft und zur Änderung weiterer steuerrechtlicher Vorschriften (SEStEG) vom 7. 12. 2006 (BGBl. I S. 2782, ber. BGBl. 2007 I S. 68), Jahressteuergesetz 2007 vom 13. 12. 2006 (BGBl. I S. 2878), Unternehmensteuerreformgesetz 2008 vom 14. 8. 2007 (BGBl. I S. 1912), Gesetz zur weiteren Stärkung des bürgerschaftlichen Engagements vom 10. 10. 2007 (BGBl. I S. 2332), Jahressteuergesetz 2008 vom 20. 12. 2007 (BGBl. I S. 3150), Gesetz zur Modernisierung der Rahmenbedingungen für Kapitalbeteiligungen vom 12. 8. 2008 (BGBl. I S. 1672)[3)], Jahressteuergesetz 2009 vom 19. 12. 2008 (BGBl. I S. 2794), Steuerbürokratieabbaugesetz vom 20. 12. 2008 (BGBl. I S. 2850), Drittes Mittelstandsentlastungsgesetz vom 17. 3. 2009 (BGBl. I S. 550), Gesetz zur Fortführung der Gesetzeslage 2006 bei der Entfernungspauschale vom 20. 4. 2009 (BGBl. I S. 774), Bürgerentlastungsgesetz Krankenversicherung vom 16. 7. 2009 (BGBl. I S. 1959), Steuerhinterziehungsbekämpfungsgesetz vom 29. 7. 2009 (BGBl. I S. 2302), Wachstumsbeschleunigungsgesetz vom 22. 12. 2009 (BGBl. I S. 3950), Gesetz zur Umsetzung steuerlicher EU-Vorgaben sowie zur Änderung steuerlicher Vorschriften vom 8. 4. 2010 (BGBl. I S. 386), Jahressteuergesetz 2010 (JStG 2010) vom 8. 12. 2010 (BGBl. I S. 1768), OGAW-IV-Umsetzungsgesetz (OGAW-IV-UmsG) vom 22. Juni 2011 (BGBl. I S. 1126), Steuervereinfachungsgesetz 2011 vom 1. 11. 2011 (BGBl. I S. 2131), Beitreibungsrichtlinie-Umsetzungsgesetz (BeitrRLUmsG) vom 7. 12. 2011 (BGBl. I S. 2592), Gesetz zur Änderung und Vereinfachung der Unternehmensbesteuerung und des steuerlichen Reisekostenrechts vom 20. 2. 2013 (BGBl. I S. 285), Ehrenamtsstärkungsgesetz vom 21. 3. 2013 (BGBl. I S. 556), Gesetz zur Umsetzung des EuGH-Urteils vom 20. Oktober 2011 in der Rechtssache C-284/09 vom 21. 3. 2013 (BGBl. I S. 561), Amtshilferichtlinie-Umsetzunsgesetz (AmtshilfeRLUmsG) vom 26. 6. 2013 (BGBl. I S. 1809), Gesetz zur Anpassung des Investmentsteuergesetzes und anderer Gesetze an das AIFM-Umsetzungsgesetz (AIFM-Steuer-Anpassungsgesetz – AIFM-StAnpG) vom 18. 12. 2013 (BGBl. I S. 4318), Gesetz zur Anpassung des nationalen Steuerrechts an den Beitritt Kroatiens zur EU und zur Änderung weiterer steuerlicher Vorschriften vom 25. 7. 2014 (BGBl. I S. 1266), Gesetz zur Anpassung der Abgabenordnung an den Zollkodex der Union und zur Änderung weiterer steuerlicher Vorschriften vom 22. 12. 2014 (BGBl. I S. 2417), Gesetz zur Modernisierung der Finanzaufsicht über Versicherungen vom 1. 4. 2015 (BGBl. I S. 434) und Steueränderungsgesetz 2015 vom 2. 11. 2015 (BGBl. I S. 1834)

BGBl. III/FNA 611-4-4

---

1) Neubekanntmachung des KStG idF der Bek. v. 22. 4. 1999 (BGBl. I S. 817) auf Grund des § 33 Abs. 2 Nr. 2 KStG idF der Bek. v. 22. 4. 1999 (BGBl. I S. 817), eingef. durch Art. 3 Nr. 19 des G v. 23. 10. 2000 (BGBl. I S. 1433), in der ab 21. 9. 2002 geltenden Fassung.

Vgl. dazu die KStDV (Nr. **110**) und die Körperschaftsteuer-Richtlinien **(Steuerrichtlinien Nr. 100).**

Zum Anwendungsbereich vgl. § 34.

2) **Zur Anwendung im Beitrittsgebiet siehe § 35.**

3) Die Änderungen des KStG durch das MoRaKG standen unter dem **Vorbehalt der Genehmigung der EU-Kommission.** Diese wurde jedoch nicht erteilt, so dass die entspr. Änderungsartikel nicht in Kraft getreten sind (Art. 8 Abs. 2 MoRaKG).

Inhaltsübersicht

Erster Teil. Steuerpflicht

§ 1 Unbeschränkte Steuerpflicht. (1) Unbeschränkt körperschaftsteuerpflichtig sind die folgenden Körperschaften, Personenvereinigungen und Vermögensmassen, die ihre Geschäftsleitung oder ihren Sitz im Inland haben:

1.[1] Kapitalgesellschaften (insbesondere Europäische Gesellschaften, Aktiengesellschaften, Kommanditgesellschaften auf Aktien, Gesellschaften mit beschränkter Haftung);
2.[1] Genossenschaften einschließlich der Europäischen Genossenschaften;
3. Versicherungs- und Pensionsfondsvereine[2] auf Gegenseitigkeit;
4. sonstige juristische Personen des privaten Rechts;
5. nichtrechtsfähige Vereine, Anstalten, Stiftungen und andere Zweckvermögen des privaten Rechts;
6. Betriebe gewerblicher Art von juristischen Personen des öffentlichen Rechts.

(2) Die unbeschränkte Körperschaftsteuerpflicht erstreckt sich auf sämtliche Einkünfte.

---

[1] § 1 Abs. 1 Nrn. 1 und 2 neu gef. mWv VZ 2006 durch G v. 7. 12. 2006 (BGBl. I S. 2782).
[2] Bezeichnung geänd. durch G v. 9. 12. 2004 (BGBl. I S. 3310).

[Fassung bis VZ 2014:]

(3) Zum Inland im Sinne dieses Gesetzes gehört auch der der Bundesrepublik Deutschland zustehende Anteil am Festlandsockel, soweit dort Naturschätze des Meeresgrundes und des Meeresuntergrundes erforscht oder ausgebeutet werden oder dieser der Energieerzeugung unter Nutzung erneuerbarer Energien dient[1)].

[Fassung ab VZ 2015:]

(3)[2)] Zum Inland im Sinne dieses Gesetzes gehört auch der der Bundesrepublik Deutschland zustehende Anteil

1. am Festlandsockel, soweit dort Naturschätze des Meeresgrundes und des Meeresuntergrundes erforscht oder ausgebeutet werden, und
2. an der ausschließlichen Wirtschaftszone, soweit dort Energieerzeugungsanlagen errichtet oder betrieben werden, die erneuerbare Energien nutzen.

[Fassung ab VZ 2016:][3)]

(3) Zum Inland im Sinne dieses Gesetzes gehört auch der der Bundesrepublik Deutschland zustehende Anteil

1. an der ausschließlichen Wirtschaftszone, soweit dort
   a) die lebenden und nicht lebenden natürlichen Ressourcen der Gewässer über dem Meeresboden, des Meeresbodens und seines Untergrunds erforscht, ausgebeutet, erhalten oder bewirtschaftet werden,
   b) andere Tätigkeiten zur wirtschaftlichen Erforschung oder Ausbeutung der ausschließlichen Wirtschaftszone ausgeübt werden, wie beispielsweise die Energieerzeugung aus Wasser, Strömung und Wind oder
   c) künstliche Inseln errichtet oder genutzt werden und Anlagen und Bauwerke für die in den Buchstaben a und b genannten Zwecke errichtet oder genutzt werden, und

1) § 1 Abs. 3 ergänzt durch G v. 20. 12. 2007 (BGBl. I S. 3150).
2) § 1 Abs. 3 neu gef. mWv VZ 2015 durch G v. 25. 7. 2014 (BGBl. I S. 1266).
3) § 1 Abs. 3 neu gef. mWv VZ 2016 durch G v. 2. 11. 2015 (BGBl. I S. 1834).

[Fassung ab VZ 2016:]

2. am Festlandsockel, soweit dort
   a) dessen natürliche Ressourcen erforscht oder ausgebeutet werden; natürliche Ressourcen in diesem Sinne sind die mineralischen und sonstigen nicht lebenden Ressourcen des Meeresbodens und seines Untergrunds sowie die zu den sesshaften Arten gehörenden Lebewesen, die im nutzbaren Stadium entweder unbeweglich auf oder unter dem Meeresboden verbleiben oder sich nur in ständigem körperlichen Kontakt mit dem Meeresboden oder seinem Untergrund fortbewegen können; oder
   b) künstliche Inseln errichtet oder genutzt werden und Anlagen und Bauwerke für die in Buchstabe a genannten Zwecke errichtet oder genutzt werden.

§ 2 Beschränkte Steuerpflicht. Beschränkt körperschaftsteuerpflichtig sind

1. Körperschaften, Personenvereinigungen und Vermögensmassen, die weder ihre Geschäftsleitung noch ihren Sitz im Inland haben, mit ihren inländischen Einkünften;
2. [1] sonstige Körperschaften, Personenvereinigungen und Vermögensmassen, die nicht unbeschränkt steuerpflichtig sind, mit den inländischen Einkünften, die dem Steuerabzug vollständig oder teilweise unterliegen; inländische Einkünfte sind auch
   a) die Entgelte, die den sonstigen Körperschaften, Personenvereinigungen oder Vermögensmassen dafür gewährt werden, dass sie Anteile an einer Kapitalgesellschaft mit Sitz oder Geschäftsleitung im Inland einem Anderen überlassen und der Andere, dem die Anteile zuzurechnen sind, diese Anteile oder gleichartige Anteile zurückzugeben hat,
   b) die Entgelte, die den sonstigen Körperschaften, Personenvereinigungen oder Vermögensmassen im Rahmen eines Wertpapierpensionsgeschäfts im Sinne des § 340 b Abs. 2 des Handelsgesetzbuchs gewährt werden, soweit Gegenstand des Wertpapierpensionsgeschäfts Anteile an einer Kapitalgesellschaft mit Sitz oder Geschäftsleitung im Inland sind, und

[1] § 2 Nr. 2 geänd. mWv VZ 2004 durch G v. 15. 12. 2003 (BGBl. I S. 2645).

c) die in § 8b Abs. 10 Satz 2 genannten Einnahmen oder Bezüge, die den sonstigen Körperschaften, Personenvereinigungen oder Vermögensmassen als Entgelt für die Überlassung von Anteilen an einer Kapitalgesellschaft mit Sitz oder Geschäftsleitung im Inland gewährt gelten[1].

§ 3 Abgrenzung der Steuerpflicht bei nichtrechtsfähigen Personenvereinigungen und Vermögensmassen sowie bei Realgemeinden.

(1) Nichtrechtsfähige Personenvereinigungen, Anstalten, Stiftungen und andere Zweckvermögen sind körperschaftsteuerpflichtig, wenn ihr Einkommen weder nach diesem Gesetz noch nach dem Einkommensteuergesetz unmittelbar bei einem anderen Steuerpflichtigen zu versteuern ist.

(2) [1] Hauberg-, Wald-, Forst- und Laubgenossenschaften und ähnliche Realgemeinden, die zu den in § 1 bezeichneten Steuerpflichtigen gehören, sind nur insoweit körperschaftsteuerpflichtig, als sie einen Gewerbebetrieb unterhalten oder verpachten, der über den Rahmen eines Nebenbetriebs hinausgeht. [2] Im Übrigen sind ihre Einkünfte unmittelbar bei den Beteiligten zu versteuern.

§ 4 Betriebe gewerblicher Art von juristischen Personen des öffentlichen Rechts. (1) [1] Betriebe gewerblicher Art von juristischen Personen des öffentlichen Rechts im Sinne des § 1 Abs. 1 Nr. 6 sind vorbehaltlich des Absatzes 5 alle Einrichtungen, die einer nachhaltigen wirtschaftlichen Tätigkeit zur Erzielung von Einnahmen außerhalb der Land- und Forstwirtschaft dienen und die sich innerhalb der Gesamtbetätigung der juristischen Person wirtschaftlich herausheben. [2] Die Absicht, Gewinn zu erzielen, und die Beteiligung am allgemeinen wirtschaftlichen Verkehr sind nicht erforderlich.

(2) Ein Betrieb gewerblicher Art ist auch unbeschränkt steuerpflichtig, wenn er selbst eine juristische Person des öffentlichen Rechts ist.

(3) Zu den Betrieben gewerblicher Art gehören auch Betriebe, die der Versorgung der Bevölkerung mit Wasser, Gas, Elektrizität oder Wärme, dem öffentlichen Verkehr oder dem Hafenbetrieb dienen.

(4) Als Betrieb gewerblicher Art gilt die Verpachtung eines solchen Betriebs.

(5) [1] Zu den Betrieben gewerblicher Art gehören nicht Betriebe, die überwiegend der Ausübung der öffentlichen Gewalt dienen (Hoheitsbetriebe). [2] Für die Annahme eines Hoheitsbetriebs reichen Zwangs- oder Monopolrechte nicht aus.

(6)[2] [1] Ein Betrieb gewerblicher Art kann mit einem oder mehreren anderen Betrieben gewerblicher Art zusammengefasst werden, wenn

1. sie gleichartig sind,
2. zwischen ihnen nach dem Gesamtbild der tatsächlichen Verhältnisse objektiv eine enge wechselseitige technisch-wirtschaftliche Verflechtung von einigem Gewicht besteht oder
3. Betriebe gewerblicher Art im Sinne des Absatzes 3 vorliegen.

---

[1] § 2 Nr. 2 HS 2 angef. durch G v. 14. 8. 2007 (BGBl. I S. 1912).
[2] § 4 Abs. 6 angef. mWv VZ 2009 durch G v. 19. 12. 2008 (BGBl. I S. 2794).

2 Ein Betrieb gewerblicher Art kann nicht mit einem Hoheitsbetrieb zusammengefasst werden.

§ 5 Befreiungen. (1) Von der Körperschaftsteuer sind befreit

1. das Bundeseisenbahnvermögen, die Monopolverwaltungen des Bundes, die staatlichen Lotterieunternehmen und der Erdölbevorratungsverband nach § 2 Abs. 1 des Erdölbevorratungsgesetzes vom 25. Juli 1978 (BGBl. I S. 1073);

2.[1] die Deutsche Bundesbank, die Kreditanstalt für Wiederaufbau, die Landwirtschaftliche Rentenbank, die Bayerische Landesanstalt für Aufbaufinanzierung, die Niedersächsische Gesellschaft für öffentliche Finanzierung mit beschränkter Haftung, die Bremer Aufbau-Bank GmbH, die Landeskreditbank Baden-Württemberg – Förderbank, die Bayerische Landesbodenkreditanstalt, die Investitionsbank Berlin, die Hamburgische Investitions- und Förderbank[2], die NRW.Bank, die Investitions- und Förderbank Niedersachsen, die Saarländische Investitionskreditbank Aktiengesellschaft, die Investitionsbank Schleswig-Holstein, die Investitionsbank des Landes Brandenburg, die Sächsische Aufbaubank – Förderbank –, die Thüringer Aufbaubank, die Investitionsbank Sachsen-Anhalt – Anstalt der Norddeutschen Landesbank – Girozentrale –, die Investitions- und Strukturbank Rheinland-Pfalz, das Landesförderinstitut Mecklenburg-Vorpommern – Geschäftsbereich der Norddeutschen Landesbank Girozentrale –, die Wirtschafts- und Infrastrukturbank Hessen[3] – rechtlich unselbständige Anstalt in der Landesbank Hessen-Thüringen Girozentrale und die Liquiditäts-Konsortialbank Gesellschaft mit beschränkter Haftung;

2a. die Bundesanstalt für vereinigungsbedingte Sonderaufgaben;

3. rechtsfähige Pensions-, Sterbe- und Krankenkassen, die den Personen, denen die Leistungen der Kasse zugute kommen oder zugute kommen sollen (Leistungsempfängern), einen Rechtsanspruch gewähren, und rechtsfähige Unterstützungskassen, die den Leistungsempfängern keinen Rechtsanspruch gewähren,
   a) wenn sich die Kasse beschränkt
      aa) auf Zugehörige oder frühere Zugehörige einzelner oder mehrerer wirtschaftlicher Geschäftsbetriebe oder
      bb) auf Zugehörige oder frühere Zugehörige der Spitzenverbände der freien Wohlfahrtspflege (Arbeiterwohlfahrt-Bundesverband e. V., Deutscher Caritasverband e. V., Deutscher Paritätischer Wohlfahrtsverband e. V., Deutsches Rotes Kreuz, Diakonisches Werk – Innere Mission und Hilfswerk der Evangelischen Kirche in Deutschland sowie Zentralwohlfahrtsstelle der Juden in Deutschland e. V.) ein-

---

[1] § 5 Abs. 1 Nr. 2 geänd. durch G v. 15. 8. 2003 (BGBl. I S. 1657), v. 15. 12. 2003 (BGBl. I S. 2645), v. 9. 12. 2004 (BGBl. I S. 3310), v. 13. 12. 2006 (BGBl. I S. 2878), v. 19. 12. 2008 (BGBl. I S. 2794); geänd. durch G v. 8. 12. 2010 (BGBl. I S. 1768); geänd. durch G v. 25. 7. 2014 (BGBl. I S. 1266).

[2] Zur Anwendung siehe § 34 Abs. 3.

[3] Geänd. mWv VZ 2009 durch G v. 8. 12. 2010 (BGBl. I S. 1768).

schließlich ihrer Untergliederungen, Einrichtungen und Anstalten und sonstiger gemeinnütziger Wohlfahrtsverbände oder

cc) auf Arbeitnehmer sonstiger Körperschaften, Personenvereinigungen und Vermögensmassen im Sinne der §§ 1 und 2; den Arbeitnehmern stehen Personen, die sich in einem arbeitnehmerähnlichen Verhältnis befinden, gleich;

zu den Zugehörigen oder Arbeitnehmern rechnen jeweils auch deren Angehörige;

b) wenn sichergestellt ist, dass der Betrieb der Kasse nach dem Geschäftsplan und nach Art und Höhe der Leistungen eine soziale Einrichtung darstellt. [2]Diese Voraussetzung ist bei Unterstützungskassen, die Leistungen von Fall zu Fall gewähren, nur gegeben, wenn sich diese Leistungen mit Ausnahme des Sterbegeldes auf Fälle der Not oder Arbeitslosigkeit beschränken;

c) wenn vorbehaltlich des § 6 die ausschließliche und unmittelbare Verwendung des Vermögens und der Einkünfte der Kasse nach der Satzung und der tatsächlichen Geschäftsführung für die Zwecke der Kasse dauernd gesichert ist;

d) wenn bei Pensions-, Sterbe- und Krankenkassen am Schluss des Wirtschaftsjahrs, zu dem der Wert der Deckungsrückstellung versicherungsmathematisch zu berechnen ist, das nach den handelsrechtlichen Grundsätzen ordnungsmäßiger Buchführung unter Berücksichtigung des Geschäftsplans sowie der allgemeinen Versicherungsbedingungen und der fachlichen Geschäftsunterlagen im Sinne des *§ 5 Abs. 3 Nr. 2 Halbsatz 2* [***ab VZ 2016:*** § 219 Absatz 3 Nummer 1][1)] des Versicherungsaufsichtsgesetzes auszuweisende Vermögen nicht höher ist als bei einem Versicherungsverein auf Gegenseitigkeit die Verlustrücklage und bei einer Kasse anderer Rechtsform der dieser Rücklage entsprechende Teil des Vermögens. [2]Bei der Ermittlung des Vermögens ist eine Rückstellung für Beitragsrückerstattung nur insoweit abziehbar, als den Leistungsempfängern ein Anspruch auf die Überschussbeteiligung zusteht. [3]Übersteigt das Vermögen der Kasse den bezeichneten Betrag, so ist die Kasse nach Maßgabe des § 6 Abs. 1 bis 4 steuerpflichtig; und

e) wenn bei Unterstützungskassen am Schluss des Wirtschaftsjahrs das Vermögen ohne Berücksichtigung künftiger Versorgungsleistungen nicht höher ist als das um 25 Prozent erhöhte zulässige Kassenvermögen. [2]Für die Ermittlung des tatsächlichen und des zulässigen Kassenvermögens gilt § 4 d des Einkommensteuergesetzes. [3]Übersteigt das Vermögen der Kasse den in Satz 1 bezeichneten Betrag, so ist die Kasse nach Maßgabe des § 6 Abs. 5 steuerpflichtig;

4. kleinere Versicherungsvereine auf Gegenseitigkeit im Sinne des *§ 53* [***ab VZ 2016:*** § 210][1)] des Versicherungsaufsichtsgesetzes, wenn

a) ihre Beitragseinnahmen im Durchschnitt der letzten drei Wirtschaftsjahre einschließlich des im Veranlagungszeitraum endenden Wirt-

---

1) Verweis geänd. durch G v. 1. 4. 2015 (BGBl. I S. 434); zur Anwendung siehe § 34 Abs. 3 a.

schaftsjahrs die durch Rechtsverordnung festzusetzenden Jahresbeträge nicht überstiegen haben oder

b) sich ihr Geschäftsbetrieb auf die Sterbegeldversicherung beschränkt und die Versicherungsvereine nach dem Geschäftsplan sowie nach Art und Höhe der Leistungen soziale Einrichtungen darstellen;

5. Berufsverbände ohne öffentlich-rechtlichen Charakter sowie kommunale Spitzenverbände auf Bundes- oder Landesebene einschließlich ihrer Zusammenschlüsse, wenn der Zweck dieser Verbände nicht auf einen wirtschaftlichen Geschäftsbetrieb gerichtet ist. 2 Die Steuerbefreiung ist ausgeschlossen,

   a) soweit die Körperschaften oder Personenvereinigungen einen wirtschaftlichen Geschäftsbetrieb unterhalten oder

   b) wenn die Berufsverbände Mittel von mehr als 10 Prozent der Einnahmen für die unmittelbare oder mittelbare Unterstützung oder Förderung politischer Parteien verwenden.

   3 Die Sätze 1 und 2 gelten auch für Zusammenschlüsse von juristischen Personen des öffentlichen Rechts, die wie die Berufsverbände allgemeine ideelle und wirtschaftliche Interessen ihrer Mitglieder wahrnehmen. 4 Verwenden Berufsverbände Mittel für die unmittelbare oder mittelbare Unterstützung oder Förderung politischer Parteien, beträgt die Körperschaftsteuer 50 Prozent der Zuwendungen;

6. Körperschaften oder Personenvereinigungen, deren Hauptzweck die Verwaltung des Vermögens für einen nichtrechtsfähigen Berufsverband der in Nummer 5 bezeichneten Art ist, sofern ihre Erträge im Wesentlichen aus dieser Vermögensverwaltung herrühren und ausschließlich dem Berufsverband zufließen;

7. politische Parteien im Sinne des § 2 des Parteiengesetzes und ihre Gebietsverbände sowie kommunale Wählervereinigungen und ihre Dachverbände. 2 Wird ein wirtschaftlicher Geschäftsbetrieb unterhalten, so ist die Steuerbefreiung insoweit ausgeschlossen;

8. öffentlich-rechtliche Versicherungs- und Versorgungseinrichtungen von Berufsgruppen, deren Angehörige auf Grund einer durch Gesetz angeordneten oder auf Gesetz beruhenden Verpflichtung Mitglieder dieser Einrichtung sind, wenn die Satzung der Einrichtung die Zahlung keiner höheren jährlichen Beiträge zulässt als das Zwölffache der Beiträge, die sich bei einer Beitragsbemessungsgrundlage in Höhe der doppelten monatlichen Beitragsbemessungsgrenze in der allgemeinen Rentenversicherung[1] ergeben würden. 2 Ermöglicht die Satzung der Einrichtung nur Pflichtmitgliedschaften sowie freiwillige Mitgliedschaften, die unmittelbar an eine Pflichtmitgliedschaft anschließen, so steht dies der Steuerbefreiung nicht entgegen, wenn die Satzung die Zahlung keiner höheren jährlichen Beiträge zulässt als das Fünfzehnfache der Beiträge, die sich bei einer Beitragsbemessungsgrundlage in Höhe der doppelten monatlichen Beitragsbemessungsgrenze in der allgemeinen Rentenversicherung[1] ergeben würden;

---

[1] Bezeichnung geänd. mWv VZ 2005 durch G v. 9. 12. 2004 (BGBl. I S. 3242).

9. Körperschaften, Personenvereinigungen und Vermögensmassen, die nach der Satzung, dem Stiftungsgeschäft oder der sonstigen Verfassung und nach der tatsächlichen Geschäftsführung ausschließlich und unmittelbar gemeinnützigen, mildtätigen oder kirchlichen Zwecken dienen (§§ 51 bis 68 der Abgabenordnung). 2 Wird ein wirtschaftlicher Geschäftsbetrieb unterhalten, ist die Steuerbefreiung insoweit ausgeschlossen. 3 Satz 2 gilt nicht für selbst bewirtschaftete Forstbetriebe;

10.[1] Erwerbs- und Wirtschaftsgenossenschaften sowie Vereine, soweit sie

   a) Wohnungen herstellen oder erwerben und sie den Mitgliedern auf Grund eines Mietvertrags oder auf Grund eines genossenschaftlichen Nutzungsvertrags zum Gebrauch überlassen; den Wohnungen stehen Räume in Wohnheimen im Sinne des § 15 des Zweiten Wohnungsbaugesetzes gleich,

   b) im Zusammenhang mit einer Tätigkeit im Sinne des Buchstabens a Gemeinschaftsanlagen oder Folgeeinrichtungen herstellen oder erwerben und sie betreiben, wenn sie überwiegend für Mitglieder bestimmt sind und der Betrieb durch die Genossenschaft oder den Verein notwendig ist.

   2 Die Steuerbefreiung ist ausgeschlossen, wenn die Einnahmen des Unternehmens aus den in Satz 1 nicht bezeichneten Tätigkeiten 10 Prozent der gesamten Einnahmen übersteigen;

11. (weggefallen)

12.[2] die von den zuständigen Landesbehörden begründeten oder anerkannten gemeinnützigen Siedlungsunternehmen im Sinne des Reichssiedlungsgesetzes in der jeweils aktuellen Fassung oder entsprechender Landesgesetze, soweit diese Landesgesetze nicht wesentlich von den Bestimmungen des Reichssiedlungsgesetzes abweichen, und im Sinne der Bodenreformgesetze der Länder, soweit die Unternehmen im ländlichen Raum Siedlungs-, Agrarstrukturverbesserungs- und Landentwicklungsmaßnahmen mit Ausnahme des Wohnungsbaus durchführen. 2 Die Steuerbefreiung ist ausgeschlossen, wenn die Einnahmen des Unternehmens aus den in Satz 1 nicht bezeichneten Tätigkeiten die Einnahmen aus den in Satz 1 bezeichneten Tätigkeiten übersteigen;

13. (weggefallen)

14.[3] Erwerbs- und Wirtschaftsgenossenschaften sowie Vereine, soweit sich ihr Geschäftsbetrieb beschränkt

   a) auf die gemeinschaftliche Benutzung land- und forstwirtschaftlicher Betriebseinrichtungen oder Betriebsgegenstände,

   b) auf Leistungen im Rahmen von Dienst- oder Werkverträgen für die Produktion land- und forstwirtschaftlicher Erzeugnisse für die Betriebe der Mitglieder, wenn die Leistungen im Bereich der Land- und Forstwirtschaft liegen; dazu gehören auch Leistungen zur Erstellung und

---

[1] Zum Verzicht auf die Steuerbefreiung siehe § 34 Abs. 2.

[2] § 5 Abs. 1 Nr. 12 Satz 1 ergänzt durch G v. 20. 12. 2007 (BGBl. I S. 3150).

[3] Zum Verzicht auf die Steuerbefreiung siehe § 34 Abs. 2.

Unterhaltung von Betriebsvorrichtungen, Wirtschaftswegen und Bodenverbesserungen,

c) auf die Bearbeitung oder die Verwertung der von den Mitgliedern selbst gewonnenen land- und forstwirtschaftlichen Erzeugnisse, wenn die Bearbeitung oder die Verwertung im Bereich der Land- und Forstwirtschaft liegt, oder

d) auf die Beratung für die Produktion oder Verwertung land- und forstwirtschaftlicher Erzeugnisse der Betriebe der Mitglieder.

2 Die Steuerbefreiung ist ausgeschlossen, wenn die Einnahmen des Unternehmens aus den in Satz 1 nicht bezeichneten Tätigkeiten 10 Prozent der gesamten Einnahmen übersteigen. 3 Bei Genossenschaften und Vereinen, deren Geschäftsbetrieb sich überwiegend auf die Durchführung von Milchqualitäts- und Milchleistungsprüfungen oder auf die Tierbesamung beschränkt, bleiben die auf diese Tätigkeiten gerichteten Zweckgeschäfte mit Nichtmitgliedern bei der Berechnung der 10-Prozentgrenze außer Ansatz;

15. der Pensions-Sicherungs-Verein Versicherungsverein auf Gegenseitigkeit,

a) wenn er mit Erlaubnis der Versicherungsaufsichtsbehörde ausschließlich die Aufgaben des Trägers der Insolvenzsicherung wahrnimmt, die sich aus dem Gesetz zur Verbesserung der betrieblichen Altersversorgung vom 19. Dezember 1974 (BGBl. I S. 3610) ergeben, und

b) wenn seine Leistungen nach dem Kreis der Empfänger sowie nach Art und Höhe den in den §§ 7 bis 9, 17 und 30 des Gesetzes zur Verbesserung der betrieblichen Altersversorgung bezeichneten Rahmen nicht überschreiten;

[Fassung bis VZ 2014:]

16.[2] Körperschaften, Personenvereinigungen und Vermögensmassen, die als Entschädigungseinrichtungen im Sinne des Einlagensicherungs- und Anlegerentschädigungsgesetzes vom 16. Juli 1998 (BGBl. I S. 1842) oder als Sicherungseinrichtung eines Verbandes der Kreditinstitute nach ihrer Satzung oder sonstigen Verfassung ausschließlich den Zweck haben, bei Gefahr für die Erfüllung der Verpflichtungen eines Kreditinstituts im Sinne des § 1 Abs. 1 des Gesetzes über das Kreditwesen oder eines Finanzdienstleistungs-

[Fassung ab VZ 2015:][1]

16. Körperschaften, Personenvereinigungen und Vermögensmassen, soweit sie

a) als Einlagensicherungssysteme im Sinne des § 2 Absatz 1 des Einlagensicherungsgesetzes sowie als Entschädigungseinrichtungen im Sinne des Anlegerentschädigungsgesetzes ihre gesetzlichen Pflichtaufgaben erfüllen oder

b) als nicht als Einlagensicherungssysteme anerkannte vertragliche Systeme zum Schutz von Einlagen und institutsbezogene Sicherungssysteme im

---

[1] § 5 Abs. 1 Nr. 16 Sätze 1 und 2 neu gef. durch G v. 2. 11. 2015 (BGBl. I S. 1834); zur Anwendung siehe § 34 Abs. 3 Satz 3.

[2] § 5 Abs. 1 Nr. 16 Satz 3 geänd. mWv VZ 2005 durch G v. 15. 12. 2004 (BGBl. I S. 3416).

[Fassung bis VZ 2014:]

instituts im Sinne des § 1 Abs. 1 a Satz 2 Nr. 1 bis 4 des Gesetzes über das Kreditwesen Hilfe zu leisten. [2]Voraussetzung ist, dass das Vermögen und etwa erzielte Überschüsse nur zur Erreichung des gesetzlichen oder satzungsmäßigen Zwecks verwendet werden. [3]Die Sätze 1 und 2 gelten entsprechend für Sicherungsfonds im Sinne der §§ 126 und 127 des Versicherungsaufsichtsgesetzes sowie für Einrichtungen zur Sicherung von Einlagen bei Wohnungsgenossenschaften mit Spareinrichtung. [4]Die Steuerbefreiung ist für wirtschaftliche Geschäftsbetriebe ausgeschlossen, die nicht ausschließlich auf die Erfüllung der begünstigten Aufgaben gerichtet sind;

[Fassung ab VZ 2015:]

Sinne des § 61 des Einlagensicherungsgesetzes nach ihrer Satzung oder sonstigen Verfassung ausschließlich den Zweck haben, Einlagen zu sichern oder bei Gefahr für die Erfüllung der Verpflichtungen eines Kreditinstituts im Sinne des § 1 Absatz 1 des Kreditwesengesetzes oder eines Finanzdienstleistungsinstituts im Sinne des § 1 Absatz 1 a Satz 2 Nummer 1 bis 4 des Kreditwesengesetzes Hilfe zu leisten oder Einlagensicherungssysteme im Sinne des § 2 Absatz 1 des Einlagensicherungsgesetzes bei deren Pflichtenerfüllung zu unterstützen.

[2]Voraussetzung für die Steuerbefreiung nach Satz 1 ist zusätzlich, dass das Vermögen und etwa erzielte Überschüsse dauernd nur zur Erreichung des gesetzlichen oder satzungsmäßigen Zwecks verwendet werden. [3]Die Sätze 1 und 2 gelten entsprechend für Sicherungsfonds im Sinne der *§§ 126 und 127* [***ab VZ 2016:*** §§ 223 und 224][1)] des Versicherungsaufsichtsgesetzes sowie für Einrichtungen zur Sicherung von Einlagen bei Wohnungsgenossenschaften mit Spareinrichtung. [4]Die Steuerbefreiung ist für wirtschaftliche Geschäftsbetriebe ausgeschlossen, die nicht ausschließlich auf die Erfüllung der begünstigten Aufgaben gerichtet sind;

17. Bürgschaftsbanken (Kreditgarantiegemeinschaften), deren Tätigkeit sich auf die Wahrnehmung von Wirtschaftsförderungsmaßnahmen insbesondere in Form der Übernahme und Verwaltung von staatlichen Bürgschaften und Garantien oder von Bürgschaften und Garantien mit staatlichen Rückbürgschaften oder auf der Grundlage staatlich anerkannter Richtli-

---

[1)] Verweis geänd. durch G v. 1. 4. 2015 (BGBl. I S. 434); zur Anwendung siehe § 34 Abs. 3 a.

nien gegenüber Kreditinstituten, Versicherungsunternehmen, Leasinggesellschaften und Beteiligungsgesellschaften für Kredite, Leasingforderungen und Beteiligungen an mittelständischen Unternehmen zu ihrer Gründung und zur Erhaltung und Förderung ihrer Leistungsfähigkeit beschränkt. [2]Voraussetzung ist, dass das Vermögen und etwa erzielte Überschüsse nur zur Erreichung des in Satz 1 genannten Zwecks verwendet werden;

18. Wirtschaftsförderungsgesellschaften, deren Tätigkeit sich auf die Verbesserung der sozialen und wirtschaftlichen Struktur einer bestimmten Region durch Förderung der Wirtschaft, insbesondere durch Industrieansiedlung, Beschaffung neuer Arbeitsplätze und der Sanierung von Altlasten beschränkt, wenn an ihnen überwiegend Gebietskörperschaften beteiligt sind. [2]Voraussetzung ist, dass das Vermögen und etwa erzielte Überschüsse nur zur Erreichung des in Satz 1 genannten Zwecks verwendet werden;

19. Gesamthafenbetriebe im Sinne des § 1 des Gesetzes über die Schaffung eines besonderen Arbeitgebers für Hafenarbeiter vom 3. August 1950 (BGBl. S. 352), soweit sie Tätigkeiten ausüben, die in § 2 Abs. 1 dieses Gesetzes bestimmt und nach § 2 Abs. 2 dieses Gesetzes genehmigt worden sind. [2]Voraussetzung ist, dass das Vermögen und etwa erzielte Überschüsse nur zur Erfüllung der begünstigten Tätigkeiten verwendet werden. [3]Wird ein wirtschaftlicher Geschäftsbetrieb unterhalten, dessen Tätigkeit nicht ausschließlich auf die Erfüllung der begünstigten Tätigkeiten gerichtet ist, ist die Steuerbefreiung insoweit ausgeschlossen;

20. Zusammenschlüsse von juristischen Personen des öffentlichen Rechts, von steuerbefreiten Körperschaften oder von steuerbefreiten Personenvereinigungen,
    a) deren Tätigkeit sich auf den Zweck beschränkt, im Wege des Umlageverfahrens die Versorgungslasten auszugleichen, die den Mitgliedern aus Versorgungszusagen gegenüber ihren Arbeitnehmern erwachsen,
    b) wenn am Schluss des Wirtschaftsjahrs das Vermögen nicht höher ist als 60 Prozent der im Wirtschaftsjahr erbrachten Leistungen an die Mitglieder;

21. die nicht in der Rechtsform einer Körperschaft des öffentlichen Rechts errichteten Arbeitsgemeinschaften Medizinischer Dienst der Krankenversicherung im Sinne des § 278 des Fünften Buches Sozialgesetzbuch und der Medizinische Dienst der Spitzenverbände der Krankenkassen im Sinne des § 282 des Fünften Buches Sozialgesetzbuch, soweit sie die ihnen durch Gesetz zugewiesenen Aufgaben wahrnehmen. [2]Voraussetzung ist, dass das Vermögen und etwa erzielte Überschüsse nur zur Erreichung der in Satz 1 genannten Zwecke verwendet werden;

22. gemeinsame Einrichtungen der Tarifvertragsparteien im Sinne des § 4 Abs. 2 des Tarifvertragsgesetzes vom 25. August 1969 (BGBl. I S. 1323), die satzungsmäßige Beiträge auf der Grundlage des § 186 a des Arbeitsförderungsgesetzes vom 25. Juni 1969 (BGBl. I S. 582) oder tarifvertraglicher Vereinbarungen erheben und Leistungen ausschließlich an die tarifgebundenen Arbeitnehmer des Gewerbezweigs oder an deren Hinterbliebene

erbringen, wenn sie dabei zu nicht steuerbegünstigten Betrieben derselben oder ähnlicher Art nicht in größerem Umfang in Wettbewerb treten, als es bei Erfüllung ihrer begünstigten Aufgaben unvermeidlich ist. [2]Wird ein wirtschaftlicher Geschäftsbetrieb unterhalten, dessen Tätigkeit nicht ausschließlich auf die Erfüllung der begünstigten Tätigkeiten gerichtet ist, ist die Steuerbefreiung insoweit ausgeschlossen;

23.[1)] die Auftragsforschung öffentlich-rechtlicher Wissenschafts- und Forschungseinrichtungen; ist die Tätigkeit auf die Anwendung gesicherter wissenschaftlicher Erkenntnisse, die Übernahme von Projektträgerschaften sowie wirtschaftliche Tätigkeiten ohne Forschungsbezug gerichtet, ist die Steuerbefreiung insoweit ausgeschlossen;

24.[2)] die Global Legal Entity Identifier Stiftung, soweit die Stiftung Tätigkeiten ausübt, die im unmittelbaren Zusammenhang mit der Einführung, dem Unterhalten und der Fortentwicklung eines Systems zur eindeutigen Identifikation von Rechtspersonen mittels eines weltweit anzuwendenden Referenzcodes stehen.

(2) Die Befreiungen nach Absatz 1 und nach anderen Gesetzen als dem Körperschaftsteuergesetz gelten nicht

1.[3)] für inländische Einkünfte, die dem Steuerabzug vollständig oder teilweise unterliegen; Entsprechendes gilt für die in § 32 Abs. 3 Satz 1 zweiter Halbsatz genannten Einkünfte,

2.[4)] für beschränkt Steuerpflichtige im Sinne des § 2 Nr. 1, es sei denn, es handelt sich um Steuerpflichtige im Sinne des Absatzes 1 Nr. 9, die nach den Rechtsvorschriften eines Mitgliedstaats der Europäischen Union oder nach den Rechtsvorschriften eines Staates, auf den das Abkommen über den Europäischen Wirtschaftsraum vom 3. Januar 1994 (ABl. EG Nr. L 1 S. 3), zuletzt geändert durch den Beschluss des Gemeinsamen EWR-Ausschusses Nr. 91/2007 vom 6. Juli 2007 (ABl. EU Nr. L 328 S. 40), in der jeweiligen Fassung Anwendung findet, gegründete Gesellschaften im Sinne des Artikels 54 des Vertrags über die Arbeitsweise der Europäischen Union oder des Artikels 34 des Abkommens über den Europäischen Wirtschaftsraum sind, deren Sitz und Ort der Geschäftsleitung sich innerhalb des Hoheitsgebiets eines dieser Staaten befindet, und mit diesen Staaten ein Amtshilfeabkommen besteht,

3.[5)] soweit § 38 Abs. 2 anzuwenden ist.

§ 6 Einschränkung der Befreiung von Pensions-, Sterbe-, Kranken- und Unterstützungskassen. (1) Übersteigt am Schluss des Wirtschaftsjahrs, zu dem der Wert der Deckungsrückstellung versicherungsmathematisch zu

---

[1)] § 5 Abs. 1 Nr. 23 angef. durch G v. 15. 12. 2003 (BGBl. I S. 2645).

[2)] § 5 Abs. 1 Nr. 24 angef. durch G v. 22. 12. 2014 (BGBl. I S. 2417); zur Anwendung siehe § 34 Abs. 3 Satz 4.

[3)] § 5 Abs. 2 Nr. 1 geänd. durch G v. 15. 12. 2003 (BGBl. I S. 2645); Abs. 2 Nr. 1 HS 2 angef. durch G v. 14. 8. 2007 (BGBl. I S. 1912).

[4)] § 5 Abs. 2 Nr. 2 ergänzt durch G v. 19. 12. 2008 (BGBl. I S. 2794); geänd. durch G v. 26. 6. 2013 (BGBl. I S. 1809).

[5)] § 5 Abs. 2 Nr. 3 neu gef. mWv VZ 2009 durch G v. 19. 12. 2008 (BGBl. I S. 2794).

berechnen ist, das Vermögen einer Pensions-, Sterbe- oder Krankenkasse im Sinne des § 5 Abs. 1 Nr. 3 den in Buchstabe d dieser Vorschrift bezeichneten Betrag, so ist die Kasse steuerpflichtig, soweit ihr Einkommen anteilig auf das übersteigende Vermögen entfällt.

(2) Die Steuerpflicht entfällt mit Wirkung für die Vergangenheit, soweit das übersteigende Vermögen innerhalb von achtzehn Monaten nach dem Schluss des Wirtschaftsjahrs, für das es festgestellt worden ist, mit Zustimmung der Versicherungsaufsichtsbehörde zur Leistungserhöhung, zur Auszahlung an das Trägerunternehmen, zur Verrechnung mit Zuwendungen des Trägerunternehmens, zur gleichmäßigen Herabsetzung künftiger Zuwendungen des Trägerunternehmens oder zur Verminderung der Beiträge der Leistungsempfänger verwendet wird.

(3) Wird das übersteigende Vermögen nicht in der in Absatz 2 bezeichneten Weise verwendet, so erstreckt sich die Steuerpflicht auch auf die folgenden Kalenderjahre, für die der Wert der Deckungsrückstellung nicht versicherungsmathematisch zu berechnen ist.

(4) [1] Bei der Ermittlung des Einkommens der Kasse sind Beitragsrückerstattungen oder sonstige Vermögensübertragungen an das Trägerunternehmen außer in den Fällen des Absatzes 2 nicht abziehbar. [2] Das Gleiche gilt für Zuführungen zu einer Rückstellung für Beitragsrückerstattung, soweit den Leistungsempfängern ein Anspruch auf die Überschussbeteiligung nicht zusteht.

(5)[1)] [1] Übersteigt am Schluss des Wirtschaftsjahrs das Vermögen einer Unterstützungskasse im Sinne des § 5 Abs. 1 Nr. 3 den in Buchstabe e dieser Vorschrift bezeichneten Betrag, so ist die Kasse steuerpflichtig, soweit ihr Einkommen anteilig auf das übersteigende Vermögen entfällt. [2] Bei der Ermittlung des Einkommens sind *Vermögensübertragungen an das Trägerunternehmen nicht abziehbar* [***ab VZ 2016:*** Zuwendungen des Trägerunternehmens nicht erhöhend und Versorgungsleistungen der Kasse sowie Vermögensübertragungen an das Trägerunternehmen nicht mindernd zu berücksichtigen].

(5 a)[2)] [1] Unterstützungskassen in der Rechtsform der Kapitalgesellschaft können bis zum 31. Dezember 2016 auf amtlich vorgeschriebenem Vordruck einen positiven Zuwendungsbetrag erklären. [2] Dieser errechnet sich aus den Zuwendungen des Trägerunternehmens in den Veranlagungszeiträumen 2006 bis 2015 abzüglich der Versorgungsleistungen in diesem Zeitraum, soweit diese Zuwendungen und diese Versorgungsleistungen in dem steuerpflichtigen Teil des Einkommens der Kasse nach Absatz 5 Satz 1 enthalten waren. [3] Dabei gelten Versorgungsleistungen in den Veranlagungszeiträumen 2006 bis 2015 als vornehmlich aus Zuwendungen des Trägerunternehmens in diesem Zeitraum erbracht. [4] Ab dem Veranlagungszeitraum 2016 mindert sich das steuerpflichtige Einkommen der Kasse in Höhe des zum Schluss des vorherigen Veranlagungszeitraums festgestellten Betrags nach Satz 6; es mindert sich höchstens um einen Betrag in Höhe der im Wirtschaftsjahr getätigten Versorgungsleistungen. [5] Durch die Minderung darf das Einkommen nicht negativ werden. [6] Gesondert festzustellen sind,

---

[1)] § 6 Abs. 5 Satz 2 geänd mWv VZ 2016 durch G v. 2. 11. 2015 (BGBl. I S. 1834).
[2)] § 6 Abs. 5 a eingef. mWv VZ 2016 durch G v. 2. 11. 2015 (BGBl. I S. 1834).

1. der Zuwendungsbetrag auf den 31. Dezember 2015 und
2. der zum 31. Dezember des jeweiligen Folgejahres verbleibende Zuwendungsbetrag, der sich ergibt, wenn vom zum Schluss des Vorjahres festgestellten Betrag der Betrag abgezogen wird, um den sich das steuerpflichtige Einkommen im laufenden Veranlagungszeitraum nach den Sätzen 4 und 5 gemindert hat.

(6) 1 Auf den Teil des Vermögens einer Pensions-, Sterbe-, Kranken- oder Unterstützungskasse, der am Schluss des Wirtschaftsjahrs den in § 5 Abs. 1 Nr. 3 Buchstabe d oder e bezeichneten Betrag übersteigt, ist Buchstabe c dieser Vorschrift nicht anzuwenden. 2 Bei Unterstützungskassen gilt dies auch, soweit das Vermögen vor dem Schluss des Wirtschaftsjahrs den in § 5 Abs. 1 Nr. 3 Buchstabe e bezeichneten Betrag übersteigt.

§ 6 a[1)] Einkommensermittlung bei voll steuerpflichtigen Unterstützungskassen. Bei Unterstützungskassen, die voll steuerpflichtig sind, ist § 6 Absatz 5 Satz 2 und Absatz 5 a entsprechend anzuwenden.

Zweiter Teil. Einkommen

Erstes Kapitel. Allgemeine Vorschriften

§ 7 Grundlagen der Besteuerung. (1) Die Körperschaftsteuer bemisst sich nach dem zu versteuernden Einkommen.

(2) Zu versteuerndes Einkommen ist das Einkommen im Sinne des § 8 Abs. 1, vermindert um die Freibeträge der §§ 24 und 25.

(3) 1 Die Körperschaftsteuer ist eine Jahressteuer. 2 Die Grundlagen für ihre Festsetzung sind jeweils für ein Kalenderjahr zu ermitteln. 3 Besteht die unbeschränkte oder beschränkte Steuerpflicht nicht während eines ganzen Kalenderjahrs, so tritt an die Stelle des Kalenderjahrs der Zeitraum der jeweiligen Steuerpflicht.

(4) 1 Bei Steuerpflichtigen, die verpflichtet sind, Bücher nach den Vorschriften des Handelsgesetzbuchs zu führen, ist der Gewinn nach dem Wirtschaftsjahr zu ermitteln, für das sie regelmäßig Abschlüsse machen. 2 Weicht bei diesen Steuerpflichtigen das Wirtschaftsjahr, für das sie regelmäßig Abschlüsse machen, vom Kalenderjahr ab, so gilt der Gewinn aus Gewerbebetrieb als in dem Kalenderjahr bezogen, in dem das Wirtschaftsjahr endet. 3 Die Umstellung des Wirtschaftsjahrs auf einen vom Kalenderjahr abweichenden Zeitraum ist steuerlich nur wirksam, wenn sie im Einvernehmen mit dem Finanzamt vorgenommen wird.

§ 8 Ermittlung des Einkommens. (1)[2)] 1 Was als Einkommen gilt und wie das Einkommen zu ermitteln ist, bestimmt sich nach den Vorschriften des Einkommensteuergesetzes und dieses Gesetzes. 2 Bei Betrieben gewerblicher Art

---

[1)] § 6 a eingef. mWv VZ 2016 durch G v. 2. 11. 2015 (BGBl. I S. 1834).
[2)] § 8 Abs. 1 Satz 2 eingef. durch G v. 19. 12. 2008 (BGBl. I S. 2794).

im Sinne des § 4 sind die Absicht, Gewinn zu erzielen, und die Beteiligung am allgemeinen wirtschaftlichen Verkehr nicht erforderlich. 3 Bei den inländischen öffentlich-rechtlichen Rundfunkanstalten beträgt das Einkommen aus dem Geschäft der Veranstaltung von Werbesendungen 16 Prozent der Entgelte (§ 10 Abs. 1 des Umsatzsteuergesetzes) aus Werbesendungen.

(2)[1] Bei unbeschränkt Steuerpflichtigen im Sinne des § 1 Abs. 1 Nr. 1 bis 3 sind alle Einkünfte als Einkünfte aus Gewerbebetrieb zu behandeln.

(3)[2] 1 Für die Ermittlung des Einkommens ist es ohne Bedeutung, ob das Einkommen verteilt wird. 2 Auch verdeckte Gewinnausschüttungen sowie Ausschüttungen jeder Art auf Genussrechte, mit denen das Recht auf Beteiligung am Gewinn und am Liquidationserlös der Kapitalgesellschaft verbunden ist, mindern das Einkommen nicht. 3 Verdeckte Einlagen erhöhen das Einkommen nicht. 4 Das Einkommen erhöht sich, soweit eine verdeckte Einlage das Einkommen des Gesellschafters gemindert hat. 5 Satz 4 gilt auch für eine verdeckte Einlage, die auf einer verdeckten Gewinnausschüttung einer dem Gesellschafter nahe stehenden Person beruht und bei der Besteuerung des Gesellschafters nicht berücksichtigt wurde, es sei denn, die verdeckte Gewinnausschüttung hat bei der leistenden Körperschaft das Einkommen nicht gemindert. 6 In den Fällen des Satzes 5 erhöht die verdeckte Einlage nicht die Anschaffungskosten der Beteiligung.

(4)[3] *(aufgehoben)*

(5) Bei Personenvereinigungen bleiben für die Ermittlung des Einkommens Beiträge, die auf Grund der Satzung von den Mitgliedern lediglich in ihrer Eigenschaft als Mitglieder erhoben werden, außer Ansatz.

(6) Besteht das Einkommen nur aus Einkünften, von denen lediglich ein Steuerabzug vorzunehmen ist, so ist ein Abzug von Betriebsausgaben oder Werbungskosten nicht zulässig.

(7)[4] 1 Die Rechtsfolgen einer verdeckten Gewinnausschüttung im Sinne des Absatzes 3 Satz 2 sind

1. bei Betrieben gewerblicher Art im Sinne des § 4 nicht bereits deshalb zu ziehen, weil sie ein Dauerverlustgeschäft ausüben;
2. bei Kapitalgesellschaften nicht bereits deshalb zu ziehen, weil sie ein Dauerverlustgeschäft ausüben. 2 Satz 1 gilt nur bei Kapitalgesellschaften, bei denen die Mehrheit der Stimmrechte unmittelbar oder mittelbar auf juristische Personen des öffentlichen Rechts entfällt und nachweislich ausschließlich diese Gesellschafter die Verluste aus Dauerverlustgeschäften tragen.

2 Ein Dauerverlustgeschäft liegt vor, soweit aus verkehrs-, umwelt-, sozial-, kultur-, bildungs- oder gesundheitspolitischen Gründen eine wirtschaftliche Betätigung ohne kostendeckendes Entgelt unterhalten wird oder in den Fällen von Satz 1 Nr. 2 das Geschäft Ausfluss einer Tätigkeit ist, die bei juristischen Personen des öffentlichen Rechts zu einem Hoheitsbetrieb gehört.

---

[1] § 8 Abs. 2 neu gef. mWv VZ 2006 durch G v. 7. 12. 2006 (BGBl. I S. 2782).
[2] § 8 Abs. 3 Sätze 3 bis 6 angef. durch G v. 13. 12. 2006 (BGBl. I S. 2878).
[3] § 8 Abs. 4 aufgeh. durch G v. 14. 8. 2007 (BGBl. I S. 1912).
[4] § 8 Abs. 7 angef. durch G v. 19. 12. 2008 (BGBl. I S. 2794).

(8)[1] [1]Werden Betriebe gewerblicher Art zusammengefasst, ist § 10d des Einkommensteuergesetzes auf den Betrieb gewerblicher Art anzuwenden, der sich durch die Zusammenfassung ergibt. [2]Nicht ausgeglichene negative Einkünfte der einzelnen Betriebe gewerblicher Art aus der Zeit vor der Zusammenfassung können nicht beim zusammengefassten Betrieb gewerblicher Art abgezogen werden. [3]Ein Rücktrag von Verlusten des zusammengefassten Betriebs gewerblicher Art auf die einzelnen Betriebe gewerblicher Art vor Zusammenfassung ist unzulässig. [4]Ein bei einem Betrieb gewerblicher Art vor der Zusammenfassung festgestellter Verlustvortrag kann nach Maßgabe des § 10d des Einkommensteuergesetzes vom Gesamtbetrag der Einkünfte abgezogen werden, den dieser Betrieb gewerblicher Art nach Beendigung der Zusammenfassung erzielt. [5]Die Einschränkungen der Sätze 2 bis 4 gelten nicht, wenn gleichartige Betriebe gewerblicher Art zusammengefasst oder getrennt werden.

(9)[1] [1]Wenn für Kapitalgesellschaften Absatz 7 Satz 1 Nr. 2 zur Anwendung kommt, sind die einzelnen Tätigkeiten der Gesellschaft nach folgender Maßgabe Sparten zuzuordnen:

1. Tätigkeiten, die als Dauerverlustgeschäfte Ausfluss einer Tätigkeit sind, die bei juristischen Personen des öffentlichen Rechts zu einem Hoheitsbetrieb gehören, sind jeweils gesonderten Sparten zuzuordnen;
2. Tätigkeiten, die nach § 4 Abs. 6 Satz 1 zusammenfassbar sind oder aus den übrigen, nicht in Nummer 1 bezeichneten Dauerverlustgeschäften stammen, sind jeweils gesonderten Sparten zuzuordnen, wobei zusammenfassbare Tätigkeiten jeweils eine einheitliche Sparte bilden;
3. alle übrigen Tätigkeiten sind einer einheitlichen Sparte zuzuordnen.

[2]Für jede sich hiernach ergebende Sparte ist der Gesamtbetrag der Einkünfte getrennt zu ermitteln. [3]Die Aufnahme einer weiteren, nicht gleichartigen Tätigkeit führt zu einer neuen, gesonderten Sparte; Entsprechendes gilt für die Aufgabe einer solchen Tätigkeit. [4]Ein negativer Gesamtbetrag der Einkünfte einer Sparte darf nicht mit einem positiven Gesamtbetrag der Einkünfte einer anderen Sparte ausgeglichen oder nach Maßgabe des § 10d des Einkommensteuergesetzes abgezogen werden. [5]Er mindert jedoch nach Maßgabe des § 10d des Einkommensteuergesetzes die positiven Gesamtbeträge der Einkünfte, die sich in dem unmittelbar vorangegangenen und in den folgenden Veranlagungszeiträumen für dieselbe Sparte ergeben. [6]Liegen die Voraussetzungen des Absatzes 7 Satz 1 Nr. 2 Satz 2 ab einem Zeitpunkt innerhalb eines Veranlagungszeitraums nicht mehr vor, sind die Sätze 1 bis 5 ab diesem Zeitpunkt nicht mehr anzuwenden; hiernach nicht ausgeglichene oder abgezogene negative Beträge sowie verbleibende Verlustvorträge aus den Sparten, in denen Dauerverlusttätigkeiten ausgeübt werden, entfallen. [7]Liegen die Voraussetzungen des Absatzes 7 Satz 1 Nr. 2 Satz 2 erst ab einem bestimmten Zeitpunkt innerhalb eines Veranlagungszeitraums vor, sind die Sätze 1 bis 5 ab diesem Zeitpunkt anzuwenden; ein bis zum Eintritt der Voraussetzungen entstandener Verlust kann nach Maßgabe des § 10d des Einkommensteuergesetzes abgezogen werden; ein danach verbleibender Ver-

[1] § 8 Abs. 8 und 9 angef. durch G v. 19. 12. 2008 (BGBl. I S. 2794).

lust ist der Sparte zuzuordnen, in denen keine Dauerverlustgeschäfte ausgeübt werden. [8]Der am Schluss eines Veranlagungszeitraums verbleibende negative Gesamtbetrag der Einkünfte einer Sparte ist gesondert festzustellen; § 10 d Absatz 4 des Einkommensteuergesetzes gilt entsprechend.[1)]

(10)[2)] [1]Bei Einkünften aus Kapitalvermögen ist § 2 Absatz 5 b des Einkommensteuergesetzes nicht anzuwenden. [2]§ 32 d Abs. 2 Satz 1 Nr. 1 Satz 1 und Nr. 3 Satz 1 und Satz 3 bis 6 des Einkommensteuergesetzes ist entsprechend anzuwenden; in diesen Fällen ist § 20 Abs. 6 und 9 des Einkommensteuergesetzes nicht anzuwenden.

§ 8 a[3)] Betriebsausgabenabzug für Zinsaufwendungen bei Körperschaften (Zinsschranke). (1) [1]§ 4 h Abs. 1 Satz 2[4)] des Einkommensteuergesetzes ist mit der Maßgabe anzuwenden, dass anstelle des maßgeblichen Gewinns das maßgebliche Einkommen tritt. [2]Maßgebliches Einkommen ist das nach den Vorschriften des Einkommensteuergesetzes und dieses Gesetzes ermittelte Einkommen mit Ausnahme der §§ 4 h und 10 d des Einkommensteuergesetzes und des § 9 Abs. 1 Nr. 2 dieses Gesetzes. [3]§ 8 c gilt für den Zinsvortrag nach § 4 h Absatz 1 Satz 5 des Einkommensteuergesetzes mit der Maßgabe entsprechend, dass stille Reserven im Sinne des § 8 c Absatz 1 Satz 7 nur zu berücksichtigen sind, soweit sie die nach § 8 c Absatz 1 Satz 6 abziehbaren nicht genutzten Verluste übersteigen.[5)] [4]Auf Kapitalgesellschaften, die ihre Einkünfte nach § 2 Abs. 2 Nr. 2 des Einkommensteuergesetzes ermitteln, ist § 4 h des Einkommensteuergesetzes sinngemäß anzuwenden.

(2)[6)] § 4 h Abs. 2 Satz 1 Buchstabe b des Einkommensteuergesetzes ist nur anzuwenden, wenn die Vergütungen für Fremdkapital an einen zu mehr als einem Viertel unmittelbar oder mittelbar am Grund- oder Stammkapital beteiligten Anteilseigner, eine diesem nahe stehende Person (§ 1 Abs. 2 des Außensteuergesetzes vom 8. September 1972 – BGBl. I S. 1713 –, das zuletzt durch Artikel 3 des Gesetzes vom 28. Mai 2007 – BGBl. I S. 914 – geändert worden ist, in der jeweils geltenden Fassung) oder einen Dritten, der auf den zu mehr als einem Viertel am Grund- oder Stammkapital beteiligten Anteilseigner oder eine diesem nahe stehende Person zurückgreifen kann, nicht mehr als 10 Prozent der die Zinserträge übersteigenden Zinsaufwendungen der Körperschaft im Sinne des § 4 h Abs. 3 des Einkommensteuergesetzes betragen und die Körperschaft dies nachweist.

(3)[7)] [1]§ 4 h Abs. 2 Satz 1 Buchstabe c des Einkommensteuergesetzes ist nur anzuwenden, wenn die Vergütungen für Fremdkapital der Körperschaft oder eines anderen demselben Konzern zugehörenden Rechtsträgers an einen zu

---

1) § 8 Abs. 9 Satz 8 angef. mWv VZ 2009 durch G v. 8. 12. 2010 (BGBl. I S. 1768).

2) § 8 Abs. 10 angef. mWv VZ 2009 durch G v. 19. 12. 2008 (BGBl. I S. 2794); Satz 1 Verweis geänd. mWv VZ 2012 durch G v. 1. 11. 2011 (BGBl. I S. 2131).

3) § 8 a neu gef. mW für nach dem 25. 5. 2007 beginnende Wj. durch G v. 14. 8. 2007 (BGBl. I S. 1912).

4) Verweis geänd. durch G v. 22. 12. 2009 (BGBl. I S. 3950).

5) § 8 a Abs. 1 Satz 3 neu gef. durch G v. 22. 12. 2009 (BGBl. I S. 3950).

6) Zur Anwendung von § 8 a Abs. 2 siehe **§ 34 Abs. 4.**

7) Zur Anwendung von § 8 a Abs. 3 siehe **§ 34 Abs. 4.**

mehr als einem Viertel unmittelbar oder mittelbar am Kapital beteiligten Gesellschafter einer konzernzugehörigen Gesellschaft, eine diesem nahe stehende Person (§ 1 Abs. 2 des Außensteuergesetzes) oder einen Dritten, der auf den zu mehr als einem Viertel am Kapital beteiligten Gesellschafter oder eine diesem nahe stehende Person zurückgreifen kann, nicht mehr als 10 Prozent der die Zinserträge übersteigenden Zinsaufwendungen des Rechtsträgers im Sinne des § 4h Abs. 3 des Einkommensteuergesetzes betragen und die Körperschaft dies nachweist. [2]Satz 1 gilt nur für Zinsaufwendungen aus Verbindlichkeiten, die in dem voll konsolidierten Konzernabschluss nach § 4h Abs. 2 Satz 1 Buchstabe c des Einkommensteuergesetzes ausgewiesen sind und bei Finanzierung durch einen Dritten einen Rückgriff gegen einen nicht zum Konzern gehörenden Gesellschafter oder eine diesem nahe stehende Person auslösen.

§ 8b Beteiligung an anderen Körperschaften und Personenvereinigungen. (1)[1)] [1]Bezüge im Sinne des § 20 Abs. 1 Nr. 1, 2, 9 und 10 Buchstabe a des Einkommensteuergesetzes bleiben bei der Ermittlung des Einkommens außer Ansatz. [2]*Satz 1 gilt für sonstige Bezüge im Sinne des § 20 Abs. 1 Nr. 1 Satz 2 des Einkommensteuergesetzes und der Einnahmen im Sinne des § 20 Absatz 1 Nummer 9 Satz 1 zweiter Halbsatz sowie des § 20 Abs. 1 Nr. 10 Buchstabe a zweiter Halbsatz des Einkommensteuergesetzes nur, soweit sie das Einkommen der leistenden Körperschaft nicht gemindert haben (§ 8 Abs. 3 Satz 2).* [***ab VZ 2014:*** [2]Satz 1 gilt nur, soweit die Bezüge das Einkommen der leistenden Körperschaft nicht gemindert haben.][2)] [3]Sind die Bezüge im Sinne des Satzes 1 nach einem Abkommen zur Vermeidung der Doppelbesteuerung von der Bemessungsgrundlage für die Körperschaftsteuer auszunehmen, gilt Satz 2 ungeachtet des Wortlauts des Abkommens für diese Freistellung entsprechend. [4]Satz 2 gilt nicht, soweit die verdeckte Gewinnausschüttung das Einkommen einer dem Steuerpflichtigen nahe stehenden Person erhöht hat und § 32a des Körperschaftsteuergesetzes auf die Veranlagung dieser nahe stehenden Person keine Anwendung findet. [5]Bezüge im Sinne des Satzes 1 sind auch Einnahmen aus der Veräußerung von Dividendenscheinen und sonstigen Ansprüchen im Sinne des § 20 Abs. 2 Satz 1 Nr. 2 Buchstabe a des Einkommensteuergesetzes sowie Einnahmen aus der Abtretung von Dividendenansprüchen oder sonstigen Ansprüchen im Sinne des § 20 Abs. 2 Satz 2 des Einkommensteuergesetzes.

(2)[3)] [1]Bei der Ermittlung des Einkommens bleiben Gewinne aus der Veräußerung eines Anteils an einer Körperschaft oder Personenvereinigung, deren Leistungen beim Empfänger zu Einnahmen im Sinne des § 20 Abs. 1 Nr. 1, 2, 9 und 10 Buchstabe a des Einkommensteuergesetzes gehören, oder an einer Organgesellschaft im Sinne *der §§ 14, 17 oder 18* [***ab VZ 2015:*** des § 14 oder § 17] außer Ansatz. [2]Veräußerungsgewinn im Sinne des Satzes 1 ist der Betrag, um den der Veräußerungspreis oder der an dessen Stelle tretende Wert

---

[1)] § 8b Abs. 1 Sätze 2 bis 4 eingef. durch G v. 13. 12. 2006 (BGBl. I S. 2878).

[2)] § 8b Abs. 1 Satz 2 neu gef. durch G v. 26. 6. 2013 (BGBl. I S. 1809).

[3)] § 8b Abs. 2 neu gef. mWv VZ 2004 durch G v. 22. 12. 2003 (BGBl. I S. 2840); Satz 3 geänd., Satz 5 eingef. mWv VZ 2006 durch G v. 7. 12. 2006 (BGBl. I S. 2782); Sätze 1 und 3 geänd. mWv VZ 2015 durch G v. 25. 7. 2014 (BGBl. I S. 1266).

nach Abzug der Veräußerungskosten den Wert übersteigt, der sich nach den Vorschriften über die steuerliche Gewinnermittlung im Zeitpunkt der Veräußerung ergibt (Buchwert). [3]Satz 1 gilt entsprechend für Gewinne aus der Auflösung oder der Herabsetzung des Nennkapitals oder aus dem Ansatz des in § 6 Absatz 1 Nummer 2 Satz 3 des Einkommensteuergesetzes bezeichneten Werts. [4]Die Sätze 1 und 3 gelten nicht, soweit der Anteil in früheren Jahren steuerwirksam auf den niedrigeren Teilwert abgeschrieben und die Gewinnminderung nicht durch den Ansatz eines höheren Werts ausgeglichen worden ist. [5]Satz 4 gilt außer für Gewinne aus dem Ansatz mit dem Wert, der sich nach § 6 Abs. 1 Nr. 2 Satz 3 des Einkommensteuergesetzes ergibt, auch für steuerwirksam vorgenommene Abzüge nach § 6b des Einkommensteuergesetzes und ähnliche Abzüge. [6]Veräußerung im vorstehenden Sinne ist auch die verdeckte Einlage.

(3)[1)] [1]Von dem jeweiligen Gewinn im Sinne des Absatzes 2 Satz 1, 3 und 6 gelten 5 Prozent als Ausgaben, die nicht als Betriebsausgaben abgezogen werden dürfen. [2]§ 3c Abs. 1 des Einkommensteuergesetzes ist nicht anzuwenden. [3]Gewinnminderungen, die im Zusammenhang mit dem in Absatz 2 genannten Anteil entstehen, sind bei der Ermittlung des Einkommens nicht zu berücksichtigen. [4]Zu den Gewinnminderungen im Sinne des Satzes 3 gehören auch Gewinnminderungen im Zusammenhang mit einer Darlehensforderung oder aus der Inanspruchnahme von Sicherheiten, die für ein Darlehen hingegeben wurden, wenn das Darlehen oder die Sicherheit von einem Gesellschafter gewährt wird, der zu mehr als einem Viertel unmittelbar oder mittelbar am Grund- oder Stammkapital der Körperschaft, der das Darlehen gewährt wurde, beteiligt ist oder war. [5]Dies gilt auch für diesem Gesellschafter nahestehende Personen im Sinne des § 1 Abs. 2 des Außensteuergesetzes oder für Gewinnminderungen aus dem Rückgriff eines Dritten auf den zu mehr als einem Viertel am Grund- oder Stammkapital beteiligten Gesellschafter oder eine diesem nahestehende Person auf Grund eines der Gesellschaft gewährten Darlehens. [6]Die Sätze 4 und 5 sind nicht anzuwenden, wenn nachgewiesen wird, dass auch ein fremder Dritter das Darlehen bei sonst gleichen Umständen gewährt oder noch nicht zurückgefordert hätte; dabei sind nur die eigenen Sicherungsmittel der Gesellschaft zu berücksichtigen. [7]Die Sätze 4 bis 6 gelten entsprechend für Forderungen aus Rechtshandlungen, die einer Darlehensgewährung wirtschaftlich vergleichbar sind. [8]Gewinne aus dem Ansatz einer Darlehensforderung mit dem nach § 6 Abs. 1 Nr. 2 Satz 3 des Einkommensteuergesetzes maßgeblichen Wert bleiben bei der Ermittlung des Einkommens außer Ansatz, soweit auf die vorangegangene Teilwertabschreibung Satz 3 angewendet worden ist.[2)]

(4)[3)] [1]Bezüge im Sinne des Absatzes 1 sind abweichend von Absatz 1 Satz 1 bei der Ermittlung des Einkommens zu berücksichtigen, wenn die Beteiligung zu Beginn des Kalenderjahres unmittelbar weniger als 10 Prozent des Grund-

---

[1)] § 8b Abs. 3 neu gef. mWv VZ 2004 durch G v. 22. 12. 2003 (BGBl. I S. 2840).

[2)] § 8b Abs. 3 Sätze 4 bis 8 angef. mWv VZ 2008 durch G v. 20. 12. 2007 (BGBl. I S. 3150).

[3)] § 8b Abs. 4 neu gef. durch G v. 21. 3. 2013 (BGBl. I S. 561); zur Anwendung siehe § 34 Abs. 5 sowie § 27 Abs. 11 UmwStG (Nr. **130**).

oder Stammkapitals betragen hat; ist ein Grund- oder Stammkapital nicht vorhanden, ist die Beteiligung an dem Vermögen, bei Genossenschaften die Beteiligung an der Summe der Geschäftsguthaben, maßgebend. 2 Für die Bemessung der Höhe der Beteiligung ist § 13 Absatz 2 Satz 2 des Umwandlungssteuergesetzes nicht anzuwenden. 3 Überlässt eine Körperschaft Anteile an einen anderen und hat der andere diese oder gleichartige Anteile zurückzugeben, werden die Anteile für die Ermittlung der Beteiligungsgrenze der überlassenden Körperschaft zugerechnet. 4 Beteiligungen über eine Mitunternehmerschaft sind dem Mitunternehmer anteilig zuzurechnen; § 15 Absatz 1 Satz 1 Nummer 2 Satz 2 des Einkommensteuergesetzes gilt sinngemäß. 5 Eine dem Mitunternehmer nach Satz 4 zugerechnete Beteiligung gilt für die Anwendung dieses Absatzes als unmittelbare Beteiligung. 6 Für Zwecke dieses Absatzes gilt der Erwerb einer Beteiligung von mindestens 10 Prozent als zu Beginn des Kalenderjahres erfolgt. 7 Absatz 5 ist auf Bezüge im Sinne des Satzes 1 nicht anzuwenden. 8 Beteiligungen von Kreditinstituten im Sinne des § 1 Absatz 1 Satz 1 des Kreditwesengesetzes, die Mitglied einer kreditwirtschaftlichen Verbundgruppe im Sinne des § 1 Absatz 10 Nummer 13 des Zahlungsdiensteaufsichtsgesetzes sind, an anderen Unternehmen und Einrichtungen dieser Verbundgruppe sind zusammenzurechnen.

(5)[1] 1 Von den Bezügen im Sinne des Absatzes 1, die bei der Ermittlung des Einkommens außer Ansatz bleiben, gelten 5 Prozent als Ausgaben, die nicht als Betriebsausgaben abgezogen werden dürfen. 2 § 3c Abs. 1 des Einkommensteuergesetzes ist nicht anzuwenden.

(6) 1 Die Absätze 1 bis 5 gelten auch für die dort genannten Bezüge, Gewinne und Gewinnminderungen, die dem Steuerpflichtigen im Rahmen des Gewinnanteils aus einer Mitunternehmerschaft zugerechnet werden, sowie für Gewinne und Verluste, soweit sie bei der Veräußerung oder Aufgabe eines Mitunternehmeranteils auf Anteile im Sinne des Absatzes 2 entfallen. 2 Die Absätze 1 bis 5 gelten für Bezüge und Gewinne, die einem Betrieb gewerblicher Art einer juristischen Person des öffentlichen Rechts über andere juristische Personen des öffentlichen Rechts zufließen, über die sie mittelbar an der leistenden Körperschaft, Personenvereinigung oder Vermögensmasse beteiligt ist und bei denen die Leistungen nicht im Rahmen eines Betriebs gewerblicher Art erfasst werden, und damit im Zusammenhang stehende Gewinnminderungen entsprechend.

(7)[2] 1 Die Absätze 1 bis 6 sind nicht auf Anteile anzuwenden, die bei Kreditinstituten und Finanzdienstleistungsinstituten nach § 1a des Kreditwesengesetzes [***ab VZ 2015:*** in Verbindung mit den Artikeln 102 bis 106 der Verordnung (EU) Nr. 575/2013 des Europäischen Parlaments und des Rates vom 26. Juni 2013 über Aufsichtsanforderungen an Kreditinstitute und Wertpapierfirmen und zur Änderung der Verordnung (EU) Nr. 646/2012 (ABl. L 176 vom 27. 6. 2013, S. 1) oder unmittelbar nach den Artikeln 102 bis 106 der Verordnung (EU) Nr. 575/2013][3] dem Handelsbuch zuzurechnen sind.

---

[1] § 8b Abs. 5 neu gef. mWv VZ 2004 durch G v. 22. 12. 2003 (BGBl. I S. 2840).
[2] § 8b Abs. 7 Satz 3 geänd. durch G v. 26. 6. 2013 (BGBl. I S. 1809).
[3] Klammerzusatz eingef. mWv VZ 2015 durch G v. 25. 7. 2014 (BGBl. I S. 1266).

2 Gleiches gilt für Anteile, die von Finanzunternehmen im Sinne des Gesetzes über das Kreditwesen mit dem Ziel der kurzfristigen Erzielung eines Eigenhandelserfolges erworben werden. 3 Satz 2 gilt auch für Kreditinstitute, Finanzdienstleistungsinstitute und Finanzunternehmen mit Sitz in einem anderen Mitgliedstaat der Europäischen Union oder in einem anderen Vertragsstaat des EWR-Abkommens.

(8)[1] 1 Die Absätze 1 bis 7 sind nicht anzuwenden auf Anteile, die bei Lebens- und Krankenversicherungsunternehmen den Kapitalanlagen zuzurechnen sind. 2 Satz 1 gilt nicht für Gewinne im Sinne des Absatzes 2, soweit eine Teilwertabschreibung in früheren Jahren nach Absatz 3 bei der Ermittlung des Einkommens unberücksichtigt geblieben ist und diese Minderung nicht durch den Ansatz eines höheren Werts ausgeglichen worden ist. 3 Gewinnminderungen, die im Zusammenhang mit den Anteilen im Sinne des Satzes 1 stehen, sind bei der Ermittlung des Einkommens nicht zu berücksichtigen, wenn das Lebens- oder Krankenversicherungsunternehmen die Anteile von einem verbundenen Unternehmen (§ 15 des Aktiengesetzes) erworben hat, soweit ein Veräußerungsgewinn für das verbundene Unternehmen nach Absatz 2 in der Fassung des Artikels 3 des Gesetzes vom 23. Oktober 2000 (BGBl. I S. 1433) bei der Ermittlung des Einkommens außer Ansatz geblieben ist. 4 Für die Ermittlung des Einkommens sind die Anteile mit den nach handelsrechtlichen Vorschriften ausgewiesenen Werten anzusetzen, die bei der Ermittlung der nach § 21 abziehbaren Beträge zu Grunde gelegt wurden. 5 Entsprechendes gilt für Pensionsfonds.

(9)[2] Die Absätze 7 und 8 gelten nicht für Bezüge im Sinne des Absatzes 1, auf die die Mitgliedstaaten der Europäischen Union Artikel 4 Abs. 1 der Richtlinie 2011/96/EU des Rates vom 30. November 2011 über das gemeinsame Steuersystem der Mutter- und Tochtergesellschaften verschiedener Mitgliedstaaten (ABl. L 345 vom 29. 12. 2011, S. 8), anzuwenden haben.

(10)[3] 1 Überlässt eine Körperschaft (überlassende Körperschaft) Anteile, auf die bei ihr Absatz 4, 7 oder 8[4] anzuwenden ist oder auf die bei ihr aus anderen Gründen die Steuerfreistellungen der Absätze 1 und 2 oder vergleichbare ausländische Vorschriften nicht anzuwenden sind, an eine *andere Körperschaft* [***ab 1. 1. 2014:*** Körperschaft (andere Körperschaft),][5] bei der auf die Anteile Absatz 4, 7 oder 8 nicht anzuwenden ist, und hat die andere Körperschaft, der die Anteile zuzurechnen sind, diese oder gleichartige Anteile zurückzugeben, dürfen die für die Überlassung gewährten Entgelte bei der anderen Körperschaft nicht als Betriebsausgabe abgezogen werden. 2 Überlässt die andere Körperschaft für die Überlassung der Anteile Wirtschaftsgüter an die überlassende Körperschaft, aus denen diese Einnahmen oder Bezüge erzielt, gelten diese Einnahmen oder Bezüge als von der anderen Körperschaft bezogen und

---

[1] § 8b Abs. 8 angef. mWv VZ 2004 bzw. bei abweichendem Wj. mWv VZ 2005 durch G v. 22. 12. 2003 (BGBl. I S. 2840).

[2] § 8b Abs. 9 angef. durch G v. 9. 12. 2004 (BGBl. I S. 3310); geänd. durch G v. 26. 6. 2013 (BGBl. I S. 1809).

[3] § 8b Abs. 10 angef. mWv VZ 2007 durch G v. 14. 8. 2007 (BGBl. I S. 1912), Satz 9 angef. mWv VZ 2009 durch G v. 19. 12. 2008 (BGBl. I S. 2794).

[4] Verweis geänd. durch G v. 21. 3. 2013 (BGBl. I S. 561).

[5] § 8b Abs. 10 Satz 1 geänd. durch G v. 26. 6. 2013 (BGBl. I S. 1809).

als Entgelt für die Überlassung an die überlassende Körperschaft gewährt. [3]Absatz 3 Satz 1 und 2 sowie Absatz 5 sind nicht anzuwenden. [4]Die Sätze 1 bis 3 gelten auch für Wertpapierpensionsgeschäfte im Sinne des § 340 b Absatz 2 des Handelsgesetzbuchs. [5]Die Sätze 1 bis 4 gelten nicht, wenn die andere Körperschaft keine Einnahmen oder Bezüge aus den ihr überlassenen Anteilen erzielt. [6]Zu den Einnahmen und Bezügen aus den überlassenen Anteilen im Sinne des Satzes 5 gehören auch Entgelte, die die andere Körperschaft dafür erhält, dass sie die entliehenen Wertpapiere weiterverleiht.[1)] [7]Die Sätze 1 bis 6 gelten entsprechend, wenn die Anteile an eine Personengesellschaft oder von einer Personengesellschaft überlassen werden, an der die überlassende oder die andere Körperschaft unmittelbar oder mittelbar über eine Personengesellschaft oder mehrere Personengesellschaften beteiligt ist. [8]In diesen Fällen gelten die Anteile als an die Körperschaft oder von der Körperschaft überlassen. [9]Die Sätze 1 bis 7 *gelten nicht, soweit § 2 Nr. 2 zweiter Halbsatz oder § 5 Abs. 2 Nr. 1 zweiter Halbsatz* [***ab 1. 1. 2014:*** 8 gelten entsprechend, wenn Anteile, die die Voraussetzungen des Absatzes 7 erfüllen, von einer Personengesellschaft überlassen werden. [10]Die Sätze 1 bis 8 gelten nicht, soweit § 2 Nummer 2 zweiter Halbsatz oder § 5 Absatz 2 Nummer 1 zweiter Halbsatz][2)] auf die überlassende Körperschaft Anwendung findet. [11]Als Anteil im Sinne der Sätze 1 bis *8* [***ab 1. 1. 2014:*** 10][3)] gilt auch der Investmentanteil im Sinne von § 1 Absatz 1 des Investmentsteuergesetzes[4)] vom 15. Dezember 2003 (BGBl. I S. 2676, 2724), das zuletzt durch Artikel 2 des Gesetzes vom 21. März 2013 (BGBl. I S. 561)[3)] geändert worden ist, in der jeweils geltenden Fassung, soweit daraus Einnahmen erzielt werden, auf die § 8 b anzuwenden ist.

(11)[5)] Die Absätze 1 bis 10 sind nicht anzuwenden bei Anteilen an Unterstützungskassen.

§ 8 c[6)] Verlustabzug bei Körperschaften. (1)[7)] [1]Werden innerhalb von fünf Jahren mittelbar oder unmittelbar mehr als 25 Prozent des gezeichneten Kapitals, der Mitgliedschaftsrechte, Beteiligungsrechte oder der Stimmrechte an einer Körperschaft an einen Erwerber oder diesem nahe stehende Personen übertragen oder liegt ein vergleichbarer Sachverhalt vor (schädlicher Beteiligungserwerb), sind insoweit die bis zum schädlichen Beteiligungserwerb nicht ausgeglichenen oder abgezogenen negativen Einkünfte (nicht genutzte Verluste) nicht mehr abziehbar. [2]Unabhängig von Satz 1 sind bis zum schädlichen Beteiligungserwerb nicht genutzte Verluste vollständig nicht mehr abziehbar, wenn innerhalb von

---

1) § 8 b Abs. 10 Satz 6 eingef., bish. Sätze 6 bis 8 werden Sätze 7 bis 9 durch G v. 26. 6. 2013 (BGBl. I S. 1809).

2) § 8 b Abs. 10 Satz 9 geänd., Satz 10 eingef., bish. Satz 9 wird Satz 11 durch G v. 26. 6. 2013 (BGBl. I S. 1809).

3) Verweis geänd. durch G v. 26. 6. 2013 (BGBl. I S. 1809).

4) Nr. **120.**

5) § 8 b Abs. 11 angef. mWv VZ 2016 durch G v. 2. 11. 2015 (BGBl. I S. 1834).

6) § 8 c eingef. durch G v. 14. 8. 2007 (BGBl. I S. 1912).

7) § 8 c Abs. 1 Sätze 5 bis 8 angef. durch G v. 22. 12. 2009 (BGBl. I S. 3950); Satz 8 eingef., bish. Satz 8 wird Satz 9 mWv VZ 2010 durch G v. 8. 12. 2010 (BGBl. I S. 1768); Abs. 1 Satz 5 neu gef. durch G v. 2. 11. 2015 (BGBl. I S. 1834), zur Anwendung siehe § 34 Abs. 6 Satz 5.

fünf Jahren mittelbar oder unmittelbar mehr als 50 Prozent des gezeichneten Kapitals, der Mitgliedschaftsrechte, Beteiligungsrechte oder der Stimmrechte an einer Körperschaft an einen Erwerber oder diesem nahe stehende Personen übertragen werden oder ein vergleichbarer Sachverhalt vorliegt. 3 Als ein Erwerber im Sinne der Sätze 1 und 2 gilt auch eine Gruppe von Erwerbern mit gleichgerichteten Interessen. 4 Eine Kapitalerhöhung steht der Übertragung des gezeichneten Kapitals gleich, soweit sie zu einer Veränderung der Beteiligungsquoten am Kapital der Körperschaft führt. 5 Ein schädlicher Beteiligungserwerb liegt nicht vor, wenn

1. an dem übertragenden Rechtsträger der Erwerber zu 100 Prozent mittelbar oder unmittelbar beteiligt ist und der Erwerber eine natürliche oder juristische Person oder eine Personenhandelsgesellschaft ist,
2. an dem übernehmenden Rechtsträger der Veräußerer zu 100 Prozent mittelbar oder unmittelbar beteiligt ist und der Veräußerer eine natürliche oder juristische Person oder eine Personenhandelsgesellschaft ist oder
3. an dem übertragenden und an dem übernehmenden Rechtsträger dieselbe natürliche oder juristische Person oder dieselbe Personenhandelsgesellschaft zu jeweils 100 Prozent mittelbar oder unmittelbar beteiligt ist.

6 Ein nicht abziehbarer nicht genutzter Verlust kann abweichend von den Sätzen 1 und 2 abgezogen werden, soweit er bei einem schädlichen Beteiligungserwerb im Sinne des Satzes 1 die anteiligen und bei einem schädlichen Beteiligungserwerb im Sinne des Satzes 2 die gesamten zum Zeitpunkt des schädlichen Beteiligungserwerbs vorhandenen im Inland Steuerpflichtigen stillen Reserven des Betriebsvermögens der Körperschaft nicht übersteigt. 7 Stille Reserven im Sinne des Satzes 6 sind der Unterschiedsbetrag zwischen dem anteiligen oder bei einem schädlichen Beteiligungserwerb im Sinne des Satzes 2 dem gesamten in der steuerlichen Gewinnermittlung ausgewiesenen Eigenkapital und dem auf dieses Eigenkapital jeweils entfallenden gemeinen Wert der Anteile an der Körperschaft, soweit diese im Inland steuerpflichtig sind. 8 Ist das Eigenkapital der Körperschaft negativ, sind stille Reserven im Sinne des Satzes 6 der Unterschiedsbetrag zwischen dem anteiligen oder bei einem schädlichen Beteiligungserwerb im Sinne des Satzes 2 dem gesamten in der steuerlichen Gewinnermittlung ausgewiesenen Eigenkapital und dem diesem Anteil entsprechenden gemeinen Wert des Betriebsvermögens der Körperschaft. 9 Bei der Ermittlung der stillen Reserven ist nur das Betriebsvermögen zu berücksichtigen, das der Körperschaft ohne steuerrechtliche Rückwirkung, insbesondere ohne Anwendung des § 2 Absatz 1 des Umwandlungssteuergesetzes, zuzurechnen ist.

(1 a)[1] 1 Für die Anwendung des Absatzes 1 ist ein Beteiligungserwerb zum Zweck der Sanierung des Geschäftsbetriebs der Körperschaft unbeachtlich. 2 Sanierung ist eine Maßnahme, die darauf gerichtet ist, die Zahlungsunfähigkeit oder Überschuldung zu verhindern oder zu beseitigen und zugleich die wesentlichen Betriebsstrukturen zu erhalten.

---

[1] § 8c Abs. 1a eingef. durch G v. 16. 7. 2009 (BGBl. I S. 1959); zur Anwendung siehe § 34 Abs. 6.

[3] Die Erhaltung der wesentlichen Betriebsstrukturen setzt voraus, dass

1. die Körperschaft eine geschlossene Betriebsvereinbarung mit einer Arbeitsplatzregelung befolgt oder
2. die Summe der maßgebenden jährlichen Lohnsummen der Körperschaft innerhalb von fünf Jahren nach dem Beteiligungserwerb 400 Prozent der Ausgangslohnsumme nicht unterschreitet; § 13 a Absatz 1 Satz 3 und 4 und Absatz 4 des Erbschaftsteuer- und Schenkungsteuergesetzes gilt sinngemäß; oder
3. der Körperschaft durch Einlagen wesentliches Betriebsvermögen zugeführt wird. [2] Eine wesentliche Betriebsvermögenszuführung liegt vor, wenn der Körperschaft innerhalb von zwölf Monaten nach dem Beteiligungserwerb neues Betriebsvermögen zugeführt wird, das mindestens 25 Prozent des in der Steuerbilanz zum Schluss des vorangehenden Wirtschaftsjahrs enthaltenen Aktivvermögens entspricht. [3] Wird nur ein Anteil an der Körperschaft erworben, ist nur der entsprechende Anteil des Aktivvermögens zuzuführen. [4] Der Erlass von Verbindlichkeiten durch den Erwerber oder eine diesem nahestehende Person steht der Zuführung neuen Betriebsvermögens gleich, soweit die Verbindlichkeiten werthaltig sind. [5] Leistungen der Kapitalgesellschaft, die innerhalb von drei Jahren nach der Zuführung des neuen Betriebsvermögens erfolgen, mindern den Wert des zugeführten Betriebsvermögens.[1)] [6] Wird dadurch die erforderliche Zuführung nicht mehr erreicht, ist Satz 1 nicht mehr anzuwenden.

[4] Keine Sanierung liegt vor, wenn die Körperschaft ihren Geschäftsbetrieb im Zeitpunkt des Beteiligungserwerbs im Wesentlichen eingestellt hat oder nach dem Beteiligungserwerb ein Branchenwechsel innerhalb eines Zeitraums von fünf Jahren erfolgt.

(2)[2)] …

§ 9 Abziehbare Aufwendungen. (1) Abziehbare Aufwendungen sind auch:

1.[3)] bei Kommanditgesellschaften auf Aktien und bei vergleichbaren Kapitalgesellschaften der Teil des Gewinns, der an persönlich haftende Gesellschafter auf ihre nicht auf das Grundkapital gemachten Einlagen oder als Vergütung (Tantieme) für die Geschäftsführung verteilt wird;

2.[4)] vorbehaltlich des § 8 Absatz 3 Zuwendungen (Spenden und Mitgliedsbeiträge) zur Förderung steuerbegünstigter Zwecke im Sinne der §§ 52 bis 54 der Abgabenordnung bis zur Höhe von insgesamt
   a) 20 Prozent des Einkommens oder
   b) 4 Promille der Summe der gesamten Umsätze und der im Kalenderjahr aufgewendeten Löhne und Gehälter.

   [2] Voraussetzung für den Abzug ist, dass diese Zuwendungen

---

[1)] § 8 c Abs. 1 a Satz 3 Nr. 3 Satz 5 geänd. durch G v. 22. 12. 2009 (BGBl. I S. 3950).

[2)] § 8 c Abs. 2 angef. durch MoRaKG v. 12. 8. 2008 (BGBl. I S. 1672), mangels Genehmigung durch die EU-Kommission (Art. 8 Abs. 2 MoRaKG) aber nicht in Kraft getreten.

[3)] § 9 Abs. 1 Nr. 1 geänd. mWv VZ 2006 durch G v. 7. 12. 2006 (BGBl. I S. 2782).

[4)] § 9 Abs. 1 Nr. 2 Satz 1 ersetzt durch Sätze 1 bis 7, bish. Sätze 2 bis 4 werden Sätze 8 bis 10 durch G v. 8. 4. 2010 (BGBl. I S. 386).

a) an eine juristische Person des öffentlichen Rechts oder an eine öffentliche Dienststelle, die in einem Mitgliedstaat der Europäischen Union oder in einem Staat belegen ist, auf den das Abkommen über den Europäischen Wirtschaftsraum (EWR-Abkommen) Anwendung findet, oder

b) an eine nach § 5 Absatz 1 Nummer 9 steuerbefreite Körperschaft, Personenvereinigung oder Vermögensmasse oder

c) an eine Körperschaft, Personenvereinigung oder Vermögensmasse, die in einem Mitgliedstaat der Europäischen Union oder in einem Staat belegen ist, auf den das Abkommen über den Europäischen Wirtschaftsraum (EWR-Abkommen) Anwendung findet, und die nach § 5 Absatz 1 Nummer 9 in Verbindung mit § 5 Absatz 2 Nummer 2 zweiter Halbsatz steuerbefreit wäre, wenn sie inländische Einkünfte erzielen würde,

geleistet werden (Zuwendungsempfänger). [3] Für nicht im Inland ansässige Zuwendungsempfänger nach Satz 2 ist weitere Voraussetzung, dass durch diese Staaten Amtshilfe und Unterstützung bei der Beitreibung geleistet werden. [4] Amtshilfe ist der Auskunftsaustausch im Sinne oder entsprechend der Amtshilferichtlinie gemäß § 2 Absatz 2 des EU-Amtshilfegesetzes[1)]. [5] Beitreibung ist die gegenseitige Unterstützung bei der Beitreibung von Forderungen im Sinne oder entsprechend der Beitreibungsrichtlinie[2)] einschließlich der in diesem Zusammenhang anzuwendenden Durchführungsbestimmungen in den für den jeweiligen Veranlagungszeitraum geltenden Fassungen oder eines entsprechenden Nachfolgerechtsaktes. [6] Werden die steuerbegünstigten Zwecke des Zuwendungsempfängers im Sinne von Satz 2 Buchstabe a nur im Ausland verwirklicht, ist für die Abziehbarkeit der Zuwendungen Voraussetzung, dass natürliche Personen, die ihren Wohnsitz oder ihren gewöhnlichen Aufenthalt im Geltungsbereich dieses Gesetzes haben, gefördert werden oder dass die Tätigkeit dieses Zuwendungsempfängers neben der Verwirklichung der steuerbegünstigten Zwecke auch zum Ansehen der Bundesrepublik Deutschland beitragen kann. [7] Abziehbar sind auch Mitgliedsbeiträge an Körperschaften, die Kunst und Kultur gemäß § 52 Absatz 2 Nummer 5 der Abgabenordnung fördern, soweit es sich nicht um Mitgliedsbeiträge nach Satz 8 Nummer 2 handelt, auch wenn den Mitgliedern Vergünstigungen gewährt werden. [8] Nicht abziehbar sind Mitgliedsbeiträge an Körperschaften, die

1. den Sport (§ 52 Abs. 2 Nr. 21 der Abgabenordnung),
2. kulturelle Betätigungen, die in erster Linie der Freizeitgestaltung dienen,
3. die Heimatpflege und Heimatkunde (§ 52 Abs. 2 Nr. 22 der Abgabenordnung) oder
4. Zwecke im Sinne des § 52 Abs. 2 Nr. 23 der Abgabenordnung

fördern.

---

1) Verweis geänd. durch G v. 26. 6. 2013 (BGBl. I S. 1809).

2) Geänd. mWv VZ 2012 (§ 34 Abs. 8a Satz 7) durch G v. 7. 12. 2011 (BGBl. I S. 2592).

[9]Abziehbare Zuwendungen, die die Höchstbeträge nach Satz 1 überschreiten, sind im Rahmen der Höchstbeträge in den folgenden Veranlagungszeiträumen abzuziehen. [10]§ 10 d Abs. 4 des Einkommensteuergesetzes gilt entsprechend.

(2)[1)] [1]Als Einkommen im Sinne dieser Vorschrift gilt das Einkommen vor Abzug der in Absatz 1 Nr. 2 bezeichneten Zuwendungen und vor dem Verlustabzug nach § 10 d des Einkommensteuergesetzes. [2]Als Zuwendung im Sinne dieser Vorschrift gilt auch die Zuwendung von Wirtschaftsgütern mit Ausnahme von Nutzungen und Leistungen. [3]Der Wert der Zuwendung ist nach § 6 Absatz 1 Nummer 4 Satz 1 und 4[2)] des Einkommensteuergesetzes zu ermitteln. [4]Aufwendungen zugunsten einer Körperschaft, die zum Empfang steuerlich abziehbarer Zuwendungen berechtigt ist, sind nur abziehbar, wenn ein Anspruch auf die Erstattung der Aufwendungen durch Vertrag oder Satzung eingeräumt und auf die Erstattung verzichtet worden ist. [5]Der Anspruch darf nicht unter der Bedingung des Verzichts eingeräumt worden sein.

(3)[3)] [1]Der Steuerpflichtige darf auf die Richtigkeit der Bestätigung über Spenden und Mitgliedsbeiträge vertrauen, es sei denn, dass er die Bestätigung durch unlautere Mittel oder falsche Angaben erwirkt hat oder dass ihm die Unrichtigkeit der Bestätigung bekannt oder infolge grober Fahrlässigkeit nicht bekannt war. [2]Wer vorsätzlich oder grob fahrlässig eine unrichtige Bestätigung ausstellt oder *wer*[4)] veranlasst, dass Zuwendungen nicht zu den in der Bestätigung angegebenen steuerbegünstigten Zwecken verwendet werden (Veranlasserhaftung), haftet für die entgangene Steuer; diese ist mit 30 Prozent des zugewendeten Betrags anzusetzen. [3]In den Fällen der Veranlasserhaftung ist vorrangig der Zuwendungsempfänger in Anspruch zu nehmen; die natürlichen Personen, die in diesen Fällen für den Zuwendungsempfänger handeln, sind nur in Anspruch zu nehmen, wenn die entgangene Steuer nicht nach § 47 der Abgabenordnung erloschen ist und Vollstreckungsmaßnahmen gegen den Zuwendungsempfänger nicht erfolgreich sind; § 10 b Absatz 4 Satz 5 des Einkommensteuergesetzes gilt entsprechend.

§ 10 Nichtabziehbare Aufwendungen. Nichtabziehbar sind auch:

1. die Aufwendungen für die Erfüllung von Zwecken des Steuerpflichtigen, die durch Stiftungsgeschäft, Satzung oder sonstige Verfassung vorgeschrieben sind. [2]§ 9 Abs. 1 Nr. 2 bleibt unberührt,
2. die Steuern vom Einkommen und sonstige Personensteuern sowie die Umsatzsteuer für Umsätze, die Entnahmen oder verdeckte Gewinnausschüttungen sind, und die Vorsteuerbeträge auf Aufwendungen, für die das Abzugsverbot des § 4 Abs. 5 Satz 1 Nr. 1 bis 4 und 7 oder Abs. 7 des Einkommensteuergesetzes gilt; das gilt auch für die auf diese Steuern entfallenden Nebenleistungen,

---

1) § 9 Abs. 2 neu gef. mWv VZ 2007 durch G v. 10. 10. 2007 (BGBl. I S. 2332).
2) § 9 Abs. 2 Satz 3 Zitat geänd. durch G v. 20. 4. 2009 (BGBl. I S. 774).
3) § 9 Abs. 3 Satz 2 HS 2 angef. mWv 1. 1. 2010, Sätze 3 und 4 ersetzt durch Satz 3 durch G v. 8. 4. 2010 (BGBl. I S. 386).
4) Aufgeh. durch G v. 21. 3. 2013 (BGBl. I S. 556).

3. in einem Strafverfahren festgesetzte Geldstrafen, sonstige Rechtsfolgen vermögensrechtlicher Art, bei denen der Strafcharakter überwiegt, und Leistungen zur Erfüllung von Auflagen oder Weisungen, soweit die Auflagen oder Weisungen nicht lediglich der Wiedergutmachung des durch die Tat verursachten Schadens dienen,
4. die Hälfte der Vergütungen jeder Art, die an Mitglieder des Aufsichtsrats, Verwaltungsrats, Grubenvorstands oder andere mit der Überwachung der Geschäftsführung beauftragte Personen gewährt werden.

§ 11 Auflösung und Abwicklung (Liquidation). (1)[1] [1] Wird ein unbeschränkt Steuerpflichtiger im Sinne des § 1 Abs. 1 Nr. 1 bis 3 nach der Auflösung abgewickelt, so ist der im Zeitraum der Abwicklung erzielte Gewinn der Besteuerung zugrunde zu legen. [2] Der Besteuerungszeitraum soll drei Jahre nicht übersteigen.

(2) Zur Ermittlung des Gewinns im Sinne des Absatzes 1 ist das Abwicklungs-Endvermögen dem Abwicklungs-Anfangsvermögen gegenüberzustellen.

(3) Abwicklungs-Endvermögen ist das zur Verteilung kommende Vermögen, vermindert um die steuerfreien Vermögensmehrungen, die dem Steuerpflichtigen in dem Abwicklungszeitraum zugeflossen sind.

(4) [1] Abwicklungs-Anfangsvermögen ist das Betriebsvermögen, das am Schluss des der Auflösung vorangegangenen Wirtschaftsjahrs der Veranlagung zur Körperschaftsteuer zugrunde gelegt worden ist. [2] Ist für den vorangegangenen Veranlagungszeitraum eine Veranlagung nicht durchgeführt worden, so ist das Betriebsvermögen anzusetzen, das im Falle einer Veranlagung nach den steuerrechtlichen Vorschriften über die Gewinnermittlung auszuweisen gewesen wäre. [3] Das Abwicklungs-Anfangsvermögen ist um den Gewinn eines vorangegangenen Wirtschaftsjahrs zu kürzen, der im Abwicklungszeitraum ausgeschüttet worden ist.

(5) War am Schluss des vorangegangenen Veranlagungszeitraums Betriebsvermögen nicht vorhanden, so gilt als Abwicklungs-Anfangsvermögen die Summe der später geleisteten Einlagen.

(6) Auf die Gewinnermittlung sind im Übrigen die sonst geltenden Vorschriften anzuwenden.

(7)[2] Unterbleibt eine Abwicklung, weil über das Vermögen des unbeschränkt Steuerpflichtigen im Sinne des § 1 Abs. 1 Nr. 1 bis 3 das Insolvenzverfahren eröffnet worden ist, sind die Absätze 1 bis 6 sinngemäß anzuwenden.

(Fortsetzung nächstes Blatt)

---

[1] § 11 Abs. 1 Satz 1 geänd. mWv VZ 2006 durch G v. 7. 12. 2006 (BGBl. I S. 2782).
[2] § 11 Abs. 7 geänd. mWv VZ 2006 durch G v. 7. 12. 2006 (BGBl. I S. 2782).

§ 12[1] Verlust oder Beschränkung des Besteuerungsrechts der Bundesrepublik Deutschland. (1) [1]Wird bei der Körperschaft, Personenvereinigung oder Vermögensmasse das Besteuerungsrecht der Bundesrepublik Deutschland hinsichtlich des Gewinns aus der Veräußerung oder der Nutzung eines Wirtschaftsguts ausgeschlossen oder beschränkt, gilt dies als Veräußerung oder Überlassung des Wirtschaftsguts zum gemeinen Wert; § 4 *Abs. 1 Satz 4* [***n. F.:*** Absatz 1 Satz 5[2]], § 4 g,[3] und § 15 Abs. 1 a des Einkommensteuergesetzes gelten entsprechend. [2]Ein Ausschluss oder eine Beschränkung des Besteuerungsrechts hinsichtlich des Gewinns aus der Veräußerung eines Wirtschaftsguts liegt insbesondere vor, wenn ein bisher einer inländischen Betriebsstätte einer Körperschaft, Personenvereinigung oder Vermögensmasse zuzuordnendes Wirtschaftsgut einer ausländischen Betriebsstätte dieser Körperschaft, Personenvereinigung oder Vermögensmasse zuzuordnen ist.[2]

(2) [1]Wird das Vermögen einer beschränkt steuerpflichtigen Körperschaft, Personenvereinigung oder Vermögensmasse als Ganzes auf eine andere Körperschaft desselben ausländischen Staates durch einen Vorgang übertragen, der einer Verschmelzung im Sinne des § 2 des Umwandlungsgesetzes[4] vom 28. Oktober 1994 (BGBl. I S. 3210, 1995 I S. 428), das zuletzt durch Artikel 10 des Gesetzes vom 9. Dezember 2004 (BGBl. I S. 3214) geändert worden ist, in der jeweils geltenden Fassung vergleichbar ist, sind die übergehenden Wirtschaftsgüter abweichend von Absatz 1 mit dem Buchwert anzusetzen, soweit

1. sichergestellt ist, dass sie später bei der übernehmenden Körperschaft der Besteuerung mit Körperschaftsteuer unterliegen,
2. das Recht der Bundesrepublik Deutschland hinsichtlich der Besteuerung der übertragenen Wirtschaftsgüter bei der übernehmenden Körperschaft nicht beschränkt wird,
3. eine Gegenleistung nicht gewährt wird oder in Gesellschaftsrechten besteht und
4. wenn der übernehmende und der übertragende Rechtsträger nicht die Voraussetzungen des § 1 Abs. 2 Satz 1 und 2 des Umwandlungssteuergesetzes vom 7. Dezember 2006 (BGBl. I S. 2782, 2791)[5] in der jeweils geltenden Fassung erfüllen.

[2]Wird das Vermögen einer Körperschaft durch einen Vorgang im Sinne des Satzes 1 auf eine andere Körperschaft übertragen, gilt § 13 des Umwandlungssteuergesetzes für die Besteuerung der Anteilseigner der übertragenden Körperschaft entsprechend.

(3) [1]Verlegt eine Körperschaft, Vermögensmasse oder Personenvereinigung ihre Geschäftsleitung oder ihren Sitz und scheidet sie dadurch aus der unbeschränkten Steuerpflicht in einem Mitgliedstaat der Europäischen Union oder einem Staat aus, auf den das Abkommen über den Europäischen Wirtschafts-

---

[1] § 12 neu gef. durch G v. 7. 12. 2006 (BGBl. I S. 2782).
[2] § 12 Abs. 1 Satz 1 Verweis geänd., Satz 2 angef. durch G v. 8. 12. 2010 (BGBl. I S. 1768).
[3] § 12 Abs. 1 geänd. durch G v. 20. 12. 2007 (BGBl. I S. 3150).
[4] **Schönfelder Nr. 52 a**.
[5] Nr. **130**.

raum Anwendung findet, gilt sie als aufgelöst, und § 11 ist entsprechend anzuwenden. 2 Gleiches gilt, wenn die Körperschaft, Vermögensmasse oder Personenvereinigung auf Grund eines Abkommens zur Vermeidung der Doppelbesteuerung infolge der Verlegung ihres Sitzes oder ihrer Geschäftleitung als außerhalb des Hoheitsgebietes der in Satz 1 genannten Staaten ansässig anzusehen ist. 3 An die Stelle des zur Verteilung kommenden Vermögens tritt der gemeine Wert des vorhandenen Vermögens.

§ 13 Beginn und Erlöschen einer Steuerbefreiung. (1) Wird eine steuerpflichtige Körperschaft, Personenvereinigung oder Vermögensmasse von der Körperschaftsteuer befreit, so hat sie auf den Zeitpunkt, in dem die Steuerpflicht endet, eine Schlussbilanz aufzustellen.

(2) Wird eine von der Körperschaftsteuer befreite Körperschaft, Personenvereinigung oder Vermögensmasse steuerpflichtig und ermittelt sie ihren Gewinn durch Betriebsvermögensvergleich, so hat sie auf den Zeitpunkt, in dem die Steuerpflicht beginnt, eine Anfangsbilanz aufzustellen.

(3)[1] In der Schlussbilanz im Sinne des Absatzes 1 und in der Anfangsbilanz im Sinne des Absatzes 2 sind die Wirtschaftsgüter vorbehaltlich des Absatzes 4 mit den Teilwerten anzusetzen.

(4) 1 Beginnt die Steuerbefreiung auf Grund des § 5 Abs. 1 Nr. 9, sind die Wirtschaftsgüter, die der Förderung steuerbegünstigter Zwecke im Sinne des § 9 Abs. 1 Nr. 2 dienen, in der Schlussbilanz mit den Buchwerten anzusetzen. 2 Erlischt die Steuerbefreiung, so ist in der Anfangsbilanz für die in Satz 1 bezeichneten Wirtschaftsgüter der Wert anzusetzen, der sich bei ununterbrochener Steuerpflicht nach den Vorschriften über die steuerliche Gewinnermittlung ergeben würde.

(5) Beginnt oder erlischt die Steuerbefreiung nur teilweise, so gelten die Absätze 1 bis 4 für den entsprechenden Teil des Betriebsvermögens.

(6) 1 Gehören Anteile an einer Kapitalgesellschaft nicht zu dem Betriebsvermögen der Körperschaft, Personenvereinigung oder Vermögensmasse, die von der Körperschaftsteuer befreit wird, so ist § 17 des Einkommensteuergesetzes auch ohne Veräußerung anzuwenden, wenn die übrigen Voraussetzungen dieser Vorschrift in dem Zeitpunkt erfüllt sind, in dem die Steuerpflicht endet. 2 Als Veräußerungspreis gilt der gemeine Wert der Anteile. 3 Im Falle des Beginns der Steuerpflicht gilt der gemeine Wert der Anteile als Anschaffungskosten der Anteile. 4 Die Sätze 1 und 2 gelten nicht in den Fällen des Absatzes 4 Satz 1.

Zweites Kapitel. Sondervorschriften für die Organschaft

§ 14 Aktiengesellschaft oder Kommanditgesellschaft auf Aktien als Organgesellschaft. (1)[2] 1 Verpflichtet sich eine Europäische Gesellschaft,

---

[1] § 13 Abs. 3 Sätze 2 bis 11 aufgeh. durch G v. 8. 12. 2010 (BGBl. I S. 1768).

[2] § 14 Abs. 1 geänd. mWv VZ 2006 durch G v. 7. 12. 2006 (BGBl. I S. 2782); Satzteil vor Nr. 1 geänd., kursiver Satzteil aufgeh. durch G v. 20. 2. 2013 (BGBl. I S. 285).

Aktiengesellschaft oder Kommanditgesellschaft auf Aktien mit Geschäftsleitung *und Sitz im Inland* [***neue Fassung:*** im Inland und Sitz in einem Mitgliedstaat der Europäischen Union oder in einem Vertragsstaat des EWR-Abkommens][1] (Organgesellschaft) durch einen Gewinnabführungsvertrag im Sinne des § 291 Abs. 1 des Aktiengesetzes, ihren ganzen Gewinn an ein einziges anderes gewerbliches Unternehmen abzuführen, *so*[1] ist das Einkommen der Organgesellschaft, soweit sich aus § 16 nichts anderes ergibt, dem Träger des Unternehmens (Organträger) zuzurechnen, wenn die folgenden Voraussetzungen erfüllt sind:

1. [1]Der Organträger muss an der Organgesellschaft vom Beginn ihres Wirtschaftsjahrs an ununterbrochen in einem solchen Maße beteiligt sein, dass ihm die Mehrheit der Stimmrechte aus den Anteilen an der Organgesellschaft zusteht (finanzielle Eingliederung). [2]Mittelbare Beteiligungen sind zu berücksichtigen, wenn die Beteiligung an jeder vermittelnden Gesellschaft die Mehrheit der Stimmrechte gewährt.

[Fassung bis VZ 2011:]

2.[3] [1]Der Organträger muss eine unbeschränkt steuerpflichtige natürliche Person oder eine nicht steuerbefreite Körperschaft, Personenvereinigung oder Vermögensmasse im Sinne des § 1 mit Geschäftsleitung im Inland sein. [2]Organträger kann auch eine Personengesellschaft im Sinne des § 15 Abs. 1 Nr. 2 des Einkommensteuergesetzes mit Geschäftsleitung im Inland sein, wenn sie eine Tätigkeit im Sinne des § 15 Abs. 1 Nr. 1 des Einkommensteuergesetzes ausübt. [3]Die Voraussetzung der Nummer 1 muss im Verhältnis zur Personengesellschaft selbst erfüllt sein.

[Fassung ab VZ 2012:][2]

2. [1]Organträger muss eine natürliche Person oder eine nicht von der Körperschaftsteuer befreite Körperschaft, Personenvereinigung oder Vermögensmasse sein. [2]Organträger kann auch eine Personengesellschaft im Sinne des § 15 Absatz 1 Satz 1 Nummer 2 des Einkommensteuergesetzes sein, wenn sie eine Tätigkeit im Sinne des § 15 Absatz 1 Satz 1 Nummer 1 des Einkommensteuergesetzes ausübt. [3]Die Voraussetzung der Nummer 1 muss im Verhältnis zur Personengesellschaft selbst erfüllt sein. [4]Die Beteiligung im Sinne der Nummer 1 an der Organgesellschaft oder, bei mittelbarer Beteiligung an der Organgesellschaft, die Beteiligung im Sinne der Nummer 1 an der vermittelnden Gesellschaft, muss ununterbrochen während der gesamten Dauer der Organschaft einer inländischen Betriebsstätte im Sinne des § 12 der Ab-

---

[1] § 14 Abs. 1 Satzteil vor Nr. 1 geänd., kursiver Satzteil aufgeh. durch G v. 20. 2. 2013 (BGBl. I S. 285).

[2] § 14 Abs. 1 Satz 1 Nr. 2 neu gef. mWv VZ 2012 durch G v. 20. 2. 2013 (BGBl. I S. 285).

[3] § 14 Abs. 1 Satz 1 Nr. 2 neu gef. mWv VZ 2003 durch G v. 16. 5. 2003 (BGBl. I S. 660).

[Fassung ab VZ 2012:][1)]

gabenordnung des Organträgers zuzuordnen sein. [5] Ist der Organträger mittelbar über eine oder mehrere Personengesellschaften an der Organgesellschaft beteiligt, gilt Satz 4 sinngemäß. [6] Das Einkommen der Organgesellschaft ist der inländischen Betriebsstätte des Organträgers zuzurechnen, der die Beteiligung im Sinne der Nummer 1 an der Organgesellschaft oder, bei mittelbarer Beteiligung an der Organgesellschaft, die Beteiligung im Sinne der Nummer 1 an der vermittelnden Gesellschaft zuzuordnen ist. [7] Eine inländische Betriebsstätte im Sinne der vorstehenden Sätze ist nur gegeben, wenn die dieser Betriebsstätte zuzurechnenden Einkünfte sowohl nach innerstaatlichem Steuerrecht als auch nach einem anzuwendenden Abkommen zur Vermeidung der Doppelbesteuerung der inländischen Besteuerung unterliegen.

3.[2)] [1] Der Gewinnabführungsvertrag muss auf mindestens fünf Jahre abgeschlossen und während seiner gesamten Geltungsdauer durchgeführt werden. [2] Eine vorzeitige Beendigung des Vertrags durch Kündigung ist unschädlich, wenn ein wichtiger Grund die Kündigung rechtfertigt. [3] Die Kündigung oder Aufhebung des Gewinnabführungsvertrags auf einen Zeitpunkt während des Wirtschaftsjahrs der Organgesellschaft wirkt auf den Beginn dieses Wirtschaftsjahrs zurück. [4] Der Gewinnabführungsvertrag gilt auch als durchgeführt, wenn der abgeführte Gewinn oder ausgeglichene Verlust auf einem Jahresabschluss beruht, der fehlerhafte Bilanzansätze enthält, sofern

a) der Jahresabschluss wirksam festgestellt ist,

b) die Fehlerhaftigkeit bei Erstellung des Jahresabschlusses unter Anwendung der Sorgfalt eines ordentlichen Kaufmanns nicht hätte erkannt werden müssen und

c) ein von der Finanzverwaltung beanstandeter Fehler spätestens in dem nächsten nach dem Zeitpunkt der Beanstandung des Fehlers aufzustel-

---

[1)] § 14 Abs. 1 Satz 1 Nr. 2 neu gef. mWv VZ 2012 durch G v. 20. 2. 2013 (BGBl. I S. 285).

[2)] § 14 Nr. 3 neu gef. mWv VZ 2003 durch G v. 16. 5. 2003 (BGBl. I S. 660); Sätze 4 und 5 angef. durch G v. 20. 2. 2013 (BGBl. I S. 285).

lenden Jahresabschluss der Organgesellschaft und des Organträgers korrigiert und das Ergebnis entsprechend abgeführt oder ausgeglichen wird, soweit es sich um einen Fehler handelt, der in der Handelsbilanz zu korrigieren ist.

5 Die Voraussetzung des Satzes 4 Buchstabe b gilt bei Vorliegen eines uneingeschränkten Bestätigungsvermerks nach § 322 Absatz 3 des Handelsgesetzbuchs zum Jahresabschluss, zu einem Konzernabschluss, in den der handelsrechtliche Jahresabschluss einbezogen worden ist, oder über die freiwillige Prüfung des Jahresabschlusses oder der Bescheinigung eines Steuerberaters oder Wirtschaftsprüfers über die Erstellung eines Jahresabschlusses mit umfassenden Beurteilungen als erfüllt.

4. Die Organgesellschaft darf Beträge aus dem Jahresüberschuss nur insoweit in die Gewinnrücklagen (§ 272 Abs. 3 des Handelsgesetzbuchs) mit Ausnahme der gesetzlichen Rücklagen einstellen, als dies bei vernünftiger kaufmännischer Beurteilung wirtschaftlich begründet ist.

5.[1] Negative Einkünfte des Organträgers oder der Organgesellschaft bleiben bei der inländischen Besteuerung unberücksichtigt, soweit sie in einem ausländischen Staat im Rahmen der Besteuerung des Organträgers, der Organgesellschaft oder einer anderen Person berücksichtigt werden.

2 Das Einkommen der Organgesellschaft ist dem Organträger erstmals für das Kalenderjahr zuzurechnen, in dem das Wirtschaftsjahr der Organgesellschaft endet, in dem der Gewinnabführungsvertrag wirksam wird.[2]

(2)[3] *(aufgehoben)*

(3)[4] 1 Mehrabführungen, die ihre Ursache in vororganschaftlicher Zeit haben, gelten als Gewinnausschüttungen der Organgesellschaft an den Organträger. 2 Minderabführungen, die ihre Ursache in vororganschaftlicher Zeit haben, sind als Einlage durch den Organträger in die Organgesellschaft zu behandeln. 3 Mehrabführungen nach Satz 1 und Minderabführungen nach Satz 2 gelten in dem Zeitpunkt als erfolgt, in dem das Wirtschaftsjahr der Organgesellschaft endet. 4 Der Teilwertansatz nach § 13 Abs. 3 Satz 1 ist der vororganschaftlichen Zeit zuzurechnen.

(4)[5] 1 Für Minder- und Mehrabführungen, die ihre Ursache in organschaftlicher Zeit haben, ist in der Steuerbilanz des Organträgers ein besonderer aktiver oder passiver Ausgleichsposten in Höhe des Betrags zu bilden, der dem Verhältnis der Beteiligung des Organträgers am Nennkapital der Organgesellschaft entspricht. 2 Im Zeitpunkt der Veräußerung der Organbeteiligung sind die besonderen Ausgleichsposten aufzulösen. 3 Dadurch erhöht oder verringert sich das Einkommen des Organträgers. 4 § 3 Nr. 40, § 3c Abs. 2 des Einkommensteuergesetzes und § 8b dieses Gesetzes sind anzuwenden. 5 Der Veräuße-

---

[1] § 14 Abs. 1 Satz 1 Nr. 5 neu gef. durch G v. 20. 2. 2013 (BGBl. I S. 285).

[2] § 14 Abs. 1 Satz 2 angef. durch G v. 16. 5. 2003 (BGBl. I S. 660).

[3] § 14 bish. Abs. 3 wird Abs. 2 durch G v. 16. 5. 2003 (BGBl. I S. 660); Abs. 2 aufgeh. durch G v. 19. 12. 2008 (BGBl. I S. 2794).

[4] § 14 Abs. 3 angef. durch G v. 9. 12. 2004 (BGBl. I S. 3310).

[5] § 14 Abs. 4 angef. durch G v. 20. 12. 2007 (BGBl. I S. 3150).

rung gleichgestellt sind insbesondere die Umwandlung der Organgesellschaft auf eine Personengesellschaft oder eine natürliche Person, die verdeckte Einlage der Beteiligung an der Organgesellschaft und die Auflösung der Organgesellschaft. 6 Minder- oder Mehrabführungen im Sinne des Satzes 1 liegen insbesondere vor, wenn der an den Organträger abgeführte Gewinn von dem Steuerbilanzgewinn der Organgesellschaft abweicht und diese Abweichung in organschaftlicher Zeit verursacht ist.

[ab 1. 1. 2014:]

(5)[1] 1 Das dem Organträger zuzurechnende Einkommen der Organgesellschaft und damit zusammenhängende andere Besteuerungsgrundlagen werden gegenüber dem Organträger und der Organgesellschaft gesondert und einheitlich festgestellt. 2 Die Feststellungen nach Satz 1 sind für die Besteuerung des Einkommens des Organträgers und der Organgesellschaft bindend. 3 Die Sätze 1 und 2 gelten entsprechend für von der Organgesellschaft geleistete Steuern, die auf die Steuer des Organträgers anzurechnen sind. 4 Zuständig für diese Feststellungen ist das Finanzamt, das für die Besteuerung nach dem Einkommen der Organgesellschaft zuständig ist. 5 Die Erklärung zu den gesonderten und einheitlichen Feststellungen nach den Sätzen 1 und 3 soll mit der Körperschaftsteuererklärung der Organgesellschaft verbunden werden.

§ 15 Ermittlung des Einkommens bei Organschaft. 1 Bei der Ermittlung des Einkommens bei Organschaft gilt abweichend von den allgemeinen Vorschriften Folgendes:

1. Ein Verlustabzug im Sinne des § 10d des Einkommensteuergesetzes ist bei der Organgesellschaft nicht zulässig.
2.[2] 1 § 8b Abs. 1 bis 6 dieses Gesetzes sowie § 4 Abs. 6 des Umwandlungssteuergesetzes sind bei der Organgesellschaft nicht anzuwenden. 2 Sind in dem dem Organträger zugerechneten Einkommen Bezüge, Gewinne oder Gewinnminderungen im Sinne des § 8b Abs. 1 bis 3 dieses Gesetzes oder mit solchen Beträgen zusammenhängende Ausgaben im Sinne des § 3c Abs. 2 des Einkommensteuergesetzes oder ein Übernahmeverlust im Sinne des § 4 Abs. 6 des Umwandlungssteuergesetzes enthalten, sind § 8b dieses Gesetzes, § 4 Abs. 6 des Umwandlungssteuergesetzes sowie § 3 Nr. 40 und § 3c Abs. 2 des Einkommensteuergesetzes bei der Ermittlung des Einkommens des Organträgers anzuwenden. 3 Satz 2 gilt nicht, soweit bei der Organgesellschaft § 8b Abs. 7, 8 oder 10 anzuwenden ist. 4 Für die Anwendung der Beteiligungsgrenze im Sinne des § 8b Absatz 4 in der Fassung des Artikels 1 des Gesetzes vom 21. März 2013 (BGBl. I S. 561) werden Beteiligungen der Organgesellschaft und Beteiligungen des Organträgers getrennt betrachtet.

---

[1] § 14 Abs. 5 angef. durch G v. 20. 2. 2013 (BGBl. I S. 285).

[2] § 15 Satz 1 Nr. 2 neu gef. mWv VZ 2006 durch G v. 7. 12. 2006 (BGBl. I S. 2782); Satz 3 angef. durch G v. 19. 12. 2008 (BGBl. I S. 2794); Satz 4 angef. durch G v. 21. 3. 2013 (BGBl. I S. 561).

3.[1] [1] § 4h des Einkommensteuergesetzes ist bei der Organgesellschaft nicht anzuwenden. [2] Organträger und Organgesellschaften gelten als ein Betrieb im Sinne des § 4h des Einkommensteuergesetzes. [3] Sind in dem dem Organträger zugerechneten Einkommen der Organgesellschaften Zinsaufwendungen und Zinserträge im Sinne des § 4h Abs. 3 des Einkommensteuergesetzes enthalten, sind diese bei Anwendung des § 4h Abs. 1 des Einkommensteuergesetzes beim Organträger einzubeziehen.

4.[2] [1] § 8 Abs. 3 Satz 2 und Abs. 7 ist bei der Organgesellschaft auf Dauerverlustgeschäfte im Sinne des § 8 Abs. 7 Satz 2 nicht anzuwenden. [2] Sind in dem dem Organträger zugerechneten Einkommen Verluste aus Dauerverlustgeschäften im Sinne des § 8 Abs. 7 Satz 2 enthalten, ist § 8 Abs. 3 Satz 2 und Abs. 7 bei der Ermittlung des Einkommens des Organträgers anzuwenden.

5.[2] [1] § 8 Abs. 9 ist bei der Organgesellschaft nicht anzuwenden. [2] Sind in dem dem Organträger zugerechneten Einkommen Einkommen einer Kapitalgesellschaft enthalten, auf die § 8 Abs. 7 Satz 1 Nr. 2 anzuwenden ist, ist § 8 Abs. 9 bei der Ermittlung des Einkommens des Organträgers anzuwenden.

[2] Nummer 2 gilt entsprechend für Gewinnanteile aus der Beteiligung an einer ausländischen Gesellschaft, die nach den Vorschriften eines Abkommens zur Vermeidung der Doppelbesteuerung von der Besteuerung auszunehmen sind.[3]

§ 16 Ausgleichszahlungen. [1] Die Organgesellschaft hat ihr Einkommen in Höhe von $^{20}/_{17}$[4] der geleisteten Ausgleichszahlungen selbst zu versteuern. [2] Ist die Verpflichtung zum Ausgleich vom Organträger erfüllt worden, so hat die Organgesellschaft $^{20}/_{17}$[4] der geleisteten Ausgleichszahlungen anstelle des Organträgers zu versteuern.

§ 17 Andere Kapitalgesellschaften als Organgesellschaft. (1)[5] [1] Die §§ 14 bis 16 gelten entsprechend, wenn eine andere als die in § 14 Absatz 1 Satz 1 bezeichnete Kapitalgesellschaft mit Geschäftsleitung im Inland und Sitz in einem Mitgliedstaat der Europäischen Union oder in einem Vertragsstaat des EWR-Abkommens sich wirksam verpflichtet, ihren ganzen Gewinn an ein anderes Unternehmen im Sinne des § 14 abzuführen. [2] Weitere Voraussetzung ist, dass

1. eine Gewinnabführung den in § 301 des Aktiengesetzes genannten Betrag nicht überschreitet und
2. eine Verlustübernahme *entsprechend den Vorschriften des § 302 des Aktiengesetzes* [***neue Fassung:*** durch Verweis auf die Vorschriften des § 302 des Aktiengesetzes in seiner jeweils gültigen Fassung][6] vereinbart wird.

---

[1] § 15 Satz 1 Nr. 3 angef. durch G v. 14. 8. 2007 (BGBl. I S. 1912).
[2] § 15 Satz 1 Nrn. 4 und 5 angef. durch G v. 19. 12. 2008 (BGBl. I S. 2794).
[3] § 15 Satz 2 angef. mWv VZ 2003 durch G v. 16. 5. 2003 (BGBl. I S. 660).
[4] Geänd. mWv VZ 2008 durch G v. 14. 8. 2007 (BGBl. I S. 1912).
[5] § 17 Abs. 1 geänd. durch G v. 20. 2. 2013 (BGBl. I S. 285).
[6] Zur Anwendung siehe Abs. 2.

(2)[1] Für die Anwendung des Absatzes 1 Satz 2 Nummer 2 gilt § 34 Absatz 10b in der Fassung des Artikels 12 des Gesetzes vom 18. Dezember 2013 (BGBl. I S. 4318)[2] entsprechend fort.

§ 18[3] Ausländische Organträger. *[1] Verpflichtet sich eine Organgesellschaft, ihren ganzen Gewinn an ein ausländisches gewerbliches Unternehmen, das im Inland eine im Handelsregister eingetragene Zweigniederlassung unterhält, abzuführen, so ist das Einkommen der Organgesellschaft den beschränkt steuerpflichtigen Einkünften aus der inländischen Zweigniederlassung zuzurechnen, wenn*

1. der Gewinnabführungsvertrag unter der Firma der Zweigniederlassung abgeschlossen ist und

2. die für die finanzielle Eingliederung erforderliche Beteiligung zum Betriebsvermögen der Zweigniederlassung gehört.

[2] Im Übrigen gelten die Vorschriften der §§ 14 bis 17 sinngemäß.

§ 19 Steuerabzug bei dem Organträger.

[Fassung bis VZ 2011:]

(1) Sind bei der Organgesellschaft die Voraussetzungen für die Anwendung besonderer Tarifvorschriften erfüllt, die einen Abzug von der Körperschaftsteuer vorsehen, und unterliegt der Organträger der Körperschaftsteuer, so sind diese Tarifvorschriften beim Organträger so anzuwenden, als wären die Vorausset-

[Fassung ab VZ 2012:][4]

(1) Sind bei der Organgesellschaft die Voraussetzungen für die Anwendung besonderer Tarifvorschriften erfüllt, die einen Abzug von der Körperschaftsteuer vorsehen, und unterliegt der Organträger der unbeschränkten Körperschaftsteuerpflicht, sind diese Tarifvorschriften beim Organträger so anzuwenden, als wä-

---

[1] § 17 Abs. 2 angef. durch G v. 25. 7. 2014 (BGBl. I S. 1266).

[2] Wortlaut:
„(10b) [1] § 17 Satz 2 Nummer 2 in der Fassung des Artikels 2 des Gesetzes vom 20. Februar 2013 (BGBl. I S. 285) ist erstmals auf Gewinnabführungsverträge anzuwenden, die nach dem Tag des Inkrafttretens dieses Gesetzes abgeschlossen oder geändert werden. [2] Enthält ein Gewinnabführungsvertrag, der vor diesem Zeitpunkt wirksam abgeschlossen wurde, keinen den Anforderungen des § 17 Satz 2 Nummer 2 in der Fassung der Bekanntmachung vom 15. Oktober 2002 (BGBl. I S. 4144), das zuletzt durch Artikel 4 des Gesetzes vom 7. Dezember 2011 (BGBl. I S. 2592) geändert worden ist, entsprechenden Verweis auf § 302 des Aktiengesetzes, steht dies der Anwendung der §§ 14 bis 16 für Veranlagungszeiträume, die vor dem 1. Januar 2015 enden, nicht entgegen, wenn eine Verlustübernahme entsprechend § 302 des Aktiengesetzes tatsächlich erfolgt ist und eine Verlustübernahme entsprechend § 17 Satz 2 Nummer 2 in der Fassung des Artikels 2 des Gesetzes vom 20. Februar 2013 (BGBl. I S. 285) bis zum Ablauf des 31. Dezember 2014 wirksam vereinbart wird. [3] Für die Anwendung des Satzes 2 ist die Vereinbarung einer Verlustübernahme entsprechend § 17 Satz 2 Nummer 2 in der Fassung des Artikels 2 des Gesetzes vom 20. Februar 2013 (BGBl. I S. 285) nicht erforderlich, wenn die steuerliche Organschaft vor dem 1. Janaur 2015 beendet wurde. [4] Die Änderung im Sinne des Satzes 2 eines bestehenden Gewinnabführungsvertrags gilt für die Anwendung des § 14 Absatz 1 Satz 1 Nummer 3 nicht als Neuabschluss."

[3] § 18 aufgeh. mWv VZ 2012 durch G v. 20. 2. 2013 (BGBl. I S. 285).

[4] § 19 Abs. 1 bis 4 neu gef. durch G v. 25. 7. 2014 (BGBl. I S. 1266); zur Anwendung siehe § 34 Abs. 7.

[Fassung bis VZ 2011:]

zungen für ihre Anwendung bei ihm selbst erfüllt.

(2) Unterliegt der Organträger der Einkommensteuer, so gilt Absatz 1 entsprechend, soweit für die Einkommensteuer gleichartige Tarifvorschriften wie für die Körperschaftsteuer bestehen.

(3) [1] Ist der Organträger eine Personengesellschaft, so gelten die Absätze 1 und 2 für die Gesellschafter der Personengesellschaft entsprechend. [2] Bei jedem Gesellschafter ist der Teilbetrag abzuziehen, der dem auf den Gesellschafter entfallenden Bruchteil des dem Organträger zuzurechnenden Einkommens der Organgesellschaft entspricht.

(4) Ist der Organträger ein ausländisches Unternehmen im Sinne des § 18, so gelten die Absätze 1 bis 3 entsprechend, soweit die besonderen Tarifvorschriften bei beschränkt Steuerpflichtigen anwendbar sind.

[Fassung ab VZ 2012:]

ren die Voraussetzungen für ihre Anwendung bei ihm selbst erfüllt.

(2) Unterliegt der Organträger der unbeschränkten Einkommensteuerpflicht, gilt Absatz 1 entsprechend, soweit für die Einkommensteuer gleichartige Tarifvorschriften wie für die Körperschaftsteuer bestehen.

(3) Unterliegt der Organträger nicht der unbeschränkten Körperschaftsteuer- oder Einkommensteuerpflicht, gelten die Absätze 1 und 2 entsprechend, soweit die besonderen Tarifvorschriften bei beschränkt Steuerpflichtigen anwendbar sind.

(4) [1] Ist der Organträger eine Personengesellschaft, gelten die Absätze 1 bis 3 für die Gesellschafter der Personengesellschaft entsprechend. [2] Bei jedem Gesellschafter ist der Teilbetrag abzuziehen, der dem auf den Gesellschafter entfallenden Bruchteil des dem Organträger zuzurechnenden Einkommens der Organgesellschaft entspricht.

(5) Sind in dem Einkommen der Organgesellschaft Betriebseinnahmen enthalten, die einem Steuerabzug unterlegen haben, so ist die einbehaltene Steuer auf die Körperschaftsteuer oder die Einkommensteuer des Organträgers oder, wenn der Organträger eine Personengesellschaft ist, anteilig auf die Körperschaftsteuer oder die Einkommensteuer der Gesellschafter anzurechnen.

Drittes Kapitel. Sondervorschriften für Versicherungsunternehmen, Pensionsfonds und Bausparkassen

§ 20 Schwankungsrückstellungen, Schadenrückstellungen. (1)[1)] [1] Für die Bildung der Rückstellungen zum Ausgleich des schwankenden Jahresbedarfs sind insbesondere folgende Voraussetzungen erforderlich:

1. Es muss nach den Erfahrungen in dem betreffenden Versicherungszweig mit erheblichen Schwankungen des Jahresbedarfs zu rechnen sein.
2. [1] Die Schwankungen des Jahresbedarfs dürfen nicht durch die Prämien ausgeglichen werden. [2] Sie müssen aus den am Bilanzstichtag bestehenden Ver-

---

[1)] § 20 Abs. 1 Satz 2 angef. durch G v. 2. 11. 2015 (BGBl. I S. 1834); zur Anwendung siehe § 34 Abs. 7 a Satz 1.

sicherungsverträgen herrühren und dürfen nicht durch Rückversicherungen gedeckt sein.

2 Auf Schwankungsrückstellungen und ähnliche Rückstellungen im Sinne des § 341 h des Handelsgesetzbuchs ist § 6 Absatz 1 Nummer 3 a Buchstabe e des Einkommensteuergesetzes nicht anzuwenden.

(2)[1)] 1 Bei Rückstellungen für noch nicht abgewickelte Versicherungsfälle (§ 341 g des Handelsgesetzbuchs) sind die Erfahrungen im Sinne des § 6 Abs. 1 Nr. 3 a Buchstabe a des Einkommensteuergesetzes für jeden Versicherungszweig zu berücksichtigen, für den nach aufsichtsrechtlichen Vorschriften eine gesonderte Gewinn- und Verlustrechnung aufzustellen ist. 2 Die Summe der einzelbewerteten Schäden des Versicherungszweiges ist um den Betrag zu mindern (Minderungsbetrag), der wahrscheinlich insgesamt nicht zur Befriedigung der Ansprüche für die Schäden benötigt wird. 3 Für Zwecke der Sätze 1 und 2 haben die Niederlassungen der Versicherungsunternehmen im Sinne des § 341 Absatz 2 Satz 2 des Handelsgesetzbuchs die auf Grund *§ 55 a des Versicherungsaufsichtsgesetzes* [***ab VZ 2016:*** des § 55 a des Versicherungsaufsichtsgesetzes in der am 31. Dezember 2015 geltenden Fassung] erlassene Verordnung über die Berichterstattung von Versicherungsunternehmen gegenüber der Bundesanstalt für Finanzdienstleistungsaufsicht entsprechend anzuwenden.

§ 21 Beitragsrückerstattungen. (1) Beitragsrückerstattungen, die für das selbst abgeschlossene Geschäft auf Grund des Jahresergebnisses oder des versicherungstechnischen Überschusses gewährt werden, sind abziehbar

1. in der Lebens- und Krankenversicherung bis zu dem nach handelsrechtlichen Vorschriften ermittelten Jahresergebnis für das selbst abgeschlossene Geschäft, erhöht um die für Beitragsrückerstattungen aufgewendeten Beträge, soweit die Beträge das Jahresergebnis gemindert haben und die hierfür verwendeten Überschüsse dem Grunde nach steuerpflichtig und nicht steuerbefreit sind, und gekürzt um den Betrag, der sich aus der Auflösung einer Rückstellung nach Absatz 2 Satz 2 ergibt, sowie um den Nettoertrag des nach steuerlichen Vorschriften über die Gewinnermittlung anzusetzenden Betriebsvermögens am Beginn des Wirtschaftsjahrs; für Pensionsfonds gilt Entsprechendes. 2 Als Nettoertrag gilt der Ertrag aus langfristiger Kapitalanlage, der anteilig auf das Betriebsvermögen entfällt, nach Abzug der entsprechenden abziehbaren und nichtabziehbaren Betriebsausgaben;
2. in der Schaden- und Unfallversicherung bis zur Höhe des Überschusses, der sich aus der Beitragseinnahme nach Abzug aller anteiligen abziehbaren und nichtabziehbaren Betriebsausgaben einschließlich der Versicherungsleistungen, Rückstellungen und Rechnungsabgrenzungsposten ergibt. 2 Der Berechnung des Überschusses sind die auf das Wirtschaftsjahr entfallenden Beitragseinnahmen und Betriebsausgaben des einzelnen Versicherungszweiges aus dem selbst abgeschlossenen Geschäft für eigene Rechnung zugrunde zu legen.

[1)] § 20 Abs. 2 Satz 3 angef. mWv VZ 2010 durch G v. 8. 12. 2010 (BGBl. I S. 1768); Abs. 2 Satz 3 geänd. durch G v. 1. 4. 2015 (BGBl. I S. 434); zur Anwendung siehe § 34 Abs. 7 a Satz 2.

(2) [1]Zuführungen zu einer Rückstellung für Beitragsrückerstattung sind insoweit abziehbar, als die ausschließliche Verwendung der Rückstellung für diesen Zweck durch die Satzung oder durch geschäftsplanmäßige Erklärung gesichert ist. [2]Die Rückstellung ist vorbehaltlich des Satzes 3 aufzulösen, soweit sie höher ist als die Summe der in den folgenden Nummern 1 bis 4 bezeichneten Beträge:

[Fassung bis VZ 2009:]

1. die Zuführungen innerhalb des am Bilanzstichtag endenden Wirtschaftsjahrs und der zwei vorangegangenen Wirtschaftsjahre,

[Fassung für VZ 2010 bis 2015:]

1.[1)] die Zuführungen innerhalb des am Bilanzstichtag endenden Wirtschaftsjahrs und der vier vorangegangenen Wirtschaftsjahre, soweit die Summe dieser Beträge nicht höher ist als das 1,2-Fache der Summe der drei Zuführungen, die zum Schluss des im Veranlagungszeitraum 2009 endenden letzten Wirtschaftsjahrs zulässigerweise ermittelt wurden. [2]Der Betrag nach Satz 1 darf nicht niedriger sein als der Betrag, der sich ergeben würde, wenn das vor Inkrafttreten des Artikels 2 des Gesetzes vom 8. Dezember 2010 (BGBl. I S. 1768) geltende Recht weiter anzuwenden wäre,

[Fassung für VZ 2016 bis 2017:][2)]

1. die Zuführungen innerhalb des am Bilanzstichtag endenden Wirtschaftsjahrs und der vier vorangegangenen Wirtschaftsjahre. [2]Der Betrag nach Satz 1 darf nicht niedriger sein als der Betrag, der sich ergeben würde, wenn das am 13. Dezember 2010 geltende Recht weiter anzuwenden wäre,

2. der Betrag, dessen Ausschüttung als Beitragsrückerstattung vom Versicherungsunternehmen vor dem Bilanzstichtag verbindlich festgelegt worden ist,
3. in der Krankenversicherung der Betrag, dessen Verwendung zur Ermäßigung von Beitragserhöhungen im folgenden Geschäftsjahr vom Versicherungsunternehmen vor dem Bilanzstichtag verbindlich festgelegt worden ist,
4. in der Lebensversicherung der Betrag, der für die Finanzierung der auf die abgelaufenen Versicherungsjahre entfallenden Schlussgewinnanteile erforderlich ist; für Pensionsfonds gilt Entsprechendes.

---

1) Fassung gem. § 34 Abs. 8 idF des G v. 25. 7. 2014 (BGBl. I S. 1266).
2) Fassung gem. § 34 Abs. 8 idF des G v. 2. 11. 2015 (BGBl. I S. 1834).

[3]Eine Auflösung braucht nicht zu erfolgen, soweit an die Versicherten Kleinbeträge auszuzahlen wären und die Auszahlung dieser Beträge mit einem unverhältnismäßig hohen Verwaltungsaufwand verbunden wäre.

(3) § 6 Abs. 1 Nr. 3a des Einkommensteuergesetzes ist nicht anzuwenden.

§ 21 a Deckungsrückstellungen. (1) [1]§ 6 Abs. 1 Nr. 3a Buchstabe e des Einkommensteuergesetzes ist von Versicherungsunternehmen und Pensionsfonds mit der Maßgabe anzuwenden, dass Deckungsrückstellungen im Sinne des § 341 f des Handelsgesetzbuchs mit dem sich für die zugrunde liegenden Verträge aus der Bestimmung in Verbindung mit § 25 der Verordnung über die Rechnungslegung von Versicherungsunternehmen oder in Verbindung mit der auf Grund *§ 116* [***ab VZ 2016:*** des § 240 Satz 1 Nummer 10][1)] des Versicherungsaufsichtsgesetzes *zu erlassenden* [***ab VZ 2016:*** erlassenen] Rechtsverordnung ergebenden Höchstzinssatz oder einem niedrigeren zulässigerweise verwendeten Zinssatz abgezinst werden können. [2]Für die von Schaden- und Unfallversicherungsunternehmen gebildeten Renten-Deckungsrückstellungen kann der Höchstzinssatz, der sich *aus § 2 der Deckungsrückstellungsverordnung* [***ab VZ 2016:*** auf Grund der nach § 217 Satz 1 Nummer 7 des Versicherungsaufsichtsgesetzes erlassenen Rechtsverordnung][2)] ergibt, oder ein niedrigerer zulässigerweise verwendeter Zinssatz zugrunde gelegt werden.

(2)[3)] Soweit die in Absatz 1 genannten versicherungsrechtlichen Bestimmungen auf Versicherungsunternehmen mit Sitz in einem anderen Mitgliedsstaat der Europäischen Union oder in einem anderen Vertragsstaat des EWR-Abkommens keine Anwendung finden, können diese entsprechend verfahren.

§ 21 b Zuteilungsrücklage bei Bausparkassen. [1]Bausparkassen im Sinne des § 1 Abs. 1 des Gesetzes über Bausparkassen können Mehrerträge im Sinne des § 6 Abs. 1 Satz 2 des Gesetzes über Bausparkassen in eine den steuerlichen Gewinn mindernde Zuteilungsrücklage einstellen. [2]Diese Rücklage darf 3 Prozent der Bauspareinlagen nicht übersteigen. [3]Soweit die Voraussetzungen für die Auflösung des Sonderpostens im Sinne des § 6 Abs. 1 Satz 2 des Gesetzes über Bausparkassen nach der Rechtsverordnung erfüllt sind, die auf Grund der Ermächtigungsvorschrift des § 10 Satz 1 Nr. 9 des Gesetzes über Bausparkassen erlassen wird, ist die Rücklage gewinnerhöhend aufzulösen.

Viertes Kapitel. Sondervorschriften für Genossenschaften

§ 22 Genossenschaftliche Rückvergütung. (1) [1]Rückvergütungen der Erwerbs- und Wirtschaftsgenossenschaften an ihre Mitglieder sind nur insoweit als Betriebsausgaben abziehbar, als die dafür verwendeten Beträge im Mitgliedergeschäft erwirtschaftet worden sind. [2]Zur Feststellung dieser Beträge ist der Überschuss

---

1) § 21 a Abs. 1 Satz 1 geänd. durch G v. 1. 4. 2015 (BGBl. I S. 434); zur Anwendung siehe § 34 Abs. 8 a; ber. durch G v. 2. 11. 2015 (BGBl. I S. 1834).

2) § 21 a Abs. 1 Satz 2 geänd. durch G v. 1. 4. 2015 (BGBl. I S. 434); zur Anwendung siehe § 34 Abs. 8 a; ber. durch G v. 2. 11. 2015 (BGBl. I S. 1834).

3) § 21 a Abs. 2 geänd. durch G v. 26. 6. 2013 (BGBl. I S. 1809).

1. bei Absatz- und Produktionsgenossenschaften im Verhältnis des Wareneinkaufs bei Mitgliedern zum gesamten Wareneinkauf,
2. bei den übrigen Erwerbs- und Wirtschaftsgenossenschaften im Verhältnis des Mitgliederumsatzes zum Gesamtumsatz

aufzuteilen. [3]Der hiernach sich ergebende Gewinn aus dem Mitgliedergeschäft bildet die obere Grenze für den Abzug. [4]Überschuss im Sinne des Satzes 2 ist das um den Gewinn aus Nebengeschäften geminderte Einkommen vor Abzug der genossenschaftlichen Rückvergütungen und des Verlustabzugs.

(2) [1]Voraussetzung für den Abzug nach Absatz 1 ist, dass die genossenschaftliche Rückvergütung unter Bemessung nach der Höhe des Umsatzes zwischen den Mitgliedern und der Genossenschaft bezahlt ist und dass sie

1. auf einem durch die Satzung der Genossenschaft eingeräumten Anspruch des Mitglieds beruht oder
2. durch Beschluss der Verwaltungsorgane der Genossenschaft festgelegt und der Beschluss den Mitgliedern bekannt gegeben worden ist oder
3. in der Generalversammlung beschlossen worden ist, die den Gewinn verteilt.

[2]Nachzahlungen der Genossenschaft für Lieferungen oder Leistungen und Rückzahlungen von Unkostenbeiträgen sind wie genossenschaftliche Rückvergütungen zu behandeln.

(Fortsetzung nächstes Blatt)

Dritter Teil. Tarif; Besteuerung bei ausländischen Einkunftsteilen

§ 23 Steuersatz. (1) Die Körperschaftsteuer beträgt 15 Prozent[1] des zu versteuernden Einkommens.

(2) Wird die Einkommensteuer auf Grund der Ermächtigung des § 51 Abs. 3 des Einkommensteuergesetzes herabgesetzt oder erhöht, so ermäßigt oder erhöht sich die Körperschaftsteuer entsprechend.

§ 24[2] Freibetrag für bestimmte Körperschaften. [1]Vom Einkommen der steuerpflichtigen Körperschaften, Personenvereinigungen oder Vermögensmassen ist ein Freibetrag von 5000 Euro, höchstens jedoch in Höhe des Einkommens, abzuziehen. [2]Satz 1 gilt nicht

1. für Körperschaften und Personenvereinigungen, deren Leistungen bei den Empfängern zu den Einnahmen im Sinne des § 20 Abs. 1 Nr. 1 oder 2 des Einkommensteuergesetzes gehören,
2. für Vereine im Sinne des § 25.

§ 25 Freibetrag für Erwerbs- und Wirtschaftsgenossenschaften sowie Vereine, die Land- und Forstwirtschaft betreiben. (1)[3] [1]Vom Einkommen der steuerpflichtigen Genossenschaften sowie der steuerpflichtigen Vereine, deren Tätigkeit sich auf den Betrieb der Land- und Forstwirtschaft beschränkt, ist ein Freibetrag in Höhe von 15 000 Euro, höchstens jedoch in Höhe des Einkommens, im Veranlagungszeitraum der Gründung und in den folgenden neun Veranlagungszeiträumen abzuziehen. [2]Voraussetzung ist, dass

1. die Mitglieder der Genossenschaft oder dem Verein Flächen zur Nutzung oder für die Bewirtschaftung der Flächen erforderliche Gebäude überlassen und
2. a) bei Genossenschaften das Verhältnis der Summe der Werte der Geschäftsanteile des einzelnen Mitglieds zu der Summe der Werte aller Geschäftsanteile,

   b) bei Vereinen das Verhältnis des Werts des Anteils an dem Vereinsvermögen, der im Fall der Auflösung des Vereins an das einzelne Mitglied fallen würde, zu dem Wert des Vereinsvermögens

nicht wesentlich von dem Verhältnis abweicht, in dem der Wert der von dem einzelnen Mitglied zur Nutzung überlassenen Flächen und Gebäude zu dem Wert der insgesamt zur Nutzung überlassenen Flächen und Gebäude steht.

(2)[4] Absatz 1 Satz 1 gilt auch für steuerpflichtige Genossenschaften sowie für steuerpflichtige Vereine, die eine gemeinschaftliche Tierhaltung im Sinne des § 51 a des Bewertungsgesetzes betreiben.

---

[1] § 23 geänd. mWv VZ 2008 durch G v. 14. 8. 2007 (BGBl. I S. 1912).
[2] § 24 Satz 1 geänd. mWv VZ 2009 durch G v. 17. 3. 2009 (BGBl. I S. 550).
[3] § 25 Abs. 1 Satz 1 geänd. mWv VZ 2009 durch G v. 17. 3. 2009 (BGBl. I S. 550).
[4] § 25 Abs. 2 neu gef. mWv VZ 2009 durch G v. 17. 3. 2009 (BGBl. I S. 550).

[Fassung bis 31. 12. 2013:]

§ 26 Besteuerung ausländischer Einkunftsteile. (1) Bei unbeschränkt Steuerpflichtigen, die mit ausländischen Einkünften in dem Staat, aus dem die Einkünfte stammen, zu einer der deutschen Körperschaftsteuer entsprechenden Steuer herangezogen werden, ist die festgesetzte und gezahlte und um einen entstandenen Ermäßigungsanspruch gekürzte ausländische Steuer auf die deutsche Körperschaftsteuer anzurechnen, die auf die Einkünfte aus diesem Staat entfällt.

(2) § 50 d Absatz 10 des Einkommensteuergesetzes gilt entsprechend.

(3) bis (5) (weggefallen)

(6) [1] Vorbehaltlich der Sätze 2 und 3 sind § 34 c Abs. 1 Satz 2 bis 5 und Abs. 2 bis 7 des Einkommensteuergesetzes und § 50 Abs. 6 des Einkommensteuergesetzes entsprechend anzuwenden; in den Fällen des § 8 b Abs. 1 Satz 2 und 3 sind vorbehaltlich der Sätze 2 und 3 § 34 c Abs. 1 bis 3 und 6 Satz 6 des Einkommensteuergesetzes und § 50 Abs. 6 des Einkommensteuergesetzes entsprechend anzuwenden. [2] Bei der Anwendung des § 34 c Abs. 1 Satz 2 des Einkommensteuergesetzes ist der Berechnung der auf die ausländischen Einkünfte entfallenden inländischen Körperschaftsteuer die Körperschaftsteuer zugrunde zu legen, die sich ohne Anwendung der §§ 37 und 38 ergibt. [3] Bei der entsprechenden Anwendung des § 34 c Abs. 2 des Einkommensteuergesetzes ist die ausländische Steuer abzuziehen, soweit sie auf ausländische Einkünfte entfällt, die bei der Ermittlung der

[Fassung ab 1. 1. 2014:][1)]

§ 26 Steuerermäßigung bei ausländischen Einkünften. (1) [1] Für die Anrechnung einer der deutschen Körperschaftsteuer entsprechenden ausländischen Steuer auf die deutsche Körperschaftsteuer und für die Berücksichtigung anderer Steuerermäßigungen bei ausländischen Einkünften gelten vorbehaltlich des Satzes 2 und des Absatzes 2 die folgenden Bestimmungen entsprechend:

1. bei unbeschränkt Steuerpflichtigen § 34 c Absatz 1 bis 3 und 5 bis 7 und § 50 d Absatz 10 des Einkommensteuergesetzes sowie
2. bei beschränkt Steuerpflichtigen § 50 Absatz 3 und § 50 d Absatz 10 des Einkommensteuergesetzes.

[2] Dabei ist auf Bezüge im Sinne des § 8 b Absatz 1 Satz 1, die auf Grund des § 8 b Absatz 1 Satz 2 und 3 bei der Ermittlung des Einkommens nicht außer Ansatz bleiben, vorbehaltlich des Absatzes 2 § 34 c Absatz 1 bis 3 und 6 Satz 6 des Einkommensteuergesetzes entsprechend anzuwenden.

(2) [1] Abweichend von § 34 c Absatz 1 Satz 2 des Einkommensteuergesetzes ist die auf die ausländischen Einkünfte entfallende deutsche Körperschaftsteuer in der Weise zu ermitteln, dass die sich bei der Veranlagung des zu versteuernden Einkommens, einschließlich der ausländischen Einkünfte, ohne Anwendung der §§ 37 und 38 ergebende deutsche Körperschaftsteuer im Verhältnis dieser ausländischen Einkünfte zur Summe der Enkünfte aufgeteilt

---

[1)] § 26 neu gef. durch G v. 25. 7. 2014 (BGBl. I S. 1266); Überschr. geänd., Abs. 1 Satz 1 geänd., Abs. 2 Satz 1 neu gef. durch G v. 22. 12. 2014 (BGBl. I S. 2417); zur Anwendung siehe §34 Abs. 9.

[Fassung bis 31. 12. 2013:]

Einkünfte nicht außer Ansatz bleiben. 4 Soweit die in Artikel 6 der Richtlinie 2003/49/EG des Rates vom 3. Juni 2003 über eine gemeinsame Steuerregelung für Zahlungen von Zinsen und Lizenzgebühren zwischen verbundenen Unternehmen verschiedener Mitgliedstaaten (ABl. EU Nr. L 157 S. 49), zuletzt geändert durch die Richtlinie 2004/76/EG des Rates vom 29. April 2004 zur Änderung der Richtlinie 2003/49/EG (ABl. EU Nr. L 157 S. 106, Nr. L 195 S. 33), festgelegten Sätze der Quellensteuer für Zinsen und Lizenzgebühren, die aus Griechenland, Lettland, Litauen, Polen, Portugal, Slowakei, Spanien oder der Tschechischen Republik stammen, niedriger sind als die in den Abkommen zur Vermeidung der Doppelbesteuerung mit diesen Staaten dafür festgelegten Sätze, ist auf Grund des § 34c Abs. 6 in Verbindung mit § 34c Abs. 1 des Einkommensteuergesetzes die Quellensteuer höchstens zu den nach den Richtlinien festgelegten Sätzen anzurechnen. 5 § 34c Abs. 6 Satz 3 des Einkommensteuergesetzes ist bei den aus einem Mitgliedstaat der Europäischen Union stammenden Einkünften auch auf Einkünfte anzuwenden, die nach den Richtlinien nicht besteuert werden können. 6 Eine Zahlung, die von einem Unternehmen der in Satz 3 genannten Staaten oder von einer in diesen Staaten gelegenen Betriebsstätte eines Unternehmens eines Mitgliedstaates der Europäischen Union als Schuldner erfolgt, gilt als aus dem betreffenden Mitgliedstaat der Europäischen Union stammend, wenn die Einkünfte nach Artikel 6 der Richt-

[Fassung ab 1. 1. 2014:]

wird.[1] 2 Bei der entsprechenden Anwendung von § 34c Absatz 2 des Einkommensteuergesetzes ist die ausländische Steuer abzuziehen, soweit sie auf ausländische Einkünfte entfällt, die bei der Ermittlung der Einkünfte nicht außer Ansatz bleiben. 3 § 34c Absatz 6 Satz 3 des Einkommensteuergesetzes ist auch auf Einkünfte entsprechend anzuwenden, die auf Grund einer Verordnung oder Richtlinie der Europäischen Union in einem anderen Mitgliedstaat der Europäischen Union nicht besteuert werden.

---

[1] Zur Anwendung siehe § 34 Abs. 9 Satz 2.

[Fassung bis 31. 12. 2013:]

linie in dem Mitgliedstaat der Europäischen Union besteuert werden können. [7] Soweit ein Abkommen zur Vermeidung der Doppelbesteuerung mit einem dieser Staaten bei Zinsen oder Lizenzgebühren die Anrechnung einer als gezahlt geltenden Steuer vorsieht, ist die Anrechnung bei den unter die Richtlinie fallenden Zinsen und Lizenzgebühren letztmals für den Veranlagungszeitraum zu gewähren, in dem dieser Staat nach Artikel 6 der Richtlinie hierauf noch Quellensteuern erheben kann. [8] Werden die aus den in Satz 3 genannten Staaten stammenden Zinsen oder Lizenzgebühren an eine in der Bundesrepublik Deutschland gelegene Betriebsstätte eines Unternehmens eines anderen Mitgliedstaates der Europäischen Union gezahlt, sind bei Anwendung des § 50 Abs. 6 des Einkommensteuergesetzes die Zinsen und Lizenzgebühren als ausländische Einkünfte anzusehen. [9] Eine Steueranrechnung erfolgt höchstens zu den in Artikel 6 der Richtlinie genannten Sätzen. [10] Die *Sätze 1 bis 8*[1] sind im Fall der Besteuerung nach Artikel 15 Abs. 2 Satz 2 des Abkommens zwischen der Europäischen Union und der Schweizerischen Eidgenossenschaft über Regelungen, die den in der Richtlinie 2003/48/EG des Rates im Bereich der Besteuerung von Zinserträgen festgelegten Regelungen gleichwertig sind (ABl. EU 2004 Nr. L 385 S. 30), entsprechend anzuwenden.

---

[1] Jetzt „Sätze 1 bis 9".

Vierter Teil. Nicht in das Nennkapital geleistete Einlagen und Entstehung und Veranlagung

§ 27[1)] Nicht in das Nennkapital geleistete Einlagen. (1)[2)] [1]Die unbeschränkt steuerpflichtige Kapitalgesellschaft hat die nicht in das Nennkapital geleisteten Einlagen am Schluss jedes Wirtschaftsjahrs auf einem besonderen Konto (steuerliches Einlagekonto) auszuweisen. [2]Das steuerliche Einlagekonto ist ausgehend von dem Bestand am Ende des vorangegangenen Wirtschaftsjahrs um die jeweiligen Zu- und Abgänge des Wirtschaftsjahrs fortzuschreiben. [3]Leistungen der Kapitalgesellschaft mit Ausnahme der Rückzahlung von Nennkapital im Sinne des § 28 Abs. 2 Satz 2 und 3 mindern das steuerliche Einlagekonto unabhängig von ihrer handelsrechtlichen Einordnung nur, soweit sie den auf den Schluss des vorangegangenen Wirtschaftsjahrs ermittelten ausschüttbaren Gewinn übersteigen (Einlagenrückgewähr). [4]Der Bestand des steuerlichen Einlagekontos kann durch Leistungen nicht negativ werden; Absatz 6 bleibt unberührt. [5]Als ausschüttbarer Gewinn gilt das um das gezeichnete Kapital geminderte in der Steuerbilanz ausgewiesene Eigenkapital abzüglich des Bestands des steuerlichen Einlagekontos.

(2) [1]Der unter Berücksichtigung der Zu- und Abgänge des Wirtschaftsjahrs ermittelte Bestand des steuerlichen Einlagekontos wird gesondert festgestellt. [2]Der Bescheid über die gesonderte Feststellung ist Grundlagenbescheid für den Bescheid über die gesonderte Feststellung zum folgenden Feststellungszeitpunkt. [3]Bei Eintritt in die unbeschränkte Steuerpflicht ist der zum Zeitpunkt des Eintritts in die Steuerpflicht vorhandene Bestand der nicht in das Nennkapital geleisteten Einlagen gesondert festzustellen; der gesondert festgestellte Bestand gilt als Bestand des steuerlichen Einlagekontos am Ende des vorangegangenen Wirtschaftsjahrs. [4]Kapitalgesellschaften haben auf den Schluss jedes Wirtschaftsjahrs Erklärungen zur gesonderten Feststellung von Besteuerungsgrundlagen abzugeben. [5]Die Erklärungen sind von den in § 34 der Abgabenordnung bezeichneten Personen eigenhändig zu unterschreiben.

(3) [1]Erbringt eine Kapitalgesellschaft für eigene Rechnung Leistungen, die nach Absatz 1 Satz 3 als Abgang auf dem steuerlichen Einlagekonto zu berücksichtigen sind, so ist sie verpflichtet, ihren Anteilseignern die folgenden Angaben nach amtlich vorgeschriebenem Muster zu bescheinigen:

1. den Namen und die Anschrift des Anteilseigners,
2. die Höhe der Leistungen, soweit das steuerliche Einlagekonto gemindert wurde,
3. den Zahlungstag.

[1)] § 27 Abs. 1 bish. Satz 3 ersetzt durch Sätze 3 und 4, bish. Satz 6 aufgeh., Abs. 2 Satz 3 eingef., Abs. 5 und Abs. 7 neu gef., Abs. 8 angef. mWv VZ 2006 durch G v. 7. 12. 2006 (BGBl. I S. 2782, ber. BGBl. 2007 I S. 68).

[2)] § 27 Abs. 1 Satz 3 Zitat ergänzt durch G v. 20. 12. 2007 (BGBl. I S. 3150); Abs. 1 Satz 6 aufgeh. durch G v. 25. 7. 2014 (BGBl. I S. 1266); zur Anwendung siehe § 34 Abs. 10.

[2]Die Bescheinigung braucht nicht unterschrieben zu werden, wenn sie in einem maschinellen Verfahren ausgedruckt worden ist und den Aussteller erkennen lässt.

(4) [1]Ist die in Absatz 1 bezeichnete Leistung einer Kapitalgesellschaft von der Vorlage eines Dividendenscheins abhängig und wird sie für Rechnung der Kapitalgesellschaft durch ein inländisches Kreditinstitut erbracht, so hat das Institut dem Anteilseigner eine Bescheinigung mit den in Absatz 3 Satz 1 bezeichneten Angaben nach amtlich vorgeschriebenem Muster zu erteilen. [2]Aus der Bescheinigung muss ferner hervorgehen, für welche Kapitalgesellschaft die Leistung erbracht wird. [3]Die Sätze 1 und 2 gelten entsprechend, wenn anstelle eines inländischen Kreditinstituts eine inländische Zweigniederlassung eines der in § 53 b Absatz 1 oder 7 des *Gesetzes über das Kreditwesen genannten Institute oder* [***ab VZ 2015:*** Kreditwesengesetzes genannten][1)] Unternehmen die Leistung erbringt.

(5) [1]Ist für eine Leistung der Kapitalgesellschaft die Minderung des Einlagekontos zu niedrig bescheinigt worden, bleibt die der Bescheinigung zugrunde gelegte Verwendung unverändert. [2]Ist für eine Leistung bis zum Tag der Bekanntgabe der erstmaligen Feststellung im Sinne des Absatzes 2 zum Schluss des Wirtschaftsjahrs der Leistung eine Steuerbescheinigung im Sinne des Absatzes 3 nicht erteilt worden, gilt der Betrag der Einlagenrückgewähr als mit 0 Euro bescheinigt. [3]In den Fällen der Sätze 1 und 2 ist eine Berichtigung oder erstmalige Erteilung von Steuerbescheinigungen im Sinne des Absatzes 3 nicht zulässig. [4]In anderen Fällen ist die auf den überhöht ausgewiesenen Betrag der Einlagenrückgewähr entfallende Kapitalertragsteuer durch Haftungsbescheid geltend zu machen; § 44 Abs. 5 Satz 1 zweiter Halbsatz des Einkommensteuergesetzes gilt insoweit nicht. [5]Die Steuerbescheinigungen können berichtigt werden. [6]Die Feststellung im Sinne des Absatzes 2 für das Wirtschaftsjahr, in dem die entsprechende Leistung erfolgt ist, ist an die der Kapitalertragsteuerhaftung nach Satz 4 zugrunde gelegte Einlagenrückgewähr anzupassen.

(6)[2)] Minderabführungen erhöhen und Mehrabführungen mindern das Einlagekonto einer Organgesellschaft, wenn sie ihre Ursache in organschaftlicher Zeit haben.

(7) Die vorstehenden Absätze gelten sinngemäß für andere unbeschränkt steuerpflichtige Körperschaften und Personenvereinigungen, die Leistungen im Sinne des § 20 Abs. 1 Nr. 1, 9 oder Nr. 10 des Einkommensteuergesetzes gewähren können.

(8) [1]Eine Einlagenrückgewähr können auch Körperschaften oder Personenvereinigungen erbringen, die in einem anderen Mitgliedstaat der Europäischen Union der unbeschränkten Steuerpflicht unterliegen, wenn sie Leistungen im Sinne des § 20 Abs. 1 Nr. 1 oder 9 des Einkommensteuergesetzes gewähren können. [2]Die Einlagenrückgewähr ist in entsprechender Anwendung der Absätze 1 bis 6 und der §§ 28 und 29 zu ermitteln. [3]Der als Leistung im Sinne des Satzes 1 zu berücksichtigende Betrag wird auf Antrag der Körperschaft oder Personenvereinigung für den jeweiligen Veranlagungszeitraum gesondert

---

[1)] Verweis geänd. mWv VZ 2015 durch G v. 25. 7. 2014 (BGBl. I S. 1266).

[2)] § 27 Abs. 6 Sätze 2 bis 4 aufgeh. mWv VZ 2008 durch G v. 20. 12. 2007 (BGBl. I S. 3150).

festgestellt. [4]Der Antrag ist nach amtlich vorgeschriebenem Vordruck bis zum Ende des Kalenderjahrs zu stellen, das auf das Kalenderjahr folgt, in dem die Leistung erfolgt ist. [5]Zuständig für die gesonderte Feststellung ist die Finanzbehörde, die im Zeitpunkt der Abgabe des Antrags nach § 20 der Abgabenordnung für die Besteuerung nach dem Einkommen örtlich zuständig ist. [6]Bei Körperschaften oder Personenvereinigungen, für die im Zeitpunkt der Antragstellung nach § 20 der Abgabenordnung keine Finanzbehörde zuständig ist, ist abweichend von Satz 5 das Bundeszentralamt für Steuern zuständig. [7]Im Antrag sind die für die Berechnung der Einlagenrückgewähr erforderlichen Umstände darzulegen. [8]In die Bescheinigung nach Absatz 3 ist das Aktenzeichen der nach Satz 5 oder 6 zuständigen Behörde aufzunehmen. [9]Soweit Leistungen nach Satz 1 nicht gesondert festgestellt worden sind, gelten sie als Gewinnausschüttung, die beim Anteilseigner zu Einnahmen im Sinne des § 20 Abs. 1 Nr. 1 oder 9 des Einkommensteuergesetzes führen.

§ 28 Umwandlung von Rücklagen in Nennkapital und Herabsetzung des Nennkapitals. (1) [1]Wird das Nennkapital durch Umwandlung von Rücklagen erhöht, so gilt der positive Bestand des steuerlichen Einlagekontos als vor den sonstigen Rücklagen umgewandelt. [2]Maßgeblich ist dabei der sich vor Anwendung des Satzes 1 ergebende Bestand des steuerlichen Einlagekontos zum Schluss des Wirtschaftsjahrs der Rücklagenumwandlung. [3]Enthält das Nennkapital auch Beträge, die ihm durch Umwandlung von sonstigen Rücklagen mit Ausnahme von aus Einlagen der Anteilseigner stammenden Beträgen zugeführt worden sind, so sind diese Teile des Nennkapitals getrennt auszuweisen und gesondert festzustellen (Sonderausweis). [4]§ 27 Abs. 2 gilt entsprechend.

(2)[1)] [1]Im Fall der Herabsetzung des Nennkapitals oder der Auflösung der Körperschaft wird zunächst der Sonderausweis zum Schluss des vorangegangenen Wirtschaftsjahrs gemindert; ein übersteigender Betrag ist dem steuerlichen Einlagekonto gutzuschreiben, soweit die Einlage in das Nennkapital geleistet ist. [2]Die Rückzahlung des Nennkapitals gilt, soweit der Sonderausweis zu mindern ist, als Gewinnausschüttung, die beim Anteilseigner zu Bezügen im Sinne des § 20 Abs. 1 Nr. 2 des Einkommensteuergesetzes führt. [3]Ein den Sonderausweis übersteigender Betrag ist vom positiven Bestand des steuerlichen Einlagekontos abzuziehen. [4]Soweit der positive Bestand des steuerlichen Einlagekontos für den Abzug nach Satz 3 nicht ausreicht, gilt die Rückzahlung des Nennkapitals ebenfalls als Gewinnausschüttung, die beim Anteilseigner zu Bezügen im Sinne des § 20 Abs. 1 Nr. 2 des Einkommensteuergesetzes führt.

(3) Ein Sonderausweis zum Schluss des Wirtschaftsjahrs vermindert sich um den positiven Bestand des steuerlichen Einlagekontos zu diesem Stichtag; der Bestand des steuerlichen Einlagekontos vermindert sich entsprechend.

§ 29 Kapitalveränderungen bei Umwandlungen. (1)[2)] In Umwandlungsfällen im Sinne des § 1 des Umwandlungsgesetzes gilt das Nennkapital der über-

---

1) § 28 Abs. 2 neu gef. mWv VZ 2006 durch G v. 7. 12. 2006 (BGBl. I S. 2782).

2) § 29 Abs. 1 ergänzt durch G v. 9. 12. 2004 (BGBl. I S. 3310).

tragenden Kapitalgesellschaft und bei Anwendung des Absatzes 2 Satz 3 und des Absatzes 3 Satz 3 zusätzlich das Nennkapital der übernehmenden Kapitalgesellschaft als in vollem Umfang nach § 28 Abs. 2 Satz 1 herabgesetzt.

(2) [1] Geht das Vermögen einer Kapitalgesellschaft durch Verschmelzung nach § 2 des Umwandlungsgesetzes auf eine unbeschränkt steuerpflichtige Körperschaft über, so ist der Bestand des steuerlichen Einlagekontos dem steuerlichen Einlagekonto der übernehmenden Körperschaft hinzuzurechnen. [2] Eine Hinzurechnung des Bestands des steuerlichen Einlagekontos nach Satz 1 unterbleibt im Verhältnis des Anteils des Übernehmers an dem übertragenden Rechtsträger. [3] Der Bestand des Einlagekontos des Übernehmers mindert sich anteilig im Verhältnis des Anteils des übertragenden Rechtsträgers am Übernehmer.

(3) [1] Geht Vermögen einer Kapitalgesellschaft durch Aufspaltung oder Abspaltung im Sinne des § 123 Abs. 1 und 2 des Umwandlungsgesetzes auf eine unbeschränkt steuerpflichtige Körperschaft über, so ist der Bestand des steuerlichen Einlagekontos der übertragenden Kapitalgesellschaft einer übernehmenden Körperschaft im Verhältnis der übergehenden Vermögensteile zu dem bei der übertragenden Kapitalgesellschaft vor dem Übergang bestehenden Vermögen zuzuordnen, wie es in der Regel in den Angaben zum Umtauschverhältnis der Anteile im Spaltungs- und Übernahmevertrag oder im Spaltungsplan (§ 126 Abs. 1 Nr. 3, § 136 des Umwandlungsgesetzes) zum Ausdruck kommt. [2] Entspricht das Umtauschverhältnis der Anteile nicht dem Verhältnis der übergehenden Vermögensteile zu dem bei der übertragenden Kapitalgesellschaft vor der Spaltung bestehenden Vermögen, ist das Verhältnis der gemeinen Werte der übergehenden Vermögensteile zu dem vor der Spaltung vorhandenen Vermögen maßgebend. [3] Für die Entwicklung des steuerlichen Einlagekontos des Übernehmers gilt Absatz 2 Satz 2 und 3 entsprechend. [4] Soweit das Vermögen durch Abspaltung auf eine Personengesellschaft übergeht, mindert sich das steuerliche Einlagekonto der übertragenden Kapitalgesellschaft in dem Verhältnis der übergehenden Vermögensteile zu dem vor der Spaltung bestehenden Vermögen.

(4) Nach Anwendung der Absätze 2 und 3 ist für die Anpassung des Nennkapitals der umwandlungsbeteiligten Kapitalgesellschaften § 28 Abs. 1 und 3 anzuwenden.

(5)[1)] Die vorstehenden Absätze gelten sinngemäß für andere unbeschränkt steuerpflichtige Körperschaften und Personenvereinigungen, die Leistungen im Sinne des § 20 Abs. 1 Nr. 1, 9 und 10 des Einkommensteuergesetzes gewähren können.

(6)[1)] [1] War für die übertragende Körperschaft oder Personenvereinigung ein Einlagekonto bisher nicht festzustellen, tritt für die Anwendung der vorstehenden Absätze an die Stelle des Einlagekontos der Bestand der nicht in das Nennkapital geleisteten Einlagen zum Zeitpunkt des Vermögensübergangs. [2] § 27 Abs. 8 gilt entsprechend.

[1)] § 29 Abs. 5 neu gef., Abs. 6 angef. mWv VZ 2006 durch G v. 7. 12. 2006 (BGBl. I S. 2782).

§ 30 Entstehung der Körperschaftsteuer. Die Körperschaftsteuer entsteht

1. für Steuerabzugsbeträge in dem Zeitpunkt, in dem die steuerpflichtigen Einkünfte zufließen,
2. für Vorauszahlungen mit Beginn des Kalendervierteljahrs, in dem die Vorauszahlungen zu entrichten sind, oder, wenn die Steuerpflicht erst im Laufe des Kalenderjahrs begründet wird, mit Begründung der Steuerpflicht,
3. für die veranlagte Steuer mit Ablauf des Veranlagungszeitraums, soweit nicht die Steuer nach Nummer 1 oder 2 schon früher entstanden ist.

§ 31 Steuererklärungspflicht, Veranlagung und Erhebung der Körperschaftsteuer. (1) [1]Auf die Durchführung der Besteuerung einschließlich der Anrechnung, Entrichtung und Vergütung der Körperschaftsteuer sowie die Festsetzung und Erhebung von Steuern, die nach der veranlagten Körperschaftsteuer bemessen werden (Zuschlagsteuern), sind die Vorschriften des Einkommensteuergesetzes entsprechend anzuwenden, soweit dieses Gesetz nichts anderes bestimmt. [2]*Wird der Gewinn durch Bestandsvergleich ermittelt, sind bei der Festsetzung der Vorauszahlungen die Änderungen durch das Unternehmensteuerreformgesetz 2008 vom 14. August 2007 (BGBl. I S. 1912) zu berücksichtigen, wenn der Steuerpflichtige dies nach amtlich vorgeschriebenem Vordruck beantragt oder das Finanzamt den Steuerpflichtigen zur Abgabe des Vordrucks auffordert.*[1)] [3]Die sich im Zuge der Festsetzung ergebenden einzelnen Körperschaftsteuerbeträge sind jeweils zu Gunsten des Steuerpflichtigen auf volle Euro-Beträge zu runden. [4]§ 37b des Einkommensteuergesetzes findet entsprechende Anwendung.

(1 a)[2)] [1]Die Körperschaftsteuererklärung und die Erklärung zur gesonderten Feststellung von Besteuerungsgrundlagen sind nach amtlich vorgeschriebenem Datensatz durch Datenfernübertragung zu übermitteln. [2]Auf Antrag kann die Finanzbehörde zur Vermeidung unbilliger Härten auf eine elektronische Übermittlung verzichten; in diesem Fall sind die Erklärungen nach amtlich vorgeschriebenem Vordruck abzugeben und vom gesetzlichen Vertreter des Steuerpflichtigen eigenhändig zu unterschreiben.

(2) Bei einem vom Kalenderjahr abweichenden Wirtschaftsjahr gilt § 37 Abs. 1 des Einkommensteuergesetzes mit der Maßgabe, dass die Vorauszahlungen auf die Körperschaftsteuer bereits während des Wirtschaftsjahrs zu entrichten sind, das im Veranlagungszeitraum endet.

§ 32 Sondervorschriften für den Steuerabzug. (1) Die Körperschaftsteuer für Einkünfte, die dem Steuerabzug unterliegen, ist durch den Steuerabzug abgegolten,

1. wenn die Einkünfte nach § 5 Abs. 2 Nr. 1 von der Steuerbefreiung ausgenommen sind oder

---

1) § 31 Abs. 1 Satz 2 eingef. mWv VZ 2008 durch G v. 14. 8. 2007 (BGBl. I S. 1912) und aufgeh. mWv VZ 2015 durch G v. 25. 7. 2014 (BGBl. I S. 1266).

2) § 31 Abs. 1a eingef. mWv VZ 2011 durch G v. 20. 12. 2008 (BGBl. I S. 2850).

2. wenn der Bezieher der Einkünfte beschränkt steuerpflichtig ist und die Einkünfte nicht in einem inländischen gewerblichen oder land- oder forstwirtschaftlichen Betrieb angefallen sind.

(2)[1] Die Körperschaftsteuer ist nicht abgegolten,

1. wenn bei dem Steuerpflichtigen während eines Kalenderjahrs sowohl unbeschränkte Steuerpflicht als auch beschränkte Steuerpflicht im Sinne des § 2 Nr. 1 bestanden hat; in diesen Fällen sind die während der beschränkten Steuerpflicht erzielten Einkünfte in eine Veranlagung zur unbeschränkten Körperschaftsteuerpflicht einzubeziehen;
2.[2] für Einkünfte, die dem Steuerabzug nach § 50 a Abs. 1 Nr. 1, 2 oder Nr. 4 des Einkommensteuergesetzes unterliegen, wenn der Gläubiger der Vergütungen eine Veranlagung zur Körperschaftsteuer beantragt;
3. soweit der Steuerpflichtige wegen der Steuerabzugsbeträge in Anspruch genommen werden kann oder
4. soweit § 38 Abs. 2 anzuwenden ist.

(3)[3] [1]Von den inländischen Einkünften im Sinne des § 2 Nr. 2 zweiter Halbsatz ist ein Steuerabzug vorzunehmen; Entsprechendes gilt, wenn die inländischen Einkünfte im Sinne des § 2 Nr. 2 zweiter Halbsatz von einer nach § 5 Abs. 1 oder nach anderen Gesetzen als dem Körperschaftsteuergesetz steuerbefreiten Körperschaft, Personenvereinigung oder Vermögensmasse erzielt werden. [2]Der Steuersatz beträgt 15 Prozent des Entgelts. [3]Die für den Steuerabzug von Kapitalerträgen im Sinne des § 43 Abs. 1 Satz 1 *Nr. 1* ***[ab 1. 1. 2012:*** Nummer 1 und 1 a][4] geltenden Vorschriften des Einkommensteuergesetzes mit Ausnahme des § 44 Abs. 2 und § 44 a Abs. 8 des Einkommensteuergesetzes sind entsprechend anzuwenden. [4]Der Steuerabzug ist bei Einnahmen oder Bezügen im Sinne des § 2 Nr. 2 zweiter Halbsatz Buchstabe c von der anderen Körperschaft im Sinne des § 8 b Abs. 10 Satz 2 vorzunehmen. [5]In Fällen des Satzes 4 hat die überlassende Körperschaft der anderen Körperschaft den zur Deckung der Kapitalertragsteuer notwendigen Betrag zur Verfügung zu stellen; § 44 Abs. 1 Satz 8 und 9 des Einkommensteuergesetzes gilt entsprechend.

(4)[5] [1]Absatz 2 Nr. 2 gilt nur für beschränkt steuerpflichtige Körperschaften, Personenvereinigungen oder Vermögensmassen im Sinne des § 2 Nr. 1, die nach den Rechtsvorschriften eines Mitgliedstaats der Europäischen Union oder nach den Rechtsvorschriften eines Staates, auf den das Abkommen über den Europäischen Wirtschaftsraum vom 3. Januar 1994 (ABl. EG Nr. L 1 S. 3), zuletzt geändert durch den Beschluss des Gemeinsamen EWR-Aus-

---

[1] § 32 Abs. 2 neu gef. mWv VZ 2009 durch G v. 19. 12. 2008 (BGBl. I S. 2794).

[2] Vgl. hierzu Art. 1 § 1 Nr. 3 der VO zur Übertragung der Zuständigkeit für das Steuerabzugs- und Veranlagungsverfahren auf das Bundeszentralamt für Steuern und zur Regelung verschiedener Anwendungszeitpunkte vom 24. 6. 2013 (BGBl. I S. 1679).

[3] § 32 Abs. 3 angef. durch G v. 14. 8. 2007 (BGBl. I S. 1912).

[4] Verweis geänd. durch G v. 22. 6. 2011 (BGBl. I S. 1126); zur Anwendung von § 43 Abs. 1 Satz 1 Nr. 1 a siehe § 52 a Abs. 16 b EStG (Nr. **1**).

[5] § 32 Abs. 4 angef. mWv VZ 2009 durch G v. 19. 12. 2008 (BGBl. I S. 2794); Satz 1 geänd. durch G v. 26. 6. 2013 (BGBl. I S. 1809).

schusses Nr. 91/2007 vom 6. Juli 2007 (ABl. EU Nr. L 328 S. 40), in der jeweiligen Fassung Anwendung findet, gegründete Gesellschaften im Sinne des Artikels 54 des Vertrags über die Arbeitsweise der Europäischen Union oder des Artikels 34 des Abkommens über den Europäischen Wirtschaftsraum sind, deren Sitz und Ort der Geschäftsleitung sich innerhalb des Hoheitsgebiets eines dieser Staaten befindet. [2]Europäische Gesellschaften sowie Europäische Genossenschaften gelten für die Anwendung des Satzes 1 als nach den Rechtsvorschriften des Staates gegründete Gesellschaften, in dessen Hoheitsgebiet sich der Sitz der Gesellschaften befindet.

(5)[1)] [1]Ist die Körperschaftsteuer des Gläubigers für Kapitalerträge im Sinne des § 20 Abs. 1 Nummer 1 des Einkommensteuergesetzes nach Absatz 1 abgegolten, wird dem Gläubiger der Kapitalerträge auf Antrag die einbehaltene und abgeführte Kapitalertragsteuer nach Maßgabe des § 36 Absatz 2 Nummer 2 des Einkommensteuergesetzes erstattet, wenn

1. der Gläubiger der Kapitalerträge eine nach § 2 Nummer 1 beschränkt steuerpflichtige Gesellschaft ist, die
   a) zugleich eine Gesellschaft im Sinne des Artikels 54 des Vertrags über die Arbeitsweise der Europäischen Union oder des Artikels 34 des Abkommens über den Europäischen Wirtschaftsraum ist,
   b) ihren Sitz und Ort der Geschäftsleitung innerhalb des Hoheitsgebiets eines Mitgliedstaates der Europäischen Union oder eines Staates, auf den das Abkommen über den Europäischen Wirtschaftsraum Anwendung findet, hat,
   c) im Staat des Orts ihrer Geschäftsleitung ohne Wahlmöglichkeit einer mit § 1 vergleichbaren unbeschränkten Steuerpflicht unterliegt, ohne von dieser befreit zu sein, und
2. der Gläubiger unmittelbar am Grund- oder Stammkapital der Schuldnerin der Kapitalerträge beteiligt ist und die Mindestbeteiligungsvoraussetzung des § 43b Absatz 2 des Einkommensteuergesetzes nicht erfüllt.

[2]Satz 1 gilt nur, soweit

1. keine Erstattung der betreffenden Kapitalertragsteuer nach anderen Vorschriften vorgesehen ist,
2. die Kapitalerträge nach § 8 b Absatz 1 bei der Einkommensermittlung außer Ansatz bleiben würden,
3. die Kapitalerträge aufgrund ausländischer Vorschriften keiner Person zugerechnet werden, die keinen Anspruch auf Erstattung nach Maßgabe dieses Absatzes hätte, wenn sie die Kapitalerträge unmittelbar erzielte,
4. ein Anspruch auf völlige oder teilweise Erstattung der Kapitalertragsteuer bei entsprechender Anwendung des § 50 d Absatz 3 des Einkommensteuergesetzes nicht ausgeschlossen wäre und
5. die Kapitalertragsteuer nicht beim Gläubiger oder einem unmittelbar oder mittelbar am Gläubiger beteiligten Anteilseigner angerechnet oder als Be-

---

[1)] § 32 Abs. 5 angef. durch G v. 21. 3. 2013 (BGBl. I S. 561).

triebsausgabe oder als Werbungskosten abgezogen werden kann; die Möglichkeit eines Anrechnungsvortrags steht der Anrechnung gleich.

[3]Der Gläubiger der Kapitalerträge hat die Voraussetzungen für die Erstattung nachzuweisen. [4]Er hat insbesondere durch eine Bescheinigung der Steuerbehörden seines Ansässigkeitsstaates nachzuweisen, dass er in diesem Staat als steuerlich ansässig betrachtet wird, dort unbeschränkt körperschaftsteuerpflichtig und nicht von der Körperschaftsteuer befreit sowie der tatsächliche Empfänger der Kapitalerträge ist. [5]Aus der Bescheinigung der ausländischen Steuerverwaltung muss hervorgehen, dass die deutsche Kapitalertragsteuer nicht angerechnet, nicht abgezogen oder nicht vorgetragen werden kann und inwieweit eine Anrechnung, ein Abzug oder Vortrag auch tatsächlich nicht erfolgt ist. [6]Die Erstattung der Kapitalertragsteuer erfolgt für alle in einem Kalenderjahr bezogenen Kapitalerträge im Sinne des Satzes 1 auf der Grundlage eines Freistellungsbescheids nach § 155 Absatz 1 Satz 3 der Abgabenordnung.

§ 32 a[1)] Erlass, Aufhebung oder Änderung von Steuerbescheiden bei verdeckter Gewinnausschüttung oder verdeckter Einlage. (1) [1]Soweit gegenüber einer Körperschaft ein Steuerbescheid hinsichtlich der Berücksichtigung einer verdeckten Gewinnausschüttung erlassen, aufgehoben oder geändert wird, kann ein Steuerbescheid oder ein Feststellungsbescheid gegenüber dem Gesellschafter, dem die verdeckte Gewinnausschüttung zuzurechnen ist, oder einer diesem nahe stehenden Person erlassen, aufgehoben oder geändert werden. [2]Die Festsetzungsfrist endet insoweit nicht vor Ablauf eines Jahres nach Unanfechtbarkeit des Steuerbescheides der Körperschaft. [3]Die Sätze 1 und 2 gelten auch für verdeckte Gewinnausschüttungen an Empfänger von Bezügen im Sinne des § 20 Abs. 1 Nr. 9 und 10 Buchstabe a des Einkommensteuergesetzes.

(2) [1]Soweit gegenüber dem Gesellschafter ein Steuerbescheid oder ein Feststellungsbescheid hinsichtlich der Berücksichtigung einer verdeckten Einlage erlassen, aufgehoben oder geändert wird, kann ein Steuerbescheid gegenüber der Körperschaft, welcher der Vermögensvorteil zugewendet wurde, aufgehoben, erlassen oder geändert werden. [2]Absatz 1 Satz 2 gilt entsprechend.

Fünfter Teil. Ermächtigungs- und Schlussvorschriften

§ 33 Ermächtigungen. (1) Die Bundesregierung wird ermächtigt, zur Durchführung dieses Gesetzes mit Zustimmung des Bundesrates durch Rechtsverordnung

1. zur Wahrung der Gleichmäßigkeit bei der Besteuerung, zur Beseitigung von Unbilligkeiten in Härtefällen und zur Vereinfachung des Besteuerungsverfahrens den Umfang der Steuerbefreiungen nach § 5 Abs. 1 Nr. 3 und 4 näher zu bestimmen. [2]Dabei können

---

1) § 32 a eingef. durch G v. 13. 12. 2006 (BGBl. I S. 2878).

a) zur Durchführung des § 5 Abs. 1 Nr. 3 Vorschriften erlassen werden, nach denen die Steuerbefreiung nur eintritt,
   aa) wenn die Leistungsempfänger nicht überwiegend aus dem Unternehmer oder seinen Angehörigen, bei Gesellschaften aus den Gesellschaftern und ihren Angehörigen bestehen,
   bb) wenn bei Kassen mit Rechtsanspruch der Leistungsempfänger die Rechtsansprüche und bei Kassen ohne Rechtsanspruch der Leistungsempfänger die laufenden Kassenleistungen und das Sterbegeld bestimmte Beträge nicht übersteigen, die dem Wesen der Kasse als soziale Einrichtung entsprechen,
   cc) wenn bei Auflösung der Kasse ihr Vermögen satzungsmäßig nur für soziale Zwecke verwendet werden darf,
   dd) wenn rechtsfähige Pensions-, Sterbe- und Krankenkassen der Versicherungsaufsicht unterliegen,
   ee) wenn bei rechtsfähigen Unterstützungskassen die Leistungsempfänger zu laufenden Beiträgen oder Zuschüssen nicht verpflichtet sind und die Leistungsempfänger oder die Arbeitnehmervertretungen des Betriebs oder der Dienststelle an der Verwaltung der Beträge, die der Kasse zufließen, beratend mitwirken können;
b) zur Durchführung des § 5 Abs. 1 Nr. 4 Vorschriften erlassen werden
   aa) über die Höhe der für die Inanspruchnahme der Steuerbefreiung zulässigen Beitragseinnahmen,
   bb) nach denen bei Versicherungsvereinen auf Gegenseitigkeit, deren Geschäftsbetrieb sich auf die Sterbegeldversicherung beschränkt, die Steuerbefreiung unabhängig von der Höhe der Beitragseinnahmen auch eintritt, wenn die Höhe des Sterbegeldes insgesamt die Leistung der nach § 5 Abs. 1 Nr. 3 steuerbefreiten Sterbekassen nicht übersteigt und wenn der Verein auch im Übrigen eine soziale Einrichtung darstellt;

2. Vorschriften zu erlassen
   a) über die Kleinbeträge, um die eine Rückstellung für Beitragsrückerstattung nach § 21 Abs. 2 nicht aufgelöst zu werden braucht, wenn die Auszahlung dieser Beträge an die Versicherten mit einem unverhältnismäßig hohen Verwaltungsaufwand verbunden wäre;
   b) über die Herabsetzung oder Erhöhung der Körperschaftsteuer nach § 23 Abs. 2;
   c) nach denen bei Anschaffung oder Herstellung von abnutzbaren beweglichen und bei Herstellung von abnutzbaren unbeweglichen Wirtschaftsgütern des Anlagevermögens auf Antrag ein Abzug von der Körperschaftsteuer für den Veranlagungszeitraum der Anschaffung oder Herstellung bis zur Höhe von 7,5 Prozent der Anschaffungs- oder Herstellungskosten dieser Wirtschaftsgüter vorgenommen werden kann. [2] § 51 Abs. 1 Nr. 2 Buchstabe s des Einkommensteuergesetzes gilt entsprechend;
   d) nach denen Versicherungsvereine auf Gegenseitigkeit von geringerer wirtschaftlicher Bedeutung, die eine Schwankungsrückstellung nach § 20 Abs. 1 nicht gebildet haben, zum Ausgleich des schwankenden Jahresbe-

darfs zu Lasten des steuerlichen Gewinns Beträge der nach *§ 37* [***ab VZ 2016:*** § 193][1] des Versicherungsaufsichtsgesetzes zu bildenden Verlustrücklage zuführen können;

e)[2] die die Steuerbefreiung nach § 8b Absatz 1 Satz 1 und Absatz 2 Satz 1 sowie vergleichbare Vorschriften in Abkommen zur Vermeidung der Doppelbesteuerung von der Erfüllung besonderer Nachweis- und Mitwirkungspflichten abhängig machen, wenn außerhalb des Geltungsbereichs dieses Gesetzes ansässige Beteiligte oder andere Personen nicht wie inländische Beteiligte bei Vorgängen innerhalb des Geltungsbereichs dieses Gesetzes zur Mitwirkung bei der Ermittlung des Sachverhalts herangezogen werden können. [2]Die besonderen Nachweis- und Mitwirkungspflichten können sich auf die Angemessenheit der zwischen nahestehenden Personen im Sinne des § 1 Absatz 2 des Außensteuergesetzes in ihren Geschäftsbeziehungen vereinbarten Bedingungen und die Bevollmächtigung der Finanzbehörde, im Namen des Steuerpflichtigen mögliche Auskunftsansprüche gegenüber den von der Finanzbehörde benannten Kreditinstituten außergerichtlich und gerichtlich geltend zu machen, erstrecken. [3]Die besonderen Nachweis- und Mitwirkungspflichten auf der Grundlage dieses Buchstabens gelten nicht, wenn die außerhalb des Geltungsbereichs dieses Gesetzes ansässigen Beteiligten oder anderen Personen in einem Staat oder Gebiet ansässig sind, mit dem ein Abkommen besteht, das die Erteilung von Auskünften entsprechend Artikel 26 des Musterabkommens der OECD zur Vermeidung der Doppelbesteuerung auf dem Gebiet der Steuern vom Einkommen und vom Vermögen in der Fassung von 2005 vorsieht oder der Staat oder das Gebiet Auskünfte in einem vergleichbaren Umfang erteilt oder die Bereitschaft zu einer entsprechenden Auskunftserteilung besteht.

(2) Das Bundesministerium der Finanzen wird ermächtigt,

1. im Einvernehmen mit den obersten Finanzbehörden der Länder Muster der in den §§ 27 und 37 vorgeschriebenen Bescheinigungen zu bestimmen;
2. den Wortlaut dieses Gesetzes und der zu diesem Gesetz erlassenen Durchführungsverordnungen in der jeweils geltenden Fassung mit neuem Datum, unter neuer Überschrift und in neuer Paragrafenfolge bekannt zu machen und dabei Unstimmigkeiten des Wortlauts zu beseitigen.

§ 34[3] **Schlussvorschriften.** (1)[4] Diese Fassung des Gesetzes gilt, soweit in den folgenden Absätzen nichts anderes bestimmt ist, erstmals für den Veranlagungszeitraum 2016.

(2) [1]Erwerbs- und Wirtschaftsgenossenschaften sowie Vereine können bis zum 31. Dezember 1991, in den Fällen des § 54 Absatz 4 in der Fassung des Artikels 9 des Gesetzes vom 18. Dezember 1989 (BGBl. I S. 2212) bis zum

[1] Verweis geänd. durch G v. 1. 4. 2015 (BGBl. I S. 434); zur Anwendung siehe § 34 Abs. 10 a.
[2] § 33 Abs. 1 Nr. 2 Buchst. e angef. mWv 1. 8. 2009 durch G v. 29. 7. 2009 (BGBl. I S. 2302). Siehe hierzu SteuerhinterziehungsbekämpfungsVO v. 18. 9. 2009 (Nr. **12**).
[3] § 34 neu gef. durch G v. 25. 7. 2014 (BGBl. I S. 1266).
[4] § 34 Abs. 1 geänd. durch G v. 2. 11. 2015 (BGBl. I S. 1834).

31. Dezember 1992 oder, wenn es sich um Erwerbs- und Wirtschaftsgenossenschaften oder Vereine in dem in Artikel 3 des Einigungsvertrages genannten Gebiet handelt, bis zum 31. Dezember 1993 durch schriftliche Erklärung auf die Steuerbefreiung nach § 5 Absatz 1 Nummer 10 und 14 des Körperschaftsteuergesetzes in der Fassung des Artikels 4 des Gesetzes vom 14. Juli 2000 (BGBl. I S. 1034) verzichten, und zwar auch für den Veranlagungszeitraum 1990. [2]Die Körperschaft ist mindestens für fünf aufeinanderfolgende Kalenderjahre an die Erklärung gebunden. [3]Die Erklärung kann nur mit Wirkung vom Beginn eines Kalenderjahrs an widerrufen werden. [4]Der Widerruf ist spätestens bis zur Unanfechtbarkeit der Steuerfestsetzung des Kalenderjahrs zu erklären, für das er gelten soll.

(3)[1)] [1]§ 5 Absatz 1 Nummer 2 ist für die Hamburgische Investitions- und Förderbank erstmals für den Veranlagungszeitraum 2013 anzuwenden. [2]Die Steuerbefreiung nach § 5 Absatz 1 Nummer 2 in der bis zum 30. Juli 2014[2)] geltenden Fassung ist für die Hamburgische Wohnungsbaukreditanstalt letztmals für den Veranlagungszeitraum 2013 anzuwenden. [3]§ 5 Absatz 1 Nummer 16 Satz 1 und 2 in der am 1. Januar 2016 geltenden Fassung ist erstmals für den Veranlagungszeitraum 2015 anzuwenden. [4]§ 5 Absatz 1 Nummer 24 in der am 31. Dezember 2014 geltenden Fassung ist erstmals für den Veranlagungszeitraum 2014 anzuwenden.

(3a)[3)] § 5 Absatz 1 Nummer 3 Buchstabe d, Nummer 4 und 16 Satz 3 in der am 1. Januar 2016 geltenden Fassung ist erstmals für den Veranlagungszeitraum 2016 anzuwenden.

(4) § 8a Absatz 2 und 3 ist nicht anzuwenden, wenn die Rückgriffsmöglichkeit des Dritten allein auf der Gewährträgerhaftung einer Gebietskörperschaft oder einer anderen Einrichtung des öffentlichen Rechts gegenüber den Gläubigern eines Kreditinstituts für Verbindlichkeiten beruht, die bis zum 18. Juli 2001 vereinbart waren; Gleiches gilt für bis zum 18. Juli 2005 vereinbarte Verbindlichkeiten, wenn deren Laufzeit nicht über den 31. Dezember 2015 hinausgeht.

(5) § 8b Absatz 4 in der am 12. Dezember 2006 geltenden Fassung ist für Anteile weiter anzuwenden, die einbringungsgeboren im Sinne des § 21 des Umwandlungssteuergesetzes in der am 12. Dezember 2006 geltenden Fassung sind, und für Anteile im Sinne des § 8b Absatz 4 Satz 1 Nummer 2, die auf einer Übertragung bis zum 12. Dezember 2006 beruhen.

(6)[4)] [1]Erfüllt ein nach dem 31. Dezember 2007 erfolgter Beteiligungserwerb die Voraussetzungen des § 8c Absatz 1a, bleibt er bei Anwendung des § 8c Absatz 1 Satz 1 und 2 unberücksichtigt. [2]§ 8c Absatz 1a ist nur anzuwenden, wenn

1. eine rechtskräftige Entscheidung des Gerichts oder des Gerichtshofs der Europäischen Union den Beschluss der Europäischen Kommission K(2011)

[1)] § 34 Abs. 3 Satz 3 angef. durch G v. 22. 12. 2014 (BGBl. I S. 2417); Satz 3 eingef., bish. Satz 3 wird Satz 4 durch G v. 2. 11. 2015 (BGBl. I S. 1834).

[2)] Datum des Tags der Verkündung des G v. 25. 7. 2014 (BGBl. I S. 1266).

[3)] § 34 Abs. 3a eingef. durch G v. 1. 4. 2015 (BGBl. I S. 434).

[4)] § 34 Abs. 6 Satz 5 angef. durch G v. 2. 11. 2015 (BGBl. I S. 1834).

275 vom 26. Januar 2011 im Verfahren Staatliche Beihilfe C 7/2010 (ABl. L 235 vom 10. 9. 2011, S. 26) für nichtig erklärt und feststellt, dass es sich bei § 8 c Absatz 1 a nicht um eine staatliche Beihilfe im Sinne des Artikels 107 Absatz 1 des Vertrags über die Arbeitsweise der Europäischen Union handelt,

2. die Europäische Kommission einen Beschluss zu § 8 c Absatz 1 a nach Artikel 7 Absatz 2, 3 oder Absatz 4 der Verordnung (EG) Nr. 659/1999 des Rates vom 22. März 1999 über besondere Vorschriften für die Anwendung von Artikel 93 des EG-Vertrags (ABl. L 83 vom 27. 3. 1999, S. 1), die zuletzt durch die Verordnung (EG) Nr. 1791/2006 (ABl. L 363 vom 20. 12. 2006, S. 1) geändert worden ist, fasst und mit dem Beschluss weder die Aufhebung noch die Änderung des § 8 c Absatz 1 a gefordert wird oder

3. die Voraussetzungen des Artikels 2 des Beschlusses der Europäischen Kommission K(2011) 275 erfüllt sind und die Steuerfestsetzung vor dem 26. Januar 2011 erfolgt ist.

[3] Die Entscheidung oder der Beschluss im Sinne des Satzes 2 Nummer 1 oder Nummer 2 sind vom Bundesministerium der Finanzen im Bundesgesetzblatt bekannt zu machen. [4] § 8 c Absatz 1 a ist dann in den Fällen des Satzes 2 Nummer 1 und 2 anzuwenden, soweit Steuerbescheide noch nicht bestandskräftig sind. [5] § 8 c Absatz 1 Satz 5 in der am 1. Januar 2016 geltenden Fassung ist erstmals auf Beteiligungserwerbe anzuwenden, die nach dem 31. Dezember 2009 erfolgen.

(7) § 19 in der am 31. Juli 2014[1)] geltenden Fassung ist erstmals für den Veranlagungszeitraum 2012 anzuwenden.

(7 a)[2)] [1] § 20 Absatz 1 in der am 1. Januar 2016 geltenden Fassung ist auch für Veranlagungszeiträume vor 2016 anzuwenden. [2] § 20 Absatz 2 in der am 1. Januar 2016 geltenden Fassung ist erstmals für den Veranlagungszeitraum 2016 anzuwenden.

(8)[3)] § 21 Absatz 2 Satz 2 Nummer 1 ist für die Veranlagungszeiträume 2016 bis 2017 in der folgenden Fassung anzuwenden: *(dort abgedruckt)*.

(8 a)[4)] § 21 a Absatz 1 in der am 1. Januar 2016 geltenden Fassung ist erstmals für den Veranlagungszeitraum 2016 anzuwenden.

(9)[5)] [1] § 26 in der am 31. Dezember 2014 geltenden Fassung ist erstmals auf Einkünfte und Einkunftsteile anzuwenden, die nach dem 31. Dezember 2013 zufließen. [2] Auf vor dem 1. Januar 2014 zugeflossene Einkünfte und Einkunftsteile ist § 26 Absatz 2 Satz 1 in der am 31. Dezember 2014 geltenden Fassung in allen Fällen anzuwenden, in denen die Körperschaftsteuer noch nicht bestandskräftig festgesetzt ist.

[1)] Datum des Tags nach der Verkündung des G v. 25. 7. 2014 (BGBl. I S. 1266).

[2)] § 34 Abs. 7 a eingef. durch G v. 1. 4. 2015 (BGBl. I S. 434); Satz 1 eingef., bish. Wortlaut wird Satz 2 durch G v. 2. 11. 2015 (BGBl. I S. 1834).

[3)] § 34 Abs. 8 geänd. durch G v. 2. 11. 2015 (BGBl. I S. 1834).

[4)] § 34 Abs. 8 a eingef. durch G v. 1. 4. 2015 (BGBl. I S. 434).

[5)] § 34 Abs. 9 neu gef. durch G v. 22. 12. 2014 (BGBl. I S. 2417).

(10) § 27 Absatz 1 Satz 6 in der Fassung des Artikels 3 Nummer 10 des Gesetzes vom 7. Dezember 2006 (BGBl. I S. 2782) gilt letztmals für den Veranlagungszeitraum 2005.

(10 a)[1] § 33 Absatz 1 Nummer 2 Buchstabe d in der am 1. Januar 2016 geltenden Fassung ist erstmals für den Veranlagungszeitraum 2016 anzuwenden.

(11) § 36 ist in allen Fällen, in denen die Endbestände im Sinne des § 36 Absatz 7 noch nicht bestandskräftig festgestellt sind, in der folgenden Fassung anzuwenden:

„**§ 36 Endbestände.** (1) Auf den Schluss des letzten Wirtschaftsjahrs, das in dem Veranlagungszeitraum endet, für den das Körperschaftsteuergesetz in der Fassung der Bekanntmachung vom 22. April 1999 (BGBl. I S. 817), das zuletzt durch Artikel 4 des Gesetzes vom 14. Juli 2000 (BGBl. I S. 1034) geändert worden ist, letztmals anzuwenden ist, werden die Endbestände der Teilbeträge des verwendbaren Eigenkapitals ausgehend von den gemäß § 47 Absatz 1 Satz 1 Nummer 1 des Körperschaftsteuergesetzes in der Fassung der Bekanntmachung vom 22. April 1999 (BGBl. I S. 817), das zuletzt durch Artikel 4 des Gesetzes vom 14. Juli 2000 (BGBl. I S. 1034) geändert worden ist, festgestellten Teilbeträgen gemäß den nachfolgenden Absätzen ermittelt.

(2) [1] Die Teilbeträge sind um die Gewinnausschüttungen, die auf einem den gesellschaftsrechtlichen Vorschriften entsprechenden Gewinnverteilungsbeschluss für ein abgelaufenes Wirtschaftsjahr beruhen und die in dem in Absatz 1 genannten Wirtschaftsjahr folgenden Wirtschaftsjahr erfolgen, sowie um andere Ausschüttungen und sonstige Leistungen, die in dem in Absatz 1 genannten Wirtschaftsjahr erfolgen, zu verringern. [2] Die Regelungen des Vierten Teils des Körperschaftsteuergesetzes in der Fassung der Bekanntmachung vom 22. April 1999 (BGBl. I S. 817), das zuletzt durch Artikel 4 des Gesetzes vom 14. Juli 2000 (BGBl. I S. 1034) geändert worden ist, sind anzuwenden. [3] Der Teilbetrag im Sinne des § 54 Absatz 11 Satz 1 des Körperschaftsteuergesetzes in der Fassung der Bekanntmachung vom 22. April 1999 (BGBl. I S. 817), das zuletzt durch Artikel 4 des Gesetzes vom 14. Juli 2000 (BGBl. I S. 1034) geändert worden ist (Teilbetrag, der einer Körperschaftsteuer in Höhe von 45 Prozent unterlegen hat), erhöht sich um die Einkommensteile, die nach § 34 Absatz 12 Satz 2 bis 5 in der am 14. Dezember 2010 geltenden Fassung einer Körperschaftsteuer von 45 Prozent unterlegen haben, und der Teilbetrag, der nach dem 31. Dezember 1998 einer Körperschaftsteuer in Höhe von 40 Prozent ungemildert unterlegen hat, erhöht sich um die Beträge, die nach § 34 Ab-

(Fortsetzung nächstes Blatt)

---

[1] § 34 Abs. 10 a eingef. durch G v. 1. 4. 2015 (BGBl. I S. 434).

satz 12 Satz 6 bis 8 in der am 14. Dezember 2010 geltenden Fassung einer Körperschaftsteuer von 40 Prozent unterlegen haben, jeweils nach Abzug der Körperschaftsteuer, der sie unterlegen haben.

(3) (weggefallen)

(4) Ist die Summe der unbelasteten Teilbeträge im Sinne des § 30 Absatz 2 Nummer 1 bis 3 in der Fassung des Artikels 4 des Gesetzes vom 14. Juli 2000 (BGBl. I S. 1034) nach Anwendung des Absatzes 2 negativ, sind diese Teilbeträge zunächst untereinander und danach mit den mit Körperschaftsteuer belasteten Teilbeträgen in der Reihenfolge zu verrechnen, in der ihre Belastung zunimmt.

(5) [1] Ist die Summe der unbelasteten Teilbeträge im Sinne des § 30 Absatz 2 Nummer 1 bis 3 in der Fassung des Artikels 4 des Gesetzes vom 14. Juli 2000 (BGBl. I S. 1034) nach Anwendung des Absatzes 2 nicht negativ, sind zunächst die Teilbeträge im Sinne des § 30 Absatz 2 Nummer 1 und 3 in der Fassung des Artikels 4 des Gesetzes vom 14. Juli 2000 (BGBl. I S. 1034) zusammenzufassen. [2] Ein sich aus der Zusammenfassung ergebender Negativbetrag ist vorrangig mit einem positiven Teilbetrag im Sinne des § 30 Absatz 2 Nummer 2 in der Fassung des Artikels 4 des Gesetzes vom 14. Juli 2000 (BGBl. I S. 1034) zu verrechnen. [3] Ein negativer Teilbetrag im Sinne des § 30 Absatz 2 Nummer 2 in der Fassung des Artikels 4 des Gesetzes vom 14. Juli 2000 (BGBl. I S. 1034) ist vorrangig mit dem positiven zusammengefassten Teilbetrag im Sinne des Satzes 1 zu verrechnen.

(6) [1] Ist einer der belasteten Teilbeträge negativ, sind diese Teilbeträge zunächst untereinander in der Reihenfolge zu verrechnen, in der ihre Belastung zunimmt. [2] Ein sich danach ergebender Negativbetrag mindert vorrangig den nach Anwendung des Absatzes 5 verbleibenden positiven Teilbetrag im Sinne des § 30 Absatz 2 Nummer 2 in der Fassung des Artikels 4 des Gesetzes vom 14. Juli 2000 (BGBl. I S. 1034); ein darüber hinausgehender Negativbetrag mindert den positiven zusammengefassten Teilbetrag nach Absatz 5 Satz 1.

(6 a) [1] Ein sich nach Anwendung der Absätze 1 bis 6 ergebender positiver Teilbetrag, der einer Körperschaftsteuer von 45 Prozent unterlegen hat, mindert in Höhe von $^{5}/_{22}$ seines Bestands einen nach Anwendung der Absätze 1 bis 6 verbleibenden positiven Bestand des Teilbetrags im Sinne des § 30 Absatz 2 Nummer 2 in der Fassung des Artikels 4 des Gesetzes vom 14. Juli 2000 (BGBl. I S. 1034) bis zu dessen Verbrauch. [2] Ein sich nach Anwendung der Absätze 1 bis 6 ergebender positiver Teilbetrag, der einer Körperschaftsteuer von 45 Prozent unterlegen hat, erhöht in Höhe von $^{27}/_{5}$ des Minderungsbetrags nach Satz 1 den nach Anwendung der Absätze 1 bis 6 verbleibenden Bestand des Teilbetrags, der nach dem 31. Dezember 1998 einer Körperschaftsteuer von 40 Prozent ungemildert unterlegen hat. [3] Der nach Satz 1 abgezogene Betrag erhöht und der nach Satz 2 hinzugerechnete Betrag vermindert den nach Anwendung der Absätze 1 bis 6 verbleibenden Bestand des Teilbetrags, der einer Körperschaftsteuer von 45 Prozent unterlegen hat.

(7) Die Endbestände sind getrennt auszuweisen und werden gesondert festgestellt; dabei sind die verbleibenden unbelasteten Teilbeträge im Sinne des § 30 Absatz 2 Nummer 1 und 3 des Körperschaftsteuergesetzes in der Fassung der Bekanntmachung vom 22. April 1999 (BGBl. I S. 817), das zuletzt durch Artikel 4 des Gesetzes vom 14. Juli 2000 (BGBl. I S. 1034) geändert worden ist, in einer Summe auszuweisen."

(12) § 37 Absatz 1 ist in den Fällen des Absatzes 11 in der folgenden Fassung anzuwenden:

„(1) [1] Auf den Schluss des Wirtschaftsjahrs, das dem in § 36 Absatz 1 genannten Wirtschaftsjahr folgt, wird ein Körperschaftsteuerguthaben ermittelt. [2] Das Körperschaftsteuerguthaben beträgt $^{15}/_{55}$ des Endbestands des mit einer Körperschaftsteuer von 45 Prozent belasteten Teilbetrags zuzüglich $^{1}/_{6}$ des Endbestands des mit einer Körperschaftsteuer von 40 Prozent belasteten Teilbetrags."

(13) [1] § 38 Absatz 1 in der am 19. Dezember 2006 geltenden Fassung gilt nur für Genossenschaften, die zum Zeitpunkt der erstmaligen Anwendung dieses Gesetzes in der Fassung des Artikels 3 des Gesetzes vom 23. Oktober

2000 (BGBl. I S. 1433) bereits bestanden haben. [2]Die Regelung ist auch für Veranlagungszeiträume vor 2007 anzuwenden. [3]Ist in den Fällen des § 40 Absatz 5 und 6 in der am 13. Dezember 2006 geltenden Fassung die Körperschaftsteuerfestsetzung unter Anwendung des § 38 in der am 27. Dezember 2007 geltenden Fassung vor dem 28. Dezember 2007 erfolgt, sind die §§ 38 und 40 Absatz 5 und 6 weiter anzuwenden. [4]§ 38 Absatz 4 bis 9 in der am 29. Dezember 2007 geltenden Fassung ist insoweit nicht anzuwenden.

(14) [1]Die §§ 38 und 40 in der am 27. Dezember 2007 geltenden Fassung sowie § 10 des Umwandlungssteuergesetzes vom 7. Dezember 2006 (BGBl. I S. 2782, 2791) sind auf Antrag weiter anzuwenden für

1. Körperschaften oder deren Rechtsnachfolger, an denen unmittelbar oder mittelbar zu mindestens 50 Prozent
   a) juristische Personen des öffentlichen Rechts aus Mitgliedstaaten der Europäischen Union oder aus Staaten, auf die das EWR-Abkommen Anwendung findet oder
   b) Körperschaften, Personenvereinigungen oder Vermögensmassen im Sinne des § 5 Absatz 1 Nummer 9

   alleine oder gemeinsam beteiligt sind, und
2. Erwerbs- und Wirtschaftsgenossenschaften,

die ihre Umsatzerlöse überwiegend durch Verwaltung und Nutzung eigenen zu Wohnzwecken dienenden Grundbesitzes, durch Betreuung von Wohnbauten oder durch die Errichtung und Veräußerung von Eigenheimen, Kleinsiedlungen oder Eigentumswohnungen erzielen, sowie für steuerbefreite Körperschaften. [2]Der Antrag ist unwiderruflich und kann von der Körperschaft bis zum 30. September 2008 bei dem für die Besteuerung zuständigen Finanzamt gestellt werden. [3]Die Körperschaften oder deren Rechtsnachfolger müssen die Voraussetzungen nach Satz 1 ab dem 1. Januar 2007 bis zum Ende des Zeitraums im Sinne des § 38 Absatz 2 Satz 3 erfüllen. [4]Auf den Schluss des Wirtschaftsjahres, in dem die Voraussetzungen des Satzes 1 nach Antragstellung erstmals nicht mehr vorliegen, wird der Endbetrag nach § 38 Absatz 1 letztmals ermittelt und festgestellt. [5]Die Festsetzung und Erhebung des Körperschaftsteuererhöhungsbetrags richtet sich nach § 38 Absatz 4 bis 9 in der am 29. Dezember 2007 geltenden Fassung mit der Maßgabe, dass als Zahlungszeitraum im Sinne des § 38 Absatz 6 Satz 1 die verbleibenden Wirtschaftsjahre des Zeitraums im Sinne des § 38 Absatz 2 Satz 3 gelten. [6]Die Sätze 4 und 5 gelten entsprechend, soweit das Vermögen der Körperschaft oder ihres Rechtsnachfolgers durch Verschmelzung nach § 2 des Umwandlungsgesetzes oder Auf- oder Abspaltung im Sinne des § 123 Absatz 1 und 2 des Umwandlungsgesetzes ganz oder teilweise auf eine andere Körperschaft übergeht und diese keinen Antrag nach Satz 2 gestellt hat. [7]§ 40 Absatz 6 in der am 27. Dezember 2007 geltenden Fassung ist nicht anzuwenden.

§ 35 Sondervorschriften für Körperschaften, Personenvereinigungen oder Vermögensmassen in dem in Artikel 3 des Einigungsvertrages genannten Gebiet. Soweit ein Verlust einer Körperschaft, Personenvereinigung oder Vermögensmasse, die am 31. Dezember 1990 ihre Geschäftsleitung oder ihren Sitz in dem in Artikel 3 des Einigungsvertrages genannten Gebiet und im Jahre 1990 keine Geschäftsleitung und keinen Sitz im bisherigen Geltungsbereich des Körperschaftsteuergesetzes hatte, aus dem Veranlagungszeitraum 1990 auf das Einkommen eines Veranlagungszeitraums, für das das Körperschaftsteuergesetz in der Fassung des Artikels 3 des Gesetzes vom 23. Oktober 2000 (BGBl. I S. 1433) erstmals anzuwenden ist, oder eines nachfolgenden Veranlagungszeitraums vorgetragen wird, ist das steuerliche Einlagekonto zu erhöhen.

Sechster Teil. Sondervorschriften für den Übergang vom Anrechnungsverfahren zum Halbeinkünfteverfahren

§ 36[1] **Endbestände.** (1) Auf den Schluss des letzten Wirtschaftsjahrs, das in dem Veranlagungszeitraum endet, für den das Körperschaftsteuergesetz in der Fassung der Bekanntmachung vom 22. April 1999 (BGBl. I S. 817), das zuletzt durch Artikel 4 des Gesetzes vom 14. Juli 2000 (BGBl. I S. 1034) geändert worden ist, letztmals anzuwenden ist, werden die Endbestände der Teilbeträge des verwendbaren Eigenkapitals ausgehend von den gemäß § 47 Absatz 1 Satz 1 Nummer 1 des Körperschaftsteuergesetzes in der Fassung der Bekanntmachung vom 22. April 1999 (BGBl. I S. 817), das zuletzt durch Artikel 4 des Gesetzes vom 14. Juli 2000 (BGBl. I S. 1034) geändert worden ist, festgestellten Teilbeträgen gemäß den nachfolgenden Absätzen ermittelt.

(2) [1]Die Teilbeträge sind um die Gewinnausschüttungen, die auf einem den gesellschaftsrechtlichen Vorschriften entsprechenden Gewinnverteilungsbeschluss für ein abgelaufenes Wirtschaftsjahr beruhen, und die in dem in Absatz 1 genannten Wirtschaftsjahr folgenden Wirtschaftsjahr erfolgen, sowie um andere Ausschüttungen und sonstige Leistungen, die in dem in Absatz 1 genannten Wirtschaftsjahr erfolgen, zu verringern. [2]Die Regelungen des Vierten Teils des Körperschaftsteuergesetzes[2] in der Fassung der Bekanntmachung vom 22. April 1999 (BGBl. I S. 817), das zuletzt durch Artikel 4 des Gesetzes vom 14. Juli 2000 (BGBl. I S. 1034) geändert worden ist, sind anzuwenden. [3]Der Teilbetrag im Sinne des § 54 Absatz 11 Satz 1 des Körperschaftsteuergesetzes[2] in der Fassung der Bekanntmachung vom 22. April 1999 (BGBl. I S. 817), das zuletzt durch Artikel 4 des Gesetzes vom 14. Juli 2000 (BGBl. I S. 1034) geändert worden ist [***Fassung gem. § 34 Abs. 11:*** (Teilbetrag, der einer Körperschaftsteuer in Höhe von 45 Prozent unterlegen hat),][1] erhöht sich um die Einkommensteile, die nach § 34 Absatz 12 Satz 2 bis 5 einer Körperschaftsteuer von 45 Prozent unterlegen haben, und der Teilbetrag, der nach dem 31. Dezember 1998 einer Körperschaftsteuer in Höhe von 40 Prozent ungemildert unterlegen hat, erhöht sich um die Beträge, die nach § 34 Absatz 12 Satz 6 bis 8 einer Körperschaftsteuer von 40 Prozent unterlegen haben, jeweils nach Abzug der Körperschaftsteuer, der sie unterlegen haben.

---

[1] **Für Fälle, in denen die Endbestände iSd. § 36 Abs. 7 noch nicht bestandskräftig festgesetzt sind, gilt die Fassung gem. § 34 Abs. 11, die hier berücksichtigt wird.**

[2] Anrechnungsverfahren (§§ 27–47 KStG a. F.).

(3)[1), 2)] [1] *Ein positiver belasteter Teilbetrag im Sinne des § 54 Abs. 11 Satz 1 des Körperschaftsteuergesetzes in der Fassung der Bekanntmachung vom 22. April 1999 (BGBl. I S. 817), das zuletzt durch Artikel 4 des Gesetzes vom 14. Juli 2000 (BGBl. I S. 1034) geändert worden ist, ist dem Teilbetrag, der nach dem 31. Dezember 1998 einer Körperschaftsteuer in Höhe von 40 Prozent ungemildert unterlegen hat, in Höhe von* $^{27}/_{22}$ *seines Bestands hinzuzurechnen.* [2] *In Höhe von* $^{5}/_{22}$ *dieses Bestands ist der Teilbetrag im Sinne des § 30 Abs. 2 Nr. 2 des Gesetzes in der Fassung der Bekanntmachung vom 22. April 1999 (BGBl. I S. 817), das zuletzt durch Artikel 4 des Gesetzes vom 14. Juli 2000 (BGBl. I S. 1034) geändert worden ist, zu verringern.*

(4)[3)] *Ist die Summe der unbelasteten Teilbeträge im Sinne des § 30 Absatz 2 Nummer 1 bis 3 in der Fassung des Artikels 4 des Gesetzes vom 14. Juli 2000 (BGBl. I S. 1034) nach Anwendung des Absatzes 2 negativ, sind diese Teilbeträge zunächst untereinander und danach mit den mit Körperschaftsteuer belasteten Teilbeträgen in der Reihenfolge zu verrechnen, in der ihre Belastung zunimmt.*

(5) [1] Ist die Summe der unbelasteten Teilbeträge im Sinne des § 30 Absatz 2 Nummer 1 bis 3 in der Fassung des Artikels 4 des Gesetzes vom 14. Juli 2000 (BGBl. I S. 1034) nach Anwendung des Absatzes 2 nicht negativ, sind zunächst die Teilbeträge im Sinne des § 30 Absatz 2 Nummer 1 und 3 in der Fassung des Artikels 4 des Gesetzes vom 14. Juli 2000 (BGBl. I S. 1034) zusammenzufassen. [2] Ein sich aus der Zusammenfassung ergebender Negativbetrag ist vorrangig mit einem positiven Teilbetrag im Sinne des § 30 Absatz 2 Nummer 2 in der Fassung des Artikels 4 des Gesetzes vom 14. Juli 2000 (BGBl. I S. 1034) zu verrechnen. [3] Ein negativer Teilbetrag im Sinne des § 30 Absatz 2 Nummer 2 in der Fassung des Artikels 4 des Gesetzes vom 14. Juli 2000 (BGBl. I S. 1034) ist vorrangig mit dem positiven zusammengefassten Teilbetrag im Sinne des Satzes 1 zu verrechnen.

(6) [1] Ist einer der belasteten Teilbeträge negativ, sind diese Teilbeträge zunächst untereinander *zu verrechnen* [***Fassung gem. § 34 Abs. 11:*** in der Reihenfolge zu verrechnen, in der ihre Belastung zunimmt][4)]. [2] Ein sich danach ergebender Negativbetrag mindert vorrangig den nach Anwendung des Absatzes 5 verbleibenden positiven Teilbetrag im Sinne des § 30 Absatz 2 Nummer 2 in der Fassung des Artikels 4 des Gesetzes vom 14. Juli 2000 (BGBl. I S. 1034); ein darüber hinausgehender Negativbetrag mindert den positiven zusammengefassten Teilbetrag nach Absatz 5 Satz 1.

[***Fassung gem. § 34 Abs. 11:***

(6 a) [1] Ein sich nach Anwendung der Absätze 1 bis 6 ergebender positiver Teilbetrag, der einer Körperschaftsteuer von 45 Prozent unterlegen hat, mindert in Höhe von $^{5}/_{22}$ seines Bestands einen nach Anwendung der Absätze 1 bis 6 verbleibenden positiven Bestand des Teilbetrags im Sinne des § 30 Absatz 2 Nummer 2 in der Fassung des Artikels 4 des Gesetzes vom 14. Juli 2000

---

1) Nach BVerfG v. 17. 11. 2009 1 BvR 2192/05, DStR 2010, 434 sind § 36 Abs. 3 und 4 KStG nicht mit Art. 3 Abs. 1 GG vereinbar.

2) § 36 Abs. 3 weggefallen gem. Fassung § 34 Abs. 11.

3) Siehe Fußnote 1 zu § 36 Abs. 3.

4) Für Fälle, in denen die Endbestände iSd. § 36 Abs. 7 noch nicht bestandskräftig festgesetzt sind, gilt die Fassung gem. § 34 Abs. 11.

(BGBl. I S. 1034) bis zu dessen Verbrauch. 2 Ein sich nach Anwendung der Absätze 1 bis 6 ergebender positiver Teilbetrag, der einer Körperschaftsteuer von 45 Prozent unterlegen hat, erhöht in Höhe von $^{27}/_{5}$ des Minderungsbetrags nach Satz 1 den nach Anwendung der Absätze 1 bis 6 verbleibenden Bestand des Teilbetrags, der nach dem 31. Dezember 1998 einer Körperschaftsteuer von 40 Prozent ungemildert unterlegen hat. 3 Der nach Satz 1 abgezogene Betrag erhöht und der nach Satz 2 hinzugerechnete Betrag vermindert den nach Anwendung der Absätze 1 bis 6 verbleibenden Bestand des Teilbetrags, der einer Körperschaftsteuer von 45 Prozent unterlegen hat.][1)]

(7) Die Endbestände sind getrennt auszuweisen und werden gesondert festgestellt; dabei sind die verbleibenden unbelasteten Teilbeträge im Sinne des § 30 Absatz 2 Nummer 1 und 3 des Körperschaftsteuergesetzes in der Fassung der Bekanntmachung vom 22. April 1999 (BGBl. I S. 817), das zuletzt durch Artikel 4 des Gesetzes vom 14. Juli 2000 (BGBl. I S. 1034) geändert worden ist, in einer Summe auszuweisen.

§ 37 Körperschaftsteuerguthaben und Körperschaftsteuerminderung. (1) 1 Auf den Schluss des Wirtschaftsjahrs, das dem in § 36 Absatz 1 genannten Wirtschaftsjahr folgt, wird ein Körperschaftsteuerguthaben ermittelt. 2 *Das Körperschaftsteuerguthaben beträgt $^{1}/_{6}$ des Endbestands des mit einer Körperschaftsteuer von 40 Prozent belasteten Teilbetrags.* [***Satz 2 idF des § 34 Abs. 12:*** 2 Das Körperschaftsteuerguthaben beträgt $^{15}/_{55}$ des Endbestandes des mit einer Körperschaftsteuer von 45 Prozent belasteten Teilbetrags zuzüglich $^{1}/_{6}$ des Endbestandes des mit einer Körperschaftsteuer von 40 Prozent belasteten Teilbetrags.][2)]

(2)[3)] 1 Das Körperschaftsteuerguthaben mindert sich vorbehaltlich des Absatzes 2a um jeweils $^{1}/_{6}$ der Gewinnausschüttungen, die in den folgenden Wirtschaftsjahren erfolgen und die auf einem den gesellschaftsrechtlichen Vorschriften entsprechenden Gewinnverteilungsbeschluss beruhen. 2 Satz 1 gilt für Mehrabführungen im Sinne des § 14 Abs. 3 entsprechend. 3 Die Körperschaftsteuer des Veranlagungszeitraums, in dem das Wirtschaftsjahr endet, in dem die Gewinnausschüttung erfolgt, mindert sich bis zum Verbrauch des Körperschaftsteuerguthabens um diesen Betrag, letztmalig in dem Veranlagungszeitraum, in dem das 18. Wirtschaftsjahr endet, das auf das Wirtschaftsjahr folgt, auf dessen Schluss nach Absatz 1 das Körperschaftsteuerguthaben ermittelt wird. 4 Das verbleibende Körperschaftsteuerguthaben ist auf den Schluss der jeweiligen Wirtschaftsjahre, letztmals auf den Schluss des 17. Wirtschaftsjahrs, das auf das Wirtschaftsjahr folgt, auf dessen Schluss nach Absatz 1 das Körperschaftsteuerguthaben ermittelt wird, fortzuschreiben und gesondert festzustellen. 5 § 27 Abs. 2 gilt entsprechend.

---

1) Für Fälle, in denen die Endbestände iSd. § 36 Abs. 7 noch nicht bestandskräftig festgesetzt sind, gilt die Fassung gem. § 34 Abs. 11.

2) **Zur Fassung von § 37 Abs. 1 für Fälle, in denen die Endbestände iSd. § 36 Abs. 7 noch nicht bestandskräftig festgesetzt sind, siehe § 34 Abs. 12 iVm. Abs. 11 (hier abgedruckt).**

3) § 37 Abs. 2 neu gef. durch G v. 16. 5. 2003 (BGBl. I S. 660); Satz 2 eingef. durch G v. 9. 12. 2004 (BGBl. I S. 3310).

(2 a)[1] Die Minderung ist begrenzt

1. für Gewinnausschüttungen, die nach dem 11. April 2003 und vor dem 1. Januar 2006 erfolgen, jeweils auf 0 Euro;
2. für Gewinnausschüttungen, die nach dem 31. Dezember 2005 erfolgen, auf den Betrag, der auf das Wirtschaftsjahr der Gewinnausschüttung entfällt, wenn das auf den Schluss des vorangegangenen Wirtschaftsjahrs festgestellte Körperschaftsteuerguthaben gleichmäßig auf die einschließlich des Wirtschaftsjahrs der Gewinnausschüttung verbleibenden Wirtschaftsjahre verteilt wird, für die nach Absatz 2 Satz 3[2] eine Körperschaftsteuerminderung in Betracht kommt.

(3) [1]Erhält eine unbeschränkt steuerpflichtige Körperschaft oder Personenvereinigung, deren Leistungen bei den Empfängern zu den Einnahmen im Sinne des § 20 Abs. 1 Nr. 1 oder 2 des Einkommensteuergesetzes in der Fassung des Artikels 1 des Gesetzes vom 20. Dezember 2001 (BGBl. I S. 3858) gehören, Bezüge, die nach § 8b Abs. 1 bei der Einkommensermittlung außer Ansatz bleiben und die bei der leistenden Körperschaft zu einer Minderung der Körperschaftsteuer geführt haben, erhöht sich bei ihr die Körperschaftsteuer und das Körperschaftsteuerguthaben um den Betrag der Minderung der Körperschaftsteuer bei der leistenden Körperschaft. [2]Satz 1 gilt auch, wenn der Körperschaft oder Personenvereinigung die entsprechenden Bezüge einer Organgesellschaft zugerechnet werden, weil sie entweder Organträger ist oder an einer Personengesellschaft beteiligt ist, die Organträger ist. [3]Im Fall des § 4 des Umwandlungssteuergesetzes sind die Sätze 1 und 2 entsprechend anzuwenden. [4]Die leistende Körperschaft hat der Empfängerin die folgenden Angaben nach amtlich vorgeschriebenem Muster zu bescheinigen:

1. den Namen und die Anschrift des Anteilseigners,
2. die Höhe des in Anspruch genommenen Körperschaftsteuerminderungsbetrags,
3. den Zahlungstag.

[5]§ 27 Abs. 3 Satz 2, Abs. 4 und 5 gilt entsprechend. [6]Die Sätze 1 bis 4 gelten nicht für steuerbefreite Körperschaften und Personenvereinigungen im Sinne des § 5 Abs. 1 Nr. 9, soweit die Einnahmen in einem wirtschaftlichen Geschäftsbetrieb anfallen, für den die Steuerbefreiung ausgeschlossen ist.

(4)[3] [1]Das Körperschaftsteuerguthaben wird letztmalig auf den 31. Dezember 2006 ermittelt. [2]Geht das Vermögen einer unbeschränkt steuerpflichtigen Körperschaft durch einen der in § 1 Abs. 1 des Umwandlungssteuergesetzes vom 7. Dezember 2006 (BGBl. I S. 2782, 2791) in der jeweils geltenden Fassung genannten Vorgänge, bei denen die Anmeldung zur Eintragung in ein öffentliches Register nach dem 12. Dezember 2006 erfolgt, ganz oder teilweise auf einen anderen Rechtsträger über, wird das Körperschaftsteuerguthaben bei der übertragenden Körperschaft letztmalig auf den vor dem 31. Dezember

---

[1] § 37 Abs. 2a eingef. durch G v. 16. 5. 2003 (BGBl. I S. 660).

[2] Verweis geänd. durch G v. 13. 12. 2006 (BGBl. I S. 2878).

[3] § 37 Abs. 4 bis 7 angef. mWv VZ 2006 durch G v. 7. 12. 2006 (BGBl. I S. 2782); Satz 4 ersetzt durch Sätze 4 und 5 mWv VZ 2008 durch G v. 20. 12. 2007 (BGBl. I S. 3150).

2006 liegenden steuerlichen Übertragungsstichtag ermittelt. [3] Wird das Vermögen einer Körperschaft oder Personenvereinigung im Rahmen einer Liquidation im Sinne des § 11 nach dem 12. Dezember 2006 und vor dem 1. Januar 2007[1)] verteilt, wird das Körperschaftsteuerguthaben letztmalig auf den Stichtag ermittelt, auf den die Liquidationsschlussbilanz erstellt wird. [4] Die Absätze 1 bis 3 sind letztmals auf Gewinnausschüttungen und als ausgeschüttet geltende Beträge anzuwenden, die vor dem 1. Januar 2007 oder bis zu dem nach Satz 2 maßgebenden Zeitpunkt erfolgt sind. [5] In Fällen der Liquidation sind die Absätze 1 bis 3 auf Abschlagszahlungen anzuwenden, die bis zum Stichtag erfolgt sind, auf den das Körperschaftsteuerguthaben letztmalig ermittelt wird.

(5)[2)] [1] Die Körperschaft hat innerhalb eines Auszahlungszeitraums von 2008 bis 2017 einen Anspruch auf Auszahlung des Körperschaftsteuerguthabens in zehn gleichen Jahresbeträgen. [2] Der Anspruch entsteht mit Ablauf des 31. Dezember 2006 oder des nach Absatz 4 Satz 2 oder Satz 3 maßgebenden Tages. [3] Der Anspruch wird für den gesamten Auszahlungszeitraum festgesetzt. [4] Der Anspruch ist jeweils am 30. September auszuzahlen. [5] Für das Jahr der Bekanntgabe des Bescheids und die vorangegangenen Jahre ist der Anspruch innerhalb eines Monats nach Bekanntgabe des Bescheids auszuzahlen, wenn die Bekanntgabe des Bescheids nach dem 31. August 2008 erfolgt. [6] Abweichend von Satz 1 ist der festgesetzte Anspruch in einem Betrag auszuzahlen, wenn das festgesetzte Körperschaftsteuerguthaben nicht mehr als 1000 Euro beträgt.[3)] [7] Der Anspruch ist nicht verzinslich. [8] Die Festsetzungsfrist für die Festsetzung des Anspruchs läuft nicht vor Ablauf des Jahres ab, in dem der letzte Jahresbetrag fällig geworden ist oder ohne Anwendung des Satzes 6 fällig geworden wäre.[4)] [9] § 10 d Abs. 4 Satz 4 und 5 des Einkommensteuergesetzes gilt sinngemäß. [10] Auf die Abtretung oder Verpfändung des Anspruchs ist § 46 Abs. 4 der Abgabenordnung nicht anzuwenden.

(6)[5)] [1] Wird der Bescheid über die Festsetzung des Anspruchs nach Absatz 5 aufgehoben oder geändert, wird der Betrag, um den der Anspruch, der sich aus dem geänderten Bescheid ergibt, die Summe der Auszahlungen, die bis zur Bekanntgabe des neuen Bescheids geleistet worden sind, übersteigt, auf die verbleibenden Fälligkeitstermine des Auszahlungszeitraums verteilt. [2] Abweichend von Satz 1 ist der übersteigende Betrag in einer Summe auszuzahlen, wenn er nicht mehr als 1000 Euro beträgt und auf die vorangegangene Festsetzung Absatz 5 Satz 6 oder dieser Satz angewendet worden ist. [3] Ist die Summe der Auszahlungen, die bis zur Bekanntgabe des neuen Bescheids geleistet worden sind, größer als der Auszahlungsanspruch, der sich aus dem geänderten Bescheid ergibt, ist der Unterschiedsbetrag innerhalb eines Monats nach Bekanntgabe des Bescheids zu entrichten.

---

1) Datum geänd. durch G v. 20. 12. 2007 (BGBl. I S. 3150).

2) § 37 Abs. 4 bis 7 angef. mWv VZ 2006 durch G v. 7. 12. 2006 (BGBl. I S. 2782).

3) § 37 Abs. 5 Satz 6 eingef., bish. Sätze 6 bis 9 werden Sätze 7 bis 10, Satz 8 ergänzt mWv Kj 2008 durch G v. 20. 12. 2008 (BGBl. I S. 2850).

4) § 37 Abs. 5 Satz 8 ergänzt durch G v. 20. 12. 2008 (BGBl. I S. 2850).

5) § 37 Abs. 4 bis 7 angef. mWv VZ 2006 durch G v. 7. 12. 2006 (BGBl. I S. 2782), Abs. 6 Satz 2 eingef. mWv Kj. 2008 durch G v. 20. 12. 2008 (BGBl. I S. 2850).

(7)[1] 1 Erträge und Gewinnminderungen der Körperschaft, die sich aus der Anwendung des Absatzes 5 ergeben, gehören nicht zu den Einkünften im Sinne des Einkommensteuergesetzes. 2 Die Auszahlung ist aus den Einnahmen an Körperschaftsteuer zu leisten.

§ 38 Körperschaftsteuererhöhung. (1)[2] 1 Ein positiver Endbetrag im Sinne des § 36 Abs. 7 aus dem Teilbetrag im Sinne des § 30 Abs. 2 Nr. 2 in der Fassung des Artikels 4 des Gesetzes vom 14. Juli 2000 (BGBl. I S. 1034) ist auch zum Schluss der folgenden Wirtschaftsjahre fortzuschreiben und gesondert festzustellen. 2 § 27 Abs. 2 gilt entsprechend. 3 Der Betrag verringert sich jeweils, soweit er als für Leistungen verwendet gilt. 4 Er gilt als für Leistungen verwendet, soweit die Summe der Leistungen, die die Gesellschaft im Wirtschaftsjahr erbracht hat, den um den Bestand des Satzes 1 verminderten ausschüttbaren Gewinn (§ 27) übersteigt. 5 Maßgeblich sind die Bestände zum Schluss des vorangegangenen Wirtschaftsjahrs. 6 Die Rückzahlung von Geschäftsguthaben an ausscheidende Mitglieder von Genossenschaften stellt, soweit es sich dabei nicht um Nennkapital im Sinne des § 28 Abs. 2 Satz 2 handelt, keine Leistung im Sinne der Sätze 3 und 4 dar. 7 Satz 6 gilt nicht, soweit der unbelastete Teilbetrag im Sinne des Satzes 1 nach § 40 Abs. 1 oder Abs. 2 infolge der Umwandlung einer Körperschaft, die nicht Genossenschaft im Sinne des § 34 Absatz 13 ist, übergegangen ist.

(2) 1 Die Körperschaftsteuer des Veranlagungszeitraums, in dem das Wirtschaftsjahr endet, in dem die Leistungen erfolgen, erhöht sich um $^3/_7$ des Betrags der Leistungen, für die ein Teilbetrag aus dem Endbetrag im Sinne des Absatzes 1 als verwendet gilt. 2 Die Körperschaftsteuererhöhung mindert den Endbetrag im Sinne des Absatzes 1 bis zu dessen Verbrauch. 3 Satz 1 ist letztmals für den Veranlagungszeitraum anzuwenden, in dem das 18. Wirtschaftsjahr[3] endet, das auf das Wirtschaftsjahr folgt, auf dessen Schluss nach § 37 Abs. 1 Körperschaftsteuerguthaben ermittelt werden.

(3) 1 Die Körperschaftsteuer wird nicht erhöht, soweit eine von der Körperschaftsteuer befreite Körperschaft Leistungen an einen unbeschränkt steuerpflichtigen, von der Körperschaftsteuer befreiten Anteilseigner oder an eine juristische Person des öffentlichen Rechts vornimmt. 2 Der Anteilseigner ist verpflichtet, der ausschüttenden Körperschaft seine Befreiung durch eine Bescheinigung des Finanzamts nachzuweisen, es sei denn, er ist eine juristische Person des öffentlichen Rechts. 3 Das gilt nicht, soweit die Leistung auf Anteile entfällt, die in einem wirtschaftlichen Geschäftsbetrieb gehalten werden, für den die Befreiung von der Körperschaftsteuer ausgeschlossen ist, oder in einem nicht von der Körperschaftsteuer befreiten Betrieb gewerblicher Art.

(4)[4] 1 Der Endbetrag nach Absatz 1 wird letztmalig auf den 31. Dezember 2006 ermittelt und festgestellt. 2 Wird das Vermögen einer Körperschaft oder

---

[1] § 37 Abs. 4 bis 7 angef. mWv VZ 2006 durch G v. 7. 12. 2006 (BGBl. I S. 2782).

[2] § 38 Abs. 1 Sätze 6 und 7 angef. durch G v. 13. 12. 2006 (BGBl. I S. 2878); zur Geltung siehe § 34 Abs. 13; Satz 7 geänd. durch G v. 25. 7. 2014 (BGBl. I S. 1266).

[3] Zeitraum verlängert durch G v. 16. 5. 2003 (BGBl. I S. 660).

[4] § 38 Abs. 4 bis 7 angef. durch G v. 20. 12. 2007 (BGBl. I S. 3150); zur Anwendung von § 38 in der bish. Fassung siehe § 34 Abs. 13 und 14.

Personenvereinigung im Rahmen einer Liquidation im Sinne des § 11 nach dem 31. Dezember 2006 verteilt, wird der Endbetrag im Sinne des Satzes 1 letztmalig auf den Schluss des letzten vor dem 1. Januar 2007 endenden Besteuerungszeitraums festgestellt. 3 Bei über den 31. Dezember 2006 hinaus fortdauernden Liquidationen endet der Besteuerungszeitraum nach § 11 auf Antrag der Körperschaft oder Personenvereinigung mit Ablauf des 31. Dezember 2006. 4 Die Absätze 1 bis 3 sind letztmals auf Leistungen anzuwenden, die vor dem 1. Januar 2007 oder dem nach Satz 2 maßgebenden Zeitpunkt erfolgt sind.

(5)[1] 1 Der Körperschaftsteuererhöhungsbetrag beträgt $^3/_{100}$ des nach Absatz 4 Satz 1 festgestellten Endbetrags. 2 Er ist begrenzt auf den Betrag, der sich nach den Absätzen 1 bis 3 als Körperschaftsteuererhöhung ergeben würde, wenn die Körperschaft oder Personenvereinigung ihr am 31. Dezember 2006 oder an dem nach Absatz 4 Satz 2 maßgebenden Zeitpunkt bestehendes Eigenkapital laut Steuerbilanz für eine Ausschüttung verwenden würde. 3 Ein Körperschaftsteuererhöhungsbetrag ist nur festzusetzen, wenn er 1000 Euro übersteigt.

(6)[1] 1 Die Körperschaft oder deren Rechtsnachfolger hat den sich nach Absatz 5 ergebenden Körperschaftsteuererhöhungsbetrag innerhalb eines Zeitraums von 2008 bis 2017 in zehn gleichen Jahresbeträgen zu entrichten (Zahlungszeitraum). 2 Satz 1 gilt nicht für Körperschaften oder Personenvereinigungen, die sich am 31. Dezember 2006 bereits in Liquidation befanden. 3 Der Anspruch entsteht am 1. Januar 2007. 4 Der Körperschaftsteuererhöhungsbetrag wird für den gesamten Zahlungszeitraum festgesetzt. 5 Der Jahresbetrag ist jeweils am 30. September fällig. 6 Für das Jahr der Bekanntgabe des Bescheids und die vorangegangenen Jahre ist der Jahresbetrag innerhalb eines Monats nach Bekanntgabe des Bescheids fällig, wenn die Bekanntgabe des Bescheids nach dem 31. August 2008 erfolgt. 7 In den Fällen des Satzes 2 ist der gesamte Anspruch innerhalb eines Monats nach Bekanntgabe des Bescheids fällig. 8 Der Anspruch ist nicht verzinslich. 9 Die Festsetzungsfrist für die Festsetzung des Körperschaftsteuererhöhungsbetrags läuft nicht vor Ablauf des Jahres ab, in dem der letzte Jahresbetrag fällig geworden ist.

(7)[1] 1 Auf Antrag kann die Körperschaft oder deren Rechtsnachfolger abweichend von Absatz 6 Satz 1 den Körperschaftsteuererhöhungsbetrag in einer Summe entrichten. 2 Der Antrag kann letztmals zum 30. September 2015 gestellt werden. 3 Anstelle des jeweiligen Jahresbetrags ist zu dem Zahlungstermin, der auf den Zeitpunkt der Antragstellung folgt, der zu diesem Termin nach Absatz 6 Satz 4 fällige Jahresbetrag zuzüglich der noch nicht fälligen Jahresbeträge abgezinst mit einem Zinssatz von 5,5 Prozent zu entrichten. 4 Mit der Zahlung erlischt der gesamte Anspruch. 5 Die Sätze 3 und 4 sind in den Fällen des Absatzes 6 Satz 7[2], des Absatzes 8 und des Absatzes 9 Satz 1 und 2 von Amts wegen anzuwenden.

---

[1] § 38 Abs. 4 bis 7 angef. durch G v. 20. 12. 2007 (BGBl. I S. 3150); zur Anwendung von § 38 in der bish. Fassung siehe § 34 Abs. 13 und 14.

[2] Verweis geänd. mWv VZ 2010 durch G v. 8. 12. 2010 (BGBl. I S. 1768).

(8)[1] Bei Liquidationen, die nach dem 31. Dezember 2006 beginnen, werden alle entstandenen und festgesetzten Körperschaftsteuererhöhungsbeträge an dem 30. September fällig, der auf den Zeitpunkt der Erstellung der Liquidationseröffnungsbilanz folgt.

(9)[1] [1] Geht das Vermögen einer unbeschränkt steuerpflichtigen Körperschaft oder Personenvereinigung durch einen der in § 1 Abs. 1 Nr. 1 des Umwandlungssteuergesetzes vom 7. Dezember 2006 (BGBl. I S. 2782, 2791) in der jeweils geltenden Fassung genannten Vorgänge ganz oder teilweise auf eine nicht unbeschränkt steuerpflichtige Körperschaft oder Personenvereinigung über oder verlegt eine unbeschränkt steuerpflichtige Körperschaft oder Personenvereinigung ihren Sitz oder Ort der Geschäftsleitung und endet dadurch ihre unbeschränkte Steuerpflicht, werden alle entstandenen und festgesetzten Körperschaftsteuererhöhungsbeträge an dem 30. September fällig, der auf den Zeitpunkt des Vermögensübergangs oder des Wegzugs folgt. [2] Ist eine Festsetzung nach Absatz 6 noch nicht erfolgt, ist der gesamte Anspruch innerhalb eines Monats nach Bekanntgabe des Bescheids fällig. [3] Satz 1 gilt nicht, wenn der übernehmende Rechtsträger in einem anderen Mitgliedstaat der Europäischen Union unbeschränkt steuerpflichtig ist oder die Körperschaft oder Personenvereinigung in den Fällen des Wegzugs in einem anderen Mitgliedstaat der Europäischen Union unbeschränkt steuerpflichtig wird.

(10)[1] § 37 Abs. 6 und 7 gilt entsprechend.

§ 39 Einlagen der Anteilseigner und Sonderausweis. (1) Ein sich nach 36 Abs. 7 ergebender positiver Endbetrag des Teilbetrags im Sinne des § 30 Abs. 2 Nr. 4 des Körperschaftsteuergesetzes in der Fassung der Bekanntmachung vom 22. April 1999 (BGBl. I S. 817), das zuletzt durch Artikel 4 des Gesetzes vom 14. Juli 2000 (BGBl. I S. 1034) geändert worden ist, wird als Anfangsbestand des steuerlichen Einlagekontos im Sinne des § 27 erfasst.

(2) Der nach § 47 Abs. 1 Satz 1 Nr. 2 in der Fassung des Artikels 4 des Gesetzes vom 14. Juli 2000 (BGBl. I S. 1034) zuletzt festgestellte Betrag wird als Anfangsbestand in die Feststellung nach § 28 Abs. 1 Satz 3[2] einbezogen.

§ 40[3] *(aufgehoben)*

---

[1] § 38 Abs. 8 bis 10 angef. durch G v. 20. 12. 2007 (BGBl. I S. 3150); zur Anwendung von § 38 in der bish. Fassung siehe § 34 Abs. 13 und 14.

[2] Verweis geänd. durch G v. 9. 12. 2004 (BGBl. I S. 3310).

[3] § 40 aufgeh. mWv VZ 2008 durch G v. 20. 12. 2007 (BGBl. I S. 3150); zur weiteren Anwendung siehe § 34 Abs. 13 und 14.

110. Körperschaftsteuer-Durchführungsverordnung 1994 (KStDV 1994)[1)·2)]

In der Fassung der Bekanntmachung vom 22. Februar 1996
(BGBl. I S. 365)

Geändert durch Steuer-Euroglättungsgesetz vom 19. 12. 2000 (BGBl. I S. 1790), Verordnung zur Änderung steuerlicher Verordnungen vom 17. 11. 2010 (BGBl. I S. 1544) und Gesetz zur Modernisierung der Finanzaufsicht über Versicherungen vom 1. 4. 2015 (BGBl. I S. 434)

BGBl. III/FNA 611-4-6

Zu § 5 Abs. 1 Nr. 3 des Gesetzes

§ 1 Allgemeines. Rechtsfähige Pensions-, Sterbe-, Kranken- und Unterstützungskassen sind nur dann eine soziale Einrichtung im Sinne des § 5 Abs. 1 Nr. 3 Buchstabe b des Gesetzes, wenn sie die folgenden Voraussetzungen erfüllen:

1. Die Leistungsempfänger dürfen sich in der Mehrzahl nicht aus dem Unternehmer oder dessen Angehörigen und bei Gesellschaften in der Mehrzahl nicht aus den Gesellschaftern oder deren Angehörigen zusammensetzen.
2. Bei Auflösung der Kasse darf ihr Vermögen vorbehaltlich der Regelung in § 6 des Gesetzes satzungsmäßig nur den Leistungsempfängern oder deren Angehörigen zugute kommen oder für ausschließlich gemeinnützige oder mildtätige Zwecke verwendet werden.
3. Außerdem müssen bei Kassen mit Rechtsanspruch der Leistungsempfänger die Voraussetzungen des § 2, bei Kassen ohne Rechtsanspruch der Leistungsempfänger die Voraussetzungen des § 3 erfüllt sein.

§ 2 Kassen mit Rechtsanspruch der Leistungsempfänger. (1) Bei rechtsfähigen Pensions- oder Sterbekassen, die den Leistungsempfängern einen Rechtsanspruch gewähren, dürfen die jeweils erreichten Rechtsansprüche der Leistungsempfänger vorbehaltlich des Absatzes 2 die folgenden Beträge nicht übersteigen:

als Pension	25 769	Euro[3)] jährlich,
als Witwengeld	17 179	Euro[3)] jährlich,
als Waisengeld	5 154	Euro[3)] jährlich für jede Halbwaise,
	10 308	Euro[3)] jährlich für jede Vollwaise,
als Sterbegeld	7 669	Euro[3)] als Gesamtleistung.

[1)] Neubekanntmachung der KStDV idF der Bek. v. 31. 7. 1984 (BGBl. I S. 1055) auf Grund des § 53 Abs. 2 Nr. 2 KStG idF der Bek. v. 11. 3. 1991 (BGBl. I S. 638) in der ab 18. 12. 1993 geltenden Fassung.

[2)] Vgl. die Körperschaftsteuer-Richtlinien **(Steuerrichtlinien Nr. 100).**

[3)] Beträge geänd. durch G v. 19. 12. 2000 (BGBl. I S. 1790).

(2) [1]Die jeweils erreichten Rechtsansprüche, mit Ausnahme des Anspruchs auf Sterbegeld, dürfen in nicht mehr als 12 vom Hundert aller Fälle auf höhere als die in Absatz 1 bezeichneten Beträge gerichtet sein. [2]Dies gilt in nicht mehr als 4 vom Hundert aller Fälle uneingeschränkt. [3]Im Übrigen dürfen die jeweils erreichten Rechtsansprüche die folgenden Beträge nicht übersteigen:

als Pension	38 654	Euro[1)] jährlich,
als Witwengeld	25 769	Euro[1)] jährlich,
als Waisengeld	7 731	Euro[1)] jährlich für jede Halbwaise,
	15 461	Euro[1)] jährlich für jede Vollwaise.

§ 3 Kassen ohne Rechtsanspruch der Leistungsempfänger. Rechtsfähige Unterstützungskassen[2)], die den Leistungsempfängern keinen Rechtsanspruch gewähren, müssen die folgenden Voraussetzungen erfüllen:

1. Die Leistungsempfänger dürfen zu laufenden Beiträgen oder zu sonstigen Zuschüssen nicht verpflichtet sein.
2. Den Leistungsempfängern oder den Arbeitnehmervertretungen des Betriebs oder der Dienststelle muß satzungsgemäß und tatsächlich das Recht zustehen, an der Verwaltung sämtlicher Beträge, die der Kasse zufließen, beratend mitzuwirken.
3. Die laufenden Leistungen und das Sterbegeld dürfen die in § 2 bezeichneten Beträge nicht übersteigen.

Zu § 5 Abs. 1 Nr. 4 des Gesetzes

§ 4 Kleinere Versicherungsvereine. Kleinere Versicherungsvereine auf Gegenseitigkeit im Sinne des *§ 53 des Gesetzes über die Beaufsichtigung der privaten Versicherungsunternehmungen in der im Bundesgesetzblatt Teil III, Gliederungsnummer 7631-1, veröffentlichten bereinigten Fassung, zuletzt geändert durch das Gesetz vom 18. Dezember 1975 (BGBl. I S. 3139),* [***ab VZ 2016:*** § 210 des Versicherungsaufsichtsgesetzes][3)] sind von der Körperschaftsteuer befreit, wenn

1. ihre Beitragseinnahmen im Durchschnitt der letzten drei Wirtschaftsjahre einschließlich des im Veranlagungszeitraum endenden Wirtschaftsjahrs die folgenden Jahresbeträge nicht überstiegen haben:
   a) 797 615 Euro[1)] bei Versicherungsvereinen, die die Lebensversicherung oder die Krankenversicherung betreiben,
   b) 306 775 Euro[1)] bei allen übrigen Versicherungsvereinen oder

---

[1)] Beträge geänd. durch G v. 19. 12. 2000 (BGBl. I S. 1790).

[2)] Die nach dem PostpersonalrechtsG errichteten Unterstützungskassen sind ab ihrer Gründung von der Körperschaftsteuer befreit. § 4 d EStG ist nicht anzuwenden. Vgl. § 15 Abs. 3 PostpersonalrechtsG v. 14. 9. 1994 (BGBl. I S. 2325, 2353), zuletzt geänd. durch G v. 5. 2. 2009 (BGBl. I S. 160).

[3)] Verweis geänd. mWv VZ 2016 durch G v. 1. 4. 2015 (BGBl. I S. 434).

2. sich ihr Geschäftsbetrieb auf die Sterbegeldversicherung beschränkt und sie im übrigen die Voraussetzungen des § 1 erfüllen.

Zu § 26 Abs. 3 des Gesetzes

§ 5[1] *(aufgehoben)*

Schlußvorschrift

§ 6[2] **Anwendungszeitraum.** Die Körperschaftsteuer-Durchführungsverordnung in der am 1. Januar 2016 geltenden Fassung ist erstmals für den Veranlagungszeitraum 2016 anzuwenden.

§ 7[3] Inkrafttreten

Anlage (zu § 5)[1] *(aufgehoben)*

---

[1] § 5 sowie die dazugehörige Anlage aufgeh. durch VO v. 17. 11. 2010 (BGBl. I S. 1544).

[2] § 6 neu gef. durch G v. 1. 4. 2015 (BGBl. I S. 434).

[3] Die VO in ihrer ursprünglichen Fassung trat am 24. 6. 1977 in Kraft. Das Inkrafttreten der späteren Änderungen ergibt sich aus den jeweiligen Änderungsbestimmungen.

111. Verordnung über die steuerliche Begünstigung von Wasserkraftwerken

Vom 26. Oktober 1944 (RGBl. I S. 278)

Geändert durch Gesetz vom 26. 7. 1957 (BGBl. I S. 807), Steueränderungsgesetz 1968 vom 20. 2. 1969 (BGBl. I S. 141), Steueränderungsgesetz 1977 vom 16. 8. 1977 (BGBl. I S. 1586), Steuerbereinigungsgesetz 1985 vom 14. 12. 1984 (BGBl. I S. 1493) und Gesetz über die weitere Bereinigung von Bundesrecht vom 8. 12. 2010 (BGBl. I S. 1864)

BGBl. III 610-6-2

Auf Grund des § 12 der Reichsabgabenordnung wird im Einvernehmen mit dem Reichsminister des Innern und dem Generalinspektor für Wasser und Energie verordnet:

§ 1 Steuerbegünstigte Unternehmen. Unternehmen, die elektrische Arbeit durch Wasserkräfte erzeugen, werden nach Maßgabe dieser Verordnung steuerlich begünstigt.

§ 2 Steuerbegünstigte Anlagen. (1) [1]Die steuerliche Begünstigung erstreckt sich nur auf die Anlagen zur Erzeugung elektrischer Arbeit durch Wasserkräfte (Wasserkraftwerke). [2]Zu den Wasserkraftwerken gehören auch die Anlagen zur Fortleitung der erzeugten elektrischen Arbeit bis zu den Abspannketten der Fernleitungen.

(2) Die steuerliche Begünstigung kann auf Antrag auch für die Anlagen zur Fortleitung des Stroms aus steuerbegünstigten Wasserkraftwerken gewährt werden.

§ 3[1)] Voraussetzung der steuerlichen Begünstigung. Die steuerliche Begünstigung tritt nur ein, wenn der Baubeginn der Anlagen in die Zeit vom 1. Januar 1938 bis zum 31. Dezember 1990 fällt.

§ 4 Einkommensteuer und Körperschaftsteuer. (1) Die Einkommensteuer oder die Körperschaftsteuer, die auf den Gewinn aus den steuerbegünstigten Anlagen entfällt, ermäßigt sich ab dem Betriebsbeginn für die Dauer von zwanzig Jahren auf die Hälfte der gesetzlichen Beträge.

(2)[2)] Die Bundesregierung wird ermächtigt, mit Zustimmung des Bundesrates durch Rechtsverordnung Vorschriften über die Ermittlung des steuerbegünstigten Gewinns für den Fall zu erlassen, daß ein Unternehmen steuerbegünstigte und nicht steuerbegünstigte Anlagen unterhält.

[1)] § 3 neu gef. durch G v. 16. 8. 1977 (BGBl. I S. 1586) und geänd. durch G v. 14. 12. 1984 (BGBl. I S. 1493).

[2)] § 4 Abs. 2 neu gef. durch G v. 26. 7. 1957 (BGBl. I S. 807).

§ 5 Vermögensteuer und *Aufbringungsumlage.* [1]Die Vermögensteuer *und die Aufbringungsumlage,* die auf die steuerbegünstigten Anlagen entfallen, sind während der Bauzeit nicht zu entrichten. [2]Sie ermäßigen sich ab dem Betriebsbeginn für die Dauer von zwanzig Jahren auf die Hälfte der gesetzlichen Beträge.

§ 6 Gewerbesteuer. (1) Die einheitlichen Gewerbesteuermeßbeträge, die auf die steuerbegünstigten Anlagen entfallen, ermäßigen sich ab dem Betriebsbeginn für die Dauer von zwanzig Jahren auf die Hälfte der gesetzlichen Beträge.

(2)[1] *(aufgehoben)*

§ 7[2] Absetzung für Abnutzung. (1) Die Summe der Absetzungen für Abnutzung auf die Wirtschaftsgüter, die zu den steuerbegünstigten Anlagen gehören, muß für die gesamte Dauer der Steuerbegünstigung bei den Wasserkraftwerken mindestens 25 vom Hundert, bei den Fortleitungsanlagen (§ 2 Abs. 2) mindestens 40 vom Hundert der Anschaffungs- oder Herstellungskosten betragen.

(2) [1]Die Bundesregierung wird ermächtigt, mit Zustimmung des Bundesrates durch Rechtsverordnung zu bestimmen, wie der Gesamtbetrag der Absetzung für Abnutzung auf die einzelnen Jahre zu verteilen ist. [2]Bleibt die Summe der Absetzungen für Abnutzung eines Jahres hinter dem danach maßgebenden Betrag zurück, so tritt die steuerliche Begünstigung für dieses Jahr nicht ein.

§ 8[3]. *(aufgehoben)*

§ 9. *(gegenstandslos)*

§ 10[4] Anwendungsvorschriften. (1) Die Bestimmungen dieser Verordnung sind erstmalig anzuwenden:

a) bei der Veranlagung zur Einkommensteuer und zur Körperschaftsteuer für das Kalenderjahr 1943;

b) bei der Veranlagung zur Vermögensteuer und zur Aufbringungsumlage für das Rechnungsjahr 1943;

c) bei der Festsetzung der einheitlichen Gewerbesteuermeßbeträge für das Kalenderjahr 1943.

(2), (3) [Übergangsvorschrift]

---

[1] § 6 Abs. 2 aufgeh. durch G v. 8. 12. 2010 (BGBl. I S. 1864).
[2] § 7 Abs. 2 Satz 1 neu gef. durch G v. 26. 7. 1957 (BGBl. I S. 807).
[3] § 8 aufgeh. durch G v. 14. 12. 1984 (BGBl. I S. 1493).
[4] § 10 Überschrift neu gef. und Abs. 3 angef. durch G v. 14. 12. 1984 (BGBl. I S. 1493).

112. Verordnung über die Steuerbegünstigung von Stiftungen, die an die Stelle von Familienfideikommissen getreten sind

Vom 13. Februar 1926 (RGBl. I S. 101)

BGBl. III 611-4-3

Auf Grund des § 108 Abs. 2 der Reichsabgabenordnung wird mit Zustimmung des Reichsrats folgendes bestimmt:

§ 1 [Voraussetzungen] Ist eine Vermögensmasse, die zu einem standesherrlichen Hausvermögen, einem Familienfideikommiß, einem Lehen oder einem Erbstammgut gehört hat, ganz oder zum Teil nach den für die Auflösung geltenden Vorschriften in eine Stiftung umgewandelt worden, so bleiben bei der Veranlagung einer solchen Stiftung zur Körperschaftsteuer die Einkünfte außer Ansatz, die an die nach der Stiftungssatzung bezugsberechtigten, unbeschränkt einkommensteuerpflichtigen Familienmitglieder verteilt werden.

§ 2 [Anwendungsbereich] Diese Verordnung gilt erstmalig für den ersten Steuerabschnitt, für den nach dem Körperschaftsteuergesetz vom 10. August 1925 (Reichsgesetzbl. I S. 208) eine Stiftung der in § 1 bezeichneten Art zur Körperschaftsteuer zu veranlagen ist.

120. Investmentsteuergesetz (InvStG)[1)·2)]

Vom 15. Dezember 2003 (BGBl. I S. 2676/2724)

Geändert durch EURichtlinien-Umsetzungsgesetz vom 9. 12. 2004 (BGBl. I S. 3310), Gesetz zur Neuorganisation der Bundesfinanzverwaltung und zur Schaffung eines Refinanzierungsregisters vom 22. 9. 2005 (BGBl. I S. 2809), Jahressteuergesetz 2007 vom 13. 12. 2006 (BGBl. I S. 2878), Gesetz zur Schaffung deutscher Immobilienaktiengesellschaften mit börsennotierten Anteilen vom 28. 5. 2007 (BGBl. I S. 914), Achtes Gesetz zur Änderung des Versicherungsaufsichtsgesetzes sowie zur Änderung des Finanzdienstleistungsaufsichtsgesetzes und anderer Vorschriften vom 28. 5. 2007 (BGBl. I S. 923), Unternehmensteuerreformgesetz 2008 vom 14. 8. 2007 (BGBl. I S. 1912), Jahressteuergesetz 2008 vom 20. 12. 2007 (BGBl. I S. 3150), Jahressteuergesetz 2009 vom 19. 12. 2008 (BGBl. I S. 2794), Mitarbeiterkapitalbeteiligungsgesetz vom 7. 3. 2009 (BGBl. I S. 451), Bürgerentlastungsgesetz Krankenversicherung vom 16. 7. 2009 (BGBl. I S. 1959), Jahressteuergesetz 2010 (JStG 2010) vom 8. 12. 2010 (BGBl. I S. 1768), OGAW-IV-Umsetzungsgesetz (OGAW-IV-UmsG) vom 22. 6. 2011 (BGBl. I S. 1126), Beitreibungsrichtlinie-Umsetzungsgesetz (BeitrRLUmsG) vom 7. 12. 2011 (BGBl. I S. 2592), Gesetz zur Änderung von Vorschriften über Verkündung und Bekanntmachungen sowie der Zivilprozessordnung, des Gesetzes betreffend die Einführung der Zivilprozessordnung und der Abgabenordnung vom 22. 12. 2011 (BGBl. I S. 3044), Gesetz zur Umsetzung des EuGH-Urteils vom 20. Oktober 2011 in der Rechtssache C-284/09 vom 21. 3. 2013 (BGBl. I S. 561), Amtshilferichtlinie-Umsetzungsgesetz (AmtshilfeRLUmsG) vom 26. 6. 2013 (BGBl. I S. 1809), Gesetz zur Anpassung des Investmentsteuergesetzes und anderer Gesetze an das AIFM-Umsetzungsgesetz (AIFM-Steuer-Anpassungsgesetz – AIFM-StAnpG) vom 18. 12. 2013 (BGBl. I S. 4318)[2)] und Gesetz zur Anpassung des nationalen Steuerrechts an den Beitritt Kroatiens zur EU und zur Änderung weiterer steuerlicher Vorschriften vom 25. 7. 2014 (BGBl. I S. 1266)

BGBl. III/FNA 610-6-15

Inhaltsübersicht

Abschnitt 1. Gemeinsame Regelungen für inländische und ausländische Investmentfonds §§

Abschnitt 2. Regelungen nur für inländische Investmentfonds

---

1) Das Investmentsteuergesetz wurde mWv 1. 1. 2004 verkündet als Art. 2 des Investmentmodernisierungsgesetzes.

2) Zur Anwendung dieser Fassung des Gesetzes nach dem **Inkrafttreten des AIFM-Steuer-Anpassungsgesetzes** siehe **§§ 21, 22, 23.** Zur alten Fassung siehe Nr. **120 a.** Zu Auslegungsfragen BMF v. 4. 6. 2014 IV C 1 – S 1980 – 1/13/10007:002, DStR 2014 S. 1168.

Abschnitt 1. Gemeinsame Regelungen für inländische und ausländische Investment*anteile*[1]

§ 1[2] Anwendungsbereich und Begriffsbestimmungen. (1) [1] Dieses Gesetz ist anzuwenden auf Organismen für gemeinsame Anlagen in Wertpapieren (OGAW) im Sinne des § 1 Absatz 2 des Kapitalanlagegesetzbuchs[3] und Alternative Investmentfonds (AIF) im Sinne des § 1 Absatz 3 des Kapitalanlagegesetzbuchs[3] sowie auf Anteile an OGAW oder AIF. [2] Teilsondervermögen im Sinne des § 96 Absatz 2 Satz 1 des Kapitalanlagegesetzbuchs, Teilgesellschaftsvermögen im Sinne des § 117 oder des § 132 des Kapitalanlagegesetzbuchs oder vergleichbare rechtlich getrennte Einheiten eines ausländischen OGAW oder AIF (Teilfonds) gelten für die Zwecke dieses Gesetzes selbst als OGAW oder AIF.

(1 a) Dieses Gesetz ist nicht anzuwenden auf

1. Gesellschaften, Einrichtungen oder Organisationen, für die nach § 2 Absatz 1 und 2 des Kapitalanlagegesetzbuchs das Kapitalanlagegesetzbuch nicht anwendbar ist,
2. Unternehmensbeteiligungsgesellschaften im Sinne des § 1 a Absatz 1 des Gesetzes über Unternehmensbeteiligungsgesellschaften und
3. Kapitalbeteiligungsgesellschaften, die im öffentlichen Interesse mit Eigenmitteln oder mit staatlicher Hilfe Beteiligungen erwerben.

(1 b) [1] Die Abschnitte 1 bis 3 und 5 sind auf Investmentfonds und Anteile an Investmentfonds anzuwenden. [2] Ein Investmentfonds ist ein OGAW oder ein AIF, der die folgenden Anlagebestimmungen erfüllt:

1. [1] Der OGAW, der AIF oder der Verwalter des AIF ist in seinem Sitzstaat einer Aufsicht über Vermögen zur gemeinschaftlichen Kapitalanlage unter-

---

[1] Müsste lauten „Infestmentfonds".

[2] § 1 Abs. 1, Abs. 1 a bis 1 g, Abs. 2 und 2 a eingefügt durch G v. 18. 12. 2013 (BGBl. I S. 4318); zur Anwendung siehe § 22 Abs. 1 und 2.

[3] KAGB abgedruckt in **Beck'scher Textausgabe „Wirtschaftsgesetze"**.

stellt. [2]Diese Bestimmung gilt in den Fällen des § 2 Absatz 3 des Kapitalanlagegesetzbuchs als erfüllt.

2. [1]Die Anleger können mindestens einmal pro Jahr das Recht zur Rückgabe oder Kündigung ihrer Anteile, Aktien oder Beteiligung ausüben. [2]Dies gilt als erfüllt, wenn der OGAW oder der AIF an einer Börse im Sinne des § 2 Absatz 1 des Börsengesetzes oder einer vergleichbaren ausländischen Börse gehandelt wird.
3. [1]Der objektive Geschäftszweck ist auf die Anlage und Verwaltung seiner Mittel für gemeinschaftliche Rechnung der Anteils- oder Aktieninhaber beschränkt und eine aktive unternehmerische Bewirtschaftung der Vermögensgegenstände ist ausgeschlossen. [2]Eine aktive unternehmerische Bewirtschaftung ist bei Beteiligungen an Immobilien-Gesellschaften im Sinne des § 1 Absatz 19 Nummer 22 des Kapitalanlagegesetzbuchs nicht schädlich.
4. [1]Das Vermögen wird nach dem Grundsatz der Risikomischung angelegt. [2]Eine Risikomischung liegt regelmäßig vor, wenn das Vermögen in mehr als drei Vermögensgegenstände mit unterschiedlichen Anlagerisiken angelegt ist. [3]Der Grundsatz der Risikomischung gilt als gewahrt, wenn der OGAW oder der AIF in nicht nur unerheblichem Umfang Anteile an einem oder mehreren anderen Vermögen hält und diese anderen Vermögen unmittelbar oder mittelbar nach dem Grundsatz der Risikomischung angelegt sind.
5. Die Vermögensanlage erfolgt zu mindestens 90 Prozent des Wertes des OGAW oder des AIF in die folgenden Vermögensgegenstände:
   a) Wertpapiere,
   b) Geldmarktinstrumente,
   c) Derivate,
   d) Bankguthaben,
   e) Grundstücke, grundstücksgleiche Rechte und vergleichbare Rechte nach dem Recht anderer Staaten,
   f) Beteiligungen an Immobilien-Gesellschaften im Sinne des § 1 Absatz 19 Nummer 22 des Kapitalanlagegesetzbuchs,
   g) Betriebsvorrichtungen und andere Bewirtschaftungsgegenstände im Sinne des § 231 Absatz 3 des Kapitalanlagegesetzbuchs,
   h) Anteile oder Aktien an inländischen und ausländischen Investmentfonds,
   i) Beteiligungen an ÖPP-Projektgesellschaften im Sinne des § 1 Absatz 19 Nummer 28 des Kapitalanlagegesetzbuchs, wenn der Verkehrswert dieser Beteiligungen ermittelt werden kann und
   j) Edelmetalle, unverbriefte Darlehensforderungen und Beteiligungen an Kapitalgesellschaften, wenn der Verkehrswert dieser Beteiligungen ermittelt werden kann.
6. [1]Höchstens 20 Prozent seines Wertes werden in Beteiligungen an Kapitalgesellschaften investiert, die weder zum Handel an einer Börse zugelassen noch in einem anderen organisierten Markt zugelassen oder in diesen einbezogen sind. [2]OGAW oder AIF, die nach ihren Anlagebedingungen das

bei ihnen eingelegte Geld in Immobilien anlegen, dürfen bis zu 100 Prozent ihres Wertes in Immobilien-Gesellschaften investieren. [3]Innerhalb der Grenzen des Satzes 1 dürfen auch Unternehmensbeteiligungen gehalten werden, die vor dem 28. November 2013 erworben wurden.

7. [1]Die Höhe der Beteiligung an einer Kapitalgesellschaft liegt unter 10 Prozent des Kapitals der Kapitalgesellschaft. [2]Dies gilt nicht für Beteiligungen eines OGAW oder eines AIF an
   a) Immobilien-Gesellschaften,
   b) ÖPP-Projektgesellschaften und
   c) Gesellschaften, deren Unternehmensgegenstand auf die Erzeugung erneuerbarer Energien im Sinne des § 3 Nummer 3 des Gesetzes über den Vorrang erneuerbarer Energien gerichtet ist.
8. [1]Ein Kredit darf nur kurzfristig und nur bis zur Höhe von 30 Prozent des Wertes des OGAW oder des AIF aufgenommen werden. [2]AIF, die nach den Anlagebedingungen das bei ihnen eingelegte Geld in Immobilien anlegen, dürfen kurzfristige Kredite bis zu einer Höhe von 30 Prozent des Wertes des Investmentfonds und im Übrigen Kredite bis zu einer Höhe von 50 Prozent des Verkehrswertes der im AIF unmittelbar oder mittelbar gehaltenen Immobilien aufnehmen.
9. Die vorstehenden Anlagebestimmungen oder die für OGAW geltenden Anlagebestimmungen des Kapitalanlagegesetzbuchs gehen aus seinen Anlagebedingungen hervor.

(1 c) [1]OGAW und AIF, die nicht die Voraussetzungen der Absätze 1 b und 1 f erfüllen, sind Investitionsgesellschaften. [2]Auf Investitionsgesellschaften sind die Absätze 1, 1 a und 2 sowie die Abschnitte 4 und 5 anzuwenden.

(1 d) [1]Ändert ein Investmentfonds seine Anlagebedingungen in der Weise ab, dass die Anlagebestimmungen des Absatzes 1 b nicht mehr erfüllt sind, oder liegt in der Anlagepraxis ein wesentlicher Verstoß gegen die Anlagebestimmungen des Absatzes 1 b vor, so hat bei inländischen Investmentfonds das nach § 13 Absatz 5 zuständige Finanzamt und bei ausländischen Investmentfonds das Bundeszentralamt für Steuern das Fehlen der Anlagebestimmungen festzustellen. [2]Die §§ 164, 165 und 172 bis 175 a der Abgabenordnung sind auf die Feststellung nicht anzuwenden. [3]Nach Ablauf des Geschäftsjahres des Investmentfonds, in dem der Feststellungsbescheid unanfechtbar geworden ist, gilt der Investmentfonds für einen Zeitraum von mindestens drei Jahren als Investitionsgesellschaft. [4]Unanfechtbare Feststellungsbescheide sind vom zuständigen Finanzamt dem Bundeszentralamt für Steuern mitzuteilen. [5]Das Bundeszentralamt für Steuern hat die Bezeichnung des Investmentfonds, die Wertpapieridentifikationsnummer ISIN, soweit sie erteilt wurde, und den Zeitpunkt, ab dem der Investmentfonds als Investitionsgesellschaft gilt, im Bundesanzeiger zu veröffentlichen.

(1 e) Bei einer Überschreitung der zulässigen Beteiligungshöhe an Kapitalgesellschaften nach Absatz 1 b Nummer 7 sind für den Investmentfonds oder für dessen Anleger keine Besteuerungsregelungen anzuwenden, die eine über dieser Grenze liegende Beteiligungshöhe voraussetzen.

(1 f) [1] Inländische Investmentfonds können gebildet werden

1. in Form eines Sondervermögens im Sinne des § 1 Absatz 10 des Kapitalanlagegesetzbuchs, das von einer
   a) externen Kapitalverwaltungsgesellschaft im Sinne des § 17 Absatz 2 Nummer 1 des Kapitalanlagegesetzbuchs verwaltet wird,
   b) inländischen Zweigniederlassung einer EU-Verwaltungsgesellschaft im Sinne des § 1 Absatz 17 des Kapitalanlagegesetzbuchs verwaltet wird oder
   c) EU-Verwaltungsgesellschaft im Sinne des § 1 Absatz 17 Nummer 1 des Kapitalanlagegesetzbuchs mittels der grenzüberschreitenden Dienstleistung verwaltet wird,
2. in Form einer Investmentaktiengesellschaft mit veränderlichem Kapital im Sinne des Kapitels 1 Abschnitt 4 Unterabschnitt 3 des Kapitalanlagegesetzbuchs oder
3. in Form einer offenen Investmentkommanditgesellschaft im Sinne des Kapitels 1 Abschnitt 4 Unterabschnitt 4 des Kapitalanlagegesetzbuchs, die nach ihrem Gesellschaftsvertrag nicht mehr als 100 Anleger hat, die nicht natürliche Personen sind und deren Gesellschaftszweck unmittelbar und ausschließlich der Abdeckung von betrieblichen Altersvorsorgeverpflichtungen dient. [2] Die Voraussetzungen des Satzes 1 gelten nicht als erfüllt, wenn der Wert der Anteile, die ein Anleger erwirbt, den Wert der betrieblichen Altersvorsorgeverpflichtung übersteigt. [3] Die Anleger haben schriftlich nach amtlichem Muster gegenüber der offenen Investmentkommanditgesellschaft zu bestätigen, dass sie ihren Anteil unmittelbar und ausschließlich zur Abdeckung von betrieblichen Altersvorsorgeverpflichtungen halten.

(1 g) [1] Für die Anwendung der Abschnitte 1 bis 3 und 5 zählt ein EU-Investmentfonds der Vertragsform, der von einer externen Kapitalverwaltungsgesellschaft im Sinne des § 17 Absatz 2 Nummer 1 des Kapitalanlagegesetzbuchs oder einer inländischen Zweigniederlassung einer EU-Verwaltungsgesellschaft im Sinne des § 1 Absatz 17 des Kapitalanlagegesetzbuchs verwaltet wird, zu den ausländischen Investmentfonds. [2] Ist nach dem Recht des Herkunftsstaates eines Investmentfonds nach Satz 1 auf Grund des Sitzes der Kapitalverwaltungsgesellschaft im Inland oder der inländischen Zweigniederlassung der EU-Verwaltungsgesellschaft die Bundesrepublik Deutschland dazu berufen, die Besteuerung des Investmentfonds umfassend zu regeln, so gilt dieser Investmentfonds für die Anwendung dieses Gesetzes abweichend von Satz 1 als inländischer Investmentfonds. [3] Anteile an einem Investmentfonds nach Satz 2 gelten als Anteile an einem inländischen Investmentfonds. [4] Anteile an einem Investmentfonds nach Satz 1 zählen zu den ausländischen Anteilen.

(2) [1] Die Begriffsbestimmungen des Kapitalanlagegesetzbuchs gelten entsprechend, soweit sich keine abweichende Begriffsbestimmung aus diesem Gesetz ergibt. [2] Anleger sind die Inhaber von Anteilen an Investmentfonds und Investitionsgesellschaften, unabhängig von deren rechtlicher Ausgestaltung. [3] Inländische Investmentfonds oder inländische Investitionsgesellschaften sind OGAW oder AIF, die dem inländischen Aufsichtsrecht unterliegen. [4] EU-Investmentfonds und EU-Investitionsgesellschaften sind OGAW oder AIF, die

dem Aufsichtsrecht eines anderen Mitgliedstaates der Europäischen Union oder eines anderen Vertragsstaates des Abkommens über den Europäischen Wirtschaftsraum unterliegen. [5] Ausländische Investmentfonds und ausländische Investitionsgesellschaften sind EU-Investmentfonds oder EU-Investitionsgesellschaften oder AIF, die dem Recht eines Drittstaates unterliegen. [6] Als Anlagebedingungen im Sinne dieses Gesetzes gelten auch die Satzung, der Gesellschaftsvertrag oder vergleichbare konstituierende Dokumente eines OGAW oder eines AIF.

(2 a) [1] Inländische Investmentfonds sind zugleich inländische Investmentgesellschaften im Sinne dieses Gesetzes. [2] Ausländische Investmentfonds sind zugleich ausländische Investmentgesellschaften im Sinne dieses Gesetzes. [3] Inländische Investmentfonds werden bei der Geltendmachung von Rechten und der Erfüllung von Pflichten wie folgt vertreten:

1. bei Sondervermögen nach Absatz 1 f Nummer 1
   a) Buchstabe a durch die Kapitalverwaltungsgesellschaft,
   b) Buchstabe b durch die inländische Zweigniederlassung der EU-Verwaltungsgesellschaft,
   c) Buchstabe c durch die inländische Verwahrstelle im Sinne des § 68 Absatz 3 des Kapitalanlagegesetzbuchs,

   wenn es sich um inländische OGAW handelt, oder durch die inländische Verwahrstelle im Sinne des § 80 Absatz 6 des Kapitalanlagegesetzbuchs, wenn es sich um inländische AIF handelt, und
2. bei Gesellschaften nach Absatz 1 g durch die Kapitalverwaltungsgesellschaft.

[4] Während der Abwicklung eines inländischen Investmentfonds tritt die inländische Verwahrstelle für die Anwendung des Satzes 2 an die Stelle der Kapitalverwaltungsgesellschaft.

(3)[1)] [1] Ausschüttungen sind die dem Anleger tatsächlich gezahlten oder gutgeschriebenen Beträge einschließlich der einbehaltenen Kapitalertragsteuer. [2] Ausgeschüttete Erträge sind die von einem Investmentfonds[2)] zur Ausschüttung verwendeten Kapitalerträge, Erträge aus der Vermietung und Verpachtung von Grundstücken und grundstücksgleichen Rechten, sonstige Erträge und Gewinne aus Veräußerungsgeschäften. [3] Ausschüttungsgleiche Erträge sind die von einem Investmentfonds[2)] nach Abzug der abziehbaren Werbungskosten nicht zur Ausschüttung verwendeten

1. Kapitalerträge mit Ausnahme der Erträge aus Stillhalterprämien im Sinne des § 20 Abs. 1 Nr. 11 des Einkommensteuergesetzes, der Gewinne im Sinne des § 20 Abs. 2 Satz 1 Nr. 1 des Einkommensteuergesetzes, der Gewinne im Sinne des § 20 Abs. 2 Satz 1 Nr. 3 des Einkommensteuergesetzes und der Gewinne im Sinne des § 20 Abs. 2 Satz 1 Nr. 7 des Einkommensteuergesetzes, soweit sie nicht auf vereinnahmte Stückzinsen entfallen und wenn es sich um sonstige Kapitalforderungen handelt,
   a) die eine Emissionsrendite haben,

---

1) § 1 Abs. 3 neu gef. durch G v. 19. 12. 2008 (BGBl. I S. 2794); zur Anwendung siehe § 21 Abs. 12 Sätze 1 und 2 sowie Abs. 14.

2) Bezeichnung geänd. durch G v. 18. 12. 2013 (BGBl. I S. 4318).

b) bei denen das Entgelt für die Kapitalüberlassung ausschließlich nach einem festen oder variablen Bruchteil des Kapitals bemessen und die Rückzahlung des Kapitals in derselben Höhe zugesagt oder gewährt wird, in der es überlassen wurde. [2]Ein Emissionsdisagio oder Emissionsdiskont zur Feinabstimmung des Zinses bleibt dabei unberücksichtigt,

c) bei denen weder eine auch nur teilweise Rückzahlung des Kapitalvermögens noch ein gesondertes Entgelt für die Überlassung des Kapitalvermögens zur Nutzung zugesagt oder gewährt wird und die Rückzahlung des Kapitals sich nach der Wertentwicklung einer einzelnen Aktie oder eines veröffentlichten Index für eine Mehrzahl von Aktien richtet und diese Wertentwicklung in gleichem Umfang nachgebildet wird,

d) die solche im Sinne des Buchstaben b sind, bei denen der Inhaber neben der festen Verzinsung ein Recht auf Umtausch in Gesellschaftsanteile hat, oder bei denen der Inhaber zusätzlich bei Endfälligkeit das Wahlrecht besitzt, vom Emittenten entweder die Kapitalrückzahlung oder die Lieferung einer vorher festgelegten Anzahl von Aktien eines Unternehmens zu verlangen, oder bei denen der Emittent zusätzlich das Recht besitzt, bei Fälligkeit dem Inhaber an Stelle der Rückzahlung des Nominalbetrags eine vorher festgelegte Anzahl von Aktien anzudienen,

e) die Gewinnobligationen oder Genussrechte im Sinne des § 43 Abs. 1 Satz 1 Nr. 2 des Einkommensteuergesetzes sind,

f) bei denen die Anschaffungskosten teilweise auf abtrennbare Optionsscheine und eine separat handelbare Anleihe entfallen,

2. Erträge aus der Vermietung und Verpachtung von Grundstücken und grundstücksgleichen Rechten, sonstige Erträge und Gewinne aus privaten Veräußerungsgeschäften im Sinne des § 23 Abs. 1 Satz 1 Nr. 1, Abs. 2 und 3 des Einkommensteuergesetzes.

[4]Zu den ausgeschütteten und ausschüttungsgleichen Erträgen im Sinne der Sätze 2 und 3 gehören auch nach § 3 Abs. 2 Satz 1 Nr. 2 abgegrenzte Erträge. [5]Fasst die Investmentgesellschaft nicht spätestens vier Monate nach Ablauf des Geschäftsjahres einen Beschluss über die Verwendung der Erträge des abgelaufenen Geschäftsjahres, gelten diese als nicht zur Ausschüttung verwendet.

(4) Zwischengewinn ist das Entgelt für die dem Anleger noch nicht zugeflossenen oder als zugeflossen geltenden

1.[1)] Einnahmen des Investmentfonds[2)] im Sinne des § 20 Abs. 1 Nr. 7 und des Abs. 2 Satz 1 Nr. 2 Buchstabe b sowie des § 20 Abs. 2 Satz 1 Nr. 7 des Einkommensteuergesetzes, soweit sie zu den ausschüttungsgleichen Erträgen im Sinne des Absatzes 3 Satz 3 gehören, sowie für die angewachsenen Ansprüche des Investmentfonds[2)] auf derartige Einnahmen; die Ansprüche sind auf der Grundlage des § 20 Abs. 2 des Einkommensteuergesetzes zu bewerten;

2.[1)] Einnahmen aus Anteilen an anderen Investmentfonds[2)], soweit darin Erträge des anderen Investmentfonds[2)] im Sinne des § 20 Abs. 1 Nr. 7 und des

---

[1)] § 1 Abs. 4 Nr. 1 und Nr. 2 geänd. durch G v. 19. 12. 2008 (BGBl. I S. 2794); zur erstmaligen Anwendung siehe § 21 Abs. 12 Sätze 1 und 2.

[2)] Bezeichnung geänd. durch G v. 18. 12. 2013 (BGBl. I S. 4318).

Abs. 2 Satz 1 Nr. 2 Buchstabe b sowie des § 20 Abs. 2 Satz 1 Nr. 7 des Einkommensteuergesetzes, soweit sie zu den ausschüttungsgleichen Erträgen im Sinne des Absatzes 3 Satz 3 gehören, enthalten sind;

3. Zwischengewinne des Investmentfonds[1];
4. zum Zeitpunkt der Rückgabe oder Veräußerung des Investmentanteils veröffentlichte Zwischengewinne oder stattdessen anzusetzende Werte für Anteile an anderen Investmentfonds[1], die der Investmentfonds[1] hält.

§ 2 Erträge aus Investmentanteilen. (1)[2] [1] Die auf Investmentanteile ausgeschütteten sowie die ausschüttungsgleichen Erträge und der Zwischengewinn gehören zu den Einkünften aus Kapitalvermögen im Sinne des § 20 Abs. 1 Nr. 1 des Einkommensteuergesetzes, wenn sie nicht Betriebseinnahmen des Anlegers, Leistungen nach § 22 Nr. 1 Satz 3 Buchstabe a Doppelbuchstabe aa des Einkommensteuergesetzes in Verbindung mit § 10 Abs. 1 Nr. 2 Buchstabe b des Einkommensteuergesetzes oder Leistungen im Sinne des § 22 Nr. 5 des Einkommensteuergesetzes sind; § 3 Nr. 40 des Einkommensteuergesetzes und § 8b Abs. 1 des Körperschaftsteuergesetzes sind außer in den Fällen des Absatzes 2 nicht anzuwenden. [2] Die ausschüttungsgleichen Erträge gelten außer in den Fällen des § 22 Nr. 1 Satz 3 Buchstabe a Doppelbuchstabe aa des Einkommensteuergesetzes in Verbindung mit § 10 Abs. 1 Nr. 2 Buchstabe b des Einkommensteuergesetzes oder des § 22 Nr. 5 des Einkommensteuergesetzes mit dem Ablauf des Geschäftsjahres, in dem sie vereinnahmt worden sind, als zugeflossen. [3] Bei Teilausschüttung der in § 1 Absatz 3 genannten Erträge sind die ausschüttungsgleichen Erträge dem *Anteilscheininhaber* [***ab 1. 1. 2012:*** Anleger][3] im Zeitpunkt der Teilausschüttung zuzurechnen. [4] Reicht im Falle der Teilausschüttung die Ausschüttung nicht aus, um die Kapitalertragsteuer *einzubehalten, so gilt die Teilausschüttung als ausschüttungsgleicher Ertrag* [***ab 1. 1. 2012:*** gemäß § 7 Absatz 1 bis 3 einschließlich der bundes- oder landesgesetzlich geregelten Zuschlagsteuern zur Kapitalertragsteuer (Steuerabzugsbeträge) einzubehalten, gilt auch die Teilausschüttung dem Anleger mit dem Ablauf des Geschäftsjahres, in dem die Erträge gemäß § 3 Absatz 1 vom Investmentfonds[1] erzielt worden sind, als zugeflossen und für den Steuerabzug als ausschüttungsgleicher Ertrag.][3] [5] Der Zwischengewinn gilt als in den Einnahmen aus der Rückgabe oder Veräußerung des Investmentanteils enthalten.

[***ab 1. 1. 2012:***

(1 a)[4] [1] Erwirbt ein Anleger einen Anteil an einem ausschüttenden Investmentfonds[1] unter Einschluss des Rechts zum Bezug der Ausschüttung, erhält er ihn aber ohne dieses Recht, so gelten die Einnahmen anstelle der Aus-

---

[1] Bezeichnung geänd. durch G v. 18. 12. 2013 (BGBl. I S. 4318).

[2] § 2 Abs. 1 Satz 1 ergänzt, Satz 5 angef. durch G v. 9. 12. 2004 (BGBl. I S. 3310); Satz 1 und 2 geänd. durch G v. 28. 5. 2007 (BGBl. I S. 923).

[3] § 2 Abs. 1 Sätze 3 und 4 geänd. mWv 1. 1. 2012 (§ 21 Abs. 20 Satz 2) durch G v. 22. 6. 2011 (BGBl. I S. 1126).

[4] § 2 Abs. 1 a eingef. mWv 1. 1. 2012 (§ 21 Abs. 20 Satz 2) durch G v. 22. 6. 2011 (BGBl. I S. 1126).

schüttung als vom Investmentfonds[1)] an den Anleger ausgeschüttet. [2]Hat der Investmentfonds[1)] auf den erworbenen Anteil eine Teilausschüttung im Sinne des Absatzes 1 Satz 3 geleistet, sind dem Anleger neben den Einnahmen an Stelle der Ausschüttung auch Beträge in Höhe der ausschüttungsgleichen Erträge zuzurechnen. [3]Die Bekanntmachungen nach § 5 gelten auch für diese Einnahmen und Beträge. [4]Für die Anwendung dieses Gesetzes stehen die Einnahmen an Stelle der Ausschüttung auf den Investmentanteil und die Beträge nach Satz 2 den ausschüttungsgleichen Erträgen gleich. [5]Die auszahlende Stelle nach § 7 Absatz 1 oder der Entrichtungspflichtige nach § 7 Absatz 3 a und 3 c hat die Einnahmen nach Satz 1 vom Veräußerer des Anteils einzuziehen.

(1 b)[2)] [1]Erwirbt ein Anleger einen Anteil an einem inländischen thesaurierenden Investmentfonds[1)] im Laufe des Geschäftsjahres, erhält er ihn aber nach Ablauf des Geschäftsjahres, so gilt dem Anleger ein Betrag zum Ende des Geschäftsjahres als zugeflossen, der in Höhe und Zusammensetzung den ausschüttungsgleichen Erträgen entspricht. [2]Leistet der Investmentfonds[1)] auf den erworbenen Anteil eine Teilausschüttung im Sinne des Absatzes 1 Satz 4, ist der Betrag nach Satz 1 um diese Teilausschüttung zu erhöhen. [3]Die Bekanntmachungen nach § 5 gelten auch für den Betrag nach Satz 1 und Teilausschüttungen. [4]Für die Anwendung dieses Gesetzes stehen die Beträge nach Satz 1 den ausschüttungsgleichen Erträgen und etwaige Einnahmen anstelle der Teilausschüttung nach Satz 2 der Ausschüttung auf den Investmentanteil gleich. [5]Der Entrichtungspflichtige nach § 7 Absatz 3 b, 3 d und 4 hat die Steuerabzugsbeträge und eine etwaige Erhöhung nach Satz 2 vom Veräußerer des Anteils einzuziehen.

(1 c)[2)] Die Investmentgesellschaft hat in Abstimmung mit der Verwahrstelle[1)] dafür Sorge zu tragen, dass durch Anteilsrückgaben, die vor dem Tag verlangt oder vereinbart werden, an dem der Nettoinventarwert des Investmentfonds[1)] um die von der auszahlenden Stelle oder dem Entrichtungspflichtigen zu erhebenden Steuerabzugsbeträge vermindert wird, und die nach diesem Tag erfüllt werden, nicht von einem zu niedrigen Umfang des Investmentfonds[1)] ausgegangen wird und Ausschüttungen an die Anleger oder als Steuerabzugsbeträge zur Verfügung zu stellende Beträge nur in dem Umfang den Investmentfonds[1)] belasten, der den Berechnungen der Investmentgesellschaft entspricht.]

(2) [1]Soweit ausgeschüttete und ausschüttungsgleiche inländische und ausländische Erträge solche im Sinne des § 43 *Abs. 1 Satz 1 Nr. 1* [***ab 1. 1. 2012:*** Absatz 1 Satz 1 Nummer 1 und 1 a;[3)] ***ab 1. 3. 2013:*** Absatz 1 Satz 1 Nummer 1, 1 a und 6[4)]] sowie Satz 2 des Einkommensteuergesetzes enthalten, sind § 3 Nummer 40 des Einkommensteuergesetzes, *die §§ 8 b*[5)] *und 37 Abs. 3*[6)] *des*

[1)] Bezeichnung geänd. durch G v. 18. 12. 2013 (BGBl. I S. 4318).

[2)] § 2 Abs. 1 b und 1 c eingef. mWv 1. 1. 2012 (§ 21 Abs. 20 Satz 2) durch G v. 22. 6. 2011 (BGBl. I S. 1126).

[3)] Verweis geänd. durch G v. 22. 6. 2011 (BGBl. I S. 1126); zur Anwendung von § 43 Abs. 1 Satz 1 Nr. 1 a EStG siehe § 52 a Abs. 16 b EStG.

[4)] Verweis geänd. mWv 1. 3. 2013 (§ 21 Abs. 22 Satz 1) durch G v. 21. 3. 2013 (BGBl. I S. 561).

[5)] Verweis auf § 8 b gestrichen mWv 1. 3. 2013 (§ 21 Abs. 22 Satz 1) durch G v. 21. 3. 2013 (BGBl. I S. 561).

[6)] § 2 Abs. 2 Verweis auf § 37 Abs. 3 KStG gestrichen durch G v. 14. 8. 2007 (BGBl. I S. 1912).

Körperschaftsteuergesetzes sowie § 19 des REIT-Gesetzes vom 28. Mai 2007 (BGBl. I S. 914)[1] anzuwenden. [2]Soweit ausgeschüttete inländische *Erträge* und ausländische Erträge solche im Sinne des § 43 Absatz 1 Satz 1 Nummer 9 sowie Satz 2 des Einkommensteuergesetzes enthalten, *ist Satz 1 entsprechend anzuwenden.* [***ab 1. 3. 2013:*** sind § 3 Nummer 40 des Einkommensteuergesetzes, § 8b des Körperschaftsteuergesetzes sowie § 19 des REIT-Gesetzes anzuwenden. [3]§ 15 Absatz 1a und § 16 Satz 3 bleiben unberührt.][2]

(2a)[3] Ausgeschüttete oder ausschüttungsgleiche Erträge des Investmentfonds, die aus Zinserträgen im Sinne des § 4h Abs. 3 Satz 3 des Einkommensteuergesetzes stammen, sind beim Anleger im Rahmen des § 4h Abs. 1 des Einkommensteuergesetzes als Zinserträge zu berücksichtigen.

(3)[4] Die ausgeschütteten Erträge auf Investmentanteile sind insoweit steuerfrei, als sie Gewinne aus der Veräußerung von Grundstücken und grundstücksgleichen Rechten enthalten, es sei denn, dass es sich um Gewinne aus privaten Veräußerungsgeschäften im Sinne des § 23 Abs. 1 Satz 1 Nr. 1, Abs. 2 und 3 des Einkommensteuergesetzes handelt oder dass die Ausschüttungen Betriebseinnahmen des Steuerpflichtigen sind.

(4) § 3 Nr. 41 Buchstabe a des Einkommensteuergesetzes ist sinngemäß anzuwenden.

(5)[5] Negative Kapitalerträge aus Zwischengewinnen auf Grund des Erwerbs von während des laufenden Geschäftsjahres des Investmentfonds ausgegebenen Anteilen werden nur berücksichtigt, wenn der Investmentfonds einen Ertragsausgleich nach § 9 durchführt.

§ 3 Ermittlung der Erträge. (1) Bei der Ermittlung der Erträge des Investmentfonds[6] ist § 2 Absatz 2 Satz 1 Nummer 2[7] des Einkommensteuergesetzes sinngemäß anzuwenden.

(1a)[8] [1]Wird ein Zinsschein oder eine Zinsforderung vom Stammrecht abgetrennt, gilt dies als Veräußerung der Schuldverschreibung und als Anschaffung der durch die Trennung entstandenen Wirtschaftsgüter. [2]Eine Trennung gilt als vollzogen, wenn dem Inhaber der Schuldverschreibung die Wertpapierkennnummern für die durch die Trennung entstandenen Wirtschaftsgüter zugehen. [3]Als Veräußerungserlös der Schuldverschreibung gilt deren gemeiner Wert zum Zeitpunkt der Trennung. [4]Für die Ermittlung der Anschaffungskos-

---

[1] § 2 Abs. 2 Verweis geänd. durch G v. 28. 5. 2007 (BGBl. I S. 914); zur erstmaligen Anwendung siehe § 21 Abs. 5.

[2] § 2 Abs. 2 Satz 2 geänd., Satz 3 angef. mWv 1. 3. 2013 (§ 21 Abs. 22 Satz 1) durch G v. 21. 3. 2013 (BGBl. I S. 561).

[3] § 2 Abs. 2a eingef. durch G v. 20. 12. 2007 (BGBl. I S. 3150); zur erstmaligen Anwendung siehe § 21 Abs. 6; geänd. durch G v. 18. 12. 2013 (BGBl. I S. 4318).

[4] § 2 Abs. 3 neu gef. durch G v. 14. 8. 2007 (BGBl. I S. 1912).

[5] § 2 Abs. 5 angef. durch G v. 8. 12. 2010 (BGBl. I S. 1768); geänd. durch G v. 18. 12. 2013 (BGBl. I S. 4318).

[6] Bezeichnung geänd. durch G v. 18. 12. 2013 (BGBl. I S. 4318).

[7] Verweis geänd. durch G v. 14. 8. 2007 (BGBl. I S. 1912); redaktionell geänd. durch G v. 18. 12. 2013 (BGBl. I S. 4318).

[8] § 3 Abs. 1a eingef. durch G v. 18. 12. 2013 (BGBl. I S. 4318); zur Anwendung siehe § 22 Abs. 3 Satz 1.

ten der neuen Wirtschaftsgüter ist der Wert nach Satz 3 entsprechend dem gemeinen Wert der neuen Wirtschaftsgüter aufzuteilen. 5 Die Erträge des Stammrechts sind in sinngemäßer Anwendung des Absatzes 2 Satz 1 Nummer 2 periodengerecht abzugrenzen.

(2) 1 § 11 des Einkommensteuergesetzes ist mit folgenden Maßgaben anzuwenden:

1. Dividenden gelten bereits am Tag des Dividendenabschlags als zugeflossen;
2.[1] Zinsen, angewachsene Ansprüche aus einem Emissions-Agio oder -Disagio mit Ausnahme des Feinabstimmungsabschlags nach § 1 Abs. 3 Satz 3 Nr. 1 Buchstabe b Satz 2 einer sonstigen Kapitalforderung im Sinne des § 20 Abs. 1 Nr. 7 des Einkommensteuergesetzes, die eine Emissionsrendite hat, und Mieten sind periodengerecht abzugrenzen; die angewachsenen Ansprüche sind mit der Emissionsrendite anzusetzen, sofern diese leicht und eindeutig ermittelbar ist; anderenfalls ist der Unterschiedsbetrag zwischen dem Marktwert zum Ende des Geschäftsjahres und dem Marktwert zu Beginn des Geschäftsjahres oder im Falle des Erwerbs innerhalb des Geschäftsjahres der Unterschiedsbetrag zwischen dem Marktwert zum Ende des Geschäftsjahres und den Anschaffungskosten als Zins (Marktrendite) anzusetzen; die abgegrenzten Zinsen und Mieten gelten als zugeflossen. 2 Bei sonstigen Kapitalforderungen im Sinne des § 1 Absatz 3 Satz 3 Nummer 1 Buchstabe f ist Satz 1 nur auf die Zinsen und nicht auch auf angewachsene Ansprüche anzuwenden;
3. periodengerecht abgegrenzte Werbungskosten gelten als abgeflossen, soweit der tatsächliche Abfluss im folgenden Geschäftsjahr erfolgt.

2 Soweit die Einnahmen schon vor dem Zufluss erfasst werden, ist ein Abzug der ausländischen Steuern gemäß § 4 Abs. 4 bereits in dem Geschäftsjahr zulässig, in dem die Einnahmen zugerechnet werden.

(3)[2] 1 Werbungskosten des Investmentfonds, die in einem unmittelbaren wirtschaftlichen Zusammenhang mit Einnahmen stehen, sind bei den jeweiligen Einnahmen abzuziehen. 2 Zu den unmittelbaren Werbungskosten gehören auch Absetzungen für Abnutzung oder Substanzverringerung, soweit diese die nach § 7 des Einkommensteuergesetzes zulässigen Beträge nicht übersteigen. 3 Die nach Satz 1 verbleibenden, in einem mittelbaren wirtschaftlichen Zusammenhang mit Einnahmen der in § 1 Absatz 3 Satz 3 Nummer 1 und 2 genannten Art (laufende Einnahmen) sowie mit sonstigen Gewinnen und Verlusten aus Veräußerungsgeschäften stehenden Werbungskosten sind ausschließlich nach den nachfolgenden Maßgaben abziehbar:

1. 1 Den ausländischen laufenden Einnahmen oder sonstigen ausländischen Gewinnen und Verlusten aus Veräußerungsgeschäften, für die der Bundesrepublik Deutschland auf Grund eines Abkommens zur Vermeidung der

[1] § 3 Abs. 2 Nr. 2 neu gef. durch G v. 19. 12. 2008 (BGBl. I S. 2794); zur erstmaligen Anwendung siehe § 21 Abs. 12 Satz 3;
Satz 2 Verweis geänd. durch G v. 16. 7. 2009 (BGBl. I S. 1959).

[2] § 3 Abs. 3 neu gef. durch G v. 18. 12. 2013 (BGBl. I S. 4318); zur Anwendung siehe § 22 Abs. 3 Satz 2.

Doppelbesteuerung kein Besteuerungsrecht zusteht, sind Werbungskosten im Verhältnis des durchschnittlichen Vermögens des vorangegangenen Geschäftsjahres, das Quelle dieser laufenden Einnahmen und dieser sonstigen Gewinne und Verluste aus Veräußerungsgeschäften ist, zu dem durchschnittlichen Gesamtvermögen des vorangegangenen Geschäftsjahres zuzuordnen. [2] Zur Berechnung des durchschnittlichen Vermögens sind die monatlichen Endwerte des vorangegangenen Geschäftsjahres zugrunde zu legen.

2. Bei der Ermittlung der Erträge, auf die beim Anleger

   a) [1] § 3 Nummer 40 des Einkommensteuergesetzes anwendbar ist, sind die nach Anwendung der Nummer 1 verbleibenden abziehbaren Werbungskosten den laufenden Einnahmen, die auch § 3 Nummer 40 des Einkommensteuergesetzes unterfallen, sowie den sonstigen Gewinnen im Sinne des § 3 Nummer 40 des Einkommensteuergesetzes und den sonstigen Gewinnminderungen im Sinne des § 3c Absatz 2 des Einkommensteuergesetzes des laufenden Geschäftsjahres im Verhältnis des durchschnittlichen Vermögens des vorangegangenen Geschäftsjahres, das Quelle dieser Einnahmen ist, zu dem durchschnittlichen Gesamtvermögen des vorangegangenen Geschäftsjahres zuzuordnen, das um das Vermögen im Sinne der Nummer 1 vermindert ist. [2] Nummer 1 Satz 2 gilt entsprechend;

   b) [1] § 8b Absatz 1 des Körperschaftsteuergesetzes anwendbar ist oder, ungeachtet des § 8b Absatz 4 des Körperschaftsteuergesetzes in Verbindung mit § 15 Absatz 1a dieses Gesetzes, anwendbar wäre, sind die nach Anwendung der Nummer 1 verbleibenden abziehbaren Werbungskosten den laufenden Einnahmen im Sinne des § 15 Absatz 1a dieses Gesetzes in Verbindung mit § 8b Absatz 1 des Körperschaftsteuergesetzes, den laufenden Einnahmen im Sinne des § 2 Absatz 2 Satz 1 dieses Gesetzes sowie den sonstigen Gewinnen und Verlusten aus Veräußerungsgeschäften im Sinne des § 8b Absatz 2 und 3 des Körperschaftsteuergesetzes des laufenden Geschäftsjahres im Verhältnis des vorangegangenen Geschäftsjahrs, das Quelle dieser Einnahmen ist, zu dem durchschnittlichen Gesamtvermögen des vorangegangenen Geschäftsjahres zuzuordnen, das um das Vermögen im Sinne der Nummer 1 vermindert ist. [2] Nummer 1 Satz 2 gilt entsprechend.

3. Die abziehbaren Werbungskosten, die nach Anwendung der Sätze 1 und 3 Nummer 1 und 2 noch nicht zugeordnet wurden, sind von den verbleibenden laufenden Einnahmen sowie den verbleibenden sonstigen Gewinnen und Verlusten aus Veräußerungsgeschäften des laufenden Geschäftsjahres abzuziehen.

[4] Die nach Satz 3 zuzuordnenden Werbungskosten sind innerhalb der jeweiligen Nummern 1 bis 3 den jeweiligen laufenden Einnahmen oder den sonstigen Gewinnen und Verlusten aus Veräußerungsgeschäften nach dem Verhältnis der positiven Salden der laufenden Einnahmen des vorangegangenen Geschäftsjahres einerseits und der positiven Salden der sonstigen Gewinne und Verluste aus Veräußerungsgeschäften des vorangegangenen Geschäftsjahres

andererseits zuzuordnen. 5 Hierbei bleiben Gewinn- und Verlustvorträge unberücksichtigt. 6 Nach Zuordnung der Werbungskosten nach den Sätzen 1 bis 5 erfolgt eine weitere Zuordnung der Werbungskosten in dem Verhältnis der positiven laufenden Einnahmen des vorangegangenen Geschäftsjahres zueinander auf die jeweiligen laufenden Einnahmen. 7 Den laufenden Einnahmen nach Satz 3 Nummer 2 Buchstabe b sind die Werbungskosten nach dem Verhältnis des positiven Saldos der laufenden Einnahmen im Sinne des § 15 Absatz 1a dieses Gesetzes in Verbindung mit § 8b Absatz 1 des Körperschaftsteuergesetzes des vorangegangenen Geschäftsjahres einerseits und des positiven Saldos der laufenden Einnahmen im Sinne des § 2 Absatz 2 Satz 1 dieses Gesetzes des vorangegangenen Geschäftsjahres andererseits zuzuordnen; Satz 6 gilt entsprechend. 8 Satz 6 ist auf die sonstigen Gewinne und Verluste aus Veräußerungsgeschäften entsprechend anzuwenden. 9 Bei Fehlen positiver Salden auf beiden Seiten erfolgt die Zuordnung der Werbungskosten jeweils hälftig zu den laufenden Einnahmen sowie zu den sonstigen Gewinnen und Verlusten aus Veräußerungsgeschäften.

(4)[1] 1 Negative Erträge des Investmentfonds[2] sind bis zur Höhe der positiven Erträge gleicher Art mit diesen zu verrechnen. 2 Nicht ausgeglichene negative Erträge sind in den folgenden Geschäftsjahren auszugleichen.

(5) Erträge aus Gewinnanteilen des Investmentfonds[2] an einer Personengesellschaft gehören zu den Erträgen des Geschäftsjahres, in dem das Wirtschaftsjahr der Personengesellschaft endet.

§ 3 a[3] Ausschüttungsreihenfolge. Für eine Ausschüttung gelten die Substanzbeträge erst nach Ausschüttung sämtlicher Erträge des laufenden und aller vorherigen Geschäftsjahre als verwendet.

§ 4 Ausländische Einkünfte. (1)[4] 1 Die auf Investmentanteile ausgeschütteten sowie die ausschüttungsgleichen Erträge sind bei der Veranlagung der Einkommensteuer oder Körperschaftsteuer insoweit außer Betracht zu lassen, als sie aus einem ausländischen Staat stammende Einkünfte enthalten, für die die Bundesrepublik Deutschland auf Grund eines Abkommens zur Vermeidung der Doppelbesteuerung auf die Ausübung des Besteuerungsrechts verzichtet hat. 2 Gehören die ausgeschütteten oder ausschüttungsgleichen Erträge aus einem Investmentanteil nicht zu den Einkünften aus Kapitalvermögen, so ist bei den nach Satz 1 befreiten Einkünften der Steuersatz anzuwenden, der sich ergibt, wenn bei der Berechnung der Einkommensteuer das nach § 32a des Einkommensteuergesetzes zu versteuernde Einkommen um die in Satz 1 genannten Einkünfte vermehrt oder vermindert wird, wobei die darin enthaltenen außerordentlichen Einkünfte mit einem Fünftel zu berücksichtigen sind. 3 § 32b Absatz 1 Satz 2 des Einkommensteuergesetzes gilt entsprechend. 4 § 32b Abs. 1a des Einkommensteuergesetzes ist anzuwenden.

---

[1] § 3 Abs. 4 Satz 1 geänd. durch G v. 9. 12. 2004 (BGBl. I S. 3310).

[2] Bezeichnung geänd. durch G v. 18. 12. 2013 (BGBl. I S. 4318).

[3] § 3a eingef. durch G v. 18. 12. 2013 (BGBl. I S. 4318); zur Anwendung siehe § 22 Abs. 4.

[4] § 4 Abs. 1 Sätze 2 und 3 eingef., bish. Satz 3 wird Satz 4 durch G v. 18. 12. 2013 (BGBl. I S. 4318); zur Anwendung siehe § 22 Abs. 1 Satz 1.

(2)[1] [1]Sind in den auf Investmentanteile ausgeschütteten sowie den ausschüttungsgleichen Erträgen aus einem ausländischen Staat stammende Einkünfte enthalten, die in diesem Staat zu einer nach § 34c Abs. 1 des Einkommensteuergesetzes oder § 26 Abs. 1 des Körperschaftsteuergesetzes oder nach einem Abkommen zur Vermeidung der Doppelbesteuerung auf die Einkommensteuer oder Körperschaftsteuer anrechenbaren Steuer herangezogen werden, so ist bei unbeschränkt steuerpflichtigen Anlegern die festgesetzte und gezahlte und keinem Ermäßigungsanspruch unterliegende ausländische Steuer auf den Teil der Einkommensteuer oder Körperschaftsteuer anzurechnen, der auf diese ausländischen um die anteilige ausländische Steuer erhöhten Einkünfte entfällt. [2]Dieser Teil ist in der Weise zu ermitteln, dass die sich bei der Veranlagung des zu versteuernden Einkommens – einschließlich der ausländischen Einkünfte – nach den §§ 32a, 32b, 34 und 34b des Einkommensteuergesetzes ergebende Einkommensteuer oder nach § 23 des Körperschaftsteuergesetzes ergebende Körperschaftsteuer im Verhältnis dieser ausländischen Einkünfte zur Summe der Einkünfte aufgeteilt wird. [3]Der Höchstbetrag der anrechenbaren ausländischen Steuern ist für die ausgeschütteten sowie ausschüttungsgleichen Erträge aus jedem einzelnen Investmentfonds[2] zusammengefasst zu berechnen. [4]§ 34c Abs. 1 Satz 3 und 4, Abs. 2, 3, 6 und 7 des Einkommensteuergesetzes ist sinngemäß anzuwenden. [5]Wird von auf ausländische Investmentanteile ausgeschütteten Erträgen in dem Staat, in dem der ausschüttende ausländische Investmentfonds[2] ansässig ist, eine Abzugsteuer erhoben, gelten die Sätze 1 bis 4 mit der Maßgabe, dass für die Ermittlung des Höchstbetrags der anrechenbaren ausländischen Steuern Satz 3 entsprechend gilt. [6]Der Anrechnung der ausländischen Steuer nach § 34c Abs. 1 des Einkommensteuergesetzes steht bei ausländischen Investmentanteilen § 34c Abs. 6 Satz 1 des Einkommensteuergesetzes nicht entgegen. [7]Sind in den auf ausländische Investmentanteile ausgeschütteten sowie den ausschüttungsgleichen Erträgen Einkünfte enthalten, die mit deutscher Ertragsteuer belastet sind, so gelten diese Einkünfte und die darauf entfallende deutsche Steuer für Zwecke der Anrechnung und bei der Anwendung des § 7 Abs. 1[3] als ausländische Einkünfte und ausländische Steuer im Sinne des Satzes 1. [8]Abweichend von den Sätzen 1 bis 6 sind bei Erträgen, die Einkünfte im Sinne des § 20 Abs. 1 Satz 1 Nr. 1 des Einkommensteuergesetzes sind, § 32d Abs. 5 und § 43a Abs. 3 Satz 1 des Einkommensteuergesetzes sinngemäß anzuwenden.[4]

(3) Ausländische Steuern, die auf ausgeschüttete sowie ausschüttungsgleiche Erträge entfallen, die nach Absatz 1 oder § 2 Abs. 2 und 3 steuerfrei sind, sind bei der Anrechnung oder dem Abzug nach Absatz 2 oder beim Abzug nach Absatz 4 nicht zu berücksichtigen.

(4) [1]Der Investmentfonds[2] kann die nach Absatz 2 beim Anleger anrechenbaren oder abziehbaren ausländischen Steuern bei der Ermittlung der Erträge

[1] § 4 Abs. 2 Satz 1 geänd. durch G v. 9. 12. 2004 (BGBl. I S. 3310).
[2] Bezeichnung geänd. durch G v. 18. 12. 2013 (BGBl. I S. 4318).
[3] § 4 Abs. 2 Satz 7 ergänzt durch G v. 14. 8. 2007 (BGBl. I S. 1912); zur erstmaligen Anwendung siehe § 21 Abs. 1 Satz 1.
[4] § 4 Abs. 2 Satz 8 angef. durch G v. 19. 12. 2008 (BGBl. I S. 2794); zur erstmaligen Anwendung siehe § 21 Abs. 13.

(§ 3) als Werbungskosten abziehen. [2]In diesem Fall hat der Anleger keinen Anspruch auf Anrechnung oder Abzug dieser Steuern nach Absatz 2.

§ 5 Besteuerungsgrundlagen. (1) [1]Die §§ 2 und 4 sind nur anzuwenden, wenn

1.[1)] die Investmentgesellschaft den Anlegern bei jeder Ausschüttung bezogen auf einen Investmentanteil unter Angabe der Wertpapieridentifikationsnummer ISIN des Investmentfonds[2)] und des Zeitraums, auf den sich die Angaben beziehen, folgende Besteuerungsgrundlagen in deutscher Sprache bekannt macht:
   a) den Betrag der Ausschüttung (mit mindestens vier Nachkommastellen) sowie
      aa) in der Ausschüttung enthaltene ausschüttungsgleiche Erträge der Vorjahre,
      bb) in der Ausschüttung enthaltene Substanzbeträge,
   b) den Betrag der ausgeschütteten Erträge (mit mindestens vier Nachkommastellen),
   c) die in den ausgeschütteten Erträgen enthaltenen
      aa) Erträge im Sinne des § 2 Absatz 2 Satz 1 dieses Gesetzes in Verbindung mit § 3 Nummer 40 des Einkommensteuergesetzes oder im Fall des § 16 dieses Gesetzes in Verbindung mit § 8b Absatz 1 des Körperschaftsteuergesetzes,[3)]
      bb) Veräußerungsgewinne im Sinne des § 2 Absatz 2 Satz 2 dieses Gesetzes in Verbindung mit § 8b Absatz 2 des Körperschaftsteuergesetzes oder § 3 Nummer 40 des Einkommensteuergesetzes,
      cc) Erträge im Sinne des § 2 Absatz 2a,
      dd) steuerfreie Veräußerungsgewinne im Sinne des § 2 Absatz 3 Nummer 1 Satz 1 in der am 31. Dezember 2008 anzuwendenden Fassung,
      ee) Erträge im Sinne des § 2 Absatz 3 Nummer 1 Satz 2 in der am 31. Dezember 2008 anzuwendenden Fassung, soweit die Erträge nicht Kapitalerträge im Sinne des § 20 des Einkommensteuergesetzes sind,
      ff) steuerfreie Veräußerungsgewinne im Sinne des § 2 Absatz 3 in der ab 1. Januar 2009 anzuwendenden Fassung,
      gg) Einkünfte im Sinne des § 4 Absatz 1,
      hh) in Doppelbuchstabe gg enthaltene Einkünfte, die nicht dem Progressionsvorbehalt unterliegen,
      ii) Einkünfte im Sinne des § 4 Absatz 2, für die kein Abzug nach Absatz 4 vorgenommen wurde,

---

[1)] § 5 Abs. 1 Satz 1 Nr. 1 neu gef. durch G v. 8. 12. 2010 (BGBl. I S. 1768); zur Anwendung siehe § 21 Abs. 23 Satz 2 sowie **§ 21 Abs. 24.**

[2)] Bezeichnung geänd. durch G v. 18. 12. 2013 (BGBl. I S. 4318).

[3)] § 5 Absatz 1 Satz 1 Nummer 1 Buchst. c Doppelbuchst. aa geänd. durch G v. 21. 3. 2013 (BGBl. I S. 561); zur Anwendung siehe § 21 Abs. 22 Satz 2.

jj) in Doppelbuchstabe ii enthaltene Einkünfte, auf die § 2 Absatz 2 dieses Gesetzes in Verbindung mit § 8b Absatz 2 des Körperschaftsteuergesetzes oder § 3 Nummer 40 des Einkommensteuergesetzes oder im Fall des § 16 dieses Gesetzes in Verbindung mit § 8b Absatz 1 des Körperschaftsteuergesetzes[1] anzuwenden ist,

kk) in Doppelbuchstabe ii enthaltene Einkünfte im Sinne des § 4 Absatz 2, die nach einem Abkommen zur Vermeidung der Doppelbesteuerung zur Anrechnung einer als gezahlt geltenden Steuer auf die Einkommensteuer oder Körperschaftsteuer berechtigen,

ll) in Doppelbuchstabe kk enthaltene Einkünfte, auf die § 2 Absatz 2 dieses Gesetzes in Verbindung mit § 8b Absatz 2 des Körperschaftsteuergesetzes oder § 3 Nummer 40 des Einkommensteuergesetzes oder im Fall des § 16 dieses Gesetzes in Verbindung mit § 8b Absatz 1 des Körperschaftsteuergesetzes[2] anzuwenden ist,

mm)[3] *(aufgehoben)*

d) den zur Anrechnung von Kapitalertragsteuer berechtigenden Teil der Ausschüttung

aa) im Sinne des § 7 Absatz 1 und 2,

bb) im Sinne des § 7 Absatz 3,

cc) im Sinne des § 7 Absatz 1 Satz 4[4], soweit in Doppelbuchstabe aa enthalten,

e) (weggefallen)

f) den Betrag der ausländischen Steuer, der auf die in den ausgeschütteten Erträgen enthaltenen Einkünfte im Sinne des § 4 Absatz 2 entfällt und

aa) der nach § 4 Absatz 2 dieses Gesetzes in Verbindung mit § 32d Absatz 5 oder § 34c Absatz 1 des Einkommensteuergesetzes oder einem Abkommen zur Vermeidung der Doppelbesteuerung anrechenbar ist, wenn kein Abzug nach § 4 Absatz 4 vorgenommen wurde,

bb) in Doppelbuchstabe aa enthalten ist und auf Einkünfte entfällt, auf die § 2 Absatz 2 dieses Gesetzes in Verbindung mit § 8b Absatz 2 des Körperschaftsteuergesetzes oder § 3 Nummer 40 des Einkommensteuergesetzes oder im Fall des § 16 dieses Gesetzes in Verbindung mit § 8b Absatz 1 des Körperschaftsteuergesetzes[5] anzuwenden ist,

---

[1] § 5 Abs. 1 Satz 1 Nr. 1 Buchst. c Doppelbuchst. jj geänd. durch G v. 21. 3. 2013 (BGBl. I S. 561); zur Anwendung siehe § 21 Abs. 22 Satz 2.

[2] § 5 Abs. 1 Satz 1 Nr. 1 Buchst. c Doppelbuchst. ll geänd. durch G v. 21. 3. 2013 (BGBl. I S. 561); zur Anwendung siehe § 21 Abs. 22 Satz 2.

[3] § 5 Abs. 1 Satz 1 Nr. 1 Buchst. c Doppelbuchst. mm angef. durch G v. 21. 3. 2013 (BGBl. I S. 561); zur Anwendung siehe § 21 Abs. 22 Satz 2; aufgeh. durch G v. 18. 12. 2013 (BGBl. I S. 4318); zur Anwendung siehe § 22 Abs. 1.

[4] Verweis geänd. durch G v. 18. 12. 2013 (BGBl. I S. 4318).

[5] § 5 Abs. 1 Satz 1 Nr. 1 Buchst. f Doppelbuchst. bb geänd. durch G v. 21. 3. 2013 (BGBl. I S. 561); zur Anwendung siehe § 21 Abs. 22 Satz 2.

cc) der nach § 4 Absatz 2 dieses Gesetzes in Verbindung mit § 34c Absatz 3 des Einkommensteuergesetzes abziehbar ist, wenn kein Abzug nach § 4 Absatz 4 dieses Gesetzes vorgenommen wurde,

dd) in Doppelbuchstabe cc enthalten ist und auf Einkünfte entfällt, auf die § 2 Absatz 2 dieses Gesetzes in Verbindung mit § 8b Absatz 2 des Körperschaftsteuergesetzes oder § 3 Nummer 40 des Einkommensteuergesetzes oder ein Fall des § 16 dieses Gesetzes in Verbindung mit § 8b Absatz 1 des Körperschaftsteuergesetzes[1] anzuwenden ist,

ee) der nach einem Abkommen zur Vermeidung der Doppelbesteuerung als gezahlt gilt und nach § 4 Absatz 2 in Verbindung mit diesem Abkommen anrechenbar ist,

ff) in Doppelbuchstabe ee enthalten ist und auf Einkünfte entfällt, auf die § 2 Absatz 2 dieses Gesetzes in Verbindung mit § 8b Absatz 2 des Körperschaftsteuergesetzes oder § 3 Nummer 40 des Einkommensteuergesetzes oder ein Fall des § 16 dieses Gesetzes in Verbindung mit § 8b Absatz 1 des Körperschaftsteuergesetzes[1] anzuwenden ist,

g) den Betrag der Absetzungen für Abnutzung oder Substanzverringerung,

h) die im Geschäftsjahr gezahlte Quellensteuer, vermindert um die erstattete Quellensteuer des Geschäftsjahres oder früherer Geschäftsjahre;

i)[2] *(aufgehoben)*

2. die Investmentgesellschaft den Anlegern bei ausschüttungsgleichen Erträgen spätestens vier Monate nach Ablauf des Geschäftsjahres, in dem sie als zugeflossen gelten, die Angaben entsprechend der Nummer 1 mit Ausnahme des Buchstaben a[3] bezogen auf einen Investmentanteil in deutscher Sprache bekannt macht;

3.[4] die Investmentgesellschaft die in den Nummern 1 und 2 genannten Angaben in Verbindung mit dem Jahresbericht im Sinne der §§ 101, 120, 135, 298 Absatz 1 Satz 1 Nummer 1 sowie § 299 Absatz 1 Nummer 3 des Kapitalanlagegesetzbuchs[5] spätestens vier Monate nach Ablauf des Geschäftsjahres[6] im Bundesanzeiger bekannt macht; die Angaben sind mit der Bescheinigung eines zur geschäftsmäßigen Hilfeleistung befugten Berufsträgers im

---

[1] § 5 Abs. 1 Satz 1 Nr. 1 Buchst. f Doppelbuchst. dd und ff geänd. durch G v. 21. 3. 2013 (BGBl. I S. 561); zur Anwendung siehe § 21 Abs. 22 Satz 2.

[2] § 5 Abs. 1 Satz 1 Nr. 1 Buchst. i aufgeh. durch G v. 18. 12. 2013 (BGBl. I S. 4318); zur Anwendung siehe § 22 Abs. 1.

[3] § 5 Abs. 1 Satz 1 Nr. 2 ergänzt durch G v. 19. 12. 2008 (BGBl. I S. 2794); zur erstmaligen Anwendung siehe § 21 Abs. 14.

[4] § 5 Abs. 1 Satz 1 Nr. 3 Satz 2 (nunmehr Satz 3) geänd. durch G v. 9. 12. 2004 (BGBl. I S. 3310); Satz 1 HS 1 und Satz 3 geänd. mWv 1. 4. 2012 durch G v. 22. 12. 2011 (BGBl. I S. 3044).

[5] Verweis geänd. durch G v. 18. 12. 2013 (BGBl. I S. 4318).

[6] § 5 Abs. 1 Satz 1 Nr. 3 ergänzt durch G v. 19. 12. 2008 (BGBl. I S. 2794); zur erstmaligen Anwendung siehe § 21 Abs. 14.

Sinne des § 3 des Steuerberatungsgesetzes, einer behördlich anerkannten Wirtschaftsprüfungsstelle oder einer vergleichbaren Stelle zu versehen, dass die Angaben nach den Regeln des deutschen Steuerrechts ermittelt wurden; die Bescheinigung muss eine Aussage enthalten, ob in die Ermittlung der Angaben Werte aus einem Ertragsausgleich eingegangen sind;[1)] § 323 des Handelsgesetzbuchs ist sinngemäß anzuwenden. [2]Wird innerhalb von vier Monaten nach Ablauf des Geschäftsjahres ein Ausschüttungsbeschluss für dieses abgelaufene Geschäftsjahr gefasst, sind abweichend von Satz 1 die in den Nummern 1 und 2 genannten Angaben spätestens vier Monate nach dem Tag des Beschlusses bekannt zu machen.[2)] [3]Wird der Jahresbericht nach den Bestimmungen des Kapitalanlagegesetzbuchs[3)] nicht im Bundesanzeiger veröffentlicht, ist auch die Fundstelle bekannt zu machen, in der der Rechenschaftsbericht in deutscher Sprache bekannt gemacht ist;

4.[4)] die ausländische Investmentgesellschaft oder die einen EU-Investmentfonds[3)] der Vertragsform verwaltende Kapitalverwaltungsgesellschaft[3)] die Summe der nach dem 31. Dezember 1993 dem Inhaber der ausländischen Investmentanteile als zugeflossen geltenden, noch nicht dem Steuerabzug unterworfenen Erträge ermittelt und mit dem Rücknahmepreis bekannt macht;

5.[4)] die ausländische Investmentgesellschaft oder die einen EU-Investmentfonds[3)] der Vertragsform verwaltende Kapitalverwaltungsgesellschaft[3)] auf Anforderung gegenüber dem Bundeszentralamt für Steuern innerhalb von drei Monaten die Richtigkeit der in den Nummern 1, 2 und 4 genannten Angaben vollständig nachweist. [2]Sind die Urkunden in einer fremden Sprache abgefasst, so kann eine beglaubigte Übersetzung in die deutsche Sprache verlangt werden. [3]Hat die ausländische Investmentgesellschaft oder die einen EU-Investmentfonds[3)] der Vertragsform verwaltende Kapitalverwaltungsgesellschaft[3)] Angaben in unzutreffender Höhe bekannt gemacht, so hat sie die Unterschiedsbeträge eigenverantwortlich oder auf Verlangen des Bundeszentralamtes für Steuern[5)] in der Bekanntmachung für das laufende Geschäftsjahr zu berücksichtigen.

[2]Liegen die in Satz 1 Nummer 1 Buchstabe c oder f genannten Angaben nicht vor, werden die Erträge insoweit nach § 2 Abs. 1 Satz 1 besteuert und § 4 findet insoweit keine Anwendung. [3]Eine Bekanntmachung zu Satz 1 Nummer 1 Buchstabe c Doppelbuchstabe aa und gg ist nur zulässig, wenn die Veröffentlichung nach § 5 Absatz 2 Satz 4 erfolgt ist.[6)]

[1)] § 5 Abs. 1 Satz 1 Nr. 3 ergänzt (siehe auch § 21 Absatz 19 Satz 2) durch G v. 8. 12. 2010 (BGBl. I S. 1768); siehe hierzu bereits BMF v. 9. 3. 2010, IV C 1 – S 1980 – 1/09/10001, Dok. 2010/0170936.

[2)] § 5 Abs. 1 Satz 1 Nr. 3 Satz 2 eingef. durch G v. 19. 12. 2008 (BGBl. I S. 2794); zur erstmaligen Anwendung siehe § 21 Abs. 14.

[3)] Bezeichnung geänd. durch G v. 18. 12. 2013 (BGBl. I S. 4318).

[4)] § 5 Abs. 1 Satz 1 Nr. 4 und 5 geänd. durch G v. 22. 6. 2011 (BGBl. I S. 1126); zur Anwendung siehe § 21 Abs. 20 Satz 1.

[5)] Bezeichnung geänd. durch G v. 22. 9. 2005 (BGBl. I S. 2809).

[6)] § 5 Abs. 1 Satz 3 angef. mWv 23. 12. 2013 (§ 22 Abs. 1 Satz 1) durch G v. 18. 12. 2013 (BGBl. I S. 4318).

(2)[1] [1]§ 8 Absatz 1 bis 4[2] ist nur anzuwenden, wenn die Investmentgesellschaft bewertungstäglich den positiven oder negativen Prozentsatz des Wertes des Investmentanteils, getrennt für natürliche Personen und für Körperschaften, Personenvereinigungen oder Vermögensmassen,[3] ermittelt, der auf die in den Einnahmen aus der Veräußerung enthaltenen Bestandteile im Sinne des § 8 entfällt (Aktiengewinn) und mit dem Rücknahmepreis veröffentlicht. [2]Der Aktiengewinn pro Investmentanteil darf sich durch den An- und Verkauf von Investmentanteilen nicht ändern. [3]Die Investmentgesellschaft ist an ihre bei der erstmaligen Ausgabe der Anteile getroffene Entscheidung, ob sie den Aktiengewinn ermittelt oder davon absieht, gebunden. [4]§ 2 Absatz 2 und § 4 Absatz 1 sind jeweils nur anzuwenden, wenn die Investmentgesellschaft die entsprechenden Teile des Aktiengewinns bewertungstäglich veröffentlicht.[4] [5]Absatz 1 Satz 1 Nr. 5 gilt entsprechend.

(3)[5] [1]Die Investmentgesellschaft hat bewertungstäglich den Zwischengewinn zu ermitteln und mit dem Rücknahmepreis zu veröffentlichen; dabei ist anzugeben, ob bei der Ermittlung des Zwischengewinns nach § 9 Satz 2 verfahren wurde. [2]Sind die Voraussetzungen des Satzes 1 nicht erfüllt, sind 6 Prozent des Entgelts für die Rückgabe oder Veräußerung des Investmentanteils anzusetzen; negative Kapitalerträge aus Zwischengewinnen auf Grund des Erwerbs von während des laufenden Geschäftsjahres des Investmentfonds[6] ausgegebenen Anteilen werden nicht berücksichtigt. [3]Absatz 1 Satz 1 Nr. 5 gilt entsprechend. [4]Die Sätze 1 und 2 finden bei inländischen Investmentfonds[7] im Sinne *der §§ 112 und 113 des Investmentgesetzes* [***ab 22. 7. 2013:*** des § 225 des Kapitalanlagegesetzbuchs][7] und bei ausländischen Investmentfonds[6], die hinsichtlich ihrer Anlagepolitik vergleichbaren Anforderungen unterliegen, keine Anwendung.[8]

§ 6 Besteuerung bei fehlender Bekanntmachung. [1]Sind die Voraussetzungen des § 5 Abs. 1 nicht erfüllt, sind beim Anleger die Ausschüttungen auf Investmentanteile, der Zwischengewinn[9] sowie 70 Prozent des Mehrbetrags anzusetzen, der sich zwischen dem ersten im Kalenderjahr festgesetzten Rücknahmepreis und dem letzten im Kalenderjahr festgesetzten Rücknahmepreis eines Investmentanteils ergibt; mindestens sind 6 Prozent des letzten im

---

[1] § 5 Abs. 2 Satz 3 eingef., bish. Satz 3 wird Satz 4 und geänd. durch G v. 9. 12. 2004 (BGBl. I S. 3310); Abs. 2 Satz 4 eingef. durch G v. 14. 8. 2007 (BGBl. I S. 1912); zur erstmaligen Anwendung siehe § 21 Abs. 1 Satz 1.

[2] § 5 Abs. 2 Satz 1 Zitat ergänzt durch G v. 16. 7. 2009 (BGBl. I S. 1959).

[3] § 5 Abs. 2 Satz 1 ergänzt durch G v. 21. 3. 2013 (BGBl. I S. 561); zur Anwendung siehe § 21 Abs. 22 Satz 3.

[4] § 5 Abs. 2 Satz 4 geänd. durch G v. 8. 12. 2010 (BGBl. I S. 1768); zur Anwendung siehe § 21 Abs. 19 Sätze 3 bis 6; vgl. auch BMF v. 18. 8. 2009 – IV C 1 – S 1980 – 1/08/10019, Rz. 110.

[5] § 5 Abs. 3 Satz 1 2. HS angef., Satz 2 2. HS angef. durch G v. 8. 12. 2010 (BGBl. I S. 1768); zur Anwendung siehe § 21 Abs. 19 Satz 2.

[6] Bezeichnung geänd. durch G v. 18. 12. 2013 (BGBl. I S. 4318).

[7] Verweis geänd. durch G v. 18. 12. 2013 (BGBl. I S. 4318); zur Anwendung siehe § 22 Abs. 4.

[8] § 5 Abs. 3 Satz 4 angef. durch G v. 13. 12. 2006 (BGBl. I S. 2878).

[9] § 6 Satz 1 ergänzt durch G v. 9. 12. 2004 (BGBl. I S. 3310).

Kalenderjahr festgesetzten Rücknahmepreises anzusetzen. [2]Wird ein Rücknahmepreis nicht festgesetzt, so tritt an seine Stelle der Börsen- oder Marktpreis. [3]Der nach Satz 1 anzusetzende Teil des Mehrbetrags gilt mit Ablauf des jeweiligen Kalenderjahres als ausgeschüttet und zugeflossen.

§ 7 Kapitalertragsteuer. (1) [1]Ein Steuerabzug vom Kapitalertrag wird erhoben von

1. ausgeschütteten Erträgen im Sinne des § 2 Abs. 1, soweit sie nicht enthalten:
   a)[1)] inländische Kapitalerträge im Sinne des § 43 Absatz 1 Satz 1 Nummer 1 und 1a sowie Satz 2 des Einkommensteuergesetzes und von inländischen Investmentgesellschaften ausgeschüttete Erträge aus der Vermietung und Verpachtung von im Inland belegenen Grundstücken und grundstücksgleichen Rechten sowie ausgeschüttete Gewinne aus privaten Veräußerungsgeschäften mit im Inland belegenen Grundstücken und grundstücksgleichen Rechten; Absatz 3 bleibt unberührt;
   b) Gewinne aus der Veräußerung von Wertpapieren und Bezugsrechten auf Anteile an Kapitalgesellschaften, aus Termingeschäften im Sinne des § 21 Absatz 1 Satz 2[2)] sowie aus der Veräußerung von Grundstücken und grundstücksgleichen Rechten im Sinne des § 2 Abs. 3 sowie Erträge im Sinne des § 4 Abs. 1,
2. Ausschüttungen im Sinne des § 6,
3. den nach dem 31. Dezember 1993 einem Anleger in ausländische Investmentanteile als zugeflossen geltenden, noch nicht dem Steuerabzug unterworfenen Erträgen einschließlich der ausländischen Erträge im Sinne des § 43 Abs. 1 Satz 1 Nr. 1 des Einkommensteuergesetzes[3)]. [2]Hat die die Kapitalerträge auszahlende Stelle den Investmentanteil erworben oder veräußert und seitdem verwahrt oder sind der auszahlenden Stelle im Rahmen eines Depotübertrags die Anschaffungsdaten gemäß § 43a Abs. 2 Satz 2 bis 5 des Einkommensteuergesetzes nachgewiesen worden,[4)] hat sie den Steuerabzug nur von den in dem Zeitraum der Verwahrung als zugeflossen geltenden, noch nicht dem Steuerabzug unterworfenen Erträgen vorzunehmen,
4. dem Zwischengewinn.

[2]Die für den Steuerabzug von Kapitalerträgen im Sinne des § 43 Abs. 1 Satz 1 Nr. 7 sowie Satz 2 des Einkommensteuergesetzes geltenden Vorschriften des Einkommensteuergesetzes sind entsprechend anzuwenden. [3]Die Anrechnung

---

[1)] § 7 Abs. 1 Satz 1 Nr. 1 Buchst. a neu gef. durch G v. 8. 12. 2010 (BGBl. I S. 1768); zur Anwendung siehe § 21 Abs. 19 Satz 7.

[2)] § 7 Abs. 1 Satz 1 Nr. 1 Buchst. b ergänzt durch G v. 14. 8. 2007 (BGBl. I S. 1912); zur erstmaligen Anwendung siehe § 21 Abs. 2 Satz 1; Verweis geänd. durch G v. 18. 12. 2013 (BGBl. I S. 4318).

[3)] § 7 Abs. 1 Satz 1 Nr. 3 ergänzt durch G v. 14. 8. 2007 (BGBl. I S. 1912); zur erstmaligen Anwendung siehe § 18 Abs. 2 Satz 1.

[4)] § 7 Abs. 1 Satz 1 Nr. 3 Satz 2 ergänzt, Abs. 1 Satz 3 angef. durch G v. 19. 12. 2008 (BGBl. I S. 2794); zur erstmaligen Anwendung siehe § 21 Abs. 13.

ausländischer Steuern richtet sich nach § 4 Abs. 2 Satz 8.[1] [4]Soweit die ausgeschütteten Erträge Kapitalerträge im Sinne des § 43 Absatz 1 Satz 1 Nummer 6 und 8 bis 12 des Einkommensteuergesetzes enthalten, hat die inländische auszahlende Stelle § 43 Absatz 2 Satz 3 bis 8 des Einkommensteuergesetzes anzuwenden.[2]

(2)[3] [1]Im Falle einer Teilausschüttung nach § 2 Absatz 1 Satz 3 sind auf die ausgeschütteten und ausschüttungsgleichen Erträge die Absätze 1, 3, 3 a und 3 c anzuwenden; die zu erhebende Kapitalertragsteuer ist von dem ausgeschütteten Betrag einzubehalten. [2]Im Falle einer Teilausschüttung nach § 2 Absatz 1 Satz 4 sind auf die ausgeschütteten und ausschüttungsgleichen Erträge die Absätze 3, 3 b, 3 d und 4 anzuwenden.

(3)[4] [1]Eine Kapitalertragsteuer wird von den Erträgen aus einem Anteil an einem inländischen Investmentfonds[5] erhoben,

1. soweit in den Erträgen aus dem Investmentanteil inländische Erträge im Sinne des § 43 Absatz 1 Satz 1 Nummer 1 und 1 a sowie Satz 2 des Einkommensteuergesetzes enthalten sind,
   a) von den ausgeschütteten Erträgen nach Maßgabe des Absatzes 3 a und
   b) von den ausschüttungsgleichen Erträgen nach Maßgabe des Absatzes 3 b,
2. soweit in den Erträgen aus dem Investmentanteil Erträge aus der Vermietung und Verpachtung von und Gewinne aus Veräußerungsgeschäften mit im Inland belegenen Grundstücken und grundstücksgleichen Rechten enthalten sind,
   a) von den ausgeschütteten Erträgen nach Maßgabe des Absatzes 3 c und
   b) von den ausschüttungsgleichen Erträgen nach Maßgabe des Absatzes 3 d.

[2]Der Steuerabzug obliegt dem Entrichtungspflichtigen. [3]Dieser hat die auszuschüttenden Beträge einschließlich der Steuerabzugsbeträge bei der Verwahrstelle[5] einzuziehen, soweit er sie nicht nach § 2 Absatz 1 a und 1 b vom Veräußerer des Anteils einzuziehen hat. [4]Der Investmentfonds[5] hat der Verwahrstelle[5] die Beträge für die Ausschüttungen und den Steuerabzug zur Verfügung zu stellen, die sich nach seinen Berechnungen unter Verwendung der von der Verwahrstelle[5] ermittelten Zahl der Investmentanteile ergeben.

(3 a) [1]Entrichtungspflichtiger ist bei ausgeschütteten Erträgen im Sinne von Absatz 3 Satz 1 Nummer 1 Buchstabe a als auszahlende Stelle

1. das inländische Kredit- oder Finanzdienstleistungsinstitut im Sinne des § 43 Absatz 1 Satz 1 Nummer 7 Buchstabe b des Einkommensteuergesetzes oder

---

[1] § 7 Abs. 1 Satz 1 Nr. 3 Satz 2 ergänzt, Abs. 1 Satz 3 angef. durch G v. 19. 12. 2008 (BGBl. I S. 2794); zur erstmaligen Anwendung siehe § 21 Abs. 13.

[2] § 7 Abs. 1 Satz 4 angef. durch G v. 8. 12. 2010 (BGBl. I S. 1768); zur Anwendung siehe § 21 Abs. 19 Satz 7.

[3] § 7 Abs. 2 neu gef. durch G v. 22. 6. 2011 (BGBl. I S. 1126); zur Anwendung siehe § 21 Abs. 20 Satz 2.

[4] § 7 Abs. 3 ersetzt durch die Absätze 3 bis 3 d durch G v. 22. 6. 2011 (BGBl. I S. 1126); zur Anwendung siehe § 21 Abs. 20 Sätze 2 ff.

[5] Bezeichnung geänd. durch G v. 18. 12. 2013 (BGBl. I S. 4318).

das inländische Wertpapierhandelsunternehmen, welches, oder die inländische Wertpapierhandelsbank, welche

a) die Anteile an dem Investmentfonds[1] verwahrt oder verwaltet und

aa) die Erträge im Sinne des Satzes 1 auszahlt oder gutschreibt oder

bb) die Erträge im Sinne des Satzes 1 an eine ausländische Stelle auszahlt oder

b) die Anteile an dem Investmentfonds[1] nicht verwahrt oder verwaltet und

aa) die Erträge im Sinne des Satzes 1 auszahlt oder gutschreibt oder

bb) die Erträge im Sinne des Satzes 1 an eine ausländische Stelle auszahlt, oder

2. die Wertpapiersammelbank, der die Anteile an dem Investmentfonds[1] zur Sammelverwahrung anvertraut wurden, wenn sie die Erträge im Sinne des Satzes 1 an eine ausländische Stelle auszahlt.

[2] Ergänzend sind die für den Steuerabzug von Kapitalerträgen im Sinne des § 43 Absatz 1 Satz 1 Nummer 1 a des Einkommensteuergesetzes geltenden Vorschriften des Einkommensteuergesetzes entsprechend anzuwenden.

(3b)[2] [1] Entrichtungspflichtiger ist bei ausschüttungsgleichen Erträgen im Sinne des Absatzes 3 Satz 1 Nummer 1 Buchstabe b die inländische Stelle, die im Falle einer Ausschüttung auszahlende Stelle nach Absatz 3a Satz 1 wäre. [2] Die Verwahrstelle[1] hat die Steuerabzugsbeträge den inländischen Stellen nach Satz 1 auf deren Anforderung zur Verfügung zu stellen, soweit nicht die inländische Stelle Beträge nach § 2 Absatz 1b einzuziehen hat; nicht angeforderte Steuerabzugsbeträge hat die Verwahrstelle[1] nach Ablauf des zweiten Monats seit dem Ende des Geschäftsjahres des Investmentfonds[1] zum 10. des Folgemonats anzumelden und abzuführen. [3] Der Investmentfonds[1], die Verwahrstelle[1] und die sonstigen inländischen Stellen haben das zur Verfügungstellen und etwaige Rückforderungen der Steuerabzugsbeträge nach denselben Regeln abzuwickeln, die für ausgeschüttete Beträge nach Absatz 3 Satz 1 Nummer 1 Buchstabe a gelten würden. [4] Die inländische Stelle hat die Kapitalertragsteuer spätestens mit Ablauf des ersten Monats seit dem Ende des Geschäftsjahres des Investmentfonds[1] einzubehalten und zum 10. des Folgemonats anzumelden und abzuführen. [5] Ergänzend sind die für den Steuerabzug von Kapitalerträgen im Sinne des § 43 Absatz 1 Satz 1 Nummer 1a des Einkommensteuergesetzes geltenden Vorschriften des Einkommensteuergesetzes entsprechend anzuwenden.

(3 c)[3] [1] Den Steuerabzug hat bei ausgeschütteten Erträgen im Sinne des Absatzes 3 Satz 1 Nummer 2 Buchstabe a als Entrichtungspflichtiger die auszahlende Stelle im Sinne des Absatzes 3 a Satz 1 vorzunehmen. [2] Ergänzend sind die für den Steuerabzug von Kapitalerträgen im Sinne des § 43 Absatz 1 Satz 1 Nummer 7 sowie Satz 2 des Einkommensteuergesetzes geltenden Vor-

---

[1] Bezeichnung geänd. durch G v. 18. 12. 2013 (BGBl. I S. 4318).

[2] Vgl. zu Abs. 3 b § 21 Abs. 20 Sätze 3 und 4.

[3] § 7 Abs. 3 c Satz 2 ergänzt durch G v. 7. 12. 2011 (BGBl. I S. 2592); zur Anwendung siehe § 21 Abs. 20 Satz 2.

schriften des Einkommensteuergesetzes und § 44a Absatz 10 Satz 4 bis 7 des Einkommensteuergesetzes entsprechend anzuwenden.

(3d)[1] [1]Den Steuerabzug nimmt bei ausschüttungsgleichen Erträgen im Sinne des Absatzes 3 Satz 1 Nummer 2 Buchstabe b als Entrichtungspflichtiger die inländische Stelle vor, die im Falle einer Ausschüttung auszahlende Stelle nach Absatz 3c Satz 1 in Verbindung mit Absatz 3a Satz 1 wäre. [2]Absatz 3b Satz 2 bis 4 ist entsprechend anzuwenden. [3]Ergänzend sind die für den Steuerabzug von Kapitalerträgen im Sinne des § 43 Absatz 1 Satz 1 Nummer 7 sowie Satz 2 des Einkommensteuergesetzes geltenden Vorschriften des Einkommensteuergesetzes und § 44a Absatz 10 Satz 4 bis 7 des Einkommensteuergesetzes entsprechend anzuwenden.

(4)[2] [1]Von den ausschüttungsgleichen Erträgen eines inländischen Investmentfonds[3] mit Ausnahme der in Absatz 3 Satz 1 Nummer 1 Buchstabe b und Nummer 2 Buchstabe b genannten hat als Entrichtungspflichtiger die inländische Stelle einen Steuerabzug vorzunehmen, die bei Erträgen im Sinne des Absatzes 3 Satz 1 Nummer 2 Buchstabe b nach Absatz 3d Satz 1 als auszahlende Stelle hierzu verpflichtet wäre. [2]Im Übrigen gilt Absatz 1 entsprechend. [3]Absatz 3b Satz 2 bis 4 und § 44a Absatz 10 Satz 4 bis 7 des Einkommensteuergesetzes sind entsprechend anzuwenden.

(5)[4] [1]Wird bei ausschüttungsgleichen Erträgen nach Absatz 3 Satz 1 Nummer 1 Buchstabe b und Nummer 2 Buchstabe b sowie nach Absatz 4 von der inländischen Stelle weder vom Steuerabzug abgesehen noch ganz oder teilweise Abstand genommen, wird auf Antrag die einbehaltene Kapitalertragsteuer unter den Voraussetzungen des § 44a Absatz 4 und 10 Satz 1[5] des Einkommensteuergesetzes in dem dort vorgesehenen Umfang von der inländischen Investmentgesellschaft erstattet. [2]Der Anleger hat der Investmentgesellschaft eine Bescheinigung der inländischen Stelle im Sinne der Absätze 3b, 3d und 4 vorzulegen, aus der hervorgeht, dass diese die Erstattung nicht vorgenommen hat und auch nicht vornehmen wird. [3]Im Übrigen sind die für die Anrechnung und Erstattung der Kapitalertragsteuer geltenden Vorschriften des Einkommensteuergesetzes entsprechend anzuwenden. [4]Die erstattende inländische Investmentgesellschaft haftet in sinngemäßer Anwendung des § 44 Absatz 5 des Einkommensteuergesetzes für zu Unrecht vorgenommene Erstattungen; für die Zahlungsaufforderung gilt § 219 der Abgabenordnung entsprechend. [5]Für die Überprüfung der Erstattungen sowie für die Geltendmachung der Rückforderung von Erstattungen oder der Haftung ist das Finanzamt zuständig, das für die Besteuerung der inländischen Investmentgesellschaft nach dem Einkommen zuständig ist.

---

[1] § 7 Abs. 3d Satz 3 ergänzt durch G v. 7. 12. 2011 (BGBl. I S. 2592); zur Anwendung siehe § 21 Abs. 20 Satz 2.

[2] § 7 Abs. 4 neu gef. durch G v. 22. 6. 2011 (BGBl. I S. 1126); Satz 3 neu gef. durch G v. 7. 12. 2011 (BGBl. I S. 2592); zur Anwendung siehe § 21 Abs. 20 Satz 2.

[3] Bezeichnung geänd. durch G v. 18. 12. 2013 (BGBl. I S. 4318).

[4] § 7 Abs. 5 neu gef. durch G v. 22. 6. 2011 (BGBl. I S. 1126); zur Anwendung siehe § 21 Abs. 20 Satz 2.

[5] Verweis geänd. durch G v. 18. 12. 2013 (BGBl. I S. 4318).

(6)[1] 1 Wird bei einem Gläubiger ausschüttungsgleicher Erträge im Sinne des Absatzes 4, der als Körperschaft weder Sitz noch Geschäftsleitung oder als natürliche Person weder Wohnsitz noch gewöhnlichen Aufenthalt im Inland hat, von der inländischen Stelle nicht vom Steuerabzug abgesehen, hat die inländische Investmentgesellschaft auf Antrag die einbehaltene Kapitalertragsteuer zu erstatten. 2 Die inländische Investmentgesellschaft hat sich von dem ausländischen Kreditinstitut oder Finanzdienstleistungsinstitut versichern zu lassen, dass der Gläubiger der Kapitalerträge nach den Depotunterlagen als Körperschaft weder Sitz noch Geschäftsleitung oder als natürliche Person weder Wohnsitz noch gewöhnlichen Aufenthalt im Inland hat. 3 Das Verfahren nach den Sätzen 1 und 2 ist auf den Steuerabzug von Erträgen im Sinne des Absatzes 3 Satz 1 Nummer 2 entsprechend anzuwenden, soweit die Erträge einem Anleger zufließen oder als zugeflossen gelten, der eine nach den Rechtsvorschriften eines Mitgliedstaates der Europäischen Union oder des Europäischen Wirtschaftsraums gegründete Gesellschaft im Sinne des Artikels 54 des Vertrags über die Arbeitsweise der Europäischen Union oder des Artikels 34 des Abkommens über den Europäischen Wirtschaftsraum mit Sitz und Ort der Geschäftsleitung innerhalb des Hoheitsgebietes eines dieser Staaten ist, und der einer Körperschaft im Sinne des § 5 Absatz 1 Nummer 3 des Körperschaftsteuergesetzes vergleichbar ist; soweit es sich um eine nach den Rechtsvorschriften eines Mitgliedstaates des Europäischen Wirtschaftsraums gegründete Gesellschaft oder eine Gesellschaft mit Ort und Geschäftsleitung in diesem Staat handelt, ist zusätzlich Voraussetzung, dass mit diesem Staat ein Amtshilfeabkommen besteht. 4 Absatz 5 Satz 4 und 5 ist entsprechend anzuwenden.

(7) Für die Anrechnung der einbehaltenen und abgeführten Kapitalertragsteuer nach § 36 Abs. 2 des Einkommensteuergesetzes oder deren Erstattung nach § 50d des Einkommensteuergesetzes gelten die Vorschriften des Einkommensteuergesetzes entsprechend.

(8)[2] 1 Für die ergänzende Anwendung der Vorschriften des Einkommensteuergesetzes zum Kapitalertragsteuerabzug in den Absätzen 3 bis 6 steht die inländische Investmentgesellschaft einem inländischen Kreditinstitut gleich. 2 Ferner steht die inländische Kapitalanlagegesellschaft hinsichtlich der ihr erlaubten Verwahrung und Verwaltung von Investmentanteilen für die Anwendung der Vorschriften des Einkommensteuergesetzes zum Kapitalertragsteuerabzug einem inländischen Kreditinstitut gleich.

§ 8 Veräußerung von Investmentanteilen; Vermögensminderung.

(1)[3] 1 Auf die Einnahmen aus der Rückgabe, Veräußerung oder Entnahme von Investmentanteilen sind § 3 Nummer 40 des Einkommensteuergesetzes, § 4 Absatz 1 dieses Gesetzes sowie § 19 des REIT-Gesetzes anzuwenden, soweit sie dort genannte, dem Anleger noch nicht zugeflossene oder als zuge-

---

[1] § 7 Abs. 6 neu gef. durch G v. 22. 6. 2011 (BGBl. I S. 1126); zur Anwendung siehe § 21 Abs. 20 Satz 2.

[2] § 7 Abs. 8 angef. durch G v. 20. 12. 2007 (BGBl. I S. 3150); zur erstmaligen Anwendung siehe § 21 Abs. 7.

[3] § 8 Abs. 1 neu gef. durch G v. 21. 3. 2013 (BGBl. I S. 561); zur Anwendung siehe § 21 Abs. 22 Sätze 1 und 5.

flossen geltende Einnahmen enthalten oder auf bereits realisierte oder noch nicht realisierte Gewinne aus der Beteiligung des Investmentfonds[1] an Körperschaften, Personenvereinigungen oder Vermögensmassen entfallen, deren Leistungen beim Empfänger zu den Einnahmen im Sinne des § 20 Absatz 1 Nummer 1 des Einkommensteuergesetzes gehören (positiver Aktiengewinn). [2]Auf die Einnahmen aus der Rückgabe, Veräußerung oder Entnahme von Investmentanteilen im Betriebsvermögen sind § 8b des Körperschaftsteuergesetzes sowie § 19 des REIT-Gesetzes anzuwenden, soweit sie auf bereits realisierte oder noch nicht realisierte Gewinne aus der Beteiligung des Investmentfonds[1] an Körperschaften, Personenvereinigungen oder Vermögensmassen entfallen, deren Leistungen beim Empfänger zu den Einnahmen im Sinne des § 20 Absatz 1 Nummer 1 des Einkommensteuergesetzes gehören. [3]§ 15 Absatz 1a und § 16 Absatz 3 bleiben unberührt. [4]Bei Beteiligungen des Investmentfonds[1] sind die Sätze 1 bis 3 entsprechend anzuwenden. [5]Bei dem Ansatz des in § 6 Absatz 1 Nummer 2 Satz 3 des Einkommensteuergesetzes bezeichneten Wertes sind die Sätze 1 bis 4 entsprechend anzuwenden.

(2)[2] [1]Auf Vermögensminderungen innerhalb des Investmentfonds[1] sind beim Anleger § 3c Abs. 2 des Einkommensteuergesetzes und § 8b des Körperschaftsteuergesetzes anzuwenden, soweit die Vermögensminderungen auf Beteiligungen des Investmentfonds[1] an Körperschaften, Personenvereinigungen oder Vermögensmassen entfallen, deren Leistungen beim Empfänger zu den Einnahmen im Sinne des § 20 Abs. 1 Nr. 1 des Einkommensteuergesetzes gehören; Vermögensminderungen, die aus Wirtschaftsgütern herrühren, auf deren Erträge § 4 Abs. 1 anzuwenden ist, dürfen das Einkommen nicht mindern (negativer Aktiengewinn). [2]Bei Beteiligungen des Investmentfonds[1] an anderen Investmentfonds[1] ist Satz 1 entsprechend anzuwenden. [3]Die Sätze 1 und 2 gelten nicht für Beteiligungen des Investmentfonds[1] an inländischen REIT-Aktiengesellschaften oder anderen REIT-Körperschaften, -Personenvereinigungen oder -Vermögensmassen im Sinne des REIT-Gesetzes.[3]

(3)[4] [1]Der nach den Absätzen 1 und 2 zu berücksichtigende Teil der Einnahmen ist, vorbehaltlich einer Berichtigung nach Satz 4, der Unterschied zwischen dem Aktiengewinn auf den Rücknahmepreis zum Zeitpunkt der Veräußerung einerseits und dem Aktiengewinn auf den Rücknahmepreis zum Zeitpunkt der Anschaffung andererseits. [2]Bei Ansatz eines niedrigeren Teilwerts ist der zu berücksichtigende Teil nach § 3c Abs. 2 des Einkommensteuergesetzes und § 8b des Körperschaftsteuergesetzes, vorbehaltlich einer Berichtigung nach Satz 4, der Unterschied zwischen dem Aktiengewinn auf den maßgebenden Rücknahmepreis zum Zeitpunkt der Bewertung einerseits und dem Aktiengewinn auf den Rücknahmepreis zum Zeitpunkt der Anschaffung andererseits, soweit dieser Unterschiedsbetrag sich auf den Bilanzansatz ausgewirkt hat. [3]Entsprechendes gilt bei Gewinnen aus dem Ansatz des in § 6

---

[1] Bezeichnung geänd. durch G v. 18. 12. 2013 (BGBl. I S. 4318) sowie durch G v. 25. 7. 2014 (BGBl. I S. 1266).

[2] § 8 Abs. 2 Satz 1 HS 2 und Satz 2 angef. durch G v. 9. 12. 2004 (BGBl. I S. 3310).

[3] § 8 Abs. 2 Satz 3 angef. durch G v. 28. 5. 2007 (BGBl. I S. 914); zur erstmaligen Anwendung siehe § 21 Abs. 5 Sätze 2 und 3.

[4] § 8 Abs. 3 neu gef. durch G v. 9. 12. 2004 (BGBl. I S. 3310).

Abs. 1 Nr. 2 Satz 3 des Einkommensteuergesetzes bezeichneten Wertes für die Ermittlung des zu berücksichtigenden Teils nach § 3 Nr. 40 des Einkommensteuergesetzes oder § 8b des Körperschaftsteuergesetzes. 4 Die nach den Sätzen 1, 2 und 3 zu berücksichtigenden Teile sind um einen nach den Sätzen 2 bzw. 3 ermittelten Aktiengewinn auf den maßgebenden Rücknahmepreis zum Schluss des vorangegangenen Wirtschaftsjahres zu berichtigen, soweit er sich auf den Bilanzansatz ausgewirkt hat.

(4)[1] Kommt eine Investmentgesellschaft ihrer Ermittlungs- und Veröffentlichungspflicht nach § 5 Abs. 2 nicht nach, gilt der Investmentanteil bei betrieblichen Anlegern als zum zeitgleich mit dem letzten Aktiengewinn veröffentlichten Rücknahmepreis zurückgegeben und wieder angeschafft. 2 Die auf den Veräußerungsgewinn entfallende Einkommen- oder Körperschaftsteuer gilt als zinslos gestundet. 3 Bei einer nachfolgenden Rückgabe oder Veräußerung des Investmentanteils endet die Stundung mit der Rückgabe oder Veräußerung. 4 Auf die als angeschafft geltenden Investmentanteile sind § 3 Nr. 40 des Einkommensteuergesetzes und § 8b des Körperschaftsteuergesetzes nicht anzuwenden.

(5)[1] · [2] 1 Gewinne aus der Rückgabe oder Veräußerung von Investmentanteilen, die weder zu einem Betriebsvermögen gehören noch zu den Einkünften nach § 22 Nr. 1 oder Nr. 5 des Einkommensteuergesetzes gehören, gehören zu den Einkünften aus Kapitalvermögen im Sinne des § 20 Abs. 2 Satz 1 Nr. 1 des Einkommensteuergesetzes; § 3 Nr. 40 und § 17 des Einkommensteuergesetzes und § 8b des Körperschaftsteuergesetzes sind nicht anzuwenden. 2 Negative Einnahmen gemäß § 2 Abs. 1 Satz 1 sind von den Anschaffungskosten des Investmentanteils, erhaltener Zwischengewinn ist vom Veräußerungserlös des Investmentanteils abzusetzen. 3 Der Veräußerungserlös ist ferner um die während der Besitzzeit als zugeflossen geltenden ausschüttungsgleichen Erträge zu mindern sowie um die hierauf entfallende, seitens der Investmentgesellschaft gezahlte und um einen entstandenen Ermäßigungsanspruch gekürzte Steuer im Sinne des § 4 Abs. 2, § 7 Abs. 3 und 4 zu erhöhen. 4 Sind ausschüttungsgleiche Erträge in einem späteren Geschäftsjahr innerhalb der Besitzzeit ausgeschüttet worden, sind diese dem Veräußerungserlös hinzuzurechnen. 5 Der Gewinn aus der Veräußerung oder Rückgabe ist um die während der Besitzzeit des Anlegers ausgeschütteten Beträge zu erhöhen, die nach § 21 Absatz 1[3] Satz 2 in Verbindung mit § 2 Abs. 3 Nr. 1 in der am 31. Dezember 2008 anzuwendenden Fassung des Gesetzes steuerfrei sind. 6 Des Weiteren ist der Veräußerungsgewinn um die während der Besitzzeit des Anlegers zugeflossene Substanzauskehrung sowie um die Beträge zu erhöhen, die während der Besitzzeit auf Grund der Absetzung für Abnutzung oder Substanzverringerung im Sinne des § 3 Absatz 3 Satz 2[3] steuerfrei ausgeschüttet wurden.[4] 7 Ferner bleiben bei der Ermittlung des Gewinns die Anschaffungskosten und der Veräußerungserlös mit dem Prozentsatz unberücksichtigt, den die Investmentgesellschaft für den

---

[1] § 8 Abs. 4 und Abs. 5 angef. durch G v. 9. 12. 2004 (BGBl. I S. 3310).

[2] § 8 Abs. 5 neu gef. durch G v. 14. 8. 2007 (BGBl. I S. 1912), Sätze 1 und 3 geänd., Satz 4 neu gef. durch G v. 19. 12. 2008 (BGBl. I S. 2794); zur Anwendung siehe § 21 Abs. 2 Satz 2, Abs. 2a und Abs. 2b.

[3] Verweis geänd. durch G v. 18. 12. 2013 (BGBl. I S. 4318).

[4] § 8 Abs. 5 Satz 6 eingef., bish. Satz 6 wird Satz 7 durch G v. 8. 12. 2010 (BGBl. I S. 1768).

jeweiligen Stichtag nach § 5 Abs. 2 für die Anwendung des Absatzes 1 in Verbindung mit § 4 Abs. 1 veröffentlicht hat.

(6)[1] [1]Von den Einnahmen aus der Rückgabe oder Veräußerung von Investmentanteilen ist ein Steuerabzug vorzunehmen. [2]Bemessungsgrundlage für den Kapitalertragsteuerabzug ist auch bei Investmentanteilen, die zu einem Betriebsvermögen gehören, der Gewinn nach Absatz 5. [3]Die für den Steuerabzug von Kapitalerträgen nach § 43 Abs. 1 Satz 1 Nr. 9 sowie Satz 2 des Einkommensteuergesetzes geltenden Vorschriften des Einkommensteuergesetzes sind einschließlich des § 43 Abs. 2 Satz 3 bis 9 und des § 44a Abs. 4 und 5[1] entsprechend anzuwenden. [4]Bei der unmittelbaren Rückgabe von Investmentanteilen an eine inländische Kapitalanlagegesellschaft oder Investmentaktiengesellschaft hat die Investmentgesellschaft den Kapitalertragsteuerabzug nach den Sätzen 1 bis 3 vorzunehmen; dieser Steuerabzug tritt an die Stelle des Steuerabzugs durch die auszahlende Stelle.

(7)[2] § 15b des Einkommensteuergesetzes ist auf Verluste aus der Rückgabe, Veräußerung oder Entnahme von Investmentanteilen sowie auf Verluste durch Ansatz des niedrigeren Teilwerts bei Investmentanteilen sinngemäß anzuwenden.

(8)[3] [1]Ein Investmentanteil gilt mit Ablauf des Geschäftsjahres, in dem ein Feststellungsbescheid nach § 1 Absatz 1d Satz 1 unanfechtbar geworden ist, als veräußert. [2]Ein Anteil an einer Investitionsgesellschaft gilt zum selben Zeitpunkt als angeschafft. [3]Als Veräußerungserlös des Investmentanteils und als Anschaffungskosten des Investitionsgesellschaftsanteils ist der Rücknahmepreis am Ende des Geschäftsjahres anzusetzen, in dem der Feststellungsbescheid unanfechtbar geworden ist. [4]Wird kein Rücknahmepreis festgesetzt, tritt an seine Stelle der Börsen- oder Marktpreis. [5]Kapitalertragsteuer ist nicht einzubehalten und abzuführen. [6]Im Übrigen sind die vorstehenden Absätze anzuwenden. [7]Die festgesetzte Steuer gilt bis zur tatsächlichen Veräußerung des Anteils als zinslos gestundet.

§ 9[4] **Ertragsausgleich.** [1]Den in den ausgeschütteten und ausschüttungsgleichen Erträgen enthaltenen einzelnen Beträgen im Sinne der §§ 2 und 4 sowie der anrechenbaren oder abziehbaren ausländischen Quellensteuer stehen die hierauf entfallenden Teile des Ausgabepreises für ausgegebene Anteile gleich. [2]Die Einnahmen und Zwischengewinne im Sinne des § 1 Absatz 4 sind bei Anwendung eines Ertragsausgleichsverfahrens um die hierauf entfallenden Teile des Ausgabepreises für ausgegebene Anteile zu erhöhen.

§ 10[5] **Dach-Investmentfonds.** [1]Bei Erträgen eines Anlegers aus Investmentanteilen, die aus Erträgen des Investmentfonds aus Anteilen an anderen

---

[1] § 8 Abs. 6 angef. durch G v. 14. 8. 2007 (BGBl. I S. 1912); Satz 3 geänd. durch G v. 19. 12. 2008 (BGBl. I S. 2794); zur Anwendung siehe § 21 Abs. 2 Satz 2, Abs. 2a und Abs. 2b.

[2] § 8 Abs. 7 angef. durch G v. 8. 12. 2010 (BGBl. I S. 1768).

[3] § 8 Abs. 8 angef. durch G v. 18. 12. 2013 (BGBl. I S. 4318); zur Anwendung siehe § 22 Abs. 1 Satz 1.

[4] § 9 Satz 1 geänd., Satz 2 angef. durch G v. 8. 12. 2010 (BGBl. I S. 1768).

[5] § 10 Überschr. geänd., Sätze 1, 2 und 3 geänd. durch G v. 18. 12. 2013 (BGBl. I S. 4318); zur Anwendung siehe § 22 Abs. 1 Satz 1.

Investmentfonds stammen, findet § 6 entsprechende Anwendung, soweit die Besteuerungsgrundlagen des Dach-Investmentfonds im Sinne des § 5 Abs. 1 nicht nachgewiesen werden. [2]Soweit Ziel-Investmentfonds die Voraussetzungen des § 5 Absatz 1 nicht erfüllen, sind die nach § 6 zu ermittelnden Besteuerungsgrundlagen des Ziel-Investmentfonds den steuerpflichtigen Erträgen des Dach-Investmentfonds zuzurechnen. [3]Die vorstehenden Sätze sind auch auf Master-Feeder-Strukturen im Sinne der §§ 171 bis 180 des Kapitalanlagegesetzbuchs anzuwenden.

Abschnitt 2.
Regelungen nur für inländische Investmentanteile

§ 11[1)] Steuerbefreiung und Außenprüfung. (1) [1]Das inländische Sondervermögen gilt als Zweckvermögen im Sinne des § 1 Absatz 1 Nummer 5 des Körperschaftsteuergesetzes und als sonstige juristische Person des privaten Rechts im Sinne des § 2 Absatz 3 des Gewerbesteuergesetzes. [2]Ein inländischer Investmentfonds in der Rechtsform eines Sondervermögens oder einer Investmentaktiengesellschaft mit veränderlichem Kapital ist von der Körperschaftsteuer und der Gewerbesteuer befreit. [3]Ein inländischer Investmentfonds in der Rechtsform einer offenen Investmentkommanditgesellschaft ist von der Gewerbesteuer befreit. [4]Satz 2 gilt nicht für

1. Einkünfte, die die Investmentaktiengesellschaft mit veränderlichem Kapital oder deren Teilgesellschaftsvermögen aus der Verwaltung des Vermögens erzielt, oder
2. Einkünfte der Investmentaktiengesellschaft mit veränderlichem Kapital oder deren Teilgesellschaftsvermögen, die auf Unternehmensaktien entfallen, es sei denn, es wurde nach § 109 Absatz 1 Satz 1 des Kapitalanlagesetzbuchs auf die Begebung von Anlageaktien verzichtet.

[5]Die Sätze 1 und 2 gelten auch für Investmentfonds im Sinne des § 1 Absatz 1 g Satz 2.

(2)[2)] [1]Die von Kapitalerträgen des inländischen Investmentfonds einbehaltene und abgeführte Kapitalertragsteuer wird dem Investmentfonds unter Einschaltung der Verwahrstelle erstattet, soweit nicht nach § 44 a des Einkommensteuergesetzes vom Steuerabzug Abstand zu nehmen ist; dies gilt auch für den als Zuschlag zur Kapitalertragsteuer einbehaltenen und abgeführten Solidaritätszuschlag. [2]Bei Kapitalerträgen im Sinne des § 43 Absatz 1 Satz 1 Nummer 1 und 2 des Einkommensteuergesetzes wendet die Verwahrstelle § 44 b Absatz 6 des Einkommensteuergesetzes entsprechend an; bei den übrigen Kapitalerträgen außer Kapitalerträgen im Sinne des § 43 Absatz 1 Satz 1 Nummer 1 a des Einkommensteuergesetzes[3)] erstattet das Finanzamt, an das die

---

[1)] § 11 Überschr. geänd., Abs. 1 neu gef. durch G v. 18. 12. 2013 (BGBl. I S. 4318); zur Anwendung siehe § 22 Abs. 1 Satz 1.

[2)] § 11 Abs. 2 Satz 1 geänd., Satz 2 neu gef. durch G v. 16. 7. 2009 (BGBl. I S. 1959); zur Anwendung siehe § 21 Abs. 17 Satz 2 und Abs. 21; Abs. 2 Sätze 1, 2 und 4 geänd. mWv 24. 12. 2013 (§ 22 Abs. 1 Satz 1) durch G v. 18. 12. 2013 (BGBl. I S. 4318).

[3)] § 11 Abs. 2 Satz 2 2. HS ergänzt durch G v. 22. 6. 2011 (BGBl. I S. 1126); zur Anwendung siehe § 21 Abs. 20 Satz 2 und Abs. 21.

Kapitalertragsteuer abgeführt worden ist, die Kapitalertragsteuer und den Solidaritätszuschlag auf Antrag an die Verwahrstelle.[1)] [3]Im Übrigen sind die Vorschriften des Einkommensteuergesetzes über die Abstandnahme vom Steuerabzug und über die Erstattung von Kapitalertragsteuer bei unbeschränkt einkommensteuerpflichtigen Gläubigern sinngemäß anzuwenden. [4]An die Stelle der nach dem Einkommensteuergesetz erforderlichen[2)] Nichtveranlagungs-Bescheinigung tritt eine Bescheinigung des für den Investmentfonds zuständigen Finanzamts, in der bestätigt wird, dass ein Zweckvermögen oder eine Investmentaktiengesellschaft im Sinne des Absatzes 1 vorliegt.

(3)[3)] Beim inländischen Investmentfonds ist eine Außenprüfung im Sinne der §§ 194 ff. der Abgabenordnung zulässig zur Ermittlung der steuerlichen Verhältnisse des Investmentfonds, zum Zwecke der Prüfung der Berichte nach den §§ 101, 120 und 135 des Kapitalanlagegesetzbuchs und der Besteuerungsgrundlagen nach § 5.

§ 12 Ausschüttungsbeschluss. [1]Die inländische Investmentgesellschaft hat über die Verwendung der zur Ausschüttung zur Verfügung stehenden Beträge zu beschließen und den Beschluss schriftlich zu dokumentieren. [2]Der Beschluss hat Angaben zur Zusammensetzung der Ausschüttung zu enthalten. [3]Er hat außerdem Angaben zu den noch nicht ausgeschütteten Beträgen, die nicht unter § 23 Absatz 1[4)] fallen, zu enthalten.

§ 13 Gesonderte Feststellung der Besteuerungsgrundlagen. (1) Die Besteuerungsgrundlagen im Sinne des § 5 Abs. 1 sind gegenüber der Investmentgesellschaft gesondert festzustellen.

(2)[5)] [1]Die Investmentgesellschaft hat spätestens vier Monate nach Ablauf des Geschäftsjahres eine Erklärung zur gesonderten Feststellung der Besteuerungsgrundlagen abzugeben. [2]Wird innerhalb von vier Monaten nach Ablauf des Geschäftsjahres ein Beschluss über eine Ausschüttung gefasst, ist die Erklärung nach Satz 1 spätestens vier Monate nach dem Tag des Beschlusses abzugeben. [3]Der Feststellungserklärung sind der Jahresbericht, die Bescheinigung nach § 5 Absatz 1 Satz 1 Nummer 3, der Ausschüttungsbeschluss gemäß § 12 und eine Überleitungsrechnung, aus der hervorgeht, wie aus der investmentrechtlichen Rechnungslegung die Besteuerungsgrundlagen ermittelt wurden, beizufügen.

(3)[6)] [1]Die Feststellungserklärung steht einer gesonderten Feststellung gleich. [2]Die Investmentgesellschaft hat die erklärten Besteuerungsgrundlagen zugleich im Bundesanzeiger bekannt zu machen.

[1)] § 11 Abs. 2 Satz 2 neu gef. durch G v. 16. 7. 2009 (BGBl. I S. 1959); zur Anwendung siehe § 21 Abs. 17 Satz 2 und Abs. 21.

[2)] § 11 Abs. 2 Satz 3 geänd. durch G v. 26. 6. 2013 (BGBl. I S. 1809); zur Anwendung siehe § 21 Abs. 21 Satz 3.

[3)] § 11 Abs. 3 geänd. durch G v. 18. 12. 2013 (BGBl. I S. 4318); zur Anwendung siehe § 22 Abs. 1 Satz 1.

[4)] Verweis geänd. durch G v. 18. 12. 2013 (BGBl. I S. 4318).

[5)] § 13 Abs. 2 Satz 1 geänd., Satz 2 eingef durch G v. 19. 12. 2008 (BGBl. I S. 2794); zur erstmaligen Anwendung siehe § 21 Abs. 14; Satz 3 neu gef. durch G v. 18. 12. 2013 (BGBl. I S. 4318); zur Anwendung siehe § 22 Abs. 1 Satz 1.

[6)] § 13 Abs. 3 Satz 2 geänd. mWv 1. 4. 2012 durch G v. 22. 12. 2011 (BGBl. I S. 3044).

(4)[1] [1]Stellt das Finanzamt materielle Fehler der gesonderten Feststellung nach Absatz 3 Satz 1 fest, sind die Unterschiedsbeträge zwischen den erklärten Besteuerungsgrundlagen und den zutreffenden Besteuerungsgrundlagen gesondert festzustellen. [2]Weichen die nach Absatz 3 Satz 2 bekannt gemachten Besteuerungsgrundlagen von der Feststellungserklärung ab, sind die Unterschiedsbeträge zwischen den nach Absatz 3 Satz 2 bekannt gemachten Besteuerungsgrundlagen und den erklärten Besteuerungsgrundlagen gesondert festzustellen. [3]Die Investmentgesellschaft hat die Unterschiedsbeträge in der Feststellungserklärung für das Geschäftsjahr zu berücksichtigen, in dem die Feststellung nach den Sätzen 1 und 2 unanfechtbar geworden ist. [4]Die §§ 129, 164, 165, 172 bis 175a der Abgabenordnung sind auf die gesonderte Feststellung nach Absatz 3 Satz 1 sowie Absatz 4 Satz 1 und 2 nicht anzuwenden. [5]Eine gesonderte Feststellung nach den Sätzen 1 und 2 ist bis zum Ablauf der für die Feststellung nach Absatz 3 Satz 1 geltenden Feststellungsfrist zulässig.

(5)[2] Örtlich zuständig ist das Finanzamt, in dessen Bezirk sich die Geschäftsleitung der Kapitalverwaltungsgesellschaft des Investmentfonds befindet, oder in den Fällen des § 1 Absatz 2a Satz 3 Nummer 1 Buchstabe b, in dessen Bezirk die Zweigniederlassung besteht, oder in den Fällen des § 1 Absatz 2a Satz 3 Nummer 1 Buchstabe c, in dessen Bezirk sich die Geschäftsleitung der inländischen Verwahrstelle befindet.

§ 14[3] Verschmelzung von Investmentfonds und Teilen von Investmentfonds. (1) Die folgenden Absätze 2 bis 6 gelten nur für die Verschmelzung im Sinne des § 189 des Kapitalanlagegesetzbuchs unter alleiniger Beteiligung inländischer Sondervermögen.

(2) [1]Das übertragende Sondervermögen hat die zu übertragenden Vermögensgegenstände und Verbindlichkeiten, die Teil des Nettoinventars sind, mit den Anschaffungskosten abzüglich Absetzungen für Abnutzungen oder Substanzverringerung (fortgeführte Anschaffungskosten) zu seinem Geschäftsjahresende (Übertragungsstichtag) anzusetzen. [2]Ein nach § 189 Absatz 2 Satz 1 des Kapitalanlagegesetzbuchs bestimmter Übertragungsstichtag gilt als Geschäftsjahresende des übertragenden Sondervermögens.

(3) [1]Das übernehmende Sondervermögen hat zu Beginn des dem Übertragungsstichtag folgenden Tages die übernommenen Vermögensgegenstände und Verbindlichkeiten mit den fortgeführten Anschaffungskosten anzusetzen. [2]Das übernehmende Sondervermögen tritt in die steuerliche Rechtsstellung des Übertragenden Sondervermögens ein.

---

[1] § 13 Abs. 4 Satz 1 geänd., Satz 2 eingef., Satz 3 Verweis auf Satz 2 eingef., Satz 4 geänd., Satz 5 angef. durch G v. 20. 12. 2007 (BGBl. I S. 3150); zur Anwendung siehe § 21 Abs. 8.

[2] § 13 Abs. 5 neu gef. durch G v. 18. 12. 2013 (BGBl. I S. 4318); zur Anwendung siehe § 22 Abs. 1 Satz 1.

[3] § 14 Überschr. neu gef., Abs. 1 neu gef., Abs. 2 Satz 2 angef., Abs. 3 Satz 1 geänd., Abs. 4 Sätze 3 und 4 angef., Abs. 7 Satz 1 Nr. 5 geänd. durch G v. 22. 6. 2011 (BGBl. I S. 1126); zur Anwendung siehe § 18 Abs. 20 Satz 1; Überschr. geänd., Abs. 1 geänd., Abs. 2 Satz 2 geänd., Abs. 4 Satz 3 geänd., Abs. 7 Satz 1 geänd., Satz 2 neu gef. durch G v. 18. 12. 2013 (BGBl. I S. 4318); zur Anwendung siehe § 22 Abs. 1 Satz 1.

(4) [1]Die Ausgabe der Anteile am übernehmenden Sondervermögen an die Anleger des übertragenden Sondervermögens gilt nicht als Tausch. [2]Die erworbenen Anteile an dem übernehmenden Sondervermögen treten an die Stelle der Anteile an dem übertragenden Sondervermögen. [3]Erhalten die Anleger des übertragenden Sondervermögens eine Barzahlung im Sinne des § 190 des Kapitalanlagegesetzbuchs, gilt diese als Ertrag im Sinne des § 20 Absatz 1 Nummer 1 des Einkommensteuergesetzes, wenn sie nicht Betriebseinnahme des Anlegers, eine Leistung nach § 22 Nummer 1 Satz 3 Buchstabe a Doppelbuchstabe aa des Einkommensteuergestzes oder eine Leistung nach § 22 Nummer 5 des Einkommensteuergesetzes ist; § 3 Nummer 40 des Einkommensteuergesetzes und § 8b Absatz 1 des Körperschaftsteuergesetzes und § 5 sind nicht anzuwenden. [4]Die Barzahlung ist als Ausschüttung eines sonstigen Ertrags oder als Teil der Ausschüttung nach § 6 zu behandeln.

(5) [1]Die nicht bereits ausgeschütteten ausschüttungsgleichen Erträge des letzten Geschäftsjahres des übertragenden Sondervermögens gelten den Anlegern dieses Sondervermögens mit Ablauf des Übertragungsstichtags als zugeflossen. [2]Dies gilt nicht, wenn die Erträge gemäß § 2 Abs. 1 Satz 1 zu den Einkünften nach § 22 Nr. 1 oder 5 des Einkommensteuergesetzes zählen. [3]Als ausschüttungsgleiche Erträge sind auch die nicht bereits zu versteuernden angewachsenen Erträge des übertragenden Sondervermögens zu behandeln.[1)]

(6) [1]Ermitteln beide Sondervermögen den Aktiengewinn nach § 5 Abs. 2, so darf sich der Aktiengewinn je Investmentanteil durch die Übertragung nicht verändern. [2]Ermittelt nur eines der bei den Sondervermögen den Aktiengewinn, ist auf die Investmentanteile des Sondervermögens, das bisher einen Aktiengewinn ermittelt und veröffentlicht hat, § 8 Abs. 4 anzuwenden.

(7)[2)] [1]Die Absätze 2 bis 6 sind entsprechend anzuwenden, wenn bei einer nach dem Kapitalanlagegesetzbuch[3)] zulässigen Übertragung von allen Vermögensgegenständen im Wege der Sacheinlage sämtliche Vermögensgegenstände

1. eines Sondervermögens auf eine Investmentaktiengesellschaft mit veränderlichem Kapital oder auf ein Teilgesellschaftsvermögen einer Investmentaktiengesellschaft mit veränderlichem Kapital,
2. eines Teilgesellschaftsvermögens einer Investmentaktiengesellschaft mit veränderlichem Kapital auf ein anderes Teilgesellschaftsvermögen derselben Investmentaktiengesellschaft mit veränderlichem Kapital,
3. eines Teilgesellschaftsvermögens einer Investmentaktiengesellschaft mit veränderlichem Kapital auf ein Teilgesellschaftsvermögen einer anderen Investmentaktiengesellschaft mit veränderlichem Kapital,
4. einer Investmentaktiengesellschaft mit veränderlichem Kapital oder eines Teilgesellschaftsvermögens einer Investmentaktiengesellschaft mit veränderlichem Kapital auf ein Sondervermögen oder
5. einer Investmentaktiengesellschaft mit veränderlichem Kapital auf eine andere Investmentaktiengesellschaft mit veränderlichem Kapital oder ein Teil-

---

1) § 14 Abs. 5 Satz 3 neu gef. durch G v. 8. 12. 2010 (BGBl. I S. 1768).

2) § 14 Abs. 7 Satz 2 aufgeh., Satz 3 wird Satz 2 und geänd. durch G v. 8. 12. 2010 (BGBl. I S. 1768).

3) Verweis geänd. durch G v. 25. 7. 2014 (BGBl. I S. 1266).

gesellschaftsvermögen einer anderen Investmentaktiengesellschaft mit veränderlichem Kapital,

übertragen werden. [2] Satz 1 ist nicht anzuwenden, wenn ein Spezial-Sondervermögen nach § 1 Absatz 6 und 10 des Kapitalanlagegesetzbuchs oder ein Teilinvestmentvermögen eines solchen Sondervermögens oder eine Spezial-Investmentaktiengesellschaft mit veränderlichem Kapital nach § 1 Absatz 6 in Verbindung mit Kapitel 1 Abschnitt 4 Unterabschnitt 3 des Kapitalanlagegesetzbuchs oder ein Teilgesellschaftsvermögen einer solchen Investmentaktiengesellschaft als übertragender oder aufnehmender Investmentfonds beteiligt ist.

(8)[1)] Die gleichzeitige Übertragung aller Vermögensgegenstände mehrerer Sondervermögen, Teilgesellschaftsvermögen oder Investmentaktiengesellschaften mit veränderlichem Kapital auf dasselbe Sondervermögen oder Teilgesellschaftsvermögen oder dieselbe Investmentaktiengesellschaft mit veränderlichem Kapital ist zulässig.

§ 15[2)] Inländische Spezial-Investmentfonds. (1) [1] Bei inländischen Sondervermögen oder Investmentaktiengesellschaften mit veränderlichem Kapital, die auf Grund einer schriftlichen Vereinbarung mit der Kapitalverwaltungsgesellschaft oder auf Grund ihrer Satzung nicht mehr als 100 Anleger oder Aktionäre haben, die nicht natürliche Personen sind (Spezial-Investmentfonds), sind § 1 Absatz 1 d, § 4 Absatz 4, § 5 Absatz 1 sowie die §§ 6 und 8 Absatz 4 und 8 nicht anzuwenden. [2] § 5 Abs. 2 Satz 1 ist mit der Maßgabe anzuwenden, dass die Investmentgesellschaft verpflichtet ist, den Aktiengewinn für Körperschaften, Personenvereinigungen oder Vermögensmassen bei jeder Bewertung des Investmentfonds zu ermitteln; die Veröffentlichung des Aktiengewinns entfällt. [3] Für die Feststellung der Besteuerungsgrundlagen gilt § 180 Abs. 1 Nr. 2 Buchstabe a der Abgabenordnung entsprechend; die Feststellungserklärung steht einer gesonderten und einheitlichen Feststellung unter dem Vorbehalt der Nachprüfung gleich, eine berichtigte Feststellungserklärung gilt als Antrag auf Änderung. [4] § 13 Abs. 1, 3 und 4 ist nicht anzuwenden. [5] Nicht ausgeglichene negative Erträge im Sinne des § 3 Abs. 4 Satz 2 entfallen, soweit ein Anleger seine Investmentanteile veräußert oder zurückgibt. [6] In den Fällen des § 14 gilt dies auch, soweit sich jeweils die Beteiligungsquote des Anlegers an den beteiligten Sondervermögen reduziert. [7] § 32 Abs. 3 des Körperschaftsteuergesetzes gilt entsprechend; die Investmentgesellschaft hat den Kapitalertragsteuerabzug vorzunehmen.[3)] [8] Die Kapitalertragsteuer nach Satz 7 und nach § 7 ist durch die Investmentgesellschaft innerhalb eines Monats nach der Entstehung zu entrichten. [9] Die Investmentgesellschaft hat bis zu diesem Zeitpunkt eine Steueranmeldung nach amtlich vorgeschriebenem Datensatz auf elektronischem Weg nach Maßgabe der Steu-

---

[1)] § 14 Abs. 8 angef. durch G v. 8. 12. 2010 (BGBl. I S. 1768); geänd. durch G v. 18. 12. 2013 (BGBl. I S. 4318).

[2)] § 15 Abs. 1 geänd. durch G v. 20. 12. 2007 (BGBl. I S. 3150); zur Anwendung siehe § 21 Abs. 10; geänd. durch G v. 22. 6. 2011 (BGBl. I S. 1126); zur Anwendung siehe § 21 Abs. 20; geänd. durch G v. 21. 3. 2013 (BGBl. I S. 561); zur Anwendung siehe § 21 Abs. 22.

§ 15 Überschr. neu gef., Satz 1 neu gef., Satz 2 geänd. durch G v. 18. 12. 2013 (BGBl. I S. 4318); zur Anwendung siehe § 22 Abs. 1 Satz 1.

[3)] § 15 Abs. 1 Satz 7 angef. durch G v. 14. 8. 2007 (BGBl. I S. 1912); zur erstmaligen Anwendung siehe § 21 Abs. 3.

erdaten-Übermittlungsverordnung vom 28. Januar 2003 (BGBl. I S. 139), die zuletzt durch Artikel 8 der Verordnung vom 17. November 2010 (BGBl. I S. 1544) geändert worden ist, in der jeweils geltenden Fassung zu übermitteln. 10 Im Rahmen der ergänzenden Anwendung der Vorschriften des Einkommensteuergesetzes über den Steuerabzug sind § 44 a Absatz 6 und § 45 a Absatz 3 des Einkommensteuergesetzes nicht anzuwenden.

(1 a)[1)] 1 Bei Investmentfonds[2)] im Sinne des Absatzes 1 Satz 1 ist abweichend von § 2 Absatz 2 Satz 1 und § 8 Absatz 1 Satz 1 § 8 b des Körperschaftsteuergesetzes anzuwenden. 2 Voraussetzung für die Anwendung des Satzes 1 auf Erträge des Investmentanteils ist, dass die Beteiligung des Investmentfonds[2)] mindestens 10 Prozent des Grund- oder Stammkapitals, des Vermögens oder der Summe der Geschäftsguthaben beträgt und der dem einzelnen Anleger zuzurechnende Anteil an dem Investmentfonds[2)] so hoch ist, dass die auf den einzelnen Anleger anteilig entfallende Beteiligung an der Körperschaft, Personenvereinigung oder Vermögensmasse mindestens 10 Prozent des Grund- oder Stammkapitals, des Vermögens oder der Summe der Geschäftsguthaben beträgt. 3 Für die Berechnung der Beteiligungsgrenze ist für die Beteiligung des Investmentfonds[2)] auf die Höhe der Beteiligung an der Körperschaft, Personenvereinigung oder Vermögensmasse zu dem Zeitpunkt abzustellen, zu dem die auf die Beteiligung entfallenden Erträge dem Investmentfonds[2)] zugerechnet werden; für den Anteil des Anlegers an dem Investmentfonds[2)] ist auf den Schluss des Geschäftsjahres abzustellen. 4 Über eine Mitunternehmerschaft gehaltene Investmentanteile sind dem Mitunternehmer anteilig nach dem allgemeinen Gewinnmaßstab zuzurechnen. 5 Eine einem Anleger über einen direkt gehaltenen Anteil an einem Investmentfonds[2)] und über einen von einer Mitunternehmerschaft gehaltenen Anteil an demselben Investmentfonds[2)] zuzurechnende Beteiligung an derselben Körperschaft, Personenvereinigung oder Vermögensmasse sind zusammenzurechnen. 6 Eine Zusammenrechnung von Beteiligungen an Körperschaften, Personenvereinigungen oder Vermögensmassen, die dem Anleger über andere Investmentfonds[2)] oder ohne Einschaltung eines Investmentfonds[2)] zuzurechnen sind, findet bei dem jeweiligen Investmentfonds[2)] nicht statt. 7 Ist der Anleger bereits unmittelbar zu mindestens 10 Prozent an dem Grund- oder Stammkapital einer Körperschaft, Personenvereinigung oder Vermögensmasse beteiligt, gilt die Beteiligungsgrenze auch als überschritten, soweit der Anleger an dieser Körperschaft, Personenvereinigung oder Vermögensmasse auch über einen Investmentfonds[2)] beteiligt ist, wenn der Anleger die Höhe der unmittelbaren Beteiligung gegenüber der Investmentgesellschaft nachgewiesen hat; eine mittelbar über eine Mitunternehmerschaft gehaltene Beteiligung gilt hierbei als unmittelbare Beteiligung. 8 Vom Investmentfonds[2)] entliehene Wertpapiere und Investmentanteile sowie vom Anleger entliehene Investmentanteile werden für die Berechnung einer Beteiligung dem Verleiher zugerechnet. 9 Teilfonds oder Teilgesellschaftsvermögen stehen für die Anwendung der vorstehenden Sätze einem Investmentfonds[2)] gleich.

[1)] § 15 Abs. 1 a eingef. durch G v. 21. 3. 2013 (BGBl. I S. 561); zur Anwendung siehe § 21 Abs. 22 Satz 1.

[2)] Bezeichnung geänd. durch G v. 25. 7. 2014 (BGBl. I S. 1266).

(2)[1] [1]Erträge aus Vermietung und Verpachtung von inländischen Grundstücken und grundstücksgleichen Rechten und Gewinne aus privaten Veräußerungsgeschäften mit inländischen Grundstücken und grundstücksgleichen Rechten sind gesondert auszuweisen. [2]Diese Erträge gelten beim beschränkt steuerpflichtigen Anleger als unmittelbar bezogene Einkünfte gemäß § 49 Abs. 1 Nr. 2 Buchstabe f, Nr. 6 oder Nr. 8 des Einkommensteuergesetzes. [3]Dies gilt auch für die Anwendung der Regelungen in Doppelbesteuerungsabkommen. [4]Von den Erträgen ist Kapitalertragsteuer in Höhe von 25 Prozent durch die Investmentgesellschaft einzubehalten; Absatz 1 Satz 8 bis 10 gilt entsprechend. [5]§ 50 Absatz 2 Satz 1 des Einkommensteuergesetzes findet keine Anwendung.

(3)[2] [1]Ein Investmentanteil an einem Spezial-Investmentfonds gilt mit Ablauf des vorangegangenen Geschäftsjahres des Spezial-Investmentfonds als veräußert, in dem der Spezial-Investmentfonds seine Anlagebedingungen in der Weise abgeändert hat, dass die Voraussetzungen des § 1 Absatz 1 b nicht mehr erfüllt sind oder in dem ein wesentlicher Verstoß gegen die Anlagebestimmungen des § 1 Absatz 1 b vorliegt. [2]Als Veräußerungserlös des Investmentanteils und als Anschaffungskosten des Anteils an der Investitionsgesellschaft ist der Rücknahmepreis anzusetzen. [3]Wird kein Rücknahmepreis festgesetzt, tritt an seine Stelle der Börsen- oder Marktpreis. [4]Kapitalertragsteuer ist nicht einzubehalten und abzuführen. [5]Der Spezial-Investmentfonds gilt mindestens für einen Zeitraum von drei Jahren als Investitionsgesellschaft.

§ 15 a[3] Offene Investmentkommanditgesellschaft. (1) [1]§ 15 gilt für offene Investmentkommanditgesellschaften im Sinne des § 1 Absatz 1 f Nummer 3 entsprechend. [2]§ 15 Absatz 3 ist entsprechend anzuwenden, wenn die Voraussetzungen des § 1 Absatz 1 f Nummer 3 nicht mehr erfüllt sind.

(2) [1]Die für die Ermittlung von Einkünften eines Anlegers eines Spezial-Investmentfonds geltenden Regelungen sind für die Anleger von offenen Investmentkommanditgesellschaften entsprechend anzuwenden. [2]Für die Bewertung eines Anteils an einer offenen Investmentkommanditgesellschaft im Sinne des Absatzes 1 gilt § 6 Absatz 1 Nummer 2 des Einkommensteuergesetzes entsprechend.

(3) [1]Die Beteiligung an einer offenen Investmentkommanditgesellschaft im Sinne des Absatzes 1 führt nicht zur Begründung oder anteiligen Zurechnung einer Betriebsstätte des Anteilseigners. [2]Die Einkünfte der offenen Investmentkommanditgesellschaft im Sinne des Absatzes 1 gelten als nicht gewerblich. [3]§ 9 Nummer 2 des Gewerbesteuergesetzes ist auf Anteile am Gewinn an einer offenen Investmentkommanditgesellschaft im Sinne des Absatzes 1 nicht anzuwenden.

---

[1] § 15 Abs. 2 Satz 4 neu gef. durch G v. 22. 6. 2011 (BGBl. I S. 1126); zur Anwendung siehe § 21 Abs. 20 Satz 2.

[2] § 15 Abs. 3 angef. durch G v. 18. 12. 2013 (BGBl. I S. 4318); zur Anwendung siehe § 22 Abs. 1 Satz 1.

[3] § 15 a eingef. durch G v. 18. 12. 2013 (BGBl. I S. 4318); zur Anwendung siehe § 22 Abs. 1 Satz 1.

(4) Wird ein Wirtschaftsgut aus einem Betriebsvermögen des Anlegers in das Gesellschaftsvermögen einer offenen Investmentkommanditgesellschaft übertragen, ist bei der Übertragung der Teilwert anzusetzen.

Abschnitt 3.
Regelungen nur für ausländische Investmentanteile

§ 16[1)] Ausländische Spezial-Investmentfonds. [1]Bei ausländischen AIF, deren Anteile satzungsgemäß von nicht mehr als 100 Anlegern, die nicht natürliche Personen sind, gehalten werden (ausländische Spezial-Investmentfonds), sind § 1 Absatz 1 d, § 4 Absatz 4, § 5 Absatz 1 Satz 1 Nummer 5 Satz 3 sowie die §§ 6 und 8 Absatz 4 und 8 nicht anzuwenden. [2]§ 5 Abs. 1 Satz 1 Nr. 3 ist mit der Maßgabe anzuwenden, dass die Investmentgesellschaft von der Bekanntmachung im Bundesanzeiger absehen kann, wenn sie den Anlegern die Daten mitteilt. [3]§ 15 Absatz 1 Satz 2 und Absatz 1 a[2)] gilt entsprechend. [4]§ 15 Absatz 1 Satz 5 ist entsprechend anzuwenden. [5]§ 15 Absatz 1 Satz 6 ist in Fällen des § 17 a entsprechend anzuwenden. [6]Für ausländische Spezial-Investmentfonds mit mindestens einem inländischen Anleger hat die ausländische Investmentgesellschaft dem Bundeszentralamt für Steuern innerhalb von vier Monaten nach Ende des Geschäftsjahres eine Bescheinigung eines zur geschäftsmäßigen Hilfeleistung befugten Berufsträgers im Sinne des § 3 des Steuerberatungsgesetzes, einer behördlich anerkannten Wirtschaftsprüfungsstelle oder einer vergleichbaren Stelle vorzulegen, aus der hervorgeht, dass die Angaben nach den Regeln des deutschen Steuerrechts ermittelt wurden. [7]Fasst der ausländische Spezial-Investmentfonds innerhalb von vier Monaten nach Ende des Geschäftsjahres einen Ausschüttungsbeschluss, beginnt die Frist nach Satz 6 erst mit dem Tage des Ausschüttungsbeschlusses. [8]§ 15 Absatz 3 gilt entsprechend.

§ 17 Repräsentant. Der Repräsentant einer ausländischen Investmentgesellschaft im Sinne des § 317 Absatz 1 Nummer 4 und § 319 des Kapitalanlagegesetzbuchs[3)] gilt nicht als ständiger Vertreter im Sinne des § 49 Abs. 1 Nr. 2 Buchstabe a des Einkommensteuergesetzes und des § 13 der Abgabenordnung, soweit er die ausländische Investmentgesellschaft gerichtlich oder außergerichtlich vertritt und er hierbei weder über die Anlage des eingelegten Geldes bestimmt noch bei dem Vertrieb der ausländischen Investmentanteile tätig wird.

§ 17 a[4)] Auswirkungen der Verschmelzung von ausländischen Investmentfonds und Teilen eines solchen Investmentfonds auf einen anderen

---

[1)] § 16 Sätze 4 bis 7 angef. durch G v. 8. 12. 2010 (BGBl. I S. 1768); zur Anwendung siehe § 21 Abs. 19 Satz 1; Überschr. geänd., Abs. 1 Satz 1 neu gef., Sätze 6 und 7 geänd, Satz 8 angef. durch G v. 18. 12. 2013 (BGBl. I S. 4318); zur Anwendung siehe § 22 Abs. 1 Satz 1.

[2)] § 16 Satz 3 Zitat ergänzt durch G v. 21. 3. 2013 (BGBl. I S. 561); zur Anwendung siehe § 21 Abs. 22 Satz 1.

[3)] Verweis geänd. durch G v. 18. 12. 2013 (BGBl. I S. 4318).

[4)] § 17 a Überschr. neu gef., Satz 1 geänd., Satz 2 eingef., bish. Sätze 2 und 3 werden Sätze 3 und 4, Sätze 5 und 6 angef. durch G v. 16. 7. 2009 (BGBl. I S. 1959); zur Anwendung siehe § 21 Abs. 18; Überschr. geänd., Satz 1 und Nummer 1 geänd. durch G v. 22. 6. 2011 (BGBl. I S. 1126; zur Anwendung siehe § 21 Abs. 20 Satz 1.

ausländischen Investmentfonds oder Teile eines solchen Investmentfonds. 1 Für den Anleger eines Investmentanteils an einem Investmentfonds[1], das dem Recht eines anderen Mitgliedstaates der Europäischen Union untersteht, ist für Verschmelzungen von Investmentfonds[1], die demselben Aufsichtsrecht unterliegen, § 14 Absatz 4 bis 6 und 8[2] entsprechend anzuwenden, wenn

1.[3] die dem § 189 des Kapitalanlagegesetzbuchs entsprechenden Vorschriften des Sitzstaates der Sondervermögen erfüllt sind und dies durch eine Bestätigung der für die Investmentaufsicht zuständigen Stelle nachgewiesen wird und

2. das übernehmende Sondervermögen die fortgeführten Anschaffungskosten des übertragenden Sondervermögens für die Ermittlung der Investmenterträge fortführt und hierzu eine Bescheinigung eines zur geschäftsmäßigen Hilfeleistung befugten Berufsträgers im Sinne des § 3 des Steuerberatungsgesetzes, einer behördlich anerkannten Wirtschaftsprüfungsgesellschaft oder einer vergleichbaren Stelle vorlegt.

2 Den Mitgliedstaaten der Europäischen Union stehen die Staaten gleich, auf die das Abkommen über den Europäischen Wirtschaftsraum anwendbar ist, sofern zwischen der Bundesrepublik Deutschland und dem anderen Staat auf Grund der Amtshilferichtlinie gemäß § 2 Absatz 2 des EU-Amtshilfegesetzes[4] oder einer vergleichbaren zwei- oder mehrseitigen Vereinbarung Auskünfte erteilt werden, die erforderlich sind, um die Besteuerung durchzuführen. 3 Die Bescheinigungen nach Satz 1 sind dem Bundeszentralamt für Steuern vorzulegen. 4 § 5 Abs. 1 Satz 1 Nr. 5 gilt entsprechend. 5 Die Sätze 1 bis 4 sind entsprechend anzuwenden, wenn alle Vermögensgegenstände eines nach dem Investmentrecht des Sitzstaates abgegrenzten Teils eines Investmentfonds[1] übertragen werden oder ein solcher Teil eines Investmentfonds[1] alle Vermögensgegenstände eines anderen Investmentfonds[1] oder eines nach dem Investmentrecht des Sitzstaates abgegrenzten Teils eines Investmentfonds[1] übernimmt. 6 § 14 Absatz 7 Satz 2 und Absatz 8[5] gilt entsprechend; dies gilt bei § 14 Absatz 7 Satz 2[5] nicht für die Übertragung aller Vermögensgegenstände eines Sondervermögens auf ein anderes Sondervermögen.

Abschnitt 4. Gemeinsame Vorschriften für inländische und ausländische Investitionsgesellschaften[6]

§ 18[6] Personen-Investitionsgesellschaften. 1 Personen-Investitionsgesellschaften sind Investitionsgesellschaften in der Rechtsform einer Investmentkommanditgesellschaft oder einer vergleichbaren ausländischen Rechtsform.

---

[1] Bezeichnung geänd. durch G v. 18. 12. 2013 (BGBl. I S. 4318).
[2] Verweis geänd. durch G v. 8. 12. 2010 (BGBl. I S. 1768).
[3] § 17 a Satz 1 Nr. 1 geänd. durch G v. 18. 12. 2013 (BGBl. I S. 4318).
[4] Verweis geänd. mWv 1. 1. 2013 (§ 21 Abs. 23) durch G v. 26. 6. 2013 (BGBl. I S. 1809).
[5] § 17 a Satz 6 geänd. durch G v. 8. 12. 2010 (BGBl. I S. 1768).
[6] Abschnitt 4 (§§ 18 bis 20) eingef. durch G v. 18. 12. 2013 (BGBl. I S. 4318); zur Anwendung siehe § 22 Abs. 1 Satz 1.

[2]Für diese sind die Einkünfte nach § 180 Absatz 1 Nummer 2 der Abgabenordnung gesondert und einheitlich festzustellen. [3]Die Einkünfte sind von den Anlegern nach den allgemeinen steuerrechtlichen Regelungen zu versteuern.

§ 19[1)] Kapital-Investitionsgesellschaften. (1) [1]Kapital-Investitionsgesellschaften sind alle Investitionsgesellschaften, die keine Personen-Investitionsgesellschaften sind. [2]Kapital-Investitionsgesellschaften in der Rechtsform eines Sondervermögens gelten als Zweckvermögen im Sinne des § 1 Absatz 1 Nummer 5 des Körperschaftsteuergesetzes und als sonstige juristische Personen des privaten Rechts im Sinne des § 2 Absatz 3 des Gewerbesteuergesetzes. [3]Ausländische Kapital-Investitionsgesellschaften, die keine Kapitalgesellschaften sind, gelten als Vermögensmassen im Sinne des § 2 Nummer 1 des Körperschaftsteuergesetzes und als sonstige juristische Person des privaten Rechts im Sinne des § 2 Absatz 3 des Gewerbesteuergesetzes.

(2) [1]Bei Anlegern, die ihren Investitionsgesellschaftsanteil im Privatvermögen halten, gelten die Ausschüttungen als Einkünfte im Sinne des § 20 Absatz 1 Nummer 1 des Einkommensteuergesetzes. [2]§ 8b des Körperschaftsteuergesetzes und § 3 Nummer 40 des Einkommensteuergesetzes sind anzuwenden, wenn der Anleger nachweist, dass die Kapital-Investitionsgesellschaft

1. in einem Mitgliedstaat der Europäischen Union oder in einem anderen Vertragsstaat des Abkommens über den Europäischen Wirtschaftsraum ansässig ist und dort der Ertragsbesteuerung für Kapitalgesellschaften unterliegt und nicht von ihr befreit ist, oder
2. in einem Drittstaat ansässig ist und dort einer Ertragsbesteuerung für Kapitalgesellschaften in Höhe von mindestens 15 Prozent unterliegt, und nicht von ihr befreit ist.

[3]Die inländische auszahlende Stelle hat von den Ausschüttungen einer Kapital-Investitionsgesellschaft Kapitalertragsteuer einzubehalten und abzuführen. [4]Die für den Steuerabzug von Kapitalerträgen im Sinne des § 43 Absatz 1 Satz 1 Nummer 1 oder Nummer 1 a sowie Satz 2 des Einkommensteuergesetzes geltenden Vorschriften des Einkommensteuergesetzes sind entsprechend anzuwenden. [5]Bei Ausschüttungen von ausländischen Kapital-Investitionsgesellschaften sind die für den Steuerabzug von Kapitalerträgen im Sinne des § 43 Absatz 1 Satz 1 Nummer 6 des Einkommensteuergesetzes geltenden Vorschriften entsprechend anzuwenden.

(3) [1]Gewinne oder Verluste aus der Rückgabe oder Veräußerung von Kapital-Investitionsgesellschaftsanteilen, die nicht zu einem Betriebsvermögen gehören, sind Einkünfte im Sinne des § 20 Absatz 2 Satz 1 Nummer 1 des Einkommensteuergesetzes. [2]Als Veräußerung gilt auch die vollständige oder teilweise Liquidation der Kapital-Investitionsgesellschaft. [3]§ 8b des Körperschaftsteuergesetzes und § 3 Nummer 40 des Einkommensteuergesetzes sind unter den Voraussetzungen des Absatzes 2 Satz 2 anzuwenden. [4]Die Regelungen zum Abzug der Kapitalertragsteuer nach § 8 Absatz 6 sind entsprechend anzuwenden.

---

1) Abschnitt 4 (§§ 18 bis 20) eingef. durch G v. 18. 12. 2013 (BGBl. I S. 4318); zur Anwendung siehe § 22 Abs. 1 Satz 1.

(4) [1]Abweichend von § 7 Absatz 7 des Außensteuergesetzes bleiben die §§ 7 bis 14 des Außensteuergesetzes anwendbar. [2]Soweit Hinzurechnungsbeträge nach § 10 Absatz 1 Satz 1 des Außensteuergesetzes angesetzt worden sind, ist auf Ausschüttungen und Veräußerungsgewinne § 3 Nummer 41 des Einkommensteuergesetzes anzuwenden. [3]Im Übrigen unterliegen die Ausschüttungen und Veräußerungsgewinne der Besteuerung nach den vorstehenden Absätzen.

§ 20[1)] Umwandlung einer Investitionsgesellschaft in einen Investmentfonds. [1]Ändert eine Investitionsgesellschaft ihre Anlagebedingungen und das tatsächliche Anlageverhalten dergestalt ab, dass die Voraussetzungen des § 1 Absatz 1 b erfüllt sind, hat auf Antrag der Investitionsgesellschaft das für ihre Besteuerung nach dem Einkommen zuständige Finanzamt oder im Übrigen das Bundeszentralamt für Steuern das Vorliegen der Voraussetzungen festzustellen. [2]Dabei ist der Mindestzeitraum von drei Jahren nach § 1 Absatz 1 d Satz 3 zu beachten. [3]§ 1 Absatz 1 d Satz 4 und 5 ist entsprechend anzuwenden. [4]Mit Ablauf des Geschäftsjahres, in dem der Feststellungsbescheid unanfechtbar geworden ist, gilt der Anteil an der Investitionsgesellschaft als veräußert und der Anteil an einem Investmentfonds als angeschafft. [5]Kapitalertragsteuer ist nicht einzubehalten und abzuführen. [6]Als Veräußerungserlös des Investitionsgesellschaftsanteils und als Anschaffungskosten des Investmentanteils ist der Rücknahmepreis am Ende des Geschäftsjahres anzusetzen, in dem der Feststellungsbescheid unanfechtbar geworden ist. [7]Wird kein Rücknahmepreis festgesetzt, tritt an seine Stelle der Börsen- oder Marktpreis. [8]Die festgesetzte Steuer gilt bis zur tatsächlichen Veräußerung des Anteils als zinslos gestundet.

Abschnitt 5. Anwendungs- und Übergangsvorschriften

§ 21[2)] Anwendungsvorschriften vor Inkrafttreten des AIFM-Steuer-Anpassungsgesetzes. (1)[2)] [1]Diese Fassung des Gesetzes ist vorbehaltlich des Satzes 2 und der nachfolgenden Absätze erstmals auf die Erträge eines Investmentvermögens anzuwenden, die dem Investmentvermögen nach dem 31. Dezember 2008 zufließen. [2]Auf ausgeschüttete Gewinne aus der Veräußerung von Wertpapieren, Termingeschäften und Bezugsrechten auf Anteile an Kapitalgesellschaften, bei denen das Investmentvermögen die Wertpapiere oder Bezugsrechte vor dem 1. Januar 2009 angeschafft hat oder das Investmentvermögen das Termingeschäft vor dem 1. Januar 2009 abgeschlossen hat, ist § 2 Abs. 3 Nr. 1 in der am 31. Dezember 2008 anzuwendenden Fassung weiter anzuwenden. [3]Die in § 21 verwendeten Begriffe Investmentvermögen, Publikums-Investmentvermögen, Ziel-Investmentvermögen und Dach-Investmentvermögen bestimmen sich weiterhin nach diesem Gesetz und dem Investmentgesetz in der am 21. Juli 2013 geltenden Fassung.[3)]

[1)] Abschnitt 4 (§§ 18 bis 20) eingef. durch G v. 18. 12. 2013 (BGBl. I S. 4318); zur Anwendung siehe § 22 Abs. 1 Satz 1.

[2)] § 21 Überschr. geänd., Abs. 1 Satz 3 angef. durch G v. 18. 12. 2013 (BGBl. I S. 4318).

[3)] Abgedruckt unter Nr. **120 a**.

(2)[1] [1]§ 7 Abs. 1, 3 und 4 in der Fassung des Artikels 8 des Gesetzes vom 14. August 2007 (BGBl. I S. 1912) ist erstmals auf Kapitalerträge anzuwenden, die dem Anleger nach dem 31. Dezember 2008 zufließen oder als zugeflossen gelten. [2]§ 8 Abs. 5 und 6 in der Fassung des Artikels 14 des Gesetzes vom 19. Dezember 2008 (BGBl. I S. 2794) ist vorbehaltlich der Absätze 2a und 2b erstmals auf die Rückgabe oder Veräußerung von Investmentanteilen anzuwenden, die nach dem 31. Dezember 2008 erworben werden. [3]§ 15 Abs. 2 in der Fassung des Artikels 8 des Gesetzes vom 14. August 2007 (BGBl. I S. 1912) ist erstmals auf Erträge anzuwenden, die dem Anleger nach dem 31. Dezember 2008 zufließen oder als zugeflossen gelten.

(2a)[2] [1]Auf die Veräußerung oder Rückgabe von Anteilen an inländischen Spezial-Sondervermögen, inländischen Spezial-Investment-Aktiengesellschaften oder ausländischen Spezial-Investmentvermögen, die nach dem 9. November 2007 und vor dem 1. Januar 2009 erworben werden, ist bereits § 8 Abs. 5 in der in Absatz 2 Satz 2 genannten Fassung mit Ausnahme des Satzes 5 anzuwenden. [2]Satz 1 gilt entsprechend für die Rückgabe oder Veräußerung von Anteilen an anderen Investmentvermögen, bei denen durch Gesetz, Satzung, Gesellschaftsvertrag oder Anlagebedingungen die Beteiligung natürlicher Personen von der Sachkunde des Anlegers abhängig oder für die Beteiligung eine Mindestanlagesumme von 100 000 Euro oder mehr vorgeschrieben ist. [3]Wann von dieser Sachkunde auszugehen ist, richtet sich nach dem Gesetz, der Satzung, dem Gesellschaftsvertrag oder den Anlagebedingungen. [4]Als Veräußerungsgewinn wird aber höchstens die Summe der vom Investmentvermögen thesaurierten Veräußerungsgewinne angesetzt, auf die bei Ausschüttung Absatz 1 Satz 2 nicht anzuwenden wäre; der Anleger hat diesen niedrigeren Wert nachzuweisen. [5]Auf Veräußerungsgewinne im Sinne dieses Absatzes ist § 8 Abs. 6 nicht anzuwenden; § 32d des Einkommensteuergesetzes in der nach dem 31. Dezember 2008 anzuwendenden Fassung gilt entsprechend.

(2b)[3] [1]Auf die Rückgabe oder Veräußerung von Anteilen an Publikums-Investmentvermögen, deren Anlagepolitik auf die Erzielung einer Geldmarktrendite ausgerichtet ist und deren Termingeschäfts- und Wertpapierveräußerungsgewinne nach Verrechnung mit entsprechenden Verlusten vor Aufwandsverrechnung ohne Ertragsausgleich gemäß dem Jahresbericht des letzten vor dem 19. September 2008 endenden Geschäftsjahres die ordentlichen Erträge vor Aufwandsverrechnung ohne Ertragsausgleich übersteigen, ist § 8 Abs. 5 Satz 1 bis 4 und 6 sowie Abs. 6 in der in Absatz 2 Satz 2 genannten Fassung auch für vor dem 1. Januar 2009 angeschaffte Anteile anzuwenden, es sei denn, die Anteile wurden vor dem 19. September 2008 angeschafft; für neu aufgelegte Publikums-Investmentvermögen ist auf das erste nach dem 19. September 2008 endende Geschäftsjahr abzustellen. [2]Auf die Veräußerung oder Rückgabe von Anteilen im Sinne des Satzes 1, die vor dem 19. September 2008 angeschafft wurden, ist bei Rückgaben oder Veräußerun-

---

[1] § 21 Abs. 2 Sätze 1 und 2 geänd. durch G v. 20. 12. 2007 (BGBl. I S. 3150), Satz 2 neugef. durch G v. 7. 3. 2009 (BGBl. I S. 451).

[2] § 21 Abs. 2a eingef. durch G v. 20. 12. 2007 (BGBl. I S. 3150); Sätze 2 und 3 geänd. durch G v. 18. 12. 2013 (BGBl. I S. 4318).

[3] § 21 Abs. 2b eingef. durch G v. 19. 12. 2008 (BGBl. I S. 2794).

gen nach dem 10. Januar 2011 die in Absatz 2 Satz 2 genannte Fassung mit der Maßgabe anzuwenden, dass eine Anschaffung des Investmentanteils zum 10. Januar 2011 unterstellt wird.

(3) § 15 Absatz 1 Satz 7 und 8[1] in der Fassung des Artikels 8 des Gesetzes vom 14. August 2007 (BGBl. I S. 1912) ist erstmals auf ausgeschüttete oder ausschüttungsgleiche Erträge anzuwenden, soweit sie Entgelte enthalten, die dem Investmentvermögen nach dem 17. August 2007 zufließen.

(4)[2] [1] § 7 Abs. 1 Satz 1 Nr. 3 Satz 2 in der Fassung des Artikels 13 des Gesetzes vom 13. Dezember 2006 (BGBl. I S. 2878) ist anzuwenden auf die Rückgabe oder Veräußerung von Investmentanteilen, die nach dem 31. Dezember 2006 innerhalb des gleichen Instituts auf das Depot des Anlegers übertragen worden sind. [2] Die Neufassung kann auch auf die Rückgabe oder Veräußerung von Investmentanteilen angewandt werden, die vor dem 1. Januar 2007 innerhalb des gleichen Instituts auf das Depot des Anlegers übertragen worden sind, wenn die Anschaffungskosten der Investmentanteile sich aus den Unterlagen des Instituts ergeben.

(5)[3] [1] § 2 in der Fassung des Gesetzes vom 28. Mai 2007 (BGBl. I S. 914) ist erstmals auf Dividenden und Veräußerungserlöse anzuwenden, die dem Investmentvermögen nach dem 31. Dezember 2007 zufließen oder als zugeflossen gelten. [2] § 8 in der Fassung des Gesetzes vom 28. Mai 2007 (BGBl. I S. 914) ist erstmals bei der Rückgabe oder Veräußerung oder der Bewertung eines Investmentanteils nach dem 31. Dezember 2007 anzuwenden. [3] Die Investmentgesellschaft hat für Bewertungstage nach dem 31. Dezember 2007 bei der Ermittlung des Prozentsatzes nach § 5 Abs. 2 die Neufassung des § 8 zu berücksichtigen.

(6)[4] § 2 Abs. 2a und § 5 Abs. 1 Satz 1 Buchstabe c Doppelbuchstabe ll in der Fassung des Artikels 23 des Gesetzes vom 20. Dezember 2007 (BGBl. I S. 3150) sind erstmals auf Investmenterträge anzuwenden, die einem Anleger nach dem 25. Mai 2007 zufließen oder als zugeflossen gelten.

(7)[4] § 7 Abs. 8 in der Fassung des Artikels 23 des Gesetzes vom 20. Dezember 2007 (BGBl. I S. 3150) ist auf den nach dem 31. Dezember 2007 vorzunehmenden Steuerabzug anzuwenden.

(8)[4] § 13 Abs. 4 in der Fassung des Artikels 23 des Gesetzes vom 20. Dezember 2007 (BGBl. I S. 3150) ist für alle Feststellungszeiträume anzuwenden, für die die Feststellungsfrist noch nicht abgelaufen ist.

(9)[4] § 15 Abs. 1 Satz 3 in der Fassung des Artikels 23 des Gesetzes vom 20. Dezember 2007 (BGBl. I S. 3150) ist für alle Feststellungszeiträume anzuwenden, für die die Feststellungsfrist noch nicht abgelaufen ist.

(10)[4] § 15 Abs. 1 Satz 1 und § 16 Satz 1 in der Fassung dieses Gesetzes sind erstmals auf das erste nach dem Inkrafttreten des Investmentänderungsgesetzes

---

[1] Verweis berichtigt durch G v. 8. 12. 2010 (BGBl. I S. 1768).

[2] § 21 Abs. 4 angef. durch G v. 13. 12. 2006 (BGBl. I S. 2878).

[3] § 21 Abs. 4 angef. durch G v. 28. 5. 2007 (BGBl. I S. 914), Abs. 4 wird Abs. 5 durch G v. 20. 12. 2007 (BGBl. I S. 3150), Abs. 5 Sätze 1 bis 3 geänd. durch G v. 19. 12. 2008 (BGBl. I S. 2794).

[4] § 21 Abs. 6 bis 11 angef. durch G v. 20. 12. 2007 (BGBl. I S. 3150).

vom 21. Dezember 2007 (BGBl. I S. 3089) endende Geschäftsjahr anzuwenden.

(11)[1] [1]Sind Anteile an ausländischen Vermögen zwar ausländische Investmentanteile gemäß § 2 Abs. 9 des Investmentgesetzes in der bis zum, nicht aber in der seit dem Inkrafttreten des Investmentänderungsgesetzes vom 21. Dezember 2007 (BGBl. I S. 3089) geltenden Fassung, so gelten sie für die Anwendung dieses Gesetzes bis zum Ende des letzten Geschäftsjahres, das vor dem 28. Dezember 2007 begonnen hat, weiterhin als ausländische Investmentanteile. [2]In den Fällen des § 6 gelten solche Anteile bis zum 31. Dezember 2007 als ausländische Investmentanteile.

(12)[2] [1]§ 1 Abs. 3 Satz 3 und 4 sowie Abs. 4 Nr. 1 und 2 in der Fassung des Artikels 14 des Gesetzes vom 19. Dezember 2008 (BGBl. I S. 2794) ist erstmals auf Erträge anzuwenden, die dem Investmentvermögen nach dem 31. Dezember 2008 zufließen oder als zugeflossen gelten. [2]Satz 1 gilt nicht für Erträge aus vom Investmentvermögen vor dem 1. Januar 2009 angeschafften sonstigen Kapitalforderungen im Sinne der nach dem 31. Dezember 2008 anzuwendenden Fassung des § 20 Absatz 1 Nummer 7 des Einkommensteuergesetzes, die nicht sonstige Kapitalforderungen im Sinne der vor dem 1. Januar 2009 anzuwendenden Fassung des § 20 Absatz 1 Nummer 7 des Einkommensteuergesetzes sind. [3]§ 3 Abs. 2 Satz 1 Nr. 2 in der Fassung des Artikels 14 des Gesetzes vom 19. Dezember 2008 (BGBl. I S. 2794) ist erstmals auf Erträge anzuwenden, die dem Investmentvermögen nach dem 31. Dezember 2008 als zugeflossen gelten; für die Anwendung des § 3 Abs. 2 Satz 1 Nr. 2 gelten die sonstigen Kapitalforderungen, die vor dem 1. Januar 2009 angeschafft wurden und bei denen nach § 3 Abs. 2 Satz 1 Nr. 2 in der bis zum 31. Dezember 2008 geltenden Fassung keine Zinsabgrenzung vorzunehmen war, als zum 1. Januar 2009 angeschafft.

(13)[3] § 4 Abs. 2 Satz 8 und § 7 Abs. 1 Satz 1 Nr. 3 und Satz 3 in der Fassung des Artikels 14 des Gesetzes vom 19. Dezember 2008 (BGBl. I S. 2794) sind erstmals beim Steuerabzug nach dem 31. Dezember 2008 anzuwenden.

(14)[3] § 1 Abs. 3 Satz 5, § 5 Abs. 1 und § 13 Abs. 2 in der Fassung des Artikels 14 des Gesetzes vom 19. Dezember 2008 (BGBl. I S. 2794) sind erstmals für Geschäftsjahre anzuwenden, die nach dem Inkrafttreten dieses Gesetzes enden.

(15)[3] § 7 Abs. 4 Satz 5 in der Fassung des Artikels 14 des Gesetzes vom 19. Dezember 2008 (BGBl. I S. 2794) ist auf alle Steueranmeldungen anzuwenden, die nach dem 31. Dezember 2009 abzugeben sind.

(16)[3] § 17a in der Fassung des Artikels 14 des Gesetzes vom 19. Dezember 2008 (BGBl. I S. 2794) ist erstmals auf Übertragungen anzuwenden, bei denen der Vermögensübergang nach dem Inkrafttreten dieses Gesetzes wirksam wird.

---

[1] § 21 Abs. 6 bis 11 angef. durch G v. 20. 12. 2007 (BGBl. I S. 3150).

[2] § 21 Abs. 12 angef. durch G v. 19. 12. 2008 (BGBl. I S. 2794); Satz 2 geänd. durch G v. 16. 7. 2009 (BGBl. I S. 1959).

[3] § 21 Abs. 13 bis 16 angef. durch G v. 19. 12. 2008 (BGBl. I S. 2794).

(17)[1] [1] § 7 Absatz 5 in der Fassung des Artikels 9 des Gesetzes vom 16. Juli 2009 (BGBl. I S. 1959) ist erstmals auf Kapitalerträge anzuwenden, die dem Anleger nach dem 31. Dezember 2009 als zugeflossen gelten. [2] § 11 Absatz 2 Satz 1 und 2 in der Fassung des Artikels 9 des Gesetzes vom 16. Juli 2009 (BGBl. I S. 1959) ist erstmals auf Kapitalerträge anzuwenden, die dem Investmentvermögen nach dem 31. Dezember 2009 zufließen oder als zugeflossen gelten.

(18)[1] Die §§ 14 und 17 a in der Fassung des Artikels 9 des Gesetzes vom 16. Juli 2009 (BGBl. I S. 1959) sind erstmals auf Übertragungen anzuwenden, die nach dem 22. Juli 2009 wirksam werden.

(19)[2] [1] § 4 Absatz 1 und § 16 in der Fassung des Artikels 6 des Gesetzes vom 8. Dezember 2010 (BGBl. I S. 1768) sind erstmals für Geschäftsjahre anzuwenden, die nach dem 14. Dezember 2010[3] enden. [2] § 5 Absatz 1 mit Ausnahme des Satzes 1 Nummer 3 Satz 1 und Absatz 3 in der Fassung des Artikels 6 des Gesetzes vom 8. Dezember 2010 (BGBl. I S. 1768) ist erstmals für Geschäftsjahre anzuwenden, die nach dem 31. Dezember 2010 beginnen. [3] § 5 Absatz 2 ist erstmals für Erträge anzuwenden, die dem Anleger nach dem 19. Mai 2010[4] zufließen oder als zugeflossen gelten. [4] Investmentgesellschaften, die bei der erstmaligen Ausgabe von Anteilen entschieden haben, von einer Ermittlung und Veröffentlichung des Aktiengewinns abzusehen, können abweichend von § 5 Absatz 2 Satz 3 hierüber erneut entscheiden. [5] Diese Entscheidung wird für die erstmalige Anwendung des § 5 Absatz 2 Satz 4 in der Fassung des Artikels 6 des Gesetzes vom 8. Dezember 2010 (BGBl. I S. 1768) nur berücksichtigt, wenn die erstmalige Veröffentlichung des Aktiengewinns bis spätestens zum 19. Juli 2010[5] erfolgt. [6] Bei der erstmaligen Veröffentlichung ist von einem Aktiengewinn von Null auszugehen. [7] § 7 Absatz 1 und 4 bis 6 in der Fassung des Artikels 6 des Gesetzes vom 8. Dezember 2010 (BGBl. I S. 1768) ist vorbehaltlich der Sätze 8 und 9[6] erstmals auf Kapitalerträge anzuwenden, die dem Anleger nach dem 14. Dezember 2010[7] zufließen oder als zugeflossen gelten. [8] § 7 Absatz 3 in der Fassung des Artikels 6 des Gesetzes vom 8. Dezember 2010 (BGBl. I S. 1768) ist erstmals für Geschäftsjahre des Investmentvermögens anzuwenden, die nach dem 31. Dezember 2010 beginnen. [9] Dies gilt für § 7 Absatz 1 Satz 1 Nummer 1 Buchstabe a entsprechend, soweit dieser inländische Immobilienerträge aus seinem Anwendungsbereich ausnimmt.[8]

(20)[8] [1] § 1 Absatz 1, 1 a und 2, die §§ 5, 10, 11 Absatz 1, § 13 Absatz 5, die §§ 14, 15 Absatz 1 Satz 2 und § 17 a in der Fassung des Artikels 9 des Gesetzes vom 22. Juni 2011 (BGBl. I S. 1126) sind erstmals auf Geschäftsjahre anzuwen-

---

[1] § 21 Abs. 17 und 18 angef. durch G v. 16. 7. 2009 (BGBl. I S. 1959).

[2] § 21 Abs. 19 angef. durch G v. 8. 12. 2010 (BGBl. I S. 1768).

[3] Tag nach der Verkündung des JStG 2010.

[4] Tag des Kabinettsbeschlusses des JStG.

[5] Datum desjenigen Tages des zweiten auf den Monat des Kabinettsbeschlusses folgenden Kalendermonats, dessen Zahl mit der des Tags des Kabinettsbeschlusses übereinstimmt, oder wenn es einen solchen Kalendertag nicht gibt, Datum des ersten Tages des darauffolgenden Kalendermonats.

[6] § 21 Abs. 19 Satz 7 geänd. durch G v. 22. 6. 2011 (BGBl. I S. 1126).

[7] Tag nach der Verkündung des JStG 2010.

[8] § 21 Abs. 19 Satz 9 sowie Abs. 20 eingef. durch G v. 22. 6. 2011 (BGBl. I S. 1126); Abs. 20 Satz 2 geänd. durch G v. 7. 12. 2011 (BGBl. I S. 2592).

den, die nach dem 30. Juni 2011 beginnen. ²Die §§ 2, 11 Absatz 2 und § 15 Absatz 1 Satz 1 und 8 bis 10 und Absatz 2 in der Fassung des Artikels 9 des Gesetzes vom 22. Juni 2011 (BGBl. I S. 1126) und § 7 in der Fassung des Artikels 22 des Gesetzes vom 7. Dezember 2011 (BGBl. I S. 2592) sind erstmals auf Kapitalerträge anzuwenden, die dem Anleger oder in den Fällen des § 11 Absatz 2 dem Investmentvermögen nach dem 31. Dezember 2011 zufließen oder ihm als zugeflossen gelten. ³Für vor dem 1. Januar 2013 als zugeflossen geltende Erträge hat die inländische Stelle abweichend von § 7 Absatz 3b Satz 4 und Absatz 4 die Kapitalertragsteuer spätestens mit Ablauf des zweiten Monats seit dem Ende des Geschäftsjahres des Investmentvermögens einzubehalten und zum 10. des Folgemonats anzumelden und abzuführen. ⁴Steuerabzugsbeträge, die für vor dem 1. Januar 2013 als zugeflossen geltende Erträge von Entrichtungspflichtigen bei der Verwahrstelle[1] nicht eingezogen wurden, hat die Verwahrstelle[1] abweichend von § 7 Absatz 3b Satz 2 Halbsatz 2 spätestens mit Ablauf des dritten Monats seit dem Ende des Geschäftsjahres des Investmentvermögens einzubehalten und zum 10. des Folgemonats anzumelden und abzuführen.

(21)[2] ¹§ 11 Absatz 2 Satz 2 in der Fassung des Artikels 9 des Gesetzes vom 16. Juli 2009 (BGBl. I S. 1959) ist für Kapitalerträge, die dem Investmentvermögen nach dem 31. Dezember 2010 und vor dem 1. Januar 2012 zufließen, mit der Maßgabe anzuwenden, dass bei Kapitalerträgen im Sinne des § 43 Absatz 1 Satz 1 Nummer 1 des Einkommensteuergesetzes eine Erstattung von Kapitalertragsteuer nach § 44b Absatz 6 des Einkommensteuergesetzes nur zulässig ist, wenn die betreffenden Anteile, aus denen die Kapitalerträge stammen, im Zeitpunkt des Gewinnverteilungsbeschlusses neben dem wirtschaftliche Eigentum auch

1. im zivilrechtlichen Eigentum der Investmentaktiengesellschaft oder
2. bei Sondervermögen im zivilrechtlichen Eigentum der Kapitalanlagegesellschaft oder im zivilrechtlichen Miteigentum der Anleger

stehen. ²Satz 1 gilt nicht bei Kapitalerträgen aus Anteilen, wenn es sich um den Erwerb von Anteilen an einem Ziel-Investmentvermögen handelt und die Anteile an das Dach-Investmentvermögen ausgegeben werden. ³§ 11 Absatz 2 Satz 4 in der Fassung des Artikels 8 des Gesetzes vom 26. Juni 2013 (BGBl. I S. 1809) ist erstmals anzuwenden auf Erträge aus Investmentanteilen, die dem Anleger nach dem 31. Dezember 2012 zufließen oder als ihm zugeflossen gelten.[3]

(22)[4] ¹§ 2 Absatz 2, § 8 Absatz 1, § 15 Absatz 1 Satz 2 und Absatz 1a und § 16 Satz 3 in der Fassung des Artikels 2 des Gesetzes vom 21. März 2013 (BGBl. I S. 561) sind ab dem 1. März 2013 anzuwenden. ²§ 5 Absatz 1 in der Fassung des Artikels 2 des Gesetzes vom 21. März 2013 (BGBl. I S. 561) ist erstmals auf Geschäftsjahre anzuwenden, die nach dem 28. Februar 2013 enden. ³§ 5 Absatz 2 in der Fassung des Artikels 2 des Gesetzes vom 21. März 2013 (BGBl. I S. 561) ist erstmals auf Veröffentlichungen anzuwenden, die nach dem 28. Februar 2013 erfolgen. ⁴Soweit ausgeschüttete und ausschüt-

---

[1] Bezeichnung geänd. durch G v. 18. 12. 2013 (BGBl. I S. 4318).
[2] § 21 Abs. 21 eingef. durch G v. 22. 6. 2011 (BGBl. I S. 1126).
[3] § 21 Abs. 21 Satz 3 angef. durch G v. 26. 6. 2013 (BGBl. I S. 1809).
[4] § 21 Abs. 22 angef. durch G v. 21. 3. 2013 (BGBl. I S. 561).

tungsgleiche inländische und ausländische Erträge, die dem Anleger nach dem 28. Februar 2013 zufließen oder als zugeflossen gelten, solche im Sinne des § 43 Absatz 1 Satz 1 Nummer 1, 1 a und 6 sowie Satz 2 des Einkommensteuergesetzes enthalten, die dem Investmentfonds[1] vor dem 1. März 2013 zugeflossen sind, sind § 8 b des Körperschaftsteuergesetzes mit Ausnahme des Absatzes 4 sowie § 19 des REIT-Gesetzes anzuwenden.[2] [5]Auf die Einnahmen im Sinne des § 8 Absatz 1 aus einer Rückgabe, Veräußerung oder Entnahme von Investmentanteilen, die nach dem 28. Februar 2013 erfolgt, ist § 8 b des Körperschaftsteuergesetzes mit Ausnahme des Absatzes 4 anzuwenden, soweit sie dort genannte, dem Anleger noch nicht zugeflossene oder als zugeflossen geltende Einnahmen enthalten, die dem Investmentfonds[1] vor dem 1. März 2013 zugeflossen sind oder als zugeflossen gelten.

(23)[3] § 17 a Satz 2 in der Fassung des Artikels 8 des Gesetzes vom 26. Juni 2013 (BGBl. I S. 1809) ist ab dem 1. Janaur 2013 anzuwenden.

(24)[4] [1]Sind in den Erträgen eines Investmentvermögens solche im Sinne des § 21 Absatz 22 Satz 4 enthalten und endet das Geschäftsjahr eines Investmentvermögens nach dem 28. November 2013, ist § 5 Absatz 1 Satz 1 Nummer 1 in folgender Fassung anzuwenden:

„1. die Investmentgesellschaft den Anlegern bei jeder Ausschüttung bezogen auf einen Investmentanteil unter Angabe der Wertpapieridentifikationsnummer ISIN des Investmentfonds und des Zeitraums, auf den sich die Angaben beziehen, folgende Besteuerungsgrundlagen in deutscher Sprache bekannt macht:

a) den Betrag der Ausschüttung (mit mindestens vier Nachkommastellen) sowie

aa) in der Ausschüttung enthaltene ausschüttungsgleiche Erträge der Vorjahre,

bb) in der Ausschüttung enthaltene Substanzbeträge,

b) den Betrag der ausgeschütteten Erträge (mit mindestens vier Nachkommastellen),

c) die in den ausgeschütteten Erträgen enthaltenen

aa) Erträge im Sinne des § 2 Absatz 2 Satz 1 dieses Gesetzes in Verbindung mit § 3 Nummer 40 des Einkommensteuergesetzes oder im Fall des § 16 dieses Gesetzes in Verbindung mit § 8 b Absatz 1 des Körperschaftsteuergesetzes,

bb) Veräußerungsgewinne im Sinne des § 2 Absatz 2 Satz 2 dieses Gesetzes in Verbindung mit § 8 b Absatz 2 des Körperschaftsteuergesetzes oder § 3 Nummer 40 des Einkommensteuergesetzes,

cc) Erträge im Sinne des § 2 Absatz 2 a,

dd) steuerfreie Veräußerungsgewinne im Sinne des § 2 Absatz 3 Nummer 1 Satz 1 in der am 31. Dezember 2008 anzuwendenden Fassung,

---

[1] Bezeichnung geänd. durch G v. 25. 7. 2014 (BGBl. I S. 1266).
[2] Siehe hierzu **Abs. 24**.
[3] § 21 Abs. 23 angef. durch G v. 26. 6. 2013 (BGBl. I S. 1809).
[4] § 21 Abs. 24 angef. durch G v. 18. 12. 2013 (BGBl. I S. 4318).

ee) Erträge im Sinne des § 2 Absatz 3 Nummer 1 Satz 2 in der am 31. Dezember 2008 anzuwendenden Fassung, soweit die Erträge nicht Kapitalerträge im Sinne des § 20 des Einkommensteuergesetzes sind,

ff) steuerfreie Veräußerungsgewinne im Sinne des § 2 Absatz 3 in der ab 1. Januar 2009 anzuwendenden Fassung,

gg) Einkünfte im Sinne des § 4 Absatz 1,

hh) in Doppelbuchstabe gg enthaltene Einkünfte, die nicht dem Progressionsvorbehalt unterliegen,

ii) Einkünfte im Sinne des § 4 Absatz 2, für die kein Abzug nach Absatz 4 vorgenommen wurde,

jj) in Doppelbuchstabe ii enthaltene Einkünfte, auf die § 2 Absatz 2 dieses Gesetzes in Verbindung mit § 8b Absatz 2 des Körperschaftsteuergesetzes oder § 3 Nummer 40 des Einkommensteuergesetzes oder im Fall des § 16 dieses Gesetzes in Verbindung mit § 8b Absatz 1 des Körperschaftsteuergesetzes anzuwenden ist,

kk) in Doppelbuchstabe ii enthaltene Einkünfte im Sinne des § 4 Absatz 2, die nach einem Abkommen zur Vermeidung der Doppelbesteuerung zur Anrechnung einer als gezahlt geltenden Steuer auf die Einkommensteuer oder Körperschaftsteuer berechtigen,

ll) in Doppelbuchstabe kk enthaltene Einkünfte, auf die § 2 Absatz 2 dieses Gesetzes in Verbindung mit § 8b Absatz 2 des Körperschaftsteuergesetzes oder § 3 Nummer 40 des Einkommensteuergesetzes oder im Fall des § 16 dieses Gesetzes in Verbindung mit § 8b Absatz 1 des Körperschaftsteuergesetzes anzuwenden ist,

mm) Erträge im Sinne des § 21 Absatz 22 Satz 4 dieses Gesetzes in Verbindung mit § 8b Absatz 1 des Körperschaftsteuergesetzes,

nn) in Doppelbuchstabe ii enthaltene Einkünfte im Sinne des § 21 Absatz 22 Satz 4 dieses Gesetzes, auf die § 2 Absatz 2 dieses Gesetzes in der am 20. März 2013 geltenden Fassung in Verbindung mit § 8b Absatz 1 des Körperschaftsteuergesetzes anzuwenden ist,

oo) in Doppelbuchstabe kk enthaltene Einkünfte im Sinne des § 21 Absatz 22 Satz 4 dieses Gesetzes, auf die § 2 Absatz 2 dieses Gesetzes in der am 20. März 2013 geltenden Fassung in Verbindung mit § 8b Absatz 1 des Körperschaftsteuergesetzes anzuwenden ist,

d) den zur Anrechnung von Kapitalertragsteuer berechtigenden Teil der Ausschüttung

aa) im Sinne des § 7 Absatz 1 und 2,

bb) im Sinne des § 7 Absatz 3,

cc) im Sinne des § 7 Absatz 1 Satz 4, soweit in Doppelbuchstabe aa enthalten,

e) (weggefallen)

f) den Betrag der ausländischen Steuer, der auf die in den ausgeschütteten Erträgen enthaltenen Einkünfte im Sinne des § 4 Absatz 2 entfällt und aa) der nach § 4 Absatz 2 dieses Gesetzes in Verbindung mit § 32d Absatz 5 oder § 34c Absatz 1 des Einkommensteuergesetzes oder einem Abkommen zur Vermeidung der Doppelbesteuerung anrechenbar ist, wenn kein Abzug nach § 4 Absatz 4 vorgenommen wurde,

bb) in Doppelbuchstabe aa enthalten ist und auf Einkünfte entfällt, auf die § 2 Absatz 2 dieses Gesetzes in Verbindung mit § 8b Absatz 2 des Körperschaftsteuergesetzes oder § 3 Nummer 40 des Einkommensteuergesetzes oder im Fall des § 16 dieses Gesetzes in Verbindung mit § 8b Absatz 1 des Körperschaftsteuergesetzes anzuwenden ist,

cc) der nach § 4 Absatz 2 dieses Gesetzes in Verbindung mit § 34c Absatz 3 des Einkommensteuergesetzes abziehbar ist, wenn kein Abzug nach § 4 Absatz 4 dieses Gesetzes vorgenommen wurde,

dd) in Doppelbuchstabe cc enthalten ist und auf Einkünfte entfällt, auf die § 2 Absatz 2 dieses Gesetzes in Verbindung mit § 8b Absatz 2 des Körperschaftsteuergesetzes oder § 3 Nummer 40 des Einkommensteuergesetzes oder im Fall des § 16 dieses Gesetzes in Verbindung mit § 8b Absatz 1 des Körperschaftsteuergesetzes anzuwenden ist,

ee) der nach einem Abkommen zur Vermeidung der Doppelbesteuerung als gezahlt gilt und nach § 4 Absatz 2 in Verbindung mit diesem Abkommen anrechenbar ist,

ff) in Doppelbuchstabe ee enthalten ist und auf Einkünfte entfällt, auf die § 2 Absatz 2 dieses Gesetzes in Verbindung mit § 8b Absatz 2 des Körperschaftsteuergesetzes oder § 3 Nummer 40 des Einkommensteuergesetzes oder im Fall des § 16 dieses Gesetzes in Verbindung mit § 8b Absatz 1 des Körperschaftsteuergesetzes anzuwenden ist,

gg) in Doppelbuchstabe aa enthalten ist und auf Einkünfte im Sinne des § 21 Absatz 22 Satz 4 dieses Gesetzes entfällt, auf die § 2 Absatz 2 dieses Gesetzes in der am 20. März 2013 geltenden Fassung in Verbindung mit § 8b Absatz 1 des Körperschaftsteuergesetzes anzuwenden ist,

hh) in Doppelbuchstabe cc enthalten ist und auf Einkünfte im Sinne des § 21 Absatz 22 Satz 4 dieses Gesetzes entfällt, auf die § 2 Absatz 2 dieses Gesetzes in der am 20. März 2013 geltenden Fassung in Verbindung mit § 8b Absatz 1 des Körperschaftsteuergesetzes anzuwenden ist,

ii) in Doppelbuchstabe ee enthalten ist und auf Einkünfte im Sinne des § 21 Absatz 22 Satz 4 dieses Gesetzes entfällt, auf die § 2 Absatz 2 dieses Gesetzes in der am 20. März 2013 geltenden Fassung in Verbindung mit § 8b Absatz 1 des Körperschaftsteuergesetzes anzuwenden ist,

g) den Betrag der Absetzungen für Abnutzung oder Substanzverringerung,

h) die im Geschäftsjahr gezahlte Quellensteuer, vermindert um die erstattete Quellensteuer des Geschäftsjahres oder früherer Geschäftsjahre;“.

§ 22[1] **Anwendungsvorschriften zum AIFM-Steuer-Anpassungsgesetz.** (1) [1]Die Vorschriften dieses Gesetzes in der Fassung des Artikels 1 des Gesetzes vom 18. Dezember 2013 (BGBl. I S. 4318) sind ab dem 24. Dezember 2013 anzuwenden, soweit im Folgenden keine abweichenden Bestimmungen getroffen werden. [2]Die Vorschriften dieses Gesetzes in der am 21. Juli 2013 geltenden Fassung[2] sind in der Zeit vom 22. Juli 2013 bis zum 23. Dezember 2013 weiterhin anzuwenden.

(2) [1]Investmentvermögen im Sinne dieses Gesetzes in der am 21. Juli 2013 geltenden Fassung[2] gelten bis zum Ende des Geschäftsjahres, das nach dem 22. Juli 2016 endet, als Investmentfonds im Sinne des § 1 Absatz 1b Satz 2. [2]Voraussetzung für die Anwendung des Satzes 1 ist, dass die Investmentvermögen weiterhin die Voraussetzungen des § 1 Absatz 1 und 1a in der am 21. Juli 2013 geltenden Fassung sowie die Anlagebestimmungen und Kreditaufnahmegrenzen nach dem Investmentgesetz in der am 21. Juli 2013 geltenden Fassung erfüllen. [3]Anteile an Investmentvermögen im Sinne der Sätze 1 und 2 gelten als Anteile an Investmentfonds im Sinne des § 1 Absatz 1b Satz 2. [4]§ 1 Absatz 1d, § 15 Absatz 3 und § 16 Satz 8 in der am 24. Dezember 2013 geltenden Fassung sind bei Investmentvermögen im Sinne des Satzes 1 sinngemäß anzuwenden, sobald das Investmentvermögen gegen die in Satz 2 genannten Voraussetzungen wesentlich verstößt. [5]Es gilt als wesentlicher Verstoß, wenn ein Investmentvermögen seine Anlagebedingungen nach dem 23. Dezember 2013 in der Weise ändert, dass die für Hedgefonds geltenden Vorschriften nach § 283 des Kapitalanlagegesetzbuchs oder nach § 112 des Investmentgesetzes in der am 21. Juli 2013 geltenden Fassung erstmals anzuwenden sind.

(3) [1]§ 3 Absatz 1a ist erstmals auf Abtrennungen von Zinsscheinen bzw. Zinsforderungen von dem dazugehörigen Stammrecht anzuwenden, die nach dem 28. November 2013 erfolgen. [2]§ 3 Absatz 3 in der Fassung des Artikels 1 des Gesetzes vom 18. Dezember 2013 (BGBl. I S. 4318) ist erstmals auf Geschäftsjahre anzuwenden, die nach dem 31. Dezember 2013 beginnen.

(4) § 3a ist erstmals bei Ausschüttungen anzuwenden, die nach dem 23. August 2014 abfließen.

(5) § 5 Absatz 3 Satz 4 in der am 21. Juli 2013 geltenden Fassung ist weiterhin anzuwenden bei Investmentvermögen im Sinne des Absatzes 2 Satz 1.

§ 23[3] **Übergangsvorschriften.** (1) [1]§ 2 Abs. 3 Nr. 1 zweiter Halbsatz in der am 1. Januar 2004 geltenden Fassung und § 2 Abs. 2 Satz 2 in der Fassung des Artikels 8 des Gesetzes vom 14. August 2007 (BGBl. I S. 1912) sind bei inländischen Investmentfonds auf Veräußerungen von Anteilen an unbe-

---

[1] § 22 eingef. durch G v. 18. 12. 2013 (BGBl. I S. 4318).

[2] Abgedruckt unter Nr. **120 a**.

[3] § 23 Abs. 1 Sätze 1 und 2 geänd. durch G v. 14. 8. 2007 (BGBl. I S. 1912); Abs. 1 Satz 1, Abs. 2 Satz 1 und Abs. 3 Satz 1 geänd. durch G v. 18. 12. 2013 (BGBl. I S. 4318).

schränkt körperschaftsteuerpflichtigen Kapitalgesellschaften und von Bezugsrechten auf derartige Anteile anzuwenden, die nach Ablauf des ersten Wirtschaftsjahres der Gesellschaft erfolgen, deren Anteile veräußert werden, für die das Körperschaftsteuergesetz in der Fassung des Artikels 3 des Gesetzes vom 23. Oktober 2000 (BGBl. I S. 1433) erstmals anzuwenden ist, und auf sonstige Veräußerungen, die nach dem 31. Dezember 2000 erfolgen. [2]§ 8 Abs. 1 ist hinsichtlich der in § 3 Nr. 40 des Einkommensteuergesetzes[1)] und in § 8b Abs. 2 des Körperschaftsteuergesetzes[2)] genannten Einnahmen nur anzuwenden, soweit diese auch im Falle der Ausschüttung nach § 2 Abs. 2 oder Abs. 3 Nr. 1 in der am 1. Januar 2004 geltenden Fassung und § 2 Abs. 2 in der Fassung des Artikels 8 des Gesetzes vom 14. August 2007 (BGBl. I S. 1912) begünstigt wären.

(2) [1]Die §§ 37n bis 50d des Gesetzes über Kapitalanlagegesellschaften in der Fassung der Bekanntmachung vom 9. September 1998 (BGBl. I S. 2726), das zuletzt durch Artikel 3 des Gesetzes von 21. Juni 2002 (BGBl. I S. 2010) geändert worden ist, sind letztmals auf das Geschäftsjahr des inländischen Investmentfonds anzuwenden, welches vor dem 1. Januar 2004 beginnt, sowie auf Erträge, die in diesem Geschäftsjahr zufließen. [2]§ 40a des in Satz 1 genannten Gesetzes ist letztmals auf Einnahmen anzuwenden, die vor dem 1. Januar 2004 zufließen, sowie auf Gewinnminderungen, die vor dem 1. Januar 2004 entstehen. [3]Die in dem in Satz 1 genannten Gesetz enthaltenen Bestimmungen zum Zwischengewinn sind letztmals auf Veräußerungen, Erwerbe oder Abtretungen anzuwenden, die vor dem 1. Januar 2004 stattfinden.

(3) [1]Die §§ 17 bis 20 des Auslandinvestment-Gesetzes in der Fassung der Bekanntmachung vom 9. September 1998 (BGBl. I S. 2810)[3)], das zuletzt durch Artikel 32 des Gesetzes vom 21. August 2002 (BGBl. I S. 3322) geändert worden ist, sind letztmals auf das Geschäftsjahr des ausländischen Investmentfonds anzuwenden, welches vor dem 1. Januar 2004 beginnt, sowie auf Erträge, die in diesem Geschäftsjahr zufließen. [2]§ 17 Abs. 2b des in Satz 1 genannten Gesetzes ist letztmals auf Einnahmen anzuwenden, die vor dem 1. Januar 2004 zufließen. [3]Die in dem in Satz 1 genannten Gesetz enthaltenen Bestimmungen zum Zwischengewinn sind letztmals auf Veräußerungen, Erwerbe oder Abtretungen anzuwenden, die vor dem 1. Januar 2004 stattfinden.

---

1) Nr. **1.**
2) Nr. **100.**
3) Fundstelle müsste lauten: „S. 2820“.

120 a. Investmentsteuergesetz a. F. (InvStG a. F.)[1), 2)]

Vom 15. Dezember 2003 (BGBl. I S. 2676/2724)

Geändert durch EURichtlinien-Umsetzungsgesetz vom 9. 12. 2004 (BGBl. I S. 3310), Gesetz zur Neuorganisation der Bundesfinanzverwaltung und zur Schaffung eines Refinanzierungsregisters vom 22. 9. 2005 (BGBl. I S. 2809), Jahressteuergesetz 2007 vom 13. 12. 2006 (BGBl. I S. 2878), Gesetz zur Schaffung deutscher Immobilienaktiengesellschaften mit börsennotierten Anteilen vom 28. 5. 2007 (BGBl. I S. 914), Achtes Gesetz zur Änderung des Versicherungsaufsichtsgesetzes sowie zur Änderung des Finanzdienstleistungsaufsichtsgesetzes und anderer Vorschriften vom 28. 5. 2007 (BGBl. I S. 923), Unternehmensteuerreformgesetz 2008 vom 14. 8. 2007 (BGBl. I S. 1912), Jahressteuergesetz 2008 vom 20. 12. 2007 (BGBl. I S. 3150), Jahressteuergesetz 2009 vom 19. 12. 2008 (BGBl. I S. 2794), Mitarbeiterkapitalbeteiligungsgesetz vom 7. 3. 2009 (BGBl. I S. 451), Bürgerentlastungsgesetz Krankenversicherung vom 16. 7. 2009 (BGBl. I S. 1959), Jahressteuergesetz 2010 (JStG 2010) vom 8. 12. 2010 (BGBl. I S. 1768), OGAW-IV-Umsetzungsgesetz (OGAW-IV-UmsG) vom 22. 6. 2011 (BGBl. I S. 1126), Beitreibungsrichtlinie-Umsetzungsgesetz (BeitrRLUmsG) vom 7. 12. 2011 (BGBl. I S. 2592), Gesetz zur Änderung von Vorschriften über Verkündung und Bekanntmachungen sowie der Zivilprozessordnung, des Gesetzes betreffend die Einführung der Zivilprozessordnung und der Abgabenordnung vom 22. 12. 2011 (BGBl. I S. 3044), Gesetz zur Umsetzung des EuGH-Urteils vom 20. Oktober 2011 in der Rechtssache C-284/09 vom 21. 3. 2013 (BGBl. I S. 561) und Amtshilferichtlinie-Umsetzungsgesetz (AmtshilfeRLUmsG) vom 26. 6. 2013 (BGBl. I S. 1809)

BGBl. III/FNA 610-6-15

Inhaltsübersicht

Abschnitt 1. Gemeinsame Regelungen für inländische und ausländische Investmentanteile

Abschnitt 2. Regelungen nur für inländische Investmentanteile

Abschnitt 3. Regelungen nur für ausländische Investmentanteile

---

1) Das Investmentsteuergesetz wurde verkündet als Art. 2 des Investmentmodernisierungsgesetzes – **in der Fassung vor Inkrafttreten des AIFM-Steuer-Anpassungsgesetzes;** zur n. F. siehe Nr. **120**.

2) In Kraft ab 1. 1. 2004. Siehe auch die Anwendungsvorschriften (§ 18) und die Übergangsvorschriften (§ 19).

InvStG a. F.

Abschnitt 1. Gemeinsame Regelungen für inländische und ausländische Investmentanteile

§ 1 Anwendungsbereich und Begriffsbestimmungen. (1)[1] Dieses Gesetz ist anzuwenden auf

1. inländische Investmentvermögen, soweit diese gebildet werden,
   a) in Form eines Sondervermögens im Sinne des § 2 Absatz 2 des Investmentgesetzes[2], das von einer Kapitalanlagegesellschaft im Sinne des § 2

---

[1] § 1 Abs. 1 und 2 ersetzt durch Abs. 1, 1 a und 2 durch G v. 22. 6. 2011 (BGBl. I S. 1126); zur Anwendung siehe § 18 Abs. 20 Satz 1.

[2] Das InvG vom 15. 12. 2003 (BGBl. I S. 2676) wurde durch Art. 2 a AIFM-Umsetzungsgesetz vom 4. 7. 2013 (BGBl. I S. 1981) aufgehoben. Gemäß BMF v. 18. 7. 2013, BStBl. I S. 899 sind die vorliegenden Regelungen des InvStG bis zum Inkrafttreten des AIFM-Steuer-Anpassungsgesetzes am 24. 12. 2013 auf Investmentvermögen iSd InvG in der am 21. 7. 2013 geltenden Fassung weiterhin anzuwenden:

*„**§ 1 Anwendungsbereich.** [1] Dieses Gesetz ist anzuwenden auf*

1. inländische Investmentvermögen, soweit diese in Form von Sondervermögen im Sinne des § 2 Absatz 2 oder Investmentaktiengesellschaften im Sinne des § 2 Abs. 5 gebildet werden,

2. die Aufsicht über inländische Investmentgesellschaften, die Anteile oder Aktien an inländischen Investmentvermögen nach Maßgabe der Nummer 1 oder an EU-Investmentvermögen ausgeben,

3. den beabsichtigten und den tatsächlichen öffentlichen Vertrieb von ausländischen Investmentanteilen im Sinne des § 2 Absatz 9 sowie den beabsichtigten und tatsächlichen Vertrieb von Anteilen an ausländischen Investmentvermögen, die hinsichtlich der Anlagepolitik Anforderungen unterliegen, die denen nach § 112 Absatz 1 vergleichbar sind, sowie

4. die Verwaltung von richtlinienkonformen Sondervermögen durch eine EU-Verwaltungsgesellschaft im Inland.

[2] Investmentvermögen im Sinne des Satzes 1 sind Vermögen zur gemeinschaftlichen Kapitalanlage, die nach dem Grundsatz der Risikomischung in Vermögensgegenständen im Sinne des § 2 Abs. 4 angelegt sind.

__§ 2 Begriffsbestimmungen.__ (1) [1] Inländische Investmentgesellschaften sind Kapitalanlagegesellschaften und Investmentaktiengesellschaften. [2] EU-Investmentgesellschaften sind EU-Verwaltungsgesellschaften und EU-Investmentvermögen in Satzungsform, die ihren Sitz in einem anderen Mitgliedstaat der Europäischen Union oder einem anderen Vertragsstaat des Abkommens über den Europäischen Wirtschaftsraum haben und den Anforderungen an eine Verwaltungsgesellschaft oder eine Investmentgesellschaft im Sinne der Richtlinie 2009/65/EG des Europäischen Parlaments und des Rates vom 13. Juli 2009 zur Koordinierung der Rechts- und Verwaltungsvorschriften betreffend bestimmte Organismen für gemeinsame Anlagen in Wertpapieren (OGAW) (ABl. L 302 vom 17. 11. 2009, S. 32) entsprechen.

(2) Sondervermögen sind inländische Investmentvermögen in Vertragsform, die von einer Kapitalanlagegesellschaft für Rechnung der Anleger nach Maßgabe dieses Gesetzes und den Vertragsbedingungen, nach denen sich das Rechtsverhältnis der Kapitalanlagegesellschaft zu den Anlegern bestimmt, verwaltet werden, und bei denen die Anleger das Recht zur Rückgabe der Anteile haben.

(Fortsetzung der Fußnote nächste Seite)

Absatz 6[2] des Investmentgesetzes verwaltet wird,

(Fortsetzung der Fußnote)

(3) [1] Spezial-Sondervermögen sind Sondervermögen, deren Anteile aufgrund schriftlicher Vereinbarungen mit der Kapitalanlagegesellschaft ausschließlich von Anlegern, die nicht natürliche Personen sind, gehalten werden. [2] Alle übrigen Sondervermögen sind Publikums-Sondervermögen.

(4) Vermögensgegenstände im Sinne dieses Gesetzes sind

1. Wertpapiere,
2. Geldmarktinstrumente,
3. Derivate,
4. Bankguthaben,
5. Grundstücke, grundstücksgleiche Rechte und vergleichbare Rechte nach dem Recht anderer Staaten (Immobilien),
6. Beteiligungen an Gesellschaften, die nach dem Gesellschaftsvertrag oder der Satzung nur Immobilien sowie die zur Bewirtschaftung der Immobilien erforderlichen Gegenstände erwerben dürfen (Immobilien-Gesellschaften),
7. Anteile oder Aktien an inländischen Investmentvermögen sowie an entsprechenden ausländischen Investmentvermögen,
8. für Investmentvermögen im Sinne des § 90 a sowie für vergleichbare ausländische Investmentvermögen Beteiligungen an ÖPP-Projektgesellschaften, wenn der Verkehrswert dieser Beteiligungen ermittelt werden kann,
9. für inländische Investmentvermögen im Sinne des § 90 g sowie für vergleichbare ausländische Investmentvermögen als weitere Vermögensgegenstände Edelmetalle, unverbriefte Darlehensforderungen und Unternehmensbeteiligungen, wenn der Verkehrswert dieser Beteiligungen ermittelt werden kann,
10. für inländische Investmentvermögen im Sinne des § 112, für vergleichbare ausländische Investmentvermögen und für Investmentaktiengesellschaften stille Beteiligungen im Sinne des § 230 des Handelsgesetzbuchs an einem Unternehmen mit Sitz und Geschäftsleitung im Geltungsbereich des Gesetzes, wenn deren Verkehrswert ermittelt werden kann,
11. für inländische Investmentvermögen im Sinne des § 112 sowie für ausländische Investmentvermögen, die hinsichtlich der Anlagepolitik Anforderungen unterliegen, die denen nach § 112 Abs. 1 vergleichbar sind, als weitere Vermögensgegenstände Edelmetalle und Unternehmensbeteiligungen, wenn deren Verkehrswert ermittelt werden kann.

(5) [1] Investmentaktiengesellschaften sind inländische Unternehmen, deren Unternehmensgegenstand nach der Satzung auf die Anlage und Verwaltung ihrer Mittel nach dem Grundsatz der Risikomischung zur gemeinschaftlichen Kapitalanlage in Vermögensgegenständen nach Absatz 4 Nr. 1 bis 4, 7 und 9 bis 11 beschränkt ist und bei denen die Anleger das Recht zur Rückgabe ihrer Aktien haben. [2] Spezial-Investmentaktiengesellschaften sind inländische Unternehmen im Sinne des Satzes 1, deren Aktien nach der Satzung ausschließlich von Anlegern, die nicht natürliche Personen sind, gehalten werden dürfen.

(6) Kapitalanlagegesellschaften sind inländische Unternehmen, deren Hauptzweck in der Verwaltung von inländischen Investmentvermögen oder EU-Investmentvermögen sowie der individuellen Vermögensverwaltung besteht.

(6 a) EU-Verwaltungsgesellschaften sind Unternehmen mit Sitz in einem anderen Mitgliedstaat der Europäischen Union oder einem anderen Vertragsstaat des Abkommens über den Europäischen Wirtschaftsraum, die den Anforderungen an eine Verwaltungsgesellschaft im Sinne der Richtlinie 2009/65/EG entsprechen.

(7) Depotbanken sind Unternehmen, die die Verwahrung und Überwachung von Investmentvermögen ausführen.

(8) [1] Ausländische Investmentvermögen sind Investmentvermögen im Sinne des § 1 Satz 2, die dem Recht eines anderen Staates unterstehen. [2] Der Grundsatz der Risikomischung gilt für ausländische Investmentvermögen auch dann als gewahrt, wenn das Investmentvermögen in nicht nur unerheblichem Umfang Anteile an einem oder mehreren anderen Vermögen

(Fortsetzung der Fußnote nächste Seite)

b) in Form eines Sondervermögens im Sinne des § 2 Absatz 2[2)] des Investmentgesetzes, das von einer inländischen Zweigniederlassung einer EU-

---

(Fortsetzung der Fußnote)

enthält und diese anderen Vermögen unmittelbar oder mittelbar nach dem Grundsatz der Risikomischung angelegt sind.

(8 a) EU-Investmentvermögen sind Investmentvermögen, die dem Recht eines anderen Mitgliedstaates der Europäischen Union oder eines anderen Vertragsstaates des Abkommens über den Europäischen Wirtschaftsraum unterstehen und die unabhängig von ihrer Rechtsform den Anforderungen der Richtlinie 2009/65/EG entsprechen.

(9) Ausländische Investmentanteile sind Anteile an ausländischen Investmentvermögen, die von einem Unternehmen mit Sitz im Ausland ausgegeben werden (ausländische Investmentgesellschaft), und bei denen der Anleger verlangen kann, dass ihm gegen Rückgabe des Anteils sein Anteil an dem ausländischen Investmentvermögen ausgezahlt wird, oder bei denen der Anleger kein Recht zur Rückgabe der Anteile hat, aber die ausländische Investmentgesellschaft in ihrem Sitzstaat einer Aufsicht über Vermögen zur gemeinschaftlichen Kapitalanlage unterstellt ist.

(10) EU-Investmentanteile sind Anteile an einem EU-Investmentvermögen, die von einer EU-Investmentgesellschaft oder einer Kapitalanlagegesellschaft ausgegeben werden.

(11) [1] Öffentlicher Vertrieb ist ein Vertrieb, der im Wege des öffentlichen Anbietens, der öffentlichen Werbung oder in ähnlicher Weise erfolgt. [2] Nicht als öffentlicher Vertrieb gilt, wenn

1. die Investmentanteile ausschließlich an Institute im Sinne des § 1 Abs. 1 b des Kreditwesengesetzes, private und öffentlich-rechtliche Versicherungsunternehmen, Kapitalanlagegesellschaften, Investmentaktiengesellschaften sowie ausländische Investmentgesellschaften und von diesen beauftragte Verwaltungsgesellschaften sowie an Pensionsfonds und ihre Verwaltungsgesellschaften vertrieben werden;
2. Investmentvermögen nur namentlich benannt werden;
3. nur die Ausgabe- und Rücknahmepreise von Investmentanteilen veröffentlicht werden;
4. Verkaufsunterlagen einer Umbrella-Konstruktion mit mindestens einem Teilfonds, dessen Anteile im Geltungsbereich dieses Gesetzes öffentlich vertrieben werden dürfen, verwendet werden, und diese Verkaufsunterlagen auch Informationen über weitere Teilfonds enthalten, für die keine Anzeige nach § 132 oder § 139 erstattet worden ist, sofern in den Verkaufsunterlagen jeweils drucktechnisch herausgestellt an hervorgehobener Stelle darauf hingewiesen wird, dass die Anteile der weiteren Teilfonds an Anleger im Geltungsbereich dieses Gesetzes nicht öffentlich vertrieben werden dürfen;
5. die Besteuerungsgrundlagen nach § 5 des Investmentsteuergesetzes bekannt gemacht werden;
6. in einen Prospekt für Wertpapiere Mindestangaben nach § 7 des Wertpapierprospektgesetzes oder in einen Prospekt für Vermögensanlagen Mindestangaben nach § 7 des Vermögensanlagengesetzes aufgenommen werden;
7. für ausländische Investmentanteile, die an einer inländischen Börse zum Handel im regulierten Markt zugelassen oder in den regulierten Markt oder den Freiverkehr einbezogen sind, ausschließlich die von der Börse vorgeschriebenen Bekanntmachungen getätigt werden und darüber hinaus kein öffentlicher Vertrieb im Sinne des Satzes 1 stattfindet;
8. ein ausländischer Masterfonds ausschließlich Anteile an einen oder mehrere inländische Feederfonds ausgibt.

[3] Die Bundesanstalt für Finanzdienstleistungsaufsicht (Bundesanstalt) kann Richtlinien aufstellen, nach denen sie für den Regelfall beurteilt, wann ein öffentlicher Vertrieb im Sinne des Satzes 1 vorliegt.

(12) Drittstaaten im Sinne dieses Gesetzes sind alle Staaten, die nicht Mitgliedstaat der Europäischen Union oder anderer Vertragsstaat des Abkommens über den Europäischen Wirtschaftsraum sind.

(13) Organisierter Markt ist ein Markt, der anerkannt und für das Publikum offen ist und dessen Funktionsweise ordnungsgemäß ist, sofern nicht ausdrücklich etwas anderes bestimmt ist.

(14) ÖPP-Projektgesellschaften im Sinne dieses Gesetzes sind im Rahmen Öffentlich Privater Partnerschaften tätige Gesellschaften, die nach dem Gesellschaftsvertrag oder der Satzung zu

(Fortsetzung der Fußnote nächste Seite)

Verwaltungsgesellschaft im Sinne des § 2 Absatz 6 a[2)] des Investmentgesetzes verwaltet wird,

---

(Fortsetzung der Fußnote)

dem Zweck gegründet wurden, Anlagen oder Bauwerke zu errichten, zu sanieren, zu betreiben oder zu bewirtschaften, die der Erfüllung öffentlicher Aufgaben dienen.

(15) Prime Broker im Sinne dieses Gesetzes sind Unternehmen, die Vermögensgegenstände von Sondervermögen nach § 112 Abs. 1 oder von Investmentaktiengesellschaften, deren Satzung eine dem § 112 Abs. 1 vergleichbare Anlageform vorsieht, verwahren und sich diese ganz oder teilweise zur Nutzung auf eigene Rechnung übertragen lassen und gegebenenfalls sonstige mit derartigen Investmentvermögen verbundene Dienstleistungen erbringen.

(16) Geschäftsleiter im Sinne dieses Gesetzes sind diejenigen natürlichen Personen, die nach Gesetz, Satzung oder Gesellschaftsvertrag zur Führung der Geschäfte und zur Vertretung einer Kapitalanlagegesellschaft berufen sind, sowie diejenigen natürlichen Personen, die die Geschäfte der Kapitalanlagegesellschaft tatsächlich leiten.

(17) Herkunftsstaat im Sinne dieses Gesetzes ist der Staat, in dem eine Kapitalanlagegesellschaft oder EU-Verwaltungsgesellschaft ihren Sitz hat oder in dem ein Investmentvermögen zugelassen wurde.

(18) Aufnahmestaat im Sinne dieses Gesetzes ist der Staat, in dem eine Kapitalanlagegesellschaft

1. eine Zweigniederlassung unterhält oder im Wege des grenzüberschreitenden Dienstleistungsverkehrs tätig wird, oder
2. die Absicht anzeigt, Anteile an einem richtlinienkonformen Sondervermögen oder Aktien einer richtlinienkonformen Investmentaktiengesellschaft oder eines Teilgesellschaftsvermögens einer richtlinienkonformen Investmentaktiengesellschaft zu vertreiben.

(19) Eine enge Verbindung im Sinne dieses Gesetzes ist eine Verbindung im Sinne des § 1 Abs. 10 des Kreditwesengesetzes zwischen einer Kapitalanlagegesellschaft oder einer Investmentaktiengesellschaft und einer anderen natürlichen oder juristischen Person.

(20) [1] Eine bedeutende Beteiligung im Sinne dieses Gesetzes ist eine Beteiligung im Sinne des § 1 Abs. 9 Satz 1 des Kreditwesengesetzes. [2] Für die Berechnung des Anteils der Stimmrechte gilt § 22 Abs. 1 bis 3 sowie 3 a in Verbindung mit einer Rechtsverordnung nach Abs. 5 des Wertpapierhandelsgesetzes entsprechend. [3] Die mittelbar gehaltenen Beteiligungen sind den mittelbar beteiligten Personen und Unternehmen in vollem Umfang zuzurechnen.

(21) Mutterunternehmen im Sinne dieses Gesetzes sind Unternehmen, die Mutterunternehmen im Sinne des § 290 des Handelsgesetzbuchs sind.

(22) Tochterunternehmen im Sinne dieses Gesetzes sind Unternehmen, die Tochterunternehmen im Sinne des § 290 des Handelsgesetzbuchs sind.

(23) Anfangskapital im Sinne dieses Gesetzes sind das eingezahlte Grund- oder Stammkapital ohne die Aktien, die mit einem nachzuzahlenden Vorzug bei der Verteilung des Gewinns ausgestattet sind (Vorzugsaktien), und die Rücklagen im Sinne des § 10 Abs. 3 a des Kreditwesengesetzes.

(24) Die Eigenmittel im Sinne dieses Gesetzes bestehen aus dem haftenden Eigenkapital und den Drittrangmitteln im Sinne des § 10 Abs. 2 Satz 1 des Kreditwesengesetzes.

(25) [1] Verschmelzungen im Sinne dieses Gesetzes sind Auflösungen ohne Abwicklung eines inländischen Investmentvermögens

1. durch Übertragung sämtlicher Vermögenswerte und Verbindlichkeiten eines oder mehrerer übertragender Investmentvermögen auf ein anderes bestehendes übernehmendes inländisches Investmentvermögen oder EU-Investmentvermögen (Verschmelzung durch Aufnahme) oder
2. durch Übertragung sämtlicher Vermögenswerte und Verbindlichkeiten zweier oder mehrerer übertragender Investmentvermögen auf ein neues, dadurch gegründetes übernehmendes inländisches Investmentvermögen oder EU-Investmentvermögen (Verschmelzung durch Neugründung)

jeweils gegen Gewährung von Anteilen oder Aktien des übernehmenden Investmentvermögens an die Anleger oder Aktionäre des übertragenden Investmentvermögens sowie gegebe-

(Fortsetzung der Fußnote nächste Seite)

c) in Form eines Sondervermögens im Sinne des § 2 Absatz 2[2)] des Investmentgesetzes, das von einer EU-Verwaltungsgesellschaft im Sinne des § 2 Absatz 6 a[2)] des Investmentgesetzes im Wege der grenzüberschreitenden Dienstleistung verwaltet wird, und

d) in Form einer inländischen Investmentaktiengesellschaft im Sinne des § 2 Absatz 5[2)] des Investmentgesetzes,

2. inländische Investmentanteile in Form der Anteile an Sondervermögen nach Nummer 1 Buchstabe a bis c (inländische Anteile) oder in Form von Aktien an der inländischen Investmentaktiengesellschaft nach Nummer 1 Buchstabe d und

3. ausländische Investmentvermögen und ausländische Investmentanteile im Sinne des § 2 Absatz 8 bis 10[2)] des Investmentgesetzes.

(1 a) [1] Für die Anwendung dieses Gesetzes zählt ein von einer Kapitalanlagegesellschaft im Sinne des § 2 Absatz 6[2)] des Investmentgesetzes oder einer inländischen Zweigniederlassung einer EU-Verwaltungsgesellschaft im Sinne des § 2 Absatz 6 a[2)] des Investmentgesetzes verwaltetes EU-Investmentvermögen der Vertragsform zu den ausländischen Investmentvermögen. [2] Ist nach dem Recht des Herkunftsstaates eines Investmentvermögens nach Satz 1 auf Grund des Sitzes der Kapitalanlagegesellschaft im Inland oder der inländischen Zweigniederlassung der EU-Verwaltungsgesellschaft die Bundesrepublik Deutschland zur Regelung der umfassenden Besteuerung des Investmentvermögens berufen, so gilt dieses für die Anwendung dieses Gesetzes abweichend von Satz 1 als inländisches Investmentvermögen. [3] Anteile an einem Investmentvermögen nach Satz 2 gelten als Anteile an einem inländischen Investmentvermögen. [4] Anteile an einem Investmentvermögen nach Satz 1 zählen zu den ausländischen Investmentanteilen.

(2) [1] Die Begriffsbestimmungen in § 1 Satz 2 und § 2[2)] des Investmentgesetzes mit Ausnahme des § 2 Absatz 1 Satz 1[2)] des Investmentgesetzes gelten entsprechend. [2] Anleger im Sinne dieses Gesetzes sind die Inhaber von Anteilen

---

(Fortsetzung der Fußnote)

nenfalls einer Barzahlung in Höhe von nicht mehr als 10 Prozent des Wertes eines Anteils oder einer Aktie am übertragenden Investmentvermögen. [2] Verschmelzungen eines EU-Investmentvermögens auf ein richtlinienkonformes Sondervermögen, eine richtlinienkonforme Investmentaktiengesellschaft oder ein Teilgesellschaftsvermögen einer richtlinienkonformen Investmentaktiengesellschaft können darüber hinaus gemäß den Vorgaben des Artikels 2 Absatz 1 Buchstabe p Ziffer iii der Richtlinie 2009/65/EG erfolgen.

(26) Feederfonds im Sinne dieses Gesetzes sind Sondervermögen, Investmentaktiengesellschaften, Teilgesellschaftsvermögen einer Investmentaktiengesellschaft oder EU-Investmentvermögen, die mindestens 85 Prozent ihres Vermögens in einem Masterfonds anlegen.

(27) Masterfonds im Sinne dieses Gesetzes sind richtlinienkonforme Sondervermögen, richtlinienkonforme Investmentaktiengesellschaften oder Teilgesellschaftsvermögen einer richtlinienkonformen Investmentaktiengesellschaft, EU-Investmentvermögen, Sonstige Sondervermögen oder Sondervermögen mit zusätzlichen Risiken, die Anteile an mindestens einen Feederfonds ausgegeben haben, selbst keine Feederfonds sind und keine Anteile eines Feederfonds halten.

(28) Dauerhafter Datenträger im Sinne dieses Gesetzes ist jedes Medium, das den Anlegern gestattet, Informationen für eine ihrem Zweck angemessene Dauer zu speichern, einzusehen und unverändert wiederzugeben."

an Investmentvermögen, unabhängig von deren rechtlicher Ausgestaltung. [3]Inländische Investmentvermögen sind zugleich inländische Investmentgesellschaften im Sinne dieses Gesetzes. [4]Sie werden bei der Geltendmachung von Rechten und der Erfüllung von Pflichten nach diesem Gesetz im Falle des

1. Absatzes 1 Nummer 1
   a) Buchstabe a durch die Kapitalanlagegesellschaft,
   b) Buchstabe b durch die inländische Zweigniederlassung der ausländischen Verwaltungsgesellschaft und
   c) Buchstabe c durch die inländische Depotbank und
2. Absatzes 1 a durch die Kapitalanlagegesellschaft

vertreten.

(3)[1)] [1]Ausschüttungen sind die dem Anleger tatsächlich gezahlten oder gutgeschriebenen Beträge einschließlich der einbehaltenen Kapitalertragsteuer. [2]Ausgeschüttete Erträge sind die von einem Investmentvermögen zur Ausschüttung verwendeten Kapitalerträge, Erträge aus der Vermietung und Verpachtung von Grundstücken und grundstücksgleichen Rechten, sonstige Erträge und Gewinne aus Veräußerungsgeschäften. [3]Ausschüttungsgleiche Erträge sind die von einem Investmentvermögen nach Abzug der abziehbaren Werbungskosten nicht zur Ausschüttung verwendeten

1. Kapitalerträge mit Ausnahme der Erträge aus Stillhalterprämien im Sinne des § 20 Abs. 1 Nr. 11 des Einkommensteuergesetzes, der Gewinne im Sinne des § 20 Abs. 2 Satz 1 Nr. 1 des Einkommensteuergesetzes, der Gewinne im Sinne des § 20 Abs. 2 Satz 1 Nr. 3 des Einkommensteuergesetzes und der Gewinne im Sinne des § 20 Abs. 2 Satz 1 Nr. 7 des Einkommensteuergesetzes, soweit sie nicht auf vereinnahmte Stückzinsen entfallen und wenn es sich um sonstige Kapitalforderungen handelt,
   a) die eine Emissionsrendite haben,
   b) bei denen das Entgelt für die Kapitalüberlassung ausschließlich nach einem festen oder variablen Bruchteil des Kapitals bemessen und die Rückzahlung des Kapitals in derselben Höhe zugesagt oder gewährt wird, in der es überlassen wurde. [2]Ein Emissionsdisagio oder Emissionsdiskont zur Feinabstimmung des Zinses bleibt dabei unberücksichtigt,
   c) bei denen weder eine auch nur teilweise Rückzahlung des Kapitalvermögens noch ein gesondertes Entgelt für die Überlassung des Kapitalvermögens zur Nutzung zugesagt oder gewährt wird und die Rückzahlung des Kapitals sich nach der Wertentwicklung einer einzelnen Aktie oder eines veröffentlichten Index für eine Mehrzahl von Aktien richtet und diese Wertentwicklung in gleichem Umfang nachgebildet wird,
   d) die solche im Sinne des Buchstaben b sind, bei denen der Inhaber neben der festen Verzinsung ein Recht auf Umtausch in Gesellschaftsanteile hat, oder bei denen der Inhaber zusätzlich bei Endfälligkeit das Wahlrecht besitzt, vom Emittenten entweder die Kapitalrückzahlung oder

---

1) § 1 Abs. 3 neu gef. durch G v. 19. 12. 2008 (BGBl. I S. 2794); zur Anwendung siehe § 18 Abs. 12 Sätze 1 und 2 sowie Abs. 14.

die Lieferung einer vorher festgelegten Anzahl von Aktien eines Unternehmens zu verlangen, oder bei denen der Emittent zusätzlich das Recht besitzt, bei Fälligkeit dem Inhaber an Stelle der Rückzahlung des Nominalbetrags eine vorher festgelegte Anzahl von Aktien anzudienen,

e) die Gewinnobligationen oder Genussrechte im Sinne des § 43 Abs. 1 Satz 1 Nr. 2 des Einkommensteuergesetzes sind,

f) bei denen die Anschaffungskosten teilweise auf abtrennbare Optionsscheine und eine separat handelbare Anleihe entfallen,

2. Erträge aus der Vermietung und Verpachtung von Grundstücken und grundstücksgleichen Rechten, sonstige Erträge und Gewinne aus privaten Veräußerungsgeschäften im Sinne des § 23 Abs. 1 Satz 1 Nr. 1, Abs. 2 und 3 des Einkommensteuergesetzes.

4 Zu den ausgeschütteten und ausschüttungsgleichen Erträgen im Sinne der Sätze 2 und 3 gehören auch nach § 3 Abs. 2 Satz 1 Nr. 2 abgegrenzte Erträge. 5 Fasst die Investmentgesellschaft nicht spätestens vier Monate nach Ablauf des Geschäftsjahres einen Beschluss über die Verwendung der Erträge des abgelaufenen Geschäftsjahres, gelten diese als nicht zur Ausschüttung verwendet.

(4)[1] Zwischengewinn ist das Entgelt für die dem Anleger noch nicht zugeflossenen oder als zugeflossen geltenden

1.[2] Einnahmen des Investmentvermögens im Sinne des § 20 Abs. 1 Nr. 7 und des Abs. 2 Satz 1 Nr. 2 Buchstabe b sowie des § 20 Abs. 2 Satz 1 Nr. 7 des Einkommensteuergesetzes, soweit sie zu den ausschüttungsgleichen Erträgen im Sinne des Absatzes 3 Satz 3 gehören, sowie für die angewachsenen Ansprüche des Investmentvermögens auf derartige Einnahmen; die Ansprüche sind auf der Grundlage des § 20 Abs. 2 des Einkommensteuergesetzes zu bewerten;

2.[2] Einnahmen aus Anteilen an anderen Investmentvermögen, soweit darin Erträge des anderen Investmentvermögens im Sinne des § 20 Abs. 1 Nr. 7 und des Abs. 2 Satz 1 Nr. 2 Buchstabe b sowie des § 20 Abs. 2 Satz 1 Nr. 7 des Einkommensteuergesetzes, soweit sie zu den ausschüttungsgleichen Erträgen im Sinne des Absatzes 3 Satz 3 gehören, enthalten sind;

3. Zwischengewinne des Investmentvermögens;

4. zum Zeitpunkt der Rückgabe oder Veräußerung des Investmentanteils veröffentlichte Zwischengewinne oder stattdessen anzusetzende Werte für Anteile an anderen Investmentvermögen, die das Investmentvermögen hält.

§ 2 Erträge aus Investmentanteilen. (1)[3] 1 Die auf Investmentanteile ausgeschütteten sowie die ausschüttungsgleichen Erträge und der Zwischengewinn gehören zu den Einkünften aus Kapitalvermögen im Sinne des § 20 Abs. 1 Nr. 1 des Einkommensteuergesetzes, wenn sie nicht Betriebseinnah-

---

1) § 1 Abs. 4 angef. durch G v. 9. 12. 2004 (BGBl. I S. 3310); zur erstmaligen Anwendung siehe § 18 Abs. 3 Satz 1 a. F.

2) § 1 Abs. 4 Nr. 1 und Nr. 2 geänd. durch G v. 19. 12. 2008 (BGBl. I S. 2794); zur erstmaligen Anwendung siehe § 18 Abs. 12 Sätze 1 und 2.

3) § 2 Abs. 1 Satz 1 ergänzt, Satz 5 angef. durch G v. 9. 12. 2004 (BGBl. I S. 3310); zur erstmaligen Anwendung siehe § 18 Abs. 3 Satz 1 a. F.; Satz 1 und 2 geänd. durch G v. 28. 5. 2007 (BGBl. I S. 923).

men des Anlegers, Leistungen nach § 22 Nr. 1 Satz 3 Buchstabe a Doppelbuchstabe aa des Einkommensteuergesetzes in Verbindung mit § 10 Abs. 1 Nr. 2 Buchstabe b des Einkommensteuergesetzes oder Leistungen im Sinne des § 22 Nr. 5 des Einkommensteuergesetzes sind; § 3 Nr. 40 des Einkommensteuergesetzes und § 8b Abs. 1 des Körperschaftsteuergesetzes sind außer in den Fällen des Absatzes 2 nicht anzuwenden. 2 Die ausschüttungsgleichen Erträge gelten außer in den Fällen des § 22 Nr. 1 Satz 3 Buchstabe a Doppelbuchstabe aa des Einkommensteuergesetzes in Verbindung mit § 10 Abs. 1 Nr. 2 Buchstabe b des Einkommensteuergesetzes oder des § 22 Nr. 5 des Einkommensteuergesetzes mit dem Ablauf des Geschäftsjahres, in dem sie vereinnahmt worden sind, als zugeflossen. 3 Bei Teilausschüttung der in § 1 Absatz 3 genannten Erträge sind die ausschüttungsgleichen Erträge dem Anleger[1] im Zeitpunkt der Teilausschüttung zuzurechnen. 4 Reicht im Falle der Teilausschüttung die Ausschüttung nicht aus, um die Kapitalertragsteuer gemäß § 7 Absatz 1 bis 3 einschließlich der bundes- oder landesgesetzlich geregelten Zuschlagsteuern zur Kapitalertragsteuer (Steuerabzugsbeträge) einzubehalten, gilt auch die Teilausschüttung dem Anleger mit dem Ablauf des Geschäftsjahres, in dem die Erträge gemäß § 3 Absatz 1 vom Investmentvermögen erzielt worden sind, als zugeflossen und für den Steuerabzug als ausschüttungsgleicher Ertrag.[1] 5 Der Zwischengewinn gilt als in den Einnahmen aus der Rückgabe oder Veräußerung des Investmentanteils enthalten.

(1 a)[2] 1 Erwirbt ein Anleger einen Anteil an einem ausschüttenden Investmentvermögen unter Einschluss des Rechts zum Bezug der Ausschüttung, erhält er ihn aber ohne dieses Recht, so gelten die Einnahmen anstelle der Ausschüttung als vom Investmentvermögen an den Anleger ausgeschüttet. 2 Hat das Investmentvermögen auf den erworbenen Anteil eine Teilausschüttung im Sinne des Absatzes 1 Satz 3 geleistet, sind dem Anleger neben den Einnahmen an Stelle der Ausschüttung auch Beträge in Höhe der ausschüttungsgleichen Erträge zuzurechnen. 3 Die Bekanntmachungen nach § 5 gelten auch für diese Einnahmen und Beträge. 4 Für die Anwendung dieses Gesetzes stehen die Einnahmen an Stelle der Ausschüttung auf den Investmentanteil und die Beträge nach Satz 2 den ausschüttungsgleichen Erträgen gleich. 5 Die auszahlende Stelle nach § 7 Absatz 1 oder der Entrichtungspflichtige nach § 7 Absatz 3 a und 3 c hat die Einnahmen nach Satz 1 vom Veräußerer des Anteils einzuziehen.

(1 b)[3] 1 Erwirbt ein Anleger einen Anteil an einem inländischen thesaurierenden Investmentvermögen im Laufe des Geschäftsjahres, erhält er ihn aber nach Ablauf des Geschäftsjahres, so gilt dem Anleger ein Betrag zum Ende des Geschäftsjahres als zugeflossen, der in Höhe und Zusammensetzung den ausschüttungsgleichen Erträgen entspricht. 2 Leistet das Investmentvermögen auf den erworbenen Anteil eine Teilausschüttung im Sinne des Absatzes 1 Satz 4, ist der Betrag nach Satz 1 um diese Teilausschüttung zu erhöhen. 3 Die Bekannt-

---

[1] § 2 Abs. 1 Sätze 3 und 4 geänd. mWv 1. 1. 2012 (§ 18 Abs. 20 Satz 2) durch G v. 22. 6. 2011 (BGBl. I S. 1126).

[2] § 2 Abs. 1 a eingef. mWv 1. 1. 2012 (§ 18 Abs. 20 Satz 2) durch G v. 22. 6. 2011 (BGBl. I S. 1126).

[3] § 2 Abs. 1 b eingef. mWv 1. 1. 2012 (§ 18 Abs. 20 Satz 2) durch G v. 22. 6. 2011 (BGBl. I S. 1126).

machungen nach § 5 gelten auch für den Betrag nach Satz 1 und Teilausschüttungen. [4]Für die Anwendung dieses Gesetzes stehen die Beträge nach Satz 1 den ausschüttungsgleichen Erträgen und etwaige Einnahmen anstelle der Teilausschüttung nach Satz 2 der Ausschüttung auf den Investmentanteil gleich. [5]Der Entrichtungspflichtige nach § 7 Absatz 3 b, 3 d und 4 hat die Steuerabzugsbeträge und eine etwaige Erhöhung nach Satz 2 vom Veräußerer des Anteils einzuziehen.

(1 c)[1)] Die Investmentgesellschaft hat in Abstimmung mit der Depotbank dafür Sorge zu tragen, dass durch Anteilsrückgaben, die vor dem Tag verlangt oder vereinbart werden, an dem der Nettoinventarwert des Investmentvermögens um die von der auszahlenden Stelle oder dem Entrichtungspflichtigen zu erhebenden Steuerabzugsbeträge vermindert wird, und die nach diesem Tag erfüllt werden, nicht von einem zu niedrigen Umfang des Investmentvermögens ausgegangen wird und Ausschüttungen an die Anleger oder als Steuerabzugsbeträge zur Verfügung zu stellende Beträge nur in dem Umfang das Investmentvermögen belasten, der den Berechnungen der Investmentgesellschaft entspricht.

[Fassung bis 28. 2. 2013:]

(2) [1]Soweit ausgeschüttete und ausschüttungsgleiche inländische und ausländische Erträge solche im Sinne des § 43 Absatz 1 Satz 1 Nummer 1 und 1 a[3)] sowie Satz 2 des Einkommensteuergesetzes enthalten, sind § 3 Nr. 40 des Einkommensteuergesetzes, die §§ 8 b *und 37 Abs. 3*[4)] des Körperschaftsteuergesetzes sowie § 19 des REIT-Gesetzes vom 28. Mai 2007 (BGBl. I S. 914) anzuwenden. [2]Soweit ausgeschüttete inländische Erträge und ausländische Erträge solche im Sinne des § 43 Abs. 1 Satz 1 Nr. 9 sowie Satz 2 des Einkommensteuergesetzes enthalten, ist Satz 1 entsprechend anzuwenden.

[Fassung ab 1. 3. 2013:][2)]

(2) [1]Soweit ausgeschüttete und ausschüttungsgleiche inländische und ausländische Erträge solche im Sinne des § 43 Absatz 1 Satz 1 Nummer 1, 1 a und 6 sowie Satz 2 des Einkommensteuergesetzes enthalten, sind § 3 Nummer 40 des Einkommensteuergesetzes sowie § 19 des REIT-Gesetzes vom 28. Mai 2007 (BGBl. I S. 914) anzuwenden. [2]Soweit ausgeschüttete inländische und ausländische Erträge solche im Sinne des § 43 Absatz 1 Satz 1 Nummer 9 sowie Satz 2 des Einkommensteuergesetzes enthalten, sind § 3 Nummer 40 des Einkommensteuergesetzes, § 8 b des Körperschaftssteuergesetzes sowie § 19 des REIT-Gesetzes anzuwenden. [3]§ 15 Absatz 1 a und § 16 Satz 3 bleiben unberührt.

---

1) § 2 Abs. 1 c eingef. mWv 1. 1. 2012 (§ 18 Abs. 20 Satz 2) durch G v. 22. 6. 2011 (BGBl. I S. 1126).

2) § 2 Abs. 2 neu gef. durch G v. 21. 3. 2013 (BGBl. I S. 561); zur Anwendung siehe § 18 Abs. 22 Satz 1.

3) Verweis geänd. durch G v. 22. 6. 2011 (BGBl. I S. 1126); zur Anwendung von § 43 Abs. 1 Satz 1 Nr. 1 a EStG siehe § 52 a Abs. 16 b EStG.

4) § 2 Abs. 2 Verweis auf § 37 Abs. 3 KStG gestrichen durch G v. 14. 8. 2007 (BGBl. I S. 1912); zur Anwendung siehe § 18 Abs. 1 n. F. und § 19 Abs. 1.

(2 a)[1] Ausgeschüttete oder ausschüttungsgleiche Erträge des Investmentvermögens, die aus Zinserträgen im Sinne des § 4h Abs. 3 Satz 3 des Einkommensteuergesetzes stammen, sind beim Anleger im Rahmen des § 4h Abs. 1 des Einkommensteuergesetzes als Zinserträge zu berücksichtigen.

(3)[2] Die ausgeschütteten Erträge auf Investmentanteile sind insoweit steuerfrei, als sie Gewinne aus der Veräußerung von Grundstücken und grundstücksgleichen Rechten enthalten, es sei denn, dass es sich um Gewinne aus privaten Veräußerungsgeschäften im Sinne des § 23 Abs. 1 Satz 1 Nr. 1, Abs. 2 und 3 des Einkommensteuergesetzes handelt oder dass die Ausschüttungen Betriebseinnahmen des Steuerpflichtigen sind.

(4) § 3 Nr. 41 Buchstabe a des Einkommensteuergesetzes ist sinngemäß anzuwenden.

(5)[3] Negative Kapitalerträge aus Zwischengewinnen auf Grund des Erwerbs von während des laufenden Geschäftsjahres des Investmentvermögens ausgegebenen Anteilen werden nur berücksichtigt, wenn das Investmentvermögen einen Ertragsausgleich nach § 9 durchführt.

§ 3 Ermittlung der Erträge. (1) Bei der Ermittlung der Erträge des Investmentvermögens ist § 2 Abs. 2 Satz 1 Nr. 2[4] des Einkommensteuergesetzes sinngemäß anzuwenden.

(2) [1] § 11 des Einkommensteuergesetzes ist mit folgenden Maßgaben anzuwenden:

1. Dividenden gelten bereits am Tag des Dividendenabschlags als zugeflossen;
2.[5] Zinsen, angewachsene Ansprüche aus einem Emissions-Agio oder -Disagio mit Ausnahme des Feinabstimmungsabschlags nach § 1 Abs. 3 Satz 3 Nr. 1 Buchstabe b Satz 2 einer sonstigen Kapitalforderung im Sinne des § 20 Abs. 1 Nr. 7 des Einkommensteuergesetzes, die eine Emissionsrendite hat, und Mieten sind periodengerecht abzugrenzen; die angewachsenen Ansprüche sind mit der Emissionsrendite anzusetzen, sofern diese leicht und eindeutig ermittelbar ist; anderenfalls ist der Unterschiedsbetrag zwischen dem Marktwert zum Ende des Geschäftsjahres und dem Marktwert zu Beginn des Geschäftsjahres oder im Falle des Erwerbs innerhalb des Geschäftsjahres der Unterschiedsbetrag zwischen dem Marktwert zum Ende des Geschäftsjahres und den Anschaffungskosten als Zins (Marktrendite) anzusetzen; die abgegrenzten Zinsen und Mieten gelten als zugeflossen. [2] Bei sonstigen Kapitalforderungen im Sinne des § 1 Absatz 3 Satz 3 Nummer 1 Buchstabe f

---

[1] § 2 Abs. 2a eingef. durch G v. 20. 12. 2007 (BGBl. I S. 3150); zur erstmaligen Anwendung siehe § 18 Abs. 6.

[2] § 2 Abs. 3 neu gef. durch G v. 14. 8. 2007 (BGBl. I S. 1912); zur erstmaligen Anwendung siehe § 18 Abs. 1 n. F.

[3] § 2 Abs. 5 angef. durch G v. 8. 12. 2010 (BGBl. I S. 1768); vgl. hierzu die bereits gängige Verwaltungsauffassung in BMF v. 16. 8. 2009 (BGBl. I S. 931 Rz. 21 a).

[4] Verweis geänd. durch G v. 14. 8. 2007 (BGBl. I S. 1912).

[5] § 3 Abs. 2 Nr. 2 neu gef. durch G v. 19. 12. 2008 (BGBl. I S. 2794); zur erstmaligen Anwendung siehe § 18 Abs. 12 Satz 3;
Satz 2 Verweis geänd. durch G v. 16. 7. 2009 (BGBl. I S. 1959); zur Anwendung siehe § 18 Abs. 1 n. F.

ist Satz 1 nur auf die Zinsen und nicht auch auf angewachsene Ansprüche anzuwenden;

3. periodengerecht abgegrenzte Werbungskosten gelten als abgeflossen, soweit der tatsächliche Abfluss im folgenden Geschäftsjahr erfolgt.

2 Soweit die Einnahmen schon vor dem Zufluss erfasst werden, ist ein Abzug der ausländischen Steuern gemäß § 4 Abs. 4 bereits in dem Geschäftsjahr zulässig, in dem die Einnahmen zugerechnet werden.

(3) 1 Zu den Werbungskosten gehören auch Absetzungen für Abnutzung oder Substanzverringerung, soweit diese die nach § 7 des Einkommensteuergesetzes zulässigen Beträge nicht übersteigen. 2 Für Werbungskosten des Investmentvermögens, die nicht in einem unmittelbaren wirtschaftlichen Zusammenhang mit Einnahmen stehen, gilt Folgendes:

1.[1] 1 Soweit Werbungskosten eines Investmentvermögens mit ausländischen Einnahmen in einem wirtschaftlichen Zusammenhang stehen und der Bundesrepublik Deutschland auf Grund eines Doppelbesteuerungsabkommens kein Besteuerungsrecht für diese ausländischen Einkünfte zusteht, sind die Werbungskosten im Verhältnis des durchschnittlichen Vermögens des vorangegangenen Geschäftsjahres, das Quelle dieser Einnahmen ist, zu dem durchschnittlichen Gesamtvermögen des vorangegangenen Geschäftsjahres den ausländischen Einnahmen zuzuordnen. 2 Zur Berechnung des durchschnittlichen Vermögens sind die monatlichen Endwerte des vorangegangenen Geschäftsjahres zugrunde zu legen.

2.[2] Von den nach der Anwendung der Nummer 1 verbleibenden abzugsfähigen Werbungskosten gelten 10 Prozent als nichtabzugsfähige Werbungskosten.

3.[2] 1 Bei der Ermittlung der Erträge für Anleger, für die § 3 Nr. 40 des Einkommensteuergesetzes anwendbar ist, sind die nach Anwendung der Nummern 1 und 2 verbleibenden abzugsfähigen Werbungskosten den zugrunde liegenden Einnahmen im Sinne des § 3 Nr. 40 des Einkommensteuergesetzes nach dem Verhältnis des durchschnittlichen Vermögens des vorangegangenen Geschäftsjahres, das Quelle dieser Einnahmen ist, zu dem um das Vermögen im Sinne der Nummer 1 verminderte durchschnittliche Gesamtvermögen des vorangegangenen Geschäftsjahres zuzuordnen. 2 Nummer 1 Satz 2 gilt entsprechend.

4.[3] 1 Bei der Ermittlung der Erträge für Anleger, für die § 8 b Abs. 1 des Körperschaftsteuergesetzes anwendbar ist, ist abweichend von Nummer 3 § 3 c Abs. 1 des Einkommensteuergesetzes auf die nach Anwendung der Nummern 1 und 2 verbleibenden abzugsfähigen Werbungskosten mit der Maßgabe anzuwenden, dass die Zuordnung von Werbungskosten zu den dem § 8 b Abs. 1 des Körperschaftsteuergesetzes zugrunde liegenden Einnahmen

---

[1] § 3 Abs. 3 Satz 2 Nr. 1 Satz 1 geänd. durch G v. 9. 12. 2004 (BGBl. I S. 3310); zur erstmaligen Anwendung siehe § 18 Abs. 2 Satz 1 a. F.

[2] § 3 Abs. 3 Satz 2 Nr. 2 bish. Satz 2 aufgeh., Nr. 3 Satz 1 neugef. durch G v. 9. 12. 2004 (BGBl. I S. 3310); zur erstmaligen Anwendung siehe § 18 Abs. 2 Satz 1 a. F.

[3] § 3 Abs. 3 Satz 2 Nr. 4 Satz 1 geänd. durch G v. 9. 12. 2004 (BGBl. I S. 3310) und vom 13. 12. 2006 (BGBl. I S. 2878); zur erstmaligen Anwendung siehe § 18 Abs. 2 a. F.

nach dem Verhältnis des durchschnittlichen Vermögens des vorangegangenen Geschäftsjahres, das Quelle dieser Einnahmen ist, zu dem um das Vermögen im Sinne der Nummer 1 verminderten durchschnittlichen Gesamtvermögen des vorangegangenen Geschäftsjahres erfolgt. [2]Nummer 1 Satz 2 gilt entsprechend.

(4)[1)] [1]Negative Erträge des Investmentvermögens sind bis zur Höhe der positiven Erträge gleicher Art mit diesen zu verrechnen. [2]Nicht ausgeglichene negative Erträge sind in den folgenden Geschäftsjahren auszugleichen.

(5) Erträge aus Gewinnanteilen des Investmentvermögens an einer Personengesellschaft gehören zu den Erträgen des Geschäftsjahres, in dem das Wirtschaftsjahr der Personengesellschaft endet.

§ 4 Ausländische Einkünfte. (1) [1]Die auf Investmentanteile ausgeschütteten sowie die ausschüttungsgleichen Erträge sind bei der Veranlagung der Einkommensteuer oder Körperschaftsteuer insoweit außer Betracht zu lassen, als sie aus einem ausländischen Staat stammende Einkünfte enthalten, für die die Bundesrepublik Deutschland auf Grund eines Abkommens zur Vermeidung der Doppelbesteuerung auf die Ausübung des Besteuerungsrechts verzichtet hat. [2]§ 32b Absatz 1 Satz 2 des Einkommensteuergesetzes gilt entsprechend.[2)] [3]§ 32b Abs. 1a des Einkommensteuergesetzes ist anzuwenden.

(2)[3)] [1]Sind in den auf Investmentanteile ausgeschütteten sowie den ausschüttungsgleichen Erträgen aus einem ausländischen Staat stammende Einkünfte enthalten, die in diesem Staat zu einer nach § 34c Abs. 1 des Einkommensteuergesetzes oder § 26 Abs. 1 des Körperschaftsteuergesetzes oder nach einem Abkommen zur Vermeidung der Doppelbesteuerung auf die Einkommensteuer oder Körperschaftsteuer anrechenbaren Steuer herangezogen werden, so ist bei unbeschränkt steuerpflichtigen Anlegern die festgesetzte und gezahlte und keinem Ermäßigungsanspruch unterliegende ausländische Steuer auf den Teil der Einkommensteuer oder Körperschaftsteuer anzurechnen, der auf diese ausländischen um die anteilige ausländische Steuer erhöhten Einkünfte entfällt. [2]Dieser Teil ist in der Weise zu ermitteln, dass die sich bei der Veranlagung des zu versteuernden Einkommens – einschließlich der ausländischen Einkünfte – nach den §§ 32a, 32b, 34 und 34b des Einkommensteuergesetzes ergebende Einkommensteuer oder nach § 23 des Körperschaftsteuergesetzes ergebende Körperschaftsteuer im Verhältnis dieser ausländischen Einkünfte zur Summe der Einkünfte aufgeteilt wird. [3]Der Höchstbetrag der anrechenbaren ausländischen Steuern ist für die ausgeschütteten sowie ausschüttungsgleichen Erträge aus jedem einzelnen Investmentvermögen zusammengefasst zu berechnen. [4]§ 34c Abs. 1 Satz 3 und 4, Abs. 2, 3, 6 und 7 des Einkommensteuergesetzes ist sinngemäß anzuwenden. [5]Wird von auf ausländische Investmentanteile ausgeschütteten Erträgen in dem Staat, in dem das

---

[1)] § 3 Abs. 4 Satz 1 geänd. durch G v. 9. 12. 2004 (BGBl. I S. 3310); zur erstmaligen Anwendung siehe § 18 Abs. 1 Satz 1 a. F.

[2)] § 4 Abs. 1 Satz 2 neu gef. durch G v. 8. 12. 2010 (BGBl. I S. 1768); zur Anwendung siehe § 18 Abs. 19 Satz 1.

[3)] § 4 Abs. 2 Satz 1 geänd. durch G v. 9. 12. 2004 (BGBl. I S. 3310); zur erstmaligen Anwendung siehe § 18 Abs. 1 Satz 1 a. F.

ausschüttende ausländische Investmentvermögen ansässig ist, eine Abzugsteuer erhoben, gelten die Sätze 1 bis 4 mit der Maßgabe, dass für die Ermittlung des Höchstbetrags der anrechenbaren ausländischen Steuern Satz 3 entsprechend gilt. [6]Der Anrechnung der ausländischen Steuer nach § 34 c Abs. 1 des Einkommensteuergesetzes steht bei ausländischen Investmentanteilen § 34 c Abs. 6 Satz 1 des Einkommensteuergesetzes nicht entgegen. [7]Sind in den auf ausländische Investmentanteile ausgeschütteten sowie den ausschüttungsgleichen Erträgen Einkünfte enthalten, die mit deutscher Ertragsteuer belastet sind, so gelten diese Einkünfte und die darauf entfallende deutsche Steuer für Zwecke der Anrechnung und bei der Anwendung des § 7 Abs. 1[1)] als ausländische Einkünfte und ausländische Steuer im Sinne des Satzes 1. [8]Abweichend von den Sätzen 1 bis 6 sind bei Erträgen, die Einkünfte im Sinne des § 20 Abs. 1 Satz 1 Nr. 1 des Einkommensteuergesetzes sind, § 32 d Abs. 5 und § 43 a Abs. 3 Satz 1 des Einkommensteuergesetzes sinngemäß anzuwenden.[2)]

(3) Ausländische Steuern, die auf ausgeschüttete sowie ausschüttungsgleiche Erträge entfallen, die nach Absatz 1 oder § 2 Abs. 2 und 3 steuerfrei sind, sind bei der Anrechnung oder dem Abzug nach Absatz 2 oder beim Abzug nach Absatz 4 nicht zu berücksichtigen.

(4) [1]Das Investmentvermögen kann die nach Absatz 2 beim Anleger anrechenbaren oder abziehbaren ausländischen Steuern bei der Ermittlung der Erträge (§ 3) als Werbungskosten abziehen. [2]In diesem Fall hat der Anleger keinen Anspruch auf Anrechnung oder Abzug dieser Steuern nach Absatz 2.

§ 5 Besteuerungsgrundlagen. (1) [1]Die §§ 2 und 4 sind nur anzuwenden, wenn

1.[3)] die Investmentgesellschaft den Anlegern bei jeder Ausschüttung bezogen auf einen Investmentanteil unter Angabe der Wertpapieridentifikationsnummer ISIN des Investmentvermögens und des Zeitraums, auf den sich die Angaben beziehen, folgende Besteuerungsgrundlagen in deutscher Sprache bekannt macht:
   a) den Betrag der Ausschüttung (mit mindestens vier Nachkommastellen) sowie
      aa) in der Ausschüttung enthaltene ausschüttungsgleiche Erträge der Vorjahre,
      bb) in der Ausschüttung enthaltene Substanzbeträge,
   b) den Betrag der ausgeschütteten Erträge (mit mindestens vier Nachkommastellen),
   c) die in den ausgeschütteten Erträgen enthaltenen
      aa) Erträge im Sinne des § 2 Absatz 2 Satz 1 dieses Gesetzes in Verbindung mit *§ 8b Absatz 1 des Körperschaftsteuergesetzes oder § 3 Num-*

[1)] § 4 Abs. 2 Satz 7 ergänzt durch G v. 14. 8. 2007 (BGBl. I S. 1912); zur erstmaligen Anwendung siehe § 18 Abs. 1 Satz 1 n. F.

[2)] § 4 Abs. 2 Satz 8 angef. durch G v. 19. 12. 2008 (BGBl. I S. 2794); zur erstmaligen Anwendung siehe § 18 Abs. 13.

[3)] § 5 Abs. 1 Satz 1 Nr. 1 neu gef. durch G v. 8. 12. 2010 (BGBl. I S. 1768); zur Anwendung siehe § 18 Abs. 19 Satz 2.

mer 40 des Einkommensteuergesetzes, [***neue Fassung:*** § 3 Nummer 40 des Einkommensteuergesetzes oder im Fall des § 16 dieses Gesetzes in Verbindung mit § 8 b Absatz 1 des Körperschaftsteuergesetzes,][1)]

bb) Veräußerungsgewinne im Sinne des § 2 Absatz 2 Satz 2 dieses Gesetzes in Verbindung mit § 8 b Absatz 2 des Körperschaftsteuergesetzes oder § 3 Nummer 40 des Einkommensteuergesetzes,

cc) Erträge im Sinne des § 2 Absatz 2 a,

dd) steuerfreie Veräußerungsgewinne im Sinne des § 2 Absatz 3 Nummer 1 Satz 1 in der am 31. Dezember 2008 anzuwendenden Fassung,

ee) Erträge im Sinne des § 2 Absatz 3 Nummer 1 Satz 2 in der am 31. Dezember 2008 anzuwendenden Fassung, soweit die Erträge nicht Kapitalerträge im Sinne des § 20 des Einkommensteuergesetzes sind,

ff) steuerfreie Veräußerungsgewinne im Sinne des § 2 Absatz 3 in der ab 1. Januar 2009 anzuwendenden Fassung,

gg) Einkünfte im Sinne des § 4 Absatz 1,

hh) in Doppelbuchstabe gg enthaltene Einkünfte, die nicht dem Progressionsvorbehalt unterliegen,

ii) Einkünfte im Sinne des § 4 Absatz 2, für die kein Abzug nach Absatz 4 vorgenommen wurde,

jj) in Doppelbuchstabe ii enthaltene Einkünfte, auf die § 2 Absatz 2 dieses Gesetzes in Verbindung mit *§ 8 b Absatz 1 und 2 des Körperschaftsteuergesetzes oder § 3 Nummer 40 des Einkommensteuergesetzes* [***neue Fassung:*** § 8 b Absatz 2 des Körperschaftsteuergesetzes oder § 3 Nummer 40 des Einkommensteuergesetzes oder im Fall des § 16 dieses Gesetzes in Verbindung mit § 8 b Absatz 1 des Körperschaftsteuergesetzes][2)] anzuwenden ist,

kk) in Doppelbuchstabe ii enthaltene Einkünfte im Sinne des § 4 Absatz 2, die nach einem Abkommen zur Vermeidung der Doppelbesteuerung zur Anrechnung einer als gezahlt geltenden Steuer auf die Einkommensteuer oder Körperschaftsteuer berechtigen,

ll) in Doppelbuchstabe kk enthaltene Einkünfte, auf die § 2 Absatz 2 dieses Gesetzes in Verbindung mit *§ 8 b Absatz 1 und 2 des Körperschaftsteuergesetzes oder § 3 Nummer 40 des Einkommensteuergesetzes* [***neue Fassung:*** § 8 b Absatz 2 des Körperschaftsteuergesetzes oder § 3 Nummer 40 des Einkommensteuergesetzes oder im Fall des § 16 dieses Gesetzes in Verbindung mit § 8 b Absatz 1 des Körperschaftsteuergesetzes][3)] anzuwenden ist,

---

1) § 5 Absatz 1 Satz 1 Nummer 1 Buchst. c Doppelbuchst. aa geänd. durch G v. 21. 3. 2013 (BGBl. I S. 561); zur Anwendung siehe § 18 Abs. 22 Satz 2.

2) § 5 Abs. 1 Satz 1 Nr. 1 Buchst. c Doppelbuchst. jj geänd. durch G v. 21. 3. 2013 (BGBl. I S. 561); zur Anwendung siehe § 18 Abs. 22 Satz 2.

3) § 5 Abs. 1 Satz 1 Nr. 1 Buchst. c Doppelbuchst. ll geänd. durch G v. 21. 3. 2013 (BGBl. I S. 561); zur Anwendung siehe § 18 Abs. 22 Satz 2.

mm)[1] Erträge im Sinne des § 18 Absatz 22 Satz 4 dieses Gesetzes in Verbindung mit § 8 b Absatz 1 des Körperschaftsteuergesetzes,

d) den zur Anrechnung von Kapitalertragsteuer berechtigenden Teil der Ausschüttung

aa) im Sinne des § 7 Absatz 1 und 2,

bb) im Sinne des § 7 Absatz 3,

cc) im Sinne des § 7 Absatz 1 Satz 5, soweit in Doppelbuchstabe aa enthalten,

e) (weggefallen)

f) den Betrag der ausländischen Steuer, der auf die in den ausgeschütteten Erträgen enthaltenen Einkünfte im Sinne des § 4 Absatz 2 entfällt und

aa) der nach § 4 Absatz 2 dieses Gesetzes in Verbindung mit § 32 d Absatz 5 oder § 34 c Absatz 1 des Einkommensteuergesetzes oder einem Abkommen zur Vermeidung der Doppelbesteuerung anrechenbar ist, wenn kein Abzug nach § 4 Absatz 4 vorgenommen wurde,

bb) in Doppelbuchstabe aa enthalten ist und auf Einkünfte entfällt, auf die § 2 Absatz 2 dieses Gesetzes in Verbindung mit *§ 8 b Absatz 1 und 2 des Körperschaftsteuergesetzes oder § 3 Nummer 40 des Einkommensteuergesetzes* [***neue Fassung:*** § 8 b Absatz 2 des Körperschaftsteuergesetzes oder § 3 Nummer 40 des Einkommensteuergesetzes oder im Fall des § 16 dieses Gesetzes in Verbindung mit § 8 b Absatz 1 des Körperschaftsteuergesetzes][2] anzuwenden ist,

cc) der nach § 4 Absatz 2 dieses Gesetzes in Verbindung mit § 34 c Absatz 3 des Einkommensteuergesetzes abziehbar ist, wenn kein Abzug nach § 4 Absatz 4 dieses Gesetzes vorgenommen wurde,

dd) in Doppelbuchstabe cc enthalten ist und auf Einkünfte entfällt, auf die § 2 Absatz 2 dieses Gesetzes in Verbindung mit *§ 8 b Absatz 1 und 2 des Körperschaftsteuergesetzes oder § 3 Nummer 40 des Einkommensteuergesetzes* [***neue Fassung:*** § 8 b Absatz 2 des Körperschaftsteuergesetzes oder § 3 Nummer 40 des Einkommensteuergesetzes oder ein Fall des § 16 dieses Gesetzes in Verbindung mit § 8 b Absatz 1 des Körperschaftsteuergesetzes][3] anzuwenden ist,

ee) der nach einem Abkommen zur Vermeidung der Doppelbesteuerung als gezahlt gilt und nach § 4 Absatz 2 in Verbindung mit diesem Abkommen anrechenbar ist,

ff) in Doppelbuchstabe ee enthalten ist und auf Einkünfte entfällt, auf die § 2 Absatz 2 dieses Gesetzes in Verbindung mit *§ 8 b Absatz 1*

---

[1] § 5 Abs. 1 Satz 1 Nr. 1 Buchst. c Doppelbuchst. mm angef. durch G v. 21. 3. 2013 (BGBl. I S. 561); zur Anwendung siehe § 18 Abs. 22 Satz 2.

[2] § 5 Abs. 1 Satz 1 Nr. 1 Buchst. f Doppelbuchst. bb geänd. durch G v. 21. 3. 2013 (BGBl. I S. 561); zur Anwendung siehe § 18 Abs. 22 Satz 2.

[3] § 5 Abs. 1 Satz 1 Nr. 1 Buchst. f Doppelbuchst. dd geänd. durch G v. 21. 3. 2013 (BGBl. I S. 561); zur Anwendung siehe § 18 Abs. 22 Satz 2.

und 2 des Körperschaftsteuergesetzes oder § 3 Nummer 40 des Einkommensteuergesetzes [***neue Fassung:*** § 8 b Absatz 2 des Körperschaftsteuergesetzes oder § 3 Nummer 40 des Einkommensteuergesetzes oder ein Fall des § 16 dieses Gesetzes in Verbindung mit § 8 b Absatz 1 des Körperschaftsteuergesetzes][1)] anzuwenden ist,

g) den Betrag der Absetzungen für Abnutzung oder Substanzverringerung,

h) die im Geschäftsjahr gezahlte Quellensteuer, vermindert um die erstattete Quellensteuer des Geschäftsjahres oder früherer Geschäftsjahre,

i) den Betrag der nach § 3 Absatz 3 Satz 2 Nummer 2 nichtabziehbaren Werbungskosten;

2. die Investmentgesellschaft den Anlegern bei ausschüttungsgleichen Erträgen spätestens vier Monate nach Ablauf des Geschäftsjahres, in dem sie als zugeflossen gelten, die Angaben entsprechend der Nummer 1 mit Ausnahme des Buchstaben a[2)] bezogen auf einen Investmentanteil in deutscher Sprache bekannt macht;

3.[3)] die Investmentgesellschaft die in den Nummern 1 und 2 genannten Angaben in Verbindung mit dem Jahresbericht im Sinne von § 45 Abs. 1, § 122 Abs. 1 oder Abs. 2 des Investmentgesetzes spätestens vier Monate nach Ablauf des Geschäftsjahres[4)] im Bundesanzeiger bekannt macht; die Angaben sind mit der Bescheinigung eines zur geschäftsmäßigen Hilfeleistung befugten Berufsträgers im Sinne des § 3 des Steuerberatungsgesetzes, einer behördlich anerkannten Wirtschaftsprüfungsstelle oder einer vergleichbaren Stelle zu versehen, dass die Angaben nach den Regeln des deutschen Steuerrechts ermittelt wurden; die Bescheinigung muss eine Aussage enthalten, ob in die Ermittlung der Angaben Werte aus einem Ertragsausgleich eingegangen sind;[5)] § 323 des Handelsgesetzbuchs ist sinngemäß anzuwenden. [2]Wird innerhalb von vier Monaten nach Ablauf des Geschäftsjahres ein Ausschüttungsbeschluss für dieses abgelaufene Geschäftsjahr gefasst, sind abweichend von Satz 1 die in den Nummern 1 und 2 genannten Angaben spätestens vier Monate nach dem Tag des Beschlusses bekannt zu machen.[6)] [3]Wird der Jahresbericht nach den Bestimmungen des Investmentgesetzes nicht im Bundesanzeiger veröffentlicht, ist auch die Fundstelle bekannt zu machen, in der der Rechenschaftsbericht in deutscher Sprache bekannt gemacht ist;

---

1) § 5 Abs. 1 Satz 1 Nr. 1 Buchst. f Doppelbuchst. ff geänd. durch G v. 21. 3. 2013 (BGBl. I S. 561); zur Anwendung siehe § 18 Abs. 22 Satz 2.

2) § 5 Abs. 1 Satz 1 Nr. 2 ergänzt durch G v. 19. 12. 2008 (BGBl. I S. 2794); zur erstmaligen Anwendung siehe § 18 Abs. 14.

3) § 5 Abs. 1 Satz 1 Nr. 3 Satz 2 (nunmehr Satz 3) geänd. durch G v. 9. 12. 2004 (BGBl. I S. 3310); zur erstmaligen Anwendung siehe § 18 Abs. 1 Satz 1 a. F.; geänd. mWv 1. 4. 2012 durch G v. 22. 12. 2011 (BGBl. I S. 3044).

4) § 5 Abs. 1 Satz 1 Nr. 3 ergänzt durch G v. 19. 12. 2008 (BGBl. I S. 2794); zur erstmaligen Anwendung siehe § 18 Abs. 14.

5) § 5 Abs. 1 Satz 1 Nr. 3 ergänzt (siehe auch § 18 Absatz 19 Satz 2) durch G v. 8. 12. 2010 (BGBl. I S. 1768); siehe hierzu bereits BMF v. 9. 3. 2010, IV C 1 – S 1980 – 1/09/10001, Dok. 2010/0170936.

6) § 5 Abs. 1 Satz 1 Nr. 3 Satz 2 eingef. durch G v. 19. 12. 2008 (BGBl. I S. 2794); zur erstmaligen Anwendung siehe § 18 Abs. 14.

4.[1] die ausländische Investmentgesellschaft oder die ein EU-Investmentvermögen der Vertragsform verwaltende Kapitalanlagegesellschaft die Summe der nach dem 31. Dezember 1993 dem Inhaber der ausländischen Investmentanteile als zugeflossen geltenden, noch nicht dem Steuerabzug unterworfenen Erträge ermittelt und mit dem Rücknahmepreis bekannt macht;

5.[1] die ausländische Investmentgesellschaft oder die ein EU-Investmentvermögen der Vertragsform verwaltende Kapitalanlagegesellschaft auf Anforderung gegenüber dem Bundeszentralamt für Steuern[2] innerhalb von drei Monaten die Richtigkeit der in den Nummern 1, 2 und 4 genannten Angaben vollständig nachweist. [2]Sind die Urkunden in einer fremden Sprache abgefasst, so kann eine beglaubigte Übersetzung in die deutsche Sprache verlangt werden. [3]Hat die ausländische Investmentgesellschaft oder die ein EU-Investmentvermögen der Vertragsform verwaltende Kapitalanlagegesellschaft Angaben in unzutreffender Höhe bekannt gemacht, so hat sie die Unterschiedsbeträge eigenverantwortlich oder auf Verlangen des Bundeszentralamtes für Steuern[3] in der Bekanntmachung für das laufende Geschäftsjahr zu berücksichtigen.

[2]Liegen die in Satz 1 Nummer 1 Buchstabe c oder f genannten Angaben nicht vor, werden die Erträge insoweit nach § 2 Abs. 1 Satz 1 besteuert und § 4 findet insoweit keine Anwendung.

(2)[4]·[5] [1]§ 8 Absatz 1 bis 4[6] ist nur anzuwenden, wenn die Investmentgesellschaft bewertungstäglich den positiven oder negativen Prozentsatz des Wertes des Investmentanteils, getrennt für natürliche Personen und für Körperschaften, Personenvereinigungen oder Vermögensmassen,[7] ermittelt, der auf die in den Einnahmen aus der Veräußerung enthaltenen Bestandteile im Sinne des § 8 entfällt (Aktiengewinn) und mit dem Rücknahmepreis veröffentlicht. [2]Der Aktiengewinn pro Investmentanteil darf sich durch den An- und Verkauf von Investmentanteilen nicht ändern. [3]Die Investmentgesellschaft ist an ihre bei der erstmaligen Ausgabe der Anteile getroffene Entscheidung, ob sie den Aktiengewinn ermittelt oder davon absieht, gebunden. [4] § 2 Absatz 2 und § 4 Absatz 1 sind jeweils nur anzuwenden, wenn die Investmentgesellschaft die entsprechenden Teile des Aktiengewinns bewertungstäglich veröffentlicht.[8] [5]Absatz 1 Satz 1 Nr. 5 gilt entsprechend.

---

[1] § 5 Abs. 1 Satz 1 Nr. 4 und 5 geänd. durch G v. 22. 6. 2011 (BGBl. I S. 1126); zur Anwendung siehe § 18 Abs. 20 Satz 1.

[2] Bezeichnung geänd. durch G v. 22. 9. 2005 (BGBl. I S. 2809).

[3] Bezeichnung geänd. durch G v. 22. 9. 2005 (BGBl. I S. 2809).

[4] Zur Anwendung siehe § 18 Abs. 1 Satz 3 a. F.

[5] § 5 Abs. 2 Satz 3 eingef., bish. Satz 3 wird Satz 4 und geänd. durch G v. 9. 12. 2004 (BGBl. I S. 3310); zur erstmaligen Anwendung siehe § 18 Abs. 1 Satz 1 a. F.;
Abs. 2 Satz 4 eingef. durch G v. 14. 8. 2007 (BGBl. I S. 1912); zur erstmaligen Anwendung siehe § 18 Abs. 1 Satz 1 n. F.

[6] § 5 Abs. 2 Satz 1 Zitat ergänzt durch G v. 16. 7. 2009 (BGBl. I S. 1959).

[7] § 5 Abs. 2 Satz 1 geänd. durch G v. 21. 3. 2013 (BGBl. I S. 561); zur Anwendung siehe § 18 Abs. 22 Satz 3.

[8] § 5 Abs. 2 Satz 4 geänd. durch G v. 8. 12. 2010 (BGBl. I S. 1768); zur Anwendung siehe § 18 Abs. 19 Sätze 3 bis 6; vgl. auch BMF v. 18. 8. 2009 – IV C 1 – S 1980 – 1/08/10019, Rz. 110.

(3)[1] [1]Die Investmentgesellschaft hat bewertungstäglich den Zwischengewinn zu ermitteln und mit dem Rücknahmepreis zu veröffentlichen; dabei ist anzugeben, ob bei der Ermittlung des Zwischengewinns nach § 9 Satz 2 verfahren wurde. [2]Sind die Voraussetzungen des Satzes 1 nicht erfüllt, sind 6 Prozent des Entgelts für die Rückgabe oder Veräußerung des Investmentanteils anzusetzen; negative Kapitalerträge aus Zwischengewinnen auf Grund des Erwerbs von während des laufenden Geschäftsjahres des Investmentvermögens ausgegebenen Anteilen werden nicht berücksichtigt. [3]Absatz 1 Satz 1 Nr. 5 gilt entsprechend. [4]Die Sätze 1 und 2 finden bei inländischen Investmentvermögen im Sinne der §§ 112 und 113 des Investmentgesetzes und bei ausländischen Investmentvermögen, die hinsichtlich ihrer Anlagepolitik vergleichbaren Anforderungen unterliegen, keine Anwendung.[2]

§ 6 Besteuerung bei fehlender Bekanntmachung. [1]Sind die Voraussetzungen des § 5 Abs. 1 nicht erfüllt, sind beim Anleger die Ausschüttungen auf Investmentanteile, der Zwischengewinn[3] sowie 70 Prozent des Mehrbetrags anzusetzen, der sich zwischen dem ersten im Kalenderjahr festgesetzten Rücknahmepreis und dem letzten im Kalenderjahr festgesetzten Rücknahmepreis eines Investmentanteils ergibt; mindestens sind 6 Prozent des letzten im Kalenderjahr festgesetzten Rücknahmepreises anzusetzen. [2]Wird ein Rücknahmepreis nicht festgesetzt, so tritt an seine Stelle der Börsen- oder Marktpreis. [3]Der nach Satz 1 anzusetzende Teil des Mehrbetrags gilt mit Ablauf des jeweiligen Kalenderjahres als ausgeschüttet und zugeflossen.

§ 7 Kapitalertragsteuer. (1) [1]Ein Steuerabzug vom Kapitalertrag wird erhoben von

1. ausgeschütteten Erträgen im Sinne des § 2 Abs. 1, soweit sie nicht enthalten:

[Fassung ab 15. 12. 2010:][4]

a)[5] inländische Kapitalerträge im Sinne des § 43 Absatz 1 Satz 1 Nummer 1 und 1 a sowie Satz 2 des Einkommensteuergesetzes und von inländischen Investmentgesellschaften ausgeschüttete Erträge aus der Vermietung und Verpachtung von im Inland belegenen Grundstücken und grundstücksgleichen Rechten sowie ausgeschüttete Gewinne aus privaten Veräußerungsgeschäften mit im Inland belegenen Grundstücken und grundstücksgleichen Rechten; Absatz 3 bleibt unberührt;

---

[1] § 5 Abs. 3 angef. durch G v. 9. 12. 2004 (BGBl. I S. 3310); zur erstmaligen Anwendung siehe § 18 Abs. 3 Satz 1 bzw. Abs. 1 a. F.; Satz 1 2. HS angef., Satz 2 2. HS angef. durch G v. 8. 12. 2010 (BGBl. I S. 1768); zur Anwendung siehe § 18 Abs. 19 Satz 2.

[2] § 5 Abs. 3 Satz 4 angef. durch G v. 13. 12. 2006 (BGBl. I S. 2878); zur erstmaligen Anwendung siehe § 18 Abs. 3 Satz 2 a. F.

[3] § 6 Satz 1 ergänzt durch G v. 9. 12. 2004 (BGBl. I S. 3310); zur erstmaligen Anwendung siehe § 18 Abs. 3 Satz 1 a. F.

[4] § 7 Abs. 1 Satz 1 Nr. 1 Buchst. a neu gef. durch G v. 8. 12. 2010 (BGBl. I S. 1768); zur Anwendung siehe § 18 Abs. 19 Satz 7.

[5] § 7 Abs. 1 Satz 1 Nr. 1 Buchst. a geänd. durch G v. 22. 6. 2011 (BGBl. I S. 1126); zur Anwendung siehe § 18 Abs. 20 Satz 2 iVm. § 52 a Abs. 16 b EStG.

b) Gewinne aus der Veräußerung von Wertpapieren und Bezugsrechten auf Anteile an Kapitalgesellschaften, aus Termingeschäften im Sinne des § 18 Abs. 1 Satz 2[1] sowie aus der Veräußerung von Grundstücken und grundstücksgleichen Rechten im Sinne des § 2 Abs. 3 sowie Erträge im Sinne des § 4 Abs. 1,

2. Ausschüttungen im Sinne des § 6,

3.[2] den nach dem 31. Dezember 1993 einem Anleger in ausländische Investmentanteile als zugeflossen geltenden, noch nicht dem Steuerabzug unterworfenen Erträgen einschließlich der ausländischen Erträge im Sinne des § 43 Abs. 1 Satz 1 Nr. 1 des Einkommensteuergesetzes. [2]Hat die die Kapitalerträge auszahlende Stelle den Investmentanteil erworben oder veräußert und seitdem verwahrt oder sind der auszahlenden Stelle im Rahmen eines Depotübertrags die Anschaffungsdaten gemäß § 43 a Abs. 2 Satz 2 bis 5 des Einkommensteuergesetzes nachgewiesen worden,[3] hat sie den Steuerabzug nur von den in dem Zeitraum der Verwahrung als zugeflossen geltenden, noch nicht dem Steuerabzug unterworfenen Erträgen vorzunehmen,

4.[4] dem Zwischengewinn.

[2]Die für den Steuerabzug von Kapitalerträgen im Sinne des § 43 Abs. 1 Satz 1 Nr. 7[5] sowie Satz 2 des Einkommensteuergesetzes geltenden Vorschriften des Einkommensteuergesetzes sind entsprechend anzuwenden. [3]Die Anrechnung ausländischer Steuern richtet sich nach § 4 Abs. 2 Satz 8.[6] [4]Soweit die ausgeschütteten Erträge Kapitalerträge im Sinne des § 43 Absatz 1 Satz 1 Nummer 6 und 8 bis 12 des Einkommensteuergesetzes enthalten, hat die inländische auszahlende Stelle § 43 Absatz 2 Satz 3 bis 8 des Einkommensteuergesetzes anzuwenden.[7]·[8]

(2)[9] [1]Im Falle einer Teilausschüttung nach § 2 Absatz 1 Satz 3 sind auf die ausgeschütteten und ausschüttungsgleichen Erträge die Absätze 1, 3, 3 a und 3 c anzuwenden; die zu erhebende Kapitalertragsteuer ist von dem ausgeschütteten Betrag einzubehalten. [2]Im Falle einer Teilausschüttung nach § 2 Absatz 1 Satz 4 sind auf die ausgeschütteten und ausschüttungsgleichen Erträge die Absätze 3, 3 b, 3 d und 4 anzuwenden.

---

[1] § 7 Abs. 1 Satz 1 Nr. 1 Buchst. b ergänzt durch G v. 14. 8. 2007 (BGBl. I S. 1912); zur erstmaligen Anwendung siehe § 18 Abs. 2 Satz 1 n. F.

[2] § 7 Abs. 1 Satz 1 Nr. 3 Satz 2 kursive Worte aufgeh. durch G v. 13. 12. 2006 (BGBl. I S. 2878); zur erstmaligen Anwendung siehe § 18 Abs. 4.

[3] § 7 Abs. 1 Satz 1 Nr. 3 Satz 2 ergänzt, Abs. 1 Satz 3 angef. durch G v. 19. 12. 2008 (BGBl. I S. 2794); zur erstmaligen Anwendung siehe § 18 Abs. 13.

[4] § 7 Abs. 1 Satz 1 Nr. 4 angef. durch G v. 9. 12. 2004 (BGBl. I S. 3310); zur erstmaligen Anwendung siehe § 18 Abs. 3 Satz 1 a. F.

[5] § 7 Abs. 1 Satz 2 Verweis geänd. durch G v. 14. 8. 2007 (BGBl. I S. 1912); zur erstmaligen Anwendung siehe § 18 Abs. 2 Satz 1 n. F.

[6] § 7 Abs. 1 Satz 1 Nr. 3 Satz 2 ergänzt, Abs. 1 Satz 3 angef. durch G v. 19. 12. 2008 (BGBl. I S. 2794); zur erstmaligen Anwendung siehe § 18 Abs. 13.

[7] § 7 Abs. 1 Satz 4 aufgeh. mWv 1. 1. 2012 (§ 18 Abs. 20 Satz 2) durch G v. 22. 6. 2011 (BGBl. I S. 1126); nachfolgender Satz 5 wird Satz 4.

[8] § 7 Abs. 1 Sätze 4 und 5 angef. durch G v. 8. 12. 2010 (BGBl. I S. 1768); zur Anwendung siehe § 18 Abs. 19 Satz 7.

[9] § 7 Abs. 2 neu gef. durch G v. 22. 6. 2011 (BGBl. I S. 1126); zur Anwendung siehe § 18 Abs. 20 Satz 2.

(3)[1] [1]Eine Kapitalertragsteuer wird von den Erträgen aus einem Anteil an einem inländischen Investmentvermögen erhoben,

1. soweit in den Erträgen aus dem Investmentanteil inländische Erträge im Sinne des § 43 Absatz 1 Satz 1 Nummer 1 und 1 a sowie Satz 2 des Einkommensteuergesetzes enthalten sind,
   a) von den ausgeschütteten Erträgen nach Maßgabe des Absatzes 3 a und
   b) von den ausschüttungsgleichen Erträgen nach Maßgabe des Absatzes 3 b,
2. soweit in den Erträgen aus dem Investmentanteil Erträge aus der Vermietung und Verpachtung von und Gewinne aus Veräußerungsgeschäften mit im Inland belegenen Grundstücken und grundstücksgleichen Rechten enthalten sind,
   a) von den ausgeschütteten Erträgen nach Maßgabe des Absatzes 3 c und
   b) von den ausschüttungsgleichen Erträgen nach Maßgabe des Absatzes 3 d.

[2]Der Steuerabzug obliegt dem Entrichtungspflichtigen. [3]Dieser hat die auszuschüttenden Beträge einschließlich der Steuerabzugsbeträge bei der Depotbank einzuziehen, soweit er sie nicht nach § 2 Absatz 1 a und 1 b vom Veräußerer des Anteils einzuziehen hat. [4]Das Investmentvermögen hat der Depotbank die Beträge für die Ausschüttungen und den Steuerabzug zur Verfügung zu stellen, die sich nach seinen Berechnungen unter Verwendung der von der Depotbank ermittelten Zahl der Investmentanteile ergeben.

(3 a) [1]Entrichtungspflichtiger ist bei ausgeschütteten Erträgen im Sinne von Absatz 3 Satz 1 Nummer 1 Buchstabe a als auszahlende Stelle

1. das inländische Kredit- oder Finanzdienstleistungsinstitut im Sinne des § 43 Absatz 1 Satz 1 Nummer 7 Buchstabe b des Einkommensteuergesetzes oder das inländische Wertpapierhandelsunternehmen, welches, oder die inländische Wertpapierhandelsbank, welche
   a) die Anteile an dem Investmentvermögen verwahrt oder verwaltet und
      aa) die Erträge im Sinne des Satzes 1 auszahlt oder gutschreibt oder
      bb) die Erträge im Sinne des Satzes 1 an eine ausländische Stelle auszahlt oder
   b) die Anteile an dem Investmentvermögen nicht verwahrt oder verwaltet und
      aa) die Erträge im Sinne des Satzes 1 auszahlt oder gutschreibt oder
      bb) die Erträge im Sinne des Satzes 1 an eine ausländische Stelle auszahlt, oder
2. die Wertpapiersammelbank, der die Anteile an dem Investmentvermögen zur Sammelverwahrung anvertraut wurden, wenn sie die Erträge im Sinne des Satzes 1 an eine ausländische Stelle auszahlt.

[2]Ergänzend sind die für den Steuerabzug von Kapitalerträgen im Sinne des § 43 Absatz 1 Satz 1 Nummer 1 a des Einkommensteuergesetzes geltenden Vorschriften des Einkommensteuergesetzes entsprechend anzuwenden.

---

[1] § 7 Abs. 3 ersetzt durch die Absätze 3 bis 3 d durch G v. 22. 6. 2011 (BGBl. I S. 1126); zur Anwendung siehe § 18 Abs. 20 Sätze 2 ff.

(3b)[1] [1] Entrichtungspflichtiger ist bei ausschüttungsgleichen Erträgen im Sinne des Absatzes 3 Satz 1 Nummer 1 Buchstabe b die inländische Stelle, die im Falle einer Ausschüttung auszahlende Stelle nach Absatz 3a Satz 1 wäre. [2] Die Depotbank hat die Steuerabzugsbeträge den inländischen Stellen nach Satz 1 auf deren Anforderung zur Verfügung zu stellen, soweit nicht die inländische Stelle Beträge nach § 2 Absatz 1b einzuziehen hat; nicht angeforderte Steuerabzugsbeträge hat die Depotbank nach Ablauf des zweiten Monats seit dem Ende des Geschäftsjahres des Investmentvermögens zum 10. des Folgemonats anzumelden und abzuführen. [3] Das Investmentvermögen, die Depotbank und die sonstigen inländischen Stellen haben das zur Verfügungstellen und etwaige Rückforderungen der Steuerabzugsbeträge nach denselben Regeln abzuwickeln, die für ausgeschüttete Beträge nach Absatz 3 Satz 1 Nummer 1 Buchstabe a gelten würden. [4] Die inländische Stelle hat die Kapitalertragsteuer spätestens mit Ablauf des ersten Monats seit dem Ende des Geschäftsjahres des Investmentvermögens einzubehalten und zum 10. des Folgemonats anzumelden und abzuführen. [5] Ergänzend sind die für den Steuerabzug von Kapitalerträgen im Sinne des § 43 Absatz 1 Satz 1 Nummer 1a des Einkommensteuergesetzes geltenden Vorschriften des Einkommensteuergesetzes entsprechend anzuwenden.

(3c)[2] [1] Den Steuerabzug hat bei ausgeschütteten Erträgen im Sinne des Absatzes 3 Satz 1 Nummer 2 Buchstabe a als Entrichtungspflichtiger die auszahlende Stelle im Sinne des Absatzes 3a Satz 1 vorzunehmen. [2] Ergänzend sind die für den Steuerabzug von Kapitalerträgen im Sinne des § 43 Absatz 1 Satz 1 Nummer 7 sowie Satz 2 des Einkommensteuergesetzes geltenden Vorschriften des Einkommensteuergesetzes und § 44a Absatz 10 Satz 4 bis 7 des Einkommensteuergesetzes entsprechend anzuwenden.

(3d)[3] [1] Den Steuerabzug nimmt bei ausschüttungsgleichen Erträgen im Sinne des Absatzes 3 Satz 1 Nummer 2 Buchstabe b als Entrichtungspflichtiger die inländische Stelle vor, die im Falle einer Ausschüttung auszahlende Stelle nach Absatz 3c Satz 1 in Verbindung mit Absatz 3a Satz 1 wäre. [2] Absatz 3b Satz 2 bis 4 ist entsprechend anzuwenden. [3] Ergänzend sind die für den Steuerabzug von Kapitalerträgen im Sinne des § 43 Absatz 1 Satz 1 Nummer 7 sowie Satz 2 des Einkommensteuergesetzes geltenden Vorschriften des Einkommensteuergesetzes und § 44a Absatz 10 Satz 4 bis 7 des Einkommensteuergesetzes entsprechend anzuwenden.

(4)[4] [1] Von den ausschüttungsgleichen Erträgen eines inländischen Investmentvermögens mit Ausnahme der in Absatz 3 Satz 1 Nummer 1 Buchstabe b und Nummer 2 Buchstabe b genannten hat als Entrichtungspflichtiger die inländische Stelle einen Steuerabzug vorzunehmen, die bei Erträgen im Sinne des Absatzes 3 Satz 1 Nummer 2 Buchstabe b nach Absatz 3d Satz 1 als auszahlende Stelle hierzu verpflichtet wäre. [2] Im Übrigen gilt Absatz 1 entspre-

---

[1] Vgl. zu Abs. 3b § 18 Abs. 20 Sätze 3 und 4.

[2] § 7 Abs. 3c Satz 2 ergänzt durch G v. 7. 12. 2011 (BGBl. I S. 2592); zur Anwendung siehe § 18 Abs. 20 Satz 2.

[3] § 7 Abs. 3d Satz 3 ergänzt durch G v. 7. 12. 2011 (BGBl. I S. 2592); zur Anwendung siehe § 18 Abs. 20 Satz 2.

[4] § 7 Abs. 4 neu gef. durch G v. 22. 6. 2011 (BGBl. I S. 1126); Satz 3 neu gef. durch G v. 7. 12. 2011 (BGBl. I S. 2592); zur Anwendung siehe § 18 Abs. 20 Satz 2.

chend. [3]Absatz 3b Satz 2 bis 4 und § 44a Absatz 10 Satz 4 bis 7 des Einkommensteuergesetzes sind entsprechend anzuwenden.

(5)[1)] [1]Wird bei ausschüttungsgleichen Erträgen nach Absatz 3 Satz 1 Nummer 1 Buchstabe b und Nummer 2 Buchstabe b sowie nach Absatz 4 von der inländischen Stelle weder vom Steuerabzug abgesehen noch ganz oder teilweise Abstand genommen, wird auf Antrag die einbehaltene Kapitalertragsteuer unter den Voraussetzungen des § 44a Absatz 4 und des § 44b Absatz 1 Satz 1 des Einkommensteuergesetzes in dem dort vorgesehenen Umfang von der inländischen Investmentgesellschaft erstattet. [2]Der Anleger hat der Investmentgesellschaft eine Bescheinigung der inländischen Stelle im Sinne der Absätze 3b, 3d und 4 vorzulegen, aus der hervorgeht, dass diese die Erstattung nicht vorgenommen hat und auch nicht vornehmen wird. [3]Im Übrigen sind die für die Anrechnung und Erstattung der Kapitalertragsteuer geltenden Vorschriften des Einkommensteuergesetzes entsprechend anzuwenden. [4]Die erstattende inländische Investmentgesellschaft haftet in sinngemäßer Anwendung des § 44 Absatz 5 des Einkommensteuergesetzes für zu Unrecht vorgenommene Erstattungen; für die Zahlungsaufforderung gilt § 219 der Abgabenordnung entsprechend. [5]Für die Überprüfung der Erstattungen sowie für die Geltendmachung der Rückforderung von Erstattungen oder der Haftung ist das Finanzamt zuständig, das für die Besteuerung der inländischen Investmentgesellschaft nach dem Einkommen zuständig ist.

(6)[2)] [1]Wird bei einem Gläubiger ausschüttungsgleicher Erträge im Sinne des Absatzes 4, der als Körperschaft weder Sitz noch Geschäftsleitung oder als natürliche Person weder Wohnsitz noch gewöhnlichen Aufenthalt im Inland hat, von der inländischen Stelle nicht vom Steuerabzug abgesehen, hat die inländische Investmentgesellschaft auf Antrag die einbehaltene Kapitalertragsteuer zu erstatten. [2]Die inländische Investmentgesellschaft hat sich von dem ausländischen Kreditinstitut oder Finanzdienstleistungsinstitut versichern zu lassen, dass der Gläubiger der Kapitalerträge nach den Depotunterlagen als Körperschaft weder Sitz noch Geschäftsleitung oder als natürliche Person weder Wohnsitz noch gewöhnlichen Aufenthalt im Inland hat. [3]Das Verfahren nach den Sätzen 1 und 2 ist auf den Steuerabzug von Erträgen im Sinne des Absatzes 3 Satz 1 Nummer 2 entsprechend anzuwenden, soweit die Erträge einem Anleger zufließen oder als zugeflossen gelten, der eine nach den Rechtsvorschriften eines Mitgliedstaates der Europäischen Union oder des Europäischen Wirtschaftsraums gegründete Gesellschaft im Sinne des Artikels 54 des Vertrags über die Arbeitsweise der Europäischen Union oder des Artikels 34 des Abkommens über den Europäischen Wirtschaftsraum mit Sitz und Ort der Geschäftsleitung innerhalb des Hoheitsgebietes eines dieser Staaten ist, und der einer Körperschaft im Sinne des § 5 Absatz 1 Nummer 3 des Körperschaftsteuergesetzes vergleichbar ist; soweit es sich um eine nach den Rechtsvorschriften eines Mitgliedstaates des Europäischen Wirtschaftsraums gegründete Gesellschaft oder eine Gesellschaft mit Ort und Geschäftsleitung

---

[1)] § 7 Abs. 5 neu gef. durch G v. 22. 6. 2011 (BGBl. I S. 1126); zur Anwendung siehe § 18 Abs. 20 Satz 2.

[2)] § 7 Abs. 6 neu gef. durch G v. 22. 6. 2011 (BGBl. I S. 1126); zur Anwendung siehe § 18 Abs. 20 Satz 2.

in diesem Staat handelt, ist zusätzlich Voraussetzung, dass mit diesem Staat ein Amtshilfeabkommen besteht. [4]Absatz 5 Satz 4 und 5 ist entsprechend anzuwenden.

(7) Für die Anrechnung der einbehaltenen und abgeführten Kapitalertragsteuer nach § 36 Abs. 2 des Einkommensteuergesetzes oder deren Erstattung nach § 50 d des Einkommensteuergesetzes gelten die Vorschriften des Einkommensteuergesetzes entsprechend.

(8)[1)] [1]Für die ergänzende Anwendung der Vorschriften des Einkommensteuergesetzes zum Kapitalertragsteuerabzug in den Absätzen 3 bis 6 steht die inländische Investmentgesellschaft einem inländischen Kreditinstitut gleich. [2]Ferner steht die inländische Kapitalanlagegesellschaft hinsichtlich der ihr erlaubten Verwahrung und Verwaltung von Investmentanteilen für die Anwendung der Vorschriften des Einkommensteuergesetzes zum Kapitalertragsteuerabzug einem inländischen Kreditinstitut gleich.

§ 8[2)] Veräußerung von Investmentanteilen; Vermögensminderung.

(1)[3)] [1]Auf die Einnahmen aus der Rückgabe, Veräußerung oder Entnahme von Investmentanteilen sind § 3 Nummer 40 des Einkommensteuergesetzes, § 4 Absatz 1 dieses Gesetzes sowie § 19 des REIT-Gesetzes anzuwenden, soweit sie dort genannte, dem Anleger noch nicht zugeflossene oder als zugeflossen geltende Einnahmen enthalten oder auf bereits realisierte oder noch nicht realisierte Gewinne aus der Beteiligung des Investmentsvermögens an Körperschaften, Personenvereinigungen oder Vermögensmassen entfallen, deren Leistungen beim Empfänger zu den Einnahmen im Sinne des § 20 Absatz 1 Nummer 1 des Einkommensteuergesetzes gehören (positiver Aktiengewinn). [2]Auf die Einnahmen aus der Rückgabe, Veräußerung oder Entnahme von Investmentanteilen im Betriebsvermögen sind § 8 b des Körperschaftsteuergesetzes sowie § 19 des REIT-Gesetzes anzuwenden, soweit sie auf bereits realisierte oder noch nicht realisierte Gewinne aus der Beteiligung des Investmentvermögens an Körperschaften, Personenvereinigungen oder Vermögensmassen entfallen, deren Leistungen beim Empfänger zu den Einnahmen im Sinne des § 20 Absatz 1 Nummer 1 des Einkommensteuergesetzes gehören. [3]§ 15 Absatz 1 a und § 16 Absatz 3 bleiben unberührt. [4]Bei Beteiligungen des Investmentvermögens sind die Sätze 1 bis 3 entsprechend anzuwenden. [5]Bei dem Ansatz des in § 6 Absatz 1 Nummer 2 Satz 3 des Einkommensteuergesetzes bezeichneten Wertes sind die Sätze 1 bis 4 entsprechend anzuwenden.

(2)[4)] [1]Auf Vermögensminderungen innerhalb des Investmentvermögens sind beim Anleger § 3 c Abs. 2 des Einkommensteuergesetzes und § 8 b des Körperschaftsteuergesetzes anzuwenden, soweit die Vermögensminderungen auf

---

[1)] § 7 Abs. 8 angef. durch G v. 20. 12. 2007 (BGBl. I S. 3150); zur erstmaligen Anwendung siehe § 18 Abs. 7.

[2)] Zur Anwendung siehe § 18 Abs. 1 Satz 2 und 3 a. F. sowie § 19 Abs. 1 Satz 2.

[3)] § 8 Abs. 1 neu gef. durch G v. 21. 3. 2013 (BGBl. I S. 561); zur Anwendung siehe § 18 Abs. 22 Sätze 1 und 5.

[4)] § 8 Abs. 2 Satz 1 HS 2 und Satz 2 angef. durch G v. 9. 12. 2004 (BGBl. I S. 3310); zur erstmaligen Anwendung siehe § 18 Abs. 1 Satz 1 a. F.

Beteiligungen des Investmentvermögens an Körperschaften, Personenvereinigungen oder Vermögensmassen entfallen, deren Leistungen beim Empfänger zu den Einnahmen im Sinne des § 20 Abs. 1 Nr. 1 des Einkommensteuergesetzes gehören; Vermögensminderungen, die aus Wirtschaftsgütern herrühren, auf deren Erträge § 4 Abs. 1 anzuwenden ist, dürfen das Einkommen nicht mindern (negativer Aktiengewinn). 2 Bei Beteiligungen des Investmentvermögens an anderen Investmentvermögen ist Satz 1 entsprechend anzuwenden. 3 Die Sätze 1 und 2 gelten nicht für Beteiligungen des Investmentvermögens an inländischen REIT-Aktiengesellschaften oder anderen REIT-Körperschaften, -Personenvereinigungen oder -Vermögensmassen im Sinne des REIT-Gesetzes.[1)]

(3)[2)] 1 Der nach den Absätzen 1 und 2 zu berücksichtigende Teil der Einnahmen ist, vorbehaltlich einer Berichtigung nach Satz 4, der Unterschied zwischen dem Aktiengewinn auf den Rücknahmepreis zum Zeitpunkt der Veräußerung einerseits und dem Aktiengewinn auf den Rücknahmepreis zum Zeitpunkt der Anschaffung andererseits. 2 Bei Ansatz eines niedrigeren Teilwerts ist der zu berücksichtigende Teil nach § 3 c Abs. 2 des Einkommensteuergesetzes und § 8 b des Körperschaftsteuergesetzes, vorbehaltlich einer Berichtigung nach Satz 4, der Unterschied zwischen dem Aktiengewinn auf den maßgebenden Rücknahmepreis zum Zeitpunkt der Bewertung einerseits und dem Aktiengewinn auf den Rücknahmepreis zum Zeitpunkt der Anschaffung andererseits, soweit dieser Unterschiedsbetrag sich auf den Bilanzansatz ausgewirkt hat. 3 Entsprechendes gilt bei Gewinnen aus dem Ansatz des in § 6 Abs. 1 Nr. 2 Satz 3 des Einkommensteuergesetzes bezeichneten Wertes für die Ermittlung des zu berücksichtigenden Teils nach § 3 Nr. 40 des Einkommensteuergesetzes oder § 8 b des Körperschaftsteuergesetzes. 4 Die nach den Sätzen 1, 2 und 3 zu berücksichtigenden Teile sind um einen nach den Sätzen 2 bzw. 3 ermittelten Aktiengewinn auf den maßgebenden Rücknahmepreis zum Schluss des vorangegangenen Wirtschaftsjahres zu berichtigen, soweit er sich auf den Bilanzansatz ausgewirkt hat.

(4)[3)] Kommt eine Investmentgesellschaft ihrer Ermittlungs- und Veröffentlichungspflicht nach § 5 Abs. 2 nicht nach, gilt der Investmentanteil bei betrieblichen Anlegern als zum zeitgleich mit dem letzten Aktiengewinn veröffentlichten Rücknahmepreis zurückgegeben und wieder angeschafft. 2 Die auf den Veräußerungsgewinn entfallende Einkommen- oder Körperschaftsteuer gilt als zinslos gestundet. 3 Bei einer nachfolgenden Rückgabe oder Veräußerung des Investmentanteils endet die Stundung mit der Rückgabe oder Veräußerung. 4 Auf die als angeschafft geltenden Investmentanteile sind § 3 Nr. 40 des Einkommensteuergesetzes und § 8 b des Körperschaftsteuergesetzes nicht anzuwenden.

---

1) § 8 Abs. 2 Satz 3 angef. durch G v. 28. 5. 2007 (BGBl. I S. 914); zur erstmaligen Anwendung siehe § 18 Abs. 5 Sätze 2 und 3.

2) § 8 Abs. 3 neugef. durch G v. 9. 12. 2004 (BGBl. I S. 3310); zur erstmaligen Anwendung siehe § 18 Abs. 1 Satz 1 a. F.

3) § 8 Abs. 4 angef. durch G v. 9. 12. 2004 (BGBl. I S. 3310); zur erstmaligen Anwendung siehe § 18 Abs. 1 Satz 1 a. F.

(5)[1),2)] [1]Gewinne aus der Rückgabe oder Veräußerung von Investmentanteilen, die weder zu einem Betriebsvermögen gehören noch zu den Einkünften nach § 22 Nr. 1 oder Nr. 5 des Einkommensteuergesetzes gehören, gehören zu den Einkünften aus Kapitalvermögen im Sinne des § 20 Abs. 2 Satz 1 Nr. 1 des Einkommensteuergesetzes; § 3 Nr. 40 und § 17 des Einkommensteuergesetzes und § 8b des Körperschaftsteuergesetzes sind nicht anzuwenden. [2]Negative Einnahmen gemäß § 2 Abs. 1 Satz 1 sind von den Anschaffungskosten des Investmentanteils, erhaltener Zwischengewinn ist vom Veräußerungserlös des Investmentanteils abzusetzen. [3]Der Veräußerungserlös ist ferner um die während der Besitzzeit als zugeflossen geltenden ausschüttungsgleichen Erträge zu mindern sowie um die hierauf entfallende, seitens der Investmentgesellschaft gezahlte und um einen entstandenen Ermäßigungsanspruch gekürzte Steuer im Sinne des § 4 Abs. 2, § 7 Abs. 3 und 4 zu erhöhen. [4]Sind ausschüttungsgleiche Erträge in einem späteren Geschäftsjahr innerhalb der Besitzzeit ausgeschüttet worden, sind diese dem Veräußerungserlös hinzuzurechnen. [5]Der Gewinn aus der Veräußerung oder Rückgabe ist um die während der Besitzzeit des Anlegers ausgeschütteten Beträge zu erhöhen, die nach § 18 Abs. 1 Satz 2 in Verbindung mit § 2 Abs. 3 Nr. 1 in der am 31. Dezember 2008 anzuwendenden Fassung des Gesetzes steuerfrei sind. [6]Des Weiteren ist der Veräußerungsgewinn um die während der Besitzzeit des Anlegers zugeflossene Substanzauskehrung sowie um die Beträge zu erhöhen, die während der Besitzzeit auf Grund der Absetzung für Abnutzung oder Substanzverringerung im Sinne des § 3 Absatz 3 Satz 1 steuerfrei ausgeschüttet wurden.[3)] [7]Ferner bleiben bei der Ermittlung des Gewinns die Anschaffungskosten und der Veräußerungserlös mit dem Prozentsatz unberücksichtigt, den die Investmentgesellschaft für den jeweiligen Stichtag nach § 5 Abs. 2 für die Anwendung des Absatzes 1 in Verbindung mit § 4 Abs. 1 veröffentlicht hat.

(6)[4)] [1]Von den Einnahmen aus der Rückgabe oder Veräußerung von Investmentanteilen ist ein Steuerabzug vorzunehmen. [2]Bemessungsgrundlage für den Kapitalertragsteuerabzug ist auch bei Investmentanteilen, die zu einem Betriebsvermögen gehören, der Gewinn nach Absatz 5. [3]Die für den Steuerabzug von Kapitalerträgen nach § 43 Abs. 1 Satz 1 Nr. 9 sowie Satz 2 des Einkommensteuergesetzes geltenden Vorschriften des Einkommensteuergesetzes sind einschließlich des § 43 Abs. 2 Satz 3 bis 9 und des § 44a Abs. 4 und 5[4)] entsprechend anzuwenden. [4]Bei der unmittelbaren Rückgabe von Investmentanteilen an eine inländische Kapitalanlagegesellschaft oder Investmentaktiengesellschaft hat die Investmentgesellschaft den Kapitalertragsteuerabzug

---

1) § 8 Abs. 5 angef. durch G v. 9. 12. 2004 (BGBl. I S. 3310); zur erstmaligen Anwendung siehe § 18 Abs. 1 Satz 1 a. F.

2) § 8 Abs. 5 neu gef. durch G v. 14. 8. 2007 (BGBl. I S. 1912), Sätze 1 und 3 geänd., Satz 4 neu gef. durch G v. 19. 12. 2008 (BGBl. I S. 2794); zur Anwendung siehe § 18 Abs. 2 Satz 2, Abs. 2a und Abs. 2b n. F.

3) § 8 Abs. 5 Satz 6 eingef., bish. Satz 6 wird Satz 7 durch G v. 8. 12. 2010 (BGBl. I S. 1768).

4) § 8 Abs. 6 angef. durch G v. 14. 8. 2007 (BGBl. I S. 1912); Satz 3 geänd. durch G v. 19. 12. 2008 (BGBl. I S. 2794); zur Anwendung siehe § 18 Abs. 2 Satz 2, Abs. 2a und Abs. 2b n. F.

nach den Sätzen 1 bis 3 vorzunehmen; dieser Steuerabzug tritt an die Stelle des Steuerabzugs durch die auszahlende Stelle.

(7)[1] § 15 b des Einkommensteuergesetzes ist auf Verluste aus der Rückgabe, Veräußerung oder Entnahme von Investmentanteilen sowie auf Verluste durch Ansatz des niedrigeren Teilwerts bei Investmentanteilen sinngemäß anzuwenden.

§ 9[2] **Ertragsausgleich.** [1]Den in den ausgeschütteten und ausschüttungsgleichen Erträgen enthaltenen einzelnen Beträgen im Sinne der §§ 2 und 4 sowie der anrechenbaren oder abziehbaren ausländischen Quellensteuer stehen die hierauf entfallenden Teile des Ausgabepreises für ausgegebene Anteile gleich. [2]Die Einnahmen und Zwischengewinne im Sinne des § 1 Absatz 4 sind bei Anwendung eines Ertragsausgleichsverfahrens um die hierauf entfallenden Teile des Ausgabepreises für ausgegebene Anteile zu erhöhen.

§ 10[3] **Dach-Investmentvermögen.** [1]Bei Erträgen eines Anlegers aus Investmentanteilen, die aus Erträgen des Investmentvermögens aus Anteilen an anderen Investmentvermögen stammen, findet § 6 entsprechende Anwendung, soweit die Besteuerungsgrundlagen des Dach-Investmentvermögens im Sinne des § 5 Abs. 1 nicht nachgewiesen werden. [2]Soweit Ziel-Investmentvermögen die Voraussetzungen des § 5 Absatz 1 nicht erfüllen, sind die nach § 6 zu ermittelnden Besteuerungsgrundlagen des Ziel-Investmentvermögens den steuerpflichtigen Erträgen des Dach-Investmentvermögens zuzurechnen. [3]Die vorstehenden Sätze sind auch auf Master-Feeder-Strukturen im Sinne des Kapitels 2 Abschnitt 1 a des Investmentgesetzes anzuwenden.

Abschnitt 2.
Regelungen nur für inländische Investmentanteile

§ 11 Zweckvermögen; Steuerbefreiung; Außenprüfung. (1)[4] [1]Das inländische Sondervermögen gilt in den Fällen des § 1 Absatz 1 Nummer 1 Buchstabe a bis c als Zweckvermögen im Sinne des § 1 Absatz 1 Nummer 5 des Körperschaftsteuergesetzes. [2]Es ist von der Körperschaftsteuer und der Gewerbesteuer befreit. [3]Satz 2 findet auch auf die Investmentaktiengesellschaft Anwendung. [4]Die Sätze 1 und 2 gelten auch für Investmentvermögen im Sinne des § 1 Absatz 1 a Satz 2.

(2) [1]Die von Kapitalerträgen des inländischen Investmentvermögens einbehaltene und abgeführte Kapitalertragsteuer wird dem Investmentvermögen

---

[1] § 8 Abs. 7 angef. durch G v. 8. 12. 2010 (BGBl. I S. 1768).

[2] § 9 Satz 1 geänd., Satz 2 angef. durch G v. 8. 12. 2010 (BGBl. I S. 1768).

[3] § 10 Überschr. geänd., Sätze 1 u. 2 geänd., Satz 3 angef. durch G v. 22. 6. 2011 (BGBl. I S. 1126); zur Anwendung siehe § 18 Abs. 20 Satz 1.

[4] § 11 Abs. 1 Satz 2 geänd. durch G v. 9. 12. 2004 (BGBl. I S. 3310); zur erstmaligen Anwendung siehe § 18 Abs. 1 Satz 1 a. F.; Abs. 1 Satz 1 geänd., Satz 4 angef. durch G v. 22. 6. 2011 (BGBl. I S. 1126); zur Anwendung siehe § 18 Abs. 20 Satz 1.

unter Einschaltung der Depotbank[1] erstattet, soweit nicht nach § 44a des Einkommensteuergesetzes vom Steuerabzug Abstand zu nehmen ist; dies gilt auch für den als Zuschlag zur Kapitalertragsteuer einbehaltenen und abgeführten Solidaritätszuschlag. 2Bei Kapitalerträgen im Sinne des § 43 Absatz 1 Satz 1 Nummer 1 und 2 des Einkommensteuergesetzes wendet die Depotbank § 44b Absatz 6 des Einkommensteuergesetzes entsprechend an; bei den übrigen Kapitalerträgen außer Kapitalerträgen im Sinne des § 43 Absatz 1 Satz 1 Nummer 1a des Einkommensteuergesetzes[2] erstattet das Finanzamt, an das die Kapitalertragsteuer abgeführt worden ist, die Kapitalertragsteuer und den Solidaritätszuschlag auf Antrag an die Depotbank.[3] 3Im Übrigen sind die Vorschriften des Einkommensteuergesetzes über die Abstandnahme vom Steuerabzug und über die Erstattung von Kapitalertragsteuer bei unbeschränkt einkommensteuerpflichtigen Gläubigern sinngemäß anzuwenden. 4An die Stelle der nach dem Einkommensteuergesetz erforderlichen[4] Nichtveranlagungs-Bescheinigung tritt eine Bescheinigung des für das Investmentvermögen zuständigen Finanzamts, in der bestätigt wird, dass ein Zweckvermögen oder eine Investmentaktiengesellschaft im Sinne des Absatzes 1 vorliegt.

(3) Beim inländischen Investmentvermögen ist eine Außenprüfung im Sinne der §§ 194ff. der Abgabenordnung zulässig zur Ermittlung der steuerlichen Verhältnisse des Investmentvermögens, zum Zwecke der Prüfung der Berichte nach § 44 des Investmentgesetzes und der Besteuerungsgrundlagen nach § 5.

§ 12 Ausschüttungsbeschluss. 1Die inländische Investmentgesellschaft hat über die Verwendung der zur Ausschüttung zur Verfügung stehenden Beträge zu beschließen und den Beschluss schriftlich zu dokumentieren. 2Der Beschluss hat Angaben zur Zusammensetzung der Ausschüttung zu enthalten. 3Er hat außerdem Angaben zu den noch nicht ausgeschütteten Beträgen, die nicht unter § 19 Abs. 1 fallen, zu enthalten.

§ 13 Gesonderte Feststellung der Besteuerungsgrundlagen. (1) Die Besteuerungsgrundlagen im Sinne des § 5 Abs. 1 sind gegenüber der Investmentgesellschaft gesondert festzustellen.

(2)[5] 1Die Investmentgesellschaft hat spätestens vier Monate nach Ablauf des Geschäftsjahres eine Erklärung zur gesonderten Feststellung der Besteuerungsgrundlagen abzugeben. 2Wird innerhalb von vier Monaten nach Ablauf des Geschäftsjahres ein Beschluss über eine Ausschüttung gefasst, ist die Erklärung nach Satz 1 spätestens vier Monate nach dem Tag des Beschlusses abzugeben.

---

[1] § 11 Abs. 2 Satz 1 geänd., Satz 2 neu gef. durch G v. 16. 7. 2009 (BGBl. I S. 1959); zur Anwendung siehe § 18 Abs. 17 Satz 2 und Abs. 21.

[2] § 11 Abs. 2 Satz 2 2. HS ergänzt durch G v. 22. 6. 2011 (BGBl. I S. 1126); zur Anwendung siehe § 18 Abs. 20 Satz 2 und Abs. 21.

[3] § 11 Abs. 2 Satz 2 neu gef. durch G v. 16. 7. 2009 (BGBl. I S. 1959); zur Anwendung siehe § 18 Abs. 17 Satz 2 und Abs. 21.

[4] Verweis geänd. durch G v. 26. 6. 2013 (BGBl. I S. 1809); zur Anwendung siehe § 18 Abs. 21 Satz 3.

[5] § 13 Abs. 2 Satz 1 geänd., Satz 2 eingef. durch G v. 19. 12. 2008 (BGBl. I S. 2794); zur erstmaligen Anwendung siehe § 18 Abs. 14.

[3]Der Feststellungserklärung sind der Jahresbericht, die Bescheinigung (§ 5 Abs. 1 Satz 1 Nr. 3) und der Ausschüttungsbeschluss (§ 12) beizufügen.

(3)[1)] [1]Die Feststellungserklärung steht einer gesonderten Feststellung gleich. [2]Die Investmentgesellschaft hat die erklärten Besteuerungsgrundlagen zugleich im Bundesanzeiger bekannt zu machen.

(4)[2)] [1]Stellt das Finanzamt materielle Fehler der gesonderten Feststellung nach Absatz 3 Satz 1 fest, sind die Unterschiedsbeträge zwischen den erklärten Besteuerungsgrundlagen und den zutreffenden Besteuerungsgrundlagen gesondert festzustellen. [2]Weichen die nach Absatz 3 Satz 2 bekannt gemachten Besteuerungsgrundlagen von der Feststellungserklärung ab, sind die Unterschiedsbeträge zwischen den nach Absatz 3 Satz 2 bekannt gemachten Besteuerungsgrundlagen und den erklärten Besteuerungsgrundlagen gesondert festzustellen. [3]Die Investmentgesellschaft hat die Unterschiedsbeträge in der Feststellungserklärung für das Geschäftsjahr zu berücksichtigen, in dem die Feststellung nach den Sätzen 1 und 2 unanfechtbar geworden ist. [4]Die §§ 129, 164, 165, 172 bis 175 a der Abgabenordnung sind auf die gesonderte Feststellung nach Absatz 3 Satz 1 sowie Absatz 4 Satz 1 und 2 nicht anzuwenden. [5]Eine gesonderte Feststellung nach den Sätzen 1 und 2 ist bis zum Ablauf der für die Feststellung nach Absatz 3 Satz 1 geltenden Feststellungsfrist zulässig.

(5)[3)] Örtlich zuständig ist das Finanzamt, in dessen Bezirk sich die Geschäftsleitung der Investmentgesellschaft befindet, oder in den Fällen des § 1 Absatz 1 Nummer 1 Buchstabe b, in dessen Bezirk die Zweigniederlassung besteht, oder in den Fällen des § 1 Absatz 1 Nummer 1 Buchstabe c, in dessen Bezirk sich die Geschäftsleitung der inländischen Depotbank befindet.

§ 14[4)] Verschmelzung von Investmentvermögen und Teilen von Investmentvermögen. (1) Die folgenden Absätze 2 bis 6 gelten nur für die Verschmelzung im Sinne des § 40 g des Investmentgesetzes unter alleiniger Beteiligung inländischer Sondervermögen.

(2) [1]Das übertragende Sondervermögen hat die zu übertragenden Vermögensgegenstände und Verbindlichkeiten, die Teil des Nettoinventars sind, mit den Anschaffungskosten abzüglich Absetzungen für Abnutzungen oder Substanzverringerung (fortgeführte Anschaffungskosten) zu seinem Geschäftsjahresende (Übertragungsstichtag) anzusetzen. [2]Ein nach § 40 g Absatz 2

[1)] § 13 Abs. 3 Satz 2 geänd. mWv 1. 4. 2012 durch G v. 22. 12. 2011 (BGBl. I S. 3044).

[2)] § 13 Abs. 4 Satz 1 geänd., Satz 2 eingef., Satz 3 Verweis auf Satz 2 eingef., Satz 4 geänd., Satz 5 angef. durch G v. 20. 12. 2007 (BGBl. I S. 3150); zur Anwendung siehe § 18 Abs. 8.

[3)] § 13 Abs. 5 neu gef. durch G v. 22. 6. 2011 (BGBl. I S. 1126); zur Anwendung siehe § 18 Abs. 20 Satz 1.

[4)] § 14 neu gef. durch G v. 9. 12. 2004 (BGBl. I S. 3310); zur erstmaligen Anwendung siehe § 18 Abs. 1 Satz 1 a. F.;
Überschr. neu gef., Abs. 1 geänd., Abs. 7 angef. durch G v. 16. 7. 2009 (BGBl. I S. 1959); zur Anwendung siehe § 18 Abs. 18;
Überschr. neu gef., Abs. 1 neu gef., Abs. 2 Satz 2 angef., Abs. 3 Satz 1 geänd., Abs. 4 Sätze 3 und 4 angef., Abs. 7 Satz 1 Nr. 5 geänd. durch G v. 22. 6. 2011 (BGBl. I S. 1126); zur Anwendung siehe § 18 Abs. 20 Satz 1.

Satz 1 des Investmentgesetzes bestimmter Übertragungsstichtag gilt als Geschäftsjahresende des übertragenden Sondervermögens.

(3) [1]Das übernehmende Sondervermögen hat zu Beginn des dem Übertragungsstichtag folgenden Tages die übernommenen Vermögensgegenstände und Verbindlichkeiten mit den fortgeführten Anschaffungskosten anzusetzen. [2]Das übernehmende Sondervermögen tritt in die steuerliche Rechtsstellung des Übertragenden Sondervermögens ein.

(4) [1]Die Ausgabe der Anteile am übernehmenden Sondervermögen an die Anleger des übertragenden Sondervermögens gilt nicht als Tausch. [2]Die erworbenen Anteile an dem übernehmenden Sondervermögen treten an die Stelle der Anteile an dem übertragenden Sondervermögen. [3]Erhalten die Anleger des übertragenden Sondervermögens eine Barzahlung im Sinne des § 40 h des Investmentgesetzes, gilt diese als Ertrag im Sinne des § 20 Absatz 1 Nummer 1 des Einkommensteuergesetzes, wenn sie nicht Betriebseinnahme des Anlegers, eine Leistung nach § 22 Nummer 1 Satz 3 Buchstabe a Doppelbuchstabe aa des Einkommensteuergestzes oder eine Leistung nach § 22 Nummer 5 des Einkommensteuergesetzes ist; § 3 Nummer 40 des Einkommensteuergesetzes und § 8 b Absatz 1 des Körperschaftsteuergesetzes und § 5 sind nicht anzuwenden. [4]Die Barzahlung ist als Ausschüttung eines sonstigen Ertrags oder als Teil der Ausschüttung nach § 6 zu behandeln.

(5) [1]Die nicht bereits ausgeschütteten ausschüttungsgleichen Erträge des letzten Geschäftsjahres des übertragenden Sondervermögens gelten den Anlegern dieses Sondervermögens mit Ablauf des Übertragungsstichtags als zugeflossen. [2]Dies gilt nicht, wenn die Erträge gemäß § 2 Abs. 1 Satz 1 zu den Einkünften nach § 22 Nr. 1 oder 5 des Einkommensteuergesetzes zählen.[1)] [3]Als ausschüttungsgleiche Erträge sind auch die nicht bereits zu versteuernden angewachsenen Erträge des übertragenden Sondervermögens zu behandeln.[2)]

(6) [1]Ermitteln beide Sondervermögen den Aktiengewinn nach § 5 Abs. 2, so darf sich der Aktiengewinn je Investmentanteil durch die Übertragung nicht verändern. [2]Ermittelt nur eines der bei den Sondervermögen den Aktiengewinn, ist auf die Investmentanteile des Sondervermögens, das bisher einen Aktiengewinn ermittelt und veröffentlicht hat, § 8 Abs. 4 anzuwenden.

(7)[3)] [1]Die Absätze 2 bis 6 sind entsprechend anzuwenden, wenn bei einer nach dem Investmentgesetz zulässigen Übertragung von allen Vermögensgegenständen im Wege der Sacheinlage sämtliche Vermögensgegenstände

1. eines Sondervermögens auf eine Investmentaktiengesellschaft oder auf ein Teilgesellschaftsvermögen einer Investmentaktiengesellschaft,
2. eines Teilgesellschaftsvermögens einer Investmentaktiengesellschaft auf ein anderes Teilgesellschaftsvermögen derselben Investmentaktiengesellschaft,

---

[1)] § 14 Abs. 5 Satz 2 neu gef. durch G v. 14. 8. 2007 (BGBl. I S. 1912); zur erstmaligen Anwendung siehe § 18 Abs. 1 Satz 1 n. F.

[2)] § 14 Abs. 5 Satz 3 neu gef. durch G v. 8. 12. 2010 (BGBl. I S. 1768).

[3)] § 14 Abs. 7 Satz 2 aufgeh., Satz 3 wird Satz 2 und geänd. durch G v. 8. 12. 2010 (BGBl. I S. 1768).

3. eines Teilgesellschaftsvermögens einer Investmentaktiengesellschaft auf ein Teilgesellschaftsvermögen einer anderen Investmentaktiengesellschaft,
4. einer Investmentaktiengesellschaft oder eines Teilgesellschaftsvermögens einer Investmentaktiengesellschaft auf ein Sondervermögen oder
5. einer Investmentaktiengesellschaft auf eine andere Investmentaktiengesellschaft oder ein Teilgesellschaftsvermögen einer anderen Investmentaktiengesellschaft

übertragen werden. [2]Satz 1 ist nicht anzuwenden, wenn ein Spezial-Sondervermögen nach § 2 Absatz 3 des Investmentgesetzes oder ein Teilfonds eines solchen Sondervermögens oder eine Spezial-Investmentaktiengesellschaft nach § 2 Absatz 5 Satz 2 des Investmentgesetzes oder ein Teilgesellschaftsvermögen einer solchen Investmentaktiengesellschaft als übertragendes oder aufnehmendes Investmentvermögen beteiligt ist.

(8)[1)] Die gleichzeitige Übertragung aller Vermögensgegenstände mehrerer Sondervermögen, Teilgesellschaftsvermögen oder Investmentaktiengesellschaften auf dasselbe Sondervermögen oder Teilgesellschaftsvermögen oder dieselbe Investmentaktiengesellschaft ist zulässig.

§ 15 Inländische Spezial-Sondervermögen und Spezial-Investmentaktiengesellschaften. (1)[2)] [1]Bei inländischen Spezial-Sondervermögen oder Spezial-Investmentaktiengesellschaften, die aufgrund einer schriftlichen Vereinbarung mit der Kapitalanlagegesellschaft oder ihrer Satzung nicht mehr als 100 Anleger oder Aktionäre haben, die nicht natürliche Personen sind,[3)] sind § 4 Abs. 4, § 5 Abs. 1, § 6 und § 8 Abs. 4 nicht anzuwenden. [2]§ 5 Abs. 2 Satz 1 ist mit der Maßgabe anzuwenden, dass die Investmentgesellschaft verpflichtet ist, den Aktiengewinn für Körperschaften, Personenvereinigungen oder Vermögensmassen[4)] bei jeder Bewertung des Investmentvermögens zu ermitteln; die Veröffentlichung des Aktiengewinns entfällt. [3]Für die Feststellung der Besteuerungsgrundlagen gilt § 180 Abs. 1 Nr. 2 Buchstabe a der Abgabenordnung entsprechend; die Feststellungserklärung steht einer gesonderten und einheitlichen Feststellung unter dem Vorbehalt der Nachprüfung gleich, eine berichtigte Feststellungserklärung gilt als Antrag auf Änderung[5)]. [4]§ 13 Abs. 1, 3 und 4 ist nicht anzuwenden. [5]Nicht ausgeglichene negative Erträge im Sinne des § 3 Abs. 4 Satz 2 entfallen, soweit ein Anleger seine Investmentanteile veräußert oder zurückgibt. [6]In den Fällen des § 14 gilt dies auch, soweit sich jeweils die Beteiligungsquote des Anlegers an den beteiligten Sondervermögen reduziert.

[1)] § 14 Abs. 8 angef. durch G v. 8. 12. 2010 (BGBl. I S. 1768).

[2)] § 15 Abs. 1 Satz 1 geänd., Sätze 5 und 6 angef. durch G v. 9. 12. 2004 (BGBl. I S. 3310); zur erstmaligen Anwendung siehe § 18 Abs. 1 Satz 1 a. F.; Sätze 1 und 2 geänd., bish. Satz 8 ersetzt durch die Sätze 8 bis 10 durch G v. 22. 6. 2011 (BGBl. I S. 1126); zur Anwendung siehe § 18 Abs. 20 Satz 1 (zu Abs. 1 Satz 2) und Satz 2 (zu Abs. 1 Satz 1, 8 bis 10).

[3)] § 15 Abs. 1 Satz 1 geänd. durch G v. 20. 12. 2007 (BGBl. I S. 3150); zur Anwendung siehe § 18 Abs. 10.

[4)] § 15 Abs. 1 Satz 2 geänd. durch G v. 21. 3. 2013 (BGBl. I S. 561); zur Anwendung siehe § 18 Abs. 22 Satz 1.

[5)] § 15 Abs. 1 Satz 3 geänd. durch G v. 20. 12. 2007 (BGBl. I S. 3150); zur Anwendung siehe § 18 Abs. 9.

⁷§ 32 Abs. 3 des Körperschaftsteuergesetzes gilt entsprechend; die Investmentgesellschaft hat den Kapitalertragsteuerabzug vorzunehmen.[1] ⁸Die Kapitalertragsteuer nach Satz 7 und nach § 7 ist durch die Investmentgesellschaft innerhalb eines Monats nach der Entstehung zu entrichten. ⁹Die Investmentgesellschaft hat bis zu diesem Zeitpunkt eine Steueranmeldung nach amtlich vorgeschriebenem Datensatz auf elektronischem Weg nach Maßgabe der Steuerdaten-Übermittlungsverordnung vom 28. Januar 2003 (BGBl. I S. 139), die zuletzt durch Artikel 8 der Verordnung vom 17. November 2010 (BGBl. I S. 1544) geändert worden ist, in der jeweils geltenden Fassung zu übermitteln. ¹⁰Im Rahmen der ergänzenden Anwendung der Vorschriften des Einkommensteuergesetzes über den Steuerabzug sind § 44a Absatz 6 und § 45a Absatz 3 des Einkommensteuergesetzes nicht anzuwenden.

(1a)[2] ¹Bei Investmentvermögen im Sinne des Absatzes 1 Satz 1 ist abweichend von § 2 Absatz 2 Satz 1 und § 8 Absatz 1 Satz 1 § 8b des Körperschaftsteuergesetzes anzuwenden. ²Voraussetzung für die Anwendung des Satzes 1 auf Erträge des Investmentanteils ist, dass die Beteiligung des Investmentvermögens mindestens 10 Prozent des Grund- oder Stammkapitals, des Vermögens oder der Summe der Geschäftsguthaben beträgt und der dem einzelnen Anleger zuzurechnende Anteil an dem Investmentvermögen so hoch ist, dass die auf den einzelnen Anleger anteilig entfallende Beteiligung an der Körperschaft, Personenvereinigung oder Vermögensmasse mindestens 10 Prozent des Grund- oder Stammkapitals, des Vermögens oder der Summe der Geschäftsguthaben beträgt. ³Für die Berechnung der Beteiligungsgrenze ist für die Beteiligung des Investmentvermögens auf die Höhe der Beteiligung an der Körperschaft, Personenvereinigung oder Vermögensmasse zu dem Zeitpunkt abzustellen, zu dem die auf die Beteiligung entfallenden Erträge dem Investmentvermögen zugerechnet werden; für den Anteil des Anlegers an dem Investmentvermögen ist auf den Schluss des Geschäftsjahres abzustellen. ⁴Über eine Mitunternehmerschaft gehaltene Investmentanteile sind dem Mitunternehmer anteilig nach dem allgemeinen Gewinnmaßstab zuzurechnen. ⁵Eine einem Anleger über einen direkt gehaltenen Anteil an einem Investmentvermögen und über einen von einer Mitunternehmerschaft gehaltenen Anteil an demselben Investmentvermögen zuzurechnende Beteiligung an derselben Körperschaft, Personenvereinigung oder Vermögensmasse sind zusammenzurechnen. ⁶Eine Zusammenrechnung von Beteiligungen an Körperschaften, Personenvereinigungen oder Vermögensmassen, die dem Anleger über andere Investmentvermögen oder ohne Einschaltung eines Investmentvermögens zuzurechnen sind, findet bei dem jeweiligen Investmentvermögen nicht statt. ⁷Ist der Anleger bereits unmittelbar zu mindestens 10 Prozent an dem Grund- oder Stammkapital einer Körperschaft, Personenvereinigung oder Vermögensmasse beteiligt, gilt die Beteiligungsgrenze auch als überschritten, soweit der Anleger an dieser Körperschaft, Personenvereinigung oder Vermögensmasse auch über ein Investmentvermögen beteiligt ist, wenn der Anleger

---

[1] § 15 Abs. 1 Satz 7 angef. durch G v. 14. 8. 2007 (BGBl. I S. 1912); zur erstmaligen Anwendung siehe § 18 Abs. 3 n. F.

[2] § 15 Abs. 1a eingef. durch G v. 21. 3. 2013 (BGBl. I S. 561); zur Anwendung siehe § 18 Abs. 22 Satz 1.

die Höhe der unmittelbaren Beteiligung gegenüber der Investmentgesellschaft nachgewiesen hat; eine mittelbar über eine Mitunternehmerschaft gehaltene Beteiligung gilt hierbei als unmittelbare Beteiligung. 8 Vom Investmentvermögen entliehene Wertpapiere und Investmentanteile sowie vom Anleger entliehene Investmentanteile werden für die Berechnung einer Beteiligung dem Verleiher zugerechnet. 9 Teilfonds oder Teilgesellschaftsvermögen stehen für die Anwendung der vorstehenden Sätze einem Investmentvermögen gleich.

(2)[1] 1 Erträge aus Vermietung und Verpachtung von inländischen Grundstücken und grundstücksgleichen Rechten und Gewinne aus privaten Veräußerungsgeschäften mit inländischen Grundstücken und grundstücksgleichen Rechten sind gesondert auszuweisen. 2 Diese Erträge gelten beim beschränkt steuerpflichtigen Anleger als unmittelbar bezogene Einkünfte gemäß § 49 Abs. 1 Nr. 2 Buchstabe f, Nr. 6 oder Nr. 8 des Einkommensteuergesetzes. 3 Dies gilt auch für die Anwendung der Regelungen in Doppelbesteuerungsabkommen. 4 Von den Erträgen ist Kapitalertragsteuer in Höhe von 25 Prozent durch die Investmentgesellschaft einzubehalten; Absatz 1 Satz 8 bis 10 gilt entsprechend. 5 § 50 Absatz 2 Satz 1 des Einkommensteuergesetzes findet keine Anwendung.

Abschnitt 3.
Regelungen nur für ausländische Investmentanteile

§ 16[2], [3] **Ausländische Spezial-Investmentvermögen.** 1 Bei ausländischen Spezial-Investmentvermögen, deren Anteile satzungsgemäß von nicht mehr als 100 Anlegern, die nicht natürliche Personen sind, gehalten werden, sind § 4 Abs. 4, § 5 Abs. 1 Satz 1 Nr. 5 Satz 3, §§ 6 und 8 Abs. 4 nicht anzuwenden. 2 § 5 Abs. 1 Satz 1 Nr. 3 ist mit der Maßgabe anzuwenden, dass die Investmentgesellschaft von der Bekanntmachung im Bundesanzeiger absehen kann, wenn sie den Anlegern die Daten mitteilt. 3 § 15 Absatz 1 Satz 2 [***ab 1. 3. 2013:*** und Absatz 1 a][4] gilt entsprechend. 4 § 15 Absatz 1 Satz 5 ist entsprechend anzuwenden. 5 § 15 Absatz 1 Satz 6 ist in Fällen des § 17 a entsprechend anzuwenden. 6 Für ausländische Spezial-Investmentvermögen mit mindestens einem inländischen Anleger hat die ausländische Investmentgesellschaft dem Bundeszentralamt für Steuern innerhalb von vier Monaten nach Ende des Geschäftsjahres eine Bescheinigung eines zur geschäftsmäßigen Hilfeleistung befugten

---

[1] § 15 Abs. 2 Satz 4 neu gef. durch G v. 22. 6. 2011 (BGBl. I S. 1126); zur Anwendung siehe § 18 Abs. 20 Satz 2.

[2] § 16 Satz 1 und Satz 3 geänd. durch G v. 9. 12. 2004 (BGBl. I S. 3310); zur erstmaligen Anwendung siehe § 18 Abs. 1 Satz 1 a. F.; Sätze 4 bis 7 angef. durch G v. 8. 12. 2010 (BGBl. I S. 1768); zur Anwendung siehe § 18 Abs. 19 Satz 1.

[3] § 16 Satz 1 geänd. durch G v. 20. 12. 2007 (BGBl. I S. 3150); zur erstmaligen Anwendung siehe § 18 Abs. 10; Satz 2 geänd. mWv 1. 4. 2012 durch G v. 22. 12. 2011 (BGBl. I S. 3044).

[4] § 16 Satz 3 Zitat ergänzt durch G v. 21. 3. 2013 (BGBl. I S. 561); zur Anwendung siehe § 18 Abs. 22 Satz 1.

Berufsträgers im Sinne des § 3 des Steuerberatungsgesetzes, einer behördlich anerkannten Wirtschaftsprüfungsstelle oder einer vergleichbaren Stelle vorzulegen, aus der hervorgeht, dass die Angaben nach den Regeln des deutschen Steuerrechts ermittelt wurden. [7] Fasst das ausländische Spezial-Investmentvermögen innerhalb von vier Monaten nach Ende des Geschäftsjahres einen Ausschüttungsbeschluss, beginnt die Frist nach Satz 6 erst mit dem Tage des Ausschüttungsbeschlusses.

§ 17 Repräsentant. Der Repräsentant einer ausländischen Investmentgesellschaft im Sinne des § 136 Abs. 1 Nr. 2 und des § 138 des Investmentgesetzes gilt nicht als ständiger Vertreter im Sinne des § 49 Abs. 1 Nr. 2 Buchstabe a des Einkommensteuergesetzes und des § 13 der Abgabenordnung, soweit er die ausländische Investmentgesellschaft gerichtlich oder außergerichtlich vertritt und er hierbei weder über die Anlage des eingelegten Geldes bestimmt noch bei dem Vertrieb der ausländischen Investmentanteile tätig wird.

§ 17a[1)] Auswirkungen der Verschmelzung von ausländischen Investmentvermögen und Teilen eines solchen Investmentvermögens auf ein anderes ausländisches Investmentvermögen oder Teile eines solchen Investmentvermögens. [1] Für den Anleger eines Investmentanteils an einem Investmentvermögen, das dem Recht eines anderen Mitgliedstaates der Europäischen Union untersteht, ist für Verschmelzungen von Investmentvermögen, die demselben Aufsichtsrecht unterliegen, § 14 Absatz 4 bis 6 und 8[2)] entsprechend anzuwenden, wenn

1. die dem § 40g des Investmentgesetzes entsprechenden Vorschriften des Sitzstaates der Sondervermögen erfüllt sind und dies durch eine Bestätigung der für die Investmentaufsicht zuständigen Stelle nachgewiesen wird und
2. das übernehmende Sondervermögen die fortgeführten Anschaffungskosten des übertragenden Sondervermögens für die Ermittlung der Investmenterträge fortführt und hierzu eine Bescheinigung eines zur geschäftsmäßigen Hilfeleistung befugten Berufsträgers im Sinne des § 3 des Steuerberatungsgesetzes, einer behördlich anerkannten Wirtschaftsprüfungsgesellschaft oder einer vergleichbaren Stelle vorlegt.

[2] Den Mitgliedstaaten der Europäischen Union stehen die Staaten gleich, auf die das Abkommen über den Europäischen Wirtschaftsraum anwendbar ist, sofern zwischen der Bundesrepublik Deutschland und dem anderen Staat auf Grund der Amtshilferichtlinie gemäß § 2 Absatz 2 des EU-Amtshilfegesetzes[3)] oder einer vergleichbaren zwei- oder mehrseitigen Vereinbarung Auskünfte

---

1) § 17a Überschr. neu gef., Satz 1 geänd., Satz 2 eingef., bish. Sätze 2 und 3 werden Sätze 3 und 4, Sätze 5 und 6 angef. durch G v. 16. 7. 2009 (BGBl. I S. 1959); zur Anwendung siehe § 18 Abs. 18; Überschr. geänd., Satz 1 und Nummer 1 geänd. durch G v. 22. 6. 2011 (BGBl. I S. 1126; zur Anwendung siehe § 18 Abs. 20 Satz 1.

2) Verweis geänd. durch G v. 8. 12. 2010 (BGBl. I S. 1768).

3) Verweis geänd. mWv 1. 1. 2013 (§ 18 Abs. 23) durch G v. 26. 6. 2013 (BGBl. I S. 1809).

InvStG a. F.

erteilt werden, die erforderlich sind, um die Besteuerung durchzuführen. [3]Die Bescheinigungen nach Satz 1 sind dem Bundeszentralamt für Steuern vorzulegen. [4]§ 5 Abs. 1 Satz 1 Nr. 5 gilt entsprechend. [5]Die Sätze 1 bis 4 sind entsprechend anzuwenden, wenn alle Vermögensgegenstände eines nach dem Investmentrecht des Sitzstaates abgegrenzten Teils eines Investmentvermögens übertragen werden oder ein solcher Teil eines Investmentvermögens alle Vermögensgegenstände eines anderen Investmentvermögens oder eines nach dem Investmentrecht des Sitzstaates abgegrenzten Teils eines Investmentvermögens übernimmt. [6]§ 14 Absatz 7 Satz 2 und Absatz 8[1)] gilt entsprechend; dies gilt bei § 14 Absatz 7 Satz 2[1)] nicht für die Übertragung aller Vermögensgegenstände eines Sondervermögens auf ein anderes Sondervermögen.

Abschnitt 4. Anwendungs- und Übergangsregelungen

§ 18 Anwendungsvorschriften.

[alte Fassung][2)]

(1) [1]Diese Fassung des Gesetzes ist vorbehaltlich der Absätze 2 und 3 erstmals auf das Geschäftsjahr des Investmentvermögens anzuwenden, welches nach dem 31. Dezember 2003 beginnt, sowie auf Erträge, die dem Investmentvermögen in diesem Geschäftsjahr zufließen. [2]§ 8 ist bei Anteilen an einem inländischen Investmentvermögen auf Einnahmen anzuwenden, die nach dem 31. Dezember 2003 zufließen, sowie auf Gewinnminderungen, die nach dem 31. Dezember 2003 entstehen. [3]Ausländische Investmentvermögen können erstmals zum Beginn des Geschäftsjahres im Sinne des Satzes 1 den Aktiengewinn (§ 5 Abs. 2 und § 8) ermitteln. [4]Er ist bei der erstmaligen Ermittlung mit 0 Prozent anzusetzen.

(2) [1]§ 3 Abs. 3 in der am 16. Dezember 2004 geltenden Fassung ist

[neue Fassung][3)]

(1) [1]Diese Fassung des Gesetzes ist vorbehaltlich des Satzes 2 und der nachfolgenden Absätze erstmals auf die Erträge eines Investmentvermögens anzuwenden, die dem Investmentvermögen nach dem 31. Dezember 2008 zufließen. [2]Auf ausgeschüttete Gewinne aus der Veräußerung von Wertpapieren, Termingeschäften und Bezugsrechten auf Anteile an Kapitalgesellschaften, bei denen das Investmentvermögen die Wertpapiere oder Bezugsrechte vor dem 1. Januar 2009 angeschafft hat oder das Investmentvermögen das Termingeschäft vor dem 1. Januar 2009 abgeschlossen hat, ist § 2 Abs. 3 Nr. 1 in der am 31. Dezember 2008 anzuwendenden Fassung weiter anzuwenden.

(2)[4)] [1]§ 7 Abs. 1, 3 und 4 in der Fassung des Artikels 8 des Gesetzes

---

1) § 17 a Satz 6 geänd. durch G v. 8. 12. 2010 (BGBl. I S. 1768).

2) § 18 Abs. 1 Satz 1 geänd., Abs. 2 und 3 angef. durch G v. 9. 12. 2004 (BGBl. I S. 3310), Abs. 2 Satz 2, Abs. 3 Satz 2 und Abs. 4 angef. durch G v. 13. 12. 2006 (BGBl. I S. 2878).

3) § 18 Abs. 1, 2, 3 neu gef. durch G v. 14. 8. 2007 (BGBl. I S. 1912).

4) § 18 Abs. 2 Sätze 1 und 2 geänd. durch G v. 20. 12. 2007 (BGBl. I S. 3150), Satz 2 neu gef. durch G v. 7. 3. 2009 (BGBl. I S. 451).

[alte Fassung]

erstmals auf das Geschäftsjahr des Investmentvermögens anzuwenden, das nach dem 31. Dezember 2004 beginnt. [2]Für § 3 Abs. 3 Satz 2 Nr. 4 Satz 1 in der Fassung des Artikels 13 des Gesetzes vom 13. Dezember 2006 (BGBl. I S. 2878) gilt Satz 1 entsprechend.

[neue Fassung]

vom 14. August 2007 (BGBl. I S. 1912) ist erstmals auf Kapitalerträge anzuwenden, die dem Anleger nach dem 31. Dezember 2008 zufließen oder als zugeflossen gelten. [2]§ 8 Abs. 5 und 6 in der Fassung des Artikels 14 des Gesetzes vom 19. Dezember 2008 (BGBl. I S. 2794) ist vorbehaltlich der Absätze 2 a und 2 b erstmals auf die Rückgabe oder Veräußerung von Investmentanteilen anzuwenden, die nach dem 31. Dezember 2008 erworben werden. [3]§ 15 Abs. 2 in der Fassung des Artikels 8 des Gesetzes vom 14. August 2007 (BGBl. I S. 1912) ist erstmals auf Erträge anzuwenden, die dem Anleger nach dem 31. Dezember 2008 zufließen oder als zugeflossen gelten.

(2 a)[1)] [1]Auf die Veräußerung oder Rückgabe von Anteilen an (inländischen Spezial-Sondervermögen, inländischen Spezial-Investment-Aktiengesellschaften oder ausländischen Spezial-Investmentvermögen, die nach dem 9. November 2007 und vor dem 1. Januar 2009 erworben werden, ist bereits § 8 Abs. 5 in der in Absatz 2 Satz 2 genannten Fassung mit Ausnahme des Satzes 5 anzuwenden. [2]Satz 1 gilt entsprechend für die Rückgabe oder Veräußerung von Anteilen an anderen Investmentvermögen, bei denen durch Gesetz, Satzung, Gesellschaftsvertrag oder Vertragsbedingungen die Beteiligung natürlicher Personen von der Sachkunde des Anlegers abhängig oder für die Beteiligung eine Mindestanlagesumme von 100 000 Euro oder mehr vorgeschrieben ist. [3]Wann von dieser Sachkunde auszugehen ist, richtet sich nach dem Gesetz, der Satzung, dem Gesellschaftsvertrag

[1)] § 18 Abs. 2 a eingef. durch G v. 20. 12. 2007 (BGBl. I S. 3150).

[alte Fassung]

[neue Fassung]

oder den Vertragsbindungen. [4]Als Veräußerungsgewinn wird aber höchstens die Summe der vom Investmentvermögen thesaurierten Veräußerungsgewinne angesetzt, auf die bei Ausschüttung Absatz 1 Satz 2 nicht anzuwenden wäre; der Anleger hat diesen niedrigeren Wert nachzuweisen. [5]Auf Veräußerungsgewinne im Sinne dieses Absatzes ist § 8 Abs. 6 nicht anzuwenden; § 32 d des Einkommensteuergesetzes in der nach dem 31. Dezember 2008 anzuwendenden Fassung gilt entsprechend.

(2b)[1)] [1]Auf die Rückgabe oder Veräußerung von Anteilen an Publikums-Investmentvermögen, deren Anlagepolitik auf die Erzielung einer Geldmarktrendite ausgerichtet ist und deren Termingeschäfts- und Wertpapierveräußerungsgewinne nach Verrechnung mit entsprechenden Verlusten vor Aufwandsverrechnung ohne Ertragsausgleich gemäß dem Jahresbericht des letzten vor dem 19. September 2008 endenden Geschäftsjahres die ordentlichen Erträge vor Aufwandsverrechnung ohne Ertragsausgleich übersteigen, ist § 8 Abs. 5 Satz 1 bis 4 und 6 sowie Abs. 6 in der in Absatz 2 Satz 2 genannten Fassung auch für vor dem 1. Januar 2009 angeschaffte Anteile anzuwenden, es sei denn, die Anteile wurden vor dem 19. September 2008 angeschafft; für neu aufgelegte Publikums-Investmentvermögen ist auf das erste nach dem 19. September 2008 endende Geschäftsjahr abzustellen. [2]Auf die Veräußerung oder Rückgabe von Anteilen im Sinne des Satzes 1, die vor dem 19. September 2008 angeschafft wurden, ist bei Rückgaben oder Veräußerungen nach

[1)] § 18 Abs. 2 b eingef. durch G v. 19. 12. 2008 (BGBl. I S. 2794).

[alte Fassung]

(3) [1]Die Bestimmungen über den Zwischengewinn sind erstmals auf Rückgaben, Veräußerungen oder Erwerbe anzuwenden, die nach dem 31. Dezember 2004 stattfinden. [2]Für § 5 Abs. 3 Satz 4 in der Fassung des Artikels 13 des Gesetzes vom 13. Dezember 2006 (BGBl. I S. 2878) gilt Satz 1 entsprechend.

[neue Fassung]

dem 10. Januar 2011 die in Absatz 2 Satz 2 genannte Fassung mit der Maßgabe anzuwenden, dass eine Anschaffung des Investmentanteils zum 10. Januar 2011 unterstellt wird.

(3) § 15 Absatz 1 Satz 7 und 8[1)] in der Fassung des Artikels 8 des Gesetzes vom 14. August 2007 (BGBl. I S. 1912) ist erstmals auf ausgeschüttete oder ausschüttungsgleiche Erträge anzuwenden, soweit sie Entgelte enthalten, die dem Investmentvermögen nach dem 17. August 2007 zufließen.

(4)[2)] [1]§ 7 Abs. 1 Satz 1 Nr. 3 Satz 2 in der Fassung des Artikels 13 des Gesetzes vom 13. Dezember 2006 (BGBl. I S. 2878) ist anzuwenden auf die Rückgabe oder Veräußerung von Investmentanteilen, die nach dem 31. Dezember 2006 innerhalb des gleichen Instituts auf das Depot des Anlegers übertragen worden sind. [2]Die Neufassung kann auch auf die Rückgabe oder Veräußerung von Investmentanteilen angewandt werden, die vor dem 1. Januar 2007 innerhalb des gleichen Instituts auf das Depot des Anlegers übertragen worden sind, wenn die Anschaffungskosten der Investmentanteile sich aus den Unterlagen des Instituts ergeben.

(5)[3)] [1]§ 2 in der Fassung des Gesetzes vom 28. Mai 2007 (BGBl. I S. 914) ist erstmals auf Dividenden und Veräußerungserlöse anzuwenden, die dem Investmentvermögen nach dem 31. Dezember 2007 zufließen oder als zugeflossen gelten. [2]§ 8 in der Fassung des Gesetzes vom 28. Mai 2007 (BGBl. I S. 914) ist erstmals bei der Rückgabe oder Veräußerung oder der Bewertung eines Investmentanteils nach dem 31. Dezember 2007 anzuwenden. [3]Die Investmentgesellschaft hat für Bewertungstage nach dem 31. Dezember 2007 bei der Ermittlung des Prozentsatzes nach § 5 Abs. 2 die Neufassung des § 8 zu berücksichtigen.

(6)[4)] § 2 Abs. 2a und § 5 Abs. 1 Satz 1 Buchstabe c Doppelbuchstabe ll in der Fassung des Artikels 23 des Gesetzes vom 20. Dezember 2007 (BGBl. I S. 3150) sind erstmals auf Investmenterträge anzuwenden, die einem Anleger nach dem 25. Mai 2007 zufließen oder als zugeflossen gelten.

(7)[4)] § 7 Abs. 8 in der Fassung des Artikels 23 des Gesetzes vom 20. Dezember 2007 (BGBl. I S. 3150) ist auf den nach dem 31. Dezember 2007 vorzunehmenden Steuerabzug anzuwenden.

---

1) Verweis berichtigt durch G v. 8. 12. 2010 (BGBl. I S. 1768).

2) § 18 Abs. 4 angef. durch G v. 13. 12. 2006 (BGBl. I S. 2878).

3) § 18 Abs. 4 angef. durch G v. 28. 5. 2007 (BGBl. I S. 914), Abs. 4 wird Abs. 5 durch G v. 20. 12. 2007 (BGBl. I S. 3150), Abs. 5 Sätze 1 bis 3 geänd. durch G v. 19. 12. 2008 (BGBl. I S. 2794).

4) § 18 Abs. 6 und 7 angef. durch G v. 20. 12. 2007 (BGBl. I S. 3150).

(8)[1] § 13 Abs. 4 in der Fassung des Artikels 23 des Gesetzes vom 20. Dezember 2007 (BGBl. I S. 3150) ist für alle Feststellungszeiträume anzuwenden, für die die Feststellungsfrist noch nicht abgelaufen ist.

(9)[1] § 15 Abs. 1 Satz 3 in der Fassung des Artikels 23 des Gesetzes vom 20. Dezember 2007 (BGBl. I S. 3150) ist für alle Feststellungszeiträume anzuwenden, für die die Feststellungsfrist noch nicht abgelaufen ist.

(10)[1] § 15 Abs. 1 Satz 1 und § 16 Satz 1 in der Fassung dieses Gesetzes sind erstmals auf das erste nach dem Inkrafttreten des Investmentänderungsgesetzes vom 21. Dezember 2007 (BGBl. I S. 3089) endende Geschäftsjahr anzuwenden.

(11)[1] [1]Sind Anteile an ausländischen Vermögen zwar ausländische Investmentanteile gemäß § 2 Abs. 9 des Investmentgesetzes in der bis zum, nicht aber in der seit dem Inkrafttreten des Investmentänderungsgesetzes vom 21. Dezember 2007 (BGBl. I S. 3089) geltenden Fassung, so gelten sie für die Anwendung dieses Gesetzes bis zum Ende des letzten Geschäftsjahres, das vor dem 28. Dezember 2007 begonnen hat, weiterhin als ausländische Investmentanteile. [2]In den Fällen des § 6 gelten solche Anteile bis zum 31. Dezember 2007 als ausländische Investmentanteile.

(12)[2] [1]§ 1 Abs. 3 Satz 3 und 4 sowie Abs. 4 Nr. 1 und 2 in der Fassung des Artikels 14 des Gesetzes vom 19. Dezember 2008 (BGBl. I S. 2794) ist erstmals auf Erträge anzuwenden, die dem Investmentvermögen nach dem 31. Dezember 2008 zufließen oder als zugeflossen gelten. [2]Satz 1 gilt nicht für Erträge aus vom Investmentvermögen vor dem 1. Januar 2009 angeschafften sonstigen Kapitalforderungen im Sinne der nach dem 31. Dezember 2008 anzuwendenden Fassung des § 20 Absatz 1 Nummer 7 des Einkommensteuergesetzes, die nicht sonstige Kapitalforderungen im Sinne der vor dem 1. Januar 2009 anzuwendenden Fassung des § 20 Absatz 1 Nummer 7 des Einkommensteuergesetzes sind. [3]§ 3 Abs. 2 Satz 1 Nr. 2 in der Fassung des Artikels 14 des Gesetzes vom 19. Dezember 2008 (BGBl. I S. 2794) ist erstmals auf Erträge anzuwenden, die dem Investmentvermögen nach dem 31. Dezember 2008 als zugeflossen gelten; für die Anwendung des § 3 Abs. 2 Satz 1 Nr. 2 gelten die sonstigen Kapitalforderungen, die vor dem 1. Januar 2009 angeschafft wurden und bei denen nach § 3 Abs. 2 Satz 1 Nr. 2 in der bis zum 31. Dezember 2008 geltenden Fassung keine Zinsabgrenzung vorzunehmen war, als zum 1. Januar 2009 angeschafft.

(13)[3] § 4 Abs. 2 Satz 8 und § 7 Abs. 1 Satz 1 Nr. 3 und Satz 3 in der Fassung des Artikels 14 des Gesetzes vom 19. Dezember 2008 (BGBl. I S. 2794) sind erstmals beim Steuerabzug nach dem 31. Dezember 2008 anzuwenden.

(14)[3] § 1 Abs. 3 Satz 5, § 5 Abs. 1 und § 13 Abs. 2 in der Fassung des Artikels 14 des Gesetzes vom 19. Dezember 2008 (BGBl. I S. 2794) sind erstmals für Geschäftsjahre anzuwenden, die nach dem Inkrafttreten dieses Gesetzes enden.

---

[1] § 18 Abs. 8 bis 11 angef. durch G v. 20. 12. 2007 (BGBl. I S. 3150).

[2] § 18 Abs. 12 angef. durch G v. 19. 12. 2008 (BGBl. I S. 2794); Satz 2 geänd. durch G v. 16. 7. 2009 (BGBl. I S. 1959).

[3] § 18 Abs. 13 und 14 angef. durch G v. 19. 12. 2008 (BGBl. I S. 2794).

(15)[1] § 7 Abs. 4 Satz 5 in der Fassung des Artikels 14 des Gesetzes vom 19. Dezember 2008 (BGBl. I S. 2794) ist auf alle Steueranmeldungen anzuwenden, die nach dem 31. Dezember 2009 abzugeben sind.

(16)[1] § 17 a in der Fassung des Artikels 14 des Gesetzes vom 19. Dezember 2008 (BGBl. I S. 2794) ist erstmals auf Übertragungen anzuwenden, bei denen der Vermögensübergang nach dem Inkrafttreten dieses Gesetzes wirksam wird.

(17)[2] [1] § 7 Absatz 5 in der Fassung des Artikels 9 des Gesetzes vom 16. Juli 2009 (BGBl. I S. 1959) ist erstmals auf Kapitalerträge anzuwenden, die dem Anleger nach dem 31. Dezember 2009 als zugeflossen gelten. [2] § 11 Absatz 2 Satz 1 und 2 in der Fassung des Artikels 9 des Gesetzes vom 16. Juli 2009 (BGBl. I S. 1959) ist erstmals auf Kapitalerträge anzuwenden, die dem Investmentvermögen nach dem 31. Dezember 2009 zufließen oder als zugeflossen gelten.

(18)[2] Die §§ 14 und 17 a in der Fassung des Artikels 9 des Gesetzes vom 16. Juli 2009 (BGBl. I S. 1959) sind erstmals auf Übertragungen anzuwenden, die nach dem 22. Juli 2009 wirksam werden.

(19)[3] [1] § 4 Absatz 1 und § 16 in der Fassung des Artikels 6 des Gesetzes vom 8. Dezember 2010 (BGBl. I S. 1768) sind erstmals für Geschäftsjahre anzuwenden, die nach dem 14. Dezember 2010[4] enden. [2] § 5 Absatz 1 mit Ausnahme des Satzes 1 Nummer 3 Satz 1 und Absatz 3 in der Fassung des Artikels 6 des Gesetzes vom 8. Dezember 2010 (BGBl. I S. 1768) ist erstmals für Geschäftsjahre anzuwenden, die nach dem 31. Dezember 2010 beginnen. [3] § 5 Absatz 2 ist erstmals für Erträge anzuwenden, die dem Anleger nach dem 19. Mai 2010[5] zufließen oder als zugeflossen gelten. [4] Investmentgesellschaften, die bei der erstmaligen Ausgabe von Anteilen entschieden haben, von einer Ermittlung und Veröffentlichung des Aktiengewinns abzusehen, können abweichend von § 5 Absatz 2 Satz 3 hierüber erneut entscheiden. [5] Diese Entscheidung wird für die erstmalige Anwendung des § 5 Absatz 2 Satz 4 in der Fassung des Artikels 6 des Gesetzes vom 8. Dezember 2010 (BGBl. I S. 1768) nur berücksichtigt, wenn die erstmalige Veröffentlichung des Aktiengewinns bis spätestens zum 19. Juli 2010[6] erfolgt. [6] Bei der erstmaligen Veröffentlichung ist von einem Aktiengewinn von Null auszugehen. [7] § 7 Absatz 1 und 4 bis 6 in der Fassung des Artikels 6 des Gesetzes vom 8. Dezember 2010 (BGBl. I S. 1768) ist vorbehaltlich der Sätze 8 und 9[7] erstmals auf Kapitalerträge anzuwenden, die dem Anleger nach dem 14. Dezember 2010[8] zufließen oder als zugeflossen gelten. [8] § 7 Absatz 3 in der Fassung des Artikels 6 des

---

[1] § 18 Abs. 15 und 16 angef. durch G v. 19. 12. 2008 (BGBl. I S. 2794).

[2] § 18 Abs. 17 und 18 angef. durch G v. 16. 7. 2009 (BGBl. I S. 1959).

[3] § 18 Abs. 19 angef. durch G v. 8. 12. 2010 (BGBl. I S. 1768).

[4] Tag nach der Verkündung des JStG 2010.

[5] Tag des Kabinettsbeschlusses des JStG.

[6] Datum desjenigen Tages des zweiten auf den Monat des Kabinettsbeschlusses folgenden Kalendermonats, dessen Zahl mit der des Tags des Kabinettsbeschlusses übereinstimmt, oder wenn es einen solchen Kalendertag nicht gibt, Datum des ersten Tages des darauffolgenden Kalendermonats.

[7] § 18 Abs. 19 Satz 7 geänd. durch G v. 22. 6. 2011 (BGBl. I S. 1126).

[8] Tag nach der Verkündung des JStG 2010.

Gesetzes vom 8. Dezember 2010 (BGBl. I S. 1768) ist erstmals für Geschäftsjahre des Investmentvermögens anzuwenden, die nach dem 31. Dezember 2010 beginnen. 9 Dies gilt für § 7 Absatz 1 Satz 1 Nummer 1 Buchstabe a entsprechend, soweit dieser inländische Immobilienerträge aus seinem Anwendungsbereich ausnimmt.[1)]

(20)[1)] 1 § 1 Absatz 1, 1 a und 2, die §§ 5, 10, 11 Absatz 1, § 13 Absatz 5, die §§ 14, 15 Absatz 1 Satz 2 und § 17 a in der Fassung des Artikels 9 des Gesetzes vom 22. Juni 2011 (BGBl. I S. 1126) sind erstmals auf Geschäftsjahre anzuwenden, die nach dem 30. Juni 2011 beginnen. 2 Die §§ 2, 11 Absatz 2 und § 15 Absatz 1 Satz 1 und 8 bis 10 und Absatz 2 in der Fassung des Artikels 9 des Gesetzes vom 22. Juni 2011 (BGBl. I S. 1126) und § 7 in der Fassung des Artikels 22 des Gesetzes vom 7. Dezember 2011 (BGBl. I S. 2592) sind erstmals auf Kapitalerträge anzuwenden, die dem Anleger oder in den Fällen des § 11 Absatz 2 dem Investmentvermögen nach dem 31. Dezember 2011 zufließen oder ihm als zugeflossen gelten. 3 Für vor dem 1. Januar 2013 als zugeflossen geltende Erträge hat die inländische Stelle abweichend von § 7 Absatz 3 b Satz 4 und Absatz 4 die Kapitalertragsteuer spätestens mit Ablauf des zweiten Monats seit dem Ende des Geschäftsjahres des Investmentvermögens einzubehalten und zum 10. des Folgemonats anzumelden und abzuführen. 4 Steuerabzugsbeträge, die für vor dem 1. Januar 2013 als zugeflossen geltende Erträge von Entrichtungspflichtigen bei der Depotbank nicht eingezogen wurden, hat die Depotbank abweichend von § 7 Absatz 3 b Satz 2 Halbsatz 2 spätestens mit Ablauf des dritten Monats seit dem Ende des Geschäftsjahres des Investmentvermögens einzubehalten und zum 10. des Folgemonats anzumelden und abzuführen.

(21)[1)] 1 § 11 Absatz 2 Satz 2 in der Fassung des Artikels 9 des Gesetzes vom 16. Juli 2009 (BGBl. I S. 1959) ist für Kapitalerträge, die dem Investmentvermögen nach dem 31. Dezember 2010 und vor dem 1. Januar 2012 zufließen, mit der Maßgabe anzuwenden, dass bei Kapitalerträgen im Sinne des § 43 Absatz 1 Satz 1 Nummer 1 des Einkommensteuergesetzes eine Erstattung von Kapitalertragsteuer nach § 44 b Absatz 6 des Einkommensteuergesetzes nur zulässig ist, wenn die betreffenden Anteile, aus denen die Kapitalerträge stammen, im Zeitpunkt des Gewinnverteilungsbeschlusses neben dem wirtschaftliche Eigentum auch

1. im zivilrechtlichen Eigentum der Investmentaktiengesellschaft oder
2. bei Sondervermögen im zivilrechtlichen Eigentum der Kapitalanlagegesellschaft oder im zivilrechtlichen Miteigentum der Anleger

stehen. 2 Satz 1 gilt nicht bei Kapitalerträgen aus Anteilen, wenn es sich um den Erwerb von Anteilen an einem Ziel-Investmentvermögen handelt und die Anteile an das Dach-Investmentvermögen ausgegeben werden. 3 § 11 Absatz 2 Satz 4 in der Fassung des Artikels 8 des Gesetzes vom 26. Juni 2013 (BGBl. I S. 1809) ist erstmals anzuwenden auf Erträge aus Investmentanteilen, die dem Anleger nach dem 31. Dezember 2012 zufließen oder als ihm zugeflossen gelten.[2)]

---

1) § 18 Abs. 19 Satz 9 sowie Abs. 20 und Abs. 21 eingef. durch G v. 22. 6. 2011 (BGBl. I S. 1126); Abs. 20 Satz 2 geänd. durch G v. 7. 12. 2011 (BGBl. I S. 2592).

2) § 18 Abs. 21 Satz 3 angef. durch G v. 26. 6. 2013 (BGBl. I S. 1809).

(22)[1] [1] § 2 Absatz 2, § 8 Absatz 1, § 15 Absatz 1 Satz 2 und Absatz 1a und § 16 Satz 3 in der Fassung des Artikels 2 des Gesetzes vom 21. März 2013 (BGBl. I S. 561) sind ab dem 1. März 2013 anzuwenden. [2] § 5 Absatz 1 in der Fassung des Artikels 2 des Gesetzes vom 21. März 2013 (BGBl. I S. 561) ist erstmals auf Geschäftsjahre anzuwenden, die nach dem 28. Februar 2013 enden. [3] § 5 Absatz 2 in der Fassung des Artikels 2 des Gesetzes vom 21. März 2013 (BGBl. I S. 561) ist erstmals auf Veröffentlichungen anzuwenden, die nach dem 28. Februar 2013 erfolgen. [4] Soweit ausgeschüttete und ausschüttungsgleiche inländische und ausländische Erträge, die dem Anleger nach dem 28. Februar 2013 zufließen oder als zugeflossen gelten, solche im Sinne des § 43 Absatz 1 Satz 1 Nummer 1, 1a und 6 sowie Satz 2 des Einkommensteuergesetzes enthalten, die dem Investmentvermögen vor dem 1. März 2013 zugeflossen sind, sind § 8b des Körperschaftsteuergesetzes mit Ausnahme des Absatzes 4 sowie § 19 des REIT-Gesetzes anzuwenden. [5] Auf die Einnahmen im Sinne des § 8 Absatz 1 aus einer Rückgabe, Veräußerung oder Entnahme von Investmentanteilen, die nach dem 28. Februar 2013 erfolgt, ist § 8b des Körperschaftsteuergesetzes mit Ausnahme des Absatzes 4 anzuwenden, soweit sie dort genannte, dem Anleger noch nicht zugeflossene oder als zugeflossen geltende Einnahmen enthalten, die dem Investmentvermögen vor dem 1. März 2013 zugeflossen sind oder als zugeflossen gelten.

(23)[2] § 17a Satz 2 in der Fassung des Artikels 8 des Gesetzes vom 26. Juni 2013 (BGBl. I S. 1809) ist ab dem 1. Janaur 2013 anzuwenden.

§ 19 Übergangsvorschriften. (1)[3] [1] § 2 Abs. 3 Nr. 1 zweiter Halbsatz in der am 1. Januar 2004 geltenden Fassung und § 2 Abs. 2 Satz 2 in der Fassung des Artikels 8 des Gesetzes vom 14. August 2007 (BGBl. I S. 1912) sind bei inländischen Investmentvermögen auf Veräußerungen von Anteilen an unbeschränkt körperschaftsteuerpflichtigen Kapitalgesellschaften und von Bezugsrechten auf derartige Anteile anzuwenden, die nach Ablauf des ersten Wirtschaftsjahres der Gesellschaft erfolgen, deren Anteile veräußert werden, für die das Körperschaftsteuergesetz in der Fassung des Artikels 3 des Gesetzes vom 23. Oktober 2000 (BGBl. I S. 1433) erstmals anzuwenden ist, und auf sonstige Veräußerungen, die nach dem 31. Dezember 2000 erfolgen. [2] § 8 Abs. 1 ist hinsichtlich der in § 3 Nr. 40 des Einkommensteuergesetzes[4] und in § 8b Abs. 2 des Körperschaftsteuergesetzes[5] genannten Einnahmen nur anzuwenden, soweit diese auch im Falle der Ausschüttung nach § 2 Abs. 2 oder Abs. 3 Nr. 1 in der am 1. Januar 2004 geltenden Fassung und § 2 Abs. 2 in der Fassung des Artikels 8 des Gesetzes vom 14. August 2007 (BGBl. I S. 1912) begünstigt wären.

(2) [1] Die §§ 37n bis 50d des Gesetzes über Kapitalanlagegesellschaften in der Fassung der Bekanntmachung vom 9. September 1998 (BGBl. I S. 2726), das zuletzt durch Artikel 3 des Gesetzes von 21. Juni 2002 (BGBl. I S. 2010) geändert worden ist, sind letztmals auf das Geschäftsjahr des inländischen In-

---

[1] § 18 Abs. 22 angef. durch G v. 21. 3. 2013 (BGBl. I S. 561).
[2] § 18 Abs. 23 angef. durch G v. 26. 6. 2013 (BGBl. I S. 1809).
[3] § 19 Abs. 1 Sätze 1 und 2 geänd. durch G v. 14. 8. 2007 (BGBl. I S. 1912).
[4] Nr. **1.**
[5] Nr. **100.**

vestmentvermögens anzuwenden, welches vor dem 1. Januar 2004 beginnt, sowie auf Erträge, die in diesem Geschäftsjahr zufließen. [2] § 40 a des in Satz 1 genannten Gesetzes ist letztmals auf Einnahmen anzuwenden, die vor dem 1. Januar 2004 zufließen, sowie auf Gewinnminderungen, die vor dem 1. Januar 2004 entstehen. [3] Die in dem in Satz 1 genannten Gesetz enthaltenen Bestimmungen zum Zwischengewinn sind letztmals auf Veräußerungen, Erwerbe oder Abtretungen anzuwenden, die vor dem 1. Januar 2004 stattfinden.

(3) [1] Die §§ 17 bis 20 des Auslandinvestment-Gesetzes in der Fassung der Bekanntmachung vom 9. September 1998 (BGBl. I S. 2810)[1], das zuletzt durch Artikel 32 des Gesetzes vom 21. August 2002 (BGBl. I S. 3322) geändert worden ist, sind letztmals auf das Geschäftsjahr des ausländischen Investmentvermögens anzuwenden, welches vor dem 1. Januar 2004 beginnt, sowie auf Erträge, die in diesem Geschäftsjahr zufließen. [2] § 17 Abs. 2 b des in Satz 1 genannten Gesetzes ist letztmals auf Einnahmen anzuwenden, die vor dem 1. Januar 2004 zufließen. [3] Die in dem in Satz 1 genannten Gesetz enthaltenen Bestimmungen zum Zwischengewinn sind letztmals auf Veräußerungen, Erwerbe oder Abtretungen anzuwenden, die vor dem 1. Januar 2004 stattfinden.

---

[1] Fundstelle müsste lauten: „S. 2820".

125. Gesetz über deutsche Immobilien-Aktiengesellschaften mit börsennotierten Anteilen (REIT-Gesetz – REITG)[1]

Vom 28. Mai 2007 (BGBl. I S. 914)[2)·3]

Geändert durch Jahressteuergesetz 2009 vom 19. 12. 2008 (BGBl. I S. 2794) und OGAW-IV-Umsetzungsgesetz (OGAW-IV-UmsG) vom 22. 6. 2011 (BGBl. I S. 1126)

BGBl. III/FNA 4121-5

Abschnitt 1. Allgemeine Vorschriften

§ 1 Wesen der REIT-Aktiengesellschaften. (1) REIT-Aktiengesellschaften sind Aktiengesellschaften, deren Unternehmensgegenstand sich darauf beschränkt,

1. Eigentum oder dingliche Nutzungsrechte an
   a) inländischem unbeweglichen Vermögen mit Ausnahme von Bestandsmietwohnimmobilien,
   b) ausländischem unbeweglichen Vermögen, soweit dies im Belegenheitsstaat im Eigentum einer REIT-Körperschaft, -Personenvereinigung oder -Vermögensmasse oder einer einem REIT vergleichbaren Körperschaft, Personenvereinigung oder Vermögensmasse stehen darf und
   c) anderen Vermögensgegenständen im Sinne des § 3 Abs. 7

   zu erwerben, zu halten, im Rahmen der Vermietung, der Verpachtung und des Leasings einschließlich notwendiger immobiliennaher Hilfstätigkeiten zu verwalten und zu veräußern,
2. Anteile an Immobilienpersonengesellschaften zu erwerben, zu halten, zu verwalten und zu veräußern,
3. Anteile an REIT-Dienstleistungsgesellschaften zu erwerben, zu halten, zu verwalten und zu veräußern,
4. Anteile an Auslandsobjektgesellschaften zu erwerben, zu halten, zu verwalten und zu veräußern sowie
5. Anteile an Kapitalgesellschaften zu erwerben, zu halten, zu verwalten und zu veräußern, die persönlich haftende Gesellschafter einer Gesellschaft im Sinne der Nummer 2 und an dieser vermögensmäßig nicht beteiligt sind

und deren Aktien zum Handel an einem organisierten Markt im Sinne von § 2 Abs. 5 des Wertpapierhandelsgesetzes in einem Mitgliedstaat der Europäischen Union oder in einem anderen Vertragsstaat des Abkommens über den Europäischen Wirtschaftsraum zugelassen sind.

---

[1] Das REITG ist als Art. 1 des G zur Schaffung deutscher Immobilien-Aktiengesellschaften mit börsennotierten Anteilen verkündet worden.

[2] In Kraft ab 1. 1. 2007.

[3] Zum Anwendungsbereich siehe § 23.

(2) Entgeltliche Nebentätigkeiten für Dritte darf die REIT-Aktiengesellschaft ausschließlich über eine REIT-Dienstleistungsgesellschaft erbringen.

(3) REIT-Aktiengesellschaften unterliegen den allgemeinen für Aktiengesellschaften geltenden Vorschriften, soweit dieses Gesetz nichts Abweichendes bestimmt.

(4) [1] Der Abschlussprüfer des Jahresabschlusses hat im Rahmen der Jahresabschlussprüfung festzustellen, ob die Berechnung der Streubesitzquote und des maximalen Anteilsbesitzes je Aktionär nach § 11 Abs. 1 und 4 durch die REIT-Aktiengesellschaft mit den Meldungen nach § 11 Abs. 5 zum Bilanzstichtag übereinstimmt. [2] Er hat auch Feststellungen zur Einhaltung des § 13 zu treffen, hinsichtlich des § 13 Abs. 1 beziehen sich diese auf die im Geschäftsjahr für das vorangegangene Geschäftsjahr vorgenommene Ausschüttung. [3] Für Zwecke des § 19 Abs. 3 und des § 19 a sind auch Feststellungen zur Zusammensetzung der Erträge hinsichtlich vorbelasteter und nicht vorbelasteter Erträge zu treffen.[1)] [4] Sofern kein Konzernabschluss aufgestellt wird, hat der Abschlussprüfer außerdem festzustellen, ob die §§ 12, 14 und 15 zum Bilanzstichtag eingehalten waren. [5] Das Ergebnis seiner Prüfungshandlungen hat der Abschlussprüfer in einem besonderen Vermerk zusammenzufassen. [6] Der Konzernabschlussprüfer hat im Rahmen der Konzernabschlussprüfung zu prüfen, ob die Anforderungen der §§ 12, 14 und 15 zum Bilanzstichtag eingehalten waren und darüber einen besonderen Vermerk anzufertigen. [7] Auf den besonderen Vermerk des Abschlussprüfers oder Konzernabschlussprüfers ist § 323 des Handelsgesetzbuchs entsprechend anzuwenden.

§ 2 Vor-REIT. [1] Ein Vor-REIT ist eine Aktiengesellschaft mit Sitz im Geltungsbereich dieses Gesetzes, die beim Bundeszentralamt für Steuern als Vor-REIT registriert ist. [2] Zum Ende des auf die Registrierung folgenden Geschäftsjahres hat der Vor-REIT gegenüber dem Bundeszentralamt für Steuern nachzuweisen, dass sein Unternehmensgegenstand im Sinne des § 1 Abs. 1 erster Halbsatz beschränkt ist. [3] Zum Ende des dem Jahr der Anmeldung folgenden und jedes darauf folgenden Geschäftsjahres hat der Vor-REIT auf Aufforderung des Bundeszentralamts für Steuern innerhalb einer in der Aufforderung bestimmten Frist durch Vorlage von geeigneten, von einem Wirtschaftsprüfer testierten Unterlagen nachzuweisen, dass er die Voraussetzungen des § 12 erfüllt. [4] Erfüllt der Vor-REIT zum Ende des dem Jahr der Anmeldung folgenden oder eines späteren Geschäftsjahres die Voraussetzungen des § 12 und des § 1 Abs. 1 erster Halbsatz nicht oder nicht mehr, entfällt der Status als Vor-REIT zum Ende dieses Geschäftsjahres.

§ 3 Begriffsbestimmung. (1) Immobilienpersonengesellschaften sind Personengesellschaften, deren Unternehmensgegenstand im Sinne des § 1 Abs. 1 Nr. 1 und 2 beschränkt ist und die nach dem Gesellschaftsvertrag nur Vermögensgegenstände im Sinne des Absatzes 7 mit Ausnahme von Beteiligungen an Auslandsobjektgesellschaften und REIT-Dienstleistungsgesellschaften erwerben dürfen.

---

1) § 1 Abs. 4 Satz 3 eingef. mWv Kj. 2008 durch G v. 19. 12. 2008 (BGBl. I S. 2794).

(2) REIT-Dienstleistungsgesellschaften sind Kapitalgesellschaften, deren sämtliche Anteile von der REIT-Aktiengesellschaft gehalten werden und deren Unternehmensgegenstand darauf beschränkt ist, entgeltliche immobiliennahe Nebentätigkeiten im Auftrag der REIT-Aktiengesellschaft für Dritte zu erbringen.

(3) Auslandsobjektgesellschaften sind Kapitalgesellschaften, deren sämtliche Anteile von der REIT-Aktiengesellschaft gehalten werden und deren unbewegliches Vermögen

1. mindestens 90 Prozent ihres Gesamtvermögens ausmacht,
2. ausschließlich außerhalb des Geltungsbereiches dieses Gesetzes belegen ist und
3. nur solche Vermögensgegenstände umfasst, die im Belegenheitsstaat im Eigentum einer REIT-Körperschaft, -Personenvereinigung oder -Vermögensmasse oder einer einem REIT vergleichbaren Körperschaft, Personenvereinigung oder Vermögensmasse stehen dürfen.

(4) Hilfstätigkeiten sind Tätigkeiten, die der Haupttätigkeit, also dem eigenen Anlagebestand dienen.

(5) Nebentätigkeiten sind Tätigkeiten, die einem fremden Anlagebestand dienen.

(6) Immobiliennah sind solche Tätigkeiten, die der Verwaltung, Pflege und Fortentwicklung von Immobilienbeständen dienen (insbesondere technische und kaufmännische Bestandsverwaltung, Mietbestandsverwaltung, Vermittlungstätigkeit, Projektsteuerung und Projektentwicklung).

(7) Vermögensgegenstände im Sinne dieses Gesetzes sind unbewegliches Vermögen im Sinne des Absatzes 8, ferner zu dessen Bewirtschaftung erforderliche Gegenstände sowie Bankguthaben, Geldmarktinstrumente, Forderungen und Verbindlichkeiten, die aus der Nutzung oder Veräußerung des unbeweglichen Vermögens stammen oder zum Zwecke der Wertsicherung, Bewirtschaftung oder Bestandsveränderung dieser Vermögensgegenstände bereitgehalten, eingegangen oder begründet werden, sowie Beteiligungen an Immobilienpersonengesellschaften, Auslandsobjektgesellschaften, REIT-Dienstleistungsgesellschaften sowie Kapitalgesellschaften im Sinne des § 1 Abs. 1 Nr. 5.

(8) [1] Unbewegliches Vermögen sind Grundstücke und grundstücksgleiche Rechte sowie vergleichbare Rechte nach dem Recht anderer Staaten. [2] Schiffe und Luftfahrzeuge gelten nicht als unbewegliches Vermögen.

(9) Bestandsmietwohnimmobilien sind Immobilien, die überwiegend Wohnzwecken dienen, sofern diese vor dem 1. Januar 2007 erbaut worden sind.

§ 4 Mindestnennbetrag des Grundkapitals. Der Mindestnennbetrag des Grundkapitals einer REIT-Aktiengesellschaft ist 15 Millionen Euro.

§ 5 Form der Aktien. (1) [1] Sämtliche Aktien der REIT-Aktiengesellschaft müssen als stimmberechtigte Aktien gleicher Gattung begründet werden. [2] Sie dürfen nur gegen volle Leistung des Ausgabebetrages ausgegeben werden.

(2) Ein Anspruch des Aktionärs auf Verbriefung seines Anteils besteht nicht.

§ 6 Firma. Die Firma einer REIT-Aktiengesellschaft muss, auch wenn sie nach § 22 des Handelsgesetzbuchs oder nach anderen gesetzlichen Vorschriften fortgeführt wird, die Bezeichnung „REIT-Aktiengesellschaft“ oder „REIT-AG“ enthalten.

§ 7 Bezeichnungsschutz. Eine Gesellschaft, die ihren Sitz im Geltungsbereich dieses Gesetzes hat, darf die Bezeichnung „REIT-Aktiengesellschaft“ oder eine Bezeichnung, in der der Begriff „Real Estate Investment Trust“ oder die Abkürzung „REIT“ allein oder im Zusammenhang mit anderen Worten vorkommt, in der Firma oder als Zusatz zur Firma nur führen, wenn sie eine REIT-Aktiengesellschaft im Sinne dieses Gesetzes ist und die Voraussetzungen der §§ 8 bis 15 erfüllt.

Abschnitt 2. Qualifikation als REIT-Aktiengesellschaft

§ 8 Anmeldung als REIT-Aktiengesellschaft. Die Firma der REIT-Aktiengesellschaft (§ 6) ist bei dem zuständigen Gericht zur Eintragung in das Handelsregister anzumelden.

§ 9 Sitz. Die REIT-Aktiengesellschaft muss ihren Sitz und ihre Geschäftsleitung im Inland haben.

§ 10 Börsenzulassung. (1) Die Aktien der REIT-Aktiengesellschaft müssen zum Handel an einem organisierten Markt im Sinne des § 2 Abs. 5 des Wertpapierhandelsgesetzes in einem Mitgliedstaat der Europäischen Union oder in einem anderen Vertragsstaat des Abkommens über den Europäischen Wirtschaftsraum zugelassen sein.

(2) [1]Der Antrag auf Zulassung gemäß Absatz 1 muss innerhalb von drei Jahren nach Anmeldung der Aktiengesellschaft als Vor-REIT beantragt werden. [2]Die Frist des Satzes 1 kann auf Antrag von der Bundesanstalt für Finanzdienstleistungsaufsicht *um* [*ab 1. 1. 2011:* bis zu zwei Mal um jeweils][1)] ein Jahr verlängert werden, wenn Umstände außerhalb des Verantwortungsbereichs des Vor-REIT eine solche Verlängerung rechtfertigen.

(3) [1]Wird innerhalb der nach Absatz 2 maßgeblichen Frist kein Antrag gestellt oder wird ein innerhalb dieser Frist gestellter Antrag bestandskräftig abgelehnt, so verliert die Gesellschaft ihren Status als Vor-REIT. [2]Der Status lebt wieder auf, wenn die Zulassung erneut beantragt wird.

[1)] § 10 Abs. 2 Satz 2 geänd. durch G v. 22. 6. 2011 (BGBl. I S. 1126); zur Anwendung siehe § 23 Abs. 11 Satz 1.

§ 11 Streuung der Aktien. (1) 1 Mindestens 15 Prozent der Aktien einer REIT-Aktiengesellschaft müssen sich im Streubesitz befinden. 2 Im Zeitpunkt der Börsenzulassung müssen sich jedoch mindestens 25 Prozent der Aktien im Streubesitz befinden. 3 Den Streubesitz bilden die Aktien derjenigen Aktionäre, denen jeweils weniger als 3 Prozent der Stimmrechte an der REIT-Aktiengesellschaft zustehen. 4 Die Berechnung richtet sich nach den §§ 22 und 23 des Wertpapierhandelsgesetzes.

(2) 1 Die REIT-Aktiengesellschaft hat jährlich zum 31. Dezember gegenüber der Bundesanstalt für Finanzdienstleistungsaufsicht die Streubesitzquote ihrer Aktionäre mitzuteilen. 2 Die Bundesanstalt für Finanzdienstleistungsaufsicht teilt dem Bundeszentralamt für Steuern mit, wenn die Quote von 15 Prozent unterschritten wird.

(3) Die REIT-Aktiengesellschaft hat in ihrer Satzung für den Fall der Beendigung der Steuerbefreiung gemäß § 18 Abs. 3 eine Entschädigung aller Aktionäre vorzusehen, denen weniger als 3 Prozent der Stimmrechte zustehen.

(4) 1 Kein Anleger darf direkt 10 Prozent oder mehr der Aktien oder Aktien in einem Umfang halten, dass er über 10 Prozent oder mehr der Stimmrechte verfügt. 2 Für die Anwendung dieses Absatzes gelten Aktien, die für Rechnung eines Dritten gehalten werden, als direkt durch den Dritten gehalten.

(5)[1)] Die Mitteilungspflichten nach § 21 Abs. 1 des Wertpapierhandelsgesetzes und die Pflichten nach § 26 Abs. 1 und 2 des Wertpapierhandelsgesetzes gelten auch dann, wenn ein Meldepflichtiger durch Erwerb, Veräußerung oder auf sonstige Weise 80 Prozent oder 85 Prozent der Stimmrechte an einer REIT-Aktiengesellschaft erreicht, überschreitet oder unterschreitet.

§ 12 Vermögens- und Ertragsanforderungen. (1) 1 Ist die REIT-Aktiengesellschaft zur Aufstellung eines Konzernabschlusses gemäß § 315 a des Handelsgesetzbuchs verpflichtet, ist für Zwecke dieser Vorschrift oder der §§ 14 und 15 auf den Konzernabschluss abzustellen, anderenfalls auf den Einzelabschluss gemäß § 325 Abs. 2 a des Handelsgesetzbuchs. 2 Dabei ist für Zwecke dieser Vorschrift oder der §§ 14 und 15 für als Finanzinvestition gehaltenes unbewegliches Vermögen der beizulegende Zeitwert im Sinne des IAS 40 maßgebend. 3 Beteiligungen an Immobilienpersonengesellschaften gelten für Zwecke dieser Vorschrift und der §§ 14 und 15 als unbewegliches Vermögen und sind mit dem beizulegenden Zeitwert zu bewerten.

(2) Bezogen auf die Summe der Aktiva gemäß Einzel- bzw. Konzernabschluss nach Absatz 1 abzüglich der Ausschüttungsverpflichtung im Sinne des § 13 Abs. 1 und der Rücklagen im Sinne des § 13 Abs. 3

a) müssen zum Ende eines jeden Geschäftsjahres mindestens 75 Prozent der Aktiva zum unbeweglichen Vermögen gehören und

---

1) § 11 Abs. 5 neugef. mWv Kj. 2008 durch G v. 19. 12. 2008 (BGBl. I S. 2794).

b) dürfen die Aktiva, die zum Vermögen von in den Konzernabschluss der REIT-Aktiengesellschaft einzubeziehenden REIT-Dienstleistungsgesellschaften gehören, zum Ende eines jeden Geschäftsjahres höchstens 20 Prozent ausmachen.

(3) Bezogen auf die gesamten Umsatzerlöse zuzüglich der sonstigen Erträge aus unbeweglichem Vermögen eines Geschäftsjahres gemäß Einzel- bzw. Konzernabschluss nach Absatz 1

a) müssen mindestens 75 Prozent der Umsatzerlöse zuzüglich der sonstigen Erträge aus unbeweglichem Vermögen eines Geschäftsjahres aus Vermietung, Leasing, Verpachtung einschließlich immobiliennaher Tätigkeiten oder Veräußerung von unbeweglichem Vermögen stammen und

b) darf die Summe der Umsatzerlöse zuzüglich der sonstigen Erträge aus unbeweglichem Vermögen eines Geschäftsjahres von REIT-Dienstleistungsgesellschaften, die in den Konzernabschluss der REIT-Aktiengesellschaft einzubeziehen sind, höchstens 20 Prozent ausmachen.

(4) [1] Zu den sonstigen Erträgen aus unbeweglichem Vermögen im Sinne des Absatzes 3 zählen nicht regelmäßig wiederkehrende Erträge, erfolgswirksam erfasste Bewertungsgewinne und -verluste, realisierte Veräußerungsverluste sowie Erträge aus Vermietung, Leasing, Verpachtung und Veräußerung von unbeweglichem Vermögen, soweit sie nicht unter den Umsatzerlösen zu erfassen sind. [2] Bewertungsgewinne und -verluste sind Gewinne und Verluste aus dem Ansatz des als Finanzinvestition gehaltenen unbeweglichen Vermögens im Einzel- bzw. Konzernabschluss nach Absatz 1 mit dem beizulegenden Zeitwert im Sinne des IAS 40. [3] Erfolgt der Ansatz des als Finanzinvestition gehaltenen unbeweglichen Vermögens im Einzel- bzw. Konzernabschluss der REIT-Aktiengesellschaft gemäß IAS 40 mit den fortgeführten Anschaffungskosten, sind in einer Nebenrechnung Bewertungsgewinne und -verluste im Sinne des Satzes 2 zu ermitteln und den sonstigen Erträgen hinzuzusetzen.

§ 13 Ausschüttung an die Anleger. (1) [1] Die REIT-Aktiengesellschaft ist verpflichtet, bis zum Ende des folgenden Geschäftsjahres mindestens 90 Prozent ihres handelsrechtlichen Jahresüberschusses im Sinne des § 275 des Handelsgesetzbuchs, gemindert um die Dotierung der Rücklage nach Absatz 3 Satz 1 [*ab Kj. 2008:* sowie einen Verlustvortrag des Vorjahres][1] und erhöht um die Auflösung der Rücklage gemäß Absatz 3 Satz 2, an die Aktionäre als Dividende auszuschütten. [2] § 150 des Aktiengesetzes findet keine Anwendung.

(2) Bei der Ermittlung des Jahresüberschusses sind planmäßige Abschreibungen nur in gleich bleibenden Jahresraten zulässig.

(3) [1] Gewinne einer REIT-Aktiengesellschaft aus der Veräußerung unbeweglichen Vermögens können im handelsrechtlichen Jahresabschluss bis zur Hälfte in eine Rücklage eingestellt werden. [2] Die Rücklage ist bis zum

---

[1] § 13 Abs. 1 Satz 1 ergänzt durch G v. 19. 12. 2008 (BGBl. I S. 2794).

Ablauf des zweiten auf das Jahr der Einstellung folgenden Geschäftsjahres aufzulösen und erhöht den ausschüttungsfähigen Betrag nach Absatz 1, soweit die Rücklage nicht von den Anschaffungs- oder Herstellungskosten von im ersten oder zweiten auf das Jahr der Einstellung folgenden Geschäftsjahres angeschafften oder hergestellten unbeweglichen Vermögens abgezogen worden ist. [3]Gehörte das veräußerte unbewegliche Vermögen bereits zum Beginn der Steuerbefreiung zum Betriebsvermögen der REIT-Aktiengesellschaft, ist der Veräußerungsgewinn als Summe aus dem Veräußerungsgewinn I und dem Veräußerungsgewinn II zu ermitteln. [4]Veräußerungsgewinn I ist die Differenz zwischen dem Buchwert in der Handelsbilanz und dem im Rahmen von steuerlichen Gewinnermittlungen vor dem Beginn der Steuerbefreiung für den Grund und Boden oder das Gebäude angesetzten Wert. [5]Der restliche Veräußerungsgewinn bildet den Veräußerungsgewinn II. [6]Für die Rücklage nach Satz 1 darf nur der Veräußerungsgewinn II verwendet werden.

§ 14 Ausschluss des Immobilienhandels. (1) Die REIT-Aktiengesellschaft darf keinen Handel mit ihrem unbeweglichen Vermögen betreiben.

(2) [1]Ein Handel im Sinne von Absatz 1 findet nur statt, wenn die REIT-Aktiengesellschaft sowie ihre in einen Konzernabschluss einzubeziehenden Tochterunternehmen innerhalb der letzten fünf Geschäftsjahre Erlöse aus der Veräußerung von unbeweglichem Vermögen erzielt haben, die mehr als die Hälfte des Wertes des durchschnittlichen Bestandes an unbeweglichem Vermögen innerhalb desselben Zeitraums ausmachen. [2]Zur Ermittlung des durchschnittlichen Bestandes ist auf die Bestände abzustellen, die im Einzel- bzw. Konzernabschluss gemäß § 12 Abs. 1 der REIT-Aktiengesellschaft am Ende jener Geschäftsjahre, die in den Fünfjahreszeitraum einzubeziehen sind, ausgewiesen werden. [3]Besteht die REIT-Aktiengesellschaft noch nicht fünf Jahre, ist auf die Einzel- bzw. Konzernabschlüsse der bisherigen Geschäftsjahre abzustellen.

§ 15[1)] Mindesteigenkapital. [1]Das am Ende eines Geschäftsjahres im Einzel- bzw. Konzernabschluss nach § 12 Abs. 1 ausgewiesene Eigenkapital der REIT-Aktiengesellschaft darf 45 Prozent des Betrages, mit dem das unbewegliche Vermögen im Einzel- bzw. Konzernabschluss nach § 12 Abs. 1 angesetzt ist, nicht unterschreiten. [2]Nicht dem Mutterunternehmen gehörende und als Fremdkapital ausgewiesene Anteile an in den Konzernabschluss nach § 315 a des Handelsgesetzbuchs einbezogenen Tochterunternehmen gelten für die Berechnung des Mindesteigenkapitals als Eigenkapital.

Abschnitt 3. Steuerliche Regelungen

§ 16 Steuerbefreiung der REIT-Aktiengesellschaft. (1) [1]Eine REIT-Aktiengesellschaft, die die Voraussetzungen der §§ 8 bis 15 erfüllt, unbe-

---

[1)] § 15 Satz 2 angef. mWv Kj. 2008 durch G v. 19. 12. 2008 (BGBl. I S. 2794).

schränkt körperschaftsteuerpflichtig ist und nicht im Sinne eines Doppelbesteuerungsabkommens als in dem anderen Vertragsstaat ansässig gilt, ist von der Körperschaftsteuer befreit. 2 Eine REIT-Aktiengesellschaft, die die Voraussetzungen der §§ 8 bis 15 erfüllt, ist von der Gewerbesteuer befreit.

(2) 1 Sind einem Anteilseigner nach § 20 des Einkommensteuergesetzes direkt Gesellschaftsanteile in Höhe von 10 Prozent des Kapitals oder mehr zuzurechnen, entfällt entgegen Absatz 1 die Steuerbefreiung der REIT-Aktiengesellschaft nicht. 2 Der Anteilseigner verliert deswegen auch nicht seinen Anspruch auf Dividende oder sein Stimmrecht, er kann aber aus seiner Beteiligung im Übrigen nur die Rechte geltend machen, die ihm aus einer Beteiligung von weniger als 10 Prozent zustehen würden. 3 Dies gilt auch für die Anwendung der Doppelbesteuerungsabkommen. 4 Die Vorschriften des Wertpapierhandelsgesetzes bleiben unberührt.

(3) 1 Besteht das gesamte Vermögen der inländischen REIT-Aktiengesellschaft zum Ende eines Wirtschaftsjahres zu weniger als 75 Prozent aus unbeweglichem Vermögen gemäß der Berechnung nach § 12, setzt die zuständige Finanzbehörde eine Zahlung gegen die Aktiengesellschaft fest. 2 Die Zahlung beträgt mindestens 1 Prozent und höchstens 3 Prozent des Betrages, um den der Anteil des unbeweglichen Vermögens hinter dem Anteil von 75 Prozent zurückbleibt. 3 Bei der Festsetzung der Zahlung berücksichtigt die Finanzbehörde, ob und wie oft bereits in früheren Wirtschaftsjahren das unbewegliche Vermögen hinter der Vorgabe von 75 Prozent zurückgeblieben ist. 4 Eine Zahlung nach diesem Absatz kann auch neben einer Zahlung nach Absatz 4 oder 5 festgesetzt werden, wenn jeweils die Voraussetzungen für die Zahlung erfüllt sind.

(4) 1 Stammen in einem Wirtschaftsjahr weniger als 75 Prozent der Bruttoerträge der inländischen REIT-Aktiengesellschaft aus der Vermietung und Verpachtung oder der Veräußerung von unbeweglichem Vermögen gemäß der Berechnung nach § 12, setzt die zuständige Finanzbehörde eine Zahlung gegen die Aktiengesellschaft fest. 2 Die Zahlung beträgt mindestens 10 Prozent und höchstens 20 Prozent des Betrages, um den die Bruttoerträge aus der Vermietung und Verpachtung oder der Veräußerung von unbeweglichem Vermögen hinter der Vorgabe von 75 Prozent der Bruttoerträge zurückbleiben. 3 Absatz 3 Satz 3 und 4 ist entsprechend anzuwenden.

(5) 1 Schüttet eine inländische REIT-Aktiengesellschaft bis zum Ende des folgenden Wirtschaftsjahres weniger als 90 Prozent des Jahresüberschusses gemäß der Berechnung nach § 13 Abs. 1 an die Anteilseigner aus, setzt die zuständige Finanzbehörde eine Zahlung gegen die Kapitalgesellschaft fest. 2 Die Zahlung beträgt mindestens 20 Prozent und höchstens 30 Prozent des Betrages, um den die tatsächliche Ausschüttung hinter der Vorgabe von 90 Prozent des nach § 13 Abs. 1 berechneten Jahresüberschusses zurückbleibt. 3 Absatz 3 Satz 3 und 4 ist entsprechend anzuwenden.

(6) 1 Erbringt die REIT-Aktiengesellschaft oder eine ihr nachgeordnete Immobilienpersonengesellschaft entgeltliche Nebentätigkeiten für Dritte,

setzt die zuständige Finanzbehörde eine Zahlung gegen die Aktiengesellschaft fest. 2 Die Zahlung beträgt mindestens 20 Prozent und höchstens 30 Prozent der durch die entgeltliche Nebentätigkeit erzielten Einnahmen. 3 Absatz 3 Satz 3 und 4 ist entsprechend anzuwenden.

§ 17 Beginn der Steuerbefreiung. (1) Die Steuerbefreiung tritt zu Beginn des Wirtschaftsjahres ein, in dem die REIT-Aktiengesellschaft nach der Anmeldung gemäß § 8 unter einer Firma gemäß § 6 in das Handelsregister eingetragen wird.

(2) Bei Anwendung des § 13 Abs. 1 und 3 Satz 1 des Körperschaftsteuergesetzes gelten § 3 Nr. 70 Satz 1 Buchstabe b, Satz 2, 3 und § 3 c Abs. 3 des Einkommensteuergesetzes entsprechend.

(3) 1 Hält die steuerpflichtige Aktiengesellschaft Beteiligungen an Immobilienpersonengesellschaften, ist das unbewegliche Vermögen der Immobilienpersonengesellschaften, soweit es der Beteiligung der Aktiengesellschaft entspricht, mit dem Teilwert anzusetzen. 2 Maßgebend ist der Zeitpunkt der Schlussbilanz der Aktiengesellschaft im Sinne des § 13 Abs. 1 und 3 Satz 1 des Körperschaftsteuergesetzes. 3 Eine mittelbare Beteiligung über eine oder mehrere Personengesellschaften steht der unmittelbaren Beteiligung gleich, § 15 Abs. 1 Satz 1 Nr. 2 Satz 2 des Einkommensteuergesetzes gilt sinngemäß.

(4) Nach einem Verlust der Steuerbefreiung im Sinne des § 18 kann die Steuerbefreiung nicht vor Ablauf von vier Jahren seit dem Verlust wieder aufleben oder beginnen.

§ 18 Ende der Steuerbefreiung. (1) Die Steuerbefreiung nach § 16 Abs. 1 endet zum Ende des Wirtschaftsjahres, das dem Verlust der Börsenzulassung nach § 10 vorausgeht.

(2) Betreibt die REIT-Aktiengesellschaft im Sinne des § 14 Handel mit unbeweglichem Vermögen, entfällt die Steuerbefreiung erstmals für das Wirtschaftsjahr, in dem die Grenze nach § 14 Abs. 2 überschritten wird.

(3) 1 Befinden sich während dreier aufeinander folgender Wirtschaftsjahre weniger als 15 Prozent der Aktien der REIT-Aktiengesellschaft im Streubesitz, so endet die Steuerbefreiung mit Ablauf des dritten Wirtschaftsjahres. 2 Wird während dreier aufeinander folgender Wirtschaftsjahre gegen die Vorschrift über die Höchstbeteiligung nach § 11 Abs. 4 verstoßen, so endet die Steuerbefreiung mit Ablauf des dritten Wirtschaftsjahres. 3 Solange die REIT-Aktiengesellschaft aus den Meldungen nach dem Wertpapierhandelsgesetz den Verstoß nicht entnehmen kann, ist Satz 1 und 2 nicht anzuwenden. 4 Nach Aufdeckung eines Verstoßes gegen die Vorschriften über den Streubesitz oder die Höchstbeteiligung muss die REIT-Aktiengesellschaft bis zum Ende des auf die Aufdeckung des Verstoßes folgenden Wirtschaftsjahres die Einhaltung der Vorschriften über den Streubesitz und die Höchstbeteiligung erreichen. 5 Gelingt ihr dies nicht, endet die Steuerbefreiung rückwirkend zum Ende des Wirtschaftsjahres, in dem der Verstoß aufgedeckt wurde.

(4) Sind die Voraussetzungen des § 15 in drei aufeinander folgenden Wirtschaftsjahren nicht erfüllt, so endet die Steuerbefreiung mit Ablauf des dritten Wirtschaftsjahres.

(5) [1]Sind bei einer REIT-Aktiengesellschaft für drei aufeinander folgende Wirtschaftsjahre die Voraussetzungen desselben Absatzes des § 16 Abs. 3 bis 6 erfüllt, endet die Steuerbefreiung mit Ablauf des dritten Wirtschaftsjahres. [2]Sind bei einer REIT-Aktiengesellschaft die Voraussetzungen verschiedener, für fünf aufeinander folgende Wirtschaftsjahre aber jeweils mindestens einer der Absätze 3 bis 6 des § 16 erfüllt, endet die Steuerbefreiung mit Ablauf des fünften Wirtschaftsjahres. [3]Die zuständige Finanzbehörde kann ausnahmsweise bestimmen, dass die Steuerbefreiung nicht entfällt; in diesem Falle setzt sie die höchstmöglichen Zahlungen nach § 16 Abs. 3 bis 6 fest.

(6) In den Fällen der Absätze 1 bis 4 sowie des Absatzes 5 Satz 1 und 2 ist § 13 Abs. 2 des Körperschaftsteuergesetzes mit der Maßgabe anzuwenden, dass in der Anfangsbilanz die Wirtschaftsgüter mit dem Wert anzusetzen sind, der sich ausgehend von der Anfangsbilanz der inländischen REIT-Aktiengesellschaft bei ununterbrochener Steuerpflicht nach den Vorschriften über die steuerliche Gewinnermittlung ergeben würde.

(7) In den Fällen der Absätze 1 bis 4 sowie des Absatzes 5 Satz 1 und 2 ist die Rücklage nach § 13 Abs. 3 aufzulösen und erhöht zusammen mit den nicht ausgeschütteten Teilen des nach § 13 Abs. 1 berechneten Jahresüberschusses der Geschäftsjahre, für die die Steuerbefreiung der inländischen REIT-Aktiengesellschaft galt, den Gewinn der steuerpflichtigen Aktiengesellschaft im Jahr der erstmaligen Steuerpflicht.

§ 19[1)] Besteuerung der Anteilsinhaber. (1) [1]Die Ausschüttungen der REIT-Aktiengesellschaft und anderer REIT-Körperschaften, -Personenvereinigungen oder -Vermögensmassen sowie sonstige Vorteile, die neben oder an Stelle der Ausschüttungen gewährt werden, gehören zu den Einkünften aus Kapitalvermögen im Sinne des § 20 Abs. 1 Nr. 1 des Einkommensteuergesetzes, wenn sie nicht Betriebseinnahmen des Anteilseigners sind. [2]§ 20 Abs. 1 Nr. 2 des Einkommensteuergesetzes ist entsprechend, § 20 Abs. 2 Satz 1 Nr. 2 Buchstabe a des Einkommensteuergesetzes ist nicht anzuwenden.

(2) Auf die Veräußerung von Aktien an REIT-Aktiengesellschaften und Anteilen an anderen REIT-Körperschaften, -Personenvereinigungen oder -Vermögensmassen, die nicht Bestandteil eines Betriebsvermögens sind, sind § 17 sowie *§ 22 Nr. 2 und § 23 Abs. 1 Satz 1 Nr. 2* [***ab 1. 1. 2009:*** § 20 Abs. 2 Satz 1 Nr. 1][2)] des Einkommensteuergesetzes anzuwenden, anderenfalls ist der Gewinn nach § 4 oder § 5 des Einkommensteuergesetzes zu ermitteln.

---

1) Zur Anwendung von § 19 siehe § 23 Abs. 2 bis 9.

2) § 19 Abs. 2 geänd. durch G v. 19. 12. 2008 (BGBl. I S. 2497); zur erstmaligen Anwendung siehe § 23 Abs. 6.

(3) [Vorbehaltlich des § 19 a][1] sind § 3 Nr. 40 des Einkommensteuergesetzes und § 8 b des Körperschaftsteuergesetzes nicht anzuwenden.

(4) *Betriebsvermögensminderungen, Betriebsausgaben oder Veräußerungskosten* [***ab 1. 1. 2009:*** Betriebsvermögensminderungen oder Betriebsausgaben][2], die mit Aktien einer REIT-Aktiengesellschaft oder Anteilen an anderen REIT-Körperschaften, -Personenvereinigungen oder -Vermögensmassen in wirtschaftlichem Zusammenhang stehen, dürfen nur mit *Betriebsvermögensmehrungen, Betriebseinnahmen oder Einnahmen* [***ab 1. 1. 2009:*** Betriebsvermögensmehrungen oder Betriebseinnahmen][2] aus der Veräußerung von Aktien einer REIT-Aktiengesellschaft oder Anteilen an anderen REIT-Körperschaften, -Personenvereinigungen oder -Vermögensmassen ausgeglichen werden; § 10 d des Einkommensteuergesetzes gilt entsprechend.

(5) Andere REIT-Körperschaften, -Personenvereinigungen oder -Vermögensmassen im Sinne dieser Vorschrift sind alle Körperschaften, Personenvereinigungen oder Vermögensmassen, die nicht im Inland ansässig sind, deren Bruttovermögen zu mehr als zwei Dritteln aus unbeweglichem Vermögen besteht, deren Bruttoerträge zu mehr als zwei Dritteln aus der Vermietung und Verpachtung und der Veräußerung von unbeweglichem Vermögen stammen, die in ihrem Sitzstaat keiner Investmentaufsicht unterliegen, deren Anteile im Rahmen eines geregelten Marktes gehandelt werden und deren [***ab 1. 1. 2008:*** aus Immobilien stammenden][3] Ausschüttungen an ihre Anleger nicht mit einer der deutschen Körperschaftsteuer vergleichbaren ausländischen Steuer in ihrem Sitzstaat vorbelastet sind.

(6)[4] Bezieht eine unbeschränkt steuerpflichtige Gesellschaft von einer anderen REIT-Körperschaft, -Personenvereinigung oder -Vermögensmasse Gewinne oder Dividenden, die auf Grund eines Doppelbesteuerungsabkommens von Deutschland als Ansässigkeitsstaat freizustellen sind, ist insoweit die Doppelbesteuerung unbeschadet des Abkommens nicht durch Freistellung, sondern durch Anrechnung der auf diese Einkünfte erhobenen ausländischen Steuer zu vermeiden.

§ 19 a[5] Berücksichtigung von Vorbelastungen bei der Besteuerung der Anteilsinhaber. (1) [1]Abweichend von § 19 Abs. 3 sind § 3 Nr. 40 und § 3 c Abs. 2 des Einkommensteuergesetzes sowie § 8 b des Körperschaftsteuergesetzes anzuwenden, soweit die Dividenden einer REIT-Aktiengesellschaft oder einer anderen REIT-Körperschaft, -Personenvereinigung oder -Vermögensmasse aus vorbelasteten Teilen des Gewinns stammen. [2]Auf die Wertminderung einer Beteiligung an einer

---

[1] Text in Klammern eingef. durch G v. 19. 12. 2008 (BGBl. I S. 2794).

[2] § 19 Abs. 4 geänd. durch G v. 19. 12. 2008 (BGBl. I S. 2497); zur Anwendung siehe § 23 Abs. 7 und 8.

[3] § 19 Abs. 5 Klammerzusatz eingef. durch G v. 19. 12. 2008 (BGBl. I S. 2794).

[4] § 19 Abs. 6 angef. durch G v. 19. 12. 2008 (BGBl. I S. 2794); zur erstmaligen Anwendung siehe § 23 Abs. 9.

[5] § 19 a eingef. durch G v. 19. 12. 2008 (BGBl. I S. 2794); zur Anwendung siehe § 23.

REIT-Aktiengesellschaft oder anderen Körperschaft, Personenvereinigung oder Vermögensmasse ist § 8 b des Körperschaftsteuergesetzes oder § 3 c Abs. 2 des Einkommensteuergesetzes anzuwenden, soweit sie auf Dividenden im Sinne von Satz 1 beruht.

(2) [1]Dividenden stammen im Sinne des Absatzes 1 aus vorbelasteten Teilen des Gewinns, wenn hierfür Einkünfte der REIT-Aktiengesellschaft oder der anderen REIT-Körperschaft, -Personenvereinigung oder -Vermögensmasse als verwendet gelten, die mit mindestens 15 Prozent deutscher Körperschaftsteuer oder einer mit dieser vergleichbaren ausländischen Steuer für den jeweiligen Veranlagungszeitraum belastet sind. [2]Die Steuerbelastung ist dabei für jede Beteiligung an einer Kapitalgesellschaft oder einer Immobilienpersonengesellschaft und für jede Immobilie im Sinne des § 1 Abs. 1 Nr. 1 Buchstabe a und b getrennt zu ermitteln. [3]Abzustellen ist für jede Beteiligung an einer Immobilienpersonengesellschaft oder jede einzelne Immobilie im Sinne des § 1 Abs. 1 Nr. 1 Buchstabe a und b auf die jeweilige Steuerbelastung der Einkünfte in dem Wirtschaftsjahr, das dem Jahr der Ausschüttung der REIT-Aktiengesellschaft oder der anderen REIT-Körperschaft, -Personenvereinigung oder -Vermögensmasse vorangeht. [4]Dividenden oder sonstige Bezüge aus einer Beteiligung an einer Kapitalgesellschaft gelten nur als vorbelastete Teile des Gewinns, wenn sie von der Kapitalgesellschaft in dem ersten Wirtschaftsjahr, das dem Wirtschaftsjahr nachfolgt, dessen Gewinn ausgeschüttet wird, an die REIT-Aktiengesellschaft oder die andere REIT-Körperschaft, -Personenvereinigung oder -Vermögensmasse ausgeschüttet werden. [5]Die vorbelasteten Teile des Gewinns der REIT-Aktiengesellschaft oder anderen REIT-Körperschaft, -Personenvereinigung oder -Vermögensmasse gelten als vorrangig ausgeschüttet.

(3) [1]Der aus vorbelasteten Gewinnen stammende Teil der Dividende oder der sonstigen Bezüge ist in der Steuerbescheinigung nach § 45 a des Einkommensteuergesetzes gesondert auszuweisen. [2]Veranlasst die REIT-Aktiengesellschaft einen zu hohen Ausweis des aus vorbelasteten Gewinnen stammenden Teils der Dividende oder der sonstigen Bezüge, ist die Steuerbescheinigung nach § 45 a des Einkommensteuergesetzes nicht zu ändern. [3]Gegen die REIT-Aktiengesellschaft ist bei einem zu hohen Ausweis des aus vorbelasteten Gewinnen stammenden Teils der Dividende von der zuständigen Finanzbehörde entsprechend dem mutmaßlichen Steuerausfall auf der Ebene ihrer Aktionäre eine Zahlung von mindestens 20 Prozent und höchstens 30 Prozent des Betrags festzusetzen, um den die tatsächlich vorbelasteten Gewinne hinter dem Betrag zurückbleiben, von dem bei der Erteilung der Bescheinigung ausgegangen worden ist.

(4) Die Absätze 1 und 2 sind bei der Besteuerung von Dividenden und sonstigen Bezügen aus anderen REIT-Körperschaften, -Personenvereinigungen oder -Vermögensmassen nur anzuwenden, wenn der Anleger nachweist, dass für die Dividenden oder sonstigen Bezüge vorbelastete Gewinne der anderen REIT-Körperschaft, -Personenvereinigung oder -Vermögensmasse verwendet worden sind.

§ 20 Kapitalertragsteuerabzug

[Fassung bis 31. 12. 2008]

(1) ¹Von den Ausschüttungen, sonstigen Vorteilen und Bezügen nach Kapitalherabsetzung oder Auflösung einer inländischen REIT-Aktiengesellschaft wird die Einkommensteuer oder Körperschaftsteuer durch Abzug vom Kapitalertrag (Kapitalertragsteuer) erhoben. ²Die für den Steuerabzug vom Kapitalertrag nach § 43 Abs. 1 Satz 1 Nr. 1 und Satz 2 des Einkommensteuergesetzes geltenden Vorschriften des Einkommensteuergesetzes sind entsprechend anzuwenden.

[Fassung ab 1. 1. 2009][1)]

(1) ¹Von den Ausschüttungen, sonstigen Vorteilen und Bezügen nach Kapitalherabsetzung oder Auflösung einer inländischen REIT-Aktiengesellschaft oder einer anderen REIT-Körperschaft, -Personenvereinigung oder -Vermögensmasse und von den Gewinnen aus der Veräußerung von Aktien an REIT-Aktiengesellschaften oder Anteilen an anderen REIT-Körperschaften, -Personenvereinigungen oder -Vermögensmassen wird die Einkommensteuer oder Körperschaftsteuer durch Abzug vom Kapitalertrag erhoben. ²Die für die Kapitalertragsteuer nach § 43 Absatz 1 Satz 1 Nummer 1 [***ab 1. 1. 2012:***, 1 a], 6, 9 und Satz 2 des Einkommensteuergesetzes geltenden Vorschriften des Einkommensteuergesetzes sind entsprechend anzuwenden.

(2)[2)] ¹*Abweichend von § 43 a Abs. 1 Nr. 1 des Einkommensteuergesetzes beträgt die Kapitalertragsteuer 25 Prozent des Kapitalertrags, wenn der Gläubiger die Kapitalertragsteuer trägt und 33¹/₃ Prozent des tatsächlich ausgezahlten Betrags, wenn der Schuldner die Kapitalertragsteuer übernimmt.* ²*Bei Gläubigern im Sinne des § 44 a Abs. 8 des Einkommensteuergesetzes ist § 45 b des Einkommensteuergesetzes mit der Maßgabe anzuwenden, dass ²/₅ der in Satz 1 vorgeschriebenen Kapitalertragsteuer erstattet wird.*

(3) In der Steuerbescheinigung nach § 45 a des Einkommensteuergesetzes ist anzugeben, dass es sich um Bezüge von einer REIT-Aktiengesellschaft handelt.

(4) ¹Für die Anrechnung der einbehaltenen und abgeführten Kapitalertragsteuer nach § 36 Abs. 2 des Einkommensteuergesetzes oder deren Erstattung nach § 50 d des Einkommensteuergesetzes gelten die Vorschriften des Einkommensteuergesetzes entsprechend. ²Werden 10 Prozent oder mehr der Aktien, der stimmberechtigten Aktien oder der Stimmrechte indirekt gehalten oder kontrolliert, so wird im Fall der Anwendung eines Doppelbesteuerungsabkommens ungeachtet darin enthaltener oder für seine Anwendung vereinbar-

---

1) § 20 Abs. 1 neu gef. durch G v. 19. 12. 2008 (BGBl. I S. 2794); zur erstmaligen Anwendung siehe § 23 Abs. 10 Satz 1; Abs. 1 Satz 2 Zitat ergänzt durch G v. 22. 6. 2011 (BGBl. I S. 1126), zur Anwendung siehe § 23 Abs. 11 Satz 2.

2) § 20 Abs. 2 aufgeh. durch G v. 19. 12. 2008 (BGBl. I S. 2794); zur letztmaligen Anwendung siehe § 23 Abs. 10 Satz 2.

ter weitergehender Vergünstigungen die deutsche Quellensteuer auf die Ausschüttungen stets mit dem Satz erhoben, den das Doppelbesteuerungsabkommen für Fälle des indirekten Haltens oder der Kontrolle von weniger als 10 Prozent der Aktien, der stimmberechtigten Aktien oder der Stimmrechte vorsieht. [3]Satz 2 gilt ebenfalls, wenn weniger als 10 Prozent der Aktien, der stimmberechtigten Aktien oder der Stimmrechte indirekt gehalten oder kontrolliert werden und dem Anteilseigner zugleich direkt Aktien nach Maßgabe des § 16 Abs. 2 zuzurechnen sind und bei Zusammenrechnung 10 Prozent oder mehr der Aktien, der stimmberechtigten Aktien oder der Stimmrechte gehalten oder kontrolliert werden.

§ 21 Verfahrensvorschriften. (1) [1]Auf die Zahlungen nach §§ 16 und 19 a[1)] sind die für die Körperschaftsteuer geltenden Vorschriften der Abgabenordnung entsprechend anzuwenden. [2]In öffentlich-rechtlichen Streitigkeiten wegen einer Zahlung ist der Finanzrechtsweg gegeben. [3]Das Aufkommen aus der Zahlung steht je zur Hälfte dem Bund und dem Land zu, in dem die REIT-Aktiengesellschaft ihren Sitz hat.

(2) [1]Die REIT-Aktiengesellschaft hat für den abgelaufenen Veranlagungszeitraum eine Steuererklärung abzugeben. [2]In dieser sind neben den Voraussetzungen für die Steuerbefreiung auch Angaben zum Einhalten der Vorgaben über die Zusammensetzung des Vermögens und der Erträge, der Erfüllung der Mindestausschüttungsverpflichtung und der Höhe des Eigenkapitals im Vergleich zum unbeweglichen Vermögen [***ab 1. 1. 2008:*** und zur Zusammensetzung der Erträge hinsichtlich vorbelasteter und nicht vorbelasteter Erträge][2)] zu machen. [3]§ 152 der Abgabenordnung ist mit der Maßgabe anzuwenden, dass ein Verspätungszuschlag auch bei Vorliegen der Voraussetzungen für die Steuerbefreiung festgesetzt werden kann. [4]Bemessungsgrundlage im Sinne des § 152 Abs. 2 der Abgabenordnung ist der nach § 13 Abs. 1 ermittelte auszuschüttende Betrag. [5]Eine beglaubigte Abschrift des besonderen Vermerks nach § 1 Abs. 4 ist der Steuererklärung beizufügen.

(3) [1]Nach Aufforderung durch die Finanzbehörde hat die REIT-Aktiengesellschaft die Ermittlung der Angaben nach Absatz 2 darzulegen. [2]Art und Umfang bestimmt die Finanzbehörde. [3]Die Finanzbehörde kann verlangen, dass der jeweilige Abschlussprüfer die Richtigkeit einzelner Angaben bestätigt. [4]Unberührt bleibt das Recht der Finanzbehörde, weitere Sachaufklärung zu betreiben, insbesondere eine Außenprüfung anzuordnen oder Sachverständige hinzuzuziehen.

Abschnitt 4. Schlussvorschriften

§ 22 Übergangsregelung zu § 7. [1]Abweichend von § 7 darf eine Gesellschaft die Bezeichnung „REIT-Aktiengesellschaft" oder eine Bezeichnung, in der der Begriff „Real Estate Investment Trust" oder die Abkürzung „REIT" allein oder im Zusammenhang mit anderen Worten vorkommt, in der Firma

---

[1)] Verweis auf § 19 a eingef. durch G v. 19. 12. 2008 (BGBl. I S. 2794).

[2)] § 21 Abs. 2 Satz 2 ergänzt durch G v. 19. 12. 2008 (BGBl. I S. 2794).

oder als Zusatz zur Firma nur bis zum 31. Dezember 2007 führen, wenn am 23. März 2007 die zulässige Eintragung der Firma in das Handelsregister bewirkt war. [2]Nach dem 31. Dezember 2007 ist die Eintragung unzulässig im Sinne des § 142 Abs. 1 Satz 1 des Gesetzes über die Angelegenheiten der freiwilligen Gerichtsbarkeit und kann nach dieser Vorschrift gelöscht werden.

§ 23[1]) Anwendungsvorschriften. (1) Diese Fassung des Gesetzes ist vorbehaltlich der nachfolgenden Absätze erstmals für das Kalenderjahr 2008 anzuwenden.

(2) [1]Die §§ 19 und 19a sind erstmals auf Bezüge anzuwenden, die dem Anteilseigner nach dem Beginn der Steuerbefreiung der REIT-Aktiengesellschaft zufließen. [2]Abweichend von Satz 1 sind auf Gewinnausschüttungen, die auf einem den gesellschaftsrechtlichen Vorschriften entsprechenden Gewinnverteilungsbeschluss für ein abgelaufenes Wirtschaftsjahr beruhen, im ersten Wirtschaftsjahr der steuerbefreiten REIT-Aktiengesellschaft die §§ 19 und 19a noch nicht anzuwenden.

(3) § 19 Abs. 1 bis 4 und § 19a sind erstmals auf Bezüge von oder auf Gewinne aus der Veräußerung eines Anteils an einer anderen REIT-Körperschaft, -Personenvereinigung oder -Vermögensmasse anzuwenden, die der Anteilseigner nach dem 31. Dezember 2007 erzielt.

(4) Bei Wegfall der Steuerbefreiung sind auf Gewinnausschüttungen, die auf einem den gesellschaftsrechtlichen Vorschriften entsprechenden Gewinnverteilungsbeschluss für ein abgelaufenes Wirtschaftsjahr beruhen, für das noch die Steuerbefreiung der REIT-Aktiengesellschaft galt, die §§ 19 und 19a anzuwenden.

(5) Die §§ 19 und 19a sind nicht mehr auf Bezüge anzuwenden, die dem Anleger nach dem Ende des Wirtschaftsjahres zufließen, in dem die ausländische Körperschaft, Personenvereinigung oder Vermögensmasse nicht mehr die Voraussetzungen des § 19 Abs. 5 erfüllt.

(6) § 19 Abs. 2 in der Fassung des Artikels 37 des Gesetzes vom 19. Dezember 2008 (BGBl. I S. 2794) ist erstmals anzuwenden auf die Veräußerung von Aktien an REIT-Aktiengesellschaften und Anteilen an anderen REIT-Körperschaften, -Personenvereinigungen oder -Vermögensmassen, die nach dem 31. Dezember 2008 erworben werden.

(7) Auf Veräußerungen oder die Bewertung von Anteilen an einer REIT-Aktiengesellschaft oder anderen REIT-Körperschaft, -Personenvereinigung oder -Vermögensmasse ist § 19 Abs. 4 anzuwenden, solange die REIT-Aktiengesellschaft steuerbefreit ist oder die andere REIT-Körperschaft, -Personenvereinigung oder -Vermögensmasse die Voraussetzungen des § 19 Abs. 5 erfüllt.

(8) § 19 Abs. 4 in der Fassung des Artikels 37 des Gesetzes vom 19. Dezember 2008 (BGBl. I S. 2794) ist erstmals anzuwenden auf Aktien an REIT-Aktiengesellschaften und Anteilen an anderen REIT-Körperschaften, -Perso-

---

[1]) § 23 neugef. durch G v. 19. 12. 2008 (BGBl. I S. 2794).

nenvereinigungen oder -Vermögensmassen, die nach dem 31. Dezember 2008 veräußert werden.

(9) § 19 Abs. 6 ist erstmals auf nach dem 31. Dezember 2008 zufließende Dividenden anzuwenden.

(10) [1] § 20 Abs. 1 in der Fassung des Artikels 37 des Gesetzes vom 19. Dezember 2008 (BGBl. I S. 2794) ist erstmals auf Kapitalerträge anzuwenden, die dem Gläubiger nach dem 31. Dezember 2008 zufließen, und auf Veräußerungen von Aktien an REIT-Aktiengesellschaften oder Anteilen an anderen REIT-Körperschaften, -Personenvereinigungen oder -Vermögensmassen, die nach dem 31. Dezember 2008 erworben werden. [2] § 20 Abs. 2 in der am 1. Januar 2007 geltenden Fassung ist letztmals auf Veräußerungen von Aktien an REIT-Aktiengesellschaften oder Anteilen an anderen REIT-Körperschaften, -Personenvereinigungen oder -Vermögensmassen anzuwenden, die vor dem 1. Januar 2009 erworben werden.

(11)[1)] [1] § 10 Absatz 2 Satz 2 in der Fassung des Artikels 11 des Gesetzes vom 22. Juni 2011 (BGBl. I S. 1126) ist erstmals ab dem 1. Januar 2011 anzuwenden. [2] § 20 Absatz 1 Satz 2 in der Fassung des Artikels 11 des Gesetzes vom 22. Juni 2011 (BGBl. I S. 1126) ist erstmals auf Kapitalerträge anzuwenden, die dem Gläubiger nach dem 31. Dezember 2011 zufließen.

---

1) § 23 Abs. 11 angef. durch G v. 22. 6. 2011 (BGBl. I S. 1126).

130. Umwandlungssteuergesetz[1)·2)·3)]

Vom 7. Dezember 2006 (BGBl. I S. 2782/2791)

Geändert durch Unternehmensteuerreformgesetz 2008 vom 14. 8. 2007 (BGBl. I S. 1912), Jahressteuergesetz 2008 vom 20. 12. 2007 (BGBl. I S. 3150), Jahressteuergesetz 2009 vom 19. 12. 2008 (BGBl. I S. 2794), Wachstumsbeschleunigungsgesetz vom 22. 12. 2009 (BGBl. I S. 3950), Gesetz zur Umsetzung des EuGH-Urteils vom 20. Oktober 2011 in der Rechtssache C-284/09 vom 21. 3. 2013 (BGBl. I S. 561), Amtshilferichtlinie-Umsetzungsgesetz (AmtshilfeRLUmsG) vom 26. Juni 2013 (BGBl. I S. 1809), Gesetz zur Anpassung des nationalen Steuerrechts an den Beitritt Kroatiens zur EU und zur Änderung weiterer steuerlicher Vorschriften vom 25. 7. 2014 (BGBl. I S. 1266) und Steueränderungsgesetz 2015 vom 2. 11. 2015 (BGBl. I S. 1834)

BGBl. III/FNA 610-6-16

Inhaltsübersicht

---

1) Das Umwandlungssteuergesetz wurde verkündet als Art. 6 des Gesetzes über steuerliche Begleitmaßnahmen zur Einführung der Europäischen Gesellschaft und zur Änderung weiterer steuerrechtlicher Vorschriften (SEStEG) vom 7. 12. 2006 (BGBl. I S. 2782).

2) Das UmwStG in dieser Fassung gilt für **nach dem 12. 12. 2006** erfolgte Umwandlungen und Einbringungen (§ 27 Abs. 1). Für **vom 1. 1. 1995 bis 12. 12. 2006** erfolgte Umwandlungen und Einbringungen siehe UmwStG idF der Bek. v. 15. 10. 2002 (BGBl. I S. 4133, ber. BGBl. I 2003 S. 738), zuletzt geänd. durch G v. 16. 5. 2003 (BGBl. I S. 660).

3) Das Umwandlungsgesetz abgedr. im **Schönfelder Nr. 52 a.**

Erster Teil. Allgemeine Vorschriften

§ 1 Anwendungsbereich und Begriffsbestimmungen. (1) [1]Der Zweite bis Fünfte Teil gilt nur für

1. die Verschmelzung, Aufspaltung und Abspaltung im Sinne der §§ 2, 123 Abs. 1 und 2 des Umwandlungsgesetzes von Körperschaften oder vergleichbare ausländische Vorgänge sowie des Artikels 17 der Verordnung (EG) Nr. 2157/2001 und des Artikels 19 der Verordnung (EG) Nr. 1435/2003;
2. den Formwechsel einer Kapitalgesellschaft in eine Personengesellschaft im Sinne des § 190 Abs. 1 des Umwandlungsgesetzes oder vergleichbare ausländische Vorgänge;
3. die Umwandlung im Sinne des § 1 Abs. 2 des Umwandlungsgesetzes, soweit sie einer Umwandlung im Sinne des § 1 Abs. 1 des Umwandlungsgesetzes entspricht sowie
4. die Vermögensübertragung im Sinne des § 174 des Umwandlungsgesetzes vom 28. Oktober 1994 (BGBl. I S. 3210, 1995 I S. 428), das zuletzt durch Artikel 10 des Gesetzes vom 9. Dezember 2004 (BGBl. I S. 3214) geändert worden ist, in der jeweils geltenden Fassung.

[2]Diese Teile gelten nicht für die Ausgliederung im Sinne des § 123 Abs. 3 des Umwandlungsgesetzes.

(2) [1] Absatz 1 findet nur Anwendung, wenn

1. beim Formwechsel der umwandelnde Rechtsträger oder bei den anderen Umwandlungen die übertragenden und die übernehmenden Rechtsträger nach den Rechtsvorschriften eines Mitgliedstaats der Europäischen Union oder eines Staates, auf den das Abkommen über den Europäischen Wirtschaftsraum Anwendung findet, gegründete Gesellschaften im Sinne des Artikels 54 des Vertrags über die Arbeitsweise der Europäischen Union[1)] oder des Artikels 34 des Abkommens über den Europäischen Wirtschaftsraum sind, deren Sitz und Ort der Geschäftsleitung sich innerhalb des Hoheitsgebiets eines dieser Staaten befinden oder
2. übertragender Rechtsträger eine Gesellschaft im Sinne der Nummer 1 und übernehmender Rechtsträger eine natürliche Person ist, deren Wohnsitz oder gewöhnlicher Aufenthalt sich innerhalb des Hoheitsgebiets eines der Staaten im Sinne der Nummer 1 befindet und die nicht auf Grund eines Abkommens zur Vermeidung der Doppelbesteuerung mit einem dritten Staat als außerhalb des Hoheitsgebiets dieser Staaten ansässig angesehen wird.

[2] Eine Europäische Gesellschaft im Sinne der Verordnung (EG) Nr. 2157/2001 und eine Europäische Genossenschaft im Sinne der Verordnung (EG) Nr. 1435/2003 gelten für die Anwendung des Satzes 1 als eine nach den Rechtsvorschriften des Staates gegründete Gesellschaft, in dessen Hoheitsgebiet sich der Sitz der Gesellschaft befindet.

(3) Der Sechste bis Achte Teil gilt nur für

1. die Verschmelzung, Aufspaltung und Abspaltung im Sinne der §§ 2 und 123 Abs. 1 und 2 des Umwandlungsgesetzes von Personenhandelsgesellschaften und Partnerschaftsgesellschaften oder vergleichbare ausländische Vorgänge;
2. die Ausgliederung von Vermögensteilen im Sinne des § 123 Abs. 3 des Umwandlungsgesetzes oder vergleichbare ausländische Vorgänge;
3. den Formwechsel einer Personengesellschaft in eine Kapitalgesellschaft oder Genossenschaft im Sinne des § 190 Abs. 1 des Umwandlungsgesetzes oder vergleichbare ausländische Vorgänge;
4. die Einbringung von Betriebsvermögen durch Einzelrechtsnachfolge in eine Kapitalgesellschaft, eine Genossenschaft oder Personengesellschaft sowie
5. den Austausch von Anteilen.

(4) [1] Absatz 3 gilt nur, wenn

1. der übernehmende Rechtsträger eine Gesellschaft im Sinne von Absatz 2 Satz 1 Nr. 1 ist und
2. in den Fällen des Absatzes 3 Nr. 1 bis 4
   a) beim Formwechsel der umwandelnde Rechtsträger, bei der Einbringung durch Einzelrechtsnachfolge der einbringende Rechtsträger oder bei den anderen Umwandlungen der übertragende Rechtsträger
      aa) eine Gesellschaft im Sinne von Absatz 2 Satz 1 Nr. 1 ist und, wenn es sich um eine Personengesellschaft handelt, soweit an dieser Kör-

---

1) Verweis geänd. durch G v. 26. 6. 2013 (BGBl. I S. 1809).

perschaften, Personenvereinigungen, Vermögensmassen oder natürliche Personen unmittelbar oder mittelbar über eine oder mehrere Personengesellschaften beteiligt sind, die die Voraussetzungen im Sinne von Absatz 2 Satz 1 Nr. 1 und 2 erfüllen, oder

bb) eine natürliche Person im Sinne von Absatz 2 Satz 1 Nr. 2 ist oder

b) das Recht der Bundesrepublik Deutschland hinsichtlich der Besteuerung des Gewinns aus der Veräußerung der erhaltenen Anteile nicht ausgeschlossen oder beschränkt ist.

2 Satz 1 ist in den Fällen der Einbringung eines Betriebs, Teilbetriebs oder Mitunternehmeranteils in eine Personengesellschaft nach § 24 nicht anzuwenden.

(5) Soweit dieses Gesetz nichts anderes bestimmt, ist

1.[1] Richtlinie 2009/133/EG
die Richtlinie 2009/133/EG des Rates vom 19. Oktober 2009 über das gemeinsame Steuersystem für Fusionen, Spaltungen, Abspaltungen, die Einbringung von Unternehmensteilen und den Austausch von Anteilen, die Gesellschaften verschiedener Mitgliedstaaten betreffen, sowie für die Verlegung des Sitzes einer Europäischen Gesellschaft oder einer Europäischen Genossenschaft von einem Mitgliedstaat in einen anderen Mitgliedstaat (ABl. L 310 vom 25. 11. 2009, S. 34), die zuletzt durch die Richtlinie 2013/13/EU (ABl. L 141 vom 28. 5. 2013, S. 30) geändert worden ist, in der zum Zeitpunkt des steuerlichen Übertragungsstichtags jeweils geltenden Fassung;

2. Verordnung (EG) Nr. 2157/2001
die Verordnung (EG) Nr. 2157/2001 des Rates vom 8. Oktober 2001 über das Statut der Europäischen Gesellschaft (SE) (ABl. EG Nr. L 294 S. 1), zuletzt geändert durch die Verordnung (EG) Nr. 885/2004 des Rates vom 26. April 2004 (ABl. EU Nr. L 168 S. 1), in der zum Zeitpunkt des steuerlichen Übertragungsstichtags jeweils geltenden Fassung;

3. Verordnung (EG) Nr. 1435/2003
die Verordnung (EG) Nr. 1435/2003 des Rates vom 22. Juli 2003 über das Statut der Europäischen Genossenschaften (SCE) (ABl. EU Nr. L 207 S. 1) in der zum Zeitpunkt des steuerlichen Übertragungsstichtags jeweils geltenden Fassung;

4. Buchwert
der Wert, der sich nach den steuerrechtlichen Vorschriften über die Gewinnermittlung in einer für den steuerlichen Übertragungsstichtag aufzustellenden Steuerbilanz ergibt oder ergäbe.

§ 2 Steuerliche Rückwirkung. (1) 1 Das Einkommen und das Vermögen der übertragenden Körperschaft sowie des übernehmenden Rechtsträgers sind so zu ermitteln, als ob das Vermögen der Körperschaft mit Ablauf des Stichtags der Bilanz, die dem Vermögensübergang zu Grunde liegt (steuerlicher Übertragungsstichtag), ganz oder teilweise auf den übernehmenden Rechts-

[1] § 1 Abs. 5 Nr. 1 neu gef. mWv 31. 7. 2014 durch G v. 25. 7. 2014 (BGBl. I S. 1266).

träger übergegangen wäre. [2]Das Gleiche gilt für die Ermittlung der Bemessungsgrundlagen bei der Gewerbesteuer.

(2) Ist die Übernehmerin eine Personengesellschaft, gilt Absatz 1 Satz 1 für das Einkommen und das Vermögen der Gesellschafter.

(3) Die Absätze 1 und 2 sind nicht anzuwenden, soweit Einkünfte auf Grund abweichender Regelungen zur Rückbeziehung eines in § 1 Abs. 1 bezeichneten Vorgangs in einem anderen Staat der Besteuerung entzogen werden.

(4)[1)] [1]Der Ausgleich oder die Verrechnung eines Übertragungsgewinns mit verrechenbaren Verlusten, verbleibenden Verlustvorträgen, nicht ausgeglichenen negativen Einkünften *und einem Zinsvortrag nach § 4h Abs. 1 Satz 2 des Einkommensteuergesetzes (Verlustnutzung) des übertragenden Rechtsträgers sind nur zulässig,* [***neue Fassung:*** , einem Zinsvortrag nach § 4h Absatz 1 Satz 5 des Einkommensteuergesetzes und einem EBITDA-Vortrag nach § 4h Absatz 1 Satz 3 des Einkommensteuergesetzes (Verlustnutzung) des übertragenden Rechtsträgers ist nur zulässig,][2)] wenn dem übertragenden Rechtsträger die Verlustnutzung auch ohne Anwendung der Absätze 1 und 2 möglich gewesen wäre. [2]Satz 1 gilt für negative Einkünfte des übertragenden Rechtsträgers im Rückwirkungszeitraum entsprechend. [***ab 7. 6. 2013:*** [3]Der Ausgleich oder die Verrechnung von positiven Einkünften des übertragenden Rechtsträgers im Rückwirkungszeitraum mit verrechenbaren Verlusten, verbleibenden Verlustvorträgen, nicht ausgeglichenen negativen Einkünften und einem Zinsvortrag nach § 4h Absatz 1 Satz 5 des Einkommensteuergesetzes des übernehmenden Rechtsträgers ist nicht zulässig. [4]Ist übernehmender Rechtsträger eine Organgesellschaft, gilt Satz 3 auch für einen Ausgleich oder eine Verrechnung beim Organträger entsprechend. [5]Ist übernehmender Rechtsträger eine Personengesellschaft, gilt Satz 3 auch für einen Ausgleich oder eine Verrechnung bei den Gesellschaftern entsprechend. [6]Die Sätze 3 bis 5 gelten nicht, wenn übertragender Rechtsträger und übernehmender Rechtsträger vor Ablauf des steuerlichen Übertragungsstichtags verbundene Unternehmen im Sinne des § 271 Absatz 2 des Handelsgesetzbuches sind.][3)]

Zweiter Teil. Vermögensübergang bei Verschmelzung auf eine Personengesellschaft oder auf eine natürliche Person und Formwechsel einer Kapitalgesellschaft in eine Personengesellschaft

§ 3 Wertansätze in der steuerlichen Schlussbilanz der übertragenden Körperschaft. (1) [1]Bei einer Verschmelzung auf eine Personengesellschaft oder natürliche Person sind die übergehenden Wirtschaftsgüter, einschließlich nicht entgeltlich erworbener und selbst geschaffener immaterieller Wirtschaftsgüter, in der steuerlichen Schlussbilanz der übertragenden Körperschaft mit

---

[1)] § 2 Abs. 4 angef. durch G v. 19. 12. 2008 (BGBl. I S. 2794); zur Anwendung siehe § 27 Abs. 9.

[2)] § 2 Abs. 4 Satz 1 geänd. durch G v. 22. 12. 2009 (BGBl. I S. 3950); zur Anwendung siehe § 27 Abs. 10.

[3)] § 2 Abs. 4 Sätze 3 bis 6 angef. durch G v. 26. 6. 2013 (BGBl. I S. 1809); zur Anwendung siehe § 27 Abs. 12.

dem gemeinen Wert anzusetzen. [2]Für die Bewertung von Pensionsrückstellungen gilt § 6a des Einkommensteuergesetzes.

(2) [1]Auf Antrag können die übergehenden Wirtschaftsgüter abweichend von Absatz 1 einheitlich mit dem Buchwert oder einem höheren Wert, höchstens jedoch mit dem Wert nach Absatz 1, angesetzt werden, soweit

1. sie Betriebsvermögen der übernehmenden Personengesellschaft oder natürlichen Person werden und sichergestellt ist, dass sie später der Besteuerung mit Einkommensteuer oder Körperschaftsteuer unterliegen, und
2. das Recht der Bundesrepublik Deutschland hinsichtlich der Besteuerung des Gewinns aus der Veräußerung der übertragenen Wirtschaftsgüter bei den Gesellschaftern der übernehmenden Personengesellschaft oder bei der natürlichen Person nicht ausgeschlossen oder beschränkt wird und
3. eine Gegenleistung nicht gewährt wird oder in Gesellschaftsrechten besteht.

[2]Der Antrag ist spätestens bis zur erstmaligen Abgabe der steuerlichen Schlussbilanz bei dem für die Besteuerung der übertragenden Körperschaft zuständigen Finanzamt zu stellen.

(3) [1]Haben die Mitgliedstaaten der Europäischen Union bei Verschmelzung einer unbeschränkt steuerpflichtigen Körperschaft Artikel 10 der Richtlinie 2009/133/EG anzuwenden, ist die Körperschaftsteuer auf den Übertragungsgewinn gemäß § 26 des Körperschaftsteuergesetzes um den Betrag ausländischer Steuer zu ermäßigen, der nach den Rechtsvorschriften eines anderen Mitgliedstaats der Europäischen Union erhoben worden wäre, wenn die übertragenen Wirtschaftsgüter zum gemeinen Wert veräußert worden wären. [2]Satz 1 gilt nur, soweit die übertragenen Wirtschaftsgüter einer Betriebsstätte der übertragenden Körperschaft in einem anderen Mitgliedstaat der Europäischen Union zuzurechnen sind und die Bundesrepublik Deutschland die Doppelbesteuerung bei der übertragenden Körperschaft nicht durch Freistellung vermeidet.

§ 4 Auswirkungen auf den Gewinn des übernehmenden Rechtsträgers. (1) [1]Der übernehmende Rechtsträger hat die auf ihn übergegangenen Wirtschaftsgüter mit dem in der steuerlichen Schlussbilanz der übertragenden Körperschaft enthaltenen Wert im Sinne des § 3 zu übernehmen. [2]Die Anteile an der übertragenden Körperschaft sind bei dem übernehmenden Rechtsträger zum steuerlichen Übertragungsstichtag mit dem Buchwert, erhöht um Abschreibungen, die in früheren Jahren steuerwirksam vorgenommen worden sind, sowie um Abzüge nach § 6b des Einkommensteuergesetzes und ähnliche Abzüge, höchstens mit dem gemeinen Wert, anzusetzen. [3]Auf einen sich daraus ergebenden Gewinn finden § 8b Abs. 2 Satz 4 und 5 des Körperschaftsteuergesetzes sowie § 3 Nr. 40 Satz 1 Buchstabe a Satz 2 und 3 des Einkommensteuergesetzes Anwendung.

(2)[1)] [1]Der übernehmende Rechtsträger tritt in die steuerliche Rechtsstellung der übertragenden Körperschaft ein, insbesondere bezüglich der Bewer-

[1)] § 4 Abs. 2 Satz 2 geänd. durch G v. 14. 8. 2007 (BGBl. I S. 1912); zur erstmaligen Anwendung siehe § 27 Abs. 5; geänd. durch G v. 22. 12. 2009 (BGBl. I S. 3950); zur Anwendung siehe § 27 Abs. 10.

tung der übernommenen Wirtschaftsgüter, der Absetzungen für Abnutzung und der den steuerlichen Gewinn mindernden Rücklagen. 2 Verrechenbare Verluste, verbleibende Verlustvorträge, vom übertragenden Rechtsträger nicht ausgeglichene negative Einkünfte *und ein Zinsvortrag nach § 4h Abs. 1 Satz 2 des Einkommensteuergesetzes* [***neue Fassung:***, ein Zinsvortrag nach § 4h Absatz 1 Satz 5 des Einkommensteuergesetzes und ein EBITDA-Vortrag nach § 4h Absatz 1 Satz 3 des Einkommensteuergesetzes] gehen nicht über. 3 Ist die Dauer der Zugehörigkeit eines Wirtschaftsguts zum Betriebsvermögen für die Besteuerung bedeutsam, so ist der Zeitraum seiner Zugehörigkeit zum Betriebsvermögen der übertragenden Körperschaft dem übernehmenden Rechtsträger anzurechnen. 4 Ist die übertragende Körperschaft eine Unterstützungskasse, erhöht sich der laufende Gewinn des übernehmenden Rechtsträgers in dem Wirtschaftsjahr, in das der Umwandlungsstichtag fällt, um die von ihm, seinen Gesellschaftern oder seinen Rechtsvorgängern an die Unterstüt-

(Fortsetzung nächstes Blatt)

zungskasse geleisteten Zuwendungen nach § 4d des Einkommensteuergesetzes; § 15 Abs. 1 Satz 1 Nr. 2 Satz 2 des Einkommensteuergesetzes gilt sinngemäß. [5]In Höhe der nach Satz 4 hinzugerechneten Zuwendungen erhöht sich der Buchwert der Anteile an der Unterstützungskasse.

(3) Sind die übergegangenen Wirtschaftsgüter in der steuerlichen Schlussbilanz der übertragenden Körperschaft mit einem über dem Buchwert liegenden Wert angesetzt, sind die Absetzungen für Abnutzung bei dem übernehmenden Rechtsträger in den Fällen des § 7 Abs. 4 Satz 1 und Abs. 5 des Einkommensteuergesetzes nach der bisherigen Bemessungsgrundlage, in allen anderen Fällen nach dem Buchwert, jeweils vermehrt um den Unterschiedsbetrag zwischen dem Buchwert der einzelnen Wirtschaftsgüter und dem Wert, mit dem die Körperschaft die Wirtschaftsgüter in der steuerlichen Schlussbilanz angesetzt hat, zu bemessen.

(4) [1]Infolge des Vermögensübergangs ergibt sich ein Übernahmegewinn oder Übernahmeverlust in Höhe des Unterschiedsbetrags zwischen dem Wert, mit dem die übergegangenen Wirtschaftsgüter zu übernehmen sind, abzüglich der Kosten für den Vermögensübergang und dem Wert der Anteile an der übertragenden Körperschaft (Absätze 1 und 2, § 5 Abs. 2 und 3). [2]Für die Ermittlung des Übernahmegewinns oder Übernahmeverlusts sind abweichend von Satz 1 die übergegangenen Wirtschaftsgüter der übertragenden Körperschaft mit dem Wert nach § 3 Abs. 1 anzusetzen, soweit an ihnen kein Recht der Bundesrepublik Deutschland zur Besteuerung des Gewinns aus einer Veräußerung bestand. [3]Bei der Ermittlung des Übernahmegewinns oder des Übernahmeverlusts bleibt der Wert der übergegangenen Wirtschaftsgüter außer Ansatz, soweit er auf Anteile an der übertragenden Körperschaft entfällt, die am steuerlichen Übertragungsstichtag nicht zum Betriebsvermögen des übernehmenden Rechtsträgers gehören.

(5) [1]Ein Übernahmegewinn erhöht sich und ein Übernahmeverlust verringert sich um einen Sperrbetrag im Sinne des § 50c des Einkommensteuergesetzes, soweit die Anteile an der übertragenden Körperschaft am steuerlichen Übertragungsstichtag zum Betriebsvermögen des übernehmenden Rechtsträgers gehören. [2]Ein Übernahmegewinn vermindert sich oder ein Übernahmeverlust erhöht sich um die Bezüge, die nach § 7 zu den Einkünften aus Kapitalvermögen im Sinne des § 20 Abs. 1 Nr. 1 des Einkommensteuergesetzes gehören.

(6) [1]Ein Übernahmeverlust bleibt außer Ansatz, soweit er auf eine Körperschaft, Personenvereinigung oder Vermögensmasse als Mitunternehmerin der Personengesellschaft entfällt. [2]Satz 1 gilt nicht für Anteile an der übertragenden Gesellschaft, die die Voraussetzungen des § 8b Abs. 7 oder des Abs. 8 Satz 1 des Körperschaftsteuergesetzes erfüllen. [3]In den Fällen des Satzes 2 ist der Übernahmeverlust bis zur Höhe der Bezüge im Sinne des § 7 zu berücksichtigen. [4]In den übrigen Fällen ist er *zur Hälfte, höchstens in Höhe der Hälfte* [***neue Fassung:*** in Höhe von 60 Prozent, höchstens jedoch in Höhe von 60 Prozent][1)] der Bezüge im Sinne des § 7 zu berücksichtigen; ein danach

---

[1)] § 4 Abs. 6 Satz 4 geänd. durch G v. 19. 12. 2008 (BGBl. I S. 2794); zur Anwendung siehe § 27 Abs. 8.

verbleibender Übernahmeverlust bleibt außer Ansatz. [5 Satz 4 gilt nicht für Anteile an der übertragenden Gesellschaft, die die Voraussetzungen des § 3 Nr. 40 Satz 3 und 4 des Einkommensteuergesetzes erfüllen; in diesen Fällen gilt Satz 3 entsprechend.][1] 6 Ein Übernahmeverlust bleibt abweichend von den *Sätzen 2 bis 4* [***neue Fassung:*** Sätzen 2 bis 5][1] außer Ansatz, soweit bei Veräußerung der Anteile an der übertragenden Körperschaft ein Veräußerungsverlust nach § 17 Abs. 2 *Satz 5* [***neue Fassung:*** Satz 6][1] des Einkommensteuergesetzes nicht zu berücksichtigen wäre oder soweit die Anteile an der übertragenden Körperschaft innerhalb der letzten fünf Jahre vor dem steuerlichen Übertragungsstichtag entgeltlich erworben wurden.

(7) 1 Soweit der Übernahmegewinn auf eine Körperschaft, Personenvereinigung oder Vermögensmasse als Mitunternehmerin der Personengesellschaft entfällt, ist § 8b des Körperschaftsteuergesetzes anzuwenden. 2 In den übrigen Fällen ist § 3 Nr. 40 *Satz 1 und 2*[1] sowie § 3c des Einkommensteuergesetzes anzuwenden.

§ 5 Besteuerung der Anteilseigner der übertragenden Körperschaft. (1) Hat der übernehmende Rechtsträger Anteile an der übertragenden Körperschaft nach dem steuerlichen Übertragungsstichtag angeschafft oder findet er einen Anteilseigner ab, so ist sein Gewinn so zu ermitteln, als hätte er die Anteile an diesem Stichtag angeschafft.

(2) Anteile an der übertragenden Körperschaft im Sinne des § 17 des Einkommensteuergesetzes, die an dem steuerlichen Übertragungsstichtag nicht zu einem Betriebsvermögen eines Gesellschafters der übernehmenden Personengesellschaft oder einer natürlichen Person gehören, gelten für die Ermittlung des Gewinns als an diesem Stichtag in das Betriebsvermögen des übernehmenden Rechtsträgers mit den Anschaffungskosten eingelegt.

(3) 1 Gehören an dem steuerlichen Übertragungsstichtag Anteile an der übertragenden Körperschaft zum Betriebsvermögen eines Anteilseigners, ist der Gewinn so zu ermitteln, als seien die Anteile an diesem Stichtag zum Buchwert, erhöht um Abschreibungen sowie um Abzüge nach § 6b des Einkommensteuergesetzes und ähnliche Abzüge, die in früheren Jahren steuerwirksam vorgenommen worden sind, höchstens mit dem gemeinen Wert, in das Betriebsvermögen des übernehmenden Rechtsträgers überführt worden. 2 § 4 Abs. 1 Satz 3 gilt entsprechend.

§ 6 Gewinnerhöhung durch Vereinigung von Forderungen und Verbindlichkeiten. (1) 1 Erhöht sich der Gewinn des übernehmenden Rechtsträgers dadurch, dass der Vermögensübergang zum Erlöschen von Forderungen und Verbindlichkeiten zwischen der übertragenden Körperschaft und dem übernehmenden Rechtsträger oder zur Auflösung von Rückstellungen führt, so darf der übernehmende Rechtsträger insoweit eine den steuerlichen Gewinn mindernde Rücklage bilden. 2 Die Rücklage ist in den auf ihre Bil-

---

[1] § 4 Abs. 6 Satz 5 eingef., bish. Satz 5 wird Satz 6 und geänd., Abs. 7 Satz 2 kursive Worte aufgeh. durch G v. 19. 12. 2008 (BGBl. I S. 2794); zur Anwendung siehe § 27 Abs. 8.

dung folgenden drei Wirtschaftsjahren mit mindestens je einem Drittel gewinnerhöhend aufzulösen.

(2) [1]Absatz 1 gilt entsprechend, wenn sich der Gewinn eines Gesellschafters des übernehmenden Rechtsträgers dadurch erhöht, dass eine Forderung oder Verbindlichkeit der übertragenden Körperschaft auf den übernehmenden Rechtsträger übergeht oder dass infolge des Vermögensübergangs eine Rückstellung aufzulösen ist. [2]Satz 1 gilt nur für Gesellschafter, die im Zeitpunkt der Eintragung des Umwandlungsbeschlusses in das öffentliche Register an dem übernehmenden Rechtsträger beteiligt sind.

(3) [1]Die Anwendung der Absätze 1 und 2 entfällt rückwirkend, wenn der übernehmende Rechtsträger den auf ihn übergegangenen Betrieb innerhalb von fünf Jahren nach dem steuerlichen Übertragungsstichtag in eine Kapitalgesellschaft einbringt oder ohne triftigen Grund veräußert oder aufgibt. [2]Bereits erteilte Steuerbescheide, Steuermessbescheide, Freistellungsbescheide oder Feststellungsbescheide sind zu ändern, soweit sie auf der Anwendung der Absätze 1 und 2 beruhen.

§ 7 Besteuerung offener Rücklagen. [1]Dem Anteilseigner ist der Teil des in der Steuerbilanz ausgewiesenen Eigenkapitals abzüglich des Bestands des steuerlichen Einlagekontos im Sinne des § 27 des Körperschaftsteuergesetzes, der sich nach Anwendung des § 29 Abs. 1 des Körperschaftsteuergesetzes ergibt, in dem Verhältnis der Anteile zum Nennkapital der übertragenden Körperschaft als Einnahmen aus Kapitalvermögen im Sinne des § 20 Abs. 1 Nr. 1 des Einkommensteuergesetzes zuzurechnen. [2]Dies gilt unabhängig davon, ob für den Anteilseigner ein Übernahmegewinn oder Übernahmeverlust nach § 4 oder § 5 ermittelt wird.

§ 8 Vermögensübergang auf einen Rechtsträger ohne Betriebsvermögen. (1) [1]Wird das übertragene Vermögen nicht Betriebsvermögen des übernehmenden Rechtsträgers, sind die infolge des Vermögensübergangs entstehenden Einkünfte bei diesem oder den Gesellschaftern des übernehmenden Rechtsträgers zu ermitteln. [2]Die §§ 4, 5 und 7 gelten entsprechend.

(2) In den Fällen des Absatzes 1 sind § 17 Abs. 3 und § 22 Nr. 2 des Einkommensteuergesetzes nicht anzuwenden.

§ 9 Formwechsel in eine Personengesellschaft. [1]Im Falle des Formwechsels einer Kapitalgesellschaft in eine Personengesellschaft sind die §§ 3 bis 8 und 10 entsprechend anzuwenden. [2]Die Kapitalgesellschaft hat für steuerliche Zwecke auf den Zeitpunkt, in dem der Formwechsel wirksam wird, eine Übertragungsbilanz, die Personengesellschaft eine Eröffnungsbilanz aufzustellen. [3]Die Bilanzen nach Satz 2 können auch für einen Stichtag aufgestellt werden, der höchstens acht Monate vor der Anmeldung des Formwechsels zur Eintragung in ein öffentliches Register liegt (Übertragungsstichtag); § 2 *Abs. 3* [***n. F.:*** Absatz 3 und 4][1)] gilt entsprechend.

---

1) Verweis geänd. durch G v. 22. 12. 2009 (BGBl. I S. 3950); zur Anwendung siehe § 27 Abs. 10.

§ 10[1] **Körperschaftsteuererhöhung.** *Die Körperschaftsteuerschuld der übertragenden Körperschaft erhöht sich für den Veranlagungszeitraum der Umwandlung um den Betrag, der sich nach § 38 des Körperschaftsteuergesetzes ergeben würde, wenn das in der Steuerbilanz ausgewiesene Eigenkapital abzüglich des Betrags, der nach § 28 Abs. 2 Satz 1 des Körperschaftsteuergesetzes in Verbindung mit § 29 Abs. 1 des Körperschaftsteuergesetzes dem steuerlichen Einlagekonto gutzuschreiben ist, als am Übertragungsstichtag für eine Ausschüttung verwendet gelten würde.*

Dritter Teil. Verschmelzung oder Vermögensübertragung (Vollübertragung) auf eine andere Körperschaft

§ 11 Wertansätze in der steuerlichen Schlussbilanz der übertragenden Körperschaft. (1) [1]Bei einer Verschmelzung oder Vermögensübertragung (Vollübertragung) auf eine andere Körperschaft sind die übergehenden Wirtschaftsgüter, einschließlich nicht entgeltlich erworbener oder selbst geschaffener immaterieller Wirtschaftsgüter, in der steuerlichen Schlussbilanz der übertragenden Körperschaft mit dem gemeinen Wert anzusetzen. [2]Für die Bewertung von Pensionsrückstellungen gilt § 6 a des Einkommensteuergesetzes.

(2) [1]Auf Antrag können die übergehenden Wirtschaftsgüter abweichend von Absatz 1 einheitlich mit dem Buchwert oder einem höheren Wert, höchstens jedoch mit dem Wert nach Absatz 1, angesetzt werden, soweit

1. sichergestellt ist, dass sie später bei der übernehmenden Körperschaft der Besteuerung mit Körperschaftsteuer unterliegen und
2. das Recht der Bundesrepublik Deutschland hinsichtlich der Besteuerung des Gewinns aus der Veräußerung der übertragenen Wirtschaftsgüter bei der übernehmenden Körperschaft nicht ausgeschlossen oder beschränkt wird und
3. eine Gegenleistung nicht gewährt wird oder in Gesellschaftsrechten besteht.

[2]Anteile an der übernehmenden Körperschaft sind mindestens mit dem Buchwert, erhöht um Abschreibungen sowie um Abzüge nach § 6 b des Einkommensteuergesetzes und ähnliche Abzüge, die in früheren Jahren steuerwirksam vorgenommen worden sind, höchstens mit dem gemeinen Wert, anzusetzen. [3]Auf einen sich daraus ergebenden Gewinn findet § 8 b Abs. 2 Satz 4 und 5 des Körperschaftsteuergesetzes Anwendung.

(3) § 3 Abs. 2 Satz 2 und Abs. 3 gilt entsprechend.

§ 12 Auswirkungen auf den Gewinn der übernehmenden Körperschaft. (1) [1]Die übernehmende Körperschaft hat die auf sie übergegangenen Wirtschaftsgüter mit dem in der steuerlichen Schlussbilanz der übertragenden Körperschaft enthaltenen Wert im Sinne des § 11 zu übernehmen. [2]§ 4 Abs. 1 Satz 2 und 3 gilt entsprechend.

---

[1] § 10 aufgeh. durch G v. 20. 12. 2007 (BGBl. I S. 3150); zur letztmaligen bzw. weiteren Anwendung siehe § 27 Abs. 6.

(2) [1]Bei der übernehmenden Körperschaft bleibt ein Gewinn oder ein Verlust in Höhe des Unterschieds zwischen dem Buchwert der Anteile an der übertragenden Körperschaft und dem Wert, mit dem die übergegangenen Wirtschaftsgüter zu übernehmen sind, abzüglich der Kosten für den Vermögensübergang, außer Ansatz. [2]§ 8b des Körperschaftsteuergesetzes ist anzuwenden, soweit der Gewinn im Sinne des Satzes 1 abzüglich der anteilig darauf entfallenden Kosten für den Vermögensübergang, dem Anteil der übernehmenden Körperschaft an der übertragenden Körperschaft entspricht. [3]§ 5 Abs. 1 gilt entsprechend.

(3) Die übernehmende Körperschaft tritt in die steuerliche Rechtsstellung der übertragenden Körperschaft ein; § 4 Abs. 2 und 3 gilt entsprechend.

(4) § 6 gilt sinngemäß für den Teil des Gewinns aus der Vereinigung von Forderungen und Verbindlichkeiten, der der Beteiligung der übernehmenden Körperschaft am Grund- oder Stammkapital der übertragenden Körperschaft entspricht.

(5) Im Falle des Vermögensübergangs in den nicht steuerpflichtigen oder steuerbefreiten Bereich der übernehmenden Körperschaft gilt das in der Steuerbilanz ausgewiesene Eigenkapital abzüglich des Bestands des steuerlichen Einlagekontos im Sinne des § 27 des Körperschaftsteuergesetzes, der sich nach Anwendung des § 29 Abs. 1 des Körperschaftsteuergesetzes ergibt, als Einnahme im Sinne des § 20 Abs. 1 Nr. 1 des Einkommensteuergesetzes.

§ 13 Besteuerung der Anteilseigner der übertragenden Körperschaft. (1) Die Anteile an der übertragenden Körperschaft gelten als zum gemeinen Wert veräußert und die an ihre Stelle tretenden Anteile an der übernehmenden Körperschaft gelten als mit diesem Wert angeschafft.

(2) [1]Abweichend von Absatz 1 sind auf Antrag die Anteile an der übernehmenden Körperschaft mit dem Buchwert der Anteile an der übertragenden Körperschaft anzusetzen, wenn

1. das Recht der Bundesrepublik Deutschland hinsichtlich der Besteuerung des Gewinns aus der Veräußerung der Anteile an der übernehmenden Körperschaft nicht ausgeschlossen oder beschränkt wird oder
2. die Mitgliedstaaten der Europäischen Union bei einer Verschmelzung Artikel 8 der Richtlinie 2009/133/EG anzuwenden haben; in diesem Fall ist der Gewinn aus einer späteren Veräußerung der erworbenen Anteile ungeachtet der Bestimmungen eines Abkommens zur Vermeidung der Doppelbesteuerung in der gleichen Art und Weise zu besteuern, wie die Veräußerung der Anteile an der übertragenden Körperschaft zu besteuern wäre. § 15 Abs. 1a Satz 2 des Einkommensteuergesetzes ist entsprechend anzuwenden.

[2]Die Anteile an der übernehmenden Körperschaft treten steuerlich an die Stelle der Anteile an der übertragenden Körperschaft. [3]Gehören die Anteile an der übertragenden Körperschaft nicht zu einem Betriebsvermögen, treten an die Stelle des Buchwerts die Anschaffungskosten.

§ 14. (weggefallen)

Vierter Teil. Aufspaltung, Abspaltung und Vermögensübertragung (Teilübertragung)

§ 15 Aufspaltung, Abspaltung und Teilübertragung auf andere Körperschaften. (1) [1] Geht Vermögen einer Körperschaft durch Aufspaltung oder Abspaltung oder durch Teilübertragung auf andere Körperschaften über, gelten die §§ 11 bis 13 vorbehaltlich des Satzes 2 und des § 16 entsprechend. [2] § 11 Abs. 2 und § 13 Abs. 2 sind nur anzuwenden, wenn auf die Übernehmerinnen ein Teilbetrieb übertragen wird und im Falle der Abspaltung oder Teilübertragung bei der übertragenden Körperschaft ein Teilbetrieb verbleibt. [3] Als Teilbetrieb gilt auch ein Mitunternehmeranteil oder die Beteiligung an einer Kapitalgesellschaft, die das gesamte Nennkapital der Gesellschaft umfasst.

(2) [1] § 11 Abs. 2 ist auf Mitunternehmeranteile und Beteiligungen im Sinne des Absatzes 1 nicht anzuwenden, wenn sie innerhalb eines Zeitraums von drei Jahren vor dem steuerlichen Übertragungsstichtag durch Übertragung von Wirtschaftsgütern, die kein Teilbetrieb sind, erworben oder aufgestockt worden sind. [2] § 11 Abs. 2 ist ebenfalls nicht anzuwenden, wenn durch die Spaltung die Veräußerung an außenstehende Personen vollzogen wird. [3] Das Gleiche gilt, wenn durch die Spaltung die Voraussetzungen für eine Veräußerung geschaffen werden. [4] Davon ist auszugehen, wenn innerhalb von fünf Jahren nach dem steuerlichen Übertragungsstichtag Anteile an einer an der Spaltung beteiligten Körperschaft, die mehr als 20 Prozent der vor Wirksamwerden der Spaltung an der Körperschaft bestehenden Anteile ausmachen, veräußert werden. [5] Bei der Trennung von Gesellschafterstämmen setzt die Anwendung des § 11 Abs. 2 außerdem voraus, dass die Beteiligungen an der übertragenden Körperschaft mindestens fünf Jahre vor dem steuerlichen Übertragungsstichtag bestanden haben.

[alte Fassung][1)]

(3) Bei einer Abspaltung mindern sich verrechenbare Verluste, verbleibende Verlustvorträge, nicht ausgeglichene negative Einkünfte und ein Zinsvortrag nach § 4h Abs. 1 Satz 2 des Einkommensteuergesetzes der übertragenden Körperschaft in dem Verhältnis, in dem bei Zugrundelegung des gemeinen Werts das Vermögen auf eine andere Körperschaft übergeht.

[neue Fassung][2)]

(3) Bei einer Abspaltung mindern sich verrechenbare Verluste, verbleibende Verlustvorträge, nicht ausgeglichene negative Einkünfte, ein Zinsvortrag nach § 4h Absatz 1 Satz 5 des Einkommensteuergesetzes und ein EBITDA-Vortrag nach § 4h Absatz 1 Satz 3 des Einkommensteuergesetzes der übertragenden Körperschaft in dem Verhältnis, in dem bei Zugrundelegung des gemeinen Werts das Vermögen auf eine andere Körperschaft übergeht.

---

1) § 15 Abs. 3 neugef. durch G v. 14. 8. 2007 (BGBl. I S. 1912); zur erstmaligen Anwendung siehe § 27 Abs. 5.

2) § 15 Abs. 3 neu gef. durch G v. 22. 12. 2009 (BGBl. I S. 3950); zur Anwendung siehe § 27 Abs. 10.

§ 16 Aufspaltung oder Abspaltung auf eine Personengesellschaft. [1]Soweit Vermögen einer Körperschaft durch Aufspaltung oder Abspaltung auf eine Personengesellschaft übergeht, gelten die §§ 3 bis 8, 10 und 15 entsprechend. [2]§ 10 ist für den in § 40 Abs. 2 Satz 3 des Körperschaftsteuergesetzes bezeichneten Teil des Betrags im Sinne des § 38 des Körperschaftsteuergesetzes anzuwenden.

Fünfter Teil. Gewerbesteuer

§ 17. (weggefallen)

§ 18 Gewerbesteuer bei Vermögensübergang auf eine Personengesellschaft oder auf eine natürliche Person sowie bei Formwechsel in eine Personengesellschaft. (1) [1]Die §§ 3 bis 9 und 16 gelten bei Vermögensübergang auf eine Personengesellschaft oder auf eine natürliche Person sowie bei Formwechsel in eine Personengesellschaft auch für die Ermittlung des Gewerbeertrags. [2]Der maßgebende Gewerbeertrag der übernehmenden Personengesellschaft oder natürlichen Person kann nicht um Fehlbeträge des laufenden Erhebungszeitraums und die vortragsfähigen Fehlbeträge der übertragenden Körperschaft im Sinne des § 10 a des Gewerbesteuergesetzes gekürzt werden.

(2) [1]Ein Übernahmegewinn oder Übernahmeverlust ist nicht zu erfassen. [2]In Fällen des § 5 Abs. 2 ist ein Gewinn nach § 7 nicht zu erfassen.

(3) [1]Wird der Betrieb der Personengesellschaft oder der natürlichen Person innerhalb von fünf Jahren nach der Umwandlung aufgegeben oder veräußert, unterliegt ein Aufgabe- oder Veräußerungsgewinn der Gewerbesteuer [*ab 1. 1. 2008:*, auch soweit er auf das Betriebsvermögen entfällt, das bereits vor der Umwandlung im Betrieb der übernehmenden Personengesellschaft oder der natürlichen Person vorhanden war][1]. [2]Satz 1 gilt entsprechend, soweit ein Teilbetrieb oder ein Anteil an der Personengesellschaft aufgegeben oder veräußert wird. [3]Der auf den Aufgabe- oder Veräußerungsgewinnen im Sinne der Sätze 1 und 2 beruhende Teil des Gewerbesteuer-Messbetrags ist bei der Ermäßigung der Einkommensteuer nach § 35 des Einkommensteuergesetzes nicht zu berücksichtigen.

§ 19 Gewerbesteuer bei Vermögensübergang auf eine andere Körperschaft. (1) Geht das Vermögen der übertragenden Körperschaft auf eine andere Körperschaft über, gelten die §§ 11 bis 15 auch für die Ermittlung des Gewerbeertrags.

(2) Für die vortragsfähigen Fehlbeträge der übertragenden Körperschaft im Sinne des § 10 a des Gewerbesteuergesetzes gelten § 12 Abs. 3 und § 15 Abs. 3 entsprechend.

---

[1] § 18 Abs. 3 Satz 1 ergänzt durch G v. 20. 12. 2007 (BGBl. I S. 3150); zur erstmaligen Anwendung siehe § 27 Abs. 7.

Sechster Teil. Einbringung von Unternehmensteilen in eine Kapitalgesellschaft oder Genossenschaft und Anteilstausch

§ 20 Einbringung von Unternehmensteilen in eine Kapitalgesellschaft oder Genossenschaft. (1) Wird ein Betrieb oder Teilbetrieb oder ein Mitunternehmeranteil in eine Kapitalgesellschaft oder eine Genossenschaft (übernehmende Gesellschaft) eingebracht und erhält der Einbringende dafür neue Anteile an der Gesellschaft (Sacheinlage), gelten für die Bewertung des eingebrachten Betriebsvermögens und der neuen Gesellschaftsanteile die nachfolgenden Absätze.

(2) [1]Die übernehmende Gesellschaft hat das eingebrachte Betriebsvermögen mit dem gemeinen Wert anzusetzen; für die Bewertung von Pensionsrückstellungen gilt § 6a des Einkommensteuergesetzes. [2]Abweichend von Satz 1 kann das übernommene Betriebsvermögen auf Antrag einheitlich mit dem Buchwert oder einem höheren Wert, höchstens jedoch mit dem Wert im Sinne des Satzes 1, angesetzt werden, soweit

1. sichergestellt ist, dass es später bei der übernehmenden Körperschaft der Besteuerung mit Körperschaftsteuer unterliegt,
2. die Passivposten des eingebrachten Betriebsvermögens die Aktivposten nicht übersteigen; dabei ist das Eigenkapital nicht zu berücksichtigen,
3. das Recht der Bundesrepublik Deutschland hinsichtlich der Besteuerung des Gewinns aus der Veräußerung des eingebrachten Betriebsvermögens bei der übernehmenden Gesellschaft nicht ausgeschlossen oder beschränkt wird und

[***ab 1. 1. 2015:***

4.[1)] der gemeine Wert von sonstigen Gegenleistungen, die neben den neuen Gesellschaftsanteilen gewährt werden, nicht mehr beträgt als
   a) 25 Prozent des Buchwerts des eingebrachten Betriebsvermögens oder
   b) 500 000 Euro, höchstens jedoch den Buchwert des eingebrachten Betriebsvermögens.]

[3]Der Antrag ist spätestens bis zur erstmaligen Abgabe der steuerlichen Schlussbilanz bei dem für die Besteuerung der übernehmenden Gesellschaft zuständigen Finanzamt zu stellen. [4]Erhält der Einbringende neben den *Gesellschaftsanteilen auch andere Wirtschaftsgüter, deren gemeiner Wert den Buchwert des eingebrachten Betriebsvermögens übersteigt, hat die übernehmende Gesellschaft das eingebrachte Betriebsvermögen mindestens mit dem gemeinen Wert der anderen Wirtschaftsgüter anzusetzen.* [***ab 1. 1. 2015:*** neuen Gesellschaftsanteilen auch sonstige Gegenleistungen, ist das eingebrachte Betriebsvermögen abweichend von Satz 2 mindestens mit dem gemeinen Wert der sonstigen Gegenleistungen anzusetzen, wenn dieser den sich nach Satz 2 ergebenden Wert übersteigt.][2)]

---

1) § 20 Abs. 2 Satz 2 Nr. 4 angef. durch G v. 2. 11. 2015 (BGBl. I S. 1834); zur Anwendung siehe § 27 Abs. 14.

2) § 20 Abs. 2 Satz 4 neu gef. durch G v. 2. 11. 2015 (BGBl. I S. 1834); zur Anwendung siehe § 27 Abs. 14.

(3) [1]Der Wert, mit dem die übernehmende Gesellschaft das eingebrachte Betriebsvermögen ansetzt, gilt für den Einbringenden als Veräußerungspreis und als Anschaffungskosten der Gesellschaftsanteile. [2]Ist das Recht der Bundesrepublik Deutschland hinsichtlich der Besteuerung des Gewinns aus der Veräußerung des eingebrachten Betriebsvermögens im Zeitpunkt der Einbringung ausgeschlossen und wird dieses auch nicht durch die Einbringung begründet, gilt für den Einbringenden insoweit der gemeine Wert des Betriebsvermögens im Zeitpunkt der Einbringung als Anschaffungskosten der Anteile. [3]Soweit neben den Gesellschaftsanteilen auch andere Wirtschaftsgüter gewährt werden, ist deren gemeiner Wert bei der Bemessung der Anschaffungskosten der Gesellschaftsanteile von dem sich nach den Sätzen 1 und 2 ergebenden Wert abzuziehen. [4]Umfasst das eingebrachte Betriebsvermögen auch einbringungsgeborene Anteile im Sinne von § 21 Abs. 1 in der Fassung der Bekanntmachung vom 15. Oktober 2002 (BGBl. I S. 4133, 2003 I S. 738), geändert durch Artikel 3 des Gesetzes vom 16. Mai 2003 (BGBl. I S. 660), gelten die erhaltenen Anteile insoweit auch als einbringungsgeboren im Sinne von § 21 Abs. 1 in der Fassung der Bekanntmachung vom 15. Oktober 2002 (BGBl. I S. 4133, 2003 I S. 738), geändert durch Artikel 3 des Gesetzes vom 16. Mai 2003 (BGBl. I S. 660).

(4) [1]Auf einen bei der Sacheinlage entstehenden Veräußerungsgewinn ist § 16 Abs. 4 des Einkommensteuergesetzes nur anzuwenden, wenn der Einbringende eine natürliche Person ist, es sich nicht um die Einbringung von Teilen eines Mitunternehmeranteils handelt und die übernehmende Gesellschaft das eingebrachte Betriebsvermögen mit dem gemeinen Wert ansetzt. [2]In diesen Fällen ist § 34 Abs. 1 und 3 des Einkommensteuergesetzes nur anzuwenden, soweit der Veräußerungsgewinn nicht nach § 3 Nr. 40 Satz 1 in Verbindung mit § 3 c Abs. 2 des Einkommensteuergesetzes teilweise steuerbefreit ist.

(5) [1]Das Einkommen und das Vermögen des Einbringenden und der übernehmenden Gesellschaft sind auf Antrag so zu ermitteln, als ob das eingebrachte Betriebsvermögen mit Ablauf des steuerlichen Übertragungsstichtags (Absatz 6) auf die Übernehmerin übergegangen wäre. [2]Dies gilt hinsichtlich des Einkommens und des Gewerbeertrags nicht für Entnahmen und Einlagen, die nach dem steuerlichen Übertragungsstichtag erfolgen. [3]Die Anschaffungskosten der Anteile (Absatz 3) sind um den Buchwert der Entnahmen zu vermindern und um den sich nach § 6 Abs. 1 Nr. 5 des Einkommensteuergesetzes ergebenden Wert der Einlagen zu erhöhen.

(6) [1]Als steuerlicher Übertragungsstichtag (Einbringungszeitpunkt) darf in den Fällen der Sacheinlage durch Verschmelzung im Sinne des § 2 des Umwandlungsgesetzes der Stichtag angesehen werden, für den die Schlussbilanz jedes der übertragenden Unternehmen im Sinne des § 17 Abs. 2 des Umwandlungsgesetzes aufgestellt ist; dieser Stichtag darf höchstens acht Monate vor der Anmeldung der Verschmelzung zur Eintragung in das Handelsregister liegen. [2]Entsprechendes gilt, wenn Vermögen im Wege der Sacheinlage durch Aufspaltung, Abspaltung oder Ausgliederung nach § 123 des Umwandlungsgesetzes auf die übernehmende Gesellschaft übergeht. [3]In anderen Fällen der Sacheinlage darf die Einbringung auf einen Tag zurückbezogen werden, der höchstens acht Monate vor dem Tag des Abschlusses des Einbringungsvertrags liegt und höchstens acht Monate vor dem Zeitpunkt liegt, an dem das einge-

brachte Betriebsvermögen auf die übernehmende Gesellschaft übergeht. 4 § 2 Abs. 3 und 4[1] gilt entsprechend.

(7) § 3 Abs. 3 ist entsprechend anzuwenden.

(8) Ist eine gebietsfremde einbringende oder erworbene Gesellschaft im Sinne von Artikel 3 der Richtlinie 2009/133/EG[2] als steuerlich transparent anzusehen, ist auf Grund Artikel 11[2] der Richtlinie 2009/133/EG die ausländische Steuer, die nach den Rechtsvorschriften des anderen Mitgliedstaats der Europäischen Union erhoben worden wäre, wenn die einer in einem anderen Mitgliedstaat belegenen Betriebsstätte zuzurechnenden eingebrachten Wirtschaftsgüter zum gemeinen Wert veräußert worden wären, auf die auf den Einbringungsgewinn entfallende Körperschaftsteuer oder Einkommensteuer unter entsprechender Anwendung von § 26 *Abs. 6*[3] des Körperschaftsteuergesetzes und von den §§ 34c und 50 *Abs. 6* [***ab 1. 1. 2014:*** Absatz 3][3] des Einkommensteuergesetzes anzurechnen.

[alte Fassung][4]

(9) Ein Zinsvortrag nach § 4h Abs. 1 Satz 2 des Einkommensteuergesetzes des eingebrachten Betriebs geht nicht auf die übernehmende Gesellschaft über.

[neue Fassung][5]

(9) Ein Zinsvortrag nach § 4h Absatz 1 Satz 5 des Einkommensteuergesetzes und ein EBITDA-Vortrag nach § 4h Absatz 1 Satz 3 des Einkommensteuergesetzes des eingebrachten Betriebs gehen nicht auf die übernehmende Gesellschaft über.

§ 21 Bewertung der Anteile beim Anteilstausch. (1) 1 Werden Anteile an einer Kapitalgesellschaft oder einer Genossenschaft (erworbene Gesellschaft) in eine Kapitalgesellschaft oder Genossenschaft (übernehmende Gesellschaft) gegen Gewährung neuer Anteile an der übernehmenden Gesellschaft eingebracht (Anteilstausch), hat die übernehmende Gesellschaft die eingebrachten Anteile mit dem gemeinen Wert anzusetzen.

[Fassung bis 31. 12. 2014:]

2 Abweichend von Satz 1 können die eingebrachten Anteile auf Antrag mit dem Buchwert oder einem höheren Wert, höchstens jedoch mit dem gemeinen Wert, angesetzt werden, wenn die übernehmende Gesellschaft

[Fassung ab 1. 1. 2015:][6]

2 Abweichend von Satz 1 können die eingebrachten Anteile auf Antrag mit dem Buchwert oder einem höheren Wert, höchstens jedoch mit dem gemeinen Wert, angesetzt werden, wenn

---

1) § 20 Abs. 6 Satz 4 Hinweis auf § 2 Abs. 4 eingef. durch G v. 19. 12. 2008 (BGBl. I S. 2794); zur Anwendung siehe § 27 Abs. 9.

2) Verweise geänd. durch G v. 25. 7. 2014 (BGBl. I S. 1266); zur Anwendung siehe § 27 Abs. 13.

3) Verweise aufgeh. bzw. geänd. durch G v. 25. 7. 2014 (BGBl. I S. 1266); zur Anwendung siehe § 27 Abs. 13.

4) § 20 Abs. 9 angef. durch G v. 14. 8. 2007 (BGBl. I S. 1912); zur erstmaligen Anwendung siehe § 27 Abs. 5.

5) § 20 Abs. 9 neu gef. durch G v. 22. 12. 2009 (BGBl. I S. 3950); zur Anwendung siehe § 27 Abs. 10.

6) § 21 Abs. 1 Sätze 2 und 3 neu gef., Satz 4 angef. durch G v. 2. 11. 2015 (BGBl. I S. 1834); zur Anwendung siehe § 27 Abs. 14.

[Fassung bis 31. 12. 2014:]

nach der Einbringung auf Grund ihrer Beteiligung einschließlich der eingebrachten Anteile nachweisbar unmittelbar die Mehrheit der Stimmrechte an der erworbenen Gesellschaft hat (qualifizierter Anteilstausch); § 20 Abs. 2 Satz 3 gilt entsprechend. [3] Erhält der Einbringende neben den Gesellschaftsanteilen auch andere Wirtschaftsgüter, deren gemeiner Wert den Buchwert der eingebrachten Anteile übersteigt, hat die übernehmende Gesellschaft die eingebrachten Anteile mindestens mit dem gemeinen Wert der anderen Wirtschaftsgüter anzusetzen.

[Fassung ab 1. 1. 2015:]

1. die übernehmende Gesellschaft nach der Einbringung auf Grund ihrer Beteiligung einschließlich der eingebrachten Anteile nachweisbar unmittelbar die Mehrheit der Stimmrechte an der erworbenen Gesellschaft hat (qualifizierter Anteilstausch) und soweit
2. der gemeine Wert von sonstigen Gegenleistungen, die neben den neuen Anteilen gewährt werden, nicht mehr beträgt als
   a) 25 Prozent des Buchwerts der eingebrachten Anteile oder
   b) 500 000 Euro, höchstens jedoch den Buchwert der eingebrachten Anteile.

[3] § 20 Absatz 2 Satz 3 gilt entsprechend. [4] Erhält der Einbringende neben den neuen Gesellschaftsanteilen auch sonstige Gegenleistungen, sind die eingebrachten Anteile abweichend von Satz 2 mindestens mit dem gemeinen Wert der sonstigen Gegenleistungen anzusetzen, wenn dieser den sich nach Satz 2 ergebenden Wert übersteigt.

(2) [1] Der Wert, mit dem die übernehmende Gesellschaft die eingebrachten Anteile ansetzt, gilt für den Einbringenden als Veräußerungspreis der eingebrachten Anteile und als Anschaffungskosten der erhaltenen Anteile. [2] Abweichend von Satz 1 gilt für den Einbringenden der gemeine Wert der eingebrachten Anteile als Veräußerungspreis und als Anschaffungskosten der erhaltenen Anteile, wenn für die eingebrachten Anteile nach der Einbringung das Recht der Bundesrepublik Deutschland hinsichtlich der Besteuerung des Gewinns aus der Veräußerung dieser Anteile ausgeschlossen oder beschränkt ist; dies gilt auch, wenn das Recht der Bundesrepublik Deutschland hinsichtlich der Besteuerung des Gewinns aus der Veräußerung der erhaltenen Anteile ausgeschlossen oder beschränkt ist. [3] Auf Antrag gilt in den Fällen des Satzes 2 unter den Voraussetzungen des Absatzes 1 Satz 2 der Buchwert oder ein höherer Wert, höchstens der gemeine Wert, als Veräußerungspreis der eingebrachten Anteile und als Anschaffungskosten der erhaltenen Anteile, wenn

1. das Recht der Bundesrepublik Deutschland hinsichtlich der Besteuerung des Gewinns aus der Veräußerung der erhaltenen Anteile nicht ausgeschlossen oder beschränkt ist oder

2. der Gewinn aus dem Anteilstausch auf Grund Artikel 8 der Richtlinie 2009/133/EG nicht besteuert werden darf; in diesem Fall ist der Gewinn aus einer späteren Veräußerung der erhaltenen Anteile ungeachtet der Bestimmungen eines Abkommens zur Vermeidung der Doppelbesteuerung in der gleichen Art und Weise zu besteuern, wie die Veräußerung der Anteile an der erworbenen Gesellschaft zu besteuern gewesen wäre; § 15 Abs. 1a Satz 2 des Einkommensteuergesetzes ist entsprechend anzuwenden.

4 Der Antrag ist spätestens bis zur erstmaligen Abgabe der Steuererklärung bei dem für die Besteuerung des Einbringenden zuständigen Finanzamt zu stellen. 5 Haben die eingebrachten Anteile beim Einbringenden nicht zu einem Betriebsvermögen gehört, treten an die Stelle des Buchwerts die Anschaffungskosten. 6 § 20 Abs. 3 Satz 3 und 4 gilt entsprechend.

(3) 1 Auf den beim Anteilstausch entstehenden Veräußerungsgewinn ist § 17 Abs. 3 des Einkommensteuergesetzes nur anzuwenden, wenn der Einbringende eine natürliche Person ist und die übernehmende Gesellschaft die eingebrachten Anteile nach Absatz 1 Satz 1 oder in den Fällen des Absatzes 2 Satz 2 der Einbringende mit dem gemeinen Wert ansetzt; dies gilt für die Anwendung von § 16 Abs. 4 des Einkommensteuergesetzes unter der Voraussetzung, dass eine im Betriebsvermögen gehaltene Beteiligung an einer Kapitalgesellschaft eingebracht wird, die das gesamte Nennkapital der Kapitalgesellschaft umfasst. 2 § 34 Abs. 1 des Einkommensteuergesetzes findet keine Anwendung.

§ 22[1)] Besteuerung des Anteilseigners. (1) 1 Soweit in den Fällen einer Sacheinlage unter dem gemeinen Wert (§ 20 Abs. 2 Satz 2) der Einbringende die erhaltenen Anteile innerhalb eines Zeitraums von sieben Jahren nach dem Einbringungszeitpunkt veräußert, ist der Gewinn aus der Einbringung rückwirkend im Wirtschaftsjahr der Einbringung als Gewinn des Einbringenden im Sinne von § 16 des Einkommensteuergesetzes zu versteuern (Einbringungsgewinn I); § 16 Abs. 4 und § 34 des Einkommensteuergesetzes sind nicht anzuwenden. 2 Die Veräußerung der erhaltenen Anteile gilt insoweit als rückwirkendes Ereignis im Sinne von § 175 Abs. 1 Satz 1 Nr. 2 der Abgabenordnung. 3 Einbringungsgewinn I ist der Betrag, um den der gemeine Wert des eingebrachten Betriebsvermögens im Einbringungszeitpunkt nach Abzug der Kosten für den Vermögensübergang den Wert, mit dem die übernehmende Gesellschaft dieses eingebrachte Betriebsvermögen angesetzt hat, übersteigt, vermindert um jeweils ein Siebtel für jedes seit dem Einbringungszeitpunkt abgelaufene Zeitjahr. 4 Der Einbringungsgewinn I gilt als nachträgliche Anschaffungskosten der erhaltenen Anteile. 5 Umfasst das eingebrachte Betriebsvermögen auch Anteile an Kapitalgesellschaften oder Genossenschaften, ist insoweit § 22 Abs. 2 anzuwenden; ist in diesen Fällen das Recht der Bundesrepublik Deutschland hinsichtlich der Besteuerung des Gewinns aus der Veräußerung der erhaltenen Anteile ausgeschlossen oder beschränkt, sind daneben auch die Sätze 1 bis 4 anzuwenden. 6 Die Sätze 1 bis 5 gelten entsprechend, wenn

1. der Einbringende die erhaltenen Anteile unmittelbar oder mittelbar unentgeltlich auf eine Kapitalgesellschaft oder eine Genossenschaft überträgt,

---

1) Zur Anwendung siehe § 27 Abs. 4.

2.[1] der Einbringende die erhaltenen Anteile entgeltlich überträgt, es sei denn, er weist nach, dass die Übertragung durch einen Vorgang im Sinne des § 20 Absatz 1 oder § 21 Absatz 1 oder auf Grund vergleichbarer ausländischer Vorgänge zu Buchwerten erfolgte [***ab 1. 1. 2015:*** und keine sonstigen Gegenleistungen erbracht wurden, die die Grenze des § 20 Absatz 2 Satz 2 Nummer 4 oder die Grenze des § 21 Absatz 1 Satz 2 Nummer 2 übersteigen],

3. die Kapitalgesellschaft, an der die Anteile bestehen, aufgelöst und abgewickelt wird oder das Kapital dieser Gesellschaft herabgesetzt und an die Anteilseigner zurückgezahlt wird oder Beträge aus dem steuerlichen Einlagekonto im Sinne des § 27 des Körperschaftsteuergesetzes ausgeschüttet oder zurückgezahlt werden,

4.[2] der Einbringende die erhaltenen Anteile durch einen Vorgang im Sinne des § 21 Absatz 1 oder einen Vorgang im Sinne des § 20 Absatz 1 oder auf Grund vergleichbarer ausländischer Vorgänge zum Buchwert in eine Kapitalgesellschaft oder eine Genossenschaft eingebracht hat und diese Anteile anschließend unmittelbar oder mittelbar veräußert oder durch einen Vorgang im Sinne der Nummern 1 oder 2 unmittelbar oder mittelbar übertragen werden, es sei denn, er weist nach, dass diese Anteile zu Buchwerten übertragen wurden [***ab 1. 1. 2015:*** und keine sonstigen Gegenleistungen erbracht wurden, die die Grenze des § 20 Absatz 2 Satz 2 Nummer 4 oder die Grenze des § 21 Absatz 1 Satz 2 Nummer 2 übersteigen] (Ketteneinbringung),

5.[3] der Einbringende die erhaltenen Anteile in eine Kapitalgesellschaft oder eine Genossenschaft durch einen Vorgang im Sinne des § 20 Absatz 1 oder einen Vorgang im Sinne des § 21 Absatz 1 oder auf Grund vergleichbarer ausländischer Vorgänge zu Buchwerten einbringt und die aus dieser Einbringung erhaltenen Anteile anschließend unmittelbar oder mittelbar veräußert oder durch einen Vorgang im Sinne der Nummern 1 oder 2 unmittelbar oder mittelbar übertragen werden, es sei denn, er weist nach, dass die Einbringung zu Buchwerten erfolgte [***ab 1. 1. 2015:*** und keine sonstigen Gegenleistungen erbracht wurden, die die Grenze des § 20 Absatz 2 Satz 2 Nummer 4 oder die Grenze des § 21 Absatz 1 Satz 2 Nummer 2 übersteigen], oder

6. für den Einbringenden oder die übernehmende Gesellschaft im Sinne der Nummer 4 die Voraussetzungen im Sinne von § 1 Abs. 4 nicht mehr erfüllt sind.

[7] Satz 4 gilt in den Fällen des Satzes 6 Nr. 4 und 5 auch hinsichtlich der Anschaffungskosten der auf einer Weitereinbringung dieser Anteile (§ 20 Abs. 1 und § 21 Abs. 1 Satz 2) zum Buchwert beruhenden Anteile.

(2)[4] [1] Soweit im Rahmen einer Sacheinlage (§ 20 Abs. 1) oder eines Anteilstausches (§ 21 Abs. 1) unter dem gemeinen Wert eingebrachte Anteile

---

[1] § 22 Abs. 1 Satz 6 Nr. 2 geänd. durch G v. 2. 11. 2015 (BGBl. I S. 1834); zur Anwendung siehe § 27 Abs. 14.

[2] § 22 Abs. 1 Satz 6 Nr. 4 geänd. durch G v. 2. 11. 2015 (BGBl. I S. 1834); zur Anwendung siehe § 27 Abs. 14.

[3] § 22 Abs. 1 Satz 6 Nr. 5 geänd. durch G v. 2. 11. 2015 (BGBl. I S. 1834); zur Anwendung siehe § 27 Abs. 14.

[4] § 22 Abs. 2 Satz 1 neu gef. durch G v. 19. 12. 2008 (BGBl. I S. 2794).

innerhalb eines Zeitraums von sieben Jahren nach dem Einbringungszeitpunkt durch die übernehmende Gesellschaft unmittelbar oder mittelbar veräußert werden und soweit beim Einbringenden der Gewinn aus der Veräußerung dieser Anteile im Einbringungszeitpunkt nicht nach § 8b Abs. 2 des Körperschaftsteuergesetzes steuerfrei gewesen wäre, ist der Gewinn aus der Einbringung im Wirtschaftsjahr der Einbringung rückwirkend als Gewinn des Einbringenden aus der Veräußerung von Anteilen zu versteuern (Einbringungsgewinn II); § 16 Abs. 4 und § 34 des Einkommensteuergesetzes sind nicht anzuwenden. [2] Absatz 1 Satz 2 gilt entsprechend. [3] Einbringungsgewinn II ist der Betrag, um den der gemeine Wert der eingebrachten Anteile im Einbringungszeitpunkt nach Abzug der Kosten für den Vermögensübergang den Wert, mit dem der Einbringende die erhaltenen Anteile angesetzt hat, übersteigt, vermindert um jeweils ein Siebtel für jedes seit dem Einbringungszeitpunkt abgelaufene Zeitjahr. [4] Der Einbringungsgewinn II gilt als nachträgliche Anschaffungskosten der erhaltenen Anteile. [5] Sätze 1 bis 4 sind nicht anzuwenden, soweit der Einbringende die erhaltenen Anteile veräußert hat; dies gilt auch in den Fällen von § 6 des Außensteuergesetzes vom 8. September 1972 (BGBl. I S. 1713), das zuletzt durch Artikel 7 des Gesetzes vom 7. Dezember 2006 (BGBl. I S. 2782) geändert worden ist, in der jeweils geltenden Fassung, wenn und soweit die Steuer nicht gestundet wird. [6] Sätze 1 bis 5 gelten entsprechend, wenn die übernehmende Gesellschaft die eingebrachten Anteile ihrerseits durch einen Vorgang nach Absatz 1 Satz 6 Nr. 1 bis 5 weiter überträgt oder für diese die Voraussetzungen nach § 1 Abs. 4 nicht mehr erfüllt sind. [7] Absatz 1 Satz 7 ist entsprechend anzuwenden.

(3) [1] Der Einbringende hat in den dem Einbringungszeitpunkt folgenden sieben Jahren jährlich spätestens bis zum 31. Mai den Nachweis darüber zu erbringen, wem mit Ablauf des Tages, der dem maßgebenden Einbringungszeitpunkt entspricht,

1. in den Fällen des Absatzes 1 die erhaltenen Anteile und die auf diesen Anteilen beruhenden Anteile und
2. in den Fällen des Absatzes 2 die eingebrachten Anteile und die auf diesen Anteilen beruhenden Anteile

zuzurechnen sind. [2] Erbringt er den Nachweis nicht, gelten die Anteile im Sinne des Absatzes 1 oder des Absatzes 2 an dem Tag, der dem Einbringungszeitpunkt folgt oder der in den Folgejahren diesem Kalendertag entspricht, als veräußert.

(4) Ist der Veräußerer von Anteilen nach Absatz 1

1. eine juristische Person des öffentlichen Rechts, gilt in den Fällen des Absatzes 1 der Gewinn aus der Veräußerung der erhaltenen Anteile als in einem Betrieb gewerblicher Art dieser Körperschaft entstanden,
2. von der Körperschaftsteuer befreit, gilt in den Fällen des Absatzes 1 der Gewinn aus der Veräußerung der erhaltenen Anteile als in einem wirtschaftlichen Geschäftsbetrieb dieser Körperschaft entstanden.

(5) Das für den Einbringenden zuständige Finanzamt bescheinigt der übernehmenden Gesellschaft auf deren Antrag die Höhe des zu versteuernden Einbringungsgewinns, die darauf entfallende festgesetzte Steuer und den da-

rauf entrichteten Betrag; nachträgliche Minderungen des versteuerten Einbringungsgewinns sowie die darauf entfallende festgesetzte Steuer und der darauf entrichtete Betrag sind dem für die übernehmende Gesellschaft zuständigen Finanzamt von Amts wegen mitzuteilen.

(6) In den Fällen der unentgeltlichen Rechtsnachfolge gilt der Rechtsnachfolger des Einbringenden als Einbringender im Sinne der Absätze 1 bis 5 und der Rechtsnachfolger der übernehmenden Gesellschaft als übernehmende Gesellschaft im Sinne des Absatzes 2.

(7) Werden in den Fällen einer Sacheinlage (§ 20 Abs. 1) oder eines Anteilstauschs (§ 21 Abs. 1) unter dem gemeinen Wert stille Reserven auf Grund einer Gesellschaftsgründung oder Kapitalerhöhung von den erhaltenen oder eingebrachten Anteilen oder von auf diesen Anteilen beruhenden Anteilen auf andere Anteile verlagert, gelten diese Anteile insoweit auch als erhaltene oder eingebrachte Anteile oder als auf diesen Anteilen beruhende Anteile im Sinne des Absatzes 1 oder 2 (Mitverstrickung von Anteilen).

§ 23[1)] Auswirkungen bei der übernehmenden Gesellschaft.

(1) Setzt die übernehmende Gesellschaft das eingebrachte Betriebsvermögen mit einem unter dem gemeinen Wert liegenden Wert (§ 20 Abs. 2 Satz 2, § 21 Abs. 1 Satz 2[2)]) an, gelten § 4 Abs. 2 Satz 3 und § 12 Abs. 3 erster Halbsatz entsprechend.

(2) [1] In den Fällen des § 22 Abs. 1 kann die übernehmende Gesellschaft auf Antrag den versteuerten Einbringungsgewinn im Wirtschaftsjahr der Veräußerung der Anteile oder eines gleichgestellten Ereignisses (§ 22 Abs. 1 Satz 1 und Satz 6 Nr. 1 bis 6) als Erhöhungsbetrag ansetzen, soweit der Einbringende die auf den Einbringungsgewinn entfallende Steuer entrichtet hat und dies durch Vorlage einer Bescheinigung des zuständigen Finanzamts im Sinne von § 22 Abs. 5 nachgewiesen wurde; der Ansatz des Erhöhungsbetrags bleibt ohne Auswirkung auf den Gewinn. [2] Satz 1 ist nur anzuwenden, soweit das eingebrachte Betriebsvermögen in den Fällen des § 22 Abs. 1 noch zum Betriebsvermögen der übernehmenden Gesellschaft gehört, es sei denn, dieses wurde zum gemeinen Wert übertragen. [3] Wurden die veräußerten Anteile auf Grund einer Einbringung von Anteilen nach § 20 Abs. 1 oder § 21 Abs. 1 (§ 22 Abs. 2) erworben, erhöhen sich die Anschaffungskosten der eingebrachten Anteile in Höhe des versteuerten Einbringungsgewinns, soweit der Einbringende die auf den Einbringungsgewinn entfallende Steuer entrichtet hat; Satz 1 und § 22 Abs. 1 Satz 7 gelten entsprechend.

(3) [1] Setzt die übernehmende Gesellschaft das eingebrachte Betriebsvermögen mit einem über dem Buchwert, aber unter dem gemeinen Wert liegenden Wert an, gilt § 12 Abs. 3 erster Halbsatz entsprechend mit der folgenden Maßgabe:

1. Die Absetzungen für Abnutzung oder Substanzverringerung nach § 7 Abs. 1, 4, 5 und 6 des Einkommensteuergesetzes sind vom Zeitpunkt der Einbringung an nach den Anschaffungs- oder Herstellungskosten des Ein-

---

1) Zur Anwendung siehe § 27 Abs. 4.

2) § 23 Abs. 1 Hinweis auf § 21 Abs. 1 Satz 2 eingef. durch G v. 19. 12. 2008 (BGBl. I S. 2794).

bringenden, vermehrt um den Unterschiedsbetrag zwischen dem Buchwert der einzelnen Wirtschaftsgüter und dem Wert, mit dem die Kapitalgesellschaft die Wirtschaftsgüter ansetzt, zu bemessen.

2. Bei den Absetzungen für Abnutzung nach § 7 Abs. 2 des Einkommensteuergesetzes tritt im Zeitpunkt der Einbringung an die Stelle des Buchwerts der einzelnen Wirtschaftsgüter der Wert, mit dem die Kapitalgesellschaft die Wirtschaftsgüter ansetzt.

2 Bei einer Erhöhung der Anschaffungskosten oder Herstellungskosten auf Grund rückwirkender Besteuerung des Einbringungsgewinns (Absatz 2) gilt dies mit der Maßgabe, dass an die Stelle des Zeitpunkts der Einbringung der Beginn des Wirtschaftsjahrs tritt, in welches das die Besteuerung des Einbringungsgewinns auslösende Ereignis fällt.

(4) Setzt die übernehmende Gesellschaft das eingebrachte Betriebsvermögen mit dem gemeinen Wert an, gelten die eingebrachten Wirtschaftsgüter als im Zeitpunkt der Einbringung von der Kapitalgesellschaft angeschafft, wenn die Einbringung des Betriebsvermögens im Wege der Einzelrechtsnachfolge erfolgt; erfolgt die Einbringung des Betriebsvermögens im Wege der Gesamtrechtsnachfolge nach den Vorschriften des Umwandlungsgesetzes, gilt Absatz 3 entsprechend.

(5) Der maßgebende Gewerbeertrag der übernehmenden Gesellschaft kann nicht um die vortragsfähigen Fehlbeträge des Einbringenden im Sinne des § 10 a des Gewerbesteuergesetzes gekürzt werden.

(6) § 6 Abs. 1 und 3 gilt entsprechend.

Siebter Teil. Einbringung eines Betriebs, Teilbetriebs oder Mitunternehmeranteils in eine Personengesellschaft

§ 24 Einbringung von Betriebsvermögen in eine Personengesellschaft. (1) Wird ein Betrieb oder Teilbetrieb oder ein Mitunternehmeranteil in eine Personengesellschaft eingebracht und wird der Einbringende Mitunternehmer der Gesellschaft, gelten für die Bewertung des eingebrachten Betriebsvermögens die Absätze 2 bis 4.

(2) 1 Die Personengesellschaft hat das eingebrachte Betriebsvermögen in ihrer Bilanz einschließlich der Ergänzungsbilanzen für ihre Gesellschafter mit dem gemeinen Wert anzusetzen; für die Bewertung von Pensionsrückstellungen gilt § 6 a des Einkommensteuergesetzes. 2 Abweichend von Satz 1 kann das übernommene Betriebsvermögen auf Antrag mit dem Buchwert oder einem höheren Wert, höchstens jedoch mit dem Wert im Sinne des Satzes 1, angesetzt werden, soweit

[Fassung bis 31. 12. 2014:]

das Recht der Bundesrepublik Deutschland hinsichtlich der Besteue-

[Fassung ab 1. 1. 2015:][1)]

1. das Recht der Bundesrepublik Deutschland hinsichtlich der Be-

---

1) § 24 Abs. 2 Satz 2 neu gef., Satz 4 angef. durch G v. 2. 11. 2015 (BGBl. I S. 1834); zur Anwendung siehe § 27 Abs. 14.

[Fassung bis 31. 12. 2014:]

rung des eingebrachten Betriebsvermögens nicht ausgeschlossen oder beschränkt wird. [3] § 20 Abs. 2 Satz 3 gilt entsprechend.

[Fassung ab 1. 1. 2015:]

steuerung des eingebrachten Betriebsvermögens nicht ausgeschlossen oder beschränkt wird und

2. der gemeine Wert von sonstigen Gegenleistungen, die neben den neuen Gesellschaftsanteilen gewährt werden, nicht mehr beträgt als
   a) 25 Prozent des Buchwerts des eingebrachten Betriebsvermögens oder
   b) 500 000 Euro, höchstens jedoch den Buchwert des eingebrachten Betriebsvermögens.

[3] § 20 Abs. 2 Satz 3 gilt entsprechend. [4] Erhält der Einbringende neben den neuen Gesellschaftsanteilen auch sonstige Gegenleistungen, ist das eingebrachte Betriebsvermögen abweichend von Satz 2 mindestens mit dem gemeinen Wert der sonstigen Gegenleistungen anzusetzen, wenn dieser den sich nach Satz 2 ergebenden Wert übersteigt.

(3) [1] Der Wert, mit dem das eingebrachte Betriebsvermögen in der Bilanz der Personengesellschaft einschließlich der Ergänzungsbilanzen für ihre Gesellschafter angesetzt wird, gilt für den Einbringenden als Veräußerungspreis. [2] § 16 Abs. 4 des Einkommensteuergesetzes ist nur anzuwenden, wenn das eingebrachte Betriebsvermögen mit dem gemeinen Wert angesetzt wird und es sich nicht um die Einbringung von Teilen eines Mitunternehmeranteils handelt; in diesen Fällen ist § 34 Abs. 1 und 3 des Einkommensteuergesetzes anzuwenden, soweit der Veräußerungsgewinn nicht nach § 3 Nr. 40 Satz 1 Buchstabe b in Verbindung mit § 3c Abs. 2 des Einkommensteuergesetzes teilweise steuerbefreit ist. [3] In den Fällen des Satzes 2 gilt § 16 Abs. 2 Satz 3 des Einkommensteuergesetzes entsprechend.

(4) § 23 Abs. 1, 3, 4 und 6 gilt entsprechend; in den Fällen der Einbringung in eine Personengesellschaft im Wege der Gesamtrechtsnachfolge gilt auch § 20 Abs. 5 und 6 entsprechend.

(5)[1)] Soweit im Rahmen einer Einbringung nach Absatz 1 unter dem gemeinen Wert eingebrachte Anteile an einer Körperschaft, Personenvereinigung oder Vermögensmasse innerhalb eines Zeitraums von sieben Jahren nach

---

1) Zur Anwendung siehe § 27 Abs. 4.

dem Einbringungszeitpunkt durch die übernehmende Personengesellschaft veräußert oder durch einen Vorgang nach § 22 Absatz 1 Satz 6 Nummer 1 bis 5 weiter übertragen werden und *der Einbringende keine durch § 8b Abs. 2 des Körperschaftsteuergesetzes begünstigte Person ist, ist § 22 Abs. 2, 3 und 5 bis 7 insoweit entsprechend anzuwenden, als der Gewinn aus der Veräußerung der eingebrachten Anteile auf einen von § 8b Abs. 2 des Körperschaftsteuergesetzes begünstigten Mitunternehmer entfällt* [***neue Fassung:*** soweit beim Einbringenden der Gewinn aus der Veräußerung dieser Anteile im Einbringungszeitpunkt nicht nach § 8b Absatz 2 des Körperschaftsteuergesetzes steuerfrei gewesen wäre, ist § 22 Absatz 2, 3 und 5 bis 7 insoweit entsprechend anzuwenden, als der Gewinn aus der Veräußerung der eingebrachten Anteile auf einen Mitunternehmer entfällt, für den insoweit § 8b Absatz 2 des Körperschaftsteuergesetzes Anwendung findet].[1)]

(6)[2)] § 20 Abs. 9 gilt entsprechend.

Achter Teil. Formwechsel einer Personengesellschaft in eine Kapitalgesellschaft oder Genossenschaft

§ 25 Entsprechende Anwendung des Sechsten Teils. [1] In den Fällen des Formwechsels einer Personengesellschaft in eine Kapitalgesellschaft oder Genossenschaft im Sinne des § 190 des Umwandlungsgesetzes vom 28. Oktober 1994 (BGBl. I S. 3210, 1995 I S. 428), das zuletzt durch Artikel 10 des Gesetzes vom 9. Dezember 2004 (BGBl. I S. 3214) geändert worden ist, in der jeweils geltenden Fassung oder auf Grund vergleichbarer ausländischer Vorgänge gelten §§ 20 bis 23 entsprechend. [2] § 9 Satz 2 und 3 ist entsprechend anzuwenden.

Neunter Teil. Verhinderung von Missbräuchen

§ 26. (weggefallen)

Zehnter Teil. Anwendungsvorschriften und Ermächtigung

§ 27 Anwendungsvorschriften. (1) [1] Diese Fassung des Gesetzes ist erstmals auf Umwandlungen und Einbringungen anzuwenden, bei denen die Anmeldung zur Eintragung in das für die Wirksamkeit des jeweiligen Vorgangs maßgebende öffentliche Register nach dem 12. Dezember 2006 erfolgt ist. [2] Für Einbringungen, deren Wirksamkeit keine Eintragung in ein öffentliches Register voraussetzt, ist diese Fassung des Gesetzes erstmals anzuwenden,

---

1) § 24 Abs. 5 geänd. mWv 29. 3. 2013 durch G v. 21. 3. 2013 (BGBl. I S. 561).

2) § 24 Abs. 6 angef. durch G v. 14. 8. 2007 (BGBl. I S. 1912); zur erstmaligen Anwendung siehe § 27 Abs. 5.

wenn das wirtschaftliche Eigentum an den eingebrachten Wirtschaftsgütern nach dem 12. Dezember 2006 übergegangen ist.

(2) [1]Das Umwandlungssteuergesetz in der Fassung der Bekanntmachung vom 15. Oktober 2002 (BGBl. I S. 4133, 2003 I S. 738), geändert durch Artikel 3 des Gesetzes vom 16. Mai 2003 (BGBl. I S. 660), ist letztmals auf Umwandlungen und Einbringungen anzuwenden, bei denen die Anmeldung zur Eintragung in das für die Wirksamkeit des jeweiligen Vorgangs maßgebende öffentliche Register bis zum 12. Dezember 2006 erfolgt ist. [2]Für Einbringungen, deren Wirksamkeit keine Eintragung in ein öffentliches Register voraussetzt, ist diese Fassung letztmals anzuwenden, wenn das wirtschaftliche Eigentum an den eingebrachten Wirtschaftsgütern bis zum 12. Dezember 2006 übergegangen ist.

(3) Abweichend von Absatz 2 ist

1. § 5 Abs. 4 für einbringungsgeborene Anteile im Sinne von § 21 Abs. 1 mit der Maßgabe weiterhin anzuwenden, dass die Anteile zu dem Wert im Sinne von § 5 Abs. 2 oder Abs. 3 in der Fassung des Absatzes 1 als zum steuerlichen Übertragungsstichtag in das Betriebsvermögen des übernehmenden Rechtsträgers überführt gelten,
2. § 20 Abs. 6 in der am 21. Mai 2003 geltenden Fassung für die Fälle des Ausschlusses des Besteuerungsrechts (§ 20 Abs. 3) weiterhin anwendbar, wenn auf die Einbringung Absatz 2 anzuwenden war,
3. § 21 in der am 21. Mai 2003 geltenden Fassung *ist*[1)] für einbringungsgeborene Anteile im Sinne von § 21 Abs. 1, die auf einem Einbringungsvorgang beruhen, auf den Absatz 2 anwendbar war, weiterhin anzuwenden. [2]Für § 21 Abs. 2 Satz 1 Nr. 2 in der am 21. Mai 2003 geltenden Fassung gilt dies mit der Maßgabe, dass eine Stundung der Steuer gemäß § 6 Abs. 5 des Außensteuergesetzes in der Fassung des Gesetzes vom 7. Dezember 2006 (BGBl. I S. 2782) unter den dort genannten Voraussetzungen erfolgt, wenn die Einkommensteuer noch nicht bestandskräftig festgesetzt ist; § 6 Abs. 6 und 7 des Außensteuergesetzes ist entsprechend anzuwenden.

(4) Abweichend von Absatz 1 sind §§ 22, 23 und 24 Abs. 5 nicht anzuwenden, soweit hinsichtlich des Gewinns aus der Veräußerung der Anteile oder einem gleichgestellten Ereignis im Sinne von § 22 Abs. 1 die Steuerfreistellung nach § 8b Abs. 4 des Körperschaftsteuergesetzes in der am 12. Dezember 2006 geltenden Fassung oder nach § 3 Nr. 40 Satz 3 und 4 des Einkommensteuergesetzes in der am 12. Dezember 2006 geltenden Fassung ausgeschlossen ist.

(5)[2)] [1]§ 4 Abs. 2 Satz 2, § 15 Abs. 3, § 20 Abs. 9 und § 24 Abs. 6 in der Fassung des Artikels 5 des Gesetzes vom 14. August 2007 (BGBl. I S. 1912) sind erstmals auf Umwandlungen und Einbringungen anzuwenden, bei denen die Anmeldung zur Eintragung in das für die Wirksamkeit des jeweiligen Vorgangs maßgebende öffentliche Register nach dem 31. Dezember 2007 erfolgt ist. [2]Für Einbringungen, deren Wirksamkeit keine Eintragung in ein öffentli-

---

[1)] Redaktionelles Versehen – „ist" müsste wegfallen.

[2)] § 27 Abs. 5 angef. durch G v. 14. 8. 2007 (BGBl. I S. 1912).

ches Register voraussetzt, ist diese Fassung des Gesetzes erstmals anzuwenden, wenn das wirtschaftliche Eigentum an den eingebrachten Wirtschaftsgütern nach dem 31. Dezember 2007 übergegangen ist.

(6)[1] [1]§ 10 ist letztmals auf Umwandlungen anzuwenden, bei denen der steuerliche Übertragungsstichtag vor dem 1. Januar 2007 liegt. [2]§ 10 ist abweichend von Satz 1 weiter anzuwenden in den Fällen, in denen ein Antrag nach § 34 Abs. 16 des Körperschaftsteuergesetzes in der Fassung des Artikels 3 des Gesetzes vom 20. Dezember 2007 (BGBl. I S. 3150) gestellt wurde.

(7)[1] § 18 Abs. 3 Satz 1 in der Fassung des Artikels 4 des Gesetzes vom 20. Dezember 2007 (BGBl. I S. 3150) ist erstmals auf Umwandlungen anzuwenden, bei denen die Anmeldung zur Eintragung in das für die Wirksamkeit der Umwandlung maßgebende öffentliche Register nach dem 31. Dezember 2007 erfolgt ist.

(8)[2] § 4 Abs. 6 Satz 4 bis 6 sowie § 4 Abs. 7 Satz 2 in der Fassung des Artikels 6 des Gesetzes vom 19. Dezember 2008 (BGBl. I S. 2794) sind erstmals auf Umwandlungen anzuwenden, bei denen § 3 Nr. 40 des Einkommensteuergesetzes in der durch Artikel 1 Nr. 3 des Gesetzes vom 14. August 2007 (BGBl. I S. 1912) geänderten Fassung für die Bezüge im Sinne des § 7 anzuwenden ist.

(9)[2] [1]§ 2 Abs. 4 und § 20 Abs. 6 Satz 4 in der Fassung des Artikels 6 des Gesetzes vom 19. Dezember 2008 (BGBl. I S. 2794) sind erstmals auf Umwandlungen und Einbringungen anzuwenden, bei denen der schädliche Beteiligungserwerb oder ein anderes die Verlustnutzung ausschließendes Ereignis nach dem 28. November 2008 eintritt. [2]§ 2 Abs. 4 und § 20 Abs. 6 Satz 4 in der Fassung des Artikels 6 des Gesetzes vom 19. Dezember 2008 (BGBl. I S. 2794) gelten nicht, wenn sich der Veräußerer und der Erwerber am 28. November 2008 über den später vollzogenen schädlichen Beteiligungserwerb oder ein anderes die Verlustnutzung ausschließendes Ereignis einig sind, der übernehmende Rechtsträger dies anhand schriftlicher Unterlagen nachweist und die Anmeldung zur Eintragung in das für die Wirksamkeit des Vorgangs maßgebende öffentliche Register bzw. bei Einbringungen der Übergang des wirtschaftlichen Eigentums bis zum 31. Dezember 2009 erfolgt.

(10)[3] § 2 Absatz 4 Satz 1, § 4 Absatz 2 Satz 2, § 9 Satz 3, § 15 Absatz 3 und § 20 Absatz 9 in der Fassung des Artikels 4 des Gesetzes vom 22. Dezember 2009 (BGBl. I S. 3950) sind erstmals auf Umwandlungen und Einbringungen anzuwenden, deren steuerlicher Übertragungsstichtag in einem Wirtschaftsjahr liegt, für das § 4h Absatz 1, 4 Satz 1 und Absatz 5 Satz 1 und 2 des Einkommensteuergesetzes in der Fassung des Artikels 1 des Gesetzes vom 22. Dezember 2009 (BGBl. I S. 3950) erstmals anzuwenden ist.

(11)[4] Für Bezüge im Sinne des § 8b Absatz 1 des Körperschaftsteuergesetzes aufgrund einer Umwandlung ist § 8b Absatz 4 des Körperschaftsteuerge-

---

[1] § 27 Abs. 6 und 7 angef. durch G v. 20. 12. 2007 (BGBl. I S. 3150).
[2] § 27 Abs. 8 und 9 angef. durch G v. 19. 12. 2008 (BGBl. I S. 2794).
[3] § 27 Abs. 10 angef. durch G v. 22. 12. 2009 (BGBl. I S. 3950).
[4] § 27 Abs. 11 angef. durch G v. 21. 3. 2013 (BGBl. I S. 561).

setzes in der Fassung des Artikels 1 des Gesetzes vom 21. März 2013 (BGBl. I S. 561) abweichend von § 34 Absatz 7a Satz 2 des Körperschaftsteuergesetzes bereits erstmals vor dem 1. März 2013 anzuwenden, wenn die Anmeldung zur Eintragung in das für die Wirksamkeit des jeweiligen Vorgangs maßgebende öffentliche Register nach dem 28. Februar 2013 erfolgt.

(12)[1] [1]§ 2 Absatz 4 Satz 3 bis 6 in der Fassung des Artikels 9 des Gesetzes vom 26. Juni 2013 (BGBl. I S. 1809) ist erstmals auf Umwandlungen und Einbringungen anzuwenden, bei denen die Anmeldung zur Eintragung in das für die Wirksamkeit des jeweiligen Vorgangs maßgebende öffentliche Register nach dem 6. Juni 2013 erfolgt. [2]Für Einbringungen, deren Wirksamkeit keine Eintragung in ein öffentliches Register voraussetzt, ist § 2 in der Fassung des Artikels 9 des Gesetzes vom 26. Juni 2013 (BGBl. I S. 1809) erstmals anzuwenden, wenn das wirtschaftliche Eigentum an den eingebrachten Wirtschaftsgütern nach dem 6. Juni 2013[2] übergegangen ist.

(13)[3] § 20 Absatz 8 in der am 31. Juli 2014[4] geltenden Fassung ist erstmals bei steuerlichen Übertragungsstichtagen nach dem 31. Dezember 2013 anzuwenden.

(14)[5] § 20 Absatz 2, § 21 Absatz 1, § 22 Absatz 1 Satz 6 Nummer 2, 4 und 5 sowie § 24 Absatz 2 in der am 6. November 2015[6] geltenden Fassung sind erstmals auf Einbringungen anzuwenden, wenn in den Fällen der Gesamtrechtsnachfolge der Umwandlungsbeschluss nach dem 31. Dezember 2014 erfolgt ist oder in den anderen Fällen der Einbringungsvertrag nach dem 31. Dezember 2014 geschlossen worden ist.

§ 28 Bekanntmachungserlaubnis. Das Bundesministerium der Finanzen wird ermächtigt, den Wortlaut dieses Gesetzes und der zu diesem Gesetz erlassenen Rechtsverordnungen in der jeweils geltenden Fassung satzweise nummeriert mit neuem Datum und in neuer Paragraphenfolge bekannt zu machen und dabei Unstimmigkeiten im Wortlaut zu beseitigen.

---

[1] § 27 Abs. 12 angef. durch G v. 26. 6. 2013 (BGBl. I S. 1809); geänd. durch G v. 25. 7. 2014 (BGBl. I S. 1266).

[2] Datum des Tages des Beschlusses des Deutschen Bundestages über die Beschlussempfehlung des Vermittlungsausschusses über das vorliegende Änderungsgesetz.

[3] § 27 Abs. 13 eingef. durch G v. 25. 7. 2014 (BGBl. I S. 1266).

[4] Datum des Tags nach der Verkündung des G v. 25. 7. 2014 (BGBl. I S. 1266).

[5] § 27 Abs. 14 eingef. durch G v. 2. 11. 2015 (BGBl. I S. 1834).

[6] Tag nach der Verkündung des G v. 2. 11. 2015 (BGBl. I S. 1834).

135. Richtlinie 2009/133/EG des Rates vom 19. Oktober 2009 über das gemeinsame Steuersystem für Fusionen, Spaltungen, Abspaltungen, die Einbringung von Unternehmensteilen und den Austausch von Anteilen, die Gesellschaften verschiedener Mitgliedstaaten betreffen, sowie für die Verlegung des Sitzes einer Europäischen Gesellschaft oder einer Europäischen Genossenschaft von einem Mitgliedstaat in einen anderen Mitgliedstaat

Vom 19. Oktober 2009 (ABl. EG Nr. L 310 S. 34)

Geändert durch RL 2013/13/EU vom 13. 5. 2013 (ABl. EU Nr. L 141 S. 30)

Kapitel I. Allgemeine Vorschriften

Art. 1[1] **[Anwendungsbereich]** Jeder Mitgliedstaat wendet diese Richtlinie auf folgende Vorgänge an:

a) Fusionen, Spaltungen, Abspaltungen, die Einbringung von Unternehmensteilen und den Austausch von Anteilen, wenn daran Gesellschaften aus zwei oder mehr Mitgliedstaaten beteiligt sind;

b) Verlegungen des Sitzes einer Europäischen Gesellschaft (Societas Europaea – SE) im Sinne der Verordnung (EG) Nr. 2157/2001 des Rates vom 8. Oktober 2001 über das Statut der Europäischen Gesellschaft (SE)[2] oder einer Europäischen Genossenschaft (SCE) im Sinne der Verordnung (EG) Nr. 1435/2003 des Rates vom 22. Juli 2003 über das Statut der Europäischen Genossenschaft (SCE)[3] von einem Mitgliedstaat in einen anderen.

Art. 2 **[Definitionen]** Im Sinne dieser Richtlinie ist

a) „Fusion" der Vorgang, durch den

   i) eine oder mehrere Gesellschaften zum Zeitpunkt ihrer Auflösung ohne Abwicklung ihr gesamtes Aktiv- und Passivvermögen auf eine bereits bestehende Gesellschaft gegen Gewährung von Anteilen am Gesellschaftskapital der anderen Gesellschaft an ihre eigenen Gesellschafter und gegebenenfalls einer baren Zuzahlung übertragen; letztere darf 10% des Nennwerts oder – bei Fehlen eines solchen – des rechnerischen Werts dieser Anteile nicht überschreiten;

---

[1] Art. 1 neugef. durch RL 2005/19/EG v. 17. 2. 2005 (ABl. EG Nr. L 58 S. 19).

[2] **Amtl. Anm.:** ABl. L 294 vom 10. 11. 2001, S. 1.

[3] **Amtl. Anm.:** ABl. L 207 vom 18. 8. 2003, S. 1.

ii) zwei oder mehrere Gesellschaften zum Zeitpunkt ihrer Auflösung ohne Abwicklung ihr gesamtes Aktiv- und Passivvermögen auf eine von ihnen gegründete Gesellschaft gegen Gewährung von Anteilen am Gesellschaftskapital der neuen Gesellschaft an ihre eigenen Gesellschafter und gegebenenfalls einer baren Zuzahlung übertragen; letztere darf 10% des Nennwerts oder – bei Fehlen eines solchen – des rechnerischen Werts dieser Anteile nicht überschreiten;

iii) eine Gesellschaft zum Zeitpunkt ihrer Auflösung ohne Abwicklung ihr gesamtes Aktiv- und Passivvermögen auf die Gesellschaft überträgt, die sämtliche Anteile an ihrem Gesellschaftskapital besitzt;

b) „Spaltung" der Vorgang, durch den eine Gesellschaft zum Zeitpunkt ihrer Auflösung ohne Abwicklung ihr gesamtes Aktiv- und Passivvermögen auf zwei oder mehr bereits bestehende oder neu gegründete Gesellschaften gegen Gewährung von Anteilen am Gesellschaftskapital der übernehmenden Gesellschaften an ihre eigenen Gesellschafter, und gegebenenfalls einer baren Zuzahlung, anteilig überträgt; letztere darf 10% des Nennwerts oder – bei Fehlen eines solchen – des rechnerischen Werts dieser Anteile nicht überschreiten;

c) „Abspaltung" der Vorgang, durch den eine Gesellschaft, ohne sich aufzulösen, einen oder mehrere Teilbetriebe auf eine oder mehr bereits bestehende oder neu gegründete Gesellschaften gegen Gewährung von Anteilen am Gesellschaftskapital der übernehmenden Gesellschaften an ihre eigenen Gesellschafter, und gegebenenfalls einer baren Zuzahlung, anteilig überträgt, wobei mindestens ein Teilbetrieb in der einbringenden Gesellschaft verbleiben muss; die Zuzahlung darf 10% des Nennwerts oder – bei Fehlen eines solchen – des rechnerischen Werts dieser Anteile nicht überschreiten;

d) „Einbringung von Unternehmensteilen" der Vorgang, durch den eine Gesellschaft, ohne aufgelöst zu werden, ihren Betrieb insgesamt oder einen oder mehrere Teilbetriebe in eine andere Gesellschaft gegen Gewährung von Anteilen am Gesellschaftskapital der übernehmenden Gesellschaft einbringt;

e) „Austausch von Anteilen" der Vorgang, durch den eine Gesellschaft am Gesellschaftskapital einer anderen Gesellschaft eine Beteiligung, die ihr die Mehrheit der Stimmrechte verleiht, oder – sofern sie die Mehrheit der Stimmrechte bereits hält – eine weitere Beteiligung dadurch erwirbt, dass die Gesellschafter der anderen Gesellschaft im Austausch für ihre Anteile Anteile am Gesellschaftskapital der erwerbenden Gesellschaft und gegebenenfalls eine bare Zuzahlung erhalten; letztere darf 10% des Nennwerts oder – bei Fehlen eines Nennwerts – des rechnerischen Werts der im Zuge des Austauschs ausgegebenen Anteile nicht überschreiten;

f) „einbringende Gesellschaft" die Gesellschaft, die ihr Aktiv- und Passivvermögen überträgt oder einen oder mehrere Teilbetriebe einbringt;

g) „übernehmende Gesellschaft" die Gesellschaft, die das Aktiv- und Passivvermögen oder einen oder mehrere Teilbetriebe von der einbringenden Gesellschaft übernimmt;

h) „erworbene Gesellschaft“ die Gesellschaft, an der beim Austausch von Anteilen eine Beteiligung erworben wurde;

i) „erwerbende Gesellschaft“ die Gesellschaft, die beim Austausch von Anteilen eine Beteiligung erwirbt;

j) „Teilbetrieb“ die Gesamtheit der in einem Unternehmensteil einer Gesellschaft vorhandenen aktiven und passiven Wirtschaftsgüter, die in organisatorischer Hinsicht einen selbständigen Betrieb, d.h. eine aus eigenen Mitteln funktionsfähige Einheit, darstellen;

k) „Sitzverlegung“ der Vorgang, durch den eine SE oder eine SCE ihren Sitz von einem Mitgliedstaat in einen anderen Mitgliedstaat verlegt, ohne dass dies zu ihrer Auflösung oder zur Gründung einer neuen juristischen Person führt.

Art. 3 [Begriff der Gesellschaft] Im Sinne dieser Richtlinie ist eine „Gesellschaft eines Mitgliedstaats“ jede Gesellschaft,

a) die eine der im Anhang I Teil A aufgeführten Formen aufweist;

b) die nach dem Steuerrecht eines Mitgliedstaats als in diesem Mitgliedstaate ansässig und nicht aufgrund eines Doppelbesteuerungsabkommens mit einem Drittstaat als außerhalb der Gemeinschaft ansässig angesehen wird; und

c) die ferner ohne Wahlmöglichkeit einer der in Anhang I Teil B aufgeführten Steuern oder irgendeiner Steuer, die eine dieser Steuern ersetzt, unterliegt, ohne davon befreit zu sein.

Kapitel II. Regeln für Fusionen, Spaltungen, Abspaltungen, die Einbringung von Unternehmensteilen und den Austausch von Anteilen

Art. 4 [Stille Reserven] (1) Die Fusion, Spaltung oder Abspaltung darf keine Besteuerung des Veräußerungsgewinns auslösen, der sich aus dem Unterschied zwischen dem tatsächlichen Wert des übertragenen Aktiv- und Passivvermögens und dessen steuerlichem Wert ergibt.

(2) Für die Zwecke dieses Artikels gilt als

a) „steuerlicher Wert“ der Wert, auf dessen Grundlage ein etwaiger Gewinn oder Verlust für die Zwecke der Besteuerung des Veräußerungsgewinns der einbringenden Gesellschaft ermittelt worden wäre, wenn das Aktiv- und Passivvermögen gleichzeitig mit der Fusion, Spaltung oder Abspaltung, aber unabhängig davon, veräußert worden wäre;

b) „übertragenes Aktiv- und Passivvermögen“ das Aktiv- und Passivvermögen der einbringenden Gesellschaft, das nach der Fusion, Spaltung oder Abspaltung tatsächlich einer Betriebsstätte der übernehmenden Gesellschaft im Mitgliedstaat der einbringenden Gesellschaft zugerechnet wird und zur Erzielung des steuerlich zu berücksichtigenden Ergebnisses dieser Betriebsstätte beiträgt.

(3) Findet Absatz 1 Anwendung und betrachtet ein Mitgliedstaat eine gebietsfremde einbringende Gesellschaft aufgrund seiner Beurteilung ihrer juristischen Merkmale, die sich aus dem Recht, nach dem sie gegründet wurde, ergeben, als steuerlich transparent und besteuert daher die Gesellschafter nach ihrem Anteil an den ihnen zuzurechnenden Gewinnen der einbringenden Gesellschaft im Zeitpunkt der Zurechnung, so besteuert dieser Mitgliedstaat Veräußerungsgewinne, die sich aus der Differenz zwischen dem tatsächlichen Wert des eingebrachten Aktiv- und Passivvermögens und dessen steuerlichem Wert ergeben, nicht.

(4) Die Absätze 1 und 3 finden nur dann Anwendung, wenn die übernehmende Gesellschaft neue Abschreibungen und spätere Wertsteigerungen oder Wertminderungen des übertragenen Aktiv- und Passivvermögens so berechnet, wie die einbringende Gesellschaft sie ohne die Fusion, Spaltung oder Abspaltung berechnet hätte.

(5) Darf die übernehmende Gesellschaft nach dem Recht des Mitgliedstaats der einbringenden Gesellschaft neue Abschreibungen und spätere Wertsteigerungen oder Wertminderungen des übertragenen Aktiv- und Passivvermögens abweichend von Absatz 4 berechnen, so findet Absatz 1 keine Anwendung auf das Vermögen, für das die übernehmende Gesellschaft von diesem Recht Gebrauch macht.

Art. 5 [Rückstellungen, Rücklagen] Die Mitgliedstaaten treffen die notwendigen Regelungen, damit die von der einbringenden Gesellschaft unter völliger oder teilweiser Steuerbefreiung zulässigerweise gebildeten Rückstellungen oder Rücklagen – soweit sie nicht von Betriebsstätten im Ausland stammen – unter den gleichen Voraussetzungen von den im Mitgliedstaat der einbringenden Gesellschaft gelegenen Betriebsstätten der übernehmenden Gesellschaft ausgewiesen werden können, wobei die übernehmende Gesellschaft in die Rechte und Pflichten der einbringenden Gesellschaft eintritt.

Art. 6 [Übernahme von Verlusten] Wenden die Mitgliedstaaten für den Fall, dass die in Artikel 1 Buchstabe a genannten Vorgänge zwischen Gesellschaften des Mitgliedstaats der einbringenden Gesellschaft erfolgen, Vorschriften an, die die Übernahme der bei der einbringenden Gesellschaft steuerlich noch nicht berücksichtigten Verluste durch die übernehmende Gesellschaft gestatten, so dehnen sie diese Vorschriften auf die Übernahme der bei der einbringenden Gesellschaft steuerlich noch nicht berücksichtigten Verluste durch die in ihrem Hoheitsgebiet gelegenen Betriebsstätten der übernehmenden Gesellschaft aus.

Art. 7 [Kapitalbeteiligung] (1) Wenn die übernehmende Gesellschaft am Kapital der einbringenden Gesellschaft eine Beteiligung besitzt, so unterliegen die bei der übernehmenden Gesellschaft möglicherweise entstehenden Wertsteigerungen beim Untergang ihrer Beteiligung am Kapital der einbringenden Gesellschaft keiner Besteuerung.

(2) Die Mitgliedstaaten können von Absatz 1 abweichen, wenn der Anteil der übernehmenden Gesellschaft am Kapital der einbringenden Gesellschaft weniger als 15% beträgt.

Ab 1. Januar 2009 beträgt der Mindestanteil 10%.

Art. 8 [Zuteilung von Kapitalanteilen] (1) Die Zuteilung von Anteilen am Gesellschaftskapital der übernehmenden oder erwerbenden Gesellschaft an einen Gesellschafter der einbringenden oder erworbenen Gesellschaft gegen Anteile an deren Gesellschaftskapital aufgrund einer Fusion, einer Spaltung oder des Austauschs von Anteilen darf für sich allein keine Besteuerung des Veräußerungsgewinns dieses Gesellschafters auslösen.

(2) Die Zuteilung von Anteilen am Gesellschaftskapital der übernehmenden Gesellschaft an einen Gesellschafter der einbringenden Gesellschaft aufgrund einer Abspaltung darf für sich allein keine Besteuerung des Veräußerungsgewinns dieses Gesellschafters auslösen.

(3) Betrachtet ein Mitgliedstaat einen Gesellschafter aufgrund seiner Beurteilung von dessen juristischen Merkmalen, die sich aus dem Recht, nach dem dieser gegründet wurde, ergeben, als steuerlich transparent und besteuert daher die an diesem Gesellschafter beteiligten Personen nach ihrem Anteil an den ihnen zuzurechnenden Gewinnen des Gesellschafters im Zeitpunkt der Zurechnung, so besteuert dieser Mitgliedstaat den Veräußerungsgewinn dieser Personen aus der Zuteilung von Anteilen am Gesellschaftskapital der übernehmenden oder erwerbenden Gesellschaft an den Gesellschafter nicht.

(4) Die Absätze 1 und 3 finden nur dann Anwendung, wenn der Gesellschafter den erworbenen Anteilen keinen höheren steuerlichen Wert beimisst, als den in Tausch gegebenen Anteilen unmittelbar vor der Fusion, der Spaltung oder dem Austausch der Anteile beigemessen war.

(5) Die Absätze 2 und 3 finden nur dann Anwendung, wenn der Gesellschafter der Summe der erworbenen Anteile und seiner Anteile an der einbringenden Gesellschaft keinen höheren steuerlichen Wert beimisst, als den Anteilen an der einbringenden Gesellschaft unmittelbar vor der Abspaltung beigemessen war.

(6) Die Anwendung der Absätze 1, 2 und 3 hindert die Mitgliedstaaten nicht, den Gewinn aus einer späteren Veräußerung der erworbenen Anteile in gleicher Weise zu besteuern wie den Gewinn aus einer Veräußerung der vor dem Erwerb vorhandenen Anteile.

(7) Für die Zwecke dieses Artikels ist der „steuerliche Wert" der Wert, auf dessen Grundlage ein etwaiger Gewinn oder Verlust für die Zwecke der Besteuerung des Veräußerungsgewinns eines Gesellschafters ermittelt würde.

(8) Darf ein Gesellschafter nach dem Recht seines Wohnsitzstaats oder Sitzstaats eine von den Absätzen 4 und 5 abweichende steuerliche Behandlung wählen, so finden die Absätze 1, 2 und 3 keine Anwendung auf die Anteile, für die der Gesellschafter von diesem Recht Gebrauch macht.

(9) Die Absätze 1, 2 und 3 hindern die Mitgliedstaaten nicht, eine bare Zuzahlung aufgrund einer Fusion, einer Spaltung, einer Abspaltung oder eines Austausches von Anteilen an die Gesellschafter zu besteuern.

Art. 9 [Regeln für die Einbringung von Unternehmensteilen] Die Artikel 4, 5 und 6 gelten entsprechend für die Einbringung von Unternehmensteilen.

Kapitel III. Sonderfall der Einbringung einer Betriebsstätte

Art. 10 [Sonderfall der Einbringung einer Betriebsstätte] (1) Wenn sich unter den bei einer Fusion, Spaltung, Abspaltung oder Einbringung von Unternehmensteilen eingebrachten Wirtschaftsgütern eine in einem anderen Mitgliedstaat als dem der einbringenden Gesellschaft liegende Betriebsstätte befindet, so verzichtet der Mitgliedstaat der einbringenden Gesellschaft endgültig auf seine Rechte zur Besteuerung dieser Betriebsstätte.

Der Mitgliedstaat der einbringenden Gesellschaft kann bei der Ermittlung des steuerbaren Gewinns dieser Gesellschaft frühere Verluste dieser Betriebsstätte, die von dem in diesem Mitgliedstaat steuerbaren Gewinn der Gesellschaft abgezogen wurden und noch nicht ausgeglichen worden sind, hinzurechnen.

Der Mitgliedstaat, in dem sich die Betriebsstätte befindet, und der Mitgliedstaat der übernehmenden Gesellschaft wenden auf diese Einbringung die Bestimmungen dieser Richtlinie an, als ob der Mitgliedstaat der Betriebsstätte mit dem Mitgliedstaat der einbringenden Gesellschaft identisch wäre.

Dieser Absatz gilt auch für den Fall, dass die Betriebsstätte in dem Mitgliedstaat gelegen ist, in dem die übernehmende Gesellschaft ansässig ist.

(2) Abweichend von Absatz 1 ist der Mitgliedstaat der einbringenden Gesellschaft, sofern er ein System der Weltgewinnbesteuerung anwendet, berechtigt, die durch die Fusion, Spaltung, Abspaltung oder Einbringung von Unternehmensteilen entstehenden Veräußerungsgewinne der Betriebsstätte zu besteuern, vorausgesetzt, er rechnet die Steuer, die ohne die Bestimmungen dieser Richtlinie auf diese Veräußerungsgewinne im Staat der Betriebsstätte erhoben worden wäre, in gleicher Weise und mit dem gleichen Betrag an, wie wenn diese Steuer tatsächlich erhoben worden wäre.

Kapitel IV. Sonderfall steuerlich transparenter Gesellschaften

Art. 11 [Sonderfall steuerlich transparenter Gesellschaften] (1) Betrachtet ein Mitgliedstaat eine gebietsfremde einbringende oder erworbene Gesellschaft aufgrund seiner Beurteilung ihrer juristischen Merkmale, die sich aus dem Recht, nach dem sie gegründet wurde, ergeben, als steuerlich transparent, so ist er berechtigt, die Bestimmungen dieser Richtlinie bei der Besteuerung der Veräußerungsgewinne eines unmittelbaren oder mittelbaren Gesellschafters dieser Gesellschaft nicht anzuwenden.

(2) Macht ein Mitgliedstaat von seinem Recht gemäß Absatz 1 Gebrauch, so rechnet er die Steuer, die ohne die Bestimmungen dieser Richtlinie auf die

Veräußerungsgewinne der steuerlich transparenten Gesellschaft erhoben worden wäre, in gleicher Weise und mit dem gleichen Betrag an, wie wenn diese Steuer tatsächlich erhoben worden wäre.

(3) Betrachtet ein Mitgliedstaat eine gebietsfremde übernehmende oder erwerbende Gesellschaft aufgrund seiner Beurteilung ihrer juristischen Merkmale, die sich aus dem Recht, nach dem sie gegründet wurde, ergeben, als steuerlich transparent, so ist er berechtigt, Artikel 8 Absätze 1, 2 und 3 nicht anzuwenden.

(4) Betrachtet ein Mitgliedstaat eine gebietsfremde übernehmende Gesellschaft aufgrund seiner Beurteilung ihrer juristischen Merkmale, die sich aus dem Recht, nach dem sie gegründet wurde, ergeben, als steuerlich transparent, so kann er jedem unmittelbaren oder mittelbaren Gesellschafter die gleiche steuerliche Behandlung zuteil werden lassen, wie wenn die übernehmende Gesellschaft in seinem Gebiet ansässig wäre.

Kapitel V. Regeln für die Sitzverlegung einer SE oder einer SCE

Art. 12 [Sitzverlegung einer SE/SCE, Besteuerung des Veräußerungsgewinns] (1) Wenn

a) eine SE oder SCE ihren Sitz von einem Mitgliedstaat in einen anderen verlegt, oder

b) eine SE oder SCE, die in einem Mitgliedstaat ansässig ist, infolge der Verlegung ihres Sitzes von diesem Mitgliedstaat in einen anderen Mitgliedstaat ihren Steuersitz in diesem Mitgliedstaat aufgibt und in einem anderen Mitgliedstaat ansässig wird,

darf diese Verlegung des Sitzes oder die Aufgabe des Steuersitzes in dem Mitgliedstaat, aus dem der Sitz verlegt wurde, keine Besteuerung des nach Artikel 4 Absatz 1 berechneten Veräußerungsgewinns aus dem Aktiv- und Passivvermögen einer SE oder SCE auslösen, das in der Folge tatsächlich einer Betriebsstätte der SE bzw. der SCE in dem Mitgliedstaat, von dem der Sitz verlegt wurde, zugerechnet bleibt, und das zur Erzielung des steuerlich zu berücksichtigenden Ergebnisses beiträgt.

(2) Absatz 1 findet nur dann Anwendung, wenn die SE bzw. die SCE neue Abschreibungen und spätere Wertsteigerungen oder Wertminderungen des Aktiv- und Passivvermögens, das tatsächlich dieser Betriebsstätte zugerechnet bleibt, so berechnet, als habe keine Sitzverlegung stattgefunden, oder als habe die SE oder SCE ihren steuerlichen Sitz nicht aufgegeben.

(3) Darf die SE bzw. die SCE nach dem Recht des Mitgliedstaats, aus dem der Sitz verlegt wurde, neue Abschreibungen oder spätere Wertsteigerungen oder Wertminderungen des in jenem Mitgliedstaat verbleibenden Aktiv- und Passivvermögens abweichend von Absatz 2 berechnen, so findet Absatz 1 keine Anwendung auf das Vermögen, für das die Gesellschaft von diesem Recht Gebrauch macht.

Art. 13 [Sitzverlegung einer SE/SCE; Bildung von Rückstellungen, Rücklagen] (1) Wenn

a) eine SE oder SCE ihren Sitz von einem Mitgliedstaat in einen anderen verlegt oder

b) eine SE oder SCE, die in einem Mitgliedstaat ansässig ist, infolge der Verlegung ihres Sitzes von diesem Mitgliedstaat in einen anderen Mitgliedstaat ihren Steuersitz in diesem Mitgliedstaat aufgibt und in einem anderen Mitgliedstaat ansässig wird,

treffen die Mitgliedstaaten die erforderlichen Maßnahmen, um sicherzustellen, dass Rückstellungen und Rücklagen, die von der SE oder SCE vor der Verlegung des Sitzes ordnungsgemäß gebildet wurden und ganz oder teilweise steuerbefreit sind sowie nicht aus Betriebsstätten im Ausland stammen, von einer Betriebsstätte der SE oder SCE im Hoheitsgebiet des Mitgliedstaats, von dem der Sitz verlegt wurde, mit der gleichen Steuerbefreiung übernommen werden können.

(2) Insofern als eine Gesellschaft, die ihren Sitz innerhalb des Hoheitsgebietes eines Mitgliedstaats verlegt, das Recht hätte, steuerlich noch nicht berücksichtigte Verluste vor- oder rückzutragen, gestattet der betreffende Mitgliedstaat auch der in seinem Hoheitsgebiet gelegenen Betriebsstätte der SE oder SCE, die ihren Sitz verlegt, die Übernahme der steuerlich noch nicht berücksichtigten Verluste der SE bzw. der SCE, vorausgesetzt, die Vor- oder Rückübertragung der Verluste wäre für ein Unternehmen, das weiterhin seinen Sitz oder seinen steuerlichen Sitz in diesem Mitgliedstaat hat, zu vergleichbaren Bedingungen möglich gewesen.

Art. 14 [Sitzverlegung einer SE/SCE, Besteuerung des Veräußerungsgewinns] (1) Die Verlegung des Sitzes einer SE bzw. einer SCE darf für sich allein keine Besteuerung des Veräußerungsgewinns der Gesellschafter auslösen.

(2) Die Anwendung des Absatzes 1 hindert die Mitgliedstaaten nicht, den Gewinn aus einer späteren Veräußerung der Anteile am Gesellschaftskapital der ihren Sitz verlegenden SE bzw. SCE zu besteuern.

Kapitel VI. Schlussbestimmungen

Art. 15 [Versagungsgründe] (1) Ein Mitgliedstaat kann die Anwendung der Artikel 4 bis 14 ganz oder teilweise versagen oder rückgängig machen, wenn eine der in Artikel 1 genannten Vorgänge

a) als hauptsächlichen Beweggrund oder als einen der hauptsächlichen Beweggründe die Steuerhinterziehung oder -umgehung hat; vom Vorliegen eines solchen Beweggrundes kann ausgegangen werden, wenn der Vorgang nicht auf vernünftigen wirtschaftlichen Gründen – insbesondere der Umstrukturierung oder der Rationalisierung der beteiligten Gesellschaften – beruht;

b) dazu führt, dass eine an dem Vorgang beteiligte Gesellschaft oder eine an dem Vorgang nicht beteiligte Gesellschaft die Voraussetzungen für die bis zu dem Vorgang bestehende Vertretung der Arbeitnehmer in den Organen der Gesellschaft nicht mehr erfüllt.

(2) Absatz 1 Buchstabe b ist so lange und so weit anwendbar, wie auf die von dieser Richtlinie erfassten Gesellschaften keine Vorschriften des Gemeinschaftsrechts anwendbar sind, die gleichwertige Bestimmungen über die Vertretung der Arbeitnehmer in den Gesellschaftsorganen enthalten.

Art. 16 [Umsetzungsfrist] Die Mitgliedstaaten teilen der Kommission den Wortlaut der wichtigsten innerstaatlichen Vorschriften mit, die sie auf dem unter diese Richtlinie fallenden Gebiet erlassen.

Art. 17 [RL 90/434/EWG] Die Richtlinie 90/434/EWG, in der Fassung der in Anhang II Teil A aufgeführten Rechtsakte, wird unbeschadet der Verpflichtung der Mitgliedstaaten hinsichtlich der in Anhang II Teil B genannten Fristen für die Umsetzung in innerstaatliches Recht und für die Anwendung aufgehoben.

Bezugnahmen auf die aufgehobene Richtlinie gelten als Bezugnahmen auf die vorliegende Richtlinie und sind nach Maßgabe der Entsprechungstabelle in Anhang III zu lesen.

Art. 18 [Inkrafttreten] Diese Richtlinie tritt am zwangisten Tag nach ihrer Veröffentlichung im Amtsblatt der Europäischen Union in Kraft.

Art. 19 [Adressat] Diese Richtlinie ist an die Mitgliedstaaten gerichtet.

Anhang I

Teil A

Liste der Gesellschaften im Sinne von Artikel 3 Buchstabe a

a) Die gemäß der Verordnung (EG) Nr. 2157/2001 und der Richtlinie 2001/86/EG des Rates vom 8. Oktober 2001 zur Ergänzung des Statuts der Europäischen Gesellschaft hinsichtlich der Beteiligung der Arbeitnehmer[1] gegründeten Gesellschaften (SE) sowie die gemäß der Verordnung (EG) Nr. 1435/2003 und der Richtlinie 2003/72/EG des Rates vom 22. Juli 2003 zur Ergänzung des Statuts der Europäischen Genossenschaft hinsichtlich der Beteiligung der Arbeitnehmer[2] gegründeten Genossenschaften (SCE);

b) die Gesellschaften belgischen Rechts mit der Bezeichnung „société anonyme"/„naamloze vennootschap", „société en commandite par actions"/ „commanditaire vennootschap op aandelen", „société privée à responsabilité limitée"/„besloten vennootschap met beperkte aansprakelijkheid", „société coopérative à responsabilité limitée"/„coöperatieve vennootschap

[1] **Amtl. Anm.:** ABl. L 294 vom 10. 11. 2001, S. 22.
[2] **Amtl. Anm.:** ABl. L 207 vom 18. 8. 2003, S. 25.

met beperkte aansprakelijkheid", „société coopérative à responsabilité illimitée"/„coöperatieve vennootschap met onbeperkte aansprakelijkheid", „société en nom collectif"/„vennotschap onder firma", „société en commandite simple"/„gewone commanditaire vennotschap", öffentliche Unternehmen, die eine der genannten Rechtsformen angenommen haben und andere nach belgischem Recht gegründete Gesellschaften, die der belgischen Körperschaftsteuer unterliegen;

c) Gesellschaften bulgarischen Rechts mit der Bezeichnung „събирателното дружество", „командитното дружество", „дружеството с ограничена отговорност", „акционерното дружество", „командитното дружество с акции", „кооперации", „кооперативни съюози" und „държавни предприятия", die nach bulgarischem Recht gegründet wurden und gewerbliche Tätigkeiten ausüben;

d) die Gesellschaften tschechischen Rechts mit der Bezeichnung „akciová spole nost", „spole nost s ru ením omezeným";

e) die Gesellschaften dänischen Rechts mit der Bezeichnung „aktieselskab" und „anpartsselskab"; weitere nach dem Körperschaftsteuergesetz steuerpflichtige Unternehmen, soweit ihr steuerbarer Gewinn nach den allgemeinen steuerrechtlichen Bestimmungen für „aktieselskaber" ermittelt und besteuert wird;

f) die Gesellschaften deutschen Rechts mit der Bezeichnung „Aktiengesellschaft", „Kommanditgesellschaft auf Aktien", „Gesellschaft mit beschränkter Haftung", „Versicherungsverein auf Gegenseitigkeit", „Erwerbs- und Wirtschaftsgenossenschaft", „Betriebe gewerblicher Art von juristischen Personen des öffentlichen Rechts" und andere nach deutschem Recht gegründete Gesellschaften, die der deutschen Körperschaftsteuer unterliegen;

g) die Gesellschaften estnischen Rechts mit der Bezeichnung „täisühing", „usaldusühing", „osaühing", „aktsiaselts" und „tulundusühistu";

h) nach irischem Recht gegründete oder eingetragene Gesellschaften, gemäß dem Industrial and Provident Societies Act eingetragene Körperschaften, gemäß den Building Societies ACTS gegründete „building societies" und „trustee savings banks" im Sinne des Trustee Savings Banks Act von 1989;

i) die Gesellschaften griechischen Rechts mit der Bezeichnung „ανώνυμη εταιρεία", „εταιρεία περιορισμένης ευδύνης (Ε. Π. Ε.)";

j) die Gesellschaften spanischen Rechts mit der Bezeichnung „sociedad anónima", „sociedad comanditaria por acciones" und „sociedad de responsabilidad limitada" sowie die öffentlich-rechtlichen Körperschaften, deren Tätigkeit unter das Privatrecht fällt;

k) die Gesellschaften französischen Rechts mit der Bezeichnung „société anonyme", „société en commandite par actions" und „société à responsabilité limitée", „sociétés par actions simplifiées", „sociétés d'assurances mutuelles", „caisses d'épargne et de prévoyance", „sociétés civiles", die automatisch der Körperschaftsteuer unterliegen, „coopératives", „unions de coopératives", die öffentlichen Industrie- und Handelsbetriebe und

-unternehmen und andere nach französischem Recht gegründete Gesellschaften, die der französischen Körperschaftsteuer unterliegen;

ka)[1] die Gesellschaften kroatischen Rechts mit der Bezeichnung „dioničko društvo" oder „društvo s ograničenom odgovornošću" und andere nach kroatischem Recht gegründete Gesellschaften, die der kroatischen Gewinnsteuer unterliegen;

l) die Gesellschaften italienischen Rechts mit der Bezeichnung „società per azioni", „società in accomandita per azioni", „società a responsabilità limitata", „società cooperative", „società di mutua assicurazione" sowie öffentliche und private Körperschaften, deren Tätigkeit ganz oder überwiegend handelsgewerblicher Art ist;

m) die nach zyprischem Recht gegründeten Gesellschaften: „εταιρείες" gemäß der Begriffsbestimmung in den Einkommensteuergesetzen;

n) die Gesellschaften lettischen Rechts mit der Bezeichnung „akciju sabiedrība", „sabiedrība ar ierobežotu atbildību";

o) die nach litauischem Recht gegründeten Gesellschaften;

p) die Gesellschaften luxemburgischen Rechts mit der Bezeichnung „société anonyme", „société en commandite par actions", „société à responsabilité limitée", „société coopérative", „société coopérative organisée comme une société anonyme", „association d'assurances mutuelles", „association d'épargne-pension", „entreprise de nature commerciale, industrielle ou minière de l'État, des communes, des syndicats de communes, des établissements publics et des autres personnes morales de droit public" sowie andere nach luxemburgischem Recht gegründete Gesellschaften, die der luxemburgischen Körperschaftsteuer unterliegen;

q) die Gesellschaften ungarischen Rechts mit der Bezeichnung „közkereseti társaság", „betéti társaság", „közös vállalat", „korlátolt felelősségű társaság", „részvénytársaság", „egyesülés", „közhasznú társaság" und „szövetkezet";

r) die Gesellschaften maltesischen Rechts mit der Bezeichnung „Kumpaniji ta' Responsabilita Limitata", „Soċjetajiet en commandite li l-kapital tagħhom maqsum f'azzjonijiet";

s) die Gesellschaften niederländischen Rechts mit der Bezeichnung „naamloze vennootschap", „besloten vennootschap met beperkte aansprakelijkheid", „open commanditaire vennootschap", „coöperatie", „onderlinge waarborgmaatschappij", „fonds voor gemene rekening", „vereniging op coöperatieve grondslag" und „vereniging welke op onderlinge grondslag als verzekeraar of kredietinstelling optreedt" sowie andere nach niederländischem Recht gegründete Gesellschaften, die der niederländischen Körperschaftsteuer unterliegen;

t) die Gesellschaften österreichischen Rechts mit der Bezeichnung „Aktiengesellschaft", „Gesellschaft mit beschränkter Haftung" und „Erwerbs- und Wirtschaftsgenossenschaft";

---

[1] Eingef. mWv 1. 7. 2013 durch RL 2013/13/EU v. 13. 5. 2013 (ABl. EU Nr. L 141 S. 30).

u) die Gesellschaften polnischen Rechts mit der Bezeichnung „spółka akcyjna“ und „spółka z ograniczoną odpowiedzialnością“;

v) die nach portugiesischem Recht gegründeten Handelsgesellschaften und zivilrechtlichen Handelsgesellschaften sowie andere nach portugiesischem Recht gegründete juristische Personen, die Industrie- oder Handelsunternehmen sind;

w) Gesellschaften rumänischen Rechts mit der Bezeichnung „societăţi pe acţiuni“, „societăţi în comandită pe acţiuni“ und „societăţi cu răspundere limitată“;

x) die Gesellschaften slowenischen Rechts mit der Bezeichnung „delniška družba“, „komanditna družba“ und „družba z omejeno odgovornostjo“;

y) die Gesellschaften slowakischen Rechts mit der Bezeichnung „akciová spoločnosť'“, „spoločnosť s ručením obmedzeným“ und „komanditná spoločnosť'“;

z) die Gesellschaften finnischen Rechts mit der Bezeichnung „osakeyhtiö“/ „aktiebolag“, „osuuskunta“/„andelslag“, „säästöpankki“/„sparbank“ und „vakuutusyhtiö“/„försäkringsbolag“;

aa) die Gesellschaften schwedischen Rechts mit der Bezeichnung „aktiebolag“, „bankaktiebolag“ „försäkringsaktiebolag“, „ekonomiska föreningar“, „sparbanker“, „ömsesidiga försäkringsbolag“;

ab) die nach dem Recht des Vereinigten Königreichs gegründeten Gesellschaften.

Teil B

Liste der Steuern im Sinne von Artikel 3 Buchstabe c

– vennootschapsbelasting/impôt des sociétés in Belgien,
– корпоративен данък in Bulgarien,
– daň z příjmů právnických osob in der Tschechischen Republik,
– selskabsskat in Dänemark,
– Körperschaftsteuer in Deutschland,
– tulumaks in Estland,
– corporation tax in Irland,
– φόρος εισοδήματος νομικών προσώπων κερδοκοπικού χαρακτήρα in Griechenland,
– impuesto sobre sociedades in Spanien,
– impôt sur les sociétés in Frankreich,
– porez na dobit in Kroatien,[1)]
– imposta sul reddito delle società in Italien,
– φόρος εισοδήματος in Zypern,
– uzņēmumu ienākuma nodoklis in Lettland,

[1)] Eingef. mWv 1. 7. 2013 durch RL 2013/13/EU v. 13. 5. 2013 (ABl. EU Nr. L 141 S. 30).

– pelno mokestis in Litauen,
– impôt sur le revenu des collectivités in Luxemburg,
– társasági adó in Ungarn,
– taxxa fuq l-income in Malta,
– vennootschapsbelasting in den Niederlanden,
– Körperschaftsteuer in Österreich,
– podatek dochodowy od osób prawnych in Polen,
– imposto sobre o rendimento das pessoas colectivas in Portugal,
– impozit pe profit in Rumänien,
– davek od dobička pravnih oseb in Slowenien,
– daň z príjmov právnických osôb in der Slowakei,

(Fortsetzung nächstes Blatt)

– yhteisöjen tulovero/inkomstskatten för samfund in Finnland,
– statlig inkomstskatt in Schweden,
– corporation tax im Vereinigten Königreich.

Anhang II

Teil A

Aufgehobene Richtlinie mit Liste ihrer nachfolgenden Änderungen
(gemäß Artikel 17)

Richtlinie 90/434/EWG des Rates (ABl. L 225 vom 20. 8. 1990, S. 1).	
Beitrittsakte von 1994 Anhang I Nr. XI. B. I.2 (ABl. C 241 vom 29. 8. 1994, S. 196).	
Beitrittsakte von 2003 Anhang II Nr. 9.7 (ABl. L 236 vom 23. 9. 2003, S. 559).	
Richtlinie 2005/19/EG des Rates (ABl. L 58 vom 4. 3. 2005, S. 19).	
Richtlinie 2006/98/EG des Rates (ABl. L 363 vom 20. 12. 2006, S. 129).	nur Nummer 6 des Anhangs

Teil B

Fristen für die Umsetzung in innerstaatliches Recht und für die Anwendung (gemäß Artikel 17)

Richtlinie	Umsetzungsfrist	Datum der Anwendung
90/434/EWG	1. Januar 1992	1. Januar 1993[1]
2005/19/EG	1. Januar 2006[2] 1. Januar 2007[3]	–
2006/98/EG	1. Januar 2007	–

[1] **Amtl. Anm.:** Betrifft ausschließlich die Portugiesische Republik.
[2] **Amtl. Anm.:** Bezüglich der in Artikel 2 Absatz 1 der Richtlinie genannten Bestimmungen.
[3] **Amtl. Anm.:** Bezüglich der in Artikel 2 Absatz 2 der Richtlinie genannten Bestimmungen.

Anhang III

Entsprechungstabelle

Richtlinie 90/434/EWG	Vorliegende Richtlinie
Artikel 1	*Artikel 1*
Artikel 2 Buchstabe a erster Gedankenstrich	Artikel 2 Buchstabe a Ziffer i
Artikel 2 Buchstabe a zweiter Gedankenstrich	Artikel 2 Buchstabe a Ziffer ii
Artikel 2 Buchstabe a dritter Gedankenstrich	Artikel 2 Buchstabe a Ziffer iii
Artikel 2 Buchstabe b	Artikel 2 Buchstabe b
Artikel 2 Buchstabe ba	Artikel 2 Buchstabe c
Artikel 2 Buchstabe c	Artikel 2 Buchstabe d
Artikel 2 Buchstabe d	Artikel 2 Buchstabe e
Artikel 2 Buchstabe e	Artikel 2 Buchstabe f
Artikel 2 Buchstabe f	Artikel 2 Buchstabe g
Artikel 2 Buchstabe g	Artikel 2 Buchstabe h
Artikel 2 Buchstabe h	Artikel 2 Buchstabe i
Artikel 2 Buchstabe i	Artikel 2 Buchstabe j
Artikel 2 Buchstabe j	Artikel 2 Buchstabe k
Artikel 3 Buchstabe a	Artikel 3 Buchstabe a
Artikel 3 Buchstabe b	Artikel 3 Buchstabe b
Artikel 3 Buchstabe c einleitender Satz zu Absätzen 1 und 2	Artikel 3 Buchstabe c
Artikel 3 Buchstabe c Absatz 1 erster bis siebenundzwanzigster Gedankenstrich	Anhang I Teil B
Artikel 4 Absatz 1 Unterabsatz 1	Artikel 4 Absatz 1
Artikel 4 Absatz 1 Unterabsatz 2	Artikel 4 Absatz 2
Artikel 4 Absatz 2	Artikel 4 Absatz 3
Artikel 4 Absatz 3	Artikel 4 Absatz 4
Artikel 4 Absatz 4	Artikel 4 Absatz 5
Artikel 5 und 6	Artikel 5 und 6
Artikel 7 Absatz 1	Artikel 7 Absatz 1
Artikel 7 Absatz 2 Unterabsatz 1	Artikel 7 Absatz 2 Unterabsatz 1
Artikel 7 Absatz 2 Unterabsatz 2 Satz 1	–

Richtlinie 90/434/EWG	Vorliegende Richtlinie
Artikel 7 Absatz 2 Unterabsatz 2 Satz 2	Artikel 7 Absatz 2 Unterabsatz 2
Artikel 8, 9 und 10	Artikel 8, 9 und 10
Artikel 10 a	*Artikel 11*
Artikel 10 b	*Artikel 12*
Artikel 10 c	*Artikel 13*
Artikel 10 d	*Artikel 14*
Artikel 11	*Artikel 15*
Artikel 12 Absatz 1	–
Artikel 12 Absatz 2	–
Artikel 12 Absatz 3	*Artikel 16*
–	*Artikel 17*
–	*Artikel 18*
Artikel 13	*Artikel 19*
Anhang	Anhang I Teil A
–	Anhang II
–	Anhang III

141. Gesetz über steuerrechtliche Maßnahmen bei Erhöhung des Nennkapitals aus Gesellschaftsmitteln[1] [2]

In der Fassung der Bekanntmachung vom 10. Oktober 1967 (BGBl. I S. 977)[3]

Geändert durch Gesetze vom 23. 12. 1971 (BGBl. I S. 2134), vom 6. 9. 1976 (BGBl. I S. 2641), vom 14. 12. 1976 (BGBl. I S. 3341), vom 22. 12. 1981 (BGBl. I S. 1523), vom 22. 12. 1983 (BGBl. I S. 1592), vom 25. 3. 1998 (BGBl. I S. 590), vom 23. 10. 2000 (BGBl. I S. 1433), vom 20. 12. 2001 (BGBl. I S. 3858) und Gesetz über steuerliche Begleitmaßnahmen zur Einführung der Europäischen Gesellschaft und zur Änderung weiterer steuerrechtlicher Vorschriften (SEStEG) vom 7. 12. 2006 (BGBl. I S. 2782)

BGBl. III/FNA 610-6-4

§ 1[4] **Steuern vom Einkommen und Ertrag der Anteilseigner.** Erhöht eine Kapitalgesellschaft im Sinne des § 1 Abs. 1 Nr. 1 des Körperschaftsteuergesetzes[5] ihr Nennkapital durch Umwandlung von Rücklagen in Nennkapital, so gehört der Wert der neuen Anteilsrechte bei den Anteilseignern nicht zu den Einkünften im Sinne des § 2 Abs. 1 des Einkommensteuergesetzes[6].

§ 2[7]. *(aufgehoben)*

§ 3[4] **Anschaffungskosten nach Kapitalerhöhung.** Als Anschaffungskosten der vor der Erhöhung des Nennkapitals erworbenen Anteilsrechte und der auf sie entfallenen neuen Anteilsrechte gelten die Beträge, die sich für die einzelnen Anteilsrechte ergeben, wenn die Anschaffungskosten der vor der Erhöhung des Nennkapitals erworbenen Anteilsrechte auf diese und auf die auf sie entfallenen neuen Anteilsrechte nach dem Verhältnis *der Nennbeträge* [***ab 1. 4. 1998:*** der Anteile am Nennkapital][8] verteilt werden.

§ 4[9] **Mitteilung der Erhöhung des Nennkapitals an das Finanzamt.** Die Kapitalgesellschaft hat die Erhöhung des Nennkapitals innerhalb von zwei Wochen nach der Eintragung des Beschlusses über die Erhöhung des Nennkapitals in das Handelsregister dem Finanzamt mitzuteilen und

---

[1] Neubekanntmachung des G idF der Bek. v. 2. 11. 1961 (BGBl. I S. 1917) auf Grund Art. 2 des G v. 10. 8. 1967 (BGBl. I S. 889) in der ab 1. 1. 1966 geltenden Fassung.

[2] Überschrift geänd. durch G v. 22. 12. 1983 (BGBl. I S. 1592).

[3] **Zum Anwendungsbereich vgl. § 10.**

[4] § 1 und Überschrift zu § 3 neugef. durch G v. 6. 9. 1976 (BGBl. I S. 2641).

[5] Nr. **100**.

[6] Nr. **1**.

[7] § 2 aufgeh. durch G v. 23. 12. 1971 (BGBl. I S. 2134).

[8] § 3 kursiver Satzteil ersetzt durch Klammerzusatz durch G v. 25. 3. 1998 (BGBl. I S. 590).

[9] Bish. § 5 wird § 4 durch G v. 6. 9. 1976 (BGBl. I S. 2641).

eine Abschrift des Beschlusses über die Erhöhung des Nennkapitals einzureichen.

§ 5[1) 2)] Herabsetzung des Nennkapitals. *(1) [1] Gilt für die Erhöhung des Nennkapitals eine Rücklage als verwendet, die aus dem Gewinn eines vor dem 1. Januar 1977 abgelaufenen Wirtschaftsjahrs gebildet worden ist, und setzt die Kapitalgesellschaft das Nennkapital innerhalb von fünf Jahren nach Erhöhung herab, so gilt die Rückzahlung dieses Teils des Nennkapitals als Gewinnanteil. [2] § 41 Abs. 2 des Körperschaftsteuergesetzes[3)] ist anzuwenden.*

(2) [1] Die auf die Gewinnanteile (Dividenden) im Sinn des Absatzes 1 entfallenden Steuern vom Einkommen der Gesellschafter werden im Wege der Pauschbesteuerung erhoben. [2] Die Steuer ist von der Kapitalgesellschaft zu entrichten. [3] Sie beträgt dreißig vom Hundert der Gewinnanteile. [4] Sie ist bei der Ermittlung des Einkommens nicht abziehbar und bei der Ermittlung der Teilbeträge des verwendbaren Eigenkapitals dem Teilbetrag im Sinne des § 30 Abs. 2 Nr. 3 des Körperschaftsteuergesetzes[3)] zuzuordnen. [5] § 27 des Körperschaftsteuergesetzes[3)] und die Vorschriften über die Anrechnung und Vergütung von Körperschaftsteuer sind nicht anzuwenden.

(3) [1] § 5[4)] gilt entsprechend. [2] Die Mitteilung der Herabsetzung des Nennkapitals gilt als Steuererklärung im Sinne des § 150 der Abgabenordnung[5)].

(4) [1] Das Finanzamt setzt durch Steuerbescheid die Steuer fest. [2] Die Steuer ist innerhalb eines Monats nach Bekanntgabe des Steuerbescheids zu entrichten.

(5) (aufgehoben)

§ 6[6)] Anschaffungskosten nach Kapitalherabsetzung innerhalb von fünf Jahren. *Setzt eine Kapitalgesellschaft innerhalb von fünf Jahren nach Erhöhung des Nennkapitals (§ 1) das Nennkapital herab und zahlt sie die dadurch frei werdenden Mittel ganz oder teilweise an die Gesellschafter zurück, so gelten als Anschaffungskosten der nach der Kapitalherabsetzung verbleibenden Anteilsrechte die Beträge, die sich für die einzelnen Anteilsrechte ergeben, wenn die Anschaffungskosten der vor der Kapitalherabsetzung vorhandenen gesamten Anteilsrechte auf die nach der Kapitalherabsetzung verbleibenden Anteilsrechte nach dem Verhältnis ihrer Nennbeträge [**ab 1. 4. 1998:** Anteile am Nennkapital][7)] verteilt werden.*

§ 7[8)] Anteilsrechte an ausländischen Gesellschaften. (1) [1] § 1 ist auf den Wert neuer Anteilsrechte an ausländischen Gesellschaften anzuwenden, wenn

---

1) Bish. § 6 wird § 5, Abs. 1 neugef., Abs. 2 geänd. und Abs. 5 aufgeh. durch G v. 6. 9. 1976 (BGBl. I S. 2641); Abs. 3 und Abs. 4 geänd. durch G v. 14. 12. 1976 (BGBl. I S. 3341).

2) § 5 aufgeh. durch G v. 23. 10. 2000 (BGBl. I S. 1433); zur letztmaligen Anwendung siehe § 8 a Abs. 2.

3) Nr. **100 a**.

4) Müsste „§ 4" lauten.

5) Nr. **800**.

6) § 6 eingef. durch G v. 6. 9. 1976 (BGBl. I S. 2641) und aufgeh. durch G v. 23. 10. 2000 (BGBl. I S. 1433); zur letztmaligen Anwendung siehe § 8 a Abs. 2.

7) § 6 geänd. durch G v. 25. 3. 1998 (BGBl. I S. 590).

8) § 7 neugef. durch G v. 6. 9. 1976 (BGBl. I S. 2641).

1. die ausländische Gesellschaft einer Aktiengesellschaft, einer Kommanditgesellschaft auf Aktien oder einer Gesellschaft mit beschränkter Haftung vergleichbar ist,
2. die neuen Anteilsrechte auf Maßnahmen beruhen, die einer Kapitalerhöhung aus Gesellschaftsmitteln nach den Vorschriften der §§ 207 bis 220 des Aktiengesetzes[1] oder nach den Vorschriften *des Gesetzes über die Kapitalerhöhung aus Gesellschaftsmitteln und über die Gewinn- und Verlustrechung vom 23. Dezember 1959 (Bundesgesetzbl. I S. 789), zuletzt geändert durch das Einführungsgesetz zum Strafgesetzbuch vom 2. März 1974 (Bundesgesetzbl. I S. 469)*[2], entsprechen und
3. die neuen Anteilsrechte wirtschaftlich den Anteilsrechten entsprechen, die nach den in Nummer 2 bezeichneten Vorschriften ausgegeben werden.

[2]Der Erwerber der Anteilsrechte hat nachzuweisen, daß die Voraussetzungen der Nummern 1 bis 3 erfüllt sind.

(2)[3] [1]Setzt die ausländische Gesellschaft in den Fällen des Absatzes 1 innerhalb von fünf Jahren nach Ausgabe der neuen Anteilsrechte ihr Kapital herab und zahlt sie die dadurch freiwerdenden Mittel ganz oder teilweise zurück, so gelten die zurückgezahlten Beträge bei den Anteilseignern insoweit als Einkünfte aus Kapitalvermögen im Sinne des § 20 Abs. 1 Ziff. 1 des Einkommensteuergesetzes[4], als sie den Betrag der Erhöhung des Kapitals nicht übersteigen. [2]Das gleiche gilt, wenn die ausländische Gesellschaft Maßnahmen trifft, die den in Satz 1 bezeichneten Maßnahmen vergleichbar sind. [3]Die Sätze 1 und 2 sind in den Fällen des § 27 Abs. 8 des Körperschaftsteuergesetzes in der Fassung des Artikels 3 des Gesetzes vom 7. Dezember 2006 (BGBl. I S. 2782) nicht anzuwenden.

§ 8[5] Einkommensteuer (Lohnsteuer) bei Überlassung von eigenen Aktien an Arbeitnehmer zu einem Vorzugskurs. (1) *[1]Überläßt eine Aktiengesellschaft oder eine Kommanditgesellschaft auf Aktien ihren Arbeitnehmern eigene Aktien zu einem unter dem Börsenkurs liegenden Kurs (Vorzugskurs) und wird hierbei vereinbart, daß die Aktien innerhalb von fünf Jahren nicht veräußert werden dürfen (Sperrfrist), so gehört der Vorteil, der sich aus dem Unterschied zwischen dem am Tag der Beschlußfassung maßgebenden Börsenkurs und dem Vorzugskurs (Kursunterschied) errechnet, außer in den Fällen der Sätze 2 und 3 nicht zu den Einkünften aus nichtselbständiger Arbeit. [2]Soweit der Unterschied höher ist als die Hälfte des Börsenkurses, gehört der Vorteil aus dem Kursunterschied in voller Höhe zu den Einkünften aus nichtselbständiger Arbeit. [3]Das gleiche gilt, soweit der Vorteil aus den Kursunterschieden für den einzelnen Arbeitnehmer 300 Deutsche Mark[6] im Kalenderjahr übersteigt. [4]Bei Aktien, die nicht zum Handel an der Börse*

---

[1] **Schönfelder Nr. 51.**

[2] KapErhG aufgeh. durch G v. 28. 10. 1994 (BGBl. I S. 3267); nunmehr geregelt in §§ 57 c bis 57 o GmbHG **(Schönfelder Nr. 52)**.

[3] § 7 Abs. 2 Satz 3 angef. durch G v. 7. 12. 2006 (BGBl. I S. 2782).

[4] Nr. **1**.

[5] § 8 aufgeh. durch G v. 22. 12. 1983 (BGBl. I S. 1592); zur weiteren Anwendung von Abs. 1 siehe § 10 Satz 2.

[6] § 8 Abs. 1 Satz 3 geänd. mWv 1. 1. 1982 durch G v. 22. 12. 1981 (BGBl. I S. 1523).

oder im geregelten Freiverkehr zugelassen sind, tritt an die Stelle des Börsenkurses der gemeine Wert. 5 Wird außer im Falle des Todes des Arbeitnehmers oder des Eintritts seiner völligen Erwerbsunfähigkeit die Sperrfrist nicht eingehalten, so wird eine Nachversteuerung durchgeführt.

(2) *(aufgehoben)*

§ 8a[1] Schlußvorschriften. (1) 1 Dieses Gesetz ist erstmals auf Kapitalerhöhungen anzuwenden, die in einem nach dem 31. Dezember 1976 abgelaufenen Wirtschaftsjahr der Kapitalgesellschaft wirksam werden. 2 Ist eine Kapitalerhöhung in einem früheren Wirtschaftsjahr wirksam geworden, so treten in den Fällen der §§ 6 und 7 Abs. 2 des Gesetzes in der Fassung der Bekanntmachung vom 10. Oktober 1967 (Bundesgesetzbl. I S. 977) die in diesen Vorschriften bezeichneten Rechtsfolgen ein.

(2) Die §§ 5 und 6 sind letztmals auf die Rückzahlung von Nennkapital anzuwenden, wenn das Nennkapital in dem letzten Wirtschaftsjahr erhöht worden ist, in dem bei der Kapitalgesellschaft das Körperschaftsteuergesetz in der Fassung der Bekanntmachung vom 22. April 1999 (BGBl. I S. 817), das zuletzt durch Artikel 4 des Gesetzes vom 14. Juli 2000 (BGBl. I S. 1034) geändert worden ist, anzuwenden ist, soweit dafür eine Rücklage als verwendet gilt, die aus Gewinnen eines vor dem 1. Januar 1977 abgelaufenen Wirtschaftsjahrs gebildet worden ist.

§ 9 Anwendung im Land Berlin. *(gegenstandslos)*

§ 10[2] Anwendungszeitraum. 1 Die vorstehende Fassung dieses Gesetzes ist erstmals ab 1. Januar 1984 anzuwenden. 2 Auf Aktien, die vor dem 1. Januar 1984 an Arbeitnehmer überlassen worden sind, ist § 8 Abs. 1 dieses Gesetzes in der vor dem 1. Januar 1984 jeweils geltenden Fassung weiter anzuwenden.

§ 11[2] Inkrafttreten.[3] Dieses Gesetz tritt am Tage nach seiner Verkündung[4] in Kraft.

---

[1] § 8a eingef. durch G v. 6. 9. 1976 (BGBl. I S. 2641), Abs. 2 angef. durch G v. 23. 10. 2000 (BGBl. I S. 1433) und neugef. durch G v. 20. 12. 2001 (BGBl. I S. 3858).

[2] § 10 eingef., bish. § 10 wird § 11 durch G v. 22. 12. 1981 (BGBl. I S. 1522), jetziger § 10 neugef. durch G v. 22. 12. 1983 (BGBl. I S. 1592).

[3] **Amtl. Anm.:** Diese Vorschrift betrifft das Inkrafttreten des G in der ursprünglichen Fassung v. 30. 12. 1959 (BGBl. I S. 834).

Das Inkrafttreten der späteren Änderungen ergibt sich aus den jeweiligen Änderungsgesetzen.

[4] Verkündet am 31. 12. 1959.

200. Bewertungsgesetz (BewG)

In der Fassung der Bekanntmachung vom 1. Februar 1991
(BGBl. I S. 230)[1) · 2) · 3)]

Geändert durch Steueränderungsgesetz 1991 vom 24. 6. 1991 (BGBl. I S. 1322), Steueränderungsgesetz 1992 vom 25. 2. 1992 (BGBl. I S. 297), Zinsabschlaggesetz vom 9. 11. 1992 (BGBl. I S. 1853), Gesetz zur Umsetzung des Föderalen Konsolidierungsprogramms vom 23. 6. 1993 (BGBl. I S. 944), Standortsicherungsgesetz vom 13. 9. 1993 (BGBl. I S. 1569), Mißbrauchsbekämpfungs- und Steuerbereinigungsgesetz vom 21. 12. 1993 (BGBl. I S. 2310), Pflege-Versicherungsgesetz vom 26. 5. 1994 (BGBl. I. S. 1014), Agrarsozialreformgesetz 1995 vom 29. 7. 1994 (BGBl. I S. 1890), Postneuordnungsgesetz vom 14. 9. 1994 (BGBl. I S. 2325), Entschädigungs- und Ausgleichsleistungsgesetz vom 27. 9. 1994 (BGBl. I S. 2624), Jahressteuergesetz 1996 vom 11. 10. 1995 (BGBl. I S. 1250), Gesetz zur Neuregelung der steuerrechtlichen Wohneigentumsförderung vom 15. 12. 1995 (BGBl. I S. 1783), Jahressteuergesetz 1997 vom 20. 12. 1996 (BGBl. I S. 2049), Gesetz zur Fortsetzung der Unternehmenssteuerreform vom 29. 10. 1997 (BGBl. I S. 2590), Gesetz zur Anpassung steuerlicher Vorschriften der Land- und Forstwirtschaft vom 29. 6. 1998 (BGBl. I S. 1692), Steuer-Euroglättungsgesetz vom 19. 12. 2000 (BGBl. I S. 1790), Gesetz zur Reform des Wohnungsbaurechts vom 13. 9. 2001 (BGBl. I S. 2376), Siebente Zuständigkeitsanpassungs-Verordnung vom 29. 10. 2001 (BGBl. I S. 2785), Gesetz zur Änderung des Bewertungsgesetzes vom 10. 12. 2001 (BGBl. I S. 3435), Steueränderungsgesetz 2001 vom 20. 12. 2001 (BGBl. I S. 3794), Neunte ZuständigkeitsanpassungsVO vom 31. 10. 2006 (BGBl. I S. 2407), Gesetz über steuerliche Begleitmaßnahmen zur Einführung der Europäischen Gesellschaft und zur Änderung weiterer steuerrechtlicher Vorschriften (SEStEG) vom 7. 12. 2006 (BGBl. I S. 2782), Jahressteuergesetz 2007 vom 13. 12. 2006 (BGBl. I S. 2878)[4)], Finanzmarktrichtlinie-Umsetzungsgesetz vom 16. 7. 2007 (BGBl. I S. 1330), Jahressteuergesetz 2008 vom 20. 12. 2007 (BGBl. I S. 3150), Erbschaftsteuerreformgesetz vom 24. 12. 2008 (BGBl. I S. 3018)[5)], Jahressteuergesetz 2010 (JStG 2010) vom 8. 12. 2010 (BGBl. I S. 1768), Steuervereinfachungsgesetz 2011 vom 1. 11. 2011 (BGBl. I S. 2131), Beitreibungsrichtlinie-Umsetzungsgesetz (BeitrRLUmsG) vom 7. 12. 2011 (BGBl. I S. 2592), LSV-Neuordnungsgesetz vom 12. 4. 2012 (BGBl. I S. 579), Amtshilferichtlinie-Umsetzungsgsetz (AmtshilfeRLUmsG) vom 26. 6. 2013 (BGBl. I S. 1809), Gesetz zur Anpassung des Investmentsteuergesetzes und anderer Gesetze an das AIFM-Umsetzungsgesetz (AIFM-Steuer-Anpassungsgesetz – AIFM-StAnpG) vom 18. 12. 2013 (BGBl. I S. 4318), Gesetz zur Anpassung steuerlicher Regelungen an die Rechtsprechung des Bundesverfassungsgerichts vom 18. 7. 2014 (BGBl. I S. 1042), Zehnte Zuständigkeitsanpassungsverordnung vom 31. 8. 2015 (BGBl. I S. 1474) und Steueränderungsgesetz 2015 vom 2. 11. 2015 (BGBl. I S. 1834)

BGBl. III/FNA 610-7

---

1) Neubekanntmachung des BewG idF der Bek. v. 30. 5. 1985 (BGBl. I S. 845) auf Grund des § 123 Abs. 2 des BewG idF der Bek. v. 30. 5. 1985 in der ab 1. 1. 1991 geltenden Fassung.

2) **Zum Anwendungsbereich vgl. § 205 nF.**

3) Zur Bewertung von Vermögen im Gebiet der ehem. DDR siehe §§ 125 ff.

4) Die Änderungen „vom Hundert" in „Prozent" bzw. „Hundertsatz" in „Prozentsatz" durch das JStG 2007 sind hier eingearbeitet, aber nicht im Einzelnen nachgewiesen.

5) Siehe **Übergangsregelung in Art. 3 ErbStRG:**

„**Art. 3. Rückwirkende Anwendung des durch dieses Gesetz geänderten Erbschaftsteuer- und Bewertungsrechts.** (1) Ein Erwerber kann bis zur Unanfechtbarkeit der Steuerfestsetzung beantragen, dass die durch dieses Gesetz geänderten Vorschriften des Erbschaftsteuer- und Schenkungsteuergesetzes, mit Ausnahme des § 16 des Erbschaftsteuer- und Schenkungsteuergesetzes, und des Bewertungsgesetzes auf Erwerbe von Todes wegen anzuwenden sind, für die die Steuer nach dem 31. Dezember 2006 und vor dem 1. Januar 2009 entstanden ist. In diesem Fall ist § 16 des Erbschaftsteuer- und Schenkungsteuergesetzes in der Fassung der Bekanntmachung vom 27. Februar 1997 (BGBl. I S. 378), der zuletzt durch Artikel 19 Nr. 4 des Gesetzes vom 19. Dezember 2000 (BGBl. I S. 1790) geändert worden ist, anzuwenden.

(2) Ist die Steuer, die auf einen Erwerb von Todes wegen nach dem 31. Dezember 2006 und vor dem 1. Januar 2009 entstanden ist, vor dem 1. Januar 2009 festgesetzt worden, kann

(Fortsetzung der Fußnote nächste Seite)

Inhaltsübersicht

Erster Teil. Allgemeine Bewertungsvorschriften

Zweiter Teil. Besondere Bewertungsvorschriften

Erster Abschnitt: Einheitsbewertung

A. Allgemeines

B. Land- und forstwirtschaftliches Vermögen

I. Allgemeines

(Fortsetzung der Fußnote)

der Antrag innerhalb von sechs Monaten nach Inkrafttreten des Gesetzes gestellt werden; in diesem Fall kann die Steuerfestsetzung entsprechend geändert werden.

(3) Der Erwerber kann den Antrag nicht widerrufen, wenn die Steuerfestsetzung nachträglich deshalb geändert wird, weil er gegen die Verschonungsvoraussetzungen (§§ 13 a, 19 a des Erbschaftsteuer- und Schenkungsteuergesetzes in der Fassung des Artikels 1 des Gesetzes vom 24. Dezember 2008, BGBl. I S. 3018) verstoßen hat."

Art. 3 tritt am 1. 7. 2009 außer Kraft (Art. 6 Abs. 3 ErbStRG).

Dritter Abschnitt: Vorschriften für die Bewertung von Vermögen in dem in Artikel 3 des Einigungsvertrages genannten Gebiet

A. Land- und forstwirtschaftliches Vermögen §§

Vierter Abschnitt: Vorschriften für die Bewertung von Grundbesitz für die Grunderwerbsteuer ab 1. Januar 1997

Fünfter Abschnitt: Gesonderte Feststellungen

Sechster Abschnitt: Vorschriften für die Bewertung von Grundbesitz, von nicht notierten Anteilen an Kapitalgesellschaften und von Betriebsvermögen für die Erbschaftsteuer ab 1. Januar 2009

Erster Teil. Allgemeine Bewertungsvorschriften

§ 1 Geltungsbereich. (1) Die allgemeinen Bewertungsvorschriften (§§ 2 bis 16) gelten für alle öffentlich-rechtlichen Abgaben, die durch Bundesrecht geregelt sind, soweit sie durch Bundesfinanzbehörden oder durch Landesfinanzbehörden verwaltet werden.

(2) Die allgemeinen Bewertungsvorschriften gelten nicht, soweit im Zweiten Teil dieses Gesetzes oder in anderen Steuergesetzen besondere Bewertungsvorschriften enthalten sind.

§ 2 Wirtschaftliche Einheit. (1) [1]Jede wirtschaftliche Einheit ist für sich zu bewerten. [2]Ihr Wert ist im ganzen festzustellen. [3]Was als wirtschaftliche Einheit zu gelten hat, ist nach den Anschauungen des Verkehrs zu entscheiden. [4]Die örtliche Gewohnheit, die tatsächliche Übung, die Zweckbestimmung und die wirtschaftliche Zusammengehörigkeit der einzelnen Wirtschaftsgüter sind zu berücksichtigen.

(2) Mehrere Wirtschaftsgüter kommen als wirtschaftliche Einheit nur insoweit in Betracht, als sie demselben Eigentümer gehören.

(3) Die Vorschriften der Absätze 1 und 2 gelten nicht, soweit eine Bewertung der einzelnen Wirtschaftsgüter vorgeschrieben ist.

§ 3 Wertermittlung bei mehreren Beteiligten. [1]Steht ein Wirtschaftsgut mehreren Personen zu, so ist sein Wert im ganzen zu ermitteln. [2]Der Wert ist auf die Beteiligten nach dem Verhältnis ihrer Anteile zu verteilen, soweit nicht nach dem maßgebenden Steuergesetz die Gemeinschaft selbständig steuerpflichtig ist.

§ 3 a.[1] *(aufgehoben)*

[1] § 3 a aufgeh. durch G v. 20. 12. 1996 (BGBl. I S. 2049).

§ 4 Aufschiebend bedingter Erwerb. Wirtschaftsgüter, deren Erwerb vom Eintritt einer aufschiebenden Bedingung abhängt, werden erst berücksichtigt, wenn die Bedingung eingetreten ist.

§ 5 Auflösend bedingter Erwerb. (1) [1]Wirtschaftsgüter, die unter einer auflösenden Bedingung erworben sind, werden wie unbedingt erworbene behandelt. [2]Die Vorschriften über die Berechnung des Kapitalwerts der Nutzungen von unbestimmter Dauer (§ 13 Abs. 2 und 3, § 14, § 15 Abs. 3) bleiben unberührt.

(2) [1]Tritt die Bedingung ein, so ist die Festsetzung der nicht laufend veranlagten Steuern auf Antrag nach dem tatsächlichen Wert des Erwerbs zu berichtigen. [2]Der Antrag ist bis zum Ablauf des Jahres zu stellen, das auf den Eintritt der Bedingung folgt.

§ 6 Aufschiebend bedingte Lasten. (1) Lasten, deren Entstehung vom Eintritt einer aufschiebenden Bedingung abhängt, werden nicht berücksichtigt.

(2) Für den Fall des Eintritts der Bedingung gilt § 5 Abs. 2 entsprechend.

§ 7 Auflösend bedingte Lasten. (1) Lasten, deren Fortdauer auflösend bedingt ist, werden, soweit nicht ihr Kapitalwert nach § 13 Abs. 2 und 3, § 14, § 15 Abs. 3 zu berechnen ist, wie unbedingte abgezogen.

(2) Tritt die Bedingung ein, so ist die Festsetzung der nicht laufend veranlagten Steuern entsprechend zu berichtigen.

§ 8 Befristung auf einen unbestimmten Zeitpunkt. Die §§ 4 bis 7 gelten auch, wenn der Erwerb des Wirtschaftsguts oder die Entstehung oder der Wegfall der Last von einem Ereignis abhängt, bei dem nur der Zeitpunkt ungewiß ist.

§ 9 Bewertungsgrundsatz, gemeiner Wert. (1) Bei Bewertungen ist, soweit nichts anderes vorgeschrieben ist, der gemeine Wert zugrunde zu legen.

(2) [1]Der gemeine Wert wird durch den Preis bestimmt, der im gewöhnlichen Geschäftsverkehr nach der Beschaffenheit des Wirtschaftsgutes bei einer Veräußerung zu erzielen wäre. [2]Dabei sind alle Umstände, die den Preis beeinflussen, zu berücksichtigen. [3]Ungewöhnliche oder persönliche Verhältnisse sind nicht zu berücksichtigen.

(3) [1]Als persönliche Verhältnisse sind auch Verfügungsbeschränkungen anzusehen, die in der Person des Steuerpflichtigen oder eines Rechtsvorgängers begründet sind. [2]Das gilt insbesondere für Verfügungsbeschränkungen, die auf letztwilligen Anordnungen beruhen.

§ 10[1] Begriff des Teilwerts. [1]Wirtschaftsgüter, die einem Unternehmen dienen, sind, soweit nichts anderes vorgeschrieben ist, mit dem Teil-

---

1) § 10 Satz 1 geänd. durch G v. 25. 2. 1992 (BGBl. I S. 297).

wert anzusetzen. 2 Teilwert ist der Betrag, den ein Erwerber des ganzen Unternehmens im Rahmen des Gesamtkaufpreises für das einzelne Wirtschaftsgut ansetzen würde. 3 Dabei ist davon auszugehen, daß der Erwerber das Unternehmen fortführt.

§ 11 Wertpapiere und Anteile. (1)[1] 1 Wertpapiere und Schuldbuchforderungen, die am Stichtag an einer deutschen Börse zum *amtlichen Handel* [***ab 1. 11. 2007:*** Handel im regulierten Markt][2] zugelassen sind, werden mit dem niedrigsten am Stichtag für sie im *amtlichen Handel* [***ab 1. 11. 2007:*** regulierten Markt][2] notierten Kurs angesetzt. 2 Liegt am Stichtag eine Notierung nicht vor, so ist der letzte innerhalb von 30 Tagen vor dem Stichtag im *amtlichen Handel* [***ab 1. 11. 2007:*** regulierten Markt][2] notierte Kurs maßgebend. 3 Entsprechend sind die Wertpapiere zu bewerten, die *zum geregelten Markt zugelassen oder*[3] in den Freiverkehr einbezogen sind.

[alte Fassung][4]

(2) 1 Anteile an Kapitalgesellschaften (Aktiengesellschaften, Kommanditgesellschaften auf Aktien, Gesellschaften mit beschränkter Haftung, bergrechtlichen Gewerkschaften), die nicht unter Absatz 1 fallen, sind mit dem gemeinen Wert anzusetzen. 2 Läßt sich der gemeine Wert nicht aus Verkäufen ableiten, die weniger als ein Jahr zurückliegen, so ist er unter Berücksichtigung des Vermögens und der Ertragsaussichten der Kapitalgesellschaft zu schätzen. 3 Satz 2 gilt nicht für ertragsteuerliche Zwecke.

[neue Fassung][5]

(2) 1 Anteile an Kapitalgesellschaften, die nicht unter Absatz 1 fallen, sind mit dem gemeinen Wert anzusetzen. 2 Lässt sich der gemeine Wert nicht aus Verkäufen unter fremden Dritten ableiten, die weniger als ein Jahr zurückliegen, so ist er unter Berücksichtigung der Ertragsaussichten der Kapitalgesellschaft oder einer anderen anerkannten, auch im gewöhnlichen Geschäftsverkehr für nichtsteuerliche Zwecke üblichen Methode zu ermitteln; dabei ist die Methode anzuwenden, die ein Erwerber der Bemessung des Kaufpreises zu Grunde legen würde. 3 Die Summe der gemeinen Werte der zum Betriebsvermögen gehörenden Wirtschaftsgüter und sonstigen aktiven Ansätze abzüglich der zum Betriebsvermögen gehörenden Schulden und sonstigen Abzüge (Substanzwert) der Gesellschaft darf

[1] § 11 Abs. 1 Satz 3 geänd. mWv 1. 1. 1993 durch G v. 21. 12. 1993 (BGBl. I S. 2310).

[2] § 11 Abs. 1 geänd. durch G v. 16. 7. 2007 (BGBl. I S. 1330).

[3] § 11 Abs. 1 Satz 3 kursiver Satzteil aufgeh. mWv 1. 11. 2007 durch G v. 16. 7. 2007 (BGBl. I S. 1330).

[4] § 11 Abs. 2 Satz 1 geänd. durch G v. 25. 2. 1992 (BGBl. I S. 297), bish. Sätze 3 bis 5 aufgeh. durch G v. 20. 12. 1996 (BGBl. I S. 2049), Satz 3 angef. durch G v. 7. 12. 2006 (BGBl. I S. 2782).

[5] § 11 Abs. 2 neugef. mWv 1. 1. 2009 (§ 205 Abs. 1) durch G v. 24. 12. 2008 (BGBl. I S. 3018).

[neue Fassung]
nicht unterschritten werden; die §§ 99 und 103 sind anzuwenden. [4]Die §§ 199 bis 203 sind zu berücksichtigen.

(2 a)[1] *(aufgehoben)*

(3) Ist der gemeine Wert einer Anzahl von Anteilen an einer Kapitalgesellschaft, die einer Person gehören, infolge besonderer Umstände (z. B. weil die Höhe der Beteiligung die Beherrschung der Kapitalgesellschaft ermöglicht) höher als der Wert, der sich auf Grund der Kurswerte (Absatz 1) oder der gemeinen Werte (Absatz 2) für die einzelnen Anteile insgesamt ergibt, so ist der gemeine Wert der Beteiligung maßgebend.

[Fassung bis 21. 7. 2013:]

(4) Wertpapiere, die Rechte der Einleger (Anteilinhaber) gegen eine Kapitalanlagegesellschaft oder einen sonstigen Fonds verbriefen (Anteilscheine), sind mit dem Rücknahmepreis anzusetzen.

[Fassung ab 22. 7. 2013:]

(4)[2] Anteile oder Aktien, die Rechte an einem Investmentvermögen im Sinne des Kapitalanlagegesetzbuchs verbriefen, sind mit dem Rücknahmepreis anzusetzen.

§ 12 Kapitalforderungen und Schulden. (1)[3] [1]Kapitalforderungen, die nicht in § 11 bezeichnet sind, und Schulden sind mit dem Nennwert anzusetzen, wenn nicht besondere Umstände einen höheren oder geringeren Wert begründen. [2]Liegen die besonderen Umstände in einer hohen, niedrigen oder fehlenden Verzinsung, ist bei der Bewertung vom Mittelwert einer jährlich vorschüssigen und jährlich nachschüssigen Zahlungsweise auszugehen.

(2) Forderungen, die uneinbringlich sind, bleiben außer Ansatz.

(3) [1]Der Wert unverzinslicher Forderungen oder Schulden, deren Laufzeit mehr als ein Jahr beträgt und die zu einem bestimmten Zeitpunkt fällig sind, ist der Betrag, der vom Nennwert nach Abzug von Zwischenzinsen unter Berücksichtigung von Zinseszinsen verbleibt. [2]Dabei ist von einem Zinssatz von 5,5 Prozent auszugehen.

[alte Fassung][4]

(4) [1]Noch nicht fällige Ansprüche aus Lebens-, Kapital- oder Rentenversicherungen werden mit zwei Dritteln der eingezahlten Prämien

[neue Fassung][5]

(4) [1]Noch nicht fällige Ansprüche aus Lebens-, Kapital- oder Rentenversicherungen werden mit dem Rückkaufswert bewertet. [2]Rück-

---

[1] § 11 Abs. 2 a eingef. durch G v. 20. 12. 1996 (BGBl. I S. 2049) und aufgeh. mWv 1. 1. 1998 durch G v. 29. 10. 1997 (BGBl. I S. 2590).

[2] § 11 Abs. 4 neu gef. durch G v. 18. 12. 2013 (BGBl. I S. 4318); zur Anwendung siehe § 205 Abs. 5.

[3] § 12 Abs. 1 Satz 2 angef. mWv 1. 1. 1993 durch G v. 9. 11. 1992 (BGBl. I S. 1853).

[4] § 12 Abs. 4 Satz 1 geänd. mWv 1. 1. 2002 durch G v. 19. 12. 2000 (BGBl. I S. 1790).

[5] § 12 Abs. 4 neugef. mWv 1. 1. 2009 (§ 205 Abs. 1) durch G v. 24. 12. 2008 (BGBl. I S. 3018).

[alte Fassung]

oder Kapitalbeiträge bewertet. [2]Weist der Steuerpflichtige den Rückkaufswert nach, so ist dieser maßgebend. [3]Rückkaufswert ist der Betrag, den das Versicherungsunternehmen dem Versicherungsnehmer im Falle der vorzeitigen Aufhebung des Vertragsverhältnisses zu erstatten hat. [4]Die Berechnung des Werts, insbesondere die Berücksichtigung von ausgeschütteten und gutgeschriebenen Gewinnanteilen kann durch Rechtsverordnung geregelt werden.

[neue Fassung]

kaufswert ist der Betrag, den das Versicherungsunternehmen dem Versicherungsnehmer im Falle der vorzeitigen Aufhebung des Vertragsverhältnisses zu erstatten hat. [3]Die Berechnung des Werts, insbesondere die Berücksichtigung von ausgeschütteten und gutgeschriebenen Gewinnanteilen kann durch Rechtsverordnung geregelt werden.

§ 13[1)] Kapitalwert von wiederkehrenden Nutzungen und Leistungen.

(1) [1]Der Kapitalwert von Nutzungen oder Leistungen, die auf bestimmte Zeit beschränkt sind, ist mit dem aus Anlage 9 a[2)] zu entnehmenden Vielfachen des Jahreswerts anzusetzen. [2]Ist die Dauer des Rechts außerdem durch das Leben einer oder mehrerer Personen bedingt, darf der nach § 14 zu berechnende Kapitalwert nicht überschritten werden.

(2) Immerwährende Nutzungen oder Leistungen sind mit dem 18,6fachen des Jahreswerts, Nutzungen oder Leistungen von unbestimmter Dauer vorbehaltlich des § 14 mit dem 9,3fachen des Jahreswerts zu bewerten.

(3) [1]Ist der gemeine Wert der gesamten Nutzungen oder Leistungen nachweislich geringer oder höher, so ist der nachgewiesene gemeine Wert zugrunde zu legen. [2]Der Ansatz eines geringeren oder höheren Werts kann jedoch nicht darauf gestützt werden, daß mit einem anderen Zinssatz als 5,5 Prozent oder mit einer anderen als mittelschüssigen Zahlungsweise zu rechnen ist.

§ 14 Lebenslängliche Nutzungen und Leistungen

[alte Fassung]

(1) Lebenslängliche Nutzungen und Leistungen sind mit dem aus Anlage 9[2)] zu entnehmenden Vielfachen des Jahreswertes anzusetzen.

[neue Fassung][3)]

(1) [1]Der Kapitalwert von lebenslänglichen Nutzungen und Leistungen ist mit dem Vielfachen des Jahreswerts nach Maßgabe der Sätze 2 bis 4 anzusetzen. [2]Die Vervielfältiger sind nach der Sterbetafel des Statistischen Bundesamtes zu ermitteln und ab dem 1. Januar des auf die Veröf-

[1)] § 13 Abs. 1 neu gef., Abs. 2 geänd. und Abs. 3 Satz 2 angef. mWv 1. 1. 1993 durch G v. 9. 11. 1992 (BGBl. I S. 1853).

[2)] Im Anschluss an dieses Gesetz abgedruckt. Anlage 9 aufgeh. durch G v. 24. 12. 2008 (BGBl. I S. 3018) – siehe nunmehr § 14 nF.

[3)] § 14 Abs. 1 neu gef. mWv 1. 1. 2009 (§ 205 Abs. 1) durch G v. 24. 12. 2008 (BGBl. I S. 3018).

[neue Fassung]

fentlichung der Sterbetafel durch das Statistische Bundesamt folgenden Kalenderjahres anzuwenden. [3]Der Kapitalwert ist unter Berücksichtigung von Zwischenzinsen und Zinseszinsen mit einem Zinssatz von 5,5 Prozent als Mittelwert zwischen dem Kapitalwert für jährlich vorschüssige und jährlich nachschüssige Zahlungsweise zu berechnen. [4]Das Bundesministerium der Finanzen stellt die Vervielfältiger für den Kapitalwert einer lebenslänglichen Nutzung oder Leistung im Jahresbetrag von einem Euro nach Lebensalter und Geschlecht der Berechtigten in einer Tabelle zusammen und veröffentlicht diese zusammen mit dem Datum der Veröffentlichung der Sterbetafel im Bundessteuerblatt.[1)]

(2) [1]Hat eine nach Absatz 1 bewertete Nutzung oder Leistung bei einem Alter

1. bis zu 30 Jahren	nicht mehr als 10 Jahre,
2. von mehr als 30 Jahren bis zu 50 Jahren	nicht mehr als 9 Jahre,
3. von mehr als 50 Jahren bis zu 60 Jahren	nicht mehr als 8 Jahre,
4. von mehr als 60 Jahren bis zu 65 Jahren	nicht mehr als 7 Jahre,
5. von mehr als 65 Jahren bis zu 70 Jahren	nicht mehr als 6 Jahre,
6. von mehr als 70 Jahren bis zu 75 Jahren	nicht mehr als 5 Jahre,
7. von mehr als 75 Jahren bis zu 80 Jahren	nicht mehr als 4 Jahre,
8. von mehr als 80 Jahren bis zu 85 Jahren	nicht mehr als 3 Jahre,
9. von mehr als 85 Jahren bis zu 90 Jahren	nicht mehr als 2 Jahre,
10. von mehr als 90 Jahren	nicht mehr als 1 Jahr

bestanden und beruht der Wegfall auf dem Tod des Berechtigten oder Verpflichteten, so ist die Festsetzung der nicht laufend veranlagten Steuern auf Antrag nach der wirklichen Dauer der Nutzung oder Leistung zu berichtigen. [2]§ 5 Abs. 2 Satz 2 gilt entsprechend. [3]Ist eine Last weggefallen, so bedarf die Berichtigung keines Antrags.

(3) Hängt die Dauer der Nutzung oder Leistung von der Lebenszeit mehrerer Personen ab und erlischt das Recht mit dem Tod des zuletzt Sterbenden, so ist das Lebensalter und das Geschlecht derjenigen Person maßgebend, für die sich

[1)] Ab **1. 1. 2009:** BStBl. I 2009 S. 270; ab **1. 1. 2010:** BStBl. I 2009 S. 1168; **ab 1. 1. 2011:** BStBl. I 2010 S. 1288; **ab 1. 1. 2012:** BStBl. I 2011 S. 834; **ab 1. 1. 2013:** BStBl. I 2012 S. 950; Weitergeltung auch für **Kj. 2014** lt. BMF v. 13. 12. 2013, BStBl. I S. 1609, für **Kj. 2015** lt. BMF v. 21. 11. 2014; BStBl. I S. 1576; abgedruckt in Loseblattwerk *Steuererlasse.*

der höchste Vervielfältiger ergibt; erlischt das Recht mit dem Tod des zuerst Sterbenden, so ist das Lebensalter und Geschlecht derjenigen Person maßgebend, für die sich der niedrigste Vervielfältiger ergibt.

(4)[1] [1]Ist der gemeine Wert der gesamten Nutzungen oder Leistungen nachweislich geringer oder höher als der Wert, der sich nach Absatz 1 ergibt, so ist der nachgewiesene gemeine Wert zugrunde zu legen. [2]Der Ansatz eines geringeren oder höheren Werts kann jedoch nicht darauf gestützt werden, daß mit einer kürzeren oder längeren Lebensdauer, mit einem anderen Zinssatz als 5,5 Prozent oder mit einer anderen als mittelschüssigen Zahlungsweise zu rechnen ist.

§ 15 Jahreswert von Nutzungen und Leistungen. (1) Der einjährige Betrag der Nutzung einer Geldsumme ist, wenn kein anderer Wert feststeht, zu 5,5 Prozent anzunehmen.

(2) Nutzungen oder Leistungen, die nicht in Geld bestehen (Wohnung, Kost, Waren und sonstige Sachbezüge), sind mit den üblichen Mittelpreisen des Verbrauchsorts anzusetzen.

(3) Bei Nutzungen oder Leistungen, die in ihrem Betrag ungewiß sind oder schwanken, ist als Jahreswert der Betrag zugrunde zu legen, der in Zukunft im Durchschnitt der Jahre voraussichtlich erzielt werden wird.

§ 16[2] Begrenzung des Jahreswerts von Nutzungen. Bei der Ermittlung des Kapitalwerts der Nutzungen eines Wirtschaftsguts kann der Jahreswert dieser Nutzungen höchstens den Wert betragen, der sich ergibt, wenn der für das genutzte Wirtschaftsgut nach den Vorschriften des Bewertungsgesetzes anzusetzende Wert durch 18,6 geteilt wird.

Zweiter Teil. Besondere Bewertungsvorschriften

§ 17[3] Geltungsbereich. (1) Die besonderen Bewertungsvorschriften sind nach Maßgabe der jeweiligen Einzelsteuergesetze anzuwenden.

(2)[4] Die §§ 18 bis 94, 122 und 125 bis 132 gelten für die Grundsteuer und die §§ 121 a und 133 zusätzlich für die Gewerbesteuer.

(Fortsetzung nächste Seite)

[1] § 14 Abs. 4 Satz 2 neugef. mWv 1. 1. 1993 durch G v. 9. 11. 1992 (BGBl. I S. 1853).
[2] § 16 neu gef. mWv 1. 1. 1993 durch G v. 9. 11. 1992 (BGBl. I S. 1853).
[3] § 17 neu gef. durch G v. 20. 12. 1996 (BGBl. I S. 2049).
[4] § 17 Abs. 2 geänd. mWv 1. 1. 1998 durch G v. 29. 10. 1997 (BGBl. I S. 2590).

(3) [1]Soweit sich nicht aus den §§ 19 bis 150 etwas anderes ergibt, finden neben diesen auch die Vorschriften des Ersten Teils des Gesetzes (§§ 1 bis 16) Anwendung. [2]§ 16 findet auf die Grunderwerbsteuer keine Anwendung.

§ 18 Vermögensarten. Das Vermögen, das nach den Vorschriften des Zweiten Teils dieses Gesetzes zu bewerten ist, umfaßt die folgenden Vermögensarten:

1. Land- und forstwirtschaftliches Vermögen (§§ 33 bis 67, § 31),
2. Grundvermögen (§§ 68 bis 94, § 31),
3. Betriebsvermögen (§§ 95 bis 109, § 31).
4.[1] *(aufgehoben)*

Erster Abschnitt: Einheitsbewertung

A. Allgemeines

§ 19 Feststellung von Einheitswerten. (1)[2] Einheitswerte werden für inländischen Grundbesitz, und zwar für Betriebe der Land- und Forstwirtschaft (§§ 33, 48a und 51a), für Grundstücke (§§ 68 und 70) und für Betriebsgrundstücke (§ 99) festgestellt (§ 180 Abs. 1 Nr. 1 der Abgabenordnung).

(2)[3] *(aufgehoben)*

(3) In dem Feststellungsbescheid (§ 179 der Abgabenordnung) sind auch Feststellungen zu treffen

[Fassung bis 31. 12. 2008:]

1. über die Art der wirtschaftlichen Einheit,
   a) bei Grundstücken auch über die Grundstücksart (§§ 72, 74 und 75),
   b)[4] bei Betriebsgrundstücken, die zu einem Gewerbebetrieb gehören, auch über den Gewerbebetrieb;

[Fassung ab 1. 1. 2009:]

1.[5] über die Art der wirtschaftlichen Einheit und bei Grundstücken auch über die Grundstücksart (§§ 72, 74 und 75) oder die Grundstückshauptgruppe (§ 32 der weiter anzuwendenden Durchführungsverordnung zum Reichsbewertungsgesetz vom 2. Februar 1935, RGBl. I S. 81, zuletzt geändert durch die Verordnung zur Änderung der Durchführungsverordnung zum Vermögensteuergesetz, der Durchführungsverord-

---

[1] § 18 Nr. 4 aufgeh. durch G v. 20. 12. 1996 (BGBl. I S. 2049).
[2] § 19 Abs. 1 neu gef. mWv 1. 1. 1998 durch G v. 29. 10. 1997 (BGBl. I S. 2590).
[3] § 19 Abs. 2 aufgeh. mWv 1. 1. 2002 durch G v. 20. 12. 2001 (BGBl. I S. 3794).
[4] § 19 Abs. 3 Nr. 1 Buchst. b geänd. mWv 1. 1. 1998 durch G v. 29. 10. 1997 (BGBl. I S. 2590).
[5] § 19 Abs. 3 Nr. 1 neu gef. mWv 1. 1. 2009 durch G v. 8. 12. 2010 (BGBl. I S. 1768).

[Fassung ab 1. 1. 2009:]
nung zum Reichsbewertungsgesetz und der Aufbringungsumlage-Verordnung vom 8. Dezember 1944, RGBl. I S. 338);

2. über die Zurechnung der wirtschaftlichen Einheit und bei mehreren Beteiligten über die Höhe ihrer Anteile.

(4)[1] Feststellungen nach den Absätzen 1 und 3 erfolgen nur, wenn und soweit sie für die Besteuerung von Bedeutung sind.

§ 20[2] Ermittlung des Einheitswerts. [1]Die Einheitswerte werden nach den Vorschriften dieses Abschnitts ermittelt. [2]Bei der Ermittlung der Einheitswerte ist § 163 der Abgabenordnung[3] nicht anzuwenden; dies gilt nicht für Übergangsregelungen, die die oberste Finanzbehörde eines Landes im Einvernehmen mit den obersten Finanzbehörden der übrigen Länder trifft.

§ 21[4] Hauptfeststellung. (1) Die Einheitswerte werden in Zeitabständen von je sechs Jahren allgemein festgestellt (Hauptfeststellung).

(2) [1]Der Hauptfeststellung werden die Verhältnisse zu Beginn des Kalenderjahrs (Hauptfeststellungszeitpunkt) zugrunde gelegt. [2]Die Vorschriften in § 35 Abs. 2 und den §§ 54 und 59 über die Zugrundelegung eines anderen Zeitpunkts bleiben unberührt.

§ 22 Fortschreibungen. (1)[5] Der Einheitswert wird neu festgestellt (Wertfortschreibung), wenn der in Deutscher Mark ermittelte und auf volle hundert Deutsche Mark abgerundete Wert, der sich für den Beginn eines Kalenderjahrs ergibt, von dem entsprechenden Wert des letzten Feststellungszeitpunkts nach oben um mehr als den zehnten Teil, mindestens aber um 5000 Deutsche Mark, oder um mehr als 100 000 Deutsche Mark, nach unten um mehr als den zehnten Teil, mindestens aber um 500 Deutsche Mark, oder um mehr als 5000 Deutsche Mark, abweicht.

(2) Über die Art oder Zurechnung des Gegenstandes (§ 19 Abs. 3 Nr. 1 und 2) wird eine neue Feststellung getroffen (Artfortschreibung oder Zurechnungsfortschreibung), wenn sie von der zuletzt getroffenen Feststellung abweicht und es für die Besteuerung von Bedeutung ist.

(3) [1]Eine Fortschreibung nach Absatz 1 oder Absatz 2 findet auch zur Beseitigung eines Fehlers der letzten Feststellung statt. [2]§ 176 der Abgabenordnung ist hierbei entsprechend anzuwenden. [3]Dies gilt jedoch nur für die Feststellungszeitpunkte, die vor der Verkündung der maßgeblichen Entscheidung eines obersten Gerichts des Bundes liegen.

---

[1] § 19 Abs. 4 Verweis geänd. mWv 1. 1. 2002 durch G v. 20. 12. 2001 (BGBl. I S. 3794).
[2] § 20 Satz 2 Halbsatz 2 angef. mWv 1. 1. 1993 durch G v. 25. 2. 1992 (BGBl. I S. 297).
[3] Nr. **800**.
[4] § 21 neu gef. mWv 1. 1. 1998 durch G v. 29. 10. 1997 (BGBl. I S. 2590).
[5] § 22 Abs. 1 neu gef. mWv 1. 1. 2002 durch G v. 19. 12. 2000 (BGBl. I S. 1790).

(4)[1] [1]Eine Fortschreibung ist vorzunehmen, wenn dem Finanzamt bekannt wird, daß die Voraussetzungen für sie vorliegen. [2]Der Fortschreibung werden vorbehaltlich des § 27 die Verhältnisse im Fortschreibungszeitpunkt zugrunde gelegt. [3]Fortschreibungszeitpunkt ist

1. bei einer Änderung der tatsächlichen Verhältnisse der Beginn des Kalenderjahrs, das auf die Änderung folgt;
2. in den Fällen des Absatzes 3 der Beginn des Kalenderjahrs, in dem der Fehler dem Finanzamt bekannt wird, bei einer Erhöhung des Einheitswerts jedoch frühestens der Beginn des Kalenderjahrs, in dem der Feststellungsbescheid erteilt wird.

[4]Die Vorschriften in § 35 Abs. 2 und den §§ 54 und 59 über die Zugrundelegung eines anderen Zeitpunkts bleiben unberührt.

(Fortsetzung nächstes Blatt)

---

[1] § 22 Abs. 4 Satz 3 Nr. 1 bish. Satz 2 aufgeh., Satz 4 neu gef. mWv 1. 1. 1998 durch G v. 29. 10. 1997 (BGBl. I S. 2590).

§ 23[1] **Nachfeststellung.** (1) Für wirtschaftliche Einheiten, für die ein Einheitswert festzustellen ist, wird der Einheitswert nachträglich festgestellt (Nachfeststellung), wenn nach dem Hauptfeststellungszeitpunkt (§ 21 Abs. 2)

1. die wirtschaftliche Einheit neu entsteht;
2. eine bereits bestehende wirtschaftliche Einheit erstmals zu einer Steuer herangezogen werden soll.
3. *(aufgehoben)*

(2)[2] [1]Der Nachfeststellung werden vorbehaltlich des § 27 die Verhältnisse im Nachfeststellungszeitpunkt zugrunde gelegt. [2]Nachfeststellungszeitpunkt ist in den Fällen des Absatzes 1 Nr. 1 der Beginn des Kalenderjahrs, das auf die Entstehung der wirtschaftlichen Einheit folgt, und in den Fällen des Absatzes 1 Nr. 2 der Beginn des Kalenderjahrs, in dem der Einheitswert erstmals der Besteuerung zugrunde gelegt wird. [3]Die Vorschriften in § 35 Abs. 2 und den §§ 54 und 59 über die Zugrundelegung eines anderen Zeitpunkts bleiben unberührt.

§ 24[3] **Aufhebung des Einheitswerts.** (1) Der Einheitswert wird aufgehoben, wenn dem Finanzamt bekannt wird, daß

1. die wirtschaftliche Einheit wegfällt;
2. der Einheitswert der wirtschaftlichen Einheit infolge von Befreiungsgründen der Besteuerung nicht mehr zugrunde gelegt wird.
3. *(aufgehoben)*

(2) Aufhebungszeitpunkt ist in den Fällen des Absatzes 1 Nr. 1 der Beginn des Kalenderjahrs, das auf den Wegfall der wirtschaftlichen Einheit folgt, und in den Fällen des Absatzes 1 Nr. 2 der Beginn des Kalenderjahrs, in dem der Einheitswert erstmals der Besteuerung nicht mehr zugrunde gelegt wird.

§ 24 a Änderung von Feststellungsbescheiden. [1]Bescheide über Fortschreibungen oder Nachfeststellungen von Einheitswerten des Grundbesitzes können schon vor dem maßgebenden Feststellungszeitpunkt erteilt werden. [2]Sie sind zu ändern oder aufzuheben, wenn sich bis zu diesem Zeitpunkt Änderungen ergeben, die zu einer abweichenden Feststellung führen.

§ 25[4] **Nachholung einer Feststellung.** (1) [1]Ist die Feststellungsfrist (§ 181 der Abgabenordnung) bereits abgelaufen, kann eine Fortschreibung (§ 22) oder Nachfeststellung (§ 23) unter Zugrundelegung der Verhältnisse vom Fortscheibungs- oder Nachfeststellungszeitpunkt mit Wirkung für einen späteren Feststellungszeitpunkt vorgenommen werden, für den diese Frist noch nicht abgelaufen ist. [2]§ 181 Abs. 5 der Abgabenordnung bleibt unberührt.

---

[1] § 23 Abs. 1 Nr. 3 aufgeh., Abs. 2 Satz 2 neugef. durch G v. 20. 12. 1996 (BGBl. I S. 2049).

[2] § 23 Abs. 2 neugef. mWv 1. 1. 1998 durch G v. 29. 10. 1997 (BGBl. I S. 2590).

[3] § 24 Abs. 1 Nr. 3 aufgeh. mWv 1. 1. 1997 durch G v. 20. 12. 1996 (BGBl. I S. 2049), Abs. 2 neugef. mWv 1. 1. 1998 durch G v. 29. 10. 1997 (BGBl. I S. 2590).

[4] § 25 eingef. mWv 1. 1. 1998 durch G v. 29. 10. 1997 (BGBl. I S. 2590).

(2) Absatz 1 ist bei der Aufhebung des Einheitswerts (§ 24) entsprechend anzuwenden.

§ 26[1] Umfang der wirtschaftlichen Einheit bei Ehegatten oder Lebenspartnern. Die Zurechnung mehrerer Wirtschaftsgüter zu einer wirtschaftlichen Einheit (§ 2) wird beim Grundbesitz im Sinne der §§ 33 bis 94, 99 und 125 bis 133 nicht dadurch ausgeschlossen, daß die Wirtschaftsgüter zum Teil dem einen, zum Teil dem anderen Ehegatten [*n. F.:* oder Lebenspartner] gehören.

§ 27[2] Wertverhältnisse bei Fortschreibungen und Nachfeststellungen. Bei Fortschreibungen und bei Nachfeststellungen der Einheits-werte für Grundbesitz sind die Wertverhältnisse im Hauptfeststellungszeitpunkt zugrunde zu legen.

§ 28[3] Erklärungspflicht. (1) Erklärungen zur Feststellung des Einheitswerts sind auf jeden Hauptfeststellungszeitpunkt abzugeben.

(2) [1] Die Erklärungen sind innerhalb der Frist abzugeben, die das Bundesministerium der Finanzen im Einvernehmen mit den obersten Finanzbehörden der Länder bestimmt. [2] Die Frist ist im Bundesanzeiger bekanntzumachen. [3] Fordert die Finanzbehörde zur Abgabe einer Erklärung auf einen Hauptfeststellungszeitpunkt oder auf einen anderen Feststellungszeitpunkt besonders auf (§ 149 Abs. 1 Satz 2 der Abgabenordnung), hat sie eine besondere Frist zu bestimmen, die mindestens einen Monat betragen soll.

(3) [1] Erklärungspflichtig ist derjenige, dem Grundbesitz zuzurechnen ist. [2] Er hat die Steuererklärung eigenhändig zu unterschreiben.

§ 29[4] Auskünfte, Erhebungen und Mitteilungen. (1) [1] Die Eigentümer von Grundbesitz haben der Finanzbehörde auf Anforderung alle Angaben zu machen, die sie für die Sammlung der Kauf-, Miet- und Pachtpreise braucht. [2] Bei dieser Erklärung ist zu versichern, daß die Angaben nach bestem Wissen und Gewissen gemacht sind.

(2) [1] Die Finanzbehörden können zur Vorbereitung einer Hauptfeststellung und zur Durchführung von Feststellungen der Einheitswerte des Grundbesitzes örtliche Erhebungen über die Bewertungsgrundlagen anstellen. [2] Das Grundrecht der Unverletzlichkeit der Wohnung (Artikel 13 des Grundgesetzes) wird insoweit eingeschränkt.

---

[1] § 26 neu gef. durch G v. 20. 12. 1996 (BGBl. I S. 2049); Verweis auf § 99 eingef. mWv 1. 1. 1997 durch G v. 29. 10. 1997 (BGBl. I S. 2590); Überschr. geänd., Text ergänzt durch G v. 18. 7. 2014 (BGBl. I S. 1042); zur Anwendung siehe § 205 Abs. 7.

[2] § 27 geänd. mWv 1. 1. 1993 durch G v. 9. 11. 1992 (BGBl. I S. 1853).

[3] § 28 Abs. 3 geänd. mWv 1. 1. 1993 durch G v. 9. 11. 1992 (BGBl. I S. 1853), Abs. 1 Satz 2 neu gef. durch G v. 20. 12. 1996 (BGBl. I S. 2049); Abs. 1 Satz 2, Abs. 3 geänd. mWv 1. 1. 1998 durch G v. 29. 10. 1997 (BGBl. I S. 2590).

[4] § 29 geänd. mWv 1. 1. 1993 durch G v. 9. 11. 1992 (BGBl. I S. 1853), Abs. 3 bish. Satz 3 aufgeh., Abs. 4 und 5 angef. mWv 1. 1. 1995 durch G v. 11. 10. 1995 (BGBl. I S. 1250), Abs. 3 Satz 2 neu gef. mWv 1. 1. 2002 durch G v. 13. 9. 2001 (BGBl. I S. 2376).

(3)[1] [1]Die nach Bundes- oder Landesrecht zuständigen Behörden haben den Finanzbehörden die rechtlichen und tatsächlichen Umstände mitzuteilen, die ihnen im Rahmen ihrer Aufgabenerfüllung bekannt geworden sind und die für die Feststellung von Einheitswerten des Grundbesitzes, für die Feststellung von Grundbesitzwerten oder für die Grundsteuer von Bedeutung sein können; mitzuteilen sind auch diejenigen Umstände, die für die Erbschaftsteuer oder die Grunderwerbsteuer von Bedeutung sein können, sofern die Finanzbehörden dies anordnen. [2]Den Behörden stehen die Stellen gleich, die für die Sicherung der Zweckbestimmung der Wohnungen zuständig sind, die auf der Grundlage des Zweiten Wohnungsbaugesetzes, des Wohnungsbaugesetzes für das Saarland oder auf der Grundlage des Wohnraumförderungsgesetzes gefördert worden sind.

(4) [1]Die Grundbuchämter teilen den für die Feststellung des Einheitswerts zuständigen Finanzbehörden für die in Absatz 3 bezeichneten Zwekke mit

1. die Eintragung eines neuen Eigentümers oder Erbbauberechtigten sowie bei einem anderen als rechtsgeschäftlichen Erwerb auch die Anschrift des neuen Eigentümers oder Erbbauberechtigten; dies gilt nicht für die Fälle des Erwerbs nach den Vorschriften des Zuordnungsrechts,
2. die Eintragung der Begründung von Wohnungseigentum oder Teileigentum,
3. die Eintragung der Begründung eines Erbbaurechts, Wohnungserbbaurechts oder Teilerbbaurechts.

[2]In den Fällen der Nummern 2 und 3 ist gleichzeitig der Tag des Eingangs des Eintragungsantrags beim Grundbuchamt mitzuteilen. [3]Bei einer Eintragung aufgrund Erbfolge ist das Jahr anzugeben, in dem der Erblasser verstorben ist. [4]Die Mitteilungen können der Finanzbehörde über die für die Führung des Liegenschaftskatasters zuständige Behörde oder über eine sonstige Behörde, die das amtliche Verzeichnis der Grundstücke (§ 2 Abs. 2 der Grundbuchordnung) führt, zugeleitet werden.

(5) [1]Die mitteilungspflichtige Stelle hat die Betroffenen vom Inhalt der Mitteilung zu unterrichten. [2]Eine Unterrichtung kann unterbleiben, soweit den Finanzbehörden Umstände aus dem Grundbuch, den Grundakten oder aus dem Liegenschaftskataster mitgeteilt werden.

§ 30[2] **Abrundung.** [1]Die in Deutscher Mark ermittelten Einheitswerte werden auf volle hundert Deutsche Mark nach unten abgerundet und danach in Euro umgerechnet. [2]Der umgerechnete Betrag wird auf volle Euro abgerundet.

§ 31 Bewertung von ausländischem Sachvermögen. (1) [1]Für die Bewertung des ausländischen land- und forstwirtschaftlichen Vermögens,

---

[1] § 29 Abs. 3 Satz 1 Halbsatz 2 angef. mWv 1. 1. 2002 durch G v. 20. 12. 2001 (BGBl. I S. 3794).

[2] § 30 neugef. mWv 1. 1. 2002 durch G v. 19. 12. 2000 (BGBl. I S. 1790).

Grundvermögens und Betriebsvermögens gelten die Vorschriften des Ersten Teils dieses Gesetzes, insbesondere § 9 (gemeiner Wert). 2 Nach diesen Vorschriften sind auch die ausländischen Teile einer wirtschaftlichen Einheit zu bewerten, die sich sowohl auf das Inland als auch auf das Ausland erstreckt.

(2) 1 Bei der Bewertung von ausländischem Grundbesitz sind Bestandteile und Zubehör zu berücksichtigen. 2 Zahlungsmittel, Geldforderungen, Wertpapiere und Geldschulden sind nicht einzubeziehen.

§ 32 Bewertung von inländischem Sachvermögen. 1 Für die Bewertung des inländischen land- und forstwirtschaftlichen Vermögens, Grundvermögens und Betriebsvermögens gelten die Vorschriften der §§ 33 bis 109[1]. 2 Nach diesen Vorschriften sind auch die inländischen Teile einer wirtschaftlichen Einheit zu bewerten, die sich sowohl auf das Inland als auch auf das Ausland erstreckt.

B. Land- und forstwirtschaftliches Vermögen

I. Allgemeines

§ 33 Begriff des land- und forstwirtschaftlichen Vermögens.

(1) 1 Zum land- und forstwirtschaftlichen Vermögen gehören alle Wirtschaftsgüter, die einem Betrieb der Land- und Forstwirtschaft dauernd zu dienen bestimmt sind. 2 Betrieb der Land- und Forstwirtschaft ist die wirtschaftliche Einheit des land- und forstwirtschaftlichen Vermögens.

(2) Zu den Wirtschaftsgütern, die einem Betrieb der Land- und Forstwirtschaft dauernd zu dienen bestimmt sind, gehören insbesondere der Grund und Boden, die Wohn- und Wirtschaftsgebäude, die stehenden Betriebsmittel und ein normaler Bestand an umlaufenden Betriebsmitteln; als normaler Bestand gilt ein solcher, der zur gesicherten Fortführung des Betriebes erforderlich ist.

(3) Zum land- und forstwirtschaftlichen Vermögen gehören nicht

1. Zahlungsmittel, Geldforderungen, Geschäftsguthaben und Wertpapiere,
2. Geldschulden,
3. über den normalen Bestand hinausgehende Bestände (Überbestände) an umlaufenden Betriebsmitteln,
4. Tierbestände oder Zweige des Tierbestands und die hiermit zusammenhängenden Wirtschaftsgüter (z.B. Gebäude und abgrenzbare Gebäudeteile mit den dazugehörenden Flächen, Betriebsmittel), wenn die Tiere weder nach § 51 oder § 51a zur landwirtschaftlichen Nutzung noch nach § 62 zur sonstigen land- und forstwirtschaftlichen Nutzung gehören. 2 Die Zugehörigkeit der landwirtschaftlich genutzten Flächen zum land- und forstwirtschaftlichen Vermögen wird hierdurch nicht berührt.

[1] § 32 Satz 1 Zitat geänd. durch G v. 20. 12. 2001 (BGBl. I S. 3794).

§ 34 Betrieb der Land- und Forstwirtschaft. (1) Ein Betrieb der Land- und Forstwirtschaft umfaßt

1. den Wirtschaftsteil,
2. den Wohnteil.

(2) Der Wirtschaftsteil eines Betriebs der Land- und Forstwirtschaft umfaßt

1. die land- und forstwirtschaftlichen Nutzungen:
   a) die landwirtschaftliche Nutzung,
   b) die forstwirtschaftliche Nutzung,
   c) die weinbauliche Nutzung,
   d) die gärtnerische Nutzung,
   e) die sonstige land- und forstwirtschaftliche Nutzung;
2. die folgenden nicht zu einer Nutzung nach Nummer 1 gehörenden Wirtschaftsgüter:
   a) Abbauland (§ 43),
   b) Geringstland (§ 44),
   c) Unland (§ 45);
3. die Nebenbetriebe (§ 42).

(3) Der Wohnteil eines Betriebs der Land- und Forstwirtschaft umfaßt die Gebäude und Gebäudeteile, soweit sie dem Inhaber des Betriebs, den zu seinem Haushalt gehörenden Familienangehörigen und den Altenteilern zu Wohnzwecken dienen.

(4) In den Betrieb sind auch dem Eigentümer des Grund und Bodens nicht gehörende Gebäude, die auf dem Grund und Boden des Betriebs stehen, und dem Eigentümer des Grund und Bodens nicht gehörende Betriebsmittel, die der Bewirtschaftung des Betriebs dienen, einzubeziehen.

(5) Ein Anteil des Eigentümers eines Betriebs der Land- und Forstwirtschaft an einem Wirtschaftsgut ist in den Betrieb einzubeziehen, wenn es mit dem Betrieb zusammen genutzt wird.

(6) In einem Betrieb der Land- und Forstwirtschaft, der von einer Gesellschaft oder Gemeinschaft des bürgerlichen Rechts betrieben wird, sind auch die Wirtschaftsgüter einzubeziehen, die einem oder mehreren Beteiligten gehören und dem Betrieb zu dienen bestimmt sind.

(6a) Einen Betrieb der Land- und Forstwirtschaft bildet auch die gemeinschaftliche Tierhaltung (§ 51 a) einschließlich der hiermit zusammenhängenden Wirtschaftsgüter.

(7) [1] Einen Betrieb der Land- und Forstwirtschaft bilden auch Stückländereien. [2] Stückländereien sind einzelne land- und forstwirtschaftlich genutzte Flächen, bei denen die Wirtschaftsgebäude oder die Betriebsmittel oder beide Arten von Wirtschaftsgütern nicht dem Eigentümer des Grund und Bodens gehören.

§ 35 Bewertungsstichtag. (1) Für die Größe des Betriebs sowie für den Umfang und den Zustand der Gebäude und der stehenden Betriebsmittel sind die Verhältnisse im Feststellungszeitpunkt maßgebend.

(2) Für die umlaufenden Betriebsmittel ist der Stand am Ende des Wirtschaftsjahres maßgebend, das dem Feststellungszeitpunkt vorangegangen ist.

§ 36 Bewertungsgrundsätze. (1) Bei der Bewertung ist unbeschadet der Regelung, die in § 47 für den Wohnungswert getroffen ist, der Ertragswert zugrunde zu legen.

(2) [1] Bei der Ermittlung des Ertragswerts ist von der Ertragsfähigkeit auszugehen. [2] Ertragsfähigkeit ist der bei ordnungsmäßiger und schuldenfreier Bewirtschaftung mit entlohnten fremden Arbeitskräften gemeinhin und nachhaltig erzielbare Reinertrag. [3] Ertragswert ist das Achtzehnfache dieses Reinertrags.

(3) Bei der Beurteilung der Ertragsfähigkeit sind die Ertragsbedingungen zu berücksichtigen, soweit sie nicht unwesentlich sind.

§ 37 Ermittlung des Ertragswerts. (1) [1] Der Ertragswert der Nutzungen wird durch ein vergleichendes Verfahren (§§ 38 bis 41) ermittelt. [2] Das vergleichende Verfahren kann auch auf Nutzungsteile angewendet werden.

(2) Kann ein vergleichendes Verfahren nicht durchgeführt werden, so ist der Ertragswert nach der Ertragsfähigkeit der Nutzung unmittelbar zu ermitteln (Einzelertragswertverfahren).

§ 38 Vergleichszahl, Ertragsbedingungen. (1) Die Unterschiede der Ertragsfähigkeit der gleichen Nutzung in den verschiedenen Betrieben werden durch Vergleich der Ertragsbedingungen beurteilt und vorbehaltlich der §§ 55 und 62 durch Zahlen ausgedrückt, die dem Verhältnis der Reinerträge entsprechen (Vergleichszahlen).

(2) Bei dem Vergleich der Ertragsbedingungen sind zugrunde zu legen

1. die tatsächlichen Verhältnisse für:
   a) die natürlichen Ertragsbedingungen, insbesondere Bodenbeschaffenheit, Geländegestaltung, klimatische Verhältnisse,
   b) die folgenden wirtschaftlichen Ertragsbedingungen:
      aa) innere Verkehrslage (Lage für die Bewirtschaftung der Betriebsfläche),
      bb) äußere Verkehrslage (insbesondere Lage für die Anfuhr der Betriebsmittel und die Abfuhr der Erzeugnisse),
      cc) Betriebsgröße;
2. die in der Gegend als regelmäßig anzusehenden Verhältnisse für die in Nummer 1 Buchstabe b nicht bezeichneten wirtschaftlichen Ertragsbedingungen, insbesondere Preise und Löhne, Betriebsorganisation, Betriebsmittel.

(3) Bei Stückländereien sind die wirtschaftlichen Ertragsbedingungen nach Absatz 2 Nr. 1 Buchstabe b mit den regelmäßigen Verhältnissen der Gegend anzusetzen.

§ 39 Bewertungsstützpunkte. (1)[1] [1]Zur Sicherung der Gleichmäßigkeit der Bewertung werden in einzelnen Betrieben mit gegendüblichen Ertragsbedingungen die Vergleichszahlen von Nutzungen und Nutzungsteilen vorweg ermittelt (Hauptbewertungsstützpunkte). [2]Die Vergleichszahlen der Hauptbewertungsstützpunkte werden vom Bewertungsbeirat (§§ 63 bis 66) vorgeschlagen und durch Rechtsverordnung festgesetzt. [3]Die Vergleichszahlen der Nutzungen und Nutzungsteile in den übrigen Betrieben werden durch Vergleich mit den Vergleichszahlen der Hauptbewertungsstützpunkte ermittelt. [4]§ 55 bleibt unberührt.

(2) [1]Die Hauptbewertungsstützpunkte können durch Landes-Bewertungsstützpunkte und Orts-Bewertungsstützpunkte als Bewertungsbeispiele ergänzt werden. [2]Die Vergleichszahlen der Landes-Bewertungsstützpunkte werden vom Gutachterausschuß (§ 67), die Vergleichszahlen der Orts-Bewertungsstützpunkte von den Landesfinanzbehörden ermittelt. [3]Die Vergleichszahlen der Landes-Bewertungsstützpunkte und Orts-Bewertungsstützpunkte können bekanntgegeben werden.

(3) [1]Zugepachtete Flächen, die zusammen mit einem Bewertungsstützpunkt bewirtschaftet werden, können bei der Ermittlung der Vergleichszahlen mit berücksichtigt werden. [2]Bei der Feststellung des Einheitswerts eines Betriebs, der als Bewertungsstützpunkt dient, sind zugepachtete Flächen nicht zu berücksichtigen (§ 2 Abs. 2).

§ 40 Ermittlung des Vergleichswerts. (1) [1]Zum Hauptfeststellungszeitpunkt wird für die landwirtschaftliche, die weinbauliche und die gärtnerische Nutzung oder für deren Teile der 100 Vergleichszahlen entsprechende Ertragswert vorbehaltlich Absatz 2 durch besonderes Gesetz festgestellt. [2]Aus diesem Ertragswert wird der Ertragswert für die einzelne Nutzung oder den Nutzungsteil in den Betrieben mit Hilfe der Vergleichszahlen abgeleitet (Vergleichswert). [3]Der auf einen Hektar bezogene Vergleichswert ist der Hektarwert.

(2) Für die Hauptfeststellung auf den Beginn des Kalenderjahres 1964 betragen die 100 Vergleichszahlen entsprechenden Ertragswerte bei

der landwirtschaftlichen Nutzung	
ohne Hopfen und Spargel	37,26 DM[2]
Hopfen	254,00 DM[2]
Spargel	76,50 DM[2]
der weinbaulichen Nutzung	200,00 DM[2]

---

[1] Siehe hierzu 1. VO zur Durchführung des § 39 Abs. 1 des BewG v. 30. 8. 1967 (BGBl. I S. 937, ber. S. 1184), 2. VO v. 24. 11. 1967 (BGBl. I S. 1191) und 3. VO v. 7. 12. 1967 (BGBl. I S. 1199).

[2] Zur Anwendung siehe § 205 Abs. 2.

den gärtnerischen Nutzungsteilen

Gemüse-, Blumen- und Zierpflanzenbau	108,00 DM[1]
Obstbau	72,00 DM[1]
Baumschulen	221,40 DM[1].

(3) [1] Die Hoffläche und die Gebäudefläche des Betriebs sind in die einzelne Nutzung einzubeziehen, soweit sie ihr dienen. [2] Hausgärten bis zur Größe von 10 Ar sind zur Hof- und Gebäudefläche zu rechnen. [3] Wirtschaftswege, Hecken, Gräben, Grenzraine und dergleichen sind in die Nutzung einzubeziehen, zu der sie gehören; dies gilt auch für Wasserflächen, soweit sie nicht Unland sind oder zur sonstigen land- und forstwirtschaftlichen Nutzung (§ 62) gehören.

(4) Das Finanzamt hat bei Vorliegen eines rechtlichen Interesses dem Steuerpflichtigen Bewertungsgrundlagen und Bewertungsergebnisse der Nutzung oder des Nutzungsteils von Bewertungsstützpunkten, die bei der Ermittlung der Vergleichswerte seines Betriebs herangezogen worden sind, anzugeben.

(5) Zur Berücksichtigung der rückläufigen Reinerträge sind die nach Absätzen 1 und 2 ermittelten Vergleichswerte für Hopfen um 80 Prozent, für Spargel um 50 Prozent und für Obstbau um 60 Prozent zu vermindern; es ist jedoch jeweils mindestens ein Hektarwert von 1200 Deutsche Mark[1] anzusetzen.

§ 41 Abschläge und Zuschläge. (1) Ein Abschlag oder ein Zuschlag am Vergleichswert ist zu machen,

1. soweit die tatsächlichen Verhältnisse bei einer Nutzung oder einem Nutzungsteil von den bei der Bewertung unterstellten regelmäßigen Verhältnissen der Gegend (§ 38 Abs. 2 Nr. 2) um mehr als 20 Prozent abweichen und
2. wenn die Abweichung eine Änderung des Vergleichswerts der Nutzung oder des Nutzungsteils um mehr als den fünften Teil, mindestens aber um 1000 Deutsche Mark[1], oder um mehr als 10 000 Deutsche Mark[1] bewirkt.

(2) Der Abschlag oder der Zuschlag ist nach der durch die Abweichung bedingten Minderung oder Steigerung der Ertragsfähigkeit zu bemessen.

(2 a)[2] Der Zuschlag wegen Abweichung des tatsächlichen Tierbestands von den unterstellten regelmäßigen Verhältnissen der Gegend ist bei Fortschreibungen (§ 22) oder Nachfeststellungen (§ 23) um 50 Prozent zu vermindern.

(3) Bei Stückländereien sind weder Abschläge für fehlende Betriebsmittel beim Eigentümer des Grund und Bodens noch Zuschläge für Überbestand an diesen Wirtschaftsgütern bei deren Eigentümern zu machen.

---

[1] Zur Anwendung siehe § 205 Abs. 2.

[2] § 41 Abs. 2 a Satz 1 geänd., bish. Satz 2 aufgeh. durch G v. 20. 12. 2001 (BGBl. I S. 3794).

§ 42 Nebenbetriebe. (1) Nebenbetriebe sind Betriebe, die dem Hauptbetrieb zu dienen bestimmt sind und nicht einen selbständigen gewerblichen Betrieb darstellen.

(2) Die Nebenbetriebe sind gesondert mit dem Einzelertragswert zu bewerten.

§ 43 Abbauland. (1) Zum Abbauland gehören die Betriebsflächen, die durch Abbau der Bodensubstanz überwiegend für den Betrieb nutzbar gemacht werden (Sand-, Kies-, Lehmgruben, Steinbrüche, Torfstiche und dergleichen).

(2) Das Abbauland ist gesondert mit dem Einzelertragswert zu bewerten.

§ 44[1] Geringstland. (1) Zum Geringstland gehören die Betriebsflächen geringster Ertragsfähigkeit, für die nach dem Bodenschätzungsgesetz keine Wertzahlen festzustellen sind.

(2) Geringstland ist mit einem Hektarwert von 50 Deutschen Mark[2] zu bewerten.

§ 45 Unland. (1) Zum Unland gehören die Betriebsflächen, die auch bei geordneter Wirtschaftsweise keinen Ertrag abwerfen können.

(2) Unland wird nicht bewertet.

§ 46 Wirtschaftswert. [1] Aus den Vergleichswerten (§ 40 Abs. 1) und den Abschlägen und Zuschlägen (§ 41), aus den Einzelertragswerten sowie aus den Werten der nach den §§ 42 bis 44 gesondert zu bewertenden Wirtschaftsgüter wird der Wert für den Wirtschaftsteil (Wirtschaftswert) gebildet. [2] Für seine Ermittlung gelten außer den Bestimmungen in den §§ 35 bis 45 auch die besonderen Vorschriften in den §§ 50 bis 62.

§ 47 Wohnungswert. [1] Der Wert für den Wohnteil (Wohnungswert) wird nach den Vorschriften ermittelt, die beim Grundvermögen für die Bewertung der Mietwohngrundstücke im Ertragswertverfahren (§§ 71, 78 bis 82 und 91) gelten. [2] Bei der Schätzung der üblichen Miete (§ 79 Abs. 2) sind die Besonderheiten, die sich aus der Lage der Gebäude oder Gebäudeteile im Betrieb ergeben, zu berücksichtigen. [3] Der ermittelte Betrag ist um 15 Prozent zu vermindern.

§ 48 Zusammensetzung des Einheitswerts. Der Wirtschaftswert und der Wohnungswert bilden zusammen den Einheitswert des Betriebs.

§ 48 a Einheitswert bestimmter intensiv genutzter Flächen. [1] Werden Betriebsflächen durch einen anderen Nutzungsberechtigten als den Eigentümer bewirtschaftet, so ist

---

[1] § 44 Abs. 1 neugef. durch G v. 20. 12. 1996 (BGBl. I S. 2049).

[2] Siehe hierzu § 205 Abs. 2.

1. bei der Sonderkultur Spargel (§ 52),
2. bei den gärtnerischen Nutzungsteilen Gemüse-, Blumen- und Zier- pflanzenbau sowie Baumschulen (§ 61),
3. bei der Saatzucht (§ 62 Abs. 1 Nr. 6)

der Unterschiedsbetrag zwischen dem für landwirtschaftliche Nutzung maßgebenden Vergleichswert und dem höheren Vergleichswert, der durch die unter den Nummern 1 bis 3 bezeichneten Nutzungen bedingt ist, bei der Feststellung des Einheitswerts des Eigentümers nicht zu berücksichtigen und für den Nutzungsberechtigten als selbständiger Einheitswert festzustellen. [2] Ist ein Einheitswert für land- und forstwirtschaftliches Vermögen des Nutzungsberechtigten festzustellen, so ist der Unterschiedsbetrag in diesen Einheitswert einzubeziehen. [***ab 1. 1. 2014:*** [3] Die Sätze 1 und 2 gelten nicht, wenn der Eigentümer die Flächen bereits intensiv im Sinne der Nummern 1 bis 3 genutzt hat.[1])]

§ 49.[2]) *(aufgehoben)*

II. Besondere Vorschriften

a) Landwirtschaftliche Nutzung

§ 50 Ertragsbedingungen. (1) [1] Bei der Beurteilung der natürlichen Ertragsbedingungen (§ 38 Abs. 2 Nr. 1 Buchstabe a) ist von den Ergebnissen der Bodenschätzung nach dem Bodenschätzungsgesetz auszugehen. [2] Dies gilt auch für das Bodenartenverhältnis.

(2) Ist durch die natürlichen Verhältnisse ein anderes als das in der betreffenden Gegend regelmäßige Kulturartenverhältnis bedingt, so ist abweichend von § 38 Abs. 2 Nr. 2 das tatsächliche Kulturartenverhältnis maßgebend.

§ 51 Tierbestände. (1)[3]) *(aufgehoben)*

(1 a)[4]) [1] Für Feststellungszeitpunkte ab dem 1. Januar 1999 gehören Tierbestände in vollem Umfang zur landwirtschaftlichen Nutzung, wenn im Wirtschaftsjahr

für die ersten 20 Hektar	nicht mehr als 10	Vieheinheiten,
für die nächsten 10 Hektar	nicht mehr als 7	Vieheinheiten,
für die nächsten 20 Hektar	nicht mehr als 6	Vieheinheiten,
für die nächsten 50 Hektar	nicht mehr als 3	Vieheinheiten
und für die weitere Fläche	nicht mehr als 1,5	Vieheinheiten

je Hektar der vom Inhaber des Betriebs regelmäßig landwirtschaftlich genutzten Flächen erzeugt oder gehalten werden. [2] Die Tierbestände sind nach dem Futterbedarf in Vieheinheiten umzurechnen. [3] Diese Zuordnung der Tierbestände steht einer Änderung der tatsächlichen Verhältnisse gleich, die im Kalenderjahr 1998 eingetreten ist; § 27 ist insoweit nicht anzuwenden.

---

[1]) § 48 a Satz 3 angef. durch G v. 26. 6. 2013 (BGBl. I S. 1809); zur Anwendung siehe § 205 Abs. 6.

[2]) § 49 aufgeh. mWv 1. 1. 2002 durch G v. 20. 12. 2001 (BGBl. I S. 3794); für Fälle der Erbschaftsteuer ab 1. 1. 2002 siehe § 142 Abs. 4.

[3]) § 51 Abs. 1 aufgeh. durch G v. 20. 12. 2001 (BGBl. I S. 3794).

[4]) § 51 Abs. 1 a eingef. durch G v. 29. 6. 1998 (BGBl. I S. 1692).

(2) 1 Übersteigt die Anzahl der Vieheinheiten nachhaltig die in Absatz 1 a[1] bezeichnete Grenze, so gehören nur die Zweige des Tierbestands zur landwirtschaftlichen Nutzung, deren Vieheinheiten zusammen diese Grenze nicht überschreiten. 2 Zunächst sind mehr flächenabhängige Zweige des Tierbestands und danach weniger flächenabhängige Zweige des Tierbestands zur landwirtschaftlichen Nutzung zu rechnen. 3 Innerhalb jeder dieser Gruppen sind zuerst Zweige des Tierbestands mit der geringeren Anzahl von Vieheinheiten und dann Zweige mit der größeren Anzahl von Vieheinheiten zur landwirtschaftlichen Nutzung zu rechnen. 4 Der Tierbestand des einzelnen Zweiges wird nicht aufgeteilt.

(3) 1 Als Zweig des Tierbestands gilt bei jeder Tierart für sich

1. das Zugvieh,
2. das Zuchtvieh,
3. das Mastvieh,
4. das übrige Nutzvieh.

2 Das Zuchtvieh einer Tierart gilt nur dann als besonderer Zweig des Tierbestands, wenn die erzeugten Jungtiere überwiegend zum Verkauf bestimmt sind. 3 Ist das nicht der Fall, so ist das Zuchtvieh dem Zweig des Tierbestands zuzurechnen, dem es überwiegend dient.

(4) 1 Der Umrechnungsschlüssel für Tierbestände in Vieheinheiten sowie die Gruppen der mehr oder weniger flächenabhängigen Zweige des Tierbestands sind aus den Anlagen 1 und 2 zu entnehmen. 2 Für die Zeit von einem nach dem 1. Januar 1964 liegenden Hauptfeststellungszeitpunkt an können der Umrechnungsschlüssel für Tierbestände in Vieheinheiten sowie die Gruppen der mehr oder weniger flächenabhängigen Zweige des Tierbestands durch Rechtsverordnung Änderungen der wirtschaftlichen Gegebenheiten, auf denen sie beruhen, angepaßt werden.

(5) 1 Die Absätze 1 a bis 4[2] gelten nicht für Pelztiere. 2 Pelztiere gehören nur dann zur landwirtschaftlichen Nutzung, wenn die erforderlichen Futtermittel überwiegend von den vom Inhaber des Betriebs landwirtschaftlich genutzten Flächen gewonnen sind.

§ 51 a Gemeinschaftliche Tierhaltung. (1) 1 Zur landwirtschaftlichen Nutzung gehört auch die Tierzucht und Tierhaltung von Erwerbs- und Wirtschaftsgenossenschaften (§ 97 Abs. 1 Nr. 2), von Gesellschaften, bei denen die Gesellschafter als Unternehmer (Mitunternehmer) anzusehen sind (§ 97 Abs. 1 Nr. 5), oder von Vereinen (§ 97 Abs. 2), wenn

1. alle Gesellschafter oder Mitglieder
   a) Inhaber eines Betriebs der Land- und Forstwirtschaft mit selbstbewirtschafteten regelmäßig landwirtschaftlich genutzten Flächen sind,
   b) nach dem Gesamtbild der Verhältnisse hauptberuflich Land- und Forstwirte sind,

---

[1] Verweis geänd. durch G v. 29. 6. 1998 (BGBl. I S. 1692) und G v. 20. 12. 2001 (BGBl. I S. 3794).

[2] Verweis geänd. durch G v. 20. 12. 2001 (BGBl. I S. 3794).

c)[1] Landwirte im Sinne des § 1 Abs. 2 des Gesetzes über die Alterssicherung der Landwirte sind und dies durch eine Bescheinigung der *zuständigen* [***ab 1. 1. 2013:*** landwirtschaftlichen] Alterskasse nachgewiesen wird und

d) die sich nach § 51 Abs. 1 a[2] für sie ergebende Möglichkeit zur landwirtschaftlichen Tiererzeugung oder Tierhaltung in Vieheinheiten ganz oder teilweise auf die Genossenschaft, die Gesellschaft oder den Verein übertragen haben;

2. die Anzahl der von der Genossenschaft, der Gesellschaft oder dem Verein im Wirtschaftsjahr erzeugten oder gehaltenen Vieheinheiten keine der nachfolgenden Grenzen nachhaltig überschreitet:

a) die Summe der sich nach Nummer 1 Buchstabe d ergebenden Vieheinheiten und

b) die Summe der Vieheinheiten, die sich nach § 51 Abs. 1 a[2] auf der Grundlage der Summe der von den Gesellschaftern oder Mitgliedern regelmäßig landwirtschaftlich genutzten Flächen ergibt;

3. die Betriebe der Gesellschafter oder Mitglieder nicht mehr als 40 km von der Produktionsstätte der Genossenschaft, der Gesellschaft oder des Vereins entfernt liegen.

[2]Die Voraussetzungen der Nummer 1 Buchstabe d und der Nummer 2 sind durch besondere, laufend zu führende Verzeichnisse nachzuweisen.

(2) Der Anwendung des Absatzes 1 steht es nicht entgegen, wenn die dort bezeichneten Genossenschaften, Gesellschaften oder Vereine die Tiererzeugung oder Tierhaltung ohne regelmäßig landwirtschaftlich genutzte Flächen betreiben.

(3) Von den in Absatz 1 bezeichneten Genossenschaften, Gesellschaften oder Vereinen regelmäßig landwirtschaftlich genutzte Flächen sind bei der Ermittlung der nach Absatz 1 Nr. 2 maßgebenden Grenzen wie Flächen von Gesellschaftern oder Mitgliedern zu behandeln, die ihre Möglichkeit zur landwirtschaftlichen Tiererzeugung oder Tierhaltung im Sinne des Absatzes 1 Nr. 1 Buchstabe d auf die Genossenschaft, die Gesellschaft oder den Verein übertragen haben.

(4) Bei dem einzelnen Gesellschafter oder Mitglied der in Absatz 1 bezeichneten Genossenschaften, Gesellschaften oder Vereine ist § 51 Abs. 1 a[2] mit der Maßgabe anzuwenden, daß die in seinem Betrieb erzeugten oder gehaltenen Vieheinheiten mit den Vieheinheiten zusammenzurechnen sind, die im Rahmen der nach Absatz 1 Nr. 1 Buchstabe d übertragenen Möglichkeiten erzeugt oder gehalten werden.

(5) Die Vorschriften des § 51 Abs. 2 bis 4 sind entsprechend anzuwenden.

---

[1] § 51 a Abs. 1 Nr. 1 Buchst. c geänd. durch G v. 29. 7. 1994 (BGBl. I S. 1890); geänd. mWv 1. 1. 2013 durch G v. 12. 4. 2012 (BGBl. I S. 579).

[2] § 51 a Abs. 1 Nr. 1 Buchst. d, Abs. 1 Nr. 2 Buchst. b und Abs. 4 Verweis geänd. durch G v. 29. 6. 1998 (BGBl. I S. 1692) und durch G v. 20. 12. 2001 (BGBl. I S. 3794).

§ 52 Sonderkulturen. Hopfen, Spargel und andere Sonderkulturen sind als landwirtschaftliche Nutzungsteile (§ 37 Abs. 1) zu bewerten.

b) Forstwirtschaftliche Nutzung

§ 53 Umlaufende Betriebsmittel. Eingeschlagenes Holz gehört zum normalen Bestand an umlaufenden Betriebsmitteln, soweit es den jährlichen Nutzungssatz nicht übersteigt; bei Betrieben, die nicht jährlich einschlagen (aussetzende Betriebe), tritt an die Stelle des jährlichen Nutzungssatzes ein den Betriebsverhältnissen entsprechender mehrjähriger Nutzungssatz.

§ 54 Bewertungsstichtag. Abweichend von § 35 Abs. 1 sind für den Umfang und den Zustand des Bestandes an nicht eingeschlagenem Holz die Verhältnisse am Ende des Wirtschaftsjahres zugrunde zu legen, das dem Feststellungszeitpunkt vorangegangen ist.

§ 55 Ermittlung des Vergleichswerts. (1) Das vergleichende Verfahren ist auf Hochwald als Nutzungsteil (§ 37 Abs. 1) anzuwenden.

(2) Die Ertragsfähigkeit des Hochwaldes wird vorweg für Nachhaltsbetriebe mit regelmäßigem Alters- oder Vorratsklassenverhältnis ermittelt und durch Normalwerte ausgedrückt.

(3)[1] [1]Normalwert ist der für eine Holzart unter Berücksichtigung des Holzertrags auf einen Hektar bezogene Ertragswert eines Nachhaltsbetriebs mit regelmäßigem Alters- oder Vorratsklassenverhältnis. [2]Die Normalwerte werden für Bewertungsgebiete vom Bewertungsbeirat vorgeschlagen und durch Rechtsverordnung festgesetzt. [3]Der Normalwert beträgt für die Hauptfeststellung auf den Beginn des Kalenderjahres 1964 höchstens 3200 Deutsche Mark[2] (Fichte, Ertragsklasse I A, Bestockungsgrad 1,0).

(4)[1] [1]Die Anteile der einzelnen Alters- oder Vorratsklassen an den Normalwerten werden durch Prozentsätze ausgedrückt. [2]Für jede Alters- oder Vorratsklasse ergibt sich der Prozentsatz aus dem Verhältnis ihres Abtriebswerts zum Abtriebswert des Nachhaltsbetriebs mit regelmäßigem Alters- oder Vorratsklassenverhältnis. [3]Die Prozentsätze werden einheitlich für alle Bewertungsgebiete durch Rechtsverordnung festgesetzt. [4]Sie betragen für die Hauptfeststellung auf den Beginn des Kalenderjahres 1964 höchstens 260 Prozent der Normalwerte.

(5) [1]Ausgehend von den nach Absatz 3 festgesetzten Normalwerten wird für die forstwirtschaftliche Nutzung des einzelnen Betriebs der Ertragswert (Vergleichswert) abgeleitet. [2]Dabei werden die Prozentsätze auf die Alters- oder Vorratsklassen angewendet.

(6) Der Wert der einzelnen Alters- oder Vorratsklasse beträgt mindestens 50 Deutsche Mark[2] je Hektar.

---

[1] Siehe hierzu VO zur Durchführung des § 55 Abs. 3 und 4 des BewG v. 27. 7. 1967 (Nr. **203**).

[2] Siehe hierzu § 205 Abs. 2.

(7) Mittelwald und Niederwald sind mit 50 Deutsche Mark[1] je Hektar anzusetzen.

(8)[2] Zur Förderung der Gleichmäßigkeit der Bewertung wird, ausgehend von den Normalwerten des Bewertungsgebiets nach Absatz 3, durch den Bewertungsbeirat (§§ 63 bis 66) für den forstwirtschaftlichen Nutzungsteil Hochwald in einzelnen Betrieben mit gegendüblichen Ertragsbedingungen (Hauptbewertungsstützpunkte) der Vergleichswert vorgeschlagen und durch Rechtsverordnung festgesetzt.

(9) Zur Berücksichtigung der rückläufigen Reinerträge sind die nach Absatz 5 ermittelten Ertragswerte (Vergleichswerte) um 40 Prozent zu vermindern; die Absätze 6 und 7 bleiben unberührt.

c) Weinbauliche Nutzung

§ 56[3] Umlaufende Betriebsmittel. (1) [1]Bei ausbauenden Betrieben zählen die Vorräte an Weinen aus der letzten und der vorletzten Ernte vor dem Bewertungsstichtag zum normalen Bestand an umlaufenden Betriebsmitteln. [2]Für die Weinvorräte aus der vorletzten Ernte vor dem Bewertungsstichtag gilt dies jedoch nur, soweit sie nicht auf Flaschen gefüllt sind.

(2) [1]Für Feststellungszeitpunkte ab dem 1. Januar 1996 zählen bei ausbauenden Betrieben die Vorräte an Weinen aus den Ernten der letzten fünf Jahre vor dem Bewertungsstichtag zum normalen Bestand an umlaufenden Betriebsmitteln. [2]Diese Zuordnung der Weinvorräte steht einer Änderung der tatsächlichen Verhältnisse gleich, die im Kalenderjahr 1995 eingetreten ist; § 27 ist insoweit nicht anzuwenden.

(3) Abschläge für Unterbestand an Weinvorräten sind nicht zu machen.

§ 57 Bewertungsstützpunkte. Als Bewertungsstützpunkte dienen Weinbaulagen oder Teile von Weinbaulagen.

§ 58 Innere Verkehrslage. Bei der Berücksichtigung der inneren Verkehrslage sind abweichend von § 38 Abs. 2 Nr. 1 nicht die tatsächlichen Verhältnisse, sondern die in der Weinbaulage regelmäßigen Verhältnisse zugrunde zu legen; § 41 ist entsprechend anzuwenden.

d) Gärtnerische Nutzung

§ 59 Bewertungsstichtag. (1) Die durch Anbau von Baumschulgewächsen genutzte Betriebsfläche wird abweichend von § 35 Abs. 1 nach den Verhältnissen an dem 15. September bestimmt, der dem Feststellungszeitpunkt vorangegangen ist.

---

[1] Siehe hierzu § 205 Abs. 2.

[2] Siehe hierzu VO zur Durchführung des § 55 Abs. 8 des BewG v. 11. 8. 1967 (Nr. **204**).

[3] § 56 neugef. mWv 1. 1. 1995 durch G v. 11. 10. 1995 (BGBl. I S. 1250).

(2) Die durch Anbau von Gemüse, Blumen und Zierpflanzen genutzte Betriebsfläche wird abweichend von § 35 Abs. 1 nach den Verhältnissen an dem 30. Juni bestimmt, der dem Feststellungszeitpunkt vorangegangen ist.

§ 60 Ertragsbedingungen. (1) Bei der Beurteilung der natürlichen Ertragsbedingungen (§ 38 Abs. 2 Nr. 1 Buchstabe a) ist von den Ergebnissen der Bodenschätzung nach dem Bodenschätzungsgesetz auszugehen.

(2) Hinsichtlich der ertragsteigernden Anlagen, insbesondere der überdachten Anbauflächen, sind – abweichend von § 38 Abs. 2 Nr. 2 – die tatsächlichen Verhältnisse des Betriebs zugrunde zu legen.

§ 61 Anwendung des vergleichenden Verfahrens. Das vergleichende Verfahren ist auf Gemüse-, Blumen- und Zierpflanzenbau, auf Obstbau und auf Baumschulen als Nutzungsteile (§ 37 Abs. 1 Satz 2) anzuwenden.

e) Sonstige land- und forstwirtschaftliche Nutzung

§ 62 Arten und Bewertung der sonstigen land- und forstwirtschaftlichen Nutzung. (1) Zur sonstigen land- und forstwirtschaftlichen Nutzung gehören insbesondere

1. die Binnenfischerei,
2. die Teichwirtschaft,
3. die Fischzucht für Binnenfischerei und Teichwirtschaft,
4. die Imkerei,
5. die Wanderschäferei,
6. die Saatzucht.

(2) Für die Arten der sonstigen land- und forstwirtschaftlichen Nutzung werden im vergleichenden Verfahren abweichend von § 38 Abs. 1 keine Vergleichszahlen, sondern unmittelbare Vergleichswerte ermittelt.

III. Bewertungsbeirat, Gutachterausschuß

§ 63 Bewertungsbeirat. (1) Beim Bundesministerium der Finanzen wird ein Bewertungsbeirat gebildet.

(2)[1] [1]Der Bewertungsbeirat gliedert sich in eine landwirtschaftliche Abteilung, eine forstwirtschaftliche Abteilung, eine Weinbauabteilung und eine Gartenbauabteilung. [2]Die Gartenbauabteilung besteht aus den Unterabteilungen für Gemüse-, Blumen- und Zierpflanzenbau, für Obstbau und für Baumschulen.

(3)[2] *Der Bewertungsbeirat übernimmt auch die Befugnisse des Reichsschätzungsbeirats nach dem Bodenschätzungsgesetz.*

---

[1] § 63 Abs. 2 Satz 2 geänd. durch G v. 21. 12. 1993 (BGBl. I S. 2310).
[2] § 63 Abs. 3 aufgeh. mWv 1. 1. 2008 durch G v. 20. 12. 2007 (BGBl. I S. 3150).

§ 64 Mitglieder. (1)[1] Dem Bewertungsbeirat gehören an

1. in jeder Abteilung und Unterabteilung:
   a) ein Beamter des Bundesministeriums der Finanzen als Vorsitzender,
   b) ein Beamter des Bundesministeriums für Ernährung und Landwirtschaft[2];
2. in der landwirtschaftlichen Abteilung und in der forstwirtschaftlichen Abteilung je zehn Mitglieder;
3. in der Weinbauabteilung acht Mitglieder;
4. in der Gartenbauabteilung vier Mitglieder mit allgemeiner Sachkunde, zu denen für jede Unterabteilung drei weitere Mitglieder mit besonderer Fachkenntnis hinzutreten.

(2) Nach Bedarf können weitere Mitglieder berufen werden.

(3)[3] [1]Die Mitglieder nach Absatz 1 Nr. 2 bis 4 und nach Absatz 2 werden auf Vorschlag der obersten Finanzbehörden der Länder durch das Bundesministerium der Finanzen im Einvernehmen mit dem Bundesministerium für Ernährung und Landwirtschaft[2] berufen. [2]Die Berufung kann mit Zustimmung der obersten Finanzbehörden der Länder zurückgenommen werden. [3]Scheidet eines der nach Absatz 1 Nr. 2 bis 4 berufenen Mitglieder aus, so ist ein neues Mitglied zu berufen. [4]Die Mitglieder müssen sachkundig sein.

(4) [1]Die nach Absatz 3 berufenen Mitglieder haben bei den Verhandlungen des Bewertungsbeirats ohne Rücksicht auf Sonderinteressen nach bestem Wissen und Gewissen zu verfahren. [2]Sie dürfen den Inhalt der Verhandlungen des Bewertungsbeirats sowie die Verhältnisse der Steuerpflichtigen, die ihnen im Zusammenhang mit ihrer Tätigkeit auf Grund dieses Gesetzes bekanntgeworden sind, nicht unbefugt offenbaren und Geheimnisse, insbesondere Betriebsoder Geschäftsgeheimnisse, nicht unbefugt verwerten. [3]Sie werden bei Beginn ihrer Tätigkeit von dem Vorsitzenden des Bewertungsbeirats durch Handschlag verpflichtet, diese Obliegenheiten gewissenhaft zu erfüllen. [4]Über diese Verpflichtung ist eine Niederschrift aufzunehmen, die von dem Verpflichteten mit unterzeichnet wird. [5]Auf Zuwiderhandlungen sind die Vorschriften über das Steuergeheimnis und die Strafbarkeit seiner Verletzung entsprechend anzuwenden.

§ 65[4] Aufgaben. Der Bewertungsbeirat hat die Aufgabe, Vorschläge zu machen

1. für die durch besonderes Gesetz festzusetzenden Ertragswerte (§ 40 Abs. 1),

(Fortsetzung nächste Seite)

---

[1] § 64 Abs. 1 neu gef. durch G v. 21. 12. 1993 (BGBl. I S. 2310).
[2] Bezeichnung geänd. durch VO v. 31. 8. 2015 (BGBl. I S. 1474).
[3] § 64 Abs. 3 Sätze 1 und 2 neu gef. mWv 1. 1. 1995 durch G v. 11. 10. 1995 (BGBl. I S. 1250).
[4] § 65 Nr. 3 geänd. durch G v. 21. 12. 1993 (BGBl. I S. 2310).

2. für die durch Rechtsverordnung festzusetzenden Vergleichszahlen (§ 39 Abs. 1) und Vergleichswerte (§ 55 Abs. 8) der Hauptbewertungsstützpunkte,
3. für die durch Rechtsverordnung festzusetzenden Normalwerte der forstwirtschaftlichen Nutzung für Bewertungsgebiete (§ 55 Abs. 3).

§ 66 Geschäftsführung. (1) [1]Der Vorsitzende führt die Geschäfte des Bewertungsbeirats und leitet die Verhandlungen. [2]Das Bundesministerium der Finanzen kann eine Geschäftsordnung für den Bewertungsbeirat erlassen.

(2) [1]Die einzelnen Abteilungen und Unterabteilungen des Bewertungsbeirats sind beschlußfähig, wenn mindestens zwei Drittel der Mitglieder anwesend sind. [2]Bei Abstimmung entscheidet die Stimmenmehrheit, bei Stimmengleichheit die Stimme des Vorsitzenden.

(3) [1]Der Bewertungsbeirat hat seinen Sitz am Sitz des Bundesministeriums der Finanzen. [2]Er hat bei Durchführung seiner Aufgaben die Ermittlungsbefugnisse, die den Finanzämtern nach der Abgabenordnung zustehen.

(4) [1]Die Verhandlungen des Bewertungsbeirats sind nicht öffentlich. [2]Der Bewertungsbeirat kann nach seinem Ermessen Sachverständige hören; § 64 Abs. 4 gilt entsprechend.

§ 67 Gutachterausschuß. (1) [1]Zur Förderung der Gleichmäßigkeit der Bewertung des land- und forstwirtschaftlichen Vermögens in den Ländern, insbesondere durch Bewertung von Landes-Bewertungsstützpunkten, wird bei jeder Oberfinanzdirektion ein Gutachterausschuß gebildet. [2]Bei jedem Gutachterausschuß ist eine landwirtschaftliche Abteilung zu bilden. [3]Weitere Abteilungen können nach Bedarf entsprechend der Gliederung des Bewertungsbeirats (§ 63) gebildet werden.

(2) Die landwirtschaftliche Abteilung des Gutachterausschusses übernimmt auch die Befugnisse des Landesschätzungsbeirats nach dem Bodenschätzungsgesetz.

(3) Dem Gutachterausschuß oder jeder seiner Abteilungen gehören an

1. der Oberfinanzpräsident oder ein von ihm beauftragter Angehöriger seiner Behörde als Vorsitzender,
2. ein von der für die Land- und Forstwirtschaft zuständigen obersten Landesbehörde beauftragter Beamter,
3. fünf sachkundige Mitglieder, die durch die für die Finanzverwaltung zuständige oberste Landesbehörde im Einvernehmen mit der für die Land- und Forstwirtschaft zuständigen obersten Landesbehörde berufen werden. [2]Die Berufung kann zurückgenommen werden. [3]§ 64 Abs. 2 und 4 gilt entsprechend. [4]Die Landesregierungen werden ermächtigt, durch Rechtsverordnung die zuständigen Behörden abweichend von Satz 1 zu bestimmen. [5]Sie können diese Ermächtigung auf oberste Landesbehörden übertragen.

(4) [1]Der Vorsitzende führt die Geschäfte des Gutachterausschusses und leitet die Verhandlungen. [2]Die Verhandlungen sind nicht öffentlich. [3]Für die Beschlußfähigkeit und die Abstimmung gilt § 66 Abs. 2 entsprechend.

C. Grundvermögen

I. Allgemeines

§ 68 Begriff des Grundvermögens. (1) Zum Grundvermögen gehören

1. der Grund und Boden, die Gebäude, die sonstigen Bestandteile und das Zubehör,
2. das Erbbaurecht,
3. das Wohnungseigentum, Teileigentum, Wohnungserbbaurecht und Teilerbbaurecht nach dem Wohnungseigentumsgesetz,

soweit es sich nicht um land- und forstwirtschaftliches Vermögen (§ 33) oder um Betriebsgrundstücke (§ 99) handelt.

(2) [1]In das Grundvermögen sind nicht einzubeziehen

1. Bodenschätze[1)],
2. die Maschinen und sonstigen Vorrichtungen aller Art, die zu einer Betriebsanlage gehören (Betriebsvorrichtungen), auch wenn sie wesentliche Bestandteile sind.

[2]Einzubeziehen sind jedoch die Verstärkungen von Decken und die nicht ausschließlich zu einer Betriebsanlage gehörenden Stützen und sonstigen Bauteile wie Mauervorlagen und Verstrebungen.

§ 69 Abgrenzung des Grundvermögens vom land- und forstwirtschaftlichen Vermögen. (1) Land- und forstwirtschaftlich genutzte Flächen sind dem Grundvermögen zuzurechnen, wenn nach ihrer Lage, den im Feststellungszeitpunkt bestehenden Verwertungsmöglichkeiten oder den sonstigen Umständen anzunehmen ist, daß sie in absehbarer Zeit anderen als land- und forstwirtschaftlichen Zwecken, insbesondere als Bauland, Industrieland oder Land für Verkehrszwecke, dienen werden.

(2) Bildet ein Betrieb der Land- und Forstwirtschaft die Existenzgrundlage des Betriebsinhabers, so sind dem Betriebsinhaber gehörende Flächen, die von einer Stelle aus ordnungsgemäß nachhaltig bewirtschaftet werden, dem Grundvermögen nur dann zuzurechnen, wenn mit großer Wahrscheinlichkeit anzunehmen ist, daß sie spätestens nach zwei Jahren anderen als land- und forstwirtschaftlichen Zwecken dienen werden.

(3) [1]Flächen sind stets dem Grundvermögen zuzurechnen, wenn sie in einem Bebauungsplan als Bauland festgesetzt sind, ihre sofortige Bebauung möglich ist und die Bebauung innerhalb des Plangebiets in benachbarten Bereichen begonnen hat oder schon durchgeführt ist. [2]Satz 1 gilt nicht für

---

1) § 68 Abs. 2 Nr. 1 geänd. mWv 1. 1. 1993 durch G v. 9. 11. 1992 (BGBl. I S. 1853).

die Hofstelle und für andere Flächen in unmittelbarem räumlichen Zusammenhang mit der Hofstelle bis zu einer Größe von insgesamt einem Hektar.

(4) Absatz 2 findet in den Fällen des § 55 Abs. 5 Satz 1 des Einkommensteuergesetzes keine Anwendung.

§ 70 Grundstück. (1) Jede wirtschaftliche Einheit des Grundvermögens bildet ein Grundstück im Sinne dieses Gesetzes.

(2) [1] Ein Anteil des Eigentümers eines Grundstücks an anderem Grundvermögen (z.B. an gemeinschaftlichen Hofflächen oder Garagen) ist in das Grundstück einzubeziehen, wenn alle Anteile an dem gemeinschaftlichen Grundvermögen Eigentümern von Grundstücken gehören, die ihren Anteil jeweils zusammen mit ihrem Grundstück nutzen. [2] Das gilt nicht, wenn das gemeinschaftliche Grundvermögen nach den Anschauungen des Verkehrs als selbständige wirtschaftliche Einheit anzusehen ist (§ 2 Abs. 1 Satz 3 und 4).

(3) Als Grundstück im Sinne dieses Gesetzes gilt auch ein Gebäude, das auf fremdem Grund und Boden errichtet oder in sonstigen Fällen einem anderen als dem Eigentümer des Grund und Bodens zuzurechnen ist, selbst wenn es wesentlicher Bestandteil des Grund und Bodens geworden ist.

§ 71 Gebäude und Gebäudeteile für den Zivilschutz[1]. Gebäude, Teile von Gebäuden und Anlagen, die zum Schutz der Bevölkerung sowie lebens- und verteidigungswichtiger Sachgüter vor der Wirkung von Angriffswaffen geschaffen worden sind, bleiben bei der Ermittlung des Einheitswerts außer Betracht, wenn sie im Frieden nicht oder nur gelegentlich oder geringfügig für andere Zwecke benutzt werden.

II. Unbebaute Grundstücke

§ 72 Begriff. (1) [1] Unbebaute Grundstücke sind Grundstücke, auf denen sich keine benutzbaren Gebäude befinden. [2] Die Benutzbarkeit beginnt im Zeitpunkt der Bezugsfertigkeit. [3] Gebäude sind als bezugsfertig anzusehen, wenn den zukünftigen Bewohnern oder sonstigen Benutzern zugemutet werden kann, sie zu benutzen; die Abnahme durch die Bauaufsichtsbehörde ist nicht entscheidend.

(2) Befinden sich auf einem Grundstück Gebäude, deren Zweckbestimmung und Wert gegenüber der Zweckbestimmung und dem Wert des Grund und Bodens von untergeordneter Bedeutung sind, so gilt das Grundstück als unbebaut.

(3) Als unbebautes Grundstück gilt auch ein Grundstück, auf dem infolge der Zerstörung oder des Verfalls der Gebäude auf die Dauer benutzbarer Raum nicht mehr vorhanden ist.

§ 73 Baureife Grundstücke. (1) Innerhalb der unbebauten Grundstücke bilden die baureifen Grundstücke eine besondere Grundstücksart.

---

[1]) § 71 Überschrift geänd. durch G v. 20. 12. 2001 (BGBl. I S. 3794).

(2) [1]Baureife Grundstücke sind unbebaute Grundstücke, wenn sie in einem Bebauungsplan als Bauland festgesetzt sind, ihre sofortige Bebauung möglich ist und die Bebauung innerhalb des Plangebiets in benachbarten Bereichen begonnen hat oder schon durchgeführt ist. [2]Zu den baureifen Grundstücken gehören nicht Grundstücke, die für den Gemeinbedarf vorgesehen sind.

III. Bebaute Grundstücke

a) Begriff und Bewertung

§ 74 Begriff. [1]Bebaute Grundstücke sind Grundstücke, auf denen sich benutzbare Gebäude befinden, mit Ausnahme der in § 72 Abs. 2 und 3 bezeichneten Grundstücke. [2]Wird ein Gebäude in Bauabschnitten errichtet, so ist der fertiggestellte und bezugsfertige Teil als benutzbares Gebäude anzusehen.

§ 75 Grundstücksarten. (1) Bei der Bewertung bebauter Grundstücke sind die folgenden Grundstücksarten zu unterscheiden:

1. Mietwohngrundstücke,
2. Geschäftsgrundstücke,
3. gemischtgenutzte Grundstücke,
4. Einfamilienhäuser,
5. Zweifamilienhäuser,
6. sonstige bebaute Grundstücke.

(2) Mietwohngrundstücke sind Grundstücke, die zu mehr als achtzig Prozent, berechnet nach der Jahresrohmiete (§ 79), Wohnzwecken dienen mit Ausnahme der Einfamilienhäuser und Zweifamilienhäuser (Absätze 5 und 6).

(3) Geschäftsgrundstücke sind Grundstücke, die zu mehr als achtzig Prozent, berechnet nach der Jahresrohmiete (§ 79), eigenen oder fremden gewerblichen oder öffentlichen Zwecken dienen.

(4) Gemischtgenutzte Grundstücke sind Grundstücke, die teils Wohnzwecken, teils eigenen oder fremden gewerblichen oder öffentlichen Zwecken dienen und nicht Mietwohngrundstücke, Geschäftsgrundstücke, Einfamilienhäuser oder Zweifamilienhäuser sind.

(5) [1]Einfamilienhäuser sind Wohngrundstücke, die nur eine Wohnung enthalten. [2]Wohnungen des Hauspersonals (Pförtner, Heizer, Gärtner, Kraftwagenführer, Wächter usw.) sind nicht mitzurechnen. [3]Eine zweite Wohnung steht, abgesehen von Satz 2, dem Begriff „Einfamilienhaus" entgegen, auch wenn sie von untergeordneter Bedeutung ist. [4]Ein Grundstück gilt auch dann als Einfamilienhaus, wenn es zu gewerblichen oder öffentlichen Zwecken mitbenutzt wird und dadurch die Eigenart als Einfamilienhaus nicht wesentlich beeinträchtigt wird.

(6) [1]Zweifamilienhäuser sind Wohngrundstücke, die nur zwei Wohnungen enthalten. [2]Die Sätze 2 bis 4 von Absatz 5 sind entsprechend anzuwenden.

(7) Sonstige bebaute Grundstücke sind solche Grundstücke, die nicht unter die Absätze 2 bis 6 fallen.

§ 76 Bewertung. (1) Der Wert des Grundstücks ist vorbehaltlich des Absatzes 3 im Wege des Ertragswertverfahrens (§§ 78 bis 82) zu ermitteln für

1. Mietwohngrundstücke,
2. Geschäftsgrundstücke,
3. gemischtgenutzte Grundstücke,
4. Einfamilienhäuser,
5. Zweifamilienhäuser.

(2) Für die sonstigen bebauten Grundstücke ist der Wert im Wege des Sachwertverfahrens (§§ 83 bis 90) zu ermitteln.

(3) Das Sachwertverfahren ist abweichend von Absatz 1 anzuwenden

1. bei Einfamilienhäusern und Zweifamilienhäusern, die sich durch besondere Gestaltung oder Ausstattung wesentlich von den nach Absatz 1 zu bewertenden Einfamilienhäusern und Zweifamilienhäusern unterscheiden;
2. bei solchen Gruppen von Geschäftsgrundstücken und in solchen Einzelfällen bebauter Grundstücke der in § 75 Abs. 1 Nr. 1 bis 3 bezeichneten Grundstücksarten, für die weder eine Jahresrohmiete ermittelt noch die übliche Miete nach § 79 Abs. 2 geschätzt werden kann;
3. bei Grundstücken mit Behelfsbauten und bei Grundstücken mit Gebäuden in einer Bauart oder Bauausführung, für die ein Vervielfältiger (§ 80) in den Anlagen 3 bis 8 nicht bestimmt ist.

§ 77[1] Mindestwert. [1] *Der für ein bebautes Grundstück anzusetzende Wert darf nicht geringer sein als der Wert, mit dem der Grund und Boden allein als unbebautes Grundstück zu bewerten wäre.* [2] *Müssen Gebäude oder Gebäudeteile wegen ihres baulichen Zustands abgebrochen werden, so sind die Abbruchkosten zu berücksichtigen.*

b) Verfahren

1. Ertragswertverfahren

§ 78 Grundstückswert. [1] Der Grundstückswert umfaßt den Bodenwert, den Gebäudewert und den Wert der Außenanlagen. [2] Er ergibt sich durch Anwendung eines Vervielfältigers (§ 80) auf die Jahresrohmiete (§ 79) unter Berücksichtigung der §§ 81 und 82.

---

[1] **Amtl. Anm.:** Nach Artikel 7 des Steueränderungsgesetzes 1969 vom 18. August 1969 (Bundesgesetzbl. I S. 1211) ist § 77 im Hauptfeststellungszeitraum 1964 in folgender Fassung anzuwenden:

„Der für ein bebautes Grundstück anzusetzende Wert darf nicht geringer sein als 50 vom Hundert des Werts, mit dem der Grund und Boden allein als unbebautes Grundstück zu bewerten wäre.“

§ 79 Jahresrohmiete. (1) [1]Jahresrohmiete ist das Gesamtentgelt, das die Mieter (Pächter) für die Benutzung des Grundstücks auf Grund vertraglicher Vereinbarungen nach dem Stand im Feststellungszeitpunkt für ein Jahr zu entrichten haben. [2]Umlagen und alle sonstigen Leistungen des Mieters sind einzubeziehen. [3]Zur Jahresrohmiete gehören auch Betriebskosten (z.B. Gebühren der Gemeinde), die durch die Gemeinde von den Mietern unmittelbar erhoben werden. [4]Nicht einzubeziehen sind Untermietzuschläge, Kosten des Betriebs der zentralen Heizungs-, Warmwasserversorgungs- und Brennstoffversorgungsanlage sowie des Fahrstuhls, ferner alle Vergütungen für außergewöhnliche Nebenleistungen des Vermieters, die nicht die Raumnutzung betreffen (z.B. Bereitstellung von Wasserkraft, Dampfkraft, Preßluft, Kraftstrom und dergleichen), sowie Nebenleistungen des Vermieters, die nur einzelnen Mietern zugute kommen.

(2) [1]Statt des Betrags nach Absatz 1 gilt die übliche Miete als Jahresrohmiete für solche Grundstücke oder Grundstücksteile,

1. die eigengenutzt, ungenutzt, zu vorübergehendem Gebrauch oder unentgeltlich überlassen sind,
2. die der Eigentümer dem Mieter zu einer um mehr als zwanzig Prozent von der üblichen Miete abweichenden tatsächlichen Miete überlassen hat.

[2]Die übliche Miete ist in Anlehnung an die Jahresrohmiete zu schätzen, die für Räume gleicher oder ähnlicher Art, Lage und Ausstattung regelmäßig gezahlt wird.

(3), (4)[1] *(aufgehoben)*

(5) Bei Fortschreibungen und Nachfeststellungen gelten für die Höhe der Miete die Wertverhältnisse im Hauptfeststellungszeitpunkt.

§ 80 Vervielfältiger. (1) [1]Die Zahl, mit der die Jahresrohmiete zu vervielfachen ist (Vervielfältiger), ist aus den Anlagen 3 bis 8 zu entnehmen. [2]Der Vervielfältiger bestimmt sich nach der Grundstücksart, der Bauart und Bauausführung, dem Baujahr des Gebäudes sowie nach der Einwohnerzahl der Belegenheitsgemeinde im Hauptfeststellungszeitpunkt. [3]Erstreckt sich ein Grundstück über mehrere Gemeinden, so ist Belegenheitsgemeinde die Gemeinde, in der der wertvollste Teil des Grundstücks belegen ist. [4]Bei Umgemeindungen nach dem Hauptfeststellungszeitpunkt sind weiterhin die Einwohnerzahlen zugrunde zu legen, die für die betroffenen Gemeinden oder Gemeindeteile im Hauptfeststellungszeitpunkt maßgebend waren.

(2) Die Landesregierungen werden ermächtigt, durch Rechtsverordnung zu bestimmen, daß Gemeinden oder Gemeindeteile in eine andere Gemeindegrößenklasse eingegliedert werden, als es ihrer Einwohnerzahl entspricht, wenn die Vervielfältiger wegen der besonderen wirtschaftlichen Verhältnisse in diesen Gemeinden oder Gemeindeteilen abweichend festgesetzt werden müssen (z.B. in Kurorten und Randgemeinden).

---

[1] § 79 Abs. 3 und 4 aufgeh. durch G v. 20. 12. 2001 (BGBl. I S. 3794).

(3) Ist die Lebensdauer eines Gebäudes gegenüber der nach seiner Bauart und Bauausführung in Betracht kommenden Lebensdauer infolge baulicher Maßnahmen wesentlich verlängert oder infolge nicht behebbarer Baumängel und Bauschäden wesentlich verkürzt, so ist der Vervielfältiger nicht nach dem tatsächlichen Baujahr des Gebäudes, sondern nach dem um die entsprechende Zeit späteren oder früheren Baujahr zu ermitteln.

(4) [1]Befinden sich auf einem Grundstück Gebäude oder Gebäudeteile, die eine verschiedene Bauart oder Bauausführung aufweisen oder die in verschiedenen Jahren bezugsfertig geworden sind, so sind für die einzelnen Gebäude oder Gebäudeteile die nach der Bauart und Bauausführung sowie nach dem Baujahr maßgebenden Vervielfältiger anzuwenden. [2]Können die Werte der einzelnen Gebäude oder Gebäudeteile nur schwer ermittelt werden, so kann für das ganze Grundstück ein Vervielfältiger nach einem durchschnittlichen Baujahr angewendet werden.

§ 81[1) 2)] **Außergewöhnliche Grundsteuerbelastung.** [1]Weicht im Hauptfeststellungszeitpunkt die Grundsteuerbelastung in einer Gemeinde erheblich von der in den Vervielfältigern berücksichtigten Grundsteuerbelastung ab, so sind die Grundstückswerte in diesen Gemeinden bis zu 10 Prozent zu ermäßigen oder zu erhöhen. [2]Die Prozentsätze werden durch Rechtsverordnung bestimmt.

§ 82 Ermäßigung und Erhöhung. (1) [1]Liegen wertmindernde Umstände vor, die weder in der Höhe der Jahresrohmiete noch in der Höhe des Vervielfältigers berücksichtigt sind, so ist der sich nach den §§ 78 bis 81 ergebende Grundstückswert zu ermäßigen. [2]Als solche Umstände kommen z. B. in Betracht

1. ungewöhnlich starke Beeinträchtigungen durch Lärm, Rauch oder Gerüche,
2. behebbare Baumängel und Bauschäden und
3. die Notwendigkeit baldigen Abbruchs.

(2) [1]Liegen werterhöhende Umstände vor, die in der Höhe der Jahresrohmiete nicht berücksichtigt sind, so ist der sich nach den §§ 78 bis 81 ergebende Grundstückswert zu erhöhen. [2]Als solche Umstände kommen nur in Betracht

1. die Größe der nicht bebauten Fläche, wenn sich auf dem Grundstück keine Hochhäuser befinden; ein Zuschlag unterbleibt, wenn die gesamte Fläche bei Einfamilienhäusern oder Zweifamilienhäusern nicht mehr als 1500 qm, bei den übrigen Grundstücksarten nicht mehr als das Fünffache der bebauten Fläche beträgt,
2. die nachhaltige Ausnutzung des Grundstücks für Reklamezwecke gegen Entgelt.

---

1) Zu § 81 vgl. die DVO v. 2. 9. 1966 (Nr. **201**).
2) § 81 Satz 1 geänd. durch G v. 20. 12. 2001 (BGBl. I S. 3794).

(3) [1]Die Ermäßigung nach Absatz 1 Nr. 1 und 2 oder die Erhöhung nach Absatz 2 darf insgesamt dreißig Prozent des Grundstückswerts (§§ 78 bis 81) nicht übersteigen. [2]Treffen die Voraussetzungen für die Ermäßigung nach Absatz 1 Nr. 1 und 2 und für die Erhöhung nach Absatz 2 zusammen, so ist der Höchstsatz nur auf das Ergebnis des Ausgleichs anzuwenden.

2. Sachwertverfahren

§ 83 Grundstückswert. [1]Bei der Ermittlung des Grundstückswertes ist vom Bodenwert (§ 84), vom Gebäudewert (§§ 85 bis 88) und vom Wert der Außenanlagen (§ 89) auszugehen (Ausgangswert). [2]Der Ausgangswert ist an den gemeinen Wert anzugleichen (§ 90).

§ 84 Bodenwert. Der Grund und Boden ist mit dem Wert anzusetzen, der sich ergeben würde, wenn das Grundstück unbebaut wäre.

§ 85 Gebäudewert. [1]Bei der Ermittlung des Gebäudewertes ist zunächst ein Wert auf der Grundlage von durchschnittlichen Herstellungskosten nach den Baupreisverhältnissen des Jahres 1958 zu errechnen. [2]Dieser Wert ist nach den Baupreisverhältnissen im Hauptfeststellungszeitpunkt umzurechnen (Gebäudenormalherstellungswert). [3]Der Gebäudenormalherstellungswert ist wegen des Alters des Gebäudes im Hauptfeststellungszeitpunkt (§ 86) und wegen etwa vorhandener baulicher Mängel und Schäden (§ 87) zu mindern (Gebäudesachwert). [4]Der Gebäudesachwert kann in besonderen Fällen ermäßigt oder erhöht werden (§ 88).

§ 86 Wertminderung wegen Alters. (1) [1]Die Wertminderung wegen Alters bestimmt sich nach dem Alter des Gebäudes im Hauptfeststellungszeitpunkt und der gewöhnlichen Lebensdauer von Gebäuden gleicher Art und Nutzung. [2]Sie ist in einem Prozentsatz des Gebäudenormalherstellungswertes auszudrücken. [3]Dabei ist von einer gleichbleibenden jährlichen Wertminderung auszugehen.

(2) Als Alter des Gebäudes gilt die Zeit zwischen dem Beginn des Jahres, in dem das Gebäude bezugsfertig geworden ist, und dem Hauptfeststellungszeitpunkt.

(3) [1]Als Wertminderung darf insgesamt kein höherer Betrag abgesetzt werden, als sich bei einem Alter von siebzig Prozent der Lebensdauer ergibt. [2]Dieser Betrag kann nur überschritten werden, wenn eine außergewöhnliche Wertminderung vorliegt.

(4) Ist die restliche Lebensdauer eines Gebäudes infolge baulicher Maßnahmen verlängert, so ist der nach dem tatsächlichen Alter errechnete Prozentsatz entsprechend zu mindern.

§ 87 Wertminderung wegen baulicher Mängel und Schäden. [1]Für bauliche Mängel und Schäden, die weder bei der Ermittlung des Gebäudenormalherstellungswertes noch bei der Wertminderung wegen Alters berücksichtigt worden sind, ist ein Abschlag zu machen. [2]Die Höhe des Abschlags richtet sich nach Bedeutung und Ausmaß der Mängel und Schäden.

§ 88 Ermäßigung und Erhöhung. (1) Der Gebäudesachwert kann ermäßigt oder erhöht werden, wenn Umstände tatsächlicher Art vorliegen, die bei seiner Ermittlung nicht berücksichtigt worden sind.

(2) Eine Ermäßigung kann insbesondere in Betracht kommen, wenn Gebäude wegen der Lage des Grundstücks, wegen unorganischen Aufbaus oder wirtschaftlicher Überalterung in ihrem Wert gemindert sind.

(3) Ein besonderer Zuschlag ist zu machen, wenn ein Grundstück nachhaltig gegen Entgelt für Reklamezwecke genutzt wird.

§ 89 Wert der Außenanlagen. [1]Der Wert der Außenanlagen (z.B. Umzäunungen, Wege- oder Platzbefestigungen) ist aus durchschnittlichen Herstellungskosten nach den Baupreisverhältnissen des Jahres 1958 zu errechnen und nach den Baupreisverhältnissen im Hauptfeststellungszeitpunkt umzurechnen. [2]Dieser Wert ist wegen des Alters der Außenanlagen im Hauptfeststellungszeitpunkt und wegen etwaiger baulicher Mängel und Schäden zu mindern; die Vorschriften der §§ 86 bis 88 gelten sinngemäß.

§ 90[1)] Angleichung an den gemeinen Wert. (1) Der Ausgangswert (§ 83) ist durch Anwendung einer Wertzahl an den gemeinen Wert anzugleichen.

(2) [1]Die Wertzahlen werden durch Rechtsverordnung unter Berücksichtigung der wertbeeinflussenden Umstände, insbesondere der Zweckbestimmung und Verwendbarkeit der Grundstücke innerhalb bestimmter Wirtschaftszweige und der Gemeindegrößen, im Rahmen von 85 bis 50 Prozent des Ausgangswertes festgesetzt. [2]Dabei können für einzelne Grundstücksarten oder Grundstücksgruppen oder Untergruppen in bestimmten Gebieten, Gemeinden oder Gemeindeteilen besondere Wertzahlen festgesetzt werden, wenn es die örtlichen Verhältnisse auf dem Grundstücksmarkt erfordern.

IV. Sondervorschriften

§ 91 Grundstücke im Zustand der Bebauung. (1) Bei Grundstücken, die sich am Feststellungszeitpunkt im Zustand der Bebauung befinden, bleiben die nicht bezugsfertigen Gebäude oder Gebäudeteile (z.B. Anbauten oder Zubauten) bei der Ermittlung des Werts außer Betracht.

(2)[2)] *(aufgehoben)*

§ 92 Erbbaurecht. (1) [1]Ist ein Grundstück mit einem Erbbaurecht belastet, so ist sowohl für die wirtschaftliche Einheit des Erbbaurechts als auch

---

1) Zu § 90 vgl. DVO v. 2. 9. 1966 (Nr. **202**).
2) § 91 Abs. 2 aufgeh. durch G v. 20. 12. 1996 (BGBl. I S. 2049).

für die wirtschaftliche Einheit des belasteten Grundstücks jeweils ein Einheitswert festzustellen. [2]Bei der Ermittlung der Einheitswerte ist von einem Gesamtwert auszugehen, der für den Grund und Boden einschließlich der Gebäude und Außenanlagen festzustellen wäre, wenn die Belastung nicht bestünde. [3]Wird der Gesamtwert nach den Vorschriften über die Bewertung der bebauten Grundstücke ermittelt, so gilt jede wirtschaftliche Einheit als bebautes Grundstück der Grundstücksart, von der bei der Ermittlung des Gesamtwerts ausgegangen wird.

(2) Beträgt die Dauer des Erbbaurechts in dem für die Bewertung maßgebenden Zeitpunkt noch 50 Jahre oder mehr, so entfällt der Gesamtwert (Absatz 1) allein auf die wirtschaftliche Einheit des Erbbaurechts.

(3) [1]Beträgt die Dauer des Erbbaurechts in dem für die Bewertung maßgebenden Zeitpunkt weniger als 50 Jahre, so ist der Gesamtwert (Absatz 1) entsprechend der restlichen Dauer des Erbbaurechts zu verteilen. [2]Dabei entfallen auf

1. die wirtschaftliche Einheit des Erbbaurechts:
   der Gebäudewert und ein Anteil am Bodenwert;
   dieser beträgt bei einer Dauer des Erbbaurechts

unter 50 bis zu 40 Jahren	95 Prozent,
unter 40 bis zu 35 Jahren	90 Prozent,
unter 35 bis zu 30 Jahren	85 Prozent,
unter 30 bis zu 25 Jahren	80 Prozent,
unter 25 bis zu 20 Jahren	70 Prozent,
unter 20 bis zu 15 Jahren	60 Prozent,
unter 15 bis zu 10 Jahren	45 Prozent,
unter 10 bis zu 5 Jahren	25 Prozent,
unter 5 Jahren	0 Prozent;

2. die wirtschaftliche Einheit des belasteten Grundstücks:
   der Anteil am Bodenwert, der nach Abzug des in Nummer 1 genannten Anteils verbleibt.

[3]Abweichend von den Nummern 1 und 2 ist in die wirtschaftliche Einheit des belasteten Grundstücks ein Anteil am Gebäudewert einzubeziehen, wenn besondere Vereinbarungen es rechtfertigen. [4]Das gilt insbesondere, wenn bei Erlöschen des Erbbaurechts durch Zeitablauf der Eigentümer des belasteten Grundstücks keine dem Gebäudewert entsprechende Entschädigung zu leisten hat. [5]Geht das Eigentum an dem Gebäude bei Erlöschen des Erbbaurechts durch Zeitablauf entschädigungslos auf den Eigentümer des belasteten Grundstücks über, so ist der Gebäudewert entsprechend der in den Nummern 1 und 2 vorgesehenen Verteilung des Bodenwertes zu verteilen. [6]Beträgt die Entschädigung für das Gebäude beim Übergang nur einen Teil des Gebäudewertes, so ist der dem Eigentümer des belasteten Grundstücks entschädigungslos zufallende Anteil entsprechend zu verteilen. [7]Eine in der Höhe des Erbbauzinses zum Ausdruck kommende Entschädigung für den Gebäudewert bleibt außer Betracht. [8]Der Wert der Außenanlagen wird wie der Gebäudewert behandelt.

(4) Hat sich der Erbbauberechtigte durch Vertrag mit dem Eigentümer des belasteten Grundstücks zum Abbruch des Gebäudes bei Beendigung des Erbbaurechts verpflichtet, so ist dieser Umstand durch einen entsprechenden Abschlag zu berücksichtigen; der Abschlag unterbleibt, wenn vorauszusehen ist, daß das Gebäude trotz der Verpflichtung nicht abgebrochen werden wird.

(5)[1] Das Recht auf den Erbbauzins ist nicht als Bestandteil des Grundstücks und die Verpflichtung zur Zahlung des Erbbauzinses nicht bei der Bewertung des Erbbaurechts zu berücksichtigen.

(6) [1]Bei Wohnungserbbaurechten oder Teilerbbaurechten ist der Gesamtwert (Absatz 1) in gleicher Weise zu ermitteln, wie wenn es sich um Wohnungseigentum oder um Teileigentum handeln würde. [2]Die Verteilung des Gesamtwertes erfolgt entsprechend Absatz 3.

(7) [1]Wertfortschreibungen für die wirtschaftlichen Einheiten des Erbbaurechts und des belasteten Grundstücks sind abweichend von § 22 Abs. 1[2] nur vorzunehmen, wenn der Gesamtwert, der sich für den Beginn eines Kalenderjahres ergibt, vom Gesamtwert des letzten Feststellungszeitpunkts um das in § 22 Abs. 1[2] bezeichnete Ausmaß abweicht. [2]§ 30[2] ist entsprechend anzuwenden. [3]Bei einer Änderung der Verteilung des Gesamtwerts nach Absatz 3 sind die Einheitswerte für die wirtschaftlichen Einheiten des Erbbaurechts und des belasteten Grundstücks ohne Beachtung von Wertfortschreibungsgrenzen fortzuschreiben.

§ 93 Wohnungseigentum und Teileigentum. (1) [1]Jedes Wohnungseigentum und Teileigentum bildet eine wirtschaftliche Einheit. [2]Für die Bestimmung der Grundstücksart (§ 75) ist die Nutzung des auf das Wohnungseigentum und Teileigentum entfallenden Gebäudeteils maßgebend. [3]Die Vorschriften der §§ 76 bis 91 finden Anwendung, soweit sich nicht aus den Absätzen 2 und 3 etwas anderes ergibt.

(2) [1]Das zu mehr als achtzig Prozent Wohnzwecken dienende Wohnungseigentum ist im Wege des Ertragswertverfahrens nach den Vorschriften zu bewerten, die für Mietwohngrundstücke maßgebend sind. [2]Wohnungseigentum, das zu nicht mehr als achtzig Prozent, aber zu nicht weniger als zwanzig Prozent Wohnzwecken dient, ist im Wege des Ertragswertverfahrens nach den Vorschriften zu bewerten, die für gemischtgenutzte Grundstücke maßgebend sind.

(3) [1]Entsprechen die im Grundbuch eingetragenen Miteigentumsanteile an dem gemeinschaftlichen Eigentum nicht dem Verhältnis der Jahresrohmiete zueinander, so kann dies bei der Feststellung des Wertes entsprechend berücksichtigt werden. [2]Sind einzelne Räume, die im gemeinschaftlichen Eigentum stehen, vermietet, so ist ihr Wert nach den im Grundbuch eingetragenen Anteilen zu verteilen und bei den einzelnen wirtschaftlichen Einheiten zu erfassen.

---

[1] § 92 Abs. 5 neugef. durch G v. 20. 12. 2001 (BGBl. I S. 3794).

[2] § 92 Abs. 7 Sätze 1 und 2 Zitate geänd. durch G v. 20. 12. 2001 (BGBl. I S. 3794).

§ 94 Gebäude auf fremdem Grund und Boden. (1) [1]Bei Gebäuden auf fremdem Grund und Boden ist der Bodenwert dem Eigentümer des Grund und Bodens und der Gebäudewert dem wirtschaftlichen Eigentümer des Gebäudes zuzurechnen. [2]Außenanlagen (z.B. Umzäunungen, Wegebefestigungen), auf die sich das wirtschaftliche Eigentum am Gebäude erstreckt, sind unbeschadet der Vorschriften in § 68 Abs. 2 in die wirtschaftliche Einheit des Gebäudes einzubeziehen. [3]Für die Grundstücksart des Gebäudes ist § 75 maßgebend; der Grund und Boden, auf dem das Gebäude errichtet ist, gilt als bebautes Grundstück derselben Grundstücksart.

(2) Für den Grund und Boden ist der Wert nach den für unbebaute Grundstücke geltenden Grundsätzen zu ermitteln; beeinträchtigt die Nutzungsbehinderung, welche sich aus dem Vorhandensein des Gebäudes ergibt, den Wert, so ist dies zu berücksichtigen.

(3) [1]Die Bewertung der Gebäude erfolgt nach § 76. [2]Wird das Gebäude nach dem Ertragswertverfahren bewertet, so ist von dem sich nach den §§ 78 bis 80 ergebenden Wert der auf den Grund und Boden entfallende Anteil abzuziehen. [3]Ist vereinbart, daß das Gebäude nach Ablauf der Miet- oder Pachtzeit abzubrechen ist, so ist dieser Umstand durch einen entsprechenden Abschlag zu berücksichtigen; der Abschlag unterbleibt, wenn vorauszusehen ist, daß das Gebäude trotz der Verpflichtung nicht abgebrochen werden wird.

D. Betriebsvermögen

§ 95[1)] Begriff des Betriebsvermögens. (1) [1]Das Betriebsvermögen umfasst alle Teile eines Gewerbebetriebs im Sinne des § 15 Abs. 1 und 2 des Einkommensteuergesetzes, die bei der steuerlichen Gewinnermittlung zum Betriebsvermögen gehören*; § 99 bleibt unberührt.* [2]*Ausgleichsposten im Falle der Organschaft sind nicht anzusetzen.*[2)]

(2) Als Gewerbebetrieb gilt unbeschadet des § 97 nicht die Land- und Forstwirtschaft, wenn sie den Hauptzweck des Unternehmens bildet.

(3) *(aufgehoben)*

§ 96[3)] Freie Berufe. Dem Gewerbebetrieb steht die Ausübung eines freien Berufs im Sinne des § 18 Abs. 1 Nr. 1 des Einkommensteuergesetzes gleich; dies gilt auch für die Tätigkeit als Einnehmer einer staatlichen Lotterie, soweit die Tätigkeit nicht schon im Rahmen eines Gewerbebetriebs ausgeübt wird.

§ 97[4)] Betriebsvermögen von Körperschaften, Personenvereinigungen und Vermögensmassen. (1) [1]Einen Gewerbebetrieb bilden

[1)] § 95 neugef. mWv 1. 1. 1993 durch G v. 25. 2. 1992 (BGBl. I S. 297), Abs. 3 neugef. mWv 1. 1. 1993 durch G v. 9. 11. 1993 (BGBl. I S. 1853), Abs. 1 Satz 1 Halbsatz 2 geänd. mWv 1. 1. 1993 durch G v. 13. 9. 1993 (BGBl. I S. 1569), Abs. 1 Satz 1 zweiter Halbsatz geänd. und Abs. 3 aufgeh. durch G v. 20. 12. 2001 (BGBl. I S. 3794).

[2)] § 95 Abs. 1 Satz 1 HS 2 und Satz 2 aufgeh. mWv 1. 1. 2009 (§ 205 Abs. 1) durch G v. 24. 12. 2008 (BGBl. I S. 3018).

[3)] § 96 neugef. mWv 1. 1. 1993 durch G v. 25. 2. 1992 (BGBl. I S. 297).

[4)] § 97 geänd. mWv 1. 1. 1993 durch G v. 25. 2. 1992 (BGBl. I S. 297).

insbesondere alle Wirtschaftsgüter, die den folgenden Körperschaften, Personenvereinigungen und Vermögensmassen gehören, wenn diese ihre Geschäftsleitung oder ihren Sitz im Inland haben:

1.[1] Kapitalgesellschaften (Aktiengesellschaften, Kommanditgesellschaften auf Aktien, Gesellschaften mit beschränkter Haftung, Europäische Gesellschaften[2]);

2. Erwerbs- und Wirtschaftsgenossenschaften;

3. Versicherungsvereinen auf Gegenseitigkeit;

4. Kreditanstalten des öffentlichen Rechts;

5.[3] Gesellschaften im Sinne des § 15 Abs. 1 Nr. 2 und Abs. 3 oder § 18 Abs. 4 Satz 2 des Einkommensteuergesetzes. [2]Zum Gewerbebetrieb einer solchen Gesellschaft gehören auch die Wirtschaftsgüter, die im Eigentum eines Gesellschafters, mehrerer oder aller Gesellschafter stehen, und Schulden eines Gesellschafters, mehrerer oder aller Gesellschafter, soweit die Wirtschaftsgüter und Schulden bei der steuerlichen Gewinnermittlung zum Betriebsvermögen der Gesellschaft gehören (§ 95); diese Zurechnung geht anderen Zurechnungen vor.

[2]§ 34 Abs. 6 a und § 51 a bleiben unberührt.

[alte Fassung][4]

(1 a) Der Wert des Betriebsvermögens von Gesellschaften im Sinne des Absatzes 1 Nr. 5 ist wie folgt auf die Gesellschafter aufzuteilen:

1.[6] Wirtschaftsgüter und Schulden im Sinne des Absatzes 1 Nr. 5 Satz 2 sind dem jeweiligen Gesellschafter vorab mit dem Wert zuzurechnen, mit dem sie im Wert des Betriebsvermögens enthalten sind.

2.[6] Die Kapitalkonten aus der Steuerbilanz der Gesellschaft mit Ausnahme der Kapitalkonten aus den Sonderbilanzen sind dem jeweili-

[neue Fassung][5]

(1 a) Der gemeine Wert eines Anteils am Betriebsvermögen einer in § 97 Abs. 1 Satz 1 Nr. 5 genannten Personengesellschaft ist wie folgt zu ermitteln und aufzuteilen:

1. Der nach § 109 Abs. 2 ermittelte gemeine Wert des der Personengesellschaft gehörenden Betriebsvermögens (Gesamthandsvermögen) ist wie folgt aufzuteilen:
   a) die Kapitalkonten aus der Gesamthandsbilanz sind dem jeweiligen Gesellschafter vorweg zuzurechnen;
   b) der verbleibende Wert ist nach dem für die Gesellschaft maß-

---

[1] § 97 Abs. 1 Nr. 1 geänd. durch G v. 20. 12. 2001 (BGBl. I S. 3794).

[2] § 97 Abs. 1 Satz 1 Nr. 1 ergänzt mWv 1. 1. 2006 (§ 158 Abs. 3 a. F.) durch G v. 7. 12. 2006 (BGBl. I S. 2782).

[3] § 97 Abs. 1 Nr. 5 neu gef. mWv 1. 1. 2002 durch G v. 20. 12. 2001 (BGBl. I S. 3794).

[4] § 97 Abs. 1 a eingef. durch G v. 20. 12. 1996 (BGBl. I S. 2049); Abs. 1 a geänd. mWv 1. 1. 1998 durch G v. 29. 10. 1997 (BGBl. I S. 2590).

[5] § 97 Abs. 1 a neu gef., Abs. 1 b eingef. mWv 1. 1. 2009 (§ 205 Abs. 1) durch G v. 24. 12. 2008 (BGBl. I S. 3018).

[6] § 97 Abs. 1 a Nrn. 1 und 2 neu gef. mWv 1. 1. 2002 durch G v. 20. 12. 2001 (BGBl. I S. 3794).

[alte Fassung]

gen Gesellschafter vorweg zuzurechnen.

3. Der nach Berücksichtigung der Vorwegzurechnungen im Sinne der Nummern 1 und 2[1] verbleibende Wert des Betriebsvermögens ist nach dem für die Gesellschaft maßgebenden Gewinnverteilungsschlüssel auf die Gesellschafter aufzuteilen.

4. Für jeden Gesellschafter ergibt die Summe aus den Vorwegzurechnungen im Sinne der Nummern 1 und 2[1] und dem anteiligen Unterschiedsbetrag nach Nummer 3 den Anteil am Wert des Betriebsvermögens.

[neue Fassung]

gebenden Gewinnverteilungsschlüssel auf die Gesellschafter aufzuteilen; Vorabgewinnanteile sind nicht zu berücksichtigen.

2. [1]Für die Wirtschaftsgüter und Schulden des Sonderbetriebsvermögens eines Gesellschafters ist der gemeine Wert zu ermitteln. [2]Er ist dem jeweiligen Gesellschafter zuzurechnen.

3. Der Wert des Anteils eines Gesellschafters ergibt sich als Summe aus dem Anteil am Gesamthandsvermögen nach Nummer 1 und dem Wert des Sonderbetriebsmögens nach Nummer 2.

(1 b)[2] [1]Der gemeine Wert eines Anteils an einer in § 97 Abs. 1 Satz 1 Nr. 1 genannten Kapitalgesellschaft bestimmt sich nach dem Verhältnis des Anteils am Nennkapital (Grund- oder Stammkapital) der Gesellschaft zum gemeinen Wert des Betriebsvermögens der Kapitalgesellschaft im Bewertungsstichtag. [2]Dies gilt auch, wenn das Nennkapital noch nicht vollständig eingezahlt ist. [3]Richtet sich die Beteiligung am Vermögen und am Gewinn der Gesellschaft aufgrund einer ausdrücklichen Vereinbarung der Gesellschafter nach der jeweiligen Höhe des eingezahlten Nennkapitals, bezieht sich der gemeine Wert nur auf das tatsächlich eingezahlte Nennkapital. [***ab 1. 1. 2016:*** [4]Abweichend von Satz 1 sind bei der Wertermittlung des Anteils vorbehaltlich des § 9 Absatz 2 und 3 Regelungen zu berücksichtigen, die sich auf den Wert des Anteils auswirken,

---

[1] § 97 Abs. 1 a Nrn. 3 und 4 geänd. durch G v. 20. 12. 2001 (BGBl. I S. 3794).

[2] § 97 Abs. 1 b Satz 4 angef. durch G v. 2. 11. 2015 (BGBl. I S. 1834); zur Anwendung siehe § 205 Abs. 8.

[alte Fassung]

[neue Fassung]

wie insbesondere eine vom Verhältnis des Anteils am Nennkapital (Grund- oder Stammkapital) abweichende Gewinnverteilung.]

(2) Einen Gewerbebetrieb bilden auch die Wirtschaftsgüter, die den sonstigen juristischen Personen des privaten Rechts, den nichtrechtsfähigen Vereinen, Anstalten, Stiftungen und anderen Zweckvermögen gehören, soweit sie einem wirtschaftlichen Geschäftsbetrieb (ausgenommen Land- und Forstwirtschaft) dienen.

(Fortsetzung nächstes Blatt)

(3)[1] *Bei allen Körperschaften, Personenvereinigungen und Vermögensmassen, die weder ihre Geschäftsleitung noch ihren Sitz im Inland haben, bilden nur die Wirtschaftsgüter einen Gewerbebetrieb, die zum inländischen Betriebsvermögen gehören (§ 121 Nr. 3)[2].*

§ 98.[3] *(aufgehoben)*

§ 98 a[4] **Bewertungsgrundsätze.** *[1] Der Wert des Betriebsvermögens wird in der Weise ermittelt, daß die Summe der Werte, die für die zu dem Gewerbebetrieb gehörenden Wirtschaftsgüter und sonstigen aktiven Ansätze (Rohbetriebsvermögen) ermittelt worden sind, um die Summe der Schulden und sonstigen Abzüge (§ 103) gekürzt wird. [2] Die §§ 4 bis 8 sind nicht anzuwenden.*

§ 99[5] **Betriebsgrundstücke.** (1) Betriebsgrundstück im Sinne dieses Gesetzes ist der zu einem Gewerbebetrieb gehörige Grundbesitz, soweit er, losgelöst von seiner Zugehörigkeit zu dem Gewerbebetrieb,

1. zum Grundvermögen gehören würde oder
2. einen Betrieb der Land- und Forstwirtschaft bilden würde.

(2)[6] *[1] Dient das Grundstück, das, losgelöst von dem Gewerbebetrieb, zum Grundvermögen gehören würde, zu mehr als der Hälfte seines Werts dem Gewerbebetrieb, so gilt das ganze Grundstück als Teil des Gewerbebetriebs und als Betriebsgrundstück. [2] Dient das Grundstück nur zur Hälfte seines Werts oder zu einem geringeren Teil dem Gewerbebetrieb, so gehört das ganze Grundstück zum Grundvermögen. [3] Ein Grundstück, an dem neben dem Betriebsinhaber noch andere Personen beteiligt sind, gilt auch hinsichtlich des Anteils des Betriebsinhabers nicht als Betriebsgrundstück. [4] Abweichend von den Sätzen 1 bis 3 gehört der Grundbesitz der in § 97 Abs. 1 bezeichneten inländischen Körperschaften, Personenvereinigungen und Vermögensmassen stets zu den Betriebsgrundstücken.*

(3) Betriebsgrundstücke im Sinne des Absatzes 1 Nr. 1 sind wie Grundvermögen, Betriebsgrundstücke im Sinne des Absatzes 1 Nr. 2 wie land- und forstwirtschaftliches Vermögen zu bewerten.

§§ 100 bis 102.[7][8] *(aufgehoben)*

---

[1] § 97 Abs. 3 aufgeh. mWv 1. 1. 2009 (§ 205 Abs. 1) durch G v. 24. 12. 2008 (BGBl. I S. 3018).

[2] § 97 Abs. 3 Verweis geänd. durch G v. 20. 12. 2001 (BGBl. I S. 3794).

[3] § 98 neugef. mWv 1. 1. 1995 durch G v. 21. 12. 1993 (BGBl. I S. 2310) und aufgeh. mWv 1. 1. 2002 durch G v. 20. 12. 2001 (BGBl. I S. 3794).

[4] § 98 a neugef. mWv 1. 1. 1993 durch G v. 25. 2. 1992 (BGBl. I S. 297), Satz 1 neugef. mWv 1. 1. 1993 durch G v. 13. 9. 1993 (BGBl. I S. 1569), Satz 1 geänd. mWv 1. 1. 1998 durch G v. 29. 10. 1997 (BGBl. I S. 2590); § 98 a aufgeh. mWv 1. 1. 2009 (§ 205 Abs. 1) durch G v. 24. 12. 2008 (BGBl. I S. 3018).

[5] § 99 Abs. 1 und 2 geänd. mWv 1. 1. 1993 durch G v. 25. 2. 1992 (BGBl. I S. 297).

[6] § 99 Abs. 2 aufgeh. mWv 1. 1. 2009 (§ 205 Abs. 1) durch G v. 24. 12. 2008 (BGBl. I S. 3018).

[7] § 100 aufgeh. mWv 1. 1. 1993 durch G v. 9. 11. 1992 (BGBl. I S. 1853).

[8] §§ 101 und 102 aufgeh. mWv 1. 1. 1998 durch G v. 29. 10. 1997 (BGBl. I S. 2590).

§ 103[1] **Schulden und sonstige Abzüge.** (1) Schulden und sonstige Abzüge, die nach § 95 Abs. 1 zum Betriebsvermögen gehören, werden vorbehaltlich des Absatzes 3 berücksichtigt, soweit sie mit der Gesamtheit oder einzelnen Teilen des Betriebsvermögens im Sinne dieses Gesetzes in wirtschaftlichem Zusammenhang stehen.

(2) Weist ein Gesellschafter in der Steuerbilanz Gewinnansprüche gegen eine von ihm beherrschte Gesellschaft aus, ist bei dieser ein Schuldposten in entsprechender Höhe abzuziehen.

(3) Rücklagen sind nur insoweit abzugsfähig, als ihr Abzug bei der Bewertung des Betriebsvermögens für Zwecke der Erbschaftsteuer durch Gesetz ausdrücklich zugelassen ist.

§ 103 a.[2] *(aufgehoben)*

§ 104[3] [4] **Pensionsverpflichtungen.** *(1) Bei Steuerpflichtigen, die ihren Gewinn nicht nach § 4 Abs. 1 oder § 5 des Einkommensteuergesetzes ermitteln, kann eine Pensionsverpflichtung nach Maßgabe der folgenden Absätze abgezogen werden.*

(2) Eine Pensionsverpflichtung darf nur abgezogen werden, wenn und soweit

1. der Pensionsberechtigte einen Rechtsanspruch auf einmalige oder laufende Pensionsleistungen hat,

2.[5] *die Pensionszusage keine Pensionsleistungen in Abhängigkeit von künftigen gewinnabhängigen Bezügen vorsieht und keinen Vorbehalt enthält, dass die Pensionsanwartschaft oder die Pensionsleistung gemindert oder entzogen werden kann, oder ein solcher Vorbehalt sich nur auf Tatbestände erstreckt, bei deren Vorliegen nach allgemeinen Rechtsgrundsätzen unter Beachtung billigen Ermessens eine Minderung oder ein Entzug der Pensionsanwartschaft oder der Pensionsleistung zulässig ist, und*

3. die Pensionszusage schriftlich erteilt ist.

(3) Eine Pensionsverpflichtung darf erstmals abgezogen werden

1. vor Eintritt des Versorgungsfalls an dem Bewertungsstichtag, der dem Wirtschaftsjahr folgt, in dem die Pensionszusage erteilt worden ist, frühestens jedoch nach Ablauf des Wirtschaftsjahrs, bis zu dessen Mitte der Pensionsberechtigte das 30. Lebensjahr vollendet hat,

2. nach Eintritt des Versorgungsfalls an dem Bewertungsstichtag, der dem Wirtschaftsjahr folgt, in dem der Versorgungsfall eingetreten ist.

(4) Pensionsverpflichtungen, bei denen der Teilwert der Pensionsverpflichtung als Bemessungsgrundlage für die Beitragszahlung an den Träger der Insolvenzsicherung

---

[1] § 103 neugef. mWv 1. 1. 1993 durch G v. 25. 2. 1992 (BGBl. I S. 297), Abs. 1 neugef. mWv 1. 1. 1993 durch G v. 13. 9. 1993 (BGBl. I S. 1569), Abs. 3 geänd. durch G v. 20. 12. 2001 (BGBl. I S. 3794).

[2] § 103 a aufgeh. mWv 1. 1. 1993 durch G v. 25. 2. 1992 (BGBl. I S. 297).

[3] § 104 geänd. mWv 1. 1. 1993 durch G v. 25. 2. 1992 (BGBl. I S. 297).

[4] § 104 aufgeh. mWv 1. 1. 2009 (§ 205 Abs. 1) durch G v. 24. 12. 2008 (BGBl. I S. 3018).

[5] § 104 Abs. 2 Nr. 2 neugef. durch G v. 20. 12. 2001 (BGBl. I S. 3794).

zu ermitteln ist (§ 10 Abs. 3 Nr. 1 des Gesetzes zur Verbesserung der betrieblichen Altersversorgung in der jeweils geltenden Fassung)[1]*, sind höchstens mit dem Teilwert nach § 6a Abs. 3 des Einkommensteuergesetzes anzusetzen.*

(5) Pensionsverpflichtungen, die nicht unter Absatz 4 fallen, sind anzusetzen,

1. *wenn der Versorgungsfall noch nicht eingetreten ist (Pensionsanwartschaften), höchstens mit dem Betrag, der nach den folgenden Absätzen zu ermitteln ist,*
2. *wenn der Versorgungsfall eingetreten ist, mit dem aus Anlage 13 zu entnehmenden Vielfachen der Jahresrente.*

(6) [1] Die Anwartschaft auf eine lebenslängliche Altersrente ist mit dem aus Anlage 10, Spalten 2a und 3a, zu entnehmenden Vielfachen des Teiles dieser Jahresrente anzusetzen, der dem Verhältnis der bereits zurückliegenden Dienstzeit zur Gesamtdienstzeit entspricht. [2] Dabei ist von der Jahresrente auszugehen, die von dem Pensionsberechtigten bis zur Vollendung seines 63. Lebensjahres nach Maßgabe der Pensionszusage erworben werden kann. [3] § 6a Abs. 3 Nr. 1 Satz 4 des Einkommensteuergesetzes gilt entsprechend. [4] Als zurückliegende Dienstzeit gilt der Zeitraum vom Beginn des Dienstverhältnisses bis zum Bewertungsstichtag, als Gesamtdienstzeit der Zeitraum vom Beginn des Dienstverhältnisses bis zur Vollendung des 63. Lebensjahres. [5] Als Beginn des Dienstverhältnisses kann frühestens das Kalenderjahr zugrunde gelegt werden, zu dessen Mitte der Pensionsberechtigte das 30. Lebensjahr vollendet hat. [6] Die maßgebende Dienstzeit ist jeweils auf volle Jahre auf- oder abzurunden.

(7) Ist für den Beginn der Pensionszahlung die Vollendung eines anderen als des 63. Lebensjahres vorgesehen, so ist für jedes Jahr der Abweichung nach unten ein Zuschlag von 7 Prozent und für jedes Jahr der Abweichung nach oben ein Abschlag von 5 Prozent bis zum vollendeten 65. Lebensjahr und von 3 Prozent für jedes weitere Lebensjahr vorzunehmen.

(8) [1] Die Anwartschaft auf Altersrente ist bei einem Pensionsberechtigten, der vor Eintritt des Versorgungsfalls ausgeschieden ist, mit dem aus Anlage 11, Spalten 2a und 3a, zu entnehmenden Vielfachen der Jahresrente anzusetzen. [2] Absatz 6 Satz 2 und Absatz 7 gelten entsprechend.

(9) [1] Die Anwartschaft auf lebenslängliche Invalidenrente ist wie die Anwartschaft auf Altersrente zu behandeln. [2] Neben einer Anwartschaft auf Altersrente kann eine Anwartschaft auf Invalidenrente nicht berücksichtigt werden.

(10) [1] Die Anwartschaft auf lebenslängliche Hinterbliebenenrente ist

1. *bei noch tätigen Pensionsberechtigten mit dem aus Anlage 10, Spalte 2b oder 3b, zu entnehmenden Vielfachen des Teiles der Jahresrente anzusetzen, der dem Verhältnis der bereits zurückliegenden Dienstzeit zur Gesamtdienstzeit entspricht,*
2. *bei vor Eintritt des Versorgungsfalls aus dem Dienstverhältnis ausgeschiedenen Pensionsberechtigten mit dem aus Anlage 11, Spalte 2b oder 3b, zu entnehmenden Vielfachen der Jahresrente anzusetzen.*

[2] Die Absätze 6 und 7 gelten entsprechend.

---

[1] § 104 Abs. 4 geänd. durch G v. 20. 12. 1996 (BGBl. I S. 2049) und G v. 20. 12. 2001 (BGBl. I S. 3794).

(11) Eine neben den laufenden Leistungen bestehende Anwartschaft des Pensionsberechtigten auf eine lebenslängliche Hinterbliebenenrente ist mit dem aus Anlage 12 zu entnehmenden Vielfachen der den Hinterbliebenen des Pensionsberechtigten zustehenden Jahresrente anzusetzen.

(12) [1]Ist als Pensionsleistung eine einmalige Kapitalleistung zugesagt worden, so sind bei der Ermittlung des abzugsfähigen Betrags 10 Prozent der Kapitalleistung als Jahresrente anzusetzen. [2]Die Absätze 6 bis 11 gelten entsprechend.

(13) Die Absätze 4 bis 12 gelten entsprechend, wenn der Pensionsberechtigte zu dem Pensionsverpflichteten in einem anderen Rechtsverhältnis als einem Dienstverhältnis steht.

(14) Verpflichtungen aus laufenden Pensionen, die aufgrund einer rechtsähnlichen tatsächlichen Verpflichtung geleistet werden und bei denen nicht sämtliche Voraussetzungen der Absätze 2 und 3 vorliegen, sind abzugsfähig, soweit die Leistungen bereits vor dem 1. Januar 1981 begonnen haben.

§§ 105 bis 107.[1)] *(aufgehoben)*

§ 108. (weggefallen)

§ 109 Bewertung.

[alte Fassung][2)]

(1) Die zu einem Gewerbebetrieb gehörenden Wirtschaftsgüter, sonstigen aktiven Ansätze, Schulden und sonstigen passiven Ansätze sind bei Steuerpflichtigen, die ihren Gewinn nach § 4 Abs. 1 oder § 5 des Einkommensteuergesetzes ermitteln, mit den Steuerbilanzwerten anzusetzen.

(2) Bei Steuerpflichtigen, die nicht unter Absatz 1 fallen, werden die Wirtschaftsgüter des abnutzbaren Anlagevermögens mit den ertragsteuerlichen Werten angesetzt.

(3), (4) *(aufgehoben)*

[neue Fassung][3)]

(1) [1]Das Betriebsvermögen von Gewerbebetrieben im Sinne des § 95 und das Betriebsvermögen von freiberuflich Tätigen im Sinne des § 96 ist jeweils mit dem gemeinen Wert anzusetzen. [2]Für die Ermittlung des gemeinen Werts gilt § 11 Abs. 2 entsprechend.

(2) [1]Der Wert eines Anteils am Betriebsvermögen einer in § 97 genannten Körperschaft, Personenvereinigung oder Vermögensmasse ist mit dem gemeinen Wert anzusetzen. [2]Für die Ermittlung des gemeinen Werts gilt § 11 Abs. 2 entsprechend.

---

1) § 105 aufgeh. mWv 1. 1. 1993 durch G v. 25. 2. 1992 (BGBl. I S. 297), §§ 106 und 107 aufgeh. mWv 1. 1. 1998 durch G v. 29. 10. 1997 (BGBl. I S. 2590).

2) § 109 Abs. 2 eingef., bish. Abs. 2 und 3 werden Abs. 3 und 4, neuer Abs. 4 Satz 2 angef., bish. Abs. 4 aufgeh. mWv 1. 1. 1993 durch G v. 25. 2. 1992 (BGBl. I S. 297), Abs. 1 neugef. mWv 1. 1. 1993 durch G v. 13. 9. 1993 (BGBl. I S. 1569); Abs. 1 und 2 geänd. sowie Abs. 3 und 4 aufgeh. mWv 1. 1. 1998 durch G v. 29. 10. 1997 (BGBl. I S. 2590).

3) § 109 neugef. mWv 1. 1. 2009 (§ 205 Abs. 1) durch G v. 24. 12. 2008 (BGBl. I S. 3018).

§ 109 a.[1] *(aufgehoben)*

Zweiter Abschnitt: Sondervorschriften und Ermächtigungen[2]

§§ 110 bis 120.[2] [3] *(aufgehoben)*

§ 121[4] **Inlandsvermögen.** Zum Inlandsvermögen gehören:

1. das inländische land- und forstwirtschaftliche Vermögen;
2. das inländische Grundvermögen;
3. das inländische Betriebsvermögen. [2] Als solches gilt das Vermögen, das einem im Inland betriebenen Gewerbe dient, wenn hierfür im Inland eine Betriebsstätte unterhalten wird oder ein ständiger Vertreter bestellt ist;
4. Anteile an einer Kapitalgesellschaft, wenn die Gesellschaft Sitz oder Geschäftsleitung im Inland hat und der Gesellschafter entweder allein oder zusammen mit anderen ihm nahestehenden Personen im Sinne des § 1 Abs. 2 des Außensteuergesetzes in der jeweils geltenden Fassung am Grund- oder Stammkapital der Gesellschaft mindestens zu einem Zehntel unmittelbar oder mittelbar beteiligt ist;
5. nicht unter Nummer 3 fallende Erfindungen, Gebrauchsmuster und Topographien, die in ein inländisches Buch oder Register eingetragen sind;
6. Wirtschaftsgüter, die nicht unter die Nummern 1, 2 und 5 fallen und einem inländischen Gewerbebetrieb überlassen, insbesondere an diesen vermietet oder verpachtet sind;
7. Hypotheken, Grundschulden, Rentenschulden und andere Forderungen oder Rechte, wenn sie durch inländischen Grundbesitz, durch inländische grundstücksgleiche Rechte oder durch Schiffe, die in ein inländisches Schiffsregister eingetragen sind, unmittelbar oder mittelbar gesichert sind. [2] Ausgenommen sind Anleihen und Forderungen, über die Teilschuldverschreibungen ausgegeben sind;
8. Forderungen aus der Beteiligung an einem Handelsgewerbe als stiller Gesellschafter und aus partiarischen Darlehen, wenn der Schuldner Wohnsitz oder gewöhnlichen Aufenthalt, Sitz oder Geschäftsleitung im Inland hat;
9. Nutzungsrechte an einem der in den Nummern 1 bis 8 genannten Vermögensgegenstände.

---

[1] § 109 a aufgeh. mWv 1. 1. 1998 durch G v. 29. 10. 1997 (BGBl. I S. 2590).

[2] Abschnittsüberschrift neugef., §§ 116–120 aufgeh. mWv 1. 1. 1997 durch G v. 20. 12. 1996 (BGBl. I S. 2049).

[3] §§ 110, 111 und 114 aufgeh. mWv 1. 1. 1997 durch G v. 20. 12. 1996 (BGBl. I S. 2049); §§ 112, 113, 113 a und 115 aufgeh. mWv 1. 1. 1998 durch G v. 29. 10. 1997 (BGBl. I S. 2590).

[4] § 121 neugef. mWv 1. 1. 1997 durch G v. 20. 12. 1996 (BGBl. I S. 2049), Nr. 4 geänd. durch G v. 20. 12. 2001 (BGBl. I S. 3794).

§ 121 a[1] **Sondervorschrift für die Anwendung der Einheitswerte 1964.** Während der Geltungsdauer der auf den Wertverhältnissen am 1. Januar 1964 beruhenden Einheitswerte des Grundbesitzes sind Grundstücke (§ 70) und Betriebsgrundstücke im Sinne des § 99 Abs. 1 Nr. 1 für die Gewerbesteuer mit 140 Prozent des Einheitswerts anzusetzen.

§ 121 b.[2] *(aufgehoben)*

§ 122[2] **Besondere Vorschriften für Berlin (West).** [1] § 50 Abs. 1, § 60 Abs. 1 und § 67 gelten nicht für den Grundbesitz in Berlin (West). [2] Bei der Beurteilung der natürlichen Ertragsbedingungen und des Bodenartenverhältnisses ist das Bodenschätzungsgesetz sinngemäß anzuwenden.

§ 123[3] **Ermächtigungen.** Die Bundesregierung wird ermächtigt, mit Zustimmung des Bundesrates die in § 12 Abs. 4, § 21 Abs. 1, § 39 Abs. 1, § 51 Abs. 4, § 55 Abs. 3, 4 und 8, den §§ 81 und 90 Abs. 2 vorgesehenen Rechtsverordnungen zu erlassen.

§ 124.[4] *(aufgehoben)*

Dritter Abschnitt: Vorschriften für die Bewertung von Vermögen in dem in Artikel 3 des Einigungsvertrages genannten Gebiet

A. Land- und forstwirtschaftliches Vermögen[5]

§ 125 Land- und forstwirtschaftliches Vermögen. (1) Einheitswerte, die für Betriebe der Land- und Forstwirtschaft nach den Wertverhältnissen vom 1. Januar 1935 festgestellt worden sind, werden ab dem 1. Januar 1991 nicht mehr angewendet.

(2)[6] [1] Anstelle der Einheitswerte für Betriebe der Land- und Forstwirtschaft werden abweichend von § 19 Abs. 1 Ersatzwirtschaftswerte für das in Absatz 3 bezeichnete Vermögen ermittelt und ab 1. Januar 1991 der Besteuerung zugrunde gelegt. [2] Der Bildung des Ersatzwirtschaftswerts ist abweichend von § 2 und § 34 Abs. 1, 3 bis 6 und 7 eine Nutzungseinheit zugrunde zu legen, in die alle von derselben Person (Nutzer) regelmäßig selbstgenutzten Wirtschaftsgüter des land- und forstwirtschaftlichen Vermögens im Sinne des § 33 Abs. 2 einbezogen werden, auch wenn der Nutzer nicht Eigentümer ist. [3] § 26 ist sinngemäß anzuwenden. [4] Grund-

---

[1] § 121 a neugef. mWv 1. 1. 1997 durch G v. 20. 12. 1996 (BGBl. I S. 2049).

[2] § 121 b aufgeh. und § 122 neugef. durch G v. 20. 12. 1996 (BGBl. I S. 2049).

[3] § 123 neugef. durch G v. 20. 12. 1996 (BGBl. I S. 2049) und geänd. durch G v. 20. 12. 2001 (BGBl. I S. 3794).

[4] § 124 aufgeh. durch G v. 20. 12. 1996 (BGBl. I S. 2049).

[5] Unterabschnittsüberschrift eingef. durch G v. 29. 10. 1997 (BGBl. I S. 2590).

[6] § 125 Abs. 2 neugef. mWv 1. 1. 1993 durch G v. 13. 9. 1993 (BGBl. I S. 1569), Satz 1 geänd. durch G v. 20. 12. 2001 (BGBl. I S. 3794).

besitz im Sinne des § 3 Abs. 1 Satz 1 Nr. 6 und Satz 2 des Grundsteuergesetzes wird bei der Bildung des Ersatzwirtschaftswerts nicht berücksichtigt.

(3) [1]Zum land- und forstwirtschaftlichen Vermögen gehören abweichend von § 33 Abs. 2 nicht die Wohngebäude einschließlich des dazugehörigen Grund und Bodens. [2]Wohngrundstücke sind dem Grundvermögen zuzurechnen und nach den dafür geltenden Vorschriften zu bewerten.

(4)[1)] [1]Der Ersatzwirtschaftswert wird unter sinngemäßer Anwendung der §§ 35, 36, 38, 40, 42 bis 45, 50 bis 54, 56, 59, 60 Abs. 2 und § 62 in einem vereinfachten Verfahren ermittelt. [2]Bei dem Vergleich der Ertragsbedingungen sind abweichend von § 38 Abs. 2 Nr. 1 ausschließlich die in der Gegend als regelmäßig anzusehenden Verhältnisse zugrunde zu legen.

(5) Für die Ermittlung des Ersatzwirtschaftswerts sind die Wertverhältnisse maßgebend, die bei der Hauptfeststellung der Einheitswerte des land- und forstwirtschaftlichen Vermögens in der Bundesrepublik Deutschland auf den 1. Januar 1964 zugrunde gelegt worden sind.

(6) [1]Aus den Vergleichszahlen der Nutzungen und Nutzungsteile, ausgenommen die forstwirtschaftliche Nutzung und die sonstige land- und forstwirtschaftliche Nutzung, werden unter Anwendung der Ertragswerte des § 40 die Ersatzvergleichswerte als Bestandteile des Ersatzwirtschaftswerts ermittelt. [2]Für die Nutzungen und Nutzungsteile gelten die folgenden Vergleichszahlen:

1. Landwirtschaftliche Nutzung
   a) Landwirtschaftliche Nutzung ohne Hopfen und Spargel
      Die landwirtschaftliche Vergleichszahl in 100 je Hektar errechnet sich auf der Grundlage der Ergebnisse der Bodenschätzung unter Berücksichtigung weiterer natürlicher und wirtschaftlicher Ertragsbedingungen.
   b) Hopfen
      Hopfenbau-Vergleichszahl je Ar 40
   c) Spargel
      Spargelbau-Vergleichszahl je Ar 70
2. Weinbauliche Nutzung
   Weinbau-Vergleichszahlen je Ar:
   a) Traubenerzeugung (Nichtausbau) 22
   b) Faßweinausbau 25
   c) Flaschenweinausbau 30
3. Gärtnerische Nutzung
   Gartenbau-Vergleichszahlen je Ar:
   a) Nutzungsteil Gemüse-, Blumen- und Zierpflanzenbau:
      aa) Gemüsebau 50
      bb) Blumen- und Zierpflanzenbau 100

---

1) § 125 Abs. 4 bish. Satz 3 aufgeh durch G v. 20. 12. 2001 (BGBl. I S. 3794).

b) Nutzungsteil Obstbau 50

c) Nutzungsteil Baumschulen 60

d) Für Nutzungsflächen unter Glas und Kunststoffplatten, ausgenommen Niederglas, erhöhen sich die vorstehenden Vergleichszahlen bei

aa) Gemüsebau
nicht heizbar .... um das 6fache,
heizbar .... um das 8fache,

bb) Blumen- und Zierpflanzenbau, Baumschulen
nicht heizbar .... um das 4fache,
heizbar .... um das 8fache.

(7) Für die folgenden Nutzungen werden unmittelbar Ersatzvergleichswerte angesetzt:

1. Forstwirtschaftliche Nutzung
Der Ersatzvergleichswert beträgt 125 Deutsche Mark[1] je Hektar.

2. Sonstige land- und forstwirtschaftliche Nutzung
Der Ersatzvergleichswert beträgt bei

a) Binnenfischerei .... 2 Deutsche Mark[1] je kg des nachhaltigen Jahresfangs,

b) Teichwirtschaft

aa) Forellenteichwirtschaft .... 20 000 Deutsche Mark[1] je Hektar,

bb) übrige Teichwirtschaft .... 1000 Deutsche Mark[1] je Hektar,

c) Fischzucht für Binnenfischerei und Teichwirtschaft

aa) für Forellenteichwirtschaft .... 30 000 Deutsche Mark[1] je Hektar,

bb) für übrige Binnenfischerei und Teichwirtschaft .... 1500 Deutsche Mark[1] je Hektar,

d) Imkerei .... 10 Deutsche Mark[1] je Bienenkasten,

e) Wanderschäferei .... 20 Deutsche Mark[1] je Mutterschaf,

f) Saatzucht .... 15 Prozent der nachhaltigen Jahreseinnahmen,

g) Weihnachtsbaumkultur .... 3000 Deutsche Mark[1] je Hektar,

---

[1] Siehe hierzu § 205 Abs. 2.

h) Pilzanbau	25 Deutsche Mark[1] je Quadratmeter,
i) Besamungsstationen............................	20 Prozent der nachhaltigen Jahreseinnahmen.

§ 126 Geltung des Ersatzwirtschaftswerts. (1) [1]Der sich nach § 125 ergebende Ersatzwirtschaftswert gilt für die Grundsteuer; er wird im Steuermeßbetragsverfahren ermittelt. [2]Für eine Neuveranlagung des Grundsteuermeßbetrags wegen Änderung des Ersatzwirtschaftswerts gilt § 22 Abs. 1[2] sinngemäß.

(2) [1]Für andere Steuern ist bei demjenigen, dem Wirtschaftsgüter des land- und forstwirtschaftlichen Vermögens zuzurechnen sind, der Ersatzwirtschaftswert oder ein entsprechender Anteil an diesem Wert anzusetzen. [2]Die Eigentumsverhältnisse und der Anteil am Ersatzwirtschaftswert sind im Festsetzungsverfahren der jeweiligen Steuer zu ermitteln.

§ 127 Erklärung zum Ersatzwirtschaftswert. (1) [1]Der Nutzer des land- und forstwirtschaftlichen Vermögens (§ 125 Abs. 2 Satz 2) hat dem Finanzamt, in dessen Bezirk das genutzte Vermögen oder sein wertvollster Teil liegt, eine Erklärung zum Ersatzwirtschaftswert abzugeben. [2]Der Nutzer hat die Steuererklärung eigenhändig zu unterschreiben.

(2) [1]Die Erklärung ist erstmals für das Kalenderjahr 1991 nach den Verhältnissen zum 1. Januar 1991 abzugeben. [2]§ 28 Abs. 2 gilt entsprechend.

§ 128 Auskünfte, Erhebungen, Mitteilungen, Abrundung. § 29 und § 30[2] gelten bei der Ermittlung des Ersatzwirtschaftswerts sinngemäß.

B. Grundvermögen[3]

§ 129 Grundvermögen. (1) Für Grundstücke gelten die Einheitswerte, die nach den Wertverhältnissen am 1. Januar 1935 festgestellt sind oder noch festgestellt werden (Einheitswerte 1935).

(2) Vorbehaltlich der §§ 129 a bis 131[4] werden für die Ermittlung der Einheitswerte 1935 statt der §§ 27, 68 bis 94

1. §§ 10, 11 Abs. 1 und 2 und Abs. 3 Satz 2, §§ 50 bis 53 des Bewertungsgesetzes der Deutschen Demokratischen Republik in der Fassung vom 18. September 1970 (Sonderdruck Nr. 674 des Gesetzblattes),
2. § 3 a Abs. 1, §§ 32 bis 46 der Durchführungsverordnung zum Reichsbewertungsgesetz vom 2. Februar 1935 (RGBl. I S. 81), zuletzt geändert durch die Verordnung zur Änderung der Durchführungsverordnung zum Vermögensteuergesetz, der Durchführungsverordnung zum

---

[1] Siehe hierzu § 205 Abs. 2.
[2] Verweis geänd. durch G v. 20. 12. 2001 (BGBl. I S. 3794).
[3] Unterabschnittsüberschrift eingef. durch G v. 29. 10. 1997 (BGBl. I S. 2590).
[4] Zitat geänd. durch G v. 27. 9. 1994 (BGBl. I S. 2624).

Reichsbewertungsgesetz und der Aufbringungsumlage-Verordnung vom 8. Dezember 1944 (RGBl. I S. 338), und

3. die Rechtsverordnungen der Präsidenten der Landesfinanzämter über die Bewertung bebauter Grundstücke vom 17. Dezember 1934 (Reichsministerialblatt S. 785 ff.), soweit Teile des in Artikel 3 des Einigungsvertrages genannten Gebietes in ihrem Geltungsbereich liegen,

weiter angewandt.

§ 129 a[1] Abschläge bei Bewertung mit einem Vielfachen der Jahresrohmiete. (1) Ist eine Ermäßigung wegen des baulichen Zustandes des Gebäudes (§ 37 Abs. 1, 3 und 4 der weiter anzuwendenden Durchführungsverordnung zum Reichsbewertungsgesetz) zu gewähren, tritt der Höchstsatz 50 Prozent anstelle des Höchstsatzes von 30 Prozent.

(2) [1] Der Wert eines Grundstücks, der sich aus dem Vielfachen der Jahresrohmiete ergibt, ist ohne Begrenzung auf 30 Prozent (§ 37 Abs. 3 der weiter anzuwendenden Durchführungsverordnung zum Reichsbewertungsgesetz) zu ermäßigen, wenn die Notwendigkeit baldigen Abbruchs besteht. [2] Gleiches gilt, wenn derjenige, der ein Gebäude auf fremdem Grund und Boden oder aufgrund eines Erbbaurechts errichtet hat, vertraglich zum vorzeitigen Abbruch verpflichtet ist.

§ 130 Nachkriegsbauten. (1) Nachkriegsbauten sind Grundstücke mit Gebäuden, die nach dem 20. Juni 1948 bezugsfertig geworden sind.

(2) [1] Soweit Nachkriegsbauten mit einem Vielfachen der Jahresrohmiete zu bewerten sind, ist für Wohnraum die ab Bezugsfertigkeit preisrechtlich zulässige Miete als Jahresrohmiete vom 1. Januar 1935 anzusetzen. [2] Sind Nachkriegsbauten nach dem 30. Juni 1990 bezugsfertig geworden, ist die Miete anzusetzen, die bei unverändertem Fortbestand der Mietpreisgesetzgebung ab Bezugsfertigkeit preisrechtlich zulässig gewesen wäre. [3] Enthält die preisrechtlich zulässige Miete Bestandteile, die nicht zur Jahresrohmiete im Sinne des § 34 der weiter anzuwendenden Durchführungsverordnung zum Reichsbewertungsgesetz gehören, sind sie auszuscheiden.

(3) Für Nachkriegsbauten der Mietwohngrundstücke, der gemischtgenutzten Grundstücke und der mit einem Vielfachen der Jahresrohmiete zu bewertenden Geschäftsgrundstücke gilt einheitlich der Vervielfältiger neun.

§ 131 Wohnungseigentum und Teileigentum, Wohnungserbbaurecht und Teilerbbaurecht. (1) [1] Jedes Wohnungseigentum und Teileigentum bildet eine wirtschaftliche Einheit. [2] Für die Bestimmung der Grundstückshauptgruppe ist die Nutzung des auf das Wohnungseigentum und Teileigentum entfallenden Gebäudeteils maßgebend. [3] Die Vorschriften zur Ermittlung der Einheitswerte 1935 bei bebauten Grundstücken finden Anwendung, soweit sich nicht aus den Absätzen 2 und 3 etwas anderes ergibt.

(2) [1] Das zu mehr als 80 Prozent Wohnzwecken dienende Wohnungseigentum ist mit dem Vielfachen der Jahresrohmiete nach den Vorschriften

---

[1] § 129a eingef. mWv 1. 1. 1991 durch G v. 27. 9. 1994 (BGBl. I S. 2624).

zu bewerten, die für Mietwohngrundstücke maßgebend sind. [2]Wohnungseigentum, das zu nicht mehr als 80 Prozent, aber zu nicht weniger als 20 Prozent Wohnzwecken dient, ist mit dem Vielfachen der Jahresrohmiete nach den Vorschriften zu bewerten, die für gemischtgenutzte Grundstücke maßgebend sind.

(3) [1]Entsprechen die im Grundbuch eingetragenen Miteigentumsanteile an dem gemeinschaftlichen Eigentum nicht dem Verhältnis der Jahresrohmiete zueinander, so kann dies bei der Feststellung des Wertes entsprechend berücksichtigt werden. [2]Sind einzelne Räume, die im gemeinschaftlichen Eigentum stehen, vermietet, so ist ihr Wert nach den im Grundbuch eingetragenen Anteilen zu verteilen und bei den einzelnen wirtschaftlichen Einheiten zu erfassen.

(4) [1]Bei Wohnungserbbaurechten oder Teilerbbaurechten gilt § 46 der weiter anzuwendenden Durchführungsverordnung zum Reichsbewertungsgesetz sinngemäß. [2]Der Gesamtwert ist in gleicher Weise zu ermitteln, wie wenn es sich um Wohnungseigentum oder um Teileigentum handelte. [3]Er ist auf den Wohnungserbbauberechtigten und den Bodeneigentümer entsprechend zu verteilen.

§ 132 Fortschreibung und Nachfeststellung der Einheitswerte 1935. (1) Fortschreibungen und Nachfeststellungen der Einheitswerte 1935 werden erstmals auf den 1. Januar 1991 vorgenommen, soweit sich aus den Absätzen 2 bis 4 nichts Abweichendes ergibt.

(2) [1]Für Mietwohngrundstücke und Einfamilienhäuser im Sinne des § 32 der weiter anzuwendenden Durchführungsverordnung zum Reichsbewertungsgesetz unterbleibt eine Feststellung des Einheitswerts auf den 1. Januar 1991, wenn eine ab diesem Zeitpunkt wirksame Feststellung des Einheitswerts für die wirtschaftliche Einheit nicht vorliegt und der Einheitswert nur für die Festsetzung der Grundsteuer erforderlich wäre. [2]Der Einheitswert für Mietwohngrundstücke und Einfamilienhäuser wird nachträglich auf einen späteren Feststellungszeitpunkt festgestellt, zu dem der Einheitswert erstmals für die Festsetzung anderer Steuern als der Grundsteuer erforderlich ist.

(3) Wird für Grundstücke im Sinne des Absatzes 2 ein Einheitswert festgestellt, gilt er für die Grundsteuer von dem Kalenderjahr an, das der Bekanntgabe des Feststellungsbescheids folgt.

(4) Änderungen der tatsächlichen Verhältnisse, die sich nur auf den Wert des Grundstücks auswirken, werden erst durch Fortschreibung auf den 1. Januar 1994 berücksichtigt, es sei denn, daß eine Feststellung des Einheitswerts zu einem früheren Zeitpunkt für die Festsetzung anderer Steuern als der Grundsteuer erforderlich ist.

§ 133[1)] Sondervorschrift für die Anwendung der Einheitswerte 1935. [1]Die Einheitswerte 1935 der Betriebsgrundstücke sind für die Gewerbesteuer wie folgt anzusetzen:

---

1) § 133 neugef. mWv 1. 1. 1997 durch G v. 20. 12. 1996 (BGBl. I S. 2049).

1. Mietwohngrundstücke mit 100 Prozent des Einheitswerts 1935,
2. Geschäftsgrundstücke mit 400 Prozent des Einheitswerts 1935,
3. gemischtgenutzte Grundstücke, Einfamilienhäuser und sonstige bebaute Grundstücke mit 250 Prozent des Einheitswerts 1935,
4. unbebaute Grundstücke mit 600 Prozent des Einheitswerts 1935.

[2] Bei Grundstücken im Zustand der Bebauung bestimmt sich die Grundstückshauptgruppe für den besonderen Einheitswert im Sinne des § 33 a Abs. 3 der weiter anzuwendenden Durchführungsverordnung zum Reichsbewertungsgesetz nach dem tatsächlichen Zustand, der nach Fertigstellung des Gebäudes besteht.

C. Betriebsvermögen[1)]

§§ 134 bis 136.[2) 3) 4)] *(aufgehoben)*

§ 137[5)] **Bilanzposten nach dem D-Markbilanzgesetz.** Nicht zum Betriebsvermögen gehören folgende Bilanzposten nach dem D-Markbilanzgesetz:

1. das Sonderverlustkonto,
2. das Kapitalentwertungskonto und
3. das Beteiligungsentwertungskonto.

Vierter Abschnitt: Vorschriften für die Bewertung von Grundbesitz *für die Erbschaftsteuer ab 1. Januar 1996 und* für die Grunderwerbsteuer ab 1. Januar 1997[6)]

A. Allgemeines

§ 138[6)] **Feststellung von Grundbesitzwerten.**

[Fassung bis 31. 12. 2006]

(1) [1] Einheitswerte, die für Grundbesitz nach den Wertverhältnissen vom 1. Januar 1935 oder 1. Januar 1964 festgestellt worden sind, sowie Ersatzwirtschaftswerte (§§ 125 und 126) werden bei der Erbschaftsteuer ab 1. Januar 1996 und bei der Grunderwerbsteuer ab 1. Januar 1997 nicht mehr angewendet. [2] An-

[Fassung ab 1. 1. 2007][7)]

(1) [1] Grundbesitzwerte werden unter Berücksichtigung der tatsächlichen Verhältnisse und der Wertverhältnisse zum Besteuerungszeitpunkt festgestellt. [2] 29 Abs. 2 und 3 gilt sinngemäß.

---

1) Unterabschnittsüberschrift eingef. durch G v. 29. 10. 1997 (BGBl. I S. 2590).

2) § 134 aufgeh. durch G v. 24. 6. 1991 (BGBl. I S. 1322).

3) § 135 aufgeh. mWv 1. 1. 1997 durch G v. 20. 12. 1996 (BGBl. I S. 2049).

4) § 136 aufgeh. durch G v. 20. 12. 2001 (BGBl. I S. 3794).

5) § 137 angef. mWv 1. 1. 1993 durch G v. 25. 2. 1992 (BGBl. I S. 297).

6) Vierter Abschnitt (§§ 138–150) eingef. durch G v. 20. 12. 1996 (BGBl. I S. 2049), kursive Worte weggefallen mWv 1. 1. 2009 (§ 205 Abs. 1) durch G v. 24. 12. 2008 (BGBl. I S. 3018).

7) § 138 neugef. mWv 1. 1. 2007 durch G v. 13. 12. 2006 (BGBl. I S. 2878).

[Fassung bis 31. 12. 2006]

stelle dieser Einheitswerte und Ersatzwirtschaftswerte werden abweichend von § 19 Abs. 1 und § 126 Abs. 2 land- und forstwirtschaftliche Grundbesitzwerte für das in Absatz 2 und Grundstückswerte für das in Absatz 3 bezeichnete Vermögen unter Berücksichtigung der tatsächlichen Verhältnisse zum Besteuerungszeitpunkt und der Wertverhältnisse zum 1. Januar 1996 festgestellt.

(2) Für die wirtschaftlichen Einheiten des land- und forstwirtschaftlichen Vermögens und für Betriebsgrundstücke im Sinne des § 99 Abs. 1 Nr. 2 sind die land- und forstwirtschaftlichen Grundbesitzwerte unter Anwendung der §§ 139 bis 144 zu ermitteln.

(3) [1] Für die wirtschaftlichen Einheiten des Grundvermögens und für Betriebsgrundstücke im Sinne des § 99 Abs. 1 Nr. 1 sind Grundstückswerte abweichend von § 9 mit einem typisierenden Wert unter Anwendung der §§ 68, 69 und 99 Abs. 2 und der §§ 139 und 145 bis 150 zu ermitteln. [2] § 70 gilt mit der Maßgabe, daß der Anteil des Eigentümers eines Grundstücks an anderem Grundvermögen (zum Beispiel an gemeinschaftlichen Hofflächen oder Garagen) abweichend von Absatz 2 Satz 1 dieser Vorschrift in das Grundstück einzubeziehen ist, wenn der Anteil zusammen mit dem Grundstück genutzt wird. [3] § 20 Satz 2 ist entsprechend anzuwenden.

(4) Die Wertverhältnisse zum 1. Januar 1996 gelten für Feststellungen von Grundbesitzwerten bis zum 31. Dezember 2006[1)].

[Fassung ab 1. 1. 2007]

(2) Für die wirtschaftlichen Einheiten des land- und forstwirtschaftlichen Vermögens und für Betriebsgrundstücke im Sinne des § 99 Abs. 1 Nr. 2 sind die Grundbesitzwerte unter Anwendung der §§ 139 bis 144 zu ermitteln.

(3) [1] Für die wirtschaftlichen Einheiten des Grundvermögens und für Betriebsgrundstücke im Sinne des § 99 Abs. 1 Nr. 1 sind die Grundbesitzwerte unter Anwendung der §§ 68, 69 und 99 Abs. 2 und der §§ 139 und 145 bis 150 zu ermitteln. [2] § 70 gilt mit der Maßgabe, dass der Anteil des Eigentümers eines Grundstücks an anderem Grundvermögen (beispielsweise an gemeinschaftlichen Hofflächen oder Garagen) abweichend von Absatz 2 Satz 1 dieser Vorschrift in das Grundstück einzubeziehen ist, wenn der Anteil zusammen mit dem Grundstück genutzt wird. [3] § 20 Satz 2 ist entsprechend anzuwenden.

(4) Weist der Steuerpflichtige nach, dass der gemeine Wert der wirtschaftlichen Einheit im Besteuerungszeitpunkt niedriger ist als

(Fortsetzung nächstes Blatt)

---

1) Frist verlängert durch G v. 10. 12. 2001 (BGBl. I S. 3435).

[Fassung bis 31. 12. 2006]

(5) [1]Die Grundbesitzwerte sind gesondert festzustellen, wenn sie für die Erbschaftsteuer oder Grunderwerbsteuer erforderlich sind (Bedarfsbewertung). [2]In dem Feststellungsbescheid sind auch Feststellungen zu treffen

1. über die Art der wirtschaftlichen Einheit, bei Betriebsgrundstükken, die zu einem Gewerbebetrieb gehören (wirtschaftliche Untereinheit), auch über den Gewerbebetrieb;
2. über die Zurechnung der wirtschaftlichen Einheit und bei mehreren Beteiligten über die Höhe des Anteils, für dessen Besteuerung ein Anteil am Grundbesitzwert erforderlich ist.

[3]Für die Feststellung von Grundbesitzwerten gelten die Vorschriften der Abgabenordnung über die Feststellung von Einheitswerten des Grundbesitzes sinngemäß.

(6) [1]Das für die Feststellung von Grundbesitzwerten zuständige Finanzamt kann von jedem, für dessen Besteuerung eine Bedarfsbewertung erforderlich ist, die Abgabe einer Feststellungserklärung innerhalb einer von ihm zu bestimmenden Frist verlangen. [2]Die Frist muß mindestens einen Monat betragen.

[Fassung ab 1. 1. 2007]

der nach den §§ 143, 145 bis 149 ermittelte Wert, ist der gemeine Wert als Grundbesitzwert festzustellen.

§ 139[1)] **Abrundung.** Die Grundbesitzwerte werden auf volle fünfhundert Euro[2)] nach unten abgerundet.

---

1) Vierter Abschnitt (§§ 138–150) eingef. durch G v. 20. 12. 1996 (BGBl. I S. 2049).
2) Betrag geänd. mWv 1. 1. 2002 durch G v. 20. 12. 2001 (BGBl. I S. 3794).

B. Land- und forstwirtschaftliches Vermögen

§ 140[1] Wirtschaftliche Einheit und Umfang des land- und forstwirtschaftlichen Vermögens. (1) [1]Der Begriff der wirtschaftlichen Einheit und der Umfang des land- und forstwirtschaftlichen Vermögens richten sich nach § 33. [2]Dazu gehören auch immaterielle Wirtschaftsgüter (zum Beispiel Brennrechte, Milchlieferrechte, Jagdrechte und Zuckerrübenlieferrechte), soweit sie einem Betrieb der Land- und Forstwirtschaft dauernd zu dienen bestimmt sind.

(2) Zu den Geldschulden im Sinne des § 33 Abs. 3 Nr. 2 gehören auch Pensionsverpflichtungen.

§ 141[1] Umfang des Betriebs der Land- und Forstwirtschaft.
(1) Der Betrieb der Land- und Forstwirtschaft umfaßt

1. den Betriebsteil,
2. die Betriebswohnungen,
3. den Wohnteil.

(2) [1]Der Betriebsteil umfaßt den Wirtschaftsteil eines Betriebs der Land- und Forstwirtschaft (§ 34 Abs. 2), jedoch ohne die Betriebswohnungen (Absatz 3). [2]§ 34 Abs. 4 bis 7 ist bei der Ermittlung des Umfangs des Betriebsteils anzuwenden.

(3) Betriebswohnungen sind Wohnungen einschließlich des dazugehörigen Grund und Bodens, die einem Betrieb der Land- und Forstwirtschaft zu dienen bestimmt, aber nicht dem Wohnteil zuzurechnen sind.

(4) Der Wohnteil umfaßt die Gebäude und Gebäudeteile im Sinne des § 34 Abs. 3 und den dazugehörigen Grund und Boden.

§ 142[1] Betriebswert. (1) [1]Der Wert des Betriebsteils (Betriebswert) wird unter sinngemäßer Anwendung der §§ 35 und 36 Abs. 1 und 2, der §§ 42, 43 und 44 Abs. 1 und der §§ 45, 48 a, *49*[2], 51, 51 a, 53, 54, 56, 59 und 62 Abs. 1 ermittelt. [2]Abweichend von § 36 Abs. 2 Satz 3 ist der Ertragswert das 18,6fache des Reinertrags.

(2) Der Betriebswert setzt sich zusammen aus den Einzelertragswerten für Nebenbetriebe (§ 42), das Abbauland (§ 43), die gemeinschaftliche Tierhaltung (§ 51 a) und die in Nummer 5 nicht genannten Nutzungsteile der sonstigen land- und forstwirtschaftlichen Nutzung sowie den folgenden Ertragswerten:

1. landwirtschaftliche Nutzung:
   a) landwirtschaftliche Nutzung ohne Hopfen und Spargel:
   [2]Der Ertragswert ist auf der Grundlage der Ergebnisse der Bodenschätzung nach dem Bodenschätzungsgesetz zu ermitteln. [3]Er beträgt 0,35 Euro[3] je Ertragsmesszahl;

---

[1] Vierter Abschnitt (§§ 138–150) eingef. durch G v. 20. 12. 1996 (BGBl. I S. 2049).
[2] Verweis auf § 49 weggefallen durch G v. 20. 12. 2001 (BGBl. I S. 3794).
[3] Betrag geänd. mWv 1. 1. 2002 durch G v. 20. 12. 2001 (BGBl. I S. 3794).

b) Nutzungsteil Hopfen 57 Euro[1] je Ar;

c) Nutzungsteil Spargel 76 Euro[1] je Ar;

2. forstwirtschaftliche Nutzung:

a) Nutzungsgrößen bis zu 10 Hektar, Nichtwirtschaftswald, Baumartengruppe Kiefer, Baumartengruppe Fichte bis zu 60 Jahren, Baumartengruppe Buche und sonstiges Laubholz bis zu 100 Jahren und Eiche bis zu 140 Jahren 0,26 Euro[1] je Ar;

b) Baumartengruppe Fichte über 60 Jahren bis zu 80 Jahren und Plenterwald 7,50 Euro[1] je Ar;

c) Baumartengruppe Fichte über 80 bis zu 100 Jahren 15 Euro[1] je Ar;

d) Baumartengruppe Fichte über 100 Jahre 20 Euro[1] je Ar;

e) Baumartengruppe Buche und sonstiges Laubholz über 100 Jahre 5 Euro[1] je Ar;

f) Eiche über 140 Jahre 10 Euro[1] je Ar;

3. weinbauliche Nutzung:

a) Traubenerzeugung und Fassweinausbau:

aa) in den Weinbaugebieten Ahr, Franken und Württemberg 36 Euro[1] je Ar;

bb) in den übrigen Weinbaugebieten 18 Euro[1] je Ar;

b) Flaschenweinausbau:

aa) in den Weinbaugebieten Ahr, Baden, Franken, Rheingau und Württemberg 82 Euro[1] je Ar;

bb) in den übrigen Weinbaugebieten 36 Euro[1] je Ar;

4. gärtnerische Nutzung:

a) Nutzungsteil Gemüse-, Blumen- und Zierpflanzenbau:

aa) Gemüsebau:

– Freilandflächen 56 Euro[1] je Ar;

– Flächen unter Glas und Kunststoffen 511 Euro[1] je Ar;

bb) Blumen- und Zierpflanzenbau:

– Freilandflächen 184 Euro[1] je Ar;

– beheizbare Flächen unter Glas und Kunststoffen 1841 Euro[1] je Ar;

– nichtbeheizbare Flächen unter Glas und Kunststoffen 920 Euro[1] je Ar;

b) Nutzungsteil Obstbau 20 Euro[1] je Ar;

c) Nutzungsteil Baumschulen:

– Freilandflächen 164 Euro[1] je Ar;

– Flächen unter Glas und Kunststoffen 1329 Euro[1] je Ar;

---

[1] Beträge geänd. mWv 1. 1. 2002 durch G v. 20. 12. 2001 (BGBl. I S. 3794).

5. sonstige land- und forstwirtschaftliche Nutzung:
   a) Nutzungsteil Wanderschäferei 10 Euro[1] je Mutterschaf;
   b) Nutzungsteil Weihnachtsbaumkultur 133 Euro[1] je Ar;
6. Geringstland:
   [2]Der Ertragswert für Geringstland beträgt 0,26 Euro[1] je Ar.

(3) [1]Für die nach § 13a des Erbschaftsteuergesetzes begünstigten Betriebe der Land- und Forstwirtschaft kann beantragt werden, den Betriebswert abweichend von Absatz 2 Nr. 1 bis 6 insgesamt als Einzelertragswert zu ermitteln. [2]Der Antrag ist bei Abgabe der Feststellungserklärung schriftlich zu stellen. [3]Die dafür notwendigen Bewertungsgrundlagen sind vom Steuerpflichtigen nachzuweisen.

(4)[2] [1]In den Fällen des § 34 Abs. 4 ist der Betriebswert nach § 19 Abs. 3 Nr. 2 zu verteilen. [2]Bei der Verteilung wird für einen anderen Beteiligten als den Eigentümer des Grund und Bodens ein Anteil nicht festgestellt, wenn er weniger als 500 Euro beträgt. [3]Die Verteilung unterbleibt, wenn die Anteile der anderen Beteiligten zusammen weniger als 500 Euro betragen. [4]In den Fällen des § 34 Abs. 6 gelten die Sätze 1 bis 3 entsprechend. [5]Soweit der Betriebswert des Eigentümers des Grund und Bodens unter Berücksichtigung von § 48a festgestellt ist, findet in den Fällen des § 34 Abs. 4 eine Verteilung nicht statt.

§ 143[3] **Wert der Betriebswohnungen und des Wohnteils.** (1) Der Wert der Betriebswohnungen (§ 141 Abs. 3) und der Wert des Wohnteils (§ 141 Abs. 4) sind nach den Vorschriften zu ermitteln, die beim Grundvermögen für die Bewertung von Wohngrundstücken gelten (§§ 146 bis 150).

(2) In den Fällen des § 146 Abs. 6 ist für die Betriebswohnungen und für den Wohnteil bei Vorliegen der Voraussetzungen des Absatzes 3 jeweils höchstens das Fünffache der bebauten Fläche zugrunde zu legen.

(3) Zur Berücksichtigung von Besonderheiten, die sich im Falle einer räumlichen Verbindung der Betriebswohnungen und des Wohnteils mit der Hofstelle ergeben, sind deren Werte (§§ 146 bis 149) jeweils um 15 Prozent zu ermäßigen.

§ 144[3] **Zusammensetzung des land- und forstwirtschaftlichen Grundbesitzwerts.** Der Betriebswert, der Wert der Betriebswohnungen und der Wert des Wohnteils bilden zusammen den land- und forstwirtschaftlichen Grundbesitzwert.

---

[1] Beträge geänd. mWv 1. 1. 2002 durch G v. 20. 12. 2001 (BGBl. I S. 3794).
[2] § 142 Abs. 4 angef. mWv 1. 1. 2002 durch G v. 20. 12. 2001 (BGBl. I S. 3794).
[3] Vierter Abschnitt (§§ 138–150) eingef. durch G v. 20. 12. 1996 (BGBl. I S. 2049).

C. Grundvermögen

I. Unbebaute Grundstücke

§ 145[1)] Unbebaute Grundstücke. (1) [1]Unbebaute Grundstücke sind Grundstücke, auf denen sich keine benutzbaren Gebäude befinden *oder zur Nutzung vorgesehene Gebäude im Bau befindlich sind.*[2)] [2]Die Benutzbarkeit beginnt im Zeitpunkt der Bezugsfertigkeit. [3]Gebäude sind als bezugsfertig anzusehen, wenn den zukünftigen Bewohnern oder sonstigen Benutzern zugemutet werden kann, sie zu benutzen; die Abnahme durch die Bauaufsichtsbehörde ist nicht entscheidend. [4]*Im Bau befindlich ist ein Gebäude, wenn auf dem Grundstück Abgrabungen begonnen worden sind oder Baustoffe eingebracht worden sind, die zur planmäßigen Errichtung des Gebäudes führen.*[2)]

(2) [1]Befinden sich auf dem Grundstück Gebäude, die [***ab 1. 1. 2007:*** auf Dauer][2)] keiner oder nur einer unbedeutenden Nutzung zugeführt werden können, gilt das Grundstück als unbebaut; als unbedeutend gilt eine Nutzung, wenn die hierfür erzielte Jahresmiete (§ 146 Abs. 2) oder die übliche Miete (§ 146 Abs. 3) weniger als 1 Prozent des nach Absatz 3 anzusetzenden Werts beträgt. [2]Als unbebautes Grundstück gilt auch ein Grundstück, auf dem infolge der Zerstörung oder des Verfalls der Gebäude auf Dauer benutzbarer Raum nicht mehr vorhanden ist.

[Fassung bis 31. 12. 2006:]

(3) [1]Der Wert unbebauter Grundstücke bestimmt sich nach ihrer Fläche und den um 20 vom Hundert ermäßigten Bodenrichtwerten (§ 196 des Baugesetzbuches in der Fassung der Bekanntmachung vom 8. Dezember 1986, BGBl. I S. 2253, das zuletzt durch Artikel 24 des Gesetzes vom 20. Dezember 1996, BGBl. I S. 2049, geändert worden ist). [2]Die Bodenrichtwerte sind von den Gutachterausschüssen nach dem Baugesetzbuch auf den 1. Januar 1996 zu ermitteln und den Finanzämtern mitzuteilen. [3]Weist der Steuerpflichtige nach, daß der gemeine Wert des unbebauten Grundstücks niedriger als der nach Satz 1 ermittelte Wert ist, ist der gemeine Wert festzustellen.

[Fassung ab 1. 1. 2007:][2)]

(3)[3)] [1]Der Wert eines unbebauten Grundstücks bestimmt sich [***ab 14. 12. 2011:*** regelmäßig] nach seiner Fläche und dem um 20 Prozent ermäßigten Bodenrichtwert (§ 196 des Baugesetzbuchs in der jeweils geltenden Fassung). [2]Die Bodenrichtwerte sind von den Gutachterausschüssen nach dem Baugesetzbuch zu ermitteln und den Finanzämtern mitzuteilen. [3]Bei der Wertermittlung ist stets der Bodenrichtwert anzusetzen, der vom Gutachterausschuss zuletzt zu ermitteln war. [4]*Besteht für den Gutachterausschuss keine Verpflichtung, nach § 196 des Baugesetzbuchs einen Bodenrichtwert zu ermitteln,* [***ab 14. 12. 2011:*** Wird von den Gutachterausschüssen kein Bodenrichtwert ermittelt,] ist der Bodenwert aus den Werten ver-

---

[1)] Vierter Abschnitt (§§ 138–150) eingef. durch G v. 20. 12. 1996 (BGBl. I S. 2049).

[2)] § 145 Abs. 1 kursiver Satzteil und Abs. 1 Satz 4 aufgeh., Abs. 2 Satz 1 geänd., Abs. 3 neu gef. mWv 1. 1. 2007 durch G v. 13. 12. 2006 (BGBl. I S. 2878).

[3)] § 145 Abs. 3 Satz 1 Klammerzusatz eingef., Satz 4 geänd. durch G v. 7. 12. 2011 (BGBl. I S. 2592); zur Anwendung siehe § 205 Abs. 3.

[Fassung ab 1. 1. 2007:]

gleichbarer Flächen abzuleiten und um 20 Prozent zu ermäßigen.

II. Bebaute Grundstücke

§ 146[1] **Bebaute Grundstücke.** (1) Grundstücke, auf die die in § 145 Abs. 1 genannten Merkmale nicht zutreffen, sind bebaute Grundstücke.

[Fassung bis 31. 12. 2006:]

(2) [1]Der Wert eines bebauten Grundstücks ist das 12,5fache der für dieses im Durchschnitt der letzten drei Jahre vor dem Besteuerungszeitpunkt erzielten Jahresmiete, vermindert um die Wertminderung wegen des Alters des Gebäudes (Absatz 4). [2]Jahresmiete ist das Gesamtentgelt, das die Mieter (Pächter) für die Nutzung der bebauten Grundstücke auf Grund vertraglicher Vereinbarungen für den Zeitraum von zwölf Monaten zu zahlen haben. [3]Betriebskosten (§ 27 Abs. 1 der Zweiten Berechnungsverordnung) sind nicht einzubeziehen; für Grundstücke, die nicht oder nur zum Teil Wohnzwecken dienen, ist diese Vorschrift entsprechend anzuwenden. [4]Ist das Grundstück vor dem Besteuerungszeitpunkt weniger als drei Jahre vermietet worden, ist die Jahresmiete aus dem kürzeren Zeitraum zu ermitteln.

(3) [1]Wurde ein bebautes Grundstück oder Teile hiervon nicht oder vom Eigentümer oder dessen Familie selbst genutzt, anderen unentgeltlich zur Nutzung überlassen oder an Angehörige (§ 15 der Abgabenordnung) oder Arbeitnehmer des Eigentümers vermietet, tritt an die Stelle der Jahresmiete die übliche Miete.

[Fassung ab 1. 1. 2007:][2]

(2) [1]Der Wert eines bebauten Grundstücks ist das 12,5fache der im Besteuerungszeitpunkt vereinbarten Jahresmiete, vermindert um die Wertminderung wegen des Alters des Gebäudes (Absatz 4). [2]Jahresmiete ist das Gesamtentgelt, das die Mieter (Pächter) für die Nutzung der bebauten Grundstücke aufgrund vertraglicher Vereinbarungen für den Zeitraum von zwölf Monaten zu zahlen haben. [3]Betriebskosten sind nicht einzubeziehen.

(3) [1]An die Stelle der Jahresmiete tritt die übliche Miete für solche Grundstücke oder Grundstücksteile,

1. die eigengenutzt, ungenutzt, zu vorübergehendem Gebrauch oder unentgeltlich überlassen sind,
2. die der Eigentümer dem Mieter zu einer um mehr als 20 Prozent von der üblichen Miete abweichenden tatsächlichen Miete überlassen hat.

---

[1] Vierter Abschnitt (§§ 138–150) eingef. durch G v. 20. 12. 1996 (BGBl. I S. 2049).

[2] § 146 Abs. 2 und Abs. 3 Satz 1 neugef. mWv 1. 1. 2007 durch G v. 13. 12. 2006 (BGBl. I S. 2878).

[2]Die übliche Miete ist die Miete, die für nach Art, Lage, Größe, Ausstattung und Alter vergleichbare, nicht preisgebundene Grundstücke von fremden Mietern bezahlt wird; Betriebskosten (Absatz 2 Satz 3) sind hierbei nicht einzubeziehen. [3]Ungewöhnliche oder persönliche Verhältnisse bleiben dabei außer Betracht.

(4) [1]Die Wertminderung wegen Alters des Gebäudes beträgt für jedes Jahr, das seit Bezugsfertigkeit des Gebäudes bis zum Besteuerungszeitpunkt vollendet worden ist, 0,5 Prozent, höchstens jedoch 25 Prozent des Werts nach den Absätzen 2 und 3. [2]Sind nach Bezugsfertigkeit des Gebäudes bauliche Maßnahmen durchgeführt worden, die die gewöhnliche Nutzungsdauer des Gebäudes um mindestens 25 Jahre verlängert haben, ist bei der Wertminderung wegen Alters von einer der Verlängerung der gewöhnlichen Nutzungsdauer entsprechenden Bezugsfertigkeit auszugehen.

(5) Enthält ein bebautes Grundstück, das ausschließlich Wohnzwecken dient, nicht mehr als zwei Wohnungen, ist der nach den Absätzen 1 bis 4 ermittelte Wert um 20 Prozent zu erhöhen.

(6) Der für ein bebautes Grundstück nach den Absätzen 2 bis 5 anzusetzende Wert darf nicht geringer sein als der Wert, mit dem der Grund und Boden allein als unbebautes Grundstück nach § 145 Abs. 3 zu bewerten wäre.

(7)[1] Ein niedrigerer Grundstückswert ist festzustellen, wenn der Steuerpflichtige nachweist, daß der gemeine Wert des Grundstücks niedriger als der nach den Absätzen 2 bis 6 ermittelte Wert ist.

(7)[1] Die Vorschriften gelten entsprechend für Wohnungseigentum und Teileigentum.

§ 147[2] **Sonderfälle.** (1) [1]Läßt sich für bebaute Grundstücke die übliche Miete (§ 146 Abs. 3) nicht ermitteln, bestimmt sich der Wert abweichend von § 146 nach der Summe des Werts des Grund und Bodens und des Werts der Gebäude. [2]Dies gilt insbesondere, wenn die Gebäude zur Durchführung bestimmter Fertigungsverfahren, zu Spezialnutzungen oder zur Aufnahme bestimmter technischer Einrichtungen errichtet worden sind und nicht oder nur mit erheblichem Aufwand für andere Zwecke nutzbar gemacht werden können.

(2) [1]Der Wert des Grund und Bodens ist gemäß § 145 mit der Maßgabe zu ermitteln, daß an Stelle des in § 145 Abs. 3 vorgesehenen Abschlags von 20 Prozent ein solcher von 30 Prozent tritt. [2]Der Wert der Gebäude bestimmt sich nach den ertragsteuerlichen Bewertungsvorschriften; maßgebend ist der Wert im Besteuerungszeitpunkt.

---

[1] § 146 Abs. 7 aufgeh., bish. Abs. 8 wird Abs. 7 mWv 1. 1. 2007 durch G v. 13. 12. 2006 (BGBl. I S. 2878).

[2] Vierter Abschnitt (§§ 138–150) eingef. durch G v. 20. 12. 1996 (BGBl. I S. 2049).

[Fassung bis 31. 12. 2006]

§ 148[2)] Erbbaurecht und Gebäude auf fremdem Grund und Boden. (1) [1]Ist ein Grundstück mit einem Erbbaurecht belastet, beträgt der Wert des belasteten Grundstücks das 18,6fache des nach den vertraglichen Bestimmungen im Besteuerungszeitpunkt zu zahlenden jährlichen Erbbauzinses. [2]Der Wert des Erbbaurechts ist der nach § 146 oder § 147 ermittelte Wert des Grundstücks, abzüglich des nach Satz 1 ermittelten Werts des belasteten Grundstücks. [3]Das Recht auf den Erbbauzins ist weder als Bestandteil des Grundstücks noch als gesondertes Recht anzusetzen; dementsprechend ist die Verpflichtung zur Zahlung des Erbbauzinses weder bei der Bewertung des Erbbaurechts noch als gesonderte Verpflichtung abzuziehen.

(2) Absatz 1 ist für Gebäude auf fremdem Grund und Boden entsprechend anzuwenden.

[Fassung ab 1. 1. 2007][1)]

§ 148 Erbbaurecht. (1) Ist das Grundstück mit einem Erbbaurecht belastet, ist bei der Ermittlung der Grundbesitzwerte für die wirtschaftliche Einheit des belasteten Grundstücks und für die wirtschaftliche Einheit des Erbbaurechts von dem Gesamtwert auszugehen, der sich für den Grund und Boden einschließlich der Gebäude vor Anwendung des § 139 ergäbe, wenn die Belastung nicht bestünde.

(2) Der Wert des Grund und Bodens entfällt auf die wirtschaftliche Einheit des belasteten Grundstücks.

(3) [1]Der Gebäudewert entfällt allein auf die wirtschaftliche Einheit des Erbbaurechts, wenn die Dauer dieses Rechts im Besteuerungszeitpunkt mindestens 40 Jahre beträgt oder der Eigentümer des belasteten Grundstücks bei Erlöschen des Erbbaurechts durch Zeitablauf eine dem Wert des Gebäudes entsprechende Entschädigung zu leisten hat. [2]Beträgt die Dauer des Erbbaurechts im Besteuerungszeitpunkt weniger als 40 Jahre und ist eine Entschädigung ausgeschlossen, ist der Gebäudewert zu verteilen. [3]Dabei entfallen auf die wirtschaftliche Einheit des Erbbaurechts bei einer Dauer dieses Rechts von

unter 40 bis zu 35 Jahren 90 Prozent

unter 35 bis zu 30 Jahren 85 Prozent

unter 30 bis zu 25 Jahren 80 Prozent

unter 25 bis zu 20 Jahren 70 Prozent

---

1) § 148 neugef. mWv 1. 1. 2007 durch G v. 13. 12. 2006 (BGBl. I S. 2878).

2) Vierter Abschnitt (§§ 138–150) eingef. durch G v. 20. 12. 1996 (BGBl. I S. 2049).

[Fassung ab 1. 1. 2007]

unter 20 bis zu 15 Jahren	60 Prozent
unter 15 bis zu 10 Jahren	50 Prozent
unter 10 bis zu 8 Jahren	40 Prozent
unter 8 bis zu 7 Jahren	35 Prozent
unter 7 bis zu 6 Jahren	30 Prozent
unter 6 bis zu 5 Jahren	25 Prozent
unter 5 bis zu 4 Jahren	20 Prozent
unter 4 bis zu 3 Jahren	15 Prozent
unter 3 bis zu 2 Jahren	10 Prozent
unter 2 Jahren bis zu 1 Jahr	5 Prozent
unter 1 Jahr	0 Prozent.

[4]Auf die wirtschaftliche Einheit des belasteten Grundstücks entfällt der verbleibende Teil des Gebäudewerts. [5]Beträgt die Entschädigung für das Gebäude beim Übergang nur einen Teil des gemeinen Werts, ist der dem Eigentümer des belasteten Grundstücks entschädigungslos zufallende Anteil entsprechend zu verteilen. [6]Eine in der Höhe des Erbbauzinses zum Ausdruck kommende Entschädigung für den gemeinen Wert des Gebäudes bleibt außer Betracht.

(4) [1]Bei den nach § 146 zu bewertenden Grundstücken beträgt der Gebäudewert 80 Prozent des nach § 146 Abs. 2 bis 5 ermittelten Werts; der verbleibende Teil des Gesamtwerts entspricht dem Wert des Grund und Bodens. [2]Bei bebauten Grundstücken im Sinne des § 147 Abs. 1 ist der Wert des Grund und Bodens nach § 147 Abs. 2 Satz 1 und der Gebäudewert nach § 147 Abs. 2 Satz 2 zu ermitteln.

(5) Für Wohnungserbbaurechte oder Teilerbbaurechte gelten die Absätze 1 bis 4 entsprechend.

[Fassung ab 1. 1. 2007]

(6) Das Recht auf den Erbbauzins wird weder als Bestandteil des Grundstücks noch als gesondertes Recht angesetzt; die Verpflichtung zur Zahlung des Erbbauzinses ist weder bei der Bewertung des Erbbaurechts noch als gesonderte Verpflichtung abzuziehen.

§ 148 a[1] Gebäude auf fremdem Grund und Boden. (1) [1]Bei Gebäuden auf fremdem Grund und Boden ist § 148 Abs. 1 entsprechend anzuwenden. [2]Der Bodenwert ist dem Eigentümer des Grund und Bodens, der Gebäudewert dem Eigentümer des Gebäudes zuzurechnen.

(2) § 148 Abs. 4 und 6 ist entsprechend anzuwenden.

§ 149[2] Grundstücke im Zustand der Bebauung.

[Fassung bis 31. 12. 2006]

(1) [1]Sind die Gebäude auf einem Grundstück noch nicht bezugsfertig, ist der Wert entsprechend § 146 unter Zugrundelegung der üblichen Miete zu ermitteln, die nach Bezugsfertigkeit des Gebäudes zu erzielen wäre. [2]Von diesem Wert sind 80 vom Hundert als Gebäudewert anzusetzen. [3]Dem Grundstückswert ohne Berücksichtigung der nicht bezugsfertigen Gebäude oder Gebäudeteile, ermittelt bei unbebauten Grundstücken nach § 145 Abs. 3 und bei bereits bebauten Grundstücken nach § 146, sind die nicht bezugsfertigen Gebäude oder Gebäudeteile mit dem Betrag als Gebäudewert hinzuzurechnen, der dem Verhältnis der bis zum Besteuerungszeitpunkt entstandenen Herstellungskosten zu den gesamten Herstellungskosten entspricht. [4]Dieser Wert darf den Wert des Grundstücks, der nach Bezugsfertigkeit des Gebäudes anzusetzen wäre, nicht übersteigen.

[Fassung ab 1. 1. 2007][3]

(1) [1]Ein Grundstück im Zustand der Bebauung liegt vor, wenn mit den Bauarbeiten begonnen wurde und Gebäude oder Gebäudeteile noch nicht bezugsfertig sind. [2]Der Zustand der Bebauung beginnt mit den Abgrabungen oder der Einbringung von Baustoffen, die zur planmäßigen Errichtung des Gebäudes führen.

(2) [1]Der Wert ist entsprechend § 146 unter Zugrundelegung der üblichen Miete zu ermitteln, die nach Bezugsfertigkeit des Gebäudes zu erzielen wäre. [2]Von diesem Wert sind 80 Prozent als Gebäudewert anzusetzen. [3]Dem Grundstückswert ohne Berücksichtigung der nicht bezugsfertigen Gebäude oder Gebäudeteile, ermittelt bei unbebauten Grundstücken nach § 145 Abs. 3 und bei bereits bebauten Grundstücken nach § 146, sind die nicht bezugsfertigen Gebäude oder Gebäudeteile mit dem Betrag als Gebäudewert hinzuzu-

---

[1] § 148 a eingef. mWv 1. 1. 2007 durch G v. 13. 12. 2006 (BGBl. I S. 2878).
[2] Vierter Abschnitt (§§ 138–150) eingef. durch G v. 20. 12. 1996 (BGBl. I S. 2049).
[3] § 149 neugef. mWv 1. 1. 2007 durch G v. 13. 12. 2006 (BGBl. I S. 2878).

[Fassung bis 31. 12. 2006]

(2) Ist die übliche Miete nicht zu ermitteln, ist der Wert entsprechend § 147 zu ermitteln.

[Fassung ab 1. 1. 2007]

rechnen, der dem Verhältnis der bis zum Besteuerungszeitpunkt entstandenen Herstellungskosten zu den gesamten Herstellungskosten entspricht. [4]Dieser Wert darf den Wert des Grundstücks, der nach Bezugsfertigkeit des Gebäudes anzusetzen wäre, nicht übersteigen.

(3) Ist die übliche Miete nicht zu ermitteln, ist der Wert entsprechend § 147 zu ermitteln.

§ 150[1)] Gebäude und Gebäudeteile für den Zivilschutz. Gebäude, Teile von Gebäuden und Anlagen, die wegen der in § 1 des Zivilschutzgesetzes[2)] bezeichneten Zwecke geschaffen worden sind und im Frieden nicht oder nur gelegentlich oder geringfügig für andere Zwecke benutzt werden, bleiben bei der Ermittlung des Grundstückswerts außer Betracht.

Fünfter Abschnitt:[3)] Gesonderte Feststellungen

§ 151[3)] Gesonderte Feststellungen. (1) [1]Gesondert festzustellen (§ 179 der Abgabenordnung) sind

[alte Fassung]

1. Grundbesitzwerte (§ 138),
2. der Wert des Betriebsvermögens (§§ 95, 96) oder des Anteils am Betriebsvermögen (§ 97 Abs. 1 a),

[neue Fassung][4)]

1. Grundbesitzwerte (§§ 138, 157),
2. der Wert des Betriebsvermögens oder des Anteils am Betriebsvermögen (§§ 95, 96, 97),

3. der Wert von Anteilen an Kapitalgesellschaften im Sinne des § 11 Abs. 2,

4.[5)] der [***ab 1. 1. 2009:*** Anteil am] Wert von anderen als in den Nummern 1 bis 3 genannten Vermögensgegenständen und von Schulden, die mehreren Personen zustehen *(§ 3),*

wenn die Werte für die Erbschaftsteuer oder eine andere Feststellung im Sinne dieser Vorschrift von Bedeutung sind. [2]Die Entscheidung über eine Bedeutung für die Besteuerung trifft das für die Festsetzung der Erbschaftsteuer oder die Feststellung nach Satz 1 Nr. 2 bis 4 zuständige Finanzamt.

---

1) Vierter Abschnitt (§§ 138–150) eingef. durch G v. 20. 12. 1996 (BGBl. I S. 2049).

2) Vgl. **Sartorius I Nr. 680.**

3) Fünfter Abschnitt (§§ 151–156) eingef. mWv 1. 1. 2007 durch G v. 13. 12. 2006 (BGBl. I S. 2878).

4) § 151 Abs. 1 Satz 1 Nrn. 1 und 2 neu gef. mWv 1. 1. 2009 durch G v. 24. 12. 2008 (BGBl. I S. 3018).

5) § 151 Abs. 1 Satz 1 Nr. 4 geänd. mWv 1. 1. 2009 durch G v. 8. 12. 2010 (BGBl. I S. 1768).

(2) In dem Feststellungsbescheid für Grundbesitzwerte sind auch Feststellungen zu treffen

1. über die Art der wirtschaftlichen Einheit, *bei Betriebsgrundstücken, die zu einem Gewerbebetrieb gehören (wirtschaftliche Untereinheiten), auch über den Gewerbebetrieb;*[1]

2. über die Zurechnung der wirtschaftlichen Einheit und bei mehreren Beteiligten über die Höhe des Anteils, der für die Besteuerung oder eine andere Feststellung von Bedeutung ist; beim Erwerb durch eine Erbengemeinschaft erfolgt die Zurechnung [***neue Fassung:*** in Vertretung der Miterben][2] auf die Erbengemeinschaft. [***neue Fassung:*** [2] Entsprechendes gilt für die Feststellungen nach Absatz 1 Satz 1 Nr. 2 bis 4.][2]

(3) [1] Gesondert festgestellte *Grundbesitzwerte* [***neue Fassung:*** Werte im Sinne des Absatzes 1 Satz 1 Nummer 1 bis 4][3] sind einer innerhalb einer Jahresfrist folgenden Feststellung für dieselbe wirtschaftliche Einheit unverändert zu Grunde zu legen, wenn sich die für die erste Bewertung maßgeblichen Stichtagsverhältnisse nicht wesentlich geändert haben. [2] Der Erklärungspflichtige kann eine von diesem Wert abweichende Feststellung *des Grundbesitzwerts*[3] nach den Verhältnissen *im Besteuerungszeitpunkt* [***neue Fassung:*** am Bewertungsstichtag][3] durch Abgabe einer Feststellungserklärung beantragen.

(4) Ausländisches Vermögen unterliegt nicht der gesonderten Feststellung.

(5) [1] Grundbesitzwerte (Absatz 1 Satz 1 Nr. 1) sind auch festzustellen, wenn sie für die Grunderwerbsteuer von Bedeutung sind. [2] Absatz 1 Satz 2 gilt entsprechend. [3] Absatz 2 ist nicht anzuwenden.

§ 152[4] **Örtliche Zuständigkeit.** Für die gesonderten Feststellungen ist örtlich zuständig:

1. in den Fällen des § 151 Abs. 1 Satz 1 Nr. 1 das Finanzamt, in dessen Bezirk das Grundstück, das Betriebsgrundstück oder der Betrieb der Land- und Forstwirtschaft oder, wenn sich das Grundstück, das Betriebsgrundstück oder der Betrieb der Land- und Forstwirtschaft auf die Bezirke mehrerer Finanzämter erstreckt, der wertvollste Teil liegt;

2. in den Fällen des § 151 Abs. 1 Satz 1 Nr. 2 das Finanzamt, in dessen Bezirk sich die Geschäftsleitung des Gewerbebetriebs, bei Gewerbebetrieben ohne Geschäftsleitung im Inland das Finanzamt, in dessen Bezirk eine Betriebsstätte – bei mehreren Betriebsstätten die wirtschaftlich

---

[1] § 151 Abs. 2 Nr. 1 kursiver Satzteil aufgeh. mWv 1. 1. 2009 durch G v. 24. 12. 2008 (BGBl. I S. 3018).

[2] § 151 Abs. 2 Nr. 2 Satz 1 ergänzt und Satz 2 angef. mWv 1. 1. 2009 durch G v. 24. 12. 2008 (BGBl. I S. 3018).

[3] § 151 Abs. 3 Satz 1 und Satz 2 geänd. mWv 1. 1. 2009 durch G v. 24. 12. 2008 S. 3018); Satz 1 Verweis geänd. mWv 1. 7. 2011 durch G v. 1. 11. 2011 (BGBl. I S. 2131).

[4] Fünfter Abschnitt (§§ 151–156) eingef. mWv 1. 1. 2007 durch G v. 13. 12. 2006 (BGBl. I S. 2878).

bedeutendste – unterhalten wird, und bei freiberuflicher Tätigkeit das Finanzamt, von dessen Bezirk aus die Berufstätigkeit vorwiegend ausgeübt wird;

3. in den Fällen des § 151 Abs. 1 Satz 1 Nr. 3 das Finanzamt, in dessen Bezirk sich die Geschäftsleitung der Kapitalgesellschaft befindet, bei Kapitalgesellschaften ohne Geschäftsleitung im Inland oder, wenn sich der Ort der Geschäftsleitung nicht feststellen lässt, das Finanzamt, in dessen Bezirk die Kapitalgesellschaft ihren Sitz hat;
4. in den Fällen des § 151 Abs. 1 Satz 1 Nr. 4 das Finanzamt, von dessen Bezirk die Verwaltung des Vermögens ausgeht, oder, wenn diese im Inland nicht feststellbar ist, das Finanzamt, in dessen Bezirk sich der wertvollste Teil des Vermögens befindet.

§ 153[1)] Erklärungspflicht, Verfahrensvorschriften für die gesonderte Feststellung, Feststellungsfrist. (1) [1]Das Finanzamt kann von jedem, für dessen Besteuerung eine gesonderte Feststellung von Bedeutung ist, die Abgabe einer Feststellungserklärung verlangen. [2]Die Frist zur Abgabe der Feststellungserklärung muss mindestens einen Monat betragen.

(2) [1]Ist der Gegenstand der Feststellung mehreren Personen zuzurechnen oder ist eine Personengesellschaft oder Kapitalgesellschaft dessen Eigentümer, kann das Finanzamt auch von der Gemeinschaft oder Gesellschaft die Abgabe einer Feststellungserklärung verlangen. [2]Dies gilt auch, wenn Gegenstand der Feststellung ein Anteil am Betriebsvermögen *(§ 97 Abs. 1 a)*[2)] ist. [***ab 1. 7. 2011:*** [3]Das Finanzamt kann in Erbbaurechtsfällen die Abgabe einer Feststellungserklärung vom Erbbauberechtigten und vom Erbbauverpflichteten verlangen. [4]Absatz 4 Satz 2 ist nicht anzuwenden.][3)]

(3) In den Fällen des § 151 Abs. 1 Satz 1 Nr. 3 kann das Finanzamt nur von der Kapitalgesellschaft die Abgabe einer Feststellungserklärung verlangen.

(4) [1]Der Erklärungspflichtige hat die Erklärung eigenhändig zu unterschreiben. [2]Hat ein Erklärungspflichtiger eine Erklärung zur gesonderten Feststellung abgegeben, sind andere Beteiligte insoweit von der Erklärungspflicht befreit.

(5) § 181 Abs. 1 und 5 der Abgabenordnung ist entsprechend anzuwenden.

§ 154[1)] Beteiligte am Feststellungsverfahren. (1)[4)] [1]Am Feststellungsverfahren sind beteiligt

1. diejenigen, denen der Gegenstand der Feststellung zuzurechnen ist,
2. diejenigen, die das Finanzamt zur Abgabe einer Feststellungserklärung aufgefordert hat;

[1)] Fünfter Abschnitt (§§ 151–156) eingef. mWv 1. 1. 2007 durch G v. 13. 12. 2006 (BGBl. I S. 2878).

[2)] § 153 Abs. 2 Satz 2 Zitat weggefallen mWv 1. 1. 2009 durch G v. 24. 12. 2008 (BGBl. I S. 3018).

[3)] § 153 Abs. 2 Sätze 3 und 4 angef. mWv 1. 7. 2011 durch G v. 1. 11. 2011 (BGBl. I S. 2131).

[4)] § 154 Abs. 1 Satz 2 angef. durch G v. 2. 11. 2015 (BGBl. I S. 1834); zur Anwendung siehe § 205 Abs. 9.

[ab 1. 7. 2011:]

3.[2] diejenigen, die eine Steuer schulden, für deren Festsetzung die Feststellung von Bedeutung ist. [2]Wird eine Steuer für eine Schenkung unter Lebenden im Sinne des § 7 des Erbschaftsteuer- und Schenkungsteuergesetzes geschuldet, ist der Erwerber Beteiligter, es sei denn, der Schenker hat die Steuer selbst übernommen (§ 10 Absatz 2 des Erbschaftsteuer- und Schenkungsteuergesetzes) oder soll als Schuldner der Steuer in Anspruch genommen werden. [3]Der Schenker ist Beteiligter am Feststellungsverfahren, wenn er die Steuer übernommen hat oder als Schuldner für die Steuer in Anspruch genommen werden soll.

[ab 1. 1. 2016:][1]

3. diejenigen, die eine Steuer als Schuldner oder Gesamtschuldner schulden und für deren Festsetzung die Feststellung von Bedeutung ist.

[*ab 1. 1. 2016:* [2]Gegenüber mehreren Beteiligten nach Satz 1 erfolgt eine gesonderte und einheitliche Feststellung (§ 179 Absatz 2 Satz 2 der Abgabenordnung).]

(2) In den Fällen des § 151 Abs. 1 Satz 1 Nr. 3 ist der Feststellungsbescheid auch der Kapitalgesellschaft bekannt zu geben.

(3)[3] [1]Soweit der Gegenstand der Feststellung einer Erbengemeinschaft in Vertretung der Miterben zuzurechnen ist, ist § 183 der Abgabenordnung entsprechend anzuwenden. [2]Bei der Bekanntgabe des Feststellungsbescheids ist darauf hinzuweisen, dass die Bekanntgabe mit Wirkung für und gegen alle Miterben erfolgt.

§ 155[4] **Rechtsbehelfsbefugnis.** [1]Zur Einlegung von Rechtsbehelfen gegen den Feststellungsbescheid sind die Beteiligten im Sinne des § 154 Abs. 1 sowie diejenigen befugt, für deren Besteuerung nach dem Grunderwerbsteuergesetz der Feststellungsbescheid von Bedeutung ist. [2]*§ 352 der Abgabenordnung und § 48 der Finanzgerichtsordnung gelten nicht.* [***neue Fassung:*** [2]Soweit der Gegenstand der Feststellung einer Erbengemeinschaft in Vertretung der Miterben zuzurechnen ist, sind § 352 der Abgabenordnung und § 48 der Finanzgerichtsordnung entsprechend anzuwenden.][5]

---

[1] § 154 Abs. 1 Satz 1 Nr. 3 neu gef. durch G v. 2. 11. 2015 (BGBl. I S. 1834); zur Anwendung siehe § 205 Abs. 9.

[2] § 154 Abs. 1 Nr. 3 angef. mWv 1. 7. 2011 durch G v. 1. 11. 2011 (BGBl. I S. 2131).

[3] § 154 Abs. 3 angef. mWv 1. 1. 2009 durch G v. 24. 12. 2008 (BGBl. I S. 3018).

[4] Fünfter Abschnitt (§§ 151–156) eingef. mWv 1. 1. 2007 durch G v. 13. 12. 2006 (BGBl. I S. 2878).

[5] § 155 Satz 2 neu gef. mWv 1. 1. 2009 durch G v. 24. 12. 2008 (BGBl. I S. 3018).

§ 156[1] Außenprüfung. Eine Außenprüfung zur Ermittlung der Besteuerungsgrundlagen ist bei jedem Beteiligten (§ 154 Abs. 1) zulässig.

Sechster Abschnitt:[2] Vorschriften für die Bewertung von Grundbesitz, von nicht notierten Anteilen an Kapitalgesellschaften und von Betriebsvermögen für die Erbschaftsteuer ab 1. Januar 2009

A. Allgemeines

§ 157[2] Feststellung von Grundbesitzwerten, von Anteilswerten und von Betriebsvermögenswerten. (1) [1]Grundbesitzwerte werden unter Berücksichtigung der tatsächlichen Verhältnisse und der Wertverhältnisse zum Bewertungsstichtag festgestellt. [2]§ 29 Abs. 2 und 3 gilt sinngemäß.

(2) Für die wirtschaftlichen Einheiten des land- und forstwirtschaftlichen Vermögens und für Betriebsgrundstücke im Sinne des § 99 Abs. 1 Nr. 2 sind die Grundbesitzwerte unter Anwendung der §§ 158 bis 175 zu ermitteln.

(3) [1]Für die wirtschaftlichen Einheiten des Grundvermögens und für Betriebsgrundstücke im Sinne des § 99 Abs. 1 Nr. 1 sind die Grundbesitzwerte unter Anwendung der §§ 159 und 176 bis 198 zu ermitteln. [2]§ 70 gilt mit der Maßgabe, dass der Anteil des Eigentümers eines Grundstücks an anderem Grundvermögen (zum Beispiel an gemeinschaftlichen Hofflächen oder Garagen) abweichend von Absatz 2 Satz 1 dieser Vor-

(Fortsetzung nächstes Blatt)

---

[1] Fünfter Abschnitt (§§ 151–156) eingef. mWv 1. 1. 2007 durch G v. 13. 12. 2006 (BGBl. I S. 2878).

[2] Sechster Abschnitt (§§ 157–203) eingef. mWv 1. 1. 2009 durch G v. 24. 12. 2008 (BGBl. I S. 3018).

schrift in das Grundstück einzubeziehen ist, wenn der Anteil zusammen mit dem Grundstück genutzt wird. [3] § 20 Satz 2 ist entsprechend anzuwenden.

(4) [1] Der Wert von Anteilen an Kapitalgesellschaften im Sinne des § 11 Abs. 2 Satz 2 (Anteilswert) wird unter Berücksichtigung der tatsächlichen Verhältnisse und der Wertverhältnisse zum Bewertungsstichtag festgestellt. [2] Der Anteilswert ist unter Anwendung des § 11 Abs. 2 zu ermitteln.

(5) [1] Der Wert von Betriebsvermögen oder des Anteils am Betriebsvermögen im Sinne der §§ 95, 96 und 97 (Betriebsvermögenswert) wird unter Berücksichtigung der tatsächlichen Verhältnisse und der Wertverhältnisse zum Bewertungsstichtag festgestellt. [2] Der Betriebsvermögenswert ist unter Anwendung des § 109 Abs. 1 und 2 in Verbindung mit § 11 Abs. 2 zu ermitteln.

B. Land- und forstwirtschaftliches Vermögen

I. Allgemeines

§ 158[1] Begriff des land- und forstwirtschaftlichen Vermögens.

(1) [1] Land- und Forstwirtschaft ist die planmäßige Nutzung der natürlichen Kräfte des Bodens zur Erzeugung von Pflanzen und Tieren sowie die Verwertung der dadurch selbst gewonnenen Erzeugnisse. [2] Zum land- und forstwirtschaftlichen Vermögen gehören alle Wirtschaftgüter, die einem Betrieb der Land- und Forstwirtschaft zu diesem Zweck auf Dauer zu dienen bestimmt sind.

(2) [1] Die wirtschaftliche Einheit des land- und forstwirtschaftlichen Vermögens ist der Betrieb der Land- und Forstwirtschaft. [2] Wird ein Betrieb der Land- und Forstwirtschaft in Form einer Personengesellschaft oder Gemeinschaft geführt, sind in die wirtschaftliche Einheit auch die Wirtschaftsgüter einzubeziehen, die einem oder mehreren Beteiligten gehören, wenn sie dem Betrieb der Land- und Forstwirtschaft auf Dauer zu dienen bestimmt sind.

(3) [1] Zu den Wirtschaftsgütern, die der wirtschaftlichen Einheit Betrieb der Land- und Forstwirtschaft zu dienen bestimmt sind, gehören insbesondere

1. der Grund und Boden,
2. die Wirtschaftsgebäude,
3. die stehenden Betriebsmittel,
4. der normale Bestand an umlaufenden Betriebsmitteln,
5. die immateriellen Wirtschaftsgüter,
6. die Wohngebäude und der dazu gehörende Grund und Boden.

[2] Als normaler Bestand an umlaufenden Betriebsmitteln gilt ein solcher, der zur gesicherten Fortführung des Betriebs erforderlich ist.

---

[1] Sechster Abschnitt (§§ 157–203) eingef. mWv 1. 1. 2009 (§ 205 Abs. 1) durch G v. 24. 12. 2008 (BGBl. I S. 3018).

(4) Zum land- und forstwirtschaftlichen Vermögen gehören nicht

1. Grund und Boden sowie Gebäude und Gebäudeteile, die nicht land- und forstwirtschaftlichen Zwecken dienen,
2. Kleingartenland und Dauerkleingartenland,
3. Geschäftsguthaben, Wertpapiere und Beteiligungen,
4. über den normalen Bestand hinausgehende Bestände an umlaufenden Betriebsmitteln,
5. Tierbestände oder Zweige des Tierbestands und die hiermit zusammenhängenden Wirtschaftsgüter (zum Beispiel Gebäude und abgrenzbare Gebäudeteile mit den dazugehörenden Flächen, Betriebsmittel), wenn die Tiere weder zur landwirtschaftlichen Nutzung noch nach § 175 zu den übrigen land- und forstwirtschaftlichen Nutzungen gehören. [2]Die Zugehörigkeit der landwirtschaftlich genutzten Flächen zum land- und forstwirtschaftlichen Vermögen wird hierdurch nicht berührt,
6. Geldforderungen und Zahlungsmittel,
7. Pensionsverpflichtungen.

(5) Verbindlichkeiten gehören zum land- und forstwirtschaftlichen Vermögen, soweit sie nicht im unmittelbaren wirtschaftlichen Zusammenhang mit den in Absatz 4 genannten Wirtschaftsgütern stehen.

§ 159[1)] Abgrenzung land- und forstwirtschaftlich genutzter Flächen zum Grundvermögen. (1) Land- und forstwirtschaftlich genutzte Flächen sind dem Grundvermögen zuzurechnen, wenn nach ihrer Lage, den am Bewertungsstichtag bestehenden Verwertungsmöglichkeiten oder den sonstigen Umständen anzunehmen ist, dass sie in absehbarer Zeit anderen als land- und forstwirtschaftlichen Zwecken, insbesondere als Bauland, Industrieland oder Land für Verkehrszwecke, dienen werden.

(2) Bildet ein Betrieb der Land- und Forstwirtschaft die Existenzgrundlage des Betriebsinhabers, so sind dem Betriebsinhaber gehörende Flächen, die von einer Stelle aus ordnungsgemäß nachhaltig bewirtschaftet werden, dem Grundvermögen nur dann zuzurechnen, wenn mit großer Wahrscheinlichkeit anzunehmen ist, dass sie spätestens nach zwei Jahren anderen als land- und forstwirtschaftlichen Zwecken dienen werden.

(3) [1]Flächen sind stets dem Grundvermögen zuzurechnen, wenn sie in einem Bebauungsplan als Bauland festgesetzt sind, ihre sofortige Bebauung möglich ist und die Bebauung innerhalb des Plangebiets in benachbarten Bereichen begonnen hat oder schon durchgeführt ist. [2]Satz 1 gilt nicht für die Hofstelle und für andere Flächen in unmittelbarem räumlichen Zusammenhang mit der Hofstelle bis zu einer Größe von insgesamt 1 Hektar.

§ 160[1)] Betrieb der Land- und Forstwirtschaft. (1) Ein Betrieb der Land- und Forstwirtschaft umfasst

1. den Wirtschaftsteil,

[1)] Sechster Abschnitt (§§ 157–203) eingef. mWv 1. 1. 2009 (§ 205 Abs. 1) durch G v. 24. 12. 2008 (BGBl. I S. 3018).

2. die Betriebswohnungen und
3. den Wohnteil.

(2) [1]Der Wirtschaftsteil eines Betriebs der Land- und Forstwirtschaft umfasst

1. die land- und forstwirtschaftlichen Nutzungen:
   a) die landwirtschaftliche Nutzung,
   b) die forstwirtschaftliche Nutzung,
   c) die weinbauliche Nutzung,
   d) die gärtnerische Nutzung,
   e) die übrigen land- und forstwirtschaftlichen Nutzungen,
2. die Nebenbetriebe,
3. die folgenden nicht zu einer Nutzung nach den Nummern 1 und 2 gehörenden Wirtschaftsgüter:
   a) Abbauland,
   b) Geringstland,
   c) Unland.

[2]Der Anbau von Hopfen, Tabak und Spargel gehört nur zu den Sondernutzungen, wenn keine landwirtschaftliche Nutzung im Sinne des Satzes 1 Nr. 1 Buchstabe a vorliegt.

(3) Nebenbetriebe sind Betriebe, die dem Hauptbetrieb zu dienen bestimmt sind und nicht einen selbständigen gewerblichen Betrieb darstellen.

(4) Zum Abbauland gehören die Betriebsflächen, die durch Abbau der Bodensubstanz überwiegend für den Betrieb der Land- und Forstwirtschaft nutzbar gemacht werden (Sand-, Kies-, Lehmgruben, Steinbrüche, Torfstiche und dergleichen).

(5) Zum Geringstland gehören die Betriebsflächen geringster Ertragsfähigkeit, für die nach dem Bodenschätzungsgesetz vom 20. Dezember 2007 (BGBl. I S. 3150, 3176) keine Wertzahlen festzustellen sind.

(6) Zum Unland gehören die Betriebsflächen, die auch bei geordneter Wirtschaftsweise keinen Ertrag abwerfen können.

(7) [1]Einen Betrieb der Land- und Forstwirtschaft bilden auch Stückländereien, die als gesonderte wirtschaftliche Einheit zu bewerten sind. [2]Stückländereien sind einzelne land- und forstwirtschaftlich genutzte Flächen, bei denen die Wirtschaftsgebäude oder die Betriebsmittel oder beide Arten von Wirtschaftsgütern nicht dem Eigentümer des Grund und Bodens gehören, sondern am Bewertungsstichtag für mindestens 15 Jahre einem anderen Betrieb der Land- und Forstwirtschaft zu dienen bestimmt sind.

(8) Betriebswohnungen sind Wohnungen, die einem Betrieb der Land- und Forstwirtschaft zu dienen bestimmt, aber nicht dem Wohnteil zuzurechnen sind.

(9) Der Wohnteil eines Betriebs der Land- und Forstwirtschaft umfasst die Gebäude und Gebäudeteile, die dem Inhaber des Betriebs, den zu

seinem Haushalt gehörenden Familienangehörigen und den Altenteilern zu Wohnzwecken dienen.

§ 161[1)] **Bewertungsstichtag.** (1) Für die Größe des Betriebs, für den Umfang und den Zustand der Gebäude sowie für die stehenden Betriebsmittel sind die Verhältnisse am Bewertungsstichtag maßgebend.

(2) Für die umlaufenden Betriebsmittel ist der Stand am Ende des Wirtschaftsjahres maßgebend, das dem Bewertungsstichtag vorangegangen ist.

§ 162[1)] **Bewertung des Wirtschaftsteils.** (1) [1]Bei der Bewertung des Wirtschaftsteils ist der gemeine Wert zu Grunde zu legen. [2]Dabei ist davon auszugehen, dass der Erwerber den Betrieb der Land- und Forstwirtschaft fortführt. [3]Bei der Ermittlung des gemeinen Werts für den Wirtschaftsteil sind die land- und forstwirtschaftlichen Nutzungen, die Nebenbetriebe, das Abbau-, Geringst- und Unland jeweils gesondert mit ihrem Wirtschaftswert (§ 163) zu bewerten. [4]Dabei darf ein Mindestwert nicht unterschritten werden (§ 164).

(2) Der Wert des Wirtschaftsteils für einen Betrieb der Land- und Forstwirtschaft im Sinne des § 160 Abs. 7 wird nach § 164 ermittelt.

(3) [1]Wird ein Betrieb der Land- und Forstwirtschaft oder ein Anteil im Sinne des § 158 Abs. 2 Satz 2 innerhalb eines Zeitraums von 15 Jahren nach dem Bewertungsstichtag veräußert, erfolgt die Bewertung der wirtschaftlichen Einheit abweichend von den §§ 163 und 164 mit dem Liquidationswert nach § 166. [2]Dies gilt nicht, wenn der Veräußerungserlös innerhalb von sechs Monaten ausschließlich zum Erwerb eines anderen Betriebs der Land- und Forstwirtschaft oder eines Anteils im Sinne des § 158 Abs. 2 Satz 2 verwendet wird.

(4) [1]Sind wesentliche Wirtschaftsgüter (§ 158 Abs. 3 Satz 1 Nr. 1 bis 3 und 5) dem Betrieb der Land- und Forstwirtschaft innerhalb eines Zeitraumes von 15 Jahren nicht mehr auf Dauer zu dienen bestimmt, erfolgt die Bewertung der Wirtschaftsgüter abweichend von den §§ 163 und 164 mit dem jeweiligen Liquidationswert nach § 166. [2]Dies gilt nicht, wenn der Veräußerungserlös innerhalb von sechs Monaten ausschließlich im betrieblichen Interesse verwendet wird.

§ 163[1)] **Ermittlung der Wirtschaftswerte.** (1) [1]Bei der Ermittlung der jeweiligen Wirtschaftswerte ist von der nachhaltigen Ertragsfähigkeit land- und forstwirtschaftlicher Betriebe auszugehen. [2]Ertragsfähigkeit ist der bei ordnungsmäßiger Bewirtschaftung gemeinhin und nachhaltig erzielbare Reingewinn. [3]Dabei sind alle Umstände zu berücksichtigen, die bei einer Selbstbewirtschaftung den Wirtschaftserfolg beeinflussen.

(2) [1]Der Reingewinn umfasst das ordentliche Ergebnis abzüglich eines angemessenen Lohnansatzes für die Arbeitsleistung des Betriebsinhabers

[1)] Sechster Abschnitt (§§ 157–203) eingef. mWv 1. 1. 2009 (§ 205 Abs. 1) durch G v. 24. 12. 2008 (BGBl. I S. 3018).

und der nicht entlohnten Arbeitskräfte. [2]Die im unmittelbaren wirtschaftlichen Zusammenhang mit einem Betrieb der Land- und Forstwirtschaft stehenden Verbindlichkeiten sind durch den Ansatz der Zinsaufwendungen abgegolten. [3]Zur Berücksichtigung der nachhaltigen Ertragsfähigkeit ist der Durchschnitt der letzten fünf abgelaufenen Wirtschaftsjahre vor dem Bewertungsstichtag zu Grunde zu legen.

(3) [1]Der Reingewinn für die landwirtschaftliche Nutzung bestimmt sich nach der Region, der maßgeblichen Nutzungsart (Betriebsform) und der Betriebsgröße nach der Europäischen Größeneinheit (EGE). [2]Zur Ermittlung der maßgeblichen Betriebsform ist das Klassifizierungssystem nach der Entscheidung 85/377/EWG der Kommission vom 7. Juni 1985 zur Errichtung eines gemeinschaftlichen Klassifizierungssystems der landwirtschaftlichen Betriebe (ABl. EG Nr. L 220 S. 1), zuletzt geändert durch Entscheidung der Kommission vom 16. Mai 2003 (ABl. EU Nr. L 127 S. 48), in der jeweils geltenden Fassung heranzuziehen. [3]Hierzu sind die Standarddeckungsbeiträge der selbst bewirtschafteten Flächen und der Tiereinheiten der landwirtschaftlichen Nutzung zu ermitteln und daraus die Betriebsform zu bestimmen. [4]Die Summe der Standarddeckungsbeiträge ist durch 1 200 Euro zu dividieren, so dass sich die Betriebsgröße in EGE ergibt, die einer der folgenden Betriebsgrößenklassen zuzuordnen ist:

1. Kleinbetriebe von	0 bis unter 40 EGE,
2. Mittelbetriebe von	40 bis 100 EGE,
3. Großbetriebe über	100 EGE.

[5]Das Bundesministerium der Finanzen veröffentlicht die maßgeblichen Standarddeckungsbeiträge im Bundessteuerblatt. [6]Der entsprechende Reingewinn ergibt sich aus der Spalte 4 der Anlage 14 in Euro pro Hektar landwirtschaftlich genutzter Fläche (EUR/ha LF).

(4) [1]Der Reingewinn für die forstwirtschaftliche Nutzung bestimmt sich nach den Flächen der jeweiligen Nutzungsart (Baumartengruppe) und den Ertragsklassen. [2]Die jeweilige Nutzungsart umfasst:

1. Die Baumartengruppe Buche, zu der auch sonstiges Laubholz einschließlich der Roteiche gehört,
2. die Baumartengruppe Eiche, zu der auch alle übrigen Eichenarten gehören,
3. die Baumartengruppe Fichte, zu der auch alle übrigen Nadelholzarten mit Ausnahme der Kiefer und der Lärche gehören,
4. die Baumartengruppe Kiefer und Lärchen mit Ausnahme der Weymouthskiefer,
5. die übrige Fläche der forstwirtschaftlichen Nutzung.

[3]Die Ertragsklassen bestimmen sich für

1. die Baumartengruppe Buche nach der von Schober für mäßige Durchforstung veröffentlichten Ertragstafel,
2. die Baumartengruppe Eiche nach der von Jüttner für mäßige Durchforstung veröffentlichten Ertragstafel,

3. die Baumartengruppe Fichte nach der von Wiedemann für mäßige Durchforstung veröffentlichten Ertragstafel,
4. die Baumartengruppe Kiefer nach der von Wiedemann für mäßige Durchforstung veröffentlichten Ertragstafel.

4 Der nach den Sätzen 2 und 3 maßgebliche Reingewinn ergibt sich aus der Spalte 4 der Anlage 15 in Euro pro Hektar (EUR/ha).

(5) 1 Der Reingewinn für die weinbauliche Nutzung bestimmt sich nach den Flächen der jeweiligen Nutzungsart (Verwertungsform). 2 Er ergibt sich aus der Spalte 3 der Anlage 16.

(6) 1 Der Reingewinn für die gärtnerische Nutzung bestimmt sich nach dem maßgeblichen Nutzungsteil, der Nutzungsart und den Flächen. 2 Er ergibt sich aus der Spalte 4 der Anlage 17.

(7) Der Reingewinn für die Sondernutzungen Hopfen, Spargel, Tabak ergibt sich aus der Spalte 3 der Anlage 18.

(8) 1 Der Reingewinn für die sonstigen land- und forstwirtschaftlichen Nutzungen, für Nebenbetriebe sowie für Abbauland ist im Einzelertragswertverfahren zu ermitteln, soweit für die jeweilige Region nicht auf einen durch statistische Erhebungen ermittelten pauschalierten Reingewinn zurückgegriffen werden kann. 2 Der Einzelertragswert ermittelt sich aus dem betriebsindividuellen Ergebnis und dem Kapitalisierungszinssatz nach Absatz 11.

(9) Der Reingewinn für das Geringstland wird pauschal mit 5,40 Euro pro Hektar festgelegt.

(10) Der Reingewinn für das Unland beträgt 0 Euro.

(11) 1 Der jeweilige Reingewinn ist zu kapitalisieren. 2 Der Kapitalisierungszinssatz beträgt 5,5 Prozent und der Kapitalisierungsfaktor beträgt 18,6.

(12) Der kapitalisierte Reingewinn für die landwirtschaftliche, die forstwirtschaftliche, die weinbauliche, die gärtnerische Nutzung oder für deren Nutzungsteile, die Sondernutzungen und das Geringstland ist mit der jeweiligen Eigentumsfläche des Betriebs zum Bewertungsstichtag zu vervielfältigen, der dieser Nutzung zuzurechnen ist.

(13) 1 Die Hofflächen und die Flächen der Wirtschaftsgebäude sind dabei anteilig in die einzelnen Nutzungen einzubeziehen. 2 Wirtschaftswege, Hecken, Gräben, Grenzraine und dergleichen sind in die Nutzung einzubeziehen, zu der sie gehören; dies gilt auch für Wasserflächen soweit sie nicht Unland sind oder zu den übrigen land- und forstwirtschaftlichen Nutzungen gehören.

(14) Das Bundesministerium der Finanzen wird ermächtigt, durch Rechtsverordnung mit Zustimmung des Bundesrates die Anlagen 14 bis 18 zu diesem Gesetz dadurch zu ändern, dass es die darin aufgeführten Reingewinne turnusmäßig an die Ergebnisse der Erhebungen nach § 2 des Landwirtschaftsgesetzes anpasst.

§ 164[1] Mindestwert. (1) Der Mindestwert des Wirtschaftsteils setzt sich aus dem Wert für den Grund und Boden sowie dem Wert der übrigen Wirtschaftsgüter zusammen und wird nach den Absätzen 2 bis 4 ermittelt.

(2) [1] Der für den Wert des Grund und Bodens im Sinne des § 158 Abs. 3 Satz 1 Nr. 1 zu ermittelnde Pachtpreis pro Hektar (ha) bestimmt sich nach der Nutzung, dem Nutzungsteil und der Nutzungsart des Grund und Bodens. [2] Bei der landwirtschaftlichen Nutzung ist dabei die Betriebsgröße in EGE nach § 163 Abs. 3 Satz 4 Nr. 1 bis 3 zu berücksichtigen. [3] Der danach maßgebliche Pachtpreis ergibt sich jeweils aus der Spalte 5 der Anlagen 14, 15 und 17 sowie aus der Spalte 4 der Anlagen 16 und 18 und ist mit den Eigentumsflächen zu vervielfältigen.

(3) Der Kapitalisierungszinssatz des regionalen Pachtpreises beträgt 5,5 Prozent und der Kapitalisierungsfaktor beträgt 18,6.

(4) [1] Der Wert für die übrigen Wirtschaftsgüter im Sinne des § 158 Abs. 3 Satz 1 Nr. 2 bis 5 (Besatzkapital) bestimmt sich nach der Nutzung, dem Nutzungsteil und der Nutzungsart des Grund und Bodens. [2] Bei der landwirtschaftlichen Nutzung ist dabei die Betriebsgröße in EGE nach § 163 Abs. 3 Satz 4 Nr. 1 bis 3 zu berücksichtigen. [3] Der danach maßgebliche Wert für das Besatzkapital ergibt sich jeweils aus der Spalte 6 der Anlagen 14, 15 a und 17 sowie aus der Spalte 5 der Anlagen 16 und 18 und ist mit den selbst bewirtschafteten Flächen zu vervielfältigen.

(5) Der Kapitalisierungszinssatz für die übrigen Wirtschaftsgüter (§ 158 Abs. 3 Satz 1 Nr. 2 bis 5) beträgt 5,5 Prozent und der Kapitalisierungsfaktor beträgt 18,6.

(6) [1] Der kapitalisierte Wert für den Grund und Boden und der kapitalisierte Wert für die übrigen Wirtschaftsgüter sind um die damit in wirtschaftlichem Zusammenhang stehenden Verbindlichkeiten zu mindern. [2] Der Mindestwert, der sich hiernach ergibt, darf nicht weniger als 0 Euro betragen.

(7) Das Bundesministerium der Finanzen wird ermächtigt, durch Rechtsverordnung mit Zustimmung des Bundesrates die Anlagen 14 bis 18 zu diesem Gesetz dadurch zu ändern, dass es die darin aufgeführten Pachtpreise und Werte für das Besatzkapital turnusmäßig an die Ergebnisse der Erhebungen nach § 2 des Landwirtschaftsgesetzes anpasst.

§ 165[1] Bewertung des Wirtschaftsteils mit dem Fortführungswert. (1) Der Wert des Wirtschaftsteils wird aus der Summe der nach § 163 zu ermittelnden Wirtschaftswerte gebildet.

(2) Der für einen Betrieb der Land- und Forstwirtschaft anzusetzende Wert des Wirtschaftsteils darf nicht geringer sein als der nach § 164 ermittelte Mindestwert.

(3) Weist der Steuerpflichtige nach, dass der gemeine Wert des Wirtschaftsteils niedriger ist als der nach den Absätzen 1 und 2 ermittelte Wert, ist dieser Wert anzusetzen; § 166 ist zu beachten.

---

[1] Sechster Abschnitt (§§ 157–203) eingef. mWv 1. 1. 2009 (§ 205 Abs. 1) durch G v. 24. 12. 2008 (BGBl. I S. 3018).

§ 166[1)] Bewertung des Wirtschaftsteils mit dem Liquidationswert. (1) Im Falle des § 162 Abs. 3 oder Abs. 4 ist der Liquidationswert nach Absatz 2 zu ermitteln und tritt mit Wirkung für die Vergangenheit an die Stelle des bisherigen Wertansatzes.

(2)[2)] [1] Bei der Ermittlung des jeweiligen Liquidationswerts nach Absatz 1

1. ist der Grund und Boden im Sinne des § 158 Abs. 3 Satz 1 Nr. 1 mit den zuletzt vor dem Bewertungsstichtag ermittelten Bodenrichtwerten zu bewerten. [***ab 14. 12. 2011:*** [2] § 179 Satz 2 bis 4 gilt entsprechend.] [3] Zur Berücksichtigung der Liquidationskosten ist der ermittelte Bodenwert um 10 Prozent zu mindern;
2. sind die übrigen Wirtschaftsgüter im Sinne des § 158 Abs. 3 Satz 1 Nr. 2 bis 5 mit ihrem gemeinen Wert zu bewerten. [2] Zur Berücksichtigung der Liquidationskosten sind die ermittelten Werte um 10 Prozent zu mindern.

§ 167[1)] Bewertung der Betriebswohnungen und des Wohnteils. (1) Die Bewertung der Betriebswohnungen und des Wohnteils erfolgt nach den Vorschriften, die für die Bewertung von Wohngrundstücken im Grundvermögen (§§ 182 bis 196) gelten.

(2) Für die Abgrenzung der Betriebswohnungen und des Wohnteils vom Wirtschaftsteil ist höchstens das Fünffache der jeweils bebauten Fläche zu Grunde zu legen.

(3) Zur Berücksichtigung von Besonderheiten, die sich im Falle einer engen räumlichen Verbindung von Wohnraum mit dem Betrieb ergeben, ist der Wert des Wohnteils und der Wert der Betriebswohnungen nach den Absätzen 1 und 2 um 15 Prozent zu ermäßigen.

(4) [1] Weist der Steuerpflichtige nach, dass der gemeine Wert des Wohnteils oder der Betriebswohnungen niedriger ist als der sich nach den Absätzen 1 bis 3 ergebende Wert, ist der gemeine Wert anzusetzen. [2] Für den Nachweis des niedrigeren gemeinen Werts gelten grundsätzlich die auf Grund des § 199 Abs. 1 des Baugesetzbuchs erlassenen Vorschriften.

§ 168[1)] Grundbesitzwert des Betriebs der Land- und Forstwirtschaft. (1) Der Grundbesitzwert eines Betriebs der Land- und Forstwirtschaft besteht aus

1. dem Wert des Wirtschaftsteils (§ 160 Abs. 2),
2. dem Wert der Betriebswohnungen (§ 160 Abs. 8) abzüglich der damit im unmittelbaren wirtschaftlichen Zusammenhang stehenden Verbindlichkeiten,

---

1) Sechster Abschnitt (§§ 157–203) eingef. mWv 1. 1. 2009 (§ 205 Abs. 1) durch G v. 24. 12. 2008 (BGBl. I S. 3018).

2) § 166 Abs. 2 Nr. 1 Satz 2 eingef., bish. Satz 2 wird Satz 3 durch G v. 7. 12. 2011 (BGBl. I S. 2592); zur Anwendung siehe § 205 Abs. 3.

3. dem Wert des Wohnteils (§ 160 Abs. 9) abzüglich der damit im unmittelbaren wirtschaftlichen Zusammenhang stehenden Verbindlichkeiten.

(2) Der Grundbesitzwert für Stückländereien als Betrieb der Land- und Forstwirtschaft (§ 160 Abs. 7) besteht nur aus dem Wert des Wirtschaftsteils.

(3) Der Grundbesitzwert für einen Anteil an einem Betrieb der Land- und Forstwirtschaft im Sinne des § 158 Abs. 2 Satz 2 ist nach Absätzen 4 bis 6 aufzuteilen.

(4) [1]Der Wert des Wirtschafteils ist nach den beim Mindestwert (§ 164) zu Grunde gelegten Verhältnissen aufzuteilen. [2]Dabei ist

1. der Wert des Grund und Bodens und der Wirtschaftsgebäude oder ein Anteil daran (§ 158 Abs. 3 Satz 1 Nr. 1 und 2) dem jeweiligen Eigentümer zuzurechnen. [2]Im Falle des Gesamthandseigentums ist der Wert des Grund und Bodens nach der Höhe der gesellschaftsrechtlichen Beteiligung aufzuteilen;
2. der Wert der übrigen Wirtschaftsgüter (§ 158 Abs. 3 Satz 1 Nr. 3 bis 5) nach dem Wertverhältnis der dem Betrieb zur Verfügung gestellten Wirtschaftsgüter aufzuteilen. [2]Im Falle des Gesamthandseigentums ist der Wert der übrigen Wirtschaftsgüter nach der Höhe der gesellschaftsrechtlichen Beteiligung aufzuteilen;
3. der Wert der zu berücksichtigenden Verbindlichkeiten (§ 164 Abs. 4) dem jeweiligen Schuldner zuzurechnen. [2]Im Falle des Gesamthandseigentums ist der Wert der zu berücksichtigenden Verbindlichkeiten nach der Höhe der gesellschaftsrechtlichen Beteiligung aufzuteilen.

(5) [1]Der Wert für die Betriebswohnungen ist dem jeweiligen Eigentümer zuzurechnen. [2]Im Falle des Gesamthandseigentums ist der Wert nach der Höhe der gesellschaftsrechtlichen Beteiligung aufzuteilen.

(6) [1]Der Wert für den Wohnteil ist dem jeweiligen Eigentümer zuzurechnen. [2]Im Falle des Gesamthandseigentums ist der Wert nach der Höhe der gesellschaftsrechtlichen Beteiligung aufzuteilen.

II. Besonderer Teil

a) Landwirtschaftliche Nutzung

§ 169[1]) Tierbestände. (1) [1]Tierbestände gehören in vollem Umfang zur landwirtschaftlichen Nutzung, wenn im Wirtschaftsjahr

für die ersten 20 Hektar	nicht mehr als	10 Vieheinheiten
für die nächsten 10 Hektar	nicht mehr als	7 Vieheinheiten
für die nächsten 20 Hektar	nicht mehr als	6 Vieheinheiten
für die nächsten 50 Hektar	nicht mehr als	3 Vieheinheiten
und für die weitere Fläche	nicht mehr als	1,5 Vieheinheiten

[1]) Sechster Abschnitt (§§ 157–203) eingef. mWv 1. 1. 2009 (§ 205 Abs. 1) durch G v. 24. 12. 2008 (BGBl. I S. 3018).

je Hektar der vom Inhaber des Betriebs regelmäßig landwirtschaftlich genutzten Flächen erzeugt oder gehalten werden. [2]Die Tierbestände sind nach dem Futterbedarf in Vieheinheiten umzurechnen.

(2) [1]Übersteigt die Anzahl der Vieheinheiten nachhaltig die in Absatz 1 bezeichnete Grenze, so gehören nur die Zweige des Tierbestands zur landwirtschaftlichen Nutzung, deren Vieheinheiten zusammen diese Grenze nicht überschreiten. [2]Zunächst sind mehr flächenabhängige Zweige des Tierbestands und danach weniger flächenabhängige Zweige des Tierbestands zur landwirtschaftlichen Nutzung zu rechnen. [3]Innerhalb jeder dieser Gruppen sind zuerst Zweige des Tierbestands mit der geringeren Anzahl von Vieheinheiten und dann Zweige mit der größeren Anzahl von Vieheinheiten zur landwirtschaftlichen Nutzung zu rechnen. [4]Der Tierbestand des einzelnen Zweiges wird nicht aufgeteilt.

(3) [1]Als Zweig des Tierbestands gilt bei jeder Tierart für sich
1. das Zugvieh,
2. das Zuchtvieh,
3. das Mastvieh und
4. das übrige Nutzvieh.

[2]Das Zuchtvieh einer Tierart gilt nur dann als besonderer Zweig des Tierbestands, wenn die erzeugten Jungtiere überwiegend zum Verkauf bestimmt sind. [3]Ist das nicht der Fall, so ist das Zuchtvieh dem Zweig des Tierbestands zuzurechnen, dem es überwiegend dient.

(4) [1]Die Absätze 1 bis 3 gelten nicht für Pelztiere. [2]Pelztiere gehören nur dann zur landwirtschaftlichen Nutzung, wenn die erforderlichen Futtermittel überwiegend von den vom Inhaber des Betriebs landwirtschaftlich genutzter Flächen gewonnen werden.

(5) [1]Für die Umrechnung der Tierbestände in Vieheinheiten sowie für die Gruppen der mehr flächenabhängigen oder weniger flächenabhängigen Zweige des Tierbestands sind die in Anlage 19 und 20 aufgeführten Werte maßgebend. [2]Das Bundesministerium der Finanzen wird ermächtigt, durch Rechtsverordnung mit Zustimmung des Bundesrates die Anlagen 19 und 20 zu diesem Gesetz dadurch zu ändern, dass der darin aufgeführte Umrechnungsschlüssel und die Gruppen der Zweige eines Tierbestands an geänderte wirtschaftliche oder technische Entwicklungen angepasst werden können.

§ 170[1)] Umlaufende Betriebsmittel. Bei landwirtschaftlichen Betrieben zählen die umlaufenden Betriebsmittel nur soweit zum normalen Bestand als der Durchschnitt der letzten fünf Jahre nicht überschritten wird.

b) Forstwirtschaftliche Nutzung

§ 171[1)] Umlaufende Betriebsmittel. [1]Eingeschlagenes Holz gehört zum normalen Bestand an umlaufenden Betriebsmitteln, soweit es den jähr-

[1)] Sechster Abschnitt (§§ 157–203) eingef. mWv 1. 1. 2009 (§ 205 Abs. 1) durch G v. 24. 12. 2008 (BGBl. I S. 3018).

lichen Nutzungssatz nicht übersteigt. [2]Bei Betrieben, die nicht jährlich einschlagen (aussetzende Betriebe), tritt an die Stelle des jährlichen Nutzungssatzes ein den Betriebsverhältnissen entsprechender mehrjähriger Nutzungssatz.

§ 172[1)] Abweichender Bewertungsstichtag. Bei der forstwirtschaftlichen Nutzung sind abweichend von § 161 Abs. 1 für den Umfang und den Zustand des Bestands an nicht eingeschlagenem Holz die Verhältnisse am Ende des Wirtschaftsjahres zu Grunde zu legen, das dem Bewertungsstichtag vorangegangen ist.

c) Weinbauliche Nutzung

§ 173[1)] Umlaufende Betriebsmittel. (1) Bei ausbauenden Betrieben zählen die Vorräte an Weinen aus den Ernten der letzten fünf Jahre vor dem Bewertungsstichtag zum normalen Bestand an umlaufenden Betriebsmitteln.

(2) Abschläge für Unterbestand an Weinvorräten sind nicht zu machen.

d) Gärtnerische Nutzung

§ 174[1)] Abweichende Bewertungsverhältnisse. (1) [1]Die durch Anbau von Baumschulgewächsen genutzte Betriebsfläche wird nach § 161 Abs. 1 bestimmt. [2]Dabei sind die zum 15. September feststellbaren Bewirtschaftungsverhältnisse zu Grunde zu legen, die dem Bewertungsstichtag vorangegangen sind.

(2) [1]Die durch Anbau von Gemüse, Blumen und Zierpflanzen genutzte Betriebsfläche wird nach § 161 Abs. 1 bestimmt. [2]Dabei sind die zum 30. Juni feststellbaren Bewirtschaftungsverhältnisse zu Grunde zu legen, die dem Bewertungsstichtag vorangegangen sind.

(3) Sind die Bewirtschaftungsverhältnisse nicht feststellbar, richtet sich die Einordnung der Flächen nach der vorgesehenen Nutzung.

e) Übrige land- und forstwirtschaftliche Nutzungen

§ 175[1)] Übrige land- und forstwirtschaftliche Nutzungen. (1) Zu den übrigen land- und forstwirtschaftlichen Nutzungen gehören

1. die Sondernutzungen Hopfen, Spargel, Tabak und andere Sonderkulturen,
2. die sonstigen land- und forstwirtschaftlichen Nutzungen.

(2) Zu den sonstigen land- und forstwirtschaftlichen Nutzungen gehören insbesondere

1. die Binnenfischerei,
2. die Teichwirtschaft,
3. die Fischzucht für Binnenfischerei und Teichwirtschaft,

[1)] Sechster Abschnitt (§§ 157–203) eingef. mWv 1. 1. 2009 (§ 205 Abs. 1) durch G v. 24. 12. 2008 (BGBl. I S. 3018).

4. die Imkerei,
5. die Wanderschäferei,
6. die Saatzucht,
7. der Pilzanbau,
8. die Produktion von Nützlingen,
9. die Weihnachtsbaumkulturen.

C. Grundvermögen

I. Allgemeines

§ 176[1)] Grundvermögen. (1) Zum Grundvermögen gehören

1. der Grund und Boden, die Gebäude, die sonstigen Bestandteile und das Zubehör,
2. das Erbbaurecht,
3. das Wohnungseigentum, Teileigentum, Wohnungserbbaurecht und Teilerbbaurecht nach dem Wohnungseigentumsgesetz,

soweit es sich nicht um land- und forstwirtschaftliches Vermögen (§§ 158 und 159) oder um Betriebsgrundstücke (§ 99) handelt.

(2) In das Grundvermögen sind nicht einzubeziehen

1. Bodenschätze,
2. die Maschinen und sonstigen Vorrichtungen aller Art, die zu einer Betriebsanlage gehören (Betriebsvorrichtungen), auch wenn sie wesentliche Bestandteile sind. [2]Einzubeziehen sind jedoch die Verstärkungen von Decken und die nicht ausschließlich zu einer Betriebsanlage gehörenden Stützen und sonstigen Bauteile wie Mauervorlagen und Verstrebungen.

§ 177[1)] Bewertung. Den Bewertungen nach den §§ 179 und 182 bis 196 ist der gemeine Wert (§ 9) zu Grunde zu legen.

II. Unbebaute Grundstücke

§ 178[1)] Begriff der unbebauten Grundstücke. (1) [1]Unbebaute Grundstücke sind Grundstücke, auf denen sich keine benutzbaren Gebäude befinden. [2]Die Benutzbarkeit beginnt im Zeitpunkt der Bezugsfertigkeit. [3]Gebäude sind als bezugsfertig anzusehen, wenn den zukünftigen Bewohnern oder sonstigen Benutzern zugemutet werden kann, sie zu benutzen; die Abnahme durch die Bauaufsichtsbehörde ist nicht entscheidend.

(2) [1]Befinden sich auf dem Grundstück Gebäude, die auf Dauer keiner Nutzung zugeführt werden können, gilt das Grundstück als unbebaut. [2]Als unbebaut gilt auch ein Grundstück, auf dem infolge von Zerstörung oder Verfall der Gebäude auf Dauer kein benutzbarer Raum mehr vorhanden ist.

[1)] Sechster Abschnitt (§§ 157–203) eingef. mWv 1. 1. 2009 (§ 205 Abs. 1) durch G v. 24. 12. 2008 (BGBl. I S. 3018).

§ 179[1)] **Bewertung der unbebauten Grundstücke.** [1]Der Wert unbebauter Grundstücke bestimmt sich regelmäßig nach ihrer Fläche und den Bodenrichtwerten (§ 196 des Baugesetzbuchs). [2]Die Bodenrichtwerte sind von den Gutachterausschüssen nach dem Baugesetzbuch zu ermitteln und den Finanzämtern mitzuteilen. [3]Bei der Wertermittlung ist stets der Bodenrichtwert anzusetzen, der vom Gutachterausschuss zuletzt zu ermitteln war. [4]*Lässt sich von den Gutachterausschüssen kein Bodenrichtwert nach § 196 des Baugesetzbuchs ermitteln,* [***ab 14. 12. 2011:*** Wird von den Gutachterausschüssen kein Bodenrichtwert ermittelt,] ist der Bodenwert aus den Werten vergleichbarer Flächen abzuleiten.[2)]

III. Bebaute Grundstücke

§ 180[1)] **Begriff der bebauten Grundstücke.** (1) [1]Bebaute Grundstücke sind Grundstücke, auf denen sich benutzbare Gebäude befinden. [2]Wird ein Gebäude in Bauabschnitten errichtet, ist der fertiggestellte Teil als benutzbares Gebäude anzusehen.

(2) Als Grundstück im Sinne des Absatzes 1 gilt auch ein Gebäude, das auf fremdem Grund und Boden errichtet oder in sonstigen Fällen einem anderen als dem Eigentümer des Grund und Bodens zuzurechnen ist, selbst wenn es wesentlicher Bestandteil des Grund und Bodens geworden ist.

§ 181[1)] **Grundstücksarten.** (1) Bei der Bewertung bebauter Grundstücke sind die folgenden Grundstücksarten zu unterscheiden:
1. Ein- und Zweifamilienhäuser,
2. Mietwohngrundstücke,
3. Wohnungs- und Teileigentum,
4. Geschäftsgrundstücke,
5. gemischt genutzte Grundstücke und
6. sonstige bebaute Grundstücke.

(2) [1]Ein- und Zweifamilienhäuser sind Wohngrundstücke, die bis zu zwei Wohnungen enthalten und kein Wohnungseigentum sind. [2]Ein Grundstück gilt auch dann als Ein- oder Zweifamilienhaus, wenn es zu weniger als 50 Prozent, berechnet nach der Wohn- oder Nutzfläche, zu anderen als Wohnzwecken mitbenutzt und dadurch die Eigenart als Ein- oder Zweifamilienhaus nicht wesentlich beeinträchtigt wird.

(3) Mietwohngrundstücke sind Grundstücke, die zu mehr als 80 Prozent, berechnet nach der Wohn- oder Nutzfläche, Wohnzwecken dienen, und nicht Ein- und Zweifamilienhäuser oder Wohnungseigentum sind.

(4) Wohnungseigentum ist das Sondereigentum an einer Wohnung in Verbindung mit dem Miteigentumsanteil an dem gemeinschaftlichen Eigentum, zu dem es gehört.

[1)] Sechster Abschnitt (§§ 157–203) eingef. mWv 1. 1. 2009 (§ 205 Abs. 1) durch G v. 24. 12. 2008 (BGBl. I S. 3018).

[2)] § 179 Satz 4 geänd. durch G v. 7. 12. 2011 (BGBl. I S. 2592); zur Anwendung siehe § 205 Abs. 3.

(5) Teileigentum ist das Sondereigentum an nicht zu Wohnzwecken dienenden Räumen eines Gebäudes in Verbindung mit dem Miteigentum an dem gemeinschaftlichen Eigentum, zu dem es gehört.

(6) Geschäftsgrundstücke sind Grundstücke, die zu mehr als 80 Prozent, berechnet nach der Wohn- und Nutzfläche, eigenen oder fremden betrieblichen oder öffentlichen Zwecken dienen und nicht Teileigentum sind.

(7) Gemischt genutzte Grundstücke sind Grundstücke, die teils Wohnzwecken, teils eigenen oder fremden betrieblichen oder öffentlichen Zwecken dienen und nicht Ein- und Zweifamilienhäuser, Mietwohngrundstücke, Wohnungseigentum, Teileigentum oder Geschäftsgrundstücke sind.

(8) Sonstige bebaute Grundstücke sind solche Grundstücke, die nicht unter die Absätze 2 bis 7 fallen.

(9) [1]Eine Wohnung ist die Zusammenfassung einer Mehrheit von Räumen, die in ihrer Gesamtheit so beschaffen sein müssen, dass die Führung eines selbständigen Haushalts möglich ist. [2]Die Zusammenfassung einer Mehrheit von Räumen muss eine von anderen Wohnungen oder Räumen, insbesondere Wohnräumen, baulich getrennte, in sich abgeschlossene Wohneinheit bilden und einen selbständigen Zugang haben. [3]Außerdem ist erforderlich, dass die für die Führung eines selbständigen Haushalts notwendigen Nebenräume (Küche, Bad oder Dusche, Toilette) vorhanden sind. [4]Die Wohnfläche muss mindestens 23 Quadratmeter (m^2) betragen.

§ 182[1)] Bewertung der bebauten Grundstücke. (1) Der Wert der bebauten Grundstücke ist nach dem Vergleichswertverfahren (Absatz 2 und § 183), dem Ertragswertverfahren (Absatz 3 und §§ 184 bis 188) oder dem Sachwertverfahren (Absatz 4 und §§ 189 bis 191) zu ermitteln.

(2) Im Vergleichswertverfahren sind grundsätzlich zu bewerten
1. Wohnungseigentum,
2. Teileigentum,
3. Ein- und Zweifamilienhäuser.

(3) Im Ertragswertverfahren sind zu bewerten
1. Mietwohngrundstücke,
2. Geschäftsgrundstücke und gemischt genutzte Grundstücke, für die sich auf dem örtlichen Grundstücksmarkt eine übliche Miete ermitteln lässt.

(4) Im Sachwertverfahren sind zu bewerten
1. Grundstücke im Sinne des Absatzes 2, wenn kein Vergleichswert vorliegt,
2. Geschäftsgrundstücke und gemischt genutzte Grundstücke mit Ausnahme der in Absatz 3 Nr. 2 genannten Grundstücke,
3. sonstige bebaute Grundstücke.

§ 183[1)] Bewertung im Vergleichswertverfahren. (1) [1]Bei Anwendung des Vergleichswertverfahrens sind Kaufpreise von Grundstücken heranzuziehen, die hinsichtlich der ihren Wert beeinflussenden Merkmale mit dem zu bewertenden Grundstück hinreichend übereinstimmen (Ver-

---

[1)] Sechster Abschnitt (§§ 157–203) eingef. mWv 1. 1. 2009 (§ 205 Abs. 1) durch G v. 24. 12. 2008 (BGBl. I S. 3018).

gleichsgrundstücke). 2 Grundlage sind vorrangig die von den Gutachterausschüssen im Sinne der §§ 192 ff. des Baugesetzbuchs mitgeteilten Vergleichspreise.

(2) 1 Anstelle von Preisen für Vergleichsgrundstücke können von den Gutachterausschüssen für geeignete Bezugseinheiten, insbesondere Flächeneinheiten des Gebäudes, ermittelte und mitgeteilte Vergleichsfaktoren herangezogen werden. 2 Bei Verwendung von Vergleichsfaktoren, die sich nur auf das Gebäude beziehen, ist der Bodenwert nach § 179 gesondert zu berücksichtigen.

(3) Besonderheiten, insbesondere die den Wert beeinflussenden Belastungen privatrechtlicher und öffentlich-rechtlicher Art, werden im Vergleichswertverfahren nach den Absätzen 1 und 2 nicht berücksichtigt.

§ 184[1)] Bewertung im Ertragswertverfahren. (1) Bei Anwendung des Ertragswertverfahrens ist der Wert der Gebäude (Gebäudeertragswert) getrennt von dem Bodenwert auf der Grundlage des Ertrags nach § 185 zu ermitteln.

(2) Der Bodenwert ist der Wert des unbebauten Grundstücks nach § 179.

(3) 1 Der Bodenwert und der Gebäudeertragswert (§ 185) ergeben den Ertragswert des Grundstücks. 2 Es ist mindestens der Bodenwert anzusetzen. 3 Sonstige bauliche Anlagen, insbesondere Außenanlagen, sind regelmäßig mit dem Ertragswert des Gebäudes abgegolten.

§ 185[1)] Ermittlung des Gebäudeertragswerts. (1) 1 Bei der Ermittlung des Gebäudeertragswerts ist von dem Reinertrag des Grundstücks auszugehen. 2 Dieser ergibt sich aus dem Rohertrag des Grundstücks (§ 186) abzüglich der Bewirtschaftungskosten (§ 187).

(2) 1 Der Reinertrag des Grundstücks ist um den Betrag zu vermindern, der sich durch eine angemessene Verzinsung des Bodenwerts ergibt; dies ergibt den Gebäudereinertrag. 2 Der Verzinsung des Bodenwerts ist der Liegenschaftszinssatz (§ 188) zu Grunde zu legen. 3 Ist das Grundstück wesentlich größer, als es einer den Gebäuden angemessenen Nutzung entspricht, und ist eine zusätzliche Nutzung oder Verwertung einer Teilfläche zulässig und möglich, ist bei der Berechnung des Verzinsungsbetrags der Bodenwert dieser Teilfläche nicht zu berücksichtigen.

(3) 1 Der Gebäudereinertrag ist mit dem sich aus der Anlage 21 ergebenden Vervielfältiger zu kapitalisieren. 2 Maßgebend für den Vervielfältiger sind der Liegenschaftszinssatz und die Restnutzungsdauer des Gebäudes. 3 Die Restnutzungsdauer wird grundsätzlich aus dem Unterschiedsbetrag zwischen der wirtschaftlichen Gesamtnutzungsdauer, die sich aus der Anlage 22 ergibt, und dem Alter des Gebäudes am Bewertungsstichtag ermittelt. 4 Sind nach Bezugsfertigkeit des Gebäudes Veränderungen ein-

---

1) Sechster Abschnitt (§§ 157–203) eingef. mWv 1. 1. 2009 (§ 205 Abs. 1) durch G v. 24. 12. 2008 (BGBl. I S. 3018).

getreten, die die wirtschaftliche Gesamtnutzungsdauer des Gebäudes verlängert oder verkürzt haben, ist von einer der Verlängerung oder Verkürzung entsprechenden Restnutzungsdauer auszugehen. 5 Die Restnutzungsdauer eines noch nutzbaren Gebäudes beträgt regelmäßig mindestens 30 Prozent der wirtschaftlichen Gesamtnutzungsdauer.

§ 186[1)] Rohertrag des Grundstücks. (1) 1 Rohertrag ist das Entgelt, das für die Benutzung des bebauten Grundstücks nach den am Bewertungsstichtag geltenden vertraglichen Vereinbarungen für den Zeitraum von zwölf Monaten zu zahlen ist. 2 Umlagen, die zur Deckung der Betriebskosten gezahlt werden, sind nicht anzusetzen.

(2) 1 Für Grundstücke oder Grundstücksteile,

1. die eigengenutzt, ungenutzt, zu vorübergehendem Gebrauch oder unentgeltlich überlassen sind,
2. die der Eigentümer dem Mieter zu einer um mehr als 20 Prozent von der üblichen Miete abweichenden tatsächlichen Miete überlassen hat,

ist die übliche Miete anzusetzen. 2 Die übliche Miete ist in Anlehnung an die Miete zu schätzen, die für Räume gleicher oder ähnlicher Art, Lage und Ausstattung regelmäßig gezahlt wird. 3 Betriebskosten sind nicht einzubeziehen.

§ 187[1)] Bewirtschaftungskosten. (1) Bewirtschaftungskosten sind die bei gewöhnlicher Bewirtschaftung nachhaltig entstehenden Verwaltungskosten, Betriebskosten, Instandhaltungskosten und das Mietausfallwagnis; durch Umlagen gedeckte Betriebskosten bleiben unberücksichtigt.

(2) 1 Die Bewirtschaftungskosten sind nach Erfahrungssätzen anzusetzen. 2 Soweit von den Gutachterausschüssen im Sinne der §§ 192 ff. des Baugesetzbuchs keine geeigneten Erfahrungssätze zur Verfügung stehen, ist von den pauschalierten Bewirtschaftungskosten nach Anlage 23 auszugehen.

§ 188[1)] Liegenschaftszinssatz. (1) Der Liegenschaftszinssatz ist der Zinssatz, mit dem der Verkehrswert von Grundstücken im Durchschnitt marktüblich verzinst wird.

(2) 1 Anzuwenden sind die von den Gutachterausschüssen im Sinne der §§ 192 ff. des Baugesetzbuchs ermittelten örtlichen Liegenschaftszinssätze. 2 Soweit von den Gutachterausschüssen keine geeigneten Liegenschaftszinssätze zur Verfügung stehen, gelten die folgenden Zinssätze:

1. 5 Prozent für Mietwohngrundstücke,
2. 5,5 Prozent für gemischt genutzte Grundstücke mit einem gewerblichen Anteil von bis zu 50 Prozent, berechnet nach der Wohn- und Nutzfläche,

---

[1)] Sechster Abschnitt (§§ 157–203) eingef. mWv 1. 1. 2009 (§ 205 Abs. 1) durch G v. 24. 12. 2008 (BGBl. I S. 3018).

3. 6 Prozent für gemischt genutzte Grundstücke mit einem gewerblichen Anteil von mehr als 50 Prozent, berechnet nach der Wohn- und Nutzfläche, und
4. 6,5 Prozent für Geschäftsgrundstücke.

§ 189[1)] Bewertung im Sachwertverfahren. (1) [1]Bei Anwendung des Sachwertverfahrens ist der Wert der Gebäude (Gebäudesachwert) getrennt vom Bodenwert nach § 190 zu ermitteln. [2]Sonstige bauliche Anlagen, insbesondere Außenanlagen, und der Wert der sonstigen Anlagen sind regelmäßig mit dem Gebäudewert und dem Bodenwert abgegolten.

(2) Der Bodenwert ist der Wert des unbebauten Grundstücks nach § 179.

(3) [1]Der Bodenwert und der Gebäudesachwert (§ 190) ergeben den vorläufigen Sachwert des Grundstücks. [2]Dieser ist zur Anpassung an den gemeinen Wert mit einer Wertzahl nach § 191 zu multiplizieren.

§ 190[1)] Ermittlung des Gebäudesachwerts.

[Fassung bis 31. 12. 2015:]

(1) [1]Bei der Ermittlung des Gebäudesachwerts ist von den Regelherstellungskosten des Gebäudes auszugehen. [2]Regelherstellungskosten sind die gewöhnlichen Herstellungskosten je Flächeneinheit. [3]Der Gebäuderegelherstellungswert ergibt sich durch Multiplikation der jeweiligen Regelherstellungskosten mit der Brutto-Grundfläche des Gebäudes. [4]Die Regelherstellungskosten sind in der Anlage 24 enthalten. [5]Das Bundesministerium der Finanzen wird ermächtigt, durch Rechtsverordnung mit Zustimmung des Bundesrates die Anlage 24 zu diesem Gesetz dadurch zu ändern, dass es die darin aufgeführten Regelherstellungskosten nach Maßgabe marktüblicher gewöhnlicher Herstellungskosten und des vom Statistischen Bundesamt veröffentlichten Baupreisindex aktualisiert, soweit dies zur Ermittlung des gemeinen Werts erforderlich ist.

[Fassung ab 1. 1. 2016:][2)]

(1) [1]Bei der Ermittlung des Gebäudesachwerts ist von den Regelherstellungskosten des Gebäudes auszugehen. [2]Regelherstellungskosten sind die gewöhnlichen Herstellungskosten je Flächeneinheit. [3]Durch Multiplikation der jeweiligen nach Absatz 2 an den Bewertungsstichtag angepassten Regelherstellungskosten mit der Brutto-Grundfläche des Gebäudes ergibt sich der Gebäuderegelherstellungswert. [4]Die Regelherstellungskosten sind in der Anlage 24 enthalten.

(2) [1]Die Anpassung der Regelherstellungskosten erfolgt anhand der vom Statistischen Bundesamt veröffentlichten Baupreisindizes. [2]Dabei ist auf die Preisindizes für die Bauwirtschaft abzustellen, die das Statistische Bundesamt für den Neubau in konventioneller Bauart von Wohn- und Nichtwohngebäuden jeweils als Jahresdurchschnitt ermittelt. [3]Diese Preisindizes sind für alle Bewertungsstichtage des folgenden Kalenderjah-

---

[1)] Sechster Abschnitt (§§ 157–203) eingef. mWv 1. 1. 2009 (§ 205 Abs. 1) durch G v. 24. 12. 2008 (BGBl. I S. 3018).

[2)] § 190 neu gef. durch G v. 2. 11. 2015 (BGBl. I S. 1834); zur Anwendung siehe § 205 Abs. 10.

[Fassung bis 31. 12. 2015:]

(2) [1]Vom Gebäuderegelherstellungswert ist eine Alterswertminderung abzuziehen. [2]Diese wird regelmäßig nach dem Verhältnis des Alters des Gebäudes am Bewertungsstichtag zur wirtschaftlichen Gesamtnutzungsdauer nach Anlage 22 bestimmt. [3]Sind nach Bezugsfertigkeit des Gebäudes Veränderungen eingetreten, die die wirtschaftliche Gesamtnutzungsdauer des Gebäudes verlängert oder verkürzt haben, ist von einem entsprechenden früheren oder späteren Baujahr auszugehen. [4]Der nach Abzug der Alterswertminderung verbleibende Gebäudewert ist regelmäßig mit mindestens 40 Prozent des Gebäuderegelherstellungswerts anzusetzen.

[Fassung ab 1. 1. 2016:]

res anzuwenden. [4]Das Bundesministerium der Finanzen veröffentlicht die maßgebenden Baupreisindizes im Bundessteuerblatt.

(3) Das Bundesministerium der Finanzen wird ermächtigt, durch Rechtsverordnung mit Zustimmung des Bundesrates die Anlage 24 zu diesem Gesetz dadurch zu ändern, dass es die darin aufgeführten Regelherstellungskosten nach Maßgabe marktüblicher gewöhnlicher Herstellungskosten aktualisiert, soweit dies zur Ermittlung des gemeinen Werts erforderlich ist.

(4) [1]Vom Gebäuderegelherstellungswert ist eine Alterswertminderung abzuziehen. [2]Diese wird regelmäßig nach dem Verhältnis des Alters des Gebäudes am Bewertungsstichtag zur wirtschaftlichen Gesamtnutzungsdauer nach Anlage 22 bestimmt. [3]Sind nach Bezugsfertigkeit des Gebäudes Veränderungen eingetreten, die die wirtschaftliche Gesamtnutzungsdauer des Gebäudes verlängert haben, so ist von einem entsprechenden späteren Baujahr auszugehen. [4]Bei bestehender Abbruchverpflichtung für das Gebäude ist bei der Ermittlung der Alterswertminderung von der tatsächlichen Gesamtnutzungsdauer des Gebäudes auszugehen. [5]Der nach Abzug der Alterswertminderung verbleibende Gebäudewert ist regelmäßig mit mindestens 30 Prozent des Gebäuderegelherstellungswerts anzusetzen.

§ 191[1)] Wertzahlen. (1) Als Wertzahlen im Sinne des § 189 Abs. 3 sind die Sachwertfaktoren anzuwenden, die von den Gutachterausschüssen im Sinne der §§ 192 ff. des Baugesetzbuchs für das Sachwertverfahren bei der Verkehrswertermittlung abgeleitet wurden.

[1)] Sechster Abschnitt (§§ 157–203) eingef. mWv 1. 1.2009 (§ 205 Abs. 1) durch G v. 24. 12. 2008 (BGBl. I S. 3018).

(2) Soweit von den Gutachterausschüssen keine geeigneten Sachwertfaktoren zur Verfügung stehen, sind die in der Anlage 25 bestimmten Wertzahlen zu verwenden.

IV. Sonderfälle

§ 192[1] **Bewertung in Erbbaurechtsfällen.** [1]Ist das Grundstück mit einem Erbbaurecht belastet, sind die Werte für die wirtschaftliche Einheit Erbbaurecht (§ 193) und für die wirtschaftliche Einheit des belasteten Grundstücks (§ 194) gesondert zu ermitteln. [*ab 14. 12. 2011:* [2]Mit der Bewertung des Erbbaurechts (§ 193) ist die Verpflichtung zur Zahlung des Erbbauzinses und mit der Bewertung des Erbbaurechtsgrundstücks (§ 194) ist das Recht auf den Erbbauzins abgegolten; die hiernach ermittelten Grundbesitzwerte dürfen nicht weniger als 0 Euro betragen.][2]

§ 193[1] **Bewertung des Erbbaurechts.** (1) Der Wert des Erbbaurechts ist im Vergleichswertverfahren nach § 183 zu ermitteln, wenn für das zu bewertende Erbbaurecht Vergleichskaufpreise oder aus Kaufpreisen abgeleitete Vergleichsfaktoren vorliegen.

(2) In allen anderen Fällen setzt sich der Wert des Erbbaurechts zusammen aus einem Bodenwertanteil nach Absatz 3 und einem Gebäudewertanteil nach Absatz 5.

(3) [1]Der Bodenwertanteil ergibt sich aus der Differenz zwischen

1. dem angemessenen Verzinsungsbetrag des Bodenwerts des unbelasteten Grundstücks nach Absatz 4 und
2. dem vertraglich vereinbarten jährlichen Erbbauzins.

[2]Der so ermittelte Unterschiedsbetrag ist über die Restlaufzeit des Erbbaurechts mit dem sich aus Anlage 21 ergebenden Vervielfältiger zu kapitalisieren.

(4) [1]Der angemessene Verzinsungsbetrag des Bodenwerts des unbelasteten Grundstücks ergibt sich durch Anwendung des Liegenschaftszinssatzes, der von den Gutachterausschüssen im Sinne der §§ 192ff. des Baugesetzbuchs ermittelt wurde, auf den Bodenwert nach § 179. [2]Soweit von den Gutachterausschüssen keine geeigneten Liegenschaftszinssätze zur Verfügung stehen, gelten die folgenden Zinssätze:

1. 3 Prozent für Ein- und Zweifamilienhäuser und Wohnungseigentum, das wie Ein- und Zweifamilienhäuser gestaltet ist,
2. 5 Prozent für Mietwohngrundstücke und Wohnungseigentum, das nicht unter Nummer 1 fällt,
3. 5,5 Prozent für gemischt genutzte Grundstücke mit einem gewerblichen Anteil von bis zu 50 Prozent, berechnet nach der Wohn- und Nutzfläche, sowie sonstige bebaute Grundstücke,

---

[1] Sechster Abschnitt (§§ 157–203) eingef. mWv 1. 1. 2009 (§ 205 Abs. 1) durch G v. 24. 12. 2008 (BGBl. I S. 3018).

[2] § 192 Satz 2 angef. durch G v. 7. 12. 2011 (BGBl. I S. 2592); zur Anwendung siehe § 205 Abs. 3.

4. 6 Prozent für gemischt genutzte Grundstücke mit einem gewerblichen Anteil von mehr als 50 Prozent, berechnet nach der Wohn- und Nutzfläche, und
5. 6,5 Prozent für Geschäftsgrundstücke und Teileigentum.

(5) [1]Der Gebäudewertanteil ist bei der Bewertung des bebauten Grundstücks im Ertragswertverfahren der Gebäudeertragswert nach § 185, bei der Bewertung im Sachwertverfahren der Gebäudesachwert nach § 190. [2]Ist der bei Ablauf des Erbbaurechts verbleibende Gebäudewert nicht oder nur teilweise zu entschädigen, ist der Gebäudewertanteil des Erbbaurechts um den Gebäudewertanteil des Erbbaugrundstücks nach § 194 Abs. 4 zu mindern.

§ 194[1]) Bewertung des Erbbaugrundstücks. (1) Der Wert des Erbbaugrundstücks ist im Vergleichswertverfahren nach § 183 zu ermitteln, wenn für das zu bewertende Grundstück Vergleichskaufpreise oder aus Kaufpreisen abgeleitete Vergleichsfaktoren vorliegen.

(2) [1]In allen anderen Fällen bildet der Bodenwertanteil nach Absatz 3 den Wert des Erbbaugrundstücks. [2]Dieser ist um einen Gebäudewertanteil nach Absatz 4 zu erhöhen, wenn der Wert des Gebäudes vom Eigentümer des Erbbaugrundstücks nicht oder nur teilweise zu entschädigen ist.

(3) [1]Der Bodenwertanteil ist die Summe des über die Restlaufzeit des Erbbaurechts abgezinsten Bodenwerts nach § 179 und der über diesen Zeitraum kapitalisierten Erbbauzinsen. [2]Der Abzinsungsfaktor für den Bodenwert wird in Abhängigkeit vom Zinssatz nach § 193 Abs. 4 und der Restlaufzeit des Erbbaurechts ermittelt; er ist Anlage 26 zu entnehmen. [3]Als Erbbauzinsen sind die am Bewertungsstichtag vereinbarten jährlichen Erbbauzinsen anzusetzen; sie sind mit dem sich aus Anlage 21 ergebenden Vervielfältiger zu kapitalisieren.

(4) Der Gebäudewertanteil des Erbbaugrundstücks entspricht dem Gebäudewert oder dem anteiligen Gebäudewert, der dem Eigentümer des Erbbaugrundstücks bei Beendigung des Erbbaurechts durch Zeitablauf entschädigungslos zufällt; er ist nach Maßgabe der Anlage 26 auf den Bewertungsstichtag abzuzinsen.

§ 195[1]) Gebäude auf fremdem Grund und Boden. (1) In Fällen von Gebäuden auf fremdem Grund und Boden sind die Werte für die wirtschaftliche Einheit des Gebäudes auf fremdem Grund und Boden (Absatz 2) und die wirtschaftliche Einheit des belasteten Grundstücks (Absatz 3) gesondert zu ermitteln.

(2) [1]Das Gebäude auf fremdem Grund und Boden wird bei einer Bewertung im Ertragswertverfahren mit dem Gebäudeertragswert nach § 185, bei einer Bewertung im Sachwertverfahren mit dem Gebäudesachwert nach § 190 bewertet. [2]Ist der Nutzer verpflichtet, das Gebäude bei Ablauf des Nutzungsrechts zu beseitigen, ist bei der Ermittlung des Gebäudeertragswerts der Vervielfältiger nach Anlage 21 anzuwenden, der sich für die am Bewertungsstichtag verbleibende Nutzungsdauer ergibt. [3]§ 185 Abs. 3 Satz 5 ist nicht anzuwen-

[1]) Sechster Abschnitt (§§ 157–203) eingef. mWv 1. 1. 2009 (§ 205 Abs. 1) durch G v. 24. 12. 2008 (BGBl. I S. 3018).

den. [4]Ist in diesen Fällen der Gebäudesachwert zu ermitteln, bemisst sich die Alterswertminderung im Sinne des § 190 *Abs. 2* [***ab 1. 1. 2016:*** Absatz 4][1)] Satz 1 bis 3 nach dem Alter des Gebäudes am Bewertungsstichtag und der tatsächlichen Gesamtnutzungsdauer. [5]§ 190 *Abs. 2 Satz 4* [***ab 1. 1. 2016:*** Absatz 4 Satz 5][1)] ist nicht anzuwenden.

(3) [1]Der Wert des belasteten Grundstücks ist der auf den Bewertungsstichtag abgezinste Bodenwert nach § 179 zuzüglich des über die Restlaufzeit des Nutzungsrechts kapitalisierten Entgelts. [2]Der Abzinsungsfaktor für den Bodenwert wird in Abhängigkeit vom Zinssatz nach § 193 Abs. 4 und der Restlaufzeit des Nutzungsverhältnisses ermittelt; er ist Anlage 26 zu entnehmen. [3]Das über die Restlaufzeit des Nutzungsrechts kapitalisierte Entgelt ergibt sich durch Anwendung des Vervielfältigers nach Anlage 21 auf das zum Bewertungsstichtag vereinbarte jährliche Entgelt.

§ 196[2)] **Grundstücke im Zustand der Bebauung.** (1) [1]Ein Grundstück im Zustand der Bebauung liegt vor, wenn mit den Bauarbeiten begonnen wurde und Gebäude und Gebäudeteile noch nicht bezugsfertig sind. [2]Der Zustand der Bebauung beginnt mit den Abgrabungen oder der Einbringung von Baustoffen, die zur planmäßigen Errichtung des Gebäudes führen.

(2) Die Gebäude oder Gebäudeteile im Zustand der Bebauung sind mit den bereits am Bewertungsstichtag entstandenen Herstellungskosten dem Wert des bislang unbebauten oder bereits bebauten Grundstücks hinzuzurechnen.

§ 197[2)] **Gebäude und Gebäudeteile für den Zivilschutz.** Gebäude, Teile von Gebäuden und Anlagen, die wegen der in § 1 des Zivilschutzgesetzes vom 25. März 1997 (BGBl. I S. 726), das zuletzt durch Artikel 2 des Gesetzes vom 27. April 2004 (BGBl. I S. 630) geändert worden ist, in der jeweils geltenden Fassung bezeichneten Zwecke geschaffen worden sind und im Frieden nicht oder nur gelegentlich oder geringfügig für andere Zwecke benutzt werden, bleiben bei der Ermittlung des Grundbesitzwerts außer Betracht.

V. Nachweis des niedrigeren gemeinen Werts

§ 198[2)] **Nachweis des niedrigeren gemeinen Werts.** [1]Weist der Steuerpflichtige nach, dass der gemeine Wert der wirtschaftlichen Einheit am Bewertungsstichtag niedriger ist als der nach den §§ 179, 182 bis 196 ermittelte Wert, so ist dieser Wert anzusetzen. [2]Für den Nachweis des niedrigeren gemeinen Werts gelten grundsätzlich die auf Grund des § 199 Abs. 1 des Baugesetzbuchs erlassenen Vorschriften.

---

1) Verweis geänd. durch G v. 2. 11. 2015 (BGBl. I S. 1834); zur Anwendung siehe § 205 Abs. 10.

2) Sechster Abschnitt (§§ 157–203) eingef. mWv 1. 1. 2009 (§ 205 Abs. 1) durch G v. 24. 12. 2008 (BGBl. I S. 3018).

D. Nicht notierte Anteile an Kapitalgesellschaften und Betriebsvermögen

§ 199[1]) **Anwendung des vereinfachten Ertragswertverfahrens.** (1) Ist der gemeine Wert von Anteilen an einer Kapitalgesellschaft nach § 11 Abs. 2 Satz 2 unter Berücksichtigung der Ertragsaussichten der Kapitalgesellschaft zu ermitteln, kann das vereinfachte Ertragswertverfahren (§ 200) angewendet werden, wenn dieses nicht zu offensichtlich unzutreffenden Ergebnissen führt.

(2) Ist der gemeine Wert des Betriebsvermögens oder eines Anteils am Betriebsvermögen nach § 109 Abs. 1 und 2 in Verbindung mit § 11 Abs. 2 Satz 2 unter Berücksichtigung der Ertragsaussichten des Gewerbebetriebs oder der Gesellschaft zu ermitteln, kann das vereinfachte Ertragswertverfahren (§ 200) angewendet werden, wenn dieses nicht zu offensichtlich unzutreffenden Ergebnissen führt.

§ 200[1]) **Vereinfachtes Ertragswertverfahren.** (1) Zur Ermittlung des Ertragswerts ist vorbehaltlich der Absätze 2 bis 4 der zukünftig nachhaltig erzielbare Jahresertrag (§§ 201 und 202) mit dem Kapitalisierungsfaktor (§ 203) zu multiplizieren.

(2) Können Wirtschaftsgüter und mit diesen in wirtschaftlichem Zusammenhang stehende Schulden aus dem zu bewertenden Unternehmen im Sinne des § 199 Abs. 1 oder 2 herausgelöst werden, ohne die eigentliche Unternehmenstätigkeit zu beeinträchtigen (nicht betriebsnotwendiges Vermögen), so werden diese Wirtschaftsgüter und Schulden neben dem Ertragswert mit dem eigenständig zu ermittelnden gemeinen Wert oder Anteil am gemeinen Wert angesetzt.

(3) Hält ein zu bewertendes Unternehmen im Sinne des § 199 Abs. 1 oder 2 Beteiligungen an anderen Gesellschaften, die nicht unter Absatz 2 fallen, so werden diese Beteiligungen neben dem Ertragswert mit dem eigenständig zu ermittelnden gemeinen Wert angesetzt.

(4) Innerhalb von zwei Jahren vor dem Bewertungsstichtag eingelegte Wirtschaftsgüter, die nicht unter die Absätze 2 und 3 fallen, und mit diesen im wirtschaftlichen Zusammenhang stehende Schulden werden neben dem Ertragswert mit dem eigenständig zu ermittelnden gemeinen Wert angesetzt.

§ 201[1]) **Ermittlung des Jahresertrags.** (1) [1]Die Grundlage für die Bewertung bildet der zukünftig nachhaltig zu erzielende Jahresertrag. [2]Für die Ermittlung dieses Jahresertrags bietet der in der Vergangenheit tatsächlich erzielte Durchschnittsertrag eine Beurteilungsgrundlage.

(2) [1]Der Durchschnittsertrag ist regelmäßig aus den Betriebsergebnissen (§ 202) der letzten drei vor dem Bewertungsstichtag abgelaufenen Wirtschaftsjahre herzuleiten. [2]Das gesamte Betriebsergebnis eines am Bewertungsstichtag

[1]) Sechster Abschnitt (§§ 157–203) eingef. mWv 1. 1. 2009 (§ 205 Abs. 1) durch G v. 24. 12. 2008 (BGBl. I S. 3018).

noch nicht abgelaufenen Wirtschaftsjahres ist anstelle des drittletzten abgelaufenen Wirtschaftsjahres einzubeziehen, wenn es für die Herleitung des künftig zu erzielenden Jahresertrags von Bedeutung ist. 3 Die Summe der Betriebsergebnisse ist durch drei zu dividieren und ergibt den Durchschnittsertrag. 4 Das Ergebnis stellt den Jahresertrag dar.

(3) 1 Hat sich im Dreijahreszeitraum der Charakter des Unternehmens nach dem Gesamtbild der Verhältnisse nachhaltig verändert oder ist das Unternehmen neu entstanden, ist von einem entsprechend verkürzten Ermittlungszeitraum auszugehen. 2 Bei Unternehmen, die durch Umwandlung, durch Einbringung von Betrieben oder Teilbetrieben oder durch Umstrukturierungen entstanden sind, ist bei der Ermittlung des Durchschnittsertrags von den früheren Betriebsergebnissen des Gewerbebetriebs oder der Gesellschaft auszugehen. 3 Soweit sich die Änderung der Rechtsform auf den Jahresertrag auswirkt, sind die früheren Betriebsergebnisse entsprechend zu korrigieren.

§ 202[1] Betriebsergebnis. (1) 1 Zur Ermittlung des Betriebsergebnisses ist von dem Gewinn im Sinne des § 4 Abs. 1 Satz 1 des Einkommensteuergesetzes auszugehen (Ausgangswert); dabei bleiben bei einem Anteil am Betriebsvermögen Ergebnisse aus den Sonderbilanzen und Ergänzungsbilanzen unberücksichtigt. 2 Der Ausgangswert ist noch wie folgt zu korrigieren:

1. Hinzuzurechnen sind
   a) Investitionsabzugsbeträge, Sonderabschreibungen oder erhöhte Absetzungen, Bewertungsabschläge, Zuführungen zu steuerfreien Rücklagen sowie Teilwertabschreibungen. 2 Es sind nur die normalen Absetzungen für Abnutzung zu berücksichtigen. 3 Diese sind nach den Anschaffungs- oder Herstellungskosten bei gleichmäßiger Verteilung über die gesamte betriebsgewöhnliche Nutzungsdauer zu bemessen. 4 Die normalen Absetzungen für Abnutzung sind auch dann anzusetzen, wenn für die Absetzungen in der Steuerbilanz vom Restwert auszugehen ist, der nach Inanspruchnahme der Sonderabschreibungen oder erhöhten Absetzungen verblieben ist;
   b) Absetzungen auf den Geschäfts- oder Firmenwert oder auf firmenwertähnliche Wirtschaftsgüter;
   c) einmalige Veräußerungsverluste sowie außerordentliche Aufwendungen;
   d) im Gewinn nicht enthaltene Investitionszulagen, soweit in Zukunft mit weiteren zulagebegünstigten Investitionen in gleichem Umfang gerechnet werden kann;
   e) der Ertragsteueraufwand (Körperschaftsteuer, Zuschlagsteuern und Gewerbesteuer);
   f) Aufwendungen, die im Zusammenhang stehen mit Vermögen im Sinne des § 200 Abs. 2 und 4, und übernommene Verluste aus Beteiligungen im Sinne des § 200 Abs. 2 bis 4;

---

[1] Sechster Abschnitt (§§ 157–203) eingef. mWv 1. 1. 2009 (§ 205 Abs. 1) durch G v. 24. 12. 2008 (BGBl. I S. 3018).

2. abzuziehen sind
   a) gewinnerhöhende Auflösungsbeträge steuerfreier Rücklagen sowie Gewinne aus der Anwendung des § 6 Abs. 1 Nr. 1 Satz 4 und Nr. 2 Satz 3 des Einkommensteuergesetzes;
   b) einmalige Veräußerungsgewinne sowie außerordentliche Erträge;
   c) im Gewinn enthaltene Investitionszulagen, soweit in Zukunft nicht mit weiteren zulagebegünstigten Investitionen in gleichem Umfang gerechnet werden kann;
   d) ein angemessener Unternehmerlohn, soweit in der bisherigen Ergebnisrechnung kein solcher berücksichtigt worden ist. [2]Die Höhe des Unternehmerlohns wird nach der Vergütung bestimmt, die eine nicht beteiligte Geschäftsführung erhalten würde. [3]Neben dem Unternehmerlohn kann auch fiktiver Lohnaufwand für bislang unentgeltlich tätige Familienangehörige des Eigentümers berücksichtigt werden;
   e) Erträge aus der Erstattung von Ertragsteuern (Körperschaftsteuer, Zuschlagsteuern und Gewerbesteuer);
   f) Erträge, die im Zusammenhang stehen mit Vermögen im Sinne des § 200 Abs. 2 bis 4;
3. hinzuzurechnen oder abzuziehen sind auch sonstige wirtschaftlich nicht begründete Vermögensminderungen oder -erhöhungen mit Einfluss auf den zukünftig nachhaltig zu erzielenden Jahresertrag und mit gesellschaftsrechtlichem Bezug, soweit sie nicht nach den Nummern 1 und 2 berücksichtigt wurden.

(2) [1]In den Fällen des § 4 Abs. 3 des Einkommensteuergesetzes ist vom Überschuss der Betriebseinnahmen über die Betriebsausgaben auszugehen. [2]Absatz 1 Satz 2 Nr. 1 bis 3 gilt entsprechend.

(3) Zur Abgeltung des Ertragsteueraufwands ist ein positives Betriebsergebnis nach Absatz 1 oder Absatz 2 um 30 Prozent zu mindern.

§ 203[1)] Kapitalisierungsfaktor. (1) Der in diesem Verfahren anzuwendende Kapitalisierungszinssatz setzt sich zusammen aus einem Basiszins und einem Zuschlag von 4,5 Prozent.

(2) [1]Der Basiszins ist aus der langfristig erzielbaren Rendite öffentlicher Anleihen abzuleiten. [2]Dabei ist auf den Zinssatz abzustellen, den die Deutsche Bundesbank anhand der Zinsstrukturdaten jeweils auf den ersten Börsentag des Jahres errechnet. [3]Dieser Zinssatz ist für alle Wertermittlungen auf Bewertungsstichtage in diesem Jahr anzuwenden. [4]Das Bundesministerium der Finanzen veröffentlicht den maßgebenden Zinssatz im Bundessteuerblatt.

(3) Der Kapitalisierungsfaktor ist der Kehrwert des Kapitalisierungszinssatzes.

---

1) Sechster Abschnitt (§§ 157–203) eingef. mWv 1. 1. 2009 durch G v. 24. 12. 2008 (BGBl. I S. 3018).

Dritter Teil.[1] Schlussbestimmungen

§ 204[2] Bekanntmachung. Das Bundesministerium der Finanzen wird ermächtigt, den Wortlaut dieses Gesetzes und der zu diesem Gesetz erlassenen Rechtsverordnungen in der jeweils geltenden Fassung satzweise nummeriert bekannt zu machen.

§ 205[2] Anwendungsvorschriften. (1)[3] Dieses Gesetz in der Fassung des Artikels 7 des Gesetzes vom 1. November 2011 (BGBl. I S. 2131) ist auf Bewertungsstichtage nach dem 30. Juni 2011 anzuwenden.

(2) Soweit die §§ 40, 41, 44, 55 und 125 Beträge in Deutscher Mark enthalten, gelten diese nach dem 31. Dezember 2001 als Berechnungsgrößen fort.

(3)[4] § 145 Absatz 3 Satz 1 und 4, § 166 Absatz 2 Nummer 1, § 179 Satz 4 und § 192 Satz 2 in der Fassung des Artikels 10 des Gesetzes vom 7. Dezember 2011 (BGBl. I S. 2592) sind auf Bewertungsstichtage nach dem 13. Dezember 2011 anzuwenden.

(4)[4] Anlage 1, Anlage 19 und Teil II der Anlage 24 in der Fassung des Artikels 10 des Gesetzes vom 7. Dezember 2011 (BGBl. I S. 2592) sind auf Bewertungsstichtage nach dem 31. Dezember 2011 anzuwenden.

(5)[5] § 11 Absatz 4 in der Fassung des Artikels 3 des Gesetzes vom 18. Dezember 2013 (BGBl. I S. 4318) ist auf Bewertungsstichtage ab dem 22. Juli 2013[6] anzuwenden.

(6)[7] § 48 a in der Fassung des Artikels 20 des Gesetzes vom 26. Juni 2013 (BGBl. I S. 1809) ist auf Bewertungsstichtage ab dem 1. Januar 2014 anzuwenden.

(7)[8] § 26 in der Fassung des Artikels 6 des Gesetzes vom 18. Juli 2014 (BGBl. I S. 1042) ist auf Bewertungsstichtage ab dem 1. August 2001 anzuwenden, soweit Feststellungsbescheide noch nicht bestandskräftig sind.

(8)[9] § 97 Absatz 1 b Satz 4 in der am 6. November 2015 geltenden Fassung ist auf Bewertungsstichtage nach dem 31. Dezember 2015 anzuwenden.

(9)[9] § 154 Absatz 1 Satz 1 Nummer 3 und Satz 2 in der am 6. November 2015 geltenden Fassung ist auf Bewertungsstichtage nach dem 31. Dezember 2015 anzuwenden.

---

[1] Dritter Teil eingef. durch G v. 20. 12. 1996 (BGBl. I S. 2049).

[2] Bish. §§ 157, 158 werden §§ 204, 205 und neu gef. durch G v. 24. 12. 2008 (BGBl. I S. 3018).

[3] § 205 Abs. 1 geänd. durch G v. 1. 11. 2011 (BGBl. I S. 2131).

[4] § 205 Abs. 3 und 4 angef. durch G v. 7. 12. 2011 (BGBl. I S. 2592).

[5] § 205 Abs. 5 eingef. durch G v. 18. 12. 2013 (BGBl. I S. 4318).

[6] Datum des Inkrafttretens des Kapitalanlagegesetzbuchs.

[7] § 205 Abs. 6 angef. durch G v. 26. 6. 2013 (BGBl. I S. 1809).

[8] § 205 Abs. 7 angef. durch G v. 18. 7. 2014 (BGBl. I S. 1042).

[9] § 205 Abs. 8 und 9 angef. durch G v. 2. 11. 2015 (BGBl. I S. 1834).

(10)[1] Die §§ 190, 195 Absatz 2 Satz 4 und 5 sowie die Anlagen 22, 24 und 25 in der am 6. November 2015 geltenden Fassung sind auf Bewertungsstichtage nach dem 31. Dezember 2015 anzuwenden.

(Fortsetzung nächste Seite)

---

[1] § 205 Abs. 10 angef. durch G v. 2. 11. 2015 (BGBl. I S. 1834).

Anlage 1
(zu § 51)

Umrechnungsschlüssel für Tierbestände in Vieheinheiten nach dem Futterbedarf[1]

Tierart	1 Tier
Alpakas	0,08 VE
Damtiere	
Damtiere unter 1 Jahr	0,04 VE
Damtiere 1 Jahr und älter	0,08 VE
Geflügel	
Legehennen (einschließlich einer normalen Aufzucht zur Ergänzung des Bestandes)	0,02 VE
Legehennen aus zugekauften Junghennen	0,0183 VE
Zuchtputen, -enten, -gänse	0,04 VE
Kaninchen	
Zucht- und Angorakaninchen	0,025 VE
Lamas	0,1 VE
Pferde	
Pferde unter 3 Jahren und Kleinpferde	0,7 VE
Pferde 3 Jahre und älter	1,1 VE
Rindvieh	
Kälber und Jungvieh unter 1 Jahr (einschließlich Mastkälber, Starterkälber und Fresser)	0,3 VE
Jungvieh 1 bis 2 Jahre alt	0,7 VE
Färsen (älter als 2 Jahre)	1 VE
Masttiere (Mastdauer weniger als 1 Jahr)	1 VE
Kühe (einschließlich Mutter- und Ammenkühe mit den dazugehörigen Saugkälbern)	1 VE
Zuchtbullen, Zugochsen	1,2 VE
Schafe	
Schafe unter 1 Jahr einschließlich Mastlämmer	0,05 VE
Schafe 1 Jahr und älter	0,1 VE

[1] Zur Anwendung siehe § 205 Abs. 4.

Tierart	1 Tier
Schweine	
Zuchtschweine (einschließlich Jungzuchtschweine über etwa 90 kg)	0,33 VE
Strauße	
Zuchttiere 14 Monate und älter	0,32 VE
Jungtiere/Masttiere unter 14 Monate	0,25 VE
Ziegen	0,08 VE
Geflügel	
Jungmasthühner	
(bis zu 6 Durchgänge je Jahr – schwere Tiere)	0,0017 VE
(mehr als 6 Durchgänge je Jahr – leichte Tiere)	0,0013 VE
Junghennen	0,0017 VE
Mastenten	0,0033 VE
Mastenten in der Aufzuchtphase	0,0011 VE
Mastenten in der Mastphase	0,0022 VE
Mastputen aus selbst erzeugten Jungputen	0,0067 VE
Mastputen aus zugekauften Jungputen	0,005 VE
Jungputen (bis etwa 8 Wochen)	0,0017 VE
Mastgänse	0,0067 VE
Kaninchen	
Mastkaninchen	0,0025 VE
Rindvieh	
Masttiere (Mastdauer 1 Jahr und mehr)	1 VE
Schweine	
Leichte Ferkel (bis etwa 12 kg)	0,01 VE
Ferkel (über etwa 12 bis etwa 20 kg)	0,02 VE
Schwere Ferkel und leichte Läufer (über etwa 20 bis etwa 30 kg)	0,04 VE
Läufer (über etwa 30 bis etwa 45 kg)	0,06 VE
Schwere Läufer (über etwa 45 bis etwa 60 kg)	0,08 VE
Mastschweine	0,16 VE
Jungzuchtschweine bis etwa 90 kg	0,12 VE

Anlage 2

Gruppen der Zweige des Tierbestands nach der Flächenabhängigkeit

1. Mehr flächenabhängige Zweige des Tierbestands

   Pferdehaltung,
   Pferdezucht,
   Schafzucht,
   Schafhaltung,
   Rindviehzucht,
   Milchviehhaltung,
   Rindviehmast.

2. Weniger flächenabhängige Zweige des Tierbestands

   Schweinezucht,
   Schweinemast,
   Hühnerzucht,
   Entenzucht,
   Gänsezucht,
   Putenzucht,
   Legehennenhaltung,
   Junghühnermast,
   Entenmast,
   Gänsemast,
   Putenmast.

Anlage 3

Mietwohngrundstücke

Vervielfältiger

A. bei Massivbauten mit Mauerwerk aus Ziegelsteinen, Natursteinen, Kalksandsteinen, Schwemmsteinen oder ähnlichen Steinen sowie bei Stahl- und Stahlbetonskelettbauten außer bei solchen Bauten, die unter B fallen

	Gemeindegrößenklassen							
	bis 2000	über 2000 bis 5000	über 5000 bis 10 000	über 10 000 bis 50 000	über 50 000 bis 100 000	über 100 000 bis 200 000	über 200 000 bis 500 000	über 500 000 Einwohner
Altbauten								
vor 1895	7,2	6,9	5,8	5,8	5,7	5,5	5,4	5,3
1895 bis 1899	7,4	7,1	6,0	5,9	5,8	5,7	5,5	5,4
1900 bis 1904	7,8	7,5	6,2	6,2	6,0	5,9	5,7	5,6
1905 bis 1915	8,3	7,9	6,6	6,5	6,3	6,2	6,0	5,8
1916 bis 31. 3. 1924	8,7	8,4	6,9	6,7	6,5	6,4	6,2	6,1
Neubauten								
1. 4. 1924 bis 31. 12. 1934	9,8	9,5	8,3	8,2	8,0	7,8	7,7	7,5
1. 1. 1935 bis 20. 6. 1948	10,2	9,8	8,6	8,4	8,2	8,0	7,9	7,7
Nachkriegsbauten								
nach dem 20. 6. 1948	9,8	9,7	9,5	9,2	9,0	9,0	9,0	9,1

B. bei Holzfachwerkbauten mit Ziegelsteinausmauerung, Gebäuden aus großformatigen Bimsbetonplatten oder ähnlichen Platten sowie bei anderen eingeschossigen massiven Gebäuden in leichter Bauausführung

Altbauten								
vor 1908	6,6	6,3	5,3	5,4	5,3	5,2	5,1	5,0
1908 bis 1915	6,9	6,6	5,6	5,6	5,5	5,4	5,3	5,1
1916 bis 31. 3. 1924	7,7	7,4	6,1	6,1	6,0	5,8	5,7	5,5
Neubauten								
1. 4. 1924 bis 31. 12. 1934	9,0	8,7	7,7	7,6	7,5	7,3	7,2	7,0
1. 1. 1935 bis 20. 6. 1948	9,6	9,3	8,2	8,0	7,8	7,7	7,5	7,4
Nachkriegsbauten								
nach dem 20. 6. 1948	9,5	9,4	9,2	8,9	8,7	8,7	8,7	8,8

C. bei Holzfachwerkbauten mit Lehmausfachung und besonders haltbaren Holzbauten mit massiven Fundamenten

Altbauten								
vor dem 1. 4. 1924	5,7	5,5	4,7	4,9	4,8	4,7	4,6	4,5
Neubauten								
1. 4. 1924 bis 31. 12. 1934	7,3	7,0	6,4	6,4	6,3	6,2	6,1	6,0
1. 1. 1935 bis 20. 6. 1948	8,5	8,2	7,3	7,2	7,1	7,0	6,8	6,7
Nachkriegsbauten								
nach dem 20. 6. 1948	8,9	8,7	8,6	8,3	8,1	8,1	8,1	8,3

Anlage 4

Gemischtgenutzte Grundstücke
mit einem gewerblichen Anteil an der Jahresrohmiete bis zu 50 v. H.
Vervielfältiger

A. bei Massivbauten mit Mauerwerk aus Ziegelsteinen, Natursteinen, Kalksandsteinen, Schwemmsteinen oder ähnlichen Steinen sowie bei Stahl- und Stahlbetonskelettbauten außer bei solchen Bauten, die unter B fallen

	Gemeindegrößenklassen							
	bis 2000	über 2000 bis 5000	über 5000 bis 10000	über 10000 bis 50000	über 50000 bis 100000	über 100000 bis 200000	über 200000 bis 500000	über 500000 Einwohner
Altbauten								
vor 1895	7,6	7,3	6,4	6,4	6,1	6,0	5,9	6,1
1895 bis 1899	7,8	7,6	6,6	6,5	6,3	6,2	6,0	6,3
1900 bis 1904	8,2	7,9	6,9	6,8	6,5	6,4	6,3	6,4
1905 bis 1915	8,7	8,4	7,2	7,1	6,8	6,7	6,5	6,7
1916 bis 31. 3. 1924	9,1	8,8	7,6	7,4	7,1	6,9	6,8	6,9
Neubauten								
1. 4. 1924 bis 31. 12. 1934	10,2	9,6	8,4	8,1	8,0	7,8	7,7	7,8
1. 1. 1935 bis 20. 6. 1948	10,5	9,8	8,6	8,3	8,2	8,0	7,9	7,9
Nachkriegsbauten								
nach dem 20. 6. 1948	9,9	9,6	9,2	9,1	9,0	9,0	9,0	9,0

B. bei Holzfachwerkbauten mit Ziegelsteinausmauerung, Gebäuden aus großformatigen Bimsbetonplatten oder ähnlichen Platten sowie bei anderen eingeschossigen massiven Gebäuden in leichter Bauausführung

Altbauten								
vor 1908	7,0	6,7	5,9	6,0	5,7	5,6	5,5	5,8
1908 bis 1915	7,3	7,0	6,2	6,2	5,9	5,8	5,7	6,0
1916 bis 31. 3. 1924	8,1	7,8	6,8	6,7	6,4	6,3	6,2	6,4
Neubauten								
1. 4. 1924 bis 31. 12. 1934	9,3	8,8	7,7	7,6	7,5	7,3	7,2	7,3
1. 1. 1935 bis 20. 6. 1948	9,9	9,3	8,2	8,0	7,8	7,7	7,5	7,6
Nachkriegsbauten								
nach dem 20. 6. 1948	9,6	9,3	9,0	8,9	8,7	8,7	8,7	8,8

C. bei Holzfachwerkbauten mit Lehmausfachung und besonders haltbaren Holzbauten mit massiven Fundamenten

Altbauten								
vor dem 1. 4. 1924	6,1	5,9	5,2	5,4	5,2	5,1	5,0	5,4
Neubauten								
1. 4. 1924 bis 31. 12. 1934	7,7	7,2	6,4	6,5	6,4	6,3	6,1	6,4
1. 1. 1935 bis 20. 6. 1948	8,8	8,3	7,3	7,3	7,1	7,0	6,9	7,1
Nachkriegsbauten								
nach dem 20. 6. 1948	9,0	8,7	8,4	8,4	8,2	8,2	8,2	8,4

Anlage 5

Gemischtgenutzte Grundstücke mit einem gewerblichen Anteil an der Jahresrohmiete von mehr als 50 v. H.

Vervielfältiger

A. bei Massivbauten mit Mauerwerk aus Ziegelsteinen, Natursteinen, Kalksandsteinen, Schwemmsteinen oder ähnlichen Steinen sowie bei Stahl- und Stahlbetonskelettbauten außer bei solchen Bauten, die unter B fallen

	Gemeindegrößenklassen							
	bis 2000	über 2000 bis 5000	über 5000 bis 10000	über 10000 bis 50000	über 50000 bis 100000	über 100000 bis 200000	über 200000 bis 500000	über 500000 Einwohner
Altbauten								
vor 1895	7,6	7,2	6,4	6,6	6,4	6,4	6,4	6,4
1895 bis 1899	7,8	7,4	6,6	6,8	6,5	6,5	6,5	6,5
1900 bis 1904	8,2	7,8	6,8	7,0	6,7	6,7	6,7	6,7
1905 bis 1915	8,6	8,2	7,1	7,2	7,0	7,0	7,0	7,0
1916 bis 31. 3. 1924	9,0	8,6	7,4	7,5	7,2	7,2	7,2	7,2
Neubauten								
1. 4. 1924 bis 31. 12. 1934	9,7	9,1	8,0	8,1	7,9	7,9	7,9	7,9
1. 1. 1935 bis 20. 6. 1948	10,0	9,4	8,2	8,3	8,1	8,1	8,1	8,1
Nachkriegsbauten								
nach dem 20. 6. 1948	9,6	9,3	8,9	8,9	8,7	8,8	8,8	8,8

B. bei Holzfachwerkbauten mit Ziegelsteinausmauerung, Gebäuden aus großformatigen Bimsbetonplatten oder ähnlichen Platten sowie bei anderen eingeschossigen massiven Gebäuden in leichter Bauausführung

Altbauten								
vor 1908	7,0	6,7	6,0	6,3	6,1	6,1	6,1	6,1
1908 bis 1915	7,3	7,0	6,2	6,5	6,2	6,2	6,2	6,2
1916 bis 31. 3. 1924	8,1	7,7	6,7	6,9	6,7	6,7	6,7	6,7
Neubauten								
1. 4. 1924 bis 31. 12. 1934	9,0	8,4	7,5	7,6	7,5	7,5	7,5	7,5
1. 1. 1935 bis 20. 6. 1948	9,5	8,9	7,8	7,9	7,8	7,8	7,8	7,8
Nachkriegsbauten								
nach dem 20. 6. 1948	9,3	9,0	8,6	8,7	8,5	8,6	8,6	8,6

C. bei Holzfachwerkbauten mit Lehmausfachung und besonders haltbaren Holzbauten mit massiven Fundamenten

Altbauten								
vor dem 1. 4. 1924	6,2	5,9	5,5	5,8	5,6	5,6	5,6	5,6
Neubauten								
1. 4. 1924 bis 31. 12. 1934	7,4	7,0	6,4	6,7	6,5	6,5	6,5	6,5
1. 1. 1935 bis 20. 6. 1948	8,5	8,0	7,2	7,3	7,2	7,2	7,2	7,2
Nachkriegsbauten								
nach dem 20. 6. 1948	8,8	8,5	8,1	8,2	8,1	8,2	8,2	8,2

Anlage 6

Geschäftsgrundstücke

Vervielfältiger

A. bei Massivbauten mit Mauerwerk aus Ziegelsteinen, Natursteinen, Kalksandsteinen, Schwemmsteinen oder ähnlichen Steinen sowie bei Stahl- und Stahlbetonskelettbauten außer bei solchen Bauten, die unter B fallen

	Gemeindegrößenklassen							
	bis 2000	über 2000 bis 5000	über 5000 bis 10000	über 10000 bis 50000	über 50000 bis 100000	über 100000 bis 200000	über 200000 bis 500000	über 500000 Einwohner
Altbauten								
vor 1895	7,8	7,5	6,7	6,9	6,8	6,8	6,8	6,8
1895 bis 1899	8,0	7,7	6,9	7,0	7,0	7,0	7,0	7,0
1900 bis 1904	8,3	7,9	7,1	7,2	7,1	7,1	7,1	7,1
1905 bis 1915	8,7	8,3	7,4	7,5	7,4	7,4	7,4	7,4
1916 bis 31. 3. 1924	9,0	8,6	7,7	7,8	7,6	7,6	7,6	7,6
Neubauten								
1. 4. 1924 bis 31. 12. 1934	9,4	9,0	8,0	8,0	8,0	8,0	8,0	8,0
1. 1. 1935 bis 20. 6. 1948	9,6	9,2	8,1	8,2	8,1	8,1	8,1	8,1
Nachkriegsbauten								
nach dem 20. 6. 1948	9,4	9,2	9,0	9,0	8,9	8,9	8,9	8,9

B. bei Holzfachwerkbauten mit Ziegelsteinausmauerung, Gebäuden aus großformatigen Bimsbetonplatten oder ähnlichen Platten sowie bei anderen eingeschossigen massiven Gebäuden in leichter Bauausführung

Altbauten								
vor 1908	7,3	7,0	6,3	6,5	6,5	6,5	6,5	6,5
1908 bis 1915	7,6	7,2	6,5	6,7	6,7	6,7	6,7	6,7
1916 bis 31. 3. 1924	8,2	7,8	7,0	7,2	7,1	7,1	7,1	7,1
Neubauten								
1. 4. 1924 bis 31. 12. 1934	8,8	8,4	7,5	7,6	7,6	7,6	7,6	7,6
1. 1. 1935 bis 20. 6. 1948	9,2	8,8	7,8	7,9	7,8	7,8	7,8	7,8
Nachkriegsbauten								
nach dem 20. 6. 1948	9,1	9,0	8,7	8,8	8,7	8,7	8,7	8,7

C. bei Holzfachwerkbauten mit Lehmausfachung und besonders haltbaren Holzbauten mit massiven Fundamenten

Altbauten								
vor dem 1. 4. 1924	6,6	6,3	5,7	6,0	6,1	6,1	6,1	6,1
Neubauten								
1. 4. 1924 bis 31. 12. 1934	7,5	7,2	6,5	6,7	6,8	6,8	6,8	6,8
1. 1. 1935 bis 20. 6. 1948	8,4	8,0	7,2	7,3	7,3	7,3	7,3	7,3
Nachkriegsbauten								
nach dem 20. 6. 1948	8,7	8,6	8,3	8,4	8,3	8,3	8,4	8,4

Anlage 7

Einfamilienhäuser

Vervielfältiger

A. bei Massivbauten mit Mauerwerk aus Ziegelsteinen, Natursteinen, Kalksandsteinen, Schwemmsteinen oder ähnlichen Steinen sowie bei Stahl- und Stahlbetonskelettbauten außer bei solchen Bauten, die unter B fallen

	Gemeindegrößenklassen							
	bis 2000	über 2000 bis 5000	über 5000 bis 10000	über 10000 bis 50000	über 50000 bis 100000	über 100000 bis 200000	über 200000 bis 500000	über 500000 Einwohner
Altbauten								
vor 1895	9,5	9,0	7,7	7,4	7,8	7,8	7,8	7,8
1895 bis 1899	9,8	9,3	7,9	7,6	8,0	8,0	8,0	8,0
1900 bis 1904	10,3	9,8	8,3	7,9	8,2	8,2	8,2	8,2
1905 bis 1915	11,0	10,4	8,7	8,4	8,6	8,6	8,6	8,6
1916 bis 31. 3. 1924	11,6	11,0	9,1	8,8	8,9	8,9	8,9	8,9
Neubauten								
1. 4. 1924 bis 31. 12. 1934	13,1	12,4	10,6	10,2	10,2	10,2	10,2	10,2
1. 1. 1935 bis 20. 6. 1948	13,5	12,9	10,9	10,5	10,4	10,4	10,4	10,4
Nachkriegsbauten								
nach dem 20. 6. 1948	13,0	12,4	12,0	11,8	11,8	11,8	11,8	11,9

B. bei Holzfachwerkbauten mit Ziegelsteinausmauerung, Gebäuden aus großformatigen Bimsbetonplatten oder ähnlichen Platten sowie bei anderen eingeschossigen massiven Gebäuden in leichter Bauausführung

	bis 2000	über 2000 bis 5000	über 5000 bis 10000	über 10000 bis 50000	über 50000 bis 100000	über 100000 bis 200000	über 200000 bis 500000	über 500000 Einwohner
Altbauten								
vor 1908	8,7	8,3	7,1	6,8	7,3	7,3	7,3	7,3
1908 bis 1915	9,1	8,7	7,4	7,1	7,6	7,6	7,6	7,6
1916 bis 31. 3. 1924	10,2	9,6	8,1	7,8	8,1	8,1	8,1	8,1
Neubauten								
1. 4. 1924 bis 31. 12. 1934	11,9	11,3	9,7	9,4	9,4	9,4	9,4	9,4
1. 1. 1935 bis 20. 6. 1948	12,7	12,1	10,3	9,9	9,9	9,9	9,9	9,9
Nachkriegsbauten								
nach dem 20. 6. 1948	12,5	11,9	11,5	11,4	11,4	11,4	11,4	11,5

C. bei Holzfachwerkbauten mit Lehmausfachung und besonders haltbaren Holzbauten mit massiven Fundamenten

	bis 2000	über 2000 bis 5000	über 5000 bis 10000	über 10000 bis 50000	über 50000 bis 100000	über 100000 bis 200000	über 200000 bis 500000	über 500000 Einwohner
Altbauten								
vor dem 1. 4. 1924	7,7	7,3	6,3	6,1	6,7	6,7	6,7	6,7
Neubauten								
1. 4. 1924 bis 31. 12. 1934	9,6	9,1	8,0	7,7	8,0	8,0	8,0	8,0
1. 1. 1935 bis 20. 6. 1948	11,1	10,6	9,2	8,9	9,0	9,0	9,0	9,0
Nachkriegsbauten								
nach dem 20. 6. 1948	11,5	10,9	10,6	10,6	10,6	10,6	10,6	10,8

Anlage 8

Zweifamilienhäuser

Vervielfältiger

A. bei Massivbauten mit Mauerwerk aus Ziegelsteinen, Natursteinen, Kalksandsteinen, Schwemmsteinen oder ähnlichen Steinen sowie bei Stahl- und Stahlbetonskelettbauten außer bei solchen Bauten, die unter B fallen

	Gemeindegrößenklassen							
	bis 2000	über 2000 bis 5000	über 5000 bis 10000	über 10000 bis 50000	über 50000 bis 100000	über 100000 bis 200000	über 200000 bis 500000	über 500000 Einwohner
Altbauten								
vor 1895	8,6	8,1	6,9	6,7	7,0	6,8	6,8	6,8
1895 bis 1899	8,8	8,4	7,1	6,9	7,1	7,0	7,0	7,0
1900 bis 1904	9,3	8,8	7,4	7,1	7,4	7,2	7,2	7,2
1905 bis 1915	9,8	9,3	7,8	7,5	7,7	7,5	7,5	7,5
1916 bis 31. 3. 1924	10,3	9,7	8,2	7,8	8,0	7,8	7,8	7,8
Neubauten								
1. 4. 1924 bis 31. 12. 1934	11,6	11,0	9,5	9,1	9,0	9,0	9,0	9,0
1. 1. 1935 bis 20. 6. 1948	11,9	11,3	9,7	9,3	9,2	9,2	9,2	9,2
Nachkriegsbauten								
nach dem 20. 6. 1948	11,4	11,0	10,6	10,5	10,5	10,5	10,5	10,5

B. bei Holzfachwerkbauten mit Ziegelsteinausmauerung, Gebäuden aus großformatigen Bimsbetonplatten oder ähnlichen Platten sowie bei anderen eingeschossigen massiven Gebäuden in leichter Bauausführung

Altbauten								
vor 1908	7,9	7,5	6,4	6,2	6,6	6,5	6,5	6,5
1908 bis 1915	8,3	7,8	6,7	6,4	6,8	6,7	6,7	6,7
1916 bis 31. 3. 1924	9,1	8,6	7,3	7,0	7,3	7,1	7,1	7,1
Neubauten								
1. 4. 1924 bis 31. 12. 1934	10,6	10,1	8,7	8,4	8,5	8,5	8,5	8,5
1. 1. 1935 bis 20. 6. 1948	11,2	10,7	9,2	8,9	8,8	8,8	8,8	8,8
Nachkriegsbauten								
nach dem 20. 6. 1948	11,0	10,6	10,2	10,1	10,1	10,1	10,1	10,2

C. bei Holzfachwerkbauten mit Lehmausfachung und besonders haltbaren Holzbauten mit massiven Fundamenten

Altbauten								
vor dem 1. 4. 1924	7,0	6,7	5,8	5,6	6,1	6,0	6,0	6,0
Neubauten								
1. 4. 1924 bis 31. 12. 1934	8,7	8,3	7,3	7,0	7,3	7,3	7,3	7,3
1. 1. 1935 bis 20. 6. 1948	10,0	9,5	8,3	8,0	8,1	8,1	8,1	8,1
Nachkriegsbauten								
nach dem 20. 6. 1948	10,2	9,8	9,5	9,5	9,5	9,5	9,5	9,7

Anlage 9

Kapitalwert
einer lebenslänglichen Nutzung oder Leistung im Jahresbetrag von einem Euro[1)]

Der Kapitalwert ist nach der „Sterbetafel für die Bundesrepublik Deutschland 1986/88; Gebietsstand seit dem 3. Oktober 1990" unter Berücksichtigung von Zwischenzinsen und Zinseszinsen mit 5,5 Prozent errechnet worden. Der Kapitalwert der Tabelle ist der Mittelwert zwischen dem Kapitalwert für jährlich vorschüssige und jährlich nachschüssige Zahlungsweise.

Vollendetes Lebensalter in Jahren	Männer	Frauen	Vollendetes Lebensalter in Jahren	Männer	Frauen
0	17,908	18,136	55	11,759	13,271
1	18,040	18,239	56	11,506	13,040
2	18,019	18,227	57	11,249	12,801
3	17,992	18,210	58	10,987	12,553
4	17,961	18,189	59	10,720	12,298
5	17,927	18,166	60	10,448	12,034
6	17,891	18.142	61	10,171	11,763
7	17,853	18,115	62	9,889	11,484
8	17,813	18,087	63	9,603	11,197
9	17,769	18,058	64	9,313	10,903
10	17,723	18,026	65	9,019	10,601
11	17,674	17,993	66	8,723	10,292
12	17,623	17,958	67	8,422	9,977
13	17,569	17,921	68	8,120	9,654
14	17,512	17,882	69	7,816	9,325
15	17,453	17,842	70	7,511	8,990
16	17,393	17,800	71	7,206	8,650
17	17,332	17,756	72	6,904	8,307
18	17,272	17,712	73	6,604	7,962
19	17,212	17,665	74	6,310	7,616
20	17,151	17,616	75	6,020	7,271
21	17,086	17,564	76	5,738	6,930
22	17,018	17,510	77	5,464	6,592
23	16,945	17,452	78	5,198	6,261
24	16,867	17,392	79	4,941	5,937
25	16,785	17,328	80	4,693	5,622
26	16,699	17,261	81	4,456	5,317
27	16,608	17,190	82	4,228	5,022
28	16,512	17,116	83	4,010	4,739
29	16,411	17,038	84	3,802	4,468
30	16,306	16,956	85	3,603	4,210
31	16,196	16,870	86	3,415	3,964
32	16,080	16,781	87	3,235	3,731
33	15,960	16,687	88	3,065	3,511
34	15,833	16,589	89	2,904	3,304
35	15,700	16,486	90	2,753	3,109
36	15,562	16,379	91	2,609	2,927
37	15,417	16,267	92	2,475	2,756
38	15,267	16,150	93	2,348	2,597
39	15,109	16,029	94	2,229	2,448
40	14,945	15,902	95	2,118	2,310
41	14,775	15,770	96	2,014	2,183
42	14,598	15,632	97	1,917	2,064
43	14,415	15,489	98	1,826	1,955
44	14,225	15,341	99	1,741	1,854
45	14,030	15,186	100	1,662	1,761
46	13,828	15,025	101	1,589	1,675
47	13,620	14,858	102	1,520	1,595
48	13,406	14,684	103	1,455	1,522
49	13,187	14,503	104	1,394	1,453
50	12,961	14,316	105	1,334	1,387
51	12,730	14,122	106	1,272	1,318
52	12,494	13,920	107	1,199	1,238
53	12,253	13,711	108	1,095	1,125
54	12,008	13,495	109	0,908	0,924
			110 und darüber	0,500	0,500

1) Anlage 9 neugef. mWv 1. 1. 1995 durch G v. 23. 6. 1993 (BGBl. I S. 944)**, aufgeh. mWv 1. 1. 2009** (§ 205 Abs. 1) durch G v. 24. 12. 2008 (BGBl. I S. 3018) – siehe nunmehr § 14 BewG neue Fassung.

Anlage 9 a
(zu § 13)

Kapitalwert
einer wiederkehrenden, zeitlich beschränkten Nutzung oder Leistung
im Jahresbetrag von einem Euro[1]

Der Kapitalwert ist unter Berücksichtigung von Zwischenzinsen und Zinseszinsen mit 5,5 Prozent errechnet worden. Er ist der Mittelwert zwischen dem Kapitalwert für jährlich vorschüssige und jährlich nachschüssige Zahlungsweise.

Laufzeit in Jahren	Kapitalwert	Laufzeit in Jahren	Kapitalwert
1	0,974	46	17,090
2	1,897[2]	47	17,173
3	2,772	48	17,252
4	3,602	49	17,326
5	4,388	50	17,397
6	5,133	51	17,464
7	5,839	52	17,528
8	6,509	53	17,588
9	7,143	54	17,645
10	7,745	55	17,699
11	8,315	56	17,750
12	8,856	57	17,799
13	9,368	58	17,845
14	9,853	59	17,888
15	10,314	60	17,930
16	10,750	61	17,969
17	11,163	62	18,006
18	11,555	63	18,041
19	11,927	64	18,075
20	12,279	65	18,106
21	12,613	66	18,136
22	12,929	67	18,165
23	13,229	68	18,192
24	13,513	69	18,217
25	13,783	70	18,242
26	14,038	71	18,264
27	14,280	72	18,286
28	14,510	73	18,307
29	14,727	74	18,326
30	14,933	75	18,345
31	15,129	76	18,362
32	15,314	77	18,379
33	15,490	78	18,395
34	15,656	79	18,410
35	15,814	80	18,424
36	15,963	81	18,437
37	16,105	82	18,450
38	16,239	83	18,462
39	16,367	84	18,474
40	16,487	85	18,485
41	16,602	86	18,495
42	16,710	87	18,505
43	16,813	88	18,514
44	16,910	89	18,523
45	17,003	90	18,531

[1] Bezeichnung geänd. durch G v. 19. 12. 2000 (BGBl. I S. 1790).
[2] Geänd. mWv 1. 1. 1993 durch G v. 13. 9. 1993 (BGBl. I S. 1569).

Laufzeit in Jahren	Kapitalwert
91	18,539
92	18,546
93	18,553
94	18,560
95	18,566
96	18,572
97	18,578
98	18,583
99	18,589
100	18,593
101	18,596
mehr als 101	18,600

Anlage 10
(zu § 104)

Vervielfältiger für die Anwartschaft eines Arbeitnehmers auf Altersrente und Witwen- oder Witwerrente [1)]

Lebensalter in Jahren, dem der nach Spalte 2 a oder 3 a Berechtigte am nächsten ist	Anwartschaft von			
	Männer		Frauen	
	auf Altersrente	auf Witwenrente	auf Altersrente	auf Witwerrente
(1)	(2a)	(2b)	(3a)	(3b)
bis 31	3,5	1,3	4,1	0,3
32	3,6	1,4	4,2	0,3
33	3,7	1,4	4,4	0,3
34	3,8	1,4	4,5	0,3
35	3,9	1,5	4,6	0,3
36	4,0	1,5	4,8	0,3
37	4,2	1,6	4,9	0,3
38	4,3	1,6	5,0	0,4
39	4,4	1,7	5,2	0,4
40	4,6	1,7	5,4	0,4
41	4,7	1,7	5,5	0,4
42	4,8	1,8	5,7	0,4
43	5,0	1,8	5,9	0,4
44	5,2	1,9	6,1	0,4
45	5,3	1,9	6,3	0,4
46	5,5	1,9	6,5	0,4
47	5,7	2,0	6,7	0,4
48	5,9	2,0	6,9	0,4
49	6,1	2,1	7,1	0,4
50	6,3	2,1	7,3	0,4
51	6,5	2,1	7,6	0,4
52	6,7	2,2	7,8	0,4
53	6,9	2,2	8,1	0,4
54	7,1	2,3	8,4	0,4
55	7,4	2,3	8,6	0,4
56	7,6	2,3	8,9	0,4
57	7,9	2,4	9,2	0,4
58	8,1	2,4	9,5	0,4
59	8,4	2,4	9,8	0,4
60	8,7	2,5	10,0	0,4
61	9,0	2,6	10,3	0,5
62	9,4	2,6	10,7	0,5
63 und darüber	9,8	2,7	11,1	0,5

Anlage 11
(zu § 104)

Vervielfältiger für die Anwartschaft eines vor Eintritt des Versorgungsfalls aus dem Dienstverhältnis ausgeschiedenen Arbeitnehmers auf Altersrente und Witwen- oder Witwerrente [1)]

Lebensalter in Jahren, dem der nach Spalte 2 a oder 3 a Berechtigte am nächsten ist	Anwartschaft von			
	Männer		Frauen	
	auf Altersrente	auf Witwenrente	auf Altersrente	auf Witwerrente
(1)	(2a)	(2b)	(3a)	(3b)
bis 31	1,7	0,7	2,0	0,2
32	1,8	0,8	2,1	0,2
33	1,9	0,8	2,2	0,2
34	2,0	0,8	2,3	0,2
35	2,1	0,9	2,4	0,2
36	2,2	0,9	2,6	0,3
37	2,3	1,0	2,7	0,3
38	2,4	1,0	2,8	0,3
39	2,6	1,1	3,0	0,3
40	2,7	1,1	3,2	0,3
41	2,8	1,2	3,3	0,3
42	3,0	1,2	3,5	0,3
43	3,2	1,3	3,7	0,3
44	3,3	1,3	3,9	0,3
45	3,5	1,4	4,1	0,3
46	3,7	1,4	4,3	0,3
47	3,9	1,5	4,6	0,3
48	4,1	1,5	4,8	0,3
49	4,3	1,6	5,1	0,3
50	4,6	1,6	5,3	0,3
51	4,8	1,7	5,6	0,4
52	5,0	1,8	5,9	0,4
53	5,3	1,8	6,2	0,4
54	5,6	1,9	6,6	0,4
55	6,0	2,0	7,0	0,4
56	6,4	2,1	7,5	0,4
57	6,8	2,1	7,9	0,4
58	7,2	2,2	8,4	0,4
59	7,6	2,3	8,9	0,4
60	8,1	2,4	9,4	0,4
61	8,6	2,5	9,8	0,4
62	9,1	2,6	10,4	0,4
63 und darüber	9,8	2,7	11,1	0,5

1) Anlagen 10, 11 aufgeh. **mWv 1. 1. 2009** durch G v. 8. 12. 2010 (BGBl. I S. 1768).

Anlage 12
(zu § 104)

Vervielfältiger für die neben den laufenden Leistungen bestehende Anwartschaft des Pensionsberechtigten auf eine lebenslängliche Hinterbliebenenrente[1]

Lebensalter in Jahren, dem der Empfänger der laufenden Leistungen am nächsten ist	*Männer*	*Frauen*	*Lebensalter in Jahren, dem der Empfänger der laufenden Leistungen am nächsten ist*	*Männer*	*Frauen*
bis 20	*1,8*	*0,2*	*bis 60*	*2,7*	*0,5*
21	*1,9*	*0,2*	*61*	*2,7*	*0,5*
22	*2,0*	*0,2*	*62*	*2,7*	*0,5*
23	*2,1*	*0,2*	*63*	*2,7*	*0,5*
24	*2,3*	*0,2*	*64*	*2,7*	*0,4*
25	*2,4*	*0,2*	*65*	*2,7*	*0,4*
26	*2,5*	*0,2*	*66*	*2,7*	*0,4*
27	*2,6*	*0,2*	*67*	*2,8*	*0,4*
28	*2,7*	*0,2*	*68*	*2,8*	*0,4*
29	*2,8*	*0,2*	*69*	*2,7*	*0,4*
30	*2,9*	*0,2*	*70*	*2,7*	*0,4*
31	*2,9*	*0,2*	*71*	*2,7*	*0,4*
32	*3,0*	*0,3*	*72*	*2,7*	*0,4*
33	*3,1*	*0,3*	*73*	*2,6*	*0,3*
34	*3,1*	*0,3*	*74*	*2,6*	*0,3*
35	*3,2*	*0,3*	*75*	*2,5*	*0,3*
36	*3,3*	*0,3*	*76*	*2,4*	*0,3*
37	*3,3*	*0,3*	*77*	*2,3*	*0,3*
38	*3,3*	*0,3*	*78*	*2,3*	*0,2*
39	*3,4*	*0,3*	*79*	*2,2*	*0,2*
40	*3,4*	*0,3*	*80*	*2,1*	*0,2*
41	*3,4*	*0,3*	*81*	*2,0*	*0,2*
42	*3,4*	*0,4*	*82*	*1,9*	*0,1*
43	*3,4*	*0,4*	*83*	*1,8*	*0,1*
44	*3,4*	*0,4*	*84*	*1,7*	*0,1*
45	*3,4*	*0,4*	*85*	*1,6*	*0,1*
46	*3,4*	*0,4*	*86*	*1,5*	*0,1*
47	*3,4*	*0,4*	*87*	*1,4*	*0,1*
48	*3,3*	*0,4*	*88*	*1,3*	*0,1*
49	*3,3*	*0,4*	*89*	*1,2*	*0,1*
50	*3,2*	*0,4*	*90*	*1,1*	*0*
51	*3,2*	*0,4*	*91*	*0,9*	*0*
52	*3,1*	*0,4*	*92*	*0,8*	*0*
53	*3,1*	*0,4*	*93*	*0,7*	*0*
54	*3,0*	*0,4*	*94*	*0,6*	*0*
55	*3,0*	*0,4*	*95*	*0,5*	*0*
56	*2,9*	*0,4*	*96*	*0,4*	*0*
57	*2,9*	*0,4*	*97*	*0,3*	*0*
58	*2,8*	*0,5*	*98*	*0,2*	*0*
59	*2,8*	*0,5*	*99*	*0,1*	*0*
			100 und darüber	*0*	*0*

[1] Anlage 12 aufgeh. **mWv 1. 1. 2009** durch G v. 8. 12. 2010 (BGBl. I S. 1768).

Anlage 13
(zu § 104)

Vervielfältiger
für die lebenslänglich laufenden Leistungen aus Pensionsverpflichtungen[1)]

Lebensalter in Jahren, dem der Empfänger der laufenden Leistungen am nächsten ist	Männer	Frauen	Lebensalter in Jahren, dem der Empfänger der laufenden Leistungen am nächsten ist	Männer	Frauen
bis 20	12,4	16,5	65	9,3	10,6
21	12,3	16,4	66	9,0	10,3
22	12,2	16,4	67	8,8	10,0
23	12,2	16,4	68	8,5	9,7
24	12,1	16,3	69	8,2	9,4
25	12,0	16,3	70	7,9	9,0
26	12,0	16,2	71	7,7	8,7
27	11,9	16,2	72	7,4	8,4
28	11,9	16,1	73	7,1	8,1
29	11,8	16,1	74	6,9	7,8
30	11,7	16,0	75	6,6	7,4
31	11,7	15,9	76	6,3	7,1
32	11,6	15,9	77	6,1	6,8
33	11,6	15,8	78	5,8	6,5
34	11,5	15,7	79	5,6	6,2
35	11,4	15,7	80	5,3	5,9
36	11,4	15,6	81	5,1	5,6
37	11,3	15,5	82	4,9	5,3
38	11,3	15,4	83	4,6	5,1
39	11,2	15,3	84	4,4	4,8
40	11,2	15,2	85	4,2	4,6
41	11,2	15,1	86	4,0	4,3
42	11,1	15,0	87	3,8	4,1
43	11,1	14,9	88	3,7	3,9
44	11,1	14,7	89	3,5	3,6
45	11,1	14,6	90	3,3	3,4
46	11,1	14,5	91	3,2	3,2
47	11,0	14,4	92	3,0	3,1
48	11,0	14,2	93	2,9	2,9
49	11,0	14,1	94	2,7	2,7
50	11,0	13,9	95	2,6	2,5
51	11,0	13,7	96	2,4	2,4
52	10,9	13,6	97	2,3	2,3
53	10,9	13,4	98	2,2	2,1
54	10,9	13,2	99	2,1	2,0
55	10,8	13,0	100	2,0	1,9
56	10,8	12,8	101	1,9	1,8
57	10,7	12,6	102	1,8	1,6
58	10,6	12,4	103	1,7	1,5
59	10,5	12,1	104	1,6	1,5
60	10,4	11,9	105	1,5	1,4
61	10,2	11,7	106	1,4	1,3
62	10,0	11,4	107	1,3	1,2
63	9,8	11,1	108	1,2	1,1
64	9,6	10,9	109	1,0	0,9
			110 und darüber	0,5	0,5

1) Anlage 13 aufgeh. **mWv 1. 1. 2009** durch G v. 8. 12. 2010 (BGBl. I S. 1768).

Anlage 14
(zu § 163 Abs. 3,
§ 164 Abs. 2 und 4)[1]

Landwirtschaftliche Nutzung

1	2	3	4	5	6
Region Land/Reg.bezirk	**Nutzungsart Betriebsform**	**Betriebsgröße**	**Rein-gewinn EUR/ha LF**	**Pacht-preis EUR/ha LF**	**Wert für das Besatzkapital EUR/ha LF**
Schleswig-Holstein	Ackerbau	Kleinbetriebe 0 bis unter 40 EGE	- 428	240	129
		Mittelbetriebe 40 bis 100 EGE	- 19	286	90
		Großbetriebe über 100 EGE	124	338	78
	Milchvieh	Kleinbetriebe 0 bis unter 40 EGE	- 572	161	241
		Mittelbetriebe 40 bis 100 EGE	- 98	201	238
		Großbetriebe über 100 EGE	143	235	203
	Sonstiger Futterbau	Kleinbetriebe 0 bis unter 40 EGE	- 535	122	160
		Mittelbetriebe 40 bis 100 EGE	- 143	162	142
		Großbetriebe über 100 EGE	73	250	152
	Veredlung	Kleinbetriebe 0 bis unter 40 EGE	- 917	338	343
		Mittelbetriebe 40 bis 100 EGE	- 124	388	358
		Großbetriebe über 100 EGE	224	389	313
	Pflanzenbau-Verbund	Kleinbetriebe 0 bis unter 40 EGE	- 586	201	161
		Mittelbetriebe 40 bis 100 EGE	- 169	245	150
		Großbetriebe über 100 EGE	77	301	148
	Vieh-Verbund	Kleinbetriebe 0 bis unter 40 EGE	- 833	214	188
		Mittelbetriebe 40 bis 100 EGE	- 253	263	222
		Großbetriebe über 100 EGE	66	348	238
	Pflanzen- und Viehverbund	Kleinbetriebe 0 bis unter 40 EGE	- 648	202	169
		Mittelbetriebe 40 bis 100 EGE	- 136	243	172
		Großbetriebe über 100 EGE	68	302	153
Braunschweig	Ackerbau	Kleinbetriebe 0 bis unter 40 EGE	- 456	226	121
		Mittelbetriebe 40 bis 100 EGE	- 20	270	84
		Großbetriebe über 100 EGE	116	318	72
	Milchvieh	Kleinbetriebe 0 bis unter 40 EGE	- 564	164	244
		Mittelbetriebe 40 bis 100 EGE	- 96	203	241
		Großbetriebe über 100 EGE	144	238	205
	Sonstiger Futterbau	Kleinbetriebe 0 bis unter 40 EGE	- 532	122	161
		Mittelbetriebe 40 bis 100 EGE	- 143	162	143
		Großbetriebe über 100 EGE	73	250	152
	Veredlung	Kleinbetriebe 0 bis unter 40 EGE	-1 001	312	315
		Mittelbetriebe 40 bis 100 EGE	- 136	354	326
		Großbetriebe über 100 EGE	206	359	287
	Pflanzenbau-Verbund	Kleinbetriebe 0 bis unter 40 EGE	- 617	190	153
		Mittelbetriebe 40 bis 100 EGE	- 176	234	144
		Großbetriebe über 100 EGE	74	288	141
	Vieh-Verbund	Kleinbetriebe 0 bis unter 40 EGE	- 868	205	180
		Mittelbetriebe 40 bis 100 EGE	- 268	249	209
		Großbetriebe über 100 EGE	62	330	224
	Pflanzen- und Viehverbund	Kleinbetriebe 0 bis unter 40 EGE	- 687	190	160
		Mittelbetriebe 40 bis 100 EGE	- 146	227	160
		Großbetriebe über 100 EGE	64	281	142

[1] Anlage 14 angef. mWv 1. 1. 2009 durch G v. 24. 12. 2008 (BGBl. I S. 3018).

1	2	3	4	5	6
Region Land/Reg.bezirk	Nutzungsart Betriebsform	Betriebsgröße	Rein-gewinn EUR/ha LF	Pacht-preis EUR/ha LF	Wert für das Besatzkapital EUR/ha LF
Hannover	Ackerbau	Kleinbetriebe 0 bis unter 40 EGE	- 461	224	119
		Mittelbetriebe 40 bis 100 EGE	- 21	268	83
		Großbetriebe über 100 EGE	114	315	71
	Milchvieh	Kleinbetriebe 0 bis unter 40 EGE	- 565	163	244
		Mittelbetriebe 40 bis 100 EGE	- 97	203	240
		Großbetriebe über 100 EGE	144	237	205
	Sonstiger Futterbau	Kleinbetriebe 0 bis unter 40 EGE	- 534	122	160
		Mittelbetriebe 40 bis 100 EGE	- 143	161	142
		Großbetriebe über 100 EGE	73	249	152
	Veredlung	Kleinbetriebe 0 bis unter 40 EGE	-1 006	310	313
		Mittelbetriebe 40 bis 100 EGE	- 137	352	325
		Großbetriebe über 100 EGE	205	357	286
	Pflanzenbau-Verbund	Kleinbetriebe 0 bis unter 40 EGE	- 622	189	152
		Mittelbetriebe 40 bis 100 EGE	- 178	234	143
		Großbetriebe über 100 EGE	73	286	140
	Vieh-Verbund	Kleinbetriebe 0 bis unter 40 EGE	- 872	204	179
		Mittelbetriebe 40 bis 100 EGE	- 269	248	208
		Großbetriebe über 100 EGE	62	328	223
	Pflanzen- und Viehverbund	Kleinbetriebe 0 bis unter 40 EGE	- 691	189	159
		Mittelbetriebe 40 bis 100 EGE	- 147	226	159
		Großbetriebe über 100 EGE	63	279	141
Lüneburg	Ackerbau	Kleinbetriebe 0 bis unter 40 EGE	- 478	216	115
		Mittelbetriebe 40 bis 100 EGE	- 21	258	80
		Großbetriebe über 100 EGE	110	304	69
	Milchvieh	Kleinbetriebe 0 bis unter 40 EGE	- 578	160	238
		Mittelbetriebe 40 bis 100 EGE	- 99	198	234
		Großbetriebe über 100 EGE	140	231	199
	Sonstiger Futterbau	Kleinbetriebe 0 bis unter 40 EGE	- 536	121	160
		Mittelbetriebe 40 bis 100 EGE	- 145	160	141
		Großbetriebe über 100 EGE	72	245	150
	Veredlung	Kleinbetriebe 0 bis unter 40 EGE	-1 011	309	311
		Mittelbetriebe 40 bis 100 EGE	- 138	350	323
		Großbetriebe über 100 EGE	204	355	284
	Pflanzenbau-Verbund	Kleinbetriebe 0 bis unter 40 EGE	- 632	186	149
		Mittelbetriebe 40 bis 100 EGE	- 181	230	140
		Großbetriebe über 100 EGE	72	281	138
	Vieh-Verbund	Kleinbetriebe 0 bis unter 40 EGE	- 880	202	178
		Mittelbetriebe 40 bis 100 EGE	- 272	246	206
		Großbetriebe über 100 EGE	61	325	221
	Pflanzen- und Viehverbund	Kleinbetriebe 0 bis unter 40 EGE	- 699	187	157
		Mittelbetriebe 40 bis 100 EGE	- 149	222	156
		Großbetriebe über 100 EGE	62	275	139
Weser-Ems	Ackerbau	Kleinbetriebe 0 bis unter 40 EGE	- 476	217	116
		Mittelbetriebe 40 bis 100 EGE	- 21	261	81
		Großbetriebe über 100 EGE	113	315	71
	Milchvieh	Kleinbetriebe 0 bis unter 40 EGE	- 577	160	239
		Mittelbetriebe 40 bis 100 EGE	- 99	198	235
		Großbetriebe über 100 EGE	140	232	200
	Sonstiger Futterbau	Kleinbetriebe 0 bis unter 40 EGE	- 540	120	158
		Mittelbetriebe 40 bis 100 EGE	- 145	159	140
		Großbetriebe über 100 EGE	72	245	149

1	2	3	4	5	6
Region Land/Reg.bezirk	**Nutzungsart Betriebsform**	**Betriebsgröße**	**Rein-gewinn EUR/ha LF**	**Pacht-preis EUR/ha LF**	**Wert für das Besatzkapital EUR/ha LF**
	Veredlung	Kleinbetriebe 0 bis unter 40 EGE	- 966	323	326
		Mittelbetriebe 40 bis 100 EGE	- 131	367	339
		Großbetriebe über 100 EGE	213	372	298
	Pflanzenbau-Verbund	Kleinbetriebe 0 bis unter 40 EGE	- 622	190	152
		Mittelbetriebe 40 bis 100 EGE	- 178	233	143
		Großbetriebe über 100 EGE	74	288	142
	Vieh-Verbund	Kleinbetriebe 0 bis unter 40 EGE	- 862	207	181
		Mittelbetriebe 40 bis 100 EGE	- 264	253	213
		Großbetriebe über 100 EGE	63	335	228
	Pflanzen- und Viehverbund	Kleinbetriebe 0 bis unter 40 EGE	- 684	192	160
		Mittelbetriebe 40 bis 100 EGE	- 144	230	162
		Großbetriebe über 100 EGE	64	286	144
Düsseldorf	Ackerbau	Kleinbetriebe 0 bis unter 40 EGE	- 443	233	124
		Mittelbetriebe 40 bis 100 EGE	- 20	281	87
		Großbetriebe über 100 EGE	123	338	77
	Milchvieh	Kleinbetriebe 0 bis unter 40 EGE	- 548	169	251
		Mittelbetriebe 40 bis 100 EGE	- 94	209	247
		Großbetriebe über 100 EGE	147	244	210
	Sonstiger Futterbau	Kleinbetriebe 0 bis unter 40 EGE	- 492	132	174
		Mittelbetriebe 40 bis 100 EGE	- 131	176	155
		Großbetriebe über 100 EGE	79	268	165
	Veredlung	Kleinbetriebe 0 bis unter 40 EGE	- 964	323	327
		Mittelbetriebe 40 bis 100 EGE	- 131	368	340
		Großbetriebe über 100 EGE	214	373	299
	Pflanzenbau-Verbund	Kleinbetriebe 0 bis unter 40 EGE	- 593	198	159
		Mittelbetriebe 40 bis 100 EGE	- 171	242	148
		Großbetriebe über 100 EGE	77	301	149
	Vieh-Verbund	Kleinbetriebe 0 bis unter 40 EGE	- 824	215	190
		Mittelbetriebe 40 bis 100 EGE	- 256	261	219
		Großbetriebe über 100 EGE	65	345	235
	Pflanzen- und Viehverbund	Kleinbetriebe 0 bis unter 40 EGE	- 658	199	167
		Mittelbetriebe 40 bis 100 EGE	- 140	237	167
		Großbetriebe über 100 EGE	66	294	149
Köln	Ackerbau	Kleinbetriebe 0 bis unter 40 EGE	- 432	239	127
		Mittelbetriebe 40 bis 100 EGE	- 19	288	90
		Großbetriebe über 100 EGE	127	348	80
	Milchvieh	Kleinbetriebe 0 bis unter 40 EGE	- 566	163	243
		Mittelbetriebe 40 bis 100 EGE	- 97	202	239
		Großbetriebe über 100 EGE	142	235	203
	Sonstiger Futterbau	Kleinbetriebe 0 bis unter 40 EGE	- 493	132	174
		Mittelbetriebe 40 bis 100 EGE	- 132	174	154
		Großbetriebe über 100 EGE	78	264	163
	Veredlung	Kleinbetriebe 0 bis unter 40 EGE	- 962	324	327
		Mittelbetriebe 40 bis 100 EGE	- 131	369	340
		Großbetriebe über 100 EGE	215	374	300
	Pflanzenbau-Verbund	Kleinbetriebe 0 bis unter 40 EGE	- 586	200	161
		Mittelbetriebe 40 bis 100 EGE	- 169	244	150
		Großbetriebe über 100 EGE	79	305	151
	Vieh-Verbund	Kleinbetriebe 0 bis unter 40 EGE	- 829	214	189
		Mittelbetriebe 40 bis 100 EGE	- 257	259	218
		Großbetriebe über 100 EGE	65	343	234

1	2	3	4	5	6
Region Land/Reg.bezirk	**Nutzungsart Betriebsform**	**Betriebsgröße**	**Rein-gewinn EUR/ha LF**	**Pacht-preis EUR/ha LF**	**Wert für das Besatzkapital EUR/ha LF**
	Pflanzen- und Viehverbund	Kleinbetriebe 0 bis unter 40 EGE	- 655	200	167
		Mittelbetriebe 40 bis 100 EGE	- 139	238	168
		Großbetriebe über 100 EGE	67	296	149
Münster	Ackerbau	Kleinbetriebe 0 bis unter 40 EGE	- 460	223	120
		Mittelbetriebe 40 bis 100 EGE	- 21	264	83
		Großbetriebe über 100 EGE	113	309	70
	Milchvieh	Kleinbetriebe 0 bis unter 40 EGE	- 554	167	249
		Mittelbetriebe 40 bis 100 EGE	- 95	206	244
		Großbetriebe über 100 EGE	145	240	207
	Sonstiger Futterbau	Kleinbetriebe 0 bis unter 40 EGE	- 493	132	174
		Mittelbetriebe 40 bis 100 EGE	- 132	174	154
		Großbetriebe über 100 EGE	79	265	163
	Veredlung	Kleinbetriebe 0 bis unter 40 EGE	-1 014	308	310
		Mittelbetriebe 40 bis 100 EGE	- 138	349	322
		Großbetriebe über 100 EGE	203	354	284
	Pflanzenbau-Verbund	Kleinbetriebe 0 bis unter 40 EGE	- 613	191	154
		Mittelbetriebe 40 bis 100 EGE	- 177	234	143
		Großbetriebe über 100 EGE	73	285	139
	Vieh-Verbund	Kleinbetriebe 0 bis unter 40 EGE	- 848	208	184
		Mittelbetriebe 40 bis 100 EGE	- 266	251	211
		Großbetriebe über 100 EGE	62	332	226
	Pflanzen- und Viehverbund	Kleinbetriebe 0 bis unter 40 EGE	- 680	192	161
		Mittelbetriebe 40 bis 100 EGE	- 147	225	159
		Großbetriebe über 100 EGE	63	278	141
Detmold	Ackerbau	Kleinbetriebe 0 bis unter 40 EGE	- 450	229	122
		Mittelbetriebe 40 bis 100 EGE	- 20	274	85
		Großbetriebe über 100 EGE	117	321	73
	Milchvieh	Kleinbetriebe 0 bis unter 40 EGE	- 552	167	250
		Mittelbetriebe 40 bis 100 EGE	- 95	207	245
		Großbetriebe über 100 EGE	146	241	208
	Sonstiger Futterbau	Kleinbetriebe 0 bis unter 40 EGE	- 493	132	174
		Mittelbetriebe 40 bis 100 EGE	- 132	174	154
		Großbetriebe über 100 EGE	79	265	164
	Veredlung	Kleinbetriebe 0 bis unter 40 EGE	-1 014	308	311
		Mittelbetriebe 40 bis 100 EGE	- 138	349	322
		Großbetriebe über 100 EGE	204	355	284
	Pflanzenbau-Verbund	Kleinbetriebe 0 bis unter 40 EGE	- 607	192	155
		Mittelbetriebe 40 bis 100 EGE	- 175	237	145
		Großbetriebe über 100 EGE	74	290	142
	Vieh-Verbund	Kleinbetriebe 0 bis unter 40 EGE	- 847	209	185
		Mittelbetriebe 40 bis 100 EGE	- 265	252	211
		Großbetriebe über 100 EGE	62	333	226
	Pflanzen- und Viehverbund	Kleinbetriebe 0 bis unter 40 EGE	- 677	193	162
		Mittelbetriebe 40 bis 100 EGE	- 146	227	160
		Großbetriebe über 100 EGE	64	281	143
Arnsberg	Ackerbau	Kleinbetriebe 0 bis unter 40 EGE	- 439	235	126
		Mittelbetriebe 40 bis 100 EGE	- 20	282	88
		Großbetriebe über 100 EGE	121	332	76
	Milchvieh	Kleinbetriebe 0 bis unter 40 EGE	- 564	164	244
		Mittelbetriebe 40 bis 100 EGE	- 97	202	240
		Großbetriebe über 100 EGE	143	235	204

1	2	3	4	5	6
Region Land/Reg.bezirk	**Nutzungsart Betriebsform**	**Betriebsgröße**	**Rein-gewinn EUR/ha LF**	**Pacht-preis EUR/ha LF**	**Wert für das Besatzkapital EUR/ha LF**
	Sonstiger Futterbau	Kleinbetriebe 0 bis unter 40 EGE	- 493	132	174
		Mittelbetriebe 40 bis 100 EGE	- 132	174	154
		Großbetriebe über 100 EGE	78	263	163
	Veredlung	Kleinbetriebe 0 bis unter 40 EGE	-1 013	308	311
		Mittelbetriebe 40 bis 100 EGE	- 138	349	322
		Großbetriebe über 100 EGE	204	355	284
	Pflanzenbau-Verbund	Kleinbetriebe 0 bis unter 40 EGE	- 601	194	157
		Mittelbetriebe 40 bis 100 EGE	- 173	239	147
		Großbetriebe über 100 EGE	75	294	144
	Vieh-Verbund	Kleinbetriebe 0 bis unter 40 EGE	- 850	208	184
		Mittelbetriebe 40 bis 100 EGE	- 266	251	210
		Großbetriebe über 100 EGE	62	331	226
	Pflanzen- und Viehverbund	Kleinbetriebe 0 bis unter 40 EGE	- 674	194	163
		Mittelbetriebe 40 bis 100 EGE	- 145	228	161
		Großbetriebe über 100 EGE	64	283	143
Darmstadt	Ackerbau	Kleinbetriebe 0 bis unter 40 EGE	- 485	215	114
		Mittelbetriebe 40 bis 100 EGE	- 21	261	80
		Großbetriebe über 100 EGE	113	318	71
	Milchvieh	Kleinbetriebe 0 bis unter 40 EGE	- 607	152	227
		Mittelbetriebe 40 bis 100 EGE	- 105	187	222
		Großbetriebe über 100 EGE	132	218	188
	Sonstiger Futterbau	Kleinbetriebe 0 bis unter 40 EGE	- 537	121	159
		Mittelbetriebe 40 bis 100 EGE	- 146	158	139
		Großbetriebe über 100 EGE	71	242	148
	Veredlung	Kleinbetriebe 0 bis unter 40 EGE	- 926	336	340
		Mittelbetriebe 40 bis 100 EGE	- 125	385	355
		Großbetriebe über 100 EGE	223	387	310
	Pflanzenbau-Verbund	Kleinbetriebe 0 bis unter 40 EGE	- 617	193	153
		Mittelbetriebe 40 bis 100 EGE	- 177	236	144
		Großbetriebe über 100 EGE	75	292	144
	Vieh-Verbund	Kleinbetriebe 0 bis unter 40 EGE	- 850	210	184
		Mittelbetriebe 40 bis 100 EGE	- 257	258	218
		Großbetriebe über 100 EGE	64	342	233
	Pflanzen- und Viehverbund	Kleinbetriebe 0 bis unter 40 EGE	- 672	196	163
		Mittelbetriebe 40 bis 100 EGE	- 141	236	166
		Großbetriebe über 100 EGE	65	293	146
Gießen	Ackerbau	Kleinbetriebe 0 bis unter 40 EGE	- 492	212	112
		Mittelbetriebe 40 bis 100 EGE	- 22	256	78
		Großbetriebe über 100 EGE	106	301	66
	Milchvieh	Kleinbetriebe 0 bis unter 40 EGE	- 591	156	233
		Mittelbetriebe 40 bis 100 EGE	- 102	193	228
		Großbetriebe über 100 EGE	136	225	194
	Sonstiger Futterbau	Kleinbetriebe 0 bis unter 40 EGE	- 535	122	160
		Mittelbetriebe 40 bis 100 EGE	- 145	159	141
		Großbetriebe über 100 EGE	72	245	150
	Veredlung	Kleinbetriebe 0 bis unter 40 EGE	- 929	335	339
		Mittelbetriebe 40 bis 100 EGE	- 125	384	354
		Großbetriebe über 100 EGE	221	384	309
	Pflanzenbau-Verbund	Kleinbetriebe 0 bis unter 40 EGE	- 624	191	151
		Mittelbetriebe 40 bis 100 EGE	- 179	234	142
		Großbetriebe über 100 EGE	72	286	138

1	2	3	4	5	6
Region Land/Reg.bezirk	Nutzungsart Betriebsform	Betriebsgröße	Rein-gewinn EUR/ha LF	Pacht-preis EUR/ha LF	Wert für das Besatzkapital EUR/ha LF
	Vieh-Verbund	Kleinbetriebe 0 bis unter 40 EGE	- 846	211	185
		Mittelbetriebe 40 bis 100 EGE	- 256	260	219
		Großbetriebe über 100 EGE	64	343	234
	Pflanzen- und Viehverbund	Kleinbetriebe 0 bis unter 40 EGE	- 673	196	163
		Mittelbetriebe 40 bis 100 EGE	- 142	235	165
		Großbetriebe über 100 EGE	65	290	145
Kassel	Ackerbau	Kleinbetriebe 0 bis unter 40 EGE	- 488	213	113
		Mittelbetriebe 40 bis 100 EGE	- 22	256	79
		Großbetriebe über 100 EGE	108	304	67
	Milchvieh	Kleinbetriebe 0 bis unter 40 EGE	- 584	158	236
		Mittelbetriebe 40 bis 100 EGE	- 100	195	231
		Großbetriebe über 100 EGE	138	228	197
	Sonstiger Futterbau	Kleinbetriebe 0 bis unter 40 EGE	- 534	122	160
		Mittelbetriebe 40 bis 100 EGE	- 144	160	141
		Großbetriebe über 100 EGE	72	247	151
	Veredlung	Kleinbetriebe 0 bis unter 40 EGE	- 928	335	339
		Mittelbetriebe 40 bis 100 EGE	- 125	385	355
		Großbetriebe über 100 EGE	222	385	309
	Pflanzenbau-Verbund	Kleinbetriebe 0 bis unter 40 EGE	- 621	192	152
		Mittelbetriebe 40 bis 100 EGE	- 178	235	142
		Großbetriebe über 100 EGE	73	287	139
	Vieh-Verbund	Kleinbetriebe 0 bis unter 40 EGE	- 843	212	185
		Mittelbetriebe 40 bis 100 EGE	- 255	260	219
		Großbetriebe über 100 EGE	65	344	235
	Pflanzen- und Viehverbund	Kleinbetriebe 0 bis unter 40 EGE	- 671	196	163
		Mittelbetriebe 40 bis 100 EGE	- 141	236	165
		Großbetriebe über 100 EGE	65	291	146
Rheinland-Pfalz	Ackerbau	Kleinbetriebe 0 bis unter 40 EGE	- 501	208	110
		Mittelbetriebe 40 bis 100 EGE	- 22	253	77
		Großbetriebe über 100 EGE	109	306	68
	Milchvieh	Kleinbetriebe 0 bis unter 40 EGE	- 588	157	234
		Mittelbetriebe 40 bis 100 EGE	- 101	194	229
		Großbetriebe über 100 EGE	136	226	195
	Sonstiger Futterbau	Kleinbetriebe 0 bis unter 40 EGE	- 535	122	160
		Mittelbetriebe 40 bis 100 EGE	- 145	159	141
		Großbetriebe über 100 EGE	72	244	149
	Veredlung	Kleinbetriebe 0 bis unter 40 EGE	-1 003	311	314
		Mittelbetriebe 40 bis 100 EGE	- 136	356	328
		Großbetriebe über 100 EGE	206	357	287
	Pflanzenbau-Verbund	Kleinbetriebe 0 bis unter 40 EGE	- 641	185	147
		Mittelbetriebe 40 bis 100 EGE	- 182	229	139
		Großbetriebe über 100 EGE	72	282	138
	Vieh-Verbund	Kleinbetriebe 0 bis unter 40 EGE	- 879	203	178
		Mittelbetriebe 40 bis 100 EGE	- 269	247	208
		Großbetriebe über 100 EGE	61	326	222
	Pflanzen- und Viehverbund	Kleinbetriebe 0 bis unter 40 EGE	- 703	187	156
		Mittelbetriebe 40 bis 100 EGE	- 148	224	157
		Großbetriebe über 100 EGE	62	277	139
Stuttgart	Ackerbau	Kleinbetriebe 0 bis unter 40 EGE	- 481	216	115
		Mittelbetriebe 40 bis 100 EGE	- 21	261	80
		Großbetriebe über 100 EGE	107	302	67

1	2	3	4	5	6
Region Land/Reg.bezirk	**Nutzungsart Betriebsform**	**Betriebsgröße**	**Rein-gewinn EUR/ha LF**	**Pacht-preis EUR/ha LF**	**Wert für das Besatzkapital EUR/ha LF**
	Milchvieh	Kleinbetriebe 0 bis unter 40 EGE	- 567	163	243
		Mittelbetriebe 40 bis 100 EGE	- 98	201	238
		Großbetriebe über 100 EGE	141	233	202
	Sonstiger Futterbau	Kleinbetriebe 0 bis unter 40 EGE	- 501	130	171
		Mittelbetriebe 40 bis 100 EGE	- 135	171	151
		Großbetriebe über 100 EGE	77	259	160
	Veredlung	Kleinbetriebe 0 bis unter 40 EGE	-1 017	306	309
		Mittelbetriebe 40 bis 100 EGE	- 138	350	323
		Großbetriebe über 100 EGE	203	352	282
	Pflanzenbau-Verbund	Kleinbetriebe 0 bis unter 40 EGE	- 628	187	150
		Mittelbetriebe 40 bis 100 EGE	- 180	232	141
		Großbetriebe über 100 EGE	71	282	136
	Vieh-Verbund	Kleinbetriebe 0 bis unter 40 EGE	- 858	206	182
		Mittelbetriebe 40 bis 100 EGE	- 267	250	210
		Großbetriebe über 100 EGE	62	329	224
	Pflanzen- und Viehverbund	Kleinbetriebe 0 bis unter 40 EGE	- 690	190	159
		Mittelbetriebe 40 bis 100 EGE	- 148	224	158
		Großbetriebe über 100 EGE	62	276	139
Karlsruhe	Ackerbau	Kleinbetriebe 0 bis unter 40 EGE	- 500	208	110
		Mittelbetriebe 40 bis 100 EGE	- 22	250	77
		Großbetriebe über 100 EGE	103	290	64
	Milchvieh	Kleinbetriebe 0 bis unter 40 EGE	- 577	160	239
		Mittelbetriebe 40 bis 100 EGE	- 100	197	233
		Großbetriebe über 100 EGE	138	229	197
	Sonstiger Futterbau	Kleinbetriebe 0 bis unter 40 EGE	- 503	129	170
		Mittelbetriebe 40 bis 100 EGE	- 136	169	150
		Großbetriebe über 100 EGE	76	256	158
	Veredlung	Kleinbetriebe 0 bis unter 40 EGE	-1 020	306	309
		Mittelbetriebe 40 bis 100 EGE	- 138	349	322
		Großbetriebe über 100 EGE	202	351	282
	Pflanzenbau-Verbund	Kleinbetriebe 0 bis unter 40 EGE	- 638	185	148
		Mittelbetriebe 40 bis 100 EGE	- 183	228	138
		Großbetriebe über 100 EGE	69	276	133
	Vieh-Verbund	Kleinbetriebe 0 bis unter 40 EGE	- 864	205	181
		Mittelbetriebe 40 bis 100 EGE	- 268	248	209
		Großbetriebe über 100 EGE	61	326	222
	Pflanzen- und Viehverbund	Kleinbetriebe 0 bis unter 40 EGE	- 697	188	157
		Mittelbetriebe 40 bis 100 EGE	- 150	222	156
		Großbetriebe über 100 EGE	61	272	137
Freiburg	Ackerbau	Kleinbetriebe 0 bis unter 40 EGE	- 499	208	110
		Mittelbetriebe 40 bis 100 EGE	- 22	251	77
		Großbetriebe über 100 EGE	105	295	65
	Milchvieh	Kleinbetriebe 0 bis unter 40 EGE	- 586	157	235
		Mittelbetriebe 40 bis 100 EGE	- 101	193	229
		Großbetriebe über 100 EGE	136	224	193
	Sonstiger Futterbau	Kleinbetriebe 0 bis unter 40 EGE	- 503	129	170
		Mittelbetriebe 40 bis 100 EGE	- 136	168	149
		Großbetriebe über 100 EGE	76	255	157
	Veredlung	Kleinbetriebe 0 bis unter 40 EGE	-1 020	306	309
		Mittelbetriebe 40 bis 100 EGE	- 138	349	322
		Großbetriebe über 100 EGE	202	351	282

1	2	3	4	5	6
Region Land/Reg.bezirk	Nutzungsart Betriebsform	Betriebsgröße	Rein-gewinn EUR/ha LF	Pacht-preis EUR/ha LF	Wert für das Besatzkapital EUR/ha LF
	Pflanzenbau-Verbund	Kleinbetriebe 0 bis unter 40 EGE	- 637	185	148
		Mittelbetriebe 40 bis 100 EGE	- 183	229	138
		Großbetriebe über 100 EGE	70	278	135
	Vieh-Verbund	Kleinbetriebe 0 bis unter 40 EGE	- 867	204	180
		Mittelbetriebe 40 bis 100 EGE	- 269	247	208
		Großbetriebe über 100 EGE	61	325	222
	Pflanzen- und Viehverbund	Kleinbetriebe 0 bis unter 40 EGE	- 698	188	157
		Mittelbetriebe 40 bis 100 EGE	- 150	222	155
		Großbetriebe über 100 EGE	61	273	137
Tübingen	Ackerbau	Kleinbetriebe 0 bis unter 40 EGE	- 484	215	114
		Mittelbetriebe 40 bis 100 EGE	- 22	258	79
		Großbetriebe über 100 EGE	106	298	66
	Milchvieh	Kleinbetriebe 0 bis unter 40 EGE	- 559	165	246
		Mittelbetriebe 40 bis 100 EGE	- 96	204	241
		Großbetriebe über 100 EGE	144	237	205
	Sonstiger Futterbau	Kleinbetriebe 0 bis unter 40 EGE	- 499	130	172
		Mittelbetriebe 40 bis 100 EGE	- 134	172	152
		Großbetriebe über 100 EGE	77	261	161
	Veredlung	Kleinbetriebe 0 bis unter 40 EGE	-1 018	306	309
		Mittelbetriebe 40 bis 100 EGE	- 138	350	323
		Großbetriebe über 100 EGE	202	352	282
	Pflanzenbau-Verbund	Kleinbetriebe 0 bis unter 40 EGE	- 630	187	150
		Mittelbetriebe 40 bis 100 EGE	- 181	232	140
		Großbetriebe über 100 EGE	70	280	135
	Vieh-Verbund	Kleinbetriebe 0 bis unter 40 EGE	- 855	207	183
		Mittelbetriebe 40 bis 100 EGE	- 266	251	211
		Großbetriebe über 100 EGE	62	330	225
	Pflanzen- und Viehverbund	Kleinbetriebe 0 bis unter 40 EGE	- 690	190	159
		Mittelbetriebe 40 bis 100 EGE	- 148	224	157
		Großbetriebe über 100 EGE	62	276	139
Oberbayern	Ackerbau	Kleinbetriebe 0 bis unter 40 EGE	- 476	220	116
		Mittelbetriebe 40 bis 100 EGE	- 21	268	81
		Großbetriebe über 100 EGE	109	312	68
	Milchvieh	Kleinbetriebe 0 bis unter 40 EGE	- 556	166	248
		Mittelbetriebe 40 bis 100 EGE	- 96	205	243
		Großbetriebe über 100 EGE	144	239	206
	Sonstiger Futterbau	Kleinbetriebe 0 bis unter 40 EGE	- 493	132	174
		Mittelbetriebe 40 bis 100 EGE	- 132	174	154
		Großbetriebe über 100 EGE	79	266	164
	Veredlung	Kleinbetriebe 0 bis unter 40 EGE	- 942	330	334
		Mittelbetriebe 40 bis 100 EGE	- 127	379	350
		Großbetriebe über 100 EGE	219	380	305
	Pflanzenbau-Verbund	Kleinbetriebe 0 bis unter 40 EGE	- 610	194	155
		Mittelbetriebe 40 bis 100 EGE	- 176	240	144
		Großbetriebe über 100 EGE	73	292	140
	Vieh-Verbund	Kleinbetriebe 0 bis unter 40 EGE	- 819	217	191
		Mittelbetriebe 40 bis 100 EGE	- 251	265	223
		Großbetriebe über 100 EGE	66	349	238

1	2	3	4	5	6
Region Land/Reg.bezirk	**Nutzungsart Betriebsform**	**Betriebsgröße**	**Rein-gewinn EUR/ha LF**	**Pacht-preis EUR/ha LF**	**Wert für das Besatzkapital EUR/ha LF**
	Pflanzen- und Viehverbund	Kleinbetriebe 0 bis unter 40 EGE	- 660	200	166
		Mittelbetriebe 40 bis 100 EGE	- 140	238	167
		Großbetriebe über 100 EGE	66	293	147
Niederbayern	Ackerbau	Kleinbetriebe 0 bis unter 40 EGE	- 468	224	118
		Mittelbetriebe 40 bis 100 EGE	- 21	273	83
		Großbetriebe über 100 EGE	112	320	70
	Milchvieh	Kleinbetriebe 0 bis unter 40 EGE	- 564	163	244
		Mittelbetriebe 40 bis 100 EGE	- 97	202	239
		Großbetriebe über 100 EGE	142	235	203
	Sonstiger Futterbau	Kleinbetriebe 0 bis unter 40 EGE	- 493	132	174
		Mittelbetriebe 40 bis 100 EGE	- 132	174	154
		Großbetriebe über 100 EGE	78	265	163
	Veredlung	Kleinbetriebe 0 bis unter 40 EGE	- 941	330	334
		Mittelbetriebe 40 bis 100 EGE	- 127	380	350
		Großbetriebe über 100 EGE	219	380	305
	Pflanzenbau-Verbund	Kleinbetriebe 0 bis unter 40 EGE	- 606	195	156
		Mittelbetriebe 40 bis 100 EGE	- 174	241	146
		Großbetriebe über 100 EGE	74	295	142
	Vieh-Verbund	Kleinbetriebe 0 bis unter 40 EGE	- 821	216	191
		Mittelbetriebe 40 bis 100 EGE	- 252	264	223
		Großbetriebe über 100 EGE	65	348	237
	Pflanzen- und Viehverbund	Kleinbetriebe 0 bis unter 40 EGE	- 658	200	167
		Mittelbetriebe 40 bis 100 EGE	- 139	239	168
		Großbetriebe über 100 EGE	66	295	148
Oberpfalz	Ackerbau	Kleinbetriebe 0 bis unter 40 EGE	- 484	217	114
		Mittelbetriebe 40 bis 100 EGE	- 21	265	80
		Großbetriebe über 100 EGE	108	309	67
	Milchvieh	Kleinbetriebe 0 bis unter 40 EGE	- 563	164	245
		Mittelbetriebe 40 bis 100 EGE	- 97	202	239
		Großbetriebe über 100 EGE	142	235	203
	Sonstiger Futterbau	Kleinbetriebe 0 bis unter 40 EGE	- 495	131	173
		Mittelbetriebe 40 bis 100 EGE	- 133	173	153
		Großbetriebe über 100 EGE	78	264	163
	Veredlung	Kleinbetriebe 0 bis unter 40 EGE	- 944	330	334
		Mittelbetriebe 40 bis 100 EGE	- 127	379	349
		Großbetriebe über 100 EGE	218	379	304
	Pflanzenbau-Verbund	Kleinbetriebe 0 bis unter 40 EGE	- 615	193	153
		Mittelbetriebe 40 bis 100 EGE	- 177	238	143
		Großbetriebe über 100 EGE	73	291	140
	Vieh-Verbund	Kleinbetriebe 0 bis unter 40 EGE	- 823	216	190
		Mittelbetriebe 40 bis 100 EGE	- 252	264	222
		Großbetriebe über 100 EGE	65	347	237
	Pflanzen- und Viehverbund	Kleinbetriebe 0 bis unter 40 EGE	- 664	199	165
		Mittelbetriebe 40 bis 100 EGE	- 141	237	166
		Großbetriebe über 100 EGE	65	292	146
Oberfranken	Ackerbau	Kleinbetriebe 0 bis unter 40 EGE	- 519	201	106
		Mittelbetriebe 40 bis 100 EGE	- 23	242	74
		Großbetriebe über 100 EGE	100	286	63
	Milchvieh	Kleinbetriebe 0 bis unter 40 EGE	- 556	166	248
		Mittelbetriebe 40 bis 100 EGE	- 96	205	242
		Großbetriebe über 100 EGE	144	238	205

1	2	3	4	5	6
Region Land/Reg.bezirk	**Nutzungsart Betriebsform**	**Betriebsgröße**	**Rein-gewinn EUR/ha LF**	**Pacht-preis EUR/ha LF**	**Wert für das Besatzkapital EUR/ha LF**
	Sonstiger Futterbau	Kleinbetriebe 0 bis unter 40 EGE	- 496	131	172
		Mittelbetriebe 40 bis 100 EGE	- 133	173	153
		Großbetriebe über 100 EGE	78	264	162
	Veredlung	Kleinbetriebe 0 bis unter 40 EGE	- 947	329	332
		Mittelbetriebe 40 bis 100 EGE	- 128	377	348
		Großbetriebe über 100 EGE	217	377	303
	Pflanzenbau-Verbund	Kleinbetriebe 0 bis unter 40 EGE	- 631	188	150
		Mittelbetriebe 40 bis 100 EGE	- 182	231	139
		Großbetriebe über 100 EGE	70	280	135
	Vieh-Verbund	Kleinbetriebe 0 bis unter 40 EGE	- 824	215	190
		Mittelbetriebe 40 bis 100 EGE	- 253	263	222
		Großbetriebe über 100 EGE	65	347	236
	Pflanzen- und Viehverbund	Kleinbetriebe 0 bis unter 40 EGE	- 674	196	163
		Mittelbetriebe 40 bis 100 EGE	- 143	233	163
		Großbetriebe über 100 EGE	64	286	144
Mittelfranken	Ackerbau	Kleinbetriebe 0 bis unter 40 EGE	- 507	207	109
		Mittelbetriebe 40 bis 100 EGE	- 23	251	76
		Großbetriebe über 100 EGE	101	292	63
	Milchvieh	Kleinbetriebe 0 bis unter 40 EGE	- 552	167	250
		Mittelbetriebe 40 bis 100 EGE	- 95	207	244
		Großbetriebe über 100 EGE	145	241	207
	Sonstiger Futterbau	Kleinbetriebe 0 bis unter 40 EGE	- 495	131	173
		Mittelbetriebe 40 bis 100 EGE	- 133	173	153
		Großbetriebe über 100 EGE	78	265	163
	Veredlung	Kleinbetriebe 0 bis unter 40 EGE	- 946	329	333
		Mittelbetriebe 40 bis 100 EGE	- 128	378	348
		Großbetriebe über 100 EGE	218	378	304
	Pflanzenbau-Verbund	Kleinbetriebe 0 bis unter 40 EGE	- 626	190	151
		Mittelbetriebe 40 bis 100 EGE	- 180	234	141
		Großbetriebe über 100 EGE	71	283	136
	Vieh-Verbund	Kleinbetriebe 0 bis unter 40 EGE	- 822	216	190
		Mittelbetriebe 40 bis 100 EGE	- 252	264	222
		Großbetriebe über 100 EGE	65	348	237
	Pflanzen- und Viehverbund	Kleinbetriebe 0 bis unter 40 EGE	- 671	197	163
		Mittelbetriebe 40 bis 100 EGE	- 142	235	164
		Großbetriebe über 100 EGE	65	288	145
Unterfranken	Ackerbau	Kleinbetriebe 0 bis unter 40 EGE	- 488	214	113
		Mittelbetriebe 40 bis 100 EGE	- 22	258	79
		Großbetriebe über 100 EGE	105	300	66
	Milchvieh	Kleinbetriebe 0 bis unter 40 EGE	- 549	168	251
		Mittelbetriebe 40 bis 100 EGE	- 94	208	246
		Großbetriebe über 100 EGE	146	242	209
	Sonstiger Futterbau	Kleinbetriebe 0 bis unter 40 EGE	- 494	132	173
		Mittelbetriebe 40 bis 100 EGE	- 132	174	154
		Großbetriebe über 100 EGE	79	267	164
	Veredlung	Kleinbetriebe 0 bis unter 40 EGE	- 943	330	334
		Mittelbetriebe 40 bis 100 EGE	- 127	379	349
		Großbetriebe über 100 EGE	218	379	304
	Pflanzenbau-Verbund	Kleinbetriebe 0 bis unter 40 EGE	- 616	192	153
		Mittelbetriebe 40 bis 100 EGE	- 178	236	143
		Großbetriebe über 100 EGE	72	287	138

1	2	3	4	5	6
Region Land/Reg.bezirk	**Nutzungsart Betriebsform**	**Betriebsgröße**	**Rein-gewinn EUR/ha LF**	**Pacht-preis EUR/ha LF**	**Wert für das Besatzkapital EUR/ha LF**
	Vieh-Verbund	Kleinbetriebe 0 bis unter 40 EGE	- 818	217	191
		Mittelbetriebe 40 bis 100 EGE	- 251	265	223
		Großbetriebe über 100 EGE	66	349	238
	Pflanzen- und Viehverbund	Kleinbetriebe 0 bis unter 40 EGE	- 664	198	165
		Mittelbetriebe 40 bis 100 EGE	- 141	237	166
		Großbetriebe über 100 EGE	65	291	146
Schwaben	Ackerbau	Kleinbetriebe 0 bis unter 40 EGE	- 466	224	118
		Mittelbetriebe 40 bis 100 EGE	- 21	273	83
		Großbetriebe über 100 EGE	113	320	71
	Milchvieh	Kleinbetriebe 0 bis unter 40 EGE	- 546	169	252
		Mittelbetriebe 40 bis 100 EGE	- 94	210	248
		Großbetriebe über 100 EGE	148	244	211
	Sonstiger Futterbau	Kleinbetriebe 0 bis unter 40 EGE	- 491	133	174
		Mittelbetriebe 40 bis 100 EGE	- 131	176	156
		Großbetriebe über 100 EGE	79	269	165
	Veredlung	Kleinbetriebe 0 bis unter 40 EGE	- 941	330	335
		Mittelbetriebe 40 bis 100 EGE	- 127	380	350
		Großbetriebe über 100 EGE	219	380	305
	Pflanzenbau-Verbund	Kleinbetriebe 0 bis unter 40 EGE	- 604	196	156
		Mittelbetriebe 40 bis 100 EGE	- 174	242	146
		Großbetriebe über 100 EGE	74	296	143
	Vieh-Verbund	Kleinbetriebe 0 bis unter 40 EGE	- 814	218	192
		Mittelbetriebe 40 bis 100 EGE	- 250	266	224
		Großbetriebe über 100 EGE	66	351	239
	Pflanzen- und Viehverbund	Kleinbetriebe 0 bis unter 40 EGE	- 656	201	167
		Mittelbetriebe 40 bis 100 EGE	- 139	240	168
		Großbetriebe über 100 EGE	67	296	149
Saarland	Ackerbau	Kleinbetriebe 0 bis unter 40 EGE	- 531	198	104
		Mittelbetriebe 40 bis 100 EGE	- 24	240	73
		Großbetriebe über 100 EGE	98	284	61
	Milchvieh	Kleinbetriebe 0 bis unter 40 EGE	- 589	157	234
		Mittelbetriebe 40 bis 100 EGE	- 101	193	229
		Großbetriebe über 100 EGE	136	225	194
	Sonstiger Futterbau	Kleinbetriebe 0 bis unter 40 EGE	- 538	121	159
		Mittelbetriebe 40 bis 100 EGE	- 146	158	139
		Großbetriebe über 100 EGE	71	243	149
	Veredlung	Kleinbetriebe 0 bis unter 40 EGE	- 953	327	330
		Mittelbetriebe 40 bis 100 EGE	- 129	375	345
		Großbetriebe über 100 EGE	216	375	301
	Pflanzenbau-Verbund	Kleinbetriebe 0 bis unter 40 EGE	- 648	185	146
		Mittelbetriebe 40 bis 100 EGE	- 185	228	137
		Großbetriebe über 100 EGE	69	277	133
	Vieh-Verbund	Kleinbetriebe 0 bis unter 40 EGE	- 860	208	182
		Mittelbetriebe 40 bis 100 EGE	- 261	255	215
		Großbetriebe über 100 EGE	63	337	229
	Pflanzen- und Viehverbund	Kleinbetriebe 0 bis unter 40 EGE	- 694	190	158
		Mittelbetriebe 40 bis 100 EGE	- 146	229	160
		Großbetriebe über 100 EGE	63	281	141
Brandenburg	Ackerbau	Kleinbetriebe 0 bis unter 40 EGE	- 566	88	97
		Mittelbetriebe 40 bis 100 EGE	- 25	97	68
		Großbetriebe über 100 EGE	92	126	57

1	2	3	4	5	6
Region Land/Reg.bezirk	**Nutzungsart Betriebsform**	**Betriebsgröße**	**Rein-gewinn EUR/ha LF**	**Pacht-preis EUR/ha LF**	**Wert für das Besatzkapital EUR/ha LF**
	Milchvieh	Kleinbetriebe 0 bis unter 40 EGE	- 605	63	228
		Mittelbetriebe 40 bis 100 EGE	- 104	74	223
		Großbetriebe über 100 EGE	133	97	190
	Sonstiger Futterbau	Kleinbetriebe 0 bis unter 40 EGE	- 584	54	147
		Mittelbetriebe 40 bis 100 EGE	- 160	44	127
		Großbetriebe über 100 EGE	66	51	137
	Veredlung	Kleinbetriebe 0 bis unter 40 EGE	- 926	92	340
		Mittelbetriebe 40 bis 100 EGE	- 125	92	355
		Großbetriebe über 100 EGE	222	92	310
	Pflanzenbau-Verbund	Kleinbetriebe 0 bis unter 40 EGE	- 666	97	142
		Mittelbetriebe 40 bis 100 EGE	- 189	81	134
		Großbetriebe über 100 EGE	68	104	131
	Vieh-Verbund	Kleinbetriebe 0 bis unter 40 EGE	- 875	90	179
		Mittelbetriebe 40 bis 100 EGE	- 261	34	214
		Großbetriebe über 100 EGE	63	86	230
	Pflanzen- und Viehverbund	Kleinbetriebe 0 bis unter 40 EGE	- 704	59	156
		Mittelbetriebe 40 bis 100 EGE	- 147	70	159
		Großbetriebe über 100 EGE	63	102	140
Mecklenburg-Vorpommern	Ackerbau	Kleinbetriebe 0 bis unter 40 EGE	- 506	99	109
		Mittelbetriebe 40 bis 100 EGE	- 23	111	76
		Großbetriebe über 100 EGE	102	146	64
	Milchvieh	Kleinbetriebe 0 bis unter 40 EGE	- 601	64	229
		Mittelbetriebe 40 bis 100 EGE	- 103	75	225
		Großbetriebe über 100 EGE	135	98	192
	Sonstiger Futterbau	Kleinbetriebe 0 bis unter 40 EGE	- 569	54	150
		Mittelbetriebe 40 bis 100 EGE	- 155	45	132
		Großbetriebe über 100 EGE	68	53	141
	Veredlung	Kleinbetriebe 0 bis unter 40 EGE	- 919	91	342
		Mittelbetriebe 40 bis 100 EGE	- 124	91	358
		Großbetriebe über 100 EGE	223	91	312
	Pflanzenbau-Verbund	Kleinbetriebe 0 bis unter 40 EGE	- 635	100	148
		Mittelbetriebe 40 bis 100 EGE	- 182	84	140
		Großbetriebe über 100 EGE	71	111	136
	Vieh-Verbund	Kleinbetriebe 0 bis unter 40 EGE	- 862	91	181
		Mittelbetriebe 40 bis 100 EGE	- 258	34	217
		Großbetriebe über 100 EGE	64	87	232
	Pflanzen- und Viehverbund	Kleinbetriebe 0 bis unter 40 EGE	- 682	62	161
		Mittelbetriebe 40 bis 100 EGE	- 143	74	164
		Großbetriebe über 100 EGE	65	108	144
Chemnitz	Ackerbau	Kleinbetriebe 0 bis unter 40 EGE	- 475	105	116
		Mittelbetriebe 40 bis 100 EGE	- 21	118	81
		Großbetriebe über 100 EGE	113	157	71
	Milchvieh	Kleinbetriebe 0 bis unter 40 EGE	- 584	65	236
		Mittelbetriebe 40 bis 100 EGE	- 100	76	232
		Großbetriebe über 100 EGE	138	100	197
	Sonstiger Futterbau	Kleinbetriebe 0 bis unter 40 EGE	- 538	56	159
		Mittelbetriebe 40 bis 100 EGE	- 145	47	141
		Großbetriebe über 100 EGE	72	56	150
	Veredlung	Kleinbetriebe 0 bis unter 40 EGE	- 887	96	355
		Mittelbetriebe 40 bis 100 EGE	- 120	96	370
		Großbetriebe über 100 EGE	232	96	324

1	2	3	4	5	6
Region Land/Reg.bezirk	**Nutzungsart Betriebsform**	**Betriebsgröße**	**Rein-gewinn EUR/ha LF**	**Pacht-preis EUR/ha LF**	**Wert für das Besatzkapital EUR/ha LF**
	Pflanzenbau-Verbund	Kleinbetriebe 0 bis unter 40 EGE	- 605	103	156
		Mittelbetriebe 40 bis 100 EGE	- 174	86	146
		Großbetriebe über 100 EGE	76	116	145
	Vieh-Verbund	Kleinbetriebe 0 bis unter 40 EGE	- 825	98	189
		Mittelbetriebe 40 bis 100 EGE	- 249	35	225
		Großbetriebe über 100 EGE	67	90	242
	Pflanzen- und Viehverbund	Kleinbetriebe 0 bis unter 40 EGE	- 654	66	168
		Mittelbetriebe 40 bis 100 EGE	- 136	78	171
		Großbetriebe über 100 EGE	68	112	152
Dresden	Ackerbau	Kleinbetriebe 0 bis unter 40 EGE	- 497	100	111
		Mittelbetriebe 40 bis 100 EGE	- 22	112	78
		Großbetriebe über 100 EGE	107	148	67
	Milchvieh	Kleinbetriebe 0 bis unter 40 EGE	- 583	65	236
		Mittelbetriebe 40 bis 100 EGE	- 100	77	232
		Großbetriebe über 100 EGE	139	101	198
	Sonstiger Futterbau	Kleinbetriebe 0 bis unter 40 EGE	- 543	56	158
		Mittelbetriebe 40 bis 100 EGE	- 146	47	139
		Großbetriebe über 100 EGE	71	55	149
	Veredlung	Kleinbetriebe 0 bis unter 40 EGE	- 890	95	354
		Mittelbetriebe 40 bis 100 EGE	- 121	95	369
		Großbetriebe über 100 EGE	231	95	323
	Pflanzenbau-Verbund	Kleinbetriebe 0 bis unter 40 EGE	- 618	101	153
		Mittelbetriebe 40 bis 100 EGE	- 177	85	143
		Großbetriebe über 100 EGE	74	113	142
	Vieh-Verbund	Kleinbetriebe 0 bis unter 40 EGE	- 830	96	188
		Mittelbetriebe 40 bis 100 EGE	- 250	35	225
		Großbetriebe über 100 EGE	66	89	241
	Pflanzen- und Viehverbund	Kleinbetriebe 0 bis unter 40 EGE	- 662	64	165
		Mittelbetriebe 40 bis 100 EGE	- 138	76	169
		Großbetriebe über 100 EGE	67	110	150
Leipzig	Ackerbau	Kleinbetriebe 0 bis unter 40 EGE	- 488	102	113
		Mittelbetriebe 40 bis 100 EGE	- 22	115	79
		Großbetriebe über 100 EGE	109	151	68
	Milchvieh	Kleinbetriebe 0 bis unter 40 EGE	- 566	68	243
		Mittelbetriebe 40 bis 100 EGE	- 97	80	240
		Großbetriebe über 100 EGE	144	104	205
	Sonstiger Futterbau	Kleinbetriebe 0 bis unter 40 EGE	- 540	56	158
		Mittelbetriebe 40 bis 100 EGE	- 145	47	140
		Großbetriebe über 100 EGE	73	56	151
	Veredlung	Kleinbetriebe 0 bis unter 40 EGE	- 889	95	354
		Mittelbetriebe 40 bis 100 EGE	- 120	95	369
		Großbetriebe über 100 EGE	232	95	323
	Pflanzenbau-Verbund	Kleinbetriebe 0 bis unter 40 EGE	- 613	102	154
		Mittelbetriebe 40 bis 100 EGE	- 176	86	144
		Großbetriebe über 100 EGE	74	114	143
	Vieh-Verbund	Kleinbetriebe 0 bis unter 40 EGE	- 823	97	190
		Mittelbetriebe 40 bis 100 EGE	- 248	36	226
		Großbetriebe über 100 EGE	67	91	243
	Pflanzen- und Viehverbund	Kleinbetriebe 0 bis unter 40 EGE	- 658	65	166
		Mittelbetriebe 40 bis 100 EGE	- 137	78	171
		Großbetriebe über 100 EGE	68	113	151

1	2	3	4	5	6
Region Land/Reg.bezirk	**Nutzungsart Betriebsform**	**Betriebsgröße**	**Rein-gewinn EUR/ha LF**	**Pacht-preis EUR/ha LF**	**Wert für das Besatzkapital EUR/ha LF**
Dessau	Ackerbau	Kleinbetriebe 0 bis unter 40 EGE	- 506	99	109
		Mittelbetriebe 40 bis 100 EGE	- 23	111	76
		Großbetriebe über 100 EGE	104	146	65
	Milchvieh	Kleinbetriebe 0 bis unter 40 EGE	- 595	65	232
		Mittelbetriebe 40 bis 100 EGE	- 102	76	228
		Großbetriebe über 100 EGE	136	100	195
	Sonstiger Futterbau	Kleinbetriebe 0 bis unter 40 EGE	- 573	54	149
		Mittelbetriebe 40 bis 100 EGE	- 155	44	131
		Großbetriebe über 100 EGE	68	53	141
	Veredlung	Kleinbetriebe 0 bis unter 40 EGE	- 876	95	359
		Mittelbetriebe 40 bis 100 EGE	- 118	95	376
		Großbetriebe über 100 EGE	234	95	327
	Pflanzenbau-Verbund	Kleinbetriebe 0 bis unter 40 EGE	- 625	102	151
		Mittelbetriebe 40 bis 100 EGE	- 179	85	142
		Großbetriebe über 100 EGE	72	112	139
	Vieh-Verbund	Kleinbetriebe 0 bis unter 40 EGE	- 840	95	186
		Mittelbetriebe 40 bis 100 EGE	- 249	35	225
		Großbetriebe über 100 EGE	66	90	241
	Pflanzen- und Viehverbund	Kleinbetriebe 0 bis unter 40 EGE	- 665	63	165
		Mittelbetriebe 40 bis 100 EGE	- 138	75	170
		Großbetriebe über 100 EGE	67	109	150
Halle	Ackerbau	Kleinbetriebe 0 bis unter 40 EGE	- 477	105	115
		Mittelbetriebe 40 bis 100 EGE	- 21	118	81
		Großbetriebe über 100 EGE	112	156	70
	Milchvieh	Kleinbetriebe 0 bis unter 40 EGE	- 598	64	230
		Mittelbetriebe 40 bis 100 EGE	- 102	75	226
		Großbetriebe über 100 EGE	136	99	193
	Sonstiger Futterbau	Kleinbetriebe 0 bis unter 40 EGE	- 564	55	152
		Mittelbetriebe 40 bis 100 EGE	- 152	45	134
		Großbetriebe über 100 EGE	69	54	143
	Veredlung	Kleinbetriebe 0 bis unter 40 EGE	- 873	95	360
		Mittelbetriebe 40 bis 100 EGE	- 118	95	377
		Großbetriebe über 100 EGE	235	95	328
	Pflanzenbau-Verbund	Kleinbetriebe 0 bis unter 40 EGE	- 609	103	155
		Mittelbetriebe 40 bis 100 EGE	- 175	86	145
		Großbetriebe über 100 EGE	75	116	144
	Vieh-Verbund	Kleinbetriebe 0 bis unter 40 EGE	- 835	97	187
		Mittelbetriebe 40 bis 100 EGE	- 248	35	226
		Großbetriebe über 100 EGE	67	90	242
	Pflanzen- und Viehverbund	Kleinbetriebe 0 bis unter 40 EGE	- 654	64	167
		Mittelbetriebe 40 bis 100 EGE	- 135	77	172
		Großbetriebe über 100 EGE	68	111	152
Magdeburg	Ackerbau	Kleinbetriebe 0 bis unter 40 EGE	- 500	100	110
		Mittelbetriebe 40 bis 100 EGE	- 22	112	77
		Großbetriebe über 100 EGE	107	147	67
	Milchvieh	Kleinbetriebe 0 bis unter 40 EGE	- 611	62	225
		Mittelbetriebe 40 bis 100 EGE	- 105	73	221
		Großbetriebe über 100 EGE	132	96	189
	Sonstiger Futterbau	Kleinbetriebe 0 bis unter 40 EGE	- 572	54	150
		Mittelbetriebe 40 bis 100 EGE	- 155	45	131
		Großbetriebe über 100 EGE	67	52	140

1	2	3	4	5	6
Region Land/Reg.bezirk	**Nutzungsart Betriebsform**	**Betriebsgröße**	**Reinge-winn EUR/ha LF**	**Pacht-preis EUR/ha LF**	**Wert für das Besatzkapital EUR/ha LF**
	Veredlung	Kleinbetriebe 0 bis unter 40 EGE	- 876	95	359
		Mittelbetriebe 40 bis 100 EGE	- 118	95	376
		Großbetriebe über 100 EGE	235	95	327
	Pflanzenbau-Verbund	Kleinbetriebe 0 bis unter 40 EGE	- 622	102	152
		Mittelbetriebe 40 bis 100 EGE	- 178	85	142
		Großbetriebe über 100 EGE	73	112	141
	Vieh-Verbund	Kleinbetriebe 0 bis unter 40 EGE	- 844	96	185
		Mittelbetriebe 40 bis 100 EGE	- 250	34	224
		Großbetriebe über 100 EGE	66	89	240
	Pflanzen- und Viehverbund	Kleinbetriebe 0 bis unter 40 EGE	- 664	63	165
		Mittelbetriebe 40 bis 100 EGE	- 137	74	170
		Großbetriebe über 100 EGE	67	107	150
Thüringen	Ackerbau	Kleinbetriebe 0 bis unter 40 EGE	- 469	106	117
		Mittelbetriebe 40 bis 100 EGE	- 21	119	82
		Großbetriebe über 100 EGE	114	158	72
	Milchvieh	Kleinbetriebe 0 bis unter 40 EGE	- 587	65	235
		Mittelbetriebe 40 bis 100 EGE	- 101	76	230
		Großbetriebe über 100 EGE	138	100	197
	Sonstiger Futterbau	Kleinbetriebe 0 bis unter 40 EGE	- 537	56	159
		Mittelbetriebe 40 bis 100 EGE	- 144	47	141
		Großbetriebe über 100 EGE	72	56	151
	Veredlung	Kleinbetriebe 0 bis unter 40 EGE	- 839	99	375
		Mittelbetriebe 40 bis 100 EGE	- 113	99	393
		Großbetriebe über 100 EGE	245	99	342
	Pflanzenbau-Verbund	Kleinbetriebe 0 bis unter 40 EGE	- 591	105	160
		Mittelbetriebe 40 bis 100 EGE	- 171	88	148
		Großbetriebe über 100 EGE	77	117	148
	Vieh-Verbund	Kleinbetriebe 0 bis unter 40 EGE	- 801	101	195
		Mittelbetriebe 40 bis 100 EGE	- 239	36	235
		Großbetriebe über 100 EGE	69	93	252
	Pflanzen- und Viehverbund	Kleinbetriebe 0 bis unter 40 EGE	- 632	66	173
		Mittelbetriebe 40 bis 100 EGE	- 131	79	179
		Großbetriebe über 100 EGE	70	112	157
Stadtstaaten	Ackerbau	Kleinbetriebe 0 bis unter 40 EGE	- 487	213	113
		Mittelbetriebe 40 bis 100 EGE	- 22	256	79
		Großbetriebe über 100 EGE	110	307	69
	Milchvieh	Kleinbetriebe 0 bis unter 40 EGE	- 593	155	232
		Mittelbetriebe 40 bis 100 EGE	- 102	192	228
		Großbetriebe über 100 EGE	136	225	194
	Sonstiger Futterbau	Kleinbetriebe 0 bis unter 40 EGE	- 554	117	155
		Mittelbetriebe 40 bis 100 EGE	- 150	154	136
		Großbetriebe über 100 EGE	70	238	145
	Veredlung	Kleinbetriebe 0 bis unter 40 EGE	- 965	323	326
		Mittelbetriebe 40 bis 100 EGE	- 131	368	340
		Großbetriebe über 100 EGE	214	372	298
	Pflanzenbau-Verbund	Kleinbetriebe 0 bis unter 40 EGE	- 630	188	150
		Mittelbetriebe 40 bis 100 EGE	- 180	231	141
		Großbetriebe über 100 EGE	73	284	140
	Vieh-Verbund	Kleinbetriebe 0 bis unter 40 EGE	- 874	205	179
		Mittelbetriebe 40 bis 100 EGE	- 266	251	211
		Großbetriebe über 100 EGE	62	332	226

1	2	3	4	5	6
Region Land/Reg.bezirk	**Nutzungsart Betriebsform**	**Betriebsgröße**	**Reingewinn EUR/ha LF**	**Pachtpreis EUR/ha LF**	**Wert für das Besatzkapital EUR/ha LF**
	Pflanzen- und Viehverbund	Kleinbetriebe 0 bis unter 40 EGE	- 691	190	159
		Mittelbetriebe 40 bis 100 EGE	- 145	228	161
		Großbetriebe über 100 EGE	64	283	142

Anlage 15
(zu § 163 Abs. 4 und § 164 Abs. 2)[1]

Forstwirtschaftliche Nutzung

1	2	3	4	5	6
Land	**Nutzungsart Baumartengruppe**	**Ertragsklasse**	**Reingewinn EUR/ha**	**Pachtpreis EUR/ha**	**Wert für das Besatzkapital EUR/ha**
Deutschland	Baumartengruppe Buche	I. Ertragsklasse und besser	78	5,40	Anlage 15 a
		II. Ertragsklasse	51		
		III. Ertragsklasse und schlechter	25		
	Baumartengruppe Eiche	I. Ertragsklasse und besser	90	5,40	Anlage 15 a
		II. Ertragsklasse	58		
		III. Ertragsklasse und schlechter	17		
	Baumartengruppe Fichte	I. Ertragsklasse und besser	105	5,40	Anlage 15 a
		II. Ertragsklasse	75		
		III. Ertragsklasse und schlechter	49		
	Baumartengruppe Kiefer	I. Ertragsklasse und besser	26	5,40	Anlage 15 a
		II. Ertragsklasse	11		
		III. Ertragsklasse und schlechter	11		
	übrige Fläche der forstwirtschaftlichen Nutzung		11	5,40	Anlage 15 a

[1] Anlage 15 angef. mWv 1. 1. 2009 durch G v. 24. 12. 2008 (BGBl. I S. 3018); geänd. mWv 1. 1. 2009 durch G v. 8. 12. 2010 (BGBl. I S. 1768).

Anlage 15 a
(zu § 164 Abs. 4)[1]

Forstwirtschaftliche Nutzung

6												
Werte für das Besatzkapital nach Altersklassen in €/ha												
Alters-klasse			**I.**	**II.**	**III.**	**IV.**	**V.**	**VI.**	**VII.**	**VIII.**	**IX.**	**X.**
Jahre			1–20	21–40	41–60	61–80	81–100	101–120	121–140	141–160	161–180	> 180
Buche	**I. und**	**EKL. besser**	32,30	32,30	39,70	61,90	99,70	147,60	179,00	167,30	167,30	167,30
Buche	**II.**	**EKL.**	19,30	19,30	22,20	34,60	54,80	83,30	104,20	99,60	99,60	99,60
Buche	**III. und**	**EKL. schlechter**	6,70	6,70	7,00	12,20	21,30	33,70	45,10	44,60	44,60	44,60
Eiche	**I. und**	**EKL. besser**	38,30	38,50	45,90	60,90	80,20	102,50	129,30	155,40	177,70	200,40
Eiche	**II.**	**EKL.**	22,80	22,80	25,60	33,80	45,50	58,90	76,30	93,80	107,30	120,90
Eiche	**III. und**	**EKL. schlechter**	5,40	5,40	5,50	8,00	12,00	17,20	23,00	29,90	37,50	44,20
Fichte	**I. und**	**EKL. besser**	45,20	61,50	112,50	158,60	186,20	186,20	186,20	186,20	186,20	186,20
Fichte	**II.**	**EKL.**	30,70	35,90	68,30	102,60	123,80	133,60	133,60	133,60	133,60	133,60
Fichte	**III. und**	**EKL. schlechter**	18,40	18,90	34,90	59,20	77,70	88,40	88,40	88,40	88,40	88,40
Kiefer	**I. und**	**EKL. besser**	7,10	7,70	15,20	23,10	29,10	34,40	37,60	37,60	37,60	37,60
Kiefer	**II.**	**EKL.**	0,00	0,10	2,40	6,10	9,00	11,30	12,70	12,70	12,70	12,70
Kiefer	**III. und**	**EKL. schlechter**	0,00	0,00	1,10	5,20	8,80	11,20	12,70	12,70	12,70	12,70

[1] Anlage 15 a angef. mWv 1. 1. 2009 durch G v. 24. 12. 2008 (BGBl. I S. 3018).

Anlage 16
(zu § 163 Abs. 5 und § 164 Abs. 2 und 4)[1]

Weinbauliche Nutzung

1	2	3	4	5
Land	**Nutzungsart Verwertungsform**	**Reingewinn EUR/ha LF**	**Pachtpreis EUR/ha LF**	**Wert für das Besatzkapital EUR/ha LF**
Deutschland	Flaschenweinerzeuger	- 193	970	1 522
	Fassweinerzeuger	- 759	589	588
	Traubenerzeuger	-1 252	859	509

Anlage 17
(zu § 163 Abs. 6 und § 164 Abs. 2 und 4)[1]

Gärtnerische Nutzung

1	2	3	4	5	6
Land	**Nutzungsteil**	**Nutzungsart**	**Rein-gewinn EUR/ha LF**	**Pacht-preis EUR/ha LF**	**Wert für das Besatzkapital EUR/ha LF**
Deutschland	Gemüsebau	Freilandflächen	-1 365	657	484
		Flächen unter Glas und Kunststoffen	6 098	2 414	2 750
	Blumen- und Zierpflanzenbau	Freilandflächen	- 108	1 044	1 393
		Flächen unter Glas und Kunststoffen	-6 640	5 516	6 895
	Baumschulen		894	223	2 359
	Obstbau		- 379	325	426

Anlage 18
(zu § 163 Abs. 7 und § 164 Abs. 2 und 4)[1]

Sondernutzungen

1	2	3	4	5
Land	**Nutzungen**	**Reingewinn EUR/ha LF**	**Pachtpreis EUR/ha LF**	**Wert für das Besatzkapital Euro/ha LF**
Deutschland	Hopfen	- 414	492	348
	Spargel	-1 365	657	612
	Tabak	- 820	492	129

[1] Anlage 16–18 angef. mWv 1. 1. 2009 durch G v. 24. 12. 2008 (BGBl. I S. 3018).

Anlage 19
(zu § 169)

Umrechnungsschlüssel für Tierbestände in Vieheinheiten nach dem Futterbedarf[1]

Tierart	1 Tier
Alpakas	0,08 VE
Damtiere	
Damtiere unter 1 Jahr	0,04 VE
Damtiere 1 Jahr und älter	0,08 VE
Geflügel	
Legehennen (einschließlich einer normalen Aufzucht zur Ergänzung des Bestandes)	0,02 VE
Legehennen aus zugekauften Junghennen	0,0183 VE
Zuchtputen, -enten, -gänse	0,04 VE
Kaninchen	
Zucht- und Angorakaninchen	0,025 VE
Lamas	0,1 VE
Pferde	
Pferde unter 3 Jahren und Kleinpferde	0,7 VE
Pferde 3 Jahre und älter	1,1 VE
Rindvieh	
Kälber und Jungvieh unter 1 Jahr (einschließlich Mastkälber, Starterkälber und Fresser)	0,3 VE
Jungvieh 1 bis 2 Jahre alt	0,7 VE
Färsen (älter als 2 Jahre)	1 VE
Masttiere (Mastdauer weniger als 1 Jahr)	1 VE
Kühe (einschließlich Mutter- und Ammenkühe mit den dazugehörigen Saugkälbern)	1 VE
Zuchtbullen, Zugochsen	1,2 VE
Schafe	
Schafe unter 1 Jahr einschließlich Mastlämmer	0,05 VE
Schafe 1 Jahr und älter	0,1 VE

[1] Zur Anwendung siehe § 205 Abs. 4.

Tierart	1 Tier
Schweine	
Zuchtschweine (einschließlich Jungzuchtschweine über etwa 90 kg)	0,33 VE
Strauße	
Zuchttiere 14 Monate und älter	0,32 VE
Jungtiere/Masttiere unter 14 Monate	0,25 VE
Ziegen	0,08 VE
Geflügel	
Jungmasthühner (bis zu 6 Durchgänge je Jahr – schwere Tiere) (mehr als 6 Durchgänge je Jahr – leichte Tiere)	 0,0017 VE 0,0013 VE
Junghennen	0,0017 VE
Mastenten	0,0033 VE
Mastenten in der Aufzuchtphase	0,0011 VE
Mastenten in der Mastphase	0,0022 VE
Mastputen aus selbst erzeugten Jungputen	0,0067 VE
Mastputen aus zugekauften Jungputen	0,005 VE
Jungputen (bis etwa 8 Wochen)	0,0017 VE
Mastgänse	0,0067 VE
Kaninchen	
Mastkaninchen	0,0025 VE
Rindvieh	
Masttiere (Mastdauer 1 Jahr und mehr)	1 VE
Schweine	
Leichte Ferkel (bis etwa 12 kg)	0,01 VE
Ferkel (über etwa 12 bis etwa 20 kg)	0,02 VE
Schwere Ferkel und leichte Läufer (über etwa 20 bis etwa 30 kg)	0,04 VE
Läufer (über etwa 30 bis etwa 45 kg)	0,06 VE
Schwere Läufer (über etwa 45 bis etwa 60 kg)	0,08 VE
Mastschweine	0,16 VE
Jungzuchtschweine bis etwa 90 kg	0,12 VE

Anlage 20
(zu § 169 Abs. 5)[1]

Gruppen der Zweige des Tierbestands nach der Flächenabhängigkeit

1. Mehr flächenabhängige Zweige des Tierbestands
   Pferdehaltung,
   Pferdezucht,
   Schafzucht,
   Schafhaltung,
   Rindviehzucht,
   Milchviehhaltung,
   Rindviehmast.

2. Weniger flächenabhängige Zweige des Tierbestands
   Schweinezucht,
   Schweinemast,
   Hühnerzucht,
   Entenzucht,
   Gänsezucht,
   Putenzucht,
   Legehennenhaltung,
   Junghühnermast,
   Entenmast,
   Gänsemast,
   Putenmast.

---

[1] Anlage 20 angef. mWv 1. 1. 2009 durch G v. 24. 12. 2008 (BGBl. I S. 3018).

Anlage 21
(zu § 185 Abs. 3 Satz 1, § 193 Abs. 3 Satz 2, § 194 Abs. 3 Satz 3 und § 195 Abs. 2 Satz 2 und Abs. 3 Satz 3)[1)]

Vervielfältiger

Restnutzungsdauer; Restlaufzeit des Erbbaurechts bzw. des Nutzungsrechts (in Jahren)	Zinssatz										
	3%	3,5%	4%	4,5%	5%	5,5%	6%	6,5%	7%	7,5%	8%
1	0,97	0,97	0,96	0,96	0,95	0,95	0,94	0,94	0,93	0,93	0,93
2	1,91	1,90	1,89	1,87	1,86	1,85	1,83	1,82	1,81	1,80	1,78
3	2,83	2,80	2,78	2,75	2,72	2,70	2,67	2,65	2,62	2,60	2,58
4	3,72	3,67	3,63	3,59	3,55	3,51	3,47	3,43	3,39	3,35	3,31
5	4,58	4,52	4,45	4,39	4,33	4,27	4,21	4,16	4,10	4,05	3,99
6	5,42	5,33	5,24	5,16	5,08	5,00	4,92	4,84	4,77	4,69	4,62
7	6,23	6,11	6,00	5,89	5,79	5,68	5,58	5,48	5,39	5,30	5,21
8	7,02	6,87	6,73	6,60	6,46	6,33	6,21	6,09	5,97	5,86	5,75
9	7,79	7,61	7,44	7,27	7,11	6,95	6,80	6,66	6,52	6,38	6,25
10	8,53	8,32	8,11	7,91	7,72	7,54	7,36	7,19	7,02	6,86	6,71
11	9,25	9,00	8,76	8,53	8,31	8,09	7,89	7,69	7,50	7,32	7,14
12	9,95	9,66	9,39	9,12	8,86	8,62	8,38	8,16	7,94	7,74	7,54
13	10,63	10,30	9,99	9,68	9,39	9,12	8,85	8,60	8,36	8,13	7,90
14	11,30	10,92	10,56	10,22	9,90	9,59	9,29	9,01	8,75	8,49	8,24
15	11,94	11,52	11,12	10,74	10,38	10,04	9,71	9,40	9,11	8,83	8,56
16	12,56	12,09	11,65	11,23	10,84	10,46	10,11	9,77	9,45	9,14	8,85
17	13,17	12,65	12,17	11,71	11,27	10,86	10,48	10,11	9,76	9,43	9,12
18	13,75	13,19	12,66	12,16	11,69	11,25	10,83	10,43	10,06	9,71	9,37
19	14,32	13,71	13,13	12,59	12,09	11,61	11,16	10,73	10,34	9,96	9,60
20	14,88	14,21	13,59	13,01	12,46	11,95	11,47	11,02	10,59	10,19	9,82
21	15,42	14,70	14,03	13,40	12,82	12,28	11,76	11,28	10,84	10,41	10,02
22	15,94	15,17	14,45	13,78	13,16	12,58	12,04	11,54	11,06	10,62	10,20
23	16,44	15,62	14,86	14,15	13,49	12,88	12,30	11,77	11,27	10,81	10,37

1) Anlage 21 angef. mWv 1. 1. 2009 durch G v. 24. 12. 2008 (BGBl. I S. 3018).

Restnutzungsdauer; Restlaufzeit des Erbbaurechts bzw. des Nutzungsrechts (in Jahren)	Zinssatz										
	3%	3,5%	4%	4,5%	5%	5,5%	6%	6,5%	7%	7,5%	8%
24	16,94	16,06	15,25	14,50	13,80	13,15	12,55	11,99	11,47	10,98	10,53
25	17,41	16,48	15,62	14,83	14,09	13,41	12,78	12,20	11,65	11,15	10,67
26	17,88	16,89	15,98	15,15	14,38	13,66	13,00	12,39	11,83	11,30	10,81
27	18,33	17,29	16,33	15,45	14,64	13,90	13,21	12,57	11,99	11,44	10,94
28	18,76	17,67	16,66	15,74	14,90	14,12	13,41	12,75	12,14	11,57	11,05
29	19,19	18,04	16,98	16,02	15,14	14,33	13,59	12,91	12,28	11,70	11,16
30	19,60	18,39	17,29	16,29	15,37	14,53	13,76	13,06	12,41	11,81	11,26
31	20,00	18,74	17,59	16,54	15,59	14,72	13,93	13,20	12,53	11,92	11,35
32	20,39	19,07	17,87	16,79	15,80	14,90	14,08	13,33	12,65	12,02	11,43
33	20,77	19,39	18,15	17,02	16,00	15,08	14,23	13,46	12,75	12,11	11,51
34	21,13	19,70	18,41	17,25	16,19	15,24	14,37	13,58	12,85	12,19	11,59
35	21,49	20,00	18,66	17,46	16,37	15,39	14,50	13,69	12,95	12,27	11,65
36	21,83	20,29	18,91	17,67	16,55	15,54	14,62	13,79	13,04	12,35	11,72
37	22,17	20,57	19,14	17,86	16,71	15,67	14,74	13,89	13,12	12,42	11,78
38	22,49	20,84	19,37	18,05	16,87	15,80	14,85	13,98	13,19	12,48	11,83
39	22,81	21,10	19,58	18,23	17,02	15,93	14,95	14,06	13,26	12,54	11,88
40	23,11	21,36	19,79	18,40	17,16	16,05	15,05	14,15	13,33	12,59	11,92
41	23,41	21,60	19,99	18,57	17,29	16,16	15,14	14,22	13,39	12,65	11,97
42	23,70	21,83	20,19	18,72	17,42	16,26	15,22	14,29	13,45	12,69	12,01
43	23,98	22,06	20,37	18,87	17,55	16,36	15,31	14,36	13,51	12,74	12,04
44	24,25	22,28	20,55	19,02	17,66	16,46	15,38	14,42	13,56	12,78	12,08
45	24,52	22,50	20,72	19,16	17,77	16,55	15,46	14,48	13,61	12,82	12,11
46	24,78	22,70	20,88	19,29	17,88	16,63	15,52	14,54	13,65	12,85	12,14
47	25,02	22,90	21,04	19,41	17,98	16,71	15,59	14,59	13,69	12,89	12,16
48	25,27	23,09	21,20	19,54	18,08	16,79	15,65	14,64	13,73	12,92	12,19
49	25,50	23,28	21,34	19,65	18,17	16,86	15,71	14,68	13,77	12,95	12,21
50	25,73	23,46	21,48	19,76	18,26	16,93	15,76	14,72	13,80	12,97	12,23
51	25,95	23,63	21,62	19,87	18,34	17,00	15,81	14,76	13,83	13,00	12,25
52	26,17	23,80	21,75	19,97	18,42	17,06	15,86	14,80	13,86	13,02	12,27

Restnutzungsdauer; Restlaufzeit des Erbbaurechts bzw. des Nutzungsrechts (in Jahren)	Zinssatz										
	3%	3,5%	4%	4,5%	5%	5,5%	6%	6,5%	7%	7,5%	8%
53	26,37	23,96	21,87	20,07	18,49	17,12	15,91	14,84	13,89	13,04	12,29
54	26,58	24,11	21,99	20,16	18,57	17,17	15,95	14,87	13,92	13,06	12,30
55	26,77	24,26	22,11	20,25	18,63	17,23	15,99	14,90	13,94	13,08	12,32
56	26,97	24,41	22,22	20,33	18,70	17,28	16,03	14,93	13,96	13,10	12,33
57	27,15	24,55	22,33	20,41	18,76	17,32	16,06	14,96	13,98	13,12	12,34
58	27,33	24,69	22,43	20,49	18,82	17,37	16,10	14,99	14,00	13,13	12,36
59	27,51	24,82	22,53	20,57	18,88	17,41	16,13	15,01	14,02	13,15	12,37
60	27,68	24,94	22,62	20,64	18,93	17,45	16,16	15,03	14,04	13,16	12,38
61	27,84	25,07	22,71	20,71	18,98	17,49	16,19	15,05	14,06	13,17	12,39
62	28,00	25,19	22,80	20,77	19,03	17,52	16,22	15,07	14,07	13,18	12,39
63	28,16	25,30	22,89	20,83	19,08	17,56	16,24	15,09	14,08	13,19	12,40
64	28,31	25,41	22,97	20,89	19,12	17,59	16,27	15,11	14,10	13,20	12,41
65	28,45	25,52	23,05	20,95	19,16	17,62	16,29	15,13	14,11	13,21	12,42
66	28,60	25,62	23,12	21,01	19,20	17,65	16,31	15,14	14,12	13,22	12,42
67	28,73	25,72	23,19	21,06	19,24	17,68	16,33	15,16	14,13	13,23	12,43
68	28,87	25,82	23,26	21,11	19,28	17,70	16,35	15,17	14,14	13,24	12,43
69	29,00	25,91	23,33	21,16	19,31	17,73	16,37	15,19	14,15	13,24	12,44
70	29,12	26,00	23,39	21,20	19,34	17,75	16,38	15,20	14,16	13,25	12,44
71	29,25	26,09	23,46	21,25	19,37	17,78	16,40	15,21	14,17	13,25	12,45
72	29,37	26,17	23,52	21,29	19,40	17,80	16,42	15,22	14,18	13,26	12,45
73	29,48	26,25	23,57	21,33	19,43	17,82	16,43	15,23	14,18	13,27	12,45
74	29,59	26,33	23,63	21,37	19,46	17,84	16,44	15,24	14,19	13,27	12,46
75	29,70	26,41	23,68	21,40	19,48	17,85	16,46	15,25	14,20	13,27	12,46
76	29,81	26,48	23,73	21,44	19,51	17,87	16,47	15,26	14,20	13,28	12,46
77	29,91	26,55	23,78	21,47	19,53	17,89	16,48	15,26	14,21	13,28	12,47
78	30,01	26,62	23,83	21,50	19,56	17,90	16,49	15,27	14,21	13,29	12,47
79	30,11	26,68	23,87	21,54	19,58	17,92	16,50	15,28	14,22	13,29	12,47
80	30,20	26,75	23,92	21,57	19,60	17,93	16,51	15,28	14,22	13,29	12,47
81	30,29	26,81	23,96	21,59	19,62	17,94	16,52	15,29	14,23	13,30	12,48

Restnutzungsdauer; Restlaufzeit des Erbbaurechts bzw. des Nutzungsrechts (in Jahren)	Zinssatz										
	3%	3,5%	4%	4,5%	5%	5,5%	6%	6,5%	7%	7,5%	8%
82	30,38	26,87	24,00	21,62	19,63	17,96	16,53	15,30	14,23	13,30	12,48
83	30,47	26,93	24,04	21,65	19,65	17,97	16,53	15,30	14,23	13,30	12,48
84	30,55	26,98	24,07	21,67	19,67	17,98	16,54	15,31	14,24	13,30	12,48
85	30,63	27,04	24,11	21,70	19,68	17,99	16,55	15,31	14,24	13,30	12,48
86	30,71	27,09	24,14	21,72	19,70	18,00	16,56	15,32	14,24	13,31	12,48
87	30,79	27,14	24,18	21,74	19,71	18,01	16,56	15,32	14,25	13,31	12,48
88	30,86	27,19	24,21	21,76	19,73	18,02	16,57	15,32	14,25	13,31	12,49
89	30,93	27,23	24,24	21,78	19,74	18,03	16,57	15,33	14,25	13,31	12,49
90	31,00	27,28	24,27	21,80	19,75	18,03	16,58	15,33	14,25	13,31	12,49
91	31,07	27,32	24,30	21,82	19,76	18,04	16,58	15,33	14,26	13,31	12,49
92	31,14	27,37	24,32	21,83	19,78	18,05	16,59	15,34	14,26	13,32	12,49
93	31,20	27,41	24,35	21,85	19,79	18,06	16,59	15,34	14,26	13,32	12,49
94	31,26	27,45	24,37	21,87	19,80	18,06	16,60	15,34	14,26	13,32	12,49
95	31,32	27,48	24,40	21,88	19,81	18,07	16,60	15,35	14,26	13,32	12,49
96	31,38	27,52	24,42	21,90	19,82	18,08	16,60	15,35	14,26	13,32	12,49
97	31,44	27,56	24,44	21,91	19,82	18,08	16,61	15,35	14,27	13,32	12,49
98	31,49	27,59	24,46	21,92	19,83	18,09	16,61	15,35	14,27	13,32	12,49
99	31,55	27,62	24,49	21,94	19,84	18,09	16,61	15,35	14,27	13,32	12,49
100	31,60	27,66	24,50	21,95	19,85	18,10	16,62	15,36	14,27	13,32	12,49

In den Fällen anderer Zinssätze der Gutachterausschüsse ist der Vervielfältiger nach folgender Formel zu bilden:

$$V \text{ (Vervielfältiger)} = \frac{1}{q^n} \times \frac{q^n - 1}{q - 1}$$

q = Zinsfaktor = 1 + p : 100

p = Zinssatz

n = Restnutzungsdauer/Restlaufzeit

Anlage 22
(zu § 185 Absatz 3 Satz 3,
§ 190 Absatz 4 Satz 2)[1]

Wirtschaftliche Gesamtnutzungsdauer

Ein- und Zweifamilienhäuser	70	Jahre
Mietwohngrundstücke, Mehrfamilienhäuser	70	Jahre
Wohnungseigentum	70	Jahre
Geschäftsgrundstücke, gemischt genutzte Grundstücke und sonstige bebaute Grundstücke:		
Gemischt genutzte Grundstücke (Wohnhäuser mit Mischnutzung)	70	Jahre
Museen, Theater, Sakralbauten, Friedhofsgebäude	70	Jahre
Bürogebäude/Verwaltungsgebäude	60	Jahre
Banken und ähnliche Geschäftshäuser	60	Jahre
Einzelgaragen/Mehrfachgaragen	60	Jahre
Kindergärten (Kindertagesstätten), Allgemeinbildende und Berufsbildende Schulen, Hochschulen, Sonderschulen	50	Jahre
Wohnheime/Internate, Alten-/Pflegeheime	50	Jahre
Kauf-/Warenhäuser	50	Jahre
Krankenhäuser, Tageskliniken, Ärztehäuser	40	Jahre
Gemeindezentren, Saalbauten/Veranstaltungsgebäude, Vereinsheime	40	Jahre
Beherbergungsstätten, Hotels, Verpflegungseinrichtungen	40	Jahre
Sport-/Tennishallen, Freizeitbäder/Kur- und Heilbäder	40	Jahre
Tief-, Hoch- und Nutzfahrzeuggaragen als Einzelbauwerke, Carports	40	Jahre
Betriebs-/Werkstätten, Industrie-/Produktionsgebäude	40	Jahre
Lager-/Versandgebäude	40	Jahre
Verbrauchermärkte, Autohäuser	30	Jahre
Reithallen, ehemalige landwirtschaftliche Mehrzweckhallen, u. Ä.	30	Jahre

Teileigentum ist in Abhängigkeit von der baulichen Gestaltung den vorstehenden Gebäudearten zuzuordnen.

[1] Anlage 22 angef. mWv 1. 1. 2009 durch G v. 24. 12. 2008 (BGBl. I S. 3018) und neu gef. durch G v. 2 11. 2015 (BGBl. I S. 1834); zur Anwendung siehe § 205 Abs. 10.

Anlage 23
(zu § 187 Abs. 2 Satz 2)[1)]

Pauschalierte Bewirtschaftungskosten für Verwaltung, Instandhaltung und Mietausfallwagnis in Prozent der Jahresmiete oder üblichen Miete (ohne Betriebskosten)

Restnutzungsdauer	Grundstücksart			
	1	2	3	4
	Mietwohngrundstück	gemischt genutztes Grundstück mit einem gewerblichen Anteil von bis zu 50% (berechnet nach der Wohn- bzw. Nutzfläche)	gemischt genutztes Grundstück mit einem gewerblichen Anteil von mehr als 50% (berechnet nach der Wohn- bzw. Nutzfläche)	Geschäftsgrundstück
≥ 60 Jahre	21	21		18
40 bis 59 Jahre	23	22		20
20 bis 39 Jahre	27	24		22
< 20 Jahre	29	26		23

Anlage 24
(zu § 190 Absatz 1 Satz 4 und Absatz 3)[1) 2)]

Ermittlung des Gebäuderegelherstellungswerts

I. Begriff der Brutto-Grundfläche (BGF)

1. Die BGF ist die Summe der bezogen auf die jeweilige Gebäudeart marktüblich nutzbaren Grundflächen aller Grundrissebenen eines Bauwerks. In Anlehnung an die DIN 277-1:2005-02 sind bei den Grundflächen folgende Bereiche zu unterscheiden:
   Bereich a: überdeckt und allseitig in voller Höhe umschlossen,
   Bereich b: überdeckt, jedoch nicht allseitig in voller Höhe umschlossen,
   Bereich c: nicht überdeckt.
   Für die Anwendung der Regelherstellungskosten (RHK) sind im Rahmen der Ermittlung der BGF nur die Grundflächen der Bereiche a und b zugrunde zu legen. Balkone, auch wenn sie überdeckt sind, sind dem Bereich c zuzuordnen.
   Für die Ermittlung der BGF sind die äußeren Maße der Bauteile einschließlich Bekleidung, z.B. Putz und Außenschalen mehrschaliger Wandkonstruktionen, in Höhe der Bodenbelagsoberkanten anzusetzen.
2. Nicht zur BGF gehören z.B. Flächen von Spitzböden und Kriechkellern, Flächen, die ausschließlich der Wartung, Inspektion und Instandsetzung von Baukonstruktionen und technischen Anlagen dienen sowie Flächen unter konstruktiven Hohlräumen, z.B. über abgehängten Decken.

---

1) Anlage 23 und 24 angef. mWv 1. 1. 2009 durch G v. 24. 12. 2008 (BGBl. I S. 3018).
2) Anlage 24 neu gef. durch G v. 2. 11. 2015 (BGBl. I S. 1834); zur Anwendung siehe § 205 Abs. 10.

II. Regelherstellungskosten (RHK)

Regelherstellungskosten

auf Grundlage der Normalherstellungskosten 2010 (NHK 2010) in Euro/m² BGF einschließlich Baunebenkosten und Umsatzsteuer für die jeweilige Gebäudeart (Kostenstand 2010)

1–3	Ein- und Zweifamilienhäuser		Standardstufe				
Keller- und Erdgeschoss			**1**	**2**	**3**	**4**	**5**
	**Dachgeschoss ausgebaut**						
	1.01	**freistehende Einfamilienhäuser**	**655**	**725**	**835**	**1005**	**1260**
	1.011	**freistehende Zweifamilienhäuser**[1)]	**688**	**761**	**877**	**1055**	**1323**
	2.01	**Doppel- und Reihenendhäuser**	**615**	**685**	**785**	**945**	**1180**
	3.01	**Reihenmittelhäuser**	**575**	**640**	**735**	**885**	**1105**
	**Dachgeschoss nicht ausgebaut**						
	1.02	**freistehende Einfamilienhäuser**	**545**	**605**	**695**	**840**	**1050**
	1.021	**freistehende Zweifamilienhäuser**[1)]	**572**	**635**	**730**	**882**	**1103**
	2.02	**Doppel- und Reihenendhäuser**	**515**	**570**	**655**	**790**	**985**
	3.02	**Reihenmittelhäuser**	**480**	**535**	**615**	**740**	**925**
	**Flachdach oder flach geneigtes Dach**						
	1.03	**freistehende Einfamilienhäuser**	**705**	**785**	**900**	**1085**	**1360**
	1.031	**freistehende Zweifamilienhäuser**[1)]	**740**	**824**	**945**	**1139**	**1428**
	2.03	**Doppel- und Reihenendhäuser**	**665**	**735**	**845**	**1020**	**1275**
	3.03	**Reihenmittelhäuser**	**620**	**690**	**795**	**955**	**1195**

1) **[Amtl. Anm.:]** ermittelt mit Korrekturfaktor 1,05 bezogen auf die Regelherstellungskosten für freistehende Einfamilienhäuser.

Keller-, Erd- und Obergeschoss			Standardstufe 1	2	3	4	5
	Dachgeschoss ausgebaut						
	1.11	freistehende Einfamilienhäuser	655	725	835	1005	1260
	1.111	freistehende Zweifamilienhäuser[1)]	688	761	877	1055	1323
	2.11	Doppel- und Reihenendhäuser	615	685	785	945	1180
	3.11	Reihenmittelhäuser	575	640	735	885	1105
	Dachgeschoss nicht ausgebaut						
	1.12	freistehende Einfamilienhäuser	570	635	730	880	1100
	1.121	freistehende Zweifamilienhäuser[1)]	599	667	767	924	1155
	2.12	Doppel- und Reihenendhäuser	535	595	685	825	1035
	3.12	Reihenmittelhäuser	505	560	640	775	965
	Flachdach oder flach geneigtes Dach						
	1.13	freistehende Einfamilienhäuser	665	740	850	1025	1285
	1.131	freistehende Zweifamilienhäuser[1)]	698	777	893	1076	1349
	2.13	Doppel- und Reihenendhäuser	625	695	800	965	1205
	3.13	Reihenmittelhäuser	585	650	750	905	1130

[1)] **[Amtl. Anm.:]** ermittelt mit Korrekturfaktor 1,05 bezogen auf die Regelherstellungskosten für freistehende Einfamilienhäuser.

Erdgeschoss, nicht unterkellert			Standardstufe 1	2	3	4	5
	Dachgeschoss ausgebaut						
	1.21	freistehende Einfamilienhäuser	790	875	1005	1215	1515
	1.211	freistehende Zweifamilienhäuser[1)]	830	919	1055	1276	1591
	2.21	Doppel- und Reihenendhäuser	740	825	945	1140	1425
	3.21	Reihenmittelhäuser	695	770	885	1065	1335
	Dachgeschoss nicht ausgebaut						
	1.22	freistehende Einfamilienhäuser	585	650	745	900	1125
	1.221	freistehende Zweifamilienhäuser[1)]	614	683	782	945	1181
	2.22	Doppel- und Reihenendhäuser	550	610	700	845	1055
	3.22	Reihenmittelhäuser	515	570	655	790	990
	Flachdach oder flach geneigtes Dach						
	1.23	freistehende Einfamilienhäuser	920	1025	1180	1420	1775
	1.231	freistehende Zweifamilienhäuser[1)]	966	1076	1239	1491	1864
	2.23	Doppel- und Reihenendhäuser	865	965	1105	1335	1670
	3.23	Reihenmittelhäuser	810	900	1035	1250	1560

1) **[Amtl. Anm.:]** ermittelt mit Korrekturfaktor 1,05 bezogen auf die Regelherstellungskosten für freistehende Einfamilienhäuser.

Erd- und Obergeschoss, nicht unterkellert			Standardstufe 1	2	3	4	5
	**Dachgeschoss ausgebaut**						
	1.31	**freistehende Einfamilienhäuser**	**720**	**800**	**920**	**1105**	**1385**
	1.311	**freistehende Zweifamilienhäuser**[1)]	**756**	**840**	**966**	**1160**	**1454**
	2.31	**Doppel- und Reihenendhäuser**	**675**	**750**	**865**	**1040**	**1300**
	3.31	**Reihenmittelhäuser**	**635**	**705**	**810**	**975**	**1215**
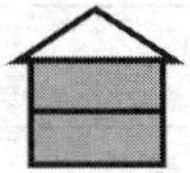	**Dachgeschoss nicht ausgebaut**						
	1.32	**freistehende Einfamilienhäuser**	**620**	**690**	**790**	**955**	**1190**
	1.321	**freistehende Zweifamilienhäuser**[1)]	**651**	**725**	**830**	**1003**	**1250**
	2.32	**Doppel- und Reihenendhäuser**	**580**	**645**	**745**	**895**	**1120**
	3.32	**Reihenmittelhäuser**	**545**	**605**	**695**	**840**	**1050**
	**Flachdach oder flach geneigtes Dach**						
	1.33	**freistehende Einfamilienhäuser**	**785**	**870**	**1000**	**1205**	**1510**
	1.331	**freistehende Zweifamilienhäuser**[1)]	**824**	**914**	**1050**	**1265**	**1586**
	2.33	**Doppel- und Reihenendhäuser**	**735**	**820**	**940**	**1135**	**1415**
	3.33	**Reihenmittelhäuser**	**690**	**765**	**880**	**1060**	**1325**

1) **[Amtl. Anm.:]** ermittelt mit Korrekturfaktor 1,05 bezogen auf die Regelherstellungskosten für freistehende Einfamilienhäuser.

4	**Wohnungseigentum und vergleichbares Teileigentum in Mehrfamilienhäusern (ohne Tiefgaragenplatz)/Mehrfamilienhäuser** Für Wohnungseigentum in Gebäuden, die wie Ein- und Zweifamilienhäuser im Sinne des § 181 Absatz 2 des Bewertungsgesetzes gestaltet sind, werden die Regelherstellungskosten der Ein- und Zweifamilienhäuser zugrunde gelegt. Umrechnungsfaktor hinsichtlich der Brutto-Grundfläche (BGF) für Wohnungseigentum in Mehrfamilienhäusern BGF = 1,55 × Wohnfläche					
		Standardstufe				
		1	**2**	**3**	**4**	**5**
4.1	**Mehrfamilienhäuser mit bis zu 6 WE**	**650**	**720**	**825**	**985**	**1190**
4.2	**Mehrfamilienhäuser mit 7 bis 20 WE**	**600**	**665**	**765**	**915**	**1105**
4.3	**Mehrfamilienhäuser mit mehr als 20 WE**	**590**	**655**	**755**	**900**	**1090**
5–18	**Gemischt genutzte Grundstücke, Geschäftsgrundstücke und sonstige bebaute Grundstücke**					
		Standardstufe				
		1	**2**	**3**	**4**	**5**
5.1	**Gemischt genutzte Grundstücke (Wohnhäuser mit Mischnutzung)**	**605**	**675**	**860**	**1085**	**1375**
5.2	**Banken und ähnliche Geschäftshäuser mit Wohnanteil**[1)]	**625**	**695**	**890**	**1375**	**1720**
5.3	**Banken und ähnliche Geschäftshäuser ohne Wohnanteil**	**655**	**730**	**930**	**1520**	**1900**
		Standardstufe				
		1	**2**	**3**	**4**	**5**
6.1	**Bürogebäude/Verwaltungsgebäude**	**735**	**815**	**1040**	**1685**	**1900**

1) **[Amtl. Anm.:]** Anteil der Wohnfläche bis 20 Prozent.

		Standardstufe				
		1	2	3	4	5
7.1	Gemeindezentren/Vereinsheime	795	885	1130	1425	1905
7.2	Saalbauten/Veranstaltungsgebäude	955	1060	1355	1595	2085

		Standardstufe				
		1	2	3	4	5
8.1	Kindergärten	915	1020	1300	1495	1900
8.2	Allgemeinbildende Schulen, Berufsbildende Schulen, Hochschulen	1020	1135	1450	1670	2120
8.3	Sonderschulen	1115	1240	1585	1820	2315

		Standardstufe				
		1	2	3	4	5
9.1	Wohnheime/Internate	705	785	1000	1225	1425
9.2	Alten-/Pflegeheime	825	915	1170	1435	1665

		Standardstufe				
		1	2	3	4	5
10.1	Krankenhäuser/Kliniken	1210	1345	1720	2080	2765
10.2	Tageskliniken/Ärztehäuser	1115	1240	1585	1945	2255

		Standardstufe				
		1	2	3	4	5
11.1	Beherbergungsstätten/Hotels/Verpflegungseinrichtungen	975	1085	1385	1805	2595

		Standardstufe				
		1	2	3	4	5
12.1	**Sporthallen (Einfeldhallen)**	930	1035	1320	1670	1955
12.2	**Sporthallen (Dreifeldhallen/Mehrzweckhallen)**	1050	1165	1490	1775	2070
12.3	**Tennishallen**	710	790	1010	1190	1555
12.4	**Freizeitbäder/Kur- und Heilbäder**	1725	1920	2450	2985	3840

		Standardstufe				
		1	2	3	4	5
13.1	**Verbrauchermärkte**	510	565	720	870	1020
13.2	**Kauf-/Warenhäuser**	930	1035	1320	1585	1850
13.3	**Autohäuser ohne Werkstatt**	665	735	940	1240	1480

		Standardstufe				
		1	2	3	4	5
14.1	**Einzelgaragen/Mehrfachgaragen[1)]**		245		485	780
14.2	**Hochgaragen[2)]**		480		655	780
14.3	**Tiefgaragen[2)]**		560		715	850
14.4	**Nutzfahrzeuggaragen**		530		680	810
14.5	**Carports**			190		

1) **[Amtl. Anm.:]** Standardstufe 1–3: Fertiggaragen; Standardstufe 4: Garagen in Massivbauweise; Standardstufe 5: individuelle Garagen in Massivbauweise mit besonderen Ausführungen wie Ziegeldach, Gründach, Bodenbeläge, Fliesen o. ä., Wasser, Abwasser und Heizung.

2) **[Amtl. Anm.:]** Umrechnungsfaktor hinsichtlich der Brutto-Grundfläche (BGF) für Tief- und Hochgaragen: BGF = tatsächliche Stellplatzfläche (Länge × Breite) × 1,55.

		Standardstufe				
		1	2	3	4	5
15.1	**Betriebs-/Werkstätten, eingeschossig**	685	760	970	1165	1430
15.2	**Betriebs-/Werkstätten, mehrgeschossig ohne Hallenanteil**	640	715	910	1090	1340
15.3	**Betriebs-/Werkstätten, mehrgeschossig, hoher Hallenanteil**	435	485	620	860	1070
15.4	**Industrielle Produktionsgebäude, Massivbauweise**	670	745	950	1155	1440
15.5	**Industrielle Produktionsgebäude, überwiegend Skelettbauweise**	495	550	700	965	1260

		Standardstufe				
		1	2	3	4	5
16.1	**Lagergebäude ohne Mischnutzung, Kaltlager**	245	275	350	490	640
16.2	**Lagergebäude mit bis zu 25% Mischnutzung**[1]	390	430	550	690	880
16.3	**Lagergebäude mit mehr als 25% Mischnutzung**[1]	625	695	890	1095	1340

		Standardstufe				
		1	2	3	4	5
17.1	**Museen**	1325	1475	1880	2295	2670
17.2	**Theater**	1460	1620	2070	2625	3680
17.3	**Sakralbauten**	1185	1315	1510	2060	2335
17.4	**Friedhofsgebäude**	1035	1150	1320	1490	1720

[1] **[Amtl. Anm.:]** Lagergebäude mit Mischnutzung sind Gebäude mit einem überwiegenden Anteil an Lagernutzung und einem geringeren Anteil an anderen Nutzungen wie Büro, Sozialräume, Ausstellungs- oder Verkaufsflächen etc.

		Standardstufe				
		1	2	3	4	5
18.1	**Reithallen**		235		260	310
18.2	**ehemalige landwirtschaftliche Mehrzweckhallen, Scheunen, u. Ä.**		245		270	350

19	**Teileigentum** Teileigentum ist in Abhängigkeit von der baulichen Gestaltung den vorstehenden Gebäudearten zuzuordnen.
20	**Auffangklausel** Regelherstellungskosten für nicht aufgeführte Gebäudearten sind aus den Regelherstellungskosten vergleichbarer Gebäudearten abzuleiten.

III. Beschreibung der Gebäudestandards

Die Beschreibung der Gebäudestandards ist beispielhaft und dient der Orientierung. Sie kann nicht alle in der Praxis auftretenden Standardmerkmale aufführen. Es müssen nicht alle aufgeführten Merkmale zutreffen. Die in der Tabelle angegebenen Jahreszahlen beziehen sich auf die im jeweiligen Zeitraum gültigen Wärmeschutzanforderungen; in Bezug auf das konkrete Bewertungsobjekt ist zu prüfen, ob von diesen Wärmeschutzanforderungen abgewichen wird. Die Beschreibung der Gebäudestandards basiert auf dem Bezugsjahr der Normalherstellungskosten (2010).

1–5.1	① 1.01–3.33	**Ein- und Zweifamilienhäuser**
	② 4.1–5.1	**Wohnungseigentum und vergleichbares Teileigentum in Mehrfamilienhäusern (ohne Tiefgaragenplatz)/Mehrfamilienhäuser sowie gemischt genutzte Grundstücke (Wohnhäuser mit Mischnutzung)**

	Standardstufe					**Wägungsanteil**
	1	**2**	**3**	**4**	**5**	
	nicht zeitgemäß		**zeitgemäß**			
	einfachst	**einfach**	**Basis**	**gehoben**	**aufwendig**	
Außenwände	Holzfachwerk, Ziegelmauerwerk; Fugenglattstrich, Putz, Verkleidung mit Faserzementplatten, Bitumenschindeln oder einfachen Kunststoffplatten; kein oder deutlich nicht zeitgemäßer Wärmeschutz (vor ca. 1980)	ein-/zweischaliges Mauerwerk, z. B. Gitterziegel oder Hohlblocksteine; verputzt und gestrichen oder Holzverkleidung; nicht zeitgemäßer Wärmeschutz (vor ca. 1995)	ein-/zweischaliges Mauerwerk, z. B. aus Leichtziegeln, Kalksandsteinen, Gasbetonsteinen; Edelputz; Wärmedämmverbundsystem oder Wärmedämmputz (nach ca. 1995)	Verblendmauerwerk, zweischalig, hinterlüftet, Vorhangfassade (z. B. Naturschiefer); Wärmedämmung (nach ca. 2005)	aufwendig gestaltete Fassaden mit konstruktiver Gliederung (Säulenstellungen, Erker etc.), Sichtbeton-Fertigteile, Natursteinfassade, Elemente aus Kupfer-/Eloxalblech, mehrgeschossige Glasfassaden; hochwertigste Dämmung (z. B. Passivhausstandard)	23

	Standardstufe					Wägungsanteil
	1	2	3	4	5	
	nicht zeitgemäß		zeitgemäß			
	einfachst	einfach	Basis	gehoben	aufwendig	
Dach	Dachpappe, Faserzementplatten/Wellplatten; keine bis geringe Dachdämmung	einfache Betondachsteine oder Tondachziegel, Bitumenschindeln; nicht zeitgemäße Dachdämmung (vor ca. 1995)	Faserzement-Schindeln, beschichtete Betondachsteine und Tondachziegel, Folienabdichtung; Dachdämmung (nach ca. 1995); Rinnen und Fallrohre aus Zinkblech;	glasierte Tondachziegel, Flachdachausbildung tlw. als Dachterrassen; Konstruktion in Brettschichtholz, schweres Massivflachdach; besondere Dachformen, z. B. Mansarden-, Walmdach; Aufsparrendämmung, überdurchschnittliche Dämmung (nach ca. 2005)	hochwertige Eindeckung, z. B. aus Schiefer oder Kupfer, Dachbegrünung, befahrbares Flachdach; hochwertigste Dämmung (z. B. Passivhausstandard); Rinnen und Fallrohre aus Kupfer ① aufwendig gegliederte Dachlandschaft, sichtbare Bogendachkonstruktionen	15
Fenster und Außentüren	Einfachverglasung; einfache Holztüren	Zweifachverglasung (vor ca. 1995); Haustür mit nicht zeitgemäßem Wärmeschutz (vor ca. 1995)	Zweifachverglasung (nach ca. 1995), Rollläden (manuell); Haustür mit zeitgemäßem Wärmeschutz (nach ca. 1995)	Dreifachverglasung, Sonnenschutzglas, aufwendigere Rahmen, Rollläden (elektr.); höherwertige Türanlage z. B. mit Seitenteil, besonderer Einbruchschutz	große, feststehende Fensterflächen, Spezialverglasung (Schall- und Sonnenschutz); Außentüren in hochwertigen Materialien	11

	Standardstufe					Wägungs-anteil
	1	2	3	4	5	
	nicht zeitgemäß		zeitgemäß			
	einfachst	einfach	Basis	gehoben	aufwendig	
Innen-wände und -türen	Fachwerkwände, einfache Putze/Lehmputze, einfache Kalkanstriche; Füllungstüren, gestrichen, mit einfachen Beschlägen ohne Dichtungen	massive tragende Innenwände, nicht tragende Wände in Leichtbauweise (z. B. Holzständerwände mit Gipskarton), Gipsdielen; leichte Türen, Stahlzargen	nicht tragende Innenwände in massiver Ausführung bzw. mit Dämmmaterial gefüllte Ständerkonstruktionen; schwere Türen ① Holzzargen	Sichtmauerwerk; Massivholztüren, Schiebetürelemente, Glastüren, strukturierte Türblätter ① Wandvertäfelungen (Holzpaneele)	gestaltete Wandabläufe (z. B. Pfeilervorlagen, abgesetzte oder geschwungene Wandpartien); Brandschutzverkleidung; raumhohe aufwendige Türelemente ① Vertäfelungen (Edelholz, Metall), Akkustikputz	11
Decken-konstruktion und Treppen	Holzbalkendecken ohne Füllung, Spalierputz; Weichholztreppen in einfacher Art und Ausführung; kein Trittschallschutz ① Weichholztreppen in einfacher Art und Ausführung; kein Trittsschallschutz	Holzbalkendecken mit Füllung, Kappendecken; Stahl- oder Hartholztreppen in einfacher Art und Ausführung ① Stahl- oder Hartholztreppen in einfacher Art und Ausführung	① Beton- und Holzbalkendecken mit Tritt- und Luftschallschutz (z. B. schwimmender Estrich); geradläufige Treppen aus Stahlbeton oder Stahl, Harfentreppe, Trittschallschutz ② Betondecken mit Tritt- und Luftschallschutz (z. B. schwimmender Estrich); einfacher Putz	① Decken mit größerer Spannweite, Deckenverkleidung (Holzpaneele/Kassetten); gewendelte Treppen aus Stahlbeton oder Stahl, Hartholztreppenanlage in besserer Art und Ausführung ② zusätzlich Deckenverkleidung	Deckenvertäfelungen (Edelholz, Metall) ① Decken mit großen Spannweiten, gegliedert; breite Stahlbeton-, Metall- oder Hartholztreppenanlage mit hochwertigem Geländer	11

	Standardstufe					Wägungsanteil
	1	2	3	4	5	
	nicht zeitgemäß		zeitgemäß			
	einfachst	einfach	Basis	gehoben	aufwendig	
Fußböden	ohne Belag	Linoleum-, Teppich-, Laminat- und PVC-Böden einfacher Art und Ausführung	Linoleum-, Teppich-, Laminat- und PVC-Böden besserer Art und Ausführung, Fliesen, Kunststeinplatten	Natursteinplatten, Fertigparkett, hochwertige Fliesen, Terrazzobelag, hochwertige Massivholzböden auf gedämmter Unterkonstruktion	hochwertiges Parkett, hochwertige Natursteinplatten, hochwertige Edelholzböden auf gedämmter Unterkonstruktion	5
Sanitäreinrichtungen	einfaches Bad mit Stand-WC; Installation auf Putz; Ölfarbenanstrich, einfache PVC-Bodenbeläge	1 Bad mit WC, Dusche oder Badewanne; einfache Wand- und Bodenfliesen, teilweise gefliest	Wand- und Bodenfliesen, raumhoch gefliest; Dusche und Badewanne ① 1 Bad mit WC, Gäste-WC ② 1 Bad mit WC je Wohneinheit	1–2 Bäder (② je Wohneinheit) mit tlw. zwei Waschbecken, tlw. Bidet/Urinal, Gäste-WC, bodengleiche Dusche; Wand- und Bodenfliesen; jeweils in gehobener Qualität	hochwertige Wand- und Bodenplatten (oberflächenstrukturiert, Einzel- und Flächendekors) ① mehrere großzügige, hochwertige Bäder, Gäste-WC; ② 2 und mehr Bäder je Wohneinheit	9
Heizung	Einzelöfen, Schwerkraftheizung	Fern- oder Zentralheizung, einfache Warmluftheizung, einzelne Gasaußenwandthermen, Nachstromspeicher-, Fußbodenheizung (vor ca. 1995)	elektronisch gesteuerte Fern- oder Zentralheizung, Niedertemperatur- oder Brennwertkessel	Fußbodenheizung, Solarkollektoren für Warmwassererzeugung ① zusätzlicher Kaminanschluss	Solarkollektoren für Warmwassererzeugung und Heizung, Blockheizkraftwerk, Wärmepumpe, Hybrid-Systeme ① aufwendige zusätzliche Kaminanlage	9

	Standardstufe					Wägungsanteil
	1	2	3	4	5	
	nicht zeitgemäß		zeitgemäß			
	einfachst	**einfach**	**Basis**	**gehoben**	**aufwendig**	
Sonstige technische Ausstattung	sehr wenige Steckdosen, Schalter und Sicherungen, kein Fehlerstromschutzschalter (FI-Schalter), Leitungen teilweise auf Putz	wenige Steckdosen, Schalter und Sicherungen	zeitgemäße Anzahl an Steckdosen und Lichtauslässen, Zählerschrank (ab ca. 1985) mit Unterverteilung und Kippsicherungen	zahlreiche Steckdosen und Lichtauslässe, hochwertige Abdeckungen, dezentrale Lüftung mit Wärmetauscher, mehrere LAN- und Fernsehanschlüsse ② Personenaufzugsanlagen	Video- und zentrale Alarmanlage, zentrale Lüftung mit Wärmetauscher, Klimaanlage, Bussystem ② aufwendige Personenaufzugsanlagen	6

5.2–17.4	③ 5.2–6.1	**Banken und ähnliche Geschäftshäuser, Bürogebäude/Verwaltungsgebäude**
	④ 7.1–8.3	**Gemeindezentren/Vereinsheime, Saalbauten/Veranstaltungsgebäude, Kindergärten, Schulen**
	⑤ 9.1–11.1	**Wohnheime, Alten-/Pflegeheime, Krankenhäuser, Tageskliniken, Beherbergungsstätten, Hotels, Verpflegungseinrichtungen**
	⑥ 12.1–12.4	**Sporthallen, Tennishallen, Freizeitbäder/Kur- und Heilbäder**
	⑦ 13.1–13.3	**Verbrauchermärkte, Kauf-/Warenhäuser, Autohäuser**
	⑧ 15.1–16.3	**Betriebs-/Werkstätten, Produktionsgebäude, Lagergebäude**
	⑨ 17.1–17.4	**Museen, Theater, Sakralbauten, Friedhofsgebäude**

	Standardstufe				
	1	2	3	4	5
	nicht zeitgemäß		zeitgemäß		
	einfachst	**einfach**	**Basis**	**gehoben**	**aufwendig**
Außenwände	Mauerwerk mit Putz oder mit Fugenglattstrich und Anstrich; einfache Wände, Holz-, Blech-, Faserzementbekleidung, Bitumenschindeln oder einfache Kunststoffplatten; kein oder deutlich nicht zeitgemäßer Wärmeschutz (vor ca. 1980)	ein-/zweischaliges Mauerwerk, z. B. Gitterziegel oder Hohlblocksteine; verputzt und gestrichen oder Holzverkleidung; einfache Metall-Sandwichelemente; nicht zeitgemäßer Wärmeschutz (vor ca. 1995)	Wärmedämmverbundsystem oder Wärmedämmputz (nach ca. 1995); ein-/zweischalige Konstruktion, z. B. Mauerwerk aus Leichtziegeln, Kalksandsteinen, Gasbetonsteinen; Edelputz; gedämmte Metall-Sandwichelemente	Verblendmauerwerk, zweischalig, hinterlüftet, Vorhangfassade (z. B. Naturschiefer); Wärmedämmung (nach ca. 2005)	Sichtbeton-Fertigteile, Natursteinfassade, Elemente aus Kupfer-/Eloxalblech, mehrgeschossige Glasfassaden; stark überdurchschnittliche Dämmung ③ ④ ⑤ ⑥ ⑦ aufwendig gestaltete Fassaden mit konstruktiver Gliederung (Säulenstellungen, Erker etc.) ③ Vorhangfassade aus Glas
Konstruktion⑧	Holzkonstruktion in nicht zeitgemäßer statischer Ausführung	Mauerwerk, Stahl- oder Stahlbetonkonstruktion in nicht zeitgemäßer statischer Ausführung	Stahl- und Betonfertigteile	überwiegend Betonfertigteile; große stützenfreie Spannweiten; hohe Deckenhöhen; hohe Belastbarkeit der Decken und Böden	größere stützenfreie Spannweiten; hohe Deckenhöhen; höhere Belastbarkeit der Decken und Böden

	Standardstufe				
	1	**2**	**3**	**4**	**5**
	nicht zeitgemäß		**zeitgemäß**		
	einfachst	**einfach**	**Basis**	**gehoben**	**aufwendig**
Dach	Dachpappe, Faserzementplatten/Wellplatten, Blecheindeckung; kein Unterdach; keine bis geringe Dachdämmung	einfache Betondachsteine oder Tondachziegel, Bitumenschindeln; nicht zeitgemäße Dachdämmung (vor ca. 1995)	Faserzement-Schindeln, beschichtete Betondachsteine und Tondachziegel, Folienabdichtung; Dachdämmung (nach ca. 1995); Rinnen und Fallrohre aus Zinkblech	besondere Dachformen; überdurchschnittliche Dämmung (nach ca. 2005) ③ ④ ⑤ ⑥ ⑦ glasierte Tondachziegel ③ ⑧ schweres Massivflachdach ⑨ Biberschwänze	hochwertige Eindeckung z. B. aus Schiefer oder Kupfer; Dachbegrünung; aufwendig gegliederte Dachlandschaft ③ ④ ⑤ befahrbares Flachdach ③ ④ stark überdurchschnittliche Dämmung ⑤ ⑥ ⑦ ⑧ hochwertigste Dämmung
Fenster- und Außentüren	Einfachverglasung; einfache Holztüren	Isolierverglasung, Zweifachverglasung (vor ca. 1995); Eingangstüren mit nicht zeitgemäßem Wärmeschutz (vor ca. 1995)	Zweifachverglasung (nach ca. 1995) ⑤ nur Wohnheime, Altenheime, Pflegeheime, Krankenhäuser und Tageskliniken: Automatik-Eingangstüren ⑨ kunstvoll gestaltetes farbiges Fensterglas, Ornamentglas	Dreifachverglasung, Sonnenschutzglas, aufwendigere Rahmen ③ ④ ⑥ ⑦ ⑧ höherwertige Türanlagen ⑤ nur Beherbergungsstätten und Verpflegungseinrichtungen: Automatik-Eingangstüren ⑨ besonders große kunstvoll gestaltete farbige Fensterflächen	große, feststehende Fensterflächen, Spezialverglasung (Schall- und Sonnenschutz) ③ ④ ⑦ ⑧ Außentüren in hochwertigen Materialien ③ Automatiktüren ⑥ Automatik-Eingangstüren ⑨ Bleiverglasung mit Schutzglas, farbige Maßfenster

	Standardstufe				
	1	2	3	4	5
	nicht zeitgemäß		zeitgemäß		
	einfachst	einfach	Basis	gehoben	aufwendig
Innenwände und -türen	Fachwerkwände, einfache Putze/Lehmputze, einfache Kalkanstriche; Füllungstüren, gestrichen, mit einfachen Beschlägen ohne Dichtungen	massive tragende Innenwände, nicht tragende Wände in Leichtbauweise (z. B. Holzständerwände mit Gipskarton), Gipsdielen; leichte Türen, Kunststoff-/Holztürblätter, Stahlzargen	④ ⑤ ⑥ ⑦ nicht tragende Innenwände in massiver Ausführung bzw. mit Dämmmaterial gefüllte Ständerkonstruktionen ⑤ ⑥ ⑦ schwere Türen ③ nicht tragende Innenwände in massiver Ausführung; schwere Türen ④ schwere und große Türen ⑤ nur Wohnheime, Altenheime, Pflegeheime, Krankenhäuser und Tageskliniken: Automatik-Flurzwischentüren; rollstuhlgerechte Bedienung ⑧ Anstrich	③ ④ ⑤ ⑥ ⑦ Sichtmauerwerk ③ ④ Massivholztüren, Schiebetürelemente, Glastüren ③ Innenwände für flexible Raumkonzepte (größere statische Spannweiten der Decken) ⑤ nur Beherbergungsstätten und Verpflegungseinrichtungen: Automatik-Flurzwischentüren; rollstuhlgerechte Bedienung ⑥ rollstuhlgerechte Bedienung ⑧ tlw. gefliest, Sichtmauerwerk; Schiebetürelemente, Glastüren ⑨ schmiedeeiserne Türen	③ ④ ⑤ ⑥ ⑦ gestaltete Wandabläufe (z. B. Pfeilervorlagen, abgesetzte oder geschwungene Wandpartien) ④ Vertäfelungen (Edelholz, Metall), Akkustikputz ③ Wände aus großformatigen Glaselementen, Akustikputz, tlw. Automatiktüren, rollstuhlgerechte Bedienung ④ raumhohe aufwendige Türelemente; tlw. Automatiktüren, rollstuhlgerechte Bedienung ⑤ ⑥ ⑦ Akustikputz, raumhohe aufwendige Türelemente ⑦ rollstuhlgerechte Bedienung, Automatiktüren ⑧ überwiegend gefliest; Sichtmauerwerk; gestaltete Wandabläufe

	Standardstufe				
	1	2	3	4	5
	nicht zeitgemäß		zeitgemäß		
	einfachst	**einfach**	**Basis**	**gehoben**	**aufwendig**
Heizung	Einzelöfen, Schwerkraftheizung, dezentrale Warmwasserversorgung ⑨ Elektroheizung im Gestühl	Zentralheizung mit Radiatoren (Schwerkraftheizung); einfache Warmluftheizung, mehrere Ausblasöffnungen; Lufterhitzer mit Wärmetauscher mit zentraler Kesselanlage, Fußbodenheizung (vor ca. 1995) ⑨ einfache Warmluftheizung, eine Ausblasöffnung	elektronisch gesteuerte Fern- oder Zentralheizung, Niedertemperatur- oder Brennwertkessel	Solarkollektoren für Warmwassererzeugung ③ ④ ⑥ ⑦ ⑧ Fußbodenheizung ⑧ zusätzlicher Kaminanschluss	Solarkollektoren für Warmwassererzeugung und Heizung, Blockheizkraftwerk, Wärmepumpe, Hybrid-Systeme ③ ④ ⑤ ⑦ Klimaanlage ⑧ Kaminanlage
Sonstige technische Ausstattung	sehr wenige Steckdosen, Schalter und Sicherungen, kein Fehlerstromschutzschalter (FI-Schalter), Leitungen auf Putz, einfache Leuchten	wenige Steckdosen, Schalter und Sicherungen, Installation unter Putz	③ ④ ⑦ zeitgemäße Anzahl an Steckdosen und Lichtauslässen, Zählerschrank (ab ca. 1985) mit Unterverteilung und Kippsicherungen; Kabelkanäle; Blitzschutz ⑤ ⑥ ⑧ zeitgemäße Anzahl an Steckdosen und Lichtauslässen; Blitzschutz ⑤ ⑦ Personenaufzugsanlagen ⑧ Teeküchen	zahlreiche Steckdosen und Lichtauslässe, hochwertige Abdeckungen ③ ④ ⑤ ⑦ ⑧ dezentrale Lüftung mit Wärmetauscher ⑥ Lüftung mit Wärmetauscher ③ ⑤ mehrere LAN- und Fernsehanschlüsse ③ ④ ⑦ hochwertige Beleuchtung; Doppelboden mit Bodentanks zur Verkabelung; ausreichende Anzahl von LAN-Anschlüssen	Video- und zentrale Alarmanlage, Klimaanlage, Bussystem ③ ④ ⑤ ⑦ ⑧ zentrale Lüftung mit Wärmetauscher ⑦ Doppelboden mit Bodentanks zur Verkabelung ③ aufwendige Personenaufzugsanlagen ⑤ ⑦ ⑧ aufwendige Aufzugsanlagen ⑧ Küchen, Kantinen

	Standardstufe				
	1	2	3	4	5
	nicht zeitgemäß			zeitgemäß	
	einfachst	**einfach**	**Basis**	**gehoben**	**aufwendig**
				③ Messverfahren von Verbrauch, Regelung von Raumtemperatur und Raumfeuchte ③ ④ ⑦ Sonnenschutzsteuerung ③ ④ elektronische Zugangskontrolle; Personenaufzugsanlagen ④ ⑦ Messverfahren von Raumtemperatur, Raumfeuchte, Verbrauch, Einzelraumregelung ⑧ Kabelkanäle; kleinere Einbauküchen mit Kochgelegenheit, Aufenthaltsräume; Aufzugsanlagen	

14.2–14.4	14.2–14.4 Hoch-, Tief- und Nutzfahrzeuggaragen		
	Standardstufe		
	1–3	4	5
	Basis	**gehoben**	**aufwendig**
Außenwände	offene Konstruktion	Einschalige Konstruktion	aufwendig gestaltete Fassaden mit konstruktiver Gliederung (Säulenstellungen, Erker etc.)
Konstruktion	Stahl- und Betonfertigteile	überwiegend Betonfertigteile; große stützenfreie Spannweiten	größere stützenfreie Spannweiten
Dach	Flachdach, Folienabdichtung	Flachdachausbildung; Wärmedämmung	befahrbares Flachdach (Parkdeck)
Fenster und Außentüren	einfache Metallgitter	begrünte Metallgitter, Glasbausteine	Außentüren in hochwertigen Materialien
Fußböden	Beton	Estrich, Gussasphalt	beschichteter Beton oder Estrichboden
Sonstige technische Ausstattung	Strom- und Wasseranschluss; Löschwasseranlage; Treppenhaus; Brandmelder	Sprinkleranlage; Rufanlagen; Rauch- und Wärmeabzugsanlagen; mechanische Be- und Entlüftungsanlagen; Parksysteme für zwei PKWs übereinander; Personenaufzugsanlagen	Video- und zentrale Alarmanlage; Beschallung; Parksysteme für drei oder mehr PKWs übereinander; aufwendigere Aufzugsanlagen

18.1–18.2	⑩ 18.1 **Reithallen**
	⑪ 18.2 **Ehemalige landwirtschaftliche Mehrzweckhallen, Scheunen u. Ä.**

	Standardstufe		
	1–3	4	5
	Basis	**gehoben**	**aufwendig**
Außenwände	Holzfachwerkwand; Holzstützen, Vollholz; Brettschalung oder Profilblech auf Holz-Unterkonstruktion	Kalksandstein- oder Ziegel-Mauerwerk; Metallstützen, Profil; Holz-Blockbohlen zwischen Stützen, Wärmedämmverbundsystem, Putz	Betonwand, Fertigteile, mehrschichtig; Stahlbetonstützen, Fertigteil; Kalksandstein-Vormauerung oder Klinkerverblendung mit Dämmung
Dach	Holzkonstruktionen, Nagelbrettbinder; Bitumenwellplatten, Profilblech	Stahlrahmen mit Holzpfetten; Faserzementwellplatten; Hartschaumplatten	Brettschichtholzbinder; Betondachsteine oder Dachziegel; Dämmung mit Profilholz oder Paneelen
Fenster und Außentüren bzw. -tore	Lichtplatten aus Kunststoff ⑩ Holz-Brettertüren ⑪ Holztore	Kunststofffenster ⑩ Windnetze aus Kunststoff, Jalousien mit Motorantrieb ⑪ Metall-Sektionaltore	Türen und Tore mehrschichtig mit Wärmedämmung, Holzfenster, hoher Fensteranteil
Innenwände	keine	tragende bzw. nicht tragende Innenwände aus Holz; Anstrich	tragende bzw. nicht tragende Innenwände als Mauerwerk; Sperrholz, Gipskarton, Fliesen
Deckenkonstruktionen	keine	Holzkonstruktionen über Nebenräumen; Hartschaumplatten	Stahlbetonplatte über Nebenräumen; Dämmung mit Profilholz oder Paneelen
Fußböden	⑩ Tragschicht: Schotter Trennschicht: Vlies, Tretschicht: Sand ⑪ Beton-Verbundsteinpflaster	⑩ zusätzlich/alternativ: Tragschicht: Schotter, Trennschicht: Kunststoffgewebe, Tretschicht: Sand und Holzspäne ⑪ zusätzlich/alternativ: Stahlbetonplatte	⑩ Estrich auf Dämmung, Fliesen oder Linoleum in Nebenräumen; zusätzlich/alternativ: Tragschicht: Schotter, Trennschicht: Kunststoffplatten, Tretschicht: Sand und Textilflocken, Betonplatte im Bereich der Nebenräume ⑪ zusätzlich/alternativ: Oberfläche maschinell geglättet, Anstrich

	Standardstufe		
	1–3	4	5
	Basis	**gehoben**	**aufwendig**
baukonstruktive Einbauten ⑩	⑩ Reithallenbande aus Nadelholz zur Abgrenzung der Reitfläche	⑩ zusätzlich/alternativ: Vollholztafeln fest eingebaut	⑩ zusätzlich/alternativ: Vollholztafeln, Fertigteile zum Versetzen
Abwasser-, Wasser-, Gasanlagen	Regenwasserableitung	zusätzlich/alternativ: Abwasserleitungen, Sanitärobjekte (einfache Qualität)	zusätzlich/alternativ: Sanitärobjekte (gehobene Qualität), Gasanschluss
Wärmeversorgungsanlagen	keine	Raumheizflächen in Nebenräumen, Anschluss an Heizsystem	zusätzlich/alternativ: Heizkessel
lufttechnische Anlagen	keine	Firstentlüftung	Be- und Entlüftungsanlage
Starkstrom-Anlage	Leitungen, Schalter, Dosen, Langfeldleuchten	zusätzlich/alternativ: Sicherungen und Verteilerschrank	zusätzlich/alternativ: Metall-Dampfleuchten
nutzungsspezifische Anlagen	keine	⑩ Reitbodenbewässerung (einfache Ausführung) ⑪ Schüttwände aus Holz zwischen Stahlstützen, Trocknungsanlage für Getreide	⑩ Reitbodenbewässerung (komfortable Ausführung) ⑪ Schüttwände aus Beton-Fertigteilen

Anlage 25
(zu § 191 Absatz 2)[1)]

Wertzahlen für Ein- und Zweifamilienhäuser nach § 181 Absatz 1 Nummer 1 BewG und Wohnungseigentum nach § 181 Absatz 1 Nummer 3 BewG

Vorläufiger Sachwert § 189 Absatz 3		Bodenrichtwert bis 15 EUR/m²	Bodenrichtwert bis 30 EUR/m²	Bodenrichtwert bis 50 EUR/m²	Bodenrichtwert bis 100 EUR/m²	Bodenrichtwert bis 150 EUR/m²
bis	50 000 EUR	1,0	1,1	1,2	1,2	1,2
	100 000 EUR	0,8	0,9	1,0	1,1	1,1
	150 000 EUR	0,8	0,9	0,9	1,0	1,0
	200 000 EUR	0,7	0,8	0,8	0,9	0,9
	300 000 EUR	0,6	0,7	0,7	0,8	0,8
	400 000 EUR	0,5	0,6	0,7	0,7	0,8
	500 000 EUR	0,5	0,6	0,6	0,7	0,8
über	500 000 EUR	0,5	0,5	0,5	0,6	0,7

Vorläufiger Sachwert § 189 Absatz 3		Bodenrichtwert bis 200 EUR/m²	Bodenrichtwert bis 300 EUR/m²	Bodenrichtwert bis 400 EUR/m²	Bodenrichtwert bis 500 EUR/m²	Bodenrichtwert über 500 EUR/m²
bis	50 000 EUR	1,3	1,3	1,4	1,4	1,5
	100 000 EUR	1,1	1,2	1,2	1,3	1,3
	150 000 EUR	1,0	1,1	1,1	1,2	1,2
	200 000 EUR	1,0	1,1	1,1	1,2	1,2
	300 000 EUR	0,9	1,0	1,0	1,1	1,2
	400 000 EUR	0,8	0,9	1,0	1,0	1,1
	500 000 EUR	0,8	0,9	1,0	1,0	1,1
über	500 000 EUR	0,7	0,8	0,9	0,9	1,0

1) Anlage 25 angef. mWv 1. 1. 2009 durch G v. 24. 12. 2008 (BGBl. I S. 3018) und neu gef. durch G v. 2. 11. 2015 (BGBl. I S. 1834); zur Anwendung siehe § 205 Abs. 10.

Wertzahlen für Teileigentum, Geschäftsgrundstücke, gemischt genutzte Grundstücke und sonstige bebaute Grundstücke nach § 181 Absatz 1 Nummer 3 bis 6 BewG

Vorläufiger Sachwert § 189 Absatz 3		
bis	500 000 EUR	0,90
	750 000 EUR	0,85
	1 000 000 EUR	0,80
	1 500 000 EUR	0,75
	2 000 000 EUR	0,70
	3 000 000 EUR	0,65
über	3 000 000 EUR	0,60

Anlage 26
(zu § 194 Abs. 3 Satz 2 und Abs. 4 sowie § 195 Abs. 3 Satz 2)[1)]

Abzinsungsfaktoren

Restlaufzeit des Erbbaurechts bzw. des Nutzungsrechts (in Jahren)	Zinssatz										
	3%	3,5%	4%	4,5%	5%	5,5%	6%	6,5%	7%	7,5%	8%
1	0,9709	0,9662	0,9615	0,9569	0,9524	0,9479	0,9434	0,9390	0,9346	0,9302	0,9259
2	0,9426	0,9335	0,9246	0,9157	0,9070	0,8985	0,8900	0,8817	0,8734	0,8653	0,8573
3	0,9151	0,9019	0,8890	0,8763	0,8638	0,8516	0,8396	0,8278	0,8163	0,8050	0,7938
4	0,8885	0,8714	0,8548	0,8386	0,8227	0,8072	0,7921	0,7773	0,7629	0,7488	0,7350
5	0,8626	0,8420	0,8219	0,8025	0,7835	0,7651	0,7473	0,7299	0,7130	0,6966	0,6806
6	0,8375	0,8135	0,7903	0,7679	0,7462	0,7252	0,7050	0,6853	0,6663	0,6480	0,6302
7	0,8131	0,7860	0,7599	0,7348	0,7107	0,6874	0,6651	0,6435	0,6227	0,6028	0,5835
8	0,7894	0,7594	0,7307	0,7032	0,6768	0,6516	0,6274	0,6042	0,5820	0,5607	0,5403
9	0,7664	0,7337	0,7026	0,6729	0,6446	0,6176	0,5919	0,5674	0,5439	0,5216	0,5002
10	0,7441	0,7089	0,6756	0,6439	0,6139	0,5854	0,5584	0,5327	0,5083	0,4852	0,4632
11	0,7224	0,6849	0,6496	0,6162	0,5847	0,5549	0,5268	0,5002	0,4751	0,4513	0,4289

[1)] Anlage 26 angef. mWv 1. 1. 2009 durch G v. 24. 12. 2008 (BGBl. I S. 3018); geänd. durch G v. 8. 12. 2010 (BGBl. I S. 1768).

Restlaufzeit des Erbbaurechts bzw. des Nutzungsrechts (in Jahren)	Zinssatz										
	3%	3,5%	4%	4,5%	5%	5,5%	6%	6,5%	7%	7,5%	8%
12	0,7014	0,6618	0,6246	0,5897	0,5568	0,5260	0,4970	0,4697	0,4440	0,4199	0,3971
13	0,6810	0,6394	0,6006	0,5643	0,5303	0,4986	0,4688	0,4410	0,4150	0,3906	0,3677
14	0,6611	0,6178	0,5775	0,5400	0,5051	0,4726	0,4423	0,4141	0,3878	0,3633	0,3405
15	0,6419	0,5969	0,5553	0,5167	0,4810	0,4479	0,4173	0,3888	0,3624	0,3380	0,3152
16	0,6232	0,5767	0,5339	0,4945	0,4581	0,4246	0,3936	0,3651	0,3387	0,3144	0,2919
17	0,6050	0,5572	0,5134	0,4732	0,4363	0,4024	0,3714	0,3428	0,3166	0,2925	0,2703
18	0,5874	0,5384	0,4936	0,4528	0,4155	0,3815	0,3503	0,3219	0,2959	0,2720	0,2502
19	0,5703	0,5202	0,4746	0,4333	0,3957	0,3616	0,3305	0,3022	0,2765	0,2531	0,2317
20	0,5537	0,5026	0,4564	0,4146	0,3769	0,3427	0,3118	0,2838	0,2584	0,2354	0,2145
21	0,5375	0,4856	0,4388	0,3968	0,3589	0,3249	0,2942	0,2665	0,2415	0,2190	0,1987
22	0,5219	0,4692	0,4220	0,3797	0,3418	0,3079	0,2775	0,2502	0,2257	0,2037	0,1839
23	0,5067	0,4533	0,4057	0,3634	0,3256	0,2919	0,2618	0,2349	0,2109	0,1895	0,1703
24	0,4919	0,4380	0,3901	0,3477	0,3101	0,2767	0,2470	0,2206	0,1971	0,1763	0,1577
25	0,4776	0,4231	0,3751	0,3327	0,2953	0,2622	0,2330	0,2071	0,1842	0,1640	0,1460
26	0,4637	0,4088	0,3607	0,3184	0,2812	0,2486	0,2198	0,1945	0,1722	0,1525	0,1352
27	0,4502	0,3950	0,3468	0,3047	0,2678	0,2356	0,2074	0,1826	0,1609	0,1419	0,1252
28	0,4371	0,3817	0,3335	0,2916	0,2551	0,2233	0,1956	0,1715	0,1504	0,1320	0,1159
29	0,4243	0,3687	0,3207	0,2790	0,2429	0,2117	0,1846	0,1610	0,1406	0,1228	0,1073
30	0,4120	0,3563	0,3083	0,2670	0,2314	0,2006	0,1741	0,1512	0,1314	0,1142	0,0994
31	0,4000	0,3442	0,2965	0,2555	0,2204	0,1902	0,1643	0,1420	0,1228	0,1063	0,0920
32	0,3883	0,3326	0,2851	0,2445	0,2099	0,1803	0,1550	0,1333	0,1147	0,0988	0,0852
33	0,3770	0,3213	0,2741	0,2340	0,1999	0,1709	0,1462	0,1252	0,1072	0,0919	0,0789
34	0,3660	0,3105	0,2636	0,2239	0,1904	0,1620	0,1379	0,1175	0,1002	0,0855	0,0730
35	0,3554	0,3000	0,2534	0,2143	0,1813	0,1535	0,1301	0,1103	0,0937	0,0796	0,0676
36	0,3450	0,2898	0,2437	0,2050	0,1727	0,1455	0,1227	0,1036	0,0875	0,0740	0,0626
37	0,3350	0,2800	0,2343	0,1962	0,1644	0,1379	0,1158	0,0973	0,0818	0,0688	0,0580
38	0,3252	0,2706	0,2253	0,1878	0,1566	0,1307	0,1092	0,0914	0,0765	0,0640	0,0537
39	0,3158	0,2614	0,2166	0,1797	0,1491	0,1239	0,1031	0,0858	0,0715	0,0596	0,0497
40	0,3066	0,2526	0,2083	0,1719	0,1420	0,1175	0,0972	0,0805	0,0668	0,0554	0,0460

Restlaufzeit des Erbbaurechts bzw. des Nutzungsrechts (in Jahren)	Zinssatz										
	3%	3,5%	4%	4,5%	5%	5,5%	6%	6,5%	7%	7,5%	8%
41	0,2976	0,2440	0,2003	0,1645	0,1353	0,1113	0,0917	0,0756	0,0624	0,0516	0,0426
42	0,2890	0,2358	0,1926	0,1574	0,1288	0,1055	0,0865	0,0710	0,0583	0,0480	0,0395
43	0,2805	0,2278	0,1852	0,1507	0,1227	0,1000	0,0816	0,0667	0,0545	0,0446	0,0365
44	0,2724	0,2201	0,1780	0,1442	0,1169	0,0948	0,0770	0,0626	0,0509	0,0415	0,0338
45	0,2644	0,2127	0,1712	0,1380	0,1113	0,0899	0,0727	0,0588	0,0476	0,0386	0,0313
46	0,2567	0,2055	0,1646	0,1320	0,1060	0,0852	0,0685	0,0552	0,0445	0,0359	0,0290
47	0,2493	0,1985	0,1583	0,1263	0,1009	0,0807	0,0647	0,0518	0,0416	0,0334	0,0269
48	0,2420	0,1918	0,1522	0,1209	0,0961	0,0765	0,0610	0,0487	0,0389	0,0311	0,0249
49	0,2350	0,1853	0,1463	0,1157	0,0916	0,0725	0,0575	0,0457	0,0363	0,0289	0,0230
50	0,2281	0,1791	0,1407	0,1107	0,0872	0,0688	0,0543	0,0429	0,0339	0,0269	0,0213
51	0,2215	0,1730	0,1353	0,1059	0,0831	0,0652	0,0512	0,0403	0,0317	0,0250	0,0197
52	0,2150	0,1671	0,1301	0,1014	0,0791	0,0618	0,0483	0,0378	0,0297	0,0233	0,0183
53	0,2088	0,1615	0,1251	0,0970	0,0753	0,0586	0,0456	0,0355	0,0277	0,0216	0,0169
54	0,2027	0,1560	0,1203	0,0928	0,0717	0,0555	0,0430	0,0334	0,0259	0,0201	0,0157
55	0,1968	0,1508	0,1157	0,0888	0,0683	0,0526	0,0406	0,0313	0,0242	0,0187	0,0145
56	0,1910	0,1457	0,1112	0,0850	0,0651	0,0499	0,0383	0,0294	0,0226	0,0174	0,0134
57	0,1855	0,1407	0,1069	0,0814	0,0620	0,0473	0,0361	0,0276	0,0211	0,0162	0,0124
58	0,1801	0,1360	0,1028	0,0778	0,0590	0,0448	0,0341	0,0259	0,0198	0,0151	0,0115
59	0,1748	0,1314	0,0989	0,0745	0,0562	0,0425	0,0321	0,0243	0,0185	0,0140	0,0107
60	0,1697	0,1269	0,0951	0,0713	0,0535	0,0403	0,0303	0,0229	0,0173	0,0130	0,0099
61	0,1648	0,1226	0,0914	0,0682	0,0510	0,0382	0,0286	0,0215	0,0161	0,0121	0,0091
62	0,1600	0,1185	0,0879	0,0653	0,0486	0,0362	0,0270	0,0202	0,0151	0,0113	0,0085
63	0,1553	0,1145	0,0845	0,0625	0,0462	0,0343	0,0255	0,0189	0,0141	0,0105	0,0078
64	0,1508	0,1106	0,0813	0,0598	0,0440	0,0325	0,0240	0,0178	0,0132	0,0098	0,0073
65	0,1464	0,1069	0,0781	0,0572	0,0419	0,0308	0,0227	0,0167	0,0123	0,0091	0,0067
66	0,1421	0,1033	0,0751	0,0547	0,0399	0,0292	0,0214	0,0157	0,0115	0,0085	0,0062
67	0,1380	0,0998	0,0722	0,0524	0,0380	0,0277	0,0202	0,0147	0,0107	0,0079	0,0058
68	0,1340	0,0964	0,0695	0,0501	0,0362	0,0262	0,0190	0,0138	0,0100	0,0073	0,0053
69	0,1301	0,0931	0,0668	0,0480	0,0345	0,0249	0,0179	0,0130	0,0094	0,0068	0,0049

Restlaufzeit des Erbbaurechts bzw. des Nutzungsrechts (in Jahren)	Zinssatz										
	3%	3,5%	4%	4,5%	5%	5,5%	6%	6,5%	7%	7,5%	8%
70	0,1263	0,0900	0,0642	0,0459	0,0329	0,0236	0,0169	0,0122	0,0088	0,0063	0,0046
71	0,1226	0,0869	0,0617	0,0439	0,0313	0,0223	0,0160	0,0114	0,0082	0,0059	0,0042
72	0,1190	0,0840	0,0594	0,0420	0,0298	0,0212	0,0151	0,0107	0,0077	0,0055	0,0039
73	0,1156	0,0812	0,0571	0,0402	0,0284	0,0201	0,0142	0,0101	0,0072	0,0051	0,0036
74	0,1122	0,0784	0,0549	0,0385	0,0270	0,0190	0,0134	0,0095	0,0067	0,0047	0,0034
75	0,1089	0,0758	0,0528	0,0368	0,0258	0,0180	0,0126	0,0089	0,0063	0,0044	0,0031
76	0,1058	0,0732	0,0508	0,0353	0,0245	0,0171	0,0119	0,0083	0,0058	0,0041	0,0029
77	0,1027	0,0707	0,0488	0,0337	0,0234	0,0162	0,0113	0,0078	0,0055	0,0038	0,0027
78	0,0997	0,0683	0,0469	0,0323	0,0222	0,0154	0,0106	0,0074	0,0051	0,0035	0,0025
79	0,0968	0,0660	0,0451	0,0309	0,0212	0,0146	0,0100	0,0069	0,0048	0,0033	0,0023
80	0,0940	0,0638	0,0434	0,0296	0,0202	0,0138	0,0095	0,0065	0,0045	0,0031	0,0021
81	0,0912	0,0616	0,0417	0,0283	0,0192	0,0131	0,0089	0,0061	0,0042	0,0029	0,0020
82	0,0886	0,0596	0,0401	0,0271	0,0183	0,0124	0,0084	0,0057	0,0039	0,0027	0,0018
83	0,0860	0,0575	0,0386	0,0259	0,0174	0,0118	0,0079	0,0054	0,0036	0,0025	0,0017
84	0,0835	0,0556	0,0371	0,0248	0,0166	0,0111	0,0075	0,0050	0,0034	0,0023	0,0016
85	0,0811	0,0537	0,0357	0,0237	0,0158	0,0106	0,0071	0,0047	0,0032	0,0021	0,0014
86	0,0787	0,0519	0,0343	0,0227	0,0151	0,0100	0,0067	0,0044	0,0030	0,0020	0,0013
87	0,0764	0,0501	0,0330	0,0217	0,0143	0,0095	0,0063	0,0042	0,0028	0,0019	0,0012
88	0,0742	0,0484	0,0317	0,0208	0,0137	0,0090	0,0059	0,0039	0,0026	0,0017	0,0011
89	0,0720	0,0468	0,0305	0,0199	0,0130	0,0085	0,0056	0,0037	0,0024	0,0016	0,0011
90	0,0699	0,0452	0,0293	0,0190	0,0124	0,0081	0,0053	0,0035	0,0023	0,0015	0,0010
91	0,0679	0,0437	0,0282	0,0182	0,0118	0,0077	0,0050	0,0032	0,0021	0,0014	0,0009
92	0,0659	0,0422	0,0271	0,0174	0,0112	0,0073	0,0047	0,0030	0,0020	0,0013	0,0008
93	0,0640	0,0408	0,0261	0,0167	0,0107	0,0069	0,0044	0,0029	0,0019	0,0012	0,0008
94	0,0621	0,0394	0,0251	0,0160	0,0102	0,0065	0,0042	0,0027	0,0017	0,0011	0,0007
95	0,0603	0,0381	0,0241	0,0153	0,0097	0,0062	0,0039	0,0025	0,0016	0,0010	0,0007
96	0,0586	0,0368	0,0232	0,0146	0,0092	0,0059	0,0037	0,0024	0,0015	0,0010	0,0006
97	0,0569	0,0355	0,0223	0,0140	0,0088	0,0056	0,0035	0,0022	0,0014	0,0009	0,0006
98	0,0552	0,0343	0,0214	0,0134	0,0084	0,0053	0,0033	0,0021	0,0013	0,0008	0,0005

Restlaufzeit des Erbbaurechts bzw. des Nutzungsrechts (in Jahren)	Zinssatz										
	3%	3,5%	4%	4,5%	5%	5,5%	6%	6,5%	7%	7,5%	8%
99	0,0536	0,0332	0,0206	0,0128	0,0080	0,0050	0,0031	0,0020	0,0012	0,0008	0,0005
100	0,0520	0,0321	0,0198	0,0123	0,0076	0,0047	0,0029	0,0018	0,0012	0,0007	0,0005

In den Fällen anderer Zinssätze der Gutachterausschüsse ist der Abzinsungsfaktor nach folgender Formel zu bilden:

$$\text{Abzinsungsfaktor} = \frac{1}{q^n}$$

q = Zinsfaktor = 1 + p : 100

p = Zinssatz

n = Restlaufzeit

201. Verordnung zur Durchführung des § 81 des Bewertungsgesetzes

Vom 2. September 1966 (BGBl. I S. 550)

BGBl. III 610–7–5

Auf Grund des § 81 und des § 123 Abs. 1 des Bewertungsgesetzes in der Fassung vom 10. Dezember 1965 (Bundesgesetzbl. I S. 1861) verordnet die Bundesregierung mit Zustimmung des Bundesrates:

§ 1 [Außergewöhnliche Grundsteuerbelastung] In den Fällen, in denen die Einheitswerte der bebauten Grundstücke im Ertragswertverfahren zu ermitteln und die Wertverhältnisse vom 1. Januar 1964 zugrunde zu legen sind, sind außergewöhnliche Grundsteuerbelastungen im Sinne von § 81 des Gesetzes nach Maßgabe der §§ 2 bis 4 zu berücksichtigen.

§ 2 [Belastungszahl] (1) [1] Die Grundsteuerbelastung in jeder Gemeinde wird durch eine Belastungszahl ausgedrückt. [2] Die Belastungszahl ergibt sich durch die Anwendung eines Vervielfältigers auf die Zahl, die am Hauptfeststellungszeitpunkt die Höhe des Hebesatzes bei der Grundsteuer für Grundstücke bestimmt hat.

(2) [1] Der Vervielfältiger ergibt sich aus der nachstehenden Tabelle:

Gebiet der ehemaligen Landesfinanzämter

	Darmstadt		Düsseldorf		Hamburg			Hannover		
	a	b	a	b	a	b	c	a	b	c
I	–	55	67,5	63,5	–	–	56	–	59,5	–
II	–	63,5	76,5	72	–	–	60	–	68	–
III	76,5	72	90	85	72	–	64	72	68	–
IV	81	76,5	99	–	–	80,5	76	81	76,5	76
V	90	–			76,5	72	–	90	85	80
VI	99	–			90	–	80	108	–	92
VII	103,5	–								
VIII										

Gebiet der ehemaligen Landesfinanzämter

	Karlsruhe		Kassel		Köln		Magdeburg
	a	b	a	b	a	b	a
I	–	55	–	55	67,5	63,5	–
II	–	63,5	–	68	85,5	80,5	–
III	–	68	81	76,5	85,5[1]	80,5	–
IV	72	68	94,5	–	94,5[2]	89	81
V	76,5	72	103,5	–	103,5	–	94,5
VI	81	76,5					103,5
VII	90	–					
VIII	99						

[1] einschl. Idar-Oberstein.
[2] einschl. Birkenfeld.

Gebiet der ehemaligen Landesfinanzämter

	Münster		Nordmark			Saarland		Stuttgart	
	a	b	a	b	c	a	b	a	b
I	72	68	–	59,5	–	–	68	–	72
II	81	76,5	67,5	63,5	–	81	76,5	–	76,5
III	90	85	72	68	–	90	–	85,5	80,5
IV	99	–	81	–	80	99	–	94,5	89
V			85,5	–	–			103,5	–
VI			99	–	–				
VII			103,5	–	92				
VIII									

Gebiet der ehemaligen Landesfinanzämter

	Thüringen	Weser-Ems		München, Nürnberg, Würzburg		Berlin
	a	a	b	a	b	c
I	–	–	51	–	55	52
II	–	63	59,5	67,5	63,5	
III	94,5	72	68	–	68	
IV	103,5	76,5	72	76,5	72	
V		90	85	81	76,5	
VI		99	–	85,5	80,5	
VII				94,5	–	
VIII				103,5	–	

2 Bei Anwendung der Tabelle ist von dem Gebiet des Landesfinanzamts und dem Bezirk auszugehen, zu denen die Gemeinde nach den Verordnungen der Präsidenten der Landesfinanzämter über die Bewertung bebauter Grundstücke vom 17. Dezember 1934 (Reichssteuerbl. 1934 I

S. 1641 ff.) oder der Verordnung des Präsidenten des Landesfinanzamts Würzburg über die Bewertung bebauter Grundstücke im Saarland vom 29. Februar 1936 (Reichssteuerbl. 1936 S. 193) gehört hat; die Bezirke sind mit römischen Ziffern bezeichnet. [3]Mit den Buchstaben a, b oder c ist die Gemeindegruppe bezeichnet, zu der die Gemeinde nach den §§ 29 und 30 der Grundsteuer-Durchführungsverordnung in der Fassung vom 29. Januar 1952 (Bundesgesetzbl. I S. 79), zuletzt geändert durch Art. I der Verordnung zur Änderung grundsteuerlicher Vorschriften vom 31. Juli 1961 (Bundesgesetzbl. I S. 1118) gehört. [4]Ist die Grundsteuer am Hauptfeststellungszeitpunkt abweichend von der nach den §§ 29 und 30 der Grundsteuer-Durchführungsverordnung anzuwendenden Gemeindegruppe erhoben worden, so ist die Gemeindegruppe maßgebend, die der Erhebung der Steuer zugrunde gelegt worden ist. [5]Waren Bezirke in den Verordnungen der Präsidenten der Landesfinanzämter durch Buchstabenzusätze oder Untergruppen unterteilt, so gelten die Zahlen der Tabelle für den ganzen Bezirk.

(3) [1]Gehört eine Gemeinde am Hauptfeststellungszeitpunkt zu verschiedenen Bezirken oder Gemeindegruppen oder war der Hebesatz innerhalb der Gemeinde unterschiedlich, so ist für die Gemeinde nur eine Belastungszahl anzusetzen; diese ergibt sich als Durchschnitt der zunächst besonders berechneten Belastungszahlen. [2]Bei der Bildung des Durchschnitts sind die Einwohnerzahlen am Hauptfeststellungszeitpunkt zu berücksichtigen.

§ 3 [Ermäßigungen] Bei den in einer Gemeinde belegenen bebauten Grundstücken, die im Ertragswertverfahren zu bewerten sind und nicht zu den in § 79 Abs. 3 und 4 des Gesetzes bezeichneten Grundstücken gehören, ist der Grundstückswert oder der Wert des entsprechenden Grundstücksteils

1. um 10 vom Hundert zu ermäßigen,
   wenn die Belastungszahl mehr als 29000 beträgt,
2. um 5 vom Hundert zu ermäßigen,
   wenn die Belastungszahl nicht mehr als 29000, aber mehr als 23000 beträgt,
3. um 5 vom Hundert zu erhöhen,
   wenn die Belastungszahl nicht mehr als 11000, aber mehr als 5000 beträgt,
4. um 10 vom Hundert zu erhöhen,
   wenn die Belastungszahl nicht mehr als 5000 beträgt.

§ 4 [Betriebe der Land- und Forstwirtschaft] [1]Die Belastungszahl (§ 2) bestimmt auch die Grundsteuerbelastung des Wohnteils der Betriebe der Land- und Forstwirtschaft (§ 34 des Gesetzes) in einer Gemeinde. [2]§ 3 ist bei der Ermittlung des Wohnungswerts (§ 47 des Gesetzes) anzuwenden.

§ 5. *(gegenstandslos)*

§ 6 [Inkrafttreten] Diese Verordnung tritt am Tage nach ihrer Verkündung[1]) in Kraft.

[1]) Die VO wurde am 10. 9. 1966 verkündet.

202. Verordnung zur Durchführung des § 90 des Bewertungsgesetzes

Vom 2. September 1966 (BGBl. I S. 553)

Geändert durch VO vom 25. 2. 1970 (BGBl. I S. 216) und Steuer-Euroglättungsgesetz vom 19. 12. 2000 (BGBl. I S. 1790)

BGBl. III/FNA 610-7-6

Auf Grund des § 90 Abs. 2 und des § 123 Abs. 1 des Bewertungsgesetzes in der Fassung vom 10. Dezember 1965 (Bundesgesetzbl. I S. 1861) verordnet die Bundesregierung mit Zustimmung des Bundesrates:

§ 1 [Einheitswertermittlung im Sachwertverfahren] In den Fällen, in denen die Einheitswerte der bebauten Grundstücke im Sachwertverfahren zu ermitteln und die Wertverhältnisse vom 1. Januar 1964 zugrunde zu legen sind, ist nach den §§ 2 bis 4 zu verfahren.

§ 2 [Wertzahl] (1) [1]Die Wertzahl zur Angleichung des Ausgangswerts (§ 83 des Gesetzes) an den gemeinen Wert wird in einem Hundertsatz ausgedrückt. [2]Sie ergibt sich aus der nachstehenden Übersicht:

Grundstücksart und Grundstücksgruppe	Wertzahl in v.H.
A. Geschäftsgrundstücke	
1. Fabriken und Werkstätten des Handwerks	
mit einem Ausgangswert bis zu 500 000 DM	
Altbauten	70
Neubauten	75
Nachkriegsbauten	80
mit einem Ausgangswert über 500 000 DM bis zu 1 000 000 DM	
Altbauten	70
Neubauten	75
Nachkriegsbauten	75
mit einem Ausgangswert über 1 000 000 DM	70
2. Lagerhäuser	80
3. Warenhäuser	
Altbauten	75
Neubauten	80
Nachkriegsbauten	85
4. Hotels und Kinderheime	
Betriebe, die mindestens 3 Monate im Jahr geschlossen sind	65
übrige Betriebe	70

Grundstücksart und Grundstücksgruppe	Wertzahl in v.H.
5. Grundstücke, die unmittelbar und nicht nur vorübergehend der Gewinnung, Lieferung und Verteilung von Wasser zur öffentlichen Versorgung dienen	60
6. Grundstücke, die unmittelbar dem öffentlichen Verkehr mit Luftfahrzeugen,[1] Schienenbahnen, Oberleitungsomnibussen und Kraftomnibussen dienen	50
7.[1] Grundstücke, die unmittelbar dem Betrieb, der Erhaltung und der Verwaltung eines öffentlichen Hafens dienen	50
8. Geld- und Kreditinstitute	
Altbauten	60
Neubauten	65
Nachkriegsbauten	75
9. Lichtspielhäuser und Theater	
in Gemeinden bis 10 000 Einwohner	60
in Gemeinden über 10 000 bis 100 000 Einwohner	65
in Gemeinden über 100 000 Einwohner	60
10. übrige Geschäftsgrundstücke	
Altbauten	70
Neubauten	75
Nachkriegsbauten	80
B. Mietwohngrundstücke und gemischtgenutzte Grundstücke	
Altbauten	70
Neubauten	75
Nachkriegsbauten	80
C. Einfamilienhäuser und Zweifamilienhäuser	
Altbauten	60
Neubauten	65
Nachkriegsbauten	75
D. Sonstige bebaute Grundstücke	
Altbauten	60
Neubauten	70
Nachkriegsbauten	75

(2) Als Hotels gelten auch Fremdenheime und andere Grundstücke, die dem Beherbergungsgewerbe dienen.

(3) Bei Lichtspielhäusern und Theatern ist die Einwohnerzahl der Belegenheitsgemeinde im Hauptfeststellungszeitpunkt maßgebend; § 80 Abs. 1 Sätze 3 und 4 des Gesetzes sind entsprechend anzuwenden.

---

[1] § 2 Abs. 1 Nr. 6 geänd. und Nr. 7 eingef. durch VO v. 25. 2. 1970 (BGBl. I S. 216).

(4) [1]Es sind anzuwenden die Wertzahlen für

1. Altbauten, wenn die Gebäude bis zum 31. März 1924 bezugsfertig geworden sind,
2. Neubauten, wenn die Gebäude in der Zeit vom 1. April 1924 bis zum 20. Juni 1948 bezugsfertig geworden sind,
3. Nachkriegsbauten, wenn die Gebäude nach dem 20. Juni 1948 bezugsfertig geworden sind.

[2]Bei Grundstücken mit Gebäuden oder Gebäudeteilen verschiedener Baujahrgruppen, für die die Wertminderung wegen Alters (§ 86 des Gesetzes) getrennt berechnet worden ist, ist für das ganze Grundstück eine durchschnittliche Wertzahl zu bilden. [3]Dabei ist von dem Verhältnis der auf die verschiedenen Baujahrgruppen entfallenden Gebäudewerte oder Teile des Gebäudewerts auszugehen. [4]Die errechnete Zahl ist auf die durch die Zahl 5 teilbare Zahl abzurunden, die ihr am nächsten kommt.

(5) [1]Gehören Teile eines Geschäftsgrundstücks zu verschiedenen Grundstücksgruppen, so ist für das ganze Grundstück eine durchschnittliche Wertzahl zu bilden. [2]Dabei ist von dem Verhältnis der auf die verschiedenen Grundstücksgruppen entfallenden Gebäudewerte oder Teile des Gebäudewerts auszugehen. [3]Die errechnete Zahl ist auf die durch die Zahl 5 teilbare Zahl abzurunden, die ihr am nächsten kommt. [4]Dies gilt nicht für Teile eines Fabrikgrundstücks.

§ 3 [Ermäßigungen für Fabrikgrundstücke] Für Fabrikgrundstücke, bei denen der gesamte Betrieb stilliegt, gilt folgendes:

1. Läßt sich das Grundstück nicht mehr für einen Fabrikbetrieb, aber noch für andere Zwecke verwenden, so ermäßigt sich die Wertzahl um 10.
2. Läßt sich das Grundstück noch für einen Fabrikbetrieb verwenden, steht aber nicht fest, daß der Betrieb spätestens nach zwei Jahren wieder aufgenommen wird, so ermäßigt sich die Wertzahl um 5.
3. Steht fest, daß ein Fabrikbetrieb spätestens nach zwei Jahren wieder aufgenommen wird, so bestimmt sich die Wertzahl nach § 2.

§ 4 [Zonenrandgebiet] (1) [1]Für Geschäftsgrundstücke und für gemischtgenutzte Grundstücke im Zonenrandgebiet ermäßigt sich die Wertzahl, die sich nach den §§ 2 und 3 ergibt, um 10. [2]Als Zonenrandgebiet im Sinne dieser Verordnung sind anzusehen

1. im Land Schleswig-Holstein

die kreisfreien Städte	Flensburg, Kiel, Neumünster und Lübeck,
die Landkreise	Flensburg, Schleswig, Eckernförde, Rendsburg, Plön, Oldenburg, Eutin, Segeberg, Stormarn und Lauenburg;

2. im Land Niedersachsen

die kreisfreien Städte	Lüneburg und Wolfsburg,
die Landkreise	Lüneburg, Lüchow-Dannenberg, Uelzen und Gifhorn,

die kreisfreien Städte	Braunschweig, Salzgitter und Goslar,
die Landkreise	Helmstedt, Braunschweig, Wolfenbüttel, Goslar, Gandersheim und Restkreis Blankenburg,
die kreisfreie Stadt	Hildesheim und die frühere kreisfreie Stadt Göttingen,
die Landkreise	Peine, Hildesheim-Marienburg, Zellerfeld, Osterode, Einbeck, Northeim, Duderstadt, Göttingen und Münden;

3. im Land Hessen

die kreisfreien Städte	Kassel und Fulda,
die Landkreise	Hofgeismar, Kassel, Witzenhausen, Eschwege, Melsungen, Rotenburg, Hersfeld, Hünfeld, Lauterbach, Fulda und Schlüchtern;

4. im Land Bayern

die kreisfreien Städte	Bad Kissingen und Schweinfurt,
die Landkreise	Mellrichstadt, Bad Neustadt/Saale, Brückenau, Königshofen/Grabfeld, Bad Kissingen, Hofheim, Ebern, Schweinfurt und Haßfurt,
die kreisfreien Städte	Coburg, Neustadt b. Coburg, Hof, Selb, Kulmbach, Marktredwitz, Bayreuth und Bamberg,
die Landkreise	Coburg, Staffelstein, Bamberg, Lichtenfels, Kronach, Stadtsteinach, Kulmbach, Naila, Münchberg, Hof, Rehau, Wunsiedel und Bayreuth,
die kreisfreie Stadt	Weiden,
die Landkreise	Tirschenreuth, Kemnath, Neustadt a. d. Waldnaab, Vohenstrauß, Nabburg, Oberviechtach, Waldmünchen, Neunburg v. W., Cham und Roding
die kreisfreien Städte	Deggendorf und Passau,
die Landkreise	Kötzting, Viechtach, Regen, Bogen, Grafenau, Deggendorf, Wolfstein, Wegscheid und Passau.

(2) Durch die Ermäßigung nach Absatz 1 darf sich keine geringere Wertzahl als 50 vom Hundert ergeben.

§ 5.[1] Die in dieser Verordnung genannten Beträge in Deutscher Mark gelten nach dem 31. Dezember 2001 als Berechnungsgrößen fort.

§ 6 [Inkrafttreten] Diese Verordnung tritt am Tage nach ihrer Verkündung[2] in Kraft.

---

[1] § 5 neugef. durch G v. 19. 12. 2000 (BGBl. I S. 1790).
[2] Verkündet am 2. 9. 1966.

203. Verordnung zur Durchführung des § 55 Abs. 3 und 4 des Bewertungsgesetzes

Vom 27. Juli 1967 (BGBl. I S. 805, 1184)

Geändert durch Steuer-Euroglättungsgesetz vom 19. 12. 2000 (BGBl. I S. 1790)

BGBl. III/FNA 610-7-8

Auf Grund des § 55 Abs. 3 und 4 und des § 123 Abs. 1 des Bewertungsgesetzes in der Fassung vom 10. Dezember 1965 (Bundesgesetzbl. I S. 1861) verordnet die Bundesregierung mit Zustimmung des Bundesrates:

§ 1 [Normalwert] (1) [1]Für die Holzarten Fichte, Kiefer und Pappel werden für die in Absatz 3 bestimmten Bewertungsgebiete Normalwerte festgesetzt. [2]Der Holzart Kiefer ist die Lärche, der Holzart Fichte sind die Weymouthskiefer und alle übrigen Nadelholzarten gleichzusetzen. [3]Die Normalwerte sind vorbehaltlich des Absatzes 2 und des § 2 Abs. 2 und 3 aus der Anlage 1[1)] zu entnehmen.

(2) Für alle Holzarten und Ertragsklassen, die in der Anlage 1 nicht aufgeführt sind, werden die Normalwerte auf Null DM festgesetzt.

(3) Die Zusammensetzung der Bewertungsgebiete nach Finanzamtsbezirken und Gemeinden ergibt sich aus der Anlage 2[1)].

§ 2 [Abzugsbeträge] (1) Die in der Anlage 1 festgesetzten Normalwerte gelten bei der Bewertung forstwirtschaftlicher Nutzungen, deren Gesamtfläche 30 ha übersteigt.

(2) [1]Für die Bewertung forstwirtschaftlicher Nutzungen, deren Gesamtfläche größer ist als 2 ha, jedoch 30 ha nicht übersteigt, werden Normalwerte festgesetzt, die aus den in der Anlage 1[1)] festgesetzten Normalwerten durch Abzug der folgenden Beträge zu berechnen sind:

[1)] Hier nicht abgedruckt.

Ertragsklasse	Holzart Fichte	Kiefer	Pappel
	abzuziehender Betrag in DM/ha		
I A	130	–	–
I A 25	125	–	–
I A 50	120	–	–
I A 75	115	–	–
I	110	70	130
I 25	105	66	123
I 50	100	62	117
I 75	95	58	111
II	90	55	105
II 25	85	51	98
II 50	80	47	92
II 75	75	43	86
III	70	40	80
III 25	65	–	–
III 50	60	–	–
III 75	55	–	–
IV	50	–	–

2 Die so berechneten Normalwerte werden auf Null DM festgesetzt, wenn sie geringer sind als 50,– DM.

(3) Für die Bewertung forstwirtschaftlicher Nutzungen, deren Gesamtfläche 2 ha nicht übersteigt, werden die Normalwerte auf Null DM festgesetzt.

§ 3 [Hundertsätze] Die Hundertsätze für die Anteile der einzelnen Alters- oder Vorratsklassen an den Normalwerten werden einheitlich für alle Bewertungsgebiete in der aus Anlage 3 zu ersehenden Höhe festgesetzt.

§ 4[1)] Die in dieser Verordnung genannten Beträge in Deutscher Mark gelten nach dem 31. Dezember 2001 als Berechnungsgrößen fort.

§ 5 [Inkrafttreten] Diese Verordnung tritt am Tage nach ihrer Verkündung[2)] in Kraft.

1) § 4 neugef. durch G v. 19. 12. 2000 (BGBl. I S. 1790).
2) Verkündet am 2. 8. 1967.

Anlage 3
(zu § 3)

Hundertsätze des Altersklassenwaldes

Fichte

Altersklasse Jahre	Ertragsklasse I und besser	I,25	I,50	I,75	II	II,25	II,50	II,75	III und schlechter
1–20	–	–	–	–	–	–	–	–	–
21–40	22	20	18	16	15	13	11	10	8
41–60	84	83	81	80	78	76	73	70	67
61–80	164	164	165	165	165	165	165	165	165
über 80	230	233	236	239	242	246	251	255	260

Kiefer

Altersklasse Jahre	Ertragsklasse I	I,25	I,50	I,75	II	II,25	II,50	II,75	III
1– 20	–	–	–	–	–	–	–	–	–
21– 40	20	17	15	13	10	7	4	2	–
41– 60	65	65	64	64	64	64	64	64	63
61– 80	118	118	118	118	118	118	118	118	118
81–100	175	175	176	176	177	177	178	178	179
über 100	222	225	227	229	231	234	236	238	240

Pappel

Altersklasse Jahre	Ertragsklasse I	I,25	I,50	I,75	II	II,25	II,50	II,75	III
1–10	–	–	–	–	–	–	–	–	–
11–20	26	25	24	23	21	18	15	12	9
21–30	94	92	90	87	84	81	78	75	71
31–40	167	167	167	168	168	168	168	168	169
über 40	213	216	219	222	227	233	239	245	251

Hundertsätze des Fichte-Tanne-Plenterwaldes

Vorratsklasse Vorrats-festmeter (Vfm)	Ertragsklasse I und besser	I,25	I,50	I,75	II	II,25	II,50	II,75	III und schlechter
bis 200	30	33	36	39	42	47	53	59	65
201–250	41	45	49	53	58	65	73	81	89
251–300	52	57	62	68	74	83	93	103	113
301–350	65	71	77	84	91	103	115	128	141
351–400	78	86	94	102	110	124	139	154	169
401–450	93	102	111	120	130	147	165	173	201
451–500	108	119	130	141	152	172	192	213	234
501–550	124	136	149	162	175	198	221	245	260
551–600	142	156	170	184	199	226	248		
601–650	161	176	192	208	224				
651–700	180	198	216						
über 700	200								

204. Verordnung zur Durchführung des § 55 Abs. 8 des Bewertungsgesetzes

Vom 11. August 1967 (BGBl. I S. 906)

Geändert durch Steuer-Euroglättungsgesetz vom 19. 12. 2000 (BGBl. I S. 1790)

BGBl. III/FNA 610-7-9

Auf Grund des § 55 Abs. 8 und des § 123 Abs. 1 des Bewertungsgesetzes in der Fassung vom 10. Dezember 1965 (Bundesgesetzbl. I S. 1861) verordnet die Bundesregierung mit Zustimmung des Bundesrates:

§ 1 [Vergleichswerte der Hauptbewertungsstützpunkte] (1) Die Vergleichswerte der Hauptbewertungsstützpunkte für den forstwirtschaftlichen Nutzungsteil Hochwald werden auf den 1. Januar 1964 in der nachstehenden Höhe festgesetzt:

Hauptbewertungsstützpunkte			Vergleichswerte der Hauptbewertungsstützpunkte DM
Lfd. Nr.	Belegenheitsfinanzamt	Bewertungsgebiet Nr.	
1	Meschede	3101	68811
2	Geldern	3202	16875
3	Gummersbach	3301	123922
4	Schopfheim	7202	1820751
5	Freudenstadt	7303	1034748
6	Öhringen	7304	897024
7	Wunsiedel	8107	2001118
8	Krumbach	8204	1547012

(2) Die in der Tabelle bezeichneten Bewertungsgebiete ergeben sich aus der Anlage 2 der Verordnung zur Durchführung des § 55 Abs. 3 und 4 des Bewertungsgesetzes vom 27. Juli 1967 (Bundesgesetzbl. I S. 805).

§ 2[1] Die in dieser Verordnung genannten Beträge in Deutscher Mark gelten nach dem 31. Dezember 2001 als Berechnungsgrößen fort.

§ 3 [Inkrafttreten] Diese Verordnung tritt am Tage nach ihrer Verkündung[2] in Kraft.

---

[1] § 2 neugef. durch G v. 19. 12. 2000 (BGBl. I S. 1790).

[2] Verkündet am 18. 8. 1967.

204

210. Gesetz zur Schätzung des landwirtschaftlichen Kulturbodens (Bodenschätzungsgesetz – BodSchätzG)[1)]

Vom 20. Dezember 2007 (BGBl. I S. 3150, 3176)

Zuletzt geändert durch Zehnte Zuständigkeitsanpassungsverordnung vom 31. 8. 2015 (BGBl. I S. 1474)

BGBl. III/FNA 610-8-5

Abschnitt 1. Allgemeines

§ 1 Umfang und Zweck. (1) [1]Zweck der Bodenschätzung ist es, für die Besteuerung der landwirtschaftlich nutzbaren Flächen des Bundesgebiets einheitliche Bewertungsgrundlagen zu schaffen. [2]Die Bodenschätzung dient auch nichtsteuerlichen Zwecken, insbesondere der Agrarordnung, dem Bodenschutz und Bodeninformationssystemen.

(2) [1]Die Bodenschätzung im Sinne dieses Gesetzes umfasst:

1. die Untersuchung des Bodens nach seiner Beschaffenheit,
2. die Beschreibung des Bodens in Schätzungsbüchern sowie die räumliche Abgrenzung in Schätzungskarten und
3. die Feststellung der Ertragsfähigkeit auf Grund der natürlichen Ertragsbedingungen; das sind Bodenbeschaffenheit, Geländegestaltung, klimatische Verhältnisse und Wasserverhältnisse.

[2]Die Ergebnisse der Bodenschätzung sollen automatisiert verarbeitet werden.

§ 2 Begriffsbestimmungen. (1) Zu den landwirtschaftlich nutzbaren Flächen im Sinne des § 1 gehören die folgenden Nutzungsarten:

1. Ackerland,
2. Grünland.

(2) [1]Bei der Feststellung der Nutzungsarten ist von einer der natürlichen Ertragsfähigkeit entsprechenden gemeinüblichen Bewirtschaftung auszugehen; abweichende Bewirtschaftungsformen bleiben unberücksichtigt. [2]Bei einem regelmäßigen Wechsel verschiedener Nutzungsarten auf derselben Fläche (Wechselland) ist die vorherrschende Nutzungsart anzunehmen. [3]Die Bezeichnung der abweichenden Nutzungsart ist zusätzlich in den Schätzungsbüchern und -karten festzuhalten.

(3) Die Nutzungsarten werden durch die folgenden Merkmale bestimmt:

1. das Ackerland umfasst die Bodenflächen zum feldmäßigen Anbau von Getreide, Hülsen- und Ölfrüchten, Hackfrüchten, Futterpflanzen, Obst- und

---

[1)] Das BodenschätzungsG ist **mWv 1. 1. 2008** als Art. 20 des JStG 2008 verkündet worden. Gleichzeitig treten außer Kraft das Bodenschätzungsgesetz vom 16. 10. 1934, die Durchführungsbestimmungen und die Durchführungsverordnungen.

Sonderkulturen sowie Gartengewächsen. [2]Zum Ackerland gehört auch das Acker-Grünland, das durch einen Wechsel in der Nutzung von Ackerland und Gründland gekennzeichnet ist. [3]Hierbei überwiegt die Ackernutzung.

2. das Grünland umfasst die Dauergrasflächen, die in der Regel gemäht oder geweidet werden. [2]Zum Grünland gehört auch der Grünland-Acker, der durch einen Wechsel in der Nutzung von Grünland und Ackerland gekennzeichnet ist. [3]Hierbei überwiegt die Grünlandnutzung. [4]Besonders zu bezeichnen sind:
   a) als Grünland-Wiese diejenigen Dauergrasflächen, die infolge ihrer feuchten Lage nur gemäht werden können (absolutes Dauergrünland),
   b) als Grünland-Streuwiese diejenigen stark vernässten Dauergrünlandflächen, die ausschließlich oder in der Hauptsache durch Entnahme von Streu genutzt werden können,
   c) als Grünland-Hutung diejenigen Flächen geringer Ertragsfähigkeit, die nicht bestellt werden können und im Allgemeinen nur eine Weidennutzung zulassen.

Abschnitt 2. Besondere Schätzungsvorschriften

§ 3 Schätzungsrahmen. [1]Grundlage für eine einheitliche Beurteilung der natürlichen Ertragsfähigkeit der Böden im Bundesgebiet ist

1. für Ackerland der Ackerschätzungsrahmen (Anlage 1)[1)] und
2. für Grünland der Grünlandschätzungsrahmen (Anlage 2)[1)].

[2]Die Schätzungsrahmen weisen Wertzahlen aus, die als Verhältniszahlen die Unterschiede im Reinertrag bei gemeinüblicher und ordnungsgemäßer Bewirtschaftung zum Ausdruck bringen.

§ 4 Wertzahlen. (1) Bei der Ermittlung der Wertzahlen sind alle die natürliche Ertragsfähigkeit beeinflussenden Umstände, insbesondere beim Ackerland Bodenart, Zustandsstufe und Entstehung und beim Grünland Bodenart, Bodenstufe, Klima- und Wasserverhältnisse zu berücksichtigen.

(2) [1]Für das Ackerland werden als Wertzahlen Bodenzahl und Ackerzahl festgelegt. [2]Die Bodenzahl bringt die durch Bodenbeschaffenheit bedingten Unterschiede der natürlichen Ertragsfähigkeit zum Ausdruck. [3]Die Ackerzahl berücksichtigt außerdem Ertragsunterschiede, die auf Klima, Geländegestaltung und andere natürliche Ertragsbedingungen zurückzuführen sind, durch prozentuale Zu- und Abrechnungen an der Bodenzahl.

(3) [1]Für das Grünland werden als Wertzahlen Grünlandgrundzahl und Gründlandzahl festgelegt. [2]Die Grünlandgrundzahl bringt die durch Bo-

---

1) Hier nicht abgedruckt.

denbeschaffenheit, Klima- und Wasserverhältnisse bedingten Unterschiede der natürlichen Ertragsfähigkeit zum Ausdruck. [3]Die Grünlandzahl berücksichtigt außerdem die Ertragsunterschiede, die auf Geländegestaltung und andere natürliche Ertragsbedingungen zurückzuführen sind, durch prozentuale Abrechnungen an der Grünlandgrundzahl. [4]Bei der Schätzung von Gründland-Hutungen und Grünland-Streuwiesen werden nur die Grünlandzahlen festgelegt.

§ 5 Klassen-, Klassenabschnitts- und Sonderflächen der Bodenschätzung. [1]Flächen, die sich in Bodenbeschaffenheit, Geländegestaltung, klimatischen Verhältnissen und Wasserverhältnissen wesentlich unterscheiden, sind als Klassenflächen voneinander abzugrenzen. [2]Innerhalb der Klassenflächen können bei Abweichungen der Bodenbeschaffenheit oder der Wasserverhältnisse Klassenabschnittsflächen gebildet werden. [3]Wesentliche Abweichungen der übrigen natürlichen Ertragsbedingungen werden durch die Abgrenzung von Sonderflächen berücksichtigt.

§ 6 Musterstücke. (1) [1]Zur Sicherung der Gleichmäßigkeit der Bodenschätzung werden ausgewählte Bodenflächen als Musterstücke geschätzt. [2]Die Gesamtheit der Musterstücke soll einen Querschnitt über die im Bundesgebiet hauptsächlich vorhandenen Böden hinsichtlich ihrer natürlichen Ertragsfähigkeit darstellen.

(2) Die natürliche Ertragsfähigkeit der Musterstücke ist auf der Grundlage der Schätzungsrahmen (§ 3) einzustufen.

(3)[1)] Das Bundesministerium der Finanzen wird ermächtigt, zur Sicherung der Gleichmäßigkeit der Besteuerung und des Steueraufkommens durch Rechtsverordnung, ohne Zustimmung des Bundesrates, die in Absatz 1 genannten Musterstücke im Bundesgesetzblatt bekannt zu machen.

§ 7 Vergleichsstücke. [1]In jeder Gemarkung sind für die wichtigsten und besonders typischen Böden Vergleichsstücke auszuwählen und zu beschreiben. [2]Die Schätzung der Vergleichsstücke ist in Anlehnung an die Bewertung der Musterstücke durchzuführen.

§ 8 Bodenprofile. [1]Die Bodenbeschaffenheit der Klassen- und Klassenabschnittsflächen ist anhand eines für die jeweilige Klasse und den jeweiligen Klassenabschnitt typischen Bodenprofils – bestimmendes Grabloch – zu beschreiben. [2]Ihre Ertragsfähigkeit ist in Anlehnung an Musterstücke und Vergleichstücke zu schätzen.

§ 9 Ertragsmesszahl. (1) [1]Die Ertragsmesszahl drückt die natürliche Ertragsfähigkeit einer bodengeschätzten Fläche aus. [2]Sie ist das Produkt einer Fläche in Ar und der Acker- oder Grünlandzahl (Wertzahlen).

(2) Bestehen innerhalb einer Fläche mehrere Teilflächen mit verschiedenen Acker- oder Grünlandzahlen, so bildet die Summe der Produkte der einzelnen Teilflächen in Ar und der jeweiligen Wertzahl die Ertragsmesszahl der Gesamtfläche.

---

1) VO vom 23. 2. 2012 (BGBl. I S. 311 ff.).

§ 10 Schätzungsbücher und -karten. (1) In den Schätzungsbüchern sind festzuhalten:
1. die Belegenheitsgemeinde oder -gemarkung,
2. das Datum der Schätzung,
3. die Bezeichnung der für die Schätzung maßgeblichen Nutzungsart,
4. die Bezeichnung der Klassen-, Klassenabschnitts- und Sonderflächen,
5. die Beschreibung der Bodenprofile (bestimmende und nicht bestimmende Grablöcher),
6. die Wertzahlen.

(2) In den Schätzungskarten sind festzuhalten:
1. die räumliche Abgrenzung der Klassen-, Klassenabschnitts- und Sonderflächen und deren Bezeichnung,
2. die Wertzahlen,
3. die Lage und Nummer der Bodenprofile einschließlich der Kennzeichnung der bestimmenden und nicht bestimmenden Grablöcher.

(3) Musterstücke und Vergleichstücke sind in Schätzungsbüchern und -karten darzustellen.

§ 11 Nachschätzung. (1) Wenn sich die natürlichen Ertragsbedingungen, die den Bodenschätzungsergebnissen einzelner Bodenflächen zugrunde liegen, durch natürliche Ereignisse oder durch künstliche Maßnahmen wesentlich und nachhaltig verändert haben oder sich die Nutzungsart (§ 2) nachhaltig geändert hat, ist eine Nachschätzung durchzuführen.

(2) [1]Im Rahmen der Nachschätzung sind Flächen auszuscheiden, die nicht mehr zur landwirtschaftlichen Nutzung gehören. [2]Bisher nicht einer Bodenschätzung unterliegende Flächen, für die sich jetzt eine landwirtschaftliche Nutzung ergibt, sind zu erfassen.

Abschnitt 3. Verfahrensvorschriften

§ 12 Anwendung der Abgabenordnung. [1]Sofern dieses Gesetz keine andere Regelung trifft, finden der Dritte Abschnitt des Ersten Teils (§§ 16 bis 29), der Dritte Teil (§§ 78 bis 133) und der Siebente Teil (§§ 347 bis 368) der Abgabenordnung Anwendung. [2]Die Vorschriften über die gesonderte Feststellung von Einheitswerten (§§ 180 bis 183 der Abgabenordnung) sind entsprechend anzuwenden.

§ 13 Offenlegung der Bodenschätzungsergebnisse. (1) Die Ergebnisse der Bodenschätzung sind den Eigentümern und Nutzungsberechtigten durch Offenlegung bekannt zu geben.

(2) [1]Die Offenlegungsfrist beträgt einen Monat. [2]Ihr Beginn ist regelmäßig nach § 122 Abs. 3 und 4 der Abgabenordnung öffentlich bekannt zu geben.

(3) [1] Mit dem Ablauf der Offenlegungsfrist treten die Rechtswirkungen eines Feststellungsbescheids über die Ergebnisse der Bodenschätzung ein. [2] Als Bekanntgabe gilt der letzte Tag der Offenlegungsfrist.

(4) Die Offenlegung hat regelmäßig zu den üblichen Dienstzeiten in den Räumen des Finanzamts stattzufinden.

§ 14 Übernahme in das Liegenschaftskataster. (1) Nach Bestandskraft sind die Bodenschätzungsergebnisse sowie die Lage und Bezeichnung der Bodenprofile (§ 8) unverzüglich in das Liegenschaftskataster zu übernehmen.

(2) Die mit der Führung des Liegenschaftskatasters beauftragten Behörden berechnen nach § 9 für jedes Flurstück anlassbezogen die Ertragsmesszahl.

(3) Die Musterstücke und Vergleichsstücke sind im Liegenschaftskataster besonders zu kennzeichnen.

§ 15 Betreten von Grundstücken. [1] Die Eigentümer und Nutzungsberechtigten der Grundstücke sind verpflichtet, den mit der Durchführung dieses Gesetzes Beauftragten jederzeit das Betreten der Grundstücke zu gestatten und die erforderlichen Maßnahmen, insbesondere Aufgrabungen, zu dulden. [2] Für nicht vorsätzlich verursachte Schäden besteht kein Anspruch auf Schadensersatz. [3] Die Durchführung von Bodenschätzungsarbeiten in einer Gemarkung ist in ortsüblicher Weise bekannt zu geben.

§ 16 Aufgaben anderer Behörden. Zur Durchführung der Bodenschätzung sind die nach Landesrecht zuständigen Behörden verpflichtet, die erforderlichen Grundlagen bereitzustellen.

Abschnitt 4. Schätzungsbeirat, Schätzungsausschüsse

§ 17 Schätzungsbeirat. (1) Zur Schätzung der Musterstücke und zur Vorbereitung der Bekanntgabe in einer Rechtsverordnung (§ 6 Abs. 3) wird beim Bundesministerium der Finanzen ein Schätzungsbeirat gebildet.

(2) [1] Dem Schätzungsbeirat des Bundes gehören an

1. ein Vertreter/eine Vertreterin des Bundesministeriums der Finanzen als Vorsitzende/r,
2. ein Vertreter/eine Vertreterin des Bundesministeriums für Ernährung und Landwirtschaft[1)],
3. zehn weitere Mitglieder mit besonderer Sachkenntnis auf dem Gebiet der Landwirtschaft und der Bodenkunde.

[2] Das Bundesministerium der Finanzen beruft im Benehmen mit dem Bundesministerium für Ernährung und Landwirtschaft[1)] die Mitglieder nach Satz 1 Nr. 3 auf Vorschlag der obersten Finanzbehörden der Länder. [3] Die Berufung kann mit Zustimmung der obersten Finanzbehörden der Länder zurückgenommen werden.

---

1) Bezeichnung geänd. durch VO v. 31. 8. 2015 (BGBl. I S. 1474).

(3) Der Schätzungsbeirat gibt sich eine Geschäftsordnung, in der Einzelheiten der Mitwirkung, der Geschäftsführung, der Beschlussfassung sowie Rechte und Pflichten der Mitglieder geregelt werden.

§ 18 Schätzungsausschüsse. (1) [1]Zur Durchführung der Bodenschätzung und Ermittlung der Schätzungsergebnisse werden bei den Finanzämtern Schätzungsausschüsse gebildet. [2]Für mehrere Finanzämter kann auch ein gemeinsamer Schätzungsausschuss eingerichtet werden.

(2) [1]Einem Schätzungsausschuss gehören an

1. ein Amtlicher Landwirtschaftlicher Sachverständiger oder eine Amtliche Landwirtschaftliche Sachverständige der Finanzverwaltung als Vorsitzender oder Vorsitzende und
2. von der Finanzverwaltung zu berufende Ehrenamtliche Bodenschätzer mit Kenntnissen auf den Gebieten der Landwirtschaft und der Bodenkunde.

[2]Der Schätzungsausschuss wird unterstützt durch einen Mitarbeiter oder eine Mitarbeiterin zur Durchführung der vermessungstechnischen Arbeiten.

(3) Der Schätzungsausschuss wirkt bei der Schätzung der Vergleichsstücke (§ 7) mit, die verantwortlich von der zuständigen Landesbehörde vor Durchführung der eigentlichen Schätzungsarbeiten ausgewählt und eingestuft werden.

Abschnitt 5. Schlussvorschriften

§ 19 Nutzung der Ergebnisse der Bodenschätzung durch andere Behörden. [1]Die Ergebnisse und Daten der Bodenschätzung können anderen Behörden zur Erfüllung ihrer Aufgaben übermittelt und von ihnen genutzt werden. [2]Die Weitergabe an andere Nutzer erfolgt nach landesrechtlichen Bestimmungen.

§ 20 Fortgeltung bisherigen Rechts. Die in der Anlage zu § 1 der Verordnung vom 20. April 2000 (BGBl. I S. 642) aufgeführten Musterstücke behalten bis zum Erlass einer Rechtsverordnung nach § 6 Abs. 3 und der Bekanntgabe neuer Musterstücke auf diesem Weg auch nach dem 1. Januar 2008 ihre Gültigkeit.

220. Vermögensteuergesetz (VStG)

In der Fassung der Bekanntmachung vom 14. November 1990 (BGBl. I S. 2467)[1) 2) 3)]

Geändert durch Kultur- und Stiftungsförderungsgesetz vom 13. 12. 1990 (BGBl. I S. 2775), Steueränderungsgesetz 1991 vom 24. 6. 1991 (BGBl. I S. 1322), Steueränderungsgesetz 1992 vom 25. 2. 1992 (BGBl. I S. 297), Zinsabschlaggesetz vom 9. 11. 1992 (BGBl. I S. 1853), Gesetz zur Umsetzung des Föderalen Konsolidierungsprogramms vom 23. 6. 1993 (BGBl. I S. 944), Standortsicherungsgesetz vom 13. 9. 1993 (BGBl. I S. 1569), FÖJ – Förderungsgesetz vom 17. 12. 1993 (BGBl. I S. 2118), Mißbrauchsbekämpfungs- und Steuerbereinigungsgesetz vom 21. 12. 1993 (BGBl. I S. 2310), Eisenbahnneuordnungsgesetz vom 27. 12. 1993 (BGBl. I S. 2378), Postneuordnungsgesetz vom 14. 9. 1994 (BGBl. I S. 2325), Jahressteuergesetz 1996 vom 11. 10. 1995 (BGBl. I S. 1250), Jahressteuer-Ergänzungsgesetz 1996 vom 18. 12. 1995 (BGBl. I S. 1959), Drittes Finanzmarktförderungsgesetz vom 24. 3. 1998 (BGBl. I S. 529) und Siebente Zuständigkeitsanpassungs-Verordnung vom 29. 10. 2001 (BGBl. I S. 2785)

BGBl. III/FNA 611-6-3-2

Nichtamtliche Übersicht

[1)] Neubekanntmachung des VStG idF der Bek. v. 14. 3. 1985 (BGBl. I S. 558) auf Grund des § 24 des VStG in der ab 1. 1. 1991 geltenden Fassung.

Zum Anwendungsbereich vgl. § 25.

[2)] **Das VStG tritt im Beitrittsgebiet am 1. 1. 1991 in Kraft** (vgl. Anlage I Kap. IV Sachgebiet B Abschn. II Nr. 14 des Einigungsvertrags). Im besonderen siehe §§ 24 b und 24 c.

[3)] **Aufgrund des Beschlusses des BVerfG vom 22. 6. 1995 (siehe Anm. zu § 10 Nr. 1) kann die Vermögensteuer wegen ihrer teilweisen Verfassungswidrigkeit ab 1997 nicht mehr erhoben werden.**

I. Steuerpflicht, Bemessungsgrundlage

§ 1 Unbeschränkte Steuerpflicht. (1) Unbeschränkt vermögensteuerpflichtig sind

1. natürliche Personen, die im Inland einen Wohnsitz oder ihren gewöhnlichen Aufenthalt haben;
2. die folgenden Körperschaften, Personenvereinigungen und Vermögensmassen, die im Inland ihre Geschäftsleitung oder ihren Sitz haben:
   a) Kapitalgesellschaften (Aktiengesellschaften, Kommanditgesellschaften auf Aktien, Gesellschaften mit beschränkter Haftung, bergrechtliche Gewerkschaften);
   b) Erwerbs- und Wirtschaftsgenossenschaften;
   c) Versicherungsvereine auf Gegenseitigkeit;
   d)[1] sonstige juristische Personen des privaten Rechts;
   e) nichtrechtsfähige Vereine, Stiftungen und andere Zweckvermögen des privaten Rechts;
   f) Kreditanstalten des öffentlichen Rechts;
   g) Gewerbebetriebe im Sinne des Gewerbesteuergesetzes von juristischen Personen des öffentlichen Rechts, soweit sie nicht bereits unter den Buchstaben f fallen. [2]Als Gewerbebetrieb gelten auch die Verpachtung eines Gewerbebetriebs sowie Anteile an einer offenen Handelsgesellschaft, einer Kommanditgesellschaft oder einer ähnlichen Gesellschaft, bei der die Gesellschafter als Unternehmer (Mitunternehmer) anzusehen sind.

(2) [1]Unbeschränkt vermögensteuerpflichtig sind auch deutsche Staatsangehörige, die

---

[1)] § 1 Absatz 1 Nummer 2 Buchstabe d, § 3 Absatz 1 Nummer 10 Satz 1 Vermögensteuergesetz (VStG), jeweils in der für den Stichtag 1. Januar 1989 und die folgenden Stichtage geltenden Fassung, waren insoweit mit dem Recht auf Chancengleichheit (Artikel 3 Absatz 1 in Verbindung mit Artikel 9 Absatz 1, Artikel 28 Absatz 1 Satz 2 des Grundgesetzes) unvereinbar und nichtig, als hiernach kommunale Wählervereinigungen und ihre Dachverbände – anders als politische Parteien und deren Gebietsverbände – bis zum 31. Dezember 1996 vermögensteuerpflichtig waren (Beschluß des Bundesverfassungsgerichts v. 29. 9. 1998 – 2 BvL 64/93 –, BGBl. I S. 3682).

1. im Inland weder einen Wohnsitz noch ihren gewöhnlichen Aufenthalt haben und
2. zu einer inländischen juristischen Person des öffentlichen Rechts in einem Dienstverhältnis stehen und dafür Arbeitslohn aus einer inländischen öffentlichen Kasse beziehen,

sowie zu ihrem Haushalt gehörende Angehörige, die die deutsche Staatsangehörigkeit besitzen. 2 Dies gilt nur für natürliche Personen, die in dem Staat, in dem sie ihren Wohnsitz oder ihren gewöhnlichen Aufenthalt haben, lediglich in einem der beschränkten Steuerpflicht ähnlichen Umfang zu Personensteuern herangezogen werden.

(3) Die unbeschränkte Vermögensteuerpflicht erstreckt sich auf das Gesamtvermögen.

(4) Zum Inland im Sinne dieses Gesetzes gehört auch der der Bundesrepublik Deutschland zustehende Anteil am Festlandsockel, soweit dort Naturschätze des Meeresgrundes und des Meeresuntergrundes erforscht oder ausgebeutet werden.

§ 2 Beschränkte Steuerpflicht. (1) Beschränkt steuerpflichtig sind

1. natürliche Personen, die im Inland weder einen Wohnsitz noch ihren gewöhnlichen Aufenthalt haben;
2. Körperschaften, Personenvereinigungen und Vermögensmassen, die im Inland weder ihre Geschäftsleitung noch ihren Sitz haben.

(2) Die beschränkte Steuerpflicht erstreckt sich nur auf Vermögen der in § 121 des Bewertungsgesetzes genannten Art, das auf das Inland entfällt.

(3) 1 Abweichend von Absatz 2 erstreckt sich die beschränkte Steuerpflicht eines Steuerpflichtigen mit Wohnsitz oder gewöhnlichem Aufenthalt, Sitz oder Ort der Geschäftsleitung in einem ausländischen Staat nicht auf das inländische Betriebsvermögen, das dem Betrieb von eigenen oder gecharterten Seeschiffen oder Luftfahrzeugen eines Unternehmens dient, dessen Geschäftsleitung sich in dem ausländischen Staat befindet. 2 Voraussetzung für die Steuerbefreiung ist, daß dieser ausländische Staat Steuerpflichtigen mit Wohnsitz oder gewöhnlichem Aufenthalt, Sitz oder Ort der Geschäftsleitung im Inland eine entsprechende Steuerbefreiung für derartiges Vermögen gewährt und daß das Bundesministerium für Verkehr, Bau- und Wohnungswesen[1] die Steuerbefreiung für verkehrspolitisch unbedenklich erklärt hat.

§ 3 Befreiungen. (1) Von der Vermögensteuer sind befreit

1.[2] [***letztmals für Kj. 1994:*** die Deutsche Bundespost] [***für Kj. 1995:*** die Deutsche Post AG, die Deutsche Postbank AG, die Deutsche Telekom AG], das Bundeseisenbahnvermögen, die Monopolverwaltungen des Bundes, die staatlichen Lotterieunternehmen und der Erdölbevorratungsverband nach § 2 Abs. 1 des Erdölbevorratungsgesetzes in der Fassung der Bekanntmachung vom 8. Dezember 1987 (BGBl. I S. 2510);

---

[1] Bezeichnung geänd. durch VO v. 29. 10. 2001 (BGBl. I S. 2785).

[2] § 3 Abs. 1 Nr. 1 geänd. durch G v. 27. 12. 1993 (BGBl. I S. 2378) und v. 14. 9. 1994 (BGBl. I S. 2325); zur Anwendung siehe § 25 Abs. 7 und 8.

1 a.[1] *(aufgehoben)*;

2.[2] die Deutsche Bundesbank, die Kreditanstalt für Wiederaufbau, die Deutsche Ausgleichsbank, die Landwirtschaftliche Rentenbank, die Bayerische Landesanstalt für Aufbaufinanzierung, die Hessische Landesentwicklungs- und Treuhandgesellschaft mit beschränkter Haftung, die Niedersächsische Gesellschaft für öffentliche Finanzierungen mit beschränkter Haftung, die Finanzierungs-Aktiengesellschaft Rheinland-Pfalz, die Hanseatische Gesellschaft für öffentliche Finanzierungen mit beschränkter Haftung Bremen, die Landeskreditbank Baden-Württemberg-Förderungsanstalt, die Bayerische Landesbodenkreditanstalt, die Investitionsbank Berlin – Anstalt der Landesbank Berlin-Girozentrale –, die Hamburgische Wohnungsbaukreditanstalt, die Niedersächsische Landestreuhandstelle für den Wohnungs- und Städtebau, die Wohnungsbauförderungsanstalt Nordrhein-Westfalen – Anstalt der Westdeutschen Landesbank Girozentrale –, die Niedersächsische Landestreuhandstelle für Wirtschaftsförderung Norddeutsche Landesbank, die Landestreuhandstelle für Agrarförderung Norddeutsche Landesbank, die Saarländische Investitionskreditbank Aktiengesellschaft, die Investitionsbank Schleswig-Holstein – Zentralbereich der Landesbank Schleswig-Holstein Girozentrale –, die Investitionsbank des Landes Brandenburg, die Sächsische Aufbaubank, die Sächsische Aufbaubank GmbH, die Thüringer Aufbaubank, das Landesförderinstitut Sachsen-Anhalt – Geschäftsbereich der Norddeutschen Landesbank Girozentrale Mitteldeutsche Landesbank –, die Investitions- und Strukturbank Rheinland-Pfalz, das Landesförderinstitut Mecklenburg-Vorpommern – Geschäftsbereich der Norddeutschen Landesbank Girozentrale – und die Liquiditäts-Konsortialbank Gesellschaft mit beschränkter Haftung;

2 a. die Staatsbank Berlin, die Treuhandanstalt;

3. Unternehmen, die durch Staatsverträge verpflichtet sind, die Erträge ihres Vermögens zur Aufbringung der Mittel für die Errichtung von Bundeswasserstraßen zu verwenden, sowie Unternehmen, deren Erträge ganz oder teilweise einem solchen Unternehmen zufließen, solange und soweit das Vermögen der Unternehmen ausschließlich diesem Zweck dient; § 101 des Bewertungsgesetzes findet keine Anwendung;

4. Einrichtungen, die unmittelbar dem Unterrichts-, Erziehungs- und Bildungswesen, der körperlichen Ertüchtigung, der Kranken-, Gesundheits-, Wohlfahrts- und Jugendpflege dienen, ohne Rücksicht auf die Rechtsform, in der sie bestehen, wenn sie gehören

   a) dem Bund, einem Land, einer Gemeinde, einem Gemeindeverband, einem Zweckverband oder Sozialversicherungsträgern,

---

[1] § 3 Abs. 1 Nr. 1 a aufgeh. mWv Kj. 1994 (§ 25 Abs. 7) durch G v. 27. 12. 1993 (BGBl. I S. 2378).

[2] § 3 Abs. 1 Nr. 2 neugef. durch G v. 13. 9. 1993 (BGBl. I S. 1569), geänd. durch G v. 21. 12. 1993 (BGBl. I S. 2310), v. 18. 12. 1995 (BGBl. I S. 1959) und v. 24. 3. 1998 (BGBl. I S. 529); zur Anwendung von Nr. 2 siehe § 25 Abs. 4 Satz 1 und Abs. 5 Sätze 1 und 2.

b) den Religionsgesellschaften, die Körperschaften des öffentlichen Rechts sind, sowie ihren Einrichtungen;

5. rechtsfähige Pensions-, Sterbe-, Kranken- und Unterstützungskassen im Sinne des § 5 Abs. 1 Nr. 3 des Körperschaftsteuergesetzes, soweit sie die für eine Befreiung von der Körperschaftsteuer erforderlichen Voraussetzungen erfüllen. [2]In den Fällen des § 6 Abs. 1, 3 und 5 des Körperschaftsteuergesetzes besteht Steuerpflicht jeweils für das Kalenderjahr, das einem Kalenderjahr folgt, für das die Kasse körperschaftsteuerpflichtig ist. [3]In diesen Fällen werden bei der Ermittlung des Betriebsvermögens oder des Gesamtvermögens noch nicht erbrachte Leistungen der Kasse nicht abgezogen. [4]Von dem Gesamtvermögen ist der Teil anzusetzen, der dem Verhältnis entspricht, in dem der übersteigende Betrag im Sinne des § 6 Abs. 1 oder 5 des Körperschaftsteuergesetzes zu dem Vermögen im Sinne des § 5 Abs. 1 Nr. 3 Buchstabe d oder e des Körperschaftsteuergesetzes steht;

6. kleinere Versicherungsvereine auf Gegenseitigkeit im Sinne des § 53 des Versicherungsaufsichtsgesetzes, wenn sie die für eine Befreiung von der Körperschaftsteuer erforderlichen Voraussetzungen erfüllen;

6a. der Pensions-Sicherungs-Verein Versicherungsverein auf Gegenseitigkeit, wenn er die für eine Befreiung von der Körperschaftsteuer erforderlichen Voraussetzungen erfüllt;

7.[1] Erwerbs- und Wirtschaftsgenossenschaften sowie Vereine im Sinne des § 5 Abs. 1 Nr. 14 des Körperschaftsteuergesetzes, soweit sie von der Körperschaftsteuer befreit sind. [2]In den Fällen des Verzichts nach § 54 Abs. 5 Satz 1 des Körperschaftsteuergesetzes besteht die Steuerpflicht jeweils für das Kalenderjahr, für das auf die Steuerbefreiung verzichtet wird. [3]In den Fällen des Widerrufs nach § 54 Abs. 5 Satz 3 des Körperschaftsteuergesetzes tritt die Steuerbefreiung für das Kalenderjahr ein, für das er gelten soll;

7a. landwirtschaftliche Produktionsgenossenschaften und deren Rechtsnachfolger in der Rechtsform der Genossenschaft, wenn sie von der Gewerbesteuer befreit sind;

8.[2] Berufsverbände ohne öffentlich-rechtlichen Charakter sowie kommunale Spitzenverbände auf Bundes- oder Landesebene einschließlich ihrer Zusammenschlüsse, wenn der Zweck dieser Verbände nicht auf einen wirtschaftlichen Geschäftsbetrieb gerichtet ist. [2]Die Steuerbefreiung ist ausgeschlossen,

a) soweit die Körperschaften oder Personenvereinigungen einen wirtschaftlichen Geschäftsbetrieb unterhalten oder

---

[1] § 3 Abs. 1 Nr. 7 neugef. mit erstmaliger Wirkung für die VSt des Kj. 1990 durch G v. 13. 12. 1990 (BGBl. I S. 2775).

[2] § 3 Abs. 1 Nr. 8 neugef. mit erstmaliger Wirkung für die VSt des Kj. 1991 durch G v. 25. 2. 1992 (BGBl. I S. 297), neugef. mit erstmaliger Wirkung für die VSt des Kj. 1995 durch G v. 11. 10. 1995 (BGBl. I S. 1250).

b) wenn die Berufsverbände Mittel von mehr als 10 vom Hundert der Einnahmen für die unmittelbare oder mittelbare Unterstützung oder Förderung politischer Parteien verwenden.

[3] Die Sätze 1 und 2 gelten auch für Zusammenschlüsse von juristischen Personen des öffentlichen Rechts, die wie die Berufsverbände allgemeine ideelle und wirtschaftliche Interessen ihrer Mitglieder wahrnehmen;

9. Körperschaften oder Personenvereinigungen, deren Hauptzweck die Verwaltung des Vermögens für einen nichtrechtsfähigen Berufsverband der in Nummer 8 bezeichneten Art ist, sofern ihre Erträge im wesentlichen aus dieser Vermögensverwaltung herrühren und ausschließlich dem Berufsverband zufließen;

10.[1] politische Parteien im Sinne des § 2 des Parteiengesetzes und ihre Gebietsverbände. [2] Wird ein wirtschaftlicher Geschäftsbetrieb unterhalten, so ist die Steuerbefreiung insoweit ausgeschlossen;

11.[2] öffentlich-rechtliche Versicherungs- und Versorgungseinrichtungen von Berufsgruppen, deren Angehörige auf Grund einer durch Gesetz angeordneten oder auf Gesetz beruhenden Verpflichtung Mitglieder dieser Einrichtungen sind, wenn die Satzung der Einrichtung die Zahlung keiner höheren jährlichen Beiträge zuläßt als das Zwölffache der Beiträge, die sich bei einer Beitragsbemessungsgrundlage in Höhe der doppelten monatlichen Beitragsbemessungsgrenze in der Rentenversicherung der Arbeiter und Angestellten ergeben würden. [2] Ermöglicht die Satzung der Einrichtung nur Pflichtmitgliedschaften sowie freiwillige Mitgliedschaften, die unmittelbar an eine Pflichtmitgliedschaft anschließen, so steht dies der Steuerbefreiung nicht entgegen, wenn die Satzung die Zahlung keiner höheren jährlichen Beiträge zuläßt als das Fünfzehnfache der Beiträge, die sich bei einer Beitragsbemessungsgrundlage in Höhe der doppelten monatlichen Beitragsbemessungsgrenze in der Rentenversicherung der Arbeiter und Angestellten ergeben würden;

12. Körperschaften, Personenvereinigungen und Vermögensmassen, die nach der Satzung, dem Stiftungsgeschäft oder der sonstigen Verfassung und nach der tatsächlichen Geschäftsführung ausschließlich und unmittelbar gemeinnützigen, mildtätigen oder kirchlichen Zwecken dienen. [2] Wird ein wirtschaftlicher Geschäftsbetrieb unterhalten, ist die Steuerfreiheit insoweit ausgeschlossen. [3] Satz 2 gilt nicht für die selbstbewirtschaftete forstwirtschaftliche Nutzung eines Betriebs der Land- und

---

[1] § 1 Absatz 1 Nummer 2 Buchstabe d, § 3 Absatz 1 Nummer 10 Satz 1 Vermögensteuergesetz (VStG), jeweils in der für den Stichtag 1. Januar 1989 und die folgenden Stichtage geltenden Fassung, waren insoweit mit dem Recht auf Chancengleichheit (Artikel 3 Absatz 1 in Verbindung mit Artikel 9 Absatz 1, Artikel 28 Absatz 1 Satz 2 des Grundgesetzes) unvereinbar und nichtig, als hiernach kommunale Wählervereinigungen und ihre Dachverbände – anders als politische Parteien und deren Gebietsverbände – bis zum 31. Dezember 1996 vermögensteuerpflichtig waren (Beschluß des Bundesverfassungsgerichts v. 29. 9. 1998 – 2 BvL 64/93 – BGBl. I S. 3682).

[2] Erstmals anzuwenden auf die VSt des Kj. 1992 (§ 25 Abs. 5 Satz 3).

Forstwirtschaft (§ 34 des Bewertungsgesetzes) und für Nebenbetriebe im Sinne des § 42 des Bewertungsgesetzes, die dieser Nutzung dienen;[1)]

13. Erwerbs- und Wirtschaftsgenossenschaften sowie Vereine im Sinne des § 5 Abs. 1 Nr. 10 des Körperschaftsteuergesetzes, soweit sie von der Körperschaftsteuer befreit sind. [2]In den Fällen des Verzichts nach § 54 Abs. 5 Satz 1 des Körperschaftsteuergesetzes besteht die Steuerpflicht jeweils für das Kalenderjahr, für das auf die Steuerbefreiung verzichtet wird. [3]In den Fällen des Widerrufs nach § 54 Abs. 5 Satz 3 des Körperschaftsteuergesetzes tritt die Steuerbefreiung für das Kalenderjahr ein, für das er gelten soll;

14. (weggefallen)

15. die von den zuständigen Landesbehörden begründeten oder anerkannten gemeinnützigen Siedlungsunternehmen im Sinne des Reichssiedlungsgesetzes in der im Bundesgesetzblatt Teil III, Gliederungsnummer 2331-1, veröffentlichten bereinigten Fassung, zuletzt geändert durch

(Fortsetzung nächstes Blatt)

[1)] Zur erstmaligen Anwendung von Satz 3 siehe § 25 Abs. 2.

Artikel 2 Nr. 24 des Gesetzes vom 8. Dezember 1986 (BGBl. I S. 2191), und im Sinne der Bodenreformgesetze der Länder, soweit die Unternehmen im ländlichen Raum Siedlungs-, Agrarstrukturverbesserungs- und Landentwicklungsmaßnahmen mit Ausnahme des Wohnungsbaus durchführen. [2]Die Steuerbefreiung ist ausgeschlossen, wenn die Einnahmen des Unternehmens aus den in Satz 1 nicht bezeichneten Tätigkeiten die Einnahmen aus den in Satz 1 bezeichneten Tätigkeiten übersteigen;

16.[1)] Bürgschaftsbanken (Kreditgarantiegemeinschaften) im Sinne des § 5 Abs.1 Nr. 17 des Körperschaftsteuergesetzes, wenn sie die für eine Befreiung von der Körperschaftsteuer erforderlichen Voraussetzungen erfüllen;

17. Körperschaften, Personenvereinigungen und Vermögensmassen, die als Sicherungseinrichtung eines Verbandes der Kreditinstitute nach ihrer Satzung oder sonstigen Verfassung ausschließlich den Zweck haben, bei Gefahr für die Erfüllung der Verpflichtungen eines Kreditinstituts Hilfe zu leisten. [2]Voraussetzung ist, daß das Vermögen und etwa erzielte Überschüsse nur zur Erreichung des satzungsmäßigen Zwecks verwendet werden. [3]Die Sätze 1 und 2 gelten entsprechend für Einrichtungen zur Sicherung von Spareinlagen bei Unternehmen, die am 31. Dezember 1989 als gemeinnützige Wohnungsunternehmen anerkannt waren;

18.[2)] die folgenden Kapitalbeteiligungsgesellschaften für die mittelständische Wirtschaft, soweit sich deren Geschäftsbetrieb darauf beschränkt, im öffentlichen Interesse mit Eigenmitteln oder mit staatlicher Hilfe Beteiligungen zu erwerben, wenn der von ihnen erzielte Gewinn ausschließlich und unmittelbar für die satzungsmäßigen Zwecke der Beteiligungsfinanzierung verwendet wird:
Mittelständische Beteiligungsgesellschaft Baden-Württemberg GmbH, Kapitalbeteiligungsgesellschaft für die mittelständische Wirtschaft Bayerns mbH, MBG Mittelständische Beteiligungsgesellschaft Hessen GmbH, Mittelständische Beteiligungsgesellschaft Niedersachsen (MBG) mbH, Kapitalbeteiligungsgesellschaft für die mittelständische Wirtschaft in Nordrhein-Westfalen mbH, Mittelständische Beteiligungs- und Wagnisfinanzierungsgesellschaft Rheinland-Pfalz mbH, Saarländische Kapitalbeteiligungsgesellschaft mbH, *Schleswig-Holsteinische Gesellschaft für Wagniskapital mbH*, [***ab Kj. 1996:*** Gesellschaft für Wagniskapital Mittelständische Beteiligungsgesellschaft Schleswig-Holstein Gesellschaft mit beschränkter Haftung – MBG –],[3)] Technologie-Beteiligungs-Gesellschaft mbH der Deutschen Ausgleichsbank [***ab Kj. 1994:*** bgb Beteiligungsgesellschaft Berlin mbH für kleine und mittlere Betriebe, Mittelständische Beteiligungsgesellschaft Berlin-Brandenburg mbH, Mittelständische Beteiligungsgesellschaft Mecklenburg-Vorpommern mbH, Mittelständische Beteiligungsgesellschaft Sachsen

---

[1)] § 3 Abs. 1 Nr. 16 eingef. mWv Kj. 1991 (§ 25 Abs. 4 Satz 2) durch G v. 25. 2. 1992 (BGBl. I S. 297).

[2)] § 3 Abs. 1 Nr. 18 eingef. mWv Kj. 1992 (§ 25 Abs. 5 Satz 5) durch G v. 25. 2. 1992 (BGBl. I S. 297).

[3)] § 3 Abs. 1 Nr. 18 kursiver Satzteil ersetzt durch Klammerzusatz mWv Kj. 1996 (§ 25 Abs. 9 Sätze 3 und 4) durch G v. 11. 10. 1995 (BGBl. I S. 1250).

mbH, Mittelständische Beteiligungsgesellschaft Sachsen-Anhalt mbH, Mittelständische Beteiligungsgesellschaft Thüringen (MBG) mbH][1];

19. Unternehmensbeteiligungsgesellschaften, die nach dem Gesetz über Unternehmensbeteiligungsgesellschaften vom 17. Dezember 1986 (BGBl. I S. 2488) in dem Kalenderjahr, das dem Veranlagungszeitpunkt vorangeht, anerkannt sind. [2]Der Widerruf der Anerkennung und der Verzicht auf die Anerkennung haben Wirkung für die Vergangenheit, wenn nicht Aktien der Unternehmensbeteiligungsgesellschaft öffentlich angeboten worden sind. [3]Bescheide über die Anerkennung, die Rücknahme oder den Widerruf der Anerkennung und über die Feststellung, ob Aktien der Unternehmensbeteiligungsgesellschaft öffentlich angeboten worden sind, sind Grundlagenbescheide im Sinne der Abgabenordnung;
20.[2] Wirtschaftsförderungsgesellschaften, wenn sie von der Körperschaftsteuer befreit sind;
21.[2] Gesamthafenbetriebe im Sinne des § 1 des Gesetzes über die Schaffung eines besonderen Arbeitgebers für Hafenarbeiter vom 3. August 1950 (BGBl. I S. 352), soweit sie von der Körperschaftsteuer befreit sind;
22.[3] Zusammenschlüsse im Sinne des § 5 Abs. 1 Nr. 20 des Körperschaftsteuergesetzes, soweit sie von der Körperschaftsteuer befreit sind;
23.[4] die Arbeitsgemeinschaften Medizinischer Dienst der Krankenversicherung im Sinne des § 278 des Fünften Buches Sozialgesetzbuch und der Medizinische Dienst der Spitzenverbände der Krankenkassen im Sinne des § 282 des Fünften Buches Sozialgesetzbuch, soweit sie von der Körperschaftsteuer befreit sind.

(2) Die Befreiungen nach Absatz 1 sind auf beschränkt Steuerpflichtige (§ 2) nicht anzuwenden.

§ 4 Bemessungsgrundlage. (1) Der Vermögensteuer unterliegt
1. bei unbeschränkt Steuerpflichtigen das Gesamtvermögen (§§ 114 bis 120 des Bewertungsgesetzes);
2. bei beschränkt Steuerpflichtigen das Inlandsvermögen (§ 121 des Bewertungsgesetzes).

(2) Der Wert des Gesamtvermögens oder des Inlandsvermögens wird auf volle tausend Deutsche Mark nach unten abgerundet.

§ 5 Stichtag für die Festsetzung der Vermögensteuer; Entstehung der Steuer. (1) Die Vermögensteuer wird nach den Verhältnissen zu Beginn des Kalenderjahrs (Veranlagungszeitpunkt, §§ 15 bis 17) festgesetzt.

(2) Die Steuer entsteht mit Beginn des Kalenderjahrs, für das die Steuer festzusetzen ist.

---

[1] § 3 Abs. 1 Nr. 18 Klammerzusatz angef. mWv Kj. 1994 (§ 25 Abs. 5 Satz 5) durch G v. 21. 12. 1993 (BGBl. I S. 2310).

[2] § 3 Abs. 1 Nrn. 20 und 21 angef. mWv Kj. 1993 (§ 25 Abs. 5 Satz 4) durch G v. 13. 9. 1993 (BGBl. I S. 1569).

[3] § 3 Abs. 1 Nr. 22 angef. mWv Kj. 1993 (§ 25 Abs. 5 Satz 4) durch G v. 21. 12. 1993 (BGBl. I S. 2310).

[4] § 3 Abs. 1 Nr. 23 angef. mWv Kj. 1991 (§ 25 Abs. 4 Satz 2) durch G v. 18. 12. 1995 (BGBl. I S. 1959).

II. Steuerberechnung

§ 6 Freibeträge für natürliche Personen. (1) Bei der Veranlagung einer unbeschränkt steuerpflichtigen natürlichen Person bleiben *70 000 Deutsche Mark* [***ab Kj. 1995:*** 120 000 Deutsche Mark][1] und im Falle der Zusammenveranlagung von Ehegatten *140 000 Deutsche Mark* [***ab Kj. 1995:*** 240 000 Deutsche Mark][1] vermögensteuerfrei.

(2) [1] Für jedes Kind, das mit einem Steuerpflichtigen oder mit Ehegatten zusammen veranlagt wird, sind weitere *70 000 Deutsche Mark* [***ab Kj. 1995:*** 120 000 Deutsche Mark][2] vermögensteuerfrei. [2] Kinder im Sinne des Gesetzes sind eheliche Kinder, für ehelich erklärte Kinder, nichteheliche Kinder, Stiefkinder, Adoptivkinder und Pflegekinder.

(3)[3] [1] Weitere 50 000 Deutsche Mark sind steuerfrei, wenn der Steuerpflichtige das 60. Lebensjahr vollendet hat oder voraussichtlich für mindestens drei Jahre behindert im Sinne des Schwerbehindertengesetzes mit einem Grad der Behinderung von 100 ist. [2] Werden mehrere Steuerpflichtige zusammen veranlagt (§ 14 des Vermögensteuergesetzes), wird der Freibetrag mit der Zahl der zusammen veranlagten Steuerpflichtigen, bei denen die Voraussetzungen des Satzes 1 vorliegen, vervielfacht.

(4)[4] *(aufgehoben)*

§ 7 Freibetrag für Erwerbs- und Wirtschaftsgenossenschaften sowie Vereine, die Land- und Forstwirtschaft betreiben. (1) [1] Bei der Veranlagung der inländischen Erwerbs- und Wirtschaftsgenossenschaften sowie der inländischen Vereine, deren Tätigkeit sich auf den Betrieb der Land- und Forstwirtschaft beschränkt, bleiben 100 000 Deutsche Mark in den der Gründung folgenden zehn Kalenderjahren vermögensteuerfrei. [2] Voraussetzung ist, daß

1. die Mitglieder der Genossenschaft oder dem Verein Flächen zur Nutzung oder für die Bewirtschaftung der Flächen erforderliche Gebäude überlassen und
2. a) bei Genossenschaften das Verhältnis der Summe der Werte der Geschäftsanteile des einzelnen Mitglieds zu der Summe der Werte aller Geschäftsanteile,

   b) bei Vereinen das Verhältnis des Werts des Anteils an dem Vereinsvermögen, der im Falle der Auflösung des Vereins an das einzelne Mitglied fallen würde, zu dem Wert des Vereinsvermögens

   nicht wesentlich von dem Verhältnis abweicht, in dem der Wert der von dem einzelnen Mitglied zur Nutzung überlassenen Flächen und Gebäude zu dem Wert der insgesamt zur Nutzung überlassenen Flächen und Gebäude steht.

---

[1] § 6 Abs. 1 Freibeträge geänd. durch G v. 23. 6. 1993 (BGBl. I S. 944).

[2] § 6 Abs. 2 Freibetrag geänd. durch G v. 23. 6. 1993 (BGBl. I S. 944).

[3] § 6 Abs. 3 neugef. mWv Kj. 1993 durch G v. 9. 11. 1992 (BGBl. I S. 1853).

[4] § 6 Abs. 4 aufgeh. mit erstmaliger Wirkung für die VSt des Kj. 1993 durch G v. 9. 11. 1992 (BGBl. I S. 1853).

(2) Absatz 1 Satz 1 gilt auch für inländische Erwerbs- und Wirtschaftsgenossenschaften sowie für inländische Vereine, die eine gemeinschaftliche Tierhaltung im Sinne des § 51a des Bewertungsgesetzes betreiben.

§ 8 Besteuerungsgrenze bei Körperschaften und bei beschränkt Steuerpflichtigen. (1) Von den unbeschränkt steuerpflichtigen Körperschaften, Personenvereinigungen und Vermögensmassen im Sinne des § 1 Abs. 1 Nr. 2 wird die Vermögensteuer nur erhoben, wenn das Gesamtvermögen (§ 4) mindestens 20000 Deutsche Mark beträgt.

(2) Von den beschränkt Steuerpflichtigen wird die Vermögensteuer nur erhoben, wenn das Inlandsvermögen (§ 4) mindestens 20000 Deutsche Mark beträgt.

§ 9 Steuerpflichtiges Vermögen. Steuerpflichtiges Vermögen ist

1. bei unbeschränkt Steuerpflichtigen
   a) bei natürlichen Personen
   der Vermögensbetrag, der nach Abzug der Freibeträge (§ 6) vom Gesamtvermögen (§ 4) verbleibt,
   b) bei Körperschaften, Personenvereinigungen und Vermögensmassen (§ 1 Abs. 1 Nr. 2) mit mindestens 20000 Deutsche Mark Gesamtvermögen das Gesamtvermögen (§ 4);
2. bei beschränkt Steuerpflichtigen mit mindestens 20000 Deutsche Mark Inlandsvermögen das Inlandsvermögen (§ 4).

§ 10 Steuersatz. Die Vermögensteuer beträgt jährlich

1.[1] [2] für natürliche Personen *0,5 vom Hundert des steuerpflichtigen Vermögens und* [***ab Kj. 1995:*** 1 vom Hundert des steuerpflichtigen Vermögens. [2]Sie beträgt 0,5 vom Hundert des steuerpflichtigen Vermögens, soweit in dem steuerpflichtigen Vermögen land- und forstwirtschaftliches Vermögen, Betriebsvermögen und Wirtschaftsgüter im Sinne des § 110 Abs. 1 Nr. 3 des Bewertungsgesetzes enthalten sind; der Wert dieses Vermögens ist auf volle tausend Deutsche Mark nach oben aufzurunden;]

---

[1] § 10 Nr. 1 neugef. durch G v. 23. 6. 1993 (BGBl. I S. 944).

[2] Siehe Beschluß des BVerfG v. 22. 6. 1995 – 2 BvL 37/91 (BGBl. I S. 1191, BStBl. II S. 655):

§ 10 Nummer 1 des Vermögensteuergesetzes vom 17. 4. 1974 (BGBl. I S. 949) in der Fassung der Bekanntmachung vom 14. 11. 1990 (BGBl. I S. 2467), zuletzt geändert durch Gesetz vom 14. 9. 1994 (BGBl. I S. 2325), ist jedenfalls seit dem Veranlagungszeitraum 1983 in allen seinen seitherigen Fassungen mit Art. 3 Abs. 1 des Grundgesetzes insofern unvereinbar, als er den einheitswertgebundenen Grundbesitz, dessen Bewertung der Wertentwicklung seit 1964/74 nicht mehr angepaßt worden ist, und das zu Gegenwartswerten erfaßte Vermögen mit demselben Steuersatz belastet.

Der Gesetzgeber ist verpflichtet, eine Neuregelung spätestens bis zum 31. Dezember 1996 zu treffen. Längstens bis zu diesem Zeitpunkt ist das bisherige Recht weiterhin anwendbar.

Setzt die Neuregelung eine allgemeine Neubewertung von Besteuerungsgrundlagen voraus, so kann der Gesetzgeber für deren Dauer – längstens für fünf Jahre seit der Verkündung des Gesetzes – Übergangsregelungen treffen, die die vermögensteuerliche Belastung an die verfassungsrechtlichen Maßstäbe dieser Entscheidung annähern; dabei darf er eine teilweise Fortgeltung der bisherigen Vorschriften anordnen.

2. für die in § 1 Abs. 1 Nr. 2 und § 2 Abs. 1 Nr. 2 bezeichneten Körperschaften, Personenvereinigungen und Vermögensmassen 0,6 vom Hundert des steuerpflichtigen Vermögens.

§ 11 Anrechnung ausländischer Steuern. (1) [1]Bei unbeschränkt Steuerpflichtigen, die in einem ausländischen Staat mit ihrem in diesem Staat belegenen Vermögen (Auslandsvermögen) zu einer der inländischen Vermögensteuer entsprechenden Steuer (ausländische Steuer) herangezogen werden, ist, sofern nicht die Vorschriften eines Abkommens zur Vermeidung der Doppelbesteuerung anzuwenden sind, die festgesetzte und gezahlte und keinem Ermäßigungsanspruch unterliegende ausländische Steuer auf den Teil der Vermögensteuer anzurechnen, der auf dieses Auslandsvermögen entfällt. [2]Dieser Teil ist in der Weise zu ermitteln, daß die sich bei der Veranlagung des Gesamtvermögens (einschließlich des Auslandsvermögens) ergebende Vermögensteuer im Verhältnis des Auslandsvermögens zum Gesamtvermögen aufgeteilt wird. [3]Ist das Auslandsvermögen in verschiedenen ausländischen Staaten belegen, so ist dieser Teil für jeden einzelnen ausländischen Staat gesondert zu berechnen. [4]Die ausländische Steuer ist insoweit anzurechnen, als sie auf das Kalenderjahr entfällt, das mit dem jeweiligen Veranlagungszeitpunkt beginnt.

(2) Als Auslandsvermögen im Sinne des Absatzes 1 gelten alle Wirtschaftsgüter der in § 121 Abs. 2 des Bewertungsgesetzes genannten Art, die auf einen ausländischen Staat entfallen, unter Berücksichtigung der nach § 121 Abs. 3 des Bewertungsgesetzes abzugsfähigen Schulden und Lasten.

(3)[1)] *(aufgehoben)*

(4) [1]Der Steuerpflichtige hat den Nachweis über die Höhe des Auslandsvermögens und über die Festsetzung und Zahlung der ausländischen Steuern durch Vorlage entsprechender Urkunden zu führen. [2]Sind diese Urkunden in einer fremden Sprache abgefaßt, so kann eine beglaubigte Übersetzung in die deutsche Sprache verlangt werden.

(5) Sind nach einem Abkommen zur Vermeidung der Doppelbesteuerung in einem ausländischen Staat erhobene Steuern auf die Vermögensteuer anzurechnen, so sind die Absätze 1 bis 4 entsprechend anzuwenden.

(6) Die Absätze 1 bis 4 sind bei Vermögen, das in einem ausländischen Staat belegen ist und das zum inländischen land- und forstwirtschaftlichen Vermögen oder zum inländischen Betriebsvermögen eines beschränkt Steuerpflichtigen gehört, entsprechend anzuwenden, soweit darin nicht Vermögen enthalten ist, mit dem der beschränkt Steuerpflichtige dort in einem der unbeschränkten Steuerpflicht ähnlichen Umfang zu einer Steuer vom Vermögen herangezogen wird.

§ 12 Steuerermäßigung bei Auslandsvermögen. (1) [1]Anstelle einer Anrechnung ausländischer Steuern nach § 11 Abs. 1 bis 4 ist auf Antrag des Steuerpflichtigen die auf ausländisches Betriebsvermögen entfallende

---

[1)] § 11 Abs. 3 aufgeh. mWv Kj. 1995 (§ 25 Abs. 1) durch G v. 11. 10. 1995 (BGBl. I S. 1250).

Vermögensteuer (§ 11 Abs. 1 Satz 2 und 3) auf die Hälfte zu ermäßigen. [2]Satz 1 gilt für

1. das Betriebsvermögen, das einer in einem ausländischen Staat belegenen Betriebsstätte dient, wenn in dem Wirtschaftsjahr, das dem Bewertungsstichtag (§ 106 des Bewertungsgesetzes) vorangeht, die Bruttoerträge dieser Betriebsstätte ausschließlich oder fast ausschließlich aus unter § 8 Abs. 1 Nr. 1 bis 6 des Außensteuergesetzes fallenden Tätigkeiten erzielt werden, und
2. die zum Betriebsvermögen eines inländischen Gewerbebetriebs gehörende Beteiligung an einer Personengesellschaft (§ 97 Abs. 1 Nr. 5 des Bewertungsgesetzes) oder Arbeitsgemeinschaft (§ 98 des Bewertungsgesetzes), soweit die Beteiligung auf Betriebsvermögen entfällt, das einer in einem ausländischen Staat belegenen Betriebsstätte im Sinne der Nummer 1 dient.

[3]Der Ermäßigungsantrag muß das gesamte Vermögen im Sinne des Satzes 2 Nr. 1 und 2 umfassen; er kann auf das in einem ausländischen Staat oder mehreren ausländischen Staaten belegene Vermögen begrenzt werden.

(2) [1]Wenn das in einem ausländischen Staat belegene Betriebsvermögen dem Betrieb von Handelsschiffen im internationalen Verkehr dient, setzt die Steuerermäßigung nach Absatz 1 voraus, daß das Bundesministerium für Verkehr, Bau- und Wohnungswesen[1)] sie für verkehrspolitisch unbedenklich erklärt hat. [2]Der Ermäßigungsantrag muß das gesamte in ausländischen Staaten belegene Betriebsvermögen umfassen. [3]Schiffe, die in ein inländisches Schiffsregister eingetragen sind, gehören nicht zu dem in einem ausländischen Staat belegenen Betriebsvermögen. [4]Die Vorschriften dieses Absatzes sind auch anzuwenden, wenn mit dem Staat, in dem das Betriebsvermögen belegen ist, ein Abkommen zur Vermeidung der Doppelbesteuerung besteht.

(3)[2)] Die obersten Finanzbehörden der Länder oder die von ihnen beauftragten Finanzbehörden können im Einvernehmen mit dem Bundesministerium der Finanzen die auf Auslandsvermögen entfallende deutsche Vermögensteuer ganz oder zum Teil erlassen oder in einem Pauschbetrag festsetzen, wenn es aus volkswirtschaftlichen Gründen zweckmäßig oder die Anwendung von § 11 Abs. 1 besonders schwierig ist.

(4)[3)] *(aufgehoben)*

§ 13[4)] Pauschbesteuerung bei beschränkter Steuerpflicht. Die obersten Finanzbehörden der Länder oder die von ihnen beauftragten Finanzbehörden können im Einvernehmen mit dem Bundesministerium der Finanzen die Vermögensteuer bei beschränkt Steuerpflichtigen ganz oder zum Teil erlassen oder in einem Pauschbetrag festsetzen, wenn es aus volkswirtschaftlichen Gründen zweckmäßig oder die Ermittlung der Vermögensteuer besonders schwierig ist.

---

1) Bezeichnung geänd. durch VO v. 29. 10. 2001 (BGBl. I S. 2785).
2) § *12* Abs. *3* geänd. mWv Kj. 1993 durch G v. 25. 2. 1992 (BGBl. I S. 297).
3) § 12 Abs. 4 aufgeh. mWv Kj. 1995 (§ 25 Abs. 1) durch G v. 11. 10. 1995 (BGBl. I S. 1250).
4) § 13 neugef. mWv Kj. 1993 durch G v. 25. 2. 1992 (BGBl. I S. 297).

III. Veranlagung

§ 14 Zusammenveranlagung. (1) Bei unbeschränkter Steuerpflicht aller Beteiligten werden zusammen veranlagt

1. Ehegatten, wenn sie nicht dauernd getrennt leben,
2. Ehegatten und Kinder (§ 6 Abs. 2 Satz 2) oder Einzelpersonen und Kinder, wenn diese eine Haushaltsgemeinschaft bilden und die Kinder das 18. Lebensjahr noch nicht vollendet haben.

(2) Auf gemeinsamen Antrag werden bei unbeschränkter Steuerpflicht aller Beteiligten ferner Ehegatten oder Einzelpersonen zusammen veranlagt

1. mit unverheirateten oder von ihren Ehegatten dauernd getrennt lebenden Kindern, die das 18., aber noch nicht das 27. Lebensjahr vollendet haben, wenn die Antragsteller eine Haushaltsgemeinschaft bilden und die Kinder sich noch in der Berufsausbildung befinden oder ein freiwilliges soziales Jahr im Sinne des Gesetzes zur Förderung eines freiwilligen sozialen Jahres [***ab Kj. 1994:*** oder ein freiwilliges ökologisches Jahr nach dem Gesetz zur Förderung eines freiwilligen ökologischen Jahres][1] ableisten. [2]Die Zusammenveranlagung wird nicht dadurch ausgeschlossen, daß die Berufsausbildung durch die Einberufung zum gesetzlichen Grundwehrdienst oder Zivildienst unterbrochen ist. [3]Haben die Kinder das 27. Lebensjahr vollendet, so ist die Zusammenveranlagung nur zulässig, wenn der Abschluß der Berufsausbildung durch Umstände verzögert worden ist, die keiner der Antragsteller zu vertreten hat. [4]Als ein solcher Umstand ist stets die Ableistung des gesetzlichen Grundwehrdienstes oder Zivildienstes anzusehen;
2. [2] mit Kindern, wenn diese wegen körperlicher, geistiger oder seelischer Behinderung dauernd außerstande sind, sich selbst zu unterhalten.

§ 15 Hauptveranlagung. (1)[3][4] [1]Die Vermögensteuer wird für drei Kalenderjahre allgemein festgesetzt (Hauptveranlagung). [2]Der Zeitraum, für

---

[1] § 14 Abs. 2 Nr. 1 Satz 1 Klammerzusatz eingef. mWv Kj. 1994 (§ 25 Abs. 6) durch G v. 17. 12. 1993 (BGBl. I S. 2118).

[2] § 14 Abs. 2 Nr. 2 neugef. mWv Kj. 1993 durch G v. 25. 2. 1992 (BGBl. I S. 297).

[3] Abweichend von § 15 Abs. 1 Satz 1 siehe § 2 G v. 24. 6. 1991 (BGBl. I S. 1322, 1336):

„§ 2 Verlängerung des Hauptveranlagungszeitraums für die Vermögensteuer. (1) Abweichend von § 15 Abs. 1 Satz 1 des Vermögensteuergesetzes findet die nächste Hauptveranlagung der Vermögensteuer auf den 1. Januar 1993 statt.

(2) [1]Ist ein Bescheid über die Vermögensteuer für das Kalenderjahr 1992 nicht erteilt worden, gilt die Steuer für dieses Kalenderjahr in Höhe der für das Kalenderjahr 1991 festgesetzten Jahressteuer als festgesetzt und ist ohne besondere Aufforderung nach dem IV. Abschnitt des Vermögensteuergesetzes zu entrichten. [2]§ 16 sowie §§ 18 und 19 des Vermögensteuergesetzes bleiben unberührt." [Abs. 2 angef. durch G v. 25. 2. 1992 (BGBl. I S. 297)].

[4] Abweichend von § 15 Abs. 1 Satz 1 siehe § 2 G v. 23. 6. 1993 (BGBl. I S. 944, 973):

„§ 2 Änderung des Hauptveranlagungszeitraums für die Vermögensteuer. Abweichend von § 15 Abs. 1 Satz 1 des Vermögensteuergesetzes findet die nächste Hauptveranlagung der Vermögensteuer auf den 1. Januar 1995 und die darauffolgende Hauptveranlagung der Vermögensteuer auf den 1. Januar 1999 statt."

den die Hauptveranlagung gilt, ist der Hauptveranlagungszeitraum; der Beginn dieses Zeitraums ist der Hauptveranlagungszeitpunkt.

(2) Die Bundesregierung wird ermächtigt, durch Rechtsverordnung mit Zustimmung des Bundesrates aus Gründen der Verwaltungsvereinfachung den Hauptveranlagungszeitraum um ein Jahr zu verkürzen oder zu verlängern.

(3) Ist die Festsetzungsfrist (§ 169 der Abgabenordnung) bereits abgelaufen, so kann die Hauptveranlagung unter Zugrundelegung der Verhältnisse des Hauptveranlagungszeitpunkts mit Wirkung für einen späteren Veranlagungszeitpunkt vorgenommen werden, für den diese Frist noch nicht abgelaufen ist.

§ 16 Neuveranlagung. (1) Die Vermögensteuer wird neu veranlagt, wenn dem Finanzamt bekannt wird,

[Fassung bis Kj. 1994]

1. daß der nach § 4 Abs. 2 abgerundete Wert des Gesamtvermögens oder des Inlandsvermögens, der sich für den Beginn eines Kalenderjahres ergibt, entweder um mehr als ein Fünftel oder um mehr als 150 000 Deutsche Mark von dem nach § 4 Abs. 2 abgerundeten Wert des letzten Veranlagungszeitpunkts abweicht. [2] Weicht der Wert nach oben ab, so muß die Wertabweichung mindestens 50 000 Deutsche Mark betragen; weicht der Wert nach unten ab, so muß die Wertabweichung mindestens 10 000 Deutsche Mark betragen;
2. daß sich die Verhältnisse für die Gewährung von Freibeträgen oder für die Zusammenveranlagung ändern; eine neue Ermittlung des Gesamtvermögens wird nur vorgenommen, wenn die Wertgrenzen der Nummer 1 überschritten sind.

[Fassung ab Kj. 1995][1)]

1. daß sich die Verhältnisse für die Zusammenveranlagung ändern;
2. daß sich vorbehaltlich der Nummer 1 die Verhältnisse für die Ermittlung der Vermögensteuer gegenüber den Verhältnissen geändert haben, die bei der zuletzt festgesetzten Vermögensteuer zugrunde gelegt worden sind, und die Vermögensteuer nach oben um mindestens 1000 Deutsche Mark oder nach unten um mindestens 250 Deutsche Mark von der zuletzt festgesetzten Vermögensteuer abweicht.

---

1) § 16 Abs. 1 Nrn. 1 und 2 neugef. durch G v. 23. 6. 1993 (BGBl. I S. 944).

(2) [1]Durch eine Neuveranlagung nach Absatz 1 können auch Fehler der letzten Veranlagung beseitigt werden. [2]§ 176 der Abgabenordnung ist hierbei entsprechend anzuwenden. [3]Dies gilt jedoch nur für Veranlagungszeitpunkte, die vor der Verkündung der maßgeblichen Entscheidung eines obersten Gerichts des Bundes liegen.

(3) [1]Neuveranlagt wird

[Fassung bis Kj. 1994]	*[Fassung ab Kj. 1995]*[1]
1. in den Fällen des Absatzes 1 Nr. 1 mit Wirkung vom Beginn des Kalenderjahrs an, für den sich die Wertabweichung ergibt;	1. in den Fällen des Absatzes 1 Nr. 1 mit Wirkung vom Beginn des Kalenderjahrs an, das der Änderung der Verhältnisse für die Zusammenveranlagung folgt;
2. in den Fällen des Absatzes 1 Nr. 2 mit Wirkung vom Beginn des Kalenderjahrs an, der der Änderung der Verhältnisse für die Gewährung von Freibeträgen oder für die Zusammenveranlagung folgt;	2. in den Fällen des Absatzes 1 Nr. 2 mit Wirkung vom Beginn des Kalenderjahrs an, für den sich die Abweichung bei der Vermögensteuer ergibt;

3.[2] in den Fällen des Absatzes 2 mit Wirkung vom Beginn des Kalenderjahrs an, in dem der Fehler dem Finanzamt bekannt wird, bei einer Erhöhung der Vermögensteuer jedoch frühestens vom Beginn des Kalenderjahrs an, in dem der Steuerbescheid erteilt wird.

[2]Der Beginn des maßgebenden Kalenderjahrs ist der Neuveranlagungszeitpunkt. [3]§ 15 Abs. 3 ist entsprechend anzuwenden.

§ 17 Nachveranlagung. (1) Die Vermögensteuer wird nachträglich festgesetzt (Nachveranlagung), wenn nach dem Hauptveranlagungszeitpunkt

1. die persönliche Steuerpflicht neu begründet wird oder
2. ein persönlicher Befreiungsgrund wegfällt oder
3. ein beschränkt Steuerpflichtiger unbeschränkt steuerpflichtig oder ein unbeschränkt Steuerpflichtiger beschränkt steuerpflichtig wird.

(2) [1]Nachveranlagt wird mit Wirkung vom Beginn des Kalenderjahrs an, der dem maßgebenden Ereignis folgt. [2]Der Beginn dieses Kalenderjahrs ist der Nachveranlagungszeitpunkt. [3]§ 15 Abs. 3 ist entsprechend anzuwenden.

§ 18 Aufhebung der Veranlagung. (1) Wird dem Finanzamt bekannt, daß

1. die Steuerpflicht erloschen oder ein persönlicher Befreiungsgrund eingetreten ist oder
2. die Veranlagung fehlerhaft ist,

so ist die Veranlagung aufzuheben.

---

[1] § 16 Abs. 3 Nrn. 1 und 2 neugef. durch G v. 23. 6. 1993 (BGBl. I S. 944).

[2] § 16 Abs. 3 Nr. 3 geänd. durch G v. 9. 11. 1992 (BGBl. I S. 1853).

(2) [1]Die Veranlagung wird aufgehoben

1. in den Fällen des Absatzes 1 Nr. 1 mit Wirkung vom Beginn des Kalenderjahrs an, der auf den Eintritt des maßgebenden Ereignisses folgt;
2. in den Fällen des Absatzes 1 Nr. 2 mit Wirkung vom Beginn des Kalenderjahrs an, in dem der Fehler dem Finanzamt bekannt wird.

[2]Der Beginn des maßgebenden Kalenderjahrs ist der Aufhebungszeitpunkt. [3]§ 15 Abs. 3 ist entsprechend anzuwenden.

§ 19 Pflicht zur Abgabe von Vermögensteuererklärungen.

(1) [1]Vermögensteuererklärungen sind auf jeden Hauptveranlagungszeitpunkt abzugeben. [2]Für andere Veranlagungszeitpunkte hat eine Erklärung abzugeben, wer von der Finanzbehörde dazu aufgefordert wird (§ 149 der Abgabenordnung). [3]Die Vermögensteuererklärung ist vom Vermögensteuerpflichtigen eigenhändig zu unterschreiben.

(2) Von den unbeschränkt Vermögensteuerpflichtigen haben eine Vermögensteuererklärung über ihr Gesamtvermögen abzugeben

1. natürliche Personen,
   a) die allein veranlagt werden, wenn ihr Gesamtvermögen *70 000 Deutsche Mark* [***ab Kj. 1995:*** 120 000 Deutsche Mark][1)] übersteigt,
   b) die mit anderen Personen zusammen veranlagt werden (§ 14), wenn das Gesamtvermögen der zusammen veranlagten Personen den Betrag übersteigt, der sich ergibt, wenn für jede der zusammen veranlagten Personen *70 000 Deutsche Mark* [***ab Kj. 1995:*** 120 000 Deutsche Mark][1)] angesetzt werden;
2. die in § 1 Abs. 1 Nr. 2 bezeichneten Körperschaften, Personenvereinigungen und Vermögensmassen, wenn ihr Gesamtvermögen mindestens 20 000 Deutsche Mark beträgt.

(3) Beschränkt Vermögensteuerpflichtige haben eine Vermögensteuererklärung über ihr Inlandsvermögen abzugeben, wenn dieses mindestens 20 000 Deutsche Mark beträgt.

(4) [1]Die Erklärungen sind innerhalb der Frist abzugeben, die das Bundesministerium der Finanzen im Einvernehmen mit den obersten Finanzbehörden der Länder bestimmt. [2]Die Frist ist im Bundesanzeiger bekanntzumachen. [3]Fordert die Finanzbehörde zur Abgabe einer Erklärung zur Hauptveranlagung oder zu einer anderen Veranlagung besonders auf (§ 149 Abs. 1 Satz 2 der Abgabenordnung), hat sie eine besondere Frist zu bestimmen, die mindestens einen Monat betragen soll.

IV. Steuerentrichtung

§ 20 Entrichtung der Jahressteuer. (1) [1]Die Steuer wird zu je einem Viertel der Jahressteuer am 10. Februar, 10. Mai, 10. August und 10. No-

---

1) § 19 Abs. 2 Freibeträge geänd. durch G v. 23. 6. 1993 (BGBl. I S. 944).

vember fällig. [2] Eine Jahressteuer bis zu 500 Deutsche Mark ist in einem Betrag am 10. November zu entrichten.

(2) Von der Festsetzung der Vermögensteuer ist abzusehen, wenn die Jahressteuer den Betrag von 50 Deutsche Mark nicht übersteigt.

§ 21 Vorauszahlungen. (1) Der Steuerpflichtige hat, solange die Jahressteuer noch nicht bekanntgegeben worden ist, Vorauszahlungen auf die Jahressteuer zu entrichten.

(2) [1] Die Vorauszahlungen betragen ein Viertel der zuletzt festgesetzten Jahressteuer. [2] Sie sind am 10. Februar, 10. Mai, 10. August und 10. November zu entrichten. [3] Beträgt die Jahressteuer nicht mehr als 500 Deutsche Mark, so sind die Vorauszahlungen in einem Betrag am 10. November zu entrichten.

(3) Das Finanzamt kann die Vorauszahlungen der Steuer anpassen, die sich für das Kalenderjahr voraussichtlich ergeben wird.

§ 22 Abrechnung über die Vorauszahlungen. (1) [1] Ist die Summe der Vorauszahlungen, die bis zur Bekanntgabe des Steuerbescheids zu entrichten waren (§ 21), geringer als die Steuer, die sich nach dem bekanntgegebenen Steuerbescheid für die vorangegangenen Fälligkeitstage ergibt (§ 20), so ist der Unterschiedsbetrag innerhalb eines Monats nach Bekanntgabe des Steuerbescheids zu entrichten (Nachzahlung). [2] Die Verpflichtung, rückständige Vorauszahlungen schon früher zu entrichten, bleibt unberührt.

(2) Ist die Summe der Vorauszahlungen, die bis zur Bekanntgabe des Steuerbescheids entrichtet worden sind, höher als die Steuer, die sich nach dem bekanntgegebenen Steuerbescheid für die vorangegangenen Fälligkeitstage ergibt, so wird der Unterschiedsbetrag nach Bekanntgabe des Steuerbescheids durch Aufrechnung oder Zurückzahlung ausgeglichen.

(3) Die Absätze 1 und 2 gelten entsprechend, wenn der Steuerbescheid aufgehoben oder geändert wird.

§ 23 Nachentrichtung der Steuer. Hatte der Steuerpflichtige bis zur Bekanntgabe der Jahressteuer keine Vorauszahlungen nach § 21 zu entrichten, so hat er die Steuer, die sich nach dem bekanntgegebenen Steuerbescheid für die vorangegangenen Fälligkeitstage ergibt (§ 20), innerhalb eines Monats nach Bekanntgabe des Steuerbescheids zu entrichten.

V. Schlußvorschriften

§ 24 Neufassung. Das Bundesministerium der Finanzen wird ermächtigt, den Wortlaut dieses Gesetzes in der jeweils geltenden Fassung mit neuem Datum, unter neuer Überschrift und in neuer Paragraphenfolge bekanntzumachen und dabei offenbare Unrichtigkeiten und Unstimmigkeiten im Wortlaut zu beseitigen.

§ 24 a.[1] *(aufgehoben)*

---

[1] § 24 a aufgeh. durch G v. 24. 6. 1991 (BGBl. I S. 1322).

§ 24b[1]) Verzicht auf die Vermögensteuer der umgewandelten ehemaligen volkseigenen Kombinate, Betriebe und Einrichtungen für das zweite Halbjahr 1990. [1]Bei ehemaligen volkseigenen Kombinaten, Betrieben und Einrichtungen, die auf Grund des Treuhandgesetzes vom 17. Juni 1990 (GBl. I Nr. 33 S. 300)[2]) in Aktiengesellschaften oder Gesellschaften mit beschränkter Haftung umgewandelt worden sind, wird die Vermögensteuer auf den 1. Juli 1990 nicht nachträglich festgesetzt. [2]§ 1 Abs. 2 sowie § 2 Abs. 1 und Abs. 5 der Verordnung über die Zahlung von Steuern der in Kapitalgesellschaften umgewandelten ehemaligen volkseigenen Kombinate, Betriebe und Einrichtungen im 2. Halbjahr 1990 vom 27. Juni 1990 (GBl. I Nr. 41 S. 618)[2]) sind nicht anzuwenden, soweit dort Regelungen zur Festsetzung und Erhebung der Vermögensteuer für das zweite Halbjahr 1990 getroffen worden sind.

§ 24c[3]) Zeitlich befristete Sondervorschrift für die Besteuerung nach dem Vermögen in dem in Artikel 3 des Einigungsvertrages genannten Gebiet. Für die Vermögensteuer der Kalenderjahre 1996 bis 1998[4]) gilt in dem in Artikel 3 des Einigungsvertrages genannten Gebiet folgendes:

1. [1]Von der Vermögensteuer sind vorbehaltlich des Satzes 3 befreit
   a) natürliche Personen mit Wohnsitz oder gewöhnlichem Aufenthalt,
   b) Körperschaften, Personenvereinigungen und Vermögensmassen im Sinne des § 1 Abs. 1 Nr. 2 mit Geschäftsleitung

   in dem in Artikel 3 des Einigungsvertrages genannten Gebiet. [2]§ 19 Abs. 1 Satz 2 und § 20 Abs. 2 der Abgabenordnung gelten sinngemäß. [***Für Kj. 1996–1998:*** [3]Nicht befreit sind die Wirtschaftsgüter eines Gewerbebetriebs, soweit hierfür in dem außerhalb des in Artikel 3 des Einigungsvertrages genannten Gebiet der Bundesrepublik Deutschland eine Betriebsstätte unterhalten wird oder ein ständiger Vertreter bestellt ist. [4]§ 136 Nr. 3 Buchstabe a Satz 2 des Bewertungsgesetzes gilt entsprechend. [5]Für die Besteuerung nach dem Vermögen ist abweichend von den §§ 19 und 20 der Abgabenordnung das Finanzamt in dem außerhalb des in Artikel 3 des Einigungsvertrages genannten Gebiet der Bundesrepublik Deutschland zuständig, in dessen Bezirk sich das Betriebsvermögen, und, wenn dies für mehrere Finanzämter zutrifft, das Finanzamt, in dessen Bezirk sich der wertvollste Teil des Betriebsvermögens befindet.]
2. Von der Vermögensteuer sind auch befreit deutsche Staatsangehörige, die

---

[1]) § 24b eingef. mit erstmaliger Wirkung für das zweite Halbjahr 1990 (§ 25 Abs. 3) durch G v. 24. 6. 1991 (BGBl. I S. 1322). Siehe hierzu Art. 97a § 3 EGAO (Nr. **800a**).

[2]) GBl. der DDR.

[3]) § 24c eingef. durch G v. 24. 6. 1991 (BGBl. I S. 1322), erster Halbsatz geänd. durch G v. 13. 9. 1993 (BGBl. I S. 1569), erster Halbsatz geänd. und Nr. 1 Sätze 3 bis 5 angef. durch G v. 11. 10. 1995 (BGBl. I S. 1250); zur erstmaligen Anwendung siehe § 25 Abs. 9 Satz 2.

[4]) Für die VSt der Kj. 1991 bis 1995 gilt § 24c mit Ausnahme von Nr. 1 Sätze 3 bis 5.

a) im Inland weder einen Wohnsitz noch ihren gewöhnlichen Aufenthalt haben und

b) zu einer juristischen Person des öffentlichen Rechts in dem in Artikel 3 des Einigungsvertrages genannten Gebiet in einem Dienstverhältnis stehen und dafür Arbeitslohn aus einer inländischen öffentlichen Kasse beziehen,

sowie zu ihrem Haushalt gehörende Angehörige, die die deutsche Staatsangehörigkeit besitzen.

3. Die Nummern 1 und 2 gelten nicht für Steuerpflichtige, die nach dem 31. Dezember 1990 in dem in Artikel 3 des Einigungsvertrages genannten Gebiet einen Wohnsitz begründet haben oder dort erstmals ihren gewöhnlichen Aufenthalt, ihre Geschäftsleitung oder in den Fällen der Nummer 1 Satz 2 ihren Sitz haben.
4. Die beschränkte Steuerpflicht erstreckt sich nur auf Vermögen der in § 121 des Bewertungsgesetzes genannten Art, das auf das Inland mit Ausnahme des in Artikel 3 des Einigungsvertrages genannten Gebietes entfällt.

§ 25[1] **Anwendung des Gesetzes.** (1) Die vorstehende Fassung des Gesetzes ist, soweit in den folgenden Absätzen nichts anderes bestimmt ist, erstmals auf die Vermögensteuer des Kalenderjahres 1995[2] anzuwenden.

(2) § 3 Abs. 1 Nr. 12 Satz 3 ist auch auf die Vermögensteuer der Kalenderjahre vor 1990 anzuwenden, soweit Bescheide noch nicht bestandskräftig sind oder unter dem Vorbehalt der Nachprüfung stehen.

(3) § 24b ist für das zweite Halbjahr 1990 anzuwenden.

(4)[3] [1]§ 3 Abs. 1 Nr. 2 ist für die Investitionsbank Schleswig-Holstein – Zentralbereich der Landesbank Schleswig-Holstein Girozentrale –, die Investitionsbank des Landes Brandenburg, die Sächsische Aufbaubank und die Thüringer Aufbaubank erstmals auf die Vermögensteuer des Kalenderjahrs 1991, für das Landesförderinstitut Sachsen-Anhalt – Geschäftsbereich der Norddeutschen Landesbank Girozentrale Mitteldeutsche Landesbank – erstmals auf die Vermögensteuer des Kalenderjahrs 1993, für die Investitions- und Strukturbank Rheinland-Pfalz erstmals auf die Vermögensteuer des Kalenderjahrs 1994 und für die Sächsische Aufbaubank GmbH erstmals auf die Vermögensteuer des Kalenderjahrs 1996 anzuwenden. [2]§ 3 Abs. 1 Nr. 16 und 23 ist erstmals auf die Vermögensteuer des Kalenderjahres 1991 anzuwenden.

(5)[3] [1]§ 3 Abs. 1 Nr. 2 ist für die Wohnungsbauförderungsanstalt Nordrhein-Westfalen – Anstalt der Westdeutschen Landesbank Girozentrale – erstmals auf die Vermögensteuer des Kalenderjahrs 1992 und für die Investitionsbank Berlin – Anstalt der Landesbank Berlin-Girozentrale – erstmals auf die Vermögensteuer des Kalenderjahrs 1993 anzuwenden. [2]§ 3 Abs. 1 Nr. 2 in der Fassung der Bekanntmachung vom 14. November 1990 (BGBl. I S. 2467) ist für die Wohnungsbauförderungsanstalt des Landes Nordrhein-Westfalen letztmals für die

---

[1] § 25 neugef. durch G v. 25. 2. 1992 (BGBl. I S. 297).

[2] Geänd. durch G v. 23. 6. 1993 (BGBl. I S. 944).
Die für die VSt des Kj. 1993 anzuwendende Fassung ist ebenfalls wiedergegeben.

[3] § 25 Abs. 4 und 5 neugef. durch G v. 13. 9. 1993 (BGBl. I S. 1569), Abs. 4 Satz 1 sowie Abs. 5 Satz 3 geänd., Satz 4 neugef. und Satz 5 angef. durch G v. 21. 12. 1993 (BGBl. I S. 2310), Abs. 4 Satz 2 geänd. durch G v. 11. 10. 1995 (BGBl. I S. 1250) und v. 18. 12. 1995 (BGBl. I S. 1959), Abs. 4 Satz 1 geänd. durch G v. 24. 3. 1998 (BGBl. I S. 529).

Vermögensteuer des Kalenderjahrs 1991 und für die Wohnungsbau-Kreditanstalt Berlin letztmals für die Vermögensteuer des Kalenderjahrs 1992 anzuwenden. [3] § 3 Abs. 1 Nr. 11 ist erstmals auf die Vermögensteuer des Kalenderjahres 1992 anzuwenden. [4] § 3 Abs. 1 Nr. 20 und 21 in der Fassung des Artikels 10 des Gesetzes vom 13. September 1993 (BGBl. I S. 1569) sowie § 3 Abs. 1 Nr. 22 in der Fassung des Artikels 17 des Gesetzes vom 21. Dezember 1993 (BGBl. I S. 2310) sind erstmals auf die Vermögensteuer des Kalenderjahrs 1993 anzuwenden. [5] § 3 Abs. 1 Nr. 18 ist in der Fassung des Artikels 15 des Gesetzes vom 25. Februar 1992 (BGBl. I S. 297) erstmals auf die Vermögensteuer des Kalenderjahrs 1992 und für die bgb Beteiligungsgesellschaft Berlin mbH für kleine und mittlere Betriebe, Mittelständische Beteiligungsgesellschaft Berlin-Brandenburg mbH, Mittelständische Beteiligungsgesellschaft Mecklenburg-Vorpommern mbH, Mittelständische Beteiligungsgesellschaft Sachsen mbH, Mittelständische Beteiligungsgesellschaft Sachsen-Anhalt mbH, Mittelständische Beteiligungsgesellschaft Thüringen (MBG) mbH erstmals auf die Vermögensteuer des Kalenderjahrs 1994 anzuwenden.

(6)[1] § 14 Abs. 2 Nr. 1 in der Fassung des Artikels 3 Abs. 5 Nr. 1 des Gesetzes vom 17. Dezember 1993 (BGBl. I S. 2118) ist erstmals auf die Vermögensteuer des Kalenderjahres 1994 anzuwenden.

(7)[2] [1] § 3 Abs. 1 Nr. 1 ist für das Bundeseisenbahnvermögen erstmals auf die Vermögensteuer des Kalenderjahrs 1994 anzuwenden. [2] § 3 Abs. 1 Nr. 1 a ist letztmals für die Vermögensteuer des Kalenderjahrs 1993 anzuwenden.

(8)[3] [1] § 3 Abs. 1 Nr. 1 ist für die Deutsche Post AG, die Deutsche Postbank AG und die Deutsche Telekom AG nur für die Vermögensteuer des Kalenderjahres 1995 anzuwenden. [2] § 3 Abs. 1 Nr. 1 in der Fassung des Artikels 6 Abs. 55 des Gesetzes vom 27. Dezember 1993 (BGBl. I S. 2378) ist für die Deutsche Bundespost letztmals für die Vermögensteuer des Jahres 1994 anzuwenden.

(9)[4] [1] § 24 c in der Fassung des Artikels 10 des Gesetzes vom 13. September 1993 (BGBl. I S. 1569) ist für die Vermögensteuer der Kalenderjahre 1991 bis 1995 anzuwenden. [2] § 24 c in der Fassung des Artikels 23 des Gesetzes vom 11. Oktober 1995 (BGBl. I S. 1250) ist erstmals auf die Vermögensteuer des Kalenderjahres 1996 anzuwenden. [3] § 3 Abs. 1 Nr. 18 in der Fassung des Artikels 23 des Gesetzes vom 11. Oktober 1995 (BGBl. I S. 1250) ist für die Gesellschaft für Wagniskapital Mittelständische Beteiligungsgesellschaft Schleswig-Holstein Gesellschaft mit beschränkter Haftung – MBG – erstmals auf die Vermögensteuer des Kalenderjahres 1996 anzuwenden. [4] § 3 Abs. 1 Nr. 18 in der Fassung des Artikels 17 des Gesetzes vom 21. Dezember 1993 (BGBl. I S. 2310) ist für die Schleswig-Holsteinische Gesellschaft für Wagniskapital mbH letztmals für die Vermögensteuer des Kalenderjahres 1995 anzuwenden.

§ 26.[5] *(aufgehoben)*

---

[1] § 25 Abs. 6 angef. durch G v. 17. 12. 1993 (BGBl. I S. 2118).
[2] § 25 Abs. 7 angef. durch G v. 27. 12. 1993 (BGBl. I S. 2378).
[3] § 25 Abs. 8 angef. durch G v. 14. 9. 1994 (BGBl. I S. 2325).
[4] § 25 Abs. 9 angef. durch G v. 11. 10. 1995 (BGBl. I S. 1250).
[5] § 26 aufgeh. durch G v. 25. 2. 1992 (BGBl. I S. 297).

250. Erbschaftsteuer- und Schenkungsteuergesetz (ErbStG)[1) · 2)]

In der Fassung der Bekanntmachung vom 27. Februar 1997 (BGBl. I S. 378)

Geändert durch Steuerentlastungsgesetz 1999/2000/2002 vom 24. 3. 1999 (BGBl. I S. 402), Gesetz zur weiteren steuerlichen Förderung von Stiftungen vom 14. 7. 2000 (BGBl. I S. 1034), Steuer-Euroglättungsgesetz vom 19. 12. 2000 (BGBl. I S. 1790), Steueränderungsgesetz 2001 vom 20. 12. 2001 (BGBl. I S. 3794), Gesetz zur Modernisierung des Stiftungsrechts vom 15. 7. 2002 (BGBl. I S. 2634), Drittes Gesetz zur Änderungverwaltungsverfahrensrechtlicher Vorschriften vom 21. 8. 2002 (BGBl. I S. 3322), Haushaltsbegleitgesetz 2004 vom 29. 12. 2003 (BGBl. I S. 3076), Gesetz zur weiteren Stärkung des bürgerschaftlichen Engagements vom 10. 10. 2007 (BGBl. I S. 2332), Erbschaftsteuerreformgesetz vom 24. 12. 2008 (BGBl. I S. 3018)[3)], Wachstumsbeschleunigungsgesetz vom 22. 12. 2009 (BGBl. I S. 3950), Jahressteuergesetz 2010 (JStG 2010) vom 8. 12. 2010 (BGBl. I S. 1768), Steuervereinfachungsgesetz 2011 vom 1. 11. 2011 (BGBl. I S. 2131), Betreibungsrichtlinie-Umsetzungsgesetz (BeitrRLUmsG) vom 7. 12. 2011 (BGBl. I S. 2592), Gesetz zu dem Abkommen vom 4. 2. 2010 zwischen der Bundesrepublik Deutschland und der Französischen Republik über den Güterstand der Wahl-

---

[1)] Neubekanntmachung des Erbschaft- und Schenkungsteuergesetzes idF der Bek. v. 19. 2. 1991 (BGBl. I S. 468) auf Grund des § 36 Abs. 2 ErbStG idF der Bek. v. 19. 2. 1991 (BGBl. I S. 468) in der ab 28. 12. 1996 geltenden Fassung.

[2)] **Zum Anwendungsbereich vgl. § 37.**

Zur Anwendung im Beitrittsgebiet ab 1. 1. 1991 siehe § 37 a.

[3)] Siehe **Übergangsregelung in Art. 3 des ErbStRG:**

„**Art. 3 Rückwirkende Anwendung des durch dieses Gesetz geänderten Erbschaftsteuer- und Bewertungsrechts.** (1) Ein Erwerber kann bis zur Unanfechtbarkeit der Steuerfestsetzung beantragen, dass die durch dieses Gesetz geänderten Vorschriften des Erbschaftsteuer- und Schenkungsteuergesetzes, mit Ausnahme des § 16 des Erbschaftsteuer- und Schenkungsteuergesetzes, und des Bewertungsgesetzes auf Erwerbe von Todes wegen anzuwenden sind, für die die Steuer nach dem 31. Dezember 2006 und vor dem 1. Januar 2009 entstanden ist. In diesem Fall ist § 16 des Erbschaftsteuer- und Schenkungsteuergesetzes in der Fassung der Bekanntmachung vom 27. Februar 1997 (BGBl. I S. 378), der zuletzt durch Artikel 19 Nr. 4 des Gesetzes vom 19. Dezember 2000 (BGBl. I S. 1790) geändert worden ist, anzuwenden.[*)]

(2) Ist die Steuer, die auf einen Erwerb von Todes wegen nach dem 31. Dezember 2006 und vor dem 1. Januar 2009 entstanden ist, vor dem 1. Januar 2009 festgesetzt worden, kann der Antrag innerhalb von sechs Monaten nach Inkrafttreten des Gesetzes gestellt werden; in diesem Fall kann die Steuerfestsetzung entsprechend geändert werden.

(3) Der Erwerber kann den Antrag nicht widerrufen, wenn die Steuerfestsetzung nachträglich deshalb geändert wird, weil er gegen die Verschonungsvoraussetzungen (§§ 13 a, 19 a des Erbschaftsteuer- und Schenkungsteuergesetzes in der Fassung des Artikels 1 des Gesetzes vom 24. Dezember 2008, BGBl. I S. 3018) verstoßen hat.[*)]“

Art. 3 tritt am 1. 7. 2009 außer Kraft (Art. 6 Abs. 3 ErbStRG).

[*)] **Vgl. zu Abs. 1 auch Wachstumsbeschleunigungsgesetz Art. 14: „Anwendung des Artikels 3 des Erbschaftsteuerreformgesetzes:** Hat ein Erwerber einen Antrag nach Artikel 3 Absatz 1 des Erbschaftsteuerreformgesetzes vom 24. Dezember 2008 (BGBl. I S. 3018) gestellt, ist Artikel 3 Absatz 1 und 3 des Erbschaftsteuerreformgesetzes mit der Maßgabe anzuwenden, dass an die Stelle der §§ 13 a und 19 a des Erbschaftsteuer- und Schenkungsteuergesetzes in der Fassung des Artikels 1 des Gesetzes vom 24. Dezember 2008 (BGBl. I S. 3018) die §§ 13 a und 19 a des Erbschaftsteuer- und Schenkungsteuergesetzes in der Fassung des Artikels 6 des Gesetzes vom 22. Dezember 2009 (BGBl. I S. 3950) treten.“

Art. 14 tritt am 1. 7. 2010 außer Kraft (Art. 15 Abs. 5 Wachstumsbeschleunigungsgesetz).

Zugewinngemeinschaft vom 15. 3. 2012 (BGBl. II S. 178), Amtshilferichtlinie-Umsetzungsgesetz (AmtshilfeRLUmsG) vom 26. Juni 2013 (BGBl. I S. 1809), Gesetz zum Internationalen Erbrecht und zur Änderung von Vorschriften zum Erbschein sowie zur Änderung sonstiger Vorschriften vom 29. 6. 2015 (BGBl. I S. 1042) und Steueränderungsgesetz 2015 vom 2. 11. 2015 (BGBl. I S. 1834)

BGBl. III/FNA 611-8-2-2

Inhaltsübersicht

I. Steuerpflicht

§ 1 Steuerpflichtige Vorgänge. (1) Der Erbschaftsteuer (Schenkungsteuer) unterliegen

1. der Erwerb von Todes wegen;
2. die Schenkungen unter Lebenden;
3. die Zweckzuwendungen;
4. das Vermögen einer Stiftung, sofern sie wesentlich im Interesse einer Familie oder bestimmter Familien errichtet ist, und eines Vereins, dessen Zweck wesentlich im Interesse einer Familie oder bestimmter Familien auf die Bindung von Vermögen gerichtet ist, in Zeitabständen von je 30 Jahren seit dem in § 9 Abs. 1 Nr. 4 bestimmten Zeitpunkt.

(2) Soweit nichts anderes bestimmt ist, gelten die Vorschriften dieses Gesetzes über die Erwerbe von Todes wegen auch für Schenkungen und Zweckzuwendungen, die Vorschriften über Schenkungen auch für Zweckzuwendungen unter Lebenden.

§ 2 Persönliche Steuerpflicht. (1) Die Steuerpflicht tritt ein

1.[1] in den Fällen des § 1 Abs. 1 Nr. 1 bis 3, wenn der Erblasser zur Zeit seines Todes, der Schenker zur Zeit der Ausführung der Schenkung oder der Erwerber zur Zeit der Entstehung der Steuer (§ 9) ein Inländer ist, für den gesamten Vermögensanfall (unbeschränkte Steuerpflicht). [2]Als Inländer gelten
   a) natürliche Personen, die im Inland einen Wohnsitz oder ihren gewöhnlichen Aufenthalt haben,
   b) deutsche Staatsangehörige, die sich nicht länger als fünf Jahre[2] dauernd im Ausland aufgehalten haben, ohne im Inland einen Wohnsitz zu haben,
   c) unabhängig von der Fünfjahresfrist nach Buchstabe b deutsche Staatsangehörige, die
      aa) im Inland weder einen Wohnsitz noch ihren gewöhnlichen Aufenthalt haben und

---

[1] § 2 Abs. 1 Nr. 1 Satzteil vor Satz 2 geänd. durch G v. 7. 12. 2011 (BGBl. I S. 2592); zur Anwendung siehe § 37 Abs. 7.

[2] Abweichend „zehn Jahre" bei Wegzug in die USA, vgl. Art. 3 des Zustimmungsgesetzes vom 15. 9. 2000 zum Ergänzungsprotokoll DBA – USA/Deutschland – ErbSt v. 14. 9. 1998 (BGBl. II S. 1170).

bb) zu einer inländischen juristischen Person des öffentlichen Rechts in einem Dienstverhältnis stehen und dafür Arbeitslohn aus einer inländischen öffentlichen Kasse beziehen,

sowie zu ihrem Haushalt gehörende Angehörige, die die deutsche Staatsangehörigkeit besitzen. 2 Dies gilt nur für Personen, deren Nachlaß oder Erwerb in dem Staat, in dem sie ihren Wohnsitz oder ihren gewöhnlichen Aufenthalt haben, lediglich in einem der Steuerpflicht nach Nummer 3 ähnlichen Umfang zu einer Nachlaß- oder Erbanfallsteuer herangezogen wird,

d) Körperschaften, Personenvereinigungen und Vermögensmassen, die ihre Geschäftsleitung oder ihren Sitz im Inland haben;

2. in den Fällen des § 1 Abs. 1 Nr. 4, wenn die Stiftung oder der Verein die Geschäftsleitung oder den Sitz im Inland hat;

3.[1] in allen anderen Fällen, vorbehaltlich des Absatzes 3, für den Vermögensanfall, der in Inlandsvermögen im Sinne des § 121 des Bewertungsgesetzes besteht (beschränkte Steuerpflicht). 2 Bei Inlandsvermögen im Sinne des § 121 Nr. 4 des Bewertungsgesetzes ist es ausreichend, wenn der Erblasser zur Zeit seines Todes oder der Schenker zur Zeit der Ausführung der Schenkung entsprechend der Vorschrift am Grund- oder Stammkapital der inländischen Kapitalgesellschaft beteiligt ist. 3 Wird nur ein Teil einer solchen Beteiligung durch Schenkung zugewendet, gelten die weiteren Erwerbe aus der Beteiligung, soweit die Voraussetzungen des § 14 erfüllt sind, auch dann als Erwerb von Inlandsvermögen, wenn im Zeitpunkt ihres Erwerbs die Beteiligung des Erblassers oder Schenkers weniger als ein Zehntel des Grund- oder Stammkapitals der Gesellschaft beträgt.

(2) Zum Inland im Sinne dieses Gesetzes gehört auch der der Bundesrepublik Deutschland zustehende Anteil am Festlandsockel, soweit dort Naturschätze des Meeresgrundes und des Meeresuntergrundes erforscht oder ausgebeutet werden.

(3)[2] 1 Auf Antrag des Erwerbers wird ein Vermögensanfall, zu dem Inlandsvermögen im Sinne des § 121 des Bewertungsgesetzes gehört (Absatz 1 Nummer 3), insgesamt als unbeschränkt steuerpflichtig behandelt, wenn der Erblasser zur Zeit seines Todes, der Schenker zur Zeit der Ausführung der Schenkung oder der Erwerber zur Zeit der Entstehung der Steuer (§ 9) seinen Wohnsitz in einem Mitgliedstaat der Europäischen Union oder einem Staat hat, auf den das Abkommen über den Europäischen Wirtschaftsraum anwendbar ist. 2 In diesem Fall sind auch mehrere innerhalb von zehn Jahren vor dem Vermögensanfall und innerhalb von zehn Jahren nach dem Vermögensanfall von derselben Person anfallende Erwerbe als unbeschränkt steuerpflichtig zu behandeln und nach Maßgabe des § 14 zusammenzurechnen. 3 Die Festsetzungsfrist für die Steuer endet im Fall des Satzes 2 Nummer 1 nicht vor Ablauf des vierten Jahres, nachdem die Finanzbehörde von dem Antrag Kenntnis erlangt.

---

[1] § 2 Abs. 1 Nr. 3 Satzteil vor Satz 2 geänd. durch G v. 7. 12. 2011 (BGBl. I S. 2592); zur Anwendung siehe § 37 Abs. 7.

[2] § 2 Abs. 3 angef. durch G v. 7. 12. 2011 (BGBl. I S. 2592); zur Anwendung siehe § 37 Abs. 7.

§ 3 Erwerb von Todes wegen. (1) Als Erwerb von Todes wegen gilt

1.[1] der Erwerb durch Erbanfall (§ 1922 des Bürgerlichen Gesetzbuchs), durch Vermächtnis (§§ 2147 ff. des Bürgerlichen Gesetzbuchs) oder auf Grund eines geltend gemachten Pflichtteilsanspruchs (§§ 2303 ff. des Bürgerlichen Gesetzbuchs);

2.[2] der Erwerb durch Schenkung auf den Todesfall (§ 2301 des Bürgerlichen Gesetzbuchs). [2]Als Schenkung auf den Todesfall gilt auch der auf dem Ausscheiden eines Gesellschafters beruhende Übergang des Anteils oder des Teils eines Anteils eines Gesellschafters einer Personengesellschaft oder Kapitalgesellschaft bei dessen Tod auf die anderen Gesellschafter oder die Gesellschaft, soweit der Wert, der sich für seinen Anteil zur Zeit seines Todes nach § 12 ergibt, Abfindungsansprüche Dritter übersteigt. [3]Wird auf Grund einer Regelung im Gesellschaftsvertrag einer Gesellschaft mit beschränkter Haftung der Geschäftsanteil eines Gesellschafters bei dessen Tod eingezogen und übersteigt der sich nach § 12 ergebende Wert seines Anteils zur Zeit seines Todes Abfindungsansprüche Dritter, gilt die insoweit bewirkte Werterhöhung der Geschäftsanteile der verbleibenden Gesellschafter als Schenkung auf den Todesfall;

3. die sonstigen Erwerbe, auf die die für Vermächtnisse geltenden Vorschriften des bürgerlichen Rechts Anwendung finden;

4. jeder Vermögensvorteil, der auf Grund eines vom Erblasser geschlossenen Vertrags bei dessen Tode von einem Dritten unmittelbar erworben wird.

(2) Als vom Erblasser zugewendet gilt auch

1.[3] der Übergang von Vermögen auf eine vom Erblasser angeordnete Stiftung. [2]Dem steht gleich die vom Erblasser angeordnete Bildung oder Ausstattung einer Vermögensmasse ausländischen Rechts, deren Zweck auf die Bindung von Vermögen gerichtet ist;

2. was jemand infolge Vollziehung einer vom Erblasser angeordneten Auflage oder infolge Erfüllung einer vom Erblasser gesetzten Bedingung erwirbt, es sei denn, daß eine einheitliche Zweckzuwendung vorliegt;

3. was jemand dadurch erlangt, daß bei Genehmigung einer Zuwendung des Erblassers Leistungen an andere Personen angeordnet oder zur Erlangung der Genehmigung freiwillig übernommen werden;

4. [4] was als Abfindung für einen Verzicht auf den entstandenen Pflichtteilsanspruch oder für die Ausschlagung einer Erbschaft, eines Erbersatzanspruchs oder eines Vermächtnisses oder für die Zurückweisung eines Rechts aus einem Vertrag des Erblassers zugunsten Dritter auf den Todesfall oder anstelle eines anderen in Absatz 1 genannten Erwerbs gewährt wird;

---

[1] § 3 Abs. 1 Nr. 1 neu gef. durch G v. 24. 12. 2008 (BGBl. I S. 3018).

[2] § 3 Abs. 1 Nr. 2 Satz 2 geänd., Satz 3 angef. mWv 5. 3. 1999 durch G v. 24. 3. 1999 (BGBl. I S. 402).

[3] § 3 Abs. 2 Nr. 1 Satz 2 angef. mWv 5. 3. 1999 durch G v. 24. 3. 1999 (BGBl. I S. 402).

[4] § 3 Abs. 2 Nr. 4 neu gef. mWv 1. 1. 2009 durch G v. 24. 12. 2008 (BGBl. I S. 3018).

5. was als Abfindung für ein aufschiebend bedingtes, betagtes oder befristetes Vermächtnis, für das die Ausschlagungsfrist abgelaufen ist, vor dem Zeitpunkt des Eintritts der Bedingung oder des Ereignisses gewährt wird;
6. was als Entgelt für die Übertragung der Anwartschaft eines Nacherben gewährt wird;
7.[1] was der Vertragserbe oder der Schlusserbe eines gemeinschaftlichen Testaments oder der Vermächtnisnehmer wegen beeinträchtigender Schenkungen des Erblassers (§§ 2287, 2288 Abs. 2 des Bürgerlichen Gesetzbuchs) von dem Beschenkten nach den Vorschriften über die ungerechtfertigte Bereicherung erlangt.

§ 4 Fortgesetzte Gütergemeinschaft. (1)[2] Wird die Gütergemeinschaft beim Tod eines Ehegatten oder beim Tod eines Lebenspartners fortgesetzt (§§ 1483 ff. des Bürgerlichen Gesetzbuchs), wird dessen Anteil am Gesamtgut so behandelt, als wäre er ausschließlich den anteilsberechtigten Abkömmlingen angefallen.

(2) [1] Beim Tode eines anteilsberechtigten Abkömmlings gehört dessen Anteil am Gesamtgut zu seinem Nachlaß. [2] Als Erwerber des Anteils gelten diejenigen, denen der Anteil nach § 1490 Satz 2 und 3 des Bürgerlichen Gesetzbuchs zufällt.

§ 5 Zugewinngemeinschaft. (1) [1] Wird der Güterstand der Zugewinngemeinschaft (§ 1363 des Bürgerlichen Gesetzbuchs, § 6 des Lebenspartnerschaftsgesetzes[3]) durch den Tod eines Ehegatten oder den Tod eines Lebenspartners[3] beendet und der Zugewinn nicht nach § 1371 Abs. 2 des Bürgerlichen Gesetzbuchs ausgeglichen, gilt beim überlebenden Ehegatten oder beim überlebenden Lebenspartner[3] der Betrag, den er nach Maßgabe des § 1371 Abs. 2 des Bürgerlichen Gesetzbuchs als Ausgleichsforderung geltend machen könnte, nicht als Erwerb im Sinne des § 3. [2] Bei der Berechnung dieses Betrags bleiben von den Vorschriften der §§ 1373 bis 1383 und 1390 des Bürgerlichen Gesetzbuchs abweichende güterrechtliche Vereinbarungen unberücksichtigt. [3] Die Vermutung des § 1377 Abs. 3 des Bürgerlichen Gesetzbuchs findet keine Anwendung. [4] Wird der Güterstand der Zugewinngemeinschaft durch Ehevertrag oder Lebenspartnerschaftsvertrag[3] vereinbart, gilt als Zeitpunkt des Eintritts des Güterstandes (§ 1374 Abs. 1 des Bürgerlichen Gesetzbuchs) der Tag des Vertragsabschlusses. [5] Soweit das Endvermögen[3] des Erblassers bei der Ermittlung des als Ausgleichsforderung steuerfreien Betrags mit einem höheren Wert als dem nach den steuerlichen Bewertungsgrundsätzen maßgebenden Wert angesetzt worden ist, gilt höchstens der dem Steuerwert des Endvermögens[3] entsprechende Betrag nicht als Erwerb im Sinne des § 3.

(2) Wird der Güterstand der Zugewinngemeinschaft in anderer Weise als durch den Tod eines Ehegatten oder eines Lebenspartners[3] beendet oder wird

---

[1] § 3 Abs. 2 Nr. 7 neu gef. mWv 1. 1. 2009 durch G v. 24. 12. 2008 (BGBl. I S. 3018).

[2] § 4 Abs. 1 neu gef. mWv 1. 1. 2009 durch G v. 24. 12. 2008 (BGBl. I S. 3018).

[3] § 5 Abs. 1 Sätze 1, 4 und 5 sowie Abs. 2 geänd. bzw. ergänzt mWv 1. 1. 2009 durch G v. 24. 12. 2008 (BGBl. I S. 3018).

der Zugewinn nach § 1371 Abs. 2 des Bürgerlichen Gesetzbuchs ausgeglichen, gehört die Ausgleichsforderung (§ 1378 des Bürgerlichen Gesetzbuchs) nicht zum Erwerb im Sinne der §§ 3 und 7.

(3) Wird der Güterstand der Wahl-Zugewinngemeinschaft (§ 1519 des Bürgerlichen Gesetzbuchs) beendet und der Zugewinn ausgeglichen, so gehört die Ausgleichsforderung (Artikel 12 Absatz 1 des Abkommens vom 4. Februar 2010 zwischen der Bundesrepublik Deutschland und der Französischen Republik über den Güterstand der Wahl-Zugewinngemeinschaft) nicht zum Erwerb im Sinne der §§ 3 und 7.[1)]

§ 6 Vor- und Nacherbschaft. (1) Der Vorerbe gilt als Erbe.

(2) [1] Bei Eintritt der Nacherbfolge haben diejenigen, auf die das Vermögen übergeht, den Erwerb als vom Vorerben stammend zu versteuern. [2] Auf Antrag ist der Versteuerung das Verhältnis des Nacherben zum Erblasser zugrunde zu legen. [3] Geht in diesem Fall auch eigenes Vermögen des Vorerben auf den Nacherben über, sind beide Vermögensanfälle hinsichtlich der Steuerklasse getrennt zu behandeln. [4] Für das eigene Vermögen des Vorerben kann ein Freibetrag jedoch nur gewährt werden, soweit der Freibetrag für das der Nacherbfolge unterliegende Vermögen nicht verbraucht ist. [5] Die Steuer ist für jeden Erwerb jeweils nach dem Steuersatz zu erheben, der für den gesamten Erwerb gelten würde.

(3) [1] Tritt die Nacherbfolge nicht durch den Tod des Vorerben ein, gilt die Vorerbfolge als auflösend bedingter, die Nacherbfolge als aufschiebend bedingter Anfall. [2] In diesem Fall ist dem Nacherben die vom Vorerben entrichtete Steuer abzüglich desjenigen Steuerbetrags anzurechnen, welcher der tatsächlichen Bereicherung des Vorerben entspricht.

(4) Nachvermächtnisse und beim Tode des Beschwerten fällige Vermächtnisse oder Auflagen[2)] stehen den Nacherbschaften gleich.

§ 7 Schenkungen unter Lebenden. (1) [1] Als Schenkungen unter Lebenden gelten

1. jede freigebige Zuwendung unter Lebenden, soweit der Bedachte durch sie auf Kosten des Zuwendenden bereichert wird;
2. was infolge Vollziehung einer von dem Schenker angeordneten Auflage oder infolge Erfüllung einer einem Rechtsgeschäft unter Lebenden beigefügten Bedingung ohne entsprechende Gegenleistung erlangt wird, es sei denn, daß eine einheitliche Zweckzuwendung vorliegt;
3. was jemand dadurch erlangt, daß bei Genehmigung einer Schenkung Leistungen an andere Personen angeordnet oder zur Erlangung der Genehmigung freiwillig übernommen werden;

[1)] § 5 Abs. 3 angef. durch G v. 15. 3. 2012 (BGBl. II S. 178); nach Art. 6 Abs. 1 des G tritt er jedoch erst dann in Kraft, wenn das Abkommen v. 4. 2. 2010 in Kraft tritt. Dies geschah mWv 1. 5. 2013.

[2)] § 6 Abs. 4 ergänzt mWv 1. 1. 2009 durch G v. 24. 12. 2008 (BGBl. I S. 3018).

4.[1] die Bereicherung, die ein Ehegatte oder ein Lebenspartner[2] bei Vereinbarung der Gütergemeinschaft (§ 1415 des Bürgerlichen Gesetzbuchs) erfährt;

5. was als Abfindung für einen Erbverzicht (§§ 2346 und 2352 des Bürgerlichen Gesetzbuchs) gewährt wird;

6.[3] *(aufgehoben)*

7. was ein Vorerbe dem Nacherben mit Rücksicht auf die angeordnete Nacherbschaft vor ihrem Eintritt herausgibt;

8.[4] der Übergang von Vermögen auf Grund eines Stiftungsgeschäfts unter Lebenden. 2 Dem steht gleich die Bildung oder Ausstattung einer Vermögensmasse ausländischen Rechts, deren Zweck auf die Bindung von Vermögen gerichtet ist;

9.[5] was bei Aufhebung einer Stiftung oder bei Auflösung eines Vereins, dessen Zweck auf die Bindung von Vermögen gerichtet ist, erworben wird. 2 Dem steht gleich der Erwerb bei Auflösung einer Vermögensmasse ausländischen Rechts, deren Zweck auf die Bindung von Vermögen gerichtet ist, sowie der Erwerb durch Zwischenberechtigte während des Bestehens der Vermögensmasse. 3 Wie eine Auflösung wird auch der Formwechsel eines rechtsfähigen Vereins, dessen Zweck wesentlich im Interesse einer Familie oder bestimmter Familien auf die Bindung von Vermögen gerichtet ist, in eine Kapitalgesellschaft behandelt;

10. was als Abfindung für aufschiebend bedingt, betagt oder befristet erworbene Ansprüche, soweit es sich nicht um einen Fall des § 3 Abs. 2 Nr. 5 handelt, vor dem Zeitpunkt des Eintritts der Bedingung oder des Ereignisses gewährt wird.

(2) 1 Im Fall des Absatzes 1 Nr. 7 ist der Versteuerung auf Antrag das Verhältnis des Nacherben zum Erblasser zugrunde zu legen. 2 § 6 Abs. 2 Satz 3 bis 5 gilt entsprechend.

(3) Gegenleistungen, die nicht in Geld veranschlagt werden können, werden bei der Feststellung, ob eine Bereicherung vorliegt, nicht berücksichtigt.

(4) Die Steuerpflicht einer Schenkung wird nicht dadurch ausgeschlossen, daß sie zur Belohnung oder unter einer Auflage gemacht oder in die Form eines lästigen Vertrags gekleidet wird.

(5) 1 Ist Gegenstand der Schenkung eine Beteiligung an einer Personengesellschaft, in deren Gesellschaftsvertrag bestimmt ist, daß der neue Gesellschafter bei Auflösung der Gesellschaft oder im Fall eines vorherigen Ausscheidens nur den Buchwert seines Kapitalanteils erhält, werden diese Bestimmungen bei der Feststellung der Bereicherung nicht berücksichtigt. 2 Soweit die Berei-

---

[1] Wegen der Sonderregelung bei der Vereinbarung der Gütergemeinschaft vgl. Art. 5 G zur Reform des Erbschaftsteuer- und Schenkungsteuerrechts v. 17. 4. 1974 (BGBl. I S. 933).

[2] § 7 Abs. 1 Nr. 4 ergänzt mWv 1. 1. 2009 durch G v. 24. 12. 2008 (BGBl. I S. 3018).

[3] § 7 Abs. 1 Nr. 6 aufgeh. mWv 1. 1. 2009 durch G v. 24. 12. 2008 (BGBl. I S. 3018).

[4] § 7 Abs. 1 Nr. 8 Satz 2 angef. mWv 5. 3. 1999 durch G v. 24. 3. 1999 (BGBl. I S. 402).

[5] § 7 Abs. 1 Nr. 9 Satz 2 angef. mWv 5. 3. 1999 durch G v. 24. 3. 1999 (BGBl. I S. 402), Nr. 9 Satz 3 angef. mWv 1. 1. 2009 durch G v. 24. 12. 2008 (BGBl. I S. 3018).

cherung den Buchwert des Kapitalanteils übersteigt, gilt sie als auflösend bedingt erworben.

(6) Wird eine Beteiligung an einer Personengesellschaft mit einer Gewinnbeteiligung ausgestattet, die insbesondere der Kapitaleinlage, der Arbeits- oder der sonstigen Leistung des Gesellschafters für die Gesellschaft nicht entspricht oder die einem fremden Dritten üblicherweise nicht eingeräumt würde, gilt das Übermaß an Gewinnbeteiligung als selbständige Schenkung, die mit dem Kapitalwert anzusetzen ist.

(7)[1)] [1] Als Schenkung gilt auch der auf dem Ausscheiden eines Gesellschafters beruhende Übergang des Anteils oder des Teils eines Anteils eines Gesellschafters einer Personengesellschaft oder Kapitalgesellschaft auf die anderen Gesellschafter oder die Gesellschaft, soweit der Wert, der sich für seinen Anteil zur Zeit seines Ausscheidens nach § 12 ergibt, den Abfindungsanspruch übersteigt. [2] Wird auf Grund einer Regelung im Gesellschaftsvertrag einer Gesellschaft mit beschränkter Haftung der Geschäftsanteil eines Gesellschafters bei dessen Ausscheiden eingezogen und übersteigt der sich nach § 12 ergebende Wert seines Anteils zur Zeit seines Ausscheidens den Abfindungsanspruch, gilt die insoweit bewirkte Werterhöhung der Anteile der verbleibenden Gesellschafter als Schenkung des ausgeschiedenen Gesellschafters. [3] Bei Übertragungen im Sinne des § 10 Abs. 10 gelten die Sätze 1 und 2 sinngemäß.

(8)[2)] [1] Als Schenkung gilt auch die Werterhöhung von Anteilen an einer Kapitalgesellschaft, die eine an der Gesellschaft unmittelbar oder mittelbar beteiligte natürliche Person oder Stiftung (Bedachte) durch die Leistung einer anderen Person (Zuwendender) an die Gesellschaft erlangt. [2] Freigebig sind auch Zuwendungen zwischen Kapitalgesellschaften, soweit sie in der Absicht getätigt werden, Gesellschafter zu bereichern und soweit an diesen Gesellschaften nicht unmittelbar oder mittelbar dieselben Gesellschafter zu gleichen Anteilen beteiligt sind. [3] Die Sätze 1 und 2 gelten außer für Kapitalgesellschaften auch für Genossenschaften.

§ 8 Zweckzuwendungen. Zweckzuwendungen sind Zuwendungen von Todes wegen oder freigebige Zuwendungen unter Lebenden, die mit der Auflage verbunden sind, zugunsten eines bestimmten Zwecks verwendet zu werden, oder die von der Verwendung zugunsten eines bestimmten Zwecks abhängig sind, soweit hierdurch die Bereicherung des Erwerbers gemindert wird.

§ 9 Entstehung der Steuer. (1) Die Steuer entsteht

1. bei Erwerben von Todes wegen mit dem Tode des Erblassers, jedoch
   a) für den Erwerb des unter einer aufschiebenden Bedingung, unter einer Betagung oder Befristung Bedachten sowie für zu einem Erwerb gehörende

---

[1)] § 7 Abs. 7 Satz 1 geänd., Satz 2 angef. mWv 5. 3. 1999 durch G v. 24. 3. 1999 (BGBl. I S. 402), Satz 3 angef. mWv 1. 1. 2009 durch G v. 24. 12. 2008 (BGBl. I S. 3018).

[2)] § 7 Abs. 8 angef. durch G v. 7. 12. 2011 (BGBl. I S. 2592); zur Anwendung siehe § 37 Abs. 7 Satz 1.

aufschiebend bedingte, betagte oder befristete Ansprüche mit dem Zeitpunkt des Eintritts der Bedingung oder des Ereignisses,

b)[1] für den Erwerb eines geltend gemachten Pflichtteilsanspruchs mit dem Zeitpunkt der Geltendmachung,

c) im Fall des § 3 Abs. 2 Nr. 1 Satz 1 mit dem Zeitpunkt der Anerkennung der Stiftung als rechtsfähig und im Fall des § 3 Abs. 2 Nr. 1 Satz 2 mit dem Zeitpunkt der Bildung oder Ausstattung der Vermögensmasse[2],

d) in den Fällen des § 3 Abs. 2 Nr. 2 mit dem Zeitpunkt der Vollziehung der Auflage oder der Erfüllung der Bedingung,

e) in den Fällen des § 3 Abs. 2 Nr. 3 mit dem Zeitpunkt der Genehmigung,

f) in den Fällen des § 3 Abs. 2 Nr. 4 mit dem Zeitpunkt des Verzichts oder der Ausschlagung,

g) im Fall des § 3 Abs. 2 Nr. 5 mit dem Zeitpunkt der Vereinbarung über die Abfindung,

h) für den Erwerb des Nacherben mit dem Zeitpunkt des Eintritts der Nacherbfolge,

i) im Fall des § 3 Abs. 2 Nr. 6 mit dem Zeitpunkt der Übertragung der Anwartschaft,

j) im Fall des § 3 Abs. 2 Nr. 7 mit dem Zeitpunkt der Geltendmachung des Anspruchs;

2. bei Schenkungen unter Lebenden mit dem Zeitpunkt der Ausführung der Zuwendung;

3. bei Zweckzuwendungen mit dem Zeitpunkt des Eintritts der Verpflichtung des Beschwerten;

4. in den Fällen des § 1 Abs. 1 Nr. 4 in Zeitabständen von je 30 Jahren seit dem Zeitpunkt des ersten Übergangs von Vermögen auf die Stiftung oder auf den Verein. [2] Fällt bei Stiftungen oder Vereinen der Zeitpunkt des ersten Übergangs von Vermögen auf den 1. Januar 1954 oder auf einen früheren Zeitpunkt, entsteht die Steuer erstmals am 1. Januar 1984. [3] Bei Stiftungen und Vereinen, bei denen die Steuer erstmals am 1. Januar 1984 entsteht, richtet sich der Zeitraum von 30 Jahren nach diesem Zeitpunkt.

(2) In den Fällen der Aussetzung der Versteuerung nach § 25 Abs. 1 Buchstabe a[3] gilt die Steuer für den Erwerb des belasteten Vermögens als mit dem Zeitpunkt des Erlöschens der Belastung entstanden.

---

[1] § 9 Abs. 1 Nr. 1 Buchst. b geänd. mWv 1. 1. 2009 durch G v. 24. 12. 2008 (BGBl. I S. 3018).

[2] § 9 Abs. 1 Nr. 1 Buchst. c ergänzt durch G v. 24. 3. 1999 (BGBl. I S. 402) und geänd. durch G v. 15. 7. 2002 (BGBl. I S. 2634).

[3] § 25 Abs. 1 Buchst. a idF des G v. 17. 4. 1974 (BGBl. I S. 933) gilt in Steuerfällen, die bis zum 30. 8. 1980 eingetreten waren (§ 37 Abs. 2).

II. Wertermittlung

§ 10 Steuerpflichtiger Erwerb. (1) [1]Als steuerpflichtiger Erwerb gilt die Bereicherung des Erwerbers, soweit sie nicht steuerfrei ist (§§ 5, 13, 13a, 13c,[1)] 16, 17 und 18). [2]In den Fällen des § 3 gilt unbeschadet Absatz 10[1)] als Bereicherung der Betrag, der sich ergibt, wenn von dem nach § 12 zu ermittelnden Wert des gesamten Vermögensanfalls, soweit er der Besteuerung nach diesem Gesetz unterliegt, die nach den Absätzen 3 bis 9 abzugsfähigen Nachlassverbindlichkeiten mit ihrem nach § 12 zu ermittelnden Wert abgezogen werden. [3]Steuererstattungsansprüche des Erblassers sind zu berücksichtigen, wenn sie rechtlich entstanden sind (§ 37 Abs. 2 der Abgabenordnung).[2)] [4]Der unmittelbare oder mittelbare Erwerb einer Beteiligung an einer Personengesellschaft oder einer anderen Gesamthandsgemeinschaft, die nicht unter § 97 Abs. 1 Satz 1 Nr. 5 des Bewertungsgesetzes fällt, gilt als Erwerb der anteiligen Wirtschaftsgüter; die dabei übergehenden Schulden und Lasten der Gesellschaft sind bei der Ermittlung der Bereicherung des Erwerbers wie eine Gegenleistung zu behandeln.[3)] [5]Bei der Zweckzuwendung tritt an die Stelle des Vermögensanfalls die Verpflichtung des Beschwerten. [6]Der steuerpflichtige Erwerb wird auf volle 100 Euro[4)] nach unten abgerundet. [7]In den Fällen des § 1 Abs. 1 Nr. 4 tritt an die Stelle des Vermögensanfalls das Vermögen der Stiftung oder des Vereins.

(2) Hat der Erblasser die Entrichtung der von dem Erwerber geschuldeten Steuer einem anderen auferlegt oder hat der Schenker die Entrichtung der vom Beschenkten geschuldeten Steuer selbst übernommen oder einem anderen auferlegt, gilt als Erwerb der Betrag, der sich bei einer Zusammenrechnung des Erwerbs nach Absatz 1 mit der aus ihm errechneten Steuer ergibt.

(3) Die infolge des Anfalls durch Vereinigung von Recht und Verbindlichkeit oder von Recht und Belastung erloschenen Rechtsverhältnisse gelten als nicht erloschen.

(4) Die Anwartschaft eines Nacherben gehört nicht zu seinem Nachlaß.

(5) Von dem Erwerb sind, soweit sich nicht aus den Absätzen 6 bis 9 etwas anderes ergibt, als Nachlaßverbindlichkeiten abzugsfähig

1.[5)] die vom Erblasser herrührenden Schulden, soweit sie nicht mit einem zum Erwerb gehörenden Gewerbebetrieb, Anteil an einem Gewerbebetrieb, Betrieb der Land- und Forstwirtschaft oder Anteil an einem Betrieb der Land- und Forstwirtschaft in wirtschaftlichem Zusammenhang stehen und bereits bei der Bewertung der wirtschaftlichen Einheit berücksichtigt worden sind;
2. Verbindlichkeiten aus Vermächtnissen, Auflagen und geltend gemachten Pflichtteilen und Erbersatzansprüchen;

[1)] § 10 Abs. 1 Sätze 1 und 2 ergänzt mWv 1. 1. 2009 durch G v. 24. 12. 2008 (BGBl. I S. 3018).

[2)] § 10 Abs. 1 Satz 3 eingef. mWv 1. 1. 2009 durch G v. 24. 12. 2008 (BGBl. I S. 3018).

[3)] § 10 Abs. 1 Satz 4 neu gef. mWv 1. 1. 2009 durch G v. 24. 12. 2008 (BGBl. I S. 3018).

[4)] Betrag geänd. mWv 1. 1. 2002 durch G v. 19. 12. 2000 (BGBl. I S. 1790).

[5)] § 10 Abs. 5 Nr. 1 neu gef. mWv 1. 1. 2009 durch G v. 24. 12. 2008 (BGBl. I S. 3018).

3. die Kosten der Bestattung des Erblassers, die Kosten für ein angemessenes Grabdenkmal, die Kosten für die übliche Grabpflege mit ihrem Kapitalwert für eine unbestimmte Dauer sowie die Kosten, die dem Erwerber unmittelbar im Zusammenhang mit der Abwicklung, Regelung oder Verteilung des Nachlasses oder mit der Erlangung des Erwerbs entstehen. 2 Für diese Kosten wird insgesamt ein Betrag von 10 300 Euro[1)] ohne Nachweis abgezogen. 3 Kosten für die Verwaltung des Nachlasses sind nicht abzugsfähig.

(6) 1 Nicht abzugsfähig sind Schulden und Lasten, soweit sie in wirtschaftlichem Zusammenhang mit Vermögensgegenständen stehen, die nicht der Besteuerung nach diesem Gesetz unterliegen. 2 Beschränkt sich die Besteuerung auf einzelne Vermögensgegenstände (§ 2 Abs. 1 Nr. 3, § 19 Abs. 2), sind nur die damit in wirtschaftlichem Zusammenhang stehenden Schulden und Lasten abzugsfähig. 3 Schulden und Lasten, die mit teilweise befreiten Vermögensgegenständen in wirtschaftlichem Zusammenhang stehen, sind nur mit dem Betrag abzugsfähig, der dem steuerpflichtigen Teil entspricht. 4 Schulden und Lasten, die mit nach § 13 a befreitem Vermögen in wirtschaftlichem Zusammenhang stehen, sind nur mit dem Betrag abzugsfähig, der dem Verhältnis des nach Anwendung des § 13 a anzusetzenden Werts dieses Vermögens zu dem Wert vor Anwendung des § 13 a entspricht. 5 Schulden und Lasten, die mit nach § 13 c befreitem Vermögen in wirtschaftlichem Zusammenhang stehen, sind nur mit dem Betrag abzugsfähig, der dem Verhältnis des nach Anwendung des § 13 c anzusetzenden Werts dieses Vermögens zu dem Wert vor Anwendung des § 13 c entspricht. 6 Haben sich Nutzungsrechte als Grundstücksbelastungen bei der Ermittlung des gemeinen Werts einer wirtschaftlichen Einheit des Grundbesitzes ausgewirkt, ist deren Abzug bei der Erbschaftsteuer ausgeschlossen.[2)]

(7) In den Fällen des § 1 Abs. 1 Nr. 4 sind Leistungen an die nach der Stiftungsurkunde oder nach der Vereinssatzung Berechtigten nicht abzugsfähig.

(8) Die von dem Erwerber zu entrichtende eigene Erbschaftsteuer ist nicht abzugsfähig.

(9) Auflagen, die dem Beschwerten selbst zugute kommen, sind nicht abzugsfähig.

(10)[3)] 1 Überträgt ein Erbe ein auf ihn von Todes wegen übergegangenes Mitgliedschaftsrecht an einer Personengesellschaft unverzüglich nach dessen Erwerb auf Grund einer im Zeitpunkt des Todes des Erblassers bestehenden Regelung im Gesellschaftsvertrag an die Mitgesellschafter und ist der Wert, der sich für seinen Anteil zur Zeit des Todes des Erblassers nach § 12 ergibt, höher als der gesellschaftsvertraglich festgelegte Abfindungsanspruch, so gehört nur der Abfindungsanspruch zum Vermögensanfall im Sinne des Absatzes 1 Satz 2. 2 Überträgt ein Erbe einen auf ihn von Todes wegen übergegangenen Geschäftsanteil an einer Gesellschaft mit beschränkter Haftung unverzüglich nach dessen Erwerb auf Grund einer im Zeitpunkt des Todes des Erblassers

---

[1)] Betrag geänd. mWv 1. 1. 2002 durch G v. 19. 12. 2000 (BGBl. I S. 1790).

[2)] § 10 Abs. 6 Sätze 4 und 5 neu gef., Satz 6 angef. mWv 1. 1. 2009 durch G v. 24. 12. 2008 (BGBl. I S. 3018).

[3)] § 10 Abs. 10 angef. mWv 1. 1. 2009 durch G v. 24. 12. 2008 (BGBl. I S. 3018).

bestehenden Regelung im Gesellschaftsvertrag an die Mitgesellschafter oder wird der Geschäftsanteil auf Grund einer im Zeitpunkt des Todes des Erblassers bestehenden Regelung im Gesellschaftsvertrag von der Gesellschaft eingezogen und ist der Wert, der sich für seinen Anteil zur Zeit des Todes des Erblassers nach § 12 ergibt, höher als der gesellschaftsvertraglich festgelegte Abfindungsanspruch, so gehört nur der Abfindungsanspruch zum Vermögensanfall im Sinne des Absatzes 1 Satz 2.

§ 11 Bewertungsstichtag. Für die Wertermittlung ist, soweit in diesem Gesetz nichts anderes bestimmt ist, der Zeitpunkt der Entstehung der Steuer maßgebend.

§ 12[1] **Bewertung.** (1) Die Bewertung richtet sich, soweit nicht in den Absätzen 2 bis 7 etwas anderes bestimmt ist, nach den Vorschriften des Ersten Teils des Bewertungsgesetzes (Allgemeine Bewertungsvorschriften) in der Fassung der Bekanntmachung vom 1. Februar 1991 (BGBl. I S. 230), zuletzt geändert durch Artikel 2 des Gesetzes vom 24. Dezember 2008 (BGBl. I S. 3018), in der jeweils geltenden Fassung.

(2) Anteile an Kapitalgesellschaften, für die ein Wert nach § 151 Abs. 1 Satz 1 Nr. 3 des Bewertungsgesetzes festzustellen ist, sind mit dem auf den Bewertungsstichtag (§ 11) festgestellten Wert anzusetzen.

(3) Grundbesitz (§ 19 Abs. 1 des Bewertungsgesetzes) ist mit dem nach § 151 Abs. 1 Satz 1 Nr. 1 des Bewertungsgesetzes auf den Bewertungsstichtag (§ 11) festgestellten Wert anzusetzen.

(4) Bodenschätze, die nicht zum Betriebsvermögen gehören, werden angesetzt, wenn für sie Absetzungen für Substanzverringerung bei der Einkunftsermittlung vorzunehmen sind; sie werden mit ihren ertragsteuerlichen Werten angesetzt.

(5) Inländisches Betriebsvermögen, für das ein Wert nach § 151 Abs. 1 Satz 1 Nr. 2 des Bewertungsgesetzes festzustellen ist, ist mit dem auf den Bewertungsstichtag (§ 11) festgestellten Wert anzusetzen.

(6) Gehört zum Erwerb ein Anteil an Wirtschaftsgütern und Schulden, für die ein Wert nach § 151 Abs. 1 Satz 1 Nr. 4 des Bewertungsgesetzes festzustellen ist, ist der darauf entfallende Teilbetrag des auf den Bewertungsstichtag (§ 11) festgestellten Werts anzusetzen.

(7) Ausländischer Grundbesitz und ausländisches Betriebsvermögen werden nach § 31 des Bewertungsgesetzes bewertet.

§ 13 Steuerbefreiungen. (1) Steuerfrei bleiben

1.[2] a) Hausrat einschließlich Wäsche und Kleidungsstücke beim Erwerb durch Personen der Steuerklasse I, soweit der Wert insgesamt 41 000 Euro[3] nicht übersteigt,

---

[1] § 12 neu gef. mWv 1. 1. 2009 durch G v. 24. 12. 2008 (BGBl. I S. 3018).

[2] § 13 Abs. 1 Nr. 1 Satz 1 Buchst. b Beträge geänd., Satz 2 eingef. mWv 1. 1. 2009 durch G v. 24. 12. 2008 (BGBl. I S. 3018).

[3] Betrag geänd. mWv 1. 1. 2002 durch G v. 19. 12. 2000 (BGBl. I S. 1790).

b) andere bewegliche körperliche Gegenstände, die nicht nach Nummer 2 befreit sind, beim Erwerb durch Personen der Steuerklasse I, soweit der Wert insgesamt 12 000 Euro[1] nicht übersteigt,

c) Hausrat einschließlich Wäsche und Kleidungsstücke und andere bewegliche körperliche Gegenstände, die nicht nach Nummer 2 befreit sind, beim Erwerb durch Personen der Steuerklassen II und III, soweit der Wert insgesamt 12 000 Euro[1] nicht übersteigt.

[2]Die Befreiung gilt nicht für Gegenstände, die zum land- und forstwirtschaftlichen Vermögen, zum Grundvermögen oder zum Betriebsvermögen gehören, für Zahlungsmittel, Wertpapiere, Münzen, Edelmetalle, Edelsteine und Perlen;[2]

2. Grundbesitz oder Teile von Grundbesitz, Kunstgegenstände, Kunstsammlungen, wissenschaftliche Sammlungen, Bibliotheken und Archive

a) mit 60 Prozent ihres Werts, jedoch Grundbesitz und Teile von Grundbesitz mit 85 Prozent ihres Werts,[3] wenn die Erhaltung dieser Gegenstände wegen ihrer Bedeutung für Kunst, Geschichte oder Wissenschaft im öffentlichen Interesse liegt, die jährlichen Kosten in der Regel die erzielten Einnahmen übersteigen und die Gegenstände in einem den Verhältnissen entsprechenden Umfang den Zwecken der Forschung oder der Volksbildung nutzbar gemacht sind oder werden,

b) in vollem Umfang, wenn die Voraussetzungen des Buchstabens a erfüllt sind und ferner

aa) der Steuerpflichtige bereit ist, die Gegenstände den geltenden Bestimmungen der Denkmalspflege zu unterstellen,

bb)[4] die Gegenstände sich seit mindestens 20 Jahren im Besitz der Familie befinden oder in dem Verzeichnis national wertvollen Kulturguts oder national wertvoller Archive nach dem Gesetz zum Schutz deutschen Kulturgutes gegen Abwanderung in der Fassung der Bekanntmachung vom 8. Juli 1999 (BGBl. I S. 1754), zuletzt geändert durch Artikel 2 des Gesetzes vom 18. Mai 2007 (BGBl. I S. 757, 2547), in der jeweils geltenden Fassung eingetragen sind.

[2]Die Steuerbefreiung fällt mit Wirkung für die Vergangenheit weg, wenn die Gegenstände innerhalb von zehn Jahren nach dem Erwerb veräußert werden oder die Voraussetzungen für die Steuerbefreiung innerhalb dieses Zeitraums entfallen;

3. Grundbesitz oder Teile von Grundbesitz, der für Zwecke der Volkswohlfahrt der Allgemeinheit ohne gesetzliche Verpflichtung zur Benut-

---

[1] § 13 Abs. 1 Nr. 1 Satz 1 Buchst. b und c Beträge geänd., Satz 2 eingef. mWv 1. 1. 2009 durch G v. 24. 12. 2008 (BGBl. I S. 3018).

[2] § 13 Abs. 1 Nr. 1 Satz 2 aufgeh., bish. Satz 3 wird Satz 2 durch G v. 8. 12. 2010 (BGBl. I S. 1768); zur Anwendung siehe § 37 Abs. 4.

[3] § 13 Abs. 1 Nr. 2 Buchst. a ergänzt mWv 1. 1. 2009 durch G v. 24. 12. 2008 (BGBl. I S. 3018).

[4] § 13 Abs. 1 Nr. 2 Buchst. b Doppelbuchst. bb geänd. durch G v. 24. 12. 2008 (BGBl. I S. 3018).

zung zugänglich gemacht ist und dessen Erhaltung im öffentlichen Interesse liegt, wenn die jährlichen Kosten in der Regel die erzielten Einnahmen übersteigen. 2 Die Steuerbefreiung fällt mit Wirkung für die Vergangenheit weg, wenn der Grundbesitz oder Teile des Grundbesitzes innerhalb von zehn Jahren nach dem Erwerb veräußert werden oder die Voraussetzungen für die Steuerbefreiung innerhalb dieses Zeitraums entfallen;

4. ein Erwerb nach § 1969 des Bürgerlichen Gesetzbuchs;

4 a.[1] Zuwendungen unter Lebenden, mit denen ein Ehegatte dem anderen Ehegatten Eigentum oder Miteigentum an einem im Inland oder in einem Mitgliedstaat der Europäischen Union oder einem Staat des Europäischen Wirtschaftsraums belegenen bebauten Grundstück im Sinne des § 181 Abs. 1 Nr. 1 bis 5 des Bewertungsgesetzes verschafft, soweit darin eine Wohnung zu eigenen Wohnzwecken genutzt wird (Familienheim), oder den anderen Ehegatten von eingegangenen Verpflichtungen im Zusammenhang mit der Anschaffung oder der Herstellung des Familienheims freistellt. 2 Entsprechendes gilt, wenn ein Ehegatte nachträglichen Herstellungs- oder Erhaltungsaufwand für ein Familienheim trägt, das im gemeinsamen Eigentum der Ehegatten oder im Eigentum des anderen Ehegatten steht. 3 Die Sätze 1 und 2 gelten für Zuwendungen zwischen Lebenspartnern entsprechend;

4 b.[2] der Erwerb von Todes wegen des Eigentums oder Miteigentums an einem im Inland oder in einem Mitgliedstaat der Europäischen Union oder einem Staat des Europäischen Wirtschaftsraums belegenen bebauten Grundstück im Sinne des § 181 Abs. 1 Nr. 1 bis 5 des Bewertungsgesetzes durch den überlebenden Ehegatten oder den überlebenden Lebenspartner, soweit der Erblasser darin bis zum Erbfall eine Wohnung zu eigenen Wohnzwecken genutzt hat oder bei der er aus zwingenden Gründen an einer Selbstnutzung zu eigenen Wohnzwecken gehindert war und die beim Erwerber unverzüglich zur Selbstnutzung zu eigenen Wohnzwecken bestimmt ist (Familienheim). 2 Ein Erwerber kann die Steuerbefreiung nicht in Anspruch nehmen, soweit er das begünstigte Vermögen auf Grund einer letztwilligen Verfügung des Erblassers oder einer rechtsgeschäftlichen Verfügung des Erblassers auf einen Dritten übertragen muss. 3 Gleiches gilt, wenn ein Erbe im Rahmen der Teilung des Nachlasses begünstigtes Vermögen auf einen Miterben überträgt. 4 Überträgt ein Erbe erworbenes begünstigtes Vermögen im Rahmen der Teilung des Nachlasses auf einen Dritten und gibt der Dritte dabei diesem Erwerber nicht begünstigtes Vermögen hin, das er vom Erblasser erworben hat, erhöht sich insoweit der Wert des begünstigten Vermögens des Dritten um den Wert des hingegebenen Vermögens, höchstens jedoch um den Wert des übertragenen Vermögens. 5 Die Steuerbefreiung fällt mit Wirkung für die Vergangenheit weg, wenn der Erwerber das Familienheim innerhalb von zehn Jahren nach dem Erwerb nicht mehr zu Wohnzwecken selbst nutzt, es sei

---

[1] § 13 Abs. 1 Nr. 4 a neu gef. mWv 1. 1. 2009 durch G v. 24. 12. 2008 (BGBl. I S. 3018).

[2] § 13 Abs. 1 Nr. 4 b eingef. mWv 1. 1. 2009 durch G v. 24. 12. 2008 (BGBl. I S. 3018).

denn, er ist aus zwingenden Gründen an einer Selbstnutzung zu eigenen Wohnzwecken gehindert;

4c.[1] der Erwerb von Todes wegen des Eigentums oder Miteigentums an einem im Inland oder in einem Mitgliedstaat der Europäischen Union oder einem Staat des Europäischen Wirtschaftsraums belegenen bebauten Grundstück im Sinne des § 181 Abs. 1 Nr. 1 bis 5 des Bewertungsgesetzes durch Kinder im Sinne der Steuerklasse I Nr. 2 und der Kinder verstorbener Kinder im Sinne der Steuerklasse I Nr. 2, soweit der Erblasser darin bis zum Erbfall eine Wohnung zu eigenen Wohnzwecken genutzt hat oder bei der er aus zwingenden Gründen an einer Selbstnutzung zu eigenen Wohnzwecken gehindert war, die beim Erwerber unverzüglich zur Selbstnutzung zu eigenen Wohnzwecken bestimmt ist (Familienheim) und soweit die Wohnfläche der Wohnung 200 Quadratmeter nicht übersteigt. [2]Ein Erwerber kann die Steuerbefreiung nicht in Anspruch nehmen, soweit er das begünstigte Vermögen auf Grund einer letztwilligen Verfügung des Erblassers oder einer rechtgeschäftlichen Verfügung des Erblassers auf einen Dritten übertragen muss. [3]Gleiches gilt, wenn ein Erbe im Rahmen der Teilung des Nachlasses begünstigtes Vermögen auf einen Miterben überträgt. [4]Überträgt ein Erbe erworbenes begünstigtes Vermögen im Rahmen der Teilung des Nachlasses auf einen Dritten und gibt der Dritte dabei diesem Erwerber nicht begünstigtes Vermögen hin, das er vom Erblasser erworben hat, erhöht sich insoweit der Wert des begünstigten Vermögens des Dritten um den Wert des hingegebenen Vermögens, höchstens jedoch um den Wert des übertragenen Vermögens. [5]Die Steuerbefreiung fällt mit Wirkung für die Vergangenheit weg, wenn der Erwerber das Familienheim innerhalb von zehn Jahren nach dem Erwerb nicht mehr zu Wohnzwecken selbst nutzt, es sei denn, er ist aus zwingenden Gründen an einer Selbstnutzung zu eigenen Wohnzwecken gehindert.

5. die Befreiung von einer Schuld gegenüber dem Erblasser, sofern die Schuld durch Gewährung von Mitteln zum Zweck des angemessenen Unterhalts oder zur Ausbildung des Bedachten begründet worden ist oder der Erblasser die Befreiung mit Rücksicht auf die Notlage des Schuldners angeordnet hat und diese auch durch die Zuwendung nicht beseitigt wird. [2]Die Steuerbefreiung entfällt, soweit die Steuer aus der Hälfte einer neben der erlassenen Schuld dem Bedachten anfallenden Zuwendung gedeckt werden kann;

6. ein Erwerb, der Eltern, Adoptiveltern, Stiefeltern oder Großeltern des Erblassers anfällt, sofern der Erwerb zusammen mit dem übrigen Vermögen des Erwerbers 41 000 Euro[2] nicht übersteigt und der Erwerber infolge körperlicher oder geistiger Gebrechen und unter Berücksichtigung seiner bisherigen Lebensstellung als erwerbsunfähig anzusehen ist oder durch die Führung eines gemeinsamen Hausstands mit erwerbsunfähigen oder in der Ausbildung befindlichen Abkömmlingen an der Ausübung einer Erwerbstätigkeit gehindert ist. [2]Übersteigt der Wert des Erwerbs zusammen mit

---

[1] § 13 Abs. 1 Nr. 4 c eingef. mWv 1. 1. 2009 durch G v. 24. 12. 2008 (BGBl. I S. 3018).
[2] Betrag geänd. mWv 1. 1. 2002 durch G v. 19. 12. 2000 (BGBl. I S. 1790).

dem übrigen Vermögen des Erwerbers den Betrag von 41 000 Euro[1]), wird die Steuer nur insoweit erhoben, als sie aus der Hälfte des die Wertgrenze übersteigenden Betrags gedeckt werden kann;

7.[2]) Ansprüche nach den folgenden Gesetzen in der jeweils geltenden Fassung:

a) Lastenausgleichsgesetz,

b) Flüchtlingshilfegesetz in der Fassung der Bekanntmachung vom 15. Mai 1971 (BGBl. I S. 681), zuletzt geändert durch Artikel 6 a des Gesetzes vom 21. Juli 2004 (BGBl. I S. 1742),

c) Allgemeines Kriegsfolgengesetz in der im Bundesgesetzblatt Teil III, Gliederungsnummer 653-1, veröffentlichten bereinigten Fassung, zuletzt geändert durch Artikel 127 der Verordnung vom 31. Oktober 2006 (BGBl. I S. 2407),

d) Gesetz zur Regelung der Verbindlichkeiten nationalsozialistischer Einrichtungen und der Rechtsverhältnisse an deren Vermögen vom 17. März 1965 (BGBl. I S. 79), zuletzt geändert durch Artikel 2 Abs. 17 des Gesetzes vom 12. August 2005 (BGBl. I S. 2354),

e) Häftlingshilfegesetz, Strafrechtliches Rehabilitierungsgesetz sowie Bundesvertriebenengesetz,

f) Vertriebenenzuwendungsgesetz vom 27. September 1994 (BGBl. I S. 2624, 2635), zuletzt geändert durch Artikel 4 Abs. 43 des Gesetzes vom 22. September 2005 (BGBl. I S. 2809),

g) Verwaltungsrechtliches Rehabilitierungsgesetz in der Fassung der Bekanntmachung vom 1. Juli 1997 (BGBl. I S. 1620), zuletzt geändert durch Artikel 2 des Gesetzes vom 21. August 2007 (BGBl. I S. 2118), und

h) Berufliches Rehabilitierungsgesetz in der Fassung der Bekanntmachung vom 1. Juli 1997 (BGBl. I S. 1625), zuletzt geändert durch Artikel 3 des Gesetzes vom 21. August 2007 (BGBl. I S. 2118);

8.[2]) Ansprüche auf Entschädigungsleistungen nach den folgenden Gesetzen in der jeweils geltenden Fassung:

a) Bundesentschädigungsgesetz in der im Bundesgesetzblatt Teil III, Gliederungsnummer 251-1, veröffentlichten bereinigten Fassung, zuletzt geändert durch Artikel 7 Abs. 4 des Gesetzes vom 26. März 2007 (BGBl. I S. 358), sowie

b) Gesetz über Entschädigungen für Opfer des Nationalsozialismus im Beitrittsgebiet vom 22. April 1992 (BGBl. I S. 906);

9. ein steuer*pflicht*iger Erwerb bis zu 20 000 Euro[3]), der Personen anfällt, die dem Erblasser unentgel*tlich* oder gegen unzureichendes Entgelt Pflege oder

---

[1]) Betrag geänd. mWv 1. 1. 2002 durch G v. 19. 12. 2000 (BGBl. I S. 1790).

[2]) § 13 Abs. 1 Nr. 7 und 8 neu gef. durch G v. 24. 12. 2008 (BGBl. I S. 3018).

[3]) § 13 Abs. 1 Nr. 9 Betrag geänd. mWv 1. 1. 2009 durch G v. 24. 12. 2008 (BGBl. I S. 3018).

Unterhalt gewährt haben, soweit das Zugewendete als angemessenes Entgelt anzusehen ist;

9a. Geldzuwendungen unter Lebenden, die eine Pflegeperson für Leistungen zur Grundpflege oder hauswirtschaftlichen Versorgung vom Pflegebedürftigen erhält, bis zur Höhe des nach § 37 des Elften Buches Sozialgesetzbuch gewährten Pflegegeldes oder eines entsprechenden Pflegegeldes aus privaten Versicherungsverträgen nach den Vorgaben des Elften Buches Sozialgesetzbuch (private Pflegepflichtversicherung) oder einer Pauschalbeihilfe nach den Beihilfevorschriften für häusliche Pflege;

10. Vermögensgegenstände, die Eltern oder Voreltern ihren Abkömmlingen durch Schenkung oder Übergabevertrag zugewandt hatten und die an diese Personen von Todes wegen zurückfallen;

11. der Verzicht auf die Geltendmachung des Pflichtteilsanspruchs oder des Erbersatzanspruchs;

12. Zuwendungen unter Lebenden zum Zwecke des angemessenen Unterhalts oder zur Ausbildung des Bedachten;

13. Zuwendungen an Pensions- und Unterstützungskassen im Sinne des § 5 Abs. 1 Nr. 3 des Körperschaftsteuergesetzes, wenn sie die für eine Befreiung von der Körperschaftsteuer erforderlichen Voraussetzungen erfüllen. [2]Ist eine Kasse nach § 6 des Körperschaftsteuergesetzes teilweise steuerpflichtig, ist auch die Zuwendung im gleichen Verhältnis steuerpflichtig. [3]Die Befreiung fällt mit Wirkung für die Vergangenheit weg, wenn die Voraussetzungen des § 5 Abs. 1 Nr. 3 des Körperschaftsteuergesetzes innerhalb von zehn Jahren nach der Zuwendung entfallen;

14. die üblichen Gelegenheitsgeschenke;

15. Anfälle an den Bund, ein Land oder eine inländische Gemeinde (Gemeindeverband) sowie solche Anfälle, die ausschließlich Zwecken des Bundes, eines Landes oder einer inländischen Gemeinde (Gemeindeverband) dienen;

16. Zuwendungen

    a) an inländische Religionsgesellschaften des öffentlichen Rechts oder an inländische jüdische Kultusgemeinden,

    b)[1)·2)] an inländische Körperschaften, Personenvereinigungen und Vermögensmassen, die nach der Satzung, dem Stiftungsgeschäft oder der sonstigen Verfassung und nach ihrer tatsächlichen Geschäftsführung ausschließlich und unmittelbar kirchlichen, gemeinnützigen oder mildtätigen Zwecken im Sinne der §§ 52 bis 54 der Abgabenordnung dienen. [2]Die Befreiung fällt mit Wirkung für die Vergangenheit weg, wenn die Voraussetzungen für die Anerkennung der Körperschaft, Personenvereinigung oder Vermögensmasse als kirchliche, gemeinnützige

---

[1)] Nach § 3 Abs. 4 des Gesetzes vom 2. 8. 2000 (BGBl. I S. 1263) sind Zuwendungen an die Stiftung „Erinnerung, Verantwortung und Zukunft" *von* der Erbschaft- und Schenkungsteuer befreit.

[2)] § 13 Abs. 1 Nr. *16 Buchst. b* Satz 1 geänd. durch G v. 2. 11. 2015 (BGBl. I S. 1834); zur Anwendung *siehe § 37* Abs. 10 Sätze 1 und 2.

oder mildtätige Institution innerhalb von zehn Jahren nach der Zuwendung entfallen und das Vermögen nicht begünstigten Zwecken zugeführt wird,

c)[1] an ausländische Religionsgesellschaften, Körperschaften, Personenvereinigungen und Vermögensmassen der in den Buchstaben a und b bezeichneten Art, die nach § 5 Absatz 1 Nummer 9 des Körperschaftsteuergesetzes in Verbindung mit § 5 Absatz 2 Nummer 2 zweiter Halbsatz des Körperschaftsteuergesetzes steuerbefreit wären, wenn sie inländische Einkünfte erzielen würden, und wenn durch die Staaten, in denen die Zuwendungsempfänger belegen sind, Amtshilfe und Unterstützung bei der Beitreibung geleistet werden. [2]Amtshilfe ist der Auskunftsaustausch im Sinne oder entsprechend der Amtshilferichtlinie gemäß § 2 Absatz 2 des EU-Amtshilfegesetzes. [3]Beitreibung ist die gegenseitige Unterstützung bei der Beitreibung von Forderungen im Sinne oder entsprechend der Beitreibungsrichtlinie einschließlich der in diesem Zusammenhang anzuwendenden Durchführungsbestimmungen in den für den jeweiligen Stichtag der Steuerentstehung geltenden Fassungen oder eines entsprechenden Nachfolgerechtsaktes. [4]Werden die steuerbegünstigten Zwecke des Zuwendungsempfängers im Sinne des Satzes 1 nur im Ausland verwirklicht, ist für die Steuerbefreiung Voraussetzung, dass natürliche Personen, die ihren Wohnsitz oder ihren gewöhnlichen Aufenthalt im Geltungsbereich dieses Gesetzes haben, gefördert werden oder dass die Tätigkeit dieses Zuwendungsempfängers neben der Verwirklichung der steuerbegünstigten Zwecke auch zum Ansehen der Bundesrepublik Deutschland beitragen kann. [5]Buchstabe b Satz 2 gilt entsprechend;

17. Zuwendungen, die ausschließlich kirchlichen, gemeinnützigen oder mildtätigen Zwecken gewidmet sind, sofern die Verwendung zu dem bestimmten Zweck gesichert ist;

18.[2] Zuwendungen an

a) politische Parteien im Sinne des § 2 des Parteiengesetzes,

b) Vereine ohne Parteicharakter, wenn

aa) der Zweck des Vereins ausschließlich darauf gerichtet ist, durch Teilnahme mit eigenen Wahlvorschlägen an Wahlen auf Bundes-, Landes- oder Kommunalebene bei der politischen Willensbildung mitzuwirken, und

bb) der Verein auf Bundes-, Landes- oder Kommunalebene bei der jeweils letzten Wahl wenigstens ein Mandat errungen oder der zuständigen Wahlbehörde oder dem zuständigen Wahlorgan angezeigt hat, dass er mit eigenen Wahlvorschlägen auf Bundes-, Landes- oder Kommunalebene an der jeweils nächsten Wahl teilnehmen will.

[2]Die Steuerbefreiung fällt mit Wirkung für die Vergangenheit weg, wenn der Verein an der jeweils nächsten Wahl nach der Zuwendung nicht teil-

---

[1] § 13 Abs. 1 Nr. 16 Buchst. c neu gef. durch G v. 2. 11. 2015 (BGBl. I S. 1834); zur Anwendung siehe § 37 Abs. 10 Sätze 1 und 2.

[2] § 13 Abs. 1 Nr. 18 Buchst. b angef. mWv 1. 1. 2009 durch G v. 24. 12. 2008 (BGBl. I S. 3018).

nimmt, es sei denn, dass der Verein sich ernsthaft um eine Teilnahme bemüht hat.

(2) [1] Angemessen im Sinne des Absatzes 1 Nr. 5 und 12 ist eine Zuwendung, die den Vermögensverhältnissen und der Lebensstellung des Bedachten entspricht. [2] Eine dieses Maß übersteigende Zuwendung ist in vollem Umfang steuerpflichtig.

(3) [1] Jede Befreiungsvorschrift ist für sich anzuwenden. [2] In den Fällen des Absatzes 1 Nr. 2 und 3 kann der Erwerber der Finanzbehörde bis zur Unanfechtbarkeit der Steuerfestsetzung erklären, daß er auf die Steuerbefreiung verzichtet.

§ 13 a[1)·2)] Steuerbefreiung für Betriebsvermögen, Betriebe der Land- und Forstwirtschaft und Anteile an Kapitalgesellschaften. (1) [1] Der Wert von Betriebsvermögen, land- und forstwirtschaftlichem Vermögen und Anteilen an Kapitalgesellschaften im Sinne des § 13 b Abs. 4 bleibt insgesamt außer Ansatz (Verschonungsabschlag). [2] Voraussetzung ist, dass die Summe der maßgebenden jährlichen Lohnsummen (Absatz 4) des Betriebs, bei Beteiligungen an einer Personengesellschaft oder Anteilen an einer Kapitalgesellschaft des Betriebs der jeweiligen Gesellschaft, innerhalb von fünf Jahren[3)] nach dem Erwerb (Lohnsummenfrist) insgesamt 400 Prozent[4)] der Ausgangslohnsumme nicht unterschreitet (Mindestlohnsumme). [3] Ausgangslohnsumme ist die durchschnittliche Lohnsumme der letzten fünf vor dem Zeitpunkt der Entstehung der Steuer endenden Wirtschaftsjahre. [4] Satz 2 ist nicht anzuwenden, wenn die Ausgangslohnsumme 0 Euro beträgt oder der Betrieb [***ab 7. 6. 2013:*** unter Einbeziehung der in Absatz 4 Satz 5 genannten Beteiligungen und der nach Maßgabe dieser Bestimmung anteilig einzubeziehenden Beschäftigten][5)] nicht mehr als 20 Beschäftigte[6)] hat. [5] Unterschreitet die Summe der maßgebenden jährlichen Lohnsummen die Mindestlohnsumme, vermindert sich der nach Satz 1 zu gewährende Verschonungsabschlag mit Wirkung für die Vergangenheit in demselben prozentualen Umfang, wie die Mindestlohnsumme unterschritten wird.

(1 a)[7)] [1] Das für die Bewertung der wirtschaftlichen Einheit örtlich zuständige Finanzamt im Sinne des § 152 Nummer 1 bis 3 des Bewertungsgesetzes stellt die Ausgangslohnsumme, die Anzahl der Beschäftigten und die Summe der maßgebenden jährlichen Lohnsummen gesondert fest, wenn diese Angaben für die Erbschaftsteuer oder eine andere Feststellung im Sinne dieser Vorschrift von Bedeutung sind. [2] Die Entscheidung über die Bedeutung trifft das

---

1) § 13 a neu gef. mWv 1. 1. 2009 durch G v. 24. 12. 2008 (BGBl. I S. 3018); zur Anwendung siehe auch **S. 1 Fn. 3**.

2) Beachte **BVerfG v. 17. 12. 2014** – 1 BvL 21/12, ZEV 2015, 19.

3) Frist geänd. durch G v. 22. 12. 2009 (BGBl. I S. 3950).

4) Prozentsatz geänd. durch G v. 22. 12. 2009 (BGBl. I S. 3950).

5) § 13 a Abs. 1 Satz 4 Klammerzusatz eingef. durch G v. 26. 6. 2013 (BGBl. I S. 1809); zur Anwendung siehe § 37 Abs. 8.

6) Anzahl geänd. durch G v. 22. 12. 2009 (BGBl. I S. 3950).

7) § 13 a Abs. 1 a eingef. durch G v. 1. 11. 2011 (BGBl. I S. 2131); zur Anwendung siehe § 37 Abs. 6.

Finanzamt, das für die Festsetzung der Erbschaftsteuer oder die Feststellung nach § 151 Absatz 1 Satz 1 Nummer 1 bis 3 des Bewertungsgesetzes zuständig ist. [3] § 151 Absatz 3 und die §§ 152 bis 156 des Bewertungsgesetzes sind auf die Sätze 1 und 2 entsprechend anzuwenden.

(2) [1] Der nicht unter § 13 b Abs. 4 fallende Teil des Vermögens im Sinne des § 13 b Abs. 1 bleibt vorbehaltlich des Satzes 3 außer Ansatz, soweit der Wert dieses Vermögens insgesamt 150 000 Euro nicht übersteigt (Abzugsbetrag). [2] Der Abzugsbetrag von 150 000 Euro verringert sich, wenn der Wert dieses Vermögens insgesamt die Wertgrenze von 150 000 Euro übersteigt, um 50 Prozent des diese Wertgrenze übersteigenden Betrags. [3] Der Abzugsbetrag kann innerhalb von zehn Jahren für von derselben Person anfallende Erwerbe nur einmal berücksichtigt werden.

(3) [1] Ein Erwerber kann den Verschonungsabschlag (Absatz 1) und den Abzugsbetrag (Absatz 2) nicht in Anspruch nehmen, soweit er Vermögen im Sinne des § 13 b Abs. 1 auf Grund einer letztwilligen Verfügung des Erblassers oder einer rechtsgeschäftlichen Verfügung des Erblassers oder Schenkers auf einen Dritten übertragen muss. [2] Gleiches gilt, wenn ein Erbe im Rahmen der Teilung des Nachlasses Vermögen im Sinne des § 13 b Abs. 1 auf einen Miterben überträgt.

(Fortsetzung nächstes Blatt)

(4) [1]Die Lohnsumme umfasst alle Vergütungen (Löhne und Gehälter und andere Bezüge und Vorteile), die im maßgebenden Wirtschaftsjahr an die auf den Lohn- und Gehaltslisten erfassten Beschäftigten gezahlt werden; außer Ansatz bleiben Vergütungen an solche Arbeitnehmer, die nicht ausschließlich oder überwiegend in dem Betrieb tätig sind. [2]Zu den Vergütungen zählen alle Geld- oder Sachleistungen für die von den Beschäftigten erbrachte Arbeit, unabhängig davon, wie diese Leistungen bezeichnet werden und ob es sich um regelmäßige oder unregelmäßige Zahlungen handelt. [3]Zu den Löhnen und Gehältern gehören auch alle von den Beschäftigten zu entrichtenden Sozialbeiträge, Einkommensteuern und Zuschlagsteuern auch dann, wenn sie vom Arbeitgeber einbehalten und von ihm im Namen des Beschäftigten direkt an den Sozialversicherungsträger und die Steuerbehörde abgeführt werden. [4]Zu den Löhnen und Gehältern zählen alle vom Beschäftigten empfangenen Sondervergütungen, Prämien, Gratifikationen, Abfindungen, Zuschüsse zu Lebenshaltungskosten, Familienzulagen, Provisionen, Teilnehmergebühren und vergleichbare Vergütungen. [5]Gehören zum Betriebsvermögen des Betriebs, bei Beteiligungen an einer Personengesellschaft und Anteilen an einer Kapitalgesellschaft des Betriebs der jeweiligen Gesellschaft, unmittelbar oder mittelbar Beteiligungen an Personengesellschaften, die ihren Sitz oder ihre Geschäftsleitung im Inland, einem Mitgliedstaat der Europäischen Union oder in einem Staat des Europäischen Wirtschaftsraums haben, oder Anteile an Kapitalgesellschaften, die ihren Sitz oder ihre Geschäftsleitung im Inland, einem Mitgliedstaat der Europäischen Union oder in einem Staat des Europäischen Wirtschaftsraums haben, wenn die unmittelbare oder mittelbare Beteiligung mehr als 25 Prozent beträgt, sind die Lohnsummen [***ab 7. 6. 2013:*** und die Anzahl der Beschäftigten][1] dieser Gesellschaften einzubeziehen zu dem Anteil, zu dem die unmittelbare und mittelbare Beteiligung besteht.

(5) [1]Der Verschonungsabschlag (Absatz 1) und der Abzugsbetrag (Absatz 2) fallen nach Maßgabe des Satzes 2 mit Wirkung für die Vergangenheit weg, soweit der Erwerber innerhalb von fünf[2] Jahren (Behaltensfrist)

1. einen Gewerbebetrieb oder einen Teilbetrieb, einen Anteil an einer Gesellschaft im Sinne des § 15 Abs. 1 Satz 1 Nr. 2 und Abs. 3 oder § 18 Abs. 4 des Einkommensteuergesetzes, einen Anteil eines persönlich haftenden Gesellschafters einer Kommanditgesellschaft auf Aktien oder einen Anteil daran veräußert; als Veräußerung gilt auch die Aufgabe des Gewerbebetriebs. [2]Gleiches gilt, wenn wesentliche Betriebsgrundlagen eines Gewerbebetriebs veräußert oder in das Privatvermögen überführt oder anderen betriebsfremden Zwecken zugeführt werden oder wenn Anteile an einer Kapitalgesellschaft veräußert werden, die der Veräußerer durch eine Sacheinlage (§ 20 Abs. 1 des Umwandlungssteuergesetzes[3] vom 7. Dezember 2006 (BGBl. I S. 2782, 2791), geändert durch Artikel 5 des Gesetzes vom 14. August 2007 (BGBl. I S. 1912), in der jeweils geltenden Fassung) aus dem Betriebsvermögen im Sinne des § 13 b erworben hat oder ein Anteil an einer Gesell-

---

[1] § 13 a Abs. 4 Satz 5 Klammerzusatz eingef. durch G v. 26. 6. 2013 (BGBl. I S. 1809); zur Anwendung siehe § 37 Abs. 8.

[2] Frist geänd. durch G v. 22. 12. 2009 (BGBl. I S. 3950).

[3] Nr. **130**.

schaft im Sinne des § 15 Abs. 1 Satz 1 Nr. 2 und Abs. 3 oder § 18 Abs. 4 des Einkommensteuergesetzes[1] oder ein Anteil daran veräußert wird, den der Veräußerer durch eine Einbringung des Betriebsvermögens im Sinne des § 13 b in eine Personengesellschaft (§ 24 Abs. 1 des Umwandlungssteuergesetzes)[2] erworben hat;

2. das land- und forstwirtschaftliche Vermögen im Sinne des § 168 Abs. 1 Nr. 1 des Bewertungsgesetzes[3] und selbst bewirtschaftete Grundstücke im Sinne des § 159 des Bewertungsgesetzes veräußert. [2]Gleiches gilt, wenn das land- und forstwirtschaftliche Vermögen dem Betrieb der Land- und Forstwirtschaft nicht mehr dauernd zu dienen bestimmt ist oder wenn der bisherige Betrieb innerhalb der Behaltensfrist als Stückländerei zu qualifizieren wäre oder Grundstücke im Sinne des § 159 des Bewertungsgesetzes nicht mehr selbst bewirtschaftet werden;
3. als Inhaber eines Gewerbebetriebs, Gesellschafter einer Gesellschaft im Sinne des § 15 Abs. 1 Nr. 2 und Abs. 3 oder § 18 Abs. 4 des Einkommensteuergesetzes[1] oder persönlich haftender Gesellschafter einer Kommanditgesellschaft auf Aktien bis zum Ende des letzten in die Fünfjahresfrist[4] fallenden Wirtschaftsjahres Entnahmen tätigt, die die Summe seiner Einlagen und der ihm zuzurechnenden Gewinne oder Gewinnanteile seit dem Erwerb um mehr als 150 000 Euro übersteigen; Verluste bleiben unberücksichtigt. [2]Gleiches gilt für Inhaber eines begünstigten Betriebs der Land- und Forstwirtschaft oder eines Teilbetriebs oder eines Anteils an einem Betrieb der Land- und Forstwirtschaft. [3]Bei Ausschüttungen an Gesellschafter einer Kapitalgesellschaft ist sinngemäß zu verfahren;
4. Anteile an Kapitalgesellschaften im Sinne des § 13 b ganz oder teilweise veräußert; eine verdeckte Einlage der Anteile in eine Kapitalgesellschaft steht der Veräußerung der Anteile gleich. [2]Gleiches gilt, wenn die Kapitalgesellschaft innerhalb der Frist aufgelöst oder ihr Nennkapital herabgesetzt wird, wenn diese wesentliche Betriebsgrundlagen veräußert und das Vermögen an die Gesellschafter verteilt wird; Satz 1 Nr. 1 Satz 2 gilt entsprechend;
5. im Fall des § 13 b Abs. 1 Nr. 3 Satz 2 die Verfügungsbeschränkung oder die Stimmrechtsbündelung aufgehoben wird.

[2]Der Wegfall des Verschonungsabschlags beschränkt sich in den Fällen des Satzes 1 Nr. 1, 2, 4 und 5 auf den Teil, der dem Verhältnis der im Zeitpunkt der schädlichen Verfügung verbleibenden Behaltensfrist einschließlich des Jahres, in dem die Verfügung erfolgt, zur gesamten Behaltensfrist ergibt. [3]In den Fällen des Satzes 1 Nr. 1, 2 und 4 ist von einer Nachversteuerung abzusehen, wenn der Veräußerungserlös innerhalb der nach § 13 b Abs. 1 begünstigten Vermögensart verbleibt. [4]Hiervon ist auszugehen, wenn der Veräußerungserlös innerhalb von sechs Monaten in entsprechendes Vermögen investiert wird, das nicht zum Verwaltungsvermögen im Sinne des § 13 b Abs. 2 gehört.

---

[1] Nr. **1**.
[2] Nr. **130**.
[3] Nr. **200**.
[4] Frist geänd. durch G v. 22. 12. 2009 (BGBl. I S. 3950).

(6) [1]Der Erwerber ist verpflichtet, dem für die Erbschaftsteuer zuständigen Finanzamt innerhalb einer Frist von sechs Monaten nach Ablauf der Lohnsummenfrist das Unterschreiten der Lohnsummengrenze im Sinne des Absatzes 1 Satz 2 anzuzeigen. [2]In den Fällen des Absatzes 5 ist der Erwerber verpflichtet, dem für die Erbschaftsteuer zuständigen Finanzamt den entsprechenden Sachverhalt innerhalb einer Frist von einem Monat, nach dem der jeweilige Tatbestand verwirklicht wurde, anzuzeigen. [3]Die Festsetzungsfrist für die Steuer endet nicht vor dem Ablauf des vierten Jahres, nachdem die Finanzbehörde von dem Unterschreiten der Lohnsummengrenze (Absatz 1 Satz 2) oder dem Verstoß gegen die Behaltensregelungen (Absatz 5) Kenntnis erlangt. [4]Die Anzeige ist eine Steuererklärung im Sinne der Abgabenordnung. [5]Sie ist schriftlich abzugeben. [6]Die Anzeige hat auch dann zu erfolgen, wenn der Vorgang zu keiner Besteuerung führt.

(7) Soweit nicht inländisches Vermögen zum begünstigten Vermögen im Sinne des § 13b gehört, hat der Steuerpflichtige nachzuweisen, dass die Voraussetzungen für die Begünstigung im Zeitpunkt der Entstehung der Steuer und während der gesamten in den Absätzen 2 und 5 genannten Zeiträume bestehen.

(8) Der Erwerber kann unwiderruflich erklären, dass die Steuerbefreiung nach den Absätzen 1 bis 7 in Verbindung mit § 13b nach folgender Maßgabe gewährt wird:

1. In Absatz 1 Satz 2 tritt an die Stelle der Lohnsummenfrist von fünf[1] Jahren eine Lohnsummenfrist von sieben[1] Jahren und an die Stelle der maßgebenden Lohnsumme von 400[2] Prozent eine maßgebende Lohnsumme von 700[2] Prozent;
2. in Absatz 5 tritt an die Stelle der Behaltensfrist von fünf[1] Jahren eine Behaltensfrist von sieben[1] Jahren;
3. in § 13b Abs. 2 Satz 1 tritt an die Stelle des Prozentsatzes für das Verwaltungsvermögen von 50 Prozent ein Prozentsatz von 10 Prozent;
4. in § 13b Abs. 4 tritt an die Stelle des Prozentsatzes für die Begünstigung von 85 Prozent ein Prozentsatz von 100 Prozent.

(9) Die Absätze 1 bis 8 gelten in den Fällen des § 1 Abs. 1 Nr. 4 entsprechend.

§ 13 b[3] Begünstigtes Vermögen. (1) Zum begünstigten Vermögen gehören vorbehaltlich Absatz 2

1. der inländische Wirtschaftsteil des land- und forstwirtschaftlichen Vermögens (§ 168 Abs. 1 Nr. 1 des Bewertungsgesetzes) mit Ausnahme der Stückländereien (§ 168 Abs. 2 des Bewertungsgesetzes) und selbst bewirtschaftete Grundstücke im Sinne des § 159 des Bewertungsgesetzes sowie entsprechendes land- und forstwirtschaftliches Vermögen, das einer Betriebsstätte

---

[1] Frist geänd. durch G v. 22. 12. 2009 (BGBl. I S. 3950).

[2] Prozentsatz geänd. durch G v. 22. 12. 2009 (BGBl. I S. 3950).

[3] § 13b eingef. mWv 1. 1. 2009 durch G v. 24. 12. 2008 (BGBl. I S. 3018). Beachte **BVerfG v. 17. 12. 2014** – 1 BvL 21/12, ZEV 2015, 19.

in einem Mitgliedstaat der Europäischen Union oder in einem Staat des Europäischen Wirtschaftsraums dient;

2. inländisches Betriebsvermögen (§§ 95 bis 97 des Bewertungsgesetzes) beim Erwerb eines ganzen Gewerbebetriebs, eines Teilbetriebs, eines Anteils an einer Gesellschaft im Sinne des § 15 Abs. 1 Satz 1 Nr. 2 und Abs. 3 oder § 18 Abs. 4 des Einkommensteuergesetzes, eines Anteils eines persönlich haftenden Gesellschafters einer Kommanditgesellschaft auf Aktien oder eines Anteils daran und entsprechendes Betriebsvermögen, das einer Betriebsstätte in einem Mitgliedstaat der Europäischen Union oder in einem Staat des Europäischen Wirtschaftsraums dient;
3. Anteile an Kapitalgesellschaften, wenn die Kapitalgesellschaft zur Zeit der Entstehung der Steuer Sitz oder Geschäftsleitung im Inland oder in einem Mitgliedstaat der Europäischen Union oder in einem Staat des Europäischen Wirtschaftsraums hat und der Erblasser oder Schenker am Nennkapital dieser Gesellschaft zu mehr als 25 Prozent unmittelbar beteiligt war (Mindestbeteiligung). [2]Ob der Erblasser oder Schenker die Mindestbeteiligung erfüllt, ist nach der Summe der dem Erblasser oder Schenker unmittelbar zuzurechnenden Anteile und der Anteile weiterer Gesellschafter zu bestimmen, wenn der Erblasser oder Schenker und die weiteren Gesellschafter untereinander verpflichtet sind, über die Anteile nur einheitlich zu verfügen oder ausschließlich auf andere derselben Verpflichtung unterliegende Anteilseigner zu übertragen und das Stimmrecht gegenüber nichtgebundenen Gesellschaftern einheitlich auszuüben.

(2) [1]Ausgenommen bleibt Vermögen im Sinne des Absatzes 1, wenn das land- und forstwirtschaftliche Vermögen oder das Betriebsvermögen der Betriebe oder der Gesellschaften zu mehr als 50 Prozent aus Verwaltungsvermögen besteht. [2]Zum Verwaltungsvermögen gehören

1. Dritten zur Nutzung überlassene Grundstücke, Grundstücksteile, grundstücksgleiche Rechte und Bauten. [2]Eine Nutzungsüberlassung an Dritte ist nicht anzunehmen, wenn
   a) der Erblasser oder Schenker sowohl im überlassenden Betrieb als auch im nutzenden Betrieb allein oder zusammen mit anderen Gesellschaftern einen einheitlichen geschäftlichen Betätigungswillen durchsetzen konnte oder als Gesellschafter einer Gesellschaft im Sinne des § 15 Abs. 1 Satz 1 Nr. 2 und Abs. 3 oder § 18 Abs. 4 des Einkommensteuergesetzes den Vermögensgegenstand der Gesellschaft zur Nutzung überlassen hatte, und diese Rechtsstellung auf den Erwerber übergegangen ist, soweit keine Nutzungsüberlassung an einen weiteren Dritten erfolgt;
   b) die Nutzungsüberlassung im Rahmen der Verpachtung eines ganzen Betriebs erfolgt, welche beim Verpächter zu Einkünften nach § 2 Abs. 1 Nr. 2 bis 3 des Einkommensteuergesetzes führt und
      aa) der Verpächter des Betriebs im Zusammenhang mit einer unbefristeten Verpachtung den Pächter durch eine letztwillige Verfügung oder eine rechtsgeschäftliche Verfügung als Erben eingesetzt hat oder
      bb) die Verpachtung an einen Dritten erfolgt, weil der Beschenkte im Zeitpunkt der Steuerentstehung den Betrieb noch nicht führen kann,

und die Verpachtung auf höchstens zehn Jahre befristet ist; hat der Beschenkte das 18. Lebensjahr noch nicht vollendet, beginnt die Frist mit der Vollendung des 18. Lebensjahres.

[2]Dies gilt nicht für verpachtete Betriebe, die vor ihrer Verpachtung die Voraussetzungen als begünstigtes Vermögen nach Absatz 1 und Satz 1 nicht erfüllt haben und für verpachtete Betriebe, deren Hauptzweck in der Überlassung von Grundstücken, Grundstücksteilen, grundstücksgleichen Rechten und Bauten an Dritte zur Nutzung besteht, die nicht unter Buchstabe d fallen;

c) sowohl der überlassende Betrieb als auch der nutzende Betrieb zu einem Konzern im Sinne des § 4h des Einkommensteuergesetzes gehören, soweit keine Nutzungsüberlassung an einen weiteren Dritten erfolgt;

d) die überlassenen Grundstücke, Grundstücksteile, grundstücksgleiche Rechte und Bauten zum Betriebsvermögen, zum gesamthänderisch gebundenen Betriebsvermögen einer Personengesellschaft oder zum Vermögen einer Kapitalgesellschaft gehören und der Hauptzweck des Betriebs in der Vermietung von Wohnungen im Sinne des § 181 Abs. 9 des Bewertungsgesetzes besteht, dessen Erfüllung einen wirtschaftlichen Geschäftsbetrieb (§ 14 der Abgabenordnung) erfordert;

e) Grundstücke, Grundstücksteile, grundstücksgleiche Rechte und Bauten an Dritte zur land- und forstwirtschaftlichen Nutzung überlassen werden;

2. Anteile an Kapitalgesellschaften, wenn die unmittelbare Beteiligung am Nennkapital dieser Gesellschaften 25 Prozent oder weniger beträgt und sie nicht dem Hauptzweck des Gewerbebetriebs eines Kreditinstitutes oder eines Finanzdienstleistungsinstitutes im Sinne des § 1 Abs. 1 und 1a des Kreditwesengesetzes in der Fassung der Bekanntmachung vom 9. September 1998 (BGBl. I S. 2776), das zuletzt durch Artikel 24 des Gesetzes vom 23. Oktober 2008 (BGBl. I S. 2026) geändert worden ist, oder eines Versicherungsunternehmens, das der Aufsicht nach § 1 Abs. 1 Nr. 1 des Versicherungsaufsichtsgesetzes in der Fassung der Bekanntmachung vom 17. Dezember 1992 (BGBl. 1993 I S. 2), das zuletzt durch Artikel 6 Abs. 2 des Gesetzes vom 17. Oktober 2008 (BGBl. I S. 1982) geändert worden ist, unterliegt, zuzurechnen sind. [2]Ob diese Grenze unterschritten wird, ist nach der Summe der dem Betrieb unmittelbar zuzurechnenden Anteile und der Anteile weiterer Gesellschafter zu bestimmen, wenn die Gesellschafter untereinander verpflichtet sind, über die Anteile nur einheitlich zu verfügen oder sie ausschließlich auf andere derselben Verpflichtung unterliegende Anteilseigner zu übertragen und das Stimmrecht gegenüber nichtgebundenen Gesellschaftern nur einheitlich ausüben;

3. Beteiligungen an Gesellschaften im Sinne des § 15 Abs. 1 Satz 1 Nr. 2 und Abs. 3 oder § 18 Abs. 4 des Einkommensteuergesetzes und an entsprechenden Gesellschaften im Ausland sowie Anteile an Kapitalgesellschaften, die nicht unter Nummer 2 fallen, wenn bei diesen Gesellschaften das Verwaltungsvermögen mehr als 50 Prozent beträgt;

4. Wertpapiere sowie vergleichbare Forderungen, wenn sie nicht dem Hauptzweck des Gewerbebetriebs eines Kreditinstitutes oder eines Finanzdienst-

leistungsinstitutes im Sinne des § 1 Abs. 1 und 1 a des Kreditwesengesetzes in der Fassung der Bekanntmachung vom 9. September 1998 (BGBl. I S. 2776), das zuletzt durch Artikel 24 des Gesetzes vom 23. Oktober 2008 (BGBl. I S. 2026) geändert worden ist, oder eines Versicherungsunternehmens, das der Aufsicht nach § 1 Abs. 1 Nr. 1 des Versicherungsaufsichtsgesetzes in der Fassung der Bekanntmachung vom 17. Dezember 1992 (BGBl. 1993 I S. 2), das zuletzt durch Artikel 6 Abs. 2 des Gesetzes vom 17. Oktober 2008 (BGBl. I S. 1982) geändert worden ist, unterliegt, zuzurechnen sind;

[*ab* ***7. 6. 2013:***

4 a.[1] der gemeine Wert des nach Abzug des gemeinen Werts der Schulden verbleibenden Bestands an Zahlungsmitteln, Geschäftsguthaben, Geldforderungen und anderen Forderungen, soweit er 20 Prozent des anzusetzenden Werts des Betriebsvermögens des Betriebs oder der Gesellschaft übersteigt. [2]Satz 1 gilt nicht, wenn die genannten Wirtschaftsgüter dem Hauptzweck des Gewerbebetriebs eines Kreditinstitutes oder eines Finanzdienstleistungsinstitutes im Sinne des § 1 Absatz 1 und 1 a des Kreditwesengesetzes in der Fassung der Bekanntmachung vom 9. September 1998 (BGBl. I S. 2776), das zuletzt durch Artikel 2 des Gesetzes vom 7. Mai 2013 (BGBl. I S. 1162) geändert worden ist, oder eines Versicherungsunternehmens, das der Aufsicht nach § 1 Absatz 1 Nummer 1 des Versicherungsaufsichtsgesetzes in der Fassung der Bekanntmachung vom 17. Dezember 1992 (BGBl. 1993 I S. 2), das zuletzt durch Artikel 1 des Gesetzes vom 24. April 2013 (BGBl. I S. 932) geändert worden ist, unterliegt, zuzurechnen sind. [3]Satz 1 gilt ferner nicht für Gesellschaften, deren Hauptzweck in der Finanzierung einer Tätigkeit im Sinne des § 15 Absatz 1 Nummer 1 des Einkommensteuergesetzes von verbundenen Unternehmen (§ 15 des Aktiengesetzes) besteht;]

5. Kunstgegenstände, Kunstsammlungen, wissenschaftliche Sammlungen, Bibliotheken und Archive, Münzen, Edelmetalle und Edelsteine, wenn der Handel mit diesen Gegenständen oder deren Verarbeitung nicht der Hauptzweck des Gewerbebetriebs ist.

[3]Kommt Satz 1 nicht zur Anwendung, gehört solches Verwaltungsvermögen im Sinne des Satzes 2 Nr. 1 bis 5 nicht zum begünstigten Vermögen im Sinne des Absatzes 1, welches dem Betrieb im Besteuerungszeitpunkt weniger als zwei Jahre zuzurechnen war (junges Verwaltungsvermögen)[2] [*ab* ***7. 6. 2013:*** ; bei Zahlungsmitteln, Geschäftsguthaben, Geldforderungen und anderen Forderungen (Satz 2 Nummer 4 a) ergibt sich die Zurechnung aus dem positiven Saldo der eingelegten und der entnommenen Wirtschaftsgüter][3]. [4]Der Anteil des Verwaltungsvermögens am gemeinen Wert des Betriebs bestimmt sich nach dem Verhältnis der Summe der gemeinen Werte der Einzelwirtschaftsgüter des Verwaltungsvermögens zum gemeinen Wert des Betriebs; für Grund-

---

[1] § 13 b Abs. 2 Satz 2 Nr. 4 a eingef. durch G v. 26. 6. 2013 (BGBl. I S. 1809); zur Anwendung siehe § 37 Abs. 8.

[2] § 13 b Abs. 2 Satz 3 geänd., Abs. 2 a angef. durch G v. 1. 11. 2011 (BGBl. I S. 2131); zur Anwendung siehe § 37 Abs. 6.

[3] § 13 b Abs. 2 Satz 3 zweiter HS angef. durch G v. 26. 6. 2013 (BGBl. I S. 1809); zur Anwendung siehe § 37 Abs. 8.

stücksteile des Verwaltungsvermögens ist der ihnen entsprechende Anteil am gemeinen Wert des Grundstücks anzusetzen. [5] Bei Betrieben der Land- und Forstwirtschaft ist als Vergleichsmaßstab der Wert des Wirtschaftsteils (§ 168 Abs. 1 Nr. 1 des Bewertungsgesetzes) anzuwenden. [6] Der Anteil des Verwaltungsvermögens am gemeinen Wert des Betriebs einer Kapitalgesellschaft bestimmt sich nach dem Verhältnis der Summe der gemeinen Werte der Einzelwirtschaftsgüter des Verwaltungsvermögens zum gemeinen Wert des Betriebs; für Grundstücksteile des Verwaltungsvermögens ist der ihnen entsprechende Anteil am gemeinen Wert des Grundstücks anzusetzen. [7] Soweit zum Vermögen der Kapitalgesellschaft Wirtschaftsgüter gehören, die nach Satz 3 nicht in das begünstigte Vermögen einzubeziehen sind, ist der Teil des Anteilswerts nicht begünstigt, der dem Verhältnis der Summe der Werte dieser Wirtschaftsgüter zum gemeinen Wert des Betriebs der Kapitalgesellschaft entspricht [***ab 7. 6. 2013:*** ; bei der rechnerischen Ermittlung der Quote des Verwaltungsvermögens erfolgt keine Beschränkung auf den Wert des Anteils].[1)]

(2 a)[2)] [1] Das für die Bewertung der wirtschaftlichen Einheit örtlich zuständige Finanzamt im Sinne des § 152 Nummer 1 bis 3 des Bewertungsgesetzes stellt die Summen der gemeinen Werte der Wirtschaftsgüter des Verwaltungsvermögens im Sinne des Absatzes 2 Satz 2 Nummer 1 bis 5 und des jungen Verwaltungsvermögens im Sinne des Absatzes 2 Satz 3 gesondert fest, wenn diese Werte für die Erbschaftsteuer oder eine andere Feststellung im Sinne dieser Vorschrift von Bedeutung sind. [2] Dies gilt entsprechend, wenn nur ein Anteil am Betriebsvermögen im Sinne des Absatzes 1 Nummer 2 übertragen wird. [3] Die Entscheidung, ob die Werte von Bedeutung sind, trifft das für die Festsetzung der Erbschaftsteuer oder für die Feststellung nach § 151 Absatz 1 Satz 1 Nummer 1 bis 3 des Bewertungsgesetzes zuständige Finanzamt. [4] § 151 Absatz 3 und die §§ 152 bis 156 des Bewertungsgesetzes sind auf die Sätze 1 bis 3 entsprechend anzuwenden.

(3)[3)] [1] Überträgt ein Erbe erworbenes begünstigtes Vermögen im Rahmen der Teilung des Nachlasses auf einen Dritten und gibt der Dritte dabei diesem Erwerber nicht begünstigtes Vermögen hin, das er vom Erblasser erworben hat, erhöht sich insoweit der Wert des begünstigten Vermögens des Dritten um den Wert des hingegebenen Vermögens, höchstens jedoch um den Wert des übertragenen Vermögens.

(4) Begünstigt sind 85 Prozent des in Absatz 1 genannten Vermögens.

§ 13 c[4)] **Steuerbefreiung für zu Wohnzwecken vermietete Grundstücke.** (1) Grundstücke im Sinne des Absatzes 3 sind mit 90 Prozent ihres Werts anzusetzen.

---

1) § 13 b Abs. 2 Sätze 6 und 7 angef. durch G v. 8. 12. 2010 (BGBl. I S. 1768); zur Anwendung siehe § 37 Abs. 4; zweiter HS angef. durch G v. 26. 6. 2013 (BGBl. I S. 1809); zur Anwendung siehe § 37 Abs. 8.

2) § 13 b Abs. 2 Satz 3 geänd., Abs. 2 a angef. durch G v. 1. 11. 2011 (BGBl. I S. 2131); zur Anwendung siehe § 37 Abs. 6.

3) § 13 b Abs. 3 Satz 2 aufgeh. durch G v. 8. 12. 2010 (BGBl. I S. 1768); zur Anwendung siehe § 37 Abs. 4.

4) § 13 c eingef. mWv 1. 1. 2009 durch G v. 24. 12. 2008 (BGBl. I S. 3018).

(2) [1]Ein Erwerber kann den verminderten Wertansatz nicht in Anspruch nehmen, soweit er erworbene Grundstücke auf Grund einer letztwilligen Verfügung des Erblassers oder einer rechtsgeschäftlichen Verfügung des Erblassers oder Schenkers auf einen Dritten übertragen muss. [2]Gleiches gilt, wenn ein Erbe im Rahmen der Teilung des Nachlasses Vermögen im Sinne des Absatzes 3 auf einen Miterben überträgt. [3]Überträgt ein Erbe erworbenes begünstigtes Vermögen im Rahmen der Teilung des Nachlasses auf einen Dritten und gibt der Dritte dabei diesem Erwerber nicht begünstigtes Vermögen hin, das er vom Erblasser erworben hat, erhöht sich insoweit der Wert des begünstigten Vermögens des Dritten um den Wert des hingegebenen Vermögens, höchstens jedoch um den Wert des übertragenen Vermögens.

(3)[1)] Der verminderte Wertansatz gilt für bebaute Grundstücke oder Grundstücksteile, die

1. zu Wohnzwecken vermietet werden,
2. im Inland, in einem Mitgliedstaat der Europäischen Union oder in einem Staat des Europäischen Wirtschaftsraums belegen sind,
3. nicht zum begünstigten Betriebsvermögen oder begünstigten Vermögen eines Betriebs der Land- und Forstwirtschaft im Sinne des § 13a gehören.

(4) Die Absätze 1 bis 3 gelten in den Fällen des § 1 Abs. 1 Nr. 4 entsprechend.

III. Berechnung der Steuer

§ 14[2)·3)] Berücksichtigung früherer Erwerbe. (1) [1]Mehrere innerhalb von zehn Jahren von derselben Person anfallende Vermögensvorteile werden in der Weise zusammengerechnet, daß dem letzten Erwerb die früheren Erwerbe nach ihrem früheren Wert zugerechnet werden. [2]Von der Steuer für den Gesamtbetrag wird die Steuer abgezogen, die für die früheren Erwerbe nach den persönlichen Verhältnissen des Erwerbers und auf der Grundlage der geltenden Vorschriften zur Zeit des letzten Erwerbs zu erheben gewesen wäre. [3]Anstelle der Steuer nach Satz 2 ist die tatsächlich für die in die Zusammenrechnung einbezogenen früheren Erwerbe zu entrichtende Steuer abzuziehen, wenn diese höher ist. [4]Die Steuer, die sich für den letzten Erwerb ohne Zusammenrechnung mit früheren Erwerben ergibt, darf durch den Abzug der Steuer nach Satz 2 oder Satz 3 nicht unterschritten werden. [5]Erwerbe, für die sich nach den steuerlichen Bewertungsgrundsätzen kein positiver Wert ergeben hat, bleiben unberücksichtigt.

(2) [1]Führt der Eintritt eines Ereignisses mit Wirkung für die Vergangenheit zu einer Veränderung des Werts eines früheren, in die Zusammenrechnung einzubeziehenden Erwerbs, endet die Festsetzungsfrist für die Änderung des

---

1) Zur Stundung s. § 28 Abs. 3.

2) Zur Anwendung im Beitrittsgebiet siehe § 37a Abs. 4.

3) § 14 Abs. 1 Satz 4 und Abs. 2 eingef. mWv 1. 1. 2009 durch G v. 24. 12. 2008 (BGBl. I S. 3018).

Bescheids über die Steuerfestsetzung für den späteren Erwerb nach § 175 Abs. 1 Satz 1 Nr. 2 der Abgabenordnung[1]) nicht vor dem Ende der für eine Änderung des Bescheids für den früheren Erwerb maßgebenden Festsetzungsfrist. [2]Dasselbe gilt für den Eintritt eines Ereignisses mit Wirkung für die Vergangenheit, soweit es lediglich zu einer Änderung der anrechenbaren Steuer führt.

(3) Die durch jeden weiteren Erwerb veranlaßte Steuer darf nicht mehr betragen als 50 Prozent dieses Erwerbs.

§ 15 Steuerklassen. (1) Nach dem persönlichen Verhältnis des Erwerbers zum Erblasser oder Schenker werden die folgenden drei Steuerklassen unterschieden:

Steuerklasse I:

1.[2]) der Ehegatte und der Lebenspartner,

2. die Kinder und Stiefkinder,

3. die Abkömmlinge der in Nummer 2 genannten Kinder und Stiefkinder,

4. die Eltern und Voreltern bei Erwerben von Todes wegen;

Steuerklasse II:

1. die Eltern und Voreltern, soweit sie nicht zur Steuerklasse I gehören,

2. die Geschwister,

3. die Abkömmlinge ersten Grades von Geschwistern,

4. die Stiefeltern,

5. die Schwiegerkinder,

6. die Schwiegereltern,

7.[3]) der geschiedene Ehegatte und der Lebenspartner einer aufgehobenen Lebenspartnerschaft;

Steuerklasse III:

alle übrigen Erwerber und die Zweckzuwendungen.

(1 a) Die Steuerklassen I und II Nr. 1 bis 3 gelten auch dann, wenn die Verwandtschaft durch Annahme als Kind bürgerlich-rechtlich erloschen ist.

(2)[4]) [1]In den Fällen des § 3 Abs. 2 Nr. 1 und des § 7 Abs. 1 Nr. 8 ist der Besteuerung das Verwandtschaftsverhältnis des nach der Stiftungsurkunde entferntest Berechtigten zu dem Erblasser oder Schenker zugrunde zu legen, sofern die Stiftung wesentlich im Interesse einer Familie oder bestimmter

---

[1]) Nr. **800**.

[2]) Nr. 1 geänd. durch G v. 8. 12. 2010 (BGBl. I S. 1768); zur Anwendung siehe § 37 Abs. 4 und Abs. 5 Nr. 1.

[3]) Nr. 7 geänd. durch G v. 8. 12. 2010 (BGBl. I S. 1768); zur Anwendung siehe § 37 Abs. 4 und Abs. 5 Nr. 1.

[4]) § 15 Abs. 2 Satz 2 ergänzt mWv 5. 3. 1999 durch G v. 24. 3. 1999 (BGBl. I S. 402).

Familien im Inland errichtet ist. [2]In den Fällen des § 7 Abs. 1 Nr. 9 Satz 1 gilt als Schenker der Stifter oder derjenige, der das Vermögen auf den Verein übertragen hat und in den Fällen des § 7 Abs. 1 Nr. 9 Satz 2 derjenige, der die Vermögensmasse im Sinne des § 3 Abs. 2 Nr. 1 Satz 2 oder § 7 Abs. 1 Nr. 8 Satz 2 gebildet oder ausgestattet hat. [3]In den Fällen des § 1 Abs. 1 Nr. 4 wird der doppelte Freibetrag nach § 16 Abs. 1 Nr. 2 gewährt; die Steuer ist nach dem Prozentsatz der Steuerklasse I zu berechnen, der für die Hälfte des steuerpflichtigen Vermögens gelten würde.

(3)[1)] [1]Im Falle des § 2269 des Bürgerlichen Gesetzbuchs und soweit der überlebende Ehegatte oder der überlebende Lebenspartner an die Verfügung gebunden ist, ist auf Antrag der Versteuerung das Verhältnis des Schlusserben oder Vermächtnisnehmers zum zuerst verstorbenen Ehegatten oder dem zuerst verstorbenen Lebenspartner zugrunde zu legen, soweit sein Vermögen beim Tod des überlebenden Ehegatten oder des überlebenden Lebenspartners noch vorhanden ist. [2]§ 6 Abs. 2 Satz 3 bis 5 gilt entsprechend.

(4)[2)] [1]Bei einer Schenkung durch eine Kapitalgesellschaft oder Genossenschaft ist der Besteuerung das persönliche Verhältnis des Erwerbers zu derjenigen unmittelbar oder mittelbar beteiligten natürlichen Person oder Stiftung zugrunde zu legen, durch die sie veranlasst ist. [2]In diesem Fall gilt die Schenkung bei der Zusammenrechnung früherer Erwerbe (§ 14) als Vermögensvorteil, der dem Bedachten von dieser Person anfällt.

§ 16 Freibeträge. (1)[3)] Steuerfrei bleibt in den Fällen der unbeschränkten Steuerpflicht (§ 2 Absatz 1 Nummer 1 und Absatz 3)[4)] der Erwerb

1. des Ehegatten und des Lebenspartners[5)] in Höhe von 500 000[6)] Euro;
2. der Kinder im Sinne der Steuerklasse I Nr. 2 und der Kinder verstorbener Kinder im Sinne der Steuerklasse I Nr. 2 in Höhe von 400 000 Euro;
3. der Kinder der Kinder im Sinne der Steuerklasse I Nr. 2 in Höhe von 200 000 Euro;
4. der übrigen Personen der Steuerklasse I in Höhe von 100 000 Euro;
5. der Personen der Steuerklasse II in Höhe von 20 000 Euro;
6.[7)] *(aufgehoben)*
7. der übrigen Personen der Steuerklasse III in Höhe von 20 000 Euro.

---

1) § 15 Abs. 3 geänd. mWv 1. 1. 2009 durch G v. 24. 12. 2008 (BGBl. I S. 3018).

2) § 15 Abs. 4 angef. durch G v 7. 12. 2011 (BGBl. I S. 2592); zur Anwendung siehe § 37 Abs. 7 Satz 1.

3) § 16 Abs. 1 neu gef. mWv 1. 1. 2009 durch G v. 24. 12. 2008 (BGBl. I S. 3018).

4) § 16 Abs. 1 Satzteil vor Nr. 1 geänd. durch G v 7. 12. 2011 (BGBl. I S. 2592); zur Anwendung siehe § 37 Abs. 7.

5) § 16 Abs. 1 Nr. 1 geänd. durch G v. 8. 12. 2010 (BGBl. I S. 1768); zur Anwendung siehe § 37 Abs. 4 und Abs. 5 Nrn. 2 und 3.

6) Vgl. hierzu **§ 37 Abs. 5 Nr. 2 und 3**.

7) § 16 Abs. 1 Nr. 6 aufgeh. durch G v. 8. 12. 2010 (BGBl. I S. 1768); zur Anwendung siehe § 37 Abs. 4.

(2)[1] An die Stelle des Freibetrags nach Absatz 1 tritt in den Fällen der beschränkten Steuerpflicht (§ 2 Absatz 1 Nummer 3) ein Freibetrag von 2000 Euro.[2]

§ 17 Besonderer Versorgungsfreibetrag. (1)[3] [1]Neben dem Freibetrag nach § 16 Abs. 1 Nr. 1 wird dem überlebenden Ehegatten und dem überlebenden Lebenspartner ein besonderer Versorgungsfreibetrag von 256 000 Euro[4], [5] gewährt. [2]Der Freibetrag wird bei Ehegatten oder bei Lebenspartnern, denen aus Anlass des Todes des Erblassers nicht der Erbschaftsteuer unterliegende Versorgungsbezüge zustehen, um den nach § 14 des Bewertungsgesetzes zu ermittelnden Kapitalwert dieser Versorgungsbezüge gekürzt.

(2) [1]Neben dem Freibetrag nach § 16 Abs. 1 Nr. 2 wird Kindern im Sinne der Steuerklasse I Nr. 2 (§ 15 Abs. 1) für Erwerbe von Todes wegen ein besonderer Versorgungsfreibetrag in folgender Höhe gewährt:

1. bei einem Alter bis zu 5 Jahren in Höhe von 52 000 Euro[4];
2. bei einem Alter von mehr als 5 bis zu 10 Jahren in Höhe von 41 000 Euro[4];
3. bei einem Alter von mehr als 10 bis zu 15 Jahren in Höhe von 30 700 Euro[4];
4. bei einem Alter von mehr als 15 bis zu 20 Jahren in Höhe von 20 500 Euro[4];
5. bei einem Alter von mehr als 20 Jahren bis zur Vollendung des 27. Lebensjahres in Höhe von 10 300 Euro[4].

[2]Stehen dem Kind aus Anlaß des Todes des Erblassers nicht der Erbschaftsteuer unterliegende Versorgungsbezüge zu, wird der Freibetrag um den nach § 13 Abs. 1 des Bewertungsgesetzes zu ermittelnden Kapitalwert dieser Versorgungsbezüge gekürzt. [3]Bei der Berechnung des Kapitalwerts ist von der nach den Verhältnissen am Stichtag (§ 11) voraussichtlichen Dauer der Bezüge auszugehen.

§ 18 Mitgliederbeiträge. [1]Beiträge an Personenvereinigungen, die nicht lediglich die Förderung ihrer Mitglieder zum Zweck haben, sind steuerfrei, soweit die von einem Mitglied im Kalenderjahr der Vereinigung geleisteten Beiträge 300 Euro[6] nicht übersteigen. [2]§ 13 Abs. 1 Nr. 16 und 18 bleibt unberührt.

---

[1] § 16 Abs. 2 geänd. durch G v. 7. 12. 2011 (BGBl. I S. 2592); zur Anwendung siehe § 37 Abs. 7.

[2] § 16 Abs. 2 Betrag geänd. mWv 1. 1. 2009 durch G v. 24. 12. 2008 (BGBl. I S. 3018).

[3] § 17 Abs. 1 ergänzt mWv 1. 1. 2009 durch G v. 24. 12. 2008 (BGBl. I S. 3018); aber **kursiver Satzteil aufgeh.** durch G v. 8. 12. 2010 (BGBl. I S. 1768), zur Anwendung siehe § 37 Abs. 4 und Abs. 5 Nrn. 4 und 5.

[4] Beträge geänd. mWv 1. 1. 2002 durch G v. 19. 12. 2000 (BGBl. I S. 1790).

[5] Vgl. für Erwerbe von Lebenspartnern § 37 Abs. 5 Nr. 5.

[6] Bezeichnung bzw. Beträge geänd. mWv 1. 1. 2002 durch G v. 19. 12. 2000 (BGBl. I S. 1790).

§ 19 Steuersätze. (1)[1] Die Erbschaftsteuer wird nach folgenden Prozentsätzen erhoben:

Wert des steuerpflichtigen Erwerbs (§ 10) bis einschließlich … Euro	Prozentsatz in der Steuerklasse		
	I	II	III
75 000	7	15	30
300 000	11	20	30
600 000	15	25	30
6 000 000	19	30	30
13 000 000	23	35	50
26 000 000	27	40	50
über 26 000 000	30	43	50.

(2) Ist im Fall des § 2 Absatz 1 Nummer 1 und Absatz 3[2] ein Teil des Vermögens der inländischen Besteuerung auf Grund eines Abkommens zur Vermeidung der Doppelbesteuerung entzogen, ist die Steuer nach dem Steuersatz zu erheben, der für den ganzen Erwerb gelten würde.

(3) Der Unterschied zwischen der Steuer, die sich bei Anwendung des Absatzes 1 ergibt, und der Steuer, die sich berechnen würde, wenn der Erwerb die letztvorhergehende Wertgrenze nicht überstiegen hätte, wird nur insoweit erhoben, als er

a) bei einem Steuersatz bis zu 30 Prozent aus der Hälfte,

b) bei einem Steuersatz über 30 Prozent aus drei Vierteln,

des die Wertgrenze übersteigenden Betrags gedeckt werden kann.

§ 19 a[3] Tarifbegrenzung beim Erwerb von Betriebsvermögen, von Betrieben der Land- und Forstwirtschaft und von Anteilen an Kapitalgesellschaften. (1) Sind in dem steuerpflichtigen Erwerb einer natürlichen Person der Steuerklasse II oder III Betriebsvermögen, land- und forstwirtschaftliches Vermögen oder Anteile an Kapitalgesellschaften im Sinne des Absatzes 2 enthalten, ist von der tariflichen Erbschaftsteuer ein Entlastungsbetrag nach Absatz 4 abzuziehen.

(2)[4] [1]Der Entlastungsbetrag gilt für den nicht unter § 13 b Abs. 4 fallenden Teil des Vermögens im Sinne des § 13 b Abs. 1. [2]Ein Erwerber kann den Entlastungsbetrag nicht in Anspruch nehmen, soweit er Vermögen im Sinne des Satzes 1 auf Grund einer letztwilligen Verfügung des Erblassers oder einer rechtsgeschäftlichen Verfügung des Erblassers oder Schenkers auf einen Dritten übertragen muss. [3]Gleiches gilt, wenn ein Erbe im Rahmen der Teilung des Nachlasses Vermögen im Sinne des Satzes 1 auf einen Miterben überträgt.

[1] § 19 Abs. 1 neu gef. mWv 1. 1. 2010 durch G v. 22. 12. 2009 (BGBl. I S. 3950).

[2] Verweis geänd. durch G v. 7. 12. 2011 (BGBl. I S. 2592); zur Anwendung siehe § 37 Abs. 7.

[3] Zur Anwendung von § 19 a siehe auch **S. 1 Fn. 3**.

[4] § 19 a Abs. 2 neu gef. mWv 1. 1. 2009 durch G v. 24. 12. 2008 (BGBl. I S. 3018).

(3)[1] Der auf das Vermögen im Sinne des Absatzes 2 entfallende Anteil an der tariflichen Erbschaftsteuer bemisst sich nach dem Verhältnis des Werts dieses Vermögens nach Anwendung des § 13 a und nach Abzug der mit diesem Vermögen in wirtschaftlichem Zusammenhang stehenden abzugsfähigen Schulden und Lasten (§ 10 Absatz 5 und 6) zum Wert des gesamten Vermögensanfalls im Sinne des § 10 Absatz 1 Satz 1 und 2 nach Abzug der mit diesem Vermögen in wirtschaftlichem Zusammenhang stehenden abzugsfähigen Schulden und Lasten (§ 10 Absatz 5 und 6)[2].

(4)[3] [1]Zur Ermittlung des Entlastungsbetrags ist für den steuerpflichtigen Erwerb zunächst die Steuer nach der tatsächlichen Steuerklasse des Erwerbers zu berechnen und nach Maßgabe des Absatzes 3 aufzuteilen. [2]Für den steuerpflichtigen Erwerb ist dann die Steuer nach Steuerklasse I zu berechnen und nach Maßgabe des Absatzes 3 aufzuteilen. [3]Der Entlastungsbetrag ergibt sich als Unterschiedsbetrag[1] zwischen der auf Vermögen im Sinne des Absatzes 2 entfallenden Steuer nach den Sätzen 1 und 2.

(5)[4] [1]Der Entlastungsbetrag fällt mit Wirkung für die Vergangenheit weg, soweit der Erwerber innerhalb von fünf[5] Jahren gegen die Behaltensregelungen des § 13 a verstößt. [2]In den Fällen des § 13 a Absatz 8 tritt an die Stelle der Frist nach Satz 1 eine Frist von sieben[5] Jahren. [3]Die Festsetzungsfrist für die Steuer endet nicht vor dem Ablauf des vierten Jahres, nachdem die Finanzbehörde von dem Verstoß gegen die Behaltensregelungen Kenntnis erlangt. [4]§ 13 a Abs. 6 Satz 4 bis 6 gilt entsprechend.

IV. Steuerfestsetzung und Erhebung

§ 20 Steuerschuldner. (1) [1]Steuerschuldner ist der Erwerber, bei einer Schenkung auch der Schenker, bei einer Zweckzuwendung der mit der Ausführung der Zuwendung Beschwerte und in den Fällen des § 1 Abs. 1 Nr. 4 die Stiftung oder der Verein. [2]In den Fällen des § 3 Abs. 2 Nr. 1 Satz 2 und § 7 Abs. 1 Nr. 8 Satz 2 ist die Vermögensmasse Erwerber und Steuerschuldner, in den Fällen des § 7 Abs. 1 Nr. 8 Satz 2 ist Steuerschuldner auch derjenige, der die Vermögensmasse gebildet oder ausgestattet hat.[6]

(2) Im Falle des § 4 sind die Abkömmlinge im Verhältnis der auf sie entfallenden Anteile, der überlebende Ehegatte oder der überlebende Lebenspartner[7] für den gesamten Steuerbetrag Steuerschuldner.

---

1) § 19 a Abs. 3 ergänzt, Abs. 4 geänd. mWv 1. 1. 2009 durch G v. 24. 12. 2008 (BGBl. I S. 3018).

2) § 19 a Abs. 3 ergänzt mWv 1. 1. 2010 durch G v. 22. 12. 2009 (BGBl. I S. 3950). Siehe auch **S. 1 Fn. 3**.

3) § 19 a Abs. 4 Satz 3 geänd. durch G v. 29. 12. 2003 (BGBl. I S. 3076).

4) § 19 a Abs. 5 neu gef. mWv 1. 1. 2009 durch G v. 24. 12. 2008 (BGBl. I S. 3018).

5) Frist geänd. durch G v. 22. 12. 2009 (BGBl. I S. 3950); zur Anwendung siehe § 37 Abs. 3 Satz 1. Siehe auch **S. 1 Fn. 3**.

6) § 20 Abs. 1 Satz 2 angef. mWv 5. 3. 1999 durch G v. 24. 3. 1999 (BGBl. I S. 402).

7) § 20 Abs. 2 ergänzt mWv 1. 1. 2009 durch G v. 24. 12. 2008 (BGBl. I S. 3018).

(3) Der Nachlaß haftet bis zur Auseinandersetzung (§ 2042 des Bürgerlichen Gesetzbuchs) für die Steuer der am Erbfall Beteiligten.

(4) Der Vorerbe hat die durch die Vorerbschaft veranlaßte Steuer aus den Mitteln der Vorerbschaft zu entrichten.

(5) Hat der Steuerschuldner den Erwerb oder Teile desselben vor Entrichtung der Erbschaftsteuer einem anderen unentgeltlich zugewendet, haftet der andere in Höhe des Werts der Zuwendung persönlich für die Steuer.

(6) [1] Versicherungsunternehmen, die vor Entrichtung oder Sicherstellung der Steuer die von ihnen zu zahlende Versicherungssumme oder Leibrente in ein Gebiet außerhalb des Geltungsbereichs dieses Gesetzes zahlen oder außerhalb des Geltungsbereichs dieses Gesetzes wohnhaften Berechtigten zur Verfügung stellen, haften in Höhe des ausgezahlten Betrags für die Steuer. [2] Das gleiche gilt für Personen, in deren Gewahrsam sich Vermögen des Erblassers befindet, soweit sie das Vermögen vorsätzlich oder fahrlässig vor Entrichtung oder Sicherstellung der Steuer in ein Gebiet außerhalb des Geltungsbereichs dieses Gesetzes bringen oder außerhalb des Geltungsbereichs dieses Gesetzes wohnhaften Berechtigten zur Verfügung stellen.

(7) Die Haftung nach Absatz 6 ist nicht geltend zu machen, wenn der in einem Steuerfall in ein Gebiet außerhalb des Geltungsbereichs dieses Gesetzes gezahlte oder außerhalb des Geltungsbereichs dieses Gesetzes wohnhaften Berechtigten zur Verfügung gestellte Betrag 600 Euro[1)] nicht übersteigt.

§ 21 Anrechnung ausländischer Erbschaftsteuer. (1) [1] Bei Erwerbern, die in einem ausländischen Staat mit ihrem Auslandsvermögen zu einer der deutschen Erbschaftsteuer entsprechenden Steuer – ausländische Steuer – herangezogen werden, ist in den Fällen des § 2 Absatz 1 Nummer 1 und Absatz 3,[2)] sofern nicht die Vorschriften eines Abkommens zur Vermeidung der Doppelbesteuerung anzuwenden sind, auf Antrag die festgesetzte, auf den Erwerber entfallende, gezahlte und keinem Ermäßigungsanspruch unterliegende ausländische Steuer insoweit auf die deutsche Erbschaftsteuer anzurechnen, als das Auslandsvermögen auch der deutschen Erbschaftsteuer unterliegt. [2] Besteht der Erwerb nur zum Teil aus Auslandsvermögen, ist der darauf entfallende Teilbetrag der deutschen Erbschaftsteuer in der Weise zu ermitteln, daß die für das steuerpflichtige Gesamtvermögen einschließlich des steuerpflichtigen Auslandsvermögens sich ergebende Erbschaftsteuer im Verhältnis des steuerpflichtigen Auslandsvermögens zum steuerpflichtigen Gesamtvermögen aufgeteilt wird. [3] Ist das Auslandsvermögen in verschiedenen ausländischen Staaten belegen, ist dieser Teil für jeden einzelnen ausländischen Staat gesondert zu berechnen. [4] Die ausländische Steuer ist nur anrechenbar, wenn die deutsche Erbschaftsteuer für das Auslandsvermögen innerhalb von fünf Jahren seit dem Zeitpunkt der Entstehung der ausländischen Erbschaftsteuer entstanden ist.

---

1) Betrag geänd. mWv 1. 1. 2002 durch G v. 19. 12. 2000 (BGBl. I S. 1790).

2) Verweis geänd. durch G v. 7. 12. 2011 (BGBl. I S. 2592); zur Anwendung siehe § 37 Abs. 7.

(2) Als Auslandsvermögen im Sinne des Absatzes 1 gelten,

1. wenn der Erblasser zur Zeit seines Todes Inländer war: alle Vermögensgegenstände der in § 121 des Bewertungsgesetzes genannten Art, die auf einen ausländischen Staat entfallen, sowie alle Nutzungsrechte an diesen Vermögensgegenständen;
2. wenn der Erblasser zur Zeit seines Todes kein Inländer war: alle Vermögensgegenstände mit Ausnahme des Inlandsvermögens im Sinne des § 121 des Bewertungsgesetzes sowie alle Nutzungsrechte an diesen Vermögensgegenständen.

(3) [1]Der Erwerber hat den Nachweis über die Höhe des Auslandsvermögens und über die Festsetzung und Zahlung der ausländischen Steuer durch Vorlage entsprechender Urkunden zu führen. [2]Sind diese Urkunden in einer fremden Sprache abgefaßt, kann eine beglaubigte Übersetzung in die deutsche Sprache verlangt werden.

(4) Ist nach einem Abkommen zur Vermeidung der Doppelbesteuerung die in einem ausländischen Staat erhobene Steuer auf die Erbschaftsteuer anzurechnen, sind die Absätze 1 bis 3 entsprechend anzuwenden.

§ 22 Kleinbetragsgrenze. Von der Festsetzung der Erbschaftsteuer ist abzusehen, wenn die Steuer, die für den einzelnen Steuerfall festzusetzen ist, den Betrag von 50 Euro[1)] nicht übersteigt.

§ 23 Besteuerung von Renten, Nutzungen und Leistungen.

(1) [1]Steuern, die von dem Kapitalwert von Renten oder anderen wiederkehrenden Nutzungen oder Leistungen zu entrichten sind, können nach Wahl des Erwerbers statt vom Kapitalwert jährlich im voraus von dem Jahreswert entrichtet werden. [2]Die Steuer wird in diesem Fall nach dem Steuersatz erhoben, der sich nach § 19 für den gesamten Erwerb einschließlich des Kapitalwerts der Renten oder anderen wiederkehrenden Nutzungen oder Leistungen ergibt.

(2) [1]Der Erwerber hat das Recht, die Jahressteuer zum jeweils nächsten Fälligkeitstermin mit ihrem Kapitalwert abzulösen. [2]Für die Ermittlung des Kapitalwerts im Ablösungszeitpunkt sind die Vorschriften der §§ 13 und 14 des Bewertungsgesetzes anzuwenden. [3]Der Antrag auf Ablösung der Jahressteuer ist spätestens bis zum Beginn des Monats zu stellen, der dem Monat vorausgeht, in dem die nächste Jahressteuer fällig wird.

§ 24 Verrentung der Steuerschuld in den Fällen des § 1 Abs. 1 Nr. 4. [1]In den Fällen des § 1 Abs. 1 Nr. 4 kann der Steuerpflichtige verlangen, daß die Steuer in 30 gleichen jährlichen Teilbeträgen (Jahresbeträgen) zu entrichten ist. [2]Die Summe der Jahresbeträge umfaßt die Tilgung und die Verzinsung der Steuer; dabei ist von einem Zinssatz von 5,5 Prozent auszugehen.

---

1) Betrag geänd. mWv 1. 1. 2002 durch G v. 19. 12. 2000 (BGBl. I S. 1790).

§ 25[1), 2)] Besteuerung bei Nutzungs- und Rentenlast. *(1) [1] Der Erwerb von Vermögen, dessen Nutzungen dem Schenker oder dem Ehegatten des Erblassers (Schenkers) zustehen oder das mit einer Rentenverpflichtung oder mit der Verpflichtung zu sonstigen wiederkehrenden Leistungen zugunsten dieser Personen belastet ist, wird ohne Berücksichtigung dieser Belastungen besteuert. [2] Die Steuer, die auf den Kapitalwert dieser Belastungen entfällt, ist jedoch bis zu deren Erlöschen zinslos zu stunden. [3] Die gestundete Steuer kann auf Antrag des Erwerbers jederzeit mit ihrem Barwert nach § 12 Abs. 3 des Bewertungsgesetzes abgelöst werden.*

(2) Veräußert der Erwerber das belastete Vermögen vor dem Erlöschen der Belastung ganz oder teilweise, endet insoweit die Stundung mit dem Zeitpunkt der Veräußerung.

§ 26 Ermäßigung der Steuer bei Aufhebung einer Familienstiftung oder Auflösung eines Vereins. In den Fällen des § 7 Abs. 1 Nr. 9 ist auf die nach § 15 Abs. 2 Satz 2 zu ermittelnde Steuer die nach § 15 Abs. 2 Satz 3 festgesetzte Steuer anteilsmäßig anzurechnen

a) mit 50 Prozent, wenn seit der Entstehung der anrechenbaren Steuer nicht mehr als zwei Jahre,
b) mit 25 Prozent, wenn seit der Entstehung der anrechenbaren Steuer mehr als zwei Jahre, aber nicht mehr als vier Jahre vergangen sind.

§ 27[2)] Mehrfacher Erwerb desselben Vermögens. (1) Fällt Personen der Steuerklasse I von Todes wegen Vermögen an, das in den letzten zehn Jahren vor dem Erwerb bereits von Personen dieser Steuerklasse erworben worden ist und für das nach diesem Gesetz eine Steuer zu erheben war, ermäßigt sich der auf dieses Vermögen entfallende Steuerbetrag vorbehaltlich des Absatzes 3 wie folgt:

um … Prozent	wenn zwischen den beiden Zeitpunkten der Entstehung der Steuer liegen
50	nicht mehr als 1 Jahr
45	mehr als 1 Jahr, aber nicht mehr als 2 Jahre
40	mehr als 2 Jahre, aber nicht mehr als 3 Jahre
35	mehr als 3 Jahre, aber nicht mehr als 4 Jahre
30	mehr als 4 Jahre, aber nicht mehr als 5 Jahre
25	mehr als 5 Jahre, aber nicht mehr als 6 Jahre
20	mehr als 6 Jahre, aber nicht mehr als 8 Jahre
10	mehr als 8 Jahre, aber nicht mehr als 10 Jahre

(2) Zur Ermittlung des Steuerbetrags, der auf das begünstigte Vermögen entfällt, ist die Steuer für den Gesamterwerb in dem Verhältnis aufzuteilen, in dem der Wert des begünstigten Vermögens zu dem Wert des steuerpflichtigen Gesamterwerbs ohne Abzug des dem Erwerber zustehenden Freibetrags steht.

(3) Die Ermäßigung nach Absatz 1 darf den Betrag nicht überschreiten, der sich bei Anwendung der in Absatz 1 genannten Prozentsätze auf die Steuer ergibt, die der Vorerwerber für den Erwerb desselben Vermögens entrichtet hat.

[1)] § 25 aufgeh. mWv 1. 1. 2009 durch G v. 24. 12. 2008 (BGBl. I S. 3018); zur weiteren Anwendung von § 25 Abs. 1 Satz 3 und Abs. 2 siehe § 37 Abs. 2 Satz 2.

[2)] Zur Anwendung im Beitrittsgebiet siehe § 37 a Abs. 5.

§ 28[1] **Stundung.** (1) [1]Gehört zum Erwerb Betriebsvermögen oder land- und forstwirtschaftliches Vermögen, ist dem Erwerber die darauf entfallende Erbschaftsteuer auf Antrag bis zu zehn Jahren zu stunden, soweit dies zur Erhaltung des Betriebs notwendig ist. [2]Die §§ 234 und 238 der Abgabenordnung sind anzuwenden; bei Erwerben von Todes wegen erfolgt diese Stundung zinslos. [3]§ 222 der Abgabenordnung bleibt unberührt.

(2) Absatz 1 findet in den Fällen des § 1 Abs. 1 Nr. 4 entsprechende Anwendung.

(3)[2] [1]Gehört zum Erwerb begünstigtes Vermögen im Sinne des § 13c Abs. 3, ist dem Erwerber die darauf entfallende Erbschaftsteuer auf Antrag bis zu zehn Jahren zu stunden, soweit er die Steuer nur durch Veräußerung dieses Vermögens aufbringen kann. [2]Satz 1 gilt entsprechend, wenn zum Erwerb ein Ein- oder Zweifamilienhaus oder Wohneigentum gehört, das der Erwerber nach dem Erwerb zu eigenen Wohnzwecken nutzt, längstens für die Dauer der Selbstnutzung. [3]Nach Aufgabe der Selbstnutzung ist die Stundung unter den Voraussetzungen des Satzes 1 weiter zu gewähren. [4]Die Stundung endet in den Fällen der Sätze 1 bis 3, soweit das erworbene Vermögen Gegenstand einer Schenkung im Sinne des § 7 ist. [5]Absatz 1 Satz 2 und 3 gilt entsprechend.

§ 29 Erlöschen der Steuer in besonderen Fällen. (1) Die Steuer erlischt mit Wirkung für die Vergangenheit,

1. soweit ein Geschenk wegen eines Rückforderungsrechts herausgegeben werden mußte;
2. soweit die Herausgabe gemäß § 528 Abs. 1 Satz 2 des Bürgerlichen Gesetzbuchs abgewendet worden ist;
3.[3] soweit in den Fällen des § 5 Abs. 2 unentgeltliche Zuwendungen auf die Ausgleichsforderung angerechnet worden sind (§ 1380 Abs. 1 des Bürgerlichen Gesetzbuchs). [2]Entsprechendes gilt, wenn unentgeltliche Zuwendungen bei der Berechnung des nach § 5 Abs. 1 steuerfreien Betrags berücksichtigt werden;
4.[4] soweit Vermögensgegenstände, die von Todes wegen (§ 3) oder durch Schenkung unter Lebenden (§ 7) erworben worden sind, innerhalb von 24 Monaten nach dem Zeitpunkt der Entstehung der Steuer (§ 9) dem Bund, einem Land, einer inländischen Gemeinde (Gemeindeverband) oder einer inländischen Stiftung zugewendet werden, die nach der Satzung, dem Stiftungsgeschäft oder der sonstigen Verfassung und nach ihrer tatsächlichen Geschäftsführung ausschließlich und unmittelbar als gemeinnützig anzuerkennenden steuerbegünstigten Zwecken im Sinne der §§ 52 bis 54 der Abgabenordnung mit Ausnahme der Zwecke, die nach § 52 Abs. 2 Nr. 23[5] der Abgabenordnung gemeinnützig sind, dient. [2]Dies gilt nicht, wenn die

---

[1] Zur Anwendung im Beitrittsgebiet siehe § 37a Abs. 6.

[2] § 28 Abs. 3 angef. mWv 1. 1. 2009 durch G v. 24. 12. 2008 (BGBl. I S. 3018).

[3] § 29 Abs. 1 Nr. 3 Satz 2 angef. mWv 1. 1. 2009 durch G v. 24. 12. 2008 (BGBl. I S. 3018).

[4] § 29 Abs. 1 Nr. 4 Satz 1 geänd. mWv 1. 1. 2000 durch G v. 14. 7. 2000 (BGBl. I S. 1034).

[5] Verweis geänd. durch G v. 10. 10. 2007 (BGBl. I S. 2332).

Stiftung Leistungen im Sinne des § 58 Nr. 5 der Abgabenordnung an den Erwerber oder seine nächsten Angehörigen zu erbringen hat oder soweit für die Zuwendung die Vergünstigung nach § 10b des Einkommensteuergesetzes, § 9 Abs. 1 Nr. 2 des Körperschaftsteuergesetzes oder § 9 Nr. 5 des Gewerbesteuergesetzes in Anspruch genommen wird.[1] [3]Für das Jahr der Zuwendung ist bei der Einkommensteuer oder Körperschaftsteuer und bei der Gewerbesteuer unwiderruflich zu erklären, in welcher Höhe die Zuwendung als Spende zu berücksichtigen ist. [4]Die Erklärung ist für die Festsetzung der Erbschaftsteuer oder Schenkungsteuer bindend.

(2) Der Erwerber ist für den Zeitraum, für den ihm die Nutzungen des zugewendeten Vermögens zugestanden haben, wie ein Nießbraucher zu behandeln.

§ 30 Anzeige des Erwerbs. (1)[2] Jeder der Erbschaftsteuer unterliegende Erwerb (§ 1) ist vom Erwerber, bei einer Zweckzuwendung vom Beschwerten binnen einer Frist von drei Monaten nach erlangter Kenntnis von dem Anfall oder von dem Eintritt der Verpflichtung dem für die Verwaltung der Erbschaftsteuer zuständigen Finanzamt schriftlich anzuzeigen.

(2) Erfolgt der steuerpflichtige Erwerb durch ein Rechtsgeschäft unter Lebenden, ist zur Anzeige auch derjenige verpflichtet, aus dessen Vermögen der Erwerb stammt.

(3)[3] [1]Einer Anzeige bedarf es nicht, wenn der Erwerb auf einer von einem deutschen Gericht, einem deutschen Notar oder einem deutschen Konsul eröffneten Verfügung von Todes wegen beruht und sich aus der Verfügung das Verhältnis des Erwerbers zum Erblasser unzweifelhaft ergibt; das gilt nicht, wenn zum Erwerb Grundbesitz, Betriebsvermögen, Anteile an Kapitalgesellschaften, die nicht der Anzeigepflicht nach § 33 unterliegen, oder Auslandsvermögen gehört. [2]Einer Anzeige bedarf es auch nicht, wenn eine Schenkung unter Lebenden oder eine Zweckzuwendung gerichtlich oder notariell beurkundet ist.

(4) Die Anzeige soll folgende Angaben enthalten:

1.[4] Vorname und Familienname, [*ab 6. 11. 2015:* Identifikationsnummer (139b der Abgabenordnung),] Beruf, Wohnung des Erblassers oder Schenkers und des Erwerbers;
2. Todestag und Sterbeort des Erblassers oder Zeitpunkt der Ausführung der Schenkung;
3. Gegenstand und Wert des Erwerbs;
4. Rechtsgrund des Erwerbs wie gesetzliche Erbfolge, Vermächtnis, Ausstattung;
5. persönliches Verhältnis des Erwerbers zum Erblasser oder zum Schenker wie Verwandtschaft, Schwägerschaft, Dienstverhältnis;
6. frühere Zuwendungen des Erblassers oder Schenkers an den Erwerber nach Art, Wert und Zeitpunkt der einzelnen Zuwendung.

---

[1] § 29 Abs. 1 Nr. 4 Satz 2 kursiver Satzteil aufgeh. durch G v. 24. 12. 2008 (BGBl. I S. 3018).

[2] § 30 Abs. 1 geänd. mWv 28. 8. 2002 durch G v. 21. 8. 2002 (BGBl. I S. 3322).

[3] § 30 Abs. 3 *neu gef.* mWv 1. 1. 2009 durch G v. 24. 12. 2008 (BGBl. I S. 3018).

[4] § 30 Abs. 4 Nr. 1 ergänzt durch G v. 2. 11. 2015 (BGBl. I S. 1834); zur Anwendung siehe § 37 Abs. 10 Satz 1.

§ 31 Steuererklärung. (1) [1]Das Finanzamt kann von jedem an einem Erbfall, an einer Schenkung oder an einer Zweckzuwendung Beteiligten ohne Rücksicht darauf, ob er selbst steuerpflichtig ist, die Abgabe einer Erklärung innerhalb einer von ihm zu bestimmenden Frist verlangen. [2]Die Frist muß mindestens einen Monat betragen.

(2) Die Erklärung hat ein Verzeichnis der zum Nachlaß gehörenden Gegenstände und die sonstigen für die Feststellung des Gegenstands und des Werts des Erwerbs erforderlichen Angaben zu enthalten.

(3) In den Fällen der fortgesetzten Gütergemeinschaft kann das Finanzamt die Steuererklärung allein von dem überlebenden Ehegatten oder dem überlebenden Lebenspartner[1)] verlangen.

(4) [1]Sind mehrere Erben vorhanden, sind sie berechtigt, die Steuererklärung gemeinsam abzugeben. [2]In diesem Fall ist die Steuererklärung von allen Beteiligten zu unterschreiben. [3]Sind an dem Erbfall außer den Erben noch weitere Personen beteiligt, können diese im Einverständnis mit den Erben in die gemeinsame Steuererklärung einbezogen werden.

(5) [1]Ist ein Testamentsvollstrecker oder Nachlaßverwalter vorhanden, ist die Steuererklärung von diesem abzugeben. [2]Das Finanzamt kann verlangen, daß die Steuererklärung auch von einem oder mehreren Erben mitunterschrieben wird.

(6) Ist ein Nachlaßpfleger bestellt, ist dieser zur Abgabe der Steuererklärung verpflichtet.

(7) [1]Das Finanzamt kann verlangen, daß eine Steuererklärung auf einem Vordruck nach amtlich bestimmtem Muster abzugeben ist, in der der Steuerschuldner die Steuer selbst zu berechnen hat. [2]Der Steuerschuldner hat die selbstberechnete Steuer innerhalb eines Monats nach Abgabe der Steuererklärung zu entrichten.

§ 32 Bekanntgabe des Steuerbescheids an Vertreter. (1) [1]In den Fällen des § 31 Abs. 5 ist der Steuerbescheid abweichend von § 122 Abs. 1 Satz 1 der Abgabenordnung dem Testamentsvollstrecker oder Nachlaßverwalter bekanntzugeben. [2]Diese Personen haben für die Bezahlung der Erbschaftsteuer zu sorgen. [3]Auf Verlangen des Finanzamts ist aus dem Nachlaß Sicherheit zu leisten.

(2) [1]In den Fällen des § 31 Abs. 6 ist der Steuerbescheid dem Nachlaßpfleger bekanntzugeben. [2]Absatz 1 Satz 2 und 3 ist entsprechend anzuwenden.

§ 33 Anzeigepflicht der Vermögensverwahrer, Vermögensverwalter und Versicherungsunternehmen. (1)[2)] [1]Wer sich geschäftsmäßig mit der Verwahrung oder Verwaltung fremden Vermögens befaßt, hat diejenigen in seinem Gewahrsam befindlichen Vermögensgegenstände und diejenigen gegen ihn gerichteten Forderungen, die beim Tod eines Erblassers zu dessen Vermögen gehörten oder über die dem Erblasser zur Zeit seines Todes die Ver-

---

[1)] § 31 Abs. 3 ergänzt mWv 1. 1. 2009 durch G v. 24. 12. 2008 (BGBl. I S. 3018).

[2)] § 33 Abs. 1 Satz 1 geänd. mWv 28. 8. 2002 durch G v. 21. 8. 2002 (BGBl. I S. 3322).

fügungsmacht zustand, dem für die Verwaltung der Erbschaftsteuer zuständigen Finanzamt schriftlich anzuzeigen. 2 Die Anzeige ist zu erstatten:

1. in der Regel: innerhalb eines Monats, seitdem der Todesfall dem Verwahrer oder Verwalter bekanntgeworden ist;
2. wenn der Erblasser zur Zeit seines Todes Angehöriger eines ausländischen Staats war und nach einer Vereinbarung mit diesem Staat der Nachlaß einem konsularischen Vertreter auszuhändigen ist: spätestens bei der Aushändigung des Nachlasses.

(2)[1] Wer auf den Namen lautende Aktien oder Schuldverschreibungen ausgegeben hat, hat dem Finanzamt schriftlich von dem Antrag, solche Wertpapiere eines Verstorbenen auf den Namen anderer umzuschreiben, vor der Umschreibung Anzeige zu erstatten.

(3)[2] Versicherungsunternehmen haben, bevor sie Versicherungssummen oder Leibrenten einem anderen als dem Versicherungsnehmer auszahlen oder zur Verfügung stellen, hiervon dem Finanzamt schriftlich Anzeige zu erstatten.

(4) Zuwiderhandlungen gegen diese Pflichten werden als Steuerordnungswidrigkeit mit Geldbuße geahndet.

§ 34 Anzeigepflicht der Gerichte, Behörden, Beamten und Notare.

(1)[2] Die Gerichte, Behörden, Beamten und Notare haben dem für die Verwaltung der Erbschaftsteuer zuständigen Finanzamt schriftlich Anzeige zu erstatten über diejenigen Beurkundungen, Zeugnisse und Anordnungen, die für die Festsetzung einer Erbschaftsteuer von Bedeutung sein können.

(2)[3] Insbesondere haben anzuzeigen:

1. die Standesämter:
   die Sterbefälle;
2. die Gerichte und die Notare:
   die Erteilung von Erbscheinen, [*ab 17. 8. 2015:* Europäischen Nachlasszeugnissen,] Testamentsvollstreckerzeugnissen und Zeugnissen über die Fortsetzung der Gütergemeinschaft, die Beschlüsse über Todeserklärungen sowie die Anordnung von Nachlaßpflegschaften und Nachlaßverwaltungen;
3. die Gerichte, die Notare und die deutschen Konsuln:
   die eröffneten Verfügungen von Todes wegen, die abgewickelten Erbauseinandersetzungen, die beurkundeten Vereinbarungen der Gütergemeinschaft und die beurkundeten Schenkungen und Zweckzuwendungen.

§ 35 Örtliche Zuständigkeit. (1) 1 Örtlich zuständig für die Steuerfestsetzung ist in den Fällen, in denen der Erblasser zur Zeit seines Todes oder der Schenker zur Zeit der Ausführung der Zuwendung ein Inländer war, das Finanzamt, das sich bei sinngemäßer Anwendung des § 19 Abs. 1 und des § 20 der Abgabenordnung ergibt. 2 Im Fall der Steuerpflicht nach § 2 Abs. 1 Nummer 1

---

[1] § 33 Abs. 2 geänd. mWv 28. 8. 2002 durch G v. 21. 8. 2002 (BGBl. I S. 3322).

[2] § 33 Abs. 3 sowie § 34 Abs. 1 geänd. mWv 28. 8. 2002 durch G v. 21. 8. 2002 (BGBl. I S. 3322).

[3] § 34 Abs. 2 Nr. 2 geänd. durch G v. 29. 6. 2015 (BGBl. I S. 1042); zur Anwendung siehe § 37 Abs. 9.

Buchstabe b richtet sich die Zuständigkeit nach dem letzten inländischen Wohnsitz oder gewöhnlichen Aufenthalt des Erblassers oder Schenkers.

(2) Die örtliche Zuständigkeit bestimmt sich nach den Verhältnissen des Erwerbers, bei Zweckzuwendungen nach den Verhältnissen des Beschwerten, zur Zeit des Erwerbs, wenn

1. bei einer Schenkung unter Lebenden der Erwerber, bei einer Zweckzuwendung unter Lebenden der Beschwerte, eine Körperschaft, Personenvereinigung oder Vermögensmasse ist oder
2. der Erblasser zur Zeit seines Todes oder der Schenker zur Zeit der Ausführung der Zuwendung kein Inländer war. [2] Sind an einem Erbfall mehrere inländische Erwerber mit Wohnsitz oder gewöhnlichem Aufenthalt in verschiedenen Finanzamtsbezirken beteiligt, ist das Finanzamt örtlich zuständig, das zuerst mit der Sache befaßt wird.

(3)[1)] [1] Bei Schenkungen und Zweckzuwendungen unter Lebenden von einer Erbengemeinschaft ist das Finanzamt zuständig, das für die Bearbeitung des Erbfalls zuständig ist *oder sein würde.* [2] Satz 1 gilt auch, wenn eine Erbengemeinschaft aus zwei Erben besteht und der eine Miterbe bei der Auseinandersetzung eine Schenkung an den anderen Miterben ausführt.

(4)[2)] In den Fällen des § 2 Absatz 1 Nummer 3 und Absatz 3 ist das Finanzamt örtlich zuständig, das sich bei sinngemäßer Anwendung des § 19 Absatz 2 der Abgabenordnung ergibt.

V. Ermächtigungs- und Schlußvorschriften

§ 36 Ermächtigungen. (1) Die Bundesregierung wird ermächtigt, mit Zustimmung des Bundesrates

1. zur Durchführung dieses Gesetzes Rechtsverordnungen zu erlassen, soweit dies zur Wahrung der Gleichmäßigkeit bei der Besteuerung, zur Beseitigung von Unbilligkeiten in Härtefällen oder zur Vereinfachung des Besteuerungsverfahrens erforderlich ist, und zwar über
   a) die Abgrenzung der Steuerpflicht,
   b) die Feststellung und die Bewertung des Erwerbs von Todes wegen, der Schenkungen unter Lebenden und der Zweckzuwendungen, auch soweit es sich um den Inhalt von Schließfächern handelt,
   c) die Steuerfestsetzung, die Anwendung der Tarifvorschriften und die Steuerentrichtung,
   d) die Anzeige- und Erklärungspflicht der Steuerpflichtigen,
   e) die Anzeige-, Mitteilungs- und Übersendungspflichten der Gerichte, Behörden, Beamten und Notare, der Versicherungsunternehmen, der Vereine und Berufsverbände, die mit einem Versicherungsunternehmen die Zahlung einer Versicherungssumme für den Fall des Todes ihrer Mitglieder

---

[1)] § 35 Abs. 3 Satz 1 kursive Worte aufgeh., Satz 2 angef. mWv 1. 1. 2009 durch G v. 24. 12. 2008 (BGBl. I S. 3018).

[2)] § 35 Abs. 4 geänd. durch G v. 7. 12. 2011 (BGBl. I S. 2592); zur Anwendung siehe § 37 Abs. 7.

vereinbart haben, der geschäftsmäßigen Verwahrer und Verwalter fremden Vermögens, auch soweit es sich um in ihrem Gewahrsam befindliche Vermögensgegenstände des Erblassers handelt, sowie derjenigen, die auf den Namen lautende Aktien oder Schuldverschreibungen ausgegeben haben;

2. Vorschriften durch Rechtsverordnung zu erlassen über die sich aus der Aufhebung oder Änderung von Vorschriften dieses Gesetzes ergebenden Rechtsfolgen, soweit dies zur Wahrung der Gleichmäßigkeit der Besteuerung oder zur Beseitigung von Unbilligkeiten in Härtefällen erforderlich ist.

(2) Das Bundesministerium der Finanzen wird ermächtigt, den Wortlaut dieses Gesetzes und der zu diesem Gesetz erlassenen Durchführungsverordnung in der jeweils geltenden Fassung satzweise numeriert mit neuem Datum und Paragraphenfolge bekanntzumachen und dabei Unstimmigkeiten des Wortlauts zu beseitigen.

§ 37[1] Anwendung des Gesetzes. (1) Dieses Gesetz in der Fassung des Artikels 6 des Gesetzes vom 22. Dezember 2009 (BGBl. I S. 3950) findet auf Erwerbe Anwendung, für die die Steuer nach dem 31. Dezember 2009 entsteht.

(2) [1]In Erbfällen, die vor dem 31. August 1980 eingetreten sind, und für Schenkungen, die vor diesem Zeitpunkt ausgeführt worden sind, ist weiterhin § 25 in der Fassung des Gesetzes vom 17. April 1974[2] (BGBl. I S. 933) anzu-

---

[1] § 37 Abs. 1 neu gef. durch G v. 22. 12. 2009 (BGBl. I S. 3950).

[2] § 25 hat folgenden Wortlaut:

„§ 25 Aussetzung der Versteuerung. (1) Beim Erwerb von Vermögen, dessen Nutzungen einem anderen als dem Erwerber zustehen oder das mit einer Rentenverpflichtung oder mit der Verpflichtung zu einer sonstigen Leistung belastet ist, ist die Versteuerung nach der Wahl des Erwerbers

a) bis zum Erlöschen der Belastung, höchstens jedoch zu dem Vomhundertsatz auszusetzen, zu dem der Jahresertrag des Vermögens durch die Belastung gemindert ist oder

b) nach den Verhältnissen im Zeitpunkt des Erwerbs ohne Berücksichtigung dieser Belastungen durchzuführen. In diesem Fall ist die Steuer bis zum Erlöschen der Belastungen insoweit zinslos zu stunden, als sie auf den Kapitalwert der Belastungen entfällt.

(2) Geht im Fall des Absatzes 1 Buchstabe a das belastete Vermögen vor dem Erlöschen der Belastung durch Erbfolge auf einen anderen über, so wird die Steuer für diesen Übergang nicht erhoben; vielmehr tritt die gleiche Behandlung ein, wie wenn derjenige, dem das Vermögen zur Zeit des Erlöschens gehört, das Vermögen unmittelbar von dem ursprünglichen Erblasser oder Schenker erworben hätte.

(3) Überträgt der Erwerber im Fall des Absatzes 1 Buchstabe a das belastete Vermögen vor dem Erlöschen der Belastung unentgeltlich, so endet für ihn insoweit die Aussetzung der Versteuerung mit dem Zeitpunkt der Ausführung der Zuwendung. Die Steuer für seinen Erwerb bemißt sich nach dem Wert, der sich für das übertragene Vermögen nach Abzug der Belastung nach Absatz 1 in diesem Zeitpunkt ergibt. Bei der Ermittlung der Belastung nach Absatz 1 kann als Jahreswert der Nutzung höchstens der achtzehnte Teil des Wertes angesetzt werden, der sich nach den Vorschriften des Bewertungsgesetzes für das belastete Vermögen, vermindert um sonstige Belastungen, ergibt, als abzugsfähiger Jahresbetrag der Rente höchstens der Betrag, der dem Verhältnis des Jahreswertes der Rente zum Jahresertrag des belasteten Vermögens entspricht.

(4) Veräußert der Erwerber das belastete Vermögen vor dem Erlöschen der Belastung ganz oder teilweise, so endet insoweit die Aussetzung der Versteuerung oder die Stundung mit dem Zeitpunkt der Veräußerung."

wenden, auch wenn die Steuer infolge Aussetzung der Versteuerung nach § 25 Abs. 1 Buchstabe a erst nach dem 30. August 1980 entstanden ist oder entsteht. [2] In Erbfällen, die vor dem 1. Januar 2009 eingetreten sind, und für Schenkungen, die vor diesem Zeitpunkt ausgeführt worden sind, ist weiterhin § 25 Abs. 1 Satz 3 und Abs. 2 in der Fassung der Bekanntmachung vom 27. Februar 1997 (BGBl. I S. 378) anzuwenden.

(3)[1)] [1] Die §§ 13 a und 19 a Absatz 5 in der Fassung des Artikels 6 des Gesetzes vom 22. Dezember 2009 (BGBl. I S. 3950) finden auf Erwerbe Anwendung, für die die Steuer nach dem 31. Dezember 2008 entsteht. [2] § 13 a in der Fassung des Artikels 6 des Gesetzes vom 22. Dezember 2009 (BGBl. I S. 3950) ist nicht anzuwenden, wenn das begünstigte Vermögen vor dem 1. Januar 2011 von Todes wegen oder durch Schenkung unter Lebenden erworben wird, bereits Gegenstand einer vor dem 1. Januar 2007 ausgeführten Schenkung desselben Schenkers an dieselbe Person war und wegen eines vertraglichen Rückforderungsrechts nach dem 11. November 2005 herausgegeben werden musste.

(4)[2)] § 13 Absatz 1 Nummer 1, § 13 b Absatz 2 Satz 6 und 7 und Absatz 3, § 15 Absatz 1, § 16 Absatz 1 und § 17 Absatz 1 Satz 1 in der Fassung des Artikels 14 des Gesetzes vom 8. Dezember 2010 (BGBl. I S. 1768) sind auf Erwerbe anzuwenden, für die die Steuer nach dem 13. Dezember 2010[3)] entsteht.

(5)[4)] Soweit Steuerbescheide für Erwerbe von Lebenspartnern noch nicht bestandskräftig sind, ist

1. § 15 Absatz 1 in der Fassung des Artikels 13 des Gesetzes vom 8. Dezember 2010 (BGBl. I S. 1768) auf Erwerbe, für die die Steuer nach dem 31. Juli 2001 entstanden ist, anzuwenden;
2. § 16 Absatz 1 Nummer 1 in der Fassung des Artikels 14 des Gesetzes vom 8. Dezember 2010 (BGBl. I S. 1768) auf Erwerbe, für die die Steuer nach dem 31. Dezember 2001 und vor dem 1. Januar 2009 entstanden ist, mit der Maßgabe anzuwenden, dass an die Stelle des Betrages von 500 000 Euro ein Betrag von 307 000 Euro tritt;
3. § 16 Absatz 1 Nummer 1 in der Fassung des Artikels 14 des Gesetzes vom 8. Dezember 2010 (BGBl. I S. 1768) auf Erwerbe, für die die Steuer nach dem 31. Juli 2001 und vor dem 1. Januar 2002 entstanden ist, mit der Maßgabe anzuwenden, dass an die Stelle des Betrages von 500 000 Euro ein Betrag von 600 000 Deutsche Mark tritt;
4. § 17 Absatz 1 in der Fassung des Artikels 14 des Gesetzes vom 8. Dezember 2010 (BGBl. I S. 1768) auf Erwerbe, für die die Steuer nach dem 31. Dezember 2001 und vor dem 1. Januar 2009 entstanden ist, anzuwenden;
5. § 17 Absatz 1 in der Fassung des Artikels 14 des Gesetzes vom 8. Dezember 2010 (BGBl. I S. 1768) auf Erwerbe, für die die Steuer nach dem 31. Juli 2001 und vor dem 1. Januar 2002 entstanden ist, mit der Maßgabe anzu-

---

[1)] § 37 Abs. 3 neu gef. durch G v. 22. 12. 2009 (BGBl. I S. 3950).
[2)] § 37 Abs. 4 eingef. durch G v. 8. 12. 2010 (BGBl. I S. 1768).
[3)] Tag der Verkündung des G v. 8. 12. 2010 (BGBl. I S. 1768).
[4)] § 37 Abs. 5 eingef. durch G v. 8. 12. 2010 (BGBl. I S. 1768).

wenden, dass an die Stelle des Betrages von 256 000 Euro ein Betrag von 500 000 Deutsche Mark tritt.

(6)[1] § 13 a Absatz 1 a und § 13 b Absatz 2 und 2 a in der Fassung des Artikels 8 des Gesetzes vom 1. November 2011 (BGBl. I S. 2131) sind auf Erwerbe anzuwenden, für die die Steuer nach dem 30. Juni 2011 entsteht.

(7)[2] [1]§ 2 Absatz 1 Nummer 1 und 3 und Absatz 3, § 7 Absatz 8, § 15 Absatz 4, § 16 Absatz 1 und 2, § 19 Absatz 2, § 21 Absatz 1 und § 35 Absatz 4 in der Fassung des Artikels 11 des Gesetzes vom 7. Dezember 2011 (BGBl. I S. 2592) finden auf Erwerbe Anwendung, für die die Steuer nach dem 13. Dezember 2011 entsteht. [2]§ 2 Absatz 1 Nummer 1 und 3 und Absatz 3, § 16 Absatz 1 und 2, § 19 Absatz 2, § 21 Absatz 1 und § 35 Absatz 4 in der Fassung des Artikels 11 des Gesetzes vom 7. Dezember 2011 (BGBl. I S. 2592) finden auf Antrag auch auf Erwerbe Anwendung, für die die Steuer vor dem 14. Dezember 2011 entsteht, soweit Steuerbescheide noch nicht bestandskräftig sind.

(8)[3] § 13 a Absatz 1 Satz 4, Absatz 4 Satz 5 und § 13 b Absatz 2 in der Fassung des Artikels 30 des Gesetzes vom 26. Juni 2013 (BGBl. I S. 1809) sind auf Erwerbe anzuwenden, für die die Steuer nach dem 6. Juni 2013[4] entsteht.

(9)[5] § 34 Absatz 2 Nummer 2 in der Fassung des Artikels 17 des Gesetzes vom 29. Juni 2015 (BGBl. I S. 1042) ist auf Erwerbe anzuwenden, für die die Steuer nach dem 16. August 2015 entsteht.

(10)[6] [1]§ 13 Absatz 1 Nummer 16 Buchstabe b und c und § 30 Absatz 4 Nummer 1 in der am 6. November 2015[7] geltenden Fassung sind auf Erwerbe anzuwenden, für die die Steuer nach dem 5. November 2015[8] entstanden ist. [2]§ 13 Absatz 1 Nummer 16 Buchstabe b und c in der am 6. November 2015[7] geltenden Fassung ist auch auf Erwerbe anzuwenden, für die die Steuer vor dem 6. November 2015[7] entsteht, soweit Steuerbescheide noch nicht bestandskräftig sind.

§ 37 a Sondervorschriften aus Anlaß der Herstellung der Einheit Deutschlands. (1) (weggefallen)

(2) [1]Für den Zeitpunkt der Entstehung der Steuerschuld ist § 9 Absatz 1 Nummer 1 auch dann maßgebend, wenn der Erblasser in dem in Artikel 3 des Einigungsvertrages genannten Gebiet vor dem 1. Januar 1991 verstorben ist, es sei denn, daß die Steuer nach dem Erbschaftsteuergesetz der Deutschen Demokratischen Republik vor dem 1. Januar 1991 entstanden ist. [2]§ 9 Absatz 2 gilt entsprechend, wenn die Versteuerung nach § 34 des Erbschaftsteuergeset-

---

[1] § 37 Abs. 6 angef. durch G v. 1. 11. 2011 (BGBl. I S. 2131).

[2] § 37 Abs. 7 angef. durch G v. 7. 12. 2011 (BGBl. I S. 2592).

[3] § 37 Abs. 8 angef. durch G v. 26. 6. 2013 (BGBl. I S. 1809).

[4] Tag des Beschlusses des Deutschen Bundestages über die Empfehlung des Vermittlungsausschusses zum AmtshilfeRLUmsG.

[5] § 37 Abs. 9 angef. durch G v. 29. 6. 2015 (BGBl. I S. 1042).

[6] § 37 Abs. 10 angef. durch G v. 2. 11. 2015 (BGBl. I S. 1834).

[7] Tag *nach* Verkündung des G v. 2. 11. 2015 (BGBl. I S. 1834).

[8] Tag *der* Verkündung des G v. 2. 11. 2015 (BGBl. I S. 1834).

zes (ErbStG) der Deutschen Demokratischen Republik in der Fassung vom 18. September 1970 (Sonderdruck Nummer 678 des Gesetzblattes) ausgesetzt wurde.

(3) (weggefallen)

(4) Als frühere Erwerbe im Sinne des § 14 gelten auch solche, die vor dem 1. Januar 1991 dem Erbschaftsteuerrecht der Deutschen Demokratischen Republik unterlegen haben.

(5) Als frühere Erwerbe desselben Vermögens im Sinne des § 27 gelten auch solche, für die eine Steuer nach dem Erbschaftsteuerrecht der Deutschen Demokratischen Republik erhoben wurde, wenn der Erwerb durch Personen im Sinne des § 15 Absatz 1 Steuerklasse I erfolgte.

(6) § 28 ist auch anzuwenden, wenn eine Steuer nach dein Erbschaftsteuerrecht der Deutschen Demokratischen Republik erhoben wird.

(7) [1] Ist in dem in Artikel 3 des Einigungsvertrages genannten Gebiet eine Steuerfestsetzung nach § 33 des Erbschaftsteuergesetzes der Deutschen Demokratischen Republik in der Weise erfolgt, daß die Steuer jährlich im voraus von dem Jahreswert von Renten, Nutzungen oder Leistungen zu entrichten ist, kann nach Wahl des Erwerbers die Jahressteuer zum jeweils nächsten Fälligkeitstermin mit ihrem Kapitalwert abgelöst werden. [2] § 23 Absatz 2 ist entsprechend anzuwenden.

(8) Wurde in Erbfällen, die vor dem 1. Januar 1991 eingetreten sind, oder für Schenkungen, die vor diesem Zeitpunkt ausgeführt worden sind, die Versteuerung nach § 34 des Erbschaftsteuergesetzes der Deutschen Demokratischen Republik ausgesetzt, ist diese Vorschrift weiterhin anzuwenden, auch wenn die Steuer infolge der Aussetzung der Versteuerung erst nach dein 31. Dezember 1990 entsteht.

§§ 38 und 39. (weggefallen)

260. Erbschaftsteuer-Durchführungsverordnung (ErbStDV)

Vom 8. September 1998 (BGBl. I S. 2658)

Geändert durch Steuer-Euroglättungsgesetz vom 19. 12. 2000 (BGBl. I S. 1790), Gesetz zur Modernisierung des Stiftungsrechts vom 15. 7. 2002 (BGBl. I S. 2634), Drittes Gesetz zur Änderung verwaltungsverfahrensrechtlicher Vorschriften vom 21. 8. 2002 (BGBl. I S. 3322), Verordnung zur Änderung der Erbschaftsteuer-Durchführungsverordnung vom 2. 11. 2005 (BGBl. I S. 3126), Personenstandsrechtsreformgesetz vom 19. 2. 2007 (BGBl. I S. 122), Verordnung zur Änderung steuerlicher Verordnungen vom 17. 11. 2010 (BGBl. I S. 1544), Jahressteuergesetz 2010 (JStG 2010) vom 8. 12. 2010 (BGBl. I S. 1768), Gesetz zur Anpassung steuerlicher Regelungen an die Rechtsprechung des Bundesverfassungsgerichts vom 18. 7. 2014 (BGBl. I S. 1042), Verordnung zur Änderung steuerlicher Verordnungen und weiterer Vorschriften vom 22. 12. 2014 (BGBl. I S. 2392) und Gesetz zum Internationalen Erbrecht und zur Änderung von Vorschriften zum Erbschein sowie zur Änderung sonstiger Vorschriften vom 29. 6. 2015 (BGBl. I S. 1042)

BGBl. III/FNA 611-8-2-2-1

Zu § 33 ErbStG

§ 1 Anzeigepflicht der Vermögensverwahrer und der Vermögensverwalter. (1) [1] Wer zur Anzeige über die Verwahrung oder Verwaltung von Vermögen eines Erblassers verpflichtet ist, hat die Anzeige nach § 33 Abs. 1 des Gesetzes mit einem Vordruck nach Muster 1 zu erstatten. [2] Wird die Anzeige in einem maschinellen Verfahren erstellt, kann auf eine Unterschrift verzichtet werden. [3] Die Anzeigepflicht bezieht sich auch auf die für das Jahr des Todes bis zum Todestag errechneten Zinsen für Guthaben, Forderungen und Wertpapiere (Stückzinsen). [4] Die Anzeige ist bei dem für die Verwaltung der Erbschaftsteuer zuständigen Finanzamt (§ 35 des Gesetzes) einzureichen.

(2) Die Anzeigepflicht besteht auch dann, wenn an dem in Verwahrung oder Verwaltung befindlichen Wirtschaftsgut außer dem Erblasser auch noch andere Personen beteiligt sind.

(3) Befinden sich am Todestag des Erblassers bei dem Anzeigepflichtigen Wirtschaftsgüter in Gewahrsam, die vom Erblasser verschlossen oder unter Mitverschluß gehalten wurden (z.B. in Schließfächern), genügt die Mitteilung über das Bestehen eines derartigen Gewahrsams und, soweit er dem Anzeigepflichtigen bekannt ist, die Mitteilung des Versicherungswerts.

(4) Die Anzeige darf nur unterbleiben,

1. wenn es sich um Wirtschaftsgüter handelt, über die der Erblasser nur die Verfügungsmacht hatte, insbesondere als gesetzlicher Vertreter, Betreuer, Liquidator, Verwalter oder Testamentsvollstrecker, oder
2. wenn der Wert der anzuzeigenden Wirtschaftsgüter 5000 Euro[1] nicht übersteigt.

---

[1] Betrag geänd. mWv 1. 1. 2011 durch VO v. 17. 11. 2010 (BGBl. I S. 1544).

§ 2 Anzeigepflicht derjenigen, die auf den Namen lautende Aktien oder Schuldverschreibungen ausgegeben haben. [1] Wer auf den Namen lautende Aktien oder Schuldverschreibungen ausgegeben hat, hat unverzüglich nach dem Eingang eines Antrags auf Umschreibung der Aktien oder Schuldverschreibungen eines Verstorbenen dem für die Verwaltung der Erbschaftsteuer zuständigen Finanzamt (§ 35 des Gesetzes) unter Hinweis auf § 33 Abs. 2 des Gesetzes anzuzeigen:

1. die Wertpapier-Kennummer, die Stückzahl und den Nennbetrag der Aktien oder Schuldverschreibungen,
2.[1)] die letzte Anschrift [*ab 30. 12. 2014:* und die Identifikationsnummer] des Erblassers, auf dessen Namen die Wertpapiere lauten,
3. den Todestag des Erblassers und – wenn dem Anzeigepflichtigen bekannt – das Standesamt, bei dem der Sterbefall beurkundet worden ist,
4.[1)] den Namen, [*ab 30. 12. 2014:* die Identifikationsnummer,] die Anschrift und, soweit dem Anzeigepflichtigen bekannt, das persönliche Verhältnis (Verwandtschaftsverhältnis, Ehegatte oder Lebenspartner) der Person, auf deren Namen die Wertpapiere umgeschrieben werden sollen.

[2] Die Anzeige darf nur unterbleiben, wenn der Wert der anzuzeigenden Wertpapiere 5000 Euro nicht übersteigt.[2)]

§ 3 Anzeigepflicht der Versicherungsunternehmen. (1) [1] Zu den Versicherungsunternehmen, die Anzeigen nach § 33 Abs. 3 des Gesetzes zu erstatten haben, gehören auch die Sterbekassen von Berufsverbänden, Vereinen und anderen Anstalten, soweit sie die Lebens-(Sterbegeld-) oder Leibrenten-Versicherung betreiben. [2] Die Anzeigepflicht besteht auch für Vereine und Berufsverbände, die mit einem Versicherungsunternehmen die Zahlung einer Versicherungssumme (eines Sterbegeldes) für den Fall des Todes ihrer Mitglieder vereinbart haben, wenn der Versicherungsbetrag an die Hinterbliebenen der Mitglieder weitergeleitet wird. [3] Ortskrankenkassen gelten nicht als Versicherungsunternehmen im Sinne der genannten Vorschrift.

(2)[3)] [1] Dem für die Verwaltung der Erbschaftsteuer zuständigen Finanzamt (§ 35 des Gesetzes) sind mit einem Vordruck nach Muster 2 alle Versicherungssummen oder Leibrenten, die einem anderen als dem Versicherungsnehmer auszuzahlen oder zur Verfügung zu stellen sind, und, soweit dem Anzeigepflichtigen bekannt, das persönliche Verhältnis (Verwandtschaftsverhältnis, Ehegatte oder Lebenspartner) der Person, an die die Auszahlung oder Zurverfügungstellung erfolgt, anzuzeigen. [2] Zu den Versicherungssummen rechnen insbesondere auch Versicherungsbeträge aus Sterbegeld-, Aussteuer- und ähnlichen Versicherungen. [3] Bei einem Wechsel des Versicherungsnehmers vor Eintritt des Versicherungsfalls sind der Rückkaufswert der Versicherung sowie

---

[1)] § 2 Nr. 2 geänd. mWv 30. 12. 2014 (§ 12 Abs. 3) durch VO v. 22. 12. 2014 (BGBl. I S. 2392); Nr. 4 geänd. mWv 1. 1. 2011 durch VO v. 17. 11. 2010 (BGBl. I S. 1544); geänd. mWv 30. 12. 2014 (§ 12 Abs. 3) durch VO v. 22. 12. 2014 (BGBl. I S. 2392).

[2)] § 2 Satz 2 angef. mWv 1. 1. 2011 durch VO v. 17. 11. 2010 (BGBl. I S. 1544).

[3)] § 3 Abs. 2 Satz 1 geänd., Satz 3 geänd. mWv 1. 1. 2011 durch VO v. 17. 11. 2010 (BGBl. I S. 1544); geänd. mWv 30. 12. 2014 (§ 12 Abs. 3) durch VO v. 22. 12. 2014 (BGBl. I S. 2392).

der Name, [*ab 30. 12. 2014:* die Identifikationsnummer,] die Anschrift und das Geburtsdatum des neuen Versicherungsnehmers anzuzeigen.

(3) [1]Die Anzeige unterbleibt bei solchen Versicherungssummen, die auf Grund eines von einem Arbeitgeber für seine Arbeitnehmer abgeschlossenen Versicherungsvertrages bereits zu Lebzeiten des Versicherten (Arbeitnehmers) fällig und an diesen ausgezahlt werden. [2]Die Anzeige darf bei Kapitalversicherungen unterbleiben, wenn der auszuzahlende Betrag 5000 Euro[1)] nicht übersteigt.

Zu § 34 ErbStG

§ 4 Anzeigepflicht der Standesämter. (1) [1]Die Standesämter haben für jeden Kalendermonat die Sterbefälle jeweils durch Übersendung der Sterbeurkunde[2)] in zweifacher Ausfertigung binnen zehn Tagen nach Ablauf des Monats dem für die Verwaltung der Erbschaftsteuer zuständigen Finanzamt, in dessen Bezirk sich der Sitz des Standesamtes befindet, anzuzeigen. [2]Dabei ist die Ordnungsnummer (§ 5 Abs. 2) anzugeben, die das Finanzamt dem Standesamt zugeteilt hat. [3]Die in Satz 1 genannten Urkunden sind um Angaben zu den in Muster 3 genannten Fragen zu ergänzen, soweit diese Angaben bekannt sind.

(2) Sind in dem vorgeschriebenen Zeitraum Sterbefälle nicht beurkundet oder bekannt geworden, hat das Standesamt innerhalb von zehn Tagen nach Ablauf des Zeitraumes unter Angabe der Nummer der letzten Eintragung in das Sterberegister[2)] eine Fehlanzeige mit einem Vordruck nach Muster 4 zu übersenden.

(3) Die Oberfinanzdirektion kann anordnen,

1. daß die Anzeigen von einzelnen Standesämtern für einen längeren oder kürzeren Zeitraum als einen Monat übermittelt werden können,
2. daß die Standesämter die Sterbefälle statt der Anzeigen nach Absatz 1 und 2 durch eine Totenliste (Absatz 4) nach Muster 3 anzeigen können,
3. daß auf die zweite Ausfertigung der Sterbeurkunde verzichtet werden kann.

(4) [1]Totenlisten nach Absatz 3 Nr. 2 sind vorbehaltlich des Absatzes 3 Nr. 1 für jeden Kalendermonat aufzustellen. [2]In die Totenlisten sind einzutragen:

1. die Sterbefälle nach der Reihenfolge der Eintragungen in das Sterberegister[2)],
2. die dem Standesamt sonst bekanntgewordenen Sterbefälle von Personen, die im Ausland verstorben sind und bei ihrem Tod einen Wohnsitz oder ihren gewöhnlichen Aufenthalt oder Vermögen im Bezirk des Standesamtes gehabt haben.

[3]Das Standesamt hat die Totenliste binnen zehn Tagen nach dem Ablauf des Zeitraumes, für den sie aufgestellt ist, nach der in dem Muster 3 vorgeschriebenen Anleitung abzuschließen und dem für die Verwaltung der Erbschaftsteuer zuständigen Finanzamt, in dessen Bezirk sich der Sitz des Standesamtes befindet, einzusenden. [4]Dabei ist die Ordnungsnummer (§ 5 Abs. 2) anzugeben, die das Finanzamt dem Standesamt zugeteilt hat. [5]Sind in dem vorge-

---

[1)] Betrag geänd. mWv 1. 1. 2011 durch VO v. 17. 11. 2010 (BGBl. I S. 1544).

[2)] § 4 Abs. 1 Satz 1, Abs. 2, Abs. 4 Satz 2 Nr. 1 geänd. durch G v. 19. 2. 2007 (BGBl. I S. 122).

schriebenen Zeitraum Sterbefälle nicht beurkundet worden oder bekanntgeworden, hat das Standesamt innerhalb von zehn Tagen nach Ablauf des Zeitraumes diesem Finanzamt eine Fehlanzeige nach Muster 4 zu übersenden. [6]In der Fehlanzeige ist auch die Nummer der letzten Eintragung in das Sterberegister[1)] anzugeben.

§ 5 Verzeichnis der Standesämter. (1) [1]Die Landesregierungen oder die von ihnen bestimmten Stellen teilen den für ihr Gebiet zuständigen Oberfinanzdirektionen Änderungen des Bestandes oder der Zuständigkeit der Standesämter mit. [2]Von diesen Änderungen geben die Oberfinanzdirektionen den in Betracht kommenden Finanzämtern Kenntnis.

(2) Die Finanzämter geben jedem Standesamt ihres Bezirks eine Ordnungsnummer, die sie dem Standesamt mitteilen.

§ 6 Anzeigepflicht der Gerichte bei Todeserklärungen. (1) [1]Die Gerichte haben dem für die Verwaltung der Erbschaftsteuer zuständigen Finanzamt (§ 35 des Gesetzes) eine beglaubigte Abschrift der Beschlüsse über die Todeserklärung Verschollener oder über die Feststellung des Todes und der Todeszeit zu übersenden. [2]Wird ein solcher Beschluß angefochten oder eine Aufhebung beantragt, hat das Gericht dies dem Finanzamt anzuzeigen.

(2) Die Übersendung der in Absatz 1 genannten Abschriften kann bei Erbfällen von Kriegsgefangenen und ihnen gleichgestellten Personen sowie bei Erbfällen von Opfern der nationalsozialistischen Verfolgung unterbleiben, wenn der Zeitpunkt des Todes vor dem 1. Januar 1946 liegt.

§ 7[2)] Anzeigepflicht der Gerichte, Notare und sonstigen Urkundspersonen in Erbfällen. (1) [1]Die Gerichte haben dem für die Verwaltung der Erbschaftsteuer zuständigen Finanzamt (§ 35 des Gesetzes) beglaubigte Abschriften folgender Verfügungen und Schriftstücke mit einem Vordruck nach Muster 5 zu übersenden:

1. eröffnete Verfügungen von Todes wegen mit einer Mehrausfertigung der Niederschrift über die Eröffnungsverhandlung,
2. Erbscheine,

[*ab 17. 8. 2015:*
2 a.[3)] Europäische Nachlasszeugnisse,]

3. Testamentsvollstreckerzeugnisse,
4. Zeugnisse über die Fortsetzung von Gütergemeinschaften,
5. Beschlüsse über die Einleitung oder Aufhebung einer Nachlaßpflegschaft oder Nachlaßverwaltung,
6. beurkundete Vereinbarungen über die Abwicklung von Erbauseinandersetzungen.

[2]Eine elektronische Übermittlung der Anzeige ist ausgeschlossen. [3]Die Anzeige hat unverzüglich nach dem auslösenden Ereignis zu erfolgen. [4]Auf der Ur-

---

[1)] § 4 Abs. 4 Satz 6 geänd. durch G v. 19. 2. 2007 (BGBl. I S. 122).

[2)] § 7 Abs. 1 Satz 2 eingef. (mit erstmaliger Wirkung für Erwerbe, für die die Steuer nach dem 27. 8. 2002 entstanden ist) durch G v. 21. 8. 2002 (BGBl. I S. 3322).

[3)] § 7 Abs. 1 Satz 1 Nr. 2 a eingef. durch G v. 29. 6. 2015 (BGBl. I S. 1042); zur Anwendung siehe § 12 Abs. 4.

schrift der Mitteilung oder Anzeige ist zu vermerken, wann und an welches Finanzamt die Abschrift übersandt worden ist.

(2)[1] Jede Mitteilung oder Übersendung soll die folgenden Angaben enthalten:

1. den Namen, [*ab 30. 12. 2014:* die Identifikationsnummer,] den Geburtstag, die letzte Anschrift, den Todestag und den Sterbeort des Erblassers,
2. das Standesamt, bei dem der Sterbefall beurkundet worden ist, und die Nummer des Sterberegisters.

(3) Soweit es den Gerichten bekannt ist, haben sie mitzuteilen:

1. den Beruf und den Familienstand des Erblassers,
2.[2] den Güterstand bei verheirateten oder in einer Lebenspartnerschaft lebenden Erblassern,
3.[3] die Anschriften [*ab 30. 12. 2014:* und die Identifikationsnummern] der Beteiligten *und* [*ab 30. 12. 2014:* sowie] das persönliche Verhältnis (Verwandtschaftsverhältnis, Ehegatte oder Lebenspartner) zum Erblasser,
4. die Höhe und die Zusammensetzung des Nachlasses in Form eines Verzeichnisses,
5. später bekanntgewordene Veränderungen in der Person der Erben oder Vermächtnisnehmer, insbesondere durch Fortfall von vorgesehenen Erben oder Vermächtnisnehmern.

(4)[4] Die Übersendung der in Absatz 1 erwähnten Abschriften und die Erstattung der dort vorgesehenen Anzeigen dürfen unterbleiben,

1. wenn die Annahme berechtigt ist, dass außer Hausrat (einschließlich Wäsche und Kleidungsstücken) im Wert von höchstens 12 000 Euro nur noch anderes Vermögen im reinen Wert von höchstens 20 000 Euro vorhanden ist,
2. bei Erbfällen von Kriegsgefangenen und ihnen gleichgestellten Personen sowie bei Erbfällen von Opfern der nationalsozialistischen Verfolgung, wenn der Zeitpunkt des Todes vor dem 1. Januar 1946 liegt,
3. wenn der Erbschein lediglich zur Geltendmachung von Ansprüchen auf Grund des Lastenausgleichsgesetzes beantragt und dem Ausgleichsamt unmittelbar übersandt worden ist,
4. wenn seit dem Zeitpunkt des Todes des Erblassers mehr als zehn Jahre vergangen sind. [2]Das gilt nicht für Anzeigen über die Abwicklung von Erbauseinandersetzungen.

(5) Die vorstehenden Vorschriften gelten entsprechend für Notare (Bezirksnotare) und sonstige Urkundspersonen, soweit ihnen Geschäfte des Nachlaßgerichtes übertragen sind.

---

[1] § 7 Abs. 2 Nr. 2 geänd. durch G v. 19. 2. 2007 (BGBl. I S. 122); Nr. 1 geänd. mWv 30. 12. 2014 (§ 12 Abs. 3) durch VO v. 22. 12. 2014 (BGBl. I S. 2392).

[2] § 7 Abs. 3 Nr. 2 geänd. mWv 24. 7. 2014 (§ 12 Abs. 2) durch G v. 18. 7. 2014 (BGBl. I S. 1042).

[3] § 7 Abs. 3 Nr. 3 geänd. mWv 1. 1. 2011 durch VO v. 17. 11. 2010 (BGBl. I S. 1544); Nr. 3 geänd. mWv 30. 12. 2014 (§ 12 Abs. 3) durch VO v. 22. 12. 2014 (BGBl. I S. 2392).

[4] § 7 Abs. 4 Nr. 1 geänd. mWv 1. 1. 2011 durch VO v. 17. 11. 2010 (BGBl. I S. 1544)

§ 8[1] **Anzeigepflicht der Gerichte, Notare und sonstigen Urkundspersonen bei Schenkungen und Zweckzuwendungen unter Lebenden.** (1) [1]Die Gerichte haben dem für die Verwaltung der Erbschaftsteuer zuständigen Finanzamt (§ 35 des Gesetzes) eine beglaubigte Abschrift der Urkunde über eine Schenkung (§ 7 des Gesetzes) oder eine Zweckzuwendung unter Lebenden (§ 8 des Gesetzes) unter Angabe des der Kostenberechnung zugrunde gelegten Werts mit einem Vordruck nach Muster 6 zu übersenden. [2]Eine elektronische Übermittlung der Anzeige ist ausgeschlossen. [3]Enthält die Urkunde keine Angaben darüber, sind die Beteiligten über

1.[2] das persönliche Verhältnis (Verwandtschaftsverhältnis, Ehegatte oder Lebenspartner) des Erwerbers zum Schenker und
2. den Wert der Zuwendung

zu befragen und die Angaben in der Anzeige mitzuteilen. [4]Die Anzeige hat unverzüglich nach der Beurkundung zu erfolgen. [5]Auf der Urschrift der Urkunde ist zu vermerken, wann und an welches Finanzamt die Abschrift übersandt worden ist. [6]Die Gerichte haben bei der Beurkundung von Schenkungen und Zweckzuwendungen unter Lebenden die Beteiligten auf die mögliche Steuerpflicht hinzuweisen.

(2) Die Verpflichtungen nach Absatz 1 erstrecken sich auch auf Urkunden über Rechtsgeschäfte, die zum Teil oder der Form nach entgeltlich sind, bei denen aber Anhaltspunkte dafür vorliegen, daß eine Schenkung oder Zweckzuwendung unter Lebenden vorliegt.

(3)[3] Die Übersendung einer beglaubigten Abschrift von Schenkungs- und Übergabeverträgen und die Mitteilung der in Absatz 1 vorgesehenen Angaben darf unterbleiben, wenn Gegenstand der Schenkung nur Hausrat (einschließlich Wäsche und Kleidungsstücke) im Wert von höchstens 12 000 Euro und anderes Vermögen im reinen Wert von höchstens 20 000 Euro ist.

(4) Die vorstehenden Vorschriften gelten entsprechend für Notare (Bezirksnotare) und sonstige Urkundspersonen.

§ 9[4] **Anzeigepflicht der Auslandsstellen.** [1]Die diplomatischen Vertreter und Konsuln des Bundes haben dem Bundeszentralamt für Steuern[5] anzuzeigen:

1. *(aufgehoben)*[6]
2.[7] die ihnen bekannt gewordenen Sterbefälle von Deutschen ihres Amtsbezirks,

---

[1] § 8 Abs. 1 Satz 2 eingef. (mit erstmaliger Wirkung für Erwerbe, für die die Steuer nach dem 27. 8. 2002 entstanden ist) durch G v. 21. 8. 2002 (BGBl. I S. 3322).

[2] § 8 Abs. 1 Satz 3 Nr. 1 Klammerzusatz geänd. mWv 1. 1. 2011 durch VO v. 17. 11. 2010 (BGBl. I S. 1544).

[3] § 8 Abs. 3 geänd. mWv 1. 1. 2011 durch VO v. 17. 11. 2010 (BGBl. I S. 1544).

[4] § 9 Satz 2 angef. (mit erstmaliger Wirkung für Erwerbe, für die die Steuer nach dem 27. 8. 2002 entstanden ist) durch G v. 21. 8. 2002 (BGBl. I S. 3322).

[5] § 9 Satz 1 geänd. durch G v. 8. 12. 2010 (BGBl. I S. 1768).

[6] § 9 Nr. 1 aufgeh. mWv 1. 1. 2009 durch G v. 19. 2. 2007 (BGBl. I S. 122).

[7] § 9 Nrn. 2 geänd. mWv 1. 1. 2009 durch G v. 19. 2. 2007 (BGBl. I S. 122).

3.[1] die ihnen bekannt gewordenen Zuwendungen ausländischer Erblasser oder Schenker an Personen, die im Inland einen Wohnsitz oder ihren gewöhnlichen Aufenthalt haben.

2 Eine elektronische Übermittlung der Anzeige ist ausgeschlossen.

§ 10[2] **Anzeigepflicht der Genehmigungsbehörden.** 1 Die Behörden, die Stiftungen anerkennen oder Zuwendungen von Todes wegen und unter Lebenden an juristische Personen und dergleichen genehmigen, haben dem für die Verwaltung der Erbschaftsteuer zuständigen Finanzamt (§ 35 des Gesetzes) über solche innerhalb eines Kalendervierteljahres erteilten Anerkennungen oder Genehmigungen unmittelbar nach Ablauf des Vierteljahres eine Nachweisung zu übersenden. 2 Eine elektronische Übermittlung der Anzeige ist ausgeschlossen. 3 Die Verpflichtung erstreckt sich auch auf Rechtsgeschäfte der in § 8 Abs. 2 bezeichneten Art. 4 In der Nachweisung sind bei einem Anerkennungs- oder Genehmigungsfall anzugeben:

1. der Tag der Anerkennung oder Genehmigung,
2.[3] die Anschriften [*ab 30. 12. 2014:* und die Identifikationsnummern] des Erblassers (Schenkers) und des Erwerbers (bei einer Zweckzuwendung die Anschrift [*ab 30. 12. 2014:* und die Identifikationsnummer] des mit der Durchführung der Zweckzuwendung Beschwerten),
3. die Höhe des Erwerbs (der Zweckzuwendung),
4. bei Erwerben von Todes wegen der Todestag und der Sterbeort des Erblassers,
5. bei Anerkennung einer Stiftung als rechtsfähig der Name, der Sitz (der Ort der Geschäftsleitung), der Zweck der Stiftung und der Wert des ihr gewidmeten Vermögens,
6.[4] wenn bei der Anerkennung oder Genehmigung dem Erwerber Leistungen an andere Personen oder zu bestimmten Zwecken auferlegt oder wenn von dem Erwerber solche Leistungen zur Erlangung der Anerkennung oder Genehmigung freiwillig übernommen werden: Art und Wert der Leistungen, die begünstigten Personen oder Zwecke und das persönliche Verhältnis (Verwandtschaftsverhältnis, Ehegatte oder Lebenspartner) der begünstigten Personen zum Erblassers (Schenker).

5 Als Nachweisung kann eine beglaubigte Abschrift der der Stiftung zugestellten Urkunde über die Anerkennung als rechtsfähig dienen, wenn aus ihr die genannten Angaben zu ersehen sind.

---

[1] § 9 Nr. 3 geänd. mWv 1. 1. 2009 durch G v. 19. 2. 2007 (BGBl. I S. 122).

[2] § 10 Sätze 1, 4 und 5 geänd. bzw. ergänzt durch G v. 15. 7. 2002 (BGBl. I S. 2634); Satz 2 eingef. (mit erstmaliger Wirkung für Erwerbe, für die die Steuer nach dem 27. 8. 2002 entstanden ist) durch G v. 21. 8. 2002 (BGBl. I S. 3322).

[3] § 10 Satz 4 Nr. 2 geänd. mWv 30. 12. 2014 (§ 12 Abs. 3) durch VO v. 22. 12. 2014 (BGBl. I S. 2392).

[4] § 10 Satz 4 Nr. 6 Klammerzusatz geänd. mWv 1. 1. 2011 durch VO v. 17. 11. 2010 (BGBl. I S. 1544).

§ 11 Anzeigen im automatisierten Verfahren. Die oberste Finanzbehörde eines Landes kann anordnen, daß die Anzeigen den Finanzämtern ihres Zuständigkeitsbereichs in einem automatisierten Verfahren erstattet werden können, soweit die Übermittlung der jeweils aufgeführten Angaben gewährleistet und die Richtigkeit der Datenübermittlung sichergestellt ist.

Schlußvorschriften

§ 12[1] Anwendung der Verordnung. (1) Diese Verordnung in der Fassung des Artikels 5 der Verordnung vom 17. November 2010 (BGBl. I S. 1544) ist auf Erwerbe anzuwenden, für die die Steuer nach dem 31. Dezember 2010 entsteht.

(2) § 7 Absatz 3 Nummer 2 und die Muster 3 und Muster 5 in der Fassung des Artikels 16 des Gesetzes vom 18. Juli 2014 (BGBl. I S. 1042) sind auf Erwerbe anzuwenden, für die die Steuer nach dem 23. Juli 2014[2] entsteht.

(3) § 2 Satz 1 Nummer 2 und 4, § 3 Absatz 2 Satz 3, § 7 Absatz 2 Nummer 1 und Absatz 3 Nummer 3, § 10 Satz 4 Nummer 2 sowie die Muster 1, 2, 5 und 6 in der am 30. Dezember 2014 geltenden Fassung sind auf Erwerbe anzuwenden, für die die Steuer nach dem 29. Dezember 2014 entsteht.

(4) § 7 Absatz 1 Satz 1 Nummer 2 a und Muster 5 in der Fassung des Artikels 18 des Gesetzes vom 29. Juni 2015 (BGBl. I S. 1042) sind auf Erwerbe anzuwenden, für die die Steuer nach dem 16. August 2015 entsteht.

§ 13 Inkrafttreten, Außerkrafttreten. [1]Diese Verordnung tritt am 1. August 1998 in Kraft. [2]Gleichzeitig tritt die Erbschaftsteuer-Durchführungsverordnung in der im Bundesgesetzblatt Teil III, Gliederungsnummer 611-8-1, veröffentlichten bereinigten Fassung, zuletzt geändert durch Artikel 3 des Gesetzes vom 20. Dezember 1996 (BGBl. I S. 2049), außer Kraft.

---

[1] § 12 neu gef. durch G v. 18. 7. 2014 (BGBl. I S. 1042); Abs. 3 angef. durch VO v. 22. 12. 2014 (BGBl. I S. 2392); Abs. 4 angef. durch G v. 29. 6. 2015 (BGBl. I S. 1042).

[2] Datum der Verkündung des G v. 18. 7. 2014 (BGBl. I S. 1042).

Muster 1
(§ 1 ErbStDV)

....
Firma

Erbschaftsteuer

An das
Finanzamt ....
– Erbschaftsteuerstelle –

Anzeige
über die Verwahrung oder Verwaltung fremden Vermögens (§ 33 Abs. 1 ErbStG und § 1 ErbStDV)

1. **Erblasser** Name, Vorname, Identifikationsnummer[1] ....
   Geburtstag ....
   Anschrift ....
   Todestag .... Sterbeort ....
   Standesamt .... Sterberegister-Nr.[2] ....

2. **Guthaben und andere Forderungen, auch Gemeinschaftskonten**

IBAN[1]	Nennbetrag am Todestag ohne Zinsen für das Jahr des Todes (volle EUR)	Aufgelaufene Zinsen bis zum Todestag (volle EUR)	Hat der Kontoinhaber mit dem Kreditinstitut vereinbart, daß die Guthaben oder eines derselben mit seinem Tod auf eine stimmte Person übergehen? Wenn ja: Name und genaue Anschrift dieser Person
1	2	3	4

Von den Angaben in Spalte 1 entfallen auf unselbständige Zweigniederlassungen im Ausland:
IBAN:[1), 3)]

3. **Wertpapiere, Anteile, Genußscheine und dergleichen, auch solche in Gemeinschaftsdepots**

Bezeichnung der Wertpapiere usw. Wertpapierkenn-Nr.	Nennbetrag am Todestag (volle EUR)	Kurswert bzw. Rücknahmepreis am Todestag (volle EUR)	Stückzinsen bis zum Todestag (volle EUR)	Bemerkungen
1	2	3	4	5

Von den Angaben in Spalte 1 entfallen auf unselbständige Zweigniederlassungen im Ausland:
Bezeichnung der Wertpapiere usw., Wertpapierkenn-Nr.:[3]

4. Der Verstorbene hatte **kein – ein Schließfach/ ... Schließfächer** Versicherungswert .... EUR

5. **Bemerkungen** (z.B. über Schulden des Erblassers beim Kreditinstitut): ....
....
....

....
Ort, Datum Unterschrift

1) Geänd. durch VO v. 22. 12. 2014 (BGBl. I S. 2392).
2) Geänd. durch G v. 19. 2. 2007 (BGBl. I S. 122).
3) Eingef. mWv 1. 1. 2011 durch VO v. 17. 11. 2010 (BGBl. I S. 1544).

Muster 2
(§ 3 ErbStDV)

....
Firma

Erbschaftsteuer

An das
Finanzamt ....
– Erbschaftsteuerstelle –

Anzeige

über die Auszahlung oder Zurverfügungstellung von Versicherungssummen oder Leibrenten an einen anderen als den Versicherungsnehmer (§ 33 Abs. 3 ErbStG und § 3 ErbStDV)

1. Versicherter		**und Versicherungsnehmer** (wenn er ein anderer ist als der Versicherte)
a) Name und Vorname, Identifikationsnummer[1]	....	....
b) Geburtsdatum	....	....
c) Anschrift	....	....
d) Todestag	....	....
e) Sterbeort	....	....
f) Standesamt und Sterberegister-Nr.[2]	....	....

Zeitpunkt der Auszahlung beziehungsweise Zuverfügungstellung in Fällen, in denen der Versicherungsnehmer nicht verstorben ist:[3]

2. Versicherungsschein-Nr. ....

3. a) Bei Kapitalversicherung

Auszuzahlender Versicherungsbetrag (einschließlich Dividenden und dergleichen abzüglich noch geschuldeter Prämien, vor der Fälligkeit der Versicherungssumme gewährter Darlehen, Vorschüsse und dergleichen) .... EUR

b) Bei Rentenversicherung

Jahresbetrag .... EUR Dauer der Rente ....

4. Zahlungsempfänger ist ....

☐ als Inhaber des Versicherungsscheins *

☐ als Bevollmächtigter, gesetzlicher Vertreter des * ....

☐ als Begünstigter *

☐ aus einem anderen Grund (Abtretung, Verpfändung, gesetzliches Erbrecht, Testament und dergleichen) und welchem? * ....

* Zutreffendes ist anzukreuzen

5. Nach der **Auszahlungsbestimmung des Versicherungsnehmers**, die als Bestandteil des Versicherungsvertrags anzusehen ist, ist/sind bezugsberechtigt ....

6.[4] Bei **Wechsel des Versicherungsnehmers**

Neuer Versicherungsnehmer ist ....

Rückkaufswert .... EUR

7. Bemerkungen (z.B. persönliches Verhältnis – Verwandtschaftsverhältnis, Ehegatte oder Lebenspartner[5] – der Beteiligten) ....

....

....
Ort, Datum Unterschrift

---

[1] Angefügt durch VO v. 22. 12. 2014 (BGBl. I S. 2392).
[2] Geänd. durch G v. 19. 2. 2007 (BGBl. I S. 122).
[3] Eingef. mWv 1. 1. 2011 durch VO v. 17. 11. 2010 (BGBl. I S. 1544).
[4] Nr. 6 geänd. mWv 1. 1. 2011 durch VO v. 17. 11. 2010 (BGBl. I S. 1544).
[5] Klammerzusatz geänd. mWv 1. 1. 2011 durch VO v. 17. 11. 2010 (BGBl. I S. 1544).

Muster 3
(§ 4 ErbStDV)

....
Standesamt und Ordnungsnummer

Erbschaftsteuer
Totenliste

des Standesamtsbezirks ....

für den Zeitraum von .... bis .... einschließlich

Sitz des Standesamts ....

Anleitung für die Aufstellung und Einsendung der Totenliste

1. Die Totenliste ist für den Zeitraum eines Monats aufzustellen, sofern nicht die Oberfinanzdirektion die Aufstellung für einen kürzeren oder längeren Zeitraum angeordnet hat. Sie ist **beim Beginn des Zeitraums** anzulegen. Die einzelnen Sterbefälle sind darin **sofort nach ihrer Beurkundung** einzutragen.
2. In die Totenliste sind aufzunehmen
   a) alle beurkundeten Sterbefälle nach der Reihenfolge der Eintragungen im Sterberegister[1)],
   b) die dem Standesbeamten glaubhaft bekanntgewordenen Sterbefälle im Ausland, und zwar von Deutschen und Ausländern, wenn sie beim Tod einen Wohnsitz oder ihren gewöhnlichen Aufenthalt oder Vermögen im Bezirk des Standesamtes hatten.
3. Ausfüllen der Spalten:
   a) Spalte 1 muß **alle Nummern des Sterberegisters[1)]** in ununterbrochener Reihenfolge nachweisen. Die Auslassung einzelner Nummern ist in Spalte 7 zu erläutern. Auch der Sterbefall eines Unbekannten ist in der Totenliste anzugeben.
   b) In den Spalten 5 und 6 ist der Antwort stets der Buchstabe der Frage voranzusetzen, auf die sich die Antwort bezieht.
   c) Fragen, über die das Sterberegister[1)] keine Auskunft gibt, sind zu beantworten, soweit sie der Standesbeamte aus eigenem Wissen oder nach Befragen des Anmeldenden beantworten kann.
   d) Bezugnahmen auf vorhergehende Angaben durch „desgl." oder durch Strichzeiten (") usw. sind zu vermeiden.
   e) Spalte 8 ist nicht auszufüllen.
4. Einlagebogen sind in den Titelbogen einzuheften.
5. Abschluß der Liste:
   a) Die Totenliste ist hinter der letzten Eintragung mit Orts- und Zeitangabe und der Unterschrift des Standesbeamten abzuschließen.
   b) Sind Sterbefälle der unter Nummer 2 Buchstabe b bezeichneten Art nicht bekanntgeworden, ist folgende Bescheinigung zu unterschreiben:

      Im Ausland eingetretene Sterbefälle von Deutschen und Ausländern, die beim Tod einen Wohnsitz oder ihren gewöhnlichen Aufenthalt oder Vermögen im Bezirk des Standesamtes hatten, sind mir nicht bekanntgeworden.

      ....
      Ort, Datum (Standesbeamter/Standesbeamtin)

   c) Binnen **zehn Tagen** nach Ablauf des Zeitraums, für den die Liste aufzustellen ist, ist sie dem Finanzamt einzureichen. Sind in dem Zeitraum Sterbefälle **nicht** anzugeben, ist dem Finanzamt binnen zehn Tagen nach Ablauf des Zeitraums eine Fehlanzeige nach besonderem Muster zu erstatten.

An das

Finanzamt ....

– Erbschaftsteuerstelle –

---

1) Geänd. durch G v. 19. 2. 2007 (BGBl. I S. 122).

(Seite 2)

Nummer des Sterberegisters[1)]	a) Familienname ggf. auch Geburtsname b) Vornamen c) Beruf d) Anschrift e) Bei minderjährigen Kindern Name, Beruf und Anschrift (soweit von d) abweichend) des Vaters und der Mutter	a) Todestag b) Geburtstag c) Geburtsort	a) Familienstand b)[2)] bei Verheirateten oder bei Lebenspartnern Name, Beruf, Geburtstag, ggf. abweichende Anschrift des anderen Ehegatten oder Lebenspartners c)[2)] bei Verwitweten oder bei hinterbliebenen Lebenspartnern Beruf des verstorbenen Ehegatten oder Lebenspartners
	des Verstorbenen		
1	2	3	4

(Seite 3)

Lebten von dem Verstorbenen am Todestag a) Kinder ? Wie viele ? b) Abkömmlinge von verstorbenen Kindern ? Wie viele ? c) Eltern oder Geschwister ? (Nur angeben, wenn a) und b) verneint wird) d) Sonstige Verwandte oder Verschwägerte ? (Nur angeben, wenn a) bis c) verneint wird) e) Wer kann Auskunft geben ? Zu a) bis e) bitte Name und Anschrift angeben	Worin besteht der Nachlaß und welchen Wert hat er ? (kurze Angabe) a) Land- und forstw. Vermögen (bitte Lage und Größe der bewirtschafteten Fläche angeben) b) Grundvermögen (bitte Lage angeben) c) Betriebsvermögen (bitte die Firma und Art des Betriebs, z.B. Einzelhandelsgeschäft, Großhandel, Handwerksbetrieb, Fabrik angeben) d) Übriges Vermögen	Bemerkungen	Nummer und Jahrgang der Steuerliste
5	6	7	8

[1)] Geänd. durch G v. 19. 2. 2007 (BGBl. I S. 122).
[2)] Geänd. durch G v. 18. 7. 2014 (BGBl. I S. 1042); zur Anwendung siehe § 12 Abs. 2.

Muster 4
(§ 4 ErbStDV)

....
Standesamt und Ordnungsnummer

Erbschaftsteuer

An das
Finanzamt ....
– Erbschaftsteuerstelle –

Fehlanzeige

Im Standesamtsbezirk ....
sind für die Zeit vom .... bis .... einschließlich
Sterbefälle nicht anzugeben.
Der letzte Sterbefall ist beurkundet im Sterberegister[1] unter Nr. ....

Im Ausland eingetretene Sterbefälle von Deutschen und von Ausländern, die beim Tod einen Wohnsitz oder ihren gewöhnlichen Aufenthalt oder Vermögen im Bezirk des Standesamtes hatten, sind mir nicht bekanntgeworden.

Bemerkungen ....
....

....
Ort, Datum Unterschrift

[1] Geänd. durch G v. 19. 2. 2007 (BGBl. I S. 122).

Muster 5
(§ 7 ErbStDV)

....
Amtsgericht/Notariat

Erbschaftsteuer

An das
Finanzamt ....
– Erbschaftsteuerstelle –

Die anliegende ... beglaubigte ... Abschrift.../Ablichtung ... wird/werden mit folgenden Bemerkungen übersandt:

Erblasser Name, Vorname,
Identifikationsnummer[1] ....
Geburtstag ....
letzte Anschrift ....
Beruf ....
Familienstand ....
Güterstand (bei Verheirateten oder bei Lebenspartnern[2]) ....
Todestag und Sterbeort ....
Standesamt und Sterberegister-Nr.[3] ....
Testament/Erbvertrag vom ....
Tag der Eröffnung ....

Die **Gebühr** für die	**Errichtung**	**Verwahrung**	**Erteilung eines Erbscheins**[1]
ist berechnet nach einem Wert von	EUR	EUR	EUR

Grund der Übersendung

Eröffnung einer ☐ Verfügung von Todes wegen *

Erteilung eines ☐ Erbscheins * ☐ Europäischen Nachlaßzeugnisses*[4] ☐ Testamentsvollstreckerzeugnisses * ☐ Zeugnisses über die Fortsetzung von Gütergemeinschaften *

Beurkundung einer ☐ Erbauseinandersetzung

Beschluß über die ☐ Einleitung oder Aufhebung einer Nachlaßpflegschaft * ☐ Einleitung oder Aufhebung einer Nachlaßverwaltung *

Die Namen und Anschriften der Beteiligten und das persönliche Verhältnis (Verwandtschaftsverhältnis, Ehegatte oder Lebenspartner[5]) zum Erblasser sowie Veränderungen in der Person der Erben, Vermächtnisnehmer, Testamentsvollstrecker usw. (durch Tod, Eintritt eines Ersatzerben, Ausschlagung, Amtsniederlegung des Testamentsvollstreckers und dergleichen) und Änderungen in den Verhältnissen dieser Personen (Namens-, Berufs-, Anschriftenänderungen und dergleichen)

☐ ergeben sich aus der beiliegenden Abschrift der Eröffnungsverhandlung. *

☐ sind auf einem gesonderten Blatt angegeben. *

☐ Zur Höhe und Zusammensetzung des Nachlasses ist dem Gericht/Notariat folgendes bekanntgeworden: *

....

....

☐ Ein Verzeichnis der Nachlaßgegenstände ist beigefügt. *

* Zutreffendes ist anzukreuzen

....
Ort, Datum Unterschrift

1) Geänd. durch VO v. 22. 12. 2014 (BGBl. I S. 2392).
2) Geänd. durch G v. 18. 7. 2014 (BGBl. I S. 1042); zur Anwendung siehe § 12 Abs. 2.
3) Geänd. durch G v. 19. 2. 2007 (BGBl. I S. 122).
4) Eingef. durch G v. 29. 6. 2015 (BGBl. I S. 1042); zur Anwendung siehe § 12 Abs. 4.
5) Klammerzusatz geänd. mWv 1. 1. 2011 durch VO v. 17. 11. 2010 (BGBl. I S. 1544).

Muster 6
(§ 8 ErbStDV)

....
Amtsgericht/Notariat

Schenkungsteuer

An das
Finanzamt ....
– Erbschaftsteuerstelle –

Die anliegende beglaubigte Abschrift/Ablichtung wird mit folgenden Bemerkungen übersandt:

1. **Schenker** Name, Vorname, Identifikationsnummer[1] ....
   Geburtstag ....
   Anschrift ....

2. **Beschenkter** Name, Vorname, Identifikationsnummer[1] ....
   Geburtstag ....
   Anschrift ....

3. **Vertrag** vom .... Urkundenrolle-Nr. ....

4.[2] **Ergänzende Angaben** (§ 34 ErbStG, § 8 ErbStDV)
   Persönliches Verhältnis (Verwandtschaftsverhältnis, Ehegatte oder Lebenspartner) des Erwerbers zum Schenker (z.B. Kind, Geschwisterkind, Bruder der Mutter, nicht verwandt) ....

Verkehrswert des übertragenen Vermögens	Bei Grundbesitz: letzter Einheitswert/Grundbesitzwert (Nichtzutreffendes ist zu streichen)	Wert, der der Kostenberechnung zugrunde liegt
EUR	EUR	EUR

5. **Sonstige Angaben**
   Zur Verfahrensvereinfachung und Vermeidung von Rückfragen werden mit Einverständnis der Urkundsparteien folgende Angaben gemacht, soweit sie nicht bereits aus dem Vertrag ersichtlich sind:

Valutastand der übernommenen Verbindlichkeiten am Tag der Schenkung	Jahreswert von Gegenleistungen wie z.B. Nießbrauch	Höhe der Notargebühren
EUR	EUR	EUR

....
Ort, Datum Unterschrift

[1] Geänd. durch VO v. 22. 12. 2014 (BGBl. I S. 2392).
[2] Nr. 4 Klammerzusätze geänd. mWv 1. 1. 2011 durch VO v. 17. 11. 2010 (BGBl. I S. 1544).

420. Grundsteuergesetz (GrStG)[1)]

Vom 7. August 1973 (BGBl. I S. 965)

Geändert durch Einführungsgesetz zur Abgabenordnung vom 14. 12. 1976 (BGBl. I S. 3341), Einigungsvertrag vom 31. 8. 1990 (BGBl. II S. 889, 986), Standortsicherungsgesetz vom 13. 9. 1993 (BGBl. I S. 1569), Eisenbahnneuordnungsgesetz vom 27. 12. 1993 (BGBl. I S. 2378), Postneuordnungsgesetz vom 14. 9. 1994 (BGBl. I S. 2325), Gesetz zur Fortsetzung der Unternehmenssteuerreform vom 29. 10. 1997 (BGBl. I S. 2590), Gesetz zur Änderung des Einführungsgesetzes zur Insolvenzordnung und anderer Gesetze vom 19. 12. 1998 (BGBl. I S. 3836), Steuerbereinigungsgesetz 1999 vom 22. 12. 1999 (BGBl. I S. 2601), Steuer-Euroglättungsgesetz vom 19. 12. 2000 (BGBl. I S. 1790), Gesetz zur Umbenennung des Bundesgrenzschutzes in Bundespolizei vom 21. 6. 2005 (BGBl. I S. 1818), Gesetz zur Beschleunigung der Umsetzung von Öffentlich Privaten Partnerschaften und zur Verbesserung gesetzlicher Rahmenbedingungen für Öffentlich Private Partnerschaften vom 1. 9. 2005 (BGBl. I S. 2676) und Jahressteuergesetz 2009 vom 19. 12. 2008 (BGBl. I S. 2794)

BGBl. III/FNA 611-7

Nichtamtliche Inhaltsübersicht

---

1) Das Grundsteuergesetz wurde verkündet als Art. 1 des Gesetzes zur Reform des Grundsteuerrechts.

Der Bundestag hat mit Zustimmung des Bundesrates das folgende Gesetz beschlossen:

Abschnitt I. Steuerpflicht

§ 1 Heberecht. (1) Die Gemeinde bestimmt, ob von dem in ihrem Gebiet liegenden Grundbesitz Grundsteuer zu erheben ist.

(2) Bestehen in einem Land keine Gemeinden, so stehen das Recht des Absatzes 1 und die in diesem Gesetz bestimmten weiteren Rechte dem Land zu.

(3) Für den in gemeindefreien Gebieten liegenden Grundbesitz bestimmt die Landesregierung durch Rechtsverordnung, wer die nach diesem Gesetz den Gemeinden zustehenden Befugnisse ausübt.

§ 2 Steuergegenstand. Steuergegenstand ist der Grundbesitz im Sinne des Bewertungsgesetzes:

1. die Betriebe der Land- und Forstwirtschaft (§§ 33, 48a und 51a des Bewertungsgesetzes[1]). [2]Diesen stehen die in § 99 Abs. 1 Nr. 2 des Bewertungsgesetzes bezeichneten Betriebsgrundstücke gleich;

[1] Nr. **200**.

2. die Grundstücke (§§ 68, 70 des Bewertungsgesetzes[1]). [2]Diesen stehen die in § 99 Abs. 1 Nr. 1 des Bewertungsgesetzes bezeichneten Betriebsgrundstücke gleich.

§ 3[2] Steuerbefreiung für Grundbesitz bestimmter Rechtsträger.

(1) [1]Von der Grundsteuer sind befreit

1. Grundbesitz, der von einer inländischen juristischen Person des öffentlichen Rechts für einen öffentlichen Dienst oder Gebrauch benutzt wird. [2]Ausgenommen ist der Grundbesitz, der von Berufsvertretungen und Berufsverbänden sowie von Kassenärztlichen Vereinigungen und Kassenärztlichen Bundesvereinigungen benutzt wird;

1 a.[3] *(aufgehoben)*

2. Grundbesitz, der vom Bundeseisenbahnvermögen[4] für Verwaltungszwecke benutzt wird;
3. Grundbesitz, der von
   a) einer inländischen juristischen Person des öffentlichen Rechts,
   b) einer inländischen Körperschaft, Personenvereinigung oder Vermögensmasse, die nach der Satzung, dem Stiftungsgeschäft oder der sonstigen Verfassung und nach ihrer tatsächlichen Geschäftsführung ausschließlich und unmittelbar gemeinnützigen oder mildtätigen Zwecken dient,

   für gemeinnützige oder mildtätige Zwecke benutzt wird;
4. Grundbesitz, der von einer Religionsgesellschaft, die Körperschaft des öffentlichen Rechts ist, einem ihrer Orden, einer ihrer religiösen Genossenschaften oder einem ihrer Verbände für Zwecke der religiösen Unterweisung, der Wissenschaft, des Unterrichts, der Erziehung oder für Zwecke der eigenen Verwaltung benutzt wird. [2]Den Religionsgesellschaften stehen die jüdischen Kultusgemeinden gleich, die nicht Körperschaften des öffentlichen Rechts sind;
5. Dienstwohnungen der Geistlichen und Kirchendiener der Religionsgesellschaften, die Körperschaften des öffentlichen Rechts sind, und der jüdischen Kultusgemeinden. [2]§ 5 ist insoweit nicht anzuwenden;
6. Grundbesitz der Religionsgesellschaften, die Körperschaften des öffentlichen Rechts sind, und der jüdischen Kultusgemeinden, der am 1. Januar 1987 und im Veranlagungszeitpunkt zu einem nach Kirchenrecht gesonderten Vermögen, insbesondere einem Stellenfonds gehört, dessen Erträge ausschließlich für die Besoldung und Versorgung der Geistlichen und Kirchendiener sowie ihrer Hinterbliebenen bestimmt sind. [2]Ist in

---

[1] Nr. **200**.

[2] § 3 Abs. 1 Satz 1 Nr. 5 neugef., Nr. 6 angef. und Satz 2 geänd. durch G v. 13. 9. 1993 (BGBl. I S. 1569), Abs. 1 Satz 3 angef. mWv 8. 9. 2005 durch G v. 1. 9. 2005 (BGBl. I S. 2676).

[3] § 3 Abs. 1 Nr. 1a eingef. mWv Kj. 1995 durch G v. 14. 9. 1994 (BGBl. I S. 2325) und aufgeh. mWv Kj. 2000 durch G v. 22. 12. 1999 (BGBl. I S. 2601).

[4] § 3 Abs. 1 Nr. 2 geänd. mWv Kj. 1994 durch G v. 27. 12. 1993 (BGBl. I S. 2378).

dem in Artikel 3 des Einigungsvertrages genannten Gebiet die Zugehörigkeit des Grundbesitzes zu einem gesonderten Vermögen im Sinne des Satzes 1 am 1. Januar 1987 nicht gegeben, reicht es insoweit aus, daß der Grundbesitz zu einem Zeitpunkt vor dem 1. Januar 1987 zu einem gesonderten Vermögen im Sinne des Satzes 1 gehörte. 3 Die §§ 5 und 6 sind insoweit nicht anzuwenden.

2 Der Grundbesitz muß ausschließlich demjenigen, der ihn für die begünstigten Zwecke benutzt, oder einem anderen nach den Nummern 1 bis 6 begünstigten Rechtsträger zuzurechnen sein. 3 Satz 2 gilt nicht, wenn der Grundbesitz von einem nicht begünstigten Rechtsträger im Rahmen einer Öffentlich Privaten Partnerschaft einer juristischen Person des öffentlichen Rechts für einen öffentlichen Dienst oder Gebrauch überlassen wird und die Übertragung auf den Nutzer am Ende des Vertragszeitraums vereinbart ist.

(2) 1 Öffentlicher Dienst oder Gebrauch im Sinne dieses Gesetzes ist die hoheitliche Tätigkeit oder der bestimmungsgemäße Gebrauch durch die Allgemeinheit. 2 Ein Entgelt für den Gebrauch durch die Allgemeinheit darf nicht in der Absicht, Gewinn zu erzielen, gefordert werden.

(3) Öffentlicher Dienst oder Gebrauch im Sinne dieses Gesetzes ist nicht anzunehmen bei Betrieben gewerblicher Art von juristischen Personen[1] des öffentlichen Rechts im Sinne des Körperschaftsteuergesetzes[2].

§ 4 Sonstige Steuerbefreiungen. Soweit sich nicht bereits eine Befreiung nach § 3 ergibt, sind von der Grundsteuer befreit

1. Grundbesitz, der dem Gottesdienst einer Religionsgesellschaft, die Körperschaft des öffentlichen Rechts ist, oder einer jüdischen Kultusgemeinde gewidmet ist;
2. Bestattungsplätze;
3. a) die dem öffentlichen Verkehr dienenden Straßen, Wege, Plätze, Wasserstraßen, Häfen und Schienenwege sowie die Grundflächen mit den diesem Verkehr unmittelbar dienenden Bauwerken und Einrichtungen, zum Beispiel Brücken, Schleuseneinrichtungen, Signalstationen, Stellwerke, Blockstellen;

   b)[3] auf Verkehrsflughäfen und Verkehrslandeplätzen alle Flächen, die unmittelbar zur Gewährleistung eines ordnungsgemäßen Flugbetriebes notwendig sind und von Hochbauten und sonstigen Luftfahrthindernissen freigehalten werden müssen, die Grundflächen mit den Bauwerken und Einrichtungen, die unmittelbar diesem Betrieb dienen, sowie die Grundflächen ortsfester Flugsicherungsanlagen einschließlich der Flächen, die für einen einwandfreien Betrieb dieser Anlagen erforderlich sind;

---

[1] Bezeichnung geänd. durch G v. 22. 12. 1999 (BGBl. I S. 2601).
[2] Nr. **100**.
[3] § 4 Nr. 3 Buchst. b geänd. durch G v. 22. 12. 1999 (BGBl. I S. 2601).

c) die fließenden Gewässer und die ihren Abfluß regelnden Sammelbecken, soweit sie nicht unter Buchstabe a fallen;

4. die Grundflächen mit den im Interesse der Ordnung und Verbesserung der Wasser- und Bodenverhältnisse unterhaltenen Einrichtungen der öffentlich-rechtlichen Wasser- und Bodenverbände und die im öffentlichen Interesse staatlich unter Schau gestellten Privatdeiche;

5. Grundbesitz, der für Zwecke der Wissenschaft, des Unterrichts oder der Erziehung benutzt wird, wenn durch die Landesregierung oder die von ihr beauftragte Stelle anerkannt ist, daß der Benutzungszweck im Rahmen der öffentlichen Aufgaben liegt. [2]Der Grundbesitz muß ausschließlich demjenigen, der ihn benutzt, oder einer juristischen Person des öffentlichen Rechts zuzurechnen sein;

6.[1] Grundbesitz, der für die Zwecke eines Krankenhauses benutzt wird, wenn das Krankenhaus in dem Kalenderjahr, das dem Veranlagungszeitpunkt (§ 13 Abs. 1) vorangeht, die Voraussetzungen des § 67 Abs. 1 oder 2 der Abgabenordnung[2] erfüllt hat. [2]Der Grundbesitz muß ausschließlich demjenigen, der ihn benutzt, oder einer juristischen Person des öffentlichen Rechts zuzurechnen sein.

§ 5 Zu Wohnzwecken benutzter Grundbesitz. (1) Dient Grundbesitz, der für steuerbegünstigte Zwecke (§§ 3 und 4) benutzt wird, zugleich Wohnzwecken, gilt die Befreiung nur für

1. Gemeinschaftsunterkünfte der Bundeswehr, der ausländischen Streitkräfte, der internationalen militärischen Hauptquartiere, der Bundespolizei[3], der Polizei und des sonstigen Schutzdienstes des Bundes und der Gebietskörperschaften sowie ihrer Zusammenschlüsse;

2. Wohnräume in Schülerheimen, Ausbildungs- und Erziehungsheimen sowie Prediger- und Priesterseminaren, wenn die Unterbringung in ihnen für die Zwecke des Unterrichts, der Ausbildung oder der Erziehung erforderlich ist. [2]Wird das Heim oder Seminar nicht von einem der nach § 3 Abs. 1 Nr. 1, 3 oder 4 begünstigten Rechtsträger unterhalten, so bedarf es einer Anerkennung der Landesregierung oder der von ihr beauftragten Stelle, daß die Unterhaltung des Heims oder Seminars im Rahmen der öffentlichen Aufgaben liegt;

3. Wohnräume, wenn der steuerbegünstigte Zweck im Sinne des § 3 Abs. 1 Nr. 1, 3 oder 4 nur durch ihre Überlassung erreicht werden kann;

4. Räume, in denen sich Personen für die Erfüllung der steuerbegünstigten Zwecke ständig bereithalten müssen (Bereitschaftsräume), wenn sie nicht zugleich die Wohnung des Inhabers darstellen.

(2) Wohnungen sind stets steuerpflichtig, auch wenn die Voraussetzungen des Absatzes 1 vorliegen.

---

[1] § 4 Nr. 6 neugef. mWv 1. 1. 1977 durch G v. 14. 12. 1976 (BGBl. I S. 3341).

[2] Nr. **800**.

[3] Umbenennung mWv 1. 7. 2005 durch G v. 21. 6. 2005 (BGBl. I S. 1818).

§ 6 Land- und forstwirtschaftlich genutzter Grundbesitz. Wird Grundbesitz, der für steuerbegünstigte Zwecke (§§ 3 und 4) benutzt wird, zugleich land- und forstwirtschaftlich genutzt, so gilt die Befreiung nur für

1. Grundbesitz, der Lehr- oder Versuchszwecken dient;
2. Grundbesitz, der von der Bundeswehr, den ausländischen Streitkräften, den internationalen militärischen Hauptquartieren oder den in § 5 Abs. 1 Nr. 1 bezeichneten Schutzdiensten als Übungsplatz oder Flugplatz benutzt wird;
3. Grundbesitz, der unter § 4 Nr. 1 bis 4 fällt.

§ 7 Unmittelbare Benutzung für einen steuerbegünstigten Zweck. [1]Die Befreiung nach den §§ 3 und 4 tritt nur ein, wenn der Steuergegenstand für den steuerbegünstigten Zweck unmittelbar benutzt wird. [2]Unmittelbare Benutzung liegt vor, sobald der Steuergegenstand für den steuerbegünstigten Zweck hergerichtet wird.

§ 8 Teilweise Benutzung für einen steuerbegünstigten Zweck.

(1) Wird ein räumlich abgegrenzter Teil des Steuergegenstandes für steuerbegünstigte Zwecke (§§ 3 und 4) benutzt, so ist nur dieser Teil des Steuergegenstandes steuerfrei.

(2) Dient der Steuergegenstand oder ein Teil des Steuergegenstandes (Absatz 1) sowohl steuerbegünstigten Zwecken (§§ 3 und 4) als auch anderen Zwecken, ohne daß eine räumliche Abgrenzung für die verschiedenen Zwecke möglich ist, so ist der Steuergegenstand oder der Teil des Steuergegenstandes nur befreit, wenn die steuerbegünstigten Zwecke überwiegen.

§ 9 Stichtag für die Festsetzung der Grundsteuer; Entstehung der Steuer. (1) Die Grundsteuer wird nach den Verhältnissen zu Beginn des Kalenderjahres festgesetzt.

(2) Die Steuer entsteht mit dem Beginn des Kalenderjahres, für das die Steuer festzusetzen ist.

§ 10 Steuerschuldner. (1) Schuldner der Grundsteuer ist derjenige, dem der Steuergegenstand bei der Feststellung des Einheitswerts zugerechnet ist.

(2) Derjenige, dem ein Erbbaurecht, ein Wohnungserbbaurecht oder ein Teilerbbaurecht zugerechnet ist, ist auch Schuldner der Grundsteuer für die wirtschaftliche Einheit des belasteten Grundstücks.

(3) Ist der Steuergegenstand mehreren Personen zugerechnet, so sind sie Gesamtschuldner.

§ 11 Persönliche Haftung. (1) Neben dem Steuerschuldner haften der Nießbraucher des Steuergegenstandes und derjenige, dem ein dem Nießbrauch ähnliches Recht zusteht.

(2)[1] [1]Wird ein Steuergegenstand ganz oder zu einem Teil einer anderen Person übereignet, so haftet der Erwerber neben dem früheren Eigentümer für die auf den Steuergegenstand oder Teil des Steuergegenstandes entfallende Grundsteuer, die für die Zeit seit dem Beginn des letzten vor der Übereignung liegenden Kalenderjahres zu entrichten ist. [2]Das gilt nicht für Erwerbe aus einer Insolvenzmasse und für Erwerbe im Vollstreckungsverfahren.

§ 12 Dingliche Haftung. Die Grundsteuer ruht auf dem Steuergegenstand als öffentliche Last.

Abschnitt II. Bemessung der Grundsteuer

§ 13 Steuermeßzahl und Steuermeßbetrag. (1) [1]Bei der Berechnung der Grundsteuer ist von einem Steuermeßbetrag auszugehen. [2]Dieser ist durch Anwendung eines Tausendsatzes (Steuermeßzahl) auf den Einheits-

(Fortsetzung nächstes Blatt)

---

[1] § 11 Abs. 2 Satz 2 geänd. mWv 1. 1. 1999 durch G v. 19. 12. 1998 (BGBl. I S. 3836).

wert oder seinen steuerpflichtigen Teil zu ermitteln, der nach dem Bewertungsgesetz im Veranlagungszeitpunkt (§ 16 Abs. 1, § 17 Abs. 3, § 18 Abs. 3) für den Steuergegenstand maßgebend ist.

(2)[1] *(aufgehoben)*

(3) In den Fällen des § 10 Abs. 2 ist der Berechnung des Steuermeßbetrags die Summe der beiden Einheitswerte zugrunde zu legen, die nach § 92 des Bewertungsgesetzes festgestellt werden.

§ 14 Steuermeßzahl für Betriebe der Land- und Forstwirtschaft. Für Betriebe der Land- und Forstwirtschaft beträgt die Steuermeßzahl 6 vom Tausend.

§ 15 Steuermeßzahl für Grundstücke. (1) Die Steuermeßzahl beträgt 3,5 vom Tausend.

(2) Abweichend von Absatz 1 beträgt die Steuermeßzahl

1. für Einfamilienhäuser im Sinne des § 75 Abs. 5 des Bewertungsgesetzes[2] mit Ausnahme des Wohnungseigentums und des Wohnungserbbaurechts einschließlich des damit belasteten Grundstücks 2,6 vom Tausend für die ersten *75 000 Deutsche Mark* [***ab 1. 1. 2002:*** 38 346,89 Euro][3] des Einheitswerts oder seines steuerpflichtigen Teils und 3,5 vom Tausend für den Rest des Einheitswerts oder seines steuerpflichtigen Teils;
2. für Zweifamilienhäuser im Sinne des § 75 Abs. 6 des Bewertungsgesetzes[2] 3,1 vom Tausend.

§ 16[4] Hauptveranlagung. (1) [1]Die Steuermeßbeträge werden auf den Hauptfeststellungszeitpunkt (§ 21 Abs. 2 des Bewertungsgesetzes[2]) allgemein festgesetzt (Hauptveranlagung). [2]Dieser Zeitpunkt ist der Hauptveranlagungszeitpunkt.

(2) [1]Der bei der Hauptveranlagung festgesetzte Steuermeßbetrag gilt vorbehaltlich der §§ 17 und 20 von dem Kalenderjahr an, das zwei Jahre nach dem Hauptveranlagungszeitpunkt beginnt. [2]Dieser Steuermeßbetrag bleibt unbeschadet der §§ 17 und 20 bis zu dem Zeitpunkt maßgebend, von dem an die Steuermeßbeträge der nächsten Hauptveranlagung wirksam werden. [3]Der sich nach den Sätzen 1 und 2 ergebende Zeitraum ist der Hauptveranlagungszeitraum.

(3) Ist die Festsetzungsfrist (§ 169 der Abgabenordnung[5]) bereits abgelaufen, so kann die Hauptveranlagung unter Zugrundelegung der Verhältnisse vom Hauptveranlagungszeitpunkt mit Wirkung für einen späteren Veranlagungszeitpunkt vorgenommen werden, für den diese Frist noch nicht abgelaufen ist.

---

[1] § 13 Abs. 2 aufgeh. mWv Kj. 1994 durch G v. 27. 12. 1993 (BGBl. I S. 2378).
[2] Nr. **200**.
[3] Betrag geänd. durch G v. 19. 12. 2000 (BGBl. I S. 1790).
[4] § 16 Abs. 3 neugef. mWv 1. 1. 1977 durch G v. 14. 12. 1976 (BGBl. I S. 3341).
[5] Nr. **800**.

§ 17[1] **Neuveranlagung.** (1) Wird eine Wertfortschreibung (§ 22 Abs. 1 des Bewertungsgesetzes[2]) oder eine Artfortschreibung oder Zurechnungsfortschreibung (§ 22 Abs. 2 des Bewertungsgesetzes[2]) durchgeführt, so wird der Steuermeßbetrag auf den Fortschreibungszeitpunkt neu festgesetzt (Neuveranlagung).

(2) Der Steuermeßbetrag wird auch dann neu festgesetzt, wenn dem Finanzamt bekannt wird, daß

1. Gründe, die im Feststellungsverfahren über den Einheitswert nicht zu berücksichtigen sind, zu einem anderen als dem für den letzten Veranlagungszeitpunkt festgesetzten Steuermeßbetrag führen oder
2. die letzte Veranlagung fehlerhaft ist; § 176 der Abgabenordnung[3] ist hierbei entsprechend anzuwenden; das gilt jedoch nur für Veranlagungszeitpunkte, die vor der Verkündung der maßgeblichen Entscheidung eines obersten Gerichts des Bundes liegen.

(3) [1]Der Neuveranlagung werden die Verhältnisse im Neuveranlagungszeitpunkt zugrunde gelegt. [2]Neuveranlagungszeitpunkt ist

1. in den Fällen des Absatzes 1 der Beginn des Kalenderjahres, auf den die Fortschreibung durchgeführt wird;
2. in den Fällen des Absatzes 2 Nr. 1 der Beginn des Kalenderjahres, auf den sich erstmals ein abweichender Steuermeßbetrag ergibt. [2]§ 16 Abs. 3 ist entsprechend anzuwenden;
3. in den Fällen des Absatzes 2 Nr. 2 der Beginn des Kalenderjahres, in dem der Fehler dem Finanzamt bekannt wird, bei einer Erhöhung des Steuermeßbetrags jedoch frühestens der Beginn des Kalenderjahres, in dem der Steuermeßbescheid erteilt wird.

(4) Treten die Voraussetzungen für eine Neuveranlagung während des Zeitraums zwischen dem Hauptveranlagungszeitpunkt und dem Zeitpunkt des Wirksamwerdens der Steuermeßbeträge (§ 16 Abs. 2) ein, so wird die Neuveranlagung auf den Zeitpunkt des Wirksamwerdens der Steuermeßbeträge vorgenommen.

§ 18 Nachveranlagung. (1) Wird eine Nachfeststellung (§ 23 Abs. 1 des Bewertungsgesetzes) durchgeführt, so wird der Steuermeßbetrag auf den Nachfeststellungszeitpunkt nachträglich festgesetzt (Nachveranlagung).

(2) Der Steuermeßbetrag wird auch dann nachträglich festgesetzt, wenn der Grund für die Befreiung des Steuergegenstandes von der Grundsteuer wegfällt, der für die Berechnung der Grundsteuer maßgebende Einheitswert (§ 13 Abs. 1) aber bereits festgestellt ist.

---

[1] § 17 Abs. 2 Nr. 2 neugef. und bish. Satz 2 aufgeh. mWv 1. 1. 1977 durch G v. 14. 12. 1976 (BGBl. I S. 3341).

[2] Nr. **200**.

[3] Nr. **800**.

(3) [1]Der Nachveranlagung werden die Verhältnisse im Nachveranlagungszeitpunkt zugrunde gelegt. [2]Nachveranlagungszeitpunkt ist

1. in den Fällen des Absatzes 1 der Beginn des Kalenderjahres, auf den der Einheitswert nachträglich festgestellt wird;
2. in den Fällen des Absatzes 2 der Beginn des Kalenderjahres, der auf den Wegfall des Befreiungsgrundes folgt. [2]§ 16 Abs. 3 ist entsprechend anzuwenden.

(4) Treten die Voraussetzungen für eine Nachveranlagung während des Zeitraums zwischen dem Hauptveranlagungszeitpunkt und dem Zeitpunkt des Wirksamwerdens der Steuermeßbeträge (§ 16 Abs. 2) ein, so wird die Nachveranlagung auf den Zeitpunkt des Wirksamwerdens der Steuermeßbeträge vorgenommen.

§ 19 Anzeigepflicht. [1]Jede Änderung in der Nutzung oder in den Eigentumsverhältnissen eines ganz oder teilweise von der Grundsteuer befreiten Steuergegenstandes hat derjenige anzuzeigen, der nach § 10 als Steuerschuldner in Betracht kommt. [2]Die Anzeige ist innerhalb von drei Monaten nach Eintritt der Änderung bei dem Finanzamt zu erstatten, das für die Festsetzung des Steuermeßbetrags zuständig ist.

§ 20[1] Aufhebung des Steuermeßbetrags. (1) Der Steuermeßbetrag wird aufgehoben,

1. wenn der Einheitswert aufgehoben wird oder
2. wenn dem Finanzamt bekannt wird, daß
   a) für den ganzen Steuergegenstand ein Befreiungsgrund eingetreten ist oder
   b) der Steuermeßbetrag fehlerhaft festgesetzt worden ist.

(2) Der Steuermeßbetrag wird aufgehoben

1. in den Fällen des Absatzes 1 Nr. 1 mit Wirkung vom Aufhebungszeitpunkt (§ 24 Abs. 2 des Bewertungsgesetzes)[2] an;
2. in den Fällen des Absatzes 1 Nr. 2 Buchstabe a mit Wirkung vom Beginn des Kalenderjahres an, der auf den Eintritt des Befreiungsgrundes folgt. [2]§ 16 Abs. 3 ist entsprechend anzuwenden;
3. in den Fällen des Absatzes 1 Nr. 2 Buchstabe b mit Wirkung vom Beginn des Kalenderjahres an, in dem der Fehler dem Finanzamt bekannt wird.

(3) Treten die Voraussetzungen für eine Aufhebung während des Zeitraums zwischen dem Hauptveranlagungszeitpunkt und dem Zeitpunkt des Wirksamwerdens der Steuermeßbeträge (§ 16 Abs. 2) ein, so wird die Aufhebung auf den Zeitpunkt des Wirksamwerdens der Steuermeßbeträge vorgenommen.

---

[1] § 20 Abs. 1 Nr. 2 geänd. mWv 1. 1. 1977 durch G v. 14. 12. 1976 (BGBl. I S. 3341).

[2] Nr. **200**.

§ 21 Änderung von Steuermeßbescheiden. [1]Bescheide über die Neuveranlagung oder die Nachveranlagung von Steuermeßbeträgen können schon vor dem maßgebenden Veranlagungszeitpunkt erteilt werden. [2]Sie sind zu ändern oder aufzuheben, wenn sich bis zu diesem Zeitpunkt Änderungen ergeben, die zu einer abweichenden Festsetzung führen.

§ 22 Zerlegung des Steuermeßbetrags. (1) [1]Erstreckt sich der Steuergegenstand über mehrere Gemeinden, so ist der Steuermeßbetrag vorbehaltlich des § 24 in die auf die einzelnen Gemeinden entfallenden Anteile zu zerlegen (Zerlegungsanteile). [2]Für den Zerlegungsmaßstab gilt folgendes:

1. [1]Bei Betrieben der Land- und Forstwirtschaft ist der auf den Wohnungswert entfallende Teil des Steuermeßbetrags der Gemeinde zuzuweisen, in der sich der Wohnteil oder dessen wertvollster Teil befindet. [2]Der auf den Wirtschaftswert entfallende Teil des Steuermeßbetrags ist in dem Verhältnis zu zerlegen, in dem die auf die einzelnen Gemeinden entfallenden Flächengrößen zueinander stehen.
2. [1]Bei Grundstücken ist der Steuermeßbetrag in dem Verhältnis zu zerlegen, in dem die auf die einzelnen Gemeinden entfallenden Flächengrößen zueinander stehen. [2]Führt die Zerlegung nach Flächengrößen zu einem offenbar unbilligen Ergebnis, so hat das Finanzamt auf Antrag einer Gemeinde die Zerlegung nach dem Maßstab vorzunehmen, der nach bisherigem Recht zugrunde gelegt wurde. [3]Dies gilt nur so lange, als keine wesentliche Änderung der tatsächlichen Verhältnisse eintritt; im Falle einer wesentlichen Änderung ist nach einem Maßstab zu zerlegen, der den tatsächlichen Verhältnissen besser Rechnung trägt.

[3]Einigen sich die Gemeinden mit dem Steuerschuldner über die Zerlegungsanteile, so sind diese maßgebend.

(2) Entfällt auf eine Gemeinde ein Zerlegungsanteil von weniger als *fünfzig Deutsche Mark* [***ab 1. 1. 2002:*** fünfundzwanzig Euro][1)] , so ist dieser Anteil der Gemeinde zuzuweisen, der nach Absatz 1 der größte Zerlegungsanteil zusteht.

§ 23 Zerlegungsstichtag. (1) Der Zerlegung des Steuermeßbetrags werden die Verhältnisse in dem Feststellungszeitpunkt zugrunde gelegt, auf den der für die Festsetzung des Steuermeßbetrags maßgebende Einheitswert festgestellt worden ist.

(2) Ändern sich die Grundlagen für die Zerlegung, ohne daß der Einheitswert fortgeschrieben oder nachträglich festgestellt wird, so sind die Zerlegungsanteile nach dem Stand vom 1. Januar des folgenden Jahres neu zu ermitteln, wenn wenigstens bei einer Gemeinde der neue Anteil um mehr als ein Zehntel, mindestens aber um *zwanzig Deutsche Mark* [***ab 1. 1. 2002:*** zehn Euro][1)] von ihrem bisherigen Anteil abweicht.

§ 24 Ersatz der Zerlegung durch Steuerausgleich. [1]Die Landesregierung kann durch Rechtsverordnung bestimmen, daß bei Betrieben der

---

[1)] Beträge geänd. durch G v. 19. 12. 2000 (BGBl. I S. 1790).

Land- und Forstwirtschaft, die sich über mehrere Gemeinden erstrecken, aus Vereinfachungsgründen an Stelle der Zerlegung ein Steuerausgleich stattfindet. [2] Beim Steuerausgleich wird der gesamte Steuermeßbetrag der Gemeinde zugeteilt, in der der wertvollste Teil des Steuergegenstandes liegt (Sitzgemeinde); an dem Steueraufkommen der Sitzgemeinde werden die übrigen Gemeinden beteiligt. [3] Die Beteiligung soll annähernd zu dem Ergebnis führen, das bei einer Zerlegung einträte.

Abschnitt III. Festsetzung und Entrichtung der Grundsteuer

§ 25 Festsetzung des Hebesatzes. (1) Die Gemeinde bestimmt, mit welchem Hundertsatz des Steuermeßbetrags oder des Zerlegungsanteils die Grundsteuer zu erheben ist (Hebesatz).

(2) Der Hebesatz ist für ein oder mehrere Kalenderjahre, höchstens jedoch für den Hauptveranlagungszeitraum der Steuermeßbeträge festzusetzen.

(3) [1] Der Beschluß über die Festsetzung oder Änderung des Hebesatzes ist bis zum 30. Juni eines Kalenderjahres mit Wirkung vom Beginn dieses Kalenderjahres zu fassen. [2] Nach diesem Zeitpunkt kann der Beschluß über die Festsetzung des Hebesatzes gefaßt werden, wenn der Hebesatz die Höhe der letzten Festsetzung nicht überschreitet.

(4) [1] Der Hebesatz muß jeweils einheitlich sein

1. für die in einer Gemeinde liegenden Betriebe der Land- und Forstwirtschaft;
2. für die in einer Gemeinde liegenden Grundstücke.

[2] Wird das Gebiet von Gemeinden geändert, so kann die Landesregierung oder die von ihr bestimmte Stelle für die von der Änderung betroffenen Gebietsteile auf eine bestimmte Zeit verschiedene Hebesätze zulassen.

§ 26[1] Koppelungsvorschriften und Höchsthebesätze. In welchem Verhältnis die Hebesätze für die Grundsteuer der Betriebe der Land- und Forstwirtschaft, für die Grundsteuer der Grundstücke und für die Gewerbesteuer zueinander stehen müssen, welche Höchstsätze nicht überschritten werden dürfen und inwieweit mit Genehmigung der Gemeindeaufsichtsbehörde Ausnahmen zugelassen werden können, bleibt einer landesrechtlichen Regelung vorbehalten.

§ 27 Festsetzung der Grundsteuer. (1) [1] Die Grundsteuer wird für das Kalenderjahr festgesetzt. [2] Ist der Hebesatz für mehr als ein Kalenderjahr festgesetzt, kann auch die jährlich zu erhebende Grundsteuer für die einzelnen Kalenderjahre dieses Zeitraums festgesetzt werden.

(2) Wird der Hebesatz geändert (§ 25 Abs. 3), so ist die Festsetzung nach Absatz 1 zu ändern.

---

[1] § 26 geänd. durch G v. 29. 10. 1997 (BGBl. I S. 2590).

(3) 1 Für diejenigen Steuerschuldner, die für das Kalenderjahr die gleiche Grundsteuer wie im Vorjahr zu entrichten haben, kann die Grundsteuer durch öffentliche Bekanntmachung festgesetzt werden. 2 Für die Steuerschuldner treten mit dem Tage der öffentlichen Bekanntmachung die gleichen Rechtswirkungen ein, wie wenn ihnen an diesem Tage ein schriftlicher Steuerbescheid zugegangen wäre.

§ 28 Fälligkeit. (1) Die Grundsteuer wird zu je einem Viertel ihres Jahresbetrags am 15. Februar, 15. Mai, 15. August und 15. November fällig.

(2) Die Gemeinden können bestimmen, daß Kleinbeträge wie folgt fällig werden:

1. am 15. August mit ihrem Jahresbetrag, wenn dieser *dreißig Deutsche Mark* [***ab 1. 1. 2002:*** fünfzehn Euro][1] nicht übersteigt;
2. am 15. Februar und 15. August zu je einer Hälfte ihres Jahresbetrags, wenn dieser *sechzig Deutsche Mark* [***ab 1. 1. 2002:*** dreißig Euro][1] nicht übersteigt.

(3) 1 Auf Antrag des Steuerschuldners kann die Grundsteuer abweichend vom Absatz 1 oder Absatz 2 Nr. 2 am 1. Juli in einem Jahresbetrag entrichtet werden. 2 Der Antrag muß spätestens bis zum 30. September des vorangehenden Kalenderjahres gestellt werden. 3 Die beantragte Zahlungsweise bleibt so lange maßgebend, bis ihre Änderung beantragt wird; die Änderung muß spätestens bis zum 30. September des vorangehenden Jahres beantragt werden.

§ 29 Vorauszahlungen. Der Steuerschuldner hat bis zur Bekanntgabe eines neuen Steuerbescheids zu den bisherigen Fälligkeitstagen Vorauszahlungen unter Zugrundelegung der zuletzt festgesetzten Jahressteuer zu entrichten.

§ 30 Abrechnung über die Vorauszahlungen. (1) 1 Ist die Summe der Vorauszahlungen, die bis zur Bekanntgabe des neuen Steuerbescheids zu entrichten waren (§ 29), kleiner als die Steuer, die sich nach dem bekanntgegebenen Steuerbescheid für die vorausgegangenen Fälligkeitstage ergibt (§ 28), so ist der Unterschiedsbetrag innerhalb eines Monats nach Bekanntgabe des Steuerbescheids zu entrichten. 2 Die Verpflichtung, rückständige Vorauszahlungen schon früher zu entrichten, bleibt unberührt.

(2) Ist die Summe der Vorauszahlungen, die bis zur Bekanntgabe des neuen Steuerbescheids entrichtet worden sind, größer als die Steuer, die sich nach dem bekanntgegebenen Steuerbescheid für die vorangegangenen Fälligkeitstage ergibt, so wird der Unterschiedsbetrag nach Bekanntgabe des Steuerbescheids durch Aufrechnung oder Zurückzahlung ausgeglichen.

(3) Die Absätze 1 und 2 gelten entsprechend, wenn der Steuerbescheid aufgehoben oder geändert wird.

---

[1] Beträge geänd. durch G v. 19. 12. 2000 (BGBl. I S. 1790).

§ 31 Nachentrichtung der Steuer. Hatte der Steuerschuldner bis zur Bekanntgabe der Jahressteuer keine Vorauszahlungen nach § 29 zu entrichten, so hat er die Steuer, die sich nach dem bekanntgegebenen Steuerbescheid für die vorangegangenen Fälligkeitstage ergibt (§ 28), innerhalb eines Monats nach Bekanntgabe des Steuerbescheids zu entrichten.

Abschnitt IV. Erlaß der Grundsteuer

§ 32 Erlaß für Kulturgut und Grünanlagen. (1) Die Grundsteuer ist zu erlassen

1. für Grundbesitz oder Teile von Grundbesitz, dessen Erhaltung wegen seiner Bedeutung für Kunst, Geschichte, Wissenschaft oder Naturschutz im öffentlichen Interesse liegt, wenn die erzielten Einnahmen und die sonstigen Vorteile (Rohertrag) in der Regel unter den jährlichen Kosten liegen. [2]Bei Park- und Gartenanlagen von geschichtlichem Wert ist der Erlaß von der weiteren Voraussetzung abhängig, daß sie in dem billigerweise zu fordernden Umfang der Öffentlichkeit zugänglich gemacht sind;
2. für öffentliche Grünanlagen, Spiel- und Sportplätze, wenn die jährlichen Kosten in der Regel den Rohertrag übersteigen.

(2) [1]Ist der Rohertrag für Grundbesitz, in dessen Gebäuden Gegenstände von wissenschaftlicher, künstlerischer oder geschichtlicher Bedeutung, insbesondere Sammlungen oder Bibliotheken, dem Zweck der Forschung oder Volksbildung nutzbar gemacht sind, durch die Benutzung zu den genannten Zwecken nachhaltig gemindert, so ist von der Grundsteuer der Hundertsatz zu erlassen, um den der Rohertrag gemindert ist. [2]Das gilt nur, wenn die wissenschaftliche, künstlerische oder geschichtliche Bedeutung der untergebrachten Gegenstände durch die Landesregierung oder die von ihr beauftragte Stelle anerkannt ist.

§ 33 Erlaß wegen wesentlicher Ertragsminderung. (1)[1)] [1]Ist bei Betrieben der Land- und Forstwirtschaft und bei bebauten Grundstücken der normale Rohertrag des Steuergegenstandes um mehr als 50 Prozent gemindert und hat der Steuerschuldner die Minderung des Rohertrags nicht zu vertreten, so wird die Grundsteuer in Höhe von 25 Prozent erlassen. [2]Beträgt die Minderung des normalen Rohertrags 100 Prozent, ist die Grundsteuer in Höhe von 50 Prozent zu erlassen. [3]Bei Betrieben der Land- und Forstwirtschaft und bei eigengewerblich genutzten bebauten Grundstücken wird der Erlass nur gewährt, wenn die Einziehung der Grundsteuer nach den wirtschaftlichen Verhältnissen des Betriebs unbillig wäre. [3]Normaler Rohertrag ist

---

1) § 33 Abs. 1 neugef. mit erstmaliger Wirkung für die GrSt des Jahres 2008 durch G v. 19. 12. 2008 (BGBl. I S. 2794).

1. bei Betrieben der Land- und Forstwirtschaft der Rohertrag, der nach den Verhältnissen zu Beginn des Erlasszeitraums bei ordnungsmäßiger Bewirtschaftung gemeinhin und nachhaltig erzielbar wäre;
2. bei bebauten Grundstücken die nach den Verhältnissen zu Beginn des Erlasszeitraums geschätzte übliche Jahresrohmiete.

(2) Bei eigengewerblich genutzten bebauten Grundstücken gilt als Minderung des normalen Rohertrags die Minderung der Ausnutzung des Grundstücks.

(3) Umfaßt der Wirtschaftsteil eines Betriebs der Land- und Forstwirtschaft nur die forstwirtschaftliche Nutzung, so ist die Ertragsminderung danach zu bestimmen, in welchem Ausmaß eingetretene Schäden den Ertragswert der forstwirtschaftlichen Nutzung bei einer Wertfortschreibung mindern würden.

(4) [1]Wird nur ein Teil des Grundstücks eigengewerblich genutzt, so ist die Ertragsminderung für diesen Teil nach Absatz 2, für den übrigen Teil nach Absatz 1 zu bestimmen. [2]Umfaßt der Wirtschaftsteil eines Betriebs der Land- und Forstwirtschaft nur zu einem Teil die forstwirtschaftliche Nutzung, so ist die Ertragsminderung für diesen Teil nach Absatz 3, für den übrigen Teil nach Absatz 1 zu bestimmen. [3]In den Fällen der Sätze 1 und 2 ist für den ganzen Steuergegenstand ein einheitlicher Hundertsatz der Ertragsminderung nach dem Anteil der einzelnen Teile am Einheitswert des Grundstücks oder am Wert des Wirtschaftsteils des Betriebs der Land- und Forstwirtschaft zu ermitteln.

(5) Eine Ertragsminderung ist kein Erlaßgrund, wenn sie für den Erlaßzeitraum durch Fortschreibung des Einheitswerts berücksichtigt werden kann oder bei rechtzeitiger Stellung des Antrags auf Fortschreibung hätte berücksichtigt werden können.

§ 34 Verfahren. (1) [1]Der Erlaß wird jeweils nach Ablauf eines Kalenderjahres für die Grundsteuer ausgesprochen, die für das Kalenderjahr festgesetzt worden ist (Erlaßzeitraum). [2]Maßgebend für die Entscheidung über den Erlaß sind die Verhältnisse des Erlaßzeitraums.

(2) [1]Der Erlaß wird nur auf Antrag gewährt. [2]Der Antrag ist bis zu dem auf den Erlaßzeitraum folgenden 31. März zu stellen.

(3) [1]In den Fällen des § 32 bedarf es keiner jährlichen Wiederholung des Antrags. [2]Der Steuerschuldner ist verpflichtet, eine Änderung der maßgeblichen Verhältnisse der Gemeinde binnen drei Monaten nach Eintritt der Änderung anzuzeigen.

Abschnitt V. Übergangs- und Schlußvorschriften

§ 35.[1] *(aufgehoben)*

§ 36 Steuervergünstigung für abgefundene Kriegsbeschädigte.

(1)[2] [1]Der Veranlagung der Steuermeßbeträge für Grundbesitz solcher Kriegsbeschädigten, die zum Erwerb oder zur wirtschaftlichen Stärkung ihres Grundbesitzes eine Kapitalabfindung auf Grund des Bundesversorgungsgesetzes in der Fassung der Bekanntmachung vom 22. Januar 1982 (BGBl. I S. 21), zuletzt geändert durch die Verordnung vom 15. Juni 1999 (BGBl. I S. 1328), erhalten haben, ist der um die Kapitalabfindung verminderte Einheitswert zugrunde zu legen. [2]Die Vergünstigung wird nur so lange gewährt, als die Versorgungsgebührnisse wegen der Kapitalabfindung in der gesetzlichen Höhe gekürzt werden.

(2) Die Steuervergünstigung nach Absatz 1 ist auch für ein Grundstück eines gemeinnützigen Wohnungs- oder Siedlungsunternehmens zu gewähren, wenn die folgenden Voraussetzungen sämtlich erfüllt sind:

1. Der Kriegsbeschädigte muß für die Zuweisung des Grundstücks die Kapitalabfindung an das Wohnungs- oder Siedlungsunternehmen bezahlt haben.
2. Er muß entweder mit dem Unternehmen einen Mietvertrag mit Kaufanwartschaft in der Weise abgeschlossen haben, daß er zur Miete wohnt, bis das Eigentum an dem Grundstück von ihm erworben ist, oder seine Rechte als Mieter müssen durch den Mietvertrag derart geregelt sein, daß das Mietverhältnis dem Eigentumserwerb fast gleichkommt.
3. Es muß sichergestellt sein, daß die Steuervergünstigung in vollem Umfang dem Kriegsbeschädigten zugute kommt.

(3) [1]Lagen die Voraussetzungen des Absatzes 1 oder des Absatzes 2 bei einem verstorbenen Kriegsbeschädigten zur Zeit seines Todes vor und hat seine Witwe das Grundstück ganz oder teilweise geerbt, so ist auch der Witwe die Steuervergünstigung zu gewähren, wenn sie in dem Grundstück wohnt. [2]Verheiratet sich die Witwe wieder, so fällt die Steuervergünstigung weg.

§ 37[3] **Sondervorschriften für die Hauptveranlagung 1974.** (1) Auf den 1. Januar 1974 findet eine Hauptveranlagung der Grundsteuermeßbeträge statt (Hauptveranlagung 1974).

(2) [1]Die Hauptveranlagung 1974 gilt mit Wirkung von dem am 1. Januar 1974 beginnenden Kalenderjahr an. [2]Der Beginn dieses Kalenderjahres ist der Hauptveranlagungszeitpunkt.

(3) Bei der Hauptveranlagung 1974 gilt Artikel 1 des Bewertungsänderungsgesetzes 1971 vom 27. Juli 1971 (Bundesgesetzbl. I S. 1157).

(4) *(aufgehoben)*

---

[1] § 35 aufgeh. durch G v. 22. 12. 1999 (BGBl. I S. 2601).
[2] § 36 Abs. 1 Satz 1 geänd. durch G v. 22. 12. 1999 (BGBl. I S. 2601).
[3] § 37 Abs. 1 Satz 2 und Abs. 4 aufgeh. durch G v. 22. 12. 1999 (BGBl. I S. 2601).

§ 38[1] **Anwendung des Gesetzes.** Diese Fassung des Gesetzes gilt erstmals für die Grundsteuer des Kalenderjahres 2008.

§ 39.[1] *(aufgehoben)*

Abschnitt VI.[2] Grundsteuer für Steuergegenstände in dem in Artikel 3 des Einigungsvertrages genannten Gebiet ab dem Kalenderjahr 1991

§ 40[2] **Land- und forstwirtschaftliches Vermögen.** [1] Anstelle der Betriebe der Land- und Forstwirtschaft im Sinne des § 2 tritt das zu einer Nutzungseinheit zusammengefaßte Vermögen im Sinne des § 125 Abs. 3 des Bewertungsgesetzes[3]. [2] Schuldner der Grundsteuer ist abweichend von § 10 der Nutzer des land- und forstwirtschaftlichen Vermögens (§ 125 Abs. 2 des Bewertungsgesetzes[3]). [3] Mehrere Nutzer des Vermögens sind Gesamtschuldner.

§ 41[2] **Bemessung der Grundsteuer für Grundstücke nach dem Einheitswert.** [1] Ist ein im Veranlagungszeitpunkt für die Grundsteuer maßgebender Einheitswert 1935 festgestellt oder festzustellen (§ 132 des Bewertungsgesetzes[3]), gelten bei der Festsetzung des Steuermeßbetrags abweichend von § 15 die Steuermeßzahlen der weiter anwendbaren §§ 29 bis 33 der Grundsteuerdurchführungsverordnung vom 1. Juli 1937 (RGBl. I S. 733)[4]. [2] Die ermäßigten Steuermeßzahlen für Einfamilienhäuser gelten

---

[1] § 38 neugef. und § 39 aufgeh. durch G v. 22. 12. 1999 (BGBl. I S. 2601), § 38 neugef. durch G v. 19. 12. 2008 (BGBl. I S. 2794).

[2] Abschnitt VI (§§ 40–46) angef. durch Vertrag v. 31. 8. 1990 (BGBl. II S. 889, 986).

[3] Nr. **200**.

[4] §§ 29–33 GrStDVO lauten wie folgt:

b) Bebaute Grundstücke

§ 29 Abstufung der Steuermeßzahlen. Für bebaute Grundstücke gelten die folgenden Steuermeßzahlen:

Grundstücksgruppen zw. Wertgruppen	Gemeindegruppen a	Gemeindegruppen b	Gemeindegruppen c
	bis 25 000 Einwohner	über 25 000 bis 1 000 000 Einwohner	über 1 000 000 Einwohner
	vom Tausend		
I. Altbauten (bei Einfamilienhäusern nur für den Teil des Einheitswerts, der 15 338,76 Euro übersteigt)	10	10	10

(Fortsetzung der Fußnote nächstes Blatt)

nicht für das Wohnungseigentum und das Wohnungserbbaurecht einschließlich des damit belasteten Grundstücks.

(Fortsetzung der Fußnote)

II. Einfamilienhäuser der Altbauten für die ersten angefangenen oder vollen 15 338,76 Euro des Einheitswerts	10	8	6
III. Neubauten (bei Einfamilienhäusern nur für den Teil des Einheitswerts, der 15 338,76 Euro übersteigt)	8	7	6
IV. Einfamilienhäuser der Neubauten für die ersten angefangenen oder vollen 15 338,76 Euro des Einheitswerts	8	6	5

Der Reichsminister der Finanzen wird ermächtigt, mit Zustimmung des Reichsministers des Innern und des Reichsarbeitsministers für Gemeinden von mehr als 500 000, jedoch nicht mehr als 1 000 000 Einwohnern auf Antrag des Bürgermeisters für die Gruppen II, III und IV andere Meßzahlen als die für die Gemeindegruppe b bestimmten festzusetzen. Diese Meßzahlen müssen spätestens innerhalb eines Zeitraums von vier Jahren in Stufen auf die für die Gemeindegruppe b bestimmten Meßzahlen zurückgeführt werden.

§ 30 Einwohnerzahl. (1) Für die Frage, welcher der im § 29 bezeichneten Gemeindegruppen eine Gemeinde zuzurechnen ist, ist das Ergebnis der allgemeinen Volkszählung vom 16. Juni 1933 maßgebend.

(2) Bei Umgemeindungen, die zwischen dem 16. Juni 1933 und dem 1. Januar 1935 rechtswirksam geworden sind, ist auf Grund des Ergebnisses der allgemeinen Volkszählung 1933 zu ermitteln, wieviel Einwohner auf die Gemeinde in ihrem Gebietsumfang vom 1. Januar 1935 entfallen; im Zweifelsfall entscheidet hierüber die Gemeindeaufsichtsbehörde.

(3) Bei Umgemeindungen, die nach dem 1. Januar 1935 rechtswirksam geworden sind, rechnen die betroffenen Gemeinden oder Gemeindeteile weiterhin zu der Gemeindegruppe, der sie ohne die Umgemeindung nach den Absätzen 1 und 2 zuzurechnen sind.

(4) Absätze 1 bis 3 gelten für das Saarland mit der Abweichung, daß das Ergebnis der Volkszählung vom 25. Juni 1935 maßgebend ist und an die Stelle des 1. Januar 1935 jeweils der 1. Januar 1936 zu setzen ist.

§ 31 Altbauten, Neubauten. (1) Zu den Altbauten (§ 29 I und II) gehören die Grundstücke, deren Gebäude bis zum 31. März 1924 bezugsfertig geworden sind.

(2) Zu den Neubauten (§ 29 III und IV) gehören die Grundstücke, deren Gebäude nach dem 31. März 1924 bezugsfertig geworden sind.

(3) Ob auf ein Grundstück, auf dem sich sowohl Altbauten als auch Neubauten befinden, die Steuermeßzahl für Altbauten oder die Meßzahl für Neubauten anzuwenden ist, ist danach zu entscheiden, welcher Teil wertmäßig überwiegt.

(4) Für die Frage, ob ein Gebäude bis zum oder nach dem 31. März 1924 bezugsfertig geworden ist, ist die Entscheidung zu übernehmen, die zuletzt für die bisherige Grundsteuer maßgebend gewesen ist.

§ 32 Einfamilienhäuser. Ob auf ein Grundstück, auf dem sich sowohl ein Einfamilienhaus als auch ein Gebäude einer anderen Grundstücksgruppe befinden, die Steuermeßzahlen für Einfamilienhäuser oder die Meßzahl für die andere Grundstücksgruppe anzuwenden sind, ist danach zu entscheiden, welcher Teil wertmäßig überwiegt.

c) Unbebaute Grundstücke

§ 33 [Unbebaute Grundstücke] Für unbebaute Grundstücke beträgt die Steuermeßzahl einheitlich 10 vom Tausend.

§ 42[1]) Bemessung der Grundsteuer für Mietwohngrundstücke und Einfamilienhäuser nach der Ersatzbemessungsgrundlage. (1) Bei Mietwohngrundstücken und Einfamilienhäusern, für die ein im Veranlagungszeitpunkt für die Grundsteuer maßgebender Einheitswert 1935 nicht festgestellt oder festzustellen ist (§ 132 des Bewertungsgesetzes)[2]), bemißt sich der Jahresbetrag der Grundsteuer nach der Wohnfläche und bei anderweitiger Nutzung nach der Nutzfläche (Ersatzbemessungsgrundlage).

(2) [1] Bei einem Hebesatz von 300 vom Hundert für Grundstücke beträgt der Jahresbetrag der Grundsteuer für das Grundstück

a) für Wohnungen, die mit Bad, Innen-WC und Sammelheizung ausgestattet sind,
   1 Euro[3]) je m² Wohnfläche,

b) für andere Wohnungen
   75 Cent[3]) je m² Wohnfläche,

c) je Abstellplatz für Personenkraftwagen in einer Garage
   5 Euro[3]).

[2] Für Räume, die anderen als Wohnzwecken dienen, ist der Jahresbetrag je m² Nutzfläche anzusetzen, der für die auf dem Grundstück befindlichen Wohnungen maßgebend ist.

(3) [1] Wird der Hebesatz abweichend von Absatz 2 festgesetzt, erhöhen oder vermindern sich die Jahresbeträge des Absatzes 2 in dem Verhältnis, in dem der festgesetzte Hebesatz für Grundstücke zu dem Hebesatz von 300 vom Hundert steht. [2] Der sich danach ergebende Jahresbetrag je m² Wohn- oder Nutzfläche wird auf volle Cent[3]) nach unten abgerundet.

(4) [1] Steuerschuldner ist derjenige, dem das Gebäude bei einer Feststellung des Einheitswerts gemäß § 10 zuzurechnen wäre. [2] Das gilt auch dann, wenn der Grund und Boden einem anderen gehört.

§ 43[1]) Steuerfreiheit für neugeschaffene Wohnungen. (1) [1] Für Grundstücke mit neugeschaffenen Wohnungen, die nach dem 31. Dezember 1980 und vor dem 1. Januar 1992 bezugsfertig geworden sind oder bezugsfertig werden, gilt folgendes:

1. Grundstücke mit Wohnungen, die vor dem 1. Januar 1990 bezugsfertig geworden sind, bleiben für den noch nicht abgelaufenen Teil eines zehnjährigen Befreiungszeitraums steuerfrei, der mit dem 1. Januar des Kalenderjahres beginnt, das auf das Jahr der Bezugsfertigkeit des Gebäudes folgt;
2. Grundstücke mit Wohnungen, die im Kalenderjahr 1990 bezugsfertig geworden sind, sind bis zum 31. Dezember 2000 steuerfrei;
3. Grundstücke mit Wohnungen, die im Kalenderjahr 1991 bezugsfertig werden, sind bis zum 31. Dezember 2001 steuerfrei.

---

[1]) Abschnitt VI (§§ 40–46) angef. durch Vertrag v. 31. 8. 1990 (BGBl. II S. 889, 986).
[2]) Nr. **200**.
[3]) Beträge bzw. Bezeichnung geänd. durch G v. 19. 12. 2000 (BGBl. I S. 1790).

[2]Dies gilt auch, wenn vor dem 1. Januar 1991 keine Steuerfreiheit gewährt wurde.

(2) Befinden sich auf einem Grundstück nur zum Teil steuerfreie Wohnungen im Sinne des Absatzes 1, gilt folgendes:

1. [1]Wird die Grundsteuer nach dem Einheitswert bemessen (§ 41), bemißt sich der Steuermeßbetrag für den sich aus Absatz 1 ergebenden Befreiungszeitraum nur nach dem Teil des jeweils maßgebenden Einheitswerts, der auf die steuerpflichtigen Wohnungen und Räume einschließlich zugehörigen Grund und Bodens entfällt. [2]Der steuerpflichtige Teil des Einheitswerts wird im Steuermeßbetragsverfahren ermittelt.
2. Ist die Ersatzbemessungsgrundlage Wohn- oder Nutzfläche maßgebend (§ 42), bleibt während der Dauer des sich aus Absatz 1 ergebenden Befreiungszeitraums die Wohnfläche der befreiten Wohnungen bei Anwendung des § 42 außer Ansatz.

(3) [1]Einer Wohnung stehen An-, Aus- oder Umbauten gleich, die der Vergrößerung oder Verbesserung von Wohnungen dienen. [2]Voraussetzung ist, daß die Baumaßnahmen zu einer Wertfortschreibung geführt haben oder führen.

§ 44[1)] Steueranmeldung. (1) Soweit die Grundsteuer nach der Wohn- oder Nutzfläche zu bemessen ist, hat der Steuerschuldner eine Steuererklärung nach amtlich vorgeschriebenem Vordruck abzugeben, in der er die Grundsteuer nach § 42 selbst berechnet (Steueranmeldung).

(2) [1]Der Steuerschuldner hat der Berechnung der Grundsteuer den Hebesatz zugrunde zu legen, den die Gemeinde bis zum Beginn des Kalenderjahres bekannt gemacht hat, für das die Grundsteuer erhoben wird. [2]Andernfalls hat er die Grundsteuer nach dem Hebesatz des Vorjahres zu berechnen; für das Kalenderjahr 1991 gilt insoweit ein Hebesatz von 300 vom Hundert.

(3) [1]Die Steueranmeldung ist für jedes Kalenderjahr nach den Verhältnissen zu seinem Beginn bis zu dem Fälligkeitstag abzugeben, zu dem Grundsteuer für das Kalenderjahr nach § 28 erstmals fällig ist. [2]Für die Entrichtung der Grundsteuer gilt § 28 entsprechend.

§ 45[1)] Fälligkeit von Kleinbeträgen. Hat der Rat der Stadt oder Gemeinde vor dem 1. Januar 1991 für kleinere Beträge eine Zahlungsweise zugelassen, die von § 28 Abs. 2 und 3 abweicht, bleibt die Regelung bestehen, bis sie aufgehoben wird.

§ 46[1)] Zuständigkeit der Gemeinden. Die Festsetzung und Erhebung der Grundsteuer obliegt bis zu einer anderen landesrechtlichen Regelung den Gemeinden.

[1)] Abschnitt VI (§§ 40–46) angef. durch Vertrag v. 31. 8. 1990 (BGBl. II S. 889, 986).

443. Verordnung über wohnungswirtschaftliche Berechnungen (Zweite Berechnungsverordnung – II. BV)

In der Fassung der Bekanntmachung vom 12. Oktober 1990 (BGBl. I S. 2178)[1)]

Zuletzt geändert durch Zweites Gesetz über die Bereinigung von Bundesrecht im Zuständigkeitsbereich des BMJ vom 23. 11. 2007 (BGBl. I S. 2614)

BGBl. III/FNA 2330-2-2

– Auszug –

Teil II. Wirtschaftlichkeitsberechnung

§ 27 Betriebskosten. (1) [1]Betriebskosten sind die Kosten, die dem Eigentümer (Erbbauberechtigten) durch das Eigentum am Grundstück (Erbbaurecht) oder durch den bestimmungsmäßigen Gebrauch des Gebäudes oder der Wirtschaftseinheit, der Nebengebäude, Anlagen, Einrichtungen und des Grundstücks laufend entstehen. [2]Der Ermittlung der Betriebskosten ist die Betriebskostenverordnung vom 25. November 2003[2)] (BGBl. I S. 2346, 2347)[3)] zugrunde zu legen.

(2) [1]Sach- und Arbeitsleistungen des Eigentümers (Erbbauberechtigten), durch die Betriebskosten erspart werden, dürfen mit dem Betrage angesetzt werden, der für eine gleichwertige Leistung eines Dritten, insbesondere eines Unternehmers, angesetzt werden könnte. [2]Die Umsatzsteuer des Dritten darf nicht angesetzt werden.

(3) Im öffentlich geförderten sozialen Wohnungsbau und im steuerbegünstigten oder freifinanzierten Wohnungsbau, der mit Wohnungsfürsorgemitteln gefördert worden ist, dürfen die Betriebskosten nicht in der Wirtschaftlichkeitsberechnung angesetzt werden.

(4) (weggefallen)

[1)] Neubekanntmachung der II. BV idF der Bek. v. 5. 4. 1984 (BGBl. I S. 553) auf Grund Art. 3 der Dritten VO zur Änd. wohnungsrechtlicher Vorschriften v. 20. 8. 1990 (BGBl. I S. 1813) in der ab 29. 8. 1990 geltenden Fassung.

[2)] Nr. **445**.

[3)] § 27 Abs. 1 Satz 2 geänd. mWv 1. 1. 2004 durch VO v. 25. 11. 2003 (BGBl. I S. 2346).

Teil IV. Wohnflächenberechnung

§ 42 Wohnfläche

[alte Fassung]

(1) Die Wohnfläche einer Wohnung ist die Summe der anrechenbaren Grundflächen der Räume, die ausschließlich zu der Wohnung gehören.

(2) [1]Die Wohnfläche eines einzelnen Wohnraumes besteht aus dessen anrechenbarer Grundfläche; hinzuzurechnen ist die anrechenbare Grundfläche der Räume, die ausschließlich zu diesem einzelnen Wohnraum gehören. [2]Die Wohnfläche eines untervermieteten Teils einer Wohnung ist entsprechend zu berechnen.

(3) Die Wohnfläche eines Wohnheimes ist die Summe der anrechenbaren Grundflächen der Räume, die zur alleinigen und gemeinschaftlichen Benutzung durch die Bewohner bestimmt sind.

(4) Zur Wohnfläche gehört nicht die Grundfläche von

1. Zubehörräumen; als solche kommen in Betracht: Keller, Waschküchen, Abstellräume außerhalb der Wohnung, Dachböden, Trockenräume, Schuppen (Holzlegen), Garagen und ähnliche Räume;
2. Wirtschaftsräumen; als solche kommen in Betracht: Futterküchen, Vorratsräume, Backstuben, Räucherkammern, Ställe, Scheunen, Abstellräume und ähnliche Räume;

[neue Fassung][1)]

[1]Ist die Wohnfläche bis zum 31. Dezember 2003 nach dieser Verordnung berechnet worden, bleibt es bei dieser Berechnung. [2]Soweit in den in Satz 1 genannten Fällen nach dem 31. Dezember 2003 bauliche Änderungen an dem Wohnraum vorgenommen werden, die eine Neuberechnung der Wohnfläche erforderlich machen, sind die Vorschriften der Wohnflächenverordnung vom 25. November 2003 (BGBl. I S. 2346)[2)] anzuwenden.

---

1) § 42 neugef. durch VO v. 25. 11. 2003 (BGBl. I S. 2346).
2) Nr. **444**.

[alte Fassung]

3. Räumen, die den nach ihrer Nutzung zu stellenden Anforderungen des Bauordnungsrechtes nicht genügen;
4. Geschäftsräumen.

§ 43[1)] Berechnung der Grundfläche. *(1) [1] Die Grundfläche eines Raumes ist nach Wahl des Bauherrn aus den Fertigmaßen oder den Rohbaumaßen zu ermitteln. [2] Die Wahl bleibt für alle späteren Berechnungen maßgebend.*

(2) Fertigmaße sind die lichten Maße zwischen den Wänden ohne Berücksichtigung von Wandgliederungen, Wandbekleidungen, Scheuerleisten, Öfen, Heizkörpern, Herden und dergleichen.

(3) Werden die Rohbaumaße zugrunde gelegt, so sind die errechneten Grundflächen um 3 vom Hundert zu kürzen.

(4) Von den errechneten Grundflächen sind abzuziehen die Grundflächen von

1. *Schornsteinen und anderen Mauervorlagen, freistehenden Pfeilern und Säulen, wenn sie in der ganzen Raumhöhe durchgehen und ihre Grundfläche mehr als 0,1 Quadratmeter beträgt,*
2. *Treppen mit über drei Steigungen und deren Treppenabsätze.*

(5) [1] Zu den errechneten Grundflächen sind hinzuzurechnen die Grundflächen von

1. *Fenster- und offenen Wandnischen, die bis zum Fußboden herunterreichen und mehr als 0,13 Meter tief sind,*
2. *Erkern und Wandschränken, die eine Grundfläche von mindestens 0,5 Quadratmeter haben,*
3. *Raumteilen unter Treppen, soweit die lichte Höhe mindestens 2 Meter ist.*

[2] Nicht hinzuzurechnen sind die Grundflächen der Türnischen.

(6) [1] Wird die Grundfläche auf Grund der Bauzeichnung nach den Rohbaumaßen ermittelt, so bleibt die hiernach berechnete Wohnfläche maßgebend, außer wenn von der Bauzeichnung abweichend gebaut ist. [2] Ist von der Bauzeichnung abweichend gebaut worden, so ist die Grundfläche auf Grund der berichtigten Bauzeichnung zu ermitteln.

§ 44[1)] Anrechenbare Grundfläche. *(1) Zur Ermittlung der Wohnfläche sind anzurechnen*

1. *voll*
   die Grundflächen von Räumen und Raumteilen mit einer lichten Höhe von mindestens 2 Metern;
2. *zur Hälfte*
   die Grundflächen von Räumen und Raumteilen mit einer lichten Höhe von

---

1) §§ 43 und 44 aufgeh. mWv 1. 1. 2004 durch VO v. 25. 11. 2003 (BGBl. I S. 2346).

mindestens 1 Meter und weniger als 2 Metern und von Wintergärten, Schwimmbädern und ähnlichen, nach allen Seiten geschlossenen Räumen;

3. nicht
die Grundflächen von Räumen oder Raumteilen mit einer lichten Höhe von weniger als 1 Meter.

(2) Gehören ausschließlich zu dem Wohnraum Balkone, Loggien, Dachgärten oder gedeckte Freisitze, so können deren Grundflächen zur Ermittlung der Wohnfläche bis zur Hälfte angerechnet werden.

(3) Zur Ermittlung der Wohnfläche können abgezogen werden

1. bei einem Wohngebäude mit einer Wohnung bis zu 10 vom Hundert der ermittelten Grundfläche der Wohnung,
2. bei einem Wohngebäude mit zwei nicht abgeschlossenen Wohnungen bis zu 10 vom Hundert der ermittelten Grundfläche beider Wohnungen,
3. bei einem Wohngebäude mit einer abgeschlossenen und einer nicht abgeschlossenen Wohnung bis zu 10 vom Hundert der ermittelten Grundfläche der nicht abgeschlossenen Wohnung.

(4) [1] Die Bestimmung über die Anrechnung oder den Abzug nach Absatz 2 oder 3 kann nur für das Gebäude oder die Wirtschaftseinheit einheitlich getroffen werden. [2] Die Bestimmung bleibt für alle späteren Berechnungen maßgebend.

Anlage 3 (zu § 27 Abs. 1)[1)] *(aufgehoben)*

[1)] Anlage 3 aufgeh. mWv 1. 1. 2004 durch VO v. 25. 11. 2003 (BGBl. I S. 2346); siehe nunmehr § 2 BetrKV (Nr. **445**).

444. Verordnung zur Berechnung der Wohnfläche (Wohnflächenverordnung – WoFlV)

Vom 25. November 2003 (BGBl. I S. 2346)[1)]

BGBl. III/FNA 2330–32–1

§ 1 Anwendungsbereich, Berechnung der Wohnfläche. (1) Wird nach dem Wohnraumförderungsgesetz die Wohnfläche berechnet, sind die Vorschriften dieser Verordnung anzuwenden.

(2) Zur Berechnung der Wohnfläche sind die nach § 2 zur Wohnfläche gehörenden Grundflächen nach § 3 zu ermitteln und nach § 4 auf die Wohnfläche anzurechnen.

§ 2 Zur Wohnfläche gehörende Grundflächen. (1) [1]Die Wohnfläche einer Wohnung umfasst die Grundflächen der Räume, die ausschließlich zu dieser Wohnung gehören. [2]Die Wohnfläche eines Wohnheims umfasst die Grundflächen der Räume, die zur alleinigen und gemeinschaftlichen Nutzung durch die Bewohner bestimmt sind.

(2) Zur Wohnfläche gehören auch die Grundflächen von

1. Wintergärten, Schwimmbädern und ähnlichen nach allen Seiten geschlossenen Räumen sowie
2. Balkonen, Loggien, Dachgärten und Terrassen,

wenn sie ausschließlich zu der Wohnung oder dem Wohnheim gehören.

(3) Zur Wohnfläche gehören nicht die Grundflächen folgender Räume:

1. Zubehörräume, insbesondere:
   a) Kellerräume,
   b) Abstellräume und Kellerersatzräume außerhalb der Wohnung,
   c) Waschküchen,
   d) Bodenräume,
   e) Trockenräume,
   f) Heizungsräume und
   g) Garagen,
2. Räume, die nicht den an ihre Nutzung zu stellenden Anforderungen des Bauordnungsrechts der Länder genügen, sowie
3. Geschäftsräume.

§ 3 Ermittlung der Grundfläche. (1) [1]Die Grundfläche ist nach den lichten Maßen zwischen den Bauteilen zu ermitteln; dabei ist von der Vorderkante der Bekleidung der Bauteile auszugehen. [2]Bei fehlen-

[1)] In Kraft ab 1. 1. 2004. Siehe Überleitungsvorschrift in § 5.

den begrenzenden Bauteilen ist der bauliche Abschluss zu Grunde zu legen.

(2) Bei der Ermittlung der Grundfläche sind namentlich einzubeziehen die Grundflächen von

1. Tür- und Fensterbekleidungen sowie Tür- und Fensterumrahmungen,
2. Fuß-, Sockel- und Schrammleisten,
3. fest eingebauten Gegenständen, wie z. B. Öfen, Heiz- und Klimageräten, Herden, Bade- oder Duschwannen,
4. freiliegenden Installationen,
5. Einbaumöbeln und
6. nicht ortsgebundenen,versetzbaren Raumteilern.

(3) Bei der Ermittlung der Grundflächen bleiben außer Betracht die Grundflächen von

1. Schornsteinen, Vormauerungen, Bekleidungen, freistehenden Pfeilern und Säulen, wenn sie eine Höhe von mehr als 1,50 Meter aufweisen und ihre Grundfläche mehr als 0,1 Quadratmeter beträgt,
2. Treppen mit über drei Steigungen und deren Treppenabsätze,
3. Türnischen und
4. Fenster- und offenen Wandnischen, die nicht bis zum Fußboden herunterreichen oder bis zum Fußboden herunterreichen und 0,13 Meter oder weniger tief sind.

(4) [1] Die Grundfläche ist durch Ausmessung im fertig gestellten Wohnraum oder auf Grund einer Bauzeichnung zu ermitteln. [2] Wird die Grundfläche auf Grund einer Bauzeichnung ermittelt, muss diese

1. für ein Genehmigungs-, Anzeige-, Genehmigungsfreistellungs- oder ähnliches Verfahren nach dem Bauordnungsrecht der Länder gefertigt oder, wenn ein bauordnungsrechtliches Verfahren nicht erforderlich ist, für ein solches geeignet sein und
2. die Ermittlung der lichten Maße zwischen den Bauteilen im Sinne des Absatzes 1 ermöglichen.

[3] Ist die Grundfläche nach einer Bauzeichnung ermittelt worden und ist abweichend von dieser Bauzeichnung gebaut worden, ist die Grundfläche durch Ausmessung im fertig gestellten Wohnraum oder auf Grund einer berichtigten Bauzeichnung neu zu ermitteln.

§ 4 Anrechnung der Grundflächen. Die Grundflächen

1. von Räumen und Raumteilen mit einer lichten Höhe von mindestens zwei Metern sind vollständig,
2. von Räumen und Raumteilen mit einer lichten Höhe von mindestens einem Meter und weniger als zwei Metern sind zur Hälfte,
3. von unbeheizbaren Wintergärten, Schwimmbädern und ähnlichen nach allen Seiten geschlossenen Räumen sind zur Hälfte,

4. von Balkonen, Loggien, Dachgärten und Terrassen sind in der Regel zu einem Viertel, höchstens jedoch zur Hälfte

anzurechnen.

§ 5 Überleitungsvorschrift. [1]Ist die Wohnfläche bis zum 31. Dezember 2003 nach der Zweiten Berechnungsverordnung in der Fassung der Bekanntmachung vom 12. Oktober 1990 (BGBl. I S. 2178),[1)] zuletzt geändert durch Artikel 3 der Verordnung vom 25. November 2003 (BGBl. I S. 2346), in der jeweils geltenden Fassung berechnet worden, bleibt es bei dieser Berechnung. [2]Soweit in den in Satz 1 genannten Fällen nach dem 31. Dezember 2003 bauliche Änderungen an dem Wohnraum vorgenommen werden, die eine Neuberechnung der Wohnfläche erforderlich machen, sind die Vorschriften dieser Verordnung anzuwenden.

[1)] Nr. **443**.

445. Verordnung über die Aufstellung von Betriebskosten (Betriebskostenverordnung – BetrKV)

Vom 25. November 2003 (BGBl. I S. 2346)[1)]

BGBl. III/FNA 2330-32-2

Geändert durch Gesetz zur Änderung telekommunikationsrechtlicher Regelungen vom 3. 5. 2012 (BGBl. I S. 958)

§ 1 Betriebskosten. (1) [1]Betriebskosten sind die Kosten, die dem Eigentümer oder Erbbauberechtigten durch das Eigentum oder Erbbaurecht am Grundstück oder durch den bestimmungsmäßigen Gebrauch des Gebäudes, der Nebengebäude, Anlagen, Einrichtungen und des Grundstücks laufend entstehen. [2]Sach- und Arbeitsleistungen des Eigentümers oder Erbbauberechtigten dürfen mit dem Betrag angesetzt werden, der für eine gleichwertige Leistung eines Dritten, insbesondere eines Unternehmers, angesetzt werden könnte; die Umsatzsteuer des Dritten darf nicht angesetzt werden.

(2) Zu den Betriebskosten gehören nicht:

1. die Kosten der zur Verwaltung des Gebäudes erforderlichen Arbeitskräfte und Einrichtungen, die Kosten der Aufsicht, der Wert der vom Vermieter persönlich geleisteten Verwaltungsarbeit, die Kosten für die gesetzlichen oder freiwilligen Prüfungen des Jahresabschlusses und die Kosten für die Geschäftsführung (Verwaltungskosten),
2. die Kosten, die während der Nutzungsdauer zur Erhaltung des bestimmungsmäßigen Gebrauchs aufgewendet werden müssen, um die durch Abnutzung, Alterung und Witterungseinwirkung entstehenden baulichen oder sonstigen Mängel ordnungsgemäß zu beseitigen (Instandhaltungs- und Instandsetzungskosten).

§ 2 Aufstellung der Betriebskosten. Betriebskosten im Sinne von § 1 sind:

1. die laufenden öffentlichen Lasten des Grundstücks,
   hierzu gehört namentlich die Grundsteuer;
2. die Kosten der Wasserversorgung,
   hierzu gehören die Kosten des Wasserverbrauchs, die Grundgebühren, die Kosten der Anmietung oder anderer Arten der Gebrauchsüberlassung von Wasserzählern sowie die Kosten ihrer Verwendung einschließlich der Kosten der Eichung sowie der Kosten der Berechnung und Aufteilung, die Kosten der Wartung von Wassermengenreglern, die Kosten des Betriebs einer hauseigenen Wasserversorgungsanlage und einer Wasseraufbereitungsanlage einschließlich der Aufbereitungsstoffe;

[1)] In Kraft ab 1. 1. 2004.

3. die Kosten der Entwässerung,
   hierzu gehören die Gebühren für die Haus- und Grundstücksentwässerung, die Kosten des Betriebs einer entsprechenden nicht öffentlichen Anlage und die Kosten des Betriebs einer Entwässerungspumpe;
4. die Kosten
   a) des Betriebs der zentralen Heizungsanlage einschließlich der Abgasanlage,
      hierzu gehören die Kosten der verbrauchten Brennstoffe und ihrer Lieferung, die Kosten des Betriebsstroms, die Kosten der Bedienung, Überwachung und Pflege der Anlage, der regelmäßigen Prüfung ihrer Betriebsbereitschaft und Betriebssicherheit einschließlich der Einstellung durch eine Fachkraft, der Reinigung der Anlage und des Betriebsraums, die Kosten der Messungen nach dem Bundes-Immissionsschutzgesetz, die Kosten der Anmietung oder anderer Arten der Gebrauchsüberlassung einer Ausstattung zur Verbrauchserfassung sowie die Kosten der Verwendung einer Ausstattung zur Verbrauchserfassung einschließlich der Kosten der Eichung sowie der Kosten der Berechnung und Aufteilung

   oder
   b) des Betriebs der zentralen Brennstoffversorgungsanlage,
      hierzu gehören die Kosten der verbrauchten Brennstoffe und ihrer Lieferung, die Kosten des Betriebsstroms und die Kosten der Überwachung sowie die Kosten der Reinigung der Anlage und des Betriebsraums

   oder
   c) der eigenständig gewerblichen Lieferung von Wärme, auch aus Anlagen im Sinne des Buchstabens a,
      hierzu gehören das Entgelt für die Wärmelieferung und die Kosten des Betriebs der zugehörigen Hausanlagen entsprechend Buchstabe a

   oder
   d) der Reinigung und Wartung von Etagenheizungen und Gaseinzelfeuerstätten,
      hierzu gehören die Kosten der Beseitigung von Wasserablagerungen und Verbrennungsrückständen in der Anlage, die Kosten der regelmäßigen Prüfung der Betriebsbereitschaft und Betriebssicherheit und der damit zusammenhängenden Einstellung durch eine Fachkraft sowie die Kosten der Messungen nach dem Bundes-Immissionsschutzgesetz;
5. die Kosten
   a) des Betriebs der zentralen Warmwasserversorgungsanlage,
      hierzu gehören die Kosten der Wasserversorgung entsprechend Nummer 2, soweit sie nicht dort bereits berücksichtigt sind, und die Kosten der Wassererwärmung entsprechend Nummer 4 Buchstabe a

   oder
   b) der eigenständig gewerblichen Lieferung von Warmwasser, auch aus Anlagen im Sinne des Buchstabens a,

hierzu gehören das Entgelt für die Lieferung des Warmwassers und die Kosten des Betriebs der zugehörigen Hausanlagen entsprechend Nummer 4 Buchstabe a

oder

c) der Reinigung und Wartung von Warmwassergeräten,
hierzu gehören die Kosten der Beseitigung von Wasserablagerungen und Verbrennungsrückständen im Innern der Geräte sowie die Kosten der regelmäßigen Prüfung der Betriebsbereitschaft und Betriebssicherheit und der damit zusammenhängenden Einstellung durch eine Fachkraft;

6. die Kosten verbundener Heizungs- und Warmwasserversorgungsanlagen

a) bei zentralen Heizungsanlagen entsprechend Nummer 4 Buchstabe a und entsprechend Nummer 2, soweit sie nicht dort bereits berücksichtigt sind,

oder

b) bei der eigenständig gewerblichen Lieferung von Wärme entsprechend Nummer 4 Buchstabe c und entsprechend Nummer 2, soweit sie nicht dort bereits berücksichtigt sind,

oder

c) bei verbundenen Etagenheizungen und Warmwasserversorgungsanlagen entsprechend Nummer 4 Buchstabe d und entsprechend Nummer 2, soweit sie nicht dort bereits berücksichtigt sind;

7. die Kosten des Betriebs des Personen- oder Lastenaufzugs,
hierzu gehören die Kosten des Betriebsstroms, die Kosten der Beaufsichtigung, der Bedienung, Überwachung und Pflege der Anlage, der regelmäßigen Prüfung ihrer Betriebsbereitschaft und Betriebssicherheit einschließlich der Einstellung durch eine Fachkraft sowie die Kosten der Reinigung der Anlage;

8. die Kosten der Straßenreinigung und Müllbeseitigung,
zu den Kosten der Straßenreinigung gehören die für die öffentliche Straßenreinigung zu entrichtenden Gebühren und die Kosten entsprechender nicht öffentlicher Maßnahmen; zu den Kosten der Müllbeseitigung gehören namentlich die für die Müllabfuhr zu entrichtenden Gebühren, die Kosten entsprechender nicht öffentlicher Maßnahmen, die Kosten des Betriebs von Müllkompressoren, Müllschluckern, Müllabsauganlagen sowie des Betriebs von Müllmengenerfassungsanlagen einschließlich der Kosten der Berechnung und Aufteilung;

9. die Kosten der Gebäudereinigung und Ungezieferbekämpfung,
zu den Kosten der Gebäudereinigung gehören die Kosten für die Säuberung der von den Bewohnern gemeinsam genutzten Gebäudeteile, wie Zugänge, Flure, Treppen, Keller, Bodenräume, Waschküchen, Fahrkorb des Aufzugs;

10. die Kosten der Gartenpflege,
hierzu gehören die Kosten der Pflege gärtnerisch angelegter Flächen einschließlich der Erneuerung von Pflanzen und Gehölzen, der Pflege von

Spielplätzen einschließlich der Erneuerung von Sand und der Pflege von Plätzen, Zugängen und Zufahrten, die dem nicht öffentlichen Verkehr dienen;

11. die Kosten der Beleuchtung,
hierzu gehören die Kosten des Stroms für die Außenbeleuchtung und die Beleuchtung der von den Bewohnern gemeinsam genutzten Gebäudeteile, wie Zugänge, Flure, Treppen, Keller, Bodenräume, Waschküchen;

12. die Kosten der Schornsteinreinigung,
hierzu gehören die Kehrgebühren nach der maßgebenden Gebührenordnung, soweit sie nicht bereits als Kosten nach Nummer 4 Buchstabe a berücksichtigt sind;

13. die Kosten der Sach- und Haftpflichtversicherung,
hierzu gehören namentlich die Kosten der Versicherung des Gebäudes gegen Feuer-, Sturm-, Wasser- sowie sonstige Elementarschäden, der Glasversicherung, der Haftpflichtversicherung für das Gebäude, den Öltank und den Aufzug;

14. die Kosten für den Hauswart,
hierzu gehören die Vergütung, die Sozialbeiträge und alle geldwerten Leistungen, die der Eigentümer oder Erbbauberechtigte dem Hauswart für seine Arbeit gewährt, soweit diese nicht die Instandhaltung, Instandsetzung, Erneuerung, Schönheitsreparaturen oder die Hausverwaltung betrifft; soweit Arbeiten vom Hauswart ausgeführt werden, dürfen Kosten für Arbeitsleistungen nach den Nummern 2 bis 10 und 16 nicht angesetzt werden;

15. die Kosten
   a) des Betriebs der Gemeinschafts-Antennenanlage,
   hierzu gehören die Kosten des Betriebsstroms und die Kosten der regelmäßigen Prüfung ihrer Betriebsbereitschaft einschließlich der Einstellung durch eine Fachkraft oder das Nutzungsentgelt für eine nicht zu dem Gebäude gehörende Antennenanlage sowie die Gebühren, die nach dem Urheberrechtsgesetz für die Kabelweitersendung entstehen,
   oder
   b)[1] des Betriebs der mit einem Breitbandnetz verbundenen privaten Verteilanlage; hierzu gehören die Kosten entsprechend Buchstabe a, ferner die laufenden monatlichen Grundgebühren für Breitbandanschlüsse;

16. die Kosten des Betriebs der Einrichtungen für die Wäschepflege,
hierzu gehören die Kosten des Betriebsstroms, die Kosten der Überwachung, Pflege und Reinigung der Einrichtungen, der regelmäßigen

(Fortsetzung nächste Seite)

[1] § 2 Nr. 15 Buchst. b geänd. durch G v. 3. 5. 2012 (BGBl. I S. 958).

Prüfung ihrer Betriebsbereitschaft und Betriebssicherheit sowie die Kosten der Wasserversorgung entsprechend Nummer 2, soweit sie nicht dort bereits berücksichtigt sind;

17. sonstige Betriebskosten,
hierzu gehören Betriebskosten im Sinne des § 1, die von den Nummern 1 bis 16 nicht erfasst sind.

450. Gewerbesteuergesetz (GewStG)

In der Fassung der Bekanntmachung vom 15. Oktober 2002 (BGBl. I S. 4167)[1)·2)]

Geändert durch Steuervergünstigungsabbaugesetz vom 16. 5. 2003 (BGBl. I S. 660), Kleinunternehmerförderungsgesetz vom 31. 7. 2003 (BGBl. I S. 1550), Förderbankenneustrukturierungsgesetz vom 15. 8. 2003 (BGBl. I S. 1657), Steueränderungsgesetz 2003 vom 15. 12. 2003 (BGBl. I S. 2645), Gesetz zur Umsetzung der Protokollerklärung der Bundesregierung zur Vermittlungsempfehlung zum Steuervergünstigungsabbaugesetz vom 22. 12. 2003 (BGBl. I S. 2840), Gesetz zur Änderung des Gewerbesteuergesetzes und anderer Gesetze vom 23. 12. 2003 (BGBl. I S. 2922), Gesetz zur Einordnung des Sozialhilferechts in das Sozialgesetzbuch vom 27. 12. 2003 (BGBl. I S. 3022), Haushaltsbegleitgesetz 2004 vom 29. 12. 2003 (BGBl. I S. 3076), Gesetz zur Organisationsreform in der gesetzlichen Rentenversicherung vom 9. 12. 2004 (BGBl. I S. 3242), EURichtlinien-Umsetzungsgesetz vom 9. 12. 2004 (BGBl. I S. 3310), Gesetz zum 3. Zusatzprotokoll vom 4. 7. 2004 zum Abkommen vom 16. 6. 1959 zwischen der Bundesrepublik Deutschland und dem Königreich der Niederlande vom 15. 12. 2004 (BGBl. II S. 1653), Gesetz über steuerliche Begleitmaßnahmen zur Einführung der Europäischen Gesellschaft und zur Änderung weiterer steuerrechtlicher Vorschriften (SEStEG) vom 7. 12. 2006 (BGBl. I S. 2782), Jahressteuergesetz 2007 vom 13. 12. 2006 (BGBl. I S. 2878), Unternehmensteuerreformgesetz 2008 vom 14. 8. 2007 (BGBl. I S. 1912), Gesetz zur weiteren Stärkung des bürgerschaftlichen Engagements vom 10. 10. 2007 (BGBl. I S. 2332), Jahressteuergesetz 2008 vom 20. 12. 2007 (BGBl. I S. 3150), Gesetz zur Modernisierung der Rahmenbedingungen für Kapitalbeteiligungen vom 12. 8. 2008 (BGBl. I S. 1672), Jahressteuergesetz 2009 vom 19. 12. 2008 (BGBl. I S. 2794), Steuerbürokratieabbaugesetz vom 20. 12. 2008 (BGBl. I S. 2850), Drittes Mittelstandsentlastungsgesetz v. 17. 3. 2009 (BGBl. I S. 550), Wachstumsbeschleunigungsgesetz vom 22. 12. 2009 (BGBl. I S. 3950), Gesetz zur Umsetzung steuerlicher EU-Vorgaben sowie zur Änderung steuerlicher Vorschriften vom 8. 4. 2010 (BGBl. I S. 386), Jahressteuergesetz 2010 (JStG 2010) vom 8. 12. 2010 (BGBl. I S. 1768), Beitreibungsrichtlinie-Umsetzungsgesetz (BeitrRLUmsG) vom 7. 12. 2011 (BGBl. I S. 2592), Gesetz zur Änderung und Vereinfachung der Unternehmensbesteuerung und des steuerlichen Reisekostenrechts vom 20. 2. 2013 (BGBl. I S. 285), Ehrenamtstärkungsgesetz vom 21. 3. 2013 (BGBl. I S. 556), Amtshilferichtlinie-Umsetzungsgesetz (AmtshilfeRLUmsG) vom 26. 6. 2013 (BGBl. I S. 1809), Gesetz zur Anpassung des nationalen Steuerrechts an den Beitritt Kroatiens zur EU und zur Änderung weiterer steuerlicher Vorschriften vom 25. 7. 2014 (BGBl. I S. 1266), Gesetz zur Anpassung der Abgabenordnung an den Zollkodex der Union und zur Änderung weiterer steuerlicher Vorschriften vom 22. 12. 2014 (BGBl. I S. 2417), Gesetz zur Modernisierung der Finanzaufsicht über Versicherungen vom 1. 4. 2015 (BGBl. I S. 434) und Steueränderungsgesetz 2015 vom 2. 11. 2015 (BGBl. I S. 1834)

BGBl. III/FNA 611-5

Inhaltsübersicht

Abschnitt I. Allgemeines §§

---

1) Neubekanntmachung des Gewerbesteuergesetzes idF der Bek. v. 19. 5. 1999 (BGBl. I S. 1990, 1491) auf Grund § 35 c Abs. 2 GewStG eingef. durch G v. 22. 12. 1999 (BGBl. I S. 2601), in der ab 27. 7. 2002 geltenden Fassung.

2) Vgl. hierzu die GewStDV (Nr. **460**) und die Gewerbesteuer-Richtlinien **(Steuerrichtlinien Nr. 450).**

Zum Erhebungszeitraum vgl. § 36.

Abschnitt I. Allgemeines

§ 1[1] **Steuerberechtigte.** Die Gemeinden erheben eine Gewerbesteuer als Gemeindesteuer.

§ 2 Steuergegenstand. (1) [1]Der Gewerbesteuer unterliegt jeder stehende Gewerbebetrieb, soweit er im Inland betrieben wird. [2]Unter Gewerbebetrieb ist ein gewerbliches Unternehmen im Sinne des Einkommensteuergesetzes zu verstehen. [3]Im Inland betrieben wird ein Gewerbebetrieb, soweit für ihn im Inland oder auf einem in einem inländischen Schiffsregister eingetragenen Kauffahrteischiff eine Betriebsstätte unterhalten wird.

(2)[2] [1]Als Gewerbebetrieb gilt stets und in vollem Umfang die Tätigkeit der Kapitalgesellschaften (insbesondere Europäische Gesellschaften, Aktiengesellschaften, Kommanditgesellschaften auf Aktien, Gesellschaften mit beschränkter Haftung), Genossenschaften einschließlich Europäischer Genossenschaften sowie der Versicherungs- und Pensionsfondsvereine auf Gegenseitigkeit. [2]Ist eine Kapitalgesellschaft Organgesellschaft im Sinne der *§§ 14, 17 oder 18* [***ab EZ 2014:*** § 14 oder § 17][3] des Körperschaftsteuergesetzes, so gilt sie als Betriebsstätte des Organträgers.

(3) Als Gewerbebetrieb gilt auch die Tätigkeit der sonstigen juristischen Personen des privaten Rechts und der nichtrechtsfähigen Vereine, soweit sie einen wirtschaftlichen Geschäftsbetrieb (ausgenommen Land- und Forstwirtschaft) unterhalten.

(4) Vorübergehende Unterbrechungen im Betrieb eines Gewerbes, die durch die Art des Betriebs veranlasst sind, heben die Steuerpflicht für die Zeit bis zur Wiederaufnahme des Betriebs nicht auf.

(5) [1]Geht ein Gewerbebetrieb im Ganzen auf einen anderen Unternehmer über, so gilt der Gewerbebetrieb als durch den bisherigen Unternehmer eingestellt. [2]Der Gewerbebetrieb gilt als durch den anderen Unternehmer neu gegründet, wenn er nicht mit einem bereits bestehenden Gewerbebetrieb vereinigt wird.

(6) Inländische Betriebsstätten von Unternehmen, deren Geschäftsleitung sich in einem ausländischen Staat befindet, mit dem kein Abkommen zur Vermeidung der Doppelbesteuerung besteht, unterliegen nicht der Gewerbesteuer, wenn und soweit

1. die Einkünfte aus diesen Betriebsstätten im Rahmen der beschränkten Einkommensteuerpflicht steuerfrei sind und
2. der ausländische Staat Unternehmen, deren Geschäftsleitung sich im Inland befindet, eine entsprechende Befreiung von den der Gewerbesteuer ähnlichen oder ihr entsprechenden Steuern gewährt, oder in dem ausländischen Staat

---

[1] § 1 neu gef. durch G v. 23. 12. 2003 (BGBl. I S. 2922).

[2] § 2 Abs. 2 Satz 1 neu gef. mWv EZ 2006 durch G v. 7. 12. 2006 (BGBl. I S. 2782) und geänd. mWv EZ 2006 durch G v. 13. 12. 2006 (BGBl. I S. 2878); Satz 3 aufgeh. mWv EZ 2003 durch G v. 16. 5. 2003 (BGBl. I S. 660).

[3] Zitat geänd. mWv EZ 2014 durch G v. 20. 2. 2013 (BGBl. I S. 285).

keine der Gewerbesteuer ähnlichen oder ihr entsprechenden Steuern bestehen.

[Fassung bis EZ 2014:]

(7) Zum Inland im Sinne dieses Gesetzes gehört auch

1.[1] der der Bundesrepublik Deutschland zustehende Anteil am Festlandsockel, soweit dort Naturschätze des Meeresgrundes und des Meeresuntergrundes erforscht oder ausgebeutet werden oder dieser der Energieerzeugung unter Nutzung erneuerbarer Energien dient, und
2. der nicht zur Bundesrepublik Deutschland gehörende Teil eines grenzüberschreitenden Gewerbegebiets, das nach den Vorschriften eines Abkommens zur Vermeidung der Doppelbesteuerung als solches bestimmt ist.

[Fassung ab EZ 2015:]

(7)[2] Zum Inland im Sinne dieses Gesetzes gehört auch

1. der der Bundesrepublik Deutschland zustehende Anteil
   a) am Festlandsockel, soweit dort Naturschätze des Meeresgrundes und des Meeresuntergrundes erforscht oder ausgebeutet werden, und
   b) an der ausschließlichen Wirtschaftszone, soweit dort Energieerzeugungsanlagen errichtet oder betrieben werden, die erneuerbare Energien nutzen, und
2. der nicht zur Bundesrepublik Deutschland gehörende Teil eines grenzüberschreitenden Gewerbegebiets, das nach den Vorschriften eines Abkommens zur Vermeidung der Doppelbesteuerung als solches bestimmt ist.

[Fassung ab EZ 2016:][3]

(7) Zum Inland im Sinne dieses Gesetzes gehört auch der der Bundesrepublik Deutschland zustehende Anteil

1. an der ausschließlichen Wirtschaftszone, soweit dort
   a) die lebenden und nicht lebenden natürlichen Ressourcen der Gewässer über dem Meeresboden, des Meeresbodens und seines Untergrunds erforscht, ausgebeutet, erhalten oder bewirtschaftet werden,
   b) andere Tätigkeiten zur wirtschaftlichen Erforschung oder Ausbeutung der ausschließlichen Wirtschaftszone ausgeübt

---

[1] § 2 Abs. 7 Nr. 1 geänd. mWv EZ 2008 durch G v. 20.12.2007 (BGBl. I S. 3150).

[2] § 2 Abs. 7 Nr. 1 neu gef. mWv EZ 2015 durch G v. 25. 7. 2014 (BGBl. I S. 1266).

[3] § 2 Abs. 7 neu gef. mWv EZ 2016 durch G v. 2. 11. 2015 (BGBl. I S. 1834).

[Fassung ab EZ 2016:]

werden, wie beispielsweise die Energieerzeugung aus Wasser, Strömung und Wind oder

c) künstliche Inseln errichtet oder genutzt werden und Anlagen und Bauwerke für die in den Buchstaben a und b genannten Zwecke errichtet oder genutzt werden, und

2. am Festlandsockel, soweit dort

a) dessen natürliche Ressourcen erforscht oder ausgebeutet werden; natürliche Ressourcen in diesem Sinne sind die mineralischen und sonstigen nicht lebenden Ressourcen des Meeresbodens und seines Untergrunds sowie die zu den sesshaften Arten gehörenden Lebewesen, die im nutzbaren Stadium entweder unbeweglich auf oder unter dem Meeresboden verbleiben oder sich nur in ständigem körperlichen Kontakt mit dem Meeresboden oder seinem Untergrund fortbewegen können; oder

b) künstliche Inseln errichtet oder genutzt werden und Anlagen und Bauwerke für die in Buchstabe a genannten Zwecke errichtet oder genutzt werden, und

3. der nicht zur Bundesrepublik Deutschland gehörende Teil eines grenzüberschreitenden Gewerbegebiets, das nach den Vorschriften eines Abkommens zur Vermeidung der Doppelbesteuerung als solches bestimmt ist.

§ 2a Arbeitsgemeinschaften. [1] Als Gewerbebetrieb gilt nicht die Tätigkeit der Arbeitsgemeinschaften, deren alleiniger Zweck in der Erfüllung eines einzigen Werkvertrags oder Werklieferungsvertrags besteht. [2] Die Betriebsstätten der

Arbeitsgemeinschaften gelten insoweit anteilig als Betriebsstätten der Beteiligten.

§ 3 Befreiungen. Von der Gewerbesteuer sind befreit

1. das Bundeseisenbahnvermögen, die Monopolverwaltungen des Bundes, die staatlichen Lotterieunternehmen, die zugelassenen öffentlichen Spielbanken mit ihren der Spielbankabgabe unterliegenden Tätigkeiten und der Erdölbevorratungsverband nach § 2 Abs. 1 des Erdölbevorratungsgesetzes in der Fassung der Bekanntmachung vom 8. Dezember 1987 (BGBl. I S. 2509);

2.[1] die Deutsche Bundesbank, die Kreditanstalt für Wiederaufbau, die Landwirtschaftliche Rentenbank, die Bayerische Landesanstalt für Aufbaufinanzierung, die Niedersächsische Gesellschaft für öffentliche Finanzierungen mit beschränkter Haftung, die Bremer Aufbau-Bank GmbH, die Landeskreditbank Baden-Württemberg – Förderbank, die Bayerische Landesbodenkreditanstalt, die Investitionsbank Berlin, die Hamburgische Investitions- und Förderbank, die NRW.Bank, die Investitions- und Förderbank Niedersachsen, die Saarländische Investitionskreditbank Aktiengesellschaft, die Investitionsbank Schleswig-Holstein, die Investitionsbank des Landes Brandenburg, die

(Fortsetzung nächste Seite)

---

[1] § 3 Nr. 2 geänd. durch G v. 15. 8. 2000 (BGBl. I S. 1657), G v. 15. 12. 2003 (BGBl. I S. 2645), G v. 9. 12. 2004 (BGBl. I S. 3310), G v. 13. 12. 2006 (BGBl. I S. 2878), G v. 19. 12. 2008 (BGBl. I S. 2794) geänd. durch G v. 25. 7. 2014 (BGBl. I S. 1266); zur Anwendung siehe § 36 Abs. 2.

Sächsische Aufbaubank – Förderbank –, die Thüringer Aufbaubank, die Investitionsbank Sachsen-Anhalt – Anstalt der Norddeutschen Landesbank – Girozentrale –, die Investitions- und Strukturbank Rheinland-Pfalz, das Landesförderinstitut Mecklenburg-Vorpommern – Geschäftsbereich der Norddeutschen Landesbank Girozentrale –, die Wirtschafts- und Infrastrukturbank Hessen – rechtlich unselbständige Anstalt in der Landesbank Hessen-Thüringen Girozentrale[1] und die Liquiditäts-Konsortialbank Gesellschaft mit beschränkter Haftung;

3. die Bundesanstalt für vereinigungsbedingte Sonderaufgaben;
4. (weggefallen)
5. Hauberg-, Wald-, Forst- und Laubgenossenschaften und ähnliche Realgemeinden. [2]Unterhalten sie einen Gewerbebetrieb, der über den Rahmen eines Nebenbetriebs hinausgeht, so sind sie insoweit steuerpflichtig;
6. Körperschaften, Personenvereinigungen und Vermögensmassen, die nach der Satzung, dem Stiftungsgeschäft oder der sonstigen Verfassung und nach der tatsächlichen Geschäftsführung ausschließlich und unmittelbar gemeinnützigen, mildtätigen oder kirchlichen Zwecken dienen (§§ 51 bis 68 der Abgabenordnung). [2]Wird ein wirtschaftlicher Geschäftsbetrieb – ausgenommen Land- und Forstwirtschaft – unterhalten, ist die Steuerfreiheit insoweit ausgeschlossen;
7. Hochsee- und Küstenfischerei, wenn sie mit weniger als sieben im Jahresdurchschnitt beschäftigten Arbeitnehmern oder mit Schiffen betrieben wird, die eine eigene Triebkraft von weniger als 100 Pferdekräften haben;
8. Erwerbs- und Wirtschaftsgenossenschaften sowie Vereine im Sinne des § 5 Abs. 1 Nr. 14 des Körperschaftsteuergesetzes[2], soweit sie von der Körperschaftsteuer befreit sind;
9. rechtsfähige Pensions-, Sterbe-, Kranken- und Unterstützungskassen[3] im Sinne des § 5 Abs. 1 Nr. 3 des Körperschaftsteuergesetzes[2] soweit sie die für eine Befreiung von der Körperschaftsteuer erforderlichen Voraussetzungen erfüllen;
10. Körperschaften oder Personenvereinigungen, deren Hauptzweck die Verwaltung des Vermögens für einen nichtrechtsfähigen Berufsverband im Sinne des § 5 Abs. 1 Nr. 5 des Körperschaftsteuergesetzes[2] ist, wenn ihre Erträge im Wesentlichen aus dieser Vermögensverwaltung herrühren und ausschließlich dem Berufsverband zufließen;
11. öffentlich-rechtliche Versicherungs- und Versorgungseinrichtungen von Berufsgruppen, deren Angehörige auf Grund einer durch Gesetz angeordneten oder auf Gesetz beruhenden Verpflichtung Mitglieder dieser

---

[1] Geändert mWv EZ 2009 durch G v. 8. 12. 2010 (BGBl. I S. 1768).

[2] Nr. **100**.

[3] Die nach dem PostpersonalrechtsG errichteten Unterstützungskassen sind ab ihrer Gründung von der Gewerbesteuer befreit. § 4 d EStG ist nicht anzuwenden. Vgl. § 15 Abs. 2 PostpersonalrechtsG v. 14. 9. 1994 (BGBl. I S. 2325, 2353) idF des G v. 9. 11. 2004 (BGBl. I S. 2774).

Einrichtungen sind, wenn die Satzung der Einrichtung die Zahlung keiner höheren jährlichen Beiträge zulässt als das Zwölffache der Beiträge, die sich bei einer Beitragsbemessungsgrundlage in Höhe der doppelten monatlichen Beitragsbemessungsgrenze in der allgemeinen Rentenversicherung[1] ergeben würden. [2] Sind nach der Satzung der Einrichtung nur Pflichtmitgliedschaften sowie freiwillige Mitgliedschaften, die unmittelbar an eine Pflichtmitgliedschaft anschließen, möglich, so steht dies der Steuerbefreiung nicht entgegen, wenn die Satzung die Zahlung keiner höheren jährlichen Beiträge zulässt als das Fünfzehnfache der Beiträge, die sich bei einer Beitragsbemessungsgrundlage in Höhe der doppelten monatlichen Beitragsbemessungsgrenze in der allgemeinen Rentenversicherung[1] ergeben würden;

12. Gesellschaften, bei denen die Gesellschafter als Unternehmer (Mitunternehmer) anzusehen sind, sowie Erwerbs- und Wirtschaftsgenossenschaften, soweit die Gesellschaften und die Erwerbs- und Wirtschaftsgenossenschaften eine gemeinschaftliche Tierhaltung im Sinne des § 51 a des Bewertungsgesetzes[2] betreiben;
13. private Schulen und andere allgemein bildende oder berufsbildende Einrichtungen, soweit ihre Leistungen nach § 4 Nr. 21 des Umsatzsteuergesetzes von der Umsatzsteuer befreit sind;
14. Erwerbs- und Wirtschaftsgenossenschaften sowie Vereine, deren Tätigkeit sich auf den Betrieb der Land- und Forstwirtschaft beschränkt, wenn die Mitglieder der Genossenschaft oder dem Verein Flächen zur Nutzung oder für die Bewirtschaftung der Flächen erforderliche Gebäude überlassen und
    a) bei Genossenschaften das Verhältnis der Summe der Werte der Geschäftsanteile des einzelnen Mitglieds zu der Summe der Werte aller Geschäftsanteile,
    b) bei Vereinen das Verhältnis des Werts des Anteils an dem Vereinsvermögen, der im Fall der Auflösung des Vereins an das einzelne Mitglied fallen würde, zu dem Wert des Vereinsvermögens nicht wesentlich von dem Verhältnis abweicht, in dem der Wert der von dem einzelnen Mitglied zur Nutzung überlassenen Flächen und Gebäude zu dem Wert der insgesamt zur Nutzung überlassenen Flächen und Gebäude steht;
15. Erwerbs- und Wirtschaftsgenossenschaften sowie Vereine im Sinne des § 5 Abs. 1 Nr. 10 des Körperschaftsteuergesetzes, soweit sie von der Körperschaftsteuer befreit sind;
16. (weggefallen)
17.[3] die von den zuständigen Landesbehörden begründeten oder anerkannten gemeinnützigen Siedlungsunternehmen im Sinne des Reichssiedlungsgesetzes in der jeweils aktuellen Fassung oder entsprechender Landesgesetze, soweit diese Landesgesetze nicht wesentlich von den Bestimmungen des Reichssiedlungsgesetzes abweichen, und im Sinne der Bodenreform-

[1] Bezeichnung geänd. mWv EZ 2005 durch G v. 9. 12. 2004 (BGBl. I S. 3242).
[2] Nr. **200**.
[3] § 3 Nr. 17 geänd. mWv EZ 2008 durch G v. 19. 12. 2008 (BGBl. I S. 2794).

gesetze der Länder, soweit die Unternehmen im ländlichen Raum Siedlungs-, Agrarstrukturverbesserungs- und Landentwicklungsmaßnahmen mit Ausnahme des Wohnungsbaus durchführen. [2]Die Steuerbefreiung ist ausgeschlossen, wenn die Einnahmen des Unternehmens aus den in Satz 1 nicht bezeichneten Tätigkeiten die Einnahmen aus den in Satz 1 bezeichneten Tätigkeiten übersteigen;

18. (weggefallen)

19. der Pensions-Sicherungs-Verein Versicherungsverein auf Gegenseitigkeit, wenn er die für eine Befreiung von der Körperschaftsteuer erforderlichen Voraussetzungen erfüllt;

20.[1] Krankenhäuser, Altenheime, Altenwohnheime, Pflegeheime, Einrichtungen zur vorübergehenden Aufnahme pflegebedürftiger Personen und Einrichtungen zur ambulanten Pflege kranker und pflegebedürftiger Personen [***ab EZ 2015:*** sowie Einrichtungen zur ambulanten oder stationären Rehabilitation], wenn

   a) diese Einrichtungen von juristischen Personen des öffentlichen Rechts betrieben werden oder

   b) bei Krankenhäusern im Erhebungszeitraum die in § 67 Abs. 1 oder 2 der Abgabenordnung bezeichneten Voraussetzungen erfüllt worden sind oder

   c) bei Altenheimen, Altenwohnheimen und Pflegeheimen im Erhebungszeitraum mindestens 40 Prozent der Leistungen den in § 61 Abs. 1 des Zwölften Buches Sozialgesetzbuch[2] oder den in § 53 Nr. 2 der Abgabenordnung[3] genannten Personen zugute gekommen sind oder

   d) bei Einrichtungen zur vorübergehenden Aufnahme pflegebedürftiger Personen und bei Einrichtungen zur ambulanten Pflege kranker und pflegebedürftiger Personen im Erhebungszeitraum die Pflegekosten in mindestens 40 Prozent der Fälle von den gesetzlichen Trägern der Sozialversicherung oder Sozialhilfe ganz oder zum überwiegenden Teil getragen worden sind oder

   [***ab EZ 2015:***

   e) bei Einrichtungen zur ambulanten oder stationären Rehabilitation die Behandlungskosten in mindestens 40 Prozent der Fälle von den gesetzlichen Trägern der Sozialversicherung oder Sozialhilfe ganz oder zum überwiegenden Teil getragen worden sind. [2]Satz 1 ist nur anzuwenden, soweit die Einrichtung Leistungen im Rahmen der verordneten ambulanten oder stationären Rehabilitation im Sinne des Sozialrechts einschließlich der Beihilfevorschriften des Bundes und der Länder erbringt;]

21. Entschädigungs- und Sicherungseinrichtungen im Sinne des § 5 Abs. 1 Nr. 16 des Körperschaftsteuergesetzes, soweit sie von der Körperschaftsteuer befreit sind;

---

[1] § 3 Nr. 20 Satzteil vor Buchst. a ergänzt, Buchst. e angef. mWv EZ 2015 durch G v. 25. 7. 2014 (BGBl. I S. 1266).

[2] Verweis geänd. durch G v. 27. 12. 2003 (BGBl. I S. 3022).

[3] Nr. **800**.

22. Bürgschaftsbanken (Kreditgarantiegemeinschaften), wenn sie von der Körperschaftsteuer befreit sind;

23. Unternehmensbeteiligungsgesellschaften, die nach dem Gesetz über Unternehmensbeteiligungsgesellschaften anerkannt sind. [2]Für Unternehmensbeteiligungsgesellschaften im Sinne des § 25 Abs. 1 des Gesetzes über Unternehmensbeteiligungsgesellschaften haben der Widerruf der Anerkennung und der Verzicht auf die Anerkennung Wirkung für die Vergangenheit, wenn nicht Aktien der Unternehmensbeteiligungsgesellschaft öffentlich angeboten worden sind; Entsprechendes gilt, wenn eine solche Gesellschaft nach § 25 Abs. 3 des Gesetzes über Unternehmensbeteiligungsgesellschaften die Anerkennung als Unternehmensbeteiligungsgesellschaft verliert. [3]Für offene Unternehmensbeteiligungsgesellschaften im Sinne des § 1 a Abs. 2 Satz 1[1)] des Gesetzes über Unternehmensbeteiligungsgesellschaften haben der Widerruf der Anerkennung und der Verzicht auf die Anerkennung innerhalb der in § 7 Abs. 1 Satz 1 des Gesetzes über Unternehmensbeteiligungsgesellschaften genannten Frist Wirkung für die Vergangenheit. [4]Bescheide über die Anerkennung, die Rücknahme oder den Widerruf der Anerkennung und über die Feststellung, ob Aktien der Unternehmensbeteiligungsgesellschaft im Sinne des § 25 Abs. 1 des Gesetzes über Unternehmensbeteiligungsgesellschaften öffentlich angeboten worden sind, sind Grundlagenbescheide im Sinne der Abgabenordnung; die Bekanntmachung der Aberkennung der Eigenschaft als Unternehmensbeteiligungsgesellschaft nach § 25 Abs. 3 des Gesetzes über Unternehmensbeteiligungsgesellschaften steht einem Grundlagenbescheid gleich;

24. die folgenden Kapitalbeteiligungsgesellschaften für die mittelständische Wirtschaft, soweit sich deren Geschäftsbetrieb darauf beschränkt, im öffentlichen Interesse mit Eigenmitteln oder mit staatlicher Hilfe Beteiligungen zu erwerben, wenn der von ihnen erzielte Gewinn ausschließlich und unmittelbar für die satzungsmäßigen Zwecke der Beteiligungsfinanzierung verwendet wird: Mittelständische Beteiligungsgesellschaft Baden-Württemberg GmbH, Kapitalbeteiligungsgesellschaft für die mittelständische Wirtschaft Bayerns mbH, MBG Mittelständische Beteiligungsgesellschaft Hessen GmbH, Mittelständische Beteiligungsgesellschaft Niedersachsen (MBG) mbH, Kapitalbeteiligungsgesellschaft für die mittelständische Wirtschaft in Nordrhein-Westfalen mbH, MBG Mittelständische Beteiligungsgesellschaft Rheinland-Pfalz mbH, Wagnisfinanzierungsgesellschaft für Technologieförderung in Rheinland-Pfalz mbH (WFT), Saarländische Kapitalbeteiligungsgesellschaft mbH, Gesellschaft für Wagniskapital Mittelständische Beteiligungsgesellschaft Schleswig-Holstein Gesellschaft mit beschränkter Haftung – MBG, Technologie-Beteiligungs-Gesellschaft mbH der Deutschen Ausgleichsbank, bgb Beteiligungsgesellschaft Berlin mbH für kleine und mittlere Betriebe, Mittelständische Beteiligungsgesellschaft Berlin-Brandenburg mbH, Mittelständische Beteiligungsgesellschaft Mecklenburg-Vorpommern mbH, Mittelständische Beteiligungsgesellschaft Sachsen mbH, Mittelständische Beteiligungsgesellschaft

[1)] § 3 Nr. 23 Satz 3 Verweis geänd. durch G v. 12. 8. 2008 (BGBl. I S. 1672).

Anhalt mbH, Wagnisbeteiligungsgesellschaft Sachsen-Anhalt mbH, eiligungsgesellschaft Sachsen-Anhalt mbH[1]), Mittelständische Be- gsgesellschaft Thüringen (MBG) mbH;

aftsförderungsgesellschaften, wenn sie von der Körperschaftsteuer sind;

nthafenbetriebe im Sinne des § 1 des Gesetzes über die Schaffung besonderen Arbeitgebers für Hafenarbeiter vom 3. August 1950 Bl. S. 352), soweit sie von der Körperschaftsteuer befreit sind;

sammenschlüsse im Sinne des § 5 Abs. 1 Nr. 20 des Körperschaft- uergesetzes, soweit sie von der Körperschaftsteuer befreit sind;

ie Arbeitsgemeinschaften Medizinischer Dienst der Krankenversicherung m Sinne des § 278 des Fünften Buches Sozialgesetzbuch und der Medizinische Dienst der Spitzenverbände der Krankenkassen im Sinne des § 282 des Fünften Buches Sozialgesetzbuch, soweit sie von der Körperschaftsteuer befreit sind;

29. gemeinsame Einrichtungen im Sinne des § 5 Abs. 1 Nr. 22 des Körperschaftsteuergesetzes, soweit sie von der Körperschaftsteuer befreit sind;

30.[2]) die Auftragsforschung im Sinne des § 5 Abs. 1 Nr. 23 des Körperschaftsteuergesetzes, soweit sie von der Körperschaftsteuer befreit ist;

31.[3]) die Global Legal Entity Identifier Stiftung, soweit sie von der Körperschaftsteuer befreit ist.

§ 4 Hebeberechtigte Gemeinde. (1) [1]Die stehenden Gewerbebetriebe unterliegen der Gewerbesteuer in der Gemeinde, in der eine Betriebsstätte zur Ausübung des stehenden Gewerbes unterhalten wird. [2]Befinden sich Betriebsstätten desselben Gewerbebetriebs in mehreren Gemeinden oder erstreckt sich eine Betriebsstätte über mehrere Gemeinden, so wird die Gewerbesteuer in jeder Gemeinde nach dem Teil des Steuermessbetrags erhoben, der auf sie entfällt.

(2)[4]) [1]Für Betriebsstätten in gemeindefreien Gebieten bestimmt die Landesregierung durch Rechtsverordnung, wer die nach diesem Gesetz den Gemeinden zustehenden Befugnisse ausübt. [*ab EZ 2015:* [2]Der in § 2 Absatz 7 Nummer 1 bezeichnete Anteil am Festlandsockel und an der ausschließlichen Wirtschaftszone ist gemeindefreies Gebiet. [3]In Fällen von Satz 2 bestimmt sich die zuständige Landesregierung im Sinne des Satzes 1 unter entsprechender Anwendung des § 22 a der Abgabenordnung.]

(3)[5]) [1]Für Betriebsstätten im nicht zur Bundesrepublik Deutschland gehörenden Teil eines grenzüberschreitenden Gewerbegebiets im Sinne des § 2 *Abs. 7 Nr. 2* [***ab EZ 2016:*** Absatz 7 Nummer 3] ist die Gemeinde hebeberechtigt, in der der zur Bundesrepublik Deutschland gehörende Teil des grenzüber-

---

[1]) Eingef. mWv EZ 2000 durch G v. 15. 12. 2003 (BGBl. I S. 2645).

[2]) § 3 Nr. 30 angef. durch G v. 15. 12. 2003 (BGBl. I S. 2645).

[3]) § 3 Nr. 31 angef. durch G v. 22. 12. 2014 (BGBl. I S. 2417); zur Anwendung siehe § 36 Abs. 2 Satz 3.

[4]) § 4 Abs. 2 Sätze 2 und 3 angef. mWv EZ 2015 durch G v. 25. 7. 2014 (BGBl. I S. 1266).

[5]) § 4 Abs. 3 angef. mWv EZ 2004 durch G v. 15. 12. 2004 (BGBl. II S. 1653); Verweis geänd. mWv EZ 2016 durch G v. 2. 11. 2015 (BGBl. I S. 1834).

schreitenden Gewerbegebiets liegt. 2 Liegt der zur Bundesrepublik D gehörende Teil in mehreren Gemeinden, gilt Absatz 2 entsprechend.

§ 5 Steuerschuldner. (1)[1] 1 Steuerschuldner ist der Unternehmer. 2 A ternehmer gilt der, für dessen Rechnung das Gewerbe betrieben wird. 3 I Tätigkeit einer Personengesellschaft Gewerbebetrieb, so ist Steuerschuldner Gesellschaft. 4 Wird das Gewerbe in der Rechtsform einer Europäischen wi schaftlichen Interessenvereinigung mit Sitz im Geltungsbereich der Verordnun (EWG) Nr. 2137/85 des Rates vom 25. Juli 1985 über die Schaffung einer Europäischen wirtschaftlichen Interessenvereinigung (EWIV) (ABl. L 199 vom 31. 7. 1985, S. 1) betrieben, sind abweichend von Satz 3 die Mitglieder Gesamtschuldner.

(2) 1 Geht ein Gewerbebetrieb im Ganzen auf einen anderen Unternehmer über (§ 2 Abs. 5), so ist der bisherige Unternehmer bis zum Zeitpunkt des Übergangs Steuerschuldner. 2 Der andere Unternehmer ist von diesem Zeitpunkt an Steuerschuldner.

§ 6 Besteuerungsgrundlage. Besteuerungsgrundlage für die Gewerbesteuer ist der Gewerbeertrag.

Abschnitt II. Bemessung der Gewerbesteuer

§ 7[2] Gewerbeertrag. 1 Gewerbeertrag ist der nach den Vorschriften des Einkommensteuergesetzes oder des Körperschaftsteuergesetzes zu ermittelnde Gewinn aus dem Gewerbebetrieb, der bei der Ermittlung des Einkommens für den dem Erhebungszeitraum (§ 14) entsprechenden Veranlagungszeitraum zu berücksichtigen ist, vermehrt und vermindert um die in den §§ 8 und 9 bezeichneten Beträge. 2 Zum Gewerbeertrag gehört auch der Gewinn aus der Veräußerung oder Aufgabe

1. des Betriebs oder eines Teilbetriebs einer Mitunternehmerschaft,
2. des Anteils eines Gesellschafters, der als Unternehmer (Mitunternehmer) des Betriebs einer Mitunternehmerschaft anzusehen ist,
3. des Anteils eines persönlich haftenden Gesellschafters einer Kommanditgesellschaft auf Aktien,

soweit er nicht auf eine natürliche Person als unmittelbar beteiligter Mitunternehmer entfällt. 3 Der nach § 5 a des Einkommensteuergesetzes ermittelte Gewinn und das nach § 8 Abs. 1 Satz 3[3] des Körperschaftsteuergesetzes ermittelte Einkommen gelten als Gewerbeertrag nach Satz 1. 4 § 3 Nr. 40 und § 3 c Abs. 2 des Einkommensteuergesetzes sind bei der Ermittlung des Gewerbeertrags einer Mitunternehmerschaft anzuwenden, soweit an der Mitunternehmerschaft natürliche Personen unmittelbar oder mittelbar über eine oder mehrere Personengesellschaften beteiligt sind; im Übrigen ist § 8 b des Körperschaftsteuergesetzes anzuwenden. 5 Bei der Ermittlung des Gewerbeertrags einer Kapitalgesellschaft, auf die § 8 Abs. 7 Satz 1 Nr. 2 des Körper-

---

[1] *§ 5 Abs. 1 Satz 4* geänd. durch G v. 8. 12. 2010 (BGBl. I S. 1768).

[2] § 7 Satz 4 angef. mWv EZ 2004 durch G v. 9. 12. 2004 (BGBl. I S. 3310); Satz 5 angef. mWv EZ 2009 durch G v. 19. 12. 2008 (BGBl. I S. 2794).

[3] § 7 Satz 3 Zitat geänd. durch G v. 19. 12. 2008 (BGBl. I S. 2794).

schaftsteuergesetzes anzuwenden ist, ist § 8 Abs. 9 Satz 1 bis 3 des Körperschaftssteuergesetzes entsprechend anzuwenden; ein sich danach bei der jeweiligen Sparte im Sinne des § 8 Abs. 9 Satz 1 des Körperschaftsteuergesetzes ergebender negativer Gewerbeertrag darf nicht mit einem positiven Gewerbeertrag aus einer anderen Sparte im Sinne des § 8 Abs. 9 Satz 1 des Körperschaftsteuergesetzes ausgeglichen werden. [6] § 50d Abs. 10 des Einkommensteuergesetzes ist bei der Ermittlung des Gewerbeertrags entsprechend anzuwenden.[1)]

§ 8 Hinzurechnungen. Dem Gewinn aus Gewerbebetrieb (§ 7) werden folgende Beträge wieder hinzugerechnet, soweit sie bei der Ermittlung des Gewinns abgesetzt worden sind:

1.[2)] Ein Viertel der Summe aus

a) Entgelten für Schulden. [2] Als Entgelt gelten auch der Aufwand aus nicht dem gewöhnlichen Geschäftsverkehr entsprechenden gewährten Skonti oder wirtschaftlich vergleichbaren Vorteilen im Zusammenhang mit der Erfüllung von Forderungen aus Lieferungen und Leistungen vor Fälligkeit sowie die Diskontbeträge bei der Veräußerung von Wechsel- und anderen Geldforderungen. [3] Soweit Gegenstand der Veräußerung eine Forderung aus einem schwebenden Vertragsverhältnis ist, gilt die Differenz zwischen dem Wert der Forderung aus dem schwebenden Vertragsverhältnis, wie ihn die Vertragsparteien im Zeitpunkt des Vertragsschlusses der Veräußerung zugrunde gelegt haben, und dem vereinbarten Veräußerungserlös als bei der Ermittlung des Gewinns abgesetzt,

b) Renten und dauernden Lasten. [2] Pensionszahlungen auf Grund einer unmittelbar vom Arbeitgeber erteilten Versorgungszusage gelten nicht als dauernde Last im Sinne des Satzes 1,

c) Gewinnanteilen des stillen Gesellschafters,

d) einem Fünftel der Miet- und Pachtzinsen (einschließlich Leasingraten) für die Benutzung von beweglichen Wirtschaftsgütern des Anlagevermögens, die im Eigentum eines anderen stehen,

e) der Hälfte[3)] der Miet- und Pachtzinsen (einschließlich Leasingraten) für die Benutzung der unbeweglichen Wirtschaftsgüter des Anlagevermögens, die im Eigentum eines anderen stehen, und

f) einem Viertel der Aufwendungen für die zeitlich befristete Überlassung von Rechten (insbesondere Konzessionen und Lizenzen, mit Ausnahme von Lizenzen, die ausschließlich dazu berechtigen, daraus abgeleitete Rechte Dritten zu überlassen). [2] Eine Hinzurechnung nach Satz 1 ist nicht vorzunehmen auf Aufwendungen, die nach § 25 des Künstlersozialversicherungsgesetzes Bemessungsgrundlage für die Künstlersozialabgabe sind,

soweit die Summe den Betrag von 100 000 Euro übersteigt;

[1)] § 7 Satz 6 angef. mWv EZ 2009 durch G v. 19. 12. 2008 (BGBl. I S. 2794); Satz 6 ist auch für EZ vor 2009 anzuwenden (§ 36 Abs. 5 Satz 2 a. F.).

[2)] § 8 Nr. 1 neu gef. mWv EZ 2008 durch G v. 14. 8. 2007 (BGBl. I S. 1912).

[3)] § 8 Nr. 1 Buchst. e geänd. mWv EZ 2010 durch G v. 22. 12. 2009 (BGBl. I S. 3950).

2., 3.[1] *(aufgehoben)*

4. die Gewinnanteile, die an persönlich haftende Gesellschafter einer Kommanditgesellschaft auf Aktien auf ihre nicht auf das Grundkapital gemachten Einlagen oder als Vergütung (Tantieme) für die Geschäftsführung verteilt worden sind;

5. die nach § 3 Nr. 40 des Einkommensteuergesetzes oder § 8b Abs. 1 des Körperschaftsteuergesetzes[2] außer Ansatz bleibenden Gewinnanteile (Dividenden) und die diesen gleichgestellten Bezüge und erhaltenen Leistungen aus Anteilen an einer Körperschaft, Personenvereinigung oder Vermögensmasse im Sinne des Körperschaftsteuergesetzes, soweit sie nicht die Voraussetzungen des § 9 Nr. 2a oder 7 erfüllen, nach Abzug der mit diesen Einnahmen, Bezügen und erhaltenen Leistungen in wirtschaftlichem Zusammenhang stehenden Betriebsausgaben, soweit sie nach § 3c Abs. 2[3] des Einkommensteuergesetzes und § 8b Abs. 5 und 10[4] des Körperschaftsteuergesetzes unberücksichtigt bleiben. [2]Dies gilt nicht für Gewinnausschüttungen, die unter § 3 Nr. 41 Buchstabe a des Einkommensteuergesetzes fallen;

6. (weggefallen)

7.[1] *(aufgehoben)*

8. die Anteile am Verlust einer in- oder ausländischen offenen Handelsgesellschaft, einer Kommanditgesellschaft oder einer anderen Gesellschaft, bei der die Gesellschafter als Unternehmer (Mitunternehmer) des Gewerbebetriebs anzusehen sind;

9. die Ausgaben im Sinne des § 9 Abs. 1 Nr. 2 des Körperschaftsteuergesetzes[2];

10. Gewinnminderungen, die
    a) durch Ansatz des niedrigeren Teilwerts des Anteils an einer Körperschaft oder
    b) durch Veräußerung oder Entnahme des Anteils an einer Körperschaft oder bei Auflösung oder Herabsetzung des Kapitals der Körperschaft

    entstanden sind, soweit der Ansatz des niedrigeren Teilwerts oder die sonstige Gewinnminderung auf Gewinnausschüttungen der Körperschaft, um die der Gewerbeertrag nach § 9 Nr. 2a, 7 oder 8 zu kürzen ist, oder organschaftliche Gewinnabführungen der Körperschaft zurückzuführen ist;

11. (weggefallen)

12. ausländische Steuern, die nach § 34c des Einkommensteuergesetzes[5] oder nach einer Bestimmung, die § 34c des Einkommensteuergesetzes für entsprechend anwendbar erklärt, bei der Ermittlung der Einkünfte abgezogen werden, soweit sie auf Gewinne oder Gewinnanteile entfallen, die bei der Ermittlung des Gewerbeertrags außer Ansatz gelassen oder nach § 9 gekürzt werden.

---

[1] § 8 Nrn. 2, 3 und 7 aufgeh. mWv EZ 2008 durch G v. 14. 8. 2007 (BGBl. I S. 1912).
[2] Nr. **100**.
[3] Verweis geänd. mWv EZ 2004 durch G v. 22. 12. 2003 (BGBl. I S. 2840).
[4] Verweis ergänzt durch G v. 14. 8. 2007 (BGBl. I S. 1912).
[5] Nr. **1**.

§ 8 a.[1] *(aufgehoben)*

§ 9[2] **Kürzungen.** Die Summe des Gewinns und der Hinzurechnungen wird gekürzt um

1.[3] 1,2 Prozent des Einheitswerts des zum Betriebsvermögen des Unternehmers gehörenden und nicht von der Grundsteuer befreiten Grundbesitzes; maßgebend ist der Einheitswert, der auf den letzten Feststellungszeitpunkt (Hauptfeststellungs-, Fortschreibungs- oder Nachfeststellungszeitpunkt) vor dem Ende des Erhebungszeitraums (§ 14) lautet. [2]An Stelle der Kürzung nach Satz 1 tritt auf Antrag bei Unternehmen, die ausschließlich eigenen Grundbesitz oder neben eigenem Grundbesitz eigenes Kapitalvermögen verwalten und nutzen oder daneben Wohnungsbauten betreuen oder Einfamilienhäuser, Zweifamilienhäuser oder Eigentumswohnungen im Sinne des Ersten Teils des Wohnungseigentumsgesetzes in der im Bundesgesetzblatt Teil III, Gliederungsnummer 403–1, veröffentlichten bereinigten Fassung, zuletzt geändert durch Artikel 28 des Gesetzes vom 14. Dezember 1984 (BGBl. I S. 1493), errichten und veräußern, die Kürzung um den Teil des Gewerbeertrags, der auf die Verwaltung und Nutzung des eigenen Grundbesitzes entfällt. [3]Satz 2 gilt entsprechend, wenn in Verbindung mit der Errichtung und Veräußerung von Eigentumswohnungen Teileigentum im Sinne des Wohnungseigentumsgesetzes errichtet und veräußert wird und das Gebäude zu mehr als 66 2/3 Prozent Wohnzwecken dient. [4]Betreut ein Unternehmen auch Wohnungsbauten oder veräußert es auch Einfamilienhäuser, Zweifamilienhäuser oder Eigentumswohnungen, so ist Voraussetzung für die Anwendung des Satzes 2, dass der Gewinn aus der Verwaltung und Nutzung des eigenen Grundbesitzes gesondert ermittelt wird. [5]Die Sätze 2 und 3 gelten nicht,

   1. wenn der Grundbesitz ganz oder zum Teil dem Gewerbebetrieb eines Gesellschafters oder Genossen dient,

   1 a.[4] soweit der Gewerbeertrag Vergütungen im Sinne des § 15 Absatz 1 Satz 1 Nummer 2 Satz 1 des Einkommensteuergesetzes enthält, die der Gesellschafter von der Gesellschaft für seine Tätigkeit im Dienst der Gesellschaft oder für die Hingabe von Darlehen oder für die Überlassung von Wirtschaftsgütern, mit Ausnahme der Überlassung von Grundbesitz, bezogen hat. [***ab EZ 2015:*** [2]Satz 1 ist auch auf Vergütungen anzuwenden, die vor dem 19. Juni 2008 erstmals vereinbart worden sind, wenn die Vereinbarung nach diesem Zeitpunkt wesentlich geändert wird,] oder

   2. soweit der Gewerbeertrag Gewinne aus der Aufdeckung stiller Reserven aus dem Grundbesitz enthält, der innerhalb von drei Jahren vor der Aufdeckung der stillen Reserven zu einem unter dem Teilwert liegenden

---

[1] § 8 a eingef. mWv EZ 2003 durch G v. 16. 5. 2003 (BGBl. I S. 660) und aufgeh. mWv EZ 2004 durch G v. 23. 12. 2003 (BGBl. I S. 2922).

[2] § 9 Nr. 1 bish. Satz 5 ersetzt durch Sätze 5 und 6 mWv EZ 2004 durch G v. 9. 12. 2004 (BGBl. I S. 3310).

[3] § 9 Nr. 1 Satz 1 geänd. mWv EZ 2008 durch G v. 14. 8. 2007 (BGBl. I S. 1912).

[4] § 9 Nr. 1 Satz 5 Nr. 1 a eingef. durch G v. 19. 12. 2008 (BGBl. I S. 2794); Satz 2 angef. mWv EZ 2015 durch G v. 25. 7. 2014 (BGBl. I S. 1266).

Wert in das Betriebsvermögen des aufdeckenden Gewerbebetriebs überführt oder übertragen worden ist, und soweit diese Gewinne auf bis zur Überführung oder Übertragung entstandene stille Reserven entfallen.

6 Eine Kürzung nach den Sätzen 2 und 3 ist ausgeschlossen für den Teil des Gewerbeertrags, der auf Veräußerungs- oder Aufgabegewinne im Sinne des § 7 Satz 2 Nr. 2 und 3 entfällt;

2.[1] die Anteile am Gewinn einer in- oder ausländischen offenen Handelsgesellschaft, einer Kommanditgesellschaft oder einer anderen Gesellschaft, bei der die Gesellschafter als Unternehmer (Mitunternehmer) des Gewerbebetriebs anzusehen sind, wenn die Gewinnanteile bei der Ermittlung des Gewinns angesetzt worden sind. 2 Satz 1 ist bei Lebens- und Krankenversicherungsunternehmen nicht anzuwenden; für Pensionsfonds gilt Entsprechendes;

2a.[2]·[3] die Gewinne aus Anteilen an einer nicht steuerbefreiten inländischen Kapitalgesellschaft im Sinne des § 2 Abs. 2, einer Kredit- oder Versicherungsanstalt des öffentlichen Rechts[4], einer Erwerbs- und Wirtschaftsgenossenschaft oder einer Unternehmensbeteiligungsgesellschaft im Sinne des § 3 Nr. 23, wenn die Beteiligung zu Beginn des Erhebungszeitraums mindestens 15 Prozent[5] des Grund- oder Stammkapitals beträgt und die Gewinnanteile bei Ermittlung des Gewinns (§ 7) angesetzt worden sind. 2 Ist ein Grund- oder Stammkapital nicht vorhanden, so ist die Beteiligung an dem Vermögen, bei Erwerbs- und Wirtschaftsgenossenschaften die Beteiligung an der Summe der Geschäftsguthaben, maßgebend. 3 Im unmittelbaren Zusammenhang mit Gewinnanteilen stehende Aufwendungen mindern den Kürzungsbetrag, soweit entsprechende Beteiligungserträge zu berücksichtigen sind; insoweit findet § 8 Nr. 1 keine Anwendung. 4 Nach § 8b Abs. 5 des Körperschaftsteuergesetzes nicht abziehbare Betriebsausgaben sind keine Gewinne aus Anteilen im Sinne des Satzes 1. 5 Satz 1 ist bei Lebens- und Krankenversicherungsunternehmen auf Gewinne aus Anteilen, die den Kapitalanlagen zuzurechnen sind, nicht anzuwenden; für Pensionsfonds gilt Entsprechendes;

2b. die nach § 8 Nr. 4 dem Gewerbeertrag einer Kommanditgesellschaft auf Aktien hinzugerechneten Gewinnanteile, wenn sie bei der Ermittlung des Gewinns (§ 7) angesetzt worden sind;

3. den Teil des Gewerbeertrags eines inländischen Unternehmens, der auf eine nicht im Inland belegene Betriebsstätte entfällt. 2 Bei Unternehmen, die ausschließlich den Betrieb von eigenen oder gecharterten Handelsschiffen im internationalen Verkehr zum Gegenstand haben, gelten

---

[1] § 9 Nr. 2 Satz 1 geänd. mWv EZ 2003 durch G v. 16. 5. 2003 (BGBl. I S. 660), Satz 1 HS 2 aufgeh. mWv EZ 2004 durch G v. 23. 12. 2003 (BGBl. I S. 2922), Satz 2 angef. mWv EZ 2004 durch G v. 22. 12. 2003 (BGBl. I S. 2840).

[2] § 9 Nr. 2a Satz 3 (jetziger Satz 5) angef. mWv EZ 2004 durch G v. 22. 12. 2003 (BGBl. I S. 2840).

[3] § 9 Nr. 2a Sätze 3 und 4 eingef. mWv EZ 2006 durch G v. 13. 12. 2006 (BGBl. I S. 2878).

[4] § 9 Nr. 2a Satz 1 geänd. mWv EZ 2008 durch G v. 19. 12. 2008 (BGBl. I S. 2794).

[5] § 9 Nr. 2a Satz 1 geänd. mWv EZ 2008 durch G v. 14. 8. 2007 (BGBl. I S. 1912).

80 Prozent des Gewerbeertrags als auf eine nicht im Inland belegene Betriebsstätte entfallend. [3]Ist Gegenstand eines Betriebs nicht ausschließlich der Betrieb von Handelsschiffen im internationalen Verkehr, so gelten 80 Prozent des Teils des Gewerbeertrags, der auf den Betrieb von Handelsschiffen im internationalen Verkehr entfällt, als auf eine nicht im Inland belegene Betriebsstätte entfallend; in diesem Fall ist Voraussetzung, dass dieser Teil gesondert ermittelt wird. [4]Handelsschiffe werden im internationalen Verkehr betrieben, wenn eigene oder gecharterte Handelsschiffe im Wirtschaftsjahr überwiegend zur Beförderung von Personen und Gütern im Verkehr mit oder zwischen ausländischen Häfen, innerhalb eines ausländischen Hafens oder zwischen einem ausländischen Hafen und der freien See eingesetzt werden. [5]Für die Anwendung der Sätze 2 bis 4 gilt § 5 a Abs. 2 Satz 2 des Einkommensteuergesetzes entsprechend;

4.[1)] *(aufgehoben)*

5.[2)] die aus den Mitteln des Gewerbebetriebs geleisteten Zuwendungen (Spenden und Mitgliedsbeiträge) zur Förderung steuerbegünstigter Zwecke im Sinne der §§ 52 bis 54 der Abgabenordnung[3)] bis zur Höhe von insgesamt 20 Prozent des um die Hinzurechnungen nach § 8 Nummer 9 erhöhten Gewinns aus Gewerbebetrieb (§ 7) oder 4 Promille der Summe der gesamten Umsätze und der im Wirtschaftsjahr aufgewendeten Löhne und Gehälter. [2]Voraussetzung für die Kürzung ist, dass diese Zuwendungen

a) an eine juristische Person des öffentlichen Rechts oder an eine öffentliche Dienststelle, die in einem Mitgliedstaat der Europäischen Union oder in einem Staat belegen ist, auf den das Abkommen über den Europäischen Wirtschaftsraum (EWR-Abkommen) Anwendung findet, oder

b) an eine nach § 5 Absatz 1 Nummer 9 des Körperschaftsteuergesetzes[4)] steuerbefreite Körperschaft, Personenvereinigung oder Vermögensmasse oder

c) an eine Körperschaft, Personenvereinigung oder Vermögensmasse, die in einem Mitgliedstaat der Europäischen Union oder in einem Staat belegen ist, auf den das Abkommen über den Europäischen Wirtschaftsraum (EWR-Abkommen) Anwendung findet, und die nach § 5 Absatz 1 Nummer 9 des Körperschaftsteuergesetzes[4)] in Verbindung mit § 5 Absatz 2 Nummer 2 zweiter Halbsatz des Körperschaftsteuergesetzes[4)] steuerbefreit wäre, wenn sie inländische Einkünfte erzielen würde,

geleistet werden (Zuwendungsempfänger). [3]Für nicht im Inland ansässige Zuwendungsempfänger nach Satz 2 ist weitere Voraussetzung, dass durch diese Staaten Amtshilfe und Unterstützung bei der Beitreibung geleistet werden. [4]Amtshilfe ist der Auskunftsaustausch im Sinne oder entsprechend der Amtshilferichtlinie gemäß § 2 Absatz 2 des EU-Amtshilfegesetzes[5)].

[1)] § 9 Nr. 4 aufgeh. durch G v. 14. 8. 2007 (BGBl. I S. 1912); Nr. 4 ist letztmals für EZ 2007 anzuwenden.

[2)] § 9 Nr. 5 neu gef. durch G v. 8. 4. 2010 (BGBl. I S. 386).

[3)] Nr. **800**.

[4)] Nr. **100**.

[5)] § 9 Nr. 5 Satz 4 geänd. mWv EZ 2013 durch G v. 26. 6. 2013 (BGBl. I S. 1809).

[5]Beitreibung ist die gegenseitige Unterstützung bei der Beitreibung von Forderungen im Sinne oder entsprechend der Beitreibungsrichtlinie[1)] einschließlich der in diesem Zusammenhang anzuwendenden Durchführungsbestimmungen in den für den jeweiligen Veranlagungszeitraum geltenden Fassungen oder eines entsprechenden Nachfolgerechtsaktes. [6]Werden die steuerbegünstigten Zwecke des Zuwendungsempfängers im Sinne von Satz 2 Buchstabe a nur im Ausland verwirklicht, ist für eine Kürzung nach Satz 1 Voraussetzung, dass natürliche Personen, die ihren Wohnsitz oder ihren gewöhnlichen Aufenthalt im Geltungsbereich dieses Gesetzes haben, gefördert werden oder dass die Tätigkeit dieses Zuwendungsempfängers neben der Verwirklichung der steuerbegünstigten Zwecke auch zum Ansehen der Bundesrepublik Deutschland beitragen kann.[2)] [7]In die Kürzung nach Satz 1 sind auch Mitgliedsbeiträge an Körperschaften einzubeziehen, die Kunst und Kultur gemäß § 52 Absatz 2 Nummer 5 der Abgabenordnung fördern, soweit es sich nicht um Mitgliedsbeiträge nach Satz 11 Nummer 2 handelt, auch wenn den Mitgliedern Vergünstigungen gewährt werden. [8]Überschreiten die geleisteten Zuwendungen die Höchstsätze nach Satz 1, kann die Kürzung im Rahmen der Höchstsätze nach Satz 1 in den folgenden Erhebungszeiträumen vorgenommen werden. [9]Einzelunternehmen und Personengesellschaften können auf Antrag neben der Kürzung nach Satz 1 eine Kürzung um die im Erhebungszeitraum *in den Vermögensstock einer Stiftung,* [***ab EZ 2013:*** in das zu erhaltende Vermögen (Vermögensstock) einer Stiftung,][3)] die die Voraussetzungen der Sätze 2 bis 6 erfüllt, geleisteten Spenden in diesem und in den folgenden neun Erhebungszeiträumen bis zu einem Betrag von 1 Million Euro vornehmen. [***ab EZ 2013:*** [10]Nicht abzugsfähig nach Satz 9 sind Spenden in das verbrauchbare Vermögen einer Stiftung.][4)] [11]Der besondere Kürzungsbetrag nach Satz 9 kann der Höhe nach innerhalb des Zehnjahreszeitraums nur einmal in Anspruch genommen werden. [12]Eine Kürzung nach den Sätzen 1 bis 10 ist ausgeschlossen, soweit auf die geleisteten Zuwendungen § 8 Abs. 3 des Körperschaftsteuergesetzes[5)] anzuwenden ist oder soweit Mitgliedsbeiträge an Körperschaften geleistet werden, die

1. den Sport (§ 52 Abs. 2 Nr. 21 der Abgabenordnung[6)]),
2. kulturelle Betätigungen, die in erster Linie der Freizeitgestaltung dienen,
3. die Heimatpflege und Heimatkunde (§ 52 Abs. 2 Nr. 22 der Abgabenordnung[6)]) oder
4. Zwecke im Sinne des § 52 Abs. 2 Nr. 23 der Abgabenordnung[6)]

fördern. [13]§ 10 b Absatz 3 und 4 Satz 1 sowie § 10 d Absatz 4 des Einkommensteuergesetzes[7)] und § 9 Absatz 2 Satz 2 bis 5 und Absatz 3 Satz 1 des

---

[1)] Bezeichnung geänd. mWv EZ 2012 durch G v. 7. 12. 2011 (BGBl. I S. 2592).

[2)] Zur Anwendung von § 9 Nr. 5 Satz 6 ab EZ 2010 siehe § 36 Abs. 8 b Satz 6 a. F.

[3)] § 9 Nr. 5 Satz 9 geänd. mWv EZ 2013 durch G v. 21. 3. 2013 (BGBl. I S. 556).

[4)] § 9 Nr. 5 Satz 10 eingef., bish. Sätze 11 bis 17 werden Sätze 12 bis 18 mWv EZ 2013 durch G v. 21. 3. 2013 (BGBl. I S. 556).

[5)] Nr. **100**.

[6)] Nr. **800**.

[7)] Nr. **1**.

Körperschaftsteuergesetzes[1)] [*ab EZ 2013:* , sowie die einkommensteuerrechtlichen Vorschriften zur Abziehbarkeit von Zuwendungen][2)] gelten entsprechend. [14] Wer vorsätzlich oder grob fahrlässig eine unrichtige Bestätigung über Spenden und Mitgliedsbeiträge ausstellt oder *wer*[3)] veranlasst, dass entsprechende Zuwendungen nicht zu den in der Bestätigung angegebenen steuerbegünstigten Zwecken verwendet werden (Veranlasserhaftung), haftet für die entgangene Gewerbesteuer. [15] In den Fällen der Veranlasserhaftung ist vorrangig der Zuwendungsempfänger in Anspruch zu nehmen; die natürlichen Personen, die in diesen Fällen für den Zuwendungsempfänger handeln, sind nur in Anspruch zu nehmen, wenn die entgangene Steuer nicht nach § 47 der Abgabenordnung[4)] erloschen ist und Vollstreckungsmaßnahmen gegen den Zuwendungsempfänger nicht erfolgreich sind; § 10 b Absatz 4 Satz 5 des Einkommensteuergesetzes[5)] gilt entsprechend. [16] Der Haftungsbetrag ist mit 15 Prozent der Zuwendungen anzusetzen und fließt der für den Spendenempfänger zuständigen Gemeinde zu, die durch sinngemäße Anwendung des § 20 der Abgabenordnung bestimmt wird. [17] Der Haftungsbetrag wird durch Haftungsbescheid des Finanzamts festgesetzt; die Befugnis der Gemeinde zur Erhebung der entgangenen Gewerbesteuer bleibt unberührt. [18] § 184 Abs. 3 der Abgabenordnung[4)] gilt sinngemäß.

6. (weggefallen)

7.[6)] die Gewinne aus Anteilen an einer Kapitalgesellschaft mit Geschäftsleitung und Sitz außerhalb des Geltungsbereichs dieses Gesetzes, an deren Nennkapital das Unternehmen seit Beginn des Erhebungszeitraums ununterbrochen mindestens zu 15 Prozent[7)] beteiligt ist (Tochtergesellschaft) und die ihre Bruttoerträge ausschließlich oder fast ausschließlich aus unter § 8 Abs. 1 Nr. 1 bis 6 des Außensteuergesetzes[8)] fallenden Tätigkeiten und aus Beteiligungen an Gesellschaften bezieht, an deren Nennkapital sie mindestens zu einem Viertel unmittelbar beteiligt ist, wenn die Beteiligungen ununterbrochen seit mindestens zwölf Monaten vor dem für die Ermittlung des Gewinns maßgebenden Abschlussstichtag bestehen und das Unternehmen nachweist, dass

   1. diese Gesellschaften Geschäftsleitung und Sitz in demselben Staat wie die Tochtergesellschaft haben und ihre Bruttoerträge ausschließlich oder fast ausschließlich aus den unter § 8 Abs. 1 Nr. 1 bis 6 des Außensteuergesetzes fallenden Tätigkeiten beziehen oder

---

1) Nr. **100**.

2) Klammerzusatz eingef. mWv EZ 2013 durch G v. 21. 3. 2013 (BGBl. I S. 556).

3) Kursiver Satzteil aufgeh. mWv EZ 2013 durch G v. 21. 3. 2013 (BGBl. I S. 556).

4) Nr. **800**.

5) Nr. **1**.

6) § 9 Nr. 7 Satz 6 (jetziger Satz 8) angef. mWv EZ 2004 durch G v. 22. 12. 2003 (BGBl. I S. 2840).

§ 9 Nr. 7 Sätze 2 und 3 eingef., Sätze 5, 6 und 8 (bish. Sätze 3, 4 und 6) geänd. durch G v. 13. 12. 2006 (BGBl. I S. 2878).

§ 9 Nr. 7 Satz 1 HS 2 neu gef. durch G v. 20. 12. 2007 (BGBl. I S. 3150).

7) § 9 Nr. 7 Satz 1 geänd. mWv EZ 2008 durch G v. 14. 8. 2007 (BGBl. I S. 1912).

8) Nr. **725**.

2. die Tochtergesellschaft die Beteiligungen in wirtschaftlichem Zusammenhang mit eigenen unter Absatz 1 Nr. 1 bis 6 fallenden Tätigkeiten hält und die Gesellschaft, an der die Beteiligung besteht, ihre Bruttoerträge ausschließlich oder fast ausschließlich aus solchen Tätigkeiten bezieht,

wenn die Gewinnanteile bei der Ermittlung des Gewinns (§ 7) angesetzt worden sind; das gilt auch für Gewinne aus Anteilen an einer Gesellschaft, die die in der Anlage 2 zum Einkommensteuergesetz genannten Voraussetzungen des Artikels 2 der Richtlinie 2011/96/EU des Rates vom 30. November 2011 über das gemeinsame Steuersystem der Mutter- und Tochtergesellschaften verschiedener Mitgliedstaaten (ABl. L 345 vom 29. 12. 2011, S. 8)[1] erfüllt, weder Geschäftsleitung noch Sitz im Inland hat und an deren Nennkapital das Unternehmen zu Beginn des Erhebungszeitraums mindestens zu einem Zehntel beteiligt ist. [2] § 9 Nr. 2a Satz 3 gilt entsprechend. [3] § 9 Nr. 2a Satz 4 gilt entsprechend. [4] Bezieht ein Unternehmen, das über eine Tochtergesellschaft mindestens zu 15 Prozent[2] an einer Kapitalgesellschaft mit Geschäftsleitung und Sitz außerhalb des Geltungsbereichs dieses Gesetzes (Enkelgesellschaft) mittelbar beteiligt ist, in einem Wirtschaftsjahr Gewinne aus Anteilen an der Tochtergesellschaft und schüttet die Enkelgesellschaft zu einem Zeitpunkt, der in dieses Wirtschaftsjahr fällt, Gewinne an die Tochtergesellschaft aus, so gilt auf Antrag des Unternehmens das Gleiche für den Teil der von ihm bezogenen Gewinne, der der nach seiner mittelbaren Beteiligung auf das Unternehmen entfallenden Gewinnausschüttung der Enkelgesellschaft entspricht. [5] Hat die Tochtergesellschaft in dem betreffenden Wirtschaftsjahr neben den Gewinnanteilen einer Enkelgesellschaft noch andere Erträge bezogen, so findet Satz 4 nur Anwendung für den Teil der Ausschüttung der Tochtergesellschaft, der dem Verhältnis dieser Gewinnanteile zu der Summe dieser Gewinnanteile und der übrigen Erträge entspricht, höchstens aber in Höhe des Betrags dieser Gewinnanteile. [6] Die Anwendung des Satzes 4 setzt voraus, dass

1. die Enkelgesellschaft in dem Wirtschaftsjahr, für das sie die Ausschüttung vorgenommen hat, ihre Bruttoerträge ausschließlich oder fast ausschließlich aus unter § 8 Abs. 1 Nr. 1 bis 6 des Außensteuergesetzes fallenden Tätigkeiten oder aus unter Satz 1 Nr. 1 fallenden Beteiligungen bezieht und
2. die Tochtergesellschaft unter den Voraussetzungen des Satzes 1 am Nennkapital der Enkelgesellschaft beteiligt ist.

[7] Die Anwendung der vorstehenden Vorschriften setzt voraus, dass das Unternehmen alle Nachweise erbringt, insbesondere

1. durch Vorlage sachdienlicher Unterlagen nachweist, dass die Tochtergesellschaft ihre Bruttoerträge ausschließlich oder fast ausschließlich aus unter § 8 Abs. 1 Nr. 1 bis 6 des Außensteuergesetzes fallenden Tätigkeiten oder aus unter Satz 1 Nr. 1 und 2 fallenden Beteiligungen bezieht,
2. durch Vorlage sachdienlicher Unterlagen nachweist, dass die Enkelgesellschaft ihre Bruttoerträge ausschließlich oder fast ausschließlich aus unter

---

[1] Verweis geänd. durch G v. 26. 6. 2013 (BGBl. I S. 1809); abgedruckt unter Nr. **2**.

[2] § 9 Nr. 7 Satz 4 geänd. mWv EZ 2008 durch G v. 14. 8. 2007 (BGBl. I S. 1912).

§ 8 Abs. 1 Nr. 1 bis 6 des Außensteuergesetzes fallenden Tätigkeiten oder aus unter Satz 1 Nr. 1 fallenden Beteiligungen bezieht,

3. den ausschüttbaren Gewinn der Tochtergesellschaft oder Enkelgesellschaft durch Vorlage von Bilanzen und Erfolgsrechnungen nachweist; auf Verlangen sind diese Unterlagen mit dem im Staat der Geschäftsleitung oder des Sitzes vorgeschriebenen oder üblichen Prüfungsvermerk einer behördlich anerkannten Wirtschaftsprüfungsstelle oder einer vergleichbaren Stelle vorzulegen.

[8]Die Sätze 1 bis 7 sind bei Lebens- und Krankenversicherungsunternehmen auf Gewinne aus Anteilen, die den Kapitalanlagen zuzurechnen sind, nicht anzuwenden; für Pensionsfonds gilt Entsprechendes;

8.[1)·2)] die Gewinne aus Anteilen an einer ausländischen Gesellschaft, die nach einem Abkommen zur Vermeidung der Doppelbesteuerung unter der Voraussetzung einer Mindestbeteiligung von der Gewerbesteuer befreit sind, wenn die Beteiligung mindestens 15 Prozent beträgt und die Gewinnanteile bei der Ermittlung des Gewinns (§ 7) angesetzt worden sind; ist in einem Abkommen zur Vermeidung der Doppelbesteuerung eine niedrigere Mindestbeteiligungsgrenze vereinbart, ist diese maßgebend. [2]§ 9 Nr. 2a Satz 3 gilt entsprechend. [3]§ 9 Nr. 2a Satz 4 gilt entsprechend. [4]Satz 1 ist bei Lebens- und Krankenversicherungsunternehmen auf Gewinne aus Anteilen, die den Kapitalanlagen zuzurechnen sind, nicht anzuwenden; für Pensionsfonds gilt Entsprechendes;

9. (weggefallen)

10.[3)] *(aufgehoben)*

§ 10 Maßgebender Gewerbeertrag. (1) Maßgebend ist der Gewerbeertrag, der in dem Erhebungszeitraum bezogen worden ist, für den der Steuermessbetrag (§ 14) festgesetzt wird.

(2) Weicht bei Unternehmen, die Bücher nach den Vorschriften des Handelsgesetzbuchs zu führen verpflichtet sind, das Wirtschaftsjahr, für das sie regelmäßig Abschlüsse machen, vom Kalenderjahr ab, so gilt der Gewerbeertrag als in dem Erhebungszeitraum bezogen, in dem das Wirtschaftsjahr endet.

§ 10 a[4)] Gewerbeverlust. [1]Der maßgebende Gewerbeertrag wird bis zu einem Betrag in Höhe von 1 Million Euro um die Fehlbeträge gekürzt, die sich bei der Ermittlung des maßgebenden Gewerbeertrags für die vorangegangenen Erhebungszeiträume nach den Vorschriften der §§ 7 bis 10 ergeben haben, soweit die Fehlbeträge nicht bei der Ermittlung des Gewerbeertrags für

---

[1)] § 9 Nr. 8 Satz 2 (jetz Satz 4) angef. mWv EZ 2004 durch G v. 22. 12. 2003 (BGBl. I S. 2840).

[2)] § 9 Nr. 8 Sätze 2 und 3 eingef. durch G v. 13. 12. 2006 (BGBl. I S. 2878); Satz 1 geänd. mWv EZ 2008 durch G v. 14. 8. 2007 (BGBl. I S. 1912).

[3)] § 9 Nr. 10 aufgeh. mWv EZ 2004 durch G v. 23. 12. 2003 (BGBl. I S. 2922).

[4)] § 10 a Satz 1 ersetzt durch Sätze 1 bis 3 mWv EZ 2004 durch G v. 23. 12. 2003 (BGBl. I S. 2922); Sätze 4 und 5 eingef. durch G v. 13. 12. 2006 (BGBl. I S. 2878); Satz 7 eingef. durch G v. 20. 12. 2007 (BGBl. I S. 3150).

die vorangegangenen Erhebungszeiträume berücksichtigt worden sind. [2]Der 1 Million Euro übersteigende maßgebende Gewerbeertrag ist bis zu 60 Prozent um nach Satz 1 nicht berücksichtigte Fehlbeträge der vorangegangenen Erhebungszeiträume zu kürzen. [3]Im Fall des § 2 Abs. 2 Satz 2 kann die Organgesellschaft den maßgebenden Gewerbeertrag nicht um Fehlbeträge kürzen, die sich vor dem rechtswirksamen Abschluss des Gewinnabführungsvertrags ergeben haben. [4]Bei einer Mitunternehmerschaft ist der sich für die Mitunternehmerschaft insgesamt ergebende Fehlbetrag den Mitunternehmern entsprechend dem sich aus dem Gesellschaftsvertrag ergebenden allgemeinen Gewinnverteilungsschlüssel zuzurechnen; Vorabgewinnanteile sind nicht zu berücksichtigen. [5]Für den Abzug der den Mitunternehmern zugerechneten Fehlbeträge nach Maßgabe der Sätze 1 und 2 ist der sich für die Mitunternehmerschaft insgesamt ergebende maßgebende Gewerbeertrag sowie der Höchstbetrag nach Satz 1 den Mitunternehmern entsprechend dem sich aus dem Gesellschaftsvertrag für das Abzugsjahr ergebenden allgemeinen Gewinnverteilungsschlüssel zuzurechnen; Vorabgewinnanteile sind nicht zu berücksichtigen. [6]Die Höhe der vortragsfähigen Fehlbeträge ist gesondert festzustellen. [7]Vortragsfähige Fehlbeträge sind die nach der Kürzung des maßgebenden Gewerbeertrags nach Satz 1 und 2 zum Schluss des Erhebungszeitraums verbleibenden Fehlbeträge. [8]Im Fall des § 2 Abs. 5 kann der andere Unternehmer den maßgebenden Gewerbeertrag nicht um die Fehlbeträge kürzen, die sich bei der Ermittlung des maßgebenden Gewerbeertrags des übergegangenen Unternehmens ergeben haben. [9]§ 8 Abs. 8 und 9 Satz 5 bis 8[1)] des Körperschaftsteuergesetzes ist entsprechend anzuwenden.[2)] [10]Auf die Fehlbeträge ist § 8 c[3)] des Körperschaftsteuergesetzes entsprechend anzuwenden; dies gilt auch für den Fehlbetrag einer Mitunternehmerschaft, soweit dieser

1. einer Körperschaft unmittelbar oder
2. einer Mitunternehmerschaft, soweit an dieser eine Körperschaft unmittelbar oder mittelbar über eine oder mehrere Personengesellschaften beteiligt ist,

zuzurechnen ist.[4)]

§ 11 Steuermesszahl und Steuermessbetrag. (1)[5)] [1]Bei der Berechnung der Gewerbesteuer ist von einem Steuermessbetrag auszugehen. [2]Dieser ist durch Anwendung eines Prozentsatzes (Steuermesszahl) auf den Gewerbeertrag zu ermitteln. [3]Der Gewerbeertrag ist auf volle 100 Euro nach unten abzurunden und

1. bei natürlichen Personen sowie bei Personengesellschaften um einen Freibetrag in Höhe von 24 500 Euro,
2. bei Unternehmen im Sinne des § 2 Abs. 3 und des § 3 Nr. 5, 6, 8, 9, 15, 17, 21, 26, 27, 28 und 29 sowie bei Unternehmen von juristischen

---

[1)] Verweis geänd. durch G v. 8. 12. 2010 (BGBl. I S. 1768).
[2)] § 10 a Satz 9 eingef. mWv EZ 2009 durch G v. 19. 12. 2008 (BGBl. I S. 2794).
[3)] § 10 a bish. Satz 8 (nun Satz 10) Verweis geänd. durch G v. 14. 8. 2007 (BGBl. I S. 1912).
[4)] § 10 a Satz 10 neu gef. durch G v. 19. 12. 2008 (BGBl. I S. 2794).
[5)] § 11 Abs. 1 Satz 2 geänd. durch G v. 9. 12. 2004 (BGBl. I S. 3310).

Personen des öffentlichen Rechts um einen Freibetrag in Höhe von 5000 Euro[1]),

höchstens jedoch in Höhe des abgerundeten Gewerbeertrags, zu kürzen.

(2)[2]) Die Steuermesszahl für den Gewerbeertrag beträgt 3,5 Prozent.

(3)[3]) [1]Die Steuermesszahl ermäßigt sich auf 56 Prozent bei Hausgewerbetreibenden und ihnen nach § 1 Abs. 2 Buchstabe b und d des Heimarbeitsgesetzes[4]) in der im Bundesgesetzblatt Teil III, Gliederungsnummer 804-1, veröffentlichten bereinigten Fassung, zuletzt geändert durch Artikel 4 des Gesetzes vom 13. Juli 1988 (BGBl. I S. 1034), gleichgestellten Personen. [2]Das Gleiche gilt für die nach § 1 Abs. 2 Buchstabe c des Heimarbeitsgesetzes gleichgestellten Personen, deren Entgelte (§ 10 Abs. 1 des Umsatzsteuergesetzes[5])) aus der Tätigkeit unmittelbar für den Absatzmarkt im Erhebungszeitraum 25 000 Euro nicht übersteigen.

Abschnitt III

§§ 12 und **13.** (weggefallen)

Abschnitt IV. Steuermessbetrag

§ 14 Festsetzung des Steuermessbetrags. [1]Der Steuermessbetrag wird für den Erhebungszeitraum nach dessen Ablauf festgesetzt. [2]Erhebungszeitraum ist das Kalenderjahr. [3]Besteht die Gewerbesteuerpflicht nicht während eines ganzen Kalenderjahrs, so tritt an die Stelle des Kalenderjahrs der Zeitraum der Steuerpflicht (abgekürzter Erhebungszeitraum).

§ 14 a[6]) Steuererklärungspflicht. [1]Der Steuerschuldner (§ 5) hat für steuerpflichtige Gewerbebetriebe eine Erklärung zur Festsetzung des Steuermessbetrags und in den Fällen des § 28 außerdem eine Zerlegungserklärung nach amtlich vorgeschriebenem Datensatz durch Datenfernübertragung zu übermitteln. [2]Auf Antrag kann die Finanzbehörde zur Vermeidung unbilliger Härten auf eine elektronische Übermittlung verzichten; in diesem Fall ist die Erklärung nach amtlich vorgeschriebenem Vordruck abzugeben und vom Steuerschuldner oder von den in § 34 der Abgabenordnung[7]) bezeichneten Personen eigenhändig zu unterschreiben.

§ 14 b Verspätungszuschlag. [1]Ein nach § 152 der Abgabenordnung[7]) zu entrichtender Verspätungszuschlag fließt der Gemeinde zu. [2]Sind mehrere Gemeinden an der Gewerbesteuer beteiligt, so fließt der Verspätungszuschlag

---

[1]) § 11 Abs. 1 Satz 3 Nr. 2 Betrag geänd. mWv EZ 2009 durch G v. 17. 3. 2009 (BGBl. I S. 550).

[2]) § 11 Abs. 2 neu gef. mWv EZ 2008 durch G v. 14. 8. 2007 (BGBl. I S. 1912).

[3]) § 11 Abs. 3 Satz 1 geänd. durch G v. 29. 12. 2003 (BGBl. I S. 3076); geänd. mWv EZ 2010 durch G v. 8. 12. 2010 (BGBl. I S. 1768).

[4]) **Nipperdey I Nr. 450.**

[5]) Nr. **500**.

[6]) § 14 a neu gef. mWv EZ 2011 durch G v. 20. 12. 2008 (BGBl. I S. 2850).

[7]) Nr. **800**.

der Gemeinde zu, in der sich die Geschäftsleitung am Ende des Erhebungszeitraums befindet. 3 Befindet sich die Geschäftsleitung im Ausland, so fließt der Verspätungszuschlag der Gemeinde zu, in der sich die wirtschaftlich bedeutendste Betriebsstätte befindet. 4 Auf den Verspätungszuschlag ist der Hebesatz der Gemeinde nicht anzuwenden.

§ 15 Pauschfestsetzung. Wird die Einkommensteuer oder die Körperschaftsteuer in einem Pauschbetrag festgesetzt, so kann die für die Festsetzung zuständige Behörde im Einvernehmen mit der Landesregierung oder der von ihr bestimmten Behörde auch den Steuermessbetrag in einem Pauschbetrag festsetzen.

Abschnitt V. Entstehung, Festsetzung und Erhebung der Steuer

§ 16 Hebesatz. (1) Die Steuer wird auf Grund des Steuermessbetrags (§ 14) mit einem Prozentsatz (Hebesatz) festgesetzt und erhoben, der von der hebeberechtigten Gemeinde (§§ 4, 35 a) zu bestimmen ist.

(2) Der Hebesatz kann für ein Kalenderjahr oder mehrere Kalenderjahre festgesetzt werden.

(3) 1 Der Beschluss über die Festsetzung oder Änderung des Hebesatzes ist bis zum 30. Juni eines Kalenderjahrs mit Wirkung vom Beginn dieses Kalenderjahrs zu fassen. 2 Nach diesem Zeitpunkt kann der Beschluss über die Festsetzung des Hebesatzes gefasst werden, wenn der Hebesatz die Höhe der letzten Festsetzung nicht überschreitet.

(4)[1] 1 Der Hebesatz muss für alle in der Gemeinde vorhandenen Unternehmen der gleiche sein. 2 Er beträgt 200 Prozent, wenn die Gemeinde nicht einen höheren Hebesatz bestimmt hat. 3 Wird das Gebiet von Gemeinden geändert, so kann die Landesregierung oder die von ihr bestimmte Stelle für die von der Änderung betroffenen Gebietsteile auf eine bestimmte Zeit verschiedene Hebesätze zulassen. 4 In den Fällen des Satzes 3 sind die §§ 28 bis 34 mit der Maßgabe anzuwenden, dass an die Stelle mehrerer Gemeinden die Gebietsteile der Gemeinde mit verschiedenen Hebesätzen treten.

(5) In welchem Verhältnis die Hebesätze für die Grundsteuer der Betriebe der Land- und Forstwirtschaft, für die Grundsteuer der Grundstücke und für die Gewerbesteuer zueinander stehen müssen, welche Höchstsätze nicht überschritten werden dürfen und inwieweit mit Genehmigung der Gemeindeaufsichtsbehörde Ausnahmen zugelassen werden können, bleibt einer landesrechtlichen Regelung vorbehalten.

§ 17. (weggefallen)

§ 18 Entstehung der Steuer. Die Gewerbesteuer entsteht, soweit es sich nicht um Vorauszahlungen (§ 21) handelt, mit Ablauf des Erhebungszeitraums, für den die Festsetzung vorgenommen wird.

---

[1] § 16 Abs. 4 Satz 2 eingef. mWv EZ 2004 durch G v. 23. 12. 2003 (BGBl. I S. 2922), Satz 4 angef. mWv EZ 2009 durch G v. 19. 12. 2008 (BGBl. I S. 2794).

§ 19 Vorauszahlungen. (1) [1]Der Steuerschuldner hat am 15. Februar, 15. Mai, 15. August und 15. November Vorauszahlungen zu entrichten. [2]Gewerbetreibende, deren Wirtschaftsjahr vom Kalenderjahr abweicht, haben die Vorauszahlungen während des Wirtschaftsjahrs zu entrichten, das im Erhebungszeitraum endet. [3]Satz 2 gilt nur, wenn der Gewerbebetrieb nach dem 31. Dezember 1985 gegründet worden oder infolge Wegfalls eines Befreiungsgrunds in die Steuerpflicht eingetreten ist oder das Wirtschaftsjahr nach diesem Zeitpunkt auf einen vom Kalenderjahr abweichenden Zeitraum umgestellt worden ist.

(2) Jede Vorauszahlung beträgt grundsätzlich ein Viertel der Steuer, die sich bei der letzten Veranlagung ergeben hat.

(3) [1]Die Gemeinde kann die Vorauszahlungen der Steuer anpassen, die sich für den Erhebungszeitraum (§ 14) voraussichtlich ergeben wird. [2]Die Anpassung kann bis zum Ende des 15. auf den Erhebungszeitraum folgenden Kalendermonats vorgenommen werden; bei einer nachträglichen Erhöhung der Vorauszahlungen ist der Erhöhungsbetrag innerhalb eines Monats nach Bekanntgabe des Vorauszahlungsbescheids zu entrichten. [3]Das Finanzamt kann bis zum Ende des 15. auf den Erhebungszeitraum folgenden Kalendermonats für Zwecke der Gewerbesteuer-Vorauszahlungen den Steuermessbetrag festsetzen, der sich voraussichtlich ergeben wird. [4]An diese Festsetzung ist die Gemeinde bei der Anpassung der Vorauszahlungen nach den Sätzen 1 und 2 gebunden. [5]*Wird der Gewinn durch Bestandsvergleich ermittelt, sind bei der Festsetzung des Messbetrags für Zwecke der Gewerbesteuer-Vorauszahlungen die Änderungen durch das Unternehmensteuerreformgesetz 2008 vom 14. August 2007 (BGBl. I S. 1912) zu berücksichtigen, wenn der Steuerpflichtige dies nach amtlich vorgeschriebenem Vordruck beim Finanzamt beantragt oder das Finanzamt den Steuerpflichtigen zur Abgabe des Vordrucks auffordert.*[1)]

(4) Wird im Laufe des Erhebungszeitraums ein Gewerbebetrieb neu gegründet oder tritt ein bereits bestehender Gewerbebetrieb infolge Wegfalls des Befreiungsgrundes in die Steuerpflicht ein, so gilt für die erstmalige Festsetzung der Vorauszahlungen Absatz 3 entsprechend.

(5) [1]Die einzelne Vorauszahlung ist auf den nächsten vollen Betrag in Euro nach unten abzurunden. [2]Sie wird nur festgesetzt, wenn sie mindestens 50 Euro beträgt.

§ 20 Abrechnung über die Vorauszahlungen. (1) Die für einen Erhebungszeitraum (§ 14) entrichteten Vorauszahlungen werden auf die Steuerschuld für diesen Erhebungszeitraum angerechnet.

(2) Ist die Steuerschuld größer als die Summe der anzurechnenden Vorauszahlungen, so ist der Unterschiedsbetrag, soweit er den im Erhebungszeitraum und nach § 19 Abs. 3 Satz 2 nach Ablauf des Erhebungszeitraums fällig gewordenen, aber nicht entrichteten Vorauszahlungen entspricht, sofort, im Übrigen innerhalb eines Monats nach Bekanntgabe des Steuerbescheids zu entrichten (Abschlusszahlung).

[1)] § 19 Abs. 3 Satz 5 angef. mWv EZ 2008 durch G v. 14. 8. 2007 (BGBl. I S. 1912) und aufgeh. mWv EZ 2015 durch G v. 25. 7. 2014 (BGBl. I S. 1266).

(3) Ist die Steuerschuld kleiner als die Summe der anzurechnenden Vorauszahlungen, so wird der Unterschiedsbetrag nach Bekanntgabe des Steuerbescheids durch Aufrechnung oder Zurückzahlung ausgeglichen.

§ 21 Entstehung der Vorauszahlungen. Die Vorauszahlungen auf die Gewerbesteuer entstehen mit Beginn des Kalendervierteljahrs, in dem die Vorauszahlungen zu entrichten sind, oder, wenn die Steuerpflicht erst im Laufe des Kalendervierteljahrs begründet wird, mit Begründung der Steuerpflicht.

§§ 22 bis **27.** (weggefallen)

Abschnitt VI. Zerlegung

§ 28 Allgemeines. (1) [1]Sind im Erhebungszeitraum Betriebsstätten zur Ausübung des Gewerbes in mehreren Gemeinden unterhalten worden, so ist der Steuermessbetrag in die auf die einzelnen Gemeinden entfallenden Anteile (Zerlegungsanteile) zu zerlegen. [2]Das gilt auch in den Fällen, in denen eine Betriebsstätte sich über mehrere Gemeinden erstreckt hat oder eine Betriebsstätte innerhalb eines Erhebungszeitraums von einer Gemeinde in eine andere Gemeinde verlegt worden ist.

(2) [1]Bei der Zerlegung sind die Gemeinden nicht zu berücksichtigen, in denen

1. Verkehrsunternehmen lediglich Gleisanlagen unterhalten,
2. sich nur Anlagen befinden, die der Weiterleitung fester, flüssiger oder gasförmiger Stoffe sowie elektrischer Energie dienen, ohne dass diese dort abgegeben werden,
3. Bergbauunternehmen keine oberirdischen Anlagen haben, in welchen eine gewerbliche Tätigkeit entfaltet wird.
4.[1)] *(aufgehoben)*

[2]Dies gilt nicht, wenn dadurch auf keine Gemeinde ein Zerlegungsanteil oder der Steuermessbetrag entfallen würde.

§ 29 Zerlegungsmaßstab

(1)[2)] Zerlegungsmaßstab ist

1. vorbehaltlich der Nummer 2 das Verhältnis, in dem die Summe der Arbeitslöhne, die an die bei allen Betriebsstätten (§ 28) beschäftigten Arbeitnehmer gezahlt worden sind, zu den Arbeitslöhnen steht, die an die bei den Betriebsstätten der einzelnen Gemeinden beschäftigten Arbeitnehmer gezahlt worden sind;

[1)] § 28 Abs. 2 Nr. 4 angef. mWv EZ 2003 durch G v. 16. 5. 2003 (BGBl. I S. 660) und aufgeh. mWv EZ 2004 durch G v. 23. 12. 2003 (BGBl. I S. 2922).

[2)] § 29 Abs. 1 neu gef. mWv EZ 2009 durch G v. 19. 12. 2008 (BGBl. I S. 2794).

[Fassung bis EZ 2013:]

2. bei Betrieben, die Anlagen zur Erzeugung von Windenergie betreiben, zu drei Zehntel das in Nummer 1 bezeichnete Verhältnis und zu sieben Zehntel das Verhältnis, in dem die Summe der steuerlich maßgebenden Ansätze des Sachanlagevermögens mit Ausnahme der Betriebs- und Geschäftsausstattung, der geleisteten Anzahlungen und der Anlagen im Bau in allen Betriebsstätten (§ 28) zu dem Ansatz in den einzelnen Betriebsstätten steht.

[Fassung ab EZ 2014:][1]

2. bei Betrieben, die ausschließlich Anlagen zur Erzeugung von Strom und anderen Energieträgern sowie Wärme aus Windenergie und solarer Strahlungsenergie im Sinne des § 3 Nummer 3 des Erneuerbare-Energien-Gesetzes vom 25. Oktober 2008 (BGBl. I S. 2074), das zuletzt durch Artikel 5 des Gesetzes vom 20. Dezember 2012 (BGBl. I S. 2730) geändert worden ist, in der jeweils geltenden Fassung betreiben, zu drei Zehntel das in Nummer 1 bezeichnete Verhältnis und zu sieben Zehntel das Verhältnis, in dem die Summe der steuerlich maßgebenden Ansätze des Sachanlagevermögens mit Ausnahme der Betriebs- und Geschäftsausstattung, der geleisteten Anzahlungen und der Anlagen im Bau in allen Betriebsstätten (§ 28) zu dem Ansatz in den einzelnen Betriebsstätten steht.

[Fassung ab EZ 2015:][2]

2. bei Betrieben, die ausschließlich Anlagen zur Erzeugung von Strom und anderen Energieträgern sowie Wärme aus Windenergie und solarer Strahlungsenergie betreiben,
   a) vorbehaltlich des Buchstabens b zu drei Zehnteln das in Nummer 1 bezeichnete Verhältnis und zu sieben Zehnteln das Verhältnis, in dem die Summe der steuerlich maßgebenden Ansätze des Sachanlagevermögens mit Ausnahme der Betriebs- und Geschäftsausstattung, der geleisteten Anzahlungen und der Anlagen im Bau in allen Betriebsstätten (§ 28) zu

[1] § 29 Abs. 1 Nr. 2 neu gef. mWv EZ 2014 (§ 36 Abs. 9 d Satz 1 a. F.) durch G v. 26. 6. 2013 (BGBl. I S. 1809).

[2] § 29 Abs. 1 Nr. 2 neu gef. mWv EZ 2015 durch G v. 25. 7. 2014 (BGBl. I S. 1266).

[Fassung ab EZ 2015:]

dem Ansatz in den einzelnen Betriebsstätten steht,

b) für die Erhebungszeiträume 2014 bis 2023 bei Betrieben, die ausschließlich Anlagen zur Erzeugung von Strom und anderen Energieträgern sowie Wärme aus solarer Strahlungsenergie betreiben,

aa) für den auf Neuanlagen im Sinne von Satz 3 entfallenden Anteil am Steuermessbetrag zu drei Zehnteln das in Nummer 1 bezeichnete Verhältnis und zu sieben Zehnteln das Verhältnis, in dem die Summe der steuerlich maßgebenden Ansätze des Sachanlagevermögens mit Ausnahme der Betriebs- und Geschäftsausstattung, der geleisteten Anzahlungen und der Anlagen im Bau (maßgebendes Sachanlagevermögen) in allen Betriebsstätten (§ 28) zu dem Ansatz in den einzelnen Betriebsstätten steht, und

bb) für den auf die übrigen Anlagen im Sinne von Satz 4 entfallenden Anteil am Steuermessbetrag das in Nummer 1 bezeichnete Verhältnis.

[2]Der auf Neuanlagen und auf übrige Anlagen jeweils entfallende Anteil am Steuermessbetrag ermittelt sich aus dem Verhältnis, in dem

aa) die Summe des maßgebenden Sachanlagevermögens für Neuanlagen und

bb) die Summe des übrigen maßgebenden Sachanlage-

[Fassung ab EZ 2015:]

vermögens für die übrigen Anlagen

zum gesamten maßgebenden Sachanlagevermögen des Betriebs steht. [3]Neuanlagen sind Anlagen, die nach dem 30. Juni 2013 zur Erzeugung von Strom und anderen Energieträgern sowie Wärme aus solarer Strahlungsenergie genehmigt wurden. [4]Die übrigen Anlagen umfassen das übrige maßgebende Sachanlagevermögen des Betriebs.

(2) Bei der Zerlegung nach Absatz 1 sind die Arbeitslöhne anzusetzen, die in den Betriebsstätten der beteiligten Gemeinden (§ 28) während des Erhebungszeitraums (§ 14) erzielt oder gezahlt worden sind.

(3) Bei Ermittlung der Verhältniszahlen sind die Arbeitslöhne auf volle 1000 Euro abzurunden.

§ 30 Zerlegung bei mehrgemeindlichen Betriebsstätten. Erstreckt sich die Betriebsstätte auf mehrere Gemeinden, so ist der Steuermessbetrag oder Zerlegungsanteil auf die Gemeinden zu zerlegen, auf die sich die Betriebsstätte erstreckt, und zwar nach der Lage der örtlichen Verhältnisse unter Berücksichtigung der durch das Vorhandensein der Betriebsstätte erwachsenden Gemeindelasten.

§ 31 Begriff der Arbeitslöhne für die Zerlegung. (1) [1]Arbeitslöhne sind vorbehaltlich der Absätze 2 bis 5 die Vergütungen im Sinne des § 19 Abs. 1 Nr. 1 des Einkommensteuergesetzes[1)], soweit sie nicht durch andere Rechtsvorschriften von der Einkommensteuer befreit sind. [2]Zuschläge für Mehrarbeit und für Sonntags-, Feiertags- und Nachtarbeit gehören unbeschadet der einkommensteuerlichen Behandlung zu den Arbeitslöhnen.

(2) Zu den Arbeitslöhnen gehören nicht Vergütungen, die an Personen gezahlt worden sind, die zu ihrer Berufsausbildung beschäftigt werden.

(3) In den Fällen des § 3 Nr. 5, 6, 8, 9, 12, 13, 15, 17, 21, 26, 27, 28 und 29 bleiben die Vergütungen an solche Arbeitnehmer außer Ansatz, die nicht ausschließlich oder überwiegend in dem steuerpflichtigen Betrieb oder Teil des Betriebs tätig sind.

(4) [1]Nach dem Gewinn berechnete einmalige Vergütungen (z. B. Tantiemen, Gratifikationen) sind nicht anzusetzen. [2]Das Gleiche gilt für sonstige Vergütungen, soweit sie bei dem einzelnen Arbeitnehmer 50 000 Euro übersteigen.

---

1) Nr. **1**.

(5) Bei Unternehmen, die nicht von einer juristischen Person betrieben werden, sind für die im Betrieb tätigen Unternehmer (Mitunternehmer) insgesamt 25 000 Euro jährlich anzusetzen.

§ 32. (weggefallen)

§ 33 Zerlegung in besonderen Fällen. (1) [1]Führt die Zerlegung nach den §§ 28 bis 31 zu einem offenbar unbilligen Ergebnis, so ist nach einem Maßstab zu zerlegen, der die tatsächlichen Verhältnisse besser berücksichtigt. [2]In dem Zerlegungsbescheid hat das Finanzamt darauf hinzuweisen, dass bei der Zerlegung Satz 1 angewendet worden ist.

(2) Einigen sich die Gemeinden mit dem Steuerschuldner über die Zerlegung, so ist der Steuermessbetrag nach Maßgabe der Einigung zu zerlegen.

§ 34 Kleinbeträge. (1) [1]Übersteigt der Steuermessbetrag nicht den Betrag von 10 Euro, so ist er in voller Höhe der Gemeinde zuzuweisen, in der sich die Geschäftsleitung befindet. [2]Befindet sich die Geschäftsleitung im Ausland, so ist der Steuermessbetrag der Gemeinde zuzuweisen, in der sich die wirtschaftlich bedeutendste der zu berücksichtigenden Betriebsstätten befindet.

(2) [1]Übersteigt der Steuermessbetrag zwar den Betrag von 10 Euro, würde aber nach den Zerlegungsvorschriften einer Gemeinde ein Zerlegungsanteil von nicht mehr als 10 Euro zuzuweisen sein, so ist dieser Anteil der Gemeinde zuzuweisen, in der sich die Geschäftsleitung befindet. [2]Absatz 1 Satz 2 ist entsprechend anzuwenden.

(3) [1]Wird der Zerlegungsbescheid geändert oder berichtigt, würde sich dabei aber der Zerlegungsanteil einer Gemeinde um nicht mehr als 10 Euro erhöhen oder ermäßigen, so ist der Betrag der Erhöhung oder Ermäßigung bei dem Zerlegungsanteil der Gemeinde zu berücksichtigen, in der sich die Geschäftsleitung befindet. [2]Absatz 1 Satz 2 ist entsprechend anzuwenden.

§ 35. (weggefallen)

Abschnitt VII. Gewerbesteuer der Reisegewerbebetriebe

§ 35 a Gewerbesteuer der Reisegewerbebetriebe. (1) Der Gewerbesteuer unterliegen auch die Reisegewerbebetriebe, soweit sie im Inland betrieben werden.

(2)[1)] [1]Reisegewerbebetrieb im Sinne dieses Gesetzes ist ein Gewerbebetrieb, dessen Inhaber nach den Vorschriften der Gewerbeordnung und den dazugehörigen Ausführungsbestimmungen einer Reisegewerbekarte bedarf. [2]Wird im Rahmen eines einheitlichen Gewerbebetriebs sowohl ein stehendes Gewerbe als auch ein Reisegewerbe betrieben, so ist der Betrieb in vollem Umfang als stehendes Gewerbe zu behandeln.

---

1) § 35 a Abs. 2 Satz 1 geänd. mWv EZ 2010 durch G v. 8. 12. 2010 (BGBl. I S. 1768).

(3) Hebeberechtigt ist die Gemeinde, in der sich der Mittelpunkt der gewerblichen Tätigkeit befindet.

(4) Ist im Laufe des Erhebungszeitraums der Mittelpunkt der gewerblichen Tätigkeit von einer Gemeinde in eine andere Gemeinde verlegt worden, so hat das Finanzamt den Steuermessbetrag nach den zeitlichen Anteilen (Kalendermonaten) auf die beteiligten Gemeinden zu zerlegen.

Abschnitt VIII. Änderung des Gewerbesteuermessbescheids von Amts wegen

§ 35 b Änderung des Gewerbesteuermessbescheids von Amts wegen. (1) [1]Der Gewerbesteuermessbescheid oder Verlustfeststellungsbescheid ist von Amts wegen aufzuheben oder zu ändern, wenn der Einkommensteuerbescheid, der Körperschaftsteuerbescheid oder ein Feststellungsbescheid aufgehoben oder geändert wird und die Aufhebung oder Änderung den Gewinn aus Gewerbebetrieb berührt. [2]Die Änderung des Gewinns aus Gewerbebetrieb ist insoweit zu berücksichtigen, als sie die Höhe des Gewerbeertrags oder des vortragsfähigen Gewerbeverlustes beeinflusst. [3]§ 171 Abs. 10 der Abgabenordnung[1)] gilt sinngemäß.

(2)[2)] [1]Zuständig für die Feststellung des vortragsfähigen Gewerbeverlustes ist das für den Erlass des Gewerbesteuermessbescheids zuständige Finanzamt. [2]Bei der Feststellung des vortragsfähigen Gewerbeverlustes sind die Besteuerungsgrundlagen so zu berücksichtigen, wie sie der Festsetzung des Steuermessbetrags für den Erhebungszeitraum, auf dessen Schluss der vortragsfähige Gewerbeverlust festgestellt wird, zu Grunde gelegt worden sind; § 171 Absatz 10, § 175 Absatz 1 Satz 1 Nummer 1 und § 351 Absatz 2 der Abgabenordnung sowie § 42 der Finanzgerichtsordnung gelten entsprechend. [3]Die Besteuerungsgrundlagen dürfen bei der Feststellung nur insoweit abweichend von Satz 2 berücksichtigt werden, wie die Aufhebung, Änderung oder Berichtigung des Gewerbesteuermessbescheids ausschließlich mangels Auswirkung auf die Höhe des festzusetzenden Steuermessbetrags unterbleibt.[3)] [4]Die Feststellungsfrist endet nicht, bevor die Festsetzungsfrist für den Erhebungszeitraum abgelaufen ist, auf dessen Schluss der vortragsfähige Gewerbeverlust gesondert festzustellen ist; § 181 Abs. 5 der Abgabenordnung ist nur anzuwenden, wenn die zuständige Finanzbehörde die Feststellung des vortragsfähigen Gewerbeverlustes pflichtwidrig unterlassen hat.[4)]

Abschnitt IX. Durchführung

§ 35 c Ermächtigung. (1) Die Bundesregierung wird ermächtigt, mit Zustimmung des Bundesrates

---

[1)] Nr. **800**.

[2)] § 35 b Abs. 2 Satz 1 geänd. mWv EZ 2004 durch G v. 23. 12. 2003 (BGBl. I S. 2922); geänd. G v. 20. 12. 2007 (BGBl. I S. 3150).

[3)] § 35 b Abs. 2 Sätze 2 und 3 neu gef. durch G v. 8. 12. 2010 (BGBl. I S. 1768).

[4)] § 35 b Abs. 2 Satz 4 angef. durch G v. 13. 12. 2006 (BGBl. I S. 2878).

1. zur Durchführung des Gewerbesteuergesetzes Rechtsverordnungen zu erlassen
   a) über die Abgrenzung der Steuerpflicht,
   b) über die Ermittlung des Gewerbeertrags,
   c) über die Festsetzung der Steuermessbeträge, soweit dies zur Wahrung der Gleichmäßigkeit der Besteuerung und zur Vermeidung von Unbilligkeiten in Härtefällen erforderlich ist,
   d) über die Zerlegung des Steuermessbetrags,
   e) über die Abgabe von Steuererklärungen unter Berücksichtigung von Freibeträgen und Freigrenzen;
2. Vorschriften durch Rechtsverordnung zu erlassen
   a) über die sich aus der Aufhebung oder Änderung von Vorschriften dieses Gesetzes ergebenden Rechtsfolgen, soweit dies zur Wahrung der Gleichmäßigkeit bei der Besteuerung oder zur Beseitigung von Unbilligkeiten in Härtefällen erforderlich ist,
   b) (weggefallen)
   c) über die Steuerbefreiung der Einnehmer einer staatlichen Lotterie,
   d)[1] über die Steuerbefreiung bei bestimmten kleineren Versicherungsvereinen auf Gegenseitigkeit im Sinne des *§ 53* [***ab EZ 2016:*** § 210] des Versicherungsaufsichtsgesetzes, wenn sie von der Körperschaftsteuer befreit sind,
   e)[2] über die Beschränkung der Hinzurechnung von Entgelten für Schulden und ihnen gleichgestellte Beträge (§ 8 Nr. 1 Buchstabe a) bei Kreditinstituten nach dem Verhältnis des Eigenkapitals zu Teilen der Aktivposten und bei Gewerbebetrieben, die nachweislich ausschließlich unmittelbar oder mittelbar Kredite oder Kreditrisiken, die einem Kreditinstitut oder einem in § 3 Nr. 2 genannten Gewerbebetrieb aus Bankgeschäften entstanden sind, erwerben und Schuldtitel zur Refinanzierung des Kaufpreises für den Erwerb solcher Kredite oder zur Refinanzierung von für die Risikoübernahmen zu stellenden Sicherheiten ausgeben,
   f)[3] über die Beschränkung der Hinzurechnung von Entgelten für Schulden und ihnen gleichgestellte Beträge (§ 8 Nummer 1 Buchstabe a) bei
      aa) Finanzdienstleistungsinstituten, soweit sie Finanzdienstleistungen im Sinne des § 1 Absatz 1 a Satz 2 des Kreditwesengesetzes tätigen,
      bb) Zahlungsinstituten, soweit sie Zahlungsdienste im Sinne des § 1 Absatz 2 Nummer 2 Buchstabe c und Nummer 6 des Zahlungsdiensteaufsichtsgesetzes erbringen.

---

[1] § 35 c Abs. 1 Nr. 2 Buchst. d geänd. durch G v. 1. 4. 2015 (BGBl. I S. 434); zur Anwendung siehe § 36 Abs. 3.

[2] § 35 c Abs. 1 Nr. 2 Buchst. e ergänzt durch G v. 31. 7. 2003 (BGBl. I S. 1550); geänd. mWv EZ 2008 durch G v. 14. 8. 2007 (BGBl. I S. 1912).

[3] § 35 c Abs. 1 Nr. 2 Buchst. f Satz 1 neu gef. mWv VZ 2009 durch G v. 26. 6. 2013 (BGBl. I S. 1809), Satz 2 angef. mWv EZ 2011 durch G v. 8. 4. 2010 (BGBl. I S. 386) und geänd. mWv EZ 2011 durch G v. 26. 6. 2013 (BGBl. I S. 1809).

[2]Voraussetzung für die Umsetzung von Satz 1 ist, dass die Umsätze des Finanzdienstleistungsinstituts zu mindestens 50 Prozent auf Finanzdienstleistungen und die Umsätze des Zahlungsinstituts zu mindestens 50 Prozent auf Zahlungsdienste entfallen,

g) über die Festsetzung abweichender Vorauszahlungstermine.

(2) Das Bundesministerium der Finanzen wird ermächtigt, den Wortlaut dieses Gesetzes und der zu diesem Gesetz erlassenen Rechtsverordnungen in der jeweils geltenden Fassung satzweise nummeriert mit neuem Datum und in neuer Paragrafenfolge bekannt zu machen und dabei Unstimmigkeiten im Wortlaut zu beseitigen.

Abschnitt X. Schlussvorschriften

§ 36[1)] **Zeitlicher Anwendungsbereich.** (1)[2)] Die vorstehende Fassung dieses Gesetzes ist, soweit in Absatz 2 nichts anderes bestimmt ist, erstmals für den Erhebungszeitraum 2016 anzuwenden.

(2)[3)] [1]§ 3 Nummer 2 ist für die Hamburgische Investitions- und Förderbank erstmals für den Erhebungszeitraum 2013 anzuwenden. [2]Die Steuerbefreiung nach § 3 Nummer 2 in der bis zum 30. Juli 2014[4)] geltenden Fassung ist für die Hamburgische Wohnungsbaukreditanstalt letztmals für den Erhebungszeitraum 2013 anzuwenden. [3]§ 3 Nummer 31 in der am 31. Dezember 2014 geltenden Fassung ist erstmals für den Erhebungszeitraum 2014 anzuwenden.

(3) § 35 c Absatz 1 Nummer 2 Buchstabe d in der am 1. Januar 2016 geltenden Fassung ist erstmals für den Erhebungszeitraum 2016 anzuwenden.

§ 37. (weggefallen)

[1)] § 36 neu gef. durch G v. 25. 7. 2014 (BGBl. I S. 1266); Abs. 3 angef. durch G v. 1. 4. 2015 (BGBl. I S. 434).

[2)] § 36 Abs. 1 geänd. durch G v. 2. 11. 2015 (BGBl. I S. 1834).

[3)] § 36 Abs. 2 Satz 3 angef. durch G v. 22. 12. 2014 (BGBl. I S. 2417).

[4)] Datum des Tages der Verkündung des G v. 25. 7. 2014 (BGBl. I S. 1266).

460. Gewerbesteuer-Durchführungsverordnung (GewStDV)[1)]

In der Fassung der Bekanntmachung vom 15. Oktober 2002 (BGBl. I S. 4180)[2)·3)]

Geändert durch Steuervergünstigungsabbaugesetz vom 16. 5. 2003 (BGBl. I S. 660), Kleinunternehmerförderungsgesetz vom 31. 7. 2003 (BGBl. I S. 1550), Gesetz über steuerliche Begleitmaßnahmen zur Einführung der Europäischen Gesellschaft und zur Änderung weiterer steuerrechtlicher Vorschriften (SEStEG) vom 7. 12. 2006 (BGBl. I S. 2782), Jahressteuergesetz 2007 vom 13. 12. 2006 (BGBl. I S. 2878), Unternehmensteuerreformgesetz 2008 vom 14. 8. 2007 (BGBl. I S. 1912), Jahressteuergesetz 2008 vom 20. 12. 2007 (BGBl. I S. 3150), Jahressteuergesetz 2009 vom 19. 12. 2008 (BGBl. I S. 2794), Drittes Mittelstandsentlastungsgesetz vom 17. 3. 2009 (BGBl. I S. 550), Bürgerentlastungsgesetz Krankenversicherung vom 16. 7. 2009 (BGBl. I S. 1959), Gesetz zur Umsetzung steuerlicher EU-Vorgaben sowie zur Änderung steuerlicher Vorschriften vom 8. 4. 2010 (BGBl. I S. 386), Verordnung zur Änderung steuerlicher Verordnungen vom 17. 11. 2010 (BGBl. I S. 1544), Amtshilferichtlinie-Umsetzungsgesetz (AmtshilfeRLUmsG) vom 26. 6. 2013 (BGBl. I S. 1809) und Gesetz zur Modernisierung der Finanzaufsicht über Versicherungen vom 1. 4. 2015 (BGBl. I S. 434)

BGBl. III/FNA 611-5-1

Zu § 2 des Gesetzes

§ 1 Stehender Gewerbebetrieb. Stehender Gewerbebetrieb ist jeder Gewerbebetrieb, der kein Reisegewerbebetrieb im Sinne des § 35 a Abs. 2 des Gesetzes ist.

§ 2 Betriebe der öffentlichen Hand. (1)[4)] [1]Unternehmen von juristischen Personen des öffentlichen Rechts sind gewerbesteuerpflichtig, wenn sie als stehende Gewerbebetriebe anzusehen sind; für den Umfang des Unternehmens ist § 4 Abs. 6 Satz 1 des Körperschaftsteuergesetzes entsprechend anzuwenden. [2]Das gilt auch für Unternehmen, die der Versorgung der Bevölkerung mit Wasser, Gas, Elektrizität oder Wärme, dem öffentlichen Verkehr oder dem Hafenbetrieb dienen.

(2) [1]Unternehmen von juristischen Personen des öffentlichen Rechts, die überwiegend der Ausübung der öffentlichen Gewalt dienen (Hoheitsbetriebe), gehören unbeschadet der Vorschrift des Absatzes 1 Satz 2 nicht zu den Gewerbebetrieben. [2]Für die Annahme eines Hoheitsbetriebs reichen Zwangs- oder Monopolrechte nicht aus.

§ 3. (weggefallen)

§ 4 Aufgabe, Auflösung und Insolvenz. (1) Ein Gewerbebetrieb, der aufgegeben oder aufgelöst wird, bleibt Steuergegenstand bis zur Beendigung der Aufgabe oder Abwicklung.

---

1) Neubekanntmachung der Gewerbesteuer-Durchführungsverordnung idF der Bek. v. 21. 3. 1991 (BGBl. I S. 831) auf Grund des § 35 c GewStG idF der Bek. v. 15. 10. 2002 (BGBl. I S. 4167) in der ab 27. 7. 2002 geltenden Fassung.

2) Vgl. auch die Gewerbesteuer-Richtlinien **(Steuerrichtlinien Nr. 450)**.

3) **Zum Erhebungszeitraum vgl. § 36.**

4) § 2 Abs. 1 Satz 1 HS 2 angef. durch G v. 19. 12. 2008 (BGBl. I S. 2794); zur zeitlichen Anwendung siehe § 36 Abs. 2.

(2) Die Gewerbesteuerpflicht wird durch die Eröffnung des Insolvenzverfahrens über das Vermögen des Unternehmers nicht berührt.

§ 5 Betriebsstätten auf Schiffen. Ein Gewerbebetrieb wird gewerbesteuerlich insoweit nicht im Inland betrieben, als für ihn eine Betriebsstätte auf einem Kauffahrteischiff unterhalten wird, das im sogenannten regelmäßigen Liniendienst ausschließlich zwischen ausländischen Häfen verkehrt, auch wenn es in einem inländischen Schiffsregister eingetragen ist.

§ 6 Binnen- und Küstenschifffahrtsbetriebe. Bei Binnen- und Küstenschifffahrtsbetrieben, die feste örtliche Anlagen oder Einrichtungen zur Ausübung des Gewerbes nicht unterhalten, gilt eine Betriebsstätte in dem Ort als vorhanden, der als Heimathafen (Heimatort) im Schiffsregister eingetragen ist.

§ 7. (weggefallen)

§ 8 Zusammenfassung mehrerer wirtschaftlicher Geschäftsbetriebe. Werden von einer sonstigen juristischen Person des privaten Rechts oder einem nichtrechtsfähigen Verein (§ 2 Abs. 3 des Gesetzes) mehrere wirtschaftliche Geschäftsbetriebe unterhalten, so gelten sie als ein einheitlicher Gewerbebetrieb.

§ 9. (weggefallen)

Zu § 3 des Gesetzes

§§ 10 bis **12.** (weggefallen)

§ 12a Kleinere Versicherungsvereine. Kleinere Versicherungsvereine auf Gegenseitigkeit im Sinne des *§ 53* [*ab EZ 2016:* § 210][1] des Versicherungsaufsichtsgesetzes sind von der Gewerbesteuer befreit, wenn sie nach § 5 Abs. 1 Nr. 4 des Körperschaftsteuergesetzes von der Körperschaftsteuer befreit sind.

§ 13 Einnehmer einer staatlichen Lotterie. Die Tätigkeit der Einnehmer einer staatlichen Lotterie unterliegt auch dann nicht der Gewerbesteuer, wenn sie im Rahmen eines Gewerbebetriebs ausgeübt wird.

Zu § 4 des Gesetzes

§ 14. (weggefallen)

§ 15 Hebeberechtigte Gemeinde bei Gewerbebetrieben auf Schiffen und bei Binnen- und Küstenschifffahrtsbetrieben. Hebeberechtigte Gemeinde für die Betriebsstätten auf Kauffahrteischiffen, die in einem inländischen Schiffsregister eingetragen sind und nicht im sogenannten regelmäßigen Liniendienst ausschließlich zwischen ausländischen Häfen verkehren, und für die in § 6 bezeichneten Binnen- und Küstenschiffahrtsbetriebe ist die Gemeinde, in der der inländische Heimathafen (Heimatort) des Schiffes liegt.

---

[1] § 12a Verweis geänd. durch G v. 1. 4. 2015 (BGBl. I S. 434); zur Anwendung siehe § 36 Abs. 2a.

Zu den §§ 7, 8 und 9 des Gesetzes

§ 16 Gewerbeertrag bei Abwicklung und Insolvenz. (1) Der Gewerbeertrag, der bei einem in der Abwicklung befindlichen Gewerbebetrieb im Sinne des § 2 Abs. 2 des Gesetzes im Zeitraum der Abwicklung entstanden ist, ist auf die Jahre des Abwicklungszeitraums zu verteilen.

(2) Das gilt entsprechend für Gewerbebetriebe, wenn über das Vermögen des Unternehmens ein Insolvenzverfahren eröffnet worden ist.

§§ 17 und **18.** (weggefallen)

Zu § 8 des Gesetzes

§ 19[1] **Schulden bestimmter Unternehmen.** (1) [1]Bei Kreditinstituten im Sinne des § 1 Absatz 1 des Kreditwesengesetzes[2] sind nur Entgelte für Schulden und den Entgelten gleichgestellte Beträge anzusetzen, die dem Betrag der Schulden entsprechen, um den der Ansatz der zum Anlagevermögen gehörenden Grundstücke, Gebäude, Betriebs- und Geschäftsausstattung, Schiffe, Anteile an Kreditinstituten und sonstigen Unternehmen sowie der Forderungen aus Vermögenseinlagen als stiller Gesellschafter und aus Genussrechten das Eigenkapital überschreitet; hierunter fallen nicht Gegenstände, über die Leasingverträge abgeschlossen worden sind. [2]Dem Anlagevermögen nach Satz 1 sind Forderungen gegen ein Unternehmen hinzuzurechnen, mit dem eine organschaftliche Verbindung nach § 2 Abs. 2 Satz 2 des Gesetzes besteht und das nicht zu den Kreditinstituten oder Unternehmen gehört, auf die Satz 1 und die Absätze 2 bis 4[3] anzuwenden sind.

(2) [1]Voraussetzung für die Anwendung des Absatzes 1 ist, dass im Durchschnitt aller Monatsausweise des Wirtschaftsjahrs des Kreditinstituts nach § 25 des Kreditwesengesetzes[4] oder entsprechender Statistiken die Aktivposten aus Bankgeschäften und dem Erwerb von Geldforderungen die Aktivposten aus anderen Geschäften überwiegen. [2]In den Vergleich sind Aktivposten aus Anlagen nach Absatz 1 nicht einzubeziehen.

(3) Die vorstehenden Bestimmungen gelten entsprechend

1. für Pfandleiher im Sinne der Pfandleiherverordnung in der Fassung der Bekanntmachung vom 1. Juni 1976 (BGBl. I S. 1334) in der jeweils geltenden Fassung;
2. für Gewerbebetriebe, die nachweislich ausschließlich unmittelbar oder mittelbar Kredite oder Kreditrisiken aus Bankgeschäften im Sinne des § 1 Abs. 1 Satz 2 Nr. 2, 3 und 8 des Kreditwesengesetzes in der Fassung des Artikels 27 des Gesetzes vom 19. Dezember 2008 (BGBl. I S. 2794) von Kreditinstituten im Sinne des § 1 des Kreditwesengesetzes oder von in § 3 Nr. 2 des Gesetzes genannten Gewerbebetrieben erwerben und Schuldtitel

---

[1] § 19 neu gef. mWv EZ 2008 durch G v. 19. 12. 2008 (BGBl. I S. 2794).

[2] Verweis geänd. mWv EZ 2008 (§ 36 Abs. 3 Satz 3) durch VO v. 17. 11. 2010 (BGBl. I S. 1544); abgedruckt in **Wirtschaftsgesetze Nr. 145**.

[3] Verweis geänd. mWv EZ 2008 (§ 36 Abs. 3 Satz 3) durch VO v. 17. 11. 2010 (BGBl. I S. 1544).

[4] Verweis geänd. durch VO v. 17. 11. 2010 (BGBl. I S. 1544).

zur Refinanzierung des Kaufpreises für den Erwerb solcher Kredite oder zur Refinanzierung von für die Risikoübernahmen zu stellenden Sicherheiten ausgeben; die Refinanzierung durch Aufnahme von Darlehen von Gewerbebetrieben im Sinne der Nummer 3 an der Stelle der Ausgabe von Schuldtiteln ist unschädlich, und

3. für Gewerbebetriebe, die nachweislich ausschließlich Schuldtitel bezogen auf die in Nummer 2 bezeichneten Kredite oder Kreditrisiken ausgeben und an Gewerbebetriebe im Sinne der Nummer 2 Darlehen gewähren.

4.[1] *(aufgehoben)*

(4)[2] [1]Bei Finanzdienstleistungsinstituten im Sinne des § 1 Absatz 1 a des Kreditwesengesetzes, die mit Ausnahme der Unternehmen im Sinne des § 2 Absatz 6 Nummer 17 des Kreditwesengesetzes nicht der Ausnahmeregelung des § 2 Absatz 6 des Kreditwesengesetzes unterliegen, sowie bei Zahlungsinstituten im Sinne des § 1 Absatz 1 Nummer 5 des Zahlungsdiensteaufsichtsgesetzes unterbleibt eine Hinzurechnung von Entgelten für Schulden und ihnen gleichgestellten Beträgen nach § 8 Nummer 1 Buchstabe a des Gesetzes, soweit die Entgelte und ihnen gleichgestellten Beträge unmittelbar auf Finanzdienstleistungen im Sinne des § 1 Absatz 1 a Satz 2 des Kreditwesengesetzes oder Zahlungsdienste im Sinne des § 1 Absatz 2 Nummer 2 Buchstabe c und Nummer 6 des Zahlungsdiensteaufsichtsgesetzes entfallen. [***ab EZ 2011:*** [2]Satz 1 ist nur anzuwenden, wenn die Umsätze des Finanzdienstleistungsinstituts zu mindestens 50 Prozent auf Finanzdienstleistungen und die Umsätze des Zahlungsinstituts zu mindestens 50 Prozent auf Zahlungsdienste entfallen.]

Zu § 9 des Gesetzes

§ 20 Grundbesitz. (1) [1]Die Frage, ob und inwieweit im Sinne des § 9 Nr. 1 des Gesetzes Grundbesitz zum Betriebsvermögen des Unternehmers gehört, ist nach den Vorschriften des Einkommensteuergesetzes oder des Körperschaftsteuergesetzes zu entscheiden. [2]Maßgebend ist dabei der Stand zu Beginn des Kalenderjahrs.

(2) Gehört der Grundbesitz nur zum Teil zum Betriebsvermögen im Sinne des Absatzes 1, so ist der Kürzung nach § 9 Nr. 1 des Gesetzes nur der entsprechende Teil des Einheitswerts zugrunde zu legen.

§ 21. (weggefallen)

Zu § 11 des Gesetzes

§ 22 Hausgewerbetreibende und ihnen gleichgestellte Personen. [1]Betreibt ein Hausgewerbetreibender oder eine ihm gleichgestellte Person noch eine andere gewerbliche Tätigkeit und sind beide Tätigkeiten als eine Einheit anzusehen, so ist § 11 Abs. 3 des Gesetzes nur anzuwenden, wenn die

---

[1] § 19 Abs. 3 Nr. 4 aufgeh. mWv EZ 2008 (§ 36 Abs. 3 Satz 2) durch G v. 8. 4. 2010 (BGBl. I S. 386).

[2] § 19 Abs. 4 angef. durch G v. 8. 4. 2010 (BGBl. I S. 386) und geänd. durch G v. 26. 6. 2013 (BGBl. I S. 1809); zur Anwendung von Satz 5 siehe § 36 Abs. 3 Satz 5; Abs. 4 Satz 1 neu gef. mWv EZ 2009 (§ 36 Abs. 3 Satz 4) durch G v. 26. 6. 2013 (BGBl. I S. 1809).

andere Tätigkeit nicht überwiegt. [2]Die Vergünstigung gilt in diesem Fall für den gesamten Gewerbeertrag.

§§ 23 und **24.** (weggefallen)

Zu § 14 a des Gesetzes

§ 25 Gewerbesteuererklärung. (1) Eine Gewerbesteuererklärung ist abzugeben

1. für alle gewerbesteuerpflichtigen Unternehmen, deren Gewerbeertrag im Erhebungszeitraum den Betrag von 24 500 Euro überstiegen hat;
2. für Kapitalgesellschaften (Aktiengesellschaften, Kommanditgesellschaften auf Aktien, Gesellschaften mit beschränkter Haftung), wenn sie nicht von der Gewerbesteuer befreit sind;
3.[1)] für Genossenschaften einschließlich Europäischer Genossenschaften und für Versicherungsvereine auf Gegenseitigkeit, wenn sie nicht von der Gewerbesteuer befreit sind. [2]Für sonstige juristische Personen des privaten Rechts und für nichtrechtsfähige Vereine ist eine Gewerbesteuererklärung nur abzugeben, soweit diese Unternehmen einen wirtschaftlichen Geschäftsbetrieb – ausgenommen Land- und Forstwirtschaft – unterhalten, dessen Gewerbeertrag im Erhebungszeitraum den Betrag von 5000 Euro[2)] überstiegen hat;
4. für Unternehmen von juristischen Personen des öffentlichen Rechts, wenn sie als stehende Gewerbebetriebe anzusehen sind und ihr Gewerbeertrag im Erhebungszeitraum den Betrag von 5000 Euro[2)] überstiegen hat;
5. für Unternehmen im Sinne des § 3 Nr. 5, 6, 8, 9, 15, 17, 21, 26, 27, 28 und 29 des Gesetzes nur, wenn sie neben der von der Gewerbesteuer befreiten Tätigkeit auch eine der Gewerbesteuer unterliegende Tätigkeit ausgeübt haben und ihr steuerpflichtiger Gewerbeertrag im Erhebungszeitraum den Betrag von 5000 Euro[2)] überstiegen hat;
6. für Unternehmen, für die zum Schluss des vorangegangenen Erhebungszeitraums vortragsfähige Fehlbeträge gesondert festgestellt worden sind;
7. für alle gewerbesteuerpflichtigen Unternehmen, für die vom Finanzamt eine Gewerbesteuererklärung besonders verlangt wird.

(2) [1]Die Steuererklärung ist spätestens an dem von den obersten Finanzbehörden der Länder bestimmten Zeitpunkt abzugeben. [2]Für die Erklärung sind die amtlichen Vordrucke zu verwenden. [3]Das Recht des Finanzamts, schon vor diesem Zeitpunkt Angaben zu verlangen, die für die Besteuerung von Bedeutung sind, bleibt unberührt.

§§ 26 bis **28.** (weggefallen)

[1)] § 25 Abs. 1 Nr. 3 Satz 1 geänd. mWv EZ 2006 durch G v. 7. 12. 2006 (BGBl. I S. 2782).

[2)] § 25 Abs. 1 Nrn. 3 bis 5 Beträge geänd. mWv EZ 2009 durch G v. 17. 3. 2009 (BGBl. I S. 550).

Zu § 19 des Gesetzes

§ 29 Anpassung und erstmalige Festsetzung der Vorauszahlungen.

(1) [1]Setzt das Finanzamt nach § 19 Abs. 3 Satz 3 des Gesetzes einen Steuermessbetrag für Zwecke der Gewerbesteuer-Vorauszahlungen fest, so braucht ein Zerlegungsbescheid nicht erteilt zu werden. [2]Die hebeberechtigten Gemeinden können an dem Steuermessbetrag in demselben Verhältnis beteiligt werden, nach dem die Zerlegungsanteile in dem unmittelbar vorangegangenen Zerlegungsbescheid festgesetzt sind. [3]Das Finanzamt hat in diesem Fall gleichzeitig mit der Festsetzung des Steuermessbetrags den hebeberechtigten Gemeinden mitzuteilen

1. den Prozentsatz, um den sich der Steuermessbetrag gegenüber dem in der Mitteilung über die Zerlegung (§ 188 Abs. 1 der Abgabenordnung) angegebenen Steuermessbetrag erhöht oder ermäßigt, oder den Zerlegungsanteil,
2. den Erhebungszeitraum, für den die Änderung erstmals gilt.

(2)[1)] [1]In den Fällen des § 19 Abs. 4 des Gesetzes hat das Finanzamt erforderlichenfalls den Steuermessbetrag für Zwecke der Gewerbesteuer-Vorauszahlungen zu zerlegen. [2]Das Gleiche gilt in den Fällen des § 19 Abs. 3 des Gesetzes, wenn an den Vorauszahlungen nicht dieselben Gemeinden beteiligt sind, die nach dem unmittelbar vorangegangenen Zerlegungsbescheid beteiligt waren. [3]Bei der Zerlegung sind die mutmaßlichen Arbeitslöhne des Erhebungszeitraums anzusetzen, für den die Festsetzung der Vorauszahlungen erstmals gilt.

§ 30 Verlegung von Betriebsstätten. [1]Wird eine Betriebsstätte in eine andere Gemeinde verlegt, so sind die Vorauszahlungen in dieser Gemeinde von dem auf die Verlegung folgenden Fälligkeitstag ab zu entrichten. [2]Das gilt nicht, wenn in der Gemeinde, aus der die Betriebsstätte verlegt wird, mindestens eine Betriebsstätte des Unternehmens bestehen bleibt.

§§ 31 bis **33.** (weggefallen)

Zu § 34 des Gesetzes

§ 34 Kleinbeträge bei Verlegung der Geschäftsleitung. Hat das Unternehmen die Geschäftsleitung im Laufe des Erhebungszeitraums in eine andere Gemeinde verlegt, so ist der Kleinbetrag der Gemeinde zuzuweisen, in der sich die Geschäftsleitung am Ende des Erhebungszeitraums befindet.

Zu § 35 a des Gesetzes

§ 35 Reisegewerbebetriebe. (1) [1]Der Mittelpunkt der gewerblichen Tätigkeit befindet sich in der Gemeinde, von der aus die gewerbliche Tätigkeit vorwiegend ausgeübt wird. [2]Das ist in der Regel die Gemeinde, in der sich der Wohnsitz des Reisegewerbetreibenden befindet. [3]In Ausnahmefällen ist Mittelpunkt eine auswärtige Gemeinde, wenn die gewerbliche Tätigkeit von

---

1) § 29 Abs. 2 Satz 3 geänd. durch G v. 13. 12. 2006 (BGBl. I S. 2878).

dieser Gemeinde (z. B. von einem Büro oder Warenlager) aus vorwiegend ausgeübt wird. [4]Ist der Mittelpunkt der gewerblichen Tätigkeit nicht feststellbar, so ist die Gemeinde hebeberechtigt, in der der Unternehmer polizeilich gemeldet oder meldepflichtig ist.

(2) Eine Zerlegung des Steuermessbetrags auf die Gemeinden, in denen das Gewerbe ausgeübt worden ist, unterbleibt.

(3) [1]Der Steuermessbetrag ist im Fall des § 35a Abs. 4 des Gesetzes nach dem Anteil der Kalendermonate auf die hebeberechtigten Gemeinden zu zerlegen. [2]Kalendermonate, in denen die Steuerpflicht nur während eines Teils bestanden hat, sind voll zu rechnen. [3]Der Anteil für den Kalendermonat, in dem der Mittelpunkt der gewerblichen Tätigkeit verlegt worden ist, ist der Gemeinde zuzuteilen, in der sich der Mittelpunkt in diesem Kalendermonat die längste Zeit befunden hat.

Schlussvorschriften

§ 36[1)] Zeitlicher Anwendungsbereich. (1) Die vorstehende Fassung dieser Verordnung ist, soweit in den folgenden Absätzen nichts anderes bestimmt ist, erstmals für den Erhebungszeitraum 2009 anzuwenden.

(2) § 2 Absatz 1 in der Fassung des Artikels 5 des Gesetzes vom 19. Dezember 2008 (BGBl. I S. 2794) ist auch für Erhebungszeiträume vor 2009 anzuwenden.

(2 a)[2)] § 12a in der am 1. Januar 2016 geltenden Fassung ist erstmals für den Erhebungszeitraum 2016 anzuwenden.

(3)[3)] [1]§ 19 in der Fassung des Artikels 5 des Gesetzes vom 19. Dezember 2008 (BGBl. I S. 2794) ist erstmals für den Erhebungszeitraum 2008 anzuwenden. [2]§ 19 Absatz 3 in der Fassung des Artikels 4 des Gesetzes vom 8. April 2010 (BGBl. I S. 386) ist erstmals für den Erhebungszeitraum 2008 anzuwenden. [3]§ 19 Absatz 1 und 4 Satz 1 in der Fassung des Artikels 4 der Verordnung vom 17. November 2010 (BGBl. I S. 1544) ist erstmals für den Erhebungszeitraum 2008 anzuwenden. [4]§ 19 Absatz 4 Satz 1 in der Fassung des Artikels 5 des Gesetzes vom 26. Juni 2013 (BGBl. I S. 1809) ist erstmals für den Erhebungszeitraum 2009 anzuwenden. [5]§ 19 Absatz 4 Satz 2 in der Fassung des Artikels 5 des Gesetzes vom 26. Juni 2013 (BGBl. I S. 1809) ist erstmals für den Erhebungszeitraum 2011 anzuwenden. [6]Weist das Unternehmen im Sinne des § 64j Absatz 2 des Kreditwesengesetzes nicht spätestens mit der Abgabe der Erklärung zur Festsetzung des Steuermessbetrags für den Erhebungszeitraum 2009 nach, dass die Anzeige nach § 64j Absatz 2 des Kreditwesengesetzes bei der Bundesanstalt für Finanzdienstleistungsaufsicht

---

1) § 36 neu gef. durch G v. 16. 7. 2009 (BGBl. I S. 1959).

2) § 36 Abs. 2a eingef. durch G v. 1. 4. 2015 (BGBl. I S. 434).

3) § 36 Abs. 3 Satz 2 eingef., bish. Satz 2 wird Satz 3 durch G v. 8. 4. 2010 (BGBl. I S. 386); Satz 2 neu gef. durch VO v. 17. 11. 2010 (BGBl. I S. 1544); Satz 2 zweiter HS wird Satz 3, Satz 4 eingef., Satz 2 dritter HS wird Satz 5 und geänd., bish. Satz 3 wird Satz 6 durch G v. 26. 6. 2013 (BGBl. I S. 1809).

vorliegt, ist § 19 auf das Unternehmen ab dem Erhebungszeitraum 2008 nicht anzuwenden; das Nichterbringen des Nachweises gilt als rückwirkendes Ereignis im Sinne des § 175 Absatz 1 Satz 1 Nummer 2 der Abgabenordnung.

500. Umsatzsteuergesetz (UStG)

In der Fassung der Bekanntmachung vom 21. Februar 2005 (BGBl. I S. 386)[1)]

Geändert durch Gesetz zur Neuorganisation der Bundesfinanzverwaltung und zur Schaffung eines Refinanzierungsregisters vom 22. 9. 2005 (BGBl. I S. 2809), Gesetz zur steuerlichen Förderung von Wachstum und Beschäftigung vom 26. 4. 2006 (BGBl. I S. 1091), Gesetz zur Eindämmung missbräuchlicher Steuergestaltungen vom 28. 4. 2006 (BGBl. I S. 1095), Haushaltsbegleitgesetz 2006 vom 29. 6. 2006 (BGBl. I S. 1402), Erstes Gesetz zum Abbau bürokratischer Hemmnisse insbesondere in der mittelständischen Wirtschaft vom 22. 8. 2006 (BGBl. I S. 1970), Jahressteuergesetz 2007 vom 13. 12. 2006 (BGBl. I S. 2878), Zweites Gesetz zum Abbau bürokratischer Hemmnisse insbesondere in der mittelständischen Wirtschaft vom 7. 9. 2007 (BGBl. I S. 2246), Gesetz zur weiteren Stärkung des bürgerschaftlichen Engagements vom 10. 10. 2007 (BGBl. I S. 2332), Jahressteuergesetz 2008 vom 20. 12. 2007 (BGBl. I S. 3150), Jahressteuergesetz 2009 vom 19. 12. 2008 (BGBl. I S. 2794), Steuerbürokratieabbaugesetz vom 20. 12. 2008 (BGBl. I S. 2850), Bürgerentlastungsgesetz Krankenversicherung vom 16. 7. 2009 (BGBl. I S. 1959), Wachstumsbeschleunigungsgesetz vom 22. 12. 2009 (BGBl. I S. 3950), Gesetz zur Umsetzung steuerlicher EU-Vorgaben sowie zur Änderung steuerlicher Vorschriften vom 8. 4. 2010 (BGBl. I S. 386), Gesetz zur Weiterentwicklung der Organisation der Grundsicherung für Arbeitsuchende vom 3. 8. 2010 (BGBl. I S. 1112), Jahressteuergesetz 2010 (JStG 2010) vom 8. 12. 2010 (BGBl. I S. 1768), Gesetz zur Ermittlung von Regelbedarfen und zur Änderung des Zweiten und Zwölften Buches Sozialgesetzbuch vom 24. 3. 2011 (BGBl. I S. 453), Gesetz zur bestätigenden Regelung verschiedener steuerlicher und verkehrsrechtlicher Vorschriften des Haushaltsbegleitgesetzes 2004 vom 5. 4. 2011 (BGBl. I S. 554), Sechstes Gesetz zur Änderung von Verbrauchsteuergesetzen vom 16. 6. 2011 (BGBl. I S. 1090), Gesetz zur Anpassung der Rechtsgrundlagen für die Fortentwicklung des Emissionshandels vom 21. 7. 2011 (BGBl. I S. 1475), Steuervereinfachungsgesetz 2011 vom 1. 11. 2011 (BGBl. I S. 2131), Drittes Gesetz zur Änderung des Umsatzsteuergesetzes vom 6. 12. 2011 (BGBl. I S. 2562), Beitreibungsrichtlinie-Umsetzungsgesetz (BeitrRLUmsG) vom 7. 12. 2011 (BGBl. I S. 2592), Gesetz zur Änderung des Gemeindefinanzreformgesetzes und von steuerlichen Vorschriften vom 8. 5. 2012 (BGBl. I S. 1030), Amtshilferichtlinie-Umsetzungsgesetz (AmtshilfeRLUmsG) vom 26. 6. 2013 (BGBl. I S. 1809), Gesetz zur Anpassung des Investmentsteuergesetzes und anderer Gesetze an das AIFM-Umsetzungsgesetz (AIFM-Steuer-Anpassungsgesetz – AIFM-StAnpG) vom 18. 12. 2013 (BGBl. I S. 4318), Gesetz zur Anpassung des nationalen Steuerrechts an den Beitritt Kroatiens zur EU und zur Änderung weiterer steuerlicher Vorschriften vom 25. 7. 2014 (BGBl. I S. 1266), Gesetz zur Anpassung der Abgabenordnung an den Zollkodex der Union und zur Änderung weiterer steuerlicher Vorschriften vom 22. 12. 2014 (BGBl. I S. 2417) und Steueränderungsgesetz 2015 vom 2. 11. 2015 (BGBl. I S. 1834)

BGBl. III/FNA 611-10-14

Inhaltsübersicht

[1)] Neubekanntmachung des UStG idF der Bek. v. 9. 6. 1999 (BGBl. I S. 1270) auf Grund des § 26 Abs. 6 UStG in der ab 1. 1. 2005 geltenden Fassung.

Erster Abschnitt. Steuergegenstand und Geltungsbereich

§ 1 Steuerbare Umsätze. (1) Der Umsatzsteuer unterliegen die folgenden Umsätze:

1. die Lieferungen und sonstigen Leistungen, die ein Unternehmer im Inland gegen Entgelt im Rahmen seines Unternehmens ausführt. [2]Die Steuer-

barkeit entfällt nicht, wenn der Umsatz auf Grund gesetzlicher oder behördlicher Anordnung ausgeführt wird oder nach gesetzlicher Vorschrift als ausgeführt gilt;

2. und 3. (weggefallen)

4. die Einfuhr von Gegenständen im Inland oder in den österreichischen Gebieten Jungholz und Mittelberg (Einfuhrumsatzsteuer);

5. der innergemeinschaftliche Erwerb im Inland gegen Entgelt.

(1a) 1 Die Umsätze im Rahmen einer Geschäftsveräußerung an einen anderen Unternehmer für dessen Unternehmen unterliegen nicht der Umsatzsteuer. 2 Eine Geschäftsveräußerung liegt vor, wenn ein Unternehmen oder ein in der Gliederung eines Unternehmens gesondert geführter Betrieb im Ganzen entgeltlich oder unentgeltlich übereignet oder in eine Gesellschaft eingebracht wird. 3 Der erwerbende Unternehmer tritt an die Stelle des Veräußerers.

(2) 1 Inland im Sinne dieses Gesetzes ist das Gebiet der Bundesrepublik Deutschland mit Ausnahme des Gebiets von Büsingen, der Insel Helgoland, der Freizonen des Kontrolltyps I nach § 1 Abs. 1 Satz 1 des Zollverwaltungsgesetzes (Freihäfen), der Gewässer und Watten zwischen der Hoheitsgrenze und der jeweiligen Strandlinie sowie der deutschen Schiffe und der deutschen Luftfahrzeuge in Gebieten, die zu keinem Zollgebiet gehören. 2 Ausland im Sinne dieses Gesetzes ist das Gebiet, das danach nicht Inland ist. 3 Wird ein Umsatz im Inland ausgeführt, so kommt es für die Besteuerung nicht darauf an, ob der Unternehmer deutscher Staatsangehöriger ist, seinen Wohnsitz oder Sitz im Inland hat, im Inland eine Betriebsstätte unterhält, die Rechnung erteilt oder die Zahlung empfängt.

(2a) 1 Das Gemeinschaftsgebiet im Sinne dieses Gesetzes umfasst das Inland im Sinne des Absatzes 2 Satz 1 und die Gebiete der übrigen Mitgliedstaaten der Europäischen Union[1], die nach dem Gemeinschaftsrecht als Inland dieser Mitgliedstaaten gelten (übriges Gemeinschaftsgebiet). 2 Das Fürstentum Monaco gilt als Gebiet der Französischen Republik; die Insel Man gilt als Gebiet des Vereinigten Königreichs Großbritannien und Nordirland. 3 Drittlandsgebiet im Sinne dieses Gesetzes ist das Gebiet, das nicht Gemeinschaftsgebiet ist.

(3) 1 Folgende Umsätze, die in den Freihäfen und in den Gewässern und Watten zwischen der Hoheitsgrenze und der jeweiligen Strandlinie bewirkt werden, sind wie Umsätze im Inland zu behandeln:

1.[2] die Lieferungen und die innergemeinschaftlichen Erwerbe von Gegenständen, die zum Gebrauch oder Verbrauch in den bezeichneten Gebieten oder zur Ausrüstung oder Versorgung eines Beförderungsmittels bestimmt sind, wenn die Gegenstände

   a) nicht für das Unternehmen des Abnehmers erworben werden, oder

   b) vom Abnehmer ausschließlich oder zum Teil für eine nach § 4 Nr. 8 bis 27 steuerfreie Tätigkeit verwendet werden;

---

[1] Geänd. durch G v. 26. 6. 2013 (BGBl. I S. 1809).

[2] § 1 Abs. 3 Satz 1 Nrn. 1 neu gef. mWv 19. 12. 2006 durch G v. 13. 12. 2006 (BGBl. I S. 2878).

2.[1] die sonstigen Leistungen, die

a) nicht für das Unternehmen des Leistungsempfängers ausgeführt werden, oder

b) vom Leistungsempfänger ausschließlich oder zum Teil für eine nach § 4 Nr. 8 bis 27 steuerfreie Tätigkeit verwendet werden;

3. die Lieferungen im Sinne des § 3 Abs. 1b und die sonstigen Leistungen im Sinne des § 3 Abs. 9a;

4. die Lieferungen von Gegenständen, die sich im Zeitpunkt der Lieferung

a) in einem zollamtlich bewilligten Freihafen-Veredelungsverkehr oder in einer zollamtlich besonders zugelassenen Freihafenlagerung oder

b) einfuhrumsatzsteuerrechtlich im freien Verkehr befinden;

5. die sonstigen Leistungen, die im Rahmen eines Veredelungsverkehrs oder einer Lagerung im Sinne der Nummer 4 Buchstabe a ausgeführt werden;

6.[2] *(aufgehoben)*

7. der innergemeinschaftliche Erwerb eines neuen Fahrzeugs durch die in § 1a Abs. 3 und § 1b Abs. 1 genannten Erwerber.

[2] Lieferungen und sonstige Leistungen an juristische Personen des öffentlichen Rechts sowie deren innergemeinschaftlicher Erwerb in den bezeichneten Gebieten sind als Umsätze im Sinne der Nummern 1 und 2[3] anzusehen, soweit der Unternehmer nicht anhand von Aufzeichnungen und Belegen das Gegenteil glaubhaft macht.

§ 1a Innergemeinschaftlicher Erwerb. (1) Ein innergemeinschaftlicher Erwerb gegen Entgelt liegt vor, wenn die folgenden Voraussetzungen erfüllt sind:

1. Ein Gegenstand gelangt bei einer Lieferung an den Abnehmer (Erwerber) aus dem Gebiet eines Mitgliedstaates in das Gebiet eines anderen Mitgliedstaates oder aus dem übrigen Gemeinschaftsgebiet in die in § 1 Abs. 3 bezeichneten Gebiete, auch wenn der Lieferer den Gegenstand in das Gemeinschaftsgebiet eingeführt hat,

2. der Erwerber ist

a) ein Unternehmer, der den Gegenstand für sein Unternehmen erwirbt, oder

b) eine juristische Person, die nicht Unternehmer ist oder die den Gegenstand nicht für ihr Unternehmen erwirbt,

und

3. die Lieferung an den Erwerber

a) wird durch einen Unternehmer gegen Entgelt im Rahmen seines Unternehmens ausgeführt und

---

[1] § 1 Abs. 3 Satz 1 Nrn. 2 neu gef. mWv 19. 12. 2006 durch G v. 13. 12. 2006 (BGBl. I S. 2878).

[2] § 1 Abs. 3 Satz 1 Nr. 6 aufgeh. mWv 19. 12. 2006 durch G v. 13. 12. 2006 (BGBl. I S. 2878).

[3] Verweis geänd. durch G v. 20. 12. 2007 (BGBl. I S. 3150).

b) ist nach dem Recht des Mitgliedstaates, der für die Besteuerung des Lieferers zuständig ist, nicht auf Grund der Sonderregelung für Kleinunternehmer steuerfrei.

(2) [1] Als innergemeinschaftlicher Erwerb gegen Entgelt gilt das Verbringen eines Gegenstands des Unternehmens aus dem übrigen Gemeinschaftsgebiet in das Inland durch einen Unternehmer zu seiner Verfügung, ausgenommen zu einer nur vorübergehenden Verwendung, auch wenn der Unternehmer den Gegenstand in das Gemeinschaftsgebiet eingeführt hat. [2] Der Unternehmer gilt als Erwerber.

(3) Ein innergemeinschaftlicher Erwerb im Sinne der Absätze 1 und 2 liegt nicht vor, wenn die folgenden Voraussetzungen erfüllt sind:

1. Der Erwerber ist
   a) ein Unternehmer, der nur steuerfreie Umsätze ausführt, die zum Ausschluss vom Vorsteuerabzug führen,
   b) ein Unternehmer, für dessen Umsätze Umsatzsteuer nach § 19 Abs. 1 nicht erhoben wird,
   c) ein Unternehmer, der den Gegenstand zur Ausführung von Umsätzen verwendet, für die die Steuer nach den Durchschnittssätzen des § 24 festgesetzt ist, oder
   d) eine juristische Person, die nicht Unternehmer ist oder die den Gegenstand nicht für ihr Unternehmen erwirbt,

   und
2. der Gesamtbetrag der Entgelte für Erwerbe im Sinne des Absatzes 1 Nr. 1 und des Absatzes 2 hat den Betrag von 12 500 Euro im vorangegangenen Kalenderjahr nicht überstiegen und wird diesen Betrag im laufenden Kalenderjahr voraussichtlich nicht übersteigen (Erwerbsschwelle).

(4)[1)] [1] Der Erwerber kann auf die Anwendung des Absatzes 3 verzichten. [2] Als Verzicht gilt die Verwendung einer dem Erwerber erteilten Umsatzsteuer-Identifikationsnummer gegenüber dem Lieferer. [3] Der Verzicht bindet den Erwerber mindestens für zwei Kalenderjahre.

(5) [1] Absatz 3 gilt nicht für den Erwerb neuer Fahrzeuge und verbrauchsteuerpflichtiger Waren. [2] Verbrauchsteuerpflichtige Waren im Sinne dieses Gesetzes sind Mineralöle, Alkohol und alkoholische Getränke sowie Tabakwaren.

§ 1b Innergemeinschaftlicher Erwerb neuer Fahrzeuge. (1) Der Erwerb eines neuen Fahrzeugs durch einen Erwerber, der nicht zu den in § 1a Abs. 1 Nr. 2 genannten Personen gehört, ist unter den Voraussetzungen des § 1a Abs. 1 Nr. 1 innergemeinschaftlicher Erwerb.

(2) [1] Fahrzeuge im Sinne dieses Gesetzes sind

1. motorbetriebene Landfahrzeuge mit einem Hubraum von mehr als 48 Kubikzentimetern oder einer Leistung von mehr als 7,2 Kilowatt;

[1)] § 1a Abs. 4 Satz 2 ersetzt durch Sätze 2 und 3 mWv 1. 1. 2011 durch G v. 8. 12. 2010 (BGBl. I S. 1768).

2. Wasserfahrzeuge mit einer Länge von mehr als 7,5 Metern;
3. Luftfahrzeuge, deren Starthöchstmasse mehr als 1550 Kilogramm beträgt.

2 Satz 1 gilt nicht für die in § 4 Nr. 12 Satz 2 und Nr. 17 Buchstabe b bezeichneten Fahrzeuge.

(3) Ein Fahrzeug gilt als neu, wenn das

1. Landfahrzeug nicht mehr als 6000 Kilometer zurückgelegt hat oder wenn seine erste Inbetriebnahme im Zeitpunkt des Erwerbs nicht mehr als sechs Monate zurückliegt;
2. Wasserfahrzeug nicht mehr als 100 Betriebsstunden auf dem Wasser zurückgelegt hat oder wenn seine erste Inbetriebnahme im Zeitpunkt des Erwerbs nicht mehr als drei Monate zurückliegt;
3. Luftfahrzeug nicht länger als 40 Betriebsstunden genutzt worden ist oder wenn seine erste Inbetriebnahme im Zeitpunkt des Erwerbs nicht mehr als drei Monate zurückliegt.

§ 1 c Innergemeinschaftlicher Erwerb durch diplomatische Missionen, zwischenstaatliche Einrichtungen und Streitkräfte der Vertragsparteien des Nordatlantikvertrags. (1) 1 Ein innergemeinschaftlicher Erwerb im Sinne des § 1 a liegt nicht vor, wenn ein Gegenstand bei einer Lieferung aus dem Gebiet eines anderen Mitgliedstaates in das Inland gelangt und die Erwerber folgende Einrichtungen sind, soweit sie nicht Unternehmer sind oder den Gegenstand nicht für ihr Unternehmen erwerben:

1. im Inland ansässige ständige diplomatische Missionen und berufskonsularische Vertretungen,
2. im Inland ansässige zwischenstaatliche Einrichtungen oder
3. im Inland stationierte Streitkräfte anderer Vertragsparteien des Nordatlantikvertrags.

2 Diese Einrichtungen gelten nicht als Erwerber im Sinne des § 1 a Abs. 1 Nr. 2. 3 § 1 b bleibt unberührt.

(2) Als innergemeinschaftlicher Erwerb gegen Entgelt im Sinne des § 1 a Abs. 2 gilt das Verbringen eines Gegenstands durch die deutschen Streitkräfte aus dem übrigen Gemeinschaftsgebiet in das Inland für den Gebrauch oder Verbrauch dieser Streitkräfte oder ihres zivilen Begleitpersonals, wenn die Lieferung des Gegenstands an die deutschen Streitkräfte im übrigen Gemeinschaftsgebiet oder die Einfuhr durch diese Streitkräfte nicht der Besteuerung unterlegen hat.

§ 2 Unternehmer, Unternehmen. (1) 1 Unternehmer ist, wer eine gewerbliche oder berufliche Tätigkeit selbständig ausübt. 2 Das Unternehmen umfasst die gesamte gewerbliche oder berufliche Tätigkeit des Unternehmers. 3 Gewerblich oder beruflich ist jede nachhaltige Tätigkeit zur Erzielung von Einnahmen, auch wenn die Absicht, Gewinn zu erzielen, fehlt oder eine Personenvereinigung nur gegenüber ihren Mitgliedern tätig wird.

(2) Die gewerbliche oder berufliche Tätigkeit wird nicht selbständig ausgeübt,

1. soweit natürliche Personen, einzeln oder zusammengeschlossen, einem Unternehmen so eingegliedert sind, dass sie den Weisungen des Unternehmers zu folgen verpflichtet sind;
2. wenn eine juristische Person nach dem Gesamtbild der tatsächlichen Verhältnisse finanziell, wirtschaftlich und organisatorisch in das Unternehmen des Organträgers eingegliedert ist (Organschaft). [2]Die Wirkungen der Organschaft sind auf Innenleistungen zwischen den im Inland gelegenen Unternehmensteilen beschränkt. [3]Diese Unternehmensteile sind als ein Unternehmen zu behandeln. [4]Hat der Organträger seine Geschäftsleitung im Ausland, gilt der wirtschaftlich bedeutendste Unternehmensteil im Inland als der Unternehmer.

(3)[1)] [1]Die juristischen Personen des öffentlichen Rechts sind nur im Rahmen ihrer Betriebe gewerblicher Art (§ 1 Abs. 1 Nr. 6, § 4 des Körperschaftsteuergesetzes) und ihrer land- oder forstwirtschaftlichen Betriebe gewerblich oder beruflich tätig. [2]Auch wenn die Voraussetzungen des Satzes 1 nicht gegeben sind, gelten als gewerbliche oder berufliche Tätigkeit im Sinne dieses Gesetzes

1. (weggefallen)
2. die Tätigkeit der Notare im Landesdienst und der Ratschreiber im Land Baden-Württemberg, soweit Leistungen ausgeführt werden, für die nach der Bundesnotarordnung die Notare zuständig sind;
3. die Abgabe von Brillen und Brillenteilen einschließlich der Reparaturarbeiten durch Selbstabgabestellen der gesetzlichen Träger der Sozialversicherung;
4. die Leistungen der Vermessungs- und Katasterbehörden bei der Wahrnehmung von Aufgaben der Landesvermessung und des Liegenschaftskatasters mit Ausnahme der Amtshilfe;
5. die Tätigkeit der Bundesanstalt für Landwirtschaft und Ernährung, soweit Aufgaben der Marktordnung, der Vorratshaltung und der Nahrungsmittelhilfe wahrgenommen werden.

§ 2a Fahrzeuglieferer. [1]Wer im Inland ein neues Fahrzeug liefert, das bei der Lieferung in das übrige Gemeinschaftsgebiet gelangt, wird, wenn er nicht Unternehmer im Sinne des § 2 ist, für diese Lieferung wie ein Unternehmer behandelt. [2]Dasselbe gilt, wenn der Lieferer eines neuen Fahrzeugs Unternehmer im Sinne des § 2 ist und die Lieferung nicht im Rahmen des Unternehmens ausführt.

[ab 1. 1. 2017:]

§ 2b[2)] Juristische Personen des öffentlichen Rechts. (1) [1]Vorbehaltlich des Absatzes 4 gelten juristische Personen des öffentlichen Rechts nicht als

---

[1)] § 2 Abs. 3 aufgeh. mWv 1. 1. 2016 durch G v. 2. 11. 2015 (BGBl. I S. 1834); siehe jetzt § 2b; zur weiteren Anwendung von § 2 Abs. 3 siehe § 27 Abs. 22 Sätze 1 und 3 bis 6.

[2)] § 2b eingef. durch G v. 2. 11. 2015 (BGBl. I S. 1834); zur Anwendung ab 1. 1. 2017 siehe § 27 Abs. 22 Satz 2 (bis dahin § 2 Abs. 3 iVm § 27 Abs. 22 Sätze 1 und 3 bis 6).

Unternehmer im Sinne des § 2, soweit sie Tätigkeiten ausüben, die ihnen im Rahmen der öffentlichen Gewalt obliegen, auch wenn sie im Zusammenhang mit diesen Tätigkeiten Zölle, Gebühren, Beiträge oder sonstige Abgaben erheben. [2]Satz 1 gilt nicht, sofern eine Behandlung als Nichtunternehmer zu größeren Wettbewerbsverzerrungen führen würde.

(2) Größere Wettbewerbsverzerrungen liegen insbesondere nicht vor, wenn

1. der von einer juristischen Person des öffentlichen Rechts im Kalenderjahr aus gleichartigen Tätigkeiten erzielte Umsatz voraussichtlich 17 500 Euro jeweils nicht übersteigen wird oder
2. vergleichbare, auf privatrechtlicher Grundlage erbrachte Leistungen ohne Recht auf Verzicht (§ 9) einer Steuerbefreiung unterliegen.

(3) Sofern eine Leistung an eine andere juristische Person des öffentlichen Rechts ausgeführt wird, liegen größere Wettbewerbsverzerrungen insbesondere nicht vor, wenn

1. die Leistungen aufgrund gesetzlicher Bestimmungen nur von juristischen Personen des öffentlichen Rechts erbracht werden dürfen oder
2. die Zusammenarbeit durch gemeinsame spezifische öffentliche Interessen bestimmt wird. [2]Dies ist regelmäßig der Fall, wenn
   a) die Leistungen auf langfristigen öffentlich-rechtlichen Vereinbarungen beruhen,
   b) die Leistungen dem Erhalt der öffentlichen Infrastruktur und der Wahrnehmung einer allen Beteiligten obliegenden öffentlichen Aufgabe dienen,
   c) die Leistungen ausschließlich gegen Kostenerstattung erbracht werden und
   d) der Leistende gleichartige Leistungen im Wesentlichen an andere juristische Personen des öffentlichen Rechts erbringt.

(4) Auch wenn die Voraussetzungen des Absatzes 1 Satz 1 gegeben sind, gelten juristische Personen des öffentlichen Rechts bei Vorliegen der übrigen Voraussetzungen des § 2 Absatz 1 mit der Ausübung folgender Tätigkeiten stets als Unternehmer:

1. die Tätigkeit der Notare im Landesdienst und der Ratschreiber im Land Baden-Württemberg, soweit Leistungen ausgeführt werden, für die nach der Bundesnotarordnung die Notare zuständig sind;
2. die Abgabe von Brillen und Brillenteilen einschließlich der Reparaturarbeiten durch Selbstabgabestellen der gesetzlichen Träger der Sozialversicherung;
3. die Leistungen der Vermessungs- und Katasterbehörden bei der Wahrnehmung von Aufgaben der Landesvermessung und des Liegenschaftskatasters mit Ausnahme der Amtshilfe;
4. die Tätigkeit der Bundesanstalt für Landwirtschaft und Ernährung, soweit Aufgaben der Marktordnung, der Vorratshaltung und der Nahrungsmittelhilfe wahrgenommen werden;
5. Tätigkeiten, die in Anhang I der Richtlinie 2006/112/EG des Rates vom 28. November 2006 über das gemeinsame Mehrwertsteuersystem (ABl.

L 347 vom 11. 12. 2006, S. 1) in der jeweils gültigen Fassung genannt sind, sofern der Umfang dieser Tätigkeiten nicht unbedeutend ist.

§ 3 Lieferung, sonstige Leistung. (1) Lieferungen eines Unternehmers sind Leistungen, durch die er oder in seinem Auftrag ein Dritter den Abnehmer oder in dessen Auftrag einen Dritten befähigt, im eigenen Namen über einen Gegenstand zu verfügen (Verschaffung der Verfügungsmacht).

(1 a) [1] Als Lieferung gegen Entgelt gilt das Verbringen eines Gegenstands des Unternehmens aus dem Inland in das übrige Gemeinschaftsgebiet durch einen Unternehmer zu seiner Verfügung, ausgenommen zu einer nur vorübergehenden Verwendung, auch wenn der Unternehmer den Gegenstand in das Inland eingeführt hat. [2] Der Unternehmer gilt als Lieferer.

(1 b) [1] Einer Lieferung gegen Entgelt werden gleichgestellt

1. die Entnahme eines Gegenstands durch einen Unternehmer aus seinem Unternehmen für Zwecke, die außerhalb des Unternehmens liegen;
2. die unentgeltliche Zuwendung eines Gegenstands durch einen Unternehmer an sein Personal für dessen privaten Bedarf, sofern keine Aufmerksamkeiten vorliegen;
3. jede andere unentgeltliche Zuwendung eines Gegenstands, ausgenommen Geschenke von geringem Wert und Warenmuster für Zwecke des Unternehmens.

[2] Voraussetzung ist, dass der Gegenstand oder seine Bestandteile zum vollen oder teilweisen Vorsteuerabzug berechtigt haben.

(2) (weggefallen)

(3) [1] Beim Kommissionsgeschäft (§ 383 des Handelsgesetzbuchs) liegt zwischen dem Kommittenten und dem Kommissionär eine Lieferung vor. [2] Bei der Verkaufskommission gilt der Kommissionär, bei der Einkaufskommission der Kommittent als Abnehmer.

(4) [1] Hat der Unternehmer die Bearbeitung oder Verarbeitung eines Gegenstands übernommen und verwendet er hierbei Stoffe, die er selbst beschafft, so ist die Leistung als Lieferung anzusehen (Werklieferung), wenn es sich bei den Stoffen nicht nur um Zutaten oder sonstige Nebensachen handelt. [2] Das gilt auch dann, wenn die Gegenstände mit dem Grund und Boden fest verbunden werden.

(5) [1] Hat ein Abnehmer dem Lieferer die Nebenerzeugnisse oder Abfälle, die bei der Bearbeitung oder Verarbeitung des ihm übergebenen Gegenstands entstehen, zurückzugeben, so beschränkt sich die Lieferung auf den Gehalt des Gegenstands an den Bestandteilen, die dem Abnehmer verbleiben. [2] Das gilt auch dann, wenn der Abnehmer an Stelle der bei der Bearbeitung oder Verarbeitung entstehenden Nebenerzeugnisse oder Abfälle Gegenstände gleicher Art zurückgibt, wie sie in seinem Unternehmen regelmäßig anfallen.

(5 a) Der Ort der Lieferung richtet sich vorbehaltlich der §§ 3 c, 3 e, 3 f und 3 g nach den Absätzen 6 bis 8.

(6) 1 Wird der Gegenstand der Lieferung durch den Lieferer, den Abnehmer oder einen vom Lieferer oder vom Abnehmer beauftragten Dritten befördert oder versendet, gilt die Lieferung dort als ausgeführt, wo die Beförderung oder Versendung an den Abnehmer oder in dessen Auftrag an einen Dritten beginnt. 2 Befördern ist jede Fortbewegung eines Gegenstands. 3 Versenden liegt vor, wenn jemand die Beförderung durch einen selbständigen Beauftragten ausführen oder besorgen lässt. 4 Die Versendung beginnt mit der Übergabe des Gegenstands an den Beauftragten. 5 Schließen mehrere Unternehmer über denselben Gegenstand Umsatzgeschäfte ab und gelangt dieser Gegenstand bei der Beförderung oder Versendung unmittelbar vom ersten Unternehmer an den letzten Abnehmer, ist die Beförderung oder Versendung des Gegenstands nur einer der Lieferungen zuzuordnen. 6 Wird der Gegenstand der Lieferung dabei durch einen Abnehmer befördert oder versendet, der zugleich Lieferer ist, ist die Beförderung oder Versendung der Lieferung an ihn zuzuordnen, es sei denn, er weist nach, dass er den Gegenstand als Lieferer befördert oder versendet hat.

(7) 1 Wird der Gegenstand der Lieferung nicht befördert oder versendet, wird die Lieferung dort ausgeführt, wo sich der Gegenstand zur Zeit der Verschaffung der Verfügungsmacht befindet. 2 In den Fällen des Absatzes 6 Satz 5 gilt Folgendes:

1. Lieferungen, die der Beförderungs- oder Versendungslieferung vorangehen, gelten dort als ausgeführt, wo die Beförderung oder Versendung des Gegenstands beginnt.
2. Lieferungen, die der Beförderungs- oder Versendungslieferung folgen, gelten dort als ausgeführt, wo die Beförderung oder Versendung des Gegenstands endet.

(8) Gelangt der Gegenstand der Lieferung bei der Beförderung oder Versendung aus dem Drittlandsgebiet in das Inland, gilt der Ort der Lieferung dieses Gegenstands als im Inland gelegen, wenn der Lieferer oder sein Beauftragter Schuldner der Einfuhrumsatzsteuer ist.

(8 a) (weggefallen)

(9)[1] 1 Sonstige Leistungen sind Leistungen, die keine Lieferungen sind. 2 Sie können auch in einem Unterlassen oder im Dulden einer Handlung oder eines Zustands bestehen. 3 In den Fällen der §§ 27 und 54 des Urheberrechtsgesetzes führen die Verwertungsgesellschaften und die Urheber sonstige Leistungen aus.

(9 a)[2] Einer sonstigen Leistung gegen Entgelt werden gleichgestellt

1.[3] die Verwendung eines dem Unternehmen zugeordneten Gegenstands, der zum vollen oder teilweisen Vorsteuerabzug berechtigt hat, durch einen Unternehmer für Zwecke, die außerhalb des Unternehmens liegen, oder für

---

[1] § 3 Abs. 9 Sätze 4 und 5 aufgeh. durch G v. 20. 12. 2007 (BGBl. I S. 3150).

[2] § 3 Abs. 9 a Satz 2 aufgeh. mWv 1. 1. 2004 – zur Übergangsregelung für Altfahrzeuge siehe § 27 Abs. 5.

[3] § 3 Abs. 9 a Nr. 1 Klammerzusatz angef. durch G v. 8. 12. 2010 (BGBl. I S. 1768); zur Anwendung siehe § 27 Abs. 16.

den privaten Bedarf seines Personals, sofern keine Aufmerksamkeiten vorliegen; dies gilt nicht, wenn der Vorsteuerabzug nach § 15 Absatz 1b ausgeschlossen oder wenn eine Vorsteuerberichtigung nach § 15a Absatz 6a durchzuführen ist;

2. die unentgeltliche Erbringung einer anderen sonstigen Leistung durch den Unternehmer für Zwecke, die außerhalb des Unternehmens liegen, oder für den privaten Bedarf seines Personals, sofern keine Aufmerksamkeiten vorliegen.

(10) Überlässt ein Unternehmer einem Auftraggeber, der ihm einen Stoff zur Herstellung eines Gegenstands übergeben hat, an Stelle des herzustellenden Gegenstands einen gleichartigen Gegenstand, wie er ihn in seinem Unternehmen aus solchem Stoff herzustellen pflegt, so gilt die Leistung des Unternehmers als Werkleistung, wenn das Entgelt für die Leistung nach Art eines Werklohns unabhängig vom Unterschied zwischen dem Marktpreis des empfangenen Stoffs und dem des überlassenen Gegenstands berechnet wird.

(11) Wird ein Unternehmer in die Erbringung einer sonstigen Leistung eingeschaltet und handelt er dabei im eigenen Namen, jedoch für fremde Rechnung, gilt diese Leistung als an ihn und von ihm erbracht.

(11a)[1] [1]Wird ein Unternehmer in die Erbringung einer sonstigen Leistung, die über ein Telekommunikationsnetz, eine Schnittstelle oder ein Portal erbracht wird, eingeschaltet, gilt er im Sinne von Absatz 11 als im eigenen Namen und für fremde Rechnung handelnd. [2]Dies gilt nicht, wenn der Anbieter dieser sonstigen Leistung von dem Unternehmer als Leistungserbringer ausdrücklich benannt wird und dies in den vertraglichen Vereinbarungen zwischen den Parteien zum Ausdruck kommt. [3]Diese Bedingung ist erfüllt, wenn

1. in den von jedem an der Erbringung beteiligten Unternehmer ausgestellten oder verfügbar gemachten Rechnungen die sonstige Leistung im Sinne des Satzes 2 und der Erbringer dieser Leistung angegeben sind;
2. in den dem Leistungsempfänger ausgestellten oder verfügbar gemachten Rechnungen die sonstige Leistung im Sinne des Satzes 2 und der Erbringer dieser Leistung angegeben sind.

[4]Die Sätze 2 und 3 finden keine Anwendung, wenn der Unternehmer hinsichtlich der Erbringung der sonstigen Leistung im Sinne des Satzes 2

1. die Abrechnung gegenüber dem Leistungsempfänger autorisiert,
2. die Erbringung der sonstigen Leistung genehmigt oder
3. die allgemeinen Bedingungen der Leistungserbringung festlegt.

[5]Die Sätze 1 bis 4 gelten nicht, wenn der Unternehmer lediglich Zahlungen in Bezug auf die erbrachte sonstige Leistung im Sinne des Satzes 2 abwickelt und nicht an der Erbringung dieser sonstigen Leistung beteiligt ist.]

(12) [1]Ein Tausch liegt vor, wenn das Entgelt für eine Lieferung in einer Lieferung besteht. [2]Ein tauschähnlicher Umsatz liegt vor, wenn das Entgelt für eine sonstige Leistung in einer Lieferung oder sonstigen Leistung besteht.

---

[1] § 3 Abs. 11a eingef. mWv 1. 1. 2015 durch G v. 25. 7. 2014 (BGBl. I S. 1266).

§ 3 a[1] Ort der sonstigen Leistung. (1) [1]Eine sonstige Leistung wird vorbehaltlich der Absätze 2 bis 8[2] und der §§ 3 b, 3 e und 3 f an dem Ort ausgeführt, von dem aus der Unternehmer sein Unternehmen betreibt. [2]Wird die sonstige Leistung von einer Betriebsstätte ausgeführt, gilt die Betriebsstätte als der Ort der sonstigen Leistung.

(2) [1]Eine sonstige Leistung, die an einen Unternehmer für dessen Unternehmen ausgeführt wird, wird vorbehaltlich der Absätze 3 bis 8[2] und der §§ 3 b, 3 e und 3 f an dem Ort ausgeführt, von dem aus der Empfänger sein Unternehmen betreibt. [2]Wird die sonstige Leistung an die Betriebsstätte eines Unternehmers ausgeführt, ist stattdessen der Ort der Betriebsstätte maßgebend. [3]Die Sätze 1 und 2 gelten entsprechend bei einer sonstigen Leistung an eine ausschließlich[3] nicht unternehmerisch tätige juristische Person, der eine Umsatzsteuer-Identifikationsnummer erteilt worden ist, und bei einer sonstigen Leistung an eine juristische Person, die sowohl unternehmerisch als auch nicht unternehmerisch tätig ist; dies gilt nicht für sonstige Leistungen, die ausschließlich für den privaten Bedarf des Personals oder eines Gesellschafters bestimmt sind.[3]

(3) Abweichend von den Absätzen 1 und 2 gilt:

1. [1]Eine sonstige Leistung im Zusammenhang mit einem Grundstück wird dort ausgeführt, wo das Grundstück liegt. [2]Als sonstige Leistungen im Zusammenhang mit einem Grundstück sind insbesondere anzusehen:
   a) sonstige Leistungen der in § 4 Nr. 12 bezeichneten Art,
   b) sonstige Leistungen im Zusammenhang mit der Veräußerung oder dem Erwerb von Grundstücken,
   c) sonstige Leistungen, die der Erschließung von Grundstücken oder der Vorbereitung, Koordinierung oder Ausführung von Bauleistungen dienen.
2.[4] [1]Die kurzfristige Vermietung eines Beförderungsmittels wird an dem Ort ausgeführt, an dem dieses Beförderungsmittel dem Empfänger tatsächlich zur Verfügung gestellt wird. [2]Als kurzfristig im Sinne des Satzes 1 gilt eine Vermietung über einen ununterbrochenen Zeitraum
   a) von nicht mehr als 90 Tagen bei Wasserfahrzeugen,
   b) von nicht mehr als 30 Tagen bei anderen Beförderungsmitteln.

   [3]Die Vermietung eines Beförderungsmittels, die nicht als kurzfristig im Sinne des Satzes 2 anzusehen ist, an einen Empfänger, der weder ein Unternehmer ist, für dessen Unternehmen die Leistung bezogen wird, noch eine nicht unternehmerisch tätige juristische Person, der eine Umsatzsteuer-Identifikationsnummer erteilt worden ist, wird an dem Ort erbracht, an dem der Empfänger seinen Wohnsitz oder Sitz hat. [4]Handelt es sich bei dem Beförderungsmittel um ein Sportboot, wird abweichend von Satz 3 die Vermietungsleistung an dem Ort ausgeführt, an dem das Sportboot dem

---

[1] § 3 a neu gef. mWv 1. 1. 2010 durch G v. 19. 12. 2008 (BGBl. I S. 2794).

[2] Verweis geänd. mWv 1. 1. 2011 durch G v. 8. 12. 2010 (BGBl. I S. 1768).

[3] § 3 a Abs. 2 geänd. mWv 30. 6. 2013 durch G v. 26. 6. 2013 (BGBl. I S. 1809).

[4] § 3 a Abs. 3 Nr. 2 Sätze 3 und 4 angef. mWv 30. 6. 2013 durch G v. 26. 6. 2013 (BGBl. I S. 1809).

Empfänger tatsächlich zur Verfügung gestellt wird, wenn sich auch der Sitz, die Geschäftsleitung oder eine Betriebsstätte des Unternehmers, von wo aus diese Leistung tatsächlich erbracht wird, an diesem Ort befindet.

3. Die folgenden sonstigen Leistungen werden dort ausgeführt, wo sie vom Unternehmer tatsächlich erbracht werden:

   a)[1] kulturelle, künstlerische, wissenschaftliche, unterrichtende, sportliche, unterhaltende oder ähnliche Leistungen, wie Leistungen im Zusammenhang mit Messen und Ausstellungen, einschließlich der Leistungen der jeweiligen Veranstalter sowie die damit zusammenhängenden Tätigkeiten, die für die Ausübung der Leistungen unerlässlich sind, an einen Empfänger, der weder ein Unternehmer ist, für dessen Unternehmen die Leistung bezogen wird, noch eine nicht unternehmerisch tätige juristische Person, der eine Umsatzsteuer-Identifikationsnummer erteilt worden ist,

   b) die Abgabe von Speisen und Getränken zum Verzehr an Ort und Stelle (Restaurationsleistung), wenn diese Abgabe nicht an Bord eines Schiffs, in einem Luftfahrzeug oder in einer Eisenbahn während einer Beförderung innerhalb des Gemeinschaftsgebiets erfolgt,

   c) Arbeiten an beweglichen körperlichen Gegenständen und die Begutachtung dieser Gegenstände für einen Empfänger, der weder ein Unternehmer ist, für dessen Unternehmen die Leistung ausgeführt wird, noch eine nicht unternehmerisch tätige juristische Person, der eine Umsatzsteuer-Identifikationsnummer erteilt worden ist.

4. Eine Vermittlungsleistung an einen Empfänger, der weder ein Unternehmer ist, für dessen Unternehmen die Leistung bezogen wird, noch eine nicht unternehmerisch tätige juristische Person, der eine Umsatzsteuer-Identifikationsnummer erteilt worden ist, wird an dem Ort erbracht, an dem der vermittelte Umsatz als ausgeführt gilt.

5.[2] Die Einräumung der Eintrittsberechtigung zu kulturellen, künstlerischen, wissenschaftlichen, unterrichtenden, sportlichen, unterhaltenden oder ähnlichen Veranstaltungen, wie Messen und Ausstellungen, sowie die damit zusammenhängenden sonstigen Leistungen an einen Unternehmer für dessen Unternehmen oder an eine nicht unternehmerisch tätige juristische Person, der eine Umsatzsteuer-Identifikationsnummer erteilt worden ist, wird an dem Ort erbracht, an dem die Veranstaltung tatsächlich durchgeführt wird.

(4) [1] Ist der Empfänger einer der in Satz 2 bezeichneten sonstigen Leistungen weder ein Unternehmer, für dessen Unternehmen die Leistung bezogen wird, noch eine nicht unternehmerisch tätige juristische Person, der eine Umsatzsteuer-Identifikationsnummer erteilt worden ist, und hat er seinen Wohnsitz oder Sitz im Drittlandsgebiet, wird die sonstige Leistung an seinem Wohnsitz oder Sitz ausgeführt. [2] Sonstige Leistungen im Sinne des Satzes 1 sind:

1. die Einräumung, Übertragung und Wahrnehmung von Patenten, Urheberrechten, Markenrechten und ähnlichen Rechten;

---

[1] § 3 a Abs. 3 Nr. 3 Buchst. a letzter HS angef. mWv 1. 1. 2011 durch G v. 8. 12. 2010 (BGBl. I S. 1768).

[2] § 3 a Abs. 3 Nr. 5 angef. mWv 1. 1. 2011 durch G v. 8. 12. 2010 (BGBl. I S. 1768).

2. die sonstigen Leistungen, die der Werbung oder der Öffentlichkeitsarbeit dienen, einschließlich der Leistungen der Werbungsmittler und der Werbeagenturen;
3. die sonstigen Leistungen aus der Tätigkeit als Rechtsanwalt, Patentanwalt, Steuerberater, Steuerbevollmächtigter, Wirtschaftsprüfer, vereidigter Buchprüfer, Sachverständiger, Ingenieur, Aufsichtsratsmitglied, Dolmetscher und Übersetzer sowie ähnliche Leistungen anderer Unternehmer, insbesondere die rechtliche, wirtschaftliche und technische Beratung;
4. die Datenverarbeitung;
5. die Überlassung von Informationen einschließlich gewerblicher Verfahren und Erfahrungen;
6. a)[1] Bank- und Finanzumsätze, insbesondere der in § 4 Nummer 8 Buchstabe a bis h bezeichneten Art und die Verwaltung von Krediten und Kreditsicherheiten, sowie Versicherungsumsätze der in § 4 Nummer 10 bezeichneten Art,

   b) die sonstigen Leistungen im Geschäft mit Gold, Silber und Platin. [2]Das gilt nicht für Münzen und Medaillen aus diesen Edelmetallen;
7. die Gestellung von Personal;
8. der Verzicht auf Ausübung eines der in Nummer 1 bezeichneten Rechte;
9. der Verzicht, ganz oder teilweise eine gewerbliche oder berufliche Tätigkeit auszuüben;
10. die Vermietung beweglicher körperlicher Gegenstände, ausgenommen Beförderungsmittel;
11.[2] *die sonstigen Leistungen auf dem Gebiet der Telekommunikation;*
12.[2] *die Rundfunk- und Fernsehdienstleistungen;*
13.[2] *die auf elektronischem Weg erbrachten sonstigen Leistungen;*
14.[3] die Gewährung des Zugangs zum Erdgasnetz, zum Elektrizitätsnetz oder zu Wärme- oder Kältenetzen] und die Fernleitung, die Übertragung oder Verteilung über diese Netze sowie die Erbringung anderer damit unmittelbar zusammenhängender sonstiger Leistungen.

[Fassung bis 31. 12. 2014:]

(5) Ist der Empfänger einer in Absatz 4 Satz 2 Nr. 13 bezeichneten sonstigen Leistung weder ein Unternehmer, für dessen Unternehmen die Leistung bezogen wird, noch eine nicht unternehmerisch tätige juristische Person, der eine Umsatzsteuer-

[Fassung ab 1. 1. 2015:][4]

(5) [1]Ist der Empfänger einer der in Satz 2 bezeichneten sonstigen Leistungen

1. kein Unternehmer, für dessen Unternehmen die Leistung bezogen wird,

---

[1] § 3 a Abs. 4 Satz 2 Nr. 6 Buchst. a neu gef. mWv 31. 12. 2014 durch G v. 22. 12. 2014 (BGBl. I S. 2417).

[2] § 3 a Abs. 4 Satz 2 Nrn. 11 bis 13 aufgeh. mWv 1. 1. 2015 durch G v. 25. 7. 2014 (BGBl. I S. 1266).

[3] § 3 a Abs. 4 Satz 2 Nr. 14 geänd. mWv 1. 1. 2011 durch G v. 8. 12. 2010 (BGBl. I S. 1768).

[4] § 3 a Abs. 5 neu gef. mWv 1. 1. 2015 durch G v. 25. 7. 2014 (BGBl. I S. 1266).

[Fassung bis 31. 12. 2014:]

Identifikationsnummer erteilt worden ist, und hat er seinen Wohnsitz oder Sitz im Gemeinschaftsgebiet, wird die sonstige Leistung abweichend von Absatz 1 dort ausgeführt, wo er seinen Wohnsitz oder Sitz hat, wenn die sonstige Leistung von einem Unternehmer ausgeführt wird, der im Drittlandsgebiet ansässig ist oder dort eine Betriebsstätte hat, von der die Leistung ausgeführt wird.

[Fassung ab 1. 1. 2015:]

2. keine ausschließlich nicht unternehmerisch tätige juristische Person, der eine Umsatzsteuer-Identifikationsnummer erteilt worden ist,
3. keine juristische Person, die sowohl unternehmerisch als auch nicht unternehmerisch tätig ist, bei der die Leistung nicht ausschließlich für den privaten Bedarf des Personals oder eines Gesellschafters bestimmt ist,

wird die sonstige Leistung an dem Ort ausgeführt, an dem der Leistungsempfänger seinen Wohnsitz, seinen gewöhnlichen Aufenthaltsort oder seinen Sitz hat. 2 Sonstige Leistungen im Sinne des Satzes 1 sind:

1. die sonstigen Leistungen auf dem Gebiet der Telekommunikation;
2. die Rundfunk- und Fernsehdienstleistungen;
3. die auf elektronischem Weg erbrachten sonstigen Leistungen.

(6) 1 Erbringt ein Unternehmer, der sein Unternehmen von einem im Drittlandsgebiet liegenden Ort aus betreibt,

1. eine in Absatz 3 Nr. 2 bezeichnete Leistung oder die langfristige Vermietung eines Beförderungsmittels,
2.[1] eine in Absatz 4 Satz 2 Nummer 1 bis 10 bezeichnete sonstige Leistung an eine im Inland ansässige juristische Person des öffentlichen Rechts, oder
3. eine in *Absatz 4 Satz 2 Nr. 11 und 12* [***ab 1. 1. 2015:*** Absatz 5 Satz 2 Nummer 1 und 2][2] bezeichnete Leistung,

ist diese Leistung abweichend von Absatz 1, Absatz 3 *Nr. 2 oder Absatz 4 Satz 1* [***ab 1. 1. 2015:*** Nummer 2, Absatz 4 Satz 1 oder Absatz 5][3] als im Inland ausgeführt zu behandeln, wenn sie dort genutzt oder ausgewertet wird. 2 Wird die Leistung von einer Betriebsstätte eines Unternehmers ausgeführt, gilt Satz 1 entsprechend, wenn die Betriebsstätte im Drittlandsgebiet liegt.

---

[1] § 3 a Abs. 6 Satz 1 Nr. 2 Klammerzusatz eingef., Satzteile aufgeh. mWv 1. 1. 2011 durch G v. 8. 12. 2010 (BGBl. I S. 1768).

[2] Verweis geänd. mWv 1. 1. 2015 durch G v. 25. 7. 2014 (BGBl. I S. 1266); berichtigt durch G v. 22. 12. 2014 (BGBl. I S. 2417).

[3] Verweis geänd. mWv 1. 1. 2015 durch G v. 25. 7. 2014 (BGBl. I S. 1266).

(7) [1]Vermietet ein Unternehmer, der sein Unternehmen vom Inland aus betreibt, kurzfristig ein Schienenfahrzeug, einen Kraftomnibus oder ein ausschließlich zur Beförderung von Gegenständen bestimmtes Straßenfahrzeug, ist diese Leistung abweichend von Absatz 3 Nr. 2 als im Drittlandsgebiet ausgeführt zu behandeln, wenn die Leistung an einen im Drittlandsgebiet ansässigen Unternehmer erbracht wird, das Fahrzeug für dessen Unternehmen bestimmt ist und im Drittlandsgebiet genutzt wird. [2]Wird die Vermietung des Fahrzeugs von einer Betriebsstätte eines Unternehmers ausgeführt, gilt Satz 1 entsprechend, wenn die Betriebsstätte im Inland liegt.

(8)[1)] [1]Erbringt ein Unternehmer eine Güterbeförderungsleistung, ein Beladen, Entladen, Umschlagen oder ähnliche mit der Beförderung eines Gegenstandes im Zusammenhang stehende Leistungen im Sinne des § 3b Absatz 2, eine Arbeit an beweglichen körperlichen Gegenständen oder eine Begutachtung dieser Gegenstände, eine Reisevorleistung im Sinne des § 25 Absatz 1 Satz 5 oder eine Veranstaltungsleistung im Zusammenhang mit Messen und Ausstellungen, ist diese Leistung abweichend von Absatz 2 als im Drittlandsgebiet ausgeführt zu behandeln, wenn die Leistung dort genutzt oder ausgewertet wird. *[2]Erbringt ein Unternehmer eine sonstige Leistung auf dem Gebiet der Telekommunikation, ist diese Leistung abweichend von Absatz 1 als im Drittlandsgebiet ausgeführt zu behandeln, wenn die Leistung dort genutzt oder ausgewertet wird. [3]Die Sätze 1 und 2 gelten nicht, wenn die dort genannten Leistungen in einem der in § 1 Absatz 3 genannten Gebiete tatsächlich ausgeführt werden.* [***ab 1. 1. 2015:*** [2]Satz 1 gilt nicht, wenn die dort genannten Leistungen in einem der in § 1 Absatz 3 genannten Gebiete tatsächlich ausgeführt werden.]

§ 3b[2)] Ort der Beförderungsleistungen und der damit zusammenhängenden sonstigen Leistungen. (1) [1]Eine Beförderung einer Person wird dort ausgeführt, wo die Beförderung bewirkt wird. [2]Erstreckt sich eine solche Beförderung nicht nur auf das Inland, fällt nur der Teil der Leistung unter dieses Gesetz, der auf das Inland entfällt. [3]Die Sätze 1 und 2 gelten entsprechend für die Beförderung von Gegenständen, die keine innergemeinschaftliche Beförderung eines Gegenstands im Sinne des Absatzes 3 ist, wenn der Empfänger weder ein Unternehmer, für dessen Unternehmen die Leistung bezogen wird, noch eine nicht unternehmerisch tätige juristische Person ist, der eine Umsatzsteuer-Identifikationsnummer erteilt worden ist. [4]Die Bundesregierung kann mit Zustimmung des Bundesrates durch Rechtsverordnung zur Vereinfachung des Besteuerungsverfahrens bestimmen, dass bei Beförderungen, die sich sowohl auf das Inland als auch auf das Ausland erstrecken (grenzüberschreitende Beförderungen),

1. kurze inländische Beförderungsstrecken als ausländische und kurze ausländische Beförderungsstrecken als inländische angesehen werden;
2. Beförderungen über kurze Beförderungsstrecken in den in § 1 Abs. 3 bezeichneten Gebieten nicht wie Umsätze im Inland behandelt werden.

[1)] § 3a Abs. 8 angef. mWv 1. 1. 2011 durch G v. 8. 12. 2010 (BGBl. I S. 1768); Abs. 8 Satz 1 geänd. mWv 1. 7. 2011 durch G v. 7. 12. 2011 (BGBl. I S. 2592); Satz 2 aufgeh., bish. Satz 3 wird Satz 2 und neu gef. mWv 1. 1. 2015 durch G v. 25. 7. 2014 (BGBl. I S. 1266).

[2)] § 3b neu gef. mWv 1. 1. 2010 durch G v. 19. 12. 2008 (BGBl. I S. 2794).

(2) Das Beladen, Entladen, Umschlagen und ähnliche mit der Beförderung eines Gegenstands im Zusammenhang stehende Leistungen an einen Empfänger, der weder ein Unternehmer ist, für dessen Unternehmen die Leistung bezogen wird, noch eine nicht unternehmerisch tätige juristische Person ist, der eine Umsatzsteuer-Identifikationsnummer erteilt worden ist, werden dort ausgeführt, wo sie vom Unternehmer tatsächlich erbracht werden.

(3) Die Beförderung eines Gegenstands, die in dem Gebiet eines Mitgliedstaates beginnt und in dem Gebiet eines anderen Mitgliedstaates endet (innergemeinschaftliche Beförderung eines Gegenstands), an einen Empfänger, der weder ein Unternehmer ist, für dessen Unternehmen die Leistung bezogen wird, noch eine nicht unternehmerisch tätige juristische Person, der eine Umsatzsteuer-Identifikationsnummer erteilt worden ist, wird an dem Ort ausgeführt, an dem die Beförderung des Gegenstands beginnt.

§ 3 c Ort der Lieferung in besonderen Fällen. (1) [1] Wird bei einer Lieferung der Gegenstand durch den Lieferer oder einen von ihm beauftragten Dritten aus dem Gebiet eines Mitgliedstaates in das Gebiet eines anderen Mitgliedstaates oder aus dem übrigen Gemeinschaftsgebiet in die in § 1 Abs. 3 bezeichneten Gebiete befördert oder versendet, so gilt die Lieferung nach Maßgabe der Absätze 2 bis 5 dort als ausgeführt, wo die Beförderung oder Versendung endet. [2] Das gilt auch, wenn der Lieferer den Gegenstand in das Gemeinschaftsgebiet eingeführt hat.

(2) Absatz 1 ist anzuwenden, wenn der Abnehmer

1. nicht zu den in § 1 a Abs. 1 Nr. 2 genannten Personen gehört oder
2. a) ein Unternehmer ist, der nur steuerfreie Umsätze ausführt, die zum Ausschluss vom Vorsteuerabzug führen, oder
   b) ein Kleinunternehmer ist, der nach dem Recht des für die Besteuerung zuständigen Mitgliedstaates von der Steuer befreit ist oder auf andere Weise von der Besteuerung ausgenommen ist, oder
   c) ein Unternehmer ist, der nach dem Recht des für die Besteuerung zuständigen Mitgliedstaates die Pauschalregelung für landwirtschaftliche Erzeuger anwendet, oder
   d) eine juristische Person ist, die nicht Unternehmer ist oder die den Gegenstand nicht für ihr Unternehmen erwirbt,

   und als einer der in den Buchstaben a bis d genannten Abnehmer weder die maßgebende Erwerbsschwelle überschreitet noch auf ihre Anwendung verzichtet. [2] Im Fall der Beendigung der Beförderung oder Versendung im Gebiet eines anderen Mitgliedstaates ist die von diesem Mitgliedstaat festgesetzte Erwerbsschwelle maßgebend.

(3) [1] Absatz 1 ist nicht anzuwenden, wenn bei dem Lieferer der Gesamtbetrag der Entgelte, der den Lieferungen in einen Mitgliedstaat zuzurechnen ist, die maßgebliche Lieferschwelle im laufenden Kalenderjahr nicht überschreitet

und im vorangegangenen Kalenderjahr nicht überschritten hat. [2]Maßgebende Lieferschwelle ist

1. im Fall der Beendigung der Beförderung oder Versendung im Inland oder in den in § 1 Abs. 3 bezeichneten Gebieten der Betrag von 100 000 Euro;
2. im Fall der Beendigung der Beförderung oder Versendung im Gebiet eines anderen Mitgliedstaates der von diesem Mitgliedstaat festgesetzte Betrag.

(4) [1]Wird die maßgebende Lieferschwelle nicht überschritten, gilt die Lieferung auch dann am Ort der Beendigung der Beförderung oder Versendung als ausgeführt, wenn der Lieferer auf die Anwendung des Absatzes 3 verzichtet. [2]Der Verzicht ist gegenüber der zuständigen Behörde zu erklären. [3]Er bindet den Lieferer mindestens für zwei Kalenderjahre.

(5) [1]Die Absätze 1 bis 4 gelten nicht für die Lieferung neuer Fahrzeuge. [2]Absatz 2 Nr. 2 und Absatz 3 gelten nicht für die Lieferung verbrauchsteuerpflichtiger Waren.

§ 3 d Ort des innergemeinschaftlichen Erwerbs. [1]Der innergemeinschaftliche Erwerb wird in dem Gebiet des Mitgliedstaates bewirkt, in dem sich der Gegenstand am Ende der Beförderung oder Versendung befindet. [2]Verwendet der Erwerber gegenüber dem Lieferer eine ihm von einem anderen Mitgliedstaat erteilte Umsatzsteuer-Identifikationsnummer, gilt der Erwerb so lange in dem Gebiet dieses Mitgliedstaates als bewirkt, bis der Erwerber nachweist, dass der Erwerb durch den in Satz 1 bezeichneten Mitgliedstaat besteuert worden ist oder nach § 25 b Abs. 3 als besteuert gilt, sofern der erste Abnehmer seiner Erklärungspflicht nach § 18 a Absatz 7 Satz 1 Nummer 4[1)] nachgekommen ist.

§ 3 e[2)] Ort der Lieferungen und Restaurationsleistungen während einer Beförderung an Bord eines Schiffs, in einem Luftfahrzeug oder in einer Eisenbahn. (1) Wird ein Gegenstand an Bord eines Schiffs, in einem Luftfahrzeug oder in einer Eisenbahn während einer Beförderung innerhalb des Gemeinschaftsgebiets geliefert oder dort eine sonstige Leistung ausgeführt, die in der Abgabe von Speisen und Getränken zum Verzehr an Ort und Stelle (Restaurationsleistung) besteht, gilt der Abgangsort des jeweiligen Beförderungsmittels im Gemeinschaftsgebiet als Ort der Lieferung oder der sonstigen Leistung.

(2) [1]Als Beförderung innerhalb des Gemeinschaftsgebiets im Sinne des Absatzes 1 gilt die Beförderung oder der Teil der Beförderung zwischen dem Abgangsort und dem Ankunftsort des Beförderungsmittels im Gemeinschaftsgebiet ohne Zwischenaufenthalt außerhalb des Gemeinschaftsgebiets. [2]Abgangsort im Sinne des Satzes 1 ist der erste Ort innerhalb des Gemeinschaftsgebiets, an dem Reisende in das Beförderungsmittel einsteigen können. [3]Ankunftsort im Sinne des Satzes 1 ist der letzte Ort innerhalb des Gemeinschaftsgebiets, an dem Reisende das Beförderungsmittel verlassen können. [4]Hin- und Rückfahrt gelten als gesonderte Beförderungen.

---

1) Verweis geänd. mWv 1. 7. 2010 durch G v. 8. 4. 2010 (BGBl. I S. 386).
2) § 3 e neu gef. mWv 1. 1. 2010 durch G v. 19. 12. 2008 (BGBl. I S. 2794).

§ 3 f Ort der unentgeltlichen Lieferungen und sonstigen Leistungen. [1]Lieferungen im Sinne des § 3 Abs. 1 b und sonstige Leistungen im Sinne des § 3 Abs. 9 a werden an dem Ort ausgeführt, von dem aus der Unternehmer sein Unternehmen betreibt. [2]Werden diese Leistungen von einer Betriebsstätte ausgeführt, gilt die Betriebsstätte als Ort der Leistungen.

§ 3 g[1)] Ort der Lieferung von Gas, Elektrizität, Wärme oder Kälte.

(1) [1]Bei einer Lieferung von Gas über das Erdgasnetz, von Elektrizität oder von Wärme oder Kälte über Wärme- oder Kältenetze an einen Unternehmer, dessen Haupttätigkeit in Bezug auf den Erwerb dieser Gegenstände in deren Lieferung besteht und dessen eigener Verbrauch dieser Gegenstände von untergeordneter Bedeutung ist, gilt als Ort dieser Lieferung der Ort, an dem der Abnehmer sein Unternehmen betreibt. [2]Wird die Lieferung an die Betriebsstätte eines Unternehmers im Sinne des Satzes 1 ausgeführt, so ist stattdessen der Ort der Betriebsstätte maßgebend.

(2) [1]Bei einer Lieferung von Gas über das Erdgasnetz, von Elektrizität oder von Wärme oder Kälte über Wärme- oder Kältenetze] an andere als die in Absatz 1 bezeichneten Abnehmer gilt als Ort der Lieferung der Ort, an dem der Abnehmer die Gegenstände tatsächlich nutzt oder verbraucht. [2]Soweit die Gegenstände von diesem Abnehmer nicht tatsächlich genutzt oder verbraucht werden, gelten sie als an dem Ort genutzt oder verbraucht, an dem der Abnehmer seinen Sitz, eine Betriebsstätte, an die die Gegenstände geliefert werden, oder seinen Wohnsitz hat.

(3) Auf Gegenstände, deren Lieferungsort sich nach Absatz 1 oder Absatz 2 bestimmt, sind die Vorschriften des § 1 a Abs. 2 und § 3 Abs. 1 a nicht anzuwenden.

(Fortsetzung nächste Seite)

[1)] § 3 g Überschr. geänd., Abs. 1 Satz 1, Abs. 2 Satz 1 und Satz 2 geänd. mWv 1. 1. 2011 durch G v. 8. 12. 2010 (BGBl. I S. 1768).

Zweiter Abschnitt. Steuerbefreiungen und Steuervergütungen

§ 4 Steuerbefreiungen bei Lieferungen und sonstigen Leistungen. Von den unter § 1 Abs. 1 Nr. 1 fallenden Umsätzen sind steuerfrei:

1. a) die Ausfuhrlieferungen (§ 6) und die Lohnveredelungen an Gegenständen der Ausfuhr (§ 7),

   b) die innergemeinschaftlichen Lieferungen (§ 6a);

2. die Umsätze für die Seeschifffahrt und für die Luftfahrt (§ 8);

3. die folgenden sonstigen Leistungen:

   a) die grenzüberschreitenden Beförderungen von Gegenständen, die Beförderungen im internationalen Eisenbahnfrachtverkehr und andere sonstige Leistungen, wenn sich die Leistungen

      aa) unmittelbar auf Gegenstände der Ausfuhr beziehen oder auf eingeführte Gegenstände beziehen, die im externen Versandverfahren in das Drittlandsgebiet befördert werden, oder

      bb) auf Gegenstände der Einfuhr in das Gebiet eines Mitgliedstaates der Europäischen Union[1] beziehen und die Kosten für die Leistungen in der Bemessungsgrundlage für diese Einfuhr enthalten sind. [2]Nicht befreit sind die Beförderungen der in § 1 Abs. 3 Nr. 4 Buchstabe a bezeichneten Gegenstände aus einem Freihafen in das Inland,

   b) die Beförderungen von Gegenständen nach und von den Inseln, die die autonomen Regionen Azoren und Madeira bilden,

   c) sonstige Leistungen, die sich unmittelbar auf eingeführte Gegenstände beziehen, für die zollamtlich eine vorübergehende Verwendung in den in § 1 Abs. 1 Nr. 4 bezeichneten Gebieten bewilligt worden ist, wenn der Leistungsempfänger ein ausländischer Auftraggeber (§ 7 Abs. 2) ist. [2]Dies gilt nicht für sonstige Leistungen, die sich auf Beförderungsmittel, Paletten und Container beziehen.

   [2]Die Vorschrift gilt nicht für die in den Nummern 8, 10 und 11 bezeichneten Umsätze und für die Bearbeitung oder Verarbeitung eines Gegenstands einschließlich der Werkleistung im Sinne des § 3 Abs. 10. [3]Die Voraussetzungen der Steuerbefreiung müssen vom Unternehmer nachgewiesen sein. [4]Das Bundesministerium der Finanzen kann mit Zustimmung des Bundesrates durch Rechtsverordnung bestimmen, wie der Unternehmer den Nachweis zu führen hat;

4. die Lieferungen von Gold an Zentralbanken;

4a. die folgenden Umsätze:

   a) die Lieferungen der in der Anlage 1 bezeichneten Gegenstände an einen Unternehmer für sein Unternehmen, wenn der Gegenstand der Lieferung im Zusammenhang mit der Lieferung in ein Umsatzsteuerlager

---

[1] Geänd. durch G v. 26. 6. 2013 (BGBl. I S. 1809).

eingelagert wird oder sich in einem Umsatzsteuerlager befindet. [2]Mit der Auslagerung eines Gegenstands aus einem Umsatzsteuerlager entfällt die Steuerbefreiung für die der Auslagerung vorangegangene Lieferung, den der Auslagerung vorangegangenen innergemeinschaftlichen Erwerb oder die der Auslagerung vorangegangene Einfuhr; dies gilt nicht, wenn der Gegenstand im Zusammenhang mit der Auslagerung in ein anderes Umsatzsteuerlager im Inland eingelagert wird. [3]Eine Auslagerung ist die endgültige Herausnahme eines Gegenstands aus einem Umsatzsteuer lager. [4]Der endgültigen Herausnahme steht gleich der sonstige Wegfall der Voraussetzungen für die Steuerbefreiung sowie die Erbringung einer nicht nach Buchstabe b begünstigten Leistung an den eingelagerten Gegenständen,

b) die Leistungen, die mit der Lagerung, der Erhaltung, der Verbesserung der Aufmachung und Handelsgüte oder der Vorbereitung des Vertriebs oder Weiterverkaufs der eingelagerten Gegenstände unmittelbar zusammenhängen. [2]Dies gilt nicht, wenn durch die Leistungen die Gegenstände so aufbereitet werden, dass sie zur Lieferung auf der Einzelhandelsstufe geeignet sind.

[2]Die Steuerbefreiung gilt nicht für Leistungen an Unternehmer, die diese zur Ausführung von Umsätzen verwenden, für die die Steuer nach den Durchschnittssätzen des § 24 festgesetzt ist. [3]Die Voraussetzungen der Steuerbefreiung müssen vom Unternehmer eindeutig und leicht nachprüfbar nachgewiesen sein. [4]Umsatzsteuerlager kann jedes Grundstück oder Grundstücksteil im Inland sein, das zur Lagerung der in Anlage 1 genannten Gegenstände dienen soll und von einem Lagerhalter betrieben wird. [5]Es kann mehrere Lagerorte umfassen. [6]Das Umsatzsteuerlager bedarf der Bewilligung des für den Lagerhalter zuständigen Finanzamts. [7]Der Antrag ist schriftlich zu stellen. [8]Die Bewilligung ist zu erteilen, wenn ein wirtschaftliches Bedürfnis für den Betrieb des Umsatzsteuerlagers besteht und der Lagerhalter die Gewähr für dessen ordnungsgemäße Verwaltung bietet;

4b. die einer Einfuhr vorangehende Lieferung von Gegenständen, wenn der Abnehmer oder dessen Beauftragter den Gegenstand der Lieferung einführt. [2]Dies gilt entsprechend für Lieferungen, die den in Satz 1 genannten Lieferungen vorausgegangen sind. [3]Die Voraussetzungen der Steuerbefreiung müssen vom Unternehmer eindeutig und leicht nachprüfbar nachgewiesen sein;

5. die Vermittlung

   a) der unter die Nummer 1 Buchstabe a, Nummern 2 bis 4b und Nummern 6 und 7 fallenden Umsätze,

   b) der grenzüberschreitenden Beförderungen von Personen mit Luftfahrzeugen oder Seeschiffen,

   c) der Umsätze, die ausschließlich im Drittlandsgebiet bewirkt werden,

   d) der Lieferungen, die nach § 3 Abs. 8 als im Inland ausgeführt zu behandeln sind.

[2]Nicht befreit ist die Vermittlung von Umsätzen durch Reisebüros für Reisende. [3]Die Voraussetzungen der Steuerbefreiung müssen vom Unternehmer nachgewiesen sein. [4]Das Bundesministerium der Finanzen kann mit Zustimmung des Bundesrates durch Rechtsverordnung bestimmen, wie der Unternehmer den Nachweis zu führen hat;

6. a) die Lieferungen und sonstigen Leistungen der Eisenbahnen des Bundes auf Gemeinschaftsbahnhöfen, Betriebswechselbahnhöfen, Grenzbetriebsstrecken und Durchgangsstrecken an Eisenbahnverwaltungen mit Sitz im Ausland,

   b) (weggefallen)

   c) die Lieferungen von eingeführten Gegenständen an im Drittlandsgebiet, ausgenommen Gebiete nach § 1 Abs. 3, ansässige Abnehmer, soweit für die Gegenstände zollamtlich eine vorübergehende Verwendung in den in § 1 Abs. 1 Nr. 4 bezeichneten Gebieten bewilligt worden ist und diese Bewilligung auch nach der Lieferung gilt. [2]Nicht befreit sind die Lieferungen von Beförderungsmitteln, Paletten und Containern,

   d) Personenbeförderungen im Passagier- und Fährverkehr mit Wasserfahrzeugen für die Seeschifffahrt, wenn die Personenbeförderungen zwischen inländischen Seehäfen und der Insel Helgoland durchgeführt werden,

   e)[1] die Abgabe von Speisen und Getränken zum Verzehr an Ort und Stelle im Verkehr mit Wasserfahrzeugen für die Seeschifffahrt zwischen einem inländischen und ausländischen Seehafen und zwischen zwei ausländischen Seehäfen. [2]Inländische Seehäfen im Sinne des Satzes 1 sind auch die Freihäfen und Häfen auf der Insel Helgoland;

7. die Lieferungen, ausgenommen Lieferungen neuer Fahrzeuge im Sinne des § 1 b Abs. 2 und 3, und die sonstigen Leistungen

   a) an andere Vertragsparteien des Nordatlantikvertrags, die nicht unter die in § 26 Abs. 5 bezeichneten Steuerbefreiungen fallen, wenn die Umsätze für den Gebrauch oder Verbrauch durch die Streitkräfte dieser Vertragsparteien, ihr ziviles Begleitpersonal oder für die Versorgung ihrer Kasinos oder Kantinen bestimmt sind und die Streitkräfte der gemeinsamen Verteidigungsanstrengung dienen,

   b) an die in dem Gebiet eines anderen Mitgliedstaates stationierten Streitkräfte der Vertragsparteien des Nordatlantikvertrags, soweit sie nicht an die Streitkräfte dieses Mitgliedstaates ausgeführt werden,

   c) an die in dem Gebiet eines anderen Mitgliedstaates ansässigen ständigen diplomatischen Missionen und berufskonsularischen Vertretungen sowie deren Mitglieder und

   d) an die in dem Gebiet eines anderen Mitgliedstaates ansässigen zwischenstaatlichen Einrichtungen sowie deren Mitglieder.

---

[1] § 4 Nr. 6 Buchst. e geänd. durch G v. 20. 12. 2007 (BGBl. I S. 3150).

[2]Der Gegenstand der Lieferung muss in den Fällen des Satzes 1 Buchstabe b bis d[1] in das Gebiet des anderen Mitgliedstaates befördert oder versendet werden. [3]Für die Steuerbefreiungen nach Satz 1 Buchstabe b bis d[1] sind die in dem anderen Mitgliedstaat geltenden Voraussetzungen maßgebend. [4]Die Voraussetzungen der Steuerbefreiungen müssen vom Unternehmer nachgewiesen sein. [5]Bei den Steuerbefreiungen nach Satz 1 Buchstabe b bis d[1] hat der Unternehmer die in dem anderen Mitgliedstaat geltenden Voraussetzungen dadurch nachzuweisen, dass ihm der Abnehmer eine von der zuständigen Behörde des anderen Mitgliedstaates oder, wenn er hierzu ermächtigt ist, eine selbst ausgestellte Bescheinigung nach amtlich vorgeschriebenem Muster aushändigt. [6]Das Bundesministerium der Finanzen kann mit Zustimmung des Bundesrates durch Rechtsverordnung bestimmen, wie der Unternehmer die übrigen Voraussetzungen nachzuweisen hat;

8. a) die Gewährung und die Vermittlung von Krediten,
   b) die Umsätze und die Vermittlung der Umsätze von gesetzlichen Zahlungsmitteln. [2]Das gilt nicht, wenn die Zahlungsmittel wegen ihres Metallgehalts oder ihres Sammlerwerts umgesetzt werden,
   c) die Umsätze im Geschäft mit Forderungen, Schecks und anderen Handelspapieren sowie die Vermittlung dieser Umsätze, ausgenommen die Einziehung von Forderungen,
   d) die Umsätze und die Vermittlung der Umsätze im Einlagengeschäft, im Kontokorrentverkehr, im Zahlungs- und Überweisungsverkehr und das Inkasso von Handelspapieren,
   e) die Umsätze im Geschäft mit Wertpapieren und die Vermittlung dieser Umsätze, ausgenommen die Verwahrung und die Verwaltung von Wertpapieren,
   f) die Umsätze und die Vermittlung der Umsätze von Anteilen an Gesellschaften und anderen Vereinigungen,
   g) die Übernahme von Verbindlichkeiten, von Bürgschaften und anderen Sicherheiten sowie die Vermittlung dieser Umsätze,
   h)[2] die Verwaltung von *Investmentvermögen nach dem Investmentgesetz* [***ab 24. 12. 2013:*** Investmentfonds im Sinne des Investmentsteuergesetzes] und die Verwaltung von Versorgungseinrichtungen im Sinne des Versicherungsaufsichtsgesetzes,
   i) die Umsätze der im Inland gültigen amtlichen Wertzeichen zum aufgedruckten Wert,
   j) (weggefallen)
   k) (weggefallen)
9. a) die Umsätze, die unter das Grunderwerbsteuergesetz fallen,

---

[1] Verweise geänd. durch G v. 19. 12. 2008 (BGBl. I S. 2794).

[2] § 4 Nr. 8 Buchst. h geänd. durch G v. 20. 12. 2007 (BGBl. I S. 3150); InvG aufgeh. mWv 22. 7. 2013 durch G v. 4. 7. 2013 (BGBl. I S. 1981); geänd. mWv 24. 12. 2013 durch G v. 18. 12. 2013 (BGBl. I S. 4318).

b)[1] die Umsätze, die unter das Rennwett- und Lotteriegesetz fallen. [2]Nicht befreit sind die unter das Rennwett- und Lotteriegesetz fallenden Umsätze, die von der Rennwett- und Lotteriesteuer befreit sind oder von denen diese Steuer allgemein nicht erhoben wird;

10. a) die Leistungen auf Grund eines Versicherungsverhältnisses im Sinne des Versicherungsteuergesetzes. [2]Das gilt auch, wenn die Zahlung des Versicherungsentgelts nicht der Versicherungsteuer unterliegt,

b) die Leistungen, die darin bestehen, dass anderen Personen Versicherungsschutz verschafft wird;

11. die Umsätze aus der Tätigkeit als Bausparkassenvertreter, Versicherungsvertreter und Versicherungsmakler;

11a. die folgenden vom 1. Januar 1993 bis zum 31. Dezember 1995 ausgeführten Umsätze der Deutschen Bundespost TELEKOM und der Deutsche Telekom AG:

a) die Überlassung von Anschlüssen des Telefonnetzes und des diensteintegrierenden digitalen Fernmeldenetzes sowie die Bereitstellung der von diesen Anschlüssen ausgehenden Verbindungen innerhalb dieser Netze und zu Mobilfunkendeinrichtungen,

b) die Überlassung von Übertragungswegen im Netzmonopol des Bundes,

c) die Ausstrahlung und Übertragung von Rundfunksignalen einschließlich der Überlassung der dazu erforderlichen Sendeanlagen und sonstigen Einrichtungen sowie das Empfangen und Verteilen von Rundfunksignalen in Breitbandverteilnetzen einschließlich der Überlassung von Kabelanschlüssen;

11b.[2] Universaldienstleistungen nach Artikel 3 Absatz 4 der Richtlinie 97/67/EG des Europäischen Parlaments und des Rates vom 15. Dezember 1997 über gemeinsame Vorschriften für die Entwicklung des Binnenmarktes der Postdienste der Gemeinschaft und die Verbesserung der Dienstequalität (ABl. L 15 vom 21. 1. 1998, S. 14, L 23 vom 30. 1. 1998, S. 39), die zuletzt durch die Richtlinie 2008/6/EG (ABl. L 52 vom 27. 2. 2008, S. 3) geändert worden ist, in der jeweils geltenden Fassung. [2]Die Steuerbefreiung setzt voraus, dass der Unternehmer sich entsprechend einer Bescheinigung des Bundeszentralamtes für Steuern gegenüber dieser Behörde verpflichtet hat, flächendeckend im gesamten Gebiet der Bundesrepublik Deutschland die Gesamtheit der Universaldienstleistungen oder einen Teilbereich dieser Leistungen nach Satz 1 anzubieten. [3]Die Steuerbefreiung gilt nicht für Leistungen, die der Unternehmer erbringt

a) auf Grund individuell ausgehandelter Vereinbarungen oder

b) auf Grund allgemeiner Geschäftsbedingungen zu abweichenden Qualitätsbedingungen oder zu günstigeren Preisen als den nach den allgemein für jedermann zugänglichen Tarifen oder als den nach § 19 des Postgesetzes vom 22. Dezember 1997 (BGBl. I S. 3294), das zuletzt durch Ar-

---

[1] § 4 Nr. 9 Buchst. b Satz 1 geänd. mWv 6. 5. 2006 durch G v. 28. 4. 2006 (BGBl. I S. 1095).

[2] § 4 Nr. 11b neu gef. mWv 1. 7. 2010 durch G v. 8. 4. 2010 (BGBl. I S. 386).

tikel 272 der Verordnung vom 31. Oktober 2006 (BGBl. I S. 2407) geändert worden ist, in der jeweils geltenden Fassung, genehmigten Entgelten;

12. a)[1] die Vermietung und die Verpachtung von Grundstücken, von Berechtigungen, für die die Vorschriften des bürgerlichen Rechts über Grundstücke gelten, und von staatlichen Hoheitsrechten, die Nutzungen von Grund und Boden betreffen,

b) die Überlassung von Grundstücken und Grundstücksteilen zur Nutzung auf Grund eines auf Übertragung des Eigentums gerichteten Vertrags oder Vorvertrags,

c) die Bestellung, die Übertragung und die Überlassung der Ausübung von dinglichen Nutzungsrechten an Grundstücken.

²Nicht befreit sind die Vermietung von Wohn- und Schlafräumen, die ein Unternehmer zur kurzfristigen Beherbergung von Fremden bereithält, die Vermietung von Plätzen für das Abstellen von Fahrzeugen, die kurzfristige Vermietung auf Campingplätzen und die Vermietung und die Verpachtung von Maschinen und sonstigen Vorrichtungen aller Art, die zu einer Betriebsanlage gehören (Betriebsvorrichtungen), auch wenn sie wesentliche Bestandteile eines Grundstücks sind;

13. die Leistungen, die die Gemeinschaften der Wohnungseigentümer im Sinne des Wohnungseigentumsgesetzes in der im Bundesgesetzblatt Teil III, Gliederungsnummer 403-1, veröffentlichten bereinigten Fassung, in der jeweils geltenden Fassung an die Wohnungseigentümer und Teileigentümer erbringen, soweit die Leistungen in der Überlassung des gemeinschaftlichen Eigentums zum Gebrauch, seiner Instandhaltung, Instandsetzung und sonstigen Verwaltung sowie der Lieferung von Wärme und ähnlichen Gegenständen bestehen;

14.[2] a) Heilbehandlungen im Bereich der Humanmedizin, die im Rahmen der Ausübung der Tätigkeit als Arzt, Zahnarzt, Heilpraktiker, Physiotherapeut, Hebamme oder einer ähnlichen heilberuflichen Tätigkeit durchgeführt werden. ²Satz 1 gilt nicht für die Lieferung oder Wiederherstellung von Zahnprothesen (aus Unterpositionen 9021 21 und 9021 29 00 des Zolltarifs) und kieferorthopädischen Apparaten (aus Unterposition 9021 10 des Zolltarifs), soweit sie der Unternehmer in seinem Unternehmen hergestellt oder wiederhergestellt hat;

b) Krankenhausbehandlungen und ärztliche Heilbehandlungen einschließlich der Diagnostik, Befunderhebung, Vorsorge, Rehabilitation, Geburtshilfe und Hospizleistungen sowie damit eng verbundene Umsätze, die von Einrichtungen des öffentlichen Rechts erbracht werden. ²Die in Satz 1 bezeichneten Leistungen sind auch steuerfrei, wenn sie von

aa) zugelassenen Krankenhäusern nach § 108 des Fünften Buches Sozialgesetzbuch,

---

[1] *Zur Übergangsregelung für die Nutzung von Sportanlagen siehe § 27 Abs. 6.*

[2] § 4 Nr. 14 neu gef. mWv 1. 1. 2009 durch G v. 19. 12. 2008 (BGBl. I S. 2794); zur Übergangsregelung für Sprachheilpädagogen vgl. § 27 Abs. 1 a.

bb) Zentren für ärztliche Heilbehandlung und Diagnostik oder Befunderhebung, die an der vertragsärztlichen Versorgung nach § 95 des Fünften Buches Sozialgesetzbuch teilnehmen oder für die Regelungen nach § 115 des Fünften Buches Sozialgesetzbuch gelten,

cc) Einrichtungen, die von den Trägern der gesetzlichen Unfallversicherung nach § 34 des Siebten Buches Sozialgesetzbuch an der Versorgung beteiligt worden sind,

dd) Einrichtungen, mit denen Versorgungsverträge nach den §§ 111 und 111 a des Fünften Buches Sozialgesetzbuch bestehen,

ee) Rehabilitationseinrichtungen, mit denen Verträge nach § 21 des Neunten Buches Sozialgesetzbuch bestehen,

ff) Einrichtungen zur Geburtshilfe, für die Verträge nach § 134 a des Fünften Buches Sozialgesetzbuch gelten,

gg) Hospizen, mit denen Verträge nach § 39 a Abs. 1 des Fünften Buches Sozialgesetzbuch bestehen, oder

[***ab 1. 1. 2015:***

hh)[1] Einrichtungen, mit denen Verträge nach § 127 in Verbindung mit § 126 Absatz 3 des Fünften Buches Sozialgesetzbuch über die Erbringung nichtärztlicher Dialyseleistungen bestehen,]

erbracht werden und es sich ihrer Art nach um Leistungen handelt, auf die sich die Zulassung, der Vertrag oder die Regelung nach dem Sozialgesetzbuch jeweils bezieht, oder

hh) [***ab 1. 1. 2015:*** ii)][1] von Einrichtungen nach § 138 Abs. 1 Satz 1 des Strafvollzugsgesetzes erbracht werden;

c)[2] Leistungen nach den Buchstaben a und b, die von

aa) Einrichtungen, mit denen Verträge zur hausarztzentrierten Versorgung nach § 73 b des Fünften Buches Sozialgesetzbuch oder zur besonderen ambulanten ärztlichen Versorgung nach § 73 c des Fünften Buches Sozialgesetzbuch bestehen, oder

bb) Einrichtungen nach § 140 b Absatz 1 des Fünften Buches Sozialgesetzbuch, mit denen Verträge zur integrierten Versorgung nach § 140 a des Fünften Buches Sozialgesetzbuch bestehen,

erbracht werden;

d) sonstige Leistungen von Gemeinschaften, deren Mitglieder Angehörige der in Buchstabe a bezeichneten Berufe oder Einrichtungen im Sinnedes Buchstaben b sind, gegenüber ihren Mitgliedern, soweit diese Leistungen für unmittelbare Zwecke der Ausübung der Tätigkeiten nach Buchstabe a oder Buchstabe b verwendet werden und die Gemeinschaft von ihren Mitgliedern lediglich die genaue Erstattung des jeweiligen Anteils an den gemeinsamen Kosten fordert;

---

[1] § 4 Nr. 14 Buchst. b Doppelbuchst. hh) angef., bish. Doppelbuchst. hh) wird Doppelbuchst. ii) mWv 1. 1. 2015 durch G v. 22. 12. 2014 (BGBl. I S. 2417).

[2] § 4 Nr. 14 Buchst. c neu gef. mWv 1. 7. 2013 durch G v. 26. 6. 2013 (BGBl. I S. 1809).

[*ab 1. 7. 2013:*][1)]

e) die zur Verhütung von nosokomialen Infektionen und zur Vermeidung der Weiterverbreitung von Krankheitserregern, insbesondere olcher mit Resistenzen, erbrachten Leistungen eines Arztes oder einer Hygienefachkraft, an in den Buchstaben a, b und d genannte Einrichtungen, die diesen dazu dienen, ihre Heilbehandlungsleistungen ordnungsgemäß unter Beachtung der nach dem Infektionsschutzgesetz und den Rechtsverordnungen der Länder nach § 23 Absatz 8 des Infektionsschutzgesetzes bestehenden Verpflichtungen zu erbringen;]

15. die Umsätze der gesetzlichen Träger der Sozialversicherung, der gesetzlichen Träger der Grundsicherung für Arbeitsuchende nach dem Zweiten Buch Sozialgesetzbuch sowie der gemeinsamen Einrichtungen[2)] nach § 44 b Abs. 1 des Zweiten Buches Sozialgesetzbuch, der örtlichen und überörtlichen Träger der Sozialhilfe sowie der Verwaltungsbehörden und sonstigen Stellen der Kriegsopferversorgung einschließlich der Träger der Kriegsopferfürsorge

a) untereinander,

b) an die Versicherten, die Bezieher von Leistungen nach dem Zweiten Buch Sozialgesetzbuch, die Empfänger von Sozialhilfe oder die Versorgungsberechtigten. [2]Das gilt nicht für die Abgabe von Brillen und Brillenteilen einschließlich der Reparaturarbeiten durch Selbstabgabestellen der gesetzlichen Träger der Sozialversicherung;

15 a.[3)] die auf Gesetz beruhenden Leistungen der Medizinischen Dienste der Krankenversicherung (§ 278 SGB V) und des Medizinischen Dienstes der Spitzenverbände der Krankenkassen (§ 282 SGB V) untereinander und für die gesetzlichen Träger der Sozialversicherung und deren Verbände und für die Träger der Grundsicherung für Arbeitsuchende nach dem Zweiten Buch Sozialgesetzbuch sowie die gemeinsamen Einrichtungen nach § 44 b des Zweiten Buches Sozialgesetzbuch;

[***ab 1. 1. 2015:***

15 b.[4)] Eingliederungsleistungen nach dem Zweiten Buch Sozialgesetzbuch, Leistungen der aktiven Arbeitsförderung nach dem Dritten Buch Sozialgesetzbuch und vergleichbare Leistungen, die von Einrichtungen des öffentlichen Rechts oder anderen Einrichtungen mit sozialem Charakter erbracht werden. [2]Andere Einrichtungen mit sozialem Charakter im Sinne dieser Vorschrift sind Einrichtungen,

a) die nach § 178 des Dritten Buches Sozialgesetzbuch zugelassen sind,

b) die für ihre Leistungen nach Satz 1 Verträge mit den gesetzlichen Trägern der Grundsicherung für Arbeitsuchende nach dem Zweiten Buch Sozialgesetzbuch geschlossen haben oder

---

1) § 4 Nr. 14 Buchst. e angef. mWv 1. 7. 2013 durch G v. 26. 6. 2013 (BGBl. I S. 1809).
2) Bezeichnung geänd. mWv 1. 1. 2011 durch G v. 3. 8. 2010 (BGBl. I S. 1112).
3) § 4 Nr. 15 a geänd. mWv 1. 1. 2011 durch G v. 24. 3. 2011 (BGBl. I S. 453).
4) § 4 Nr. 15 b eingef. mWv 1. 1. 2015 durch G v. 25. 7. 2015 (BGBl. I S. 1266).

c) die für Leistungen, die denen nach Satz 1 vergleichbar sind, Verträge mit juristischen Personen des öffentlichen Rechts, die diese Leistungen mit dem Ziel der Eingliederung in den Arbeitsmarkt durchführen, geschlossen haben;]

16.[1] die mit dem Betrieb von Einrichtungen zur Betreuung oder Pflege körperlich, geistig oder seelisch hilfsbedürftiger Personen eng verbundenen Leistungen, die von

a) juristischen Personen des öffentlichen Rechts,

b) Einrichtungen, mit denen ein Vertrag nach § 132 des Fünften Buches Sozialgesetzbuch besteht,

c) Einrichtungen, mit denen ein Vertrag nach § 132 a des Fünften Buches Sozialgesetzbuch, § 72 oder § 77 des Elften Buches Sozialgesetzbuch besteht oder die Leistungen zur häuslichen Pflege oder zur Heimpflege erbringen und die hierzu nach § 26 Abs. 5 in Verbindung mit § 44 des Siebten Buches Sozialgesetzbuch bestimmt sind,

d) Einrichtungen, die Leistungen der häuslichen Krankenpflege oder Haushaltshilfe erbringen und die hierzu nach § 26 Abs. 5 in Verbindung mit den §§ 32 und 42 des Siebten Buches Sozialgesetzbuch bestimmt sind,

e) Einrichtungen, mit denen eine Vereinbarung nach § 111 des Neunten Buches Sozialgesetzbuch besteht,

f) Einrichtungen, die nach § 142 des Neunten Buches Sozialgesetzbuch anerkannt sind,

g)[2] Einrichtungen, soweit sie Leistungen erbringen, die landesrechtlich als niedrigschwellige *Betreuungsangebote* [***ab 1. 1. 2016:*** Betreuungs- oder Entlastungsangebote] nach § 45 b des Elften Buches Sozialgesetzbuch anerkannt sind,

h) Einrichtungen, mit denen eine Vereinbarung nach § 75 des Zwölften Buches Sozialgesetzbuch besteht,

i)[3] Einrichtungen, mit denen ein Vertrag nach § 8 Absatz 3 des Gesetzes zur Errichtung der Sozialversicherung für Landwirtschaft, Forsten und Gartenbau über die Gewährung von häuslicher Krankenpflege oder Haushaltshilfe nach den §§ 10 und 11 des Zweiten Gesetzes über die Krankenversicherung der Landwirte, § 10 des Gesetzes über die Alterssicherung der Landwirte oder nach § 54 Absatz 2 des Siebten Buches Sozialgesetzbuch besteht,

j) Einrichtungen, die aufgrund einer Landesrahmenempfehlung nach § 2 der Frühförderstellen anerkannt sind,

k)[4] Einrichtungen, die als Betreuer nach § 1896 Absatz 1 des Bürgerlichen Gesetzbuchs bestellt worden sind, sofern es sich nicht um Leis-

---

[1] § 4 Nr. 16 neu gef. mWv 1. 1. 2009 durch G v. 19. 12. 2008 (BGBl. I S. 2794).

[2] § 4 Nr. 16 Satz 1 Buchst. g geänd. mWv 1. 1. 2016 durch G v. 2. 11. 2015 (BGBl. I S. 1834).

[3] § 4 Nr. 16 Buchst. i neu gef. mWv 30. 6. 2013 durch G v. 26. 6. 2013 (BGBl. I S. 1809).

[4] § 4 Nr. 16 Buchst. k eingef., bish. Buchst. k wird Buchst. l und geändert mWv 1. 7. 2013 durch G v. 26. 6. 2013 (BGBl. I S. 1809).

tungen handelt, die nach § 1908 i Absatz 1 in Verbindung mit § 1835 Absatz 3 des Bürgerlichen Gesetzbuchs vergütet werden, oder

l)[1] Einrichtungen, bei denen im vorangegangenen Kalenderjahr die Betreuungs- oder Pflegekosten in mindestens 25 Prozent der Fälle von den gesetzlichen Trägern der Sozialversicherung oder der Sozialhilfe oder der für die Durchführung der Kriegsopferversorgung zuständigen Versorgungsverwaltung einschließlich der Träger der Kriegsopferfürsorge ganz oder zum überwiegenden Teil vergütet worden sind,

erbracht werden. [2]Leistungen im Sinne des Satzes 1, die von Einrichtungen nach den Buchstaben b bis l[2] erbracht werden, sind befreit, soweit es sich ihrer Art nach um Leistungen handelt, auf die sich die Anerkennung, der Vertrag oder die Vereinbarung nach Sozialrecht oder die Vergütung jeweils bezieht;

17. a) die Lieferungen von menschlichen Organen, menschlichem Blut und Frauenmilch,

 b) die Beförderungen von kranken und verletzten Personen mit Fahrzeugen, die hierfür besonders eingerichtet sind;

18. die Leistungen der amtlich anerkannten Verbände der freien Wohlfahrtspflege und der der freien Wohlfahrtspflege dienenden Körperschaften, Personenvereinigungen und Vermögensmassen, die einem Wohlfahrtsverband als Mitglied angeschlossen sind, wenn

 a) diese Unternehmer ausschließlich und unmittelbar gemeinnützigen, mildtätigen oder kirchlichen Zwecken dienen,

 b) die Leistungen unmittelbar dem nach der Satzung, Stiftung oder sonstigen Verfassung begünstigten Personenkreis zugute kommen und

 c) die Entgelte für die in Betracht kommenden Leistungen hinter den durchschnittlich für gleichartige Leistungen von Erwerbsunternehmen verlangten Entgelten zurückbleiben.

 [2]Steuerfrei sind auch die Beherbergung, Beköstigung und die üblichen Naturalleistungen, die diese Unternehmer den Personen, die bei den Leistungen nach Satz 1 tätig sind, als Vergütung für die geleisteten Dienste gewähren;

18a. die Leistungen zwischen den selbständigen Gliederungen einer politischen Partei, soweit diese Leistungen im Rahmen der satzungsgemäßen Aufgaben gegen Kostenerstattung ausgeführt werden;

19. a)[3] die Umsätze der Blinden, die nicht mehr als zwei Arbeitnehmer beschäftigen. [2]Nicht als Arbeitnehmer gelten der Ehegatte, der eingetragene Lebenspartner, die minderjährigen Abkömmlinge, die Eltern des Blinden und die Lehrlinge. [3]Die Blindheit ist nach den für die Besteuerung des Einkommens maßgebenden Vorschriften nachzuweisen. [4]Die

---

[1] § 4 Nr. 16 Buchst. k eingef., bish. Buchst. k wird Buchst. l mWv 1. 7. 2013 durch G v. 26. 6. 2013 (BGBl. I S. 1809).

[2] *Verweis geänd. durch G* v. 26. 6. 2013 (BGBl. I S. 1809).

[3] § 4 Nr. 19 Buchst. a Satz 4 neu gef. durch G v. 13. 12. 2006 (BGBl. I S. 2878); Satz 2 geänd. mWv 30. 6. 2013 durch G v. 26. 6. 2013 (BGBl. I S. 1809).

Steuerfreiheit gilt nicht für die Lieferungen von Energieerzeugnissen im Sinne des § 1 Abs. 2 und 3 des Energiesteuergesetzes und Branntweinen, wenn der Blinde für diese Erzeugnisse Energiesteuer oder Branntweinabgaben zu entrichten hat, und für Lieferungen im Sinne der Nummer 4 a Satz 1 Buchstabe a Satz 2,

b)[1] die folgenden Umsätze der nicht unter Buchstabe a fallenden Inhaber von anerkannten Blindenwerkstätten und der anerkannten Zusammenschlüsse von Blindenwerkstätten im Sinne des § 143 des Neunten Buches Sozialgesetzbuch:

aa) die Lieferungen von Blindenwaren und Zusatzwaren,

bb) die sonstigen Leistungen, soweit bei ihrer Ausführung ausschließlich Blinde mitgewirkt haben;

20. a) die Umsätze folgender Einrichtungen des Bundes, der Länder, der Gemeinden oder der Gemeindeverbände: Theater, Orchester, Kammermusikensembles, Chöre, Museen, botanische Gärten, zoologische Gärten, Tierparks, Archive, Büchereien sowie Denkmäler der Bau- und Gartenbaukunst. [2]Das Gleiche gilt für die Umsätze gleichartiger Einrichtungen anderer Unternehmer, wenn die zuständige Landesbehörde bescheinigt, dass sie die gleichen kulturellen Aufgaben wie die in Satz 1 bezeichneten Einrichtungen erfüllen. [3]Steuerfrei sind auch die Umsätze von Bühnenregisseuren und Bühnenchoreographen an Einrichtungen im Sinne der Sätze 1 und 2, wenn die zuständige Landesbehörde bescheinigt, dass deren künstlerische Leistungen diesen Einrichtungen unmittelbar dienen.[2] [4]*Für die Erteilung der Bescheinigung gilt § 181 Absatz 1 und 5 der Abgabenordnung entsprechend.*[3] [4]Museen im Sinne dieser Vorschrift sind wissenschaftliche Sammlungen und Kunstsammlungen,

b) die Veranstaltung von Theatervorführungen und Konzerten durch andere Unternehmer, wenn die Darbietungen von den unter Buchstabe a bezeichneten Theatern, Orchestern, Kammermusikensembles oder Chören erbracht werden;

21. a) die unmittelbar dem Schul- und Bildungszweck dienenden Leistungen privater Schulen und anderer allgemeinbildender oder berufsbildender Einrichtungen,

aa) wenn sie als Ersatzschulen gemäß Artikel 7 Abs. 4 des Grundgesetzes staatlich genehmigt oder nach Landesrecht erlaubt sind oder

bb) wenn die zuständige Landesbehörde bescheinigt, dass sie auf einen Beruf oder eine vor einer juristischen Person des öffentlichen Rechts abzulegende Prüfung ordnungsgemäß vorbereiten,

---

[1] § 4 Nr. 19 Buchst. b geänd., Verweis auf Blindenwarenvertriebsgesetz weggefallen mWv 14. 9. 2007 durch G v. 7. 9. 2007 (BGBl. I S. 2246).

[2] § 4 Nr. 20 Buchst. a Satz 3 eingef., Sätze 3 und 4 (eingef. mWv 1. 1. 2011 durch G v. 8. 12. 2010, BGBl. I s. 1768) werden Sätze 4 und 5 mWv 1. 7. 2013 durch G v. 26. 6. 2013 (BGBl. I S. 1809).

[3] § 4 Nr. 20 Buchst. a Satz 4 aufgeh. mWv 1. 1. 2015 durch G v. 22. 12. 2014 (BGBl. I S. 2417).

b) die unmittelbar dem Schul- und Bildungszweck dienenden Unterrichtsleistungen selbständiger Lehrer,

aa) an Hochschulen im Sinne der §§ 1 und 70 des Hochschulrahmengesetzes und öffentlichen allgemeinbildenden oder berufsbildenden Schulen oder

bb) an privaten Schulen und anderen allgemeinbildenden oder berufsbildenden Einrichtungen, soweit diese die Voraussetzungen des Buchstabens a erfüllen;

21 a.[1] (weggefallen)

22. a) die Vorträge, Kurse und anderen Veranstaltungen wissenschaftlicher oder belehrender Art, die von juristischen Personen des öffentlichen Rechts, von Verwaltungs- und Wirtschaftsakademien, von Volkshochschulen oder von Einrichtungen, die gemeinnützigen Zwecken oder dem Zweck eines Berufsverbandes dienen, durchgeführt werden, wenn die Einnahmen überwiegend zur Deckung der Kosten verwendet werden,

b) andere kulturelle und sportliche Veranstaltungen, die von den in Buchstabe a genannten Unternehmern durchgeführt werden, soweit das Entgelt in Teilnehmergebühren besteht;

23.[2] die Gewährung von Beherbergung, Beköstigung und der üblichen Naturalleistungen durch Einrichtungen, wenn sie überwiegend Jugendliche für Erziehungs-, Ausbildungs- oder Fortbildungszwecke oder für Zwecke der Säuglingspflege bei sich aufnehmen, soweit die Leistungen an die Jugendlichen oder an die bei ihrer Erziehung, Ausbildung, Fortbildung oder Pflege tätigen Personen ausgeführt werden. [2]Jugendliche im Sinne dieser Vorschrift sind alle Personen vor Vollendung des 27. Lebensjahres. [3]Steuerfrei sind auch die Beherbergung, Beköstigung und die üblichen Naturalleistungen, die diese Unternehmer den Personen, die bei den Leistungen nach Satz 1 tätig sind, als Vergütung für die geleisteten Dienste gewähren. [4]Die Sätze 1 bis 3 gelten nicht, soweit eine Leistung der Jugendhilfe des Achten Buches Sozialgesetzbuch erbracht wird;

24. die Leistungen des Deutschen Jugendherbergswerkes, Hauptverband für Jugendwandern und Jugendherbergen e. V., einschließlich der diesem Verband angeschlossenen Untergliederungen, Einrichtungen und Jugendherbergen, soweit die Leistungen den Satzungszwecken unmittelbar dienen oder Personen, die bei diesen Leistungen tätig sind, Beherbergung, Beköstigung und die üblichen Naturalleistungen als Vergütung für die geleisteten Dienste gewährt werden. [2]Das Gleiche gilt für die Leistungen anderer Vereinigungen, die gleiche Aufgaben unter denselben Voraussetzungen erfüllen;

25.[3] Leistungen der Jugendhilfe nach § 2 Abs. 2 des Achten Buches Sozialgesetzbuch und die Inobhutnahme nach § 42 des Achten Buches Sozialgesetzbuch, wenn diese Leistungen von Trägern der öffentlichen Jugendhilfe

---

[1] Zur Übergangsregelung von § 4 Nr. 21 a siehe § 27 Abs. 10.

[2] *§ 4 Nr. 23 Satz 1 geänd; Satz 4 angef.* mWv 1. 1. 2008 durch G v. 20. 12. 2007 (BGBl. I S. 3150).

[3] § 4 Nr. 25 neu gef. durch G v. 20. 12. 2007 (BGBl. I S. 3150).

oder anderen Einrichtungen mit sozialem Charakter erbracht werden. ²Andere Einrichtungen mit sozialem Charakter im Sinne dieser Vorschrift sind

a) von der zuständigen Jugendbehörde anerkannte Träger der freien Jugendhilfe, die Kirchen und Religionsgemeinschaften des öffentlichen Rechts sowie die amtlich anerkannten Verbände der freien Wohlfahrtspflege,

b) Einrichtungen, soweit sie

aa) für ihre Leistungen eine im Achten Buch Sozialgesetzbuch geforderte Erlaubnis besitzen oder nach § 44 oder § 45 Abs. 1 Nr. 1 und 2 des Achten Buches Sozialgesetzbuch einer Erlaubnis nicht bedürfen,

bb) Leistungen erbringen, die im vorangegangenen Kalenderjahr ganz oder zum überwiegenden Teil durch Träger der öffentlichen Jugendhilfe oder Einrichtungen nach Buchstabe a vergütet wurden oder

cc)[1] Leistungen der Kindertagespflege erbringen, für die sie nach § 23 Absatz 3 des Achten Buches Sozialgesetzbuch geeignet sind.

³Steuerfrei sind auch

a) die Durchführung von kulturellen und sportlichen Veranstaltungen, wenn die Darbietungen von den von der Jugendhilfe begünstigten Personen selbst erbracht oder die Einnahmen überwiegend zur Deckung der Kosten verwendet werden und diese Leistungen in engem Zusammenhang mit den in Satz 1 bezeichneten Leistungen stehen,

b) die Beherbergung, Beköstigung und die üblichen Naturalleistungen, die diese Einrichtungen den Empfängern der Jugendhilfeleistungen und Mitarbeitern in der Jugendhilfe sowie den bei den Leistungen nach Satz 1 tätigen Personen als Vergütung für die geleisteten Dienste gewähren,

c)[2] Leistungen, die von Einrichtungen erbracht werden, die als Vormünder nach § 1773 des Bürgerlichen Gesetzbuchs oder als Ergänzungspfleger nach § 1909 des Bürgerlichen Gesetzbuchs bestellt worden sind, sofern es sich nicht um Leistungen handelt, die nach § 1835 Absatz 3 des Bürgerlichen Gesetzbuchs vergütet werden;

26. die ehrenamtliche Tätigkeit,

a) wenn sie für juristische Personen des öffentlichen Rechts ausgeübt wird oder

b) wenn das Entgelt für diese Tätigkeit nur in Auslagenersatz und einer angemessenen Entschädigung für Zeitversäumnis besteht;

27. a)[3] die Gestellung von *Mitgliedern geistlicher Genossenschaften und Angehörigen von Mutterhäusern für gemeinnützige, mildtätige, kirchliche oder schulische Zwecke* [***ab 1. 1. 2015:*** Personal durch religiöse und weltanschauliche

---

[1] § 4 Nr. 25 Satz 2 Buchst. b Doppelbuchst. cc geänd. mWv 31. 7. 2014 durch G v. 25. 7. 2014 (BGBl. I S. 1266).

[2] § 4 Nr. 25 Satz 3 Buchst. c angef. mWv 30. 6. 2013 durch G v. 26. 6. 2013 (BGBl. I S. 1809).

[3] § 4 Nr. 27 Buchst. a neu gef. mWv 1. 1. 2015 durch G v. 25. 7. 2014 (BGBl. I S. 1266).

Einrichtungen für die in Nummer 14 Buchstabe b, in den Nummern 16, 18, 21, 22 Buchstabe a sowie in den Nummern 23 und 25 genannten Tätigkeiten und für Zwecke geistigen Beistands,]

b) die Gestellung von land- und forstwirtschaftlichen Arbeitskräften durch juristische Personen des privaten oder des öffentlichen Rechts für land- und forstwirtschaftliche Betriebe (§ 24 Abs. 2) mit höchstens drei Vollarbeitskräften zur Überbrückung des Ausfalls des Betriebsinhabers oder dessen voll mitarbeitenden Familienangehörigen wegen Krankheit, Unfalls, Schwangerschaft, eingeschränkter Erwerbsfähigkeit oder Todes sowie die Gestellung von Betriebshelfern an die gesetzlichen Träger der Sozialversicherung;

28.[1] die Lieferungen von Gegenständen, für die der Vorsteuerabzug nach § 15 Abs. 1 a ausgeschlossen ist oder wenn der Unternehmer die gelieferten Gegenstände ausschließlich für eine nach den Nummern 8 bis 27 steuerfreie Tätigkeit verwendet hat.

§ 4 a Steuervergütung. (1) [1] Körperschaften, die ausschließlich und unmittelbar gemeinnützige, mildtätige oder kirchliche Zwecke verfolgen (§§ 51 bis 68 der Abgabenordnung)[2], und juristischen Personen des öffentlichen Rechts wird auf Antrag eine Steuervergütung zum Ausgleich der Steuer gewährt, die

(Fortsetzung nächste Seite)

---

[1] § 4 Nr. 28 Verweis geänd. durch G v. 20. 12. 2007 (BGBl. I S. 3150).
[2] Nr. **800**.

auf der an sie bewirkten Lieferung eines Gegenstands, seiner Einfuhr oder seinem innergemeinschaftlichen Erwerb lastet, wenn die folgenden Voraussetzungen erfüllt sind:

1. Die Lieferung, die Einfuhr oder der innergemeinschaftliche Erwerb des Gegenstands muss steuerpflichtig gewesen sein.
2. Die auf die Lieferung des Gegenstands entfallende Steuer muss in einer nach § 14 ausgestellten Rechnung gesondert ausgewiesen und mit dem Kaufpreis bezahlt worden sein.
3. Die für die Einfuhr oder den innergemeinschaftlichen Erwerb des Gegenstands geschuldete Steuer muss entrichtet worden sein.
4. Der Gegenstand muss in das Drittlandsgebiet gelangt sein.
5. Der Gegenstand muss im Drittlandsgebiet zu humanitären, karitativen oder erzieherischen Zwecken verwendet werden.
6.[1)] Der Erwerb oder die Einfuhr des Gegenstands und seine Ausfuhr dürfen von einer Körperschaft, die steuerbegünstigte Zwecke verfolgt, nicht im Rahmen eines wirtschaftlichen Geschäftsbetriebs und von einer juristischen Person des öffentlichen Rechts nicht im Rahmen *eines Betriebs gewerblicher Art (§ 1 Abs. 1 Nr. 6, § 4 des Körperschaftsteuergesetzes) oder eines land- und forstwirtschaftlichen Betriebs* [***ab 1. 1. 2016:*** ihres Unternehmens] vorgenommen worden sein.
7. Die vorstehenden Voraussetzungen müssen nachgewiesen sein.

[2]Der Antrag ist nach amtlich vorgeschriebenem Vordruck zu stellen, in dem der Antragsteller die zu gewährende Vergütung selbst zu berechnen hat.

(2) Das Bundesministerium der Finanzen kann mit Zustimmung des Bundesrates durch Rechtsverordnung näher bestimmen,

1. wie die Voraussetzungen für den Vergütungsanspruch nach Absatz 1 Satz 1 nachzuweisen sind und
2. in welcher Frist die Vergütung zu beantragen ist.

§ 4b Steuerbefreiung beim innergemeinschaftlichen Erwerb von Gegenständen. Steuerfrei ist der innergemeinschaftliche Erwerb

1. der in § 4 Nr. 8 Buchstabe e und Nr. 17 Buchstabe a sowie der in § 8 Abs. 1 Nr. 1 und 2 bezeichneten Gegenstände;
2. der in § 4 Nr. 4 bis 4b und Nr. 8 Buchstabe b und i sowie der in § 8 Abs. 2 Nr. 1 und 2 bezeichneten Gegenstände unter den in diesen Vorschriften bezeichneten Voraussetzungen;
3. der Gegenstände, deren Einfuhr (§ 1 Abs. 1 Nr. 4) nach den für die Einfuhrumsatzsteuer geltenden Vorschriften steuerfrei wäre;
4. der Gegenstände, die zur Ausführung von Umsätzen verwendet werden, für die der Ausschluss vom Vorsteuerabzug nach § 15 Abs. 3 nicht eintritt.

---

1) § 4a Abs. 1 Satz 1 Nr. 6 geänd. mWv 1. 1. 2016 durch G v. 2. 11. 2015 (BGBl. I S. 1834).

§ 5 Steuerbefreiungen bei der Einfuhr. (1) Steuerfrei ist die Einfuhr

1. der in § 4 Nr. 8 Buchstabe e und Nr. 17 Buchstabe a sowie der in § 8 Abs. 1 Nr. 1, 2 und 3 bezeichneten Gegenstände;
2. der in § 4 Nr. 4 und Nr. 8 Buchstabe b und i sowie der in § 8 Abs. 2 Nr. 1, 2 und 3 bezeichneten Gegenstände unter den in diesen Vorschriften bezeichneten Voraussetzungen;
3.[1] der Gegenstände, die von einem Schuldner der Einfuhrumsatzsteuer im Anschluss an die Einfuhr unmittelbar zur Ausführung von innergemeinschaftlichen Lieferungen (§ 4 Nummer 1 Buchstabe b, § 6 a) verwendet werden; der Schuldner der Einfuhrumsatzsteuer hat zum Zeitpunkt der Einfuhr
   a) seine im Geltungsbereich dieses Gesetzes erteilte Umsatzsteuer-Identifikationsnummer oder die im Geltungsbereich dieses Gesetzes erteilte Umsatzsteuer-Identifikationsnummer seines Fiskalvertreters und
   b) die im anderen Mitgliedstaat erteilte Umsatzsteuer-Identifikationsnummer des Abnehmers mitzuteilen sowie
   c) nachzuweisen, dass die Gegenstände zur Beförderung oder Versendung in das übrige Gemeinschaftsgebiet bestimmt sind;
4. der in der Anlage 1 bezeichneten Gegenstände, die im Anschluss an die Einfuhr zur Ausführung von steuerfreien Umsätzen nach § 4 Nr. 4 a Satz 1 Buchstabe a Satz 1 verwendet werden sollen; der Schuldner der Einfuhrumsatzsteuer hat die Voraussetzungen der Steuerbefreiung nachzuweisen;
5. der in der Anlage 1 bezeichneten Gegenstände, wenn die Einfuhr im Zusammenhang mit einer Lieferung steht, die zu einer Auslagerung im Sinne des § 4 Nr. 4 a Satz 1 Buchstabe a Satz 2 führt und der Lieferer oder sein Beauftragter Schuldner der Einfuhrumsatzsteuer ist; der Schuldner der Einfuhrumsatzsteuer hat die Voraussetzungen der Steuerbefreiung nachzuweisen;
6.[2] von Erdgas über das Erdgasnetz oder von Erdgas, das von einem Gastanker aus in das Erdgasnetz oder ein vorgelagertes Gasleitungsnetz eingespeist wird, von Elektrizität oder von Wärme oder Kälte über Wärme- oder Kältenetze.

(2) Das Bundesministerium der Finanzen kann durch Rechtsverordnung, die nicht der Zustimmung des Bundesrates bedarf, zur Erleichterung des Warenverkehrs über die Grenze und zur Vereinfachung der Verwaltung Steuerfreiheit oder Steuerermäßigung anordnen

1. für Gegenstände, die nicht oder nicht mehr am Güterumsatz und an der Preisbildung teilnehmen;
2. für Gegenstände in kleinen Mengen oder von geringem Wert;
3. für Gegenstände, die nur vorübergehend ausgeführt worden waren, ohne ihre Zugehörigkeit oder enge Beziehung zur inländischen Wirtschaft verloren zu haben;

---

[1] § 5 Abs. 1 Nr. 3 neu gef. mWv 1. 1. 2011 durch G v. 8. 12. 2010 (BGBl. I S. 1768).
[2] § 5 Abs. 1 Nr. 6 geänd. mWv 1. 1. 2011 durch G v. 8. 12. 2010 (BGBl. I S. 1768).

4. für Gegenstände, die nach zollamtlich bewilligter Veredelung in Freihäfen eingeführt werden;
5. für Gegenstände, die nur vorübergehend eingeführt und danach unter zollamtlicher Überwachung wieder ausgeführt werden;
6. für Gegenstände, für die nach zwischenstaatlichem Brauch keine Einfuhrumsatzsteuer erhoben wird;
7. für Gegenstände, die an Bord von Verkehrsmitteln als Mundvorrat, als Brenn-, Treib- oder Schmierstoffe, als technische Öle oder als Betriebsmittel eingeführt werden;
8. für Gegenstände, die weder zum Handel noch zur gewerblichen Verwendung bestimmt und insgesamt nicht mehr wert sind, als in Rechtsakten des Rates der Europäischen Union oder der Europäischen Kommission[1)] über die Verzollung zum Pauschalsatz festgelegt ist, soweit dadurch schutzwürdige Interessen der inländischen Wirtschaft nicht verletzt werden und keine unangemessenen Steuervorteile entstehen. [2]Es hat dabei Rechtsakte des Rates der Europäischen Union oder der Europäischen Kommission[1)] zu berücksichtigen.

(3) Das Bundesministerium der Finanzen kann durch Rechtsverordnung, die nicht der Zustimmung des Bundesrates bedarf, anordnen, dass unter den sinngemäß anzuwendenden Voraussetzungen von Rechtsakten des Rates der Europäischen Union oder der Europäischen Kommission[1)] über die Erstattung oder den Erlass von Einfuhrabgaben die Einfuhrumsatzsteuer ganz oder teilweise erstattet oder erlassen wird.

§ 6 Ausfuhrlieferung. (1) [1]Eine Ausfuhrlieferung (§ 4 Nr. 1 Buchstabe a) liegt vor, wenn bei einer Lieferung

1. der Unternehmer den Gegenstand der Lieferung in das Drittlandsgebiet, ausgenommen Gebiete nach § 1 Abs. 3, befördert oder versendet hat oder
2. der Abnehmer den Gegenstand der Lieferung in das Drittlandsgebiet, ausgenommen Gebiete nach § 1 Abs. 3, befördert oder versendet hat und ein ausländischer Abnehmer ist oder
3. der Unternehmer oder der Abnehmer den Gegenstand der Lieferung in die in § 1 Abs. 3 bezeichneten Gebiete befördert oder versendet hat und der Abnehmer
   a) ein Unternehmer ist, der den Gegenstand für sein Unternehmen erworben hat und dieser nicht ausschließlich oder nicht zum Teil für eine nach § 4 Nr. 8 bis 27 steuerfreie Tätigkeit verwendet werden soll[2)], oder
   b) ein ausländischer Abnehmer, aber kein Unternehmer ist und der Gegenstand in das übrige Drittlandsgebiet gelangt.

[2]Der Gegenstand der Lieferung kann durch Beauftragte vor der Ausfuhr bearbeitet oder verarbeitet worden sein.

(2) [1]Ausländischer Abnehmer im Sinne des Absatzes 1 Satz 1 Nr. 2 und 3 ist

---

[1)] Bezeichnungen geänd. durch G v. 26. 6. 2013 (BGBl. I S. 1809).

[2)] § 6 Abs. 1 Satz 1 Nr. 3 Buchst. a ergänzt mWv 25. 12. 2008 durch G v. 19. 12. 2008 (BGBl. I S. 2794).

1. ein Abnehmer, der seinen Wohnort oder Sitz im Ausland, ausgenommen die in § 1 Abs. 3 bezeichneten Gebiete, hat, oder
2. eine Zweigniederlassung eines im Inland oder in den in § 1 Abs. 3 bezeichneten Gebieten ansässigen Unternehmers, die ihren Sitz im Ausland, ausgenommen die bezeichneten Gebiete, hat, wenn sie das Umsatzgeschäft im eigenen Namen abgeschlossen hat.

[2]Eine Zweigniederlassung im Inland oder in den in § 1 Abs. 3 bezeichneten Gebieten ist kein ausländischer Abnehmer.

(3) Ist in den Fällen des Absatzes 1 Satz 1 Nr. 2 und 3 der Gegenstand der Lieferung zur Ausrüstung oder Versorgung eines Beförderungsmittels bestimmt, so liegt eine Ausfuhrlieferung nur vor, wenn

1. der Abnehmer ein ausländischer Unternehmer ist und
2. das Beförderungsmittel den Zwecken des Unternehmens des Abnehmers dient.

(3a) Wird in den Fällen des Absatzes 1 Satz 1 Nr. 2 und 3 der Gegenstand der Lieferung nicht für unternehmerische Zwecke erworben und durch den Abnehmer im persönlichen Reisegepäck ausgeführt, liegt eine Ausfuhrlieferung nur vor, wenn

1. der Abnehmer seinen Wohnort oder Sitz im Drittlandsgebiet, ausgenommen Gebiete nach § 1 Abs. 3, hat und
2. der Gegenstand der Lieferung vor Ablauf des dritten Kalendermonats, der auf den Monat der Lieferung folgt, ausgeführt wird.

(4) [1]Die Voraussetzungen der Absätze 1, 3 und 3a sowie die Bearbeitung oder Verarbeitung im Sinne des Absatzes 1 Satz 2 müssen vom Unternehmer nachgewiesen sein. [2]Das Bundesministerium der Finanzen kann mit Zustimmung des Bundesrates durch Rechtsverordnung bestimmen, wie der Unternehmer die Nachweise zu führen hat.

(5) Die Absätze 1 bis 4 gelten nicht für die Lieferungen im Sinne des § 3 Abs. 1b.

§ 6a Innergemeinschaftliche Lieferung. (1) [1]Eine innergemeinschaftliche Lieferung (§ 4 Nr. 1 Buchstabe b) liegt vor, wenn bei einer Lieferung die folgenden Voraussetzungen erfüllt sind:

1. Der Unternehmer oder der Abnehmer hat den Gegenstand der Lieferung in das übrige Gemeinschaftsgebiet befördert oder versendet;
2. der Abnehmer ist
   a) ein Unternehmer, der den Gegenstand der Lieferung für sein Unternehmen erworben hat,
   b) eine juristische Person, die nicht Unternehmer ist oder die den Gegenstand der Lieferung nicht für ihr Unternehmen erworben hat, oder
   c) bei der Lieferung eines neuen Fahrzeugs auch jeder andere Erwerber

   und
3. der Erwerb des Gegenstands der Lieferung unterliegt beim Abnehmer in einem anderen Mitgliedstaat den Vorschriften der Umsatzbesteuerung.

[2]Der Gegenstand der Lieferung kann durch Beauftragte vor der Beförderung oder Versendung in das übrige Gemeinschaftsgebiet bearbeitet oder verarbeitet worden sein.

(2) Als innergemeinschaftliche Lieferung gilt auch das einer Lieferung gleichgestellte Verbringen eines Gegenstands (§ 3 Abs. 1 a).

(3) [1]Die Voraussetzungen der Absätze 1 und 2 müssen vom Unternehmer nachgewiesen sein. [2]Das Bundesministerium der Finanzen kann mit Zustimmung des Bundesrates durch Rechtsverordnung bestimmen, wie der Unternehmer den Nachweis zu führen hat.

(4) [1]Hat der Unternehmer eine Lieferung als steuerfrei behandelt, obwohl die Voraussetzungen nach Absatz 1 nicht vorliegen, so ist die Lieferung gleichwohl als steuerfrei anzusehen, wenn die Inanspruchnahme der Steuerbefreiung auf unrichtigen Angaben des Abnehmers beruht und der Unternehmer die Unrichtigkeit dieser Angaben auch bei Beachtung der Sorgfalt eines ordentlichen Kaufmanns nicht erkennen konnte. [2]In diesem Fall schuldet der Abnehmer die entgangene Steuer.

§ 7 Lohnveredelung an Gegenständen der Ausfuhr. (1) [1]Eine Lohnveredelung an einem Gegenstand der Ausfuhr (§ 4 Nr. 1 Buchstabe a) liegt vor, wenn bei einer Bearbeitung oder Verarbeitung eines Gegenstands der Auftraggeber den Gegenstand zum Zweck der Bearbeitung oder Verarbeitung in das Gemeinschaftsgebiet eingeführt oder zu diesem Zweck in diesem Gebiet erworben hat und

1. der Unternehmer den bearbeiteten oder verarbeiteten Gegenstand in das Drittlandsgebiet, ausgenommen Gebiete nach § 1 Abs. 3, befördert oder versendet hat oder
2. der Auftraggeber den bearbeiteten oder verarbeiteten Gegenstand in das Drittlandsgebiet befördert oder versendet hat und ein ausländischer Auftraggeber ist oder
3. der Unternehmer den bearbeiteten oder verarbeiteten Gegenstand in die in § 1 Abs. 3 bezeichneten Gebiete befördert oder versendet hat und der Auftraggeber
   a) ein ausländischer Auftraggeber ist oder
   b) ein Unternehmer ist, der im Inland oder in den bezeichneten Gebieten ansässig ist und den bearbeiteten oder verarbeiteten Gegenstand für Zwecke seines Unternehmens verwendet.

[2]Der bearbeitete oder verarbeitete Gegenstand kann durch weitere Beauftragte vor der Ausfuhr bearbeitet oder verarbeitet worden sein.

(2) Ausländischer Auftraggeber im Sinne des Absatzes 1 Satz 1 Nr. 2 und 3 ist ein Auftraggeber, der die für den ausländischen Abnehmer geforderten Voraussetzungen (§ 6 Abs. 2) erfüllt.

(3) Bei Werkleistungen im Sinne des § 3 Abs. 10 gilt Absatz 1 entsprechend.

(4) [1]Die Voraussetzungen des Absatzes 1 sowie die Bearbeitung oder Verarbeitung im Sinne des Absatzes 1 Satz 2 müssen vom Unternehmer nachge-

wiesen sein. 2 Das Bundesministerium der Finanzen kann mit Zustimmung des Bundesrates durch Rechtsverordnung bestimmen, wie der Unternehmer die Nachweise zu führen hat.

(5) Die Absätze 1 bis 4 gelten nicht für die sonstigen Leistungen im Sinne des § 3 Abs. 9a Nr. 2.

§ 8 Umsätze für die Seeschifffahrt und für die Luftfahrt. (1) Umsätze für die Seeschifffahrt (§ 4 Nr. 2) sind:

1. die Lieferungen, Umbauten, Instandsetzungen, Wartungen, Vercharterungen und Vermietungen von Wasserfahrzeugen für die Seeschifffahrt, die dem Erwerb durch die Seeschifffahrt oder der Rettung Schiffbrüchiger zu dienen bestimmt sind (aus Positionen 8901 und 8902 00, aus Unterposition 8903 92 10, aus Position 8904 00 und aus Unterposition 8906 90 10 des Zolltarifs)[1];
2. die Lieferungen, Instandsetzungen, Wartungen und Vermietungen von Gegenständen, die zur Ausrüstung der in Nummer 1 bezeichneten Wasserfahrzeuge bestimmt sind;
3. die Lieferungen von Gegenständen, die zur Versorgung der in Nummer 1 bezeichneten Wasserfahrzeuge bestimmt sind. 2 Nicht befreit sind die Lieferungen von Bordproviant zur Versorgung von Wasserfahrzeugen der Küstenfischerei;
4. die Lieferungen von Gegenständen, die zur Versorgung von Kriegsschiffen (Unterposition 8906 10 00 des Zolltarifs)[1] auf Fahrten bestimmt sind, bei denen ein Hafen oder ein Ankerplatz im Ausland und außerhalb des Küstengebiets im Sinne des Zollrechts angelaufen werden soll;
5. andere als die in den Nummern 1 und 2 bezeichneten sonstigen Leistungen, die für den unmittelbaren Bedarf der in Nummer 1 bezeichneten Wasserfahrzeuge, einschließlich ihrer Ausrüstungsgegenstände und ihrer Ladungen, bestimmt sind.

(2) Umsätze für die Luftfahrt (§ 4 Nr. 2) sind:

1.[2] die Lieferungen, Umbauten, Instandsetzungen, Wartungen, Vercharterungen und Vermietungen von Luftfahrzeugen, die zur Verwendung durch Unternehmer bestimmt sind, die im entgeltlichen Luftverkehr überwiegend grenzüberschreitende Beförderungen oder Beförderungen auf ausschließlich im Ausland gelegenen Strecken und *keine nach § 4 Nr. 17 Buchstabe b steuerfreien* [***ab 1. 7. 2013:*** nur in unbedeutendem Umfang nach § 4 Nummer 17 Buchstabe b steuerfreie, auf das Inland beschränkte] Beförderungen durchführen;
2. die Lieferungen, Instandsetzungen, Wartungen und Vermietungen von Gegenständen, die zur Ausrüstung der in Nummer 1 bezeichneten Luftfahrzeuge bestimmt sind;
3. die Lieferungen von Gegenständen, die zur Versorgung der in Nummer 1 bezeichneten Luftfahrzeuge bestimmt sind;

---

[1] Klammerzusatz geänd. durch G v. 13. 12. 2006 (BGBl. I S. 2878).
[2] § 8 Abs. 2 Nr. 1 geänd. mWv 1. 7. 2013 durch G v. 26. 6. 2013 (BGBl. I S. 1809).

4. andere als die in den Nummern 1 und 2 bezeichneten sonstigen Leistungen, die für den unmittelbaren Bedarf der in Nummer 1 bezeichneten Luftfahrzeuge, einschließlich ihrer Ausrüstungsgegenstände und ihrer Ladungen, bestimmt sind.

(3) 1 Die in den Absätzen 1 und 2 bezeichneten Voraussetzungen müssen vom Unternehmer nachgewiesen sein. 2 Das Bundesministerium der Finanzen kann mit Zustimmung des Bundesrates durch Rechtsverordnung bestimmen, wie der Unternehmer den Nachweis zu führen hat.

§ 9 Verzicht auf Steuerbefreiungen. (1) Der Unternehmer kann einen Umsatz, der nach § 4 Nr. 8 Buchstabe a bis g, Nr. 9 Buchstabe a, Nr. 12, 13 oder 19 steuerfrei ist, als steuerpflichtig behandeln, wenn der Umsatz an einen anderen Unternehmer für dessen Unternehmen ausgeführt wird.

(2)[1] 1 Der Verzicht auf Steuerbefreiung nach Absatz 1 ist bei der Bestellung und Übertragung von Erbbaurechten (§ 4 Nr. 9 Buchstabe a), bei der Vermietung oder Verpachtung von Grundstücken (§ 4 Nr. 12 Satz 1 Buchstabe a) und bei den in § 4 Nr. 12 Satz 1 Buchstabe b und c bezeichneten Umsätzen nur zulässig, soweit der Leistungsempfänger das Grundstück ausschließlich für Umsätze verwendet oder zu verwenden beabsichtigt, die den Vorsteuerabzug nicht ausschließen. 2 Der Unternehmer hat die Voraussetzungen nachzuweisen.

(3)[2] 1 Der Verzicht auf Steuerbefreiung nach Absatz 1 ist bei Lieferungen von Grundstücken (§ 4 Nr. 9 Buchstabe a) im Zwangsversteigerungsverfahren durch den Vollstreckungsschuldner an den Ersteher bis zur Aufforderung zur Abgabe von Geboten im Versteigerungstermin zulässig. 2 Bei anderen Umsätzen im Sinne von § 4 Nummer 9 Buchstabe a kann der Verzicht auf Steuerbefreiung nach Absatz 1 nur in dem gemäß § 311 b Absatz 1 des Bürgerlichen Gesetzbuchs notariell zu beurkundenden Vertrag erklärt werden.

Dritter Abschnitt. Bemessungsgrundlagen

§ 10 Bemessungsgrundlage für Lieferungen, sonstige Leistungen und innergemeinschaftliche Erwerbe. (1) 1 Der Umsatz wird bei Lieferungen und sonstigen Leistungen (§ 1 Abs. 1 Nr. 1 Satz 1) und bei dem innergemeinschaftlichen Erwerb (§ 1 Abs. 1 Nr. 5) nach dem Entgelt bemessen. 2 Entgelt ist alles, was der Leistungsempfänger aufwendet, um die Leistung zu erhalten, jedoch abzüglich der Umsatzsteuer. 3 Zum Entgelt gehört auch, was ein anderer als der Leistungsempfänger dem Unternehmer für die Leistung gewährt. 4 Bei dem innergemeinschaftlichen Erwerb sind Verbrauchsteuern, die vom Erwerber geschuldet oder entrichtet werden, in die Bemessungsgrundlage einzubeziehen. 5 Bei Lieferungen und dem innergemeinschaftlichen Erwerb im Sinne des § 4 Nr. 4 a Satz 1 Buchstabe a Satz 2 sind die Kosten für die Leistungen im Sinne des § 4 Nr. 4 a Satz 1 Buchstabe b und die vom Auslagerer geschuldeten oder entrichteten Verbrauchsteuern in die Bemessungs-

---

[1] Zur besonderen Anwendung von § 9 Abs. 2 siehe § 27 Abs. 2.

[2] § 9 Abs. 3 Satz 2 bestätigt durch G v. 5. 4. 2011 (BGBl. I S. 554).

grundlage einzubeziehen. [6]Die Beträge, die der Unternehmer im Namen und für Rechnung eines anderen vereinnahmt und verausgabt (durchlaufende Posten), gehören nicht zum Entgelt.

(2) [1]Werden Rechte übertragen, die mit dem Besitz eines Pfandscheins verbunden sind, so gilt als vereinbartes Entgelt der Preis des Pfandscheins zuzüglich der Pfandsumme. [2]Beim Tausch (§ 3 Abs. 12 Satz 1), bei tauschähnlichen Umsätzen (§ 3 Abs. 12 Satz 2) und bei Hingabe an Zahlungs statt gilt der Wert jedes Umsatzes als Entgelt für den anderen Umsatz. [3]Die Umsatzsteuer gehört nicht zum Entgelt.

(3) (weggefallen)

(4) [1]Der Umsatz wird bemessen

1. bei dem Verbringen eines Gegenstands im Sinne des § 1 a Abs. 2 und des § 3 Abs. 1 a sowie bei Lieferungen im Sinne des § 3 Abs. 1 b nach dem Einkaufspreis zuzüglich der Nebenkosten für den Gegenstand oder für einen gleichartigen Gegenstand oder mangels eines Einkaufspreises nach den Selbstkosten, jeweils zum Zeitpunkt des Umsatzes;
2. bei sonstigen Leistungen im Sinne des § 3 Abs. 9 a Nr. 1 nach den bei der Ausführung dieser Umsätze entstandenen Ausgaben, soweit sie zum vollen oder teilweisen Vorsteuerabzug berechtigt haben. [2]Zu diesen Ausgaben gehören auch die Anschaffungs- oder Herstellungskosten eines Wirtschaftsguts, soweit das Wirtschaftsgut dem Unternehmen zugeordnet ist und für die Erbringung der sonstigen Leistung verwendet wird. [3]Betragen die Anschaffungs- oder Herstellungskosten mindestens 500 Euro, sind sie gleichmäßig auf einen Zeitraum zu verteilen, der dem für das Wirtschaftsgut maßgeblichen Berichtigungszeitraum nach § 15 a entspricht;
3. bei sonstigen Leistungen im Sinne des § 3 Abs. 9 a Nr. 2 nach den bei der Ausführung dieser Umsätze entstandenen Ausgaben. [2]Satz 1 Nr. 2 Sätze 2 und 3 gilt entsprechend.

[2]Die Umsatzsteuer gehört nicht zur Bemessungsgrundlage.

(5)[1)] [1]Absatz 4 gilt entsprechend für

1. Lieferungen und sonstige Leistungen, die Körperschaften und Personenvereinigungen im Sinne des § 1 Abs. 1 Nr. 1 bis 5 des Körperschaftsteuergesetzes[2)], nichtrechtsfähige Personenvereinigungen sowie Gemeinschaften im Rahmen ihres Unternehmens an ihre Anteilseigner, Gesellschafter, Mitglieder, Teilhaber oder diesen nahe stehende Personen sowie Einzelunternehmer an ihnen nahe stehende Personen ausführen;
2. Lieferungen und sonstige Leistungen, die ein Unternehmer an sein Personal oder dessen Angehörige auf Grund des Dienstverhältnisses ausführt,

wenn die Bemessungsgrundlage nach Absatz 4 das Entgelt nach Absatz 1 übersteigt [***ab 31. 7. 2014:*** ; der Umsatz ist jedoch höchstens nach dem marktüblichen Entgelt zu bemessen. [2]Übersteigt das Entgelt nach Absatz 1 das marktübliche Entgelt, gilt Absatz 1].

[1)] § 10 Abs. 5 Satz 1 HS 2 angef., Satz 2 angef. mWv 31. 7. 2014 durch G v. 25. 7. 2014 (BGBl. I S. 1266).

[2)] Nr. **100**.

(6) [1] Bei Beförderungen von Personen im Gelegenheitsverkehr mit Kraftomnibussen, die nicht im Inland zugelassen sind, tritt in den Fällen der Beförderungseinzelbesteuerung (§ 16 Abs. 5) an die Stelle des vereinbarten Entgelts ein Durchschnittsbeförderungsentgelt. [2] Das Durchschnittsbeförderungsentgelt ist nach der Zahl der beförderten Personen und der Zahl der Kilometer der Beförderungsstrecke im Inland (Personenkilometer) zu berechnen. [3] Das Bundesministerium der Finanzen kann mit Zustimmung des Bundesrates durch Rechtsverordnung das Durchschnittsbeförderungsentgelt je Personenkilometer festsetzen. [4] Das Durchschnittsbeförderungsentgelt muss zu einer Steuer führen, die nicht wesentlich von dem Betrag abweicht, der sich nach diesem Gesetz ohne Anwendung des Durchschnittsbeförderungsentgelts ergeben würde.

§ 11 Bemessungsgrundlage für die Einfuhr. (1) Der Umsatz wird bei der Einfuhr (§ 1 Abs. 1 Nr. 4) nach dem Wert des eingeführten Gegenstands nach den jeweiligen Vorschriften über den Zollwert bemessen.

(2) [1] Ist ein Gegenstand ausgeführt, in einem Drittlandsgebiet für Rechnung des Ausführers veredelt und von diesem oder für ihn wieder eingeführt worden, so wird abweichend von Absatz 1 der Umsatz bei der Einfuhr nach dem für die Veredelung zu zahlenden Entgelt oder, falls ein solches Entgelt nicht gezahlt wird, nach der durch die Veredelung eingetretenen Wertsteigerung bemessen. [2] Das gilt auch, wenn die Veredelung in einer Ausbesserung besteht und an Stelle eines ausgebesserten Gegenstands ein Gegenstand eingeführt wird, der ihm nach Menge und Beschaffenheit nachweislich entspricht. [3] Ist der eingeführte Gegenstand vor der Einfuhr geliefert worden und hat diese Lieferung nicht der Umsatzsteuer unterlegen, so gilt Absatz 1.

(3) Dem Betrag nach Absatz 1 oder 2 sind hinzuzurechnen, soweit sie darin nicht enthalten sind:

1. die im Ausland für den eingeführten Gegenstand geschuldeten Beträge an Einfuhrabgaben, Steuern und sonstigen Abgaben;
2. die auf Grund der Einfuhr im Zeitpunkt des Entstehens der Einfuhrumsatzsteuer auf den Gegenstand entfallenden Beträge an Einfuhrabgaben im Sinne des Artikels 4 Nr. 10 der Verordnung (EWG) Nr. 2913/92 des Rates zur Festlegung des Zollkodex der Gemeinschaften vom 12. Oktober 1992 (ABl. EG Nr. L 302 S. 1)[1)] in der jeweils geltenden Fassung und an Verbrauchsteuern außer der Einfuhrumsatzsteuer, soweit die Steuern unbedingt entstanden sind;
3. die auf den Gegenstand entfallenden Kosten für die Vermittlung der Lieferung und die Kosten der Beförderung sowie für andere sonstige Leistungen bis zum ersten Bestimmungsort im Gemeinschaftsgebiet;
4. die in Nummer 3 bezeichneten Kosten bis zu einem weiteren Bestimmungsort im Gemeinschaftsgebiet, sofern dieser im Zeitpunkt des Entstehens der Einfuhrumsatzsteuer bereits feststeht.

(4) Zur Bemessungsgrundlage gehören nicht Preisermäßigungen und Vergütungen, die sich auf den eingeführten Gegenstand beziehen und die im Zeitpunkt des Entstehens der Einfuhrumsatzsteuer feststehen.

---

1) **Zölle und Verbrauchsteuern Nr. 10.**

(5) Für die Umrechnung von Werten in fremder Währung gelten die entsprechenden Vorschriften über den Zollwert der Waren, die in Rechtsakten des Rates der Europäischen Union oder der Europäischen Kommission[1] festgelegt sind.

Vierter Abschnitt. Steuer und Vorsteuer

§ 12 Steuersätze. (1) Die Steuer beträgt für jeden steuerpflichtigen Umsatz 19 Prozent[2] der Bemessungsgrundlage (§§ 10, 11, 25 Abs. 3 und § 25a Abs. 3 und 4).

(2) Die Steuer ermäßigt sich auf 7 Prozent für die folgenden Umsätze:

1.[3] die Lieferungen, die Einfuhr und *den innergemeinschaftlichen Erwerb der in der Anlage 2* [***ab 1. 1. 2014:*** der innergemeinschaftliche Erwerb der in Anlage 2 bezeichneten Gegenstände mit Ausnahme der in der Nummer 49 Buchstabe f, den Nummern 53 und 54] bezeichneten Gegenstände;

2.[3] die Vermietung der in *der* Anlage 2 bezeichneten Gegenstände [***ab 1. 1. 2014:*** mit Ausnahme der in der Nummer 49 Buchstabe f, den Nummern 53 und 54 bezeichneten Gegenstände;]

3. die Aufzucht und das Halten von Vieh, die Anzucht von Pflanzen und die Teilnahme an Leistungsprüfungen für Tiere;

4. die Leistungen, die unmittelbar der Vatertierhaltung, der Förderung der Tierzucht, der künstlichen Tierbesamung oder der Leistungs- und Qualitätsprüfung in der Tierzucht und in der Milchwirtschaft dienen;

5. (weggefallen)

6.[4] die Leistungen aus der Tätigkeit als Zahntechniker sowie die in § 4 Nr. 14 Buchstabe a Satz 2 bezeichneten Leistungen der Zahnärzte;

7. a) die Eintrittsberechtigung für Theater, Konzerte und Museen sowie die den Theatervorführungen und Konzerten vergleichbaren Darbietungen ausübender Künstler,

   b) die Überlassung von Filmen zur Auswertung und Vorführung sowie die Filmvorführungen, soweit die Filme nach § 6 Abs. 3 Nr. 1 bis 5 des Gesetzes zum Schutze der Jugend in der Öffentlichkeit oder nach § 14 Abs. 2 Nr. 1 bis 5 des Jugendschutzgesetzes vom 23. Juli 2002 (BGBl. I S. 2730, 2003 I S. 476) in der jeweils geltenden Fassung gekennzeichnet sind oder vor dem 1. Januar 1970 erstaufgeführt wurden,

   c) die Einräumung, Übertragung und Wahrnehmung von Rechten, die sich aus dem Urheberrechtsgesetz ergeben,

   d) die Zirkusvorführungen, die Leistungen aus der Tätigkeit als Schausteller sowie die unmittelbar mit dem Betrieb der zoologischen Gärten verbundenen Umsätze;

---

[1] Bezeichnungen geänd. durch G v. 26. 6. 2013 (BGBl. I S. 1809).
[2] Steuersatz geänd. mWv 1. 1. 2007 durch G v. 29. 6. 2006 (BGBl. I S. 1402).
[3] § 12 Abs. 2 Nrn. 1 und 2 geänd. mWv 1. 1. 2014 durch G v. 26. 6. 2013 (BGBl. I S. 1809).
[4] § 12 Abs. 2 Nr. 6 geänd. mWv 1. 1. 2009 durch G v. 19. 12. 2008 (BGBl. I S. 2794).

8. a)[1] die Leistungen der Körperschaften, die ausschließlich und unmittelbar gemeinnützige, mildtätige oder kirchliche Zwecke verfolgen (§§ 51 bis 68 der Abgabenordnung). [2]Das gilt nicht für Leistungen, die im Rahmen eines wirtschaftlichen Geschäftsbetriebs ausgeführt werden. [3]Für Leistungen, die im Rahmen eines Zweckbetriebs ausgeführt werden, gilt Satz 1 nur, wenn der Zweckbetrieb nicht in erster Linie der Erzielung zusätzlicher Einnahmen durch die Ausführung von Umsätzen dient, die in unmittelbarem Wettbewerb mit dem allgemeinen Steuersatz unterliegenden Leistungen anderer Unternehmer ausgeführt werden, oder wenn die Körperschaft mit diesen Leistungen ihrer in den §§ 66 bis 68 der Abgabenordnung bezeichneten Zweckbetriebe ihrer steuerbegünstigten satzungsgemäßen Zwecke selbst verwirklicht,

   b) die Leistungen der nichtrechtsfähigen Personenvereinigungen und Gemeinschaften der in Buchstabe a Satz 1 bezeichneten Körperschaften, wenn diese Leistungen, falls die Körperschaften sie anteilig selbst ausführten, insgesamt nach Buchstabe a ermäßigt besteuert würden;

9. die unmittelbar mit dem Betrieb der Schwimmbäder verbundenen Umsätze sowie die Verabreichung von Heilbädern. [2]Das Gleiche gilt für die Bereitstellung von Kureinrichtungen, soweit als Entgelt eine Kurtaxe zu entrichten ist;

[Fassung bis 31. 12. 2011:][2), 3)]

10. a) die Beförderungen von Personen mit Schiffen,

    b) die Beförderungen von Personen im Schienenbahnverkehr, im Verkehr mit Oberleitungsomnibussen, im genehmigten Linienverkehr mit Kraftfahrzeugen, im Verkehr mit Taxen, mit Drahtseilbahnen und sonstigen mechanischen Aufstiegshilfen aller Art und die Beförderungen im Fährverkehr

       aa) innerhalb einer Gemeinde oder

       bb) wenn die Beförderungsstrecke nicht mehr als 50 Kilometer beträgt;

[Fassung ab 1. 1. 2012:][4)]

10. die Beförderungen von Personen im Schienenbahnverkehr, im Verkehr mit Oberleitungsomnibussen, im genehmigten Linienverkehr mit Kraftfahrzeugen, im Verkehr mit Taxen, mit Drahtseilbahnen und sonstigen mechanischen Aufstiegshilfen aller Art und im genehmigten Linienverkehr mit Schiffen sowie die Beförderungen im Fährverkehr

    a) innerhalb einer Gemeinde oder

    b) wenn die Beförderungsstrecke nicht mehr als 50 Kilometer beträgt;

[1)] § 12 Abs. 2 Nr. 8 Buchst. a Satz 3 angef. mWv 19. 12. 2006 durch G v. 13. 12. 2006 (BGBl. I S. 2878).

[2)] Fassung gem. § 28 Abs. 4.

[3)] § 12 Abs. 2 Nr. 10 geänd. mWv 19. 12. 2006 durch G v. 13. 12. 2006 (BGBl. I S. 2878); geänd. mWv 1. 1. 2008 durch G v. 20. 12. 2007 (BGBl. I S. 3150).

[4)] § 12 Abs. 2 Nr. 10 neu gef. durch G v. 20. 12. 2007 (BGBl. I S. 3150).

11.[1] die Vermietung von Wohn- und Schlafräumen, die ein Unternehmer zur kurzfristigen Beherbergung von Fremden bereithält, sowie die kurzfristige Vermietung von Campingflächen. [2] Satz 1 gilt nicht für Leistungen, die nicht unmittelbar der Vermietung dienen, auch wenn diese Leistungen mit dem Entgelt für die Vermietung abgegolten sind;

[*ab 1. 1. 2014:*

12.[2] die Einfuhr der in Nummer 49 Buchstabe f, den Nummern 53 und 54 der Anlage 2 bezeichneten Gegenstände;

13.[2] die Lieferungen und der innergemeinschaftliche Erwerb der in Nummer 53 der Anlage 2 bezeichneten Gegenstände, wenn die Lieferungen
   a) vom Urheber der Gegenstände oder dessen Rechtsnachfolger bewirkt werden oder
   b) von einem Unternehmer bewirkt werden, der kein Wiederverkäufer (§ 25 a Absatz 1 Nummer 1 Satz 2) ist, und die Gegenstände
      aa) vom Unternehmer in das Gemeinschaftsgebiet eingeführt wurden,
      bb) von ihrem Urheber oder dessen Rechtsnachfolger an den Unternehmer geliefert wurden oder
      cc) den Unternehmer zum vollen Vorsteuerabzug berechtigt haben.]

§ 13 Entstehung der Steuer. (1) Die Steuer entsteht

1. für Lieferungen und sonstige Leistungen
   a) bei der Berechnung der Steuer nach vereinbarten Entgelten (§ 16 Abs. 1 Satz 1) mit Ablauf des Voranmeldungszeitraums, in dem die Leistungen ausgeführt worden sind. [2] Das gilt auch für Teilleistungen. [3] Sie liegen vor, wenn für bestimmte Teile einer wirtschaftlich teilbaren Leistung das Entgelt gesondert vereinbart wird. [4] Wird das Entgelt oder ein Teil des Entgelts vereinnahmt, bevor die Leistung oder die Teilleistung ausgeführt worden ist, so entsteht insoweit die Steuer mit Ablauf des Voranmeldungszeitraums, in dem das Entgelt oder das Teilentgelt vereinnahmt worden ist,
   b) bei der Berechnung der Steuer nach vereinnahmten Entgelten (§ 20) mit Ablauf des Voranmeldungszeitraums, in dem die Entgelte vereinnahmt worden sind,
   c) in den Fällen der Beförderungseinzelbesteuerung nach § 16 Abs. 5 in dem Zeitpunkt, in dem der Kraftomnibus in das Inland gelangt,
   d) in den Fällen des § 18 Abs. 4 c mit Ablauf des Besteuerungszeitraums nach § 16 Abs. 1 a Satz 1, in dem die Leistungen ausgeführt worden sind,

   [*ab 1. 1. 2015:*

   e)[3] in den Fällen des § 18 Absatz 4 e mit Ablauf des Besteuerungszeitraums nach § 16 Absatz 1 b Satz 1, in dem die Leistungen ausgeführt worden sind;]

---

[1] § 12 Abs. 2 Nr. 11 angef. mWv 1. 1. 2010 durch G v. 22. 12. 2009 (BGBl. I S. 3950).

[2] § 12 Abs. 2 Nrn. 12 und 13 angef. mWv 1. 1. 2014 durch G v. 26. 6. 2013 (BGBl. I S. 1809).

[3] § 13 Abs. 1 Nr. 1 Buchst. e angef. mWv 1. 1. 2015 durch G v. 25. 7. 2014 (BGBl. I S. 1266).

2. für Leistungen im Sinne des § 3 Abs. 1 b und 9 a mit Ablauf des Voranmeldungszeitraums, in dem diese Leistungen ausgeführt worden sind;
3.[1] *im Fall* [***ab 6. 11. 2015:*** in den Fällen] des § 14 c *Abs. 1 in dem Zeitpunkt, in dem die Steuer für die Lieferung oder sonstige Leistung nach Nummer 1 Buchstabe a oder Buchstabe b entsteht, spätestens jedoch* im Zeitpunkt der Ausgabe der Rechnung;
4.[1] *im Fall des § 14 c Abs. 2 im Zeitpunkt der Ausgabe der Rechnung;*
5. im Fall des § 17 Abs. 1 Satz 6 mit Ablauf des Voranmeldungszeitraums, in dem die Änderung der Bemessungsgrundlage eingetreten ist;
6. für den innergemeinschaftlichen Erwerb im Sinne des § 1 a mit Ausstellung der Rechnung, spätestens jedoch mit Ablauf des dem Erwerb folgenden Kalendermonats;
7. für den innergemeinschaftlichen Erwerb von neuen Fahrzeugen im Sinne des § 1 b am Tag des Erwerbs;
8. im Fall des § 6 a Abs. 4 Satz 2 in dem Zeitpunkt, in dem die Lieferung ausgeführt wird;
9. im Fall des § 4 Nr. 4 a Satz 1 Buchstabe a Satz 2 mit Ablauf des Voranmeldungszeitraums, in dem der Gegenstand aus einem Umsatzsteuerlager ausgelagert wird.

(2) Für die Einfuhrumsatzsteuer gilt § 21 Abs. 2.

(3) (weggefallen)

§ 13 a Steuerschuldner. (1) Steuerschuldner ist in den Fällen
1. des § 1 Abs. 1 Nr. 1 und des § 14 c Abs. 1 der Unternehmer;
2. des § 1 Abs. 1 Nr. 5 der Erwerber;
3. des § 6 a Abs. 4 der Abnehmer;
4. des § 14 c Abs. 2 der Aussteller der Rechnung;
5. des § 25 b Abs. 2 der letzte Abnehmer;
6. des § 4 Nr. 4 a Satz 1 Buchstabe a Satz 2 der Unternehmer, dem die Auslagerung zuzurechnen ist (Auslagerer); daneben auch der Lagerhalter als Gesamtschuldner, wenn er entgegen § 22 Abs. 4 c Satz 2 die inländische Umsatzsteuer-Identifikationsnummer des Auslagerers oder dessen Fiskalvertreters nicht oder nicht zutreffend aufzeichnet.

(2) Für die Einfuhrumsatzsteuer gilt § 21 Abs. 2.

§ 13 b[2] Leistungsempfänger als Steuerschuldner. (1) Für nach § 3 a Absatz 2 im Inland steuerpflichtige sonstige Leistungen eines im übrigen Gemeinschaftsgebiet ansässigen Unternehmers entsteht die Steuer mit Ablauf des Voranmeldungszeitraums, in dem die Leistungen ausgeführt worden sind.

---

[1] § 13 Abs. 1 Nr. 3 neu gef., Nr. 4 ganz aufgeh. mWv 6. 11. 2015 durch G v. 2. 11. 2015 (BGBl. I S. 1834).

[2] § 13 b neu gef. mWv 1. 7. 2010 durch G v. 8. 4. 2010 (BGBl. I S. 386); siehe auch **§ 27 Abs. 19.**

(2) Für folgende steuerpflichtige Umsätze entsteht die Steuer mit Ausstellung der Rechnung, spätestens jedoch mit Ablauf des der Ausführung der Leistung folgenden Kalendermonats:

1. Werklieferungen und nicht unter Absatz 1 fallende sonstige Leistungen eines im Ausland ansässigen Unternehmers;
2. Lieferungen sicherungsübereigneter Gegenstände durch den Sicherungsgeber an den Sicherungsnehmer außerhalb des Insolvenzverfahrens;
3. Umsätze, die unter das Grunderwerbsteuergesetz fallen;

[Fassung bis 5. 11. 2015:]

4. Werklieferungen und sonstige Leistungen, die der Herstellung, Instandsetzung, Instandhaltung, Änderung oder Beseitigung von Bauwerken dienen, mit Ausnahme von Planungs- und Überwachungsleistungen. [2]Nummer 1 bleibt unberührt;

[Fassung ab 6. 11. 2015:][1)]

4. Bauleistungen, einschließlich Werklieferungen und sonstigen Leistungen im Zusammenhang mit Grundstücken, die der Herstellung, Instandsetzung, Instandhaltung, Änderung oder Beseitigung von Bauwerken dienen, mit Ausnahme von Planungs- und Überwachungsleistungen. [2]Als Grundstücke gelten insbesondere auch Sachen, Ausstattungsgegenstände und Maschinen, die auf Dauer in einem Gebäude oder Bauwerk installiert sind und die nicht bewegt werden können, ohne das Gebäude oder Bauwerk zu zerstören oder zu verändern. [3]Nummer 1 bleibt unberührt;

5.[2)] Lieferungen
   a) der in § 3g Absatz 1 Satz 1 genannten Gegenstände eines im Ausland ansässigen Unternehmers unter den Bedingungen des § 3 g und
   b) von Gas über das Erdgasnetz und von Elektrizität, die nicht unter Buchstabe a fallen;

6.[3)] Übertragung von Berechtigungen nach § 3 Nummer 3 des Treibhausgas-Emissionshandelsgesetzes, Emmissionsreduktionseinheiten nach § 2 Nummer 20 des Projekt-Mechanismen-Gesetzes und zertifizierten Emissionsreduktionen nach § 2 Nummer 21 des Projekt-Mechanismen-Gesetzes;

7.[4)] Lieferungen der in der Anlage 3[5)] bezeichneten Gegenstände;

8.[4)] Reinigen von Gebäuden und Gebäudeteilen. [2]Nummer 1 bleibt unberührt;

[1)] § 13b Abs. 2 Nr. 4 neu gef. mWv 6. 11. 2015 durch G v. 2. 11. 2015 (BGBl. I S. 1834).

[2)] § 13b Abs. 2 Nr. 5 wird neu gef. durch G v. 26. 6. 2013 (BGBl. I S. 1809); zur Anwendung siehe Art. 31 Abs. 5 des G v. 26. 6. 2013 iVm der Bekanntmachung vom 26. 7. 2013 (BGBl. II S. 1120).

[3)] § 13b Abs. 2 Nr. 6 geänd. mWv 28. 7. 2011 durch G v. 21. 7. 2011 (BGBl. I S. 1475).

[4)] § 13 b Abs. 2 Nr. 7 und 8 angef. mWv 1. 1. 2011 durch G v. 8. 12. 2010 (BGBl. I S. 1768).

[5)] Am Ende abgedruckt.

9.[1] Lieferungen von Gold mit einem Feingehalt von mindestens 325 Tausendstel, in Rohform oder als Halbzeug (aus Position 7108 des Zolltarifs) und von Goldplattierungen mit einem Goldfeingehalt von mindestens 325 Tausendstel (aus Position 7109);

10.[2] Lieferungen von Mobilfunkgeräten, Tablet-Computern und Spielekonsolen sowie von integrierten Schaltkreisen vor Einbau in einen zur Lieferung auf der Einzelhandelsstufe geeigneten Gegenstand, wenn die Summe der für sie in Rechnung zu stellenden Entgelte im Rahmen eines wirtschaftlichen Vorgangs mindestens 5000 Euro beträgt; nachträgliche Minderungen des Entgelts bleiben dabei unberücksichtigt;

11.[3] Lieferungen der in der Anlage 4[4] bezeichneten Gegenstände [***ab 1. 1. 2015:*** , wenn die Summe der für sie in Rechnung zu stellenden Entgelte im Rahmen eines wirtschaftlichen Vorgangs mindestens 5000 Euro beträgt; nachträgliche Minderungen des Entgelts bleiben dabei unberücksichtigt.][5]

(3) Abweichend *von den Absatz*[6] 1 und 2 Nummer 1 entsteht die Steuer für sonstige Leistungen, die dauerhaft über einen Zeitraum von mehr als einem Jahr erbracht werden, spätestens mit Ablauf eines jeden Kalenderjahres, in dem sie tatsächlich erbracht werden.

(4) [1]Bei der Anwendung der Absätze 1 bis 3 gilt § 13 Absatz 1 Nummer 1 Buchstabe a Satz 2 und 3 entsprechend. [2]Wird in den in den Absätzen 1 bis 3 sowie in den in Satz 1 genannten Fällen das Entgelt oder ein Teil des Entgelts vereinnahmt, bevor die Leistung oder die Teilleistung ausgeführt worden ist, entsteht insoweit die Steuer mit Ablauf des Voranmeldungszeitraums, in dem das Entgelt oder das Teilentgelt vereinnahmt worden ist.

(5)[7] [1]In den in den Absätzen 1 und 2 Nummer 1 bis 3 genannten Fällen schuldet der Leistungsempfänger die Steuer, wenn er ein Unternehmer oder eine juristische Person ist; in den in Absatz 2 Nummer 5 Buchstabe a, Nummer 6, 7, 9 bis 11 genannten Fällen schuldet der Leistungsempfänger die Steuer, wenn er ein Unternehmer ist. [2]In den in Absatz 2 Nummer 4 Satz 1 genannten Fällen schuldet der Leistungsempfänger die Steuer unabhängig davon, ob er sie für eine von ihm erbrachte Leistung im Sinne des Absatzes 2 Nummer 4 Satz 1 verwendet, wenn er ein Unternehmer ist, der nachhaltig

---

[1] § 13 b Abs. 2 Nr. 9 angef. mWv 1. 1. 2011 durch G v. 8. 12. 2010 (BGBl. I S. 1768).

[2] § 13 b Abs. 2 Nr. 10 angef. mWv 1. 7. 2011 durch G v. 16. 6. 2011 (BGBl. I S. 1090); geänd. mWv 1. 10. 2014 durch G v. 25. 7. 2014 (BGBl. I S. 1266).

[3] § 13 b Abs. 2 Nr. 11 angef. mWv 1. 10. 2014 durch G v. 25. 7. 2014 (BGBl. I S. 1266).

[4] Abgedruckt im Anschluss des Gesetzes.

[5] § 13 b Abs. 2 Nr. 11 erweitert mWv 1. 1. 2015 durch G v. 22. 12. 2014 (BGBl. I S. 2417).

[6] Red. Fehler des Gesetzgebers; muss wohl lauten „von den Absätzen" oder „von Absatz".

[7] § 13 b Abs. 5 neu gef. durch G v. 26. 6. 2013 (BGBl. I S. 1809); zur Anwendung siehe Art. 31 Abs. 5 des G v. 26. 6. 2013 iVm der Bekanntmachung vom 26. 7. 2013 (BGBl. II S. 1120); Satz 1 geänd., Satz 2 neu gef., Satz 5 neu gef., Satz 7 eingef., bish. Satz 7 wird Satz 8, Satz 9 angef. mWv 1. 10. 2014 durch G v. 25. 7. 2014 (BGBl. I S. 1266); Satz 3 geänd. mWv 31. 12. 2014 durch G v. 22. 12. 2014 (BGBl. I S. 2417); Satz 6 geänd., Satz 10 angef. mWv 6. 11. 2015 durch G v. 2. 11. 2015 (BGBl. I S. 1834).

entsprechende Leistungen erbringt; davon ist auszugehen, wenn ihm das zuständige Finanzamt eine im Zeitpunkt der Ausführung des Umsatzes gültige auf längstens drei Jahre befristete Bescheinigung, die nur mit Wirkung für die Zukunft widerrufen oder zurückgenommen werden kann, darüber erteilt hat, dass er ein Unternehmer ist, der entsprechende Leistungen erbringt. [3]Bei den in Absatz 2 Nummer 5 Buchstabe b genannten Lieferungen von Erdgas schuldet der Leistungsempfänger die Steuer, wenn er ein Wiederverkäufer von Erdgas im Sinne des § 3g ist. [4]Bei den in Absatz 2 Nummer 5 Buchstabe b genannten Lieferungen von Elektrizität schuldet der Leistungsempfänger in den Fällen die Steuer, in denen der liefernde Unternehmer und der Leistungsempfänger Wiederverkäufer von Elektrizität im Sinne des § 3 g sind. [5]In den in Absatz 2 Nummer 8 Satz 1 genannten Fällen schuldet der Leistungsempfänger die Steuer unabhängig davon, ob er sie für eine von ihm erbrachte Leistung im Sinne des Absatzes 2 Nummer 8 Satz 1 verwendet, wenn er ein Unternehmer ist, der nachhaltig entsprechende Leistungen erbringt; davon ist auszugehen, wenn ihm das zuständige Finanzamt eine im Zeitpunkt der Ausführung des Umsatzes gültige auf längstens drei Jahre befristete Bescheinigung, die nur mit Wirkung für die Zukunft widerrufen oder zurückgenommen werden kann, darüber erteilt hat, dass er ein Unternehmer ist, der entsprechende Leistungen erbringt. [6]Die Sätze 1 bis 5 gelten [***ab 6. 11. 2015:*** vorbehaltlich des Satzes 10] auch, wenn die Leistung für den nichtunternehmerischen Bereich bezogen wird. [7]Sind Leistungsempfänger und leistender Unternehmer in Zweifelsfällen übereinstimmend vom Vorliegen der Voraussetzungen des Absatzes 2 Nummer 4, 5 Buchstabe b, Nummer 7 bis 11 ausgegangen, obwohl dies nach der Art der Umsätze unter Anlegung objektiver Kriterien nicht zutreffend war, gilt der Leistungsempfänger dennoch als Steuerschuldner, sofern dadurch keine Steuerausfälle entstehen. [8]Die Sätze 1 bis 6 gelten nicht, wenn bei dem Unternehmer, der die Umsätze ausführt, die Steuer nach § 19 Absatz 1 nicht erhoben wird. [9]Die Sätze 1 bis 8 gelten nicht, wenn ein in Absatz 2 Nummer 2, 7 oder 9 bis 11 genannter Gegenstand von dem Unternehmer, der die Lieferung bewirkt, unter den Voraussetzungen des § 25a geliefert wird. [***ab 6. 11. 2015:*** [10]In den in Absatz 2 Nummer 4, 5 Buchstabe b und Nummer 7 bis 11 genannten Fällen schulden juristische Personen des öffentlichen Rechts die Steuer nicht, wenn sie die Leistung für den nichtunternehmerischen Bereich beziehen.]

(6) Die Absätze 1 bis 5 finden keine Anwendung, wenn die Leistung des im Ausland ansässigen Unternehmers besteht

1. in einer Personenbeförderung, die der Beförderungseinzelbesteuerung (§ 16 Absatz 5) unterlegen hat,
2.[1)] in einer Personenbeförderung, die mit einem Fahrzeug im Sinne des § 1b Absatz 2 Satz 1 Nummer 1 durchgeführt worden ist,
3. in einer grenzüberschreitenden Personenbeförderung im Luftverkehr,
4. in der Einräumung der Eintrittsberechtigung für Messen, Ausstellungen und Kongresse im Inland,

---

[1)] § 13b Abs. 6 Nr. 2 geänd. mWv 30. 6. 2013 durch G v. 26. 6. 2013 (BGBl. I S. 1809).

5. in einer sonstigen Leistung einer Durchführungsgesellschaft an im Ausland ansässige Unternehmer, soweit diese Leistung im Zusammenhang mit der Veranstaltung von Messen und Ausstellungen im Inland steht, oder

6.[1] in der Abgabe von Speisen und Getränken zum Verzehr an Ort und Stelle (Restaurationsleistung), wenn diese Abgabe an Bord eines Schiffs, in einem Luftfahrzeug oder in einer Eisenbahn erfolgt.

(7)[2] [1]Ein im Ausland ansässiger Unternehmer im Sinne des Absatzes 2 Nummer 1 und 5 ist ein Unternehmer, der im Inland, auf der Insel Helgoland und in einem der in § 1 Absatz 3 bezeichneten Gebiete weder einen Wohnsitz, seinen gewöhnlichen Aufenthalt, seinen Sitz, seine Geschäftsleitung noch eine Betriebsstätte hat; dies gilt auch, wenn der Unternehmer ausschließlich einen Wohnsitz oder einen gewöhnlichen Aufenthaltsort im Inland, aber seinen Sitz, den Ort der Geschäftsleitung oder eine Betriebsstätte im Ausland hat. [2]Ein im übrigen Gemeinschaftsgebiet ansässiger Unternehmer ist ein Unternehmer, der in den Gebieten der übrigen Mitgliedstaaten der Europäischen Union, die nach dem Gemeinschaftsrecht als Inland dieser Mitgliedstaaten gelten, einen Wohnsitz, seinen gewöhnlichen Aufenthalt, seinen Sitz, seine Geschäftsleitung oder eine Betriebsstätte hat; dies gilt nicht, wenn der Unternehmer ausschließlich einen Wohnsitz oder einen gewöhnlichen Aufenthaltsort in den Gebieten der übrigen Mitgliedstaaten der Europäischen Union, die nach dem Gemeinschaftsrecht als Inland dieser Mitgliedstaaten gelten, aber seinen Sitz, den Ort der Geschäftsleitung oder eine Betriebsstätte im Drittlandsgebiet hat. [3]Hat der Unternehmer im Inland eine Betriebsstätte und führt er einen Umsatz nach Absatz 1 oder Absatz 2 Nummer 1 oder Nummer 5 aus, gilt er hinsichtlich dieses Umsatzes als im Ausland oder im übrigen Gemeinschaftsgebiet ansässig, wenn die Betriebsstätte an diesem Umsatz nicht beteiligt ist. [4]Maßgebend ist der Zeitpunkt, in dem die Leistung ausgeführt wird. [5]Ist es zweifelhaft, ob der Unternehmer diese Voraussetzungen erfüllt, schuldet der Leistungsempfänger die Steuer nur dann nicht, wenn ihm der Unternehmer durch eine Bescheinigung des nach den abgabenrechtlichen Vorschriften für die Besteuerung seiner Umsätze zuständigen Finanzamts nachweist, dass er kein Unternehmer im Sinne der Sätze 1 und 2 ist.[3]

(8) Bei der Berechnung der Steuer sind die §§ 19 und 24 nicht anzuwenden.

(9) Das Bundesministerium der Finanzen kann mit Zustimmung des Bundesrates durch Rechtsverordnung bestimmen, unter welchen Voraussetzungen zur Vereinfachung des Besteuerungsverfahrens in den Fällen, in denen ein anderer als der Leistungsempfänger ein Entgelt gewährt (§ 10 Absatz 1 Satz 3), der andere an Stelle des Leistungsempfängers Steuerschuldner nach Absatz 5 ist.

[ab 1. 1. 2015:

(10)[4] [1]Das Bundesministerium der Finanzen kann mit Zustimmung des Bundesrates durch Rechtsverordnung den Anwendungsbereich der Steuer-

---

[1] § 13 b Abs. 6 Nr. 6 angef. mWv 14. 12. 2010 durch G v. 8. 12. 2010 (BGBl. I S. 1768).

[2] § 13 b Abs. 7 Sätze 1 und 2 ersetzt durch Sätze 1 bis 3, bish. Sätze 3 und 4 werden Sätze 4 und 5 mWv 30. 6. 2013 durch G v. 26. 6. 2013 (BGBl. I S. 1809).

[3] § 13 b Abs. 7 Satz 5 Verweis geänd. durch G v. 25. 7. 2014 (BGBl. I S. 1266).

[4] § 13 b Abs. 10 angef. mWv 1. 1. 2015 durch G v. 22. 12. 2014 (BGBl. I S. 2417).

schuldnerschaft des Leistungsempfängers nach den Absätzen 2 und 5 auf weitere Umsätze erweitern, wenn im Zusammenhang mit diesen Umsätzen in vielen Fällen der Verdacht auf Steuerhinterziehung in einem besonders schweren Fall aufgetreten ist, die voraussichtlich zu erheblichen und unwiederbringlichen Steuermindereinnahmen führen. [2]Voraussetzungen für eine solche Erweiterung sind, dass

1. die Erweiterung frühestens zu dem Zeitpunkt in Kraft treten darf, zu dem die Europäische Kommission entsprechend Artikel 199 b Absatz 3 der Richtlinie 2006/112/EG des Rates vom 28. November 2006 über das gemeinsame Mehrwertsteuersystem (ABl. L 347 vom 11. 12. 2006, S. 1) in der Fassung von Artikel 1 Nummer 1 der Richtlinie 2013/42/EU (ABl. L 201 vom 26. 7. 2013, S. 1) mitgeteilt hat, dass sie keine Einwände gegen die Erweiterung erhebt;
2. die Bundesregierung einen Antrag auf eine Ermächtigung durch den Rat entsprechend Artikel 395 der Richtlinie 2006/112/EG in der Fassung von Artikel 1 Nummer 2 der Richtlinie 2013/42/EG (ABl. L 201 vom 26. 7. 2013, S. 1) gestellt hat, durch die die Bundesrepublik Deutschland ermächtigt werden soll, in Abweichung von Artikel 193 der Richtlinie 2006/112/EG, die zuletzt durch die Richtlinie 2013/61/EU (ABl. L 353 vom 28. 12. 2013, S. 5) geändert worden ist, die Steuerschuldnerschaft des Leistungsempfängers für die von der Erweiterung nach Nummer 1 erfassten Umsätze zur Vermeidung von Steuerhinterziehungen einführen zu dürfen;
3. die Verordnung nach neun Monaten außer Kraft tritt, wenn die Ermächtigung nach Nummer 2 nicht erteilt worden ist; wurde die Ermächtigung nach Nummer 2 erteilt, tritt die Verordnung außer Kraft, sobald die gesetzliche Regelung, mit der die Ermächtigung in nationales Recht umgesetzt wird, in Kraft tritt.]

§ 13 c[1)] Haftung bei Abtretung, Verpfändung oder Pfändung von Forderungen. (1) [1]Soweit der leistende Unternehmer den Anspruch auf die Gegenleistung für einen steuerpflichtigen Umsatz im Sinne des § 1 Abs. 1 Nr. 1 an einen anderen Unternehmer abgetreten und die festgesetzte Steuer, bei deren Berechnung dieser Umsatz berücksichtigt worden ist, bei Fälligkeit nicht oder nicht vollständig entrichtet hat, haftet der Abtretungsempfänger nach Maßgabe des Absatzes 2 für die in der Forderung enthaltene Umsatzsteuer, soweit sie im vereinnahmten Betrag enthalten ist. [2]Ist die Vollziehung der Steuerfestsetzung in Bezug auf die in der abgetretenen Forderung enthaltene Umsatzsteuer gegenüber dem leistenden Unternehmer ausgesetzt, gilt die Steuer insoweit als nicht fällig. [3]Soweit der Abtretungsempfänger die Forderung an einen Dritten abgetreten hat, gilt sie in voller Höhe als vereinnahmt.

(2) [1]Der Abtretungsempfänger ist ab dem Zeitpunkt in Anspruch zu nehmen, in dem die festgesetzte Steuer fällig wird, frühestens ab dem Zeitpunkt der Vereinnahmung der abgetretenen Forderung. [2]Bei der Inanspruchnahme nach Satz 1 besteht abweichend von § 191 der Abgabenordnung kein Ermessen. [3]Die Haftung ist der Höhe nach begrenzt auf die im Zeitpunkt der Fäl-

1) Zur Anwendung siehe § 27 Abs. 7.

ligkeit nicht entrichtete Steuer. [4]Soweit der Abtretungsempfänger auf die nach Absatz 1 Satz 1 festgesetzte Steuer Zahlungen im Sinne des § 48 der Abgabenordnung geleistet hat, haftet er nicht.

(3) [1]Die Absätze 1 und 2 gelten bei der Verpfändung oder der Pfändung von Forderungen entsprechend. [2]An die Stelle des Abtretungsempfängers tritt im Fall der Verpfändung der Pfandgläubiger und im Fall der Pfändung der Vollstreckungsgläubiger.

§ 13 d.[1)] *(aufgehoben)*

§ 14 Ausstellung von Rechnungen. (1)[2)] [1]Rechnung ist jedes Dokument, mit dem über eine Lieferung oder sonstige Leistung abgerechnet wird, gleichgültig, wie dieses Dokument im Geschäftsverkehr bezeichnet wird. [2]Die Echtheit der Herkunft der Rechnung, die Unversehrtheit ihres Inhalts und ihre Lesbarkeit müssen gewährleistet werden. [3]Echtheit der Herkunft bedeutet die Sicherheit der Identität des Rechnungsausstellers. [4]Unversehrtheit des Inhalts bedeutet, dass die nach diesem Gesetz erforderlichen Angaben nicht geändert wurden. [5]Jeder Unternehmer legt fest, in welcher Weise die Echtheit der Herkunft, die Unversehrtheit des Inhalts und die Lesbarkeit der Rechnung gewährleistet werden. [6]Dies kann durch jegliche innerbetriebliche Kontrollverfahren erreicht werden, die einen verlässlichen Prüfpfad zwischen Rechnung und Leistung schaffen können. [7]Rechnungen sind auf Papier oder vorbehaltlich der Zustimmung des Empfängers elektronisch zu übermitteln. [8]Eine elektronische Rechnung ist eine Rechnung, die in einem elektronischen Format ausgestellt und empfangen wird.

(2) [1]Führt der Unternehmer eine Lieferung oder eine sonstige Leistung nach § 1 Abs. 1 Nr. 1 aus, gilt Folgendes:

1. führt der Unternehmer eine steuerpflichtige Werklieferung (§ 3 Abs. 4 Satz 1) oder sonstige Leistung im Zusammenhang mit einem Grundstück aus, ist er verpflichtet, innerhalb von sechs Monaten nach Ausführung der Leistung eine Rechnung auszustellen;
2.[3)] führt der Unternehmer eine andere als die in Nummer 1 genannte Leistung aus, ist er berechtigt, eine Rechnung auszustellen. [2]Soweit er einen Umsatz an einen anderen Unternehmer für dessen Unternehmen oder an eine juristische Person, die nicht Unternehmer ist, ausführt, ist er verpflichtet, innerhalb von sechs Monaten nach Ausführung der Leistung eine Rechnung auszustellen. [3]Eine Verpflichtung zur Ausstellung einer Rechnung besteht nicht, wenn der Umsatz nach § 4 Nr. 8 bis 28 steuerfrei ist. [4]§ 14 a bleibt unberührt.

[2]Unbeschadet der Verpflichtungen nach Satz 1 Nr. 1 und 2 Satz 2 kann eine Rechnung von einem in Satz 1 Nr. 2 bezeichneten Leistungsempfänger für

---

[1)] § 13 d aufgeh. mWv 1. 1. 2008 durch G v. 20. 12. 2007 (BGBl. I S. 3150).

[2)] § 14 Abs. 1 neu gef. durch G v. 1. 11. 2011 (BGBl. I S. 2131); zur Anwendung siehe § 27 Abs. 18.

[3)] § 14 Abs. 2 Satz 1 Nr. 2 neu gef. mWv 1. 1. 2009 (§ 27 Abs. 15) durch G v. 20. 12. 2008 (BGBl. I S. 2850).

eine Lieferung oder sonstige Leistung des Unternehmers ausgestellt werden, sofern dies vorher vereinbart wurde (Gutschrift). [3]Die Gutschrift verliert die Wirkung einer Rechnung, sobald der Empfänger der Gutschrift dem ihm übermittelten Dokument widerspricht. [4]Eine Rechnung kann im Namen und für Rechnung des Unternehmers oder eines in Satz 1 Nr. 2 bezeichneten Leistungsempfängers von einem Dritten ausgestellt werden.

(3)[1)] Unbeschadet anderer nach Absatz 1 zulässiger Verfahren gelten bei einer elektronischen Rechnung die Echtheit der Herkunft und die Unversehrtheit des Inhalts als gewährleistet durch

1. eine qualifizierte elektronische Signatur oder eine qualifizierte elektronische Signatur mit Anbieter-Akkreditierung nach dem Signaturgesetz vom 16. Mai 2001 (BGBl. I S. 876), das zuletzt durch Artikel 4 des Gesetzes vom 17. Juli 2009 (BGBl. I S. 2091) geändert worden ist, in der jeweils geltenden Fassung oder
2. elektronischen Datenaustausch (EDI) nach Artikel 2 der Empfehlung 94/820/EG der Kommission vom 19. Oktober 1994 über die rechtlichen Aspekte des elektronischen Datenaustausches (ABl. L 338 vom 28. 12. 1994, S. 98), wenn in der Vereinbarung über diesen Datenaustausch der Einsatz von Verfahren vorgesehen ist, die die Echtheit der Herkunft und die Unversehrtheit der Daten gewährleisten.

(4) [1]Eine Rechnung muss folgende Angaben enthalten:

1. den vollständigen Namen und die vollständige Anschrift des leistenden Unternehmers und des Leistungsempfängers,
2. die dem leistenden Unternehmer vom Finanzamt erteilte Steuernummer oder die ihm vom Bundeszentralamt für Steuern[2)] erteilte Umsatzsteuer-Identifikationsnummer,
3. das Ausstellungsdatum,
4. eine fortlaufende Nummer mit einer oder mehreren Zahlenreihen, die zur Identifizierung der Rechnung vom Rechnungsaussteller einmalig vergeben wird (Rechnungsnummer),
5. die Menge und die Art (handelsübliche Bezeichnung) der gelieferten Gegenstände oder den Umfang und die Art der sonstigen Leistung,
6.[3)] den Zeitpunkt der Lieferung oder sonstigen Leistung; in den Fällen des Absatzes 5 Satz 1 den Zeitpunkt der Vereinnahmung des Entgelts oder eines Teils des Entgelts, sofern der Zeitpunkt der Vereinnahmung feststeht und nicht mit dem Ausstellungsdatum der Rechnung übereinstimmt,
7. das nach Steuersätzen und einzelnen Steuerbefreiungen aufgeschlüsselte Entgelt für die Lieferung oder sonstige Leistung (§ 10) sowie jede im Voraus vereinbarte Minderung des Entgelts, sofern sie nicht bereits im Entgelt berücksichtigt ist,

---

[1)] § 14 Abs. 3 neu gef. durch G v. 1. 11. 2011 (BGBl. I S. 2131); zur Anwendung siehe § 27 Abs. 18.

[2)] Bezeichnung geänd. durch G v. 22. 9. 2005 (BGBl. I S. 2809).

[3)] § 14 Abs. 4 Satz 1 Nr. 6 neu gef. durch G v. 13. 12. 2006 (BGBl. I S. 2878).

8. den anzuwendenden Steuersatz sowie den auf das Entgelt entfallenden Steuerbetrag oder im Fall einer Steuerbefreiung einen Hinweis darauf, dass für die Lieferung oder sonstige Leistung eine Steuerbefreiung gilt,
9. in den Fällen des § 14b Abs. 1 Satz 5 einen Hinweis auf die Aufbewahrungspflicht des Leistungsempfängers und
10.[1] in den Fällen der Ausstellung der Rechnung durch den Leistungsempfänger oder durch einen von ihm beauftragten Dritten gemäß Absatz 2 Satz 2 die Angabe „Gutschrift".

[2]In den Fällen des § 10 Abs. 5 sind die Nummern 7 und 8 mit der Maßgabe anzuwenden, dass die Bemessungsgrundlage für die Leistung (§ 10 Abs. 4) und der darauf entfallende Steuerbetrag anzugeben sind. [3]Unternehmer, die § 24 Abs. 1 bis 3 anwenden, sind jedoch auch in diesen Fällen nur zur Angabe des Entgelts und des darauf entfallenden Steuerbetrags berechtigt.

(5) [1]Vereinnahmt der Unternehmer das Entgelt oder einen Teil des Entgelts für eine noch nicht ausgeführte Lieferung oder sonstige Leistung, gelten die Absätze 1 bis 4 sinngemäß. [2]Wird eine Endrechnung erteilt, sind in ihr die vor Ausführung der Lieferung oder sonstigen Leistung vereinnahmten Teilentgelte und die auf sie entfallenden Steuerbeträge abzusetzen, wenn über die Teilentgelte Rechnungen im Sinne der Absätze 1 bis 4 ausgestellt worden sind.

(6) Das Bundesministerium der Finanzen kann mit Zustimmung des Bundesrates zur Vereinfachung des Besteuerungsverfahrens durch Rechtsverordnung bestimmen, in welchen Fällen und unter welchen Voraussetzungen

1. Dokumente als Rechnungen anerkannt werden können,
2. die nach Absatz 4 erforderlichen Angaben in mehreren Dokumenten enthalten sein können,
3. Rechnungen bestimmte Angaben nach Absatz 4 nicht enthalten müssen,
4. eine Verpflichtung des Unternehmers zur Ausstellung von Rechnungen mit gesondertem Steuerausweis (Absatz 4) entfällt oder
5. Rechnungen berichtigt werden können.

(7)[2] [1]Führt der Unternehmer einen Umsatz im Inland aus, für den der Leistungsempfänger die Steuer nach § 13b schuldet, und hat der Unternehmer im Inland weder seinen Sitz noch seine Geschäftsleitung, eine Betriebsstätte, von der aus der Umsatz ausgeführt wird oder die an der Erbringung dieses Umsatzes beteiligt ist, oder in Ermangelung eines Sitzes seinen Wohnsitz oder gewöhnlichen Aufenthalt im Inland, so gelten abweichend von den Absätzen 1 bis 6 für die Rechnungserteilung die Vorschriften des Mitgliedstaats, in dem der Unternehmer seinen Sitz, seine Geschäftsleitung, eine Betriebsstätte, von der aus der Umsatz ausgeführt wird, oder in Ermangelung eines Sitzes seinen Wohnsitz oder gewöhnlichen Aufenthalt hat.

---

[1] § 14 Abs. 4 Satz 1 Nr. 10 angef. mWv 30. 6. 2013 durch G v. 26. 6. 2013 (BGBl. I S. 1809).

[2] § 14 Abs. 7 angef. mWv 30. 6. 2013 durch G v. 26. 6. 2013 (BGBl. I S. 1809).

[2]Satz 1 gilt nicht, wenn eine Gutschrift gemäß Absatz 2 Satz 2 vereinbart worden ist.

§ 14 a Zusätzliche Pflichten bei der Ausstellung von Rechnungen in besonderen Fällen. (1)[1)] [1]Hat der Unternehmer seinen Sitz, seine Geschäftsleitung, eine Betriebsstätte, von der aus der Umsatz ausgeführt wird, oder in Ermangelung eines Sitzes seinen Wohnsitz oder gewöhnlichen Aufenthalt im Inland und führt er einen Umsatz in einem anderen Mitgliedstaat aus, an dem eine Betriebsstätte in diesem Mitgliedstaat nicht beteiligt ist, so ist er zur Ausstellung einer Rechnung mit der Angabe „Steuerschuldnerschaft des Leistungsempfängers" verpflichtet, wenn die Steuer in dem anderen Mitgliedstaat von dem Leistungsempfänger geschuldet wird und keine Gutschrift gemäß § 14 Absatz 2 Satz 2 vereinbart worden ist. [2]Führt der Unternehmer eine sonstige Leistung im Sinne des § 3 a Absatz 2 in einem anderen Mitgliedstaat aus, so ist die Rechnung bis zum fünfzehnten Tag des Monats, der auf den Monat folgt, in dem der Umsatz ausgeführt worden ist, auszustellen. [3]In dieser Rechnung sind die Umsatzsteuer-Identifikationsnummer des Unternehmers und die des Leistungsempfängers anzugeben. [4]Wird eine Abrechnung durch Gutschrift gemäß § 14 Absatz 2 Satz 2 über eine sonstige Leistung im Sinne des § 3 a Absatz 2 vereinbart, die im Inland ausgeführt wird und für die der Leistungsempfänger die Steuer nach § 13 b Absatz 1 und 5 schuldet, sind die Sätze 2 und 3 und Absatz 5 *Satz 1 und 3*[2)] entsprechend anzuwenden.

(2) Führt der Unternehmer eine Lieferung im Sinne des § 3 c im Inland aus, ist er zur Ausstellung einer Rechnung verpflichtet.

(3)[3)] [1]Führt der Unternehmer eine innergemeinschaftliche Lieferung aus, ist er zur Ausstellung einer Rechnung bis zum fünfzehnten Tag des Monats, der auf den Monat folgt, in dem der Umsatz ausgeführt worden ist, verpflichtet. [2]In der Rechnung sind auch die Umsatzsteuer-Identifikationsnummer des Unternehmers und die des Leistungsempfängers anzugeben. [3]Satz 1 gilt auch für Fahrzeuglieferer (§ 2 a). [4]Satz 2 gilt nicht in den Fällen der §§ 1 b und 2 a.

(4) [1]Eine Rechnung über die innergemeinschaftliche Lieferung eines neuen Fahrzeugs muss auch die in § 1 b Abs. 2 und 3 bezeichneten Merkmale enthalten. [2]Das gilt auch in den Fällen des § 2 a.

(5)[4)] [1]Führt der Unternehmer eine Leistung im Sinne des § 13 b Absatz 2 aus, für die der Leistungsempfänger nach § 13 b Absatz 5[5)] die Steuer schuldet, ist er zur Ausstellung einer Rechnung mit der Angabe „Steuerschuldnerschaft des Leistungsempfängers" verpflichtet; Absatz 1 bleibt unberührt. [2]Die Vorschrift über den gesonderten Steuerausweis in einer Rechnung nach § 14 Absatz 4 Satz 1 Nummer 8 wird nicht angewendet.

[1)] § 14 a Abs. 1 neu gef. mWv 30. 6. 2013 durch G v. 26. 6. 2013 (BGBl. I S. 1809).

[2)] Kursiver Satzteil aufgeh. mWv 31. 7. 2014 durch G v. 25. 7. 2014 (BGBl. I S. 1266).

[3)] § 14 a Abs. 3 Sätze 1 und 2 geänd. mWv 30. 6. 2013 durch G v. 26. 6. 2013 (BGBl. I S. 1809).

[4)] § 14 a Abs. 5 Satz 1 neu gef., Satz 2 aufgeh., bish. Satz 3 wird Satz 2 und geänd. mWv 30. 6. 2013 durch G v. 26. 6. 2013 (BGBl. I S. 1809).

[5)] Verweis geänd. mWv 1. 7. 2010 durch G v. 8. 4. 2010 (BGBl. I S. 386).

(6)[1] 1In den Fällen der Besteuerung von Reiseleistungen nach § 25 hat die Rechnung die Angabe „Sonderregelung für Reisebüros“ und in den Fällen der Differenzbesteuerung nach § 25 a die Angabe „Gebrauchtgegenstände/Sonderregelung“, „Kunstgegenstände/Sonderregelung“ oder „Sammlungsstücke und Antiquitäten/Sonderregelung“ zu enthalten. 2In den Fällen des § 25 Abs. 3 und des § 25 a Abs. 3 und 4 findet die Vorschrift über den gesonderten Steuerausweis in einer Rechnung (§ 14 Abs. 4 Satz 1 Nr. 8) keine Anwendung.

(7) 1Wird in einer Rechnung über eine Lieferung im Sinne des § 25 b Abs. 2 abgerechnet, ist auch auf das Vorliegen eines innergemeinschaftlichen Dreiecksgeschäfts und die Steuerschuldnerschaft des letzten Abnehmers hinzuweisen. 2Dabei sind die Umsatzsteuer-Identifikationsnummer des Unternehmers und die des Leistungsempfängers anzugeben. 3Die Vorschrift über den gesonderten Steuerausweis in einer Rechnung (§ 14 Abs. 4 Satz 1 Nr. 8) findet keine Anwendung.

§ 14 b Aufbewahrung von Rechnungen. (1) 1Der Unternehmer hat ein Doppel der Rechnung, die er selbst oder ein Dritter in seinem Namen und für seine Rechnung ausgestellt hat, sowie alle Rechnungen, die er erhalten oder die ein Leistungsempfänger oder in dessen Namen und für dessen Rechnung ein Dritter ausgestellt hat, zehn Jahre aufzubewahren. 2Die Rechnungen müssen für den gesamten Zeitraum die Anforderungen des § 14 Absatz 1 Satz 2 erfüllen.[2] 3Die Aufbewahrungsfrist beginnt mit dem Schluss des Kalenderjahres, in dem die Rechnung ausgestellt worden ist; § 147 Abs. 3 der Abgabenordnung bleibt unberührt. 4Die Sätze 1 bis 3 gelten auch

1. für Fahrzeuglieferer (§ 2 a);
2. in den Fällen, in denen der letzte Abnehmer die Steuer nach § 13 a Abs. 1 Nr. 5 schuldet, für den letzten Abnehmer;
3. in den Fällen, in denen der Leistungsempfänger die Steuer nach § 13 b Absatz 5[3] schuldet, für den Leistungsempfänger.

5In den Fällen des § 14 Abs. 2 Satz 1 Nr. 1 hat der Leistungsempfänger die Rechnung, einen Zahlungsbeleg oder eine andere beweiskräftige Unterlage zwei Jahre gemäß den Sätzen 2 und 3 aufzubewahren, soweit er

1. nicht Unternehmer ist oder
2. Unternehmer ist, aber die Leistung für seinen nichtunternehmerischen Bereich verwendet.

(2) 1Der im Inland oder in einem der in § 1 Abs. 3 bezeichneten Gebiete ansässige Unternehmer hat alle Rechnungen im Inland oder in einem der in *§ 1 Abs. 3 bezeichneten* Gebiete aufzubewahren. 2Handelt es sich um eine elektronische Aufbewahrung, die eine vollständige Fernabfrage (Online-Zugriff) der betreffenden Daten und deren Herunterladen und Verwendung gewähr-

---

[1] § 14 a Abs. 6 Satz 1 neu gef. mWv 30. 6. 2013 durch G v. 26. 6. 2013 (BGBl. I S. 1809).

[2] § 14 b Abs. 1 Satz 2 geänd. durch G v. 1. 11. 2011 (BGBl. I S. 2131); zur Anwendung von § 14 Abs. 1 Satz 2 siehe § 27 Abs. 18.

[3] Verweis geänd. mWv 1. 7. 2010 durch G v. 8. 4. 2010 (BGBl. I S. 386).

leistet, darf der Unternehmer die Rechnungen auch im übrigen Gemeinschaftsgebiet, in einem der in § 1 Abs. 3 bezeichneten Gebiete, im Gebiet von Büsingen oder auf der Insel Helgoland aufbewahren. 3 Der Unternehmer hat dem Finanzamt den Aufbewahrungsort mitzuteilen, wenn er die Rechnungen nicht im Inland oder in einem der in § 1 Abs. 3 bezeichneten Gebiete aufbewahrt. 4 Der nicht im Inland oder in einem der in § 1 Abs. 3 bezeichneten Gebiete ansässige Unternehmer hat den Aufbewahrungsort der nach Absatz 1 aufzubewahrenden Rechnungen im Gemeinschaftsgebiet, in den in § 1 Abs. 3 bezeichneten Gebieten, im Gebiet von Büsingen oder auf der Insel Helgoland zu bestimmen. 5 In diesem Fall ist er verpflichtet, dem Finanzamt auf dessen Verlangen alle aufzubewahrenden Rechnungen und Daten oder die an deren Stelle tretenden Bild- und Datenträger unverzüglich zur Verfügung zu stellen. 6 Kommt er dieser Verpflichtung nicht oder nicht rechtzeitig nach, kann das Finanzamt verlangen, dass er die Rechnungen im Inland oder in einem der in § 1 Abs. 3 bezeichneten Gebiete aufbewahrt.

(3) Ein im Inland oder in einem der in § 1 Abs. 3 bezeichneten Gebiete ansässiger Unternehmer ist ein Unternehmer, der in einem dieser Gebiete einen Wohnsitz, seinen Sitz, seine Geschäftsleitung oder eine Zweigniederlassung hat.

(4) 1 Bewahrt ein Unternehmer die Rechnungen im übrigen Gemeinschaftsgebiet elektronisch auf, können die zuständigen Finanzbehörden die Rechnungen für Zwecke der Umsatzsteuerkontrolle über Online-Zugriff einsehen, herunterladen und verwenden. 2 Es muss sichergestellt sein, dass die zuständigen Finanzbehörden die Rechnungen unverzüglich über Online-Zugriff einsehen, herunterladen und verwenden können.

(5)[1)] Will der Unternehmer die Rechnungen außerhalb des Gemeinschaftsgebiets elektronisch aufbewahren, gilt § 146 Abs. 2a der Abgabenordnung.

§ 14 c Unrichtiger oder unberechtigter Steuerausweis. (1) 1 Hat der Unternehmer in einer Rechnung für eine Lieferung oder sonstige Leistung einen höheren Steuerbetrag, als er nach diesem Gesetz für den Umsatz schuldet, gesondert ausgewiesen (unrichtiger Steuerausweis), schuldet er auch den Mehrbetrag. 2 Berichtigt er den Steuerbetrag gegenüber dem Leistungsempfänger, ist § 17 Abs. 1 entsprechend anzuwenden. 3 In den Fällen des § 1 Abs. 1a und in den Fällen der Rückgängigmachung des Verzichts auf die Steuerbefreiung nach § 9 gilt Absatz 2 Satz 3 bis 5 entsprechend.

(2) 1 Wer in einer Rechnung einen Steuerbetrag gesondert ausweist, obwohl er zum gesonderten Ausweis der Steuer nicht berechtigt ist (unberechtigter Steuerausweis), schuldet den ausgewiesenen Betrag. 2 Das Gleiche gilt, wenn jemand wie ein leistender Unternehmer abrechnet und einen Steuerbetrag gesondert ausweist, obwohl er nicht Unternehmer ist oder eine Lieferung oder sonstige Leistung nicht ausführt. 3 Der nach den Sätzen 1 und 2 geschuldete Steuerbetrag kann berichtigt werden, soweit die Gefährdung des Steueraufkommens beseitigt worden ist. 4 Die Gefährdung des Steueraufkommens ist

---

1) § 14b Abs. 5 angef. mWv 25. 12. 2008 durch G v. 19. 12. 2008 (BGBl. I S. 2794).

beseitigt, wenn ein Vorsteuerabzug beim Empfänger der Rechnung nicht durchgeführt oder die geltend gemachte Vorsteuer an die Finanzbehörde zurückgezahlt worden ist. [5]Die Berichtigung des geschuldeten Steuerbetrags ist beim Finanzamt gesondert schriftlich zu beantragen und nach dessen Zustimmung in entsprechender Anwendung des § 17 Abs. 1 für den Besteuerungszeitraum vorzunehmen, in dem die Voraussetzungen des Satzes 4 eingetreten sind.

§ 15 Vorsteuerabzug. (1) [1]Der Unternehmer kann die folgenden Vorsteuerbeträge abziehen:

1. die gesetzlich geschuldete Steuer für Lieferungen und sonstige Leistungen, die von einem anderen Unternehmer für sein Unternehmen ausgeführt worden sind. [2]Die Ausübung des Vorsteuerabzugs setzt voraus, dass der Unternehmer eine nach den §§ 14, 14a ausgestellte Rechnung besitzt. [3]Soweit der gesondert ausgewiesene Steuerbetrag auf eine Zahlung vor Ausführung dieser Umsätze entfällt, ist er bereits abziehbar, wenn die Rechnung vorliegt und die Zahlung geleistet worden ist;
2.[1)] die entstandene Einfuhrumsatzsteuer für Gegenstände, die für sein Unternehmen nach § 1 Absatz 1 Nummer 4 eingeführt worden sind;
3.[2)] die Steuer für den innergemeinschaftlichen Erwerb von Gegenständen für sein Unternehmen, wenn der innergemeinschaftliche Erwerb nach § 3d Satz 1 im Inland bewirkt wird;
4. die Steuer für Leistungen im Sinne des § 13b Absatz 1 und 2,[3)] die für sein Unternehmen ausgeführt worden sind. [2]Soweit die Steuer auf eine Zahlung vor Ausführung dieser Leistungen entfällt, ist sie abziehbar, wenn die Zahlung geleistet worden ist;
5. die nach § 13a Abs. 1 Nr. 6 geschuldete Steuer für Umsätze, die für sein Unternehmen ausgeführt worden sind.

[2]Nicht als für das Unternehmen ausgeführt gilt die Lieferung, die Einfuhr oder der innergemeinschaftliche Erwerb eines Gegenstands, den der Unternehmer zu weniger als 10 Prozent für sein Unternehmen nutzt.

(1a)[4)] [1]Nicht abziehbar sind Vorsteuerbeträge, die auf Aufwendungen, für die das Abzugsverbot des § 4 Abs. 5 Satz 1 Nr. 1 bis 4, 7 oder des § 12 Nr. 1 des Einkommensteuergesetzes gilt, entfallen. [2]Dies gilt nicht für Bewirtungsaufwendungen, soweit § 4 Abs. 5 Satz 1 Nr. 2 des Einkommensteuergesetzes einen Abzug angemessener und nachgewiesener Aufwendungen ausschließt.

(1b)[5)] *Nur zu 50 vom Hundert abziehbar sind Vorsteuerbeträge, die auf die Anschaffung oder Herstellung, die Einfuhr, den innergemeinschaftlichen Erwerb, die Miete*

[1)] § 15 Abs. 1 Satz 1 Nr. 2 geänd. mWv 30. 6. 2013 durch G v. 26. 6. 2013 (BGBl. I S. 1809).

[2)] § 15 Abs. 1 Satz 1 Nr. 3 geänd. mWv 30. 6. 2013 durch G v. 26. 6. 2013 (BGBl. I S. 1809).

[3)] Verweis geänd. mWv 1. 7. 2010 durch G v. 8. 4. 2010 (BGBl. I S. 386).

[4)] § 15 Abs. 1a neu gef. mWv 19. 12. 2006 durch G v. 13. 12. 2006 (BGBl. I S. 2878).

[5)] Zur Übergangsregelung für Altfahrzeuge siehe § 27 Abs. 5.

oder den Betrieb von Fahrzeugen im Sinne des § 1 b Abs. 2 entfallen, die auch für den privaten Bedarf des Unternehmers oder für andere unternehmensfremde Zwecke verwendet werden.

(1 b)[1] [1] Verwendet der Unternehmer ein Grundstück sowohl für Zwecke seines Unternehmens als auch für Zwecke, die außerhalb des Unternehmens liegen, oder für den privaten Bedarf seines Personals, ist die Steuer für die Lieferungen, die Einfuhr und den innergemeinschaftlichen Erwerb sowie für die sonstigen Leistungen im Zusammenhang mit diesem Grundstück vom Vorsteuerabzug ausgeschlossen, soweit sie nicht auf die Verwendung des Grundstücks für Zwecke des Unternehmens entfällt. [2] Bei Berechtigungen, für die die Vorschriften des bürgerlichen Rechts über Grundstücke gelten, und bei Gebäuden auf fremdem Grund und Boden ist Satz 1 entsprechend anzuwenden.

(2) [1] Vom Vorsteuerabzug ausgeschlossen ist die Steuer für die Lieferungen, die Einfuhr und den innergemeinschaftlichen Erwerb von Gegenständen sowie für die sonstigen Leistungen, die der Unternehmer zur Ausführung folgender Umsätze verwendet:

1. steuerfreie Umsätze;
2. Umsätze im Ausland, die steuerfrei wären, wenn sie im Inland ausgeführt würden;
3.[2] *(aufgehoben)*

[2] Gegenstände oder sonstige Leistungen, die der Unternehmer zur Ausführung einer Einfuhr oder eines innergemeinschaftlichen Erwerbs verwendet, sind den Umsätzen zuzurechnen, für die der eingeführte oder innergemeinschaftlich erworbene Gegenstand verwendet wird.

(3) Der Ausschluss vom Vorsteuerabzug nach Absatz 2 tritt nicht ein, wenn die Umsätze

1. in den Fällen des Absatzes 2 Satz 1 Nr. 1
   a) nach § 4 Nr. 1 bis 7, § 25 Abs. 2 oder nach den in § 26 Abs. 5 bezeichneten Vorschriften steuerfrei sind oder
   b)[3] nach § 4 Nummer 8 Buchstabe a bis g, Nummer 10 oder Nummer 11 steuerfrei sind und sich unmittelbar auf Gegenstände beziehen, die in das Drittlandsgebiet ausgeführt werden;
2. in den Fällen des Absatzes 2 Satz 1 Nr. 2[4]
   a) nach § 4 Nr. 1 bis 7, § 25 Abs. 2 oder nach den in § 26 Abs. 5 bezeichneten Vorschriften steuerfrei wären oder
   b)[3] nach § 4 Nummer 8 Buchstabe a bis g, Nummer 10 oder Nummer 11 steuerfrei wären und der Leistungsempfänger im Drittlandsgebiet ansässig

---

[1] § 15 Abs. 1 b eingef. durch G v. 8. 12. 2010 (BGBl. I S. 1768); zur Anwendung siehe § 27 Abs. 16.

[2] § 15 Abs. 2 Nr. 3 aufgeh. mWv 19. 12. 2006 durch G v. 13. 12. 2006 (BGBl. I S. 2878).

[3] § 15 Abs. 3 Nr. 1 Buchst. b, Nr. 2 Buchst. b geänd. mWv 30. 6. 2013 durch G v. 26. 6. 2013 (BGBl. I S. 1809).

[4] Verweis geänd. mWv 19. 12. 2006 durch G v. 13. 12. 2006 (BGBl. I S. 2878).

ist oder diese Umsätze sich unmittelbar auf Gegenstände beziehen, die in das Drittlandsgebiet ausgeführt werden.

(4) [1]Verwendet der Unternehmer einen für sein Unternehmen gelieferten, eingeführten oder innergemeinschaftlich erworbenen Gegenstand oder eine von ihm in Anspruch genommene sonstige Leistung nur zum Teil zur Ausführung von Umsätzen, die den Vorsteuerabzug ausschließen, so ist der Teil der jeweiligen Vorsteuerbeträge nicht abziehbar, der den zum Ausschluss vom Vorsteuerabzug führenden Umsätzen wirtschaftlich zuzurechnen ist. [2]Der Unternehmer kann die nicht abziehbaren Teilbeträge im Wege einer sachgerechten Schätzung ermitteln. [3]Eine Ermittlung des nicht abziehbaren Teils der Vorsteuerbeträge nach dem Verhältnis der Umsätze, die den Vorsteuerabzug ausschließen, zu den Umsätzen, die zum Vorsteuerabzug berechtigten, ist nur zulässig, wenn keine andere wirtschaftliche Zurechnung möglich ist. [4]In den Fällen des Absatzes 1b gelten die Sätze 1 bis 3 entsprechend.[1)]

(4a) Für Fahrzeuglieferer (§ 2a) gelten folgende Einschränkungen des Vorsteuerabzugs:

1. Abziehbar ist nur die auf die Lieferung, die Einfuhr oder den innergemeinschaftlichen Erwerb des neuen Fahrzeugs entfallende Steuer.
2. Die Steuer kann nur bis zu dem Betrag abgezogen werden, der für die Lieferung des neuen Fahrzeugs geschuldet würde, wenn die Lieferung nicht steuerfrei wäre.
3. Die Steuer kann erst in dem Zeitpunkt abgezogen werden, in dem der Fahrzeuglieferer die innergemeinschaftliche Lieferung des neuen Fahrzeugs ausführt.

(4b)[2)] Für Unternehmer, die nicht im Gemeinschaftsgebiet ansässig sind und die nur Steuer nach § 13b Absatz 5 schulden, gelten die Einschränkungen des § 18 Abs. 9 Sätze 4 und 5 entsprechend.

(5) Das Bundesministerium der Finanzen kann mit Zustimmung des Bundesrates durch Rechtsverordnung nähere Bestimmungen darüber treffen,

1. in welchen Fällen und unter welchen Voraussetzungen zur Vereinfachung des Besteuerungsverfahrens für den Vorsteuerabzug auf eine Rechnung im Sinne des § 14 oder auf einzelne Angaben in der Rechnung verzichtet werden kann,
2. unter welchen Voraussetzungen, für welchen Besteuerungszeitraum und in welchem Umfang zur Vereinfachung oder zur Vermeidung von Härten in den Fällen, in denen ein anderer als der Leistungsempfänger ein Entgelt gewährt (§ 10 Abs. 1 Satz 3), der andere den Vorsteuerabzug in Anspruch nehmen kann, und

---

1) § 15 Abs. 4 Satz 4 angef. durch G v. 8. 12. 2010 (BGBl. I S. 1768); zur Anwendung von § 15 Abs. 1b siehe § 27 Abs. 16.

2) § 15 Abs. 4b geänd. mWv 1. 1. 2010 durch G v. 19. 12. 2008 (BGBl. I S. 2794); geänd. mWv 1. 7. 2010 durch G v. 8. 4. 2010 (BGBl. I S. 386).

3. wann in Fällen von geringer steuerlicher Bedeutung zur Vereinfachung oder zur Vermeidung von Härten bei der Aufteilung der Vorsteuerbeträge (Absatz 4) Umsätze, die den Vorsteuerabzug ausschließen, unberücksichtigt bleiben können oder von der Zurechnung von Vorsteuerbeträgen zu diesen Umsätzen abgesehen werden kann.

§ 15 a[1)] Berichtigung des Vorsteuerabzugs. (1) [1]Ändern sich bei einem Wirtschaftsgut, das nicht nur einmalig zur Ausführung von Umsätzen verwendet wird, innerhalb von fünf Jahren ab dem Zeitpunkt der erstmaligen Verwendung die für den ursprünglichen Vorsteuerabzug maßgebenden Verhältnisse, ist für jedes Kalenderjahr der Änderung ein Ausgleich durch eine Berichtigung des Abzugs der auf die Anschaffungs- oder Herstellungskosten entfallenden Vorsteuerbeträge vorzunehmen. [2]Bei Grundstücken einschließlich ihrer wesentlichen Bestandteile, bei Berechtigungen, für die die Vorschriften des bürgerlichen Rechts über Grundstücke gelten, und bei Gebäuden auf fremdem Grund und Boden tritt an die Stelle des Zeitraums von fünf Jahren ein Zeitraum von zehn Jahren.

(2) [1]Ändern sich bei einem Wirtschaftsgut, das nur einmalig zur Ausführung eines Umsatzes verwendet wird, die für den ursprünglichen Vorsteuerabzug maßgebenden Verhältnisse, ist eine Berichtigung des Vorsteuerabzugs vorzunehmen. [2]Die Berichtigung ist für den Besteuerungszeitraum vorzunehmen, in dem das Wirtschaftsgut verwendet wird.

(3) [1]Geht in ein Wirtschaftsgut nachträglich ein anderer Gegenstand ein und verliert dieser Gegenstand dabei seine körperliche und wirtschaftliche Eigenart endgültig oder wird an einem Wirtschaftsgut eine sonstige Leistung ausgeführt, gelten im Fall der Änderung der für den ursprünglichen Vorsteuerabzug maßgebenden Verhältnisse die Absätze 1 und 2 entsprechend. [2]Soweit im Rahmen einer Maßnahme in ein Wirtschaftsgut mehrere Gegenstände eingehen oder an einem Wirtschaftsgut mehrere sonstige Leistungen ausgeführt werden, sind diese zu einem Berichtigungsobjekt zusammenzufassen.[2)] [3]Eine Änderung der Verhältnisse liegt dabei auch vor, wenn das Wirtschaftsgut für Zwecke, die außerhalb des Unternehmens liegen, aus dem Unternehmen entnommen wird, ohne dass dabei nach § 3 Abs. 1 b eine unentgeltliche Wertabgabe zu besteuern ist.

(4) [1]Die Absätze 1 und 2 sind auf sonstige Leistungen, die nicht unter Absatz 3 Satz 1 fallen, entsprechend anzuwenden. [2]Die Berichtigung ist auf solche sonstigen Leistungen zu beschränken, für die in der Steuerbilanz ein Aktivierungsgebot bestünde. [3]Dies gilt jedoch nicht, soweit es sich um sonstige Leistungen handelt, für die der Leistungsempfänger bereits für einen Zeitraum vor Ausführung der sonstigen Leistung den Vorsteuerabzug vornehmen konnte. [4]Unerheblich ist, ob der Unternehmer nach den §§ 140, 141 der Abgabenordnung tatsächlich zur Buchführung verpflichtet ist.[3)]

[1)] Zur erstmaligen Anwendung siehe § 27 Abs. 11.

[2)] § 15 a Abs. 3 Satz 2 eingef. durch G v. 22. 8. 2006 (BGBl. I S. 1970); zur erstmaligen Anwendung siehe § 27 Abs. 12.

[3)] § 15 a Abs. 4 Sätze 2 bis 4 angef. durch G v. 22. 8. 2006 (BGBl. I S. 1970); zur erstmaligen Anwendung siehe § 27 Abs. 12.

(5) [1] Bei der Berichtigung nach Absatz 1 ist für jedes Kalenderjahr der Änderung in den Fällen des Satzes 1 von einem Fünftel und in den Fällen des Satzes 2 von einem Zehntel der auf das Wirtschaftsgut entfallenden Vorsteuerbeträge auszugehen. [2] Eine kürzere Verwendungsdauer ist entsprechend zu berücksichtigen. [3] Die Verwendungsdauer wird nicht dadurch verkürzt, dass das Wirtschaftsgut in ein anderes einbezogen wird.

(6) Die Absätze 1 bis 5 sind auf Vorsteuerbeträge, die auf nachträgliche Anschaffungs- oder Herstellungskosten entfallen, sinngemäß anzuwenden.

(6 a)[1)] Eine Änderung der Verhältnisse liegt auch bei einer Änderung der Verwendung im Sinne des § 15 Absatz 1 b vor.

(Fortsetzung nächstes Blatt)

[1)] § 15 a Abs. 6 a eingef. durch G v. 8. 12. 2010 (BGBl. I S. 1768); zur Anwendung siehe § 27 Abs. 16.

(7) Eine Änderung der Verhältnisse im Sinne der Absätze 1 bis 3 ist auch beim Übergang von der allgemeinen Besteuerung zur Nichterhebung der Steuer nach § 19 Abs. 1 und umgekehrt und beim Übergang von der allgemeinen Besteuerung zur Durchschnittssatzbesteuerung nach den §§ 23, 23 a oder 24 und umgekehrt gegeben.

(8) [1] Eine Änderung der Verhältnisse liegt auch vor, wenn das noch verwendungsfähige Wirtschaftsgut, das nicht nur einmalig zur Ausführung eines Umsatzes verwendet wird, vor Ablauf des nach den Absätzen 1 und 5 maßgeblichen Berichtigungszeitraums veräußert oder nach § 3 Abs. 1 b geliefert wird und dieser Umsatz anders zu beurteilen ist als die für den ursprünglichen Vorsteuerabzug maßgebliche Verwendung. [2] Dies gilt auch für Wirtschaftsgüter, für die der Vorsteuerabzug nach § 15 Absatz 1 b teilweise ausgeschlossen war.[1)]

(9) Die Berichtigung nach Absatz 8 ist so vorzunehmen, als wäre das Wirtschaftsgut in der Zeit von der Veräußerung oder Lieferung im Sinne des § 3 Abs. 1 b bis zum Ablauf des maßgeblichen Berichtigungszeitraums unter entsprechend geänderten Verhältnissen weiterhin für das Unternehmen verwendet worden.

(10) [1] Bei einer Geschäftsveräußerung (§ 1 Abs. 1 a) wird der nach den Absätzen 1 und 5 maßgebliche Berichtigungszeitraum nicht unterbrochen. [2] Der Veräußerer ist verpflichtet, dem Erwerber die für die Durchführung der Berichtigung erforderlichen Angaben zu machen.

(11) Das Bundesministerium der Finanzen kann mit Zustimmung des Bundesrates durch Rechtsverordnung nähere Bestimmungen darüber treffen,

1. wie der Ausgleich nach den Absätzen 1 bis 9 durchzuführen ist und in welchen Fällen er zur Vereinfachung des Besteuerungsverfahrens, zur Vermeidung von Härten oder nicht gerechtfertigten Steuervorteilen zu unterbleiben hat;
2. dass zur Vermeidung von Härten oder eines nicht gerechtfertigten Steuervorteils bei einer unentgeltlichen Veräußerung oder Überlassung eines Wirtschaftsguts
   a) eine Berichtigung des Vorsteuerabzugs in entsprechender Anwendung der Absätze 1 bis 9 auch dann durchzuführen ist, wenn eine Änderung der Verhältnisse nicht vorliegt,
   b) der Teil des Vorsteuerbetrags, der bei einer gleichmäßigen Verteilung auf den in Absatz 9 bezeichneten Restzeitraum entfällt, vom Unternehmer geschuldet wird,
   c) der Unternehmer den nach den Absätzen 1 bis 9 oder Buchstabe b geschuldeten Betrag dem Leistungsempfänger wie eine Steuer in Rechnung stellen und dieser den Betrag als Vorsteuer abziehen kann.

---

1) § 15 a Abs. 8 Satz 2 angef. durch G v. 8. 12. 2010 (BGBl. I S. 1678); zur Anwendung siehe § 27 Abs. 16.

Fünfter Abschnitt. Besteuerung

§ 16 Steuerberechnung, Besteuerungszeitraum und Einzelbesteuerung. (1) [1]Die Steuer ist, soweit nicht § 20 gilt, nach vereinbarten Entgelten zu berechnen. [2]Besteuerungszeitraum ist das Kalenderjahr. [3]Bei der Berechnung der Steuer ist von der Summe der Umsätze nach § 1 Abs. 1 Nr. 1 und 5 auszugehen, soweit für sie die Steuer in dem Besteuerungszeitraum entstanden und die Steuerschuldnerschaft gegeben ist. [4]Der Steuer sind die nach § 6a Abs. 4 Satz 2, nach § 14c sowie nach § 17 Abs. 1 Satz 6 geschuldeten Steuerbeträge hinzuzurechnen.

(1 a) [1]Macht ein nicht im Gemeinschaftsgebiet ansässiger Unternehmer von § 18 Abs. 4c Gebrauch, ist Besteuerungszeitraum das Kalendervierteljahr. [2]Bei der Berechnung der Steuer ist von der Summe der Umsätze nach § 3a Abs. 5[1)] auszugehen, die im Gemeinschaftsgebiet steuerbar sind, soweit für sie in dem Besteuerungszeitraum die Steuer entstanden und die Steuerschuldnerschaft gegeben ist. [3]Absatz 2 ist nicht anzuwenden.

[*ab 1. 1. 2015:*

(1 b)[2)] [1]Macht ein im übrigen Gemeinschaftsgebiet ansässiger Unternehmer (§ 13b Absatz 7 Satz 2) von § 18 Absatz 4e Gebrauch, ist Besteuerungszeitraum das Kalendervierteljahr. [2]Bei der Berechnung der Steuer ist von der Summe der Umsätze nach § 3a Absatz 5 auszugehen, die im Inland steuerbar sind, soweit für sie in dem Besteuerungszeitraum die Steuer entstanden und die Steuerschuldnerschaft gegeben ist. [3]Absatz 2 ist nicht anzuwenden.]

(2)[3)] [1]Von der nach Absatz 1 berechneten Steuer sind die in den Besteuerungszeitraum fallenden, nach § 15 abziehbaren Vorsteuerbeträge abzusetzen. [2]§ 15a ist zu berücksichtigen. [3]*Die Einfuhrumsatzsteuer ist von der Steuer für den Besteuerungszeitraum abzusetzen, in dem sie entrichtet worden ist.* [4]*Die bis zum 16. Tag nach Ablauf des Besteuerungszeitraums zu entrichtende Einfuhrumsatzsteuer kann bereits von der Steuer für diesen Besteuerungszeitraum abgesetzt werden, wenn sie in ihm entstanden ist.*

(3) Hat der Unternehmer seine gewerbliche oder berufliche Tätigkeit nur in einem Teil des Kalenderjahres ausgeübt, so tritt dieser Teil an die Stelle des Kalenderjahres.

(4) Abweichend von den Absätzen 1, 2 und 3 kann das Finanzamt einen kürzeren Besteuerungszeitraum bestimmen, wenn der Eingang der Steuer gefährdet erscheint oder der Unternehmer damit einverstanden ist.

(5) [1]Bei Beförderungen von Personen im Gelegenheitsverkehr mit Kraftomnibussen, die nicht im Inland zugelassen sind, wird die Steuer, abweichend von Absatz 1, für jeden einzelnen steuerpflichtigen Umsatz durch die zuständige Zolldienststelle berechnet (Beförderungseinzelbesteuerung), wenn eine

---

1) § 16 Abs. 1 a Satz 2 Verweis geänd. mWv 1. 1. 2010 durch G v. 19. 12. 2008 (BGBl. I S. 2794).

2) § 16 Abs. 1 b eingef. mWv 1. 1. 2015 durch G v. 25. 7. 2014 (BGBl. I S. 1266).

3) § 16 Abs. 2 Sätze 3 und 4 aufgeh. mWv 30. 6. 2013 durch G v. 26. 6. 2013 (BGBl. I S. 1809).

Grenze zum Drittlandsgebiet überschritten wird. [2]Zuständige Zolldienststelle ist die Eingangszollstelle oder Ausgangszollstelle, bei der der Kraftomnibus in das Inland gelangt oder das Inland verlässt. [3]Die zuständige Zolldienststelle handelt bei der Beförderungseinzelbesteuerung für das Finanzamt, in dessen Bezirk sie liegt (zuständiges Finanzamt). [4]Absatz 2 und § 19 Abs. 1 sind bei der Beförderungseinzelbesteuerung nicht anzuwenden.

(5a) Beim innergemeinschaftlichen Erwerb neuer Fahrzeuge durch andere Erwerber als die in § 1a Abs. 1 Nr. 2 genannten Personen ist die Steuer abweichend von Absatz 1 für jeden einzelnen steuerpflichtigen Erwerb zu berechnen (Fahrzeugeinzelbesteuerung).

(5b) [1]Auf Antrag des Unternehmers ist nach Ablauf des Besteuerungszeitraums an Stelle der Beförderungseinzelbesteuerung (Absatz 5) die Steuer nach den Absätzen 1 und 2 zu berechnen. [2]Die Absätze 3 und 4 gelten entsprechend.

(6)[1)] [1]Werte in fremder Währung sind zur Berechnung der Steuer und der abziehbaren Vorsteuerbeträge auf Euro nach den Durchschnittskursen umzurechnen, die das Bundesministerium der Finanzen für den Monat öffentlich bekannt gibt, in dem die Leistung ausgeführt oder das Entgelt oder ein Teil des Entgelts vor Ausführung der Leistung (§ 13 Abs. 1 Nr. 1 Buchstabe a Satz 4) vereinnahmt wird. [2]Ist dem leistenden Unternehmer die Berechnung der Steuer nach vereinnahmten Entgelten gestattet (§ 20), so sind die Entgelte nach den Durchschnittskursen des Monats umzurechnen, in dem sie vereinnahmt werden. [3]Das Finanzamt kann die Umrechnung nach dem Tageskurs, der durch Bankmitteilung oder Kurszettel nachzuweisen ist, gestatten. [4]Macht ein nicht im Gemeinschaftsgebiet ansässiger Unternehmer von § 18 Absatz 4c Gebrauch, hat er zur Berechnung der Steuer Werte in fremder Währung nach den Kursen umzurechnen, die für den letzten Tag des Besteuerungszeitraums nach Absatz 1a Satz 1 von der Europäischen Zentralbank festgestellt worden sind [***ab 1. 1. 2015:*** ; macht ein im übrigen Gemeinschaftsgebiet (§ 13b Absatz 7 Satz 2) ansässiger Unternehmer von § 18 Absatz 4e Gebrauch, hat er zur Berechnung der Steuer Werte in fremder Währung nach den Kursen umzurechnen, die für den letzten Tag des Besteuerungszeitraums nach Absatz 1b Satz 1 von der Europäischen Zentralbank feststellt worden sind]. [5]Sind für *diesen Tag* [***ab 1. 1. 2015:*** die in Satz 4 genannten Tage] keine Umrechnungskurse festgestellt worden, hat der Unternehmer die Steuer nach den für den nächsten Tag nach Ablauf des Besteuerungszeitraums nach Absatz 1a Satz 1 [***ab 1. 1. 2015:*** oder Absatz 1b Satz 1] von der Europäischen Zentralbank festgestellten Umrechnungskursen umzurechnen.

(7) Für die Einfuhrumsatzsteuer gelten § 11 Abs. 5 und § 21 Abs. 2.

§ 17 Änderung der Bemessungsgrundlage. (1) [1]Hat sich die Bemessungsgrundlage für einen steuerpflichtigen Umsatz im Sinne des § 1 Abs. 1 Nr. 1 geändert, hat der Unternehmer, der diesen Umsatz ausgeführt hat, den dafür geschuldeten Steuerbetrag zu berichtigen. [2]Ebenfalls ist der Vorsteuerab-

---

[1)] § 16 Abs. 6 Satz 4 HS 2 angef., Satz 5 geänd. mWv 1. 1. 2015 durch G v. 25. 7. 2014 (BGBl. I S. 1266).

zug bei dem Unternehmer, an den dieser Umsatz ausgeführt wurde, zu berichtigen. [3]Dies gilt nicht, soweit er durch die Änderung der Bemessungsgrundlage wirtschaftlich nicht begünstigt wird. [4]Wird in diesen Fällen ein anderer Unternehmer durch die Änderung der Bemessungsgrundlage wirtschaftlich begünstigt, hat dieser Unternehmer seinen Vorsteuerabzug zu berichtigen. [5]Die Sätze 1 bis 4 gelten in den Fällen des § 1 Abs. 1 Nr. 5 und des § 13b sinngemäß. [6]Die Berichtigung des Vorsteuerabzugs kann unterbleiben, soweit ein dritter Unternehmer den auf die Minderung des Entgelts entfallenden Steuerbetrag an das Finanzamt entrichtet; in diesem Fall ist der dritte Unternehmer Schuldner der Steuer. [7]Die Berichtigungen nach den Sätzen 1 und 2 sind für den Besteuerungszeitraum vorzunehmen, in dem die Änderung der Bemessungsgrundlage eingetreten ist. [8]Die Berichtigung nach Satz 4 ist für den Besteuerungszeitraum vorzunehmen, in dem der andere Unternehmer wirtschaftlich begünstigt wird.

(2) Absatz 1 gilt sinngemäß, wenn

1. das vereinbarte Entgelt für eine steuerpflichtige Lieferung, sonstige Leistung oder einen steuerpflichtigen innergemeinschaftlichen Erwerb uneinbringlich geworden ist. [2]Wird das Entgelt nachträglich vereinnahmt, sind Steuerbetrag und Vorsteuerabzug erneut zu berichtigen;
2. für eine vereinbarte Lieferung oder sonstige Leistung ein Entgelt entrichtet, die Lieferung oder sonstige Leistung jedoch nicht ausgeführt worden ist;
3. eine steuerpflichtige Lieferung, sonstige Leistung oder ein steuerpflichtiger innergemeinschaftlicher Erwerb rückgängig gemacht worden ist;
4. der Erwerber den Nachweis im Sinne des § 3d Satz 2 führt;
5. Aufwendungen im Sinne des § 15 Abs. 1 a[1)] getätigt werden.

(3) [1]Ist Einfuhrumsatzsteuer, die als Vorsteuer abgezogen worden ist, herabgesetzt, erlassen oder erstattet worden, so hat der Unternehmer den Vorsteuerabzug entsprechend zu berichtigen. [2]Absatz 1 Satz 7 gilt sinngemäß.

(4) Werden die Entgelte für unterschiedlich besteuerte Lieferungen oder sonstige Leistungen eines bestimmten Zeitabschnitts gemeinsam geändert (z. B. Jahresboni, Jahresrückvergütungen), so hat der Unternehmer dem Leistungsempfänger einen Beleg zu erteilen, aus dem zu ersehen ist, wie sich die Änderung der Entgelte auf die unterschiedlich besteuerten Umsätze verteilt.

§ 18 Besteuerungsverfahren. (1)[2)] [1]Der Unternehmer hat bis zum 10. Tag nach Ablauf jedes Voranmeldungszeitraums eine Voranmeldung nach amtlich vorgeschriebenem Datensatz durch Datenfernübertragung nach Maßgabe der Steuerdaten-Übermittlungsverordnung zu übermitteln, in der er die Steuer für den Voranmeldungszeitraum (Vorauszahlung) selbst zu berechnen hat. [2]Auf Antrag kann das Finanzamt zur Vermeidung von unbilligen Härten auf eine elektronische Übermittlung verzichten; in diesem Fall hat der Unternehmer

---

1) § 17 Abs. 2 Nr. 5 Verweis geänd. durch G v. 19. 12. 2008 (BGBl. I S. 2794).

2) § 18 Abs. 1 neu gef. mWv 1. 1. 2009 durch G v. 20. 12. 2008 (BGBl. I S. 2850).

eine Voranmeldung nach amtlich vorgeschriebenem Vordruck abzugeben. [3]§ 16 Abs. 1 und 2 und § 17 sind entsprechend anzuwenden. [4]Die Vorauszahlung ist am 10. Tag nach Ablauf des Voranmeldungszeitraums fällig.

(2) [1]Voranmeldungszeitraum ist das Kalendervierteljahr. [2]Beträgt die Steuer für das vorangegangene Kalenderjahr mehr als 7500 Euro[1)], ist der Kalendermonat Voranmeldungszeitraum. [3]Beträgt die Steuer für das vorangegangene Kalenderjahr nicht mehr als 1000 Euro[1)], kann das Finanzamt den Unternehmer von der Verpflichtung zur Abgabe der Voranmeldungen und Entrichtung der Vorauszahlungen befreien. [4]Nimmt der Unternehmer seine berufliche oder gewerbliche Tätigkeit auf, ist im laufenden und folgenden Kalenderjahr Voranmeldungszeitraum der Kalendermonat. [*ab 1. 1. 2015:* [5]Satz 4 gilt entsprechend in folgenden Fällen:

1. bei im Handelsregister eingetragenen, noch nicht gewerblich oder beruflich tätig gewesenen juristischen Personen oder Personengesellschaften, die objektiv belegbar die Absicht haben, eine gewerbliche oder berufliche Tätigkeit selbständig auszuüben (Vorratsgesellschaften), und zwar ab dem Zeitpunkt des Beginns der tatsächlichen Ausübung dieser Tätigkeit, und
2. bei der Übernahme von juristischen Personen oder Personengesellschaften, die bereits gewerblich oder beruflich tätig gewesen sind und zum Zeitpunkt der Übernahme ruhen oder nur geringfügig gewerblich oder beruflich tätig sind (Firmenmantel), und zwar ab dem Zeitpunkt der Übernahme.][2)]

(2a) [1]Der Unternehmer kann an Stelle des Kalendervierteljahres den Kalendermonat als Voranmeldungszeitraum wählen, wenn sich für das vorangegangene Kalenderjahr ein Überschuss zu seinen Gunsten von mehr als 7500 Euro[1)] ergibt. [2]In diesem Fall hat der Unternehmer bis zum 10. Februar des laufenden Kalenderjahres eine Voranmeldung für den ersten Kalendermonat abzugeben. [3]Die Ausübung des Wahlrechts bindet den Unternehmer für dieses Kalenderjahr.

(3)[3)] [1]Der Unternehmer hat für das Kalenderjahr oder für den kürzeren Besteuerungszeitraum eine Steuererklärung nach amtlich vorgeschriebenem Datensatz durch Datenfernübertragung nach Maßgabe der Steuerdaten-Übermittlungsverordnung zu übermitteln, in der er die zu entrichtende Steuer oder den Überschuss, der sich zu seinen Gunsten ergibt, nach § 16 Absatz 1 bis 4 und § 17 selbst zu berechnen hat (Steueranmeldung). [2]In den Fällen des § 16 Absatz 3 und 4 ist die Steueranmeldung binnen einem Monat nach Ablauf des kürzeren Besteuerungszeitraums zu übermitteln. [3]Auf Antrag kann das Finanzamt zur Vermeidung von unbilligen Härten auf eine elektronische Übermittlung verzichten; in diesem Fall hat der Unternehmer eine Steueranmeldung nach amtlich vorgeschriebenem Vordruck abzugeben und eigenhändig zu unterschreiben.

[1)] § 18 Abs. 2 Sätze 2 und 3, Abs. 2a Satz 1 Beträge geänd. mWv 1. 1. 2009 durch G v. 20. 12. 2008 (BGBl. I S. 2850).

[2)] § 18 Abs. 2 Satz 5 angef. durch G v. 22. 12. 2014 (BGBl. I S. 2417); zur Anwendung siehe § 27 Abs. 21.

[3)] § 18 Abs. 3 neu gef. durch G v. 8. 12. 2010 (BGBl. I S. 1768); zur Anwendung siehe § 27 Abs. 17.

(4) [1]Berechnet der Unternehmer die zu entrichtende Steuer oder den Überschuss in der Steueranmeldung für das Kalenderjahr abweichend von der Summe der Vorauszahlungen, so ist der Unterschiedsbetrag zugunsten des Finanzamts einen Monat nach dem Eingang der Steueranmeldung fällig. [2]Setzt das Finanzamt die zu entrichtende Steuer oder den Überschuss abweichend von der Steueranmeldung für das Kalenderjahr fest, so ist der Unterschiedsbetrag zugunsten des Finanzamts einen Monat nach der Bekanntgabe des Steuerbescheids fällig. [3]Die Fälligkeit rückständiger Vorauszahlungen (Absatz 1) bleibt von den Sätzen 1 und 2 unberührt.

(4 a) [1]Voranmeldungen (Absätze 1 und 2) und eine Steuererklärung (Absätze 3 und 4) haben auch die Unternehmer und juristischen Personen abzugeben, die ausschließlich Steuer für Umsätze nach § 1 Abs. 1 Nr. 5, § 13 b Absatz 5[1)] oder § 25 b Abs. 2 zu entrichten haben, sowie Fahrzeuglieferer (§ 2 a). [2]Voranmeldungen sind nur für die Voranmeldungszeiträume abzugeben, in denen die Steuer für diese Umsätze zu erklären ist. [3]Die Anwendung des Absatzes 2 a ist ausgeschlossen.

(4 b) Für Personen, die keine Unternehmer sind und Steuerbeträge nach § 6 a Abs. 4 Satz 2 oder nach § 14 c Abs. 2 schulden, gilt Absatz 4 a entsprechend.

(4 c) [1]Ein nicht im Gemeinschaftsgebiet ansässiger Unternehmer, der als Steuerschuldner ausschließlich Umsätze nach § 3 a Abs. 5[2)] im Gemeinschaftsgebiet erbringt und in keinem anderen Mitgliedstaat für Zwecke der Umsatzsteuer erfasst ist, kann abweichend von den Absätzen 1 bis 4 für jeden Besteuerungszeitraum (§ 16 Abs. 1 a Satz 1) eine Steuererklärung auf amtlich vorgeschriebenem Vordruck bis zum 20. Tag nach Ablauf jedes Besteuerungszeitraums abgeben, in der er die Steuer selbst zu berechnen hat; die Steuererklärung ist dem Bundeszentralamt für Steuern[3)] elektronisch zu übermitteln. [2]Die Steuer ist am 20. Tag nach Ablauf des Besteuerungszeitraums fällig. [3]Die Ausübung des Wahlrechts hat der Unternehmer auf dem amtlich vorgeschriebenen, elektronisch zu übermittelnden Dokument dem Bundeszentralamt für Steuern[3)] anzuzeigen, bevor er Umsätze nach § 3 a Abs. 5 im Gemeinschaftsgebiet erbringt. [4]Das Wahlrecht kann nur mit Wirkung vom Beginn eines Besteuerungszeitraums an widerrufen werden. [5]Der Widerruf ist vor Beginn des Besteuerungszeitraums, für den er gelten soll, gegenüber dem Bundeszentralamt für Steuern[3)] auf elektronischem Weg zu erklären. [6]Kommt der Unternehmer seinen Verpflichtungen nach den Sätzen 1 bis 3 oder § 22 Abs. 1 wiederholt nicht oder nicht rechtzeitig nach, schließt ihn das Bundeszentralamt für Steuern[3)] von dem Besteuerungsverfahren nach Satz 1 aus. [7]Der Ausschluss gilt ab dem Besteuerungszeitraum, der nach dem Zeitpunkt der Bekanntgabe des Ausschlusses gegenüber dem Unternehmer beginnt.

(4 d)[4)] Die Absätze 1 bis 4 gelten nicht für [***ab 1. 1. 2015:*** nicht im Gemeinschaftsgebiet ansässige] Unternehmer, die im Inland im Besteuerungszeitraum

---

[1)] Verweis geänd. mWv 1. 7. 2010 durch G v. 8. 4. 2010 (BGBl. I S. 386).

[2)] § 18 Abs. 4 c Sätze 1 und 3 Verweis geänd. mWv 1. 1. 2010 durch G v. 19. 12. 2008 (BGBl. I S. 2794).

[3)] Bezeichnung geänd. durch G v. 22. 9. 2005 (BGBl. I S. 2809).

[4)] § 18 Abs. 4 d Verweis geänd. mWv 1. 1. 2010 durch G v. 19. 12. 2008 (BGBl. I S. 2794); geänd. mWv 1. 1. 2015 durch G v. 25. 7. 2014 (BGBl. I S. 1266).

(§ 16 Abs. 1 Satz 2) als Steuerschuldner ausschließlich *elektronische Dienstleistungen* [***ab 1. 1. 2015:*** Umsätze] nach § 3a Abs. 5 erbringen und diese Umsätze in einem anderen Mitgliedstaat erklären sowie die darauf entfallende Steuer entrichten.

[***ab 1. 1. 2015:***

(4e)[1] [1]Ein im übrigen Gemeinschaftsgebiet ansässiger Unternehmer (§ 13b Absatz 7 Satz 2), der als Steuerschuldner Umsätze nach § 3a Absatz 5 im Inland erbringt, kann abweichend von den Absätzen 1 bis 4 für jeden Besteuerungszeitraum (§ 16 Absatz 1b Satz 1) eine Steuererklärung nach amtlich vorgeschriebenem Datensatz durch Datenfernübertragung bis zum 20. Tag nach Ablauf jedes Besteuerungszeitraums übermitteln, in der er die Steuer für die

(Fortsetzung nächstes Blatt)

---

[1] § 18 Abs. 4e eingef. mWv 1. 1. 2015 durch G v. 25. 7. 2014 (BGBl. I S. 1266).

vorgenannten Umsätze selbst zu berechnen hat; dies gilt nur, wenn der Unternehmer im Inland, auf der Insel Helgoland und in einem der in § 1 Absatz 3 bezeichneten Gebiete weder seinen Sitz, seine Geschäftsleitung noch eine Betriebsstätte hat. [2]Die Steuererklärung ist der zuständigen Steuerbehörde des Mitgliedstaates der Europäischen Union zu übermitteln, in dem der Unternehmer ansässig ist; diese Steuererklärung ist ab dem Zeitpunkt eine Steueranmeldung im Sinne des § 150 Absatz 1 Satz 3 und des § 168 der Abgabenordnung, zu dem die in ihr enthaltenen Daten von der zuständigen Steuerbehörde des Mitgliedstaates der Europäischen Union, an die der Unternehmer die Steuererklärung übermittelt hat, dem Bundeszentralamt für Steuern übermittelt und dort in bearbeitbarer Weise aufgezeichnet wurden. [3]Satz 2 gilt für die Berichtigung einer Steuererklärung entsprechend. [4]Die Steuer ist am 20. Tag nach Ablauf des Besteuerungszeitraums fällig. [5]Die Ausübung des Wahlrechts nach Satz 1 hat der Unternehmer in dem amtlich vorgeschriebenen, elektronisch zu übermittelnden Dokument der Steuerbehörde des Mitgliedstaates der Europäischen Union, in dem der Unternehmer ansässig ist, vor Beginn des Besteuerungszeitraums anzuzeigen, ab dessen Beginn er von dem Wahlrecht Gebrauch macht. [6]Das Wahlrecht kann nur mit Wirkung vom Beginn eines Besteuerungszeitraums an widerrufen werden. [7]Der Widerruf ist vor Beginn des Besteuerungszeitraums, für den er gelten soll, gegenüber der Steuerbehörde des Mitgliedstaates der Europäischen Union, in dem der Unternehmer ansässig ist, auf elektronischem Weg zu erklären. [8]Kommt der Unternehmer seinen Verpflichtungen nach den Sätzen 1 bis 5 oder § 22 Absatz 1 wiederholt nicht oder nicht rechtzeitig nach, schließt ihn die zuständige Steuerbehörde des Mitgliedstaates der Europäischen Union, in dem der Unternehmer ansässig ist, von dem Besteuerungsverfahren nach Satz 1 aus. [9]Der Ausschluss gilt ab dem Besteuerungszeitraum, der nach dem Zeitpunkt der Bekanntgabe des Ausschlusses gegenüber dem Unternehmer beginnt. [10]Die Steuererklärung nach Satz 1 gilt als fristgemäß übermittelt, wenn sie bis zum 20. Tag nach Ablauf des Besteuerungszeitraums (§ 16 Absatz 1b Satz 1) der zuständigen Steuerbehörde des Mitgliedstaates der Europäischen Union übermittelt worden ist, in dem der Unternehmer ansässig ist, und dort in bearbeitbarer Weise aufgezeichnet wurde. [11]Die Entrichtung der Steuer erfolgt entsprechend Satz 4 fristgemäß, wenn die Zahlung bis zum 20. Tag nach Ablauf des Besteuerungszeitraums (§ 16 Absatz 1b Satz 1) bei der zuständigen Steuerbehörde des Mitgliedstaates der Europäischen Union, in dem der Unternehmer ansässig ist, eingegangen ist. [12]§ 240 der Abgabenordnung ist mit der Maßgabe anzuwenden, dass eine Säumnis frühestens mit Ablauf des 10. Tages nach Ablauf des auf den Besteuerungszeitraum (§ 16 Absatz 1b Satz 1) folgenden übernächsten Monats eintritt.]

(5) In den Fällen der Beförderungseinzelbesteuerung (§ 16 Abs. 5) ist abweichend von den Absätzen 1 bis 4 wie folgt zu verfahren:

1. Der Beförderer hat für jede einzelne Fahrt eine Steuererklärung nach amtlich vorgeschriebenem Vordruck in zwei Stücken bei der zuständigen Zolldienststelle abzugeben.
2. [1]Die zuständige Zolldienststelle setzt für das zuständige Finanzamt die Steuer auf beiden Stücken der Steuererklärung fest und gibt ein Stück dem Be-

förderer zurück, der die Steuer gleichzeitig zu entrichten hat. [2]Der Beförderer hat dieses Stück mit der Steuerquittung während der Fahrt mit sich zu führen.

3. [1]Der Beförderer hat bei der zuständigen Zolldienststelle, bei der er die Grenze zum Drittlandsgebiet überschreitet, eine weitere Steuererklärung in zwei Stücken abzugeben, wenn sich die Zahl der Personenkilometer (§ 10 Abs. 6 Satz 2), von der bei der Steuerfestsetzung nach Nummer 2 ausgegangen worden ist, geändert hat. [2]Die Zolldienststelle setzt die Steuer neu fest. [3]Gleichzeitig ist ein Unterschiedsbetrag zugunsten des Finanzamts zu entrichten oder ein Unterschiedsbetrag zugunsten des Beförderers zu erstatten. [4]Die Sätze 2 und 3 sind nicht anzuwenden, wenn der Unterschiedsbetrag weniger als 2,50 Euro beträgt. [5]Die Zolldienststelle kann in diesen Fällen auf eine schriftliche Steuererklärung verzichten.

(5a) [1]In den Fällen der Fahrzeugeinzelbesteuerung (§ 16 Abs. 5a) hat der Erwerber, abweichend von den Absätzen 1 bis 4, spätestens bis zum 10. Tag nach Ablauf des Tages, an dem die Steuer entstanden ist, eine Steuererklärung nach amtlich vorgeschriebenem Vordruck abzugeben, in der er die zu entrichtende Steuer selbst zu berechnen hat (Steueranmeldung). [2]Die Steueranmeldung muss vom Erwerber eigenhändig unterschrieben sein. [3]Gibt der Erwerber die Steueranmeldung nicht ab oder hat er die Steuer nicht richtig berechnet, so kann das Finanzamt die Steuer festsetzen. [4]Die Steuer ist am 10. Tag nach Ablauf des Tages fällig, an dem sie entstanden ist.

(5b) [1]In den Fällen des § 16 Abs. 5b ist das Besteuerungsverfahren nach den Absätzen 3 und 4 durchzuführen. [2]Die bei der Beförderungseinzelbesteuerung (§ 16 Abs. 5) entrichtete Steuer ist auf die nach Absatz 3 Satz 1 zu entrichtende Steuer anzurechnen.

(6) [1]Zur Vermeidung von Härten kann das Bundesministerium der Finanzen mit Zustimmung des Bundesrates durch Rechtsverordnung die Fristen für die Voranmeldungen und Vorauszahlungen um einen Monat verlängern und das Verfahren näher bestimmen. [2]Dabei kann angeordnet werden, dass der Unternehmer eine Sondervorauszahlung auf die Steuer für das Kalenderjahr zu entrichten hat.

(7) [1]Zur Vereinfachung des Besteuerungsverfahrens kann das Bundesministerium der Finanzen mit Zustimmung des Bundesrates durch Rechtsverordnung bestimmen, dass und unter welchen Voraussetzungen auf die Erhebung der Steuer für Lieferungen von Gold, Silber und Platin sowie sonstige Leistungen im Geschäft mit diesen Edelmetallen zwischen Unternehmern, die an einer Wertpapierbörse im Inland mit dem Recht zur Teilnahme am Handel zugelassen sind, verzichtet werden kann. [2]Das gilt nicht für Münzen und Medaillen aus diesen Edelmetallen.

(8) (weggefallen)

(9)[1)] [1]Zur Vereinfachung des Besteuerungsverfahrens kann das Bundesministerium der Finanzen mit Zustimmung des Bundesrates durch Rechtsver-

---

[1)] § 18 Abs. 9 neu gef. durch G v. 19. 12. 2008 (BGBl. I S. 2794); zur erstmaligen Anwendung siehe § 27 Abs. 14.

ordnung die Vergütung der Vorsteuerbeträge (§ 15) an im Ausland ansässige Unternehmer, abweichend von § 16 und von den Absätzen 1 bis 4, in einem besonderen Verfahren regeln. [2] Dabei kann auch angeordnet werden,

1. dass die Vergütung nur erfolgt, wenn sie eine bestimmte Mindesthöhe erreicht,
2. innerhalb welcher Frist der Vergütungsantrag zu stellen ist,
3. in welchen Fällen der Unternehmer den Antrag eigenhändig zu unterschreiben hat,
4. wie und in welchem Umfang Vorsteuerbeträge durch Vorlage von Rechnungen und Einfuhrbelegen nachzuweisen sind,
5. dass der Bescheid über die Vergütung der Vorsteuerbeträge elektronisch erteilt wird,
6. wie und in welchem Umfang der zu vergütende Betrag zu verzinsen ist.

[3] Einem Unternehmer, der im Gemeinschaftsgebiet ansässig ist und Umsätze ausführt, die zum Teil den Vorsteuerabzug ausschließen, wird die Vorsteuer höchstens in der Höhe vergütet, in der er in dem Mitgliedstaat, in dem er ansässig ist, bei Anwendung eines Pro-rata-Satzes zum Vorsteuerabzug berechtigt wäre. [4] Einem Unternehmer, der nicht im Gemeinschaftsgebiet ansässig ist, wird die Vorsteuer nur vergütet, wenn in dem Land, in dem der Unternehmer seinen Sitz hat, keine Umsatzsteuer oder ähnliche Steuer erhoben oder im Fall der Erhebung im Inland ansässigen Unternehmern vergütet wird. [5] Von der Vergütung ausgeschlossen sind bei Unternehmern, die nicht im Gemeinschaftsgebiet ansässig sind, die Vorsteuerbeträge, die auf den Bezug von Kraftstoffen entfallen. [6] Die Sätze 4 und 5 gelten nicht für Unternehmer, die nicht im Gemeinschaftsgebiet ansässig sind, soweit sie im Besteuerungszeitraum (§ 16 Abs. 1 Satz 2) als Steuerschuldner ausschließlich elektronische Leistungen nach § 3a Abs. 5 im Gemeinschaftsgebiet erbracht und für diese Umsätze von § 18 Abs. 4c Gebrauch gemacht haben oder diese Umsätze in einem anderen Mitgliedstaat erklärt sowie die darauf entfallende Steuer entrichtet haben; Voraussetzung ist, dass die Vorsteuerbeträge im Zusammenhang mit elektronischen Leistungen nach § 3a Abs. 5 stehen.

(10) Zur Sicherung des Steueranspruchs in Fällen des innergemeinschaftlichen Erwerbs neuer motorbetriebener Landfahrzeuge und neuer Luftfahrzeuge (§ 1b Abs. 2 und 3) gilt Folgendes:

1. Die für die Zulassung oder die Registrierung von Fahrzeugen zuständigen Behörden sind verpflichtet, den für die Besteuerung des innergemeinschaftlichen Erwerbs neuer Fahrzeuge zuständigen Finanzbehörden ohne Ersuchen Folgendes mitzuteilen:
   a)[1] bei neuen motorbetriebenen Landfahrzeugen die erstmalige Ausgabe von Zulassungsbescheinigungen Teil II oder die erstmalige Zuteilung eines amtlichen Kennzeichens bei zulassungsfreien Fahrzeugen. [2] Gleichzeitig sind die in Nummer 2 Buchstabe a bezeichneten Daten und das zugeteilte amtliche Kennzeichen oder, wenn dieses noch nicht zugeteilt

---

[1] § 18 Abs. 10 Nr. 1 Buchst. a neu gef. mWv 14. 12. 2010 durch G v. 8. 12. 2010 (BGBl. I S. 1768).

worden ist, die Nummer der Zulassungsbescheinigung Teil II zu übermitteln,

b) bei neuen Luftfahrzeugen die erstmalige Registrierung dieser Luftfahrzeuge. [2]Gleichzeitig sind die in Nummer 3 Buchstabe a bezeichneten Daten und das zugeteilte amtliche Kennzeichen zu übermitteln. [3]Als Registrierung im Sinne dieser Vorschrift gilt nicht die Eintragung eines Luftfahrzeugs in das Register für Pfandrechte an Luftfahrzeugen.

2.[1)] In den Fällen des innergemeinschaftlichen Erwerbs neuer motorbetriebener Landfahrzeuge (§ 1b Absatz 2 Satz 1 Nummer 1 und Absatz 3 Nummer 1) gilt Folgendes:

a) [1]Bei der erstmaligen Ausgabe einer Zulassungsbescheinigung Teil II im Inland oder bei der erstmaligen Zuteilung eines amtlichen Kennzeichens für zulassungsfreie Fahrzeuge im Inland hat der Antragsteller die folgenden Angaben zur Übermittlung an die Finanzbehörden zu machen:
aa) den Namen und die Anschrift des Antragstellers sowie das für ihn zuständige Finanzamt (§ 21 der Abgabenordnung)[2)],
bb) den Namen und die Anschrift des Lieferers,
cc) den Tag der Lieferung,
dd) den Tag der ersten Inbetriebnahme,
ee) den Kilometerstand am Tag der Lieferung,
ff) die Fahrzeugart, den Fahrzeughersteller, den Fahrzeugtyp und die Fahrzeug-Identifizierungsnummer,
gg) den Verwendungszweck.

[2]Der Antragsteller ist zu den Angaben nach den Doppelbuchstaben[3)] aa und bb auch dann verpflichtet, wenn er nicht zu den in § 1a Absatz 1 Nummer 2 und § 1b Absatz 1 genannten Personen gehört oder wenn Zweifel daran bestehen, dass die Eigenschaften als neues Fahrzeug im Sinne des § 1b Absatz 3 Nummer 1 vorliegen. [3]Die Zulassungsbehörde darf die Zulassungsbescheinigung Teil II oder bei zulassungsfreien Fahrzeugen, die nach § 4 Absatz 2 und 3 der Fahrzeug-Zulassungsverordnung ein amtliches Kennzeichen führen, die Zulassungsbescheinigung Teil I erst aushändigen, wenn der Antragsteller die vorstehenden Angaben gemacht hat.

b)[4)] [1]Ist die Steuer für den innergemeinschaftlichen Erwerb nicht entrichtet worden, hat die Zulassungsbehörde auf Antrag des Finanzamts die Zulassungsbescheinigung Teil I für ungültig zu erklären und das amtliche Kennzeichen zu entstempeln. [2]Die Zulassungsbehörde trifft die hierzu erforderlichen Anordnungen durch schriftlichen Verwaltungsakt (Abmel-

---

[1)] § 18 Abs. 10 Nr. 2 Satzteil vor Buchst. a sowie Buchst. a selbst geänd. mWv 14. 12. 2010 durch G v. 8. 12. 2010 (BGBl. I S. 1768).

[2)] Nr. **800**.

[3)] Verweis geänd. mWv 25. 12. 2008 durch G v. 19. 12. 2008 (BGBl. I S. 2794); geänd. mWv 14. 12. 2010 durch G v. 8. 12. 2010 (BGBl. I S. 1768).

[4)] § 18 Abs. 10 Nr. 2 Buchst. b neu gef. mWv 14. 12. 2010 durch G v. 8. 12. 2010 (BGBl. I S. 1768).

dungsbescheid). [3]Das Finanzamt kann die Abmeldung von Amts wegen auch selbst durchführen, wenn die Zulassungsbehörde das Verfahren noch nicht eingeleitet hat. [4]Satz 2 gilt entsprechend. [5]Das Finanzamt teilt die durchgeführte Abmeldung unverzüglich der Zulassungsbehörde mit und händigt dem Fahrzeughalter die vorgeschriebene Bescheinigung über die Abmeldung aus. [6]Die Durchführung der Abmeldung von Amts wegen richtet sich nach dem Verwaltungsverfahrensgesetz. [7]Für Streitigkeiten über Abmeldungen von Amts wegen ist der Verwaltungsrechtsweg gegeben.

3. In den Fällen des innergemeinschaftlichen Erwerbs neuer Luftfahrzeuge (§ 1b Abs. 2 Satz 1 Nr. 3 und Abs. 3 Nr. 3) gilt Folgendes:

a) [1]Bei der erstmaligen Registrierung in der Luftfahrzeugrolle hat der Antragsteller die folgenden Angaben zur Übermittlung an die Finanzbehörden zu machen:

aa) den Namen und die Anschrift des Antragstellers sowie das für ihn zuständige Finanzamt (§ 21 der Abgabenordnung),
bb) den Namen und die Anschrift des Lieferers,
cc) den Tag der Lieferung,
dd) das Entgelt (Kaufpreis),
ee) den Tag der ersten Inbetriebnahme,
ff) die Starthöchstmasse,
gg) die Zahl der bisherigen Betriebsstunden am Tag der Lieferung,
hh) den Flugzeughersteller und den Flugzeugtyp,
ii) den Verwendungszweck.

[2]Der Antragsteller ist zu den Angaben nach Satz 1 Doppelbuchstabe aa und bb[1)] auch dann verpflichtet, wenn er nicht zu den in § 1a Abs. 1 Nr. 2 und § 1b Abs. 1 genannten Personen gehört oder wenn Zweifel daran bestehen, ob die Eigenschaften als neues Fahrzeug im Sinne des § 1b Abs. 3 Nr. 3 vorliegen. [3]Das Luftfahrt-Bundesamt darf die Eintragung in der Luftfahrzeugrolle erst vornehmen, wenn der Antragsteller die vorstehenden Angaben gemacht hat.

b) [1]Ist die Steuer für den innergemeinschaftlichen Erwerb nicht entrichtet worden, so hat das Luftfahrt-Bundesamt auf Antrag des Finanzamts die Betriebserlaubnis zu widerrufen. [2]Es trifft die hierzu erforderlichen Anordnungen durch schriftlichen Verwaltungsakt (Abmeldungsbescheid). [3]Die Durchführung der Abmeldung von Amts wegen richtet sich nach dem Verwaltungsverfahrensgesetz. [4]Für Streitigkeiten über Abmeldungen von Amts wegen ist der Verwaltungsrechtsweg gegeben.

(11) [1]Die für die Steueraufsicht zuständigen Zolldienststellen wirken an der umsatzsteuerlichen Erfassung von Personenbeförderungen mit nicht im Inland zugelassenen Kraftomnibussen mit. [2]Sie sind berechtigt, im Rahmen von zeitlich und örtlich begrenzten Kontrollen die nach ihrer äußeren Erscheinung nicht im Inland zugelassenen Kraftomnibusse anzuhalten und die tatsächlichen und rechtlichen Verhältnisse festzustellen, die für die Umsatzsteuer maßgebend

---

1) § 18 Abs. 10 Nr. 3 Buchst. a Satz 2 geänd. mWv 25. 12. 2008 durch G v. 19. 12. 2008 (BGBl. I S. 2794).

sind, und die festgestellten Daten den zuständigen Finanzbehörden zu übermitteln.

(12) 1 Im Ausland ansässige Unternehmer (§ 13b Absatz 7[1)]), die grenzüberschreitende Personenbeförderungen mit nicht im Inland zugelassenen Kraftomnibussen durchführen, haben dies vor der erstmaligen Ausführung derartiger auf das Inland entfallender Umsätze (§ 3b Abs. 1 Satz 2) bei dem für die Umsatzbesteuerung zuständigen Finanzamt anzuzeigen, soweit diese Umsätze nicht der Beförderungseinzelbesteuerung (§ 16 Abs. 5) unterliegen *oder der Leistungsempfänger die Steuer für derartige Umsätze nicht nach § 13b Absatz 5[1)] Satz 1 oder Satz 3 schuldet*[2)]. 2 Das Finanzamt erteilt hierüber eine Bescheinigung. 3 Die Bescheinigung ist während jeder Fahrt mitzuführen und auf Verlangen den für die Steueraufsicht zuständigen Zolldienststellen vorzulegen. 4 Bei Nichtvorlage der Bescheinigung können diese Zolldienststellen eine Sicherheitsleistung nach den abgabenrechtlichen Vorschriften in Höhe der für die einzelne Beförderungsleistung voraussichtlich zu entrichtenden Steuer verlangen. 5 Die entrichtete Sicherheitsleistung ist auf die nach Absatz 3 Satz 1 zu entrichtende Steuer anzurechnen.

§ 18 a Zusammenfassende Meldung. (1)[3)] 1 Der Unternehmer im Sinne des § 2 hat bis zum 25. Tag nach Ablauf jedes Kalendermonats (Meldezeitraum), in dem er innergemeinschaftliche Warenlieferungen oder Lieferungen im Sinne des § 25b Absatz 2 ausgeführt hat, dem Bundeszentralamt für Steuern eine Meldung (Zusammenfassende Meldung) nach amtlich vorgeschriebenem Datensatz durch Datenfernübertragung nach Maßgabe der Steuerdaten-Übermittlungsverordnung zu übermitteln, in der er die Angaben nach Absatz 7 Satz 1 Nummer 1, 2 und 4 zu machen hat. 2 Soweit die Summe der Bemessungsgrundlagen für innergemeinschaftliche Warenlieferungen und für Lieferungen im Sinne des § 25b Absatz 2 weder für das laufende Kalendervierteljahr noch für eines der vier vorangegangenen Kalendervierteljahre jeweils mehr als 50 000 Euro beträgt, kann die Zusammenfassende Meldung bis zum 25. Tag nach Ablauf des Kalendervierteljahres übermittelt werden. 3 Übersteigt die Summe der Bemessungsgrundlage für innergemeinschaftliche Warenlieferungen und für Lieferungen im Sinne des § 25b Absatz 2 im Laufe eines Kalendervierteljahres 50 000 Euro, hat der Unternehmer bis zum 25. Tag nach Ablauf des Kalendermonats, in dem dieser Betrag überschritten wird, eine Zusammenfassende Meldung für diesen Kalendermonat und die bereits abgelaufenen Kalendermonate dieses Kalendervierteljahres zu übermitteln. 4 Nimmt der Unternehmer die in Satz 2 enthaltene Regelung nicht in Anspruch, hat er dies gegenüber dem Bundeszentralamt für Steuern anzuzeigen. 5 Vom 1. Juli 2010 bis zum 31. Dezember 2011 gelten die Sätze 2 und 3 mit der Maßgabe, dass an die Stelle des Betrages von 50 000 Euro der Betrag von 100 000 Euro tritt.

(2) 1 Der Unternehmer im Sinne des § 2 hat bis zum 25. Tag nach Ablauf jedes Kalendervierteljahres (Meldezeitraum), in dem er im übrigen Gemein-

---

1) Verweis geänd. mWv 1.7. 2010 durch G v. 8. 4. 2010 (BGBl. I S. 386).

2) Kursiver Satzteil aufgeh. mWv 31. 7. 2014 durch G v. 25. 7. 2014 (BGBl. I S. 1266).

3) § 18 a neu gef. mWv 1. 7. 2010 durch G v. 8. 4. 2010 (BGBl. I S. 386).

schaftsgebiet steuerpflichtige sonstige Leistungen im Sinne des § 3a Absatz 2, für die der in einem anderen Mitgliedstaat ansässige Leistungsempfänger die Steuer dort schuldet, ausgeführt hat, dem Bundeszentralamt für Steuern eine Zusammenfassende Meldung nach amtlich vorgeschriebenem Datensatz durch Datenfernübertragung nach Maßgabe der Steuerdaten-Übermittlungsverordnung zu übermitteln, in der er die Angaben nach Absatz 7 Satz 1 Nummer 3 zu machen hat. [2]Soweit der Unternehmer bereits nach Absatz 1 zur monatlichen Übermittlung einer Zusammenfassenden Meldung verpflichtet ist, hat er die Angaben im Sinne von Satz 1 in der Zusammenfassenden Meldung für den letzten Monat des Kalendervierteljahres zu machen.

(3) [1]Soweit der Unternehmer im Sinne des § 2 die Zusammenfassende Meldung entsprechend Absatz 1 bis zum 25. Tag nach Ablauf jedes Kalendermonats übermittelt, kann er die nach Absatz 2 vorgesehenen Angaben in die Meldung für den jeweiligen Meldezeitraum aufnehmen. [2]Nimmt der Unternehmer die in Satz 1 enthaltene Regelung in Anspruch, hat er dies gegenüber dem Bundeszentralamt für Steuern anzuzeigen.

(4) Die Absätze 1 bis 3 gelten nicht für Unternehmer, die § 19 Absatz 1 anwenden.

(5) [1]Auf Antrag kann das Finanzamt zur Vermeidung unbilliger Härten auf eine elektronische Übermittlung verzichten; in diesem Fall hat der Unternehmer eine Meldung nach amtlich vorgeschriebenem Vordruck abzugeben. [2]§ 150 Absatz 8 der Abgabenordnung gilt entsprechend. [3]Soweit das Finanzamt nach § 18 Absatz 1 Satz 2 auf eine elektronische Übermittlung der Voranmeldung verzichtet hat, gilt dies auch für die Zusammenfassende Meldung. [4]Für die Anwendung dieser Vorschrift gelten auch nichtselbständige juristische Personen im Sinne des § 2 Absatz 2 Nummer 2 als Unternehmer. [5]Die Landesfinanzbehörden übermitteln dem Bundeszentralamt für Steuern die erforderlichen Angaben zur Bestimmung der Unternehmer, die nach den Absätzen 1 und 2 zur Abgabe der Zusammenfassenden Meldung verpflichtet sind. [6]Diese Angaben dürfen nur zur Sicherstellung der Abgabe der Zusammenfassenden Meldung verwendet werden. [7]Das Bundeszentralamt für Steuern übermittelt den Landesfinanzbehörden die Angaben aus den Zusammenfassenden Meldungen, soweit diese für steuerliche Kontrollen benötigt werden.

(6) Eine innergemeinschaftliche Warenlieferung im Sinne dieser Vorschrift ist

1. eine innergemeinschaftliche Lieferung im Sinne des § 6a Absatz 1 mit Ausnahme der Lieferungen neuer Fahrzeuge an Abnehmer ohne Umsatzsteuer-Identifikationsnummer;
2. eine innergemeinschaftliche Lieferung im Sinne des § 6a Absatz 2.

(7) [1]Die Zusammenfassende Meldung muss folgende Angaben enthalten:

1. für innergemeinschaftliche Warenlieferungen im Sinne des Absatzes 6 Nummer 1:
   a) die Umsatzsteuer-Identifikationsnummer jedes Erwerbers, die ihm in einem anderen Mitgliedstaat erteilt worden ist und unter der die inner-

gemeinschaftlichen Warenlieferungen an ihn ausgeführt worden sind, und

b) für jeden Erwerber die Summe der Bemessungsgrundlagen der an ihn ausgeführten innergemeinschaftlichen Warenlieferungen;

2. für innergemeinschaftliche Warenlieferungen im Sinne des Absatzes 6 Nummer 2:

a) die Umsatzsteuer-Identifikationsnummer des Unternehmers in den Mitgliedstaaten, in die er Gegenstände verbracht hat, und

b) die darauf entfallende Summe der Bemessungsgrundlagen;

3. für im übrigen Gemeinschaftsgebiet ausgeführte steuerpflichtige sonstige Leistungen im Sinne des § 3a Absatz 2, für die der in einem anderen Mitgliedstaat ansässige Leistungsempfänger die Steuer dort schuldet:

a) die Umsatzsteuer-Identifikationsnummer jedes Leistungsempfängers, die ihm in einem anderen Mitgliedstaat erteilt worden ist und unter der die steuerpflichtigen sonstigen Leistungen an ihn erbracht wurden,

b) für jeden Leistungsempfänger die Summe der Bemessungsgrundlagen der an ihn erbrachten steuerpflichtigen sonstigen Leistungen und

c) einen Hinweis auf das Vorliegen einer im übrigen Gemeinschaftsgebiet ausgeführten steuerpflichtigen sonstigen Leistung im Sinne des § 3a Absatz 2, für die der in einem anderen Mitgliedstaat ansässige Leistungsempfänger die Steuer dort schuldet;

4. für Lieferungen im Sinne des § 25b Absatz 2:

a) die Umsatzsteuer-Identifikationsnummer eines jeden letzten Abnehmers, die diesem in dem Mitgliedstaat erteilt worden ist, in dem die Versendung oder Beförderung beendet worden ist,

b) für jeden letzten Abnehmer die Summe der Bemessungsgrundlagen der an ihn ausgeführten Lieferungen und

c) einen Hinweis auf das Vorliegen eines innergemeinschaftlichen Dreiecksgeschäfts.

[2] § 16 Absatz 6 und § 17 sind sinngemäß anzuwenden.

(8) [1] Die Angaben nach Absatz 7 Satz 1 Nummer 1 und 2 sind für den Meldezeitraum zu machen, in dem die Rechnung für die innergemeinschaftliche Warenlieferung ausgestellt wird, spätestens jedoch für den Meldezeitraum, in dem der auf die Ausführung der innergemeinschaftlichen Warenlieferung folgende Monat endet. [2] Die Angaben nach Absatz 7 Satz 1 Nummer 3 und 4 sind für den Meldezeitraum zu machen, in dem die im übrigen Gemeinschaftsgebiet steuerpflichtige sonstige Leistung im Sinne des § 3a Absatz 2, für die der in einem anderen Mitgliedstaat ansässige Leistungsempfänger die Steuer dort schuldet, und die Lieferungen nach § 25b Absatz 2 ausgeführt worden sind.

(9) [1] Hat das Finanzamt den Unternehmer von der Verpflichtung zur Abgabe der Voranmeldungen und Entrichtung der Vorauszahlungen befreit (§ 18 Absatz 2 Satz 3), kann er die Zusammenfassende Meldung abweichend von den Absätzen 1 und 2 bis zum 25. Tag nach Ablauf jedes Kalenderjahres abge-

ben, in dem er innergemeinschaftliche Warenlieferungen ausgeführt hat oder im übrigen Gemeinschaftsgebiet steuerpflichtige sonstige Leistungen im Sinne des § 3a Absatz 2 ausgeführt hat, für die der in einem anderen Mitgliedstaat ansässige Leistungsempfänger die Steuer dort schuldet, wenn

1. die Summe seiner Lieferungen und sonstigen Leistungen im vorangegangenen Kalenderjahr 200 000 Euro nicht überstiegen hat und im laufenden Kalenderjahr voraussichtlich nicht übersteigen wird,
2. die Summe seiner innergemeinschaftlichen Warenlieferungen oder im übrigen Gemeinschaftsgebiet ausgeführten steuerpflichtigen Leistungen im Sinne des § 3a Absatz 2, für die der in einem anderen Mitgliedstaat ansässige Leistungsempfänger die Steuer dort schuldet, im vorangegangenen Kalenderjahr 15 000 Euro nicht überstiegen hat und im laufenden Kalenderjahr voraussichtlich nicht übersteigen wird und
3. es sich bei den in Nummer 2 bezeichneten Warenlieferungen nicht um Lieferungen neuer Fahrzeuge an Abnehmer mit Umsatzsteuer-Identifikationsnummer handelt.

[2] Absatz 8 gilt entsprechend.

(10) Erkennt der Unternehmer nachträglich, dass eine von ihm abgegebene Zusammenfassende Meldung unrichtig oder unvollständig ist, so ist er verpflichtet, die ursprüngliche Zusammenfassende Meldung innerhalb eines Monats zu berichtigen.

(11) [1] Auf die Zusammenfassende Meldung sind ergänzend die für Steuererklärungen geltenden Vorschriften der Abgabenordnung anzuwenden. [2] § 152 Absatz 2 der Abgabenordnung[1)] ist mit der Maßgabe anzuwenden, dass der Verspätungszuschlag 1 Prozent der Summe aller nach Absatz 7 Satz 1 Nummer 1 Buchstabe b, Nummer 2 Buchstabe b und Nummer 3 Buchstabe b zu meldenden Bemessungsgrundlagen für innergemeinschaftliche Warenlieferungen im Sinne des Absatzes 6 und im übrigen Gemeinschaftsgebiet ausgeführte steuerpflichtige sonstige Leistungen im Sinne des § 3a Absatz 2, für die der in einem anderen Mitgliedstaat ansässige Leistungsempfänger die Steuer dort schuldet, nicht übersteigen und höchstens 2500 Euro betragen darf.

(12) [1] Zur Erleichterung und Vereinfachung der Abgabe und Verarbeitung der Zusammenfassenden Meldung kann das Bundesministerium der Finanzen durch Rechtsverordnung[2)] mit Zustimmung des Bundesrates bestimmen, dass die Zusammenfassende Meldung auf maschinell verwertbaren Datenträgern oder durch Datenfernübertragung übermittelt werden kann. [2] Dabei können insbesondere geregelt werden:

1. die Voraussetzungen für die Anwendung des Verfahrens;
2. das Nähere über Form, Inhalt, Verarbeitung und Sicherung der zu übermittelnden Daten;
3. die Art und Weise der Übermittlung der Daten;

---

1) Nr. **800**.
2) Nr. **800 d**.

4. die Zuständigkeit für die Entgegennahme der zu übermittelnden Daten;
5. die Mitwirkungspflichten Dritter bei der Erhebung, Verarbeitung und Übermittlung der Daten;
6. der Umfang und die Form der für dieses Verfahren erforderlichen besonderen Erklärungspflichten des Unternehmers.

[3]Zur Regelung der Datenübermittlung kann in der Rechtsverordnung auf Veröffentlichungen sachverständiger Stellen verwiesen werden; hierbei sind das Datum der Veröffentlichung, die Bezugsquelle und eine Stelle zu bezeichnen, bei der die Veröffentlichung archivmäßig gesichert niedergelegt ist.

§ 18b[1)] Gesonderte Erklärung innergemeinschaftlicher Lieferungen und bestimmter sonstiger Leistungen im Besteuerungsverfahren. [1]Der Unternehmer im Sinne des § 2 hat für jeden Voranmeldungs- und Besteuerungszeitraum in den amtlich vorgeschriebenen Vordrucken (§ 18 Abs. 1 bis 4) die Bemessungsgrundlagen folgender Umsätze gesondert zu erklären:
1. seiner innergemeinschaftlichen Lieferungen,
2. seiner im übrigen Gemeinschaftsgebiet ausgeführten steuerpflichtigen sonstigen Leistungen im Sinne des § 3a Absatz 2,[2)] für die der in einem anderen Mitgliedstaat ansässige Leistungsempfänger die Steuer dort schuldet, und
3. seiner Lieferungen im Sinne des § 25b Abs. 2.

[2]Die Angaben für einen in Satz 1 Nummer 1 genannten Umsatz sind in dem Voranmeldungszeitraum zu machen, in dem die Rechnung für diesen[3)] Umsatz ausgestellt wird, spätestens jedoch in dem Voranmeldungszeitraum, in dem der auf die Ausführung dieses Umsatzes folgende Monat endet. [3]Die Angaben für Umsätze im Sinne des Satzes 1 Nummer 2 und 3[3)] sind in dem Voranmeldungszeitraum zu machen, in dem diese Umsätze[3)] ausgeführt worden sind. [4]§ 16 Abs. 6 und § 17 sind sinngemäß anzuwenden. [5]Erkennt der Unternehmer nachträglich vor Ablauf der Festsetzungsfrist, dass in einer von ihm abgegebenen Voranmeldung (§ 18 Abs. 1) die Angaben zu Umsätzen im Sinne des Satzes 1 unrichtig oder unvollständig sind, ist er verpflichtet, die ursprüngliche Voranmeldung unverzüglich zu berichtigen. [6]Die Sätze 2 bis 5 gelten für die Steuererklärung (§ 18 Abs. 3 und 4) entsprechend.

§ 18c Meldepflicht bei der Lieferung neuer Fahrzeuge. [1]Zur Sicherung des Steueraufkommens durch einen Austausch von Auskünften mit anderen Mitgliedstaaten kann das Bundesministerium der Finanzen mit Zustimmung des Bundesrates durch Rechtsverordnung[4)] bestimmen, dass Unternehmer (§ 2) und Fahrzeuglieferer (§ 2a) der Finanzbehörde ihre innergemeinschaftlichen Lieferungen neuer Fahrzeuge an Abnehmer ohne Umsatzsteuer-Identifikationsnummer melden müssen. [2]Dabei können insbesondere geregelt werden:

[1)] § 18b neu gef. mWv 1. 1. 2010 durch G v. 19. 12. 2008 (BGBl. I S. 2794).
[2)] § 18b Satz 1 Nr. 2 Verweis eingef. mWv 1. 7. 2010 durch G v. 8. 4. 2010 (BGBl. I S. 386).
[3)] § 18b Sätze 2 und 3 geänd. mWv 1. 7. 2010 durch G v. 8. 4. 2010 (BGBl. I S. 386).
[4)] Ab 1. 7. 2010 siehe Fahrzeuglieferungs-MeldepflichtVO v. 18. 3. 2009 (Nr. **512**).

1. die Art und Weise der Meldung;
2. der Inhalt der Meldung;
3. die Zuständigkeit der Finanzbehörden;
4. der Abgabezeitpunkt der Meldung.
5. (weggefallen)

§ 18 d[1)] Vorlage von Urkunden. [1]Die Finanzbehörden sind zur Erfüllung der Auskunftsverpflichtung nach der Verordnung (EU) Nr. 904/2010 des Rates vom 7. Oktober 2010 über die Zusammenarbeit der Verwaltungsbehörden und die Betrugsbekämpfung auf dem Gebiet der Mehrwertsteuer (ABl. L 268 vom 12. 10. 2010, S. 1)[2)] berechtigt, von Unternehmern die Vorlage der jeweils erforderlichen Bücher, Aufzeichnungen, Geschäftspapiere und anderen Urkunden zur Einsicht und Prüfung zu verlangen. [2]§ 97 *Abs. 3* [***ab 30. 6. 2013:*** Absatz 2] der Abgabenordnung gilt entsprechend. [3]Der Unternehmer hat auf Verlangen der Finanzbehörde die in Satz 1 bezeichneten Unterlagen vorzulegen.

§ 18 e Bestätigungsverfahren. Das Bundeszentralamt für Steuern[3)] bestätigt auf Anfrage

1. dem Unternehmer im Sinne des § 2 die Gültigkeit einer Umsatzsteuer-Identifikationsnummer sowie den Namen und die Anschrift der Person, der die Umsatzsteuer-Identifikationsnummer von einem anderen Mitgliedstaat erteilt wurde;
2. dem Lagerhalter im Sinne des § 4 Nr. 4 a die Gültigkeit der inländischen Umsatzsteuer-Identifikationsnummer sowie den Namen und die Anschrift des Auslagerers oder dessen Fiskalvertreters.

§ 18 f Sicherheitsleistung. [1]Bei Steueranmeldungen im Sinne von § 18 Abs. 1 und 3 kann die Zustimmung nach § 168 Satz 2 der Abgabenordnung im Einvernehmen mit dem Unternehmer von einer Sicherheitsleistung abhängig gemacht werden. [2]Satz 1 gilt entsprechend für die Festsetzung nach § 167 Abs. 1 Satz 1 der Abgabenordnung, wenn sie zu einer Erstattung führt.

§ 18 g[4)] Abgabe des Antrags auf Vergütung von Vorsteuerbeträgen in einem anderen Mitgliedstaat. [1]Ein im Inland ansässiger Unternehmer, der Anträge auf Vergütung von Vorsteuerbeträgen entsprechend der Richtlinie 2008/9/EG[5)] des Rates vom 12. Februar 2008 zur Regelung der Erstattung der Mehrwertsteuer gemäß der Richtlinie 2006/112/EG an nicht im Mitgliedstaat der Erstattung, sondern in einem anderen Mitgliedstaat ansässige Steuerpflichtige (ABl. EU Nr. L 44 S. 23) in einem anderen Mitgliedstaat

---

[1)] § 18 d geänd. mWv 30. 6. 2013 durch G v. 26. 6. 2013 (BGBl. I S. 1809).

[2)] **Zölle und Verbrauchsteuern Nr. 530.**

[3)] Bezeichnung geänd. durch G v. 22. 9. 2005 (BGBl. I S. 2809).

[4)] § 18 g eingef. durch G v. 19. 12. 2008 (BGBl. I S. 2794); zur erstmaligen Anwendung siehe § 27 Abs. 14.

[5)] Nr. **550 b**.

stellen kann, hat diesen Antrag nach amtlich vorgeschriebenem Datensatz durch Datenfernübertragung nach Maßgabe der Steuerdaten-Übermittlungsverordnung dem Bundeszentralamt für Steuern zu übermitteln. 2 In diesem hat er die Steuer für den Vergütungszeitraum selbst zu berechnen.

[*ab 1. 10. 2014:*

§ 18h[1)] Verfahren der Abgabe der Umsatzsteuererklärung für einen anderen Mitgliedstaat. (1) 1 Ein im Inland ansässiger Unternehmer, der in einem anderen Mitgliedstaat der Europäischen Union Umsätze nach § 3a Absatz 5 erbringt, für die er dort die Steuer schuldet und Umsatzsteuererklärungen abzugeben hat, hat gegenüber dem Bundeszentralamt für Steuern nach amtlich vorgeschriebenem Datensatz durch Datenfernübertragung nach Maßgabe der Steuerdaten-Übermittlungsverordnung anzuzeigen, wenn er an dem besonderen Besteuerungsverfahren entsprechend Titel XII Kapitel 6 Abschnitt 3 der Richtlinie 2006/112/EG des Rates in der Fassung des Artikels 5 Nummer 15 der Richtlinie 2008/8/EG des Rates vom 12. Februar 2008 zur Änderung der Richtlinie 2006/112/EG bezüglich des Ortes der Dienstleistung (ABl. L 44 vom 20. 2. 2008, S. 11) teilnimmt. 2 Eine Teilnahme im Sinne des Satzes 1 ist dem Unternehmer nur einheitlich für alle Mitgliedstaaten der Europäischen Union möglich, in denen er weder einen Sitz noch eine Betriebsstätte hat. 3 Die Anzeige nach Satz 1 hat vor Beginn des Besteuerungszeitraums zu erfolgen, ab dessen Beginn der Unternehmer von dem besonderen Besteuerungsverfahren Gebrauch macht. 4 Die Anwendung des besonderen Besteuerungsverfahrens kann nur mit Wirkung vom Beginn eines Besteuerungszeitraums an widerrufen werden. 5 Der Widerruf ist vor Beginn des Besteuerungszeitraums, für den er gelten soll, gegenüber dem Bundeszentralamt für Steuern nach amtlich vorgeschriebenem Datensatz auf elektronischem Weg zu erklären.

(2) Erfüllt der Unternehmer die Voraussetzungen für die Teilnahme an dem besonderen Besteuerungsverfahren nach Absatz 1 nicht, stellt das Bundeszentralamt für Steuern dies durch Verwaltungsakt gegenüber dem Unternehmer fest.

(3)[2)] 1 Ein Unternehmer, der das in Absatz 1 genannte besondere Besteuerungsverfahren anwendet, hat seine hierfür abzugebenden Umsatzsteuererklärungen bis zum 20. Tag nach Ablauf jedes Besteuerungszeitraums nach amtlich vorgeschriebenem Datensatz durch Datenfernübertragung nach Maßgabe der Steuerdaten-Übermittlungsverordnung dem Bundeszentralamt für Steuern zu übermitteln. 2 In dieser Erklärung hat er die Steuer für den Besteuerungszeitraum selbst zu berechnen. 3 Die berechnete Steuer ist an das Bundeszentralamt für Steuern zu entrichten.

(4)[2)] 1 Kommt der Unternehmer seinen Verpflichtungen nach Absatz 3 oder den von ihm in einem anderen Mitgliedstaat der Europäischen Union zu erfüllenden Aufzeichnungspflichten entsprechend Artikel 369k der Richtlinie 2006/112/EG des Rates in der Fassung des Artikels 5 Nummer 15 der Richtli-

---

[1)] § 18h eingef. mWv 1. 10. 2014 durch G v. 25. 7. 2014 (BGBl. I S. 1266); zur Anwendung von Abs. 3 und 4 siehe jedoch § 27 Abs. 20.

[2)] Zur Anwendung siehe § 27 Abs. 20.

nie 2008/8/EG des Rates vom 12. Februar 2008 zur Änderung der Richtlinie 2006/112/EG bezüglich des Ortes der Dienstleistung (ABl. L 44 vom 20. 2. 2008, S. 11) wiederholt nicht oder nicht rechtzeitig nach, schließt ihn das Bundeszentralamt für Steuern von dem besonderen Besteuerungsverfahren nach Absatz 1 durch Verwaltungsakt aus. [2]Der Ausschluss gilt ab dem Besteuerungszeitraum, der nach dem Zeitpunkt der Bekanntgabe des Ausschlusses gegenüber dem Unternehmer beginnt.

(5) Ein Unternehmer ist im Inland im Sinne des Absatzes 1 Satz 1 ansässig, wenn er im Inland seinen Sitz oder seine Geschäftsleitung hat oder, für den Fall, dass er im Drittlandsgebiet ansässig ist, im Inland eine Betriebsstätte hat.

(6) Auf das Verfahren sind, soweit es vom Bundszentralamt für Steuern durchgeführt wird, die §§ 30, 80 und 87 a und der Zweite Abschnitt des Dritten Teils und der Siebente Teil der Abgabenordnung sowie die Finanzgerichtsordnung anzuwenden.]

§ 19 Besteuerung der Kleinunternehmer. (1) [1]Die für Umsätze im Sinne des § 1 Abs. 1 Nr. 1 geschuldete Umsatzsteuer wird von Unternehmern, die im Inland oder in den in § 1 Abs. 3 bezeichneten Gebieten ansässig sind, nicht erhoben, wenn der in Satz 2 bezeichnete Umsatz zuzüglich der darauf entfallenden Steuer im vorangegangenen Kalenderjahr 17 500 Euro nicht überstiegen hat und im laufenden Kalenderjahr 50 000 Euro voraussichtlich nicht übersteigen wird. [2]Umsatz im Sinne des Satzes 1 ist der nach vereinnahmten Entgelten bemessene Gesamtumsatz, gekürzt um die darin enthaltenen Umsätze von Wirtschaftsgütern des Anlagevermögens. [3]Satz 1 gilt nicht für die nach § 13 a Abs. 1 Nr. 6, § 13 b Absatz 5[1)], § 14 c Abs. 2 und § 25 b Abs. 2 geschuldete Steuer. [4]In den Fällen des Satzes 1 finden die Vorschriften über die Steuerbefreiung innergemeinschaftlicher Lieferungen (§ 4 Nr. 1 Buchstabe b, § 6a), über den Verzicht auf Steuerbefreiungen (§ 9), über den gesonderten Ausweis der Steuer in einer Rechnung (§ 14 Abs. 4), über die Angabe der Umsatzsteuer-Identifikationsnummern in einer Rechnung (§ 14 a Abs. 1, 3 und 7) und über den Vorsteuerabzug (§ 15) keine Anwendung.

(2) [1]Der Unternehmer kann dem Finanzamt bis zur Unanfechtbarkeit der Steuerfestsetzung (§ 18 Abs. 3 und 4) erklären, dass er auf die Anwendung des Absatzes 1 verzichtet. [2]Nach Eintritt der Unanfechtbarkeit der Steuerfestsetzung bindet die Erklärung den Unternehmer mindestens für fünf Kalenderjahre. [3]Sie kann nur mit Wirkung vom Beginn eines Kalenderjahres an widerrufen werden. [4]Der Widerruf ist spätestens bis zur Unanfechtbarkeit der Steuerfestsetzung des Kalenderjahres, für das er gelten soll, zu erklären.

(3) [1]Gesamtumsatz ist die Summe der vom Unternehmer ausgeführten steuerbaren Umsätze im Sinne des § 1 Abs. 1 Nr. 1 abzüglich folgender Umsätze:

1. der Umsätze, die nach § 4 Nr. 8 Buchstabe i, Nr. 9 Buchstabe b und Nr. 11 bis 28 steuerfrei sind;

---

1) Verweis geänd. mWv 1. 7. 2010 durch G v. 8. 4. 2010 (BGBl. I S. 386).

2. der Umsätze, die nach § 4 Nr. 8 Buchstabe a bis h, Nr. 9 Buchstabe a und Nr. 10 steuerfrei sind, wenn sie Hilfsumsätze sind.

[2] Soweit der Unternehmer die Steuer nach vereinnahmten Entgelten berechnet (§ 13 Abs. 1 Nr. 1 Buchstabe a Satz 4 oder § 20), ist auch der Gesamtumsatz nach diesen Entgelten zu berechnen. [3] Hat der Unternehmer seine gewerbliche oder berufliche Tätigkeit nur in einem Teil des Kalenderjahres ausgeübt, so ist der tatsächliche Gesamtumsatz in einen Jahresgesamtumsatz umzurechnen. [4] Angefangene Kalendermonate sind bei der Umrechnung als volle Kalendermonate zu behandeln, es sei denn, dass die Umrechnung nach Tagen zu einem niedrigeren Jahresgesamtumsatz führt.

(4) [1] Absatz 1 gilt nicht für die innergemeinschaftlichen Lieferungen neuer Fahrzeuge. [2] § 15 Abs. 4a ist entsprechend anzuwenden.

§ 20[1)] Berechnung der Steuer nach vereinnahmten Entgelten.

[1] Das Finanzamt kann auf Antrag gestatten, dass ein Unternehmer,

1. dessen Gesamtumsatz (§ 19 Abs. 3) im vorangegangenen Kalenderjahr nicht mehr als 500 000 Euro betragen hat, oder
2. der von der Verpflichtung, Bücher zu führen und auf Grund jährlicher Bestandsaufnahmen regelmäßig Abschlüsse zu machen, nach § 148 der Abgabenordnung[2)] befreit ist, oder
3. soweit er Umsätze aus einer Tätigkeit als Angehöriger eines freien Berufs im Sinne des § 18 Abs. 1 Nr. 1 des Einkommensteuergesetzes[3)] ausführt,

die Steuer nicht nach den vereinbarten Entgelten (§ 16 Abs. 1 Satz 1), sondern nach den vereinnahmten Entgelten berechnet. [2] Erstreckt sich die Befreiung nach Satz 1 Nr. 2 nur auf einzelne Betriebe des Unternehmers und liegt die Voraussetzung nach Satz 1 Nr. 1 nicht vor, so ist die Erlaubnis zur Berechnung der Steuer nach den vereinnahmten Entgelten auf diese Betriebe zu beschränken. [3] Wechselt der Unternehmer die Art der Steuerberechnung, so dürfen Umsätze nicht doppelt erfasst werden oder unversteuert bleiben.

§ 21 Besondere Vorschriften für die Einfuhrumsatzsteuer. (1) Die Einfuhrumsatzsteuer ist eine Verbrauchsteuer im Sinne der Abgabenordnung.

(2) Für die Einfuhrumsatzsteuer gelten die Vorschriften für Zölle sinngemäß; ausgenommen sind die Vorschriften über den aktiven Veredelungsverkehr nach dem Verfahren der Zollrückvergütung und über den passiven Veredelungsverkehr.

(2a) [1] Abfertigungsplätze im Ausland, auf denen dazu befugte deutsche Zollbedienstete Amtshandlungen nach Absatz 2 vornehmen, gehören insoweit zum Inland. [2] Das Gleiche gilt für ihre Verbindungswege mit dem Inland, soweit auf ihnen einzuführende Gegenstände befördert werden.

---

1) § 20 Abs. 2 aufgeh., verbleibender Text geänd. mWv 1. 1. 2012 durch G v. 6. 12. 2011 (*BGBl. I S. 2562*).

2) Nr. **800**.

3) Nr. **1**.

(3) Die Zahlung der Einfuhrumsatzsteuer kann ohne Sicherheitsleistung aufgeschoben werden, wenn die zu entrichtende Steuer nach § 15 Abs. 1 Satz 1 Nr. 2 in voller Höhe als Vorsteuer abgezogen werden kann.

(4) [1]Entsteht für den eingeführten Gegenstand nach dem Zeitpunkt des Entstehens der Einfuhrumsatzsteuer eine Zollschuld oder eine Verbrauchsteuer oder wird für den eingeführten Gegenstand nach diesem Zeitpunkt eine Verbrauchsteuer unbedingt, so entsteht gleichzeitig eine weitere Einfuhrumsatzsteuer. [2]Das gilt auch, wenn der Gegenstand nach dem in Satz 1 bezeichneten Zeitpunkt bearbeitet oder verarbeitet worden ist. [3]Bemessungsgrundlage ist die entstandene Zollschuld oder die entstandene oder unbedingt gewordene Verbrauchsteuer. [4]Steuerschuldner ist, wer den Zoll oder die Verbrauchsteuer zu entrichten hat. [5]Die Sätze 1 bis 4 gelten nicht, wenn derjenige, der den Zoll oder die Verbrauchsteuer zu entrichten hat, hinsichtlich des eingeführten Gegenstands nach § 15 Abs. 1 Satz 1 Nr. 2 zum Vorsteuerabzug berechtigt ist.

(5) Die Absätze 2 bis 4 gelten entsprechend für Gegenstände, die nicht Waren im Sinne des Zollrechts sind und für die keine Zollvorschriften bestehen.

§ 22 Aufzeichnungspflichten. (1)[1)] [1]Der Unternehmer ist verpflichtet, zur Feststellung der Steuer und der Grundlagen ihrer Berechnung Aufzeichnungen zu machen. [2]Diese Verpflichtung gilt in den Fällen des § 13a Abs. 1 Nr. 2 und 5, des § 13b Absatz 5[2)] und des § 14c Abs. 2 auch für Personen, die nicht Unternehmer sind. [3]Ist ein land- und forstwirtschaftlicher Betrieb nach § 24 Abs. 3 als gesondert geführter Betrieb zu behandeln, so hat der Unternehmer Aufzeichnungspflichten für diesen Betrieb gesondert zu erfüllen. [4]In den Fällen des § 18 Abs. 4c und 4d sind die erforderlichen Aufzeichnungen auf Anfrage des Bundeszentralamtes für Steuern[3)] auf elektronischem Weg zur Verfügung zu stellen [***ab 1. 1. 2015:*** ; in den Fällen des § 18 Absatz 4e sind die erforderlichen Aufzeichnungen auf Anfrage der für das Besteuerungsverfahren zuständigen Finanzbehörde auf elektronischem Weg zur Verfügung zu stellen].

(2) Aus den Aufzeichnungen müssen zu ersehen sein:

1. die vereinbarten Entgelte für die vom Unternehmer ausgeführten Lieferungen und sonstigen Leistungen. [2]Dabei ist ersichtlich zu machen, wie sich die Entgelte auf die steuerpflichtigen Umsätze, getrennt nach Steuersätzen, und auf die steuerfreien Umsätze verteilen. [3]Dies gilt entsprechend für die Bemessungsgrundlagen nach § 10 Abs. 4, wenn Lieferungen im Sinne des § 3 Abs. 1b, sonstige Leistungen im Sinne des § 3 Abs. 9a sowie des § 10 Abs. 5 ausgeführt werden. [4]Aus den Aufzeichnungen muss außerdem hervorgehen, welche Umsätze der Unternehmer nach § 9 als steuerpflichtig behandelt. [5]Bei der Berechnung der Steuer nach vereinnahmten Entgelten (§ 20) treten an die Stelle der vereinbarten Entgelte die vereinnahmten

---

[1)] § 22 Abs. 1 Satz 4 HS 2 angef. mWv 1. 1. 2015 durch G v. 25. 7. 2014 (BGBl. I S. 1266).

[2)] Verweis geänd. mWv 1. 7. 2010 durch G v. 8. 4. 2010 (BGBl. I S. 386).

[3)] Bezeichnung geänd. durch G v. 22. 9. 2005 (BGBl. I S. 2809).

Entgelte. [6]Im Fall des § 17 Abs. 1 Satz 6 hat der Unternehmer, der die auf die Minderung des Entgelts entfallende Steuer an das Finanzamt entrichtet, den Betrag der Entgeltsminderung gesondert aufzuzeichnen;

2. die vereinnahmten Entgelte und Teilentgelte für noch nicht ausgeführte Lieferungen und sonstige Leistungen. [2]Dabei ist ersichtlich zu machen, wie sich die Entgelte und Teilentgelte auf die steuerpflichtigen Umsätze, getrennt nach Steuersätzen, und auf die steuerfreien Umsätze verteilen. [3]Nummer 1 Satz 4 gilt entsprechend;
3. die Bemessungsgrundlage für Lieferungen im Sinne des § 3 Abs. 1b und für sonstige Leistungen im Sinne des § 3 Abs. 9a Nr. 1. [2]Nummer 1 Satz 2 gilt entsprechend;
4. die wegen unrichtigen Steuerausweises nach § 14c Abs. 1 und wegen unberechtigten Steuerausweises nach § 14c Abs. 2 geschuldeten Steuerbeträge;
5. die Entgelte für steuerpflichtige Lieferungen und sonstige Leistungen, die an den Unternehmer für sein Unternehmen ausgeführt worden sind, und die vor Ausführung dieser Umsätze gezahlten Entgelte und Teilentgelte, soweit für diese Umsätze nach § 13 Abs. 1 Nr. 1 Buchstabe a Satz 4 die Steuer entsteht, sowie die auf die Entgelte und Teilentgelte entfallenden Steuerbeträge;
6.[1)] die Bemessungsgrundlagen für die Einfuhr von Gegenständen (§ 11), die für das Unternehmen des Unternehmers eingeführt worden sind, sowie die dafür *entrichtete oder in den Fällen des § 16 Abs. 2 Satz 4 zu entrichtende* [***ab 31. 7. 2014:*** entstandene] Einfuhrumsatzsteuer;
7. die Bemessungsgrundlagen für den innergemeinschaftlichen Erwerb von Gegenständen sowie die hierauf entfallenden Steuerbeträge;
8. in den Fällen des § 13b Absatz 1 bis 5[2)] beim Leistungsempfänger die Angaben entsprechend den Nummern 1 und 2. [2]Der Leistende hat die Angaben nach den Nummern 1 und 2 gesondert aufzuzeichnen;
9. die Bemessungsgrundlage für Umsätze im Sinne des § 4 Nr. 4a Satz 1 Buchstabe a Satz 2 sowie die hierauf entfallenden Steuerbeträge.

(3) [1]Die Aufzeichnungspflichten nach Absatz 2 Nr. 5 und 6 entfallen, wenn der Vorsteuerabzug ausgeschlossen ist (§ 15 Abs. 2 und 3). [2]Ist der Unternehmer nur teilweise zum Vorsteuerabzug berechtigt, so müssen aus den Aufzeichnungen die Vorsteuerbeträge eindeutig und leicht nachprüfbar zu ersehen sein, die den zum Vorsteuerabzug berechtigenden Umsätzen ganz oder teilweise zuzurechnen sind. [3]Außerdem hat der Unternehmer in diesen Fällen die Bemessungsgrundlagen für die Umsätze, die nach § 15 Abs. 2 und 3 den Vorsteuerabzug ausschließen, getrennt von den Bemessungsgrundlagen der übrigen Umsätze, ausgenommen die Einfuhren und die innergemeinschaftlichen Erwerbe, aufzuzeichnen. [4]Die Verpflichtung zur Trennung der Bemessungsgrundlagen nach Absatz 2 Nr. 1 Satz 2, Nr. 2 Satz 2 und Nr. 3 Satz 2 bleibt unberührt.

[1)] § 22 Abs. 2 Nr. 6 geänd. mWv 31. 7. 2014 durch G v. 25. 7. 2014 (BGBl. I S. 1266).
[2)] Verweis geänd. mWv 1. 7. 2010 durch G v. 8. 4. 2010 (BGBl. I S. 386).

(4) In den Fällen des § 15a hat der Unternehmer die Berechnungsgrundlagen für den Ausgleich aufzuzeichnen, der von ihm in den in Betracht kommenden Kalenderjahren vorzunehmen ist.

(4a) Gegenstände, die der Unternehmer zu seiner Verfügung vom Inland in das übrige Gemeinschaftsgebiet verbringt, müssen aufgezeichnet werden, wenn

1. an den Gegenständen im übrigen Gemeinschaftsgebiet Arbeiten ausgeführt werden,
2. es sich um eine vorübergehende Verwendung handelt, mit den Gegenständen im übrigen Gemeinschaftsgebiet sonstige Leistungen ausgeführt werden und der Unternehmer in dem betreffenden Mitgliedstaat keine Zweigniederlassung hat oder
3. es sich um eine vorübergehende Verwendung im übrigen Gemeinschaftsgebiet handelt und in entsprechenden Fällen die Einfuhr der Gegenstände aus dem Drittlandsgebiet vollständig steuerfrei wäre.

(4b) Gegenstände, die der Unternehmer von einem im übrigen Gemeinschaftsgebiet ansässigen Unternehmer mit Umsatzsteuer-Identifikationsnummer zur Ausführung einer sonstigen Leistung im Sinne des § 3a Abs. 3[1] Nr. 3 Buchstabe c erhält, müssen aufgezeichnet werden.

(4c) [1] Der Lagerhalter, der ein Umsatzsteuerlager im Sinne des § 4 Nr. 4a betreibt, hat Bestandsaufzeichnungen über die eingelagerten Gegenstände und Aufzeichnungen über Leistungen im Sinne des § 4 Nr. 4a Satz 1 Buchstabe b Satz 1 zu führen. [2] Bei der Auslagerung eines Gegenstands aus dem Umsatzsteuerlager muss der Lagerhalter Name, Anschrift und die inländische Umsatzsteuer-Identifikationsnummer des Auslagerers oder dessen Fiskalvertreters aufzeichnen.

(4d) [1] Im Fall der Abtretung eines Anspruchs auf die Gegenleistung für einen steuerpflichtigen Umsatz an einen anderen Unternehmer (§ 13c) hat

1. der leistende Unternehmer den Namen und die Anschrift des Abtretungsempfängers sowie die Höhe des abgetretenen Anspruchs auf die Gegenleistung aufzuzeichnen;
2. der Abtretungsempfänger den Namen und die Anschrift des leistenden Unternehmers, die Höhe des abgetretenen Anspruchs auf die Gegenleistung sowie die Höhe der auf den abgetretenen Anspruch vereinnahmten Beträge aufzuzeichnen. [2] Sofern der Abtretungsempfänger die Forderung oder einen Teil der Forderung an einen Dritten abtritt, hat er zusätzlich den Namen und die Anschrift des Dritten aufzuzeichnen.

[2] Satz 1 gilt entsprechend bei der Verpfändung oder der Pfändung von Forderungen. [3] An die Stelle des Abtretungsempfängers tritt im Fall der Verpfändung der Pfandgläubiger und im Fall der Pfändung der Vollstreckungsgläubiger.

(4e) [1] Wer in den Fällen des § 13c[2] Zahlungen nach § 48 der Abgabenordnung leistet, hat Aufzeichnungen über die entrichteten Beträge zu führen.

---

[1] Verweis geänd. mWv 1. 1. 2010 durch G v. 19. 12. 2008 (BGBl. I S. 2794).

[2] Hinweis auf § 13d aufgeh. durch G v. 20. 12. 2007 (BGBl. I S. 3150).

[2]Dabei sind auch Name, Anschrift und die Steuernummer des Schuldners der Umsatzsteuer aufzuzeichnen.

(5) Ein Unternehmer, der ohne Begründung einer gewerblichen Niederlassung oder außerhalb einer solchen von Haus zu Haus oder auf öffentlichen Straßen oder an anderen öffentlichen Orten Umsätze ausführt oder Gegenstände erwirbt, hat ein Steuerheft nach amtlich vorgeschriebenem Vordruck zu führen.

(6) Das Bundesministerium der Finanzen kann mit Zustimmung des Bundesrates durch Rechtsverordnung

1. nähere Bestimmungen darüber treffen, wie die Aufzeichnungspflichten zu erfüllen sind und in welchen Fällen Erleichterungen bei der Erfüllung dieser Pflichten gewährt werden können, sowie
2. Unternehmer im Sinne des Absatzes 5 von der Führung des Steuerhefts befreien, sofern sich die Grundlagen der Besteuerung aus anderen Unterlagen ergeben, und diese Befreiung an Auflagen knüpfen.

§ 22 a Fiskalvertretung. (1) Ein Unternehmer, der weder im Inland noch in einem der in § 1 Abs. 3 genannten Gebiete seinen Wohnsitz, seinen Sitz, seine Geschäftsleitung oder eine Zweigniederlassung hat und im Inland ausschließlich steuerfreie Umsätze ausführt und keine Vorsteuerbeträge abziehen kann, kann sich im Inland durch einen Fiskalvertreter vertreten lassen.

(2) Zur Fiskalvertretung sind die in § 3 Nr. 1 bis 3 und § 4 Nr. 9 Buchstabe c des Steuerberatungsgesetzes[1)] genannten Personen befugt.

(3) Der Fiskalvertreter bedarf der Vollmacht des im Ausland ansässigen Unternehmers.

§ 22 b Rechte und Pflichten des Fiskalvertreters. (1) [1]Der Fiskalvertreter hat die Pflichten des im Ausland ansässigen Unternehmers nach diesem Gesetz als eigene zu erfüllen. [2]Er hat die gleichen Rechte wie der Vertretene.

(2) [1]Der Fiskalvertreter hat unter der ihm nach § 22 d Abs. 1 erteilten Steuernummer eine Steuererklärung (§ 18 Abs. 3 und 4) abzugeben, in der er die Besteuerungsgrundlagen für jeden von ihm vertretenen Unternehmer zusammenfasst. [2]Dies gilt für die Zusammenfassende Meldung entsprechend.

(3) [1]Der Fiskalvertreter hat die Aufzeichnungen im Sinne des § 22 für jeden von ihm vertretenen Unternehmer gesondert zu führen. [2]Die Aufzeichnungen müssen Namen und Anschrift der von ihm vertretenen Unternehmer enthalten.

§ 22 c Ausstellung von Rechnungen im Fall der Fiskalvertretung. Die Rechnung hat folgende Angaben zu enthalten:

1. den Hinweis auf die Fiskalvertretung;
2. den Namen und die Anschrift des Fiskalvertreters;
3. die dem Fiskalvertreter nach § 22 d Abs. 1 erteilte Umsatzsteuer-Identifikationsnummer.

---

1) Nr. **840**.

§ 22 d Steuernummer und zuständiges Finanzamt. (1) Der Fiskalvertreter erhält für seine Tätigkeit eine gesonderte Steuernummer und eine gesonderte Umsatzsteuer-Identifikationsnummer nach § 27 a, unter der er für alle von ihm vertretenen im Ausland ansässigen Unternehmen auftritt.

(2) Der Fiskalvertreter wird bei dem Finanzamt geführt, das für seine Umsatzbesteuerung zuständig ist.

§ 22 e Untersagung der Fiskalvertretung. (1) Die zuständige Finanzbehörde kann die Fiskalvertretung der in § 22 a Abs. 2 mit Ausnahme der in § 3 des Steuerberatungsgesetzes genannten Person untersagen, wenn der Fiskalvertreter wiederholt gegen die ihm auferlegten Pflichten nach § 22 b verstößt oder ordnungswidrig im Sinne des § 26 a handelt.

(2) Für den vorläufigen Rechtsschutz gegen die Untersagung gelten § 361 Abs. 4 der Abgabenordnung und § 69 Abs. 5 der Finanzgerichtsordnung.

Sechster Abschnitt. Sonderregelungen

§ 23 Allgemeine Durchschnittssätze. (1) Das Bundesministerium der Finanzen kann mit Zustimmung des Bundesrates zur Vereinfachung des Besteuerungsverfahrens für Gruppen von Unternehmern, bei denen hinsichtlich der Besteuerungsgrundlagen annähernd gleiche Verhältnisse vorliegen und die nicht verpflichtet sind, Bücher zu führen und auf Grund jährlicher Bestandsaufnahmen regelmäßig Abschlüsse zu machen, durch Rechtsverordnung Durchschnittssätze festsetzen für

1. die nach § 15 abziehbaren Vorsteuerbeträge oder die Grundlagen ihrer Berechnung oder
2. die zu entrichtende Steuer oder die Grundlagen ihrer Berechnung.

(2) Die Durchschnittssätze müssen zu einer Steuer führen, die nicht wesentlich von dem Betrag abweicht, der sich nach diesem Gesetz ohne Anwendung der Durchschnittssätze ergeben würde.

(3) [1]Der Unternehmer, bei dem die Voraussetzungen für eine Besteuerung nach Durchschnittssätzen im Sinne des Absatzes 1 gegeben sind, kann beim Finanzamt bis zur Unanfechtbarkeit der Steuerfestsetzung (§ 18 Abs. 3 und 4) beantragen, nach den festgesetzten Durchschnittssätzen besteuert zu werden. [2]Der Antrag kann nur mit Wirkung vom Beginn eines Kalenderjahres an widerrufen werden. [3]Der Widerruf ist spätestens bis zur Unanfechtbarkeit der Steuerfestsetzung des Kalenderjahres, für das er gelten soll, zu erklären. [4]Eine erneute Besteuerung nach Durchschnittssätzen ist frühestens nach Ablauf von fünf Kalenderjahren zulässig.

§ 23 a Durchschnittssatz für Körperschaften, Personenvereinigungen und Vermögensmassen im Sinne des § 5 Abs. 1 Nr. 9 des Körperschaftsteuergesetzes. (1) [1]Zur Berechnung der abziehbaren Vorsteuerbeträge (§ 15) wird für Körperschaften, Personenvereinigungen und Vermögensmassen im Sinne des § 5 Abs. 1 Nr. 9 des Körperschaftsteuergesetzes[1], die nicht verpflichtet sind, Bücher zu führen und auf Grund jährlicher Bestandsaufnahmen regelmäßig Abschlüsse zu machen, ein Durchschnittssatz von 7 Prozent des steuerpflichtigen Umsatzes, mit Ausnahme der Einfuhr und des innergemeinschaftlichen Erwerbs, festgesetzt. 2 Ein weiterer Vorsteuerabzug ist ausgeschlossen.

(2) Der Unternehmer, dessen steuerpflichtiger Umsatz, mit Ausnahme der Einfuhr und des innergemeinschaftlichen Erwerbs, im vorangegangenen Kalenderjahr 35 000 Euro[2] überstiegen hat, kann den Durchschnittssatz nicht in Anspruch nehmen.

(3) 1 Der Unternehmer, bei dem die Voraussetzungen für die Anwendung des Durchschnittssatzes gegeben sind, kann dem Finanzamt spätestens bis zum 10. Tag nach Ablauf des ersten Voranmeldungszeitraums eines Kalenderjahres erklären, dass er den Durchschnittssatz in Anspruch nehmen will. 2 Die Erklärung bindet den Unternehmer mindestens für fünf Kalenderjahre. 3 Sie kann nur mit Wirkung vom Beginn eines Kalenderjahres an widerrufen werden. 4 Der Widerruf ist spätestens bis zum 10. Tag nach Ablauf des ersten Voranmeldungszeitraums dieses Kalenderjahres zu erklären. 5 Eine erneute Anwendung des Durchschnittssatzes ist frühestens nach Ablauf von fünf Kalenderjahren zulässig.

§ 24 Durchschnittssätze für land- und forstwirtschaftliche Betriebe.

(1) 1 Für die im Rahmen eines land- und forstwirtschaftlichen Betriebs ausgeführten Umsätze wird die Steuer vorbehaltlich der Sätze 2 bis 4 wie folgt festgesetzt:

1. für die Lieferungen von forstwirtschaftlichen Erzeugnissen, ausgenommen Sägewerkserzeugnisse, auf 5,5 Prozent[3],
2.[4] für die Lieferungen der in der Anlage 2 nicht aufgeführten Sägewerkserzeugnisse und Getränke sowie von alkoholischen Flüssigkeiten, ausgenommen die Lieferungen in das Ausland und die im Ausland bewirkten Umsätze, und für sonstige Leistungen, soweit in der Anlage 2 nicht aufgeführte Getränke abgegeben werden, auf 19 Prozent[3],
3. für die übrigen Umsätze im Sinne des § 1 Abs. 1 Nr. 1 auf 10,7 Prozent[3]

der Bemessungsgrundlage. 2 Die Befreiungen nach § 4 mit Ausnahme der Nummern 1 bis 7 bleiben unberührt; § 9 findet keine Anwendung. 3 Die Vorsteuerbeträge werden, soweit sie den in Satz 1 Nr. 1 bezeichneten Umsätzen zuzurechnen sind, auf 5,5 Prozent[3], in den übrigen Fällen des Satzes 1 auf 10,7 Prozent[3] der Bemessungsgrundlage für diese Umsätze festgesetzt. 4 Ein weiterer Vorsteuerabzug entfällt. 5 § 14 ist mit der Maßgabe anzuwenden, dass der für den Umsatz maßgebliche Durchschnittssatz in der Rechnung zusätzlich anzugeben ist.

---

[1] Nr. **100**.
[2] § 23 a Abs. 2 Betrag geänd. mWv 1. 1. 2008 durch G v. 10. 10. 2007 (BGBl. I S. 2332).
[3] Beträge geänd. mWv 1. 1. 2007 durch G v. 29. 6. 2006 (BGBl. I S. 1402).
[4] § 24 Abs. 1 Satz 1 Nr. 2 geänd. durch G v. 20. 12. 2007 (BGBl. I S. 3150).

(2) [1]Als land- und forstwirtschaftlicher Betrieb gelten

1. die Landwirtschaft, die Forstwirtschaft, der Wein-, Garten-, Obst- und Gemüsebau, die Baumschulen, alle Betriebe, die Pflanzen und Pflanzenteile mit Hilfe der Naturkräfte gewinnen, die Binnenfischerei, die Teichwirtschaft, die Fischzucht für die Binnenfischerei und Teichwirtschaft, die Imkerei, die Wanderschäferei sowie die Saatzucht;
2. Tierzucht- und Tierhaltungsbetriebe, soweit ihre Tierbestände nach den §§ 51 und 51 a des Bewertungsgesetzes[1)] zur landwirtschaftlichen Nutzung gehören.

[2]Zum land- und forstwirtschaftlichen Betrieb gehören auch die Nebenbetriebe, die dem land- und forstwirtschaftlichen Betrieb zu dienen bestimmt sind. [3]Ein Gewerbebetrieb kraft Rechtsform gilt auch dann nicht als land- und forstwirtschaftlicher Betrieb, wenn im Übrigen die Merkmale eines land- und forstwirtschaftlichen Betriebs vorliegen.

(3) Führt der Unternehmer neben den in Absatz 1 bezeichneten Umsätzen auch andere Umsätze aus, so ist der land- und forstwirtschaftliche Betrieb als ein in der Gliederung des Unternehmens gesondert geführter Betrieb zu behandeln.

(4) [1]Der Unternehmer kann spätestens bis zum 10. Tag eines Kalenderjahres gegenüber dem Finanzamt erklären, dass seine Umsätze vom Beginn des vorangegangenen Kalenderjahres an nicht nach den Absätzen 1 bis 3, sondern nach den allgemeinen Vorschriften dieses Gesetzes besteuert werden sollen. [2]Die Erklärung bindet den Unternehmer mindestens für fünf Kalenderjahre; im Fall der Geschäftsveräußerung ist der Erwerber an diese Frist gebunden. [3]Sie kann mit Wirkung vom Beginn eines Kalenderjahres an widerrufen werden. [4]Der Widerruf ist spätestens bis zum 10. Tag nach Beginn dieses Kalenderjahres zu erklären. [5]Die Frist nach Satz 4 kann verlängert werden. [6]Ist die Frist bereits abgelaufen, so kann sie rückwirkend verlängert werden, wenn es unbillig wäre, die durch den Fristablauf eingetretenen Rechtsfolgen bestehen zu lassen.

§ 25 Besteuerung von Reiseleistungen. (1) [1]Die nachfolgenden Vorschriften gelten für Reiseleistungen eines Unternehmers, die nicht für das Unternehmen des Leistungsempfängers bestimmt sind, soweit der Unternehmer dabei gegenüber dem Leistungsempfänger im eigenen Namen auftritt und Reisevorleistungen in Anspruch nimmt. [2]Die Leistung des Unternehmers ist als sonstige Leistung anzusehen. [3]Erbringt der Unternehmer an einen Leistungsempfänger im Rahmen einer Reise mehrere Leistungen dieser Art, so gelten sie als eine einheitliche sonstige Leistung. [4]Der Ort der sonstigen Leistung bestimmt sich nach § 3 a Abs. 1. [5]Reisevorleistungen sind Lieferungen und sonstige Leistungen Dritter, die den Reisenden unmittelbar zugute kommen.

(2) [1]Die sonstige Leistung ist steuerfrei, soweit die ihr zuzurechnenden Reisevorleistungen im Drittlandsgebiet bewirkt werden. [2]Die Voraussetzung

---

1) Nr. **200**.

der Steuerbefreiung muss vom Unternehmer nachgewiesen sein. [3]Das Bundesministerium der Finanzen kann mit Zustimmung des Bundesrates durch Rechtsverordnung bestimmen, wie der Unternehmer den Nachweis zu führen hat.

(3) [1]Die sonstige Leistung bemisst sich nach dem Unterschied zwischen dem Betrag, den der Leistungsempfänger aufwendet, um die Leistung zu erhalten, und dem Betrag, den der Unternehmer für die Reisevorleistungen aufwendet. [2]Die Umsatzsteuer gehört nicht zur Bemessungsgrundlage. [3]Der Unternehmer kann die Bemessungsgrundlage statt für jede einzelne Leistung entweder für Gruppen von Leistungen oder für die gesamten innerhalb des Besteuerungszeitraums erbrachten Leistungen ermitteln.

(4) [1]Abweichend von § 15 Abs. 1 ist der Unternehmer nicht berechtigt, die ihm für die Reisevorleistungen gesondert in Rechnung gestellten sowie die nach § 13b geschuldeten Steuerbeträge als Vorsteuer abzuziehen. [2]Im Übrigen bleibt § 15 unberührt.

(5) Für die sonstigen Leistungen gilt § 22 mit der Maßgabe, dass aus den Aufzeichnungen des Unternehmers zu ersehen sein müssen:

1. der Betrag, den der Leistungsempfänger für die Leistung aufwendet,
2. die Beträge, die der Unternehmer für die Reisevorleistungen aufwendet,
3. die Bemessungsgrundlage nach Absatz 3 und
4. wie sich die in den Nummern 1 und 2 bezeichneten Beträge und die Bemessungsgrundlage nach Absatz 3 auf steuerpflichtige und steuerfreie Leistungen verteilen.

§ 25 a Differenzbesteuerung. (1) Für die Lieferungen im Sinne des § 1 Abs. 1 Nr. 1 von beweglichen körperlichen Gegenständen gilt eine Besteuerung nach Maßgabe der nachfolgenden Vorschriften (Differenzbesteuerung), wenn folgende Voraussetzungen erfüllt sind:

1. [1]Der Unternehmer ist ein Wiederverkäufer. [2]Als Wiederverkäufer gilt, wer gewerbsmäßig mit beweglichen körperlichen Gegenständen handelt oder solche Gegenstände im eigenen Namen öffentlich versteigert.
2. [1]Die Gegenstände wurden an den Wiederverkäufer im Gemeinschaftsgebiet geliefert. [2]Für diese Lieferung wurde
   a) Umsatzsteuer nicht geschuldet oder nach § 19 Abs. 1 nicht erhoben oder
   b) die Differenzbesteuerung vorgenommen.
3. Die Gegenstände sind keine Edelsteine (aus Positionen 7102 und 7103 des Zolltarifs) oder Edelmetalle (aus Positionen 7106, 7108, 7110 und 7112 des Zolltarifs).

(2) [1]Der Wiederverkäufer kann spätestens bei Abgabe der ersten Voranmeldung eines Kalenderjahres gegenüber dem Finanzamt erklären, dass er die Differenzbesteuerung von Beginn dieses Kalenderjahres an auch auf folgende Gegenstände anwendet:

1. Kunstgegenstände (Nummer 53 der Anlage 2)[1], Sammlungsstücke Nummer 49 Buchstabe f und Nummer 54 der Anlage 2) oder Antiquitäten (Position 9706 00 00 des Zolltarifs)[2], die er selbst eingeführt hat, oder
2. Kunstgegenstände, wenn die Lieferung an ihn steuerpflichtig war und nicht von einem Wiederverkäufer ausgeführt wurde.

[2] Die Erklärung bindet den Wiederverkäufer für mindestens zwei Kalenderjahre.

(3)[3] [1] Der Umsatz wird nach dem Betrag bemessen, um den der Verkaufspreis den Einkaufspreis für den Gegenstand übersteigt; bei Lieferungen im Sinne des § 3 Abs. 1 b und in den Fällen des § 10 Abs. 5 tritt an die Stelle des Verkaufspreises der Wert nach § 10 Abs. 4 Satz 1 Nr. 1. [***ab 1. 1. 2014:*** [2] Lässt sich der Einkaufspreis eines Kunstgegenstandes (Nummer 53 der Anlage 2) nicht ermitteln oder ist der Einkaufspreis unbedeutend, wird der Betrag, nach dem sich der Umsatz bemisst, mit 30 Prozent des Verkaufspreises angesetzt.] [3] Die Umsatzsteuer gehört nicht zur Bemessungsgrundlage. [4] Im Fall des Absatzes 2 Satz 1 Nr. 1 gilt als Einkaufspreis der Wert im Sinne des § 11 Abs. 1 zuzüglich der Einfuhrumsatzsteuer. [5] Im Fall des Absatzes 2 Satz 1 Nr. 2 schließt der Einkaufspreis die Umsatzsteuer des Lieferers ein.

(4) [1] Der Wiederverkäufer kann die gesamten innerhalb eines Besteuerungszeitraums ausgeführten Umsätze nach dem Gesamtbetrag bemessen, um den die Summe der Verkaufspreise und der Werte nach § 10 Abs. 4 Satz 1 Nr. 1 die Summe der Einkaufspreise dieses Zeitraums übersteigt (Gesamtdifferenz). [2] Die Besteuerung nach der Gesamtdifferenz ist nur bei solchen Gegenständen zulässig, deren Einkaufspreis 500 Euro nicht übersteigt. [3] Im Übrigen gilt Absatz 3 entsprechend.

(5)[4] [1] Die Steuer ist mit dem allgemeinen Steuersatz nach § 12 Abs. 1 zu berechnen. [2] Die Steuerbefreiungen, ausgenommen die Steuerbefreiung für innergemeinschaftliche Lieferungen (§ 4 Nr. 1 Buchstabe b, § 6 a), bleiben unberührt. [3] Abweichend von § 15 Abs. 1 ist der Wiederverkäufer in den Fällen des Absatzes 2 nicht berechtigt, die *entrichtete* [***ab 31. 7. 2014:*** entstandene] Einfuhrumsatzsteuer, die gesondert ausgewiesene Steuer oder die nach § 13 b Absatz 5 geschuldete Steuer für die an ihn ausgeführte Lieferung als Vorsteuer abzuziehen.

(6) [1] § 22 gilt mit der Maßgabe, dass aus den Aufzeichnungen des Wiederverkäufers zu ersehen sein müssen

1. die Verkaufspreise oder die Werte nach § 10 Abs. 4 Satz 1 Nr. 1,
2. die Einkaufspreise und
3. die Bemessungsgrundlagen nach den Absätzen 3 und 4.

[2] Wendet der Wiederverkäufer neben der Differenzbesteuerung die Besteuerung nach den allgemeinen Vorschriften an, hat er getrennte Aufzeichnungen zu führen.

---

[1] Abgedruckt im Anschluss an dieses Gesetz.

[2] Klammerzusatz geänd. durch G v. 13. 12. 2006 (BGBl. I S. 2878).

[3] § 25 a Abs. 3 Satz 2 eingef., bish. Sätze 2 bis 4 werden Sätze 3 bis 5 mWv 1. 1. 2014 durch G v. 26. 6. 2013 (BGBl. I S. 1809).

[4] § 25 a Abs. 5 Satz 3 geänd. mWv 1. 7. 2010 durch G v. 8. 4. 2010 (BGBl. I S. 386); Satz 3 geänd. mWv 31. 7. 2014 durch G v. 25. 7. 2014 (BGBl. I S. 1266).

(7) Es gelten folgende Besonderheiten:

1. Die Differenzbesteuerung findet keine Anwendung
   a) auf die Lieferungen eines Gegenstands, den der Wiederverkäufer innergemeinschaftlich erworben hat, wenn auf die Lieferung des Gegenstands an den Wiederverkäufer die Steuerbefreiung für innergemeinschaftliche Lieferungen im übrigen Gemeinschaftsgebiet angewendet worden ist,
   b) auf die innergemeinschaftliche Lieferung eines neuen Fahrzeugs im Sinne des § 1 b Abs. 2 und 3.
2. Der innergemeinschaftliche Erwerb unterliegt nicht der Umsatzsteuer, wenn auf die Lieferung der Gegenstände an den Erwerber im Sinne des § 1 a Abs. 1 die Differenzbesteuerung im übrigen Gemeinschaftsgebiet angewendet worden ist.
3. Die Anwendung des § 3 c und die Steuerbefreiung für innergemeinschaftliche Lieferungen (§ 4 Nr. 1 Buchstabe b, § 6 a) sind bei der Differenzbesteuerung ausgeschlossen.

(8) [1] Der Wiederverkäufer kann bei jeder Lieferung auf die Differenzbesteuerung verzichten, soweit er Absatz 4 nicht anwendet. [2] Bezieht sich der Verzicht auf die in Absatz 2 bezeichneten Gegenstände, ist der Vorsteuerabzug frühestens in dem Voranmeldungszeitraum möglich, in dem die Steuer für die Lieferung entsteht.

§ 25 b Innergemeinschaftliche Dreiecksgeschäfte. (1) [1] Ein innergemeinschaftliches Dreiecksgeschäft liegt vor, wenn

1. drei Unternehmer über denselben Gegenstand Umsatzgeschäfte abschließen und dieser Gegenstand unmittelbar vom ersten Lieferer an den letzten Abnehmer gelangt,
2. die Unternehmer in jeweils verschiedenen Mitgliedstaaten für Zwecke der Umsatzsteuer erfasst sind,
3. der Gegenstand der Lieferungen aus dem Gebiet eines Mitgliedstaates in das Gebiet eines anderen Mitgliedstaates gelangt und
4. der Gegenstand der Lieferungen durch den ersten Lieferer oder den ersten Abnehmer befördert oder versendet wird.

[2] Satz 1 gilt entsprechend, wenn der letzte Abnehmer eine juristische Person ist, die nicht Unternehmer ist oder den Gegenstand nicht für ihr Unternehmen erwirbt und die in dem Mitgliedstaat für Zwecke der Umsatzsteuer erfasst ist, in dem sich der Gegenstand am Ende der Beförderung oder Versendung befindet.

(2) Im Fall des Absatzes 1 wird die Steuer für die Lieferung an den letzten Abnehmer von diesem geschuldet, wenn folgende Voraussetzungen erfüllt sind:

1. Der Lieferung ist ein innergemeinschaftlicher Erwerb vorausgegangen,
2. der erste Abnehmer ist in dem Mitgliedstaat, in dem die Beförderung oder Versendung endet, nicht ansässig. [2] Er verwendet gegenüber dem ersten Lie-

ferer und dem letzten Abnehmer dieselbe Umsatzsteuer-Identifikationsnummer, die ihm von einem anderen Mitgliedstaat erteilt worden ist als dem, in dem die Beförderung oder Versendung beginnt oder endet,

3. der erste Abnehmer erteilt dem letzten Abnehmer eine Rechnung im Sinne des § 14a Abs. 7, in der die Steuer nicht gesondert ausgewiesen ist, und
4. der letzte Abnehmer verwendet eine Umsatzsteuer-Identifikationsnummer des Mitgliedstaates, in dem die Beförderung oder Versendung endet.

(3) Im Fall des Absatzes 2 gilt der innergemeinschaftliche Erwerb des ersten Abnehmers als besteuert.

(4) Für die Berechnung der nach Absatz 2 geschuldeten Steuer gilt die Gegenleistung als Entgelt.

(5) Der letzte Abnehmer ist unter den übrigen Voraussetzungen des § 15 berechtigt, die nach Absatz 2 geschuldete Steuer als Vorsteuer abzuziehen.

(6) [1] § 22 gilt mit der Maßgabe, dass aus den Aufzeichnungen zu ersehen sein müssen

1. beim ersten Abnehmer, der eine inländische Umsatzsteuer-Identifikationsnummer verwendet, das vereinbarte Entgelt für die Lieferung im Sinne des Absatzes 2 sowie der Name und die Anschrift des letzten Abnehmers;
2. beim letzten Abnehmer, der eine inländische Umsatzsteuer-Identifikationsnummer verwendet:
   a) die Bemessungsgrundlage der an ihn ausgeführten Lieferung im Sinne des Absatzes 2 sowie die hierauf entfallenden Steuerbeträge,
   b) der Name und die Anschrift des ersten Abnehmers.

[2] Beim ersten Abnehmer, der eine Umsatzsteuer-Identifikationsnummer eines anderen Mitgliedstaates verwendet, entfallen die Aufzeichnungspflichten nach § 22, wenn die Beförderung oder Versendung im Inland endet.

§ 25 c Besteuerung von Umsätzen mit Anlagegold. (1) [1] Die Lieferung, die Einfuhr und der innergemeinschaftliche Erwerb von Anlagegold, einschließlich Anlagegold in Form von Zertifikaten über sammel- oder einzelverwahrtes Gold und über Goldkonten gehandeltes Gold, insbesondere auch Golddarlehen und Goldswaps, durch die ein Eigentumsrecht an Anlagegold oder ein schuldrechtlicher Anspruch auf Anlagegold begründet wird, sowie Terminkontrakte und im Freiverkehr getätigte Terminabschlüsse mit Anlagegold, die zur Übertragung eines Eigentumsrechts an Anlagegold oder eines schuldrechtlichen Anspruchs auf Anlagegold führen, sind steuerfrei. [2] Satz 1 gilt entsprechend für die Vermittlung der Lieferung von Anlagegold.

(2) Anlagegold im Sinne dieses Gesetzes sind:

1. Gold in Barren- oder Plättchenform mit einem von den Goldmärkten akzeptierten Gewicht und einem Feingehalt von mindestens 995 Tausendstel;
2. Goldmünzen, die einen Feingehalt von mindestens 900 Tausendstel aufweisen, nach dem Jahr 1800 geprägt wurden, in ihrem Ursprungsland gesetzliches Zahlungsmittel sind oder waren und üblicherweise zu einem Preis

verkauft werden, der den Offenmarktwert ihres Goldgehalts um nicht mehr als 80 Prozent übersteigt.

(3) 1 Der Unternehmer, der Anlagegold herstellt oder Gold in Anlagegold umwandelt, kann eine Lieferung, die nach Absatz 1 Satz 1 steuerfrei ist, als steuerpflichtig behandeln, wenn sie an einen anderen Unternehmer für dessen Unternehmen ausgeführt wird. 2 Der Unternehmer, der üblicherweise Gold zu gewerblichen Zwecken liefert, kann eine Lieferung von Anlagegold im Sinne des Absatzes 2 Nr. 1, die nach Absatz 1 Satz 1 steuerfrei ist, als steuerpflichtig behandeln, wenn sie an einen anderen Unternehmer für dessen Unternehmen ausgeführt wird. 3 Ist eine Lieferung nach den Sätzen 1 oder 2 als steuerpflichtig behandelt worden, kann der Unternehmer, der diesen Umsatz vermittelt hat, die Vermittlungsleistung ebenfalls als steuerpflichtig behandeln.

(4) Bei einem Unternehmer, der steuerfreie Umsätze nach Absatz 1 ausführt, ist die Steuer für folgende an ihn ausgeführte Umsätze abweichend von § 15 Abs. 2 nicht vom Vorsteuerabzug ausgeschlossen:

1. die Lieferungen von Anlagegold durch einen anderen Unternehmer, der diese Lieferungen nach Absatz 3 Satz 1 oder 2 als steuerpflichtig behandelt;
2. die Lieferungen, die Einfuhr und der innergemeinschaftliche Erwerb von Gold, das anschließend von ihm oder für ihn in Anlagegold umgewandelt wird;
3. die sonstigen Leistungen, die in der Veränderung der Form, des Gewichts oder des Feingehalts von Gold, einschließlich Anlagegold, bestehen.

(5) Bei einem Unternehmer, der Anlagegold herstellt oder Gold in Anlagegold umwandelt und anschließend nach Absatz 1 Satz 1 steuerfrei liefert, ist die Steuer für an ihn ausgeführte Umsätze, die in unmittelbarem Zusammenhang mit der Herstellung oder Umwandlung des Goldes stehen, abweichend von § 15 Abs. 2 nicht vom Vorsteuerabzug ausgeschlossen.

(6) Bei Umsätzen mit Anlagegold gelten zusätzlich zu den Aufzeichnungspflichten nach § 22 die Identifizierungs-, Aufzeichnungs- und Aufbewahrungspflichten des Geldwäschegesetzes mit Ausnahme der Identifizierungspflicht in Verdachtsfällen nach § 6 dieses Gesetzes entsprechend.

§ 25 d Haftung für die schuldhaft nicht abgeführte Steuer.

(1) 1 Der Unternehmer haftet für die Steuer aus einem vorangegangenen Umsatz, soweit diese in einer nach § 14 ausgestellten Rechnung ausgewiesen wurde, der Aussteller der Rechnung entsprechend seiner vorgefassten Absicht die ausgewiesene Steuer nicht entrichtet oder sich vorsätzlich außer Stande gesetzt hat, die ausgewiesene Steuer zu entrichten und der Unternehmer bei Abschluss des Vertrags über seinen Eingangsumsatz davon Kenntnis hatte oder nach der Sorgfalt eines ordentlichen Kaufmanns hätte haben müssen. 2 Trifft dies auf mehrere Unternehmer zu, so haften diese als Gesamtschuldner.

(2) 1 Von der Kenntnis oder dem Kennenmüssen ist insbesondere auszugehen, wenn der Unternehmer für seinen Umsatz einen Preis in Rechnung stellt, der zum Zeitpunkt des Umsatzes unter dem marktüblichen Preis liegt. 2 Dasselbe gilt, wenn der ihm in Rechnung gestellte Preis unter dem marktüb-

lichen Preis oder unter dem Preis liegt, der seinem Lieferanten oder anderen Lieferanten, die am Erwerb der Ware beteiligt waren, in Rechnung gestellt wurde. [3]Weist der Unternehmer nach, dass die Preisgestaltung betriebswirtschafltich begründet ist, finden die Sätze 1 und 2 keine Anwendung.

(3) [1]Örtlich zuständig für den Erlass des Haftungsbescheides ist das Finanzamt, dass für die Besteuerung des Unternehmers zuständig ist. [2]Im Fall des Absatzes 1 Satz 2 ist jedes Finanzamt örtlich zuständig, bei dem der Vorsteueranspruch geltend gemacht wird.

(4) [1]Das zuständige Finanzamt hat zu prüfen, ob die Voraussetzungen für den Erlass des Haftungsbescheides vorliegen. [2]Bis zum Abschluss dieser Prüfung kann die Erteilung der Zustimmung im Sinne von § 168 Satz 2 der Abgabenordnung versagt werden. [3]Satz 2 gilt entsprechend für die Festsetzung nach § 167 Abs. 1 Satz 1 der Abgabenordnung, wenn sie zu einer Erstattung führt.

(5) Für den Erlass des Haftungsbescheides gelten die allgemeinen Grundsätze, mit Ausnahme des § 219 der Abgabenordnung.

Siebenter Abschnitt. Durchführung, Bußgeld-, Straf-, Verfahrens-, Übergangs- und Schlussvorschriften

§ 26[1)] **Durchführung, Erstattung in Sonderfällen.** (1) [1]Die Bundesregierung kann mit Zustimmung des Bundesrates durch Rechtsverordnung zur Wahrung der Gleichmäßigkeit bei der Besteuerung, zur Beseitigung von Unbilligkeiten in Härtefällen oder zur Vereinfachung des Besteuerungsverfahrens den Umfang der in diesem Gesetz enthaltenen Steuerbefreiungen, Steuerermäßigungen und des Vorsteuerabzugs näher bestimmen sowie die zeitlichen Bindungen nach § 19 Abs. 2, § 23 Abs. 3 und § 24 Abs. 4 verkürzen. [2]Bei der näheren Bestimmung des Umfangs der Steuerermäßigung nach § 12 Abs. 2 Nr. 1 kann von der zolltariflichen Abgrenzung abgewichen werden.

(2) Das Bundesministerium der Finanzen kann mit Zustimmung des Bundesrates durch Rechtsverordnung den Wortlaut derjenigen Vorschriften des Gesetzes und der auf Grund dieses Gesetzes erlassenen Rechtsverordnungen, in denen auf den Zolltarif hingewiesen wird, dem Wortlaut des Zolltarifs in der jeweils geltenden Fassung anpassen.

(3) [1]Das Bundesministerium der Finanzen kann unbeschadet der Vorschriften der §§ 163 und 227 der Abgabenordnung[2)] anordnen, dass die Steuer für grenzüberschreitende Beförderungen von Personen im Luftverkehr niedriger festgesetzt oder ganz oder zum Teil erlassen wird, soweit der Unternehmer keine Rechnungen mit gesondertem Ausweis der Steuer (§ 14 Abs. 4) erteilt hat. [2]Bei Beförderungen durch ausländische Unternehmer kann die Anordnung davon abhängig gemacht werden, dass in dem Land, in dem der ausländische Unternehmer seinen Sitz hat, für grenzüberschreitende Beförderungen im Luftverkehr, die von Unternehmern mit Sitz in der Bundesrepublik

---

[1)] § 26 Überschrift geänd. durch G v. 26. 6. 2013 (BGBl. I S. 1809).
[2)] Nr. **800**.

Deutschland durchgeführt werden, eine Umsatzsteuer oder ähnliche Steuer nicht erhoben wird.

[*ab 30. 6. 2013:*

(4)[1] [1]Die Umsatzsteuer wird einem Konsortium, das auf der Grundlage der Verordnung (EG) Nr. 723/2009 des Rates vom 25. Juni 2009 über den gemeinschaftlichen Rechtsrahmen für ein Konsortium für eine europäische Forschungsinfrastruktur (ABl. L 206 vom 8. 8. 2009, S. 1) durch einen Beschluss der Kommission gegründet wurde, vom Bundeszentralamt für Steuern vergütet, wenn

1. das Konsortium seinen satzungsgemäßen Sitz im Inland hat,
2. es sich um die gesetzlich geschuldete Umsatzsteuer handelt, die in Rechnung gestellt und gesondert ausgewiesen wurde,
3. es sich um Umsatzsteuer für Lieferungen und sonstige Leistungen handelt, die das Konsortium für seine satzungsgemäße und nichtunternehmerische Tätigkeit in Anspruch genommen hat,
4. der Steuerbetrag je Rechnung insgesamt 25 Euro übersteigt und
5. die Steuer gezahlt wurde.

[2]Satz 1 gilt entsprechend für die von einem Konsortium nach § 13 b Absatz 5 geschuldete und von ihm entrichtete Umsatzsteuer, wenn diese je Rechnung insgesamt 25 Euro übersteigt. [3]Die Sätze 1 und 2 sind auf ein Konsortium mit satzungsgemäßem Sitz in einem anderen Mitgliedstaat sinngemäß anzuwenden, wenn die Voraussetzungen für die Vergütung durch die in § 4 Nummer 7 Satz 5 genannte Bescheinigung nachgewiesen wird. [4]Mindert sich die Bemessungsgrundlage nachträglich, hat das Konsortium das Bundeszentralamt für Steuern davon zu unterrichten und den zu viel vergüteten Steuerbetrag zurückzuzahlen. [5]Wird ein Gegenstand, den ein Konsortium für seine satzungsgemäße Tätigkeit erworben hat und für dessen Erwerb eine Vergütung der Umsatzsteuer gewährt worden ist, entgeltlich oder unentgeltlich abgegeben, vermietet oder übertragen, ist der Teil der vergüteten Umsatzsteuer, der dem Veräußerungspreis oder bei unentgeltlicher Abgabe oder Übertragung dem Zeitwert des Gegenstands entspricht, an das Bundeszentralamt für Steuern zu entrichten. [6]Der zu entrichtende Steuerbetrag kann aus Vereinfachungsgründen durch Anwendung des im Zeitpunkt der Abgabe oder Übertragung des Gegenstands geltenden Steuersatzes ermittelt werden.]

(5) Das Bundesministerium der Finanzen kann mit Zustimmung des Bundesrates durch Rechtsverordnung näher bestimmen, wie der Nachweis bei den folgenden Steuerbefreiungen zu führen ist:

1. Artikel III Nr. 1 des Abkommens zwischen der Bundesrepublik Deutschland und den Vereinigten Staaten von Amerika über die von der Bundesrepublik zu gewährenden Abgabenvergünstigungen für die von den Vereinigten Staaten im Interesse der gemeinsamen Verteidigung geleisteten Ausgaben (BGBl. 1955 II S. 823);

---

[1] § 26 Abs. 4 neu gef. mWv 30. 6. 2013 durch G v. 26. 6. 2013 (BGBl. I S. 1809).

2. Artikel 67 Abs. 3 des Zusatzabkommens zu dem Abkommen zwischen den Parteien des Nordatlantikvertrags über die Rechtsstellung ihrer Truppen hinsichtlich der in der Bundesrepublik Deutschland stationierten ausländischen Truppen (BGBl. 1961 II S. 1183, 1218);
3. Artikel 14 Abs. 2 Buchstabe b und d des Abkommens zwischen der Bundesrepublik Deutschland und dem Obersten Hauptquartier der Alliierten Mächte, Europa, über die besonderen Bedingungen für die Einrichtung und den Betrieb internationaler militärischer Hauptquartiere in der Bundesrepublik Deutschland (BGBl. 1969 II S. 1997, 2009).

(6) Das Bundesministerium der Finanzen kann dieses Gesetz und die auf Grund dieses Gesetzes erlassenen Rechtsverordnungen in der jeweils geltenden Fassung mit neuem Datum und unter neuer Überschrift im Bundesgesetzblatt bekannt machen.

§ 26 a Bußgeldvorschriften. (1) Ordnungswidrig handelt, wer vorsätzlich oder leichtfertig

1. entgegen § 14 Abs. 2 Satz 1 Nr. 1 oder 2 Satz 2 eine Rechnung nicht oder nicht rechtzeitig ausstellt,
2. entgegen § 14 b Abs. 1 Satz 1, auch in Verbindung mit Satz 4, ein dort bezeichnetes Doppel oder eine dort bezeichnete Rechnung nicht oder nicht mindestens zehn Jahre aufbewahrt,
3. entgegen § 14 b Abs. 1 Satz 5 eine dort bezeichnete Rechnung, einen Zahlungsbeleg oder eine andere beweiskräftige Unterlage nicht oder nicht mindestens zwei Jahre aufbewahrt,
4. entgegen § 18 Abs. 12 Satz 3 die dort bezeichnete Bescheinigung nicht oder nicht rechtzeitig vorlegt,
5.[1] entgegen § 18 a Absatz 1 bis 3 in Verbindung mit Absatz 7 Satz 1, Absatz 8 oder Absatz 9 eine Zusammenfassende Meldung nicht, nicht richtig, nicht vollständig oder nicht rechtzeitig abgibt oder entgegen § 18 a Absatz 10 eine Zusammenfassende Meldung nicht oder nicht rechtzeitig berichtigt,
6. einer Rechtsverordnung nach § 18 c zuwiderhandelt, soweit sie für einen bestimmten Tatbestand auf die Bußgeldvorschrift verweist, oder
7. entgegen § 18 d Satz 3 die dort bezeichneten Unterlagen nicht, nicht vollständig oder nicht rechtzeitig vorlegt.

(2) Die Ordnungswidrigkeit kann in den Fällen des Absatzes 1 Nr. 3 mit einer Geldbuße bis zu fünfhundert Euro, in den übrigen Fällen mit einer Geldbuße bis zu fünftausend Euro geahndet werden.

[***ab 31. 7. 2014:***

(3)[2] Verwaltungsbehörde im Sinne des § 36 Absatz 1 Nummer 1 des Gesetzes über Ordnungswidrigkeiten ist in den Fällen des Absatzes 1 Nummer 5 und 6 das Bundeszentralamt für Steuern.]

---

[1] § 26 a Abs. 1 Nr. 5 neu gef. mWv 1.7. 2010 durch G v. 8. 4. 2010 (BGBl. I S. 386).
[2] § 26 a Abs. 3 angef. mWv 31. 7. 2014 durch G v. 25. 7. 2014 (BGBl. I S. 1266).

§ 26 b Schädigung des Umsatzsteueraufkommens. (1) Ordnungswidrig handelt, wer die in einer Rechnung im Sinne von § 14 ausgewiesene Umsatzsteuer zu einem in § 18 Absatz 1 Satz 4[1] oder Abs. 4 Satz 1 oder 2 genannten Fälligkeitszeitpunkt nicht oder nicht vollständig entrichtet.

(2) Die Ordnungswidrigkeit kann mit einer Geldbuße bis zu fünfzigtausend Euro geahndet werden.

§ 26 c Gewerbsmäßige oder bandenmäßige Schädigung des Umsatzsteueraufkommens. Mit Freiheitsstrafe bis zu fünf Jahren oder mit Geldstrafe wird bestraft, wer in den Fällen des § 26 b gewerbsmäßig oder als Mitglied einer Bande, die sich zur fortgesetzten Begehung solcher Handlungen verbunden hat, handelt.

§ 27 Allgemeine Übergangsvorschriften. (1) [1]Änderungen dieses Gesetzes sind, soweit nichts anderes bestimmt ist, auf Umsätze im Sinne des § 1 Abs. 1 Nr. 1 und 5 anzuwenden, die ab dem Inkrafttreten der maßgeblichen Änderungsvorschrift ausgeführt werden. [2]Das gilt für Lieferungen und sonstige Leistungen auch insoweit, als die Steuer dafür nach § 13 Abs. 1 Nr. 1 Buchstabe a Satz 4, Buchstabe b oder § 13 b Absatz 4 Satz 2[2] vor dem Inkrafttreten der Änderungsvorschrift entstanden ist. [3]Die Berechnung dieser Steuer ist für den Voranmeldungszeitraum zu berichtigen, in dem die Lieferung oder sonstige Leistung ausgeführt wird.

(1 a) [1]§ 4 Nr. 14 ist auf Antrag auf vor dem 1. Januar 2000 erbrachte Umsätze aus der Tätigkeit als Sprachheilpädagoge entsprechend anzuwenden, soweit der Sprachheilpädagoge gemäß § 124 Abs. 2 des Fünften Buches Sozialgesetzbuch von den zuständigen Stellen der gesetzlichen Krankenkassen umfassend oder für bestimmte Teilgebiete der Sprachtherapie zur Abgabe von sprachtherapeutischen Heilmitteln zugelassen ist und die Voraussetzungen des § 4 Nr. 14 spätestens zum 1. Januar 2000 erfüllt. [2]Bestandskräftige Steuerfestsetzungen können insoweit aufgehoben oder geändert werden.

(2) § 9 Abs. 2 ist nicht anzuwenden, wenn das auf dem Grundstück errichtete Gebäude

1. Wohnzwecken dient oder zu dienen bestimmt ist und vor dem 1. April 1985 fertig gestellt worden ist,
2. anderen nichtunternehmerischen Zwecken dient oder zu dienen bestimmt ist und vor dem 1. Januar 1986 fertig gestellt worden ist,
3. anderen als in den Nummern 1 und 2 bezeichneten Zwecken dient oder zu dienen bestimmt ist und vor dem 1. Januar 1998 fertig gestellt worden ist,

und wenn mit der Errichtung des Gebäudes in den Fällen der Nummern 1 und 2 vor dem 1. Juni 1984 und in den Fällen der Nummer 3 vor dem 11. November 1993 begonnen worden ist.

---

[1] Verweis geänd. durch G v. 26. 6. 2013 (BGBl. I S. 1809).

[2] Verweis eingef. mWv 1. 7. 2006 durch G v. 29. 6. 2006 (BGBl. I S. 1402); geänd. mWv 1. 7. 2010 durch G v. 8. 4. 2010 (BGBl. I S. 386).

(3) § 14 Abs. 1a in der bis zum 31. Dezember 2003 geltenden Fassung ist auf Rechnungen anzuwenden, die nach dem 30. Juni 2002 ausgestellt werden, sofern die zugrunde liegenden Umsätze bis zum 31. Dezember 2003 ausgeführt wurden.

(4) [1]Die §§ 13b, 14 Abs. 1, § 14a Abs. 4 und 5 Satz 3 Nr. 3, § 15 Abs. 1 Satz 1 Nr. 4 und Abs. 4b, § 17 Abs. 1 Satz 1, § 18 Abs. 4a Satz 1, § 19 Abs. 1 Satz 3, § 22 Abs. 1 Satz 2 und Abs. 2 Nr. 8, § 25a Abs. 5 Satz 3 in der jeweils bis zum 31. Dezember 2003 geltenden Fassung sind auch auf Umsätze anzuwenden, die vor dem 1. Januar 2002 ausgeführt worden sind, soweit das Entgelt für diese Umsätze erst nach dem 31. Dezember 2001 gezahlt worden ist. [2]Soweit auf das Entgelt oder Teile des Entgelts für nach dem 31. Dezember 2001 ausgeführte Umsätze vor dem 1. Januar 2002 das Abzugsverfahren nach § 18 Abs. 8 in der bis zum 31. Dezember 2001 geltenden Fassung angewandt worden ist, mindert sich die vom Leistungsempfänger nach § 13b geschuldete Steuer um die bisher im Abzugsverfahren vom leistenden Unternehmer geschuldete Steuer.

(5) [1]§ 3 Abs. 9a Satz 2, § 15 Abs. 1b, § 15a Abs. 3 Nr. 2 und § 15a Abs. 4 Satz 2 in der jeweils bis 31. Dezember 2003 geltenden Fassung sind auf Fahrzeuge anzuwenden, die nach dem 31. März 1999 und vor dem 1. Januar 2004 angeschafft oder hergestellt, eingeführt, innergemeinschaftlich erworben oder gemietet worden sind und für die der Vorsteuerabzug nach § 15 Abs. 1b vorgenommen worden ist. [2]Dies gilt nicht für nach dem 1. Januar 2004 anfallende Vorsteuerbeträge, die auf die Miete oder den Betrieb dieser Fahrzeuge entfallen.

(6) Umsätze aus der Nutzungsüberlassung von Sportanlagen können bis zum 31. Dezember 2004 in eine steuerfreie Grundstücksüberlassung und in eine steuerpflichtige Überlassung von Betriebsvorrichtungen aufgeteilt werden.

(7)[1)] [1]§ 13c ist anzuwenden auf Forderungen, die nach dem 7. November 2003 abgetreten, verpfändet oder gepfändet worden sind.

(8) § 15a Abs. 1 Satz 1 und Abs. 4 Satz 1 in der Fassung des Gesetzes vom 20. Dezember 2001 (BGBl. I S. 3794) ist auch für Zeiträume vor dem 1. Januar 2002 anzuwenden, wenn der Unternehmer den Vorsteuerabzug im Zeitpunkt des Leistungsbezugs auf Grund der von ihm erklärten Verwendungsabsicht in Anspruch genommen hat und die Nutzung ab dem Zeitpunkt der erstmaligen Verwendung mit den für den Vorsteuerabzug maßgebenden Verhältnissen nicht übereinstimmt.

(9) § 18 Abs. 1 Satz 1 ist erstmals auf Voranmeldungszeiträume anzuwenden, die nach dem 31. Dezember 2004 enden.

(10) § 4 Nr. 21a in der bis 31. Dezember 2003 geltenden Fassung ist auf Antrag auf vor dem 1. Januar 2005 erbrachte Umsätze der staatlichen Hochschulen aus Forschungstätigkeit anzuwenden, wenn die Leistungen auf einem Vertrag beruhen, der vor dem 3. September 2003 abgeschlossen worden ist.

[1)] § 27 Abs. 7 Satz 2 aufgeh. mWv 1. 1. 2008 durch G v. 20. 12. 2007 (BGBl. I S. 3150).

(11) § 15a in der Fassung des Artikels 5 des Gesetzes vom 9. Dezember 2004 (BGBl. I S. 3310) ist auf Vorsteuerbeträge anzuwenden, deren zugrunde liegende Umsätze im Sinne des § 1 Abs. 1 nach dem 31. Dezember 2004 ausgeführt werden.

(12)[1] Auf Vorsteuerbeträge, deren zugrunde liegende Umsätze im Sinne des § 1 Abs. 1 nach dem 31. Dezember 2006 ausgeführt werden, ist § 15a Abs. 3 und 4 in der am 1. Januar 2007 geltenden Fassung anzuwenden.

(13)[2] § 18a Abs. 1 Satz 1, 4 und 5 in der Fassung des Artikels 7 des Gesetzes vom 13. Dezember 2006 (BGBl. I S. 2878) ist erstmals auf Meldezeiträume anzuwenden, die nach dem 31. Dezember 2006 enden.

(14)[3] § 18 Abs. 9 in der Fassung des Artikels 7 des Gesetzes vom 19. Dezember 2008 (BGBl. I S. 2794) und § 18g sind auf Anträge auf Vergütung von Vorsteuerbeträgen anzuwenden, die nach dem 31. Dezember 2009 gestellt werden.

(15)[4] § 14 Abs. 2 Satz 1 Nr. 2 und § 14 Abs. 3 Nr. 2 in der jeweils ab 1. Januar 2009 geltenden Fassung sind auf alle Rechnungen über Umsätze anzuwenden, die nach dem 31. Dezember 2008 ausgeführt werden.

(16)[5] [1] § 3 Absatz 9a Nummer 1, § 15 Absatz 1b, § 15a Absatz 6a und 8 Satz 2 in der Fassung des Artikels 4 des Gesetzes vom 8. Dezember 2010 (BGBl. I S. 1768) sind nicht anzuwenden auf Wirtschaftsgüter im Sinne des § 15 Absatz 1b, die auf Grund eines vor dem 1. Januar 2011 rechtswirksam abgeschlossenen obligatorischen Vertrags oder gleichstehenden Rechtsakts angeschafft worden sind oder mit deren Herstellung vor dem 1. Januar 2011 begonnen worden ist. [2] Als Beginn der Herstellung gilt bei Gebäuden, für die eine Baugenehmigung erforderlich ist, der Zeitpunkt, in dem der Bauantrag gestellt wird; bei baugenehmigungsfreien Gebäuden, für die Bauunterlagen einzureichen sind, der Zeitpunkt, in dem die Bauunterlagen eingereicht werden.

(17)[5] § 18 Absatz 3 in der Fassung des Artikels 4 des Gesetzes vom 8. Dezember 2010 (BGBl. I S. 1768) ist erstmals auf Besteuerungszeiträume anzuwenden, die nach dem 31. Dezember 2010 enden.

(18)[5] § 14 Absatz 1 und 3 ist in der ab 1. Juli 2011 geltenden Fassung auf alle Rechnungen über Umsätze anzuwenden, die nach dem 30. Juni 2011 ausgeführt werden.

(19)[5] [1] Sind Unternehmer und Leistungsempfänger davon ausgegangen, dass der Leistungsempfänger die Steuer nach § 13b auf eine vor dem 15. Februar 2014 erbrachte steuerpflichtige Leistung schuldet, und stellt sich diese Annahme als unrichtig heraus, ist die gegen den leistenden Unternehmer

---

[1] § 27 Abs. 12 angef. durch G v. 22. 8. 2006 (BGBl. I S. 1970).
[2] § 27 Abs. 13 angef. durch G v. 13. 12. 2006 (BGBl. I S. 2878).
[3] § 27 Abs. 14 angef. durch G v. 19. 12. 2008 (BGBl. I S. 2794).
[4] § 27 Abs. 15 angef. durch G v. 20. 12. 2008 (BGBl. I S. 2850).
[5] § 27 Abs. 16 und 17 angef. durch G v. 8. 12. 2010 (BGBl. I S. 1768); Abs. 18 angef. durch G v. 1. 11. 2011 (BGBl. I S. 2131); Abs. 19 angef. durch G v. 25. 7. 2014 (BGBl. I S. 1266).

wirkende Steuerfestsetzung zu ändern, soweit der Leistungsempfänger die Erstattung der Steuer fordert, die er in der Annahme entrichtet hatte, Steuerschuldner zu sein. 2 § 176 der Abgabenordnung steht der Änderung nach Satz 1 nicht entgegen. 3 Das für den leistenden Unternehmer zuständige Finanzamt kann auf Antrag zulassen, dass der leistende Unternehmer dem Finanzamt den ihm gegen den Leistungsempfänger zustehenden Anspruch auf Zahlung der gesetzlich entstandenen Umsatzsteuer abtritt, wenn die Annahme der Steuerschuld des Leistungsempfängers im Vertrauen auf eine Verwaltungsanweisung beruhte und der leistende Unternehmer bei der Durchsetzung des abgetretenen Anspruchs mitwirkt. 4 Die Abtretung wirkt an Zahlungs statt, wenn

1. der leistende Unternehmer dem Leistungsempfänger eine erstmalige oder geänderte Rechnung mit offen ausgewiesener Umsatzsteuer ausstellt,
2. die Abtretung an das Finanzamt wirksam bleibt,
3. dem Leistungsempfänger diese Abtretung unverzüglich mit dem Hinweis angezeigt wird, dass eine Zahlung an den leistenden Unternehmer keine schuldbefreiende Wirkung mehr hat, und
4. der leistende Unternehmer seiner Mitwirkungspflicht nachkommt.

(20)[1] § 18 h Absatz 3 und 4 in der Fassung des Artikels 8 des Gesetzes vom 25. Juli 2014 (BGBl. I S. 1266) ist erstmals auf Besteuerungszeiträume anzuwenden, die nach dem 31. Dezember 2014 enden.

(21)[2] § 18 Absatz 2 in der am 1. Januar 2015 geltenden Fassung ist erstmals auf Voranmeldungszeiträume anzuwenden, die nach dem 31. Dezember 2014 enden.

(22)[3] 1 § 2 Absatz 3 in der am 31. Dezember 2015 geltenden Fassung ist auf Umsätze, die nach dem 31. Dezember 2015 und vor dem 1. Januar 2017 ausgeführt werden, weiterhin anzuwenden. 2 § 2 b in der am 1. Januar 2016 geltenden Fassung ist auf Umsätze anzuwenden, die nach dem 31. Dezember 2016 ausgeführt werden. 3 Die juristische Person des öffentlichen Rechts kann dem Finanzamt gegenüber einmalig erklären, dass sie § 2 Absatz 3 in der am 31. Dezember 2015 geltenden Fassung für sämtliche nach dem 31. Dezember 2016 und vor dem 1. Januar 2021 ausgeführte Leistungen weiterhin anwendet. 4 Eine Beschränkung der Erklärung auf einzelne Tätigkeitsbereiche oder Leistungen ist nicht zulässig. 5 Die Erklärung ist bis zum 31. Dezember 2016 abzugeben. 6 Sie kann nur mit Wirkung vom Beginn eines auf die Abgabe folgenden Kalenderjahres an widerrufen werden.

§ 27 a Umsatzsteuer-Identifikationsnummer. (1)[4] 1 Das Bundeszentralamt für Steuern[5] erteilt Unternehmern im Sinne des § 2 auf Antrag eine Umsatzsteuer-Identifikationsnummer. 2 Das Bundeszentralamt für Steuern[5]

---

[1] § 27 Abs. 20 angef. durch G v. 25. 7. 2014 (BGBl. I S. 1266).

[2] § 27 Abs. 21 angef. durch G v. 22. 12. 2014 (BGBl. I S. 2417).

[3] § 27 Abs. 22 angef. durch G v. 2. 11. 2015 (BGBl. I S. 1834).

[4] § 27 a Abs. 1 Sätze 2 und 3 ersetzt durch Satz 2, bish. Sätze 4 bis 6 werden Sätze 3 bis 5, neuer Satz 4 Verweis geänd. mWv 1. 1. 2010 durch G v. 8. 4. 2010 (BGBl. I S. 386).

[5] Bezeichnung geänd. durch G v. 22. 9. 2005 (BGBl. I S. 2809).

erteilt auch juristischen Personen, die nicht Unternehmer sind oder die Gegenstände nicht für ihr Unternehmen erwerben, eine Umsatzsteuer-Identifikationsnummer, wenn sie diese für innergemeinschaftliche Erwerbe benötigen. [3]Im Fall der Organschaft wird auf Antrag für jede juristische Person eine eigene Umsatzsteuer-Identifikationsnummer erteilt. [4]Der Antrag auf Erteilung einer Umsatzsteuer-Identifikationsnummer nach den Sätzen 1 bis 3 ist schriftlich zu stellen. [5]In dem Antrag sind Name, Anschrift und Steuernummer, unter der der Antragsteller umsatzsteuerrechtlich geführt wird, anzugeben.

(2) [1]Die Landesfinanzbehörden übermitteln dem Bundeszentralamt für Steuern[1)] die für die Erteilung der Umsatzsteuer-Identifikationsnummer nach Absatz 1 erforderlichen Angaben über die bei ihnen umsatzsteuerlich geführten natürlichen und juristischen Personen und Personenvereinigungen. [2]Diese Angaben dürfen nur für die Erteilung einer Umsatzsteuer-Identifikationsnummer, für Zwecke der Verordnung (EU) Nr. 904/2010 des Rates vom 7. Oktober 2010 über die Zusammenarbeit der Verwaltungsbehörden und die Betrugsbekämpfung auf dem Gebiet der Mehrwertsteuer (ABl. L 268 vom 12. 10. 2010, S. 1)[2)], für die Umsatzsteuerkontrolle, für Zwecke der Amtshilfe zwischen den zuständigen Behörden anderer Staaten in Umsatzsteuersachen sowie für Übermittlungen an das Statistische Bundesamt nach § 2a des Statistikregistergesetzes verarbeitet oder genutzt werden. [3]Bundeszentralamt für Steuern[1)] übermittelt den Landesfinanzbehörden die erteilten Umsatzsteuer-Identifikationsnummern und die Daten, die sie für die Umsatzsteuerkontrolle benötigen.

§ 27b Umsatzsteuer-Nachschau. (1) [1]Zur Sicherstellung einer gleichmäßigen Festsetzung und Erhebung der Umsatzsteuer können die damit betrauten Amtsträger der Finanzbehörde ohne vorherige Ankündigung und außerhalb einer Außenprüfung Grundstücke und Räume von Personen, die eine gewerbliche oder berufliche Tätigkeit selbständig ausüben, während der Geschäfts- und Arbeitszeiten betreten, um Sachverhalte festzustellen, die für die Besteuerung erheblich sein können (Umsatzsteuer-Nachschau). [2]Wohnräume dürfen gegen den Willen des Inhabers nur zur Verhütung dringender Gefahren für die öffentliche Sicherheit und Ordnung betreten werden.

(2)[3)] [1]Soweit dies zur Feststellung einer steuerlichen Erheblichkeit zweckdienlich ist, haben die von der Umsatzsteuer-Nachschau betroffenen Personen den damit betrauten Amtsträgern auf Verlangen Aufzeichnungen, Bücher, Geschäftspapiere und andere Urkunden über die der Umsatzsteuer-Nachschau unterliegenden Sachverhalte vorzulegen und Auskünfte zu erteilen. [2]Wurden die in Satz 1 genannten Unterlagen mit Hilfe eines Datenverarbeitungssystems erstellt, können die mit der Umsatzsteuer-Nachschau betrauten Amtsträger auf Verlangen die gespeicherten Daten über die der Umsatzsteuer-Nachschau

---

[1)] Bezeichnung geänd. durch G v. 22. 9. 2005 (BGBl. I S. 2809).

[2)] Verweis geänd. durch G v. 26. 6. 2013 (BGBl. I S. 1809); **Zölle und Verbrauchsteuern Nr. 530.**

[3)] § 27b Abs. 2 Sätze 2 und 3 angef. mWv 1. 7. 2011 durch G v. 1. 11. 2011 (BGBl. I S. 2131).

unterliegenden Sachverhalte einsehen und soweit erforderlich hierfür das Datenverarbeitungssystem nutzen. [3]Dies gilt auch für elektronische Rechnungen nach § 14 Absatz 1 Satz 8.

(3) [1]Wenn die bei der Umsatzsteuer-Nachschau getroffenen Feststellungen hierzu Anlass geben, kann ohne vorherige Prüfungsanordnung (§ 196 der Abgabenordnung) zu einer Außenprüfung nach § 193 der Abgabenordnung übergegangen werden. [2]Auf den Übergang zur Außenprüfung wird schriftlich hingewiesen.

(4) Werden anlässlich der Umsatzsteuer-Nachschau Verhältnisse festgestellt, die für die Festsetzung und Erhebung anderer Steuern als der Umsatzsteuer erheblich sein können, so ist die Auswertung der Feststellungen insoweit zulässig, als ihre Kenntnis für die Besteuerung der in Absatz 1 genannten Personen oder anderer Personen von Bedeutung sein kann.

§ 28 Zeitlich begrenzte Fassungen einzelner Gesetzesvorschriften.

(1) (weggefallen)

(2) (weggefallen)

(3) (weggefallen)

(4) § 12 Abs. 2 Nr. 10 gilt bis zum 31. Dezember 2011[1)] in folgender Fassung: *[bei § 12 Abs. 2 Nr. 10 abgedruckt].*

§ 29 Umstellung langfristiger Verträge. (1) [1]Beruht die Leistung auf einem Vertrag, der nicht später als vier Kalendermonate vor dem Inkrafttreten dieses Gesetzes[2)] abgeschlossen worden ist, so kann, falls nach diesem Gesetz ein anderer Steuersatz anzuwenden ist, der Umsatz steuerpflichtig, steuerfrei oder nicht steuerbar wird, der eine Vertragsteil von dem anderen einen angemessenen Ausgleich der umsatzsteuerlichen Mehr- oder Minderbelastung verlangen. [2]Satz 1 gilt nicht, soweit die Parteien etwas anderes vereinbart haben. [3]Ist die Höhe der Mehr- oder Minderbelastung streitig, so ist § 287 Abs. 1 der Zivilprozessordnung[3)] entsprechend anzuwenden.

(2) Absatz 1 gilt sinngemäß bei einer Änderung dieses Gesetzes.

[1)] Frist verlängert durch G v. 20. 12. 2007 (BGBl. I S. 3150).
[2)] D. h. „4 Monate vor einer Gesetzesänderung".
[3)] **Schönfelder Nr. 100.**

Anlage 1 (zu § 4 Nr. 4a)[1)]

Liste der Gegenstände, die der Umsatzsteuerlagerregelung unterliegen können

Lfd. Nr.	Warenbezeichnung	Zolltarif (Kapitel, Position, Unterposition)
1	Kartoffeln, frisch oder gekühlt	Position 0701
2	Oliven, vorläufig haltbar gemacht (z. B. durch Schwefeldioxid oder in Wasser, dem Salz, Schwefeldioxid oder andere vorläufig konservierend wirkende Stoffe zugesetzt sind), zum unmittelbaren Genuss nicht geeignet	Unterposition 0711 20
3	Schalenfrüchte, frisch oder getrocknet, auch ohne Schalen oder enthäutet	Positionen 0801 und 0802
4	Kaffee, nicht geröstet, nicht entkoffeiniert, entkoffeiniert	Unterpositionen 0901 11 00 und 0901 12 00
5	Tee, auch aromatisiert	Position 0902
6	Getreide	Positionen 1001 bis 1005, 1007 00 und 1008
7	Rohreis (Paddy-Reis)	Unterposition 1006 10
8	Ölsamen und ölhaltige Früchte	Positionen 1201 00 bis 1207
9	Pflanzliche Fette und Öle und deren Fraktionen, roh, auch raffiniert, jedoch nicht chemisch modifiziert	Positionen 1507 bis 1515
10	Rohzucker	Unterpositionen 1701 11 und 1701 12
11	Kakaobohnen und Kakaobohnenbruch, roh oder geröstet	Position 1801 00 00
12	Mineralöle (einschließlich Propan und Butan sowie Rohöle aus Erdöl)	Positionen 2709 00, 2710, Unterpositionen 2711 12 und 2711 13
13	Erzeugnisse der chemischen Industrie	Kapitel 28 und 29
14	Kautschuk, in Primärformen oder in Platten, Blättern oder Streifen	Positionen 4001 und 4002
15	Chemische Halbstoffe aus Holz, ausgenommen solche zum Auflösen; Halbstoffe aus Holz, durch Kombination aus mechanischem und chemischem Aufbereitungsverfahren hergestellt	Positionen 4703 bis 4705 00 00
16	Wolle, weder gekrempelt noch gekämmt	Position 5101
17	Silber, in Rohform oder Pulver	aus Position 7106
18	Gold, in Rohform oder als Pulver, zu nicht monetären Zwecken	Unterpositionen 7108 11 00 und 7108 12 00
19	Platin, in Rohform oder als Pulver	aus Position 7110

[1)] Anlage 1 neu gef. mWv 19. 12. 2006 durch G v. 13. 12. 2006 (BGBl. I S. 2878).

Lfd. Nr.	Warenbezeichnung	Zolltarif (Kapitel, Position, Unterposition)
20	Eisen- und Stahlerzeugnisse	Positionen 7207 bis 7212, 7216, 7219, 7220, 7225 und 7226
21	Nicht raffiniertes Kupfer und Kupferanoden zum elektrolytischen Raffinieren; raffiniertes Kupfer und Kupferlegierungen, in Rohform; Kupfervorlegierungen; Draht aus Kupfer	Positionen 7402 00 00, 7403, 7405 00 00 und 7408
22	Nickel in Rohform	Position 7502
23	Aluminium in Rohform	Position 7601
24	Blei in Rohform	Position 7801
25	Zink in Rohform	Position 7901
26	Zinn in Rohform	Position 8001
27	Andere unedle Metalle, ausgenommen Waren daraus und Abfälle und Schrott	aus Positionen 8101 bis 8112

Die Gegenstände dürfen nicht für die Lieferung auf der Einzelhandelsstufe aufgemacht sein.

Anlage 2 (zu § 12 Abs. 2 Nr. 1 und 2)[1)]

Liste der dem ermäßigten Steuersatz unterliegenden Gegenstände

Lfd. Nr.	Warenbezeichnung	Zolltarif (Kapitel, Position, Unterposition)
1	Lebende Tiere, und zwar	
	a) Pferde einschließlich reinrassiger Zuchttiere, ausgenommen Wildpferde,	*aus Position 0101*[2)]
	b) Maultiere und Maulesel,	aus Position 0101
	c) Hausrinder einschließlich reinrassiger Zuchttiere,	aus Position 0102
	d) Hausschweine einschließlich reinrassiger Zuchttiere,	aus Position 0103
	e) Hausschafe einschließlich reinrassiger Zuchttiere,	aus Position 0104
	f) Hausziegen einschließlich reinrassiger Zuchttiere,	aus Position 0104
	g) Hausgeflügel (Hühner, Enten, Gänse, Truthühner und Perlhühner),	Position 0105
	h) Hauskaninchen,	aus Position 0106
	i) Haustauben,	aus Position 0106
	j) Bienen,	aus Position 0106
	k) ausgebildete Blindenführhunde	aus Position 0106
2	Fleisch und genießbare Schlachtnebenerzeugnisse	Kapitel 2
3	Fische und Krebstiere, Weichtiere und andere wirbellose Wassertiere, ausgenommen Zierfische, Langusten, Hummer, Austern und Schnecken	aus Kapitel 3
4	Milch und Milcherzeugnisse; Vogeleier und Eigelb, ausgenommen ungenießbare Eier ohne Schale und ungenießbares Eigelb; natürlicher Honig	aus Kapitel 4
5	Andere Waren tierischen Ursprungs, und zwar	
	a) Mägen von Hausrindern und Hausgeflügel,	aus Position 0504 00 00
	b) (weggefallen)	
	c) rohe Knochen	aus Position 0506
6	Bulben, Zwiebeln, Knollen, Wurzelknollen und Wurzelstöcke, ruhend, im Wachstum oder in Blüte; Zichorienpflanzen und -wurzeln	Position 0601
7	Andere lebende Pflanzen einschließlich ihrer Wurzeln, Stecklinge und Pfropfreiser; Pilzmyzel	Position 0602
8	Blumen und Blüten sowie deren Knospen, geschnitten, zu Binde- oder Zierzwecken, frisch	aus Position 0603
9	Blattwerk, Blätter, Zweige und andere Pflanzenteile, ohne Blüten und Blütenknospen, sowie Gräser, Moose und Flechten, zu Binde- oder Zierzwecken, frisch	aus Position 0604
10	Gemüse, Pflanzen, Wurzeln und Knollen, die zu Ernährungszwecken verwendet werden, und zwar	
	a) Kartoffeln, frisch oder gekühlt,	Position 0701
	b) Tomaten, frisch oder gekühlt,	Position 0702 00 00
	c) Speisezwiebeln, Schalotten, Knoblauch, Porree/Lauch und andere Gemüse der Allium-Arten, frisch oder gekühlt,	Position 0703
	d) Kohl, Blumenkohl/Karfiol, Kohlrabi, Wirsingkohl und ähnliche genießbare Kohlarten der Gattung Brassica, frisch oder gekühlt,	Position 0704

1) Anlage 2 neu gef. mWv 19. 12. 2006 durch G v. 13. 12. 2006 (BGBl. I S. 2878).
2) Nr. 1 Buchst. a der Anl. 2 aufgeh. mWv 1. 7. 2012 durch G v. 8. 5. 2012 (BGBl. I S. 1030).

Lfd. Nr.	Warenbezeichnung	Zolltarif (Kapitel, Position, Unterposition)
	e) Salate (Lactuca sativa) und Chicorée (Cichorium-Arten), frisch oder gekühlt,	Position 0705
	f) Karotten und Speisemöhren, Speiserüben, Rote Rüben, Schwarzwurzeln, Knollensellerie, Rettiche und ähnliche genießbare Wurzeln, frisch oder gekühlt,	Position 0706
	g) Gurken und Cornichons, frisch oder gekühlt,	Position 0707 00
	h) Hülsenfrüchte, auch ausgelöst, frisch oder gekühlt,	Position 0708
	i) anderes Gemüse, frisch oder gekühlt,	Position 0709
	j) Gemüse, auch in Wasser oder Dampf gekocht, gefroren,	Position 0710
	k) Gemüse, vorläufig haltbar gemacht (z.B. durch Schwefeldioxid oder in Wasser, dem Salz, Schwefeldioxid oder andere vorläufig konservierend wirkende Stoffe zugesetzt sind), zum unmittelbaren Genuss nicht geeignet,	Position 0711
	l) Gemüse, getrocknet, auch in Stücke oder Scheiben geschnitten, als Pulver oder sonst zerkleinert, jedoch nicht weiter zubereitet,	Position 0712
	m) getrocknete, ausgelöste Hülsenfrüchte, auch geschält oder zerkleinert,	Position 0713
	n) Topinambur	aus Position 0714
11	Genießbare Früchte und Nüsse	Positionen 0801 bis 0813
12	Kaffee, Tee, Mate und Gewürze	Kapitel 9
13	Getreide	Kapitel 10
14	Müllereierzeugnisse, und zwar	Positionen
	a) Mehl von Getreide,	1101 00 und 1102
	b) Grobgrieß, Feingrieß und Pellets von Getreide,	Position 1103
	c) Getreidekörner, anders bearbeitet; Getreidekeime, ganz, gequetscht, als Flocken oder gemahlen	Position 1104
15	Mehl, Grieß, Pulver, Flocken, Granulat und Pellets von Kartoffeln	Position 1105
16	Mehl, Grieß und Pulver von getrockneten Hülsenfrüchten sowie Mehl, Grieß und Pulver von genießbaren Früchten	aus Position 1106
17	Stärke	aus Position 1108
18	Ölsamen und ölhaltige Früchte sowie Mehl hiervon	Positionen 1201 00 bis 1208
19	Samen, Früchte und Sporen, zur Aussaat	Position 1209
20	(weggefallen)	
21	Rosmarin, Beifuß und Basilikum in Aufmachungen für den Küchengebrauch sowie Dost, Minzen, Salbei, Kamilleblüten und Haustee	aus Position 1211
22	Johannisbrot und Zuckerrüben, frisch oder getrocknet, auch gemahlen; Steine und Kerne von Früchten sowie andere pflanzliche Waren (einschließlich nichtgerösteter Zichorienwurzeln der Varietät Cichorium intybus sativum) der hauptsächlich zur menschlichen Ernährung verwendeten Art, anderweit weder genannt noch inbegriffen; ausgenommen Algen, Tange und Zuckerrohr	aus Position 1212
23	Stroh und Spreu von Getreide sowie verschiedene zur Fütterung verwendete Pflanzen	Positionen 1213 00 00 und 1214
24	Pektinstoffe, Pektinate und Pektate	Unterposition 1302 20
25	(weggefallen)	

Lfd. Nr.	Warenbezeichnung	Zolltarif (Kapitel, Position, Unterposition)
26	Genießbare tierische und pflanzliche Fette und Öle, auch verarbeitet, und zwar	
	a) Schweineschmalz, anderes Schweinefett und Geflügelfett,	aus Position 1501 00
	b) Fett von Rindern, Schafen oder Ziegen, ausgeschmolzen oder mit Lösungsmitteln ausgezogen,	aus Position 1502 00
	c) Oleomargarin,	aus Position 1503 00
	d) fette pflanzliche Öle und pflanzliche Fette sowie deren Fraktionen, auch raffiniert,	aus Positionen 1507 bis 1515
	e) tierische und pflanzliche Fette und Öle sowie deren Fraktionen, ganz oder teilweise hydriert, umgeestert, wiederverestert oder elaidiniert, auch raffiniert, jedoch nicht weiterverarbeitet, ausgenommen hydriertes Rizinusöl (sog. Opalwachs),	aus Position 1516
	f) Margarine; genießbare Mischungen und Zubereitungen von tierischen oder pflanzlichen Fetten und Ölen sowie von Fraktionen verschiedener Fette und Öle, ausgenommen Form- und Trennöle	aus Position 1517
27	(weggefallen)	
28	Zubereitungen von Fleisch, Fischen oder von Krebstieren, Weichtieren und anderen wirbellosen Wassertieren, ausgenommen Kaviar sowie zubereitete oder haltbar gemachte Langusten, Hummer, Austern und Schnecken	aus Kapitel 16
29	Zucker und Zuckerwaren	Kapitel 17
30	Kakaopulver ohne Zusatz von Zucker oder anderen Süßmitteln sowie Schokolade und andere kakaohaltige Lebensmittelzubereitungen	Positionen 1805 00 00 und 1806
31	Zubereitungen aus Getreide, Mehl, Stärke oder Milch; Backwaren	Kapitel 19
32	Zubereitungen von Gemüse, Früchten, Nüssen oder anderen Pflanzenteilen, ausgenommen Frucht- und Gemüsesäfte	Positionen 2001 bis 2008
33	Verschiedene Lebensmittelzubereitungen	Kapitel 21
34	Wasser, ausgenommen – Trinkwasser, einschließlich Quellwasser und Tafelwasser, das in zur Abgabe an den Verbraucher bestimmten Fertigpackungen in den Verkehr gebracht wird, – Heilwasser und – Wasserdampf	aus Unterposition 2201 90 00
35	Milchmischgetränke mit einem Anteil an Milch oder Milcherzeugnissen (z. B. Molke) von mindestens 75 Prozent des Fertigerzeugnisses	aus Position 2202
36	Speiseessig	Position 2209 00
37	Rückstände und Abfälle der Lebensmittelindustrie; zubereitetes Futter	Kapitel 23
38	(weggefallen)	
39	Speisesalz, nicht in wässriger Lösung	aus Position 2501 00
40	a) Handelsübliches Ammoniumcarbonat und andere Ammoniumcarbonate,	Unterposition 2836 99 17[1]
	b) Natriumhydrogencarbonat (Natriumbicarbonat)	Unterposition 2836 30 00

[1] Geänd. durch G v. 20. 12. 2007 (BGBl. I S. 3150).

Lfd. Nr.	Warenbezeichnung	Zolltarif (Kapitel, Position, Unterposition)
41	D-Glucitol (Sorbit), auch mit Zusatz von Saccharin oder dessen Salzen	Unterpositionen 2905 44 und 2106 90
42	Essigsäure	Unterposition 2915 21 00
43	Natriumsalz und Kaliumsalz des Saccharins	aus Unterposition 2925 11 00
44	(weggefallen)	
45	Tierische oder pflanzliche Düngemittel mit Ausnahme von Guano, auch untereinander gemischt, jedoch nicht chemisch behandelt; durch Mischen von tierischen oder pflanzlichen Erzeugnissen gewonnene Düngemittel	aus Position 3101 00 00
46	Mischungen von Riechstoffen und Mischungen (einschließlich alkoholischer Lösungen) auf der Grundlage eines oder mehrerer dieser Stoffe, in Aufmachungen für den Küchengebrauch	aus Unterposition 3302 10
47	Gelatine	aus Position 3503 00
48	Holz, und zwar	
	a) Brennholz in Form von Rundlingen, Scheiten, Zweigen, Reisigbündeln oder ähnlichen Formen,	Unterposition 4401 10 00
	b) Sägespäne, Holzabfälle und Holzausschuss, auch zu Pellets, Briketts, Scheiten oder ähnlichen Formen zusammengepresst	Unterposition 4401 30
49	Bücher, Zeitungen und andere Erzeugnisse des grafischen Gewerbes mit Ausnahme der Erzeugnisse, für die Beschränkungen als jugendgefährdende Trägermedien bzw. Hinweispflichten nach § 15 Abs. 1 bis 3 und 6 des Jugendschutzgesetzes in der jeweils geltenden Fassung bestehen, sowie der Veröffentlichungen, die überwiegend Werbezwecken (einschließlich Reisewerbung) dienen, und zwar	
	a) Bücher, Broschüren und ähnliche Drucke, auch in Teilheften, losen Bogen oder Blättern, zum Broschieren, Kartonieren oder Binden bestimmt, sowie Zeitungen und andere periodische Druckschriften kartoniert, gebunden oder in Sammlungen mit mehr als einer Nummer in gemeinsamem Umschlag (ausgenommen solche, die überwiegend Werbung enthalten),	aus Positionen 4901, 9705 00 00 und 9706 00 00
	b) Zeitungen und andere periodische Druckschriften, auch mit Bildern oder Werbung enthaltend (ausgenommen Anzeigenblätter, Annoncen-Zeitungen und dergleichen, die überwiegend Werbung enthalten),	aus Position 4902
	c) Bilderalben, Bilderbücher und Zeichen- oder Malbücher, für Kinder,	aus Position 4903 00 00
	d) Noten, handgeschrieben oder gedruckt, auch mit Bildern, auch gebunden,	aus Position 4904 00 00
	e) kartografische Erzeugnisse aller Art, einschließlich Wandkarten, topographischer Pläne und Globen, gedruckt,	aus Position 4905
	f) Briefmarken und dergleichen (z. B. Ersttagsbriefe, Ganzsachen) als Sammlungsstücke	aus Positionen 4907 00 und 9704 00 00

Lfd. Nr.	Warenbezeichnung	Zolltarif (Kapitel, Position, Unterposition)
50[1]	Platten, Bänder, nicht flüchtige Halbleiterspeichervorrichtungen, „intelligente Karten (smart cards)" und andere Tonträger oder ähnliche Aufzeichnungsträger, die ausschließlich die Tonaufzeichnung der Lesung eines Buches enthalten, mit Ausnahme der Erzeugnisse, für die Beschränkungen als jugendgefährdende Trägermedien bzw. Hinweispflichten nach § 15 Absatz 1 bis 3 und 6 des Jugendschutzgesetzes in der jeweils geltenden Fassung bestehen	aus Position 8523
51	Rollstühle und andere Fahrzeuge für Behinderte, auch mit Motor oder anderer Vorrichtung zur mechanischen Fortbewegung	Position 8713
52	Körperersatzstücke, orthopädische Apparate und andere orthopädische Vorrichtungen sowie Vorrichtungen zum Beheben von Funktionsschäden oder Gebrechen, für Menschen, und zwar	
	a) künstliche Gelenke, ausgenommen Teile und Zubehör,	aus Unterposition 9021 31 00
	b) orthopädische Apparate und andere orthopädische Vorrichtungen einschließlich Krücken sowie medizinisch-chirurgischer Gürtel und Bandagen, ausgenommen Teile und Zubehör,	aus Unterposition 9021 10
	c) Prothesen, ausgenommen Teile und Zubehör,	aus Unterpositionen 9021 21, 9021 29 00 und 9021 39
	d) Schwerhörigengeräte, Herzschrittmacher und andere Vorrichtungen zum Beheben von Funktionsschäden oder Gebrechen, zum Tragen in der Hand oder am Körper oder zum Einpflanzen in den Organismus, ausgenommen Teile und Zubehör	Unterpositionen 9021 40 00 und 9021 50 00, aus Unterposition 9021 90
53	Kunstgegenstände, und zwar	
	a) Gemälde und Zeichnungen, vollständig mit der Hand geschaffen, sowie Collagen und ähnliche dekorative Bildwerke,	Position 9701
	b) Originalstiche, -schnitte und -steindrucke,	Position 9702 00 00
	c) Originalerzeugnisse der Bildhauerkunst, aus Stoffen aller Art	Position 9703 00 00
54	Sammlungsstücke,	
	a) zoologische, botanische, mineralogische oder anatomische, und Sammlungen dieser Art,	aus Position 9705 00 00
	b) von geschichtlichem, archäologischem, paläontologischem oder völkerkundlichem Wert,	aus Position 9705 00 00
	c) von münzkundlichem Wert, und zwar	
	aa) kursungültige Banknoten einschließlich Briefmarkengeld und Papiernotgeld,	aus Position 9705 00 00
	bb) Münzen aus unedlen Metallen,	aus Position 9705 00 00
	cc) Münzen und Medaillen aus Edelmetallen, wenn die Bemessungsgrundlage für die Umsätze dieser Gegenstände mehr als 250 Prozent des unter Zugrundelegung des Feingewichts berechneten Metallwerts ohne Umsatzsteuer beträgt	aus Positionen 7118, 9705 00 00 und 9706 00 00.

[1] Nr. 50 eingef. mWv 1. 1. 2015 durch G v. 25. 7. 2014 (BGBl. I S. 1266).

Anlage 3 (zu § 13 b Absatz 2 Nummer 7)[1)]

Liste der Gegenstände im Sinne des § 13 b Absatz 2 Nummer 7

Lfd. Nr.	Warenbezeichnung	Zolltarif (Kapitel, Position, Unterposition)
1	Granulierte Schlacke (Schlackensand) aus der Eisen- und Stahlherstellung	Unterposition 2618 00 00
2	Schlacken (ausgenommen granulierte Schlacke), Zunder und andere Abfälle der Eisen- und Stahlherstellung	Unterposition 2619 00
3	Schlacken, Aschen und Rückstände (ausgenommen solche der Eisen- und Stahlherstellung), die Metalle, Arsen oder deren Verbindungen enthalten	Position 2620
4	Abfälle, Schnitzel und Bruch von Kunststoffen	Position 3915
5	Abfälle, Bruch und Schnitzel von Weichkautschuk, auch zu Pulver oder Granulat zerkleinert	Unterposition 4004 00 00
6	Bruchglas und andere Abfälle und Scherben von Glas	Unterposition 7001 00 10
7	Abfälle und Schrott von Edelmetallen oder Edelmetallplattierungen; andere Abfälle und Schrott, Edelmetalle oder Edelmetallverbindungen enthaltend, von der hauptsächlich zur Wiedergewinnung von Edelmetallen verwendeten Art	Position 7112
8	Abfälle und Schrott, aus Eisen oder Stahl; Abfallblöcke aus Eisen oder Stahl	Position 7204
9	Abfälle und Schrott, aus Kupfer	Position 7404
10	Abfälle und Schrott, aus Nickel	Position 7503
11	Abfälle und Schrott, aus Aluminium	Position 7602
12	Abfälle und Schrott, aus Blei	Position 7802
13	Abfälle und Schrott, aus Zink	Position 7902
14	Abfälle und Schrott, aus Zinn	Position 8002
15	Abfälle und Schrott, aus anderen unedlen Metallen	aus Positionen 8101 bis 8113
16	Abfälle und Schrott, von elektrischen Primärelementen, Primärbatterien und Akkumulatoren; ausgebrauchte elektrische Primärelemente, Primärbatterien und Akkumulatoren	Unterposition 8548 10

1) Anlage 3 eingef. mWv 1. 1. 2011 durch G v. 8. 12. 2010 (BGBl. I S. 1768).

Anlage 4 (zu § 13b Absatz 2 Nummer 11)[1)]

Liste der Gegenstände, für deren Lieferung der Leistungsempfänger die Steuer schuldet

Lfd. Nr.	Warenbezeichnung	Zolltarif (Kapitel, Position, Unterposition)
1	Silber, in Rohform oder als Halbzeug oder Pulver; Silberplattierungen auf unedlen Metallen, in Rohform oder als Halbzeug	Positionen 7106 und 7107
2	Platin, in Rohform oder als Halbzeug oder Pulver; Platinplattierungen auf unedlen Metallen, auf Silber oder auf Gold, in Rohform oder als Halbzeug	Position 7110 und Unterposition 7111 00 00
3	Roheisen oder Spiegeleisen, in Masseln, Blöcken oder anderen Rohformen; Körner und Pulver aus Roheisen, Spiegeleisen, Eisen oder Stahl; Rohblöcke und andere Rohformen aus Eisen oder Stahl; Halbzeug aus Eisen oder Stahl	Positionen 7201, 7205 bis 7207, 7218 und 7224
4	Nicht raffiniertes Kupfer und Kupferanoden zum elektrolytischen Raffinieren; raffiniertes Kupfer und Kupferlegierungen, in Rohform; Kupfervorlegierungen; Pulver und Flitter aus Kupfer	Positionen 7402, 7403, 7405 und 7406
5	Nickelmatte, Nickeloxidsinter und andere Zwischenerzeugnisse der Nickelmetallurgie; Nickel in Rohform; Pulver und Flitter, aus Nickel	Positionen 7501, 7502 und 7504
6	Aluminium in Rohform; Pulver und Flitter, aus Aluminium	Positionen 7601 und 7603
7	Blei in Rohform; Pulver und Flitter, aus Blei	Position 7801; aus Position 7804
8	Zink in Rohform; Staub, Pulver und Flitter, aus Zink	Positionen 7901 und 7903
9	Zinn in Rohform	Position 8001
10	Andere unedle Metalle in Rohform oder als Pulver	aus Positionen 8101 bis 8112
11	Cermets in Rohform	Unterposition 8111 3 00 20

[1)] Anlage 4 eingef. mWv 1. 10. 2014 durch G v. 25. 7. 2014 (BGBl. I S. 1266); neu gef. mWv 1. 1. 2015 durch G v. 22. 12. 2014 (BGBl. I S. 2417); Nr. 3 geänd. durch G v. 2. 11. 2015 (BGBl. I S. 1834).

510. Umsatzsteuer-Durchführungsverordnung (UStDV)

In der Fassung der Bekanntmachung vom 21. Februar 2005 (BGBl. I S. 434)[1)]

Geändert durch Gesetz zur Neuorganisation der Bundesfinanzverwaltung und zur Schaffung eines Refinanzierungsregisters vom 22. 9. 2005 (BGBl. I S. 2809), Erstes Gesetz zum Abbau bürokratischer Hemmnisse insbesondere in der mittelständischen Wirtschaft vom 22. 8. 2006 (BGBl. I S. 1970), Jahressteuergesetz 2007 vom 13. 12. 2006 (BGBl. I S. 2878), Jahressteuergesetz 2008 vom 20. 12. 2007 (BGBl. I S. 3150), Jahressteuergesetz 2009 vom 19. 12. 2008 (BGBl. I S. 2794), Steuerbürokratieabbaugesetz vom 20. 12. 2008 (BGBl. I S. 2850), Drittes Mittelstandsentlastungsgesetz vom 17. 3. 2009 (BGBl. I S. 550), Gesetz zur Umsetzung steuerlicher EU-Vorgaben sowie zur Änderung steuerlicher Vorschriften vom 8. 4. 2010 (BGBl. I S. 386), Verordnung zur Änderung steuerlicher Verordnungen vom 17. 11. 2010 (BGBl. I S. 1544), Zweite Verordnung zur Änderung steuerlicher Verordnungen vom 2. 12. 2011 (BGBl. I S. 2416), Verordnung zum Erlass und zur Änderung steuerlicher Verordnungen vom 11. 12. 2012 (BGBl. I S. 2637), Elfte Verordnung zur Änderung der Umsatzsteuer-Durchführungsverordnung vom 25. 3. 2013 (BGBl. I S. 602), Gesetz zur Anpassung des nationalen Steuerrechts an den Beitritt Kroatiens zur EU und zur Änderung weiterer steuerlicher Vorschriften vom 25. 7. 2014 (BGBl. I S. 1266) und Verordnung zur Änderung steuerlicher Verordnungen und weiterer Vorschriften vom 22. 12. 2014 (BGBl. I S. 2392)

BGBl. III/FNA 611-10-14-1

Inhaltsübersicht

---

1) Neubekanntmachung der UStDV idF der Bek. v. 9. 6. 1999 (BGBl. I S. 1308) auf Grund des § 26 Abs. 6 UStG in der ab 1. 1. 2005 geltenden Fassung.

Zu § 3a des Gesetzes

§ 1[1] ***Sonderfälle des Orts der sonstigen Leistung.*** *(1) [1] Erbringt ein Unternehmer, der sein Unternehmen von einem im Drittlandsgebiet liegenden Ort aus betreibt,*

1. eine sonstige Leistung, die in § 3a Abs. 4 Nr. 1 bis 11 des Gesetzes bezeichnet ist, an eine im Inland ansässige juristische Person des öffentlichen Rechts, soweit sie nicht Unternehmer ist,

2. eine sonstige Leistung, die in § 3a Abs. 4 Nr. 12 und 13 des Gesetzes bezeichnet ist, oder

3. die Vermietung von Beförderungsmitteln,

ist diese Leistung abweichend von § 3a Abs. 1 des Gesetzes als im Inland ausgeführt zu behandeln, wenn sie dort genutzt oder ausgewertet wird. [2] Wird die Leistung von einer Betriebsstätte eines Unternehmers ausgeführt, gilt Satz 1 entsprechend, wenn die Betriebsstätte im Drittlandsgebiet liegt.

(2) [1] Vermietet ein Unternehmer, der sein Unternehmen vom Inland aus betreibt, ein Schienenfahrzeug, einen Kraftomnibus oder ein ausschließlich zur Beförderung von Gegenständen bestimmtes Straßenfahrzeug, ist diese Leistung abweichend von § 3a Abs. 1 des Gesetzes als im Drittlandsgebiet ausgeführt zu behandeln, wenn die Leistung an einen im Drittlandsgebiet ansässigen Unternehmer erbracht wird, das Fahrzeug für dessen Unternehmen bestimmt ist und im Drittlandsgebiet genutzt wird. [2] Wird die Vermietung des Fahrzeugs von einer Betriebsstätte eines Unternehmers ausgeführt, gilt Satz 1 entsprechend, wenn die Betriebsstätte im Inland liegt.

Zu § 3b des Gesetzes

§ 2 Verbindungsstrecken im Inland. [1] Bei grenzüberschreitenden Beförderungen ist die Verbindungsstrecke zwischen zwei Orten im Ausland, die über das Inland führt, als ausländische Beförderungsstrecke anzusehen, wenn diese Verbindungsstrecke den nächsten oder verkehrstechnisch günstigsten Weg darstellt und der inländische Streckenanteil nicht länger als 30 Kilometer ist. [2] Dies gilt nicht für Personenbeförderungen im Linienverkehr mit Kraftfahrzeugen. [3] § 7 bleibt unberührt.

§ 3 Verbindungsstrecken im Ausland. [1] Bei grenzüberschreitenden Beförderungen ist die Verbindungsstrecke zwischen zwei Orten im Inland, die über das Ausland führt, als inländische Beförderungsstrecke anzusehen, wenn der ausländische Streckenanteil nicht länger als zehn Kilometer ist. [2] Dies gilt nicht für Personenbeförderungen im Linienverkehr mit Kraftfahrzeugen. [3] § 7 bleibt unberührt.

§ 4 Anschlussstrecken im Schienenbahnverkehr. Bei grenzüberschreitenden Personenbeförderungen mit Schienenbahnen sind anzusehen:

---

[1] § 1 aufgeh. **mWv 1. 1. 2010** durch G v. 19. 12. 2008 (BGBl. I S. 2794) – siehe nunmehr § 3a Abs. 6 und 7 UStG (Nr. **500**).

1. als inländische Beförderungsstrecken die Anschlussstrecken im Ausland, die von Eisenbahnverwaltungen mit Sitz im Inland betrieben werden, sowie Schienenbahnstrecken in den in § 1 Abs. 3 des Gesetzes bezeichneten Gebieten;
2. als ausländische Beförderungsstrecken die inländischen Anschlussstrekken, die von Eisenbahnverwaltungen mit Sitz im Ausland betrieben werden.

§ 5 Kurze Straßenstrecken im Inland. [1]Bei grenzüberschreitenden Personenbeförderungen im Gelegenheitsverkehr mit Kraftfahrzeugen sind inländische Streckenanteile, die in einer Fahrtrichtung nicht länger als zehn Kilometer sind, als ausländische Beförderungsstrecken anzusehen. [2]§ 6 bleibt unberührt.

§ 6 Straßenstrecken in den in § 1 Abs. 3 des Gesetzes bezeichneten Gebieten. Bei grenzüberschreitenden Personenbeförderungen mit Kraftfahrzeugen von und zu den in § 1 Abs. 3 des Gesetzes bezeichneten Gebieten sowie zwischen diesen Gebieten sind die Streckenanteile in diesen Gebieten als inländische Beförderungsstrecken anzusehen.

§ 7 Kurze Strecken im grenzüberschreitenden Verkehr mit Wasserfahrzeugen. (1) Bei grenzüberschreitenden Beförderungen im Passagier- und Fährverkehr mit Wasserfahrzeugen, die sich ausschließlich auf das Inland und die in § 1 Abs. 3 des Gesetzes bezeichneten Gebiete erstrecken, sind die Streckenanteile in den in § 1 Abs. 3 des Gesetzes bezeichneten Gebieten als inländische Beförderungsstrecken anzusehen.

(2) [1]Bei grenzüberschreitenden Beförderungen im Passagier- und Fährverkehr mit Wasserfahrzeugen, die in inländischen Häfen beginnen und enden, sind

1. ausländische Streckenanteile als inländische Beförderungsstrecken anzusehen, wenn die ausländischen Streckenanteile nicht länger als zehn Kilometer sind, und
2. inländische Streckenanteile als ausländische Beförderungsstrecken anzusehen, wenn
   a) die ausländischen Streckenanteile länger als zehn Kilometer und
   b) die inländischen Streckenanteile nicht länger als 20 Kilometer sind.

[2]Streckenanteile in den in § 1 Abs. 3 des Gesetzes bezeichneten Gebieten sind in diesen Fällen als inländische Beförderungsstrecken anzusehen.

(3) Bei grenzüberschreitenden Beförderungen im Passagier- und Fährverkehr mit Wasserfahrzeugen für die Seeschifffahrt, die zwischen ausländischen Seehäfen oder zwischen einem inländischen Seehafen und einem ausländischen Seehafen durchgeführt werden, sind inländische Streckenanteile als ausländische Beförderungsstrecken anzusehen und Beförderungen in den in § 1 Abs. 3 des Gesetzes bezeichneten Gebieten nicht wie Umsätze im Inland zu behandeln.

(4) Inländische Häfen im Sinne dieser Vorschrift sind auch Freihäfen und die Insel Helgoland.

(5) Bei grenzüberschreitenden Beförderungen im Fährverkehr über den Rhein, die Donau, die Elbe, die Neiße und die Oder sind die inländischen Streckenanteile als ausländische Beförderungsstrecken anzusehen.

Zu § 4 Nr. 1 Buchstabe a und den §§ 6 und 7 des Gesetzes

Ausfuhrnachweis und buchmäßiger Nachweis bei Ausfuhrlieferungen und Lohnveredelungen an Gegenständen der Ausfuhr

§ 8 Grundsätze für den Ausfuhrnachweis bei Ausfuhrlieferungen.

(1) [1]Bei Ausfuhrlieferungen (§ 6 des Gesetzes) muss der Unternehmer im Geltungsbereich des Gesetzes[1)] durch Belege nachweisen, dass er oder der Abnehmer den Gegenstand der Lieferung in das Drittlandsgebiet befördert oder versendet hat (Ausfuhrnachweis). [2]Die Voraussetzung muss sich aus den Belegen eindeutig und leicht nachprüfbar ergeben.

(2) Ist der Gegenstand der Lieferung durch Beauftragte vor der Ausfuhr bearbeitet oder verarbeitet worden (§ 6 Abs. 1 Satz 2 des Gesetzes), so muss sich auch dies aus den Belegen nach Absatz 1 eindeutig und leicht nachprüfbar ergeben.

§ 9[2)] Ausfuhrnachweis bei Ausfuhrlieferungen in Beförderungsfällen. (1) [1]Hat der Unternehmer oder der Abnehmer den Gegenstand der Lieferung in das Drittlandsgebiet befördert, hat der Unternehmer den Ausfuhrnachweis durch folgenden Beleg zu führen:

1. bei Ausfuhranmeldung im elektronischen Ausfuhrverfahren nach Artikel 787 der Durchführungsverordnung zum Zollkodex mit der durch die zuständige Ausfuhrzollstelle auf elektronischem Weg übermittelten Bestätigung, dass der Gegenstand ausgeführt wurde (Ausgangsvermerk);
2. bei allen anderen Ausfuhranmeldungen durch einen Beleg, der folgende Angaben zu enthalten hat:
   a) den Namen und die Anschrift des liefernden Unternehmers,
   b) die Menge des ausgeführten Gegenstands und die handelsübliche Bezeichnung,
   c) den Ort und den Tag der Ausfuhr sowie
   d) eine Ausfuhrbestätigung der Grenzzollstelle eines Mitgliedstaates, die den Ausgang des Gegenstands aus dem Gemeinschaftsgebiet überwacht.

[2]Hat der Unternehmer statt des Ausgangsvermerks eine von der Ausfuhrzollstelle auf elektronischem Weg übermittelte alternative Bestätigung, dass der Gegenstand ausgeführt wurde (Alternativ-Ausgangsvermerk), gilt diese als Ausfuhrnachweis.

[1)] Geänd. durch VO v. 22. 12. 2014 (BGBl. I S. 2392).
[2)] § 9 neu gef. mWv 1. 1. 2012 durch VO v. 2. 12. 2011 (BGBl. I S. 2416).

(2)[1] [1]Bei der Ausfuhr von Fahrzeugen im Sinne des § 1b Absatz 2 Satz 1 Nummer 1 des Gesetzes, die zum bestimmungsmäßigen Gebrauch im Straßenverkehr einer Zulassung bedürfen, muss

1. der Beleg nach Absatz 1 auch die Fahrzeug-Identifikationsnummer im Sinne des § 6 Absatz 5 Nummer 5 der Fahrzeug-Zulassungsverordnung enthalten und
2. der Unternehmer zusätzlich über eine Bescheinigung über die Zulassung, die Verzollung oder die Einfuhrbesteuerung im Drittland verfügen.

[2]Satz 1 Nummer 2 gilt nicht in den Fällen, in denen das Fahrzeug mit einem Ausfuhrkennzeichen ausgeführt wird, wenn aus dem Beleg nach Satz 1 Nummer 1 die Nummer des Ausfuhrkennzeichens ersichtlich ist, oder in denen das Fahrzeug nicht im Sinne der Fahrzeug-Zulassungsverordnung vom 3. Februar 2011 (BGBl. I S. 139), die durch Artikel 3 der Verordnung vom 10. Mai 2012 (BGBl. I S. 1086) geändert worden ist, in der jeweils geltenden Fassung auf öffentlichen Straßen in Betrieb gesetzt worden ist und nicht auf eigener Achse in das Drittlandsgebiet ausgeführt wird.

(3) [1]An die Stelle der Ausfuhrbestätigung nach Absatz 1 Satz 1 Nummer 2 Buchstabe d tritt bei einer Ausfuhr im gemeinsamen oder gemeinschaftlichen Versandverfahren oder bei einer Ausfuhr mit Carnets TIR, wenn diese Verfahren nicht bei einer Grenzzollstelle beginnen, eine Ausfuhrbestätigung der Abgangsstelle. [2]Diese Ausfuhrbestätigung wird nach Eingang des Beendigungsnachweises für das Versandverfahren erteilt, sofern sich aus ihr die Ausfuhr ergibt.

(4) Im Sinne dieser Verordnung gilt als Durchführungsverordnung zum Zollkodex die Verordnung (EWG) Nr. 2454/93 der Kommission vom 2. Juli 1993 mit Durchführungsvorschriften zu der Verordnung (EWG) Nr. 2913/92 des Rates zur Festlegung des Zollkodex der Gemeinschaften (ABl. L 253 vom 11. 10. 1993, S. 1), die zuletzt durch die Verordnung (EU) Nr. 1063/2010 (ABl. L 307 vom 23. 11. 2010, S. 1) geändert worden ist, in der jeweils geltenden Fassung.

§ 10[2] Ausfuhrnachweis bei Ausfuhrlieferungen in Versendungsfällen. (1) [1]Hat der Unternehmer oder der Abnehmer den Gegenstand der Lieferung in das Drittlandsgebiet versendet, hat der Unternehmer den Ausfuhrnachweis durch folgenden Beleg zu führen:

1. bei Ausfuhranmeldung im elektronischen Ausfuhrverfahren nach Artikel 787 der Durchführungsverordnung zum Zollkodex mit dem Ausgangsvermerk;
2. bei allen anderen Ausfuhranmeldungen:
   a) mit einem Versendungsbeleg, insbesondere durch handelsrechtlichen Frachtbrief, der vom Auftraggeber des Frachtführers unterzeichnet ist,

[1] § 9 Abs. 2 Satz 1 geänd., Satz 2 neu gef. mWv 20. 12. 2012 durch VO v. 11. 12. 2012 (BGBl. I S. 2637).
[2] § 10 neu gef. mWv 1. 1. 2012 durch VO v. 2. 12. 2011 (BGBl. I S. 2416).

mit einem Konnossement, mit einem Einlieferungsschein für im Postverkehr beförderte Sendungen oder deren Doppelstücke, oder

b) mit einem anderen handelsüblichen Beleg als den Belegen nach Buchstabe a, insbesondere mit einer Bescheinigung des beauftragten Spediteurs; dieser Beleg hat folgende Angaben zu enthalten:
   aa) den Namen und die Anschrift des Ausstellers des Belegs sowie das Ausstellungsdatum,
   bb) den Namen und die Anschrift des liefernden Unternehmers und des Auftraggebers der Versendung,
   cc) die Menge und die Art (handelsübliche Bezeichnung) des ausgeführten Gegenstands,
   dd) den Ort und den Tag der Ausfuhr oder den Ort und den Tag der Versendung des ausgeführten Gegenstands in das Drittlandsgebiet,
   ee) den Empfänger des ausgeführten Gegenstands und den Bestimmungsort im Drittlandsgebiet,
   ff) eine Versicherung des Ausstellers des Belegs darüber, dass die Angaben im Beleg auf der Grundlage von Geschäftsunterlagen gemacht wurden, die im Gemeinschaftsgebiet nachprüfbar sind, sowie
   gg) die Unterschrift des Ausstellers des Belegs.

2 Hat der Unternehmer statt des Ausgangsvermerks einen Alternativ-Ausgangsvermerk, gilt dieser als Ausfuhrnachweis.

(2)[1] 1 Bei der Ausfuhr von Fahrzeugen im Sinne des § 1 b Absatz 2 Satz 1 Nummer 1 des Gesetzes, die zum bestimmungsmäßigen Gebrauch im Straßenverkehr einer Zulassung bedürfen, muss

1. der Beleg nach Absatz 1 auch die Fahrzeug-Identifikationsnummer enthalten und

2. der Unternehmer zusätzlich über eine Bescheinigung über die Zulassung, die Verzollung oder die Einfuhrbesteuerung im Drittland verfügen.

2 Satz 1 Nummer 2 gilt nicht in den Fällen, in denen das Fahrzeug mit einem Ausfuhrkennzeichen ausgeführt wird, wenn aus dem Beleg nach Satz 1 Nummer 1 die Nummer des Ausfuhrkennzeichens ersichtlich ist, oder in denen das Fahrzeug nicht im Sinne der Fahrzeug-Zulassungsverordnung auf öffentlichen Straßen in Betrieb gesetzt worden ist und nicht auf eigener Achse in das Drittlandsgebiet ausgeführt wird.

(3) 1 Ist eine Ausfuhr elektronisch angemeldet worden und ist es dem Unternehmer nicht möglich oder nicht zumutbar, den Ausfuhrnachweis nach Absatz 1 Satz 1 Nummer 1 zu führen, kann dieser die Ausfuhr mit den in Absatz 1 Satz 1 Nummer 2 genannten Belegen nachweisen. 2 In den Fällen nach Satz 1 muss der Beleg zusätzlich zu den Angaben nach Absatz 1 Satz 1 Nummer 2 die Versendungsbezugsnummer der Ausfuhranmeldung nach Artikel 796 c Satz 3 der Durchführungsverordnung zum Zollkodex (Movement Reference Number – MRN) enthalten.

---

[1] § 10 Abs. 2 Satz 1 geänd., Satz 2 neu gef. mWv 20. 12. 2012 durch VO v. 11. 12. 2012 (BGBl. I S. 2637).

(4) Ist es dem Unternehmer nicht möglich oder nicht zumutbar, den Ausfuhrnachweis nach Absatz 1 Satz 1 Nummer 2 zu führen, kann er die Ausfuhr wie in Beförderungsfällen nach § 9 Absatz 1 Satz 1 Nummer 2 nachweisen.

§ 11[1)] Ausfuhrnachweis bei Ausfuhrlieferungen in Bearbeitungs- und Verarbeitungsfällen. (1) Hat ein Beauftragter den Gegenstand der Lieferung vor der Ausfuhr bearbeitet oder verarbeitet, hat der liefernde Unternehmer den Ausfuhrnachweis durch einen Beleg nach § 9 oder § 10 zu führen, der zusätzlich folgende Angaben zu enthalten hat:

1. den Namen und die Anschrift des Beauftragten,
2. die Menge und die handelsübliche Bezeichnung des Gegenstands, der an den Beauftragten übergeben oder versendet wurde,
3. den Ort und den Tag der Entgegennahme des Gegenstands durch den Beauftragten sowie
4. die Bezeichnung des Auftrags sowie die Bezeichnung der Bearbeitung oder Verarbeitung, die vom Beauftragten vorgenommen wurde.

(2) Haben mehrere Beauftragte den Gegenstand der Lieferung bearbeitet oder verarbeitet, hat der liefernde Unternehmer die in Absatz 1 genannten Angaben für jeden Beauftragten, der die Bearbeitung oder Verarbeitung vornimmt, zu machen.

§ 12 Ausfuhrnachweis bei Lohnveredelungen an Gegenständen der Ausfuhr. Bei Lohnveredelungen an Gegenständen der Ausfuhr (§ 7 des Gesetzes) sind die Vorschriften über die Führung des Ausfuhrnachweises bei Ausfuhrlieferungen (§§ 8 bis 11) entsprechend anzuwenden.

§ 13[2)] Buchmäßiger Nachweis bei Ausfuhrlieferungen und Lohnveredelungen an Gegenständen der Ausfuhr. (1) [1]Bei Ausfuhrlieferungen und Lohnveredelungen an Gegenständen der Ausfuhr (§§ 6 und 7 des Gesetzes) hat der Unternehmer im Geltungsbereich des Gesetzes die Voraussetzungen der Steuerbefreiung buchmäßig nachzuweisen. [2]Die Voraussetzungen müssen eindeutig und leicht nachprüfbar aus der Buchführung zu ersehen sein.

(2) Der Unternehmer hat regelmäßig Folgendes aufzuzeichnen:

1. die Menge des Gegenstands der Lieferung oder die Art und den Umfang der Lohnveredelung sowie die handelsübliche Bezeichnung einschließlich der Fahrzeug-Identifikationsnummer bei Fahrzeugen im Sinne des § 1b Absatz 2 des Gesetzes,
2. den Namen und die Anschrift des Abnehmers oder Auftraggebers,
3. den Tag der Lieferung oder der Lohnveredelung,
4. das vereinbarte Entgelt oder bei der Besteuerung nach vereinnahmten Entgelten das vereinnahmte Entgelt und den Tag der Vereinnahmung,

---

1) § 11 neu gef. mWv 1. 1. 2012 durch VO v. 2. 12. 2011 (BGBl. I S. 2416).
2) § 13 neu gef. mWv 1. 1. 2012 durch VO v. 2. 12. 2011 (BGBl. I S. 2416).

5. die Art und den Umfang einer Bearbeitung oder Verarbeitung vor der Ausfuhr (§ 6 Absatz 1 Satz 2, § 7 Absatz 1 Satz 2 des Gesetzes),
6. den Tag der Ausfuhr sowie
7. in den Fällen des § 9 Absatz 1 Satz 1 Nummer 1, des § 10 Absatz 1 Satz 1 Nummer 1 und des § 10 Absatz 3 die Movement Reference Number – MRN.

(3) In den Fällen des § 6 Absatz 1 Satz 1 Nummer 1 des Gesetzes, in denen der Abnehmer kein ausländischer Abnehmer ist, hat der Unternehmer zusätzlich zu den Angaben nach Absatz 2 aufzuzeichnen:
1. die Beförderung oder Versendung durch ihn selbst sowie
2. den Bestimmungsort.

(4) In den Fällen des § 6 Absatz 1 Satz 1 Nummer 3 des Gesetzes hat der Unternehmer zusätzlich zu den Angaben nach Absatz 2 aufzuzeichnen:
1. die Beförderung oder Versendung,
2. den Bestimmungsort sowie
3. in den Fällen, in denen der Abnehmer ein Unternehmer ist, auch den Gewerbezweig oder Beruf des Abnehmers und den Erwerbszweck.

(5) In den Fällen des § 6 Absatz 1 Satz 1 Nummer 2 und 3 des Gesetzes, in denen der Abnehmer ein Unternehmer ist und er oder sein Beauftragter den Gegenstand der Lieferung im persönlichen Reisegepäck ausführt, hat der Unternehmer zusätzlich zu den Angaben nach Absatz 2 auch den Gewerbezweig oder Beruf des Abnehmers und den Erwerbszweck aufzuzeichnen.

(6) In den Fällen des § 6 Absatz 3 des Gesetzes hat der Unternehmer zusätzlich zu den Angaben nach Absatz 2 Folgendes aufzuzeichnen:
1. den Gewerbezweig oder Beruf des Abnehmers sowie
2. den Verwendungszweck des Beförderungsmittels.

(7) [1] In den Fällen des § 7 Absatz 1 Satz 1 Nummer 1 des Gesetzes, in denen der Auftraggeber kein ausländischer Auftraggeber ist, ist Absatz 3 entsprechend anzuwenden. [2] In den Fällen des § 7 Absatz 1 Satz 1 Nummer 3 Buchstabe b des Gesetzes ist Absatz 4 entsprechend anzuwenden.

§§ 14 bis **16.** (weggefallen)

§ 17[1)] Abnehmernachweis bei Ausfuhrlieferungen im nichtkommerziellen Reiseverkehr. In den Fällen des § 6 Absatz 3 a des Gesetzes hat der Beleg nach § 9 zusätzlich folgende Angaben zu enthalten:
1. den Namen und die Anschrift des Abnehmers sowie
2. eine Bestätigung der Grenzzollstelle eines Mitgliedstaates, die den Ausgang des Gegenstands der Lieferung aus dem Gemeinschaftsgebiet überwacht, dass die nach Nummer 1 gemachten Angaben mit den Eintragungen in dem vorgelegten Pass oder sonstigen Grenzübertrittspapier desjenigen übereinstimmen, der den Gegenstand in das Drittlandsgebiet verbringt.

[1)] § 17 neu gef. mWv 1. 1. 2012 durch VO v. 2. 12. 2011 (BGBl. I S. 2416).

Zu § 4 Nr. 1 Buchstabe b und § 6 a des Gesetzes

§ 17 a[1] Nachweis bei innergemeinschaftlichen Lieferungen in Beförderungs- und Versendungsfällen. (1) [1]Bei innergemeinschaftlichen Lieferungen (§ 6 a Absatz 1 des Gesetzes) hat der Unternehmer im Geltungsbereich des Gesetzes[2] durch Belege nachzuweisen, dass er oder der Abnehmer den Gegenstand der Lieferung in das übrige Gemeinschaftsgebiet befördert oder versendet hat. [2]Die Voraussetzung muss sich aus den Belegen eindeutig und leicht nachprüfbar ergeben.

(2) Als eindeutig und leicht nachprüfbar nach Absatz 1 gilt insbesondere ein Nachweis, der wie folgt geführt wird:

1. durch das Doppel der Rechnung (§§ 14 und 14 a des Gesetzes) und
2. durch eine Bestätigung des Abnehmers, dass der Gegenstand der Lieferung in das übrige Gemeinschaftsgebiet gelangt ist (Gelangensbestätigung), die folgende Angaben zu enthalten hat:
   a) den Namen und die Anschrift des Abnehmers,
   b) die Menge des Gegenstands der Lieferung und die handelsübliche Bezeichnung einschließlich der Fahrzeug-Identifikationsnummer bei Fahrzeugen im Sinne von § 1 b Absatz 2 des Gesetzes,
   c) im Fall der Beförderung oder Versendung durch den Unternehmer oder im Fall der Versendung durch den Abnehmer den Ort und den Monat des Erhalts des Gegenstands im übrigen Gemeinschaftsgebiet und im Fall der Beförderung des Gegenstands durch den Abnehmer den Ort und den Monat des Endes der Beförderung des Gegenstands im übrigen Gemeinschaftsgebiet,
   d) das Ausstellungsdatum der Bestätigung sowie
   e) die Unterschrift des Abnehmers oder eines von ihm zur Abnahme Beauftragten. [2]Bei einer elektronischen Übermittlung der Gelangensbestätigung ist eine Unterschrift nicht erforderlich, sofern erkennbar ist, dass die elektronische Übermittlung im Verfügungsbereich des Abnehmers oder des Beauftragten begonnen hat.

[2]Die Gelangensbestätigung kann als Sammelbestätigung ausgestellt werden. [3]In der Sammelbestätigung können Umsätze aus bis zu einem Quartal zusammengefasst werden. [4]Die Gelangensbestätigung kann in jeder die erforderlichen Angaben enthaltenden Form erbracht werden; sie kann auch aus mehreren Dokumenten bestehen, aus denen sich die geforderten Angaben insgesamt ergeben.

(3) [1]In folgenden Fällen kann der Unternehmer den Nachweis auch durch folgende andere Belege als die in Absatz 2 Nummer 2 genannte Gelangensbestätigung führen:

---

[1] § 17 a neu gef. durch VO v. 25. 3. 2013 (BGBl. I S. 602); zur Anwendung siehe § 74 a Abs. 3.

[2] Geänd. durch VO v. 22. 12. 2014 (BGBl. I S. 2392).

1. bei der Versendung des Gegenstands der Lieferung durch den Unternehmer oder Abnehmer:
   a) durch einen Versendungsbeleg, insbesondere durch
      aa) einen handelsrechtlichen Frachtbrief, der vom Auftraggeber des Frachtführers unterzeichnet ist und die Unterschrift des Empfängers als Bestätigung des Erhalts des Gegenstands der Lieferung enthält,
      bb) ein Konnossement oder
      cc) Doppelstücke des Frachtbriefs oder Konnossements,
   b) durch einen anderen handelsüblichen Beleg als den Belegen nach Buchstabe a, insbesondere mit einer Bescheinigung des beauftragten Spediteurs, der folgende Angaben zu enthalten hat:
      aa) den Namen und die Anschrift des mit der Beförderung beauftragten Unternehmers sowie das Ausstellungsdatum,
      bb) den Namen und die Anschrift des liefernden Unternehmers sowie des Auftraggebers der Versendung,
      cc) die Menge des Gegenstands der Lieferung und dessen handelsübliche Bezeichnung,
      dd) den Empfänger des Gegenstands der Lieferung und den Bestimmungsort im übrigen Gemeinschaftsgebiet,
      ee) den Monat, in dem die Beförderung des Gegenstands der Lieferung im übrigen Gemeinschaftsgebiet geendet hat,
      ff) eine Versicherung des mit der Beförderung beauftragten Unternehmers, dass die Angaben in dem Beleg auf Grund von Geschäftsunterlagen gemacht wurden, die im Gemeinschaftsgebiet nachprüfbar sind, sowie
      gg) die Unterschrift des mit der Beförderung beauftragten Unternehmers.

      [2]Bei einer elektronischen Übermittlung des Belegs an den liefernden Unternehmer ist eine Unterschrift des mit der Beförderung beauftragten Unternehmers nicht erforderlich, sofern erkennbar ist, dass die elektronische Übermittlung im Verfügungsbereich des mit der Beförderung beauftragten Unternehmers begonnen hat,
   c) durch eine schriftliche oder elektronische Auftragserteilung und ein von dem mit der Beförderung Beauftragten erstelltes Protokoll, das den Transport lückenlos bis zur Ablieferung beim Empfänger nachweist, oder
   d) in den Fällen von Postsendungen, in denen eine Belegnachweisführung nach Buchstabe c nicht möglich ist: durch eine Empfangsbescheinigung eines Postdienstleisters über die Entgegennahme der an den Abnehmer adressierten Postsendung und den Nachweis über die Bezahlung der Lieferung;
2. bei der Versendung des Gegenstands der Lieferung durch den Abnehmer durch einen Nachweis über die Entrichtung der Gegenleistung für die Lieferung des Gegenstands von einem Bankkonto des Abnehmers sowie durch eine Bescheinigung des beauftragten Spediteurs, die folgende Angaben zu enthalten hat:
   a) den Namen und die Anschrift des mit der Beförderung beauftragten Unternehmers sowie das Ausstellungsdatum,

b) den Namen und die Anschrift des liefernden Unternehmers sowie des Auftraggebers der Versendung,

c) die Menge des Gegenstands der Lieferung und die handelsübliche Bezeichnung,

d) den Empfänger des Gegenstands der Lieferung und den Bestimmungsort im übrigen Gemeinschaftsgebiet,

e) eine Versicherung des mit der Beförderung beauftragten Unternehmers, den Gegenstand der Lieferung an den Bestimmungsort im übrigen Gemeinschaftsgebiet zu befördern, sowie

f) die Unterschrift des mit der Beförderung beauftragten Unternehmers,

3. bei der Beförderung im gemeinschaftlichen Versandverfahren in das übrige Gemeinschaftsgebiet durch eine Bestätigung der Abgangsstelle über die innergemeinschaftliche Lieferung, die nach Eingang des Beendigungsnachweises für das Versandverfahren erteilt wird, sofern sich daraus die Lieferung in das übrige Gemeinschaftsgebiet ergibt;

4. bei der Lieferung verbrauchsteuerpflichtiger Waren:

   a) bei der Beförderung verbrauchsteuerpflichtiger Waren unter Steueraussetzung und Verwendung des IT-Verfahrens EMCS (Excise Movement and Control System – EDV-gestütztes Beförderungs- und Kontrollsystem für verbrauchsteuerpflichtige Waren) durch die von der zuständigen Behörde des anderen Mitgliedstaats validierte EMCS-Eingangsmeldung,

   b) bei der Beförderung verbrauchsteuerpflichtiger Waren des steuerrechtlich freien Verkehrs durch die dritte Ausfertigung des vereinfachten Begleitdokuments, das dem zuständigen Hauptzollamt für Zwecke der Verbrauchsteuerentlastung vorzulegen ist;

5. bei der Lieferung von Fahrzeugen, die durch den Abnehmer befördert werden und für die eine Zulassung für den Straßenverkehr erforderlich ist, durch einen Nachweis über die Zulassung des Fahrzeugs auf den Erwerber im Bestimmungsmitgliedstaat der Lieferung.

[2]Der Beleg nach Satz 1 muss bei der Lieferung eines Fahrzeugs im Sinne des § 1 b Absatz 2 des Gesetzes zusätzlich dessen Fahrzeug-Identifikationsnummer enthalten. [3]In den Fällen von Satz 1 Nummer 1 gilt Absatz 2 Nummer 2 Satz 2 bis 4[1)] entsprechend. [4]Bestehen in den Fällen des Satzes 1 Nummer 2 begründete Zweifel, dass der Liefergegenstand tatsächlich in das übrige Gemeinschaftsgebiet gelangt ist, hat der Unternehmer den Nachweis nach Absatz 1 oder mit den übrigen Belegen nach den Absätzen 2 oder 3 zu führen.

§ 17 b[2)] Nachweis bei innergemeinschaftlichen Lieferungen in Bearbeitungs- oder Verarbeitungsfällen. [1]Ist der Gegenstand der Lieferung vor der Beförderung oder Versendung in das übrige Gemeinschaftsgebiet

---

1) Verweis ergänzt durch VO v. 22. 12. 2014 (BGBl. I S. 2392).

2) § 17 b neu gef. mWv 1. 1. 2012 durch VO v. 2. 12. 2011 (BGBl. I S. 2416).

durch einen Beauftragten bearbeitet oder verarbeitet worden (§ 6 a Absatz 1 Satz 2 des Gesetzes), hat der Unternehmer dies durch Belege eindeutig und leicht nachprüfbar nachzuweisen. [2]Der Nachweis ist durch Belege nach § 17 a zu führen, die zusätzlich die in § 11 Absatz 1 Nummer 1 bis 4 bezeichneten Angaben enthalten. [3]Ist der Gegenstand durch mehrere Beauftragte bearbeitet oder verarbeitet worden, ist § 11 Absatz 2 entsprechend anzuwenden.

§ 17 c[1)] Buchmäßiger Nachweis bei innergemeinschaftlichen Lieferungen. (1) [1]Bei innergemeinschaftlichen Lieferungen (§ 6 a Absatz 1 und 2 des Gesetzes) hat der Unternehmer im Geltungsbereich des Gesetzes die Voraussetzungen der Steuerbefreiung einschließlich der ausländischen Umsatzsteuer-Identifikationsnummer des Abnehmers buchmäßig nachzuweisen. [2]Die Voraussetzungen müssen eindeutig und leicht nachprüfbar aus der Buchführung zu ersehen sein.

(2) Der Unternehmer hat Folgendes aufzuzeichnen:

1. den Namen und die Anschrift des Abnehmers,
2. den Namen und die Anschrift des Beauftragten des Abnehmers bei einer Lieferung, die im Einzelhandel oder in einer für den Einzelhandel gebräuchlichen Art und Weise erfolgt,
3. den Gewerbezweig oder Beruf des Abnehmers,
4. die Menge des Gegenstands der Lieferung und dessen handelsübliche Bezeichnung einschließlich der Fahrzeug-Identifikationsnummer bei Fahrzeugen im Sinne des § 1 b Absatz 2 des Gesetzes,
5. den Tag der Lieferung,
6. das vereinbarte Entgelt oder bei der Besteuerung nach vereinnahmten Entgelten das vereinnahmte Entgelt und den Tag der Vereinnahmung,
7. die Art und den Umfang einer Bearbeitung oder Verarbeitung vor der Beförderung oder der Versendung in das übrige Gemeinschaftsgebiet (§ 6 a Absatz 1 Satz 2 des Gesetzes),
8. die Beförderung oder Versendung in das übrige Gemeinschaftsgebiet sowie
9. den Bestimmungsort im übrigen Gemeinschaftsgebiet.

(3) In den einer Lieferung gleichgestellten Verbringungsfällen (§ 6 a Absatz 2 des Gesetzes) hat der Unternehmer Folgendes aufzuzeichnen:

1. die Menge des verbrachten Gegenstands und seine handelsübliche Bezeichnung einschließlich der Fahrzeug-Identifikationsnummer bei Fahrzeugen im Sinne des § 1 b Absatz 2 des Gesetzes,
2. die Anschrift und die Umsatzsteuer-Identifikationsnummer des im anderen Mitgliedstaat belegenen Unternehmensteils,
3. den Tag des Verbringens sowie
4. die Bemessungsgrundlage nach § 10 Absatz 4 Satz 1 Nummer 1 des Gesetzes.

[1)] § 17 c neu gef. mWv 1. 1. 2012 durch VO v. 2. 12. 2011 (BGBl. I S. 2416).

wendet werden, wenn ihre Bedeutung in der Rechnung oder in anderen Unterlagen eindeutig festgelegt ist. 2Die erforderlichen anderen Unterlagen müssen sowohl beim Aussteller als auch beim Empfänger der Rechnung vorhanden sein.

(4) Als Zeitpunkt der Lieferung oder sonstigen Leistung (§ 14 Abs. 4 Satz 1 Nr. 6 des Gesetzes) kann der Kalendermonat angegeben werden, in dem die Leistung ausgeführt wird.

(5) 1Eine Rechnung kann berichtigt werden, wenn

a) sie nicht alle Angaben nach § 14 Abs. 4 oder § 14a des Gesetzes enthält oder

b) Angaben in der Rechnung unzutreffend sind.

2Es müssen nur die fehlenden oder unzutreffenden Angaben durch ein Dokument, das spezifisch und eindeutig auf die Rechnung bezogen ist, übermittelt werden. 3Es gelten die gleichen Anforderungen an Form und Inhalt wie in § 14 des Gesetzes.

§ 32 Rechnungen über Umsätze, die verschiedenen Steuersätzen unterliegen. Wird in einer Rechnung über Lieferungen oder sonstige Leistungen, die verschiedenen Steuersätzen unterliegen, der Steuerbetrag durch Maschinen automatisch ermittelt und durch diese in der Rechnung angegeben, ist der Ausweis des Steuerbetrags in einer Summe zulässig, wenn für die einzelnen Posten der Rechnung der Steuersatz angegeben wird.

§ 33 Rechnungen über Kleinbeträge. 1Eine Rechnung, deren Gesamtbetrag 150 Euro[1)] nicht übersteigt, muss mindestens folgende Angaben enthalten:

1. den vollständigen Namen und die vollständige Anschrift des leistenden Unternehmers,
2. das Ausstellungsdatum,
3. die Menge und die Art der gelieferten Gegenstände oder den Umfang und die Art der sonstigen Leistung und
4. das Entgelt und den darauf entfallenden Steuerbetrag für die Lieferung oder sonstige Leistung in einer Summe sowie den anzuwendenden Steuersatz oder im Fall einer Steuerbefreiung einen Hinweis darauf, dass für die Lieferung oder sonstige Leistung eine Steuerbefreiung gilt.

2Die §§ 31 und 32 sind entsprechend anzuwenden. 3Die Sätze 1 und 2 gelten nicht für Rechnungen über Leistungen im Sinne der §§ 3c, 6a und 13b des Gesetzes.

§ 34 Fahrausweise als Rechnungen. (1) 1Fahrausweise, die für die Beförderung von Personen ausgegeben werden, gelten als Rechnungen im Sinne des § 14 des Gesetzes, wenn sie mindestens die folgenden Angaben enthalten:

---

1) § 33 Satz 1 Betrag geänd. durch G v. 22. 8. 2006 (BGBl. I S. 1970).

1. den vollständigen Namen und die vollständige Anschrift des Unternehmers, der die Beförderungsleistung ausführt. 2 § 31 Abs. 2 ist entsprechend anzuwenden,
2. das Ausstellungsdatum,
3. das Entgelt und den darauf entfallenden Steuerbetrag in einer Summe,
4. den anzuwendenden Steuersatz, wenn die Beförderungsleistung nicht dem ermäßigten Steuersatz nach § 12 Abs. 2 Nr. 10 des Gesetzes unterliegt, und
5. im Fall der Anwendung des § 26 Abs. 3 des Gesetzes einen Hinweis auf die grenzüberschreitende Beförderung von Personen im Luftverkehr.

2 Auf Fahrausweisen der Eisenbahnen, die dem öffentlichen Verkehr dienen, kann an Stelle des Steuersatzes die Tarifentfernung angegeben werden.

(2) 1 Fahrausweise für eine grenzüberschreitende Beförderung im Personenverkehr und im internationalen Eisenbahn-Personenverkehr gelten nur dann als Rechnung im Sinne des § 14 des Gesetzes, wenn eine Bescheinigung des Beförderungsunternehmers oder seines Beauftragten darüber vorliegt, welcher Anteil des Beförderungspreises auf die Strecke im Inland entfällt. 2 In der Bescheinigung ist der Steuersatz anzugeben, der auf den auf das Inland entfallenden Teil der Beförderungsleistung anzuwenden ist.

(3) Die Absätze 1 und 2 gelten für Belege im Reisegepäckverkehr entsprechend.

Zu § 15 des Gesetzes

§ 35 Vorsteuerabzug bei Rechnungen über Kleinbeträge und bei Fahrausweisen. (1) Bei Rechnungen im Sinne des § 33 kann der Unternehmer den Vorsteuerabzug in Anspruch nehmen, wenn er den Rechnungsbetrag in Entgelt und Steuerbetrag aufteilt.

(2) 1 Absatz 1 ist für Rechnungen im Sinne des § 34 entsprechend anzuwenden. 2 Bei der Aufteilung in Entgelt und Steuerbetrag ist der Steuersatz nach § 12 Abs. 1 des Gesetzes anzuwenden, wenn in der Rechnung
1. dieser Steuersatz oder
2. eine Tarifentfernung von mehr als 50 Kilometern

angegeben ist. 3 Bei den übrigen Rechnungen ist der Steuersatz nach § 12 Abs. 2 des Gesetzes anzuwenden. 4 Bei Fahrausweisen im Luftverkehr kann der Vorsteuerabzug nur in Anspruch genommen werden, wenn der Steuersatz nach § 12 Abs. 1 des Gesetzes im Fahrausweis angegeben ist.

§§ 36 bis **39 a.** (weggefallen)

§ 40 Vorsteuerabzug bei unfreien Versendungen. (1) 1 Lässt ein Absender einen Gegenstand durch einen Frachtführer oder Verfrachter unfrei zu einem Dritten befördern oder eine solche Beförderung durch einen Spediteur unfrei besorgen, so ist für den Vorsteuerabzug der Empfänger der Frachtsendung als Auftraggeber dieser Leistungen anzusehen. 2 Der Absender darf die

Steuer für diese Leistungen nicht als Vorsteuer abziehen. [3]Der Empfänger der Frachtsendung kann diese Steuer unter folgenden Voraussetzungen abziehen:

1. Er muss im Übrigen hinsichtlich der Beförderung oder ihrer Besorgung zum Abzug der Steuer berechtigt sein (§ 15 Abs. 1 Satz 1 Nr. 1 des Gesetzes).
2. Er muss die Entrichtung des Entgelts zuzüglich der Steuer für die Beförderung oder für ihre Besorgung übernommen haben.
3. [1]Die in Nummer 2 bezeichnete Voraussetzung muss aus der Rechnung über die Beförderung oder ihre Besorgung zu ersehen sein. [2]Die Rechnung ist vom Empfänger der Frachtsendung aufzubewahren.

(2) Die Vorschriften des § 22 des Gesetzes sowie des § 35 Abs. 1 und § 63 dieser Verordnung gelten für den Empfänger der Frachtsendung entsprechend.

§§ 41 bis **42.** (weggefallen)

§ 43 Erleichterungen bei der Aufteilung der Vorsteuern. Die den folgenden steuerfreien Umsätzen zuzurechnenden Vorsteuerbeträge sind nur dann vom Vorsteuerabzug ausgeschlossen, wenn sie diesen Umsätzen ausschließlich zuzurechnen sind:

1. Umsätze von Geldforderungen, denen zum Vorsteuerabzug berechtigende Umsätze des Unternehmers zugrunde liegen;
2. Umsätze von Wechseln, die der Unternehmer von einem Leistungsempfänger erhalten hat, weil er den Leistenden als Bürge oder Garantiegeber befriedigt. [2]Das gilt nicht, wenn die Vorsteuern, die dem Umsatz dieses Leistenden zuzurechnen sind, vom Vorsteuerabzug ausgeschlossen sind;
3.[1)] sonstige Leistungen, die im Austausch von gesetzlichen Zahlungsmitteln bestehen, Lieferungen von im Inland gültigen amtlichen Wertzeichen sowie Einlagen bei Kreditinstituten, wenn diese Umsätze als Hilfsumsätze anzusehen sind.

Zu § 15a des Gesetzes

§ 44 Vereinfachungen bei der Berichtigung des Vorsteuerabzugs. (1) Eine Berichtigung des Vorsteuerabzugs nach § 15a des Gesetzes entfällt, wenn die auf die Anschaffungs- oder Herstellungskosten eines Wirtschaftsguts entfallende Vorsteuer 1000 Euro nicht übersteigt.

(2) [1]Haben sich bei einem Wirtschaftsgut in einem Kalenderjahr die für den ursprünglichen Vorsteuerabzug maßgebenden Verhältnisse um weniger als 10 Prozentpunkte geändert, entfällt bei diesem Wirtschaftsgut für dieses Kalenderjahr die Berichtigung des Vorsteuerabzugs. [2]Das gilt nicht, wenn der Betrag, um den der Vorsteuerabzug für dieses Kalenderjahr zu berichtigen ist, 1000 Euro übersteigt.

[1)] § 43 Nr. 3 neu gef. mWv 1. 1. 2012 durch VO v. 2. 12. 2011 (BGBl. I S. 2416).

(3)[1] [1]Übersteigt der Betrag, um den der Vorsteuerabzug bei einem Wirtschaftsgut für das Kalenderjahr zu berichtigen ist, nicht 6 000 Euro, so ist die Berichtigung des Vorsteuerabzugs nach § 15 a des Gesetzes abweichend von § 18 Abs. 1 und 2 des Gesetzes erst im Rahmen der Steuerfestsetzung für den Besteuerungszeitraum durchzuführen, in dem sich die für den ursprünglichen Vorsteuerabzug maßgebenden Verhältnisse geändert haben. [2]Wird das Wirtschaftsgut während des maßgeblichen Berichtigungszeitraums veräußert oder nach § 3 Abs. 1 b des Gesetzes geliefert, so ist die Berichtigung des Vorsteuerabzugs für das Kalenderjahr der Lieferung und die folgenden Kalenderjahre des Berichtungszeitraums abweichend von Satz 1 bereits bei der Berechnung der Steuer für den Voranmeldungszeitraum (§ 18 Abs. 1 und 2 des Gesetzes) durchzuführen, in dem die Lieferung stattgefunden hat.

(4)[1] Die Absätze 1 bis 3 sind bei einer Berichtigung der auf nachträgliche Anschaffungs- oder Herstellungskosten und auf die in § 15 a Abs. 3 und 4 des Gesetzes bezeichneten Leistungen entfallenden Vorsteuerbeträge entsprechend anzuwenden.

§ 45 Maßgebliches Ende des Berichtigungszeitraums. [1]Endet der Zeitraum, für den eine Berichtigung des Vorsteuerabzugs nach § 15 a des Gesetzes durchzuführen ist, vor dem 16. eines Kalendermonats, so bleibt dieser Kalendermonat für die Berichtigung unberücksichtigt. [2]Endet er nach dem 15. eines Kalendermonats, so ist dieser Kalendermonat voll zu berücksichtigen.

Zu den §§ 16 und 18 des Gesetzes

Dauerfristverlängerung

§ 46[2] Fristverlängerung. [1]Das Finanzamt hat dem Unternehmer auf Antrag die Fristen für die Übermittlung der Voranmeldungen und für die Entrichtung der Vorauszahlungen (§ 18 Abs. 1, 2 und 2 a des Gesetzes) um einen Monat zu verlängern. [2]Das Finanzamt hat den Antrag abzulehnen oder eine bereits gewährte Fristverlängerung zu widerrufen, wenn der Steueranspruch gefährdet erscheint.

§ 47 Sondervorauszahlung. (1)[3] [1]Die Fristverlängerung ist bei einem Unternehmer, der die Voranmeldungen monatlich zu übermitteln hat, unter der Auflage zu gewähren, dass dieser eine Sondervorauszahlung auf die Steuer eines jeden Kalenderjahres entrichtet. [2]Die Sondervorauszahlung beträgt ein Elftel der Summe der Vorauszahlungen für das vorangegangene Kalenderjahr.

(2) [1]Hat der Unternehmer seine gewerbliche oder berufliche Tätigkeit nur in einem Teil des vorangegangenen Kalenderjahres ausgeübt, so ist die Summe der Vorauszahlungen dieses Zeitraums in eine Jahressumme umzurechnen. [2]Angefangene Kalendermonate sind hierbei als volle Kalendermonate zu behandeln.

---

[1] § 44 Abs. 3 aufgeh., bish. Abs. 4 wird Abs. 3 und Satz 2 aufgeh., neuer Satz 2 geänd., bish. Abs. 5 wird Abs. 4 und geänd. mWv 1. 1. 2012 durch VO v. 2. 12. 2011 (BGBl. I S. 2416); zur Anwendung siehe § 74 a Abs. 2.

[2] § 46 Satz 1 geänd. mWv 30. 12. 2014 durch VO v. 22. 12. 2014 (BGBl. I S. 2392).

[3] § 47 Abs. 1 Satz 1 geänd. mWv 30. 12. 2014 durch VO v. 22. 12. 2014 (BGBl. I S. 2392).

(3) Hat der Unternehmer seine gewerbliche oder berufliche Tätigkeit im laufenden Kalenderjahr begonnen, so ist die Sondervorauszahlung auf der Grundlage der zu erwartenden Vorauszahlungen dieses Kalenderjahres zu berechnen.

§ 48[1] **Verfahren.** (1) [1]Der Unternehmer hat die Fristverlängerung für die Übermittlung der Voranmeldungen bis zu dem Zeitpunkt zu beantragen, an dem die Voranmeldung, für die die Fristverlängerung erstmals gelten soll, nach § 18 Abs. 1, 2 und 2a des Gesetzes zu übermitteln ist. [2]Der Antrag ist nach amtlich vorgeschriebenem Datensatz durch Datenfernübertragung nach Maßgabe der Steuerdaten-Übermittlungsverordnung zu übermitteln. [3]Auf Antrag kann das Finanzamt zur Vermeidung von unbilligen Härten auf eine elektronische Übermittlung verzichten; in diesem Fall hat der Unternehmer einen Antrag nach amtlich vorgeschriebenem Vordruck zu stellen. [4]In dem Antrag hat der Unternehmer, der die Voranmeldungen monatlich zu übermitteln hat, die Sondervorauszahlung (§ 47) selbst zu berechnen und anzumelden. [5]Gleichzeitig hat er die angemeldete Sondervorauszahlung zu entrichten.

(2) [1]Während der Geltungsdauer der Fristverlängerung hat der Unternehmer, der die Voranmeldungen monatlich zu übermitteln hat, die Sondervorauszahlung für das jeweilige Kalenderjahr bis zum gesetzlichen Zeitpunkt der Übermittlung der ersten Voranmeldung zu berechnen, anzumelden und zu entrichten. [2]Absatz 1 Satz 2 und 3 gilt entsprechend.

(3) Das Finanzamt kann die Sondervorauszahlung festsetzen, wenn sie vom Unternehmer nicht oder nicht richtig berechnet wurde oder wenn die Anmeldung zu einem offensichtlich unzutreffenden Ergebnis führt.

(4) Die festgesetzte Sondervorauszahlung ist bei der Festsetzung der Vorauszahlung für den letzten Voranmeldungszeitraum des Besteuerungszeitraums anzurechnen, für den die Fristverlängerung gilt.[2]

Verzicht auf die Steuererhebung

§ 49 Verzicht auf die Steuererhebung im Börsenhandel mit Edelmetallen. Auf die Erhebung der Steuer für die Lieferungen von Gold, Silber und Platin sowie für die sonstigen Leistungen im Geschäft mit diesen Edelmetallen wird verzichtet, wenn

1. die Umsätze zwischen Unternehmern ausgeführt werden, die an einer Wertpapierbörse im Inland mit dem Recht zur Teilnahme am Handel zugelassen sind,
2. die bezeichneten Edelmetalle zum Handel an einer Wertpapierbörse im Inland zugelassen sind und
3. keine Rechnungen mit gesondertem Ausweis der Steuer erteilt werden.

---

[1] § 48 Abs. 1 Satz 2 ersetzt durch Sätze 2 und 3, bish. Sätze 3 und 4 werden Sätze 4 und 5, Abs. 2 Satz 2 Verweis geänd. mWv 1. 1. 2011 durch G v. 20. 12. 2008 (BGBl. I S. 2850); Abs. 1 Sätze 1 und 4, Abs. 2 Satz 1 geänd. mWv 30. 12. 2014 durch VO v. 22. 12. 2014 (BGBl. I S. 2392).

[2] § 48 Abs. 4 ergänzt durch G v. 13. 12. 2006 (BGBl. I S. 2878).

§ 50. (weggefallen)

Besteuerung im Abzugsverfahren

§§ 51 bis **58.** (weggefallen)

Vergütung der Vorsteuerbeträge in einem besonderen Verfahren

§ 59[1] **Vergütungsberechtigte Unternehmer.** [1]Die Vergütung der abziehbaren Vorsteuerbeträge (§ 15 des Gesetzes) an im Ausland ansässige Unternehmer ist abweichend von § 16 und § 18 Abs. 1 bis 4 des Gesetzes nach den §§ 60 bis 61 a durchzuführen, wenn der Unternehmer im Vergütungszeitraum

1. im Inland keine Umsätze im Sinne des § 1 Abs. 1 Nr. 1 und 5 des Gesetzes oder nur steuerfreie Umsätze im Sinne des § 4 Nr. 3 des Gesetzes ausgeführt hat,
2. nur Umsätze ausgeführt hat, für die der Leistungsempfänger die Steuer schuldet (§ 13 b des Gesetzes) oder die der Beförderungseinzelbesteuerung (§ 16 Abs. 5 und § 18 Abs. 5 des Gesetzes) unterlegen haben,
3. im Inland nur innergemeinschaftliche Erwerbe und daran anschließende Lieferungen im Sinne des § 25 b Abs. 2 des Gesetzes ausgeführt hat,
4. im Inland als Steuerschuldner nur Umsätze im Sinne des § 3 a Abs. 5 des Gesetzes erbracht hat und von dem Wahlrecht nach § 18 Abs. 4 c des Gesetzes Gebrauch gemacht hat oder diese Umsätze in einem anderen Mitgliedstaat erklärt sowie die darauf entfallende Steuer entrichtet hat oder
5.[2] im Inland als Steuerschuldner nur Umsätze im Sinne des § 3 a Absatz 5 des Gesetzes erbracht hat und von dem Wahlrecht nach § 18 Absatz 4 e des Gesetzes Gebrauch gemacht hat.

[2]Ein im Ausland ansässiger Unternehmer im Sinne des Satzes 1 ist ein Unternehmer, der im Inland, auf der Insel Helgoland und in einem der in § 1 Absatz 3 bezeichneten Gebiete weder einen Wohnsitz, seinen gewöhnlichen Aufenthalt, seinen Sitz, seine Geschäftsleitung noch eine Betriebsstätte hat; ein im Ausland ansässiger Unternehmer ist auch ein Unternehmer, der

1. ausschließlich einen Wohnsitz oder seinen gewöhnlichen Aufenthalt im Inland hat,
2. ausschließlich eine Betriebsstätte im Inland hat, von der aus keine Umsätze ausgeführt werden,

aber im Ausland seinen Sitz, seine Geschäftsleitung oder eine Betriebsstätte hat, von der aus Umsätze ausgeführt werden. [3]Maßgebend für die Ansässigkeit

---

[1] § 59 Satz 1 geänd., Satz 2 angef. durch G v. 19. 12. 2008 (BGBl. I S. 2794); zur erstmaligen Anwendung siehe § 74 a; § 59 Satz 2 neu gef., Satz 3 angef. mWv 20. 12. 2012 durch VO v. 11. 12. 2012 (BGBl. I S. 2637); Satz 2 neu gef. mWv 30. 12. 2014 durch VO v. 22. 12. 2014 (BGBl. I S. 2392).

[2] § 59 Satz 1 Nr. 5 angef. mWv 1.1. 2015 durch G v. 25. 7. 2014 (BGBl. I S. 1266).

ist der jeweilige Vergütungszeitraum im Sinne des § 60, für den der Unternehmer eine Vergütung beantragt.

§ 60[1] **Vergütungszeitraum.** [1]Vergütungszeitraum ist nach Wahl des Unternehmers ein Zeitraum von mindestens drei Monaten bis zu höchstens einem Kalenderjahr. [2]Der Vergütungszeitraum kann weniger als drei Monate umfassen, wenn es sich um den restlichen Zeitraum des Kalenderjahres handelt. [3]Hat der Unternehmer einen Vergütungszeitraum von mindestens drei Monaten nach Satz 1 gewählt, kann er daneben noch einen Vergütungsantrag für das Kalenderjahr stellen. [4]In den Antrag für den Zeitraum nach Satz 2 können auch abziehbare Vorsteuerbeträge aufgenommen werden, die in vorangegangene Vergütungszeiträume des betreffenden Jahres fallen.

§ 61[2] **Vergütungsverfahren für im übrigen Gemeinschaftsgebiet ansässige Unternehmer.** (1) Der im übrigen Gemeinschaftsgebiet ansässige Unternehmer hat den Vergütungsantrag nach amtlich vorgeschriebenem Datensatz durch Datenfernübertragung nach Maßgabe der Steuerdaten-Übermittlungsverordnung über das in dem Mitgliedstaat, in dem der Unternehmer ansässig ist, eingerichtete elektronische Portal dem Bundeszentralamt für Steuern zu übermitteln.

(2) [1]Die Vergütung ist binnen neun Monaten nach Ablauf des Kalenderjahres, in dem der Vergütungsanspruch entstanden ist, zu beantragen. [2]Der Unternehmer hat die Vergütung selbst zu berechnen. [3]Dem Vergütungsantrag sind auf elektronischem Weg die Rechnungen und Einfuhrbelege als eingescannte Originale beizufügen, wenn das Entgelt für den Umsatz oder die Einfuhr mindestens 1000 Euro, bei Rechnungen über den Bezug von Kraftstoffen mindestens 250 Euro beträgt. [4]Bei begründeten Zweifeln an dem Recht auf Vorsteuerabzug in der beantragten Höhe kann das Bundeszentralamt für Steuern verlangen, dass die Vorsteuerbeträge durch Vorlage von Rechnungen und Einfuhrbelegen im Original nachgewiesen werden.

(3) [1]Die beantragte Vergütung muss mindestens 400 Euro betragen. [2]Das gilt nicht, wenn der Vergütungszeitraum das Kalenderjahr oder der letzte Zeitraum des Kalenderjahres ist. [3]Für diese Vergütungszeiträume muss die beantragte Vergütung mindestens 50 Euro betragen.

(4) [1]Der Bescheid über die Vergütung von Vorsteuerbeträgen ist in elektronischer Form zu übermitteln. [2]§ 87 a Abs. 4 Satz 2 der Abgabenordnung ist nicht anzuwenden.

(5) [1]Der nach § 18 Abs. 9 des Gesetzes zu vergütende Betrag ist zu verzinsen. [2]Der Zinslauf beginnt mit Ablauf von vier Monaten und zehn Werktagen nach Eingang des Vergütungsantrags beim Bundeszentralamt für Steuern. [3]Übermittelt der Antragsteller Rechnungen oder Einfuhrbelege als eingescannte Originale abweichend von Absatz 2 Satz 3 nicht zusammen mit dem

---

[1] § 60 Satz 3 eingef., bish. Satz 3 wird Satz 4, neuer Satz 4 geänd. mWv 30. 12. 2014 durch VO v. 22. 12. 2014 (BGBl. I S. 2392).

[2] § 61 neu gef. durch G v. 19. 12. 2008 (BGBl. I S. 2794); zur erstmaligen Anwendung siehe § 74 a; Abs. 2 Satz 3, Abs. 5 Satz 3 geänd., Satz 9 angef. mWv 30. 12. 2014 durch VO v. 22. 12. 2014 (BGBl. I S. 2392).

Vergütungsantrag, sondern erst zu einem späteren Zeitpunkt, beginnt der Zinslauf erst mit Ablauf von vier Monaten und zehn Tagen nach Eingang dieser eingescannten Originale beim Bundeszentralamt für Steuern. [4] Hat das Bundeszentralamt für Steuern zusätzliche oder weitere zusätzliche Informationen angefordert, beginnt der Zinslauf erst mit Ablauf von zehn Werktagen nach Ablauf der Fristen in Artikel 21 der Richtlinie 2008/9/EG[1)] des Rates vom 12. Februar 2008 zur Regelung der Erstattung der Mehrwertsteuer gemäß der Richtlinie 2006/112/EG an nicht im Mitgliedstaat der Erstattung, sondern in einem anderen Mitgliedstaat ansässige Steuerpflichtige (ABl. EU Nr. L 44 S. 23). [5] Der Zinslauf endet mit erfolgter Zahlung des zu vergütenden Betrages; die Zahlung gilt als erfolgt mit dem Tag der Fälligkeit, es sei denn, der Unternehmer weist nach, dass er den zu vergütenden Betrag später erhalten hat. [6] Wird die Festsetzung oder Anmeldung der Steuervergütung geändert, ist eine bisherige Zinsfestsetzung zu ändern; § 233 a Abs. 5 der Abgabenordnung[2)] gilt entsprechend. [7] Für die Höhe und Berechnung der Zinsen gilt § 238 der Abgabenordnung. [8] Auf die Festsetzung der Zinsen ist § 239 der Abgabenordnung entsprechend anzuwenden. [9] Bei der Festsetzung von Prozesszinsen nach § 236 der Abgabenordnung sind Zinsen anzurechnen, die für denselben Zeitraum nach den Sätzen 1 bis 5 festgesetzt wurden.

(6) Ein Anspruch auf Verzinsung nach Absatz 5 besteht nicht, wenn der Unternehmer einer Mitwirkungspflicht nicht innerhalb einer Frist von einem Monat nach Zugang einer entsprechenden Aufforderung des Bundeszentralamtes für Steuern nachkommt.

§ 61 a[3)] Vergütungsverfahren für nicht im Gemeinschaftsgebiet ansässige Unternehmer.

[Fassung bis 30. 6. 2016:]

(1) [1] Der nicht im Gemeinschaftsgebiet ansässige Unternehmer hat die Vergütung nach amtlich vorgeschriebenem Vordruck bei dem Bundeszentralamt für Steuern zu beantragen. [2] Abweichend von Satz 1 kann der Unternehmer den Vergütungsantrag nach amtlich vorgeschriebenem Datensatz durch Datenfernübertragung nach Maßgabe der Steuerdaten-Übermittlungsverordnung[5)] dem Bundeszentralamt für Steuern übermitteln.

[Fassung ab 1. 7. 2016:][4)]

(1) [1] Der nicht im Gemeinschaftsgebiet ansässige Unternehmer hat den Vergütungsantrag nach amtlich vorgeschriebenem Datensatz durch Datenfernübertragung nach Maßgabe der Steuerdaten-Übermittlungsverordnung[5)] an das Bundeszentralamt für Steuern zu übermitteln. [2] Auf Antrag kann das Bundeszentralamt für Steuern zur Vermeidung von unbilligen Härten auf eine elektronische Übermittlung verzichten. [3] In diesem Fall hat der nicht im Gemein-

---

1) Nr. **550 b**.

2) Nr. **800**.

3) § 61 a eingef. mWv 1. 1. 2010 durch G v. 19. 12. 2008 (BGBl. I S. 2794); zur erstmaligen Anwendung siehe § 74 a.

4) § 61 a Abs. 1 neu gef., Abs. 2 Satz 4 aufgeh. durch VO v. 22. 12. 2014 (BGBl. I S. 2392); zur Anwendung siehe § 74 a Abs. 4.

5) Nr. **800 d**.

(2) [1]Die Vergütung ist binnen sechs Monaten nach Ablauf des Kalenderjahres, in dem der Vergütungsanspruch entstanden ist, zu beantragen. [2]Der Unternehmer hat die Vergütung selbst zu berechnen. [3]Die Vorsteuerbeträge sind durch Vorlage von Rechnungen und Einfuhrbelegen im Original nachzuweisen. [4]Der Vergütungsantrag ist vom Unternehmer eigenhändig zu unterschreiben.

schaftsgebiet ansässige Unternehmer die Vergütung nach amtlich vorgeschriebenem Vordruck beim Bundeszentralamt für Steuern zu beantragen und den Vergütungsantrag eigenhändig zu unterschreiben.

(2) [1]Die Vergütung ist binnen sechs Monaten nach Ablauf des Kalenderjahres, in dem der Vergütungsanspruch entstanden ist, zu beantragen. [2]Der Unternehmer hat die Vergütung selbst zu berechnen. [3]Die Vorsteuerbeträge sind durch Vorlage von Rechnungen und Einfuhrbelegen im Original nachzuweisen.

(3) [1]Die beantragte Vergütung muss mindestens 1000 Euro betragen. [2]Das gilt nicht, wenn der Vergütungszeitraum das Kalenderjahr oder der letzte Zeitraum des Kalenderjahres ist. [3]Für diese Vergütungszeiträume muss die beantragte Vergütung mindestens 500 Euro betragen.

(4) Der Unternehmer muss der zuständigen Finanzbehörde durch behördliche Bescheinigung des Staates, in dem er ansässig ist, nachweisen, dass er als Unternehmer unter einer Steuernummer eingetragen ist.

Sondervorschriften für die Besteuerung bestimmter Unternehmer

§ 62 Berücksichtigung von Vorsteuerbeträgen, Belegnachweis.
(1) Ist bei den in § 59 genannten Unternehmern die Besteuerung nach § 16 und § 18 Abs. 1 bis 4 des Gesetzes durchzuführen, so sind hierbei die Vorsteuerbeträge nicht zu berücksichtigen, die nach § 59 vergütet worden sind.

(2) Die abziehbaren Vorsteuerbeträge sind in den Fällen des Absatzes 1 durch Vorlage der Rechnungen und Einfuhrbelege im Original nachzuweisen.

Zu § 22 des Gesetzes

§ 63 Aufzeichnungspflichten. (1) Die Aufzeichnungen müssen so beschaffen sein, dass es einem sachverständigen Dritten innerhalb einer angemessenen Zeit möglich ist, einen Überblick über die Umsätze des Unternehmers und die abziehbaren Vorsteuern zu erhalten und die Grundlagen für die Steuerberechnung festzustellen.

(2) [1]Entgelte, Teilentgelte, Bemessungsgrundlagen nach § 10 Abs. 4 und 5 des Gesetzes, nach § 14c des Gesetzes geschuldete Steuerbeträge sowie Vorsteuerbeträge sind am Schluss jedes Voranmeldungszeitraums zusammenzurechnen. [2]Im Fall des § 17 Abs. 1 Satz 6 des Gesetzes sind die Beträge der

Entgeltsminderungen am Schluss jedes Voranmeldungszeitraums zusammenzurechnen.

(3) [1]Der Unternehmer kann die Aufzeichnungspflichten nach § 22 Abs. 2 Nr. 1 Satz 1, 3, 5 und 6, Nr. 2 Satz 1 und Nr. 3 Satz 1 des Gesetzes in folgender Weise erfüllen:

1. Das Entgelt oder Teilentgelt und der Steuerbetrag werden in einer Summe statt des Entgelts oder des Teilentgelts aufgezeichnet.
2. Die Bemessungsgrundlage nach § 10 Abs. 4 und 5 des Gesetzes und der darauf entfallende Steuerbetrag werden in einer Summe statt der Bemessungsgrundlage aufgezeichnet.
3. Bei der Anwendung des § 17 Abs. 1 Satz 6 des Gesetzes werden die Entgeltsminderung und die darauf entfallende Minderung des Steuerbetrags in einer Summe statt der Entgeltsminderung aufgezeichnet.

[2]§ 22 Abs. 2 Nr. 1 Satz 2, Nr. 2 Satz 2 und Nr. 3 Satz 2 des Gesetzes gilt entsprechend. [3]Am Schluss jedes Voranmeldungszeitraums hat der Unternehmer die Summe der Entgelte und Teilentgelte, der Bemessungsgrundlagen nach § 10 Abs. 4 und 5 des Gesetzes sowie der Entgeltsminderungen im Fall des § 17 Abs. 1 Satz 6 des Gesetzes zu errechnen und aufzuzeichnen.

(4) [1]Dem Unternehmer, dem wegen der Art und des Umfangs des Geschäfts eine Trennung der Entgelte und Teilentgelte nach Steuersätzen (§ 22 Abs. 2 Nr. 1 Satz 2 und Nr. 2 Satz 2 des Gesetzes) in den Aufzeichnungen nicht zuzumuten ist, kann das Finanzamt auf Antrag gestatten, dass er die Entgelte und Teilentgelte nachträglich auf der Grundlage der Wareneingänge oder, falls diese hierfür nicht verwendet werden können, nach anderen Merkmalen trennt. [2]Entsprechendes gilt für die Trennung nach Steuersätzen bei den Bemessungsgrundlagen nach § 10 Abs. 4 und 5 des Gesetzes (§ 22 Abs. 2 Nr. 1 Satz 3 und Nr. 3 Satz 2 des Gesetzes). [3]Das Finanzamt darf nur ein Verfahren zulassen, dessen steuerliches Ergebnis nicht wesentlich von dem Ergebnis einer nach Steuersätzen getrennten Aufzeichnung der Entgelte, Teilentgelte und sonstigen Bemessungsgrundlagen abweicht. [4]Die Anwendung des Verfahrens kann auf einen in der Gliederung des Unternehmens gesondert geführten Betrieb beschränkt werden.

(5) [1]Der Unternehmer kann die Aufzeichnungspflicht nach § 22 Abs. 2 Nr. 5 des Gesetzes in der Weise erfüllen, dass er die Entgelte oder Teilentgelte und die auf sie entfallenden Steuerbeträge (Vorsteuern) jeweils in einer Summe, getrennt nach den in den Eingangsrechnungen angewandten Steuersätzen, aufzeichnet. [2]Am Schluss jedes Voranmeldungszeitraums hat der Unternehmer die Summe der Entgelte und Teilentgelte und die Summe der Vorsteuerbeträge zu errechnen und aufzuzeichnen.

§ 64[1)] Aufzeichnung im Fall der Einfuhr. Der Aufzeichnungspflicht nach § 22 Absatz 2 Nummer 6 des Gesetzes ist genügt, wenn die entstandene Einfuhrumsatzsteuer mit einem Hinweis auf einen entsprechenden zollamtlichen Beleg aufgezeichnet wird.

---

1) § 64 neu gef. mWv 31. 7. 2014 durch G v. 25. 7. 2014 (BGBl. I S. 1266).

§ 65 Aufzeichnungspflichten der Kleinunternehmer. [1]Unternehmer, auf deren Umsätze § 19 Abs. 1 Satz 1 des Gesetzes anzuwenden ist, haben an Stelle der nach § 22 Abs. 2 bis 4 des Gesetzes vorgeschriebenen Angaben Folgendes aufzuzeichnen:

1. die Werte der erhaltenen Gegenleistungen für die von ihnen ausgeführten Lieferungen und sonstigen Leistungen;
2. die sonstigen Leistungen im Sinne des § 3 Abs. 9a Nr. 2 des Gesetzes. [2]Für ihre Bemessung gilt Nummer 1 entsprechend.

[2]Die Aufzeichnungspflichten nach § 22 Abs. 2 Nr. 4, 7, 8 und 9 des Gesetzes bleiben unberührt.

§ 66 Aufzeichnungspflichten bei der Anwendung allgemeiner Durchschnittssätze. Der Unternehmer ist von den Aufzeichnungspflichten nach § 22 Abs. 2 Nr. 5 und 6 des Gesetzes befreit, soweit er die abziehbaren Vorsteuerbeträge nach einem Durchschnittssatz (§§ 69 und 70) berechnet.

§ 66a Aufzeichnungspflichten bei der Anwendung des Durchschnittssatzes für Körperschaften, Personenvereinigungen und Vermögensmassen im Sinne des § 5 Abs. 1 Nr. 9 des Körperschaftsteuergesetzes. Der Unternehmer ist von den Aufzeichnungspflichten nach § 22 Abs. 2 Nr. 5 und 6 des Gesetzes befreit, soweit er die abziehbaren Vorsteuerbeträge nach dem in § 23a des Gesetzes festgesetzten Durchschnittssatz berechnet.

§ 67 Aufzeichnungspflichten bei der Anwendung der Durchschnittssätze für land- und forstwirtschaftliche Betriebe. [1]Unternehmer, auf deren Umsätze § 24 des Gesetzes anzuwenden ist, sind für den land- und forstwirtschaftlichen Betrieb von den Aufzeichnungspflichten nach § 22 des Gesetzes befreit. [2]Ausgenommen hiervon sind die Bemessungsgrundlagen für die Umsätze im Sinne des § 24 Abs. 1 Satz 1 Nr. 2 des Gesetzes. [3]Die Aufzeichnungspflichten nach § 22 Abs. 2 Nr. 4, 7 und 8 des Gesetzes bleiben unberührt.

§ 68 Befreiung von der Führung des Steuerhefts. (1) Unternehmer im Sinne des § 22 Abs. 5 des Gesetzes sind von der Verpflichtung, ein Steuerheft zu führen, befreit,

1. wenn sie im Inland eine gewerbliche Niederlassung besitzen und ordnungsmäßige Aufzeichnungen nach § 22 des Gesetzes in Verbindung mit den §§ 63 bis 66 dieser Verordnung führen;
2. soweit ihre Umsätze nach den Durchschnittssätzen für land- und forstwirtschaftliche Betriebe (§ 24 Abs. 1 Satz 1 Nr. 1 und 3 des Gesetzes) besteuert werden;
3. soweit sie mit Zeitungen und Zeitschriften handeln;
4.[1] soweit sie auf Grund gesetzlicher Vorschriften verpflichtet sind, Bücher zu führen, oder ohne eine solche Verpflichtung Bücher führen.

---

[1] § 68 Abs. 1 Nr. 4 angef. durch 3. MittelstandsentlastungsG.

(2) In den Fällen des Absatzes 1 Nr. 1 stellt das Finanzamt dem Unternehmer eine Bescheinigung über die Befreiung von der Führung des Steuerhefts aus.

Zu § 23 des Gesetzes

§ 69 Festsetzung allgemeiner Durchschnittssätze. (1) [1]Zur Berechnung der abziehbaren Vorsteuerbeträge nach allgemeinen Durchschnittssätzen (§ 23 des Gesetzes) werden die in der Anlage bezeichneten Prozentsätze des Umsatzes als Durchschnittssätze festgesetzt. [2]Die Durchschnittssätze gelten jeweils für die bei ihnen angegebenen Berufs- und Gewerbezweige.

(2) Umsatz im Sinne des Absatzes 1 ist der Umsatz, den der Unternehmer im Rahmen der in der Anlage bezeichneten Berufs- und Gewerbezweige im Inland ausführt, mit Ausnahme der Einfuhr, des innergemeinschaftlichen Erwerbs und der in § 4 Nr. 8, 9 Buchstabe a, Nr. 10 und 21 des Gesetzes bezeichneten Umsätze.

(3) Der Unternehmer, dessen Umsatz (Absatz 2) im vorangegangenen Kalenderjahr 61 356 Euro überstiegen hat, kann die Durchschnittssätze nicht in Anspruch nehmen.

§ 70 Umfang der Durchschnittssätze. (1) [1]Die in Abschnitt A der Anlage bezeichneten Durchschnittssätze gelten für sämtliche Vorsteuerbeträge, die mit der Tätigkeit der Unternehmer in den in der Anlage bezeichneten Berufs- und Gewerbezweigen zusammenhängen. [2]Ein weiterer Vorsteuerabzug ist insoweit ausgeschlossen.

(2) [1]Neben den Vorsteuerbeträgen, die nach den in Abschnitt B der Anlage bezeichneten Durchschnittssätzen berechnet werden, können unter den Voraussetzungen des § 15 des Gesetzes abgezogen werden:

1. die Vorsteuerbeträge für Gegenstände, die der Unternehmer zur Weiterveräußerung erworben oder eingeführt hat, einschließlich der Vorsteuerbeträge für Rohstoffe, Halberzeugnisse, Hilfsstoffe und Zutaten;
2. die Vorsteuerbeträge
   a) für Lieferungen von Gebäuden, Grundstücken und Grundstücksteilen,
   b) für Ausbauten, Einbauten, Umbauten und Instandsetzungen bei den in Buchstabe a bezeichneten Gegenständen,
   c) für Leistungen im Sinne des § 4 Nr. 12 des Gesetzes.

[2]Das gilt nicht für Vorsteuerbeträge, die mit Maschinen und sonstigen Vorrichtungen aller Art in Zusammenhang stehen, die zu einer Betriebsanlage gehören, auch wenn sie wesentliche Bestandteile eines Grundstücks sind.

Zu § 24 Abs. 4 des Gesetzes

§ 71 Verkürzung der zeitlichen Bindungen für land- und forstwirtschaftliche Betriebe. [1]Der Unternehmer, der eine Erklärung nach § 24 Abs. 4 Satz 1 des Gesetzes abgegeben hat, kann von der Besteuerung des § 19

Abs. 1 des Gesetzes zur Besteuerung nach § 24 Abs. 1 bis 3 des Gesetzes mit Wirkung vom Beginn eines jeden folgenden Kalenderjahres an übergehen. 2 Auf den Widerruf der Erklärung ist § 24 Abs. 4 Satz 4 des Gesetzes anzuwenden.

Zu § 25 Abs. 2 des Gesetzes

§ 72 Buchmäßiger Nachweis bei steuerfreien Reiseleistungen. (1) Bei Leistungen, die nach § 25 Abs. 2 des Gesetzes ganz oder zum Teil steuerfrei sind, ist § 13 Abs. 1 entsprechend anzuwenden.

(2) Der Unternehmer soll regelmäßig Folgendes aufzeichnen:

1. die Leistung, die ganz oder zum Teil steuerfrei ist;
2. den Tag der Leistung;
3. die der Leistung zuzurechnenden einzelnen Reisevorleistungen im Sinne des § 25 Abs. 2 des Gesetzes und die dafür von dem Unternehmer aufgewendeten Beträge;
4. den vom Leistungsempfänger für die Leistung aufgewendeten Betrag;
5. die Bemessungsgrundlage für die steuerfreie Leistung oder für den steuerfreien Teil der Leistung.

(3) Absatz 2 gilt entsprechend für die Fälle, in denen der Unternehmer die Bemessungsgrundlage nach § 25 Abs. 3 Satz 3 des Gesetzes ermittelt.

Zu § 26 Abs. 5 des Gesetzes

§ 73 Nachweis der Voraussetzungen der in bestimmten Abkommen enthaltenen Steuerbefreiungen. (1) Der Unternehmer hat die Voraussetzungen der in § 26 Abs. 5 des Gesetzes bezeichneten Steuerbefreiungen wie folgt nachzuweisen:

1. bei Lieferungen und sonstigen Leistungen, die von einer amtlichen Beschaffungsstelle in Auftrag gegeben worden sind, durch eine Bescheinigung der amtlichen Beschaffungsstelle nach amtlich vorgeschriebenem Vordruck (Abwicklungsschein);
2. bei Lieferungen und sonstigen Leistungen, die von einer deutschen Behörde für eine amtliche Beschaffungsstelle in Auftrag gegeben worden sind, durch eine Bescheinigung der deutschen Behörde.

(2) 1 Zusätzlich zu Absatz 1 muss der Unternehmer die Voraussetzungen der Steuerbefreiungen im Geltungsbereich des Gesetzes[1)] buchmäßig nachweisen. 2 Die Voraussetzungen müssen eindeutig und leicht nachprüfbar aus den Aufzeichnungen zu ersehen sein. 3 In den Aufzeichnungen muss auf die in Absatz 1 bezeichneten Belege hingewiesen sein.

(3) Das Finanzamt kann auf die in Absatz 1 Nr. 1 bezeichnete Bescheinigung verzichten, wenn die vorgeschriebenen Angaben aus anderen Belegen

---

[1)] Geänd. durch VO v. 22. 12. 2014 (BGBl. I S. 2392).

und aus den Aufzeichnungen des Unternehmers eindeutig und leicht nachprüfbar zu ersehen sind.

(4) Bei Beschaffungen oder Baumaßnahmen, die von deutschen Behörden durchgeführt und von den Entsendestaaten oder den Hauptquartieren nur zu einem Teil finanziert werden, gelten Absatz 1 Nr. 2 und Absatz 2 hinsichtlich der anteiligen Steuerbefreiung entsprechend.

Übergangs- und Schlussvorschriften

§ 74. (Änderungen der §§ 34, 67 und 68)

§ 74 a[1] **Übergangsvorschriften.** (1) Die §§ 59 bis 61 in der Fassung des Artikels 8 des Gesetzes vom 19. Dezember 2008 (BGBl. I S. 2794) und § 61 a sind auf Anträge auf Vergütung von Vorsteuerbeträgen anzuwenden, die nach dem 31. Dezember 2009 gestellt werden.

(2) Für Wirtschaftsgüter, die vor dem 1. Januar 2012 angeschafft oder hergestellt worden sind, ist § 44 Absatz 3 und 4 in der am 31. Dezember 2011 geltenden Fassung weiterhin anzuwenden.

(3)[2] Für bis zum 30. September 2013 ausgeführte innergemeinschaftliche Lieferungen kann der Unternehmer den Nachweis der Steuerbefreiung gemäß den §§ 17 a bis 17 c in der am 31. Dezember 2011 geltenden Fassung führen.

(4)[3] § 61 a Absatz 1 und 2 in der am 30. Dezember 2014 geltenden Fassung ist auf Anträge auf Vergütung von Vorsteuerbeträgen anzuwenden, die nach dem 30. Juni 2016 gestellt werden.

§ 75 Berlin-Klausel. (weggefallen)

§ 76. (Inkrafttreten)[4]

---

[1] § 74 a eingef. durch G v. 19. 12. 2008 (BGBl. I S. 2794) und neu gef. durch VO v. 2. 12. 2011 (BGBl. I S. 2416).

[2] § 74 a Abs. 3 eingef. durch VO v. 25. 3. 2013 (BGBl. I S. 602).

[3] § 74 a Abs. 4 angef. durch VO v. 22. 12. 2014 (BGBl. I S. 2392).

[4] § 76 betrifft das Inkrafttreten der VO in der ursprünglichen Fassung v. 21. 12. 1979. Das Inkrafttreten der späteren Änderungen ergibt sich aus den jeweiligen Änderungsgesetzen bzw. -verordnungen.

Anlage (zu den §§ 69 und 70)

Abschnitt A

Durchschnittssätze für die Berechnung sämtlicher Vorsteuerbeträge (§ 70 Abs. 1)

I. Handwerk

1. **Bäckerei:** 5,4 % des Umsatzes

Handwerksbetriebe, die Frischbrot, Pumpernickel, Knäckebrot, Brötchen, sonstige Frischbackwaren, Semmelbrösel, Paniermehl und Feingebäck, darunter Kuchen, Torten, Tortenböden, herstellen und die Erzeugnisse überwiegend an Endverbraucher absetzen. Die Caféumsätze dürfen 10 Prozent des Umsatzes nicht übersteigen.

2. **Bau- und Möbeltischlerei:** 9,0 % des Umsatzes

Handwerksbetriebe, die Bauelemente und Bauten aus Holz, Parkett, Holzmöbel und sonstige Tischlereierzeugnisse herstellen und reparieren, ohne dass bestimmte Erzeugnisse klar überwiegen.

3. **Beschlag-, Kunst- und Reparaturschmiede:** 7,5 % des Umsatzes

Handwerksbetriebe, die Beschlag- und Kunstschmiedearbeiten einschließlich der Reparaturarbeiten ausführen.

4. **Buchbinderei:** 5,2 % des Umsatzes

Handwerksbetriebe, die Buchbindearbeiten aller Art ausführen.

5. **Druckerei:** 6,4 % des Umsatzes

Handwerksbetriebe, die folgende Arbeiten ausführen:
1. Hoch-, Flach-, Licht-, Sieb- und Tiefdruck;
2. Herstellung von Weichpackungen, Bild-, Abreiß- und Monatskalendern, Spielen und Spielkarten, nicht aber von kompletten Gesellschafts- und Unterhaltungsspielen;
3. Zeichnerische Herstellung von Landkarten, Bauskizzen, Kleidermodellen u. ä. für Druckzwecke.

6. **Elektroinstallation:** 9,1 % des Umsatzes

Handwerksbetriebe, die die Installation von elektrischen Leitungen sowie damit verbundener Geräte einschließlich der Reparatur- und Unterhaltungsarbeiten ausführen.

7. **Fliesen- und Plattenlegerei, sonstige Fußbodenlegerei und -kleberei:** 8,6 % des Umsatzes

Handwerksbetriebe, die Fliesen, Platten, Mosaik und Fußböden aus Steinholz, Kunststoffen, Terazzo und ähnlichen Stoffen verlegen, Estricharbeiten ausführen sowie Fußböden mit Linoleum und ähnlichen Stoffen bekleben, einschließlich der Reparatur- und Instandhaltungsarbeiten.

8. **Friseure:** 4,5 % des Umsatzes

Damenfriseure, Herrenfriseure sowie Damen- und Herrenfriseure.

9. **Gewerbliche Gärtnerei:** 5,8 % des Umsatzes

Ausführung gärtnerischer Arbeiten im Auftrage anderer, wie Veredeln, Landschaftsgestaltung, Pflege von Gärten und Friedhöfen, Binden von Kränzen und Blumen, wobei diese Tätigkeiten nicht überwiegend auf der Nutzung von Bodenflächen beruhen.

10. **Glasergewerbe:** 9,2 % des Umsatzes

Handwerksbetriebe, die Glaserarbeiten ausführen, darunter Bau-, Auto-, Bilder- und Möbelarbeiten.

11. Hoch- und Ingenieurhochbau: 6,3 % des Umsatzes

Handwerksbetriebe, die Hoch- und Ingenieurhochbauten, aber nicht Brücken- und Spezialbauten, ausführen, einschließlich der Reparatur- und Unterhaltungsarbeiten.

12. Klempnerei, Gas- und Wasserinstallation: 8,4 % des Umsatzes

Handwerksbetriebe, die Bauklempnerarbeiten und die Installation von Gas- und Flüssigkeitsleitungen sowie damit verbundener Geräte einschließlich der Reparatur- und Unterhaltungsarbeiten ausführen.

13. Maler- und Lackierergewerbe, Tapezierer: 3,7 % des Umsatzes

Handwerksbetriebe, die folgende Arbeiten ausführen:
1. Maler- und Lackiererarbeiten, einschließlich Schiffsmalerei und Entrostungsarbeiten. Nicht dazu gehört das Lackieren von Straßenfahrzeugen;
2. Aufkleben von Tapeten, Kunststofffolien und Ähnlichem.

14. Polsterei- und Dekorateurgewerbe: 9,5 % des Umsatzes

Handwerksbetriebe, die Polsterer- und Dekorateurarbeiten einschließlich Reparaturarbeiten ausführen. Darunter fallen auch die Herstellung von Möbelpolstern und Matratzen mit fremdbezogenen Vollpolstereinlagen, Federkernen oder Schaumstoff- bzw. Schaumgummikörpern, die Polsterung fremdbezogener Möbelgestelle sowie das Anbringen von Dekorationen, ohne Schaufensterdekorationen.

15. Putzmacherei: 12,2 % des Umsatzes

Handwerksbetriebe, die Hüte aus Filz, Stoff und Stroh für Damen, Mädchen und Kinder herstellen und umarbeiten. Nicht dazu gehört die Herstellung und Umarbeitung von Huthalbfabrikaten aus Filz.

16. Reparatur von Kraftfahrzeugen: 9,1 % des Umsatzes

Handwerksbetriebe, die Kraftfahrzeuge, ausgenommen Ackerschlepper, reparieren.

17. Schlosserei und Schweißerei: 7,9 % des Umsatzes

Handwerksbetriebe, die Schlosser- und Schweißarbeiten einschließlich der Reparaturarbeiten ausführen.

18. Schneiderei: 6,0 % des Umsatzes

Handwerksbetriebe, die folgende Arbeiten ausführen:
1. Maßfertigung von Herren- und Knabenoberbekleidung, von Uniformen und Damen-, Mädchen- und Kinderoberbekleidung, aber nicht Maßkonfektion;
2. Reparatur- und Hilfsarbeiten an Erzeugnissen des Bekleidungsgewerbes.

19. Schuhmacherei: 6,5 % des Umsatzes

Handwerksbetriebe, die Maßschuhe, darunter orthopädisches Schuhwerk, herstellen und Schuhe reparieren.

20. Steinbildhauerei und Steinmetzerei: 8,4 % des Umsatzes

Handwerksbetriebe, die Steinbildhauer- und Steinmetzerzeugnisse herstellen, darunter Grabsteine, Denkmäler und Skulpturen einschließlich der Reparaturarbeiten.

21. Stukkateurgewerbe: 4,4 % des Umsatzes

Handwerksbetriebe, die Stukkateur-, Gipserei- und Putzarbeiten, darunter Herstellung von Rabitzwänden, ausführen.

22. Winder und Scherer: 2,0 % des Umsatzes

In Heimarbeit Beschäftigte, die in eigener Arbeitsstätte mit nicht mehr als zwei Hilfskräften im Auftrag von Gewerbetreibenden Garne in Lohnarbeit umspulen.

23. Zimmerei: 8,1 % des Umsatzes

Handwerksbetriebe, die Bauholz zurichten, Dachstühle und Treppen aus Holz herstellen sowie Holzbauten errichten und entsprechende Reparatur- und Unterhaltungsarbeiten ausführen.

II. Einzelhandel

1. Blumen und Pflanzen: 5,7 % des Umsatzes

Einzelhandelsbetriebe, die überwiegend Blumen, Pflanzen, Blattwerk, Wurzelstücke und Zweige vertreiben.

2. Brennstoffe: 12,5 % des Umsatzes

Einzelhandelsbetriebe, die überwiegend Brennstoffe vertreiben.

3. Drogerien: 10,9 % des Umsatzes

Einzelhandelsbetriebe, die überweigend vertreiben:
Heilkräuter, pharmazeutische Spezialitäten und Chemikalien, hygienische Artikel, Desinfektionsmittel, Körperpflegemittel, kosmetische Artikel, diätetische Nahrungsmittel, Säuglings- und Krankenpflegebedarf, Reformwaren, Schädlingsbekämpfungsmittel, Fotogeräte und Fotozubehör.

4. Elektrotechnische Erzeugnisse, Leuchten, Rundfunk-, Fernseh- und Phonogeräte: 11,7 % des Umsatzes

Einzelhandelsbetriebe, die überwiegend vertreiben:
Elektrotechnische Erzeugnisse, darunter elektrotechnisches Material, Glühbirnen und elektrische Haushalts- und Verbrauchergeräte, Leuchten, Rundfunk-, Fernseh-, Phono-, Tonaufnahme- und -wiedergabegeräte, deren Teile und Zubehör, Schallplatten und Tonbänder.

5. Fahrräder und Mopeds: 12,2 % des Umsatzes

Einzelhandelsbetriebe, die überwiegend Fahrräder, deren Teile und Zubehör, Mopeds und Fahrradanhänger vertreiben.

6. Fische und Fischerzeugnisse: 6,6 % des Umsatzes

Einzelhandelsbetriebe, die überwiegend Fische, Fischerzeugnisse, Krebse, Muscheln und ähnliche Waren vertreiben.

7. Kartoffeln, Gemüse, Obst und Südfrüchte: 6,4 % des Umsatzes

Einzelhandelsbetriebe, die überwiegend Speisekartoffeln, Gemüse, Obst, Früchte (auch Konserven) sowie Obst- und Gemüsesäfte vertreiben.

8. Lacke, Farben und sonstiger Anstrichbedarf: 11,2 % des Umsatzes

Einzelhandelsbetriebe, die überwiegend Lacke, Farben, sonstigen Anstrichbedarf, darunter Malerwerkzeuge, Tapeten, Linoleum, sonstigen Fußbodenbelag, aber nicht Teppiche, vertreiben.

9. Milch, Milcherzeugnisse, Fettwaren und Eier: 6,4 % des Umsatzes

Einzelhandelsbetriebe, die überwiegend Milch, Milcherzeugnisse, Fettwaren und Eier vertreiben.

10. Nahrungs- und Genussmittel: 8,3 % des Umsatzes

Einzelhandelsbetriebe, die überwiegend Nahrungs- und Genussmittel aller Art vertreiben, ohne dass bestimmte Warenarten klar überwiegen.

11. Oberbekleidung: 12,3 % des Umsatzes

Einzelhandelsbetriebe, die überwiegend vertreiben:
Oberbekleidung für Herren, Knaben, Damen, Mädchen und Kinder, auch in sportlichem Zuschnitt, darunter Berufs- und Lederbekleidung, aber nicht gewirkte und gestrickte Oberbekleidung, Sportbekleidung, Blusen, Hausjacken, Morgenröcke und Schürzen.

12. Reformwaren: 8,5 % des Umsatzes

Einzelhandelsbetriebe, die überwiegend vertreiben:

Reformwaren, darunter Reformnahrungsmittel, diätetische Lebensmittel, Kurmittel, Heilkräuter, pharmazeutische Extrakte und Spezialitäten.

13. **Schuhe und Schuhwaren:** 11,8 % des Umsatzes

Einzelhandelsbetriebe, die überwiegend Schuhe aus verschiedenen Werkstoffen sowie Schuhwaren vertreiben.

14. **Süßwaren:** 6,6 % des Umsatzes

Einzelhandelsbetriebe, die überwiegend Süßwaren vertreiben.

15. **Textilwaren verschiedener Art:** 12,3 % des Umsatzes

Einzelhandelsbetriebe, die überwiegend Textilwaren vertreiben, ohne dass bestimmte Warenarten klar überwiegen.

16. **Tiere und zoologischer Bedarf:** 8,8 % des Umsatzes

Einzelhandelsbetriebe, die überwiegend lebende Haus- und Nutztiere, zoologischen Bedarf, Bedarf für Hunde- und Katzenhaltung und dergleichen vertreiben.

17. **Unterhaltungszeitschriften und Zeitungen:** 6,3 % des Umsatzes

Einzelhandelsbetriebe, die überwiegend Unterhaltungszeitschriften, Zeitungen und Romanhefte vertreiben.

18. **Wild und Geflügel:** 6,4 % des Umsatzes

Einzelhandelsbetriebe, die überwiegend Wild, Geflügel und Wildgeflügel vertreiben.

III. Sonstige Gewerbebetriebe

1. **Eisdielen:** 5,8 % des Umsatzes

Betriebe, die überwiegend erworbenes oder selbst hergestelltes Speiseeis zum Verzehr auf dem Grundstück des Verkäufers abgeben.

2. **Fremdenheime und Pensionen:** 6,7 % des Umsatzes

Unterkunftsstätten, in denen jedermann beherbergt und häufig auch verpflegt wird.

3. **Gast- und Speisewirtschaften:** 8,7 % des Umsatzes

Gast- und Speisewirtschaften mit Ausschank alkoholischer Getränke (ohne Bahnhofswirtschaften).

4. **Gebäude- und Fensterreinigung:** 1,6 % des Umsatzes

Betriebe für die Reinigung von Gebäuden, Räumen und Inventar, einschließlich Teppichreinigung, Fensterputzen, Schädlingsbekämpfung und Schiffsreinigung. Nicht dazu gehören die Betriebe für Hausfassadenreinigung.

5. **Personenbeförderung mit Personenkraftwagen:** 6,0 % des Umsatzes

Betriebe zur Beförderung von Personen mit Taxis oder Mietwagen.

6. **Wäschereien:** 6,5 % des Umsatzes

Hierzu gehören auch Mietwaschküchen, Wäschedienst, aber nicht Wäscheverleih.

IV. Freie Berufe

1. a) **Bildhauer:** 7,0 % des Umsatzes

b) **Grafiker** (nicht Gebrauchsgrafiker): 5,2 % des Umsatzes

c) **Kunstmaler:** 5,2 % des Umsatzes

2. **Selbständige Mitarbeiter bei Bühne, Film, Funk, Fernsehen und Schallplattenproduzenten:** 3,6 % des Umsatzes

Natürliche Personen, die auf den Gebieten der Bühne, des Films, des Hörfunks, des Fernsehens, der Schallplatten-, Bild- und Tonträgerproduktion selbständig Leistungen in Form von eigenen Darbietungen oder Beiträge zu Leistungen Dritter erbringen.

3. **Hochschullehrer:** 2,9% des Umsatzes

   Umsätze aus freiberuflicher Tätigkeit zur unselbständig ausgeübten wissenschaftlichen Tätigkeit.

4. **Journalisten:** 4,8% des Umsatzes

   Freiberuflich tätige Unternehmer, die in Wort und Bild überwiegend aktuelle politische, kulturelle und wirtschaftliche Ereignisse darstellen.

5. **Schriftsteller:** 2,6% des Umsatzes

   Freiberuflich tätige Unternehmer, die geschriebene Werke mit überwiegend wissenschaftlichem, unterhaltendem oder künstlerischem Inhalt schaffen.

Abschnitt B

Durchschnittssätze für die Berechnung eines Teils der Vorsteuerbeträge (§ 70 Abs. 2)

1. **Architekten:** 1,9% des Umsatzes

   Architektur-, Bauingenieur- und Vermessungsbüros, darunter Baubüros, statische Büros und Bausachverständige, aber nicht Film- und Bühnenarchitekten.

2. **Hausbandweber:** 3,2% des Umsatzes

   In Heimarbeit Beschäftigte, die in eigener Arbeitsstätte mit nicht mehr als zwei Hilfskräften im Auftrag von Gewerbetreibenden Schmalbänder in Lohnarbeit weben oder wirken.

3. **Patentanwälte:** 1,7% des Umsatzes

   Patentanwaltspraxis, aber nicht die Lizenz- und Patentverwertung.

4. **Rechtsanwälte und Notare:** 1,5% des Umsatzes

   Rechtsanwaltspraxis mit und ohne Notariat sowie das Notariat, nicht aber die Patentanwaltspraxis.

5. **Schornsteinfeger:** 1,6% des Umsatzes

6. **Wirtschaftliche Unternehmensberatung, Wirtschaftsprüfung:** 1,7% des Umsatzes

   Wirtschaftsprüfer, vereidigte Buchprüfer, Steuerberater und Steuerbevollmächtigte. Nicht dazu gehören Treuhandgesellschaften für Vermögensverwaltung.

512. Fahrzeuglieferungs-Meldepflichtverordnung (FzgLiefgMeldV)

Vom 18. März 2009 (BGBl. I S. 630)

BGBl. III/FNA 611-10-14-6

Auf Grund des § 18 c Satz 1 und 2 Nr. 1 bis 4 des Umsatzsteuergesetzes in der Fassung der Bekanntmachung vom 21. Februar 2005 (BGBl. I S. 386) verordnet das Bundesministerium der Finanzen:

§ 1 Gegenstand, Form und Frist der Meldung. (1) [1]Die in § 3 genannten Verpflichteten haben die innergemeinschaftliche Lieferung (§ 6a Abs. 1 und 2 des Umsatzsteuergesetzes) eines neuen Fahrzeuges im Sinne des § 1b Abs. 2 und 3 des Umsatzsteuergesetzes bis zum zehnten Tag nach Ablauf des Kalendervierteljahres, in dem die Lieferung ausgeführt worden ist (Meldezeitraum), dem Bundeszentralamt für Steuern nach § 2 zu melden, sofern der Abnehmer der Lieferung keine Umsatzsteuer-Identifikationsnummer eines anderen Mitgliedstaates der Europäischen Union verwendet. [2]Die Meldung erfolgt nach amtlich vorgeschriebenem Datensatz für jedes gelieferte Fahrzeug jeweils gesondert. [3]Sind einem Unternehmer die Fristen für die Abgabe der Voranmeldungen um einen Monat verlängert worden (§§ 46 bis 48 der Umsatzsteuer-Durchführungsverordnung) gilt diese Fristverlängerung auch für die Anzeigepflichten im Rahmen dieser Verordnung.

(2) Für die Form der Mitteilung gilt:

1. Unternehmer im Sinne des § 2 des Umsatzsteuergesetzes haben die Meldungen nach Absatz 1 nach amtlich vorgeschriebenem Datensatz durch Datenfernübertragung nach Maßgabe der Steuerdaten-Übermittlungsverordnung zu übermitteln; auf Antrag kann das Finanzamt zur Vermeidung unbilliger Härten auf eine elektronische Übermittlung verzichten;
2. Fahrzeuglieferer nach § 2a des Umsatzsteuergesetzes können die Meldung nach Absatz 1 auf elektronischem Weg nach Maßgabe der Steuerdaten-Übermittlungsverordnung übermitteln oder in Papierform abgeben.

§ 2 Inhalt der Meldung. Die abzugebende Meldung muss folgende Angaben enthalten:

1. den Namen und die Anschrift des Lieferers,
2. die Steuernummer und bei Unternehmern im Sinne des § 2 des Umsatzsteuergesetzes zusätzlich die Umsatzsteuer-Identifikationsnummer des Lieferers,
3. den Namen und die Anschrift des Erwerbers,

4. das Datum der Rechnung,
5. den Bestimmungsmitgliedstaat,
6. das Entgelt (Kaufpreis),
7. die Art des Fahrzeugs (Land-, Wasser- oder Luftfahrzeug),
8. den Fahrzeughersteller,
9. den Fahrzeugtyp (Typschlüsselnummer),
10. das Datum der ersten Inbetriebnahme, wenn dieses vor dem Rechnungsdatum liegt,
11. den Kilometerstand (bei motorbetriebenen Landfahrzeugen), die Zahl der bisherigen Betriebsstunden auf dem Wasser (bei Wasserfahrzeugen) oder die Zahl der bisherigen Flugstunden (bei Luftfahrzeugen), wenn diese am Tag der Lieferung über Null liegen,
12. die Kraftfahrzeug-Identifizierungs-Nummer (bei motorbetriebenen Landfahrzeugen), die Schiffs-Identifikations-Nummer (bei Wasserfahrzeugen) oder die Werknummer (bei Luftfahrzeugen).

§ 3 Meldepflichtiger. Zur Meldung verpflichtet ist der Unternehmer (§ 2 des Umsatzsteuergesetzes) oder Fahrzeuglieferer (§ 2a des Umsatzsteuergesetzes), der die Lieferung des Fahrzeugs ausführt.

§ 4 Ordnungswidrigkeit. Ordnungswidrig im Sinne des § 26a Abs. 1 Nr. 6 des Umsatzsteuergesetzes handelt, wer vorsätzlich oder leichtfertig entgegen § 1 Abs. 1 Satz 1 eine Meldung nicht, nicht richtig, nicht vollständig oder nicht rechtzeitig macht.

§ 5 Inkrafttreten. Diese Verordnung tritt am 1. Juli 2010 in Kraft.

518. Einfuhrumsatzsteuer-Befreiungsverordnung

Vom 11. August 1992 (BGBl. I S. 1526)

Geändert durch VOen vom 9. 2. 1994 (BGBl. I S. 302, ber. S. 523), vom 22. 12. 2003 (BGBl. I 2004 S. 21), vom 24. 11. 2008 (BGBl. I S. 2232) und G v. 3. 12. 2015 (BGBl. I S. 2178)

BGBl. III/FNA 611-10-14-4

Auf Grund des Artikels 3 des Vierzehnten Gesetzes zur Änderung des Zollgesetzes vom 3. August 1973 (BGBl. I S. 933), der durch Artikel 2 Abs. 2 des Gesetzes vom 12. September 1980 (BGBl. I S. 1695) neu gefaßt worden ist, verordnet der Bundesminister der Finanzen:

§ 1[1] Allgemeines. (1) Einfuhrumsatzsteuerfrei ist, vorbehaltlich der §§ 1a bis 10, die Einfuhr von Gegenständen, die nach Kapitel I und III der Verordnung (EWG) Nr. 918/83 des Rates vom 28. März 1983 über das gemeinschaftliche System der Zollbefreiungen (ABl. EG Nr. L 105 S. 1, Nr. L 274 S. 40, 1984 Nr. L 308 S. 64, 1985 Nr. L 256 S. 47, 1986 Nr. L 271 S. 31), die zuletzt durch die Verordnung (EG) Nr. 274/2008 vom 17. März 2008 (ABl. EU Nr. L 85 S. 1) geändert worden ist, zollfrei eingeführt werden können, in entsprechender Anwendung dieser Vorschriften sowie der Durchführungsvorschriften dazu; ausgenommen sind die Artikel 29 bis 31, 45, 52 bis 59b, 63a und 63b der Verordnung (EWG) Nr. 918/83.

(1a) [1]Im Sinne dieser Verordnung gilt als Zollkodex die Verordnung (EWG) Nr. 2913/92[2] des Rates vom 12. Oktober 1992 zur Festlegung des Zollkodex der Gemeinschaften (ABl. EG Nr. L 302 S. 1, 1993 Nr. L 79 S. 84, 1996 Nr. L 97 S. 387), zuletzt geändert durch die Verordnung (EG) Nr. 2700/2000 des Europäischen Parlaments und des Rates vom 16. November 2000 (ABl. EG Nr. L 311 S. 17), in der jeweils geltenden Fassung. [2]Im Sinne dieser Verordnung gilt als Durchführungsverordnung zum Zollkodex die Verordnung (EWG) Nr. 2454/93[3] der Kommission vom 2. Juli 1993 mit Durchführungsvorschriften zu der Verordnung (EWG) Nr. 2913/92 des Rates vom 12. Oktober 1992 zur Festlegung des Zollkodex der Gemeinschaften (ABl. EG Nr. L 253 S. 1, 1994 Nr. L 268 S. 32, 1996 Nr. L 180 S. 34, 1997 Nr. L 156 S. 59, 1999 Nr. L 111 S. 88), zuletzt geändert durch die Verordnung (EG) Nr. 1335/2003 der Kommission vom 25. Juli 2003 (ABl. EU Nr. L 187 S. 16), in der jeweils geltenden Fassung.

(2) Einfuhrumsatzsteuerfrei ist, vorbehaltlich des § 11, die vorübergehende Einfuhr von Gegenständen, die

---

[1] § 1 Abs. 2 und Abs. 3 neugef., Abs. 2a eingef. mWv 1. 1. 1994 durch VO v. 9. 2. 1994 (BGBl. I S. 302), Abs. 1a eingef. und Abs. 2 Nr. 1 neugef. mWv 10. 1. 2004 durch VO v. 22. 12. 2003 (BGBl. 2004 I S. 21), Abs. 1 neugef. mWv 1. 12. 2008 durch VO v. 24. 11. 2008 (BGBl. I S. 2232).

[2] **Zölle und Verbrauchsteuern Nr. 10.**

[3] **Zölle und Verbrauchsteuern Nr. 11.**

1. nach den Artikeln 137 bis 144 des Zollkodex frei von Einfuhrabgaben im Sinne des Artikels 4 Nr. 10 des Zollkodex[1] eingeführt werden können oder die
2. gelegentlich und ohne gewerbliche Absicht eingeführt werden, sofern der Verwender hinsichtlich dieser Gegenstände nicht oder nicht in vollem Umfang nach § 15 Abs. 1 Nr. 2 des Gesetzes zum Vorsteuerabzug berechtigt ist,

in sinngemäßer Anwendung der genannten Vorschriften sowie der Durchführungsvorschriften dazu; ausgenommen sind die Vorschriften über die vorübergehende Verwendung bei teilweiser Befreiung von Einfuhrabgaben im Sinne des Artikels 4 Nr. 10 Zollkodex.

(2a) [1]Einfuhrumsatzsteuerfrei ist, vorbehaltlich des § 12, die Einfuhr der Gegenstände, die nach den Artikeln 185 bis 187 Zollkodex als Rückwaren frei von Einfuhrabgaben im Sinne des Artikels 4 Nr. 10 Zollkodex eingeführt werden können, in sinngemäßer Anwendung dieser Vorschriften sowie der Durchführungsvorschriften dazu. [2]Die Steuerfreiheit gilt auch für die Gegenstände, die in Artikel 185 Abs. 2 Buchstabe b Zollkodex aufgeführt sind.

(3) Einfuhrumsatzsteuerfrei ist ferner die Einfuhr der Gegenstände, die nach den §§ 12, 14 bis 22 der Zollverordnung vom 23. Dezember 1993 (BGBl. I S. 2449) in der jeweils geltenden Fassung frei von Einfuhrabgaben im Sinne des Artikels 4 Nr. 10 Zollkodex eingeführt werden können, in sinngemäßer Anwendung dieser Vorschriften.

§ 1 a[2] Sendungen von geringem Wert. Die Einfuhrumsatzsteuerfreiheit für Sendungen von Waren mit geringem Wert im Sinne des Artikels 27 der Verordnung (EWG) Nr. 918/83 ist auf Waren beschränkt, deren Gesamtwert 22 Euro je Sendung nicht übersteigt.

§ 2 Investitionsgüter und andere Ausrüstungsgegenstände. Die Einfuhrumsatzsteuerfreiheit für Investitionsgüter und andere Ausrüstungsgegenstände (Artikel 32 bis 38 der in § 1 Abs. 1 genannten Verordnung) ist ausgeschlossen für Gegenstände, die

1. ganz oder teilweise zur Ausführung von Umsätzen verwendet werden, die nach § 15 Abs. 2 und 3 des Gesetzes den Vorsteuerabzug ausschließen,
2. von einer juristischen Person des öffentlichen Rechts für ihren nichtunternehmerischen Bereich eingeführt werden oder
3. von einem Unternehmer eingeführt werden, der die Vorsteuerbeträge nach Durchschnittssätzen (§§ 23 und 24 des Gesetzes) ermittelt.

---

[1] **Zölle und Verbrauchsteuern Nr. 10.**

[2] § 1 a eingef. mWv 1. 12. 2008 durch VO v. 24. 11. 2008 (BGBl. I S. 2232).

§ 3[1] Landwirtschaftliche Erzeugnisse. Die Einfuhrumsatzsteuerfreiheit für bestimmte landwirtschaftliche Erzeugnisse (Artikel 39 bis 42 der in § 1 Abs. 1 genannten Verordnung) gilt auch für reinrassige Pferde, die nicht älter als sechs Monate und im Drittlandsgebiet von einem Tier geboren sind, das im Inland oder in den österreichischen Gebieten Jungholz und Mittelberg befruchtet und danach vorübergehend ausgeführt worden war.

(Fortsetzung nächstes Blatt)

---

[1] § 3 geänd. mWv 1. 1. 1994 durch VO v. 9. 2. 1994 (BGBl. I S. 302).

§ 4 Gegenstände erzieherischen, wissenschaftlichen oder kulturellen Charakters. [1]Die Einfuhrumsatzsteuerfreiheit für Gegenstände erzieherischen, wissenschaftlichen oder kulturellen Charakters im Sinne der Artikel 50 und 51 der in § 1 Abs. 1 genannten Verordnung ist auf die von den Buchstaben B der Anhänge I und II der Verordnung erfaßten Einfuhren beschränkt. [2]Die Steuerfreiheit für Sammlungsstücke und Kunstgegenstände (Artikel 51 der Verordnung) hängt davon ab, daß die Gegenstände

1. unentgeltlich eingeführt werden oder
2. nicht von einem Unternehmer geliefert werden; als Lieferer gilt nicht, wer für die begünstigte Einrichtung tätig wird.

§ 5 Tiere für Laborzwecke. Die Einfuhrumsatzsteuerfreiheit für Tiere für Laborzwecke (Artikel 60 Abs. 1 Buchstabe a und Abs. 2 der in § 1 Abs. 1 genannten Verordnung) hängt davon ab, daß die Tiere unentgeltlich eingeführt werden.

§ 6 Gegenstände für Organisationen der Wohlfahrtspflege. (1) Die Einfuhrumsatzsteuerfreiheit für lebenswichtige Gegenstände (Artikel 65 Abs. 1 Buchstabe a der in § 1 Abs. 1 genannten Verordnung) hängt davon ab, daß die Gegenstände unentgeltlich eingeführt werden.

(2) [1]Die Einfuhrumsatzsteuerfreiheit für Gegenstände für Behinderte (Artikel 70 bis 78 der in § 1 Abs. 1 genannten Verordnung) hängt davon ab, daß die Gegenstände unentgeltlich eingeführt werden. [2]Sie hängt nicht davon ab, daß gleichwertige Gegenstände gegenwärtig in der Gemeinschaft nicht hergestellt werden. [3]Die Steuerfreiheit ist ausgeschlossen für Gegenstände, die von Behinderten selbst eingeführt werden.

§ 7 Werbedrucke. (1) Die Einfuhrumsatzsteuerfreiheit für Werbedrucke (Artikel 92 Buchstabe b der in § 1 Abs. 1 genannten Verordnung) gilt für Werbedrucke, in denen Dienstleistungen angeboten werden, allgemein, sofern diese Angebote von einer in einem anderen Mitgliedstaat der Europäischen Gemeinschaften ansässigen Person ausgehen.

(2) Bei Werbedrucken, die zur kostenlosen Verteilung eingeführt werden, hängt die Steuerfreiheit abweichend von Artikel 93 Buchstabe b und c der in § 1 Abs. 1 genannten Verordnung nur davon ab, daß die in den Drucken enthaltenen Angebote von einer in einem anderen Mitgliedstaat der Europäischen Gemeinschaften ansässigen Person ausgehen.

§ 8 Werbemittel für den Fremdenverkehr. Die Einfuhrumsatzsteuerfreiheit für Werbematerial für den Fremdenverkehr (Artikel 108 Buchstabe a und b der in § 1 Abs. 1 genannten Verordnung) gilt auch dann, wenn darin Werbung für in einem Mitgliedstaat der Europäischen Gemeinschaften ansässige Unternehmen enthalten ist, sofern der Gesamtanteil der Werbung 25 vom Hundert nicht übersteigt.

§ 9 Amtliche Veröffentlichungen, Wahlmaterialien. Einfuhrumsatzsteuerfrei ist die Einfuhr der amtlichen Veröffentlichungen, mit denen das Ausfuhrland und die dort niedergelassenen Organisationen, öffentlichen Körperschaften und öffentlich-rechtlichen Einrichtungen Maßnahmen öffentlicher Gewalt bekanntmachen, sowie die Einfuhr der Drucksachen, die die in den Mitgliedstaaten der Europäischen Gemeinschaften als solche offiziell anerkannten ausländischen politischen Organisationen anläßlich der Wahlen zum Europäischen Parlament oder anläßlich nationaler Wahlen, die vom Herkunftsland aus organisiert werden, verteilen.

§ 10 BehältnisseundVerpackungen. (1) Die Einfuhrumsatzsteuerfreiheit von Verpackungsmitteln (Artikel 110 der in § 1 Abs. 1 genannten Verordnung) hängt davon ab, daß ihr Wert in die Bemessungsgrundlage für die Einfuhr (§ 11 des Gesetzes) einbezogen wird.

(2) Die Steuerfreiheit nach Absatz 1 gilt auch für die Einfuhr von Behältnissen und befüllten Verpackungen, wenn sie für die mit ihnen gestellten oder in ihnen verpackten Waren üblich sind oder unabhängig von ihrer Verwendung als Behältnis oder Verpackung keinen dauernden selbständigen Gebrauchswert haben.

§ 11[1] Vorübergehende Verwendung. (1) Artikel 572 Abs. 1 der Durchführungsverordnung zum Zollkodex gilt mit der Maßgabe, dass die hergestellten Gegenstände aus dem Zollgebiet der Gemeinschaft auszuführen sind.

(2) In den Fällen des § 1 Abs. 2 Nr. 2 beträgt die Verwendungsfrist längstens sechs Monate; sie darf nicht verlängert werden.

(3) Werden die in Artikel 576 der Durchführungsverordnung zum Zollkodex bezeichneten Gegenstände verkauft, so ist bei der Ermittlung der Bemessungsgrundlage von dem Kaufpreis auszugehen, den der erste Käufer im Inland oder in den österreichischen Gebieten Jungholz und Mittelberg gezahlt oder zu zahlen hat.

(4) Auf die Leistung einer Sicherheit für die Einfuhrumsatzsteuer kann verzichtet werden.

§ 12[2] Rückwaren. [1]Die Einfuhrumsatzsteuerfreiheit von Rückwaren (Artikel 185 bis 187 Zollkodex) ist ausgeschlossen, wenn der eingeführte Gegenstand

1. vor der Einfuhr geliefert worden ist,
2. im Rahmen einer steuerfreien Lieferung (§ 4 Nr. 1 des Gesetzes) ausgeführt worden ist oder
3. im Rahmen des § 4a des Gesetzes von der Umsatzsteuer entlastet worden ist.

---

[1] § 11 Abs. 3 neugef., Abs. 2 geänd. mWv 1. 1. 1994 durch VO v. 9. 2. 1994 (BGBl. I S. 302), Abs. 1 neugef. und Abs. 3 geänd. mWv 10. 1. 2004 durch VO v. 22. 12. 2003 (BGBl. 2004 I S. 21).

[2] § 12 bish. Abs. 1 aufgeh., bish. Abs. 2 wird Abs. 1 und geänd. mWv 1. 1. 1994 durch VO v. 9. 2. 1994 (BGBl. I S. 302).

[2]Satz 1 Nr. 2 gilt nicht, wenn derjenige, der die Lieferung bewirkt hat, den Gegenstand zurückerhält und hinsichtlich dieses Gegenstandes in vollem Umfang nach § 15 Abs. 1 Nr. 2 des Gesetzes zum Vorsteuerabzug berechtigt ist.

§ 12 a[1]) Freihafenlagerung. (1) [1]Einfuhrumsatzsteuerfrei ist die Einfuhr von Gegenständen, die als Gemeinschaftswaren ausgeführt und in einem Freihafen vorübergehend gelagert worden sind. [2]Die Steuerfreiheit hängt davon ab, daß die nachfolgenden Vorschriften eingehalten sind.

(2) [1]Die Lagerung bedarf einer besonderen Zulassung; sie wird grundsätzlich nur zugelassen, wenn im Freihafen vorhandene Anlagen sonst nicht wirtschaftlich ausgenutzt werden können und der Freihafen durch die Lagerung seinem Zweck nicht entfremdet wird. [2]Für die Zulassung ist das von der Generalzolldirektion[2]) dafür bestimmte Hauptzollamt zuständig. [3]Der Antrag auf Zulassung ist vom Lagerhalter schriftlich zu stellen. [4]Die Zulassung wird schriftlich erteilt.

(3) [1]Die Gegenstände sind vor der Ausfuhr zu gestellen und mit dem Antrag anzumelden, die Ausfuhr in den Freihafen zollamtlich zu überwachen. [2]Unter bestimmten Voraussetzungen und Bedingungen kann zugelassen werden, daß die Gegenstände ohne Gestellung ausgeführt werden.

(4) [1]Für die Wiedereinfuhr der Gegenstände wird eine Frist gesetzt; dabei werden die zugelassene Lagerdauer und die erforderlichen Beförderungszeiten berücksichtigt. [2]Die Zollstelle erteilt dem Antragsteller einen Zwischenschein und überwacht die Ausfuhr.

(5) [1]Die Gegenstände dürfen im Freihafen nur wie zugelassen gelagert werden. [2]Die Lagerdauer darf ohne Zustimmung des Hauptzollamts nach Absatz 2 Satz 2 nicht überschritten werden. [3]Die Frist für die Wiedereinfuhr der Gegenstände darf nur aus zwingendem Anlaß überschritten werden; der Anlaß ist nachzuweisen.

(6) Für die Überführung der Gegenstände in den freien Verkehr nach der Wiedereinfuhr ist der Zwischenschein als Steueranmeldung zu verwenden.

§ 12 b[1]) Freihafen-Veredelung. (1) [1]Einfuhrumsatzsteuerfrei ist die Einfuhr von Gegenständen, die in einem Freihafen veredelt worden sind, sofern die bei der Veredelung verwendeten Gegenstände als Gemeinschaftswaren ausgeführt worden sind. [2]Anstelle der ausgeführten Gegenstände können auch Gegenstände veredelt werden, die den ausgeführten Gegenständen nach Menge und Beschaffenheit entsprechen. [3]Die Steuerfreiheit hängt davon ab, daß die nachfolgenden Vorschriften eingehalten sind.

(2) [1]Die Freihafen-Veredelung bedarf einer Bewilligung; sie wird nur erteilt, wenn der Freihafen dadurch seinem Zweck nicht entfremdet wird. [2]Für die Bewilligung ist die von der Generalzolldirektion[2]) dafür bestimmte Zoll-

---

[1]) §§ 12a und 12b eingef. mWv 1. 1. 1994 durch VO v. 9. 2. 1994 (BGBl. I S. 302).

[2]) Geänd. mWv 1. 1. 2016 durch G v. 3. 12. 2015 (BGBl. I S. 2178).

stelle zuständig. [3]Der Antrag auf Bewilligung ist vom Inhaber des Freihafenbetriebs schriftlich zu stellen. [4]Die Bewilligung wird schriftlich erteilt; sie kann jederzeit widerrufen werden. [5]In der Bewilligung wird bestimmt, welche Zollstelle die Veredelung überwacht (überwachende Zollstelle), welcher Zollstelle die unveredelten Gegenstände zu gestellen sind und bei welcher Zollstelle der Antrag auf Überführung der veredelt eingeführten Gegenstände in den freien Verkehr zu stellen ist.

(3) [1]Die unveredelten Gegenstände sind vor der Ausfuhr zu gestellen und mit dem Antrag anzumelden, sie für die Freihafen-Veredelung zur Ausfuhr abzufertigen. [2]Wenn die zollamtliche Überwachung anders als durch die Gestellung gesichert erscheint, kann die überwachende Zollstelle unter bestimmten Voraussetzungen und Bedingungen zulassen, daß die unveredelten Gegenstände durch Anschreibung in die Freihafen-Veredelung übergeführt werden; die Zulassung kann jederzeit widerrufen werden.

(4) [1]Die Zollstelle sichert die Nämlichkeit der unveredelten Gegenstände, sofern die Veredelung von Gegenständen, die den ausgeführten Gegenständen nach Menge und Beschaffenheit entsprechen, nicht zugelassen ist. [2]Sie erteilt dem Veredeler einen Veredelungsschein, in dem die zur Feststellung der Nämlichkeit getroffenen Maßnahmen und die Frist für die Einfuhr der veredelten Gegenstände vermerkt werden.

(5) Der Antrag auf Überführung der veredelten Gegenstände in den freien Verkehr ist vom Veredeler bei der in der Bewilligung bestimmten Zollstelle zu stellen.

§ 13 Fänge deutscher Fischer. (1) Einfuhrumsatzsteuerfrei ist die Einfuhr von Fängen von Fischern, die in der Bundesrepublik Deutschland wohnen und von deutschen Schiffen aus auf See fischen, sowie die aus diesen Fängen auf deutschen Schiffen hergestellten Erzeugnisse.

(2) [1]Die Steuerfreiheit hängt davon ab, daß die Gegenstände auf einem deutschen Schiff und für ein Unternehmen der Seefischerei eingeführt werden. [2]Sie ist ausgeschlossen, wenn die Gegenstände vor der Einfuhr geliefert worden sind.

§ 14[1)] Erstattung oder Erlaß. (1) Die Einfuhrumsatzsteuer wird erstattet oder erlassen in den Artikeln 235 bis 242 Zollkodex bezeichneten Fällen in sinngemäßer Anwendung dieser Vorschriften und der Durchführungsvorschriften dazu.

(2) [1]Die Erstattung oder der Erlaß hängt davon ab, daß der Antragsteller hinsichtlich der Gegenstände nicht oder nicht in vollem Umfang nach § 15 Abs. 1 Nr. 2 des Gesetzes zum Vorsteuerabzug berechtigt ist. [2]Satz 1 gilt nicht für die Fälle des Artikels 236 Zollkodex.

---

1) § 14 Abs. 1 und Abs. 2 Satz 2 neu gef. mWv 1. 1. 1994 durch VO v. 9. 2. 1994 (BGBl. I S. 302).

§ 15[1)] Absehen von der Festsetzung der Steuer. Die Einfuhrumsatzsteuer wird nicht festgesetzt für Gegenstände, die nur der Einfuhrumsatzsteuer unterliegen, wenn sie weniger als 10 Euro beträgt und nach § 15 Abs. 1 Nr. 2 des Gesetzes als Vorsteuer abgezogen werden könnte.

§ 16 Inkrafttreten, abgelöste Vorschrift. [1]Diese Verordnung tritt am 1. Januar 1993 in Kraft. [2]Gleichzeitig tritt die Einfuhrumsatzsteuer-Befreiungsverordnung vom 5. Juni 1984 (BGBl. I S. 747, 750), zuletzt geändert durch Artikel 1 der Verordnung vom 20. Juni 1990 (BGBl. I S. 1119), außer Kraft.

[1)] § 15 neugef. mWv 10. 1. 2004 durch VO v. 22. 12. 2003 (BGBl. 2004 I S. 21).

518a. Verordnung über die Erstattung von Umsatzsteuer an ausländische ständige diplomatische Missionen und berufskonsularische Vertretungen sowie an ihre ausländischen Mitglieder (Umsatzsteuererstattungsverordnung – UStErstV)[1]

In der Fassung der Bekanntmachung vom 3. Oktober 1988 (BGBl. I S. 1780)[2]

Geändert durch Steuer-Euroglättungsgesetz vom 19. 12. 2000 (BGBl. I S. 1790), Steueränderungsgesetz 2001 vom 20. 12. 2001 (BGBl. I S. 3794), Steueränderungsgesetz 2003 vom 15. 12. 2003 (BGBl. I S. 2645), Gesetz zur Neuorganisation der Bundesfinanzverwaltung und zur Schaffung eines Refinanzierungsregisters vom 22. 9. 2005 (BGBl. I S. 2809) und Gesetz zur Umsetzung steuerlicher EU-Vorgaben sowie zur Änderung steuerlicher Vorschriften vom 8. 4. 2010 (BGBl. I S. 386)

BGBl. III/FNA 611-10-10

§ 1 [Erstattung] (1)[3] Hat eine im Geltungsbereich dieser Verordnung errichtete ausländische ständige diplomatische Mission oder ausländische ständige berufskonsularische Vertretung für ihren amtlichen Gebrauch Gegenstände erworben oder sonstige Leistungen in Anspruch genommen, wird ihr auf Antrag aus dem Aufkommen der Umsatzsteuer

1. die von dem Unternehmer nach § 14 des Umsatzsteuergesetzes in Rechnung gestellte und von ihr bezahlte Umsatzsteuer erstattet, wenn der Rechnungsbetrag einschließlich der Steuer 100 Euro übersteigt;
2. die von ihr nach § 13b *Abs. 2* [***ab 1. 7. 2010:*** Absatz 5][4] des Umsatzsteuergesetzes geschuldete und von ihr entrichtete Umsatzsteuer erstattet, wenn der Rechnungsbetrag zuzüglich der Steuer 100 Euro übersteigt.

(2) Die Vergünstigung nach Absatz 1 ist auf der Grundlage besonderer Vereinbarung mit dem Entsendestaat nach Maßgabe der Gegenseitigkeit zu gewähren.

§ 2 [Begünstigte, Begrenzung] (1) § 1 gilt zugunsten eines Mitglieds der Mission oder der berufskonsularischen Vertretung, das weder Angehöriger der Bundesrepublik Deutschland noch in ihr ständig ansässig ist, auch wenn die Gegenstände oder die sonstigen Leistungen für seinen persönlichen Gebrauch bestimmt sind.

---

[1] Kurzbezeichnung ergänzt durch G v. 19. 12. 2000 (BGBl. I S. 1790).

[2] Neubekanntmachung der UStErstV v. 3. 4. 1970 (BGBl. I S. 316) auf Grund Art. 3 VO v. 23. 9. 1988 (BGBl. I S. 1777) in der ab 1. 1. 1989 geltenden Fassung.

[3] § 1 Abs. 1 neu gef. mWv 1. 1. 2004 durch G v. 15. 12. 2003 (BGBl. I S. 2645).

[4] Verweis geänd. durch G v. 8. 4. 2010 (BGBl. I S. 386).

(2) [1]Die Erstattungen dürfen für das Kalenderjahr den Gesamtbetrag von 1200 Euro[1)] nicht übersteigen. [2]Der Erwerb eines Kraftfahrzeuges ist hierbei nicht zu berücksichtigen.

§ 3 [Ausnahmen, Ersatzbeschaffungen] (1)[2)] Die §§ 1 und 2 gelten nicht für den Erwerb von Lebensmitteln und Tabakerzeugnissen sowie die Abgabe von Speisen und Getränken zum Verzehr an Ort und Stelle.

(2) Wird ein Gegenstand während seiner gewöhnlichen Nutzungsdauer nicht oder nur zeitweise zu Zwecken im Sinne der §§ 1 und 2 genutzt, ist die Erstattung zu versagen oder der Erstattungsbetrag angemessen zu kürzen.

§ 4 [Antrag] (1) [1]Der Antrag auf Erstattung ist unter Beifügung der in Betracht kommenden Rechnungen nach einem vom Bundesminister der Finanzen zu bestimmenden Muster beim Auswärtigen Amt einzureichen. [2]In ihm hat der Missionschef oder der Leiter der berufskonsularischen Vertretung zu versichern, daß die Gegenstände oder die sonstigen Leistungen für den nach § 1 oder 2 vorgesehenen Gebrauch bestimmt sind. [3]Das Auswärtige Amt sendet den Antrag mit einer Stellungnahme an das Bundeszentralamt für Steuern[3)], das die Angaben des Antragstellers prüft und über den Antrag entscheidet.

(2) [1]Der Antrag ist bis zum Ablauf des Kalenderjahres zu stellen, das auf das Kalenderjahr folgt, in dem der Umsatz an den Antragsteller bewirkt worden ist. [2]Der Antrag muß alle Erstattungsansprüche eines Abrechnungszeitraums, der mindestens ein Kalendervierteljahr beträgt, umfassen.

(3) Dem Antragsteller ist ein schriftlicher Bescheid zu erteilen, wenn dem Antrag nicht entsprochen wird.

(4) [1]Mindert sich der Steuerbetrag, so hat der Antragsteller das Auswärtige Amt unverzüglich zu unterrichten. [2]Der zuviel erhaltene Erstattungsbetrag ist innerhalb eines Monats nach Bekanntwerden der Minderung zurückzuzahlen. [3]Er kann mit den Erstattungsansprüchen auf Grund eines in diesem Zeitraum abgegebenen Antrags verrechnet werden.

§ 5 [Anwendungszeitpunkt] Diese Verordnung ist auf Steuerbeträge anzuwenden, denen Lieferungen und sonstige Leistungen zugrunde liegen, die nach dem 31. Dezember 1988 bewirkt worden sind.

§ 6. *(gegenstandslos)*

§ 7. (Inkrafttreten)[4)]

---

1) Betrag geänd. mWv 1. 1. 2002 durch G v. 19. 12. 2000 (BGBl. I S. 1790).

2) § 3 neu gef. mWv 1. 1. 2002 durch G v. 20. 12. 2001 (BGBl. I S. 3794).

3) Bezeichnung geänd. durch G v. 22. 9. 2005 (BGBl. I S. 2809).

4) Die VO in ihrer ursprünglichen Fassung ist am 1. 1. 1970 in Kraft getreten. Das Inkrafttreten der späteren Änderungen ergibt sich aus den jeweiligen Änderungsgesetzen.

519. Verordnung über die örtliche Zuständigkeit für die Umsatzsteuer im Ausland ansässiger Unternehmer (Umsatzsteuerzuständigkeitsverordnung – UStZustV)[1]

Vom 20. Dezember 2001 (BGBl. I S. 3794/3814)

Geändert durch Steuervergünstigungsabbaugesetz vom 16. 5. 2003 (BGBl. I S. 660), Gesetz zur Neuorganisation der Bundesverwaltung und zur Schaffung eines Refinanzierungsregisters vom 22. 9. 2005 (BGBl. I S. 2809), Jahressteuergesetz 2007 vom 13. 12. 2006 (BGBl. I S. 2878), Gesetz zur Bereinigung von Bundesrecht im Zuständigkeitsbereich des BMF vom 8. 5. 2008 (BGBl. I S. 810, ber. I S. 1715), Jahressteuergesetz 2010 vom 8. 12. 2010 (BGBl. I S. 1768), Gesetz zur Anpassung des nationalen Steuerrechts an den Beitritt Kroatiens zur EU und zur Änderung weiterer steuerlicher Vorschriften vom 25. 7. 2014 (BGBl. I S. 1266) und Verordnung zur Änderung steuerlicher Verordnungen und weiterer Vorschriften vom 22. 12. 2014 (BGBl. I S. 2392)

BGBl. III/FNA 610-1-13

§ 1[2] **[Zuständige Finanzämter]** (1) Für die Umsatzsteuer der Unternehmer im Sinne des § 21 Abs. 1 Satz 2 der Abgabenordnung sind folgende Finanzämter örtlich zuständig:

1. das Finanzamt Trier für im Königreich Belgien ansässige Unternehmer,
2. das Finanzamt Neuwied für in der Republik Bulgarien ansässige Unternehmer,
3. das Finanzamt Flensburg für im Königreich Dänemark ansässige Unternehmer,
4. das Finanzamt Rostock für in der Republik Estland ansässige Unternehmer,
5. das Finanzamt Bremen für in der Republik Finnland ansässige Unternehmer,
6. das Finanzamt Offenburg für in der Französischen Republik ansässige Unternehmer,
7. das Finanzamt Hannover-Nord für im Vereinigten Königreich Großbritannien und Nordirland ansässige Unternehmer,
8. das Finanzamt Berlin Neukölln für in der Griechischen Republik ansässige Unternehmer,
9. das Finanzamt Hamburg-Nord für in der Republik Irland ansässige Unternehmer,

[1] Die VO ist als Art. 21 des Steueränderungsgesetzes 2001 vom 20. 12. 2001 (BGBl. I S. 3794) verkündet worden.

[2] § 1 Abs. 1 Nrn. 4, 6, 8, 9, 11, 16, 21, 24, 27 und Abs. 2 geänd. mWv 19. 12. 2006 durch G v. 13. 12. 2006 (BGBl. I S. 2878); Nrn. 10, 19, 23, 31 und 33 geänd. mWv 14. 12. 2010 durch G v. 8. 12. 2010 (BGBl. I S. 1768); Nrn. 5, 12 und 18 geänd. mWv 31. 7. 2014 durch G v. 25. 7. 2014 (BGBl. I S. 1266).

10. das Finanzamt München für in der Italienischen Republik ansässige Unternehmer,
11. das Finanzamt Kassel-Hofgeismar für in der Republik Kroatien ansässige Unternehmer,
12. das Finanzamt Bremen für in der Republik Lettland ansässige Unternehmer,
13. das Finanzamt Konstanz für im Fürstentum Liechtenstein ansässige Unternehmer,
14. das Finanzamt Mühlhausen für in der Republik Litauen ansässige Unternehmer,
15. das Finanzamt Saarbrücken Am Stadtgraben für im Großherzogtum Luxemburg ansässige Unternehmer,
16. das Finanzamt Berlin Neukölln für in der Republik Mazedonien ansässige Unternehmer,
17. das Finanzamt Kleve für im Königreich der Niederlande ansässige Unternehmer,
18. das Finanzamt Bremen für im Königreich Norwegen ansässige Unternehmer,
19. das Finanzamt München für in der Republik Österreich ansässige Unternehmer,
20.[1] das Finanzamt Oranienburg für in der Republik Polen ansässige Unternehmer, deren Nachname oder Firmenname mit den Buchstaben A bis M beginnt; das Finanzamt Cottbus für in der Republik Polen ansässige Unternehmer, deren Nachname oder Firmenname mit den Anfangsbuchstaben N bis Ż beginnt, sowie für alle in der Republik Polen ansässige Unternehmer, auf die das Verfahren nach § 18 Absatz 4e des Umsatzsteuergesetzes anzuwenden ist,
21. das Finanzamt Kassel-Hofgeismar für in der Portugiesischen Republik ansässige Unternehmer,
22. das Finanzamt Chemnitz-Süd für in Rumänien ansässige Unternehmer,
23. das Finanzamt Magdeburg für in der Russischen Föderation ansässige Unternehmer,
24. das Finanzamt Hamburg-Nord für im Königreich Schweden ansässige Unternehmer,
25. das Finanzamt Konstanz für in der Schweizerischen Eidgenossenschaft ansässige Unternehmer,
26. das Finanzamt Chemnitz-Süd für in der Slowakischen Republik ansässige Unternehmer,
27. das Finanzamt Kassel-Hofgeismar für im Königreich Spanien ansässige Unternehmer,

---

[1] § 1 Abs. 1 Nr. 20 neu gef. mWv 1. 4. 2008 durch G v. 8. 5. 2008 (BGBl. I S. 810); ber. durch G v. 12. 8. 2008 (BGBl. I S. 1715); neu gef. mWv 30. 12. 2014 durch VO v. 22. 12. 2014 (BGBl. I S. 2392).

28. das Finanzamt Oranienburg für in der Republik Slowenien ansässige Unternehmer,
29. das Finanzamt Chemnitz-Süd für in der Tschechischen Republik ansässige Unternehmer,
30. das Finanzamt Dortmund-Unna für in der Republik Türkei ansässige Unternehmer,
31. das Finanzamt Magdeburg für in der Ukraine ansässige Unternehmer,
32. das Zentralfinanzamt Nürnberg für in der Republik Ungarn ansässige Unternehmer,
33. das Finanzamt Magdeburg für in der Republik Weißrussland ansässige Unternehmer,
34. das Finanzamt Bonn-Innenstadt für in den Vereinigten Staaten von Amerika ansässige Unternehmer.

(2) Für die Umsatzsteuer der Unternehmer im Sinne des § 21 Abs. 1 Satz 2 der Abgabenordnung, die nicht von Absatz 1 erfasst werden, ist das Finanzamt Berlin Neukölln zuständig.

(2 a)[1] Abweichend von den Absätzen 1 und 2 ist für die Unternehmer, die von § 18 Abs. 4 c des Umsatzsteuergesetzes Gebrauch machen, das Bundeszentralamt für Steuern[2] zuständig.

(3) Die örtliche Zuständigkeit nach § 61 Abs. 1 Satz 1 der Umsatzsteuer-Durchführungsverordnung für die Vergütung der abziehbaren Vorsteuerbeträge an im Ausland ansässige Unternehmer bleibt unberührt.

§ 2 [Inkrafttreten] [1]Diese Verordnung tritt am Tage nach ihrer Verkündung[3] in Kraft. [2]Gleichzeitig tritt die Umsatzsteuerzuständigkeitsverordnung vom 21. Februar 1995 (BGBl. I S. 225), zuletzt geändert durch Artikel 3 des Gesetzes vom 30. August 2001 (BGBl. I S. 2267) außer Kraft.

---

[1] § 1 Abs. 2 a eingef. mWv 1. 7. 2003 durch G v. 16. 5. 2003 (BGBl. I S. 660).
[2] Bezeichnung geänd. durch G v. 22. 9. 2005 (BGBl. I S. 2809).
[3] Verkündet am 22. 12. 2001.

550. Richtlinie 2006/112/EG des Rates über das gemeinsame Mehrwertsteuersystem

Vom 28. November 2006 (ABl. EU Nr. L 347 S. 1, ber. ABl. EU 2007 Nr. L 335 S. 60)

Geändert durch RL 2006/138/EG – Richtlinie Rundfunk- und Fernsehdienstleistungen – vom 19. 12. 2006 (ABl. EU Nr. L 384 S. 92)[1], RL 2007/75/EG – Richtlinie ermäßigte Steuersätze Beitrittsstaaten – vom 20. 12. 2007 (ABl. EU Nr. L 346 S. 13), RL 2008/8/EG – Dienstleistungsort-Richtlinie – vom 12. 2. 2008 (ABl. EU Nr. L 44 S. 11), RL 2008/117/EG – Betrugsbekämpfungsrichtlinie innergem. Umsätze – vom 16. 12. 2008 (ABl. EU Nr. L 14 S. 7), RL 2009/47/EG – Richtlinie ermäßigte Mehrwertsteuersätze – vom 5. 5. 2009 (ABl. EU Nr. L 116 S. 18), RL 2009/69/EG – Betrugsbekämpfungsrichtlinie Einfuhr – vom 25. 6. 2009 (ABl. EU Nr. L 175 S. 12), RL 2009/162/EU vom 22. 12. 2009 (ABl. EU 2010 Nr. L 10 S. 14), RL 2010/23/EU vom 16. 3. 2010 (ABl. EU Nr. L 72 S. 1), RL 2010/45/EU vom 13. 7. 2010 (ABl. EU Nr. L 189 S. 1, ber. ABl. EU Nr. L 299 S. 46), RL 2010/88/EU vom 7. 12. 2010 (ABl. EU Nr. L 326 S. 1), Akte vom 9. 12. 2011 (ABl. EU Nr. L 112 S. 21), RL 2013/42/EU vom 22. 7. 2013 (ABl. EU Nr. L 201 S. 1)[2], RL 2013/43/EU vom 22. 7. 2013 (ABl. EU Nr. L 201 S. 4)[2] und RL 2013/61/EU vom 17. 12. 2013 (ABl. EU Nr. L 353 S. 5)

DER RAT DER EUROPÄISCHEN UNION –

gestützt auf den Vertrag zur Gründung der Europäischen Gemeinschaft, insbesondere auf Artikel 93,

auf Vorschlag der Kommission,

nach Stellungnahme des Europäischen Parlaments,

nach Stellungnahme des Europäischen Wirtschafts- und Sozialausschusses,

in Erwägung nachstehender Gründe:

(1) Die Richtlinie 77/388/EWG des Rates vom 17. Mai 1977 zur Harmonisierung der Rechtsvorschriften der Mitgliedstaaten über die Umsatzsteuern — Gemeinsames Mehrwertsteuersystem: einheitliche steuerpflichtige Bemessungsgrundlage[3] wurde mehrfach erheblich geändert. Anlässlich neuerlicher Änderungen empfiehlt sich aus Gründen der Klarheit und Wirtschaftlichkeit eine Neufassung.

(2) Bei dieser Neufassung sollten die noch geltenden Bestimmungen der Richtlinie 67/227/EWG des Rates vom 11. April 1967 zur Harmonisierung der Rechtsvorschriften der Mitgliedstaaten über die Umsatzsteuer[4] übernommen werden. Die genannte Richtlinie sollte daher aufgehoben werden.

(3) Im Einklang mit dem Grundsatz besserer Rechtsetzung sollten zur Gewährleistung der Klarheit und Wirtschaftlichkeit der Bestimmungen die Struktur und der Wortlaut der Richtlinie neu gefasst werden; dies sollte jedoch grundsätzlich nicht zu inhaltlichen Änderungen des geltenden Rechts führen. Einige inhaltliche Änderungen ergeben sich jedoch notwendigerweise im Rahmen der Neufassung und sollten dennoch vorgenommen werden. Soweit sich solche Änderungen ergeben, sind sie in den Bestimmungen über die Umsetzung und das Inkrafttreten der Richtlinie erschöpfend aufgeführt.

(4) Voraussetzung für die Verwirklichung des Ziels, einen Binnenmarkt zu schaffen ist, dass in den Mitgliedstaaten Rechtsvorschriften über die Umsatzsteuern angewandt werden, durch die die Wettbewerbsbedingungen nicht verfälscht und der freie Waren- und Dienstleistungsverkehr nicht behindert werden. Es ist daher erforderlich, eine Harmonisierung der Rechtsvorschriften über die Umsatzsteuern im Wege eines Mehrwertsteuersystems vorzunehmen, um soweit wie möglich die Faktoren auszuschalten, die geeignet sind, die Wettbewerbsbedingungen sowohl auf nationaler Ebene als auch auf Gemeinschaftsebene zu verfälschen.

---

[1] In Kraft ab 1. 1. 2007.

[2] Die RL enthalten zeitweilige Maßnahmen zur Bekämpfung des MwSt-Betrugs, die zeitlich befristet bis zum 31. 12. 2018 gelten.

[3] ABl. L 145 vom 13. 6. 1977, S. 1. Zuletzt geändert durch die Richtlinie 2006/98/EG (ABl. L 363 vom 20. 12. 2006, S. 129).

[4] ABl. 71 vom 14. 4. 1967, S. 1301/67. Zuletzt geändert durch die Richtlinie 77/388/EWG.

(5) Die größte Einfachheit und Neutralität eines Mehrwertsteuersystems wird erreicht, wenn die Steuer so allgemein wie möglich erhoben wird und wenn ihr Anwendungsbereich alle Produktions- und Vertriebsstufen sowie den Bereich der Dienstleistungen umfasst. Es liegt folglich im Interesse des Binnenmarktes und der Mitgliedstaaten, ein gemeinsames System anzunehmen, das auch auf den Einzelhandel Anwendung findet.

(6) Es ist notwendig, schrittweise vorzugehen, da die Harmonisierung der Umsatzsteuern in den Mitgliedstaaten zu Änderungen der Steuerstruktur führt und merkliche Folgen auf budgetärem, wirtschaftlichem und sozialem Gebiet hat.

(7) Das gemeinsame Mehrwertsteuersystem sollte, selbst wenn die Sätze und Befreiungen nicht völlig harmonisiert werden, eine Wettbewerbsneutralität in dem Sinne bewirken, dass gleichartige Gegenstände und Dienstleistungen innerhalb des Gebiets der einzelnen Mitgliedstaaten ungeachtet der Länge des Produktions- und Vertriebswegs steuerlich gleich belastet werden.

(8) In Durchführung des Beschlusses 2000/597/EG, Euratom des Rates vom 29. September 2000 über das System der Eigenmittel der Europäischen Gemeinschaften[1] wird der Haushalt der Europäischen Gemeinschaften, unbeschadet der sonstigen Einnahmen, vollständig aus eigenen Mitteln der Gemeinschaften finanziert. Diese Mittel umfassen unter anderem Einnahmen aus der Mehrwertsteuer, die sich aus der Anwendung eines gemeinsamen Satzes auf eine Bemessungsgrundlage ergeben, die einheitlich nach Gemeinschaftsvorschriften bestimmt wird.

(9) Es ist unerlässlich, einen Übergangszeitraum vorzusehen, der eine schrittweise Anpassung der nationalen Rechtsvorschriften in den betreffenden Bereichen ermöglicht.

(10) Während dieser Übergangszeit sollten in den Bestimmungsmitgliedstaaten die innergemeinschaftlichen Umsätze anderer Steuerpflichtiger als derjenigen, die steuerbefreit sind, zu den Sätzen und Bedingungen dieser Mitgliedstaaten besteuert werden.

(11) Ferner sollten in dieser Übergangszeit in den Bestimmungsmitgliedstaaten der innergemeinschaftliche Erwerb, der von steuerbefreiten Steuerpflichtigen oder von nichtsteuerpflichtigen juristischen Personen in Höhe eines bestimmten Betrags getätigt wird, sowie bestimmte innergemeinschaftliche Versandgeschäfte und Lieferungen neuer Fahrzeuge, die an Privatpersonen oder an steuerbefreite oder nichtsteuerpflichtige Einrichtungen bewirkt werden, zu den Sätzen und Bedingungen dieser Mitgliedstaaten insofern besteuert werden, als die Behandlung dieser Umsätze ohne besondere Bestimmungen zu erheblichen Wettbewerbsverzerrungen zwischen den Mitgliedstaaten führen könnten.

(12) Aufgrund ihrer geografischen, wirtschaftlichen und sozialen Lage sollten bestimmte Gebiete vom Anwendungsbereich dieser Richtlinie ausgenommen werden.

(13) Der Begriff des Steuerpflichtigen sollte in einer Weise definiert werden, dass die Mitgliedstaaten zur Gewährleistung größtmöglicher Steuerneutralität auch Personen einbeziehen können, die gelegentlich Umsätze bewirken.

(14) Der Begriff des steuerbaren Umsatzes kann insbesondere hinsichtlich der diesem Umsatz gleichgestellten Umsätze zu Schwierigkeiten führen. Diese Begriffe sollten deshalb genauer definiert werden.

(15) Um den innergemeinschaftlichen Handelsverkehr im Bereich der Bearbeitung beweglicher körperlicher Gegenstände zu erleichtern, sollten die Einzelheiten der Besteuerung dieser Umsätze festgelegt werden, wenn diese für einen Dienstleistungsempfänger erbracht wurden, der eine Mehrwertsteuer-Identifikationsnummer in einem anderen Mitgliedstaat als dem hat, in dem der Umsatz tatsächlich bewirkt wurde.

(16) Der innergemeinschaftlichen Güterbeförderung sollte eine innerhalb des Gebiets eines Mitgliedstaats erbrachte, unmittelbar mit einer Beförderung zwischen Mitgliedstaaten zusammenhängende Beförderung gleichgestellt werden, um nicht nur die Grundsätze und Einzelheiten der Besteuerung für diese Beförderungsleistungen im Inland, sondern auch die Regeln für Nebentätigkeiten zu diesen Beförderungen und Dienstleistungen von Vermittlern, die sich bei der Erbringung dieser einzelnen Dienstleistungen einschalten, zu vereinfachen.

(17) Die Bestimmung des Ortes des steuerbaren Umsatzes kann insbesondere in Bezug auf Lieferungen von Gegenständen mit Montage und Dienstleistungen zu Kompetenzkonflikten zwischen den Mitgliedstaaten führen. Wenn auch als Ort der Dienstleistung grundsätzlich der Ort gelten sollte, an dem der Dienstleistende den Sitz seiner wirtschaftlichen Tätigkeit hat, ist es doch angebracht, dass insbesondere für bestimmte zwischen Steuerpflichtigen erbrachte Dienstleistungen, deren Kosten in den Preis der Gegenstände eingehen, als Ort der Dienstleistung der Mitgliedstaat des Dienstleistungsempfängers gilt.

---

[1] ABl. L 253 vom 7. 10. 2000, S. 42.

(18) Der Ort der Besteuerung bestimmter Umsätze, die an Bord eines Schiffes, eines Flugzeugs oder in einer Eisenbahn während einer Personenbeförderung innerhalb der Gemeinschaft bewirkt werden, sollte genauer definiert werden.

(19) Elektrizität und Gas werden für die Zwecke der Mehrwertsteuer als Gegenstände behandelt. Es ist jedoch äußerst schwierig, den Ort der Lieferung zu bestimmen. Zur Vermeidung von Doppel- oder Nichtbesteuerung und zur Erzielung eines echten Gas- und Elektrizitätsbinnenmarkts ohne Behinderung durch die Mehrwertsteuer sollte daher als Ort der Lieferung von Gas – über das Erdgasverteilungsnetz – und von Elektrizität vor der Stufe des Endverbrauchs der Ort gelten, an dem der Erwerber den Sitz seiner wirtschaftlichen Tätigkeit hat. Die Lieferung von Elektrizität und Gas auf der Stufe des Endverbrauchs, vom Unternehmer und Verteiler an den Endverbraucher, sollte an dem Ort besteuert werden, an dem der Erwerber die Gegenstände tatsächlich nutzt und verbraucht.

(20) Die Anwendung der allgemeinen Regel, nach der Dienstleistungen in dem Mitgliedstaat besteuert werden, in dem der Dienstleistungserbringer ansässig ist, kann bei der Vermietung eines beweglichen körperlichen Gegenstandes zu erheblichen Wettbewerbsverzerrungen führen, wenn Vermieter und Mieter in verschiedenen Mitgliedstaaten ansässig sind und die Steuersätze in diesen Mitgliedstaaten unterschiedlich hoch sind. Daher sollte festgelegt werden, dass der Ort der Dienstleistung der Ort ist, an dem der Dienstleistungsempfänger den Sitz seiner wirtschaftlichen Tätigkeit oder eine feste Niederlassung hat, für die die Dienstleistung erbracht worden ist, oder in Ermangelung eines solchen Sitzes oder einer solchen Niederlassung sein Wohnsitz oder sein gewöhnlicher Aufenthaltsort.

(21) Bei der Vermietung von Beförderungsmitteln sollte diese allgemeine Regel jedoch aus Kontrollgründen strikt angewandt werden und somit als Ort der Dienstleistung der Ort anzusehen sein, an dem der Dienstleistungserbringer ansässig ist.

(22) Sämtliche Telekommunikationsdienstleistungen, die in der Gemeinschaft in Anspruch genommen werden, sollten besteuert werden, um Wettbewerbsverzerrungen in diesem Bereich vorzubeugen. Um dieses Ziel zu erreichen, sollten Telekommunikationsdienstleistungen, die an in der Gemeinschaft ansässige Steuerpflichtige oder an in Drittländern ansässige Dienstleistungsempfänger erbracht werden, grundsätzlich an dem Ort besteuert werden, an dem der Dienstleistungsempfänger ansässig ist. Damit Telekommunikationsdienstleistungen, die von in Drittgebieten oder Drittländern ansässigen Steuerpflichtigen an in der Gemeinschaft ansässige Nichtsteuerpflichtige erbracht und in der Gemeinschaft tatsächlich genutzt oder ausgewertet werden, einheitlich besteuert werden, sollten die Mitgliedstaaten jedoch festlegen, dass sich der Ort der Dienstleistungen in der Gemeinschaft befindet.

(23) Ebenfalls um Wettbewerbsverzerrungen vorzubeugen sollten Rundfunk- und Fernsehdienstleistungen sowie elektronisch erbrachte Dienstleistungen, die aus Drittgebieten oder Drittländern an in der Gemeinschaft ansässige Personen oder aus der Gemeinschaft an in Drittgebieten oder Drittländern ansässige Dienstleistungsempfänger erbracht werden, an dem Ort besteuert werden, an dem der Dienstleistungsempfänger ansässig ist.

(24) Die Begriffe „Steuertatbestand" und „Steueranspruch" sollten harmonisiert werden, damit die Anwendung und die späteren Änderungen des gemeinsamen Mehrwertsteuersystems in allen Mitgliedstaaten zum gleichen Zeitpunkt wirksam werden.

(25) Die Steuerbemessungsgrundlage sollte harmonisiert werden, damit die Anwendung der Mehrwertsteuer auf die steuerbaren Umsätze in allen Mitgliedstaaten zu vergleichbaren Ergebnissen führt.

(26) Um zu gewährleisten, dass die Einschaltung verbundener Personen zur Erzielung von Steuervorteilen nicht zu Steuerausfällen führt, sollten die Mitgliedstaaten die Möglichkeit haben, unter bestimmten, genau festgelegten Umständen hinsichtlich des Wertes von Lieferungen von Gegenständen, Dienstleistungen und innergemeinschaftlichen Erwerben von Gegenständen tätig zu werden.

(27) Zur Vermeidung von Steuerhinterziehung oder -umgehung sollten die Mitgliedstaaten die Möglichkeit haben, in die Steuerbemessungsgrundlage eines Umsatzes, der die Verarbeitung von Anlagegold umfasst, das von einem Leistungsempfänger zur Verfügung gestellt wird, auch den Wert dieses Anlagegolds einzubeziehen, wenn es durch die Verar-

beitung seinen Status als Anlagegold verliert. Bei Anwendung dieser Regelungen sollte den Mitgliedstaaten ein gewisser Ermessensspielraum eingeräumt werden.

(28) Die Abschaffung der Steuerkontrollen an den Grenzen erfordert, dass zur Vermeidung von Wettbewerbsverzerrungen neben einer einheitlichen Mehrwertsteuer-Bemessungsgrundlage auch die Steuersätze hinsichtlich ihrer Anzahl und ihrer Höhe zwischen den Mitgliedstaaten hinreichend aneinander angenähert werden.

(29) Der in den Mitgliedstaaten derzeit geltende Normalsatz der Mehrwertsteuer gewährleistet in Verbindung mit den Mechanismen der Übergangsregelung, dass diese Regelung in akzeptabler Weise funktioniert. Um zu verhindern, dass Unterschiede zwischen den von den Mitgliedstaaten angewandten Mehrwertsteuer-Normalsätzen zu strukturellen Ungleichgewichten innerhalb der Gemeinschaft und zu Wettbewerbsverzerrungen in bestimmten Wirtschaftszweigen führen, sollte ein zu überprüfender Mindestnormalsatz von 15% festgesetzt werden.

(30) Um die Neutralität der Mehrwertsteuer zu erhalten, sollten die von den Mitgliedstaaten angewandten Steuersätze den normalen Abzug der Steuerbelastung der vorausgehenden Umsatzstufe ermöglichen.

(31) Während der Übergangszeit sollten bestimmte Ausnahmen hinsichtlich der Anzahl und der Höhe der Sätze möglich sein.

(32) Zur besseren Bewertung der Auswirkung der ermäßigten Sätze muss die Kommission einen Bericht vorlegen, in dem sie die Auswirkung der auf lokal erbrachte Dienstleistungen angewandten ermäßigten Sätze bewertet, insbesondere in Bezug auf die Schaffung von Arbeitsplätzen, das Wirtschaftswachstum und das reibungslose Funktionieren des Binnenmarkts.

(33) Zur Bekämpfung der Arbeitslosigkeit sollte den Mitgliedstaaten, die dies wünschen, die Möglichkeit eingeräumt werden, zu erproben, wie sich eine Ermäßigung der Mehrwertsteuer auf arbeitsintensive Dienstleistungen auf die Schaffung von Arbeitsplätzen auswirkt. Diese Ermäßigung könnte für die Unternehmen zudem den Anreiz mindern, sich in der Schattenwirtschaft zu betätigen.

(34) Eine derartige Ermäßigung des Steuersatzes könnte allerdings das reibungslose Funktionieren des Binnenmarktes und die Steuerneutralität gefährden. Daher sollte ein Verfahren zur Erteilung von Ermächtigungen für einen festen Zeitraum vorgesehen werden, der ausreichend lang ist, um die Auswirkungen der auf lokal erbrachte Dienstleistungen angewandten ermäßigten Steuersätze einschätzen zu können, und der Anwendungsbereich einer solchen Maßnahme genau definiert werden, um zu gewährleisten, dass sie überprüfbar und begrenzt ist.

(35) Im Hinblick auf eine gleichmäßige Erhebung der Eigenmittel in allen Mitgliedstaaten sollte ein gemeinsames Verzeichnis der Steuerbefreiungen aufgestellt werden.

(36) Zum Vorteil der Steuerschuldner sowie der zuständigen Verwaltungen sollten die Verfahren für die Anwendung der Mehrwertsteuer auf bestimmte innergemeinschaftliche Lieferungen und Erwerbe verbrauchsteuerpflichtiger Waren an die Verfahren und Erklärungspflichten für den Fall der Beförderung derartiger Waren in einen anderen Mitgliedstaat angeglichen werden, die in der Richtlinie 92/12/EWG des Rates vom 25. Februar 1992 über das allgemeine System, den Besitz, die Beförderung und die Kontrolle verbrauchsteuerpflichtiger Waren[1] geregelt sind.

(37) Die Lieferung von Gas – über das Erdgasverteilungsnetz – und von Elektrizität, wird am Ort des Erwerbers besteuert. Um eine Doppelbesteuerung zu vermeiden, sollte die Einfuhr derartiger Waren daher von der Mehrwertsteuer befreit werden.

(38) Für steuerbare Umsätze, einschließlich Reihengeschäften, im Zusammenhang mit dem innergemeinschaftlichen Handelsverkehr, die während der Übergangszeit im inneren Anwendungsbereich der Steuer von Steuerpflichtigen bewirkt werden, die nicht im Gebiet des Mitgliedstaats des innergemeinschaftlichen Erwerbs der Gegenstände ansässig sind, ist es erforderlich, Vereinfachungsmaßnahmen vorzusehen, die eine gleichartige Behandlung in allen Mitgliedstaaten gewährleisten. Hierzu sollten die Vorschriften über die steuerliche Behandlung dieser Umsätze und zur Bestimmung des Steuerschuldners für diese Umsätze harmonisiert werden. Von der Anwendung dieser Regelungen sollten

---

[1] ABl. L 76 vom 23. 3. 1992, S. 1. Zuletzt geändert durch die Richtlinie 2004/106/EG (ABl. L 359 vom 4. 12. 2004, S. 30).

jedoch grundsätzlich Gegenstände ausgenommen werden, die zur Lieferung auf der Einzelhandelsstufe bestimmt sind.

(39) Der Vorsteuerabzug sollte insoweit harmonisiert werden, als er die tatsächliche Höhe der Besteuerung beeinflusst, und die Prorata-Sätze des Vorsteuerabzugs sollten in allen Mitgliedstaaten auf gleiche Weise berechnet werden.

(40) Die Regelung, die eine Berichtigung des Vorsteuerabzugs für Investitionsgüter entsprechend ihrer tatsächlichen Nutzungsdauer vorsieht, sollte auch auf Dienstleistungen, die die Merkmale von Investitionsgütern aufweisen, Anwendung finden.

(41) Es sollte festgelegt werden, wer Steuerschuldner ist, insbesondere bei bestimmten Dienstleistungen, bei denen der Dienstleistungserbringer nicht in dem Mitgliedstaat ansässig ist, in dem die Steuer geschuldet wird.

(42) Die Mitgliedstaaten sollten in die Lage versetzt werden, in bestimmten Fällen den Erwerber von Gegenständen oder den Dienstleistungsempfänger als Steuerschuldner zu bestimmen. Dies würde es den Mitgliedstaaten erlauben, die Vorschriften zu vereinfachen und die Steuerhinterziehung und -umgehung in bestimmten Sektoren oder bei bestimmten Arten von Umsätzen zu bekämpfen.

(43) Die Mitgliedstaaten sollten den Einfuhrsteuerschuldner nach freiem Ermessen bestimmen können.

(44) Die Mitgliedstaaten sollten auch Regelungen treffen können, nach denen eine andere Person als der Steuerschuldner gesamtschuldnerisch für die Entrichtung der Steuer haftet.

(45) Die Pflichten der Steuerpflichtigen sollten soweit wie möglich harmonisiert werden, um die erforderliche Gleichmäßigkeit bei der Steuererhebung in allen Mitgliedstaaten sicherzustellen.

(46) Die Verwendung elektronischer Rechnungstellung sollte den Steuerverwaltungen ermöglichen, ihre Kontrollen durchzuführen. Um ein reibungsloses Funktionieren des Binnenmarkts zu gewährleisten, sollte daher ein harmonisiertes Verzeichnis der Angaben erstellt werden, die jede Rechnung enthalten muss; ferner sollten eine Reihe gemeinsamer Modalitäten für die elektronische Rechnungstellung, die elektronische Aufbewahrung der Rechnungen, die Erstellung von Gutschriften und die Verlagerung der Rechnungstellung auf Dritte festgelegt werden.

(47) Vorbehaltlich der von ihnen festzulegenden Bedingungen sollten die Mitgliedstaaten die elektronische Einreichung von bestimmten Meldungen und Erklärungen zulassen und die elektronische Übermittlung vorschreiben können.

(48) Das notwendige Streben nach einer Erleichterung der Verwaltungs- und Statistikformalitäten für die Unternehmen, insbesondere für kleine und mittlere Unternehmen, sollte mit der Durchführung wirksamer Kontrollmaßnahmen und mit der sowohl aus wirtschaftlichen als steuerlichen Gründen unerlässlichen Wahrung der Qualität der gemeinschaftlichen Statistikinstrumente in Einklang gebracht werden.

(49) In Bezug auf Kleinunternehmen sollte den Mitgliedstaaten gestattet werden, ihre Sonderregelungen gemäß gemeinsamen Bestimmungen im Hinblick auf eine weiter gehende Harmonisierung beizubehalten.

(50) In Bezug auf die Landwirte sollten die Mitgliedstaaten die Möglichkeit haben, eine Sonderregelung anzuwenden, die zugunsten der Landwirte, die nicht unter die normale Regelung fallen, einen Pauschalausgleich für die Vorsteuerbelastung enthält. Diese Regelung sollte in ihren wesentlichen Grundsätzen festgelegt werden, und für die Erfordernisse der Erhebung der Eigenmittel sollte ein gemeinsames Verfahren für die Bestimmung des von diesen Landwirten erzielten Mehrwerts definiert werden.

(51) Es sollte eine gemeinschaftliche Regelung für die Besteuerung auf dem Gebiet der Gebrauchtgegenstände, Kunstgegenstände, Antiquitäten und Sammlungsstücke erlassen werden, um Doppelbesteuerungen und Wettbewerbsverzerrungen zwischen Steuerpflichtigen zu vermeiden.

(52) Die Anwendung der normalen Steuerregelung auf Gold ist ein großes Hindernis für seine Verwendung als Finanzanlage, weshalb die Anwendung einer besonderen Steuerregelung, auch im Hinblick auf die Verbesserung der internationalen Wettbewerbsfähigkeit des gemeinschaftlichen Goldmarktes, gerechtfertigt ist.

(53) Lieferungen von Gold zu Anlagezwecken entsprechen ihrer Art nach anderen Finanzanlagen, die von der Steuer befreit sind. Die Steuerbefreiung erscheint daher als die geeignetste steuerliche Behandlung der Umsätze von Anlagegold.

(54) Die Definition von Anlagegold sollte Goldmünzen einbeziehen, deren Wert in erster Linie auf dem Preis des in ihnen enthaltenen Goldes beruht. Aus Gründen der Transparenz und der Rechtssicherheit für die mit derartigen Münzen handelnden Wirtschaftsbeteiligten sollte alljährlich ein Verzeichnis der Münzen erstellt werden, auf die die Regelung für Anlagegold anzuwenden ist. Ein solches Verzeichnisses schließt die Steuerbefreiung von Münzen, die in dem Verzeichnis nicht enthalten sind, aber die Kriterien dieser Richtlinie erfüllen, nicht aus.

(55) Um Steuerhinterziehungen zu verhindern, gleichzeitig aber die mit der Lieferung von Gold ab einem bestimmten Feingehalt verbundenen Finanzierungskosten zu verringern, ist es gerechtfertigt, den Mitgliedstaaten zu gestatten, den Erwerber als Steuerschuldner zu bestimmen.

(56) Um Wirtschaftsbeteiligten, die elektronisch erbrachte Dienstleistungen anbieten und weder in der Gemeinschaft ansässig sind noch für die Zwecke der Mehrwertsteuer dort erfasst sein müssen, die Erfüllung ihrer steuerlichen Pflichten zu erleichtern, sollte eine Sonderregelung festgelegt werden. In Anwendung dieser Regelung kann ein Wirtschaftsbeteiligter, der an Nichtsteuerpflichtige in der Gemeinschaft derartige elektronische Dienstleistungen erbringt, sich für eine Registrierung in einem einzigen Mitgliedstaat entscheiden, falls er nicht in anderer Weise in der Gemeinschaft für die Zwecke der Mehrwertsteuer erfasst ist.

(57) Die Bestimmungen über Rundfunk- und Fernsehdienstleistungen sowie bestimmte elektronisch erbrachte Dienstleistungen sollten befristet werden und nach kurzer Zeit anhand der gesammelten Erfahrungen überprüft werden.

(58) Die koordinierte Anwendung dieser Richtlinie sollte gefördert werden und hierzu ist es unerlässlich, einen Beratenden Ausschuss für die Mehrwertsteuer einzusetzen, der es ermöglicht, eine enge Zusammenarbeit zwischen den Mitgliedstaaten und der Kommission in diesem Bereich herbeizuführen.

(59) Es ist in bestimmten Grenzen und unter bestimmten Bedingungen angebracht, dass die Mitgliedstaaten von dieser Richtlinie abweichende Sondermaßnahmen ergreifen oder weiter anwenden können, um die Steuererhebung zu vereinfachen oder bestimmte Formen der Steuerhinterziehung oder -umgehung zu verhüten.

(60) Um zu verhindern, dass ein Mitgliedstaat im Ungewissen darüber bleibt, wie die Kommission mit seinem Antrag auf Ermächtigung zu einer Ausnahmeregelung zu verfahren beabsichtigt, sollte eine Frist vorgesehen werden, innerhalb derer die Kommission dem Rat entweder einen Vorschlag zur Ermächtigung oder eine Mitteilung über ihre Einwände vorlegen muss.

(61) Eine einheitliche Anwendung des Mehrwertsteuersystems ist von grundlegender Bedeutung. Zur Erreichung dieses Ziels sollten Durchführungsmaßnahmen erlassen werden.

(62) Insbesondere sollten diese Maßnahmen das Problem der Doppelbesteuerung grenzüberschreitender Umsätze behandeln, das durch eine unterschiedliche Anwendung der Regeln für den Ort der steuerbaren Umsätze durch die Mitgliedstaaten auftreten kann.

(63) Trotz des begrenzten Anwendungsbereichs der Durchführungsmaßnahmen haben solche Maßnahmen Auswirkungen auf den Haushalt, die für einen oder mehrere Mitgliedstaaten bedeutend sein könnten. Durch die Auswirkungen dieser Maßnahmen auf den Haushalt der Mitgliedstaaten ist es gerechtfertigt, dass sich der Rat die Durchführungsbefugnisse vorbehält.

(64) Angesichts ihres begrenzten Anwendungsbereichs sollte vorgesehen werden, dass diese Durchführungsmaßnahmen vom Rat auf Vorschlag der Kommission einstimmig angenommen werden.

(65) Da die Ziele dieser Richtlinie aus den dargelegten Gründen auf Ebene der Mitgliedstaaten nicht ausreichend verwirklicht werden können und daher besser auf Gemeinschaftsebene zu verwirklichen sind, kann die Gemeinschaft im Einklang mit dem in Artikel 5 des Vertrags niedergelegten Subsidiaritätsprinzip tätig werden. Entsprechend dem in demselben Artikel genannten Grundsatz der Verhältnismäßigkeit geht diese Richtlinie nicht über das zum Erreichen dieser Ziele erforderliche Maß hinaus.

(66) Die Pflicht zur Umsetzung dieser Richtlinie in nationales Recht sollte nur jene Bestimmungen erfassen, die im Vergleich zu den bisherigen Richtlinien inhaltlich geän-

dert wurden. Die Pflicht zur Umsetzung der inhaltlich unveränderten Bestimmungen ergibt sich aus den bisherigen Richtlinien.

(67) Diese Richtlinie sollte die Verpflichtung der Mitgliedstaaten hinsichtlich der Fristen für die Umsetzung in nationales Recht der in Anhang XI Teil B aufgeführten Richtlinie unberührt lassen –

HAT FOLGENDE RICHTLINIE ERLASSEN:

Inhaltsübersicht

(Fortsetzung nächstes Blatt)

Titel I. Zielsetzung und Anwendungsbereich

Art. 1 [Gemeinsames Mehrwertsteuersystem] (1) Diese Richtlinie legt das gemeinsame Mehrwertsteuersystem fest.

(2) Das gemeinsame Mehrwertsteuersystem beruht auf dem Grundsatz, dass auf Gegenstände und Dienstleistungen, ungeachtet der Zahl der Umsätze, die auf den vor der Besteuerungsstufe liegenden Produktions- und Vertriebsstufen bewirkt wurden, eine allgemeine, zum Preis der Gegenstände und Dienstleistungen genau proportionale Verbrauchsteuer anzuwenden ist.

Bei allen Umsätzen wird die Mehrwertsteuer, die nach dem auf den Gegenstand oder die Dienstleistung anwendbaren Steuersatz auf den Preis des Gegenstands oder der Dienstleistung errechnet wird, abzüglich des Mehrwertsteuerbetrags geschuldet, der die verschiedenen Kostenelemente unmittelbar belastet hat.

Das gemeinsame Mehrwertsteuersystem wird bis zur Einzelhandelsstufe, diese eingeschlossen, angewandt.

Art. 2 [Steueranwendungsbereich] (1) Der Mehrwertsteuer unterliegen folgende Umsätze:

a) Lieferungen von Gegenständen, die ein Steuerpflichtiger als solcher im Gebiet eines Mitgliedstaats gegen Entgelt tätigt;

b) der innergemeinschaftliche Erwerb von Gegenständen im Gebiet eines Mitgliedstaats gegen Entgelt

  i) durch einen Steuerpflichtigen, der als solcher handelt, oder durch eine nichtsteuerpflichtige juristische Person, wenn der Verkäufer ein Steuerpflichtiger ist, der als solcher handelt, für den die Mehrwertsteuerbefreiung für Kleinunternehmen gemäß den Artikeln 282 bis 292 nicht gilt und der nicht unter Artikel 33 oder 36 fällt;

  ii) wenn der betreffende Gegenstand ein neues Fahrzeug ist, durch einen Steuerpflichtigen oder eine nichtsteuerpflichtige juristische Person, deren übrige Erwerbe gemäß Artikel 3 Absatz 1 nicht der Mehrwertsteuer unterliegen, oder durch jede andere nichtsteuerpflichtige Person;

  iii) wenn die betreffenden Gegenstände verbrauchsteuerpflichtige Waren sind, bei denen die Verbrauchsteuer nach der Richtlinie 92/12/EWG im Gebiet des Mitgliedstaats entsteht, durch einen Steuerpflichtigen oder eine nichtsteuerpflichtige juristische Person, deren übrige Erwerbe gemäß Artikel 3 Absatz 1 nicht der Mehrwertsteuer unterliegen;

c) Dienstleistungen, die ein Steuerpflichtiger als solcher im Gebiet eines Mitgliedstaats gegen Entgelt erbringt;

d) die Einfuhr von Gegenständen.

(2)

a) Für Zwecke des Absatzes 1 Buchstabe b Ziffer ii gelten als „Fahrzeug" folgende Fahrzeuge zur Personen- oder Güterbeförderung:

  i) motorbetriebene Landfahrzeuge mit einem Hubraum von mehr als 48 Kubikzentimetern oder einer Leistung von mehr als 7,2 Kilowatt;

ii) Wasserfahrzeuge mit einer Länge von mehr als 7,5 Metern, ausgenommen Wasserfahrzeuge, die auf hoher See im entgeltlichen Passagierverkehr, zur Ausübung einer Handelstätigkeit, für gewerbliche Zwecke oder zur Fischerei eingesetzt werden, Bergungs- und Rettungsschiffe auf See sowie Küstenfischereifahrzeuge;

iii) Luftfahrzeuge mit einem Gesamtgewicht beim Aufstieg von mehr als 1550 Kilogramm, ausgenommen Luftfahrzeuge, die von Luftfahrtgesellschaften eingesetzt werden, die hauptsächlich im entgeltlichen internationalen Verkehr tätig sind.

b) Diese Fahrzeuge gelten in folgenden Fällen als „neu":

i) motorbetriebene Landfahrzeuge: wenn die Lieferung innerhalb von sechs Monaten nach der ersten Inbetriebnahme erfolgt oder wenn das Fahrzeug höchstens 6000 Kilometer zurückgelegt hat;

ii) Wasserfahrzeuge: wenn die Lieferung innerhalb von drei Monaten nach der ersten Inbetriebnahme erfolgt oder wenn das Fahrzeug höchstens 100 Stunden zu Wasser zurückgelegt hat;

iii) Luftfahrzeuge: wenn die Lieferung innerhalb von drei Monaten nach der ersten Inbetriebnahme erfolgt oder wenn das Fahrzeug höchstens 40 Stunden in der Luft zurückgelegt hat.

c) Die Mitgliedstaaten legen fest, unter welchen Voraussetzungen die in Buchstabe b genannten Angaben als gegeben gelten.

(3)[1] Als „verbrauchsteuerpflichtige Waren" gelten Energieerzeugnisse, Alkohol und alkoholische Getränke sowie Tabakwaren, jeweils im Sinne der geltenden Gemeinschaftsvorschriften, nicht jedoch Gas, das über ein Erdgasnetz im Gebiet der Gemeinschaft oder jedes an ein solches Netz angeschlossene Netz geliefert wird.

Art. 3 [Nichtbesteuerung innergemeinschaftlicher Erwerbe durch bestimmte Personen] (1) Abweichend von Artikel 2 Absatz 1 Buchstabe b Ziffer i unterliegen folgende Umsätze nicht der Mehrwertsteuer:

a) der innergemeinschaftliche Erwerb von Gegenständen durch einen Steuerpflichtigen oder durch eine nichtsteuerpflichtige juristische Person, wenn die Lieferung im Gebiet des Mitgliedstaats nach den Artikeln 148 und 151 steuerfrei wäre;

b) der innergemeinschaftliche Erwerb von Gegenständen, ausgenommen der Erwerb von Gegenständen im Sinne des Buchstabens a und des Artikels 4, von neuen Fahrzeugen und von verbrauchsteuerpflichtigen Waren, durch einen Steuerpflichtigen für Zwecke seines landwirtschaftlichen, forstwirtschaftlichen oder fischereiwirtschaftlichen Betriebs, der der gemeinsamen Pauschalregelung für Landwirte unterliegt, oder durch einen Steuerpflichtigen, der nur Lieferungen von Gegenständen bewirkt oder Dienstleistungen erbringt, für die kein Recht auf Vorsteuerabzug besteht, oder durch eine nichtsteuerpflichtige juristische Person.

---

[1] Art. 2 Abs. 3 geänd. mWv 15. 1. 2010 durch RL 2009/162/EU v. 22. 12. 2009 (ABl. EU 2010 Nr. L 10 S. 14).

(2) [1] Absatz 1 Buchstabe b gilt nur, wenn folgende Voraussetzungen erfüllt sind:

a) im laufenden Kalenderjahr überschreitet der Gesamtbetrag der innergemeinschaftlichen Erwerbe von Gegenständen nicht den von den Mitgliedstaaten festzulegenden Schwellenwert, der nicht unter 10 000 EUR oder dem Gegenwert in Landeswährung liegen darf;

b) im vorangegangenen Kalenderjahr hat der Gesamtbetrag der innergemeinschaftlichen Erwerbe von Gegenständen den in Buchstabe a geregelten Schwellenwert nicht überschritten.

[2] Maßgeblich als Schwellenwert ist der Gesamtbetrag der in Absatz 1 Buchstabe b genannten innergemeinschaftlichen Erwerbe von Gegenständen ohne die Mehrwertsteuer, der im Mitgliedstaat des Beginns der Versendung oder Beförderung geschuldet oder entrichtet wurde.

(3) Die Mitgliedstaaten räumen den Steuerpflichtigen und den nichtsteuerpflichtigen juristischen Personen, auf die Absatz 1 Buchstabe b gegebenenfalls Anwendung findet, das Recht ein, die in Artikel 2 Absatz 1 Buchstabe b Ziffer i vorgesehene allgemeine Regelung anzuwenden.

Die Mitgliedstaaten legen die Modalitäten fest, unter denen die in Unterabsatz 1 genannte Regelung in Anspruch genommen werden kann; die Inanspruchnahme erstreckt sich über einen Zeitraum von mindestens zwei Kalenderjahren.

Art. 4 [Nichtbesteuerung innergemeinschaftlicher Erwerbe bestimmter Gebrauchtgegenstände] Neben den in Artikel 3 genannten Umsätzen unterliegen folgende Umsätze nicht der Mehrwertsteuer:

a) der innergemeinschaftliche Erwerb von Gebrauchtgegenständen, Kunstgegenständen, Sammlungsstücken und Antiquitäten im Sinne des Artikels 311 Absatz 1 Nummern 1 bis 4, wenn der Verkäufer ein steuerpflichtiger Wiederverkäufer ist, der als solcher handelt, und der erworbene Gegenstand im Mitgliedstaat des Beginns der Versendung oder Beförderung gemäß der Regelung über die Differenzbesteuerung nach Artikel 312 bis 325 besteuert worden ist;

b) der innergemeinschaftliche Erwerb von Gebrauchtfahrzeugen im Sinne des Artikels 327 Absatz 3, wenn der Verkäufer ein steuerpflichtiger Wiederverkäufer ist, der als solcher handelt, und das betreffende Gebrauchtfahrzeug im Mitgliedstaat des Beginns der Versendung oder Beförderung gemäß der Übergangsregelung für Gebrauchtfahrzeuge besteuert worden ist;

c) der innergemeinschaftliche Erwerb von Gebrauchtgegenständen, Kunstgegenständen, Sammlungsstücken oder Antiquitäten im Sinne des Artikels 311 Absatz 1 Nummern 1 bis 4, wenn der Verkäufer ein Veranstalter von öffentlichen Versteigerungen ist, der als solcher handelt, und der erworbene Gegenstand im Mitgliedstaat des Beginns der Versendung oder Beförderung gemäß der Regelung für öffentliche Versteigerungen besteuert worden ist.

Titel II. Räumlicher Anwendungsbereich

Art. 5 [Definition von Gebieten] Im Sinne dieser Richtlinie bezeichnet der Ausdruck:

(1) „Gemeinschaft" und „Gebiet der Gemeinschaft" das Gebiet aller Mitgliedstaaten im Sinne der Nummer 2;

(2) „Mitgliedstaat" und „Gebiet eines Mitgliedstaats" das Gebiet jedes Mitgliedstaats der Gemeinschaft, auf den der Vertrag zur Gründung der Europäischen Gemeinschaft gemäß dessen Artikel 299 Anwendung findet, mit Ausnahme der in Artikel 6 dieser Richtlinie genannten Gebiete;

(3) „Drittgebiete" die in Artikel 6 genannten Gebiete;

(4) „Drittland" jeder Staat oder jedes Gebiet, auf den/das der Vertrag keine Anwendung findet.

Art. 6 [Ausschluss bestimmter Gebiete vom räumlichen Anwendungsbereich] (1) Diese Richtlinie gilt nicht für folgende Gebiete, die Teil des Zollgebiets der Gemeinschaft sind:

a) Berg Athos;

b) Kanarische Inseln;

c)[1] französische Gebiete, die in Artikel 349 und Artikel 355 Absatz 1 des Vertrags über die Arbeitsweise der Europäischen Union genannt sind;

d) Åland-Inseln;

e) Kanalinseln.

(2) Diese Richtlinie gilt nicht für folgende Gebiete, die nicht Teil des Zollgebiets der Gemeinschaft sind:

a) Insel Helgoland;

b) Gebiet von Büsingen;

c) Ceuta;

d) Melilla;

e) Livigno;

f) Campione d'Italia;

g) der zum italienischen Gebiet gehörende Teil des Luganer Sees.

Art. 7 [Territoriale Sonderregelung für Monaco, Insel Man und Akrotiri und Dhekelia] (1) Angesichts der Abkommen und Verträge, die sie mit Frankreich, mit dem Vereinigten Königreich und mit Zypern geschlossen haben, gelten das Fürstentum Monaco, die Insel Man und die Hoheitszonen des Vereinigten Königreichs Akrotiri und Dhekelia für die Zwecke der Anwendung dieser Richtlinie nicht als Drittland.

(2) Die Mitgliedstaaten treffen die erforderlichen Vorkehrungen, damit Umsätze, deren Ursprungs- oder Bestimmungsort im Fürstentum Monaco

---

[1] Art. 6 Abs. 1 Buchst. c neu gef. mWv 1. 1. 2014 durch RL 2013/61/EU v. 17. 12. 2013 (ABl. EU Nr. L 253 S. 5).

liegt, wie Umsätze behandelt werden, deren Ursprungs- oder Bestimmungsort in Frankreich liegt, und Umsätze, deren Ursprungs- oder Bestimmungsort auf der Insel Man liegt, wie Umsätze behandelt werden, deren Ursprungs- oder Bestimmungsort im Vereinigten Königreich liegt, und Umsätze, deren Ursprungs- oder Bestimmungsort in den Hoheitszonen des Vereinigten Königreichs Akrotiri und Dhekelia liegt, wie Umsätze behandelt werden, deren Ursprungs- oder Bestimmungsort in Zypern liegt.

Art. 8 [Auftrag an EU-Kommission zur Überprüfung des Status der Gebiete nach den Artikeln 6 und 7] Ist die Kommission der Ansicht, dass die Bestimmungen der Artikel 6 und 7 insbesondere in Bezug auf die Wettbewerbsneutralität oder die Eigenmittel nicht mehr gerechtfertigt sind, unterbreitet sie dem Rat geeignete Vorschläge.

Titel III. Steuerpflichtiger

Art. 9 [Wirtschaftliche Tätigkeit; gelegentliche Lieferung eines neuen Fahrzeugs] (1) Als „Steuerpflichtiger" gilt, wer eine wirtschaftliche Tätigkeit unabhängig von ihrem Ort, Zweck und Ergebnis selbstständig ausübt.

1 Als „wirtschaftliche Tätigkeit" gelten alle Tätigkeiten eines Erzeugers, Händlers oder Dienstleistenden einschließlich der Tätigkeiten der Urproduzenten, der Landwirte sowie der freien Berufe und der diesen gleichgestellten Berufe. 2 Als wirtschaftliche Tätigkeit gilt insbesondere die Nutzung von körperlichen oder nicht körperlichen Gegenständen zur nachhaltigen Erzielung von Einnahmen.

(2) Neben den in Absatz 1 genannten Personen gilt als Steuerpflichtiger jede Person, die gelegentlich ein neues Fahrzeug liefert, das durch den Verkäufer oder durch den Erwerber oder für ihre Rechnung an den Erwerber nach einem Ort außerhalb des Gebiets eines Mitgliedstaats, aber im Gebiet der Gemeinschaft versandt oder befördert wird.

Art. 10 [Lohn- und Gehaltsempfänger] Die selbstständige Ausübung der wirtschaftlichen Tätigkeit im Sinne des Artikels 9 Absatz 1 schließt Lohn- und Gehaltsempfänger und sonstige Personen von der Besteuerung aus, soweit sie an ihren Arbeitgeber durch einen Arbeitsvertrag oder ein sonstiges Rechtsverhältnis gebunden sind, das hinsichtlich der Arbeitsbedingungen und des Arbeitsentgelts sowie der Verantwortlichkeit des Arbeitgebers ein Verhältnis der Unterordnung schafft.

Art. 11 [Kannbestimmung: Organschaft] Nach Konsultation des Beratenden Ausschusses für die Mehrwertsteuer (nachstehend „Mehrwertsteuerausschuss" genannt) kann jeder Mitgliedstaat in seinem Gebiet ansässige Personen, die zwar rechtlich unabhängig, aber durch gegenseitige finanzielle, wirtschaftliche und organisatorische Beziehungen eng miteinander verbunden sind, zusammen als einen Steuerpflichtigen behandeln.

Ein Mitgliedstaat, der die in Absatz 1 vorgesehene Möglichkeit in Anspruch nimmt, kann die erforderlichen Maßnahmen treffen, um Steuerhinterziehungen oder -umgehungen durch die Anwendung dieser Bestimmung vorzubeugen.

Art. 12 [Kannbestimmung: Gelegentliche Grundstückslieferungen]

(1) Die Mitgliedstaaten können Personen als Steuerpflichtige betrachten, die gelegentlich eine der in Artikel 9 Absatz 1 Unterabsatz 2 genannten Tätigkeiten ausüben und insbesondere einen der folgenden Umsätze bewirken:

a) Lieferung von Gebäuden oder Gebäudeteilen und dem dazugehörigen Grund und Boden, wenn sie vor dem Erstbezug erfolgt;

b) Lieferung von Baugrundstücken.

(2) Als „Gebäude" im Sinne des Absatzes 1 Buchstabe a gilt jedes mit dem Boden fest verbundene Bauwerk.

Die Mitgliedstaaten können die Einzelheiten der Anwendung des in Absatz 1 Buchstabe a genannten Kriteriums des Erstbezugs auf Umbauten von Gebäuden und den Begriff „dazugehöriger Grund und Boden" festlegen.

Die Mitgliedstaaten können andere Kriterien als das des Erstbezugs bestimmen, wie etwa den Zeitraum zwischen der Fertigstellung des Gebäudes und dem Zeitpunkt seiner ersten Lieferung, oder den Zeitraum zwischen dem Erstbezug und der späteren Lieferung, sofern diese Zeiträume fünf bzw. zwei Jahre nicht überschreiten.

(3) Als „Baugrundstück" im Sinne des Absatzes 1 Buchstabe b gelten erschlossene oder unerschlossene Grundstücke entsprechend den Begriffsbestimmungen der Mitgliedstaaten.

Art. 13 [Einrichtungen des öffentlichen Rechts] (1) Staaten, Länder, Gemeinden und sonstige Einrichtungen des öffentlichen Rechts gelten nicht als Steuerpflichtige, soweit sie die Tätigkeiten ausüben oder Umsätze bewirken, die ihnen im Rahmen der öffentlichen Gewalt obliegen, auch wenn sie im Zusammenhang mit diesen Tätigkeiten oder Umsätzen Zölle, Gebühren, Beiträge oder sonstige Abgaben erheben.

Falls sie solche Tätigkeiten ausüben oder Umsätze bewirken, gelten sie für diese Tätigkeiten oder Umsätze jedoch als Steuerpflichtige, sofern eine Behandlung als Nichtsteuerpflichtige zu größeren Wettbewerbsverzerrungen führen würde.

Die Einrichtungen des öffentlichen Rechts gelten in Bezug auf die in Anhang I genannten Tätigkeiten in jedem Fall als Steuerpflichtige, sofern der Umfang dieser Tätigkeiten nicht unbedeutend ist.

(2)[1] Die Mitgliedstaaten können die Tätigkeiten von Einrichtungen des öffentlichen Rechts, die nach den Artikeln 132, 135, 136 und 371, den Artikeln

---

[1] Art. 13 Abs. 2 geänd. mWv 15. 1. 2010 durch RL 2009/162/EU v. 22. 12. 2009 (ABl. EU 2010 Nr. L 10 S. 14).

374 bis 377, dem Artikel 378 Absatz 2, dem Artikel 379 Absatz 2 oder den Artikeln 380 bis 390b von der Mehrwertsteuer befreit sind, als Tätigkeiten behandeln, die ihnen im Rahmen der öffentlichen Gewalt obliegen.

Titel IV. Steuerbarer Umsatz

Kapitel 1. Lieferung von Gegenständen

Art. 14 [Definition der Lieferung von Gegenständen] (1) Als „Lieferung von Gegenständen" gilt die Übertragung der Befähigung, wie ein Eigentümer über einen körperlichen Gegenstand zu verfügen.

(2) Neben dem in Absatz 1 genannten Umsatz gelten folgende Umsätze als Lieferung von Gegenständen:

a) die Übertragung des Eigentums an einem Gegenstand gegen Zahlung einer Entschädigung auf Grund einer behördlichen Anordnung oder kraft Gesetzes;

b) die Übergabe eines Gegenstands auf Grund eines Vertrags, der die Vermietung eines Gegenstands während eines bestimmten Zeitraums oder den Ratenverkauf eines Gegenstands vorsieht, der regelmäßig die Klausel enthält, dass das Eigentum spätestens mit Zahlung der letzten fälligen Rate erworben wird;

c) die Übertragung eines Gegenstands auf Grund eines Vertrags über eine Einkaufs- oder Verkaufskommission.

(3) Die Mitgliedstaaten können die Erbringung bestimmter Bauleistungen als Lieferung von Gegenständen betrachten.

Art. 15 [Behandlung wie körperlicher Gegenstand] (1) Einem körperlichen Gegenstand gleichgestellt sind Elektrizität, Gas, Wärme oder[1] Kälte und ähnliche Sachen.

(2) Die Mitgliedstaaten können als körperlichen Gegenstand betrachten:

a) bestimmte Rechte an Grundstücken;

b) dingliche Rechte, die ihrem Inhaber ein Nutzungsrecht an Grundstücken geben;

c) Anteilrechte und Aktien, deren Besitz rechtlich oder tatsächlich das Eigentums- oder Nutzungsrecht an einem Grundstück oder Grundstücksteil begründet.

Art. 16 [Entnahme eines Gegenstands] Einer Lieferung von Gegenständen gegen Entgelt gleichgestellt ist die Entnahme eines Gegenstands durch einen Steuerpflichtigen aus seinem Unternehmen für seinen privaten Bedarf oder für den Bedarf seines Personals oder als unentgeltliche Zuwendung oder allgemein

---

[1] Geänd. mWv 15. 1. 2010 durch RL 2009/162/EU v. 22. 12. 2009 (ABl. EU 2010 Nr. L 10 S. 14).

für unternehmensfremde Zwecke, wenn dieser Gegenstand oder seine Bestandteile zum vollen oder teilweisen Vorsteuerabzug berechtigt haben.

Jedoch werden einer Lieferung von Gegenständen gegen Entgelt nicht gleichgestellt Entnahmen für Geschenke von geringem Wert und für Warenmuster für die Zwecke des Unternehmens.

Art. 17 [Verbringung eines Gegenstands in einen anderen Mitgliedstaat, Behandlung wie Lieferung] (1) Einer Lieferung von Gegenständen gegen Entgelt gleichgestellt ist die von einem Steuerpflichtigen vorgenommene Verbringung eines Gegenstands seines Unternehmens in einen anderen Mitgliedstaat.

Als „Verbringung in einen anderen Mitgliedstaat" gelten die Versendung oder Beförderung eines im Gebiet eines Mitgliedstaats befindlichen beweglichen körperlichen Gegenstands durch den Steuerpflichtigen oder für seine Rechnung für die Zwecke seines Unternehmens nach Orten außerhalb dieses Gebiets, aber innerhalb der Gemeinschaft.

(2) Nicht als Verbringung in einen anderen Mitgliedstaat gelten die Versendung oder Beförderung eines Gegenstands für die Zwecke eines der folgenden Umsätze:

a) Lieferung dieses Gegenstands durch den Steuerpflichtigen im Gebiet des Mitgliedstaats der Beendigung der Versendung oder Beförderung unter den Bedingungen des Artikels 33;

b) Lieferung dieses Gegenstands durch den Steuerpflichtigen zum Zwecke seiner Installation oder Montage durch den Lieferer oder für dessen Rechnung im Gebiet des Mitgliedstaats der Beendigung der Versendung oder Beförderung unter den Bedingungen des Artikels 36;

c) Lieferung dieses Gegenstands durch den Steuerpflichtigen an Bord eines Schiffes, eines Flugzeugs oder in einer Eisenbahn während einer Personenbeförderung unter den Bedingungen des Artikels 37;

d)[1] Lieferung von Gas über ein Erdgasnetz im Gebiet der Gemeinschaft oder ein an ein solches Netz angeschlossenes Netz, Lieferung von Elektrizität oder Lieferung von Wärme oder Kälte über Wärme- oder Kältenetze unter den Bedingungen der Artikel 38 und 39;

e) Lieferung dieses Gegenstands durch den Steuerpflichtigen im Gebiet des Mitgliedstaats unter den Bedingungen der Artikel 138, 146, 147, 148, 151 und 152;

f)[2] Erbringung einer Dienstleistung an den Steuerpflichtigen, die in der Begutachtung von oder Arbeiten an diesem Gegenstand besteht, die im Gebiet des Mitgliedstaats der Beendigung der Versendung oder Beförderung des Gegenstands tatsächlich ausgeführt werden, sofern der Gegenstand nach der Begutachtung oder Bearbeitung wieder an den Steuerpflichtigen in

---

[1] Art. 17 Abs. 2 Buchst. d neu gef. mWv 15. 1. 2010 durch RL 20090/162/EU v. 22. 12. 2009 (ABl. EU 2010 Nr. L 10 S. 14).

[2] Art. 17 Abs. 2 Buchst. f neu gef. mWv 11. 8. 2010 durch RL 2010/45/EU v. 13. 7. 2010 (ABl. EU Nr. L 189 S. 1).

dem Mitgliedstaat zurückgesandt wird, von dem aus er ursprünglich versandt oder befördert worden war;

g) vorübergehende Verwendung dieses Gegenstands im Gebiet des Mitgliedstaats der Beendigung der Versendung oder Beförderung zum Zwecke der Erbringung von Dienstleistungen durch den im Mitgliedstaat des Beginns der Versendung oder Beförderung ansässigen Steuerpflichtigen;

h) vorübergehende Verwendung dieses Gegenstands während eines Zeitraums von höchstens 24 Monaten im Gebiet eines anderen Mitgliedstaats, in dem für die Einfuhr des gleichen Gegenstands aus einem Drittland im Hinblick auf eine vorübergehende Verwendung die Regelung über die vollständige Befreiung von Einfuhrabgaben bei der vorübergehenden Einfuhr gelten würde.

(3) Liegt eine der Voraussetzungen für die Inanspruchnahme des Absatzes 2 nicht mehr vor, gilt der Gegenstand als in einen anderen Mitgliedstaat verbracht. In diesem Fall gilt die Verbringung als zu dem Zeitpunkt erfolgt, zu dem die betreffende Voraussetzung nicht mehr vorliegt.

Art. 18 [Kannbestimmung: Behandlung unternehmensinterner Verwendungen wie Lieferungen] Die Mitgliedstaaten können der Lieferung von Gegenständen gegen Entgelt folgende Vorgänge gleichstellen:

a) die Verwendung – durch einen Steuerpflichtigen – eines im Rahmen seines Unternehmens hergestellten, gewonnenen, be- oder verarbeiteten, gekauften oder eingeführten Gegenstands zu seinem Unternehmen, falls ihn der Erwerb eines solchen Gegenstands von einem anderen Steuerpflichtigen nicht zum vollen Vorsteuerabzug berechtigen würde;

b) die Verwendung eines Gegenstands durch einen Steuerpflichtigen zu einem nicht besteuerten Tätigkeitsbereich, wenn dieser Gegenstand bei seiner Anschaffung oder seiner Zuordnung gemäß Buchstabe a zum vollen oder teilweisen Vorsteuerabzug berechtigt hat;

c) mit Ausnahme der in Artikel 19 genannten Fälle der Besitz von Gegenständen durch einen Steuerpflichtigen oder seine Rechtsnachfolger bei Aufgabe seiner der Steuer unterliegenden wirtschaftlichen Tätigkeit, wenn diese Gegenstände bei ihrer Anschaffung oder bei ihrer Verwendung nach Buchstabe a zum vollen oder teilweisen Vorsteuerabzug berechtigt haben.

Art. 19 [Kannbestimmung: Geschäftsveräußerungen im Ganzen – Lieferungen] Die Mitgliedstaaten können die Übertragung eines Gesamt- oder Teilvermögens, die entgeltlich oder unentgeltlich oder durch Einbringung in eine Gesellschaft erfolgt, behandeln, als ob keine Lieferung von Gegenständen vorliegt, und den Begünstigten der Übertragung als Rechtsnachfolger des Übertragenden ansehen.

Die Mitgliedstaaten können die erforderlichen Maßnahmen treffen, um Wettbewerbsverzerrungen für den Fall zu vermeiden, dass der Begünstigte nicht voll steuerpflichtig ist. Sie können ferner die erforderlichen Maßnahmen treffen, um Steuerhinterziehungen oder -umgehungen durch die Anwendung dieses Artikels vorzubeugen.

Kapitel 2. Innergemeinschaftlicher Erwerb von Gegenständen

Art. 20 [Definition des innergemeinschaftlichen Erwerbs von Gegenständen] Als „innergemeinschaftlicher Erwerb von Gegenständen" gilt die Erlangung der Befähigung, wie ein Eigentümer über einen beweglichen körperlichen Gegenstand zu verfügen, der durch den Verkäufer oder durch den Erwerber oder für ihre Rechnung nach einem anderen Mitgliedstaat als dem, in dem sich der Gegenstand zum Zeitpunkt des Beginns der Versendung oder Beförderung befand, an den Erwerber versandt oder befördert wird.

Werden von einer nichtsteuerpflichtigen juristischen Person erworbene Gegenstände von einem Drittgebiet oder einem Drittland aus versandt oder befördert und von dieser nichtsteuerpflichtigen juristischen Person in einen anderen Mitgliedstaat als den der Beendigung der Versendung oder Beförderung eingeführt, gelten die Gegenstände als vom Einfuhrmitgliedstaat aus versandt oder befördert. Dieser Mitgliedstaat gewährt dem Importeur, der gemäß Artikel 201 als Steuerschuldner bestimmt oder anerkannt wurde, die Erstattung der Mehrwertsteuer für die Einfuhr, sofern der Importeur nachweist, dass der Erwerb dieser Gegenstände im Mitgliedstaat der Beendigung der Versendung oder Beförderung der Gegenstände besteuert worden ist.

Art. 21 [Unternehmensinterne Verwendung eines Gegenstands – Behandlung wie innergemeinschaftlicher Erwerb] Einem innergemeinschaftlichen Erwerb von Gegenständen gegen Entgelt gleichgestellt ist die Verwendung eines Gegenstands durch den Steuerpflichtigen in seinem Unternehmen, der von einem Steuerpflichtigen oder für seine Rechnung aus einem anderen Mitgliedstaat, in dem der Gegenstand von dem Steuerpflichtigen im Rahmen seines in diesem Mitgliedstaat gelegenen Unternehmens hergestellt, gewonnen, be- oder verarbeitet, gekauft, im Sinne des Artikels 2 Absatz 1 Buchstabe b erworben oder eingeführt worden ist, versandt oder befördert wurde.

Art. 22[1] [Verwendung von Gegenständen durch NATO-Streitkräfte – Behandlung wie innergemeinschaftlicher Erwerb] Einem innergemeinschaftlichen Erwerb von Gegenständen gegen Entgelt gleichgestellt ist die Verwendung von Gegenständen, die nicht gemäß den allgemeinen Besteuerungsbedingungen des Binnenmarkts eines Mitgliedstaats gekauft wurden, durch die Streitkräfte von Staaten, die Vertragsparteien des Nordatlantikvertrags sind, zum Gebrauch oder Verbrauch durch diese Streitkräfte oder ihr ziviles Begleitpersonal, sofern für die Einfuhr dieser Gegenstände nicht die Steuerbefreiung nach Artikel 143 Absatz 1 Buchstabe h in Anspruch genommen werden kann.

Art. 23 [Einstufung von Umsätzen als innergemeinschaftlicher Erwerb, die im Erwerbsstaat als Lieferungen eingestuft würden] Die Mitgliedstaaten treffen Maßnahmen, die sicherstellen, dass Umsätze als „inner-

[1] Art. 22 neu gef. mWv 24. 7. 2009 durch RL 2009/69/EG v. 25. 6. 2009 (ABl. EU Nr. L 175 S. 12).

gemeinschaftlicher Erwerb von Gegenständen“ eingestuft werden, die als „Lieferung von Gegenständen“ eingestuft würden, wenn sie in ihrem Gebiet von einem Steuerpflichtigen, der als solcher handelt, getätigt worden wären.

Kapitel 3. Dienstleistungen

Art. 24 [Definition einer Dienstleistung und Telekommunikationsdienstleistung] (1) Als „Dienstleistung“ gilt jeder Umsatz, der keine Lieferung von Gegenständen ist.

(2) Als „Telekommunikationsdienstleistung“ gelten Dienstleistungen zum Zweck der Übertragung, Ausstrahlung oder des Empfangs von Signalen, Schrift, Bild und Ton oder Informationen jeglicher Art über Draht, Funk, optische oder andere elektromagnetische Medien, einschließlich der damit im Zusammenhang stehenden Abtretung oder Einräumung von Nutzungsrechten an Einrichtungen zur Übertragung, Ausstrahlung oder zum Empfang, einschließlich der Bereitstellung des Zugangs zu globalen Informationsnetzen.

Art. 25 [Abtretung, Duldung, Befolgen einer Anordnung als Dienstleistung] Eine Dienstleistung kann unter anderem in einem der folgenden Umsätze bestehen:

a) Abtretung eines nicht körperlichen Gegenstands, gleichgültig, ob in einer Urkunde verbrieft oder nicht;
b) Verpflichtung, eine Handlung zu unterlassen oder eine Handlung oder einen Zustand zu dulden;
c) Erbringung einer Dienstleistung auf Grund einer behördlichen Anordnung oder kraft Gesetzes.

Art. 26 [Verwendung eines Gegenstands und unentgeltliche Dienstleistung für unternehmensfremde Zwecke] (1) Einer Dienstleistung gegen Entgelt gleichgestellt sind folgende Umsätze:

a) Verwendung eines dem Unternehmen zugeordneten Gegenstands für den privaten Bedarf des Steuerpflichtigen, für den Bedarf seines Personals oder allgemein für unternehmensfremde Zwecke, wenn dieser Gegenstand zum vollen oder teilweisen Vorsteuerabzug berechtigt hat;
b) unentgeltliche Erbringung von Dienstleistungen durch den Steuerpflichtigen für seinen privaten Bedarf, für den Bedarf seines Personals oder allgemein für unternehmensfremde Zwecke.

(2) Die Mitgliedstaaten können Abweichungen von Absatz 1 vorsehen, sofern solche Abweichungen nicht zu Wettbewerbsverzerrungen führen.

Art. 27 [Kannbestimmung: Behandlung einer Innendienstleistung wie eine Dienstleistung] Um Wettbewerbsverzerrungen vorzubeugen, können die Mitgliedstaaten nach Konsultation des Mehrwertsteuerausschusses auch die Erbringung einer Dienstleistung durch einen Steuerpflichtigen für das eigene Unternehmen einer Dienstleistung gegen Entgelt gleichstellen, falls ihn die Erbringung einer derartigen Dienstleistung durch einen anderen Steuerpflichtigen nicht zum vollen Vorsteuerabzug berechtigen würde.

Art. 28 [Dienstleistungskommission] Steuerpflichtige, die bei der Erbringung von Dienstleistungen im eigenen Namen, aber für Rechnung Dritter tätig werden, werden behandelt, als ob sie diese Dienstleistungen selbst erhalten und erbracht hätten.

Art. 29 [Kannbestimmung: Geschäftsveräußerungen im Ganzen – Dienstleistungen] Artikel 19 gilt unter den gleichen Voraussetzungen für Dienstleistungen.

Kapitel 4. Einfuhr von Gegenständen

Art. 30 [Definition der Einfuhr eines Gegenstands] Als „Einfuhr eines Gegenstands" gilt die Verbringung eines Gegenstands, der sich nicht im freien Verkehr im Sinne des Artikels 24 des Vertrags befindet, in die Gemeinschaft.

Neben dem in Absatz 1 genannten Umsatz gilt als Einfuhr eines Gegenstands auch die Verbringung eines im freien Verkehr befindlichen Gegenstands mit Herkunft aus einem Drittgebiet, das Teil des Zollgebiets der Gemeinschaft ist, in die Gemeinschaft.

Titel V. Ort des steuerbaren Umsatzes

Kapitel 1. Ort der Lieferung von Gegenständen

Abschnitt 1. Lieferung von Gegenständen ohne Beförderung

Art. 31 [Ort der Lieferung ohne Beförderung] Wird der Gegenstand nicht versandt oder befördert, gilt als Ort der Lieferung der Ort, an dem sich der Gegenstand zum Zeitpunkt der Lieferung befindet.

Abschnitt 2. Lieferung von Gegenständen mit Beförderung

Art. 32 [Ort der Lieferung mit Beförderung] Wird der Gegenstand vom Lieferer, vom Erwerber oder von einer dritten Person versandt oder befördert, gilt als Ort der Lieferung der Ort, an dem sich der Gegenstand zum Zeitpunkt des Beginns der Versendung oder Beförderung an den Erwerber befindet.

Liegt der Ort, von dem aus die Gegenstände versandt oder befördert werden, in einem Drittgebiet oder in einem Drittland, gelten der Ort der Lieferung, die durch den Importeur bewirkt wird, der gemäß Artikel 201 als Steuerschuldner bestimmt oder anerkannt wurde, sowie der Ort etwaiger anschließender Lieferungen jedoch als in dem Mitgliedstaat gelegen, in den die Gegenstände eingeführt werden.

Art. 33 [Ort der Versandhandelslieferung – Grundsatz] (1) Abweichend von Artikel 32 gilt als Ort einer Lieferung von Gegenständen, die durch den Lieferer oder für dessen Rechnung von einem anderen Mitgliedstaat als dem der Beendigung der Versendung oder Beförderung aus versandt oder befördert werden, der Ort, an dem sich die Gegenstände bei Beendigung der Versendung oder Beförderung an den Erwerber befinden, sofern folgende Bedingungen erfüllt sind:

a) die Lieferung der Gegenstände erfolgt an einen Steuerpflichtigen oder eine nichtsteuerpflichtige juristische Person, deren innergemeinschaftliche Erwerbe von Gegenständen gemäß Artikel 3 Absatz 1 nicht der Mehrwertsteuer unterliegen, oder an eine andere nichtsteuerpflichtige Person;
b) die gelieferten Gegenstände sind weder neue Fahrzeuge noch Gegenstände, die mit oder ohne probeweise Inbetriebnahme durch den Lieferer oder für dessen Rechnung montiert oder installiert geliefert werden.

(2) Werden die gelieferten Gegenstände von einem Drittgebiet oder einem Drittland aus versandt oder befördert und vom Lieferer in einen anderen Mitgliedstaat als den der Beendigung der Versendung oder Beförderung an den Erwerber eingeführt, gelten sie als vom Einfuhrmitgliedstaat aus versandt oder befördert.

Art. 34 [Ort der Versandhandelslieferung – Lieferschwelle] (1) Artikel 33 gilt nicht für Lieferungen von Gegenständen, die in ein und denselben Mitgliedstaat der Beendigung des Versands oder der Beförderung versandt oder befördert werden, sofern folgende Bedingungen erfüllt sind:

a) die gelieferten Gegenstände sind keine verbrauchsteuerpflichtigen Waren;
b) der Gesamtbetrag – ohne Mehrwertsteuer – der Lieferungen in den Mitgliedstaat unter den Bedingungen des Artikels 33 überschreitet im laufenden Kalenderjahr nicht 100 000 EUR oder den Gegenwert in Landeswährung;
c) der Gesamtbetrag – ohne Mehrwertsteuer – der Lieferungen in den Mitgliedstaat unter den Bedingungen des Artikels 33 von anderen Gegenständen als verbrauchsteuerpflichtigen Waren hat im vorangegangenen Kalenderjahr 100 000 EUR oder den Gegenwert in Landeswährung nicht überschritten.

(2) Der Mitgliedstaat, in dessen Gebiet sich die Gegenstände bei Beendigung der Versendung oder Beförderung an den Erwerber befinden, kann den in Absatz 1 genannten Schwellenwert auf 35 000 EUR oder den Gegenwert in Landeswährung begrenzen, falls er befürchtet, dass der Schwellenwert von 100 000 EUR zu schwerwiegenden Wettbewerbsverzerrungen führt.

Mitgliedstaaten, die von der Möglichkeit nach Unterabsatz 1 Gebrauch machen, treffen die erforderlichen Maßnahmen zur Unterrichtung der zuständigen Behörden des Mitgliedstaats, von dem aus die Gegenstände versandt oder befördert werden.

(3) Die Kommission unterbreitet dem Rat so bald wie möglich einen Bericht, gegebenenfalls zusammen mit geeigneten Vorschlägen, über die Anwen-

dung und Wirkung des in Absatz 2 genannten besonderen Schwellenwerts von 35 000 EUR.

(4) Der Mitgliedstaat, in dessen Gebiet sich die Gegenstände bei Beginn der Versendung oder Beförderung befinden, räumt den Steuerpflichtigen, auf deren Lieferungen Absatz 1 gegebenenfalls Anwendung findet, das Recht ein, sich dafür zu entscheiden, dass der Ort dieser Lieferungen gemäß Artikel 33 bestimmt wird.

Die betreffenden Mitgliedstaaten legen fest, unter welchen Modalitäten die in Unterabsatz 1 genannte Wahlmöglichkeit in Anspruch genommen werden kann; die Inanspruchnahme dieser Regelung erstreckt sich über einen Zeitraum von mindestens zwei Kalenderjahren.

Art. 35 [Nichtanwendung der Versandhandelslieferortbestimmungen bei Gegenständen der Differenzbesteuerung] Die Artikel 33 und 34 gelten nicht für die Lieferung von Gebrauchtgegenständen, Kunstgegenständen, Sammlungsstücken und Antiquitäten im Sinne des Artikels 311 Absatz 1 Nummern 1 bis 4 sowie für die Lieferung von Gebrauchtfahrzeugen im Sinne des Artikels 327 Absatz 3, die der Mehrwertsteuer gemäß den Sonderregelungen für diese Bereiche unterliegen.

Art 36 [Ort einer Montagelieferung] Wird der vom Lieferer, vom Erwerber oder von einer dritten Person versandte oder beförderte Gegenstand mit oder ohne probeweise Inbetriebnahme durch den Lieferer oder für dessen Rechnung installiert oder montiert, gilt als Ort der Lieferung der Ort, an dem die Installation oder Montage vorgenommen wird.

Wird der Gegenstand in einem anderen Mitgliedstaat als dem des Lieferers installiert oder montiert, trifft der Mitgliedstaat, in dessen Gebiet die Installation oder Montage vorgenommen wird, die zur Vermeidung einer Doppelbesteuerung in diesem Mitgliedstaat erforderlichen Maßnahmen

Abschnitt 3. Lieferung von Gegenständen an Bord eines Schiffes, eines Flugzeugs oder in einer Eisenbahn

Art. 37 [Ort einer Lieferung an Bord eines Personenbeförderungsmittels] (1) Erfolgt die Lieferung von Gegenständen an Bord eines Schiffes, eines Flugzeugs oder in einer Eisenbahn während des innerhalb der Gemeinschaft stattfindenden Teils einer Personenbeförderung, gilt als Ort dieser Lieferung der Abgangsort der Personenbeförderung.

(2) Für die Zwecke des Absatzes 1 gilt als „innerhalb der Gemeinschaft stattfindender Teil einer Personenbeförderung“ der Teil einer Beförderung zwischen dem Abgangsort und dem Ankunftsort einer Personenbeförderung, der ohne Zwischenaufenthalt außerhalb der Gemeinschaft erfolgt.

„Abgangsort einer Personenbeförderung“ ist der erste Ort innerhalb der Gemeinschaft, an dem Reisende in das Beförderungsmittel einsteigen können, gegebenenfalls nach einem Zwischenaufenthalt außerhalb der Gemeinschaft.

„Ankunftsort einer Personenbeförderung“ ist der letzte Ort innerhalb der Gemeinschaft, an dem in der Gemeinschaft zugestiegene Reisende das Beförderungsmittel verlassen können, gegebenenfalls vor einem Zwischenaufenthalt außerhalb der Gemeinschaft.

Im Fall einer Hin- und Rückfahrt gilt die Rückfahrt als gesonderte Beförderung.

(3) Die Kommission unterbreitet dem Rat möglichst rasch einen Bericht, gegebenenfalls zusammen mit geeigneten Vorschlägen, über den Ort der Besteuerung der Lieferung von Gegenständen, die zum Verbrauch an Bord bestimmt sind, und der Dienstleistungen, einschließlich Bewirtung, die an Reisende an Bord eines Schiffes, eines Flugzeugs oder in einer Eisenbahn erbracht werden.

Bis zur Annahme der in Unterabsatz 1 genannten Vorschläge können die Mitgliedstaaten die Lieferung von Gegenständen, die zum Verbrauch an Bord bestimmt sind und deren Besteuerungsort gemäß Absatz 1 festgelegt wird, mit Recht auf Vorsteuerabzug von der Steuer befreien oder weiterhin befreien.

Abschnitt 4. Lieferung von Gas über ein Erdgasnetz, von Elektrizität und von Wärme oder Kälte über Wärme- und Kältenetze[1)]

Art. 38[1)] [Ort der Lieferung von Gas und Elektrizität an Wiederverkäufer] (1) Bei Lieferung von Gas über ein Erdgasnetz im Gebiet der Gemeinschaft oder jedes an ein solches Netz angeschlossene Netz, von Elektrizität oder von Wärme oder Kälte über Wärme- oder Kältenetze an einen steuerpflichtigen Wiederverkäufer gilt als Ort der Lieferung der Ort, an dem dieser steuerpflichtige Wiederverkäufer den Sitz seiner wirtschaftlichen Tätigkeit oder eine feste Niederlassung hat, für die die Gegenstände geliefert werden, oder in Ermangelung eines solchen Sitzes oder einer solchen festen Niederlassung sein Wohnsitz oder sein gewöhnlicher Aufenthaltsort.

(2) Für die Zwecke des Absatzes 1 ist ein „steuerpflichtiger Wiederverkäufer" ein Steuerpflichtiger, dessen Haupttätigkeit in Bezug auf den Kauf von Gas, Elektrizität, Wärme oder Kälte im Wiederverkauf dieser Erzeugnisse besteht und dessen eigener Verbrauch dieser Erzeugnisse zu vernachlässigen ist.

Art. 39[1)] [Ort der Lieferung von Gas und Elektrizität an andere Abnehmer] Für den Fall, dass die Lieferung von Gas über ein Erdgasnetz im Gebiet der Gemeinschaft oder jedes an ein solches Netz angeschlossene Netz, die Lieferung von Elektrizität oder die Lieferung von Wärme oder Kälte über Wärme- oder Kältenetze nicht unter Artikel 38 fällt, gilt als Ort der Lieferung der Ort, an dem der Erwerber die Gegenstände tatsächlich nutzt und verbraucht.

Falls die Gesamtheit oder ein Teil des Gases, der Elektrizität oder der Wärme oder Kälte von diesem Erwerber nicht tatsächlich verbraucht wird, wird davon ausgegangen, dass diese nicht verbrauchten Gegenstände an dem Ort genutzt und verbraucht worden sind, an dem er den Sitz seiner wirtschaftlichen Tätigkeit oder eine feste Niederlassung hat, für die die Gegenstände ge-

---

[1)] Titel V Kapitel 1 Abschn. 4 (Art. 38 und 39) neu gef. mWv 15. 1. 2010 durch RL 2009/162/EU v. 22. 12. 2009 (ABl. EU 2010 Nr. L 10 S. 14).

liefert werden. In Ermangelung eines solchen Sitzes oder solchen festen Niederlassung wird davon ausgegangen, dass er die Gegenstände an seinem Wohnsitz oder seinem gewöhnlichen Aufenthaltsort genutzt und verbraucht hat.

Kapitel 2. Ort des innergemeinschaftlichen Erwerbs von Gegenständen

Art. 40 [Ort des innergemeinschaftlichen Erwerbs – Grundsatz] Als Ort eines innergemeinschaftlichen Erwerbs von Gegenständen gilt der Ort, an dem sich die Gegenstände zum Zeitpunkt der Beendigung der Versendung oder Beförderung an den Erwerber befinden.

Art. 41 [Ort des innergemeinschaftlichen Erwerbs – Folge aus Verwendung der Mehrwertsteuer-Identifikationsnummer] Unbeschadet des Artikels 40 gilt der Ort eines innergemeinschaftlichen Erwerbs von Gegenständen im Sinne des Artikels 2 Absatz 1 Buchstabe b Ziffer i als im Gebiet des Mitgliedstaats gelegen, der dem Erwerber die von ihm für diesen Erwerb verwendete Mehrwertsteuer-Identifikationsnummer erteilt hat, sofern der Erwerber nicht nachweist, dass dieser Erwerb im Einklang mit Artikel 40 besteuert worden ist.

Wird der Erwerb gemäß Artikel 40 im Mitgliedstaat der Beendigung der Versendung oder Beförderung der Gegenstände besteuert, nachdem er gemäß Absatz 1 besteuert wurde, wird die Steuerbemessungsgrundlage in dem Mitgliedstaat, der dem Erwerber die von ihm für diesen Erwerb verwendete Mehrwertsteuer-Identifikationsnummer erteilt hat, entsprechend gemindert.

Art. 42 [Ort des innergemeinschaftlichen Erwerbs – Erwerb für Zwecke einer anschließenden innergemeinschaftlichen Lieferung] Artikel 41 Absatz 1 ist nicht anzuwenden und der innergemeinschaftliche Erwerb von Gegenständen gilt als gemäß Artikel 40 besteuert, wenn folgende Bedingungen erfüllt sind:

a) der Erwerber weist nach, dass er diesen Erwerb für die Zwecke einer anschließenden Lieferung getätigt hat, die im Gebiet des gemäß Artikel 40 bestimmten Mitgliedstaats bewirkt wurde und für die der Empfänger der Lieferung gemäß Artikel 197 als Steuerschuldner bestimmt worden ist;

b) der Erwerber ist der Pflicht zur Abgabe der zusammenfassenden Meldung gemäß Artikel 265 nachgekommen.

Kapitel 3. Ort der Dienstleistung[1)]

Abschnitt 1. Begriffsbestimmungen

Art. 43[1)] [Ort der Dienstleistung – Fiktion Steuerpflichtiger als Leistungsempfänger] Für die Zwecke der Anwendung der Regeln für die Bestimmung des Ortes der Dienstleistung gilt

1) Titel V Kapitel 3 (§§ 43–59 b) neu gef. mWv 1. 1. 2010 durch RL 2008/8/EG v. 12. 2. 2008 (ABl. EU Nr. L 44 S. 11).

1. ein Steuerpflichtiger, der auch Tätigkeiten ausführt oder Umsätze bewirkt, die nicht als steuerbare Lieferungen von Gegenständen oder Dienstleistungen im Sinne des Artikels 2 Absatz 1 angesehen werden, in Bezug auf alle an ihn erbrachten Dienstleistungen als Steuerpflichtiger;
2. eine nicht steuerpflichtige juristische Person mit Mehrwertsteuer-Identifikationsnummer als Steuerpflichtiger.

Abschnitt 2. Allgemeine Bestimmungen

Art. 44[1)] [Ort der Dienstleistung – Grundregel B2B-Umsätze] Als Ort einer Dienstleistung an einen Steuerpflichtigen, der als solcher handelt, gilt der Ort, an dem dieser Steuerpflichtige den Sitz seiner wirtschaftlichen Tätigkeit hat. Werden diese Dienstleistungen jedoch an eine feste Niederlassung des Steuerpflichtigen, die an einem anderen Ort als dem des Sitzes seiner wirtschaftlichen Tätigkeit gelegen ist, erbracht, so gilt als Ort dieser Dienstleistungen der Sitz der festen Niederlassung. In Ermangelung eines solchen Sitzes oder einer solchen festen Niederlassung gilt als Ort der Dienstleistung der Wohnsitz oder der gewöhnliche Aufenthaltsort des steuerpflichtigen Dienstleistungsempfängers.

Art. 45[1)] [Ort der Dienstleistung – Grundregel B2C-Umsätze] Als Ort einer Dienstleistung an einen Nichtsteuerpflichtigen gilt der Ort, an dem der Dienstleistungserbringer den Sitz seiner wirtschaftlichen Tätigkeit hat. Werden diese Dienstleistungen jedoch von der festen Niederlassung des Dienstleistungserbringers, die an einem anderen Ort als dem des Sitzes seiner wirtschaftlichen Tätigkeit gelegen ist, aus erbracht, so gilt als Ort dieser Dienstleistungen der Sitz der festen Niederlassung. In Ermangelung eines solchen Sitzes oder einer solchen festen Niederlassung gilt als Ort der Dienstleistung der Wohnsitz oder der gewöhnliche Aufenthaltsort des Dienstleistungserbringers.

Abschnitt 3. Besondere Bestimmungen

Unterabschnitt 1. Von Vermittlern erbrachte Dienstleistungen an Nichtsteuerpflichtige

Art. 46[1)] [Ort der Dienstleistung – Vermittlungsleistungen B2C] Als Ort einer Dienstleistung an einen Nichtsteuerpflichtigen, die von einem Vermittler im Namen und für Rechnung eines Dritten erbracht wird, gilt der Ort, an dem der vermittelte Umsatz gemäß den Bestimmungen dieser Richtlinie erbracht wird.

Unterabschnitt 2. Dienstleistungen im Zusammenhang mit Grundstücken

Art. 47[1)] [Ort der Dienstleistung – grundstücksbezogene Leistungen] Als Ort einer Dienstleistung im Zusammenhang mit einem Grundstück, einschließlich der Dienstleistungen von Sachverständigen und Grundstücks-

[1)] Titel V Kapitel 3 (§§ 43–59 b) neu gef. mWv 1. 1. 2010 durch RL 2008/8/EG v. 12. 2. 2008 (ABl. EU Nr. L 44 S. 11).

maklern, der Beherbergung in der Hotelbranche oder in Branchen mit ähnlicher Funktion, wie zum Beispiel in Ferienlagern oder auf einem als Campingplatz hergerichteten Gelände, der Einräumung von Rechten zur Nutzung von Grundstücken sowie von Dienstleistungen zur Vorbereitung und Koordinierung von Bauleistungen, wie z.B. die Leistungen von Architekten und Bauaufsichtsunternehmen, gilt der Ort, an dem das Grundstück gelegen ist.

Unterabschnitt 3. Beförderungsleistungen

Art. 48[1)] [Ort der Dienstleistung – Personenbeförderungen] Als Ort einer Personenbeförderungsleistung gilt der Ort, an dem die Beförderung nach Maßgabe der zurückgelegten Beförderungsstrecke jeweils stattfindet.

Art. 49[1)] [Ort der Dienstleistung – Güterbeförderungen B2C, nicht innergemeinschaftlich] Als Ort einer Güterbeförderungsleistung an Nichtsteuerpflichtige, die keine innergemeinschaftliche Güterbeförderung darstellt, gilt der Ort, an dem die Beförderung nach Maßgabe der zurückgelegten Beförderungsstrecke jeweils stattfindet.

Art. 50[1)] [Ort der Dienstleistung – Güterbeförderungen B2C, innergemeinschaftlich] Als Ort einer innergemeinschaftlichen Güterbeförderungsleistung an Nichtsteuerpflichtige gilt der Abgangsort der Beförderung.

Art. 51[1)] [Ort der Dienstleistung – Begriff der innergemeinschaftlichen Güterbeförderung] Als „innergemeinschaftliche Güterbeförderung" gilt die Beförderung von Gegenständen, bei der Abgangs- und Ankunftsort in zwei verschiedenen Mitgliedstaaten liegen.

„Abgangsort" ist der Ort, an dem die Güterbeförderung tatsächlich beginnt, ungeachtet der Strecken, die bis zu dem Ort zurückzulegen sind, an dem sich die Gegenstände befinden, und „Ankunftsort" ist der Ort, an dem die Güterbeförderung tatsächlich endet.

Art. 52[1)] [Kannbestimmung: Nichtberücksichtigung von Strecken über Drittlandsgewässer bei innergemeinschaftlichen Güterbeförderungen B2C] Die Mitgliedstaaten haben die Möglichkeit, keine Mehrwertsteuer auf den Teil der innergemeinschaftlichen Güterbeförderung an Nichtsteuerpflichtige zu erheben, der den Beförderungsstrecken über Gewässer entspricht, die nicht zum Gebiet der Gemeinschaft gehören.

[1)] Titel V Kapitel 3 (§§ 43–59b) neu gef. mWv 1. 1. 2010 durch RL 2008/8/EG v. 12. 2. 2008 (ABl. EU Nr. L 44 S. 11).

Unterabschnitt 4. Dienstleistungen auf dem Gebiet der Kultur, der Künste, des Sports, der Wissenschaft, des Unterrichts, der Unterhaltung und ähnliche Veranstaltungen, Nebentätigkeiten zur Beförderung, Begutachtung von beweglichen Gegenständen und Arbeiten an solchen Gegenständen[1])

Art. 53[1]) · [2]) [Ort der Dienstleistung – Tätigkeiten der Kultur, des Sports usw.] Als Ort einer Dienstleistung an einen Steuerpflichtigen betreffend die Eintrittsberechtigung sowie die damit zusammenhängenden Dienstleistungen für Veranstaltungen auf dem Gebiet der Kultur, der Künste, des Sports, der Wissenschaft, des Unterrichts, der Unterhaltung oder für ähnliche Veranstaltungen wie Messen und Ausstellungen gilt der Ort, an dem diese Veranstaltungen tatsächlich stattfinden.

Art. 54[1]) · [2]) [Ort der Dienstleistung – Nebentätigkeiten zur Beförderung und Arbeiten an beweglichen körperlichen Gegenständen, B2C]

(1) Als Ort einer Dienstleistung sowie der damit zusammenhängenden Dienstleistungen an einen Nichtsteuerpflichtigen betreffend Tätigkeiten auf dem Gebiet der Kultur, der Künste, des Sports, der Wissenschaft, des Unterrichts, der Unterhaltung oder ähnliche Veranstaltungen wie Messen und Ausstellungen, einschließlich der Erbringung von Dienstleistungen der Veranstalter solcher Tätigkeiten, gilt der Ort, an dem diese Tätigkeiten tatsächlich ausgeübt werden.

(2) Als Ort der folgenden Dienstleistungen an Nichtsteuerpflichtige gilt der Ort, an dem sie tatsächlich erbracht werden:

a) Nebentätigkeiten zur Beförderung wie Beladen, Entladen, Umschlag und ähnliche Tätigkeiten;

b) Begutachtung von beweglichen körperlichen Gegenständen und Arbeiten an solchen Gegenständen.

Unterabschnitt 5. Restaurant- und Verpflegungsdienstleistungen

Art. 55[1]) [Ort der Dienstleistung – Restaurant- und Verpflegungsumsätze nicht an Bord eines Beförderungsmittels] Als Ort von Restaurant- und Verpflegungsdienstleistungen, die nicht an Bord eines Schiffes oder eines Flugzeugs oder in der Eisenbahn während des innerhalb der Gemeinschaft stattfindenden Teils einer Personenbeförderung tatsächlich erbracht werden, gilt der Ort, an dem die Dienstleistungen tatsächlich erbracht werden.

Unterabschnitt 6. Vermietung von Beförderungsmitteln

Art. 56[1]) [Ort der Dienstleistung – kurzfristige Vermietung eines Beförderungsmittels] (1) Als Ort der Vermietung eines Beförderungsmittels

---

[1]) Titel V Kapitel 3 (§§ 43–59 b) neu gef. mWv 1. 1. 2010 durch RL 2008/8/EG v. 12. 2. 2008 (ABl. EU Nr. L 44 S. 11).

[2]) Art. 53 und 54 neu gef. mWv 1. 1. 2011 durch RL 2008/8/EG v. 12. 2. 2008 (ABl. EU Nr. L 44 S. 11).

über einen kürzeren Zeitraum gilt der Ort, an dem das Beförderungsmittel dem Dienstleistungsempfänger tatsächlich zur Verfügung gestellt wird.

(2)[1] Als Ort der Vermietung eines Beförderungsmittels an Nichtsteuerpflichtige, ausgenommen die Vermietung über einen kürzeren Zeitraum, gilt der Ort, an dem der Dienstleistungsempfänger ansässig ist oder seinen Wohnsitz oder seinen gewöhnlichen Aufenthaltsort hat.

Jedoch gilt als Ort der Vermietung eines Sportboots an einen Nichtsteuerpflichtigen, ausgenommen die Vermietung über einen kürzeren Zeitraum, der Ort, an dem das Sportboot dem Dienstleistungsempfänger tatsächlich zur Verfügung gestellt wird, sofern der Dienstleistungserbringer diese Dienstleistung tatsächlich vom Sitz seiner wirtschaftlichen Tätigkeit oder von einer festen Niederlassung an diesem Ort aus erbringt.

(3)[1] Als „kürzerer Zeitraum" im Sinne der Absätze 1 und 2 gilt der Besitz oder die Verwendung des Beförderungsmittels während eines ununterbrochenen Zeitraums von nicht mehr als 30 Tagen und bei Wasserfahrzeugen von nicht mehr als 90 Tagen.

Unterabschnitt 7. Für den Verbrauch bestimmte Restaurant- und Verpflegungsdienstleistungen an Bord eines Schiffes, eines Flugzeugs oder in der Eisenbahn

Art. 57[2] [Ort der Dienstleistung – Restaurant- und Verpflegungsumsätze an Bord eines Beförderungsmittels] (1) Der Ort von Restaurant- und Verpflegungsdienstleistungen, die an Bord eines Schiffes oder eines Flugzeugs oder in der Eisenbahn während des innerhalb der Gemeinschaft stattfindenden Teils einer Personenbeförderung tatsächlich erbracht werden, ist der Abgangsort der Personenbeförderung.

(2) Für die Zwecke des Absatzes 1 gilt als „innerhalb der Gemeinschaft stattfindender Teil einer Personenbeförderung" der Teil einer Beförderung zwischen dem Abgangsort und dem Ankunftsort einer Personenbeförderung, der ohne Zwischenaufenthalt außerhalb der Gemeinschaft erfolgt.

„Abgangsort einer Personenbeförderung" ist der erste Ort innerhalb der Gemeinschaft, an dem Reisende in das Beförderungsmittel einsteigen können, gegebenenfalls nach einem Zwischenaufenthalt außerhalb der Gemeinschaft.

„Ankunftsort einer Personenbeförderung" ist der letzte Ort innerhalb der Gemeinschaft, an dem in der Gemeinschaft zugestiegene Reisende das Beförderungsmittel verlassen können, gegebenenfalls vor einem Zwischenaufenthalt außerhalb der Gemeinschaft.

Im Falle einer Hin- und Rückfahrt gilt die Rückfahrt als gesonderte Beförderung.

---

[1] Art. 56 Abs. 2 eingef., bish. Abs. 2 wird Abs. 3 und geänd. mWv 1. 1. 2013 durch RL 2008/8/EG v. 12. 2. 2008 (ABl. EU Nr. L 44 S. 11).

[2] Titel V Kapitel 3 (§§ 43–59 b) neu gef. mWv 1. 1. 2010 durch RL 2008/8/EG v. 12. 2. 2008 (ABl. EU Nr. L 44 S. 11).

Unterabschnitt 8. Telekommunikationsdienstleistungen, Rundfunk- und Fernsehdienstleistungen und elektronisch erbrachte Dienstleistungen an Nichtsteuerpflichtige

Art. 58[1)·2)] **[Ort der Dienstleistung – elektronische Dienstleistungen]** Als Ort der folgenden Dienstleistungen an Nichtsteuerpflichtige gilt der Ort, an dem dieser Nichtsteuerpflichtige ansässig ist oder seinen Wohnsitz oder seinen gewöhnlichen Aufenthaltsort hat:

a) Telekommunikationsdienstleistungen;
b) Rundfunk- und Fernsehdienstleistungen;
c) elektronisch erbrachte Dienstleistungen, insbesondere die in Anhang II genannten Dienstleistungen.

Kommunizieren Dienstleistungserbringer und Dienstleistungsempfänger über E-Mail miteinander, bedeutet dies allein noch nicht, dass die erbrachte Dienstleistung eine elektronisch erbrachte Dienstleistung wäre.

Unterabschnitt 9. Dienstleistungen an Nichtsteuerpflichtige außerhalb der Gemeinschaft

Art. 59[1)] **[Ort der Dienstleistungen – Katalogleistungen B2C]** Als Ort der folgenden Dienstleistungen an einen Nichtsteuerpflichtigen, der außerhalb der Gemeinschaft ansässig ist oder seinen Wohnsitz oder seinen gewöhnlichen Aufenthaltsort außerhalb der Gemeinschaft hat, gilt der Ort, an dem dieser Nichtsteuerpflichtige ansässig ist oder seinen Wohnsitz oder seinen gewöhnlichen Aufenthaltsort hat:

a) Abtretung und Einräumung von Urheberrechten, Patentrechten, Lizenzrechten, Fabrik- und Warenzeichen sowie ähnlichen Rechten;
b) Dienstleistungen auf dem Gebiet der Werbung;
c) Dienstleistungen von Beratern, Ingenieuren, Studienbüros, Anwälten, Buchprüfern und sonstige ähnliche Dienstleistungen sowie die Datenverarbeitung und die Überlassung von Informationen;
d) Verpflichtungen, eine berufliche Tätigkeit ganz oder teilweise nicht auszuüben oder ein in diesem Artikel genanntes Recht nicht wahrzunehmen;
e) Bank-, Finanz- und Versicherungsumsätze, einschließlich Rückversicherungsumsätze, ausgenommen die Vermietung von Schließfächern;
f) Gestellung von Personal;
g) Vermietung beweglicher körperlicher Gegenstände, ausgenommen jegliche Beförderungsmittel;
h)[3)·4)] Gewährung des Zugangs zu einem Erdgasnetz im Gebiet der Gemeinschaft oder zu einem an ein solches Netz angeschlossenes Netz, zum Elekt-

---

[1)] Titel V Kapitel 3 (§§ 43–59 b) neu gef. mWv 1. 1. 2010 durch RL 2008/8/EG v. 12. 2. 2008 (ABl. EU Nr. L 44 S. 11).

[2)] Art. 58 neu gef. mWv 1. 1. 2015 durch RL 2008/8/EG v. 12. 2. 2008 (ABl. EU Nr. L 44 S. 11).

[3)] Art. 59 Buchst. h neu gef. mWv 15. 1. 2010 durch RL 2009/162/EU v. 22. 12. 2009 (ABl. EU 2010 Nr. L 10 S. 14).

[4)] Art. 59 Abs. 1 Buchst. i, j und k sowie Abs. 2 aufgeh. mWv 1. 1. 2015 durch RL 2008/8/EG v. 12. 2. 2008 (ABl. EU Nr. L 44 S. 11).

rizitätsnetz oder zu Wärme- oder Kältenetzen sowie Fernleitung, Übertragung oder Verteilung über diese Netze und Erbringung anderer unmittelbar damit verbundener Dienstleistungen;

Unterabschnitt 10. Vermeidung der Doppelbesteuerung und der Nichtbesteuerung

Art. 59 a[1)·2)] **[Kannbestimmung: Verlagerung des Dienstleistungsorts an den Ort der tatsächlichen Nutzung oder Auswertung]** Um Doppelbesteuerung, Nichtbesteuerung und Wettbewerbsverzerrungen zu vermeiden, können die Mitgliedstaaten bei Dienstleistungen, deren Erbringungsort sich gemäß den Artikeln 44, 45, 56, 58 und 59 bestimmt,

a) den Ort einer oder aller dieser Dienstleistungen, der in ihrem Gebiet liegt, so behandeln, als läge er außerhalb der Gemeinschaft, wenn die tatsächliche Nutzung oder Auswertung außerhalb der Gemeinschaft erfolgt;

b) den Ort einer oder aller dieser Dienstleistungen, der außerhalb der Gemeinschaft liegt, so behandeln, als läge er in ihrem Gebiet, wenn in ihrem Gebiet die tatsächliche Nutzung oder Auswertung erfolgt.

Art. 59 b.[1)·3)] *(aufgehoben)*

Kapitel 4. Ort der Einfuhr von Gegenständen

Art. 60 [Ort der Einfuhr – Grundsatz] Die Einfuhr von Gegenständen erfolgt in dem Mitgliedstaat, in dessen Gebiet sich der Gegenstand zu dem Zeitpunkt befindet, in dem er in die Gemeinschaft verbracht wird.

Art. 61 [Ort der Einfuhr – Gegenstand nicht im freien Verkehr] Abweichend von Artikel 60 erfolgt bei einem Gegenstand, der sich nicht im freien Verkehr befindet und der vom Zeitpunkt seiner Verbringung in die Gemeinschaft einem Verfahren oder einer sonstigen Regelung im Sinne des Artikels 156, der Regelung der vorübergehenden Verwendung bei vollständiger Befreiung von Einfuhrabgaben oder dem externen Versandverfahren unterliegt, die Einfuhr in dem Mitgliedstaat, in dessen Gebiet der Gegenstand nicht mehr diesem Verfahren oder der sonstigen Regelung unterliegt.

Unterliegt ein Gegenstand, der sich im freien Verkehr befindet, vom Zeitpunkt seiner Verbringung in die Gemeinschaft einem Verfahren oder einer sonstigen Regelung im Sinne der Artikel 276 und 277, erfolgt die Einfuhr in dem Mitgliedstaat, in dessen Gebiet der Gegenstand nicht mehr diesem Verfahren oder der sonstigen Regelung unterliegt.

[1)] Titel V Kapitel 3 (§§ 43–59 b) neu gef. mWv 1. 1. 2010 durch RL 2008/8/EG v. 12. 2. 2008 (ABl. EU Nr. L 44 S. 11).

[2)] Art. 59 a Abs. 1 geänd., UAbs. 2 aufgeh. mWv 1. 1. 2015 durch RL 2008/8/EG v. 12. 2. 2008 (ABl. EU Nr. L 44 S. 11).

[3)] Art. 59 b aufgeh. mWv 1. 1. 2015 durch RL 2008/8/EG v. 12. 2. 2008 (ABl. EU Nr. L 44 S. 11).

Titel VI. Steuertatbestand und Steueranspruch

Kapitel 1. Allgemeine Bestimmungen

Art. 62 [Definition von Steuertatbestand und Steueranspruch] Für die Zwecke dieser Richtlinie gilt

(1) als „Steuertatbestand" der Tatbestand, durch den die gesetzlichen Voraussetzungen für den Steueranspruch verwirklicht werden;

(2) als „Steueranspruch" der Anspruch auf Zahlung der Steuer, den der Fiskus kraft Gesetzes gegenüber dem Steuerschuldner von einem bestimmten Zeitpunkt an geltend machen kann, selbst wenn Zahlungsaufschub gewährt werden kann.

Kapitel 2. Lieferung von Gegenständen und Dienstleistungen

Art. 63 [Zeitpunkt des Eintritts des Steuertatbestands und Steueranspruchs bei Leistungen] Steuertatbestand und Steueranspruch treten zu dem Zeitpunkt ein, zu dem die Lieferung von Gegenständen bewirkt oder die Dienstleistung erbracht wird.

Art. 64 [Dauerleistungen – Vollendung mit Ablauf der jeweiligen Abrechnungsperiode] (1) Geben Lieferungen von Gegenständen, die nicht die Vermietung eines Gegenstands oder den Ratenverkauf eines Gegenstands im Sinne des Artikels 14 Absatz 2 Buchstabe b betreffen, und Dienstleistungen zu aufeinander folgenden Abrechnungen oder Zahlungen Anlass, gelten sie jeweils als mit Ablauf des Zeitraums bewirkt, auf den sich diese Abrechnungen oder Zahlungen beziehen.

(2)[1] Kontinuierlich über einen Zeitraum von mehr als einem Kalendermonat durchgeführte Lieferungen von Gegenständen, die der Steuerpflichtige für Zwecke seines Unternehmens in einen anderen Mitgliedstaat als den des Beginns der Versendung oder Beförderung versendet oder befördert und deren Lieferung oder Verbringung in einen anderen Mitgliedstaat nach Artikel 138 von der Steuer befreit ist, gelten als mit Ablauf eines jeden Kalendermonats bewirkt, solange die Lieferung nicht eingestellt wird.

Dienstleistungen, für die nach Artikel 196 der Leistungsempfänger die Steuer schuldet, die kontinuierlich über einen längeren Zeitraum als ein Jahr erbracht werden und die in diesem Zeitraum nicht zu Abrechnungen oder Zahlungen Anlass geben, gelten als mit Ablauf eines jeden Kalenderjahres bewirkt, solange die Dienstleistung nicht eingestellt wird.

In bestimmten, nicht von den Unterabsätzen 1 und 2 erfassten Fällen können die Mitgliedstaaten vorsehen, dass kontinuierliche Lieferungen von Gegenständen und Dienstleistungen, die sich über einen bestimmten Zeitraum erstrecken, mindestens jährlich als bewirkt gelten.

---

[1] Art. 64 Abs. 2 neu gef. mWv 11. 8. 2010 durch RL 2010/45/EU v. 13. 7. 2010 (ABl. EU Nr. L 189 S. 1).

Art. 65 [Entstehung des Steueranspruchs bei Anzahlungen] Werden Anzahlungen geleistet, bevor die Lieferung von Gegenständen bewirkt oder die Dienstleistung erbracht ist, entsteht der Steueranspruch zum Zeitpunkt der Vereinnahmung entsprechend dem vereinnahmten Betrag.

Art. 66[1)] [Kannbestimmung: Entstehung des Steueranspruchs nach Rechnungsausstellung oder Vereinnahmung des Entgelts] Abweichend von den Artikeln 63, 64 und 65 können die Mitgliedstaaten vorsehen, dass der Steueranspruch für bestimmte Umsätze oder Gruppen von Steuerpflichtigen zu einem der folgenden Zeitpunkte entsteht:

a) spätestens bei der Ausstellung der Rechnung;

b) spätestens bei der Vereinnahmung des Preises;

c) im Falle der Nichtausstellung oder verspäteten Ausstellung der Rechnung binnen einer bestimmten Frist spätestens nach Ablauf der von den Mitgliedstaaten gemäß Artikel 222 Absatz 2 gesetzten Frist für die Ausstellung der Rechnung oder, falls von den Mitgliedstaaten eine solche Frist nicht gesetzt wurde, binnen einer bestimmten Frist nach dem Eintreten des Steuertatbestands.

Die Ausnahme nach Absatz 1 gilt jedoch nicht für Dienstleistungen, für die der Dienstleistungsempfänger nach Artikel 196 die Mehrwertsteuer schuldet, und für Lieferungen oder Verbringungen von Gegenständen gemäß Artikel 67.

Art. 67[2)] [Zeitpunkt des Eintritts des Steueranspruchs bei steuerfreien innergemeinschaftlichen Lieferungen] Werden Gegenstände, die in einen anderen Mitgliedstaat als den des Beginns der Versendung oder Beförderung versandt oder befördert wurden, mehrwertsteuerfrei geliefert oder werden Gegenstände von einem Steuerpflichtigen für Zwecke seines Unternehmens mehrwertsteuerfrei in einen anderen Mitgliedstaat verbracht, so gilt, dass der Steueranspruch unter den Voraussetzungen des Artikels 138 bei der Ausstellung der Rechnung oder bei Ablauf der Frist nach Artikel 222 Absatz 1, wenn bis zu diesem Zeitpunkt keine Rechnung ausgestellt worden ist, eintritt.

Artikel 64 Absatz 1, Artikel 64 Absatz 2 Unterabsatz 3 und Artikel 65 finden keine Anwendung auf die in Absatz 1 genannten Lieferungen und Verbringungen.

Kapitel 3. Innergemeinschaftlicher Erwerb von Gegenständen

Art. 68 [Zeitpunkt des Steuertatbestands beim innergemeinschaftlichen Erwerb] Der Steuertatbestand tritt zu dem Zeitpunkt ein, zu dem der innergemeinschaftliche Erwerb von Gegenständen bewirkt wird.

---

1) Art. 66 Unterabsatz angef. mWv 21. 1. 2009 durch RL 2008/117/EG v. 16. 12. 2008 (ABl. EU Nr. L 14 S. 7); Abs. 1 Buchst. c und Unterabs. 2 neu gef. mWv 11. 8. 2010 durch RL 2010/45/EU v. 13. 7. 2010 (ABl. EU Nr. L 189 S. 1).

2) Art. 67 neu gef. mWv 11. 8. 2010 durch RL 2010/45/EU v. 13. 7. 2010 (ABl. EU Nr. L 189 S. 1).

Der innergemeinschaftliche Erwerb von Gegenständen gilt als zu dem Zeitpunkt bewirkt, zu dem die Lieferung gleichartiger Gegenstände innerhalb des Mitgliedstaats als bewirkt gilt.

Art. 69[1)] [Zeitpunkt des Steueranspruchs beim innergemeinschaftlichen Erwerb] Beim innergemeinschaftlichen Erwerb von Gegenständen tritt der Steueranspruch bei der Ausstellung der Rechnung, oder bei Ablauf der Frist nach Artikel 222 Absatz 1, wenn bis zu diesem Zeitpunkt keine Rechnung ausgestellt worden ist, ein.

Kapitel 4. Einfuhr von Gegenständen

Art. 70 [Zeitpunkt des Steuertatbestands und Steueranspruchs bei Einfuhren – Grundsatz] Steuertatbestand und Steueranspruch treten zu dem Zeitpunkt ein, zu dem die Einfuhr des Gegenstands erfolgt.

Art. 71 [Zeitpunkt des Steuertatbestands und Steueranspruchs bei Einfuhren unter bestimmten Zollverfahren] (1) Unterliegen Gegenstände vom Zeitpunkt ihrer Verbringung in die Gemeinschaft einem Verfahren oder einer sonstigen Regelung im Sinne der Artikel 156, 276 und 277, der Regelung der vorübergehenden Verwendung bei vollständiger Befreiung von Einfuhrabgaben oder dem externen Versandverfahren, treten Steuertatbestand und Steueranspruch erst zu dem Zeitpunkt ein, zu dem die Gegenstände diesem Verfahren oder dieser sonstigen Regelung nicht mehr unterliegen.

Unterliegen die eingeführten Gegenstände Zöllen, landwirtschaftlichen Abschöpfungen oder im Rahmen einer gemeinsamen Politik eingeführten Abgaben gleicher Wirkung, treten Steuertatbestand und Steueranspruch zu dem Zeitpunkt ein, zu dem Tatbestand und Anspruch für diese Abgaben entstehen.

(2) In den Fällen, in denen die eingeführten Gegenstände keiner der Abgaben im Sinne des Absatzes 1 Unterabsatz 2 unterliegen, wenden die Mitgliedstaaten in Bezug auf Steuertatbestand und Steueranspruch die für Zölle geltenden Vorschriften an.

Titel VII. Steuerbemessungsgrundlage

Kapitel 1. Begriffsbestimmung

Art. 72 [Steuerbemessungsgrundlage – Definition des Normalwerts] Für die Zwecke dieser Richtlinie gilt als „Normalwert" der gesamte Betrag, den ein Empfänger einer Lieferung oder ein Dienstleistungsempfänger auf derselben Absatzstufe, auf der die Lieferung der Gegenstände oder die Dienstleistung erfolgt, an einen selbständigen Lieferer oder Dienstleistungserbringer in dem Mitgliedstaat, in dem der Umsatz steuerpflichtig ist, zahlen müsste, um

[1)] Art. 69 neu gef. mWv 11. 8. 2010 durch RL 2010/45/EU v. 13. 7. 2010 (ABl. EU Nr. L 189 S. 1).

die betreffenden Gegenstände oder Dienstleistungen zu diesem Zeitpunkt unter den Bedingungen des freien Wettbewerbs zu erhalten.

Kann keine vergleichbare Lieferung von Gegenständen oder Erbringung von Dienstleistungen ermittelt werden, ist der Normalwert wie folgt zu bestimmen:

(1) bei Gegenständen, ein Betrag nicht unter dem Einkaufspreis der Gegenstände oder gleichartiger Gegenstände oder mangels eines Einkaufspreises nicht unter dem Selbstkostenpreis, und zwar jeweils zu den Preisen, die zum Zeitpunkt der Bewirkung dieser Umsätze festgestellt werden;

(2) bei Dienstleistungen, ein Betrag nicht unter dem Betrag der Ausgaben des Steuerpflichtigen für die Erbringung der Dienstleistung.

Kapitel 2. Lieferung von Gegenständen und Dienstleistungen

Art. 73 [Steuerbemessungsgrundlage bei Lieferungen und Dienstleistungen – Grundsatz] Bei der Lieferung von Gegenständen und Dienstleistungen, die nicht unter die Artikel 74 bis 77 fallen, umfasst die Steuerbemessungsgrundlage alles, was den Wert der Gegenleistung bildet, die der Lieferer oder Dienstleistungserbringer für diese Umsätze vom Erwerber oder Dienstleistungsempfänger oder einem Dritten erhält oder erhalten soll, einschließlich der unmittelbar mit dem Preis dieser Umsätze zusammenhängenden Subventionen.

Art. 74 [Steuerbemessungsgrundlage bei der Entnahme von Gegenständen] Bei den in den Artikeln 16 und 18 genannten Umsätzen in Form der Entnahme oder der Zuordnung eines Gegenstands des Unternehmens durch einen Steuerpflichtigen oder beim Besitz von Gegenständen durch einen Steuerpflichtigen oder seine Rechtsnachfolger im Fall der Aufgabe seiner steuerbaren wirtschaftlichen Tätigkeit ist die Steuerbemessungsgrundlage der Einkaufspreis für diese oder gleichartige Gegenstände oder mangels eines Einkaufspreises der Selbstkostenpreis, und zwar jeweils zu den Preisen, die zum Zeitpunkt der Bewirkung dieser Umsätze festgestellt werden.

Art. 75 [Steuerbemessungsgrundlage bei der unternehmensfremden Verwendung eines Gegenstands] Bei Dienstleistungen in Form der Verwendung eines dem Unternehmen zugeordneten Gegenstands für den privaten Bedarf und unentgeltlich erbrachten Dienstleistungen im Sinne des Artikels 26 ist die Steuerbemessungsgrundlage der Betrag der Ausgaben des Steuerpflichtigen für die Erbringung der Dienstleistung.

Art. 76 [Steuerbemessungsgrundlage beim innergemeinschaftlichen Verbringen von Gegenständen] Bei der Lieferung von Gegenständen in Form der Verbringung in einen anderen Mitgliedstaat ist die Steuerbemessungsgrundlage der Einkaufspreis der Gegenstände oder gleichartiger Gegenstände oder mangels eines Einkaufspreises der Selbstkostenpreis, und zwar jeweils zu den Preisen, die zum Zeitpunkt der Bewirkung dieser Umsätze festgestellt werden.

Art. 77 [Steuerbemessungsgrundlage bei Innendienstleistungen] Bei der Erbringung einer Dienstleistung durch einen Steuerpflichtigen für das eigene Unternehmen im Sinne des Artikels 27 ist die Steuerbemessungsgrundlage der Normalwert des betreffenden Umsatzes.

Art. 78 [Einbeziehung von Abgaben und Nebenkosten in die Steuerbemessungsgrundlage] In die Steuerbemessungsgrundlage sind folgende Elemente einzubeziehen:

a) Steuern, Zölle, Abschöpfungen und Abgaben mit Ausnahme der Mehrwertsteuer selbst;

b) Nebenkosten wie Provisions-, Verpackungs-, Beförderungs- und Versicherungskosten, die der Lieferer oder Dienstleistungserbringer vom Erwerber oder Dienstleistungsempfänger fordert.

Die Mitgliedstaaten können als Nebenkosten im Sinne des Absatzes 1 Buchstabe b Kosten ansehen, die Gegenstand einer gesonderten Vereinbarung sind.

Art. 79 [Minderung der Steuerbemessungsgrundlage durch Preisnachlässe] In die Steuerbemessungsgrundlage sind folgende Elemente nicht einzubeziehen:

a) Preisnachlässe durch Skonto für Vorauszahlungen;

b) Rabatte und Rückvergütungen auf den Preis, die dem Erwerber oder Dienstleistungsempfänger eingeräumt werden und die er zu dem Zeitpunkt erhält, zu dem der Umsatz bewirkt wird;

c) Beträge, die ein Steuerpflichtiger vom Erwerber oder vom Dienstleistungsempfänger als Erstattung der in ihrem Namen und für ihre Rechnung verauslagten Beträge erhält und die in seiner Buchführung als durchlaufende Posten behandelt sind.

Der Steuerpflichtige muss den tatsächlichen Betrag der in Absatz 1 Buchstabe c genannten Auslagen nachweisen und darf die Mehrwertsteuer, die auf diese Auslagen gegebenenfalls erhoben worden ist, nicht als Vorsteuer abziehen.

Art. 80 [Kannbestimmung: Mindeststeuerbemessungsgrundlage bei Umsätzen mit eng verbundenen Personen] (1) Zur Vorbeugung gegen Steuerhinterziehung oder -umgehung können die Mitgliedstaaten in jedem der folgenden Fälle Maßnahmen treffen, um sicherzustellen, dass die Steuerbemessungsgrundlage für die Lieferungen von Gegenständen oder für Dienstleistungen, an Empfänger, zu denen familiäre oder andere enge persönliche Bindungen, Bindungen aufgrund von Leitungsfunktionen oder Mitgliedschaften, sowie eigentumsrechtliche, finanzielle oder rechtliche Bindungen, gemäß der Definition des Mitgliedstaats, bestehen, der Normalwert ist:

a) sofern die Gegenleistung niedriger als der Normalwert ist und der Erwerber oder Dienstleistungsempfänger nicht zum vollen Vorsteuerabzug gemäß den Artikeln 167 bis 171 sowie 173 bis 177 berechtigt ist;

b) sofern die Gegenleistung niedriger als der Normalwert ist, der Lieferer oder Dienstleistungserbringer nicht zum vollen Vorsteuerabzug gemäß den Artikeln 167 bis 171 sowie 173 bis 177 berechtigt ist und der Umsatz einer Befreiung gemäß den Artikeln 132, 135, 136, 371, 375, 376, 377, des Artikels 378 Absatz 2, des Artikels 379 Absatz 2 sowie der Artikel 380 bis 390 b[1] unterliegt;

c) sofern die Gegenleistung höher als der Normalwert ist und der Lieferer oder Dienstleistungserbringer nicht zum vollen Vorsteuerabzug gemäß den Artikeln 167 bis 171 sowie 173 bis 177 berechtigt ist.

Für die Zwecke des Unterabsatzes 1 kann als rechtliche Bindung auch die Beziehung zwischen Arbeitgeber und Arbeitnehmer, der Familie des Arbeitnehmers oder anderen diesem nahe stehenden Personen, gelten.

(2) Machen die Mitgliedstaaten von der in Absatz 1 vorgesehenen Möglichkeit Gebrauch, können sie festlegen, für welche Kategorien von Lieferern und Dienstleistungserbringern sowie von Erwerbern oder Dienstleistungsempfängern sie von diesen Maßnahmen Gebrauch machen.

(3) Die Mitgliedstaaten unterrichten den Mehrwertsteuerausschuss von nationalen Maßnahmen, die sie im Sinne des Absatzes 1 erlassen, sofern diese nicht Maßnahmen sind, die vom Rat vor dem 13. August 2006 gemäß Artikel 27 Absätze 1 bis 4 der Richtlinie 77/388/EWG genehmigt wurden und gemäß Absatz 1 des vorliegenden Artikels weitergeführt werden.

Art. 81 [Kannbestimmung: Steuerbemessungsgrundlage bei Lieferungen von Kunstgegenständen ohne Anwendung eines ermäßigten Steuersatzes] Die Mitgliedstaaten, die am 1. Januar 1993 nicht von der Möglichkeit der Anwendung eines ermäßigten Steuersatzes gemäß Artikel 98 Gebrauch gemacht haben, können vorsehen, dass die Steuerbemessungsgrundlage bei der Inanspruchnahme der Möglichkeit nach Artikel 89 für die Lieferung von Kunstgegenständen im Sinne des Artikels 103 Absatz 2 gleich einem Bruchteil des gemäß den Artikeln 73, 74, 76, 78 und 79 ermittelten Betrags ist.

Der Bruchteil im Sinne des Absatzes 1 wird so festgelegt, dass sich die dergestalt geschuldete Mehrwertsteuer auf mindestens 5% des gemäß den Artikeln 73, 74, 76, 78 und 79 ermittelten Betrags beläuft.

Art. 82 [Kannbestimmung: Einbeziehung des Werts von Anlagegold in die Steuerbemessungsgrundlage der Leistungen unter Verarbeitung von Anlagegold] [1]Die Mitgliedstaaten können vorsehen, dass der Wert von steuerfreiem Anlagegold im Sinne des Artikels 346 in die Steuerbemessungsgrundlage bei der Lieferung von Gegenständen und bei Dienstleistungen einzubeziehen ist, wenn es vom Erwerber oder Dienstleistungsempfänger zur Verfügung gestellt und für die Verarbeitung verwendet wird und infolgedessen bei der Lieferung der Gegenstände oder der Erbringung der Dienstleistungen seinen Status als von der Mehrwertsteuer befreites Anlagegold verliert. [2]Der zugrunde zu legende Wert ist der Normalwert des Anlagegoldes zum Zeit-

[1] Verweis geänd. mWv 15. 1. 2010 durch RL 2009/162/EU v. 22. 12. 2009 (ABl. EU 2010 Nr. L 10 S. 14).

punkt der Lieferung der Gegenstände oder der Erbringung der Dienstleistungen.

Kapitel 3. Innergemeinschaftlicher Erwerb von Gegenständen

Art. 83 [Steuerbemessungsgrundlage beim innergemeinschaftlichen Erwerb] [1]Beim innergemeinschaftlichen Erwerb von Gegenständen setzt sich die Steuerbemessungsgrundlage aus denselben Elementen zusammen wie denen, die zur Bestimmung der Steuerbemessungsgrundlage für die Lieferung derselben Gegenstände innerhalb des Gebiets des Mitgliedstaats gemäß Kapitel 2 dienen. [2]Bei Umsätzen, die dem innergemeinschaftlichen Erwerb von Gegenständen im Sinne der Artikel 21 und 22 gleichgestellt sind, ist die Steuerbemessungsgrundlage der Einkaufspreis der Gegenstände oder gleichartiger Gegenstände oder mangels eines Einkaufspreises der Selbstkostenpreis, und zwar jeweils zu den Preisen, die zum Zeitpunkt der Bewirkung dieser Umsätze festgestellt werden.

Art. 84 [Einbeziehung von Verbrauchsteuern in die Steuerbemessungsgrundlage beim innergemeinschaftlichen Erwerb] (1) Die Mitgliedstaaten treffen die erforderlichen Maßnahmen, um sicherzustellen, dass die Verbrauchsteuern, die von der Person geschuldet oder entrichtet werden, die den innergemeinschaftlichen Erwerb eines verbrauchsteuerpflichtigen Erzeugnisses tätigt, gemäß Artikel 78 Absatz 1 Buchstabe a in die Steuerbemessungsgrundlage einbezogen werden.

(2) Erhält der Erwerber nach dem Zeitpunkt der Bewirkung des innergemeinschaftlichen Erwerbs von Gegenständen Verbrauchsteuern zurück, die in dem Mitgliedstaat, von dem aus die Gegenstände versandt oder befördert worden sind, entrichtet wurden, wird die Steuerbemessungsgrundlage im Mitgliedstaat des innergemeinschaftlichen Erwerbs entsprechend gemindert.

Kapitel 4. Einfuhr von Gegenständen

Art. 85 [Steuerbemessungsgrundlage bei der Einfuhr – Grundsatz] Bei der Einfuhr von Gegenständen ist die Steuerbemessungsgrundlage der Betrag, der durch die geltenden Gemeinschaftsvorschriften als Zollwert bestimmt ist.

Art. 86 [Einbeziehung von Abgaben und Nebenkosten in die Steuerbemessungsgrundlage bei der Einfuhr] (1) In die Steuerbemessungsgrundlage sind – soweit nicht bereits darin enthalten – folgende Elemente einzubeziehen:

a) die außerhalb des Einfuhrmitgliedstaats geschuldeten Steuern, Zölle, Abschöpfungen und sonstigen Abgaben, sowie diejenigen, die aufgrund der Einfuhr geschuldet werden, mit Ausnahme der zu erhebenden Mehrwertsteuer;

b) die Nebenkosten – wie Provisions-, Verpackungs-, Beförderungs- und Versicherungskosten –, die bis zum ersten Bestimmungsort der Gegenstände im

Gebiet des Einfuhrmitgliedstaats entstehen sowie diejenigen, die sich aus der Beförderung nach einem anderen Bestimmungsort in der Gemeinschaft ergeben, der zum Zeitpunkt, zu dem der Steuertatbestand eintritt, bekannt ist.

(2) 1 Für Zwecke des Absatzes 1 Buchstabe b gilt als erster „Bestimmungsort" der Ort, der auf dem Frachtbrief oder einem anderen Begleitpapier, unter dem die Gegenstände in den Einfuhrmitgliedstaat verbracht werden, angegeben ist. 2 Fehlt eine solche Angabe, gilt als erster Bestimmungsort der Ort, an dem die erste Umladung im Einfuhrmitgliedstaat erfolgt.

Art. 87 [Minderung der Steuerbemessungsgrundlage bei Einfuhren durch Preisnachlässe] In die Steuerbemessungsgrundlage sind folgende Elemente nicht einzubeziehen:

a) Preisnachlässe durch Skonto für Vorauszahlungen;

b) Rabatte und Rückvergütungen auf den Preis, die dem Erwerber eingeräumt werden und die er zu dem Zeitpunkt erhält, zu dem die Einfuhr erfolgt.

Art. 88 [Sicherung der Steuerbemessungsgrundlage bei Wiedereinfuhren nach Be- oder Verarbeitungen] Für vorübergehend aus der Gemeinschaft ausgeführte Gegenstände, die wieder eingeführt werden, nachdem sie außerhalb der Gemeinschaft in Stand gesetzt, umgestaltet oder be- oder verarbeitet worden sind, treffen die Mitgliedstaaten Maßnahmen, die sicherstellen, dass die mehrwertsteuerliche Behandlung des fertigen Gegenstands die gleiche ist, wie wenn die genannten Arbeiten in ihrem jeweiligen Gebiet durchgeführt worden wären.

Art. 89 [Kannbestimmung: Steuerbemessungsgrundlage bei Einfuhren von Kunstgegenständen ohne Anwendung eines ermäßigten Steuersatzes] Die Mitgliedstaaten, die am 1. Januar 1993 nicht von der Möglichkeit der Anwendung eines ermäßigten Steuersatzes gemäß Artikel 98 Gebrauch gemacht haben, können vorsehen, dass die Steuerbemessungsgrundlage bei der Einfuhr von Kunstgegenständen, Sammlungsstücken oder Antiquitäten im Sinne des Artikels 311 Absatz 1 Nummern 2, 3 und 4 einem Bruchteil des gemäß den Artikeln 85, 86 und 87 ermittelten Betrags entspricht.

Der Bruchteil im Sinne des Absatzes 1 wird so festgelegt, dass sich die dergestalt für die Einfuhr geschuldete Mehrwertsteuer auf mindestens 5% des gemäß den Artikeln 85, 86 und 87 ermittelten Betrags beläuft.

Kapitel 5. Verschiedene Bestimmungen

Art. 90 [Berichtigung der Steuerbemessungsgrundlage bei Uneinbringlichkeit des Entgelts u. Ä.] (1) Im Falle der Annullierung, der Rückgängigmachung, der Auflösung, der vollständigen oder teilweisen Nichtbezahlung oder des Preisnachlasses nach der Bewirkung des Umsatzes wird die Steuerbemessungsgrundlage unter den von den Mitgliedstaaten festgelegten Bedingungen entsprechend vermindert.

(2) Die Mitgliedstaaten können im Falle der vollständigen oder teilweisen Nichtbezahlung von Absatz 1 abweichen.

Art. 91 [Anwendung von Umrechnungskursen bei der Ermittlung der Steuerbemessungsgrundlage] (1) Sind die zur Ermittlung der Steuerbemessungsgrundlage bei der Einfuhr dienenden Elemente in einer anderen Währung als der des Mitgliedstaats ausgedrückt, in dem die Steuerbemessungsgrundlage ermittelt wird, wird der Umrechnungskurs gemäß den Gemeinschaftsvorschriften zur Berechnung des Zollwerts festgesetzt.

(2) Sind die zur Ermittlung der Steuerbemessungsgrundlage eines anderen Umsatzes als der Einfuhr von Gegenständen dienenden Elemente in einer anderen Währung als der des Mitgliedstaats ausgedrückt, in dem die Steuerbemessungsgrundlage ermittelt wird, gilt als Umrechnungskurs der letzte Verkaufskurs, der zu dem Zeitpunkt, zu dem der Steueranspruch entsteht, an dem oder den repräsentativsten Devisenmärkten des betreffenden Mitgliedstaats verzeichnet wurde, oder ein Kurs, der mit Bezug auf diesen oder diese Devisenmärkte entsprechend den von diesem Mitgliedstaat festgelegten Einzelheiten festgesetzt wurde.

Die Mitgliedstaaten akzeptieren stattdessen auch die Anwendung des letzten Umrechnungskurses, der von der Europäischen Zentralbank zu dem Zeitpunkt, zu dem der Steueranspruch eintritt, veröffentlicht wird. Die Umrechnung zwischen nicht auf Euro lautenden Währungen erfolgt anhand des Euro-Umrechnungskurses jeder der Währungen. Die Mitgliedstaaten können vorschreiben, dass der Steuerpflichtige ihnen mitteilen muss, wenn er von dieser Möglichkeit Gebrauch macht.[1)]

Bei bestimmten Umsätzen im Sinne des Unterabsatzes 1 oder bei bestimmten Gruppen von Steuerpflichtigen können Mitgliedstaaten jedoch den Umrechnungskurs anwenden, der gemäß den Gemeinschaftsvorschriften zur Berechnung des Zollwerts festgesetzt worden ist.

Art. 92 [Kannbestimmung: vereinfachende Verfahren für die Behandlung von Pfandgeldern bei der Ermittlung der Steuerbemessungsgrundlage] In Bezug auf die Kosten von zurückzugebenden Warenumschließungen können die Mitgliedstaaten wie folgt verfahren:

a) sie können sie bei der Ermittlung der Steuerbemessungsgrundlage unberücksichtigt lassen, müssen gleichzeitig aber die erforderlichen Vorkehrungen treffen, damit die Steuerbemessungsgrundlage berichtigt wird, wenn diese Umschließungen nicht zurückgegeben werden;

b) sie können sie bei der Ermittlung der Steuerbemessungsgrundlage berücksichtigen, müssen aber gleichzeitig die erforderlichen Vorkehrungen treffen, damit die Steuerbemessungsgrundlage berichtigt wird, wenn diese Umschließungen tatsächlich zurückgegeben werden.

[1)] Art. 91 Abs. 2 Unterabs. eingef. mWv 11. 8. 2010 durch RL 2010/45/EU v. 13. 7. 2010 (ABl. EU Nr. L 189 S. 1).

Titel VIII. Steuersätze

Kapitel 1. Anwendung der Steuersätze

Art. 93 [Maßgeblichkeit des Steuersatzes bei Eintritt des Steuertatbestands] Auf die steuerpflichtigen Umsätze ist der Steuersatz anzuwenden, der zu dem Zeitpunkt gilt, zu dem der Steuertatbestand eintritt.

In folgenden Fällen ist jedoch der Steuersatz anzuwenden, der zu dem Zeitpunkt gilt, zu dem der Steueranspruch entsteht:

a) die in den Artikeln 65 und 66 genannten Fälle;

b) innergemeinschaftlicher Erwerb von Gegenständen;

c) Einfuhr der in Artikel 71 Absatz 1 Unterabsatz 2 und Absatz 2 genannten Gegenstände.

Art. 94 [Gleichbehandlung innergemeinschaftlicher Erwerbe und Einfuhren mit Inlandslieferungen bei Anwendung des Steuersatzes] (1) Beim innergemeinschaftlichen Erwerb von Gegenständen ist der gleiche Steuersatz anzuwenden wie der, der für die Lieferung gleicher Gegenstände innerhalb des Gebiets des Mitgliedstaats gelten würde.

(2) Vorbehaltlich der in Artikel 103 Absatz 1 genannten Möglichkeit, auf die Einfuhr von Kunstgegenständen, Sammlungsstücken und Antiquitäten einen ermäßigten Steuersatz anzuwenden, ist bei der Einfuhr von Gegenständen der gleiche Steuersatz anzuwenden, der für die Lieferung gleicher Gegenstände innerhalb des Gebiets des Mitgliedstaats gilt.

Art. 95 [Kannbestimmung: Berichtigung des Steueranspruchs in den Fällen der Anzahlung und der Istversteuerung bei Änderung des Steuersatzes] Ändert sich der Steuersatz, können die Mitgliedstaaten in den in Artikel 65 und 66 geregelten Fällen eine Berichtigung vornehmen, um dem Steuersatz Rechnung zu tragen, der zum Zeitpunkt der Lieferung der Gegenstände oder der Erbringung der Dienstleistungen anzuwenden ist.

Die Mitgliedstaaten können außerdem alle geeigneten Übergangsmaßnahmen treffen.

Kapitel 2. Struktur und Höhe der Steuersätze

Abschnitt 1. Normalsatz

Art. 96 [Anwendung des Mehrwertsteuer-Normalsatzes] Die Mitgliedstaaten wenden einen Mehrwertsteuer-Normalsatz an, den jeder Mitgliedstaat als Prozentsatz der Bemessungsgrundlage festsetzt und der für die Lieferungen von Gegenständen und für Dienstleistungen gleich ist.

Art. 97[1)] **[Höhe des Mehrwertsteuer-Normalsatzes]** Vom 1. Januar 2011 bis zum 31. Dezember 2015 muss der Normalsatz mindestens 15% betragen.

Abschnitt 2. Ermäßigte Steuersätze

Art. 98 [Kannbestimmung: Anwendung bis zu zwei ermäßigter Steuersätze] (1) Die Mitgliedstaaten können einen oder zwei ermäßigte Steuersätze anwenden.

(2)[2)] Die ermäßigten Steuersätze sind nur auf die Lieferungen von Gegenständen und die Dienstleistungen der in Anhang III genannten Kategorien anwendbar.

Die ermäßigten Steuersätze sind nicht anwendbar auf elektronisch erbrachte Dienstleistungen.

(3) Zur Anwendung der ermäßigten Steuersätze im Sinne des Absatzes 1 auf Kategorien von Gegenständen können die Mitgliedstaaten die betreffenden Kategorien anhand der Kombinierten Nomenklatur genau abgrenzen.

Art. 99 [Ermäßigte Steuersätze – Mindestsatz 5%] (1) Die ermäßigten Steuersätze werden als Prozentsatz der Bemessungsgrundlage festgesetzt, der mindestens 5% betragen muss.

(2) Jeder ermäßigte Steuersatz wird so festgesetzt, dass es normalerweise möglich ist, von dem Mehrwertsteuerbetrag, der sich bei Anwendung dieses Steuersatzes ergibt, die gesamte nach den Artikeln 167 bis 171 sowie 173 bis 177 abziehbare Vorsteuer abzuziehen.

Art. 100 [Regelmäßige Überprüfung des Anwendungsbereichs der ermäßigten Steuersätze auf Vorlage von Berichten der EU-Kommission] Der Rat wird auf der Grundlage eines Berichts der Kommission erstmals 1994 und später alle zwei Jahre den Anwendungsbereich der ermäßigten Steuersätze überprüfen.

Der Rat kann gemäß Artikel 93 des Vertrags beschließen, das Verzeichnis von Gegenständen und Dienstleistungen in Anhang III zu ändern.

Art. 101 [Auftrag an EU-Kommission – Bericht zur Bewertung ermäßigter Steuersätze bei lokalen Dienstleistungen] Die Kommission legt dem Europäischen Parlament und dem Rat spätestens am 30. Juni 2007 auf der Grundlage der von einer unabhängigen Expertengruppe für Wirtschaftsfragen durchgeführten Untersuchung einen globalen Bewertungsbericht über die Auswirkungen der auf lokal erbrachte Dienstleistungen – einschließlich Bewirtung – angewandten ermäßigten Sätze vor, insbesondere in Bezug auf die Schaffung von Arbeitsplätzen, das Wirtschaftswachstum und das reibungslose Funktionieren des Binnenmarkts.

---

1) Art. 97 neu gef. mWv 11. 12. 2010 durch RL 2010/88/EU v. 7. 12. 2010 (ABl. EU Nr. L 326 S. 1).

2) Art. 98 Abs. 2 UAbs. 2 geänd. mWv 1. 1. 2010 durch RL 2008/8/EG v. 12. 2. 2008 (ABl. EU Nr. L 44 S. 11).

Abschnitt 3. Besondere Bestimmungen

Art. 102[1)] [Kannbestimmung: Anwendung eines ermäßigten Steuersatzes auf Energielieferungen] Nach Konsultation des Mehrwertsteuerausschusses kann jeder Mitgliedstaat auf Lieferungen von Erdgas, Elektrizität oder Fernwärme einen ermäßigten Steuersatz anwenden.

Art. 103 [Kannbestimmung: Anwendung eines ermäßigten Steuersatzes bei Einfuhren von Gegenständen im Sinne der Differenzbesteuerung] (1) Die Mitgliedstaaten können vorsehen, dass der ermäßigte oder ein ermäßigter Steuersatz, den sie gemäß den Artikeln 98 und 99 anwenden, auch auf die Einfuhr von Kunstgegenständen, Sammlungsstücken und Antiquitäten im Sinne des Artikels 311 Absatz 1 Nummern 2, 3 und 4 anwendbar ist.

(2) Wenn die Mitgliedstaaten von der in Absatz 1 genannten Möglichkeit Gebrauch machen, können sie diesen ermäßigten Steuersatz auch auf folgende Lieferungen anwenden:

a) die Lieferung von Kunstgegenständen durch ihren Urheber oder dessen Rechtsnachfolger;

b) die Lieferung von Kunstgegenständen, die von einem Steuerpflichtigen, der kein steuerpflichtiger Wiederverkäufer ist, als Gelegenheitslieferung bewirkt wird, wenn die Kunstgegenstände von diesem Steuerpflichtigen selbst eingeführt wurden oder ihm von ihrem Urheber oder dessen Rechtsnachfolgern geliefert wurden oder ihm das Recht auf vollen Vorsteuerabzug eröffnet haben.

Art. 104 [Kannbestimmung: zweiter Mehrwertsteuer-Normalsatz in den Gemeinden Jungholz und Mittelberg] Österreich kann in den Gemeinden Jungholz und Mittelberg (Kleines Walsertal) einen zweiten Normalsatz anwenden, der niedriger als der entsprechende, im restlichen Österreich angewandte Steuersatz ist, jedoch nicht unter 15% liegen darf.

Art. 104a[2)] [Kannbestimmung: Zypern – ermäßigter Steuersatz auf Flüssiggas in Flaschen] Zypern darf auf die Lieferung von Flüssiggas (LPG) in Flaschen einen der zwei ermäßigten Steuersätze gemäß Artikel 98 anwenden.

Art. 105[3)] [Kannbestimmung: Portugal] (1) Portugal kann auf die Mautgebühren an Brücken im Raum Lissabon einen der zwei ermäßigten Steuersätze gemäß Artikel 98 anwenden.

---

1) Art. 102 neu gef. mWv 15. 1. 2010 durch RL 2009/162/EU v. 22. 12. 2009 (ABl. EU 2010 Nr. L 10 S. 14).

2) Art. 104a eingef. mWv 1. 6. 2009 durch RL 2009/47/EG v. 5. 5. 2009 (ABl. EU Nr. L 116 S. 18).

3) Art. 105 neu gef. mWv 1. 6. 2009 durch RL 2009/47/EG v. 5. 5. 2009 (ABl. EU Nr. L 116 S. 18).

(2) Portugal kann auf die in den autonomen Regionen Azoren und Madeira bewirkten Umsätze und auf die direkten Einfuhren in diese Regionen Steuersätze anwenden, die unter den entsprechenden, im Mutterland angewandten Steuersätzen liegen.

Kapitel 3.[1] *Befristete Bestimmungen für bestimmte arbeitsintensive Dienstleistungen*

Art. 106–108.[1] *(aufgehoben)*

Kapitel 4. Bis zur Einführung der endgültigen Mehrwertsteuerregelung geltende besondere Bestimmungen

Art. 109 [Geltungsdauer der Übergangsbestimmungen zur Anwendung von Steuersätzen] Die Bestimmungen dieses Kapitels gelten bis zur Einführung der in Artikel 402 genannten endgültigen Regelung.

Art. 110 [Kannbestimmung: Fortgeltung von am 1. 1. 1991 angewandten Nullsätzen oder stark ermäßigten Steuersätzen] Die Mitgliedstaaten, die am 1. Januar 1991 Steuerbefreiungen mit Recht auf Vorsteuerabzug oder ermäßigte Steuersätze angewandt haben, die unter dem in Artikel 99 festgelegten Mindestsatz lagen, können diese Regelungen weiterhin anwenden.

Die in Absatz 1 genannten Steuerbefreiungen und -ermäßigungen müssen mit dem Gemeinschaftsrecht vereinbar sein und dürfen nur aus genau definierten sozialen Gründen und zugunsten des Endverbrauchers erlassen worden sein.

Art. 111 [Kannbestimmung: Fortgeltung von Nullsätzen in Schweden und Finnland] Unter den Voraussetzungen des Artikels 110 Absatz 2 können Steuerbefreiungen mit Recht auf Vorsteuerabzug weiterhin angewandt werden von

a) Finnland auf die Lieferungen von Zeitungen und Zeitschriften im Rahmen eines Abonnements und auf den Druck von Veröffentlichungen zur Verteilung an die Mitglieder gemeinnütziger Vereinigungen;

b) Schweden auf die Lieferungen von Zeitungen, einschließlich gesprochener Zeitungen (über Hörfunk und auf Kassetten) für Sehbehinderte, auf an Krankenhäuser oder auf Rezept verkaufte Arzneimittel und auf die Herstellung regelmäßig erscheinender Veröffentlichungen gemeinnütziger Organisationen und damit verbundene andere Dienstleistungen;

c)[2] Malta auf die Lieferungen von Lebensmitteln für den menschlichen Gebrauch und von Arzneimitteln.

---

[1] Kap. 3 (Art. 106–108) aufgeh. mWv 1. 6. 2009 durch RL 2009/47/EG v. 5. 5. 2009 (ABl. EU Nr. L 116 S. 18).

[2] Art. 111 Buchst. c angef. mWv 1. 1. 2011 durch RL 2009/47/EG v. 5. 5. 2009 (ABl. EU Nr. L 116 S. 18).

Art. 112 [Kannbestimmung: Irland – Steuerermäßigung von Heizenergielieferungen] Sollte Artikel 110 in Irland zu Wettbewerbsverzerrungen bei der Lieferung von Energieerzeugnissen für Heiz- und Beleuchtungszwecke führen, kann Irland auf Antrag von der Kommission ermächtigt werden, auf die Lieferungen dieser Erzeugnisse gemäß den Artikeln 98 und 99 einen ermäßigten Steuersatz anzuwenden.

[1] Ergeben sich Wettbewerbsverzerrungen, unterbreitet Irland der Kommission einen entsprechenden Antrag, dem alle notwendigen Informationen beigefügt sind. [2] Hat die Kommission binnen drei Monaten nach Eingang des Antrags keinen Beschluss gefasst, gilt Irland als zur Anwendung der vorgeschlagenen ermäßigten Steuersätze ermächtigt.

Art. 113 [Kannbestimmung: Fortgeltung des am 1. 1. 1991 geltenden Nullsatzes für andere Umsätze als nach Anhang III] Mitgliedstaaten, die am 1. Januar 1991 im Einklang mit den Gemeinschaftsvorschriften auf andere Lieferungen von Gegenständen und Dienstleistungen als die des Anhangs III Steuerbefreiungen mit Recht auf Vorsteuerabzug oder ermäßigte Sätze angewandt haben, die unter dem in Artikel 99 festgelegten Mindestsatz lagen, können auf die Lieferungen dieser Gegenstände und auf diese Dienstleistungen den ermäßigten Satz oder einen der beiden ermäßigten Sätze des Artikels 98 anwenden.

Art. 114[1)] [Kannbestimmung: Anwendbarkeit eines stark ermäßigten Steuersatzes auf Umsätze nach Anhang III] (1) Mitgliedstaaten, die am 1. Januar 1993 verpflichtet waren, den von ihnen am 1. Januar 1991 angewandten Normalsatz um mehr als 2% heraufzusetzen, können auf die Lieferungen von Gegenständen und auf Dienstleistungen der in Anhang III genannten Kategorien einen ermäßigten Satz anwenden, der unter dem in Artikel 99 festgelegten Mindestsatz liegt.

Ferner können die in Unterabsatz 1 genannten Mitgliedstaaten einen solchen Satz auf Kinderbekleidung und Kinderschuhe sowie auf Wohnungen anwenden.

(2) Die Mitgliedstaaten dürfen auf der Grundlage des Absatzes 1 keine Steuerbefreiungen mit Recht auf Vorsteuerabzug vorsehen.

Art. 115[1)] [Kannbestimmung: Fortgeltung einer am 1. 1. 1991 angewandten Steuerermäßigung auf Kinderkleidung] Mitgliedstaaten, die am 1. Januar 1991 auf Kinderbekleidung und Kinderschuhe sowie auf Wohnungen einen ermäßigten Satz angewandt haben, können diesen Satz weiter anwenden.

Art. 116.[2)] *(aufgehoben)*

---

1) Art. 114 Abs. 1 UAbs. 2 und Art. 115 geänd. mWv 1. 6. 2009 durch RL 2009/ 47/EG v. 5. 5. 2009 (ABl. EU Nr. L 116 S. 18).

2) Art. 116 aufgeh. mWv 1. 6. 2009 durch RL 2009/47/EG v. 5. 5. 2009 (ABl. EU Nr. L 116 S. 18).

Art. 117 [Kannbestimmung: Österreich – Zwischensatz auf Grundstücksvermietungen] (1)[1] *(aufgehoben)*

(2) Österreich darf auf die Vermietung von Grundstücken für Wohnzwecke einen der beiden ermäßigten Sätze des Artikels 98 anwenden, sofern dieser Satz mindestens 10% beträgt.

Art. 118 [Kannbestimmung: Fortgeltung einer am 1. 1. 1991 angewandten Steuerermäßigung für andere Umsätze als nach Anhang III in Form eines Zwischensatzes] Mitgliedstaaten, die am 1. Januar 1991 auf nicht in Anhang III genannte Lieferungen von Gegenständen und Dienstleistungen einen ermäßigten Satz angewandt haben, können auf diese Umsätze den ermäßigten Satz oder einen der beiden ermäßigten Sätze des Artikels 98 anwenden, sofern dieser Satz mindestens 12% beträgt.

Absatz 1 gilt nicht für die Lieferungen von Gebrauchtgegenständen, Kunstgegenständen, Sammlungsstücken und Antiquitäten im Sinne des Artikels 311 Absatz 1 Nummern 1 bis 4, die gemäß der Regelung für die Differenzbesteuerung der Artikel 312 bis 325 oder der Regelung für öffentliche Versteigerungen der Mehrwertsteuer unterliegen.

Art. 119 [Kannbestimmung: Österreich – Zwischensatz für eigenerzeugten Wein] Für die Zwecke der Anwendung des Artikels 118 darf Österreich auf die Lieferung von Wein aus eigener Erzeugung durch Weinbauern einen ermäßigten Satz anwenden, sofern dieser Satz mindestens 12% beträgt.

Art. 120 [Kannbestimmung: Griechenland – besondere Steuerermäßigungen in bestimmten Regionen] Griechenland darf in den Verwaltungsbezirken Lesbos, Chios, Samos, Dodekanes, Kykladen und auf den Inseln Thassos, Nördliche Sporaden, Samothrake und Skyros Sätze anwenden, die bis zu 30% unter den entsprechenden, auf dem griechischen Festland geltenden Sätzen liegen.

Art. 121 [Kannbestimmung: Steuersatz auf am 1. 1. 1993 wie Lieferungen behandelte Werkleistungen] Mitgliedstaaten, die am 1. Januar 1993 die Ablieferung eines aufgrund eines Werkvertrags hergestellten beweglichen Gegenstands als Lieferung von Gegenständen betrachtet haben, können auf solche Lieferungen den Steuersatz anwenden, der auf den Gegenstand nach Durchführung der Arbeiten anwendbar ist.

Für die Zwecke der Anwendung des Absatzes 1 gilt als „Ablieferung eines aufgrund eines Werkvertrags hergestellten beweglichen Gegenstands" die Übergabe eines beweglichen Gegenstands an den Auftraggeber, den der Auftragnehmer aus Stoffen oder Gegenständen hergestellt oder zusammengestellt hat, die der Auftraggeber ihm zu diesem Zweck ausgehändigt hatte, wobei unerheblich ist, ob der Auftragnehmer hierfür einen Teil des verwandten Materials selbst beschafft hat.

---

[1] Art. 117 Abs. 1 aufgeh. mWv 1. 6. 2009 durch RL 2009/47/EG v. 5. 5. 2009 (ABl. EU Nr. L 116 S. 18).

Art. 122 [Kannbestimmung: ermäßigter Steuersatz auf Lieferungen von Pflanzen und Brennholz] Die Mitgliedstaaten können auf Lieferungen von lebenden Pflanzen und sonstigen Erzeugnissen des Pflanzenanbaus, einschließlich Knollen, Wurzeln und ähnlichen Erzeugnissen, Schnittblumen und Pflanzenteilen zu Binde- oder Zierzwecken, sowie auf Lieferungen von Brennholz einen ermäßigten Satz anwenden.

Kapitel 5. Befristete Bestimmungen

Art. 123[1] **[Kannbestimmung: Übergangsregelung ermäßigter Steuersatz – Tschechien]** Die Tschechische Republik darf bis zum 31. Dezember 2010 weiterhin einen ermäßigten Satz von nicht weniger als 5% auf Bauleistungen für den Wohnungsbau in einem nicht sozialpolitischen Kontext, ausgenommen Baumaterial, beibehalten.

Art. 124.[2] *(aufgehoben)*

Art. 125 [Kannbestimmung: Übergangsregelung Nullsatz – Zypern]

(1) Zypern darf bis zum 31. Dezember 2010[3] eine Steuerbefreiung mit Recht auf Vorsteuerabzug auf Arzneimittel und Lebensmittel für den menschlichen Gebrauch ausgenommen Speiseeis, Eis am Stiel, gefrorenen Joghurt, Wassereis und gleichwertige Erzeugnisse sowie Gesalzenes und Pikantes (Kartoffelchips/-stäbchen, „Puffs" und verpackte gleichwertige, nicht weiter zubereitete Erzeugnisse für den menschlichen Verzehr) beibehalten.

(2)[4] *(aufgehoben)*

Art. 126.[5] *(aufgehoben)*

Art. 127.[6] *(aufgehoben)*

Art. 128[7] **[Kannbestimmung: Übergangsregelung Nullsatz und ermäßigter Steuersatz – Polen]** (1) Polen darf bis zum 31. Dezember 2010 eine Steuerbefreiung mit Recht auf Vorsteuerabzug auf die Lieferungen von bestimmten Büchern und Fachzeitschriften gewähren.

---

[1] Art. 123 neu gef. mWv 1. 1. 2008 durch RL 2007/75/EG v. 20. 12. 2007 (ABl. EU Nr. L 346 S. 13).

[2] Art. 124 aufgeh. mWv 1. 1. 2008 durch RL 2007/75/EG v. 20. 12. 2007 (ABl. EU Nr. L 346 S. 13).

[3] Frist verlängert durch RL 2007/75/EG v. 20. 12. 2007 (ABl. EU Nr. L 346 S. 13).

[4] Art. 125 Abs. 2 aufgeh. mWv 1. 6. 2009 durch RL 2009/47/EG v. 5. 5. 2009 (ABl. EU Nr. L 116 S. 18).

[5] Art. 126 aufgeh. mWv 1. 1. 2008 durch RL 2007/75/EG v. 20. 12. 2007 (ABl. EU Nr. L 346 S. 13).

[6] Art. 127 aufgeh. mWv 1. 1. 2011 durch RL 2009/47/EG v. 5. 5. 2009 (ABl. EU Nr. L 116 S. 18).

[7] Art. 128 neu gef. mWv 1. 1. 2008 durch RL 2007/75/EG v. 20. 12. 2007 (ABl. EU Nr. L 346 S. 13).

(2)[1] *(aufgehoben)*

(3) Polen darf bis zum 31. Dezember 2010 einen ermäßigten Satz von nicht weniger als 3% auf die in Anhang III Nummer 1 genannte Lieferung von Nahrungsmitteln beibehalten.

(4) Polen darf bis zum 31. Dezember 2010 einen ermäßigten Satz von nicht weniger als 7% auf die Erbringung von Dienstleistungen für die Errichtung, die Renovierung und den Umbau von Wohnungen in einem nicht sozialpolitischen Kontext, ausgenommen Baumaterial, und auf die Lieferung der in Artikel 12 Absatz 1 Buchstabe a genannten Wohngebäude oder Teile von Wohngebäuden, die vor dem Erstbezug geliefert werden, beibehalten.

Art. 129 [Kannbestimmung: Übergangsregelung ermäßigter Steuersatz – Slowenien] (1)[2] *(aufgehoben)*

(2) Slowenien darf bis zum 31. Dezember 2010[3] einen ermäßigten Satz von mindestens 5% auf die Errichtung, Renovierung und Instandhaltung von Wohngebäuden in einem nicht sozialpolitischen Kontext, ausgenommen Baumaterial, beibehalten.

Art. 130.[4] *(aufgehoben)*

Titel IX. Steuerbefreiungen

Kapitel 1. Allgemeine Bestimmungen

Art. 131 [Steuerbefreiungen unter Bedingungen zur Verhinderung von Steuerbetrug] Die Steuerbefreiungen der Kapitel 2 bis 9 werden unbeschadet sonstiger Gemeinschaftsvorschriften und unter den Bedingungen angewandt, die die Mitgliedstaaten zur Gewährleistung einer korrekten und einfachen Anwendung dieser Befreiungen und zur Verhinderung von Steuerhinterziehung, Steuerumgehung oder Missbrauch festlegen.

Kapitel 2. Steuerbefreiungen für bestimmte, dem Gemeinwohl dienende Tätigkeiten

Art. 132 [Steuerbefreiungen dem Gemeinwohl dienender Umsätze]

(1) Die Mitgliedstaaten befreien folgende Umsätze von der Steuer:

a) von öffentlichen Posteinrichtungen erbrachte Dienstleistungen und dazugehörende Lieferungen von Gegenständen mit Ausnahme von Personenbeförderungs- und Telekommunikationsdienstleistungen;

---

[1] Art. 128 Abs. 2 aufgeh. mWv 1. 6. 2009 durch RL 2009/47/EG v. 5. 5. 2009 (ABl. EU Nr. L 116 S. 18).

[2] Art. 129 Abs. 1 aufgeh. mWv 1. 6. 2009 durch RL 2009/47/EG v. 5. 5. 2009 (ABl. EU Nr. L 116 S. 18).

[3] Frist verlängert durch RL 2007/75/EG v. 20. 12. 2007 (ABl. EU Nr. L 346 S. 13).

[4] Art. 130 aufgeh. mWv 1. 1. 2008 durch RL 2007/75/EG v. 20. 12. 2007 (ABl. EU Nr. L 346 S. 13).

b) Krankenhausbehandlungen und ärztliche Heilbehandlungen sowie damit eng verbundene Umsätze, die von Einrichtungen des öffentlichen Rechts oder unter Bedingungen, welche mit den Bedingungen für diese Einrichtungen in sozialer Hinsicht vergleichbar sind, von Krankenanstalten, Zentren für ärztliche Heilbehandlung und Diagnostik und anderen ordnungsgemäß anerkannten Einrichtungen gleicher Art durchgeführt beziehungsweise bewirkt werden;

c) Heilbehandlungen im Bereich der Humanmedizin, die im Rahmen der Ausübung der von dem betreffenden Mitgliedstaat definierten ärztlichen und arztähnlichen Berufe durchgeführt werden;

d) Lieferung von menschlichen Organen, menschlichem Blut und Frauenmilch;

e) Dienstleistungen, die Zahntechniker im Rahmen ihrer Berufsausübung erbringen, sowie Lieferungen von Zahnersatz durch Zahnärzte und Zahntechniker;

f) Dienstleistungen, die selbstständige Zusammenschlüsse von Personen, die eine Tätigkeit ausüben, die von der Steuer befreit ist oder für die sie nicht Steuerpflichtige sind, an ihre Mitglieder für unmittelbare Zwecke der Ausübung dieser Tätigkeit erbringen, soweit diese Zusammenschlüsse von ihren Mitgliedern lediglich die genaue Erstattung des jeweiligen Anteils an den gemeinsamen Kosten fordern, vorausgesetzt, dass diese Befreiung nicht zu einer Wettbewerbsverzerrung führt;

g) eng mit der Sozialfürsorge und der sozialen Sicherheit verbundene Dienstleistungen und Lieferungen von Gegenständen, einschließlich derjenigen, die durch Altenheime, Einrichtungen des öffentlichen Rechts oder andere von dem betreffenden Mitgliedstaat als Einrichtungen mit sozialem Charakter anerkannte Einrichtungen bewirkt werden;

h) eng mit der Kinder- und Jugendbetreuung verbundene Dienstleistungen und Lieferungen von Gegenständen durch Einrichtungen des öffentlichen Rechts oder andere von dem betreffenden Mitgliedstaat als Einrichtungen mit sozialem Charakter anerkannte Einrichtungen;

i) Erziehung von Kindern und Jugendlichen, Schul- und Hochschulunterricht, Aus- und Fortbildung sowie berufliche Umschulung und damit eng verbundene Dienstleistungen und Lieferungen von Gegenständen durch Einrichtungen des öffentlichen Rechts, die mit solchen Aufgaben betraut sind, oder andere Einrichtungen mit von dem betreffenden Mitgliedstaat anerkannter vergleichbarer Zielsetzung;

j) von Privatlehrern erteilter Schul- und Hochschulunterricht;

k) Gestellung von Personal durch religiöse und weltanschauliche Einrichtungen für die unter den Buchstaben b, g, h und i genannten Tätigkeiten und für Zwecke geistlichen Beistands;

l) Dienstleistungen und eng damit verbundene Lieferungen von Gegenständen, die Einrichtungen ohne Gewinnstreben, welche politische, gewerkschaftliche, religiöse, patriotische, weltanschauliche, philanthropische oder staatsbürgerliche Ziele verfolgen, an ihre Mitglieder in deren gemeinsamen

Interesse gegen einen satzungsgemäß festgelegten Beitrag erbringen, vorausgesetzt, dass diese Befreiung nicht zu einer Wettbewerbsverzerrung führt;

m) bestimmte, in engem Zusammenhang mit Sport und Körperertüchtigung stehende Dienstleistungen, die Einrichtungen ohne Gewinnstreben an Personen erbringen, die Sport oder Körperertüchtigung ausüben;

n) bestimmte kulturelle Dienstleistungen und eng damit verbundene Lieferungen von Gegenständen, die von Einrichtungen des öffentlichen Rechts oder anderen von dem betreffenden Mitgliedstaat anerkannten kulturellen Einrichtungen erbracht werden;

o) Dienstleistungen und Lieferungen von Gegenständen bei Veranstaltungen durch Einrichtungen, deren Umsätze nach den Buchstaben b, g, h, i, l, m und n befreit sind, wenn die Veranstaltungen dazu bestimmt sind, den Einrichtungen eine finanzielle Unterstützung zu bringen und ausschließlich zu ihrem Nutzen durchgeführt werden, vorausgesetzt, dass diese Befreiung nicht zu einer Wettbewerbsverzerrung führt;

p) von ordnungsgemäß anerkannten Einrichtungen durchgeführte Beförderung von kranken und verletzten Personen in dafür besonders eingerichteten Fahrzeugen;

q) Tätigkeiten öffentlicher Rundfunk- und Fernsehanstalten, ausgenommen Tätigkeiten mit gewerblichem Charakter.

(2) Für die Zwecke des Absatzes 1 Buchstabe o können die Mitgliedstaaten alle erforderlichen Beschränkungen, insbesondere hinsichtlich der Anzahl der Veranstaltungen und der Höhe der für eine Steuerbefreiung in Frage kommenden Einnahmen, vorsehen.

Art. 133 [Kannbestimmung: Bedingungen für Steuerbefreiungen dem Gemeinwohl dienender Umsätze] Die Mitgliedstaaten können die Gewährung der Befreiungen nach Artikel 132 Absatz 1 Buchstaben b, g, h, i, l, m und n für Einrichtungen, die keine Einrichtungen des öffentlichen Rechts sind, im Einzelfall von der Erfüllung einer oder mehrerer der folgenden Bedingungen abhängig machen:

a) Die betreffenden Einrichtungen dürfen keine systematische Gewinnerzielung anstreben; etwaige Gewinne, die trotzdem anfallen, dürfen nicht verteilt, sondern müssen zur Erhaltung oder Verbesserung der erbrachten Leistungen verwendet werden.

b) Leitung und Verwaltung dieser Einrichtungen müssen im Wesentlichen ehrenamtlich durch Personen erfolgen, die weder selbst noch über zwischengeschaltete Personen ein unmittelbares oder mittelbares Interesse am wirtschaftlichen Ergebnis der betreffenden Tätigkeiten haben.

c) Die Preise, die diese Einrichtungen verlangen, müssen von den zuständigen Behörden genehmigt sein oder die genehmigten Preise nicht übersteigen; bei Umsätzen, für die eine Preisgenehmigung nicht vorgesehen ist, müssen die verlangten Preise unter den Preisen liegen, die der Mehrwertsteuer unterliegende gewerbliche Unternehmen für entsprechende Umsätze fordern.

d) Die Befreiungen dürfen nicht zu einer Wettbewerbsverzerrung zum Nachteil von der Mehrwertsteuer unterliegenden gewerblichen Unternehmen führen.

Die Mitgliedstaaten, die am 1. Januar 1989 gemäß Anhang E der Richtlinie 77/388/EWG die Mehrwertsteuer auf die in Artikel 132 Absatz 1 Buchstaben m und n genannten Umsätze erhoben, können die unter Absatz 1 Buchstabe d des vorliegenden Artikels genannten Bedingungen auch anwenden, wenn für diese Lieferung von Gegenständen oder Dienstleistungen durch Einrichtungen des öffentlichen Rechts eine Befreiung gewährt wird.

Art. 134 [Gründe des Ausschlusses von Steuerbefreiungen dem Gemeinwohl dienender Umsätze] In folgenden Fällen sind Lieferungen von Gegenständen und Dienstleistungen von der Steuerbefreiung des Artikels 132 Absatz 1 Buchstaben b, g, h, i, l, m und n ausgeschlossen:

a) sie sind für die Umsätze, für die die Steuerbefreiung gewährt wird, nicht unerlässlich;

b) sie sind im Wesentlichen dazu bestimmt, der Einrichtung zusätzliche Einnahmen durch Umsätze zu verschaffen, die in unmittelbarem Wettbewerb mit Umsätzen von der Mehrwertsteuer unterliegenden gewerblichen Unternehmen bewirkt werden.

Kapitel 3. Steuerbefreiungen für andere Tätigkeiten

Art. 135 [Steuerbefreiungen für Finanz-, Glücksspiel- und Grundstücksumsätze] (1) Die Mitgliedstaaten befreien folgende Umsätze von der Steuer:

a) Versicherungs- und Rückversicherungsumsätze einschließlich der dazugehörigen Dienstleistungen, die von Versicherungsmaklern und -vertretern erbracht werden;

b) die Gewährung und Vermittlung von Krediten und die Verwaltung von Krediten durch die Kreditgeber;

c) die Vermittlung und Übernahme von Verbindlichkeiten, Bürgschaften und anderen Sicherheiten und Garantien sowie die Verwaltung von Kreditsicherheiten durch die Kreditgeber;

d) Umsätze – einschließlich der Vermittlung – im Einlagengeschäft und Kontokorrentverkehr, im Zahlungs- und Überweisungsverkehr, im Geschäft mit Forderungen, Schecks und anderen Handelspapieren, mit Ausnahme der Einziehung von Forderungen;

e) Umsätze – einschließlich der Vermittlung –, die sich auf Devisen, Banknoten und Münzen beziehen, die gesetzliches Zahlungsmittel sind, mit Ausnahme von Sammlerstücken, d. h. Münzen aus Gold, Silber oder anderem Metall sowie Banknoten, die normalerweise nicht als gesetzliches Zahlungsmittel verwendet werden oder die von numismatischem Interesse sind;

f) Umsätze – einschließlich der Vermittlung, jedoch nicht der Verwahrung und der Verwaltung –, die sich auf Aktien, Anteile an Gesellschaften und Vereinigungen, Schuldverschreibungen oder sonstige Wertpapiere beziehen, mit Ausnahme von Warenpapieren und der in Artikel 15 Absatz 2 genannten Rechte und Wertpapiere;

g) die Verwaltung von durch die Mitgliedstaaten als solche definierten Sondervermögen;

h) Lieferung von in ihrem jeweiligen Gebiet gültigen Postwertzeichen, von Steuerzeichen und von sonstigen ähnlichen Wertzeichen zum aufgedruckten Wert;

i) Wetten, Lotterien und sonstige Glücksspiele mit Geldeinsatz unter den Bedingungen und Beschränkungen, die von jedem Mitgliedstaat festgelegt werden;

j) Lieferung von anderen Gebäuden oder Gebäudeteilen und dem dazugehörigen Grund und Boden als den in Artikel 12 Absatz 1 Buchstabe a genannten;

k) Lieferung unbebauter Grundstücke mit Ausnahme von Baugrundstücken im Sinne des Artikels 12 Absatz 1 Buchstabe b;

l) Vermietung und Verpachtung von Grundstücken.

(2) Die folgenden Umsätze sind von der Befreiung nach Absatz 1 Buchstabe l ausgeschlossen:

a) Gewährung von Unterkunft nach den gesetzlichen Bestimmungen der Mitgliedstaaten im Rahmen des Hotelgewerbes oder in Sektoren mit ähnlicher Zielsetzung, einschließlich der Vermietung in Ferienlagern oder auf Grundstücken, die als Campingplätze erschlossen sind;

b) Vermietung von Plätzen für das Abstellen von Fahrzeugen;

c) Vermietung von auf Dauer eingebauten Vorrichtungen und Maschinen;

d) Vermietung von Schließfächern.

Die Mitgliedstaaten können weitere Ausnahmen von der Befreiung nach Absatz 1 Buchstabe l vorsehen.

Art. 136 [Steuerbefreiung für Lieferungen vom Vorsteuerabzug ausgeschlossener Gegenstände] Die Mitgliedstaaten befreien folgende Umsätze von der Steuer:

a) die Lieferungen von Gegenständen, die ausschließlich für eine auf Grund der Artikel 132, 135, 371, 375, 376, 377, des Artikels 378 Absatz 2, des Artikels 379 Absatz 2 sowie der Artikel 380 bis 390b[1] von der Steuer befreite Tätigkeit bestimmt waren, wenn für diese Gegenstände kein Recht auf Vorsteuerabzug bestanden hat;

b) die Lieferungen von Gegenständen, deren Anschaffung oder Zuordnung gemäß Artikel 176 vom Vorsteuerabzug ausgeschlossen war.

Art. 137 [Kannbestimmung: Einräumung des Optionsrechts zur Steuerpflicht] (1) Die Mitgliedstaaten können ihren Steuerpflichtigen das

[1] Verweis geänd. mWv 15. 1. 2010 durch RL 2009/162/EU vom 22. 12. 2009 (ABl. EU 2010 Nr. L 10 S. 14).

Recht einräumen, sich bei folgenden Umsätzen für eine Besteuerung zu entscheiden:

a) die in Artikel 135 Absatz 1 Buchstaben b bis g genannten Finanzumsätze;

b) Lieferung von anderen Gebäuden oder Gebäudeteilen und dem dazugehörigen Grund und Boden als den in Artikel 12 Absatz 1 Buchstabe a genannten;

c) Lieferung unbebauter Grundstücke mit Ausnahme von Baugrundstücken im Sinne des Artikels 12 Absatz 1 Buchstabe b;

d) Vermietung und Verpachtung von Grundstücken.

(2) Die Mitgliedstaaten legen die Einzelheiten für die Inanspruchnahme des Wahlrechts nach Absatz 1 fest.

Die Mitgliedstaaten können den Umfang dieses Wahlrechts einschränken.

Kapitel 4. Steuerbefreiungen bei innergemeinschaftlichen Umsätzen

Abschnitt 1. Steuerbefreiungen bei der Lieferung von Gegenständen

Art. 138 [Steuerbefreiung innergemeinschaftlicher Lieferungen (einschließlich neuer Fahrzeuge und verbrauchsteuerpflichtiger Waren)]

(1) Die Mitgliedstaaten befreien die Lieferungen von Gegenständen, die durch den Verkäufer, den Erwerber oder für ihre Rechnung nach Orten außerhalb ihres jeweiligen Gebiets, aber innerhalb der Gemeinschaft versandt oder befördert werden von der Steuer, wenn diese Lieferung an einen anderen Steuerpflichtigen oder an eine nichtsteuerpflichtige juristische Person bewirkt wird, der/die als solche/r in einem anderen Mitgliedstaat als dem des Beginns der Versendung oder Beförderung der Gegenstände handelt.

(2) Außer den in Absatz 1 genannten Lieferungen befreien die Mitgliedstaaten auch folgende Umsätze von der Steuer:

a) die Lieferungen neuer Fahrzeuge, die durch den Verkäufer, den Erwerber oder für ihre Rechnung an den Erwerber nach Orten außerhalb ihres jeweiligen Gebiets, aber innerhalb der Gemeinschaft versandt oder befördert werden, wenn die Lieferungen an Steuerpflichtige oder nichtsteuerpflichtige juristische Personen, deren innergemeinschaftliche Erwerbe von Gegenständen gemäß Artikel 3 Absatz 1 nicht der Mehrwertsteuer unterliegen, oder an eine andere nichtsteuerpflichtige Person bewirkt werden;

b) die Lieferungen verbrauchsteuerpflichtiger Waren, die durch den Verkäufer, den Erwerber oder für ihre Rechnung an den Erwerber nach Orten außerhalb ihres jeweiligen Gebiets, aber innerhalb der Gemeinschaft versandt oder befördert werden, wenn die Lieferungen an Steuerpflichtige oder nichtsteuerpflichtige juristische Personen bewirkt werden, deren innergemeinschaftliche Erwerbe von Gegenständen die keine verbrauchsteuerpflichtigen Waren sind, gemäß Artikel 3 Absatz 1 nicht der Mehrwertsteuer unterliegen, und wenn die Versendung oder Beförderung dieser Waren gemäß Artikel 7 Absätze 4 und 5 oder Artikel 16 der Richtlinie 92/12/EWG durchgeführt wird;

c) die Lieferungen von Gegenständen in Form der Verbringung in einen anderen Mitgliedstaat, die gemäß Absatz 1 und den Buchstaben a und b des vorliegenden Absatzes von der Mehrwertsteuer befreit wäre, wenn sie an einen anderen Steuerpflichtigen bewirkt würde.

Art. 139 [Ausnahme von der Steuerbefreiung innergemeinschaftlicher Lieferungen (einschließlich neuer Fahrzeuge und verbrauchsteuerpflichtiger Waren)] (1) Die Steuerbefreiung nach Artikel 138 Absatz 1 gilt nicht für die Lieferungen von Gegenständen durch Steuerpflichtige, die unter die Steuerbefreiung für Kleinunternehmen nach Maßgabe der Artikel 282 bis 292 fallen.

Ferner gilt die Steuerbefreiung nicht für die Lieferungen von Gegenständen an Steuerpflichtige oder nichtsteuerpflichtige juristische Personen, deren innergemeinschaftliche Erwerbe von Gegenständen gemäß Artikel 3 Absatz 1 nicht der Mehrwertsteuer unterliegen.

(2) Die Steuerbefreiung nach Artikel 138 Absatz 2 Buchstabe b gilt nicht für die Lieferungen verbrauchsteuerpflichtiger Waren durch Steuerpflichtige, die unter die Steuerbefreiung für Kleinunternehmen nach Maßgabe der Artikel 282 bis 292 fallen.

(3) Die Steuerbefreiung nach Artikel 138 Absatz 1 und Absatz 2 Buchstaben b und c gilt nicht für die Lieferungen von Gegenständen, die nach der Sonderregelung über die Differenzbesteuerung der Artikel 312 bis 325 oder der Regelung für öffentliche Versteigerungen der Mehrwertsteuer unterliegen.

Die Steuerbefreiung nach Artikel 138 Absatz 1 und Absatz 2 Buchstabe c gilt nicht für die Lieferungen von Gebrauchtfahrzeugen im Sinne des Artikels 327 Absatz 3, die nach Übergangsregelung für Gebrauchtfahrzeuge der Mehrwertsteuer unterliegen.

Abschnitt 2. Steuerbefreiungen beim innergemeinschaftlichen Erwerb von Gegenständen

Art. 140 [Steuerbefreiung des innergemeinschaftlichen Erwerbs] Die Mitgliedstaaten befreien folgende Umsätze von der Steuer:

a) den innergemeinschaftlichen Erwerb von Gegenständen, deren Lieferung durch Steuerpflichtige in ihrem jeweiligen Gebiet in jedem Fall mehrwertsteuerfrei ist;

b)[1] den innergemeinschaftlichen Erwerb von Gegenständen, deren Einfuhr gemäß Artikel 143 Absatz 1 Buchstaben a, b und c sowie Buchstaben e bis l in jedem Fall mehrwertsteuerfrei ist;

---

[1] Art. 140 Buchst. b neu gef. mWv 24. 7. 2009 durch RL 2009/69/EG v. 25. 6. 2009 (ABl. EU Nr. L 175 S. 12).

c) den innergemeinschaftlichen Erwerb von Gegenständen, für die der Erwerber gemäß den Artikeln 170 und 171 in jedem Fall das Recht auf volle Erstattung der Mehrwertsteuer hat, die gemäß Artikel 2 Absatz 1 Buchstabe b geschuldet würde.

Art. 141 [Nichtbesteuerung des innergemeinschaftlichen Erwerbs im Fall eines innergemeinschaftlichen Dreiecksgeschäfts] Jeder Mitgliedstaat trifft besondere Maßnahmen, damit ein innergemeinschaftlicher Erwerb von Gegenständen, der nach Artikel 40 als in seinem Gebiet bewirkt gilt, nicht mit der Mehrwertsteuer belastet wird, wenn folgende Voraussetzungen erfüllt sind:

a) der Erwerb von Gegenständen wird von einem Steuerpflichtigen bewirkt, der nicht in diesem Mitgliedstaat niedergelassen ist, aber in einem anderen Mitgliedstaat für Mehrwertsteuerzwecke erfasst ist;

b) der Erwerb von Gegenständen erfolgt für die Zwecke einer anschließenden Lieferung dieser Gegenstände durch den unter Buchstabe a genannten Steuerpflichtigen in diesem Mitgliedstaat;

c) die auf diese Weise von dem Steuerpflichtigen im Sinne von Buchstabe a erworbenen Gegenstände werden von einem anderen Mitgliedstaat aus als dem, in dem der Steuerpflichtige für Mehrwertsteuerzwecke erfasst ist, unmittelbar an die Person versandt oder befördert, an die er die anschließende Lieferung bewirkt;

d) Empfänger der anschließenden Lieferung ist ein anderer Steuerpflichtiger oder eine nichtsteuerpflichtige juristische Person, der bzw. die in dem betreffenden Mitgliedstaat für Mehrwertsteuerzwecke erfasst ist;

e) der Empfänger der Lieferung im Sinne des Buchstaben d ist gemäß Artikel 197 als Schuldner der Steuer für die Lieferung bestimmt worden, die von dem Steuerpflichtigen bewirkt wird, der nicht in dem Mitgliedstaat ansässig ist, in dem die Steuer geschuldet wird.

Abschnitt 3. Steuerbefreiungen für bestimmte Beförderungsleistungen

Art. 142 [Steuerbefreiung innergemeinschaftlicher Güterbeförderungen nach und von den Azoren und Madeira] Die Mitgliedstaaten befreien die innergemeinschaftliche Güterbeförderung nach oder von den Inseln, die die autonomen Regionen Azoren und Madeira bilden, sowie die Güterbeförderung zwischen diesen Inseln von der Steuer.

Kapitel 5. Steuerbefreiungen bei der Einfuhr

Art. 143 [Steuerbefreiung bestimmter Einfuhren] (1) Die Mitgliedstaaten befreien folgende Umsätze von der Steuer:

a) die endgültige Einfuhr von Gegenständen, deren Lieferung durch Steuerpflichtige in ihrem jeweiligen Gebiet in jedem Fall mehrwertsteuerfrei ist;

b)[1] die endgültige Einfuhr von Gegenständen, die in den Richtlinien 69/169/EWG[2], 83/181/EWG[3] und 2006/79/EG[4] des Rates geregelt ist;

c)[1] die endgültige Einfuhr von Gegenständen aus Drittgebieten, die Teil des Zollgebiets der Gemeinschaft sind, im freien Verkehr, die unter die Steuerbefreiung nach Buchstabe b fallen würde, wenn die Gegenstände gemäß Artikel 30 Absatz 1 eingeführt worden wären;

d) die Einfuhr von Gegenständen, die von einem Drittgebiet oder einem Drittland aus in einen anderen Mitgliedstaat als den Mitgliedstaat der Beendigung der Versendung oder Beförderung versandt oder befördert werden, sofern die Lieferung dieser Gegenstände durch den gemäß Artikel 201 als Steuerschuldner bestimmten oder anerkannten Importeur bewirkt wird und gemäß Artikel 138 befreit ist;

e) die Wiedereinfuhr von unter eine Zollbefreiung fallenden Gegenständen durch denjenigen, der sie ausgeführt hat, und zwar in dem Zustand, in dem sie ausgeführt wurden;

f) die Einfuhr von Gegenständen im Rahmen der diplomatischen und konsularischen Beziehungen, für die eine Zollbefreiung gilt;

fa)[5] die Einfuhr von Gegenständen durch die Europäische Gemeinschaft, die Europäische Atomgemeinschaft, die Europäische Zentralbank oder die Europäische Investitionsbank oder die von den Europäischen Gemeinschaften geschaffenen Einrichtungen, auf die das Protokoll vom 8. April 1965 über die Vorrechte und Befreiungen der Europäischen Gemeinschaften anwendbar ist, und zwar in den Grenzen und zu den Bedingungen, die in diesem Protokoll und den Übereinkünften zu seiner Umsetzung oder in den Abkommen über ihren Sitz festgelegt sind, sofern dies nicht zu Wettbewerbsverzerrungen führt;

g)[6] die Einfuhr von Gegenständen durch internationale Einrichtungen, die nicht unter Buchstabe fa genannt sind und die von den Behörden des Auf-

---

[1] Zur Anwendung von Art. 143 Buchst. a und c vgl. Richtlinie **2009/132/EG** des Rates vom 19. 10. 2009 (ABl. L 292 S. 5).

[2] Richtlinie 69/169/EWG des Rates vom 28. Mai 1969 zur Harmonisierung der Rechts- und Verwaltungsvorschriften über die Befreiung von den Umsatzsteuern und Sonderverbrauchsteuern bei der Einfuhr im grenzüberschreitenden Reiseverkehr (ABl. L 133 vom 4. 6. 1969, S. 6). **Red. Anm.:** Die Richtlinie 69/169/EWG wird aufgehoben und ersetzt durch die Richtlinie **2007/74/EG** des Rates vom 20. 12. 2007 (ABl. L 346 S. 6).

[3] Richtlinie 83/181/EWG des Rates vom 28. März 1983 zur Festlegung des Anwendungsbereichs von Artikel 14 Absatz 1 Buchstabe d der Richtlinie 77/388/EWG hinsichtlich der Mehrwertsteuerbefreiung bestimmter endgültiger Einfuhren von Gegenständen (ABl. L 105 vom 23. 4. 1983, S. 38). **Red. Anm.:** Aufgeh. durch Richtlinie **2009/132/EG** des Rates vom 19. 10. 2009 (ABl. L 292 S. 5). Die Bezugnahme auf die RL 83/181/EWG gilt als Bezugnahme auf die RL 2009/132/EG.

[4] Richtlinie 2006/79/EG des Rates vom 5. Oktober 2006 über die Steuerbefreiungen bei der Einfuhr von Waren in Kleinsendungen nichtkommerzieller Art mit Herkunft aus Drittländern (kodifizierte Fassung) (ABl. L 286 vom 17. 10. 2006, S. 15).

[5] Art. 143 Abs. 1 Buchst. fa eingef. mWv 15. 1. 2010 durch RL 2009/162/EU v. 22. 12. 2009 (ABl. EU 2010 Nr. L 10 S. 14).

[6] Art. 143 Abs. 1 Buchst. g geänd. mWv 15. 1. 2010 durch RL 2009/162/EU v. 22. 12. 2009 (ABl. EU 2010 Nr. L 10 S. 14).

nahmemitgliedstaats als internationale Einrichtungen anerkannt sind, sowie durch Angehörige dieser Einrichtungen, und zwar in den Grenzen und zu den Bedingungen, die in den internationalen Übereinkommen über die Gründung dieser Einrichtungen oder in den Abkommen über ihren Sitz festgelegt sind;

h) die Einfuhr von Gegenständen in den Mitgliedstaaten, die Vertragsparteien des Nordatlantikvertrags sind, durch die Streitkräfte anderer Parteien dieses Vertrags für den Gebrauch oder Verbrauch durch diese Streitkräfte oder ihr ziviles Begleitpersonal oder für die Versorgung ihrer Kasinos oder Kantinen, wenn diese Streitkräfte der gemeinsamen Verteidigungsanstrengung dienen;

i) die Einfuhr von Gegenständen, die von den gemäß dem Vertrag zur Gründung der Republik Zypern vom 16. August 1960 auf der Insel Zypern stationierten Streitkräften des Vereinigten Königreichs durchgeführt wird, wenn sie für den Gebrauch oder Verbrauch durch diese Streitkräfte oder ihr ziviles Begleitpersonal oder für die Versorgung ihrer Kasinos oder Kantinen bestimmt ist;

j) die durch Unternehmen der Seefischerei in Häfen durchgeführte Einfuhr von Fischereierzeugnissen, die noch nicht Gegenstand einer Lieferung gewesen sind, in unbearbeitetem Zustand oder nach Haltbarmachung für Zwecke der Vermarktung;

k) die Einfuhr von Gold durch Zentralbanken;

l)[1] die Einfuhr von Gas über ein Erdgasnetz oder jedes an ein solches Netz angeschlossene Netz oder von Gas, das von einem Gastanker aus in ein Erdgasnetz oder ein vorgelagertes Gasleitungsnetz eingespeist wird, von Elektrizität oder von Wärme oder Kälte über Wärme- oder Kältenetze.

(2)[2] [1]Die Steuerbefreiung gemäß Absatz 1 Buchstabe d ist in den Fällen, in denen auf die Einfuhr von Gegenständen eine Lieferung von Gegenständen folgt, die gemäß Artikel 138 Absatz 1 und Absatz 2 Buchstabe c von der Steuer befreit ist, nur anzuwenden, wenn der Importeur zum Zeitpunkt der Einfuhr den zuständigen Behörden des Einfuhrmitgliedstaats mindestens die folgenden Angaben hat zukommen lassen:

a) seine im Einfuhrmitgliedstaat erteilte MwSt.-Identifikationsnummer oder die im Einfuhrmitgliedstaat erteilte MwSt.-Identifikationsnummer seines Steuervertreters, der die Steuer schuldet;

b) die in einem anderen Mitgliedstaat erteilte MwSt.-Identifikationsnummer des Erwerbers, an den die Gegenstände gemäß Artikel 138 Absatz 1 geliefert werden, oder seine eigene MwSt.-Identifikationsnummer, die in dem Mitgliedstaat erteilt wurde, in dem die Versendung oder Beförderung der Gegenstände endet, wenn die Gegenstände gemäß Artikel 138 Absatz 2 Buchstabe c verbracht werden;

---

[1] Art. 143 Abs. 1 Buchst. l neu gef. mWv 15. 1. 2010 durch RL 2009/162/EU v. 22. 12. 2009 (ABl. EU 2010 Nr. L 10 S. 14).

[2] Art. 143 Abs. 2 angef. mWv 24. 7. 2009 durch RL 2009/69/EG v. 25. 6. 2009 (ABl. EU Nr. L 175 S. 12).

c) den Nachweis, aus dem hervorgeht, dass die eingeführten Gegenstände dazu bestimmt sind, aus dem Einfuhrmitgliedstaat in einen anderen Mitgliedstaat befördert oder versandt zu werden.

2 Allderdings können die Mitgliedstaaten festlegen, dass der Nachweis nach Buchstabe c den zuständigen Behörden lediglich auf Ersuchen vorzulegen ist.

Art. 144 [Steuerbefreiung in der Steuerbemessungsgrundlage für Einfuhren bereits enthaltener Dienstleistungen] Die Mitgliedstaaten befreien Dienstleistungen, die sich auf die Einfuhr von Gegenständen beziehen und deren Wert gemäß Artikel 86 Absatz 1 Buchstabe b in der Steuerbemessungsgrundlage enthalten ist.

Art. 145 [Stand-Still-Klausel zum Anwendungsbereich der Steuerbefreiung bestimmter Einfuhren – Auftrag an EU-Kommission zur Überprüfung] (1) Falls erforderlich, unterbreitet die Kommission dem Rat so rasch wie möglich Vorschläge zur genauen Festlegung des Anwendungsbereichs der Befreiungen der Artikel 143 und 144 und der praktischen Einzelheiten ihrer Anwendung.

(2) Bis zum Inkrafttreten der in Absatz 1 genannten Bestimmungen können die Mitgliedstaaten die geltenden nationalen Vorschriften beibehalten.

Die Mitgliedstaaten können ihre nationalen Vorschriften anpassen, um Wettbewerbsverzerrungen zu verringern und insbesondere die Nicht- oder Doppelbesteuerung innerhalb der Gemeinschaft zu vermeiden.

Die Mitgliedstaaten können die Verwaltungsverfahren anwenden, die ihnen zur Durchführung der Steuerbefreiung am geeignetsten erscheinen.

(3) Die Mitgliedstaaten teilen der Kommission ihre bereits geltenden nationalen Vorschriften mit, sofern diese noch nicht mitgeteilt wurden, und die Vorschriften, die sie im Sinne des Absatzes 2 erlassen; die Kommission unterrichtet hiervon die übrigen Mitgliedstaaten.

Kapitel 6. Steuerbefreiungen bei der Ausfuhr

Art. 146 [Steuerbefreiung von Ausfuhrumsätzen] (1) Die Mitgliedstaaten befreien folgende Umsätze von der Steuer:

a) die Lieferungen von Gegenständen, die durch den Verkäufer oder für dessen Rechnung nach Orten außerhalb der Gemeinschaft versandt oder befördert werden;

b) die Lieferungen von Gegenständen, die durch den nicht in ihrem jeweiligen Gebiet ansässigen Erwerber oder für dessen Rechnung nach Orten außerhalb der Gemeinschaft versandt oder befördert werden, mit Ausnahme der vom Erwerber selbst beförderten Gegenstände zur Ausrüstung oder Versorgung von Sportbooten und Sportflugzeugen sowie von sonstigen Beförderungsmitteln, die privaten Zwecken dienen;

c) die Lieferungen von Gegenständen an zugelassene Körperschaften, die diese im Rahmen ihrer Tätigkeit auf humanitärem, karitativem oder erzieherischem Gebiet nach Orten außerhalb der Gemeinschaft ausführen;

d) Dienstleistungen in Form von Arbeiten an beweglichen körperlichen Gegenständen, die zwecks Durchführung dieser Arbeiten in der Gemeinschaft erworben oder eingeführt worden sind und die vom Dienstleistungserbringer oder dem nicht in ihrem jeweiligen Gebiet ansässigen Dienstleistungsempfänger oder für deren Rechnung nach Orten außerhalb der Gemeinschaft versandt oder befördert werden;

e) Dienstleistungen, einschließlich Beförderungsleistungen und Nebentätigkeiten zur Beförderung, ausgenommen die gemäß den Artikeln 132 und 135 von der Steuer befreiten Dienstleistungen, wenn sie in unmittelbarem Zusammenhang mit der Ausfuhr oder der Einfuhr von Gegenständen stehen, für die Artikel 61 oder Artikel 157 Absatz 1 Buchstabe a gilt.

(2) Die Steuerbefreiung des Absatzes 1 Buchstabe c kann im Wege einer Mehrwertsteuererstattung erfolgen.

Art. 147 [Voraussetzungen der Steuerbefreiung von Ausfuhrlieferungen im nichtkommerziellen Reiseverkehr] (1) Betrifft die in Artikel 146 Absatz 1 Buchstabe b genannte Lieferung Gegenstände zur Mitführung im persönlichen Gepäck von Reisenden, gilt die Steuerbefreiung nur, wenn die folgenden Voraussetzungen erfüllt sind:

a) der Reisende ist nicht in der Gemeinschaft ansässig;

b) die Gegenstände werden vor Ablauf des dritten auf die Lieferung folgenden Kalendermonats nach Orten außerhalb der Gemeinschaft befördert;

c) der Gesamtwert der Lieferung einschließlich Mehrwertsteuer übersteigt 175 EUR oder den Gegenwert in Landeswährung; der Gegenwert in Landeswährung wird alljährlich anhand des am ersten Arbeitstag im Oktober geltenden Umrechnungskurses mit Wirkung zum 1. Januar des folgenden Jahres festgelegt.

Die Mitgliedstaaten können jedoch eine Lieferung, deren Gesamtwert unter dem in Unterabsatz 1 Buchstabe c vorgesehenen Betrag liegt, von der Steuer befreien.

(2) Für die Zwecke des Absatzes 1 gilt ein Reisender als „nicht in der Gemeinschaft ansässig", wenn sein Wohnsitz oder sein gewöhnlicher Aufenthaltsort nicht in der Gemeinschaft liegt. Dabei gilt als „Wohnsitz oder gewöhnlicher Aufenthaltsort" der Ort, der im Reisepass, im Personalausweis oder in einem sonstigen Dokument eingetragen ist, das in dem Mitgliedstaat, in dessen Gebiet die Lieferung bewirkt wird, als Identitätsnachweis anerkannt ist.

Der Nachweis der Ausfuhr wird durch Rechnungen oder entsprechende Belege erbracht, die mit dem Sichtvermerk der Ausgangszollstelle der Gemeinschaft versehen sein müssen.

[1]Jeder Mitgliedstaat übermittelt der Kommission ein Muster des Stempelabdrucks, den er für die Erteilung des Sichtvermerks im Sinne des Unterabsatzes 2 verwendet. [2]Die Kommission leitet diese Information an die Steuerbehörden der übrigen Mitgliedstaaten weiter.

Kapitel 7. Steuerbefreiungen bei grenzüberschreitenden Beförderungen

Art. 148 [Steuerbefreiung von Vorumsätzen in der Seeschifffahrt und in der Luftfahrt] Die Mitgliedstaaten befreien folgende Umsätze von der Steuer:

a) die Lieferungen von Gegenständen zur Versorgung von Schiffen, die auf hoher See im entgeltlichen Passagierverkehr, zur Ausübung einer Handelstätigkeit, für gewerbliche Zwecke oder zur Fischerei sowie als Bergungs- oder Rettungsschiffe auf See oder zur Küstenfischerei eingesetzt sind, wobei im letztgenannten Fall die Lieferungen von Bordverpflegung ausgenommen sind;

b) die Lieferungen von Gegenständen zur Versorgung von Kriegsschiffen im Sinne des Codes der Kombinierten Nomenklatur (KN) 8906 10 00, die ihr Gebiet verlassen, um einen Hafen oder Ankerplatz außerhalb des Mitgliedstaats anzulaufen;

c) Lieferung, Umbau, Reparatur, Wartung, Vercharterung und Vermietung der unter Buchstabe a genannten Schiffe, sowie Lieferung, Vermietung, Reparatur und Wartung von Gegenständen, die in diese Schiffe eingebaut sind – einschließlich der Ausrüstung für die Fischerei –, oder die ihrem Betrieb dienen;

d) Dienstleistungen, die nicht unter Buchstabe c fallen und die unmittelbar für den Bedarf der unter Buchstabe a genannten Schiffe und ihrer Ladung erbracht werden;

e) die Lieferungen von Gegenständen zur Versorgung von Luftfahrzeugen, die von Luftfahrtgesellschaften verwendet werden, die hauptsächlich im entgeltlichen internationalen Verkehr tätig sind;

f) Lieferung, Umbau, Reparatur, Wartung, Vercharterung und Vermietung der unter Buchstabe e genannten Luftfahrzeuge, sowie Lieferung, Vermietung, Reparatur und Wartung von Gegenständen, die in diese Luftfahrzeuge eingebaut sind oder ihrem Betrieb dienen;

g) Dienstleistungen, die nicht unter Buchstabe f fallen und die unmittelbar für den Bedarf der unter Buchstabe e genannten Luftfahrzeuge und ihrer Ladung erbracht werden.

Art. 149 [Kannbestimmung: Portugal – See- und Luftverkehrsbeförderungen zwischen den Azoren und Madeira] Portugal kann Beförderungen im See- und Luftverkehr zwischen den Inseln, die die autonomen Regionen Azoren und Madeira bilden, sowie zwischen diesen Regionen und dem Mutterland grenzüberschreitenden Beförderungen gleichstellen.

Art. 150 [Auftrag an EU-Kommission zur Überprüfung des Anwendungsbereichs der Steuerbefreiung von Vorumsätzen in der Seeschifffahrt und in der Luftfahrt] (1) Falls erforderlich unterbreitet die Kommission dem Rat so rasch wie möglich Vorschläge zur genauen Festlegung des Anwendungsbereichs der Befreiungen des Artikels 148 und der praktischen Einzelheiten ihrer Anwendung.

(2) Bis zum Inkrafttreten der in Absatz 1 genannten Bestimmungen können die Mitgliedstaaten den Anwendungsbereich der Befreiungen nach Artikel 148 Buchstaben a und b beschränken.

Kapitel 8. Steuerbefreiungen bei bestimmten, Ausfuhren gleichgestellten Umsätzen

Art. 151 [Steuerbefreiung von Umsätzen an diplomatische Vertretungen, internationale Einrichtungen und NATO-Streitkräfte] (1) Die Mitgliedstaaten befreien folgende Umsätze von der Steuer:

a) Lieferungen von Gegenständen und Dienstleistungen, die im Rahmen der diplomatischen und konsularischen Beziehungen bewirkt werden;

aa)[1] Lieferungen von Gegenständen und Dienstleistungen, die für die Europäische Gemeinschaft, die Europäische Atomgemeinschaft, die Europäische Zentralbank oder die Europäische Investitionsbank oder die von den Europäischen Gemeinschaften geschaffenen Einrichtungen, auf die das Protokoll vom 8. April 1965 über die Vorrechte und Befreiungen der Europäischen Gemeinschaften anwendbar ist, bestimmt sind, und zwar in den Grenzen und zu den Bedingungen, die in diesem Protokoll und den Übereinkünften zu seiner Umsetzung oder in den Abkommen über ihren Sitz festgelegt sind, sofern dies nicht zu Wettbewerbsverzerrungen führt;

b)[2] Lieferungen von Gegenständen und Dienstleistungen, die für nicht unter Buchstabe aa genannte internationale Einrichtungen, die vom Aufnahmemitgliedstaat als internationale Einrichtungen anerkannt sind, sowie für die Angehörigen dieser Einrichtungen bestimmt sind, und zwar in den Grenzen und zu den Bedingungen, die in den internationalen Übereinkommen über die Gründung dieser Einrichtungen oder in den Abkommen über ihren Sitz festgelegt sind;

c) Lieferungen von Gegenständen und Dienstleistungen, die in den Mitgliedstaaten, die Vertragsparteien des Nordatlantikvertrags sind, an die Streitkräfte anderer Vertragsparteien bewirkt werden, wenn diese Umsätze für den Gebrauch oder Verbrauch durch diese Streitkräfte oder ihr ziviles Begleitpersonal oder für die Versorgung ihrer Kasinos oder Kantinen bestimmt sind und wenn diese Streitkräfte der gemeinsamen Verteidigungsanstrengung dienen;

d) Lieferungen von Gegenständen und Dienstleistungen, deren Bestimmungsort in einem anderen Mitgliedstaat liegt und die für die Streitkräfte anderer Vertragsparteien des Nordatlantikvertrags als die des Bestimmungsmitgliedstaats selbst bestimmt sind, wenn diese Umsätze für den Gebrauch oder Verbrauch durch diese Streitkräfte oder ihr ziviles Begleitpersonal oder für die Versorgung ihrer Kasinos oder Kantinen bestimmt sind und wenn diese Streitkräfte der gemeinsamen Verteidigungsanstrengung dienen;

---

[1] Art. 151 Abs. 1 Buchst. aa eingef. mWv 15. 1. 2010 durch RL 2009/162/EU v. 22. 12. 2009 (ABl. EU 2010 Nr. L 10 S. 14).

[2] Art. 151 Abs. 1 Buchst. b geänd. mWv 15. 1. 2010 durch RL 2009/162/EU v. 22. 12. 2009 (ABl. EU 2010 Nr. L 10 S. 14).

e) Lieferungen von Gegenständen und Dienstleistungen, die für die gemäß dem Vertrag zur Gründung der Republik Zypern vom 16. August 1960 auf der Insel Zypern stationierten Streitkräfte des Vereinigten Königreichs bestimmt sind, wenn diese Umsätze für den Gebrauch oder Verbrauch durch die Streitkräfte oder ihr ziviles Begleitpersonal oder für die Versorgung ihrer Kasinos oder Kantinen bestimmt sind.

Die in Unterabsatz 1 geregelten Befreiungen gelten unter den vom Aufnahmemitgliedstaat festgelegten Beschränkungen so lange, bis eine einheitliche Steuerregelung erlassen ist.

(2) Bei Gegenständen, die nicht aus dem Mitgliedstaat versandt oder befördert werden, in dem die Lieferung dieser Gegenstände bewirkt wird, und bei Dienstleistungen kann die Steuerbefreiung im Wege der Mehrwertsteuererstattung erfolgen.

Art. 152 [Steuerbefreiung der Lieferungen von Gold an Zentralbanken] Die Mitgliedstaaten befreien die Lieferungen von Gold an Zentralbanken von der Steuer.

Kapitel 9. Steuerbefreiungen für Dienstleistungen von Vermittlern

Art. 153 [Steuerbefreiung von Vermittlungsleistungen im Zusammenhang mit grenzüberschreitenden Umsätzen] Die Mitgliedstaaten befreien Dienstleistungen von Vermittlern, die im Namen und für Rechnung Dritter handeln, von der Steuer, wenn sie in den Kapiteln 6, 7 und 8 genannte Umsätze oder Umsätze außerhalb der Gemeinschaft betreffen.

Die Befreiung nach Absatz 1 gilt nicht für Reisebüros, wenn diese im Namen und für Rechnung des Reisenden Leistungen bewirken, die in anderen Mitgliedstaaten erbracht werden.

Kapitel 10. Steuerbefreiungen beim grenzüberschreitenden Warenverkehr

Abschnitt 1. Zolllager, andere Lager als Zolllager sowie gleichartige Regelungen

Art. 154 [Definition „andere Lager als Zolllager"] Für die Zwecke dieses Abschnitts gelten als „andere Lager als Zolllager" bei verbrauchsteuerpflichtigen Waren die Orte, die Artikel 4 Buchstabe b der Richtlinie 92/12/EWG als Steuerlager definiert, und bei nicht verbrauchsteuerpflichtigen Waren die Orte, die die Mitgliedstaaten als solche definieren.

Art. 155 [Kannbestimmung: Steuerbefreiung für Umsätze, die Zollverfahren unterliegen – Grundsatz] Unbeschadet der übrigen gemeinschaftlichen Steuervorschriften können die Mitgliedstaaten nach Konsultation des Mehrwertsteuerausschusses besondere Maßnahmen treffen, um einige oder sämtliche in diesem Abschnitt genannten Umsätze von der Steuer zu befreien, sofern diese nicht für eine endgültige Verwendung oder einen Endverbrauch bestimmt sind und sofern der beim Verlassen der in diesem Abschnitt genannten Verfahren oder sonstigen Regelungen geschuldete Mehrwertsteuerbetrag demjenigen entspricht, der bei der Besteuerung jedes einzelnen dieser Umsätze in ihrem Gebiet geschuldet worden wäre.

Art. 156 [Kannbestimmung: Steuerbefreiung bestimmter Lieferungen von Gegenständen, die bestimmten Zollverfahren unterliegen]

(1) Die Mitgliedstaaten können folgende Umsätze von der Steuer befreien:

a) die Lieferungen von Gegenständen, die zollamtlich erfasst und gegebenenfalls in einem Übergangslager vorübergehend verwahrt bleiben sollen;

b) die Lieferungen von Gegenständen, die in einer Freizone oder einem Freilager gelagert werden sollen;

c) die Lieferungen von Gegenständen, die einer Zolllagerregelung oder einer Regelung für den aktiven Veredelungsverkehr unterliegen sollen;

d) die Lieferungen von Gegenständen, die in die Hoheitsgewässer verbracht werden sollen, um im Rahmen des Baus, der Reparatur, der Wartung, des Umbaus oder der Ausrüstung von Bohrinseln oder Förderplattformen in diese eingebaut oder für die Verbindung dieser Bohrinseln oder Förderplattformen mit dem Festland verwendet zu werden;

e) die Lieferungen von Gegenständen, die in die Hoheitsgewässer verbracht werden sollen, um zur Versorgung von Bohrinseln oder Förderplattformen verwendet zu werden.

(2) Die in Absatz 1 genannten Orte sind diejenigen, die in den geltenden Zollvorschriften der Gemeinschaft als solche definiert sind.

Art. 157 [Kannbestimmung: Steuerbefreiung von Einfuhren und Lieferungen unter Regelungen für andere als Zolllager] (1) Die Mitgliedstaaten können folgende Umsätze von der Steuer befreien:

a) die Einfuhr von Gegenständen, die einer Regelung für andere Lager als Zolllager unterliegen sollen;

b) die Lieferungen von Gegenständen, die in ihrem Gebiet einer Regelung für andere Lager als Zolllager unterliegen sollen.

(2) Die Mitgliedstaaten dürfen bei nicht verbrauchsteuerpflichtigen Waren keine andere Lagerregelung als eine Zolllagerregelung vorsehen, wenn diese Waren zur Lieferung auf der Einzelhandelsstufe bestimmt sind.

Art. 158 [Kannbestimmung: Einbeziehung von Tax-free-Verkaufsstellen in eine Regelung für andere als Zolllager] (1) Abweichend von Artikel 157 Absatz 2 können die Mitgliedstaaten eine Regelung für andere Lager als Zolllager in folgenden Fällen vorsehen:

a) sofern die Gegenstände für Tax-free-Verkaufsstellen für Zwecke ihrer gemäß Artikel 146 Absatz 1 Buchstabe b befreiten Lieferungen zur Mitführung im persönlichen Gepäck von Reisenden bestimmt sind, die sich per Flugzeug oder Schiff in ein Drittgebiet oder ein Drittland begeben;

b) sofern die Gegenstände für Steuerpflichtige für Zwecke ihrer Lieferungen an Reisende an Bord eines Flugzeugs oder eines Schiffs während eines Flugs oder einer Seereise bestimmt sind, deren Zielort außerhalb der Gemeinschaft gelegen ist;

c) sofern die Gegenstände für Steuerpflichtige für Zwecke ihrer gemäß Artikel 151 von der Mehrwertsteuer befreiten Lieferungen bestimmt sind.

(2) Mitgliedstaaten, die von der in Absatz 1 Buchstabe a vorgesehenen Möglichkeit der Steuerbefreiung Gebrauch machen, treffen die erforderlichen Maßnahmen, um eine korrekte und einfache Anwendung dieser Befreiung zu gewährleisten und Steuerhinterziehung, Steuerumgehung oder Missbrauch zu verhindern.

(3) Für die Zwecke des Absatzes 1 Buchstabe a gilt als „Tax-free-Verkaufsstelle" jede Verkaufsstelle innerhalb eines Flug- oder Seehafens, die die von den zuständigen Behörden festgelegten Voraussetzungen erfüllt.

Art. 159 [Kannbestimmung: Steuerbefreiung von Dienstleistungen im Zusammenhang mit steuerbefreiten Lieferungen unter Zollverfahren] Die Mitgliedstaaten können Dienstleistungen von der Steuer befreien, die mit der Lieferung von Gegenständen im Sinne des Artikels 156, des Artikels 157 Absatz 1 Buchstabe b und des Artikels 158 zusammenhängen.

Art. 160 [Kannbestimmung: Steuerbefreiung von Umsätzen in Zoll- und Mehrwertsteuerlagern] (1) Die Mitgliedstaaten können folgende Umsätze von der Steuer befreien:

a) die Lieferungen von Gegenständen und das Erbringen von Dienstleistungen an den in Artikel 156 Absatz 1 genannten Orten, wenn diese Umsätze in ihrem Gebiet unter Wahrung einer der in demselben Absatz genannten Verfahren bewirkt werden;

b) die Lieferungen von Gegenständen und das Erbringen von Dienstleistungen an den in Artikel 157 Absatz 1 Buchstabe b und Artikel 158 genannten Orten, wenn diese Umsätze in ihrem Gebiet unter Wahrung eines der in Artikel 157 Absatz 1 Buchstabe b beziehungsweise Artikel 158 Absatz 1 genannten Verfahren bewirkt werden.

(2) Mitgliedstaaten, die von der Möglichkeit nach Absatz 1 Buchstabe a für in Zolllagern bewirkte Umsätze Gebrauch machen, treffen die erforderlichen Maßnahmen, um Regelungen für andere Lager als Zolllager festzulegen, die die Anwendung von Absatz 1 Buchstabe b auf diese Umsätze ermöglichen, wenn sie in Anhang V genannte Gegenstände betreffen und unter dieser Regelung für andere Lager als Zolllager bewirkt werden.

Art. 161 [Kannbestimmung: Steuerbefreiung von Umsätzen mit Drittlandswaren, die bestimmten Zollverfahren unterliegen] Die Mitgliedstaaten können folgende Lieferungen von Gegenständen und damit zusammenhängende Dienstleistungen von der Steuer befreien:

a) die Lieferungen von Gegenständen nach Artikel 30 Absatz 1 unter Wahrung des Verfahrens der vorübergehenden Verwendung bei vollständiger Befreiung von den Einfuhrabgaben oder des externen Versandverfahrens;

b) die Lieferungen von Gegenständen nach Artikel 30 Absatz 2 unter Wahrung des internen Versandverfahrens nach Artikel 276.

Art. 162 [Gleichstellung des innergemeinschaftlichen Erwerbs in den Fällen der Steuerbefreiung unter bestimmten Zollverfahren] Mitgliedstaaten, die von der Möglichkeit nach diesem Abschnitt Gebrauch machen, stellen sicher, dass für den innergemeinschaftlichen Erwerb von Gegenständen, der unter eines der Verfahren oder eine der Regelungen im Sinne des Artikels 156, des Artikels 157 Absatz 1 Buchstabe b und des Artikels 158 fällt, dieselben Vorschriften angewandt werden wie auf die Lieferungen von Gegenständen, die unter gleichen Bedingungen in ihrem Gebiet bewirkt wird.

Art. 163 [Vermeidung einer Doppelbesteuerung durch Einfuhrmitgliedstaat in den Fällen der Besteuerung aufgrund des Verlassens eines Zollverfahrens] Ist das Verlassen der Verfahren oder der sonstigen Regelungen im Sinne dieses Abschnitts mit einer Einfuhr im Sinne des Artikels 61 verbunden, trifft der Einfuhrmitgliedstaat die erforderlichen Maßnahmen, um eine Doppelbesteuerung zu vermeiden.

Abschnitt 2. Steuerbefreiung von Umsätzen im Hinblick auf eine Ausfuhr und im Rahmen des Handels zwischen den Mitgliedstaaten

Art. 164 [Kannbestimmung: Steuerbefreiung von Vorumsätzen für Ausfuhren] (1) Die Mitgliedstaaten können nach Konsultation des Mehrwertsteuerausschusses folgende von einem Steuerpflichtigen getätigte oder für einen Steuerpflichtigen bestimmte Umsätze bis zu dem Betrag von der Steuer befreien, der dem Wert der von diesem Steuerpflichtigen getätigten Ausfuhren in den vorangegangenen zwölf Monaten entspricht:

a) innergemeinschaftlicher Erwerb von Gegenständen durch einen Steuerpflichtigen sowie Einfuhr und Lieferung von Gegenständen an einen Steuerpflichtigen, der diese unverarbeitet oder verarbeitet nach Orten außerhalb der Gemeinschaft auszuführen beabsichtigt;

b) Dienstleistungen im Zusammenhang mit der Ausfuhrtätigkeit dieses Steuerpflichtigen.

(2) Mitgliedstaaten, die von der Möglichkeit der Steuerbefreiung nach Absatz 1 Gebrauch machen, befreien nach Konsultation des Mehrwertsteuerausschusses auch die Umsätze im Zusammenhang mit Lieferungen des Steuerpflichtigen unter den Voraussetzungen des Artikels 138 bis zu dem Betrag, der dem Wert seiner derartigen Lieferungen in den vorangegangenen zwölf Monaten entspricht, von der Steuer.

Art. 165 [Kannbestimmung: gemeinsamer Höchstbetrag für Steuerbefreiung von Vorumsätzen für Ausfuhren] Die Mitgliedstaaten können für die Steuerbefreiungen gemäß Artikel 164 einen gemeinsamen Höchstbetrag festsetzen.

Abschnitt 3. Gemeinsame Bestimmungen für die Abschnitte 1 und 2

Art. 166 [Auftrag an EU-Kommission – Überprüfung der Anwendungsmodalitäten für die Steuerbefreiungen beim grenzüberschreitenden Warenverkehr] Falls erforderlich unterbreitet die Kommission dem Rat so rasch wie möglich Vorschläge über gemeinsame Modalitäten für die Anwendung der Mehrwertsteuer auf die in den Abschnitten 1 und 2 genannten Umsätze.

Titel X. Vorsteuerabzug

Kapitel 1. Entstehung und Umfang des Rechts auf Vorsteuerabzug

Art. 167 [Entstehung des Rechts auf Vorsteuerabzug] Das Recht auf Vorsteuerabzug entsteht, wenn der Anspruch auf die abziehbare Steuer entsteht.

Art. 167 a[1] [Fakultative Regelung] Die Mitgliedstaaten können im Rahmen einer fakultativen Regelung vorsehen, dass das Recht auf Vorsteuerabzug eines Steuerpflichtigen, bei dem ausschließlich ein Steueranspruch gemäß Artikel 66 Buchstabe b eintritt, erst dann ausgeübt werden darf, wenn der entsprechende Lieferer oder Dienstleistungserbringer die Mehrwertsteuer auf die dem Steuerpflichtigen gelieferten Gegenstände oder erbrachten Dienstleistungen erhalten hat.

Mitgliedstaaten, die die in Absatz 1 genannte fakultative Regelung anwenden, legen für Steuerpflichtige, die innerhalb ihres Gebiets von dieser Regelung Gebrauch machen, einen Grenzwert fest, der sich auf den gemäß Artikel 288 berechneten Jahresumsatz des Steuerpflichtigen stützt. Dieser Grenzwert darf 500 000 EUR oder den Gegenwert in Landeswährung nicht übersteigen. Die Mitgliedstaaten können nach Konsultation des Mehrwertsteuerausschusses einen Grenzwert anwenden, der bis zu 2 000 000 EUR oder den Gegenwert in Landeswährung beträgt. Bei Mitgliedstaaten, die am 31. Dezember 2012 einen Grenzwert anwenden, der mehr als 500 000 EUR oder den Gegenwert in Landeswährung beträgt, ist eine solche Konsultation des Mehrwertsteuerausschusses jedoch nicht erforderlich.

Die Mitgliedstaaten unterrichten den Mehrwertsteuerausschuss von allen auf der Grundlage von Absatz 1 erlassenen nationalen Maßnahmen.

Art. 168[2] [Umfang des Rechts auf Vorsteuerabzug – steuerpflichtige Ausgangsumsätze] Soweit die Gegenstände und Dienstleistungen für die

---

[1] Art. 167 a eingef. mWv 11. 8. 2010 durch RL 2010/45/EU v. 13. 7. 2010 (ABl. EU Nr. L 189 S. 1).

[2] **Red. Anm.:** Zeitlich befristete abweichende Ermächtigung Deutschlands auf **Ausschluss vom Recht auf Vorsteuerabzug** von Gegenständen und Dienstleistungen, die zu mehr als 90% für private Zwecke des Stpfl. oder seines Personals oder allgemein für unternehmensfremde Zwecke genutzt werden, durch Durchführungsbeschluss 2012/705/EU vom 13. 11. 2012 (ABl. EU Nr. L 319/8).

Zwecke seiner besteuerten Umsätze verwendet werden, ist der Steuerpflichtige berechtigt, in dem Mitgliedstaat, in dem er diese Umsätze bewirkt, vom Betrag der von ihm geschuldeten Steuer folgende Beträge abzuziehen:

a) die in diesem Mitgliedstaat geschuldete oder entrichtete Mehrwertsteuer für Gegenstände und Dienstleistungen, die ihm von einem anderen Steuerpflichtigen geliefert bzw. erbracht wurden oder werden;
b) die Mehrwertsteuer, die für Umsätze geschuldet wird, die der Lieferung von Gegenständen beziehungsweise dem Erbringen von Dienstleistungen gemäß Artikel 18 Buchstabe a sowie Artikel 27 gleichgestellt sind;
c) die Mehrwertsteuer, die für den innergemeinschaftlichen Erwerb von Gegenständen gemäß Artikel 2 Absatz 1 Buchstabe b Ziffer i geschuldet wird;
d) die Mehrwertsteuer, die für dem innergemeinschaftlichen Erwerb gleichgestellte Umsätze gemäß den Artikeln 21 und 22 geschuldet wird;
e) die Mehrwertsteuer, die für die Einfuhr von Gegenständen in diesem Mitgliedstaat geschuldet wird oder entrichtet worden ist.

Art. 168 a[1)] [Umfang des Rechts auf Vorsteuerabzug bei Grundstücken und sonstigen Unternehmensgegenständen] (1) Soweit ein dem Unternehmen zugeordnetes Grundstück vom Steuerpflichtigen sowohl für unternehmerische Zwecke als auch für seinen privaten Bedarf oder den seines Personals oder allgemein für unternehmensfremde Zwecke verwendet wird, darf bei Ausgaben im Zusammenhang mit diesem Grundstück höchstens der Teil der Mehrwertsteuer nach den Grundsätzen der Artikel 167, 168, 169 und 173 abgezogen werden, der auf die Verwendung des Grundstücks für unternehmerische Zwecke des Steuerpflichtigen entfällt.

Ändert sich der Verwendungsanteil eines Grundstücks nach Unterabsatz 1, so werden diese Änderungen abweichend von Artikel 26 nach den in dem betreffenden Mitgliedstaat geltenden Vorschriften zur Anwendung der in den Artikeln 184 bis 192 festgelegten Grundsätze berücksichtigt.

(2) Die Mitgliedstaaten können Absatz 1 auch auf die Mehrwertsteuer auf Ausgaben im Zusammenhang mit von ihnen definierten sonstigen Gegenständen anwenden, die dem Unternehmen zugeordnet sind.

Art. 169 [Umfang des Rechts auf Vorsteuerabzug – im Ausland bewirkte und steuerfreie Ausgangsumsätze] Über den Vorsteuerabzug nach Artikel 168 hinaus hat der Steuerpflichtige das Recht, die in jenem Artikel genannte Mehrwertsteuer abzuziehen, soweit die Gegenstände und Dienstleistungen für die Zwecke folgender Umsätze verwendet werden:

a) für seine Umsätze, die sich aus den in Artikel 9 Absatz 1 Unterabsatz 2 genannten Tätigkeiten ergeben, die außerhalb des Mitgliedstaats, in dem diese Steuer geschuldet oder entrichtet wird, bewirkt werden und für die das Recht auf Vorsteuerabzug bestünde, wenn sie in diesem Mitgliedstaat bewirkt worden wären;

[1)] Art. 168 a eingef. mWv 15. 1. 2010 durch RL 2009/162/EU v. 22. 12. 2009 (ABl. EU 2010 Nr. L 10 S. 14).

b) für seine Umsätze, die gemäß den Artikeln 138, 142, 144, 146 bis 149, 151, 152, 153, 156, dem Artikel 157 Absatz 1 Buchstabe b, den Artikeln 158 bis 161 und Artikel 164 befreit sind;

c) für seine gemäß Artikel 135 Absatz 1 Buchstaben a bis f befreiten Umsätze, wenn der Dienstleistungsempfänger außerhalb der Gemeinschaft ansässig ist oder wenn diese Umsätze unmittelbar mit Gegenständen zusammenhängen, die zur Ausfuhr aus der Gemeinschaft bestimmt sind.

Art. 170[1] **[Umfang des Anspruchs von Unternehmen in anderen EU-Staaten und Drittstaaten auf Vorsteuererstattung]** Jeder Steuerpflichtige, der im Sinne des Artikels 1 der Richtlinie 86/560/EWG[2], des Artikels 2 Nr. 1 und des Artikels 3 der Richtlinie 2008/9/EG[3] und des Artikels 171 der vorliegenden Richtlinie nicht in dem Mitgliedstaat ansässig ist, in dem er die Gegenstände und Dienstleistungen erwirbt oder mit der Mehrwertsteuer belastete Gegenstände einführt, hat Anspruch auf Erstattung dieser Mehrwertsteuer, soweit die Gegenstände und Dienstleistungen für die Zwecke folgender Umsätze verwendet werden:

a) die in Artikel 169 genannten Umsätze;

b) die Umsätze, bei denen die Steuer nach den Artikeln 194 bis 197 und 199 lediglich vom Empfänger geschuldet wird.

Art. 171 [Anwendung der gesonderten Richtlinien beim Verfahren der Vorsteuererstattung] (1)[4] Die Erstattung der Mehrwertsteuer an Steuerpflichtige, die nicht in dem Mitgliedstaat, in dem sie die Gegenstände und Dienstleistungen erwerben oder mit der Mehrwertsteuer belastete Gegenstände einführen, sondern in einem anderen Mitgliedstaat ansässig sind, erfolgt nach dem in der Richtlinie 2008/9/EG[5] vorgesehenen Verfahren.

(2) Die Erstattung der Mehrwertsteuer an nicht im Gebiet der Gemeinschaft ansässige Steuerpflichtige erfolgt nach dem in der Richtlinie 86/560/EWG vorgesehenen Verfahren.

Steuerpflichtige im Sinne des Artikels 1 der Richtlinie 86/560/EWG, die in dem Mitgliedstaat, in dem sie die Gegenstände und Dienstleistungen erwerben oder mit der Mehrwertsteuer belastete Gegenstände einführen, ausschließlich Lieferungen von Gegenständen und Dienstleistungen bewirken, für die gemäß den Artikeln 194 bis 197 und 199 der Empfänger der Umsätze als

---

[1] Art. 170 geänd. durch RL 2008/8/EG v. 12. 2. 2008 (ABl. EU Nr. L 44 S. 11).

[2] Dreizehnte Richtlinie 86/560/EWG des Rates vom 17. November 1986 zur Harmonisierung der Rechtsvorschriften der Mitgliedstaaten über die Umsatzsteuern – Verfahren der Erstattung der Mehrwertsteuer an nicht im Gebiet der Gemeinschaft ansässige Steuerpflichtige (ABl. L 326 vom 21. 11. 1986, S. 40). – Nr. **553**.

[3] Richtlinie 2008/9/EG des Rates vom 12. Februar 2008 zur Regelung der Erstattung der Mehrwertsteuer gemäß der Richtlinie 2006/112/EG an nicht im Mitgliedstaat der Erstattung, sondern in einem anderen Mitgliedstaat ansässige Steuerpflichtige (ABl. L 44 vom 20. 2. 2008, S. 23). – Nr. **550 b**.

[4] Art. 171 Abs. 1 geänd. durch RL 2008/8/EG v. 12. 2. 2008 (ABl. EU Nr. L 44 S. 11); UAbs. 2 aufgeh. mWv 1. 1. 2010 durch RL 2008/8/EG v. 12. 2. 2008 (ABl. EU Nr. L 44 S. 11).

[5] Nr. **550 b**.

Steuerschuldner bestimmt worden ist, gelten bei Anwendung der genannten Richtlinie ebenfalls als nicht in der Gemeinschaft ansässige Steuerpflichtige.

(3)[1] Die Richtlinie 86/560/EWG gilt nicht für:

a) nach den Rechtsvorschriften des Mitgliedstaats der Erstattung fälschlich in Rechnung gestellte Mehrwertsteuerbeträge;

b) in Rechnung gestellte Mehrwertsteuerbeträge für Lieferungen von Gegenständen, die gemäß Artikel 138 oder Artikel 146 Absatz 1 Buchstabe b von der Steuer befreit sind oder befreit werden können.

Art. 171 a[2] [Kannbestimmung: Vorsteuerabzug aus einer Reverse-Charge-Steuerschuld an Stelle der Anwendung des Erstattungsverfahrens] Die Mitgliedstaaten können anstatt der Gewährung einer Erstattung der Mehrwertsteuer gemäß den Richtlinien 86/560/EWG oder 2008/9/EG für Lieferungen von Gegenständen oder Dienstleistungen an einen Steuerpflichtigen, für die dieser Steuerpflichtige die Steuer gemäß den Artikeln 194 bis 197 oder Artikel 199 schuldet, den Abzug dieser Steuer nach dem Verfahren gemäß Artikel 168 erlauben. Bestehende Beschränkungen nach Artikel 2 Absatz 2 und Artikel 4 Absatz 2 der Richtlinie 86/560/EWG können beibehalten werden.

Zu diesem Zweck können die Mitgliedstaaten den Steuerpflichtigen, der die Steuer zu entrichten hat, von dem Erstattungsverfahren gemäß den Richtlinien 86/560/EWG oder 2008/9/EG ausschließen.

Art. 172 [Vorsteuerabzugsrecht des Lieferers eines neuen Fahrzeugs] (1) Jede Person, die als Steuerpflichtiger gilt, weil sie gelegentlich die Lieferung eines neuen Fahrzeugs unter den Voraussetzungen des Artikels 138 Absatz 1 und Absatz 2 Buchstabe a bewirkt, hat in dem Mitgliedstaat, in dem die Lieferung bewirkt wird, das Recht auf Abzug der im Einkaufspreis enthaltenen oder bei der Einfuhr oder dem innergemeinschaftlichen Erwerb dieses Fahrzeugs entrichteten Mehrwertsteuer im Umfang oder bis zur Höhe des Betrags, den sie als Steuer schulden würde, wenn die Lieferung nicht befreit wäre.

Das Recht auf Vorsteuerabzug entsteht zum Zeitpunkt der Lieferung des neuen Fahrzeugs und kann nur zu diesem Zeitpunkt ausgeübt werden.

(2) Die Mitgliedstaaten legen die Einzelheiten der Anwendung des Absatzes 1 fest.

Kapitel 2. Pro-rata-Satz des Vorsteuerabzugs

Art. 173 [Anwendungsbereich des Pro-rata-Satzes des Vorsteuerabzugs] (1) Soweit Gegenstände und Dienstleistungen von einem Steuerpflichtigen sowohl für Umsätze verwendet werden, für die ein Recht auf Vorsteuerabzug gemäß den Artikeln 168, 169 und 170 besteht, als auch für Umsätze,

---

[1] Art. 171 Abs. 3 neu gef. mWv 1. 1. 2010 durch RL 2008/8/EG v. 12. 2. 2008 (ABl. EU Nr. L 44 S. 11).

[2] Art. 171 a eingef. mWv 1. 1. 2010 durch RL 2008/8/EG v. 12. 2. 2008 (ABl. EU Nr. L 44 S. 11).

für die kein Recht auf Vorsteuerabzug besteht, darf nur der Teil der Mehrwertsteuer abgezogen werden, der auf den Betrag der erstgenannten Umsätze entfällt.

Der Pro-rata-Satz des Vorsteuerabzugs wird gemäß den Artikeln 174 und 175 für die Gesamtheit der von dem Steuerpflichtigen bewirkten Umsätze festgelegt.

(2) Die Mitgliedstaaten können folgende Maßnahmen ergreifen:

a) dem Steuerpflichtigen gestatten, für jeden Bereich seiner Tätigkeit einen besonderen Pro-rata-Satz anzuwenden, wenn für jeden dieser Bereiche getrennte Aufzeichnungen geführt werden;

b) den Steuerpflichtigen verpflichten, für jeden Bereich seiner Tätigkeit einen besonderen Pro-rata-Satz anzuwenden und für jeden dieser Bereiche getrennte Aufzeichnungen zu führen;

c) dem Steuerpflichtigen gestatten oder ihn verpflichten, den Vorsteuerabzug je nach der Zuordnung der Gesamtheit oder eines Teils der Gegenstände oder Dienstleistungen vorzunehmen;

d) dem Steuerpflichtigen gestatten oder ihn verpflichten, den Vorsteuerabzug gemäß Absatz 1 Unterabsatz 1 bei allen Gegenständen und Dienstleistungen vorzunehmen, die für die dort genannten Umsätze verwendet wurden;

e) vorsehen, dass der Betrag der Mehrwertsteuer, der vom Steuerpflichtigen nicht abgezogen werden kann, nicht berücksichtigt wird, wenn er geringfügig ist.

Art. 174 [Mathematische Definition des Pro-rata-Satzes des Vorsteuerabzugs] (1) Der Pro-rata-Satz des Vorsteuerabzugs ergibt sich aus einem Bruch, der sich wie folgt zusammensetzt:

a) im Zähler steht der je Jahr ermittelte Gesamtbetrag – ohne Mehrwertsteuer – der Umsätze, die zum Vorsteuerabzug gemäß den Artikeln 168 und 169 berechtigen;

b) im Nenner steht der je Jahr ermittelte Gesamtbetrag – ohne Mehrwertsteuer – der im Zähler stehenden Umsätze und der Umsätze, die nicht zum Vorsteuerabzug berechtigen.

Die Mitgliedstaaten können in den Nenner auch den Betrag der Subventionen einbeziehen, die nicht unmittelbar mit dem Preis der Lieferungen von Gegenständen oder der Dienstleistungen im Sinne des Artikels 73 zusammenhängen.

(2) Abweichend von Absatz 1 bleiben bei der Berechnung des Pro-rata-Satzes des Vorsteuerabzugs folgende Beträge außer Ansatz:

a) der Betrag, der auf die Lieferungen von Investitionsgütern entfällt, die vom Steuerpflichtigen in seinem Unternehmen verwendet werden;

b) der Betrag, der auf Hilfsumsätze mit Grundstücks- und Finanzgeschäften entfällt;

c) der Betrag, der auf Umsätze im Sinne des Artikels 135 Absatz 1 Buchstaben b bis g entfällt, sofern es sich dabei um Hilfsumsätze handelt.

(3) Machen die Mitgliedstaaten von der Möglichkeit nach Artikel 191 Gebrauch, keine Berichtigung in Bezug auf Investitionsgüter zu verlangen, können sie den Erlös aus dem Verkauf dieser Investitionsgüter bei der Berechnung des Pro-rata-Satzes des Vorsteuerabzugs berücksichtigen.

Art. 175 [Bemessung des Pro-rata-Satzes des Vorsteuerabzugs auf einer Jahresbasis] (1) Der Pro-rata-Satz des Vorsteuerabzugs wird auf Jahresbasis in Prozent festgesetzt und auf einen vollen Prozentsatz aufgerundet.

(2) Der für ein Jahr vorläufig geltende Pro-rata-Satz bemisst sich nach dem auf der Grundlage der Umsätze des vorangegangenen Jahres ermittelten Pro-rata-Satz. Ist eine solche Bezugnahme nicht möglich oder nicht stichhaltig, wird der Pro-rata-Satz vom Steuerpflichtigen unter Überwachung durch die Finanzverwaltung nach den voraussichtlichen Verhältnissen vorläufig geschätzt.

Die Mitgliedstaaten können jedoch die Regelung beibehalten, die sie am 1. Januar 1979 beziehungsweise im Falle der nach diesem Datum der Gemeinschaft beigetretenen Mitgliedstaaten am Tag ihres Beitritts angewandt haben.

(3) Die Festsetzung des endgültigen Pro-rata-Satzes, die für jedes Jahr im Laufe des folgenden Jahres vorgenommen wird, führt zur Berichtigung der nach dem vorläufigen Pro-rata-Satz vorgenommenen Vorsteuerabzüge.

Kapitel 3. Einschränkungen des Rechts auf Vorsteuerabzug

Art. 176 [Ausschlüsse vom Vorsteuerabzug – Harmonisierungsauftrag – Stand-Still-Klausel] Der Rat legt auf Vorschlag der Kommission einstimmig fest, welche Ausgaben kein Recht auf Vorsteuerabzug eröffnen. In jedem Fall werden diejenigen Ausgaben vom Recht auf Vorsteuerabzug ausgeschlossen, die keinen streng geschäftlichen Charakter haben, wie Luxusausgaben, Ausgaben für Vergnügungen und Repräsentationsaufwendungen.

Bis zum Inkrafttreten der Bestimmungen im Sinne des Absatzes 1 können die Mitgliedstaaten alle Ausschlüsse beibehalten, die am 1. Januar 1979 beziehungsweise im Falle der nach diesem Datum der Gemeinschaft beigetretenen Mitgliedstaaten am Tag ihres Beitritts in ihren nationalen Rechtsvorschriften vorgesehen waren.

Art. 177 [Ausschlüsse vom Vorsteuerabzug – konjunkturelle Gründe] Nach Konsultation des Mehrwertsteuerausschusses kann jeder Mitgliedstaat aus Konjunkturgründen alle oder bestimmte Investitionsgüter oder andere Gegenstände teilweise oder ganz vom Vorsteuerabzug ausschließen.

Anstatt den Vorsteuerabzug abzulehnen, können die Mitgliedstaaten zur Wahrung gleicher Wettbewerbsbedingungen Gegenstände, welche der Steuerpflichtige selbst hergestellt oder innerhalb der Gemeinschaft erworben oder auch eingeführt hat, in der Weise besteuern, dass dabei der Betrag der Mehrwertsteuer nicht überschritten wird, der beim Erwerb vergleichbarer Gegenstände zu entrichten wäre.

Kapitel 4. Einzelheiten der Ausübung des Rechts auf Vorsteuerabzug

Art. 178 [Voraussetzungen zur Ausübung des Rechts auf Vorsteuerabzug] Um das Recht auf Vorsteuerabzug ausüben zu können, muss der Steuerpflichtige folgende Bedingungen erfüllen:

a)[1] für den Vorsteuerabzug nach Artikel 168 Buchstabe a in Bezug auf die Lieferung von Gegenständen oder das Erbringen von Dienstleistungen muss er eine gemäß Titel XI Kapitel 3 Abschnitte 3 bis 6 ausgestellte Rechnung besitzen;

b) für den Vorsteuerabzug nach Artikel 168 Buchstabe b in Bezug auf die Lieferungen von Gegenständen und das Erbringen von Dienstleistungen gleichgestellte Umsätze muss er die von dem jeweiligen Mitgliedstaat vorgeschriebenen Formalitäten erfüllen;

c) für den Vorsteuerabzug nach Artikel 168 Buchstabe c in Bezug auf den innergemeinschaftlichen Erwerb von Gegenständen muss er in der Mehrwertsteuererklärung nach Artikel 250 alle Angaben gemacht haben, die erforderlich sind, um die Höhe der Steuer festzustellen, die für die von ihm erworbenen Gegenstände geschuldet wird, und eine gemäß Titel XI Kapitel 3 Abschnitte 3 bis 5[2] ausgestellte Rechnung besitzen;

d) für den Vorsteuerabzug nach Artikel 168 Buchstabe d in Bezug auf den innergemeinschaftlichen Erwerb von Gegenständen gleichgestellte Umsätze muss er die von dem jeweiligen Mitgliedstaat vorgeschriebenen Formalitäten erfüllen;

e) für den Vorsteuerabzug nach Artikel 168 Buchstabe e in Bezug auf die Einfuhr von Gegenständen muss er ein die Einfuhr bescheinigendes Dokument besitzen, das ihn als Empfänger der Lieferung oder Importeur ausweist und den Betrag der geschuldeten Mehrwertsteuer ausweist oder deren Berechnung ermöglicht;

f) hat er die Steuer in seiner Eigenschaft als Dienstleistungsempfänger oder Erwerber gemäß den Artikeln 194 bis 197 sowie 199 zu entrichten, muss er die von dem jeweiligen Mitgliedstaat vorgeschriebenen Formalitäten erfüllen.

Art. 179 [Globale Vornahme des Vorsteuerabzugs – Absetzung des Vorsteuerbetrags vom geschuldeten Steuerbetrag] Der Vorsteuerabzug wird vom Steuerpflichtigen global vorgenommen, indem er von dem Steuerbetrag, den er für einen Steuerzeitraum schuldet, den Betrag der Mehrwertsteuer absetzt, für die während des gleichen Steuerzeitraums das Abzugsrecht entstanden ist und gemäß Artikel 178 ausgeübt wird.

Die Mitgliedstaaten können jedoch den Steuerpflichtigen, die nur die in Artikel 12 genannten gelegentlichen Umsätze bewirken, vorschreiben, dass sie das Recht auf Vorsteuerabzug erst zum Zeitpunkt der Lieferung ausüben.

---

[1] Art. 178 Buchst. a geänd. mWv 11. 8. 2010 durch RL 2010/45/EU v. 13. 7. 2010 (ABl. EU Nr. L 189 S. 1).

[2] Verweis geänd. mWv 11. 8. 2010 durch RL 2010/45/EU v. 13. 7. 2010 (ABl. EU Nr. L 189 S. 1).

Art. 180 [Kannbestimmung: andere als globale Ausübung des Vorsteuerabzugs] Die Mitgliedstaaten können einem Steuerpflichtigen gestatten, einen Vorsteuerabzug vorzunehmen, der nicht gemäß den Artikeln 178 und 179 vorgenommen wurde.

Art. 181 [Kannbestimmung: Vorsteuerabzug aus innergemeinschaftlichem Erwerb ohne Besitz einer Rechnung] Die Mitgliedstaaten können einen Steuerpflichtigen, der keine gemäß Titel XI Kapitel 3 Abschnitte 3 bis 5[1] ausgestellte Rechnung besitzt, ermächtigen, in Bezug auf seine innergemeinschaftlichen Erwerbe von Gegenständen einen Vorsteuerabzug gemäß Artikel 168 Buchstabe c vorzunehmen.

Art. 182 [Regelungsspielraum der Mitgliedstaaten für Bedingungen der Sondermöglichkeiten des Vorsteuerabzugs] Die Mitgliedstaaten legen die Bedingungen und Einzelheiten für die Anwendung der Artikel 180 und 181 fest.

Art. 183 [Kannbestimmung: Behandlung von Vorsteuerüberschüssen] Übersteigt der Betrag der abgezogenen Vorsteuer den Betrag der für einen Steuerzeitraum geschuldeten Mehrwertsteuer, können die Mitgliedstaaten den Überschuss entweder auf den folgenden Zeitraum vortragen lassen oder nach den von ihnen festgelegen Einzelheiten erstatten.

Die Mitgliedstaaten können jedoch festlegen, dass geringfügige Überschüsse weder vorgetragen noch erstattet werden.

Kapitel 5. Berichtigung des Vorsteuerabzugs

Art. 184 [Berichtigung des Vorsteuerabzugs – Grundsatz] Der ursprüngliche Vorsteuerabzug wird berichtigt, wenn der Vorsteuerabzug höher oder niedriger ist als der, zu dessen Vornahme der Steuerpflichtige berechtigt war.

Art. 185 [Berichtigung des Vorsteuerabzugs – geänderte Faktoren nach Abgabe der Steuererklärung] (1) Die Berichtigung erfolgt insbesondere dann, wenn sich die Faktoren, die bei der Bestimmung des Vorsteuerabzugsbetrags berücksichtigt werden, nach Abgabe der Mehrwertsteuererklärung geändert haben, zum Beispiel bei rückgängig gemachten Käufen oder erlangten Rabatten.

(2) Abweichend von Absatz 1 unterbleibt die Berichtigung bei Umsätzen, bei denen keine oder eine nicht vollständige Zahlung geleistet wurde, in ordnungsgemäß nachgewiesenen oder belegten Fällen von Zerstörung, Verlust oder Diebstahl sowie bei Entnahmen für Geschenke von geringem Wert und Warenmuster im Sinne des Artikels 16.

Bei Umsätzen, bei denen keine oder eine nicht vollständige Zahlung erfolgt, und bei Diebstahl können die Mitgliedstaaten jedoch eine Berichtigung verlangen.

---

[1] Verweis geänd. mWv 11. 8. 2010 durch RL 2010/45/EU v. 13. 7. 2010 (ABl. EU Nr. L 189 S. 1).

Art. 186 [Regelungsspielraum der Mitgliedstaaten für Einzelheiten der Vorsteuerberichtigung] Die Mitgliedstaaten legen die Einzelheiten für die Anwendung der Artikel 184 und 185 fest.

Art. 187 [Berichtigung des Vorsteuerabzugs bei Investitionsgütern – Grundsatz] (1) Bei Investitionsgütern erfolgt die Berichtigung während eines Zeitraums von fünf Jahren einschließlich des Jahres, in dem diese Güter erworben oder hergestellt wurden.

Die Mitgliedstaaten können jedoch für die Berichtigung einen Zeitraum von fünf vollen Jahren festlegen, der mit der erstmaligen Verwendung dieser Güter beginnt.

Bei Grundstücken, die als Investitionsgut erworben wurden, kann der Zeitraum für die Berichtigung bis auf 20 Jahre verlängert werden.

(2) Die jährliche Berichtigung betrifft nur ein Fünftel beziehungsweise im Falle der Verlängerung des Berichtigungszeitraums den entsprechenden Bruchteil der Mehrwertsteuer, mit der diese Investitionsgüter belastet waren.

Die in Unterabsatz 1 genannte Berichtigung erfolgt entsprechend den Änderungen des Rechts auf Vorsteuerabzug, die in den folgenden Jahren gegenüber dem Recht für das Jahr eingetreten sind, in dem die Güter erworben, hergestellt oder gegebenenfalls erstmalig verwendet wurden.

Art. 188 [Berichtigung des Vorsteuerabzugs bei Investitionsgütern – Lieferung innerhalb des Berichtigungszeitraums] (1) Bei der Lieferung eines Investitionsgutes innerhalb des Berichtigungszeitraums ist dieses so zu behandeln, als ob es bis zum Ablauf des Berichtigungszeitraums weiterhin für eine wirtschaftliche Tätigkeit des Steuerpflichtigen verwendet worden wäre.

Diese wirtschaftliche Tätigkeit gilt als in vollem Umfang steuerpflichtig, wenn die Lieferung des Investitionsgutes steuerpflichtig ist.

Die wirtschaftliche Tätigkeit gilt als in vollem Umfang steuerfrei, wenn die Lieferung des Investitionsgutes steuerfrei ist.

(2) Die in Absatz 1 genannte Berichtigung wird für den gesamten noch verbleibenden Berichtigungszeitraum auf einmal vorgenommen. Ist die Lieferung des Investitionsgutes steuerfrei, können die Mitgliedstaaten jedoch von der Berichtigung absehen, wenn es sich bei dem Erwerber um einen Steuerpflichtigen handelt, der die betreffenden Investitionsgüter ausschließlich für Umsätze verwendet, bei denen die Mehrwertsteuer abgezogen werden kann.

Art. 189 [Kannbestimmung – Regelungsspielraum der Mitgliedstaaten zur Vorsteuerberichtigung] Für die Zwecke der Artikel 187 und 188 können die Mitgliedstaaten folgende Maßnahmen treffen:

a) den Begriff „Investitionsgüter" definieren;

b) den Betrag der Mehrwertsteuer festlegen, der bei der Berichtigung zu berücksichtigen ist;

c) alle zweckdienlichen Vorkehrungen treffen, um zu gewährleisten, dass keine ungerechtfertigten Vorteile aus der Berichtigung entstehen;

d) verwaltungsmäßige Vereinfachungen ermöglichen.

Art. 190 [Kannbestimmung – Behandlung von Dienstleistungen wie Investitionsgüter für Zwecke der Vorsteuerberichtigung] Für die Zwecke der Artikel 187, 188, 189 und 191 können die Mitgliedstaaten Dienstleistungen, die Merkmale aufweisen, die den üblicherweise Investitionsgütern zugeschriebenen vergleichbar sind, wie Investitionsgüter behandeln.

Art. 191 [Kannbestimmung – Verzicht auf Vorsteuerberichtigung bei Investitionsgütern] Sollten die praktischen Auswirkungen der Anwendung der Artikel 187 und 188 in einem Mitgliedstaat unwesentlich sein, kann dieser nach Konsultation des Mehrwertsteuerausschusses unter Berücksichtigung der gesamten mehrwertsteuerlichen Auswirkungen in dem betreffenden Mitgliedstaat und der Notwendigkeit verwaltungsmäßiger Vereinfachung auf die Anwendung dieser Artikel verzichten, vorausgesetzt, dass dies nicht zu Wettbewerbsverzerrungen führt.

Art. 192 [Kannbestimmung – Regelungsspielraum der Mitgliedstaaten in Bezug auf Vorsteuerberichtigung bei Wechsel der Besteuerungsform] Geht der Steuerpflichtige von der normalen Mehrwertsteuerregelung auf eine Sonderregelung über oder umgekehrt, können die Mitgliedstaaten die erforderlichen Vorkehrungen treffen, um zu vermeiden, dass dem Steuerpflichtigen ungerechtfertigte Vorteile oder Nachteile entstehen.

Titel XI. Pflichten der steuerpflichtigen und bestimmter nichtsteuerpflichtiger Personen

Kapitel 1. Zahlungspflicht

Abschnitt 1. Steuerschuldner gegenüber dem Fiskus

Art. 192a[1] [Steuerschuldnerschaft – Nichtansässigkeit im Fall einer festen Niederlassung] Für die Zwecke der Anwendung dieses Abschnitts gilt ein Steuerpflichtiger, der im Gebiet des Mitgliedstaats, in dem die Steuer geschuldet wird, über eine feste Niederlassung verfügt, als nicht in diesem Mitgliedstaat ansässig, wenn die folgenden Voraussetzungen erfüllt sind:

a) er liefert steuerpflichtig Gegenstände oder erbringt steuerpflichtig eine Dienstleistung im Gebiet dieses Mitgliedstaats;

b) eine Niederlassung des Lieferers oder Dienstleistungserbringers im Gebiet dieses Mitgliedstaats ist nicht an der Lieferung oder Dienstleistung beteiligt.

Art. 193 [Steuerschuldnerschaft – Grundsatz] Die Mehrwertsteuer schuldet der Steuerpflichtige, der Gegenstände steuerpflichtig liefert oder eine Dienstleistung steuerpflichtig erbringt, außer in den Fällen, in denen die

[1] Art. 192a eingef. mWv 1. 1. 2010 durch RL 2008/8/EG v. 12. 2. 2008 (ABl. EU Nr. L 44 S. 11).

Steuer gemäß den Artikeln 194 bis *199* [***vom 15. 8. 13 bis 31. 12. 18:*** 199 b][1] sowie 202 von einer anderen Person geschuldet wird.

Art. 194 [Kannbestimmung: Steuerschuldnerschaft des Leistungsempfängers bei Leistung eines im Ausland ansässigen Unternehmers]

(1) Wird die steuerpflichtige Lieferung von Gegenständen bzw. die steuerpflichtige Dienstleistung von einem Steuerpflichtigen bewirkt, der nicht in dem Mitgliedstaat ansässig ist, in dem die Mehrwertsteuer geschuldet wird, können die Mitgliedstaaten vorsehen, dass die Person, für die die Lieferung bzw. Dienstleistung bestimmt ist, die Steuer schuldet.

(2) Die Mitgliedstaaten legen die Bedingungen für die Anwendung des Absatzes 1 fest.

Art. 195 [Steuerschuldnerschaft des Leistungsempfängers bei Lieferungen von Gas und Elektrizität durch einen im Ausland ansässigen Unternehmer] Die Mehrwertsteuer schulden die Personen, die in dem Mitgliedstaat, in dem die Steuer geschuldet wird, für Mehrwertsteuerzwecke erfasst sind und an die die Gegenstände unter den Bedingungen der Artikel 38 und 39 geliefert werden, wenn die betreffende Lieferung von einem nicht in diesem Mitgliedstaat ansässigen Steuerpflichtigen bewirkt wird.

Art. 196[2] [Steuerschuldnerschaft des Leistungsempfängers bei „Katalog"- und anderen Dienstleistungen] Die Mehrwertsteuer schuldet der Steuerpflichtige oder die nicht steuerpflichtige juristische Person mit einer Mehrwertsteuer-Identifikationsnummer, für den/die eine Dienstleistung nach Artikel 44 erbracht wird, wenn die Dienstleistung von einem nicht in diesem Mitgliedstaat ansässigen Steuerpflichtigen erbracht wird.

Art. 197 [Steuerschuldnerschaft des letzten Abnehmers in einem innergemeinschaftlichen Dreiecksgeschäft] (1) Die Mehrwertsteuer schuldet der Empfänger einer Lieferung von Gegenständen, wenn folgende Voraussetzungen erfüllt sind:

a) der steuerpflichtige Umsatz ist eine Lieferung von Gegenständen im Sinne von Artikel 141;

b) der Empfänger dieser Lieferung von Gegenständen ist ein anderer Steuerpflichtiger oder eine nichtsteuerpflichtige juristische Person, der bzw. die in dem Mitgliedstaat für Mehrwertsteuerzwecke erfasst ist, in dem die Lieferung bewirkt wird;

c) die von dem nicht im Mitgliedstaat des Empfängers der Lieferung ansässigen Steuerpflichtigen ausgestellte Rechnung entspricht Kapitel 3 Abschnitte 3 bis 5.[3]

---

[1] Verweis geänd. durch RL 2013/43/EU v. 22. 7. 2013 (ABl. EU Nr. L 201 S. 4); zum zeitlichen Geltungsbereich siehe Art. 2 und 3 der RL 2013/43/EU.

[2] Art. 196 geänd. mWv 1. 1. 2010 durch RL 2008/8/EG v. 12. 2. 2008 (ABl. EU Nr. L 44 S. 11).

[3] Verweis geänd. mWv 11. 8. 2010 durch RL 2010/45/EU v. 13. 7. 2010 (ABl. EU Nr. L 189 S. 1).

(2) Wurde gemäß Artikel 204 ein Steuervertreter bestellt, der die Steuer schuldet, können die Mitgliedstaaten eine Ausnahme von Absatz 1 des vorliegenden Artikels vorsehen.

Art. 198 [Steuerschuldnerschaft des Leistungsempfängers bei zwischenunternehmerischen Umsätzen mit Anlagegold] (1) Werden bestimmte Umsätze in Bezug auf Anlagegold zwischen einem auf einem geregelten Goldmarkt tätigen Steuerpflichtigen und einem anderen nicht auf diesem Markt tätigen Steuerpflichtigen gemäß Artikel 352 besteuert, legen die Mitgliedstaaten fest, dass die Steuer vom Erwerber geschuldet wird.

Ist der nicht auf dem geregelten Goldmarkt tätige Erwerber ein Steuerpflichtiger, der nur für die in Artikel 352 genannten Umsätze in dem Mitgliedstaat, in dem die Steuer geschuldet wird, für Mehrwertsteuerzwecke erfasst sein muss, erfüllt der Verkäufer die steuerlichen Pflichten des Erwerbers in dessen Namen gemäß den Vorschriften jenes Mitgliedstaats.

(2) Wird eine Lieferung von Goldmaterial oder Halbfertigerzeugnissen mit einem Feingehalt von mindestens 325 Tausendsteln oder eine Lieferung von Anlagegold im Sinne des Artikels 344 Absatz 1 durch einen Steuerpflichtigen bewirkt, der eine der in den Artikeln 348, 349 und 350 vorgesehenen Wahlmöglichkeiten in Anspruch genommen hat, können die Mitgliedstaaten festlegen, dass die Steuer vom Erwerber geschuldet wird.

(3) Die Mitgliedstaaten legen die Verfahren und Voraussetzungen für die Anwendung der Absätze 1 und 2 fest.

Art. 199 [Kannbestimmung: Steuerschuldnerschaft des Leistungsempfängers bei Bauleistungen und bestimmten anderen Umsätzen]

(1) Die Mitgliedstaaten können vorsehen, dass der steuerpflichtige Empfänger die Mehrwertsteuer schuldet, an den folgende Umsätze bewirkt werden:

a) Bauleistungen, einschließlich Reparatur-, Reinigungs-, Wartungs-, Umbau- und Abbruchleistungen im Zusammenhang mit Grundstücken sowie die auf Grund des Artikels 14 Absatz 3 als Lieferung von Gegenständen betrachtete Erbringung bestimmter Bauleistungen;

b) Gestellung von Personal für die unter Buchstabe a fallenden Tätigkeiten;

c) Lieferung von in Artikel 135 Absatz 1 Buchstaben j und k genannten Grundstücken, wenn der Lieferer gemäß Artikel 137 für die Besteuerung optiert hat;

d) Lieferung von Gebrauchtmaterial, auch solchem, das in seinem unveränderten Zustand nicht zur Wiederverwendung geeignet ist, Schrott, von gewerblichen und nichtgewerblichen Abfallstoffen, recyclingfähigen Abfallstoffen und teilweise verarbeiteten Abfallstoffen, und gewissen in Anhang VI aufgeführten Gegenständen und Dienstleistungen;

e) Lieferung sicherungsübereigneter Gegenstände durch einen steuerpflichtigen Sicherungsgeber an einen ebenfalls steuerpflichtigen Sicherungsnehmer;

f) Lieferung von Gegenständen im Anschluss an die Übertragung des Eigentumsvorbehalts auf einen Zessionar und die Ausübung des übertragenen Rechts durch den Zessionar;

g) Lieferung von Grundstücken, die vom Schuldner im Rahmen eines Zwangsversteigerungsverfahrens verkauft werden.

(2) Bei der Anwendung der in Absatz 1 geregelten Möglichkeit können die Mitgliedstaaten die Lieferungen von Gegenständen und Dienstleistungen und die Kategorien von Lieferern und Dienstleistungserbringern sowie von Erwerbern oder Dienstleistungsempfängern bestimmen, für die sie von diesen Maßnahmen Gebrauch machen.

(3) Für die Zwecke des Absatzes 1 können die Mitgliedstaaten folgende Maßnahmen ergreifen:

a) vorsehen, dass ein Steuerpflichtiger, der auch Tätigkeiten ausführt oder Umsätze bewirkt, die nicht als steuerbare Lieferungen von Gegenständen oder als nicht steuerbare Dienstleistungen im Sinne des Artikels 2 angesehen werden, in Bezug auf Lieferungen von Gegenständen oder Dienstleistungen, die er gemäß Absatz 1 des vorliegenden Artikels erhält, als Steuerpflichtiger gilt;
b) vorsehen, dass eine nicht steuerpflichtige Einrichtung des öffentlichen Rechts in Bezug auf gemäß Absatz 1 Buchstaben e, f und g erhaltene Lieferungen von Gegenständen, als Steuerpflichtiger gilt.

(4) Die Mitgliedstaaten unterrichten den Mehrwertsteuerausschuss von nationalen Maßnahmen, die sie im Sinne des Absatzes 1 erlassen, sofern diese nicht vom Rat vor dem 13. August 2006 gemäß Artikel 27 Absätze 1 bis 4 der Richtlinie 77/388/EWG genehmigt wurden und gemäß Absatz 1 des vorliegenden Artikels weitergeführt werden.

Art. 199 a[1)] [Steuerschuldnerschaft bei Treibhausgasemissionszertifikaten] (1) Die Mitgliedstaaten können bis zum *30. Juni 2015* [***vom 15. 8. 2013 bis 31. 12. 2018:*** 31. Dezember 2018][2)] für einen Zeitraum von mindestens zwei Jahren vorsehen, dass die Mehrwertsteuer von dem steuerpflichtigen Empfänger folgender Leistungen geschuldet wird:

a) Übertragung von Treibhausgasemissionszertifikaten entsprechend der Definition in Artikel 3 der Richtlinie 2003/87/EG des Europäischen Parlaments und des Rates vom 13. Oktober 2003 über ein System für den Handel mit Treibhausgasemissionszertifikaten in der Gemeinschaft[3)], die gemäß Artikel 12 der genannten Richtlinie übertragen werden können,
b) Übertragung von anderen Einheiten, die von den Wirtschaftsbeteiligten genutzt werden können, um den Auflagen der Richtlinie nachzukommen.

[***vom 15. 8. 2013 bis 31. 12. 2018:***

c) Lieferungen von Mobilfunktgeräten, d. h. Geräten, die zum Gebrauch mittels eines zugelassenen Netzes und auf bestimmten Frequenzen hergestellt

---

1) Art. 199 a eingef. mWv 9. 4. 2010 durch RL 2010/23/EU v. 16. 3. 2010 (ABl. EU Nr. L 72 S. 1); zum Geltungszeitraum vgl. Art. 4 der RL 2010/23/EU, verlängert durch RL 2013/43/EU; Abs. 1 geänd., Abs. 1 a und 1 b eingef., Abs. 2 neu gef., Abs. 3 geänd., Abs. 4 neu gef., Abs. 5 angef. durch RL 2013/43/EU v. 22. 7. 2013 (ABl. EU Nr. L 201 S. 4); zum zeitlichen Geltungsbereich siehe Art. 2, 3 der RL 2013/43/EU.

2) Frist verlängert durch RL 2013/43/EU v. 22. 7. 2013 (ABl. EU Nr. L 201 S. 4); zum zeitlichen Geltungsbereich siehe Art. 2, 3 der RL 2013/43/EU.

3) **[Amtl. Anm.:]** ABl. L 275 vom 25. 10. 2003, S. 32.

oder hergerichtet wurden, unabhängig von etwaigen weiteren Nutzungsmöglichkeiten,

d) Lieferungen von integrierten Schaltkreisen wie Mikroprozessoren und Zentraleinheiten vor Einbau in Endprodukte,

e) Lieferungen von Gas und Elektrizität an einen steuerpflichtigen Wiederverkäufer im Sinne des Artikels 38 Absatz 2,

f) Übertragung von Gas- und Elektrizitätszertifikaten,

g) Erbringung von Telekommunikationsdienstleistungen im Sinne des Artikels 24 Absatz 2,

h) Lieferungen von Spielkonsolen, Tablet-Computern und Laptops,

i) Lieferungen von Getreide und Handelsgewächsen einschließlich Ölsaaten und Zuckerrüben, die auf der betreffenden Stufe normalerweise nicht für den Endverbrauch bestimmt sind,

j) Lieferungen von Rohmetallen und Metallhalberzeugnissen einschließlich Edelmetalle, sofern sie nicht anderweitig unter Artikel 199 Absatz 1 Buchstabe d, die auf Gebrauchtgegenstände, Kunstgegenstände, Sammlungsstücke und Antiquitäten anwendbaren Sonderregelungen gemäß Artikel 311 bis 343 oder die Sonderregelung für Anlagegold gemäß Artikel 344 bis 356 fallen.

(1 a) Die Mitgliedstaaten können die Bedingungen für die Anwendung des in Absatz 1 vorgesehenen Verfahrens festlegen.

(1 b) Bei der Anwendung des in Absatz 1 vorgesehenen Verfahrens auf die Lieferung der Gegenstände und die Erbringung der Dienstleistungen, die in den Buchstaben c bis j jenes Absatzes aufgeführt sind, werden für alle Steuerpflichtigen, welche die Gegenstände liefern oder die Dienstleistungen erbringen, auf die das in Absatz 1 vorgesehene Verfahren angewendet wird, angemessene und wirksame Mitteilungspflichten eingeführt.]

[bis 14. 8. 2013 und ab 1. 1. 2019:]

(2) Die Mitgliedstaaten teilen der Kommission die Anwendung des in Absatz 1 vorgesehenen Verfahrens bei seiner Einführung mit und legen der Kommission die folgenden Angaben vor:

a) Erklärung über den Geltungsbereich der Maßnahme zur Anwendung des Verfahrens und detaillierte Beschreibung der begleitenden Maßnahmen, einschließlich etwaiger Mitteilungspflichten für Steuerpflichtige und etwaiger Kontrollmaßnahmen;

b) Evaluierungskriterien für einen Vergleich zwischen betrügeri-

[15. 8. 2013 bis 31. 12. 2018:]

(2) Die Mitgliedstaaten teilen dem Mehrwertsteuerausschuss die Anwendung des in Absatz 1 vorgesehenen Verfahrens bei seiner Einführung mit und übermitteln dem Mehrwertsteuerausschuss die folgenden Angaben:

a) Geltungsbereich der Maßnahme zur Anwendung des Verfahrens zusammen mit der Art und den Merkmalen des Betrugs sowie eine detaillierte Beschreibung der begleitenden Maßnahmen, einschließlich der Mitteilungspflichten für Steuerpflichtige und Kontrollmaßnahmen,

[bis 14. 8. 2013 und ab 1. 1. 2019:]

schen Tätigkeiten im Zusammenhang mit den in Absatz 1 genannten Dienstleistungen vor und nach der Anwendung des Verfahrens, betrügerischen Tätigkeiten im Zusammenhang mit anderen Dienstleistungen vor und nach Anwendung des Verfahrens und einem Anstieg bei anderen Arten betrügerischer Tätigkeiten vor und nach der Anwendung des Verfahrens;

c) Zeitpunkt des Geltungsbeginns und Geltungszeitraum der Maßnahme zur Anwendung des Verfahrens.

(3) Die Mitgliedstaaten, die das in Absatz 1 vorgesehene Verfahren anwenden, legen der Kommission ausgehend von den Evaluierungskriterien gemäß Absatz 2 Buchstabe b bis spätestens 30. Juni 2014 einen Bericht vor. In dem Bericht ist eindeutig anzugeben, welche Informationen als vertraulich zu behandeln sind und welche veröffentlicht werden können.

Der Bericht enthält eine detaillierte Bewertung der Gesamtwirksamkeit und -effizienz der Maßnahme insbesondere unter Berücksichtigung der folgenden Punkte:

a) Auswirkung auf betrügerische Tätigkeiten im Zusammenhang mit der Erbringung der von der Maßnahme erfassten Dienstleistungen;

b) mögliche Verlagerung betrügerischer Tätigkeiten auf Gegenstände oder andere Dienstleistungen;

c) die den Steuerpflichtigen aufgrund der Maßnahme entstehenden Kosten zur Einhaltung der Vorschriften.

[15. 8. 2013 bis 31. 12. 2018:]

b) Maßnahmen zur Information der betreffenden Steuerpflichtigen über den Beginn der Anwendung des Verfahrens,

c) Evaluierungskriterien für einen Vergleich zwischen betrügerischen Tätigkeiten im Zusammenhang mit den in Absatz 1 genannten Gegenständen und Dienstleistungen vor und nach der Anwendung des Verfahrens, betrügerischen Tätigkeiten im Zusammenhang mit anderen Gegenständen und Dienstleistungen vor und nach Anwendung des Verfahrens und einem Anstieg bei anderen Arten betrügerischer Tätigkeiten vor und nach der Anwendung des Verfahrens,

d) Zeitpunkt des Geltungsbeginns und Geltungszeitraum der Maßnahme zur Anwendung des Verfahrens.

(3) Die Mitgliedstaaten, die das in Absatz 1 vorgesehene Verfahren anwenden, legen der Kommission ausgehend von den Evaluierungskriterien gemäß Absatz 2 Buchstabe c bis zum 30. Juni 2017 einen Bericht vor. In dem Bericht ist eindeutig anzugeben, welche Informationen als vertraulich zu behandeln sind und welche veröffentlicht werden können.

Der Bericht enthält eine detaillierte Bewertung der Gesamtwirksamkeit und -effizienz der Maßnahme insbesondere unter Berücksichtigung der folgenden Punkte:

a) Auswirkung auf betrügerische Tätigkeiten im Zusammenhang mit der Lieferung bzw. Erbringung der von der Maßnahme erfassten Gegenstände und Dienstleistungen;

[bis 14. 8. 2013 und ab 1. 1. 2019:]

(4) Jeder Mitgliedstaat, der ab dem Zeitpunkt des Inkrafttretens dieses Artikels in seinem Hoheitsgebiet eine Veränderung der Betrugsmuster in Bezug auf die Dienstleistungen gemäß Absatz 1 festgestellt hat, hat der Kommission bis spätestens 30. Juni 2014 einen entsprechenden Bericht vorzulegen.

[15. 8. 2013 bis 31. 12. 2018:]

b) mögliche Verlagerung betrügerischer Tätigkeiten auf Gegenstände oder andere Dienstleistungen;

c) die den Steuerpflichtigen aufgrund der Maßnahme entstehenden Kosten zur Einhaltung der Vorschriften.

(4) Jeder Mitgliedstaat, der in seinem Hoheitsgebiet ab dem Zeitpunkt des Inkrafttretens dieses Artikels eine Veränderung der Betrugsmuster in Bezug auf die in Absatz 1 aufgeführten Gegenstände oder Dienstleistungen festgestellt hat, hat der Kommission bis zum 30. Juni 2017 einen entsprechenden Bericht vorzulegen.

(5) Die Kommission legt dem Europäischen Parlament und dem Rat vor dem 1. Januar 2018 einen Bericht zur Gesamtbewertung der Auswirkungen des in Artikel 1 vorgesehenen Verfahrens auf die Betrugsbekämpfung vor.

[*15. 8. 2013 bis 31. 12. 2018:*

Art. 199 b [Schnellreaktionsmechanismus zur Bekämpfung von Betrugsfällen][1)] (1) Ein Mitgliedstaat kann in Fällen äußerster Dringlichkeit gemäß den Absätzen 2 und 3 als Sondermaßnahmen des Schnellreaktionsmechanismus zur Bekämpfung unvermittelt auftretender und schwerwiegender Betrugsfälle, die voraussichtlich zu erheblichen und unwiederbringlichen finanziellen Verlusten führen, in Abweichung von Artikel 193 den Empfänger von bestimmten Gegenständen oder Dienstleistungen als Schuldner der Mehrwertsteuer bestimmen.

Die Sondermaßnahme des Schnellreaktionsmechanismus unterliegt geeigneten Kontrollmaßnahmen des Mitgliedstaats betreffend Steuerpflichtige, die die Lieferungen bewirken oder Dienstleistungen erbringen, auf die die Maßnahme anwendbar ist und gilt für einen Zeitraum von höchstens neun Monaten.

(2) Ein Mitgliedstaat, der eine in Absatz 1 bezeichnete Sondermaßnahme des Schnellreaktionsmechanismus einführen möchte, teilt dies der Kommission unter Verwendung des gemäß Absatz 4 festgelegten Standardformblatts mit; er

---

1) Art. 199 b eingef. mWv 15. 8. 13 bis 31. 12. 18 durch RL 2013/42/EU (ABl. Nr. L 201 S. 1); zum zeitlichen Geltungsbereich siehe Art. 3 der RL.

übermittelt diese Mitteilung gleichzeitig an die anderen Mitgliedstaaten. Er übermittelt der Kommission Angaben zur betroffenen Branche, zur Art und zu den Merkmalen des Betrugs, zum Vorliegen von Gründen für die äußerste Dringlichkeit, zum unvermittelten, schwerwiegenden Charakter des Betrugs und zu den Folgen in Form von erheblichen, unwiederbringlichen finanziellen Verlusten. Ist die Kommission der Auffassung, dass ihr nicht alle erforderlichen Angaben vorliegen, so kontaktiert sie den betreffenden Mitgliedstaat innerhalb von zwei Wochen nach Eingang der Mitteilung und teilt ihm mit, welche zusätzlichen Angaben sie benötigt. Alle zusätzlichen Angaben, die der betreffende Mitgliedstaat übermittelt, werden gleichzeitig an die anderen Mitgliedstaaten übermittelt. Sind die zusätzlichen Angaben unzureichend, so unterrichtet die Kommission den betreffenden Mitgliedstaat innerhalb einer Woche darüber.

Der Mitgliedstaat, der eine in Absatz 1 vorgesehene Sondermaßnahme des Schnellreaktionsmechanismus einführen möchte, stellt gleichzeitig nach dem in Artikel 395 Absätze 2 und 3 festgelegten Verfahren einen Antrag an die Kommission.

(3) Sobald die Kommission über alle Angaben verfügt, die ihres Erachtens für die Beurteilung der Mitteilung nach Absatz 2 Unterabsatz 1 erforderlich sind, unterrichtet sie die Mitgliedstaaten hiervon. Erhebt sie Einwände gegen die Sondermaßnahme des Schnellreaktionsmechanismus, so erstellt sie innerhalb eines Monats nach der Mitteilung eine ablehnende Stellungnahme und setzt den betreffenden Mitgliedstaat und den Mehrwertsteuerausschuss davon in Kenntnis. Erhebt die Kommission keine Einwände, so bestätigt sie dies dem betreffenden Mitgliedstaat und – innerhalb des gleichen Zeitraums – dem Mehrwertsteuerausschuss in schriftlicher Form. Der Mitgliedstaat kann die Sondermaßnahme des Schnellreaktionsmechanismus ab dem Zeitpunkt des Eingangs dieser Bestätigung erlassen. Die Kommission berücksichtigt bei der Beurteilung der Mitteilung die Ansichten anderer Mitgliedstaaten, die ihr in schriftlicher Form übermittelt wurden.

(4) Die Kommission erlässt einen Durchführungsrechtsakt zur Erstellung eines Standardformblatts für die Einreichung der Mitteilung einer Sondermaßnahme des Schnellreaktionsmechanismus nach Absatz 2 sowie für die Übermittlung von Angaben gemäß Absatz 2 Unterabsatz 1. Dieser Durchführungsrechtsakt wird nach dem Prüfverfahren gemäß Absatz 5 erlassen.

(5) Wird auf diesen Absatz Bezug genommen, so gilt Artikel 5 der Verordnung (EU) Nr. 182/2011 des Europäischen Parlaments und des Rates[1)] und für diesen Zweck ist der durch Artikel 58 der Verordnung (EU) Nr. 904/2010 des Rates[2)] eingesetzte Ausschuss zuständig.]

[1)] **[Amtl. Anm.:]** Verordnung (EU) Nr. 182/2011 des Europäischen Parlaments und des Rates vom 16. Februar 2011 zur Festlegung der allgemeinen Regeln und Grundsätze, nach denen die Mitgliedstaaten die Wahrnehmung der Durchführungsbefugnisse durch die Kommission kontrollierten (ABl. L 55 vom 28. 2. 2011, S. 13).

[2)] **[Amtl. Anm.:]** Verordnung (EU) Nr. 904/2010 des Rates vom 7. Oktober 2010 über die Zusammenarbeit der Verwaltungsbehörden und die Betrugsbekämpfung auf dem Gebiet der Mehrwertsteuer (ABl. L 268 vom 12. 10. 10, S. 1).

Art. 200 [Steuerschuldnerschaft beim innergemeinschaftlichen Erwerb] Die Mehrwertsteuer wird von der Person geschuldet, die einen steuerpflichtigen innergemeinschaftlichen Erwerb von Gegenständen bewirkt.

Art. 201 [Steuerschuldnerschaft bei der Einfuhr] Bei der Einfuhr wird die Mehrwertsteuer von der Person oder den Personen geschuldet, die der Mitgliedstaat der Einfuhr als Steuerschuldner bestimmt oder anerkennt.

Art. 202 [Steuerschuldnerschaft beim Verlassen von Zollverfahren und von Lagerregelungen] Die Mehrwertsteuer wird von der Person geschuldet, die veranlasst, dass die Gegenstände nicht mehr einem Verfahren oder einer sonstigen Regelung im Sinne der Artikel 156, 157, 158, 160 und 161 unterliegen.

Art. 203 [Steuerschuldnerschaft für den Steuerausweis in der Rechnung] Die Mehrwertsteuer wird von jeder Person geschuldet, die diese Steuer in einer Rechnung ausweist.

Art. 204 [Kannbestimmung: Bestellung eines Steuervertreters]

(1) Ist der Steuerschuldner gemäß den Artikeln 193 bis 197 sowie 199 und 200 ein Steuerpflichtiger, der nicht in dem Mitgliedstaat ansässig ist, in dem die Mehrwertsteuer geschuldet wird, können die Mitgliedstaaten ihm gestatten, einen Steuervertreter zu bestellen, der die Steuer schuldet.

Wird der steuerpflichtige Umsatz von einem Steuerpflichtigen bewirkt, der nicht in dem Mitgliedstaat ansässig ist, in dem die Mehrwertsteuer geschuldet wird, und besteht mit dem Staat, in dem dieser Steuerpflichtige seinen Sitz oder eine feste Niederlassung hat, keine Rechtsvereinbarung über Amtshilfe, deren Anwendungsbereich mit dem der Richtlinie 76/308/EWG[1] sowie der Verordnung (EG) Nr. 1798/2003[2] vergleichbar ist, können die Mitgliedstaaten Vorkehrungen treffen, nach denen ein von dem nicht in ihrem Gebiet ansässigen Steuerpflichtigen bestellter Steuervertreter die Steuer schuldet.

Die Mitgliedstaaten dürfen die Option nach Unterabsatz 2 jedoch nicht auf nicht in der Gemeinschaft ansässige Steuerpflichtige im Sinne des Artikels 358a Nummer 1[3] anwenden, die sich für die Anwendung der Sonderregelung für Telekommunikationsdienstleistungen, Rundfunk- und Fernsehdienstleistungen oder elektronisch erbrachte Dienstleistungen[3] entschieden haben.

(2) Die Wahlmöglichkeit nach Absatz 1 Unterabsatz 1 unterliegt den von den einzelnen Mitgliedstaaten festgelegten Voraussetzungen und Modalitäten.

---

[1] Richtlinie 76/308/EWG des Rates vom 15. März 1976 über die gegenseitige Unterstützung bei der Beitreibung von Forderungen in Bezug auf bestimmte Abgaben, Zölle, Steuern und sonstige Maßnahmen (ABl. L 73 vom 19. 3. 1976, S. 18). Zuletzt geändert durch die Beitrittsakte von 2003.

[2] Verordnung (EG) Nr. 1798/2003 des Rates vom 7. Oktober 2003 über die Zusammenarbeit der Verwaltungsbehörden auf dem Gebiet der Mehrwertsteuer (ABl. L 264 vom 15. 10. 2003, S. 1). Geändert durch die Verordnung (EG) Nr. 885/2004 (ABl. L 168 vom 1. 5. 2004, S. 1).

[3] Art. 204 Abs. 1 UAbs. 3 geänd. mWv 1. 1. 2015 durch RL 2008/8/EG v. 12. 2. 2008 (ABl. EU Nr. L 44 S. 11).

Art. 205 [Kannbestimmung: Gesamtschuldnerische Steuerschuldnerschaft] In den in den Artikeln 193 bis 200 sowie 202, 203 und 204 genannten Fällen können die Mitgliedstaaten bestimmen, dass eine andere Person als der Steuerschuldner die Steuer gesamtschuldnerisch zu entrichten hat.

Abschnitt 2. Einzelheiten der Entrichtung

Art. 206 [Entrichtung der Mehrwertsteuer – Grundsatz] Jeder Steuerpflichtige, der die Steuer schuldet, hat bei der Abgabe der Mehrwertsteuererklärung nach Artikel 250 den sich nach Abzug der Vorsteuer ergebenden Mehrwertsteuerbetrag zu entrichten. Die Mitgliedstaaten können jedoch einen anderen Termin für die Zahlung dieses Betrags festsetzen oder Vorauszahlungen erheben.

Art. 207 [Entrichtung der Mehrwertsteuer – Fälle der Verlagerung der Steuerschuldnerschaft] Die Mitgliedstaaten treffen die erforderlichen Maßnahmen, damit die Personen, die gemäß den Artikeln 194 bis 197 sowie 199 und 204 anstelle eines nicht in ihrem jeweiligen Gebiet ansässigen Steuerpflichtigen als Steuerschuldner gelten, ihren Zahlungspflichten nach diesem Abschnitt nachkommen.

Die Mitgliedstaaten treffen darüber hinaus die erforderlichen Maßnahmen, damit die Personen, die gemäß Artikel 205 die Steuer gesamtschuldnerisch zu entrichten haben, diesen Zahlungspflichten nachkommen.

Art. 208 [Entrichtung der Mehrwertsteuer – Erwerber von Anlagegold] Wenn die Mitgliedstaaten den Erwerber von Anlagegold gemäß Artikel 198 Absatz 1 als Steuerschuldner bestimmen oder von der in Artikel 198 Absatz 2 vorgesehenen Möglichkeit Gebrauch machen, den Erwerber von Goldmaterial oder Halbfertigerzeugnissen oder von Anlagegold im Sinne des Artikels 344 Absatz 1 als Steuerschuldner zu bestimmen, treffen sie die erforderlichen Maßnahmen, um sicherzustellen, dass diese Person ihren Zahlungspflichten nach diesem Abschnitt nachkommt.

Art. 209 [Entrichtung der Mehrwertsteuer – nichtsteuerpflichtige Personen für innergemeinschaftliche Erwerbe] Die Mitgliedstaaten treffen die erforderlichen Maßnahmen, um sicherzustellen, dass die nichtsteuerpflichtigen juristischen Personen, die die Steuer für den in Artikel 2 Absatz 1 Buchstabe b Ziffer i genannten innergemeinschaftlichen Erwerb von Gegenständen schulden, ihren Zahlungspflichten nach diesem Abschnitt nachkommen.

Art. 210 [Entrichtung der Mehrwertsteuer – innergemeinschaftlicher Erwerb neuer Fahrzeuge und verbrauchsteuerpflichtiger Waren] Die Mitgliedstaaten legen die Einzelheiten der Entrichtung der Mehrwertsteuer für den innergemeinschaftlichen Erwerb neuer Fahrzeuge im Sinne des Artikels 2 Absatz 1 Buchstabe b Ziffer ii sowie für den innergemeinschaftlichen Erwerb verbrauchsteuerpflichtiger Waren im Sinne des Artikels 2 Absatz 1 Buchstabe b Ziffer iii fest.

Art. 211 [Entrichtung der Mehrwertsteuer – Einfuhren] Die Mitgliedstaaten legen die Einzelheiten der Entrichtung der Mehrwertsteuer für die Einfuhr von Gegenständen fest.

Insbesondere können die Mitgliedstaaten vorsehen, dass die für die Einfuhr von Gegenständen durch Steuerpflichtige oder Steuerschuldner oder bestimmte Gruppen derselben geschuldete Mehrwertsteuer nicht zum Zeitpunkt der Einfuhr zu entrichten ist, sofern sie als solche in der gemäß Artikel 250 erstellten Mehrwertsteuererklärung angegeben wird.

Art. 212 [Entrichtung der Mehrwertsteuer – Erlass geringfügiger Steuerbeträge] Die Mitgliedstaaten können die Steuerpflichtigen von der Entrichtung der geschuldeten Mehrwertsteuer befreien, wenn der Steuerbetrag geringfügig ist.

Kapitel 2. Identifikation

Art. 213 [Pflicht zur Anzeige der Unternehmereigenschaft] (1) Jeder Steuerpflichtige hat die Aufnahme, den Wechsel und die Beendigung seiner Tätigkeit als Steuerpflichtiger anzuzeigen.

Die Mitgliedstaaten legen fest, unter welchen Bedingungen der Steuerpflichtige die Anzeigen elektronisch abgeben darf, und können die elektronische Abgabe der Anzeigen auch vorschreiben.

(2) Unbeschadet des Absatzes 1 Unterabsatz 1 müssen Steuerpflichtige und nichtsteuerpflichtige juristische Personen, die gemäß Artikel 3 Absatz 1 nicht der Mehrwertsteuer unterliegende innergemeinschaftliche Erwerbe von Gegenständen bewirken, dies anzeigen, wenn die in Artikel 3 genannten Voraussetzungen für die Nichtanwendung der Mehrwertsteuer nicht mehr erfüllt sind.

Art. 214 [Zuteilung einer Mehrwertsteuer-Identifikationsnummer]

(1) Die Mitgliedstaaten treffen die erforderlichen Maßnahmen, damit folgende Personen jeweils eine individuelle Mehrwertsteuer-Identifikationsnummer erhalten:

a) jeder Steuerpflichtige, der in ihrem jeweiligen Gebiet Lieferungen von Gegenständen bewirkt oder Dienstleistungen erbringt, für die ein Recht auf Vorsteuerabzug besteht und bei denen es sich nicht um Lieferungen von Gegenständen oder um Dienstleistungen handelt, für die die Mehrwertsteuer gemäß den Artikeln 194 bis 197 sowie 199 ausschließlich vom Dienstleistungsempfänger beziehungsweise der Person, für die die Gegenstände oder Dienstleistungen bestimmt sind, geschuldet wird; hiervon ausgenommen sind die in Artikel 9 Absatz 2 genannten Steuerpflichtigen;

b) jeder Steuerpflichtige und jede nichtsteuerpflichtige juristische Person, der bzw. die gemäß Artikel 2 Absatz 1 Buchstabe b der Mehrwertsteuer unterliegende innergemeinschaftliche Erwerbe von Gegenständen bewirkt oder von der Möglichkeit des Artikels 3 Absatz 3, seine bzw. ihre innergemeinschaftlichen Erwerbe der Mehrwertsteuer zu unterwerfen, Gebrauch gemacht hat;

c) jeder Steuerpflichtige, der in ihrem jeweiligen Gebiet innergemeinschaftliche Erwerbe von Gegenständen für die Zwecke seiner Umsätze bewirkt, die sich aus in Artikel 9 Absatz 1 Unterabsatz 2 genannten Tätigkeiten ergeben, die er außerhalb dieses Gebiets ausübt;

d)[1] jeder Steuerpflichtige, der in seinem jeweiligen Gebiet Dienstleistungen empfängt, für die er die Mehrwertsteuer gemäß Artikel 196 schuldet;

e)[1] jeder Steuerpflichtige, der in seinem jeweiligen Gebiet ansässig ist und Dienstleistungen im Gebiet eines anderen Mitgliedstaats erbringt, für die gemäß Artikel 196 ausschließlich der Empfänger die Mehrwertsteuer schuldet.

(2) Die Mitgliedstaaten haben die Möglichkeit, bestimmten Steuerpflichtigen, die nur gelegentlich Umsätze etwa im Sinne von Artikel 12 bewirken, keine Mehrwertsteuer-Identifikationsnummer zu erteilen.

Art. 215 [Präfix der Mehrwertsteuer-Identifikationsnummer] Der individuellen Mehrwertsteuer-Identifikationsnummer wird zur Kennzeichnung des Mitgliedstaats, der sie erteilt hat, ein Präfix nach dem ISO-Code 3166 Alpha 2 vorangestellt.

Griechenland wird jedoch ermächtigt, das Präfix „EL" zu verwenden.

Art. 216 [Identifikationssystem zur EU-weiten Unterscheidbarkeit der Unternehmer] Die Mitgliedstaaten treffen die erforderlichen Maßnahmen, damit ihr Identifikationssystem die Unterscheidung der in Artikel 214 genannten Steuerpflichtigen ermöglicht und somit die korrekte Anwendung der Übergangsregelung für die Besteuerung innergemeinschaftlicher Umsätze des Artikels 402 gewährleistet.

Kapitel 3. Erteilung von Rechnungen

Abschnitt 1. Begriffsbestimmung

Art. 217[2] [Definition der elektronischen Übermittlung einer Rechnung] Im Sinne dieser Richtlinie bezeichnet der Ausdruck „elektronische Rechnung" eine Rechnung, welche die nach dieser Richtlinie erforderlichen Angaben enthält und in einem elektronischen Format ausgestellt und empfangen wird.

Abschnitt 2. Definition der Rechnung

Art. 218 [Definition der Rechnung] Für die Zwecke dieser Richtlinie erkennen die Mitgliedstaaten als Rechnung alle auf Papier oder elektronisch vorliegenden Dokumente oder Mitteilungen an, die den Anforderungen dieses Kapitels genügen.

---

[1] Art. 214 Buchst. d und e angef. mWv 1. 1. 2010 durch RL 2008/8/EG v. 12. 2. 2008 (ABl. EU Nr. L 44 S. 11).

[2] Art. 217 neu gef. mWv 11. 8. 2010 durch RL 2010/45/EU v. 13. 7. 2010 (ABl. EU Nr. L 189 S. 1).

Art. 219 [Einer Rechnung gleichgestelltes Änderungsdokument] Einer Rechnung gleichgestellt ist jedes Dokument und jede Mitteilung, das/die die ursprüngliche Rechnung ändert und spezifisch und eindeutig auf diese bezogen ist.

Abschnitt 3. Ausstellung der Rechnung

Art. 219a[1)] [Maßgebliche Vorschriften] Unbeschadet der Artikel 244 bis 248 gilt Folgendes:

1. Die Rechnungsstellung unterliegt den Vorschriften des Mitgliedstaats, in dem die Lieferung von Gegenständen oder die Dienstleistung nach Maßgabe des Titels V als ausgeführt gilt.
2. Abweichend von Nummer 1 unterliegt die Rechnungsstellung den Vorschriften des Mitgliedstaats, in dem der Lieferer oder Dienstleistungserbringer den Sitz seiner wirtschaftlichen Tätigkeit oder eine feste Niederlassung hat, von dem bzw. der aus die Lieferung oder die Dienstleistung ausgeführt wird, oder – in Ermangelung eines solchen Sitzes oder einer solchen festen Niederlassung – des Mitgliedstaats, in dem er seinen Wohnsitz oder seinen gewöhnlichen Aufenthaltsort hat, wenn
   a) der Lieferer oder Dienstleistungserbringer nicht in dem Mitgliedstaat ansässig ist, in dem die Lieferung oder die Dienstleistung im Einklang mit Titel V als ausgeführt gilt, oder seine Niederlassung in dem betreffenden Mitgliedstaat im Sinne des Artikels 192a nicht an der Lieferung oder Dienstleistung beteiligt ist, und wenn die Mehrwertsteuer vom Erwerber oder vom Dienstleistungsempfänger geschuldet wird.
   Wenn jedoch der Erwerber oder Dienstleistungsempfänger die Rechnung ausstellt (Gutschriften), gilt Nummer 1.
   b) die Lieferung oder die Dienstleistung im Einklang mit Titel V als nicht innerhalb der Gemeinschaft ausgeführt gilt.

Art. 220[2)] [Anwendungsfälle der Pflicht zur Ausstellung einer Rechnung] (1) Jeder Steuerpflichtige stellt in folgenden Fällen eine Rechnung entweder selbst aus oder stellt sicher, dass eine Rechnung vom Erwerber oder Dienstleistungsempfänger oder in seinem Namen und für seine Rechnung von einem Dritten ausgestellt wird:

1. Er liefert Gegenstände oder erbringt Dienstleistungen an einen anderen Steuerpflichtigen oder an eine nichtsteuerpflichtige juristische Person;
2. er liefert in Artikel 33 genannte Gegenstände;
3. er liefert Gegenstände unter den Voraussetzungen des Artikels 138;
4. er erhält Vorauszahlungen, bevor eine Lieferung von Gegenständen im Sinne der Nummern 1 und 2 erfolgt ist;

[1)] Art. 219a eingef. mWv 11. 8. 2010 durch RL 2010/45/EU v. 13. 7. 2010 (ABl. EU Nr. L 189 S. 1).

[2)] Art. 220 Abs. 1 geänd., Abs. 2 angef. mWv 11. 8. 2010 durch RL 2010/45/EU v. 13. 7. 2010 (ABl. EU Nr. L 189 S. 1).

5. er erhält Vorauszahlungen von einem anderen Steuerpflichtigen oder einer nichtsteuerpflichtigen juristischen Person, bevor eine Dienstleistung abgeschlossen ist.

(2) Abweichend von Absatz 1 und unbeschadet des Artikels 221 Absatz 2 ist die Ausstellung einer Rechnung bei nach Artikel 135 Absatz 1 Buchstaben a bis g steuerbefreiten Dienstleistungen nicht erforderlich.

Art. 220 a[1)] [Vereinfachte Rechnung] (1) Die Mitgliedstaaten gestatten den Steuerpflichtigen in den folgenden Fällen die Ausstellung einer vereinfachten Rechnung:

a) Der Rechnungsbetrag beträgt höchstens 100 EUR oder den Gegenwert in Landeswährung;

b) bei der ausgestellten Rechnung handelt es sich um ein Dokument oder eine Mitteilung, das/die gemäß Artikel 219 einer Rechnung gleichgestellt ist.

(2) Die Mitgliedstaaten erlauben es Steuerpflichtigen nicht, eine vereinfachte Rechnung auszustellen, wenn Rechnungen gemäß Artikel 220 Absatz 1 Nummern 2 und 3 ausgestellt werden müssen oder wenn die steuerpflichtige Lieferung von Gegenständen oder die steuerpflichtige Dienstleistung von einem Steuerpflichtigen durchgeführt wird, der nicht in dem Mitgliedstaat ansässig ist, in dem die Mehrwertsteuer geschuldet wird, oder dessen Niederlassung in dem betreffenden Mitgliedstaat im Sinne des Artikels 192 a nicht an der Lieferung oder Dienstleistung beteiligt ist und wenn die Steuer vom Erwerber oder Dienstleistungsempfänger geschuldet wird.

Art. 221[2)] [Kannbestimmung: Pflicht zur Ausstellung einer Rechnung in anderen Fällen, Befreiung von der Ausstellungspflicht]

(1) Die Mitgliedstaaten können Steuerpflichtigen vorschreiben, für andere als die in Artikel 220 Absatz 1 genannten Lieferungen von Gegenständen oder Dienstleistungen eine Rechnung gemäß den Vorgaben der Artikel 226 oder 226 b auszustellen.

(2) Die Mitgliedstaaten können Steuerpflichtigen, die in ihrem Gebiet ansässig sind oder dort eine feste Niederlassung haben, von der die Lieferung erfolgt oder die Dienstleistung erbracht wird, vorschreiben, für die nach Artikel 135 Absatz 1 Buchstaben a bis g steuerbefreiten Dienstleistungen, die die betreffenden Steuerpflichtigen in ihrem Gebiet oder außerhalb der Gemeinschaft erbringen, eine Rechnung gemäß den Vorgaben der Artikel 226 oder 226 b auszustellen.

(3) Die Mitgliedstaaten können Steuerpflichtige von der Pflicht nach Artikel 220 Absatz 1 oder Artikel 220 a befreien, eine Rechnung für Lieferungen von Gegenständen oder Dienstleistungen auszustellen, die sie in ihrem Gebiet

---

1) Art. 220 a eingef. mWv 11. 8. 2010 durch RL 2010/45/EU v. 13. 7. 2010 (ABl. EU Nr. L 189 S. 1).

2) Art. 221 Abs. 1 geänd., Abs. 2 und 3 neu gef. mWv 11. 8. 2010 durch RL 2010/45/EU v. 13. 7. 2010 (ABl. EU Nr. L 189 S. 1).

bewirken und die mit oder ohne Recht auf Vorsteuerabzug gemäß den Artikeln 110 und 111, dem Artikel 125 Absatz 1, dem Artikel 127, dem Artikel 128 Absatz 1, dem Artikel 132, dem Artikel 135 Absatz 1 Buchstaben h bis l, den Artikeln 136, 371, 375, 376 und 377, dem Artikel 378 Absatz 2, dem Artikel 379 Absatz 2 sowie den Artikeln 380 bis 390b befreit sind.

Art. 222[1)] **[Kannbestimmung: Fristen für die Ausstellung einer Rechnung]** Für Gegenstände, die unter den Voraussetzungen des Artikels 138 geliefert werden, oder für Dienstleistungen, für die nach Artikel 196 der Leistungsempfänger die Steuer schuldet, wird spätestens am fünfzehnten Tag des Monats, der auf den Monat folgt, in dem der Steuertatbestand eingetreten ist, eine Rechnung ausgestellt.

Für andere Lieferungen von Gegenständen oder Dienstleistungen können die Mitgliedstaaten den Steuerpflichtigen Fristen für die Ausstellung der Rechnung setzen.

Art. 223[1)] **[Zusammenfassende Rechnung]** Die Mitgliedstaaten können den Steuerpflichtigen gestatten, für mehrere getrennte Lieferungen von Gegenständen oder Dienstleistungen zusammenfassende Rechnungen auszustellen, sofern der Steueranspruch für die auf einer zusammenfassenden Rechnung aufgeführten Lieferungen von Gegenständen oder Dienstleistungen innerhalb desselben Kalendermonats eintritt.

Unbeschadet des Artikels 222 können die Mitgliedstaaten gestatten, dass Lieferungen von Gegenständen oder Dienstleistungen, für die der Steueranspruch innerhalb einer über einen Kalendermonat hinausgehenden Frist eintritt, in zusammenfassenden Rechnungen erscheinen.

Art. 224[1)] **[Gutschrift als Rechnung]** Rechnungen dürfen von einem Erwerber oder Dienstleistungsempfänger für Lieferungen von Gegenständen oder für Dienstleistungen, die von einem Steuerpflichtigen bewirkt werden, ausgestellt werden, sofern zwischen den beiden Parteien eine vorherige Vereinbarung getroffen wurde und sofern jede Rechnung Gegenstand eines Verfahrens zur Akzeptierung durch den Steuerpflichtigen ist, der die Gegenstände liefert oder die Dienstleistungen erbringt. Die Mitgliedstaaten können verlangen, dass solche Rechnungen im Namen und für Rechnung des Steuerpflichtigen ausgestellt werden.

Art. 225[1)] **[Kannbestimmung: besondere Anforderungen an die Rechnung bei Rechnungsausstellern aus Staaten ohne Amtshilfeabkommen]** Die Mitgliedstaaten können für Steuerpflichtige besondere Anforderungen festlegen, wenn der Dritte oder der Erwerber oder Dienstleistungsempfänger, der die Rechnung ausstellt, seinen Sitz in einem Land hat, mit dem keine Rechtsvereinbarung über Amtshilfe besteht, deren Anwendungsbe-

---

[1)] Art. 222–225 neu gef. mWv 11. 8. 2010 durch RL 2010/45/EU v. 13. 7. 2010 (ABl. EU Nr. L 189 S. 1).

reich mit dem der Richtlinie 2010/24/EU[1] und der Verordnung (EG) Nr. 1798/2003[2] vergleichbar ist.

Abschnitt 4. Rechnungsangaben

Art. 226 [Rechnungsangaben – obligatorisch] Unbeschadet der in dieser Richtlinie festgelegten Sonderbestimmungen müssen gemäß den Artikeln 220 und 221 ausgestellte Rechnungen für Mehrwertsteuerzwecke nur die folgenden Angaben enthalten:

1. das Ausstellungsdatum;
2. eine fortlaufende Nummer mit einer oder mehreren Zahlenreihen, die zur Identifizierung der Rechnung einmalig vergeben wird;
3. die Mehrwertsteuer-Identifikationsnummer im Sinne des Artikels 214, unter der der Steuerpflichtige die Gegenstände geliefert oder die Dienstleistung erbracht hat;
4. die Mehrwertsteuer-Identifikationsnummer im Sinne des Artikels 214, unter der der Erwerber oder Dienstleistungsempfänger eine Lieferung von Gegenständen oder eine Dienstleistung, für die er Steuerschuldner ist, oder eine Lieferung von Gegenständen nach Artikel 138 erhalten hat;
5. den vollständigen Namen und die vollständige Anschrift des Steuerpflichtigen und des Erwerbers oder Dienstleistungsempfängers;
6. Menge und Art der gelieferten Gegenstände beziehungsweise Umfang und Art der erbrachten Dienstleistungen;
7. das Datum, an dem die Gegenstände geliefert werden oder die Dienstleistung erbracht bzw. abgeschlossen wird, oder das Datum, an dem die Vorauszahlung im Sinne des Artikels 220 Nummern 4 und 5 geleistet wird, sofern dieses Datum feststeht und nicht mit dem Ausstellungsdatum der Rechnung identisch ist;

7 a.[3] die Angabe „Besteuerung nach vereinnahmten Entgelten" (Kassenbuchführung), sofern der Steueranspruch gemäß Artikel 66 Buchstabe b zum Zeitpunkt des Eingangs der Zahlung entsteht und das Recht auf Vorsteuerabzug entsteht, wenn der Anspruch auf die abziehbare Steuer entsteht;

8. die Steuerbemessungsgrundlage für die einzelnen Steuersätze beziehungsweise die Befreiung, den Preis je Einheit ohne Mehrwertsteuer sowie jede Preisminderung oder Rückerstattung, sofern sie nicht im Preis je Einheit enthalten sind;
9. den anzuwendenden Mehrwertsteuersatz;

---

[1] **[Amtl. Anm.:]** Richtlinie 2010/24/EU des Rates vom 16. März 2010 über die Amtshilfe bei der Beitreibung von Forderungen in Bezug auf bestimmte Steuern, Abgaben und sonstige Maßnahmen (ABl. L 84 vom 31. 3. 2010, S. 1).

[2] **[Amtl. Anm.:]** Verordnung (EG) Nr. 1798/2003 des Rates vom 7. Oktober 2003 über die Zusammenarbeit der Verwaltungsbehörden auf dem Gebiet der Mehrwertsteuer (ABl. L 264 vom 15. 10. 2003, S. 1).

[3] Art. 226 Nr. 7 a eingef. mWv 11. 8. 2010 durch RL 2010/45/EU v. 13. 7. 2010 (ABl. EU Nr. L 189 S. 1).

10. den zu entrichtenden Mehrwertsteuerbetrag, außer bei Anwendung einer Sonderregelung, bei der nach dieser Richtlinie eine solche Angabe ausgeschlossen wird;

10 a.[1] bei Ausstellung der Rechnung durch den Erwerber oder Dienstleistungsempfänger und nicht durch den Lieferer oder Dienstleistungserbringer: die Angabe „Gutschrift";

11.[2] Verweis auf die einschlägige Bestimmung dieser Richtlinie oder die entsprechende nationale Bestimmung oder Hinweis darauf, dass für die Lieferung von Gegenständen beziehungsweise die Dienstleistung eine Steuerbefreiung gilt;

11 a.[3] bei Steuerschuldnerschaft des Erwerbers oder Dienstleistungsempfängers: die Angabe „Steuerschuldnerschaft des Leistungsempfängers";

12. bei Lieferung neuer Fahrzeuge unter den Voraussetzungen des Artikels 138 Absatz 1 und Absatz 2 Buchstabe a: die in Artikel 2 Absatz 2 Buchstabe b genannten Angaben;

13.[4] im Falle der Anwendung der Sonderregelung für Reisebüros: die Angabe „Sonderregelung für Reisebüros";

14.[4] im Falle der Anwendung einer der auf Gebrauchtgegenstände, Kunstgegenstände, Sammlungsstücke und Antiquitäten anwendbaren Sonderregelung: die entsprechende Angabe „Gebrauchtgegenstände/Sonderregelung", „Kunstgegenstände/Sonderregelung" bzw. „Sammlungsstücke und Antiquitäten/Sonderregelung";

15. wenn der Steuerschuldner ein Steuervertreter im Sinne des Artikels 204 ist: Mehrwertsteuer-Identifikationsnummer im Sinne des Artikels 214, vollständiger Name und Anschrift des Steuervertreters.

Art. 226 a[5] [Kannbestimmung; Verzicht auf Rechnungsangaben bei Nichtansässigkeit] Wird die Rechnung von einem Steuerpflichtigen ausgestellt, der nicht im Mitgliedstaat, in dem die Steuer geschuldet wird, ansässig ist oder dessen Niederlassung in dem betreffenden Mitgliedstaat im Sinne des Artikels 192 a nicht an der Lieferung oder Dienstleistung beteiligt ist und der Gegenstände an einen Erwerber liefert oder eine Dienstleistung an einen Empfänger erbringt, der die Steuer schuldet, kann der Steuerpflichtige auf die Angaben nach Artikel 226 Nummern 8, 9 und 10 verzichten und stattdessen durch Bezeichnung von Menge und Art der gelieferten Gegenstände bzw. Umfang und Art der erbrachten Dienstleistungen die Steuerbemessungsgrundlage der Gegenstände oder Dienstleistungen angeben.

---

[1] Art. 226 Nr. 10 a eingef. mWv 11. 8. 2010 durch RL 2010/45/EU v. 13. 7. 2010 (ABl. EU Nr. L 189 S. 1).

[2] Art. 226 Nr. 11 neu gef. mWv 11. 8. 2010 durch RL 2010/45/EU v. 13. 7. 2010 (ABl. EU Nr. L 189 S. 1).

[3] Art. 226 Nr. 11 a eingef. mWv 11. 8. 2010 durch RL 2010/45/EU v. 13. 7. 2010 (ABl. EU Nr. L 189 S. 1).

[4] Art. 226 Nrn. 13 und 14 neu gef. mWv 11. 8. 2010 durch RL 2010/45/EU v. 13. 7. 2010 (ABl. EU Nr. L 189 S. 1).

[5] Art. 226 a eingef. mWv 11. 8. 2010 durch RL 2010/45/EU v. 13. 7. 2010 (ABl. EU Nr. L 189 S. 1).

Art. 226b[1] **[Angaben bei vereinfachten Rechnungen]** Im Zusammenhang mit vereinfachten Rechnungen gemäß Artikel 220a und Artikel 221 Absätze 1 und 2 verlangen die Mitgliedstaaten mindestens die folgenden Angaben:

a) das Ausstellungsdatum;
b) die Identität des Steuerpflichtigen, der die Gegenstände liefert oder die Dienstleistungen erbringt;
c) die Art der gelieferten Gegenstände oder der erbrachten Dienstleistungen;
d) den zu entrichtenden Mehrwertsteuerbetrag oder die Angaben zu dessen Berechnung;
e) sofern es sich bei der ausgestellten Rechnung um ein Dokument oder eine Mitteilung handelt, das/die gemäß Artikel 219 einer Rechnung gleichgestellt ist, eine spezifische und eindeutige Bezugnahme auf diese ursprüngliche Rechnung und die konkret geänderten Einzelheiten.

Sie dürfen keine anderen als die in den Artikeln 226, 227 und 230 vorgesehenen Rechnungsangaben verlangen.

Art. 227 [Kannbestimmung: Angabe der Mehrwertsteuer-Identifikationsnummer des Leistungsempfängers in anderen Fällen als der Verlagerung der Steuerschuldnerschaft] Die Mitgliedstaaten können von Steuerpflichtigen, die in ihrem Gebiet ansässig sind und dort Lieferungen von Gegenständen bewirken oder Dienstleistungen erbringen, verlangen, in anderen als den in Artikel 226 Nummer 4 genannten Fällen die Mehrwertsteuer-Identifikationsnummer des Erwerbers oder Dienstleistungsempfängers im Sinne des Artikels 214 anzugeben.

Art. 228.[2] *(aufgehoben)*

Art. 229 [Keine Pflicht zur Unterzeichnung von Rechnungen] Die Mitgliedstaaten verlangen nicht, dass die Rechnungen unterzeichnet sind.

Art. 230[3] **[Währungsangaben auf der Rechnung]** Die auf der Rechnung ausgewiesenen Beträge können in jeder Währung angegeben sein, sofern die zu zahlende oder zu berichtigende Mehrwertsteuer nach Anwendung der Umrechnungsmethode nach Artikel 91 in der Währung des Mitgliedstaats angegeben ist.

Art. 231.[4] *(aufgehoben)*

---

[1] Art. 226b eingef. mWv 11. 8. 2010 durch RL 2010/45/EU v. 13. 7. 2010 (ABl. EU Nr. L 189 S. 1).

[2] Art. 228 aufgeh. mWv 11. 8. 2010 durch RL 2010/45/EU v. 13. 7. 2010 (ABl. EU Nr. L 189 S. 1).

[3] Art. 230 geänd. mWv 11. 8. 2010 durch RL 2010/45/EU v. 13. 7. 2010 (ABl. EU Nr. L 189 S. 1).

[4] Art. 231 aufgeh. mWv 11. 8. 2010 durch RL 2010/45/EU v. 13. 7. 2010 (ABl. EU Nr. L 189 S. 1).

Abschnitt 5. Rechnungen auf Papier und elektronische Rechnungen[1]

Art. 232 [Zustimmungserfordernis des Rechnungsempfängers] Der Rechnungsempfänger muss der Verwendung der elektronischen Rechnung zustimmen.

Art. 233 [Echtheit der Herkunft einer Rechnung] (1) Die Echtheit der Herkunft einer Rechnung, die Unversehrtheit ihres Inhalts und ihre Lesbarkeit müssen unabhängig davon, ob sie auf Papier oder elektronisch vorliegt, vom Zeitpunkt der Ausstellung bis zum Ende der Dauer der Aufbewahrung der Rechnung gewährleistet werden.

Jeder Steuerpflichtige legt fest, in welcher Weise die Echtheit der Herkunft, die Unversehrtheit des Inhalts und die Lesbarkeit der Rechnung gewährleistet werden können. Dies kann durch jegliche innerbetriebliche Steuerungsverfahren erreicht werden, die einen verlässlichen Prüfpfad zwischen einer Rechnung und einer Lieferung oder Dienstleistung schaffen können.

„Echtheit der Herkunft" bedeutet die Sicherheit der Identität des Lieferers oder des Dienstleistungserbringers oder des Ausstellers der Rechnung.

„Unversehrtheit des Inhalts" bedeutet, dass der nach der vorliegenden Richtlinie erforderliche Inhalt nicht geändert wurde.

(2) Neben der in Absatz 1 beschriebenen Art von innerbetrieblichen Steuerungsverfahren lassen sich die folgenden Beispiele von Technologien anführen, welche die Echtheit der Herkunft und die Unversehrtheit des Inhalts einer elektronischen Rechnung gewährleisten:

a) durch eine fortgeschrittene elektronische Signatur im Sinne des Artikels 2 Nummer 2 der Richtlinie 1999/93/EG des Europäischen Parlaments und des Rates vom 13. Dezember 1999 über gemeinschaftliche Rahmenbedingungen für elektronische Signaturen[2], die auf einem qualifizierten Zertifikat beruht und von einer sicheren Signaturerstellungseinheit im Sinne des Artikels 2 Nummern 6 und 10 der Richtlinie 1999/93/EG erstellt worden ist;

b) durch elektronischen Datenaustausch (EDI) nach Artikel 2 des Anhangs 1 der Empfehlung 94/820/EG der Kommission vom 19. Oktober 1994 über die rechtlichen Aspekte des elektronischen Datenaustausches[3], sofern in der Vereinbarung über diesen Datenaustausch der Einsatz von Verfahren vorgesehen ist, die die Echtheit der Herkunft und die Unversehrtheit der Daten gewährleisten.

Art. 234. *(aufgehoben)*

Art. 235 [Spezifische Anforderungen für elektronische Rechnungen] Die Mitgliedstaaten können spezifische Anforderungen für elektronische Rechnungen festlegen, die für Lieferungen von Gegenständen oder für Dienstleistungen in ihrem Gebiet in einem Land ausgestellt werden, mit dem keine Rechtsvereinbarung über Amtshilfe besteht, deren Anwendungsbereich

---

[1] Abschnitt 5 neu gef. mWv 11. 8. 2010 durch RL 2010/45/EU (ABl. EU Nr. L 189 S. 1).

[2] **[Amtl. Anm.:]** ABl. L 13 vom 19. 1. 2000, S. 12.

[3] **[Amtl. Anm.:]** ABl. L 338 vom 28. 12. 1994, S. 98.

mit dem der Richtlinie 2010/24/EU und der Verordnung (EG) Nr. 1798/2003 vergleichbar ist.

Art. 236 [Gebündelte elektronische Übermittlung mehrerer Rechnungen] Werden mehrere elektronische Rechnungen gebündelt ein und demselben Rechnungsempfänger übermittelt oder für diesen bereitgehalten, ist es zulässig, Angaben, die allen Rechnungen gemeinsam sind, nur ein einziges Mal aufzuführen, sofern für jede Rechnung die kompletten Angaben zugänglich sind.

Art. 237 [Evaluierungsbericht der EU-Kommission] Spätestens am 31. Dezember 2016 unterbreitet die Kommission dem Europäischen Parlament und dem Rat einen auf einer unabhängigen Wirtschaftsstudie beruhenden allgemeinen Evaluierungsbericht über die Auswirkungen der ab dem 1. Januar 2013 anwendbaren Rechnungsstellungsvorschriften und insbesondere darüber, inwieweit sie tatsächlich zu einer Abnahme des Verwaltungsaufwands für die Unternehmen geführt haben, erforderlichenfalls zusammen mit einem entsprechenden Vorschlag zur Änderung der jeweiligen Vorschriften.

Abschnitt 6. Vereinfachungsmaßnahmen

Art. 238[1)] [Kannbestimmung: Angaben auf Kleinbetrags- und branchenspezifischen Rechnungen] (1) Nach Konsultation des Mehrwertsteuerausschusses können die Mitgliedstaaten unter den von ihnen festzulegenden Bedingungen vorsehen, dass Rechnungen für Lieferungen von Gegenständen oder für Dienstleistungen in folgenden Fällen nur die in Artikel 226 b genannten Angaben enthalten:

a) wenn der Rechnungsbetrag höher als 100 EUR aber nicht höher als 400 EUR ist, oder den Gegenwert in Landeswährung;

b) wenn die Einhaltung aller in den Artikeln 226 oder 230 genannten Verpflichtungen aufgrund der Handels- oder Verwaltungspraktiken in dem betreffenden Wirtschaftsbereich oder aufgrund der technischen Bedingungen der Erstellung dieser Rechnungen besonders schwierig ist.

(2) *(aufgehoben)*

(3) Die Vereinfachung nach Absatz 1 darf nicht angewandt werden, wenn Rechnungen gemäß Artikel 220 Absatz 1 Nummern 2 und 3 ausgestellt werden müssen, oder wenn die steuerpflichtige Lieferung von Gegenständen oder die steuerpflichtige Dienstleistung von einem Steuerpflichtigen durchgeführt wird, der nicht in dem Mitgliedstaat ansässig ist, in dem die Mehrwertsteuer geschuldet wird, oder dessen Niederlassung in dem betreffenden Mitgliedstaat im Sinne des Artikels 192 a nicht an der Lieferung oder Dienstleistung beteiligt ist und wenn die Steuer vom Erwerber bzw. Dienstleistungsempfänger geschuldet wird.

Art. 239 [Angabe einer Steuerregisternummer auf der Rechnung anstelle der Mehrwertsteuer-Identifikationsnummer in den Fällen der

---

1) Art. 238 neu gef. mWv 11. 8. 2010 durch RL 2010/45/EU v. 13. 7. 2010 (ABl. EU Nr. L 189 S. 1).

Nichtvergabe einer Mehrwertsteuer-Identifikationsnummer] Machen die Mitgliedstaaten von der Möglichkeit nach Artikel 272 Absatz 1 Unterabsatz 1 Buchstabe b Gebrauch, Steuerpflichtigen, die keine der in den Artikeln 20, 21, 22, 33, 36, 138 und 141 genannten Umsätze bewirken, keine Mehrwertsteuer-Identifikationsnummer zu erteilen, ist – sofern keine Mehrwertsteuer-Identifikationsnummer erteilt wurde – auf der Rechnung die Mehrwertsteuer-Identifikationsnummer des Lieferers oder Dienstleistungserbringers und des Erwerbers oder Dienstleistungsempfängers, durch eine andere, von den betreffenden Mitgliedstaaten näher bestimmte Nummer, die so genannte Steuerregisternummer, zu ersetzen.

Art. 240 [Kannbestimmung: Pflicht zur Angabe der Mehrwertsteuer-Identifikationsnummer des Leistenden bei bestimmten Umsätzen für bestimmte Unternehmer mit Erklärungs- und Aufzeichnungserleichterungen] Mitgliedstaaten, die von der Möglichkeit nach Artikel 272 Absatz 1 Unterabsatz 1 Buchstabe b Gebrauch machen, können, wenn dem Steuerpflichtigen eine Mehrwertsteuer-Identifikationsnummer erteilt wurde, außerdem vorsehen, dass die Rechnung folgende Angaben enthält:

1. bei den in den Artikeln 44, 47, 50, 53, 54 und 55 genannten Dienstleistungen sowie bei den in den Artikeln 138 und 141 genannten Lieferungen von Gegenständen: die Mehrwertsteuer-Identifikationsnummer sowie die Steuerregisternummer des Lieferers bzw. Dienstleistungserbringers;
2. bei anderen Lieferungen von Gegenständen und Dienstleistungen: lediglich die Steuerregisternummer des Lieferers bzw. Dienstleistungserbringers oder lediglich die Mehrwertsteuer-Identifikationsnummer.

Kapitel 4. Aufzeichnungen

Abschnitt 1. Begriffsbestimmung

Art. 241 [Definition der elektronischen Aufbewahrung einer Rechnung] Für die Zwecke dieses Kapitels gilt als „elektronische Aufbewahrung einer Rechnung" die Aufbewahrung von Daten mittels elektronischer Einrichtungen zur Verarbeitung (einschließlich der digitalen Kompression) und Aufbewahrung unter Verwendung von Draht, Funk, optischen oder anderen elektromagnetischen Medien.

Abschnitt 2. Allgemeine Pflichten

Art. 242 [Aufzeichnungspflichten – Grundsatz] Jeder Steuerpflichtige hat Aufzeichnungen zu führen, die so ausführlich sind, dass sie die Anwendung der Mehrwertsteuer und ihre Kontrolle durch die Steuerverwaltung ermöglichen.

Art. 243[1] [Pflicht zur Registrierung der Gegenstände, die innergemeinschaftlich für Zwecke der Be- oder Verarbeitung oder einer vo-

[1] Art. 243 Abs. 1 und 2 geänd. mWv 11. 8. 2010 durch RL 2010/45/EU v. 13. 7. 2010 (ABl. EU Nr. L 189 S. 1).

rübergehenden Verwendung verbracht wurden] (1) Jeder Steuerpflichtige muss ein Register der Gegenstände führen, die er für die Zwecke seiner in Artikel 17 Absatz 2 Buchstaben f, g und h genannten Umsätze in Form der Begutachtung dieser Gegenstände oder von Arbeiten an diesen Gegenständen oder ihrer vorübergehenden Verwendung nach Orten außerhalb des Mitgliedstaats des Beginns der Versendung oder Beförderung, aber innerhalb der Gemeinschaft versandt oder befördert hat oder die für seine Rechnung dorthin versandt oder befördert wurden.

(2) Jeder Steuerpflichtige hat Aufzeichnungen zu führen, die so ausführlich sind, dass sie die Identifizierung der Gegenstände ermöglichen, die ihm aus einem anderen Mitgliedstaat von einem Steuerpflichtigen mit Mehrwertsteuer-Identifikationsnummer in diesem anderen Mitgliedstaat oder für dessen Rechnung im Zusammenhang mit einer Dienstleistung in Form der Begutachtung dieser Gegenstände oder von Arbeiten an diesen Gegenständen gesandt worden sind.

Abschnitt 3. Pflichten in Bezug auf die Aufbewahrung aller Rechnungen

Art. 244 [Pflicht zur Aufbewahrung von Rechnungskopien] Jeder Steuerpflichtige sorgt für die Aufbewahrung von Kopien aller Rechnungen, die er selbst, der Erwerber oder Dienstleistungsempfänger oder ein Dritter in seinem Namen und für seine Rechnung ausgestellt hat, sowie aller Rechnungen, die er erhalten hat.

Art. 245 [Aufbewahrungsort der Rechnungen; Kannbestimmung: Angabe eines ausländischen Aufbewahrungsorts und Gewährleistung eines online-Zugriffs] (1) Für die Zwecke dieser Richtlinie kann der Steuerpflichtige den Aufbewahrungsort aller Rechnungen bestimmen, sofern er den zuständigen Behörden auf deren Verlangen alle gemäß Artikel 244 aufzubewahrenden Rechnungen oder Daten unverzüglich zur Verfügung stellt.

(2) Die Mitgliedstaaten können von den in ihrem Gebiet ansässigen Steuerpflichtigen verlangen, ihnen den Aufbewahrungsort mitzuteilen, wenn sich dieser außerhalb ihres Gebiets befindet.

Die Mitgliedstaaten können ferner von den in ihrem Gebiet ansässigen Steuerpflichtigen verlangen, alle von ihnen selbst oder vom Erwerber oder Dienstleistungsempfänger oder von einem Dritten in ihrem Namen und für ihre Rechnung ausgestellten Rechnungen sowie alle Rechnungen, die sie erhalten haben, im Inland aufzubewahren, soweit es sich nicht um eine elektronische Aufbewahrung handelt, die einen vollständigen Online-Zugriff auf die betreffenden Daten gewährleistet.

Art. 246.[1] *(aufgehoben)*

---

[1] Art. 246 aufgeh. mWv 11. 8. 2010 durch RL 2010/45/EU v. 13. 7. 2010 (ABl. EU Nr. L 189 S. 1).

Art. 247[1] **[Rechnungsaufbewahrungsfrist; Kannbestimmung: Pflicht zur Aufbewahrung von Rechnungen in Originalform; Verbot der Aufbewahrung in einem Staat ohne Amtshilfeabkommen]** (1) Jeder Mitgliedstaat legt fest, über welchen Zeitraum Steuerpflichtige Rechnungen für Lieferungen von Gegenständen oder für Dienstleistungen in seinem Gebiet aufbewahren müssen und Rechnungen, die in seinem Gebiet ansässige Steuerpflichtige erhalten haben, aufbewahrt werden müssen.

(2) Um die Einhaltung der in Artikel 233 genannten Anforderungen sicherzustellen, kann der in Absatz 1 genannte Mitgliedstaat vorschreiben, dass die Rechnungen in der Originalform, in der sie übermittelt oder zur Verfügung gestellt wurden, d. h. auf Papier oder elektronisch, aufzubewahren sind. Er kann zudem verlangen, dass bei der elektronischen Aufbewahrung von Rechnungen die Daten, mit denen die Echtheit der Herkunft der Rechnungen und die Unversehrtheit des Inhalts nach Artikel 233 nachgewiesen werden, ebenfalls elektronisch aufzubewahren sind.

(3) Der in Absatz 1 genannte Mitgliedstaat kann spezifische Anforderungen festlegen, wonach die Aufbewahrung der Rechnungen in einem Land verboten oder eingeschränkt wird, mit dem keine Rechtsvereinbarung über Amtshilfe, deren Anwendungsbereich mit dem der Richtlinie 2010/24/EU sowie der Verordnung (EG) Nr. 1798/2003 vergleichbar ist, oder keine Rechtsvereinbarung über das in Artikel 249 genannte Recht auf elektronischen Zugriff auf diese Rechnungen, deren Herunterladen und Verwendung besteht.

Art. 248 [Kannbestimmung: Pflicht zur Aufbewahrung von Rechnungen an Nichtunternehmer] Die Mitgliedstaaten können vorschreiben, dass an nichtsteuerpflichtige Personen ausgestellte Rechnungen aufzubewahren sind und dafür entsprechende Bedingungen festlegen.

Art. 248 a[2] **[Recht auf Übersetzung in die Amtssprache eines Mitgliedstaates]** Die Mitgliedstaaten können zu Kontrollzwecken und bei Rechnungen, die sich auf Lieferungen von Gegenständen oder Dienstleistungen in ihrem Gebiet beziehen oder die in ihrem Gebiet ansässige Steuerpflichtige erhalten haben, von bestimmten Steuerpflichtigen oder in bestimmten Fällen Übersetzungen in ihre Amtssprachen verlangen. Die Mitgliedstaaten dürfen allerdings nicht eine allgemeine Verpflichtung zur Übersetzung von Rechnungen auferlegen.

---

[1] Art. 247 Abs. 2 und 3 geänd., kursive Satzteile aufgeh., Klammerzusätze eingef. mWv 11. 8. 2010 durch RL 2010/45/EU v. 13. 7. 2010 (ABl. EU Nr. L 189 S. 1).

[2] Art. 248 a eingef. mWv 11. 8. 2010 durch RL 2010/45/EU v. 13. 7. 2010 (ABl. EU Nr. L 189 S. 1).

Abschnitt 4. Recht auf Zugriff auf in einem anderen Mitgliedstaat elektronisch aufbewahrte Rechnungen

Art. 249[1)] **[Recht des Ansässigkeitsstaats auf Zugriff auf in einem anderen Mitgliedstaat elektronisch aufbewahrte Rechnungen]** Bewahrt ein Steuerpflichtiger von ihm ausgestellte oder empfangene Rechnungen elektronisch in einer Weise auf, die einen Online-Zugriff auf die betreffenden Daten gewährleistet, haben die zuständigen Behörden des Mitgliedstaats, in dem er ansässig ist, und, falls die Steuer in einem anderen Mitgliedstaat geschuldet wird, die zuständigen Behörden dieses Mitgliedstaats, zu Kontrollzwecken das Recht auf Zugriff auf diese Rechnungen sowie auf deren Herunterladen und Verwendung.

Kapitel 5. Erklärungspflichten

Art. 250 [Pflicht zur Abgabe einer Mehrwertsteuererklärung mit bestimmten obligatorischen Angaben] (1) Jeder Steuerpflichtige hat eine Mehrwertsteuererklärung abzugeben, die alle für die Festsetzung des geschuldeten Steuerbetrags und der vorzunehmenden Vorsteuerabzüge erforderlichen Angaben enthält, gegebenenfalls einschließlich des Gesamtbetrags der für diese Steuer und Abzüge maßgeblichen Umsätze sowie des Betrags der steuerfreien Umsätze, soweit dies für die Feststellung der Steuerbemessungsgrundlage erforderlich ist.

(2) Die Mitgliedstaaten legen fest, unter welchen Bedingungen der Steuerpflichtige die in Absatz 1 genannte Erklärung elektronisch abgeben darf, und können die elektronische Abgabe auch vorschreiben.

Art. 251 [Weitere obligatorische Angaben in einer Mehrwertsteuererklärung] Neben den in Artikel 250 genannten Angaben muss die Mehrwertsteuererklärung, die einen bestimmten Steuerzeitraum umfasst, folgende Angaben enthalten:

a) Gesamtbetrag ohne Mehrwertsteuer der in Artikel 138 genannten Lieferungen von Gegenständen, für die während dieses Steuerzeitraums der Steueranspruch eingetreten ist;

b) Gesamtbetrag ohne Mehrwertsteuer der in den Artikeln 33 und 36 genannten Lieferungen von Gegenständen, im Gebiet eines anderen Mitgliedstaats, für die der Steueranspruch während dieses Steuerzeitraums eingetreten ist, wenn der Ort des Beginns der Versendung oder Beförderung der Gegenstände in dem Mitgliedstaat liegt, in dem die Erklärung abzugeben ist;

c) Gesamtbetrag ohne Mehrwertsteuer der innergemeinschaftlichen Erwerbe von Gegenständen sowie der diesen gemäß Artikel 21 und 22 gleichgestellten Umsätze, die in dem Mitgliedstaat bewirkt wurden, in dem die Erklärung abzugeben ist, und für die der Steueranspruch während dieses Steuerzeitraums eingetreten ist;

[1)] Art. 249 neu gef. mWv 11. 8. 2010 durch RL 2010/45/EU v. 13. 7. 2010 (ABl. EU Nr. L 189 S. 1).

d) Gesamtbetrag ohne Mehrwertsteuer der in den Artikeln 33 und 36 genannten Lieferungen von Gegenständen, in dem Mitgliedstaat, in dem die Erklärung abzugeben ist, und für die der Steueranspruch während dieses Steuerzeitraums eingetreten ist, wenn der Ort des Beginns der Versendung oder Beförderung der Gegenstände im Gebiet eines anderen Mitgliedstaats liegt;

e) Gesamtbetrag ohne Mehrwertsteuer der Lieferungen von Gegenständen, in dem Mitgliedstaat, in dem die Erklärung abzugeben ist, für die der Steuerpflichtige gemäß Artikel 197 als Steuerschuldner bestimmt wurde und für die der Steueranspruch während dieses Steuerzeitraums eingetreten ist.

Art. 252 [Abgabefrist der Mehrwertsteuererklärung] (1) Die Mehrwertsteuererklärung ist innerhalb eines von den einzelnen Mitgliedstaaten festzulegenden Zeitraums abzugeben. Dieser Zeitraum darf zwei Monate nach Ende jedes einzelnen Steuerzeitraums nicht überschreiten.

(2) Der Steuerzeitraum kann von den Mitgliedstaaten auf einen, zwei oder drei Monate festgelegt werden.

Die Mitgliedstaaten können jedoch andere Zeiträume festlegen, sofern diese ein Jahr nicht überschreiten.

Art. 253 [Kannbestimmung: Schweden – Dreimonatsfrist für Abgabe der Mehrwertsteuererklärung] Schweden kann für kleine und mittlere Unternehmen ein vereinfachtes Verfahren anwenden, das es Steuerpflichtigen, die ausschließlich im Inland steuerbare Umsätze bewirken, gestattet, die Mehrwertsteuererklärung drei Monate nach Ablauf des Steuerjahrs für Zwecke der direkten Steuern abzugeben.

Art. 254 [Angaben über Lieferungen neuer Fahrzeuge an Nichtunternehmer oder durch gelegentliche Fahrzeuglieferer] In Bezug auf Lieferungen von neuen Fahrzeugen unter den Bedingungen des Artikels 138 Absatz 2 Buchstabe a durch einen Steuerpflichtigen mit Mehrwertsteuer-Identifikationsnummer an einen Erwerber ohne Mehrwertsteuer-Identifikationsnummer oder durch einen Steuerpflichtigen im Sinne des Artikels 9 Absatz 2 treffen die Mitgliedstaaten die erforderlichen Maßnahmen, damit der Verkäufer alle Informationen meldet, die für die Anwendung der Mehrwertsteuer und ihre Kontrolle durch die Verwaltung erforderlich sind.

Art. 255 [Mehrwertsteuererklärungspflichten der Erwerber von Anlagegold als Steuerschuldner] Wenn die Mitgliedstaaten den Erwerber von Anlagegold gemäß Artikel 198 Absatz 1 als Steuerschuldner bestimmen oder von der in Artikel 198 Absatz 2 vorgesehenen Möglichkeit Gebrauch machen, den Erwerber von Goldmaterial oder Halbfertigerzeugnissen oder von Anlagegold im Sinne des Artikels 344 Absatz 1 als Steuerschuldner zu bestimmen, treffen sie die erforderlichen Maßnahmen, um sicherzustellen, dass diese Person ihren Erklärungspflichten nach diesem Kapitel nachkommt.

Art. 256 [Mehrwertsteuererklärungspflichten von Leistungsempfängern als Steuerschuldner] Die Mitgliedstaaten treffen die erforderlichen Maßnahmen, damit die Personen, die gemäß den Artikeln 194 bis 197 und

Artikel 204 anstelle des nicht in ihrem Gebiet ansässigen Steuerpflichtigen als Steuerschuldner angesehen werden, ihren Erklärungspflichten nach diesem Kapitel nachkommen.

Art. 257 [Mehrwertsteuererklärungspflichten von nichtsteuerpflichtigen juristischen Personen für innergemeinschaftliche Erwerbe] Die Mitgliedstaaten treffen die erforderlichen Maßnahmen, damit die nichtsteuerpflichtigen juristischen Personen, die die für den in Artikel 2 Absatz 1 Nummer 2 Buchstabe b Ziffer i genannten innergemeinschaftlichen Erwerb von Gegenständen zu entrichtende Steuer schulden, ihren Erklärungspflichten nach diesem Kapitel nachkommen.

Art. 258 [Mehrwertsteuererklärungspflichten in Bezug auf den innergemeinschaftlichen Erwerb neuer Fahrzeuge und verbrauchsteuerpflichtiger Waren] Die Mitgliedstaaten legen die Einzelheiten der Erklärungspflichten in Bezug auf den innergemeinschaftlichen Erwerb von neuen Fahrzeugen im Sinne des Artikels 2 Absatz 1 Buchstabe b Ziffer ii und von verbrauchsteuerpflichtigen Waren im Sinne des Artikels 2 Absatz 1 Buchstabe b Ziffer iii fest.

Art. 259 [Kannbestimmung: Informationspflichten beim innergemeinschaftlichen Erwerb neuer Fahrzeuge] Die Mitgliedstaaten können verlangen, dass Personen, die innergemeinschaftliche Erwerbe neuer Fahrzeuge nach Artikel 2 Absatz 1 Buchstabe b Ziffer ii tätigen, bei der Abgabe der Mehrwertsteuererklärung alle Informationen melden, die für die Anwendung der Mehrwertsteuer und ihre Kontrolle durch die Verwaltung erforderlich sind.

Art. 260 [Mehrwertsteuererklärungspflichten in Bezug auf die Einfuhr] Die Mitgliedstaaten legen die Einzelheiten der Erklärungspflichten in Bezug auf die Einfuhr von Gegenständen fest.

Art. 261 [Kannbestimmung: Abgabe einer Jahressteuererklärung]
(1) Die Mitgliedstaaten können von dem Steuerpflichtigen verlangen, dass er eine Erklärung über sämtliche Umsätze des vorangegangenen Jahres mit allen in den Artikeln 250 und 251 genannten Angaben abgibt. Diese Erklärung muss alle Angaben enthalten, die für etwaige Berichtigungen von Bedeutung sind.

(2) Die Mitgliedstaaten legen fest, unter welchen Bedingungen der Steuerpflichtige die in Absatz 1 genannte Erklärung elektronisch abgeben darf, und können die elektronische Abgabe auch vorschreiben.

Kapitel 6. Zusammenfassende Meldung

Art. 262[1] [Pflicht zur Abgabe der Zusammenfassenden Meldung – Grundsatz] Jeder Steuerpflichtige mit Mehrwertsteuer-Identifikationsnum-

---

[1] Art. 262 neu gef. mWv 1. 1. 2010 durch RL 2008/8/EG v. 12. 2. 2008 (ABl. EU Nr. L 44 S. 11).

mer muss eine zusammenfassende Meldung abgeben, in der Folgendes aufgeführt ist:

a) die Erwerber mit Mehrwertsteuer-Identifikationsnummer, denen er Gegenstände unter den Bedingungen des Artikels 138 Absatz 1 und Absatz 2 Buchstabe c geliefert hat;

b) die Personen mit Mehrwertsteuer-Identifikationsnummer, denen er Gegenstände geliefert hat, die ihm im Rahmen eines innergemeinschaftlichen Erwerbs im Sinne des Artikels 42 geliefert wurden;

c) die Steuerpflichtigen sowie die nicht steuerpflichtigen juristischen Personen mit Mehrwertsteuer-Identifikationsnummer, für die er Dienstleistungen erbracht hat, die keine Dienstleistungen sind, die in dem Mitgliedstaat, in dem der Umsatz steuerbar ist, von der Mehrwertsteuer befreit sind, und für die der Dienstleistungsempfänger gemäß Artikel 196 der Steuerschuldner ist.

Art. 263[1)] [Erklärungszeitraum der Zusammenfassenden Meldung]

(1) Eine zusammenfassende Meldung ist für jeden Kalendermonat innerhalb einer Frist von höchstens einem Monat und nach den Modalitäten abzugeben, die von den Mitgliedstaaten festzulegen sind.

(1 a) Die Mitgliedstaaten können jedoch unter von ihnen festzulegenden Bedingungen und innerhalb von ihnen festzulegender Grenzen den Steuerpflichtigen gestatten, die zusammenfassende Meldung für jedes Kalenderquartal innerhalb eines Zeitraums von höchstens einem Monat ab dem Quartalsende abzugeben, wenn der Gesamtbetrag der Lieferungen von Gegenständen gemäß Artikel 264 Absatz 1 Buchstabe d und Artikel 265 Absatz 1 Buchstabe c für das Quartal ohne Mehrwertsteuer weder für das jeweilige Quartal noch für eines der vier vorangegangenen Quartale den Betrag von 50 000 EUR oder den Gegenwert in Landeswährung übersteigt.

Die in Unterabsatz 1 vorgesehene Möglichkeit besteht ab Ende desjenigen Monats nicht mehr, in dem der Gesamtbetrag der Lieferungen von Gegenständen gemäß Artikel 264 Absatz 1 Buchstabe d und Artikel 265 Absatz 1 Buchstabe c für das laufende Quartal ohne Mehrwertsteuer den Betrag von 50 000 EUR oder den Gegenwert in Landeswährung übersteigt. In diesem Fall ist eine zusammenfassende Meldung für den oder die seit Beginn des Quartals vergangenen Monate innerhalb eines Zeitraums von höchstens einem Monat abzugeben.

(1 b) Bis zum 31. Dezember 2011 können die Mitgliedstaaten den in Absatz 1 a vorgesehenen Betrag auf 100 000 EUR oder den Gegenwert in Landeswährung festlegen.

(1 c) Die Mitgliedstaaten können unter von ihnen festzulegenden Bedingungen und innerhalb von ihnen festzulegender Grenzen den Steuerpflichtigen in Bezug auf die Dienstleistungen gemäß Artikel 264 Absatz 1 Buchstabe d gestatten, die zusammenfassende Meldung für jedes Kalenderquartal innerhalb eines Zeitraums von höchstens einem Monat ab dem Quartalsende abzugeben.

---

1) Art. 263 neu gef. mWv 21. 1. 2009 durch RL 2008/117/EG v. 16. 12. 2008 (ABl. EU Nr. L 14 S. 7).

Die Mitgliedstaaten können insbesondere verlangen, dass die Steuerpflichtigen, die Lieferungen von Gegenständen und Dienstleistungen gemäß Artikel 264 Absatz 1 Buchstabe d bewirken, die zusammenfassende Meldung innerhalb des Zeitraums abgeben, der sich aus der Anwendung der Absätze 1 bis 1 b ergibt.

(2) Die Mitgliedstaaten legen fest, unter welchen Bedingungen der Steuerpflichtige die in Absatz 1 genannte zusammenfassende Meldung im Wege der elektronischen Datenübertragung abgeben darf, und können die Abgabe im Wege der elektronischen Dateiübertragung auch vorschreiben.

Art. 264 [Obligatorische Angaben in der Zusammenfassenden Meldung] (1) Die zusammenfassende Meldung muss folgende Angaben enthalten:

a)[1] die Mehrwertsteuer-Identifikationsnummer des Steuerpflichtigen in dem Mitgliedstaat, in dem die zusammenfassende Meldung abzugeben ist, und unter der er Gegenstände im Sinne des Artikels 138 Absatz 1 geliefert hat oder steuerpflichtige Dienstleistungen im Sinne des Artikels 44 erbracht hat;

b)[1] die Mehrwertsteuer-Identifikationsnummer eines jeden Erwerbers von Gegenständen oder eines jeden Empfängers von Dienstleistungen in einem anderen Mitgliedstaat als dem, in dem die zusammenfassende Meldung abzugeben ist, und unter der ihm die Gegenstände geliefert oder für ihn die Dienstleistungen erbracht wurden;

c) die Mehrwertsteuer-Identifikationsnummer des Steuerpflichtigen in dem Mitgliedstaat, in dem die zusammenfassende Meldung abzugeben ist, und unter der er eine Verbringung in einen anderen Mitgliedstaat nach Artikel 138 Absatz 2 Buchstabe c bewirkt hat, sowie seine Mehrwertsteuer-Identifikationsnummer im Mitgliedstaat der Beendigung der Versendung oder Beförderung;

d)[1] für jeden einzelnen Erwerber von Gegenständen oder Empfänger von Dienstleistungen den Gesamtbetrag der Lieferungen von Gegenständen und den Gesamtbetrag der Dienstleistungen durch den Steuerpflichtigen;

e) bei der Lieferung von Gegenständen in Form der Verbringung in einen anderen Mitgliedstaat nach Artikel 138 Absatz 2 Buchstabe c den gemäß Artikel 76 ermittelten Gesamtbetrag der Lieferungen;

f) den Betrag der gemäß Artikel 90 durchgeführten Berichtigungen.

(2)[2] Der in Absatz 1 Buchstabe d genannte Betrag ist für den gemäß Artikel 263 Absätze 1 bis 1 c festgelegten Abgabezeitraum zu melden, in dem der Steueranspruch eingetreten ist.

Der in Absatz 1 Buchstabe f genannte Betrag ist für den gemäß Artikel 263 Absätze 1 bis 1 c festgelegten Abgabezeitraum zu melden, in dem die Berichtigung dem Erwerber mitgeteilt wird.

---

[1] Art. 264 Buchst. a und b ergänzt, Buchst. d geänd. mWv 1. 1. 2010 durch RL 2008/8/EG v. 12. 2. 2008 (ABl. EU Nr. L 44 S. 11).

[2] Art. 264 Abs. 2 neu gef. mWv 21. 1. 2009 durch RL 2008/117/EG v. 16. 12. 2008 (ABl. EU Nr. L 14 S. 7).

Art. 265 [Obligatorische Einzelangaben in der Zusammenfassenden Meldung in den Fällen des innergemeinschaftlichen Erwerbs für Zwecke einer anschließenden innergemeinschaftlichen Lieferung]

(1) Im Falle des innergemeinschaftlichen Erwerbs von Gegenständen im Sinne des Artikels 42 hat der Steuerpflichtige mit Mehrwertsteuer-Identifikationsnummer in dem Mitgliedstaat, der ihm die Mehrwertsteuer-Identifikationsnummer erteilt hat, unter der er diesen Erwerb getätigt hat, in der zusammenfassenden Meldung folgende Einzelangaben zu machen:

a) seine Mehrwertsteuer-Identifikationsnummer in diesem Mitgliedstaat, unter der er die Gegenstände erworben und anschließend geliefert hat;

b) die Mehrwertsteuer-Identifikationsnummer des Empfängers der anschließenden Lieferungen des Steuerpflichtigen im Mitgliedstaat der Beendigung der Versendung oder Beförderung;

c) für jeden einzelnen dieser Empfänger der Lieferung den Gesamtbetrag ohne Mehrwertsteuer derartiger Lieferungen des Steuerpflichtigen im Mitgliedstaat der Beendigung der Versendung oder Beförderung.

(2)[1)] Der in Absatz 1 Buchstabe c genannte Betrag ist für den gemäß Artikel 263 Absätze 1 bis 1b festgelegten Abgabezeitraum zu melden, in dem der Steueranspruch eingetreten ist.

Art. 266 [Kannbestimmung: Verlangen nach weiteren Angaben in der Zusammenfassenden Meldung] Abweichend von den Artikeln 264 und 265 können die Mitgliedstaaten verlangen, dass die zusammenfassende Meldung weitere Angaben enthält.

Art. 267 [Pflicht zur Abgabe von Zusammenfassenden Meldungen bei Leistungsempfängern als Steuerschuldner und bei Steuervertretern] Die Mitgliedstaaten treffen die erforderlichen Maßnahmen, damit die Personen, die gemäß den Artikeln 194 und 204 anstelle eines nicht in ihrem Gebiet ansässigen Steuerpflichtigen als Steuerschuldner angesehen werden, ihrer Pflicht zur Abgabe von zusammenfassenden Meldungen nach diesem Kapitel nachkommen.

Art. 268 [Kannbestimmung: gesonderte Abgabe von Erklärungen über innergemeinschaftliche Erwerbe] Die Mitgliedstaaten können von Steuerpflichtigen, die in ihrem Gebiet innergemeinschaftliche Erwerbe von Gegenständen sowie diesen gleichgestellte Umsätze im Sinne der Artikel 21 und 22 bewirken, die Abgabe von Erklärungen mit ausführlichen Angaben über diese Erwerbe verlangen; für Zeiträume von weniger als einem Monat dürfen solche Erklärungen jedoch nicht verlangt werden.

Art. 269 [Möglichkeit der Sonderermächtigung von Mitgliedstaaten durch den Rat für Vereinfachungen in Bezug auf Zusammenfassende Meldungen – Grundsatz] Der Rat kann die einzelnen Mitgliedstaaten auf

---

1) Art. 265 Abs. 2 neu gef. mWv 21. 1. 2008 durch RL 2008/117/EG v. 16. 12. 2008 (ABl. EU Nr. L 14 S. 7).

Vorschlag der Kommission einstimmig ermächtigen, die in den Artikeln 270 und 271 vorgesehenen besonderen Maßnahmen zu treffen, um die Pflicht zur Abgabe einer zusammenfassenden Meldung nach diesem Kapitel zu vereinfachen. Diese Maßnahmen dürfen die Kontrolle der innergemeinschaftlichen Umsätze nicht beeinträchtigen.

Art. 270 [Kannbestimmung: Gestattung jährlicher Zusammenfassender Meldungen nach Sonderermächtigung durch den Rat] Aufgrund der Ermächtigung nach Artikel 269 können die Mitgliedstaaten einem Steuerpflichtigen gestatten, eine jährliche zusammenfassende Meldung mit den Mehrwertsteuer-Identifikationsnummern derjenigen Erwerber in anderen Mitgliedstaaten abzugeben, denen er Gegenstände unter den Bedingungen des Artikels 138 Absatz 1 und Absatz 2 Buchstabe c geliefert hat, wenn der Steuerpflichtige die folgenden drei Voraussetzungen erfüllt:

a) der jährliche Gesamtbetrag ohne Mehrwertsteuer seiner Lieferungen von Gegenständen und seiner Dienstleistungen übersteigt den Jahresumsatz, der als Referenzbetrag für die Steuerbefreiung für Kleinunternehmen nach den Artikeln 282 bis 292 dient, um nicht mehr als 35 000 EUR oder den Gegenwert in Landeswährung;

b) der jährliche Gesamtbetrag ohne Mehrwertsteuer seiner Lieferungen von Gegenständen unter den Bedingungen des Artikels 138 übersteigt nicht den Betrag von 15 000 EUR oder den Gegenwert in Landeswährung;

c) bei den von ihm unter den Voraussetzungen des Artikels 138 gelieferten Gegenständen handelt es sich nicht um neue Fahrzeuge.

Art. 271 [Kannbestimmung: Möglichkeit gleich langer Erklärungszeiträume für Mehrwertsteuererklärung und Zusammenfassende Meldung nach Sonderermächtigung durch den Rat] Aufgrund der Ermächtigung nach Artikel 269 können diejenigen Mitgliedstaaten, die die Dauer des Steuerzeitraums, für den der Steuerpflichtige die in Artikel 250 genannte Mehrwertsteuererklärung abzugeben hat, auf mehr als drei Monate festlegen, einem Steuerpflichtigen gestatten, die zusammenfassende Meldung für denselben Zeitraum vorzulegen, wenn der Steuerpflichtige die folgenden drei Voraussetzungen erfüllt:

a) der jährliche Gesamtbetrag ohne Mehrwertsteuer seiner Lieferungen von Gegenständen und seiner Dienstleistungen beläuft sich auf höchstens 200 000 EUR oder den Gegenwert in Landeswährung;

b) der jährliche Gesamtbetrag ohne Mehrwertsteuer seiner Lieferungen von Gegenständen unter den Bedingungen des Artikels 138 übersteigt nicht den Betrag von 15 000 EUR oder den Gegenwert in Landeswährung;

c) bei den von ihm unter den Bedingungen des Artikels 138 gelieferten Gegenständen handelt es sich nicht um neue Fahrzeuge.

Kapitel 7. Verschiedenes

Art. 272 [Kannbestimmung: Möglichkeit der Befreiung bestimmter Unternehmer von allen oder von bestimmten Erklärungs- und Aufzeichnungspflichten] (1) Die Mitgliedstaaten können folgende Steuerpflichtige von bestimmten oder allen Pflichten nach den Kapiteln 2 bis 6 befreien:

a) Steuerpflichtige, deren innergemeinschaftliche Erwerbe von Gegenständen gemäß Artikel 3 Absatz 1 nicht der Mehrwertsteuer unterliegen;

b) Steuerpflichtige, die keine der in den Artikeln 20, 21, 22, 33, 36, 138 und 141 genannten Umsätze bewirken;

c) Steuerpflichtige, die nur Gegenstände liefern oder Dienstleistungen erbringen, die gemäß den Artikeln 132, 135 und 136, den Artikeln 146 bis 149 sowie den Artikeln 151, 152 und 153 von der Steuer befreit sind;

d) Steuerpflichtige, die die Steuerbefreiung für Kleinunternehmen nach den Artikeln 282 bis 292 in Anspruch nehmen;

e) Steuerpflichtige, die die gemeinsame Pauschalregelung für Landwirte in Anspruch nehmen.

Die Mitgliedstaaten dürfen die in Unterabsatz 1 Buchstabe b genannten Steuerpflichtigen nicht von den in Kapitel 3 Abschnitte 3 bis 6 und Kapitel 4 Abschnitt 3[1] vorgesehenen Pflichten in Bezug auf die Rechnungsstellung entbinden.

(2) Machen die Mitgliedstaaten von der Möglichkeit nach Absatz 1 Unterabsatz 1 Buchstabe e Gebrauch, treffen sie die Maßnahmen, die für eine korrekte Anwendung der Übergangsregelung für die Besteuerung innergemeinschaftlicher Umsätze erforderlich sind.

(3) Die Mitgliedstaaten können auch andere als die in Absatz 1 genannten Steuerpflichtigen von bestimmten in Artikel 242 genannten Aufzeichnungspflichten entbinden.

Art. 273 [Kannbestimmung: Möglichkeit der Regelung weiterer Erklärungs- und Aufzeichnungspflichten] Die Mitgliedstaaten können vorbehaltlich der Gleichbehandlung der von Steuerpflichtigen bewirkten Inlandsumsätze und innergemeinschaftlichen Umsätze weitere Pflichten vorsehen, die sie für erforderlich erachten, um eine genaue Erhebung der Steuer sicherzustellen und um Steuerhinterziehung zu vermeiden, sofern diese Pflichten im Handelsverkehr zwischen den Mitgliedstaaten nicht zu Formalitäten beim Grenzübertritt führen.

Die Möglichkeit nach Absatz 1 darf nicht dazu genutzt werden, zusätzlich zu den in Kapitel 3 genannten Pflichten weitere Pflichten in Bezug auf die Rechnungsstellung festzulegen.

---

[1] Verweis geänd. mWv 11. 8. 2010 durch RL 2010/45/EU v. 13. 7. 2010 (ABl. EU Nr. L 189 S. 1).

Kapitel 8. Pflichten bei bestimmten Einfuhr- und Ausfuhrumsätzen

Abschnitt 1. Einfuhrumsätze

Art. 274 [Anwendbarkeit von Zollvorschriften in Bezug auf die Einfuhr von Waren im zollrechtlich freien Verkehr – Grundsatz] Bei der Einfuhr von Gegenständen im freien Verkehr, die aus einem Drittgebiet in die Gemeinschaft verbracht werden, das Teil des Zollgebiets der Gemeinschaft ist, sind die Artikel 275, 276 und 277 anzuwenden.

Art. 275 [Anwendbarkeit von Zollvorschriften in Bezug auf Formalitäten bei der Einfuhr von Waren im zollrechtlich freien Verkehr] Für die Formalitäten bei der Einfuhr der in Artikel 274 genannten Gegenstände sind die für die Einfuhr von Gegenständen in das Zollgebiet der Gemeinschaft geltenden gemeinschaftlichen Zollvorschriften maßgebend.

Art. 276 [Anwendbarkeit des internen Versandverfahrens bei Divergenz zwischen Mitgliedstaat der Einfuhr und Mitgliedstaat des Endes der Beförderung] Liegt der Ort der Beendigung der Versendung oder Beförderung der in Artikel 274 genannten Gegenstände nicht in dem Mitgliedstaat, in dem sie in die Gemeinschaft gelangen, fallen sie in der Gemeinschaft unter das interne gemeinschaftliche Versandverfahren gemäß den gemeinschaftlichen Zollvorschriften, sofern sie bereits zum Zeitpunkt ihrer Verbringung in die Gemeinschaft zu diesem Verfahren angemeldet wurden.

Art. 277 [Gleichbehandlung zum Einfuhrzeitpunkt im freien Verkehr befindlicher Waren in Bezug auf die Anwendung von Zollverfahren] Ist bei den in Artikel 274 genannten Gegenständen zum Zeitpunkt ihrer Verbringung in die Gemeinschaft eine Situation gegeben, der zufolge sie bei einer Einfuhr im Sinne des Artikels 30 Absatz 1 unter eines der in Artikel 156 genannten Verfahren oder einer der dort genannten sonstigen Regelungen oder unter eine Zollregelung der vorübergehenden Verwendung unter vollständiger Befreiung von Einfuhrabgaben fallen könnten, treffen die Mitgliedstaaten die erforderlichen Maßnahmen, damit diese Gegenstände unter den gleichen Bedingungen in der Gemeinschaft verbleiben können, wie sie für die Anwendung dieser Verfahren oder sonstigen Regelungen vorgesehen sind.

Abschnitt 2. Ausfuhrumsätze

Art. 278 [Anwendbarkeit von Zollvorschriften in Bezug auf die Ausfuhr von Waren im zollrechtlich freien Verkehr – Grundsatz] Bei der Ausfuhr von Gegenständen im freien Verkehr, die aus einem Mitgliedstaat in ein Drittgebiet versandt oder befördert werden, das Teil des Zollgebiets der Gemeinschaft ist, sind die Artikel 279 und 280 anzuwenden.

Art. 279 [Anwendbarkeit von Zollvorschriften in Bezug auf Formalitäten bei der Ausfuhr von Waren im zollrechtlich freien Verkehr] Für die Formalitäten bei der Ausfuhr der in Artikel 278 genannten Gegenstände aus dem Gebiet der Gemeinschaft sind die für die Ausfuhr von Gegenständen aus dem Zollgebiet der Gemeinschaft geltenden gemeinschaftlichen Zollvorschriften maßgebend.

Art. 280 [Gleichbehandlung der vorübergehenden Ausfuhr von Waren im freien Verkehr bei der Wiedereinfuhr wie Drittlandswaren] In Bezug auf Gegenstände, die vorübergehend aus der Gemeinschaft ausgeführt werden, um wieder eingeführt zu werden, treffen die Mitgliedstaaten die erforderlichen Maßnahmen, damit für diese Gegenstände bei ihrer Wiedereinfuhr in die Gemeinschaft die gleichen Bestimmungen gelten, wie wenn sie vorübergehend aus dem Zollgebiet der Gemeinschaft ausgeführt worden wären.

Titel XII. Sonderregelungen

Kapitel 1. Sonderregelung für Kleinunternehmen

Abschnitt 1. Vereinfachte Modalitäten für die Besteuerung und die Steuererhebung

Art. 281 [Kannbestimmung: Möglichkeit der vereinfachten Besteuerung von Kleinunternehmen] Mitgliedstaaten, in denen die normale Besteuerung von Kleinunternehmen wegen deren Tätigkeit oder Struktur auf Schwierigkeiten stoßen würde, können unter den von ihnen festgelegten Beschränkungen und Voraussetzungen nach Konsultation des Mehrwertsteuerausschusses vereinfachte Modalitäten für die Besteuerung und Steuererhebung, insbesondere Pauschalregelungen, anwenden, die jedoch nicht zu einer Steuerermäßigung führen dürfen.

Abschnitt 2. Steuerbefreiungen und degressive Steuerermäßigungen

Art. 282 [Anwendungsbereich der Steuerbefreiungen und -ermäßigungen für Kleinunternehmen – Grundsatz] Die Steuerbefreiungen und -ermäßigungen nach diesem Abschnitt gelten für Lieferungen von Gegenständen und für Dienstleistungen, die von Kleinunternehmen bewirkt werden.

Art. 283 [Vom Anwendungsbereich der Steuerbefreiungen und -ermäßigungen für Kleinunternehmen ausgenommene Umsätze]
(1) Dieser Abschnitt gilt nicht für folgende Umsätze:

a) die in Artikel 12 genannten gelegentlichen Umsätze;

b) die Lieferungen neuer Fahrzeuge unter den Voraussetzungen des Artikels 138 Absatz 1 und Absatz 2 Buchstabe a;

c) die Lieferungen von Gegenständen und Erbringung von Dienstleistungen durch einen Steuerpflichtigen, der nicht in dem Mitgliedstaat ansässig ist, in dem die Mehrwertsteuer geschuldet wird.

(2) Die Mitgliedstaaten können von der Anwendung dieses Abschnitts auch andere als die in Absatz 1 genannten Umsätze ausschließen.

Art. 284 [Kannbestimmung: Möglichkeit der Beibehaltung von Steuerbefreiungen oder degressiven Steuerermäßigungen für Kleinunternehmen nach der 2. EG-Richtlinie] (1) Mitgliedstaaten, die von der Möglichkeit nach Artikel 14 der Richtlinie 67/228/EWG des Rates vom 11. April 1967 zur Harmonisierung der Rechtsvorschriften der Mitgliedstaaten über die Umsatzsteuern – Struktur und Anwendungsmodalitäten des gemeinsamen Mehrwertsteuersystems[1] Gebrauch gemacht und Steuerbefreiungen oder degressive Steuerermäßigungen eingeführt haben, dürfen diese sowie die diesbezüglichen Durchführungsbestimmungen beibehalten, wenn sie mit dem Mehrwertsteuersystem in Einklang stehen.

(2) Mitgliedstaaten, in denen am 17. Mai 1977 für Steuerpflichtige mit einem Jahresumsatz unter dem Gegenwert von 5000 Europäischen Rechnungseinheiten in Landeswährung zu dem an dem genannten Datum geltenden Umrechnungskurs eine Steuerbefreiung galt, können diesen Betrag bis auf 5000 EUR anheben.

Mitgliedstaaten, die eine degressive Steuerermäßigung angewandt haben, dürfen die obere Grenze für diese Ermäßigung nicht heraufsetzen und diese Ermäßigung nicht günstiger gestalten.

Art. 285 [Kannbestimmung: Möglichkeit der Steuerbefreiung von Kleinunternehmen ohne Anwendung der 2. EG-Richtlinie (Jahresumsatz 5000 EUR)] Mitgliedstaaten, die von der Möglichkeit nach Artikel 14 der Richtlinie 67/228/EWG keinen Gebrauch gemacht haben, können Steuerpflichtigen mit einem Jahresumsatz von höchstens 5000 EUR oder dem Gegenwert dieses Betrags in Landeswährung eine Steuerbefreiung gewähren.

Die in Absatz 1 genannten Mitgliedstaaten können den Steuerpflichtigen, deren Jahresumsatz die von ihnen für die Steuerbefreiung festgelegte Höchstgrenze überschreitet, eine degressive Steuerermäßigung gewähren.

Art. 286 [Kannbestimmung: Möglichkeit der Erhöhung der Kleinunternehmergrenze nach Entwicklung Preisindex] Mitgliedstaaten, in denen am 17. Mai 1977 für Steuerpflichtige mit einem Jahresumsatz von mindestens dem Gegenwert von 5000 Europäischen Rechnungseinheiten in Landeswährung zu dem an dem genannten Datum geltenden Umrechnungskurs eine Steuerbefreiung galt, können diesen Betrag zur Wahrung des realen Wertes anheben.

---

[1] ABl. 71 vom 14. 4. 1967, S. 1303/67. Aufgehoben durch die Richtlinie 77/388/EWG.

Art. 287 [Kannbestimmung: Möglichkeit der Festlegung der Kleinunternehmergrenze in Mitgliedstaaten mit Beitritt nach 1. 1. 1978] Mitgliedstaaten, die nach dem 1. Januar 1978 beigetreten sind, können Steuerpflichtigen eine Steuerbefreiung gewähren, wenn ihr Jahresumsatz den in Landeswährung ausgedrückten Gegenwert der folgenden Beträge nicht übersteigt, wobei der Umrechnungskurs am Tag des Beitritts zugrunde zu legen ist:

1. Griechenland: 10 000 Europäische Rechnungseinheiten;
2. Spanien: 10 000 ECU;
3. Portugal: 10 000 ECU;
4. Österreich: 35 000 ECU;
5. Finnland: 10 000 ECU;
6. Schweden: 10 000 ECU;
7. Tschechische Republik: 35 000 EUR;
8. Estland: 16 000 EUR;
9. Zypern: 15 600 EUR;
10. Lettland: 17 200 EUR;
11. Litauen: 29 000 EUR;
12. Ungarn: 35 000 EUR;
13. Malta: 37 000 EUR, wenn die wirtschaftliche Tätigkeit hauptsächlich in der Lieferung von Waren besteht, 24 300 EUR, wenn die wirtschaftliche Tätigkeit hauptsächlich in der Erbringung von Dienstleistungen mit geringer Wertschöpfung (hoher Input) besteht und 14 600 EUR in anderen Fällen, nämlich bei Dienstleistungen mit hoher Wertschöpfung (niedriger Input);
14. Polen: 10 000 EUR;
15. Slowenien: 25 000 EUR;
16. Slowakei: 35 000 EUR;
17. Bulgarien: 25 600 EUR;[1]
18. Rumänien: 35 000 EUR;[1]
19. Kroatien: EUR 35 000.[2]

Art. 288 [Bestandteile des Gesamtumsatzes bei der Kleinunternehmergrenze] Der Umsatz, der bei der Anwendung der Regelung dieses Abschnitts zugrunde zu legen ist, setzt sich aus folgenden Beträgen ohne Mehrwertsteuer zusammen:

1. Betrag der Lieferungen von Gegenständen und Dienstleistungen, soweit diese besteuert werden;

---

[1] Art. 287 Nrn. 17 und 18 angef. mWv 15. 1. 2010 durch RL 2009/162/EU v. 22. 12. 2009 (ABl. EU 2010 Nr. L 10 S. 14).

[2] Art. 287 Nr. 19 angef. mWv 1. 7. 2013 durch Akte v. 9. 12. 2011 (ABl. EU 2012 Nr. L 112 S. 21, Anh. III S. 51).

2. Betrag der gemäß Artikel 110, Artikel 111 und Artikel 125 Absatz 1 sowie Artikel 127 und Artikel 128 Absatz 1 mit Recht auf Vorsteuerabzug von der Steuer befreiten Umsätze;
3. Betrag der gemäß den Artikeln 146 bis 149 sowie den Artikeln 151, 152 und 153 von der Steuer befreiten Umsätze;
4. Betrag der Umsätze mit Immobilien, der in Artikel 135 Absatz 1 Buchstaben b bis g genannten Finanzgeschäfte sowie der Versicherungsdienstleistungen, sofern diese Umsätze nicht den Charakter von Nebenumsätzen haben.

Veräußerungen von körperlichen oder nicht körperlichen Investitionsgütern des Unternehmens bleiben bei der Ermittlung dieses Umsatzes jedoch außer Ansatz.

Art. 289 [Ausschluss vom Recht auf Vorsteuerabzug und Verbot des Steuerausweises in der Rechnung bei Kleinunternehmen] Steuerpflichtige, die eine Steuerbefreiung in Anspruch nehmen, haben kein Recht auf Vorsteuerabzug gemäß den Artikeln 167 bis 171 und 173 bis 177 und dürfen die Mehrwertsteuer in ihren Rechnungen nicht ausweisen.

Art. 290 [Möglichkeit für Kleinunternehmen zum Wechsel zur Regelbesteuerung] [1]Steuerpflichtige, die für die Steuerbefreiung in Betracht kommen, können sich entweder für die normale Mehrwertsteuerregelung oder für die Anwendung der in Artikel 281 genannten vereinfachten Modalitäten entscheiden. [2]In diesem Fall gelten für sie die in den nationalen Rechtsvorschriften gegebenenfalls vorgesehenen degressiven Steuerermäßigungen.

Art. 291 [Gleichsetzung degressive Steuerermäßigung bei Kleinunternehmen mit Regelbesteuerung] Steuerpflichtige, für die die degressive Steuerermäßigung gilt, werden vorbehaltlich der Anwendung des Artikels 281 als der normalen Mehrwertsteuerregelung unterliegende Steuerpflichtige betrachtet.

Art. 292 [Befristung der Sonderregelung für Kleinunternehmen] Dieser Abschnitt gilt bis zu einem Zeitpunkt, der vom Rat gemäß Artikel 93 des Vertrags festgelegt wird und der nicht nach dem Zeitpunkt des Inkrafttretens der endgültigen Regelung im Sinne von Artikel 402 liegen darf.

Abschnitt 3. Bericht und Überprüfung

Art. 293 [Regelmäßige Berichtspflicht der EU-Kommission zur Anwendung der Sonderregelung für Kleinunternehmen] [1]Die Kommission legt dem Rat auf der Grundlage der von den Mitgliedstaaten erlangten Informationen alle vier Jahre nach der Annahme dieser Richtlinie einen Bericht über die Anwendung der Bestimmungen dieses Kapitels vor. [2]Falls erforderlich fügt sie diesem Bericht unter Berücksichtigung der Notwendigkeit einer allmählichen Konvergenz der nationalen Regelungen Vorschläge bei, die Folgendes zum Gegenstand haben:

1. die Verbesserung der Sonderregelung für Kleinunternehmen;
2. die Angleichung der nationalen Regelungen über die Steuerbefreiungen und degressiven Steuerermäßigungen;
3. die Anpassung der in Abschnitt 2 genannten Schwellenwerte.

Art. 294 [Spätere Entscheidung des Rates über Notwendigkeit einer Kleinunternehmerregelung in einem endgültigen Mehrwertsteuersystem] Der Rat entscheidet gemäß Artikel 93 des Vertrags darüber, ob im Rahmen der endgültigen Regelung eine Sonderregelung für Kleinunternehmen erforderlich ist, und befindet gegebenenfalls über die gemeinsamen Beschränkungen und Bedingungen für die Anwendung der genannten Sonderregelung.

Kapitel 2. Gemeinsame Pauschalregelung für landwirtschaftliche Erzeuger

Art. 295 [Sonderregelung für pauschalierende Land- und Forstwirte – Begriffsbestimmungen] (1) Für die Zwecke dieses Kapitels gelten folgende Begriffsbestimmungen:

1. „landwirtschaftlicher Erzeuger" ist ein Steuerpflichtiger, der seine Tätigkeit im Rahmen eines land-, forst- oder fischwirtschaftlichen Betriebs ausübt;
2. „land-, forst- oder fischwirtschaftlicher Betrieb" ist ein Betrieb, der in den einzelnen Mitgliedstaaten im Rahmen der in Anhang VII genannten Erzeugertätigkeiten als solcher gilt;
3. „Pauschallandwirt" ist ein landwirtschaftlicher Erzeuger, der unter die Pauschalregelung dieses Kapitels fällt;
4. „landwirtschaftliche Erzeugnisse" sind die Gegenstände, die im Rahmen der in Anhang VII aufgeführten Tätigkeiten von den land-, forst- oder fischwirtschaftlichen Betrieben der einzelnen Mitgliedstaaten erzeugt werden;
5. „landwirtschaftliche Dienstleistungen" sind Dienstleistungen, die von einem landwirtschaftlichen Erzeuger mit Hilfe seiner Arbeitskräfte oder der normalen Ausrüstung seines land-, forst- oder fischwirtschaftlichen Betriebs erbracht werden und die normalerweise zur landwirtschaftlichen Erzeugung beitragen, und zwar insbesondere die in Anhang VIII aufgeführten Dienstleistungen;
6. „Mehrwertsteuer-Vorbelastung" ist die Mehrwertsteuer-Gesamtbelastung der Gegenstände und Dienstleistungen, die von der Gesamtheit der der Pauschalregelung unterliegenden land-, forst- und fischwirtschaftlichen Betriebe jedes Mitgliedstaats bezogen worden sind, soweit diese Steuer bei einem der normalen Mehrwertsteuerregelung unterliegenden landwirtschaftlichen Erzeuger gemäß den Artikeln 167, 168 und 169 und 173 bis 177 abzugsfähig wäre;
7. „Pauschalausgleich-Prozentsätze" sind die Prozentsätze, die die Mitgliedstaaten gemäß den Artikeln 297, 298 und 299 festsetzen und in den in Artikel 300 genannten Fällen anwenden, damit die Pauschallandwirte den pauschalen Ausgleich der Mehrwertsteuer-Vorbelastung erlangen;

8. „Pauschalausgleich“ ist der Betrag, der sich aus der Anwendung des Pauschalausgleich-Prozentsatzes auf den Umsatz des Pauschallandwirts in den in Artikel 300 genannten Fällen ergibt.

(2) Den in Anhang VII aufgeführten Tätigkeiten der landwirtschaftlichen Erzeugung gleichgestellt sind die Verarbeitungstätigkeiten, die ein Landwirt bei im Wesentlichen aus seiner landwirtschaftlichen Produktion stammenden Erzeugnissen mit Mitteln ausübt, die normalerweise in land-, forst- oder fischwirtschaftlichen Betrieben verwendet werden.

Art. 296 [Kannbestimmung: Anwendbarkeit einer Pauschalregelung für Land- und Forstwirte] (1) Die Mitgliedstaaten können auf landwirtschaftliche Erzeuger, bei denen die Anwendung der normalen Mehrwertsteuerregelung oder gegebenenfalls der Sonderregelung des Kapitels 1 auf Schwierigkeiten stoßen würde, als Ausgleich für die Belastung durch die Mehrwertsteuer, die auf die von den Pauschallandwirten bezogenen Gegenstände und Dienstleistungen gezahlt wird, eine Pauschalregelung nach diesem Kapitel anwenden.

(2) Jeder Mitgliedstaat kann bestimmte Gruppen landwirtschaftlicher Erzeuger sowie diejenigen landwirtschaftlichen Erzeuger, bei denen die Anwendung der normalen Mehrwertsteuerregelung oder gegebenenfalls der vereinfachten Bestimmungen des Artikels 281 keine verwaltungstechnischen Schwierigkeiten mit sich bringt, von der Pauschalregelung ausnehmen.

(3) Jeder Pauschallandwirt hat nach den von den einzelnen Mitgliedstaaten festgelegten Einzelheiten und Voraussetzungen das Recht, sich für die Anwendung der normalen Mehrwertsteuerregelung oder gegebenenfalls der vereinfachten Bestimmungen des Artikels 281 zu entscheiden.

Art. 297 [Möglichkeit der Festlegung von Pauschalausgleich-Prozentsätzen] Die Mitgliedstaaten legen bei Bedarf Pauschalausgleich-Prozentsätze fest. Sie können die Höhe der Pauschalausgleich-Prozentsätze für die Forstwirtschaft, die einzelnen Teilbereiche der Landwirtschaft und die Fischwirtschaft unterschiedlich festlegen.

Die Mitgliedstaaten teilen der Kommission die gemäß Absatz 1 festgelegten Pauschalausgleich-Prozentsätze mit, bevor diese angewandt werden.

Art. 298 [Ausrichtung der Pauschalausgleich-Prozentsätze nach Daten vergangener Jahre] Die Pauschalausgleich-Prozentsätze werden anhand der allein für die Pauschallandwirte geltenden makroökonomischen Daten der letzten drei Jahre bestimmt.

Die Prozentsätze können auf einen halben Punkt ab- oder aufgerundet werden. Die Mitgliedstaaten können diese Prozentsätze auch bis auf Null herabsetzen.

Art. 299 [Verbot der Überkompensation der Mehrwertsteuer-Vorbelastung durch Pauschalausgleich-Prozentsätze] Die Pauschalausgleich-Prozentsätze dürfen nicht dazu führen, dass die Pauschallandwirte insgesamt Erstattungen erhalten, die über die Mehrwertsteuer-Vorbelastung hinausgehen.

Art. 300 [Anwendung der Pauschalausgleich-Prozentsätze auf das Leistungsentgelt für bestimmte Umsätze] Die Pauschalausgleich-Prozentsätze werden auf den Preis ohne Mehrwertsteuer der folgenden Gegenstände und Dienstleistungen angewandt:

1. landwirtschaftliche Erzeugnisse, die die Pauschallandwirte an andere Steuerpflichtige als jene geliefert haben, die in dem Mitgliedstaat, in dem diese Erzeugnisse geliefert werden, diese Pauschalregelung in Anspruch nehmen;
2. landwirtschaftliche Erzeugnisse, die die Pauschallandwirte unter den Voraussetzungen des Artikels 138 an nichtsteuerpflichtige juristische Personen geliefert haben, deren innergemeinschaftliche Erwerbe gemäß Artikel 2 Absatz 1 Buchstabe b im Mitgliedstaat der Beendigung der Versendung oder Beförderung dieser landwirtschaftlichen Erzeugnisse der Mehrwertsteuer unterliegen;
3. landwirtschaftliche Dienstleistungen, die die Pauschallandwirte an andere Steuerpflichtige als jene erbracht haben, die in dem Mitgliedstaat, in dem diese Dienstleistungen erbracht werden, diese Pauschalregelung in Anspruch nehmen.

Art. 301 [Zahlung des Pauschalausgleichs durch Leistungsempfänger oder öffentliche Hand] (1) Für die in Artikel 300 genannten Lieferungen landwirtschaftlicher Erzeugnisse und Dienstleistungen sehen die Mitgliedstaaten vor, dass die Zahlung des Pauschalausgleichs entweder durch den Erwerber bzw. den Dienstleistungsempfänger oder durch die öffentliche Hand erfolgt.

(2) Bei anderen als den in Artikel 300 genannten Lieferungen landwirtschaftlicher Erzeugnisse und landwirtschaftlichen Dienstleistungen wird davon ausgegangen, dass die Zahlung des Pauschalausgleichs durch den Erwerber bzw. den Dienstleistungsempfänger erfolgt.

Art. 302 [Ausschluss des Rechts auf Vorsteuerabzug bei einem pauschalierenden Land- und Forstwirt] Nimmt ein Pauschallandwirt einen Pauschalausgleich in Anspruch, hat er in Bezug auf die dieser Pauschalregelung unterliegenden Tätigkeiten kein Recht auf Vorsteuerabzug.

Art. 303 [Möglichkeit des Vorsteuerabzugs auf Seiten des Leistungsempfängers aufgrund der Zahlung eines Pauschalausgleichs] (1) Zahlt der steuerpflichtige Erwerber oder Dienstleistungsempfänger einen Pauschalausgleich gemäß Artikel 301 Absatz 1, ist er berechtigt, nach Maßgabe der Artikel 167, 168, 169 und 173 bis 177 und der von den Mitgliedstaaten festgelegten Einzelheiten von der Mehrwertsteuer, die er in dem Mitgliedstaat, in dem er seine besteuerten Umsätze bewirkt, schuldet, den Betrag dieses Pauschalausgleichs abzuziehen.

(2) Die Mitgliedstaaten erstatten dem Erwerber oder Dienstleistungsempfänger den Betrag des Pauschalausgleichs, den er im Rahmen eines der folgenden Umsätze gezahlt hat:

a) Lieferung landwirtschaftlicher Erzeugnisse unter den Voraussetzungen des Artikels 138, soweit der Erwerber ein Steuerpflichtiger oder eine nichtsteuerpflichtige juristische Person ist, der/die als solcher/solche in einem anderen Mitgliedstaat handelt, in dessen Gebiet seine/ihre innergemeinschaftlichen Erwerbe von Gegenständen gemäß Artikel 2 Absatz 1 Buchstabe b der Mehrwertsteuer unterliegen;

b) Lieferung von landwirtschaftlichen Erzeugnissen unter den Bedingungen der Artikel 146, 147, 148 und 156, Artikel 157 Absatz 1 Buchstabe b sowie der Artikel 158, 160 und 161 an einen außerhalb der Gemeinschaft ansässigen steuerpflichtigen Erwerber, soweit der Erwerber diese landwirtschaftlichen Erzeugnisse für die Zwecke seiner in Artikel 169 Buchstaben a und b genannten Umsätze oder seiner Dienstleistungen verwendet, die als im Gebiet des Mitgliedstaats erbracht gelten, in dem der Dienstleistungsempfänger ansässig ist, und für die gemäß Artikel 196 nur der Dienstleistungsempfänger die Steuer schuldet;

c) landwirtschaftliche Dienstleistungen, die an einen innerhalb der Gemeinschaft, jedoch in einem anderen Mitgliedstaat ansässigen oder an einen außerhalb der Gemeinschaft ansässigen steuerpflichtigen Dienstleistungsempfänger erbracht werden, soweit der Dienstleistungsempfänger diese Dienstleistungen für die Zwecke seiner in Artikel 169 Buchstaben a und b genannten Umsätze oder seiner Dienstleistungen verwendet, die als im Gebiet des Mitgliedstaats erbracht gelten, in dem der Dienstleistungsempfänger ansässig ist, und für die gemäß Artikel 196 nur der Dienstleistungsempfänger die Steuer schuldet.

(3) Die Mitgliedstaaten legen die Einzelheiten für die Durchführung der in Absatz 2 vorgesehenen Erstattungen fest. Dabei können sie sich insbesondere auf die Richtlinien 79/1072/EWG und 86/560/EWG stützen.

Art. 304 [Kontrolle der Zahlung des Pauschalausgleichs an pauschalierende Land- und Forstwirte] Die Mitgliedstaaten treffen alle zweckdienlichen Maßnahmen für eine wirksame Kontrolle der Zahlung des Pauschalausgleichs an die Pauschallandwirte.

Art. 305 [Gleichbehandlung aller innergemeinschaftlichen Lieferungen land- und forstwirtschaftlicher Erzeugnisse in Bezug auf die Versandhandelsregelung] Wenden die Mitgliedstaaten diese Pauschalregelung an, treffen sie alle zweckdienlichen Maßnahmen, um sicherzustellen, dass Lieferung landwirtschaftlicher Erzeugnisse zwischen den Mitgliedstaaten unter den Voraussetzungen des Artikels 33 immer in derselben Weise besteuert wird, unabhängig davon, ob die Erzeugnisse von einem Pauschallandwirt oder von einem anderen Steuerpflichtigen geliefert werden.

Kapitel 3. Sonderregelung für Reisebüros

Art. 306 [Anwendung der Sonderregelung für Reisebüros – Grundsatz] (1) Die Mitgliedstaaten wenden auf Umsätze von Reisebüros die Mehrwertsteuer-Sonderregelung dieses Kapitels an, soweit die Reisebüros gegenüber dem Reisenden in eigenem Namen auftreten und zur Durchführung der Reise Lieferungen von Gegenständen und Dienstleistungen anderer Steuerpflichtiger in Anspruch nehmen.

Diese Sonderregelung gilt nicht für Reisebüros, die lediglich als Vermittler handeln und auf die zur Berechnung der Steuerbemessungsgrundlage Artikel 79 Absatz 1 Buchstabe c anzuwenden ist.

(2) Für die Zwecke dieses Kapitels gelten Reiseveranstalter als Reisebüro.

Art. 307 [Einheitliche Reiseleistung] Die zur Durchführung der Reise vom Reisebüro unter den Voraussetzungen des Artikels 306 bewirkten Umsätze gelten als eine einheitliche Dienstleistung des Reisebüros an den Reisenden.

Die einheitliche Dienstleistung wird in dem Mitgliedstaat besteuert, in dem das Reisebüro den Sitz seiner wirtschaftlichen Tätigkeit oder eine feste Niederlassung hat, von wo aus es die Dienstleistung erbracht hat.

Art. 308 [Steuerbemessungsgrundlage der einheitlichen Reiseleistung] Für die von dem Reisebüro erbrachte einheitliche Dienstleistung gilt als Steuerbemessungsgrundlage und als Preis ohne Mehrwertsteuer im Sinne des Artikels 226 Nummer 8 die Marge des Reisebüros, das heißt die Differenz zwischen dem vom Reisenden zu zahlenden Gesamtbetrag ohne Mehrwertsteuer und den tatsächlichen Kosten, die dem Reisebüro für die Lieferungen von Gegenständen und die Dienstleistungen anderer Steuerpflichtiger entstehen, soweit diese Umsätze dem Reisenden unmittelbar zugute kommen.

Art. 309 [Reisevorleistungen im Drittlandsgebiet – Steuerfreiheit der einheitlichen Reiseleistung] Werden die Umsätze, für die das Reisebüro andere Steuerpflichtige in Anspruch nimmt, von diesen außerhalb der Gemeinschaft bewirkt, wird die Dienstleistung des Reisebüros einer gemäß Artikel 153 von der Steuer befreiten Vermittlungstätigkeit gleichgestellt.

Werden die in Absatz 1 genannten Umsätze sowohl innerhalb als auch außerhalb der Gemeinschaft bewirkt, ist nur der Teil der Dienstleistung des Reisebüros als steuerfrei anzusehen, der auf die Umsätze außerhalb der Gemeinschaft entfällt.

Art. 310 [Ausschluss des Rechts auf Vorsteuerabzug bei einheitlicher Reiseleistung] Die Mehrwertsteuerbeträge, die dem Reisebüro von anderen Steuerpflichtigen für die in Artikel 307 genannten Umsätze in Rechnung gestellt werden, welche dem Reisenden unmittelbar zugute kommen, sind in keinem Mitgliedstaat abziehbar oder erstattungsfähig.

Kapitel 4. Sonderregelungen für Gebrauchtgegenstände, Kunstgegenstände, Sammlungsstücke und Antiquitäten

Abschnitt 1. Begriffsbestimmungen

Art. 311 [Sonderregelung für Gebrauchtwaren – Begriffsbestimmungen] (1) Für die Zwecke dieses Kapitels gelten unbeschadet sonstiger Bestimmungen des Gemeinschaftsrechts folgende Begriffsbestimmungen:

1. „Gebrauchtgegenstände" sind bewegliche körperliche Gegenstände, die keine Kunstgegenstände, Sammlungsstücke oder Antiquitäten und keine Edelmetalle oder Edelsteine im Sinne der Definition der Mitgliedstaaten sind und die in ihrem derzeitigen Zustand oder nach Instandsetzung erneut verwendbar sind;
2. „Kunstgegenstände" sind die in Anhang IX Teil A genannten Gegenstände;
3. „Sammlungsstücke" sind die in Anhang IX Teil B genannten Gegenstände;
4. „Antiquitäten" sind die in Anhang IX Teil C genannten Gegenstände;
5. „steuerpflichtiger Wiederverkäufer" ist jeder Steuerpflichtige, der im Rahmen seiner wirtschaftlichen Tätigkeit zum Zwecke des Wiederverkaufs Gebrauchtgegenstände, Kunstgegenstände, Sammlungsstücke oder Antiquitäten kauft, seinem Unternehmen zuordnet oder einführt, gleich, ob er auf eigene Rechnung oder aufgrund eines Einkaufs- oder Verkaufskommissionsvertrags für fremde Rechnung handelt;
6. „Veranstalter einer öffentlichen Versteigerung" ist jeder Steuerpflichtige, der im Rahmen seiner wirtschaftlichen Tätigkeit Gegenstände zur öffentlichen Versteigerung anbietet, um sie an den Meistbietenden zu verkaufen;
7. „Kommittent eines Veranstalters öffentlicher Versteigerungen" ist jede Person, die einem Veranstalter öffentlicher Versteigerungen einen Gegenstand aufgrund eines Verkaufskommissionsvertrags übergibt.

(2) Die Mitgliedstaaten können vorsehen, dass die in Anhang IX Teil A Nummern 5, 6 und 7 genannten Gegenstände nicht als Kunstgegenstände gelten.

(3) Der in Absatz 1 Nummer 7 genannte Verkaufskommissionsvertrag muss vorsehen, dass der Veranstalter der öffentlichen Versteigerung den Gegenstand in eigenem Namen, aber für Rechnung seines Kommittenten zur öffentlichen Versteigerung anbietet und an den Meistbietenden übergibt, der in der öffentlichen Versteigerung den Zuschlag erhalten hat.

Abschnitt 2. Sonderregelung für steuerpflichtige Wiederverkäufer

Unterabschnitt 1. Differenzbesteuerung

Art. 312 [Differenzbesteuerung – Definition Verkaufspreis und Einkaufspreis] Für die Zwecke dieses Unterabschnitts gelten folgende Begriffsbestimmungen:

1. „Verkaufspreis" ist die gesamte Gegenleistung, die der steuerpflichtige Wiederverkäufer vom Erwerber oder von einem Dritten erhält oder zu erhalten hat, einschließlich der unmittelbar mit dem Umsatz zusammenhängenden Zuschüsse, Steuern, Zölle, Abschöpfungen und Abgaben sowie der Nebenkosten wie Provisions-, Verpackungs-, Beförderungs- und Versicherungskosten, die der steuerpflichtige Wiederverkäufer dem Erwerber in Rechnung stellt, mit Ausnahme der in Artikel 79 genannten Beträge;
2. „Einkaufspreis" ist die gesamte Gegenleistung gemäß der Begriffsbestimmung unter Nummer 1, die der Lieferer von dem steuerpflichtigen Wiederverkäufer erhält oder zu erhalten hat.

Art. 313 [Anwendung der Differenzbesteuerung auf Lieferungen von Gebrauchtwaren – Grundsatz] (1) Die Mitgliedstaaten wenden auf die Lieferungen von Gebrauchtgegenständen, Kunstgegenständen, Sammlungsstücken und Antiquitäten durch steuerpflichtige Wiederverkäufer eine Sonderregelung zur Besteuerung der von dem steuerpflichtigen Wiederverkäufer erzielten Differenz (Handelsspanne) gemäß diesem Unterabschnitt an.

(2) Bis zur Einführung der endgültigen Regelung nach Artikel 402 gilt Absatz 1 des vorliegenden Artikels nicht für die Lieferung neuer Fahrzeuge unter den Voraussetzungen des Artikels 138 Absatz 1 und Absatz 2 Buchstabe a.

Art. 314 [Anwendung der Differenzbesteuerung – Abnahme der Gebrauchtwaren von bestimmten Personen] Die Differenzbesteuerung gilt für die Lieferungen von Gebrauchtgegenständen, Kunstgegenständen, Sammlungsstücken und Antiquitäten durch einen steuerpflichtigen Wiederverkäufer, wenn ihm diese Gegenstände innerhalb der Gemeinschaft von einer der folgenden Personen geliefert werden:

a) von einem Nichtsteuerpflichtigen;

b) von einem anderen Steuerpflichtigen, sofern die Lieferungen des Gegenstands durch diesen anderen Steuerpflichtigen gemäß Artikel 136 von der Steuer befreit ist;

c) von einem anderen Steuerpflichtigen, sofern für die Lieferung des Gegenstands durch diesen anderen Steuerpflichtigen die Steuerbefreiung für Kleinunternehmen gemäß den Artikeln 282 bis 292 gilt und es sich dabei um ein Investitionsgut handelt;

d) von einem anderen steuerpflichtigen Wiederverkäufer, sofern die Lieferung des Gegenstands durch diesen anderen steuerpflichtigen Wiederverkäufer gemäß dieser Sonderregelung mehrwertsteuerpflichtig ist.

Art. 315 [Steuerbemessungsgrundlage der Differenzbesteuerung] Die Steuerbemessungsgrundlage bei der Lieferung von Gegenständen nach Artikel 314 ist die von dem steuerpflichtigen Wiederverkäufer erzielte Differenz (Handelsspanne), abzüglich des Betrags der auf diese Spanne erhobenen Mehrwertsteuer.

Die Differenz (Handelsspanne) des steuerpflichtigen Wiederverkäufers entspricht dem Unterschied zwischen dem von ihm geforderten Verkaufspreis und dem Einkaufspreis des Gegenstands.

Art. 316 [Optionsrecht zur Anwendung der Differenzbesteuerung bei bestimmten Kunstgegenständen] (1) Die Mitgliedstaaten räumen den steuerpflichtigen Wiederverkäufern das Recht ein, die Differenzbesteuerung bei der Lieferung folgender Gegenstände anzuwenden:

a) Kunstgegenstände, Sammlungsstücke und Antiquitäten, die sie selbst eingeführt haben;

b) Kunstgegenstände, die ihnen vom Urheber oder von dessen Rechtsnachfolgern geliefert wurden;

c) Kunstgegenstände, die ihnen von einem Steuerpflichtigen, der kein steuerpflichtiger Wiederverkäufer ist, geliefert wurden, wenn auf die Lieferung dieses anderen Steuerpflichtigen gemäß Artikel 103 der ermäßigte Steuersatz angewandt wurde.

(2) Die Mitgliedstaaten legen die Einzelheiten der Ausübung der Option des Absatzes 1 fest, die in jedem Fall für einen Zeitraum von mindestens zwei Kalenderjahren gelten muss.

Art. 317 [Steuerbemessungsgrundlage in Fällen der Option zur Differenzbesteuerung] Macht ein steuerpflichtiger Wiederverkäufer von der Option des Artikels 316 Gebrauch, wird die Steuerbemessungsgrundlage gemäß Artikel 315 ermittelt.

Bei der Lieferung von Kunstgegenständen, Sammlungsstücken oder Antiquitäten, die der steuerpflichtige Wiederverkäufer selbst eingeführt hat, ist der für die Berechnung der Differenz zugrunde zu legende Einkaufspreis gleich der gemäß den Artikeln 85 bis 89 ermittelten Steuerbemessungsgrundlage bei der Einfuhr zuzüglich der für die Einfuhr geschuldeten oder entrichteten Mehrwertsteuer.

Art. 318 [Kannbestimmung: Möglichkeit einer Gesamtdifferenzbesteuerung] (1) Die Mitgliedstaaten können zur Vereinfachung der Steuererhebung und nach Konsultation des Mehrwertsteuerausschusses für bestimmte Umsätze oder für bestimmte Gruppen von steuerpflichtigen Wiederverkäufern vorsehen, dass die Steuerbemessungsgrundlage bei der Lieferung von Gegenständen, die der Differenzbesteuerung unterliegen, für jeden Steuerzeitraum festgesetzt wird, für den der steuerpflichtige Wiederverkäufer die in Artikel 250 genannte Mehrwertsteuererklärung abzugeben hat.

Wird Unterabsatz 1 angewandt, ist die Steuerbemessungsgrundlage für Lieferungen von Gegenständen, die ein und demselben Mehrwertsteuersatz unterliegen, die von dem steuerpflichtigen Wiederverkäufer erzielte Gesamtdifferenz abzüglich des Betrags der auf diese Spanne erhobenen Mehrwertsteuer.

(2) Die Gesamtdifferenz entspricht dem Unterschied zwischen den beiden folgenden Beträgen:

a) Gesamtbetrag der der Differenzbesteuerung unterliegenden Lieferungen von Gegenständen des steuerpflichtigen Wiederverkäufers während des Steuerzeitraums, der von der Erklärung umfasst wird, d. h. Gesamtsumme der Verkaufspreise;

b) Gesamtbetrag der Käufe von Gegenständen im Sinne des Artikels 314, die der steuerpflichtige Wiederverkäufer während des Steuerzeitraums, der von der Erklärung umfasst wird, getätigt hat, d. h. Gesamtsumme der Einkaufspreise.

(3) Die Mitgliedstaaten treffen die erforderlichen Maßnahmen, damit sich für die in Absatz 1 genannten Steuerpflichtigen weder ungerechtfertigte Vorteile noch ungerechtfertigte Nachteile ergeben.

Art. 319 [Wechsel von der Differenzbesteuerung zur Regelbesteuerung] Der steuerpflichtige Wiederverkäufer kann auf jede der Differenzbesteuerung unterliegende Lieferung die normale Mehrwertsteuerregelung anwenden.

Art. 320 [Recht auf Vorsteuerabzug bei Regelbesteuerung anstelle von Differenzbesteuerung] (1) Wendet der steuerpflichtige Wiederverkäufer die normale Mehrwertsteuerregelung an, ist er berechtigt, bei der Lieferung eines von ihm selbst eingeführten Kunstgegenstands, Sammlungsstücks oder einer Antiquität die für die Einfuhr dieses Gegenstands geschuldete oder entrichtete Mehrwertsteuer als Vorsteuer abzuziehen.

Wendet der steuerpflichtige Wiederverkäufer die normale Mehrwertsteuerregelung an, ist er berechtigt, bei der Lieferung eines Kunstgegenstands, der ihm von seinem Urheber oder dessen Rechtsnachfolgern oder von einem Steuerpflichtigen, der kein steuerpflichtiger Wiederverkäufer ist, geliefert wurde, die von ihm dafür geschuldete oder entrichtete Mehrwertsteuer als Vorsteuer abzuziehen.

(2) Das Recht auf Vorsteuerabzug entsteht zu dem Zeitpunkt, zu dem der Steueranspruch für die Lieferung entsteht, für die der steuerpflichtige Wiederverkäufer die Anwendung der normalen Mehrwertsteuerregelung gewählt hat.

Art. 321 [Steuerbefreiung von Differenzbesteuerungslieferungen in Ausfuhr- und ähnlichen Fällen] Werden der Differenzbesteuerung unterliegende Gebrauchtgegenstände, Kunstgegenstände, Sammlungsstücke oder Antiquitäten unter den Voraussetzungen der Artikel 146, 147, 148 und 151 geliefert, sind sie von der Steuer befreit.

Art. 322 [Ausschluss vom Vorsteuerabzugsrecht in den Fällen der Differenzbesteuerung für Vorbezüge von anderen als Wiederverkäufern] Sofern die Gegenstände für Lieferungen verwendet werden, die der Differenzbesteuerung unterliegen, darf der steuerpflichtige Wiederverkäufer von seiner Steuerschuld folgende Beträge nicht abziehen:

a) die geschuldete oder entrichtete Mehrwertsteuer auf von ihm selbst eingeführte Kunstgegenstände, Sammlungsstücke oder Antiquitäten;
b) die geschuldete oder entrichtete Mehrwertsteuer auf Kunstgegenstände, die ihm vom Urheber oder von dessen Rechtsnachfolgern geliefert werden;
c) die geschuldete oder entrichtete Mehrwertsteuer auf Kunstgegenstände, die ihm von einem Steuerpflichtigen geliefert werden, der kein steuerpflichtiger Wiederverkäufer ist.

Art. 323 [Ausschluss vom Vorsteuerabzugsrecht in den Fällen der Differenzbesteuerung für Vorbezüge von Wiederverkäufern] Ein Steuerpflichtiger darf die für Gegenstände, die ihm von einem steuerpflichtigen Wiederverkäufer geliefert werden, geschuldete oder entrichtete Mehrwertsteuer nicht als Vorsteuer abziehen, wenn die Lieferung dieser Gegenstände durch den steuerpflichtigen Wiederverkäufer der Differenzbesteuerung unterliegt.

Art. 324 [Pflicht zu getrennten Aufzeichnungen bei gleichzeitiger Regel- und Differenzbesteuerung] Wendet der steuerpflichtige Wiederverkäufer sowohl die normale Mehrwertsteuerregelung als auch die Differenzbesteuerung an, muss er die unter die jeweilige Regelung fallenden Umsätze nach den von den Mitgliedstaaten festgelegten Modalitäten in seinen Aufzeichnungen gesondert ausweisen.

Art. 325 [Verbot des gesonderten Steuerausweises in der Rechnung in den Fällen der Differenzbesteuerung] Der steuerpflichtige Wiederverkäufer darf die Mehrwertsteuer auf die Lieferungen von Gegenständen, auf die er die Differenzbesteuerung anwendet, in der von ihm ausgestellten Rechnung nicht gesondert ausweisen.

Unterabschnitt 2. Übergangsregelung für Gebrauchtfahrzeuge

Art. 326 [Andere Sonderregelung als Differenzbesteuerung für Gebrauchtfahrzeuge – Stand-Still-Klausel] Die Mitgliedstaaten, die am 31. Dezember 1992 auf die Lieferungen von Gebrauchtfahrzeugen durch steuerpflichtige Wiederverkäufer eine andere Sonderregelung als die Differenzbesteuerung angewandt haben, können diese Regelung für die Dauer des in Artikel 402 genannten Zeitraums beibehalten, sofern diese Regelung die in diesem Unterabschnitt festgelegten Voraussetzungen erfüllt oder dergestalt angepasst wird, dass sie diese erfüllt.

Dänemark ist berechtigt, die in Absatz 1 vorgesehene Regelung einzuführen.

Art. 327 [Differenzbesteuerung für Gebrauchtfahrzeuge als Übergangsregelung – Grundsatz] (1) Diese Übergangsregelung gilt für die Lieferungen von Gebrauchtfahrzeugen durch steuerpflichtige Wiederverkäufer, die der Differenzbesteuerung unterliegt.

(2) Die Übergangsregelung gilt nicht für die Lieferungen neuer Fahrzeuge unter den Voraussetzungen des Artikels 138 Absatz 1 und Absatz 2 Buchstabe a.

(3) Für die Zwecke des Absatzes 1 gelten als „Gebrauchtfahrzeuge" die in Artikel 2 Absatz 2 Buchstabe a genannten Land-, Wasser- und Luftfahrzeuge, wenn sie Gebrauchtgegenstände sind und nicht die Voraussetzungen erfüllen, um als neue Fahrzeuge angesehen zu werden.

Art. 328 [Bemessung des geschuldeten Steuerbetrags in den Fällen der Differenzbesteuerung für Gebrauchtfahrzeuge] Die für jede Lieferung im Sinne des Artikels 327 geschuldete Mehrwertsteuer ist gleich dem Betrag der Steuer, die geschuldet würde, wenn die betreffende Lieferung der normalen Mehrwertsteuerregelung unterläge, abzüglich des Betrags der Mehrwertsteuer, die als in dem Einkaufspreis enthalten gilt, den der steuerpflichtige Wiederverkäufer für das Fahrzeug entrichtet hat.

Art. 329 [Bemessung des im Einkaufspreis enthaltenen Steuerbetrags in den Fällen der Differenzbesteuerung für Gebrauchtfahrzeuge] Die Mehrwertsteuer, die als in dem Einkaufspreis enthalten gilt, den der steuerpflichtige Wiederverkäufer für das Fahrzeug entrichtet hat, wird nach folgendem Verfahren berechnet:

a) Als Einkaufspreis ist der Einkaufspreis im Sinne des Artikels 312 Nummer 2 zugrunde zu legen.

b) In diesem vom steuerpflichtigen Wiederverkäufer entrichteten Einkaufspreis gilt die Mehrwertsteuer als enthalten, die geschuldet worden wäre, wenn der Lieferer des steuerpflichtigen Wiederverkäufers auf seine Lieferung die normale Mehrwertsteuerregelung angewandt hätte.

c) Es ist der Steuersatz gemäß Artikel 93 anzuwenden, der in dem Mitgliedstaat angewandt wird, in dessen Gebiet der Ort der Lieferung an den steuerpflichtigen Wiederverkäufer im Sinne der Artikel 31 und 32 als gelegen gilt.

Art. 330 [Untergrenze des geschuldeten Steuerbetrags in den Fällen der Differenzbesteuerung für Gebrauchtfahrzeuge] Die für jede Lieferung von Fahrzeugen im Sinne des Artikels 327 Absatz 1 geschuldete und gemäß Artikel 328 festgesetzte Mehrwertsteuer darf nicht unter dem Steuerbetrag liegen, der geschuldet würde, wenn auf die betreffende Lieferung die Differenzbesteuerung angewandt worden wäre.

Die Mitgliedstaaten können für den Fall, dass die Lieferung der Differenzbesteuerung unterlegen hätte, vorsehen, dass die Gewinnspanne nicht unter 10% des Verkaufspreises im Sinne des Artikels 312 Nummer 1 angesetzt werden darf.

Art. 331 [Ausschluss vom Vorsteuerabzugsrecht in den Fällen der Differenzbesteuerung für Gebrauchtfahrzeuge bei Vorbezug von einem Wiederverkäufer] Ein Steuerpflichtiger darf von seiner Steuerschuld die für die Lieferung eines Gebrauchtfahrzeugs durch einen steuerpflichtigen Wiederverkäufer geschuldete oder entrichtete Mehrwertsteuer nicht als Vorsteuer abziehen, wenn die Lieferung dieses Gegenstands durch den steuerpflichtigen Wiederverkäufer gemäß dieser Übergangsregelung besteuert wurde.

Art. 332 [Verbot des gesonderten Steuerausweises in der Rechnung in den Fällen der Differenzbesteuerung für Gebrauchtfahrzeuge] Der steuerpflichtige Wiederverkäufer darf auf der von ihm ausgestellten Rechnung die Mehrwertsteuer auf die Lieferungen, auf die er diese Übergangsregelung anwendet, nicht gesondert ausweisen.

Abschnitt 3. Sonderregelung für öffentliche Versteigerungen

Art. 333 [Differenzbesteuerung für öffentliche Versteigerungen – Grundsatz] (1) Die Mitgliedstaaten können gemäß diesem Abschnitt eine Sonderregelung für die Besteuerung der Differenz anwenden, die ein Veranstalter öffentlicher Versteigerungen bei der Lieferung von Gebrauchtgegenständen, Kunstgegenständen, Sammlungsstücken und Antiquitäten erzielt, die er in eigenem Namen aufgrund eines Kommissionsvertrags zum Verkauf dieser Gegenstände im Wege einer öffentlichen Versteigerung für Rechnung von in Artikel 334 genannten Personen bewirkt.

(2) Die Regelung des Absatzes 1 gilt nicht für die Lieferungen neuer Fahrzeuge unter den Voraussetzungen des Artikels 138 Absatz 1 und Absatz 2 Buchstabe a.

Art. 334 [Subjektiver Anwendungsbereich der Differenzbesteuerung für öffentliche Versteigerungen (Veranstalter im eigenen Namen und für Rechnung bestimmter Personen)] Diese Sonderregelung gilt für Lieferungen eines Veranstalters öffentlicher Versteigerungen, der in eigenem Namen für Rechnung einer der folgenden Personen handelt:

a) eines Nichtsteuerpflichtigen;

b) eines anderen Steuerpflichtigen, sofern die Lieferung des Gegenstands durch diesen anderen Steuerpflichtigen aufgrund eines Verkaufskommissionsvertrags gemäß Artikel 136 von der Steuer befreit ist;

c) eines anderen Steuerpflichtigen, sofern für die Lieferung des Gegenstands durch diesen anderen Steuerpflichtigen aufgrund eines Verkaufskommissionsvertrags die Steuerbefreiung für Kleinunternehmen der Artikel 282 bis 292 gilt und es sich bei dem Gegenstand um ein Investitionsgut handelt;

d) eines steuerpflichtigen Wiederverkäufers, sofern die Lieferung des Gegenstands durch diesen steuerpflichtigen Wiederverkäufer aufgrund eines Verkaufskommissionsvertrags gemäß der Differenzbesteuerung der Mehrwertsteuer unterliegt.

Art. 335 [Fiktion des Zeitpunkts der Lieferung an einen Veranstalter öffentlicher Versteigerungen] Die Lieferung eines Gegenstands an einen steuerpflichtigen Veranstalter öffentlicher Versteigerungen gilt als zum Zeitpunkt des Verkaufs dieses Gegenstands im Wege der öffentlichen Versteigerung erfolgt.

Art. 336 [Steuerbemessungsgrundlage der Lieferungen bei der Differenzbesteuerung für öffentliche Versteigerungen] Die Steuerbemessungsgrundlage für die einzelnen Lieferungen von Gegenständen im Sinne dieses Abschnitts ist der dem Erwerber vom Veranstalter der öffentlichen Versteigerung gemäß Artikel 339 in Rechnung gestellte Gesamtbetrag abzüglich folgender Beträge:

a) vom Veranstalter der öffentlichen Versteigerung an seinen Kommittenten gezahlter oder zu zahlender Nettobetrag gemäß Artikel 337;

b) Betrag der vom Veranstalter der öffentlichen Versteigerung für seine Lieferung geschuldeten Mehrwertsteuer.

Art. 337 [Vom Veranstalter der öffentlichen Versteigerung an Kommittenten zu zahlender Nettobetrag] Der vom Veranstalter der öffentlichen Versteigerung an seinen Kommittenten gezahlte oder zu zahlende Nettobetrag ist gleich der Differenz zwischen dem Preis, zu dem in der Versteigerung der Zuschlag für den Gegenstand erteilt wurde, und dem Betrag der Provision, die der Veranstalter der öffentlichen Versteigerung von seinem Kommittenten gemäß dem Verkaufskommissionsvertrag erhält oder zu erhalten hat.

Art. 338 [Pflicht des Veranstalters öffentlicher Versteigerungen zur Verbuchung bestimmter Beträge als durchlaufende Posten] Veranstalter öffentlicher Versteigerungen, die Gegenstände gemäß den Artikeln 333 und 334 liefern, müssen folgende Beträge in ihren Aufzeichnungen als durchlaufende Posten verbuchen:

a) die vom Erwerber des Gegenstands erhaltenen oder zu erhaltenden Beträge;

b) die dem Verkäufer des Gegenstands erstatteten oder zu erstattenden Beträge.

Die in Absatz 1 genannten Beträge müssen ordnungsgemäß nachgewiesen sein.

Art. 339 [Pflicht des Veranstalters öffentlicher Versteigerungen zur Ausstellung einer Rechnung mit Ausweis bestimmter Beträge] Der Veranstalter der öffentlichen Versteigerung muss dem Erwerber eine Rechnung ausstellen, in der folgende Beträge gesondert auszuweisen sind:

a) Zuschlagspreis des Gegenstands;

b) Steuern, Zölle, Abschöpfungen und Abgaben;

c) Nebenkosten wie Provisions-, Verpackungs-, Beförderungs- und Versicherungskosten, die der Veranstalter dem Erwerber des Gegenstands in Rechnung stellt.

In der von dem Veranstalter der öffentlichen Versteigerung ausgestellten Rechnung darf jedoch die Mehrwertsteuer nicht gesondert ausgewiesen werden.

Art. 340 [Pflicht des Veranstalters öffentlicher Versteigerungen zur Aushändigung einer Ausführungsanzeige] (1) Der Veranstalter der öffentlichen Versteigerung, dem der Gegenstand aufgrund eines Kommissionsvertrags zum Verkauf im Wege der öffentlichen Versteigerung übergeben wurde, muss seinem Kommittenten eine Ausführungsanzeige aushändigen.

In der Ausführungsanzeige des Veranstalters der öffentlichen Versteigerung muss der Umsatzbetrag, d.h. der Preis, zu dem der Zuschlag für den Gegenstand erteilt wurde, abzüglich des Betrags der vom Kommittenten erhaltenen oder zu erhaltenden Provision gesondert ausgewiesen werden.

(2) Die gemäß Absatz 1 ausgestellte Ausführungsanzeige tritt an die Stelle der Rechnung, die der Kommittent, sofern er steuerpflichtig ist, dem Veranstalter der öffentlichen Versteigerung gemäß Artikel 220 ausstellen muss.

Art. 341 [Pflicht zur Anwendung der von einem Mitgliedstaat praktizierten Differenzbesteuerung bei öffentlichen Versteigerungen auf Lieferungen von Gebrauchtfahrzeugen] Die Mitgliedstaaten, die die Sonderregelung dieses Abschnitts anwenden, wenden sie auch auf die Lieferungen von Gebrauchtfahrzeugen im Sinne des Artikels 327 Absatz 3 durch den Veranstalter einer öffentlichen Versteigerung an, der in eigenem Namen aufgrund eines Kommissionsvertrags zum Verkauf dieser Gegenstände im Wege einer öffentlichen Versteigerung für Rechnung eines steuerpflichtigen Wiederverkäufers handelt, sofern diese Lieferung gemäß der Übergangsregelung für Gebrauchtfahrzeuge der Mehrwertsteuer unterläge, wenn sie durch diesen steuerpflichtigen Wiederverkäufer erfolgen würde.

Abschnitt 4. Verhütung von Wettbewerbsverzerrungen und Steuerbetrug

Art. 342 [Kannbestimmung: Möglichkeiten der Mitgliedstaaten zur Verhinderung von Vor- und Nachteilen beim Vorsteuerabzug in den Fällen der Differnzbesteuerung] Die Mitgliedstaaten können hinsichtlich des Rechts auf Vorsteuerabzug Maßnahmen treffen, um zu verhindern, dass steuerpflichtigen Wiederverkäufern, die unter eine der Regelungen des Abschnitts 2 fallen, ungerechtfertigte Vor- oder Nachteile entstehen.

Art. 343 [Möglichkeit der Sonderermächtigung eines Mitgliedstaates durch den Rat zur Bekämpfung von Steuerbetrug] Der Rat kann auf Vorschlag der Kommission einstimmig jeden Mitgliedstaat zu besonderen Maßnahmen zur Bekämpfung des Steuerbetrugs ermächtigen, nach denen die gemäß der Differenzbesteuerung geschuldete Mehrwertsteuer nicht unter dem Betrag der Steuer liegen darf, die bei Zugrundelegung einer Differenz (Handelsspanne) in Höhe eines bestimmten Prozentsatzes des Verkaufspreises geschuldet würde.

Der Prozentsatz des Verkaufspreises wird unter Zugrundelegung der in dem betreffenden Sektor üblichen Handelsspannen festgelegt.

Kapitel 5. Sonderregelung für Anlagegold

Abschnitt 1. Allgemeine Bestimmungen

Art. 344 [Sonderregelung für Anlagegold – Definition Anlagegold]

(1) Für die Zwecke dieser Richtlinie und unbeschadet anderer Gemeinschaftsvorschriften gilt als „Anlagegold“:

1. Gold in Barren- oder Plättchenform mit einem von den Goldmärkten akzeptierten Gewicht und einem Feingehalt von mindestens 995 Tausendsteln, unabhängig davon, ob es durch Wertpapiere verbrieft ist oder nicht;
2. Goldmünzen mit einem Feingehalt von mindestens 900 Tausendsteln, die nach dem Jahr 1800 geprägt wurden, die in ihrem Ursprungsland gesetzliches Zahlungsmittel sind oder waren und die üblicherweise zu einem Preis verkauft werden, der den Offenmarktwert ihres Goldgehalts um nicht mehr als 80% übersteigt.

(2) Die Mitgliedstaaten können kleine Goldbarren oder -plättchen mit einem Gewicht von höchstens 1 g von dieser Sonderregelung ausnehmen.

(3) Für die Zwecke dieser Richtlinie gilt der Verkauf von in Absatz 1 Nummer 2 genannten Münzen als nicht aus numismatischem Interesse erfolgt.

Art. 345 [Jährliche Mitteilung an EU-Kommission über Goldmünzen zur Aufnahme in Jahresliste] Ab 1999 teilt jeder Mitgliedstaat der Kommission vor dem 1. Juli eines jeden Jahres mit, welche die in Artikel 344

Absatz 1 Nummer 2 genannten Kriterien erfüllenden Münzen in dem betreffenden Mitgliedstaat gehandelt werden. Die Kommission veröffentlicht vor dem 1. Dezember eines jeden Jahres ein erschöpfendes Verzeichnis dieser Münzen in der Reihe C des *Amtsblatts der Europäischen Union*. Die in diesem Verzeichnis aufgeführten Münzen gelten als Münzen, die die genannten Kriterien während des gesamten Jahres erfüllen, für das das Verzeichnis gilt.

Abschnitt 2. Steuerbefreiung

Art. 346 [Steuerbefreiung der Umsätze mit Anlagegold] Die Mitgliedstaaten befreien von der Mehrwertsteuer die Lieferung, den innergemeinschaftlichen Erwerb und die Einfuhr von Anlagegold, einschließlich Anlagegold in Form von Zertifikaten über sammel- oder einzelverwahrtes Gold und über Goldkonten gehandeltes Gold, insbesondere auch Golddarlehen und Goldswaps, durch die ein Eigentumsrecht an Anlagegold oder ein schuldrechtlicher Anspruch auf Anlagegold begründet wird, sowie Terminkontrakte und im Freiverkehr getätigte Terminabschlüsse mit Anlagegold, die zur Übertragung eines Eigentumsrechts an Anlagegold oder eines schuldrechtlichen Anspruchs auf Anlagegold führen.

Art. 347 [Steuerbefreiung der Vermittlung der Lieferungen von Anlagegold] Die Mitgliedstaaten befreien Dienstleistungen von im Namen und für Rechnung Dritter handelnden Vermittlern von der Steuer, wenn diese die Lieferung von Anlagegold an ihre Auftraggeber vermitteln.

Abschnitt 3. Besteuerungswahlrecht

Art. 348 [Optionsrecht der Hersteller von Anlagegold zur Besteuerung der Lieferungen an andere Unternehmer] Die Mitgliedstaaten räumen Steuerpflichtigen, die Anlagegold herstellen oder Gold in Anlagegold umwandeln, das Recht ein, sich für die Besteuerung der Lieferung von Anlagegold an einen anderen Steuerpflichtigen, die ansonsten gemäß Artikel 346 von der Steuer befreit wäre, zu entscheiden.

Art. 349 [Kannbestimmung: Optionsrecht zur Besteuerung der Lieferungen von Goldbarren für gewerbliche Zwecke an andere Unternehmer] (1) Die Mitgliedstaaten können Steuerpflichtigen, die im Rahmen ihrer wirtschaftlichen Tätigkeit üblicherweise Gold für gewerbliche Zwecke liefern, das Recht einräumen, sich für die Besteuerung der Lieferung von Goldbarren oder -plättchen im Sinne des Artikels 344 Absatz 1 Nummer 1 an einen anderen Steuerpflichtigen, die ansonsten gemäß Artikel 346 von der Steuer befreit wäre, zu entscheiden.

(2) Die Mitgliedstaaten können den Umfang des Wahlrechts nach Absatz 1 einschränken.

Art. 350 [Optionsrecht zur Besteuerung bei der Vermittlung von Anlagegoldlieferungen] Hat der Lieferer das Recht, sich für die Besteuerung gemäß den Artikeln 348 und 349 zu entscheiden, in Anspruch genommen, räumen die Mitgliedstaaten dem Vermittler in Bezug auf die in Artikel 347 genannten Vermittlungsleistungen das Recht ein, sich für eine Besteuerung zu entscheiden.

Art. 351 [Spielraum der Mitgliedstaaten zur Regelung von Einzelheiten bezüglich des Optionsrechts zur Besteuerung bei Umsätzen mit Anlagegold] Die Mitgliedstaaten regeln die Einzelheiten der Ausübung des Wahlrechts im Sinne dieses Abschnitts und unterrichten die Kommission entsprechend.

Abschnitt 4. Umsätze auf einem geregelten Goldmarkt

Art. 352 [Kannbestimmung: Möglichkeit zur Besteuerung von Anlagegoldumsätzen auf einem geregelten Goldmarkt] Jeder Mitgliedstaat kann nach Konsultation des Mehrwertsteuerausschusses bestimmte Umsätze mit Anlagegold in diesem Mitgliedstaat zwischen Steuerpflichtigen, die auf einem von dem betreffenden Mitgliedstaat geregelten Goldmarkt tätig sind, oder zwischen einem solchen Steuerpflichtigen und einem anderen Steuerpflichtigen, der nicht auf diesem Markt tätig ist, der Mehrwertsteuer unterwerfen. Der Mitgliedstaat darf jedoch Lieferungen unter den Voraussetzungen des Artikels 138 und Ausfuhren von Anlagegold nicht der Mehrwertsteuer unterwerfen.

Art. 353 [Möglichkeit zur Steueraussetzung für Umsätze auf einem geregelten Goldmarkt] Ein Mitgliedstaat, der gemäß Artikel 352 die Umsätze zwischen auf einem geregelten Goldmarkt tätigen Steuerpflichtigen besteuert, gestattet zur Vereinfachung die Aussetzung der Steuer und entbindet die Steuerpflichtigen von den Aufzeichnungspflichten zu Mehrwertsteuerzwecken.

Abschnitt 5. Besondere Rechte und Pflichten von Händlern mit Anlagegold

Art. 354 [Recht auf Vorsteuerabzug bei steuerfreier Weiterlieferung von Anlagegold] Ist seine anschließende Lieferung von Anlagegold gemäß diesem Kapitel von der Steuer befreit, hat der Steuerpflichtige das Recht, folgende Beträge abzuziehen:

a) die Mehrwertsteuer, die für Anlagegold geschuldet wird oder entrichtet wurde, das ihm von einer Person, die von dem Wahlrecht nach den Artikeln 348 und 349 Gebrauch gemacht hat, oder gemäß Abschnitt 4 geliefert wurde;
b) die Mehrwertsteuer, die für an ihn geliefertes oder durch ihn innergemeinschaftlich erworbenes oder eingeführtes Gold geschuldet wird oder entrichtet wurde, das kein Anlagegold ist und anschließend von ihm oder in seinem Namen in Anlagegold umgewandelt wird;
c) die Mehrwertsteuer, die für an ihn erbrachte Dienstleistungen geschuldet wird oder entrichtet wurde, die in der Veränderung der Form, des Gewichts oder des Feingehalts von Gold, einschließlich Anlagegold, bestehen.

Art. 355 [Recht auf Vorsteuerabzug bei Unternehmern, die Anlagegold herstellen] Steuerpflichtige, die Anlagegold herstellen oder Gold in Anlagegold umwandeln, dürfen die für die Lieferung, den innergemeinschaftlichen Erwerb oder die Einfuhr von Gegenständen oder für direkt im Zusammenhang mit der Herstellung oder Umwandlung dieses Goldes stehende Dienstleistungen von ihnen geschuldete oder entrichtete Steuer als Vorsteuer abziehen, so als ob die anschließende, gemäß Artikel 346 steuerfreie Lieferung des Goldes steuerpflichtig wäre.

Art. 356 [Aufzeichnungspflichten der Anlagegoldhändler] (1) Die Mitgliedstaaten stellen sicher, dass Anlagegoldhändler zumindest größere Umsätze mit Anlagegold aufzeichnen und die Unterlagen aufbewahren, um die Feststellung der Identität der an diesen Umsätzen beteiligten Kunden zu ermöglichen.

Die Händler haben die in Unterabsatz 1 genannten Unterlagen mindestens fünf Jahre lang aufzubewahren.

(2) Die Mitgliedstaaten können gleichwertige Auflagen nach Maßgabe anderer Vorschriften zur Umsetzung des Gemeinschaftsrechts, beispielsweise der Richtlinie 2005/60/EG des Europäischen Parlaments und des Rates vom 26. Oktober 2005 zur Verhinderung der Nutzung des Finanzsystems zum Zwecke der Geldwäsche und der Terrorismusfinanzierung[1] gelten lassen, um den Anforderungen des Absatzes 1 nachzukommen.

(3) Die Mitgliedstaaten können strengere Vorschriften, insbesondere über das Führen besonderer Nachweise oder über besondere Aufzeichnungspflichten, festlegen.

Kapitel 6. Sonderregelungen für nicht ansässige Steuerpflichtige, die Telekommunikationsdienstleistungen, Rundfunk- und Fernsehdienstleistungen oder elektronische Dienstleistungen an Nichtsteuerpflichtige erbringen[2]

Abschnitt 1. Allgemeine Bestimmungen

Art. 357.[3] *(aufgehoben)*

Art. 358[4] **[Sonderregelung für Telekommunikationsdienstleistungen u. a. B2C durch Auslandsunternehmer – Begriffsbestimmungen]** Für die Zwecke dieses Kapitels und unbeschadet anderer Gemeinschaftsvorschriften gelten folgende Begriffsbestimmungen:

---

[1] ABl. L 309 vom 25. 11. 2005, S. 15.

[2] Überschrift neu gef. mWv 1. 1. 2015 durch RL 2008/8/EG v. 12. 2. 2008 (ABl. EU Nr. L 44 S. 11).

[3] Art. 357 aufgeh. mWv 1. 1. 2015 durch RL 2008/8/EG v. 12. 2. 2008 (ABl. EU Nr. L 44 S. 11).

[4] Art. 358 neu gef. mWv 1. 1. 2015 durch RL 2008/8/EG v. 12. 2. 2008 (ABl. EU Nr. L 44 S. 11).

1. „Telekommunikationsdienstleistungen" und „Rundfunk- und Fernsehdienstleistungen": die in Artikel 58 Absatz 1 Buchstaben a und b genannten Dienstleistungen;
2. „elektronische Dienstleistungen" und „elektronisch erbrachte Dienstleistungen": die in Artikel 58 Absatz 1 Buchstabe c genannten Dienstleistungen;
3. „Mitgliedstaat des Verbrauchs": der Mitgliedstaat, in dem gemäß Artikel 58 der Ort der Erbringung der Telekommunikationsdienstleistungen, Rundfunk- und Fernsehdienstleistungen oder elektronischen Dienstleistungen als gelegen gilt;
4. „Mehrwertsteuererklärung": die Erklärung, in der die für die Ermittlung des in den einzelnen Mitgliedstaaten geschuldeten Mehrwertsteuerbetrags erforderlichen Angaben enthalten sind.

Abschnitt 2. Sonderregelung für von nicht in der Gemeinschaft ansässigen Steuerpflichtigen erbrachte Telekommunikationsdienstleistungen, Rundfunk- und Fernsehdienstleistungen oder elektronische Dienstleistungen[1]

Art. 358 a[2] [Sonderregelung für Telekommunikationsdienstleistungen u. a. durch Drittlandsunternehmer – Begriffsbestimmungen] Für Zwecke dieses Abschnitts und unbeschadet anderer Gemeinschaftsvorschriften gelten folgende Begriffsbestimmungen:

1. „nicht in der Gemeinschaft ansässiger Steuerpflichtiger": ein Steuerpflichtiger, der im Gebiet der Gemeinschaft weder den Sitz seiner wirtschaftlichen Tätigkeit noch eine feste Niederlassung hat und der nicht anderweitig verpflichtet ist, sich für mehrwertsteuerliche Zwecke erfassen zu lassen;
2. „Mitgliedstaat der Identifizierung": der Mitgliedstaat, in dem der nicht in der Gemeinschaft ansässige Steuerpflichtige die Aufnahme seiner Tätigkeit als Steuerpflichtiger im Gebiet der Gemeinschaft gemäß diesem Abschnitt anzeigt.

Art. 359[3] [Sonderregelung für Drittlandsunternehmer mit elektronischen Dienstleistungen an Private – Anwendungsbereich] Die Mitgliedstaaten gestatten nicht in der Gemeinschaft ansässigen Steuerpflichtigen, die Telekommunikationsdienstleistungen, Rundfunk- und Fernsehdienstleistungen oder elektronische Dienstleistungen an Nichtsteuerpflichtige erbringen, die in einem Mitgliedstaat ansässig sind oder dort ihren Wohnsitz oder ihren gewöhnlichen Aufenthaltsort haben, diese Sonderregelung in Anspruch zu nehmen. Diese Regelung gilt für alle derartigen Dienstleistungen, die in der Gemeinschaft erbracht werden.

---

[1] Überschrift neu gef. mWv 1. 1. 2015 durch RL 2008/8/EG v. 12. 2. 2008 (ABl. EU Nr. L 44 S. 11).

[2] Art. 358 a eingef. mWv 1. 1. 2015 durch RL 2008/8/EG v. 12. 2. 2008 (ABl. EU Nr. L 44 S. 11).

[3] Art. 359 geänd. mWv 1. 1. 2015 durch RL 2008/8/EG v. 12. 2. 2008 (ABl. EU Nr. L 44 S. 11).

Art. 360 [Meldepflichten des Drittlandsunternehmers bezüglich elektronischer Dienstleistungen an Private – Grundsatz] Der nicht in der Gemeinschaft ansässige Steuerpflichtige hat dem Mitgliedstaat der Identifizierung die Aufnahme und die Beendigung seiner Tätigkeit als Steuerpflichtiger sowie diesbezügliche Änderungen, durch die er die Voraussetzungen für die Inanspruchnahme dieser Sonderregelung nicht mehr erfüllt, zu melden. Diese Meldung erfolgt elektronisch.

Art. 361 [Meldepflichten des Drittlandsunternehmers bezüglich elektronischer Dienstleistungen an Private – Aufnahme der Tätigkeit]

(1) Der nicht in der Gemeinschaft ansässige Steuerpflichtige macht dem Mitgliedstaat der Identifizierung bei der Aufnahme seiner steuerpflichtigen Tätigkeit folgende Angaben zu seiner Identität:

a) Name;
b) Postanschrift;
c) elektronische Anschriften einschließlich Websites;
d) nationale Steuernummer, falls vorhanden;
e) Erklärung, dass er in der Gemeinschaft nicht für Mehrwertsteuerzwecke erfasst ist.

(2) Der nicht in der Gemeinschaft ansässige Steuerpflichtige teilt dem Mitgliedstaat der Identifizierung jegliche Änderung der übermittelten Angaben mit.

Art. 362 [Erteilung einer Identifikationsnummer an Drittlandsunternehmer bezüglich elektronischer Dienstleistungen an Private] Der Mitgliedstaat der Identifizierung erteilt dem nicht in der Gemeinschaft ansässigen Steuerpflichtigen eine individuelle Identifikationsnummer für die Mehrwertsteuer, die er dem Betreffenden elektronisch mitteilt. Auf der Grundlage der für diese Erteilung der Identifikationsnummer verwendeten Angaben können die Mitgliedstaaten des Verbrauchs ihre eigenen Identifikationssysteme verwenden.

Art. 363 [Streichung des Drittlandsunternehmers mit elektronischen Dienstleistungen an Private aus Identifikationsregister] Der Mitgliedstaat der Identifizierung streicht den nicht in der Gemeinschaft ansässigen Steuerpflichtigen aus dem Register, wenn

a)[1] dieser mitteilt, dass er keine Telekommunikationsdienstleistungen, Rundfunk- und Fernsehdienstleistungen oder elektronischen Dienstleistungen mehr erbringt;
b) aus anderen Gründen davon ausgegangen werden kann, dass seine steuerpflichtigen Tätigkeiten beendet sind;
c) er die Voraussetzungen für die Inanspruchnahme dieser Sonderregelung nicht mehr erfüllt;
d) er wiederholt gegen die Vorschriften dieser Sonderregelung verstößt.

---

[1] Art. 363 Buchst. a geänd. mWv 1. 1. 2015 durch RL 2008/8/EG v. 12. 2. 2008 (ABl. EU Nr. L 44 S. 11).

Art. 364[1)] [Abgabe einer elektronischen Mehrwertsteuererklärung durch Drittlandsunternehmer mit elektronischen Dienstleistungen an Private] Der nicht in der Gemeinschaft ansässige Steuerpflichtige hat im Mitgliedstaat der Identifizierung für jedes Kalenderquartal eine Mehrwertsteuererklärung elektronisch abzugeben, unabhängig davon, ob Telekommunikationsdienstleistungen, Rundfunk- oder Fernsehdienstleistungen oder elektronische Dienstleistungen erbracht wurden oder nicht. Die Erklärung ist innerhalb von 20 Tagen nach Ablauf des Steuerzeitraums, der von der Erklärung umfasst wird, abzugeben.

Art. 365[2)] [Angaben in der Mehrwertsteuererklärung durch Drittlandsunternehmer mit elektronischen Dienstleistungen an Private] In der Mehrwertsteuererklärung anzugeben sind die Identifikationsnummer und in Bezug auf jeden Mitgliedstaat des Verbrauchs, in dem Mehrwertsteuer geschuldet wird, der Gesamtbetrag ohne Mehrwertsteuer der während des Steuerzeitraums erbrachten Telekommunikationsdienstleistungen, Rundfunk- und Fernsehdienstleistungen und elektronischen Dienstleistungen sowie der Gesamtbetrag der entsprechenden Steuer aufgegliedert nach Steuersätzen. Ferner sind die anzuwendenden Steuersätze und die Gesamtsteuerschuld anzugeben.

Art. 366 [Währungsangaben in der Mehrwertsteuererklärung durch Drittlandsunternehmer mit elektronischen Dienstleistungen an Private] (1) Die Beträge in der Mehrwertsteuererklärung sind in Euro anzugeben.

Diejenigen Mitgliedstaaten, die den Euro nicht eingeführt haben, können vorschreiben, dass die Beträge in der Mehrwertsteuererklärung in ihrer Landeswährung anzugeben sind. Wurden für die Dienstleistungen Beträge in anderen Währungen berechnet, hat der nicht in der Gemeinschaft ansässige Steuerpflichtige für die Zwecke der Mehrwertsteuererklärung den Umrechnungskurs vom letzten Tag des Steuerzeitraums anzuwenden.

(2) Die Umrechnung erfolgt auf der Grundlage der Umrechnungskurse, die von der Europäischen Zentralbank für den betreffenden Tag oder, falls an diesem Tag keine Veröffentlichung erfolgt, für den nächsten Tag, an dem eine Veröffentlichung erfolgt, veröffentlicht werden.

Art. 367[3)] [Modalitäten der Entrichtung der Mehrwertsteuer durch Drittlandsunternehmer mit elektronischen Dienstleistungen an Private] Der nicht in der Gemeinschaft ansässige Steuerpflichtige entrichtet die Mehrwertsteuer unter Hinweis auf die zugrunde liegende Mehrwertsteuererklärung bei der Abgabe der Mehrwertsteuererklärung, spätestens jedoch nach Ablauf der Frist, innerhalb der die Erklärung abzugeben ist.

---

1) Art. 364 geänd. mWv 1. 1. 2015 durch RL 2008/8/EG v. 12. 2. 2008 (ABl. EU Nr. L 44 S. 11).

2) Art. 365 geänd. mWv 1. 1. 2015 durch RL 2008/8/EG v. 12. 2. 2008 (ABl. EU Nr. L 44 S. 11).

3) Art. 367 ergänzt mWv 1. 1. 2015 durch RL 2008/8/EG v. 12. 2. 2008 (ABl. EU Nr. L 44 S. 11).

Der Betrag wird auf ein auf Euro lautendes Bankkonto überwiesen, das vom Mitgliedstaat der Identifizierung angegeben wird. Diejenigen Mitgliedstaaten, die den Euro nicht eingeführt haben, können vorschreiben, dass der Betrag auf ein auf ihre Landeswährung lautendes Bankkonto überwiesen wird.

Art. 368[1)] **[Ausschluss vom Vorsteuerabzugsrecht/Erstattung der Mehrwertsteuer nach der 13. EG-Richtlinie an Drittlandsunternehmer mit elektronischen Dienstleistungen an Private]** Der nicht in der Gemeinschaft ansässige Steuerpflichtige, der diese Sonderregelung in Anspruch nimmt, nimmt keinen Vorsteuerabzug gemäß Artikel 168 der vorliegenden Richtlinie vor. Unbeschadet des Artikels 1 Absatz 1 der Richtlinie 86/560/EWG wird diesem Steuerpflichtigen eine Mehrwertsteuererstattung gemäß der genannten Richtlinie gewährt. Artikel 2 Absätze 2 und 3 sowie Artikel 4 Absatz 2 der Richtlinie 86/560/EWG gelten nicht für Erstattungen im Zusammenhang mit Telekommunikationsdienstleistungen, Rundfunk- und Fernsehdienstleistungen und elektronischen Dienstleistungen, die unter diese Sonderregelung fallen.

Art. 369 [Aufzeichnungspflichten des Drittlandsunternehmers mit elektronischen Dienstleistungen an Private] (1) Der nicht in der Gemeinschaft ansässige Steuerpflichtige führt über seine dieser Sonderregelung unterliegenden Umsätze Aufzeichnungen. Diese müssen so ausführlich sein, dass die Steuerbehörden des Mitgliedstaats des Verbrauchs feststellen können, ob die Mehrwertsteuererklärung korrekt ist.

(2) Die Aufzeichnungen nach Absatz 1 sind dem Mitgliedstaat des Verbrauchs und dem Mitgliedstaat der Identifizierung auf Verlangen elektronisch zur Verfügung zu stellen.

Die Aufzeichnungen sind vom 31. Dezember des Jahres an, in dem der Umsatz bewirkt wurde, zehn Jahre lang aufzubewahren.

Abschnitt 3. Sonderregelung für von in der Gemeinschaft, nicht aber im Mitgliedstaat des Verbrauchs ansässigen Steuerpflichtigen erbrachte Telekommunikationsdienstleistungen, Rundfunk- und Fernsehdienstleistungen oder elektronische Dienstleistungen[2)]

Art. 369 a[2)] **[Sonderregelung für Telekommunikationsdienstleistungen u. a. durch EU-Auslandsunternehmer-Begriffsbestimmungen]** Für Zwecke dieses Abschnitts und unbeschadet anderer Gemeinschaftsvorschriften gelten folgende Begriffsbestimmungen:

1. „nicht im Mitgliedstaat des Verbrauchs ansässiger Steuerpflichtiger": ein Steuerpflichtiger, der den Sitz seiner wirtschaftlichen Tätigkeit oder eine feste Niederlassung im Gebiet der Gemeinschaft hat, aber weder den Sitz seiner wirtschaftlichen Tätigkeit noch eine feste Niederlassung im Gebiet des Mitgliedstaats des Verbrauchs hat;

[1)] Art. 368 geänd. mWv 1. 1. 2015 durch RL 2008/8/EG v. 12. 2. 2008 (ABl. EU Nr. L 44 S. 11).

[2)] Titel XII Kap. 6 Abschn. 3 (Art. 369 a–369 k) eingef. mWv 1. 1. 2015 durch RL 2008/8/EG v. 12. 2. 2008 (ABl. EU Nr. L 44 S. 11).

2. „Mitgliedstaat der Identifizierung“: der Mitgliedstaat, in dem der Steuerpflichtige den Sitz seiner wirtschaftlichen Tätigkeit hat oder, falls er den Sitz seiner wirtschaftlichen Tätigkeit nicht in der Gemeinschaft hat, in dem er eine feste Niederlassung hat.

Hat der Steuerpflichtige den Sitz seiner wirtschaftlichen Tätigkeit nicht in der Gemeinschaft, dort jedoch mehr als eine feste Niederlassung, ist Mitgliedstaat der Identifizierung der Mitgliedstaat mit einer festen Niederlassung, in dem dieser Steuerpflichtige die Inanspruchnahme dieser Sonderregelung anzeigt. Der Steuerpflichtige ist an diese Entscheidung für das betreffende Kalenderjahr und die beiden darauf folgenden Kalenderjahre gebunden.

Art. 369 b[1] [Sonderregelung für Telekommunikationsdienstleistungen durch EU-Auslandsunternehmer – Grundsatz] Die Mitgliedstaaten gestatten nicht im Mitgliedstaat des Verbrauchs ansässigen Steuerpflichtigen, die Telekommunikationsdienstleistungen, Rundfunk- und Fernsehdienstleistungen oder elektronische Dienstleistungen an Nichtsteuerpflichtige erbringen, die in einem Mitgliedstaat ansässig sind oder dort ihren Wohnsitz oder ihren gewöhnlichen Aufenthaltsort haben, diese Sonderregelung in Anspruch zu nehmen. Diese Regelung gilt für alle derartigen Dienstleistungen, die in der Gemeinschaft erbracht werden.

Art. 369 c[1] [Sonderregelung für Telekommunikationsdienstleistungen durch EU-Auslandsunternehmer – Meldung der Tätigkeit] Der nicht im Mitgliedstaat des Verbrauchs ansässige Steuerpflichtige hat dem Mitgliedstaat der Identifizierung die Aufnahme und die Beendigung seiner dieser Sonderregelung unterliegenden Tätigkeit als Steuerpflichtiger sowie diesbezügliche Änderungen, durch die er die Voraussetzungen für die Inanspruchnahme dieser Sonderregelung nicht mehr erfüllt, zu melden. Diese Meldung erfolgt elektronisch.

Art. 369 d[1] [Sonderregelung für Telekommunikationsdienstleistungen u. a. durch EU-Auslandsunternehmer – Erfassung der Umsätze] Ein Steuerpflichtiger, der die Sonderregelung in Anspruch nimmt, wird in Bezug auf dieser Regelung unterliegende steuerbare Umsätze nur in dem Mitgliedstaat der Identifizierung erfasst. Hierzu verwendet der Mitgliedstaat die individuelle Mehrwertsteuer-Identifikationsnummer, die dem Steuerpflichtigen für die Erfüllung seiner Pflichten aufgrund des internen Systems bereits zugeteilt wurde.

Auf der Grundlage der für diese Erteilung der Identifikationsnummer verwendeten Angaben können die Mitgliedstaaten des Verbrauchs ihre eigenen Identifikationssysteme beibehalten.

Art. 369 e[1] [Sonderregelung für Telekommunikationsdienstleistungen u. a. durch EU-Auslandsunternehmer – Ausschluss von der Regelung] Der Mitgliedstaat der Identifizierung schließt den nicht im Mitgliedstaat

[1] Titel XII Kap. 6 Abschn. 3 (Art. 369 a–369 k) eingef. mWv 1. 1. 2015 durch RL 2008/8/EG v. 12. 2. 2008 (ABl. EU Nr. L 44 S. 11).

des Verbrauchs ansässigen Steuerpflichtigen von dieser Sonderregelung in folgenden Fällen aus:

a) wenn dieser mitteilt, dass er keine Telekommunikationsdienstleistungen, Rundfunk- und Fernsehdienstleistungen oder elektronischen Dienstleistungen mehr erbringt;

b) wenn aus anderen Gründen davon ausgegangen werden kann, dass seine dieser Sonderregelung unterliegenden steuerpflichtigen Tätigkeiten beendet sind;

c) wenn er die Voraussetzungen für die Inanspruchnahme dieser Sonderregelung nicht mehr erfüllt;

d) wenn er wiederholt gegen die Vorschriften dieser Sonderregelung verstößt.

Art. 369 f[1)] [Sonderregelung für Telekommunikationsdienstleistungen u. a. durch EU-Auslandsunternehmer – Abgabe der Erklärung] Der nicht im Mitgliedstaat des Verbrauchs ansässige Steuerpflichtige hat im Mitgliedstaat der Identifizierung für jedes Kalenderquartal eine Mehrwertsteuererklärung elektronisch abzugeben, unabhängig davon, ob Telekommunikationsdienstleistungen, Rundfunk- und Fernsehdienstleistungen oder elektronische Dienstleistungen erbracht wurden oder nicht. Die Erklärung ist innerhalb von 20 Tagen nach Ablauf des Steuerzeitraums, der von der Erklärung umfasst wird, abzugeben.

Art. 369 g[1)] [Sonderregelung für Telekommunikationsdienstleistungen u. a. durch EU-Auslandsunternehmer – Angaben in der Erklärung] In der Mehrwertsteuererklärung anzugeben sind die Identifikationsnummer nach Artikel 369 d und in Bezug auf jeden Mitgliedstaat des Verbrauchs, in dem die Mehrwertsteuer geschuldet wird, der Gesamtbetrag ohne Mehrwertsteuer der während des Steuerzeitraums erbrachten Telekommunikationsdienstleistungen, Rundfunk- und Fernsehdienstleistungen und elektronischen Dienstleistungen sowie der Gesamtbetrag der entsprechenden Steuer aufgegliedert nach Steuersätzen. Ferner sind die anzuwendenden Mehrwertsteuersätze und die Gesamtsteuerschuld anzugeben.

Hat der Steuerpflichtige außer der Niederlassung im Mitgliedstaat der Identifizierung eine oder mehrere feste Niederlassungen, von denen aus die Dienstleistungen erbracht werden, so sind in der Mehrwertsteuererklärung für jeden Mitgliedstaat der Niederlassung außer den in Absatz 1 genannten Angaben auch der Gesamtbetrag der Telekommunikationsdienstleistungen, Rundfunk- und Fernsehdienstleistungen und elektronischen Dienstleistungen, die unter diese Sonderregelung fallen, zusammen mit der jeweiligen Mehrwertsteuer-Identifikationsnummer oder der Steuerregisternummer dieser Niederlassung, aufgeschlüsselt nach Mitgliedstaaten des Verbrauchs, anzugeben.

[1)] Titel XII Kap. 6 Abschn. 3 (Art. 369 a–369 k) eingef. **mWv 1. 1. 2015** durch RL 2008/8/EG v. 12. 2. 2008 (ABl. EU Nr. L 44 S. 11).

Art. 369 h[1] [Sonderregelungen für Telekommunikationsdienstleistungen u. a. durch EU-Auslandsunternehmer – Angabe von Beträgen in der Erklärung] (1) Die Beträge in der Mehrwertsteuererklärung sind in Euro anzugeben.

Diejenigen Mitgliedstaaten, die den Euro nicht eingeführt haben, können vorschreiben, dass die Beträge in der Mehrwertsteuererklärung in ihrer Landeswährung anzugeben sind. Wurden für die Dienstleistungen Beträge in anderen Währungen berechnet, hat der nicht im Mitgliedstaat des Verbrauchs ansässige Steuerpflichtige für die Zwecke der Mehrwertsteuererklärung den Umrechnungskurs vom letzten Tag des Steuerzeitraums anzuwenden.

(2) Die Umrechnung erfolgt auf der Grundlage der Umrechnungskurse, die von der Europäischen Zentralbank für den betreffenden Tag oder, falls an diesem Tag keine Veröffentlichung erfolgt, für den nächsten Tag, an dem eine Veröffentlichung erfolgt, veröffentlicht werden.

Art. 369 i[1] [Sonderregelung für Telekommunikationsdienstleistungen u. a. durch EU-Auslandsunternehmer – Entrichtung der Steuer] Der nicht im Mitgliedstaat des Verbrauchs ansässige Steuerpflichtige entrichtet die Mehrwertsteuer unter Hinweis auf die zugrunde liegende Mehrwertsteuererklärung bei der Abgabe der Mehrwertsteuererklärung, spätestens jedoch nach Ablauf der Frist, innerhalb der die Erklärung abzugeben ist.

Der Betrag wird auf ein auf Euro lautendes Bankkonto überwiesen, das vom Mitgliedstaat der Identifizierung angegeben wird. Diejenigen Mitgliedstaaten, die den Euro nicht eingeführt haben, können vorschreiben, dass der Betrag auf ein auf ihre Landeswährung lautendes Bankkonto überwiesen wird.

Art. 369 j[1] [Sonderregelung für Telekommunikationsdienstleistungen u. a. durch EU-Auslandsunternehmer – Vorsteuerabzug] Der nicht im Mitgliedstaat des Verbrauchs ansässige Steuerpflichtige, der diese Sonderregelung in Anspruch nimmt, nimmt in Bezug auf seine dieser Sonderregelung unterliegenden steuerbaren Tätigkeiten keinen Vorsteuerabzug gemäß Artikel 168 dieser Richtlinie vor. Unbeschadet des Artikels 2 Nummer 1 und des Artikels 3 der Richtlinie 2008/9/EG wird diesem Steuerpflichtigen insoweit eine Mehrwertsteuererstattung gemäß der genannten Richtlinie gewährt.

Führt der nicht im Mitgliedstaat des Verbrauchs ansässige Steuerpflichtige, der diese Sonderregelung in Anspruch nimmt, im Mitgliedstaat des Verbrauchs auch nicht der Sonderregelung unterliegende Tätigkeiten aus, für die er verpflichtet ist, sich für Mehrwertsteuerzwecke erfassen zu lassen, zieht er die Vorsteuer in Bezug auf seine dieser Sonderregelung unterliegenden steuerbaren Tätigkeiten im Rahmen der nach Artikel 250 abzugebenden Mehrwertsteuererklärung ab.

Art. 369 k[1] [Sonderregelung für Telekommunikationsdienstleistungen u. a. durch EU-Auslandsunternehmer – Aufzeichnungspflichten] (1) Der nicht im Mitgliedstaat des Verbrauchs ansässige Steuerpflichtige führt über seine dieser Sonderregelung unterliegenden Umsätze Aufzeichnun-

---

[1] Titel XII Kap. 6 Abschn. 3 (Art. 369 a–369 k) eingef. mWv 1. 1. 2015 durch RL 2008/8/EG v. 12. 2. 2008 (ABl. EU Nr. L 44 S. 11).

gen. Diese müssen so ausführlich sein, dass die Steuerbehörden des Mitgliedstaats des Verbrauchs feststellen können, ob die Mehrwertsteuererklärung korrekt ist.

(2) Die Aufzeichnungen nach Absatz 1 sind dem Mitgliedstaat des Verbrauchs und dem Mitgliedstaat der Identifizierung auf Verlangen elektronisch zur Verfügung zu stellen.

Die Aufzeichnungen sind vom 31. Dezember des Jahres an, in dem der Umsatz bewirkt wurde, zehn Jahre lang aufzubewahren.

Titel XIII. Ausnahmen

Kapitel 1. Bis zur Annahme einer endgültigen Regelung geltende Ausnahmen

Abschnitt 1. Ausnahmen für Staaten, die am 1. Januar 1978 Mitglied der Gemeinschaft waren

Art. 370 [Kannbestimmung: Beibehaltung der Besteuerung der Umsätze nach Anhang X Teil A] Mitgliedstaaten, die am 1. Januar 1978 die in Anhang X Teil A genannten Umsätze besteuert haben, dürfen diese weiterhin besteuern.

Art. 371 [Kannbestimmung: Beibehaltung der Befreiung der Umsätze nach Anhang X Teil B] Mitgliedstaaten, die am 1. Januar 1978 die in Anhang X Teil B genannten Umsätze von der Steuer befreit haben, dürfen diese zu den in dem jeweiligen Mitgliedstaat zu dem genannten Zeitpunkt geltenden Bedingungen weiterhin befreien.

Art. 372 [Kannbestimmung: Beibehaltung von Abweichungen vom sofortigen Vorsteuerabzug] Mitgliedstaaten, die am 1. Januar 1978 Bestimmungen angewandt haben, die vom Grundsatz des sofortigen Vorsteuerabzugs des Artikels 179 Absatz 1 abweichen, dürfen diese weiterhin anwenden.

Art. 373 [Kannbestimmung: Beibehaltung von Abweichungen von der Dienstleistungskommission und der Nichtentgeltsfunktion durchlaufender Posten] Mitgliedstaaten, die am 1. Januar 1978 Bestimmungen angewandt haben, die von Artikel 28 und Artikel 79 Absatz 1 Buchstabe c abweichen, dürfen diese weiterhin anwenden.

Art. 374 [Kannbestimmung: Beibehaltung der Steuerbefreiung für Reiseleistungen] Abweichend von den Artikeln 169 und 309 dürfen die Mitgliedstaaten, die am 1. Januar 1978 die in Artikel 309 genannten Dienstleistungen von Reisebüros ohne Recht auf Vorsteuerabzug von der Steuer befreit haben, diese weiterhin befreien. Diese Ausnahme gilt auch für Reisebüros, die im Namen und für Rechnung des Reisenden tätig sind.

Abschnitt 2. Ausnahmen für Staaten, die der Gemeinschaft nach dem 1. Januar 1978 beigetreten sind

Art. 375 [Kannbestimmung: Beibehaltung von Steuerbefreiungen – Griechenland] Griechenland darf die in Anhang X Teil B Nummern 2, 8, 9, 11 und 12 genannten Umsätze weiterhin zu den Bedingungen von der Steuer befreien, die in diesem Mitgliedstaat am 1. Januar 1987 galten.

Art. 376 [Kannbestimmung: Beibehaltung von Steuerbefreiungen – Spanien] Spanien darf die in Anhang X Teil B Nummer 2 genannten Dienstleistungen von Autoren und die in Anhang X Teil B Nummern 11 und 12 genannten Umsätze weiterhin zu den Bedingungen von der Steuer befreien, die in diesem Mitgliedstaat am 1. Januar 1993 galten.

Art. 377 [Kannbestimmung: Beibehaltung von Steuerbefreiungen – Portugal] Portugal darf die in Anhang X Teil B Nummern 2, 4, 7, 9, 10 und 13 genannten Umsätze weiterhin zu den Bedingungen von der Steuer befreien, die in diesem Mitgliedstaat am 1. Januar 1989 galten.

Art. 378 [Kannbestimmung: Beibehaltung von Besteuerungen und Befreiungen – Österreich] (1) Österreich darf die in Anhang X Teil A Nummer 2 genannten Umsätze weiterhin besteuern.

(2) Solange die betreffenden Umsätze in einem Staat von der Steuer befreit werden, der am 31. Dezember 1994 Mitglied der Gemeinschaft war, darf Österreich die folgenden Umsätze weiterhin zu den in diesem Mitgliedstaat zum Zeitpunkt seines Beitritts geltenden Bedingungen von der Steuer befreien:

a) die in Anhang X Teil B Nummern 5 und 9 genannten Umsätze;

b) mit Recht auf Vorsteuerabzug, sämtliche Teile der grenzüberschreitenden Personenbeförderung im Luft-, See- und Binnenwasserstraßenverkehr mit Ausnahme der Personenbeförderung auf dem Bodensee.

Art. 379 [Kannbestimmung: Beibehaltung von Besteuerungen und Befreiungen – Finnland] (1) Finnland darf die in Anhang X Teil A Nummer 2 genannten Umsätze weiterhin besteuern, solange diese Umsätze in einem Staat besteuert werden, der am 31. Dezember 1994 Mitglied der Gemeinschaft war.

(2) Finnland darf die in Anhang X Teil B Nummer 2 genannten Dienstleistungen von Autoren, Künstlern und Interpreten von Kunstwerken sowie die in Anhang X Teil B Nummern 5, 9 und 10 genannten Umsätze zu den in diesem Mitgliedstaat zum Zeitpunkt seines Beitritts geltenden Bedingungen weiterhin von der Steuer befreien, solange diese Umsätze in einem Mitgliedstaat befreit sind, der am 31. Dezember 1994 Mitglied der Gemeinschaft war.

Art. 380 [Kannbestimmung: Beibehaltung von Steuerbefreiungen – Schweden] Schweden darf die in Anhang X Teil B Nummer 2 genannten Dienstleistungen von Autoren, Künstlern und Interpreten von Kunstwerken sowie die in Anhang X Teil B Nummern 1, 9 und 10 genannten Umsätze zu den in diesem Mitgliedstaat zum Zeitpunkt seines Beitritts geltenden Bedingungen weiterhin von der Steuer befreien, solange diese Umsätze in einem Mitgliedstaat befreit sind, der am 31. Dezember 1994 Mitglied der Gemeinschaft war.

Art. 381 [Kannbestimmung: Beibehaltung von Steuerbefreiungen – Tschechien] Die Tschechische Republik darf die in Anhang X Teil B Nummer 10 genannte grenzüberschreitende Personenbeförderung zu den in diesem Mitgliedstaat zum Zeitpunkt seines Beitritts geltenden Bedingungen weiterhin von der Steuer befreien, solange diese Umsätze in einem Mitgliedstaat befreit sind, der am 30. April 2004 Mitglied der Gemeinschaft war.

Art. 382 [Kannbestimmung: Beibehaltung von Steuerbefreiungen – Estland] Estland darf die in Anhang X Teil B Nummer 10 genannte grenzüberschreitende Personenbeförderung zu den in diesem Mitgliedstaat zum Zeitpunkt seines Beitritts geltenden Bedingungen weiterhin von der Steuer befreien, solange diese Umsätze in einem Mitgliedstaat befreit sind, der am 30. April 2004 Mitglied der Gemeinschaft war.

Art. 383 [Kannbestimmung: Beibehaltung von Steuerbefreiungen – Zypern] Zypern darf weiterhin die folgenden Umsätze zu den in diesem Mitgliedstaat zum Zeitpunkt seines Beitritts geltenden Bedingungen von der Steuer befreien:

a) bis zum 31. Dezember 2007 die in Anhang X Teil B Nummer 9 genannte Lieferung von Baugrundstücken;
b) die in Anhang X Teil B Nummer 10 genannte grenzüberschreitende Personenbeförderung, solange diese Umsätze in einem Mitgliedstaat befreit sind, der am 30. April 2004 Mitglied der Gemeinschaft war.

Art. 384 [Kannbestimmung: Beibehaltung von Steuerbefreiungen – Lettland] Solange die betreffenden Umsätze in einem Mitgliedstaat von der Steuer befreit sind, der am 30. April 2004 Mitglied der Gemeinschaft war, darf Lettland zu den in diesem Mitgliedstaat zum Zeitpunkt seines Beitritts geltenden Bedingungen folgende Umsätze weiterhin von der Steuer befreien:

a) die in Anhang X Teil B Nummer 2 genannten Dienstleistungen von Autoren, Künstlern und Interpreten von Kunstwerken;
b) die in Anhang X Teil B Nummer 10 genannte grenzüberschreitende Personenbeförderung.

Art. 385 [Kannbestimmung: Beibehaltung von Steuerbefreiungen – Litauen] Litauen darf die in Anhang X Teil B Nummer 10 genannte grenzüberschreitende Personenbeförderung zu den in diesem Mitgliedstaat zum Zeitpunkt seines Beitritts geltenden Bedingungen weiterhin von der Steuer befreien, solange diese Umsätze in einem Mitgliedstaat befreit sind, der am 30. April 2004 Mitglied der Gemeinschaft war.

Art. 386 [Kannbestimmung: Beibehaltung von Steuerbefreiungen – Ungarn] Ungarn darf die in Anhang X Teil B Nummer 10 genannte grenzüberschreitende Personenbeförderung zu den in diesem Mitgliedstaat zum Zeitpunkt seines Beitritts geltenden Bedingungen weiterhin von der Steuer befreien, solange diese Umsätze in einem Mitgliedstaat befreit sind, der am 30. April 2004 Mitglied der Gemeinschaft war.

Art. 387 [Kannbestimmung: Beibehaltung von Steuerbefreiungen – Malta] Solange die betreffenden Umsätze in einem Mitgliedstaat von der Steuer befreit sind, der am 30. April 2004 Mitglied der Gemeinschaft war, darf Malta zu den in diesem Mitgliedstaat zum Zeitpunkt seines Beitritts geltenden Bedingungen folgende Umsätze weiterhin von der Steuer befreien:

a) ohne Recht auf Vorsteuerabzug, die in Anhang X Teil B Nummer 8 genannte Lieferung von Wasser durch Einrichtungen des öffentlichen Rechts;

b) ohne Recht auf Vorsteuerabzug, die in Anhang X Teil B Nummer 9 genannte Lieferung von Gebäuden und Baugrundstücken;

c) mit Recht auf Vorsteuerabzug, die in Anhang X Teil B Nummer 10 genannte inländische Personenbeförderung, grenzüberschreitende Personenbeförderung und inselverbindende Personenbeförderung im Seeverkehr.

Art. 388 [Kannbestimmung: Beibehaltung von Steuerbefreiungen – Polen] Polen darf die in Anhang X Teil B Nummer 10 genannte grenzüberschreitende Personenbeförderung zu den in diesem Mitgliedstaat zum Zeitpunkt seines Beitritts geltenden Bedingungen weiterhin von der Steuer befreien, solange diese Umsätze in einem Mitgliedstaat befreit sind, der am 30. April 2004 Mitglied der Gemeinschaft war.

Art. 389 [Kannbestimmung: Beibehaltung von Steuerbefreiungen – Slowenien] Slowenien darf die in Anhang X Teil B Nummer 10 genannte grenzüberschreitende Personenbeförderung zu den in diesem Mitgliedstaat zum Zeitpunkt seines Beitritts geltenden Bedingungen weiterhin von der Steuer befreien, solange diese Umsätze in einem Mitgliedstaat befreit sind, der am 30. April 2004 Mitglied der Gemeinschaft war.

Art. 390 [Kannbestimmung: Beibehaltung von Steuerbefreiungen – Slowakei] Die Slowakei darf die in Anhang X Teil B Nummer 10 genannte grenzüberschreitende Personenbeförderung zu den in diesem Mitgliedstaat zum Zeitpunkt seines Beitritts geltenden Bedingungen weiterhin von der Steuer befreien, solange diese Umsätze in einem Mitgliedstaat befreit sind, der am 30. April 2004 Mitglied der Gemeinschaft war.

Art. 390 a[1] [Kannbestimmung: Beibehaltung von Steuerbefreiungen – Bulgarien] Bulgarien darf die in Anhang X Teil B Nummer 10 genannte grenzüberschreitende Personenbeförderung zu den in diesem Mit-

---

[1] Art. 390 a eingef. mWv 15. 1. 2010 durch RL 2009/162/EU v. 22. 12. 2009 (ABl. EU 2010 Nr. L 10 S. 14).

gliedstaat zum Zeitpunkt seines Beitritts geltenden Bedingungen weiterhin von der Steuer befreien, solange diese Umsätze in einem Mitgliedstaat befreit sind, der am 31. Dezember 2006 Mitglied der Gemeinschaft war.

Art. 390 b[1]) [Kannbestimmung: Beibehaltung von Steuerbefreiungen – Rumänien] Rumänien darf die in Anhang X Teil B Nummer 10 genannte grenzüberschreitende Personenbeförderung zu den in diesem Mitgliedstaat zum Zeitpunkt seines Beitritts geltenden Bedingungen weiterhin von der Steuer befreien, solange diese Umsätze in einem Mitgliedstaat befreit sind, der am 31. Dezember 2006 Mitglied der Gemeinschaft war.

Art. 390 c[2]) [Kannbestimmung: Beibehaltung von Steuerbefreiungen – Kroatien] Kroatien darf weiterhin die folgenden Umsätze zu den in diesem Mitgliedstaat zum Zeitpunkt seines Beitritts geltenden Bedingungen von der Steuer befreien:

a) die Lieferung von Baugrundstücken, mit darauf errichteten Gebäuden oder ohne solche Gebäude, nach Artikel 135 Absatz 1 Buchstabe j und Anhang X Teil B Nummer 9, nicht verlängerbar, bis zum 31. Dezember 2014;
b) die in Anhang X Teil B Nummer 10 genannte grenzüberschreitende Personenbeförderung, solange diese Umsätze in einem Mitgliedstaat befreit sind, der vor dem Beitritt Kroatiens Mitglied der Union war.

Abschnitt 3. Gemeinsame Bestimmungen zu den Abschnitten 1 und 2

Art. 391 [Kannbestimmung: Möglichkeit der Einräumung eines Optionsrechts zur Besteuerung in Mitgliedstaaten mit Beibehaltung von Befreiungen] Die Mitgliedstaaten, die die in den Artikeln 371, 375, 376 und 377, in Artikel 378 Absatz 2, Artikel 379 Absatz 2 und den Artikeln 380 bis 390 c[3]) genannten Umsätze von der Steuer befreien, können den Steuerpflichtigen die Möglichkeit einräumen, sich für die Besteuerung der betreffenden Umsätze zu entscheiden.

Art. 392 [Kannbestimmung: Möglichkeit der Differenzbesteuerung bei Gebäude- und Baugrundstückslieferungen] Die Mitgliedstaaten können vorsehen, dass bei der Lieferung von Gebäuden und Baugrundstücken, die ein Steuerpflichtiger, der beim Erwerb kein Recht auf Vorsteuerabzug hatte, zum Zwecke des Wiederverkaufs erworben hat, die Steuerbemessungsgrundlage in der Differenz zwischen dem Verkaufspreis und dem Ankaufspreis besteht.

---

[1]) Art. 390 b eingef. mWv 15. 1. 2010 durch RL 2009/162/EU v. 22. 12. 2009 (ABl. EU 2010 Nr. L 10 S. 14).

[2]) Art. 390 c eingef. mWv 1. 7. 2013 durch Vertrag v. 9. 12. 2011 (ABl. EU 2012 Nr. L S. 10).

[3]) Art. 391 geänd. mWv 15. 1. 2010 durch RL 2009/162/EU v. 22. 12. 2009 (ABl. EU 2010 Nr. L 10 S. 14); geänd. mWv 1. 7. 2013 durch Vertrag v. 9. 12. 2011 (ABl. EU 2012 Nr. L S. 10).

Art. 393 [Spätere Überprüfung einer etwaigen Abschaffung/Einschränkung der Übergangsregelungen (Beibehaltung von Besteuerungen und Befreiungen) durch den Rat] (1) Im Hinblick auf einen einfacheren Übergang zur endgültigen Regelung nach Artikel 402 überprüft der Rat auf der Grundlage eines Berichts der Kommission die Lage in Bezug auf die Ausnahmen der Abschnitte 1 und 2 und beschließt gemäß Artikel 93 des Vertrags über die etwaige Abschaffung einiger oder aller dieser Ausnahmen.

(2) Im Rahmen der endgültigen Regelung wird die Personenbeförderung für die innerhalb der Gemeinschaft zurückgelegte Strecke im Mitgliedstaat des Beginns der Beförderung nach den vom Rat gemäß Artikel 93 des Vertrags zu beschließenden Einzelheiten besteuert.

Kapitel 2. Im Wege einer Ermächtigung genehmigte Ausnahmen

Abschnitt 1. Maßnahmen zur Vereinfachung und zur Verhinderung der Steuerhinterziehung und -umgehung

Art. 394 [Kannbestimmung: Beibehaltung von am 1. 1. 1977 angewandten Sondermaßnahmen zur Steuervereinfachung oder Betrugsbekämpfung] Die Mitgliedstaaten, die am 1. Januar 1977 Sondermaßnahmen zur Vereinfachung der Steuererhebung oder zur Verhütung der Steuerhinterziehung oder -umgehung angewandt haben, können diese beibehalten, sofern sie sie der Kommission vor dem 1. Januar 1978 mitgeteilt haben und unter der Bedingung, dass die Vereinfachungsmaßnahmen mit Artikel 395 Absatz 1 Unterabsatz 2 in Einklang stehen.

Art. 395 [Möglichkeit der Ermächtigung einzelner Mitgliedstaaten durch den Rat zur Einführung von Sondermaßnahmen zur Steuervereinfachung oder Betrugsbekämpfung] (1) Der Rat kann auf Vorschlag der Kommission einstimmig jeden Mitgliedstaat ermächtigen, von dieser Richtlinie abweichende Sondermaßnahmen einzuführen, um die Steuererhebung zu vereinfachen oder Steuerhinterziehungen oder -umgehungen zu verhindern.

Die Maßnahmen zur Vereinfachung der Steuererhebung dürfen den Gesamtbetrag der von dem Mitgliedstaat auf der Stufe des Endverbrauchs erhobenen Steuer nur in unerheblichem Maße beeinflussen.

(2) Ein Mitgliedstaat, der die in Absatz 1 bezeichneten Maßnahmen einführen möchte, sendet der Kommission einen Antrag und übermittelt ihr alle erforderlichen Angaben. Ist die Kommission der Auffassung, dass ihr nicht alle erforderlichen Angaben vorliegen, teilt sie dem betreffenden Mitgliedstaat innerhalb von zwei Monaten nach Eingang des Antrags mit, welche zusätzlichen Angaben sie benötigt.

Sobald die Kommission über alle Angaben verfügt, die ihres Erachtens für die Beurteilung des Antrags zweckdienlich sind, unterrichtet sie den antragstellenden Mitgliedstaat hiervon innerhalb eines Monats und übermittelt den Antrag in der Originalsprache an die anderen Mitgliedstaaten.

(3) Innerhalb von drei Monaten nach der Unterrichtung gemäß Absatz 2 Unterabsatz 2 unterbreitet die Kommission dem Rat einen geeigneten Vorschlag oder legt ihm gegebenenfalls ihre Einwände in einer Mitteilung dar.

(4) In jedem Fall ist das in den Absätzen 2 und 3 geregelte Verfahren innerhalb von acht Monaten nach Eingang des Antrags bei der Kommission abzuschließen.

[15. 8. 2013 bis 31. 12. 2018:

(5) In Fällen äußerster Dringlichkeit, wie in Artikel 199b Absatz 1 festgelegt, ist das in den Absätzen 2 und 3 geregelte Verfahren innerhalb von sechs Monaten nach Eingang des Antrags bei der Kommission abzuschließen.][1)]

Abschnitt 2. Internationale Übereinkommen

Art. 396 [Möglichkeit der Ermächtigung einzelner Mitgliedstaaten durch den Rat zur Vereinbarung von Sonderregelungen in internationalen Abkommen] (1) Der Rat kann auf Vorschlag der Kommission einstimmig einen Mitgliedstaat ermächtigen, mit einem Drittland oder einer internationalen Organisation ein Übereinkommen zu schließen, das Abweichungen von dieser Richtlinie enthalten kann.

(2) Ein Mitgliedstaat, der ein Übereinkommen gemäß Absatz 1 schließen will, sendet der Kommission einen Antrag und übermittelt ihr alle erforderlichen Angaben. Ist die Kommission der Auffassung, dass ihr nicht alle erforderlichen Angaben vorliegen, teilt sie dem betreffenden Mitgliedstaat innerhalb von zwei Monaten nach Eingang des Antrags mit, welche zusätzlichen Angaben sie benötigt.

Sobald die Kommission über alle Angaben verfügt, die ihres Erachtens für die Beurteilung erforderlich sind, unterrichtet sie den antragstellenden Mitgliedstaat hiervon innerhalb eines Monats und übermittelt den Antrag in der Originalsprache an die anderen Mitgliedstaaten.

(3) Innerhalb von drei Monaten nach der Unterrichtung gemäß Absatz 2 Unterabsatz 2 unterbreitet die Kommission dem Rat einen geeigneten Vorschlag oder legt ihm gegebenenfalls ihre Einwände in einer Mitteilung dar.

(4) In jedem Fall ist das in den Absätzen 2 und 3 geregelte Verfahren innerhalb von acht Monaten nach Eingang des Antrags bei der Kommission abzuschließen.

Titel XIV. Verschiedenes

Kapitel 1. Durchführungsmaßnahmen

Art. 397 [Ermächtigungsgrundlage für Durchführungsmaßnahmen] Der Rat beschließt auf Vorschlag der Kommission einstimmig die zur Durchführung dieser Richtlinie erforderlichen Maßnahmen.

Kapitel 2. Mehrwertsteuerausschuss

Art. 398 [Mehrwertsteuerausschuss] (1) Es wird ein Beratender Ausschuss für die Mehrwertsteuer (nachstehend „Mehrwertsteuerausschuss“ genannt) eingesetzt.

---

1) Art. 395 Abs. 5 angef. mWv 15. 8. 13 bis 31. 12. 18 durch RL 2013/42/EU (ABl. EU Nr. L 201 S. 1); zum zeitlichen Geltungsbereich siehe Art. 3 der RL 2013/42/EU.

(2) Der Mehrwertsteuerausschuss setzt sich aus Vertretern der Mitgliedstaaten und der Kommission zusammen.

Den Vorsitz im Ausschuss führt ein Vertreter der Kommission.

Die Sekretariatsgeschäfte des Ausschusses werden von den Dienststellen der Kommission wahrgenommen.

(3) Der Mehrwertsteuerausschuss gibt sich eine Geschäftsordnung.

(4) Neben den Punkten, für die nach dieser Richtlinie eine Konsultation erforderlich ist, prüft der Mehrwertsteuerausschuss die Fragen im Zusammenhang mit der Anwendung der gemeinschaftsrechtlichen Vorschriften im Bereich der Mehrwertsteuer, die ihm der Vorsitzende von sich aus oder auf Antrag des Vertreters eines Mitgliedstaats vorlegt.

Kapitel 3. Umrechnungskurs

Art. 399 [Umrechnungskurs der Euroangaben der MwStSystRL zum 1. 1. 1999] Unbeschadet anderer Bestimmungen wird der Gegenwert der in dieser Richtlinie in Euro ausgedrückten Beträge in Landeswährung anhand des am 1. Januar 1999 geltenden Umrechnungskurses des Euro bestimmt. Die nach diesem Datum beigetretenen Mitgliedstaaten, die den Euro als einheitliche Währung nicht eingeführt haben, wenden den zum Zeitpunkt ihres Beitritts geltenden Umrechnungskurs an.

Art. 400 [Kannbestimmung: Rundung der Beträge aus der Umrechnung der Euroangaben der MwStSystRL] Bei der Umrechnung der Beträge gemäß Artikel 399 in Landeswährung können die Mitgliedstaaten die Beträge, die sich aus dieser Umrechnung ergeben, um höchstens 10% auf- oder abrunden.

Kapitel 4. Andere Steuern, Abgaben und Gebühren

Art. 401 [Verbot der Beibehaltung oder Einführung anderer Abgaben mit Mehrwertsteuercharakter] Unbeschadet anderer gemeinschaftsrechtlicher Vorschriften hindert diese Richtlinie einen Mitgliedstaat nicht daran, Abgaben auf Versicherungsverträge, Spiele und Wetten, Verbrauchsteuern, Grunderwerbsteuern sowie ganz allgemein alle Steuern, Abgaben und Gebühren, die nicht den Charakter von Umsatzsteuern haben, beizubehalten oder einzuführen, sofern die Erhebung dieser Steuern, Abgaben und Gebühren im Verkehr zwischen den Mitgliedstaaten nicht mit Formalitäten beim Grenzübertritt verbunden ist.

Titel XV. Schlussbestimmungen

Kapitel 1. Übergangsregelung für die Besteuerung des Handelsverkehrs zwischen den Mitgliedstaaten

Art. 402 [Besteuerung des innergemeinschaftlichen Handelsverkehrs als Übergangsregelung] (1) Die in dieser Richtlinie vorgesehene

Regelung für die Besteuerung des Handelsverkehrs zwischen den Mitgliedstaaten ist eine Übergangsregelung, die von einer endgültigen Regelung abgelöst wird, die auf dem Grundsatz beruht, dass die Lieferungen von Gegenständen und die Erbringung von Dienstleistungen im Ursprungsmitgliedstaat zu besteuern sind.

(2) Der Rat erlässt, wenn er nach Prüfung des Berichts nach Artikel 404 zu der Feststellung gelangt ist, dass die Voraussetzungen für den Übergang zur endgültigen Regelung erfüllt sind, gemäß Artikel 93 des Vertrags die für das Inkrafttreten und die Anwendung der endgültigen Regelung erforderlichen Maßnahmen.

Art. 403 [Auftrag an Rat zur Vervollständigung des gemeinsamen Mehrwertsteuersystems] Der Rat erlässt gemäß Artikel 93 des Vertrags geeignete Richtlinien zur Vervollständigung des gemeinsamen Mehrwertsteuersystems und insbesondere zur allmählichen Einschränkung beziehungsweise Aufhebung der von diesem System abweichenden Regelungen.

Art. 404 [Pflicht der EU-Kommission zur Vorlage regelmäßiger Berichte über das Funktionieren des gemeinsamen Mehrwertsteuersystems] Die Kommission unterbreitet dem Europäischen Parlament und dem Rat auf der Grundlage der von den Mitgliedstaaten erlangten Informationen alle vier Jahre nach der Annahme dieser Richtlinie einen Bericht über das Funktionieren des gemeinsamen Mehrwertsteuersystems in den Mitgliedstaaten und insbesondere über das Funktionieren der Übergangsregelung für die Besteuerung des Handelsverkehrs zwischen den Mitgliedstaaten und fügt ihm gegebenenfalls Vorschläge für die endgültige Regelung bei.

Kapitel 2. Übergangsbestimmungen im Rahmen der Beitritte zur Europäischen Union

Art. 405 [Übergangsbestimmung in Bezug auf Beitritte zur EU – Begriffsbestimmungen] Für die Zwecke dieses Kapitels gelten folgende Begriffsbestimmungen:

1. „Gemeinschaft" ist das Gebiet der Gemeinschaft im Sinne des Artikels 5 Nummer 1, vor dem Beitritt neuer Mitgliedstaaten;
2. „neue Mitgliedstaaten" ist das Gebiet der Mitgliedstaaten, die der Europäischen Union nach dem 1. Januar 1995 beigetreten sind, wie es für jeden dieser Mitgliedstaaten nach Artikel 5 Nummer 2 definiert ist;
3. „erweiterte Gemeinschaft" ist das Gebiet der Gemeinschaft im Sinne des Artikels 5 Nummer 1, nach dem Beitritt neuer Mitgliedstaaten.

Art. 406 [Übergangsbestimmung in Bezug auf Beitritte zur EU – Verfahren der vorübergehenden Verwendung] Die Vorschriften, die zu dem Zeitpunkt galten, an dem der Gegenstand in ein Verfahren der vorübergehenden Verwendung mit vollständiger Befreiung von den Einfuhrabgaben, in ein Verfahren oder eine sonstige Regelung nach Artikel 156 oder in ähnliche Verfahren oder Regelungen des neuen Mitgliedstaates überführt wurde, finden weiterhin Anwendung bis der Gegenstand nach dem Beitrittsdatum diese Verfahren oder sonstige Regelungen verlasst, sofern die folgenden Voraussetzungen erfüllt sind:

a) der Gegenstand wurde vor dem Beitrittsdatum in die Gemeinschaft oder in einen der neuen Mitgliedstaaten verbracht;

b) der Gegenstand war seit der Verbringung in die Gemeinschaft oder in einen der neuen Mitgliedstaaten dem Verfahren oder der sonstigen Regelung unterstellt;

c) der Gegenstand hat das Verfahren oder die sonstige Regelung nicht vor dem Beitrittsdatum verlassen.

Art. 407 [Übergangsbestimmung in Bezug auf Beitritte zur EU – Zollrechtliches Versandverfahren] Die Vorschriften, die zum Zeitpunkt der Unterstellung des Gegenstands unter ein zollrechtliches Versandverfahren galten, finden nach dem Beitrittsdatum bis zum Verlassen dieses Verfahrens weiterhin Anwendung, sofern alle folgenden Voraussetzungen erfüllt sind:

a) der Gegenstand wurde vor dem Beitrittsdatum unter ein zollrechtliches Versandverfahren gestellt;

b) der Gegenstand hat dieses Verfahren nicht vor dem Beitrittsdatum verlassen.

Art. 408 [Übergangsbestimmung in Bezug auf Beitritte zur EU – Gleichstellung bestimmter Vorgänge mit einer Einfuhr] (1) Die nachstehenden Vorgänge werden der Einfuhr eines Gegenstands gleichgestellt, sofern nachgewiesen wird, dass sich der Gegenstand in einem der neuen Mitgliedstaaten oder in der Gemeinschaft im freien Verkehr befand:

a) das Verlassen, einschließlich des unrechtmäßigen Verlassens, eines Verfahrens der vorübergehenden Verwendung, unter das der betreffende Gegenstand vor dem Beitrittsdatum gemäß Artikel 406 gestellt worden ist;

b) das Verlassen, einschließlich des unrechtmäßigen Verlassens entweder eines Verfahrens oder einer sonstigen Regelung des Artikels 156 oder ähnlicher Verfahren oder Regelungen, unter den der betreffende Gegenstand vor dem Beitrittsdatum gemäß Artikel 406 gestellt worden ist;

c) die Beendigung eines der in Artikel 407 genannten Verfahren, das vor dem Beitrittsdatum im Gebiet eines der neuen Mitgliedstaaten für die Zwecke einer vor dem Beitrittsdatum im Gebiet dieses Mitgliedstaates gegen Entgelt bewirkten Lieferung von Gegenständen durch einen Steuerpflichtigen als solchen begonnen wurde;

d) jede Unregelmäßigkeit oder jeder Verstoß anlässlich oder im Verlauf eines zollrechtlichen Versandverfahrens, das gemäß Buchstabe c begonnen wurde.

(2) Neben dem in Absatz 1 genannten Vorgang wird die im Gebiet eines Mitgliedstaates durch einen Steuerpflichtigen oder Nichtsteuerpflichtigen nach dem Beitrittsdatum erfolgende Verwendung von Gegenständen, die ihm vor dem Beitrittsdatum im Gebiet der Gemeinschaft oder eines der neuen Mitgliedstaaten geliefert wurden, einer Einfuhr eines Gegenstands gleichgestellt, sofern folgende Voraussetzungen gegeben sind:

a) die Lieferung dieser Gegenstände war entweder nach Artikel 146 Absatz 1 Buchstaben a und b oder nach einer entsprechenden Bestimmung in den neuen Mitgliedstaaten von der Steuer befreit oder befreiungsfähig;

b) die Gegenstände wurden nicht vor dem Beitrittsdatum in einen der neuen Mitgliedstaaten oder in die Gemeinschaft verbracht.

Art. 409 [Übergangsbestimmung in Bezug auf Beitritte zur EU – Fiktion des Einfuhrmitgliedstaats bei Gleichstellung bestimmter Vorgänge mit einer Einfuhr] Für die in Artikel 408 Absatz 1 genannten Vorgänge gilt die Einfuhr im Sinne des Artikels 61 als in dem Mitgliedstaat erfolgt, in dem die Gegenstände das Verfahren oder die Regelung verlassen, unter die sie vor dem Beitrittsdatum gestellt worden sind.

Art. 410 [Übergangsbestimmung in Bezug auf Beitritte zur EU – Einfuhr unter bestimmten Voraussetzungen kein Steuertatbestand] (1) Abweichend von Artikel 71 stellt die Einfuhr eines Gegenstands im Sinne des Artikels 408 keinen Steuertatbestand dar, sofern eine der folgenden Bedingungen erfüllt ist:

a) der eingeführte Gegenstand wird nach außerhalb der erweiterten Gemeinschaft versandt oder befördert;

b) der im Sinne des Artikels 408 Absatz 1 Buchstabe a eingeführte Gegenstand – mit Ausnahme von Fahrzeugen – wird in den Mitgliedstaat, aus dem er ausgeführt wurde und an denjenigen, der ihn ausgeführt hat, zurückversandt oder -befördert;

c) der im Sinne des Artikels 408 Absatz 1 Buchstabe a eingeführte Gegenstand ist ein Fahrzeug, welches unter den für den Binnenmarkt eines der neuen Mitgliedstaaten oder eines der Mitgliedstaaten der Gemeinschaft geltenden allgemeinen Steuerbedingungen vor dem Beitrittsdatum erworben oder eingeführt wurde oder für welches bei der Ausfuhr keine Mehrwertsteuerbefreiung oder -vergütung gewährt worden ist.

(2) Die in Absatz 1 Buchstabe c genannte Bedingung gilt in folgenden Fällen als erfüllt:

a) wenn der Zeitraum zwischen der ersten Inbetriebnahme des Fahrzeugs und dem Beitritt zur Europäischen Union mehr als 8 Jahre beträgt;

b) wenn der Betrag der bei der Einfuhr fälligen Steuer geringfügig ist.

Kapitel 3. Umsetzung und Inkrafttreten

Art. 411 [Aufhebung der 1. und der 6. EG-Richtlinie] (1) Die Richtlinie 67/227/EWG und die Richtlinie 77/388/EWG werden unbeschadet der Verpflichtung der Mitgliedstaaten hinsichtlich der in Anhang XI Teil B genannten Fristen für die Umsetzung in innerstaatliches Recht und der Anwendungsfristen aufgehoben.

(2) Verweisungen auf die aufgehobenen Richtlinien gelten als Verweisungen auf die vorliegende Richtlinie und sind nach Maßgabe der Entsprechungstabelle in Anhang XII zu lesen.

Art. 412 [Pflicht zur Umsetzung einiger Vorschriften der MwStSystRL in nationales Recht zum 1. 1. 2008] (1) Die Mitgliedstaaten erlassen die Rechts- und Verwaltungsvorschriften, die erforderlich sind, um Artikel 2 Absatz 3, Artikel 44, Artikel 59 Absatz 1, Artikel 399 und Anhang III Nummer 18 dieser Richtlinie mit Wirkung zum 1. Januar 2008 nachzukommen. Sie teilen der Kommission unverzüglich den Wortlaut dieser Rechtsvorschriften mit und fügen eine Entsprechungstabelle dieser Rechtsvorschriften und der vorliegenden Richtlinie bei.

Wenn die Mitgliedstaaten diese Vorschriften erlassen, nehmen sie in den Vorschriften selbst oder durch einen Hinweis bei der amtlichen Veröffentlichung auf diese Richtlinie Bezug. Die Mitgliedstaaten regeln die Einzelheiten der Bezugnahme.

(2) Die Mitgliedstaaten teilen der Kommission den Wortlaut der wesentlichen innerstaatlichen Rechtsvorschriften mit, die sie auf dem unter diese Richtlinie fallenden Gebiet erlassen.

Art. 413 [Inkrafttreten] Diese Richtlinie tritt am 1. Januar 2007 in Kraft.

Art. 414 [Adressat der MwStSystRL] Diese Richtlinie ist an die Mitgliedstaaten gerichtet.

Anhang I

Verzeichnis der Tätigkeiten im Sinne des Artikels 13 Absatz 1 Unterabsatz 3

1. Telekommunikationswesen;
2. Lieferung von Wasser, Gas, Elektrizität und thermischer Energie;
3. Güterbeförderung;
4. Hafen- und Flughafendienstleistungen;
5. Personenbeförderung;
6. Lieferung von neuen Gegenständen zum Zwecke ihres Verkaufs;
7. Umsätze der landwirtschaftlichen Interventionsstellen aus landwirtschaftlichen Erzeugnissen, die in Anwendung der Verordnungen über eine gemeinsame Marktorganisation für diese Erzeugnisse bewirkt werden;
8. Veranstaltung von Messen und Ausstellungen mit gewerblichem Charakter;
9. Lagerhaltung;
10. Tätigkeiten gewerblicher Werbebüros;
11. Tätigkeiten der Reisebüros;
12. Umsätze von betriebseigenen Kantinen, Verkaufsstellen und Genossenschaften und ähnlichen Einrichtungen;
13. Tätigkeiten der Rundfunk- und Fernsehanstalten sofern sie nicht nach Artikel 132 Absatz 1 Buchstabe q steuerbefreit sind.

Anhang II

Exemplarisches Verzeichnis elektronisch erbrachter Dienstleistungen im Sinne *des Artikels 56 Absatz 1 Buchstabe k [vom 1. 1. 2010 – 31. 12. 2014:* des Artikels 58 und des Artikels 59 Absatz 1 Buchstabe k/*ab 1. 1. 2015:* von Artikel 58 Absatz 1 Buchstabe c][1)]

1. Bereitstellung von Websites, Webhosting, Fernwartung von Programmen und Ausrüstungen;
2. Bereitstellung von Software und deren Aktualisierung;
3. Bereitstellung von Bildern, Texten und Informationen sowie Bereitstellung von Datenbanken;
4. Bereitstellung von Musik, Filmen und Spielen, einschließlich Glücksspielen und Lotterien sowie von Sendungen und Veranstaltungen aus den Bereichen Politik, Kultur, Kunst, Sport, Wissenschaft und Unterhaltung;
5. Erbringung von Fernunterrichtsleistungen.

Anhang III

Verzeichnis der Lieferungen von Gegenständen und Dienstleistungen, auf die ermäßigte MwSt-Sätze gemäß Artikel 98 angewandt werden können

1. Nahrungs- und Futtermittel (einschließlich Getränke, alkoholische Getränke jedoch ausgenommen), lebende Tiere, Saatgut, Pflanzen und üblicherweise für die Zubereitung von Nahrungs- und Futtermitteln verwendete Zutaten sowie üblicherweise als Zusatz oder als Ersatz für Nahrungs- und Futtermittel verwendete Erzeugnisse;

[1)] Überschrift geänd. **mWv 1. 1. 2010 bzw. mWv 1. 1. 2015** durch RL 2008/8/EG v. 12. 2. 2008 (ABl. EU Nr. L 44 S. 11).

2. Lieferung von Wasser;
3. Arzneimittel, die üblicherweise für die Gesundheitsvorsorge, die Verhütung von Krankheiten und für ärztliche und tierärztliche Behandlungen verwendet werden, einschließlich Erzeugnissen für Zwecke der Empfängnisverhütung und der Monatshygiene;
4. medizinische Geräte, Hilfsmittel und sonstige Vorrichtungen, die üblicherweise für die Linderung und die Behandlung von Behinderungen verwendet werden und die ausschließlich für den persönlichen Gebrauch von Behinderten bestimmt sind, einschließlich der Instandsetzung solcher Gegenstände, sowie Kindersitze für Kraftfahrzeuge;
5. Beförderung von Personen und des mitgeführten Gepäcks;
6.[1)] Lieferung von Büchern auf jeglichen physischen Trägern, einschließlich des Verleihs durch Büchereien (einschließlich Broschüren, Prospekte und ähnliche Drucksachen, Bilder-, Zeichen- oder Malbücher für Kinder, Notenhefte oder Manuskripte, Landkarten und hydrografische oder sonstige Karten), Zeitungen und Zeitschriften, mit Ausnahme von Druckerzeugnissen, die vollständig oder im Wesentlichen Werbezwecken dienen;
7. Eintrittsberechtigung für Veranstaltungen, Theater, Zirkus, Jahrmärkte, Vergnügungsparks, Konzerte, Museen, Tierparks, Kinos und Ausstellungen sowie ähnliche kulturelle Ereignisse und Einrichtungen;
8. Empfang von Rundfunk- und Fernsehprogrammen;
9. Dienstleistungen von Schriftstellern, Komponisten und ausübenden Künstlern sowie diesen geschuldete urheberrechtliche Vergütungen;
10. Lieferung, Bau, Renovierung und Umbau von Wohnungen im Rahmen des sozialen Wohnungsbaus;
10 a.[1)] Renovierung und Reparatur von Privatwohnungen, mit Ausnahme von Materialien, die einen bedeutenden Teil des Wertes der Dienstleistung ausmachen;
10 b.[1)] Reinigung von Fenstern und Reinigung in privaten Haushalten;
11. Lieferung von Gegenständen und Dienstleistungen, die in der Regel für den Einsatz in der landwirtschaftlichen Erzeugung bestimmt sind, mit Ausnahme von Investitionsgütern wie Maschinen oder Gebäuden;
12. Beherbergung in Hotels und ähnlichen Einrichtungen, einschließlich der Beherbergung in Ferienunterkünften, und Vermietung von Campingplätzen und Plätzen für das Abstellen von Wohnwagen;
12 a.[1)] Restaurant- und Verpflegungsdienstleistungen, mit der Möglichkeit, die Abgabe von (alkoholischen und/oder alkoholfreien) Getränken auszuklammern;
13. Eintrittsberechtigung für Sportveranstaltungen;
14. Überlassung von Sportanlagen;
15. Lieferung von Gegenständen und Erbringung von Dienstleistungen durch von den Mitgliedstaaten anerkannte gemeinnützige Einrichtungen für wohltätige Zwecke und im Bereich der sozialen Sicherheit, soweit sie nicht gemäß den Artikeln 132, 135 und 136 von der Steuer befreit sind;
16. Dienstleistungen von Bestattungsinstituten und Krematorien, einschließlich der Lieferung von damit im Zusammenhang stehenden Gegenständen;
17. medizinische Versorgungsleistungen und zahnärztliche Leistungen sowie Thermalbehandlungen, soweit sie nicht gemäß Artikel 132 Absatz 1 Buchstaben b bis e von der Steuer befreit sind;
18. Dienstleistungen im Rahmen der Straßenreinigung, der Abfuhr von Hausmüll und der Abfallbehandlung mit Ausnahme der Dienstleistungen, die von Einrichtungen im Sinne des Artikels 13 erbracht werden;
19.[1)] kleine Reparaturdienstleistungen betreffend Fahrräder, Schuhe und Lederwaren, Kleidung und Haushaltswäsche (einschließlich Ausbesserung und Änderung);
20.[1)] häusliche Pflegedienstleistungen (z. B. Haushaltshilfe und Betreuung von Kindern, älteren, kranken oder behinderten Personen);
21.[1)] Friseurdienstleistungen.

[1)] Anh. III Nr. 6 neugef., Nrn. 10 a, 10 b, 12 a eingef., Nrn. 19, 20, 21 angef. mWv 1. 6. 2009 durch RL 2009/47/EG v. 5. 5. 2009 (ABl. EU Nr. L 116 S. 18).

Anhang IV[1] *(aufgehoben)*

Anhang V
Kategorien von Gegenständen, die nach Artikel 160 Absatz 2 Regelungen für andere Lager als Zolllager unterliegen

	KN-Code	Beschreibung der Gegenstände
1)	0701	Kartoffeln
2)	0711 20	Oliven
3)	0801	Kokosnüsse, Paranüsse und Kaschu-Nüsse
4)	0802	Andere Schalenfrüchte
5)	0901 11 00 0901 12 00	Kaffee, nicht geröstet
6)	0902	Tee
7)	1001 bis 1005 1007 bis 1008	Getreide
8)	1006	Rohreis
9)	1201 bis 1207	Samen und ölhaltige Früchte (einschließlich Sojabohnen)
10)	1507 bis 1515	Pflanzliche Fette und Öle und deren Fraktionen, roh, raffiniert, jedoch nicht chemisch modifiziert
11)	1701 11 1701 12	Rohzucker
12)	1801	Kakao, Kakaobohnen und Kakaobohnenbruch; roh oder geröstet
13)	2709 2710 2711 12 2711 13	Mineralöle (einschließlich Propan und Butan sowie Rohöle aus Erdöl)
14)	Kapitel 28 und 29	Chemische Produkte, lose
15)	4001 4002	Kautschuk, in Primärformen oder in Platten, Blättern oder Streifen
16)	5101	Wolle
17)	7106	Silber
18)	7110 11 00 7110 21 00 7110 31 00	Platin (Palladium, Rhodium)
19)	7402 7403 7405 7408	Kupfer
20)	7502	Nickel
21)	7601	Aluminium
22)	7801	Blei
23)	7901	Zink
24)	8001	Zinn
25)	ex 8112 92 ex 8112 99	Indium

[1] Anh. IV aufgeh. mWv 1. 6. 2009 durch RL 2009/47/EG v. 5. 5. 2009 (ABl. EU Nr. L 116 S. 18).

Anhang VI

Verzeichnis der in Artikel 199 Absatz 1 Buchstabe d genannten Lieferungen von Gegenständen und Dienstleistungen

1. Lieferung von Alteisen und Nichteisenabfällen, Schrott und Gebrauchtmaterial einschließlich Halberzeugnissen aus Verarbeitung, Herstellung oder Schmelzen von Eisen oder Nichteisenmetallen oder deren Legierungen;
2. Lieferung von Halberzeugnissen aus Eisen- und Nichteisenmetallen sowie Erbringung bestimmter damit verbundener Verarbeitungsleistungen;
3. Lieferung von Rückständen und anderen recyclingfähigen Materialien aus Eisen- und Nichteisenmetallen, Legierungen, Schlacke, Asche, Walzschlacke und metall- oder metalllegierungshaltigen gewerblichen Rückständen sowie Erbringung von Dienstleistungen in Form des Sortierens, Zerschneidens, Zerteilens und Pressens dieser Erzeugnisse;
4. Lieferung von Alteisen und Altmetallen, sowie von Abfällen, Schnitzeln und Bruch sowie gebrauchtem und recyclingfähigem Material in Form von Scherben, Glas, Papier, Pappe und Karton, Lumpen, Knochen, Häuten, Kunstleder, Pergament, rohen Häuten und Fellen, Sehnen und Bändern, Schnur, Tauwerk, Leinen, Tauen, Seilen, Kautschuk und Plastik und Erbringung bestimmter Verarbeitungsleistungen in Zusammenhang damit;
5. Lieferung der in diesem Anhang genannten Stoffe, nachdem sie gereinigt, poliert, sortiert, geschnitten, fragmentiert, zusammengepresst oder zu Blöcken gegossen wurden;
6. Lieferung von Schrott und Abfällen aus der Verarbeitung von Rohstoffen.

Anhang VII

Verzeichnis der Tätigkeiten der landwirtschaftlichen Erzeugung im Sinne des Artikels 295 Absatz 1 Nummer 4

1. Anbau:
   a) Ackerbau im Allgemeinen, einschließlich Weinbau;
   b) Obstbau (einschließlich Olivenanbau) und Gemüse-, Blumen- und Zierpflanzengartenbau, auch unter Glas;
   c) Anbau von Pilzen und Gewürzen, Erzeugung von Saat- und Pflanzgut;
   d) Betrieb von Baumschulen.
2. Tierzucht und Tierhaltung in Verbindung mit der Bodenbewirtschaftung:
   a) Viehzucht und -haltung;
   b) Geflügelzucht und -haltung;
   c) Kaninchenzucht und -haltung;
   d) Imkerei;
   e) Seidenraupenzucht;
   f) Schneckenzucht.
3. Forstwirtschaft.
4. Fischwirtschaft:
   a) Süßwasserfischerei;
   b) Fischzucht;
   c) Muschelzucht, Austernzucht und Zucht anderer Weich- und Krebstiere;
   d) Froschzucht.

Anhang VIII

Exemplarisches Verzeichnis der landwirtschaftlichen Dienstleistungen im Sinne des Artikels 295 Absatz 1 Nummer 5

1. Anbau-, Ernte-, Dresch-, Press-, Lese- und Einsammelarbeiten, einschließlich Säen und Pflanzen;
2. Verpackung und Zubereitung, wie beispielsweise Trocknung, Reinigung, Zerkleinerung, Desinfektion und Einsilierung landwirtschaftlicher Erzeugnisse;
3. Lagerung landwirtschaftlicher Erzeugnisse;
4. Hüten, Zucht und Mästen von Vieh;
5. Vermietung normalerweise in land-, forst- und fischwirtschaftlichen Betrieben verwendeter Mittel zu landwirtschaftlichen Zwecken;
6. technische Hilfe;
7. Vernichtung schädlicher Pflanzen und Tiere, Behandlung von Pflanzen und Böden durch Besprühen;
8. Betrieb von Be- und Entwässerungsanlagen;
9. Beschneiden und Fällen von Bäumen und andere forstwirtschaftliche Dienstleistungen.

Anhang IX

Kunstgegenstände, Sammlungsstücke und Antiquitäten im Sinne des Artikels 311 Absatz 1 Nummer 2, 3, und 4

Teil A. Kunstgegenstände

1. Gemälde (z. B. Ölgemälde, Aquarelle, Pastelle) und Zeichnungen sowie Collagen und ähnliche dekorative Bildwerke, vollständig vom Künstler mit der Hand geschaffen, ausgenommen Baupläne und -zeichnungen, technische Zeichnungen und andere Pläne und Zeichnungen zu Gewerbe-, Handels-, topografischen oder ähnlichen Zwecken, handbemalte oder handverzierte gewerbliche Erzeugnisse, bemalte Gewebe für Theaterdekorationen, Atelierhintergründe oder dergleichen (KN-Code 9701);
2. Originalstiche, -schnitte und -steindrucke, die unmittelbar in begrenzter Zahl von einer oder mehreren vom Künstler vollständig handgearbeiteten Platten nach einem beliebigen, jedoch nicht mechanischen oder fotomechanischen Verfahren auf ein beliebiges Material in schwarz-weiß oder farbig abgezogen wurden (KN-Code 9702 00 00);
3. Originalerzeugnisse der Bildhauerkunst, aus Stoffen aller Art, sofern vollständig vom Künstler geschaffen; unter Aufsicht des Künstlers oder seiner Rechtsnachfolger hergestellte Bildgüsse bis zu einer Höchstzahl von acht Exemplaren (KN-Code 9703 00 00). In bestimmten, von den Mitgliedstaaten festgelegten Ausnahmefällen darf bei vor dem 1. Januar 1989 hergestellten Bildgüssen die Höchstzahl von acht Exemplaren überschritten werden;
4. handgearbeitete Tapisserien (KN-Code 5805 00 00) und Textilwaren für Wandbekleidung (KN-Code 6304 00 00) nach Originalentwürfen von Künstlern, höchstens jedoch acht Kopien je Werk;
5. Originalwerke aus Keramik, vollständig vom Künstler geschaffen und von ihm signiert;
6. Werke der Emaillekunst, vollständig von Hand geschaffen, bis zu einer Höchstzahl von acht nummerierten und mit der Signatur des Künstlers oder des Kunstateliers versehenen Exemplaren; ausgenommen sind Erzeugnisse des Schmuckhandwerks, der Juwelier- und der Goldschmiedekunst;
7. vom Künstler aufgenommene Photographien, die von ihm oder unter seiner Überwachung abgezogen wurden und signiert sowie nummeriert sind; die Gesamtzahl der Abzüge darf, alle Formate und Trägermaterialien zusammengenommen, 30 nicht überschreiten.

Teil B. Sammlungsstücke

1. Briefmarken, Stempelmarken, Steuerzeichen, Ersttagsbriefe, Ganzsachen und dergleichen, entwertet oder nicht entwertet, jedoch weder gültig noch zum Umlauf vorgesehen (KN-Code 9704 00 00);
2. zoologische, botanische, mineralogische oder anatomische Sammlungsstücke und Sammlungen; Sammlungsstücke von geschichtlichem, archäologischem, paläontologischem, völkerkundlichem oder münzkundlichem Wert (KN-Code 9705 00 00).

Teil C. Antiquitäten

Andere Gegenstände als Kunstgegenstände und Sammlungsstücke, die mehr als hundert Jahre alt sind (KN-Code 9706 00 00).

Anhang X

Verzeichnis der Umsätze, für die die Ausnahmen gemäß den Artikeln 370 und 371 sowie 375 bis 390 b[1] gelten

Teil A. Umsätze, die die Mitgliedstaaten weiterhin besteuern dürfen

1. Dienstleistungen, die von Zahntechnikern im Rahmen ihrer beruflichen Tätigkeit erbracht werden, sowie Lieferungen von Zahnersatz durch Zahnärzte und Zahntechniker;
2. Tätigkeiten der öffentlichen Rundfunk- und Fernsehanstalten, die keinen gewerblichen Charakter aufweisen;
3. Lieferungen von anderen Gebäuden oder Gebäudeteilen und dem dazugehörigen Grund und Boden als den in Artikel 12 Absatz 1 Buchstabe a genannten, wenn sie von Steuerpflichtigen getätigt werden, die für das betreffende Gebäude ein Recht auf Vorsteuerabzug hatten;
4. Dienstleistungen der Reisebüros im Sinne des Artikels 306 sowie der Reisebüros, die im Namen und für Rechnung des Reisenden für Reisen außerhalb der Gemeinschaft tätig werden.

Teil B. Umsätze, die die Mitgliedstaaten weiterhin von der Steuer befreien dürfen

1. Einnahme von Eintrittsgeldern bei Sportveranstaltungen;
2. Dienstleistungen von Autoren, Künstlern und Interpreten von Kunstwerken sowie Dienstleistungen von Rechtsanwälten und Angehörigen anderer freier Berufe, mit Ausnahme der ärztlichen oder arztähnlichen Heilberufe sowie mit Ausnahme folgender Dienstleistungen:
   a) Abtretung von Patenten, Warenzeichen und gleichartigen Rechten sowie Gewährung von Lizenzen betreffend diese Rechte;
   b) Arbeiten an beweglichen körperlichen Gegenständen, die für Steuerpflichtige durchgeführt werden und die nicht in der Ablieferung eines aufgrund eines Werkvertrags hergestellten beweglichen Gegenstands bestehen;
   c) Dienstleistungen zur Vorbereitung oder zur Koordinierung der Durchführung von Bauleistungen wie zum Beispiel Leistungen von Architekten und Bauaufsichtsbüros;
   d) Dienstleistungen auf dem Gebiet der Wirtschaftswerbung;
   e) Beförderung und Lagerung von Gegenständen sowie Nebendienstleistungen;
   f) Vermietung von beweglichen körperlichen Gegenständen an Steuerpflichtige;
   g) Überlassung von Arbeitskräften an Steuerpflichtige;
   h) Dienstleistungen von Beratern, Ingenieuren und Planungsbüros auf technischem, wirtschaftlichem oder wissenschaftlichem Gebiet sowie ähnliche Leistungen;
   i) Ausführung einer Verpflichtung, eine unternehmerische Tätigkeit oder ein Recht im Sinne der Buchstaben a bis h und j ganz oder teilweise nicht auszuüben;

---

[1] Geänd. mWv 15. 1. 2010 durch RL 2009/162/EU v. 22. 12. 2009 (ABl. EU 2010 Nr. L 10 S. 14).

j) Dienstleistungen von Spediteuren, Maklern, Handelsagenten und anderen selbstständigen Vermittlern, soweit sie die Lieferungen oder die Einfuhren von Gegenständen oder Dienstleistungen gemäß den Buchstaben a bis i betreffen;

3. Telekommunikationsdienstleistungen und dazu gehörende Lieferungen von Gegenständen, die von öffentlichen Posteinrichtungen erbracht bzw. getätigt werden;
4. Dienstleistungen der Bestattungsinstitute und Krematorien sowie dazu gehörende Lieferungen von Gegenständen;
5. Umsätze, die von Blinden oder Blindenwerkstätten bewirkt werden, wenn ihre Befreiung von der Steuer keine erheblichen Wettbewerbsverzerrungen verursacht;
6. Lieferung von Gegenständen und Dienstleistungen an Einrichtungen, die mit der Anlage, Ausstattung und Instandhaltung von Friedhöfen, Grabstätten und Denkmälern für Kriegsopfer beauftragt sind;
7. Umsätze von nicht unter Artikel 132 Absatz 1 Buchstabe b fallenden Krankenhäusern;
8. Lieferung von Wasser durch Einrichtungen des öffentlichen Rechts;
9. Lieferung von Gebäuden oder Gebäudeteilen und dem dazugehörigen Grund und Boden vor dem Erstbezug sowie Lieferung von Baugrundstücken im Sinne des Artikels 12;
10. Beförderung von Personen und von Begleitgütern der Reisenden, wie Gepäck und Kraftfahrzeuge, sowie Dienstleistungen im Zusammenhang mit der Personenbeförderung, soweit die Beförderung dieser Personen von der Steuer befreit ist;
11. Lieferung, Umbau, Reparatur, Wartung, Vercharterung und Vermietung von Luftfahrzeugen, die von staatlichen Einrichtungen verwendet werden, einschließlich der Gegenstände, die in diese Luftfahrzeuge eingebaut sind oder ihrem Betrieb dienen;
12. Lieferung, Umbau, Reparatur, Wartung, Vercharterung und Vermietung von Kriegsschiffen;
13. Dienstleistungen der Reisebüros im Sinne des Artikels 306 sowie der Reisebüros, die im Namen und für Rechnung des Reisenden für Reisen innerhalb der Gemeinschaft tätig werden.

Anhang XI

Teil A. Aufgehobene Richtlinien mit ihren nachfolgenden Änderungen

1. Richtlinie 67/227/EWG (ABl. 71 vom 14. 4. 1967, S. 1301)
   Richtlinie 77/388/EWG
2. Richtlinie 77/388/EWG (ABl. L 145 vom 13. 6. 1977, S. 1)
   Richtlinie 78/583/EWG (ABl. L 194 vom 19. 7. 1978, S. 16)
   Richtlinie 80/368/EWG (ABl. L 90 vom 3. 4. 1980, S. 41)
   Richtlinie 84/386/EWG (ABl. L 208 vom 3. 8. 1984, S. 58)
   Richtlinie 89/465/EWG (ABl. L 226 vom 3. 8. 1989, S. 21)
   Richtlinie 91/680/EWG (ABl. L 376 vom 31. 12. 1991, S. 1) – nicht Artikel 2
   Richtlinie 92/77/EWG (ABl. L 316 vom 31. 10. 1992, S. 1)
   Richtlinie 92/111/EWG (ABl. L 384 vom 30. 12. 1992, S. 47)
   Richtlinie 94/4/EG (ABl. L 60 vom 3. 3. 1994, S. 14) – nur Artikel 2
   Richtlinie 94/5/EG (ABl. L 60 vom 3. 3. 1994, S. 16)
   Richtlinie 94/76/EG (ABl. L 365 vom 31. 12. 1994, S. 53)
   Richtlinie 95/7/EG (ABl. L 102 vom 5. 5. 1995, S. 18)
   Richtlinie 96/42/EG (ABl. L 170 vom 9. 7. 1996, S. 34)
   Richtlinie 96/95/EG (ABl. L 338 vom 28. 12. 1996, S. 89)
   Richtlinie 98/80/EG (ABl. L 281 vom 17. 10. 1998, S. 31)
   Richtlinie 1999/49/EG (ABl. L 139 vom 2. 6. 1999, S. 27)
   Richtlinie 1999/59/EG (ABl. L 162 vom 26. 6. 1999, S. 63)
   Richtlinie 1999/85/EG (ABl. L 277 vom 28. 10. 1999, S. 34)
   Richtlinie 2000/17/EG (ABl. L 84 vom 5. 4. 2000, S. 24)
   Richtlinie 2000/65/EG (ABl. L 269 vom 21. 10. 2000, S. 44)
   Richtlinie 2001/4/EG (ABl. L 22 vom 24. 1. 2001, S. 17)
   Richtlinie 2001/115/EG (ABl. L 15 vom 17. 1. 2002, S. 24)
   Richtlinie 2002/38/EG (ABl. L 128 vom 15. 5. 2002, S. 41)
   Richtlinie 2002/93/EG (ABl. L 331 vom 7. 12. 2002, S. 27)

Richtlinie 2003/92/EG (ABl. L 260 vom 11. 10. 2003, S. 8)
Richtlinie 2004/7/EG (ABl. L 27 vom 30. 1. 2004, S. 44)
Richtlinie 2004/15/EG (ABl. L 52 vom 21. 2. 2004, S. 61)
Richtlinie 2004/66/EG (ABl. L 168 vom 1. 5. 2004, S. 35) – nur Anhang Nummer V
Richtlinie 2005/92/EG (ABl. L 345 vom 28. 12. 2005, S. 19)
Richtlinie 2006/18/EG (ABl. L 51 vom 22. 2. 2006, S. 12)
Richtlinie 2006/58/EG (ABl. L 174 vom 28. 6. 2006, S. 5)
Richtlinie 2006/69/EG (ABl. L 221, vom 12. 8. 2006, S. 9) – nur Artikel 1
Richtlinie 2006/98/EG (ABl. L 363 vom 20. 12. 2006, S. 129) – nur Nummer 2 des Anhangs;

Teil B. Fristen für die Umsetzung in nationales Recht (Artikel 411)

Richtlinie	Umsetzungsfrist
Richtlinie 67/227/EWG	1. Januar 1970
Richtlinie 77/388/EWG	1. Januar 1978
Richtlinie 78/583/EWG	1. Januar 1979
Richtlinie 80/368/EWG	1. Januar 1979
Richtlinie 84/386/EWG	1. Juli 1985
Richtlinie 89/465/EWG	1. Januar 1990
	1. Januar 1991
	1. Januar 1992
	1. Januar 1993
	1. Januar 1994 für Portugal
Richtlinie 91/680/EWG	1. Januar 1993
Richtlinie 92/77/EWG	31. Dezember 1992
Richtlinie 92/111/EWG	1. Januar 1993
	1. Januar 1994
	1. Oktober 1993 für Deutschland
Richtlinie 94/4/EG	1. April 1994
Richtlinie 94/5/EG	1. Januar 1995
Richtlinie 94/76/EG	1. Januar 1995
Richtlinie 95/7/EG	1. Januar 1996
	1. Januar 1997 für Deutschland und Luxemburg
Richtlinie 96/42/EG	1. Januar 1995
Richtlinie 96/95/EG	1. Januar 1997
Richtlinie 98/80/EG	1. Januar 2000
Richtlinie 1999/49/EG	1. Januar 1999
Richtlinie 1999/59/EG	1. Januar 2000
Richtlinie 1999/85/EG	–
Richtlinie 2000/17/EG	–
Richtlinie 2000/65/EG	31. Dezember 2001
Richtlinie 2001/4/EG	1. Januar 2001
Richtlinie 2001/115/EG	1. Januar 2004
Richtlinie 2002/38/EG	1. Juli 2003
Richtlinie 2002/93/EG	–
Richtlinie 2003/92/EG	1. Januar 2005
Richtlinie 2004/7/EG	30. Januar 2004
Richtlinie 2004/15/EG	–
Richtlinie 2004/66/EG	1. Mai 2004
Richtlinie 2005/92/EG	1. Januar 2006
Richtlinie 2006/18/EG	–
Richtlinie 2006/58/EG	1. Juli 2006
Richtlinie 2006/69/EG	1. Januar 2008
Richtlinie 2006/98/EG	1. Januar 2007

Anhang XII

Entsprechungstabelle

Richtlinie 67/227/EWG	Vorliegende Richtlinie
Art. 1 Abs. 1	Art. 1 Abs. 1
Art. 1 Abs. 2 und 3	–
Art. 2 Abs. 1, 2 und 3	Art. 1 Abs. 2 UAbs. 1, 2 und 3
Art. 3, 4 und 6	–
Richtlinie 77/388/EWG	
Art. 1	–
Art. 2 Nr. 1	Art. 2 Abs. 1 Buchst. a und c
Art. 2 Nr. 2	Art. 2 Abs. 1 Buchst. d
Art. 3 Abs. 1 erster Gedankenstrich	Art. 5 Nr. 2
Art. 3 Abs. 1 zweiter Gedankenstrich	Art. 5 Nr. 1
Art. 3 Abs. 1 dritter Gedankenstrich	Art. 5 Nrn. 3 und 4
Art. 3 Abs. 2	–
Art. 3 Abs. 3 UAbs. 1 erster Gedankenstrich	Art. 6 Abs. 2 Buchst. a und b
Art. 3 Abs. 3 UAbs. 1 zweiter Gedankenstrich	Art. 6 Abs. 2 Buchst. c und d
Art. 3 Abs. 3 UAbs. 1 dritter Gedankenstrich	Art. 6 Abs. 2 Buchst. e, f und g
Art. 3 Abs. 3 UAbs. 2 erster Gedankenstrich	Art. 6 Abs. 1 Buchst. b
Art. 3 Abs. 3 UAbs. 2 zweiter Gedankenstrich	Art. 6 Abs. 1 Buchst. c
Art. 3 Abs. 3 UAbs. 2 dritter Gedankenstrich	Art. 6 Abs. 1 Buchst. a
Art. 3 Abs. 4 UAbs. 1 erster und zweiter Gedankenstrich	Art. 7 Abs. 1
Art. 3 Abs. 4 UAbs. 2 erster, zweiter und dritter Gedankenstrich	Art. 7 Abs. 2
Art. 3 Abs. 5	Art. 8
Art. 4 Abs. 1 und 2	Art. 9 Abs. 1 UAbs. 1 und 2
Art. 4 Abs. 3 Buchst. a UAbs. 1 Satz 1	Art. 12 Abs. 1 Buchst. a
Art. 4 Abs. 3 Buchst. a UAbs. 1 Satz 2	Art. 12 Abs. 2 UAbs. 2
Art. 4 Abs. 3 Buchst. a UAbs. 2	Art. 12 Abs. 2 UAbs. 3
Art. 4 Abs. 3 Buchst. a UAbs. 3	Art. 12 Abs. 2 UAbs. 1
Art. 4 Abs. 3 Buchst. b UAbs. 1	Art. 12 Abs. 1 Buchst. b
Art. 4 Abs. 3 Buchst. b UAbs. 2	Art. 12 Abs. 3
Art. 4 Abs. 4 UAbs. 1	Art. 10
Art. 4 Abs. 4 UAbs. 2 und 3	Art. 11 Abs. 1 und 2
Art. 4 Abs. 5 UAbs. 1, 2 und 3	Art. 13 Abs. 1 UAbs. 1, 2 und 3
Art. 4 Abs. 5 UAbs. 4	Art. 13 Abs. 2
Art. 5 Abs. 1	Art. 14 Abs. 1
Art. 5 Abs. 2	Art. 15 Abs. 1
Art. 5 Abs. 3 Buchst. a, b und c	Art. 15 Abs. 2 Buchst. a, b und c
Art. 5 Abs. 4 Buchst. a, b und c	Art. 14 Abs. 2 Buchst. a, b und c
Art. 5 Abs. 5	Art. 14 Abs. 3
Art. 5 Abs. 6 Sätze 1 und 2	Art. 16 Abs. 1 und 2
Art. 5 Abs. 7 Buchst. a, b und c	Art. 18 Buchst. a, b und c
Art. 5 Abs. 8 Satz 1	Art. 19 Abs. 1
Art. 5 Abs. 8 Sätze 2 und 3	Art. 19 Abs. 2

Richtlinie 77/388/EWG	Vorliegende Richtlinie
Art. 6 Abs. 1 UAbs. 1	Art. 24 Abs. 1
Art. 6 Abs. 1 UAbs. 2 erster, zweiter und dritter Gedankenstrich	Art. 25 Buchst. a, b und c
Art. 6 Abs. 2 UAbs. 1 Buchst. a und b	Art. 26 Abs. 1 Buchst. a und b
Art. 6 Abs. 2 UAbs. 2	Art. 26 Abs. 2
Art. 6 Abs. 3	Art. 27
Art. 6 Abs. 4	Art. 28
Art. 6 Abs. 5	Art. 29
Art. 7 Abs. 1 Buchst. a und b	Art. 30 Abs. 1 und 2
Art. 7 Abs. 2	Art. 60
Art. 7 Abs. 3 UAbs. 1 und 2	Art. 61 Abs. 1 und 2
Art. 8 Abs. 1 Buchst. a Satz 1	Art. 32 Abs. 1
Art. 8 Abs. 1 Buchst. a Sätze 2 und 3	Art. 36 Abs. 1 und 2
Art. 8 Abs. 1 Buchst. b	Art. 31
Art. 8 Abs. 1 Buchst. c UAbs. 1	Art. 37 Abs. 1
Art. 8 Abs. 1 Buchst. c UAbs. 2 erster Gedankenstrich	Art. 37 Abs. 2 UAbs. 1
Art. 8 Abs. 1 Buchst. c UAbs. 2 zweiter und dritter Gedankenstrich	Art. 37 Abs. 2 UAbs. 2 und 3
Art. 8 Abs. 1 Buchst. c UAbs. 3	Art. 37 Abs. 2 UAbs. 4
Art. 8 Abs. 1 Buchst. c UAbs. 4	Art. 37 Abs. 3 UAbs. 1
Art. 8 Abs. 1 Buchst. c UAbs. 5	–
Art. 8 Abs. 1 Buchst. c UAbs. 6	Art. 37 Abs. 3 UAbs. 2
Art. 8 Abs. 1 Buchst. d UAbs. 1 und 2	Art. 38 Abs. 1 und 2
Art. 8 Abs. 1 Buchst. e Satz 1	Art. 39 Abs. 1
Art. 8 Abs. 1 Buchst. e Sätze 2 und 3	Art. 39 Abs. 2
Art. 8 Abs. 2	Art. 32 Abs. 2
Art. 9 Abs. 1	Art. 43
Art. 9 Abs. 2 einleitender Satzteil	–
Art. 9 Abs. 2 Buchst. a	Art. 45
Art. 9 Abs. 2 Buchst. b	Art. 46
Art. 9 Abs. 2 Buchst. c erster und zweiter Gedankenstrich	Art. 52 Buchst. a und b
Art. 9 Abs. 2 Buchst. c dritter und vierter Gedankenstrich	Art. 52 Buchst. c
Art. 9 Abs. 2 Buchst. e erster bis sechster Gedankenstrich	Art. 56 Abs. 1 Buchst. a bis f
Art. 9 Abs. 2 Buchst. e siebter Gedankenstrich	Art. 56 Abs. 1 Buchst. l
Art. 9 Abs. 2 Buchst. e achter Gedankenstrich	Art. 56 Abs. 1 Buchst. g
Art. 9 Abs. 2 Buchst. e neunter Gedankenstrich	Art. 56 Abs. 1 Buchst. h
Art. 9 Abs. 2 Buchst. e zehnter Gedankenstrich Satz 1	Art. 56 Abs. 1 Buchst. i
Art. 9 Abs. 2 Buchst. e zehnter Gedankenstrich Satz 2	Art. 24 Abs. 2
Art. 9 Abs. 2 Buchst. e zehnter Gedankenstrich Satz 3	Art. 56 Abs. 1 Buchst. i
Art. 9 Abs. 2 Buchst. e elfter und zwölfter Gedankenstrich	Art. 56 Abs. 1 Buchst. j und k
Art. 9 Abs. 2 Buchst. f	Art. 57 Abs. 1
Art. 9 Abs. 3	Art. 58 Abs. 1 und 2
Art. 9 Abs. 3 Buchst. a und b	Art. 58 Abs. 1 Buchst. a und b
Art. 9 Abs. 4	Art. 59 Abs. 1 und 2
Art. 10 Abs. 1 Buchst. a und b	Art. 62 Nrn. 1 und 2
Art. 10 Abs. 2 UAbs. 1 Satz 1	Art. 63

Richtlinie 77/388/EWG	Vorliegende Richtlinie
Art. 10 Abs. 2 UAbs. 1 Sätze 2 und 3	Art. 64 Abs. 1 und 2
Art. 10 Abs. 2 UAbs. 2	Art. 65
Art. 10 Abs. 2 UAbs. 3 erster, zweiter und dritter Gedankenstrich	Art. 66 Buchst. a, b und c
Art. 10 Abs. 3 UAbs. 1 Satz 1	Art. 70
Art. 10 Abs. 3 UAbs. 1 Satz 2	Art. 71 Abs. 1 UAbs. 1
Art. 10 Abs. 3 UAbs. 2	Art. 71 Abs. 1 UAbs. 2
Art. 10 Abs. 3 UAbs. 3	Art. 71 Abs. 2
Art. 11 Teil A Abs. 1 Buchst. a	Art. 73
Art. 11 Teil A Abs. 1 Buchst. b	Art. 74
Art. 11 Teil A Abs. 1 Buchst. c	Art. 75
Art. 11 Teil A Abs. 1 Buchst. d	Art. 77
Art. 11 Teil A Abs. 2 Buchst. a	Art. 78 Abs. 1 Buchst. a
Art. 11 Teil A Abs. 2 Buchst. b Satz 1	Art. 78 Abs. 1 Buchst. b
Art. 11 Teil A Abs. 2 Buchst. b Satz 2	Art. 78 Abs. 2
Art. 11 Teil A Abs. 3 Buchst. a und b	Art. 79 Abs. 1 Buchst. a und b Art. 87 Buchst. a und b
Art. 11 Teil A Abs. 3 Buchst. c Satz 1	Art. 79 Abs. 1 Buchst. c
Art. 11 Teil A Abs. 3 Buchst. c Satz 2	Art. 79 Abs. 2
Art. 11 Teil A Abs. 4 UAbs. 1 und 2	Art. 81 Abs. 1 und 2
Art. 11 Teil A Abs. 5	Art. 82
Art. 11 Teil A Abs. 6 UAbs. 1 Sätze 1 und 2	Art. 80 Abs. 1 UAbs. 1
Art. 11 Teil A Abs. 6 UAbs. 1 Satz 3	Art. 80 Abs. 1 UAbs. 2
Art. 11 Teil A Abs. 6 UAbs. 2	Art. 80 Abs. 1 UAbs. 1
Art. 11 Teil A Abs. 6 UAbs. 3	Art. 80 Abs. 2
Art. 11 Teil A Abs. 6 UAbs. 4	Art. 80 Abs. 3
Art. 11 Teil A Abs. 7 UAbs. 1 und 2	Art. 72 Abs. 1 und 2
Art. 11 Teil B Abs. 1	Art. 85
Art. 11 Teil B Abs. 3 Buchst. a	Art. 86 Abs. 1 Buchst. a
Art. 11 Teil B Abs. 3 Buchst. b UAbs. 1	Art. 86 Abs. 1 Buchst. b
Art. 11 Teil B Abs. 3 Buchst. b UAbs. 2	Art. 86 Abs. 2
Art. 11 Teil B Abs. 3 Buchst. b UAbs. 3	Art. 86 Abs. 1 Buchst. b
Art. 11 Teil B Abs. 4	Art. 87
Art. 11 Teil B Abs. 5	Art. 88
Art. 11 Teil B Abs. 6 UAbs. 1 und 2	Art. 89 Abs. 1 und 2
Art. 11 Teil C Abs. 1 UAbs. 1 und 2	Art. 90 Abs. 1 und 2
Art. 11 Teil C Abs. 2 UAbs. 1	Art. 91 Abs. 1
Art. 11 Teil C Abs. 2 UAbs. 2 Sätze 1 und 2	Art. 91 Abs. 2 UAbs. 1 und 2
Art. 11 Teil C Abs. 3 erster und zweiter Gedankenstrich	Art. 92 Buchst. a und b
Art. 12 Abs. 1	Art. 93 Abs. 1
Art. 12 Abs. 1 Buchst. a	Art. 93 Abs. 2 Buchst. a
Art. 12 Abs. 1 Buchst. b	Art. 93 Abs. 2 Buchst. c
Art. 12 Abs. 2 erster und zweiter Gedankenstrich	Art. 95 Abs. 1 und 2
Art. 12 Abs. 3 Buchst. a UAbs. 1 Satz 1	Art. 96
Art. 12 Abs. 3 Buchst. a UAbs. 1 Satz 2	Art. 97 Abs. 1
Art. 12 Abs. 3 Buchst. a UAbs. 2	Art. 97 Abs. 2
Art. 12 Abs. 3 Buchst. a UAbs. 3 Satz 1	Art. 98 Abs. 1
Art. 12 Abs. 3 Buchst. a UAbs. 3 Satz 2	Art. 98 Abs. 2 UAbs. 1 Art. 99 Abs. 1

Richtlinie 77/388/EWG	Vorliegende Richtlinie
Art. 12 Abs. 3 Buchst. a UAbs. 4	Art. 98 Abs. 2 UAbs. 2
Art. 12 Abs. 3 Buchst. b Satz 1	Art. 102 Abs. 1
Art. 12 Abs. 3 Buchst. b Sätze 2, 3 und 4	Art. 102 Abs. 2
Art. 12 Abs. 3 Buchst. c UAbs. 1	Art. 103 Abs. 1
Art. 12 Abs. 3 Buchst. c UAbs. 2 erster und zweiter Gedankenstrich	Art. 103 Abs. 2 Buchst. a und b
Art. 12 Abs. 4 UAbs. 1	Art. 99 Abs. 2
Art. 12 Abs. 4 UAbs. 2 Sätze 1 und 2	Art. 100 Abs. 1 und 2
Art. 12 Abs. 4 UAbs. 3	Art. 101
Art. 12 Abs. 5	Art. 94 Abs. 2
Art. 12 Abs. 6	Art. 105
Art. 13 Teil A Abs. 1 einleitender Satzteil	Art. 131
Art. 13 Teil A Abs. 1 Buchst. a bis n	Art. 132 Abs. 1 Buchst. a bis n
Art. 13 Teil A Abs. 1 Buchst. o Satz 1	Art. 132 Abs. 1 Buchst. o
Art. 13 Teil A Abs. 1 Buchst. o Satz 2	Art. 132 Abs. 2
Art. 13 Teil A Abs. 1 Buchst. p und q	Art. 132 Abs. 1 Buchst. p und q
Art. 13 Teil A Abs. 2 Buchst. a erster bis vierter Gedankenstrich	Art. 133 Abs. 1 Buchst. a bis d
Art. 13 Teil A Abs. 2 Buchst. b erster und zweiter Gedankenstrich	Art. 134 Buchst. a und b
Art. 13 Teil B einleitender Satzteil	Art. 131
Art. 13 Teil B Buchst. a	Art. 135 Abs. 1 Buchst. a
Art. 13 Teil B Buchst. b UAbs. 1	Art. 135 Abs. 1 Buchst. l
Art. 13 Teil B Buchst. b UAbs. 1 Nrn. 1 bis 4	Art. 135 Abs. 2 UAbs. 1 Buchst. a bis d
Art. 13 Teil B Buchst. b UAbs. 2	Art. 135 Abs. 2 UAbs. 2
Art. 13 Teil B Buchst. c	Art. 136 Buchst. a und b
Art. 13 Teil B Buchst. d	–
Art. 13 Teil B Buchst. d Nrn. 1 bis 5	Art. 135 Abs. 1 Buchst. b bis f
Art. 13 Teil B Buchst. d Nr. 5 erster und zweiter Gedankenstrich	Art. 135 Abs. 1 Buchst. f
Art. 13 Teil B Buchst. d Nr. 6	Art. 135 Abs. 1 Buchst. g
Art. 13 Teil B Buchst. e bis h	Art. 135 Abs. 1 Buchst. h bis k
Art. 13 Teil C Abs. 1 Buchst. a	Art. 137 Abs. 1 Buchst. d
Art. 13 Teil C Abs. 1 Buchst. b	Art. 137 Abs. 1 Buchst. a, b und c
Art. 13 Teil C Abs. 2	Art. 137 Abs. 2 UAbs. 1 und 2
Art. 14 Abs. 1 einleitender Satzteil	Art. 131
Art. 14 Abs. 1 Buchst. a	Art. 143 Buchst. a
Art. 14 Abs. 1 Buchst. d UAbs. 1 und 2	Art. 143 Buchst. b und c
Art. 14 Abs. 1 Buchst. e	Art. 143 Buchst. e
Art. 14 Abs. 1 Buchst. g erster bis vierter Gedankenstrich	Art. 143 Buchst. f bis i
Art. 14 Abs. 1 Buchst. h	Art. 143 Buchst. j
Art. 14 Abs. 1 Buchst. i	Art. 144
Art. 14 Abs. 1 Buchst. j	Art. 143 Buchst. k
Art. 14 Abs. 1 Buchst. k	Art. 143 Buchst. l
Art. 14 Abs. 2 UAbs. 1	Art. 145 Abs. 1
Art. 14 Abs. 2 UAbs. 2 erster, zweiter und dritter Gedankenstrich	Art. 145 Abs. 2 UAbs. 1, 2 und 3
Art. 14 Abs. 2 UAbs. 3	Art. 145 Abs. 3

Richtlinie 77/388/EWG	Vorliegende Richtlinie
Art. 15 einleitender Satzteil	Art. 131
Art. 15 Nr. 1	Art. 146 Abs. 1 Buchst. a
Art. 15 Nr. 2 UAbs. 1	Art. 146 Abs. 1 Buchst. b
Art. 15 Nr. 2 UAbs. 2 erster und zweiter Gedankenstrich	Art. 147 Abs. 1 UAbs. 1 Buchst. a und b
Art. 15 Nr. 2 UAbs. 2 dritter Gedankenstrich erster Satzteil	Art. 147 Abs. 1 UAbs. 1 Buchst. c
Art. 15 Nr. 2 UAbs. 2 dritter Gedankenstrich zweiter Satzteil	Art. 147 Abs. 1 UAbs. 2
Art. 15 Nr. 2 UAbs. 3 erster und zweiter Gedankenstrich	Art. 147 Abs. 2 UAbs. 1 und 2
Art. 15 Nr. 2 UAbs. 4	Art. 147 Abs. 2 UAbs. 3
Art. 15 Nr. 3	Art. 146 Abs. 1 Buchst. d
Art. 15 Nr. 4 UAbs. 1 Buchst. a und b	Art. 148 Buchst. a
Art. 15 Nr. 4 UAbs. 1 Buchst. c	Art. 148 Buchst. b
Art. 15 Nr. 4 UAbs. 2 Sätze 1 und 2	Art. 150 Abs. 1 und 2
Art. 15 Nr. 5	Art. 148 Buchst. c
Art. 15 Nr. 6	Art. 148 Buchst. f
Art. 15 Nr. 7	Art. 148 Buchst. e
Art. 15 Nr. 8	Art. 148 Buchst. d
Art. 15 Nr. 9	Art. 148 Buchst. g
Art. 15 Nr. 10 UAbs. 1 erster bis vierter Gedankenstrich	Art. 151 Abs. 1 UAbs. 1 Buchst. a bis d
Art. 15 Nr. 10 UAbs. 2	Art. 151 Abs. 1 UAbs. 2
Art. 15 Nr. 10 UAbs. 3	Art. 151 Abs. 2
Art. 15 Nr. 11	Art. 152
Art. 15 Nr. 12 Satz 1	Art. 146 Abs. 1 Buchst. c
Art. 15 Nr. 12 Satz 2	Art. 146 Abs. 2
Art. 15 Nr. 13	Art. 146 Abs. 1 Buchst. e
Art. 15 Nr. 14 UAbs. 1 und 2	Art. 153 Abs. 1 und 2
Art. 15 Nr. 15	Art. 149
Art. 16 Abs. 1	–
Art. 16 Abs. 2	Art. 164 Abs. 1
Art. 16 Abs. 3	Art. 166
Art. 17 Abs. 1	Art. 167
Art. 17 Abs. 2, 3 und 4	–
Art. 17 Abs. 5 UAbs. 1 und 2	Art. 173 Abs. 1 UAbs. 1 und 2
Art. 17 Abs. 5 UAbs. 3 Buchst. a bis e	Art. 173 Abs. 2 Buchst. a bis e
Art. 17 Abs. 6	Art. 176
Art. 17 Abs. 7 Sätze 1 und 2	Art. 177 Abs. 1 und 2
Art. 18 Abs. 1	–
Art. 18 Abs. 2 UAbs. 1 und 2	Art. 179 Abs. 1 und 2
Art. 18 Abs. 3	Art. 180
Art. 18 Abs. 4 UAbs. 1 und 2	Art. 183 Abs. 1 und 2
Art. 19 Abs. 1 UAbs. 1 erster Gedankenstrich	Art. 174 Abs. 1 UAbs. 1 Buchst. a
Art. 19 Abs. 1 UAbs. 1 zweiter Gedankenstrich Satz 1	Art. 174 Abs. 1 UAbs. 1 Buchst. b
Art. 19 Abs. 1 UAbs. 1 zweiter Gedankenstrich Satz 2	Art. 174 Abs. 1 UAbs. 2
Art. 19 Abs. 1 UAbs. 2	Art. 175 Abs. 1
Art. 19 Abs. 2 Satz 1	Art. 174 Abs. 2 Buchst. a
Art. 19 Abs. 2 Satz 2	Art. 174 Abs. 2 Buchst. b und c
Art. 19 Abs. 2 Satz 3	Art. 174 Abs. 3
Art. 19 Abs. 3 UAbs. 1 Sätze 1 und 2	Art. 175 Abs. 2 UAbs. 1

Richtlinie 77/388/EWG	Vorliegende Richtlinie
Art. 19 Abs. 3 UAbs. 1 Satz 3	Art. 175 Abs. 2 UAbs. 2
Art. 19 Abs. 3 UAbs. 2	Art. 175 Abs. 3
Art. 20 Abs. 1 einleitender Satzteil	Art. 186
Art. 20 Abs. 1 Buchst. a	Art. 184
Art. 20 Abs. 1 Buchst. b Satz 1 erster Satzteil	Art. 185 Abs. 1
Art. 20 Abs. 1 Buchst. b Satz 1 zweiter Satzteil	Art. 185 Abs. 2 UAbs. 1
Art. 20 Abs. 1 Buchst. b Satz 2	Art. 185 Abs. 2 UAbs. 2
Art. 20 Abs. 2 UAbs. 1 Satz 1	Art. 187 Abs. 1 UAbs. 1
Art. 20 Abs. 2 UAbs. 1 Sätze 2 und 3	Art. 187 Abs. 2 UAbs. 1 und 2
Art. 20 Abs. 2 UAbs. 2 und 3	Art. 187 Abs. 1 UAbs. 2 und 3
Art. 20 Abs. 3 UAbs. 1 Satz 1	Art. 188 Abs. 1 UAbs. 1
Art. 20 Abs. 3 UAbs. 1 Satz 2	Art. 188 Abs. 1 UAbs. 2 und 3
Art. 20 Abs. 3 UAbs. 1 Satz 3	Art. 188 Abs. 2
Art. 20 Abs. 3 UAbs. 2	Art. 188 Abs. 2
Art. 20 Abs. 4 UAbs. 1 erster bis vierter Gedankenstrich	Art. 189 Buchst. a bis d
Art. 20 Abs. 4 UAbs. 2	Art. 190
Art. 20 Abs. 5	Art. 191
Art. 20 Abs. 6	Art. 192
Art. 21	–
Art. 22	–
Art. 22 a	Art. 249
Art. 23 Abs. 1	Art. 211 Abs. 1 Art. 260
Art. 23 Abs. 2	Art. 211 Abs. 2
Art. 24 Abs. 1	Art. 281
Art. 24 Abs. 2 einleitender Satzteil	Art. 292
Art. 24 Abs. 2 Buchst. a UAbs. 1	Art. 284 Abs. 1
Art. 24 Abs. 2 Buchst. a UAbs. 2 und 3	Art. 284 Abs. 2 UAbs. 1 und 2
Art. 24 Abs. 2 Buchst. b Sätze 1 und 2	Art. 285 Abs. 1 und 2
Art. 24 Abs. 2 Buchst. c	Art. 286
Art. 24 Abs. 3 UAbs. 1	Art. 282
Art. 24 Abs. 3 UAbs. 2 Satz 1	Art. 283 Abs. 2
Art. 24 Abs. 3 UAbs. 2 Satz 2	Art. 283 Abs. 1 Buchst. a
Art. 24 Abs. 4 UAbs. 1	Art. 288 Abs. 1 Nrn. 1 bis 4
Art. 24 Abs. 4 UAbs. 2	Art. 288 Abs. 2
Art. 24 Abs. 5	Art. 289
Art. 24 Abs. 6	Art. 290
Art. 24 Abs. 7	Art. 291
Art. 24 Abs. 8 Buchst. a, b und c	Art. 293 Nrn. 1, 2 und 3
Art. 24 Abs. 9	Art. 294
Art. 24 a Abs. 1 erster bis zehnter Gedankenstrich	Art. 287 Nrn. 7 bis 16
Art. 24 a Abs. 2	–
Art. 25 Abs. 1	Art. 296 Abs. 1
Art. 25 Abs. 2 erster bis achter Gedankenstrich	Art. 295 Abs. 1 Nrn. 1 bis 8
Art. 25 Abs. 3 UAbs. 1 Satz 1	Art. 297 Abs. 1 Satz 1 und Abs. 2
Art. 25 Abs. 3 UAbs. 1 Satz 2	Art. 298 Abs. 1
Art. 25 Abs. 3 UAbs. 1 Satz 3	Art. 299
Art. 25 Abs. 3 UAbs. 1 Sätze 4 und 5	Art. 298 Abs. 2
Art. 25 Abs. 3 UAbs. 2	Art. 297 Abs. 1 Satz 2

Richtlinie 77/388/EWG	Vorliegende Richtlinie
Art. 25 Abs. 4 UAbs. 1	Art. 272 Abs. 1 UAbs. 1 Buchst. e
Art. 25 Abs. 5 und 6	–
Art. 25 Abs. 7	Art. 304
Art. 25 Abs. 8	Art. 301 Abs. 2
Art. 25 Abs. 9	Art. 296 Abs. 2
Art. 25 Abs. 10	Art. 296 Abs. 3
Art. 25 Abs. 11 und 12	–
Art. 26 Abs. 1 Sätze 1 und 2	Art. 306 Abs. 1 UAbs. 1 und 2
Art. 26 Abs. 1 Satz 3	Art. 306 Abs. 2
Art. 26 Abs. 2 Sätze 1 und 2	Art. 307 Abs. 1 und 2
Art. 26 Abs. 2 Satz 3	Art. 308
Art. 26 Abs. 3 Sätze 1 und 2	Art. 309 Abs. 1 und 2
Art. 26 Abs. 4	Art. 310
Art. 26 a Teil A Buchst. a UAbs. 1	Art. 311 Abs. 1 Nr. 2
Art. 26 a Teil A Buchst. a UAbs. 2	Art. 311 Abs. 2
Art. 26 a Teil A Buchst. b und c	Art. 311 Abs. 1 Nrn. 3 und 4
Art. 26 a Teil A Buchst. d	Art. 311 Abs. 1 Nr. 1
Art. 26 a Teil A Buchst. e und f	Art. 311 Abs. 1 Nrn. 5 und 6
Art. 26 a Teil A Buchst. g einleitender Satzteil	Art. 311 Abs. 1 Nr. 7
Art. 26 a Teil A Buchst. g erster und zweiter Gedankenstrich	Art. 311 Abs. 3
Art. 26 a Teil B Abs. 1	Art. 313 Abs. 1
Art. 26 a Teil B Abs. 2	Art. 314
Art. 26 a Teil B Abs. 2 erster bis vierter Gedankenstrich	Art. 314 Buchst. a bis d
Art. 26 a Teil B Abs. 3 UAbs. 1 Sätze 1 und 2	Art. 315 Abs. 1 und 2
Art. 26 a Teil B Abs. 3 UAbs. 2	Art. 312
Art. 26 a Teil B Abs. 3 UAbs. 2 erster und zweiter Gedankenstrich	Art. 312 Nrn. 1 und 2
Art. 26 a Teil B Abs. 4 UAbs. 1	Art. 316 Abs. 1
Art. 26 a Teil B Abs. 4 UAbs. 1 Buchst. a, b und c	Art. 316 Abs. 1 Buchst. a, b und c
Art. 26 a Teil B Abs. 4 UAbs. 2	Art. 316 Abs. 2
Art. 26 a Teil B Abs. 4 UAbs. 3 Sätze 1 und 2	Art. 317 Abs. 1 und 2
Art. 26 a Teil B Abs. 5	Art. 321
Art. 26 a Teil B Abs. 6	Art. 323
Art. 26 a Teil B Abs. 7	Art. 322
Art. 26 a Teil B Abs. 7 Buchst. a, b und c	Art. 322 Buchst. a, b und c
Art. 26 a Teil B Abs. 8	Art. 324
Art. 26 a Teil B Abs. 9	Art. 325
Art. 26 a Teil B Abs. 10 UAbs. 1 und 2	Art. 318 Abs. 1 UAbs. 1 und 2
Art. 26 a Teil B Abs. 10 UAbs. 3 erster und zweiter Gedankenstrich	Art. 318 Abs. 2 Buchst. a und b
Art. 26 a Teil B Abs. 10 UAbs. 4	Art. 318 Abs. 3
Art. 26 a Teil B Abs. 11 UAbs. 1	Art. 319
Art. 26 a Teil B Abs. 11 UAbs. 2 Buchst. a	Art. 320 Abs. 1 UAbs. 1
Art. 26 a Teil B Abs. 11 UAbs. 2 Buchst. b und c	Art. 320 Abs. 1 UAbs. 2
Art. 26 a Teil B Abs. 11 UAbs. 3	Art. 320 Abs. 2
Art. 26 aTeil C Abs. 1 einleitender Satzteil	Art. 333 Abs. 1 Art. 334
Art. 26 a Teil C Abs. 1 erster bis vierter Gedankenstrich	Art. 334 Buchst. a bis d
Art. 26 a Teil C Abs. 2 erster und zweiter Gedankenstrich	Art. 336 Buchst. a und b
Art. 26 a Teil C Abs. 3	Art. 337

Richtlinie 77/388/EWG	Vorliegende Richtlinie
Art. 26 a Teil C Abs. 4 UAbs. 1 erster, zweiter und dritter Gedankenstrich	Art. 339 Abs. 1 Buchst. a, b und c
Art. 26 a Teil C Abs. 4 Uabs. 2	Art. 339 Abs. 2
Art. 26 a Teil C Abs. 5 Uabs. 1 und 2	Art. 340 Abs. 1 UAbs. 1 und 2
Art. 26 a Teil C Abs. 5 Uabs. 3	Art. 340 Abs. 2
Art. 26 a Teil C Abs. 6 UAbs. 1 erster und zweiter Gedankenstrich	Art. 338 Abs. 1 Buchst. a und b
Art. 26 a Teil C Abs. 6 UAbs. 2	Art. 338 Abs. 2
Art. 26 a Teil C Abs. 7	Art. 335
Art. 26 a Teil D einleitender Satzteil	–
Art. 26 a Teil D Buchst. a	Art. 313 Abs. 2 Art. 333 Abs. 2
Art. 26 a Teil D Buchst. b	Art. 4 Buchst. a und c
Art. 26 a Teil D Buchst. c	Art. 35 Art. 139 Abs. 3 Abs. 1
Art. 26 b Teil A Abs. 1 Ziffer i Satz 1	Art. 344 Abs. 1 Nr. 1
Art. 26 b Teil A Abs. 1 Ziffer i Satz 2	Art. 344 Abs. 2
Art. 26 b Teil A Abs. 1 Ziffer ii erster bis vierter Gedankenstrich	Art. 344 Abs. 1 Nr. 2
Art. 26 b Teil A Abs. 2	Art. 344 Abs. 3
Art. 26 b Teil A Abs. 3	Art. 345
Art. 26 b Teil B Abs. 1	Art. 346
Art. 26 b Teil B Abs. 2	Art. 347
Art. 26 b Teil C Abs. 1	Art. 348
Art. 26 b Teil C Abs. 2 Sätze 1und 2	Art. 349 Abs. 1 und 2
Art. 26 b Teil C Abs. 3	Art. 350
Art. 26 b Teil C Abs. 4	Art. 351
Art. 26 b Teil D Abs. 1 Buchst. a, b und c	Art. 354 Buchst. a, b und c
Art. 26 b Teil D Abs. 2	Art. 355
Art. 26 b Teil E Abs. 1 und 2	Art. 356 Abs. 1 UAbs. 1 und 2
Art. 26 b Teil E Abs. 3 und 4	Art. 356 Abs. 2 und 3
Art. 26 b Teil F Satz 1	Art. 198 Abs. 2 und 3
Art. 26 b Teil F Satz 2	Art. 208 und 255
Art. 26 b Teil G Abs. 1 UAbs. 1	Art. 352
Art. 26 b Teil G Abs. 1 UAbs. 2	–
Art. 26 b Teil G Abs. 2 Buchst. a	Art. 353
Art. 26 b Teil G Abs. 2 Buchst. b Sätze 1 und 2	Art. 198 Abs. 1 und 3
Art. 26 c Teil A Buchst. a bis e	Art. 358 Nrn. 1 bis 5
Art. 26 c Teil B Abs. 1	Art. 359
Art. 26 c Teil B Abs. 2 UAbs. 1	Art. 360
Art. 26 c Teil B Abs. 2 UAbs. 2 erster Teil Satz 1	Art. 361 Abs. 1
Art. 26 c Teil B Abs. 2 UAbs. 2 zweiter Teil Satz 1	Art. 361 Abs. 1 Buchst. a bis e
Art. 26 c Teil B Abs. 2 UAbs. 2 Satz 2	Art. 361 Abs. 2
Art. 26 c Teil B Abs. 3 UAbs. 1 und 2	Art. 362
Art. 26 c Teil B Abs. 4 Buchst. a bis d	Art. 363 Buchst. a bis d
Art. 26 c Teil B Abs. 5 UAbs. 1	Art. 364
Art. 26 c Teil B Abs. 5 UAbs. 2	Art. 365
Art. 26 c Teil B Abs. 6 Satz 1	Art. 366 Abs. 1 UAbs. 1
Art. 26 c Teil B Abs. 6 Sätze 2 und 3	Art. 366 Abs. 1 UAbs. 2

Richtlinie 77/388/EWG	Vorliegende Richtlinie
Art. 26 c Teil B Abs. 6 Satz 4	Art. 366 Abs. 2
Art. 26 c Teil B Abs. 7 Satz 1	Art. 367 Abs. 1
Art. 26 c Teil B Abs. 7 Sätze 2 und 3	Art. 367 Abs. 2
Art. 26 c Teil B Abs. 8	Art. 368
Art. 26 c Teil B Abs. 9 Satz 1	Art. 369 Abs. 1
Art. 26 c Teil B Abs. 9 Sätze 2 und 3	Art. 369 Abs. 2 UAbs. 1 und 2
Art. 26 c Teil B Abs. 10	Art. 204 Abs. 1 UAbs. 3
Art. 27 Abs. 1 Sätze 1 und 2	Art. 395 Abs. 1 UAbs. 1 und 2
Art. 27 Abs. 2 Sätze 1 und 2	Art. 395 Abs. 2 UAbs. 1
Art. 27 Abs. 2 Satz 3	Art. 395 Abs. 2 UAbs. 2
Art. 27 Abs. 3 und 4	Art. 395 Abs. 3 und 4
Art. 27 Abs. 5	Art. 394
Art. 28 Abs. 1 und 1 a	–
Art. 28 Abs. 2 einleitender Satzteil	Art. 109
Art. 28 Abs. 2 Buchst. a UAbs. 1	Art. 110 Abs. 1 und 2
Art. 28 Abs. 2 Buchst. a UAbs. 2	–
Art. 28 Abs. 2 Buchst. a UAbs. 3 Satz 1	Art. 112 Abs. 1
Art. 28 Abs. 2 Buchst. a UAbs. 3 Sätze 2 und 3	Art. 112 Abs. 2
Art. 28 Abs. 2 Buchst. b	Art. 113
Art. 28 Abs. 2 Buchst. c Sätze 1 und 2	Art. 114 Abs. 1 UAbs. 1 und 2
Art. 28 Abs. 2 Buchst. c Satz 3	Art. 114 Abs. 2
Art. 28 Abs. 2 Buchst. d	Art. 115
Art. 28 Abs. 2 Buchst. e UAbs. 1 und 2	Art. 118 Abs. 1 und 2
Art. 28 Abs. 2 Buchst. f	Art. 120
Art. 28 Abs. 2 Buchst. g	–
Art. 28 Abs. 2 Buchst. h UAbs. 1 und 2	Art. 121 Abs. 1 und 2
Art. 28 Abs. 2 Buchst. i	Art. 122
Art. 28 Abs. 2 Buchst. j	Art. 117 Abs. 2
Art. 28 Abs. 2 Buchst. k	Art. 116
Art. 28 Abs. 3 Buchst. a	Art. 370
Art. 28 Abs. 3 Buchst. b	Art. 371
Art. 28 Abs. 3 Buchst. c	Art. 391
Art. 28 Abs. 3 Buchst. d	Art. 372
Art. 28 Abs. 3 Buchst. e	Art. 373
Art. 28 Abs. 3 Buchst. f	Art. 392
Art. 28 Abs. 3 Buchst. g	Art. 374
Art. 28 Abs. 3 a	Art. 376
Art. 28 Abs. 4 und 5	Art. 393 Abs. 1 und 2
Art. 28 Abs. 6 UAbs. 1 Satz 1	Art. 106 Abs. 1 und 2
Art. 28 Abs. 6 UAbs. 1 Satz 2	Art. 106 Abs. 3
Art. 28 Abs. 6 UAbs. 2 Buchst. a, b und c	Art. 107 Abs. 1 Buchst. a, b und c
Art. 28 Abs. 6 UAbs. 2 Buchst. d	Art. 107 Abs. 2
Art. 28 Abs. 6 UAbs. 3	Art. 107 Abs. 2
Art. 28 Abs. 6 UAbs. 4 Buchst. a, b und c	Art. 108 Buchst. a, b und c
Art. 28 Abs. 6 UAbs. 5 und 6	–
Art. 28 a Abs. 1 einleitender Satzteil	Art. 2 Abs. 1
Art. 28 a Abs. 1 Buchst. a UAbs. 1	Art. 2 Abs. 1 Buchst. b Ziffer i
Art. 28 a Abs. 1 Buchst. a UAbs. 2	Art. 3 Abs. 1

Richtlinie 77/388/EWG	Vorliegende Richtlinie
Art. 28 a Abs. 1 Buchst. a UAbs. 3	Art. 3 Abs. 3
Art. 28 a Abs. 1 Buchst. b	Art. 2 Abs. 1 Buchst. b Ziffer ii
Art. 28 a Abs. 1 Buchst. c	Art. 2 Abs. 1 Buchst. b Ziffer iii
Art. 28 a Abs. 1 a Buchst. a	Art. 3 Abs. 1 Buchst. a
Art. 28 a Abs. 1 a Buchst. b UAbs. 1 erster Gedankenstrich	Art. 3 Abs. 1 Buchst. b
Art. 28 a Abs. 1 a Buchst. b UAbs. 1 zweiter und dritter Gedankenstrich	Art. 3 Abs. 2 UAbs. 1 Buchst. a und b
Art. 28 a Abs. 1 a Buchst. b UAbs. 2	Art. 3 Abs. 2 UAbs. 2
Art. 28 a Abs. 2 einleitender Satzteil	–
Art. 28 a Abs. 2 Buchst. a	Art. 2 Abs. 2 Buchst. a Ziffern i, ii und iii
Art. 28 a Abs. 2 Buchst. b UAbs. 1	Art. 2 Abs. 2 Buchst. b
Art. 28 a Abs. 2 Buchst. b UAbs. 1 erster und zweiter Gedankenstrich	Art. 2 Abs. 2 Buchst. b Ziffern i, ii und iii
Art. 28 a Abs. 2 Buchst. b UAbs. 2	Art. 2 Abs. 2 Buchst. c
Art. 28 a Abs. 3 UAbs. 1 und 2	Art. 20 Abs. 1 und 2
Art. 28 a Abs. 4 UAbs. 1	Art. 9 Abs. 2
Art. 28 a Abs. 4 UAbs. 2 erster Gedankenstrich	Art. 172 Abs. 1 UAbs. 2
Art. 28 a Abs. 4 UAbs. 2 zweiter Gedankenstrich	Art. 172 Abs. 1 UAbs. 1
Art. 28 a Abs. 4 UAbs. 3	Art. 172 Abs. 2
Art. 28 a Abs. 5 Buchst. b UAbs. 1	Art. 17 Abs. 1 UAbs. 1
Art. 28 a Abs. 5 Buchst. b UAbs. 2	Art. 17 Abs. 1 UAbs. 2 und Abs. 2 einleitender Satzteil
Art. 28 a Abs. 5 Buchst. b UAbs. 2 erster Gedankenstrich	Art. 17 Abs. 2 Buchst. a und b
Art. 28 a Abs. 5 Buchst. b UAbs. 2 zweiter Gedankenstrich	Art. 17 Abs. 2 Buchst. c
Art. 28 a Abs. 5 Buchst. b UAbs. 2 dritter Gedankenstrich	Art. 17 Abs. 2 Buchst. e
Art. 28 a Abs. 5 Buchst. b UAbs. 2 fünfter, sechster und siebter Gedankenstrich	Art. 17 Abs. 2 Buchst. f, g und h
Art. 28 a Abs. 5 Buchst. b UAbs. 2 achter Gedankenstrich	Art. 17 Abs. 2 Buchst. d
Art. 28 a Abs. 5 Buchst. b UAbs. 3	Art. 17 Abs. 3
Art. 28 a Abs. 6 UAbs. 1	Art. 21
Art. 28 a Abs. 6 UAbs. 2	Art. 22
Art. 28 a Abs. 7	Art. 23
Art. 28 b Teil A Abs. 1	Art. 40
Art. 28 b Teil A Abs. 2 UAbs. 1 und 2	Art. 41 Abs. 1 und 2
Art. 28 b Teil A Abs. 2 UAbs. 3 erster und zweiter Gedankenstrich	Art. 42 Buchst. a und b
Art. 28 b Teil B Abs. 1 UAbs. 1 erster und zweiter Gedankenstrich	Art. 33 Abs. 1 Buchst. a und b
Art. 28 b Teil B Abs. 1 UAbs. 2	Art. 33 Abs. 2
Art. 28 b Teil B Abs. 2 UAbs. 1	Art. 34 Abs. 1 Buchst. a
Art. 28 b Teil B Abs. 2 UAbs. 1 erster und zweiter Gedankenstrich	Art. 34 Abs. 1 Buchst. b und c
Art. 28 b Teil B Abs. 2 UAbs. 2 Sätze 1 und 2	Art. 34 Abs. 2 UAbs. 1 und 2
Art. 28 b Teil B Abs. 2 UAbs. 3 Satz 1	Art. 34 Abs. 3
Art. 28 b Teil B Abs. 2 UAbs. 3 Sätze 2 und 3	–
Art. 28 b Teil B Abs. 3 UAbs. 1 und 2	Art. 34 Abs. 4 UAbs. 1 und 2

Richtlinie 77/388/EWG	Vorliegende Richtlinie
Art. 28 b Teil C Abs. 1 erster Gedankenstrich UAbs. 1	Art. 48 Abs. 1
Art. 28 b Teil C Abs. 1 erster Gedankenstrich UAbs. 2	Art. 49
Art. 28 b Teil C Abs. 1 zweiter und dritter Gedankenstrich	Art. 48 Abs. 2 und 3
Art. 28 b Teil C Abs. 2 und 3	Art. 47 Abs. 1 und 2
Art. 28 b Teil C Abs. 4	Art. 51
Art. 28 b Teil D	Art. 53
Art. 28 b Teil E Abs. 1 UAbs. 1 und 2	Art. 50 Abs. 1 und 2
Art. 28 b Teil E Abs. 2 UAbs. 1 und 2	Art. 54 Abs. 1 und 2
Art. 28 b Teil E Abs. 3 UAbs. 1 und 2	Art. 44 Abs. 1 und 2
Art. 28 b Teil F Abs. 1 und 2	Art. 55 Abs. 1 und 2
Art. 28 c Teil A einleitender Satzteil	Art. 131
Art. 28 c Teil A Buchst. a UAbs. 1	Art. 138 Abs. 1
Art. 28 c Teil A Buchst. a UAbs. 2	Art. 139 Abs. 1 UAbs. 1 und 2
Art. 28 c Teil A Buchst. b	Art. 138 Abs. 2 Buchst. a
Art. 28 c Teil A Buchst. c UAbs. 1	Art. 138 Abs. 2 Buchst. b
Art. 28 c Teil A Buchst. c UAbs. 2	Art. 139 Abs. 2
Art. 28 c Teil A Buchst. d	Art. 138 Abs. 2 Buchst. c
Art. 28 c Teil B einleitender Satzteil	Art. 131
Art. 28 c Teil B Buchst. a, b und c	Art. 140 Buchst. a, b und c
Art. 28 c Teil C	Art. 142
Art. 28 c Teil D Abs. 1	Art. 143 Buchst. d
Art. 28 c Teil D Abs. 2	Art. 131
Art. 28 c Teil E Nr. 1 erster Gedankenstrich ersetzend Art. 16 Abs. 1	
– Abs. 1 UAbs. 1	Art. 155
– Abs. 1 UAbs. 1 Teil A	Art. 157 Abs. 1 Buchst. a
– Abs. 1 UAbs. 1 Teil B UAbs. 1 Buchst. a, b und c	Art. 156 Abs. 1 Buchst. a, b und c
– Abs. 1 UAbs. 1 Teil B UAbs. 1 Buchst. d erster und zweiter Gedankenstrich	Art. 156 Abs. 1 Buchst. d und e
– Abs. 1 UAbs. 1 Teil B UAbs. 1 Buchst. e UAbs. 1	Art. 157 Abs. 1 Buchst. b
– Abs. 1 UAbs. 1 Teil B UAbs. 1 Buchst. e UAbs. 2 erster Gedankenstrich	Art. 154
– Abs. 1 UAbs. 1 Teil B UAbs. 1 Buchst. e UAbs. 2 zweiter Gedankenstrich Satz 1	Art. 154
– Abs. 1 UAbs. 1 Teil B UAbs. 1 Buchst. e UAbs. 2 zweiter Gedankenstrich Satz 2	Art. 157 Abs. 2
– Abs. 1 UAbs. 1 Teil B UAbs. 1 Buchst. e UAbs. 3 erster Gedankenstrich	–
– Abs. 1 UAbs. 1 Teil B UAbs. 1 Buchst. e UAbs. 3 zweiter, dritter und vierter Gedankenstrich	Art. 158 Abs. 1 Buchst. a, b und c
– Abs. 1 UAbs. 1 Teil B UAbs. 2	Art. 156 Abs. 2
– Abs. 1, UAbs. 1 Teil C	Art. 159
– Abs. 1 UAbs. 1 Teil D UAbs. 1 Buchst. a und b	Art. 160 Abs. 1 Buchst. a und b
– Abs. 1 UAbs. 1 Teil D UAbs. 2	Art. 160 Abs. 2
– Abs. 1 UAbs. 1 Teil E erster und zweiter Gedankenstrich	Art. 161 Buchst. a und b
– Abs. 1 UAbs. 2	Art. 202
– Abs. 1 UAbs. 3	Art. 163
Art. 28 c Teil E Nr. 1 zweiter Gedankenstrich zur Einfügung von Abs. 1 a in Art. 16	

Richtlinie 77/388/EWG	Vorliegende Richtlinie
– Abs. 1 a	Art. 162
Art. 28 c Teil E Nr. 2 erster Gedankenstrich zur Ergänzung von Art. 16 Abs. 2	
– Abs. 2 UAbs. 1	Art. 164 Abs. 1
Art. 28 c Teil E Nr. 2 zweiter Gedankenstrich, zur Einfügung der UAbs. 2 und 3 in Art. 16 Abs. 2	
– Abs. 2 UAbs. 2	Art. 164 Abs. 2
– Abs. 2 UAbs. 3	Art. 165
Art. 28 c Teil E Nr. 3 erster bis fünfter Gedankenstrich	Art. 141 Buchst. a bis e
Art. 28 d Abs. 1 Sätze 1 und 2	Art. 68 Abs. 1 und 2
Art. 28 d Abs. 2 und 3	Art. 69 Abs. 1 und 2
Art. 28 d Abs. 4 UAbs. 1und 2	Art. 67 Abs. 1 und 2
Art. 28 e Abs. 1 UAbs. 1	Art. 83
Art. 28 e Abs. 1 UAbs. 2 Sätze 1 und 2	Art. 84 Abs. 1 und 2
Art. 28 e Abs. 2	Art. 76
Art. 28 e Abs. 3	Art. 93 Abs. 2 Buchst. b
Art. 28 e Abs. 4	Art. 94 Abs. 1
Art. 28 f Nr. 1 ersetzend Art. 17 Abs. 2, 3 und 4	
– Abs. 2 Buchst. a	Art. 168 Buchst. a
– Abs. 2 Buchst. b	Art. 168 Buchst. e
– Abs. 2 Buchst. c	Art. 168 Buchst. b und d
– Abs. 2 Buchst. d	Art. 168 Buchst. c
– Abs. 3 Buchst. a, b und c	Art. 169 Buchst. a, b und c Art. 170 Buchst. a und b
– Abs. 4 UAbs. 1 erster Gedankenstrich	Art. 171 Abs. 1 UAbs. 1
– Abs. 4 UAbs. 1 zweiter Gedankenstrich	Art. 171 Abs. 2 UAbs. 1
– Abs. 4 UAbs. 2 Buchst. a	Art. 171 Abs. 1 UAbs. 2
– Abs. 4 UAbs. 2 Buchst. b	Art. 171 Abs. 2 UAbs. 2
– Abs. 4 UAbs. 2 Buchst. c	Art. 171 Abs. 3
Art. 28 f Nr. 2 ersetzend Art. 18 Abs. 1	
– Abs. 1 Buchst. a	Art. 178 Buchst. a
– Abs. 1 Buchst. b	Art. 178 Buchst. e
– Abs. 1 Buchst. c	Art. 178 Buchst. b und d
– Abs. 1 Buchst. d	Art. 178 Buchst. f
– Abs. 1 Buchst. e	Art. 178 Buchst. c
Art. 28 f Nr. 3 zur Einfügung von Abs. 3 a in Art. 18	
– Abs. 3 a erster Teil des Satzes	Art. 181
– Abs. 3 a zweiter Teil des Satzes	Art. 182
Art. 28 g ersetzend Art. 21	
– Abs. 1 Buchst. a UAbs. 1	Art. 193
– Abs. 1 Buchst. a UAbs. 2	Art. 194 Abs. 1 und 2
– Abs. 1 Buchst. b	Art. 196
– Abs. 1 Buchst. c UAbs. 1 erster, zweiter und dritter Gedankenstrich	Art. 197 Abs. 1 Buchst. a, b und c
– Abs. 1 Buchst. c UAbs. 2	Art. 197 Abs. 2
– Abs. 1 Buchst. d	Art. 203
– Abs. 1 Buchst. e	Art. 200
– Abs. 1 Buchst. f	Art. 195
– Abs. 2	–

Richtlinie 77/388/EWG	Vorliegende Richtlinie
– Abs. 2 Buchst. a Satz 1	Art. 204 Abs. 1 UAbs. 1
– Abs. 2 Buchst. a Satz 2	Art. 204 Abs. 2
– Abs. 2 Buchst. b	Art. 204 Abs. 1 UAbs. 2
– Abs. 2 Buchst. c UAbs. 1	Art. 199 Abs. 1 Buchst. a bis g
– Abs. 2 Buchst. c UAbs. 2, 3 und 4	Art. 199 Abs. 2, 3 und 4
– Abs. 3	Art. 205
– Abs. 4	Art. 201
Art. 28 h ersetzend Art. 22	
– Abs. 1 Buchst. a Sätze 1 und 2	Art. 213 Abs. 1 UAbs. 1 und 2
– Abs. 1 Buchst. b	Art. 213 Abs. 2
– Abs. 1 Buchst. c erster Gedankenstrich Satz 1	Art. 214 Abs. 1 Buchst. a
– Abs. 1 Buchst. c erster Gedankenstrich Satz 2	Art. 214 Abs. 2
– Abs. 1 Buchst. c zweiter und dritter Gedankenstrich	Art. 214 Abs. 1 Buchst. b und c
– Abs. 1 Buchst. d Sätze 1und 2	Art. 215 Abs. 1 und 2
– Abs. 1 Buchst. e	Art. 216
– Abs. 2 Buchst. a	Art. 242
– Abs. 2 Buchst. b UAbs. 1 und 2	Art. 243 Abs. 1 und 2
– Abs. 3 Buchst. a UAbs. 1 Satz 1	Art. 220 Nr. 1
– Abs. 3 Buchst. a UAbs. 1 Satz 2	Art. 220 Nrn. 2 und 3
– Abs. 3 Buchst. a UAbs. 2	Art. 220 Nrn. 4 und 5
– Abs. 3 Buchst. a UAbs. 3 Sätze 1 und 2	Art. 221 Abs. 1 UAbs. 1 und 2
– Abs. 3 Buchst. a UAbs. 4	Art. 221 Abs. 2
– Abs. 3 Buchst. a UAbs. 5 Satz 1	Art. 219
– Abs. 3 Buchst. a UAbs. 5 Satz 2	Art. 228
– Abs. 3 Buchst. a UAbs. 6	Art. 222
– Abs. 3 Buchst. a UAbs. 7	Art. 223
– Abs. 3 Buchst. a UAbs. 8 Sätze 1 und 2	Art. 224 Abs. 1 und 2
– Abs. 3 Buchst. a UAbs. 9 Sätze 1 und 2	Art. 224 Abs. 3 UAbs. 1
– Abs. 3 Buchst. a UAbs. 9 Satz 3	Art. 224 Abs. 3 UAbs. 2
– Abs. 3 Buchst. a UAbs. 10	Art. 225
– Abs. 3 Buchst. b UAbs. 1 erster bis zwölfter Gedankenstrich	Art. 226 Nrn. 1 bis 12
– Abs. 3 Buchst. b UAbs. 1 dreizehnter Gedankenstrich	Art. 226 Nrn. 13 und 14
– Abs. 3 Buchst. b UAbs. 1 vierzehnter Gedankenstrich	Art. 226 Nr. 15
– Abs. 3 Buchst. b UAbs. 2	Art. 227
– Abs. 3 Buchst. b UAbs. 3	Art. 229
– Abs. 3 Buchst. b UAbs. 4	Art. 230
– Abs. 3 Buchst. b UAbs. 5	Art. 231
– Abs. 3 Buchst. c UAbs. 1	Art. 232
– Abs. 3 Buchst. c UAbs. 2 einleitender Satzteil	Art. 233 Abs. 1 UAbs. 1
– Abs. 3 Buchst. c UAbs. 2 erster Gedankenstrich Satz 1	Art. 233 Abs. 1 UAbs. 1 Buchst. a
– Abs. 3 Buchst. c UAbs. 2 erster Gedankenstrich Satz 2	Art. 233 Abs. 2
– Abs. 3 Buchst. c UAbs. 2 zweiter Gedankenstrich Satz 1	Art. 233 Abs. 1 UAbs. 1 Buchst. b
– Abs. 3 Buchst. c UAbs. 2 zweiter Gedankenstrich Satz 2	Art. 233 Abs. 3
– Abs. 3 Buchst. c UAbs. 3 Satz 1	Art. 233 Abs. 1 UAbs. 2
– Abs. 3 Buchst. c UAbs. 3 Satz 2	Art. 237
– Abs. 3 Buchst. c UAbs. 4 Sätze 1 und 2	Art. 234
– Abs. 3 Buchst. c UAbs. 5	Art. 235

Richtlinie 77/388/EWG	Vorliegende Richtlinie
– Abs. 3 Buchst. c UAbs. 6	Art. 236
– Abs. 3 Buchst. d UAbs. 1	Art. 244
– Abs. 3 Buchst. d UAbs. 2 Satz 1	Art. 245 Abs. 1
– Abs. 3 Buchst. d UAbs. 2 Sätze 2 und 3	Art. 245 Abs. 2 UAbs. 1 und 2
– Abs. 3 Buchst. d UAbs. 3 Sätze 1 und 2	Art. 246 Abs. 1 und 2
– Abs. 3 Buchst. d UAbs. 4, 5 und 6	Art. 247 Abs. 1, 2 und 3
– Abs. 3 Buchst. d UAbs. 7	Art. 248
– Abs. 3 Buchst. e UAbs. 1	Art. 217 und 241
– Abs. 3 Buchst. e UAbs. 2	Art. 218
– Abs. 4 Buchst. a Sätze 1 und 2	Art. 252 Abs. 1
– Abs. 4 Buchst. a Sätze 3 und 4	Art. 252 Abs. 2 UAbs. 1 und 2
– Abs. 4 Buchst. a Satz 5	Art. 250 Abs. 2
– Abs. 4 Buchst. b	Art. 250 Abs. 1
– Abs. 4 Buchst. c erster Gedankenstrich UAbs. 1 und 2	Art. 251 Buchst. a und b
– Abs. 4 Buchst. c zweiter Gedankenstrich UAbs. 1	Art. 251 Buchst. c
– Abs. 4 Buchst. c zweiter Gedankenstrich UAbs. 2	Art. 251 Buchst. d und e
– Abs. 5	Art. 206
– Abs. 6 Buchst. a Sätze 1 und 2	Art. 261 Abs. 1
– Abs. 6 Buchst. a Satz 3	Art. 261 Abs. 2
– Abs. 6 Buchst. b UAbs. 1	Art. 262
– Abs. 6 Buchst. b UAbs. 2 Satz 1	Art. 263 Abs. 1 UAbs. 1
– Abs. 6 Buchst. b UAbs. 2 Satz 2	Art. 263 Abs. 2
– Abs. 6 Buchst. b UAbs. 3 erster und zweiter Gedankenstrich	Art. 264 Abs. 1 Buchst. a und b
– Abs. 6 Buchst. b UAbs. 3 dritter Gedankenstrich Satz 1	Art. 264 Abs. 1 Buchst. d
– Abs. 6 Buchst. b UAbs. 3 dritter Gedankenstrich Satz 2	Art. 264 Abs. 2 UAbs. 1
– Abs. 6 Buchst. b UAbs. 4 erster Gedankenstrich	Art. 264 Abs. 1 Buchst. c und e
– Abs. 6 Buchst. b UAbs. 4 zweiter Gedankenstrich Satz 1	Art. 264 Abs. 1 Buchst. f
– Abs. 6 Buchst. b UAbs. 4 zweiter Gedankenstrich Satz 2	Art. 264 Abs. 2 UAbs. 2
– Abs. 6 Buchst. b UAbs. 5 erster und zweiter Gedankenstrich	Art. 265 Abs. 1 Buchst. a und b
– Abs. 6 Buchst. b UAbs. 5 dritter Gedankenstrich Satz 1	Art. 265 Abs. 1 Buchst. c
– Abs. 6 Buchst. b UAbs. 5 dritter Gedankenstrich Satz 2	Art. 265 Abs. 2
– Abs. 6 Buchst. c erster Gedankenstrich	Art. 263 Abs. 1 UAbs. 2
– Abs. 6 Buchst. c zweiter Gedankenstrich	Art. 266
– Abs. 6 Buchst. d	Art. 254
– Abs. 6 Buchst. e UAbs. 1	Art. 268
– Abs. 6 Buchst. e UAbs. 2	Art. 259
– Abs. 7 erster Teil des Satzes	Art. 207 Abs. 1 Art. 256 Art. 267
– Abs. 7 zweiter Teil des Satzes	Art. 207 Abs. 2
– Abs. 8 UAbs. 1 und 2	Art. 273 Abs. 1 und 2
– Abs. 9 Buchst. a UAbs. 1 erster Gedankenstrich	Art. 272 Abs. 1 UAbs. 1 Buchst. c

Richtlinie 77/388/EWG	Vorliegende Richtlinie
– Abs. 9 Buchst. a UAbs. 1 zweiter Gedankenstrich	Art. 272 Abs. 1 UAbs. 1 Buchst. a und d
– Abs. 9 Buchst. a UAbs. 1 dritter Gedankenstrich	Art. 272 Abs. 1 UAbs. 1 Buchst. b
– Abs. 9 Buchst. a UAbs. 2	Art. 272 Abs. 1 UAbs. 2
– Abs. 9 Buchst. b	Art. 272 Abs. 3
– Abs. 9 Buchst. c	Art. 212
– Abs. 9 Buchst. d UAbs. 1 erster und zweiter Gedankenstrich	Art. 238 Abs. 1 Buchst. a und b
– Abs. 9 Buchst. d UAbs. 2 erster bis vierter Gedankenstrich	Art. 238 Abs. 2 Buchst. a bis d
– Abs. 9 Buchst. d UAbs. 3	Art. 238 Abs. 3
– Abs. 9 Buchst. e UAbs. 1	Art. 239
– Abs. 9 Buchst. e UAbs. 2 erster und zweiter Gedankenstrich	Art. 240 Nrn. 1 und 2
– Abs. 10	Art. 209 und 257
– Abs. 11	Art. 210 und 258
– Abs. 12 einleitender Satzteil	Art. 269
– Abs. 12 Buchst. a erster, zweiter und dritter Gedankenstrich	Art. 270 Buchst. a, b und c
– Abs. 12 Buchst. b erster, zweiter und dritter Gedankenstrich	Art. 271 Buchst. a, b und c
Art. 28 i zur Einfügung von UAbs. 3 in Art. 24 Abs. 3	
– Abs. 3 UAbs. 3	Art. 283 Abs. 1 Buchst. b und c
Art. 28 j Nr. 1 zur Einfügung von UAbs. 2 in Art. 25 Abs. 4	
– Abs. 4 UAbs. 2	Art. 272 Abs. 2
Art. 28 j Nr. 2 ersetzend Art. 25 Abs. 5 und 6	
– Abs. 5 UAbs. 1 Buchst. a, b und c	Art. 300 Nrn. 1, 2 und 3
– Abs. 5 UAbs. 2	Art. 302
– Abs. 6 Buchst. a UAbs. 1 Satz 1	Art. 301 Abs. 1
– Abs. 6 Buchst. a UAbs. 1 Satz 2	Art. 303 Abs. 1
– Abs. 6 Buchst. a UAbs. 2 erster, zweiter und dritter Gedankenstrich	Art. 303 Abs. 2 Buchst. a, b und c
– Abs. 6 Buchst. a UAbs. 3	Art. 303 Abs. 3
– Abs. 6 Buchst. b	Art. 301 Abs. 1
Art. 28 j Nr. 3 zur Einfügung von UAbs. 2 in Art. 25 Abs. 9	
– Abs. 9 UAbs. 2	Art. 305
Art. 28 k Nr. 1 UAbs. 1	–
Art. 28 k Nr. 1 UAbs. 2 Buchst. a	Art. 158 Abs. 3
Art. 28 k Nr. 1 UAbs. 2 Buchst. b und c	–
Art. 28 k Nrn. 2, 3 und 4	–
Art. 28 k Nr. 5	Art. 158 Abs. 2
Art. 28 l Abs. 1	–
Art. 28 l Abs. 2 und 3	Art. 402 Abs. 1 und 2
Art. 28 l Abs. 4	–
Art. 28 m	Art. 399 Abs. 1
Art. 28 n	–
Art. 28 o Abs. 1 einleitender Satzteil	Art. 326 Abs. 1
Art. 28 o Abs. 1 Buchst. a Satz 1	Art. 327 Abs. 1 und 3
Art. 28 o Abs. 1 Buchst. a Satz 2	Art. 327 Abs. 2
Art. 28 o Abs. 1 Buchst. b	Art. 328

Richtlinie 77/388/EWG	Vorliegende Richtlinie
Art. 28 o Abs. 1 Buchst. c erster, zweiter und dritter Gedankenstrich	Art. 329 Buchst. a, b und c
Art. 28 o Abs. 1 Buchst. d UAbs. 1 und 2	Art. 330 Abs. 1 und 2
Art. 28 o Abs. 1 Buchst. e	Art. 332
Art. 28 o Abs. 1 Buchst. f	Art. 331
Art. 28 o Abs. 1 Buchst. g	Art. 4 Buchst. b
Art. 28 o Abs. 1 Buchst. h	Art. 35 Art. 139 Abs. 3 UAbs. 2
Art. 28 o Abs. 2	Art. 326 Abs. 2
Art. 28 o Abs. 3	Art. 341
Art. 28 o Abs. 4	–
Art. 28 p Abs. 1 erster, zweiter und dritter Gedankenstrich	Art. 405 Nrn. 1, 2 und 3
Art. 28 p Abs. 2	Art. 406
Art. 28 p Abs. 3 UAbs. 1 erster und zweiter Gedankenstrich	Art. 407 Buchst. a und b
Art. 28 p Abs. 3 UAbs. 2	–
Art. 28 p Abs. 4 Buchst. a bis d	Art. 408 Abs. 1 Buchst. a bis d
Art. 28 p Abs. 5 erster und zweiter Gedankenstrich	Art. 408 Abs. 2 Buchst. a und b
Art. 28 p Abs. 6	Art. 409
Art. 28 p Abs. 7 UAbs. 1 Buchst. a, b und c	Art. 410 Abs. 1 Buchst. a, b und c
Art. 28 p Abs. 7 UAbs. 2 erster Gedankenstrich	–
Art. 28 p Abs. 7 UAbs. 2 zweiter und dritter Gedankenstrich	Art. 410 Abs. 2 Buchst. a und b
Art. 29 Abs. 1 bis 4	Art. 398 Abs. 1 bis 4
Art. 29 a	Art. 397
Art. 30 Abs. 1	Art. 396 Abs. 1
Art. 30 Abs. 2 Sätze 1 und 2	Art. 396 Abs. 2 UAbs. 1
Art. 30 Abs. 2 Satz 3	Art. 396 Abs. 2 UAbs. 2
Art. 30 Abs. 3 und 4	Art. 396 Abs. 3 und 4
Art. 31 Abs. 1	–
Art. 31 Abs. 2	Art. 400
Art. 33 Abs. 1	Art. 401
Art. 33 Abs. 2	Art. 2 Abs. 3
Art. 33 a Abs. 1 einleitender Satzteil	Art. 274
Art. 33 a Abs. 1 Buchst. a	Art. 275
Art. 33 a Abs. 1 Buchst. b	Art. 276
Art. 33 a Abs. 1 Buchst. c	Art. 277
Art. 33 a Abs. 2 einleitender Satzteil	Art. 278
Art. 33 a Abs. 2 Buchst. a	Art. 279
Art. 33 a Abs. 2 Buchst. b	Art. 280
Art. 34	Art. 404
Art. 35	Art. 403
Art. 36 und 37	–
Art. 38	Art. 414
Anhang A Ziffer I Nrn. 1 und 2	Anhang VII Nr. 1 Buchst. a und b
Anhang A Ziffer I Nr. 3	Anhang VII Nr. 1 Buchst. c und d
Anhang A Ziffer II Nrn. 1 bis 6	Anhang VII Nr. 2 Buchst. a bis f
Anhang A Ziffern III und IV	Anhang VII Nrn. 3 und 4
Anhang A Ziffer IV Nrn. 1 bis 4	Anhang VII Nr. 4 Buchst. a bis d
Anhang A Ziffer V	Art. 295 Abs. 2
Anhang B einleitender Satzteil	Art. 295 Abs. 1 Nr. 5

Richtlinie 77/388/EWG	Vorliegende Richtlinie
Anhang B erster bis neunter Gedankenstrich	Anhang VIII Nrn. 1 bis 9
Anhang C	–
Anhang D Nrn. 1 bis 13	Anhang I Nrn. 1 bis 13
Anhang E Nr. 2	Anhang X Teil A Nr. 1
Anhang E Nr. 7	Anhang X Teil A Nr. 2
Anhang E Nr. 11	Anhang X Teil A Nr. 3
Anhang E Nr. 15	Anhang X Teil A Nr. 4
Anhang F Nr. 1	Anhang X Teil B Nr. 1
Anhang F Nr. 2	Anhang X Teil B Nr. 2 Buchst. a bis j
Anhang F Nrn. 5 bis 8	Anhang X Teil B Nrn. 3 bis 6
Anhang F Nr. 10	Anhang X Teil B Nr. 7
Anhang F Nr. 12	Anhang X Teil B Nr. 8
Anhang F Nr. 16	Anhang X Teil B Nr. 9
Anhang F Nr. 17 UAbs. 1 und 2	Anhang X Teil B Nr. 10
Anhang F Nr. 23	Anhang X Teil B Nr. 11
Anhang F Nr. 25	Anhang X Teil B Nr. 12
Anhang F Nr. 27	Anhang X Teil B Nr. 13
Anhang G Abs. 1 und 2	Art. 391
Anhang H Abs. 1	Art. 98 Abs. 3
Anhang H Abs. 2 einleitender Satzteil	–
Anhang H Abs. 2 Nrn. 1 bis 6	Anhang III Nrn. 1 bis 6
Anhang H Abs. 2 Nr. 7 UAbs. 1 und 2	Anhang III Nrn. 7 und 8
Anhang H Abs. 2 Nrn. 8 bis 17	Anhang III Nrn. 9 bis 18
Anhang I einleitender Satzteil	–
Anhang I Buchst. a erster bis siebter Gedankenstrich	Anhang IX Teil A Nrn. 1 bis 7
Anhang I Buchst. b erster und zweiter Gedankenstrich	Anhang IX Teil B Nrn. 1 und 2
Anhang I Buchst. c	Anhang IX Teil C
Anhang J einleitender Satzteil	Anhang V einleitender Satzteil
Anhang J	Anhang V Nrn. 1 bis 25
Anhang K Nr. 1 erster, zweiter und dritter Gedankenstrich	Anhang IV Nr. 1 Buchst. a, b und c
Anhang K Nrn. 2 bis 5	Anhang IV Nrn. 2 bis 5
Anhang L Abs. 1 Nrn. 1 bis 5	Anhang II Nrn. 1 bis 5
Anhang L Abs. 2	Art. 56 Abs. 2
Anhang M Buchst. a bis f	Anhang VI Nrn. 1 bis 6
Andere Rechtsakte	
Art. 1 Nr. 1 UAbs. 2 der Richtlinie 89/465/EWG	Art. 133 Abs. 2
Art. 2 der Richtlinie 94/5/EG	Art. 342
Art. 3 Sätze 1 und 2 der Richtlinie 94/5/EG	Art. 343 Abs. 1 und 2
Art. 4 der Richtlinie 2002/38/EG	Art. 56 Abs. 3 Art. 57 Abs. 2 Art. 357
Art. 5 der Richtlinie 2002/38/EG	–
Anhang VIII Teil II Nr. 2 Buchst. a der Akte über den Beitritt Griechenlands	Art. 287 Nr. 1
Anhang VIII Teil II Nr. 2 Buchst. b der Akte über den Beitritt Griechenlands	Art. 375
Anhang XXXII Teil IV Nr. 3 Buchst. a erster und zweiter Gedankenstrich der Akte über den Beitritt Spaniens und Portugals	Art. 287 Nrn. 2 und 3

Andere Rechtsakte	Vorliegende Richtlinie
Anhang XXXII Teil IV Nr. 3 Buchst. b UAbs. 1 der Akte über den Beitritt Spaniens und Portugals	Art. 377
Anhang XV Teil IX Nr. 2 Buchst. b UAbs. 1 der Akte über den Beitritt Österreichs, Finnlands und Schwedens	Art. 104
Anhang XV Teil IX Nr. 2 Buchst. c UAbs. 1 der Akte über den Beitritt Österreichs, Finnlands und Schwedens	Art. 287 Nr. 4
Anhang XV Teil IX Nr. 2 Buchst. f UAbs. 1 der Akte über den Beitritt Österreichs, Finnlands und Schwedens	Art. 117 Abs. 1
Anhang XV Teil IX Nr. 2 Buchst. g UAbs. 1 der Akte über den Beitritt Österreichs, Finnlands und Schwedens	Art. 119
Anhang XV Teil IX Nr. 2 Buchst. h UAbs. 1 erster und zweiter Gedankenstrich der Akte über den Beitritt Österreichs, Finnlands und Schwedens	Art. 378 Abs. 1
Anhang XV Teil IX Nr. 2 Buchst. i UAbs. 1 erster Gedankenstrich der Akte über den Beitritt Österreichs, Finnlands und Schwedens	–
Anhang XV Teil IX Nr. 2 Buchst. i UAbs. 1 zweiter und dritter Gedankenstrich der Akte über den Beitritt Österreichs, Finnlands und Schwedens	Art. 378 Abs. 2 Buchst. a und b
Anhang XV Teil IX Nr. 2 Buchst. j der Akte über den Beitritt Österreichs, Finnlands und Schwedens	Art. 287 Nr. 5
Anhang XV Teil IX Nr. 2 Buchst. l UAbs. 1 der Akte über den Beitritt Österreichs, Finnlands und Schwedens	Art. 111 Buchst. a
Anhang XV Teil IX Nr. 2 Buchst. m UAbs. 1 der Akte über den Beitritt Österreichs, Finnlands und Schwedens	Art. 379 Abs. 1
Anhang XV Teil IX Nr. 2 Buchst. n UAbs. 1 erster und zweiter Gedankenstrich der Akte über den Beitritt Österreichs, Finnlands und Schwedens	Art. 379 Abs. 2
Anhang XV Teil IX Nr. 2 Buchst. x erster Gedankenstrich der Akte über den Beitritt Österreichs, Finnlands und Schwedens	Art. 253
Anhang XV Teil IX Nr. 2 Buchst. x zweiter Gedankenstrich der Akte über den Beitritt Österreichs, Finnlands und Schwedens	Art. 287 Nr. 6
Anhang XV Teil IX Nr. 2 Buchst. z UAbs. 1 der Akte über den Beitritt Österreichs, Finnlands und Schwedens	Art. 111 Buchst. b
Anhang XV Teil IX Nr. 2 Buchst. aa UAbs. 1 erster und zweiter Gedankenstrich der Akte über den Beitritt Österreichs, Finnlands und Schwedens	Art. 380
Protokoll Nr. 2 zu der Akte über den Beitritt Österreichs, Finnlands und Schwedens betreffend die Åland-Inseln	Art. 6 Abs. 1 Buchst. d
Anhang V Abs. 5 Nr. 1 Buchst. a der Beitrittsakte von 2003 der Tschechischen Republik, Estlands, Zyperns, Lettlands, Litauens, Ungarns, Maltas, Polens, Sloweniens und der Slowakei	Art. 123
Anhang V Abs. 5 Nr. 1 Buchst. b der Beitrittsakte von 2003	Art. 381
Anhang VI Abs. 7 Nr. 1 Buchst. a der Beitrittsakte von 2003	Art. 124
Anhang VI Abs. 7 Nr. 1 Buchst. b der Beitrittsakte von 2003	Art. 382
Anhang VII Abs. 7 Nr. 1 UAbs. 1 und 2 der Beitrittsakte von 2003	Art. 125 Abs. 1 und 2
Anhang VII Abs. 7 Nr. 1 UAbs. 3 der Beitrittsakte von 2003	–
Anhang VII Abs. 7 Nr. 1 UAbs. 4 der Beitrittsakte von 2003	Art. 383 Buchst. a
Anhang VII Abs. 7 Nr. 1 UAbs. 5 der Beitrittsakte von 2003	–

Andere Rechtsakte	Vorliegende Richtlinie
Anhang VII Abs. 7 Nr. 1 UAbs. 6 der Beitrittsakte von 2003	Art. 383 Buchst. b
Anhang VIII Abs. 7 Nr. 1 Buchst. a der Beitrittsakte von 2003	–
Anhang VIII Abs. 7 Nr. 1 Buchst. b UAbs. 2 der Beitrittsakte von 2003	Art. 384 Buchst. a
Anhang VIII Abs. 7 Nr. 1 Buchst. b UAbs. 3 der Beitrittsakte von 2003	Art. 384 Buchst. b
Anhang IX Abs. 8 Nr. 1 der Beitrittsakte von 2003	Art. 385
Anhang X Abs. 7 Nr. 1 Buchst. a Ziffern i und ii der Beitrittsakte von 2003	Art. 126 Buchst. a und b
Anhang X Abs. 7 Nr. 1 Buchst. c der Beitrittsakte von 2003	Art. 386
Anhang XI Abs. 7 Nr. 1 der Beitrittsakte von 2003	Art. 127
Anhang XI Abs. 7 Nr. 2 Buchst. a der Beitrittsakte von 2003	Art. 387 Buchst. c
Anhang XI Abs. 7 Nr. 2 Buchst. b der Beitrittsakte von 2003	Art. 387 Buchst. a
Anhang XI Abs. 7 Nr. 2 Buchst. c der Beitrittsakte von 2003	Art. 387 Buchst. b
Anhang XII Abs. 9 Nr. 1 Buchst. a der Beitrittsakte von 2003	Art. 128 Abs. 1 und 2
Anhang XII Abs. 9 Nr. 1 Buchst. b der Beitrittsakte von 2003	Art. 128 Abs. 3, 4 und 5
Anhang XII Abs. 9 Nr. 2 der Beitrittsakte von 2003	Art. 388
Anhang XIII Abs. 9 Nr. 1 Buchst. a der Beitrittsakte von 2003	Art. 129 Abs. 1 und 2
Anhang XIII Abs. 9 Nr. 1 Buchst. b der Beitrittsakte von 2003	Art. 389
Anhang XIV Abs. 7 UAbs. 1 der Beitrittsakte von 2003	Art. 130 Buchst. a und b
Anhang XIV Abs. 7 UAbs. 2 der Beitrittsakte von 2003	–
Anhang XIV Abs. 7 UAbs. 3 der Beitrittsakte von 2003	Art. 390

550a. Verordnung (EU) Nr. 282/2011 des Rates zur Festlegung von Durchführungsvorschriften zur Richtlinie 2006/112/EG über das gemeinsame Mehrwertsteuersystem

Vom 15. März 2011 (ABl. EU Nr. L 77 S. 1)

Geändert durch Verordnung (EU) Nr. 1042/2013 v. 7. 10. 2013 (ABl. EU Nr. L 284 S. 1)

DER RAT DER EUROPÄISCHEN UNION –

gestützt auf den Vertrag über die Arbeitsweise der Europäischen Union,
gestützt auf die Richtlinie 2006/112/EG des Rates vom 28. November 2006 über das gemeinsame Mehrwertsteuersystem[1], insbesondere Artikel 397,
auf Vorschlag der Europäischen Kommission,
in Erwägung nachstehender Gründe:

(1) Die Verordnung (EG) Nr. 1777/2005 des Rates vom 17. Oktober 2005 zur Festlegung von Durchführungsvorschriften zur Richtlinie 77/388/EWG über das gemeinsame Mehrwertsteuersystem[2] muss in einigen wesentlichen Punkten geändert werden. Aus Gründen der Klarheit und der Vereinfachung sollte die Verordnung neu gefasst werden.

(2) Die Richtlinie 2006/112/EG legt Vorschriften im Bereich der Mehrwertsteuer fest, die in bestimmten Fällen für die Auslegung durch die Mitgliedstaaten offen sind. Der Erlass von gemeinsamen Vorschriften zur Durchführung der Richtlinie 2006/112/EG sollte gewährleisten, dass in Fällen, in denen es zu Divergenzen bei der Anwendung kommt oder kommen könnte, die nicht mit dem reibungslosen Funktionieren des Binnenmarkts zu vereinbaren sind, die Anwendung des Mehrwertsteuersystems stärker auf das Ziel eines solchen Binnenmarkts ausgerichtet wird. Diese Durchführungsvorschriften sind erst vom Zeitpunkt des Inkrafttretens dieser Verordnung an rechtsverbindlich; sie berühren nicht die Gültigkeit der von den Mitgliedstaaten in der Vergangenheit angenommenen Rechtsvorschriften und Auslegungen.

(3) Die Änderungen, die sich aus dem Erlass der Richtlinie 2008/8/EG des Rates vom 12. Februar 2008 zur Änderung der Richtlinie 2006/112/EG bezüglich des Ortes der Dienstleistung[3] ergeben, sollten in dieser Verordnung berücksichtigt werden.

(4) Das Ziel dieser Verordnung ist, die einheitliche Anwendung des Mehrwertsteuersystems in seiner derzeitigen Form dadurch sicherzustellen, dass Vorschriften zur Durchführung der Richtlinie 2006/112/EG erlassen werden, und zwar insbesondere in Bezug auf den Steuerpflichtigen, die Lieferung von Gegenständen und die Erbringung von Dienstleistungen sowie den Ort der steuerbaren Umsätze. Im Einklang mit dem Grundsatz der Verhältnismäßigkeit gemäß Artikel 5 Absatz 4 des Vertrags über die Europäische Union geht diese Verordnung nicht über das für die Erreichung dieses Ziels erforderliche Maß hinaus. Da sie in allen Mitgliedstaaten verbindlich ist und unmittelbar gilt, wird die Einheitlichkeit der Anwendung am besten durch eine Verordnung gewährleistet.

(5) Diese Durchführungsvorschriften enthalten spezifische Regelungen zu einzelnen Anwendungsfragen und sind ausschließlich im Hinblick auf eine unionsweit einheitliche steuerliche Behandlung dieser Einzelfälle konzipiert. Sie sind daher nicht auf andere Fälle übertragbar und auf der Grundlage ihres Wortlauts restriktiv anzuwenden.

(6) Ändert ein Nichtsteuerpflichtiger seinen Wohnort und überführt er bei dieser Gelegenheit ein neues Fahrzeug oder wird ein neues Fahrzeug in den Mitgliedstaat zurücküberführt,

---

[1] ABl. L 347 vom 11. 12. 2006, S. 1.
[2] ABl. L 288 vom 29. 10. 2005, S. 1.
[3] ABl. L 44 vom 20. 2. 2008, S. 11.

aus dem es ursprünglich mehrwertsteuerfrei an den Nichtsteuerpflichtigen, der es zurücküberführt, geliefert worden war, so sollte klargestellt werden, dass es sich dabei nicht um den innergemeinschaftlichen Erwerb eines neuen Fahrzeugs handelt.

(7) Für bestimmte Dienstleistungen ist es ausreichend, dass der Dienstleistungserbringer nachweist, dass der steuerpflichtige oder nichtsteuerpflichtige Empfänger dieser Dienstleistungen außerhalb der Gemeinschaft ansässig ist, damit die Erbringung dieser Dienstleistungen nicht der Mehrwertsteuer unterliegt.

(8) Die Zuteilung einer Mehrwertsteuer-Identifikationsnummer an einen Steuerpflichtigen, der eine Dienstleistung für einen Empfänger in einem anderen Mitgliedstaat erbringt oder der aus einem anderen Mitgliedstaat eine Dienstleistung erhält, für die die Mehrwertsteuer ausschließlich vom Dienstleistungsempfänger zu zahlen ist, sollte nicht das Recht dieses Steuerpflichtigen auf Nichtbesteuerung seiner innergemeinschaftlichen Erwerbe von Gegenständen beeinträchtigen. Teilt jedoch ein Steuerpflichtiger im Zusammenhang mit einem innergemeinschaftlichen Erwerb von Gegenständen dem Lieferer seine Mehrwertsteuer-Identifikationsnummer mit, so wird der Steuerpflichtige in jedem Fall so behandelt, als habe er von der Möglichkeit Gebrauch gemacht, diese Umsätze der Steuer zu unterwerfen.

(9) Die weitere Integration des Binnenmarkts erfordert eine stärkere grenzüberschreitende Zusammenarbeit von in verschiedenen Mitgliedstaaten ansässigen Wirtschaftsbeteiligten und hat zu einer steigenden Anzahl von Europäischen wirtschaftlichen Interessenvereinigungen (EWIV) im Sinne der Verordnung (EWG) Nr. 2137/85 des Rates vom 25. Juli 1985 über die Schaffung einer Europäischen wirtschaftlichen Interessenvereinigung (EWIV)[1] geführt. Daher sollte klargestellt werden, dass EWIV steuerpflichtig sind, wenn sie gegen Entgelt Gegenstände liefern oder Dienstleistungen erbringen.

(10) Es ist erforderlich, Restaurant- und Verpflegungsdienstleistungen, die Abgrenzung zwischen diesen beiden Dienstleistungen sowie ihre angemessene Behandlung klar zu definieren.

(11) Im Interesse der Klarheit sollten Umsätze, die als elektronisch erbrachte Dienstleistungen eingestuft werden, in Verzeichnissen aufgelistet werden, wobei diese Verzeichnisse weder endgültig noch erschöpfend sind.

(12) Es ist erforderlich, einerseits festzulegen, dass es sich bei einer Leistung, die nur aus der Montage verschiedener vom Dienstleistungsempfänger zur Verfügung gestellter Teile einer Maschine besteht, um eine Dienstleistung handelt, und andererseits, wo der Ort dieser Dienstleistung liegt, wenn sie an einen Nichtsteuerpflichtigen erbracht wird.

(13) Der Verkauf einer Option als Finanzinstrument sollte als Dienstleistung behandelt werden, die von den Umsätzen, auf die sich die Option bezieht, getrennt ist.

(14) Um die einheitliche Anwendung der Regeln für die Bestimmung des Ortes der steuerbaren Umsätze sicherzustellen, sollten der Begriff des Ortes, an dem ein Steuerpflichtiger den Sitz seiner wirtschaftlichen Tätigkeit hat, und der Begriff der festen Niederlassung, des Wohnsitzes und des gewöhnlichen Aufenthaltsortes klargestellt werden. Die Zugrundelegung möglichst klarer und objektiver Kriterien sollte die praktische Anwendung dieser Begriffe erleichtern, wobei der Rechtsprechung des Gerichtshofs Rechnung getragen werden sollte.

(15) Es sollten Vorschriften erlassen werden, die eine einheitliche Behandlung von Lieferungen von Gegenständen gewährleisten, wenn ein Lieferer den Schwellenwert für Fernverkäufe in einen anderen Mitgliedstaat überschritten hat.

(16) Es sollte klargestellt werden, dass zur Bestimmung des innerhalb der Gemeinschaft stattfindenden Teils der Personenbeförderung die Reisestrecke des Beförderungsmittels und nicht die von den Fahrgästen zurückgelegte Reisestrecke ausschlaggebend ist.

(17) Das Recht des Erwerbsmitgliedstaats zur Besteuerung eines innergemeinschaftlichen Erwerbs sollte nicht durch die mehrwertsteuerliche Behandlung der Umsätze im Abgangsmitgliedstaat beeinträchtigt werden.

(18) Für die richtige Anwendung der Regeln über den Ort der Dienstleistung kommt es hauptsächlich auf den Status des Dienstleistungsempfängers als Steuerpflichtiger oder Nichtsteuerpflichtiger und die Eigenschaft, in der er handelt, an. Um den steuerlichen Status des Dienstleistungsempfängers zu bestimmen, sollte festgelegt werden, welche Nachweise sich der Dienstleistungserbringer vom Dienstleistungsempfänger vorlegen lassen muss.

---

[1] ABl. L 199 vom 31. 7. 1985, S. 1.

(19) Es sollte klargestellt werden, dass dann, wenn für einen Steuerpflichtigen erbrachte Dienstleistungen für den privaten Bedarf, einschließlich für den Bedarf des Personals des Dienstleistungsempfängers, bestimmt sind, dieser Steuerpflichtige nicht als in seiner Eigenschaft als Steuerpflichtiger handelnd eingestuft werden kann. Zur Entscheidung, ob der Dienstleistungsempfänger als Steuerpflichtiger handelt oder nicht, ist die Mitteilung seiner Mehrwertsteuer-Identifikationsnummer an den Dienstleistungserbringer ausreichend, um ihm die Eigenschaft als Steuerpflichtiger zuzuerkennen, es sei denn, dem Dienstleistungserbringer liegen gegenteilige Informationen vor. Es sollte außerdem sichergestellt werden, dass eine Dienstleistung, die sowohl für Unternehmenszwecke erworben als auch privat genutzt wird, nur an einem einzigen Ort besteuert wird.

(20) Zur genauen Bestimmung des Ortes der Niederlassung des Dienstleistungsempfängers ist der Dienstleistungserbringer verpflichtet, die vom Dienstleistungsempfänger übermittelten Angaben zu überprüfen.

(21) Unbeschadet der allgemeinen Bestimmung über den Ort einer Dienstleistung an einen Steuerpflichtigen sollten Regeln festgelegt werden, um dem Dienstleistungserbringer für den Fall, dass Dienstleistungen an einen Steuerpflichtigen erbracht werden, der an mehr als einem Ort ansässig ist, zu helfen, den Ort der festen Niederlassung des Steuerpflichtigen, an die die Dienstleistung erbracht wird, unter Berücksichtigung der jeweiligen Umstände zu bestimmen. Wenn es dem Dienstleistungserbringer nicht möglich ist, diesen Ort zu bestimmen, sollten Bestimmungen zur Präzisierung der Pflichten des Dienstleistungserbringers festgelegt werden. Diese Bestimmungen sollten die Pflichten des Steuerpflichtigen weder berühren noch ändern.

(22) Es sollte auch festgelegt werden, zu welchem Zeitpunkt der Dienstleistungserbringer den Status des Dienstleistungsempfängers als Steuerpflichtiger oder Nichtsteuerpflichtiger, seine Eigenschaft und seinen Ort bestimmen muss.

(23) Der Grundsatz in Bezug auf missbräuchliche Praktiken von Wirtschaftsbeteiligten gilt generell für die vorliegende Verordnung, doch ist es angezeigt, speziell im Zusammenhang mit einigen Bestimmungen dieser Verordnung auf seine Gültigkeit hinzuweisen.

(24) Bestimmte Dienstleistungen wie die Erteilung des Rechts zur Fernsehübertragung von Fußballspielen, Textübersetzungen, Dienstleistungen im Zusammenhang mit der Mehrwertsteuererstattung und Dienstleistungen von Vermittlern, die an einen Nichtsteuerpflichtigen erbracht werden, sind mit grenzübergreifenden Sachverhalten verbunden oder beziehen sogar außerhalb der Gemeinschaft ansässige Wirtschaftsbeteiligte ein. Zur Verbesserung der Rechtssicherheit sollte der Ort dieser Dienstleistungen eindeutig bestimmt werden.

(25) Es sollte festgelegt werden, dass für Dienstleistungen von Vermittlern, die im Namen und für Rechnung Dritter handeln und die Beherbergungsdienstleistungen in der Hotelbranche vermitteln, nicht die spezifische Regel für Dienstleistungen im Zusammenhang mit einem Grundstück gilt.

(26) Werden mehrere Dienstleistungen im Rahmen von Bestattungen als Bestandteil einer einheitlichen Dienstleistung erbracht, sollte festgelegt werden, nach welcher Vorschrift der Ort der Dienstleistung zu bestimmen ist.

(27) Um die einheitliche Behandlung von Dienstleistungen auf dem Gebiet der Kultur, der Künste, des Sports, der Wissenschaften, des Unterrichts sowie der Unterhaltung und ähnlichen Ereignissen sicherzustellen, sollten die Eintrittsberechtigung zu solchen Ereignissen und die mit der Eintrittsberechtigung zusammenhängenden Dienstleistungen definiert werden.

(28) Es sollte klargestellt werden, wie Restaurant- und Verpflegungsdienstleistungen zu behandeln sind, die an Bord eines Beförderungsmittels erbracht werden, sofern die Personenbeförderung auf dem Gebiet mehrerer Länder erfolgt.

(29) Da bestimmte Regeln für die Vermietung von Beförderungsmitteln auf die Dauer des Besitzes oder der Verwendung abstellen, muss nicht nur festgelegt werden, welche Fahrzeuge als Beförderungsmittel anzusehen sind, sondern es ist auch klarzustellen, wie solche Dienstleistungen zu behandeln sind, wenn mehrere aufeinanderfolgende Verträge abgeschlossen werden. Es ist auch der Ort festzulegen, an dem das Beförderungsmittel dem Dienstleistungsempfänger tatsächlich zur Verfügung gestellt wird.

(30) Unter bestimmten Umständen sollte eine bei der Bezahlung eines Umsatzes mittels Kredit- oder Geldkarte anfallende Bearbeitungsgebühr nicht zu einer Minderung der Besteuerungsgrundlage für diesen Umsatz führen.

(31) Es muss klargestellt werden, dass auf die Vermietung von Zelten, Wohnanhängern und Wohnmobilen, die auf Campingplätzen aufgestellt sind und als Unterkünfte dienen, ein ermäßigter Steuersatz angewandt werden kann.

(32) Als Ausbildung, Fortbildung oder berufliche Umschulung sollten sowohl Schulungsmaßnahmen mit direktem Bezug zu einem Gewerbe oder einem Beruf als auch jegliche Schulungsmaßnahme im Hinblick auf den Erwerb oder die Erhaltung beruflicher Kenntnisse gelten, und zwar unabhängig von ihrer Dauer.

(33) "Platinum Nobles" sollten in allen Fällen von der Steuerbefreiung für Umsätze mit Devisen, Banknoten und Münzen ausgeschlossen sein.

(34) Es sollte festgelegt werden, dass die Steuerbefreiung für Dienstleistungen im Zusammenhang mit der Einfuhr von Gegenständen, deren Wert in der Steuerbemessungsgrundlage für diese Gegenstände enthalten ist, auch für im Rahmen eines Wohnortwechsels erbrachte Beförderungsdienstleistungen gilt.

(35) Die vom Abnehmer nach Orten außerhalb der Gemeinschaft beförderten und für die Ausrüstung oder die Versorgung von Beförderungsmitteln – die von Personen, die keine natürlichen Personen sind, wie etwa Einrichtungen des öffentlichen Rechts oder Vereine, für nichtgeschäftliche Zwecke genutzt werden – bestimmten Gegenstände sollten von der Steuerbefreiung bei Ausfuhrumsätzen ausgeschlossen sein.

(36) Um eine einheitliche Verwaltungspraxis bei der Berechnung des Mindestwerts für die Steuerbefreiung der Ausfuhr von Gegenständen zur Mitführung im persönlichen Gepäck von Reisenden sicherzustellen, sollten die Bestimmungen für diese Berechnung harmonisiert werden.

(37) Es sollte festgelegt werden, dass die Steuerbefreiung für bestimmte Umsätze, die Ausfuhren gleichgestellt sind, auch für Dienstleistungen gilt, die unter die besondere Regelung für elektronisch erbrachte Dienstleistungen fallen.

(38) Eine entsprechend dem Rechtsrahmen für ein Konsortium für eine europäische Forschungsinfrastruktur (ERIC) zu schaffende Einrichtung sollte zum Zweck der Mehrwertsteuerbefreiung nur unter bestimmten Voraussetzungen als internationale Einrichtung gelten. Die für die Inanspruchnahme der Befreiung erforderlichen Voraussetzungen sollten daher festgelegt werden.

(39) Lieferungen von Gegenständen und Dienstleistungen, die im Rahmen diplomatischer und konsularischer Beziehungen bewirkt oder anerkannten internationalen Einrichtungen oder bestimmten Streitkräften erbracht werden, sind vorbehaltlich bestimmter Beschränkungen und Bedingungen von der Mehrwertsteuer befreit. Damit ein Steuerpflichtiger, der eine solche Lieferung oder Dienstleistung von einem anderen Mitgliedstaat aus bewirkt, nachweisen kann, dass die Voraussetzungen für diese Befreiung vorliegen, sollte eine Freistellungsbescheinigung eingeführt werden.

(40) Für die Ausübung des Rechts auf Vorsteuerabzug sollten auch elektronische Einfuhrdokumente zugelassen werden, wenn sie dieselben Anforderungen erfüllen wie Papierdokumente.

(41) Hat ein Lieferer von Gegenständen oder ein Erbringer von Dienstleistungen eine feste Niederlassung in dem Gebiet des Mitgliedstaats, in dem die Steuer geschuldet wird, so sollte festgelegt werden, unter welchen Umständen die Steuer von dieser Niederlassung zu entrichten ist.

(42) Es sollte klargestellt werden, dass ein Steuerpflichtiger, dessen Sitz der wirtschaftlichen Tätigkeit sich in dem Gebiet des Mitgliedstaats befindet, in dem die Mehrwertsteuer geschuldet wird, im Hinblick auf diese Steuerschuld selbst dann als ein in diesem Mitgliedstaat ansässiger Steuerschuldner anzusehen ist, wenn dieser Sitz nicht bei der Lieferung von Gegenständen oder der Erbringung von Dienstleistungen mitwirkt.

(43) Es sollte klargestellt werden, dass jeder Steuerpflichtige verpflichtet ist, für bestimmte steuerbare Umsätze seine Mehrwertsteuer-Identifikationsnummer mitzuteilen, sobald er diese erhalten hat, damit eine gerechtere Steuererhebung gewährleistet ist.

(44) Um die Gleichbehandlung der Wirtschaftsbeteiligten zu gewährleisten, sollte festgelegt werden, welche Anlagegold-Gewichte auf den Goldmärkten definitiv akzeptiert werden und an welchem Datum der Wert der Goldmünzen festzustellen ist.

(45) Die Sonderregelung für die Erbringung elektronisch erbrachter Dienstleistungen durch nicht in der Gemeinschaft ansässige Steuerpflichtige an in der Gemeinschaft ansässige oder wohnhafte Nichtsteuerpflichtige ist an bestimmte Voraussetzungen geknüpft. Es sollte insbe-

sondere genau angegeben werden, welche Folgen es hat, wenn diese Voraussetzungen nicht mehr erfüllt werden.

(46) Bestimmte Änderungen resultieren aus der Richtlinie 2008/8/EG. Da diese Änderungen zum einen die Besteuerung der Vermietung von Beförderungsmitteln über einen längeren Zeitraum ab dem 1. Januar 2013 und zum anderen die Besteuerung elektronisch erbrachter Dienstleistungen ab dem 1. Januar 2015 betreffen, sollte festgelegt werden, dass die entsprechenden Bestimmungen dieser Verordnung erst ab diesen Daten anwendbar sind –

HAT FOLGENDE VERORDNUNG ERLASSEN:

Kapitel I. Gegenstand

Art. 1 [Anwendungsbereich] Diese Verordnung regelt die Durchführung einiger Bestimmungen der Titel I bis V und VII bis XII der Richtlinie 2006/112/EG.

Kapitel II. Anwendungsbereich (Titel I der Richtlinie 2006/112/EG)

Art. 2 [Nichtvorliegen eines innergemeinschaftlichen Erwerbs] Folgendes führt nicht zu einem innergemeinschaftlichen Erwerb im Sinne von Artikel 2 Absatz 1 Buchstabe b der Richtlinie 2006/112/EG:

a) die Verbringung eines neuen Fahrzeugs durch einen Nichtsteuerpflichtigen aufgrund eines Wohnortwechsels, vorausgesetzt, die Befreiung nach Artikel 138 Absatz 2 Buchstabe a der Richtlinie 2006/112/EG war zum Zeitpunkt der Lieferung nicht anwendbar;

b) die Rückführung eines neuen Fahrzeugs durch einen Nichtsteuerpflichtigen in denjenigen Mitgliedstaat, aus dem es ihm ursprünglich unter Inanspruchnahme der Steuerbefreiung nach Artikel 138 Absatz 2 Buchstabe a der Richtlinie 2006/112/EG geliefert wurde.

Art. 3 [Dienstleistungen außerhalb des Anwendungsbereichs der MwSt] Unbeschadet des Artikels 59a Absatz 1 Buchstabe b der Richtlinie 2006/112/EG unterliegt die Erbringung der nachstehend aufgeführten Dienstleistungen nicht der Mehrwertsteuer, wenn der Dienstleistungserbringer nachweist, dass der nach Kapitel V Abschnitt 4 Unterabschnitte 3 und 4 der vorliegenden Verordnung ermittelte Ort der Dienstleistung außerhalb der Gemeinschaft liegt:

a) ab 1. Januar 2013 die in Artikel 56 Absatz 2 Unterabsatz 1 der Richtlinie 2006/112/EG genannten Dienstleistungen;

b) ab 1. Januar 2015 die in Artikel 58 der Richtlinie 2006/112/EG aufgeführten Dienstleistungen;

c) die in Artikel 59 der Richtlinie 2006/112/EG aufgeführten Dienstleistungen.

Art. 4 [Nichtbesteuerung innergemeinschaftlicher Erwerb trotz Zuteilung USt-IdNr.] Einem Steuerpflichtigen, dessen innergemeinschaftliche

Erwerbe von Gegenständen gemäß Artikel 3 der Richtlinie 2006/112/EG nicht der Mehrwertsteuer unterliegen, steht dieses Recht auf Nichtbesteuerung auch dann weiterhin zu, wenn ihm nach Artikel 214 Absatz 1 Buchstabe d oder e jener Richtlinie für empfangene Dienstleistungen, für die er Mehrwertsteuer zu entrichten hat, oder für von ihm im Gebiet eines anderen Mitgliedstaats erbrachte Dienstleistungen, für die die Mehrwertsteuer ausschließlich vom Empfänger zu entrichten ist, eine Mehrwertsteuer-Identifikationsnummer zugeteilt wurde.

Teilt dieser Steuerpflichtige jedoch im Zusammenhang mit dem innergemeinschaftlichen Erwerb von Gegenständen seine Mehrwertsteuer-Identifikationsnummer einem Lieferer mit, so gilt damit die Wahlmöglichkeit nach Artikel 3 Absatz 3 der genannten Richtlinie als in Anspruch genommen.

Kapitel III. Steuerpflichtiger (Titel III der Richtlinie 2006/112/EG)

Art. 5 [EWIV als Steuerpflichtiger (Unternehmer)] Eine gemäß der Verordnung (EWG) Nr. 2137/85 gegründete Europäische wirtschaftliche Interessenvereinigung (EWIV), die gegen Entgelt Lieferungen von Gegenständen oder Dienstleistungen an ihre Mitglieder oder an Dritte bewirkt, ist ein Steuerpflichtiger im Sinne von Artikel 9 Absatz 1 der Richtlinie 2006/112/EG.

Kapitel IV. Steuerbarer Umsatz (Artikel 24 bis 29 der Richtlinie 2006/112/EG)

Art. 6 [Definition Restaurant- und Verpflegungsdienstleistungen]

(1) Als Restaurant- und Verpflegungsdienstleistungen gelten die Abgabe zubereiteter oder nicht zubereiteter Speisen und/oder Getränke, zusammen mit ausreichenden unterstützenden Dienstleistungen, die deren sofortigen Verzehr ermöglichen. Die Abgabe von Speisen und/oder Getränken ist nur eine Komponente der gesamten Leistung, bei der der Dienstleistungsanteil überwiegt. Restaurantdienstleistungen sind die Erbringung solcher Dienstleistungen in den Räumlichkeiten des Dienstleistungserbringers und Verpflegungsdienstleistungen sind die Erbringung solcher Dienstleistungen an einem anderen Ort als den Räumlichkeiten des Dienstleistungserbringers.

(2) Die Abgabe von zubereiteten oder nicht zubereiteten Speisen und/oder Getränken mit oder ohne Beförderung, jedoch ohne andere unterstützende Dienstleistungen, gilt nicht als Restaurant- oder Verpflegungsdienstleistung im Sinne des Absatzes 1.

[*ab 1. 1. 2015:*

Art. 6 a[1)] [Telekommunikationsdienstleistungen] (1) Telekommunikationsdienstleistungen im Sinne von Artikel 24 Absatz 2 der Richtlinie 2006/112/EG umfassen insbesondere

---

1) Art. 6 a eingef. mWv 1. 1. 2015 durch VO v. 7. 10. 2013 (ABl. L 284 S. 1).

a) Festnetz- und Mobiltelefondienste zur wechselseitigen Ton-, Daten- und Videoübertragung einschließlich Telefondienstleistungen mit bildgebender Komponente (Videofonie);

b) über das Internet erbrachte Telefondienste einschließlich VoIP-Diensten (Voice over Internet Protocol);

c) Sprachspeicherung (Voicemail), Anklopfen, Rufumleitung, Anruferkennung, Dreiwegeanruf und andere Anrufverwaltungsdienste;

d) Personenrufdienste (Paging-Dienste);

e) Audiotextdienste;

f) Fax, Telegrafie und Fernschreiben;

g) den Zugang zum Internet einschließlich des World Wide Web;

h) private Netzanschlüsse für Telekommunikationsverbindungen zur ausschließlichen Nutzung durch den Dienstleistungsempfänger.

(2) Telekommunikationsdienstleistungen im Sinne von Artikel 24 Absatz 2 der Richtlinie 2006/112/EG umfassen nicht

a) elektronisch erbrachte Dienstleistungen;

b) Rundfunk- und Fernsehdienstleistungen (im Folgenden ‚Rundfunkdienstleistungen').

Art. 6b[1)] [Rundfunkdienstleistungen] (1) Rundfunkdienstleistungen umfassen Dienstleistungen in Form von Audio- und audiovisuellen Inhalten wie Rundfunk- oder Fernsehsendungen, die auf der Grundlage eines Sendeplans über Kommunikationsnetze durch einen Mediendiensteanbieter unter dessen redaktioneller Verantwortung der Öffentlichkeit zum zeitgleichen Anhören oder Ansehen zur Verfügung gestellt werden.

(2) Unter Absatz 01 fällt insbesondere Folgendes:

a) Rundfunk- oder Fernsehsendungen, die über einen Rundfunk- oder Fernsehsender verbreitet oder weiterverbreitet werden;

b) Rundfunk- oder Fernsehsendungen, die über das Internet oder ein ähnliches elektronisches Netzwerk (IP-Streaming) verbreitet werden, wenn sie zeitgleich zu ihrer Verbreitung oder Weiterverbreitung durch einen Rundfunk- oder Fernsehsender übertragen werden.

(3) Absatz 1 findet keine Anwendung auf

a) Telekommunikationsdienstleistungen;

b) elektronisch erbrachte Dienstleistungen;

c) die Bereitstellung von Informationen über bestimmte auf Abruf erhältliche Programme;

d) die Übertragung von Sende- oder Verbreitungsrechten;

e) das Leasing von Geräten und technischer Ausrüstung zum Empfang von Rundfunkdienstleistungen;

f) Rundfunk- oder Fernsehsendungen, die über das Internet oder ein ähnliches elektronisches Netz (IP-Streaming) verbreitet werden, es sei denn, sie

---

1) Art. 6b eingef. mWv 1. 1. 2015 durch VO v. 7. 10. 2013 (ABl. L 284 S. 1).

werden zeitgleich zu ihrer Verbreitung oder Weiterverbreitung durch herkömmliche Rundfunk- oder Fernsehsender übertragen.]

Art. 7 [Definition elektronisch erbrachte Dienstleistungen] (1) „Elektronisch erbrachte Dienstleistungen" im Sinne der Richtlinie 2006/112/EG umfassen Dienstleistungen, die über das Internet oder ein ähnliches elektronisches Netz erbracht werden, deren Erbringung aufgrund ihrer Art im Wesentlichen automatisiert und nur mit minimaler menschlicher Beteiligung erfolgt und ohne Informationstechnologie nicht möglich wäre.

(2) Unter Absatz 1 fällt insbesondere das Folgende:

a) Überlassung digitaler Produkte allgemein, z.B. Software und zugehörige Änderungen oder Upgrades;

b) Dienste, die in elektronischen Netzen eine Präsenz zu geschäftlichen oder persönlichen Zwecken, z.B. eine Website oder eine Webpage, vermitteln oder unterstützen;

c) von einem Computer automatisch generierte Dienstleistungen über das Internet oder ein ähnliches elektronisches Netz auf der Grundlage spezifischer Dateninputs des Dienstleistungsempfängers;

d) Einräumung des Rechts, gegen Entgelt eine Leistung auf einer Website, die als Online-Marktplatz fungiert, zum Kauf anzubieten, wobei die potenziellen Käufer ihr Gebot im Wege eines automatisierten Verfahrens abgeben und die Beteiligten durch eine automatische, computergenerierte E-Mail über das Zustandekommen eines Verkaufs unterrichtet werden;

e) Internet-Service-Pakete, in denen die Telekommunikations-Komponente ein ergänzender oder untergeordneter Bestandteil ist (d.h. Pakete, die mehr ermöglichen als nur die Gewährung des Zugangs zum Internet und die weitere Elemente wie etwa Nachrichten, Wetterbericht, Reiseinformationen, Spielforen, Webhosting, Zugang zu Chatlines usw. umfassen);

f) die in Anhang I genannten Dienstleistungen.

(3)[1] *Unter Absatz 1 fällt insbesondere nicht das Folgende:* [***ab 1. 1. 2015:*** Absatz 1 findet keine Anwendung auf:]

a)[1] *Rundfunk- und Fernsehdienstleistungen* [***ab 1. 1. 2015:*** Rundfunkdienstleistungen];

b) Telekommunikationsdienstleistungen;

c) Gegenstände bei elektronischer Bestellung und Auftragsbearbeitung;

d) CD-ROMs, Disketten und ähnliche körperliche Datenträger;

e) Druckerzeugnisse wie Bücher, Newsletter, Zeitungen und Zeitschriften;

f) CDs und Audiokassetten;

g) Videokassetten und DVDs;

h) Spiele auf CD-ROM;

i) Beratungsleistungen durch Rechtsanwälte, Finanzberater usw. per E-Mail;

---

[1] Art. 7 Abs. 3 Einleitung und Buchst. a geänd. mWv 1. 1. 2015 durch VO v. 7. 10. 2013 (ABl. L 284 S. 1).

j) Unterrichtsleistungen, wobei ein Lehrer den Unterricht über das Internet oder ein elektronisches Netz, d. h. über einen Remote Link, erteilt;

k) physische Offline-Reparatur von EDV-Ausrüstung;

l) Offline-Data-Warehousing;

m) Zeitungs-, Plakat- und Fernsehwerbung;

n) Telefon-Helpdesks;

o) Fernunterricht im herkömmlichen Sinne, z. B. per Post;

p) Versteigerungen herkömmlicher Art, bei denen Menschen direkt tätig werden, unabhängig davon, wie die Gebote abgegeben werden;

q)[1] *Videofonie, d. h. Telekommunikationsdienstleistungen mit Video-Komponente;*

r)[1] *Gewährung des Zugangs zum Internet und zum World Wide Web;*

s)[1] *Internettelefonie.*

[*ab 1. 1. 2015:*

t)[2] online gebuchte Eintrittskarten für Veranstaltungen auf dem Gebiet der Kultur, der Künste, des Sports, der Wissenschaft, des Unterrichts, der Unterhaltung und ähnliche Veranstaltungen;

u)[2] online gebuchte Beherbergungsleistungen, Mietwagen, Restaurantdienstleistungen, Personenbeförderungsdienste oder ähnliche Dienstleistungen.]

Art. 8 [Zusammenbau einer Maschine als Dienstleistung] Baut ein Steuerpflichtiger lediglich die verschiedenen Teile einer Maschine zusammen, die ihm alle vom Empfänger seiner Dienstleistung zur Verfügung gestellt wurden, so ist dieser Umsatz eine Dienstleistung im Sinne von Artikel 24 Absatz 1 der Richtlinie 2006/112/EG.

Art. 9 [Verkauf einer Option als Dienstleistung] Der Verkauf einer Option, der in den Anwendungsbereich von Artikel 135 Absatz 1 Buchstabe f der Richtlinie 2006/112/EG fällt, ist eine Dienstleistung im Sinne von Artikel 24 Absatz 1 der genannten Richtlinie. Diese Dienstleistung ist von den der Option zugrunde liegenden Umsätzen zu unterscheiden.

[*ab 1. 1. 2015:*

Art. 9 a[3] [Erbringung; Erbringer] (1) Für die Anwendung von Artikel 28 der Richtlinie 2006/112/EG gilt, dass wenn elektronisch erbrachte Dienstleistungen über ein Telekommunikationsnetz, eine Schnittstelle oder ein Portal wie einen Appstore erbracht werden, davon auszugehen ist, dass ein an dieser Erbringung beteiligter Steuerpflichtiger im eigenen Namen, aber für Rechnung des Anbieters dieser Dienstleistungen tätig ist, es sei denn, dass dieser Anbieter von dem Steuerpflichtigen ausdrücklich als Leistungserbringer ge-

---

[1] Art. 7 Abs. 3 Buchst. q, r und s gestrichen mWv 1. 1. 2015 durch VO v. 7. 10. 2013 (ABl. L 284 S. 1).

[2] Art. 7 Abs. 3 Buchst. t und u angef. mWv 1. 1. 2015 durch VO v. 7. 10. 2013 (ABl. L 284 S. 1).

[3] Art. 9 a eingef. mWv 1. 1. 2015 durch VO v. 7. 10. 2013 (ABl. L 284 S. 1).

nannt wird und dies in den vertraglichen Vereinbarungen zwischen den Parteien zum Ausdruck kommt.

Damit der Anbieter der elektronisch erbrachten Dienstleistungen als vom Steuerpflichtigen ausdrücklich genannter Erbringer der elektronisch erbrachten Dienstleistungen angesehen werden kann, müssen die folgenden Bedingungen erfüllt sein:

a) Auf der von jedem an der Erbringung der elektronisch erbrachten Dienstleistungen beteiligten Steuerpflichtigen ausgestellten oder verfügbar gemachten Rechnung müssen die elektronisch erbrachten Dienstleistungen und der Erbringer dieser elektronisch erbrachten Dienstleistungen angegeben sein;

b) auf der dem Dienstleistungsempfänger ausgestellten oder verfügbar gemachten Rechnung oder Quittung müssen die elektronisch erbrachten Dienstleistungen und ihr Erbringer angegeben sein.

Für die Zwecke dieses Absatzes ist es einem Steuerpflichtigen nicht gestattet, eine andere Person ausdrücklich als Erbringer von elektronischen Dienstleistungen anzugeben, wenn er hinsichtlich der Erbringung dieser Dienstleistungen die Abrechnung mit dem Dienstleistungsempfänger autorisiert oder die Erbringung der Dienstleistungen genehmigt oder die allgemeinen Bedingungen der Erbringung festlegt.

(2) Absatz 1 findet auch Anwendung, wenn über das Internet erbrachte Telefondienste einschließlich VoIP-Diensten (Voice over Internet Protocol) über ein Telekommunikationsnetz, eine Schnittstelle oder ein Portal wie einen Appstore erbracht werden und diese Erbringung unter den in Absatz 1 genannten Bedingungen erfolgt.

(3) Dieser Artikel gilt nicht für einen Steuerpflichtigen, der lediglich Zahlungen in Bezug auf elektronisch erbrachte Dienstleistungen oder über das Internet erbrachte Telefondienste einschließlich VoIP-Diensten (Voice over Internet Protocol) abwickelt und nicht an der Erbringung dieser elektronisch erbrachten Dienstleistungen oder Telefondienste beteiligt ist.]

Kapitel V. Ort des steuerbaren Umsatzes

Abschnitt 1. Begriffe

Art. 10 [Definition Sitzort] (1) Für die Anwendung der Artikel 44 und 45 der Richtlinie 2006/112/EG gilt als Ort, an dem der Steuerpflichtige den Sitz seiner wirtschaftlichen Tätigkeit hat, der Ort, an dem die Handlungen zur zentralen Verwaltung des Unternehmens vorgenommen werden.

(2) Zur Bestimmung des Ortes nach Absatz 1 werden der Ort, an dem die wesentlichen Entscheidungen zur allgemeinen Leitung des Unternehmens getroffen werden, der Ort seines satzungsmäßigen Sitzes und der Ort, an dem die Unternehmensleitung zusammenkommt, herangezogen.

Kann anhand dieser Kriterien der Ort des Sitzes der wirtschaftlichen Tätigkeit eines Unternehmens nicht mit Sicherheit bestimmt werden, so wird der Ort, an dem die wesentlichen Entscheidungen zur allgemeinen Leitung des Unternehmens getroffen werden, zum vorrangigen Kriterium.

(3) Allein aus dem Vorliegen einer Postanschrift kann nicht geschlossen werden, dass sich dort der Sitz der wirtschaftlichen Tätigkeit eines Unternehmens befindet.

Art. 11 [Definition feste Niederlassung] (1) Für die Anwendung des Artikels 44 der Richtlinie 2006/112/EG gilt als „feste Niederlassung" jede Niederlassung mit Ausnahme des Sitzes der wirtschaftlichen Tätigkeit nach Artikel 10 dieser Verordnung, die einen hinreichenden Grad an Beständigkeit sowie eine Struktur aufweist, die es ihr von der personellen und technischen Ausstattung her erlaubt, Dienstleistungen, die für den eigenen Bedarf dieser Niederlassung erbracht werden, zu empfangen und dort zu verwenden.

(2) Für die Anwendung der folgenden Artikel gilt als „feste Niederlassung" jede Niederlassung mit Ausnahme des Sitzes der wirtschaftlichen Tätigkeit nach Artikel 10 dieser Verordnung, die einen hinreichenden Grad an Beständigkeit sowie eine Struktur aufweist, die es von der personellen und technischen Ausstattung her erlaubt, Dienstleistungen zu erbringen:

a) Artikel 45 der Richtlinie 2006/112/EG;

b) ab 1. Januar 2013 Artikel 56 Absatz 2 Unterabsatz 2 der Richtlinie 2006/112/EG;

c) bis 31. Dezember 2014 Artikel 58 der Richtlinie 2006/112/EG;

d) Artikel 192 a der Richtlinie 2006/112/EG.

(3) Allein aus der Tatsache, dass eine Mehrwertsteuer-Identifikationsnummer zugeteilt wurde, kann nicht darauf geschlossen werden, dass ein Steuerpflichtiger eine „feste Niederlassung" hat.

Art. 12 [Definition Wohnsitz einer natürlichen Person] Für die Anwendung der Richtlinie 2006/112/EG gilt als „Wohnsitz" einer natürlichen Person, unabhängig davon, ob diese Person steuerpflichtig ist oder nicht, der im Melderegister oder in einem ähnlichen Register eingetragene Wohnsitz oder der Wohnsitz, den die betreffende Person bei der zuständigen Steuerbehörde angegeben hat, es sei denn, es liegen Anhaltspunkte dafür vor, dass dieser Wohnsitz nicht die tatsächlichen Gegebenheiten widerspiegelt.

Art. 13 [Definition gewöhnlicher Aufenthalt einer natürlichen Person] Im Sinne der Richtlinie 2006/112/EG gilt als „gewöhnlicher Aufenthaltsort" einer natürlichen Person, unabhängig davon, ob diese Person steuerpflichtig ist oder nicht, der Ort, an dem diese natürliche Person aufgrund persönlicher und beruflicher Bindungen gewöhnlich lebt.

Liegen die beruflichen Bindungen einer natürlichen Person in einem anderen Land als dem ihrer persönlichen Bindungen oder gibt es keine beruflichen Bindungen, so bestimmt sich der gewöhnliche Aufenthaltsort nach den persönlichen Bindungen, die enge Beziehungen zwischen der natürlichen Person und einem Wohnort erkennen lassen.

[*ab 1. 1. 2015:*

Art. 13 a[1] **[Ansässigkeit juristischer Personen]** Als Ort, an dem eine nichtsteuerpflichtige juristische Person im Sinne von Artikel 56 Absatz 2 Un-

[1] Art. 13 a eingef. mWv 1. 1. 2015 durch VO v. 7. 10. 2013 (ABl. L 284 S. 1).

terabsatz 1, Artikel 58 und Artikel 59 der Richtlinie 2006/112/EG ansässig ist, gilt

a) der Ort, an dem Handlungen zu ihrer zentralen Verwaltung ausgeführt werden, oder

b) der Ort jeder anderen Niederlassung, die einen hinreichenden Grad an Beständigkeit sowie eine Struktur aufweist, die es ihr von der personellen und technischen Ausstattung her erlaubt, Dienstleistungen, die für den eigenen Bedarf dieser Niederlassung erbracht werden, zu empfangen und dort zu verwenden.]

[*ab 1. 1. 2017:*

Art. 13 b[1)] [Geltung als Grundstück] Für die Zwecke der Anwendung der Richtlinie 2006/112/EG gilt als ‚Grundstück'

a) ein bestimmter über- oder unterirdischer Teil der Erdoberfläche, an dem Eigentum und Besitz begründet werden kann;

b) jedes mit oder in dem Boden über oder unter dem Meeresspiegel befestigte Gebäude oder jedes derartige Bauwerk, das nicht leicht abgebaut oder bewegt werden kann;

c) jede Sache, die einen wesentlichen Bestandteil eines Gebäudes oder eines Bauwerks bildet, ohne die das Gebäude oder das Bauwerk unvollständig ist, wie zum Beispiel Türen, Fenster, Dächer, Treppenhäuser und Aufzüge;

d) Sachen, Ausstattungsgegenstände oder Maschinen, die auf Dauer in einem Gebäude oder einem Bauwerk installiert sind, und die nicht bewegt werden können, ohne das Gebäude oder das Bauwerk zu zerstören oder zu verändern.]

Abschnitt 2. Ort der Lieferung von Gegenständen (Artikel 31 bis 39 der Richtlinie 2006/112/EG)

Art. 14 [Versandhandelsregelung – Ort der Lieferung bei Überschreiten der Lieferschwelle im laufenden Jahr] Wird im Laufe eines Kalenderjahres der von einem Mitgliedstaat gemäß Artikel 34 der Richtlinie 2006/112/EG angewandte Schwellenwert überschritten, so ergibt sich aus Artikel 33 jener Richtlinie keine Änderung des Ortes der Lieferungen von nicht verbrauchsteuerpflichtigen Waren, die in dem fraglichen Kalenderjahr vor Überschreiten des von diesem Mitgliedstaat für das laufende Kalenderjahr angewandten Schwellenwerts getätigt wurden, unter der Bedingung, dass alle folgenden Voraussetzungen erfüllt sind:

a) der Lieferer hat nicht die Wahlmöglichkeit des Artikels 34 Absatz 4 jener Richtlinie in Anspruch genommen;

b) der Wert seiner Lieferungen von Gegenständen hat den Schwellenwert im vorangegangenen Jahr nicht überschritten.

---

1) Art. 13 b eingef. mWv 1. 1. 2017 durch VO v. 7. 10. 2013 (ABl. L 284 S. 1).

Hingegen ändert Artikel 33 der Richtlinie 2006/112/EG den Ort folgender Lieferungen in den Mitgliedstaat der Beendigung des Versands oder der Beförderung:

a) die Lieferung von Gegenständen, mit der der vom Mitgliedstaat für das laufende Kalenderjahr angewandte Schwellenwert in dem laufenden Kalenderjahr überschritten wurde;

b) alle weiteren Lieferungen von Gegenständen in denselben Mitgliedstaat in dem betreffenden Kalenderjahr;

c) Lieferungen von Gegenständen in denselben Mitgliedstaat in dem Kalenderjahr, das auf das Jahr folgt, in dem das unter Buchstabe a genannte Ereignis eingetreten ist.

Art. 15 [Maßgeblichkeit Reisestrecke des Beförderungsmittels bei Bestimmung des innergemeinschaftlichen Teils der Personenbeförderung bei Bordlieferungen] Zur Bestimmung des innerhalb der Gemeinschaft stattfindenden Teils der Personenbeförderung im Sinne des Artikels 37 der Richtlinie 2006/112/EG ist die Reisestrecke des Beförderungsmittels, nicht die der beförderten Personen, ausschlaggebend.

Abschnitt 3. Ort des innergemeinschaftlichen Erwerbs von Gegenständen (Artikel 40, 41 und 42 der Richtlinie 2006/112/EG)

Art. 16 [Besteuerungskompetenz des Mitgliedstaats des Endes der Beförderung] Der Mitgliedstaat der Beendigung des Versands oder der Beförderung der Gegenstände, in dem ein innergemeinschaftlicher Erwerb von Gegenständen im Sinne von Artikel 20 der Richtlinie 2006/112/EG erfolgt, nimmt seine Besteuerungskompetenz unabhängig von der mehrwertsteuerlichen Behandlung des Umsatzes im Mitgliedstaat des Beginns des Versands oder der Beförderung der Gegenstände wahr.

Ein etwaiger vom Lieferer der Gegenstände gestellter Antrag auf Berichtigung der in Rechnung gestellten und gegenüber dem Mitgliedstaat des Beginns des Versands oder der Beförderung der Gegenstände erklärten Mehrwertsteuer wird von diesem Mitgliedstaat nach seinen nationalen Vorschriften bearbeitet.

Abschnitt 4. Ort der Dienstleistung (Artikel 43 bis 59 der Richtlinie 2006/112/EG)

Unterabschnitt 1. Status des Dienstleistungsempfängers

Art. 17 [Ort der Dienstleistung bei Abstellen auf Personen des Leistungsempfängers] (1) Hängt die Bestimmung des Ortes der Dienstleistung davon ab, ob es sich bei dem Dienstleistungsempfänger um einen Steuerpflichtigen oder um einen Nichtsteuerpflichtigen handelt, so wird der Status des Dienstleistungsempfängers nach den Artikeln 9 bis 13 und 43 der Richtlinie 2006/112/EG bestimmt.

(2) Eine nicht steuerpflichtige juristische Person, der gemäß Artikel 214 Absatz 1 Buchstabe b der Richtlinie 2006/112/EG eine Mehrwertsteuer-Identifikationsnummer zugeteilt wurde oder die verpflichtet ist, sich für Mehrwertsteuerzwecke erfassen zu lassen, weil ihre innergemeinschaftlichen Erwerbe von Gegenständen der Mehrwertsteuer unterliegen oder weil sie die Wahlmöglichkeit in Anspruch genommen hat, diese Umsätze der Mehrwertsteuerpflicht zu unterwerfen, gilt als Steuerpflichtiger im Sinne des Artikels 43 jener Richtlinie.

Art. 18 [Vermutung der Unternehmereigenschaft des Leistungsempfängers] (1) Sofern dem Dienstleistungserbringer keine gegenteiligen Informationen vorliegen, kann er davon ausgehen, dass ein in der Gemeinschaft ansässiger Dienstleistungsempfänger den Status eines Steuerpflichtigen hat,

a) wenn der Dienstleistungsempfänger ihm seine individuelle Mehrwertsteuer-Identifikationsnummer mitgeteilt hat und er die Bestätigung der Gültigkeit dieser Nummer sowie die des zugehörigen Namens und der zugehörigen Anschrift gemäß Artikel 31 der Verordnung (EG) Nr. 904/2010 des Rates vom 7. Oktober 2010 über die Zusammenarbeit der Verwaltungsbehörden und die Betrugsbekämpfung auf dem Gebiet der Mehrwertsteuer[1] erlangt hat;

b) wenn er, sofern der Dienstleistungsempfänger noch keine individuelle Mehrwertsteuer-Identifikationsnummer erhalten hat, jedoch mitteilt, dass er die Zuteilung einer solchen Nummer beantragt hat, anhand eines anderen Nachweises feststellt, dass es sich bei dem Dienstleistungsempfänger um einen Steuerpflichtigen oder eine nicht steuerpflichtige juristische Person handelt, die verpflichtet ist, sich für Mehrwertsteuerzwecke erfassen zu lassen, und mittels handelsüblicher Sicherheitsmaßnahmen (wie beispielsweise der Kontrolle der Angaben zur Person oder von Zahlungen) in zumutbarem Umfang die Richtigkeit der vom Dienstleistungsempfänger gemachten Angaben überprüft.

(2) Sofern dem Dienstleistungserbringer keine gegenteiligen Informationen vorliegen, kann er davon ausgehen, dass ein in der Gemeinschaft ansässiger Dienstleistungsempfänger den Status eines Nichtsteuerpflichtigen hat, wenn er nachweist, dass Letzterer ihm seine individuelle Mehrwertsteuer-Identifikationsnummer nicht mitgeteilt hat.
[*ab 1. 1. 2015:* Ungeachtet gegenteiliger Informationen kann jedoch der Erbringer von Telekommunikations-, Rundfunk- oder elektronisch erbrachten Dienstleistungen davon ausgehen, dass ein innerhalb der Gemeinschaft ansässiger Dienstleistungsempfänger den Status eines Nichtsteuerpflichtigen hat, solange der Dienstleistungsempfänger ihm seine individuelle Mehrwertsteuer-Identifikationsnummer nicht mitgeteilt hat.][2]

(3) Sofern dem Dienstleistungserbringer keine gegenteiligen Informationen vorliegen, kann er davon ausgehen, dass ein außerhalb der Gemeinschaft ansässiger Dienstleistungsempfänger den Status eines Steuerpflichtigen hat,

---

[1] ABl. L 268 vom 12. 10. 2010, S. 1.
[2] Art. 18 Abs. 2 Unterabs. 2 angef. mWv 1. 1. 2015 durch VO v. 7. 10. 2013 (ABl. L 284 S. 1).

a) wenn er vom Dienstleistungsempfänger die von den für den Dienstleistungsempfänger zuständigen Steuerbehörden ausgestellte Bescheinigung erlangt, wonach der Dienstleistungsempfänger eine wirtschaftliche Tätigkeit ausübt, die es ihm ermöglicht, eine Erstattung der Mehrwertsteuer gemäß der Richtlinie 86/560/EWG des Rates vom 17. November 1986 zur Harmonisierung der Rechtsvorschriften der Mitgliedstaaten über die Umsatzsteuern – Verfahren der Erstattung der Mehrwertsteuer an nicht im Gebiet der Gemeinschaft ansässige Steuerpflichtige[1] zu erhalten;

b) wenn ihm, sofern der Dienstleistungsempfänger diese Bescheinigung nicht besitzt, eine Mehrwertsteuernummer oder eine ähnliche dem Dienstleistungsempfänger von seinem Ansässigkeitsstaat zugeteilte und zur Identifizierung von Unternehmen verwendete Nummer vorliegt oder er anhand eines anderen Nachweises feststellt, dass es sich bei dem Dienstleistungsempfänger um einen Steuerpflichtigen handelt, und er mittels handelsüblicher Sicherheitsmaßnahmen (wie beispielsweise derjenigen in Bezug auf die Kontrolle der Angaben zur Person oder von Zahlungen) in zumutbarem Umfang die Richtigkeit der vom Dienstleistungsempfänger gemachten Angaben überprüft.

Unterabschnitt 2. Eigenschaft des Dienstleistungsempfängers

Art. 19 [Verwendung einer Dienstleistung zum unternehmerischen/privaten Gebrauch] Für die Zwecke der Anwendung der Bestimmungen über den Ort der Dienstleistung nach Artikel 44 und 45 der Richtlinie 2006/112/EG gilt ein Steuerpflichtiger oder eine als Steuerpflichtiger geltende nichtsteuerpflichtige juristische Person, der/die Dienstleistungen ausschließlich zum privaten Gebrauch, einschließlich zum Gebrauch durch sein/ihr Personal empfängt, als nicht steuerpflichtig.

Sofern dem Dienstleistungserbringer keine gegenteiligen Informationen – wie etwa die Art der erbrachten Dienstleistungen – vorliegen, kann er davon ausgehen, dass es sich um Dienstleistungen für die unternehmerischen Zwecke des Dienstleistungsempfängers handelt, wenn Letzterer ihm für diesen Umsatz seine individuelle Mehrwertsteuer-Identifikationsnummer mitgeteilt hat.

Ist ein und dieselbe Dienstleistung sowohl zum privaten Gebrauch, einschließlich zum Gebrauch durch das Personal, als auch für die unternehmerischen Zwecke des Dienstleistungsempfängers bestimmt, so fällt diese Dienstleistung ausschließlich unter Artikel 44 der Richtlinie 2006/112/EG, sofern keine missbräuchlichen Praktiken vorliegen.

Unterabschnitt 3. Ort des Dienstleistungsempfängers

Art. 20 [Dienstleistungsempfänger mit nur einem Ansässigkeitsort – Besteuerung am Sitzort] Fällt eine Dienstleistung an einen Steuerpflichtigen oder an eine nicht steuerpflichtige juristische Person, die als Steuerpflichtiger gilt, in den Anwendungsbereich des Artikels 44 der Richtlinie 2006/112/EG

---

[1] ABl. L 326 vom 21. 11. 1986, S. 40.

und ist dieser Steuerpflichtige in einem einzigen Land ansässig oder befindet sich, in Ermangelung eines Sitzes der wirtschaftlichen Tätigkeit oder einer festen Niederlassung, sein Wohnsitz und sein gewöhnlicher Aufenthaltsort in einem einzigen Land, so ist diese Dienstleistung in diesem Land zu besteuern.

Der Dienstleistungserbringer stellt diesen Ort auf der Grundlage der vom Dienstleistungsempfänger erhaltenen Informationen fest und überprüft diese Informationen mittels handelsüblicher Sicherheitsmaßnahmen, wie beispielsweise der Kontrolle der Angaben zur Person oder von Zahlungen.

Die Information kann auch eine von dem Mitgliedstaat, in dem der Dienstleistungsempfänger ansässig ist, zugeteilten Mehrwertsteuer-Identifikationsnummer beinhalten.

Art. 21 [Dienstleistungsempfänger mit mehrfachem Ansässigkeitsort – Besteuerung am Sitzort oder am Ort der festen Niederlassung] Fällt eine Dienstleistung an einen Steuerpflichtigen oder an eine nicht steuerpflichtige juristische Person, die als Steuerpflichtiger gilt, in den Anwendungsbereich des Artikels 44 der Richtlinie 2006/112/EG und ist der Steuerpflichtige in mehr als einem Land ansässig, so ist diese Dienstleistung in dem Land zu besteuern, in dem der Dienstleistungsempfänger den Sitz seiner wirtschaftlichen Tätigkeit hat.

Wird die Dienstleistung jedoch an eine feste Niederlassung des Steuerpflichtigen an einem anderen Ort erbracht als dem Ort, an dem sich der Sitz der wirtschaftlichen Tätigkeit des Dienstleistungsempfängers befindet, so ist diese Dienstleistung am Ort der festen Niederlassung zu besteuern, die Empfänger der Dienstleistung ist und sie für den eigenen Bedarf verwendet.

Verfügt der Steuerpflichtige weder über einen Sitz der wirtschaftlichen Tätigkeit noch über eine feste Niederlassung, so ist die Dienstleistung am Wohnsitz des Steuerpflichtigen oder am Ort seines gewöhnlichen Aufenthalts zu besteuern.

Art. 22 [Überprüfung des Orts der festen Niederlassung des Dienstleistungsempfängers] (1) Der Dienstleistungserbringer prüft die Art und die Verwendung der erbrachten Dienstleistung, um die feste Niederlassung des Dienstleistungsempfängers zu ermitteln, an die die Dienstleistung erbracht wird.

Kann der Dienstleistungserbringer weder anhand der Art der erbrachten Dienstleistung noch ihrer Verwendung die feste Niederlassung ermitteln, an die die Dienstleistung erbracht wird, so prüft er bei der Ermittlung dieser festen Niederlassung insbesondere, ob der Vertrag, der Bestellschein und die vom Mitgliedstaat des Dienstleistungsempfängers vergebene und ihm vom Dienstleistungsempfänger mitgeteilte Mehrwertsteuer-Identifikationsnummer die feste Niederlassung als Dienstleistungsempfänger ausweisen und ob die feste Niederlassung die Dienstleistung bezahlt.

Kann die feste Niederlassung des Dienstleistungsempfängers, an die die Dienstleistung erbracht wird, gemäß den Unterabsätzen 1 und 2 des vorliegenden Absatzes nicht bestimmt werden oder werden einem Steuerpflichtigen unter Artikel 44 der Richtlinie 2006/112/EG fallende Dienstleistungen innerhalb eines Vertrags erbracht, der eine oder mehrere Dienstleistungen umfasst, die auf nicht feststellbare oder nicht quantifizierbare Weise genutzt werden, so kann der Dienstleistungserbringer berechtigterweise davon ausgehen, dass diese Dienstleistungen an dem Ort erbracht werden, an dem der Dienstleistungsempfänger den Sitz seiner wirtschaftlichen Tätigkeit hat.

(2) Die Pflichten des Dienstleistungsempfängers bleiben von der Anwendung dieses Artikels unberührt.

Art. 23 [Ort der Dienstleistung am Ansässigkeitsort des Dienstleistungsempfängers – Feststellung des Orts aufgrund Informationen durch Leistungsempfänger] (1) Ist eine Dienstleistung ab 1. Januar 2013 entsprechend Artikel 56 Absatz 2 Unterabsatz 1 der Richtlinie 2006/112/EG an dem Ort zu versteuern, an dem der Dienstleistungsempfänger ansässig ist, oder in Ermangelung eines solchen Sitzes an seinem Wohnsitz oder an seinem gewöhnlichen Aufenthaltsort, so stellt der Dienstleistungserbringer diesen Ort auf der Grundlage der vom Dienstleistungsempfänger erhaltenen Sachinformationen fest und überprüft diese Informationen mittels handelsüblicher Sicherheitsmaßnahmen, wie beispielsweise der Kontrolle von Angaben zur Person oder von Zahlungen.

(2) Ist eine Dienstleistung entsprechend den Artikeln 58 und 59 der Richtlinie 2006/112/EG an dem Ort zu versteuern, an dem der Dienstleistungsempfänger ansässig ist, oder in Ermangelung eines solchen Sitzes an seinem Wohnsitz oder an seinem gewöhnlichen Aufenthaltsort, so stellt der Dienstleistungserbringer diesen Ort auf der Grundlage der vom Dienstleistungsempfänger erhaltenen Sachinformationen fest und überprüft diese Informationen mittels der handelsüblichen Sicherheitsmaßnahmen, wie beispielsweise der Kontrolle von Angaben zur Person oder von Zahlungen.

Art. 24 [Dienstleistungen an einen Nichtunternehmer mit Mehrfachansässigkeit – Vorrang des Orts des tatsächlichen Verbrauchs]

[Fassung bis 31. 12. 2014:]

(1) Wird ab 1. Januar 2013 eine Dienstleistung, die unter Artikel 56 Absatz 2 Unterabsatz 1 der Richtlinie 2006/112/EG fällt, an einen Nichtsteuerpflichtigen erbracht, der in verschiedenen Ländern ansässig ist oder seinen Wohnsitz in einem Land und seinen gewöhnlichen Aufenthaltsort in einem anderen Land hat, so ist bei der Bestimmung des Ortes der Dienstleistung der Ort vorrangig, der am ehesten eine Besteuerung am Ort des tatsächlichen Verbrauchs gewährleistet.

[Fassung ab 1. 1. 2015:][1)]

Wird eine Dienstleistung, die unter Artikel 56 Absatz 2 Unterabsatz 1 oder unter die Artikel 58 und 59 der Richtlinie 2006/112/EG fällt, an einen Nichtsteuerpflichtigen erbracht, der in verschiedenen Ländern ansässig ist oder seinen Wohnsitz in einem Land und seinen gewöhnlichen Aufenthaltsort in einem anderen Land hat, so ist folgender Ort vorrangig:

a) im Fall einer nichtsteuerpflichtigen juristischen Person der in Artikel 13a Buchstabe a dieser Ver-

---

1) Art. 24 neu gef. mWv 1. 1. 2015 durch VO v. 7. 10. 2013 (ABl. L 284 S. 1).

[Fassung bis 31. 12. 2014:]

(2) Wird eine Dienstleistung entsprechend den Artikeln 58 und 59 der Richtlinie 2006/112/EG an einen Nichtsteuerpflichtigen erbracht, der in verschiedenen Ländern ansässig ist oder seinen Wohnsitz in einem Land und seinen gewöhnlichen Aufenthaltsort in einem anderen Land hat, so ist bei der Bestimmung des Ortes der Dienstleistung der Ort vorrangig, an dem am ehesten eine Besteuerung am Ort des tatsächlichen Verbrauchs gewährleistet ist.

[Fassung ab 1. 1. 2015:]

ordnung genannte Ort, es sei denn, es liegen Anhaltspunkte dafür vor, dass die Dienstleistung tatsächlich an dem in Artikel 13a Buchstabe b genannten Ort ihrer Niederlassung in Anspruch genommen wird;

b) im Fall einer natürlichen Person der gewöhnliche Aufenthaltsort, es sei denn, es liegen Anhaltspunkte dafür vor, dass die Dienstleistung am Wohnsitz der betreffenden Person in Anspruch genommen wird.

[ab 1. 1. 2015:]

Unterabschnitt 3a. Vermutungen bezüglich des Ortes des Dienstleistungsempfängers[1)]

Art. 24a [Ansässigkeitsvermutung bei physischer Anwesenheit]

(1) Für die Zwecke der Anwendung der Artikel 44, 58 und 59a der Richtlinie 2006/112/EG wird vermutet, dass wenn ein Dienstleistungserbringer Telekommunikations-, Rundfunk- oder elektronisch erbrachte Dienstleistungen an Orten wie Telefonzellen, Kiosk-Telefonen, WLAN-Hot-Spots, Internetcafés, Restaurants oder Hotellobbys erbringt, und der Dienstleistungsempfänger an diesem Ort physisch anwesend sein muss, damit ihm die Dienstleistung durch diesen Dienstleistungserbringer erbracht werden kann, der Dienstleistungsempfänger an dem betreffenden Ort ansässig ist oder seinen Wohnsitz oder seinen gewöhnlichen Aufenthaltort hat und dass die Dienstleistung an diesem Ort tatsächlich genutzt und ausgewertet wird.

(2) Befindet sich der Ort im Sinne von Absatz 1 des vorliegenden Artikels an Bord eines Schiffes, eines Flugzeugs oder in einer Eisenbahn während einer Personenbeförderung, die innerhalb der Gemeinschaft gemäß den Artikeln 37 und 57 der Richtlinie 2006/112/EG stattfindet, so ist das Land, in dem sich der Ort befindet, das Abgangsland der Personenbeförderung.

Art. 24b [Ansässigkeitsvermutung bei Nichtsteuerpflichtigen]

(1) Für die Zwecke der Anwendung von Artikel 58 der Richtlinie 2006/112/EG gilt, dass wenn einem Nichtsteuerpflichtigen Telekommunikations-, Rundfunk- oder elektronisch erbrachte Dienstleistungen:

a) über seinen Festnetzanschluss erbracht werden, die Vermutung gilt, dass der Dienstleistungsempfänger an dem Ort, an dem sich der Festnetzanschluss befindet, ansässig ist oder seinen Wohnsitz oder seinen gewöhnlichen Aufenthaltsort hat;

---

1) Unterabschnitt 3a (Art. 24a–24c) eingef. mWv 1. 1. 2015 durch VO v. 7. 10. 2013 (ABl. L 284 S. 1).

b) über mobile Netze erbracht werden, die Vermutung gilt, dass der Dienstleistungsempfänger in dem Land, das durch den Ländercode der bei Inanspruchnahme der Dienstleistungen verwendeten SIM-Karte bezeichnet wird, ansässig ist oder seinen Wohnsitz oder seinen gewöhnlichen Aufenthaltsort hat;

c) erbracht werden, für die ein Decoder oder ein ähnliches Gerät oder ein Programm- oder Satellitenkarte verwendet werden muss und wird kein Festnetzanschluss verwendet, die Vermutung gilt, dass der Dienstleistungsempfänger an dem Ort, an dem sich der Decoder oder das ähnliche Gerät befindet, oder, wenn dieser Ort unbekannt ist, an dem Ort, an den die Programm- oder Satellitenkarte zur Verwendung gesendet wird, ansässig ist oder seinen Wohnsitz oder seinen gewöhnlichen Aufenthaltsort hat;

d) unter anderen als den in den Artikeln 24 a und in den Buchstaben a, b und c des vorliegenden Artikels genannten Bedinungen erbracht werden, die Vermutung gilt, dass der Dienstleistungsempfänger an dem Ort ansässig ist oder seinen Wohnsitz oder seinen gewöhnlichen Aufenthaltsort hat, der vom Leistungserbringer unter Verwendung von zwei einander nicht widersprechenden Beweismitteln gemäß Artikel 24 f der vorliegenden Verordnung als solcher bestimmt wird.

Art. 24 c [Ansässigkeit bei Vermietung von Beförderungsmitteln] Werden einem Nichtsteuerpflichtigen Beförderungsmittel vermietet, ausgenommen die Vermietung über einen kürzeren Zeitraum, so ist für die Zwecke der Anwendung von Artikel 56 Absatz 2 der Richtlinie 2006/112/EG von der Vermutung auszugehen, dass der Dienstleistungsempfänger an dem Ort ansässig ist oder seinen Wohnsitz oder seinen gewöhnlichen Aufenthaltsort hat, der vom Leistungserbringer unter Verwendung von zwei einander nicht widersprechenden Beweismitteln gemäß Artikel 24 e der vorliegenden Verordnung als solcher bestimmt wird.

[ab 1. 1. 2015:][1)]

Unterabschnitt 3 b. Widerlegung von Vermutungen

Art. 24 d [Widerlegung durch Beweismittel] (1) Erbringt ein Leistungserbringer eine in Artikel 58 der Richtlinie 2006/112/EG des Rates aufgeführte Dienstleistung, so kann er eine Vermutung nach Artikel 24 a oder 24 b Buchstaben a, b oder c der vorliegenden Verordnung durch drei einander nicht widersprechende Beweismittel widerlegen, aus denen hervorgeht, dass der Dienstleistungsempfänger an einem anderen Ort ansässig ist oder seinen Wohnsitz oder seinen gewöhnlichen Aufenthaltsort hat.

(2) Der Fiskus kann Vermutungen nach Artikel 24 a, 24 b, 24 c widerlegen, wenn es Hinweise auf falsche Anwendung oder Missbrauch durch den Leistungserbringer gibt.

[1)] Unterabschnitt 3 b (Art. 24 d) eingef. mWv 1. 1. 2015 durch VO v. 7. 10. 2013 (ABl. L 284 S. 1).

[ab 1. 1. 2015:][1)]

Unterabschnitt 3 c. Beweismittel für die Bestimmung des Ortes des Dienstleistungsempfängers und Widerlegung von Vermutungen

Art. 24 e [Gültige Beweismittel iSv Art. 56] Für die Zwecke der Anwendung von Artikel 56 Absatz 2 der Richtlinie 2006/112/EG und der Erfüllung der Anforderungen gemäß Artikel 24 c der vorliegenden Verordnung gilt als Beweismittel insbesondere Folgendes:

a) die Rechnungsanschrift des Dienstleistungsempfängers;

b) Bankangaben wie der Ort, an dem das für die Zahlung verwendete Bankkonto geführt wird, der die der Bank vorliegende Rechnungsanschrift des Dienstleistungsempfängers;

c) die Zahlungsdaten des von dem Dienstleistungsempfängers gemieteten Beförderungsmittels, wenn dieses an dem Ort, an dem es genutzt wird, zugelassen sein muss, oder ähnliche Informationen;

d) sonstige wirtschaftlich relevante Informationen.

Art. 24 f [Gültige Beweismittel iSv Art. 58] Für die Zwecke der Anwendung von Artikel 58 der Richtlinie 2006/112/EG und der Erfüllung der Anforderungen gemäß Artikel 24 b Buchstabe d oder Artikel 24 d Absatz 1 der vorliegenden Verordnung gilt als Beweismittel insbesondere Folgendes:

a) die Rechnungsanschrift des Dienstleistungsempfängers;

b) die Internet-Protokoll-Adresse (IP-Adresse) des von dem Dienstleistungsempfänger verwendeten Geräts oder jedes Verfahren der Geolokalisierung;

c) Bankangaben wie der Ort, an dem das für die Zahlung verwendete Bankkonto geführt wird oder die der Bank vorliegende Rechnungsanschrift des Dienstleistungsempfängers;

d) der Mobilfunk-Ländercode (Mobile Country Code – MCC) der Internationalen Mobilfunk-Teilnehmererkennung (International Mobile Subscriber Identity – IMSI), der auf der von dem Dienstleistungsempfänger verwendeten SIM-Karte (Teilnehmer-Identifikationsmodul – Subscriber Identity Module) gespeichert ist;

e) der Ort des Festnetzanschlusses des Dienstleistungsempfängers, über den ihm die Dienstleistung erbracht wird;

f) sonstige wirtschaftlich relevante Informationen.

Unterabschnitt 4. Allgemeine Bestimmungen zur Ermittlung des Status, der Eigenschaft und des Ortes des Dienstleistungsempfängers

Art. 25 [Alleinige Berücksichtigung der Umstände zum Zeitpunkt des Umsatzes] Zur Anwendung der Vorschriften hinsichtlich des Ortes der

---

1) Unterabschnitt 3 c (Art. 24 e bis 24 f) eingef. mWv 1. 1. 2015 durch VO v. 7. 10. 2013 (ABl. L 284 S. 1).

Dienstleistung sind lediglich die Umstände zu dem Zeitpunkt zu berücksichtigen, zu dem der Steuertatbestand eintritt. Jede spätere Änderung des Verwendungszwecks der betreffenden Dienstleistung wirkt sich nicht auf die Bestimmung des Orts der Dienstleistung aus, sofern keine missbräuchlichen Praktiken vorliegen.

Unterabschnitt 5. Dienstleistungen, die unter die Allgemeinen Bestimmungen fallen

Art. 26 [Ort der Dienstleistung bei Einräumung Fernsehübertragungsrechte bei Fußballspielen] Die Erteilung des Rechts zur Fernsehübertragung von Fußballspielen durch Organisationen an Steuerpflichtige fällt unter Artikel 44 der Richtlinie 2006/112/EG.

Art. 27 [Ort der Dienstleistung bei der Mitwirkung bei Anträgen auf Vorsteuervergütung für EU-Unternehmer] Dienstleistungen, die in der Beantragung oder Vereinnahmung von Erstattungen der Mehrwertsteuer gemäß der Richtlinie 2008/9/EG des Rates vom 12. Februar 2008 zur Regelung der Erstattung der Mehrwertsteuer gemäß der Richtlinie 2006/112/EG an nicht im Mitgliedstaat der Erstattung, sondern in einem anderen Mitgliedstaat ansässige Steuerpflichtige[1] bestehen, fallen unter Artikel 44 der Richtlinie 2006/112/EG.

Art. 28 [Ort von Bestattungsdienstleistungen] Insoweit sie eine einheitliche Dienstleistung darstellen, fallen Dienstleistungen, die im Rahmen einer Bestattung erbracht werden, unter Artikel 44 und 45 der Richtlinie 2006/112/EG.

Art. 29 [Ort der Dienstleistungen der Textübersetzung] Unbeschadet des Artikels 41 der vorliegenden Verordnung fallen Dienstleistungen der Textübersetzung unter die Artikel 44 und 45 der Richtlinie 2006/112/EG.

Unterabschnitt 6. Dienstleistungen von Vermittlern

Art. 30 [Begriff der Dienstleistung von Vermittlern] Unter den Begriff der Dienstleistung von Vermittlern in Artikel 46 der Richtlinie 2006/112/EG fallen sowohl Dienstleistungen von Vermittlern, die im Namen und für Rechnung des Empfängers der vermittelten Dienstleistung handeln, als auch Dienstleistungen von Vermittlern, die im Namen und für Rechnung des Erbringers der vermittelten Dienstleistungen handeln.

Art. 31 [Vermittlungsleistungen im Zusammenhang mit Beherbergungsumsätzen] Dienstleistungen von Vermittlern, die im Namen und für Rechnung Dritter handeln, und die in der Vermittlung einer Beherbergungs-

---

[1] ABl. L 44 vom 20. 2. 2008, S. 23.

dienstleistung in der Hotelbranche oder in Branchen mit ähnlicher Funktion bestehen, fallen in den Anwendungsbereich:

a) des Artikels 44 der Richtlinie 2006/112/EG, wenn sie an einen Steuerpflichtigen, der als solcher handelt, oder an eine nichtsteuerpflichtige juristische Person, die als Steuerpflichtiger gilt, erbracht werden;

b) des Artikels 46 der genannten Richtlinie, wenn sie an einen Nichtsteuerpflichtigen erbracht werden.

Unterabschnitt 6 a. Dienstleistungen im Zusammenhang mit Grundstücken[1)]

[ab 1. 1. 2017:]

Art. 31 a [Direkter Zusammenhang] (1) Dienstleistungen im Zusammenhang mit einem Grundstück im Sinne von Artikel 47 der Richtlinie 2006/112/EG umfassen nur Dienstleistungen, die in einem hinreichend direkten Zusammenhang mit dem Grundstück stehen. In folgenden Fällen sind Dienstleistungen als in einem hinreichend direkten Zusammenhang mit einem Grundstück stehend anzusehen:

a) wenn sie von einem Grundstück abgeleitet sind und das Grundstück einen wesentlichen Bestandteil der Dienstleistung darstellt und zentral und wesentlich für die erbrachte Dienstleistung ist;

b) wenn sie für das Grundstück selbst erbracht werden oder auf das Grundstück selbst gerichtet sind, und deren Zweck in rechtlichen oder physischen Veränderungen an dem Grundstück besteht.

(2) Unter Absatz 1 fällt insbesondere Folgendes:

a) Erstellung von Bauplänen für Gebäude oder Gebäudeteile für ein bestimmtes Grundstück ungeachtet der Tatsache, ob dieses Gebäude tatsächlich errichtet wird oder nicht;

b) Bauaufsichtsmaßnahmen oder grundstücksbezogene Sicherheitsdienste, die vor Ort erbracht werden;

c) Errichtung eines Gebäudes an Land sowie Bauleistungen und Abrissarbeiten an einem Gebäude oder Gebäudeteil;

d) Errichtung anderer auf Dauer angelegter Konstruktionen an Land sowie Bauleistungen und Abrissarbeiten an anderen auf Dauer angelegten Konstruktionen wie Leitungen für Gas, Wasser, Abwasser und dergleichen;

e) Landbearbeitung einschließlich landwirtschaftlicher Dienstleistungen wie Landbestellung, Säen, Bewässerung und Düngung;

f) Vermessung und Begutachtung von Gefahr und Zustand von Grundstücken;

g) Bewertung von Grundstücken, auch zu Versicherungszwecken, zur Ermittlung des Grundstückswerts als Sicherheit für ein Darlehen oder für die Bewertung von Gefahren und Schäden in Streitfällen;

---

1) Unterabschnitt 6 a eingef. mWv 1. 1. 2017 (Art. 31 a, 31 b) und 1. 1. 2015 (Art. 31 c) durch VO v. 7. 10. 2013 (ABl. L 284 S. 1).

h) Vermietung und Verpachtung von Grundstücken mit der Ausnahme der unter Absatz 3 Buchstabe c genannten Dienstleistungen, einschließlich der Lagerung von Gegenständen, wenn hierfür ein bestimmter Teil des Grundstücks der ausschließlichen Nutzung durch den Dienstleistungsempfänger gewidmet ist;

i) Zurverfügungstellen von Unterkünften in der Hotelbranche oder in Branchen mit ähnlicher Funktion, wie zum Beispiel in Ferienlagern oder auf einem als Campingplatz hergerichteten Gelände einschließlich Umwandlung von Teilzeitnutzungsrechten (Timesharing) und dergleichen für Aufenthalte an einem bestimmten Ort;

j) Gewährung und Übertragung sonstiger nicht unter den Buchstaben h und i aufgeführter Nutzungsrechte an Grundstücken und Teilen davon einschließlich der Erlaubnis, einen Teil des Grundstücks zu nutzen, wie zum Beispiel die Gewährung von Fischereirechten zu Jagdrechten oder die Zugangsberechtigung zu Warteräumen in Flughäfen, oder die Nutzung von Infrastruktur, für die Maut gefordert wird, wie Brücken oder Tunnel;

k) Wartungs-, Renovierungs- und Reparaturarbeiten an einem Gebäude oder an Gebäudeteilen einschließlich Reinigung, Verlegen von Fliesen und Parkett sowie Tapezieren;

l) Wartungs-, Renovierungs- und Reparaturarbeiten an anderen auf Dauer angelegten Strukturen wie Leitungen für Gas, Wasser oder Abwasser und dergleichen;

m) Installation oder Montage von Maschinen oder Ausstattungsgegenständen, die damit als Grundstück gelten;

n) Wartung und Reparatur sowie Kontrolle und Überwachung von Maschinen oder Ausstattungsgegenständen, die als Grundstück gelten;

o) Eigentumsverwaltung, mit Ausnahme von Portfolioverwaltung in Zusammenhang mit Eigentumsanteilen an Grundstücken unter Absatz 3 Buchstabe g, die sich auf den Betrieb von Geschäfts-, Industrie- oder Wohnimmobilien durch oder für den Eigentümer des Grundstücks bezieht;

p) Vermittlungsleistunen beim Verkauf oder bei der Vermietung oder Verpachtung von Grundstücken sowie bei der Begründung oder Übertragung von bestimmten Rechten an Grundstücken oder dinglichen Rechten an Grundstücken (unabhängig davon, ob diese Rechte einem körperlichen Gegenstand gleichgestellt sind), ausgenommen Vermittlungsleistungen gemäß Absatz 3 Buchstabe d;

q) juristische Dienstleistungen im Zusammenhang mit Grundstücksübertragungen sowie mit der Begründung oder Übertragung von bestimmten Rechten an Grundstücken oder dinglichen Rechten an Grundstücken (unabhängig davon, ob diese Rechte einem körperlichen Gegenstand gleichgestellt sind), wie zum Beispiel die Tätigkeiten von Notaren, oder das Aufsetzen eines Vertrags über den Verkauf oder den Kauf eines Grundstücks, selbst wenn die zugrunde liegende Transaktion, die zur rechtlichen Veränderung an dem Grundstück führt, letztendlich nicht stattfindet.

(3) Absatz 1 findet keine Anwendung auf

a) Erstellung von Bauplänen für Gebäude oder Gebäudeteile, die keinem bestimmten Grundstück zugeordnet sind;

b) Lagerung von Gegenständen auf einem Grundstück, wenn dem Kunden kein bestimmter Teil des Grundstücks zur ausschließlichen Nutzung zur Verfügung steht;

c) Bereitstellung von Werbung, selbst wenn dies die Nutzung eines Grundstücks einschließt;

d) Vermittlung der Beherbergung in einem Hotel oder Beherbergung in Branchen mit ähnlicher Funktion, wie zum Beispiel in Ferienlagern oder auf einem als Campingplatz hergerichteten Gelände, wenn der Vermittler im Namen und für die Rechnung eines Dritten handelt;

e) Bereitstellung eines Standplatzes auf einem Messe- oder Ausstellungsgelände zusammen mit anderen ähnlichen Dienstleistungen, die dem Aussteller die Darbietung seines Angebots ermöglichen, wie die Aufmachung und Gestaltung des Standes, die Beförderung und Lagerung der Ausstellungsstücke, die Bereitstellung von Maschinen, die Verlegung von Kabeln, Versicherungen und Werbung;

f) Installation oder Montage, Wartung und Reparatur sowie Kontrolle und Überwachung von Maschinen oder Ausstattungsgegenständen, die kein fester Bestandteil des Grundstücks sind oder sein werden;

g) Portfolioverwaltung im Zusammenhang mit Eigentumsanteilen an Grundstücken;

h) juristische Dienstleistungen, mit Ausnahme der unter Absatz 2 Buchstabe q genannten Dienstleistungen, einschließlich Beratungsdienstleistungen betreffend die Vertragsbedingungen eines Grundstücksübertragungsvertrags, die Durchsetzung eines solchen Vertrags oder den Nachweis, dass ein solcher Vertrag besteht, sofern diese Dienstleistungen nicht speziell mit der Übertragung von Rechten an Grundstücken zusammenhängen.

[ab 1. 1. 2017:]

Art. 31 b [Ausrüstung; Durchführung] Wird einem Dienstleistungsempfänger Ausrüstung zur Durchführung von Arbeiten an einem Grundstück zur Verfügung gestellt, so ist diese Leistung nur dann eine Dienstleistung im Zusammenhang mit einem Grundstück, wenn der Dienstleistungserbringer für die Durchführung der Arbeiten verantwortlich ist.

Stellt ein Dienstleistungserbringer dem Dienstleistungsempfänger neben der Ausrüstung ausreichendes Bedienpersonal zur Durchführung von Arbeiten zur Verfügung, so ist von der Vermutung auszugehen, dass er für die Durchführung der Arbeiten verantwortlich ist. Die Vermutung, dass der Dienstleistungserbringer für die Durchführung der Arbeiten verantwortlich ist, kann durch jegliche sachdienliche, auf Fakten oder Gesetz gestützte Mittel widerlegt werden.

[ab 1. 1. 2015:]

Art. 31 c [Telekommunikation in der Hotelbranche] Erbringt ein im eigenen Namen handelnder Steuerpflichtiger neben der Beherbergung in der Hotelbranche oder in Branchen mit ähnlicher Funktion, wie zum Beispiel in

Ferienlagern oder auf einem als Campingplatz hergerichteten Gelände, Telekommunikations-, Rundfunk- oder elektronisch erbrachte Dienstleistungen, so gelten diese für die Zwecke der Bestimmung des Ortes dieser Dienstleistung als an diesen Orten erbracht.

Unterabschnitt 7. Dienstleistungen auf dem Gebiet der Kultur, der Künste, des Sports, der Wissenschaft, des Unterrichts, der Unterhaltung und ähnliche Veranstaltungen

Art. 32 [Formen von Eintrittsberechtigungen zu Veranstaltungen] (1) Zu den Dienstleistungen betreffend die Eintrittsberechtigung zu Veranstaltungen auf dem Gebiet der Kultur, der Künste, des Sports, der Wissenschaft, des Unterrichts, der Unterhaltung oder ähnlichen Veranstaltungen im Sinne des Artikels 53 der Richtlinie 2006/112/EG, gehören Dienstleistungen, deren wesentliche Merkmale darin bestehen, gegen eine Eintrittskarte oder eine Vergütung, auch in Form eines Abonnements, einer Zeitkarte oder einer regelmäßigen Gebühr, das Recht auf Eintritt zu einer Veranstaltung zu gewähren.

(2) Absatz 1 gilt insbesondere für:

a) das Recht auf Eintritt zu Darbietungen, Theateraufführungen, Zirkusvorstellungen, Freizeitparks, Konzerten, Ausstellungen sowie anderen ähnlichen kulturellen Veranstaltungen;
b) das Recht auf Eintritt zu Sportveranstaltungen wie Spielen oder Wettkämpfen;
c) das Recht auf Eintritt zu Veranstaltungen auf dem Gebiet des Unterrichts und der Wissenschaft, wie beispielsweise Konferenzen und Seminare.

(3) Die Nutzung von Räumlichkeiten, wie beispielsweise Turnhallen oder anderen, gegen Zahlung einer Gebühr fällt nicht unter Absatz 1.

Art. 33 [Mit Eintrittsberechtigungen zu Veranstaltungen zusammenhängende Dienstleistungen] Zu den mit der Eintrittsberechtigung zu Veranstaltungen auf dem Gebiet der Kultur, der Künste, des Sports, der Wissenschaft, des Unterrichts, der Unterhaltung oder ähnlichen Veranstaltungen zusammenhängenden Dienstleistungen nach Artikel 53 der Richtlinie 2006/112/EG gehören die Dienstleistungen, die direkt mit der Eintrittsberechtigung zu diesen Veranstaltungen in Verbindung stehen und an die Person, die einer Veranstaltung beiwohnt, gegen eine Gegenleistung gesondert erbracht werden.

Zu diesen zusammenhängenden Dienstleistungen gehören insbesondere die Nutzung von Garderoben oder von sanitären Einrichtungen, nicht aber bloße Vermittlungsleistungen im Zusammenhang mit dem Verkauf von Eintrittskarten.

[*ab 1. 1. 2015:*

Art. 33 a[1] [Vermittlung von Eintrittskarten] Vertreibt ein Vermittler, der im eigenen Namen, aber für Rechnung des Veranstalters handelt, oder ein

[1] Art. 33 a eingef. mWv 1. 1. 2015 durch VO v. 7. 10. 2013 (ABl. L 284 S. 1).

anderer Steuerpflichtiger als der Veranstalter, der auf eigene Rechnung handelt, Eintrittskarten für Veranstaltungen auf dem Gebiet der Kultur, der Künste, des Sports, der Wissenschaft, des Unterrichts, der Unterhaltung oder für ähnliche Veranstaltungen, so fällt diese Dienstleistung unter Artikel 53 und Artikel 54 Absatz 1 der Richtlinie 2006/112/EG.]

Unterabschnitt 8. Nebentätigkeiten zur Beförderung, Begutachtung von beweglichen Gegenständen und Arbeiten an solchen Gegenständen

Art. 34 [Ort von Montagedienstleistungen am tatsächlichen Tätigkeitsort] Außer in den Fällen, in denen die zusammengebauten Gegenstände Bestandteil eines Grundstücks werden, bestimmt sich der Ort der Dienstleistungen an einen Nichtsteuerpflichtigen, die lediglich in der Montage verschiedener Teile einer Maschine durch einen Steuerpflichtigen bestehen, wobei der Dienstleistungsempfänger ihm alle Teile beigestellt hat, nach Artikel 54 der Richtlinie 2006/112/EG.

Unterabschnitt 9. Restaurant- und Verpflegungsdienstleistungen an Bord eines Beförderungsmittels

Art. 35 [Maßgeblichkeit Reisestrecke des Beförderungsmittels bei Bestimmung des innergemeinschaftlichen Teils der Personenbeförderung bei Restaurant- und Verpflegungsleistungen an Bord] Zur Bestimmung des innerhalb der Gemeinschaft stattfindenden Teils der Personenbeförderung im Sinne des Artikels 57 der Richtlinie 2006/112/EG ist die Reisestrecke des Beförderungsmittels, nicht die der beförderten Personen, ausschlaggebend.

Art. 36 [Restaurant- und Verpflegungsleistungen gänzlich innerhalb und gänzlich außerhalb des innergemeinschaftlichen Teils einer Personenbeförderung] Werden die Restaurant- und Verpflegungsdienstleistungen während des innerhalb der Gemeinschaft stattfindenden Teils der Personenbeförderung erbracht, so fallen diese Dienstleistungen unter Artikel 57 der Richtlinie 2006/112/EG.

Werden die Restaurant- und Verpflegungsdienstleistungen außerhalb dieses Teils der Personenbeförderung, aber im Gebiet eines Mitgliedstaats oder eines Drittlandes oder eines Drittgebiets erbracht, so fallen diese Dienstleistungen unter Artikel 55 der genannten Richtlinie.

Art. 37 [Restaurant- und Verpflegungsleistungen teilweise innerhalb und teilweise außerhalb des innergemeinschaftlichen Teils einer Personenbeförderung] Der Ort der Dienstleistung einer Restaurant- oder Verpflegungsdienstleistung innerhalb der Gemeinschaft, die teilweise während, teilweise außerhalb des innerhalb der Gemeinschaft stattfindenden Teils der Personenbeförderung, aber auf dem Gebiet eines Mitgliedstaats erbracht wird, bestimmt sich für die gesamte Dienstleistung nach den Regeln für die Bestimmung des Ortes der Dienstleistung, die zu Beginn der Erbringung der Restaurant- oder Verpflegungsdienstleistung gelten.

Unterabschnitt 10. Vermietung von Beförderungsmitteln

Art. 38 [Definition Beförderungsmittel] (1) Als „Beförderungsmittel" im Sinne von Artikel 56 und Artikel 59 Unterabsatz 1 Buchstabe g der Richtlinie 2006/112/EG gelten motorbetriebene Fahrzeuge oder Fahrzeuge ohne Motor und sonstige Ausrüstungen und Vorrichtungen, die zur Beförderung von Gegenständen oder Personen von einem Ort an einen anderen konzipiert wurden und von Fahrzeugen gezogen oder geschoben werden können und die normalerweise zur Beförderung von Gegenständen oder Personen konzipiert und tatsächlich geeignet sind.

(2) Als Beförderungsmittel nach Absatz 1 gelten insbesondere folgende Fahrzeuge:

a) Landfahrzeuge wie Personenkraftwagen, Motorräder, Fahrräder, Dreiräder sowie Wohnanhänger;

b) Anhänger und Sattelanhänger;

c) Eisenbahnwagen;

d) Wasserfahrzeuge;

e) Luftfahrzeuge;

f) Fahrzeuge, die speziell für den Transport von Kranken oder Verletzten konzipiert sind;

g) landwirtschaftliche Zugmaschinen und andere landwirtschaftliche Fahrzeuge;

h) Rollstühle und ähnliche Fahrzeuge für Kranke und Körperbehinderte, mit mechanischen oder elektronischen Vorrichtungen zur Fortbewegung.

(3) Als Beförderungsmittel nach Absatz 1 gelten nicht Fahrzeuge, die dauerhaft stillgelegt sind, sowie Container.

Art. 39 [Kurzfristige Vermietung eines Beförderungsmittels – Maßgeblichkeit der vertraglichen Vereinbarung für Bestimmung des Zeitraums der Vermietung] (1) Für die Anwendung des Artikels 56 der Richtlinie 2006/112/EG wird die Dauer des Besitzes oder der Verwendung eines Beförderungsmittels während eines ununterbrochenen Zeitraums, das Gegenstand einer Vermietung ist, auf der Grundlage der vertraglichen Vereinbarung zwischen den beteiligten Parteien bestimmt.

Der Vertrag begründet eine Vermutung, die durch jegliche auf Fakten oder Gesetz gestützte Mittel widerlegt werden kann, um die tatsächliche Dauer des Besitzes oder der Verwendung während eines ununterbrochenen Zeitraums festzustellen.

Wird die vertraglich festgelegte Dauer einer Vermietung über einen kürzeren Zeitraum im Sinne des Artikels 56 der Richtlinie 2006/112/EG aufgrund höherer Gewalt überschritten, so ist dies für die Feststellung der Dauer des Besitzes oder der Verwendung des Beförderungsmittels während eines ununterbrochenen Zeitraums unerheblich.

(2) Werden für ein und dasselbe Beförderungsmittel mehrere aufeinanderfolgende Mietverträge zwischen denselben Parteien geschlossen, so ist als Dauer des Besitzes oder der Verwendung dieses Beförderungsmittels während eines ununterbrochenen Zeitraums die Gesamtlaufzeit aller Verträge zugrunde zu legen.

Für die Zwecke von Unterabsatz 1 sind ein Vertrag und die zugehörigen Verlängerungsverträge aufeinanderfolgende Verträge.

Die Laufzeit des Mietvertrags oder der Mietverträge über einen kürzeren Zeitraum, die einem als langfristig geltenden Mietvertrag vorausgehen, wird jedoch nicht in Frage gestellt, sofern keine missbräuchlichen Praktiken vorliegen.

(3) Sofern keine missbräuchlichen Praktiken vorliegen, gelten aufeinanderfolgende Mietverträge, die zwischen denselben Parteien geschlossen werden, jedoch unterschiedliche Beförderungsmittel zum Gegenstand haben, nicht als aufeinanderfolgende Verträge nach Absatz 2.

Art. 40 [Ort der physischen Überlassung des Beförderungsmittels als Dienstleistung] Der Ort, an dem das Beförderungsmittel dem Dienstleistungsempfänger gemäß Artikel 56 Absatz 1 der Richtlinie 2006/112/EG tatsächlich zur Verfügung gestellt wird, ist der Ort, an dem der Dienstleistungsempfänger oder eine von ihm beauftragte Person es unmittelbar physisch in Besitz nimmt.

Unterabschnitt 11. Dienstleistungen an Nichtsteuerpflichtige außerhalb der Gemeinschaft

Art. 41 [Ort der Dienstleistung der Textübersetzung an Nichtunternehmer außerhalb der EU] Dienstleistungen der Textübersetzung, die an einen außerhalb der Gemeinschaft ansässigen Nichtsteuerpflichtigen erbracht werden, fallen unter Artikel 59 Unterabsatz 1 Buchstabe c der Richtlinie 2006/112/EG.

Kapitel VI. Besteuerungsgrundlage (Titel VII der Richtlinie 2006/112/EG)

Art. 42 [Kreditkartengebühren als Teil der Bemessungsgrundlage des zugrunde liegenden Umsatzes] Verlangt ein Lieferer von Gegenständen oder ein Erbringer von Dienstleistungen als Bedingung für die Annahme einer Bezahlung mit Kredit- oder Geldkarte, dass der Dienstleistungsempfänger ihm oder einem anderen Unternehmen hierfür einen Betrag entrichtet und der von diesem Empfänger zu zahlende Gesamtpreis durch die Zahlungsweise nicht beeinflusst wird, so ist dieser Betrag Bestandteil der Besteuerungsgrundlage der Lieferung von Gegenständen oder der Dienstleistung gemäß Artikel 73 bis 80 der Richtlinie 2006/112/EG.

Kapitel VII. Steuersätze

Art. 43 [Vermietung von Zelten, Wohnanhängern oder Wohnmobilen auf Campingplätzen als Beherbergungsleistung] „Beherbergung in Ferienunterkünften" gemäß Anhang III Nummer 12 der Richtlinie 2006/112/EG umfasst auch die Vermietung von Zelten, Wohnanhängern oder Wohnmobilen, die auf Campingplätzen aufgestellt sind und als Unterkünfte dienen.

Kapitel VIII. Steuerbefreiungen

Abschnitt 1. Steuerbefreiungen für bestimmte, dem Gemeinwohl dienende Tätigkeiten (Artikel 132, 133 und 134 der Richtlinie 2006/112/EG)

Art. 44 [Reichweite der Dienstleistungen der Ausbildung, Fortbildung oder beruflichen Umschulung] Die Dienstleistungen der Ausbildung, Fortbildung oder beruflichen Umschulung, die unter den Voraussetzungen des Artikels 132 Absatz 1 Buchstabe i der Richtlinie 2006/112/EG erbracht werden, umfassen Schulungsmaßnahmen mit direktem Bezug zu einem Gewerbe oder einem Beruf sowie jegliche Schulungsmaßnahme, die dem Erwerb oder der Erhaltung beruflicher Kenntnisse dient. Die Dauer der Ausbildung, Fortbildung oder beruflichen Umschulung ist hierfür unerheblich.

Abschnitt 2. Steuerbefreiungen für andere Tätigkeiten (Artikel 135, 136 und 137 der Richtlinie 2006/112/EG)

Art. 45 [Ausschluss Steuerbefreiung für Umsätze mit gesetzlichen Zahlungsmitteln bei „Platin Nobles"] Die Steuerbefreiung in Artikel 135 Absatz 1 Buchstabe e der Richtlinie 2006/112/EG findet keine Anwendung auf Platinum Nobles.

Abschnitt 3. Steuerbefreiungen bei der Einfuhr (Artikel 143, 144 und 145 der Richtlinie 2006/112/EG)

Art. 46 [Beförderungsleistungen anlässlich Wohnortwechsel als Dienstleistung, die sich auf die Einfuhr von Gegenständen beziehen] Die Steuerbefreiung in Artikel 144 der Richtlinie 2006/112/EG gilt auch für Beförderungsleistungen, die mit einer Einfuhr beweglicher körperlicher Gegenstände anlässlich eines Wohnortwechsels verbunden sind.

Abschnitt 4. Steuerbefreiungen bei der Ausfuhr (Artikel 146 und 147 der Richtlinie 2006/112/EG)

Art. 47 [Privaten Zwecken dienende Beförderungsmittel – Verwendung durch nicht natürliche Personen] „Privaten Zwecken dienende Beförderungsmittel" im Sinne des Artikels 146 Absatz 1 Buchstabe b der Richtlinie 2006/112/EG umfassen auch Beförderungsmittel, die von Personen, die keine natürlichen Personen sind, wie etwa Einrichtungen des öffentlichen Rechts im Sinne von Artikel 13 der genannten Richtlinie oder Vereine, für nichtgeschäftliche Zwecke verwendet werden.

Art. 48 [Steuerbefreiung der Lieferungen zur Ausfuhr im persönlichen Reisegepäck – Abstellen beim Schwellenwert auf Rechnungsbetrag] Für die Feststellung, ob der von einem Mitgliedstaat gemäß Artikel 147 Absatz 1 Unterabsatz 1 Buchstabe c der Richtlinie 2006/112/EG festgelegte Schwellenwert überschritten wurde, was eine Bedingung für die Steuerbefreiung von Lieferungen zur Mitführung im persönlichen Gepäck von Reisenden ist, wird der Rechnungsbetrag zugrunde gelegt. Der Gesamtwert mehrerer Gegenstände darf nur dann zugrunde gelegt werden, wenn alle diese Gegenstände in ein und derselben Rechnung aufgeführt sind und diese Rechnung von ein und demselben Steuerpflichtigen, der diese Gegenstände liefert, an ein und denselben Abnehmer ausgestellt wurde.

Abschnitt 5. Steuerbefreiungen bei bestimmten, Ausfuhren gleichgestellten Umsätzen (Artikel 151 und 152 der Richtlinie 2006/112/EG)

Art. 49 [Anwendbarkeit der Steuerbefreiung für elektronische Dienstleistungen an diplomatische Mission, internationale Einrichtungen und NATO-Streitkräfte] Die in Artikel 151 der Richtlinie 2006/112/EG vorgesehene Steuerbefreiung ist auch auf elektronische Dienstleistungen anwendbar, wenn diese von einem Steuerpflichtigen erbracht werden, auf den die in den Artikeln 357 bis 369 jener Richtlinie vorgesehene Sonderregelung für elektronisch erbrachte Dienstleistungen anwendbar ist.

Art. 50 [Konsortium für eine europäische Forschungsinfrastruktur (ERIC) als internationale Einrichtung] (1) Um als internationale Einrichtung für die Anwendung des Artikels 143 Absatz 1 Buchstabe g und des Artikels 151 Absatz 1 Unterabsatz 1 Buchstabe b der Richtlinie 2006/112/EG anerkannt werden zu können, muss eine Einrichtung, die als Konsortium für eine europäische Forschungsinfrastruktur (ERIC) im Sinne der Verordnung (EG) Nr. 723/2009 des Rates vom 25. Juni 2009 über den gemeinschaftlichen Rechtsrahmen für ein Konsortium für eine europäische Forschungsinfrastruktur (ERIC)[1] gegründet werden soll, alle nachfolgenden Voraussetzungen erfüllen:

a) sie besitzt eine eigene Rechtspersönlichkeit und ist voll rechtsfähig;

b) sie wurde auf der Grundlage des Rechts der Europäischen Union errichtet und unterliegt diesem;

c) sie hat Mitgliedstaaten als Mitglieder und darf Drittländer und zwischenstaatliche Organisationen als Mitglieder einschließen, jedoch keine privaten Einrichtungen;

d) sie hat besondere und legitime Ziele, die gemeinsam verfolgt werden und im Wesentlichen nicht wirtschaftlicher Natur sind.

(2) Die in Artikel 143 Absatz 1 Buchstabe g und Artikel 151 Absatz 1 Unterabsatz 1 Buchstabe b der Richtlinie 2006/112/EG vorgesehene Steuerbefreiung ist auf eine ERIC im Sinne des Absatzes 1 anwendbar, wenn diese vom Aufnahmemitgliedstaat als internationale Einrichtung anerkannt wird.

Die Grenzen und Voraussetzungen dieser Steuerbefreiung werden in einem Abkommen zwischen den Mitgliedern der ERIC gemäß Artikel 5 Absatz 1 Buchstabe d der Verordnung (EG) Nr. 723/2009 festgelegt. Bei Gegenstän-

[1] ABl. L 206 vom 8. 8. 2009, S. 1.

den, die nicht aus dem Mitgliedstaat versandt oder befördert werden, in dem ihre Lieferung bewirkt wird, und bei Dienstleistungen kann die Steuerbefreiung entsprechend Artikel 151 Absatz 2 der Richtlinie 2006/112/EG im Wege der Mehrwertsteuererstattung erfolgen.

Art. 51 [Bescheinigung nach Anhang II der VO als Nachweis der Steuerbefreiung für Leistungen an diplomatische Mission, internationale Einrichtungen und NATO-Streitkräfte] (1) Ist der Empfänger eines Gegenstands oder einer Dienstleistung innerhalb der Gemeinschaft, aber nicht in dem Mitgliedstaat der Lieferung oder Dienstleistung ansässig, so dient die Bescheinigung über die Befreiung von der Mehrwertsteuer und/oder der Verbrauchsteuer nach dem Muster in Anhang II dieser Verordnung entsprechend den Erläuterungen im Anhang zu dieser Bescheinigung als Bestätigung dafür, dass der Umsatz nach Artikel 151 der Richtlinie 2006/112/EG von der Steuer befreit werden kann.

Bei Verwendung der Bescheinigung kann der Mitgliedstaat, in dem der Empfänger eines Gegenstands oder einer Dienstleistung ansässig ist, entscheiden, ob er eine gemeinsame Bescheinigung für Mehrwertsteuer und Verbrauchsteuer oder zwei getrennte Bescheinigungen verwendet.

(2) Die in Absatz 1 genannte Bescheinigung wird von den zuständigen Behörden des Aufnahmemitgliedstaats mit einem Dienststempelabdruck versehen. Sind die Gegenstände oder Dienstleistungen jedoch für amtliche Zwecke bestimmt, so können die Mitgliedstaaten bei Vorliegen von ihnen festzulegender Voraussetzungen auf die Anbringung des Dienststempelabdrucks verzichten. Diese Freistellung kann im Falle von Missbrauch widerrufen werden.

Die Mitgliedstaaten teilen der Kommission mit, welche Kontaktstelle zur Angabe der für das Abstempeln der Bescheinigung zuständigen Dienststellen benannt wurde und in welchem Umfang sie auf das Abstempeln der Bescheinigung verzichten. Die Kommission gibt diese Information an die anderen Mitgliedstaaten weiter.

(3) Wendet der Mitgliedstaat der Lieferung oder Dienstleistung die direkte Befreiung an, so erhält der Lieferer oder Dienstleistungserbringer die in Absatz 1 genannte Bescheinigung vom Empfänger der Lieferung oder Dienstleistung und nimmt sie in seine Buchführung auf. Wird die Befreiung nach Artikel 151 Absatz 2 der Richtlinie 2006/112/EG im Wege der Mehrwertsteuererstattung gewährt, so ist die Bescheinigung dem in dem betreffenden Mitgliedstaat gestellten Erstattungsantrag beizufügen.

Kapitel IX. Vorsteuerabzug (Titel X der Richtlinie 2006/112/EG)

Art. 52 [Elektronische Fassung des die Einfuhr bescheinigenden Dokuments] Verfügt der Einfuhrmitgliedstaat über ein elektronisches System zur Erfüllung der Zollformalitäten, so fallen unter den Begriff „die Einfuhr bescheinigendes Dokument" in Artikel 178 Buchstabe e der Richtlinie 2006/112/EG auch die elektronischen Fassungen derartiger Dokumente, sofern sie eine Überprüfung des Vorsteuerabzugs erlauben.

Kapitel X. Pflichten der Steuerpflichtigen und bestimmter nichtsteuerpflichtiger Personen (Titel XI der Richtlinie 2006/112/EG)

Abschnitt 1. Steuerschuldner gegenüber dem Fiskus (Artikel 192a bis 205 der Richtlinie 2006/112/EG)

Art. 53 [Beteiligung einer festen Niederlassung an der Dienstleistung für Zwecke der Festlegung des Steuerschuldners] (1) Für die Durchführung des Artikels 192a der Richtlinie 2006/112/EG wird eine feste Niederlassung eines Steuerpflichtigen nur dann berücksichtigt, wenn diese feste Niederlassung einen hinreichenden Grad an Beständigkeit sowie eine Struktur aufweist, die es ihr von der personellen und technischen Ausstattung her erlaubt, die Lieferung von Gegenständen oder die Erbringung von Dienstleistungen, an der sie beteiligt ist, auszuführen.

(2) Verfügt ein Steuerpflichtiger über eine feste Niederlassung in dem Gebiet des Mitgliedstaats, in dem die Mehrwertsteuer geschuldet wird, gilt diese feste Niederlassung als nicht an der Lieferung von Gegenständen oder der Erbringung von Dienstleistungen im Sinne des Artikels 192a Buchstabe b der Richtlinie 2006/112/EG beteiligt, es sei denn, der Steuerpflichtige nutzt die technische und personelle Ausstattung dieser Niederlassung für Umsätze, die mit der Ausführung der steuerbaren Lieferung dieser Gegenstände oder der steuerbaren Erbringung dieser Dienstleistungen vor oder während der Ausführung in diesem Mitgliedstaat notwendig verbunden sind.

Wird die Ausstattung der festen Niederlassung nur für unterstützende verwaltungstechnische Aufgaben wie z.B. Buchhaltung, Rechnungsstellung und Einziehung von Forderungen genutzt, so gilt dies nicht als Nutzung bei der Ausführung der Lieferung oder der Dienstleistung.

Wird eine Rechnung jedoch unter der durch den Mitgliedstaat der festen Niederlassung vergebenen Mehrwertsteuer-Identifikationsnummer ausgestellt, so gilt diese feste Niederlassung bis zum Beweis des Gegenteils als an der Lieferung oder Dienstleistung beteiligt.

Art. 54 [Unmaßgeblichkeit der Beteiligung einer festen Niederlassung an der Dienstleistung im Fall des Sitzorts des leistenden Unternehmers im Mitgliedstaat des Orts der Leistung] Hat ein Steuerpflichtiger den Sitz seiner wirtschaftlichen Tätigkeit in dem Mitgliedstaat, in dem die Mehrwertsteuer geschuldet wird, so findet Artikel 192a der Richtlinie 2006/112/EG keine Anwendung, unabhängig davon, ob dieser Sitz der wirtschaftlichen Tätigkeit an der von ihm getätigten Lieferung oder Dienstleistung innerhalb dieses Mitgliedstaats beteiligt ist.

Abschnitt 2. Ergänzende Bestimmungen (Artikel 272 und 273 der Richtlinie 2006/112/EG)

Art. 55 [Pflicht der Mitteilung der USt-IdNr. des Leistungsempfängers an den leistenden Unternehmer] Für Umsätze nach Artikel 262 der

Richtlinie 2006/112/EG müssen Steuerpflichtige, denen nach Artikel 214 jener Richtlinie eine individuelle Mehrwertsteuer-Identifikationsnummer zuzuteilen ist, und nichtsteuerpflichtige juristische Personen, die für Mehrwertsteuerzwecke erfasst sind, wenn sie als solche handeln, ihren Lieferern oder Dienstleistungserbringern ihre Mehrwertsteuer-Identifikationsnummer mitteilen, sowie diese ihnen bekannt ist.

Steuerpflichtige im Sinne des Artikels 3 Absatz 1 Buchstabe b der Richtlinie 2006/112/EG, deren innergemeinschaftliche Erwerbe von Gegenständen nach Artikel 4 Absatz 1 der vorliegenden Verordnung nicht der Mehrwertsteuer unterliegen, müssen ihren Lieferern ihre individuelle Mehrwertsteuer-Identifikationsnummer nicht mitteilen, wenn sie gemäß Artikel 214 Absatz 1 Buchstabe d oder e jener Richtlinie für Mehrwertsteuerzwecke erfasst sind.

Kapitel XI. Sonderregelungen

Abschnitt 1. Sonderregelung für Anlagegold (Artikel 344 bis 356 der Richtlinie 2006/112/EG)

Art. 56 [Definition von Goldmärkten akzeptiertes Gewicht] Der Begriff „mit einem von den Goldmärkten akzeptierten Gewicht“ in Artikel 344 Absatz 1 Nummer 1 der Richtlinie 2006/112/EG umfasst mindestens die in Anhang III dieser Verordnung aufgeführten Einheiten und Gewichte.

Art. 57 [Preis und Offenmarktwert zum Stichtag 1. April eines Jahres] Für die Zwecke der Erstellung des in Artikel 345 der Richtlinie 2006/112/EG genannten Verzeichnisses von Goldmünzen beziehen sich die in Artikel 344 Absatz 1 Nummer 2 jener Richtlinie genannten Begriffe „Preis“ und „Offenmarktwert“ auf den Preis bzw. den Offenmarktwert am 1. April eines jeden Jahres. Fällt der 1. April nicht auf einen Tag, an dem derartige Preise bzw. Offenmarktwerte festgesetzt werden, so sind diejenigen des nächsten Tages, an dem eine Festsetzung erfolgt, zugrunde zu legen.

[*Abschnitt 2 bis 31.12.2014:*[1])

Abschnitt 2. Sonderregelung für nicht in der Gemeinschaft ansässige Steuerpflichtige, die elektronische Dienstleistungen an Nichtsteuerpflichtige erbringen (Artikel 357 bis 369 der Richtlinie 2006/112/EG)

Art. 58 [Ausschluss von Anwendung der Sonderregelung für elektronische Dienstleistungen durch Mitgliedstaat der Identifizierung – Abgabe der MwSt-Erklärung] *Erfüllt ein nicht in der Gemeinschaft ansässiger Steuerpflichtiger, der die Sonderregelung für elektronisch erbrachte Dienstleistungen der Artikel 357 bis 369 der Richtlinie 2006/112/EG anwendet, während eines Kalenderquartals mindestens eines der in Artikel 363 der genannten Richtlinie geregelten Ausschlusskriterien, so schließt der Mitgliedstaat der Identifizierung diesen Steuerpflichtigen von der Anwendung der*

---

[1]) Neu gef. durch VO (EU) Nr. 967/2012 v. 9. 10. 2012; im Anschluss abgedruckt.

Sonderregelung aus. In diesen Fällen kann der nicht in der Gemeinschaft ansässige Steuerpflichtige von da an jederzeit im Kalenderquartal von der Anwendung der Sonderregelung ausgeschlossen werden.

Der nicht in der Gemeinschaft ansässige Steuerpflichtige gibt in Bezug auf die elektronisch erbrachten Dienstleistungen, die er vor dem Ausschluss in dem Kalenderquartal erbracht hat, in dem der Ausschluss erfolgt, gemäß Artikel 364 der Richtlinie 2006/112/EG eine Mehrwertsteuererklärung für das gesamte Kalenderquartal ab. Die Pflicht zur Abgabe dieser Steuererklärung gilt unbeschadet der Pflicht, sich gegebenenfalls nach den normalen Vorschriften in einem Mitgliedstaat für Mehrwertsteuerzwecke erfassen zu lassen.

Art. 59 [Elektronisch erbrachte Dienstleistungen – Kalenderquartal als Erklärungszeitraum] *Jeder Erklärungszeitraum (Kalenderquartal) gemäß Artikel 364 der Richtlinie 2006/112/EG ist ein eigenständiger Erklärungszeitraum.*

Art. 60 [Elektronisch erbrachte Dienstleistungen – Änderung der ursprünglichen MwSt-Erklärung] *Sobald eine Mehrwertsteuererklärung entsprechend Artikel 364 der Richtlinie 2006/112/EG abgegeben wurde, ist jegliche Änderung der darin enthaltenen Zahlen ausschließlich im Wege einer Änderung dieser Erklärung und nicht durch Berichtigung in einer Erklärung für einen späteren Zeitraum vorzunehmen.*

Art. 61 [Elektronisch erbrachte Dienstleistungen – Verbot von Rundungen in der MwSt-Erklärung] *Die Beträge in der Mehrwertsteuererklärung für die Zwecke der Anwendung der Sonderregelung für elektronisch erbrachte Dienstleistungen der Artikel 357 bis 369 der Richtlinie 2006/112/EG werden nicht auf den nächsten vollen Betrag der betreffenden Währungseinheit gerundet. Es ist jeweils der genaue Mehrwertsteuerbetrag anzugeben und abzuführen.*

Art. 62 [Elektronisch erbrachte Dienstleistungen – Rückzahlung zu viel gezahlter MwSt durch Mitgliedstaat der Identifzierung/des Verbrauchs] *Hat der Mitgliedstaat der Identifizierung einen Beitrag vereinnahmt, der höher ist, als es der nach Artikel 364 der Richtlinie 2006/112/EG für elektronisch erbrachte Dienstleistungen abgegebenen Mehrwertsteuererklärung entspricht, so erstattet er dem betreffenden Steuerpflichtigen den zu viel gezahlten Betrag direkt.*

Hat der Mitgliedstaat der Identifizierung einen Betrag entsprechend einer Mehrwertsteuererklärung vereinnahmt, die sich später als nicht korrekt erwiesen hat, und hat er diesen Betrag bereits an die Mitgliedstaaten des Verbrauchs weitergeleitet, so erstatten diese dem betreffenden nicht in der Gemeinschaft ansässigen Steuerpflichtigen den jeweils zu viel gezahlten Betrag direkt und unterrichten den Mitgliedstaat der Identifizierung über die Berichtigung des Betrags.

Art. 63 [Elektronisch erbrachte Dienstleistungen – Zuordnung gezahlter MwSt zu einer Steuererklärung] *Die gemäß Artikel 367 der Richtlinie 2006/112/EG gezahlten Mehrwertsteuerbeträge beziehen sich nur auf diese gemäß Artikel 364 dieser Richtlinie abgegebene Mehrwertsteuererklärung. Jegliche spätere Änderung an den gezahlten Beträgen darf ausschließlich unter Bezug auf diese Erklärung vorgenommen werden und darf nicht einer anderen Erklärung zugeschrieben oder im Rahmen einer späteren Erklärung berichtigt werden.*]

[*Abschnitt 2 ab 1.1.2015:*[1])

Abschnitt 2. Sonderregelungen für nicht ansässige Steuerpflichtige, die Telekommunikationsdienstleistungen, Rundfunk- und Fernsehdienstleistungen oder elektronische Dienstleistungen an Nichtsteuerpflichtige erbringen (Artikel 358 bis 369 k der Richtlinie 2006/112/EG)

Unterabschnitt 1. Begriffsbestimmungen

Art. 57 a [Begriffsbestimmungen] Für die Zwecke dieses Abschnitts gelten folgende Begriffsbestimmungen:

1. ‚Nicht-EU-Regelung': die Sonderregelung für von nicht in der Gemeinschaft ansässigen Steuerpflichtigen erbrachte Telekommunikationsdienstleistungen, Rundfunk- und Fernsehdienstleistungen oder elektronische Dienstleistungen gemäß Titel XII Kapitel 6 Abschnitt 2 der Richtlinie 2006/112/EG;
2. ‚EU-Regelung': die Sonderregelung für von in der Gemeinschaft, nicht aber im Mitgliedstaat des Verbrauchs ansässigen Steuerpflichtigen erbrachte Telekommunikationsdienstleistungen, Rundfunk- und Fernsehdienstleistungen oder elektronische Dienstleistungen gemäß Titel XII Kapitel 6 Abschnitt 3 der Richtlinie 2006/112/EG;
3. ‚Sonderregelung': je nach Zusammenhang ‚Nicht-EU-Regelung' und/oder ‚EU-Regelung';
4. ‚Steuerpflichtiger': ein Steuerpflichtiger, der nicht in der Gemeinschaft ansässig ist, gemäß der Definition in Artikel 358 a Nummer 1 der Richtlinie 2006/112/EG, oder ein Steuerpflichtiger, der nicht im Mitgliedstaat des Verbrauchs ansässig ist, gemäß der Definition in Artikel 369 a Absatz 1 Nummer 1 jener Richtlinie.

Unterabschnitt 2. Anwendung der EU-Regelung

Art. 57 b [Mitgliedstaat der Identifizierung] Hat ein Steuerpflichtiger, der die EU-Regelung in Anspruch nimmt, den Sitz seiner wirtschaftlichen Tätigkeit in der Gemeinschaft, so ist der Mitgliedstaat, in dem sich dieser Sitz befindet, der Mitgliedstaat der Identifizierung.

Hat ein Steuerpflichtiger, der die EU-Regelung in Anspruch nimmt, zwar den Sitz seiner wirtschaftlichen Tätigkeit außerhalb der Gemeinschaft, aber mehr als eine feste Niederlassung in der Gemeinschaft, so kann er jeden Mitgliedstaat, in dem er eine feste Niederlassung hat, als Mitgliedstaat der Identifizierung gemäß Artikel 369 a Absatz 2 der Richtlinie 2006/112/EG auswählen.

Unterabschnitt 3. Geltungsbereich der EU-Regelung

Art. 57 c [Telekommunikationsleistungen u. a.] Die EU-Regelung gilt nicht für Telekommunikationsdienstleistungen, Rundfunk- und Fernseh-

[1]) Art. 57 a bis 63 c neu gef. bzw. eingef. mWv 1. 1. 2015 durch VO (EU) Nr. 967/2012 v. 9. 10. 2012 (ABl. EU Nr. L 290 S. 1).

dienstleistungen oder elektronische Dienstleistungen, die in einem Mitgliedstaat erbracht werden, in dem der Steuerpflichtige den Sitz seiner wirtschaftlichen Tätigkeit oder eine feste Niederlassung hat. Diese Dienstleistungen werden den zuständigen Steuerbehörden dieses Mitgliedstaats in der Mehrwertsteuererklärung gemäß Artikel 250 der Richtlinie 2006/112/EG gemeldet.

Unterabschnitt 4. Identifizierung

Art. 57 d [Geltungszeitpunkt der Sonderregelung] Erklärt ein Steuerpflichtiger dem Mitgliedstaat der Identifizierung, dass er beabsichtigt, eine der Sonderregelungen in Anspruch zu nehmen, so gilt die betreffende Sonderregelung ab dem ersten Tag des folgenden Kalenderquartals.

Erfolgt die erste Erbringung von Dienstleistungen, die unter diese Sonderregelung fallen, jedoch vor dem in Absatz 1 genannten Termin, so gilt die Sonderregelung ab dem Tag der ersten Leistungserbringung, vorausgesetzt der Steuerpflichtige unterrichtet den Mitgliedstaat der Identifizierung spätestens am zehnten Tag des Monats, der auf diese erste Leistungserbringung folgt, über die Aufnahme der unter die Regelung fallenden Tätigkeiten.

Art. 57 e [Identifizierung mit MwSt-Identifikationsnummer] Der Mitgliedstaat der Identifizierung identifiziert den Steuerpflichtigen, der die EU-Regelung in Anspruch nimmt, anhand seiner Mehrwertsteuer-Identifikationsnummer gemäß den Artikeln 214 und 215 der Richtlinie 2006/112/EG.

Art. 57 f [Änderung des Mitgliedstaats der Identifizierung] (1) Erfüllt ein Steuerpflichtiger, der die EU-Regelung in Anspruch nimmt, nicht mehr die Voraussetzungen gemäß der Definition in Artikel 369 a Absatz 1 Nummer 2 der Richtlinie 2006/112/EG, so ist der Mitgliedstaat, der ihm die Mehrwertsteuer-Identifikationsnummer erteilt hat, nicht mehr der Mitgliedstaat der Identifizierung. Erfüllt ein Steuerpflichtiger weiter die Voraussetzungen für die Inanspruchnahme dieser Sonderregelung, so gibt er, um diese Regelung weiterhin in Anspruch nehmen zu können, als neuen Mitgliedstaat der Identifizierung den Mitgliedstaat, in dem er den Sitz seiner wirtschaftlichen Tätigkeit hat, oder, wenn er den Sitz seiner wirtschaftlichen Tätigkeit nicht in der Gemeinschaft hat, einen Mitgliedstaat, in dem er eine feste Niederlassung hat, an.

(2) Ändert sich gemäß Absatz 1 der Mitgliedstaat der Identifizierung, so gilt diese Änderung ab dem Tag, an dem der Steuerpflichtige nicht mehr den Sitz seiner wirtschaftlichen Tätigkeit oder keine feste Niederlassung mehr in dem zuvor als Mitgliedstaat der Identifizierung angegebenen Mitgliedstaat hat.

Art. 57 g [Beendigung der Inanspruchnahme] Ein Steuerpflichtiger, der eine Sonderregelung in Anspruch nimmt, kann die Inanspruchnahme dieser Sonderregelung beenden, unabhängig davon, ob er weiterhin Dienstleistungen erbringt, die unter diese Sonderregelung fallen können. Der Steuerpflichtige unterrichtet den Mitgliedstaat der Identifizierung mindestens 15 Tage vor Ablauf des Kalenderquartals vor demjenigen, in welchem er die Inanspruchnahme der Regelung beenden will. Eine Beendigung ist ab dem ersten Tag des nächsten Kalenderquartals wirksam.

Mehrwertsteuerpflichten im Zusammenhang mit der Erbringung von Telekommunikationsdienstleistungen, Rundfunk- und Fernsehdienstleistungen oder elektronischen Dienstleistungen, die nach dem Zeitpunkt entstehen, zu dem die Beendigung der Inanspruchnahme wirksam wurde, wird direkt bei den Steuerbehörden des betreffenden Mitgliedstaats des Verbrauchs nachgekommen.

Beendet ein Steuerpflichtiger die Inanspruchnahme einer der Sonderregelungen gemäß Absatz 1, so wird er in jedem Mitgliedstaat für zwei Kalenderquartale ab dem Datum der Beendigung der Inanspruchnahme von der Sonderregelung ausgeschlossen.

Unterabschnitt 5. Berichtspflichten

Art. 57h [Art. 57f] [Berichtspflichten] (1) Ein Steuerpflichtiger unterrichtet den Mitgliedstaat der Identifizierung spätestens am zehnten Tag des folgenden Monats auf elektronischem Wege von

– der Beendigung seiner unter eine Sonderregelung fallenden Tätigkeiten,
– jeglichen Änderungen seiner unter eine Sonderregelung fallenden Tätigkeiten, durch die er die Voraussetzungen für die Inanspruchnahme dieser Sonderregelung nicht mehr erfüllt, und
– sämtlichen Änderungen der zuvor dem Mitgliedstaat der Identifikation mitgeteilten Angaben.

(2) Ändert sich der Mitgliedstaat der Identifizierung gemäß Artikel 57f, so unterrichtet der Steuerpflichtige die beiden betroffenen Mitgliedstaaten spätestens am zehnten Tag des Monats, der auf die Verlagerung des Sitzes der wirtschaftlichen Tätigkeit oder der festen Niederlassung folgt, über diese Änderung. Er teilt dem neuen Mitgliedstaat der Identifizierung die Registrierungsdaten mit, die erforderlich sind, wenn ein Steuerpflichtiger eine Sonderregelung erstmals in Anspruch nimmt.

Unterabschnitt 6. Ausschluss

Art. 58 [Ausschluss] Findet zumindest eines der Ausschlusskriterien gemäß den Artikeln 363 und 369e der Richtlinie 2006/112/EG auf einen Steuerpflichtigen, der eine der Sonderregelungen in Anspruch nimmt, Anwendung, so schließt der Mitgliedstaat der Identifizierung diesen Steuerpflichtigen von der betreffenden Regelung aus.

Nur der Mitgliedstaat der Identifizierung kann einen Steuerpflichtigen von der Inanspruchnahme einer der Sonderregelungen ausschließen.

Der Mitgliedstaat der Identifizierung stützt seine Entscheidung über den Ausschluss auf alle verfügbaren Informationen, einschließlich Informationen eines anderen Mitgliedstaats.

Der Ausschluss ist ab dem ersten Tag des Kalenderquartals wirksam, das auf den Tag folgt, an dem die Entscheidung über den Ausschluss dem Steuerpflichtigen elektronisch übermittelt worden ist.

Ist der Ausschluss jedoch auf eine Änderung des Sitzes der wirtschaftlichen Tätigkeit oder der festen Niederlassung zurückzuführen, so ist der Ausschluss ab dem Tag dieser Änderung wirksam.

Art. 58 a [Vermutungsregelung] Hinsichtlich eines Steuerpflichtigen, der eine Sonderregelung in Anspruch nimmt und der über einen Zeitraum von acht aufeinander folgenden Kalenderquartalen in keinem Mitgliedstaat des Verbrauchs der betreffenden Regelung unterliegende Dienstleistungen erbracht hat, wird davon ausgegangen, dass er seine steuerbaren Tätigkeiten im Sinne des Artikels 363 Buchstabe b bzw. des Artikels 369 e Buchstabe b der Richtlinie 2006/112/EG beendet hat. Diese Beendigung hindert ihn nicht daran, bei Wiederaufnahme seiner unter eine Sonderregelung fallenden Tätigkeiten eine Sonderregelung in Anspruch zu nehmen.

Art. 58 b [Wiederholter Verstoß] (1) Der Ausschluss eines Steuerpflichtigen von einer der Sonderregelungen wegen wiederholten Verstoßes gegen die einschlägigen Vorschriften gilt in jedem Mitgliedstaat und für beide Regelungen während acht Kalenderquartalen nach dem Kalenderquartal, in dem der Steuerpflichtige ausgeschlossen wurde.

(2) Als wiederholter Verstoß gegen die Vorschriften einer der Sonderregelungen im Sinne des Artikels 363 Buchstabe d oder des Artikels 369 e Buchstabe d der Richtlinie 2006/112/EG durch den Steuerpflichtigen gelten mindestens die folgenden Fälle:

a) dem Steuerpflichtigen wurden vom Mitgliedstaat der Identifizierung für drei unmittelbar vorhergehende Kalenderquartale Erinnerungen gemäß Artikel 60 a erteilt und die Mehrwertsteuererklärung wurde für jedes dieser Kalenderquartale nicht binnen zehn Tagen, nachdem die Erinnerung erteilt wurde, abgegeben;

b) vom Mitgliedstaat der Identifizierung wurden ihm für drei unmittelbar vorhergehende Kalenderquartale Erinnerungen gemäß Artikel 63 a erteilt und der Gesamtbetrag der erklärten Mehrwertsteuer ist von ihm nicht binnen zehn Tagen, nachdem die Erinnerung erteilt wurde, für jedes dieser Kalenderquartale gezahlt außer wenn der ausstehende Betrag weniger als 100 EUR für jedes dieser Kalenderquartale beträgt;

c) er hat nach einer Aufforderung des Mitgliedstaats der Identifizierung oder des Mitgliedstaats des Verbrauchs und einen Monat nach einer nachfolgenden Erinnerung des Mitgliedstaats der Identifizierung die in den Artikeln 369 und 369 k der Richtlinie 2006/112/EG genannten Aufzeichnungen nicht elektronisch zur Verfügung gestellt.

Art. 58 c [Pflichten nach Ausschluss] Ein Steuerpflichtiger, der von einer der Sonderregelungen ausgeschlossen worden ist, kommt allen seinen Mehrwertsteuerpflichten im Zusammenhang mit der Erbringung von Telekommunikationsdienstleistungen, Rundfunk- und Fernsehdienstleistungen oder elektronischen Dienstleistungen, die nach dem Zeitpunkt entstehen, zu dem der Ausschluss wirksam wurde, direkt bei den Steuerbehörden des betreffenden Mitgliedstaats des Verbrauchs nach.

Unterabschnitt 7. Mehrwertsteuererklärung

Art. 59 [Erklärungszeitraum] (1) Jeder Erklärungszeitraum im Sinne des Artikels 364 oder des Artikels 369f der Richtlinie 2006/112/EG ist ein eigenständiger Erklärungszeitraum.

(2) Gilt eine Sonderregelung gemäß Artikel 57d Absatz 2 ab dem ersten Tag der Leistungserbringung, so gibt der Steuerpflichtige eine gesonderte Mehrwertsteuererklärung für das Kalenderquartal ab, in dem die erste Leistungserbringung erfolgt ist.

(3) Wurde ein Steuerpflichtiger während eines Erklärungszeitraums im Rahmen jeder der Sonderregelungen registriert, so richtet er im Rahmen jeder Sonderregelung Mehrwertsteuererklärungen und entsprechende Zahlungen hinsichtlich der Erbringung von Dienstleistungen und die von dieser Regelung erfassten Zeiträume an den Mitgliedstaat der Identifizierung.

(4) Ändert sich gemäß Artikel 57f der Mitgliedstaat der Identifizierung nach dem ersten Tag des betreffenden Kalenderquartals, so richtet der Steuerpflichtige Mehrwertsteuererklärungen und entsprechende Mehrwertsteuerzahlungen an den ehemaligen und an den neuen Mitgliedstaat der Identifizierung, die sich auf die Erbringung von Dienstleistungen während der Zeiträume, in denen die Mitgliedstaaten jeweils Mitgliedstaat der Identifizierung waren, beziehen.

Art. 59 a [MwSt-Nullmeldung] Hat ein Steuerpflichtiger, der eine Sonderregelung in Anspruch nimmt, während eines Erklärungszeitraums keine Dienstleistungen in irgendeinem Mitgliedstaat des Verbrauchs im Rahmen dieser Sonderregelung erbracht, so reicht er eine Mehrwertsteuererklärung ein, aus der hervorgeht, dass in dem Zeitraum keine Dienstleistungen erbracht wurden (MwSt.-Nullmeldung).

Art. 60 [Mehrwertsteuerbetrag] Die Beträge in den Mehrwertsteuererklärungen im Rahmen der Sonderregelungen werden nicht auf die nächste volle Einheit auf- oder abgerundet. Es ist jeweils der genaue Mehrwertsteuerbetrag anzugeben und abzuführen.

Art. 60 a [Erinnerung, Mahnung] Der Mitgliedstaat der Identifizierung erinnert Steuerpflichtige, die keine Mehrwertsteuererklärung gemäß Artikel 364 oder Artikel 369f der Richtlinie 2006/112/EG abgegeben haben, auf elektronischem Wege an ihre Verpflichtung zur Abgabe dieser Erklärung. Der Mitgliedstaat der Identifizierung erteilt die Erinnerung am zehnten Tag, der auf den Tag folgt, an dem die Erklärung hätte vorliegen sollen, und unterrichtet die übrigen Mitgliedstaaten auf elektronischem Wege über die Erteilung einer Erinnerung.

Für alle nachfolgenden Mahnungen und sonstigen Schritte zur Festsetzung und Erhebung der Mehrwertsteuer ist der betreffende Mitgliedstaat des Verbrauchs zuständig.

Der Steuerpflichtige gibt die Mehrwertsteuererklärung ungeachtet jeglicher durch den Mitgliedstaat des Verbrauchs erteilter Mahnungen und getroffener Maßnahmen im Mitgliedstaat der Identifizierung ab.

Art. 61 [Änderung der Mehrwertsteuererklärung] (1) Änderungen der in einer Mehrwertsteuererklärung enthaltenen Zahlen werden nach ihrer Abgabe ausschließlich im Wege von Änderungen dieser Erklärung und nicht durch Berichtigungen in einer nachfolgenden Erklärung vorgenommen.

(2) Die in Absatz 1 genannten Änderungen sind innerhalb von drei Jahren ab dem Tag, an dem die ursprüngliche Erklärung abzugeben war, auf elektronischem Wege beim Mitgliedstaat der Identifizierung abzugeben.

Die Vorschriften des Mitgliedstaats des Verbrauchs in Bezug auf Steuerfestsetzungen und Änderungen bleiben jedoch unberührt.

Art. 61 a [Abschließende Mehrwertsteuererklärung] Wenn ein Steuerpflichtiger

a) die Inanspruchnahme einer der Sonderregelungen beendet,

b) von einer der Sonderregelungen ausgeschlossen wird oder

c) den Mitgliedstaat der Identifizierung gemäß Artikel 57 f ändert,

richtet er seine abschließende Mehrwertsteuererklärung und die entsprechende Zahlung sowie jegliche Berichtigungen oder verspätete Abgabe vorangegangener Mehrwertsteuererklärungen und die entsprechenden Zahlungen an den Mitgliedstaat, der vor der Beendigung, dem Ausschluss oder der Änderung der Mitgliedstaat der Identifizierung war.

Unterabschnitt 8. Währung

Art. 61 b [Landeswährung] Bestimmt ein Mitgliedstaat der Identifizierung, dessen Währung nicht der Euro ist, dass die Mehrwertsteuererklärungen in seiner Landeswährung zu erstellen sind, so gilt diese Bestimmung für die Mehrwertsteuererklärungen von allen Steuerpflichtigen, die Sonderregelungen in Anspruch nehmen.

Unterabschnitt 9. Zahlungen

Art. 62 [Mehrwertsteuerzahlung] Unbeschadet des Artikels 63 a Absatz 3 und des Artikels 63 b richtet ein Steuerpflichtiger alle Zahlungen an den Mitgliedstaat der Identifizierung.

Mehrwertsteuerzahlungen des Steuerpflichtigen gemäß Artikel 367 oder Artikel 369 i der Richtlinie 2006/112/EG beziehen sich nur auf die gemäß Artikel 364 oder Artikel 369 f dieser Richtlinie abgegebene Mehrwertsteuererklärung. Jede spätere Berichtigung der gezahlten Beträge durch den Steuerpflichtigen wird ausschließlich unter Bezugnahme auf diese Erklärung vorgenommen und darf weder einer anderen Erklärung zugeordnet noch bei einer späteren Erklärung berichtigt werden. Bei jeder Zahlung ist die Referenznummer der betreffenden Steuererklärung anzugeben.

Art. 63 [Erstattung] Hat ein Mitgliedstaat der Identifizierung einen Betrag vereinnahmt, der höher ist als es der Mehrwertsteuererklärung gemäß Artikel 364 oder Artikel 369f der Richtlinie 2006/112/EG entspricht, so erstattet er dem betreffenden Steuerpflichtigen den zu viel gezahlten Betrag direkt.

Hat ein Mitgliedstaat der Identifizierung einen Betrag aufgrund einer Mehrwertsteuererklärung erhalten, die sich später als unrichtig herausstellt, und hat er diesen Betrag bereits an die Mitgliedstaaten des Verbrauchs weitergeleitet, so erstatten diese Mitgliedstaaten des Verbrauchs dem Steuerpflichtigen direkt ihren jeweiligen Anteil an dem zu viel gezahlten Betrag.

Beziehen sich die zu viel gezahlten Beträge jedoch auf Zeiträume bis einschließlich zum letzten Erklärungszeitraum im Jahr 2018, erstattet der Mitgliedstaat der Identifizierung den betreffenden Anteil des entsprechenden Teils des gemäß Artikel 46 Absatz 3 der Verordnung (EU) Nr. 904/2010 einbehaltenen Betrags, und der Mitgliedstaat des Verbrauchs erstattet den zu viel gezahlten Betrag abzüglich des vom Mitgliedstaat der Identifizierung erstatteten Betrags.

Die Mitgliedstaaten des Verbrauchs unterrichten den Mitgliedstaat der Identifizierung auf elektronischem Wege über den Betrag dieser Erstattungen.

Art. 63 a [Elektronische Mahnung] Gibt ein Steuerpflichtiger zwar eine Mehrwertsteuererklärung gemäß Artikel 364 oder Artikel 369f der Richtlinie 2006/112/EG ab, aber es wird keine Zahlung oder eine geringere Zahlung als die sich aus der Erklärung ergebende Zahlung geleistet, so schickt der Mitgliedstaat der Identifizierung dem Steuerpflichtigen am zehnten Tag nach dem Tag, an dem die Zahlung gemäß Artikel 367 oder Artikel 369 i der Richtlinie 2006/112/EG spätestens zu leisten war, wegen der überfälligen Mehwertsteuer eine Erinnerung auf elektronischem Wege.

Der Mitgliedstaat der Identifizierung unterrichtet die Mitgliedstaaten des Verbrauchs auf elektronischem Wege über die Versendung der Erinnerung.

Für alle nachfolgenden Mahnungen und sonstigen Schritte zur Erhebung der Mehrwertsteuer ist der betreffende Mitgliedstaat des Verbrauchs zuständig. Sind vom Mitgliedstaat des Verbrauchs nachfolgende Mahnungen erteilt worden, erfolgt die entsprechende Mehrwertsteuerzahlung an diesen Mitgliedstaat.

Der Mitgliedstaat des Verbrauchs unterrichtet den Mitgliedstaat der Identifizierung auf elektronischem Wege über die Erteilung der Mahnung.

Art. 63 b [Zinsen, Geldbußen bei unvollständiger, unrichtiger oder verspäteter Mehrwertsteuererklärung] Ist keine Mehrwertsteuererklärung abgegeben worden, oder ist die Mehrwertsteuererklärung zu spät abgegeben worden oder ist sie unvollständig oder unrichtig, oder wird die Mehrwertsteuer zu spät gezahlt, so werden etwaige Zinsen, Geldbußen oder sonstige Abgaben von dem Mitgliedstaat des Verbrauchs berechnet und festgesetzt. Der Steuerpflichtige zahlt diese Zinsen, Geldbußen oder sonstige Abgaben direkt an den Mitgliedstaat des Verbrauchs.

Unterabschnitt 10. Aufzeichnungen

Art. 63c [Informationspflichten] (1) Um als hinreichend ausführlich im Sinne der Artikel 369 und 369k der Richtlinie 2006/112/EG angesehen zu werden, enthalten die vom Steuerpflichtigen zu führenden Aufzeichnungen die folgenden Informationen:

a) Mitgliedstaat des Verbrauchs, in dem die Dienstleistung erbracht wird;

b) Art der erbrachten Dienstleistung;

c) Datum der Dienstleistungserbringung;

d) Steuerbemessungsgrundlage unter Angabe der verwendeten Währung;

e) jede anschließende Erhöhung oder Senkung der Steuerbemessungsgrundlage;

f) anzuwendender Mehrwertsteuersatz;

g) Betrag der zu zahlenden Mehrwertsteuer unter Angabe der verwendeten Währung;

h) Datum und Betrag der erhaltenen Zahlungen;

i) alle vor Erbringung der Dienstleistung erhaltenen Vorauszahlungen;

j) falls eine Rechnung ausgestellt wurde, die darin enthaltenen Informationen;

k) Name des Dienstleistungsempfängers, soweit dem Steuerpflichtigen bekannt;

l) Informationen zur Bestimmung des Orts, an dem der Dienstleistungsempfänger ansässig ist oder seinen Wohnsitz oder gewöhnlichen Aufenthalt hat.

(2) Der Steuerpflichtige erfasst die Informationen gemäß Absatz 1 so, dass sie unverzüglich und für jede einzelne erbrachte Dienstleistung auf elektronischem Wege zur Verfügung gestellt werden können.]

Kapitel XII. Schlussbestimmungen

Art. 64 [Aufhebung Verordnung (EG) Nr. 1777/2005] Die Verordnung (EG) Nr. 1777/2005 wird aufgehoben. Bezugnahmen auf die aufgehobene Verordnung gelten als Bezugnahmen auf die vorliegende Verordnung und sind nach Maßgabe der Entsprechungstabelle in Anhang IV zu lesen.

Art. 65 [Inkrafttreten] Diese Verordnung tritt am zwanzigsten Tag nach ihrer Veröffentlichung im *Amtsblatt der Europäischen Union* in Kraft.

Sie gilt ab 1. Juli 2011.

Jedoch

– gelten Artikel 3 Buchstabe a, Artikel 11 Absatz 2 Buchstabe b, Artikel 23 Absatz 1 und Artikel 24 Absatz 1 ab dem 1. Januar 2013;
– gilt Artikel 3 Buchstabe b ab dem 1. Januar 2015;
– gilt Artikel 11 Absatz 2 Buchstabe c bis zum 31. Dezember 2014.

Anhang I

Artikel 7 der vorliegenden Verordnung

1. Anhang II Nummer 1 der Richtlinie 2006/112/EG:
   a) Webhosting (Websites und Webpages);
   b) automatisierte Online-Fernwartung von Programmen;
   c) Fernverwaltung von Systemen;
   d) Online-Data-Warehousing (Datenspeicherung und -abruf auf elektronischem Wege);
   e) Online-Bereitstellung von Speicherplatz nach Bedarf.
2. Anhang II Nummer 2 der Richtlinie 2006/112/EG:
   a) Gewährung des Zugangs zu oder Herunterladen von Software (z. B. Beschaffungs- oder Buchführungsprogramme, Software zur Virusbekämpfung) und Updates;
   b) Bannerblocker (Software zur Unterdrückung der Anzeige von Werbebannern);
   c) Herunterladen von Treibern (z. B. Software für Schnittstellen zwischen Computern und Peripheriegeräten wie z. B. Printer);
   d) automatisierte Online-Installation von Filtern auf Websites;
   e) automatisierte Online-Installation von Firewalls.
3. Anhang II Nummer 3 der Richtlinie 2006/112/EG:
   a) Gewährung des Zugangs zu oder Herunterladen von Desktop-Gestaltungen;
   b) Gewährung des Zugangs zu oder Herunterladen von Fotos, Bildern und Screensavern;
   c) digitalisierter Inhalt von E-Books und anderen elektronischen Publikationen;
   d) Abonnement von Online-Zeitungen und -Zeitschriften;
   e) Web-Protokolle und Website-Statistiken;
   f) Online-Nachrichten, -Verkehrsinformationen und -Wetterbericht;
   g) Online-Informationen, die automatisch anhand spezifischer, vom Dienstleistungsempfänger eingegebener Daten etwa aus dem Rechts- oder Finanzbereich generiert werden (z. B. Börsendaten in Echtzeit);
   h) Bereitstellung von Werbeplätzen (z. B. Bannerwerbung auf Websites und Webpages);
   i) Benutzung von Suchmaschinen und Internetverzeichnissen.
4. Anhang II Nummer 4 der Richtlinie 2006/112/EG:
   a) Gewährung des Zugangs zu oder Herunterladen von Musik auf Computer und Mobiltelefon;
   b) Gewährung des Zugangs zu oder Herunterladen von Jingles, Ausschnitten, Klingeltönen und anderen Tönen;
   c) Gewährung des Zugangs zu oder Herunterladen von Filmen;
   d) Herunterladen von Spielen auf Computer und Mobiltelefon;
   e) Gewährung des Zugangs zu automatisierten Online-Spielen, die nur über das Internet oder ähnliche elektronische Netze laufen und bei denen die Spieler räumlich voneinander getrennt sind.

[***ab 1. 1. 2015:***
   f) Empfang von Rundfunk- oder Fernsehsendungen, die über ein Rundfunk- oder Fernsehnetz, das Internet oder ein ähnliches elektronisches Netz verbreitet werden und die der Nutzer auf individuellen Abruf zum Anhören oder Anschauen zu einem von ihm bestimmten Zeitpunkt aus einem von dem Mediendiensteanbieter bereitgestellten Programmverzeichnis auswählt, wie Fernsehen auf Abruf oder Video-on-Demand;
   g) Empfang von Rundfunk- oder Fernsehsendungen, die über das Internet oder ein ähnliches elektronisches Netz (IP-Streaming) übertragen werden, es sei denn, sie werden zeitgleich zu ihrer Verbreitung oder Weiterverbreitung durch herkömmliche Rundfunk- und Fernsehnetze übertragen;
   h) die Erbringung von Audio- und audiovisuellen Inhalten über Kommunikationsnezte, die weder durch einen Mediendiensteanbieter noch unter dessen redaktioneller Verantwortung erfolgt;
   i) die Weiterleitung der Audio- und audiovisuellen Erzeugnisse eines Mediendiensteanbieters über Kommunikationsnetze durch eine andere Person als den Mediendiensteanbieter.][1)]

---

1) Nr. 4 Buchst. f bis i eingef. mWv 1. 1. 2015 durch VO v. 7. 10. 2013 (ABl. L 284 S. 1).

5. Anhang II Nummer 5 der Richtlinie 2006/112/EG:
   a) Automatisierter Fernunterricht, dessen Funktionieren auf das Internet oder ein ähnliches elektronisches Netz angewiesen ist und dessen Erbringung wenig oder gar keine menschliche Beteiligung erfordert, einschließlich sogenannter virtueller Klassenzimmer, es sei denn, das Internet oder das elektronische Netz dient nur als Kommunikationsmittel zwischen Lehrer und Schüler;
   b) Arbeitsunterlagen, die vom Schüler online bearbeitet und anschließend ohne menschliches Eingreifen automatisch korrigiert werden.

Anhang II

Artikel 51 der vorliegenden Verordnung

EUROPÄISCHE UNION

BESCHEINIGUNG ÜBER DIE BEFREIUNG VON DER MEHRWERTSTEUER UND/ODER DER VERBRAUCHSTEUER (*)
Richtlinie 2006/112/EG Artikel 151 und Richtlinie 2008/118/EG Artikel 13

Laufende Nummer (nicht zwingend):

1. **ANTRAGSTELLENDE EINRICHTUNG BZW. PRIVATPERSON**

Bezeichnung/Name

Straße, Hausnummer

Postleitzahl, Ort

(Aufnahme-)Mitgliedstaat

2. **FÜR DAS ANBRINGEN DES DIENSTSTEMPELS ZUSTÄNDIGE BEHÖRDE (Bezeichnung, Anschrift und Rufnummer)**

3. **ERKLÄRUNG DER ANTRAGSTELLENDEN EINRICHTUNG ODER PRIVATPERSON**

Der Antragsteller (Einrichtung/Privatperson) (1) erklärt hiermit,

a) dass die in Feld 5 genannten Gegenstände und/oder Dienstleistungen bestimmt sind (2)

☐ für amtliche Zwecke	☐ zur privaten Verwendung durch
☐ einer ausländischen diplomatischen Vertretung	☐ einen Angehörigen einer ausländischen diplomatischen Vertretung
☐ einer ausländischen berufskonsularischen Vertretung	☐ einen Angehörigen einer ausländischen berufskonsularischen Vertretung
☐ einer europäischen Einrichtung, auf die das Protokoll über die Vorrechte und Befreiungen der Europäischen Union Anwendung findet	
☐ einer internationalen Organisation	☐ einen Bediensteten einer internationalen Organisation
☐ der Streitkräfte eines der NATO angehörenden Staates	
☐ der auf Zypern stationierten Streitkräfte des Vereinigten Königreichs	
	(Bezeichnung der Einrichtung — siehe Feld 4)

b) dass die in Feld 5 genannten Gegenstände und/oder Dienstleistungen mit den Bedingungen und Beschränkungen vereinbar sind, die in dem in Feld 1 genannten Aufnahmemitgliedstaat für die Freistellung gelten, und

c) dass die obigen Angaben richtig und vollständig sind.

Der Antragsteller (Einrichtung/Privatperson) verpflichtet sich hiermit, an den Mitgliedstaat, aus dem die Gegenstände versandt wurden oder von dem aus die Gegenstände geliefert oder die Dienstleistungen erbracht wurden, die Mehrwertsteuer und/oder Verbrauchsteuer zu entrichten, die fällig wird, falls die Gegenstände und/oder Dienstleistungen die Bedingungen für die Befreiung nicht erfüllen oder nicht für die beabsichtigten Zwecke verwendet werden bzw. nicht den beabsichtigten Zwecken dienen.

	Name und Stellung des Unterzeichnenden
Ort, Datum	Unterschrift

4. **DIENSTSTEMPEL DER EINRICHTUNG (bei Freistellung zur privaten Verwendung)**

Ort, Datum		Name und Stellung des Unterzeichnenden
	Dienststempel	Unterschrift

5. BEZEICHNUNG DER GEGENSTÄNDE UND/ODER DIENSTLEISTUNGEN, FÜR DIE DIE BEFREIUNG VON DER MEHRWERTSTEUER UND/ODER VERBRAUCHSTEUER BEANTRAGT WIRD

A. Angaben zu dem Unternehmer/zugelassenen Lagerinhaber

1) Name und Anschrift:

2) Mitgliedstaat:

3) Mehrwertsteuer-Identifikationsnummer oder Steuerregisternummer/Verbrauchsteuernummer

B. Angaben zu den Gegenständen und/oder Dienstleistungen:

Nr.	Ausführliche Beschreibung der Gegenstände und/oder Dienstleistungen (3) (oder Verweis auf beigefügten Bestellschein)	Menge oder Anzahl	Preis ohne Mehrwertsteuer oder Verbrauchsteuer		Währung
			Preis pro Einheit	Gesamtpreis	
		Gesamtbetrag			

6. BESCHEINIGUNG DER ZUSTÄNDIGEN BEHÖRDE(N) DES AUFNAHMEMITGLIEDSTAATES

Die Versendung/Lieferung bzw. Erbringung der in Feld 5 genannten Gegenstände und/oder Dienstleistungen entspricht

☐ in vollem Umfang ☐ in folgendem Umfang (Menge bzw. Anzahl) (4)

den Bedingungen für die Befreiung von der Mehrwertsteuer und/oder Verbrauchsteuer.

Name und Stellung des Unterzeichnenden

Ort, Datum Dienststempel Unterschrift

7. VERZICHT AUF ANBRINGUNG DES DIENSTSTEMPELABDRUCKS IN FELD 6 (nur bei Freistellung für amtliche Zwecke)

Mit Schreiben Nr.

vom

wird für

Bezeichnung der antragstellenden Einrichtung

auf die Anbringung des Dienststempelabdrucks in Feld 6 durch

Bezeichnung der zuständigen Behörde des Aufnahmemitgliedstaates

verzichtet.

Name und Stellung des Unterzeichnenden

Ort, Datum Dienststempel Unterschrift

(*) Je nach Fall streichen.
(1) Nichtzutreffendes streichen.
(2) Zutreffendes ankreuzen.
(3) Nicht benutzte Felder durchstreichen. Dies gilt auch, wenn ein Bestellschein beigefügt ist.
(4) Gegenstände und/oder Dienstleistungen, für die keine Befreiung gewährt werden kann, sind in Feld 5 oder auf dem Bestellschein durchzustreichen.

Erläuterungen

1. Dem Unternehmer und/oder zugelassenen Lagerinhaber dient diese Bescheinigung als Beleg für die Steuerbefreiung von Gegenständen oder Dienstleistungen, die an Einrichtungen bzw. Privatpersonen im Sinne von Artikel 151 der Richtlinie 2006/112/EG und Artikel 13 der Richtlinie 2008/118/EG versendet und/oder geliefert werden. Dementsprechend ist für jeden Lieferer/Lagerinhaber eine Bescheinigung auszufertigen. Der Lieferer/Lagerinhaber hat die Bescheinigung gemäß den in seinem Mitgliedstaat geltenden Rechtsvorschriften in seine Buchführung aufzunehmen.
2. a) Die allgemeinen Hinweise hinsichtlich des zu verwendenden Papiers und der Abmessungen der Felder sind dem Amtsblatt der Europäischen Gemeinschaften C 164 vom 1. 7. 1989, S. 3, zu entnehmen.
   Für alle Exemplare ist weißes Papier im Format 210 × 297 mm zu verwenden, wobei in der Länge Abweichungen von -5 bis + 8 mm zulässig sind.
   Bei einer Befreiung von der Verbrauchsteuer ist die Befreiungsbescheinigung in zwei Exemplaren auszufertigen:
   – eine Ausfertigung für den Versender;
   – eine Ausfertigung, die die Bewegungen der der Verbrauchsteuer unterliegenden Produkte begleitet.
   b) Nicht genutzter Raum in Feld 5B ist so durchzustreichen, dass keine zusätzlichen Eintragungen vorgenommen werden können.
   c) Das Dokument ist leserlich und in dauerhafter Schrift auszufüllen. Löschungen oder Überschreibungen sind nicht zulässig. Die Bescheinigung ist in einer vom Aufnahmemitgliedstaat anerkannten Sprache auszufüllen.
   d) Wird bei der Beschreibung der Gegenstände und/oder Dienstleistungen (Feld 5 Buchstabe B der Bescheinigung) auf einen Bestellschein Bezug genommen, der nicht in einer vom Aufnahmemitgliedstaat anerkannten Sprache abgefasst ist, so hat der Antragsteller (Einrichtung/Privatperson) eine Übersetzung beizufügen.
   e) Ist die Bescheinigung in einer vom Mitgliedstaat des Lieferers/Lagerinhabers nicht anerkannten Sprache verfasst, so hat der Antragsteller (Einrichtung/Privatperson) eine Übersetzung der Angaben über die in Feld 5 Buchstabe B aufgeführten Gegenstände und Dienstleistungen beizufügen.
   f) Unter einer anerkannten Sprache ist eine der Sprachen zu verstehen, die in dem betroffenen Mitgliedstaat amtlich in Gebrauch ist, oder eine andere Amtssprache der Union, die der Mitgliedstaat als zu diesem Zwecke verwendbar erklärt.
3. In Feld 3 der Bescheinigung macht der Antragsteller (Einrichtung/Privatperson) die für die Entscheidung über den Freistellungsantrag im Aufnahmemitgliedstaat erforderlichen Angaben.
4. In Feld 4 der Bescheinigung bestätigt die Einrichtung die Angaben in den Feldern 1 und 3 Buchstabe a des Dokuments und bescheinigt, dass der Antragsteller – wenn es sich um eine Privatperson handelt – Bediensteter der Einrichtung ist.
5. a) Wird (in Feld 5 Buchstabe B der Bescheinigung) auf einen Bestellschein verwiesen, so sind mindestens Bestelldatum und Bestellnummer anzugeben. Der Bestellschein hat alle Angaben zu enthalten, die in Feld 5 der Bescheinigung genannt werden. Muss die Bescheinigung von der zuständigen Behörde des Aufnahmemitgliedstaates abgestempelt werden, so ist auch der Bestellschein abzustempeln.
   b) Die Angabe der in Artikel 22 Absatz 2 Buchstabe a der Verordnung (EG) Nr. 2073/2004 des Rates vom 16. November 2004 über die Zusammenarbeit der Verwaltungsbehörden auf dem Gebiet der Verbrauchsteuern genannten Registriernummer ist nicht zwingend; die Mehrwertsteuer-Identifikationsnummer oder die Steuerregisternummer ist anzugeben.
   c) Währungen sind mit den aus drei Buchstaben bestehenden Codes der internationalen ISOIDIS-4127-Norm zu bezeichnen, die von der Internationalen Normenorganisation festgelegt wurde.[1)]

[1)] Die Codes einiger häufig benutzter Währungen lauten: EUR (Euro), BGN (Leva), CZK (Tschechische Kronen), DKK (Dänische Kronen), GBP (Pfund Sterling), HUF (Forint), LTL (Litai), PLN (Zloty), RON (Rumänische Lei), SEK (Schwedische Kronen), USD (US-Dollar).

6. Die genannte Erklärung einer antragstellenden Einrichtung/Privatperson ist in Feld 6 durch die Dienststempel der zuständigen Behörde(n) des Aufnahmemitgliedstaates zu beglaubigen. Diese Behörde(n) kann/können die Beglaubigung davon abhängig machen, dass eine andere Behörde des Mitgliedstaats zustimmt. Es obliegt der zuständigen Steuerbehörde, eine derartige Zustimmung zu erlangen.
7. Zur Vereinfachung des Verfahrens kann die zuständige Behörde darauf verzichten, von einer Einrichtung, die eine Befreiung für amtliche Zwecke beantragt, die Erlangung des Dienststempels zu fordern. Die antragstellende Einrichtung hat diese Verzichterklärung in Feld 7 der Bescheinigung anzugeben.

Anhang III

Artikel 56 der vorliegenden Verordnung

Einheit	Gehandelte Gewichte
Kilogramm	12,5/1
Gramm	500/250/100/50/20/10/5/2,5/2
Unze (1 oz = 31,1035 g)	100/10/5/1/$^1/_2$/$^1/_4$
Tael (1 tael = 1,193 oz)[1)]	10/5/1
Tola (10 tola = 3,75 oz)[2)]	10

Anhang IV

Entsprechungstabelle

Verordnung (EG) Nr. 1777/2005	Vorliegende Verordnung
Kapitel I	Kapitel I
Artikel I	Artikel I
Kapitel II	Kapitel III und IV
Kapitel II Abschnitt 1	Kapitel III
Artikel 2	Artikel 5
Kapitel II Abschnitt 2	Kapitel IV
Artikel 3 Absatz 1	Artikel 9
Artikel 3 Absatz 2	Artikel 8
Kapitel III	Kapitel V
Kapitel III Abschnitt 1	Kapitel V Abschnitt 4
Artikel 4	Artikel 28
Kapitel III Abschnitt 2	Kapitel V Abschnitt 4
Artikel 5	Artikel 34
Artikel 6	Artikel 29 und 41
Artikel 7	Artikel 26
Artikel 8	Artikel 27
Artikel 9	Artikel 30
Artikel 10	Artikel 38 Absatz 2 Buchstaben b und c
Artikel 11 Absätze 1 und 2	Artikel 7 Absätze 1 und 2
Artikel 12	Artikel 7 Absatz 3

1) Tael = traditionelle chinesische Gewichtseinheit. In Hongkong haben Taelbarren einen nominalen Feingehalt von 990 Tausendstel, aber in Taiwan können Barren von 5 und 10 Tael einen Feingehalt von 999,9 Tausendstel haben.

2) Tola = traditionelle indische Gewichtseinheit für Gold. Am weitesten verbreitet sind Barren von 10 Tola mit einem Feingehalt von 999 Tausendstel.

Verordnung (EG) Nr. 1777/2005	Vorliegende Verordnung
Kapitel IV	Kapitel VI
Artikel 13	Artikel 42
Kapitel V	Kapitel VIII
Kapitel V Abschnitt 1	Kapitel VIII Abschnitt 1
Artikel 14	Artikel 44
Artikel 15	Artikel 45
Kapitel V Abschnitt 2	Kapitel VIII Abschnitt 4
Artikel 16	Artikel 47
Artikel 17	Artikel 48
Kapitel VI	Kapitel IX
Artikel 18	Artikel 52
Kapitel VII	Kapitel XI
Artikel 19 Absatz 1	Artikel 56
Artikel 19 Absatz 2	Artikel 57
Artikel 20 Absatz 1	Artikel 58
Artikel 20 Absatz 2	Artikel 62
Artikel 20 Absatz 3 Unterabsatz 1	Artikel 59
Artikel 20 Absatz 3 Unterabsatz 2	Artikel 60
Artikel 20 Absatz 3 Unterabsatz 3	Artikel 63
Artikel 20 Absatz 4	Artikel 61
Kapitel VIII	Kapitel V Abschnitt 3
Artikel 21	Artikel 16
Artikel 22	Artikel 14
Kapitel IX	Kapitel XII
Artikel 23	Artikel 65
Anhang I	Anhang I
Anhang II	Anhang III

550b. Richtlinie 2008/9/EG des Rates zur Regelung der Erstattung der Mehrwertsteuer gemäß der Richtlinie 2006/112/EG an nicht im Mitgliedstaat der Erstattung, sondern in einem anderen Mitgliedstaat ansässige Steuerpflichtige[1)]

Vom 12. Februar 2008 (ABl. EU Nr. L 44 S. 23)

Geändert durch RL 2010/66/EU vom 14. 10. 2010 (ABl. EU Nr. L 275 S. 1)

DER RAT DER EUROPÄISCHEN UNION –

gestützt auf den Vertrag zur Gründung der Europäischen Gemeinschaft, insbesondere auf Artikel 93,

auf Vorschlag der Kommission,

nach Stellungnahme des Europäischen Parlaments[2)],

nach Stellungnahme des Europäischen Wirtschafts- und Sozialausschusses[3)],

in Erwägung nachstehender Gründe:

(1) Sowohl die Verwaltungsbehörden der Mitgliedstaaten als auch Unternehmen haben erhebliche Probleme mit den Durchführungsbestimmungen, die in der Richtlinie 79/1072/EWG des Rates vom 6. Dezember 1979 zur Harmonisierung der Rechtsvorschriften der Mitgliedstaaten über die Umsatzsteuern – Verfahren zur Erstattung der Mehrwertsteuer an nicht im Inland ansässige Steuerpflichtige[4)] festgelegt sind.

(2) Die Regelungen jener Richtlinie sollten hinsichtlich der Frist, innerhalb deren die Entscheidungen über die Erstattungsanträge den Unternehmen mitzuteilen sind, geändert werden. Gleichzeitig sollte vorgesehen werden, dass auch die Unternehmen innerhalb bestimmter Fristen antworten müssen. Außerdem sollte das Verfahren vereinfacht und durch den Einsatz fortschrittlicher Technologien modernisiert werden.

(3) Das neue Verfahren sollte die Stellung der Unternehmen stärken, da die Mitgliedstaaten zur Zahlung von Zinsen verpflichtet sind, falls die Erstattung verspätet erfolgt; zudem wird das Einspruchsrecht der Unternehmen gestärkt.

(4) Aus Gründen der Klarheit und besseren Lesbarkeit sollte die bisher in Richtlinie 2006/112/EG des Rates vom 28. November 2006 über das gemeinsame Mehrwertsteuersystem[5)] enthaltene Bestimmung über die Anwendung der Richtlinie 79/1072/EWG nun in die vorliegende Richtlinie aufgenommen werden.

(5) Da die Ziele dieser Richtlinie auf Ebene der Mitgliedstaaten nicht ausreichend verwirklicht werden können und daher wegen des Umfangs der Maßnahmen besser auf Gemeinschaftsebene zu verwirklichen sind, kann die Gemeinschaft im Einklang mit dem in Artikel 5 des EG-Vertrags niedergelegten Subsidiaritätsprinzip tätig werden. Entsprechend dem in demselben Artikel genannten Grundsatz der Verhältnismäßigkeit geht diese Richtlinie nicht über das zur Erreichung dieser Ziele erforderliche Maß hinaus.

[1)] **Diese RL gilt für Erstattungsanträge, die nach dem 31. 12. 2009 gestellt werden** (Art. 28). Für vor dem 1. 1. 2010 gestellte Erstattungsanträge siehe Achte RL 79/1072/EWG vom 6. 12. 1979 (Nr. **552**).

[2)] ABl. C 285 E vom 22. 11. 2006, S. 122.

[3)] ABl. C 28 vom 3. 2. 2006, S. 86.

[4)] ABl. L 331 vom 27. 12. 1979, S. 11. Zuletzt geändert durch die Richtlinie 2006/98/EG (ABl. L 363 vom 20. 12. 2006, S. 129).

[5)] ABl. L 347 vom 11. 12. 2006, S. 1. Zuletzt geändert durch die Richtlinie 2007/75/EG (ABl. L 346 vom 29. 12. 2007, S. 13).

(6) Nach Nummer 34 der Interinstitutionellen Vereinbarung über bessere Rechtsetzung[1] sind die Mitgliedstaaten aufgefordert, für ihre eigenen Zwecke und im Interesse der Gemeinschaft eigene Tabellen aufzustellen, aus denen im Rahmen des Möglichen die Entsprechungen zwischen dieser Richtlinie und den Umsetzungsmaßnahmen zu entnehmen sind, und diese zu veröffentlichen.

(7) Im Interesse der Eindeutigkeit sollte die Richtlinie 79/1072/EWG daher aufgehoben werden – vorbehaltlich der erforderlichen Übergangsmaßnahmen für Erstattungsanträge, die vor dem 1. Januar 2010 gestellt werden –

HAT FOLGENDE RICHTLINIE ERLASSEN:

Art. 1 [Sachlicher Geltungsbereich der Richtlinie] Diese Richtlinie regelt die Einzelheiten der Erstattung der Mehrwertsteuer gemäß Artikel 170 der Richtlinie 2006/112/EG[2] an nicht im Mitgliedstaat der Erstattung ansässige Steuerpflichtige, die die Voraussetzungen von Artikel 3 erfüllen.

Art. 2 [Begriffsbestimmungen] Im Sinne dieser Richtlinie bezeichnet der Ausdruck

1. „nicht im Mitgliedstaat der Erstattung ansässiger Steuerpflichtiger" jeden Steuerpflichtigen im Sinne von Artikel 9 Absatz 1 der Richtlinie 2006/112/EG, der nicht im Mitgliedstaat der Erstattung, sondern im Gebiet eines anderen Mitgliedstaates ansässig ist;
2. „Mitgliedstaat der Erstattung" den Mitgliedstaat, mit dessen Mehrwertsteuer die dem nicht im Mitgliedstaat der Erstattung ansässigen Steuerpflichtigen von anderen Steuerpflichtigen in diesem Mitgliedstaat gelieferten Gegenstände oder erbrachten Dienstleistungen oder die Einfuhr von Gegenständen in diesen Mitgliedstaat belastet wurden;
3. „Erstattungszeitraum" den Zeitraum nach Artikel 16, auf den im Erstattungsantrag Bezug genommen wird;
4. „Erstattungsantrag" den Antrag auf Erstattung der Mehrwertsteuer, mit der der Mitgliedstaat der Erstattung die dem nicht im Mitgliedstaat der Erstattung ansässigen Steuerpflichtigen von anderen Steuerpflichtigen in diesem Mitgliedstaat gelieferten Gegenstände oder erbrachten Dienstleistungen oder die Einfuhr von Gegenständen in diesen Mitgliedstaat belastet hat;
5. „Antragsteller" den nicht im Mitgliedstaat der Erstattung ansässigen Steuerpflichtigen, der den Erstattungsantrag stellt.

Art. 3 [Voraussetzungen in der Person des Steuerpflichtigen] Diese Richtlinie gilt für jeden nicht im Mitgliedstaat der Erstattung ansässigen Steuerpflichtigen, der folgende Voraussetzungen erfüllt:

a) er hat während des Erstattungszeitraums im Mitgliedstaat der Erstattung weder den Sitz seiner wirtschaftlichen Tätigkeit noch eine feste Niederlassung, von der aus Umsätze bewirkt wurden, noch hat er – in Ermangelung eines solchen Sitzes oder einer solchen festen Niederlassung – dort seinen Wohnsitz oder seinen gewöhnlichen Aufenthaltsort;

---

[1] ABl. C 321 vom 31. 12. 2003, S. 1.

[2] Nr. **550**.

b) er hat während des Erstattungszeitraums keine Gegenstände geliefert oder Dienstleistungen erbracht, die als im Mitgliedstaat der Erstattung bewirkt gelten, mit Ausnahme der folgenden Umsätze:
   i) die Erbringung von Beförderungsleistungen und damit verbundene Nebentätigkeiten, die gemäß den Artikeln 144, 146, 148, 149, 151, 153, 159 oder Artikel 160 der Richtlinie 2006/112/EG steuerfrei sind;
   ii) Lieferungen von Gegenständen oder Dienstleistungen, deren Empfänger nach den Artikeln 194 bis 197 und Artikel 199 der Richtlinie 2006/112/EG die Mehrwertsteuer schuldet.

Art. 4 [Von der Erstattung ausgeschlossene Mehrwertsteuerbeträge] Diese Richtlinie gilt nicht für:

a) nach den Rechtsvorschriften des Mitgliedstaates der Erstattung fälschlich in Rechnung gestellte Mehrwertsteuerbeträge;
b) in Rechnung gestellte Mehrwertsteuerbeträge für Lieferungen von Gegenständen, die gemäß Artikel 138 oder Artikel 146 Absatz 1 Buchstabe b der Richtlinie 2006/112/EG von der Steuer befreit sind oder befreit werden können.

Art. 5 [Umfang des Anspruchs auf Erstattung] Jeder Mitgliedstaat erstattet einem nicht im Mitgliedstaat der Erstattung ansässigen Steuerpflichtigen die Mehrwertsteuer, mit der die ihm von anderen Steuerpflichtigen in diesem Mitgliedstaat gelieferten Gegenstände oder erbrachten Dienstleistungen oder die Einfuhr von Gegenständen in diesen Mitgliedstaat belastet wurden, sofern die betreffenden Gegenstände und Dienstleistungen für Zwecke der folgenden Umsätze verwendet werden:

a) in Artikel 169 Buchstaben a und b der Richtlinie 2006/112/EG genannte Umsätze;
b) Umsätze, deren Empfänger nach den Artikeln 194 bis 197 und Artikel 199 der Richtlinie 2006/112/EG, wie sie im Mitgliedstaat der Erstattung angewendet werden, Schuldner der Mehrwertsteuer ist.

Unbeschadet des Artikels 6 wird für die Anwendung dieser Richtlinie der Anspruch auf Vorsteuererstattung nach der Richtlinie 2006/112/EG, wie diese Richtlinie im Mitgliedstaat der Erstattung angewendet wird, bestimmt.

Art. 6 [Ermittlung des Erstattungsvolumens] Voraussetzung für eine Erstattung im Mitgliedstaat der Erstattung ist, dass der nicht im Mitgliedstaat der Erstattung ansässige Steuerpflichtige Umsätze bewirkt, die in dem Mitgliedstaat, in dem er ansässig ist, ein Recht auf Vorsteuerabzug begründen.

Bewirkt ein nicht im Mitgliedstaat der Erstattung ansässiger Steuerpflichtiger im Mitgliedstaat, in dem er ansässig ist, sowohl Umsätze, für die ein Recht auf Vorsteuerabzug besteht, als auch Umsätze, für die dieses Recht in diesem Mitgliedstaat nicht besteht, darf durch den Mitgliedstaat der Erstattung aus dem nach Artikel 5 erstattungsfähigen Betrag nur der

Teil der Mehrwertsteuer erstattet werden, der gemäß der Anwendung von Artikel 173 der Richtlinie 2006/112/EG im Mitgliedstaat, in dem er ansässig ist, auf den Betrag der erstgenannten Umsätze entfällt.

Art. 7 [Pflicht zur elektronischen Übermittlung des Erstattungsantrags] Um eine Erstattung von Mehrwertsteuer im Mitgliedstaat der Erstattung zu erhalten, muss der nicht im Mitgliedstaat der Erstattung ansässige Steuerpflichtige einen elektronischen Erstattungsantrag an diesen Mitgliedstaat richten und diesen in dem Mitgliedstaat, in dem er ansässig ist, über das von letzterem Mitgliedstaat eingerichtete elektronische Portal einreichen.

Art. 8 [Pflichtangaben des Erstattungsantrags] (1) Der Erstattungsantrag muss die folgenden Angaben enthalten:

a) Name und vollständige Anschrift des Antragstellers;
b) eine Adresse für die elektronische Kommunikation;
c) eine Beschreibung der Geschäftstätigkeit des Antragstellers, für die die Gegenstände und Dienstleistungen erworben werden;
d) der Erstattungszeitraum, auf den sich der Antrag bezieht;
e) eine Erklärung des Antragstellers, dass er während des Erstattungszeitraums keine Lieferungen von Gegenständen bewirkt und Dienstleistungen erbracht hat, die als im Mitgliedstaat der Erstattung bewirkt gelten, mit Ausnahme der Umsätze gemäß Artikel 3 Buchstabe b Ziffern i und ii;
f) die Mehrwertsteuer-Identifikationsnummer oder Steuerregisternummer des Antragstellers;
g) seine Bankverbindung (inklusive IBAN und BIC).

(2) Neben den in Absatz 1 genannten Angaben sind in dem Erstattungsantrag für jeden Mitgliedstaat der Erstattung und für jede Rechnung oder jedes Einfuhrdokument folgende Angaben zu machen:

a) Name und vollständige Anschrift des Lieferers oder Dienstleistungserbringers;
b) außer im Falle der Einfuhr die Mehrwertsteuer-Identifikationsnummer des Lieferers oder Dienstleistungserbringers oder die ihm vom Mitgliedstaat der Erstattung zugeteilte Steuerregisternummer im Sinne der Artikel 239 und 240 der Richtlinie 2006/112/EG;
c) außer im Falle der Einfuhr das Präfix des Mitgliedstaats der Erstattung im Sinne des Artikels 215 der Richtlinie 2006/112/EG;
d) Datum und Nummer der Rechnung oder des Einfuhrdokuments;
e) Steuerbemessungsgrundlage und Mehrwertsteuerbetrag in der Währung des Mitgliedstaats der Erstattung;
f) gemäß Artikel 5 und Artikel 6 Absatz 2 berechneter Betrag der abziehbaren Mehrwertsteuer in der Währung des Mitgliedstaats der Erstattung;
g) gegebenenfalls der nach Artikel 6 berechnete und als Prozentsatz ausgedrückte Pro-rata-Satz des Vorsteuerabzugs;

h) Art der erworbenen Gegenstände und Dienstleistungen aufgeschlüsselt nach den Kennziffern gemäß Artikel 9.

Art. 9 [Aufschlüsselung der erworbenen Leistungen nach Kennziffern] (1) In dem Erstattungsantrag muss die Art der erworbenen Gegenstände und Dienstleistungen nach folgenden Kennziffern aufgeschlüsselt werden:

1 = Kraftstoff;
2 = Vermietung von Beförderungsmitteln;
3 = Ausgaben für Transportmittel (andere als unter Kennziffer 1 oder 2 beschriebene Gegenstände und Dienstleistungen);
4 = Maut und Straßenbenutzungsgebühren;
5 = Fahrtkosten wie Taxikosten, Kosten für die Benutzung öffentlicher Verkehrsmittel;
6 = Beherbergung;
7 = Speisen, Getränke und Restaurantdienstleistungen;
8 = Eintrittsgelder für Messen und Ausstellungen;
9 = Luxusausgaben, Ausgaben für Vergnügungen und Repräsentationsaufwendungen;
10 = Sonstiges.

Wird die Kennziffer 10 verwendet, ist die Art der gelieferten Gegenstände und erbrachten Dienstleistungen anzugeben.

(2) Der Mitgliedstaat der Erstattung kann vom Antragsteller verlangen, dass er zusätzliche elektronisch verschlüsselte Angaben zu jeder Kennziffer gemäß Absatz 1 vorlegt, sofern dies aufgrund von Einschränkungen des Rechts auf Vorsteuerabzug gemäß der Richtlinie 2006/112/EG, wie diese im Mitgliedstaat der Erstattung angewendet wird, oder im Hinblick auf die Anwendung einer vom Mitgliedstaat der Erstattung gemäß den Artikeln 395 oder 396 jener Richtlinie gewährten relevanten Ausnahmeregelung erforderlich ist.

Art. 10 [Kannbestimmung: Anforderung von Rechnungskopien] Unbeschadet der Informationsersuchen gemäß Artikel 20 kann der Mitgliedstaat der Erstattung verlangen, dass der Antragsteller zusammen mit dem Erstattungsantrag auf elektronischem Wege eine Kopie der Rechnung oder des Einfuhrdokuments einreicht, falls sich die Steuerbemessungsgrundlage auf einer Rechnung oder einem Einfuhrdokument auf mindestens 1000 EUR oder den Gegenwert in der jeweiligen Landeswährung beläuft. Betrifft die Rechnung Kraftstoff, so ist dieser Schwellenwert 250 EUR oder der Gegenwert in der jeweiligen Landeswährung.

Art. 11 [Kannbestimmung: Vorlage einer Beschreibung der Geschäftstätigkeit] Der Mitgliedstaat der Erstattung kann vom Antragsteller verlangen, eine Beschreibung seiner Geschäftstätigkeit anhand der harmonisierten Codes vorzulegen, die gemäß Artikel 34a Absatz 3 Unterabsatz 2 der Verordnung (EG) Nr. 1798/2003 des Rates bestimmt werden.

Art. 12 [Kannbestimmung: Bestimmung der Sprache des Erstattungsantrags] Der Mitgliedstaat der Erstattung kann angeben, in welcher Sprache oder welchen Sprachen die Angaben in dem Erstattungsantrag oder andere zusätzliche Angaben von dem Antragsteller vorgelegt werden müssen.

Art. 13 [Pflicht zur nachträglichen Berichtigung des Erstattungsantrags] Wird nach Einreichung des Erstattungsantrags der angegebene Pro-rata-Satz des Vorsteuerabzugs nach Artikel 175 der Richtlinie 2006/112/EG angepasst, so muss der Antragsteller den beantragten oder bereits erstatteten Betrag berichtigen.

Die Berichtigung ist in einem Erstattungsantrag im auf den entsprechenden Erstattungszeitraum folgenden Kalenderjahr vorzunehmen, oder – falls der Antragsteller in diesem Kalenderjahr keine Erstattungsanträge einreicht – durch Übermittlung einer gesonderten Erklärung über das von dem Mitgliedstaat, in dem er ansässig ist, eingerichtete elektronische Portal.

Art. 14 [Bezug des Erstattungsantrags auf innerhalb des Erstattungszeitraums erworbene Leistungen] (1) Der Erstattungsantrag hat sich auf Folgendes zu beziehen:

a) den Erwerb von Gegenständen oder Dienstleistungen, der innerhalb des Erstattungszeitraums in Rechnung gestellt worden ist, sofern der Steueranspruch vor oder zum Zeitpunkt der Rechnungsstellung entstanden ist, oder für den der Steueranspruch während des Erstattungszeitraums entstanden ist, sofern der Erwerb vor Eintreten des Steueranspruchs in Rechnung gestellt wurde;

b) die Einfuhr von Gegenständen, die im Erstattungszeitraum getätigt worden ist.

(2) Unbeschadet der in Absatz 1 genannten Vorgänge kann sich der Erstattungsantrag auch auf Rechnungen oder Einfuhrdokumente beziehen, die von vorangegangenen Erstattungsanträgen nicht umfasst sind, wenn sie Umsätze betreffen, die in dem fraglichen Kalenderjahr getätigt wurden.

Art. 15 [Frist zur Vorlage des Erstattungsantrags] (1) Der Erstattungsantrag muss dem Mitgliedstaat, in dem der Steuerpflichtige ansässig ist, spätestens am 30. September des auf den Erstattungszeitraum folgenden Kalenderjahres vorliegen. Der Erstattungsantrag gilt nur dann als vorgelegt, wenn der Antragsteller alle in den Artikeln 8, 9 und 11 geforderten Angaben gemacht hat.

Erstattungsanträge, die Erstattungszeiträume des Jahres 2009 betreffen, müssen dem Mitgliedstaat, in dem der Steuerpflichtige ansässig ist, spätestens am 31. März 2011 vorliegen.[1)]

(2) Der Mitgliedstaat, in dem der Antragsteller ansässig ist, hat diesem unverzüglich eine elektronische Empfangsbestätigung zu übermitteln.

[1)] Art. 15 Abs. 1 UAbs. 2 angef. mWv 1. 10. 2010 durch RL 2010/66/EU v. 14. 10. 2010 (ABl. EU Nr. L 275 S. 1).

Art. 16 [Erstattungszeitraum] Der Erstattungszeitraum darf nicht mehr als ein Kalenderjahr und nicht weniger als drei Kalendermonate betragen. Erstattungsanträge können sich jedoch auf einen Zeitraum von weniger als drei Monaten beziehen, wenn es sich bei diesem Zeitraum um den Rest eines Kalenderjahres handelt.

Art. 17 [Mindesterstattungsbetrag] Bezieht sich der Erstattungsantrag auf einen Erstattungszeitraum von weniger als einem Kalenderjahr, aber mindestens drei Monaten, so darf der Mehrwertsteuerbetrag, der Gegenstand des Erstattungsantrags ist, nicht unter 400 EUR oder dem Gegenwert in Landeswährung liegen.

Bezieht sich der Erstattungsantrag auf einen Erstattungszeitraum von einem Kalenderjahr oder den Rest eines Kalenderjahres, darf der Mehrwertsteuerbetrag nicht niedriger sein als 50 EUR oder der Gegenwert in Landeswährung.

Art. 18 [Keine Übermittlung des Erstattungsantrags durch Ansässigkeitsstaat] (1) Der Mitgliedstaat, in dem der Antragsteller ansässig ist, übermittelt dem Mitgliedstaat der Erstattung den Erstattungsantrag nicht, wenn der Antragsteller im Mitgliedstaat, in dem er ansässig ist, im Erstattungszeitraum

a) für Zwecke der Mehrwertsteuer kein Steuerpflichtiger ist;

b) nur Gegenstände liefert oder Dienstleistungen erbringt, die gemäß den Artikeln 132, 135, 136 und 371, den Artikeln 374 bis 377, Artikel 378 Absatz 2 Buchstabe a, Artikel 379 Absatz 2 oder den Artikeln 380 bis 390 der Richtlinie 2006/112/EG oder den inhaltsgleichen Befreiungsvorschriften gemäß der Beitrittsakte von 2005 ohne Recht auf Vorsteuerabzug von der Steuer befreit sind;

c) die Steuerbefreiung für Kleinunternehmen nach den Artikeln 284, 285, 286 und 287 der Richtlinie 2006/112/EG in Anspruch nimmt;

d) die gemeinsame Pauschalregelung für landwirtschaftliche Erzeuger nach den Artikeln 296 bis 305 der Richtlinie 2006/112/EG in Anspruch nimmt.

(2) Der Mitgliedstaat, in dem der Antragsteller ansässig ist, teilt dem Antragsteller seine Entscheidung gemäß Absatz 1 auf elektronischem Wege mit.

Art. 19 [Bestätigung des Antragseingangs im Erstattungsstaat]

(1) Der Mitgliedstaat der Erstattung setzt den Antragsteller auf elektronischem Wege unverzüglich vom Datum des Eingangs des Antrags beim Mitgliedstaat der Erstattung in Kenntnis.

(2) Der Mitgliedstaat der Erstattung teilt dem Antragsteller innerhalb von vier Monaten ab Eingang des Erstattungsantrags in diesem Mitgliedstaat mit, ob er die Erstattung gewährt oder den Erstattungsantrag abweist.

Art. 20 [Anforderung zusätzlicher Informationen bei unvollständigem Erstattungsantrag] (1) Ist der Mitgliedstaat der Erstattung der Auffassung, dass er nicht über alle relevanten Informationen für die Entscheidung über eine vollständige oder teilweise Erstattung verfügt, kann er insbesondere beim Antragsteller oder bei den zuständigen Behörden des Mitgliedstaats, in dem der Antragsteller ansässig ist, innerhalb des in Artikel 19 Absatz 2 genannten Viermonatszeitraums elektronisch zusätzliche Informationen anfordern. Werden die zusätzlichen Informationen bei einer anderen Person als dem Antragsteller oder der zuständigen Behörde eines Mitgliedstaats angefordert, soll das Ersuchen nur auf elektronischem Wege ergehen, wenn der Empfänger des Ersuchens über solche Mittel verfügt.

Gegebenenfalls kann der Mitgliedstaat der Erstattung weitere zusätzliche Informationen anfordern.

Die gemäß diesem Absatz angeforderten Informationen können die Einreichung des Originals oder eine Durchschrift der einschlägigen Rechnung oder des einschlägigen Einfuhrdokuments umfassen, wenn der Mitgliedstaat der Erstattung begründete Zweifel am Bestehen einer bestimmten Forderung hat. In diesem Fall gelten die in Artikel 10 genannten Schwellenwerte nicht.

(2) Die gemäß Absatz 1 angeforderten Informationen sind dem Mitgliedstaat der Erstattung innerhalb eines Monats ab Eingang des Informationsersuchens bei dessen Adressaten vorzulegen.

Art. 21 [Mitteilung über Behandlung des Erstattungsantrags nach Eingang der zusätzlichen Informationen] Fordert der Mitgliedstaat der Erstattung zusätzliche Informationen an, so teilt er dem Antragsteller innerhalb von zwei Monaten ab Eingang der angeforderten Informationen, oder, falls er keine Antwort auf sein Ersuchen erhalten hat, binnen zwei Monaten nach Ablauf der Frist nach Artikel 20 Absatz 2 mit, ob er die Erstattung gewährt oder den Erstattungsantrag abweist. Der Zeitraum, der für die Entscheidung über eine vollständige oder teilweise Erstattung ab Eingang des Erstattungsantrags im Mitgliedstaat der Erstattung zur Verfügung steht, beträgt jedoch auf jeden Fall mindestens sechs Monate.

Wenn der Mitgliedstaat der Erstattung weitere zusätzliche Informationen anfordert, teilt er dem Antragsteller innerhalb von acht Monaten ab Eingang des Erstattungsantrags in diesem Mitgliedstaat die Entscheidung über eine vollständige oder teilweise Erstattung mit.

Art. 22 [Frist zur Erstattung des erstattungsfähigen Betrags]

(1) Wird eine Erstattung gewährt, so erstattet der Mitgliedstaat der Erstattung den erstattungsfähigen Betrag spätestens innerhalb von 10 Arbeitstagen, nach Ablauf der Frist nach Artikel 19 Absatz 2, oder, falls zusätzliche oder weitere zusätzliche Informationen angefordert worden sind, nach Ablauf der entsprechenden Fristen nach Artikel 21.

(2) Die Erstattung ist im Mitgliedstaat der Erstattung oder auf Wunsch des Antragstellers in jedem anderen Mitgliedstaat auszuzahlen. In letzte-

rem Falle zieht der Mitgliedstaat der Erstattung von dem an den Antragsteller auszuzahlenden Betrag die Kosten der Banküberweisung ab.

Art. 23 [Mitteilung von Gründen der Ablehnung eines Erstattungsantrags] (1) Wird der Erstattungsantrag ganz oder teilweise abgewiesen, so teilt der Mitgliedstaat der Erstattung dem Antragsteller gleichzeitig mit seiner Entscheidung die Gründe für die Ablehnung mit.

(2) Der Antragsteller kann bei den zuständigen Behörden des Mitgliedstaats der Erstattung Einspruch gegen eine Entscheidung, einen Erstattungsantrag abzuweisen, einlegen, und zwar in den Formen und binnen der Fristen, die für Einsprüche bei Erstattungsanträgen der in diesem Mitgliedstaat ansässigen Personen vorgesehen sind.

Wenn nach dem Recht des Mitgliedstaates der Erstattung das Versäumnis, innerhalb der in dieser Richtlinie festgelegten Fristen eine Entscheidung über den Erstattungsantrag zu treffen, weder als Zustimmung noch als Ablehnung betrachtet wird, müssen jegliche Verwaltungs- oder Rechtsverfahren, die in dieser Situation Steuerpflichtigen, die in diesem Mitgliedstaat ansässig sind, zugänglich sind, entsprechend für den Antragsteller zugänglich sein. Gibt es solche Verfahren nicht, so gilt das Versäumnis, innerhalb der festgelegten Frist eine Entscheidung über den Erstattungsantrag zu treffen, als Ablehnung des Antrags.

Art. 24 [Beitreibung zu Unrecht erstatteter Beträge] (1) Wurde die Erstattung auf betrügerischem Wege oder sonst zu Unrecht erlangt, so nimmt die zuständige Behörde im Mitgliedstaat der Erstattung – unbeschadet der Bestimmungen über die Amtshilfe bei der Beitreibung der Mehrwertsteuer – nach dem in dem Mitgliedstaat der Erstattung geltenden Verfahren unmittelbar die Beitreibung der zu Unrecht ausgezahlten Beträge sowie etwaiger festgesetzter Bußgelder und Zinsen vor.

(2) Sind verwaltungsrechtliche Sanktionen verhängt oder Zinsen festgesetzt, aber nicht entrichtet worden, so kann der Mitgliedstaat der Erstattung jede weitere Erstattung bis in Höhe des ausstehenden Betrags an den betreffenden Steuerpflichtigen aussetzen.

Art. 25 [Berücksichtigung früherer Berichtigungen eines Erstattungsantrags bei späteren Erstattungen] Der Mitgliedstaat der Erstattung berücksichtigt die in Bezug auf einen früheren Erstattungsantrag vorgenommene Berichtigung gemäß Artikel 13 in Form einer Erhöhung oder Verringerung des zu erstattenden Betrags oder im Falle der Übermittlung einer gesonderten Erklärung durch separate Auszahlung oder Einziehung.

Art. 26 [Verzinsung des Erstattungsbetrages] Der Mitgliedstaat der Erstattung schuldet dem Antragsteller Zinsen auf den zu erstattenden Betrag, falls die Erstattung nach der in Artikel 22 Absatz 1 genannten Zahlungsfrist erfolgt.

Legt der Antragsteller dem Mitgliedstaat der Erstattung die angeforderten zusätzlichen oder weiteren zusätzlichen Informationen nicht innerhalb der vorgesehenen Fristen vor, so findet Absatz 1 keine Anwendung. Entsprechendes gilt bis zum Eingang der nach Artikel 10 elektronisch zu übermittelnden Dokumente beim Mitgliedstaat der Erstattung.

Art. 27 [Berechnung der Verzinsung des Erstattungsbetrages]

(1) Zinsen werden für den Zeitraum berechnet, der sich vom Tag nach dem letzten Tag der Frist für die Zahlung der Erstattung gemäß Artikel 22 Absatz 1 bis zum Zeitpunkt der tatsächlichen Zahlung der Erstattung erstreckt.

(2) Die Zinssätze entsprechen den geltenden Zinssätzen für die Erstattung von Mehrwertsteuer an im Mitgliedstaat der Erstattung ansässige Steuerpflichtige nach dem nationalen Recht des betroffenen Mitgliedstaats.

Falls nach nationalem Recht für Erstattungen an ansässige steuerpflichtige Personen keine Zinsen zu zahlen sind, entsprechen die Zinssätze den Zinssätzen bzw. den entsprechenden Gebühren, die der Mitgliedstaat der Erstattung bei verspäteten Mehrwertsteuerzahlungen der Steuerpflichtigen anwendet.

Art. 28 [Anwendung der Richtlinie auf nach dem 31. 12. 2009 gestellte Erstattungsanträge] (1) Diese Richtlinie gilt für Erstattungsanträge, die nach dem 31. Dezember 2009 gestellt werden.

(2) Die Richtlinie 79/1072/EWG[1] wird mit Wirkung vom 1. Januar 2010 aufgehoben. Sie gilt jedoch für Erstattungsanträge, die vor dem 1. Januar 2010 gestellt werden, weiter.

Bezugnahmen auf die aufgehobene Richtlinie gelten als Bezugnahmen auf diese Richtlinie, mit Ausnahme für Erstattungsanträge, die vor dem 1. Januar 2010 gestellt werden.

Art. 29 [Umsetzung der Richtlinie in nationales Recht zum 1. 1. 2010] (1) Die Mitgliedstaaten setzen zum 1. Januar 2010 die Rechts- und Verwaltungsvorschriften in Kraft, die erforderlich sind, um dieser Richtlinie nachzukommen. Sie setzen die Kommission unverzüglich davon in Kenntnis.

Wenn die Mitgliedstaaten solche Vorschriften erlassen, nehmen sie in den Vorschriften selbst oder durch einen Hinweis bei der amtlichen Veröffentlichung auf diese Richtlinie Bezug. Die Mitgliedstaaten regeln die Einzelheiten solch einer Bezugnahme.

(2) Die Mitgliedstaaten teilen der Kommission den Wortlaut der wichtigsten innerstaatlichen Rechtsvorschriften mit, die sie auf dem unter diese Richtlinie fallenden Gebiet erlassen.

Art. 30 [Inkrafttreten der Richtlinie] Diese Richtlinie tritt am Tag ihrer Veröffentlichung[2] im Amtsblatt der Europäischen Union in Kraft.

Art. 31 [Adressaten der Richtlinie] Diese Richtlinie ist an die Mitgliedstaaten gerichtet.

---

[1] Nr. **552**.

[2] Veröffentlicht am 20. 2. 2008.

553. Dreizehnte Richtlinie 86/560/EWG des Rates zur Harmonisierung der Rechtsvorschriften der Mitgliedstaaten über die Umsatzsteuern

– Verfahren der Erstattung der Mehrwertsteuer an nicht im Gebiet der Gemeinschaft ansässige Steuerpflichtige –

Vom 17. November 1986 (ABl. EG Nr. L 326 S. 40)

DER RAT DER EUROPÄISCHEN GEMEINSCHAFTEN –

gestützt auf den Vertrag zur Gründung der Europäischen Wirtschaftsgemeinschaft, insbesondere auf die Artikel 99 und 100,
gestützt auf die Sechste Richtlinie 77/388/EWG des Rates vom 17. Mai 1977 zur Harmonisierung der Rechtsvorschriften der Mitgliedstaaten über die Umsatzsteuern – Gemeinsames Mehrwertsteuersystem: einheitliche steuerpflichtige Bemessungsgrundlage,[1] insbesondere auf Artikel 17 Absatz 4,
auf Vorschlag der Kommission,
nach Stellungnahme des Europäischen Parlaments,
nach Stellungnahme des Wirtschafts- und Sozialausschusses,
in Erwägung nachstehender Gründe:

Die Richtlinie 79/1072/EWG[2] über das Verfahren zur Erstattung der Mehrwertsteuer an nicht im Inland ansässige Steuerpflichtige bestimmt in Artikel 8: „Es steht den Mitgliedstaaten frei, bei nicht im Gebiet der Gemeinschaft ansässigen Steuerpflichtigen die Erstattung auszuschließen oder von besonderen Bedingungen abhängig zu machen."

Eine harmonische Entwicklung der Handelsbeziehungen zwischen der Gemeinschaft und den Drittländern sollte dadurch gewährleistet werden, daß man sich an der Richtlinie 79/1072/EWG ausrichtet und dabei den unterschiedlichen Verhältnissen in den Drittländern Rechnung trägt.

Bestimmte Formen der Steuerhinterziehung und Steuerumgehung müssen vermieden werden –

HAT FOLGENDE RICHTLINIE ERLASSEN:

Art. 1 [Definitionen] Im Sinne dieser Richtlinie gilt

1. als nicht im Gebiet der Gemeinschaft ansässiger Steuerpflichtiger derjenige Steuerpflichtige nach Artikel 4 Absatz 1 der Richtlinie 77/388/EWG, der in dem Zeitraum nach Artikel 3 Absatz 1 der vorliegenden Richtlinie in diesem Gebiet weder den Sitz seiner wirtschaftlichen Tätigkeit noch eine feste Niederlassung, von wo aus die Umsätze bewirkt

[1] Nr. **551**.
[2] Nr. **552**.

worden sind, noch – in Ermangelung eines solchen Sitzes oder einer festen Niederlassung – seinen Wohnsitz oder üblichen Aufenthaltsort gehabt hat und der in dem gleichen Zeitraum in dem in Artikel 2 genannten Mitgliedstaat keine Gegenstände geliefert oder Dienstleistungen erbracht hat, mit Ausnahme von:

a) Beförderungsumsätzen und den damit verbundenen Nebentätigkeiten, die gemäß Artikel 14 Absatz 1 Buchstabe i), Artikel 15 oder Artikel 16 Absatz 1 Teile B, C und D der Richtlinie 77/388/EWG steuerfrei sind;

b) Dienstleistungen, bei denen die Steuer gemäß Artikel 21 Nummer 1 Buchstabe b) der Richtlinie 77/388/EWG lediglich vom Empfänger geschuldet wird;

2. als Gebiet der Gemeinschaft die Gebiete der Mitgliedstaaten, in denen die Richtlinie 77/388/EWG Anwendung findet.

Art. 2 [Erstattungsvoraussetzungen] (1) Unbeschadet der Artikel 3 und 4 erstattet jeder Mitgliedstaat einem Steuerpflichtigen, der nicht im Gebiet der Gemeinschaft ansässig ist, unter den nachstehend festgelegten Bedingungen die Mehrwertsteuer, mit der die ihm von anderen Steuerpflichtigen im Inland erbrachten Dienstleistungen oder gelieferten beweglichen Gegenstände belastet wurden oder mit der die Einfuhr von Gegenständen ins Inland belastet wurde, soweit diese Gegenstände und Dienstleistungen für Zwecke der in Artikel 17 Absatz 3 Buchstaben a) und b) der Richtlinie 77/388/EWG bezeichneten Umsätze oder der in Artikel 1 Nummer 1 Buchstabe b) der vorliegenden Richtlinie bezeichneten Dienstleistungen verwendet werden.

(2) Die Mitgliedstaaten können die Erstattung nach Absatz 1 von der Gewährung vergleichbarer Vorteile im Bereich der Umsatzsteuern durch die Drittländer abhängig machen.

(3) Die Mitgliedstaaten können die Benennung eines steuerlichen Vertreters verlangen.

Art. 3 [Verfahren] (1) Die Erstattung nach Artikel 2 Absatz 1 erfolgt auf Antrag des Steuerpflichtigen. Die Mitgliedstaaten bestimmen die Modalitäten für die Antragstellung einschließlich der Antragsfristen, des Zeitraums, auf den der Antrag sich beziehen muß, der für die Einreichung zuständigen Behörden und der Mindestbeträge, für die die Erstattung beantragt werden kann. Sie legen auch die Einzelheiten für die Erstattung, einschließlich der Fristen, fest. Sie legen dem Antragsteller die Pflichten auf, die erforderlich sind, um die Begründetheit des Antrags beurteilen zu können und um Steuerhinterziehungen zu vermeiden, und verlangen insbesondere den Nachweis, daß er eine wirtschaftliche Tätigkeit entsprechend Artikel 4 Absatz 1 der Richtlinie 77/388/EWG ausübt. Der Antragsteller hat durch eine schriftliche Erklärung zu bestätigen, daß er in dem festgelegten Zeitraum keinen Umsatz bewirkt hat, der nicht den in Artikel 1 Nummer 1 der vorliegenden Richtlinie genannten Bedingungen entspricht.

(2) Die Erstattung darf nicht zu günstigeren Bedingungen erfolgen als für in der Gemeinschaft ansässige Steuerpflichtige.

Art. 4 [Vorsteuerabzug] (1) Für die Anwendung dieser Richtlinie wird der Anspruch auf Erstattung nach Artikel 17 der Richtlinie 77/388/EWG, wie dieser im Mitgliedstaat der Erstattung angewendet wird, bestimmt.

(2) Die Mitgliedstaaten können jedoch den Ausschluß bestimmter Ausgaben vorsehen oder die Erstattung von zusätzlichen Bedingungen abhängig machen.

(3) Die vorliegende Richtlinie gilt nicht für Lieferungen von Gegenständen, die steuerfrei sind oder nach Artikel 15 Nummer 2 der Richtlinie 77/388/EWG von der Steuer befreit werden können.

Art. 5 [Umsetzungsfrist] (1) Die Mitgliedstaaten setzen die erforderlichen Rechts- und Verwaltungsvorschriften in Kraft, um dieser Richtlinie spätestens am 1. Januar 1988 nachzukommen. Diese Richtlinie betrifft nur Erstattungsanträge für die Mehrwertsteuer auf den Erwerb von Gegenständen oder die Inanspruchnahme von Dienstleistungen, die ab diesem Zeitpunkt in Rechnung gestellt werden, oder auf Einfuhren, die ab diesem Zeitpunkt getätigt werden.

(2) Die Mitgliedstaaten teilen der Kommission die wichtigsten innerstaatlichen Rechtsvorschriften mit, die sie auf dem unter diese Richtlinie fallenden Gebiet erlassen; sie unterrichten die Kommission darüber, welchen Gebrauch sie von der Möglichkeit des Artikels 2 Absatz 2 machen. Die Kommission setzt die anderen Mitgliedstaaten davon in Kenntnis.

Art. 6 [Berichtspflicht] Die Kommission legt dem Rat und dem Europäischen Parlament nach Konsultation der Mitgliedstaaten binnen drei Jahren nach dem in Artikel 5 genannten Zeitpunkt einen Bericht über die Anwendung dieser Richtlinie, insbesondere des Artikels 2 Absatz 2, vor.

Art. 7 [Außerkrafttreten] Artikel 17 Absatz 4 letzter Satz der Richtlinie 77/388/EWG und Artikel 8 der Richtlinie 79/1072/EWG treten in jedem Mitgliedstaat mit dem jeweiligen Zeitpunkt der Anwendung dieser Richtlinie, in jedem Fall aber zu dem in Artikel 5 der vorliegenden Richtlinie genannten Zeitpunkt außer Kraft.

Art. 8 [Adressat der Richtlinie] Diese Richtlinie ist an die Mitgliedstaaten gerichtet.

600. Grunderwerbsteuergesetz (GrEStG)[1)]

In der Fassung der Bekanntmachung vom 26. Februar 1997
(BGBl. I S. 418, ber. S. 1804)

Geändert durch Steuerentlastungsgesetz 1999/2000/2002 vom 24. 3. 1999 (BGBl. I S. 402), Steuer-Euroglättungsgesetz vom 19. 12. 2000 (BGBl. I S. 1790), Steueränderungsgesetz 2001 vom 20. 12. 2001 (BGBl. I S. 3794), Fünftes Gesetz zur Änderung des Steuerbeamten-Ausbildungsgesetzes und zur Änderung von Steuergesetzen vom 23. 7. 2002 (BGBl. I S. 2715), Drittes Gesetz zur Änderung verwaltungsverfahrensrechtlicher Vorschriften vom 21. 8. 2002 (BGBl. I S. 3322), EU-Richtlinien-Umsetzungsgesetz vom 9. 12. 2004 (BGBl. I S. 3310), Gesetz zur Beschleunigung der Umsetzung von Öffentlich Privaten Partnerschaften und zur Verbesserung gesetzlicher Rahmenbedingungen für Öffentlich Private Partnerschaften vom 1. 9. 2005 (BGBl. I S. 2676), Jahressteuergesetz 2008 vom 20. 12. 2007 (BGBl. I S. 3150), Jahressteuergesetz 2009 vom 19. 12. 2008 (BGBl. I S. 2794), Wachstumsbeschleunigungsgesetz vom 22. 12. 2009 (BGBl. I S. 3950), Jahressteuergesetz 2010 (JStG 2010) vom 8. 12. 2010 (BGBl. I S. 1768), OGAW-IV-Umsetzungsgesetz (OGAW-IV-UmsG) vom 22. 6. 2011 (BGBl. I S. 1126), Steuervereinfachungsgesetz 2011 vom 1. 11. 2011 (BGBl. I S. 2131), Amtshilferichtlinie-Umsetzungsgesetz (AmtshilfeRLUmsG) vom 26. 6. 2013 (BGBl. I S. 1809), Gesetz zur Anpassung des nationalen Steuerrechts an den Beitritt Kroatiens zur EU und zur Änderung weiterer steuerlicher Vorschriften vom 25. 7. 2014 (BGBl. I S. 1266) und Steueränderungsgesetz 2015 vom 2. 11. 2015 (BGBl. I S. 1834)

BGBl. III/FNA 610-6-10

Nichtamtliche Inhaltsübersicht

[1)] Neubekanntmachung des GrEStG v. 17. 12. 1982 (BGBl. I S. 1777) auf Grund des Art. 31 Abs. 1 des Jahressteuergesetzes 1997 v. 20. 12. 1996 (BGBl. I S. 2049) in der ab 1. 1. 1997 geltenden Fassung.

Sechster Abschnitt. Nichtfestsetzung der Steuer, Aufhebung oder Änderung der Steuerfestsetzung §§

Siebenter Abschnitt. Örtliche Zuständigkeit, Feststellung von Besteuerungsgrundlagen, Anzeigepflichten und Erteilung der Unbedenklichkeitsbescheinigung

Achter Abschnitt. Durchführung

Neunter Abschnitt. Übergangs- und Schlußvorschriften

Erster Abschnitt. Gegenstand der Steuer

§ 1 Erwerbsvorgänge. (1) Der Grunderwerbsteuer unterliegen die folgenden Rechtsvorgänge, soweit sie sich auf inländische Grundstücke beziehen:

1. ein Kaufvertrag oder ein anderes Rechtsgeschäft, das den Anspruch auf Übereignung begründet;
2. die Auflassung, wenn kein Rechtsgeschäft vorausgegangen ist, das den Anspruch auf Übereignung begründet;
3. der Übergang des Eigentums, wenn kein den Anspruch auf Übereignung begründendes Rechtsgeschäft vorausgegangen ist und es auch keiner Auflassung bedarf. [2]Ausgenommen sind
   a) der Übergang des Eigentums durch die Abfindung in Land und die unentgeltliche Zuteilung von Land für gemeinschaftliche Anlagen im Flurbereinigungsverfahren sowie durch die entsprechenden Rechtsvorgänge im beschleunigten Zusammenlegungsverfahren und im Landtauschverfahren nach dem Flurbereinigungsgesetz in seiner jeweils geltenden Fassung,
   b) der Übergang des Eigentums im Umlegungsverfahren nach dem Baugesetzbuch in seiner jeweils geltenden Fassung, wenn der neue Eigentümer in diesem Verfahren als Eigentümer eines im Umlegungsgebiet gelegenen Grundstücks Beteiligter ist,
   c) der Übergang des Eigentums im Zwangsversteigerungsverfahren;
4. das Meistgebot im Zwangsversteigerungsverfahren;
5. ein Rechtsgeschäft, das den Anspruch auf Abtretung eines Übereignungsanspruchs oder der Rechte aus einem Meistgebot begründet;
6. ein Rechtsgeschäft, das den Anspruch auf Abtretung der Rechte aus einem Kaufangebot begründet. [2]Dem Kaufangebot steht ein Angebot zum Ab-

schluß eines anderen Vertrags gleich, kraft dessen die Übereignung verlangt werden kann;

7. die Abtretung eines der in den Nummern 5 und 6 bezeichneten Rechte, wenn kein Rechtsgeschäft vorausgegangen ist, das den Anspruch auf Abtretung der Rechte begründet.

(2) Der Grunderwerbsteuer unterliegen auch Rechtsvorgänge, die es ohne Begründung eines Anspruchs auf Übereignung einem anderen rechtlich oder wirtschaftlich ermöglichen, ein inländisches Grundstück auf eigene Rechnung zu verwerten.

(2 a)[1] [1]Gehört zum Vermögen einer Personengesellschaft ein inländisches Grundstück und ändert sich innerhalb von fünf Jahren der Gesellschafterbestand unmittelbar oder mittelbar dergestalt, daß mindestens 95 vom Hundert der Anteile am Gesellschaftsvermögen auf neue Gesellschafter übergehen, gilt dies als ein auf die Übereignung eines Grundstücks auf eine neue Personengesellschaft gerichtetes Rechtsgeschäft. [***Für Erwerbsvorgänge nach dem 5. 11. 2015:*** [2]Mittelbare Änderungen im Gesellschafterbestand von den an einer Personengesellschaft beteiligten Personengesellschaften werden durch Multiplikation der Vomhundertsätze der Anteile am Gesellschaftsvermögen anteilig berücksichtigt. [3]Ist eine Kapitalgesellschaft an einer Personengesellschaft unmittelbar oder mittelbar beteiligt, gelten die Sätze 4 und 5. [4]Eine unmittelbar beteiligte Kapitalgesellschaft gilt in vollem Umfang als neue Gesellschafterin, wenn an ihr mindestens 95 vom Hundert der Anteile auf neue Gesellschafter übergehen. [5]Bei mehrstufigen Beteiligungen gilt Satz 4 auf der Ebene jeder mittelbar beteiligten Kapitalgesellschaft entsprechend.] [6]Bei der Ermittlung des Vomhundertsatzes bleibt der Erwerb von Anteilen von Todes wegen außer Betracht. [7]Hat die Personengesellschaft vor dem Wechsel des Gesellschafterbestandes ein Grundstück von einem Gesellschafter oder einer anderen Gesamthand erworben, ist auf die nach § 8 Abs. 2 Satz 1 Nr. 3 ermittelte Bemessungsgrundlage die Bemessungsgrundlage für den Erwerbsvorgang, für den auf Grund des § 5 Abs. 3 oder des § 6 Abs. 3 Satz 2 die Steuervergünstigung zu versagen ist, mit dem entsprechenden Betrag anzurechnen.

(3) Gehört zum Vermögen einer Gesellschaft ein inländisches Grundstück, so unterliegen der Steuer, soweit eine Besteuerung nach Absatz 2 a nicht in Betracht kommt, außerdem:

1.[2] ein Rechtsgeschäft, das den Anspruch auf Übertragung eines oder mehrerer Anteile der Gesellschaft begründet, wenn durch die Übertragung unmittelbar oder mittelbar mindestens 95 vom Hundert der Anteile der Gesellschaft in der Hand des Erwerbers oder in der Hand von herrschenden

---

[1] § 1 Abs. 2 a neu gef. durch G v. 24. 3. 1999 (BGBl. I S. 402), zur erstmaligen Anwendung siehe § 23 Abs. 6 Satz 2; Abs. 2 a Satz 1 geänd. durch G v. 20. 12. 2001 (BGBl. I S. 3794); § 1 Abs. 2 a Satz 3 geänd. durch G v. 20. 12. 2001 (BGBl. I S. 3794), zur erstmaligen Anwendung siehe § 23 Abs. 7 Satz 1; Sätze 2 bis 5 eingef., bish. Sätze 2 und 3 werden Sätze 6 und 7 durch G v. 2. 11. 2015 (BGBl. I S. 1834), zur Anwendung siehe § 23 Abs. 13.

[2] § 1 Abs. 3 Nr. 1 geänd. durch G v. 24. 3. 1999 (BGBl. I S. 402); zur erstmaligen Anwendung siehe § 23 Abs. 6.

und abhängigen Unternehmen oder abhängigen Personen oder in der Hand von abhängigen Unternehmen oder abhängigen Personen allein vereinigt werden würden;

2.[1] die Vereinigung unmittelbar oder mittelbar von mindestens 95 vom Hundert der Anteile der Gesellschaft, wenn kein schuldrechtliches Geschäft im Sinne der Nummer 1 vorausgegangen ist;

3.[1] ein Rechtsgeschäft, das den Anspruch auf Übertragung unmittelbar oder mittelbar von mindestens 95 vom Hundert der Anteile der Gesellschaft begründet;

4.[1] der Übergang unmittelbar oder mittelbar von mindestens 95 vom Hundert der Anteile der Gesellschaft auf einen anderen, wenn kein schuldrechtliches Geschäft im Sinne der Nummer 3 vorausgegangen ist.

[*ab 7. 6. 2013:*

(3 a)[2] [1]Soweit eine Besteuerung nach Absatz 2a und Absatz 3 nicht in Betracht kommt, gilt als Rechtsvorgang im Sinne des Absatzes 3 auch ein solcher, aufgrund dessen ein Rechtsträger unmittelbar oder mittelbar oder teils unmittelbar, teils mittelbar eine wirtschaftliche Beteiligung in Höhe von mindestens 95 vom Hundert an einer Gesellschaft, zu deren Vermögen ein inländisches Grundstück gehört, innehat. [2]Die wirtschaftliche Beteiligung ergibt sich aus der Summe der unmittelbaren und mittelbaren Beteiligungen am Kapital oder am Vermögen der Gesellschaft. [3]Für die Ermittlung der mittelbaren Beteiligungen sind die Vomhundertsätze am Kapital oder am Vermögen der Gesellschaften zu multiplizieren.]

(4) Im Sinne des Absatzes 3 gelten

1. als Gesellschaften auch die bergrechtlichen Gewerkschaften und
2. als abhängig
   a) natürliche Personen, soweit sie einzeln oder zusammengeschlossen einem Unternehmen so eingegliedert sind, daß sie den Weisungen des Unternehmers in bezug auf die Anteile zu folgen verpflichtet sind;
   b) juristische Personen, die nach dem Gesamtbild der tatsächlichen Verhältnisse finanziell, wirtschaftlich und organisatorisch in ein Unternehmen eingegliedert sind.

(5) Bei einem Tauschvertrag, der für beide Vertragsteile den Anspruch auf Übereignung eines Grundstücks begründet, unterliegt der Steuer sowohl die Vereinbarung über die Leistung des einen als auch die Vereinbarung über die Leistung des anderen Vertragsteils.

(6)[1] [1]Ein in *Absatz 1, 2 oder 3* [**ab 7. 6. 2013:** Absatz 1, 2, 3 oder Absatz 3 a] bezeichneter Rechtsvorgang unterliegt der Steuer auch dann, wenn ihm ein in

---

[1] § 1 Abs. 3 Nrn. 2 bis 4, Abs. 6 Satz 1 geänd. durch G v. 24. 3. 1999 (BGBl. I S. 402); zur erstmaligen Anwendung siehe § 23 Abs. 6; Abs. 6 Satz 1 Verweis geänd. durch G v. 26. 6. *2013 (BGBl. I S. 1809)*; zur Anwendung siehe § 23 Abs. 11.

[2] § 1 Abs. 3 a eingef. durch G v. 26. 6. 2013 (BGBl. I S. 1809); zur Anwendung siehe § 23 Abs. 11.

einem anderen dieser Absätze bezeichneter Rechtsvorgang vorausgegangen ist. [2]Die Steuer wird jedoch nur insoweit erhoben, als die Bemessungsgrundlage für den späteren Rechtsvorgang den Betrag übersteigt, von dem beim vorausgegangenen Rechtsvorgang die Steuer berechnet worden ist.

(7)[1)] *(aufgehoben)*

(Fortsetzung nächstes Blatt)

[1)] § 1 Abs. 7 aufgeh. durch G v. 20. 12. 2001 (BGBl. I S. 3794); Abs. 7 ist letztmals für bis zum 31. 12. 2001 verwirklichte Erwerbsvorgänge anzuwenden (§ 23 Abs. 7 Satz 2).

§ 2 Grundstücke. (1) [1]Unter Grundstücken im Sinne dieses Gesetzes sind Grundstücke im Sinne des bürgerlichen Rechts zu verstehen. [2]Jedoch werden nicht zu den Grundstücken gerechnet:

1. Maschinen und sonstige Vorrichtungen aller Art, die zu einer Betriebsanlage gehören,
2. Mineralgewinnungsrechte und sonstige Gewerbeberechtigungen,
3.[1)] das Recht des Grundstückseigentümers auf den Erbbauzins.

(2) Den Grundstücken stehen gleich

1. Erbbaurechte,
2. Gebäude auf fremdem Boden,
3. dinglich gesicherte Sondernutzungsrechte im Sinne des § 15 des Wohnungseigentumsgesetzes[2)] und des § 1010 des Bürgerlichen Gesetzbuchs[3)].

(3) [1]Bezieht sich ein Rechtsvorgang auf mehrere Grundstücke, die zu einer wirtschaftlichen Einheit gehören, so werden diese Grundstücke als ein Grundstück behandelt. [2]Bezieht sich ein Rechtsvorgang auf einen oder mehrere Teile eines Grundstücks, so werden diese Teile als ein Grundstück behandelt.

Zweiter Abschnitt. Steuervergünstigungen

§ 3 Allgemeine Ausnahmen von der Besteuerung. Von der Besteuerung sind ausgenommen:

1. der Erwerb eines Grundstücks, wenn der für die Berechnung der Steuer maßgebende Wert (§ 8) 2500 Euro[4)] nicht übersteigt;
2. der Grundstückserwerb von Todes wegen und Grundstücksschenkungen unter Lebenden im Sinne des Erbschaftsteuer- und Schenkungsteuergesetzes[5)]. [2]Schenkungen unter einer Auflage unterliegen der Besteuerung jedoch hinsichtlich des Werts solcher Auflagen, die bei der Schenkungsteuer abziehbar sind;
3.[6)] der Erwerb eines zum Nachlaß gehörigen Grundstücks durch Miterben zur Teilung des Nachlasses. [2]Den Miterben steht der überlebende Ehegatte oder Lebenspartner gleich, wenn er mit den Erben des verstorbenen Ehegatten oder Lebenspartners gütergemeinschaftliches Vermögen zu teilen hat oder wenn ihm in Anrechnung auf eine Ausgleichsforderung am Zugewinn des verstorbenen Ehegatten oder Lebenspartners ein zum Nachlass gehöriges Grundstück übertragen wird. [3]Den Miterben stehen außerdem ihre Ehegatten oder ihre Lebenspartner gleich;

---

1) § 2 Abs. 1 Satz 2 Nr. 3 angef. mWv 1. 1. 2002 (§ 23 Abs. 7 Satz 1) durch G v. 20. 12. 2001 (BGBl. I S. 3794).

2) **Schönfelder Nr. 37.**

3) **Schönfelder Nr. 20.**

4) Betrag geänd. durch G v. 19. 12. 2000 (BGBl. I S. 1790).

5) Nr. **250**.

6) § 3 Nr. 3, 4 und 6 geänd., Nr. 5 a eingef. mWv 1. 1. 2011 durch G v. 8. 12. 2010 (BGBl. I S. 1768); zur Anwendung bzgl. nicht bestandskräftiger Steuerbescheide siehe § 23 Abs. 9.

4.[1] der Grundstückserwerb durch den Ehegatten oder den Lebenspartner des Veräußerers;

5. der Grundstückserwerb durch den früheren Ehegatten des Veräußerers im Rahmen der Vermögensauseinandersetzung nach der Scheidung;

5 a.[1] der Grundstückserwerb durch den früheren Lebenspartner des Veräußerers im Rahmen der Vermögensauseinandersetzung nach der Aufhebung der Lebenspartnerschaft;

6.[1] der Erwerb eines Grundstücks durch Personen, die mit dem Veräußerer in gerader Linie verwandt sind oder deren Verwandtschaft durch die Annahme als Kind bürgerlich-rechtlich erloschen ist. [2]Den Abkömmlingen stehen die Stiefkinder gleich. [3]Den in den Sätzen 1 und 2 genannten Personen stehen deren Ehegatten oder deren Lebenspartner gleich;

7.[2] der Erwerb eines zum Gesamtgut gehörigen Grundstücks durch Teilnehmer an einer fortgesetzten Gütergemeinschaft zur Teilung des Gesamtguts. [2]Den Teilnehmern an der fortgesetzten Gütergemeinschaft stehen ihre Ehegatten oder ihre Lebenspartner gleich;

8. der Rückerwerb eines Grundstücks durch den Treugeber bei Auflösung des Treuhandverhältnisses. [2]Voraussetzung ist, daß für den Rechtsvorgang, durch den der Treuhänder den Anspruch auf Übereignung des Grundstücks oder das Eigentum an dem Grundstück erlangt hatte, die Steuer entrichtet worden ist. [3]Die Anwendung der Vorschrift des § 16 Abs. 2 bleibt unberührt.

§ 4 Besondere Ausnahmen von der Besteuerung. Von der Besteuerung sind ausgenommen:

1.[3] der Erwerb eines Grundstücks durch eine juristische Person des öffentlichen Rechts, wenn das Grundstück aus Anlaß des Übergangs von öffentlich-rechtlichen Aufgaben oder aus Anlaß von Grenzänderungen von der einen auf die andere juristische Person übergeht und nicht überwiegend einem Betrieb gewerblicher Art dient;

2. der Erwerb eines Grundstücks durch einen ausländischen Staat, wenn das Grundstück für die Zwecke von Botschaften, Gesandtschaften oder Konsulaten dieses Staates bestimmt ist und Gegenseitigkeit gewährt wird;

3. der Erwerb eines Grundstücks durch einen ausländischen Staat oder eine ausländische kulturelle Einrichtung, wenn das Grundstück für kulturelle Zwecke bestimmt ist und Gegenseitigkeit gewährt wird;

[bis 6. 6. 2013:]

4. der Erwerb eines Grundstücks durch eine Kapitalgesellschaft,

[ab 7. 6. 2013:]

4.[4] der Übergang von Grundstücken gemäß § 1 Absatz 1 Nummer 3

---

[1] § 3 Nr. 3, 4 und 6 geänd., Nr. 5 a eingef. mWv 1. 1. 2011 durch G v. 8. 12. 2010 (BGBl. I S. 1768); zur Anwendung bzgl. nicht bestandskräftiger Steuerbescheide siehe § 23 Abs. 9.

[2] § 3 Nr. 7 mWv 1. 1. 2011 geänd. durch G v. 8. 12. 2010 (BGBl. I S. 1768); zur Anwendung bzgl. nicht bestandskräftiger Steuerbescheide siehe § 23 Abs. 9.

[3] § 4 Nr. 1 neu gef. mWv 1. 1. 1998 (§ 23 Abs. 5) durch G v. 24. 3. 1999 (BGBl. I S. 402).

[4] § 4 Nr. 4 neu gef. durch G v. 26. 6. 2013 (BGBl. I S. 1809); zur Anwendung siehe § 23 Abs. 11.

[bis 6. 6. 2013:]

wenn das Grundstück vor dem 1. Januar 1999 nach den Vorschriften des Gesetzes über die Spaltung der von der Treuhandanstalt verwalteten Unternehmen vom 5. April 1991 (BGBl. I S. 854) oder im Zusammenhang mit der Umstrukturierung der Treuhandanstalt im Wege der Übertragung von Beteiligungen durch die auf Grund des § 23 a des Treuhandgesetzes erlassenen Rechtsverordnungen oder im Wege der Vermögenszuordnung nach dem Vermögenszuordnungsgesetz auf die Kapitalgesellschaft übergeht. 2 Ausgenommen ist der Übergang eines Grundstücks, das die Treuhandanstalt von Dritten erworben hat. 3 Dritte sind nicht Kapitalgesellschaften, deren Aktien oder Geschäftsanteile sich unmittelbar oder mittelbar mehrheitlich in der Hand der Treuhandanstalt befinden;

[ab 7. 6. 2013:]

und von Gesellschaftsanteilen gemäß § 1 Absatz 3 Nummer 2 und 4 als unmittelbare Rechtsfolge eines Zusammenschlusses kommunaler Gebietskörperschaften, der durch Vereinbarung der beteiligten Gebietskörperschaften mit Zustimmung der nach Landesrecht zuständigen Stelle oder durch Gesetz zustande kommt, sowie Rechtsgeschäfte über Grundstücke gemäß § 1 Absatz 1 Nummer 1 und über Gesellschaftsanteile gemäß § 1 Absatz 3 Nummer 1 und 3 aus Anlass der Aufhebung der Kreisfreiheit einer Gemeinde;

5.[1)] *der Erwerb eines Grundstücks, das nach den Artikeln 21 und 22 des Einigungsvertrages in das Eigentum einer Kommune übergegangen ist, wenn der Erwerb vor dem 1. Januar 1999 durch eine Wohnungsgesellschaft erfolgt, deren Anteile sich ausschließlich in der Hand der übertragenden Kommunen befinden;*

6.[1)] *der Erwerb eines Grundstücks durch den Bund, ein Land, eine Gemeinde oder einen Gemeindeverband, wenn das Grundstück vor dem 1. Januar 1999 im Rahmen der Zuordnung des Verwaltungs- oder Finanzvermögens nach den Vorschriften der Artikel 21 und 22 des Einigungsvertrages übertragen wird;*

7.[1)] *der Erwerb eines Grundstücks durch eine Wohnungsgenossenschaft, wenn das Grundstück vor dem 1. Januar 1999 im Rahmen der Zuordnung nach § 1 Abs. 1 und 2 und § 2 des Wohnungsgenossenschafts-Vermögensgesetzes durch Zuordnungsbescheid nach § 1 Abs. 6 des Wohnungsgenossenschafts-Vermögensgesetzes übertragen wird;*

8.[2)] *der Erwerb eines in den Ländern Brandenburg, Mecklenburg-Vorpommern, Sachsen, Sachsen-Anhalt, Thüringen oder Berlin belegenen Grundstücks durch Verschmelzung oder Spaltung nach dem Umwandlungsgesetz oder durch einen Vorgang,*

[1)] § 4 Nrn. 5 bis 8 aufgeh. mWv 7. 6. 2013 (§ 23 Abs. 11) durch G v. 26. 6. 2013 (BGBl. I S. 1809).

[2)] § 4 Nr. 8 angef. mWv 1. 12. 2004 (Bek. BMF v. 17. 12. 2004, BGBl. I S. 3548) durch G v. 9. 12. 2004 (BGBl. I S. 3310) und aufgeh. mWv 7. 6. 2013 (§ 23 Abs. 11) durch G v. 26. 6. 2013 (BGBl. I S. 1809).

der einer solchen Verschmelzung oder Spaltung entspricht, soweit an der Verschmelzung oder Spaltung nur Wohnungsgesellschaften oder Wohnungsgenossenschaften beteiligt sind, wenn die Verschmelzung oder Spaltung nach dem 31. Dezember 2003 und vor dem 1. Januar 2007 erfolgt;

5.[1] der Erwerb eines Grundstücks von einer juristischen Person des öffentlichen Rechts sowie der Rückerwerb des Grundstücks durch die juristische Person des öffentlichen Rechts, wenn das Grundstück im Rahmen einer Öffentlich Privaten Partnerschaft für einen öffentlichen Dienst oder Gebrauch im Sinne des § 3 Abs. 2 des Grundsteuergesetzes benutzt wird und zwischen dem Erwerber und der juristischen Person des öffentlichen Rechts die Rückübertragung des Grundstücks am Ende des Vertragszeitraums vereinbart worden ist. 2 Die Ausnahme von der Besteuerung entfällt mit Wirkung für die Vergangenheit, wenn die juristische Person des öffentlichen Rechts auf die Rückübertragung des Grundstücks verzichtet oder das Grundstück nicht mehr für einen öffentlichen Dienst oder Gebrauch genutzt wird.

§ 5 Übergang auf eine Gesamthand. (1) Geht ein Grundstück von mehreren Miteigentümern auf eine Gesamthand (Gemeinschaft zur gesamten Hand) über, so wird die Steuer nicht erhoben, soweit der Anteil des einzelnen am Vermögen der Gesamthand Beteiligten seinem Bruchteil am Grundstück entspricht.

(2) Geht ein Grundstück von einem Alleineigentümer auf eine Gesamthand über, so wird die Steuer in Höhe des Anteils nicht erhoben, zu dem der Veräußerer am Vermögen der Gesamthand beteiligt ist.

(3)[2] Die Absätze 1 und 2 sind insoweit nicht anzuwenden, als sich der Anteil des Veräußerers am Vermögen der Gesamthand innerhalb von fünf Jahren nach dem Übergang des Grundstücks auf die Gesamthand vermindert.

§ 6 Übergang von einer Gesamthand. (1) 1 Geht ein Grundstück von einer Gesamthand in das Miteigentum mehrerer an der Gesamthand beteiligter Personen über, so wird die Steuer nicht erhoben, soweit der Bruchteil, den der einzelne Erwerber erhält, dem Anteil entspricht, zu dem er am Vermögen der Gesamthand beteiligt ist. 2 Wird ein Grundstück bei der Auflösung der Gesamthand übertragen, so ist die Auseinandersetzungsquote maßgebend, wenn die Beteiligten für den Fall der Auflösung der Gesamthand eine vom Beteiligungsverhältnis abweichende Auseinandersetzungsquote vereinbart haben.

(2) 1 Geht ein Grundstück von einer Gesamthand in das Alleineigentum einer an der Gesamthand beteiligten Person über, so wird die Steuer in Höhe des Anteils nicht erhoben, zu dem der Erwerber am Vermögen der Gesamthand beteiligt ist. 2 Geht ein Grundstück bei der Auflösung der Gesamthand in das Alleineigentum eines Gesamthänders über, so gilt Absatz 1 Satz 2 entsprechend.

---

[1] § 4 Nr. 9 angef. mWv 8. 9. 2005 durch G v. 1. 9. 2005 (BGBl. I S. 2676); Nr. 9 wird Nr. 5 mWv 7. 6. 2013 (§ 23 Abs. 11) durch G v. 26. 6. 2013 (BGBl. I S. 1809).

[2] § 5 Abs. 3 angef. durch G v. 24. 3. 1999 (BGBl. I S. 402); zur erstmaligen Anwendung siehe § 23 Abs. 6 Satz 2.

(3)[1] [1]Die Vorschriften des Absatzes 1 gelten entsprechend beim Übergang eines Grundstücks von einer Gesamthand auf eine andere Gesamthand. [2]Absatz 1 ist insoweit nicht entsprechend anzuwenden, als sich der Anteil des Gesamthänders am Vermögen der erwerbenden Gesamthand innerhalb von fünf Jahren nach dem Übergang des Grundstücks von der einen auf die andere Gesamthand vermindert.

(4) [1]Die Vorschriften der Absätze 1 bis 3 gelten insoweit nicht, als ein Gesamthänder – im Fall der Erbfolge sein Rechtsvorgänger – innerhalb von fünf Jahren vor dem Erwerbsvorgang seinen Anteil an der Gesamthand durch Rechtsgeschäft unter Lebenden erworben hat. [2]Die Vorschriften der Absätze 1 bis 3 gelten außerdem insoweit nicht, als die vom Beteiligungsverhältnis abweichende Auseinandersetzungsquote innerhalb der letzten fünf Jahre vor der Auflösung der Gesamthand vereinbart worden ist.

§ 6a[2] Steuervergünstigung bei Umstrukturierungen im Konzern. [1]Für einen nach § 1 Absatz 1 *Nummer 3, Absatz 2a oder 3* [***ab 7. 6. 2013:*** Nummer 3 Satz 1, Absatz 2, 2a, 3 oder Absatz 3a] steuerbaren Rechtsvorgang auf Grund einer Umwandlung im Sinne des § 1 Absatz 1 Nummer 1 bis 3 des Umwandlungsgesetzes [***ab 7. 6. 2013:*** , einer Einbringung oder eines anderen Erwerbsvorgangs auf gesellschaftsvertraglicher Grundlage] wird die Steuer nicht erhoben*; für die aufgrund einer Umwandlung übergehende Verwertungsbefugnis wird die Steuer nach § 1 Absatz 2 insoweit nicht erhoben*. [2]Satz 1 gilt auch für entsprechende Umwandlungen [***ab 7. 6. 2013:*** , Einbringungen sowie andere Erwerbsvorgänge auf gesellschaftsvertraglicher Grundlage] auf Grund des Rechts eines Mitgliedstaates der Europäischen Union oder eines Staats, auf den das Abkommen über den Europäischen Wirtschaftsraum Anwendung findet. [3]Satz 1 gilt nur, wenn an dem *Umwandlungsvorgang* [***ab 7. 6. 2013:*** dort genannten Rechtsvorgang] ausschließlich ein herrschendes Unternehmen und ein oder mehrere von diesem herrschenden Unternehmen abhängige Gesellschaften oder mehrere von einem herrschenden Unternehmen abhängige Gesellschaften beteiligt sind. [4]Im Sinne von Satz 3 abhängig ist eine Gesellschaft, an deren Kapital oder Gesellschaftsvermögen das herrschende Unternehmen innerhalb von fünf Jahren vor dem Rechtsvorgang und fünf Jahren nach dem Rechtsvorgang unmittelbar oder mittelbar oder teils unmittelbar, teils mittelbar zu mindestens 95 vom Hundert ununterbrochen beteiligt ist.

§ 7 Umwandlung von gemeinschaftlichem Eigentum in Flächeneigentum. (1) Wird ein Grundstück, das mehreren Miteigentümern gehört, von den Miteigentümern flächenweise geteilt, so wird die Steuer nicht erhoben, soweit der Wert des Teilgrundstücks, das der einzelne Erwerber erhält, dem Bruchteil entspricht, zu dem er am gesamten zu verteilenden Grundstück beteiligt ist.

---

[1] § 6 Abs. 3 Satz 2 angef. mWv 1. 1. 2002 (§ 27 Abs. 7 Satz 1) durch G v. 20. 12. 2001 (BGBl. I S. 3794).

[2] § 6a eingef. durch G v. 22. 12. 2009 (BGBl. I S. 3950); zur Anwendung siehe § 23 Abs. 8; Satz 4 geänd. durch G v. 22. 6. 2011 (BGBl. I S. 1126); zur Anwendung siehe § 23 Abs. 10; Satz 1 erster HS geänd., zweiter HS aufgeh. durch G v. 26. 6. 2013 (BGBl. I S. 1809); zur Anwendung siehe § 23 Abs. 11; Sätze 1 bis 3 geänd. durch G v. 25. 7. 2014 (BGBl. I S. 1266); zur Anwendung siehe § 23 Abs. 12.

(2) [1] Wird ein Grundstück, das einer Gesamthand gehört, von den an der Gesamthand beteiligten Personen flächenweise geteilt, so wird die Steuer nicht erhoben, soweit der Wert des Teilgrundstücks, das der einzelne Erwerber erhält, dem Anteil entspricht, zu dem er am Vermögen der Gesamthand beteiligt ist. [2] Wird ein Grundstück bei der Auflösung der Gesamthand flächenweise geteilt, so ist die Auseinandersetzungsquote maßgebend, wenn die Beteiligten für den Fall der Auflösung der Gesamthand eine vom Beteiligungsverhältnis abweichende Auseinandersetzungsquote vereinbart haben.

(3) [1] Die Vorschriften des Absatzes 2 gelten insoweit nicht, als ein Gesamthänder – im Fall der Erbfolge sein Rechtsvorgänger – seinen Anteil an der Gesamthand innerhalb von fünf Jahren vor der Umwandlung durch Rechtsgeschäft unter Lebenden erworben hat. [2] Die Vorschrift des Absatzes 2 Satz 2 gilt außerdem insoweit nicht, als die vom Beteiligungsverhältnis abweichende Auseinandersetzungsquote innerhalb der letzten fünf Jahre vor der Auflösung der Gesamthand vereinbart worden ist.

Dritter Abschnitt. Bemessungsgrundlage

§ 8 Grundsatz. (1) Die Steuer bemißt sich nach dem Wert der Gegenleistung.

(2)[1)] [1] Die Steuer wird nach den *Werten im Sinne des § 138 Abs. 2 bis 4* [***ab 1. 1. 2009:*** Grundbesitzwerten im Sinne des § 151 Absatz 1 Satz 1 Nummer 1 in Verbindung mit § 157 Absatz 1 bis 3][2)] des Bewertungsgesetzes bemessen:

1. wenn eine Gegenleistung nicht vorhanden oder nicht zu ermitteln ist;
2. bei Umwandlungen auf Grund eines Bundes- oder Landesgesetzes, bei Einbringungen sowie bei anderen Erwerbsvorgängen auf gesellschaftsvertraglicher Grundlage;
3.[3)] in den Fällen des § 1 *Abs. 2a und 3* [***ab 7. 6. 2013:*** Absatz 2a, 3 und 3a].

[2] Erstreckt sich der Erwerbsvorgang auf ein noch zu errichtendes Gebäude oder beruht die Änderung des Gesellschafterbestandes im Sinne des § 1 Abs. 2a auf einem vorgefaßten Plan zur Bebauung eines Grundstücks, ist der Wert des Grundstücks abweichend von *§ 138 Abs. 1 Satz 1* [***ab 1. 1. 2009:*** § 157 Absatz 1 Satz 1][2)] des Bewertungsgesetzes nach den tatsächlichen Verhältnissen im Zeitpunkt der Fertigstellung des Gebäudes maßgebend.

§ 9 Gegenleistung. (1) Als Gegenleistung gelten

1. bei einem Kauf:
   der Kaufpreis einschließlich der vom Käufer übernommenen sonstigen Leistungen und der dem Verkäufer vorbehaltenen Nutzungen;

[1)] § 8 Abs. 2 neu gef. durch G v. 24. 3. 1999 (BGBl. I S. 402); zur erstmaligen Anwendung siehe § 23 Abs. 6 Satz 1.

[2)] § 8 Abs. 2 Satz 1 und 2 Zitat geänd. durch G v. 2. 11. 2015 (BGBl. I S. 1834); zur Anwendung siehe § 23 Abs. 14.

[3)] § 8 Abs. 2 Satz 1 Nr. 3 Verweis geänd. durch G v. 26. 6. 2013 (BGBl. I S. 1809); zur Anwendung siehe § 23 Abs. 11.

2. bei einem Tausch:
die Tauschleistung des anderen Vertragsteils einschließlich einer vereinbarten zusätzlichen Leistung;

3. bei einer Leistung an Erfüllungs Statt:
der Wert, zu dem die Leistung an Erfüllungs Statt angenommen wird;

4. beim Meistgebot im Zwangsversteigerungsverfahren:
das Meistgebot einschließlich der Rechte, die nach den Versteigerungsbedingungen bestehen bleiben;

5. bei Abtretung der Rechte aus dem Meistgebot:
die Übernahme der Verpflichtung aus dem Meistgebot. [2]Zusätzliche Leistungen, zu denen sich der Erwerber gegenüber dem Meistbietenden verpflichtet, sind dem Meistgebot hinzuzurechnen. [3]Leistungen, die der Meistbietende dem Erwerber gegenüber übernimmt, sind abzusetzen;

6. bei der Abtretung des Übereignungsanspruchs:
die Übernahme der Verpflichtung aus dem Rechtsgeschäft, das den Übereignungsanspruch begründet hat, einschließlich der besonderen Leistungen, zu denen sich der Übernehmer dem Abtretenden gegenüber verpflichtet. [2]Leistungen, die der Abtretende dem Übernehmer gegenüber übernimmt, sind abzusetzen;

7. bei der Enteignung:
die Entschädigung. [2]Wird ein Grundstück enteignet, das zusammen mit anderen Grundstücken eine wirtschaftliche Einheit bildet, so gehört die besondere Entschädigung für eine Wertminderung der nicht enteigneten Grundstücke nicht zur Gegenleistung; dies gilt auch dann, wenn ein Grundstück zur Vermeidung der Enteignung freiwillig veräußert wird;

8.[1)] *(aufgehoben)*

(2) Zur Gegenleistung gehören auch

1. Leistungen, die der Erwerber des Grundstücks dem Veräußerer neben der beim Erwerbsvorgang vereinbarten Gegenleistung zusätzlich gewährt;

2. die Belastungen, die auf dem Grundstück ruhen, soweit sie auf den Erwerber kraft Gesetzes übergehen. [2]Zur Gegenleistung gehören jedoch nicht die auf dem Grundstück ruhenden dauernden Lasten. [3]Der Erbbauzins gilt nicht als dauernde Last;

3. Leistungen, die der Erwerber des Grundstücks anderen Personen als dem Veräußerer als Gegenleistung dafür gewährt, daß sie auf den Erwerb des Grundstücks verzichten;

4. Leistungen, die ein anderer als der Erwerber des Grundstücks dem Veräußerer als Gegenleistung dafür gewährt, daß der Veräußerer dem Erwerber das Grundstück überläßt.

[1)] Zur erstmaligen Anwendung von § 9 Abs. 1 Nr. 8 siehe § 23 Abs. 3.
§ 9 Abs. 1 Nr. 8 aufgeh. mWv 1. 4. 1999 (§ 23 Abs. 6 Satz 1) durch G v. 24. 3. 1999 (BGBl. I S. 402).

(3) Die Grunderwerbsteuer, die für den zu besteuernden Erwerbsvorgang zu entrichten ist, wird der Gegenleistung weder hinzugerechnet noch von ihr abgezogen.

§ 10. (weggefallen)

Vierter Abschnitt. Steuerberechnung

§ 11 Steuersatz, Abrundung. (1) Die Steuer beträgt 3,5 vom Hundert[1) · 2)].

(2) Die Steuer ist auf volle Euro[3)] nach unten abzurunden.

§ 12 Pauschbesteuerung. Das Finanzamt kann im Einvernehmen mit dem Steuerpflichtigen von der genauen Ermittlung des Steuerbetrags absehen und die Steuer in einem Pauschbetrag festsetzen, wenn dadurch die Besteuerung vereinfacht und das steuerliche Ergebnis nicht wesentlich geändert wird.

Fünfter Abschnitt. Steuerschuld

§ 13 Steuerschuldner. Steuerschuldner sind

1. regelmäßig:
   die an einem Erwerbsvorgang als Vertragsteile beteiligten Personen;
2. beim Erwerb kraft Gesetzes:
   der bisherige Eigentümer und der Erwerber;
3. beim Erwerb im Enteignungsverfahren:
   der Erwerber;
4. beim Meistgebot im Zwangsversteigerungsverfahren:
   der Meistbietende;
5.[4)] bei der Vereinigung von mindestens 95 vom Hundert der Anteile an einer Gesellschaft in der Hand
   a) des Erwerbers:
      der Erwerber;
   b) mehrerer Unternehmen oder Personen:
      diese Beteiligten;
6.[4)] bei Änderung des Gesellschafterbestandes einer Personengesellschaft:
   die Personengesellschaft;

---

1) Zur erstmaligen Anwendung von § 11 Abs. 1 siehe § 23 Abs. 4 Satz 1.

2) Seit dem 1. 9. 2006 dürfen die Bundesländer den Steuersatz selbst festlegen, zu beachten sind daher deren **abweichende Steuersätze.**

3) Bezeichnung geänd. mWv 1. 1. 2002 durch G v. 19. 12. 2000 (BGBl. I S. 1790).

4) § 13 Nrn. 5 und 6 geänd. durch G v. 24. 3. 1999 (BGBl. I S. 402); zur erstmaligen Anwendung siehe § 23 Abs. 6 Satz 2.

Zur erstmaligen Anwendung von Nr. 6 in der bish. Fassung siehe § 23 Abs. 3.

[*ab 7. 6. 2013:*
7.[1]) bei der wirtschaftlichen Beteiligung von mindestens 95 vom Hundert an einer Gesellschaft:
der Rechtsträger, der die wirtschaftliche Beteiligung innehat.]

§ 14 Entstehung der Steuer in besonderen Fällen. Die Steuer entsteht,
1. wenn die Wirksamkeit eines Erwerbsvorgangs von dem Eintritt einer Bedingung abhängig ist, mit dem Eintritt der Bedingung;
2. wenn ein Erwerbsvorgang einer Genehmigung bedarf, mit der Genehmigung.

§ 15 Fälligkeit der Steuer. [1]Die Steuer wird einen Monat nach der Bekanntgabe des Steuerbescheids fällig. [2]Das Finanzamt darf eine längere Zahlungsfrist setzen.

Sechster Abschnitt. Nichtfestsetzung der Steuer, Aufhebung oder Änderung der Steuerfestsetzung

§ 16 Nichtfestsetzung der Steuer, Aufhebung oder Änderung der Steuerfestsetzung. (1) Wird ein Erwerbsvorgang rückgängig gemacht bevor das Eigentum am Grundstück auf den Erwerber übergegangen ist, so wird auf Antrag die Steuer nicht festgesetzt oder die Steuerfestsetzung aufgehoben,
1. wenn die Rückgängigmachung durch Vereinbarung, durch Ausübung eines vorbehaltenen Rücktrittsrechts oder eines Wiederkaufsrechts innerhalb von zwei Jahren seit der Entstehung der Steuer stattfindet;
2. wenn die Vertragsbedingungen nicht erfüllt werden und der Erwerbsvorgang deshalb auf Grund eines Rechtsanspruchs rückgängig gemacht wird.

(2) Erwirbt der Veräußerer das Eigentum an dem veräußerten Grundstück zurück, so wird auf Antrag sowohl für den Rückerwerb als auch für den vorausgegangenen Erwerbsvorgang die Steuer nicht festgesetzt oder die Steuerfestsetzung aufgehoben,
1. wenn der Rückerwerb innerhalb von zwei Jahren seit der Entstehung der Steuer für den vorausgegangenen Erwerbsvorgang stattfindet. [2]Ist für den Rückerwerb eine Eintragung in das Grundbuch erforderlich, so muß innerhalb der Frist die Auflassung erklärt und die Eintragung im Grundbuch beantragt werden;
2. wenn das dem Erwerbsvorgang zugrundeliegende Rechtsgeschäft nichtig oder infolge einer Anfechtung als von Anfang an nichtig anzusehen ist;
3. wenn die Vertragsbedingungen des Rechtsgeschäfts, das den Anspruch auf Übereignung begründet hat, nicht erfüllt werden und das Rechts-

---

[1]) § 13 Nr. 7 angef. durch G v. 26. 6. 2013 (BGBl. I S. 1809); zur Anwendung siehe § 23 Abs. 11.

geschäft deshalb auf Grund eines Rechtsanspruchs rückgängig gemacht wird.

(3) Wird die Gegenleistung für das Grundstück herabgesetzt, so wird auf Antrag die Steuer entsprechend niedriger festgesetzt oder die Steuerfestsetzung geändert,

1. wenn die Herabsetzung innerhalb von zwei Jahren seit der Entstehung der Steuer stattfindet;
2. wenn die Herabsetzung (Minderung) auf Grund des § 437 des Bürgerlichen Gesetzbuchs[1] vollzogen wird.

(4) Tritt ein Ereignis ein, das nach den Absätzen 1 bis 3 [***vom 1. 1. 2000– 31. 12. 2001:*** oder in den Fällen des § 5 Abs. 3][2] die Aufhebung oder Änderung einer Steuerfestsetzung begründet, endet die Festsetzungsfrist (§§ 169 bis 171 der Abgabenordnung)[3] insoweit nicht vor Ablauf eines Jahres nach dem Eintritt des Ereignisses.

(5)[4] Die Vorschriften der Absätze 1 bis 4 gelten nicht, wenn einer der in § 1 *Abs. 2, 2a und 3* [***ab 7. 6. 2013:*** Absatz 2 bis 3a] bezeichneten Erwerbsvorgänge rückgängig gemacht wird, der nicht *ordnungsgemäß* [***ab 7. 6. 2013:*** fristgerecht und in allen Teilen vollständig] angezeigt (§§ 18, *19* [***ab 7. 6. 2013:*** bis 20]) war.

Siebenter Abschnitt. Örtliche Zuständigkeit, Feststellung von Besteuerungsgrundlagen, Anzeigepflichten und Erteilung der Unbedenklichkeitsbescheinigung

§ 17 Örtliche Zuständigkeit, Feststellung von Besteuerungsgrundlagen. (1) [1]Für die Besteuerung ist vorbehaltlich des Satzes 2 das Finanzamt örtlich zuständig, in dessen Bezirk das Grundstück oder der wertvollste Teil des Grundstücks liegt. [2]Liegt das Grundstück in den Bezirken von Finanzämtern verschiedener Länder, so ist jedes dieser Finanzämter für die Besteuerung des Erwerbs insoweit zuständig, als der Grundstücksteil in seinem Bezirk liegt.

(2) In den Fällen des Absatzes 1 Satz 2 sowie in Fällen, in denen sich ein Rechtsvorgang auf mehrere Grundstücke bezieht, die in den Bezirken verschiedener Finanzämter liegen, stellt das Finanzamt, in dessen Bezirk der wertvollste Grundstücksteil oder das wertvollste Grundstück oder der wertvollste Bestand an Grundstücksteilen oder Grundstücken liegt, die Besteuerungsgrundlagen gesondert fest.

---

[1] **Schönfelder Nr. 20.** – Verweis geänd. mWv 27. 7. 2002 durch G v. 23. 7. 2002 (BGBl. I S. 2715).

[2] § 16 Abs. 4 ergänzt durch G v. 24. 3. 1999 (BGBl. I S. 402) und aufgeh. durch G v. 20. 12. 2001 (BGBl. I S. 3794); zur erstmaligen Anwendung siehe § 23 Abs. 6 Satz 2, zur letztmaligen Anwendung siehe § 27 Abs. 7 Satz 1.

[3] Nr. **800**.

[4] § 16 Abs. 5 geänd. durch G v. 25. 7. 2014 (BGBl. I S. 1266); zur Anwendung siehe § 23 Abs. 12 und 3.

(3) 1 Die Besteuerungsgrundlagen werden

1.[1] bei Grundstückserwerben durch Umwandlungen auf Grund eines Bundes- oder Landesgesetzes durch das Finanzamt, in dessen Bezirk sich die Geschäftsleitung des Erwerbers befindet, und

2.[2] in den Fällen des § 1 *Abs. 2a und 3* ***[ab 7. 6. 2013:*** Absatz 2a, 3 und 3a] durch das Finanzamt, in dessen Bezirk sich die Geschäftsleitung der Gesellschaft befindet,

gesondert festgestellt, wenn ein außerhalb des Bezirks dieser Finanzämter liegendes Grundstück oder ein auf das Gebiet eines anderen Landes sich erstreckender Teil eines im Bezirk dieser Finanzämter liegenden Grundstücks betroffen wird. 2 Befindet sich die Geschäftsleitung nicht im Geltungsbereich des Gesetzes und werden in verschiedenen Finanzamtsbezirken liegende Grundstücke oder in verschiedenen Ländern liegende Grundstücksteile betroffen, so stellt das nach Absatz 2 zuständige Finanzamt die Besteuerungsgrundlagen gesondert fest.

(3a)[3] In die gesonderte Feststellung nach Absatz 2 und 3 sind nicht die *Werte im Sinne des § 138 Abs. 2 bis 4* [***ab 1. 1. 2009:*** Grundbesitzwerte im Sinne des § 151 Absatz 1 Satz 1 Nummer 1 in Verbindung mit § 157 Absatz 1 bis 3][4] des Bewertungsgesetzes aufzunehmen, wenn die Steuer nach § 8 Abs. 2 zu bemessen ist.

(4) 1 Von der gesonderten Feststellung kann abgesehen werden, wenn

1. der Erwerb steuerfrei ist oder
2. die anteilige Besteuerungsgrundlage für den Erwerb des in einem anderen Land liegenden Grundstücksteils 2500 Euro[5] nicht übersteigt.

2 Wird von der gesonderten Feststellung abgesehen, so ist in den Fällen der Nummer 2 die anteilige Besteuerungsgrundlage denen der anderen für die Besteuerung zuständigen Finanzämter nach dem Verhältnis ihrer Anteile hinzuzurechnen.

§ 18[6] Anzeigepflicht der Gerichte, Behörden und Notare. (1) 1 Gerichte, Behörden und Notare haben dem zuständigen Finanzamt schriftlich Anzeige nach amtlich vorgeschriebenem Vordruck zu erstatten über

1. Rechtsvorgänge, die sie beurkundet oder über die sie eine Urkunde entworfen und darauf eine Unterschrift beglaubigt haben, wenn die Rechtsvorgänge ein Grundstück im Geltungsbereich dieses Gesetzes betreffen;
2. Anträge auf Berichtigung des Grundbuchs, die sie beurkundet oder über die sie eine Urkunde entworfen und darauf eine Unterschrift beglaubigt

---

[1] § 17 Abs. 3 Satz 1 Nr. 1 geänd. durch G v. 24. 3. 1999 (BGBl. I S. 402); zur erstmaligen Anwendung siehe § 23 Abs. 6 Satz 1.

[2] Zur erstmaligen Anwendung von § 17 Abs. 3 Satz 1 Nr. 2 siehe § 23 Abs. 3; Verweis geänd. durch G v. 26. 6. 2013 (BGBl. I S. 1809); zur Anwendung siehe § 23 Abs. 11.

[3] § 17 Abs. 3a eingef. durch G v. 20. 12. 2001 (BGBl. I S. 3794).

[4] § 17 Abs. 3a Verweis geänd. durch G v. 2. 11. 2015 (BGBl. I S. 1834); zur Anwendung siehe § 23 Abs. 14.

[5] Betrag geänd. durch G v. 19. 12. 2000 (BGBl. I S. 1790).

[6] § 18 Abs. 1 Satz 1 geänd., Satz 3 angef. mWv 28. 8. 2002 durch G v. 21. 8. 2002 (BGBl. I S. 3322).

haben, wenn der Antrag darauf gestützt wird, daß der Grundstückseigentümer gewechselt hat;

3. Zuschlagsbeschlüsse im Zwangsversteigerungsverfahren, Enteignungsbeschlüsse und andere Entscheidungen, durch die ein Wechsel im Grundstückseigentum bewirkt wird. [2]Die Anzeigepflicht der Gerichte besteht auch beim Wechsel im Grundstückseigentum auf Grund einer Eintragung im Handels-, Genossenschafts- oder Vereinsregister;
4. nachträgliche Änderungen oder Berichtigungen eines der unter den Nummern 1 bis 3 aufgeführten Vorgänge.

[2]Der Anzeige ist eine Abschrift der Urkunde über den Rechtsvorgang, den Antrag, den Beschluß oder die Entscheidung beizufügen. [3]*Eine elektronische Übermittlung der Anzeige ist ausgeschlossen.*[1)]

(2) [1]Die Anzeigepflicht bezieht sich auch auf Vorgänge, die ein Erbbaurecht oder ein Gebäude auf fremdem Boden betreffen. [2]Sie gilt außerdem für Vorgänge, die die Übertragung von Anteilen an einer Kapitalgesellschaft, einer bergrechtlichen Gewerkschaft, einer Personenhandelsgesellschaft oder einer Gesellschaft des bürgerlichen Rechts betreffen, wenn zum Vermögen der Gesellschaft ein im Geltungsbereich dieses Gesetzes liegendes Grundstück gehört.

(3) [1]Die Anzeigen sind innerhalb von zwei Wochen nach der Beurkundung oder der Unterschriftsbeglaubigung oder der Bekanntgabe der Entscheidung zu erstatten, und zwar auch dann, wenn die Wirksamkeit des Rechtsvorgangs vom Eintritt einer Bedingung, vom Ablauf einer Frist oder von einer Genehmigung abhängig ist. [2]Sie sind auch dann zu erstatten, wenn der Rechtsvorgang von der Besteuerung ausgenommen ist.

(4) Die Absendung der Anzeige ist auf der Urschrift der Urkunde, in den Fällen, in denen eine Urkunde entworfen und darauf eine Unterschrift beglaubigt worden ist, auf der zurückbehaltenen beglaubigten Abschrift zu vermerken.

(5) Die Anzeigen sind an das für die Besteuerung, in den Fällen des § 17 Abs. 2 und 3 an das für die gesonderte Feststellung zuständige Finanzamt zu richten.

§ 19 Anzeigepflicht der Beteiligten. (1)[2)] [1]Steuerschuldner müssen Anzeige erstatten über

1. Rechtsvorgänge, die es ohne Begründung eines Anspruchs auf Übereignung einem anderen rechtlich oder wirtschaftlich ermöglichen, ein Grundstück auf eigene Rechnung zu verwerten;
2. formungültige Verträge über die Übereignung eines Grundstücks, die die Beteiligten unter sich gelten lassen und wirtschaftlich erfüllen;
3. den Erwerb von Gebäuden auf fremdem Boden;

3a. unmittelbare und mittelbare Änderungen des Gesellschafterbestandes einer Personengesellschaft, die innerhalb von fünf Jahren zum Übergang von

---

1) § 18 Abs. 1 Satz 3 aufgeh. mWv 5. 11. 2011 durch G v. 1. 11. 2011 (BGBl. I S. 2131).

2) § 19 Abs. 1 Satz 1 Nr. 3 a neu gef., Nrn. 4 bis 7 geänd. mWv 1. 1. 2000 (§ 23 Abs. 6 Satz 2) durch G v. 24. 3. 1999 (BGBl. I S. 402); Abs. 1 Satz 1 Nr. 3 a neu gef., Nr. 8 angef., Satz 2 geänd. mWv 1. 1. 2002 (§ 23 Abs. 7 Satz 1) durch G v. 20. 12. 2001 (BGBl. I S. 3794); Abs. 1 Nr. 7 a eingef. mWv 7. 6. 2013 (§ 23 Abs. 11) durch G v. 26. 6. 2013 (BGBl. I S. 1809).

95 vom Hundert der Anteile am Gesellschaftsvermögen auf neue Gesellschafter geführt haben, wenn zum Vermögen der Personengesellschaft ein inländisches Grundstück gehört (§ 1 Abs. 2a);

4. schuldrechtliche Geschäfte, die auf die Vereinigung von mindestens 95 vom Hundert der Anteile einer Gesellschaft gerichtet sind, wenn zum Vermögen der Gesellschaft ein Grundstück gehört (§ 1 Abs. 3 Nr. 1);
5. die Vereinigung von mindestens 95 vom Hundert der Anteile einer Gesellschaft, zu deren Vermögen ein Grundstück gehört (§ 1 Abs. 3 Nr. 2);
6. Rechtsgeschäfte, die den Anspruch auf Übertragung von mindestens 95 vom Hundert der Anteile einer Gesellschaft begründen, wenn zum Vermögen der Gesellschaft ein Grundstück gehört (§ 1 Abs. 3 Nr. 3);
7. die Übertragung von mindestens 95 vom Hundert der Anteile einer Gesellschaft auf einen anderen, wenn zum Vermögen der Gesellschaft ein Grundstück gehört (§ 1 Abs. 3 Nr. 4);

[*ab 7. 6. 2013:*

7a. Rechtsvorgänge, aufgrund derer ein Rechtsträger unmittelbar oder mittelbar oder teils unmittelbar, teils mittelbar eine wirtschaftliche Beteiligung in Höhe von mindestens 95 vom Hundert an einer Gesellschaft, zu deren Vermögen ein inländisches Grundstück gehört, innehat (§ 1 Absatz 3a);]

8.[1] Entscheidungen im Sinne von § 18 Abs. 1 Satz 1 Nr. 3. [2]Die Anzeigepflicht besteht auch beim Wechsel im Grundstückseigentum auf Grund einer Eintragung im Handels-, Genossenschafts- oder Vereinsregister.

[2]Sie haben auch alle *übrigen*[2] Erwerbsvorgänge anzuzeigen, über die ein Gericht, eine Behörde oder ein Notar eine Anzeige nach § 18 nicht zu erstatten hat.

(2) Die in Absatz 1 bezeichneten Personen haben außerdem in allen Fällen Anzeige zu erstatten über

1. jede Erhöhung der Gegenleistung des Erwerbers durch Gewährung von zusätzlichen Leistungen neben der beim Erwerbsvorgang vereinbarten Gegenleistung;
2. Leistungen, die der Erwerber des Grundstücks anderen Personen als dem Veräußerer als Gegenleistung dafür gewährt, daß sie auf den Erwerb des Grundstücks verzichten;
3. Leistungen, die ein anderer als der Erwerber des Grundstücks dem Veräußerer als Gegenleistung dafür gewährt, daß der Veräußerer dem Erwerber das Grundstück überläßt;
4.[3] Änderungen im Gesellschafterbestand einer Gesamthand bei Gewährung der Steuervergünstigung nach § 5 Abs. 1 und 2 oder § 6 Abs. 3 in Verbindung mit § 6 Abs. 1;

---

[1] § 19 Abs. 1 Satz 1 Nr. 8 angef. mWv 1. 1. 2002 (§ 23 Abs. 7 Satz 1) durch G v. 20. 12. 2001 (BGBl. I S. 3794).

[2] § 19 Abs. 1 Satz 2 kursives Wort aufgeh. durch G v. 20. 12. 2001 (BGBl. I S. 3794).

[3] § 19 Abs. 2 Nr. 4 angef. durch G v. 24. 3. 1999 (BGBl. I S. 402); zur erstmaligen Anwendung siehe § 23 Abs. 6 Satz 2; geänd. mWv 1. 1. 2002 (§ 23 Abs. 7 Satz 1) durch G v. 20. 12. 2001 (BGBl. I S. 3794).

4 a.[1] Änderungen von Beherrschungsverhältnissen im Sinne des § 6 a Satz 4;

5.[2] Änderungen in der Nutzung oder den Verzicht auf Rückübertragung, wenn der Grundstückserwerb nach § 4 *Nr. 9* [***ab 7. 6. 2013:*** Nummer 5] von der Besteuerung ausgenommen war.

(3) Die Anzeigepflichtigen haben innerhalb von zwei Wochen, nachdem sie von dem anzeigepflichtigen Vorgang Kenntnis erhalten haben, den Vorgang anzuzeigen, und zwar auch dann, wenn der Vorgang von der Besteuerung ausgenommen ist.

(4) 1 Die Anzeigen sind an das für die Besteuerung, in den Fällen des § 17 Abs. 2 und 3 an das für die gesonderte Feststellung zuständige Finanzamt zu richten. 2 Ist über den anzeigepflichtigen Vorgang eine privatschriftliche Urkunde aufgenommen worden, so ist der Anzeige eine Abschrift der Urkunde beizufügen.

(5)[3] 1 Die Anzeigen sind Steuererklärungen im Sinne der Abgabenordnung. 2 Sie sind schriftlich abzugeben. 3 Sie können gemäß § 87 a der Abgabenordnung in elektronischer Form übermittelt werden.

§ 20 Inhalt der Anzeigen. (1) Die Anzeigen müssen enthalten:

1.[4] Vorname, Zuname, Anschrift sowie die steuerliche Identifikationsnummer gemäß § 139 b der Abgabenordnung oder die Wirtschafts-Identifikationsnummer gemäß § 139 c der Abgabenordnung des Veräußerers und des Erwerbers, gegebenenfalls auch, ob und um welche begünstigte Person im Sinne des § 3 Nummer 3 bis 7 es sich bei dem Erwerber handelt;
2. die Bezeichnung des Grundstücks nach Grundbuch, Kataster, Straße und Hausnummer;
3. die Größe des Grundstücks und bei bebauten Grundstücken die Art der Bebauung;
4. die Bezeichnung des anzeigepflichtigen Vorgangs und den Tag der Beurkundung, bei einem Vorgang, der einer Genehmigung bedarf, auch die Bezeichnung desjenigen, dessen Genehmigung erforderlich ist;
5. den Kaufpreis oder die sonstige Gegenleistung (§ 9);
6. den Namen der Urkundsperson.

(2) Die Anzeigen, die sich auf Anteile an einer Gesellschaft beziehen, müssen außerdem enthalten:

1.[5] die Firma, den Ort der Geschäftsführung sowie die Wirtschafts-Identifikationsnummer der Gesellschaft gemäß § 139 c der Abgabenordnung,

---

[1] § 19 Abs. 2 Nr. 4 a eingef. durch G v. 22. 12. 2009 (BGBl. I S. 3950); zur Anwendung siehe § 23 Abs. 8 Satz 1.

[2] § 19 Abs. 2 Nr. 5 angef. mWv 8. 9. 2005 durch G v. 1. 9. 2005 (BGBl. I S. 2676); Verweis geänd. mWv 7. 6. 2013 (§ 23 Abs. 11) durch G v. 26. 6. 2013 (BGBl. I S. 1809).

[3] § 19 Abs. 5 neu gef. mWv 28. 8. 2002 durch G v. 21. 8. 2002 (BGBl. I S. 3322).

[4] § 20 Abs. 1 Nr. 1, Abs. 2 Nr. 1 geänd. mWv 14. 12. 2010 durch G v. 8. 12. 2010 (BGBl. I S. 1768).

[5] § 20 Abs. 1 Nr. 1, Abs. 2 Nr. 1 geänd. mWv 14. 12. 2010 durch G v. 8. 12. 2010 (BGBl. I S. 1768).

2. die Bezeichnung des oder der Gesellschaftsanteile;

[*ab 7. 6. 2013:*

3.[1] bei mehreren beteiligten Rechtsträgern eine Beteiligungsübersicht.]

§ 21[2] **Urkundenaushändigung.** Die Gerichte, Behörden und Notare dürfen Urkunden, die einen anzeigepflichtigen Vorgang betreffen, den Beteiligten erst aushändigen und Ausfertigungen oder beglaubigte Abschriften den Beteiligten erst erteilen, wenn sie die Anzeigen [*ab 6. 11. 2015:* in allen Teilen vollständig (§§ 18 und 20)] an das Finanzamt abgesandt haben.

§ 22 Unbedenklichkeitsbescheinigung. (1)[3] [1]Der Erwerber eines Grundstücks darf in das Grundbuch erst dann eingetragen werden, wenn eine Bescheinigung des für die Besteuerung zuständigen Finanzamts vorgelegt wird (§ 17 Abs. 1 Satz 1) oder Bescheinigungen der für die Besteuerung zuständigen Finanzämter (§ 17 Abs. 1 Satz 2) vorgelegt werden, daß der Eintragung steuerliche Bedenken nicht entgegenstehen. [2]Die obersten Finanzbehörden der Länder können im Einvernehmen mit den Landesjustizverwaltungen Ausnahmen hiervon vorsehen.

(2)[4] [1]Das Finanzamt hat die Bescheinigung zu erteilen, wenn die Grunderwerbsteuer entrichtet, sichergestellt oder gestundet worden ist oder wenn Steuerfreiheit gegeben ist. [2]Es darf die Bescheinigung auch in anderen Fällen erteilen, wenn nach seinem Ermessen die Steuerforderung nicht gefährdet ist. [3]Das Finanzamt hat die Bescheinigung schriftlich zu erteilen. [4]Eine elektronische Übermittlung der Bescheinigung ist ausgeschlossen.

Achter Abschnitt. Durchführung[5]

§ 22 a Ermächtigung.[5] [1]Zur Vereinfachung des Besteuerungsverfahrens wird das Bundesministerium der Finanzen ermächtigt, im Benehmen mit dem Bundesministerium des Innern und mit Zustimmung des Bundesrates durch Rechtsverordnung ein Verfahren zur elektronischen Übermittlung der Anzeige und der Abschrift der Urkunde im Sinne des § 18 näher zu bestimmen. [2]Die Authentifizierung des Datenübermittlers sowie die Vertraulichkeit und Integrität des übermittelten elektronischen Dokuments sind sicherzustellen. [3]Soweit von dieser Ermächtigung nicht Gebrauch gemacht wurde, ist die elektronische Übermittlung der Anzeige und der Abschrift der Urkunde im Sinne des § 18 ausgeschlossen.

---

[1] § 20 Abs. 2 Nr. 3 angef. durch G v. 26. 6. 2013 (BGBl. I S. 1809); zur Anwendung siehe § 23 Abs. 11.

[2] § 21 geänd. durch G v. 2. 11. 2015 (BGBl. I S. 1834); zur Anwendung siehe § 23 Abs. 13.

[3] § 22 Abs. 1 Satz 2 angef. durch G v. 24. 3. 1999 (BGBl. I S. 402).

[4] § 22 Abs. 2 Sätze 3 und 4 angef. mWv 28. 8. 2002 durch G v. 21. 8. 2002 (BGBl. I S. 3322).

[5] Achter Abschnitt, § 22 a eingef., bish. Achter Abschnitt wird Neunter Abschnitt mWv 5. 11. 2011 durch G v. 1. 11. 2011 (BGBl. I S. 2131).

Neunter Abschnitt. Übergangs- und Schlußvorschriften

§ 23 Anwendungsbereich. (1) [1]Dieses Gesetz ist auf Erwerbsvorgänge anzuwenden, die nach dem 31. Dezember 1982 verwirklicht werden. [2]Es ist auf Antrag auch auf Erwerbsvorgänge anzuwenden, die vor dem 1. Januar 1983, jedoch nach dem Tag der Verkündung des Gesetzes, 22. Dezember 1982, verwirklicht werden.

(2) [1]Auf vor dem 1. Januar 1983 verwirklichte Erwerbsvorgänge sind vorbehaltlich des Absatzes 1 Satz 2 die bis zum Inkrafttreten dieses Gesetzes geltenden Vorschriften anzuwenden. [2]Dies gilt insbesondere, wenn für einen vor dem 1. Januar 1983 verwirklichten Erwerbsvorgang Steuerbefreiung in Anspruch genommen und nach dem 31. Dezember 1982 ein Nacherhebungstatbestand verwirklicht wurde.

(3)[1)] § 1 Abs. 2a, § 9 Abs. 1 Nr. 8, § 13 Nr. 6, § 16 Abs. 5, § 17 Abs. 3 Nr. 2 und § 19 Abs. 1 Nr. 3a in der Fassung des Gesetzes vom 20. Dezember 1996 (BGBl. I S. 2049) sind erstmals auf Rechtsgeschäfte anzuwenden, die die Voraussetzungen des § 1 Abs. 2a in der Fassung des Gesetzes vom 20. Dezember 1996 (BGBl. I S. 2049) nach dem 31. Dezember 1996 erfüllen.

(4)[1)] [1]§ 8 Abs. 2 und § 11 Abs. 1 in der Fassung des Gesetzes vom 20. Dezember 1996 (BGBl. I S. 2049) sind erstmals auf Erwerbsvorgänge anzuwenden, die nach dem 31. Dezember 1996 verwirklicht werden. [2]§ 10 ist letztmals auf Erwerbsvorgänge anzuwenden, die vor dem 1. Januar 1997 verwirklicht werden.

(5)[1)] § 4 Nr. 1 in der Fassung des Gesetzes vom 24. März 1999 (BGBl. I S. 402) ist erstmals auf Erwerbsvorgänge anzuwenden, die nach dem 31. Dezember 1997 verwirklicht werden.

(6)[2)] [1]§ 1 Abs. 6, § 8 Abs. 2, § 9 Abs. 1 und § 17 Abs. 3 Satz 1 Nr. 1 in der Fassung des Gesetzes vom 24. März 1999 (BGBl. I S. 402) sind erstmals auf Erwerbsvorgänge anzuwenden, die nach dem Tage der Verkündung[3)] des Gesetzes verwirklicht werden. [2]§ 1 Abs. 2a und 3, § 5 Abs. 3, § 13 Nr. 5 und 6, § 16 Abs. 4 und § 19 Abs. 1 Satz 1 Nr. 3a bis 7 und Abs. 2 Nr. 4 in der Fassung des Gesetzes vom 24. März 1999 (BGBl. I S. 402) sind erstmals auf Erwerbsvorgänge anzuwenden, die nach dem 31. Dezember 1999 verwirklicht werden.

(7)[4)] [1]§ 1 Abs. 2a Satz 3, § 2 Abs. 1 Satz 2 Nr. 3, § 6 Abs. 3 Satz 2, § 16 Abs. 4, § 19 Abs. 1 Satz 1 Nr. 8 und § 19 Abs. 2 Nr. 4 in der Fassung des Gesetzes vom 20. Dezember 2001 (BGBl. I S. 3794) sind erstmals auf Erwerbsvorgänge anzuwenden, die nach dem 31. Dezember 2001 verwirklicht werden. [2]§ 1 Abs. 7 ist letztmals auf Erwerbsvorgänge anzuwenden, die bis zum 31. Dezember 2001 verwirklicht werden.

[1)] § 23 Abs. 3 und 4 neu gef., Abs. 5 angef. durch G v. 24. 3. 1999 (BGBl. I S. 402).
[2)] § 23 Abs. 6 angef. durch G v. 24. 3. 1999 (BGBl. I S. 402).
[3)] Verkündet am 31. 3. 1999.
[4)] § 23 Abs. 7 angef. durch G v. 20. 12. 2001 (BGBl. I S. 3794).

(8)[1] [1]Die §§ 6a und 19 Absatz 2 Nummer 4a in der Fassung des Artikels 7 des Gesetzes vom 22. Dezember 2009 (BGBl. I S. 3950) sind erstmals auf Erwerbsvorgänge anzuwenden, die nach dem 31. Dezember 2009 verwirklicht werden. [2]§ 6a ist nicht anzuwenden, wenn ein im Zeitraum vom 1. Januar 2008 bis 31. Dezember 2009 verwirklichter Erwerbsvorgang rückgängig gemacht wird und deshalb nach § 16 Absatz 1 oder 2 die Steuer nicht zu erheben oder eine Steuerfestsetzung aufzuheben oder zu ändern ist.

(9)[2] Soweit Steuerbescheide für Erwerbsvorgänge von Lebenspartnern noch nicht bestandskräftig sind, ist § 3 Nummer 3 bis 7 in der Fassung des Artikels 29 des Gesetzes vom 8. Dezember 2010 (BGBl. I S. 1768) erstmals auf Erwerbsvorgänge anzuwenden, die nach dem 31. Juli 2001 verwirklicht werden.

(10)[3] § 6a Satz 4 in der Fassung des Artikels 12 des Gesetzes vom 22. Juni 2011 (BGBl. I S. 1126) ist erstmals auf Erwerbsvorgänge anzuwenden, die nach dem 31. Dezember 2009 verwirklicht werden.

(11)[4] § 1 Absatz 3a und 6 Satz 1, § 4 Nummer 4 und 5, § 6a Satz 1, § 8 Absatz 2 Satz 1 Nummer 3, § 13 Nummer 7, § 16 Absatz 5, § 17 Absatz 3 Satz 1 Nummer 2, § 19 Absatz 1 Satz 1 Nummer 7a und Absatz 2 Nummer 5, § 20 Absatz 2 Nummer 3 in der Fassung des Artikels 26 des Gesetzes vom 26. Juni 2013 (BGBl. I S. 1809) sind erstmals auf Erwerbsvorgänge anzuwenden, die nach dem 6. Juni 2013[5] verwirklicht werden.

(12)[6] § 6a Satz 1 bis 3 sowie § 16 Absatz 5 in der am 31. Juli. 2014[7] geltenden Fassung sind auf Erwerbsvorgänge anzuwenden, die nach dem 6. Juni 2013 verwirklicht werden.

(13)[8] § 1 Absatz 2a und § 21 in der am 6. November 2015[9] geltenden Fassung sind auf Erwerbsvorgänge anzuwenden, die nach dem 5. November 2015[10] verwirklicht werden.

(14)[8] [1]§ 8 Absatz 2 und § 17 Absatz 3a in der am 6. November 2015[9] geltenden Fassung sind auf Erwerbsvorgänge anzuwenden, die nach dem 31. Dezember 2008 verwirklicht werden. [2]Soweit Steuer- und Feststellungsbescheide, die vor dem 6. November 2015[9] für Erwerbsvorgänge nach dem 31. Dezember 2008 ergangen sind, wegen § 176 Absatz 1 Satz 1 Nummer 1 der Abgabenordnung nicht geändert werden können, ist die festgesetzte Steuer vollstreckbar.[11]

---

[1] § 23 Abs. 8 angef. durch G v. 22. 12. 2009 (BGBl. I S. 3950).
[2] § 23 Abs. 9 neu gef. durch G v. 26. 6. 2013 (BGBl. I S. 1809).
[3] § 23 Abs. 10 angef. durch G v. 22. 6. 2011 (BGBl. I S. 1126).
[4] § 23 Abs. 11 angef. durch G v. 26. 6. 2013 (BGBl. I S. 1809).
[5] Datum des Beschlusses des Dt. Bundestages über die Empfehlung des Vermittlungsausschusses zum G v. 26. 6. 2013.
[6] § 23 Abs. 12 angef. durch G v. 25. 7. 2014 (BGBl. I S. 1266).
[7] Datum des Tags nach der Verkündung des G v. 25. 7. 2014 (BGBl. I S. 1266).
[8] § 23 Abs. 13 und 14 angef. durch G v. 2. 11. 2015 (BGBl. I S. 1834).
[9] Tag *nach* der Verkündung des StÄndG 2015 v. 2. 11. 2015 (BGBl. I S. 1834).
[10] Tag *der* Verkündung des StÄndG 2015 v. 2. 11. 2015 (BGBl. I S. 1834).
[11] Siehe hierzu BVerfG v. 23. 6. 2015 1 BvL 13/11 und 1 BvL 14/11.

§§ 24 bis **27.** (weggefallen)

§ 28. (Inkrafttreten)[1]

[1] Das Gesetz in seiner ursprünglichen Fassung ist am 1. 1. 1983 in Kraft getreten.

620. Versicherungsteuergesetz (VersStG 1996)

In der Fassung der Bekanntmachung vom 10. Januar 1996 (BGBl. I S. 22)[1] [2]

Geändert durch Arbeitsförderungs-Reformgesetz vom 24. 3. 1997 (BGBl. I S. 594), Rentenreformgesetz 1999 vom 16. 12. 1997 (BGBl. I S. 2998), Steuer-Euroglättungsgesetz vom 19. 12. 2000 (BGBl. I S. 1790), Gesetz zur Reform der Renten wegen verminderter Erwerbsfähigkeit vom 20. 12. 2000 (BGBl. I S. 1827), Gesetz zur Finanzierung der Terrorbekämpfung vom 10. 12. 2001 (BGBl. I S. 3436), Steueränderungsgesetz 2001 vom 20. 12. 2001 (BGBl. I S. 3794), Drittes Gesetz zur Änderung verwaltungsverfahrensrechtlicher Vorschriften vom 21. 8. 2002 (BGBl. I S. 3322), Steueränderungsgesetz 2003 vom 15. 12. 2003 (BGBl. I S. 2645), Gesetz zur Neuorganisation der Bundesfinanzverwaltung und zur Schaffung eines Refinanzierungsregisters vom 22. 9. 2005(BGBl. I S. 2809), Gesetz über den Ausgleich von Arbeitgeberaufwendungen und zur Änderung weiterer Gesetze vom 22. 12. 2005 (BGBl. I S. 3686), Haushaltsbegleitgesetz 2006 vom 29. 6. 2006 (BGBl. I S. 1402), Begleitgesetz zur zweiten Föderalismusreform vom 10. 8. 2009 (BGBl. I S. 2702), Jahressteuergesetz 2010 (JStG 2010) vom 8. 12. 2010 (BGBl. I S. 1768), Verkehrsteueränderungsgesetz (VerkehrStÄndG) vom 5. 12. 2012 (BGBl. I S. 2431), Gesetz zur Umsetzung der Richtlinie 2011/89/EU des Europäischen Parlaments und des Rates vom 16. November 2011 zur Änderung der Richtlinien 98/78/EG, 2002/87/EG, 2006/48/EG und 2009/138/EG hinsichtlich der zusätzlichen Beaufsichtigung der Finanzunternehmen eines Finanzkonglomerats vom 27. 6. 2013 (BGBl. I S. 1862), Gesetz zur Anpassung des Investmentsteuergesetzes und anderer Gesetze an das AIFM-Umsetzungsgesetz (AIFM-Steuer-Anpassungsgesetz – AIFM-StAnpG) vom 18. 12. 2013 (BGBl. I S. 4318), Zweites Verkehrsteueränderungsgesetz vom 8. 6. 2015 (BGBl. I S. 901) und Gesetz zur Umsetzung der Transparenzrichtlinie-Änderungsrichtlinie vom 20. 11. 2015 (BGBl. I S. 2029)

BGBl. III/FNA 611-15

Inhaltsübersicht

---

[1] Neubekanntmachung des VersStG idF der Bek. v. 21. 7. 1959 (BGBl. I S. 539) auf Grund des § 11 Abs. 2 VerStG idF des Art. 20 Nr. 5 Buchst. b des G v. 14. 12. 1984 (BGBl. I S. 1493) in der ab 1. 7. 1995 geltenden Fassung.

[2] **Das VersStG tritt im Beitrittsgebiet am 1. 1. 1991 in Kraft** (vgl. Anlage I Kap. IV Sachgebiet B Abschn. II Nr. 14 des Einigungsvertrags).

§ 1 Gegenstand der Steuer. (1) Der Steuer unterliegt die Zahlung des Versicherungsentgelts auf Grund eines durch Vertrag oder auf sonstige Weise entstandenen Versicherungsverhältnisses.

(2)[1] [1]Besteht das Versicherungsverhältnis mit einem Versicherer, der im Gebiet der Mitgliedstaaten der Europäischen Union oder anderer Vertragsstaaten des Abkommens über den Europäischen Wirtschaftsraum niedergelassen ist, so ist die Steuerpflicht bei der Versicherung folgender Risiken gegeben:

1. Risiken mit Bezug auf unbewegliche Sachen, insbesondere Bauwerke und Anlagen, und auf darin befindliche Sachen mit Ausnahme von gewerblichem Durchfuhrgut, wenn sich die Gegenstände im Geltungsbereich dieses Gesetzes befinden;
2. Risiken mit Bezug auf im Geltungsbereich dieses Gesetzes in ein amtliches oder amtlich anerkanntes Register einzutragende oder eingetragene und mit einem Unterscheidungskennzeichen versehene Fahrzeuge aller Art;
3. Reise- oder Ferienrisiken auf Grund eines Versicherungsverhältnisses mit einer Laufzeit von nicht mehr als vier Monaten, wenn der Versicherungsnehmer die zur Entstehung des Versicherungsverhältnisses erforderlichen Rechtshandlungen im Geltungsbereich dieses Gesetzes vornimmt.

[2]Sind durch die Versicherung andere als die in Satz 1 genannten Risiken oder Gegenstände abgesichert, besteht die Steuerpflicht, wenn der Versicherungsnehmer

1. eine natürliche Person ist und er bei Zahlung des Versicherungsentgelts seinen Wohnsitz oder gewöhnlichen Aufenthalt im Geltungsbereich dieses Gesetzes hat oder
2. keine natürliche Person ist und sich bei Zahlung des Versicherungsentgelts der Sitz des Unternehmens, die Betriebsstätte oder die entsprechende Einrichtung, auf die sich das Versicherungsverhältnis bezieht, im Geltungsbereich dieses Gesetzes befindet.

(3) Besteht das Versicherungsverhältnis mit einem Versicherer, der außerhalb des Gebietes der Mitgliedstaaten der Europäischen Union und des Europäischen Wirtschaftsraums niedergelassen ist, so entsteht die Steuerpflicht, wenn

1. der Versicherungsnehmer bei der Zahlung des Versicherungsentgelts seinen Wohnsitz oder gewöhnlichen Aufenthalt oder seinen Sitz im Geltungsbereich dieses Gesetzes hat oder
2. ein Gegenstand versichert ist, der sich zur Zeit der Begründung des Versicherungsverhältnisses im Geltungsbereich dieses Gesetzes befand, oder
3. sich dieses Versicherungsverhältnis auf ein Unternehmen, eine Betriebsstätte oder eine sonstige Einrichtung im Geltungsbereich dieses Gesetzes unmittelbar oder mittelbar bezieht; dies ist insbesondere der Fall bei der Betriebsstättenhaftpflichtversicherung oder der Berufshaftpflichtversicherung für Angehörige des Unternehmens, der Betriebsstätte oder der sonstigen Einrichtung.

---

[1] § 1 Abs. 2 und 3 neu gef. mWv 1. 1. 2013, durch G v. 5. 12. 2012 (BGBl. I S. 2431).

[Fassung bis 31. 12. 2013:]

(4) Besteht das Versicherungsverhältnis mit einem außerhalb des Gebietes der Mitgliedstaaten der Europäischen Wirtschaftsgemeinschaft und der anderen Vertragsstaaten des Abkommens über den Europäischen Wirtschaftsraum niedergelassenen Versicherer, so entsteht die Steuerpflicht, wenn

1. der Versicherungsnehmer bei der Zahlung des Versicherungsentgelts seinen Wohnsitz oder gewöhnlichen Aufenthalt oder seinen Sitz im Geltungsbereich dieses Gesetzes hat oder
2. ein Gegenstand versichert ist, der zur Zeit der Begründung des Versicherungsverhältnisses im Geltungsbereich dieses Gesetzes war.

[Fassung ab 1. 1. 2014:][1)]

(4) Zum Geltungsbereich dieses Gesetzes gehört auch die deutsche ausschließliche Wirtschaftszone.

§ 2 Versicherungsverträge. (1) Als Versicherungsvertrag im Sinne dieses Gesetzes gilt auch eine Vereinbarung zwischen mehreren Personen oder Personenvereinigungen, solche Verluste oder Schäden gemeinsam zu tragen, die den Gegenstand einer Versicherung bilden können.

(2) Als Versicherungsvertrag gilt nicht ein Vertrag, durch den der Versicherer sich verpflichtet, für den Versicherungsnehmer Bürgschaft oder sonstige Sicherheit zu leisten.

§ 3[2)] **Versicherungsentgelt.** (1) [1]Versicherungsentgelt im Sinne dieses Gesetzes ist jede Leistung, die für die Begründung und zur Durchführung des Versicherungsverhältnisses an den Versicherer zu bewirken ist. [2]Hierunter fallen insbesondere

1. Prämien,
2. Beiträge,
3. Vorbeiträge,
4. Vorschüsse,
5. Nachschüsse,
6. Umlagen und
7. Gebühren für die Ausfertigung des Versicherungsscheins und sonstige Nebenkosten.

[3]Zum Versicherungsentgelt gehört nicht, was zur Abgeltung einer Sonderleistung des Versicherers oder aus einem sonstigen in der Person des einzelnen

---

[1)] § 1 Abs. 4 neu gef. mWv 1. 1. 2014 durch G v. 5. 12. 2012 (BGBl. I S. 2431).

[2)] § 3 Abs. 1 neu gef. mWv 1. 1. 2013 durch G v. 5. 12. 2012 (BGBl. I S. 2431).

Versicherungsnehmers liegenden Grund gezahlt wird. [4]Hierzu zählen insbesondere Kosten für die Ausstellung einer Ersatzurkunde und die Mahnkosten.

(2) [1]Wird auf die Prämie ein Gewinnanteil verrechnet und nur der Unterschied zwischen Prämie und Gewinnanteil an den Versicherer gezahlt, so ist dieser Unterschiedsbetrag Versicherungsentgelt. [2]Das gleiche gilt, wenn eine Verrechnung zwischen Prämie und Gewinnanteil nicht möglich ist und die Gutschriftanzeige über den Gewinnanteil dem Versicherungsnehmer mit der Prämienrechnung vorgelegt wird.

§ 4 Ausnahmen von der Besteuerung. Von der Besteuerung ausgenommen ist die Zahlung des Versicherungsentgelts

1. für eine Rückversicherung;
2. für eine Versicherung, die bei Vereinigungen öffentlich-rechtlicher Körperschaften genommen wird, um Aufwendungen der öffentlich-rechtlichen Körperschaften für Ruhegehalt und Hinterbliebenenversorgung ihrer Mitglieder auszugleichen;
3.[1] für eine Unfallversicherung nach dem Siebten Buch Sozialgesetzbuch, soweit sie nicht auf § 140 beruht;
4.[2] für die Arbeitslosenversicherung nach dem Dritten Buch Sozialgesetzbuch[3] sowie für eine Versicherung, die auf dem Aufwendungsausgleichsgesetz beruht; dies gilt auch für eine Versicherung, die bei einer Einrichtung im Sinne des § 12 Abs. 1 des Aufwendungsausgleichsgesetzes[4] genommen wird;
5.[5] für eine Versicherung, durch die Ansprüche auf Kapital-, Renten- oder sonstige Leistungen im Fall des Erlebens, der Krankheit, der Pflegebedürftigkeit, der Berufs- oder Erwerbsunfähigkeit oder der verminderten Erwerbsfähigkeit, des Alters oder des Todes begründet werden. [2]Dies gilt nicht für die Unfallversicherung, die Haftpflichtversicherung und sonstige Sachversicherungen. [3]Nummer 3 bleibt unberührt;

5a. für eine Versicherung, die auf dem Vierten Abschnitt des Ersten Teils des Gesetzes zur Verbesserung der betrieblichen Altersversorgung vom 19. Dezember 1974 (BGBl. I S. 3610)[6] beruht;

6. für eine Versicherung bei einer Lohnausgleichskasse, die von Tarifvertragsparteien errichtet worden ist, um Arbeitnehmer bei Arbeitsausfällen zu unterstützen;
7. für eine Vereinbarung im Sinne des § 2 Abs. 1, soweit sie die Gewährung von Rechtsschutz oder von Unterstützungen bei Streik, Aussperrung oder Maßregelung durch einen Berufsverband zum Gegenstand hat;

---

[1] § 4 Nr. 3 neu gef. durch G v. 15. 12. 2003 (BGBl. I S. 2645).

[2] § 4 Nr. 4 geänd. durch G v. 24. 3. 1997 (BGBl. I S. 594) und vom 22. 12. 2005 (BGBl. I S. 3686).

[3] **Nipperdey I Nr. 693.**

[4] **Nipperdey I Nr. 220.**

[5] § 4 Nr. 5 neu gef. mWv 1. 1. 2013 durch G v. 5. 12. 2012 (BGBl. I S. 2431).

[6] Nr. **70.**

8. für eine Versicherung, die von einem der nachstehend bezeichneten Versicherungsnehmer genommen wird:
   a) bei der Bundesrepublik Deutschland beglaubigte diplomatische Vertretungen außerdeutscher Staaten,
   b) Mitglieder der unter Buchstabe a bezeichneten diplomatischen Vertretungen und Personen, die zum Geschäftspersonal dieser Vertretungen gehören und der inländischen Gerichtsbarkeit nicht unterliegen,
   c) in der Bundesrepublik Deutschland zugelassene konsularische Vertretungen außerdeutscher Staaten, wenn der Leiter der Vertretung Angehöriger des Entsendestaates ist und außerhalb seines Amtes in der Bundesrepublik Deutschland keine Erwerbstätigkeit ausübt,
   d) in der Bundesrepublik Deutschland zugelassene Konsularvertreter (Generalkonsuln, Konsuln, Vizekonsuln, Konsularagenten) und Personen, die zum Geschäftspersonal dieser Konsularvertreter gehören, wenn sie Angehörige des Entsendestaates sind und außerhalb ihres Amtes in der Bundesrepublik Deutschland keine Erwerbstätigkeit ausüben.

   [2]Die Steuerbefreiung tritt nur ein, wenn Gegenseitigkeit gewährt wird;
9. für eine Versicherung von Vieh, wenn die Versicherungssumme 4000 Euro[1)] nicht übersteigt. [2]Hat ein Versicherungsnehmer bei demselben Versicherer mehrere Viehversicherungen abgeschlossen, so gilt die Ausnahme von der Besteuerung nur, wenn die versicherten Beträge zusammen die Freigrenze nicht übersteigen;
10. für eine Versicherung beförderter Güter gegen Verlust oder Beschädigung als Transportgüterversicherung einschließlich Valorenversicherung und Kriegsrisikoversicherung, wenn sich die Versicherung auf Güter bezieht, die ausschließlich im Ausland oder im grenzüberschreitenden Verkehr einschließlich der Durchfuhr befördert werden; dies gilt nicht bei der Beförderung von Gütern zwischen inländischen Orten, bei der die Güter nur zur Durchfuhr in das Ausland gelangen. [2]Die Besteuerung der Zahlung des Versicherungsentgelts für eine Haftpflichtversicherung bleibt unberührt;
11. [2)] in Form von Umlagen, die *vor dem 1. Januar 2016 von Beteiligten eines Schiffserlöspools* [***ab 1. 1. 2016:*** von Beteiligten eines Erlöspools] zum Zweck der Verteilung der gesamten dem jeweiligen Verteilungssystem unterliegenden, von den Mitgliedern im eigenen Namen und auf eigene Rechnung erzielten Nettoeinnahmen der Beteiligten nach einem vorbestimmten Schlüssel erhoben werden;
12. [3)] an Brandunterstützungsvereine, soweit die anlässlich eines einzelnen Schadensfalls erhobene Umlage den Betrag von 5500 Euro nicht übersteigt.

[1)] Betrag geänd. mWv 1. 1. 2002 durch G v. 19. 12. 2000 (BGBl. I S. 1790).

[2)] § 4 Nr. 11 angef. mWv 4. 7. 2013 durch G v. 27. 6. 2013 (BGBl. I S. 1862); geänd. mWv 1. 1. 2016 durch G v. 20. 11. 2015 (BGBl. I S. 2029).

[3)] § 4 Nr. 12 angef. mWv 1. 7. 2010 durch G v. 18. 12. 2013 (BGBl. I S. 4318).

§ 5[1] **Steuerberechnung, Steuerentstehung, Steuerausweis.** (1) [1]Die Steuer wird für die einzelnen Versicherungen berechnet, und zwar

1. regelmäßig vom Versicherungsentgelt,
2.[2] bei der Versicherung von Schäden, die an den versicherten Bodenerzeugnissen durch die Einwirkung von den wetterbedingten Elementargefahren Hagelschlag, Sturm, Starkfrost, Starkregen oder Überschwemmungen entstehen, und bei der im Betrieb der Landwirtschaft oder Gärtnerei genommenen Versicherung von Glasdeckungen über Bodenerzeugnissen gegen Schäden aufgrund von Hagelschlag, Sturm, Starkregen oder Überschwemmungen von der Versicherungssumme und für jedes Versicherungsjahr,
3.[3] nur bei
   a) der Feuerversicherung und der Feuer-Betriebsunterbrechungsversicherung (§ 3 Absatz 1 Nummer 1 des Feuerschutzsteuergesetzes) von einem Anteil von 60 Prozent des Versicherungsentgelts,
   b) der Wohngebäudeversicherung (§ 3 Absatz 1 Nummer 2 des Feuerschutzsteuergesetzes) von einem Anteil von 86 Prozent des Versicherungsentgelts,
   c) der Hausratversicherung (§ 3 Absatz 1 Nummer 3 des Feuerschutzsteuergesetzes) von einem Anteil von 85 Prozent des Versicherungsentgelts.

[2]Das Bundeszentralamt für Steuern kann auf Antrag gestatten, dass die Steuer nicht nach der Isteinnahme (Istversteuerung), sondern nach dem im Anmeldungszeitraum gemäß § 8 Absatz 2 und 3 angeforderten Versicherungsentgelt berechnet wird (Sollversteuerung). [3]Im Fall der Berechnung nach der Sollversteuerung ist die auf nicht vereinnahmte Versicherungsentgelte bereits entrichtete Steuer von der Steuer für den Anmeldungszeitraum abzuziehen, in dem der Versicherer die Versicherung ganz oder teilweise in Abgang gestellt hat.[4]

(2) [1]Im Fall der Istversteuerung entsteht die Steuer mit der Zahlung des Versicherungsentgelts, wenn der Zahlende nach § 7 selbst entrichtungspflichtig ist, anderenfalls mit Entgegennahme des Versicherungsentgelts. [2]Im Fall der Sollversteuerung entsteht die Steuer mit Fälligkeit des Versicherungsentgelts. [3]Die Sätze 1 und 2 sind für anteilige Versicherungsentgelte entsprechend anzuwenden.

(3) [1]Werte in fremder Währung sind zur Berechnung der Steuer nach dem Umsatzsteuer-Umrechnungskurs in Euro umzurechnen, den das Bundesministerium der Finanzen als Durchschnittskurs für die jeweilige Währung für denjenigen Monat öffentlich bekannt gibt, in dem das Versicherungsentgelt ge-

[1] § 5 bish. Abs. 4 aufgeh. mWv 1. 1. 2002, bish. Abs. 5 wird Abs. 4 durch G v. 19. 12. 2000 (BGBl. I S. 1790); Überschr. neu gef. durch G v. 5. 12. 2012 (BGBl. I S. 2431).

[2] § 5 Abs. 1 Nr. 2 neu gef. mWv 1. 1. 2013 durch G v. 5. 12. 2012 (BGBl. I S. 2431).

[3] § 5 Abs. 1 Nr. 3 angef. mWv 1. 7. 2010 durch G v. 10. 8. 2009 (BGBl. I S. 2702).

[4] § 5 Abs. 1 Satz 2 und 3 neu gef. mWv 1. 1. 2013 durch G v. 5. 12. 2012 (BGBl. I S. 2431). Aufgrund eines Versehens wurden im BGBl. die Sätze 2 und 3 dem Abs. 1 Satz 1 Nr. 3 c zugeordnet, d. h. nicht weit genug ausgerückt. Die Korrektur erfolgte durch G v. 8. 6. 2015 (BGBl. I S. 901).

zahlt oder bei Sollversteuerung fällig wird. [2]Eine Umrechnung nach dem durch Bankmitteilung oder Kurszettel nachgewiesenen Tageskurs kann vom Bundeszentralamt für Steuern gestattet werden.

(4) Werte in fremder Währung sind zur Berechnung der Steuer nach den für die Umsatzsteuer geltenden Vorschriften umzurechnen.

[Fassung ab 1. 1. 2014:][1)]

(4) [1]In der Rechnung über das Vesicherungsentgelt ist der Steuerbetrag offen auszuweisen und der Steuersatz sowie die vom Bundeszentralamt für Steuern erteilte Versicherungsteuernummer, zu der die Steuer abgeführt wird, anzugeben. [2]Bei steuerfreien Versicherungsentgelten ist die zugrunde liegende Steuerbefreiungsvorschrift anzugeben. [3]Wird keine Rechnung über das Versicherungsentgelt ausgestellt, müssen sich die in den Sätzen 1 und 2 genannten Angaben aus anderen das Versicherungsverhältnis begründenden Unterlagen ergeben.

§ 6[2)] **Steuersatz.** (1) Die Steuer beträgt vorbehaltlich des folgenden Absatzes 19 Prozent[3)] des Versicherungsentgelts ohne Versicherungsteuer.

(2)[4)] Die Steuer beträgt

1. bei der Feuerversicherung und bei der Feuer-Betriebsunterbrechungsversicherung 22 Prozent (§ 5 Absatz 1 Satz 1 Nummer 3 Buchstabe a);
2. bei der Wohngebäudeversicherung 19 Prozent (§ 5 Absatz 1 Satz 1 Nummer 3 Buchstabe b) und
3. bei der Hausratversicherung 19 Prozent (§ 5 Absatz 1 Satz 1 Nummer 3 Buchstabe c);
4.[5)] bei der Versicherung von Schäden gegen Hagelschlag, Sturm, Starkfrost, Starkregen oder Überschwemmungen und bei der im Betrieb der Landwirtschaft oder Gärtnerei genommenen Versicherung von Glasdeckungen über Bodenerzeugnissen gegen Hagelschlag, Sturm, Starkregen oder Überschwemmungen für jedes Versicherungsjahr 0,3 Promille der Versicherungssumme;
5.[5)] bei der Seeschiffskaskoversicherung 3 Prozent des Versicherungsentgelts unter der Voraussetzung, dass das Schiff in das deutsche Seeschiffsregister

---

[1)] § 5 Abs. 4 neu gef. durch G v. 5. 12. 2012 (BGBl. I S. 2431); zur Anwendung siehe § 12 Abs. 2.

[2)] § 6 neu gef. mWv 1. 1. 2002 durch G v. 10. 12. 2001 (BGBl. I S. 3436); Abs. 1 geänd. mWv 1. 1. 2013 durch G v. 5. 12. 2012 (BGBl. I S. 2431).

[3)] Beträge geänd. mWv 1. 1. 2007 durch G v. 29. 6. 2006 (BGBl. I S. 1402).

[4)] § 6 Abs. 2 Nrn. 1 bis 3 neu gef. mWv 1. 7. 2010 durch G v. 10. 8. 2009 (BGBl. I S. 2702).

[5)] § 6 Abs. 1 Nrn. 4 und 5 neu gef. mWv 1. 1. 2013 durch G v. 5. 12. 2013 (BGBl. I S. 2431).

eingetragen ist, ausschließlich gewerblichen Zwecken dient und gegen die Gefahren der See versichert ist;

6. bei der Unfallversicherung mit Prämienrückgewähr 3,8 Prozent des Versicherungsentgelts.

§ 7[1] Steuerschuldner, Steuerentrichtungsschuldner, Haftende.

(1) Steuerschuldner ist der Versicherungsnehmer.

(2) [1]Steuerentrichtungsschuldner ist der Versicherer, soweit in den Absätzen 3 bis 5 kein anderer zum Steuerentrichtungsschuldner bestimmt ist oder nach Absatz 6 der Versicherungsnehmer als Steuerschuldner die Steuer zu entrichten hat. [2]Der Steuerentrichtungsschuldner hat als eigenständige Schuld die Steuer für Rechnung des Versicherungsnehmers zu entrichten.

(3) Hat der Versicherer keinen Wohnsitz, keinen Sitz oder keine Betriebsstätte in der Europäischen Union oder im Europäischen Wirtschaftsraum, ist aber ein Bevollmächtigter mit Wohnsitz, Sitz oder Betriebsstätte in dem genannten Gebiet zur Entgegennahme des Versicherungsentgelts bestellt, so ist dieser Steuerentrichtungsschuldner.

(4) Haben mehrere Versicherer eine Versicherung für denselben Versicherungsnehmer in der Weise gemeinschaftlich übernommen, dass jeder von ihnen aus der Versicherung zu einem bestimmten Anteil berechtigt und verpflichtet ist, so darf einer der Versicherer mit Sitz oder Betriebsstätte in der Europäischen Union oder im Europäischen Wirtschaftsraum von den anderen Mitversicherern schriftlich bestimmt werden, die Steuer auch für die anderen Versicherer zu entrichten.

(5) Ist die Steuerentrichtung einem zur Entgegennahme des Versicherungsentgelts Bevollmächtigten mit Wohnsitz, Sitz oder Betriebsstätte in der Europäischen Union oder dem Europäischen Wirtschaftsraum schriftlich übertragen, so ist dieser Steuerentrichtungsschuldner.

(6) Hat weder der Versicherer noch ein zur Entgegennahme des Versicherungsentgelts Bevollmächtigter seinen Wohnsitz, seinen Sitz oder seine Betriebsstätte in der Europäischen Union oder im Europäischen Wirtschaftsraum, so hat der Versicherungsnehmer die Steuer zu entrichten.

(7) Für die Steuerentrichtung haftet, sofern die in den Nummern 1 bis 3 genannten Personen nicht selbst Steuerentrichtungsschuldner sind,

1. der Versicherer,
2. jede andere Person, die das Versicherungsentgelt entgegennimmt,
3. eine versicherte Person, die gegen Entgelt aus einer Versicherung für fremde Rechnung Versicherungsschutz erlangt. [2]Die Haftung erstreckt sich auf die Steuer, die auf das Versicherungsentgelt entfällt, das zur Deckung des Risikos der versicherten Person an den Versicherer zu leisten ist; im Zweifel ist das von der versicherten Person gezahlte Entgelt zugrunde zu legen.

---

[1] § 7 neu gef. mWv 12. 12. 2012 durch G v. 5. 12. 2012 (BGBl. I S. 2431).

(8) [1]Der Steuerschuldner, der Steuerentrichtungsschuldner und jeder Haftende sind echte Gesamtschuldner. [2]Die Steuerentrichtungsschuld steht der Steuerschuld gleich; sie ist im Verhältnis zur Steuerschuld des Versicherungsnehmers nicht akzessorisch. [3]Die Inanspruchnahme eines Haftenden ist mittels Steuerbescheid oder mittels Haftungsbescheid zulässig. [4]Für die Bestimmung der Festsetzungsfrist nach den §§ 169 bis 171 der Abgabenordnung bei einem Steuerpflichtigen sind jeweils die Umstände maßgeblich, die in Bezug auf seine Person vorliegen; insbesondere ist für die Inanspruchnahme des Steuerentrichtungsschuldners der Ablauf der Festsetzungsfrist beim Versicherungsnehmer sowie für die Inanspruchnahme des Haftenden der Ablauf der Festsetzungsfrist beim Steuerentrichtungsschuldner unbeachtlich.

(9) Im Verhältnis zwischen dem Versicherer und dem Versicherungsnehmer gilt die Steuer als Teil des Versicherungsentgelts, soweit es sich um dessen Einziehung und Geltendmachung im Rechtsweg handelt.

§ 7a[1)] Zuständigkeit. Zuständig ist das Bundeszentralamt für Steuern.

§ 8[2)] Anmeldung, Fälligkeit. (1) Der Steuerentrichtungsschuldner nach § 7 Absatz 2, 3, 4 oder Absatz 5 hat innerhalb von 15 Tagen nach Ablauf eines jeden Anmeldungszeitraums

1. eine eigenhändig unterschriebene oder im Wege eines Automationsverfahrens des Bundes übermittelte Steuererklärung abzugeben, in der er die im Anmeldungszeitraum entstandene Steuer selbst zu berechnen hat (Steueranmeldung), und
2. die im Anmeldungszeitraum entstandene Steuer zu entrichten.

(2) [1]Anmeldungszeitraum ist der Kalendermonat. [2]Hat die Steuer für das vorangegangene Kalenderjahr insgesamt nicht mehr als 6000 Euro betragen, so ist Anmeldungszeitraum das Kalendervierteljahr. [3]Hat die Steuer für das vorangegangene Kalenderjahr nicht mehr als 1000 Euro betragen, so ist Anmeldungszeitraum das Kalenderjahr.

(3) Hat der Versicherungsnehmer nach § 7 Absatz 6 die Steuer zu entrichten, so ist innerhalb von 15 Tagen nach Ablauf des Monats, in dem das Versicherungsentgelt gezahlt worden ist, eine Absatz 1 entsprechende Steueranmeldung abzugeben und die selbst berechnete Steuer zu entrichten.

(4) [1]Gibt der zur Steueranmeldung und Steuerentrichtung Verpflichtete bis zum Ablauf der Anmeldungsfrist die Steueranmeldung nicht ab, so setzt das Bundeszentralamt für Steuern die Steuer fest. [2]Als Zeitpunkt ihrer Fälligkeit gilt der 15. Tag nach Ablauf des Anmeldungszeitraums.

§ 9[3)] Erstattung, Nachentrichtung der Steuer. (1) [1]Wird das Versicherungsentgelt ganz oder zum Teil zurückgezahlt, weil die Versicherung vorzeitig endet oder das Versicherungsentgelt oder die Versicherungssumme herab-

---

[1)] § 7a neu gef. mWv 1. 7. 2010 durch G v. 10. 8. 2009 (BGBl. I S. 2702); Überschr. geänd. durch G v. 5. 12. 2012 (BGBl. I S. 2431).

[2)] § 8 neu gef. mWv 1. 1. 2013 durch G v. 5. 12. 2012 (BGBl. I S. 2431).

[3)] § 9 neu gef. mWv 1. 1. 2013 durch G v. 5. 12. 2012 (BGBl. I S. 2431).

gesetzt worden ist, so wird die Steuer auf Antrag insoweit erstattet, als sie bei Berücksichtigung dieser Umstände nicht zu erheben gewesen wäre. [2]Die Steuer wird dem Steuerentrichtungsschuldner (§ 7 Absatz 2 bis 5) oder dem Haftenden (§ 7 Absatz 7) für Rechnung des Steuerschuldners und im Fall des § 7 Absatz 6 dem Versicherungsnehmer erstattet.

(2) Die Steuer wird nicht erstattet, wenn die Prämienrückgewähr ausdrücklich versichert war.

(3) Treten bei der Versicherung von Schiffen nach Zahlung des Versicherungsentgelts die übrigen Voraussetzungen für die Steuerbarkeit und Steuerpflicht ein, so ist für das zeitanteilige Versicherungsentgelt die Steuer nachzuentrichten.

[Fassung bis 31. 12. 2013:]

§ 10 Aufzeichnungspflichten und Außenprüfung.

(1) [1]Der Versicherer (§ 7 Abs. 1) oder der Bevollmächtigte (§ 7 Abs. 2) ist verpflichtet, zur Feststellung der Steuer und der Grundlagen ihrer Berechnung Aufzeichnungen zu führen. [2]Diese müssen alle Angaben enthalten, die für die Besteuerung von Bedeutung sind, insbesondere

1. den Namen und die Anschrift des Versicherungsnehmers,
2. die Nummer des Versicherungsscheins,
3. die Versicherungssumme,
4. das Versicherungsentgelt,
5. den Steuerbetrag.

[Fassung ab 1. 1. 2014:][1)]

§ 10 Aufzeichnungspflichten, Außenprüfung, Änderung nach Außenprüfung.

(1) [1]Alle Gesamtschuldner im Sinne des § 7 Absatz 8 Satz 1, die nach der Abgabenordnung oder anderen Gesetzen aufzeichnungspflichtig sind, haben zur Feststellung der Steuer und der Grundlagen ihrer Berechnung Aufzeichnungen zu führen, die alle Angaben enthalten, die für die Besteuerung von Bedeutung sind. [2]Hierzu gehören insbesondere

1. der Name und die Anschrift des Versicherungsnehmers,
2. die Nummer des Versicherungsscheins; bei Bevollmächtigten diejenige des jeweiligen Versicherers,
3. die Versicherungssumme,
4. das Versicherungsentgelt, und zwar sowohl das steuerpflichtige als auch das steuerfreie,
5. der Steuerbetrag,
6. der Steuersatz,
7. die vom Lloyd's Register im Auftrag der Internationalen Seeschifffahrts-Organisation (International Maritime Organization) vergebene IMO-Schiffsidentifikationsnummer,

[1)] § 10 Abs. 1 neu gef. mWv 1. 1. 2014 durch G v. 5. 12. 2012 (BGBl. I S. 2431).

[Fassung bis 31. 12. 2013:]

3 Ist das im Geltungsbereich dieses Gesetzes belegene Risiko von einem nicht in dessen Geltungsbereich niedergelassenen Versicherer gedeckt, so hat dieser dem Bundeszentralamt für Steuern[1] auf Anforderung ein vollständiges Verzeichnis der sich auf diese Risiken beziehenden Versicherungsverhältnisse mit den in Satz 2 genannten Angaben [schriftlich][2] zu übermitteln. 4 Diese Verpflichtung besteht auch dann, wenn der Versicherer die Voraussetzungen für die Steuerpflicht oder für die Steuerentrichtung nicht für gegeben hält.

[Fassung ab 1. 1. 2014:]

8. die schriftliche Bevollmächtigung im Sinne des § 7 Absatz 4 und 5.

3 Wer nach § 7 Absatz 4 steuerentrichtungspflichtig ist, hat den Gesamtbetrag des Versicherungsentgelts sowie die Nummern der Versicherungsscheine aller beteiligten Versicherer in seinen Geschäftsbüchern zu vermerken. 4 Die die Steuerentrichtungspflicht übertragenden Versicherer haben in ihren Geschäftsbüchern anzugeben, wer die Steuer für sie entrichtet hat. 5 Ist das im Geltungsbereich dieses Gesetzes belegene Risiko von einem nicht in dessen Geltungsbereich niedergelassenen Versicherer gedeckt, so hat dieser dem Bundeszentralamt für Steuern auf Anforderung ein vollständiges Verzeichnis der sich auf diese Risiken beziehenden Versicherungsverhältnisse mit den in Satz 2 genannten Angaben schriftlich zu übermitteln. 6 Diese Verpflichtung besteht auch dann, wenn der Versicherer die Voraussetzungen für die Steuerpflicht oder für die Steuerentrichtung nicht für gegeben hält.

(2)[3] Bei Personen und Personenvereinigungen, die Versicherungen vermitteln oder ermächtigt sind, für einen Versicherer Zahlungen entgegenzunehmen, ist zur Ermittlung oder Aufklärung von Vorgängen, die nach diesem Gesetz der Steuer unterliegen, eine Außenprüfung (§§ 193 bis 203 der Abgabenordnung) auch insoweit zulässig, als sie der Feststellung der steuerlichen Verhältnisse anderer Personen dient, die gemäß § 7 Steuerschuldner oder Steuerentrichtungsschuldner sind oder für die Steuerentrichtung haften.

(3)[3] Eine Außenprüfung ist auch bei Personen und Personenvereinigungen zulässig, die eine Versicherung im Sinne des § 2 vereinbart haben oder die gemäß § 7 Steuerschuldner oder Steuerentrichtungsschuldner sind oder für die Steuerentrichtung haften.

(4)[3] 1 Steuerbeträge, die auf Grund einer Außenprüfung nachzuentrichten oder zu erstatten sind, sind zusammen mit der Steuer für den letzten Monat,

---

[1] Bezeichnung geänd. durch G v. 22. 9. 2005 (BGBl. I S. 2809).

[2] § 10 Abs. 1 Satz 3 Klammerzusatz eingef. mWv 28. 8. 2002 durch G v. 21. 8. 2002 (BGBl. I S. 3322).

[3] § 10 Abs. 2 bis 4 neu gef. mWv 12. 12. 2012 durch G v. 5. 12. 2012 (BGBl. I S. 2431).

das letzte Quartal oder das letzte Kalenderjahr des Prüfungszeitraums festzusetzen. 2 Sie sind einen Monat nach Bekanntgabe der Festsetzung fällig.

§ 10 a Mitteilungspflicht. (1) Die mit der Aufsicht über die Versicherungsunternehmen betrauten Behörden teilen dem Bundeszentralamt für Steuern[1] die zu ihrer Kenntnis gelangenden Versicherer mit.

(2) Das Registergericht teilt Eintragungen von Vereinen oder Genossenschaften, die sich mit dem Abschluß von Versicherungen befassen, dem Bundeszentralamt für Steuern[1] mit; das gilt auch dann, wenn die Vereine oder Genossenschaften ihre Leistungen als Unterstützungen ohne Rechtsanspruch bezeichnen.

§ 10 b Anwendungsvorschriften. 1 Wird ein Steuersatz geändert oder die Zahlung des Versicherungsentgelts von der Steuer ausgenommen, ist der neue Steuersatz oder die neue Befreiungsvorschrift auf Versicherungsentgelte anzuwenden, die ab dem Inkrafttreten der Änderung des Steuersatzes oder der neuen Befreiungsvorschrift fällig werden. 2 Wird die Fälligkeit des Versicherungsentgelts für Zeitpunkte, ab denen ein höherer Steuersatz anzuwenden ist, geändert und würde die Änderung zur Anwendung eines niedrigeren Steuersatzes führen, ist die Änderung insoweit nicht zu berücksichtigen. 3 Dies gilt entsprechend, wenn ein Versicherungsvertrag zur Änderung der Fälligkeit des Versicherungsentgelts gekündigt und alsbald neu abgeschlossen oder wenn die Fälligkeit des Versicherungsentgelts für einen Zeitpunkt vor Abschluß des Versicherungsvertrags festgelegt wird. 4 Die Sätze 2 und 3 gelten für ab dem 29. Januar 1993 vorgenommene Änderungen der Fälligkeit des Versicherungsentgelts für Fälligkeitszeitpunkte ab dem 1. Juli 1993 und ab dem 1. Januar 1995.

§ 11 Ermächtigungen. (1)[2] Das Bundesministerium der Finanzen wird ermächtigt, ohne Zustimmung des Bundesrates Rechtsverordnungen zu erlassen über:

1. die nähere Bestimmung der in diesem Gesetz verwendeten Begriffe,
2. die Abgrenzung der Steuerpflicht sowie den Umfang der Ausnahmen von der Besteuerung und der Steuerermäßigungen, soweit dies zur Wahrung der Gleichmäßigkeit der Besteuerung und zur Beseitigung von Unbilligkeiten in Härtefällen erforderlich ist,
3.[3] den Umfang der Besteuerungsgrundlage,
4., 5. (weggefallen)
6. die Steuerberechnung bei Einrechnung der Steuer in das Versicherungsentgelt,
7. die Steuerberechnung nach der Versicherungsleistung,

---

[1] § 10 a Abs. 1 und 2 geänd. mWv 1. 7. 2010 durch G v. 10. 8. 2009 (BGBl. I S. 2702).
[2] § 11 Abs. 1 und 2 geänd. mWv 14. 12. 2010 durch G v. 8. 12. 2010 (BGBl. I S. 1768).
[3] § 11 Abs. 1 Nr. 3 geänd. mWv 1. 7. 2010 durch G v. 10. 8. 2009 (BGBl. I S. 2702).

8. die Festsetzung der Steuer in besonderen Fällen in Pauschbeträgen. [2]Dies gilt insbesondere dann, wenn die Feststellung der Steuerbeträge mit Schwierigkeiten und Kosten verbunden wäre, die zur Höhe der Steuer in keinem angemessenen Verhältnis stehen würden,
9. die Erstattung der Steuer.

(2)[1] Das Bundesministerium der Finanzen kann dieses Gesetz und die auf Grund dieses Gesetzes erlassenen Rechtsverordnungen in der jeweils geltenden Fassung mit neuem Datum und unter neuer Überschrift im Bundesgesetzblatt bekanntmachen.

§ 12[1] Übergangsvorschrift. (1) § 1 Absatz 4 ist anzuwenden für Versicherungsentgelte, die sich auf Versicherungszeiträume ab dem 1. Januar 2014 beziehen.

(2) § 5 Absatz 4 ist erstmals anzuwenden für Versicherungsentgelte, die nach dem 31. Dezember 2013 fällig werden.

---

[1] § 12 angef. durch G v. 5. 12. 2012 (BGBl. I S. 2431).

625. Versicherungsteuer-Durchführungsverordnung (VersStDV 1996)

In der Fassung der Bekanntmachung vom 10. Januar 1996 (BGBl. I S. 28)[1]

Geändert durch Steuer-Euroglättungsgesetz vom 19. 12. 2000 (BGBl. I S. 1790), Gesetz zur Finanzierung der Terrorbekämpfung vom 10. 12. 2001 (BGBl. I S. 3436) und Begleitgesetz zur zweiten Föderalismusreform vom 10. 8. 2009 (BGBl. I S. 2702)

BGBl. III/FNA 611-15-1

A. Allgemeine Bestimmungen

§ 1[2] Örtliche Zuständigkeit. *(1) [1] Örtlich zuständig ist das Finanzamt, in dessen Bezirk der Versicherer seine Geschäftsleitung, seinen Sitz, seinen Wohnsitz oder eine Betriebsstätte – bei mehreren Betriebsstätten die wirtschaftlich bedeutendste – hat. [2] Hat der Versicherer die Entrichtung der Steuer einem Bevollmächtigten übertragen, so ist das Finanzamt zuständig, in dessen Bezirk der Bevollmächtigte seine Geschäftsleitung, seinen Sitz oder seinen Wohnsitz hat.*

(2) Im Fall des § 7 Abs. 2 des Gesetzes ist das Finanzamt zuständig, in dessen Bezirk der Bevollmächtigte seine Geschäftsleitung, seinen Sitz oder seinen Wohnsitz hat.

(3) [1] Hat der Versicherungsnehmer die Steuer selbst zu entrichten (§ 7 Abs. 3 des Gesetzes), so ist das Finanzamt zuständig, in dessen Bezirk der Versicherungsnehmer seine Geschäftsleitung, seinen Sitz, seinen Wohnsitz oder seinen gewöhnlichen Aufenthalt hat. [2] Dieses Finanzamt ist auch für die Entgegennahme der Anzeigen eines Vermittlers (§ 8 Abs. 5 Satz 2 des Gesetzes) zuständig.

(4) [1] In den Fällen, in denen die Zuständigkeit sich nicht aus den Absätzen 1 bis 3 ergibt, ist das Finanzamt zuständig, in dessen Bezirk die versicherten Gegenstände (§ 1 Abs. 4 Nr. 2 des Gesetzes) belegen sind. [2] Trifft dies für mehrere Finanzämter zu, so ist örtlich zuständig das Finanzamt, in dessen Bezirk sich der wertvollste Teil des versicherten Gegenstandes oder der versicherten Gegenstände befindet.

§ 2 Anmeldungspflicht. (1) [1] Der inländische Versicherer hat die Eröffnung seines Geschäftsbetriebs binnen zwei Wochen dem *Finanzamt [**ab 1. 7. 2010:*** Bundeszentralamt für Steuern][3] anzumelden. [2] Das gleiche gilt für eine Person oder eine Personenvereinigung, die an einem Versicherungsvertrag im Sinne des § 2 Abs. 1 des Gesetzes beteiligt ist.

(2) [1] Zugleich mit der Anmeldung hat der Versicherer dem *Finanzamt* [***ab 1. 7. 2010:*** Bundeszentralamt für Steuern][3] anzuzeigen, ob er die

---

[1] Neubekanntmachung der VersStDV idF der Bek. v. 20. 4. 1960 (BGBl. I S. 278) auf Grund des § 11 Abs. 2 VersStG idF des Art. 20 Nr. 5 Buchst. b des G v. 14. 12. 1984 (BGBl. I S. 1493) in der ab 1. 1. 1995 geltenden Fassung.

[2] § 1 aufgeh. mWv 1. 7. 2010 durch G v. 10. 8. 2009 (BGBl. I S. 2702).

[3] § 2 Abs. 1 Satz 1 und Abs. 2 Satz 1 geänd. mWv 1. 7. 2010 durch G v. 10. 8. 2009 (BGBl. I S. 2702).

Erfüllung der Steuerpflicht selbst übernehmen oder den zur Empfangnahme von Prämienzahlungen ermächtigten Personen (Bevollmächtigten) übertragen will. [2]In der Anzeige hat der Versicherer alle Bevollmächtigten, denen er die Erfüllung der Steuerpflicht übertragen hat, unter Angabe ihres Wohnsitzes (Sitzes, Geschäftsleitung) und des Umfangs der Übertragung aufzuführen.

(3) Veränderungen gegenüber den in der Anmeldung (Absatz 1) oder Anzeige (Absatz 2) gemachten Angaben hat der Versicherer binnen zwei Wochen dem *Finanzamt* [***ab 1. 7. 2010:*** Bundeszentralamt für Steuern][1] anzuzeigen.

(4) Die Absätze 1 bis 3 gelten entsprechend für die inländische Geschäftsstelle eines ausländischen Versicherers, der die Leitung des Geschäfts im Inland übertragen ist.

§ 3. (weggefallen)

§ 4.[2] *(aufgehoben)*

§ 5 Ausnahme von der Besteuerung bei Viehversicherungen. Sind bei einer Viehversicherung statt einer Versicherungssumme feste Entschädigungsbeträge für jedes Stück Vieh vereinbart, so gilt die Ausnahmevorschrift des § 4 Nr. 9 des Gesetzes nur, wenn der Höchstbetrag der Ersatzpflicht des Versicherers gegenüber einem Versicherungsnehmer im Zeitpunkt der Zahlung des Versicherungsentgelts 4000 Euro[3] nicht übersteigt.

B. Besteuerungsverfahren

I. Entrichtung der Steuer durch den Versicherer

§§ 6 bis 9. (weggefallen)

§ 10 Entrichtung der Steuer im Pauschverfahren. Das *Finanzamt* [***ab 1. 7. 2010:*** Bundeszentralamt für Steuern][4] kann in Fällen, in denen die Feststellung der Unterlagen für die Steuerfestsetzung unverhältnismäßig schwierig sein würde, die Berechnung und Entrichtung der Steuer im Pauschverfahren zulassen.

II. Entrichtung der Steuer durch den Versicherungsnehmer

§ 11. (weggefallen)

---

[1] § 5 Abs. 3 geänd. mWv 1. 7. 2010 durch G v. 10. 8. 2009 (BGBl. I S. 2702).
[2] § 4 aufgeh. mWv 1. 1. 2002 durch G v. 10. 12. 2001 (BGBl. I S. 3436).
[3] Betrag geänd. mWv 1. 1. 2002 durch G v. 19. 12. 2000 (BGBl. I S. 1790).
[4] § 10 geänd. mWv 1. 7. 2010 durch G v. 10. 8. 2009 (BGBl. I S. 2702).

630. Rennwett- und Lotteriegesetz[1)]

Vom 8. April 1922 (RGBl. I S. 393)

Geändert durch Gesetze und VOen vom 20. 3. 1923 (RGBl. I S. 198), vom 23. 6. 1923 (RGBl. I S. 483), vom 19. 12. 1923 (RGBl. I S. 1205), vom 7. 1. 1924 (RGBl. I S. 25), vom 21. 1. 1924 (RGBl. I S. 34), vom 12. 2. 1924 (RGBl. I S. 107), vom 14. 2. 1924 (RGBl. I S. 74), vom 1. 12. 1930 (RGBl. I S. 517), vom 10. 4. 1933 (RGBl. I S. 191), vom 23. 3. 1934 (RGBl. I S. 213), vom 30. 10. 1944 (RGBl. I S. 287), vom 19. 3. 1964 (BGBl. I S. 213), vom 10. 8. 1967 (BGBl. I S. 877), vom 25. 6. 1969 (BGBl. I S. 645), vom 2. 3. 1974 (BGBl. I S. 469), vom 16. 12. 1974 (BGBl. I S. 3561), vom 21. 5. 1976 (BGBl. I S. 1249), vom 14. 12. 1976 (BGBl. I S. 3341), vom 14. 12. 1984 (BGBl. I S. 1493), vom 16. 12. 1986 (BGBl. I S. 2441), vom 20. 12. 1993 (BGBl. I S. 2254), vom 17. 5. 2000 (BGBl. I S. 715), vom 25. 6. 2001 (BGBl. I S. 1215), vom 29. 10. 2001 (BGBl. I S. 2785), vom 20. 12. 2001 (BGBl. I S. 3794), vom 24. 8. 2002 (BGBl. I S. 3412), vom 31. 10. 2006 (BGBl. I S. 2407, ber. I 2007 S. 2149), vom 29. 6. 2012 (BGBl. I S. 1424) und Zehnte Zuständigkeitsanpassungsverordnung vom 31. 8. 2015 (BGBl. I S. 1474)

BGBl. III/FNA 611-14

Der Reichstag hat das folgende Gesetz beschlossen, das mit Zustimmung des Reichsrats hiermit verkündet wird.

I. Rennwetten

1. Allgemeine Vorschriften

§ 1[2)] [Erlaubnis für Totalisatorunternehmen] (1) Ein Verein, der das Unternehmen eines Totalisators aus Anlaß öffentlicher Pferderennen und anderer öffentlicher Leistungsprüfungen für Pferde betreiben will, bedarf der Erlaubnis der nach Landesrecht zuständigen Behörde.

(2) [1]Die Erlaubnis kann mit einer Befristung oder einem Vorbehalt des Widerrufs erteilt oder mit einer Auflage oder einem Vorbehalt einer nachträglichen Aufnahme, Änderung oder Ergänzung einer Auflage verbunden werden. [2]Sie kann auf einzelne Veranstaltungen beschränkt werden.

(3) Die Erlaubnis darf nur solchen Vereinen erteilt werden, welche die Sicherheit bieten, daß sie die Einnahmen ausschließlich zum Besten der Landespferdezucht verwenden.

(4) [1]Eine Erlaubnis für den Betrieb eines Totalisators aus Anlass öffentlicher Pferderennen im Ausland und anderer ausländischer Leistungsprüfungen für Pferde darf Vereinen erteilt werden, wenn sie die Sicherheit bieten, dass sie die Einnahmen daraus ebenfalls ausschließlich zum Besten der Landespferdezucht verwenden. [2]Der Betrieb von Totalisatoren ist diesen Vereinen auch in Kooperation mit anderen Rennvereinen und Totalisatorveranstaltern grenzüberschreitend gestattet.

[1)] **Zur Anwendung im Beitrittsgebiet ab 1. 1. 1991** siehe Einigungsvertrag mit Anlage I Kap. IV Abschn. II Nr. 14.

[2)] § 1 Abs. 1 und 2 neu gef. durch G v. 16. 12. 1986 (BGBl. I S. 2441); Abs. 4 angef. mWv 1. 7. 2012 durch G v. 29. 6. 2012 (BGBl. I S. 1424).

§ 2[1] **[Buchmacherkonzession]** (1) Wer gewerbsmäßig Wetten bei öffentlichen Leistungsprüfungen für Pferde abschließen oder vermitteln will (Buchmacher), bedarf der Erlaubnis der nach Landesrecht zuständigen Behörde.

(2) [1]Der Buchmacher bedarf der Erlaubnis für die Örtlichkeit, wo die Wetten entgegengenommen oder vermittelt werden, und auch für die Personen, deren er sich zum Abschluß und zur Vermittlung von Wetten bedienen will. [2]Die nach Landesrecht zuständige Behörde darf die Erlaubnis nur für die Örtlichkeiten ihres Landesgebiets erteilen. [3]Die Erlaubnis kann mit einer Befristung oder einem Vorbehalt des Widerrufs erteilt oder mit einer Auflage oder einem Vorbehalt einer nachträglichen Aufnahme, Änderung oder Ergänzung einer Auflage verbunden werden.

(3) *(aufgehoben)*

§ 3[2] **[Ermächtigung zur Rechtsverordnung]** Das Bundesministerium für Ernährung und Landwirtschaft[3] wird ermächtigt, durch Rechtsverordnung im Einvernehmen mit dem Bundesministerium für Wirtschaft und Energie[3] und mit Zustimmung des Bundesrates zum Zweck der Förderung der Tierzucht mit Pferden

1. die näheren Voraussetzungen für das Erteilen einer Erlaubnis nach § 1 Absatz 1 oder § 2 Absatz 1 in Verbindung mit Absatz 2,
2. die Tatbestände, auf die sich die Erlaubnis erstreckt,
3. das Verfahren für das Erteilen der Erlaubnis, einschließlich der Aufbewahrungspflichten,
4. das Beurkunden und Aufzeichnen abgeschlossener Wetten durch den Erlaubnisinhaber, einschließlich der Aufbewahrung der Urkunden und Bescheinigungen,
5. die Einzelheiten des Zuweisungsverfahrens und der Begrenzung der Höhe der Zuweisungen auf die Nettokosten nach § 16 Absatz 1 sowie die Zerlegung des zuweisungsfähigen Aufkommens der Buchmachersteuer nach den §§ 11 und 16

zu regeln.

§ 4[2] **[Wettschein und Wettbuch]** (1) [1]Der Unternehmer des Totalisators und der Buchmacher haben über die Wette eine Urkunde (Wettschein) auszustellen. [2]Welche Angaben der Wettschein enthalten muß, bestimmt das Bundesministerium für Ernährung und Landwirtschaft[3] durch Rechtsverordnung mit Zustimmung des Bundesrates.

(2) [1]Ist der Wettschein ausgehändigt, so ist die Wette für den Unternehmer des Totalisators und den Buchmacher verbindlich. [2]Ein von dem Wettenden gezahlter Einsatz kann nicht unter Berufung auf § 762 des Bürgerlichen Ge-

---

[1] § 2 Abs. 1 Satz 1 geänd., bish. Sätze 2 und 3 aufgeh., Abs. 2 bish. Satz 2 aufgeh., neuer Satz 2 geänd. und Satz 3 angef., Abs. 3 aufgeh. durch G v. 16. 12. 1986 (BGBl. I S. 2441).

[2] § 3 neu gef., § 4 Abs. 1 Satz 2 neu gef., Abs. 2 Satz 1 geänd. und Abs. 3 neu gef. durch G v. 16. 12. 1986 (BGBl. I S. 2441); § 3 neu gef. mWv 1. 7. 2012 durch G v. 29. 6. 2012 (BGBl. I S. 1424).

[3] Bezeichnung geänd. durch VO v. 31. 8. 2015 (BGBl. I S. 1474).

setzbuchs zurückverlangt werden. [3]Soweit der Einsatz nicht gezahlt ist, kann er von dem Gewinn abgezogen werden. [4]Im übrigen bleiben die Vorschriften des Bürgerlichen Gesetzbuchs unberührt.

(3) Auf einem Rennplatz ist den Buchmachern nur das Legen von Wetten zu festen Odds für die dort am Renntag stattfindenden Rennen gestattet.

(4) Auf den Rennplätzen dürfen von den Buchmachern nur Wetteinsätze im Betrage von mindestens fünfzehn Euro[1)] angenommen werden.

§ 5[2)] [Strafvorschriften] (1) Wer ohne Erlaubnis ein Totalisatorunternehmen betreibt oder gewerbsmäßig Wetten abschließt oder vermittelt, wird mit Freiheitsstrafe bis zu zwei Jahren oder mit Geldstrafe bestraft.

(2) *(aufgehoben)*

§ 6[3)] [Gewerbsmäßige Wetten] (1) [1]Wer gewerbsmäßig zum Abschluß oder zur Vermittlung von Wetten auffordert oder sich erbietet oder Angebote zum Abschluß oder zur Vermittlung solcher Wetten entgegennimmt, wird mit Freiheitsstrafe bis zu sechs Monaten oder mit Geldstrafe bis zu einhundertachtzig Tagessätzen bestraft. [2]Unter dieses Verbot fallen nicht Aufforderungen, Erbieten und Angebote der zugelassenen Wettunternehmer sowie der Personen, deren sich die Wettunternehmer mit Genehmigung der nach Landesrecht zuständigen Behörde zum Abschluß und zur Vermittlung von Wetten bedienen, soweit diese Personen bei der Abwicklung von Wettgeschäften im Auftrag des Wettunternehmers handeln.

(2) *(aufgehoben)*

§ 7[4)] [Bußgeldvorschriften] (1) Ordnungswidrig handelt, wer als Buchmacher oder dessen Gehilfe außerhalb der Örtlichkeiten, für welche die Erlaubnis erteilt ist (§ 2 Abs. 2), Wetten abschließt oder vermittelt oder Angebote dazu entgegennimmt.

(2) Ordnungswidrig handelt ferner, wer

1. ohne zugelassener Unternehmer eines Totalisators oder zugelassener Buchmacher zu sein, außerhalb der Örtlichkeiten des Totalisatorunternehmens oder der Örtlichkeiten, für welche die Erlaubnis erteilt ist (§ 2 Abs. 2), öffentlich oder durch Verbreiten von Schriften, Ton- oder Bildträgern, Abbildungen oder Darstellungen zum Abschluß von Wetten auffordert,
2. gegen Entgelt Voraussagen über den Ausgang von Rennen verbreitet oder
3. in seinen Räumen, die für das Unternehmen eines Totalisators oder eines Buchmachers nicht zugelassen sind, den Abschluß oder die Vermittlung von Wetten duldet.

[1)] Betrag geänd. mWv 1. 1. 2002 durch G v. 25. 6. 2001 (BGBl. I S. 1215).

[2)] § 5 Abs. 1 geänd. durch G v. 25. 6. 1969 (BGBl. I S. 645) und v. 2. 3. 1974 (BGBl. I S. 469), Abs. 2 aufgeh. durch G v. 2. 3. 1974 (BGBl. I S. 469).

[3)] § 6 Abs. 1 Satz 1 geänd. sowie Abs. 2 aufgeh. durch G v. 2. 3. 1974 (BGBl. I S. 469), Abs. 1 Satz 2 geänd. durch G v. 16. 12. 1986 (BGBl. I S. 2441).

[4)] § 7 neu gef. durch G v. 2. 3. 1974 (BGBl. I S. 469).

(3) Absatz 2 Nr. 2 gilt nicht für redaktionelle Veröffentlichungen in einer periodisch erscheinenden Druckschrift, soweit diese nicht ausschließlich oder überwiegend der Verbreitung von Voraussagen dient.

(4) Die Ordnungswidrigkeit kann mit einer Geldbuße bis zu fünftausend Euro[1] geahndet werden.

§§ 8, 9[2]. *(aufgehoben)*

2. Steuervorschriften

§ 10 [Steuersatz für Totalisatorwetten] (1)[3] Von den am Totalisator gewetteten Beträgen hat der Unternehmer des Totalisators eine Steuer von 5 vom Hundert zu entrichten.

(2) Diese Steuer ist auch dann zu entrichten, wenn ausschließlich Mitglieder bestimmter Vereine zum Wetten zugelassen werden.

(3) Die Steuerschuld entsteht mit dem Schlusse der Annahme von Wetteinsätzen.

§ 11 [Steuersatz bei Buchmacherwetten] (1)[3] Der Buchmacher hat von jeder bei ihm abgeschlossenen Wette eine Steuer von 5 vom Hundert des Wetteinsatzes zu entrichten.

(2) Die Steuerschuld entsteht, wenn die Wette verbindlich geworden ist (§ 4 Abs. 2), spätestens jedoch mit der Entscheidung des Rennens, auf das sich die Wette bezieht.

§ 12 [Entstehen der Steuerschuld] Die Steuerschuld entsteht ohne Rücksicht darauf, ob das Totalisatorunternehmen erlaubt oder der Buchmacher zugelassen war.

§ 13 [Steuerschuldner, Fälligkeit] (1) [1]Steuerschuldner ist der Unternehmer des Totalisators (§ 1) oder der Buchmacher (§ 2). [2]Die Steuer ist innerhalb einer Woche nach Ablauf jedes halben Kalendermonats zu entrichten, sofern sie nicht durch Verwendung und Entwertung von Stempelzeichen erhoben wird.

(2) Der *Reichs*minister der Finanzen bestimmt, wie die Steuer entrichtet wird, insbesondere ob und in welcher Weise Stempelzeichen zu verwenden sind.

§§ 14, 15[4]. *(aufgehoben)*

---

[1] Betrag geänd. mWv 1. 1. 2002 durch G v. 25. 6. 2001 (BGBl. I S. 1215).

[2] §§ 8 und 9 aufgeh. durch G v. 2. 3. 1974 (BGBl. I S. 469).

[3] §§ 10 Abs. 1 u. 11 Abs. 1 neu gef. mWv 1. 7. 2012 durch G v. 29. 6. 2012 (BGBl. I S. 1424).

[4] § 14 aufgeh. durch G v. 10. 8. 1967 (BGBl. I S. 877), § 15 aufgeh. durch G v. 14. 12. 1976 (BGBl. I S. 3341).

§ 16[1)] **[Totalisator]** (1) [1]Die Rennvereine, die einen Totalisator betreiben, erhalten vorbehaltlich des Absatzes 2 eine Zuweisung in Höhe von bis zu 96 vom Hundert des Aufkommens der Totalisatorsteuer nach § 10 und der Buchmachersteuer nach § 11. [2]Sie haben die Beträge zu Zwecken der öffentlichen Leistungsprüfungen für Pferde zu verwenden. [3]Die nach Landesrecht zuständigen Behörden setzen die Anteile der Rennvereine fest und treffen die erforderlichen Bestimmungen. [4]Die Anteile können für die einzelnen Rennvereine unterschiedlich bemessen werden. [5]Sie dürfen nicht über das hinausgehen, was erforderlich ist, um die Nettokosten der Durchführung der öffentlichen Leistungsprüfungen für Pferde durch den jeweiligen Rennverein zu decken.

(2) Absatz 1 findet keine Anwendung auf das Aufkommen der Totalisatorsteuer nach § 10, das mittels Erlaubnissen nach § 1 Absatz 4 erzielt wird, und auf das Aufkommen der Buchmachersteuer nach § 11, das durch den Abschluss oder die Vermittlung von Wetten aus Anlass von Pferderennen im Ausland erzielt wird.

II. Besteuerung von Lotterien, Ausspielungen und Sportwetten[2)]

§ 17[2) · 3)] **[Steuerpflicht]** (1) [1]Im Inland veranstaltete öffentliche Lotterien und Ausspielungen unterliegen einer Steuer. [2]Eine Lotterie oder Ausspielung nach Satz 1 gilt als öffentlich, wenn die für die Genehmigung zuständige Behörde sie als genehmigungspflichtig ansieht. [3]Die Steuer beträgt 20 vom Hundert des planmäßigen Preises (Nennwert) sämtlicher Lose ausschließlich der Steuer.

(2) [1]Wetten aus Anlass von Sportereignissen (Sportwetten), die nicht als Rennwetten nach Abschnitt I dieses Gesetzes besteuert werden, unterliegen einer Steuer, wenn

1. die Sportwette im Inland veranstaltet wird oder
2. der Spieler eine natürliche Person ist und bei Abschluss des Wettvertrages seinen Wohnsitz oder gewöhnlichen Aufenthalt im Geltungsbereich dieses Gesetzes hat oder, wenn er keine natürliche Person ist, bei Abschluss des Wettvertrages seine Geschäftsleitung oder seinen Sitz im Geltungsbereich dieses Gesetzes hat. [2]Dies gilt nicht, wenn der Spieler sich bei Abschluss des Wettvertrages außerhalb des Geltungsbereiches dieses Gesetzes aufhält und

---

[1)] § 16 neu gef. durch G v. 29. 6. 2012 (BGBl. I S. 1424); zum Inkrafttreten siehe Art. 5 Abs. 3 dieses Gesetzes iVm der Bekanntmachung über das Inkrafttreten vom 8. 7. 2013 (BGBl. I S. 2236) am 2. 7. 2013 nach Genehmigung durch die Europäische Kommission.

[2)] Überschrift und § 17 neu gef. mWv 1. 4. 2000 durch G v. 17. 5. 2000 (BGBl. I S. 715); neu gef. mWv 1. 7. 2012 durch G v. 29. 6. 2012 (BGBl. I S. 1424).

[3)] Vgl. VO v. 1. 3. 1961 (BGBl. I S. 138, geänd. durch G v. 20. 12. 2001, BGBl. I S. 3794):
„§ 1. Von der Festsetzung der Lotteriesteuer nach § 17 ist abzusehen, wenn die für die einzelne Lotterie oder Ausspielung festzusetzende Steuer den Betrag von *5 Euro* nicht übersteigt."

die zur Entstehung des Wettvertrages erforderlichen Handlungen dort vorgenommen werden.

2 Die Steuer beträgt 5 vom Hundert des Nennwertes der Wettscheine beziehungsweise des Spieleinsatzes.

§ 18[1] **[Befreiungen]** Von der Besteuerung ausgenommen sind

1. Ausspielungen
   a) bei denen Ausweise nicht erteilt werden oder
   b) bei denen der Gesamtpreis der Lose einer Ausspielung den Wert von 650 Euro[2] nicht übersteigt,

   es sei denn, daß der Veranstalter ein Gewerbetreibender oder Reisegewerbetreibender im Sinne des Gewerberechts ist oder daß die Gewinne ganz oder teilweise in barem Geld bestehen;
2. von den zuständigen Behörden genehmigte Lotterien und Ausspielungen, bei denen der Gesamtpreis der Lose einer Lotterie oder Ausspielung

(Fortsetzung nächste Seite)

---

[1] § 18 neu gef. durch G v. 19. 3. 1964 (BGBl. I S. 213), Nr. 2 Buchst. a und b geänd. durch G v. 16. 12. 1974 (BGBl. I S. 3561) und v. 14. 12. 1984 (BGBl. I S. 1493), Nr. 2 Buchst. b geänd. durch G v. 20. 12. 1993 (BGBl. I S. 2254).

[2] § 18 Beträge geänd. mWv 1. 1. 2002 durch G v. 20. 12. 2001 (BGBl. I S. 3794); Nr. 2 Buchst. b Betrag erhöht mWv 1. 1. 2003 durch G v. 24. 8. 2002 (BGBl. I S. 3412).

a) bei Lotterien und Ausspielungen zu ausschließlich gemeinnützigen, mildtätigen oder kirchlichen Zwecken den Wert von 40 000 Euro[1)],

b) in allen anderen Fällen den Wert von *164 Euro* [***ab 1. 1. 2003:*** 240 Euro][1)]

nicht übersteigt.

§ 19[2)] **[Steuerschuldner, Steuerentstehung]** (1) [1]Die Steuer für Lotterien und Ausspielungen (§ 17 Absatz 1) schuldet der Veranstalter. [2]Die Steuerschuld entsteht mit der Genehmigung, spätestens aber in dem Zeitpunkt, zu dem die Genehmigung hätte eingeholt werden müssen. [3]Die Steuer für Lotterien und Ausspielungen ist von dem Veranstalter zu entrichten, bevor mit dem Losabsatz begonnen wird.

(2) [1]Die Steuer für Sportwetten (§ 17 Absatz 2) schuldet der Veranstalter. [2]Die Steuerschuld entsteht, wenn die Wette verbindlich geworden ist. [3]§ 4 Absatz 2 gilt entsprechend. [4]Die Steuer für Sportwetten ist am 15. Tag nach Ablauf des Anmeldungszeitraums fällig.

(3) [1]Der Veranstalter nach Absatz 2 hat, soweit er seinen Wohnsitz oder seinen Sitz nicht in einem Mitgliedstaat der Europäischen Union oder einem Vertragsstaat des Abkommens über den Europäischen Wirtschaftsraum hat, einen steuerlichen Beauftragten im Inland zu benennen. [2]Steuerlicher Beauftragter kann sein, wer seinen Geschäftssitz im Inland hat, gegen dessen steuerliche Zuverlässigkeit keine Bedenken bestehen und der – soweit er nach dem Handelsgesetzbuch oder der Abgabenordnung dazu verpflichtet ist – ordnungsmäßig kaufmännische Bücher führt und rechtzeitig Jahresabschlüsse aufstellt. [3]Der steuerliche Beauftragte hat die Pflichten des im Ausland ansässigen Veranstalters nach diesem Gesetz als eigene zu erfüllen. [4]Er hat die gleichen Rechte und Pflichten wie der Veranstalter. [5]Der steuerliche Beauftragte schuldet die Steuer nach Absatz 2 neben dem Veranstalter.

(4) [1]Wurde ein steuerlicher Beauftragter im Sinne des Absatzes 3 benannt, ist das Finanzamt örtlich zuständig, in dessen Bezirk der steuerliche Beauftragte seinen Geschäftssitz hat. [2]Ergibt sich für Sportwetten keine Zuständigkeit im Inland, kann das Bundesministerium der Finanzen durch Rechtsverordnung mit Zustimmung des Bundesrates ein zuständiges Finanzamt bestimmen.

§ 20[3)] **[Aufzeichnungspflichten]** (1) [1]Der Veranstalter einer Sportwette (§ 17 Absatz 2) ist verpflichtet, zur Feststellung der Steuer und der Grundlagen ihrer Berechnung Aufzeichnungen zu führen. [2]Soweit ein steuerlicher Beauftragter gemäß § 19 Absatz 3 benannt ist, hat der Veranstalter diesem die Aufzeichnungen nach Satz 1 monatlich zu übermitteln.

[1)] § 18 Beträge geänd. mWv 1. 1. 2002 durch G v. 20. 12. 2001 (BGBl. I S. 3794); Nr. 2 Buchst. b Betrag erhöht mWv 1. 1. 2003 durch G v. 24. 8. 2002 (BGBl. I S. 3412).

[2)] § 19 neu gef. mWv 1. 4. 2000 durch G v. 17. 5. 2000 (BGBl. I S. 715), Abs. 2 Satz 2 neu gef. mWv 1. 1. 2002 durch G v. 20. 12. 2001 (BGBl. I S. 3794); neu gef. mWv 1. 7. 2012 durch G v. 29. 6. 2012 (BGBl. I S. 1424).

[3)] § 20 neu gef. mWv 1. 7. 2012 durch G v. 29. 6. 2012 (BGBl. I S. 1424).

(2) Aus den Aufzeichnungen müssen insbesondere zu ersehen sein:
1. Name und Anschrift des Spielers;
2. Beschreibung der Sportwette, der Art der Sportwette, des Sportereignisses, auf das sich die Sportwette bezieht;
3. vereinbarter Einsatz für die jeweilige Sportwette;
4. Zahlungen des Spielers, auch wenn keine Sportwette zustande gekommen ist;
5. die jeweilige Bemessungsgrundlage für die Steuer;
6. Zeitpunkt der Vereinnahmung des Spieleinsatzes und der Gewinnauszahlung;
7. Höhe der Steuer.

§ 21 [Ausländische Lose] (1) Die Steuer für ausländische Lose und Ausweise über Spieleinlagen beträgt 0,25 Euro[1] für je einen Euro[1] vom planmäßigen Preise; ein angefangener Euro[1] wird für voll gerechnet.

(2) Ausländische Werte sind nach den Vorschriften über die Berechnung der Umsatzsteuer in Euro[1] umzurechnen.

(3) Die Steuerschuld entsteht, sobald die Lose oder Ausweise in das Inland eingebracht werden; Steuerschuldner ist, wer Lose oder Ausweise in das Inland verbringt oder als erster im Inland empfängt.

(4) Die Steuer ist, bevor mit dem Vertrieb begonnen wird, spätestens binnen drei Tagen nach dem Tage des Einbringens oder des Empfanges zu entrichten.

§ 22 [Entrichtung der Steuer] Der *Reichs*minister der Finanzen bestimmt, wie die Steuer zu entrichten ist, insbesondere ob und in welcher Weise Stempelzeichen zu verwenden sind.

§ 23[2] [Hinterziehung] Wegen Hinterziehung wird auch bestraft, wer im Inland den Vertrieb unversteuerter (§ 21) ausländischer Lose oder ausländischer Ausweise über Ausspielungen besorgt.

§ 24[3] [Zerlegung des Aufkommens] (1) Das Gesamtaufkommen der Steuer nach § 17 Absatz 2 wird bis zum Jahr 2019 nach den Absätzen 2 und 3 zerlegt.

(2) [1]Die Zerlegungsanteile der einzelnen Länder am Gesamtaufkommen der Steuer nach § 17 Absatz 2 sind nach den folgenden Zerlegungsmaßstäben zu ermitteln:
1. zu 50 vom Hundert entsprechend den Anteilen am im Jahr 2010 erzielten Aufkommen der Steuern nach dem Rennwett- und Lotteriegesetz,
2. zu 50 vom Hundert entsprechend dem Einwohneranteil der Bundesländer.

---

[1] Beträge bzw. Bezeichnung geänd. mWv 1. 1. 2002 durch G v. 20. 12. 2001 (BGBl. I S. 3794).

[2] § 23 bish. Satz 1 aufgeh. durch G v. 10. 8. 1967 (BGBl. I S. 877).

[3] § 24 neu gef. mWv 1. 7. 2012 durch G v. 29. 6. 2012 (BGBl. I S. 1424).

[2]Dabei sind jeweils die am 1. Mai beim Statistischen Bundesamt verfügbaren neuesten Daten des dem Zerlegungsjahr folgenden Jahres zugrunde zu legen.

(3) [1]Die Zerlegung wird von einer für die Finanzverwaltung zuständigen obersten Landesbehörde durchgeführt. [2]Dabei sind Abschlagszahlungen unter Berücksichtigung des jeweiligen Vorjahresergebnisses festzusetzen, die am 15. März, 15. Juni, 15. September und 15. Dezember des Jahres zu leisten sind. [3]Bis zur Festsetzung der Zerlegungsanteile für das Vorjahr sind die Abschlagszahlungen vorläufig in bisheriger Höhe zu entrichten. [4]Das Bundesministerium der Finanzen kann durch Rechtsverordnung mit Zustimmung des Bundesrates die Aufgabe der Zerlegung einer für die Finanzverwaltung zuständigen Finanzbehörde übertragen.

§ 25[1)] [Ausführungsbestimmungen] (1) Die Bestimmungen zur Ausführung dieses Gesetzes erläßt der *Reichs*minister der Finanzen …

(2) [1]Die Landesregierungen werden ermächtigt, Rechtsverordnungen nach den §§ 3 und 4 Abs. 1 Satz 2 zu erlassen, soweit das Bundesministerium für Ernährung und Landwirtschaft[2)] von seiner Befugnis keinen Gebrauch macht. [2]Sie können diese Befugnis auf oberste Landesbehörden übertragen.

(3) [1]Die Länder können über Rechtsverordnungen nach den §§ 3 und 4 und nach Absatz 2 hinaus weitergehende Vorschriften über das Veranstalten und Vermitteln von Pferdewetten, das Vermitteln von Pferdewetten über das Internet und in das Ausland sowie Vorschriften über Regelungen zur Spielersperre, Spielwerbung und zum Schutz Minderjähriger erlassen. [2]Die landesrechtlichen Vorschriften können auch Regelungen zum Schutz der Allgemeinheit, insbesondere die Gefahrenaufklärung der Öffentlichkeit, umfassen.

§ 26[3)] [Offenbarungsbefugnis] Die Offenbarung der nach § 30 der Abgabenordnung geschützten Verhältnisse des Betroffenen durch die Finanzbehörde gegenüber der zuständigen Glücksspielaufsichtsbehörde ist zulässig, soweit es dem Verfahren der Glücksspielaufsicht dient.

§ 27[4)] [Mitteilungspflicht] Die für Glücksspielaufsicht zuständige Behörde ist verpflichtet, erlangte Kenntnisse gegenüber der Finanzbehörde mitzuteilen, soweit die Kenntnisse der Durchführung eines Verfahrens in Steuersachen dienen.

[1)] § 25 Abs. 2 neu gef. durch G v. 16. 12. 1986 (BGBl. I S. 2441); Abs. 3 angef. mWv 30. 6. 2012 durch G v. 29. 6. 2012 (BGBl. I S. 1424).

[2)] Bezeichnung geänd. durch VO v. 31. 8. 2015 (BGBl. I S. 1474).

[3)] § 26 neu gef. mWv 1. 7. 2012 durch G v. 29. 6. 2012 (BGBl. I S. 1424).

[4)] § 27 angef. mWv 1. 7. 2012 durch G v. 29. 6. 2012 (BGBl. I S. 1424).

635. Ausführungsbestimmungen zum Rennwett- und Lotteriegesetz

Vom 16. Juni 1922 (RZentrBl. S. 351)

Geändert durch Verordnungen vom 21. 1. 1924 (RGBl. I S. 34), vom 9. 2. 1924 (RGBl. I S. 55) und vom 12. 2. 1924 (RGBl. I S. 107), Gesetz vom 10. 8. 1967 (BGBl. I S. 877), Verordnung vom 21. 5. 1976 (BGBl. I S. 1249), Gesetze vom 14. 12. 1984 (BGBl. I S. 1493), vom 16. 12. 1986 (BGBl. I S. 2441), vom 17. 5. 2000 (BGBl. I S. 715), vom 25. 6. 2001 (BGBl. I S. 1215), vom 20. 12. 2001 (BGBl. I S. 3794), vom 21. 8. 2002 (BGBl. I S. 3322) und Gesetz vom 29. 6. 2012 (BGBl. I S. 1424)

BGBl. III/FNA 611-14-1

Auf Grund der §§ 3, 4 Abs. 1 Satz 3, § 13 Abs. 2, §§ 15, 20, 22, 25 des Rennwett- und Lotteriegesetzes vom 8. April 1922 (Reichsgesetzbl. S. 393) wird, soweit erforderlich, mit Zustimmung des *Reichsrats* folgendes bestimmt:

A. Rennwetten

I. Erteilung der Erlaubnis

§ 1.[1] *(aufgehoben)*

Voraussetzungen für die Erteilung der Erlaubnis

a) an Rennvereine zum Betrieb eines Totalisators

§ 2.[2] (1) Zum Betrieb eines Totalisators darf nur ein Renn- oder Pferdezuchtverein (Verein) zugelassen werden.

(2) [1]Die Erlaubnis ist für jeden Verein besonders zu erteilen und darf sich nur auf bestimmte Rennbahnen erstrecken. [2]Sie setzt einen Antrag voraus. [3]Dem Antrag sind beizufügen:

a) die Vereinssatzung,

b) der jährliche Voranschlag,

c) der letzte Geschäftsbericht, der eine genaue Übersicht über die Einnahmen und Ausgaben im einzelnen, namentlich auch über die Verwendung der Einnahmen für die Rennpreise und für sonstige der Landespferdezucht unmittelbar dienende Zwecke enthalten und aus dem sich ergeben muß, daß die Einnahmen ausschließlich zum Besten der Landespferdezucht tatsächlich verwendet worden sind,

d) die Voraussetzungen, unter denen der Totalisator Wetten entgegennehmen soll.

---

[1] § 1 aufgeh. durch G v. 16. 12. 1986 (BGBl. I S. 2441).

[2] § 2 Abs. 2 Buchst. d, Abs. 4 Satz 1 und Abs. 6 Sätze 1 und 2 geänd. durch G v. 16. 12. 1986 (BGBl. I S. 2441).

(3) 1 Aus der Vereinssatzung muß sich ergeben, daß der ausschließliche Zweck des Vereins die Förderung der Landespferdezucht unter anderem durch Veranstaltung von Leistungsprüfungen für Pferde ist. 2 Die Vorstandsmitglieder und sonstigen leitenden Persönlichkeiten des Vereins müssen die Sicherheit bieten, daß der Zweck des Vereins verwirklicht wird.

(4) 1 Die nach Landesrecht zuständige Behörde ist befugt, die Angaben in den Geschäftsberichten (Absatz 2 zu c) auf ihre Richtigkeit, namentlich hinsichtlich der tatsächlichen Verwendung der Einnahmen ausschließlich zum Besten der Landespferdezucht zu prüfen. 2 Sie kann zu diesem Zwecke die Vorlegung weiterer Nachweise fordern.

(5) Die Art und der Umfang der vom Vereine beabsichtigten Rennen müssen die Erreichung des im Absatz 3 genannten Zieles gewährleisten.

(6) 1 Dem Vereine darf die Genehmigung zum Betriebe eines Totalisatorunternehmens nur erteilt werden, wenn er sich verpflichtet, den Buchmachern, denen die Erlaubnis für den Abschluß oder die Vermittlung von Wetten auf der Rennbahn des Vereins erteilt ist, die Ausübung ihres Gewerbes an den Renntagen auf der Rennbahn gegen Entrichtung eines Standgeldes zu gestatten. 2 Die Höhe des Standgeldes wird zwischen dem Verein und den Buchmachern vereinbart; im Streitfall entscheidet die nach Landesrecht zuständige Behörde oder die von ihr bestimmte Stelle. 3 Den Buchmachern ist auf der Rennbahn ein bestimmter Platz anzuweisen.

b) an Buchmacher

§ 3.[1] (1) Als Buchmacher darf nur zugelassen werden, wer den Nachweis erbringt, daß er seiner Person nach die Gewähr für eine einwandfreie Geschäftsführung bietet und die zur Ausübung des Buchmachergewerbes erforderliche kaufmännische Befähigung besitzt.

(2) Der Buchmacher hat für seine Person eine Sicherheit und für jede Person, die ihn bei Abschluß oder Vermittlung von Wetten vertreten kann (Buchmachergehilfe), eine weitere Sicherheit zu leisten.

(3) Die Sicherheit haftet zunächst wegen der Steueransprüche nebst Zinsen, sodann wegen der Geldstrafen und Geldbußen und der Kosten des Strafverfahrens und Bußgeldverfahrens und schließlich den Wettnehmern wegen ihrer Forderungen aus dem Wettgeschäft.

(4) 1 Art und Höhe der Sicherheit bestimmt die nach Landesrecht zuständige Behörde. 2 Sie ist bei der Erteilung der Erlaubnis nach dem mutmaßlichen Umfang des Gewerbes des Buchmachers und der Höhe der zu erwartenden Verbindlichkeiten, für die die Sicherheit haftet (Abs. 3), zu bemessen und kann von der Behörde jederzeit erhöht oder ermäßigt werden. 3 Auf Antrag des Finanzamts ist die Sicherheit bis zu dem beantragten Betrage zu erhöhen. 4 Leistet der Buchmacher innerhalb angemessener Frist die anderweit festgesetzte Sicherheit nicht, so ist die Erlaubnis zu widerrufen.

---

[1] § 3 Abs. 1 geänd. durch VO v. 21. 5. 1976 (BGBl. I S. 1249), Abs. 1 und Abs. 4 geänd., Abs. 2 und 3 neugef. sowie Abs. 5 bish. Satz 1 aufgeh. durch G v. 16. 12. 1986 (BGBl. I S. 2441).

(5) Die Sicherheit darf nur im Einverständnis mit der Oberfinanzdirektion, in deren Bezirk der Buchmacher zugelassen ist, freigegeben werden.

Inhalt der Erlaubnis

a) zeitliche Begrenzung

§ 4[1]**.** *(aufgehoben)*

b) besondere Bestimmungen für Rennvereine

§ 5[1]**.** [1]Dem Verein ist vorzuschreiben, auf welchen Plätzen der Rennbahn der Totalisator aufgestellt werden darf und welches der Mindestbetrag der Wetteinsätze sein soll. [2]Es kann ihm gestattet werden, auch außerhalb der Rennbahn Wettannahmestellen für sein eigenes und für andere *deutsche*[1] Totalisatorunternehmungen zu unterhalten. [3]Die näheren Bestimmungen für den Betrieb der Wettannahmestellen trifft die nach Landesrecht zuständige Behörde.

c) besondere Bestimmungen für Buchmacher

§ 6[2]**.** (1) [1]Den Buchmachern ist vorzuschreiben, welchen Beschränkungen sie und ihre Gehilfen (§ 3 Abs. 2) sich bei Ausübung ihres Gewerbes auf dem Rennplatz wie außerhalb des Rennplatzes hinsichtlich des Ortes und der Bezeichnung ihrer Geschäftsräume zu unterwerfen haben. [2]Es kann ihnen auch der Abschluß bestimmter Arten von Wetten untersagt werden. [3]Die nach Landesrecht zuständige Behörde kann Bestimmungen darüber erlassen, welche Beschränkungen dieser Art allen Buchmachern gemeinsam aufzuerlegen sind.

(2) [1]Innerhalb der Örtlichkeit, in der dem Buchmacher der Abschluß oder die Vermittlung von Wetten gestattet ist, darf er Wetten für alle Rennen abschließen oder vermitteln, sofern nicht nach Absatz 1 für alle Buchmacher gemeinsam geltende Beschränkungen bestimmt sind. [2]Auf besonderen Antrag können die nach Landesrecht zuständigen Behörden Buchmachern für einzelne Rennveranstaltungen des eigenen Landes die Erlaubnis zum Abschluß oder zur Vermittlung von Wetten auf einer Rennbahn erteilen, zu der diese Buchmacher sonst nicht zugelassen sind.

(3) *(aufgehoben)*

d) Erlaubnisurkunde für Buchmacher

§ 7[3]**.** Über die Erlaubnis ist dem Buchmacher sowie jedem Gehilfen als Ausweis eine Urkunde auszustellen, aus der sich die Nebenbestimmungen der Erlaubnis ergeben.

---

[1] § 4 aufgeh. und § 5 Satz 3 neu gef. durch G v. 16. 12. 1986 (BGBl. I S. 2441); § 5 Satz 2 kursiver Satzteil aufgeh. mWv 1. 7. 2012 durch G v. 29. 6. 2012 (BGBl. I S. 1424).

[2] § 6 Abs. 1 und 2 geänd., Abs. 3 aufgeh. durch G v. 16. 12. 1986 (BGBl. I S. 2441).

[3] § 7 neu gef. durch G v. 16. 12. 1986 (BGBl. I S. 2441).

e) Bekanntmachungen. Totalisator- und Buchmacherliste

§ 8[1]. (1) [1]Die Erteilung der Erlaubnis an Vereine und Buchmacher zum Betrieb eines Wettunternehmens, die Beschränkung dieser Erlaubnis und ihr Widerruf sind [*ab 1. 7. 2012:* im Bundesanzeiger][1] öffentlich bekanntzumachen. [2]Außerdem hat die nach Landesrecht zuständige Behörde von jeder Erlaubniserteilung der Oberfinanzdirektion, in deren Bezirk der Betrieb des Wettunternehmens zugelassen ist, Anzeige zu machen. [3]Die Oberfinanzdirektion hat die Anzeige an das für die Erhebung der Rennwettsteuer zuständige Finanzamt weiterzuleiten. [4]Dieses hat dem für die Veranlagung der Buchmacher zur Einkommensteuer zuständigen Finanzamt Mitteilung zu machen. [5]Entsprechendes gilt für die Gewerbesteuern *der Länder.*[2]

(2) [1]Das Finanzamt hat über die Totalisatorunternehmen nach Muster 1[3] über die zugelassenen Buchmacher und deren Gehilfen nach Muster 2[3] eine Liste zu führen. [2]Die Anzeigen (Absatz 1 Satz 2) sind als Belege zu den Listen zu nehmen.

II. Abschluß der Wette

Wettschein beim Totalisator

§ 9. Die von dem Veranstalter und den Annahmestellen eines Totalisators dem Wettnehmer auszuhändigenden Urkunden (Totalisatorausweise, Tickets) müssen enthalten:

a) die Nummer, den Ort und den Tag des Rennens (Tagesstempel oder Tageszeichen des Rennvereins),

b) den Namen oder die Programmnummer des gewetteten Pferdes oder der Pferde,

c) den Betrag des Wetteinsatzes,

d) den Namen des Unternehmers.

Geschäftsführung des Buchmachers

a) Wettschein

§ 10[4]. (1) [1]Der Buchmacher und die Buchmachergehilfen haben über jede angenommene Einzelwette im Durchschreibeverfahren zwei gleichlautende Wettscheine auszustellen. [2]Der mit dem Steueraufdruck versehene Wettschein ist dem Wettnehmer auszuhändigen, der andere verbleibt im Besitz des Buchmachers. [3]Mehrere Wetten desselben Wettnehmers, die sich auf dasselbe Rennen oder auf mehrere an dem selben Tage und auf derselben Rennbahn stattfindende Rennen beziehen, können auf einem Wettschein zusammengefaßt

---

[1] § 8 Abs. 1 Satz 2 geänd. durch G v. 16. 12. 1986 (BGBl. I S. 2441); Satz 1 Klammerzusatz eingef. mWv 1. 7. 2012 durch G v. 29. 6. 2012 (BGBl. I S. 1424).

[2] Die Worte „der Länder" sind gegenstandslos.

[3] Hier nicht abgedruckt.

[4] § 10 Abs. 1 Satz 5 Buchst. d neugef., Abs. 3 Satz 1 geänd. durch G v. 16. 12. 1986 (BGBl. I S. 2441).

werden, wenn die entrichtete Steuer für sämtliche Wetten ausreicht. [4]Die Rückseite des Wettscheins darf für Eintragungen über abgeschlossene Wetten nicht benutzt werden. [5]Die Wettscheine müssen enthalten:

a) den Tag der Ausstellung,

b) den Namen, Ort und Tag des Rennens,

c) den Namen oder die Programmnummer des gewetteten Pferdes oder der Pferde,

d) die Art und den Inhalt der Wette,

e) den Betrag des Wetteinsatzes,

f) den Namen des Buchmachers und der Person, die in seinem Auftrag und für seine Rechnung die Wette abgeschlossen oder vermittelt hat. [2]Der Wettschein ist vom Buchmacher oder dem Gehilfen zu unterschreiben.

(2) Der Wetteinsatz muß mindestens 50 Cent[1)] betragen, höhere Wetteinsätze müssen durch 10 ohne Rest teilbar sein.

(3) [1]Die Wettscheine sind mit nicht löschbarem Schreibmittel auszufüllen. [2]Allgemein übliche und verständliche Abkürzungen können gebraucht werden, insbesondere ist es gestattet, das Datum mit Zahlen zu bezeichnen; farbige Stempelabdrucke sind zur Ausfüllung der Wettscheine zugelassen.

b) Aufbewahrungsfrist

§ 11. Die im Besitz des Buchmachers verbleibenden Durchschriften der Wettscheine sowie die sonstigen Unterlagen über den Abschluß der Wetten, wie Brief- und Telegrammwechsel, die Aufstellungen und Abrechnungen mit den Buchmachergehilfen sind zeitlich geordnet 3 Jahre lang aufzubewahren.

c) Wettbuch

§ 12[2)]. *(aufgehoben)*

d) Nachweise

§ 13[2)]. [1]Jeder Buchmacher hat über seine Einnahmen und Ausgaben aus dem Wettgeschäft Buch zu führen. [2]Aus der Buchführung müssen

1. als Einnahmen die täglichen Eingänge an Wetteinsätzen, die Forderungen des Buchmachers aus abgeschlossenen Wettverträgen und die sonstigen Einnahmen aus dem Wettbetrieb,
2. als Ausgaben die ausgezahlten Gewinne, etwa zurückgezahlte Einsätze, die Rennwettsteuer unter Hinweis auf den betreffenden Wettschein, ferner Gebühren und sonstige Unkosten und die Zahlungen an diejenigen namentlich zu bezeichnenden Buchmacher, an welche eine bestimmte, genau zu bezeichnende Wette weitergegeben ist,

zu ersehen sein. [3]§ 11 gilt entsprechend.

[1)] Betrag geänd. durch G v. 25. 6. 2001 (BGBl. I S. 1215).

[2)] § 12 aufgeh. und § 13 neu gef. durch G v. 16. 12. 1986 (BGBl. I S. 2441).

III. Steuervorschriften

Sachliche Zuständigkeit

§ 14. Die Rennwettsteuer wird von den Finanzämtern verwaltet.

Örtliche Zuständigkeit

§ 15. (1) Örtlich zuständig ist dasjenige Finanzamt, in dessen Bezirk der Verein den Ort seiner Leitung oder der Buchmacher seinen Wohnsitz hat.

(2) Die Vorschriften der *§§ 51, 52, 57 bis 63 der Reichsabgabenordnung*[1] finden Anwendung.

Abrechnungsverfahren

a) die einzelnen Fälle

§ 16. Zur Entrichtung der Steuer im Abrechnungsverfahren sind zugelassen:
a) Vereine,
b) Buchmacher hinsichtlich der durch Eintragung in das Wettbuch zustandegekommenen Wetten (§ 4 Abs. 1 Satz 2 des Gesetzes).

b) Aufstellung von Nachweisungen

§ 17. (1) [1]Vereine haben hinsichtlich der Totalisatorwetten innerhalb dreier Tage nach jedem Renntag, Buchmacher haben hinsichtlich der im § 16 zu b) genannten Wetten halbmonatlich über die Wetteinsätze und die davon zu entrichtenden Steuern eine Nachweisung aufzustellen. [2]Vereine haben sich dabei des Musters 5[2], Buchmacher des Musters 6[2] zu bedienen.

(2) In die Nachweisungen ist das Gesamtergebnis der sämtlichen abgeschlossenen Wetten für jeden Renntag und für jedes Einzelrennen einzutragen.

(3) [1]Die Wettsteuer ist von dem Gesamtbetrag der Wetteinsätze für jedes Einzelrennen zu berechnen; hierbei sind überschießende Centbeträge[3] auf den nächsten durch fünf teilbaren Centbetrag[3] nach unten abzurunden. [2]Die einzelnen Steuerbeträge sind am Schluß aufzurechnen.

(4) [1]Für diejenigen in der Nachweisung aufzuführenden Wetten, für welche die Wetteinsätze aus einem der in § 26 der Ausführungsbestimmungen angeführten Gründe zurückgezahlt sind, kann die Wettsteuer von dem aufgerechneten Steuerbetrag abgesetzt werden. [2]Die Gründe für die Absetzung und die Berechnung der abgesetzten Steuerbeträge sind auf der Nachweisung oder auf einem Anhang dazu zu vermerken. [3]Die Absetzung gilt als Antrag auf Erlaß der Steuer aus Billigkeit. [4]Wird die Absetzung für richtig befunden, so hat das Finanzamt dem Antrag zu entsprechen.

---

[1] Siehe nunmehr die entsprechenden Vorschriften der AO 1977.
[2] Hier nicht abgedruckt.
[3] Bezeichnung geänd. durch G v. 25. 6. 2001 (BGBl. I S. 1215).

(5) Als Unterlage für die Aufstellung der Nachweisungen dienen die über die getätigten Wettabschlüsse vorhandenen Bücher und Listen der Vereine sowie die Wettbücher der Buchmacher.

c) Einreichung der Nachweisung und Zahlung der Steuer

§ 18[1]. (1) [1]Die Nachweisung nebst Anhang hierzu (§ 17 Abs. 4 Satz 2) ist von dem zu ihrer Einreichung Verpflichteten unter der Versicherung der Vollständigkeit und Richtigkeit der darin gemachten Angaben zu unterschreiben und von Vereinen innerhalb der im § 17 Abs. 1 festgesetzten Frist, von Buchmachern spätestens bis zum 7. jeden Monats für die in der Zeit vom 16. bis zum Schluß des vorangegangenen Monats und spätestens bis zum 22. jeden Monats für die in der Zeit vom 1. bis 15. desselben Monats abgeschlossenen Wetten dem zuständigen Finanzamt einzureichen. [2]In der Nachweisung haben die Vereine und die Buchmacher die Steuer selbst zu berechnen (Steueranmeldung). [3]Die Vereine haben der einzureichenden Nachweisung das Rennprogramm, die Buchmacher die von den Vereinen zu den Rennen, auf die sich die Besteuerung der Wetten bezieht, herausgegebenen Berichte (Rennberichte) beizufügen. [4]Für Auslandsrennen, die nicht zustande gekommen sind und für die der Buchmacher Rennberichte nicht beibringen kann, ist glaubhaft zu machen, daß das Rennen nicht zustande gekommen ist.

(2) [1]Die Wettsteuer ist gleichzeitig mit der Einreichung der Nachweisung an die Kasse des Finanzamts zu entrichten. [2]Bei der Entrichtung durch Übersendung oder Überweisung des Betrags ist anzugeben, daß es sich um Wettsteuer handelt und auf welchen Zeitraum der Betrag entfällt.

d) Überwachung des Eingangs der Nachweisungen

§ 19. (1) Der rechtzeitige Eingang der Nachweisungen ist von dem Finanzamt durch die Totalisatorliste und die Buchmacherliste (§ 8) zu überwachen.

(2) Sind die Nachweisungen nicht rechtzeitig vorgelegt, so hat das Finanzamt den Verein oder den Buchmacher zur Einreichung aufzufordern.

e) Prüfung und Festsetzung durch die Steuerbehörden

§ 20[2]. [1]Dem Finanzamt sind auf Verlangen die den Eintragungen in die Nachweisungen und den Anhang zugrunde liegenden Urkunden, Geschäftsbücher, Wettbücher und Schriftstücke zur Einsicht vorzulegen. [2]Auf Antrag kann die Vorlegung und Prüfung in den Geschäftsräumen des Vereins oder des Buchmachers geschehen.

§ 21[2]. *(aufgehoben)*

§§ 22 bis **25**[3]. *(aufgehoben)*

---

[1] § 18 Abs. 1 Satz 1 geänd., Satz 2 eingef., Abs. 2 neu gef. durch G v. 14. 12. 1984 (BGBl. I S. 1493).

[2] § 20 bish. Abs. 1 und 3 sowie § 21 aufgeh. durch G v. 14. 12. 1984 (BGBl. I S. 1493).

[3] §§ 22 bis 25 aufgeh. durch VO v. 21. 1. 1924 (RGBl. I S. 34).

Erstattung der Rennwettsteuer

§ 26. (1) Die Rennwettsteuer soll vom Finanzamt aus Billigkeitsgründen entweder nicht erhoben oder für zurückgezahlte Wetteinsätze erstattet werden, wenn

a) ein Rennen für ungültig erklärt wird,

b) ein Rennen, für das die Wette abgeschlossen ist, nicht zustande kommt,

c) ein Pferd, auf das sich die Wette bezieht, an dem Rennen nicht teilnimmt, es sei denn, daß die Wette unter der Bedingung „Laufen oder zahlen" abgeschlossen ist. 2Diese Bedingung gilt als gegeben, wenn die Wette zu festen Odds abgeschlossen ist.

(2) 1Dem mit Gründen versehenen Antrag der Buchmacher sind die von den Wettnehmern zurückgegebenen Wettscheine oder schriftlichen Bestätigungen der Eintragung in das Wettbuch sowie der Rennbericht beizufügen, aus dem der Verlauf des betreffenden Rennens zu ersehen ist. 2Die Steuer für Wettscheine, auf denen Rasuren vorgenommen sind, kann nicht erstattet werden. 3Anträge auf Erstattung der Wettsteuer für mehrere Wettscheine und für in das Wettbuch eingetragene und im Abrechnungsweg versteuerte Wetten können gesammelt vorgelegt werden. 4Die Wettausweise sind in diesem Fall nach Renntagen geordnet beizufügen.

(3) 1Der Antrag ist von dem Buchmacher innerhalb einer Frist von einem Monat bei dem zuständigen Finanzamt zu stellen. 2Die Frist beginnt mit dem Zeitpunkt, in welchem die Ereignisse eingetreten sind, welche den Anspruch begründen. 3Vereine können den Antrag nur gleichzeitig mit der Einreichung der Nachweisung (§ 17) stellen. 4Die Vorschriften der *§§ 131, 133 und 136 der AO*[1] finden Anwendung.

(4) 1Wettscheine, deren Steuerwerte erstattet sind, sind zu durchlochen. 2Der erstattete Betrag ist im Anhang zum Einnahmebuch nachzuweisen. 3Die Wettausweise werden Beleg zu der der Finanzkasse zuzustellenden Erstattungsnachweisung und diese wird Beleg zum Anhang zum Einnahmebuch. 4Ist die Wettsteuer im Abrechnungsverfahren entrichtet (§ 16), so ist die Erstattung in der Nachweisung, mit der die Entrichtung der Wettsteuer nachgewiesen ist (§ 17), zu vermerken.

(5) Die Erstattungen sind tunlichst zu beschleunigen.

B. Lotterie- und Sportwettensteuer[2]

Steuerpflichtige Lotterien

§ 27. (1)[3] Als öffentliche Lotterien sind auch anzusehen: auf Jahrmärkten oder aus Anlass öffentlicher Volksbelustigungen veranstaltete Ausspielungen, bei denen Spielausweise ausgegeben werden, sofern der Gesamtpreis der Spielausweise jeder einzelnen hintereinander folgenden Ausspielungen mehr als 164 Euro beträgt.

---

[1] *Siehe nunmehr die entsprechenden Vorschriften der AO 1977.*

[2] Zwischenüberschrift neu gef. mWv 1. 7. 2012 durch G v. 29. 6. 2012 (BGBl. I S. 1424).

[3] § 27 Abs. 1 neu gef. mWv 1. 1. 2002 durch G v. 20. 12. 2001 (BGBl. I S. 3794).

(2) Bei öffentlichen Ausspielungen gelten als Ausweise auch Papierröllchen oder ähnliche Gegenstände, die die Spielteilnehmer gegen Entrichtung des Einsatzes ausgehändigt erhalten, sofern diese Gegenstände in Verbindung mit anderen Tatumständen als Beweis für die Beteiligung am Spiele dienen und ihrer Beschaffenheit nach unmittelbar über Gewinn und Verlust entscheiden.

(3) Nummernlisten, die über öffentlich veranstaltete Ausspielungen von Gegenständen zur Beifügung der Namen der Spieler und zur Erhebung eines entsprechenden Beteiligungsbetrags vom Spielunternehmer in Umlauf gesetzt werden, gelten nicht als Spielausweise.

§ 28 [Gewinne in barem Gelde] Öffentliche Ausspielungen, bei denen den Teilnehmern keinerlei Ausweise ausgehändigt werden, unterliegen der Lotteriesteuer nur, wenn die Gewinne ganz oder teilweise in barem Gelde bestehen.

Sachliche Zuständigkeit

§ 29.[1] Die *Lotteriesteuer* [***ab 1. 7. 2012:*** Lotterie- und Sportwettensteuer] wird von den Finanzämtern verwaltet.

Örtliche Zuständigkeit

§ 30.[2] (1) [1] Örtlich zuständig ist das Finanzamt, in dessen Bezirk der Veranstalter des Lotterieunternehmens, der Ausspielung oder der *Oddset-Wette* [***ab 1. 7. 2012:*** Sportwette] (Veranstalter) seinen Wohnsitz hat, oder, sofern eine der im *§ 52 AO*[3] genannten Personen oder Personenvereinigungen Veranstalter ist, das Finanzamt, in dessen Bezirk diese den Ort ihrer Leitung hat. [2] Für Ausspielungen auf Jahrmärkten oder bei Gelegenheit von öffentlichen Volksbelustigungen ist auch das Finanzamt zuständig, in dessen Bezirk die Ausspielung stattfinden soll.

(2) Die Vorschriften der *§§ 51, 52, 57 bis 63 AO*[3] finden entsprechende Anwendung.

Anmeldung von Lotterien und Sportwetten[4]

a) im allgemeinen

§ 31.[5] (1) [1] Wer in den Ländern Lotterien oder Ausspielungen veranstalten will, bei denen der Gesamtpreis der Lose oder Spielausweise (Lose) die Summe von 164 Euro übersteigt, hat dem zuständigen Finanzamt spätestens am 30. Tage nach dem Empfang der behördlichen Erlaubnis nach Muster 8[6] schriftlich anzumelden:

---

[1] § 29 geänd. mWv 1. 7. 2012 durch G v. 29. 6. 2012 (BGBl. I S. 1424).

[2] § 30 Abs. 1 Satz 1 geänd. durch G v. 17. 5. 2000 (BGBl. I S. 715); geänd. mWv 1. 7. 2012 durch G v. 29. 6. 2012 (BGBl. I S. 1424).

[3] Siehe nunmehr die entsprechenden Vorschriften der AO 1977.

[4] Zwischenüberschrift geänd. mWv 1. 7. 2012 durch G v. 29. 6. 2012 (BGBl. I S. 1424).

[5] § 31 Abs. 1 neu gef. mWv 1. 1. 2002 durch G v. 20. 12. 2001 (BGBl. I S. 3794).

[6] Hier nicht abgedruckt.

Name, Gewerbe und Wohnung des Veranstalters, die planmäßige Anzahl (die Nummern) und den planmäßigen Preis der Lose, den Zeitpunkt, von welchem ab mit dem Vertrieb der Lose begonnen werden soll, die Gegenstände, die Zeit und den Ort der Ausspielung, die Namen und Wohnungen der unmittelbar von dem Veranstalter mit dem Vertrieb der Lose betrauten Personen.

[2] Veranstalter, die nicht Gewerbetreibende oder Reisegewerbetreibende im Sinne der Gewerbeordnung sind, haben Sachausspielungen dem zuständigen Finanzamt nur anzumelden, wenn der Gesamtpreis der Lose 650 Euro übersteigt (vgl. § 18 Nr. 1 b des Rennwett- und Lotteriegesetzes).[1)]

(2) [1] Die Anmeldung ist in zwei Ausfertigungen einzureichen. [2] Der Anmeldung ist als Anlage eine amtlich beglaubigte Ausfertigung des obrigkeitlichen Planes der Lotterie oder Ausspielung beizufügen.

(3) [1] Gleichzeitig mit der Anmeldung ist dem Finanzamt die gesamte planmäßige Anzahl der Lose einzureichen. [2] Die Lose verbleiben im Gewahrsam des Finanzamts, bis die Versteuerung bewirkt ist. [3] Über den Empfang der Lose ist dem Anmeldenden eine Bescheinigung nach Muster 9[2)] auszustellen.

[Fassung bis 30. 6. 2012:]

§ 31 a[4)]. (1) Wer Oddset-Wetten veranstalten will, hat dem zuständigen Finanzamt spätestens am dreißigsten Tag nach dem Empfang der behördlichen Genehmigung schriftlich anzumelden:

Name, Gewerbe und Wohnung des Veranstalters und Zeitpunkt der Aufnahme des Wettbetriebes.

[Fassung ab 1. 7. 2012:][3)]

§ 31 a. (1) Wer Sportwetten im Sinne des § 17 Absatz 2 des Rennwett- und Lotteriegesetzes veranstalten will, hat dem zuständigen Finanzamt unverzüglich anzumelden:

Name, Gewerbe und Wohnung oder Sitz des Veranstalters und Zeitpunkt der Aufnahme des Wettbetriebs.

(2) Die Anmeldung ist in zwei Ausfertigungen einzureichen.

(3) [1] Der Veranstalter [***ab 1. 7. 2012:*** oder sein steuerlicher Beauftragter][5)] hat bis zum 15. Tag nach Ablauf des Anmeldungszeitraumes eine Steuererklärung nach amtlich vorgeschriebenem Vordruck abzugeben, in der er die gemäß § 37 zu entrichtende Steuer selbst zu berechnen hat (Steueranmeldung). [2] Die Steueranmeldung muss vom Veranstalter [***ab 1. 7. 2012:*** oder sein steuerlicher Beauftragter][5)·6)] eigenhändig unterschrieben sein. [3] Anmeldungszeitraum ist der Kalendermonat.

b) bei ungetrennter Preisangabe

§ 32. [1] Ist in dem Preise für das Los zugleich in ungetrennter Summe die Vergütung für sonstige Leistungen enthalten, so hat der Veranstalter in der An-

---

[1)] § 31 Abs. 1 Satz 2 angef. mWv 1. 1. 2002 durch G v. 20. 12. 2001 (BGBl. I S. 3794).

[2)] Hier nicht abgedruckt.

[3)] § 31 a Abs. 1 neu gef. mWv 1. 7. 2012 durch G v. 29. 6. 2012 (BGBl. I S. 1424).

[4)] § 31 a eingef. durch G v. 17. 5. 2000 (BGBl. I S. 715).

[5)] § 31 a Abs. 3 Sätze 1 und 2 geänd. mWv 1. 7. 2012 durch G v. 29. 6. 2012 (BGBl. I S. 1424).

[6)] Muss wohl lauten: oder seinem steuerlichen Beauftragten.

meldung anzugeben und auf Erfordern nachzuweisen, welcher Betrag oder Teilbetrag den Preis für die Teilnahme an der Lotterie oder Ausspielung darstellt. [2] Gleiches gilt in den Fällen, in denen besondere Lose nicht ausgehändigt werden, sondern die Bescheinigung über eine geleistete Vergütung (Eintrittskarten, Sammelbons, Gutscheine, die zur Teilnahme an einer Lotterie oder Ausspielung berechtigen oder die Aussicht auf einen Glücksgewinn eröffnen, und ähnliche) zugleich als Los dient. [3] Der auf die Lose zu rechnende Betrag darf nicht geringer sein als der Wert der Gewinne. [4] Wird die Angabe von dem Veranstalter überhaupt nicht oder nur unzureichend gemacht, so hat das Finanzamt den auf die Lose zu rechnenden Betrag nach eigenem Ermessen festzusetzen.

c) bei Geltendmachung von Steuerfreiheit

§ 33. [1] Wird Befreiung von der Steuer beansprucht, so ist mit der Anmeldung der Nachweis zu führen, daß der Erlös des Unternehmens zu ausschließlich mildtätigen Zwecken verwendet werden wird. [2] Über die Frage, ob ein ausschließlich mildtätiger Zweck vorliegt, wird im ordentlichen Rechtsmittelverfahren entschieden.

d) Mitteilungspflicht der Genehmigungsbehörde

§ 34.[1)] Die Behörde, welche nach den Bestimmungen der Landesgesetze die Erlaubnis zur Veranstaltung einer öffentlichen Lotterie, Ausspielung oder *Oddset-Wette* [***ab 1. 7. 2012:*** Sportwette] erteilt, hat den Veranstalter auf seine steuerlichen Verpflichtungen gemäß §§ 31, 31 a und 32 besonders hinzuweisen und von der Erteilung der Erlaubnis ohne Verzug dem Finanzamt unter Bezeichnung des Unternehmens und seines Zweckes, des Namens und der Wohnung des Veranstalters und des Zeitpunktes, an welchem diesem die obrigkeitliche Erlaubnis behändigt wurde, Mitteilung zu machen.

Anmeldung ausländischer Lose

§ 35.[2)] [1] Wer ausländische Lose und Spielausweise (Lose) in das Inland verbringt oder als erster im Inland empfängt, hat dem Finanzamt mit einer doppelten Anmeldung nach Muster 10[3)] innerhalb der in § 24 Abs. 4 des Gesetzes bezeichneten Frist die Lose zur Versteuerung vorzulegen. [2] Eine elektronische Übermittlung der Anmeldung ist ausgeschlossen.

Prüfung und Festsetzung durch die Steuerbehörde

§ 36.[4)] (1) [1] Das Finanzamt prüft die Anmeldung (§§ 31 und 35) und setzt auf beiden Stücken der Anmeldung die Steuer fest; die eine Anmeldung gibt

---

[1)] § 34 neu gef. durch G v. 17. 5. 2000 (BGBl. I S. 715), geänd. durch G v. 21. 8. 2002 (BGBl. I S. 3322); geänd. mWv 1. 7. 2012 durch G v. 29. 6. 2012 (BGBl. I S. 1424).

[2)] § 35 Satz 2 angef. durch G v. 21. 8. 2002 (BGBl. I S. 3322).

[3)] Hier nicht abgedruckt.

[4)] § 36 bish. Abs. 2 aufgeh., Abs. 3 wird Abs. 2 durch G v. 14. 12. 1984 (BGBl. I S. 1493), Abs. 2 Satz 1 geänd. durch G v. 17. 5. 2000 (BGBl. I S. 715); Abs. 2 Satz 1 geänd. mWv 1. 7. 2012 durch G v. 29. 6. 2012 (BGBl. I S. 1424).

es dem Steuerpflichtigen zurück und leitet die andere der Finanzkasse zu. [2]Die Anmeldung wird Beleg zum Sollbuch.

(2) [1]Hat das Finanzamt gemäß § 34 von der beabsichtigten Veranstaltung einer Lotterie, Ausspielung oder *Oddset-Wette* [***ab 1. 7. 2012:*** Sportwette] Kenntnis erhalten, ohne dass innerhalb der *30tägigen Frist* [***ab 1. 7. 2012:*** Fristen nach § 31 Absatz 1 oder § 31 a Absatz 1] die vorgeschriebene Anmeldung erfolgt ist, so hat es wegen Festsetzung und Beitreibung der Lotteriesteuer, sowie nach den Umständen wegen Einleitung des Strafverfahrens das Erforderliche zu veranlassen. [2]Die Vorlegung der Lose zur Abstempelung kann im Wege des *§ 202 AO*[1)] erzwungen werden. [3]Um einen beabsichtigten Vertrieb ungestempelter Lose zu verhindern, kann das Finanzamt die Polizeibehörde um Beschlagnahme der Lose ersuchen.

Berechnung der Lotterie- und Sportwettensteuer[2)]

[Fassung bis 30. 6. 2012:]

§ 37[4)]**.** (1) [1]Bei Berechnung der Lotteriesteuer für im Inland veranstaltete Lotterien, Ausspielungen und Oddset-Wetten sind alle für den Erwerb eines Loses oder eines Wettscheines an den Veranstalter oder dessen Beauftragten zu bewirkenden Leistungen dem Preise des Loses oder dem Wetteinsatz hinzuzurechnen, insbesondere auch die Schreib- und Kollektionsgebühren. [2]Hierher gehört auch der dem Spieler etwa besonders in Rechnung gestellte Betrag der Steuer. [3]Da aber Steuer von der Steuer nicht erhoben wird, sind bei Berechnung der Steuer nur $^5/_6$ des Gesamtpreises zugrunde zu legen.

[Fassung ab 1. 7. 2012:][3)]

§ 37. (1) [1]Bei der Berechnung der Lotteriesteuer für im Inland veranstaltete Lotterien und Ausspielungen und der Sportwettensteuer nach § 17 Absatz 2 des Rennwett- und Lotteriegesetzes sind alle für den Erwerb eines Loses oder eines Wettscheines an den Veranstalter oder dessen Beauftragten zu bewirkenden Leistungen dem Preise des Loses oder dem Wetteinsatz hinzuzurechnen, insbesondere in Rechnung gestellte Schreib- und Kollektionsgebühren. [2]Hierher gehört auch der dem Spieler etwa besonders in Rechnung gestellte Betrag der Steuer. [3]Da aber Lotteriesteuer von der Lotteriesteuer nicht erhoben wird, sind bei Berechnung der Lotteriesteuer nur $^5/_6$ des Gesamtpreises zugrunde zu legen.

(2) Für inländische Lotterien und *Oddset-Wetten* [***ab 1. 7. 2012:*** Sportwetten][5)] ist die Steuer nach Maßgabe des Absatzes 1 derart festzustellen, daß ein sich bei Berechnung der Gesamtsteuer ergebender überschießender Centbetrag[6)] auf den nächsten durch fünf teilbaren Centbetrag[6)] nach unten abzurunden ist.

---

1) Siehe nunmehr die entsprechenden Vorschriften der AO 1977.
2) Zwischenüberschrift geänd. mWv 1. 7. 2012 durch G v. 29. 6. 2012 (BGBl. I S. 1424).
3) § 37 Abs. 1 neu gef. mWv 1. 7. 2012 durch G v. 29. 6. 2012 (BGBl. I S. 1424).
4) § 37 Abs. 1 Satz 1 neu gef. und Abs. 2 geänd. durch G v. 17. 5. 2000 (BGBl. I S. 715).
5) § 37 Abs. 2 geänd. mWv 1. 7. 2012 durch G v. 29. 6. 2012 (BGBl. I S. 1424).
6) § 37 Abs. 2 geänd. mWv 1. 1. 2002 durch G v. 20. 12. 2001 (BGBl. I S. 3794).

(3) Lose, die bei Ausspielungen mit Gewinnziehungen nach Klassen (Klassenlotterien) erst nach Beginn der Ziehungen abgesetzt werden, sind mit dem Gesamtkaufpreis einschließlich des für die Vorklasse planmäßig zu zahlenden Preises steuerpflichtig.

(4)[1)] [1]Die Steuer von ausländischen Losen wird nach dem Nennwert des Loses berechnet. [2]Für die Umrechnung fremder Währungen sind die für die Umsatzsteuer geltenden Bestimmungen anzuwenden.

Zahlung der Lotterie- und Sportwettensteuer[2)]

§ 38. Von der Einzahlung der Steuer hat die Finanzkasse dem Finanzamt umgehend Mitteilung zu machen.

Stundung der Lotteriesteuer

§ 39. [1]Die Finanzämter können die Steuer auf Antrag über den Zeitpunkt hinaus, in dem mit dem Losabsatz begonnen werden soll, stunden *(§ 105 AO)*[3)]. [2]Die Stundung soll in keinem Falle sechs Monate überschreiten und spätestens vier Wochen vor der Ziehung oder der Ausspielung ablaufen. [3]Stundung ohne Sicherheitsleistung darf nur mit Genehmigung der Oberfinanzdirektion gewährt werden. [4]Eine Stundung der Steuer für ausländische Lose sowie von Steuerbeträgen unter 250 Euro[4)] soll nicht gewährt werden.

Teilversteuerung

§ 40. [1]Bei solchen Lotterien oder Ausspielungen, bei denen nach der obrigkeitlichen Erlaubnis nicht von vornherein eine planmäßig bestimmte Anzahl von Losen festgesetzt, dem Veranstalter vielmehr nur gestattet ist, Lose zu einer gewissen Höchstzahl auszugeben, darf die Lotterie oder Ausspielung je nach der Anzahl der auszugebenden Lose versteuert werden. [2]Für die Anmeldung des ersten Teils der auszugebenden Lose gelten die Bestimmungen der §§ 31 und 32. [3]Die weiterhin auszugebenden Lose sind mit besonderer Anmeldung vorzulegen, in der unter Angabe der Zahl und der Nummern der Lose auf die erste Anmeldung Bezug zu nehmen ist.

Beschaffenheit der Lose

§ 41. [1]Die Lose sind in einer solchen Form und Beschaffenheit herzustellen, daß sie sich zur Abstempelung eignen. [2]Die Oberfinanzdirektionen sind befugt, in besonderen Fällen auch andere Lose zuzulassen.

Abstempelungsverfahren

a) Abstempelung der Lose

§ 42. (1) [1]Nachdem entweder die festgesetzte Steuer eingezahlt oder gestundet oder die Steuerbefreiung der Lose anerkannt worden ist, werden die

---

1) § 37 Abs. 4 Satz 2 geänd. mWv 1. 1. 2002 durch G v. 20. 12. 2001 (BGBl. I S. 3794).
2) Zwischenüberschrift geänd. mWv 1. 7. 2012 durch G v. 29. 6. 2012 (BGBl. I S. 1424).
3) Siehe nunmehr die entsprechenden Vorschriften der AO 1977.
4) Betrag geänd. durch G v. 20. 12. 2001 (BGBl. I S. 3794).

Lose durch das zuständige Finanzamt mittels Stempelaufdrucks abgestempelt. [2]Der Stempel hat runde Form. [3]Er führt den *Reichsadler* und über diesem die Aufschrift „Versteuert" oder „Steuerfrei", darunter das Unterscheidungszeichen der Abstempelungsstelle.

(2) Die abgestempelten Lose werden gegen Rückgabe der Empfangsbescheinigung (§ 31 Abs. 3 Schlußsatz) und gegen eine auf diese zu setzende Empfangsbestätigung des Loseempfängers zurückgegeben.

(3) Die Bestimmungen der Absätze 1 und 2 finden auch auf ausländische Lose Anwendung.

b) vereinfachte Abstempelung

§ 43. (1) [1]Die Oberfinanzdirektionen können unter den erforderlichen Bedingungen und Sicherungsmaßnahmen zuverlässigen Privatdruckereien, die sich mit dem Druck von Losen befassen, gestatten, die bei ihnen gedruckten Lose auf Kosten des Anmelders in der rechten oberen Ecke des Loses mit folgendem Vermerk zu versehen:

Den Vorschriften über die Lotteriesteuer ist nach der Bescheinigung des Finanzamts . . . . . . vom . . . . Nr. . . . . des Sollbuchs genügt (§ 43 der Ausführungsbestimmungen zum Rennwett- und Lotteriegesetz).

[2]Die Worte „Nr. . . . . des Sollbuchs" fallen fort, wenn die Lotterie oder Ausspielung als steuerfrei anerkannt ist.

(2) [1]Der Antrag auf Genehmigung der vereinfachten Abstempelung ist mit der Anmeldung zur Versteuerung bei dem zuständigen Finanzamt zu stellen. [2]Das Finanzamt darf die Genehmigung erst erteilen, wenn die Steuer bezahlt oder gestundet oder anerkannt ist, daß die Lotterie oder Ausspielung von der Steuer befreit ist.

(3) Vor Erteilung der Genehmigung, die das Finanzamt auch der Druckerei mitzuteilen hat, dürfen von dieser die Lose an den Veranstalter der Lotterie oder Ausspielung nicht ausgehändigt werden.

Ungestempelte Lose

§ 44. [1]Ungestempelte Lose dürfen, sofern es sich nicht um Lotterien und Ausspielungen im Betrage von nicht mehr als 164 Euro[1)] handelt, oder die Oberfinanzdirektion zur Abstempelung ungeeignete Lose zugelassen hat (§ 41 Satz 2), nicht ausgegeben werden. [2]Nach näherer Vorschrift der Oberfinanzdirektion kann ferner bei den unter obrigkeitlicher Aufsicht stattfindenden Warenverlosungen von der Abstempelung der Lose abgesehen werden, wenn mit Rücksicht auf die Zahl und den Preis der Lose die Abstempelung unverhältnismäßige Mühewaltung verursachen würde oder die Beschaffenheit der Lose eine Abstempelung ausschließt. [3]Das gleiche gilt auch für Geldlotterien, wenn der Absatz der Lose nur in einem bestimmten, räumlich beschränkten Gebiete stattfindet.

Erstattung der Lotteriesteuer

§ 45. (1) Die Lotteriesteuer soll aus Billigkeitsgründen entweder nicht erhoben oder erstattet werden, wenn

---

[1)] Betrag geänd. durch G v. 20. 12. 2001 (BGBl. I S. 3794).

a) die Ziehung einer Lotterie oder Ausspielung unterbleibt,

b) unter entsprechender Ermäßigung des Gesamtwerts der Gewinne der genehmigte Lotterieplan abgeändert wird.

(2) Die Erstattung ist nur insoweit zuzulassen, als im Falle des Absatzes 1 zu a) Lose nicht abgesetzt oder vom Veranstalter zurückerworben sind und im Falle des Absatzes 1 zu b) Lose von der Verlosung ausgeschlossen sind.

(3)[1] Der Antrag ist schriftlich bei dem Finanzamt bis zum Schluß des Jahres zu stellen, das auf das Jahr folgt, in dem die Ziehung stattfinden sollte.

(4) [1]Dem Antrage sind die ihn begründenden Nachweise beizufügen. [2]Die Vorschriften der *§§ 131, 133, 136 AO*[2] finden Anwendung.

Staatslotterien

§ 46.[3] (1) [1]Die Bestimmungen der §§ 27, 28, 31, 31 a Abs. 1 und 2, §§ 32 bis 36, 37 Abs. 4, §§ 39, 40 bis 44 finden auf die Staatslotterien der Länder und auf die von den Ländern oder in deren Auftrag veranstalteten *Oddset-Wetten* [***ab 1. 7. 2012:*** Sportwetten] keine Anwendung. [2]§ 31 a Abs. 3 gilt mit der Maßgabe, dass auch ein kürzerer Anmeldungszeitraum als der Kalendermonat zulässig ist.

(2) [1]Die Verwaltungen der Staatslotterien haben spätestens am 15. Tage nach Ablauf der Ziehung jeder Klasse dem zuständigen Finanzamt unter Benutzung eines zwischen Oberfinanzdirektion und der Lotterieverwaltung zu vereinbarenden Musters die Zahl der abgesetzten Lose und den Preis der Lose anzuzeigen. [2]Die Anzeigen sind schriftlich unter Beifügung eines Ziehungsplans doppelt zu erstatten. [3]Das Finanzamt überwacht auf Grund des Ziehungsplans den rechtzeitigen Eingang der Anzeigen über jede Klassenziehung.

(3) [1]Das Finanzamt setzt die zu entrichtende Lotteriesteuer auf beiden Stücken der Anzeige fest; die eine Anzeige gibt es der Landeslotterieverwaltung zurück und leitet die andere der Finanzkasse zu. [2]Die Anzeige wird Beleg zum Sollbuch.

(4) *(aufgehoben)*

C. Steueraufsicht

Allgemeines

§ 47.[4] (1) [1]Die Steueraufsicht über Totalisatorunternehmen betreibende Renn- und Pferdezuchtvereine (Vereine), Buchmacher, Veranstalter von Lotterien, Ausspielungen und *Oddset-Wetten* [***ab 1. 7. 2012:*** Sportwetten] (Veran-

---

[1] § 45 Abs. 3 geänd. durch G v. 21. 8. 2002 (BGBl. I S. 3322).

[2] Siehe nunmehr die entsprechenden Vorschriften der AO 1977.

[3] § 46 Abs. 4 aufgeh. durch G v. 14. 12. 1984 (BGBl. I S. 1493), Abs. 1 neu gef. durch G v. 17. 5. 2000 (BGBl. I S. 715), Abs. 2 Satz 2 geänd. durch G v. 21. 8. 2002 (BGBl. I S. 3322); Abs. 1 Satz 1 geänd. mWv 1. 7. 2012 durch G v. 29. 6. 2012 (BGBl. I S. 1424).

[4] § 47 Abs. 1 geänd. und Abs. 2 neu gef. durch G v. 17. 5. 2000 (BGBl. I S. 715); Abs. 1 Satz 1 geänd., Satz 2 angef., Abs. 2 geänd. mWv 1. 7. 2012 durch G v. 29. 6. 2012 (BGBl. I S. 1424).

stalter) ist nicht nur bei Festsetzung der Steuer auf Grund der eingereichten Nachweisungen und Anmeldungen auszuüben, sondern auch durch Prüfungen in den Geschäftsräumen, die der Unterhaltung der Betriebe dienen (Büros der Vereine, der Veranstalter, der Buchmacher und deren Gehilfen) sowie durch Prüfungen der Totalisatorbetriebe auf den Rennplätzen und der Örtlichkeiten, wo Lotterien, Ausspielungen und *Oddset-Wetten* [***ab 1. 7. 2012:*** Sportwetten] stattfinden. [***ab 1. 7. 2012:*** [2]Wurde ein steuerlicher Beauftragter im Sinne des § 19 Absatz 3 des Rennwett- und Lotteriegesetzes benannt, gilt Satz 1 entsprechend.]

(2) Staatslotterien und von den Ländern oder in deren Auftrag veranstaltete *Oddset-Wetten* [***ab 1. 7. 2012:*** Sportwetten] unterliegen der Steueraufsicht nicht.

Prüfungsfolge

§ 48. (1) [1]Die Oberfinanzdirektion kann anordnen, daß die zuständigen Finanzämter innerhalb ihrer Bezirke im Kalenderjahr eine bestimmte Anzahl von örtlichen Prüfungen der Betriebe vorzunehmen haben. [2]Auch ohne solche Anordnungen ist es Pflicht der Finanzämter, die Wett- und Lotterieunternehmungen und die im § 43 genannten Druckereien auf Erfüllung der ihnen nach dem Rennwett- und Lotteriegesetz obliegenden Verpflichtungen ständig zu beaufsichtigen. [3]Dies geschieht zweckmäßigerweise auf Grund eines besonderen Prüfungsplans. [4]Es muß aber auch auf außergewöhnliche Prüfungen, deren Notwendigkeit und Zweckmäßigkeit sich durch Beobachtung der Wettbetriebe, durch Einsicht der Zeitungsinserate oder aus sonstigem Anlaß ergeben, Bedacht genommen werden.

(2) [1]Es ist Sorge zu tragen, daß die Steuerpflichtigen, insbesondere die Buchmacher und deren Gehilfen, von den beabsichtigten Prüfungen nicht vorher Kenntnis erhalten. [2]Mit den Polizeibehörden ist zusammenzuarbeiten.

(3) [1]Die Steueraufsicht erstreckt sich auf das gesamte Geschäftsgebaren der Steuerpflichtigen, soweit es für die Entrichtung der Steuer von Bedeutung ist. [2]Im übrigen gelten die *§§ 193, 196 bis 199, 204 und 209 AO.*[1)]

Prüfungsmaßnahmen im allgemeinen

§ 49[2)]. (1) Bei der Steueraufsicht kommen insbesondere folgende Maßnahmen in Betracht:

a) die planmäßige Durchsicht der Schriftstücke, Aufzeichnungen und ähnlicher Unterlagen, die sich auf den Geschäftsverkehr des Steuerpflichtigen sowie auf die Versteuerung der von ihm abgeschlossenen Geschäfte beziehen, namentlich der Geschäftsbücher, Wettbücher, Steuerblocks, des Schriftwechsels mit den Wettnehmern, anderen Buchmachern und mit sonstigen Personen, die unmittelbar an einem Wettgeschäft, einer Lotterie oder Ausspielung beteiligt sind. [2]Das Finanzamt kann die Vorlegung dieser Schriftstücke an der Amtsstelle verlangen. [3]Die Einsichtnahme soll jedoch

---

1) Siehe nunmehr die entsprechenden Vorschriften der AO 1977.

2) § 49 Abs. 4 aufgeh. durch G v. 10. 8. 1967 (BGBl. I S. 877).

auf Wunsch des Steuerpflichtigen in seinen Geschäftsräumen oder in seiner Wohnung erfolgen, sofern ihm die Vorlegung an Amtsstelle nicht zugemutet werden kann. [4]Zur Vorlegung der Bücher sind die Steuerpflichtigen und diejenigen Angestellten verpflichtet, die mit deren Verwahrung oder deren Bearbeitung betraut sind. [5]Der Steuerpflichtige hat Vorsorge zu treffen, daß die Bücher auch in seiner Abwesenheit eingesehen werden können;

b) die Inanspruchnahme anderer Personen gemäß *§§ 177 bis 188 AO.*[1)] [2]In Frage kommt insbesondere die – erforderlichenfalls eidliche – Vernehmung von Auskunftspersonen und die Einsichtnahme in Schriftstücke anderer Personen als der Steuerpflichtigen. [3]Die Einreichung derartiger Schriftstücke kann nur verlangt werden unter bestimmter Bezeichnung der Rechtsvorgänge, auf die sie sich beziehen. [4]In Betracht kommen: der Schriftwechsel mit Rennvereinen, Buchmachern und Lotterieveranstaltern oder deren Gehilfen, die Wettscheine, Quittungen, Lose und Berechnungen, die sich im Besitze solcher Personen befinden, die mit dem Steuerpflichtigen in Geschäftsbeziehungen getreten sind. [5]Die Beeidigung der Auskunftspersonen und die Vorlegung von Schriftstücken kann mit Genehmigung der Oberfinanzdirektion verlangt werden;

c) das Betreten der Geschäftsräume des Steuerpflichtigen gemäß *§ 198 AO.*[1)] [2]Es kann insbesondere zu dem Zwecke geschehen, um entweder die Schriftstücke (Buchstabe a) einzusehen oder um nachzuprüfen, ob der Steuerpflichtige im laufenden Geschäftsverkehr die Vorschriften der §§ 4, 13 und 19 des Gesetzes innehält. [3]Der Aufenthalt in den Geschäftsräumen soll sich auf die hierzu erforderliche Zeit beschränken. [4]Außerhalb der üblichen Geschäftsstunden dürfen die Geschäftsräume des Steuerpflichtigen nur mit dessen Einwilligung betreten werden.

(2) [1]Der Beauftragte *(§ 206 AO)*[1)] soll sich dem Steuerpflichtigen oder seinen Angestellten gegenüber auf Verlangen über seinen Auftrag durch eine mit Amtsstempel oder Siegelaufdruck versehene Ausfertigung des ihm erteilten allgemeinen oder besonderen Auftrags ausweisen. [2]Der Steuerpflichtige hat dem Beauftragten die erforderlichen Hilfsmittel (Geräte, Beleuchtung) und einen angemessenen Raum oder Arbeitsplatz zur Erledigung seiner Obliegenheiten zur Verfügung zu stellen *(§ 197 AO).*[1)]

(3) Die Vorschriften über Zwangsmaßnahmen, insbesondere Erzwingungsstrafen, enthält *§ 202 AO*[1)].

(4) *(aufgehoben)*

§ 50 [Freier Zutritt] Die Vereine haben den Beauftragten der Finanzämter, die sich auszuweisen in der Lage sind, jederzeit kostenfrei und ungehindert Zutritt zu allen Rennen, und zwar sowohl zu dem Totalisator als auch zu den Plätzen der Zuschauer und der Buchmacher, zu gewähren.

Gegenstand der Prüfung

§ 51. (1) [1]Die Beauftragten haben sich bei den Prüfungen selbständig, insbesondere davon zu überzeugen, ob die geschuldeten Steuerbeträge entrichtet,

---

[1)] Siehe nunmehr die entsprechenden Vorschriften der AO 1977.

über sämtliche Wetten versteuerte Wettscheine ausgestellt, die Wetten in das Wettbuch eingetragen sind, nicht Wettbücher unbefugt geführt werden, die vorgefundenen versteuerten Wettscheine echt und nicht mißbräuchlich wiederholt verwendet worden sind und die Eintragungen mit denen in den Nachweisungen und Anmeldungen übereinstimmen, sowie ob auch im übrigen den Vorschriften des Gesetzes und den Ausführungsbestimmungen entsprechend verfahren wird. [2]Zu diesem Zwecke haben sie sich über die für die Abgabenentrichtung in Betracht kommenden Verhältnisse der steuerpflichtigen Betriebe und Unternehmungen eingehend zu unterrichten, auch den Veröffentlichungen der Tagesblätter, den Geschäftsberichten und Jahresbilanzen Beachtung zu schenken.

(2) [1]Besondere Aufmerksamkeit ist der Ermittlung verbotener Wettunternehmen oder unangemeldeter und unversteuerter Lotterien zuzuwenden. [2]Etwa geschuldete Steuer ist ungesäumt einzuziehen.

Einforderung von Rennberichten

§ 52. Die Vereine sind verpflichtet, den Steuerbehörden auf Verlangen Rennprogramme und Rennberichte über die von ihnen veranstalteten Pferderennen kostenlos zu übersenden.

D. Strafverfahren

§ 53[1]**.** *(aufgehoben)*

Mitteilung an die Zulassungsbehörde

§ 54[2]**.** Das Finanzamt, das eine Untersuchung gegen einen Verein, einen Buchmacher, einen Veranstalter oder einen Buchmachergehilfen einleitet, hat unverzüglich hiervon und von dem Ausgang des Verfahrens der Zulassungsbehörde (§ 34) Mitteilung zu machen.

E. Steuererhebung

Hebestelle und Buchführung

§ 55. (1) Die Rennwett- und Lotteriesteuer wird durch die Finanzkassen nach Maßgabe der Kassenanweisung und der folgenden Bestimmungen erhoben.

(2) [1]Über die Erhebung werden von der Finanzkasse zwei Bücher, das Sollbuch und das Einnahmebuch, nebst einem Anhang über die erstatteten Steuerbeträge geführt. [2]Die Bücher sind für den Zeitraum eines Rechnungsjahrs zu führen.

---

[1] § 53 aufgeh. durch G v. 10. 8. 1967 (BGBl. I S. 877).
[2] § 54 geänd. durch G v. 16. 12. 1986 (BGBl. I S. 2441).

Sollbuch

§ 56. (1) Das Sollbuch ist nach anliegendem Muster 11[1] zu führen.

(2) [1]Es ist derart einzurichten, daß für jeden Steuerpflichtigen, der die Rennwettsteuer in wiederkehrenden Zeitabschnitten entrichtet (§§ 16, 17), ein besonderes Konto zu eröffnen ist, und zwar in zwei Abteilungen, nämlich für Vereine und für Buchmacher, denen die Führung von Wettbüchern gestattet ist. [2]Die Anlegung des Sollbuchs und die Eintragung des Steuerpflichtigen erfolgt durch das Finanzamt auf Grund der Listeneintragung (§ 8 Abs. 2). [3]Erfolgen die Eintragungen unter fortlaufenden Nummern, so sind Nachträge am Schluß des Sollbuchs einzutragen. [4]Im übrigen sind die Steueranmeldungen und Nachweisungen in einer besonderen Abteilung fortlaufend einzutragen.

(3) [1]In das Sollbuch sind die auf der Nachweisung oder Anmeldung oder durch sonstige Verfügung des Finanzamts festgesetzten Steuerbeträge einzutragen. [2]Jeder Steuerbetrag ist sofort nach Eingang und Eintragung im Einnahmebuch in den Spalten 7 bis 11 auf das Konto des Steuerpflichtigen, für den die Zahlung geleistet ist, zu verbuchen, auch wenn der Finanzkasse die Festsetzungsverfügung noch nicht vorliegt. [3]Die Kasse hat die Spalten 3 bis 6 des Sollbuchs sofort nach Eingang der mit dem Festsetzungsvermerk versehenen Nachweisung, Anmeldung, Anzeige oder der sonst die Insollstellung anordnenden Verfügung auszufüllen und das Weitere wegen Erhebung oder Herauszahlung der Steuer zu veranlassen. [4]Weicht der festgesetzte Steuerbetrag von dem Betrag der bereits eingezahlten und in Spalte 9 des Sollbuchs angeschriebenen Steuer ab (§ 21), so ist in Spalte 9 unmittelbar unter der Eintragung des voreingezahlten Steuerbetrags der nachgeforderte Betrag sofort nach Zahlung einzutragen oder daselbst die Herauszahlung etwa zuviel gezahlter Steuer mit roter Tinte abzusetzen.

§ 57 [Sollbuch-Abschluß] (1) [1]Das Sollbuch wird für neue Eintragungen am 31. März geschlossen. [2]Die innerhalb der nächsten drei Monate nach Ablauf des Rechnungsjahres (§ 55 Abs. 2 Schlußsatz) noch nicht erledigten Steuerfälle sind in das Sollbuch des folgenden Rechnungsjahres zu übertragen und als Rückstände kenntlich zu machen. [3]Auf ihre Erledigung ist besonders zu achten.

(2) Von einem an der Kassenführung nicht beteiligten Beamten ist unter dem Abschluß zu vermerken, daß die Rückstände in das neue Sollbuch vollständig und richtig übertragen worden sind.

Wettsteuerzeichenbuch

§ 58. *(überholt)*

Einnahmebuch

§ 59. [1]Für sämtliche im Laufe eines Rechnungsjahres eingehende Zahlungen an Rennwett- und Lotteriesteuer nebst Zinsen, gleichviel für welche Zeit

---

[1] Hier nicht abgedruckt.

sie gezahlt sind, ist nach anliegendem Muster 13[1] ein Einnahmebuch zu führen. 2 Dieses sowie der Anhang zum Einnahmebuch (§ 55 Abs. 2 Satz 1) sind am Ende des Rechnungsjahres *(31. März)*[2] abzuschließen.

Änderungsbefugnis der Oberfinanzdirektionen

§ 60. Die Oberfinanzdirektion kann Abweichungen in der Führung des Sollbuchs sowie des Wettsteuerzeichenbuchs und des Einnahmebuchs nebst Anhang zulassen.

Verrechnung beigetriebener Geldbeträge

§ 61. 1 Wird die Rennwett- und Lotteriesteuer im Zwangsweg beigetrieben, so sind die eingegangenen Beträge zuerst auf die Kosten, sodann auf die Steuer und mit dem Rest auf die Zinsen anzurechnen. 2 Das gleiche gilt von Zahlungen, die nicht die ganze Schuld decken.

F. Schlußvorschriften

Aktenführung

§ 62. (1) 1 Über jeden Verein und jeden Buchmacher, die in die nach § 8 Abs. 2 zu führende Liste eingetragen sind, und über die in der Anmeldung eingetragenen Veranstalter sind vom Finanzamt besondere Akten anzulegen, in die sämtliche die Ermittlung und Festsetzung der Steuern betreffenden Vorgänge nach der Zeitfolge geordnet aufzunehmen sind. 2 Die Akten sind derart zu führen, daß eine Nachprüfung jederzeit möglich ist.

(2) Die gemäß § 52 eingereichten Rennberichte sind ebenfalls nach der Zeitfolge geordnet im besonderen Hefte aufzubewahren.

(3) Die Akten, Bücher, Listen und Nachweisungen über die Erhebung der Steuer sind fünf Jahre lang, vom Eintritt der Steuerpflicht ab gerechnet, aufzubewahren.

Prüfungspflicht der Oberfinanzdirektionen

§ 63. 1 Die Soll- und Einnahmebücher und die Wettsteuerzeichenbücher nebst den dazugehörigen Belegen sind nach Abschluß der Oberfinanzdirektion zur Prüfung vorzulegen. 2 Das gleiche gilt für die Anmeldungen über Lotterien und Ausspielungen, die als steuerfrei anerkannt sind. 3 Diese Anmeldungen sind vom Finanzamt in einem besonderen Verzeichnis zu vereinigen, das der Oberfinanzdirektion zu dem für die Vorlegung des Sollbuchs vorgeschriebenen Zeitpunkt einzusenden ist.

---

[1] Hier nicht abgedruckt.

[2] Rechnungsjahr = Kalenderjahr.

636. Verordnung über die örtliche Zuständigkeit zum Vollzug des Rennwett- und Lotteriegesetzes (RennwLottGZuStV)

Vom 11. Dezember 2012 (BGBl. I S. 2637)

BGBl. III/FNA 611-14-6

§ 1[1] **Örtliche Zuständigkeit für die Besteuerung von Sportwetten.** Für die Besteuerung von Sportwetten, für die sich keine örtliche Zuständigkeit im Inland ergibt, ist das Finanzamt Frankfurt am Main III örtlich zuständig.

§ 2 Örtliche Zuständigkeit für die Zerlegung der Rennwett- und Lotteriesteuer. Für die Zerlegung des Gesamtaufkommens der Steuer nach § 17 Absatz 2 des Rennwett- und Lotteriegesetzes in der im Bundesgesetzblatt Teil III, Gliederungsnummer 611-14, veröffentlichten bereinigten Fassung, das zuletzt durch Artikel 1 und 4 des Gesetzes vom 29. Juni 2012 (BGBl. I, S. 1424) geändert worden ist, ist die Finanzbehörde der Freien und Hansestadt Hamburg zuständig.

§ 3[1] *(aufgehoben)*

---

[1] § 1 Abs. 2 und § 3 aufgeh. mWv 1. 1. 2014 durch VO v. 24. 9. 2013 (BGBl. I S. 3709).

650. Feuerschutzsteuergesetz (FeuerschStG)

In der Fassung der Bekanntmachung vom 10. Januar 1996 (BGBl. I S. 18)[1]

Geändert durch 2. Zwangsvollstreckungsnovelle vom 17. 12. 1997 (BGBl. I S. 3039), Steuer-Euroglättungsgesetz vom 19. 12. 2000 (BGBl. I S. 1790), Steueränderungsgesetz 2001 vom 20. 12. 2001 (BGBl. I S. 3794), Drittes Gesetz zur Änderung verwaltungsverfahrensrechtlicher Vorschriften vom 21. 8. 2002 (BGBl. I S. 3322), Steueränderungsgesetz 2003 vom 15. 12. 2003 (BGBl. I S. 2645), EURichtlinien-Umsetzungsgesetz vom 9. 12. 2004 (BGBl. I S. 3310), Gesetz zur Neuorganisation der Bundesfinanzverwaltung und zur Schaffung eines Refinanzierungsregisters vom 22. 9. 2005 (BGBl. I S. 2809), Begleitgesetz zur zweiten Föderalismusreform vom 10. 8. 2009 (BGBl. I S. 2702), Jahressteuergesetz 2010 (JStG 2010) vom 8. 12. 2010 (BGBl. I S. 1768), Amtshilferichtlinie-Umsetzungsgesetz (AmtshilfeRLUmsG) vom 26. 6. 2013 (BGBl. I S. 1809), Gesetz zur Anpassung des Investmentsteuergesetzes und anderer Gesetze an das AIFM-Umsetzungsgesetz (AIFM-Steuer-Anpassungsgesetz – AIFM-StAnpG) vom 18. 12. 2013 (BGBl. I S. 4318), Gesetz zur Anpassung der Abgabenordnung an den Zollkodex der Union und zur Änderung weiterer steuerlicher Vorschriften vom 22. 12. 2014 (BGBl. I S. 2417) und Steueränderungsgesetz 2015 vom 2. 11. 2015 (BGBl. I S. 1834)

BGBl. III/FNA 611-18

§ 1 Gegenstand der Steuer. (1)[2] [1]Der Feuerschutzsteuer unterliegt die Entgegennahme des Versicherungsentgelts nur aus den folgenden Versicherungen, wenn die versicherten Gegenstände sich bei der Entgegennahme des Versicherungsentgelts im Geltungsbereich dieses Gesetzes befinden:

1. Feuerversicherungen einschließlich Feuer-Betriebsunterbrechungsversicherungen,
2. Wohngebäudeversicherungen, bei denen die Versicherung teilweise auf Gefahren entfällt, die Gegenstand einer Feuerversicherung sein können,
3. Hausratversicherungen, bei denen die Versicherung teilweise auf Gefahren entfällt, die Gegenstand einer Feuerversicherung sein können.

[2]Das Versicherungsentgelt aus Versicherungen, die nicht in Satz 1 Nummer 1 bis 3 genannt werden, die jedoch teilweise auf Gefahren entfallen, die Gegenstand einer Feuerversicherung sein können, unterliegt nicht der Feuerschutzsteuer.

(2) Eine Versicherung im Sinne des Absatzes 1 wird auch begründet, wenn zwischen mehreren Personen oder Personenvereinigungen vereinbart wird, solche Schäden gemeinsam zu tragen, die den Gegenstand einer Versicherung im Sinne des Absatzes 1 bilden können.

(3) Für die Steuerpflicht gelten die Vorschriften des § 1 Abs. 2 und 3 des Versicherungsteuergesetzes entsprechend.

---

[1] Neubekanntmachung des FeuerschStG v. 21. 12. 1979 (BGBl. I S. 2353) auf Grund des Art. 33 Abs. 1 Satz 3 des G v. 21. 12. 1993 (BGBl. I S. 2310) in der ab 1. 1. 1995 geltenden Fassung.

[2] § 1 Abs. 1 neu gef. mWv 1. 7. 2010 durch G v. 10. 8. 2009 (BGBl. I S. 2702).

§ 2 Versicherungsentgelt. (1) [1]Versicherungsentgelt im Sinne dieses Gesetzes ist jede Leistung, die für die Begründung und zur Durchführung des Versicherungsverhältnisses an den Versicherer zu bewirken ist. [2]Darunter fallen insbesondere Prämien, Beiträge, Vorbeiträge, Vorschüsse, Nachschüsse, Umlagen, außerdem Eintrittsgelder, Gebühren für die Ausfertigung des Versicherungsscheins und sonstige Nebenkosten. [3]Zum Versicherungsentgelt gehört nicht, was zur Abgeltung einer Sonderleistung des Versicherers oder aus einem sonstigen in der Person des einzelnen Versicherungsnehmers liegenden Grund gezahlt wird, wie Kosten für die Ausstellung einer Ersatzurkunde oder Mahnkosten.

(2) [1]Wird auf die Prämie ein Gewinnanteil verrechnet und nur der Unterschied zwischen Prämie und Gewinnanteil an den Versicherer gezahlt, so ist dieser Unterschiedsbetrag Versicherungsentgelt. [2]Das gleiche gilt, wenn eine Verrechnung zwischen Prämie und Gewinnanteil nicht möglich ist und die Gutschriftanzeige über den Gewinnanteil dem Versicherungsnehmer mit der Prämienrechnung vorgelegt wird.

§ 3[1)] Bemessungsgrundlage. (1) Bemessungsgrundlage ist

1. bei Feuerversicherungen (§ 1 Absatz 1 Satz 1 Nummer 1) ein Anteil von 40 Prozent des Versicherungsentgelts,
2. bei Wohngebäudeversicherungen (§ 1 Absatz 1 Satz 1 Nummer 2) ein Anteil von 14 Prozent des Gesamtbetrages des Versicherungsentgelts und
3. bei Hausratversicherungen (§ 1 Absatz 1 Satz 1 Nummer 3) ein Anteil von 15 Prozent des Gesamtbetrages des Versicherungsentgelts.

(2) [1]Die Steuer ist von den Anteilen (Absatz 1 Nummer 1, 2 und 3) zu berechnen, die im Anmeldungszeitraum (§ 8 Absatz 2) vereinnahmt worden sind (Isteinnahmen). [2]Wird das Versicherungsentgelt ganz oder zum Teil zurückgezahlt, weil das Versicherungsverhältnis vorzeitig beendet oder das Versicherungsentgelt herabgesetzt worden ist, so mindert sich die Bemessungsgrundlage um die auf die Anteile zurückgezahlten Versicherungsentgelte.

(3) [1]Das Bundeszentralamt für Steuern kann auf Antrag gestatten, dass die Steuer nicht nach den Isteinnahmen, sondern nach den im Anmeldungszeitraum angeforderten Anteilen (Absatz 1 Nummer 1, 2 und 3) (Solleinnahmen) berechnet wird. [2]Im Falle der Berechnung nach Solleinnahmen ist die auf nicht eingegangene Anteile bereits entrichtete Steuer bei der Anmeldung in dem Anmeldungszeitraum (§ 8 Absatz 2) abzusetzen, in dem der Versicherer die Versicherung ganz oder teilweise in Abgang gestellt hat.

(4)[2)] Das der Steuerberechnung zu Grunde zu legende Entgelt darf nicht um die für die Rückversicherungen gezahlten Versicherungsentgelte gekürzt werden.

(5)[2)] In anderer Währung ausgedrückte Beträge sind nach den für die Umsatzsteuer geltenden Vorschriften umzurechnen.

---

1) § 3 neu gef. mWv 1. 7. 2010 durch G v. 10. 8. 2009 (BGBl. I S. 2702).

2) § 3 Abs. 4 und 5 angef. mWv 1. 7. 2010 durch G v. 8. 12. 2010 (BGBl. I S. 1768).

§ 3 a[1] Ausnahme von der Besteuerung. Von der Besteuerung ausgenommen ist die Zahlung des Versicherungsentgelts an Brandunterstützungsvereine, soweit die anlässlich eines einzelnen Schadensfalls erhobene Umlage den Betrag von 5500 Euro nicht übersteigt.

§ 4[2] Steuersatz. (1) Der Steuersatz beträgt – vorbehaltlich des folgenden Absatzes – 19 Prozent.

(2) Die Steuer beträgt bei Feuerversicherungen (§ 1 Absatz 1 Satz 1 Nummer 1) 22 Prozent.

(3) Die Versicherungsteuer gehört nicht zum Versicherungsentgelt.

§ 5 Steuerschuldner. (1) Steuerschuldner ist der Versicherer.

(2)[3] Hat der Versicherer in keinem Mitgliedstaat der Europäischen Union und in keinem anderen Vertragsstaat des Abkommens über den Europäischen Wirtschaftsraum seine Geschäftsleitung, seinen Sitz, seinen Wohnsitz oder eine Betriebsstätte, ist aber im Geltungsbereich dieses Gesetzes ein Bevollmächtigter zur Entgegennahme des Versicherungsentgelts bestellt, so ist dieser Steuerschuldner; ist kein Bevollmächtigter bestellt, so ist der Versicherungsnehmer Steuerschuldner.

§ 6 Rückversicherung. [1] Nimmt der Versicherer Rückversicherung, so ist er berechtigt, das Versicherungsentgelt, das er an den Rückversicherer zu entrichten hat, um den der Steuer entsprechenden Hundertsatz zu kürzen. [2] Dies gilt auch für den Rückversicherer, der seinerseits Rückversicherung nimmt.

§ 7 Entstehung der Steuer. Die Steuer entsteht mit Ablauf des Monats, in dem das Versicherungsentgelt entgegengenommen (§ 3 Abs. 2), angefordert (§ 3 Abs. 3) oder gezahlt (§ 5 Abs. 2 in Verbindung mit § 8 Abs. 4 Satz 3) worden ist.

§ 8[4] Anmeldung, Fälligkeit. (1) Der Versicherer (§ 5 Abs. 1) oder der Bevollmächtigte (§ 5 Abs. 2) hat spätestens am fünfzehnten Tag nach Ablauf eines jeden Anmeldungszeitraums (Absatz 2)

1. eine nach amtlich vorgeschriebenem Vordruck oder im Wege eines Automationsverfahrens des Bundes übermittelte Steuererklärung abzugeben, in der er die im Anmeldungszeitraum entstandene Steuer selbst zu berechnen hat (Steueranmeldung) und
2. die im Anmeldungszeitraum entstandene Steuer zu entrichten.

(2) [1] Anmeldungszeitraum ist grundsätzlich der Kalendermonat. [2] Hat die Steuer für das vorangegangene Kalenderjahr insgesamt nicht mehr als *1200 Euro*[5] [***ab 1. 1. 2014:*** 2400 Euro] betragen, so ist Anmeldungszeitraum

---

[1] § 3 a eingef. mWv 1. 7. 2010 durch G v. 18. 12. 2013 (BGBl. I S. 4318).

[2] § 4 neu gef. mWv 1. 7. 2010 durch G v. 10. 8. 2009 (BGBl. I S. 2702).

[3] § 5 Abs. 2 geänd. durch G v. 26. 6. 2013 (BGBl. I S. 1809).

[4] § 8 Abs. 1 Nr. 1 geänd. mWv 30. 6. 2013, Abs. 2 Satz 2 Betrag geänd., Satz 3 angef. mWv 1. 1. 2014 durch G v. 26. 6. 2013 (BGBl. I S. 1809).

[5] Betrag geänd. mWv 1. 1. 2002 durch G v. 19. 12. 2000 (BGBl. I S. 1790).

das Kalendervierteljahr. [*ab 1. 1. 2014:* 3 Hat die Steuer für das vorangegangene Kalenderjahr insgesamt nicht mehr als 400 Euro betragen, so ist Anmeldungszeitraum das Kalenderjahr.]

(3) 1 Gibt der Versicherer oder der Bevollmächtigte bis zum Ablauf der Anmeldungsfrist die Steueranmeldung nicht ab, setzt das Bundeszentralamt für Steuern[1)] die Steuer fest. 2 Als Zeitpunkt ihrer Fälligkeit gilt der fünfzehnte Tag nach Ablauf des Anmeldungszeitraums.

(4)[2)] 1 Ist der Versicherungsnehmer Steuerschuldner (§ 5 Abs. 2), so hat er den Abschluß der Versicherung dem Bundeszentralamt für Steuern[3)] unverzüglich anzuzeigen. 2 Die gleiche Pflicht hat auch der Vermittler, der den Abschluß einer solchen Versicherung vermittelt hat, wenn er seine Geschäftsleitung, seinen Sitz oder seinen Wohnsitz im Geltungsbereich dieses Gesetzes hat. 3 Der Versicherungsnehmer hat spätestens am 15. Tag nach Ablauf des Monats, in dem das Versicherungsentgelt gezahlt worden ist, eine Steueranmeldung nach amtlich vorgeschriebenem Vordruck abzugeben und die selbst berechnete Steuer zu entrichten.

§ 9[4)] Aufzeichnungspflichten und Außenprüfung. (1) 1 Der Versicherer (§ 5 Abs. 1) oder der Bevollmächtigte (§ 5 Abs. 2) ist verpflichtet, zur Feststellung der Steuer und der Grundlagen ihrer Berechnung Aufzeichnungen zu führen. 2 Diese müssen alle Angaben enthalten, die für die Besteuerung von Bedeutung sind, insbesondere

1. den Namen und die Anschrift des Versicherungsnehmers,
2. die Nummer des Versicherungsscheins,
3. die Versicherungssumme,
4. das Versicherungsentgelt,
5. den Steuerbetrag.

3 Ist das im Geltungsbereich dieses Gesetzes belegene Risiko von einem nicht in dessen Geltungsbereich niedergelassenen Versicherer gedeckt, so hat dieser dem Bundeszentralamt für Steuern[5)] auf Anforderung ein vollständiges Verzeichnis der sich auf diese Risiken beziehenden Versicherungsverhältnisse mit den in Satz 2 genannten Angaben schriftlich zu übermitteln. 4 Diese Verpflichtung besteht auch dann, wenn der Versicherer die Voraussetzungen für die Steuerpflicht oder für die Steuerentrichtung nicht für gegeben hält.

(2) Bei Personen und Personenvereinigungen, die Versicherungen vermitteln oder ermächtigt sind, für einen Versicherer Zahlungen entgegenzunehmen, ist zur Ermittlung oder Aufklärung von Vorgängen, die nach diesem Gesetz der Steuer unterliegen, eine Außenprüfung (§§ 193 bis 203 der Abgabenordnung) auch insoweit zulässig, als sie der Feststellung der steuerlichen

---

1) § 8 Abs. 3 und 4 geänd. mWv 1. 7. 2010 durch G v. 10. 8. 2009 (BGBl. I S. 2702).
2) § 8 Abs. 4 Satz 3 neu gef. durch G v. 21. 8. 2002 (BGBl. I S. 3322).
3) § 8 Abs. 3 und 4 geänd. mWv 1. 7. 2010 durch G v. 10. 8. 2009 (BGBl. I S. 2702).
4) § 9 Abs. 1 Satz 3 geänd. durch G v. 21. 8. 2002 (BGBl. I S. 3322).
5) Bezeichnung geänd. durch G v. 22. 9. 2005 (BGBl. I S. 2809).

Verhältnisse anderer Personen dient, die als Versicherungsnehmer nach § 5 Abs. 2 zur Entrichtung der Steuer verpflichtet sind.

(3) Eine Außenprüfung ist auch bei Personen und Personenvereinigungen zulässig, die eine Versicherung im Sinne des § 1 Abs. 2 vereinbart haben.

(4)[1] [1] Steuerbeträge, die auf Grund einer Außenprüfung nachzuentrichten oder zu erstatten sind, sind zusammen mit der Steuer für den letzten Monat, das letzte Quartal oder das letzte Kalenderjahr des Prüfungszeitraums festzusetzen. [2] Nachzuentrichtende Steuerbeträge sind einen Monat nach Bekanntgabe der Festsetzung fällig.

§ 10[2] **Zuständigkeit.** Zuständig ist das Bundeszentralamt für Steuern.

§ 11 Zerlegung. (1) Das Gesamtaufkommen der entrichteten Feuerschutzsteuer wird *bis zum 31. Dezember 2015*[3] *nach den Absätzen 2 bis 4*[4] [***ab 1. 1. 2016:*** nach den Absätzen 2 und 3][5] zerlegt.

(2)[6] [1] Die Zerlegungsanteile der einzelnen Länder am Gesamtaufkommen der Feuerschutzsteuer sind nach den folgenden Zerlegungsmaßstäben zu ermitteln:

[bis 31. 12. 2015:]

a) zu 50 vom Hundert entsprechend den Anteilen an der Bruttowertschöpfung aller Wirtschaftsbereiche abzüglich der Wertschöpfung der Wirtschaftsbereiche Land- und Forstwirtschaft, Fischerei sowie öffentliche und private Dienstleister;

b) zu 10 vom Hundert entsprechend den Anteilen an der Bruttowertschöpfung des Wirtschaftsbereiches Land- und Forstwirtschaft, Fischerei;

c) zu 25 vom Hundert entsprechend den Anteilen an der Wohnbevölkerung zu 40 vom Hundert und den Anteilen am Bestand an Wohngebäuden zu 60 vom Hundert;

d) zu 15 vom Hundert entsprechend den Anteilen an den Privathaushalten.

[ab 1. 1. 2016:]

1. zu 35 vom Hundert entsprechend den Anteilen an der Bruttowertschöpfung aller Wirtschaftsbereiche abzüglich der Wertschöpfung der Wirtschaftsbereiche Land- und Forstwirtschaft, Fischerei, öffentliche und sonstige Dienstleister, Erziehung und Gesundheit sowie private Haushalte;
2. zu 5 vom Hundert entsprechend den Anteilen an der Bruttowertschöpfung des Wirtschaftsbereiches Land- und Forstwirtschaft, Fischerei;
3. zu 40 vom Hundert entsprechend den Anteilen an der Wohnbevölkerung zu 40 vom Hundert und den Anteilen am Bestand an Wohngebäuden zu 60 vom Hundert;
4. zu 20 vom Hundert entsprechend den Anteilen an den Privathaushalten.

---

[1] § 9 Abs. 4 neu gef. mWv 31. 12. 2014 durch G v. 22. 12. 2014 (BGBl. I S. 2417).
[2] § 10 neu gef. mWv 1. 7. 2010 durch G v. 10. 8. 2009 (BGBl. I S. 2702).
[3] Datum verlängert durch G v. 10. 8. 2009 (BGBl. I S. 2702).
[4] Verweis geänd. mWv 1. 1. 2011 durch G v. 8. 12. 2010 (BGBl. I S. 1768).
[5] § 11 Abs. 1 geänd. mWv 1. 1. 2016 durch G v. 2. 11. 2015 (BGBl. I S. 1834).
[6] § 11 Abs. 2 Satz 1 neu gef. mWv 1. 1. 2016 durch G v. 2. 11. 2015 (BGBl. I S. 1834).

[2]Dabei sind jeweils die am 1. Mai des dem Zerlegungsjahr folgenden Jahres beim Statistischen Bundesamt verfügbaren neuesten Daten zugrunde zu legen.

(3)[1)] [1]Die Zerlegung wird von der Finanzbehörde der Freien und Hansestadt Hamburg durchgeführt. [2]Dabei sind unter Berücksichtigung des jeweiligen Vorjahresergebnisses Zerlegungsanteile festzulegen. [3]Nach diesen Zerlegungsanteilen wird die durch das Bundeszentralamt für Steuern verwaltete Feuerschutzsteuer auf die Länder verteilt und entsprechend dem monatlichen Aufkommen in Teilbeträgen bis zum 15. des folgenden Monats an die Länder überwiesen. [4]Bis zur Ermittlung der endgültigen Zerlegungsanteile für das Vorjahr sind die bisherigen Zerlegungsanteile vorläufig zu Grunde zu legen.

(4)[2)] *Für die Abrechnung und den Vollzug der Zerlegung des Aufkommens an Feuerschutzsteuer vor dem 1. Januar 2011 findet Absatz 3 in der am 31. Dezember 2010 geltenden Fassung weiterhin Anwendung.*

§ 12 Mitteilungspflicht. (1) Die mit der Aufsicht über die Versicherungsunternehmen betrauten Behörden teilen dem Bundeszentralamt für Steuern die zu ihrer Kenntnis gelangenden Versicherer mit.

(2) Das Registergericht teilt Eintragungen von Vereinen oder Genossenschaften, die sich mit dem Abschluß von Versicherungen befassen, dem Bundeszentralamt für Steuern mit; das gilt auch dann, wenn die Vereine oder Genossenschaften ihre Leistungen als Unterstützungen ohne Rechtsanspruch bezeichnen.

§ 13 Anwendungsvorschrift. [1]Wird ein Steuersatz geändert, ist der neue Steuersatz auf Versicherungsentgelte anzuwenden, die ab dem Inkrafttreten der Änderung des Steuersatzes fällig werden. [2]Wird die Fälligkeit des Versicherungsentgelts auf einen Zeitpunkt vor oder nach Inkrafttreten eines geänderten Steuersatzes geändert und würde die Änderung zur Anwendung eines niedrigeren Steuersatzes führen, ist die Änderung insoweit nicht zu berücksichtigen. [3]Dies gilt entsprechend, wenn ein Versicherungsvertrag zur Änderung der Fälligkeit des Versicherungsentgelts gekündigt und alsbald neu abgeschlossen oder wenn die Fälligkeit des Versicherungsentgelts für einen Zeitpunkt vor Abschluß des Versicherungsvertrags festgelegt wird. [4]Die Sätze 2 und 3 gelten für ab dem 1. August 1993 vorgenommene Änderungen oder Festlegungen der Fälligkeit des Versicherungsentgelts.

§ 14[3)] Evaluation. [1]Die Bemessungsgrundlagen (§ 3 Absatz 1) werden jährlich, beginnend mit dem 1. Januar 2012, durch Rechtsverordnung der Bundesregierung, die der Zustimmung des Bundesrates bedarf, derart angepasst, dass das Aufkommen der Feuerschutzsteuer nicht unter den Durchschnitt der Jahre 2009 bis 2011 (Sockelbetrag) sinkt. [2]Die Bemessungsgrundlagen nach § 5 Absatz 1 Nummer 3 des Versicherungsteuergesetzes sind entsprechend anzupassen.

[1)] § 11 Abs. 3 neu gef. mWv 1. 1. 2011 durch G v. 8. 12. 2010 (BGBl. I S. 1768).
[2)] § 11 Abs. 4 aufgeh. mWv 1. 1. 2016 durch G v. 2. 11. 2015 (BGBl. I S. 1834).
[3)] § 14 angef. mWv 1. 7. 2010 durch G v. 10. 8. 2009 (BGBl. I S. 2702).

§ 15[1)] Ermächtigungen. (1) [1]Die Bundesregierung wird ermächtigt, mit Zustimmung des Bundesrates Rechtsverordnungen über den Anteil an der Bemessungsgrundlage (§ 3 Absatz 1) zu erlassen.

(2) Der Bundesminister der Finanzen kann dieses Gesetz und die auf Grund dieses Gesetzes erlassenen Rechtsverordnungen in der jeweils geltenden Fassung mit neuem Datum und unter neuer Überschrift im Bundesgesetzblatt bekannt machen.

[1)] § 15 angef. mWv 1. 7. 2010 durch G v. 10. 8. 2009 (BGBl. I S. 2702).

660. Kraftfahrzeugsteuergesetz 2002 (KraftStG 2002)[1]

In der Fassung der Bekanntmachung vom 26. September 2002[2)·3)·4)]
(BGBl. I S. 3818)

Geändert durch EURichtlinien-Umsetzungsgesetz vom 9. 12. 2004 (BGBl. I S. 3310), Gesetz zur Umbenennung des Bundesgrenzschutzes in Bundespolizei vom 21. 6. 2005 (BGBl. I S. 1818), Drittes Gesetz zur Änderung des Kraftfahrzeugsteuergesetzes vom 21. 12. 2006 (BGBl. I S. 3344), Viertes Gesetz zur Änderung des Kraftfahrzeugsteuergesetzes vom 24. 3. 2007 (BGBl. I S. 356), Gesetz zur Änderung kraftfahrzeugsteuerlicher und autobahnmautrechtlicher Vorschriften vom 17. 8. 2007 (BGBl. I S. 1958), Jahressteuergesetz 2008 vom 20. 12. 2007 (BGBl. I S. 3150), Gesetz zur Umsetzung steuerrechtlicher Regelungen des Maßnahmenpakets „Beschäftigungssicherung durch Wachstumsstärkung" vom 21. 12. 2008 (BGBl. I S. 2896)[5)], Gesetz zur Neuregelung der Kraftfahrzeugsteuer und Änderung anderer Gesetze vom 29. 5. 2009 (BGBl. I S. 1170)[5)], Fünftes Gesetz zur Änderung des Kraftfahrzeugsteuergesetzes[6)] vom 27. 5. 2010 (BGBl. I S. 668), Verkehrssteueränderungsgesetz (Ver-

---

[1)] Im ersten Halbjahr 2014 übernahm die Zollverwaltung mit ihren Hauptzollämtern die Aufgabe der Verwaltung der Kfz-Steuer:
– **Februar:** Bremen, Niedersachsen, Nordrhein-Westfalen
– **März:** Berlin, Brandenburg, Hamburg, Mecklenburg-Vorpommern, Schleswig-Holstein
– **April:** Baden-Württemberg, Hessen, Rheinland-Pfalz, Saarland
– **Mai:** Bayern, Sachsen, Sachsen-Anhalt, Thüringen

[2)] **Amtl. Anm.:** Dieses Gesetz dient der Umsetzung folgender Richtlinien:
1. Richtlinie 1999/62/EG des Europäischen Parlaments und des Rates vom 17. Juni 1999 über die Erhebung von Gebühren für die Benutzung bestimmter Verkehrswege durch schwere Nutzfahrzeuge (ABl. EG Nr. L 187 S. 42),
2. Richtlinie 98/69/EG des Europäischen Parlaments und des Rates vom 13. Oktober 1998 über Maßnahmen gegen die Verunreinigung der Luft durch Emissionen von Kraftfahrzeugen und zur Änderung der Richtlinie 70/220/EWG des Rates (ABl. EG Nr. L 350 S. 1).

[3)] Neubekanntmachung des KraftStG idF der Bek. v. 24. 5. 1994 (BGBl. I S. 1102) auf Grund des § 15 Abs. 3 des KraftStG idF der Bek. v. 24. 5. 1994 (BGBl. I S. 1102) in der ab 28. 8. 2002 geltenden Fassung.

[4)] Beachte auch Kraftfahrzeugsteuer-DurchführungsVO, Nr. **665**.

[5)] **Amtl. Anm.:** Die Verpflichtungen aus der Richtlinie 98/34/EG des Europäischen Parlaments und des Rates vom 22. Juni 1998 über ein Informationsverfahren auf dem Gebiet der Normen und technischen Vorschriften und der Vorschriften für die Dienste der Informationsgesellschaft (ABl. EG Nr. L 204 S. 37), zuletzt geändert durch die Richtlinie 2006/96/EG des Rates vom 20. November 2006 (ABl. EU Nr. L 363 S. 81), sind beachtet worden.

[6)] **Amtl. Anm.:** Die Verpflichtungen aus der Richtlinie 98/34/EG des Europäischen Parlaments und des Rates vom 22. Juni 1998 über ein Informationsverfahren auf dem Gebiet der Normen und technischen Vorschriften und der Vorschriften für die Dienste der Informationsgesellschaft (ABl. L 204 vom 21. 7. 1998, S. 37), die zuletzt durch die Richtlinie 2006/96/EG des Rates vom 20. November 2006 (ABl. L 363 vom 20. 12. 2006, S. 81) geändert worden ist, sind beachtet worden.

kehrStÄndG) vom 5. 12. 2012 (BGBl. I S. 2431)[1] und Zweites Verkehrsteueränderungsgesetz vom 8. 6. 2015 (BGBl. I S. 901)[2]

BGBl. III/FNA 611-17

Inhaltsübersicht

§ 1 Steuergegenstand. (1) Der Kraftfahrzeugsteuer unterliegt

1. das Halten von inländischen Fahrzeugen zum Verkehr auf öffentlichen Straßen;

2.[3] das Halten von ausländischen Fahrzeugen zum Verkehr auf öffentlichen Straßen, solange die Fahrzeuge sich im Inland befinden. ²Ausgenommen

---

[1] **Amtl. Anm.:** Die Verpflichtungen aus der Richtlinie 98/34/EG des Europäischen Parlaments und des Rates vom 22. Juni 1998 über ein Informationsverfahren auf dem Gebiet der Normen und technischen Vorschriften und der Vorschriften für die Dienste der Informationsgesellschaft (ABl. L 204 vom 21. 7. 1998, S. 37), die zuletzt durch die Richtlinie 2006/96/EG (ABl. L 363 vom 20. 12. 2006, S. 81) geändert worden ist, sind beachtet worden.

[2] **Amtl. Anm.:** Die Verpflichtungen aus der Richtlinie 98/34/EG des Europäischen Parlaments und des Rates vom 22. Juni 1998 über ein Informationsverfahren auf dem Gebiet der Normen und technischen Vorschriften und der Vorschriften für die Dienste der Informationsgesellschaft (ABl. L 204 vom 21. 7. 1998, S. 37), die zuletzt durch die Verordnung (EU) Nr. 1025/2012 (ABl. L 316 vom 14. 11. 2012, S. 12) geändert worden ist, sind beachtet worden.

[3] § 1 Abs. 1 Nr. 2 geänd. mWv 12. 6. 2015 durch G v. 8. 6. 2015 (BGBl. I S. 901).

hiervon sind ausschließlich für den Güterkraftverkehr bestimmte und verwendete Kraftfahrzeuge und Fahrzeugkombinationen mit einem verkehrsrechtlich zulässigen Gesamtgewicht von mehr als 3500 Kilogramm, die nach Artikel 5 der Richtlinie 1999/62/EG des Europäischen Parlaments und des Rates vom 17. Juni 1999 über die Erhebung von Gebühren für die Benutzung bestimmter Verkehrswege durch schwere Nutzfahrzeuge (ABl. L 187 vom 20. 7. 1999, S. 42), die zuletzt durch die Richtlinie 2013/22/EU (ABl. L 158 vom 10. 6. 2013, S. 356) geändert worden ist, in der jeweils geltenden Fassung in einem anderen Mitgliedstaat der Europäischen Union zugelassen sind;

3. die widerrechtliche Benutzung von Fahrzeugen;
4. die Zuteilung von Oldtimer-Kennzeichen sowie die Zuteilung von roten Kennzeichen, die von einer Zulassungsbehörde im Inland zur wiederkehrenden Verwendung ausgegeben werden. [2]Dies gilt nicht für die Zuteilung von roten Kennzeichen für Prüfungsfahrten.

(2) Auf die Kraftfahrzeugsteuer sind diejenigen Vorschriften der Abgabenordnung anzuwenden, die für andere Steuern als Zölle und Verbrauchsteuern gelten.

§ 2 Begriffsbestimmungen, Mitwirkung der Verkehrsbehörden.

(1) Unter den Begriff Fahrzeuge im Sinne dieses Gesetzes fallen Kraftfahrzeuge und Kraftfahrzeuganhänger.

(2)[1)] Soweit dieses Gesetz nichts anderes bestimmt,

1. richten sich die in diesem Gesetz verwendeten Begriffe des Verkehrsrechts nach den jeweils geltenden verkehrsrechtlichen Vorschriften;
2. sind für die Beurteilung der Schadstoff-, Kohlendioxid- und Geräuschemissionen, anderer Bemessungsgrundlagen technischer Art sowie der Fahrzeugklassen und Aufbauarten die Feststellungen der Zulassungsbehörden verbindlich.

(2 a)–(2 c)[2)] *(aufgehoben)*

(3) Ein Fahrzeug ist vorbehaltlich des Absatzes 4 ein inländisches Fahrzeug, wenn es unter die im Inland maßgebenden Vorschriften über das Zulassungsverfahren fällt.

(4) Ein Fahrzeug ist ein ausländisches Fahrzeug, wenn es im Zulassungsverfahren eines anderen Staates zugelassen ist.

(5) [1]Eine widerrechtliche Benutzung im Sinne dieses Gesetzes liegt vor, wenn ein Fahrzeug auf öffentlichen Straßen im Inland ohne die verkehrsrechtlich vorgeschriebene Zulassung benutzt wird. [2]Eine Besteuerung wegen widerrechtlicher Benutzung entfällt, wenn das Halten des Fahrzeugs von der Steuer befreit sein würde oder die Besteuerung bereits nach § 1 Abs. 1 Nr. 1 oder 2 vorgenommen worden ist.

---

1) § 2 Abs. 2 neu gef. mWv 12. 12. 2012 durch G v. 5. 12. 2012 (BGBl. I S. 2431).
2) § 2 Abs. 2 a bis 2 c aufgeh. durch G v. 5. 12. 2012 (BGBl. I S. 2431).

§ 3 Ausnahmen von der Besteuerung. Von der Steuer befreit ist das Halten von

1.[1] Fahrzeugen, die nach § 3 Absatz 2 und 3 der Fahrzeug-Zulassungsverordnung vom 3. Februar 2011 (BGBl. I S. 139), die zuletzt durch Artikel 1 der Verordnung vom 30. Oktober 2014 (BGBl. I S. 1666) geändert worden ist, in der jeweils geltenden Fassung, vom Zulassungsverfahren ausgenommen sind;

2. Fahrzeugen, solange sie ausschließlich im Dienst der Bundeswehr, der Bundespolizei[2], der Polizei oder der Zollverwaltung[3] verwendet werden;

3. Fahrzeugen, solange sie für den Bund, ein Land, eine Gemeinde, einen Gemeindeverband oder einen Zweckverband zugelassen sind und ausschließlich zum Wegebau verwendet werden. [2]Voraussetzung ist, dass die Fahrzeuge äußerlich als für diese Zwecke bestimmt erkennbar sind;

4. Fahrzeugen, solange sie ausschließlich zur Reinigung von Straßen verwendet werden. [2]Voraussetzung ist, dass die Fahrzeuge äußerlich als für diesen Zweck bestimmt erkennbar sind;

5. Fahrzeugen, solange sie ausschließlich im Feuerwehrdienst, im Katastrophenschutz, für Zwecke des zivilen Luftschutzes, bei Unglücksfällen, im Rettungsdienst oder zur Krankenbeförderung verwendet werden. [2]Voraussetzung ist, dass die Fahrzeuge äußerlich als für diese Zwecke bestimmt erkennbar sind. [3]Bei Fahrzeugen, die nicht für den Bund, ein Land, eine Gemeinde, einen Gemeindeverband oder einen Zweckverband zugelassen sind, ist außerdem Voraussetzung, dass sie nach ihrer Bauart und Einrichtung den bezeichneten Verwendungszwecken angepasst sind;

5a. Fahrzeugen von gemeinnützigen oder mildtätigen Organisationen für die Zeit, in der sie ausschließlich für humanitäre Hilfsgütertransporte in das Ausland oder für zeitlich damit zusammenhängende Vorbereitungsfahrten verwendet werden;

6. Kraftomnibussen und Personenkraftwagen mit acht oder neun Sitzplätzen einschließlich Führersitz sowie von Kraftfahrzeuganhängern, die hinter diesen Fahrzeugen mitgeführt werden, wenn das Fahrzeug während des Zeitraums, für den die Steuer zu entrichten wäre, zu mehr als 50 vom Hundert der insgesamt gefahrenen Strecke im Linienverkehr verwendet wird. [2]Die Verwendung des Fahrzeugs ist, ausgenommen bei Oberleitungsomnibussen, buchmäßig nachzuweisen;

7. Zugmaschinen (ausgenommen Sattelzugmaschinen), Sonderfahrzeugen, Kraftfahrzeuganhängern hinter Zugmaschinen oder Sonderfahrzeugen und einachsigen Kraftfahrzeuganhängern (ausgenommen Sattelanhänger, aber einschließlich der zweiachsigen Anhänger mit einem Achsabstand von weniger als einem Meter), solange diese Fahrzeuge ausschließlich

   a) in land- oder forstwirtschaftlichen Betrieben,

---

[1] § 3 Nr. 1 neu gef. mWv 12. 6. 2015 durch G v. 8. 6. 2015 (BGBl. I S. 901).
[2] Umbenennung mWv 1. 7. 2005 durch G v. 21. 6. 2005 (BGBl. I S. 1818).
[3] § 3 Nr. 2 geänd. mWv 1. 7. 2009 durch G v. 27. 5. 2010 (BGBl. I S. 668).

b) zur Durchführung von Lohnarbeiten für land- oder forstwirtschaftliche Betriebe,

c) zu Beförderungen für land- oder forstwirtschaftliche Betriebe, wenn diese Beförderungen in einem land- oder forstwirtschaftlichen Betrieb beginnen oder enden,

d) zur Beförderung von Milch, Magenmilch, Molke oder Rahm oder

e) von Land- oder Forstwirten zur Pflege von öffentlichen Grünflächen oder zur Straßenreinigung im Auftrag von Gemeinden oder Gemeindeverbänden

verwendet werden. 2 Als Sonderfahrzeuge gelten Fahrzeuge, die nach ihrer Bauart und ihren besonderen, mit ihnen fest verbundenen Einrichtungen nur für die bezeichneten Verwendungszwecke geeignet und bestimmt sind. 3 Die Steuerbefreiung nach Buchstabe a wird nicht dadurch ausgeschlossen, dass ein Land- oder Forstwirt land- oder forstwirtschaftliche Erzeugnisse von einer örtlichen Sammelstelle zu einem Verwertungs- oder Verarbeitungsbetrieb, land- oder forstwirtschaftliche Bedarfsgüter vom Bahnhof zur örtlichen Lagereinrichtung oder Holz vom forstwirtschaftlichen Betrieb aus befördert. 4 Die Steuerbefreiung nach Buchstabe d wird nicht dadurch ausgeschlossen, dass Untersuchungsproben zur Tierseuchenbekämpfung oder auf dem Rückweg von einer Molkerei Milcherzeugnisse befördert werden;[1)]

8. a) Zugmaschinen, solange sie ausschließlich für den Betrieb eines Schaustellergewerbes verwendet werden,

   b)[2)] Wohnwagen und Wohnmobile jeweils mit einem zulässigen Gesamtgewicht von mehr als 3 500 Kilogramm und Packwagen mit einem zulässigen Gesamtgewicht von mehr als 2 500 Kilogramm im Gewerbe nach Schaustellerart, solange sie ausschließlich dem Schaustellergewerbe dienen;

9. Fahrzeugen, solange sie ausschließlich für die Zustellung und Abholung von Behältern mit einem Rauminhalt von fünf Kubikmetern oder mehr, von auswechselbaren Aufbauten oder von Kraftfahrzeuganhängern verwendet werden, die im Vor- oder Nachlauf im Kombinierten Verkehr

   a) Schiene/Straße zwischen Be- oder Entladestelle und nächstgelegenem geeigneten Bahnhof oder

   b) Binnenwasserstraße/Straße zwischen Be- oder Entladestelle und einem innerhalb eines Umkreises von höchstens 150 Kilometern Luftlinie gelegenen Binnenhafen oder

   c) See/Straße mit einer Seestrecke von mehr als 100 Kilometern Luftlinie zwischen Be- oder Entladestelle und einem innerhalb eines Umkreises von höchstens 150 Kilometern Luftlinie gelegenen Seehafen

befördert worden sind oder befördert werden. 2 Voraussetzung ist, dass die Fahrzeuge äußerlich als für diese Zwecke bestimmt erkennbar sind;

[1)] § 3 Satz 4 geänd. mWv 1. 7. 2010 durch G v. 27. 5. 2010 (BGBl. I S. 668).

[2)] § 3 Satz 8 Buchst. b geänd. mWv 12. 6. 2015 durch G v. 8. 6. 2015 (BGBl. I S. 668).

10. Fahrzeugen, die zugelassen sind

    a) für eine bei der Bundesrepublik Deutschland beglaubigte diplomatische Vertretung eines anderen Staates,

    b) für Mitglieder der unter Buchstabe a bezeichneten diplomatischen Vertretungen oder für Personen, die zum Geschäftspersonal dieser Vertretungen gehören und der inländischen Gerichtsbarkeit nicht unterliegen,

    c) für eine in der Bundesrepublik Deutschland zugelassene konsularische Vertretung eines anderen Staates, wenn der Leiter der Vertretung Angehöriger des Entsendestaates ist und außerhalb seines Amtes in der Bundesrepublik Deutschland keine Erwerbstätigkeit ausübt,

    d) für einen in der Bundesrepublik Deutschland zugelassenen Konsularvertreter (Generalkonsul, Konsul, Vizekonsul, Konsularagenten) oder für Personen, die zum Geschäftspersonal dieser Konsularvertreter gehören, wenn sie Angehörige des Entsendestaates sind und außerhalb ihres Amtes in der Bundesrepublik Deutschland keine Erwerbstätigkeit ausüben.

    2 Die Steuerbefreiung tritt nur ein, wenn Gegenseitigkeit gewährt wird;

11. (weggefallen)

12.[1] (*aufgehoben*)

13.[2] ausländischen Personenkraftfahrzeugen und ihren Anhängern, die zum vorübergehenden Aufenthalt in das Inland gelangen, für die Dauer bis zu einem Jahr. 2 Die Steuerbefreiung entfällt, wenn die Fahrzeuge der entgeltlichen Beförderung von Personen oder Gütern dienen oder für diese Fahrzeuge ein regelmäßiger Standort im Inland begründet ist;

14. ausländischen Fahrzeugen, die zur Ausbesserung in das Inland gelangen und für die nach den Zollvorschriften ein Ausbesserungsverkehr bewilligt wird;

15. ausländischen Fahrzeugen, solange sie öffentliche Straßen benutzen, die die einzige oder die gegebene Verbindung zwischen verschiedenen Orten eines anderen Staates bilden und das Inland auf kurzen Strecken durchschneiden;

16. Dienstfahrzeugen von Behörden anderer Staaten, die auf Dienstfahrten zum vorübergehenden Aufenthalt in das Grenzgebiet gelangen. 2 Voraussetzung ist, dass Gegenseitigkeit gewährt wird.

§ 3 a Vergünstigungen für Schwerbehinderte. (1) Von der Steuer befreit ist das Halten von Kraftfahrzeugen, solange die Fahrzeuge für schwerbehinderte Personen zugelassen sind, die durch einen Ausweis im Sinne des Neunten Buches Sozialgesetzbuch oder des Artikels 3 des Gesetzes über die unentgeltliche Beförderung Schwerbehinderter im öffentlichen Personenverkehr vom 9. Juli

[1] § 3 Nr. 12 aufgeh. mWv 1. 7. 2010 durch G v. 27. 5. 2010 (BGBl. I S. 668).
[2] § 3 Nr. 13 geänd. mWv 12. 6. 2015 durch G v. 8. 6. 2015 (BGBl. I S. 901).

1979 (BGBl. I S. 989) mit dem Merkzeichen „H", „Bl" oder „aG" nachweisen, dass sie hilflos, blind oder außergewöhnlich gehbehindert sind.

(2)[1] [1]Die Steuer ermäßigt sich um 50 vom Hundert für Kraftfahrzeuge, solange die Fahrzeuge für schwerbehinderte Personen zugelassen sind, die durch einen Ausweis im Sinne des Neunten Buches Sozialgesetzbuch oder des Artikels 3 des Gesetzes über die unentgeltliche Beförderung Schwerbehinderter im öffentlichen Personenverkehr mit orangefarbenem Flächenaufdruck nachweisen, dass sie die Voraussetzungen des § 145 Abs. 1 Satz 1 des Neunten Buches Sozialgesetzbuch erfüllen. [2]Die Steuerermäßigung wird nicht gewährt, solange die schwerbehinderte Person das Recht zur unentgeltlichen Beförderung nach § 145 des Neunten Buches Sozialgesetzbuch in Anspruch nimmt.

(3) [1]Die Steuervergünstigung der Absätze 1 und 2 steht den behinderten Personen nur für ein Fahrzeug und nur auf schriftlichen Antrag zu. [2]Sie entfällt, wenn das Fahrzeug zur Beförderung von Gütern (ausgenommen Handgepäck), zur entgeltlichen Beförderung von Personen (ausgenommen die gelegentliche Mitbeförderung) oder durch andere Personen zu Fahrten benutzt wird, die nicht im Zusammenhang mit der Fortbewegung oder der Haushaltsführung der behinderten Personen stehen.

§ 3b[2] Steuerbefreiung für besonders schadstoffreduzierte Personenkraftwagen mit Selbstzündungsmotor. (1) [1]Das Halten von Personenkraftwagen mit Selbstzündungsmotor ist *vorbehaltlich des Absatzes 2* befristet von der Steuer befreit, wenn das Fahrzeug in der Zeit vom *1. Juli 2009* [***n. F.:*** 1. Januar 2011] bis zum 31. Dezember 2013 erstmals zugelassen wird und nach Feststellung der Zulassungsbehörde ab dem Tag der erstmaligen Zulassung den Anforderungen der Stufe Euro 6 nach der Tabelle 2 des Anhangs I der Verordnung (EG) Nr. 715/2007 genügt. [2]Die Steuerbefreiung beginnt am Tag der erstmaligen Zulassung. [3]Sie endet, sobald die Steuerersparnis auf der Grundlage der jeweiligen Steuersätze nach § 9 Absatz 1 Nummer 2 Buchstabe b den Betrag von 150 Euro erreicht. [4]Die Steuerbefreiung wird für jedes Fahrzeug nur einmal gewährt.

(2) Voraussetzung ist, dass in der Zulassungsbescheinigung Teil I (Fahrzeugschein) am Tag der erstmaligen Zulassung eine emissionsbezogene Schlüsselnummer ausgewiesen ist, die das Erfüllen der Voraussetzungen für die Steuerbefreiung bestätigt.

(3) Die Steuerbefreiung endet spätestens am 31. Dezember 2013.

(4) Soweit die befristete Steuerbefreiung bei einem Halterwechsel noch nicht abgelaufen ist, wird sie dem neuen Halter gewährt.

(5) Die Zeiten der Außerbetriebsetzung eines Fahrzeugs und die Zeiten außerhalb des auf einem Saisonkennzeichen angegebenen Betriebszeitraums haben keine Auswirkungen auf die Steuerbefreiung.

---

[1] § 3a Abs. 2 Sätze 3 und 4 aufgeh. mWv 12. 6. 2015 durch G v. 8. 6. 2015 (BGBl. I S. 901).

[2] § 3b eingef. mWv 1. 7. 2009 durch G v. 29. 5. 2009 (BGBl. I S. 1170); Abs. 1 Satz 1 geänd., Abs. 2 Sätze 1, 2 und 4 aufgeh. mWv 1. 7. 2009 durch G v. 27. 5. 2010 (BGBl. I S. 668), siehe aber Vertrauensschutz in § 18 Abs. 11.

(6) Die Steuerbefreiung gilt nicht für Kennzeichen im Sinne des § 1 Absatz 1 Nummer 4 Satz 1.

§ 3c.[1] *(aufgehoben)*

§ 3d[2] **Steuerbefreiung für Elektrofahrzeuge.** (1) [1]Von der Steuer befreit ist das Halten von Elektrofahrzeugen im Sinne des § 9 Absatz 2. [2]Die Steuerbefreiung wird ab dem Tag der erstmaligen Zulassung gewährt für

1. zehn Jahre in der Zeit vom 18. Mai 2011 bis zum 31. Dezember 2015,
2. fünf Jahre in der Zeit vom 1. Januar 2016 bis zum 31. Dezember 2020.

(2) [1]Die Steuerbefreiung wird für jedes Fahrzeug einmal gewährt. [2]Soweit sie bei einem Halterwechsel noch nicht abgelaufen ist, wird sie dem neuen Halter gewährt.

(3) Die Zeiten der Außerbetriebsetzung eines Fahrzeugs und die Zeiten außerhalb des auf einem Saisonkennzeichen angegebenen Betriebszeitraums haben keine Auswirkungen auf die Steuerbefreiung.

§§ 3e bis 3h. (weggefallen)

§ 4 Erstattung der Steuer bei Beförderungen von Fahrzeugen mit der Eisenbahn. (1) [1]Die Steuer ist auf schriftlichen Antrag für einen Zeitraum von zwölf Monaten, gerechnet vom Beginn eines Entrichtungszeitraums, zu erstatten, wenn das Fahrzeug während dieses Zeitraums bei mehr als 124 Fahrten beladen oder leer auf einem Teil der jeweils zurückgelegten Strecke mit der Eisenbahn befördert worden ist. [2]Wird die in Satz 1 bestimmte Zahl von Fahrten nicht erreicht, so werden erstattet

1. bei mehr als 93 Fahrten 75 vom Hundert der Jahressteuer,
2. bei weniger als 94, aber mehr als 62 Fahrten 50 vom Hundert der Jahressteuer,
3. bei weniger als 63, aber mehr als 31 Fahrten 25 vom Hundert der Jahressteuer.

[3]Ist die mit der Eisenbahn zurückgelegte Strecke länger als 400 Kilometer, so wird eine Fahrt zweifach gerechnet, ist die mit der Eisenbahn zurückgelegte Strecke länger als 800 Kilometer, so wird eine Fahrt dreifach gerechnet.

(2) Der Nachweis, dass die Voraussetzungen für die Erstattung der Steuer erfüllt sind, ist für jedes Fahrzeug durch fortlaufende Aufzeichnungen über Beförderungen mit der Eisenbahn zu erbringen, deren Richtigkeit für jede Fahrt von der Eisenbahn zu bescheinigen ist.

---

[1] § 3c aufgeh. mWv 12. 6. 2015 durch G v. 8. 6. 2015 (BGBl. I S. 901).

[2] § 3d neu gef. mWv 12. 12. 2012 durch G v. 5. 12. 2012 (BGBl. I S. 2431); vgl. auch § 18 Abs. 4b.

§ 5 Dauer der Steuerpflicht. (1)[1] Die Steuerpflicht dauert

1. bei einem inländischen Fahrzeug, vorbehaltlich des Absatzes 2, solange das Fahrzeug zum Verkehr zugelassen ist, mindestens jedoch einen Monat;
2. bei einem ausländischen Fahrzeug, vorbehaltlich des Absatzes 2, solange sich das Fahrzeug im Inland befindet;
3. bei einem widerrechtlich benutzten Fahrzeug, solange die widerrechtliche Benutzung dauert, mindestens jedoch einen Monat;
4. bei einem Ausfuhrkennzeichen und einem Kennzeichen im Sinne des § 1 Absatz 1 Nummer 4, solange das Kennzeichen geführt werden darf, mindestens jedoch einen Monat;
5. bei einem Saisonkennzeichen, vorbehaltlich des Absatzes 2, solange das Kennzeichen geführt werden darf, mindestens jedoch einen Monat.

(2) [1] Fallen bei einem Fahrzeug die Voraussetzungen für eine Steuerbefreiung weg, so beginnt die Steuerpflicht mit dem Wegfall dieser Voraussetzungen. [2] Absatz 1 Nr. 1 letzter Halbsatz ist nicht anzuwenden, wenn das Fahrzeug nur zeitlich befristet von der Steuer befreit war. [3] Die Steuerpflicht endet vorbehaltlich des Satzes 4 mit dem Eintritt der Voraussetzungen für eine Steuerbefreiung. [4] Wird ein Fahrzeug, dessen Halten von der Steuer befreit ist, vorübergehend zu anderen als den begünstigten Zwecken benutzt (zweckfremde Benutzung), so dauert die Steuerpflicht, solange die zweckfremde Benutzung währt, mindestens jedoch einen Monat; Entsprechendes gilt, wenn eine Steuerermäßigung nach § 3a Abs. 2 wegen vorübergehender zweckfremder Benutzung des Fahrzeugs entfällt. [5] Ein Fahrzeug, dessen Halten nach § 3 Nr. 5 von der Steuer befreit ist, wird nicht deshalb zweckfremd benutzt, weil es für humanitäre Hilfsgütertransporte in das Ausland oder für zeitlich damit zusammenhängende Vorbereitungsfahrten verwendet wird.

(3) [1] Wird ein inländisches Fahrzeug während der Dauer der Steuerpflicht verändert und ändert sich infolgedessen die Höhe der Steuer, so beginnt die Steuerpflicht bei dem veränderten Fahrzeug mit der Änderung, spätestens mit der Aushändigung des neuen oder geänderten Fahrzeugscheins; gleichzeitig endet die frühere Steuerpflicht. [2] Entsprechendes gilt, wenn sich die Höhe der Steuer auf Grund eines Antrags nach § 3a Abs. 2 oder nach § 10 Abs. 2 (Anhängerzuschlag) ändert.

(4)[2] [1] Wird ein inländisches Fahrzeug außer Betrieb gesetzt und werden dabei die diesbezügliche Änderung im Fahrzeugschein und die Entstempelung des Kennzeichens an verschiedenen Tagen vorgenommen, so ist der letzte Tag maßgebend. [2] Die für die Ausübung der Verwaltung der Kraftfahrzeugsteuer zuständige Behörde kann für die Beendigung der Steuerpflicht einen früheren

---

[1] § 5 Abs. 1 Nr. 4 geänd. mWv 5. 11. 2008 durch G v. 21. 12. 2008 (BGBl. I S. 2896); geänd. mWv 1. 7. 2010 durch G v. 27. 5. 2010 (BGBl. I S. 668); Nr. 5 eingef. mWv 1. 7. 2010 durch G v. 27. 5. 2010 (BGBl. I S. 668); Nrn. 1 und 5 geänd. mWv 12. 6. 2015 durch G v. 8. 6. 2015 (BGBl. I S. 901).

[2] § 5 Abs. 4 Satz 1 geänd. mWv 5. 11. 2008 durch G v. 21. 12. 2008 (BGBl. I S. 2896), Satz 2 geänd. mWv 1. 7. 2009 durch G v. 29. 5. 2009 (BGBl. I S. 1170); Satz 1 geänd. mWv 12. 6. 2015 durch G v. 8. 6. 2015 (BGBl. I S. 901).

Zeitpunkt zugrunde legen, wenn der Steuerschuldner glaubhaft macht, dass das Fahrzeug seit dem früheren Zeitpunkt nicht benutzt worden ist und dass er die Abmeldung des Fahrzeugs nicht schuldhaft verzögert hat.

(5)[1] *(aufgehoben)*

§ 6 Entstehung der Steuer. Die Steuer entsteht mit Beginn der Steuerpflicht, bei fortlaufenden Entrichtungszeiträumen mit Beginn des jeweiligen Entrichtungszeitraums.

§ 7 Steuerschuldner. Steuerschuldner ist

1. bei einem inländischen Fahrzeug die Person, für die das Fahrzeug zum Verkehr zugelassen ist,
2.[2] bei einem ausländischen Fahrzeug die Person, die das Fahrzeug im Inland benutzt,
3. bei einem widerrechtlich benutzten Fahrzeug die Person, die das Fahrzeug widerrechtlich benutzt,
4. bei einem Kennzeichen im Sinne des § 1 Abs. 1 Nr. 4 die Person, der das Kennzeichen zugeteilt ist.

§ 8 Bemessungsgrundlage. Die Steuer bemisst sich

1.[3] bei Fahrzeugen der Klasse M_1 ohne besondere Zweckbestimmung als Wohnmobil oder Kranken- und Leichenwagen (Personenkraftwagen)
   a) mit erstmaliger Zulassung bis zum 30. Juni 2009 und bei Krafträdern nach dem Hubraum, soweit diese Fahrzeuge durch Hubkolbenmotoren angetrieben werden, bei Personenkraftwagen mit Hubkolbenmotoren zusätzlich nach den Schadstoff- und Kohlendioxidemissionen;
   b) mit erstmaliger Zulassung ab dem 1. Juli 2009, soweit es sich nicht um Fahrzeuge im Sinne des § 9 Absatz 2 handelt,[4] nach den Kohlendioxidemissionen und dem Hubraum;

1 a.[5] bei Wohnmobilen nach dem verkehrsrechtlich zulässigen Gesamtgewicht und zusätzlich nach den Schadstoffemissionen;

1 b.[6] bei dreirädrigen und leichten vierrädrigen Kraftfahrzeugen mit Hubkolbenmotoren, die unter den Anwendungsbereich der Richtlinie 97/24/EG des Europäischen Parlaments und des Rates vom 17. Juni 1997 über bestimmte Bauteile und Merkmale von zweirädrigen oder dreirädrigen Kraftfahrzeugen (ABl. L 226 vom 18. 8. 1997, S. 1, L 65 vom 5. 3. 1998, S. 35, L 244 vom 3. 9. 1998, S. 20, L 67 vom 11. 3. 2008, S. 22), die zuletzt

---

[1] § 5 Abs. 5 aufgeh. mWv 12. 6. 2015 durch G v. 8. 6. 2015 (BGBl. I S. 901).

[2] § 7 Nr. 2 geänd. mWv 5. 11. 2008 durch G v. 21. 12. 2008 (BGBl. I S. 2896).

[3] § 8 Nr. 1 neu gef. mWv 1. 7. 2009 durch G v. 29. 5. 2009 (BGBl. I S. 1170); geänd. mWv 12. 12. 2012 durch G v. 5. 12. 2012 (BGBl. I S. 2431).

[4] § 8 Nr. 1 Buchst. b Kommateil eingef. mWv 1. 7. 2010 durch G v. 27. 5. 2010 (BGBl. I S. 668).

[5] § 8 Nr. 1 a eingef. mWv 1. 5. 2005 durch G v. 21. 12. 2006 (BGBl. I S. 3344).

[6] § 8 Nr. 1 b eingef. mWv 1. 7. 2010 durch G v. 27. 5. 2010 (BGBl. I S. 668).

durch die Richtlinie 2009/108/EG der Kommission vom 17. August 2009 (ABl. L 213 vom 18. 8. 2009, S. 10) geändert worden ist, in der jeweils geltenden Fassung fallen, nach dem Hubraum und den Schadstoffemissionen;

2.[1] bei anderen Fahrzeugen, Kranken- und Leichenwagen nach dem verkehrsrechtlich zulässigen Gesamtgewicht, bei Kraftfahrzeugen mit einem verkehrsrechtlich zulässigen Gesamtgewicht über 3500 Kilogramm zusätzlich nach Schadstoff- und Geräuschemissionen. [2]Das verkehrsrechtlich zulässige Gesamtgewicht ist bei Sattelanhängern um die Aufliegelast und bei Starrdeichselanhängern einschließlich Zentralachsanhängern um die Stützlast zu vermindern.

§ 9 Steuersatz. (1) Die Jahressteuer beträgt für

1. Krafträder, die durch Hubkolbenmotoren angetrieben werden, für je 25 Kubikzentimeter Hubraum oder einen Teil davon 1,84 Euro;

2.[2] Personenkraftwagen

a) mit Hubkolbenmotoren bei erstmaliger Zulassung bis zum 30. Juni 2009 für je 100 Kubikzentimeter Hubraum oder einen Teil davon, wenn sie

	durch Fremdzündungsmotoren angetrieben werden und	durch Selbstzündungsmotoren angetrieben werden und
aa) mindestens die verbindlichen Grenzwerte für Fahrzeuge mit einer zulässigen Gesamtmasse von nicht mehr als 2500 kg nach Zeile A Fahrzeugklasse M der Tabelle in Nummer 5.3.1.4 des Anhangs I der Richtlinie 70/220/EWG des Rates vom 20. März 1970 zur Angleichung der Rechtsvorschriften der Mitgliedstaaten über Maßnahmen gegen die Verunreinigung der Luft durch Emissionen von Kraftfahrzeugen (ABl. L 76 vom 6. 4. 1970, S. 1) in der jeweils geltenden Fassung, einhalten oder wenn die Kohlendioxidemissionen, ermittelt nach der Richtlinie 93/116/EG der Kommission vom 17. Dezember 1993 zur Anpassung der Richtlinie 80/1268/EWG des Rates über den Kraftstoffverbrauch		

[1] § 8 Nr. 2 geänd. mWv 12. 12. 2012 durch G v. 5. 12. 2012 (BGBl. I S. 2431).
[2] § 9 Abs. 1 Nr. 2 neu gef. durch G v. 29. 5. 2009 (BGBl. I S. 1170).
Zu Abs. 1 Nr. 2 siehe § 18 Abs. 4 a und 4 b.

	durch Fremdzündungsmotoren angetrieben werden und	durch Selbstzündungsmotoren angetrieben werden und
von Kraftfahrzeugen an den technischen Fortschritt (ABl. L 329 vom 30. 12. 1993, S. 39) in der jeweils geltenden Fassung, 90 g/km nicht übersteigen	6,75 EUR	15,44 EUR,
bb) als schadstoffarm anerkannt sind, der Richtlinie 70/220/EWG in der Fassung der Richtlinie 94/12/EG des Europäischen Parlaments und des Rates vom 23. März 1994 über Maßnahmen gegen die Verunreinigung der Luft durch Emissionen von Kraftfahrzeugen und zur Änderung der Richtlinie 70/220/ EWG (ABl. L 100 vom 19. 4. 1994, S. 42) entsprechen und die in der Richtlinie 94/12/EG unter Nummer 5.3.1.4 für die Fahrzeugklasse M genannten Schadstoffgrenzwerte einhalten	7,36 EUR	16,05 EUR,
cc) als schadstoffarm oder bedingt schadstoffarm Stufe C anerkannt sind und für sie ein Verkehrsverbot bei erhöhten Ozonkonzentrationen nach § 40 c des Bundes-Immissionsschutzgesetzes in der bis zum 31. Dezember 1999 geltenden Fassung nicht galt	15,13 EUR	27,35 EUR,
dd) nicht als schadstoffarm oder bedingt schadstoffarm anerkannt sind und für sie ein Verkehrsverbot bei erhöhten Ozonkonzentrationen nach § 40 c des Bundes-Immissionsschutzgesetzes in der bis zum 31. Dezember 1999 geltenden Fassung nicht galt	21,07 EUR	33,29 EUR,
ee) nicht die Voraussetzungen für die Anwendung der Steuersätze nach den Doppelbuchstaben aa bis dd erfüllen	25,36 EUR	37,58 EUR;

b)[1] bei erstmaliger Zulassung ab dem 1. Juli 2009 für je 100 Kubikzentimeter Hubraum oder einem Teil davon 2 Euro für Fremdzündungsmotoren

[1] § 9 Abs. 1 Nr. 2 Buchst. b geänd. mWv 1. 7. 2010 durch G v. 27. 5. 2010 (BGBl. I S. 668).

und 9,50 Euro für Selbstzündungsmotoren zuzüglich jeweils 2 Euro für jedes Gramm Kohlendioxidemission je Kilometer entsprechend der Richtlinie 93/116/EG der Kommission vom 17. Dezember 1993 zur Anpassung der Richtlinie 80/1268/EWG des Rates über den Kraftstoffverbrauch von Kraftfahrzeugen an den technischen Fortschritt (ABl. L 329 vom 30. 12. 1993, S. 39) oder die Verordnung (EG) Nr. 715/2007 des Europäischen Parlaments und des Rates vom 20. Juni 2007 über die Typengenehmigung von Kraftfahrzeugen hinsichtlich der Emissionsklassen von leichten Personenkraftwagen und Nutzfahrzeugen (Euro 5 und Euro 6) und über den Zugang zu Reparatur- und Wartungsinformationen für Fahrzeuge (ABl. L 171 vom 29. 6. 2007, S. 1), die zuletzt durch die Verordnung (EG) Nr. 692/2008 der Kommission vom 18. Juli 2008 (ABl. L 199 vom 28. 7. 2008, S. 1) geändert worden ist, in der jeweils geltenden Fassung, das bei erstmaliger Zulassung

aa) bis zum 31. Dezember 2011 120 g/km,

bb) ab dem 1. Januar 2012 110 g/km,

cc) ab dem 1. Januar 2014 95 g/km

überschreitet;

2a.[1] Wohnmobile für je 200 Kilogramm Gesamtgewicht oder einem Teil davon, wenn sie nach Feststellung der Zulassungsbehörde im Sinne der Anlage XIV zu § 48 der Straßenverkehrs-Zulassungs-Ordnung

a) mindestens der Schadstoffklasse S 4 entsprechen, von dem Gesamtgewicht

bis zu 2 000 kg .... 16 EUR,

über 2 000 kg .... 10 EUR,

insgesamt jedoch nicht mehr als 800 EUR,

b) der Schadstoffklasse S 3, S 2 oder S 1 entsprechen, von dem Gesamt gewicht

bis zu 2 000 kg .... 24 EUR,

über 2 000 kg .... 10 EUR,

insgesamt jedoch nicht mehr als 1000 EUR,

c) die Voraussetzungen nach Buchstabe a oder b nicht erfüllen, von dem Gesamtgewicht

bis zu 2000 kg .... 40 EUR,

über 2 000 kg bis zu 5000 kg .... 10 EUR,

über 5 000 kg bis zu 12000 kg .... 15 EUR,

über 12000 kg .... 25 EUR;

ab dem 1. Januar 2010 auch für die Schadstoffklasse S 1;

2b.[2] dreirädrige und leichte vierrädrige Kraftfahrzeuge mit Hubkolbenmotoren, die unter den Anwendungsbereich der Richtlinie 97/24/EG fallen, für je 100 Kubikzentimeter Hubraum oder einen Teil davon, wenn sie

---

[1] § 9 Abs. 1 Nr. 2a eingef. mWv 1. 5. 2005 durch G v. 21. 12. 2006 (BGBl. I S. 3344).

[2] § 9 Abs. 1 Nr. 2b eingef. mWv 1. 7. 2010 durch G v. 27. 5. 2010 (BGBl. I S. 668).

a) die verbindlichen Grenzwerte nach Zeile A (2003) der Tabelle zu Nummer 2.2.1.1.5 in Kapitel 5 Anhang II der Richtlinie 97/24/EG einhalten und angetrieben werden
   aa) durch Fremdzündungsmotor .... 21,07 EUR,
   bb) durch Selbstzündungsmotor .... 33,29 EUR,

b) die Voraussetzungen nach Buchstabe a nicht erfüllen und angetrieben werden
   aa) durch Fremdzündungsmotor .... 25,36 EUR,
   bb) durch Selbstzündungsmotor .... 37,58 EUR;

3. andere Kraftfahrzeuge mit einem verkehrsrechtlich zulässigen Gesamtgewicht bis 3500 Kilogramm für je 200 Kilogramm Gesamtgewicht oder einen Teil davon,
   von dem Gesamtgewicht

	bis zu 2 000 kg	11,25 EUR,
über 2 000 kg	bis zu 3 000 kg	12,02 EUR,
über 3 000 kg	bis zu 3 500 kg	12,78 EUR;

4. alle übrigen Kraftfahrzeuge mit einem verkehrsrechtlich zulässigen Gesamtgewicht von mehr als 3500 Kilogramm für je 200 Kilogramm Gesamtgewicht oder einen Teil davon, wenn sie nach Feststellung der Zulassungsbehörde
   a)[1] mindestens zur Schadstoffklasse S 2 im Sinne der Anlage XIV zu § 48 der Straßenverkehrs-Zulassungs-Ordnung gehören,
   von dem Gesamtgewicht

	bis zu 2 000 kg	6,42 EUR,
über 2 000 kg	bis zu 3 000 kg	6,88 EUR,
über 3 000 kg	bis zu 4 000 kg	7,31 EUR,
über 4 000 kg	bis zu 5 000 kg	7,75 EUR,
über 5 000 kg	bis zu 6 000 kg	8,18 EUR,
über 6 000 kg	bis zu 7 000 kg	8,62 EUR,
über 7 000 kg	bis zu 8 000 kg	9,36 EUR,
über 8 000 kg	bis zu 9 000 kg	10,07 EUR,
über 9 000 kg	bis zu 10 000 kg	10,97 EUR,
über 10 000 kg	bis zu 11 000 kg	11,84 EUR,
über 11 000 kg	bis zu 12 000 kg	13,01 EUR,
über 12 000 kg		14,32 EUR,

   insgesamt jedoch nicht mehr als 556 EUR,

   b) zur Schadstoffklasse S 1 im Sinne der Anlage XIV zu § 48 der Straßenverkehrs-Zulassungs-Ordnung gehören,
   von dem Gesamtgewicht

	bis zu 2 000 kg	6,42 EUR,
über 2 000 kg	bis zu 3 000 kg	6,88 EUR,
über 3 000 kg	bis zu 4 000 kg	7,31 EUR,

[1] § 9 Abs. 1 Nr. 4 Buchst. a neu gef. mWv 1. 9. 2007 durch G v. 17. 8. 2007 (BGBl. I S. 1958).

über 4000 kg bis zu 5000 kg .... 7,75 EUR,
über 5000 kg bis zu 6000 kg .... 8,18 EUR,
über 6000 kg bis zu 7000 kg .... 8,62 EUR,
über 7000 kg bis zu 8000 kg .... 9,36 EUR,
über 8000 kg bis zu 9000 kg .... 10,07 EUR,
über 9000 kg bis zu 10000 kg .... 10,97 EUR,
über 10000 kg bis zu 11000 kg .... 11,84 EUR,
über 11000 kg bis zu 12000 kg .... 13,01 EUR,
über 12000 kg bis zu 13000 kg .... 14,32 EUR,
über 13000 kg bis zu 14000 kg .... 15,77 EUR,
über 14000 kg bis zu 15000 kg .... 26,00 EUR,
über 15000 kg .... 36,23 EUR,

insgesamt jedoch nicht mehr als 914 EUR[1]),

c) zur Geräuschklasse G 1 im Sinne der Anlage XIV zu § 48 der Straßenverkehrs-Zulassungs-Ordnung gehören,
von dem Gesamtgewicht

bis zu 2000 kg .... 9,64 EUR,
über 2000 kg bis zu 3000 kg .... 10,30 EUR,
über 3000 kg bis zu 4000 kg .... 10,97 EUR,
über 4000 kg bis zu 5000 kg .... 11,61 EUR,
über 5000 kg bis zu 6000 kg .... 12,27 EUR,
über 6000 kg bis zu 7000 kg .... 12,94 EUR,
über 7000 kg bis zu 8000 kg .... 14,03 EUR,
über 8000 kg bis zu 9000 kg .... 15,11 EUR,
über 9000 kg bis zu 10000 kg .... 16,44 EUR,
über 10000 kg bis zu 11000 kg .... 17,74 EUR,
über 11000 kg bis zu 12000 kg .... 19,51 EUR,
über 12000 kg bis zu 13000 kg .... 21,47 EUR,
über 13000 kg bis zu 14000 kg .... 23,67 EUR,
über 14000 kg bis zu 15000 kg .... 39,01 EUR,
über 15000 kg .... 54,35 EUR,

insgesamt jedoch nicht mehr als 1425 EUR[1]),

d) die Voraussetzungen nach Buchstabe a, b oder c nicht erfüllen,
von dem Gesamtgewicht

bis zu 2000 kg .... 11,25 EUR,
über 2000 kg bis zu 3000 kg .... 12,02 EUR,
über 3000 kg bis zu 4000 kg .... 12,78 EUR,
über 4000 kg bis zu 5000 kg .... 13,55 EUR,
über 5000 kg bis zu 6000 kg .... 14,32 EUR,
über 6000 kg bis zu 7000 kg .... 15,08 EUR,
über 7000 kg bis zu 8000 kg .... 16,36 EUR,
über 8000 kg bis zu 9000 kg .... 17,64 EUR,
über 9000 kg bis zu 10000 kg .... 19,17 EUR,
über 10000 kg bis zu 11000 kg .... 20,71 EUR,

[1]) Betrag geänd. mWv 1. 9. 2007 durch G v. 17. 8. 2007 (BGBl. I S. 1958).

über 11000 kg bis zu 12000 kg .... 22,75 EUR,
über 12000 kg bis zu 13000 kg .... 25,05 EUR,
über 13000 kg bis zu 14000 kg .... 27,61 EUR,
über 14000 kg bis zu 15000 kg .... 45,50 EUR,
über 15000 kg .... 63,40 EUR,

insgesamt jedoch nicht mehr als 1681 EUR[1];

5. Kraftfahrzeuganhänger für je 200 Kilogramm Gesamtgewicht oder einen Teil davon 7,46 EUR, jedoch nicht mehr als 373,24 EUR[1].

(2)[2] Die Steuer ermäßigt sich um 50 vom Hundert des Betrags, der sich nach Absatz 1 Nr. 3 oder Nr. 4 Buchstabe a ergibt, für Fahrzeuge mit Antrieb ausschließlich durch Elektromotoren, die ganz oder überwiegend aus mechanischen oder elektrochemischen Energiespeichern oder aus emissionsfrei betriebenen Energiewandlern gespeist werden (Elektrofahrzeuge).

(3) [1] *Für ausländische Fahrzeuge beträgt die Steuer, wenn sie tageweise entrichtet wird, für jeden ganz oder teilweise im Inland zugebrachten Kalendertag* [***Fassung nach Inkrafttreten der Pkw-Maut:*** [1] Für ausländische Fahrzeuge beträgt die Steuer für jeden ganz oder teilweise im Inland zugebrachten Kalendertag][3]

1. bei Zwei- und Dreiradkraftfahrzeugen (ausgenommen Zugmaschinen) sowie bei Personenkraftwagen .... 0,51 EUR,
2. bei allen anderen Kraftfahrzeugen mit einem zulässigen Gesamtgewicht von
   a) nicht mehr als 7500 kg .... 1,53 EUR,
   b) mehr als 7500 kg und nicht mehr als 15000 kg .... 4,60 EUR,
   c) mehr als 15000 kg .... 6,14 EUR,
3. bei Kraftfahrzeuganhängern mit einem zulässigen Gesamtgewicht von
   a) nicht mehr als 7500 kg .... 1,02 EUR,
   b) mehr als 7500 kg und nicht mehr als 15000 kg .... 2,05 EUR,
   c) mehr als 15000 kg .... 3,07 EUR.

[2] Für diese Fahrzeuge ist der Nachweis des zulässigen Gesamtgewichts, sofern sich dieses nicht aus dem Zulassungsschein ergibt, durch eine amtliche Bescheinigung zu erbringen. [3] Die Bescheinigung muss die Identität und das

---

[1] Betrag geänd. mWv 1. 9. 2007 durch G v. 17. 8. 2007 (BGBl. I S. 1958).

[2] § 9 Abs. 2 geänd. mWv 12. 12. 2012 durch G v. 5. 12. 2012 (BGBl. I S. 2431); siehe auch § 18 Abs. 4 b.

[3] § 9 Abs. 3 Satz 1 Satzteil vor Nr. 1 geänd. durch G v. 8. 6. 2015 (BGBl. I S. 901); zum **Inkrafttreten** siehe Art. 3 Abs. 2 des G v. 8. 6. 2015:

(2) Artikel 1 Nummer 7 und 12 Buchstabe f tritt an dem Tag in Kraft, an dem die Abgabenerhebung nach dem Gesetz über die Erhebung einer zeitbezogenen Infrastrukturabgabe für die Benutzung von Bundesfernstraßen beginnt. Der Bundesminister der Finanzen gibt den Tag des Inkrafttretens im Bundesanzeiger bekannt.

zulässige Gesamtgewicht eindeutig nachweisen; sie ist in deutscher Sprache abzufassen.

(4) Für Kennzeichen im Sinne des § 1 Abs. 1 Nr. 4 Satz 1 beträgt die Jahressteuer,

1. wenn sie nur für Krafträder gelten .... 46,02 EUR,
2. im Übrigen .... 191,73 EUR.

(5) [1]Bei Berechnung der Steuer zählen angefangene Kalendertage als volle Tage. [2]Der Tag, an dem die Steuerpflicht endet, wird nicht mitgerechnet, ausgenommen in den Fällen der tageweisen Entrichtung nach § 11 Abs. 3 und der Entrichtung für einen nach Tagen berechneten Zeitraum nach § 11 Abs. 4 Nr. 1 sowie nach § 11 Abs. 4 Nr. 2, soweit die Mindestbesteuerung vorgeschrieben ist.

[*Nach Inkrafttreten der Pkw-Maut:*[1])

(6) Für inländische Kraftfahrzeuge ermäßigt sich die Jahressteuer (Steuerentlastungsbetrag) bei

1. Personenkraftwagen je 100 Kubikzentimeter Hubraum oder einem Teil davon,
   a) wenn sie mindestens die verbindlichen Grenzwerte nach Zeile B Fahrzeugklasse M der Tabellen in Nummer 5.3.1.4 des Anhangs I der Richtlinie 70/220/EWG in der bis 1. Januar 2013 geltenden Fassung einhalten und angetrieben werden
      aa) durch Fremdzündungsmotoren um 2 Euro,
      bb) durch Selbstzündungsmotoren um 5 Euro,
   b) wenn sie die Anforderungen nach Buchstabe a nicht erfüllen und angetrieben werden
      aa) durch Fremdzündungsmotoren um 6,50 Euro,
      bb) durch Selbstzündungsmotoren um 9,50 Euro,

   insgesamt jedoch um nicht mehr als 130 Euro;
2. Wohnmobilen je 200 Kilogramm verkehrsrechtlich zulässigem Gesamtgewicht oder einem Teil davon um 16 Euro, insgesamt jedoch um nicht mehr als 130 Euro;
3. Personenkraftwagen und Wohnmobilen mit
   a) zugeteiltem Oldtimer-Kennzeichen um 130 Euro,
   b) zugeteiltem Saisonkennzeichen für jeden Tag der Gültigkeitsdauer um den auf ihn entfallenden Bruchteil des Jahresbetrags nach den Nummern 1 bis 3 Buchstabe a.

---

[1]) § 9 Abs. 6 bis 8 angef. durch G v. 8. 6. 2015 (BGBl. I S. 901); zum **Inkrafttreten** siehe Art. 3 Abs. 2 des G v. 8. 6. 2015:

(2) Artikel 1 Nummer 7 und 12 Buchstabe f tritt an dem Tag in Kraft, an dem die Abgabenerhebung nach dem Gesetz über die Erhebung einer zeitbezogenen Infrastrukturabgabe für die Benutzung von Bundesfernstraßen beginnt. Der Bundesminister der Finanzen gibt den Tag des Inkrafttretens im Bundesanzeiger bekannt.

(7) Für ausländische Personenkraftwagen und Wohnmobile ermäßigt sich die Steuer nach Absatz 3 Nummer 1 und 2 um einen Steuerentlastungsbetrag von jeweils 0,35 Euro für jeden ganz oder teilweise im Inland zugebrachten Kalendertag.

(8) Vom Steuerentlastungsbetrag nach den Absätzen 6 und 7 ausgenommen sind Personenkraftwagen und Wohnmobile

1. mit roten Kennzeichen im Sinne des § 1 Absatz 1 Nummer 4,
2. von Fahrzeughaltern im Sinne des § 3 a Absatz 2,
3. als Elektrofahrzeuge im Sinne des Absatzes 2.]

§ 9 a[1)] Zuschlag für Personenkraftwagen mit Selbstzündungsmotor.

(1) Für Personenkraftwagen mit Selbstzündungsmotor erhöht sich in der Zeit vom 1. April 2007 bis zum 31. März 2011 der jeweilige Steuersatz nach § 9 Abs. 1 Nr. 2 um 1,20 Euro je 100 Kubikzentimeter oder einen Teil davon, wenn das Fahrzeug nicht einer der Partikelminderungsstufen PM 01 und PM 0 bis PM 5 oder einer der Partikelminderungsklassen PMK 01 und PMK 0 bis PMK 4 nach der Straßenverkehrs-Zulassungs-Ordnung entspricht.

(2) Der Zuschlag gilt nicht für Kennzeichen im Sinne des § 1 Abs. 1 Nr. 4 Satz 1.

§ 10 Sonderregelung für Kraftfahrzeuganhänger. (1) [1] Auf schriftlichen Antrag wird die Steuer für das Halten von Kraftfahrzeuganhängern mit Ausnahme von Wohnwagenanhängern nicht erhoben, solange die Anhänger ausschließlich hinter Kraftfahrzeugen (ausgenommen Krafträder und Personenkraftwagen) mitgeführt werden, für die eine um den Anhängerzuschlag erhöhte Steuer erhoben wird oder die ausschließlich zur Zustellung oder Abholung nach § 3 Nr. 9 verwendet werden. [2] Voraussetzung für die Steuervergünstigung ist außerdem, dass den Anhängern ein amtliches Kennzeichen in grüner Schrift auf weißem Grund zugeteilt worden ist.

(2) [1] Die um den Anhängerzuschlag erhöhte Steuer wird auf schriftlichen Antrag des Eigentümers des Kraftfahrzeugs oder, im Falle einer Zulassung für einen anderen, des Halters erhoben, wenn hinter dem Kraftfahrzeug Anhänger mitgeführt werden sollen, für die nach Absatz 1 Steuer nicht erhoben wird. [2] Dies gilt auch, wenn das Halten des Kraftfahrzeugs von der Steuer befreit ist, es sei denn, dass es ausschließlich zur Zustellung oder Abholung nach § 3 Nr. 9 verwendet wird.

(3)[2)] Der Anhängerzuschlag für die Dauer eines Jahres beträgt 373,24 Euro.

(4) Wird ein inländischer Kraftfahrzeuganhänger, bei dem nach Absatz 1 die Steuer nicht erhoben wird, hinter anderen als den nach Absatz 1 zulässigen Kraftfahrzeugen verwendet, so ist die Steuer zu entrichten, solange die bezeichnete Verwendung dauert, mindestens jedoch für einen Monat.

[1)] § 9 a eingef. mWv 1. 4. 2007 durch G v. 24. 3. 2007 (BGBl. I S. 356); i. Ü. siehe § 18 Abs. 6.

[2)] § 10 Abs. 3 neu gef. mWv 1. 9. 2007 durch G v. 17. 8. 2007 (BGBl. I S. 1958).

§ 10 a[1)] Sonderregelungen für Personenkraftwagen. (1) Die Steuer für das Halten von Personenkraftwagen wird vorbehaltlich des Absatzes 4 für ein Jahr ab dem Tag der erstmaligen Zulassung nicht erhoben, wenn das Fahrzeug in der Zeit vom 5. November 2008 bis zum 30. Juni 2009 erstmals zugelassen wird.

(2) Soweit Personenkraftwagen die Voraussetzung nach Absatz 1 erfüllen und nach Feststellung der Zulassungsbehörde ab dem Tag der erstmaligen Zulassung nach den Bestimmungen der Verordnung (EG) Nr. 715/2007 des Europäischen Parlaments und des Rates vom 20. Juni 2007 über die Typgenehmigung von Kraftfahrzeugen hinsichtlich der Emissionen von leichten Personenkraftwagen und Nutzfahrzeugen (Euro 5 und Euro 6) und über den Zugang zu Reparatur- und Wartungsinformationen für Fahrzeuge (ABl. EU Nr. L 171 S. 1), geändert durch die Verordnung (EG) Nr. 692/2008 der Kommission vom 18. Juli 2008 (ABl. EU Nr. L 199 S. 1), in der jeweils geltenden Fassung genehmigt sind, wird die Steuer vorbehaltlich des Absatzes 4 für ein weiteres Jahr nicht erhoben.

(3) [1]Absatz 2 gilt bei erstmaliger Zulassung vor dem 5. November 2008 für den Halter, auf den das Fahrzeug am 5. November 2008 zugelassen ist, und für Fahrzeuge, die am 5. November 2008 außer Betrieb gesetzt sind, für den Halter, auf den das Fahrzeug nach dem 5. November 2008 wieder zugelassen wird. [2]Die Steuervergünstigung gilt dabei abweichend für ein Jahr ab dem 1. Januar 2009. [3]Voraussetzung ist, dass im Fahrzeugschein am Tag der erstmaligen Zulassung eine emissionsbezogene Schlüsselnummer ausgewiesen ist, die das Erfüllen der Voraussetzungen für die Steuervergünstigung bestätigt. [4]Eine Steuervergünstigung für frühere Halter unterbleibt; dies gilt auch dann, wenn ein früherer Halter für das Fahrzeug Steuer entrichtet hat.

(4) [1]Die Steuervergünstigungen werden in Fällen des Zuschlags nach § 9 a entsprechend gemindert. [2]Sie enden spätestens am 31. Dezember 2010.

(5) Soweit die Steuervergünstigungen bei einem Halterwechsel noch nicht abgelaufen sind, werden sie vorbehaltlich des Absatzes 4 dem neuen Halter gewährt.

(6) Die Zeiten der Außerbetriebsetzung eines Fahrzeugs und die Zeiten außerhalb des auf einem Saisonkennzeichen angegebenen Betriebszeitraums haben keine Auswirkungen auf die Steuervergünstigungen.

(7) Die Steuervergünstigungen gelten nicht für Kennzeichen im Sinne des § 1 Abs. 1 Nr. 4 Satz 1.

§ 11 Entrichtungszeiträume. (1) Die Steuer ist jeweils für die Dauer eines Jahres im Voraus zu entrichten.

(2)[2)] [1]Die Steuer darf, wenn die Jahressteuer mehr als 500 Euro beträgt, auch für die Dauer eines Halbjahres und, wenn die Jahressteuer mehr als

---

[1)] § 10 a eingef. mWv 5. 11. 2008 durch G v. 21. 12. 2008 (BGBl. I S. 2896); zu den Absätzen 1, 2 und 3 siehe § 18 Abs. 4 a.

[2)] § 11 Abs. 2 Satz 3 geänd. durch G v. 20. 12. 2007 (BGBl. I S. 3150); geänd. mWv 12. 6. 2015 durch G v. 8. 6. 2015 (BGBl. I S. 901).

1000 Euro beträgt, auch für die Dauer eines Vierteljahres entrichtet werden. 2 In diesen Fällen beträgt die Steuer

1. wenn sie halbjährlich entrichtet wird, die Hälfte der Jahressteuer zuzüglich eines Aufgeldes in Höhe von 3 vom Hundert,
2. wenn sie vierteljährlich entrichtet wird, ein Viertel der Jahressteuer zuzüglich eines Aufgeldes in Höhe von 6 vom Hundert.

3 Ein Wechsel des Entrichtungszeitraums ist nur zulässig, wenn die Änderung vor oder spätestens mit der Fälligkeit der neu zu entrichtenden Steuer schriftlich angezeigt wird.

(3) 1 Die Steuer darf bei ausländischen Fahrzeugen, die zum vorübergehenden Aufenthalt in das Inland gelangen, für einen Aufenthalt bis zu 30 Tagen auch tageweise entrichtet werden, wenn die Gegenseitigkeit gewährleistet ist; diese Voraussetzung entfällt für Fahrzeuge, die in den Staaten der Europäischen Wirtschaftsgemeinschaft zugelassen sind. 2 Die Tage des Aufenthalts im Inland brauchen nicht unmittelbar aufeinander zu folgen. 3 Eine Erstattung der tageweise entrichteten Steuer ist ausgeschlossen.

(4)[1] 1 Die Steuer ist abweichend von den Absätzen 1 und 2 für einen nach Tagen berechneten Zeitraum im Voraus zu entrichten,

1. a) mit Einwilligung oder auf schriftlichen Antrag eines Steuerschuldners, wenn dieser die Steuer für mehr als ein Fahrzeug schuldet und wenn durch die tageweise Entrichtung für mindestens zwei Fahrzeuge ein einheitlicher Fälligkeitstag erreicht wird,
   b)[2] auf Anordnung der für die Ausübung der Verwaltung der Kraftfahrzeugsteuer zuständigen Behörde für längstens einen Monat, wenn hierdurch für bestimmte Gruppen von Fahrzeugen ein einheitlicher Fälligkeitstermin erreicht wird und diese Maßnahme der Vereinfachung der Verwaltung dient,
2. wenn die Steuerpflicht für eine bestimmte Zeit besteht,
3.[3] wenn ein Saisonkennzeichen zugeteilt wird; für Fahrzeuge mit Saisonkennzeichen ist die Festlegung eines einheitlichen Fälligkeitstages nicht zulässig.

2 Die Steuer beträgt in diesen Fällen für jeden Tag des Berechnungszeitraums den auf ihn entfallenden Bruchteil der Jahressteuer. 3 Fällt ein Tag des Berechnungszeitraums in ein Schaltjahr, so beträgt die Steuer für jeden Tag ein Dreihundertsechsundsechzigstel der Jahressteuer. 4 In den Fällen des Satzes 1 Nr. 3 beträgt die Steuer für jeden Tag des Berechnungszeitraumes ein Dreihundertfünfundsechzigstel der Jahressteuer; der 29. Februar wird in Schaltjahren nicht mitgerechnet.

(5) Die zu entrichtende Steuer ist in den Fällen der Absätze 1 bis 4 auf volle Euro nach unten abzurunden.

---

[1] Zu § 11 Abs. 4 siehe Übergangsregelung in § 18.

[2] § 11 Abs. 4 Satz 1 Nr. 1 Buchst. b geänd. mWv 1. 7. 2009 durch G v. 29. 5. 2009 (BGBl. I S. 1170).

[3] § 11 Abs. 4 Satz 1 Nr. 3 geänd. durch G v. 20. 12. 2007 (BGBl. I S. 3150).

§ 12[1)] Steuerfestsetzung. (1) [1]Die Steuer wird, wenn der Zeitpunkt der Beendigung der Steuerpflicht nicht feststeht, unbefristet, in allen anderen Fällen für einen bestimmten Zeitraum oder tageweise festgesetzt. [2]Wird ein Saisonkennzeichen zugeteilt, so wird die Steuer ab dem Zeitpunkt der erstmaligen Gültigkeit des Kennzeichens für die Dauer der Gültigkeit unbefristet festgesetzt. [3]Kann der Steuerschuldner den Entrichtungszeitraum wählen (§ 11 Abs. 2), so wird die Steuer für den von ihm gewählten Entrichtungszeitraum festgesetzt; sie kann auch für alle in Betracht kommenden Entrichtungszeiträume festgesetzt werden.

(2) Die Steuer ist neu festzusetzen,

1. wenn sich infolge einer Änderung der Bemessungsgrundlagen oder des Steuersatzes eine andere Steuer ergibt,
2.[2)] wenn die Voraussetzungen für eine Steuerbefreiung, eine Steuerermäßigung oder die Nichterhebung der Steuer für Kraftfahrzeuganhänger (§ 10 Abs. 1) oder für Personenkraftwagen (§ 10 a) eintreten oder wegfallen oder wenn nachträglich festgestellt wird, dass die Voraussetzungen nicht vorgelegen haben oder nicht vorliegen,
3. wenn die Steuerpflicht endet, ausgenommen in den Fällen des § 11 Abs. 3. [2]Die Steuerfestsetzung erstreckt sich auf die Zeit vom Beginn des Entrichtungszeitraums, in den das Ende der Steuerpflicht fällt, bis zum Ende der Steuerpflicht,
4.[3)] wenn eine Steuerfestsetzung fehlerhaft ist, zur Beseitigung des Fehlers. [2]§ 176 der Abgabenordnung ist hierbei entsprechend anzuwenden; dies gilt jedoch nur für Entrichtungszeiträume, die vor der Verkündung der maßgeblichen Entscheidung eines obersten Gerichtshofs des Bundes liegen. [3]Die Steuer wird vom Beginn des Entrichtungszeitraums an neu festgesetzt, in dem der Fehler der für die Ausübung der Verwaltung der Kraftfahrzeugsteuer zuständigen Behörde bekannt wird, bei einer Erhöhung der Steuer jedoch frühestens vom Beginn des Entrichtungszeitraums an, in dem der Steuerbescheid erteilt wird,
5. wenn die Dauer der Gültigkeit eines Saisonkennzeichens geändert wird.

(3) [1]Ist die Steuer nur für eine vorübergehende Zeit neu festzusetzen, so kann die nach Absatz 1 ergangene Steuerfestsetzung durch eine Steuerfestsetzung für einen bestimmten Zeitraum ergänzt werden. [2]Die Ergänzungsfestsetzung ist auf den Unterschiedsbetrag zu beschränken.

(4)[4)] Die nach Absatz 1 ergangene Steuerfestsetzung bleibt unberührt, wenn für das Fahrzeug des Steuerschuldners eine andere Zulassungsbehörde zuständig wird.

(5)[5)] (*aufgehoben*)

---

1) § 12 Abs. 1 Satz 2 und Abs. 2 Nr. 5 geänd. durch G v. 20. 12. 2007 (BGBl. I S. 3150).

2) § 12 Abs. 2 Nr. 2 geänd. mWv 5. 12. 2008 durch G v. 21. 12. 2008 (BGBl. I S. 2896).

3) § 12 Abs. 2 Nr. 4 Satz 3 geänd. mWv 1. 7. 2009 durch G v. 29. 5. 2009 (BGBl. I S. 1170).

4) § 12 Abs. 4 neu gef. mWv 12. 6. 2015 durch G v. 8. 6. 2015 (BGBl. I S. 901).

5) § 12 Abs. 5 aufgeh. mWv 12. 6. 2015 durch G v. 8. 6. 2015 (BGBl. I S. 901).

§§ 12 a und 12 b. (weggefallen)

§ 13 Feststellung der Besteuerungsgrundlagen und Nachweis der Besteuerung. (1)[1] [1]Die Zulassungsbehörde darf ein Fahrzeug erst zum Verkehr auf öffentlichen Straßen zulassen, wenn die Besteuerungsgrundlagen im Sinne von § 8 festgestellt und im Fahrzeugschein ausgewiesen sind und wenn nachgewiesen ist, dass den Vorschriften über die Kraftfahrzeugsteuer genügt ist. [2]Die Zulassung ist davon abhängig, dass

1. Im Falle einer Steuerpflicht eine schriftliche Ermächtigung zum Einzug der Kraftfahrzeugsteuer von einem Konto des Fahrzeughalters oder eines Dritten bei einem Geldinstitut erteilt worden ist oder eine Bescheinigung vorgelegt wird, wonach die für die Ausübung der Verwaltung der Kraftfahrzeugsteuer zuständige Behörde auf eine Einzugsermächtigung wegen einer erheblichen Härte für den Fahrzeughalter verzichtet, oder
2. im Falle einer Steuerbefreiung die Voraussetzungen nachgewiesen oder glaubhaft gemacht sind. [2]Dies gilt nicht in den Fällen der §§ 3b bis 3d.

(2)[2] [1]Die Zulassung des Fahrzeugs darf erst erfolgen, wenn die Person, für die das Fahrzeug zum Verkehr zugelassen werden soll, keine Kraftfahrzeugsteuerrückstände hat. [2]§ 276 Absatz 4 der Abgabenordnung ist hierbei entsprechend anzuwenden. [3]Ein halterbezogener Kraftfahrzeugsteuerrückstand von weniger als fünf Euro steht der Zulassung nicht entgegen. [4]Die für die Ausübung der Verwaltung der Kraftfahrzeugsteuer zuständige Behörde darf der Zulassungsbehörde Auskünfte über Kraftfahrzeugsteuerrückstände der Fahrzeughalter erteilen. [5]Die für die Prüfung der Kraftfahrzeugsteuerrückstände erforderlichen Daten sind der Zulassungsbehörde elektronisch zur Verfügung zu stellen. [6]Die Zulassungsbehörde darf das Ergebnis der Prüfung der Kraftfahrzeugsteuerrückstände der Person mitteilen, die das Fahrzeug zulässt. [7]Beauftragt der Steuerpflichtige einen Dritten mit der Zulassung des Fahrzeugs, so hat er sein Einverständnis hinsichtlich der Bekanntgabe seiner kraftfahrzeugsteuerrechtlichen Verhältnisse durch die Zulassungsbehörde an den Dritten schriftlich zu erklären. [8]Die Zulassung des Fahrzeugs ist in diesen Fällen von der Vorlage der Einverständniserklärung abhängig. [9]Die Zulassungsbehörde kann mit Zustimmung der für die Ausübung der Verwaltung der Kraftfahrzeugsteuer zuständigen Behörde in begründeten Einzelfällen Ausnahmen zulassen.

(2), (3)[3] *(aufgehoben)*

§ 14[4] Abmeldung von Amts wegen. (1) [1]Ist die Steuer nicht entrichtet worden, so hat die Zulassungsbehörde auf Antrag der für die Ausübung der Verwaltung der Kraftfahrzeugsteuer zuständigen Behörde den Fahrzeugschein

---

[1] § 13 Abs. 1 Satz 2 Nr. 1 neu gef., Satz 3 aufgeh. mWv 12. 6. 2015 durch G v. 8. 6. 2015 (BGBl. I S. 901).

[2] § 13 Abs. 1 a wird Abs. 2 mWv 12. 6. 2015 durch G v. 8. 6. 2015 (BGBl. I S. 901).

[3] § 13 Abs. 2 und 3 aufgeh., bish. Abs. 1 a wird Abs. 2 mWv 12. 6. 2015 durch G v. 8. 6. 2015 (BGBl. I S. 901).

[4] § 14 Abs. 1 Satz 1 sowie Abs. 2 Sätze 1 und 3 geänd. mWv 1. 7. 2009 durch G v. 29. 5. 2009 (BGBl. I S. 1170).

einzuziehen, etwa ausgestellte Anhängerverzeichnisse zu berichtigen und das amtliche Kennzeichen zu entstempeln (Abmeldung von Amts wegen). 2 Sie trifft die hierzu erforderlichen Anordnungen durch schriftlichen Verwaltungsakt (Abmeldungsbescheid).

(2)[1] 1 Die Durchführung der Abmeldung von Amts wegen richtet sich nach dem Verwaltungsverfahrensgesetz. 2 Für Streitigkeiten über Abmeldungen von Amts wegen ist der Verwaltungsrechtsweg gegeben.

§ 15[2] Ermächtigungen. (1)[3] Das Bundesministerium der Finanzen wird ermächtigt, Rechtsverordnungen zu erlassen über

1. die nähere Bestimmung der in diesem Gesetz verwendeten Begriffe,
2. die Abgrenzung der Steuerpflicht sowie den Umfang der Ausnahmen von der Besteuerung und der Steuerermäßigungen, soweit dies zur Wahrung der Gleichmäßigkeit der Besteuerung und zur Beseitigung von Unbilligkeiten in Härtefällen erforderlich ist,
3. die Zuständigkeit der für die Ausübung der Verwaltung der Kraftfahrzeugsteuer zuständigen Behörden und den Umfang der Besteuerungsgrundlagen,
4. das Besteuerungsverfahren, insbesondere die Berechnung der Steuer und die Änderung von Steuerfestsetzungen, sowie die von den Steuerpflichtigen zu erfüllenden Pflichten und die Beistandspflicht Dritter,
5. Art und Zeit der Steuerentrichtung. 2 Dabei darf abweichend von § 11 Abs. 1 und 2 bestimmt werden, dass die Steuer auch tageweise entrichtet werden darf, soweit hierdurch ein Fahrzeughalter mit mehreren Fahrzeugen für seine sämtlichen Fahrzeuge einen einheitlichen Fälligkeitstag erreichen will,
6. die Erstattung der Steuer,
7. die völlige oder teilweise Befreiung von der Steuer für das Halten von ausländischen Fahrzeugen, die vorübergehend im Inland benutzt werden. 2 Voraussetzung ist, dass Gegenseitigkeit gewahrt ist und die Befreiung dazu dient, eine Doppelbesteuerung zu vermeiden, den grenzüberschreitenden Verkehr zu erleichtern oder die Wettbewerbsbedingungen für inländische Fahrzeuge zu verbessern,
8. eine befristete oder unbefristete Erhöhung der nach § 9 Abs. 3 anzuwendenden Steuersätze für bestimmte ausländische Fahrzeuge, um diese Fahrzeuge einer Steuerbelastung zu unterwerfen, die der Belastung inländischer Fahrzeuge bei vorübergehendem Aufenthalt im Heimatstaat der ausländischen Fahrzeuge mit Abgaben entspricht, die für die Benutzung von Fahr-

---

[1] § 14 Abs. 2 aufgeh., bish. Abs. 3 wird Abs. 2 durch G v. 27. 5. 2010 (BGBl. I S. 668); zur Anwendung siehe § 18 Abs. 10.

[2] § 15 Abs. 2 aufgeh., bish. Abs. 3 wird Abs. 2 mWv 12. 6. 2015 durch G v. 8. 6. 2015 (BGBl. I S. 901).

[3] § 15 Abs. 1 Einleitung sowie Nr. 3 geänd. mWv 1. 7. 2009 durch G v. 29. 5. 2009 (BGBl. I S. 1170); Zuständigkeit geänd. mWv 12. 6. 2015 durch G v. 8. 6. 2015 (BGBl. I S. 901).

zeugen, die Benutzung von öffentlichen Straßen oder das Halten zum Verkehr auf öffentlichen Straßen erhoben werden,

9. eine besondere Kennzeichnung der Kraftfahrzeuge, für die nach § 10 Abs. 2 eine um den Anhängerzuschlag erhöhte Steuer erhoben wird.

(2) [1]Das Bundesministerium der Finanzen wird ermächtigt, den Wortlaut dieses Gesetzes und der zu diesem Gesetz erlassenen Durchführungsverordnung in der jeweils geltenden Fassung mit neuem Datum, unter neuer Überschrift und in neuer Paragraphenfolge bekannt zu machen. [2]Dabei dürfen Unstimmigkeiten des Wortlauts beseitigt und die in der Durchführungsverordnung vorgesehenen Vordruckmuster geändert werden.

§ 16[1)] Aussetzung der Steuer. [1]Das Bundesministerium der Finanzen kann die Erhebung der Steuer bei ausländischen Fahrzeugen bis zu einem Jahr aussetzen, sobald mit dem Staat, in dem die Fahrzeuge zugelassen sind, Verhandlungen über ein Abkommen zum gegenseitigen Verzicht auf die Kraftfahrzeugsteuer aufgenommen worden sind. [2]Die Anordnung ist im Bundesanzeiger bekannt zu machen.

§ 17 Sonderregelung für bestimmte Behinderte. Behinderte, denen die Kraftfahrzeugsteuer im Zeitpunkt des Inkrafttretens des Gesetzes zur Änderung des Kraftfahrzeugsteuergesetzes vom 22. Dezember 1978 (BGBl. I S. 2063) nach § 3 Abs. 1 Nr. 1 des Kraftfahrzeugsteuergesetzes in der Fassung der Bekanntmachung vom 1. Dezember 1972 (BGBl. I S. 2209)[2)] erlassen war, gelten im Sinne des § 3a Abs. 1 dieses Gesetzes ohne weiteren Nachweis als außergewöhnlich gehbehindert, solange nicht nur vorübergehend ein Grad der Behinderung von wenigstens 50 vom Hundert vorliegt.

§ 18 Übergangsregelung. (1) [1]Ändert sich der Steuersatz innerhalb eines Entrichtungszeitraums, so ist bei der Neufestsetzung für die Teile des Entrichtungszeitraums vor und nach der Änderung jeweils der nach § 11 Abs. 4 berechnete Anteil an der bisherigen und an der neuen Jahressteuer zu berechnen und festzusetzen. [2]Ein auf Grund dieser Festsetzungen nachzufordernder Steuerbetrag und ein zu erstattender Steuerbetrag bis zu 10 Euro werden mit der neu festgesetzten Steuer für den nächsten Entrichtungszeitraum fällig, der nach der Änderung des Steuersatzes beginnt.

(2) [1]Endet die Steuerpflicht vor Beginn des nächsten Entrichtungszeitraums nach der Änderung des Steuersatzes, so ist die Änderung des Steuersatzes bei

---

1) § 16 Satz 1 geänd. mWv 1. 7. 2009 durch G v. 29. 5. 2009 (BGBl. I S. 1170).

2) § 3 Abs. 1 Nr. 1 idF v. 1. 12. 1972 hat folgenden Wortlaut:

„(1) Körperbehinderten, die sich infolge ihrer Körperbehinderung ein Personenkraftfahrzeug halten, kann die Steuer für ein Personenkraftfahrzeug auf Antrag erlassen werden, und zwar

1. Schwerbeschädigten im Sinne des Bundesversorgungsgesetzes und Personen, die den Körperschaden infolge nationalsozialistischer Verfolgungs- oder Unterdrückungsmaßnahmen aus politischen, rassischen oder religiösen Gründen erlitten haben,

in vollem Umfang ohne Rücksicht auf ihre wirtschaftlichen Verhältnisse.

Voraussetzung ist, daß die Erwerbsfähigkeit um mindestens 50 vom Hundert gemindert ist."

der Neufestsetzung nach § 12 Abs. 2 Nr. 3 zu berücksichtigen. [2]Eine auf Grund der Neufestsetzung zu entrichtende Steuer wird einen Monat nach Bekanntgabe des Bescheides fällig.

(3) Wird der Steuersatz geändert und ist bei der Steuerfestsetzung noch der vor der Änderung geltende Steuersatz angewendet worden, so kann der geänderte Steuersatz innerhalb eines Jahres durch Neufestsetzung nachträglich berücksichtigt werden.

(4)[1)] Für Personenkraftwagen,

1. für die vor dem 11. Dezember 1999 eine Typgenehmigung, eine Betriebserlaubnis für Einzelfahrzeuge oder ein Feststellungsbescheid nach den verkehrsrechtlichen Bestimmungen erteilt wurde oder
2. für die der Feststellungsbescheid nach den verkehrsrechtlichen Bestimmungen bis zum 31. Januar 1999 auf der Grundlage der in § 3b Abs. 1 Nr. 2 festgelegten Grenzwerte in der vor dem 11. Dezember 1999 geltenden Fassung beantragt worden ist,

bleibt § 9 in der vor dem 11. Dezember 1999 geltenden Fassung anwendbar.

(4a)[2)] [1]Für Personenkraftwagen ist nach Ablauf einer nach § 10a Absatz 1 und 2 gewährten Steuervergünstigung der § 9 Absatz 1 Nummer 2 Buchstabe b anzuwenden, wenn sich eine niedrigere Steuer als nach § 9 Absatz 1 Nummer 2 Buchstabe a ergibt; dies gilt nicht für Fälle des § 10a Absatz 3. [2]Der Zuschlag im Sinne des § 9a ist jeweils zu berücksichtigen.

(4b)[2)] Für Personenkraftwagen, die Elektrofahrzeuge im Sinne des § 9 Absatz 2 sind und bis zum 17. Mai 2011 erstmals zugelassen wurden, bleibt § 3d in der am 5. November 2008 geltenden Fassung weiter anwendbar.

(5)[3)] *(aufgehoben)*

(6)[4)] In § 9a tritt ab dem Tag des Inkrafttretens der Nachfolgerichtlinie zu der Richtlinie 70/220/EWG des Rates vom 20. März 1970 zur Angleichung der Rechtsvorschriften der Mitgliedstaaten über Maßnahmen gegen die Verunreinigung der Luft durch Emissionen von Kraftfahrzeugmotoren (ABl. EG Nr. L 76 S. 1), zuletzt geändert durch die Richtlinie 2003/76/EG der Kommission vom 11. August 2003 (ABl. EU Nr. L 206 S. 29), an die Stelle der Partikelminderungsstufe PM 5 der Grenzwert für Partikelmasse der nächsten Schadstoffstufe (Euro 5) für Personenkraftwagen mit Selbstzündungsmotor.

(7)[5)] Verwaltungsverfahren in Kraftfahrzeugsteuerangelegenheiten, die bis 30. Juni 2014 begonnen worden sind, werden von den spätestens seit 1. Juli 2014 zuständigen Bundesfinanzbehörden fortgeführt.

[1)] § 18 Abs. 4 geänd. durch G v. 29. 5. 2009 (BGBl. I S. 1170).

[2)] § 18 Abs. 4a eingef. durch G v. 29. 5. 2009 (BGBl. I S. 1170); Abs. 4b eingef. durch G v. 5. 12. 2012 (BGBl. I S. 2431).

[3)] § 18 Abs. 5 angef. durch G v. 21. 12. 2006 (BGBl. I S. 3344) und aufgeh. mWv 12. 6. 2015 durch G v. 8. 6. 2015 (BGBl. I S. 901).

[4)] § 18 Abs. 6 angef. durch G v. 24. 3. 2007 (BGBl. I S. 356).

[5)] § 18 Abs. 7 neu gef. mWv 12. 6. 2015 durch G v. 8. 6. 2015 (BGBl. I S. 901).

(7 a)–(9)[1] *(aufgehoben)*

(10)[2] 1 Für vor dem 3. Juni 2010 vorgenommene Fahrzeugabmeldungen von Amts wegen bleibt § 14 in der vor dem 3. Juni 2010 geltenden Fassung bis zum rechtskräftigen Abschluss des Verfahrens anwendbar. 2 Die Verfahren werden von der ab 1. Juli 2014 zuständigen Bundesfinanzbehörde fortgeführt.

(11)[3] 1 Für Personenkraftwagen, die im Zeitraum vom 1. Juli 2009 bis zum 3. Juni 2010 erstmals zugelassen wurden, ist auf schriftlichen Antrag des Halters, auf den das Fahrzeug am 1. Januar 2011 zugelassen ist, oder in den Fällen der Außerbetriebsetzung auf schriftlichen Antrag des Halters, auf den das Fahrzeug danach wieder zugelassen wird, § 3 b in der Fassung des Artikels 2 des Gesetzes zur Neuregelung der Kraftfahrzeugsteuer und Änderung anderer Gesetze vom 29. Mai 2009 (BGBl. I S. 1170) anzuwenden. 2 Der Antrag ist bei der für die Ausübung der Verwaltung der Kraftfahrzeugsteuer örtlich zuständigen Behörde zu stellen.

(12)[4] Führen die Feststellungen der Zulassungsbehörden hinsichtlich der Fahrzeugklassen und Aufbauarten zu einer niedrigeren Steuer als unter Berücksichtigung des § 2 Absatz 2 a in der am 1. Juli 2010 geltenden Fassung, ist weiterhin § 9 Absatz 1 Nummer 2 anzuwenden.

[***nach Inkrafttreten der Pkw-Maut:***[5]

(13) Für Steuerentlastungsbeträge nach § 9 Absatz 6 und 7 ist § 18 Absatz 1 Satz 2 nicht anzuwenden.]

---

[1] § 18 Abs. 7 a bis 9 aufgeh. mWv 12. 6. 2015 durch G v. 8. 6. 2015 (BGBl. I S. 901).

[2] § 18 Abs. 10 angef. durch G v. 27. 5. 2010 (BGBl. I S. 668); Abs. 10 Satz 2 angef. mWv 12. 6. 2015 durch G v. 8. 6. 2015 (BGBl. I S. 901).

[3] § 18 Abs. 11 angef. durch G v. 27. 5. 2010 (BGBl. I S. 668).

[4] § 18 Abs. 12 angef. durch G v. 5. 12. 2012 (BGBl. I S. 2431).

[5] § 18 Abs. 13 angef. durch G v. 8. 6. 2015 (BGBl. I S. 901); zum **Inkrafttreten** vgl. Art. 3 Abs. 2 des G v. 8. 6. 2015:

(2) Artikel 1 Nummer 7 und 12 Buchstabe f tritt an dem Tag in Kraft, an dem die Abgabenerhebung nach dem Gesetz über die Erhebung einer zeitbezogenen Infrastrukturabgabe für die Benutzung von Bundesfernstraßen beginnt. Der Bundesminister der Finanzen gibt den Tag des Inkrafttretens im Bundesanzeiger bekannt.

665. Kraftfahrzeugsteuer-Durchführungsverordnung (KraftStDV)[1]

In der Fassung der Bekanntmachung vom 26. September 2002[2]
(BGBl. I S. 3856)

Geändert durch Gesetz zur Umbenennung des Bundesgrenzschutzes in Bundespolizei vom 21. 6. 2005 (BGBl. I S. 1818), Viertes Gesetz zur Änderung des Kraftfahrzeugsteuergesetzes vom 24. 3. 2007 (BGBl. I S. 356), Gesetz zur Änderung kraftfahrzeugsteuerlicher und autobahnmautrechtlicher Vorschriften vom 17. 8. 2007 (BGBl. I S. 1958), Jahressteuergesetz 2008 vom 20. 12. 2007 (BGBl. I S. 3150) und Gesetz zur Neuregelung der Kraftfahrzeugsteuer und Änderung anderer Gesetze vom 29. 5. 2009 (BGBl. I S. 1170)

BGBl. III/FNA 611-17-2

Inhaltsübersicht

---

[1] Im ersten Halbjahr 2014 übernahm die Zollverwaltung mit ihren Hauptzollämtern die Aufgabe der Verwaltung der Kfz-Steuer:
– **Februar:** Bremen, Niedersachsen, Nordrhein-Westfalen
– **März:** Berlin, Brandenburg, Hamburg, Mecklenburg-Vorpommern, Schleswig-Holstein
– **April:** Baden-Württemberg, Hessen, Rheinland-Pfalz, Saarland
– **Mai:** Bayern, Sachsen, Sachsen-Anhalt, Thüringen

[2] Neubekanntmachung der KraftStDV idF der Bek. v. 24. 5. 1994 (BGBl. I S. 1144) auf Grund des § 15 Abs. 3 des KraftStG idF der Bek. v. 26. 9. 2002 (BGBl. I S. 3818) in der ab 28. 8. 2002 geltenden Fassung.

Abschnitt 1. Allgemeine Bestimmungen

§ 1 Örtliche Zuständigkeit. (1)[1] Örtlich zuständig ist

1. bei inländischen Fahrzeugen und bei roten Kennzeichen die für die Ausübung der Verwaltung der Kraftfahrzeugsteuer zuständige Behörde, in deren Bezirk die Zulassungsbehörde ihren Sitz hat, bei der das Fahrzeug geführt wird oder die das rote Kennzeichen zugeteilt hat;
2. bei ausländischen Fahrzeugen
   a) zur steuerlichen Abfertigung beim Eingang in das Inland die für die Ausübung der Verwaltung der Kraftfahrzeugsteuer zuständige Behörde, in deren Bezirk die Hoheitsgrenze mit dem Fahrzeug überschritten wird,
   b) im Übrigen die für die Ausübung der Verwaltung der Kraftfahrzeugsteuer zuständige Behörde, die zuerst mit der Sache befasst wird;
3. bei widerrechtlich benutzten Fahrzeugen die für die Ausübung der Verwaltung der Kraftfahrzeugsteuer zuständige Behörde, die zuerst mit der Sache befasst wird.

(2) Landesrechtliche Vorschriften über die örtliche Zuständigkeit auf Grund der Ermächtigung des § 15 Abs. 2 des Gesetzes bleiben unberührt.

§ 2[2] Mitwirkung der Zollbehörden. [1]Für die Verwaltung der Kraftfahrzeugsteuer bei ausländischen Fahrzeugen und bei widerrechtlicher Benutzung nehmen die für die Ausübung der Verwaltung der Kraftfahrzeugsteuer zuständigen Behörden die Amtshilfe der Zollstellen an der Grenze und der von den Bundesfinanzdirektionen bestimmten Zollstellen im Innern in Anspruch. [2]Zollstellen im Innern, die für die Mitwirkung bei der Steuererhebung für ausländische Fahrzeuge bestimmt sind, die im innergemeinschaftlichen Straßenverkehr in das Inland eingehen, sind von den Bundesfinanzdirektionen unter Angabe des Zuständigkeitsbereichs amtlich bekannt zu geben.

Abschnitt 2. Inländische Fahrzeuge

§ 3 Steuererklärung. (1) [1]Der Eigentümer eines inländischen Fahrzeugs oder, im Falle der Zulassung für einen anderen, der Halter hat eine Steuererklärung nach amtlich vorgeschriebenem Vordruck bei der Zulassungsbehörde abzugeben,

1. wenn das Fahrzeug zum Verkehr zugelassen werden soll,
2. wenn er ein zum Verkehr zugelassenes Fahrzeug erworben hat,
3. wenn das Fahrzeug während der Dauer der Steuerpflicht verändert wird und sich dadurch die Höhe der Steuer ändert.

[2]Die Steuererklärung kann nach § 87 a der Abgabenordnung in elektronischer Form übermittelt werden.

---

[1] § 1 Abs. 1 neu gef. mWv 1. 7. 2009 durch G v. 29. 5. 2009 (BGBl. I S. 1170).
[2] § 2 neu gef. mWv 1. 7. 2009 durch G v. 29. 5. 2009 (BGBl. I S. 1170).

(2) Steuererklärung nach Absatz 1 ist auch die Fahrzeuganmeldung, wenn sie den Hinweis enthält, dass sie zugleich als Steuererklärung gilt.

(3) Einer Steuererklärung bedarf es nicht

1. bei Fahrzeugen, deren Halten nach § 3 Nr. 1 und 2 des Gesetzes von der Steuer befreit ist,

(Fortsetzung nächstes Blatt)

2. bei Fahrzeugen, die dem Abrechnungsverfahren (§ 9) unterliegen,
3. bei Fahrzeugen, deren Halten nach § 3 Nr. 12 des Gesetzes von der Steuer befreit ist.

§ 4[1]) Verfahrensvorschriften zu § 10 Abs. 2 des Gesetzes. [1]Der Antrag nach § 10 Abs. 2 des Gesetzes, eine um den Anhängerzuschlag erhöhte Steuer zu erheben, kann bei der Zulassungsbehörde zugleich mit dem Antrag auf verkehrsrechtliche Zulassung gestellt werden; er ist in diesem Fall in die Steuererklärung aufzunehmen. [2]Im Übrigen ist der Antrag bei der für die Ausübung der Verwaltung der Kraftfahrzeugsteuer zuständigen Behörde zu stellen. [3]Er ist Steuererklärung im Sinne der Abgabenordnung und kann nach § 87 a der Abgabenordnung in elektronischer Form übermittelt werden. [4]Antrag im Sinne des § 10 Abs. 2 des Gesetzes ist auch der Antrag, den Anhängerzuschlag nicht mehr zu erheben.

§ 5 Mitwirkung der Zulassungsbehörden. (1) Die Zulassungsbehörden und die von ihnen mit der Vorbereitung und Durchführung der Zulassung beauftragten Stellen sind verpflichtet, bei der Durchführung des Kraftfahrzeugsteuergesetzes mitzuwirken.

(2) Der Zulassungsbehörde obliegen insbesondere folgende Aufgaben:

1.[2]) Die Zulassungsbehörde prüft die Angaben in der Steuererklärung, bescheinigt, dass die Eintragungen mit den Angaben in den vorgelegten Urkunden übereinstimmen, und übersendet die Steuererklärung der für die Ausübung der Verwaltung der Kraftfahrzeugsteuer zuständigen Behörde.

2.[2]) *(aufgehoben)*

3.[2]) Die Zulassungsbehörde teilt der für die Ausübung der Verwaltung der Kraftfahrzeugsteuer zuständigen Behörde mit,

   a)[3]) wenn ein zum Verkehr zugelassenes Fahrzeug außer Betrieb gesetzt wird, den Tag, an dem dies im Fahrzeugschein vermerkt und das Kennzeichen entstempelt worden ist. [2]Erfolgen Eintragung und Entstempelung an verschiedenen Tagen, so ist der letzte Tag mitzuteilen;

   b) wenn ein zum Verkehr zugelassenes Fahrzeug veräußert wird, den Tag, an dem die verkehrsrechtlich vorgeschriebene Veräußerungsanzeige eingegangen ist, sowie den Tag, an dem der neue Fahrzeugschein dem Erwerber ausgehändigt worden ist, die Anschrift des Erwerbers und gegebenenfalls das neue amtliche Kennzeichen des Fahrzeugs;

   c) wenn das amtliche Kennzeichen geändert wird, das neue und das bisherige Kennzeichen, bei der Standortverlegung außerdem die neue Anschrift des Halters und die übrigen für die Besteuerung notwendigen Angaben;

---

[1]) § 4 Satz 2 geänd. mWv 1. 7. 2009 durch G v. 29. 5. 2009 (BGBl. I S. 1170).

[2]) § 5 Abs. 2 Nr. 1 geänd., Nr. 2 aufgeh., Nr. 3 1. HS. geänd. mWv 1. 7. 2009 durch G v. 29. 5. 2009 (BGBl. I S. 1170).

[3]) § 5 Abs. 2 Nr. 3 Buchst. a neugef. mWv 29. 12. 2007 durch G v. 20. 12. 2007 (BGBl. I S. 3150).

d) wenn der Standort ohne Änderung des amtlichen Kennzeichens verlegt wird, die neue Anschrift des Halters;

e) wenn einem Kraftfahrzeuganhänger in den Fällen des § 10 Abs. 1 des Gesetzes erstmals ein amtliches Kennzeichen in grüner Schrift auf weißem Grund zugeteilt wird, das Kennzeichen und den Tag der Zuteilung;

f) wenn in den Fällen des § 10 Abs. 1 des Gesetzes anstelle eines Kennzeichens in grüner Schrift auf weißem Grund ein amtliches Kennzeichen in schwarzer Schrift auf weißem Grund zugeteilt wird, das Kennzeichen und den Tag der Zuteilung;

g) wenn ein zum Verkehr zugelassener Personenkraftwagen nachträglich als schadstoffarm anerkannt wird, den Tag der Anerkennung als schadstoffarm;

h) wenn bei einem zum Verkehr zugelassenen schadstoffarmen Personenkraftwagen der Vermerk „schadstoffarm" im Fahrzeugschein gelöscht wird, den Tag der Löschung im Fahrzeugschein;

i) bei Ausstattung eines Fahrzeugs mit einer Abgasreinigungsanlage oder bei deren Änderung oder Ausbau, die Art der Anlage, die Änderung oder den Ausbau, die dadurch erreichte Stufe der Schadstoffminderung und den Tag der nach dem Gesetz maßgeblichen Feststellung durch die Zulassungsbehörde;

j)[1] wenn ein zum Verkehr zugelassener Personenkraftwagen als besonders partikelreduziert anerkannt wird, den Tag der Anerkennung;

k)[1] wenn bei einem zum Verkehr zugelassenen besonders partikelreduzierten Personenkraftwagen die im Fahrzeugschein eingetragene Anerkennung als besonders partikelreduziert gelöscht wird, den Tag der Löschung;

l)[2] bei Personenkraftwagen die Kohlendioxidemissionen in Gramm je Kilometer nach Maßgabe des Gesetzes.

4. (weggefallen)

(3)[3] [1]Die Übersendung der Steuererklärung nach Absatz 2 Nummer 1 und sonstiger für das Besteuerungsverfahren benötigter Mitteilungen entfällt, soweit die für die Besteuerung benötigten Daten mit Hilfe elektronischer Datenträger oder im Wege der Datenfernübertragung an die für die Ausübung der Verwaltung der Kraftfahrzeugsteuer zuständige Behörde oder die von ihr bestimmte Datenverarbeitungsstelle übermittelt werden. [2]Voraussetzung ist, dass die Richtigkeit der Datenübermittlung sichergestellt ist.

§ 6[4] **Prüfung von Unterlagen.** Zur Aufklärung von Zweifeln oder Unstimmigkeiten kann sich die für die Ausübung der Verwaltung der Kraft-

---

[1] § 5 Abs. 2 Nr. 3 Buchst. j und k eingef. mWv 1. 4. 2007 durch G v. 24. 3. 2007 (BGBl. I S. 356).

[2] § 5 Abs. 2 Nr. 3 Buchst. l neugef. mWv 1. 7. 2009 durch G v. 29. 5. 2009 (BGBl. I S. 1170).

[3] § 5 Abs. 3 neugef. mWv 1. 7. 2009 durch G v. 29. 5. 2009 (BGBl. I S. 1170).

[4] § 6 geänd. mWv 1. 7. 2009 durch G v. 29. 5. 2009 (BGBl. I S. 1170).

fahrzeugsteuer zuständige Behörde das Fahrzeug vorführen und den Fahrzeugbrief, den Fahrzeugschein sowie den Steuerbescheid vorlegen lassen.

§ 7[1)] Steuervergünstigungen. (1) [1]Steht einem Steuerpflichtigen eine Steuerbefreiung oder Steuerermäßigung zu und will er hiervon oder von der Nichterhebung der Steuer bei einem Kraftfahrzeuganhänger (§ 10 Abs. 1 des Gesetzes) Gebrauch machen, so hat er dies unter Angabe der Gründe schriftlich geltend zu machen. [2]Fallen die Voraussetzungen für eine Steuervergünstigung weg, so hat der Steuerpflichtige dies der für die Ausübung der Verwaltung der Kraftfahrzeugsteuer zuständigen Behörde unverzüglich schriftlich anzuzeigen. [3]Der Antrag und die Anzeige sind Steuererklärungen im Sinne der Abgabenordnung. [4]Sie können nach § 87a der Abgabenordnung in elektronischer Form übermittelt werden. [5]Falls nach § 3 eine Steuererklärung abzugeben ist, genügt zum Geltendmachen der Vergünstigung oder zur Anzeige über den Wegfall der Voraussetzungen ein entsprechender Hinweis in der Steuererklärung. [6]Die Anträge und Anzeigen sind bei der Zulassungsbehörde einzureichen, wenn sie bei der Zulassung des Fahrzeugs gestellt werden oder wenn ein Personenkraftwagen nachträglich als schadstoffarm anerkannt wird, andernfalls bei der für die Ausübung der Verwaltung der Kraftfahrzeugsteuer zuständigen Behörde.

(2) Als Zeitraum, für den jeweils Steuerbefreiung nach § 3 Nr. 6 des Gesetzes beansprucht werden kann, kommt jeder Zeitraum in Betracht, der im Falle der Steuerpflicht als Entrichtungszeitraum zulässig wäre.

(3) [1]Die Vergünstigungen nach § 3a des Gesetzes sind, wenn der Fahrzeugschein noch nicht ausgehändigt ist, von der Zulassungsbehörde, in allen anderen Fällen von der für die Ausübung der Verwaltung der Kraftfahrzeugsteuer zuständigen Behörde auf dem Fahrzeugschein zu vermerken. [2]Der Vermerk ist von der für die Ausübung der Verwaltung der Kraftfahrzeugsteuer zuständigen Behörde zu löschen, wenn die Voraussetzungen für die Steuervergünstigung nicht nur vorübergehend wegfallen.

§ 8[2)] Halterwechsel. [1]Stellt die bisher für die Ausübung der Verwaltung der Kraftfahrzeugsteuer zuständige Behörde bei einer Fahrzeugveräußerung im Sinne des § 5 Absatz 5 des Gesetzes fest, dass das Fahrzeug zu einem späteren Zeitpunkt für den Erwerber zugelassen wurde, teilt sie diese Feststellung der neu für die Ausübung der Verwaltung der Kraftfahrzeugsteuer zuständig gewordenen Behörde mit, damit der zutreffende Beginn der Steuerpflicht für den Erwerber festgesetzt werden kann. [2]Dies gilt nur, wenn auf Grund dieser Mitteilung eine steuerliche Auswirkung von mindestens 10 Euro eintreten würde.

[1)] § 7 Abs. 1 Satz 2 geänd., Satz 6 neugef. sowie Abs. 3 geänd. mWv 1. 7. 2009 durch G v. 29. 5. 2009 (BGBl. I S. 1170).

[2)] § 8 Satz 1 neugef. mWv 1. 7. 2009 durch G v. 29. 5. 2009 (BGBl. I S. 1170).

§ 9 Abrechnungsverfahren. (1) Die Bundeswehr und die Bundespolizei[1] entrichten die Steuer für die von ihren Dienststellen zugelassenen Fahrzeuge im Abrechnungsverfahren.

(2) Abrechnungszeitraum ist das Kalenderjahr.

(3)[2] [1]Die Steuer ist für jedes Fahrzeug einzeln zu berechnen. [2]Auf die Summe der Steuerbeträge, die sich für ein Kalenderjahr ergibt, ist bis zum 10. April eine Abschlagszahlung zu leisten. [3]Diese beträgt 93 vom Hundert der Jahressteuer für die am 1. Januar vorhandenen Fahrzeuge. [4]Die für den Abrechnungszeitraum endgültig festgestellte Summe der Steuerbeträge ist der für die Ausübung der Verwaltung der Kraftfahrzeugsteuer zuständigegen Behörde bis zum 15. März des folgenden Jahres mitzuteilen. [5]Ist diese Summe höher als der Betrag der Abschlagszahlung, so ist der Unterschiedsbetrag bis zu diesem Tag zu entrichten.

(4)[2] [1]Die für die Ausübung der Verwaltung der Kraftfahrzeugsteuer zuständige Behörde setzt die Steuer, die sich nach Absatz 3 ergibt, in einem Gesamtbetrag fest. [2]Deckt sich die Steuer mit der vom Steuerschuldner festgestellten Summe, so genügt eine Mitteilung hierüber.

Abschnitt 3. Ausländische Fahrzeuge

§ 10 Grundsatz. Für die steuerliche Behandlung ausländischer Fahrzeuge gelten, soweit in den §§ 11 bis 15 nichts anderes bestimmt ist, die §§ 3 bis 8 entsprechend.

§ 11 Steuererklärung. [1]Der Steuerschuldner hat

1. am deutschen Teil der Zollgrenze der Gemeinschaft bei der Zollstelle, der die amtliche Abfertigung obliegt,
2. im innergemeinschaftlichen Straßenverkehr bei der Zollstelle, die von der Bundesfinanzdirektion[3] hierzu bestimmt ist,

eine Steuererklärung nach amtlich vorgeschriebenem Vordruck abzugeben. [2]In den Fällen der Nummer 2 kann die Steuererklärung vor dem Eingang des Fahrzeugs in das Inland auch auf dem Postwege abgegeben werden; die Steuer ist dann gleichzeitig zu entrichten.

§ 12 Steuerfestsetzung, Steuerkarte. (1) [1]Die Zollstelle setzt die Steuer fest und gibt dem Steuerschuldner den Steuerbetrag bekannt. [2]Ein schriftlicher Steuerbescheid braucht nicht erteilt zu werden. [3]Zum Nachweis, dass die Steuer entrichtet ist, erhält der Steuerschuldner eine mit Quittung versehene Steuerkarte.

---

[1] Umbenennung mWv 1. 7. 2005 durch G v. 21. 6. 2005 (BGBl. I S. 1818).

[2] § 9 Abs. 3 Satz 4 und Abs. 4 Satz 1 geänd. mWv 1. 7. 2009 durch G v. 29. 5. 2009 (BGBl. I S. 1170).

[3] Zuständigkeit geänd. mWv 1. 7. 2009 durch G v. 29. 5. 2009 (BGBl. I S. 1170).

(2) 1 Die Steuerkarte gilt für die Zeitdauer, für die die Steuer entrichtet ist. 2 Sie verliert jedoch in den Fällen, in denen die Steuer tageweise entrichtet ist (§ 11 Abs. 3 des Gesetzes) ihre Gültigkeit spätestens nach Ablauf eines Jahres.

§ 13 Weiterversteuerung. (1) 1 Dauert der Aufenthalt eines ausländischen Fahrzeugs im Inland über die Zeit hinaus, für die die Steuer entrichtet ist, so hat der Steuerschuldner vor Ablauf der Gültigkeitsdauer der Steuerkarte eine Steuererklärung zur Weiterversteuerung abzugeben und dabei die Steuerkarte vorzulegen. 2 Er kann die Weiterversteuerung bei jeder Zollstelle vornehmen, die mit der Erhebung der Kraftfahrzeugsteuer befasst ist.

(2) Für die Steuererklärung, die Steuerfestsetzung und die Erteilung der Steuerkarte gelten die §§ 11 und 12 entsprechend.

§ 14 Steuererstattung. (1) 1 Ansprüche auf Erstattung der Steuer, die sich auf Grund des § 12 Abs. 2 Nr. 3 des Gesetzes ergeben, sind unter Rückgabe der Steuerkarte bei der Stelle schriftlich geltend zu machen, die die Steuer festgesetzt hat. 2 Elektronische Übermittlungen sind ausgeschlossen.

(2) 1 Als Tag der Beendigung der Steuerpflicht gilt der Tag, an dem der Steuerschuldner die Steuerkarte zurückgibt. 2 § 5 Abs. 4 Satz 2 des Gesetzes gilt sinngemäß.

§ 15 Überwachung. 1 Der Steuerschuldner hat die Steuerkarte mitzuführen und auf Verlangen den Zollbeamten und Polizeibeamten vorzuzeigen. 2 Er hat die Steuerkarte in den Fällen des § 11 Nr. 1 bei jedem Grenzübertritt vorzulegen.

Abschnitt 4. Widerrechtliche Benutzung

§ 16 Widerrechtliche Benutzung. (1) 1 Stellen die Zollstellen bei der Überwachung fest, dass ein Fahrzeug widerrechtlich benutzt wird, so setzen sie die Steuer für die Dauer der widerrechtlichen Benutzung, mindestens jedoch für einen Monat, fest und erheben die Steuer. 2 Dabei sind die §§ 11 bis 15 auch insoweit anzuwenden, als es sich um inländische Fahrzeuge handelt.

(2)[1] 1 Im Übrigen obliegt die Besteuerung der widerrechtlichen Benutzung den für die Ausübung der Verwaltung der Kraftfahrzeugsteuer zuständigen Behörden. 2 Dies gilt auch in den Fällen des Absatzes 1, soweit über die Festsetzung und Erhebung der Steuer hinaus Maßnahmen erforderlich werden.

---

1) § 16 Abs. 2 Satz 1 geänd. mWv 1. 7. 2009 durch G v. 29. 5. 2009 (BGBl. I S. 1170).

Abschnitt 5. Kennzeichen im Sinne des § 1 Abs. 1 Nr. 4 des Gesetzes

§ 17. Die Vorschriften über inländische Fahrzeuge (Abschnitt 2) sind sinngemäß anzuwenden.

720. Gesetz zum Ausgleich von Auswirkungen besonderer Schadensereignisse in der Forstwirtschaft (Forstschäden-Ausgleichsgesetz)

In der Fassung der Bekanntmachung vom 26. August 1985 (BGBl. I S. 1756)[1)]

Zuletzt geänd. durch Zehnte Zuständigkeitsanpassungsverordnung vom 31. 8. 2015 (BGBl. I S. 1474)

BGBl. III/FNA 790-15

– Auszug –

§ 3 Steuerfreie Rücklage für die Bildung eines betrieblichen Ausgleichsfonds. (1) [1]Steuerpflichtige, die Einkünfte aus dem Betrieb von Forstwirtschaft im Sinne des § 13 des Einkommensteuergesetzes[2)] beziehen und bei denen der nach § 4 Abs. 1 des Einkommensteuergesetzes[2)] ermittelte Gewinn der Besteuerung zugrunde gelegt wird, können unter den Voraussetzungen des Absatzes 2 eine den steuerlichen Gewinn mindernde Rücklage bilden. [2]Satz 1 gilt entsprechend für natürliche Personen, Körperschaften, Personenvereinigungen und Vermögensmassen, bei denen Einkünfte aus dem Betrieb von Forstwirtschaft steuerlich als Einkünfte aus Gewerbebetrieb zu behandeln sind. [3]Die Rücklage darf 100 vom Hundert, die jährliche Zuführung zur Rücklage 25 vom Hundert der im Durchschnitt der vorangegangenen drei Wirtschaftsjahre erzielten nutzungssatzmäßigen Einnahmen nicht übersteigen. [4]Sinkt in den Folgejahren die nutzungssatzmäßige Einnahme ab, so bleibt dies ohne Wirkung auf die zulässige Höhe einer bereits gebildeten Rücklage.

(2) [1]Eine Rücklage nach Absatz 1 ist nur zulässig, wenn mindestens in gleicher Höhe ein betrieblicher Ausgleichsfonds gebildet wird. [2]Die Gelder für den Fonds müssen auf ein besonderes Konto bei einem Kreditinstitut eingezahlt worden sein. [3]Sie können auch für den Erwerb von festverzinslichen Schuldverschreibungen und Rentenschuldverschreibungen, die vom Bund, von den Ländern und Gemeinden oder von anderen Körperschaften des öffentlichen Rechts oder von Kreditinstituten mit Sitz und Geschäftsleitung im Geltungsbereich dieses Gesetzes ausgegeben oder die mit staatlicher Genehmigung in Verkehr gebracht werden, verwendet werden, wenn diese Wertpapiere in das Depot eines Kreditinstituts gegeben werden.

(3) Der Ausgleichsfonds darf nur in Anspruch genommen werden

1. zur Ergänzung der durch eine Einschlagsbeschränkung geminderten Erlöse;
2. für vorbeugende oder akute Forstschutzmaßnahmen;
3. für Maßnahmen zur Konservierung oder Lagerung von Holz;

[1)] Neubekanntmachung des Forstschäden-AusgleichsG v. 29. 8. 1969 auf Grund Art. 3 G zur Änd. des Forstschäden-AusgleichsG v. 26. 8. 1985 (BGBl. I S. 1753) in der ab 1. 9. 1985 geltenden Fassung.

[2)] Nr. **1**.

4. für die Wiederaufforstung oder Nachbesserung von Schadensflächen und die nachfolgende Waldpflege;
5. für die Beseitigung der unmittelbar oder mittelbar durch höhere Gewalt verursachten Schäden an Wegen und sonstigen Betriebsvorrichtungen.

(4) [1]Die Rücklage ist in Höhe der in Anspruch genommenen Fondsmittel zum Ende des Wirtschaftsjahres der Inanspruchnahme gewinnerhöhend aufzulösen. [2]Wird der Fonds ganz oder zum Teil zu anderen als den in Absatz 3 bezeichneten Zwecken in Anspruch genommen, so wird außerdem ein Zuschlag zur Einkommensteuer oder Körperschaftsteuer in Höhe von 10 vom Hundert des Teils der aufgelösten Rücklage erhoben, der nicht auf die in Absatz 3 bezeichneten Zwecke entfällt.

(5) Die Rücklage nach Absatz 1 ist bei der Berechnung der in § 141 Abs. 1 Nr. 5 der Abgabenordnung[1] bezeichneten Grenze nicht zu berücksichtigen.

§ 4 Pauschsatz für Betriebsausgaben. (1)[2] [1]Steuerpflichtige, die für ihren Betrieb nicht zur Buchführung verpflichtet sind und ihren Gewinn nicht nach § 4 Absatz 1, § 5 des Einkommensteuergesetzes ermitteln, können im Wirtschaftsjahr einer Einschlagsbeschränkung nach § 1 zur Abgeltung der Betriebsausgaben pauschal 90 Prozent der Einnahmen aus der Verwertung des eingeschlagenen Holzes abziehen. [2]Soweit Holz auf dem Stamm verkauft wird, betragen die pauschalen Betriebsausgaben 65 Prozent der Einnahmen aus der Verwertung des stehenden Holzes.

(2) Absatz 1 gilt auch, wenn diese Forstwirte nach § 1 Abs. 5 von der Einschlagsbeschränkung ausgenommen sind, jedoch freiwillig die Einschlagsbeschränkung befolgen.

§ 4a[3] Bewertung von Holzvorräten aus Kalamitätsnutzungen bei der Forstwirtschaft. Steuerpflichtige mit Einkünften aus Forstwirtschaft, bei denen der nach § 4 Absatz 1, § 5 des Einkommensteuergesetzes[4] ermittelte Gewinn der Besteuerung zugrunde gelegt wird, können im Falle einer Einschlagsbeschränkung nach § 1 von einer Aktivierung des eingeschlagenen und unverkauften Kalamitätsholzes ganz oder teilweise absehen.

§ 5 Sonstige steuerliche Maßnahmen. (1)[5] Im Wirtschaftsjahr einer Einschlagsbeschränkung nach § 1 gilt für jegliche Kalamitätsnutzung einheitlich der Steuersatz nach § 34b Absatz 3 Nummer 2 des Einkommensteuergesetzes[4].

(2) Kalamitätsnutzungen, die in Folgejahren gezogen werden und im ursächlichen Zusammenhang mit einer Kalamitätsnutzung stehen, welche in der Zeit einer Einschlagsbeschränkung angefallen ist, können einkommensteuerlich so behandelt werden, als wären sie im Jahr der Einschlagsbeschränkung mit der ersten Mitteilung des Schadensfalles angefallen.

---

[1] Nr. **800**.
[2] § 4 Abs. 1 neu gef. mWv 1. 1. 2012 durch G v. 1. 11. 2011 (BGBl. I S. 2131).
[3] § 4a neu gef. mWv 1. 1. 2012 durch G v. 1. 11. 2011 (BGBl. I S. 2131).
[4] Nr. **1**.
[5] § 5 Abs. 1 geänd. mWv 1. 1. 2012 durch G v. 1. 11. 2011 (BGBl. I S. 2131).

§ 7[1] Übervorräte bei der Holzwirtschaft. (1) [1]Steuerpflichtige, die den Gewinn nach § 5 des Einkommensteuergesetzes ermitteln, können den Mehrbestand an

1. Holz im Sinne der Nr. 44.01 und 44.03 des Zolltarifs,
2. Holzhalbwaren im Sinne der Nr. 44.05, 44.07, 44.11, 44.13, 44.15 und 44.18 des Zolltarifs und
3. Halbstoffen aus Holz im Sinne der Nr. 47.01 des Zolltarifs

an Bilanzstichtagen, die in einen Zeitraum fallen, für den eine Einschlagsbeschränkung im Sinne des § 1 angeordnet ist, statt mit dem sich nach § 6 Abs. 1 Nr. 2 des Einkommensteuergesetzes ergebenden Wert mit einem um 50 vom Hundert niedrigeren Wert ansetzen. [2]Anstelle eines Bilanzstichtages innerhalb des Zeitraums einer Einschlagsbeschränkung kann Satz 1 auch auf den ersten Bilanzstichtag nach Ablauf der Einschlagsbeschränkung angewendet werden. [3]Der niedrigere Wertansatz ist nur zulässig für Wirtschaftsgüter, die aus im Inland erzeugtem Holz bestehen.

(2) [1]Mehrbestand ist die mengenmäßige Erhöhung der Bestände an Holz oder Holzwaren im Sinne des Absatzes 1 gegenüber den durchschnittlichen Beständen an diesen Waren an den letzten drei vorangegangenen Bilanzstichtagen, die nach Abzug etwaiger bei diesen Wirtschaftsgütern eingetretener mengenmäßiger Bestandsminderungen verbleibt. [2]Die mengenmäßigen Bestandsänderungen an Bilanzstichtagen gegenüber den durchschnittlichen Beständen an den letzten drei vorangegangenen Bilanzstichtagen sind dabei für die in Absatz 1 Satz 1 Nr. 1, 2 und 3 genannten Wirtschaftsgüter getrennt zu ermitteln. [3]Der Abzug der Bestandsminderungen ist in der Weise durchzuführen, daß bei den Bestandserhöhungen die Mengen abzusetzen sind, die dem Wert der Bestandsminderungen entsprechen; dabei sind die Wirtschaftsgüter mit dem Wiederbeschaffungspreis am Bilanzstichtag zu bewerten.

§ 11 a Übergangsvorschrift. Die §§ 3 bis 7 sind in ihrer vom 1. September 1985 an geltenden Fassung erstmals für Wirtschaftsjahre anzuwenden, die nach dem 31. Dezember 1984 enden.

§ 13.[2] Inkrafttreten

---

[1] § 7 Abs. 2 Satz 2 neugef. durch G v. 7. 11. 1991 (BGBl. I S. 2062).

[2] Das G in seiner ursprünglichen Fassung ist am 4. 9. 1969 in Kraft getreten. Das Inkrafttreten der späteren Änderungen ergibt sich aus den jeweiligen Änderungsgesetzen.

725. Gesetz über die Besteuerung bei Auslandsbeziehungen (Außensteuergesetz)[1]

Vom 8. September 1972 (BGBl. I S. 1713)

Geändert durch Gesetz zur Reform des Erbschaftsteuer- und Schenkungsteuerrechts vom 17. 4. 1974 (BGBl. I S. 933), Einführungsgesetz zum Einkommensteuerreformgesetz vom 21. 12. 1974 (BGBl. I S. 3656), Einführungsgesetz zum Körperschaftsteuerreformgesetz vom 6. 9. 1976 (BGBl. I S. 2641), Einführungsgesetz zur Abgabenordnung vom 14. 9. 1976 (BGBl. I S. 3341), Gesetz zur Änderung des EStG, des KStG und anderer Gesetze vom 20. 8. 1980 (BGBl. I S. 1545), Gesetz zur Stärkung der Wettbewerbsfähigkeit der Wirtschaft und zur Einschränkung von steuerlichen Vorteilen (Steuerentlastungsgesetz 1984) vom 22. 12. 1983 (BGBl. I S. 1583), Steuerbereinigungsgesetz 1985 vom 14. 12. 1984 (BGBl. I S. 1493), Beschluß des Bundesverfassungsgerichts vom 14. 5. 1986 (BGBl. I S. 1030), Einigungsvertrag vom 31. 8. 1990 (BGBl. II S. 889, 978), Steueränderungsgesetz 1992 vom 25. 2. 1992 (BGBl. I S. 297), Standortsicherungsgesetz vom 13. 9. 1993 (BGBl. I S. 1569), Mißbrauchsbekämpfungs- und Steuerbereinigungsgesetz vom 21. 12. 1993 (BGBl. I S. 2310), Gesetz zur Änderung des Umwandlungssteuerrechts vom 28. 10. 1994 (BGBl. I S. 3267), Jahressteuergesetz 1997 vom 20. 12. 1996 (BGBl. I S. 2049), Steuersenkungsgesetz vom 23. 10. 2000 (BGBl. I S. 1433), Steuer-Euroglättungsgesetz vom 19. 12. 2000 (BGBl. I S. 1790), Unternehmenssteuerfortentwicklungsgesetz vom 20. 12. 2001 (BGBl. I S. 3858), Steuervergünstigungsabbaugesetz vom 16. 5. 2003 (BGBl. I S. 660), Investmentmodernisierungsgesetz vom 15. 12. 2003 (BGBl. I S. 2676), Gesetz zur Umsetzung der Protokollerklärung der Bundesregierung zur Vermittlungsempfehlung zum Steuervergünstigungsabbaugesetz vom 22. 12. 2003 (BGBl. I S. 2840), EURichtlinien-Umsetzungsgesetz vom 9. 12. 2004 (BGBl. I S. 3310), Gesetz über steuerliche Begleitmaßnahmen zur Einführung der Europäischen Gesellschaft und zur Änderung weiterer steuerrechtlicher Vorschriften (SEStEG) vom 7. 12. 2006 (BGBl. I S. 2782), Gesetz zur Schaffung deutscher Immobilien-Aktiengesellschaften mit börsennotierten Anteilen vom 28. 5. 2007 (BGBl. I S. 914), Unternehmensteuerreformgesetz 2008 vom 14. 8. 2007 (BGBl. I S. 1912), Jahressteuergesetz 2008 vom 20. 12. 2007 (BGBl. I S. 3150), Jahressteuergesetz 2009 vom 19. 12. 2008 (BGBl. I S. 2794), Gesetz zur Umsetzung steuerlicher EU-Vorgaben sowie zur Änderung steuerlicher Vorschriften vom 8. 4. 2010 (BGBl. I S. 386), Jahressteuergesetz 2010 (JStG 2010) vom 8. 12. 2010 (BGBl. I S. 1768), Amtshilferichtlinie-Umsetzungsgesetz (AmtshilfeRLUmsG) vom 26. 6. 2013 (BGBl. I S. 1809) und Gesetz zur Anpassung der Abgabenordnung an den Zollkodex der Union und zur Änderung weiterer steuerlicher Vorschriften vom 22. 12. 2014 (BGBl. I S. 2417)

BGBl. III/FNA 610-6-8

Der Bundestag hat mit Zustimmung des Bundesrates das folgende Gesetz beschlossen:

Erster Teil. Internationale Verflechtungen

§ 1 Berichtigung von Einkünften. (1)[2] [1]Werden Einkünfte eines Steuerpflichtigen aus einer Geschäftsbeziehung zum Ausland mit einer ihm nahe

---

[1] Das Außensteuergesetz wurde verkündet als Art. 1 des G zur Wahrung der steuerlichen Gleichmäßigkeit bei Auslandsbeziehungen und zur Verbesserung der steuerlichen Wettbewerbslage bei Auslandsinvestitionen.

Zur Anwendung siehe § 21.

[2] § 1 Abs. 1 neu gef. mWv VZ 2008 (§ 21 Abs. 16) durch G v. 14. 8. 2007 (BGBl. I S. 1912).

stehenden Person dadurch gemindert, dass er seiner Einkünfteermittlung andere Bedingungen, insbesondere Preise (Verrechnungspreise), zugrunde legt, als sie voneinander unabhängige Dritte unter gleichen oder vergleichbaren Verhältnissen vereinbart hätten (Fremdvergleichsgrundsatz), sind seine Einkünfte unbeschadet anderer Vorschriften so anzusetzen, wie sie unter den zwischen voneinander unabhängigen Dritten vereinbarten Bedingungen angefallen wären. [2]Steuerpflichtiger im Sinne dieser Vorschrift ist auch eine Personengesellschaft oder eine Mitunternehmerschaft; eine Personengesellschaft oder Mitunternehmerschaft ist selbst nahestehende Person, wenn sie die Voraussetzungen des Absatzes 2 erfüllt.[1)] [3]Für die Anwendung des Fremdvergleichsgrundsatzes ist davon auszugehen, dass die voneinander unabhängigen Dritten alle wesentlichen Umstände der Geschäftsbeziehung kennen und nach den Grundsätzen ordentlicher und gewissenhafter Geschäftsleiter handeln. [4]Führt die Anwendung des Fremdvergleichsgrundsatzes zu weitergehenden Berichtigungen als die anderen Vorschriften, sind die weitergehenden Berichtigungen neben den Rechtsfolgen der anderen Vorschriften durchzuführen.

(2) Dem Steuerpflichtigen ist eine Person nahestehend, wenn

1. die Person an dem Steuerpflichtigen mindestens zu einem Viertel unmittelbar oder mittelbar beteiligt (wesentlich beteiligt) ist oder auf den Steuerpflichtigen unmittelbar oder mittelbar einen beherrschenden Einfluß ausüben kann oder umgekehrt der Steuerpflichtige an der Person wesentlich beteiligt ist oder auf diese Person unmittelbar oder mittelbar einen beherrschenden Einfluß ausüben kann oder
2. eine dritte Person sowohl an der Person als auch an dem Steuerpflichtigen wesentlich beteiligt ist oder auf beide unmittelbar oder mittelbar einen beherrschenden Einfluß ausüben kann oder
3. die Person oder der Steuerpflichtige imstande ist, bei der Vereinbarung der Bedingungen einer Geschäftsbeziehung auf den Steuerpflichtigen oder die Person einen außerhalb dieser Geschäftsbeziehung begründeten Einfluß auszuüben oder wenn einer von ihnen ein eigenes Interesse an der Erzielung der Einkünfte des anderen hat.

(3)[2)] [1]Für eine Geschäftsbeziehung im Sinne des Absatzes 1 Satz 1 ist der Verrechnungspreis vorrangig nach der Preisvergleichsmethode, der Wiederverkaufspreismethode oder der Kostenaufschlagsmethode zu bestimmen, wenn Fremdvergleichswerte ermittelt werden können, die nach Vornahme sachgerechter Anpassungen im Hinblick auf die ausgeübten Funktionen, die eingesetzten Wirtschaftsgüter und die übernommenen Chancen und Risiken (Funktionsanalyse) für diese Methoden uneingeschränkt vergleichbar sind; mehrere solche Werte bilden eine Bandbreite. [2]Sind solche Fremdvergleichswerte nicht zu ermitteln, sind eingeschränkt vergleichbare Werte nach Vor-

---

[1)] § 1 Abs. 1 Satz 2 eingef., bish. Sätze 2 und 3 werden Sätze 3 und 4 durch G v. 26. 6. 2013 (BGBl. I S. 1809); zur Anwendung von Satz 2 erster HS und zweiter HS siehe § 21 Abs. 20 Sätze 1 und 2.

[2)] § 1 Abs. 3 eingef. mWv VZ 2008 durch G v. 14. 8. 2007 (BGBl. I S. 1912); Sätze 9 und 10 neu gef. durch G v. 8. 4. 2010 (BGBl. I S. 386); zur Anwendung siehe § 21 Abs. 16.

nahme sachgerechter Anpassungen der Anwendung einer geeigneten Verrechnungspreismethode zugrunde zu legen. 3 Sind in den Fällen des Satzes 2 mehrere eingeschränkt vergleichbare Fremdvergleichswerte feststellbar, ist die sich ergebende Bandbreite einzuengen. 4 Liegt der vom Steuerpflichtigen für seine Einkünfteermittlung verwendete Wert in den Fällen des Satzes 1 außerhalb der Bandbreite oder in den Fällen des Satzes 2 außerhalb der eingeengten Bandbreite, ist der Median maßgeblich. 5 Können keine eingeschränkt vergleichbaren Fremdvergleichswerte festgestellt werden, hat der Steuerpflichtige für seine Einkünfteermittlung einen hypothetischen Fremdvergleich unter Beachtung des Absatzes 1 Satz 3[1)] durchzuführen. 6 Dazu hat er auf Grund einer Funktionsanalyse und innerbetrieblicher Planrechnungen den Mindestpreis des Leistenden und den Höchstpreis des Leistungsempfängers unter Berücksichtigung funktions- und risikoadäquater Kapitalisierungszinssätze zu ermitteln (Einigungsbereich); der Einigungsbereich wird von den jeweiligen Gewinnerwartungen (Gewinnpotenzialen) bestimmt.[2)] 7 Es ist der Preis im Einigungsbereich der Einkünfteermittlung zugrunde zu legen, der dem Fremdvergleichsgrundsatz mit der höchsten Wahrscheinlichkeit entspricht; wird kein anderer Wert glaubhaft gemacht, ist der Mittelwert des Einigungsbereichs zugrunde zu legen. 8 Ist der vom Steuerpflichtigen zugrunde gelegte Einigungsbereich unzutreffend und muss deshalb von einem anderen Einigungsbereich ausgegangen werden, kann auf eine Einkünfteberichtigung verzichtet werden, wenn der vom Steuerpflichtigen zugrunde gelegte Wert innerhalb des anderen Einigungsbereichs liegt. 9 Wird eine Funktion einschließlich der dazugehörigen Chancen und Risiken und der mit übertragenen oder überlassenen Wirtschaftsgüter und sonstigen Vorteile verlagert (Funktionsverlagerung) und ist auf die verlagerte Funktion Satz 5 anzuwenden, weil für das Transferpaket als Ganzes keine zumindest eingeschränkt vergleichbare Fremdvergleichswerte vorliegen, hat der Steuerpflichtige den Einigungsbereich auf der Grundlage des Transferpakets *unter Berücksichtigung funktions- und risikoadäquater Kapitalisierungszinssätze*[2)] zu bestimmen. 10 In den Fällen des Satzes 9 ist die Bestimmung von Einzelverrechnungspreisen für alle betroffenen Wirtschaftsgüter und Dienstleistungen nach Vornahme sachgerechter Anpassungen anzuerkennen, wenn der Steuerpflichtige glaubhaft macht, dass keine wesentlichen immateriellen Wirtschaftsgüter und Vorteile Gegenstand der Funktionsverlagerung waren, oder dass die Summe der angesetzten Einzelverrechnungspreise, gemessen an der Bewertung des Transferpakets als Ganzes, dem Fremdvergleichsgrundsatz entspricht; macht der Steuerpflichtige glaubhaft, dass zumindest ein wesentliches immaterielles Wirtschaftsgut Gegenstand der Funktionsverlagerung ist, und bezeichnet er es genau, sind Einzelverrechnungspreise für die Bestandteile des Transferpakets anzuerkennen. 11 Sind in den Fällen der Sätze 5 und 9 wesentliche immaterielle Wirtschaftsgüter und Vorteile Gegenstand einer Geschäftsbeziehung und weicht die tatsächliche spätere Gewinnentwicklung erheblich von der Gewinnentwicklung ab, die der Verrechungspreisbe-

---

1) Verweis geänd. mWv VZ 2013 (§ 21 Abs. 20 Satz 1) durch G v. 26. 6. 2013 (BGBl. I S. 1809).

2) § 1 Abs. 3 Satz 6 geänd., Satz 9 entspr. Wortlt. aufgeh. durch G v. 26. 6. 2013 (BGBl. I S. 1809); zur Anwendung siehe § 21 Abs. 20 Satz 1.

stimmung zugrunde lag, ist widerlegbar zu vermuten, dass zum Zeitpunkt des Geschäftsabschlusses Unsicherheiten im Hinblick auf die Preisvereinbarung bestanden und unabhängige Dritte eine sachgerechte Anpassungsregelung vereinbart hätten. [12] Wurde eine solche Regelung nicht vereinbart und tritt innerhalb der ersten zehn Jahre nach Geschäftsabschluss eine erhebliche Abweichung im Sinne des Satzes 11 ein, ist für eine deshalb vorzunehmende Berichtigung nach Absatz 1 Satz 1 einmalig ein angemessener Anpassungsbetrag auf den ursprünglichen Verrechnungspreis der Besteuerung des Wirtschaftsjahres zugrunde zu legen, das dem Jahr folgt, in dem die Abweichung eingetreten ist. [13] *Um eine einheitliche Rechtsanwendung und die Übereinstimmung mit den internationalen Grundsätzen zur Einkunftsabgrenzung sicherzustellen, wird das Bundesministerium der Finanzen ermächtigt, mit Zustimmung des Bundesrates durch Rechtsverordnung Einzelheiten zur Anwendung des Fremdvergleichsgrundsatzes im Sinne des Absatzes 1 und der Sätze 1 bis 12 zu bestimmen.*[1)]

[Fassung ab VZ 2013:][1)]

(4) [1] Geschäftsbeziehungen im Sinne dieser Vorschrift sind

1. einzelne oder mehrere zusammenhängende wirtschaftliche Vorgänge (Geschäftsvorfälle) zwischen einem Steuerpflichtigen und einer nahestehenden Person,
   a) die Teil einer Tätigkeit sind, auf die die §§ 13, 15, 18 oder 21 des Einkommensteuergesetzes anzuwenden sind oder im Fall einer ausländischen nahestehenden Person anzuwenden wären, wenn sich der Geschäftsvorfall im Inland ereignet hätte, und
   b) denen keine gesellschaftsvertragliche Vereinbarung zugrunde liegt;
2. Geschäftsvorfälle zwischen einem Unternehmen eines Steuerpflichtigen und seiner in einem anderen Staat gelegenen Betriebsstätte (anzunehmende schuldrechtliche Beziehungen).

[Fassung ab VZ 2015:]

(4)[2)] [1] Geschäftsbeziehungen im Sinne dieser Vorschrift sind

1. einzelne oder mehrere zusammenhängende wirtschaftliche Vorgänge (Geschäftsvorfälle) zwischen einem Steuerpflichtigen und einer ihm nahestehenden Person,
   a) die Teil einer Tätigkeit des Steuerpflichtigen oder der nahestehenden Person sind, auf die die §§ 13, 15, 18 oder 21 des Einkommensteuergesetzes anzuwenden sind oder anzuwenden wären, wenn sich der Geschäftsvorfall im Inland unter Beteiligung eines unbeschränkt Steuerpflichtigen und einer inländischen nahestehenden Person ereignet hätte, und
   b) denen keine gesellschaftsvertragliche Vereinbarung zugrunde liegt; eine gesellschaftsvertragliche Vereinbarung ist eine Vereinbarung, die unmittelbar zu

---

1) § 1 Abs. 3 Satz 13 aufgeh. mWv VZ 2013 (§ 21 Abs. 20 Satz 1) durch G v. 26. 6. 2013 (BGBl. I S. 1809).

2) § 1 Abs. 4 neu gef. durch G v. 22. 12. 2014 (BGBl. I S. 2417); zur Anwendung siehe § 21 Abs. 22.

[Fassung ab VZ 2013:]

[2] Liegen einer Geschäftsbeziehung keine schuldrechtlichen Vereinbarungen zugrunde, ist davon auszugehen, dass voneinander unabhängige ordentliche und gewissenhafte Geschäftsleiter schuldrechtliche Vereinbarungen getroffen hätten oder bestehende Rechtspositionen geltend machen würden, die der Besteuerung zugrunde zu legen sind, es sei denn, der Steuerpflichtige macht im Einzelfall etwas anderes glaubhaft.

[Fassung ab VZ 2015:]

einer rechtlichen Änderung der Gesellschafterstellung führt;

2. Geschäftsvorfälle zwischen einem Unternehmen eines Steuerpflichtigen und seiner in einem anderen Staat gelegenen Betriebsstätte (anzunehmende schuldrechtliche Beziehungen).

[2] Liegt einem Geschäftsvorfall keine schuldrechtliche Vereinbarung zugrunde, ist davon auszugehen, dass voneinander unabhängige ordentliche und gewissenhafte Geschäftsleiter eine schuldrechtliche Vereinbarung getroffen hätten oder eine bestehende Rechtsposition geltend machen würden, die der Besteuerung zugrunde zu legen ist, es sei denn, der Steuerpflichtige macht im Einzelfall etwas anderes glaubhaft.

(5)[1)] [1] Die Absätze 1, 3 und 4 sind entsprechend anzuwenden, wenn für eine Geschäftsbeziehung im Sinne des Absatzes 4 Satz 1 Nummer 2 die Bedingungen, insbesondere die Verrechnungspreise, die der Aufteilung der Einkünfte zwischen einem inländischen Unternehmen und seiner ausländischen Betriebsstätte oder der Ermittlung der Einkünfte der inländischen Betriebsstätte eines ausländischen Unternehmens steuerlich zugrunde gelegt werden, nicht dem Fremdvergleichsgrundsatz entsprechen und dadurch die inländischen Einkünfte eines beschränkt Steuerpflichtigen gemindert oder die ausländischen Einkünfte eines unbeschränkt Steuerpflichtigen erhöht werden. [2] Zur Anwendung des Fremdvergleichsgrundsatzes ist eine Betriebsstätte wie ein eigenständiges und unabhängiges Unternehmen zu behandeln, es sei denn, die Zugehörigkeit der Betriebsstätte zum Unternehmen erfordert eine andere Behandlung. [3] Um die Betriebsstätte wie ein eigenständiges und unabhängiges Unternehmen zu behandeln, sind ihr in einem ersten Schritt zuzuordnen:

1. die Funktionen des Unternehmens, die durch ihr Personal ausgeübt werden (Personalfunktionen),
2. die Vermögenswerte des Unternehmens, die sie zur Ausübung der ihr zugeordneten Funktionen benötigt,
3. die Chancen und Risiken des Unternehmens, die sie auf Grund der ausgeübten Funktionen und zugeordneten Vermögenswerte übernimmt, sowie
4. ein angemessenes Eigenkapital (Dotationskapital).

[1)] § 1 Abs. 5 angef. durch G v. 26. 6. 2013 (BGBl. I S. 1809); zur Anwendung siehe § 21 Abs. 20 Satz 3.Vgl. hierzu Betriebsstättengewinnaufteilungsverordnung (BsGaV) Nr. **725 b**.

[4]Auf der Grundlage dieser Zuordnung sind in einem zweiten Schritt die Art der Geschäftsbeziehungen zwischen dem Unternehmen und seiner Betriebsstätte und die Verrechnungspreise für diese Geschäftsbeziehungen zu bestimmen. [5]Die Sätze 1 bis 4 sind entsprechend auf ständige Vertreter anzuwenden. [6]Die Möglichkeit, einen Ausgleichsposten nach § 4g des Einkommensteuergesetzes zu bilden, wird nicht eingeschränkt. [7]Auf Geschäftsbeziehungen zwischen einem Gesellschafter und seiner Personengesellschaft oder zwischen einem Mitunternehmer und seiner Mitunternehmerschaft sind die Sätze 1 bis 4 nicht anzuwenden, unabhängig davon, ob die Beteiligung unmittelbar besteht oder ob sie nach § 15 Absatz 1 Satz 1 Nummer 2 Satz 2 des Einkommensteuergesetzes mittelbar besteht; für diese Geschäftsbeziehungen gilt Absatz 1. [8]Ist ein Abkommen zur Vermeidung der Doppelbesteuerung anzuwenden und macht der Steuerpflichtige geltend, dass dessen Regelungen den Sätzen 1 bis 7 widersprechen, so hat das Abkommen nur Vorrang, soweit der Steuerpflichtige nachweist, dass der andere Staat sein Besteuerungsrecht entsprechend diesem Abkommen ausübt und deshalb die Anwendung der Sätze 1 bis 7 zu einer Doppelbesteuerung führen würde.

(6)[1)] Das Bundesministerium der Finanzen wird ermächtigt, mit Zustimmung des Bundesrates durch Rechtsverordnung Einzelheiten des Fremdvergleichsgrundsatzes im Sinne der Absätze 1, 3 und 5 und Einzelheiten zu dessen einheitlicher Anwendung zu regeln sowie Grundsätze zur Bestimmung des Dotationskapitals im Sinne des Absatzes 5 Satz 3 Nummer 4 festzulegen.

Zweiter Teil. Wohnsitzwechsel in niedrig besteuernde Gebiete[2)]

§ 2[3)] Einkommensteuer. (1) [1]Eine natürliche Person, die in den letzten zehn Jahren vor dem Ende ihrer unbeschränkten Steuerpflicht nach § 1 Abs. 1 Satz 1 des Einkommensteuergesetzes[4)] als Deutscher insgesamt mindestens fünf Jahre unbeschränkt einkommensteuerpflichtig war und

1. in einem ausländischen Gebiet ansässig ist, in dem sie mit ihrem Einkommen nur einer niedrigen Besteuerung unterliegt, oder in keinem ausländischen Gebiet ansässig ist und
2. wesentliche wirtschaftliche Interessen im Geltungsbereich dieses Gesetzes hat,

ist bis zum Ablauf von zehn Jahren nach Ende des Jahres, in dem ihre unbeschränkte Steuerpflicht geendet hat, über die beschränkte Steuerpflicht im Sinne des Einkommensteuergesetzes hinaus beschränkt einkommensteuerpflichtig mit allen Einkünften im Sinne des § 2 Abs. 1 Satz 1 erster Halbsatz des Einkommensteuergesetzes, die bei unbeschränkter Einkommensteuer-

---

[1)] § 1 Abs. 6 angef. durch G v. 26. 6. 2013 (BGBl. I S. 1809); Zur Anwendung siehe § 21 Abs. 20 Satz 1.

[2)] Zu §§ 2 bis 5 siehe § 21 Abs. 2.

[3)] § 2 Abs. 4 geänd. durch G v. 17. 4. 1974 (BGBl. I S. 933), Abs. 1 Satz 1, Abs. 3 Nr. 1 und Abs. 5 geänd. durch G v. 21. 12. 1974 (BGBl. I S. 3656).

[4)] Nr. **1**.

pflicht nicht ausländische Einkünfte im Sinne des § 34d[1] des Einkommensteuergesetzes sind. [2]Für Einkünfte der natürlichen Person, die weder durch deren ausländische Betriebsstätte noch durch deren in einem ausländischen Staat tätigen ständigen Vertreter erzielt werden, ist für die Anwendung dieser Vorschrift das Bestehen einer inländischen Geschäftsleitungsbetriebsstätte der natürlichen Person anzunehmen, der solche Einkünfte zuzuordnen sind.[1] [3]Satz 1 findet nur Anwendung für Veranlagungszeiträume, in denen die hiernach insgesamt beschränkt steuerpflichtigen Einkünfte mehr als 16 500 Euro[2] betragen.

(2) Eine niedrige Besteuerung im Sinne des Absatzes 1 Nr. 1 liegt vor, wenn

1. die Belastung durch die in dem ausländischen Gebiet erhobene Einkommensteuer – nach dem Tarif unter Einbeziehung von tariflichen Freibeträgen – bei einer in diesem Gebiet ansässigen unverheirateten natürlichen Person, die ein steuerpflichtiges Einkommen von 77 000 Euro[2] bezieht, um mehr als ein Drittel geringer ist als die Belastung einer im Geltungsbereich dieses Gesetzes ansässigen natürlichen Person durch die deutsche Einkommensteuer unter sonst gleichen Bedingungen, es sei denn, die Person weist nach, daß die von ihrem Einkommen insgesamt zu entrichtenden Steuern mindestens zwei Drittel der Einkommensteuer betragen, die sie bei unbeschränkter Steuerpflicht nach § 1 Abs. 1 des Einkommensteuergesetzes zu entrichten hätte, oder
2. die Belastung der Person durch die in dem ausländischen Gebiet erhobene Einkommensteuer auf Grund einer gegenüber der allgemeinen Besteuerung eingeräumten Vorzugsbesteuerung erheblich gemindert sein kann, es sei denn, die Person weist nach, daß die von ihrem Einkommen insgesamt zu entrichtenden Steuern mindestens zwei Drittel der Einkommensteuer betragen, die sie bei unbeschränkter Steuerpflicht nach § 1 Abs. 1 des Einkommensteuergesetzes zu entrichten hätte.

(3) Eine Person hat im Sinne des Absatzes 1 Nr. 2 wesentliche wirtschaftliche Interessen im Geltungsbereich dieses Gesetzes, wenn

1.[3] sie zu Beginn des Veranlagungszeitraums Unternehmer oder Mitunternehmer eines im Geltungsbereich dieses Gesetzes belegenen Gewerbebetriebs ist oder, sofern sie Kommanditist ist, mehr als 25 Prozent der Einkünfte im Sinne des § 15 Abs. 1 Satz 1 Nr. 2[4] des Einkommensteuergesetzes aus der Gesellschaft auf sie entfallen oder ihr eine Beteiligung im Sinne des § 17 Abs. 1 des Einkommensteuergesetzes an einer inländischen Kapitalgesellschaft gehört oder

---

[1] § 2 Abs. 1 Satz 1 geänd., Satz 2 eingef. mWv VZ 2009 (§ 21 Abs. 18 Satz 1) durch G v. 19. 12. 2008 (BGBl. I S. 2794).

[2] Beträge geänd. durch G v. 19. 12. 2000 (BGBl. I S. 1790); zur erstmaligen Anwendung siehe § 21 Abs. 10 Satz 1.

[3] § 2 Abs. 3 Nr. 1 geänd. durch G v. 23. 10. 2000 (BGBl. I S. 1433); zur Anwendung von § 17 Abs. 1 EStG siehe § 52 Abs. 34 a EStG.

[4] Verweis geänd. durch G v. 20. 12. 2007 (BGBl. I S. 3150).

2. ihre Einkünfte, die bei unbeschränkter Einkommensteuerpflicht nicht ausländische Einkünfte im Sinne des § 34 d[1] des Einkommensteuergesetzes sind, im Veranlagungszeitraum mehr als 30 Prozent ihrer sämtlichen Einkünfte betragen oder 62 000 Euro[2] übersteigen oder
3. zu Beginn des Veranlagungszeitraums ihr Vermögen, dessen Erträge bei unbeschränkter Einkommensteuerpflicht nicht ausländische Einkünfte im Sinne des § 34 d[1] des Einkommensteuergesetzes wären, mehr als 30 Prozent ihres Gesamtvermögens beträgt oder 154 000 Euro[2] übersteigt.

(4) Bei der Anwendung der Absätze 1 und 3 sind bei einer Person Gewerbebetriebe, Beteiligungen, Einkünfte und Vermögen einer ausländischen Gesellschaft im Sinne des § 5, an der die Person unter den dort genannten Voraussetzungen beteiligt ist, entsprechend ihrer Beteiligung zu berücksichtigen.

(5)[3] [1]Ist Absatz 1 anzuwenden, kommt der Steuersatz zur Anwendung, der sich für sämtliche Einkünfte der Person ergibt; für die Ermittlung des Steuersatzes bleiben Einkünfte aus Kapitalvermögen außer Betracht, die dem gesonderten Steuersatz nach § 32 d Absatz 1 des Einkommensteuergesetzes unterliegen. [2]Auf Einkünfte, die dem Steuerabzug auf Grund des § 50 a des Einkommensteuergesetzes unterliegen, ist § 50 Absatz 2 des Einkommensteuergesetzes nicht anzuwenden. [3]§ 43 Absatz 5 des Einkommensteuergesetzes bleibt unberührt.

(6) Weist die Person nach, daß die auf Grund der Absätze 1 und 5 zusätzlich zu entrichtende Steuer insgesamt zu einer höheren inländischen Steuer führt, als sie sie bei unbeschränkter Steuerpflicht und Wohnsitz ausschließlich im Geltungsbereich dieses Gesetzes zu entrichten hätte, so wird der übersteigende Betrag insoweit nicht erhoben, als er die Steuer überschreitet, die sich ohne Anwendung der Absätze 1 und 5 ergäbe.

§ 3[4] **Vermögensteuer.** *(aufgehoben)*

§ 4[5] **Erbschaftsteuer.** (1) War bei einem Erblasser oder Schenker zur Zeit der Entstehung der Steuerschuld § 2 Abs. 1 Satz 1 anzuwenden, so tritt bei Erbschaftsteuerpflicht nach § 2 Abs. 1 Nr. 3 des Erbschaftsteuergesetzes[6] die Steuerpflicht über den dort bezeichneten Umfang hinaus für alle Teile des Erwerbs ein, deren Erträge bei unbeschränkter Einkommensteuerpflicht nicht ausländische Einkünfte im Sinne des § 34 d[1] des Einkommensteuergesetzes wären.

(2) Absatz 1 findet keine Anwendung, wenn nachgewiesen wird, daß für die Teile des Erwerbs, die nach dieser Vorschrift über § 2 Abs. 1 Nr. 3 des Erbschaftsteuergesetzes hinaus steuerpflichtig wären, im Ausland eine der

---

[1] Verweis geänd. durch G v. 22.12. 2014 (BGBl. I S. 2417).

[2] Beträge geänd. durch G v. 19. 12. 2000 (BGBl. I S. 1790); zur erstmaligen Anwendung siehe § 21 Abs. 10 Satz 1.

[3] § 2 Abs. 5 neu gef. durch G v. 26. 6. 2013 (BGBl. I S. 1809); zur Anwendung siehe § 21 Abs. 21 Sätze 1 und 2.

[4] § 3 aufgeh. mWv 1. 1. 1997 durch G v. 20. 12. 1996 (BGBl. I S. 2049).

[5] § 4 geänd. durch G v. 17. 4. 1974 (BGBl. I S. 933).

[6] Nr. **250**.

deutschen Erbschaftsteuer entsprechende Steuer zu entrichten ist, die mindestens 30 Prozent der deutschen Erbschaftsteuer beträgt, die bei Anwendung des Absatzes 1 auf diese Teile des Erwerbs entfallen würde.

§ 5[1)] Zwischengeschaltete Gesellschaften. (1) [1]Sind natürliche Personen, die in den letzten zehn Jahren vor dem Ende ihrer unbeschränkten Steuerpflicht nach § 1 Abs. 1 Satz 1 des Einkommensteuergesetzes als Deutscher insgesamt mindestens fünf Jahre unbeschränkt einkommensteuerpflichtig waren und die Voraussetzungen des § 2 Abs. 1 Satz 1 Nr. 1 erfüllen (Person im Sinne des § 2), allein oder zusammen mit unbeschränkt Steuerpflichtigen an einer ausländischen Gesellschaft im Sinne des § 7 beteiligt, so sind Einkünfte, mit denen diese Personen bei unbeschränkter Steuerpflicht nach den §§ 7, 8 und 14 steuerpflichtig wären und die nicht ausländische Einkünfte im Sinne des § 34 d[2)] des Einkommensteuergesetzes sind, diesen Personen zuzurechnen. [2]Liegen die Voraussetzungen des Satzes 1 vor, so sind die Vermögenswerte der ausländischen Gesellschaft, deren Erträge bei unbeschränkter Steuerpflicht nicht ausländische Einkünfte im Sinne des § 34 d[2)] des Einkommensteuergesetzes wären, im Fall des § 4 dem Erwerb entsprechend der Beteiligung zuzurechnen.

(2) Das Vermögen, das den nach Absatz 1 einer Person zuzurechnenden Einkünften zugrunde liegt, haftet für die von dieser Person für diese Einkünfte geschuldeten Steuern.

(3) § 18 findet entsprechende Anwendung.

Dritter Teil. Behandlung einer Beteiligung im Sinne des § 17 des Einkommensteuergesetzes bei Wohnsitzwechsel ins Ausland[3)]

§ 6[4)] Besteuerung des Vermögenszuwachses. (1) [1]Bei einer natürlichen Person, die insgesamt mindestens zehn Jahre nach § 1 Abs. 1 des Einkommensteuergesetzes unbeschränkt steuerpflichtig war und deren unbeschränkte Steuerpflicht durch Aufgabe des Wohnsitzes oder gewöhnlichen Aufenthalts endet, ist auf Anteile im Sinne des § 17 Abs. 1 Satz 1 des Einkommensteuergesetzes im Zeitpunkt der Beendigung der unbeschränkten Steuerpflicht § 17 des Einkommensteuergesetzes auch ohne Veräußerung anzuwenden, wenn im Übrigen für die Anteile zu diesem Zeitpunkt die Voraussetzungen dieser Vorschrift erfüllt sind. [2]Der Beendigung der unbeschränkten Steuerpflicht im Sinne des Satzes 1 stehen gleich

---

1) § 5 Abs. 1 neu gef. und Abs. 3 angef. durch G v. 17. 4. 1974 (BGBl. I S. 933), Abs. 1 Satz 2 geänd. mWv 1. 1. 1997 durch G v. 20. 12. 1996 (BGBl. I S. 2049).

2) Verweis geänd. durch G v. 22. 12. 2014 (BGBl. I S. 2417).

3) Überschrift neu gef. durch G v. 23. 10. 2000 (BGBl. I S. 1433).

4) § 6 neu gef. durch G v. 7. 12. 2006 (BGBl. I S. 2782); zur erstmaligen Anwendung siehe § 21 Abs. 13.

1. die Übertragung der Anteile durch ganz oder teilweise unentgeltliches Rechtsgeschäft unter Lebenden oder durch Erwerb von Todes wegen auf nicht unbeschränkt steuerpflichtige Personen oder
2. die Begründung eines Wohnsitzes oder gewöhnlichen Aufenthalts oder die Erfüllung eines anderen ähnlichen Merkmals in einem ausländischen Staat, wenn der Steuerpflichtige auf Grund dessen nach einem Abkommen zur Vermeidung der Doppelbesteuerung als in diesem Staat ansässig anzusehen ist, oder
3. die Einlage der Anteile in einen Betrieb oder eine Betriebsstätte des Steuerpflichtigen in einem ausländischen Staat oder
4. der Ausschluss oder die Beschränkung des Besteuerungsrechts der Bundesrepublik Deutschland hinsichtlich des Gewinns aus der Veräußerung der Anteile auf Grund anderer als der in Satz 1 oder der in den Nummern 1 bis 3 genannten Ereignisse.

[3] § 17 Abs. 5 des Einkommensteuergesetzes und die Vorschriften des Umwandlungssteuergesetzes bleiben unberührt. [4] An Stelle des Veräußerungspreises (§ 17 Abs. 2 des Einkommensteuergesetzes) tritt der gemeine Wert der Anteile in dem nach Satz 1 oder 2 maßgebenden Zeitpunkt. [5] Die §§ 17 und 49 Abs. 1 Nr. 2 Buchstabe e des Einkommensteuergesetzes bleiben mit der Maßgabe unberührt, dass der nach diesen Vorschriften anzusetzende Gewinn aus der Veräußerung dieser Anteile um den nach den vorstehenden Vorschriften besteuerten Vermögenszuwachs zu kürzen ist.

(2) [1] Hat der unbeschränkt Steuerpflichtige die Anteile durch ganz oder teilweise unentgeltliches Rechtsgeschäft erworben, so sind für die Errechnung der nach Absatz 1 maßgebenden Dauer der unbeschränkten Steuerpflicht auch Zeiträume einzubeziehen, in denen der Rechtsvorgänger bis zur Übertragung der Anteile unbeschränkt steuerpflichtig war. [2] Sind die Anteile mehrmals nacheinander in dieser Weise übertragen worden, so gilt Satz 1 für jeden der Rechtsvorgänger entsprechend. [3] Zeiträume, in denen der Steuerpflichtige oder ein oder mehrere Rechtsvorgänger gleichzeitig unbeschränkt steuerpflichtig waren, werden dabei nur einmal angesetzt.

(3) [1] Beruht die Beendigung der unbeschränkten Steuerpflicht auf vorübergehender Abwesenheit und wird der Steuerpflichtige innerhalb von fünf Jahren seit Beendigung der unbeschränkten Steuerpflicht wieder unbeschränkt steuerpflichtig, so entfällt der Steueranspruch nach Absatz 1, soweit die Anteile in der Zwischenzeit nicht veräußert und die Tatbestände des Absatzes 1 Satz 2 Nr. 1 oder 3 nicht erfüllt worden sind und der Steuerpflichtige im Zeitpunkt der Begründung der unbeschränkten Steuerpflicht nicht nach einem Abkommen zur Vermeidung der Doppelbesteuerung als in einem ausländischen Staat ansässig gilt. [2] Das Finanzamt, das in dem nach Absatz 1 Satz 1 oder 2 maßgebenden Zeitpunkt nach § 19 der Abgabenordnung zuständig ist, kann diese Frist um höchstens fünf Jahre verlängern, wenn der Steuerpflichtige glaubhaft macht, dass berufliche Gründe für seine Abwesenheit maßgebend sind und seine Absicht zur Rückkehr unverändert fortbesteht. [3] Wird im Fall des Erwerbs von Todes wegen nach Absatz 1 Satz 2 Nr. 1 der Rechtsnachfolger des Steuerpflichtigen innerhalb von fünf Jahren seit Entstehung des

Steueranspruchs nach Absatz 1 unbeschränkt steuerpflichtig, gilt Satz 1 entsprechend. [4]Ist der Steueranspruch nach Absatz 5 gestundet, gilt Satz 1 ohne die darin genannte zeitliche Begrenzung entsprechend, wenn

1. der Steuerpflichtige oder im Fall des Absatzes 1 Satz 2 Nr. 1 sein Rechtsnachfolger unbeschränkt steuerpflichtig werden oder
2. das Besteuerungsrecht der Bundesrepublik Deutschland hinsichtlich des Gewinns aus der Veräußerung der Anteile auf Grund eines anderen Ereignisses wieder begründet wird oder nicht mehr beschränkt ist.

(4) [1]Vorbehaltlich des Absatzes 5 ist die nach Absatz 1 geschuldete Einkommensteuer auf Antrag in regelmäßigen Teilbeträgen für einen Zeitraum von höchstens fünf Jahren seit Eintritt der ersten Fälligkeit gegen Sicherheitsleistung zu stunden, wenn ihre alsbaldige Einziehung mit erheblichen Härten für den Steuerpflichtigen verbunden wäre. [2]Die Stundung ist zu widerrufen, soweit die Anteile während des Stundungszeitraums veräußert werden oder verdeckt in eine Gesellschaft im Sinne des § 17 Abs. 1 Satz 1 des Einkommensteuergesetzes eingelegt werden oder einer der Tatbestände des § 17 Abs. 4 des Einkommensteuergesetzes verwirklicht wird. [3]In Fällen des Absatzes 3 Satz 1 und 2 richtet sich der Stundungszeitraum nach der auf Grund dieser Vorschrift eingeräumten Frist; die Erhebung von Teilbeträgen entfällt; von der Sicherheitsleistung kann nur abgesehen werden, wenn der Steueranspruch nicht gefährdet erscheint.

(5)[1)] [1]Ist der Steuerpflichtige im Fall des Absatzes 1 Satz 1 Staatsangehöriger eines Mitgliedstaates der Europäischen Union oder eines anderen Staates, auf den das Abkommen über den Europäischen Wirtschaftsraum vom 3. Januar 1994 (ABl. EG Nr. L 1 S. 3), zuletzt geändert durch den Beschluss des Gemeinsamen EWR-Ausschusses Nr. 91/2007 vom 6. Juli 2007 (ABl. EU Nr. L 328 S. 40), in der jeweils geltenden Fassung anwendbar ist (Vertragsstaat des EWR-Abkommens), und unterliegt er nach der Beendigung der unbeschränkten Steuerpflicht in einem dieser Staaten (Zuzugsstaat) einer der deutschen unbeschränkten Einkommensteuerpflicht vergleichbaren Steuerpflicht, so ist die nach Absatz 1 geschuldete Steuer zinslos und ohne Sicherheitsleistung zu stunden. [2]Voraussetzung ist, dass die Amtshilfe und die gegenseitige Unterstützung bei der Beitreibung der geschuldeten Steuer zwischen der Bundesrepublik Deutschland und diesem Staat gewährleistet sind. [3]Die Sätze 1 und 2 gelten entsprechend, wenn

1. im Fall des Absatzes 1 Satz 2 Nr. 1 der Rechtsnachfolger des Steuerpflichtigen einer der deutschen unbeschränkten Einkommensteuerpflicht vergleichbaren Steuerpflicht in einem Mitgliedstaat der Europäischen Union oder einem Vertragsstaat des EWR-Abkommens unterliegt, oder
2. im Fall des Absatzes 1 Satz 2 Nr. 2 der Steuerpflichtige einer der deutschen unbeschränkten Einkommensteuerpflicht vergleichbaren Steuerpflicht in einem Mitgliedstaat der Europäischen Union oder einem Vertragsstaat des EWR-Abkommens unterliegt und Staatsangehöriger eines dieser Staaten ist oder

---

1) § 6 Abs. 5 Satz 1 neu gef. durch G v. 19. 12. 2008 (BGBl. I S. 2794).

3. im Fall des Absatzes 1 Satz 2 Nr. 3 der Steuerpflichtige die Anteile in einen Betrieb oder eine Betriebsstätte in einem anderen Mitgliedstaat der Europäischen Union oder einem anderen Vertragsstaat des EWR-Abkommens einlegt oder

4.[1] im Fall des Absatzes 1 Satz 2 Nummer 4 der Steuerpflichtige Anteile an einer in einem Mitgliedstaat der Europäischen Union oder in einem Vertragsstaat des EWR-Abkommens ansässigen Gesellschaft hält.

[4]Die Stundung ist zu widerrufen,

1. soweit der Steuerpflichtige oder sein Rechtsnachfolger im Sinne des Satzes 3 Nr. 1 Anteile veräußert oder verdeckt in eine Gesellschaft im Sinne des § 17 Abs. 1 Satz 1 des Einkommensteuergesetzes einlegt oder einer der Tatbestände des § 17 Abs. 4 des Einkommensteuergesetzes erfüllt wird;
2. soweit Anteile auf eine nicht unbeschränkt steuerpflichtige Person übergehen, die nicht in einem Mitgliedstaat der Europäischen Union oder einem Vertragsstaat des EWR-Abkommens einer der deutschen unbeschränkten Einkommensteuerpflicht vergleichbaren Steuerpflicht unterliegt;
3. soweit in Bezug auf die Anteile eine Entnahme oder ein anderer Vorgang verwirklicht wird, der nach inländischem Recht zum Ansatz des Teilwerts oder des gemeinen Werts führt;
4. wenn für den Steuerpflichtigen oder seinen Rechtsnachfolger im Sinne des Satzes 3 Nr. 1 durch Aufgabe des Wohnsitzes oder gewöhnlichen Aufenthalts keine Steuerpflicht nach Satz 1 mehr besteht.

[5]Ein Umwandlungsvorgang, auf den die §§ 11, 15 oder 21 des Umwandlungssteuergesetzes vom 7. Dezember 2006 (BGBl. I S. 2782, 2791) in der jeweils geltenden Fassung anzuwenden sind, gilt auf Antrag nicht als Veräußerung im Sinne des Satzes 4 Nr. 1, wenn die erhaltenen Anteile bei einem unbeschränkt steuerpflichtigen Anteilseigner, der die Anteile nicht in einem Betriebsvermögen hält, nach § 13 Abs. 2, § 21 Abs. 2 des Umwandlungssteuergesetzes mit den Anschaffungskosten der bisherigen Anteile angesetzt werden könnten; für Zwecke der Anwendung des Satzes 4 und der Absätze 3, 6 und 7 treten insoweit die erhaltenen Anteile an die Stelle der Anteile im Sinne des Absatzes 1. [6]Ist im Fall des Satzes 1 oder Satzes 3 der Gesamtbetrag der Einkünfte ohne Einbeziehung des Vermögenszuwachses nach Absatz 1 negativ, ist dieser Vermögenszuwachs bei Anwendung des § 10d des Einkommensteuergesetzes nicht zu berücksichtigen. [7]Soweit ein Ereignis im Sinne des Satzes 4 eintritt, ist der Vermögenszuwachs rückwirkend bei der Anwendung des § 10d des Einkommensteuergesetzes zu berücksichtigen und in Anwendung des Satzes 6 ergangene oder geänderte Feststellungsbescheide oder Steuerbescheide sind aufzuheben oder zu ändern; § 175 Abs. 1 Satz 2 der Abgabenordnung gilt entsprechend.

(6) [1]Ist im Fall des Absatzes 5 Satz 4 Nr. 1 der Veräußerungsgewinn im Sinne des § 17 Abs. 2 des Einkommensteuergesetzes im Zeitpunkt der Beendigung der Stundung niedriger als der Vermögenszuwachs nach Absatz 1 und

---

[1] § 6 Abs. 5 Satz 3 Nr. 4 angef. durch G v. 22. 12. 2014 (BGBl. I S. 2417); zur Anwendung siehe § 21 Abs. 23.

wird die Wertminderung bei der Einkommensbesteuerung durch den Zuzugsstaat nicht berücksichtigt, so ist der Steuerbescheid insoweit aufzuheben oder zu ändern; § 175 Abs. 1 Satz 2 der Abgabenordnung gilt entsprechend. 2 Dies gilt nur, soweit der Steuerpflichtige nachweist, dass die Wertminderung betrieblich veranlasst ist und nicht auf eine gesellschaftsrechtliche Maßnahme, insbesondere eine Gewinnausschüttung, zurückzuführen ist. 3 Die Wertminderung ist höchstens im Umfang des Vermögenszuwachses nach Absatz 1 zu berücksichtigen. 4 Ist die Wertminderung auf eine Gewinnausschüttung zurückzuführen und wird sie bei der Einkommensbesteuerung nicht berücksichtigt, ist die auf diese Gewinnausschüttung erhobene und keinem Ermäßigungsanspruch mehr unterliegende inländische Kapitalertragsteuer auf die nach Absatz 1 geschuldete Steuer anzurechnen.

(7) 1 Der Steuerpflichtige oder sein Gesamtrechtsnachfolger hat dem Finanzamt, das in dem in Absatz 1 genannten Zeitpunkt nach § 19 der Abgabenordnung zuständig ist, nach amtlich vorgeschriebenem Vordruck die Verwirklichung eines der Tatbestände des Absatzes 5 Satz 4 mitzuteilen. 2 Die Mitteilung ist innerhalb eines Monats nach dem meldepflichtigen Ereignis zu erstatten; sie ist vom Steuerpflichtigen eigenhändig zu unterschreiben. 3 In den Fällen des Absatzes 5 Satz 4 Nr. 1 und 2 ist der Mitteilung ein schriftlicher Nachweis über das Rechtsgeschäft beizufügen. 4 Der Steuerpflichtige hat dem nach Satz 1 zuständigen Finanzamt jährlich bis zum Ablauf des 31. Januar schriftlich seine am 31. Dezember des vorangegangenen Kalenderjahres geltende Anschrift mitzuteilen und zu bestätigen, dass die Anteile ihm oder im Fall der unentgeltlichen Rechtsnachfolge unter Lebenden seinem Rechtsnachfolger weiterhin zuzurechnen sind. 5 Die Stundung nach Absatz 5 Satz 1 kann widerrufen werden, wenn der Steuerpflichtige seine Mitwirkungspflicht nach Satz 4 nicht erfüllt.

Vierter Teil. Beteiligung an ausländischen Zwischengesellschaften

§ 7 Steuerpflicht inländischer Gesellschafter. (1) Sind unbeschränkt Steuerpflichtige an einer Körperschaft, Personenvereinigung oder Vermögensmasse im Sinne des Körperschaftsteuergesetzes, die weder Geschäftsleitung noch Sitz im Geltungsbereich dieses Gesetzes hat und die nicht gemäß § 3 Abs. 1 des Körperschaftsteuergesetzes von der Körperschaftsteuerpflicht ausgenommen ist (ausländische Gesellschaft), zu mehr als der Hälfte beteiligt, so sind die Einkünfte, für die diese Gesellschaft Zwischengesellschaft ist, bei jedem von ihnen mit dem Teil steuerpflichtig, der auf die ihm zuzurechnende Beteiligung am Nennkapital der Gesellschaft entfällt.

(2) 1 Unbeschränkt Steuerpflichtige sind im Sinne des Absatzes 1 an einer ausländischen Gesellschaft zu mehr als der Hälfte beteiligt, wenn ihnen allein oder zusammen mit Personen im Sinne des § 2 am Ende des Wirtschaftsjahres der Gesellschaft, in dem sie die Einkünfte nach Absatz 1 bezogen hat (maßgebendes Wirtschaftsjahr), mehr als 50 Prozent der Anteile oder der Stimmrechte an der ausländischen Gesellschaft zuzurechnen sind. 2 Bei der Anwendung

des vorstehenden Satzes sind auch Anteile oder Stimmrechte zu berücksichtigen, die durch eine andere Gesellschaft vermittelt werden, und zwar in dem Verhältnis, das den Anteilen oder Stimmrechten an der vermittelnden Gesellschaft zu den gesamten Anteilen oder Stimmrechten an dieser Gesellschaft entspricht; dies gilt entsprechend bei der Vermittlung von Anteilen oder Stimmrechten durch mehrere Gesellschaften. 3 Ist ein Gesellschaftskapital nicht vorhanden und bestehen auch keine Stimmrechte, so kommt es auf das Verhältnis der Beteiligungen am Vermögen der Gesellschaft an.

(3) Sind unbeschränkt Steuerpflichtige unmittelbar oder über Personengesellschaften an einer Personengesellschaft beteiligt, die ihrerseits an einer ausländischen Gesellschaft im Sinne des Absatzes 1 beteiligt ist, so gelten sie als an der ausländischen Gesellschaft beteiligt.

(4) 1 Einem unbeschränkt Steuerpflichtigen sind für die Anwendung der §§ 7 bis 14 auch Anteile oder Stimmrechte zuzurechnen, die eine Person hält, die seinen Weisungen so zu folgen hat oder so folgt, daß ihr kein eigener wesentlicher Entscheidungsspielraum bleibt. 2 Diese Voraussetzung ist nicht schon allein dadurch erfüllt, daß der unbeschränkt Steuerpflichtige an der Person beteiligt ist.

(5) Ist für die Gewinnverteilung der ausländischen Gesellschaft nicht die Beteiligung am Nennkapital maßgebend oder hat die Gesellschaft kein Nennkapital, so ist der Aufteilung der Einkünfte nach Absatz 1 der Maßstab für die Gewinnverteilung zugrunde zu legen.

(6)[1] 1 Ist eine ausländische Gesellschaft Zwischengesellschaft für Zwischeneinkünfte mit Kapitalanlagecharakter im Sinne des Absatz 6 a[2] und ist ein unbeschränkt Steuerpflichtiger an der Gesellschaft zu mindestens 1 Prozent beteiligt, sind diese Zwischeneinkünfte bei diesem Steuerpflichtigen in dem in Absatz 1 bestimmten Umfang steuerpflichtig, auch wenn die Voraussetzungen des Absatzes 1 im Übrigen nicht erfüllt sind. 2 Satz 1 ist nicht anzuwenden, wenn die den Zwischeneinkünften mit Kapitalanlagecharakter zugrunde liegenden Bruttoerträge nicht mehr als 10 Prozent der den gesamten Zwischeneinkünften zugrunde liegenden Bruttoerträge der ausländischen Zwischengesellschaft betragen und die bei einer Zwischengesellschaft oder bei einem Steuerpflichtigen hiernach außer Ansatz zu lassenden Beträge insgesamt 80 000 Euro[3] nicht übersteigen. 3 Satz 1 ist auch anzuwenden bei einer Beteiligung von weniger als 1 Prozent, wenn die ausländische Gesellschaft ausschließlich oder fast ausschließlich Bruttoerträge erzielt, die Zwischeneinkünften mit Kapitalanlagecharakter zugrunde liegen, es sei denn, dass mit der Hauptgattung der Aktien der ausländischen Gesellschaft ein wesentlicher und regelmäßiger Handel an einer anerkannten Börse stattfindet.

---

[1] § 7 Abs. 6 neu gef. durch G v. 20. 12. 2001 (BGBl. I S. 3858); zur erstmaligen Anwendung siehe § 21 Abs. 7 Satz 3.

[2] Geänd. durch G v. 16. 5. 2003 (BGBl. I S. 660); zur erstmaligen Anwendung siehe § 21 Abs. 11 Satz 2.

[3] Betrag geänd. durch G v. 20. 12. 2007 (BGBl. I S. 3150); zur erstmaligen Anwendung siehe § 21 Abs. 17 Satz 1.

(6 a)[1] Zwischeneinkünfte mit Kapitalanlagecharakter sind Einkünfte der ausländischen Zwischengesellschaft (§ 8), die aus dem Halten, der Verwaltung, Werterhaltung oder Werterhöhung von Zahlungsmitteln, Forderungen, Wertpapieren, Beteiligungen (mit Ausnahme der in § 8 Abs. 1 Nr. 8 und 9 genannten Einkünfte) oder ähnlichen Vermögenswerten stammen, es sei denn, der Steuerpflichtige weist nach, dass sie aus einer Tätigkeit stammen, die einer unter § 8 Abs. 1 Nr. 1 bis 6 fallenden eigenen Tätigkeit der ausländischen Gesellschaft dient, ausgenommen Tätigkeiten im Sinne des § 1 Abs. 1 Nr. 6 des Kreditwesengesetzes in der Fassung der Bekanntmachung vom 9. September 1998 (BGBl. I S. 2776), das zuletzt durch Artikel 3 Abs. 3 des Gesetzes vom 22. August 2002 (BGBl. I S. 3387) geändert worden ist, in der jeweils geltenden Fassung.

(7)[2] Die Absätze 1 bis 6 a sind nicht anzuwenden, wenn auf die Einkünfte, für die die ausländische Gesellschaft Zwischengesellschaft ist, die Vorschriften des Investmentsteuergesetzes in der jeweils geltenden Fassung anzuwenden sind, es sei denn, Ausschüttungen oder ausschüttungsgleiche Erträge wären nach einem Abkommen zur Vermeidung der Doppelbesteuerung von der inländischen Bemessungsgrundlage auszunehmen.

(8)[3] Sind unbeschränkt Steuerpflichtige an einer ausländischen Gesellschaft beteiligt und ist diese an einer Gesellschaft im Sinne des § 16 des REIT-Gesetzes vom 28. Mai 2007 (BGBl. I S. 914) in der jeweils geltenden Fassung beteiligt, gilt Absatz 1 unbeschadet des Umfangs der jeweiligen Beteiligung an der ausländischen Gesellschaft, es sei denn, dass mit der Hauptgattung der Aktien der ausländischen Gesellschaft ein wesentlicher und regelmäßiger Handel an einer anerkannten Börse stattfindet.

§ 8 Einkünfte von Zwischengesellschaften. (1) Eine ausländische Gesellschaft ist Zwischengesellschaft für Einkünfte, die einer niedrigen Besteuerung unterliegen und nicht stammen aus:

1. der Land- und Forstwirtschaft,
2. der Herstellung, Bearbeitung, Verarbeitung oder Montage von Sachen, der Erzeugung von Energie sowie dem Aufsuchen und der Gewinnung von Bodenschätzen,
3. [4] dem Betrieb von Kreditinstituten oder Versicherungsunternehmen, die für ihre Geschäfte einen in kaufmännischer Weise eingerichteten Betrieb unterhalten, es sei denn, die Geschäfte werden überwiegend mit unbeschränkt Steuerpflichtigen, die nach § 7 an der ausländischen Gesellschaft beteiligt sind, oder solchen Steuerpflichtigen im Sinne des § 1 Abs. 2 nahestehenden Personen betrieben,

---

[1] § 7 Abs. 6 a eingef. durch G v. 16. 5. 2003 (BGBl. I S. 660); zur erstmaligen Anwendung siehe § 21 Abs. 11 Satz 2.

[2] § 7 Abs. 7 neugef. durch G v. 9. 12. 2004 (BGBl. I S. 3310); zur erstmaligen Anwendung siehe § 21 Abs. 12.

[3] § 7 Abs. 8 angef. durch G v. 28. 5. 2007 (BGBl. I S. 914); zur erstmaligen Anwendung siehe § 21 Abs. 15.

[4] § 8 Abs. 1 Nr. 3 zweiter Halbsatz angef. durch G v. 20. 8. 1980 (BGBl. I S. 1545).

4.[1] dem Handel, soweit nicht

a) ein unbeschränkt Steuerpflichtiger, der gemäß § 7 an der ausländischen Gesellschaft beteiligt ist, oder eine einem solchen Steuerpflichtigen im Sinne des § 1 Abs. 2 nahe stehende Person, die mit ihren Einkünften hieraus im Geltungsbereich dieses Gesetzes steuerpflichtig ist, der ausländischen Gesellschaft die Verfügungsmacht an den gehandelten Gütern oder Waren verschafft, oder

b) die ausländische Gesellschaft einem solchen Steuerpflichtigen oder einer solchen nahe stehenden Person die Verfügungsmacht an den Gütern oder Waren verschafft,

es sei denn, der Steuerpflichtige weist nach, dass die ausländische Gesellschaft einen für derartige Handelsgeschäfte in kaufmännischer Weise eingerichteten Geschäftsbetrieb unter Teilnahme am allgemeinen wirtschaftlichen Verkehr unterhält und die zur Vorbereitung, dem Abschluss und der Ausführung der Geschäfte gehörenden Tätigkeiten ohne Mitwirkung eines solchen Steuerpflichtigen oder einer solchen nahe stehenden Person ausübt,

5. Dienstleistungen, soweit nicht

a) die ausländische Gesellschaft für die Dienstleistung sich eines unbeschränkt Steuerpflichtigen, der gemäß § 7 an ihr beteiligt ist, oder einer einem solchen Steuerpflichtigen im Sinne des § 1 Abs. 2 nahestehenden Person bedient, die mit ihren Einkünften aus der von ihr beigetragenen Leistung im Geltungsbereich dieses Gesetzes steuerpflichtig ist,

oder

b) die ausländische Gesellschaft die Dienstleistung einem solchen Steuerpflichtigen oder einer solchen nahestehenden Person erbringt, es sei denn, der Steuerpflichtige weist nach, daß die ausländische Gesellschaft einen für das Bewirken derartiger Dienstleistungen eingerichteten Geschäftsbetrieb unter Teilnahme am allgemeinen wirtschaftlichen Verkehr unterhält und die zu der Dienstleistung gehörenden Tätigkeiten ohne Mitwirkung eines solchen Steuerpflichtigen oder einer solchen nahestehenden Person ausübt,

6. der Vermietung und Verpachtung, ausgenommen

a) die Überlassung der Nutzung von Rechten, Plänen, Mustern, Verfahren, Erfahrungen und Kenntnissen, es sei denn, der Steuerpflichtige weist nach, daß die ausländische Gesellschaft die Ergebnisse eigener Forschungs- oder Entwicklungsarbeit auswertet, die ohne Mitwirkung eines Steuerpflichtigen, der gemäß § 7 an der Gesellschaft beteiligt ist, oder einer einem solchen Steuerpflichtigen im Sinne des § 1 Abs. 2 nahestehenden Person unternommen worden ist,

---

[1] § 8 Abs. 1 Nr. 4 Buchst. a und b neugef. durch G v. 16. 5. 2003 (BGBl. I S. 660); Nr. 4 Buchst. a neugef. durch G v. 22. 12. 2003 (BGBl. I S. 2840); zur erstmaligen Anwendung siehe § 21 Abs. 11 Satz 2.

b) die Vermietung oder Verpachtung von Grundstücken, es sei denn, der Steuerpflichtige weist nach, daß die Einkünfte daraus nach einem Abkommen zur Vermeidung der Doppelbesteuerung steuerbefreit wären, wenn sie von den unbeschränkt Steuerpflichtigen, die gemäß § 7 an der ausländischen Gesellschaft beteiligt sind, unmittelbar bezogen worden wären, und

c) die Vermietung oder Verpachtung von beweglichen Sachen, es sei denn, der Steuerpflichtige weist nach, daß die ausländische Gesellschaft einen Geschäftsbetrieb gewerbsmäßiger Vermietung oder Verpachtung unter Teilnahme am allgemeinen wirtschaftlichen Verkehr unterhält und alle zu einer solchen gewerbsmäßigen Vermietung oder Verpachtung gehörenden Tätigkeiten ohne Mitwirkung eines unbeschränkt Steuerpflichtigen, der gemäß § 7 an ihr beteiligt ist, oder einer einem solchen Steuerpflichtigen im Sinne des § 1 Abs. 2 nahestehenden Person ausübt,

7.[1] der Aufnahme und darlehensweisen Vergabe von Kapital, für das der Steuerpflichtige nachweist, daß es ausschließlich auf ausländischen Kapitalmärkten [und nicht bei einer ihm oder der ausländischen Gesellschaft nahestehenden Person im Sinne des § 1 Abs. 2] aufgenommen und außerhalb des Geltungsbereichs dieses Gesetzes gelegenen Betrieben oder Betriebsstätten, die ihre Bruttoerträge ausschließlich oder fast ausschließlich aus unter die Nummern 1 bis 6 fallenden Tätigkeiten beziehen, oder innerhalb des Geltungsbereichs dieses Gesetzes gelegenen Betrieben oder Betriebsstätten zugeführt wird,

8.[2] Gewinnausschüttungen von Kapitalgesellschaften,

9.[3] der Veräußerung eines Anteils an einer anderen Gesellschaft sowie aus deren Auflösung oder der Herabsetzung ihres Kapitals, soweit der Steuerpflichtige nachweist, dass der Veräußerungsgewinn auf Wirtschaftsgüter der anderen Gesellschaft entfällt, die anderen als den in § 7 Nummer 6 Buchstabe b, soweit es sich um Einkünfte einer Gesellschaft im Sinne des § 16 des REIT-Gesetzes handelt, oder § 7 Abs. 6 a[4] bezeichneten Tätigkeiten dienen; dies gilt entsprechend, soweit der Gewinn auf solche Wirtschaftsgüter einer Gesellschaft entfällt, an der die andere Gesellschaft beteiligt ist; Verluste aus der Veräußerung von Anteilen an der anderen Gesellschaft sowie aus deren Auflösung oder der Herabsetzung ihres Kapitals sind nur insoweit zu berücksichtigen, als der Steuerpflichtige nachweist, dass sie auf Wirtschaftsgüter zurückzuführen sind, die Tätigkeiten im Sinne der Nummer 6 Buchstabe b, soweit es sich um Einkünfte einer

---

[1] § 8 Abs. 1 Nr. 7 neugef. durch G v. 13. 9. 1993 (BGBl. I S. 1569); Klammerzusatz eingef. durch G v. 21. 12. 1993 (BGBl. I S. 2310); zur erstmaligen Anwendung siehe § 21 Abs. 9 Satz 1.

[2] § 8 Abs. 1 Nr. 8 angef. durch G v. 20. 12. 2001 (BGBl. I S. 3858); zur erstmaligen Anwendung siehe § 21 Abs. 7 Satz 4.

[3] § 8 Abs. 1 Nr. 9 angef. durch G v. 20. 12. 2001 (BGBl. I S. 3858); zur erstmaligen Anwendung siehe § 21 Abs. 7 Satz 4.

[4] § 8 Abs. 1 Nr. 9 geänd. durch G v. 28. 5. 2007 (BGBl. I S. 914); zur erstmaligen Anwendung siehe § 21 Abs. 15.

Gesellschaft im Sinne des § 16 des REIT-Gesetzes handelt,[1] oder im Sinne des § 7 Abs. 6 a[2] dienen,[3]

10.[4] Umwandlungen, die ungeachtet des § 1 Abs. 2 und 4 des Umwandlungssteuergesetzes zu Buchwerten erfolgen könnten; das gilt nicht, soweit eine Umwandlung den Anteil an einer Kapitalgesellschaft erfasst, dessen Veräußerung nicht die Voraussetzungen der Nummer 9 erfüllen würde.

(2)[5] [1]Ungeachtet des Absatzes 1 ist eine Gesellschaft, die ihren Sitz oder ihre Geschäftsleitung in einem Mitgliedstaat der Europäischen Union oder einem Vertragsstaat des EWR-Abkommens hat, nicht Zwischengesellschaft für Einkünfte, für die unbeschränkt Steuerpflichtige, die im Sinne des § 7 Absatz 2 oder Absatz 6 an der Gesellschaft beteiligt sind, nachweisen, dass die Gesellschaft insoweit einer tatsächlichen wirtschaftlichen Tätigkeit in diesem Staat nachgeht. [2]Weitere Voraussetzung ist, dass zwischen der Bundesrepublik Deutschland und diesem Staat auf Grund der Amtshilferichtlinie gemäß § 2 Absatz 2 des EU-Amtshilfegesetzes, oder einer vergleichbaren zwei- oder mehrseitigen Vereinbarung, Auskünfte erteilt werden, die erforderlich sind, um die Besteuerung durchzuführen. [3]Satz 1 gilt nicht für die der Gesellschaft nach § 14 zuzurechnenden Einkünfte einer Untergesellschaft, die weder Sitz noch Geschäftsleitung in einem Mitgliedstaat der Europäischen Union oder einem Vertragsstaat des EWR-Abkommens hat. [4]Das gilt auch für Zwischeneinkünfte, die einer Betriebsstätte der Gesellschaft außerhalb der Europäischen Union oder der Vertragsstaaten des EWR-Abkommens zuzurechnen sind. [5]Der tatsächlichen wirtschaftlichen Tätigkeit der Gesellschaft sind nur Einkünfte der Gesellschaft zuzuordnen, die durch diese Tätigkeit erzielt werden und dies nur insoweit, als der Fremdvergleichsgrundsatz (§ 1) beachtet worden ist.

(3)[6] [1]Eine niedrige Besteuerung im Sinne des Absatzes 1 liegt vor, wenn die Einkünfte der ausländischen Gesellschaft einer Belastung durch Ertragsteuern von weniger als 25 Prozent unterliegen, ohne dass dies auf einem Ausgleich mit Einkünften aus anderen Quellen beruht. [2]In die Belastungsberechnung sind Ansprüche einzubeziehen, die der Staat oder das Gebiet der ausländischen Gesellschaft im Fall einer Gewinnausschüttung der ausländischen Gesellschaft dem unbeschränkt Steuerpflichtigen oder einer anderen Gesell-

---

[1] § 8 Abs. 1 Nr. 9 geänd. durch G v. 28. 5. 2007 (BGBl. I S. 914); zur erstmaligen Anwendung siehe § 21 Abs. 15.

[2] Zitat geänd. durch G v. 16. 5. 2003 (BGBl. I S. 660); zur erstmaligen Anwendung siehe § 21 Abs. 11 Satz 2.

[3] § 8 Abs. 1 Nr. 9 redaktionell geänd. durch G v. 20. 12. 2007 (BGBl. I S. 3150); zur erstmaligen Anwendung siehe § 21 Abs. 17 Satz 2.

[4] § 8 Abs. 1 Nr. 10 angef. durch G v. 7. 12. 2006 (BGBl. I S. 2782); zur erstmaligen Anwendung siehe § 21 Abs. 14.

[5] § 8 Abs. 2 neu gef. durch G v. 20. 12. 2007 (BGBl. I S. 3150); zur erstmaligen Anwendung siehe § 21 Abs. 17 Satz 1; Sätze 1 und 2 geänd. durch G v. 26. 6. 2013 (BGBl. I S. 1809); zur Anwendung siehe § 21 Abs. 21 Satz 3.

[6] § 8 Abs. 3 neu gef. durch G v. 20. 12. 2001 (BGBl. I S. 3858); zur erstmaligen Anwendung siehe § 21 Abs. 7 Satz 4; Satz 1 geänd., Satz 2 angef. durch G v. 20. 12. 2007 (BGBl. I S. 3150); zur erstmaligen Anwendung siehe § 21 Abs. 17 Satz 1; Satz 2 eingef. durch G v. 8. 12. 2010 (BGBl. I S. 1768); zur Anwendung siehe § 21 Abs. 19 Satz 1.

schaft, an der der Steuerpflichtige direkt oder indirekt beteiligt ist, gewährt. [3]Eine niedrige Besteuerung im Sinne des Absatzes 1 liegt auch dann vor, wenn Ertragsteuern von mindestens 25 Prozent zwar rechtlich geschuldet, jedoch nicht tatsächlich erhoben werden.

§ 9[1)] Freigrenze bei gemischten Einkünften. Für die Anwendung des § 7 Abs. 1 sind Einkünfte, für die eine ausländische Gesellschaft Zwischengesellschaft ist, außer Ansatz zu lassen, wenn die ihnen zugrunde liegenden Bruttoerträge nicht mehr als 10 Prozent der gesamten Bruttoerträge der Gesellschaft betragen, vorausgesetzt, dass die bei einer Gesellschaft oder bei einem Steuerpflichtigen hiernach außer Ansatz zu lassenden Beträge insgesamt 80 000 Euro[2)] nicht übersteigen.

§ 10 Hinzurechnungsbetrag. (1)[3)] [1]Die nach § 7 Abs. 1 steuerpflichtigen Einkünfte sind bei dem unbeschränkt Steuerpflichtigen mit dem Betrag, der sich nach Abzug der Steuern ergibt, die zu Lasten der ausländischen Gesellschaft von diesen Einkünften sowie von dem diesen Einkünften zugrunde liegenden Vermögen erhoben worden sind, anzusetzen (Hinzurechnungsbetrag). [2]Soweit die abzuziehenden Steuern zu dem Zeitpunkt, zu dem die Einkünfte nach Absatz 2 als zugeflossen gelten, noch nicht entrichtet sind, sind sie nur in den Jahren, in denen sie entrichtet werden, von den nach § 7 Abs. 1 steuerpflichtigen Einkünften abzusetzen. [3]In den Fällen des § 8 Absatz 3 Satz 2 sind die Steuern um die dort bezeichneten Ansprüche des unbeschränkt Steuerpflichtigen oder einer anderen Gesellschaft, an der der Steuerpflichtige direkt oder indirekt beteiligt ist, zu kürzen. [4]Ergibt sich ein negativer Betrag, so entfällt die Hinzurechnung.

(2)[4)] [1]Der Hinzurechnungsbetrag gehört zu den Einkünften im Sinne des § 20 Abs. 1 Nr. 1 des Einkommensteuergesetzes und gilt unmittelbar nach Ablauf des maßgebenden Wirtschaftsjahrs der ausländischen Gesellschaft als zugeflossen. [2]Gehören Anteile an der ausländischen Gesellschaft zu einem Betriebsvermögen, so gehört der Hinzurechnungsbetrag zu den Einkünften aus Gewerbebetrieb, aus Land- und Forstwirtschaft oder aus selbständiger Arbeit und erhöht den nach dem Einkommen- oder Körperschaftsteuergesetz ermittelten Gewinn des Betriebs für das Wirtschaftsjahr, das nach dem Ab lauf des maßgebenden Wirtschaftsjahrs der ausländischen Gesellschaft endet. [3]Auf den Hinzurechnungsbetrag sind § 3 Nr. 40 Satz 1 Buchstabe d, § 32d[5)] des Einkommensteuergesetzes und § 8b Abs. 1 des Körperschaftsteuergesetzes

---

[1)] § 9 neu gef. durch G v. 20. 12. 2001 (BGBl. I S. 3858); zur erstmaligen Anwendung siehe § 21 Abs. 7 Satz 4.

[2)] Betrag geänd. durch G v. 19. 12. 2000 (BGBl. I S. 1790); zur erstmaligen Anwendung siehe § 21 Abs. 10 Satz 2; geänd. durch G v. 20. 12. 2007 (BGBl. I S. 3150); zur erstmaligen Anwendung siehe § 21 Abs. 17 Satz 1.

[3)] § 10 Abs. 1 Satz 3 eingef., bish. Satz 3 wird Satz 4 durch G v. 8. 12. 2010 (BGBl. I S. 1768); zur Anwendung siehe § 21 Abs. 19 Satz 1.

[4)] § 10 Abs. 2 neu gef. durch G v. 20. 12. 2001 (BGBl. I S. 3858); zur erstmaligen Anwendung siehe § 21 Abs. 7 Satz 4.

[5)] § 10 Abs. 2 Satz 3 ergänzt, Satz 4 angef. durch G v. 20. 12. 2007 (BGBl. I S. 3150); zur erstmaligen Anwendung von Satz 3 siehe § 21 Abs. 17 Satz 1.

nicht anzuwenden. 4 § 3c Abs. 2 des Einkommensteuergesetzes gilt entsprechend.[1)]

(3)[2)] 1 Die dem Hinzurechnungsbetrag zugrunde liegenden Einkünfte sind in entsprechender Anwendung der Vorschriften des deutschen Steuerrechts zu ermitteln; für die Ermittlung der Einkünfte aus Anteilen an einem inländischen oder ausländischen Investmentvermögen sind die Vorschriften des Investmentsteuergesetzes vom 15. Dezember 2003 (BGBl. I S. 2676, 2724)[3)] in der jeweils geltenden Fassung sinngemäß anzuwenden, sofern dieses Gesetz auf das Investmentvermögen anwendbar ist. 2 Eine Gewinnermittlung entsprechend den Grundsätzen des § 4 Abs. 3 des Einkommensteuergesetzes steht einer Gewinnermittlung nach § 4 Abs. 1 oder § 5 des Einkommensteuergesetzes gleich. 3 Bei mehreren Beteiligten kann das Wahlrecht für die Gesellschaft nur einheitlich ausgeübt werden. 4 Steuerliche Vergünstigungen, die an die unbeschränkte Steuerpflicht oder an das Bestehen eines inländischen Betriebs oder einer inländischen Betriebsstätte anknüpfen und die Vorschriften des § 4h des Einkommensteuergesetzes sowie der §§ 8a, 8b Abs. 1 und 2 des Körperschaftsteuergesetzes[4)] bleiben unberücksichtigt; dies gilt auch für die Vorschriften des Umwandlungssteuergesetzes, soweit Einkünfte aus einer Umwandlung nach § 8 Abs. 1 Nr. 10 hinzuzurechnen sind. 5 Verluste, die bei Einkünften entstanden sind, für die die ausländische Gesellschaft Zwischengesellschaft ist, können in entsprechender Anwendung des § 10d des Einkommensteuergesetzes, soweit sie die nach § 9 außer Ansatz zu lassenden Einkünfte übersteigen, abgezogen werden. 6 Soweit sich durch den Abzug der Steuern nach Absatz 1 ein negativer Betrag ergibt, erhöht sich der Verlust im Sinne des Satzes 5.

(4) Bei der Ermittlung der Einkünfte, für die die ausländische Gesellschaft Zwischengesellschaft ist, dürfen nur solche Betriebsausgaben abgezogen werden, die mit diesen Einkünften in wirtschaftlichem Zusammenhang stehen.

(5) bis (7)[5)] *(aufgehoben)*

§ 11[6)] **Veräußerungsgewinne.** (1) Gewinne, die die ausländische Gesellschaft aus der Veräußerung der Anteile an einer anderen ausländischen Gesellschaft oder einer Gesellschaft im Sinne des § 16 des REIT-Gesetzes sowie aus deren Auflösung oder der Herabsetzung ihres Kapitals erzielt und für die die ausländische Gesellschaft Zwischengesellschaft ist, sind vom Hinzurechnungs-

---

1) § 10 Abs. 2 Satz 3 ergänzt, Satz 4 angef. durch G v. 20. 12. 2007 (BGBl. I S. 3150); zur erstmaligen Anwendung von Satz 3 siehe § 21 Abs. 17 Satz 1.

2) § 10 Abs. 3 Satz 1 neu gef. durch G v. 15. 12. 2003 (BGBl. I S. 2676); zur erstmaligen Anwendung siehe § 21 Abs. 12; Satz 4 neu gef. durch G v. 7. 12. 2006 (BGBl. I S. 2782); zur erstmaligen Anwendung siehe § 21 Abs. 14.

3) Nr. **121**.

4) § 10 Abs. 3 Satz 4 geänd. durch G v. 20. 12. 2007 (BGBl. I S. 3150); zur Anwendung siehe Anwendungsschreiben zum AStG v. 14. 5. 2004 (BStBl. I SonderNr. 1).

5) § 10 Abs. 5 bis 7 aufgeh. durch G v. 16. 5. 2003 (BGBl. I S. 660); zur Anwendung siehe § 21 Abs. 11 Satz 2.

6) § 11 Abs. 1 neugef. durch G v. 19. 12. 2008 (BGBl. I S. 2794); zur erstmaligen Anwendung siehe § 21 Abs. 15.

betrag auszunehmen, soweit die Einkünfte der anderen Gesellschaft oder einer dieser Gesellschaft nachgeordneten Gesellschaft aus Tätigkeiten im Sinne des § 7 Abs. 6a für das gleiche Kalenderjahr oder Wirtschaftsjahr oder für die vorangegangenen sieben Kalenderjahre oder Wirtschaftsjahre als Hinzurechnungsbetrag (§ 10 Abs. 2) der Einkommensteuer oder Körperschaftsteuer unterlegen haben, keine Ausschüttung dieser Einkünfte erfolgte und der Steuerpflichtige dies nachweist.

(2), (3) *(aufgehoben)*

§ 12 Steueranrechnung. (1)[1)·2)] [1]Auf Antrag des Steuerpflichtigen werden auf seine Einkommen- oder Körperschaftsteuer, die auf den Hinzurechnungsbetrag entfällt, die Steuern angerechnet, die nach § 10 Abs. 1 abziehbar sind. [2]In diesem Fall ist der Hinzurechnungsbetrag um diese Steuern zu erhöhen.

(2) Bei der Anrechnung sind die Vorschriften des § 34c Abs. 1 des Einkommensteuergesetzes[3)] und des § 26 Abs. 1 und 6 des Körperschaftsteuergesetzes[4)] entsprechend anzuwenden.

(3)[2)] [1]Steuern von den nach § 3 Nr. 41 des Einkommensteuergesetzes befreiten Gewinnausschüttungen werden auf Antrag im Veranlagungszeitraum des Anfalls der zugrunde liegenden Zwischeneinkünfte als Hinzurechnungsbetrag in entsprechender Anwendung des § 34c Abs. 1 und 2 des Einkommensteuergesetzes und des § 26 Abs. 1 und 6 des Körperschaftsteuergesetzes[5)] angerechnet oder abgezogen. [2]Dies gilt auch dann, wenn der Steuerbescheid für diesen Veranlagungszeitraum bereits bestandskräftig ist.

§ 13.[6)] *(aufgehoben)*

§ 14 Nachgeschaltete Zwischengesellschaften. (1)[7)] [1]Ist eine ausländische Gesellschaft allein oder zusammen mit unbeschränkt Steuerpflichtigen gemäß § 7 an einer anderen ausländischen Gesellschaft (Untergesellschaft) beteiligt, so sind für die Anwendung der §§ 7 bis 12 die Einkünfte der Untergesellschaft, die einer niedrigen Besteuerung unterlegen haben, der ausländischen Gesellschaft zu dem Teil, der auf ihre Beteiligung am Nennkapital der Untergesellschaft entfällt, zuzurechnen, soweit nicht nachgewiesen wird, dass die Untergesellschaft diese Einkünfte aus unter § 8 Abs. 1 Nr. 1 bis 7 fallen-

---

[1)] § 12 Abs. 1 geänd., in Abs. 2 Hinweis auf § 26 Abs. 2a KStG gestrichen, bish. Abs. 3 aufgeh. durch G v. 23. 10. 2000 (BGBl. I S. 1433).

[2)] § 12 Abs. 1 Änd. durch G v. 23. 10. 2000 (BGBl. I S. 1433) wieder rückgängig gemacht, Abs. 3 angef. durch G v. 20. 12. 2001 (BGBl. I S. 3858); zur erstmaligen Anwendung siehe § 21 Abs. 7 Sätze 4 und 5.

[3)] Nr. **1**.

[4)] Nr. **100**.

[5)] § 12 Abs. 3 Satz 1 Verweis ergänzt durch G v. 20. 12. 2007 (BGBl. I S. 3150); zur erstmaligen Anwendung siehe § 21 Abs. 17 Satz 3.

[6)] § 13 aufgeh. durch G v. 20. 12. 2001 (BGBl. I S. 3858); zur letztmaligen Anwendung siehe § 21 Abs. 7 Satz 6.

[7)] § 14 Abs. 1 neugef., Abs. 2 aufgeh., Abs. 3 und 4 neugef., durch G v. 20. 12. 2001 (BGBl. I S. 3858); zur erstmaligen Anwendung siehe § 21 Abs. 7 Satz 4.

den Tätigkeiten oder Gegenständen erzielt hat oder es sich um Einkünfte im Sinne des § 8 Abs. 1 Nr. 8 bis 10[1] handelt oder dass diese Einkünfte aus Tätigkeiten stammen, die einer unter § 8 Abs. 1 Nr. 1 bis 6 fallenden eigenen Tätigkeit der ausländischen Gesellschaft dienen. [2] Tätigkeiten der Untergesellschaft dienen nur dann einer unter § 8 Abs. 1 Nr. 1 bis 6 fallenden eigenen Tätigkeit der ausländischen Gesellschaft, wenn sie in unmittelbarem Zusammenhang mit dieser Tätigkeit stehen und es sich bei den Einkünften nicht um solche im Sinne des § 7 Abs. 6a handelt.[2]

(2)[3] Ist eine ausländische Gesellschaft gemäß § 7 an einer Gesellschaft im Sinne des § 16 des REIT-Gesetzes (Untergesellschaft) beteiligt, gilt Absatz 1, auch bezogen auf § 8 Abs. 3, sinngemäß.

(3) Absatz 1 ist entsprechend anzuwenden, wenn der Untergesellschaft weitere ausländische Gesellschaften nachgeschaltet sind.

(4)[4] *(aufgehoben)*

Fünfter Teil. Familienstiftungen

§ 15 Steuerpflicht von Stiftern, Bezugsberechtigten und Anfallsberechtigten. (1)[5] [1] Vermögen und Einkünfte einer Familienstiftung, die Geschäftsleitung und Sitz außerhalb des Geltungsbereichs dieses Gesetzes hat (ausländische Familienstiftung), werden dem Stifter, wenn er unbeschränkt steuerpflichtig ist, sonst den unbeschränkt steuerpflichtigen Personen, die bezugsberechtigt oder anfallsberechtigt sind, entsprechend ihrem Anteil zugerechnet. [2] Dies gilt nicht für die Erbschaftsteuer.

(2) Familienstiftungen sind Stiftungen, bei denen der Stifter, seine Angehörigen und deren Abkömmlinge zu mehr als der Hälfte bezugsberechtigt oder anfallsberechtigt sind.

(3) Hat ein Unternehmer im Rahmen seines Unternehmens oder als Mitunternehmer oder eine Körperschaft, eine Personenvereinigung oder eine Vermögensmasse eine Stiftung errichtet, die Geschäftsleitung und Sitz außerhalb des Geltungsbereichs dieses Gesetzes hat, so wird die Stiftung wie eine Familienstiftung behandelt, wenn der Stifter, seine Gesellschafter, von ihm abhängige Gesellschaften, Mitglieder, Vorstandsmitglieder, leitende Angestellte und Angehörige dieser Personen zu mehr als der Hälfte bezugsberechtigt oder anfallsberechtigt sind.

---

[1] § 14 Abs. 1 Satz 1 Zitat geänd. durch G v. 20. 12. 2007 (BGBl. I S. 3150); zur erstmaligen Anwendung siehe § 21 Abs. 17 Satz 4.

[2] § 14 Abs. 1 Satz 2 angef. durch G v. 22. 12. 2003 (BGBl. I S. 2840); zur erstmaligen Anwendung siehe § 21 Abs. 11 Satz 2.

[3] § 14 Abs. 2 neu gef. durch G v. 28. 5. 2007 (BGBl. I S. 914); zur erstmaligen Anwendung siehe § 21 Abs. 15.

[4] § 14 Abs. 4 aufgeh. durch G v. 16. 5. 2003 (BGBl. I S. 660); zur Anwendung siehe § 21 Abs. 11 Satz 2.

[5] § 15 Abs. 1 Satz 1 geänd. durch G v. 26. 6. 2013 (BGBl. I S. 1809); zur Anwendung siehe § 21 Abs. 21 Satz 4.

(4) Den Stiftungen stehen sonstige Zweckvermögen, Vermögensmassen und rechtsfähige oder nichtrechtsfähige Personenvereinigungen gleich.

(5)[1] [1] § 12 Absatz 1 und 2 ist entsprechend anzuwenden. [2] Für Steuern auf die nach Absatz 11 befreiten Zuwendungen gilt § 12 Absatz 3 entsprechend.

(6)[2] Hat eine Familienstiftung Geschäftsleitung oder Sitz in einem Mitgliedstaat der Europäischen Union oder einem Vertragsstaat des EWR-Abkommens, ist Absatz 1 nicht anzuwenden, wenn

1. nachgewiesen wird, dass das Stiftungsvermögen der Verfügungsmacht der in den Absätzen 2 und 3 genannten Personen rechtlich und tatsächlich entzogen ist und
2. zwischen der Bundesrepublik Deutschland und dem Staat, in dem die Familienstiftung Geschäftsleitung oder Sitz hat, auf Grund der Amtshilferichtlinie gemäß § 2 Absatz 2 des EU-Amtshilfegesetzes[3] oder einer vergleichbaren zwei- oder mehrseitigen Vereinbarung, Auskünfte erteilt werden, die erforderlich sind, um die Besteuerung durchzuführen.

(7)[4] [1] Die Einkünfte der Stiftung nach Absatz 1 werden in entsprechender Anwendung der Vorschriften des Körperschaftsteuergesetzes und des Einkommensteuergesetzes ermittelt. [2] Bei der Ermittlung der Einkünfte gilt § 10 Absatz 3 entsprechend. [3] Ergibt sich ein negativer Betrag, entfällt die Zurechnung.

(8) [1] Die nach Absatz 1 dem Stifter oder der bezugs- oder anfallsberechtigten Person zuzurechnenden Einkünfte gehören bei Personen, die ihre Einkünfte nicht nach dem Körperschaftsteuergesetz ermitteln, zu den Einkünften im Sinne des § 20 Absatz 1 Nummer 9 des Einkommensteuergesetzes. [2] § 20 Absatz 8 des Einkommensteuergesetzes bleibt unberührt; § 3 Nummer 40 Satz 1 Buchstabe d und § 32 d des Einkommensteuergesetzes sind nur insoweit anzuwenden, als diese Vorschriften bei unmittelbarem Bezug der zuzurechnenden Einkünfte durch die Personen im Sinne des Absatzes 1 anzuwenden wären. [3] Soweit es sich beim Stifter oder der bezugs- oder anfallsberechtigten Person um Personen handelt, die ihre Einkünfte nach dem Körperschaftsteuergesetz ermitteln, bleibt § 8 Absatz 2 des Körperschaftsteuergesetzes unberührt; § 8 b Absatz 1 und 2 des Körperschaftsteuergesetzes ist nur insoweit anzuwenden, als diese Vorschrift bei unmittelbarem Bezug der zuzurechnenden Einkünfte durch die Personen im Sinne des Absatzes 1 anzuwenden wäre.

(9) [1] Ist eine ausländische Familienstiftung oder eine andere ausländische Stiftung im Sinne des Absatzes 10 an einer Körperschaft, Personenvereinigung oder Vermögensmasse im Sinne des Körperschaftsteuergesetzes, die weder Geschäftsleitung noch Sitz im Geltungsbereich dieses Gesetzes hat und die nicht gemäß § 3

---

[1] § 15 Abs. 5 neu gef. durch G v. 26. 6. 2013 (BGBl. I S. 1809); zur Anwendung siehe § 21 Abs. 21 Satz 4.

[2] § 15 Abs. 6 angef. durch G v. 19. 12. 2008 (BGBl. I S. 2794); zur erstmaligen Anwendung siehe § 21 Abs. 18 Satz 1.

[3] Verweis geänd. mWv VZ 2013 (§ 21 Abs. 21 Satz 4) durch G v. 26. 6. 2013 (BGBl. I S. 1809).

[4] § 15 Abs. 7 ersetzt durch Abs. 7 bis 11 durch G v. 26. 6. 2013 (BGBl. I S. 1809); zur Anwendung siehe § 21 Abs. 21 Satz 4.

Absatz 1 des Körperschaftsteuergesetzes von der Körperschaftsteuerpflicht ausgenommen ist (ausländische Gesellschaft), beteiligt, so gehören die Einkünfte dieser Gesellschaft in entsprechender Anwendung der §§ 7 bis 14 mit dem Teil zu den Einkünften der Familienstiftung, der auf die Beteiligung der Stiftung am Nennkapital der Gesellschaft entfällt. 2 Auf Gewinnausschüttungen der ausländischen Gesellschaft, denen nachweislich bereits nach Satz 1 zugerechnete Beträge zugrunde liegen, ist Absatz 1 nicht anzuwenden.

(10) 1 Einer ausländischen Familienstiftung werden Vermögen und Einkünfte einer anderen ausländischen Stiftung, die nicht die Voraussetzungen des Absatzes 6 Satz 1 erfüllt, entsprechend ihrem Anteil zugerechnet, wenn sie allein oder zusammen mit den in den Absätzen 2 und 3 genannten Personen zu mehr als der Hälfte unmittelbar oder mittelbar bezugsberechtigt oder anfallsberechtigt ist. 2 Auf Zuwendungen der ausländischen Stiftung, denen nachweislich bereits nach Satz 1 zugerechnete Beträge zugrunde liegen, ist Absatz 1 nicht anzuwenden.

(11) Zuwendungen der ausländischen Familienstiftung unterliegen bei Personen im Sinne des Absatzes 1 nicht der Besteuerung, soweit die den Zuwendungen zugrunde liegenden Einkünfte nachweislich bereits nach Absatz 1 zugerechnet worden sind.

Sechster Teil. Ermittlung und Verfahren

§ 16[1)] Mitwirkungspflicht des Steuerpflichtigen. (1) Beantragt ein Steuerpflichtiger unter Berufung auf Geschäftsbeziehungen mit einer ausländischen Gesellschaft oder einer im Ausland ansässigen Person oder Personengesellschaft, die mit ihren Einkünften, die in Zusammenhang mit den Geschäftsbeziehungen zu dem Steuerpflichtigen stehen, nicht oder nur unwesentlich besteuert wird, die Absetzung von Schulden oder anderen Lasten oder von Betriebsausgaben oder Werbungskosten, so ist im Sinne des § 160 der Abgabenordnung[2)] der Gläubiger oder Empfänger erst dann genau bezeichnet, wenn der Steuerpflichtige alle Beziehungen offenlegt, die unmittelbar oder mittelbar zwischen ihm und der Gesellschaft, Person oder Personengesellschaft bestehen und bestanden haben.

(2) Der Steuerpflichtige hat über die Richtigkeit und Vollständigkeit seiner Angaben und über die Behauptung, daß ihm Tatsachen nicht bekannt sind, auf Verlangen des Finanzamts gemäß § 95 der Abgabenordnung[2)] eine Versicherung an Eides Statt abzugeben.

§ 17[3)] Sachverhaltsaufklärung. (1) 1 Zur Anwendung der Vorschriften der §§ 5 und 7 bis 15 haben Steuerpflichtige für sich selbst und im Zusammenwirken mit anderen die dafür notwendigen Auskünfte zu erteilen. 2 Auf Verlangen sind insbesondere

---

1) § 16 geänd. durch G v. 14. 12. 1976 (BGBl. I S. 3341).
2) Nr. **800**.
3) § 17 Abs. 2 geänd. durch G v. 14. 12. 1976 (BGBl. I S. 3341).

1. die Geschäftsbeziehungen zu offenbaren, die zwischen der Gesellschaft und einem so beteiligten unbeschränkt Steuerpflichtigen oder einer einem solchen im Sinne des § 1 Abs. 2 nahestehenden Person bestehen,
2. die für die Anwendung der §§ 7 bis 14 sachdienlichen Unterlagen einschließlich der Bilanzen und der Erfolgsrechnungen vorzulegen. 2 Auf Verlangen sind diese Unterlagen mit dem im Staat der Geschäftsleitung oder des Sitzes vorgeschriebenen oder üblichen Prüfungsvermerk einer behördlich anerkannten Wirtschaftsprüfungsstelle oder vergleichbaren Stelle vorzulegen.

(2) Ist für die Ermittlung der Einkünfte, für die eine ausländische Gesellschaft Zwischengesellschaft ist, eine Schätzung nach § 162 der Abgabenordnung[1] vorzunehmen, so ist mangels anderer geeigneter Anhaltspunkte bei der Schätzung als Anhaltspunkt von mindestens 20 Prozent des gemeinen Werts der von den unbeschränkt Steuerpflichtigen gehaltenen Anteile auszugehen; Zinsen und Nutzungsentgelte, die die Gesellschaft für überlassene Wirtschaftsgüter an die unbeschränkt Steuerpflichtigen zahlt, sind abzuziehen.

§ 18[2] Gesonderte Feststellung von Besteuerungsgrundlagen.

(1) 1 Die Besteuerungsgrundlagen für die Anwendung der §§ 7 bis 14 und § 3 Nr. 41 des Einkommensteuergesetzes[3] werden gesondert festgestellt. 2 Sind an der ausländischen Gesellschaft mehrere unbeschränkt Steuerpflichtige beteiligt, so wird die gesonderte Feststellung ihnen gegenüber einheitlich vorgenommen; dabei ist auch festzustellen, wie sich die Besteuerungsgrundlagen auf die einzelnen Beteiligten verteilen. 3 Die Vorschriften der Abgabenordnung[1], mit Ausnahme des § 180 Abs. 3, und der Finanzgerichtsordnung über die gesonderte Feststellung von Besteuerungsgrundlagen sind entsprechend anzuwenden.

(2) 1 Für die gesonderte Feststellung ist das Finanzamt zuständig, das bei dem unbeschränkt Steuerpflichtigen für die Ermittlung der aus der Beteiligung bezogenen Einkünfte örtlich zuständig ist. 2 Ist die gesonderte Feststellung gegenüber mehreren Personen einheitlich vorzunehmen, so ist das Finanzamt zuständig, das nach Satz 1 für den Beteiligten zuständig ist, dem die höchste Beteiligung an der ausländischen Gesellschaft zuzurechnen ist. 3 Läßt sich das zuständige Finanzamt nach den Sätzen 1 und 2 nicht feststellen, so ist das Finanzamt zuständig, das zuerst mit der Sache befaßt wird.

(3) 1 Jeder der an der ausländischen Gesellschaft beteiligten unbeschränkt Steuerpflichtigen und erweitert beschränkt Steuerpflichtigen hat eine Erklärung zur gesonderten Feststellung abzugeben; dies gilt auch, wenn nach § 8 Abs. 2 geltend gemacht wird, dass eine Hinzurechnung unterbleibt[4]. 2 Diese Verpflichtung kann durch die Abgabe einer gemeinsamen Erklärung erfüllt

---

[1] Nr. **800**.

[2] § 18 Abs. 1 Satz 3 geänd. durch G v. 14. 12. 1976 (BGBl. I S. 3341), Abs. 3 angef. durch G v. 14. 12. 1984 (BGBl. I S. 1493); zur erstmaligen Anwendung von Abs. 3 siehe § 21 Abs. 5.

[3] Zitat ergänzt durch G v. 20. 12. 2001 (BGBl. I S. 3858); zur erstmaligen Anwendung siehe § 21 Abs. 7 Satz 5.

[4] § 18 Abs. 3 Satz 1 HS 2 angef. durch G v. 20. 12. 2007 (BGBl. I S. 3150); zur erstmaligen Anwendung siehe § 21 Abs. 17 Satz 1.

werden. [3]Die Erklärung ist von dem Steuerpflichtigen oder von den in § 34 der Abgabenordnung[1)] bezeichneten Personen eigenhändig zu unterschreiben.

(4)[2)] Die Absätze 1 bis 3 gelten für Einkünfte und Vermögen im Sinne des § 15 entsprechend.

Siebenter Teil. Schlußvorschriften

§ 19.[3)] *(aufgehoben)*

§ 20[4)] **Bestimmungen über die Anwendung von Abkommen zur Vermeidung der Doppelbesteuerung.** (1) Die Vorschriften der §§ 7 bis 18 und der Absätze 2 und 3 werden durch die Abkommen zur Vermeidung der Doppelbesteuerung nicht berührt.

(2) [1]Fallen Einkünfte in der ausländischen Betriebsstätte eines unbeschränkt Steuerpflichtigen an und wären sie ungeachtet des § 8 Abs. 2[5)] als Zwischeneinkünfte steuerpflichtig, falls diese Betriebsstätte eine ausländische Gesellschaft wäre, ist insoweit die Doppelbesteuerung nicht durch Freistellung, sondern durch Anrechnung der auf diese Einkünfte erhobenen ausländischen Steuern zu vermeiden. [2]Das gilt nicht, soweit in der ausländischen Betriebsstätte Einkünfte anfallen, die nach § 8 Absatz 1 Nummer 5 Buchstabe a als Zwischeneinkünfte steuerpflichtig wären.[6)]

(3) *(aufgehoben)*

§ 21[7)] **Anwendungsvorschriften.** (1) Die Vorschriften dieses Gesetzes sind, soweit in den folgenden Absätzen nichts anderes bestimmt ist, wie folgt anzuwenden:

[1)] Nr. **800**.

[2)] § 18 Abs. 4 neu gef. durch G v. 26. 6. 2013 (BGBl. I S. 1809); zur Anwendung siehe § 21 Abs. 21 Satz 4.

[3)] § 19 aufgeh. durch G v. 20. 12. 2007 (BGBl. I S. 3150).

[4)] § 20 eingef. durch G v. 25. 2. 1992 (BGBl. I S. 297); zur erstmaligen Anwendung von § 20 Abs. 2 siehe § 21 Abs. 7 Satz 1;

Abs. 3 aufgeh. mWv 1. 1. 1997 durch G v. 20. 12. 1996 (BGBl. I S. 2049);

Abs. 2 bish. Satz 2 angef. durch G v. 20. 12. 2001 (BGBl. I S. 3858); zur erstmaligen Anwendung siehe § 21 Abs. 7 Satz 4.

Abs. 2 Satz 1 geänd., bish. Satz 2 aufgeh. durch G v. 16. 5. 2003 (BGBl. I S. 660); zur erstmaligen Anwendung siehe § 21 Abs. 11 Satz 2.

[5)] § 20 Abs. 2 ergänzt durch G v. 20. 12. 2007 (BGBl. I S. 3150); zur erstmaligen Anwendung siehe § 21 Abs. 17 Satz 1.

[6)] § 20 Abs. 2 Satz 2 angef. durch G v. 8. 12. 2010 (BGBl. I S. 1768); zur Anwendung siehe § 21 Abs. 19 Satz 2.

[7)] Bish. § 21 (Berlin-Klausel) aufgeh., bish. § 20 wird § 21 und Überschrift geänd. durch G v. 25. 2. 1992 (BGBl. I S. 297), Abs. 1 und Abs. 4 neugef. durch G v. 13. 9. 1993 (BGBl. I S. 1569), Abs. 5 angef. durch G v. 14. 12. 1984 (BGBl. I S. 1493), Abs. 6 angef. durch Einigungsvertrag v. 31. 8. 1990 (BGBl. II S. 889, 978), Abs. 7 und 8 angef. durch G v. 25. 2. 1992 (BGBl. I S. 297), Abs. 7 neugef. und Abs. 9 angef. durch G v. 13. 9. 1993 (BGBl. I S. 1569),

(Fortsetzung der Fußnote nächste Seite)

1.[1] für die Einkommensteuer und für die Körperschaftsteuer erstmals für den Veranlagungszeitraum 1972;

2. für die Gewerbesteuer erstmals für den Erhebungszeitraum 1972;

3. *(aufgehoben)*

4. für die Erbschaftsteuer auf Erwerbe, bei denen die Steuerschuld nach dem Inkrafttreten dieses Gesetzes entstanden ist.

(2) Die Anwendung der §§ 2 bis 5 wird nicht dadurch berührt, daß die unbeschränkte Steuerpflicht der natürlichen Person bereits vor dem 1. Januar 1972 geendet hat.

(3) Soweit in Anwendung des § 10 Abs. 3 Wirtschaftsgüter erstmals zu bewerten sind, sind sie mit den Werten anzusetzen, die sich ergeben würden, wenn seit Übernahme der Wirtschaftsgüter durch die ausländische Gesellschaft die Vorschriften des deutschen Steuerrechts angewendet worden wären.

(4) [1] § 13 Abs. 2 Nr. 2 ist erstmals anzuwenden

1. für die Körperschaftsteuer für den Veranlagungszeitraum 1984,

2. für die Gewerbesteuer für den Erhebungszeitraum 1984.

[2] § 1 Abs. 4, § 13 Abs. 1 Satz 1 Nr. 1 Buchstabe b und Satz 2 in der Fassung des Artikels 17 des Gesetzes vom 25. Februar 1992 (BGBl. I S. 297) sind erstmals anzuwenden:

1. für die Einkommensteuer und für die Körperschaftsteuer für den Veranlagungszeitraum 1992;

2. für die Gewerbesteuer für den Erhebungszeitraum 1992.

(5) § 18 Abs. 3 ist auch für Veranlagungszeiträume und Erhebungszeiträume vor 1985 anzuwenden, wenn die Erklärungen noch nicht abgegeben sind.

(6) [1] Bei der Anwendung der §§ 2 bis 6 für die Zeit nach dem 31. Dezember 1990 steht der unbeschränkten Steuerpflicht nach § 1 Abs. 1 Satz 1 des Einkommensteuergesetzes die unbeschränkte Steuerpflicht nach § 1 Abs. 1 des Einkommensteuergesetzes der Deutschen Demokratischen Republik in der Fassung vom 18. September 1970 (Sonderdruck Nr. 670 des Gesetzblattes)[2] gleich. [2] Die Anwendung der §§ 2 bis 5 wird nicht dadurch berührt, daß die unbeschränkte Steuerpflicht der natürlichen Personen bereits vor dem 1. Januar 1991 geendet hat.

(7) [1] § 7 Abs. 6, § 10 Abs. 6, § 11 Abs. 4 Satz 1, § 14 Abs. 4 Satz 5 und § 20 Abs. 2 in Verbindung mit § 10 Abs. 6 in der Fassung des Artikels 12 des

---

(Fortsetzung der Fußnote)

Abs. 7 Satz 2 ersetzt durch Sätze 2 bis 4, Abs. 8 und 9 neu gef. durch G v. 21. 12. 1993 (BGBl. I S. 2310), Abs. 1 Nr. 3 aufgeh., Abs. 7 Satz 2 geänd. sowie Sätze 3 und 4 aufgeh. durch G v. 20. 12. 1996 (BGBl. I S. 2049), Abs. 7 bish. Satz 1 aufgeh., bish. Satz 2 wird Satz 1 und geänd., Sätze 2 bis 4 angef. durch G v. 23. 10. 2000 (BGBl. I S. 1433), Abs. 7 neugef. durch G v. 20. 12. 2001 (BGBl. I S. 3858).

[1] Zur Verfassungsmäßigkeit von § 20 Abs. 1 Buchst. a [jetzt § 21 Abs. 1 Nr. 1] bez. der Besteuerung von Einkünften, die in der Zeit vom 1. 1.–21. 6. 1972 zugeflossen sind, siehe Beschluß des BVerfG – 2 BvL 2/83 – v. 14. 5. 1986 (BGBl. I S. 1030).

[2] Gesetzblatt der DDR.

Gesetzes vom 21. Dezember 1993 (BGBl. I S. 2310) sind erstmals anzuwenden

1. für die Einkommen- und Körperschaftsteuer für den Veranlagungszeitraum,
2. mit Ausnahme des § 20 Abs. 2 und 3 für die Gewerbesteuer, für die der Teil des Hinzurechnungsbetrags, dem Einkünfte mit Kapitalanlagecharakter im Sinne des § 10 Abs. 6 Satz 3 zugrunde liegen, außer Ansatz bleibt, für den Erhebungszeitraum,

für den Zwischeneinkünfte mit Kapitalanlagecharakter im Sinne des § 10 Abs. 6 Satz 2 und 3 hinzuzurechnen sind, die in einem Wirtschaftsjahr der Zwischengesellschaft oder der Betriebsstätte entstanden sind, das nach dem 31. Dezember 1993 beginnt. [2]§ 6 Abs. 1 in der Fassung des Artikels 5 des Gesetzes vom 20. Dezember 2001 (BGBl. I S. 3858) ist erstmals anzuwenden, wenn im Zeitpunkt der Beendigung der unbeschränkten Steuerpflicht auf Veräußerungen im Sinne des § 17 des Einkommensteuergesetzes § 3 Nr. 40 Buchstabe c des Einkommensteuergesetzes anzuwenden wäre. [3]§ 7 Abs. 6 in der Fassung des Artikels 5 des Gesetzes vom 20. Dezember 2001 (BGBl. I S. 3858) ist erstmals anzuwenden

1. für die Einkommen- und Körperschaftsteuer für den Veranlagungszeitraum,
2. für die Gewerbesteuer für den Erhebungszeitraum,

für den Zwischeneinkünfte hinzuzurechnen sind, die in einem Wirtschaftsjahr der Zwischengesellschaft entstanden sind, das nach dem 15. August 2001 beginnt. [4]§ 12 Abs. 2 in der Fassung des Artikels 12 des Gesetzes vom 23. Oktober 2000 (BGBl. I S. 1433) sowie § 7 Abs. 7, § 8 Abs. 1 Nr. 8 und 9 und Abs. 3, § 9, § 10 Abs. 2, 3, 6, 7, § 11, § 12 Abs. 1, § 14 und § 20 Abs. 2 in der Fassung des Artikels 5 des Gesetzes vom 20. Dezember 2001 (BGBl. I S. 3858) sind erstmals anzuwenden

1. für die Einkommen- und Körperschaftsteuer für den Veranlagungszeitraum,
2. für die Gewerbesteuer für den Erhebungszeitraum,

für den Zwischeneinkünfte hinzuzurechnen sind, die in einem Wirtschaftsjahr der Zwischengesellschaft oder der Betriebsstätte entstanden sind, das nach dem 31. Dezember 2000 beginnt. [5]§ 12 Abs. 3, § 18 Abs. 1 in der Fassung des Artikels 5 des Gesetzes vom 20. Dezember 2001 (BGBl. I S. 3858) sind erstmals anzuwenden, wenn auf Gewinnausschüttungen § 3 Nr. 41 des Einkommensteuergesetzes in der Fassung des Artikels 1 des Gesetzes vom 20. Dezember 2001 (BGBl. I S. 3858) anwendbar ist. [6]§ 8 Abs. 2 in der Fassung des Artikels 6 des Gesetzes vom 6. September 1976 (BGBl. I S. 2641), § 13 in der Fassung des Artikels 17 des Gesetzes vom 25. Februar 1992 (BGBl. I S. 297) sind letztmals anzuwenden

1. für die Einkommen- und Körperschaftsteuer für den Veranlagungszeitraum,
2. für die Gewerbesteuer für den Erhebungszeitraum,

für den Zwischeneinkünfte hinzuzurechnen sind, die in einem Wirtschaftsjahr der Zwischengesellschaft entstanden sind, das vor dem 1. Januar 2001 beginnt. [7]§ 11 in der Fassung des Artikels 12 des Gesetzes vom 21. Dezember 1993 (BGBl. I S. 2310) ist auf Gewinnausschüttungen der Zwischengesellschaft oder auf Gewinne aus der Veräußerung der Anteile an der Zwischengesellschaft nicht anzuwenden, wenn auf die Ausschüttungen oder auf die Gewinne aus der Veräußerung § 8b Abs. 1 oder 2 des Körperschaftsteuergesetzes in der Fassung des Artikels 3 des Gesetzes vom 23. Oktober 2000 (BGBl. I S. 1433) oder § 3 Nr. 41 des Einkommensteuergesetzes in der Fassung des Artikels 1 des Gesetzes vom 20. Dezember 2001 (BGBl. I S. 3858) anwendbar ist.

(8)[1] § 6 Abs. 3 Nr. 4 in der Fassung des Gesetzes vom 21. Dezember 1993 (BGBl. I S. 2310) ist erstmals auf Einbringungen anzuwenden, die nach dem 31. Dezember 1991, und letztmals auf Einbringungen anzuwenden, die vor dem 1. Januar 1999 vorgenommen wurden.

(9) [1] § 8 Abs. 1 Nr. 7 und § 10 Abs. 3 Satz 6 in der Fassung des Artikels 7 des Gesetzes vom 13. September 1993 (BGBl. I S. 1569) sind erstmals anzuwenden

1. für die Einkommensteuer und Körperschaftsteuer für den Veranlagungszeitraum,
2. für die Gewerbesteuer für den Erhebungszeitraum,

für den Zwischeneinkünfte hinzuzurechnen sind, die in einem Wirtschaftsjahr der Zwischengesellschaft entstanden sind, das nach dem 31. Dezember 1991 beginnt. [2] § 10 Abs. 3 Satz 1 in der Fassung dieses Gesetzes ist erstmals anzuwenden

1. für die Einkommensteuer und Körperschaftsteuer für den Veranlagungszeitraum,
2. für die Gewerbesteuer für den Erhebungszeitraum,

für den Zwischeneinkünfte hinzuzurechnen sind, die in einem Wirtschaftsjahr der Zwischengesellschaft entstanden sind, das nach dem 31. Dezember 1993 beginnt.

(10)[2] [1] § 2 Abs. 1 Satz 2, Abs. 2 Nr. 1 und Abs. 3 Nr. 2 und 3 sind in der Fassung des Artikels 9 des Gesetzes vom 19. Dezember 2000 (BGBl. I S. 1790) erstmals für den Veranlagungszeitraum 2002 anzuwenden. [2] § 7 Abs. 6 Satz 2, § 9 und § 10 Abs. 6 Satz 1 sind in der Fassung des Artikels 9 des Gesetzes vom 19. Dezember 2000 (BGBl. I S. 1790) erstmals anzuwenden

1. für die Einkommensteuer und die Körperschaftsteuer für den Veranlagungszeitraum,
2. für die Gewerbesteuer für den Erhebungszeitraum,

für den Zwischeneinkünfte hinzuzurechnen sind, die in einem Wirtschaftsjahr der Zwischengesellschaft entstanden sind, das nach dem 31. Dezember 2001 beginnt.

(11)[3] [1] § 1 Abs. 4 in der Fassung des Artikels 11 des Gesetzes vom 16. Mai 2003 (BGBl. I S. 660) ist erstmals für den Veranlagungszeitraum 2003 anzuwenden. [2] § 7 Abs. 6 und 6a, § 8 Abs. 1 Nr. 9, §§ 10, 11, 14, 20 Abs. 2 in der Fassung des Artikels 11 des Gesetzes vom 16. Mai 2003 (BGBl. I S. 660), § 7

[1] § 21 Abs. 8 neugef. durch G v. 7. 12. 2006 (BGBl. I S. 2782).
[2] § 21 Abs. 10 angef. durch G v. 19. 2. 2000 (BGBl. I S. 1790).
[3] § 21 Abs. 11 angef. durch G v. 16. 5. 2003 (BGBl. I S. 660) und neugef. durch G v. 22. 12. 2003 (BGBl. I S. 2840).

Abs. 7, § 8 Abs. 1 Nr. 4 und § 14 Abs. 1 in der Fassung des Artikels 5 des Gesetzes vom 22. Dezember 2003 (BGBl. I S. 2840) sind erstmals anzuwenden

1. für die Einkommen- und Körperschaftsteuer für den Veranlagungszeitraum,
2. für die Gewerbesteuer für den Erhebungszeitraum,

für den Zwischeneinkünfte hinzuzurechnen oder in einer Betriebsstätte angefallen sind, die in einem Wirtschaftsjahr der Zwischengesellschaft oder der Betriebsstätte entstanden sind, das nach dem 31. Dezember 2002 beginnt.

(12)[1] § 10 Abs. 3 in der am 1. Januar 2004 geltenden Fassung, § 7 Abs. 7 in der Fassung des Artikels 11 des Gesetzes vom 9. Dezember 2004 (BGBl. I S. 3310) sind erstmals anzuwenden

1. für die Einkommen- und Körperschaftsteuer für den Veranlagungszeitraum,
2. für die Gewerbesteuer für den Erhebungszeitraum,

für den Zwischeneinkünfte hinzuzurechnen oder in einer Betriebsstätte angefallen sind, die in einem Wirtschaftsjahr der Zwischengesellschaft oder der Betriebsstätte entstanden sind, das nach dem 31. Dezember 2003 beginnt.

(13)[2] [1] § 6 Abs. 1 in der Fassung des Artikels 7 des Gesetzes vom 7. Dezember 2006 (BGBl. I S. 2782) ist erstmals für den Veranlagungszeitraum 2007 anzuwenden. [2] § 6 Abs. 2 bis 7 in der Fassung des Gesetzes vom 7. Dezember 2006 (BGBl. I S. 2782) ist in allen Fällen anzuwenden, in denen die Einkommensteuer noch nicht bestandskräftig festgesetzt ist.

(14)[3] § 8 Abs. 1 Nr. 10 und § 10 Abs. 3 Satz 4 in der Fassung des Artikels 7 des Gesetzes vom 7. Dezember 2006 (BGBl. I S. 2782) ist erstmals anzuwenden

1. für die Einkommen- und Körperschaftsteuer für den Veranlagungszeitraum,
2. für die Gewerbesteuer für den Erhebungszeitraum,

für den Zwischeneinkünfte hinzuzurechnen oder in einer Betriebsstätte angefallen sind, die in einem Wirtschaftsjahr der Zwischengesellschaft oder der Betriebsstätte entstanden sind, das nach dem 31. Dezember 2005 beginnt.

(15)[4] § 7 Abs. 8, § 8 Abs. 1 Nr. 9, § 11 Abs. 1[5] und § 14 Abs. 2 in der Fassung des Artikels 3 des Gesetzes vom 28. Mai 2007 (BGBl. I S. 914) sind erstmals anzuwenden für

1. die Einkommen- und Körperschaftsteuer für den Veranlagungszeitraum sowie
2. die Gewerbesteuer für den Erhebungszeitraum,

---

[1] § 21 Abs. 12 angef. durch G v. 15. 12. 2003 (BGBl. I S. 2676) und geänd. durch G v. 9. 12. 2004 (BGBl. I S. 3310).

[2] § 21 Abs. 13 angef. durch G v. 7. 12. 2006 (BGBl. I S. 2782).

[3] § 21 Abs. 14 angef. durch G v. 7. 12. 2006 (BGBl. I S. 2782).

[4] § 21 Abs. 13 angef. durch G v. 28. 5. 2007 (BGBl. I S. 914), Abs. 13 wird Abs. 15 und geänd. durch G v. 20. 12. 2007 (BGBl. I S. 3150).

[5] § 21 Abs. 15 Verweis auf § 11 Abs. 1 eingef. durch G v. 19. 12. 2008 (BGBl. I S. 2794).

für den Zwischeneinkünfte hinzuzurechnen sind, die in einem Wirtschaftsjahr der Zwischengesellschaft oder der Betriebsstätte entstanden sind, das nach dem 31. Dezember 2006 beginnt.

(16)[1] § 1 Absatz 1, 3 Satz 1 bis 8 und Satz 11 bis 13 und Absatz 4 in der Fassung des Artikels 7 des Gesetzes vom 14. August 2007 (BGBl. I S. 1912) und § 1 Absatz 3 Satz 9 und 10 in der Fassung des Artikels 11 des Gesetzes vom 8. April 2010 (BGBl. I S. 386) sind erstmals für den Veranlagungszeitraum 2008 anzuwenden.

(17)[2] [1] § 7 Abs. 6 Satz 2, § 8 Abs. 2 und 3, §§ 9, 10 Abs. 2 Satz 3, § 18 Abs. 3 Satz 1 und § 20 Abs. 2 in der Fassung des Artikels 24 des Gesetzes vom 20. Dezember. 2007 (BGBl. I S. 3150) sind erstmals anzuwenden

1. für die Einkommen- und Körperschaftsteuer für den Veranlagungszeitraum,
2. für die Gewerbesteuer für den Erhebungszeitraum,

für den Zwischeneinkünfte hinzuzurechnen sind, die in einem Wirtschaftsjahr der Zwischengesellschaft oder der Betriebsstätte entstanden sind, das nach dem 31. Dezember 2007 beginnt. [2] § 8 Abs. 1 Nr. 9 in der Fassung des Artikels 24 des Gesetzes vom 20. Dezember 2007 (BGBl. I S. 3150) ist erstmals anzuwenden

1. für die Einkommen- und Körperschaftsteuer für den Veranlagungszeitraum,
2. für die Gewerbesteuer für den Erhebungszeitraum,

für den Zwischeneinkünfte hinzuzurechnen sind, die in einem Wirtschaftsjahr der Zwischengesellschaft oder der Betriebsstätte entstanden sind, das nach dem 31. Dezember 2006 beginnt. [3] § 12 Abs. 3 Satz 1 in der Fassung des Artikels 24 des Gesetzes vom 20. Dezember 2007 (BGBl. I S. 3150) ist erstmals für Zeiträume anzuwenden, für die § 12 Abs. 3 in der am 25. Dezember 2001 geltenden Fassung erstmals anzuwenden ist. [4] § 14 Abs. 1 Satz 1 in der Fassung des Artikels 24 des Gesetzes vom 20. Dezember 2007 (BGBl. I S. 3150) ist erstmals anzuwenden

1. für die Einkommen- und Körperschaftsteuer für den Veranlagungszeitraum,
2. für die Gewerbesteuer für den Erhebungszeitraum,

für den Zwischeneinkünfte hinzuzurechnen sind, die in einem Wirtschaftsjahr der Zwischengesellschaft oder der Betriebsstätte entstanden sind, das nach dem 31. Dezember 2005 beginnt. [5] § 18 Abs. 4 in der am 29. Dezember 2007 geltenden Fassung ist für die Einkommen- und Körperschaftsteuer erstmals für den Veranlagungszeitraum 2008 anzuwenden.

(18)[3] [1] § 2 Abs. 1 und 5 und § 15 Abs. 6 in der Fassung des Artikels 9 des Gesetzes vom 19. Dezember 2008 (BGBl. I S. 2794) sind für die Einkommen- und Körperschaftsteuer erstmals für den Veranlagungszeitraum 2009 anzuwenden. [2] § 15 Abs. 7 in der Fassung des Artikels 9 des Gesetzes vom

---

[1] § 21 Abs. 15 angef. durch G v. 14. 8. 2007 (BGBl. I S. 1912), Abs. 15 wird Abs. 16 durch G v. 20. 12. 2007 (BGBl. I S. 3150); geänd. durch G v. 8. 4. 2010 (BGBl. I S. 386).

[2] § 21 Abs. 17 angef. durch G v. 20. 12. 2007 (BGBl. I S. 3150), Satz 1 geänd. und Satz 5 angef. durch G v. 19. 12. 2008 (BGBl. I S. 2794).

[3] § 21 Abs. 18 angef. durch G v. 19. 12. 2008 (BGBl. I S. 2794).

19. Dezember 2008 (BGBl. I S. 2794) ist in allen Fällen anzuwenden, in denen die Einkommen- und Körperschaftsteuer noch nicht bestandskräftig festgesetzt ist.

(19)[1] [1] § 8 Absatz 3 und § 10 Absatz 1 Satz 3 in der Fassung des Artikels 7 des Gesetzes vom 8. Dezember 2010 (BGBl. I S. 1768) sind erstmals anzuwenden

1. für die Einkommen- und Körperschaftsteuer für den Veranlagungszeitraum,
2. für die Gewerbesteuern für den Erhebungszeitraum,

für den Zwischeneinkünfte hinzuzurechnen sind, die in einem Wirtschaftsjahr der Zwischengesellschaft oder der Betriebsstätte entstanden sind, das nach dem 31. Dezember 2010 beginnt. [2] § 20 Absatz 2 in der Fassung des Artikels 7 des Gesetzes vom 8. Dezember 2010 (BGBl. I S. 1768) ist in allen Fällen anzuwenden, in denen die Einkommensteuer noch nicht bestandskräftig festgesetzt ist.

(20)[2] [1] § 1 Absatz 1 Satz 2 erster Halbsatz und Absatz 3 und 6 in der Fassung des Artikels 6 des Gesetzes vom 26. Juni 2013 (BGBl. I S. 1809) ist erstmals für den Veranlagungszeitraum 2013 anzuwenden. [2] § 1 Absatz 1 Satz 2 zweiter Halbsatz in der Fassung des Artikels 6 des Gesetzes vom 26. Juni 2013 (BGBl. I S. 1809) gilt für alle noch nicht bestandskräftigen Veranlagungen. [3] § 1 Absatz 4 und 5 in der Fassung des Artikels 6 des Gesetzes vom 26. Juni 2013 (BGBl. I S. 1809) ist erstmals für Wirtschaftsjahre anzuwenden, die nach dem 31. Dezember 2012 beginnen.

(21)[2] [1] § 2 Absatz 5 in der Fassung des Artikels 6 des Gesetzes vom 26. Juni 2013 (BGBl. I S. 1809) ist erstmals für den Veranlagungszeitraum 2013 anzuwenden. [2] Auf Antrag ist § 2 Absatz 5 Satz 1 und 3 in der Fassung des Artikels 6 des Gesetzes vom 26. Juni 2013 (BGBl. I S. 1809) bereits für Veranlagungszeiträume vor 2013 anzuwenden, bereits ergangene Steuerfestsetzungen sind aufzuheben oder zu ändern. [3] § 8 Absatz 2 in der Fassung des Artikels 6 des Gesetzes vom 26. Juni 2013 (BGBl. I S. 1809) ist erstmals anzuwenden

1. für die Einkommen- und Körperschaftsteuer für den Veranlagungszeitraum,
2. für die Gewerbesteuer für den Erhebungszeitraum,

für den Zwischeneinkünfte hinzuzurechnen sind, die in einem Wirtschaftsjahr der Zwischengesellschaft oder der Betriebsstätte entstanden sind, das nach dem 31. Dezember 2012 beginnt. [4] § 15 Absatz 1, 5 bis 11 sowie § 18 Absatz 4 sind in der Fassung des Artikels 6 des Gesetzes vom 26. Juni 2013 (BGBl. I S. 1809) für die Einkommen- und Körperschaftsteuer erstmals anzuwenden für den Veranlagungszeitraum 2013.

(22)[3] § 1 Absatz 4 in der am 31. Dezember 2014 geltenden Fassung ist erstmals für den Veranlagungszeitraum 2015 anzuwenden.

(23)[3] § 6 Absatz 5 Satz 3 in der am 31. Dezember 2014 geltenden Fassung ist in allen Fällen anzuwenden, in denen die geschuldete Steuer noch nicht entrichtet ist.

---

[1] § 21 Abs. 19 angef. durch G v. 8. 12. 2010 (BGBl. I S. 1768).
[2] § 21 Abs. 20 und 21 angef. durch G v. 26. 6. 2013 (BGBl. I S. 1809).
[3] § 21 Abs. 22 und 23 angef. durch G v. 22. 12. 2014 (BGBl. I S. 2417).

§ 22[1] Neufassung des Gesetzes. Das Bundesministerium der Finanzen kann den Wortlaut dieses Gesetzes in der jeweils geltenden Fassung im Bundesgesetzblatt bekannt machen.

---

[1] § 22 neu gef. durch G v. 20. 12. 2007 (BGBl. I S. 3150).

725 a. Verordnung zur Anwendung des Fremdvergleichsgrundsatzes nach § 1 Abs. 1 des Außensteuergesetzes in Fällen grenzüberschreitender Funktionsverlagerungen (Funktionsverlagerungsverordnung – FVerlV)

Vom 12. August 2008 (BGBl. I S. 1680)

Geändert durch Amtshilferichtlinie-Umsetzungsgesetz (AmtshilfeRLUmsG) vom 26. 6. 2013 (BGBl. I S. 1809)

BGBl. III/FNA 610-6-8-1

Auf Grund des § 1 Abs. 3 Satz 13 des Außensteuergesetzes vom 8. September 1972 (BGBl. I S. 1713), der durch Artikel 7 des Gesetzes vom 14. August 2007 (BGBl. I S. 1912) eingefügt worden ist, verordnet das Bundesministerium der Finanzen:

Abschnitt 1. Allgemeine Vorschriften

§ 1 Begriffsbestimmungen. (1) [1]Eine Funktion ist eine Geschäftstätigkeit, die aus einer Zusammenfassung gleichartiger betrieblicher Aufgaben besteht, die von bestimmten Stellen oder Abteilungen eines Unternehmens erledigt werden. [2]Sie ist ein organischer Teil eines Unternehmens, ohne dass ein Teilbetrieb im steuerlichen Sinn vorliegen muss.

(2) [1]Eine Funktionsverlagerung im Sinne des § 1 Abs. 3 Satz 9 des Außensteuergesetzes liegt vorbehaltlich der Absätze 6 und 7 vor, wenn ein Unternehmen (verlagerndes Unternehmen) einem anderen, nahe stehenden Unternehmen (übernehmendes Unternehmen) Wirtschaftsgüter und sonstige Vorteile sowie die damit verbundenen Chancen und Risiken überträgt oder zur Nutzung überlässt, damit das übernehmende Unternehmen eine Funktion ausüben kann, die bisher von dem verlagernden Unternehmen ausgeübt worden ist, und dadurch die Ausübung der betreffenden Funktion durch das verlagernde Unternehmen eingeschränkt wird. [2]Eine Funktionsverlagerung kann auch vorliegen, wenn das übernehmende Unternehmen die Funktion nur zeitweise übernimmt. [3]Geschäftsvorfälle, die innerhalb von fünf Wirtschaftsjahren verwirklicht werden, sind zu dem Zeitpunkt, zu dem die Voraussetzungen des Satzes 1 durch ihre gemeinsame Verwirklichung wirtschaftlich erfüllt sind, als einheitliche Funktionsverlagerung zusammenzufassen.

(3) Ein Transferpaket im Sinne des § 1 Abs. 3 Satz 9 des Außensteuergesetzes besteht aus einer Funktion und den mit dieser Funktion zusammenhängenden Chancen und Risiken sowie den Wirtschaftsgütern und Vorteilen, die das verlagernde Unternehmen dem übernehmenden Unternehmen zusammen mit der Funktion überträgt oder zur Nutzung überlässt, und den in diesem Zusammenhang erbrachten Dienstleistungen.

(4) Gewinnpotenziale im Sinne des § 1 Abs. 3 Satz 6 des Außensteuergesetzes sind die aus der verlagerten Funktion jeweils zu erwartenden Reingewinne nach Steuern (Barwert), auf die ein ordentlicher und gewissenhafter Geschäftsleiter im Sinne des § 1 Absatz 1 Satz 3[1)] des Außensteuergesetzes aus der Sicht des verlagernden Unternehmens nicht unentgeltlich verzichten würde und für die ein solcher Geschäftsleiter aus der Sicht des übernehmenden Unternehmens bereit wäre, ein Entgelt zu zahlen.

(5) Immaterielle Wirtschaftsgüter und Vorteile sind in Fällen von Funktionsverlagerungen wesentlich im Sinne des § 1 Abs. 3 Satz 10 erste Alternative des Außensteuergesetzes, wenn sie für die verlagerte Funktion erforderlich sind und ihr Fremdvergleichspreis insgesamt mehr als 25 Prozent der Summe der Einzelpreise aller Wirtschaftsgüter und Vorteile des Transferpakets beträgt und dies unter Berücksichtigung der Auswirkungen der Funktionsverlagerung, die aus den Aufzeichnungen im Sinne des § 3 Abs. 2 Satz 2 hervorgehen, glaubhaft ist.

(6) [1] Eine Funktionsverlagerung im Sinne des Absatzes 2 liegt nicht vor, wenn es trotz Vorliegens der übrigen Voraussetzungen des Absatzes 2 Satz 1 innerhalb von fünf Jahren nach Aufnahme der Funktion durch das nahe stehende Unternehmen zu keiner Einschränkung der Ausübung der betreffenden Funktion durch das in Absatz 2 Satz 1 zuerst genannte Unternehmen kommt (Funktionsverdoppelung). [2] Kommt es innerhalb dieser Frist zu einer solchen Einschränkung, liegt zum Zeitpunkt, in dem die Einschränkung eintritt, insgesamt eine einheitliche Funktionsverlagerung vor, es sei denn, der Steuerpflichtige macht glaubhaft, dass diese Einschränkung nicht in unmittelbarem wirtschaftlichen Zusammenhang mit der Funktionsverdoppelung steht.

(7) [1] Eine Funktionsverlagerung im Sinne des Absatzes 2 liegt ebenfalls nicht vor, wenn ausschließlich Wirtschaftsgüter veräußert oder zur Nutzung überlassen werden oder wenn nur Dienstleistungen erbracht werden, es sei denn, diese Geschäftsvorfälle sind Teil einer Funktionsverlagerung. [2] Entsprechendes gilt, wenn Personal im Konzern entsandt wird, ohne dass eine Funktion mit übergeht, oder wenn der Vorgang zwischen voneinander unabhängigen Dritten nicht als Veräußerung oder Erwerb einer Funktion angesehen würde.

§ 2 Anwendung der Regelungen zum Transferpaket. (1) [1] In Fällen von Funktionsverlagerungen, in denen die Preisbestimmung für das Transferpaket als Ganzes auf Grund uneingeschränkt oder eingeschränkt vergleichbarer Vergleichswerte erfolgen kann, ist vorrangig § 1 Abs. 3 Satz 1 bis 4 des Außensteuergesetzes anzuwenden. [2] Anderenfalls ist die Preisbestimmung für das Transferpaket entsprechend dem hypothetischen Fremdvergleich nach § 1 Abs. 3 Satz 5 und 6 des Außensteuergesetzes vorzunehmen. [3] § 1 Abs. 3 Satz 10 erste Alternative des Außensteuergesetzes bleibt unberührt.

(2) [1] Übt das übernehmende Unternehmen die übergehende Funktion ausschließlich gegenüber dem verlagernden Unternehmen aus und ist das Entgelt, das für die Ausübung der Funktion und die Erbringung der entsprechenden Leistungen anzusetzen ist, nach der Kostenaufschlagsmethode zu ermitteln, ist davon

[1)] Verweis geänd. durch G v. 26. 6. 2013 (BGBl. I S. 1809).

auszugehen, dass mit dem übergehenden Transferpaket keine wesentlichen immateriellen Wirtschaftsgüter und Vorteile übertragen werden, so dass § 1 Abs. 3 Satz 10 erste Alternative des Außensteuergesetzes anwendbar ist. [2]Erbringt ein übernehmendes Unternehmen im Sinne des Satzes 1 die bisher ausschließlich gegenüber dem verlagernden Unternehmen erbrachten Leistungen eigenständig, ganz oder teilweise, gegenüber anderen Unternehmen zu Preisen, die höher sind als das Entgelt nach der Kostenaufschlagsmethode oder die entsprechend dem Fremdvergleichsgrundsatz höher anzusetzen sind, ist zum Zeitpunkt der erstmaligen Erbringung gegenüber den anderen Unternehmen für bisher unentgeltlich vom verlagernden Unternehmen für die Leistungserbringung zur Verfügung gestellte Wirtschaftsgüter und Vorteile ein Entgelt entsprechend § 3 zu verrechnen; die betreffenden Wirtschaftsgüter und Vorteile gelten als ein Transferpaket, soweit hierfür die sonstigen Voraussetzungen gegeben sind.

(3) [1]In Fällen, in denen nach § 1 Abs. 3 Satz 10 zweite Alternative des Außensteuergesetzes eine Verrechnungspreisermittlung für eine Funktionsverlagerung auf der Grundlage der Summe der Verrechnungspreise für die einzelnen betroffenen Wirtschaftsgüter und Vorteile anzuerkennen ist, sind sowohl der Einigungsbereich als auch der Wert für das Transferpaket als Ganzes nach § 1 Abs. 3 Satz 7 und 9 des Außensteuergesetzes zu ermitteln. [2]Die Summe der Einzelverrechnungspreise für die Wirtschaftsgüter und Vorteile, die vollständig zu erfassen sind, darf nur angesetzt werden, wenn sie im Einigungsbereich liegt und der Steuerpflichtige glaubhaft macht, dass sie dem Fremdvergleichsgrundsatz entspricht.

Abschnitt 2. Wert des Transferpakets und Ansatz der Verrechnungspreise für seine Bestandteile

§ 3 Wert des Transferpakets. (1) Ist in den Fällen des § 2 Abs. 1 Satz 2 der Wert für ein dem verlagernden Unternehmen zuzurechnendes Transferpaket als Ganzes zu bestimmen, muss dieser Wert, dem Fremdvergleichsgrundsatz im Sinne des § 1 Abs. 1 des Außensteuergesetzes entsprechend, aus der Sicht der beteiligten Unternehmen in Übereinstimmung mit den Gewinnen stehen, die zum Zeitpunkt der Verlagerung aus der Ausübung der Funktion erwartet werden können und der Funktion zuzuordnen sind (Gewinnpotenziale).

(2) [1]Die jeweiligen Gewinnpotenziale sind unter Berücksichtigung aller Umstände des Einzelfalles auf der Grundlage einer Funktionsanalyse vor und nach der Funktionsverlagerung unter Berücksichtigung tatsächlich bestehender Handlungsmöglichkeiten zu ermitteln und beinhalten auch Standortvorteile oder -nachteile und Synergieeffekte. [2]Ausgangspunkt für die Berechnungen sind die Unterlagen, die Grundlage für die Unternehmensentscheidung waren, eine Funktionsverlagerung durchzuführen. [3]Für die Berechnung der jeweiligen Gewinnpotenziale und des Einigungsbereichs (§ 7) sind die dem Maßstab des § 1 Absatz 1 Satz 3[1)] des Außensteuergesetzes entsprechenden

---

[1)] Verweis geänd. durch G v. 26. 6. 2013 (BGBl. I S. 1809).

Gewinnerwartungen der beteiligten Unternehmen, angemessene Kapitalisierungszinssätze (§ 5) und ein von den Umständen der Funktionsausübung abhängiger Kapitalisierungszeitraum (§ 6) zu Grunde zu legen.

§ 4 Bestandteile des Transferpakets. (1) Werden für einzelne Teile des Transferpakets unterschiedliche Vereinbarungen getroffen oder sind solche Vereinbarungen dem Fremdvergleichsgrundsatz entsprechend anzunehmen, sind für alle Teile des Transferpakets Verrechnungspreise anzusetzen, die insgesamt dem nach § 3 Abs. 1 bestimmten Wert des Transferpakets als Ganzes entsprechen.

(2) Bestehen Zweifel, ob hinsichtlich des Transferpakets oder einzelner Teile eine Übertragung oder eine Nutzungsüberlassung anzunehmen ist, wird auf Antrag des Steuerpflichtigen von einer Nutzungsüberlassung ausgegangen.

(3) In den Fällen des § 1 Abs. 6, in denen sich nachträglich herausstellt, dass eine Funktionsverlagerung vorliegt, sind die Verrechnungspreise für die Geschäftsvorfälle, die dazu geführt haben, dass eine Funktionsverlagerung vorliegt, dem Fremdvergleichsgrundsatz entsprechend so anzusetzen, dass sie zusammen mit den ursprünglich bestimmten Verrechnungspreisen dem nach § 3 Abs. 1 bestimmten Wert des Transferpakets als Ganzes entsprechen.

§ 5 Kapitalisierungszinssatz. [1] Zur Bestimmung des jeweils angemessenen Kapitalisierungszinssatzes ist unter Berücksichtigung der Steuerbelastung vom Zins für eine risikolose Investition auszugehen, auf den ein funktions- und risikoadäquater Zuschlag vorzunehmen ist. [2] Die Laufzeit der vergleichbaren risikolosen Investition richtet sich danach, wie lange die übernommene Funktion voraussichtlich ausgeübt wird. [3] Der Zuschlag ist so zu bemessen, dass er sowohl für das übernehmende als auch für das verlagernde Unternehmen die in vergleichbaren Fällen jeweils unternehmensübliche Risikobeurteilung berücksichtigt.

§ 6 Kapitalisierungszeitraum. Werden keine Gründe für einen bestimmten, von den Umständen der Funktionsausübung abhängigen Kapitalisierungszeitraum glaubhaft gemacht oder sind solche Gründe nicht ersichtlich, ist ein unbegrenzter Kapitalisierungszeitraum zu Grunde zu legen.

§ 7 Bestimmung des Einigungsbereichs. (1) [1] Für ein verlagerndes Unternehmen, das aus der Funktion Gewinne zu erwarten hat, ergibt sich die Untergrenze des Verhandlungsrahmens (Mindestpreis des Einigungsbereichs) im Sinne des § 1 Abs. 3 Satz 6 des Außensteuergesetzes aus dem Ausgleich für den Wegfall oder die Minderung des Gewinnpotenzials zuzüglich der gegebenenfalls anfallenden Schließungskosten. [2] Tatsächlich bestehende Handlungsmöglichkeiten, die das verlagernde Unternehmen als vom übernehmenden Unternehmen unabhängiges Unternehmen hätte, sind zu berücksichtigen, ohne die unternehmerische Dispositionsbefugnis des verlagernden Unternehmens in Frage zu stellen.

(2) In Fällen, in denen das verlagernde Unternehmen aus rechtlichen, tatsächlichen oder wirtschaftlichen Gründen nicht mehr dazu in der Lage ist, die Funktion mit eigenen Mitteln selbst auszuüben, entspricht der Mindestpreis dem Liquidationswert.

(3) [1] Verlagert ein Unternehmen eine Funktion, aus der es dauerhaft Verluste zu erwarten hat, wird der Verhandlungsrahmen für das verlagernde Unternehmen durch die zu erwartenden Verluste oder die gegebenenfalls anfallenden Schließungskosten begrenzt; maßgeblich ist der niedrigere absolute Betrag. [2] In solchen Fällen kann es dem Verhalten eines ordentlichen und gewissenhaften Geschäftsleiters entsprechen, zur Begrenzung von Verlusten ein Entgelt für die Funktionsverlagerung zu vereinbaren, das die anfallenden Schließungskosten nur teilweise deckt, oder eine Ausgleichszahlung an das übernehmende Unternehmen für die Übernahme der Verlustquelle zu leisten.

(4) [1] Das Gewinnpotenzial des übernehmenden Unternehmens aus der übernommenen Funktion ist regelmäßig die Obergrenze des Verhandlungsrahmens (Höchstpreis des Einigungsbereichs). [2] Tatsächlich bestehende Handlungsmöglichkeiten, die das übernehmende Unternehmen als vom verlagernden Unternehmen unabhängiges Unternehmen hätte, sind zu berücksichtigen, ohne die unternehmerische Dispositionsbefugnis des übernehmenden Unternehmens in Frage zu stellen.

(5) Auch in den Fällen der Absätze 2 und 3, in denen der Mindestpreis des verlagernden Unternehmens bei Null oder darunter liegt, ist nach dem Fremdvergleichsgrundsatz zu prüfen, ob ein unabhängiger Dritter nach § 1 Abs. 3 Satz 9 in Verbindung mit § 1 Abs. 3 Satz 7 des Außensteuergesetzes bereit wäre, einen Preis für die Übernahme der Funktion zu bezahlen.

§ 8 Schadenersatz-, Entschädigungs- und Ausgleichsansprüche. [1] Gesetzliche oder vertragliche Schadenersatz-, Entschädigungs- und Ausgleichsansprüche sowie Ansprüche, die voneinander unabhängigen Dritten zustünden, wenn ihre Handlungsmöglichkeiten vertraglich oder tatsächlich ausgeschlossen würden, können der Besteuerung einer Funktionsverlagerung zu Grunde gelegt werden, wenn der Steuerpflichtige glaubhaft macht, dass solche Dritte unter ähnlichen Umständen in vergleichbarer Art und Weise verfahren wären. [2] Der Steuerpflichtige muss zusätzlich glaubhaft machen, dass keine wesentlichen immateriellen Wirtschaftsgüter und Vorteile übertragen oder zur Nutzung überlassen worden sind, es sei denn, die Übertragung oder Überlassung ist zwingende Folge von Ansprüchen im Sinne des Satzes 1.

Abschnitt 3. Einzelheiten in Fällen nachträglicher Anpassungen

§ 9 Anpassungsregelung des Steuerpflichtigen. Eine Anpassungsregelung des Steuerpflichtigen, die nachträgliche Anpassungen im Sinne des § 1 Abs. 3 Satz 11 und 12 des Außensteuergesetzes ausschließt, liegt auch dann vor, wenn im Hinblick auf wesentliche immaterielle Wirtschaftsgüter und Vorteile Lizenzvereinbarungen getroffen werden, die die zu zahlende Lizenz vom Umsatz oder Gewinn des Lizenznehmers abhängig machen oder für die Höhe der Lizenz Umsatz und Gewinn berücksichtigen.

§ 10 Erhebliche Abweichung. [1]In den Fällen des § 1 Abs. 3 Satz 12 des Außensteuergesetzes liegt eine erhebliche Abweichung vor, wenn der unter Zugrundelegung der tatsächlichen Gewinnentwicklung zutreffende Verrechnungspreis außerhalb des ursprünglichen Einigungsbereichs liegt. [2]Der neue Einigungsbereich wird durch den ursprünglichen Mindestpreis und den neu ermittelten Höchstpreis des übernehmenden Unternehmens begrenzt. [3]Eine erhebliche Abweichung liegt auch vor, wenn der neu ermittelte Höchstpreis niedriger ist als der ursprüngliche Mindestpreis des verlagernden Unternehmens.

§ 11 Angemessene Anpassung. Eine Anpassung im Sinne des § 1 Abs. 3 Satz 12 des Außensteuergesetzes ist angemessen, wenn sie in den Fällen des § 10 Satz 1 dem Unterschiedsbetrag zwischen dem ursprünglichen und dem neu ermittelten Verrechnungspreis entspricht, oder wenn sie in den Fällen des § 10 Satz 3 dem Unterschiedsbetrag zwischen dem ursprünglichen Verrechnungspreis und dem Mittelwert zwischen dem neuen Höchstpreis des übernehmenden Unternehmens und dem ursprünglichen Mindestpreis des verlagernden Unternehmens entspricht.

Abschnitt 4. Schlussvorschriften

§ 12 Anwendungsvorschrift. Diese Verordnung ist erstmals für den Veranlagungszeitraum 2008 anzuwenden.

§ 13 Inkrafttreten. Diese Verordnung tritt mit Wirkung vom 1. Januar 2008 in Kraft.

725 b. Verordnung zur Anwendung des Fremdvergleichsgrundsatzes auf Betriebsstätten nach § 1 Absatz 5 des Außensteuergesetzes (Betriebsstättengewinnaufteilungsverordnung – BsGaV)

Vom 13. Oktober 2014 (BGBl. I S. 1603)

Auf Grund des § 1 Absatz 6 des Außensteuergesetzes, der durch Artikel 6 Nummer 1 Buchstabe e des Gesetzes vom 26. Juni 2013 (BGBl. I S. 1809) angefügt worden ist, verordnet das Bundesministerium der Finanzen:

Inhaltsübersicht

Abschnitt 1. Allgemeiner Teil

Unterabschnitt 1. Allgemeine Vorschriften

§ 1 Zurechnung von Einkünften zu einer Betriebsstätte. (1) [1]Für die steuerliche Zurechnung von Einkünften zu einer Betriebsstätte eines Unternehmens nach § 1 Absatz 5 des Außensteuergesetzes ist eine Funktions- und Risikoanalyse der Geschäftstätigkeit der Betriebsstätte (§ 12 der Abgabenordnung) als Teil der Geschäftstätigkeit des Unternehmens durchzuführen. [2]Aufbauend auf der Funktions- und Risikoanalyse nach Satz 1 ist eine Vergleichbarkeitsanalyse der Geschäftstätigkeit der Betriebsstätte durchzuführen, um für die Geschäftsbeziehungen der Betriebsstätte im Sinne des § 1 Absatz 4 des Außensteuergesetzes Verrechnungspreise zu bestimmen, die dem Fremdvergleichsgrundsatz (§ 1 Absatz 1 Satz 1 des Außensteuergesetzes) entsprechen.

(2) Auf Grundlage der Funktions- und Risikoanalyse der Geschäftstätigkeit der Betriebsstätte

1. sind die Personalfunktionen (§ 1 Absatz 5 Satz 3 Nummer 1 des Außensteuergesetzes), die der Betriebsstätte oder dem übrigen Unternehmen zu-

zuordnen sind, festzustellen, insbesondere die maßgeblichen Personalfunktionen,

2. sind der Betriebsstätte, ausgehend von den maßgeblichen Personalfunktionen, Vermögenswerte (§ 1 Absatz 5 Satz 3 Nummer 2 des Außensteuergesetzes) sowie Chancen und Risiken (§ 1 Absatz 5 Satz 3 Nummer 3 des Außensteuergesetzes) zuzuordnen,
3. ist der Betriebsstätte, ausgehend von den ihr zugeordneten Vermögenswerten sowie von den ihr zugeordneten Chancen und Risiken, ein Dotationskapital (§ 1 Absatz 5 Satz 3 Nummer 4 des Außensteuergesetzes) zuzuordnen,
4. sind der Betriebsstätte Passivposten zuzuordnen, soweit dies auf Grund der Zuordnung von Vermögenswerten, von Chancen und Risiken sowie von Dotationskapital erforderlich ist,
5. sind der Betriebsstätte Geschäftsvorfälle des Unternehmens mit unabhängigen Dritten und mit nahestehenden Personen im Sinne des § 1 Absatz 2 des Außensteuergesetzes zuzuordnen und
6. sind die anzunehmenden schuldrechtlichen Beziehungen im Sinne des § 1 Absatz 4 Satz 1 Nummer 2 des Außensteuergesetzes zu bestimmen, die die Betriebsstätte zum übrigen Unternehmen unterhält.

§ 2 Begriffsbestimmungen. (1) Für die Zwecke dieser Verordnung ist ein Unternehmen inländisch, wenn sich der Ort der tatsächlichen Geschäftsleitung im Inland befindet.

(2) Für die Zwecke dieser Verordnung ist ein Unternehmen ausländisch, wenn sich der Ort der tatsächlichen Geschäftsleitung im Ausland befindet.

(3) [1] Eine Personalfunktion ist eine Geschäftstätigkeit, die von eigenem Personal des Unternehmens für das Unternehmen ausgeübt wird. [2] Personalfunktionen sind insbesondere folgende Geschäftstätigkeiten:

1. die Nutzung,
2. die Anschaffung,
3. die Herstellung,
4. die Verwaltung,
5. die Veräußerung,
6. die Weiterentwicklung,
7. der Schutz,
8. die Risikosteuerung und
9. die Entscheidung, Änderungen hinsichtlich von Chancen und Risiken vorzunehmen.

(4) [1] Eigenes Personal ist jede natürliche Person, die auf Grund einer gesellschaftsvertraglichen oder arbeitsvertraglichen Vereinbarung mit dem Unternehmen für das Unternehmen tätig wird. [2] Eine natürliche Person gehört auch dann zum eigenen Personal des Unternehmens, wenn ein anderes Unternehmen sich vertraglich verpflichtet hat, die natürliche Person dem Unternehmen als Personal zu überlassen und sich die Verpflichtung auf die Überlassung be-

schränkt. 3 Eine natürliche Person, die ohne jede vertragliche Vereinbarung für das Unternehmen tätig wird, gehört zum eigenen Personal des Unternehmens, wenn die natürliche Person

1. Unternehmer oder Gesellschafter des Unternehmens ist oder
2. dem Unternehmen oder den Gesellschaftern des Unternehmens im Sinne des § 1 Absatz 2 des Außensteuergesetzes nahesteht.

(5) 1 Die Personalfunktion einer Betriebsstätte ist für die Zuordnung von Vermögenswerten, von Chancen und Risiken oder von Geschäftsvorfällen maßgeblich, wenn der Ausübung dieser Personalfunktion im üblichen Geschäftsbetrieb im Verhältnis zu den Personalfunktionen, die in anderen Betriebsstätten des Unternehmens ausgeübt werden, die größte Bedeutung für den jeweiligen Zuordnungsgegenstand zukommt. 2 Nicht maßgeblich sind insbesondere Personalfunktionen, die bezogen auf den Zuordnungsgegenstand

1. lediglich unterstützenden Charakter haben oder
2. ausschließlich die allgemeine Geschäftspolitik des Unternehmens betreffen.

(6) 1 Vermögenswerte im Sinne dieser Verordnung sind Wirtschaftsgüter und Vorteile. 2 Zu den Vermögenswerten gehören insbesondere

1. materielle Wirtschaftsgüter,
2. immaterielle Werte einschließlich immaterieller Wirtschaftsgüter,
3. Beteiligungen und
4. Finanzanlagen.

§ 3 Hilfs- und Nebenrechnung. (1) 1 Für eine Betriebsstätte ist zum Beginn eines Wirtschaftsjahres eine Hilfs- und Nebenrechnung aufzustellen, während des Wirtschaftsjahres fortzuschreiben und zum Ende des Wirtschaftsjahres abzuschließen. 2 Der Abschluss der Hilfs- und Nebenrechnung beinhaltet das Ergebnis der Betriebsstätte. 3 Die Hilfs- und Nebenrechnung muss spätestens zum Zeitpunkt der Abgabe einer Steuererklärung erstellt sein,

1. zu der das Unternehmen verpflichtet ist (§ 149 der Abgabenordnung) und
2. in der die Einkünfte der Betriebsstätte zu berücksichtigen sind.

(2) 1 Die Hilfs- und Nebenrechnung beinhaltet alle Bestandteile, die der Betriebsstätte auf Grund ihrer Personalfunktionen (§ 4) zuzuordnen sind. 2 Dazu gehören

1. die Vermögenswerte (§§ 5 bis 8), wenn sie von einem selbständigen Unternehmen in der steuerlichen Gewinnermittlung erfasst werden müssten,
2. das Dotationskapital (§§ 12 und 13),
3. die übrigen Passivposten (§ 14) sowie
4. die mit den Bestandteilen im Sinne von Satz 1 zusammenhängenden Betriebseinnahmen und Betriebsausgaben.

3 Die Hilfs- und Nebenrechnung beinhaltet auch fiktive Betriebseinnahmen und fiktive Betriebsausgaben, die auf Grund anzunehmender schuldrechtlicher Beziehungen entstehen (§§ 16 und 17).

(3) In den Aufzeichnungen, die nach § 90 Absatz 3 Satz 4 der Abgabenordnung auf Anforderung zu erstellen und vorzulegen sind, sind auch darzulegen

1. die Gründe für die Zuordnung der Bestandteile, einschließlich der Gründe für die Zuordnung der Geschäftsvorfälle des Unternehmens (§ 9), der Chancen und Risiken (§ 10) und der Sicherungsgeschäfte (§ 11), sowie
2. die Gründe für das Vorliegen anzunehmender schuldrechtlicher Beziehungen (§§ 16 und 17).

(4) 1 Wird eine Betriebsstätte begründet, so ist zu diesem Zeitpunkt die erste Hilfs- und Nebenrechnung für die Betriebsstätte zu erstellen. 2 Wird eine Betriebsstätte beendet, so ist zu diesem Zeitpunkt die Hilfs- und Nebenrechnung abzuschließen. 3 Der zum Zeitpunkt der Begründung oder der Beendigung einer Betriebsstätte anzunehmende Übergang von Vermögenswerten und Passivposten sowie von Chancen und Risiken zwischen der Betriebsstätte und dem übrigen Unternehmen begründet anzunehmende schuldrechtliche Beziehungen im Sinne des § 16.

(5) 1 Die Hilfs- und Nebenrechnung einer Betriebsstätte eines Unternehmens, das weder nach inländischem noch nach ausländischem Recht buchführungspflichtig ist und das auch tatsächlich keine Bücher führt, ist entsprechend einer Einnahmenüberschussrechnung im Sinne des § 4 Absatz 3 des Einkommensteuergesetzes zu erstellen. 2 Zum Zeitpunkt der Beendigung der Betriebsstätte ist eine Hilfs- und Nebenrechnung zu erstellen, die eine Aufstellung der Vermögenswerte enthält.

Unterabschnitt 2. Zuordnungsregelungen

§ 4 Zuordnung von Personalfunktionen. (1) 1 Eine Personalfunktion ist der Betriebsstätte zuzuordnen, in der die Personalfunktion ausgeübt wird. 2 Eine Personalfunktion ist einer Betriebsstätte jedoch nicht zuzuordnen, wenn die Personalfunktion

1. keinen sachlichen Bezug zur Geschäftstätigkeit der Betriebsstätte aufweist und
2. an weniger als 30 Tagen innerhalb eines Wirtschaftsjahres in dieser Betriebsstätte ausgeübt wird.

(2) Wird eine Personalfunktion weder in der Betriebsstätte noch im übrigen Unternehmen ausgeübt oder liegt ein Fall des Absatzes 1 Satz 2 vor, so ist die Personalfunktion der Betriebsstätte zuzuordnen, zu der die Personalfunktion sachlich den engsten Bezug aufweist.

(3) Kann eine Personalfunktion nicht eindeutig zugeordnet werden, so ist eine Zuordnung vorzunehmen, die den Absätzen 1 und 2 nicht widerspricht.

§ 5 Zuordnung von materiellen Wirtschaftsgütern. (1) 1 Für die Zuordnung eines materiellen Wirtschaftsguts zu einer Betriebsstätte ist dessen Nutzung die maßgebliche Personalfunktion. 2 Wird dasselbe materielle Wirtschaftsgut später auf Dauer in einer anderen Betriebsstätte genutzt, so ist es ab dem Zeitpunkt der Nutzungsänderung der anderen Betriebsstätte zuzuordnen. 3 Ändert sich die Nutzung häufig, so ist ein materielles Wirtschaftsgut der Betriebsstätte zuzuordnen, für deren Geschäftstätigkeit es überwiegend genutzt wird.

(2) [1]Abweichend von Absatz 1 ist ein materielles Wirtschaftsgut nur dann einer anderen Betriebsstätte als derjenigen, in der das materielle Wirtschaftsgut genutzt wird, zuzuordnen, wenn die Bedeutung einer in dieser anderen Betriebsstätte ausgeübten anderen Personalfunktion eindeutig gegenüber der Bedeutung der in Absatz 1 genannten Personalfunktion überwiegt. [2]Andere Personalfunktionen sind insbesondere solche, die im Zusammenhang mit der Anschaffung, Herstellung, Verwaltung oder Veräußerung des betreffenden materiellen Wirtschaftsguts stehen. [3]Unbewegliches Vermögen, in dem die Geschäftstätigkeit einer Betriebsstätte ausgeübt wird, ist stets dieser Betriebsstätte zuzuordnen.

(3) Werden andere Personalfunktionen im Sinne des Absatzes 2 Satz 1 gleichzeitig in verschiedenen Betriebsstätten des Unternehmens ausgeübt, so ist das materielle Wirtschaftsgut der Betriebsstätte zuzuordnen, deren anderer Personalfunktion die größte Bedeutung für das materielle Wirtschaftsgut zukommt.

(4) Kann ein materielles Wirtschaftsgut nicht eindeutig zugeordnet werden, so ist eine Zuordnung vorzunehmen, die den Absätzen 1 bis 3 nicht widerspricht.

§ 6 Zuordnung von immateriellen Werten. (1) [1]Für die Zuordnung eines immateriellen Werts zu einer Betriebsstätte ist dessen Schaffung oder dessen Erwerb die maßgebliche Personalfunktion. [2]Werden Personalfunktionen, durch deren Ausübung ein immaterieller Wert geschaffen oder erworben wird, gleichzeitig in verschiedenen Betriebsstätten ausgeübt, so ist der immaterielle Wert der Betriebsstätte zuzuordnen, deren Personalfunktion die größte Bedeutung für den immateriellen Wert zukommt.

(2) [1]Abweichend von Absatz 1 ist ein immaterieller Wert nur dann einer anderen Betriebsstätte als derjenigen, auf Grund deren Personalfunktion der immaterielle Wert geschaffen oder erworben wird, zuzuordnen, wenn die Bedeutung einer in dieser anderen Betriebsstätte ausgeübten anderen Personalfunktion eindeutig gegenüber der Bedeutung der in Absatz 1 genannten Personalfunktion überwiegt. [2]Andere Personalfunktionen sind insbesondere solche, die im Zusammenhang mit der Nutzung, der Verwaltung, der Weiterentwicklung, dem Schutz oder der Veräußerung des immateriellen Werts stehen.

(3) Werden andere Personalfunktionen im Sinne des Absatzes 2 Satz 1 gleichzeitig in verschiedenen Betriebsstätten des Unternehmens ausgeübt, so ist der immaterielle Wert der Betriebsstätte zuzuordnen, deren anderer Personalfunktion die größte Bedeutung für den immateriellen Wert zukommt.

(4) [1]Kann ein immaterieller Wert nicht eindeutig zugeordnet werden, so ist eine Zuordnung vorzunehmen, die den Absätzen 1 bis 3 nicht widerspricht. [2]In diesen Fällen kann ein immaterieller Wert den Betriebsstätten, in denen auf Dauer die Personalfunktionen mit der größten Bedeutung ausgeübt werden, auch anteilig zugeordnet werden.

§ 7 Zuordnung von Beteiligungen, Finanzanlagen und ähnlichen Vermögenswerten. (1) [1]Für die Zuordnung einer Beteiligung, einer Finanzanlage oder eines ähnlichen Vermögenswerts zu einer Betriebsstätte ist die

Nutzung der Beteiligung, der Finanzanlage oder des ähnlichen Vermögenswerts die maßgebliche Personalfunktion. 2 Die Nutzung ergibt sich aus dem funktionalen Zusammenhang zur Geschäftstätigkeit der Betriebsstätte. 3 Besteht der funktionale Zusammenhang gleichzeitig zur Geschäftstätigkeit verschiedener Betriebsstätten, so ist der Vermögenswert der Betriebsstätte zuzuordnen, zu der der überwiegende funktionale Zusammenhang besteht.

(2) 1 Abweichend von Absatz 1 ist ein Vermögenswert im Sinne des Absatzes 1 Satz 1 nur dann einer anderen Betriebsstätte als derjenigen, in der der Vermögenswert im Sinne des Absatzes 1 Satz 1 genutzt wird, zuzuordnen, wenn die Bedeutung einer in dieser anderen Betriebsstätte ausgeübten anderen Personalfunktion eindeutig gegenüber der Bedeutung der in Absatz 1 genannten Personalfunktion überwiegt. 2 Andere Personalfunktionen sind insbesondere solche, die im Zusammenhang mit der Anschaffung, Verwaltung, Risikosteuerung oder Veräußerung eines Vermögenswerts im Sinne des Absatzes 1 Satz 1 stehen.

(3) Werden andere Personalfunktionen im Sinne des Absatzes 2 Satz 1 gleichzeitig in verschiedenen Betriebsstätten des Unternehmens ausgeübt, so ist ein Vermögenswert im Sinne des Absatzes 1 Satz 1 der Betriebsstätte zuzuordnen, deren anderer Personalfunktion die größte Bedeutung zukommt.

(4) Kann ein Vermögenswert im Sinne des Absatzes 1 Satz 1 nicht eindeutig zugeordnet werden oder ändert sich der überwiegende funktionale Zusammenhang häufig, so ist eine Zuordnung vorzunehmen, die den Absätzen 1 bis 3 nicht widerspricht.

§ 8 Zuordnung von sonstigen Vermögenswerten. (1) 1 Für die Zuordnung eines nicht in den §§ 5 bis 7 genannten Vermögenswerts (sonstiger Vermögenswert) zu einer Betriebsstätte ist dessen Schaffung oder dessen Erwerb die maßgebliche Personalfunktion. 2 Werden Personalfunktionen, durch deren Ausübung ein sonstiger Vermögenswert geschaffen oder erworben wird, gleichzeitig in verschiedenen Betriebsstätten ausgeübt, so ist der sonstige Vermögenswert der Betriebsstätte zuzuordnen, deren Personalfunktion die größte Bedeutung für diesen sonstigen Vermögenswert zukommt.

(2) 1 Abweichend von Absatz 1 ist ein sonstiger Vermögenswert nur dann einer anderen Betriebsstätte zuzuordnen als derjenigen, auf Grund deren Personalfunktion der sonstige Vermögenswert entstanden ist oder erworben wurde, wenn die Bedeutung einer in dieser anderen Betriebsstätte ausgeübten anderen Personalfunktion eindeutig gegenüber der Bedeutung der in Absatz 1 genannten Personalfunktionen überwiegt. 2 Andere Personalfunktionen sind insbesondere solche, die im Zusammenhang mit der Nutzung, Verwaltung, Risikosteuerung oder Veräußerung des betreffenden sonstigen Vermögenswerts stehen.

(3) Werden andere Personalfunktionen im Sinne des Absatzes 2 Satz 1 gleichzeitig in verschiedenen Betriebsstätten des Unternehmens ausgeübt, so ist der sonstige Vermögenswert der Betriebsstätte zuzuordnen, deren anderer Personalfunktion die größte Bedeutung für diesen sonstigen Vermögenswert zukommt.

(4) Kann ein sonstiger Vermögenswert nicht eindeutig zugeordnet werden, so ist eine Zuordnung vorzunehmen, die den Absätzen 1 bis 3 nicht widerspricht.

§ 9 Zuordnung von Geschäftsvorfällen des Unternehmens. (1) [1]Für die Zuordnung eines Geschäftsvorfalls (§ 1 Absatz 4 Satz 1 Nummer 1 des Außensteuergesetzes), den das Unternehmen mit einem unabhängigen Dritten oder mit einer nahestehenden Person abgeschlossen hat, zu einer Betriebsstätte ist die Personalfunktion, auf der das Zustandekommen des Geschäftsvorfalls beruht, die maßgebliche Personalfunktion. [2]Üben verschiedene Betriebsstätten gleichzeitig jeweils eine Personalfunktion aus, auf der das Zustandekommen eines solchen Geschäftsvorfalls beruht, so ist der Geschäftsvorfall der Betriebsstätte zuzuordnen, deren Personalfunktion die größte Bedeutung für den Geschäftsvorfall zukommt.

(2) [1]Abweichend von Absatz 1 ist ein Geschäftsvorfall nur dann einer anderen Betriebsstätte zuzuordnen als derjenigen, auf Grund deren Personalfunktion der Geschäftsvorfall zustande gekommen ist, wenn die Bedeutung einer in dieser anderen Betriebsstätte ausgeübten anderen Personalfunktion eindeutig gegenüber der Bedeutung der in Absatz 1 genannten Personalfunktion überwiegt. [2]Andere Personalfunktionen sind insbesondere solche, die im Zusammenhang mit der Erfüllung von Verpflichtungen aus dem Geschäftsvorfall oder mit dessen Verwaltung oder mit dessen Risikosteuerung stehen.

(3) Werden andere Personalfunktionen im Sinne des Absatzes 2 Satz 1 gleichzeitig in verschiedenen Betriebsstätten des Unternehmens ausgeübt, so ist der Geschäftsvorfall der Betriebsstätte zuzuordnen, deren anderer Personalfunktion die größte Bedeutung für den Geschäftsvorfall zukommt.

(4) Kann ein Geschäftsvorfall nicht eindeutig zugeordnet werden, so ist eine Zuordnung vorzunehmen, die den Absätzen 1 bis 3 nicht widerspricht.

§ 10 Zuordnung von Chancen und Risiken. (1) Stehen Chancen und Risiken im unmittelbaren Zusammenhang mit einem Vermögenswert im Sinne der §§ 5 bis 8 oder mit einem Geschäftsvorfall im Sinne des § 9, so sind diese Chancen und Risiken der Betriebsstätte zuzuordnen, der auch der betreffende Vermögenswert oder Geschäftsvorfall zuzuordnen ist.

(2) [1]Beruhen Chancen und Risiken, die nicht mit einem Vermögenswert oder mit einem Geschäftsvorfall im unmittelbaren Zusammenhang stehen, auf der Personalfunktion einer Betriebsstätte, so ist diese Personalfunktion für die Zuordnung der Chancen und Risiken zu einer Betriebsstätte maßgeblich. [2]Wird eine solche Personalfunktion gleichzeitig in verschiedenen Betriebsstätten ausgeübt, so sind die betreffenden Chancen und Risiken der Betriebsstätte zuzuordnen, deren Personalfunktion die größte Bedeutung für diese Chancen und Risiken zukommt.

(3) [1]Abweichend von Absatz 2 sind Chancen und Risiken nur dann einer anderen Betriebsstätte zuzuordnen als derjenigen, auf deren Personalfunktion die Chancen und Risiken beruhen, wenn die Bedeutung einer in dieser anderen Betriebsstätte ausgeübten anderen Personalfunktion eindeutig gegenüber der Bedeutung der in Absatz 2 genannten Personalfunktion überwiegt. [2]Andere Personalfunktionen sind insbesondere solche, die im Zusammenhang stehen mit der Verwaltung, der Risikosteuerung oder der Realisation von

Chancen und Risiken oder mit der Entscheidung, Änderungen hinsichtlich von Chancen und Risiken vorzunehmen.

(4) Werden andere Personalfunktionen im Sinne des Absatzes 3 Satz 1 gleichzeitig in verschiedenen Betriebsstätten des Unternehmens ausgeübt, so sind die betreffenden Chancen und Risiken der Betriebsstätte zuzuordnen, deren anderer Personalfunktion die größte Bedeutung für die Chancen und Risiken zukommt.

(5) Können Chancen und Risiken nicht eindeutig zugeordnet werden, so ist eine Zuordnung vorzunehmen, die den Absätzen 1 bis 4 nicht widerspricht.

§ 11 Zuordnung von Sicherungsgeschäften. (1) Schließt ein Unternehmen ein Sicherungsgeschäft zu dem Zweck ab,

1. bestimmte Risiken einer Personalfunktion, die nach § 4 einer Betriebsstätte zuzuordnen ist, abzusichern,
2. bestimmte Risiken eines Vermögenswerts, der nach den §§ 5 bis 8 einer Betriebsstätte zuzuordnen ist, abzusichern oder
3. bestimmte Risiken eines Geschäftsvorfalls, der nach § 9 einer Betriebsstätte zuzuordnen ist, abzusichern,

so ist das Sicherungsgeschäft einschließlich der zugehörigen Vermögenswerte, die Sicherungszwecken dienen, dieser Betriebsstätte zuzuordnen.

(2) [1]Schließt ein Unternehmen ein oder mehrere Sicherungsgeschäfte zu dem Zweck ab,

1. bestimmte Risiken von Personalfunktionen, die nach § 4 verschiedenen Betriebsstätten zuzuordnen sind, abzusichern,
2. bestimmte Risiken von Vermögenswerten, die nach den §§ 5 bis 8 verschiedenen Betriebsstätten zuzuordnen sind, abzusichern oder
3. bestimmte Risiken von Geschäftsvorfällen, die nach § 9 verschiedenen Betriebsstätten zuzuordnen sind, abzusichern,

und ist eine direkte Zuordnung einzelner Vermögenswerte, die Sicherungszwecken dienen, zu bestimmten Risiken nicht möglich oder würde die direkte Zuordnung einen unverhältnismäßigen Aufwand verursachen, so liegt ein mittelbarer Sicherungszusammenhang vor. [2]In diesen Fällen sind Sicherungsgeschäfte einschließlich der zugehörigen Vermögenswerte, die Sicherungszwecken dienen, anteilig den Betriebsstätten zuzuordnen, denen die Personalfunktionen, Vermögenswerte oder Geschäftsvorfälle zuzuordnen sind, deren Risiken abgesichert werden. [3]Der Anteil ist nach einem sachgerechten Aufteilungsschlüssel zu bestimmen.

(3) Sicherungsgeschäfte sind nur dann abweichend von den Absätzen 1 und 2 zuzuordnen, wenn dies im Einzelfall zu einem Ergebnis der Betriebsstätte führt, das dem Fremdvergleichsgrundsatz besser entspricht.

(4) Sichern Vermögenswerte die Risiken anderer Vermögenswerte ab, ohne dass die Absicherung ihr Zweck ist, so gelten für die Zuordnung der Geschäfte und der zugehörigen Vermögenswerte die §§ 5 bis 8.

Unterabschnitt 3. Dotationskapital, übrige Passivposten und Finanzierungsaufwendungen

§ 12 Dotationskapital inländischer Betriebsstätten ausländischer Unternehmen. (1) Einer inländischen Betriebsstätte eines nach ausländischem Recht buchführungspflichtigen oder tatsächlich Bücher führenden, ausländischen Unternehmens ist zum Beginn eines Wirtschaftsjahres derjenige Anteil am Eigenkapital des Unternehmens zuzuordnen, der ihrem Anteil an den Vermögenswerten sowie den Chancen und Risiken im Verhältnis zum übrigen Unternehmen entspricht (Kapitalaufteilungsmethode).

(2) [1] Für die Zuordnung von Dotationskapital nach der Kapitalaufteilungsmethode ist die Höhe des Eigenkapitals des ausländischen Unternehmens nach deutschem Steuerrecht zu bestimmen. [2] Aus Vereinfachungsgründen kann für die Zuordnung das eingezahlte Kapital zuzüglich der Rücklagen und Gewinnvorträge und abzüglich der Verlustvorträge entsprechend der ausländischen Bilanz des Unternehmens zugrunde gelegt werden, wenn das Unternehmen glaubhaft macht,

1. dass dieses Eigenkapital nicht erheblich von dem nach deutschem Steuerrecht anzusetzenden Eigenkapital abweicht oder
2. dass Abweichungen durch Anpassungen so ausgeglichen werden, dass das Ergebnis nicht erheblich von Satz 1 abweicht.

(3) [1] Für die Bestimmung der Kapitalquote der inländischen Betriebsstätte, die der Berechnung ihres Dotationskapitals nach der Kapitalaufteilungsmethode dient, sind die Vermögenswerte sowohl der Betriebsstätte als auch des übrigen Unternehmens mit Werten anzusetzen, die dem Fremdvergleichsgrundsatz entsprechen und die die Chancen und Risiken berücksichtigen. [2] Aus Vereinfachungsgründen können Buchwerte oder damit vergleichbare Werte aus den Unterlagen des ausländischen Unternehmens angesetzt werden, wenn das Unternehmen glaubhaft macht,

1. dass diese Bewertung zu einer Kapitalquote führt, die nicht erheblich von der Kapitalquote abweicht, die sich bei einem Ansatz von Werten ergäbe, die dem Fremdvergleichsgrundsatz entsprechen, oder
2. dass Abweichungen durch Anpassungen so ausgeglichen werden, dass das Ergebnis nicht erheblich von Satz 1 abweicht.

(4) Ergibt sich nach der Kapitalaufteilungsmethode für die inländische Betriebsstätte ein Dotationskapital, das dauerhaft zu Ergebnissen führt, die ein ordentlicher und gewissenhafter Geschäftsleiter nicht bereit wäre hinzunehmen, und gehört das ausländische Unternehmen, dessen Teil die Betriebsstätte ist, zu einer Unternehmensgruppe, die einem Konzern im Sinne des § 18 des Aktiengesetzes entspricht, so ist das Dotationskapital, das der Betriebsstätte zuzuordnen ist, wie folgt zu bestimmen:

1. das konsolidierte Eigenkapital der Unternehmensgruppe ist entsprechend Absatz 2 zu ermitteln und
2. der Betriebsstätte ist auf konsolidierter Grundlage entsprechend den Absätzen 1 bis 3 ein Anteil am konsolidierten Eigenkapital der Unternehmensgruppe als Dotationskapital zuzuordnen.

(5) Einer inländischen Betriebsstätte ist ungeachtet der Absätze 1 bis 4 mindestens das in einer inländischen Handelsbilanz der inländischen Betriebsstätte tatsächlich ausgewiesene Kapital als Dotationskapital zuzuordnen.

(6) Ändert sich innerhalb eines Wirtschaftsjahres die Zuordnung von Personalfunktionen, von Vermögenswerten oder von Chancen und Risiken gegenüber den Verhältnissen zu Beginn des Wirtschaftsjahres und führt dies zu einer erheblichen Veränderung der Höhe des Dotationskapitals, das der inländischen Betriebsstätte nach Absatz 1 zuzuordnen ist, so ist das Dotationskapital innerhalb des Wirtschaftsjahres entsprechend anzupassen.

§ 13 Dotationskapital ausländischer Betriebsstätten inländischer Unternehmen. (1) Einer ausländischen Betriebsstätte eines nach inländischem Recht buchführungspflichtigen oder tatsächlich Bücher führenden, inländischen Unternehmens ist zum Beginn eines Wirtschaftsjahres Dotationskapital nur zuzuordnen, soweit das Unternehmen glaubhaft macht, dass ein Dotationskapital in dieser Höhe aus betriebswirtschaftlichen Gründen erforderlich ist (Mindestkapitalausstattungsmethode).

(2) [1] Einer ausländischen Betriebsstätte kann ein höheres Dotationskapital als nach Absatz 1 zugeordnet werden, soweit die höhere Dotation im Einzelfall zu einem Ergebnis der Betriebsstätte führt, das dem Fremdvergleichsgrundsatz besser entspricht. [2] Das Dotationskapital darf jedoch den Betrag nicht übersteigen, der sich entsprechend § 12 Absatz 1 bis 3 nach der Kapitalaufteilungsmethode ergibt. [3] Für die Berechnung dieses Höchstbetrags sind die für die Besteuerung maßgeblichen Bilanzansätze des inländischen Unternehmens zugrunde zu legen, es sei denn, der Ansatz anderer Werte führt im Einzelfall zu einem Ergebnis der Betriebsstätte, das dem Fremdvergleichsgrundsatz besser entspricht.

(3) Ein Dotationskapital, das den Betrag nach Absatz 2 Satz 2 übersteigt, darf einer ausländischen Betriebsstätte nur zugeordnet werden, soweit nichtsteuerliche Vorschriften des Staates, in dem die Betriebsstätte liegt, dies erfordern.

(4) Einer ausländischen Betriebsstätte ist ungeachtet der Absätze 1 bis 3 höchstens das in einer ausländischen Handelsbilanz der ausländischen Betriebsstätte tatsächlich ausgewiesene Kapital als Dotationskapital zuzuordnen.

(5) Ändert sich innerhalb eines Wirtschaftsjahres die Zuordnung von Personalfunktionen, von Vermögenswerten oder von Chancen und Risiken gegenüber den Verhältnissen zu Beginn des Wirtschaftsjahres und führt dies zu einer erheblichen Veränderung der Höhe des Dotationskapitals, das der ausländischen Betriebsstätte nach Absatz 1 zuzuordnen ist, so ist das Dotationskapital entsprechend anzupassen.

§ 14 Zuordnung übriger Passivposten. (1) Der Betriebsstätte eines Unternehmens, das nach inländischem oder ausländischem Recht buchführungspflichtig ist oder tatsächlich Bücher führt, sind nach der Zuordnung der in der Hilfs- und Nebenrechnung auszuweisenden Risiken und des Dotationskapitals die übrigen Passivposten des Unternehmens zuzuordnen, die im unmittelbaren

Zusammenhang mit den der Betriebsstätte zugeordneten Vermögenswerten sowie mit den ihr zugeordneten Chancen und Risiken stehen (direkte Zuordnung).

(2) 1 Übersteigt die Summe der übrigen Passivposten, die der Betriebsstätte direkt zugeordnet werden könnten (direkt zuordnungsfähige Passivposten), den Betrag, der nach der Zuordnung der in der Hilfs- und Nebenrechnung auszuweisenden Risiken und des Dotationskapitals für eine Zuordnung von Passivposten zur Betriebsstätte verbleibt, so sind diese direkt zuordnungsfähigen Passivposten anteilig zu kürzen. 2 Der Anteil der direkt zuordnungsfähigen Passivposten, der nach der Kürzung verbleibt, ist der Betriebsstätte zuzuordnen.

(3) Verbleibt nach der Bestimmung der in der Hilfs- und Nebenrechnung auszuweisenden Risiken und des Dotationskapitals und der direkten Zuordnung übriger Passivposten ein Fehlbetrag an Passivposten für die Betriebsstätte, so ist dieser Fehlbetrag mit übrigen Passivposten des Unternehmens aufzufüllen (indirekte Zuordnung).

§ 15 Zuordnung von Finanzierungsaufwendungen. (1) Finanzierungsaufwendungen eines Unternehmens, die mit Passivposten zusammenhängen, die einer Betriebsstätte dieses Unternehmens nach § 14 Absatz 1 direkt zuzuordnen sind, sind ebenfalls dieser Betriebsstätte zuzuordnen.

(2) Sind die direkt zuordnungsfähigen Passivposten nach § 14 Absatz 2 anteilig zu kürzen, so sind auch die Finanzierungsaufwendungen, die mit diesen direkt zuordnungsfähigen Passivposten in unmittelbarem Zusammenhang stehen, entsprechend anteilig zu kürzen.

(3) 1 Soweit eine direkte Zuordnung von Finanzierungsaufwendungen des Unternehmens zur Betriebsstätte nicht möglich ist oder einen unverhältnismäßigen Aufwand verursachen würde, sind der Betriebsstätte Finanzierungsaufwendungen des Unternehmens entsprechend der indirekten Zuordnung der Passivposten anteilig zuzuordnen. 2 In diesem Fall bestimmt sich der Anteil der Betriebsstätte an den Finanzierungsaufwendungen des Unternehmens nach dem sich zu Beginn des jeweiligen Wirtschaftsjahres ergebenden Verhältnis der übrigen Passivposten, die der Betriebsstätte indirekt zuzuordnen sind, zu den übrigen Passivposten des Unternehmens. 3 Der Anteil der Betriebsstätte an den Finanzierungsaufwendungen ist abweichend von den Sätzen 1 und 2 zu bestimmen, wenn dies im Einzelfall zu einem Ergebnis der Betriebsstätte führt, das dem Fremdvergleichsgrundsatz besser entspricht.

(4) 1 Der inländischen Betriebsstätte eines ausländischen Unternehmens, das nach ausländischem Recht nicht buchführungspflichtig ist und auch tatsächlich keine Bücher führt, ist ein Finanzierungsaufwand des ausländischen Unternehmens nur zuzuordnen, soweit dieser im unmittelbaren Zusammenhang mit der Geschäftstätigkeit der Betriebsstätte steht. 2 Eine Zuordnung nach Satz 1 setzt voraus, dass der Betriebsstätte ein Ergebnis aus ihrer Geschäftstätigkeit verbleibt, das dem Fremdvergleichsgrundsatz entspricht.

(5) 1 Der ausländischen Betriebsstätte eines inländischen Unternehmens, das nach inländischem Recht nicht buchführungspflichtig ist und auch tatsächlich

keine Bücher führt, ist ein Finanzierungsaufwand des inländischen Unternehmens zuzuordnen, wenn dieser im unmittelbaren Zusammenhang mit der Geschäftstätigkeit der Betriebsstätte steht. 2 Der ausländischen Betriebsstätte ist mindestens der Anteil des Finanzierungsaufwands zuzuordnen, der ihrem Anteil an den Außenumsätzen des inländischen Unternehmens entspricht. 3 Absatz 3 Satz 3 gilt sinngemäß.

Unterabschnitt 4. Anzunehmende schuldrechtliche Beziehungen

§ 16 Grundsatz. (1) Zwischen einer Betriebsstätte und dem übrigen Unternehmen liegt eine anzunehmende schuldrechtliche Beziehung im Sinne des § 1 Absatz 4 Satz 1 Nummer 2 des Außensteuergesetzes vor, wenn wirtschaftliche Vorgänge festgestellt werden,

1. die im Verhältnis zwischen der Betriebsstätte und dem übrigen Unternehmen eine Änderung der Zuordnung nach den §§ 5 bis 11 erforderlich machen oder
2. die, wären die Betriebsstätte und das übrige Unternehmen voneinander unabhängige Unternehmen,
   a) durch schuldrechtliche Vereinbarungen geregelt würden oder
   b) zur Geltendmachung von Rechtspositionen führen würden.

(2) 1 Für anzunehmende schuldrechtliche Beziehungen sind Verrechnungspreise anzusetzen, die dem Fremdvergleichsgrundsatz entsprechen. 2 Diese Verrechnungspreise führen zu fiktiven Betriebseinnahmen und fiktiven Betriebsausgaben.

(3) 1 Nutzt eine Betriebsstätte finanzielle Mittel des übrigen Unternehmens, so liegt keine anzunehmende schuldrechtliche Beziehung vor. 2 Dies gilt nicht, wenn

1. § 17 anzuwenden ist oder
2. auf Grund der Geschäftstätigkeit einer Betriebsstätte im laufenden Wirtschaftsjahr finanzielle Mittel der Betriebsstätte entstehen, die nachweislich für bestimmte Zwecke im übrigen Unternehmen genutzt werden.

3 Eine anzunehmende schuldrechtliche Beziehung nach Satz 2 Nummer 2 gilt als Zurverfügungstellung finanzieller Mittel zwischen der Betriebsstätte und dem übrigen Unternehmen und endet spätestens

1. mit dem Ende des laufenden Wirtschaftsjahres oder
2. mit einer Anpassung des Dotationskapitals nach § 12 Absatz 6 oder § 13 Absatz 5.

§ 17 Finanzierungsfunktion innerhalb eines Unternehmens. (1) 1 Eine Finanzierungsfunktion innerhalb eines Unternehmens umfasst die Liquiditätssteuerung durch eine Betriebsstätte (Finanzierungsbetriebsstätte) für eine oder mehrere andere Betriebsstätten desselben Unternehmens. 2 Zur Liquiditätssteuerung gehören insbesondere die Mittelbeschaffung, die Mittelzuweisung und die externe Anlage von Liquiditätsüberhängen.

(2) 1 Die Ausübung einer Finanzierungsfunktion innerhalb eines Unternehmens ist eine anzunehmende schuldrechtliche Beziehung, die im Regelfall

als Dienstleistung anzusehen ist und nicht als Zurverfügungstellung eigener finanzieller Mittel der Finanzierungsbetriebsstätte. 2 Für eine solche Dienstleistung ist der nach § 16 Absatz 2 Satz 1 anzusetzende Verrechnungspreis nach einer kostenorientierten Verrechnungspreismethode zu bestimmen. 3 Finanzierungsaufwendungen und Finanzierungserträge des Unternehmens, die durch die Tätigkeiten der Finanzierungsbetriebsstätte verursacht werden, beeinflussen die Kostenbasis der Finanzierungsbetriebsstätte nicht.

(3) Kann nicht festgestellt werden, dass der Finanzierungsbetriebsstätte Kosten entstehen, die unmittelbar von einer bestimmten anderen Betriebsstätte verursacht werden, oder würde eine solche Feststellung einen unverhältnismäßigen Aufwand verursachen, so sind die Kosten der Finanzierungsbetriebsstätte zuzüglich eines angemessenen Aufschlags verursachungsgerecht auf die anderen Betriebsstätten, die die Finanzierungsfunktion nutzen, aufzuteilen.

(4) 1 Vermögenswerte, die Grundlage für eine externe Anlage von Liquiditätsüberhängen sind oder die auf Grund der externen Anlage von Liquiditätsüberhängen entstehen, und Erträge aus diesen Vermögenswerten sind nicht der Finanzierungsbetriebsstätte, sondern jeweils den anderen Betriebsstätten zuzuordnen. 2 Ist eine direkte Zuordnung der Vermögenswerte und Erträge, die auf Grund der Finanzierungsfunktion entstehen, zu den anderen Betriebsstätten nicht möglich oder wäre sie unverhältnismäßig aufwendig, so sind diese Vermögenswerte und deren Erträge den anderen Betriebsstätten anteilig zuzuordnen. 3 Für die Aufteilung ist die Herkunft der Liquiditätsüberhänge entscheidend.

(5) 1 Passivposten, die auf Grund der Finanzierungsfunktion für das Unternehmen entstehen, sind nicht der Finanzierungsbetriebsstätte, sondern gemäß § 15 Absatz 1 den anderen Betriebsstätten zuzuordnen. 2 Für die Zuordnung der entsprechenden Finanzierungsaufwendungen gilt § 15 Absatz 3.

(6) 1 Positive Salden auf Verrechnungskonten, die auf Grund der Finanzierungsfunktion im Verhältnis der Finanzierungsbetriebsstätte zu den anderen Betriebsstätten entstehen, gelten nicht als Vermögenswerte im Sinne des § 7 oder § 8. 2 Sie sind nicht zu verzinsen.

(7) Die Absätze 1 bis 6 sind nicht anzuwenden, wenn im Einzelfall

1. in der Finanzierungsbetriebsstätte im Hinblick auf entstehende Vermögenswerte und Passivposten sowie auf die damit zusammenhängenden Chancen und Risiken Personalfunktionen ausgeübt werden, die eine Zuordnung der Vermögenswerte und der Passivposten zur Finanzierungsbetriebsstätte erfordern, und
2. eine nicht in Absatz 2 genannte Verrechnungspreismethode zu einem Ergebnis für die Finanzierungsfunktion führt, das dem Fremdvergleichsgrundsatz besser entspricht.

Abschnitt 2. Besonderheiten für Bankbetriebsstätten

§ 18 Allgemeines. Eine Betriebsstätte,

1. die Teil eines Kreditinstituts im Sinne des § 1 Absatz 1 des Kreditwesengesetzes oder Teil eines Finanzdienstleistungsinstituts im Sinne des § 1 Ab-

satz 1 a des Kreditwesengesetzes ist, oder die Teil eines vergleichbaren Unternehmens im Sinne des ausländischen Bankenaufsichtsrechts ist, und

2. die Bankgeschäfte betreibt,

ist eine Bankbetriebsstätte, für die die §§ 1 bis 17 gelten, soweit in diesem Abschnitt keine abweichende Regelung getroffen wird.

§ 19 Besondere Zuordnungsregelungen. (1) [1]Ein Vermögenswert, der Gegenstand von Bankgeschäften im Sinne des § 1 Absatz 1 des Kreditwesengesetzes oder von Finanzdienstleistungen im Sinne des § 1 Absatz 1 a des Kreditwesengesetzes ist, ist einer Bankbetriebsstätte zuzuordnen, wenn die unternehmerische Risikoübernahmefunktion in dieser Bankbetriebsstätte ausgeübt wird. [2]Unternehmerische Risikoübernahmefunktion bei Kreditinstituten ist die Personalfunktion, deren Ausübung dazu führt, dass die mit dem Vermögenswert verbundenen Chancen und Risiken des Unternehmens entstehen.

(2) [1]Üben verschiedene Bankbetriebsstätten im Hinblick auf einen Vermögenswert gleichzeitig jeweils eine Personalfunktion aus, die die Voraussetzungen des Absatzes 1 erfüllt, so ist der Vermögenswert der Bankbetriebsstätte zuzuordnen, deren Personalfunktion die größte Bedeutung zukommt. [2]Diese Personalfunktion gilt als unternehmerische Risikoübernahmefunktion. [3]Die Zuordnung bestimmt sich nach den Personalfunktionen, die bis zum Zeitpunkt der Entstehung des jeweiligen Vermögenswerts ausgeübt werden. [4]Der Bankbetriebsstätte, die die unternehmerische Risikoübernahmefunktion im Hinblick auf einen Vermögenswert ausübt, werden der Vermögenswert sowie die mit dem Vermögenswert zusammenhängenden Chancen und Risiken zugeordnet.

(3) [1]Kann ein Vermögenswert nach Absatz 2 nicht eindeutig zugeordnet werden, so ist er der Bankbetriebsstätte zuzuordnen, der die Kundenbeziehung, zu der der Vermögenswert gehört, zuzuordnen ist. [2]Eine davon abweichende Zuordnung ist nur vorzunehmen, wenn dies im Einzelfall zu einem Ergebnis der Bankbetriebsstätte führt, das dem Fremdvergleichsgrundsatz besser entspricht.

(4) Die sachgerechte Zuordnung eines Vermögenswerts darf nur geändert werden, wenn

1. die Änderung dazu führt, dass der Vermögenswert der Bankbetriebsstätte zugeordnet wird, zu der die betreffende Kundenbeziehung besteht, und in der Bankbetriebsstätte, der der Vermögenswert zugeordnet war, keine Personalfunktionen im Hinblick auf den Vermögenswert mehr ausgeübt werden oder
2. die Zuordnung im Einzelfall zu einem Ergebnis der Bankbetriebsstätte führt, das dem Fremdvergleichsgrundsatz besser entspricht.

(5) [1]Ist ein Vermögenswert im Sinne des Absatzes 1 einer Bankbetriebsstätte zuzuordnen und übt eine andere Betriebsstätte im Hinblick auf diesen Vermögenswert eine unterstützende Personalfunktion aus, so ist nach § 16 Absatz 2 Satz 1 für die Erbringung dieser Personalfunktion ein Verrechnungspreis anzusetzen, der dem Fremdvergleichsgrundsatz entspricht. [2]Solche unterstützenden Personalfunktionen können

1. dazu dienen, die eigentliche unternehmerische Risikoübernahmefunktion auszuüben,
2. die nachfolgende Verwaltung des Vermögenswerts umfassen oder
3. andere Hilfsfunktionen sein.

(6) § 16 Absatz 3 gilt für Bankbetriebsstätten mit der Maßgabe, dass eine anzunehmende schuldrechtliche Beziehung, die als Zurverfügungstellung finanzieller Mittel gilt, über § 16 Absatz 3 Satz 2 hinaus zugrunde zu legen ist, wenn

1. das Kreditinstitut nachweist, dass die über § 16 Absatz 3 hinausgehende Dauer im Zusammenhang mit der Geschäftspolitik des Kreditinstituts und auf Grund der Personalfunktionen, die im Zusammenhang mit der Zurverfügungstellung und der Entgegennahme von finanziellen Mitteln ausgeübt werden, sachgerecht ist und
2. die über § 16 Absatz 3 hinausgehende Dauer im Einzelfall zu einem Ergebnis der Bankbetriebsstätte führt, das dem Fremdvergleichsgrundsatz besser entspricht.

§ 20 Dotationskapital inländischer Bankbetriebsstätten ausländischer Kreditinstitute, Bankenaufsichtsrecht. (1) [1] Einer inländischen Bankbetriebsstätte eines ausländischen Kreditinstituts ist der Anteil am Eigenkapital des ausländischen Kreditinstituts zuzuordnen, der ihrem Anteil an der Summe der risikogewichteten Positionsbeträge des ausländischen Kreditinstituts im Sinne des ausländischen Bankenaufsichtsrechts entspricht (Kapitalaufteilungsmethode für Bankbetriebsstätten). [2] Für die Ermittlung des jeweiligen Anteils sind die kreditinstitutsinternen risikogewichteten Positionsbeträge unberücksichtigt zu lassen.

(2) [1] Ein geringeres Dotationskapital als nach Absatz 1 darf das ausländische Kreditinstitut der inländischen Bankbetriebsstätte nur zuordnen, soweit dies zu einem Ergebnis der inländischen Bankbetriebsstätte führt, das im Verhältnis zum übrigen Unternehmen dem Fremdvergleichsgrundsatz auf Grund der ihr zugeordneten Vermögenswerte sowie der ihr zugeordneten Chancen und Risiken besser entspricht. [2] Die inländische Bankbetriebsstätte muss jedoch mindestens ein Dotationskapital ausweisen, das sie nach bankenaufsichtsrechtlichen Grundsätzen als Kernkapital ausweisen müsste, wenn sie ein rechtlich selbständiges, inländisches Kreditinstitut wäre (Mindestkapitalausstattungsmethode für Bankbetriebsstätten). [3] Wird die Mindestkapitalausstattungsmethode angewandt, so ist das Dotationskapital um 0,5 Prozentpunkte der Summe der risikogewichteten Positionsbeträge der inländischen Bankbetriebsstätte zu erhöhen, es sei denn, ein geringerer Zuschlag führt zu einem Ergebnis der Bankbetriebsstätte, das dem Fremdvergleichsgrundsatz besser entspricht.

(3) Ein ausländisches Kreditinstitut kann davon absehen, Absatz 1 und 2 für seine inländische Bankbetriebsstätte anzuwenden, wenn

1. die Summe der Aktivposten der Hilfs- und Nebenrechnung der inländischen Bankbetriebsstätte weniger als 1 Milliarde Euro beträgt und
2. für die inländische Bankbetriebsstätte ein Dotationskapital in Höhe von mindestens 3 Prozent der Summe der Aktivposten der Hilfs- und Nebenrechnung ausgewiesen wird, mindestens aber 5 Millionen Euro.

(4) [1] Für eine inländische Bankbetriebsstätte eines ausländischen Kreditinstituts mit Sitz in einem Staat der Europäischen Union oder des Europäischen Wirtschaftsraumes, in dem ein Kreditinstitut eine Regelung anwenden kann, die dem § 2a des Kreditwesengesetzes entspricht, gilt Absatz 1 nur, wenn das ausländische Kreditinstitut

1. die Regelung nicht anwendet oder
2. nachweist, dass seine Eigenkapitalausstattung nach dem anzuwendenden Bankenaufsichtsrecht auch dann ausreichen würde, wenn es die Regelung nicht anwenden würde.

[2] Wendet das ausländische Kreditinstitut die ausländische Regelung an und wird der Nachweis nach Satz 1 Nummer 2 nicht geführt, so ist für die Ermittlung des Dotationskapitals, das der inländischen Bankbetriebsstätte zuzuordnen ist, Absatz 1 sinngemäß anzuwenden mit der Maßgabe, dass

1. für die Ermittlung des Eigenkapitals, das der Berechnung zugrunde zu legen ist, das bankenaufsichtsrechtliche Kernkapital derjenigen ausländischen Kreditinstitutsgruppe maßgebend ist, die, wenn sie eine inländische Institutsgruppe wäre, die Voraussetzungen von § 10a Absatz 1 des Kreditwesengesetzes in Verbindung mit den Artikeln 92 ff. der Verordnung (EU) Nr. 575/2013 des Europäischen Parlaments und des Rates vom 26. Juni 2013 über Aufsichtsanforderungen an Kreditinstitute und Wertpapierfirmen und zur Änderung der Verordnung (EU) Nr. 646/2012 (ABl. L 176 vom 27. 6. 2013, S. 1, L 208 vom 2. 8. 2013, S. 68, L 321 vom 30. 11. 2013, S. 6) in der jeweils geltenden Fassung erfüllen würde, und
2. für die Ermittlung des Anteils der inländischen Bankbetriebsstätte am Kernkapital der ausländischen Kreditinstitutsgruppe die Summe der risikogewichteten Positionsbeträge der Bankbetriebsstätte zur Summe der risikogewichteten Positionsbeträge der Kreditinstitutsgruppe, ohne Berücksichtigung der gruppeninternen risikogewichteten Positionsbeträge, ins Verhältnis zu setzen ist.

(5) [1] § 12 Absatz 6 ist mit der Maßgabe anzuwenden, dass die Höhe des der inländischen Bankbetriebsstätte zuzuordnenden Dotationskapitals auch anzupassen ist, soweit dies das inländische Bankenaufsichtsrecht erfordert. [2] Im Übrigen gilt § 12 sinngemäß.

(6) Die Absätze 1 bis 5 gelten nicht für inländische Betriebsstätten ausländischer Finanzdienstleistungsinstitute, die keinen bankenaufsichtsrechtlichen Eigenkapitalanforderungen unterliegen.

§ 21 Dotationskapital ausländischer Bankbetriebsstätten inländischer Kreditinstitute, Bankenaufsichtsrecht. (1) [1] Der ausländischen Bankbetriebsstätte eines inländischen Kreditinstituts ist ein Dotationskapital entsprechend § 13 Absatz 1 zuzuordnen, es sei denn, das anzuwendende ausländische Bankenaufsichtsrecht enthält zwingende Regelungen zur Mindestkapitalausstattung, die die ausländische Bankbetriebsstätte einhalten müsste, wenn sie ein selbständiges ausländisches Kreditinstitut wäre (Mindestkapitalausstattungsmethode für Bankbetriebsstätten). [2] Das inländische Kreditinstitut hat die Gründe für den Ansatz eines höheren Dotationskapitals als nach § 13 Absatz 1 nachzuweisen.

(2) [1]Ein höheres Dotationskapital als nach Absatz 1 darf das inländische Kreditinstitut der ausländischen Bankbetriebsstätte nur zuordnen, soweit die höhere Dotation zu einem Ergebnis der ausländischen Bankbetriebsstätte führt, das dem Fremdvergleichsgrundsatz auf Grund der ihr zugeordneten Vermögenswerte sowie der ihr zugeordneten Chancen und Risiken besser entspricht. [2]Liegen die Voraussetzungen des Satzes 1 vor, so ist die Obergrenze der Dotation der Betrag, der sich bei Anwendung der Kapitalaufteilungsmethode für Bankbetriebsstätten entsprechend § 20 Absatz 1 ergibt.

(3) [1]Ein höheres Dotationskapital als nach Absatz 2 darf der ausländischen Bankbetriebsstätte nur zugeordnet werden, soweit dies das ausländische Bankenaufsichtsrecht für ausländische selbständige Kreditinstitute erfordert und das inländische Kreditinstitut den entsprechenden Regelungen für seine ausländische Bankbetriebsstätte folgt. [2]Satz 1 ist nur anzuwenden, soweit dem übrigen Unternehmen rechnerisch mindestens so viel Kapital verbleibt, wie es nach inländischem Bankenaufsichtsrecht erforderlich wäre.

(4) Ist ein inländisches Kreditinstitut

1. Teil einer inländischen Institutsgruppe, auf die § 2a des Kreditwesengesetzes anzuwenden ist, oder
2. Teil einer ausländischen Institutsgruppe, auf die eine Regelung eines anderen Staates der Europäischen Union oder des Europäischen Wirtschaftsraums, die Artikel 7 der Verordnung (EU) Nr. 575/2013 des Europäischen Parlaments und des Rates vom 26. Juni 2013 über Aufsichtsanforderungen an Kreditinstitute und Wertpapierfirmen und zur Änderung der Verordnung (EU) Nr. 646/2012 (ABl. L 176 vom 27. 6. 2013, S. 1) vergleichbar ist, anzuwenden ist,

und verfügt dieses inländische Kreditinstitut über ein geringeres Kernkapital, als es nach bankenaufsichtsrechtlichen Grundsätzen für die Summe der risikogewichteten Positionsbeträge ohne Anwendung des § 2a des Kreditwesengesetzes oder der Regelung eines anderen Staates des Europäischen Wirtschaftsraums, die Artikel 7 der Verordnung (EU) Nr. 575/2013 vergleichbar ist, erforderlich ist, so kann einer ausländischen Bankbetriebsstätte dieses Kreditinstituts ein Mindestdotationskapital nach Absatz 1 nur zugeordnet werden, soweit dem übrigen Unternehmen ein Kernkapital verbleibt, das nach bankenaufsichtsrechtlichen Grundsätzen für die Summe der risikogewichteten Positionsbeträge des übrigen Unternehmens erforderlich wäre.

(5) [1]§ 13 Absatz 5 ist anzuwenden mit der Maßgabe, dass die Höhe des der ausländischen Bankbetriebsstätte zuzuordnenden Dotationskapitals auch anzupassen ist, soweit dies das ausländische Bankenaufsichtsrecht erfordert. [2]Im Übrigen gilt § 13 sinngemäß.

(6) Die Absätze 1 bis 5 gelten nicht für eine ausländische Bankbetriebsstätte eines inländischen Finanzdienstleistungsinstituts, das keinen bankenaufsichtsrechtlichen Eigenkapitalanforderungen unterliegt.

§ 22 Globaler Handel mit Finanzinstrumenten. (1) [1]Finanzinstrumente im Sinne des § 1 Absatz 11 Satz 1 des Kreditwesengesetzes, mit denen durch Finanzinstitute auf Märkten der ganzen Welt rund um die Uhr gehandelt wird (globaler Handel mit Finanzinstrumenten), sind entsprechend § 19 zuzuordnen. 2 Der globale Handel mit Finanzinstrumenten umfasst insbesondere

1. die globale Emission und den globalen Vertrieb von Finanzinstrumenten,
2. die Tätigkeit als Market Maker im Sinne des § 23 Absatz 4 des Wertpapierhandelsgesetzes für physische Wertpapiere,
3. die Tätigkeit an den Aktien- und Rohstoffbörsen,
4. die Entwicklung neuer Finanzinstrumente.

(2) 1 Wird im globalen Handel mit Finanzinstrumenten die unternehmerische Risikoübernahmefunktion in verschiedenen Bankbetriebsstätten ausgeübt und lässt sich eine eindeutige Zuordnung von einzelnen Finanzinstrumenten nicht oder nur mit unzumutbarem Aufwand durchführen, so sind die aus den Finanzinstrumenten steuerlich realisierten und nichtrealisierten Ergebnisse auf die Bankbetriebsstätten, die am globalen Handel beteiligt sind, nach einem sachgerechten Aufteilungsschlüssel aufzuteilen. 2 Werden die Chancen und Risiken aus den Finanzinstrumenten für die Ermittlung des Dotationskapitals nach den §§ 20 und 21 entsprechend Satz 1 anteilig berücksichtigt, so können die Finanzinstrumente abweichend von Satz 1 zugeordnet werden, wenn

1. dies in der Hilfs- und Nebenrechnung nach § 3 ausgewiesen wird und
2. die Ergebnisse der Bankbetriebsstätten, die am globalen Handel teilnehmen, nicht beeinflusst werden.

(3) Für anzunehmende schuldrechtliche Beziehungen, die die unternehmerische Risikoübernahmefunktion im globalen Handel mit Finanzinstrumenten betreffen, ist die geschäftsvorfallbezogene Restgewinnaufteilungsmethode anzuwenden, es sei denn, im Einzelfall führt die Anwendung einer anderen Methode zu einem Ergebnis, das dem Fremdvergleichsgrundsatz besser entspricht.

Abschnitt 3. Besonderheiten für Versicherungsbetriebsstätten

§ 23 Allgemeines. Eine Betriebsstätte,

1. die Teil eines Versicherungsunternehmens im Sinne des § 1 Absatz 1 Nummer 1 des Versicherungsaufsichtsgesetzes oder Teil eines Versicherungsunternehmens im Sinne des ausländischen Versicherungsaufsichtsrechts ist und
2. die Versicherungsgeschäfte betreibt

ist eine Versicherungsbetriebsstätte, für die die §§ 1 bis 17 gelten, soweit in diesem Abschnitt keine abweichende Regelung getroffen wird.

§ 24 Besondere Zuordnungsregelungen. (1) 1 Ein Vermögenswert, der durch den Abschluss eines Versicherungsvertrags entsteht, ist einer Versicherungsbetriebsstätte zuzuordnen, wenn die unternehmerische Risikoübernahmefunktion in dieser Versicherungsbetriebsstätte ausgeübt wird. 2 Unternehmerische Risikoübernahmefunktion ist bei Versicherungsunternehmen die Personalfunktion des Zeichnungsprozesses, deren Ausübung dazu führt, dass die mit dem Versicherungsvertrag zusammenhängenden Chancen und Risiken, insbesondere das versicherungstechnische Risiko aus dem Versicherungsvertrag, von dem Versicherungsunternehmen übernommen werden. [3]Der Zeichnungsprozess besteht aus

1. der Festlegung der Zeichnungsstrategie,
2. der Risikoklassifizierung und Risikoauswahl,
3. der Preisgestaltung,
4. der Analyse der Risikoweitergabe und
5. der Annahme der versicherten Risiken.

(2) Die Ausübung der unternehmerischen Risikoübernahmefunktion bestimmt nicht nur über die Zuordnung des Versicherungsvertrags zu einer Versicherungsbetriebsstätte, sondern auch über die Zuordnung der mit dem Versicherungsvertrag zusammenhängenden Vermögenswerte, der damit in Zusammenhang stehenden Betriebseinnahmen und Betriebsausgaben sowie der damit in Zusammenhang stehenden Chancen und Risiken.

(3) [1]Werden Personalfunktionen des Zeichnungsprozesses in verschiedenen Versicherungsbetriebsstätten ausgeübt, so ist ein Vermögenswert, der durch den Abschluss eines Versicherungsvertrags entsteht, der Versicherungsbetriebsstätte zuzuordnen, deren Personalfunktion bis zum Abschluss des Versicherungsvertrags die größte Bedeutung zukommt. [2]Diese Personalfunktion gilt als unternehmerische Risikoübernahmefunktion. [3]Die Zuordnung eines Versicherungsvertrags bestimmt sich nach den bis zum Abschluss des Versicherungsvertrags ausgeübten Personalfunktionen.

(4) Im Rückversicherungsgeschäft ist widerlegbar zu vermuten, dass im Zeichnungsprozess die Risikoklassifizierung und Risikoauswahl die Personalfunktion mit der größten Bedeutung und daher die unternehmerische Risikoübernahmefunktion für den Abschluss eines Rückversicherungsvertrags ist.

(5) [1]Hat ein ausländisches Versicherungsunternehmen eine Niederlassung im Sinne der §§ 106, 110 a, 121 h oder 121 i des Versicherungsaufsichtsgesetzes begründet, die eine inländische Versicherungsbetriebsstätte ist, so ist zu vermuten, dass hinsichtlich eines Versicherungsvertrags, zu dessen Abschluss der für die Niederlassung bestellte Hauptbevollmächtigte gemäß § 106 Absatz 3 Satz 3 des Versicherungsaufsichtsgesetzes als ermächtigt gilt, die unternehmerische Risikoübernahmefunktion im Sinne der Absätze 1 bis 4 in der Niederlassung ausgeübt wird. [2]Die Vermutung kann nur widerlegt werden, wenn das ausländische Versicherungsunternehmen nachweist, dass

1. die unternehmerische Risikoübernahmefunktion für den in Satz 1 genannten Versicherungsvertrag nicht in der inländischen Versicherungsbetriebsstätte ausgeübt wird, und
2. der Sachverhalt übereinstimmend der deutschen Versicherungsaufsichtsbehörde und der für das ausländische Versicherungsunternehmen zuständigen Versicherungsaufsichtsbehörde mitgeteilt wurde.

(6) [1]Ein Versicherungsvertrag ist einer ausländischen Versicherungsbetriebsstätte eines inländischen Versicherungsunternehmens, die einer der deutschen Versicherungsaufsicht vergleichbaren Aufsicht unterliegt und für die ein Hauptbevollmächtigter nach § 13 b Absatz 1 Satz 1 Nummer 3 des Versicherungsaufsichtsgesetzes bestellt wurde oder für die ein sonstiger Bevollmächtig-

ter, der einem Hauptbevollmächtigten im Sinne des § 106 Absatz 3 des Versicherungsaufsichtsgesetzes vergleichbar ist, auf Grund entsprechender ausländischer versicherungsaufsichtsrechtlicher Vorgaben bestellt wurde, nur dann zuzuordnen, wenn die unternehmerische Risikoübernahmefunktion im Sinne der Absätze 1 bis 4 tatsächlich in der ausländischen Versicherungsbetriebsstätte ausgeübt wird. 2 Werden in der ausländischen Versicherungsbetriebsstätte lediglich die Personalfunktionen des Zeichnungsprozesses ausgeübt, die im unmittelbaren Zusammenhang mit der Annahme des versicherten Risikos stehen, so ist der Versicherungsvertrag nur dann der ausländischen Versicherungsbetriebsstätte zuzuordnen,

1. wenn in ihr zusätzlich eine der folgenden Personalfunktionen, die nicht Teil des Zeichnungsprozesses sind, ausgeübt wird:
   a) Produktmanagement und Produktentwicklung,
   b) Verkauf und Marketing oder
   c) Risikomanagement und Rückversicherung und
2. wenn die Bedeutung der in der ausländischen Versicherungsbetriebsstätte ausgeübten Personalfunktionen überwiegt.

(7) § 19 Absatz 5 gilt sinngemäß.

§ 25 Dotationskapital inländischer Versicherungsbetriebsstätten ausländischer Versicherungsunternehmen, Versicherungsaufsichtsrecht.

(1) 1 Zur Bestimmung des Dotationskapitals inländischer Versicherungsbetriebsstätten ausländischer Versicherungsunternehmen ist der Versicherungsbetriebsstätte in einem ersten Schritt ein Anteil an den Vermögenswerten des ausländischen Versicherungsunternehmens zuzuordnen, die der Bedeckung der versicherungstechnischen Rückstellungen und des Eigenkapitals des ausländischen Versicherungsunternehmens dienen. 2 Der Anteil der Versicherungsbetriebsstätte bemisst sich nach dem Verhältnis der versicherungstechnischen Rückstellungen für Versicherungsverträge, die der inländischen Versicherungsbetriebsstätte zuzuordnen sind, zu den versicherungstechnischen Rückstellungen, die in der Bilanz des ausländischen Versicherungsunternehmens insgesamt ausgewiesen sind.

(2) 1 In einem zweiten Schritt sind von den nach Absatz 1 zugeordneten Vermögenswerten die versicherungstechnischen Rückstellungen und die aus Versicherungsverhältnissen entstandenen Verbindlichkeiten und Rechnungsabgrenzungsposten abzuziehen, die zu bestimmen sind nach den §§ 341 e bis 341 h des Handelsgesetzbuchs sowie nach der Versicherungsunternehmens-Rechnungslegungsverordnung vom 8. November 1994 (BGBl. I S. 3378), die zuletzt durch Artikel 27 Absatz 9 des Gesetzes vom 4. Juli 2013 (BGBl. I S. 1981) geändert worden ist, in der jeweils geltenden Fassung. 2 Das Ergebnis ist das der inländischen Versicherungsbetriebsstätte zuzuordnende Dotationskapital (modifizierte Kapitalaufteilungsmethode für Versicherungsbetriebsstätten).

(3) 1 Ein geringeres Dotationskapital als nach Absatz 2 darf das ausländische Versicherungsunternehmen der inländischen Versicherungsbetriebsstätte nur zuordnen, soweit dies zu einem Ergebnis der inländischen Versicherungsbe-

triebsstätte führt, das im Verhältnis zum übrigen Unternehmen dem Fremdvergleichsgrundsatz auf Grund der ihr zugeordneten Vermögenswerte sowie der ihr zugeordneten Chancen und Risiken besser entspricht. 2 Die inländische Versicherungsbetriebsstätte muss mindestens ein Dotationskapital ausweisen, das sie nach versicherungsaufsichtsrechtlichen Grundsätzen als Eigenkapital ausweisen müsste, wenn sie ein rechtlich selbständiges Versicherungsunternehmen wäre (Mindestkapitalausstattungsmethode für Versicherungsbetriebsstätten).

(4) Weicht das Dotationskapital, das einer inländischen Versicherungsbetriebsstätte vom ausländischen Versicherungsunternehmen zugeordnet wurde, von dem Dotationskapital ab, das nach Absatz 2 zuzuordnen ist, so sind die nach Absatz 1 zuzuordnenden Vermögenswerte dem Dotationskapital nach Absatz 2 anzupassen.

(5) 1 § 12 Absatz 6 ist mit der Maßgabe anzuwenden, dass die Höhe des zuzuordnenden Dotationskapitals auch anzupassen ist, soweit dies das inländische Versicherungsaufsichtsrecht erfordert. 2 Im Übrigen gilt § 12 sinngemäß.

§ 26 Dotationskapital ausländischer Versicherungsbetriebsstätten inländischer Versicherungsunternehmen, Versicherungsaufsichtsrecht.

(1) 1 Der ausländischen Versicherungsbetriebsstätte eines inländischen Versicherungsunternehmens ist ein Dotationskapital entsprechend § 13 Absatz 1 zuzuordnen, es sei denn, das anzuwendende ausländische Versicherungsaufsichtsrecht enthält zwingende Regelungen zur Mindestkapitalausstattung, die die ausländische Versicherungsbetriebsstätte einhalten müsste, wenn sie ein selbständiges ausländisches Versicherungsunternehmen wäre (Mindestkapitalausstattungsmethode für Versicherungsbetriebsstätten). 2 Das inländische Versicherungsunternehmen hat die Gründe für den Ansatz eines höheren Dotationskapitals als nach § 13 Absatz 1 nachzuweisen.

(2) 1 Ein höheres Dotationskapital als das versicherungsaufsichtsrechtliche Mindestkapital nach Absatz 1 darf das inländische Versicherungsunternehmen der ausländischen Versicherungsbetriebsstätte nur zuordnen, soweit dies zu einem Ergebnis der ausländischen Versicherungsbetriebsstätte führt, das dem Fremdvergleichsgrundsatz auf Grund der ihr zugeordneten Vermögenswerte sowie der ihr zugeordneten Chancen und Risiken besser entspricht. 2 Das Dotationskapital darf den Betrag nicht übersteigen, der sich aus der Anwendung der modifizierten Kapitalaufteilungsmethode für Versicherungsbetriebsstätten nach § 25 Absatz 1 und 2 ergibt.

(3) 1 Ein höheres Dotationskapital als nach Absatz 2 darf der ausländischen Versicherungsbetriebsstätte nur zugeordnet werden, soweit dies das ausländische Versicherungsaufsichtsrecht erfordert und das inländische Versicherungsunternehmen den entsprechenden Regelungen für seine ausländische Versicherungsbetriebsstätte folgt. 2 Satz 1 ist nur anzuwenden, soweit dem übrigen Unternehmen rechnerisch mindestens so viel Kapital verbleibt, wie nach inländischem Versicherungsaufsichtsrecht erforderlich wäre.

(4) 1 § 13 Absatz 5 ist mit der Maßgabe anzuwenden, dass die Höhe des zuzuordnenden Dotationskapitals auch anzupassen ist, soweit dies das ausländische Versicherungsaufsichtsrecht erfordert. 2 Im Übrigen gilt § 13 sinngemäß.

§ 27 Zuordnung von Einkünften aus Vermögenswerten. (1) Einkünfte aus Vermögenswerten sind einer Versicherungsbetriebsstätte zuzuordnen, wenn diese Vermögenswerte mindestens einem der folgenden Zwecke dienen:

1. der Bedeckung der versicherungstechnischen Rückstellungen der Versicherungsbetriebsstätte,
2. der Bedeckung der aus Versicherungsverhältnissen entstandenen Verbindlichkeiten und Rechnungsabgrenzungsposten der Versicherungsbetriebsstätte oder
3. der Bedeckung des Dotationskapitals der Versicherungsbetriebsstätte.

(2) Soweit eine direkte Zuordnung von Vermögenswerten und Einkünften nicht möglich ist, sind einer Versicherungsbetriebsstätte Einkünfte entsprechend der durchschnittlichen Kapitalanlagerendite des Versicherungsunternehmens zuzuordnen.

§ 28 Rückversicherung innerhalb eines Unternehmens. Das versicherungstechnische Risiko, das einer Versicherungsbetriebsstätte auf Grund der zutreffenden Zuordnung eines Versicherungsvertrags zugeordnet ist, darf nicht durch eine anzunehmende schuldrechtliche Beziehung, die einem Rückversicherungsvertrag zwischen rechtlich selbständigen Versicherungsunternehmen vergleichbar ist, dem übrigen Unternehmen zugeordnet werden.

§ 29 Pensionsfonds und Versicherungs-Zweckgesellschaften. Die §§ 23 bis 28 gelten sinngemäß für eine Betriebsstätte, die mit Versicherungsgeschäften vergleichbare Geschäfte betreibt und die

1. Teil eines Pensionsfonds im Sinne des § 112 des Versicherungsaufsichtsgesetzes oder eines vergleichbaren ausländischen Aufsichtsrechts ist oder
2. Teil einer Versicherungs-Zweckgesellschaft im Sinne des § 121 g des Versicherungsaufsichtsgesetzes oder eines vergleichbaren ausländischen Aufsichtsrechts ist.

Abschnitt 4. Besonderheiten für Bau- und Montagebetriebsstätten

§ 30 Allgemeines. [1] Für eine Betriebsstätte, die Bau- oder Montagearbeiten durchführt und nach Abschluss der Bau- oder Montagearbeiten endet (Bau- und Montagebetriebsstätte), gelten die §§ 1 bis 17, soweit in diesem Abschnitt keine abweichende Regelung getroffen wird. [2] Ein Unternehmen, zu dem eine Bau- und Montagebetriebsstätte gehört, ist ein Bau- und Montageunternehmen.

§ 31 Besondere Zuordnungsregelungen. (1) [1] Ein materielles Wirtschaftsgut, das in einer Bau- und Montagebetriebsstätte genutzt wird, ist dieser nur dann gemäß § 5 Absatz 1 Satz 1 zuzuordnen, wenn dort neben der Nutzung zusätzlich auch Personalfunktionen ausgeübt werden, die im Zusammenhang mit der Anschaffung, der Herstellung, der Veräußerung oder der Verwertung des materiellen Wirtschaftsguts stehen. [2] Die Zuordnung nach Satz 1 setzt voraus, dass die Bedeutung der genannten Personalfunktionen, die in der Bau- und Montagebetriebsstätte im Hinblick auf das materielle Wirtschaftsgut ausgeübt werden, gegenüber den insoweit ausgeübten Personalfunktionen des übrigen Unternehmens eindeutig überwiegt.

(2) Ist ein materielles Wirtschaftsgut im Sinne des Absatzes 1 nicht der Bau- und Montagebetriebsstätte zuzuordnen, so ist es dem übrigen Unternehmen zuzuordnen und gilt als der Bau- und Montagebetriebsstätte unentgeltlich beigestellt.

(3) Die Absätze 1 und 2 gelten sinngemäß für die Zuordnung von Vermögenswerten nach den §§ 6 bis 8.

(4) [1] Der Bau- oder Montagevertrag mit dem Auftraggeber ist ein Geschäftsvorfall im Sinne des § 9, der dem übrigen Unternehmen zuzuordnen ist. [2] Diese Zuordnung ist nur dann mit den Rechtsfolgen des § 16 zu ändern, wenn

1. den in der Bau- und Montagebetriebsstätte ausgeübten Personalfunktionen im Zusammenhang mit dem Vertrag eindeutig die größte Bedeutung zukommt, wobei insbesondere die Vorbereitung und der Abschluss des Vertrags, die Bereitstellung der dafür erforderlichen Vermögenswerte und die Erfüllung der Verpflichtungen aus dem Vertrag zu berücksichtigen sind, oder
2. aus funktionalen Gründen davon auszugehen ist, dass die Bau- und Montagebetriebsstätte, wäre sie ein unabhängiger Dritter, den Bau- oder Montagevertrag mit dem Auftraggeber vom übrigen Unternehmen übernommen hätte.

§ 32 Anzunehmende schuldrechtliche Beziehungen, die als Dienstleistung anzusehen sind. (1) [1] Die Mitwirkung einer Bau- und Montagebetriebsstätte an der Erfüllung des vom Bau- und Montageunternehmen abgeschlossenen Bau- und Montagevertrags gilt widerlegbar als anzunehmende schuldrechtliche Beziehung, die als Dienstleistung der Bau- und Montagebetriebsstätte gegenüber dem übrigen Unternehmen anzusehen ist. [2] Der Verrechnungspreis für die Dienstleistung ist im Regelfall nach einer kostenorientierten Verrechnungspreismethode zu bestimmen. [3] Zu den Kosten der Bau- und Montagebetriebsstätte, die für die Anwendung dieser Methode zu berücksichtigen sind, gehören insbesondere auch alle erforderlichen Personalkosten, die unmittelbar durch die Erbringung von Personalfunktionen in der Bau- und Montagebetriebsstätte verursacht sind.

(2) Besteht die Dienstleistung der Bau- und Montagebetriebsstätte gegenüber dem übrigen Unternehmen aus verschiedenen Leistungsbündeln, so sind diese einheitlich zu verrechnen, es sei denn, gesonderte Verrechnungspreise für jedes Leistungsbündel führen im Einzelfall zu einem Ergebnis, das dem Fremdvergleichsgrundsatz besser entspricht.

(3) [1] Die Dienstleistung, die die Bau- und Montagebetriebsstätte gegenüber dem übrigen Unternehmen erbringt, ist entsprechend der erbrachten Leistung laufend abzurechnen, unabhängig davon, ob das Bau- und Montageunternehmen einen Zahlungsanspruch gegen den Auftraggeber erst bei Abnahme oder Teilabnahme der geschuldeten Leistung hat. [2] Eine andere Abrechnung zwischen der Bau- und Montagebetriebsstätte und dem übrigen Unternehmen

ist nur vorzunehmen, wenn dies im Einzelfall zu einem Ergebnis führt, das dem Fremdvergleichsgrundsatz besser entspricht.

(4) Dienstleistungen, die im übrigen Unternehmen im Zusammenhang mit dem Bau- und Montagevertrag des Bau- und Montageunternehmens erbracht werden, gelten auch dann nicht als gegenüber der Bau- und Montagebetriebsstätte erbracht, wenn sie im Zusammenhang mit der Dienstleistung der Bau- und Montagebetriebsstätte stehen.

§ 33 Anzunehmende schuldrechtliche Beziehungen in besonderen Fällen. (1) Abweichend von § 32 ist der Verrechnungspreis für die anzunehmende schuldrechtliche Beziehung zwischen der Bau- und Montagebetriebsstätte und dem übrigen Unternehmen nach einer Gewinnaufteilungsmethode zu bestimmen, wenn

1. die Personalfunktionen, die jeweils sowohl von der Bau- und Montagebetriebsstätte als auch vom übrigen Unternehmen im Hinblick auf die Erfüllung des Bau- oder Montagevertrags ausgeübt werden, keine Routinetätigkeit darstellen und dazu führen, dass jeweils vergleichbare Chancen und Risiken zuzuordnen sind, oder
2. für die Erfüllung des Bau- oder Montagevertrags sowohl von der Bau- und Montagebetriebsstätte als auch vom übrigen Unternehmen einzigartige immaterielle Werte selbst entwickelt oder erworben werden.

(2) [1]Der Aufteilungsschlüssel, der für die Gewinnaufteilungsmethode nach Absatz 1 anzuwenden ist, bestimmt sich nach den Beiträgen, die jeweils von der Bau- und Montagebetriebsstätte und vom übrigen Unternehmen für den Bau- und Montagevertrag geleistet werden. [2]Der Umfang der geleisteten Beiträge berechnet sich nach den Kosten der maßgeblichen Personalfunktionen, die jeweils von der Bau- und Montagebetriebsstätte und vom übrigen Unternehmen für den Bau- und Montagevertrag ausgeübt werden. [3]Zu berücksichtigen ist auch ein angemessener Anteil

1. an den Forschungs- und Entwicklungskosten der eingesetzten immateriellen Werte sowie
2. an vergeblichen Akquisitionskosten für nicht zustande gekommene Bau- und Montageverträge.

[4]Ein anderer Aufteilungsschlüssel ist anzuwenden, wenn dieser im Einzelfall zu einem Ergebnis der Bau- und Montagebetriebsstätte führt, das dem Fremdvergleichsgrundsatz besser entspricht.

§ 34 Übergangsregelung für Bau- und Montagebetriebsstätten. (1) Das Bau- und Montageunternehmen kann die Einkünfte einer bereits vor dem 1. Januar 2013 begründeten Bau- und Montagebetriebsstätte bis zur Beendigung der Bau- oder Montagebetriebsstätte nach den bisher von der Finanzbehörde anerkannten steuerlichen Grundsätzen ermitteln.

(2) Das Bau- und Montageunternehmen kann, ungeachtet § 1 Absatz 5 des Außensteuergesetzes, Absatz 1 auch auf Bau- und Montagebetriebsstätten, die in den Jahren 2013 und 2014 begründet werden, anwenden, wenn es

1. nachweist, dass es für die Kalkulation seiner Leistungen von der Anwendung der bisher von der Finanzbehörde anerkannten steuerlichen Grundsätze ausgegangen ist, und
2. glaubhaft macht, dass die Regelungen dieser Verordnung seiner Kalkulation die Grundlage entziehen.

Abschnitt 5. Besonderheiten für Förderbetriebsstätten

§ 35 Allgemeines. (1) [1]Für eine Betriebsstätte, die zur Förderung von Bodenschätzen entsteht und nach Abschluss der Förderung endet (Förderbetriebsstätte), gelten die §§ 1 bis 17, soweit in diesem Abschnitt keine abweichende Regelung getroffen wird. [2]Ein Unternehmen, zu dem eine Förderbetriebsstätte gehört, ist ein Bergbauunternehmen oder ein Erdöl- oder Erdgasunternehmen.

(2) Ein Explorationsrecht ist das Recht, Bodenschätze zu suchen oder zu fördern.

§ 36 Besondere Zuordnungsregelungen. (1) [1]Ein Explorationsrecht, das für die Ausübung von Personalfunktionen in einer Förderbetriebsstätte eines Bergbauunternehmens oder eines Erdöl- oder Erdgasunternehmens genutzt wird, ist dieser Förderbetriebsstätte nur dann zuzuordnen, wenn dort zusätzlich auch

1. die Personalfunktionen im Zusammenhang mit der Anschaffung oder Herstellung des Explorationsrechts ausgeübt werden oder
2. der Vertrieb oder die Verwertung der gewonnenen Bodenschätze erfolgt.

[2]Die Zuordnung nach Satz 1 setzt voraus, dass die Bedeutung der genannten Personalfunktionen, die in der Förderbetriebsstätte im Hinblick auf das Explorationsrecht ausgeübt werden, gegenüber den insoweit ausgeübten Personalfunktionen des übrigen Unternehmens eindeutig überwiegt.

(2) Kann das Explorationsrecht nach Absatz 1 nicht der Förderbetriebsstätte zugeordnet werden, so ist es dem übrigen Unternehmen zuzuordnen und gilt als der Förderbetriebsstätte unentgeltlich beigestellt.

(3) [1]Abweichend von Absatz 2 ist das Explorationsrecht der Förderbetriebsstätte zum Zeitpunkt der Aufnahme der Fördertätigkeit zuzuordnen, wenn das Bergbauunternehmen oder das Erdöl- oder Erdgasunternehmen nachweist, dass der Staat, in dem die Förderbetriebsstätte liegt, ebenfalls von dieser Zuordnung ausgeht. [2]Die Zuordnung ist beizubehalten, solange der Staat, in dem die Förderbetriebsstätte liegt, von der entsprechenden Zuordnung des Explorationsrechts ausgeht.

(4) [1]In den Fällen des Absatzes 2 gilt für die Zuordnung von Vermögenswerten zu einer Förderbetriebsstätte § 31 Absatz 1 bis 3 sinngemäß. [2]In den Fällen des Absatzes 3 gelten für die Zuordnung von Vermögenswerten zu einer Förderbetriebsstätte die §§ 5 bis 8.

§ 37 Anzunehmende schuldrechtliche Beziehungen. (1) [1]Die Tätigkeit einer Förderbetriebsstätte unter Nutzung eines Explorationsrechts, das von einem Bergbauunternehmen oder einem Erdöl- oder Erdgasunternehmen erworben wurde, erfolgt auf Grund einer anzunehmenden schuldrechtlichen Beziehung (§ 16), für die widerlegbar zu vermuten ist, dass sie als Dienstleistung der Förderbetriebsstätte gegenüber dem übrigen Unternehmen anzusehen ist. 2 Der Verrechnungspreis für die Dienstleistung ist nach einer kostenorientierten Verrechnungspreismethode zu bestimmen. 3 Zu den Kosten der Förderbetriebsstätte, die für die Anwendung einer kostenorientierten Verrechnungspreismethode zu berücksichtigen sind, gehören insbesondere auch alle erforderlichen Personalkosten, die unmittelbar durch die Erbringung von Personalfunktionen in der Förderbetriebsstätte verursacht werden.

(2) 1 Führt die Anwendung des § 36 Absatz 3 zu einer Änderung der Zuordnung des Explorationsrechts, so liegt eine anzunehmende schuldrechtliche Beziehung im Sinne des § 16 Absatz 1 Nummer 1 zwischen dem übrigen Unternehmen und der Förderbetriebsstätte vor, die einer Veräußerung entspricht. 2 Dafür ist ein Betrag anzusetzen, der § 16 Absatz 2 Satz 1 entspricht.

(3) 1 Ein Bergbauunternehmen oder ein Erdöl- oder Erdgasunternehmen kann jedoch abweichend von Absatz 2 Satz 2 einen Preis für die anzunehmende schuldrechtliche Beziehung im Sinne des Absatzes 2 ansetzen, der als Fremdvergleichspreis gilt, obwohl er den nach § 16 Absatz 2 Satz 1 anzusetzenden Betrag unterschreitet. 2 Voraussetzung hierfür ist, dass das Bergbauunternehmen oder das Erdöl- oder Erdgasunternehmen

1. nachweist, dass dadurch eine Doppelbesteuerung vermieden wird, und
2. einen Betrag in mindestens der Höhe ansetzt, der den Aufwendungen entspricht, die im Bergbauunternehmen oder im Erdöl- oder Erdgasunternehmen im Hinblick auf das Explorationsrecht bis zum Zeitpunkt der Änderung der Zuordnung entstanden sind.

(4) 1 Im Fall des § 36 Absatz 3 ist im Hinblick auf die Funktions- und Risikoanalyse für die Bestimmung der Einkünfte der Förderbetriebsstätte zu beachten, dass das Explorationsrecht der Förderbetriebsstätte zuzuordnen ist. 2 Dies gilt, solange der Staat, in dem die Förderbetriebsstätte liegt, von einer Zuordnung des Explorationsrechts zur Förderbetriebsstätte ausgeht.

§ 38 Übergangsregelung für Förderbetriebsstätten. (1) Das Bergbauunternehmen oder das Erdöl- oder Erdgasunternehmen kann die Einkünfte einer bereits vor dem 1. Januar 2013 begründeten Förderbetriebsstätte bis zur Beendigung der Förderbetriebsstätte nach den bisher von der Finanzbehörde anerkannten steuerlichen Grundsätzen ermitteln.

(2) Das Bergbauunternehmen oder das Erdöl- oder Erdgasunternehmen kann, ungeachtet § 1 Absatz 5 des Außensteuergesetzes, Absatz 1 auch auf Förderbetriebsstätten anwenden, für die das Explorationsrecht bereits im Jahr 2013 oder 2014 angeschafft oder hergestellt wurde, wenn es

1. nachweist, dass es für seine Kalkulation von der Anwendung der bisher von der Finanzbehörde anerkannten Grundsätze ausgegangen ist, und
2. glaubhaft macht, dass die Regelungen dieser Verordnung seiner Kalkulation die Grundlage entziehen.

Abschnitt 6. Ständige Vertreter

§ 39 Ständige Vertreter. (1) Diese Verordnung ist sinngemäß auf ständige Vertreter im Sinne des § 13 der Abgabenordnung anzuwenden.

(2) Handelt es sich bei einem ständigen Vertreter um ein rechtlich selbständiges Unternehmen mit eigenem Personal im Sinne des § 2 Absatz 4, so sind für die sinngemäße Anwendung nach Absatz 1 abweichend von § 2 Absatz 3 alle Personalfunktionen, die vom Personal des ständigen Vertreters für den Vertretenen ausgeübt werden, als eigene Personalfunktionen des Vertretenen zu behandeln.

Abschnitt 7. Schlussvorschriften

§ 40 Erstmalige Anwendung. Diese Verordnung ist für Wirtschaftsjahre anzuwenden, die nach dem 31. Dezember 2014 beginnen.

§ 41 Inkrafttreten. Diese Verordnung tritt am Tag nach der Verkündung in Kraft.

740 a. Investitionszulagengesetz 2007 (InvZulG 2007)[1) · 2)]

In der Fassung der Bekanntmachung vom 23. Februar 2007 (BGBl. I S. 282)

Geändert durch Unternehmensteuerreformgesetz 2008 vom 14. 8. 2007 (BGBl. I S. 1912), Gesetz zur weiteren Stärkung des bürgerschaftlichen Engagements vom 10. 10. 2007 (BGBl. I S. 2332) und Gesetz zur Schaffung einer Nachfolgeregelung und Änderung des Investitionszulagengesetzes 2007 vom 7. 12. 2008 (BGBl. I S. 2350)

BGBl. III/FNA 707-6-1-8

§ 1 Anspruchsberechtigter, Fördergebiet. (1) [1]Steuerpflichtige im Sinne des Einkommensteuergesetzes und des Körperschaftsteuergesetzes, die im Fördergebiet begünstigte Investitionen im Sinne des § 2 vornehmen, haben Anspruch auf eine Investitionszulage. [2]Steuerpflichtige im Sinne des Körperschaftsteuergesetzes haben keinen Anspruch, soweit sie nach § 5 des Körperschaftsteuergesetzes von der Körperschaftsteuer befreit sind. [3]Bei Personengesellschaften und Gemeinschaften tritt an die Stelle des Steuerpflichtigen die Gesellschaft oder die Gemeinschaft als Anspruchsberechtigte.

(2) [1]Fördergebiet sind die Länder Berlin, Brandenburg, Mecklenburg-Vorpommern, Sachsen, Sachsen-Anhalt und Thüringen. [2]In den in der Anlage 1[3)] zu diesem Gesetz aufgeführten Teilen des Landes Berlin ist dieses Gesetz nur anzuwenden bei Investitionen, die zu Erstinvestitionsvorhaben gehören, die der Anspruchsberechtigte vor dem 1. Januar 2007 begonnen hat.

§ 2 Begünstigte Investitionen. (1) [1]Begünstigte Investitionen sind die Anschaffung und die Herstellung von neuen abnutzbaren beweglichen Wirtschaftsgütern des Anlagevermögens,

1. die zu einem Erstinvestitionsvorhaben im Sinne des Absatzes 3 gehören,
2. die mindestens fünf Jahre nach Beendigung des Erstinvestitionsvorhabens (Bindungszeitraum)
   a) zum Anlagevermögen eines Betriebs oder einer Betriebsstätte eines Betriebs des verarbeitenden Gewerbes, der produktionsnahen Dienst-

---

[1)] Für **vor dem 1. 1. 2007 abgeschlossene Investitionen** siehe InvZulG 2005 (Nr. **740**), für **nach dem 31. 12. 2009 abgeschlossene Investitionen** siehe InvZulG 2010 (Nr. **740 b**).

[2)] Nach § 16 Abs. 3 des Investitionszulagengesetzes 2007 vom 15. 7. 2006 (BGBl. I S. 1614) wird hiermit bekannt gemacht, dass die Kommission der Europäischen Gemeinschaften am 6. 12. 2006 die nach § 16 Abs. 1 des Investitionszulagengesetzes 2007 erforderliche **Genehmigung erteilt** hat und das Investitionszulagengesetz 2007 damit vorbehaltlich Satz 2 am **6. 12. 2006** in Kraft getreten ist. § 3 Abs. 1 Satz 1 Nr. 2 des Gesetzes tritt nach § 16 Abs. 2 iVm § 16 Abs. 3 des Investitionszulagengesetzes 2007 am **1. 1. 2007** in Kraft (Bek. des BMF v. 22. 12. 2006, BGBl. I S. 3404).

[3)] Nachstehend abgedruckt.

leistungen oder des Beherbergungsgewerbes des Anspruchsberechtigten im Fördergebiet gehören,

b) in einer Betriebsstätte eines solchen Betriebs des Anspruchsberechtigten im Fördergebiet verbleiben,

c) in jedem Jahr zu nicht mehr als 10 Prozent privat genutzt werden.

2 *Nicht begünstigt sind geringwertige Wirtschaftsgüter im Sinne des § 6 Abs. 2 des Einkommensteuergesetzes, Luftfahrzeuge und Personenkraftwagen.* [***ab 1. 1. 2008:*** 2 Nicht begünstigt sind Luftfahrzeuge, Personenkraftwagen und geringwertige Wirtschaftsgüter im Sinne des § 6 Abs. 2 Satz 1 des Einkommensteuergesetzes mit der Maßgabe, dass an die Stelle des Wertes von 150 Euro der Wert von 410 Euro tritt.][1] 3 Satz 1 gilt nur, soweit in den sensiblen Sektoren, die in der Anlage 2[2] zu diesem Gesetz aufgeführt sind, die Förderfähigkeit nicht eingeschränkt oder ausgeschlossen ist. 4 Für nach dem 31. Dezember 2006 begonnene Erstinvestitionsvorhaben verringert sich der Bindungszeitraum auf drei Jahre, wenn die beweglichen Wirtschaftsgüter in einem begünstigten Betrieb verbleiben, der zusätzlich die Begriffsdefinition für kleine und mittlere Unternehmen im Sinne der Empfehlung der Kommission vom 6. Mai 2003 betreffend die Definition der Kleinstunternehmen sowie der kleinen und mittleren Unternehmen (ABl. EU Nr. L 124 S. 36) im Zeitpunkt des Beginns des Erstinvestitionsvorhabens erfüllt. 5 Für den Anspruch auf Investitionszulage ist es unschädlich, wenn das bewegliche Wirtschaftsgut innerhalb des Bindungszeitraums

1. a) in das Anlagevermögen eines mit dem Anspruchsberechtigten verbundenen Unternehmens eines begünstigten Wirtschaftszweigs im Fördergebiet übergeht, oder

   b) in einem mit dem Anspruchsberechtigten verbundenen Unternehmen eines begünstigten Wirtschaftszweigs im Fördergebiet verbleibt

   und

2. dem geförderten Erstinvestitionsvorhaben eindeutig zugeordnet bleibt.

6 Ersetzt der Anspruchsberechtigte ein begünstigtes bewegliches Wirtschaftsgut wegen rascher technischer Veränderungen vor Ablauf des jeweils maßgebenden Bindungszeitraums durch ein neues abnutzbares bewegliches Wirtschaftsgut, ist Satz 1 Nr. 2 mit der Maßgabe anzuwenden, dass für die verbleibende Zeit des jeweils maßgebenden Bindungszeitraums das Ersatzwirtschaftsgut an die Stelle des begünstigten beweglichen Wirtschaftsguts tritt. 7 Beträgt die betriebsgewöhnliche Nutzungsdauer des begünstigten beweglichen Wirtschaftsguts weniger als fünf oder in Fällen des Satzes 4 weniger als drei Jahre, tritt die zu Beginn des Bindungszeitraums verbleibende betriebsgewöhnliche Nutzungsdauer an die Stelle des Zeitraums von fünf oder drei Jahren. 8 Als Privatnutzung im Sinne des Satzes 1 Nr. 2 Buchstabe c gilt auch die Verwendung von Wirtschaftsgütern, die zu einer verdeckten Gewinnausschüttung nach § 8 Abs. 3 des Körperschaftsteuer

---

[1] § 2 Abs. 1 Satz 2 neugef. durch G v. 14. 8. 2007 (BGBl. I S. 1912).

[2] Nachstehend abgedruckt.

gesetzes führt. [9]Betriebe der produktionsnahen Dienstleistungen sind die folgenden Betriebe:

1. Betriebe der Datenverarbeitung und Datenbanken,
2. Betriebe der Forschung und Entwicklung,
3. Betriebe der Markt- und Meinungsforschung,
4. Ingenieurbüros für bautechnische Gesamtplanung,
5. Ingenieurbüros für technische Fachplanung,
6. Büros für Industrie-Design,
7. Betriebe der technischen, physikalischen und chemischen Untersuchung,
8. Betriebe der Werbung und
9. Betriebe des fotografischen Gewerbes.

[10]Betriebe des Beherbergungsgewerbes sind die folgenden Betriebe:

1. Betriebe der Hotellerie,
2. Jugendherbergen und Hütten,
3. Campingplätze und
4. Erholungs- und Ferienheime.

[11]Hat ein Betrieb Betriebsstätten innerhalb und außerhalb des Fördergebiets, gelten für die Einordnung des Betriebs in das verarbeitende Gewerbe oder in die produktionsnahen Dienstleistungen oder in das Beherbergungsgewerbe alle Betriebsstätten im Fördergebiet als ein Betrieb.

(2) [1]Begünstigte Investitionen sind auch die Anschaffung neuer Gebäude, Eigentumswohnungen, im Teileigentum stehender Räume und anderer Gebäudeteile, die selbständige unbewegliche Wirtschaftsgüter sind (Gebäude), bis zum Ende des Jahres der Fertigstellung sowie die Herstellung neuer Gebäude, soweit die Gebäude zu einem Erstinvestitionsvorhaben im Sinne des Absatzes 3 gehören und mindestens fünf Jahre nach dem Abschluss des Investitionsvorhabens in einem Betrieb des verarbeitenden Gewerbes, in einem Betrieb der produktionsnahen Dienstleistungen oder in einem Betrieb des Beherbergungsgewerbes im Sinne des Absatzes 1 verwendet werden. [2]Im Fall der Anschaffung kann Satz 1 nur angewendet werden, wenn kein anderer Anspruchsberechtigter für das Gebäude Investitionszulage in Anspruch nimmt. [3]Absatz 1 Satz 3, 4 und 11 gilt entsprechend.

(3) Erstinvestitionen sind die Anschaffung oder Herstellung von Wirtschaftsgütern bei

1. Errichtung einer neuen Betriebsstätte,
2. Erweiterung einer bestehenden Betriebsstätte,
3. Diversifizierung der Produktion einer Betriebsstätte in neue, zusätzliche Produkte,
4. grundlegende Änderung des Gesamtproduktionsverfahrens einer bestehenden Betriebsstätte oder
5. Übernahme eines Betriebs, der geschlossen worden ist oder geschlossen worden wäre, wenn der Betrieb nicht übernommen worden wäre und wenn die Übernahme durch einen unabhängigen Investor erfolgt.

§ 3[1)] **Investitionszeitraum.** (1) [1]Investitionen sind begünstigt, wenn sie zu einem Erstinvestitionsvorhaben im Sinne des § 2 Abs. 3 gehören, mit dem der Anspruchsberechtigte

1. in der Zeit vom 21. Juli 2006 bis zum 31. Dezember 2006,

2.[2)] in der Zeit vom 1. Januar 2007 bis 31. Dezember 2009

begonnen hat und die begünstigte Investition nach dem 31. Dezember 2006 und vor dem 1. Januar 2010 abgeschlossen wird oder nach dem 31. Dezember 2009 abgeschlossen wird, soweit vor dem 1. Januar 2010 Teilherstellungskosten entstanden oder im Fall der Anschaffung Teillieferungen erfolgt sind. [2]Für ein Erstinvestitionsvorhaben, mit dem der Anspruchsberechtigte vor dem 21. Juli 2006 begonnen hat, gilt Satz 1 auch dann, wenn hierfür

1. eine Genehmigungsentscheidung der Kommission vor Festsetzung der Investitionszulage erteilt worden ist, in der auf die Möglichkeit der Förderung durch Investitionszulage aufgrund einer Nachfolgeregelung ausdrücklich hingewiesen wurde, oder
2. ein Förderbescheid der zuständigen Bewilligungsbehörde für die Gewährung von Investitionszuschüssen im Rahmen der Gemeinschaftsaufgabe „Verbesserung der regionalen Wirtschaftsstruktur" (GA) vor dem 21. Juli 2006 erteilt worden ist, der den Gesamtbetrag der Förderung aus öffentlichen Mitteln und die Höhe des GA-Zuschusses unter Berücksichtigung einer erwarteten Investitionszulage aus einer Nachfolgeregelung zum Investitionszulagengesetz 2005 festsetzt, sowie eine Erhöhung des GA-Zuschusses insoweit vorsieht, als eine Investitionszulage nach diesem Gesetz nicht gewährt wird; in diesen Fällen darf die für das Erstinvestitionsvorhaben nach diesem Gesetz gewährte Investitionszulage den Nettosubventionswert des zugesicherten Erhöhungsbetrags des GA-Zuschusses nicht übersteigen. [2]Der Nettosubventionswert ist nach Anhang I der Regionalleitlinien für staatliche Beihilfen mit regionaler Zielsetzung (ABl. EG 1998 Nr. C 74 S. 9) zu ermitteln.

(2) [1]Ein Erstinvestitionsvorhaben ist begonnen, wenn mit der ersten hierzu gehörenden Einzelinvestition begonnen worden ist. [2]Außer in den Fällen des § 2 Abs. 3 Nr. 5 ist der Grundstückserwerb nicht als Investitionsbeginn anzusehen. [3]Die Investition ist in dem Zeitpunkt begonnen, in dem das Wirtschaftsgut bestellt oder seine Herstellung begonnen worden ist. [4]Gebäude gelten in dem Zeitpunkt als bestellt, in dem über ihre Anschaffung ein rechtswirksam abgeschlossener obligatorischer Vertrag oder ein gleichstehender Rechtsakt vorliegt. [5]Als Beginn der Herstellung gilt bei Gebäuden der Abschluss eines der Ausführung zuzurechnenden Lieferungs- oder Leistungsvertrages oder die Aufnahme von Bauarbeiten.

[1)] Für **vor dem 1. 1. 2007 abgeschlossene Investitionen** siehe InvZulG 2005 (Nr. **740**), für **nach dem 31. 12. 2009 abgeschlossene Investitionen** siehe InvZulG 2010 (Nr. **740 b**).

[2)] In Kraft ab 1. 1. 2007 (Bek. des BMF v. 22. 12. 2006, BGBl. I S. 3404 – siehe Fußnote S. 1).

[6] Investitionen sind in dem Zeitpunkt abgeschlossen, in dem die Wirtschaftsgüter angeschafft oder hergestellt sind.

§ 4 Bemessungsgrundlage. [1] Bemessungsgrundlage der Investitionszulage ist die Summe der Anschaffungs- und Herstellungskosten der im Wirtschaftsjahr oder Kalenderjahr abgeschlossenen begünstigten Investitionen, soweit sie die vor dem 1. Januar 2007 entstandenen Teilherstellungskosten oder den Teil der Anschaffungskosten, der auf die vor dem 1. Januar 2007 erfolgten Teillieferungen entfällt, übersteigen. [2] In die Bemessungsgrundlage können die im Wirtschaftsjahr oder Kalenderjahr geleisteten Anzahlungen auf Anschaffungskosten und entstandenen Teilherstellungskosten einbezogen werden. [3] Das gilt für vor dem 1. Januar 2007 geleistete Anzahlungen auf Anschaffungskosten nur insoweit, als sie den Teil der Anschaffungskosten, der auf die vor dem 1. Januar 2007 erfolgten Teillieferungen entfällt, übersteigen. [4] In den Fällen der Sätze 2 und 3 dürfen im Wirtschaftsjahr oder Kalenderjahr der Anschaffung oder Herstellung der Wirtschaftsgüter die Anschaffungs- oder Herstellungskosten bei der Bemessung der Investitionszulage nur berücksichtigt werden, soweit sie die Anzahlungen, Teilherstellungskosten oder die Anschaffungskosten für Teillieferungen übersteigen. [5] § 7 a Abs. 2 Satz 3 bis 5 des Einkommensteuergesetzes gilt entsprechend. [6] Die Beschränkungen der Bemessungsgrundlage in Satz 1 und Satz 3 für vor dem 1. Januar 2007 entstandene Teilherstellungskosten und Anschaffungskosten für vor dem 1. Januar 2007 erfolgte Teillieferungen gelten nur, soweit ein Anspruch auf Investitionszulage nach dem Investitionszulagengesetz 2005 besteht.

§ 5 Höhe der Investitionszulage. (1) [1] Die Investitionszulage beträgt vorbehaltlich Satz 2

1. 12,5 Prozent der Bemessungsgrundlage,
2. 15 Prozent der Bemessungsgrundlage, wenn es sich um Investitionen in Betriebsstätten im Randgebiet nach der Anlage 3[1] zu diesem Gesetz handelt.

[2] Bei Investitionen, die zu einem großen Investitionsvorhaben gehören, auf das der multisektorale Regionalbeihilferahmen für große Investitionsvorhaben vom 13. Februar 2002 (ABl. EG Nr. C 70 S. 8), geändert durch die Mitteilung der Kommission vom 1. November 2003 (ABl. EU Nr. C 263 S. 3), oder die Leitlinien für staatliche Beihilfen mit regionaler Zielsetzung 2007–2013 (ABl. EU 2006 Nr. C 54 S. 13) anzuwenden sind, ist Satz 1 nur insoweit anzuwenden, als der jeweils beihilferechtlich geltende Regionalförderhöchstsatz durch die Gewährung von Investitionszulagen nicht überschritten wird.

(2) [1] Die Investitionszulage erhöht sich vorbehaltlich Satz 2 für den Teil der Bemessungsgrundlage, der auf Investitionen im Sinne des § 2 Abs. 1 entfällt, wenn die beweglichen Wirtschaftsgüter während des Bindungszeitraums in einem begünstigten Betrieb verbleiben, der im Zeitpunkt des

[1] Nachstehend abgedruckt.

Beginns des Erstinvestitionsvorhabens zusätzlich die Begriffsdefinition für kleine und mittlere Unternehmen im Sinne der Empfehlung der Kommission vom 6. Mai 2003 erfüllt, auf

1. 25 Prozent der Bemessungsgrundlage,
2. 27,5 Prozent der Bemessungsgrundlage, wenn es sich um Investitionen in Betriebsstätten im Randgebiet nach der Anlage 3[1] zu diesem Gesetz handelt,
3. 15 Prozent der Bemessungsgrundlage, wenn es sich um Investitionen im Rahmen eines großen Investitionsvorhabens im Sinne der Leitlinien für staatliche Beihilfen mit regionaler Zielsetzung 2007–2013 in Betriebsstätten in dem Teil des Landes Berlin handelt, das zum Fördergebiet gehört.

[2] Absatz 1 Satz 2 gilt entsprechend.

§ 5 a[2] Begünstigte Investitionen, Investitionszeitraum und Höhe der Investitionszulage in dem nicht zum Fördergebiet im Sinne des § 1 Abs. 2 gehörenden Teil des Landes Berlin. (1) [1] Steuerpflichtige im Sinne des Einkommensteuergesetzes und des Körperschaftsteuergesetzes, die in den in der Anlage 1 zu diesem Gesetz aufgeführten Teilen des Landes Berlin begünstigte Investitionen im Sinne des § 2 vornehmen, haben nach Maßgabe der folgenden Absätze Anspruch auf eine Investitionszulage. [2] § 1 Abs. 1 Satz 2 und 3 gilt entsprechend.

(2)[3] [1] Für Erstinvestitionsvorhaben im Sinne des § 2 Abs. 3, mit denen der Anspruchsberechtigte nach dem 16. Oktober 2007 und vor dem 1. Januar 2009 begonnen hat, findet die Verordnung (EG) Nr. 70/2001 der Kommission vom 12. Januar 2001 über die Anwendung der Artikel 87 und 88 EG-Vertrag auf staatliche Beihilfen an kleine und mittlere Unternehmen (ABl. EG Nr. L 10 S. 33), zuletzt geändert durch die Verordnung (EG) Nr. 1976/2006 der Kommission vom 20. Dezember 2006 (ABl. EU Nr. L 368 S. 85), Anwendung. [2] Für Erstinvestitionsvorhaben im Sinne des § 2 Abs. 3, mit denen der Anspruchsberechtigte nach dem 31. Dezember 2008 begonnen hat, findet die Verordnung (EG) Nr. 800/2008 der Kommission vom 6. August 2008 zur Erklärung der Vereinbarkeit bestimmter Gruppen von Beihilfen mit dem Gemeinsamen Markt in Anwendung der Artikel 87 und 88 EG-Vertrag (allgemeine Gruppenfreistellungsverordnung) (ABl. EU Nr. L 214 S. 3) Anwendung.

(3) [1] Für Investitionen im Sinne des Absatzes 2 Satz 1[3], die vorbehaltlich der Absätze 5 und 6[3] die Voraussetzungen des § 2 Abs. 1 und 2 und des § 3 Abs. 1 Nr. 2 erfüllen, beträgt die Investitionszulage

1. 7,5 Prozent der Bemessungsgrundlage, wenn es sich um Investitionen in Betriebsstätten eines begünstigten Betriebs handelt, der im Zeitpunkt

---

[1] Nachstehend abgedruckt.

[2] § 5 a eingef. mWv 16. 10. 2007 durch G v. 10. 10. 2007 (BGBl. I S. 2332).

[3] § 5 a Abs. 2 Satz 2 angef., Abs. 3 Satz 1 Verweise geänd. durch G v. 7. 12. 2008 (BGBl. I S. 2350).

des Beginns des Erstinvestitionsvorhabens die Begriffsdefinition für mittlere Unternehmen im Sinne der Empfehlung der Kommission vom 6. Mai 2003 erfüllt,

2. 15 Prozent der Bemessungsgrundlage, wenn es sich um Investitionen in Betriebsstätten eines begünstigten Betriebs handelt, der im Zeitpunkt des Beginns des Erstinvestitionsvorhabens die Begriffsdefinition für kleine Unternehmen im Sinne der Empfehlung der Kommission vom 6. Mai 2003 erfüllt.

2 Satz 1 gilt nicht, soweit es sich um Investitionen handelt, die zu einem Erstinvestitionsvorhaben gehören, dessen förderfähige Kosten sich auf mindestens 25 Millionen Euro belaufen, oder soweit es sich um Investitionen in den Sektoren Herstellung, Verarbeitung und Vermarktung landwirtschaftlicher Produkte im Sinne des Anhangs I des EG-Vertrages handelt.

(4)[1] 1 Für Investitionen im Sinne des Absatzes 2 Satz 2, die vorbehaltlich der Absätze 5 und 6 die Voraussetzungen des § 2 Abs. 1 und 2 und des § 3 Abs. 1 Nr. 2 erfüllen, beträgt die Investitionszulage

1. 10 Prozent der Bemessungsgrundlage, wenn es sich um Investitionen in Betriebsstätten eines begünstigten Betriebs handelt, der im Zeitpunkt des Beginns des Erstinvestitionsvorhabens die Begriffsdefinition für mittlere Unternehmen im Sinne der Empfehlung der Kommission vom 6. Mai 2003 erfüllt,
2. 20 Prozent der Bemessungsgrundlage, wenn es sich um Investitionen in Betriebsstätten eines begünstigten Betriebs handelt, der im Zeitpunkt des Beginns des Erstinvestitionsvorhabens die Begriffsdefinition für kleine Unternehmen im Sinne der Empfehlung der Kommission vom 6. Mai 2003 erfüllt.

2 Satz 1 gilt nur, soweit die Investitionszulage für ein Erstinvestitionsvorhaben den Betrag von 7,5 Millionen Euro nicht überschreitet. 3 Eine höhere Investitionszulage kann nur dann festgesetzt werden, wenn eine Genehmigungsentscheidung der Kommission vor Festsetzung der Investitionszulage erteilt worden ist, in der eine höhere Beihilfeintensität festgelegt worden ist.

(5)[1] 1 Dieselben förderfähigen Kosten dürfen neben der nach Absatz 3 gewährten Investitionszulage nicht mit sonstigen Beihilfen im Sinne des Artikels 87 Abs. 1 des EG-Vertrages oder mit anderen Gemeinschaftsmitteln gefördert werden. 2 Trifft bei einem Erstinvestitionsvorhaben im Sinne des Absatzes 4 die Investitionszulage mit anderen Regionalbeihilfen zusammen, darf der Gesamtbetrag der Beihilfe aus allen Quellen 7,5 Millionen Euro oder den in einer Genehmigungsentscheidung der Kommission festgelegten Betrag nicht übersteigen. 3 Die Überwachung der Einhaltung dieser Auflage obliegt dem jeweils anderen Beihilfegeber.

(6)[1] §§ 4, 6 bis 9, 10 Abs. 3 und 4 sowie §§ 11 bis 14 gelten sinngemäß.

---

[1] § 5 a Abs. 4 eingef., bish. Abs. 4 wird Abs. 5 und Sätze 2 und 3 angef., bish. Abs. 5 wird Abs. 6 durch G v. 7. 12. 2008 (BGBl. I S. 2350).

§ 6 Antrag auf Investitionszulage. (1) [1]Der Antrag ist bei dem für die Besteuerung des Anspruchsberechtigten nach dem Einkommen zuständigen Finanzamt zu stellen. [2]Ist eine Personengesellschaft oder Gemeinschaft Anspruchsberechtigter, so ist der Antrag bei dem Finanzamt zu stellen, das für die einheitliche und gesonderte Feststellung der Einkünfte zuständig ist.

(2) [1]Der Antrag ist nach amtlichem Vordruck zu stellen und vom Anspruchsberechtigten eigenhändig zu unterschreiben. [2]In dem Antrag sind die Investitionen, für die eine Investitionszulage beansprucht wird, so genau zu bezeichnen, dass ihre Feststellung bei einer Nachprüfung möglich ist.

§ 7 Gesonderte Feststellung. [1]Werden die in einem Betrieb im Sinne des § 2 erzielten Einkünfte nach § 180 Abs. 1 Nr. 2 Buchstabe b der Abgabenordnung gesondert festgestellt, sind die Bemessungsgrundlage und der Prozentsatz der Investitionszulage für Wirtschaftsgüter, die zum Anlagevermögen dieses Betriebs gehören, von dem für die gesonderte Feststellung zuständigen Finanzamt gesondert festzustellen. [2]Die für die Feststellung erforderlichen Angaben sind in den Antrag nach § 6 Abs. 2 aufzunehmen.

§ 8 Einzelnotifizierungspflichten, Genehmigungsvorbehalte und anzuwendende Rechtsvorschriften der Kommission der Europäischen Gemeinschaften. (1) Auf Erstinvestitionsvorhaben, mit denen der Anspruchsberechtigte nach dem 31. Dezember 2006 beginnt, findet die Verordnung (EG) Nr. 1628/2006 der Kommission vom 24. Oktober 2006 über die Anwendung der Artikel 87 und 88 EG-Vertrag auf regionale Investitionsbeihilfen der Mitgliedstaaten (ABl. EU Nr. L 302 S. 29) Anwendung.

(2) Die Investitionszulage für Investitionen in sensible Sektoren (Anlage 2)[1] ist erst nach Genehmigung durch die Kommission festzusetzen, wenn Einzelnotifizierungspflichten in den von den Organen der Europäischen Gemeinschaften über die sensiblen Sektoren erlassenen Rechtsvorschriften vorgesehen sind.

(3) Die Investitionszulage für Investitionen, die zu einem großen Investitionsvorhaben gehören, das die Anmeldungsvoraussetzungen des multisektoralen Regionalbeihilferahmens für große Investitionsvorhaben vom 16. Dezember 1997 (ABl. EG 1998 Nr. C 107 S. 7), zuletzt geändert durch die Mitteilung der Kommission an die Mitgliedstaaten vom 11. August 2001 (ABl. EG Nr. C 226 S. 16), oder des multisektoralen Regionalbei-

(Fortsetzung nächstes Blatt)

---

[1] Nachstehend abgedruckt.

hilferahmens für große Investitionsvorhaben vom 13. Februar 2002 erfüllt, ist erst festzusetzen, wenn die Kommission die höchstzulässige Beihilfeintensität festgelegt hat.

(4) Die Investitionszulage für Investitionen, die zu einem Erstinvestitionsvorhaben gehören, das die Anmeldungsvoraussetzungen der Leitlinien für staatliche Beihilfen mit regionaler Zielsetzung 2007–2013 erfüllt, ist in den Fällen, in denen hiernach eine Einzelnotifizierung vorgeschrieben ist, erst nach Genehmigung durch die Kommission festzusetzen.

(5) Bei einem Unternehmen, das einer Rückforderungsanordnung aufgrund einer Entscheidung der Kommission über die Rückzahlung einer Beihilfe nicht Folge geleistet hat, ist die Investitionszulage erst festzusetzen, wenn der Rückforderungsbetrag zurückgezahlt worden ist.

(6) Die Investitionszulage ist der Kommission zur Genehmigung vorzulegen und erst nach deren Genehmigung festzusetzen, wenn sie für ein Unternehmen bestimmt ist, das

1. kein kleines Unternehmen im Sinne der Empfehlung der Kommission vom 6. Mai 2003 ist,
2. als Unternehmen in Schwierigkeiten Umstrukturierungsbeihilfen im Sinne der „Leitlinien der Gemeinschaft für staatliche Beihilfen zur Rettung und Umstrukturierung von Unternehmen in Schwierigkeiten“
   a) vom 8. Juli 1999 (ABl. EG Nr. C 288 S. 2, 2000 Nr. C 121 S. 29) oder
   b) vom 1. Oktober 2004 (ABl. EU Nr. C 244 S. 2) erhalten hat und
3. sich in der Umstrukturierungsphase befindet; diese beginnt mit der Genehmigung des Umstrukturierungsplans im Sinne der „Leitlinien der Gemeinschaft für staatliche Beihilfen zur Rettung und Umstrukturierung von Unternehmen in Schwierigkeiten“ und endet mit der vollständigen Durchführung des Umstrukturierungsplans.

(7) Das Bundesministerium der Finanzen wird ermächtigt, durch Rechtsverordnung mit Zustimmung des Bundesrates weitere Einzelnotifizierungspflichten zu regeln, die sich aus den von den Organen der Europäischen Gemeinschaften erlassenen Rechtsvorschriften ergeben.

(8) Das Bundesministerium der Finanzen wird ermächtigt, zur Durchführung der von den Organen der Europäischen Gemeinschaften erlassenen Rechtsvorschriften die Liste der sensiblen Sektoren, in denen die Kommission die Förderfähigkeit ganz oder teilweise ausgeschlossen hat (Anlage 2)[1], durch Rechtsverordnung mit Zustimmung des Bundesrates anzupassen.

§ 9 Festsetzung und Auszahlung. Die Investitionszulage ist nach Ablauf des Wirtschaftsjahrs oder Kalenderjahrs festzusetzen und innerhalb eines Monats nach Bekanntgabe des Bescheids aus den Einnahmen an Einkommensteuer oder Körperschaftsteuer auszuzahlen.

---

[1] Nachstehend abgedruckt.

§ 10 Zusammentreffen mit anderen Regionalbeihilfen. (1) [1]Trifft bei demselben Erstinvestitionsvorhaben die Investitionszulage mit anderen Regionalbeihilfen zusammen, sind die in der Kommissionsentscheidung zur jeweils geltenden regionalen Fördergebietskarte genehmigten Förderhöchstintensitäten maßgeblich. [2]Der Anspruch auf Investitionszulage bleibt hiervon unberührt. [3]Die Einhaltung der nach Satz 1 genehmigten Beihilfehöchstsätze ist durch die für die Gewährung der anderen Regionalbeihilfe jeweils zuständige Einrichtung sicherzustellen; sie ist Voraussetzung dafür, dass die Investitionszulage mit anderen Regionalbeihilfen zusammentreffen darf.

(2) [1]Trifft die Investitionszulage mit anderen Regionalbeihilfen zusammen, hat der Antragsteller entsprechend den Leitlinien für staatliche Beihilfen mit regionaler Zielsetzung (ABl. EG 1998 Nr. C 74 S. 9) oder entsprechend den Leitlinien für staatliche Beihilfen mit regionaler Zielsetzung 2007–2013 einen beihilfefreien Eigenanteil in Höhe von mindestens 25 Prozent der Kosten des Erstinvestitionsvorhabens zu erbringen. [2]Die Einhaltung dieser Auflage ist durch die für die Gewährung der anderen Regionalbeihilfe jeweils zuständige Einrichtung sicherzustellen; sie ist Voraussetzung dafür, dass die Investitionszulage mit anderen Regionalbeihilfen zusammentreffen darf.

(3) Wurden für ein nach dem 31. Dezember 2006 begonnenes Erstinvestitionsvorhaben Fördermittel nach der Verordnung (EG) Nr. 1998/2006 der Kommission vom 15. Dezember 2006 über die Anwendung der Artikel 87 und 88 EG-Vertrag auf „De-minimis"-Beihilfen (ABl. EU Nr. L 379 S. 5) gezahlt, darf in Bezug auf dieselben förderfähigen Ausgaben keine Investitionszulage gewährt werden, soweit hierdurch eine Überschreitung des nach der Fördergebietskarte 2007–2013 zulässigen Beihilfehöchstsatzes eintritt.

(4) In den Antrag nach § 6 Abs. 2 sind die Angaben aufzunehmen, die für die Feststellung der Voraussetzungen der Absätze 1 bis 3 erforderlich sind.

§ 11 Verzinsung des Rückforderungsanspruchs. [1]Ist der Bescheid über die Investitionszulage aufgehoben oder zuungunsten des Anspruchsberechtigten geändert worden, ist der Rückzahlungsanspruch nach § 238 der Abgabenordnung vom Tag der Auszahlung der Investitionszulage, in den Fällen des § 175 Abs. 1 Satz 1 Nr. 2 der Abgabenordnung vom Tag des Eintritts des rückwirkenden Ereignisses an, zu verzinsen. [2]Die Festsetzungsfrist beginnt mit Ablauf des Kalenderjahrs, in dem der Bescheid aufgehoben oder geändert worden ist.

§ 12 Ertragsteuerrechtliche Behandlung der Investitionszulage. [1]Die Investitionszulage gehört nicht zu den Einkünften im Sinne des Einkommensteuergesetzes. [2]Sie mindert nicht die steuerlichen Anschaffungs- und Herstellungskosten.

§ 13 Anwendung der Abgabenordnung. [1]Die für Steuervergütungen geltenden Vorschriften der Abgabenordnung sind mit Ausnahme des § 163 entsprechend anzuwenden. [2] In öffentlich-rechtlichen Streitigkeiten über die aufgrund dieses Gesetzes ergehenden Verwaltungsakte der Finanzbehörden ist der Finanzrechtsweg gegeben.

§ 14 Verfolgung von Straftaten. Für die Verfolgung einer Straftat nach den §§ 263 und 264 des Strafgesetzbuches, die sich auf die Investitionszulage bezieht, sowie der Begünstigung einer Person, die eine solche Straftat begangen hat, gelten die Vorschriften der Abgabenordnung über die Verfolgung von Steuerstraftaten entsprechend.

§ 15 Bekanntmachungserlaubnis. Das Bundesministerium der Finanzen wird ermächtigt, den Wortlaut dieses Gesetzes in der jeweils geltenden Fassung mit neuem Datum bekannt zu machen.

§ 16[1)] (Inkrafttreten)

Anlage 1 (zu § 1 Abs. 2)

Teile des Landes Berlin, die nach der Fördergebietskarte 2007–2013 zum D-Fördergebiet gehören:

Verkehrszellen:

Bezirk Mitte (01)	007 1; 011 1; 011 2
Bezirk Friedrichshain-Kreuzberg (02)	114 1
Bezirk Pankow (03)	106 2; 107 2; 108 1; 157 1; 160 1; 161 3; 164 1
Bezirk Charlottenburg-Wilmersdorf (04)	018 1; 025 3; 026 1; 041 1; 043 2; 048 1
Bezirk Spandau (05)	027 2; 027 3; 027 4; 032 1; 032 2; 032 3; 032 4; 037 2; 038 1; 038 2; 039 1
Bezirk Steglitz-Zehlendorf (06)	049 2; 050 2; 050 3; 052 2; 052 3; 062 1; 063 4; 064 3
Bezirk Tempelhof-Schöneberg (07)	060 1; 070 2; 070 3; 070 4; 074 2
Bezirk Neukölln (08)	079 2; 080 4; 080 6; 082 1; 082 2; 083 3
Bezirk Treptow-Köpenick (09)	120 2; 124 1; 132 1; 138 1
Bezirk Marzahn-Hellersdorf (10)	181 2; 182 1; 184 1; 184 2; 184 3; 188 1; 193 1; 194 1; 194 2
Bezirk Lichtenberg (11)	147 1; 147 2; 149 1; 149 2; 152 1; 175 1
Bezirk Reinickendorf (12)	089 3; 089 4; 089 5; 090 1; 091 2; 092 1; 092 2; 093 1; 093 2; 095 1.

Anlage 2 (zu § 2 Abs. 1 Satz 3)

Sensible Sektoren sind:

1. Stahlindustrie (Multisektoraler Regionalbeihilferahmen vom 13. Februar 2002 in Verbindung mit Anhang B sowie Leitlinien für staatliche Beihilfen mit regionaler Zielsetzung 2007–2013 in Verbindung mit Anhang I),
2. Schiffbau (Mitteilung der Kommission „Rahmenbestimmungen für Beihilfen an den Schiffbau" (ABl. EU 2003 Nr. C 317 S. 11, 2004 Nr. C 104 S. 71)),
3. Kraftfahrzeug-Industrie (Multisektoraler Regionalbeihilferahmen vom 13. Februar 2002 in Verbindung mit Anhang C),

---

[1)] **InvZulG 2007 in Kraft ab 6. 12. 2006 bzw. ab 1. 1. 2007** – Genehmigung durch EU-Kommission erteilt (BMF v. 22. 12. 2006 – siehe S. 1 Fußnote 2).

4. Kunstfaserindustrie (Multisektoraler Regionalbeihilferahmen vom 13. Februar 2002 in Verbindung mit Anhang D sowie Leitlinien für staatliche Beihilfen mit regionaler Zielsetzung 2007–2013 in Verbindung mit Anhang II),
5. Landwirtschaftssektor (Mitteilung der Kommission „Gemeinschaftsrahmen für staatliche Beihilfen im Agrarsektor" (ABl. EG 2000 Nr. C 28 S. 2, Nr. C 232 S. 17)),
6. Fischerei- und Aquakultursektor (Leitlinien für die Prüfung der einzelstaatlichen Beihilfen im Fischerei- und Aquakultursektor (ABl. EG 2001 Nr. C 19 S. 7)) und
7. Verkehrssektor (Verordnung (EWG) Nr. 1107/70 des Rates vom 4. Juni 1970 über Beihilfen im Eisenbahn-, Straßen- und Binnenschiffsverkehr (ABl. EG Nr. L 130 S. 1) in der am 1. Januar 2006 geltenden Fassung sowie Mitteilung der Kommission „Leitlinien der Gemeinschaft für staatliche Beihilfen im Seeverkehr" (ABl. EU 2004 Nr. C 13 S. 3) und Anwendung der Artikel 92 und 93 des EG-Vertrages sowie des Artikels 61 des EWR-Abkommens auf staatliche Beihilfen im Luftverkehr (ABl. EG Nr. C 350 S. 5) vom 10. Dezember 1994).

Anlage 3 (zu § 5 Abs. 1 Satz 1 Nr. 2 und Abs. 2 Satz 1 Nr. 2)

Randgebiet sind nach dem Gebietsstand vom 1. Januar 2004 die folgenden Landkreise und kreisfreien Städte:

im Land Mecklenburg-Vorpommern:
Landkreis Ostvorpommern, Landkreis Uecker-Randow, kreisfreie Stadt Greifswald, Landkreis Rügen, Landkreis Nordvorpommern, kreisfreie Stadt Stralsund,

im Land Brandenburg:
Landkreis Uckermark, Landkreis Spree-Neiße, kreisfreie Stadt Frankfurt (Oder), kreisfreie Stadt Cottbus, Landkreis Barnim, Landkreis Märkisch-Oderland, Landkreis Oder-Spree,

im Freistaat Sachsen:
kreisfreie Stadt Görlitz, Landkreis Niederschlesischer Oberlausitzkreis, Landkreis Löbau-Zittau, Landkreis Kamenz, Landkreis Bautzen, kreisfreie Stadt Hoyerswerda, Landkreis Vogtlandkreis, kreisfreie Stadt Plauen, Landkreis Aue-Schwarzenberg, Landkreis Annaberg, Landkreis Mittlerer Erzgebirgskreis, Landkreis Freiberg, Landkreis Weißeritzkreis, Landkreis Sächsische Schweiz, Landkreis Zwickauer Land, kreisfreie Stadt Zwickau, Landkreis Stollberg, kreisfreie Stadt Chemnitz, Landkreis Mittweida, Landkreis Meißen, kreisfreie Stadt Dresden,

im Freistaat Thüringen:
Landkreis Saale-Orla-Kreis, Landkreis Greiz.

740 b. Investitionszulagengesetz 2010 (InvZulG 2010)[1), 2)]

Vom 7. Dezember 2008 (BGBl. I S. 2350)

Geändert durch Wachstumsbeschleunigungsgesetz vom 22. 12. 2009 (BGBl. I S. 3950)

BGBl. III/FNA 707-6-1-9

§ 1 Anspruchsberechtigter, Fördergebiet. (1) [1]Steuerpflichtige im Sinne des Einkommensteuergesetzes und des Körperschaftsteuergesetzes, die im Fördergebiet begünstigte Investitionen im Sinne des § 2 vornehmen, haben Anspruch auf eine Investitionszulage. [2]Steuerpflichtige im Sinne des Körperschaftsteuergesetzes haben keinen Anspruch, soweit sie nach § 5 des Körperschaftsteuergesetzes von der Körperschaftsteuer befreit sind. [3]Bei Personengesellschaften und Gemeinschaften tritt an die Stelle des Steuerpflichtigen die Gesellschaft oder die Gemeinschaft als Anspruchsberechtigte.

(2) Fördergebiet sind die Länder Berlin, Brandenburg, Mecklenburg-Vorpommern, Sachsen, Sachsen-Anhalt und Thüringen.

§ 2 Begünstigte Investitionen. (1)[3)] [1]Begünstigte Investitionen sind die Anschaffung und die Herstellung von neuen abnutzbaren beweglichen Wirtschaftsgütern des Anlagevermögens,

1. die zu einem Erstinvestitionsvorhaben im Sinne des Absatzes 3 gehören und
2. die mindestens fünf Jahre nach Beendigung des Erstinvestitionsvorhabens (Bindungszeitraum)
   a) zum Anlagevermögen eines Betriebs oder einer Betriebsstätte eines begünstigten Betriebs im Sinne des § 3 Abs. 1 des Anspruchsberechtigten im Fördergebiet gehören,
   b) in einer Betriebsstätte eines begünstigten Betriebs im Sinne des § 3 Abs. 1 des Anspruchsberechtigten im Fördergebiet verbleiben,
   c) in jedem Jahr zu nicht mehr als 10 Prozent privat genutzt werden.

[2]Nicht begünstigt sind Luftfahrzeuge, Personenkraftwagen und geringwertige Wirtschaftsgüter im Sinne des § 6 Absatz 2 Satz 1 des Einkommensteuergesetzes. [3]Der Bindungszeitraum verringert sich auf drei Jahre, wenn die beweglichen Wirtschaftsgüter in einem begünstigten Betrieb verbleiben, der zusätzlich die Begriffsdefinition für kleine und mittlere Unternehmen im Sinne der Empfehlung der Kommission vom 6. Mai 2003 betreffend die Definition der Kleinstunternehmen sowie der kleinen und mittleren Unternehmen (ABl. EU

---

1) Das InvZulG 2010 ist als Art. 1 des Gesetzes zur Schaffung einer Nachfolgeregelung und Änderung des InvZulG 2007 verkündet worden.

2) Für **vor dem 1. 1. 2010 abgeschlossene Investitionen** siehe InvZulG 2007 (Nr. **740 a**), für **vor dem 1. 1. 2007 abgeschlossene Investitionen** siehe InvZulG 2005 (Nr. **740**).

3) § 2 Abs. 1 Satz 2 neu gef. durch G v. 22. 12. 2009 (BGBl. I S. 3950).

Nr. L 124 S. 36) im Zeitpunkt des Beginns des Erstinvestitionsvorhabens erfüllt. [4] Für den Anspruch auf Investitionszulage ist es unschädlich, wenn das begünstigte Wirtschaftsgut

1. innerhalb des Bindungszeitraums
   a) in das Anlagevermögen eines begünstigten Betriebs im Sinne des § 3 Abs. 1 eines mit dem Anspruchsberechtigten verbundenen Unternehmens im Fördergebiet übergeht oder
   b) in einem begünstigten Betrieb im Sinne des § 3 Abs. 1 eines mit dem Anspruchsberechtigten verbundenen Unternehmens im Fördergebiet verbleibt und
2. innerhalb des Bindungszeitraums dem geförderten Erstinvestitionsvorhaben eindeutig zugeordnet bleibt.

[5] Ersetzt der Anspruchsberechtigte ein begünstigtes bewegliches Wirtschaftsgut wegen rascher technischer Veränderungen vor Ablauf des jeweils maßgebenden Bindungszeitraums durch ein neues abnutzbares bewegliches Wirtschaftsgut, ist Satz 1 Nr. 2 mit der Maßgabe anzuwenden, dass für die verbleibende Zeit des jeweils maßgebenden Bindungszeitraums das Ersatzwirtschaftsgut an die Stelle des begünstigten beweglichen Wirtschaftsguts tritt. [6] Für die Einhaltung der Bindungsvoraussetzungen im Sinne des Satzes 1 Nr. 2 ist es unschädlich, wenn ein begünstigtes Wirtschaftsgut nach Ablauf seiner betriebsgewöhnlichen Nutzungsdauer und vor Ablauf des Bindungszeitraums aus dem Anlagevermögen ausscheidet. [7] Als Privatnutzung im Sinne des Satzes 1 Nr. 2 Buchstabe c gilt auch die Verwendung von Wirtschaftsgütern, die zu einer verdeckten Gewinnausschüttung nach § 8 Abs. 3 des Körperschaftsteuergesetzes führt.

(2) [1] Begünstigte Investitionen sind auch die Anschaffung neuer Gebäude, Eigentumswohnungen, im Teileigentum stehender Räume und anderer Gebäudeteile, die selbständige unbewegliche Wirtschaftsgüter sind (Gebäude), bis zum Ende des Jahres der Fertigstellung sowie die Herstellung neuer Gebäude, soweit die Gebäude zu einem Erstinvestitionsvorhaben im Sinne des Absatzes 3 gehören und mindestens fünf Jahre nach dem Abschluss des Investitionsvorhabens in einem begünstigten Betrieb im Sinne des § 3 Abs. 1 verwendet werden. [2] Im Fall der Anschaffung kann Satz 1 nur angewendet werden, wenn kein anderer Anspruchsberechtigter für das Gebäude Investitionszulage in Anspruch nimmt. [3] Absatz 1 Satz 3 und 4 gilt entsprechend.

(3) Erstinvestitionsvorhaben sind die

1. Errichtung einer neuen Betriebsstätte,
2. Erweiterung einer bestehenden Betriebsstätte,
3. Diversifizierung der Produktion einer Betriebsstätte in neue, zusätzliche Produkte,
4. grundlegende Änderung des Gesamtproduktionsverfahrens einer bestehenden Betriebsstätte oder
5. Übernahme eines Betriebs, der geschlossen worden ist oder geschlossen worden wäre, wenn der Betrieb nicht übernommen worden wäre und wenn die Übernahme durch einen unabhängigen Investor erfolgt.

§ 3 Begünstigte Betriebe. (1) 1Begünstigte Betriebe sind:

1. Betriebe des verarbeitenden Gewerbes;
2. Betriebe der folgenden produktionsnahen Dienstleistungen:
   a) Rückgewinnung,
   b) Bautischlerei und Bauschlosserei,
   c) Verlegen von Büchern und Zeitschriften; sonstiges Verlagswesen (ohne Software),
   d) Erbringung von Dienstleistungen der Informationstechnologie,
   e) Datenverarbeitung, Hosting und damit verbundene Tätigkeiten; Webportale,
   f) Ingenieurbüros für bautechnische Gesamtplanung,
   g) Ingenieurbüros für technische Fachplanung und Ingenieurdesign,
   h) technische, physikalische und chemische Untersuchung,
   i) Forschung und Entwicklung,
   j) Werbung und Marktforschung,
   k) Fotografie,
   l) Reparatur von Telekommunikationsgeräten;
3. folgende Betriebe des Beherbergungsgewerbes:
   a) Hotels, Gasthöfe und Pensionen,
   b) Erholungs- und Ferienheime,
   c) Jugendherbergen und Hütten,
   d) Campingplätze.

2Die Zuordnung eines Betriebs zu dem verarbeitenden Gewerbe, den produktionsnahen Dienstleistungen und dem Beherbergungsgewerbe ist nach der vom Statistischen Bundesamt in 65 189 Wiesbaden, Gustav-Stresemann-Ring 11, herausgegebenen Klassifikation der Wirtschaftszweige, Ausgabe 2008 (WZ 2008), vorzunehmen. 3Hat ein Betrieb Betriebsstätten innerhalb und außerhalb des Fördergebiets, gelten für die Einordnung des Betriebs in das verarbeitende Gewerbe, die produktionsnahen Dienstleistungen oder das Beherbergungsgewerbe alle Betriebsstätten im Fördergebiet als ein Betrieb.

(2) 1§ 2 Abs. 1 und 2 gilt für Erstinvestitionsvorhaben in Betriebsstätten in den in der Anlage 1 zu diesem Gesetz aufgeführten Teilen des Landes Berlin nur, wenn der anspruchsberechtigte begünstigte Betrieb im Sinne des Absatzes 1 im Zeitpunkt des Beginns des Erstinvestitionsvorhabens die Begriffsdefinition für kleine und mittlere Unternehmen im Sinne der Empfehlung der Kommission vom 6. Mai 2003 erfüllt. 2§ 2 Abs. 1 und 2 gilt nur, soweit die Förderfähigkeit in den sensiblen Sektoren, die in der Anlage 2 zu diesem Gesetz aufgeführt sind, nicht eingeschränkt oder von vornherein ausgeschlossen ist.

§ 4 Investitionszeitraum. (1) Investitionen sind begünstigt, wenn sie zu einem Erstinvestitionsvorhaben im Sinne des § 2 Abs. 3 gehören, mit dem der Anspruchsberechtigte entweder

1. vor dem 1. Januar 2010,
2. nach dem 31. Dezember 2009 und vor dem 1. Januar 2011,
3. nach dem 31. Dezember 2010 und vor dem 1. Januar 2012,
4. nach dem 31. Dezember 2011 und vor dem 1. Januar 2013 oder
5. nach dem 31. Dezember 2012 und vor dem 1. Januar 2014

begonnen hat und die einzelne begünstigte Investition nach dem 31. Dezember 2009 und vor dem 1. Januar 2014 abgeschlossen wird oder nach dem 31. Dezember 2013 abgeschlossen wird, soweit vor dem 1. Januar 2014 Teilherstellungskosten entstanden oder im Fall der Anschaffung Teillieferungen erfolgt sind.

(2) [1]Ein Erstinvestitionsvorhaben ist begonnen, wenn mit der ersten hierzu gehörenden Einzelinvestition begonnen worden ist. [2]Außer in den Fällen des § 2 Abs. 3 Nr. 5 ist der Grundstückserwerb nicht als Investitionsbeginn anzusehen. [3]Die Investition ist in dem Zeitpunkt begonnen, in dem das Wirtschaftsgut bestellt oder mit seiner Herstellung begonnen worden ist. [4]Gebäude gelten in dem Zeitpunkt als bestellt, in dem über ihre Anschaffung ein rechtswirksam abgeschlossener obligatorischer Vertrag oder ein gleichstehender Rechtsakt vorliegt. [5]Als Beginn der Herstellung gilt bei Gebäuden der Abschluss eines der Ausführung zuzurechnenden Lieferungs- oder Leistungsvertrages oder die Aufnahme von Bauarbeiten. [6]Investitionen sind in dem Zeitpunkt abgeschlossen, in dem die Wirtschaftsgüter angeschafft oder hergestellt sind.

§ 5 Bemessungsgrundlage. [1]Bemessungsgrundlage der Investitionszulage ist die Summe der Anschaffungs- und Herstellungskosten der im Wirtschaftsjahr oder Kalenderjahr abgeschlossenen begünstigten Investitionen, soweit sie die vor dem 1. Januar 2010 entstandenen Teilherstellungskosten oder den Teil der Anschaffungskosten, der auf die vor dem 1. Januar 2010 erfolgten Teillieferungen entfällt, übersteigen. [2]In die Bemessungsgrundlage können die im Wirtschaftsjahr oder Kalenderjahr geleisteten Anzahlungen auf Anschaffungskosten und die entstandenen Teilherstellungskosten einbezogen werden. [3]Das gilt für vor dem 1. Januar 2010 geleistete Anzahlungen auf Anschaffungskosten nur insoweit, als sie den Teil der Anschaffungskosten, der auf die vor dem 1. Januar 2010 erfolgten Teillieferungen entfällt, übersteigen. [4]In den Fällen der Sätze 2 und 3 dürfen im Wirtschaftsjahr oder Kalenderjahr der Anschaffung oder Herstellung der Wirtschaftsgüter die Anschaffungs- oder Herstellungskosten bei der Bemessung der Investitionszulage nur berücksichtigt werden, soweit sie die Anzahlungen, Teilherstellungskosten oder die Anschaffungskosten für Teillieferungen übersteigen. [5]§ 7 a Abs. 2 Satz 3 bis 5 des Einkommensteuergesetzes gilt entsprechend. [6]Die Beschränkungen der Bemessungsgrundlage nach den Sätzen 1 und 3 gelten nur, soweit ein Anspruch auf Investitionszulage nach dem Investitionszulagengesetz 2007 besteht.

§ 6 Höhe der Investitionszulage. (1) Die Investitionszulage beträgt vorbehaltlich der Absätze 4 und 5 für begünstigte Investitionen eines Erstinvestitionsvorhabens

1. im Sinne des § 4 Abs. 1 Satz 1 Nr. 1 12,5 Prozent,
2. im Sinne des § 4 Abs. 1 Satz 1 Nr. 1, wenn es sich um Investitionen in Betriebsstätten in den in der Anlage 1 zu diesem Gesetz aufgeführten Teilen des Landes Berlin handelt und der anspruchsberechtigte begünstigte Betrieb im Zeitpunkt des Beginns des Erstinvestitionsvorhabens die Begriffsdefinition für mittlere Unternehmen im Sinne der Empfehlung der Kommission vom 6. Mai 2003 erfüllt, 10 Prozent,
3. im Sinne des § 4 Abs. 1 Satz 1 Nr. 2 10 Prozent,
4. im Sinne des § 4 Abs. 1 Satz 1 Nr. 3 7,5 Prozent,
5. im Sinne des § 4 Abs. 1 Satz 1 Nr. 4 5 Prozent,
6. im Sinne des § 4 Abs. 1 Satz 1 Nr. 5 2,5 Prozent

der Bemessungsgrundlage.

(2) Erfüllt der anspruchsberechtigte begünstigte Betrieb im Zeitpunkt des Beginns des Erstinvestitionsvorhabens die Begriffsdefinition für kleine und mittlere Unternehmen im Sinne der Empfehlung der Kommission vom 6. Mai 2003, erhöht sich die Investitionszulage vorbehaltlich der Absätze 3 bis 5 für den Teil der Bemessungsgrundlage, der auf Investitionen im Sinne des § 2 Abs. 1 entfällt, bei Erstinvestitionsvorhaben

1. im Sinne des § 4 Abs. 1 Satz 1 Nr. 1 auf 25 Prozent,
2. im Sinne des § 4 Abs. 1 Satz 1 Nr. 2 auf 20 Prozent,
3. im Sinne des § 4 Abs. 1 Satz 1 Nr. 1 und 2 im Rahmen eines großen Investitionsvorhabens im Sinne der Leitlinien für staatliche Beihilfen mit regionaler Zielsetzung 2007–2013 (ABl. EU 2006 Nr. C 54 S. 13) in Betriebsstätten in den nicht in der Anlage 1 zu diesem Gesetz aufgeführten Teilen des Landes Berlin auf 15 Prozent,
4. im Sinne des § 4 Abs. 1 Satz 1 Nr. 3 auf 15 Prozent,
5. im Sinne des § 4 Abs. 1 Satz 1 Nr. 4 auf 10 Prozent,
6. im Sinne des § 4 Abs. 1 Satz 1 Nr. 5 auf 5 Prozent

der Bemessungsgrundlage.

(3) Abweichend von Absatz 2 erhöht sich die Investitionszulage in den in der Anlage 1 zu diesem Gesetz aufgeführten Teilen des Landes Berlin vorbehaltlich des Absatzes 5 für den Teil der Bemessungsgrundlage, der auf Investitionen im Sinne des § 2 Abs. 1 entfällt, bei Erstinvestitionsvorhaben

1. im Sinne des § 4 Abs. 1 Satz 1 Nr. 1 bis 3 auf 10 Prozent

   der Bemessungsgrundlage, wenn der anspruchsberechtigte begünstigte Betrieb im Zeitpunkt des Beginns des Erstinvestitionsvorhabens die Begriffsdefinition für mittlere Unternehmen im Sinne der Empfehlung der Kommission vom 6. Mai 2003 erfüllt,
2. im Sinne des § 4 Abs. 1 Satz 1 Nr. 1 auf 20 Prozent

   der Bemessungsgrundlage, wenn der anspruchsberechtigte begünstigte Betrieb im Zeitpunkt des Beginns des Erstinvestitionsvorhabens die Begriffsdefinition für kleine Unternehmen im Sinne der Empfehlung der Kommission vom 6. Mai 2003 erfüllt.

(4) Bei Investitionen, die zu einem großen Investitionsvorhaben gehören, auf das der multisektorale Regionalbeihilferahmen für große Investitionsvorhaben vom 19. März 2002 (ABl. EG Nr. C 70 S. 8), zuletzt geändert durch die Mitteilung der Kommission vom 1. November 2003 (ABl. EU Nr. C 263 S. 3), oder die Leitlinien für staatliche Beihilfen mit regionaler Zielsetzung 2007–2013 anzuwenden sind, sind die Absätze 1 und 2 nur insoweit anzuwenden, als der jeweils beihilferechtlich geltende Regionalförderhöchstsatz durch die Gewährung von Investitionszulagen nicht überschritten wird.

(5) [1] Für Investitionen eines Erstinvestitionsvorhabens in Betriebsstätten in den in der Anlage 1 zu diesem Gesetz aufgeführten Teilen des Landes Berlin gelten die Absätze 1 bis 3 nur, soweit die Investitionszulage für ein Erstinvestitionsvorhaben den Betrag von 7,5 Millionen Euro nicht überschreitet. [2] Eine höhere Investitionszulage kann nur dann festgesetzt werden, wenn eine Genehmigungsentscheidung der Kommission vor Festsetzung der Investitionszulage erteilt worden ist, in der eine höhere Beihilfeintensität festgelegt worden ist.

§ 7 Antrag auf Investitionszulage. (1) [1] Der Antrag ist bei dem für die Besteuerung des Anspruchsberechtigten nach dem Einkommen zuständigen Finanzamt zu stellen. [2] Ist eine Personengesellschaft oder Gemeinschaft Anspruchsberechtigter, so ist der Antrag bei dem Finanzamt zu stellen, das für die einheitliche und gesonderte Feststellung der Einkünfte zuständig ist.

(2) [1] Der Antrag ist nach amtlich vorgeschriebenem Vordruck zu stellen und vom Anspruchsberechtigten eigenhändig zu unterschreiben. [2] In dem Antrag sind die Investitionen, für die eine Investitionszulage beansprucht wird, so genau zu bezeichnen, dass ihre Feststellung bei einer Nachprüfung möglich ist.

§ 8 Gesonderte Feststellung. (1) [1] Werden die in einem Betrieb im Sinne des § 2 des Einkommensteuergesetzes erzielten Einkünfte nach § 180 Abs. 1 Nr. 2 Buchstabe b der Abgabenordnung gesondert festgestellt, sind die Bemessungsgrundlage und der Prozentsatz der Investitionszulage für Wirtschaftsgüter, die zum Anlagevermögen dieses Betriebs gehören, von dem für die gesonderte Feststellung zuständigen Finanzamt gesondert festzustellen. [2] Die für die Feststellung erforderlichen Angaben sind in den Antrag nach § 7 Abs. 2 aufzunehmen.

(2) [1] Befindet sich das für die Besteuerung des Anspruchsberechtigten nach dem Einkommen zuständige Finanzamt außerhalb des Fördergebiets, sind die Bemessungsgrundlage und der Prozentsatz der Investitionszulage von dem Finanzamt im Fördergebiet gesondert festzustellen, in dessen Bezirk sich das Vermögen des Anspruchsberechtigten und, wenn dies für mehrere Finanzämter zutrifft, von dem Finanzamt im Fördergebiet, in dessen Bezirk sich der wertvollste Teil des Vermögens befindet. [2] Die für

die Feststellung erforderlichen Angaben sind in den Antrag nach § 7 Abs. 2 aufzunehmen.

§ 9 Einzelnotifizierungspflichten, Genehmigungsvorbehalte sowie anzuwendende Rechtsvorschriften der Kommission der Europäischen Gemeinschaften. (1) Auf dieses Gesetz findet die Verordnung (EG) Nr. 800/2008 der Kommission vom 6. August 2008 zur Erklärung der Vereinbarkeit bestimmter Gruppen von Beihilfen mit dem Gemeinsamen Markt in Anwendung der Artikel 87 und 88 EG-Vertrag (allgemeine Gruppenfreistellungsverordnung) (ABl. EU Nr. L 214 S. 3) Anwendung.

(2) Die Investitionszulage für Investitionen, die zu einem großen Investitionsvorhaben gehören, das die Anmeldungsvoraussetzungen des multisektoralen Regionalbeihilferahmens für große Investitionsvorhaben vom 16. Dezember 1997 (ABl. EG 1998 Nr. C 107 S. 7), zuletzt geändert durch die Mitteilung der Kommission vom 11. August 2001 (ABl. EG Nr. C 226 S. 1), oder des multisektoralen Regionalbeihilferahmens für große Investitionsvorhaben vom 19. März 2002 erfüllt, ist erst festzusetzen, wenn die Kommission die höchstzulässige Beihilfeintensität festgelegt hat.

(3) [1]Die Investitionszulage zugunsten großer Investitionsvorhaben im Sinne der Leitlinien für staatliche Beihilfen mit regionaler Zielsetzung 2007–2013 ist bei der Kommission anzumelden, wenn der Gesamtförderbetrag aus sämtlichen Quellen folgende Beträge überschreitet:

1. 22,5 Millionen Euro bei Erstinvestitionsvorhaben in Fördergebieten nach Artikel 87 Abs. 3 Buchstabe a des Vertrags zur Gründung der Europäischen Gemeinschaft mit 30 Prozent Beihilfehöchstintensität,
2. 11,25 Millionen Euro bei Erstinvestitionsvorhaben in Fördergebieten nach Artikel 87 Abs. 3 Buchstabe c des Vertrags zur Gründung der Europäischen Gemeinschaft mit 15 Prozent Beihilfehöchstintensität,
3. 15 Millionen Euro bei Erstinvestitionsvorhaben in Fördergebieten nach Artikel 87 Abs. 3 Buchstabe c des Vertrags zur Gründung der Europäischen Gemeinschaft mit 20 Prozent Beihilfehöchstintensität.

[2]Die Investitionszulage ist in diesen Fällen erst festzusetzen, wenn die Kommission die höchstzulässige Beihilfeintensität festgelegt hat.

(4) [1]Die Investitionszulage für Investitionen in den in der Anlage 2 Nr. 2 und 5 aufgeführten sensiblen Sektoren Fischerei- und Aquakultur sowie Schiffbau ist bei der Kommission einzeln anzumelden und erst nach Genehmigung durch die Kommission festzusetzen. [2]Die Investitionszulage für Investitionen in den in der Anlage 2 Nr. 1 und 4 aufgeführten sensiblen Sektoren Stahl- und Kunstfaserindustrie ist hingegen ausgeschlossen.

(5) Bei einem Unternehmen, das einer Rückforderungsanordnung auf Grund einer Entscheidung der Kommission über die Rückzahlung einer Beihilfe nicht Folge leistet, ist die Investitionszulage erst festzusetzen, wenn der Rückforderungsbetrag zurückgezahlt worden ist.

(6) Die Investitionszulage ist der Kommission zur Genehmigung vorzulegen und erst nach deren Genehmigung festzusetzen, wenn sie für ein Unternehmen in Schwierigkeiten bestimmt ist.

§ 10 Festsetzung und Auszahlung. Die Investitionszulage ist nach Ablauf des Wirtschaftsjahres oder Kalenderjahres festzusetzen und innerhalb eines Monats nach Bekanntgabe des Bescheids aus den Einnahmen an Einkommensteuer oder Körperschaftsteuer auszuzahlen.

§ 11 Zusammentreffen mit anderen Regionalbeihilfen. (1) [1]Trifft bei einem Erstinvestitionsvorhaben die Investitionszulage mit anderen Regionalbeihilfen oder „De-minimis"-Beihilfen im Sinne des Artikels 2 der Verordnung (EG) Nr. 1998/2006 der Kommission vom 15. Dezember 2006 über die Anwendung der Artikel 87 und 88 EG-Vertrag auf Deminimis-Beihilfen (ABl. EU Nr. L 379 S. 5) zusammen, sind die in der Kommissionsentscheidung zur jeweils geltenden regionalen Fördergebietskarte genehmigten Förderhöchstintensitäten maßgeblich. [2]Der Anspruch auf Investitionszulage bleibt hiervon unberührt. [3]Die Einhaltung des Beihilfehöchstsatzes hat der jeweils andere Beihilfegeber sicherzustellen; sie ist Voraussetzung dafür, dass die Investitionszulage mit anderen Regionalbeihilfen zusammentreffen darf.

(2) [1]Trifft bei einem Erstinvestitionsvorhaben die Investitionszulage mit anderen Regionalbeihilfen zusammen, hat der Antragsteller entsprechend den Leitlinien für staatliche Beihilfen mit regionaler Zielsetzung oder den Leitlinien für staatliche Beihilfen mit regionaler Zielsetzung 2007–2013 einen beihilfefreien Eigenanteil in Höhe von mindestens 25 Prozent der Kosten des Erstinvestitionsvorhabens zu erbringen. [2]Die Überwachung der Einhaltung dieser Auflage obliegt dem jeweils anderen Beihilfegeber; sie ist Voraussetzung dafür, dass die Investitionszulage mit anderen Regionalbeihilfen zusammentreffen darf.

(3) [1]Trifft bei einem Erstinvestitionsvorhaben in den in der Anlage 1 zu diesem Gesetz aufgeführten Teilen des Landes Berlin die Investitionszulage mit anderen Regionalbeihilfen zusammen, darf der Gesamtbetrag der Beihilfe aus allen Quellen 7,5 Millionen Euro oder den in einer Genehmigungsentscheidung der Kommission festgelegten Betrag nicht übersteigen. [2]Die Überwachung der Einhaltung dieser Auflage obliegt dem jeweils anderen Beihilfegeber.

(4) In den Antrag nach § 7 Abs. 2 sind die Angaben aufzunehmen, die für die Feststellung der Voraussetzungen nach Absatz 1 bis 3 erforderlich sind.

§ 12 Verzinsung des Rückforderungsanspruchs. [1]Ist der Bescheid über die Investitionszulage aufgehoben oder zuungunsten des Anspruchsberechtigten geändert worden, ist der Rückzahlungsanspruch nach § 238 der Abgabenordnung vom Tag der Auszahlung der Investitionszulage, in den Fällen des § 175 Abs. 1 Satz 1 Nr. 2 der Abgabenordnung vom Tag des Eintritts des rückwirkenden Ereignisses an, zu verzinsen. [2]Die Festsetzungsfrist beginnt mit Ablauf des Kalenderjahres, in dem der Bescheid aufgehoben oder geändert worden ist.

§ 13 Ertragsteuerrechtliche Behandlung der Investitionszulage. [1]Die Investitionszulage gehört nicht zu den Einkünften im Sinne des Einkommensteuergesetzes. [2]Sie mindert nicht die steuerlichen Anschaffungs- und Herstellungskosten.

§ 14 Anwendung der Abgabenordnung. [1]Die für Steuervergütungen geltenden Vorschriften der Abgabenordnung sind mit Ausnahme des § 163 entsprechend anzuwenden. [2]In öffentlich-rechtlichen Streitigkeiten über die auf Grund dieses Gesetzes ergehenden Verwaltungsakte der Finanzbehörden ist der Finanzrechtsweg gegeben.

§ 15 Verfolgung von Straftaten. Für die Verfolgung einer Straftat nach den §§ 263 und 264 des Strafgesetzbuches, die sich auf die Investitionszulage bezieht, sowie der Begünstigung einer Person, die eine solche Straftat begangen hat, gelten die Vorschriften der Abgabenordnung über die Verfolgung von Steuerstraftaten entsprechend.

§ 16 Ermächtigungen. (1) Das Bundesministerium der Finanzen wird ermächtigt, durch Rechtsverordnung mit Zustimmung des Bundesrates weitere Bestimmungen zu § 9 zu erlassen und dabei insbesondere Einzelnotifizierungspflichten zu regeln, die sich aus den von den Organen der Europäischen Gemeinschaften erlassenen Rechtsvorschriften ergeben.

(2) Das Bundesministerium der Finanzen wird ermächtigt, zur Durchführung der von den Organen der Europäischen Gemeinschaften erlassenen Rechtsvorschriften die Liste der sensiblen Sektoren, in denen die Kommission die Förderfähigkeit ganz oder teilweise ausgeschlossen hat (Anlage 2), durch Rechtsverordnung mit Zustimmung des Bundesrates anzupassen.

§ 17 Bekanntmachungserlaubnis. Das Bundesministerium der Finanzen wird ermächtigt, den Wortlaut dieses Gesetzes in der jeweils geltenden Fassung mit neuem Datum bekannt zu machen.

Anlage 1
(zu § 1 Abs. 2)

Teile des Landes Berlin, die nach der Fördergebietskarte 2007–2013 (ABl. EU 2006 Nr. C 295 S. 6) zum D-Fördergebiet Deutschlands gehören:

Verkehrszellen:

Bezirk Mitte (01)	007 1; 011 1; 011 2
Bezirk Friedrichshain-Kreuzberg (02)	114 1
Bezirk Pankow (03)	106 2; 107 2; 108 1; 157 1; 160 1; 161 3; 164 1
Bezirk Charlottenburg-Wilmersdorf (04)	018 1; 025 3; 026 1; 041 1; 043 2; 048 1
Bezirk Spandau (05)	027 2; 027 3; 027 4; 032 1; 032 2; 032 3; 032 4; 037 2; 038 1; 038 2; 039 1
Bezirk Steglitz-Zehlendorf (06)	049 2; 050 2; 050 3; 052 2; 052 3; 062 1; 063 4; 064 3
Bezirk Tempelhof-Schöneberg (07)	060 1; 070 2; 070 3; 070 4; 074 2
Bezirk Neukölln (08)	079 2; 080 4; 080 6; 082 1; 082 2; 083 3
Bezirk Treptow-Köpenick (09)	120 2; 124 1; 132 1; 138 1
Bezirk Marzahn-Hellersdorf (10)	181 2; 182 1; 184 1; 184 2; 184 3; 188 1; 193 1; 194 1; 194 2
Bezirk Lichtenberg (11)	147 1; 147 2; 149 1; 149 2; 152 1; 175 1
Bezirk Reinickendorf (12)	089 3; 089 4; 089 5; 090 1; 091 2; 092 1; 092 2; 093 1; 093 2; 095 1

Anlage 2
(zu § 3 Abs. 2 Satz 2)

Sensible Sektoren sind:

1. Stahlindustrie (Multisektoraler Regionalbeihilferahmen für große Investitionsvorhaben vom 19. März 2002 in Verbindung mit Anhang B sowie Leitlinien für staatliche Beihilfen mit regionaler Zielsetzung 2007–2013 in Verbindung mit Anhang I),
2. Schiffbau (Rahmenbestimmungen für Beihilfen an den Schiffbau (ABl. EU 2003 Nr. C 317 S. 11, 2004 Nr. C 104 S. 71, 2006 Nr. C 260 S. 7)),
3. Kunstfaserindustrie (Multisektoraler Regionalbeihilferahmen für große Investitionsvorhaben vom 19. März 2002 in Verbindung mit Anhang D sowie Leitlinien für staatliche Beihilfen mit regionaler Zielsetzung 2007–2013 in Verbindung mit Anhang II),
4. Landwirtschaftssektor (Gemeinschaftsrahmen für staatliche Beihilfen im Agrarsektor (ABl. EG 2000 Nr. C 28 S. 2, Nr. C 232 S. 17) sowie Rahmenregelung der Gemeinschaft für staatliche Beihilfen im Agrar- und Forstsektor 2007–2013 (ABl. EU 2006 Nr. C 319 S. 1)),
5. Fischerei- und Aquakultursektor (Verordnung (EG) Nr. 104/2000 des Rates vom 17. Dezember 1999 über die gemeinsame Marktorganisation für Erzeugnisse der Fischerei und der Aquakultur (ABl. EG 2000 Nr. L 17 S. 22, Nr. L 83 S. 35, 2002 Nr. L 6 S. 70), zuletzt geändert durch Verordnung (EG) Nr. 1759/2006 des Rates vom 28. November 2006 (ABl. EU Nr. L 335 S. 3), sowie Leitlinien für die Prüfung Staatlicher Beihilfen im Fischerei- und Aquakultursektor (ABl. EU 2004 Nr. C 229 S. 5)) und
6. Verkehrssektor (Verordnung (EWG) Nr. 1107/70 des Rates vom 4. Juni 1970 über Beihilfen im Eisenbahn-, Straßen- und Binnenschiffsverkehr (ABl. EG Nr. L 130 S. 1) in der am 1. Januar 2006 geltenden Fassung sowie Mitteilung der Kommission „Leitlinien der Gemeinschaft für staatliche Beihilfen im Seeverkehr" (ABl. EU 2004 Nr. C 13 S. 3) und Anwendung der Artikel 92 und 93 des EG-Vertrages sowie des Artikels 61 des EWR-Abkommens auf staatliche Beihilfen im Luftverkehr (ABl. EG Nr. C 350 S. 5) vom 10. Dezember 1994).

743. Gesetz über Sonderabschreibungen und Abzugsbeträge im Fördergebiet (Fördergebietsgesetz)

In der Fassung der Bekanntmachung vom 23. September 1993 (BGBl. I S. 1654)[1]

Geändert durch Jahressteuergesetz 1996 vom 11. 10. 1995 (BGBl. I S. 1250), Gesetz zur Neuregelung der steuerrechtlichen Wohneigentumsförderung vom 15. 12. 1995 (BGBl. I S. 1783), Zweites Gesetz zur Änderung des Arbeitsförderungsgesetzes im Bereich des Baugewerbes vom 15. 12. 1995 (BGBl. I S. 1809), Jahressteuer-Ergänzungsgesetz vom 18. 12. 1995 (BGBl. I S. 1959), Gesetz zur Fortsetzung der wirtschaftlichen Förderung in den neuen Bundesländern vom 18. 8. 1997 (BGBl. I S. 2070), Drittes Finanzmarktförderungsgesetz vom 24. 3. 1998 (BGBl. I S. 529), Steuerentlastungsgesetz 1999 vom 19. 12. 1998 (BGBl. I S. 3779), Steuerbereinigungsgesetz 1999 vom 22. 12. 1999 (BGBl. I S. 2601) und Siebente Zuständigkeitsanpassungs-Verordnung vom 29. 10. 2001 (BGBl. I S. 2785, ber. I 2002 S. 2972)

BGBl. III/FNA 707-19

Der Bundestag hat mit Zustimmung des Bundesrates das folgende Gesetz beschlossen:

§ 1[2] Anspruchsberechtigter, Fördergebiet. (1) [1]Für begünstigte Investitionen im Sinne der §§ 2 und 3, die im Fördergebiet durchgeführt werden, können Steuerpflichtige Sonderabschreibungen nach § 4 oder Gewinnabzüge nach § 5 vornehmen oder Rücklagen nach § 6 bilden. [2]Bei Personengesellschaften und Gemeinschaften tritt an die Stelle des Steuerpflichtigen die Gesellschaft oder Gemeinschaft.

(2) Fördergebiet sind die Länder Berlin, Brandenburg, Mecklenburg-Vorpommern, Sachsen, Sachsen-Anhalt und Thüringen nach dem Gebietsstand vom 3. Oktober 1990.

§ 2[2] Bewegliche Wirtschaftsgüter des Anlagevermögens. Begünstigt sind die Anschaffung und die Herstellung von abnutzbaren beweglichen Wirtschaftsgütern des Anlagevermögens sowie nachträgliche Herstellungsarbeiten an abnutzbaren beweglichen Wirtschaftsgütern des Anlagevermögens, die

1. keine Luftfahrzeuge sind,
2. mindestens 3 Jahre nach ihrer Anschaffung oder Herstellung zum Anlagevermögen einer Betriebsstätte des Steuerpflichtigen im Fördergebiet gehören und während dieser Zeit in einer solchen Betriebsstätte verbleiben und
3. in jedem Jahr des in Nummer 2 genannten Zeitraums vom Steuerpflichtigen zu nicht mehr als 10 vom Hundert privat genutzt werden.

---

[1] Neubekanntmachung des FördergebietsG v. 24. 6. 1991 (BGBl. I S. 1322) auf Grund Art. 19 Abs. 1 StandOG v. 13. 9. 1993 (BGBl. I S. 1569) in der ab 1. 1. 1994 geltenden Fassung.

Zum zeitlichen Anwendungsbereich siehe § 8.

[2] Zur Anwendung in **Berlin-West** siehe § 8 Abs. 1 a.

§ 3[1] Baumaßnahmen. [1]Begünstigt sind die Anschaffung und die Herstellung von abnutzbaren unbeweglichen Wirtschaftsgütern sowie Modernisierungsmaßnahmen und andere nachträgliche Herstellungsarbeiten an abnutzbaren unbeweglichen Wirtschaftsgütern. [2]Die Anschaffung eines abnutzbaren unbeweglichen Wirtschaftsguts ist nur begünstigt, wenn

1. das Wirtschaftsgut bis zum Ende des Jahres der Fertigstellung angeschafft worden ist und für das Wirtschaftsgut weder Absetzungen für Abnutzung nach § 7 Abs. 5 des Einkommensteuergesetzes noch erhöhte Absetzungen oder Sonderabschreibungen in Anspruch genommen worden sind oder
2. das Wirtschaftsgut beim Erwerber zu einem Betriebsvermögen gehört, nach dem Jahr der Fertigstellung und
   a) vor dem 1. Januar 1994 angeschafft worden ist oder
   b) nach dem 31. Dezember 1993 angeschafft worden ist und mindestens fünf Jahre nach seiner Anschaffung zu eigenbetrieblichen Zwecken verwendet wird oder
3. das Wirtschaftsgut nach dem Jahr der Fertigstellung und aufgrund eines nach dem 31. Dezember 1991 rechtswirksam abgeschlossenen obligatorischen Vertrags oder gleichstehenden Rechtsakts angeschafft worden ist, soweit Modernisierungsmaßnahmen und andere nachträgliche Herstellungsarbeiten nach dem Abschluß dieses Vertrags oder Rechtsakts durchgeführt worden sind.

§ 4[2] Sonderabschreibungen. (1) [1]Bemessungsgrundlage für die Sonderabschreibungen sind die Anschaffungs- oder Herstellungskosten der angeschafften oder hergestellten Wirtschaftsgüter oder die Herstellungskosten, die für die nachträglichen Herstellungsarbeiten aufgewendet worden sind, oder die Anschaffungskosten, die auf Modernisierungsmaßnahmen und andere nachträgliche Herstellungsarbeiten im Sinne des § 3 Satz 2 Nr. 3 entfallen. [2]Die Sonderabschreibungen können im Jahr des Investitionsabschlusses und in den folgenden vier Jahren in Anspruch genommen werden. [3]Investitionen sind in dem Zeitpunkt abgeschlossen, in dem die Wirtschaftsgüter angeschafft oder hergestellt oder die nachträglichen Herstellungsarbeiten beendet worden sind. [4]In den Fällen des § 3 Satz 2 Nr. 3 tritt an die Stelle des Jahres der Anschaffung das Jahr der Beendigung der nachträglichen Herstellungsarbeiten. [5]Die Sonderabschreibungen können bereits für Anzahlungen auf Anschaffungskosten und für Teilherstellungskosten in Anspruch genommen werden. [6]Die Sonderabschreibungen für Investitionen, die zu einem Investitionsvorhaben gehören, das die Anmeldungsvoraussetzungen gemäß dem multisektoralen Regionalbeihilferahmen für große Investitionsvorhaben (ABl. EG 1998 Nr. C 107 S. 7) er-

---

[1] Zur Anwendung in **Berlin-West** siehe § 8 Abs. 1 a.

[2] § 4 Abs. 1 und 2 neugef. durch G v. 11. 10. 1995 (BGBl. I S. 1250), Abs. 1 Satz 6 angef. durch G v. 19. 12. 1998 (BGBl. I S. 3779).

Zur Anwendung von § 4 in **Berlin-West** siehe § 8 Abs. 1 a.

füllt, können erst in Anspruch genommen werden, wenn die Europäische Kommission die höchstzulässige Beihilfeintensität festgelegt hat.

(2) [1]Die Sonderabschreibungen betragen vorbehaltlich des Satzes 2 bei Investitionen, die

1. nach dem 31. Dezember 1990 und vor dem 1. Januar 1997 abgeschlossen werden, bis zu 50 vom Hundert der Bemessungsgrundlage,
2. nach dem 31. Dezember 1996 und vor dem 1. Januar 1999 abgeschlossen werden,
   a) bis zu 50 vom Hundert, soweit vor dem 1. Januar 1997 Anzahlungen auf Anschaffungskosten geleistet worden oder Teilherstellungskosten entstanden sind, und
   b) bis zu 40 vom Hundert, soweit die Bemessungsgrundlage die vor dem 1. Januar 1997 geleisteten Anzahlungen auf Anschaffungskosten oder entstandenen Teilherstellungskosten übersteigt,
3. nach dem 31. Dezember 1998 abgeschlossen werden,
   a) bis zu 50 vom Hundert, soweit nach dem 31. Dezember 1990 und vor dem 1. Januar 1997 Anzahlungen auf Anschaffungskosten geleistet worden oder Teilherstellungskosten entstanden sind, und
   b) bis zu 40 vom Hundert, soweit nach dem 31. Dezember 1996 und vor dem 1. Januar 1999 Anzahlungen auf Anschaffungskosten geleistet worden oder Teilherstellungskosten entstanden sind.

[2]Bei Baumaßnahmen im Sinne des § 3 tritt an die Stelle des Satzes von 40 vom Hundert jeweils

1. der Satz von 25 vom Hundert, soweit die unbeweglichen Wirtschaftsgüter mindestens fünf Jahre nach ihrer Anschaffung oder Herstellung Wohnzwecken dienen,
2. der Satz von 20 vom Hundert, soweit die unbeweglichen Wirtschaftsgüter nicht mindestens fünf Jahre nach ihrer Anschaffung oder Herstellung
   a) in einem Betrieb des verarbeitenden Gewerbes zu eigenbetrieblichen Zwecken verwendet werden oder
   b) Wohnzwecken dienen.

[3]Satz 2 gilt nicht bei Modernisierungsmaßnahmen und anderen nachträglichen Herstellungsarbeiten an unbeweglichen Wirtschaftsgütern und nicht in den Fällen des § 3 Satz 2 Nr. 3. [4]Hat ein Betrieb Betriebsstätten im Fördergebiet und außerhalb des Fördergebiets, gilt für die Einordnung eines Betriebs in das verarbeitende Gewerbe die Gesamtheit aller Betriebsstätten im Fördergebiet als ein Betrieb.

(3) Bei Herstellungskosten, die für nachträgliche Herstellungsarbeiten im Sinne des § 3 Satz 1 aufgewendet worden sind, und bei Anschaffungskosten, die auf Modernisierungsmaßnahmen und andere nachträgliche Herstellungsarbeiten im Sinne des § 3 Satz 2 Nr. 3 entfallen, ist der Restwert von dem auf das Jahr der Inanspruchnahme der insgesamt zulässigen Son-

derabschreibungen folgenden Jahr an, spätestens vom fünften auf das Jahr der Beendigung der Herstellungsarbeiten folgenden Jahr an, bis zum Ende des neunten Jahres nach dem Jahr der Beendigung der Herstellungsarbeiten in gleichen Jahresbeträgen abzusetzen.

§ 5[1)] Gewinnabzug. [1]Land- und Forstwirte, deren Gewinn nach § 13a des Einkommensteuergesetzes zu ermitteln ist, können im Wirtschaftsjahr der Anschaffung oder Herstellung oder Beendigung der nachträglichen Herstellungsarbeiten 25 vom Hundert der Anschaffungs- oder Herstellungskosten der angeschafften oder hergestellten Wirtschaftsgüter oder der Herstellungskosten, die für die nachträglichen Herstellungsarbeiten aufgewendet worden sind, vom Gewinn abziehen. [2]Die abzugsfähigen Beträge dürfen insgesamt 4000 Deutsche Mark nicht übersteigen und nicht zu einem Verlust aus Land- und Forstwirtschaft führen. [3]§ 7a Abs. 5 und 6 des Einkommensteuergesetzes[2)] gilt entsprechend.

§ 6[3)] Steuerfreie Rücklage. (1) [1]Steuerpflichtige, die den Gewinn nach § 4 Abs. 1 oder § 5 des Einkommensteuergesetzes ermitteln, können eine den steuerlichen Gewinn mindernde Rücklage für Investitionen im Sinne der §§ 2 und 3 bilden, mit denen vor dem 1. Januar 1992 begonnen worden ist. [2]Die Rücklage kann bis zu der Höhe gebildet werden, in der voraussichtlich Sonderabschreibungen nach § 4 Abs. 1 in Anspruch genommen werden können, höchstens jedoch im Wirtschaftsjahr in Höhe von jeweils 20 Millionen Deutsche Mark.

(2) Die Rücklage ist gewinnerhöhend aufzulösen, sobald und soweit Sonderabschreibungen nach § 4 Abs. 1 für Investitionen, die vor dem 1. Januar 1995 abgeschlossen worden sind, in Anspruch genommen werden können, spätestens jedoch zum Schluß des ersten nach dem 30. Dezember 1994 endenden Wirtschaftsjahrs.

(3) Soweit eine nach Absatz 1 gebildete Rücklage gewinnerhöhend aufgelöst wird, ohne daß in gleicher Höhe Sonderabschreibungen nach § 4 vorgenommen werden, ist der Gewinn des Wirtschaftsjahrs, in dem die Rücklage aufgelöst wird, für jedes volle Wirtschaftsjahr, in dem die Rücklage bestanden hat, um 6 vom Hundert des aufgelösten Rücklagebetrags zu erhöhen.

§ 7[4)] Abzugsbetrag bei zu eigenen Wohnzwecken genutzten Gebäuden. (1) [1]Aufwendungen, die auf an einem eigenen Gebäude vorgenommene Herstellungs- und Erhaltungsarbeiten entfallen, können im Jahr der Zahlung und den folgenden neun Jahren jeweils bis zu 10 vom Hundert wie Sonderausgaben abgezogen werden. [2]Die Aufwendungen sind nur begünstigt, wenn das Gebäude in dem Teil des Fördergebiets liegt, in

---

[1)] Zur Anwendung siehe § 8 Abs. 1, zur Anwendung in **Berlin-West** siehe § 8 Abs. 1a.

[2)] Nr. **1**.

[3)] Zur erstmaligen bzw. letztmaligen Anwendung von § 6 siehe § 8 Abs. 2.

[4)] Zum Anwendungsbereich siehe § 8 Abs. 3.

dem das Grundgesetz vor dem 3. Oktober 1990 nicht gegolten hat, und soweit sie

1. nicht zu den Betriebsausgaben oder Werbungskosten gehören,
2.[1] nicht in die Bemessungsgrundlage nach den §§ 10e, 10f, 52 Abs. 21 Satz 6 des Einkommensteuergesetzes[2] oder dem Eigenheimzulagengesetz[3] einbezogen und nicht nach § 10e Abs. 6 oder § 10i des Einkommensteuergesetzes[2] abgezogen werden,
3. auf das Gebäude oder Gebäudeteil entfallen, das im jeweiligen Jahr des Zeitraums nach Satz 1 zu eigenen Wohnzwecken genutzt wird,
4. während des Anwendungszeitraums nach § 8 Abs. 3 40000 Deutsche Mark nicht übersteigen.

[3]Eine Nutzung zu eigenen Wohnzwecken liegt auch vor, wenn Teile einer zu eigenen Wohnzwecken genutzten Wohnung unentgeltlich zu Wohnzwecken überlassen werden.

(2) [1]Für Zeiträume, für die von Aufwendungen, die auf Herstellungsarbeiten entfallen, Absetzungen für Abnutzung, erhöhte Absetzungen oder Sonderabschreibungen abgezogen worden sind, können für diese Aufwendungen keine Abzugsbeträge nach Absatz 1 Satz 1 in Anspruch genommen werden. [2]Soweit das Gebäude während des Zeitraums nach Absatz 1 Satz 1 zur Einkunftserzielung genutzt wird, ist der noch nicht berücksichtigte Teil der Aufwendungen, die auf Erhaltungsarbeiten entfallen, im Jahr des Übergangs zur Einkunftserzielung wie Sonderausgaben abzuziehen.

(3) Die Absätze 1 und 2 sind auf Gebäudeteile, die selbständige unbewegliche Wirtschaftsgüter sind, und auf Eigentumswohnungen entsprechend anzuwenden.

§ 7a[4] Steuerermäßigung für Darlehen zur Verstärkung des haftenden Kapitals von kleinen und mittleren Betrieben. (1) Bei unbeschränkt Steuerpflichtigen im Sinne des Einkommensteuergesetzes, die Darlehen nach Absatz 2 gewähren, ermäßigt sich die Einkommensteuer für den Veranlagungszeitraum der Darlehensgewährung um 12 vom Hundert der gewährten Darlehen, höchstens jedoch um 50 vom Hundert der Einkommensteuer, die sich ohne die Ermäßigung ergeben würde.

(2) Voraussetzung für die Steuerermäßigung ist, daß

1. die Darlehen der Kreditanstalt für Wiederaufbau oder der Deutschen Ausgleichsbank (Kapitalsammelstellen) nach dem 31. Dezember 1995 und vor dem 1. Januar 1999[5] gewährt werden,

---

[1] § 7 Abs. 1 Nr. 2 neugef. durch G v. 15. 12. 1995 (BGBl. I S. 1783).
[2] Nr. **1**.
[3] Nr. **5**.
[4] § 7a eingef. durch G v. 11. 10. 1995 (BGBl. I S. 1250), Abs. 3 Satz 1 geänd. mWv 26. 8. 1997 durch G v. 18. 8. 1997 (BGBl. I S. 2070).
[5] Frist verkürzt durch G v. 22. 12. 1999 (BGBl. I S. 2601).

2. die Darlehen nach den vertraglichen Vereinbarungen eine Laufzeit von mindestens zehn Jahren haben, am Ende der Laufzeit in einem Betrag zu tilgen sind und nicht vorzeitig gekündigt werden dürfen und

3. der Zeitpunkt der Gewährung der Darlehen, ihre Höhe und die in den Nummern 1 und 2 genannten Voraussetzungen durch eine Bescheinigung der Kapitalsammelstelle nachgewiesen werden.

(3) [1]Die Kapitalsammelstellen haben den Abschluß von Darlehnsverträgen abzulehnen, wenn die bereits aufgenommenen Darlehen den Betrag von insgesamt 1500 Millionen Deutsche Mark erreicht haben. [2]Die Kapitalsammelstellen haben die Mittel aus den Darlehen mittelbar als haftendes Kapital an kleine und mittlere Gewerbebetriebe weiterzuleiten zur Finanzierung von Betriebsstätten, die in dem Teil des Fördergebiets liegen, in dem das Grundgesetz vor dem 3. Oktober 1990 nicht gegolten hat. [3]Kleine und mittlere Gewerbebetriebe sind Unternehmen mit einem Jahresumsatz bis zu 500 Millionen Deutsche Mark. [4]Die Kapitalsammelstellen haben die Entgelte für die Zuführung der Mittel aus den Darlehen so festzulegen, daß die Rückzahlung und Verzinsung der Darlehen gewährleistet erscheint. [5]Die Vergabe und Verwaltung der Mittel aus den Darlehen erfolgt nach einer Richtlinie, die das Bundesministerium für Wirtschaft und Technologie[1)] im Einvernehmen mit dem Bundesministerium der Finanzen erläßt.

§ 8[2)] Anwendung. (1) [1]§ 5 ist anzuwenden bei

1. Wirtschaftsgütern, die nach dem 31. Dezember 1990 und vor dem 1. Januar 1999[2)] angeschafft oder hergestellt werden, und bei nachträglichen Herstellungsarbeiten, die in diesem Zeitraum beendet werden, sowie

2. nach dem 31. Dezember 1990 und vor dem 1. Januar 1999[2)] geleisteten Anzahlungen auf Anschaffungskosten und entstandenen Teilherstellungskosten.

[2]Die §§ 2 bis 5 sind nicht anzuwenden bei nach dem 2. September 1998 abgeschlossenen Investitionen gemäß Nummer 1.2 zweiter oder dritter Gedankenstrich oder Nummer 2 des Anhangs der Entscheidung der Europäischen Kommission 94/173/EG vom 22. März 1994 zur Festlegung der Auswahlkriterien für Investitionen zur Verbesserung der Verarbeitungs- und Vermarktungsbedingungen für land- und forstwirtschaftliche Erzeugnisse und zur Aufhebung der Entscheidung 90/342/EWG – ABl. EG Nr. L 79 S. 29 – (Land- und Forstwirtschaftsentscheidung).

(1a) [1]Bei beweglichen Wirtschaftsgütern, die im Zeitpunkt der Anschaffung oder Herstellung zum Anlagevermögen einer Betriebsstätte in dem Teil des Landes Berlin gehören, in dem das Grundgesetz schon vor

---

1) Bezeichnung geänd. durch VO v. 29. 10. 2001 (BGBl. I S. 2785).

2) § 8 Abs. 1 geänd., Abs. 1a eingef. durch G v. 11. 10. 1995 (BGBl. I S. 1250) und neugef. durch G v. 18. 8. 1997 (BGBl. I S. 2070), Abs. 1 Satz 2 angef., Abs. 1a Satz 3 Nr. 3 neugef. durch G v. 19. 12. 1998 (BGBl. I S. 3779).

dem 3. Oktober 1990 gegolten hat (Berlin-West), bei unbeweglichen Wirtschaftsgütern in Berlin-West und bei nachträglichen Herstellungsarbeiten an diesen Wirtschaftsgütern sind die §§ 1 bis 5 anzuwenden, wenn der Steuerpflichtige sie

1. nach dem 30. Juni 1991 bestellt oder herzustellen begonnen hat und die Wirtschaftsgüter nach dem 31. Dezember 1990 und vor dem 1. Januar 1995 angeschafft oder hergestellt oder die nachträglichen Herstellungsarbeiten in diesem Zeitraum beendet worden sind oder
2. nach dem 30. Juni 1991 und vor dem 1. Januar 1995 bestellt oder herzustellen begonnen hat und die Wirtschaftsgüter nach dem 31. Dezember 1994 angeschafft oder hergestellt oder die nachträglichen Herstellungsarbeiten nach diesem Zeitpunkt beendet worden sind, soweit vor dem 1. Januar 1995 Anzahlungen geleistet worden oder Teilherstellungskosten entstanden sind, oder
3. nach dem 31. Dezember 1995 bestellt oder herzustellen begonnen hat und die Wirtschaftsgüter nach dem 31. Dezember 1995 und vor dem 1. Januar 1999 angeschafft oder hergestellt worden sind oder
4. nach dem 31. Dezember 1995 bestellt oder herzustellen begonnen hat und die Wirtschaftsgüter nach dem 31. Dezember 1998 angeschafft oder hergestellt worden sind, soweit nach dem 31. Dezember 1995 und vor dem 1. Januar 1999 Anzahlungen auf Anschaffungskosten geleistet worden oder Teilherstellungskosten entstanden sind.

2 Soweit unbewegliche Wirtschaftsgüter oder durch nachträgliche Herstellungsarbeiten an unbeweglichen Wirtschaftsgütern geschaffene Teile mindestens fünf Jahre nach ihrer Anschaffung oder Herstellung oder nach Beendigung der nachträglichen Herstellungsarbeiten Wohnzwecken dienen und nicht zu einem Betriebsvermögen gehören,

1. tritt in Satz 1 Nr. 1 an die Stelle des 1. Januar 1995 der 1. Januar 1999,
2. sind bei nach dem 31. Dezember 1998 angeschafften oder hergestellten Wirtschaftsgütern oder beendeten nachträglichen Herstellungsarbeiten die §§ 1 bis 5 anzuwenden, soweit nach dem 31. Dezember 1990 und vor dem 1. Januar 1999 Anzahlungen auf Anschaffungskosten geleistet worden oder Teilherstellungskosten entstanden sind.

3 Satz 1 Nr. 3 und 4 ist nur anzuwenden

1. bei der Anschaffung oder Herstellung von unbeweglichen Wirtschaftsgütern, soweit sie mindestens fünf Jahre nach ihrer Anschaffung oder Herstellung in einem Betrieb des verarbeitenden Gewerbes zu eigenbetrieblichen Zwecken verwendet werden,
2. bei der Anschaffung oder Herstellung von beweglichen Wirtschaftsgütern, die mindestens drei Jahre nach ihrer Anschaffung oder Herstellung
   a) zum Anlagevermögen eines Betriebs des Steuerpflichtigen gehören, der in die Handwerksrolle oder das Verzeichnis handwerksähnlicher Betriebe eingetragen ist, oder eines Betriebs des verarbeitenden Gewerbes des Steuerpflichtigen gehören und
   b) in einem solchen Betrieb des Steuerpflichtigen verbleiben,

3. wenn es sich um Erstinvestitionen handelt und wenn die Investitionen nicht in Nummer 1.2 zweiter oder dritter Gedankenstrich oder Nummer 2 des Anhangs der Land- und Forstwirtschaftsentscheidung genannt sind,
4. wenn der Betrieb zu Beginn des Wirtschaftsjahres, in dem die Wirtschaftsgüter angeschafft oder hergestellt werden, nicht mehr als 250 Arbeitnehmer in einem gegenwärtigen Dienstverhältnis beschäftigt, die Arbeitslohn, Kurzarbeitergeld, Schlechtwettergeld oder Winterausfallgeld beziehen, und
5. wenn sich die Betriebsstätte in dem Zeitpunkt, in dem die Wirtschaftsgüter bestellt oder herzustellen begonnen worden sind, in einem Gebiet befindet, das im jeweils gültigen Rahmenplan nach dem Gesetz über die Gemeinschaftsaufgabe „Verbesserung der regionalen Wirtschaftsstruktur" vom 6. Oktober 1969 (BGBl. I S. 1861) ausgewiesen ist.

[4] Als Beginn der Herstellung im Sinne des Satzes 1 und des Satzes 3 Nr. 5 gilt bei Baumaßnahmen, für die eine Baugenehmigung erforderlich ist, der Zeitpunkt, in dem der Bauantrag gestellt wird. [5] Erstinvestitionen im Sinne des Satzes 3 Nr. 3 sind die Anschaffung oder Herstellung von Wirtschaftsgütern bei der Errichtung einer neuen Betriebsstätte, bei der Erweiterung einer bestehenden Betriebsstätte, bei einer grundlegenden Änderung eines Produkts oder eines Produktionsverfahrens eines bestehenden Betriebs oder einer bestehenden Betriebsstätte oder bei der Übernahme eines Betriebs, der geschlossen worden ist oder geschlossen worden wäre, wenn der Betrieb nicht übernommen worden wäre.

(2) [1] § 6 Abs. 1 ist erstmals für das Wirtschaftsjahr anzuwenden, das nach dem 31. Dezember 1990 endet, und letztmals für das Wirtschaftsjahr, das nach dem 30. Dezember 1991 endet. [2] § 6 ist für Investitionen in Berlin-West nicht anzuwenden.

(3)[1)] § 7 ist auf Aufwendungen anzuwenden, die auf nach dem 31. Dezember 1990 und vor dem 1. Januar 1999 vorgenommene Herstellungs- oder Erhaltungsarbeiten entfallen.

---

1) § 8 Abs. 3 geänd. durch G v. 11. 10. 1995 (BGBl. I S. 1250).

745. Gesetz über steuerliche Maßnahmen bei Auslandsinvestitionen der deutschen Wirtschaft[1]

Vom 18. August 1969 (BGBl. I S. 1211, 1214)

Geändert durch Einführungsgesetz zum Einkommensteuerreformgesetz vom 21. 12. 1974 (BGBl. I S. 3656), Gesetz zur Änderung des EStG, KStG und anderer Gesetze vom 20. 8. 1980 (BGBl. I S. 1545), 2. Haushaltsstrukturgesetz vom 22. 12. 1981 (BGBl. I S. 1523), Steuerreformgesetz 1990 vom 25. 7. 1988 (BGBl. I S. 1093), Steuerentlastungsgesetz 1999/2000/2002 vom 24. 3. 1999 (BGBl. I S. 402), Siebente Zuständigkeitsanpassungs-Verordnung vom 29. 10. 2001 (BGBl. I S. 2785), Neunte Zuständigkeitsanpassungsverordnung vom 31. 10. 2006 (BGBl. I S. 2407), Jahressteuergesetz 2009 vom 19. 12. 2008 (BGBl. I S. 2794) und Zehnte Zuständigkeitsanpassungsverordnung vom 31. 8. 2015 (BGBl. I S. 1474)

BGBl. III/FNA 707-6-1-3

Der Bundestag hat mit Zustimmung des Bundesrates das folgende Gesetz beschlossen:

§ 1[2]·[3] Steuerfreie Rücklage bei Überführung bestimmter Wirtschaftsgüter in Gesellschaften, Betriebe oder Betriebstätten im Ausland.

(1) [1]Steuerpflichtige, die den Gewinn nach § 4 Abs. 1 oder § 5 des Einkommensteuergesetzes[4] ermitteln und im Zusammenhang mit Investitionen im Sinne des Absatzes 2 zum Anlagevermögen eines inländischen Betriebs gehörende abnutzbare Wirtschaftsgüter in die Gesellschaft, den Betrieb oder die Betriebstätte im Ausland überführen, können im Wirtschaftsjahr der Überführung bis zur Höhe des durch die Überführung entstandenen Gewinns eine den steuerlichen Gewinn mindernde Rücklage bilden. [2]Die Rücklage ist vom fünften auf ihre Bildung folgenden Wirtschaftsjahr an jährlich mit mindestens einem Fünftel gewinnerhöhend aufzulösen.

(2) Investitionen im Ausland im Sinne des Absatzes 1 sind

1. der Erwerb von Beteiligungen an Kapitalgesellschaften mit Sitz und Geschäftsleitung in einem ausländischen Staat,
2. Einlagen in Personengesellschaften in einem ausländischen Staat und
3. die Zuführung von Betriebsvermögen in einen Betrieb oder eine Betriebstätte des Steuerpflichtigen in einem ausländischen Staat.

(3) [1]*Die Rücklage nach Absatz 1 darf nur gebildet werden, wenn die Gesellschaft, der Betrieb oder die Betriebstätte im Ausland ausschließlich oder fast ausschließlich die*

---

[1] Das G ist Teil des G über die Gewährung von Investitionszulagen und zur Änderung steuerrechtlicher und prämienrechtlicher Vorschriften (StÄndG 1969) v. 18. 8. 1969 (BGBl. I S. 1211) und als dessen Art. 2 verkündet worden.

[2] **Bildung von Rücklagen letztmals für vor dem 1. 1. 1990 endende Wj möglich (§ 8 Abs. 4).**

[3] § 1 Abs. 1 Satz 1 und Abs. 3 bish. Satz 3 geänd. und Abs. 5 neugef. durch G v. 21. 12. 1974 (BGBl. I S. 3656), Abs. 3 bish. Sätze 1 und 2 aufgeh. sowie Abs. 4 Satz 5 geänd. durch G v. 22. 12. 1981 (BGBl. I S. 1523); zum Anwendungsbereich von Abs. 3 Sätze 1 und 2 siehe § 8 Abs. 3.

[4] Nr. **1**.

Herstellung oder Lieferung von Waren, die Gewinnung von Bodenschätzen, die Bewirkung gewerblicher Leistungen oder den Betrieb einer Land- und Forstwirtschaft zum Gegenstand hat; zu den gewerblichen Leistungen gehören nicht die Vermietung und Verpachtung von Wirtschaftsgütern einschließlich der Überlassung der Nutzung von Rechten, Plänen, Mustern, Verfahren, Erfahrungen und Kenntnissen. [2] *Bei der Überführung eines Seeschiffs in eine Gesellschaft, einen Betrieb oder eine Betriebstätte im Ausland, die den Betrieb von Handelsschiffen im internationalen Verkehr zum Gegenstand haben, ist weitere Voraussetzung für die Anwendung des Absatzes 1, daß der Bundesminister für Verkehr oder die von ihm bestimmte Stelle die Überführung des Schiffs für schiffahrtspolitisch unbedenklich erklärt hat.* Die Bildung der Rücklage nach Absatz 1 ist ausgeschlossen, wenn der Steuerpflichtige für die Investition im Ausland die Steuervergünstigung des § 3 des Entwicklungsländer-Steuergesetzes in Anspruch nimmt.

(4) [1] Werden Beteiligungen im Sinne des Absatzes 2 Nr. 1 veräußert oder in das Privatvermögen überführt, so ist die für die Beteiligung gebildete Rücklage im Wirtschaftsjahr der Veräußerung oder Überführung in das Privatvermögen im Verhältnis des Anteils der veräußerten oder in das Privatvermögen überführten Beteiligung zur gesamten Beteiligung im Sinne des Absatzes 2 Nr. 1 vorzeitig gewinnerhöhend aufzulösen. [2] Entsprechendes gilt, wenn bei Investitionen im Ausland im Sinne des Absatzes 2 Nr. 2 und 3 die zugeführten Wirtschaftsgüter veräußert oder in das Inland oder in das Privatvermögen überführt werden, ohne daß der Personengesellschaft, dem Betrieb oder der Betriebsstätte im Ausland bis zum Ende des auf die Veräußerung oder Überführung folgenden Wirtschaftsjahrs in entsprechendem Umfang Ersatzwirtschaftsgüter zugeführt werden. [3] Bei einer durch die Verhältnisse im ausländischen Staat bedingten Umwandlung einer Personengesellschaft, eines Betriebs oder einer Betriebsstätte im Ausland in eine Kapitalgesellschaft entfällt die vorzeitige gewinnerhöhende Auflösung der Rücklage in Höhe des Betrags oder Teilbetrags, der dem Verhältnis zwischen der Beteiligung des Steuerpflichtigen an dieser Kapitalgesellschaft und seinem Anteil an der Personengesellschaft, dem Betrieb oder der Betriebsstätte vor der Umwandlung entspricht. [4] Nach der Umwandlung gelten die Sätze 1 und 2 sinngemäß. [5] Erfüllt die Gesellschaft, der Betrieb oder die Betriebsstätte im Ausland nicht mehr die Voraussetzungen des § 5, so ist die steuerfreie Rücklage in voller Höhe gewinnerhöhend aufzulösen.

(5) Voraussetzung für die Anwendung der Absätze 1 bis 4 ist, daß die Bildung und Auflösung der Rücklage in der Buchführung verfolgt werden können.

§ 2[1), 2)] Ausländische Verluste bei Doppelbesteuerungsabkommen.

(1) [1] Sind nach einem Abkommen zur Vermeidung der Doppelbesteuerung bei einem unbeschränkt Steuerpflichtigen aus einer in einem ausländischen Staat belegenen Betriebstätte stammende Einkünfte aus gewerblicher

---

1) **Letztmals für Verluste des VZ 1989 (§ 8 Abs. 5),** anschließend inhaltsgleiche Regelung in § 2a EStG (Nr. 1).

2) § 2 Abs. 1 neugef. durch G v. 20. 8. 1980 (BGBl. I S. 1545); Sätze 3 und 4 sind für VZe ab 2009 weiter anzuwenden (§ 8 Abs. 5 Satz 2).

Tätigkeit von der Einkommensteuer oder Körperschaftsteuer zu befreien, so ist auf Antrag des Steuerpflichtigen ein Verlust, der sich nach den Vorschriften des Einkommensteuergesetzes bei diesen Einkünften ergibt und nach den Vorschriften des Einkommensteuergesetzes vom Steuerpflichtigen ausgeglichen oder abgezogen werden könnte, wenn die Einkünfte nicht von der Einkommensteuer oder Körperschaftsteuer zu befreien wären, bei der Ermittlung des Gesamtbetrags der Einkünfte insoweit abzuziehen, als er nach diesem Abkommen zu befreiende positive Einkünfte aus gewerblicher Tätigkeit aus anderen in diesem ausländischen Staat belegenen Betriebstätten übersteigt. [2]Soweit der Verlust dabei nicht ausgeglichen wird, ist bei Vorliegen der Voraussetzungen des § 10d des Einkommensteuergesetzes[1)] der Verlustabzug zulässig. [3]Der nach Satz 1 abgezogene Betrag ist, soweit sich in einem der folgenden Veranlagungszeiträume bei den nach diesem Abkommen zu befreienden Einkünften aus gewerblicher Tätigkeit aus in diesem ausländischen Staat belegenen Betriebstätten insgesamt ein positiver Betrag ergibt, in dem betreffenden Veranlagungszeitraum bei der Ermittlung des Gesamtbetrags der Einkünfte wieder hinzuzurechnen. [4]Satz 3 ist nicht anzuwenden, wenn der Steuerpflichtige nachweist, daß nach den für ihn geltenden Vorschriften des ausländischen Staates ein Abzug von Verlusten in anderen Jahren als dem Verlustjahr allgemein nicht beansprucht werden kann.

(2)[2)] [1]Wird eine in einem ausländischen Staat belegene Betriebstätte in eine Kapitalgesellschaft umgewandelt, so ist ein nach Absatz 1 Satz 1 und 2 abgezogener Verlust, soweit er nach Absatz 1 Satz 3 nicht wieder hinzugerechnet worden ist oder nicht noch hinzuzurechnen ist, im Veranlagungszeitraum der Umwandlung in entsprechender Anwendung des Absatzes 1 Satz 3 dem Gesamtbetrag der Einkünfte hinzuzurechnen. [2]Satz 1 ist nicht anzuwenden, wenn

1. bei der umgewandelten Betriebstätte die Voraussetzungen des Absatzes 1 Satz 4 vorgelegen haben oder
2. der Steuerpflichtige nachweist, daß die Kapitalgesellschaft nach den für sie geltenden Vorschriften einen Abzug von Verlusten der Betriebstätte nicht beanspruchen kann.

§ 3[3)] Steuerfreie Rücklage für Verluste von ausländischen Tochtergesellschaften. (1)[4)] [1]Unbeschränkt Steuerpflichtige, die den Gewinn nach § 4 Abs. 1 oder § 5 des Einkommensteuergesetzes[1)] ermitteln, können für Verluste einer Kapitalgesellschaft mit Sitz und Geschäftsleitung in einem ausländischen Staat, an deren Nennkapital der Steuerpflichtige mindestens zu 50 vom Hundert, bei Kapitalgesellschaften mit Sitz und Ge-

[1)] Nr. **1**.

[2)] § 2 Abs. 2 ist für VZe ab 2009 weiter anzuwenden (§ 8 Abs. 5 Satz 2).

[3)] **Bildung von Rücklagen letztmals für vor dem 1. 1. 1990 endende Wj möglich (§ 8 Abs. 4).**

[4)] § 3 Abs. 1 Sätze 1 und 3 geänd. durch G v. 21. 12. 1974 (BGBl. I S. 3656), Satz 3 erster Halbsatz neugef. durch G v. 20. 8. 1980 (BGBl. I S. 1545), Abs. 1 Satz 1 geänd. durch G v. 22. 12. 1981 (BGBl. I S. 1523).

schäftsleitung in Entwicklungsländern im Sinne des *§ 6 des Entwicklungsländer-Steuergesetzes*[1]) mindestens zu 25 vom Hundert, unmittelbar beteiligt ist (ausländische Tochtergesellschaft), eine den steuerlichen Gewinn mindernde Rücklage bilden. [2]Die Bildung der Rücklage ist für das Wirtschaftsjahr, in dem der Steuerpflichtige Anteile an der ausländischen Kapitalgesellschaft in einem Ausmaß erwirbt, das erstmals zu einer Beteiligung des Steuerpflichtigen in dem in Satz 1 bezeichneten Umfang führt, oder - wenn der Steuerpflichtige an der ausländischen Kapitalgesellschaft bereits in dem in Satz 1 bezeichneten Umfang beteiligt war – in dem er weitere Anteile an dieser Kapitalgesellschaft erwirbt, und in den vier folgenden Wirtschaftsjahren zulässig; die neu erworbenen Anteile müssen mindestens 5 vom Hundert des Nennkapitals der ausländischen Kapitalgesellschaft betragen. [3]Die Rücklage darf für das Wirtschaftsjahr des Steuerpflichtigen, in dem der Verlust der ausländischen Tochtergesellschaft entstanden ist, bis zur Höhe des Teils des Verlustes gebildet werden, der dem Verhältnis der neu erworbenen Anteile zum Nennkapital dieser Gesellschaft entspricht; sie ist zu vermindern um den Betrag, in dessen Höhe der Steuerpflichtige im Wirtschaftsjahr ihrer Bildung auf die neu erworbenen Anteile an der ausländischen Tochtergesellschaft eine Teilwertabschreibung vornimmt. [4]Die Rücklage darf den Betrag nicht übersteigen, mit dem die neu erworbenen Anteile in der Steuerbilanz angesetzt sind.

(2)[2]) Voraussetzung für die Bildung der Rücklage ist, daß

1. der neue Anteilserwerb im Sinne des Absatzes 1 Satz 2 nach dem 31. Dezember 1968 stattgefunden hat,

2. a. F. die ausländische Tochtergesellschaft ausschließlich oder fast ausschließlich die Herstellung oder Lieferung von Waren, die Gewinnung von Bodenschätzen, die Bewirkung gewerblicher Leistungen oder den Betrieb einer Land- und Forstwirtschaft zum Gegenstand hat; zu den gewerblichen Leistungen gehören nicht die Vermietung und Verpachtung von Wirtschaftsgütern einschließlich der Überlassung der Nutzung von Rechten, Plänen, Mustern, Verfahren, Erfahrungen und Kenntnissen. [2]Bei ausländischen Tochtergesellschaften, die den Betrieb von Handelsschiffen im internationalen Verkehr zum Gegenstand haben, ist weitere Voraussetzung für die Bildung der Rücklage, daß der Bundesminister für Verkehr die Beteiligung des Steuerpflichtigen an der ausländischen Tochtergesellschaft für schiffahrtspolitisch unbedenklich erklärt hat,

2. der Verlust der ausländischen Tochtergesellschaft nach Vorschriften ermittelt ist, die den allgemeinen deutschen Gewinnermittlungsvorschriften entsprechen; steuerliche Vergünstigungen sind dabei unberücksichtigt zu lassen,

3. die Voraussetzungen der Nummer 2 und des § 5 durch Vorlage sachdienlicher Unterlagen, insbesondere Bilanzen und Ergebnisrechnungen und etwaige Geschäftsberichte der ausländischen Tochtergesellschaft,

---

[1]) 1997 ausgelaufen.

[2]) § 3 Abs. 2 Nr. 4 neugef. durch G v. 20. 8. 1980 (BGBl. I S. 1545), bish. Nr. 2 aufgeh., bish. Nrn. 3 bis 6 werden Nrn. 2 bis 5, Nrn. 3 und 4 geänd. durch G v. 22. 12. 1981 (BGBl. I S. 1523); zum Anwendungsbereich von Nr. 2 a. F. siehe § 8 Abs. 3.

nachgewiesen werden; auf Verlangen sind diese Unterlagen mit dem im Staat der Geschäftsleitung oder des Sitzes vorgeschriebenen oder üblichen Prüfungsvermerk einer behördlich anerkannten Wirtschaftsprüfungsstelle oder einer vergleichbaren Stelle vorzulegen,

4. der Steuerpflichtige und die ausländische Tochtergesellschaft sich verpflichten, Unterlagen der in Nummer 3 bezeichneten Art auch für die dem Verlustjahr folgenden Wirtschaftsjahre vorzulegen, solange eine Rücklage im Sinne des Absatzes 1 ausgewiesen wird; aus den Unterlagen muß sich die Höhe der in diesen Wirtschaftsjahren erzielten Betriebsergebnisse der ausländischen Tochtergesellschaft zweifelsfrei ergeben, und
5. die ausländische Tochtergesellschaft erklärt, daß sie mit der Erteilung von Auskünften durch die Steuerbehörden des Staates, in dem sie ihren Sitz und ihre Geschäftsleitung hat, an die deutschen Steuerbehörden einverstanden ist.

(3)[1] Die Rücklage ist gewinnerhöhend aufzulösen,

1. wenn die ausländische Tochtergesellschaft in einem auf das Verlustjahr folgenden Wirtschaftsjahr einen Gewinn erzielt,

   in Höhe des Teils des Gewinns, der dem Verhältnis der neu erworbenen Anteile im Sinne des Absatzes 1 Satz 2 zum Nennkapital der ausländischen Tochtergesellschaft entspricht, soweit er die Verlustteile, die bei der Bildung der Rücklage nach Absatz 1 Satz 3 zweiter Halbsatz und Satz 4 unberücksichtigt geblieben sind, oder den Auflösungsbetrag im Sinne der Nummer 2 übersteigt,
2. wenn in einem auf ihre Bildung folgenden Wirtschaftsjahr auf die neu erworbenen Anteile im Sinne des Absatzes 1 Satz 2 an der ausländischen Tochtergesellschaft eine Teilwertabschreibung vorgenommen wird,

   in Höhe des Betrags der Teilwertabschreibung,
3. wenn vom Steuerpflichtigen Anteile an der ausländischen Tochtergesellschaft veräußert oder in das Privatvermögen überführt werden,

   in Höhe des Teils der Rücklage, der dem Anteil der veräußerten oder in das Privatvermögen überführten Anteile an den neu erworbenen Anteilen im Sinne des Absatzes 1 Satz 2 entspricht,
4. wenn die Nachweisverpflichtungen im Sinne des Absatzes 2 Nr. 4 nicht erfüllt werden,

   in voller Höhe,

spätestens jedoch am Schluß des fünften auf ihre Bildung folgenden Wirtschaftsjahrs.

(4) § 1 Abs. 5 gilt entsprechend.

§ 4[2] *(aufgehoben)*

---

[1] § 3 Abs. 3 Nr. 2 geänd. durch G v. 21. 12. 1974 (BGBl. I S. 3656), Nr. 1 Halbsatz 2 angef. durch G v. 20. 8. 1980 (BGBl. I S. 1545), Nr. 4 geänd. durch G v. 22. 12. 1981 (BGBl. I S. 1523).

[2] § 4 aufgeh. durch G v. 22. 12. 1981 (BGBl. I S. 1523); zum Anwendungsbereich siehe § 8 Abs. 2.

§ 5[1] Gemeinsame Voraussetzungen. [1]Voraussetzung für die Anwendung der §§ 1 bis 3 ist, daß die Gesellschaft, der Betrieb oder die Betriebsstätte im Ausland ausschließlich oder fast ausschließlich die Herstellung oder Lieferung von Waren außer Waffen, die Gewinnung von Bodenschätzen sowie die Bewirkung gewerblicher Leistungen zum Gegenstand hat, soweit diese nicht in der Errichtung oder dem Betrieb von Anlagen, die dem Fremdenverkehr dienen, oder in der Vermietung und Verpachtung von Wirtschaftsgütern einschließlich der Überlassung von Rechten, Plänen, Mustern, Verfahren, Erfahrungen und Kenntnissen bestehen. [2]Soweit die Bewirkung gewerblicher Leistungen im Betrieb von Handelsschiffen oder Luftfahrzeugen im internationalen Verkehr besteht, ist weitere Voraussetzung, daß das Bundesministerium für Verkehr und digitale Infrastruktur[2] oder die von ihm bestimmte Stelle die verkehrspolitische Förderungswürdigkeit bestätigt.

§ 6[3] Gewerbesteuer. Die Vorschriften der §§ 1, 3 und 4 gelten auch für die Ermittlung des Gewerbeertrags.

§ 7[3] Ermächtigung. Der Bundesminister der Finanzen wird ermächtigt, den Wortlaut dieses Gesetzes in der jeweils geltenden Fassung mit neuem Datum bekanntzumachen, die Paragraphenfolge zu ändern und Unstimmigkeiten des Wortlauts zu beseitigen.

§ 8[4], [5] Anwendungsbereich. (1) Die vorstehende Fassung dieses Gesetzes ist vorbehaltlich der Absätze 2 und 3 erstmals für den Veranlagungszeitraum 1982 anzuwenden.

(2) § 4 in der Fassung des Artikels 2 des Gesetzes vom 18. August 1969 (BGBl. I S. 1214) ist auf Anteile an Kapitalgesellschaften anzuwenden, die vor dem 1. Januar 1982 erworben werden.

(3) § 5 in Verbindung mit den §§ 1 und 3 ist erstmals für das Wirtschaftsjahr anzuwenden, das nach dem 31. Dezember 1981 beginnt; für Wirtschaftsjahre, die vor dem 1. Januar 1982 beginnen, sind § 1 Abs. 3 Satz 1 und 2 sowie § 3 Abs. 2 Nr. 2 in der Fassung des Artikels 2 des Gesetzes vom 18. August 1969 (BGBl. I S. 1214) anzuwenden.

(4) Rücklagen nach den §§ 1 und 3 können letztmalig für das Wirtschaftsjahr gebildet werden, das vor dem 1. Januar 1990 endet.

(5) [1]§ 2 ist letztmals auf Verluste des Veranlagungszeitraums 1989 anzuwenden. [2]§ 2 Abs. 1 Satz 3, 4 und Abs. 2 ist für Veranlagungszeiträume ab 2009 weiter anzuwenden.

---

[1] § 5 eingef. durch G v. 22. 12. 1981 (BGBl. I S. 1523); zum Anwendungsbereich siehe § 8 Abs. 3.

[2] Bezeichnung geänd. durch VO v. 31. 8. 2015 (BGBl. I S. 1474).

[3] Bish. §§ 5 bis 7 wurden §§ 6 bis 8 durch G v. 22. 12. 1981 (BGBl. I S. 1523).

[4] Bish. §§ 5 bis 7 wurden §§ 6 bis 8, jetziger § 8 neugef. durch G v. 22. 12. 1981 (BGBl. I S. 1523).

[5] § 8 Abs. 4 und 5 angef. durch G v. 25. 7. 1988 (BGBl. I S. 1093), Abs. 5 Satz 2 angef. durch G v. 24. 3. 1999 (BGBl. I S. 402), Abs. 5 Satz 2 neugef. durch G v. 19. 12. 2008 (BGBl. I S. 2794).

§ 9[1] **Anwendung im Land Berlin.** *(gegenstandslos)*

§ 10[1), 2] **Inkrafttreten.** Dieses Gesetz tritt am Tage nach seiner Verkündung[3] in Kraft.

---

[1] Bish. §§ 8 und 9 wurden §§ 9 und 10 durch G v. 22. 12. 1981 (BGBl. I S. 1523).

[2] § 10 betrifft das Inkrafttreten des G in seiner ursprünglichen Fassung. Das Inkrafttreten der späteren Änderungen ergibt sich aus den jeweiligen Änderungsgesetzen.

[3] Verkündet am 21. 8. 1969.

800. Abgabenordnung (AO)

In der Fassung der Bekanntmachung vom 1. Oktober 2002 [1), 2)]
(BGBl. I S. 3866, ber. BGBl. 2003 I S. 61)

Geändert durch Zweites Gesetz für moderne Dienstleistungen am Arbeitsmarkt vom 23. 12. 2002 (BGBl. I S. 4621), Steuervergünstigungsabbaugesetz vom 16. 5. 2003 (BGBl. I S. 660), Kleinunternehmerförderungsgesetz vom 31. 7. 2003 (BGBl. I S. 1550), Steueränderungsgesetz 2003 vom 15. 12. 2003 (BGBl. I S. 2645), Drittes Gesetz für moderne Dienstleistungen am Arbeitsmarkt vom 23. 12. 2003 (BGBl. I S. 2848), Gesetz zur Förderung der Steuerehrlichkeit vom 23. 12. 2003 (BGBl. I S. 2928), Viertes Gesetz für moderne Dienstleistungen am Arbeitsmarkt vom 24. 12. 2003 (BGBl. I S. 2954), Gesetz zur Einordnung des Sozialhilferechts in das Sozialgesetzbuch vom 27. 12. 2003 (BGBl. I S. 3022), Gesetz zur Förderung der Ausbildung und Beschäftigung schwerbehinderter Menschen vom 23. 4. 2004 (BGBl. I S. 606), Kostenrechtsmodernisierungsgesetz vom 5. 5. 2004 (BGBl. I S. 718), Gesetz zur Änderung der Abgabenordnung, weiterer Gesetze vom 21. 7. 2004 (BGBl. I S. 1753), 1. Justizmodernisierungsgesetz vom 24. 8. 2004 (BGBl. I S. 2198), Gesetz zur Organisationsreform in der gesetzlichen Rentenversicherung vom 9. 12. 2004 (BGBl. I S. 3242), EURichtlinien-Umsetzungsgesetz vom 9. 12. 2004 (BGBl. I S. 3310), Justizkommunikationsgesetz vom 22. 3. 2005 (BGBl. I S. 837), Gesetz zur Umbenennung des Bundesgrenzschutzes in Bundespolizei vom 21. 6. 2005 (BGBl. I S. 1818), Gesetz zur Novellierung des Verwaltungszustellungsrechts vom 12. 8. 2005 (BGBl. I S. 2354), Gesetz zur Neuorganisation der Bundesfinanzverwaltung und zur Schaffung eines Refinanzierungsregisters vom 22. 9. 2005 (BGBl. I S. 2809), Gesetz zur Eindämmung missbräuchlicher Steuergestaltungen vom 28. 4. 2006 (BGBl. I S. 1095), Steueränderungsgesetz 2007 vom 19. 7. 2006 (BGBl. I S. 1652), Erstes Gesetz zum Abbau bürokratischer Hemmnisse insbesondere in der mittelständischen Wirtschaft vom 22. 8. 2006 (BGBl. I S. 1970), Föderalismusreform-Begleitgesetz vom 5. 9. 2006 (BGBl. I S. 2098), Jahressteuergesetz 2007 vom 13. 12. 2006 (BGBl. I S. 2878), Gesetz zur Änderung des Passgesetzes und weiterer Vorschriften vom 20. 7. 2007 (BGBl. I S. 1566), Unternehmensteuerreformgesetz 2008 vom 14. 8. 2007 (BGBl. I S. 1912), Zweites Gesetz zum Abbau bürokratischer Hemmnisse insbesondere in der mittelständischen Wirtschaft vom 7. 9. 2007 (BGBl. I S. 2246), Gesetz zur weiteren Stärkung des bürgerschaftlichen Engagements vom 10. 10. 2007 (BGBl. I S. 2332), Zweites Gesetz zur Änderung des Finanzverwaltungsgesetzes und anderer Gesetze vom 13. 12. 2007 (BGBl. I S. 2897), Jahressteuergesetz 2008 vom 20. 12. 2007 (BGBl. I S. 3150), Gesetz zur Neuregelung der Telekommunikationsüberwachung und anderer verdeckter Ermittlungsmaßnahmen vom 21. 12. 2007 (BGBl. I S. 3198), Achtes Gesetz zur Änderung des Steuerberatungsgesetzes vom 8. 4. 2008 (BGBl. I S. 666), Geldwäschebekämpfungsergänzungsgesetz vom 13. 8. 2008 (BGBl. I S. 1690), Gesetz zur Modernisierung des GmbH-Rechts und zur Bekämpfung von Missbräuchen vom 23. 10. 2008 (BGBl. I S. 2026), FGG-Reformgesetz vom 17. 12. 2008 (BGBl. I S. 2586), Jahressteuergesetz 2009 vom 19. 12. 2008 (BGBl. I S. 2794), Steuerbürokratieabbaugesetz vom 20. 12. 2008 (BGBl. I S. 2850), Gesetz zur Fortführung der Gesetzeslage 2006 bei der Entfernungspauschale vom 20. 4. 2009 (BGBl. I S. 774), Bilanzrechtsmodernisierungsgesetz vom 25. 5. 2009 (BGBl. I S. 1102), Gesetz zur Reform des Kontopfändungsschutzes vom 7. 7. 2009 (BGBl. I S. 1707), Gesetz zur Reform der Sachaufklärung in der Zwangsvollstreckung vom 29. 7. 2009 (BGBl. I S. 2258), Steuerhinterziehungsbekämpfungsgesetz vom 29. 7. 2009 (BGBl. I S. 2302), Gesetz über die Internetversteigerung in der Zwangsvollstreckung und zur Änderung anderer Gesetze vom 30. 7. 2009 (BGBl. I S. 2474), Jahressteuergesetz 2010 (JStG 2010) vom 8. 12. 2010 (BGBl. I S. 1768), Zweites Gesetz zur erbrechtlichen Gleichstellung nichtehelicher Kinder, zur Änderung der Zivilprozessordnung und der Abgabenordnung vom 12. 4. 2011 (BGBl. I S. 615), Gesetz zur Verbesserung der Bekämpfung der Geldwäsche und der Steuerhinterziehung (Schwarzgeldbekämpfungsgesetz) vom

---

1) Neubekanntmachung der AO v. 16. 3. 1976 (BGBl. I S. 613, 1977 S. 269) auf Grund des Art. 73 Abs. 2 des Dritten Gesetzes zur Änderung verwaltungsverfahrensrechtlicher Vorschriften v. 21. 8. 2002 (BGBl. I S. 3322) in der ab 1. 9. 2002 geltenden Fassung.

2) Beachte Art. 97 Übergangsvorschriften des Einführungsgesetzes zur Abgabenordnung v. 14. 12. 1976 (Nr. **800 a**).

Zur Anwendung der AO im Beitrittsgebiet vgl. Art. 97 a EGAO (Nr. **800 a**).

28. 4. 2011 (BGBl. I S. 676), Steuervereinfachungsgesetz 2011 vom 1. 11. 2011 (BGBl. I S. 2131), Beitreibungsrichtlinie-Umsetzungsgesetz (BeitrRLUmsG) vom 7. 12. 2011 (BGBl. I S. 2592), Gesetz zur Optimierung der Geldwäscheprävention vom 22. 12. 2011 (BGBl. I S. 2959), Gesetz zur Änderung von Vorschriften über Verkündung und Bekanntmachungen sowie der Zivilprozessordnung, des Gesetzes betreffend die Einführung der Zivilprozessordnung und der Abgabenordnung vom 22. 12. 2011 (BGBl. I S. 3044), Gesetz über die Vereinfachung des Austauschs von Informationen und Erkenntnissen zwischen den Strafverfolgungsbehörden der Mitgliedstaaten der Europäischen Union vom 21. 7. 2012 (BGBl. I S. 1566), Ehrenamtsstärkungsgesetz vom 21. 3. 2013 (BGBl. I S. 556), Gesetz zur Fortentwicklung des Meldewesens (MeldFortG) vom 3. 5. 2013 (BGBl. I S. 1084; geänd. BGBl. I 2014 S. 1738), Amtshilferichtlinie-Umsetzungsgesetz (AmtshilfeRLUmsG) vom 26. 6. 2013 (BGBl. I S. 1809), Gesetz zur Förderung der elektronischen Verwaltung sowie zur Änderung weiterer Vorschriften vom 25. 7. 2013 (BGBl. I S. 2749), Gesetz zur Strukturreform des Gebührenrechts des Bundes vom 7. 8. 2013 (BGBl. I S. 3154), Gesetz zur Anpassung des Investmentsteuergesetzes und anderer Gesetze an das AIFM-Umsetzungsgesetz (AIFM-Steuer-Anpassungsgesetz – AIFM-StAnpG) vom 18. 12. 2013 (BGBl. I S. 4318), Gesetz zur Anpassung steuerlicher Regelungen an die Rechtsprechung des Bundesverfassungsgerichts vom 18. 7. 2014 (BGBl. I S. 1042), Gesetz zur Anpassung des nationalen Steuerrechts an den Beitritt Kroatiens zur EU und zur Änderung weiterer steuerlicher Vorschriften vom 25. 7. 2014 (BGBl. I S. 1266), Gesetz zur Änderung der Abgabenordnung und des Einführungsgesetzes zur Abgabenordnung vom 22. 12. 2014 (BGBl. I S. 2415), Gesetz zur Anpassung der Abgabenordnung an den Zollkodex der Union und zur Änderung weiterer steuerlicher Vorschriften vom 22. 12. 2014 (BGBl. I S. 2417), Gesetz zur Entlastung insbesondere der mittelständischen Wirtschaft von Bürokratie (Bürokratieentlastungsgesetz) vom 28. 7. 2015 (BGBl. I S. 1400), Steueränderungsgesetz 2015 vom 2. 11. 2015 (BGBl. I S. 1834), Gesetz zur Bekämpfung der Korruption vom 20. 11. 2015 (BGBl. I S. 2025) und Gesetz zur Neuorganisation der Zollverwaltung vom 3. 12. 2015 (BGBl. I S. 2178)

BGBl. III/FNA 610-1-3

Inhaltsübersicht

Erster Teil. Einleitende Vorschriften

Vierter Abschnitt: Außenprüfung

1. Unterabschnitt: Allgemeine Vorschriften

2. Unterabschnitt: Verbindliche Zusagen auf Grund einer Außenprüfung

Fünfter Abschnitt: Steuerfahndung (Zollfahndung)

Sechster Abschnitt: Steueraufsicht in besonderen Fällen

Fünfter Teil. Erhebungsverfahren

Erster Abschnitt: Verwirklichung, Fälligkeit und Erlöschen von Ansprüchen aus dem Steuerschuldverhältnis

1. Unterabschnitt: Verwirklichung und Fälligkeit von Ansprüchen aus dem Steuerschuldverhältnis

2. Unterabschnitt: Zahlung, Aufrechnung, Erlass

3. Unterabschnitt: Zahlungsverjährung

Achter Teil. Straf- und Bußgeldvorschriften; Straf- und Bußgeldverfahren

Erster Abschnitt: Strafvorschriften

Zweiter Abschnitt: Bußgeldvorschriften

Dritter Abschnitt: Strafverfahren

1. Unterabschnitt: Allgemeine Vorschriften

Erster Teil. Einleitende Vorschriften

Erster Abschnitt: Anwendungsbereich

§ 1 Anwendungsbereich. (1) [1] Dieses Gesetz gilt für alle Steuern einschließlich der Steuervergütungen, die durch Bundesrecht oder Recht der

Europäischen Union[1] geregelt sind, soweit sie durch Bundesfinanzbehörden oder durch Landesfinanzbehörden verwaltet werden. [2]Es ist nur vorbehaltlich des Rechts der Europäischen Union[1] anwendbar.

(2) Für die Realsteuern gelten, soweit ihre Verwaltung den Gemeinden übertragen worden ist, die folgenden Vorschriften dieses Gesetzes entsprechend:

1. die Vorschriften des Ersten, Zweiten und Vierten Abschnitts des Ersten Teils (Anwendungsbereich, Steuerliche Begriffsbestimmungen, Steuergeheimnis),
2. die Vorschriften des Zweiten Teils (Steuerschuldrecht),
3. die Vorschriften des Dritten Teils mit Ausnahme der §§ 82 bis 84 (Allgemeine Verfahrensvorschriften),
4. die Vorschriften des Vierten Teils (Durchführung der Besteuerung),
5. die Vorschriften des Fünften Teils (Erhebungsverfahren),
6. die §§ 351 und 361 Abs. 1 Satz 2 und Abs. 3,
7. die Vorschriften des Achten Teils (Straf- und Bußgeldvorschriften, Straf- und Bußgeldverfahren).

(3) [1]Auf steuerliche Nebenleistungen sind die Vorschriften dieses Gesetzes vorbehaltlich des Rechts der Europäischen Union[1] sinngemäß anwendbar. [2]Der Dritte bis Sechste Abschnitt des Vierten Teils gilt jedoch nur, soweit dies besonders bestimmt wird.

§ 2[2] Vorrang völkerrechtlicher Vereinbarungen. (1) Verträge mit anderen Staaten im Sinne des Artikels 59 Abs. 2 Satz 1 des Grundgesetzes über die Besteuerung gehen, soweit sie unmittelbar anwendbares innerstaatliches Recht geworden sind, den Steuergesetzen vor.

(2) [1]Das Bundesministerium der Finanzen wird ermächtigt, zur Sicherung der Gleichmäßigkeit der Besteuerung und zur Vermeidung einer Doppelbesteuerung oder doppelten Nichtbesteuerung mit Zustimmung des Bundesrates Rechtsverordnungen zur Umsetzung von Konsultationsvereinbarungen zu erlassen. [2]Konsultationsvereinbarungen nach Satz 1 sind einvernehmliche Vereinbarungen der zuständigen Behörden der Vertragstaaten eines Doppelbesteuerungsabkommens mit dem Ziel, Einzelheiten der Durchführung eines solchen Abkommens zu regeln, insbesondere Schwierigkeiten oder Zweifel, die bei der Auslegung oder Anwendung des jeweiligen Abkommens bestehen, zu beseitigen.

Zweiter Abschnitt: Steuerliche Begriffsbestimmungen

§ 3 Steuern, steuerliche Nebenleistungen. (1) Steuern sind Geldleistungen, die nicht eine Gegenleistung für eine besondere Leistung darstellen und

---

[1] Bezeichnung geänd. durch G v. 26. 6. 2013 (BGBl. I S. 1809).

[2] § 2 bish. Wortlaut wird Abs. 1, Abs. 2 angef. durch G v. 8. 12. 2010 (BGBl. I S. 1768); zur Anwendung siehe Art. 97 § 1 Abs. 9 EGAO (Nr. **800 a**).

von einem öffentlich-rechtlichen Gemeinwesen zur Erzielung von Einnahmen allen auferlegt werden, bei denen der Tatbestand zutrifft, an den das Gesetz die Leistungspflicht knüpft; die Erzielung von Einnahmen kann Nebenzweck sein.

(2) Realsteuern sind die Grundsteuer und die Gewerbesteuer.

[Fassung bis 30. 4. 2016:]

(3) Einfuhr- und Ausfuhrabgaben nach Artikel 4 Nr. 10 und 11 des Zollkodexes sind Steuern im Sinne dieses Gesetzes.

[Fassung ab 1. 5. 2016:][1)]

(3) [1]Einfuhr- und Ausfuhrabgaben nach Artikel 5 Nummer 20 und 21 des Zollkodex der Union sind Steuern im Sinne dieses Gesetzes. [2]Zollkodex der Union bezeichnet die Verordnung (EU) Nr. 952/2013 des Europäischen Parlaments und des Rates vom 9. Oktober 2013 zur Festlegung des Zollkodex der Union (ABl. L 269 vom 10. 10. 2013, S. 1, L 287, S. 90) in der jeweils geltenden Fassung.

(4)[2)] Steuerliche Nebenleistungen sind Verzögerungsgelder (§ 146 Abs. 2b), Verspätungszuschläge (§ 152), Zuschläge gemäß § 162 Abs. 4, Zinsen (§§ 233 bis 237), Säumniszuschläge (§ 240), Zwangsgelder (§ 329) und Kosten (§§ 89, 178, 178 a und §§ 337 bis 345)[3)] sowie Zinsen im Sinne des *Zollkodexes* [***ab 1. 5. 2016:*** Zollkodex der Union][4)] und Verspätungsgelder nach § 22 a Absatz 5 des Einkommensteuergesetzes.

(5)[5)] [1]Das Aufkommen der Zinsen auf Einfuhr- und Ausfuhrabgaben *im Sinne des Artikels 4 Nr. 10 und 11 des Zollkodexes* [***ab 1. 5. 2016:*** nach Artikel 5 Nummer 20 und 21 des Zollkodex der Union] steht dem Bund zu. [2]Das Aufkommen der übrigen Zinsen steht den jeweils steuerberechtigten Körperschaften zu. [3]Das Aufkommen der Kosten im Sinne des § 89 steht jeweils der Körperschaft zu, deren Behörde für die Erteilung der verbindlichen Auskunft zuständig ist. [4]Das Aufkommen der Kosten im Sinne des § 178 a steht dem Bund und den jeweils verwaltenden Körperschaften je zur Hälfte zu. [5]Die übrigen steuerlichen Nebenleistungen fließen den verwaltenden Körperschaften zu.

§ 4 Gesetz. Gesetz ist jede Rechtsnorm.

§ 5 Ermessen. Ist die Finanzbehörde ermächtigt, nach ihrem Ermessen zu handeln, hat sie ihr Ermessen entsprechend dem Zweck der Ermächtigung auszuüben und die gesetzlichen Grenzen des Ermessens einzuhalten.

§ 6 Behörden, Finanzbehörden. (1) Behörde ist jede Stelle, die Aufgaben der öffentlichen Verwaltung wahrnimmt.

---

1) § 3 Abs. 3 neu gef. mWv 1. 5. 2016 durch G v. 22. 12. 2014 (BGBl. I S. 2417).

2) § 3 Abs. 4 geänd. durch G v. 16. 5. 2003 (BGBl. I S. 660); geänd. mWv 14. 12. 2010 durch G v. 8. 12. 2010 (BGBl. I S. 1768).

3) Verweis geänd. mWv 19. 12. 2006 durch G v. 13. 12. 2006 (BGBl. I S. 2878).

4) § 3 Abs. 4 ergänzt durch G v. 19. 12. 2008 (BGBl. I S. 2794); geänd. mWv 1. 5. 2016 durch G v. 22. 12. 2014 (BGBl. I S. 2417).

5) § 3 Abs. 5 neu gef. mWv 19. 12. 2006 durch G v. 13. 12. 2006 (BGBl. I S. 2878); Satz 1 geänd. mWv 1. 5. 2016 durch G v. 22. 12. 2014 (BGBl. I S. 2417).

(2) Finanzbehörden im Sinne dieses Gesetzes sind die folgenden im Gesetz über die Finanzverwaltung genannten Bundes- und Landesfinanzbehörden:

1. das Bundesministerium der Finanzen und die für die Finanzverwaltung zuständigen obersten Landesbehörden als oberste Behörden,
2.[1] die Bundesmonopolverwaltung für Branntwein, das Bundeszentralamt für Steuern und die Generalzolldirektion als Bundesoberbehörden,
3.[2] Rechenzentren sowie Landesfinanzbehörden, denen durch eine Rechtsverordnung nach § 17 Absatz 2 Satz 3 Nummer 3 des Finanzverwaltungsgesetzes die landesweite Zuständigkeit für Kassengeschäfte und das Erhebungsverfahren einschließlich der Vollstreckung übertragen worden ist, als Landesoberbehörden,
4.[3] die Oberfinanzdirektionen als Mittelbehörden,
4 a.[4] die nach dem Finanzverwaltungsgesetz oder nach Landesrecht an Stelle einer Oberfinanzdirektion eingerichteten Landesfinanzbehörden,
5. die Hauptzollämter einschließlich ihrer Dienststellen, die Zollfahndungsämter, die Finanzämter und die besonderen Landesfinanzbehörden als örtliche Behörden,
6. Familienkassen,
7. die zentrale Stelle im Sinne des § 81 des Einkommensteuergesetzes und
8.[5] die Deutsche Rentenversicherung Knappschaft-Bahn-See[6] (§ 40 a Abs. 6 des Einkommensteuergesetzes).

§ 7 Amtsträger. Amtsträger ist, wer nach deutschem Recht

1. Beamter oder Richter (§ 11 Abs. 1 Nr. 3 des Strafgesetzbuchs) ist,
2. in einem sonstigen öffentlich-rechtlichen Amtsverhältnis steht oder
3. sonst dazu bestellt ist, bei einer Behörde oder bei einer sonstigen Stelle oder in deren Auftrag Aufgaben der öffentlichen Verwaltung wahrzunehmen.

§ 8 Wohnsitz. Einen Wohnsitz hat jemand dort, wo er eine Wohnung unter Umständen innehat, die darauf schließen lassen, dass er die Wohnung beibehalten und benutzen wird.

§ 9 Gewöhnlicher Aufenthalt. [1]Den gewöhnlichen Aufenthalt hat jemand dort, wo er sich unter Umständen aufhält, die erkennen lassen, dass er an diesem Ort oder in diesem Gebiet nicht nur vorübergehend verweilt. [2]Als gewöhnlicher Aufenthalt im Geltungsbereich dieses Gesetzes ist stets und von Beginn an ein zeitlich zusammenhängender Aufenthalt von mehr als sechs Monaten Dauer anzusehen; kurzfristige Unterbrechungen bleiben unberücksichtigt. [3]Satz 2 gilt nicht, wenn der Aufenthalt ausschließlich zu Besuchs-,

---

[1] § 6 Abs. 2 Nr. 2 geänd. durch G v. 22. 9. 2005 (BGBl. I S. 2809); geänd. mWv 1. 1. 2016 durch G v. 3. 12. 2015 (BGBl. I S. 2178).

[2] § 6 Abs. 2 Nr. 3 neu gef. mWv 6. 11. 2015 durch G v. 2. 11. 2015 (BGBl. I S. 1834).

[3] § 6 Abs. 2 Nr. 4 geänd. mWv 1. 1. 2016 durch G v. 3. 12. 2015 (BGBl. I S. 2178).

[4] § 6 Abs. 2 Nr. 4 a eingef. mWv 19. 12. 2006 durch G v. 13. 12. 2006 (BGBl. I S. 2878).

[5] § 6 Nr. 8 angef. mWv 1. 1. 2003 durch G v. 23. 12. 2002 (BGBl. I S. 4621).

[6] § 6 Nr. 8 geänd. durch G v. 9. 12. 2004 (BGBl. I S. 3242); geänd. durch G v. 26. 6. 2013 (BGBl. I S. 1809).

Erholungs-, Kur- oder ähnlichen privaten Zwecken genommen wird und nicht länger als ein Jahr dauert.

§ 10 Geschäftsleitung. Geschäftsleitung ist der Mittelpunkt der geschäftlichen Oberleitung.

§ 11 Sitz. Den Sitz hat eine Körperschaft, Personenvereinigung oder Vermögensmasse an dem Ort, der durch Gesetz, Gesellschaftsvertrag, Satzung, Stiftungsgeschäft oder dergleichen bestimmt ist.

§ 12 Betriebstätte. [1] Betriebstätte ist jede feste Geschäftseinrichtung oder Anlage, die der Tätigkeit eines Unternehmens dient. [2] Als Betriebstätten sind insbesondere anzusehen:
1. die Stätte der Geschäftsleitung,
2. Zweigniederlassungen,
3. Geschäftsstellen,
4. Fabrikations- oder Werkstätten,
5. Warenlager,
6. Ein- oder Verkaufsstellen,
7. Bergwerke, Steinbrüche oder andere stehende, örtlich fortschreitende oder schwimmende Stätten der Gewinnung von Bodenschätzen,
8. Bauausführungen oder Montagen, auch örtlich fortschreitende oder schwimmende, wenn
   a) die einzelne Bauausführung oder Montage oder
   b) eine von mehreren zeitlich nebeneinander bestehenden Bauausführungen oder Montagen oder
   c) mehrere ohne Unterbrechung aufeinander folgende Bauausführungen oder Montagen

   länger als sechs Monate dauern.

§ 13 Ständiger Vertreter. [1] Ständiger Vertreter ist eine Person, die nachhaltig die Geschäfte eines Unternehmens besorgt und dabei dessen Sachweisungen unterliegt. [2] Ständiger Vertreter ist insbesondere eine Person, die für ein Unternehmen nachhaltig
1. Verträge abschließt oder vermittelt oder Aufträge einholt oder
2. einen Bestand von Gütern oder Waren unterhält und davon Auslieferungen vornimmt.

§ 14 Wirtschaftlicher Geschäftsbetrieb. [1] Ein wirtschaftlicher Geschäftsbetrieb ist eine selbständige nachhaltige Tätigkeit, durch die Einnahmen oder andere wirtschaftliche Vorteile erzielt werden und die über den Rahmen einer Vermögensverwaltung hinausgeht. [2] Die Absicht, Gewinn zu erzielen, ist nicht erforderlich. [3] Eine Vermögensverwaltung liegt in der Regel vor, wenn Vermögen genutzt, zum Beispiel Kapitalvermögen verzinslich angelegt oder unbewegliches Vermögen vermietet oder verpachtet wird.

§ 15[1] **Angehörige.** (1) Angehörige sind:
1. der Verlobte, auch im Sinne des Lebenspartnerschaftsgesetzes,
2. der Ehegatte oder Lebenspartner,
3. Verwandte und Verschwägerte gerader Linie,
4. Geschwister,
5. Kinder der Geschwister,
6. Ehegatten oder Lebenspartner der Geschwister und Geschwister der Ehegatten oder Lebenspartner,
7. Geschwister der Eltern,
8. Personen, die durch ein auf längere Dauer angelegtes Pflegeverhältnis mit häuslicher Gemeinschaft wie Eltern und Kind miteinander verbunden sind (Pflegeeltern und Pflegekinder).

(2) Angehörige sind die in Absatz 1 aufgeführten Personen auch dann, wenn
1. in den Fällen der Nummern 2, 3 und 6 die die Beziehung begründende Ehe oder Lebenspartnerschaft nicht mehr besteht;
2. in den Fällen der Nummern 3 bis 7 die Verwandtschaft oder Schwägerschaft durch Annahme als Kind erloschen ist;
3. im Fall der Nummer 8 die häusliche Gemeinschaft nicht mehr besteht, sofern die Personen weiterhin wie Eltern und Kind miteinander verbunden sind.

Dritter Abschnitt: Zuständigkeit der Finanzbehörden

§ 16 Sachliche Zuständigkeit. Die sachliche Zuständigkeit der Finanzbehörden richtet sich, soweit nichts anderes bestimmt ist, nach dem Gesetz über die Finanzverwaltung[2].

§ 17 Örtliche Zuständigkeit. Die örtliche Zuständigkeit richtet sich, soweit nichts anderes bestimmt ist, nach den folgenden Vorschriften.

§ 18 Gesonderte Feststellungen. (1) Für die gesonderten Feststellungen nach § 180 ist örtlich zuständig:
1. bei Betrieben der Land- und Forstwirtschaft, bei Grundstücken, Betriebsgrundstücken und Mineralgewinnungsrechten das Finanzamt, in dessen Bezirk der Betrieb, das Grundstück, das Betriebsgrundstück, das Mineralgewinnungsrecht oder, wenn sich der Betrieb, das Grundstück, das Betriebsgrundstück oder das Mineralgewinnungsrecht auf die Bezirke mehrerer Finanzämter erstreckt, der wertvollste Teil liegt (Lagefinanzamt),
2. bei gewerblichen Betrieben mit Geschäftsleitung im Geltungsbereich dieses Gesetzes das Finanzamt, in dessen Bezirk sich die Geschäftsleitung befindet,

---

[1] § 15 Abs. 1 Nrn. 1, 2 und 6, Abs. 2 Nr. 1 geänd. durch G v. 18. 7. 2014 (BGBl. I S. 1042); zur Anwendung siehe Art. 97 § 1 Abs. 10 Satz 1 und 3 EGAO (Nr. **800 a**).
[2] Nr. **803**.

bei gewerblichen Betrieben ohne Geschäftsleitung im Geltungsbereich dieses Gesetzes das Finanzamt, in dessen Bezirk eine Betriebstätte – bei mehreren Betriebstätten die wirtschaftlich bedeutendste – unterhalten wird (Betriebsfinanzamt),

3. bei Einkünften aus selbständiger Arbeit[1] das Finanzamt, von dessen Bezirk aus die Tätigkeit[1] vorwiegend ausgeübt wird,
4. bei einer Beteiligung mehrerer Personen an anderen Einkünften als Einkünften aus Land- und Forstwirtschaft, aus Gewerbebetrieb oder aus selbständiger Arbeit[1], die nach § 180 Abs. 1 Nr. 2 Buchstabe a gesondert festgestellt werden, das Finanzamt, von dessen Bezirk die Verwaltung dieser Einkünfte ausgeht, oder, wenn diese im Geltungsbereich dieses Gesetzes nicht feststellbar sind, das Finanzamt, in dessen Bezirk sich der wertvollste Teil des Vermögens, aus dem die gemeinsamen Einkünfte fließen, befindet. [2]Dies gilt sinngemäß auch bei einer gesonderten Feststellung nach § 180 Abs. 1 Nr. 3 oder nach § 180 Abs. 2.

(2) [1]Ist eine gesonderte Feststellung mehreren Steuerpflichtigen gegenüber vorzunehmen und lässt sich nach Absatz 1 die örtliche Zuständigkeit nicht bestimmen, so ist jedes Finanzamt örtlich zuständig, das nach den §§ 19 oder 20 für die Steuern vom Einkommen und Vermögen eines Steuerpflichtigen zuständig ist, dem ein Anteil an dem Gegenstand der Feststellung zuzurechnen ist. [2]Soweit dieses Finanzamt auf Grund einer Verordnung nach § 17 Abs. 2 Satz 3 und 4 des Finanzverwaltungsgesetzes[2] sachlich nicht für die gesonderte Feststellung zuständig ist, tritt an seine Stelle das sachlich zuständige Finanzamt.

§ 19 Steuern vom Einkommen und Vermögen natürlicher Personen.

(1) [1]Für die Besteuerung natürlicher Personen nach dem Einkommen und Vermögen ist das Finanzamt örtlich zuständig, in dessen Bezirk der Steuerpflichtige seinen Wohnsitz oder in Ermangelung eines Wohnsitzes seinen gewöhnlichen Aufenthalt hat (Wohnsitzfinanzamt). [2]Bei mehrfachem Wohnsitz im Geltungsbereich des Gesetzes ist der Wohnsitz maßgebend, an dem sich der Steuerpflichtige vorwiegend aufhält; bei mehrfachem Wohnsitz eines verheirateten oder in Lebenspartnerschaft lebenden[3] Steuerpflichtigen, der von seinem Ehegatten oder Lebenspartner[3] nicht dauernd getrennt lebt, ist der Wohnsitz maßgebend, an dem sich die Familie vorwiegend aufhält. [3]Für die nach § 1 Abs. 2 des Einkommensteuergesetzes und nach § 1 Abs. 2 des Vermögensteuergesetzes unbeschränkt steuerpflichtigen Personen ist das Finanzamt örtlich zuständig, in dessen Bezirk sich die zahlende öffentliche Kasse befindet; das Gleiche gilt in den Fällen des § 1 Abs. 3 des Einkommensteuergesetzes bei Personen, die die Voraussetzungen des § 1 Abs. 2 Satz 1 Nr. 1 und 2 des Einkommensteuergesetzes erfüllen, und in den Fällen des § 1a Abs. 2 des Einkommensteuergesetzes.

---

[1] § 18 Abs. 1 Nr. 3 und 4 geänd. durch G v. 20. 12. 2008 (BGBl. I S. 2850).

[2] Nr. **803**.

[3] § 19 Abs. 1 Satz 2, 2. HS geänd. durch G v. 18. 7. 2014 (BGBl. I S. 1042); zur Anwendung siehe Art. 97 § 1 Abs. 10 Satz 1 EGAO (Nr. **800 a**).

(2) 1 Liegen die Voraussetzungen des Absatzes 1 nicht vor, so ist das Finanzamt örtlich zuständig, in dessen Bezirk sich das Vermögen des Steuerpflichtigen und, wenn dies für mehrere Finanzämter zutrifft, in dessen Bezirk sich der wertvollste Teil des Vermögens befindet. 2 Hat der Steuerpflichtige kein Vermögen im Geltungsbereich des Gesetzes, so ist das Finanzamt örtlich zuständig, in dessen Bezirk die Tätigkeit im Geltungsbereich des Gesetzes vorwiegend ausgeübt oder verwertet wird oder worden ist.

(3) 1 Gehören zum Bereich der Wohnsitzgemeinde mehrere Finanzämter und übt ein Steuerpflichtiger mit Einkünften aus Land- und Forstwirtschaft, Gewerbebetrieb oder freiberuflicher Tätigkeit diese Tätigkeit innerhalb der Wohnsitzgemeinde, aber im Bezirk eines anderen Finanzamts als dem des Wohnsitzfinanzamts aus, so ist abweichend von Absatz 1 jenes Finanzamt zuständig, wenn es nach § 18 Abs. 1 Nr. 1, 2 oder 3 für eine gesonderte Feststellung dieser Einkünfte zuständig wäre. 2 Einkünfte aus Gewinnanteilen sind bei Anwendung des Satzes 1 nur dann zu berücksichtigen, wenn sie die einzigen Einkünfte des Steuerpflichtigen im Sinne des Satzes 1 sind.

(4) Steuerpflichtige, die zusammen zu veranlagen sind oder zusammen veranlagt werden können, sind bei Anwendung des Absatzes 3 so zu behandeln, als seien ihre Einkünfte von einem Steuerpflichtigen bezogen worden.

(5) 1 Durch Rechtsverordnung der Landesregierung kann bestimmt werden, dass als Wohnsitzgemeinde im Sinne des Absatzes 3 ein Gebiet gilt, das mehrere Gemeinden umfasst, soweit dies mit Rücksicht auf die Wirtschafts- oder Verkehrsverhältnisse, den Aufbau der Verwaltungsbehörden oder andere örtliche Bedürfnisse zweckmäßig erscheint. 2 Die Landesregierung kann die Ermächtigung auf die für die Finanzverwaltung zuständige oberste Landesbehörde übertragen.

(6)[1] 1 Das Bundesministerium der Finanzen kann zur Sicherstellung der Besteuerung von Personen, die nach § 1 Abs. 4 des Einkommensteuergesetzes beschränkt steuerpflichtig sind und Einkünfte im Sinne von § 49 Abs. 1 Nr. 7 und 10[1] des Einkommensteuergesetzes beziehen, durch Rechtsverordnung[2] mit Zustimmung des Bundesrates einer Finanzbehörde die örtliche Zuständigkeit für den Geltungsbereich des Gesetzes übertragen. 2 Satz 1 gilt auch in den Fällen, in denen ein Antrag nach § 1 Abs. 3 des Einkommensteuergesetzes gestellt wird.

§ 20 Steuern vom Einkommen und Vermögen der Körperschaften, Personenvereinigungen, Vermögensmassen. (1) Für die Besteuerung von Körperschaften, Personenvereinigungen und Vermögensmassen nach dem Einkommen und Vermögen ist das Finanzamt örtlich zuständig, in dessen Bezirk sich die Geschäftsleitung befindet.

(2) Befindet sich die Geschäftsleitung nicht im Geltungsbereich des Gesetzes oder lässt sich der Ort der Geschäftsleitung nicht feststellen, so ist das Finanzamt örtlich zuständig, in dessen Bezirk die Steuerpflichtige ihren Sitz hat.

---

[1] § 19 Abs. 6 angef. durch G v. 13. 12. 2006 (BGBl. I S. 2878), Abs. 6 Satz 1 Verweis auf Nr. 10 eingef., Satz 2 angef. mWv 1. 1. 2009 durch G v. 19. 12. 2008 (BGBl. I S. 2794).

[2] Siehe Einkommensteuer-Zuständigkeitsverordnung (EStZustV) vom 2. 1. 2009 (BGBl. I S. 3).

(3) Ist weder die Geschäftsleitung noch der Sitz im Geltungsbereich des Gesetzes, so ist das Finanzamt örtlich zuständig, in dessen Bezirk sich Vermögen der Steuerpflichtigen und, wenn dies für mehrere Finanzämter zutrifft, das Finanzamt, in dessen Bezirk sich der wertvollste Teil des Vermögens befindet.

(4) Befindet sich weder die Geschäftsleitung noch der Sitz noch Vermögen der Steuerpflichtigen im Geltungsbereich des Gesetzes, so ist das Finanzamt örtlich zuständig, in dessen Bezirk die Tätigkeit im Geltungsbereich des Gesetzes vorwiegend ausgeübt oder verwertet wird oder worden ist.

§ 20 a Steuern vom Einkommen bei Bauleistungen. (1) [1] Abweichend von §§ 19 und 20 ist für die Besteuerung von Unternehmen, die Bauleistungen im Sinne von § 48 Abs. 1 Satz 3[1)] des Einkommensteuergesetzes erbringen, das Finanzamt zuständig, das für die Besteuerung der entsprechenden Umsätze nach § 21 Abs. 1 zuständig ist, wenn der Unternehmer seinen Wohnsitz oder das Unternehmen seine Geschäftsleitung oder seinen Sitz außerhalb des Geltungsbereiches des Gesetzes hat. [2] Das gilt auch abweichend von den §§ 38 bis 42 f des Einkommensteuergesetzes beim Steuerabzug vom Arbeitslohn.

(2) [1] Für die Verwaltung der Lohnsteuer in den Fällen der Arbeitnehmerüberlassung durch ausländische Verleiher nach § 38 Abs. 1 Satz 1 Nr. 2 des Einkommensteuergesetzes ist das Finanzamt zuständig, das für die Besteuerung der entsprechenden Umsätze nach § 21 Abs. 1 zuständig ist. [2] Satz 1 gilt nur, wenn die überlassene Person im Baugewerbe eingesetzt ist.

(3) Für die Besteuerung von Personen, die von Unternehmen im Sinne des Absatzes 1 oder 2 im Inland beschäftigt werden, kann abweichend von § 19 das Bundesministerium der Finanzen durch Rechtsverordnung mit Zustimmung des Bundesrates die örtliche Zuständigkeit einem Finanzamt für den Geltungsbereich des Gesetzes übertragen.

§ 21 Umsatzsteuer. (1)[2)] [1] Für die Umsatzsteuer mit Ausnahme der Einfuhrumsatzsteuer ist das Finanzamt zuständig, von dessen Bezirk aus der Unternehmer sein Unternehmen im Geltungsbereich des Gesetzes ganz oder vorwiegend betreibt. [2] Das Bundesministerium der Finanzen kann zur Sicherstellung der Besteuerung durch Rechtsverordnung[3)] mit Zustimmung des Bundesrates für Unternehmer, die Wohnsitz, Sitz oder Geschäftsleitung außerhalb des Geltungsbereiches dieses Gesetzes haben, die örtliche Zuständigkeit einer Finanzbehörde[2)] für den Geltungsbereich des Gesetzes übertragen.

(2) Für die Umsatzsteuer von Personen, die keine Unternehmer sind, ist das Finanzamt zuständig, das auch für die Besteuerung nach dem Einkommen zuständig ist (§§ 19 und 20); in den Fällen des § 180 Abs. 1 Nr. 2 Buchstabe a ist das Finanzamt für die Umsatzsteuer zuständig, das auch für die gesonderte Feststellung zuständig ist (§ 18).

---

1) Zitat geänd. durch G v. 9. 12. 2004 (BGBl. I S. 3310).

2) § 21 Abs. 1 Satz 2 geänd. mWv 1. 7. 2003 durch G v. 16. 5. 2003 (BGBl. I S. 660).

3) Siehe VO über die örtliche Zuständigkeit für die USt im Ausland ansässiger Unternehmer v. 20. 12. 2001 (BGBl. I S. 3794/3814) – Nr. **519**.

§ 22 Realsteuern. (1) 1 Für die Festsetzung und Zerlegung der Steuermessbeträge ist bei der Grundsteuer das Lagefinanzamt (§ 18 Abs. 1 Nr. 1) und bei der Gewerbesteuer das Betriebsfinanzamt (§ 18 Abs. 1 Nr. 2) örtlich zuständig. 2 Abweichend von Satz 1 ist für die Festsetzung und Zerlegung der Gewerbesteuermessbeträge bei Unternehmen, die Bauleistungen im Sinne von § 48 Abs. 1 Satz 3 des Einkommensteuergesetzes erbringen, das Finanzamt zuständig, das für die Besteuerung der entsprechenden Umsätze nach § 21 Abs. 1 zuständig ist, wenn der Unternehmer seinen Wohnsitz oder das Unternehmen seine Geschäftsleitung oder seinen Sitz außerhalb des Geltungsbereiches des Gesetzes hat.

(2) 1 Soweit die Festsetzung, Erhebung und Beitreibung von Realsteuern den Finanzämtern obliegt, ist dafür das Finanzamt örtlich zuständig, zu dessen Bezirk die hebeberechtigte Gemeinde gehört. 2 Gehört eine hebeberechtigte Gemeinde zu den Bezirken mehrerer Finanzämter, so ist von diesen Finanzämtern das Finanzamt örtlich zuständig, das nach Absatz 1 zuständig ist oder zuständig wäre, wenn im Geltungsbereich dieses Gesetzes nur die in der hebeberechtigten Gemeinde liegenden Teile des Betriebes, des Grundstücks oder des Betriebsgrundstücks vorhanden wären.

(3) Absatz 2 gilt sinngemäß, soweit einem Land nach Artikel 106 Abs. 6 Satz 3 des Grundgesetzes das Aufkommen der Realsteuern zusteht.

§ 22 a[1)] Zuständigkeit auf dem Festlandsockel oder an der ausschließlichen Wirtschaftszone. Die Zuständigkeit der Finanzbehörden der Länder nach den §§ 18 bis 22 oder nach den Steuergesetzen im Bereich des der Bundesrepublik Deutschland zustehenden Anteils an dem Festlandsockel und an der ausschließlichen Wirtschaftszone richtet sich nach dem Äquidistanzprinzip.

§ 23 Einfuhr- und Ausfuhrabgaben und Verbrauchsteuern.
(1) Für die Einfuhr- und Ausfuhrabgaben *im Sinne des Artikels 4 Nr. 10 und 11 des Zollkodexes* [***ab 1. 5. 2016:*** nach Artikel 5 Nummer 20 und 21 des Zollkodex der Union][2)] und Verbrauchsteuern ist das Hauptzollamt örtlich zuständig, in dessen Bezirk der Tatbestand verwirklicht wird, an den das Gesetz die Steuer knüpft.

(2) 1 Örtlich zuständig ist ferner das Hauptzollamt, von dessen Bezirk aus der Steuerpflichtige sein Unternehmen betreibt. 2 Wird das Unternehmen von einem nicht zum Geltungsbereich des Gesetzes gehörenden Ort aus betrieben, so ist das Hauptzollamt zuständig, in dessen Bezirk der Unternehmer seine Umsätze im Geltungsbereich des Gesetzes ganz oder vorwiegend bewirkt.

(3) Werden Einfuhr- und Ausfuhrabgaben *im Sinne des Artikels 4 Nr. 10 und 11 des Zollkodexes* [***ab 1. 5. 2016:*** nach Artikel 5 Nummer 20 und 21 des Zollkodex der Union][2)] und Verbrauchsteuern im Zusammenhang mit einer Steuerstraftat oder einer Steuerordnungswidrigkeit geschuldet, so ist auch das Hauptzollamt örtlich zuständig, das für die Strafsache oder die Bußgeldsache zuständig ist.

---

1) § 22 a eingef. mWv 31. 7. 2014 durch G v. 25. 7. 2014 (BGBl. I S. 1266).
2) Verweis geänd. mWv 1. 5. 2016 durch G v. 22. 12. 2014 (BGBl. I S. 2417).

§ 24 Ersatzzuständigkeit. Ergibt sich die örtliche Zuständigkeit nicht aus anderen Vorschriften, so ist die Finanzbehörde zuständig, in deren Bezirk der Anlass für die Amtshandlung hervortritt.

§ 25 Mehrfache örtliche Zuständigkeit. [1]Sind mehrere Finanzbehörden zuständig, so entscheidet die Finanzbehörde, die zuerst mit der Sache befasst worden ist, es sei denn, die zuständigen Finanzbehörden einigen sich auf eine andere zuständige Finanzbehörde oder die gemeinsame fachlich zuständige Aufsichtsbehörde bestimmt, dass eine andere örtlich zuständige Finanzbehörde zu entscheiden hat. [2]Fehlt eine gemeinsame Aufsichtsbehörde, so treffen die fachlich zuständigen Aufsichtsbehörden die Entscheidung gemeinsam.

§ 26[1), 2)] **Zuständigkeitswechsel.** [1]Geht die örtliche Zuständigkeit durch eine Veränderung der sie begründenden Umstände von einer Finanzbehörde auf eine andere Finanzbehörde über, so tritt der Wechsel der Zuständigkeit in dem Zeitpunkt ein, in dem eine der beiden Finanzbehörden hiervon erfährt. [2]Die bisher zuständige Finanzbehörde kann ein Verwaltungsverfahren fortführen, wenn dies unter Wahrung der Interessen der Beteiligten der einfachen und zweckmäßigen Durchführung des Verfahrens dient und die nunmehr zuständige Finanzbehörde zustimmt. [3]Ein Zuständigkeitswechsel nach Satz 1 tritt solange nicht ein, wie

1. über einen Insolvenzantrag noch nicht entschieden wurde,
2. ein eröffnetes Insolvenzverfahren noch nicht aufgehoben wurde oder
3. sich eine Personengesellschaft oder eine juristische Person in Liquidation befindet.

§ 27[3)] **Zuständigkeitsvereinbarung.** [1]Im Einvernehmen mit der Finanzbehörde, die nach den Vorschriften der Steuergesetze örtlich zuständig ist, kann eine andere Finanzbehörde die Besteuerung übernehmen, wenn der Betroffene zustimmt. [2]Eine der Finanzbehörden nach Satz 1 kann den Betroffenen auffordern, innerhalb einer angemessenen Frist die Zustimmung zu erklären. [3]Die Zustimmung gilt als erteilt, wenn der Betroffene nicht innerhalb dieser Frist widerspricht. [4]Der Betroffene ist auf die Wirkung seines Schweigens ausdrücklich hinzuweisen.

§ 28 Zuständigkeitsstreit. (1) [1]Die gemeinsame fachlich zuständige Aufsichtsbehörde entscheidet über die örtliche Zuständigkeit, wenn sich mehrere Finanzbehörden für zuständig oder für unzuständig halten oder wenn die Zuständigkeit aus anderen Gründen zweifelhaft ist. [2]§ 25 Satz 2 gilt entsprechend.

(2) § 5 Abs. 1 Nr. 7 des Gesetzes über die Finanzverwaltung[4)] bleibt unberührt.

[1)] Abweichend hiervon siehe Überleitungsregelungen aus Anlass der Herstellung der Einheit Deutschlands (Art. 97 a § 1 EGAO – Nr. **800 a**).

[2)] § 26 Satz 3 angef. mWv 29. 12. 2007 durch G v. 20. 12. 2007 (BGBl. I S. 3150).

[3)] § 27 Sätze 2 bis 4 angef. mWv 1. 1. 2004 durch G v. 15. 12. 2003 (BGBl. I S. 2645).

[4)] Nr. **803**.

§ 29 Gefahr im Verzug. [1]Bei Gefahr im Verzug ist für unaufschiebbare Maßnahmen jede Finanzbehörde örtlich zuständig, in deren Bezirk der Anlass für die Amtshandlung hervortritt. [2]Die sonst örtlich zuständige Behörde ist unverzüglich zu unterrichten.

Vierter Abschnitt: Steuergeheimnis

§ 30 Steuergeheimnis. (1) Amtsträger haben das Steuergeheimnis zu wahren.

(2) Ein Amtsträger verletzt das Steuergeheimnis, wenn er

1. Verhältnisse eines anderen, die ihm
   a) in einem Verwaltungsverfahren, einem Rechnungsprüfungsverfahren oder einem gerichtlichen Verfahren in Steuersachen,
   b) in einem Strafverfahren wegen einer Steuerstraftat oder einem Bußgeldverfahren wegen einer Steuerordnungswidrigkeit,
   c) aus anderem Anlass durch Mitteilung einer Finanzbehörde oder durch die gesetzlich vorgeschriebene Vorlage eines Steuerbescheids oder einer Bescheinigung über die bei der Besteuerung getroffenen Feststellungen

   bekannt geworden sind, oder
2. ein fremdes Betriebs- oder Geschäftsgeheimnis, das ihm in einem der in Nummer 1 genannten Verfahren bekannt geworden ist,

unbefugt offenbart oder verwertet oder

3. nach Nummer 1 oder Nummer 2 geschützte Daten im automatisierten Verfahren unbefugt abruft, wenn sie für eines der in Nummer 1 genannten Verfahren in einer Datei gespeichert sind.

(3) Den Amtsträgern stehen gleich

1. die für den öffentlichen Dienst besonders Verpflichteten (§ 11 Abs. 1 Nr. 4 des Strafgesetzbuchs),

1 a. die in § 193 Abs. 2 des Gerichtsverfassungsgesetzes genannten Personen,

2. amtlich zugezogene Sachverständige,
3. die Träger von Ämtern der Kirchen und anderen Religionsgemeinschaften, die Körperschaften des öffentlichen Rechts sind.

(4) Die Offenbarung der nach Absatz 2 erlangten Kenntnisse ist zulässig, soweit

1. sie der Durchführung eines Verfahrens im Sinne des Absatzes 2 Nr. 1 Buchstaben a und b dient,
2. sie durch Gesetz ausdrücklich zugelassen ist,
3. der Betroffene zustimmt,
4.[1] sie der Durchführung eines Strafverfahrens wegen einer Tat dient, die keine Steuerstraftat ist, und die Kenntnisse
   a) in einem Verfahren wegen einer Steuerstraftat oder Steuerordnungswidrigkeit erlangt worden sind; dies gilt jedoch nicht für solche Tatsachen,

---

[1] Siehe hierzu § 4 Abs. 5 Nr. 10 Satz 3 EStG (Nr. **1**).

die der Steuerpflichtige in Unkenntnis der Einleitung des Strafverfahrens oder des Bußgeldverfahrens offenbart hat oder die bereits vor Einleitung des Strafverfahrens oder des Bußgeldverfahrens im Besteuerungsverfahren bekannt geworden sind, oder

b) ohne Bestehen einer steuerlichen Verpflichtung oder unter Verzicht auf ein Auskunftsverweigerungsrecht erlangt worden sind,

5. für sie ein zwingendes öffentliches Interesse besteht; ein zwingendes öffentliches Interesse ist namentlich gegeben, wenn

a) Verbrechen und vorsätzliche schwere Vergehen gegen Leib und Leben oder gegen den Staat und seine Einrichtungen verfolgt werden oder verfolgt werden sollen,

b) Wirtschaftsstraftaten verfolgt werden oder verfolgt werden sollen, die nach ihrer Begehungsweise oder wegen des Umfangs des durch sie verursachten Schadens geeignet sind, die wirtschaftliche Ordnung erheblich zu stören oder das Vertrauen der Allgemeinheit auf die Redlichkeit des geschäftlichen Verkehrs oder auf die ordnungsgemäße Arbeit der Behörden und der öffentlichen Einrichtungen erheblich zu erschüttern, oder

c) die Offenbarung erforderlich ist zur Richtigstellung in der Öffentlichkeit verbreiteter unwahrer Tatsachen, die geeignet sind, das Vertrauen in die Verwaltung erheblich zu erschüttern; die Entscheidung trifft die zuständige oberste Finanzbehörde im Einvernehmen mit dem Bundesministerium der Finanzen; vor der Richtigstellung soll der Steuerpflichtige gehört werden.

(5) Vorsätzlich falsche Angaben des Betroffenen dürfen den Strafverfolgungsbehörden gegenüber offenbart werden.

(6)[1] [1]Der automatisierte Abruf von Daten, die für eines der in Absatz 2 Nr. 1 genannten Verfahren in einer Datei gespeichert sind, ist nur zulässig, soweit er der Durchführung eines Verfahrens im Sinne des Absatzes 2 Nr. 1 Buchstaben a und b oder der zulässigen Weitergabe von Daten dient. [2]Zur Wahrung des Steuergeheimnisses kann das Bundesministerium der Finanzen durch Rechtsverordnung mit Zustimmung des Bundesrates bestimmen, welche technischen und organisatorischen Maßnahmen gegen den unbefugten Abruf von Daten zu treffen sind. [3]Insbesondere kann es nähere Regelungen treffen über die Art der Daten, deren Abruf zulässig ist, sowie über den Kreis der Amtsträger, die zum Abruf solcher Daten berechtigt sind. [4]Die Rechtsverordnung bedarf nicht der Zustimmung des Bundesrates, soweit sie die Kraftfahrzeugsteuer, die Luftverkehrsteuer, die Versicherungsteuer sowie Einfuhr- und Ausfuhrabgaben und Verbrauchsteuern, mit Ausnahme der Biersteuer, betrifft.

(7)[2] Werden dem Steuergeheimnis unterliegende Daten durch einen Amtsträger oder diesem nach Absatz 3 gleichgestellte Personen nach Maßgabe des § 87 a Absatz 4 über De-Mail-Dienste im Sinne des § 1 des De-Mail-Gesetzes versendet, liegt keine unbefugte Offenbarung, Verwertung und kein unbefugter Abruf von dem Steuergeheimnis unterliegenden Daten vor, wenn beim

[1] § 30 Abs. 6 Satz 4 neu gef. mWv 30. 6. 2013 durch G v. 26. 6. 2013 (BGBl. I S. 1809).
[2] § 30 Abs. 7 angef. mWv 1. 8. 2013 durch G v. 25. 7. 2013 (BGBl. I S. 2749).

Versenden eine kurzzeitige automatisierte Entschlüsselung durch den akkreditierten Diensteanbieter zum Zweck der Überprüfung auf Schadsoftware und zum Zweck der Weiterleitung an den Adressaten der De-Mail-Nachricht stattfindet.

§ 30a Schutz von Bankkunden. (1) Bei der Ermittlung des Sachverhalts (§ 88) haben die Finanzbehörden auf das Vertrauensverhältnis zwischen den Kreditinstituten und deren Kunden besonders Rücksicht zu nehmen.

(2) Die Finanzbehörden dürfen von den Kreditinstituten zum Zweck der allgemeinen Überwachung die einmalige oder periodische Mitteilung von Konten bestimmter Art oder bestimmter Höhe nicht verlangen.

(3) [1]Die Guthabenkonten oder Depots, bei deren Errichtung eine Legitimationsprüfung nach § 154 Abs. 2 vorgenommen worden ist, dürfen anlässlich der Außenprüfung bei einem Kreditinstitut nicht zwecks Nachprüfung der ordnungsmäßigen Versteuerung festgestellt oder abgeschrieben werden. [2]Die Ausschreibung von Kontrollmitteilungen soll insoweit unterbleiben.

(4) In Vordrucken für Steuererklärungen soll die Angabe der Nummern von Konten und Depots, die der Steuerpflichtige bei Kreditinstituten unterhält, nicht verlangt werden, soweit nicht steuermindernde Ausgaben oder Vergünstigungen geltend gemacht werden oder die Abwicklung des Zahlungsverkehrs mit dem Finanzamt dies bedingt.

(5) [1]Für Auskunftsersuchen an Kreditinstitute gilt § 93. [2]Ist die Person des Steuerpflichtigen bekannt und gegen ihn kein Verfahren wegen einer Steuerstraftat oder einer Steuerordnungswidrigkeit eingeleitet, soll auch im Verfahren nach § 208 Abs. 1 Satz 1 ein Kreditinstitut erst um Auskunft und Vorlage von Urkunden gebeten werden, wenn ein Auskunftsersuchen an den Steuerpflichtigen nicht zum Ziele führt oder keinen Erfolg verspricht.

§ 31[1)] Mitteilung von Besteuerungsgrundlagen. (1) [1]Die Finanzbehörden sind verpflichtet, Besteuerungsgrundlagen, Steuermessbeträge und Steuerbeträge an Körperschaften des öffentlichen Rechts einschließlich der Religionsgemeinschaften, die Körperschaften des öffentlichen Rechts sind, zur Festsetzung von solchen Abgaben mitzuteilen, die an diese Besteuerungsgrundlagen, Steuermessbeträge oder Steuerbeträge anknüpfen. [2]Die Mitteilungspflicht besteht nicht, soweit deren Erfüllung mit einem unverhältnismäßigen Aufwand verbunden wäre. [3]Die Finanzbehörden dürfen Körperschaften des öffentlichen Rechts auf Ersuchen Namen und Anschriften ihrer Mitglieder, die dem Grunde nach zur Entrichtung von Abgaben im Sinne des Satzes 1 verpflichtet sind, sowie die von der Finanzbehörde für die Körperschaft festgesetzten Abgaben übermitteln, soweit die Kenntnis dieser Daten zur Erfüllung von in der Zuständigkeit der Körperschaft liegenden öffentlichen Aufgaben erforderlich ist und überwiegende schutzwürdige Interessen des Betroffenen nicht entgegenstehen.

(2) [1]Die Finanzbehörden sind verpflichtet, die nach § 30 geschützten Verhältnisse des Betroffenen den Trägern der gesetzlichen Sozialversicherung, der

---

1) § 31 Abs. 1 Satz 3 angef. mWv 16. 12. 2004 durch G v. 9. 12. 2004 (BGBl. I S. 3310).

Bundesagentur[1] für Arbeit und der Künstlersozialkasse mitzuteilen, soweit die Kenntnis dieser Verhältnisse für die Feststellung der Versicherungspflicht oder die Festsetzung von Beiträgen einschließlich der Künstlersozialabgabe erforderlich ist oder der Betroffene einen Antrag auf Mitteilung stellt. [2]Die Mitteilungspflicht besteht nicht, soweit deren Erfüllung mit einem unverhältnismäßigen Aufwand verbunden wäre.

(3) Die für die Verwaltung der Grundsteuer zuständigen Behörden sind berechtigt, die nach § 30 geschützten Namen und Anschriften von Grundstückseigentümern, die bei der Verwaltung der Grundsteuer bekannt geworden sind, zur Verwaltung anderer Abgaben sowie zur Erfüllung sonstiger öffentlicher Aufgaben zu verwenden oder den hierfür zuständigen Gerichten, Behörden oder juristischen Personen des öffentlichen Rechts auf Ersuchen mitzuteilen, soweit nicht überwiegende schutzwürdige Interessen des Betroffenen entgegenstehen.

§ 31 a Mitteilungen zur Bekämpfung der illegalen Beschäftigung und des Leistungsmissbrauchs. (1) Die Offenbarung der nach § 30 geschützten Verhältnisse des Betroffenen ist zulässig, soweit sie

1. für die Durchführung eines Strafverfahrens, eines Bußgeldverfahrens oder eines anderen gerichtlichen oder Verwaltungsverfahrens mit dem Ziel
   a) der Bekämpfung von illegaler Beschäftigung oder Schwarzarbeit oder
   b) der Entscheidung
      aa) über Erteilung, Rücknahme oder Widerruf einer Erlaubnis nach dem Arbeitnehmerüberlassungsgesetz oder
      bb) über Bewilligung, Gewährung, Rückforderung, Erstattung, Weitergewährung oder Belassen einer Leistung aus öffentlichen Mitteln

   oder
2. für die Geltendmachung eines Anspruchs auf Rückgewähr einer Leistung aus öffentlichen Mitteln

erforderlich ist.

(2) [1]Die Finanzbehörden sind in den Fällen des Absatzes 1 verpflichtet, der zuständigen Stelle die jeweils benötigten Tatsachen mitzuteilen. [2]In den Fällen des Absatzes 1 Nr. 1 Buchstabe b und Nr. 2 erfolgt die Mitteilung auch auf Antrag des Betroffenen. [3]Die Mitteilungspflicht nach den Sätzen 1 und 2 besteht nicht, soweit deren Erfüllung mit einem unverhältnismäßigen Aufwand verbunden wäre.

§ 31 b[2] Mitteilungen zur Bekämpfung der Geldwäsche und der Terrorismusfinanzierung. (1) Die Offenbarung der nach § 30 geschützten Verhältnisse des Betroffenen ist zulässig, soweit sie einem der folgenden Zwecke dient:

---

[1] Bezeichnung geänd. durch G v. 23. 12. 2003 (BGBl. I S. 2848).

[2] § 31 b neu gef. mWv 21. 8. 2008 durch G v. 13. 8. 2008 (BGBl. I S. 1690); neu gef. mWv 31. 12. 2014 durch G v. 22. 12. 2014 (BGBl. I S. 2417).

1. der Durchführung eines Strafverfahrens wegen einer Straftat nach § 261 des Strafgesetzbuchs,
2. der Bekämpfung der Terrorismusfinanzierung im Sinne des § 1 Absatz 2 des Geldwäschegesetzes,
3. der Durchführung eines Bußgeldverfahrens nach § 17 des Geldwäschegesetzes gegen Verpflichtete im Sinne des § 2 Absatz 1 Nummer 9 bis 13 des Geldwäschegesetzes oder
4. dem Treffen von Maßnahmen und Anordnungen nach § 16 Absatz 1 des Geldwäschegesetzes gegenüber Verpflichteten im Sinne des § 2 Absatz 1 Nummer 9 bis 13 des Geldwäschegesetzes.

(2) Die Finanzbehörden haben dem Bundeskriminalamt – Zentralstelle für Verdachtsmeldungen – und der zuständigen Strafverfolgungsbehörde unverzüglich mündlich, telefonisch, fernschriftlich oder durch elektronische Datenübermittlung Transaktionen unabhängig von deren Höhe oder Geschäftsbeziehungen zu melden, wenn Tatsachen vorliegen, die darauf hindeuten, dass

1. es sich bei Vermögenswerten, die mit den gemeldeten Transaktionen oder Geschäftsbeziehungen im Zusammenhang stehen, um den Gegenstand einer Straftat nach § 261 des Strafgesetzbuchs handelt oder
2. die Vermögenswerte im Zusammenhang mit Terrorismusfinanzierung stehen.

(3) Die Finanzbehörden haben der zuständigen Verwaltungsbehörde unverzüglich solche Tatsachen mitzuteilen, die darauf schließen lassen, dass

1. ein Verpflichteter im Sinne des § 2 Absatz 1 Nummer 9 bis 13 des Geldwäschegesetzes eine Ordnungswidrigkeit im Sinne des § 17 des Geldwäschegesetzes begangen hat oder begeht oder
2. die Voraussetzungen für das Treffen von Maßnahmen und Anordnungen nach § 16 Absatz 1 des Geldwäschegesetzes gegenüber Verpflichteten im Sinne des § 2 Absatz 1 Nummer 9 bis 13 des Geldwäschegesetzes gegeben sind.

Fünfter Abschnitt: Haftungsbeschränkung für Amtsträger

§ 32 Haftungsbeschränkung für Amtsträger. Wird infolge der Amts- oder Dienstpflichtverletzung eines Amtsträgers

1. eine Steuer oder eine steuerliche Nebenleistung nicht, zu niedrig oder zu spät festgesetzt, erhoben oder beigetrieben oder
2. eine Steuererstattung oder Steuervergütung zu Unrecht gewährt oder
3. eine Besteuerungsgrundlage oder eine Steuerbeteiligung nicht, zu niedrig oder zu spät festgesetzt,

so kann er nur in Anspruch genommen werden, wenn die Amts- oder Dienstpflichtverletzung mit einer Strafe bedroht ist.

Zweiter Teil. Steuerschuldrecht

Erster Abschnitt: Steuerpflichtiger

§ 33 Steuerpflichtiger. (1) Steuerpflichtiger ist, wer eine Steuer schuldet, für eine Steuer haftet, eine Steuer für Rechnung eines Dritten einzubehalten und abzuführen hat, wer eine Steuererklärung abzugeben, Sicherheit zu leisten, Bücher und Aufzeichnungen zu führen oder andere ihm durch die Steuergesetze auferlegte Verpflichtungen zu erfüllen hat.

(2) Steuerpflichtiger ist nicht, wer in einer fremden Steuersache Auskunft zu erteilen, Urkunden vorzulegen, ein Sachverständigengutachten zu erstatten oder das Betreten von Grundstücken, Geschäfts- und Betriebsräumen zu gestatten hat.

§ 34 Pflichten der gesetzlichen Vertreter und der Vermögensverwalter. (1) [1] Die gesetzlichen Vertreter natürlicher und juristischer Personen und die Geschäftsführer von nicht rechtsfähigen Personenvereinigungen und Vermögensmassen haben deren steuerliche Pflichten zu erfüllen. [2] Sie haben insbesondere dafür zu sorgen, dass die Steuern aus den Mitteln entrichtet werden, die sie verwalten.

(2) [1] Soweit nicht rechtsfähige Personenvereinigungen ohne Geschäftsführer sind, haben die Mitglieder oder Gesellschafter die Pflichten im Sinne des Absatzes 1 zu erfüllen. [2] Die Finanzbehörde kann sich an jedes Mitglied oder jeden Gesellschafter halten. [3] Für nicht rechtsfähige Vermögensmassen gelten die Sätze 1 und 2 mit der Maßgabe, dass diejenigen, denen das Vermögen zusteht, die steuerlichen Pflichten zu erfüllen haben.

(3) Steht eine Vermögensverwaltung anderen Personen als den Eigentümern des Vermögens oder deren gesetzlichen Vertretern zu, so haben die Vermögensverwalter die in Absatz 1 bezeichneten Pflichten, soweit ihre Verwaltung reicht.

§ 35 Pflichten des Verfügungsberechtigten. Wer als Verfügungsberechtigter im eigenen oder fremden Namen auftritt, hat die Pflichten eines gesetzlichen Vertreters (§ 34 Abs. 1), soweit er sie rechtlich und tatsächlich erfüllen kann.

§ 36 Erlöschen der Vertretungsmacht. Das Erlöschen der Vertretungsmacht oder der Verfügungsmacht lässt die nach den §§ 34 und 35 entstandenen Pflichten unberührt, soweit diese den Zeitraum betreffen, in dem die Vertretungsmacht oder Verfügungsmacht bestanden hat und soweit der Verpflichtete sie erfüllen kann.

Zweiter Abschnitt: Steuerschuldverhältnis

§ 37 Ansprüche aus dem Steuerschuldverhältnis. (1) Ansprüche aus dem Steuerschuldverhältnis sind der Steueranspruch, der Steuervergütungsanspruch, der Haftungsanspruch, der Anspruch auf eine steuerliche Nebenleistung, der Erstattungsanspruch nach Absatz 2 sowie die in Einzelsteuergesetzen geregelten Steuererstattungsansprüche.

(2) [1]Ist eine Steuer, eine Steuervergütung, ein Haftungsbetrag oder eine steuerliche Nebenleistung ohne rechtlichen Grund gezahlt oder zurückgezahlt worden, so hat derjenige, auf dessen Rechnung die Zahlung bewirkt worden ist, an den Leistungsempfänger einen Anspruch auf Erstattung des gezahlten oder zurückgezahlten Betrags. [2]Dies gilt auch dann, wenn der rechtliche Grund für die Zahlung oder Rückzahlung später wegfällt. [3]Im Fall der Abtretung, Verpfändung oder Pfändung richtet sich der Anspruch auch gegen den Abtretenden, Verpfänder oder Pfändungsschuldner.

§ 38 Entstehung der Ansprüche aus dem Steuerschuldverhältnis. Die Ansprüche aus dem Steuerschuldverhältnis entstehen, sobald der Tatbestand verwirklicht ist, an den das Gesetz die Leistungspflicht knüpft.

§ 39 Zurechnung. (1) Wirtschaftsgüter sind dem Eigentümer zuzurechnen.

(2) Abweichend von Absatz 1 gelten die folgenden Vorschriften:

1. [1]Übt ein anderer als der Eigentümer die tatsächliche Herrschaft über ein Wirtschaftsgut in der Weise aus, dass er den Eigentümer im Regelfall für die gewöhnliche Nutzungsdauer von der Einwirkung auf das Wirtschaftsgut wirtschaftlich ausschließen kann, so ist ihm das Wirtschaftsgut zuzurechnen. [2]Bei Treuhandverhältnissen sind die Wirtschaftsgüter dem Treugeber, beim Sicherungseigentum dem Sicherungsgeber und beim Eigenbesitz dem Eigenbesitzer zuzurechnen.
2. Wirtschaftsgüter, die mehreren zur gesamten Hand zustehen, werden den Beteiligten anteilig zugerechnet, soweit eine getrennte Zurechnung für die Besteuerung erforderlich ist.

§ 40 Gesetz- oder sittenwidriges Handeln. Für die Besteuerung ist es unerheblich, ob ein Verhalten, das den Tatbestand eines Steuergesetzes ganz oder zum Teil erfüllt, gegen ein gesetzliches Gebot oder Verbot oder gegen die guten Sitten verstößt.

§ 41 Unwirksame Rechtsgeschäfte. (1) [1]Ist ein Rechtsgeschäft unwirksam oder wird es unwirksam, so ist dies für die Besteuerung unerheblich, soweit und solange die Beteiligten das wirtschaftliche Ergebnis dieses Rechtsgeschäfts gleichwohl eintreten und bestehen lassen. [2]Dies gilt nicht, soweit sich aus den Steuergesetzen etwas anderes ergibt.

(2) [1]Scheingeschäfte und Scheinhandlungen sind für die Besteuerung unerheblich. [2]Wird durch ein Scheingeschäft ein anderes Rechtsgeschäft verdeckt, so ist das verdeckte Rechtsgeschäft für die Besteuerung maßgebend.

§ 42[1] Missbrauch von rechtlichen Gestaltungsmöglichkeiten. (1) [1]Durch Missbrauch von Gestaltungsmöglichkeiten des Rechts kann das Steuergesetz nicht umgangen werden. [2]Ist der Tatbestand einer Regelung in

---

[1] § 42 neu gef. durch G v. 20. 12. 2007 (BGBl. I S. 3150); zur erstmaligen Anwendung siehe Art. 97 § 7 EGAO (Nr. **800 a**).

einem Einzelsteuergesetz erfüllt, die der Verhinderung von Steuerumgehungen dient, so bestimmen sich die Rechtsfolgen nach jener Vorschrift. 3 Anderenfalls entsteht der Steueranspruch beim Vorliegen eines Missbrauchs im Sinne des Absatzes 2 so, wie er bei einer den wirtschaftlichen Vorgängen angemessenen rechtlichen Gestaltung entsteht.

(2) 1 Ein Missbrauch liegt vor, wenn eine unangemessene rechtliche Gestaltung gewählt wird, die beim Steuerpflichtigen oder einem Dritten im Vergleich zu einer angemessenen Gestaltung zu einem gesetzlich nicht vorgesehenen Steuervorteil führt. 2 Dies gilt nicht, wenn der Steuerpflichtige für die gewählte Gestaltung außersteuerliche Gründe nachweist, die nach dem Gesamtbild der Verhältnisse beachtlich sind.

§ 43 Steuerschuldner, Steuervergütungsgläubiger. 1 Die Steuergesetze bestimmen, wer Steuerschuldner oder Gläubiger einer Steuervergütung ist. 2 Sie bestimmen auch, ob ein Dritter die Steuer für Rechnung des Steuerschuldners zu entrichten hat.

§ 44 Gesamtschuldner. (1) 1 Personen, die nebeneinander dieselbe Leistung aus dem Steuerschuldverhältnis schulden oder für sie haften oder die zusammen zu einer Steuer zu veranlagen sind, sind Gesamtschuldner. 2 Soweit nichts anderes bestimmt ist, schuldet jeder Gesamtschuldner die gesamte Leistung.

(2) 1 Die Erfüllung durch einen Gesamtschuldner wirkt auch für die übrigen Schuldner. 2 Das Gleiche gilt für die Aufrechnung und für eine geleistete Sicherheit. 3 Andere Tatsachen wirken nur für und gegen den Gesamtschuldner, in dessen Person sie eintreten. 4 Die Vorschriften der §§ 268 bis 280 über die Beschränkung der Vollstreckung in den Fällen der Zusammenveranlagung bleiben unberührt.

§ 45 Gesamtrechtsnachfolge. (1) 1 Bei Gesamtrechtsnachfolge gehen die Forderungen und Schulden aus dem Steuerschuldverhältnis auf den Rechtsnachfolger über. 2 Dies gilt jedoch bei der Erbfolge nicht für Zwangsgelder.

(2) 1 Erben haben für die aus dem Nachlass zu entrichtenden Schulden nach den Vorschriften des bürgerlichen Rechts über die Haftung des Erben für Nachlassverbindlichkeiten einzustehen. 2 Vorschriften, durch die eine steuerrechtliche Haftung der Erben begründet wird, bleiben unberührt.

§ 46 Abtretung, Verpfändung, Pfändung. (1) Ansprüche auf Erstattung von Steuern, Haftungsbeträgen, steuerlichen Nebenleistungen und auf Steuervergütungen können abgetreten, verpfändet und gepfändet werden.

(2) Die Abtretung wird jedoch erst wirksam, wenn sie der Gläubiger in der nach Absatz 3 vorgeschriebenen Form der zuständigen Finanzbehörde nach Entstehung des Anspruchs anzeigt.

(3) 1 Die Abtretung ist der zuständigen Finanzbehörde unter Angabe des Abtretenden, des Abtretungsempfängers sowie der Art und Höhe des abgetretenen Anspruchs und des Abtretungsgrundes auf einem amtlich vorgeschrie-

benen Vordruck anzuzeigen. [2]Die Anzeige ist vom Abtretenden und vom Abtretungsempfänger zu unterschreiben.

(4) [1]Der geschäftsmäßige Erwerb von Erstattungs- oder Vergütungsansprüchen zum Zwecke der Einziehung oder sonstigen Verwertung auf eigene Rechnung ist nicht zulässig. [2]Dies gilt nicht für die Fälle der Sicherungsabtretung. [3]Zum geschäftsmäßigen Erwerb und zur geschäftsmäßigen Einziehung der zur Sicherung abgetretenen Ansprüche sind nur Unternehmen befugt, denen das Betreiben von Bankgeschäften erlaubt ist.

(5) Wird der Finanzbehörde die Abtretung angezeigt, so müssen Abtretender und Abtretungsempfänger der Finanzbehörde gegenüber die angezeigte Abtretung gegen sich gelten lassen, auch wenn sie nicht erfolgt oder nicht wirksam oder wegen Verstoßes gegen Absatz 4 nichtig ist.

(6) [1]Ein Pfändungs- und Überweisungsbeschluss oder eine Pfändungs- und Einziehungsverfügung dürfen nicht erlassen werden, bevor der Anspruch entstanden ist. [2]Ein entgegen diesem Verbot erwirkter Pfändungs- und Überweisungsbeschluss oder erwirkte Pfändungs- und Einziehungsverfügung sind nichtig. [3]Die Vorschriften der Absätze 2 bis 5 sind auf die Verpfändung sinngemäß anzuwenden.

(7) Bei Pfändung eines Erstattungs- oder Vergütungsanspruchs gilt die Finanzbehörde, die über den Anspruch entschieden oder zu entscheiden hat, als Drittschuldner im Sinne der §§ 829, 845 der Zivilprozessordnung.

§ 47 Erlöschen. Ansprüche aus dem Steuerschuldverhältnis erlöschen insbesondere durch Zahlung (§§ 224, 224a, 225), Aufrechnung (§ 226), Erlass (§§ 163, 227), Verjährung (§§ 169 bis 171, §§ 228 bis 232), ferner durch Eintritt der Bedingung bei auflösend bedingten Ansprüchen.

§ 48 Leistung durch Dritte, Haftung Dritter. (1) Leistungen aus dem Steuerschuldverhältnis gegenüber der Finanzbehörde können auch durch Dritte bewirkt werden.

(2) Dritte können sich vertraglich verpflichten, für Leistungen im Sinne des Absatzes 1 einzustehen.

§ 49 Verschollenheit. Bei Verschollenheit gilt für die Besteuerung der Tag als Todestag, mit dessen Ablauf der Beschluss über die Todeserklärung des Verschollenen rechtskräftig wird.

§ 50 Erlöschen und Unbedingtwerden der Verbrauchsteuer, Übergang der bedingten Verbrauchsteuerschuld. (1) Werden nach den Verbrauchsteuergesetzen Steuervergünstigungen unter der Bedingung gewährt, dass verbrauchsteuerpflichtige Waren einer besonderen Zweckbestimmung zugeführt werden, so erlischt die Steuer nach Maßgabe der Vergünstigung ganz oder teilweise, wenn die Bedingung eintritt oder wenn die Waren untergehen, ohne dass vorher die Steuer unbedingt geworden ist.

(2) Die bedingte Steuerschuld geht jeweils auf den berechtigten Erwerber über, wenn die Waren vom Steuerschuldner vor Eintritt der Bedingung im Rahmen der vorgesehenen Zweckbestimmung an ihn weitergegeben werden.

(3) Die Steuer wird unbedingt,

1. wenn die Waren entgegen der vorgesehenen Zweckbestimmung verwendet werden oder ihr nicht mehr zugeführt werden können. [2]Kann der Verbleib der Waren nicht festgestellt werden, so gelten sie als nicht der vorgesehenen Zweckbestimmung zugeführt, wenn der Begünstigte nicht nachweist, dass sie ihr zugeführt worden sind,
2. in sonstigen gesetzlich bestimmten Fällen.

Dritter Abschnitt: Steuerbegünstigte Zwecke

§ 51[1)] Allgemeines. (1) [1]Gewährt das Gesetz eine Steuervergünstigung, weil eine Körperschaft ausschließlich und unmittelbar gemeinnützige, mildtätige oder kirchliche Zwecke (steuerbegünstigte Zwecke) verfolgt, so gelten die folgenden Vorschriften. [2]Unter Körperschaften sind die Körperschaften, Personenvereinigungen und Vermögensmassen im Sinne des Körperschaftsteuergesetzes zu verstehen. [3]Funktionale Untergliederungen (Abteilungen) von Körperschaften gelten nicht als selbstständige Steuersubjekte.

(2) Werden die steuerbegünstigten Zwecke im Ausland verwirklicht, setzt die Steuervergünstigung voraus, dass natürliche Personen, die ihren Wohnsitz oder ihren gewöhnlichen Aufenthalt im Geltungsbereich dieses Gesetzes haben, gefördert werden oder die Tätigkeit der Körperschaft neben der Verwirklichung der steuerbegünstigten Zwecke auch zum Ansehen der Bundesrepublik Deutschland im Ausland beitragen kann.

(3) [1]Eine Steuervergünstigung setzt zudem voraus, dass die Körperschaft nach ihrer Satzung und bei ihrer tatsächlichen Geschäftsführung keine Bestrebungen im Sinne des § 4 des Bundesverfassungsschutzgesetzes fördert und dem Gedanken der Völkerverständigung nicht zuwiderhandelt. [2]Bei Körperschaften, die im Verfassungsschutzbericht des Bundes oder eines Landes als extremistische Organisation aufgeführt sind, ist widerlegbar davon auszugehen, dass die Voraussetzungen des Satzes 1 nicht erfüllt sind. [3]Die Finanzbehörde teilt Tatsachen, die den Verdacht von Bestrebungen im Sinne des § 4 des Bundesverfassungsschutzgesetzes oder des Zuwiderhandelns gegen den Gedanken der Völkerverständigung begründen, der Verfassungsschutzbehörde mit.

§ 52 Gemeinnützige Zwecke. (1) [1]Eine Körperschaft verfolgt gemeinnützige Zwecke, wenn ihre Tätigkeit darauf gerichtet ist, die Allgemeinheit auf materiellem, geistigem oder sittlichem Gebiet selbstlos zu fördern. [2]Eine Förderung der Allgemeinheit ist nicht gegeben, wenn der Kreis der Personen, dem die Förderung zugute kommt, fest abgeschlossen ist, zum Beispiel Zugehörigkeit zu einer Familie oder zur Belegschaft eines Unternehmens, oder infolge seiner Abgrenzung, insbesondere nach räumlichen oder beruflichen Merkmalen, dauernd nur klein sein kann. [3]Eine Förderung der Allgemeinheit liegt nicht allein deswegen vor, weil eine Körperschaft ihre Mittel einer Körperschaft des öffentlichen Rechts zuführt.

[1)] § 51 neu gef. durch G v. 19. 12. 2008 (BGBl. I S. 2794); anzuwenden ab 1. 1. 2009 (Art. 97 § 1 d Abs. 2 EGAO – Nr. **800 a**).

(2)[1] [1]Unter den Voraussetzungen des Absatzes 1 sind als Förderung der Allgemeinheit anzuerkennen:

1. die Förderung von Wissenschaft und Forschung;
2. die Förderung der Religion;
3. die Förderung des öffentlichen Gesundheitswesens und der öffentlichen Gesundheitspflege, insbesondere die Verhütung und Bekämpfung von übertragbaren Krankheiten, auch durch Krankenhäuser im Sinne des § 67, und von Tierseuchen;
4. die Förderung der Jugend- und Altenhilfe;
5. die Förderung von Kunst und Kultur;
6. die Förderung des Denkmalschutzes und der Denkmalpflege;
7. die Förderung der Erziehung, Volks- und Berufsbildung einschließlich der Studentenhilfe;
8. die Förderung des Naturschutzes und der Landschaftspflege im Sinne des Bundesnaturschutzgesetzes und der Naturschutzgesetze der Länder, des Umweltschutzes, des Küstenschutzes und des Hochwasserschutzes;
9. die Förderung des Wohlfahrtswesens, insbesondere der Zwecke der amtlich anerkannten Verbände der freien Wohlfahrtspflege (§ 23 der Umsatzsteuer-Durchführungsverordnung), ihrer Unterverbände und ihrer angeschlossenen Einrichtungen und Anstalten;
10. die Förderung der Hilfe für politisch, rassisch oder religiös Verfolgte, für Flüchtlinge, Vertriebene, Aussiedler, Spätaussiedler, Kriegsopfer, Kriegshinterbliebene, Kriegsbeschädigte und Kriegsgefangene, Zivilbeschädigte und Behinderte sowie Hilfe für Opfer von Straftaten; Förderung des Andenkens an Verfolgte, Kriegs- und Katastrophenopfer; Förderung des Suchdienstes für Vermisste;
11. die Förderung der Rettung aus Lebensgefahr;
12. die Förderung des Feuer-, Arbeits-, Katastrophen- und Zivilschutzes sowie der Unfallverhütung;
13. die Förderung internationaler Gesinnung, der Toleranz auf allen Gebieten der Kultur und des Völkerverständigungsgedankens;
14. die Förderung des Tierschutzes;
15. die Förderung der Entwicklungszusammenarbeit;
16. die Förderung von Verbraucherberatung und Verbraucherschutz;
17. die Förderung der Fürsorge für Strafgefangene und ehemalige Strafgefangene;
18. die Förderung der Gleichberechtigung von Frauen und Männern;
19. die Förderung des Schutzes von Ehe und Familie;
20. die Förderung der Kriminalprävention;
21. die Förderung des Sports (Schach gilt als Sport);

---

[1] § 52 Abs. 2 neugef. durch G v. 10. 10. 2007 (BGBl. I S. 2332); anzuwenden ab 1. 1. 2007 (Art. 97 § 1 d EGAO – Nr. **800 a**).

22. die Förderung der Heimatpflege und Heimatkunde;
23. die Förderung der Tierzucht, der Pflanzenzucht, der Kleingärtnerei, des traditionellen Brauchtums einschließlich des Karnevals, der Fastnacht und des Faschings, der Soldaten- und Reservistenbetreuung, des Amateurfunkens, des Modellflugs und des Hundesports;
24. die allgemeine Förderung des demokratischen Staatswesens im Geltungsbereich dieses Gesetzes; hierzu gehören nicht Bestrebungen, die nur bestimmte Einzelinteressen staatsbürgerlicher Art verfolgen oder die auf den kommunalpolitischen Bereich beschränkt sind;
25. die Förderung des bürgerschaftlichen Engagements zugunsten gemeinnütziger, mildtätiger und kirchlicher Zwecke.

[2]Sofern der von der Körperschaft verfolgte Zweck nicht unter Satz 1 fällt, aber die Allgemeinheit auf materiellem, geistigem oder sittlichem Gebiet entsprechend selbstlos gefördert wird, kann dieser Zweck für gemeinnützig erklärt werden. [3]Die obersten Finanzbehörden der Länder haben jeweils eine Finanzbehörde im Sinne des Finanzverwaltungsgesetzes zu bestimmen, die für Entscheidungen nach Satz 2 zuständig ist.

§ 53 Mildtätige Zwecke. Eine Körperschaft verfolgt mildtätige Zwecke, wenn ihre Tätigkeit darauf gerichtet ist, Personen selbstlos zu unterstützen,

1. die infolge ihres körperlichen, geistigen oder seelischen Zustands auf die Hilfe anderer angewiesen sind oder
2.[1] deren Bezüge nicht höher sind als das Vierfache des Regelsatzes der Sozialhilfe im Sinne des § 28 des Zwölften Buches Sozialgesetzbuch; beim Alleinstehenden oder Alleinerziehenden tritt an die Stelle des Vierfachen das Fünffache des Regelsatzes. [2]Dies gilt nicht für Personen, deren Vermögen zur nachhaltigen Verbesserung ihres Unterhalts ausreicht und denen zugemutet werden kann, es dafür zu verwenden. [3]Bei Personen, deren wirtschaftliche Lage aus besonderen Gründen zu einer Notlage geworden ist, dürfen die Bezüge oder das Vermögen die genannten Grenzen übersteigen. [4]Bezüge im Sinne dieser Vorschrift sind
   a) Einkünfte im Sinne des § 2 Abs. 1 des Einkommensteuergesetzes und
   b) andere zur Bestreitung des Unterhalts bestimmte oder geeignete Bezüge,

   aller Haushaltsangehörigen. [5]Zu berücksichtigen sind auch gezahlte und empfangene Unterhaltsleistungen. [6]Die wirtschaftliche Hilfebedürftigkeit im vorstehenden Sinne ist bei Empfängern von Leistungen nach dem Zweiten oder Zwölften Buch Sozialgesetzbuch, des Wohngeldgesetzes, bei Empfängern von Leistungen nach § 27a des Bundesversorgungsgesetzes oder nach § 6a des Bundeskindergeldgesetzes als nachgewiesen anzusehen. [7]Die Körperschaft kann den Nachweis mit Hilfe des jeweiligen Leistungsbescheids, der für den Unterstützungszeitraum maßgeblich ist, oder mit

---

[1] § 53 Nr. 2 Satz 1 geänd. durch G v. 27. 12. 2003 (BGBl. I S. 3022); Sätze 5 und 6 ersetzt durch Sätze 5 bis 8 mWv 1. 1. 2013 durch G v. 21. 3. 2013 (BGBl. I S. 556); Sätze 1 und 4 geänd. mWv 1. 1. 2014 durch G v. 26. 6. 2013 (BGBl. I S. 1809).

Hilfe der Bestätigung des Sozialleistungsträgers führen. [8]Auf Antrag der Körperschaft kann auf einen Nachweis der wirtschaftlichen Hilfebedürftigkeit verzichtet werden, wenn auf Grund der besonderen Art der gewährten Unterstützungsleistung sichergestellt ist, dass nur wirtschaftlich hilfebedürftige Personen im vorstehenden Sinne unterstützt werden; für den Bescheid über den Nachweisverzicht gilt § 60 a Absatz 3 bis 5 entsprechend.

§ 54 Kirchliche Zwecke. (1) Eine Körperschaft verfolgt kirchliche Zwecke, wenn ihre Tätigkeit darauf gerichtet ist, eine Religionsgemeinschaft, die Körperschaft des öffentlichen Rechts ist, selbstlos zu fördern.

(2) Zu diesen Zwecken gehören insbesondere die Errichtung, Ausschmückung und Unterhaltung von Gotteshäusern und kirchlichen Gemeindehäusern, die Abhaltung von Gottesdiensten, die Ausbildung von Geistlichen, die Erteilung von Religionsunterricht, die Beerdigung und die Pflege des Andenkens der Toten, ferner die Verwaltung des Kirchenvermögens, die Besoldung der Geistlichen, Kirchenbeamten und Kirchendiener, die Alters- und Behindertenversorgung für diese Personen und die Versorgung ihrer Witwen und Waisen.

§ 55 Selbstlosigkeit. (1) Eine Förderung oder Unterstützung geschieht selbstlos, wenn dadurch nicht in erster Linie eigenwirtschaftliche Zwecke – zum Beispiel gewerbliche Zwecke oder sonstige Erwerbszwecke – verfolgt werden und wenn die folgenden Voraussetzungen gegeben sind:

1. [1]Mittel der Körperschaft dürfen nur für die satzungsmäßigen Zwecke verwendet werden. [2]Die Mitglieder oder Gesellschafter (Mitglieder im Sinne dieser Vorschriften) dürfen keine Gewinnanteile und in ihrer Eigenschaft als Mitglieder auch keine sonstigen Zuwendungen aus Mitteln der Körperschaft erhalten. [3]Die Körperschaft darf ihre Mittel weder für die unmittelbare noch für die mittelbare Unterstützung oder Förderung politischer Parteien verwenden.
2. Die Mitglieder dürfen bei ihrem Ausscheiden oder bei Auflösung oder Aufhebung der Körperschaft nicht mehr als ihre eingezahlten Kapitalanteile und den gemeinen Wert ihrer geleisteten Sacheinlagen zurückerhalten.
3. Die Körperschaft darf keine Person durch Ausgaben, die dem Zweck der Körperschaft fremd sind, oder durch unverhältnismäßig hohe Vergütungen begünstigen.
4. [1]Bei Auflösung oder Aufhebung der Körperschaft oder bei Wegfall ihres bisherigen Zwecks darf das Vermögen der Körperschaft, soweit es die eingezahlten Kapitalanteile der Mitglieder und den gemeinen Wert der von den Mitgliedern geleisteten Sacheinlagen übersteigt, nur für steuerbegünstigte Zwecke verwendet werden (Grundsatz der Vermögensbindung). [2]Diese Voraussetzung ist auch erfüllt, wenn das Vermögen einer anderen steuerbegünstigten Körperschaft oder einer juristischen Person[1)] des öffentlichen Rechts für steuerbegünstigte Zwecke übertragen werden soll.

[1)] § 55 Abs. 1 Nr. 4 Satz 2 geänd. durch G v. 8. 12. 2010 (BGBl. I S. 1768); zur Anwendung siehe Art. 97 § 1 d Abs. 3 Satz 2 iVm Satz 1 EGAO (Nr. **800 a**).

5.[1)] [1]Die Körperschaft muss ihre Mittel vorbehaltlich des § 62 grundsätzlich zeitnah für ihre steuerbegünstigten satzungsmäßigen Zwecke verwenden. [2]Verwendung in diesem Sinne ist auch die Verwendung der Mittel für die Anschaffung oder Herstellung von Vermögensgegenständen, die satzungsmäßigen Zwecken dienen. [3]Eine zeitnahe Mittelverwendung ist gegeben, wenn die Mittel spätestens in den auf den Zufluss folgenden zwei Kalender- oder Wirtschaftsjahren für die steuerbegünstigten satzungsmäßigen Zwecke verwendet werden.

(2) Bei der Ermittlung des gemeinen Werts (Absatz 1 Nr. 2 und 4) kommt es auf die Verhältnisse zu dem Zeitpunkt an, in dem die Sacheinlagen geleistet worden sind.

(3) Die Vorschriften, die die Mitglieder der Körperschaft betreffen (Absatz 1 Nr. 1, 2 und 4), gelten bei Stiftungen für die Stifter und ihre Erben, bei Betrieben gewerblicher Art von juristischen Personen[2)] des öffentlichen Rechts für die Körperschaft sinngemäß, jedoch mit der Maßgabe, dass bei Wirtschaftsgütern, die nach § 6 Absatz 1 Nummer 4 Satz 4[3)] des Einkommensteuergesetzes aus einem Betriebsvermögen zum Buchwert entnommen worden sind, an die Stelle des gemeinen Werts der Buchwert der Entnahme tritt.

§ 56 Ausschließlichkeit. Ausschließlichkeit liegt vor, wenn eine Körperschaft nur ihre steuerbegünstigten satzungsmäßigen Zwecke verfolgt.

§ 57 Unmittelbarkeit. (1) [1]Eine Körperschaft verfolgt unmittelbar ihre steuerbegünstigten satzungsmäßigen Zwecke, wenn sie selbst diese Zwecke verwirklicht. [2]Das kann auch durch Hilfspersonen geschehen, wenn nach den Umständen des Falls, insbesondere nach den rechtlichen und tatsächlichen Beziehungen, die zwischen der Körperschaft und der Hilfsperson bestehen, das Wirken der Hilfsperson wie eigenes Wirken der Körperschaft anzusehen ist.

(2) Eine Körperschaft, in der steuerbegünstigte Körperschaften zusammengefasst sind, wird einer Körperschaft, die unmittelbar steuerbegünstigte Zwecke verfolgt, gleichgestellt.

§ 58 Steuerlich unschädliche Betätigungen. Die Steuervergünstigung wird nicht dadurch ausgeschlossen, dass

1.[4)] eine Körperschaft Mittel für die Verwirklichung der steuerbegünstigten Zwecke einer anderen Körperschaft oder für die Verwirklichung steuerbegünstigter Zwecke durch eine juristische Person[5)] des öffentlichen Rechts

---

[1)] § 55 Abs. 1 Nr. 5 Satz 1 und 3 geänd. mWv 1. 1. 2014 bzw. 1. 1. 2013 durch G v. 21. 3. 2013 (BGBl. I S. 556).

[2)] § 55 Abs. 3 geänd. durch G v. 8. 12. 2010 (BGBl. I S. 1768); zur Anwendung siehe Art. 97 § 1 d Abs. 3 Satz 1 EGAO (Nr. **800 a**).

[3)] Verweis geänd. durch G v. 19. 7. 2006 (BGBl. I S. 1652), geänd. durch G v. 20. 4. 2009 (BGBl. I S. 774).

[4)] § 58 Nr. 1 geänd. durch G v. 21. 7. 2004 (BGBl. I S. 1753); anzuwenden ab 1. 1. 2001 (Art. 97 § 1 a Abs. 1 EGAO – Nr. **800 a**).

[5)] Geänd. durch G v. 8. 12. 2010 (BGBl. I S. 1768); zur Anwendung siehe Art. 97 § 1 d Abs. 3 Satz 2 iVm Satz 1 EGAO (Nr. **800 a**).

beschafft; die Beschaffung von Mitteln für eine unbeschränkt steuerpflichtige Körperschaft des privaten Rechts setzt voraus, dass diese selbst steuerbegünstigt ist,

2. eine Körperschaft ihre Mittel teilweise einer anderen, ebenfalls steuerbegünstigten Körperschaft oder einer juristischen Person[1] des öffentlichen Rechts zur Verwendung zu steuerbegünstigten Zwecken zuwendet,

3.[2] eine Körperschaft ihre Überschüsse der Einnahmen über die Ausgaben aus der Vermögensverwaltung, ihre Gewinne aus den wirtschaftlichen Geschäftsbetrieben ganz oder teilweise und darüber hinaus höchstens 15 Prozent ihrer sonstigen nach § 55 Absatz 1 Nummer 5 zeitnah zu verwendenden Mittel einer anderen steuerbegünstigten Körperschaft oder einer juristischen Person des öffentlichen Rechts zur Vermögensausstattung zuwendet. [2]Die aus den Vermögenserträgen zu verwirklichenden steuerbegünstigten Zwecke müssen den steuerbegünstigten satzungsmäßigen Zwecken der zuwendenden Körperschaft entsprechen. [3]Die nach dieser Nummer zugewandten Mittel und deren Erträge dürfen nicht für weitere Mittelweitergaben im Sinne des ersten Satzes verwendet werden,

4. eine Körperschaft ihre Arbeitskräfte anderen Personen, Unternehmen, Einrichtungen oder einer juristischen Person[3] des öffentlichen Rechts für steuerbegünstigte Zwecke zur Verfügung stellt,

5. eine Körperschaft ihr gehörende Räume einer anderen, ebenfalls steuerbegünstigten Körperschaft oder einer juristischen Person[3] des öffentlichen Rechts zur Nutzung zu steuerbegünstigten Zwecken überlässt,

6. eine Stiftung einen Teil, jedoch höchstens ein Drittel ihres Einkommens dazu verwendet, um in angemessener Weise den Stifter und seine nächsten Angehörigen zu unterhalten, ihre Gräber zu pflegen und ihr Andenken zu ehren,

7.[4] eine Körperschaft gesellige Zusammenkünfte veranstaltet, die im Vergleich zu ihrer steuerbegünstigten Tätigkeit von untergeordneter Bedeutung sind,

8.[4] ein Sportverein neben dem unbezahlten auch den bezahlten Sport fördert,

9.[4] eine von einer Gebietskörperschaft errichtete Stiftung zur Erfüllung ihrer steuerbegünstigten Zwecke Zuschüsse an Wirtschaftsunternehmen vergibt,

10.[5] eine Körperschaft Mittel zum Erwerb von Gesellschaftsrechten zur Erhaltung der prozentualen Beteiligung an Kapitalgesellschaften im Jahr des

---

[1] Geänd. durch G v. 8. 12. 2010 (BGBl. I S. 1768); zur Anwendung siehe Art. 97 § 1d Abs. 3 Satz 2 iVm Satz 1 EGAO (Nr. **800 a**).

[2] § 58 Nr. 3 eingef., bish. Nrn. 3 bis 5 werden Nrn. 4 bis 6 mWv 1. 1. 2014 durch G v. 21. 3. 2013 (BGBl. I S. 556).

[3] Geänd. durch G v. 8. 12. 2010 (BGBl. I S. 1768); zur Anwendung siehe Art. 97 § 1d Abs. 3 Satz 2 iVm Satz 1 EGAO (Nr. **800 a**).

[4] § 58 Nrn. 8 bis 10 werden Nrn. 7 bis 9 mWv 1. 1. 2014 durch G v. 21. 3. 2013 (BGBl. I S. 556).

[5] § 58 Nrn. 11 und 12 ersetzt durch neue Nr. 10 mWv 1. 1. 2014 durch G v. 21. 3. 2013 (BGBl. I S. 556).

Zuflusses verwendet. [2]Dieser Erwerb mindert die Höhe der Rücklage nach § 62 Absatz 1 Nummer 3.

§ 59 Voraussetzung der Steuervergünstigung. Die Steuervergünstigung wird gewährt, wenn sich aus der Satzung, dem Stiftungsgeschäft oder der sonstigen Verfassung (Satzung im Sinne dieser Vorschriften) ergibt, welchen Zweck die Körperschaft verfolgt, dass dieser Zweck den Anforderungen der §§ 52 bis 55 entspricht und dass er ausschließlich und unmittelbar verfolgt wird; die tatsächliche Geschäftsführung muss diesen Satzungsbestimmungen entsprechen.

§ 60[1)] Anforderungen an die Satzung. (1) [1]Die Satzungszwecke und die Art ihrer Verwirklichung müssen so genau bestimmt sein, dass auf Grund der Satzung geprüft werden kann, ob die satzungsmäßigen Voraussetzungen für Steuervergünstigungen gegeben sind. [2]Die Satzung muss die in der Anlage 1[2)] bezeichneten Festlegungen enthalten.

(2) Die Satzung muss den vorgeschriebenen Erfordernissen bei der Körperschaftsteuer und bei der Gewerbesteuer während des ganzen Veranlagungs- oder Bemessungszeitraums, bei den anderen Steuern im Zeitpunkt der Entstehung der Steuer entsprechen.

§ 60 a[3)] Feststellung der satzungsmäßigen Voraussetzungen. (1) [1]Die Einhaltung der satzungsmäßigen Voraussetzungen nach den §§ 51, 59, 60 und 61 wird gesondert festgestellt. [2]Die Feststellung der Satzungsmäßigkeit ist für die Besteuerung der Körperschaft und der Steuerpflichtigen, die Zuwendungen in Form von Spenden und Mitgliedsbeiträgen an die Körperschaft erbringen, bindend.

(2) Die Feststellung der Satzungsmäßigkeit erfolgt

1. auf Antrag der Körperschaft oder
2. von Amts wegen bei der Veranlagung zur Körperschaftsteuer, wenn bisher noch keine Feststellung erfolgt ist.

(3) Die Bindungswirkung der Feststellung entfällt ab dem Zeitpunkt, in dem die Rechtsvorschriften, auf denen die Feststellung beruht, aufgehoben oder geändert werden.

(4) Tritt bei den für die Feststellung erheblichen Verhältnissen eine Änderung ein, ist die Feststellung mit Wirkung vom Zeitpunkt der Änderung der Verhältnisse aufzuheben.

(5) [1]Materielle Fehler im Feststellungsbescheid über die Satzungsmäßigkeit können mit Wirkung ab dem Kalenderjahr beseitigt werden, das auf die Bekanntgabe der Aufhebung der Feststellung folgt. [2]§ 176 gilt entsprechend, außer es sind Kalenderjahre zu ändern, die nach der Verkündung der maßgeblichen Entscheidung eines obersten Gerichtshofes des Bundes beginnen.

---

1) § 60 Abs. 1 Satz 2 angef. durch G v. 19. 12. 2008 (BGBl. I S. 2794); zur erstmaligen Anwendung siehe Art. 97 § 1 f Abs. 2 EGAO (Nr. **800 a**).

2) Nachfolgend abgedruckt.

3) § 60 a eingef. mWv 29. 3. 2013 durch G v. 21. 3. 2013 (BGBl. I S. 556).

§ 61 Satzungsmäßige Vermögensbindung. (1) Eine steuerlich ausreichende Vermögensbindung (§ 55 Abs. 1 Nr. 4) liegt vor, wenn der Zweck, für den das Vermögen bei Auflösung oder Aufhebung der Körperschaft oder bei Wegfall ihres bisherigen Zwecks verwendet werden soll, in der Satzung so genau bestimmt ist, dass auf Grund der Satzung geprüft werden kann, ob der Verwendungszweck steuerbegünstigt ist.

(2)[1] *(aufgehoben)*

(3) [1] Wird die Bestimmung über die Vermögensbindung nachträglich so geändert, dass sie den Anforderungen des § 55 Abs. 1 Nr. 4 nicht mehr entspricht, so gilt sie von Anfang an als steuerlich nicht ausreichend. [2] § 175 Abs. 1 Satz 1 Nr. 2 ist mit der Maßgabe anzuwenden, dass Steuerbescheide erlassen, aufgehoben oder geändert werden können, soweit sie Steuern betreffen, die innerhalb der letzten zehn Kalenderjahre vor der Änderung der Bestimmung über die Vermögensbindung entstanden sind.

§ 62[2] Rücklagen und Vermögensbildung. (1) Körperschaften können ihre Mittel ganz oder teilweise

1. einer Rücklage zuführen, soweit dies erforderlich ist, um ihre steuerbegünstigten, satzungsmäßigen Zwecke nachhaltig zu erfüllen;
2. einer Rücklage für die beabsichtigte Wiederbeschaffung von Wirtschaftsgütern zuführen, die zur Verwirklichung der steuerbegünstigten, satzungsmäßigen Zwecke erforderlich sind (Rücklage für Wiederbeschaffung). [2] Die Höhe der Zuführung bemisst sich nach der Höhe der regulären Absetzungen für Abnutzung eines zu ersetzenden Wirtschaftsguts. [3] Die Voraussetzungen für eine höhere Zuführung sind nachzuweisen;
3. der freien Rücklage zuführen, jedoch höchstens ein Drittel des Überschusses aus der Vermögensverwaltung und darüber hinaus höchstens 10 Prozent der sonstigen nach § 55 Absatz 1 Nummer 5 zeitnah zu verwendenden Mittel. [2] Ist der Höchstbetrag für die Bildung der freien Rücklage in einem Jahr nicht ausgeschöpft, kann diese unterbliebene Zuführung in den folgenden zwei Jahren nachgeholt werden;
4. einer Rücklage zum Erwerb von Gesellschaftsrechten zur Erhaltung der prozentualen Beteiligung an Kapitalgesellschaften zuführen, wobei die Höhe dieser Rücklage die Höhe der Rücklage nach Nummer 3 mindert.

(2) [1] Die Bildung von Rücklagen nach Absatz 1 hat innerhalb der Frist des § 55 Absatz 1 Nummer 5 Satz 3 zu erfolgen. [2] Rücklagen nach Absatz 1 Nummer 1, 2 und 4 sind unverzüglich aufzulösen, sobald der Grund für die Rücklagenbildung entfallen ist. [3] Die freigewordenen Mittel sind innerhalb der Frist nach § 55 Absatz 1 Nummer 5 Satz 3 zu verwenden.

(3) Die folgenden Mittelzuführungen unterliegen nicht der zeitnahen Mittelverwendung nach § 55 Absatz 1 Nummer 5:

---

[1] § 61 Abs. 2 aufgeh. durch G v. 10. 10. 2007 (BGBl. I S. 2332); anzuwenden ab 1. 1. 2007 (Art. 97 § 1 d EGAO – Nr. **800 a**).

[2] § 62 eingef. mWv 1. 1. 2014 durch G v. 21. 3. 2013 (BGBl. I S. 556).

1. Zuwendungen von Todes wegen, wenn der Erblasser keine Verwendung für den laufenden Aufwand der Körperschaft vorgeschrieben hat;
2. Zuwendungen, bei denen der Zuwendende ausdrücklich erklärt, dass diese zur Ausstattung der Körperschaft mit Vermögen oder zur Erhöhung des Vermögens bestimmt sind;
3. Zuwendungen auf Grund eines Spendenaufrufs der Körperschaft, wenn aus dem Spendenaufruf ersichtlich ist, dass Beträge zur Aufstockung des Vermögens erbeten werden;
4. Sachzuwendungen, die ihrer Natur nach zum Vermögen gehören.

(4) Eine Stiftung kann im Jahr ihrer Errichtung und in den drei folgenden Kalenderjahren Überschüsse aus der Vermögensverwaltung und die Gewinne aus wirtschaftlichen Geschäftsbetrieben nach § 14 ganz oder teilweise ihrem Vermögen zuführen.

§ 63 Anforderungen an die tatsächliche Geschäftsführung. (1) Die tatsächliche Geschäftsführung der Körperschaft muss auf die ausschließliche und unmittelbare Erfüllung der steuerbegünstigten Zwecke gerichtet sein und den Bestimmungen entsprechen, die die Satzung über die Voraussetzungen für Steuervergünstigungen enthält.

(2) Für die tatsächliche Geschäftsführung gilt sinngemäß § 60 Abs. 2, für eine Verletzung der Vorschrift über die Vermögensbindung § 61 Abs. 3.

(3) Die Körperschaft hat den Nachweis, dass ihre tatsächliche Geschäftsführung den Erfordernissen des Absatzes 1 entspricht, durch ordnungsmäßige Aufzeichnungen über ihre Einnahmen und Ausgaben zu führen.

(4)[1] [1]Hat die Körperschaft ohne Vorliegen der Voraussetzungen Mittel angesammelt, kann das Finanzamt ihr eine angemessene Frist für die Verwendung der Mittel setzen. [2]Die tatsächliche Geschäftsführung gilt als ordnungsgemäß im Sinne des Absatzes 1, wenn die Körperschaft die Mittel innerhalb der Frist für steuerbegünstigte Zwecke verwendet.

(5)[1] [1]Körperschaften im Sinne des § 10b Absatz 1 Satz 2 Nummer 2 des Einkommensteuergesetzes dürfen Zuwendungsbestätigungen im Sinne des § 50 Absatz 1 der Einkommensteuer-Durchführungsverordnung nur ausstellen, wenn
1. das Datum der Anlage zum Körperschaftsteuerscheid oder des Freistellungsbescheids nicht länger als fünf Jahre zurückliegt oder
2. die Feststellung der Satzungsmäßigkeit nach § 60a Absatz 1 nicht länger als drei Kalenderjahre zurückliegt und bisher kein Freistellungsbescheid oder keine Anlage zum Körperschaftsteuerbescheid erteilt wurde.

[2]Die Frist ist taggenau zu berechnen.

§ 64 Steuerpflichtige wirtschaftliche Geschäftsbetriebe. (1) Schließt das Gesetz die Steuervergünstigung insoweit aus, als ein wirtschaftlicher Ge-

---

[1] § 63 Abs. 4 neu gef., Abs. 5 angef. mWv 29. 3. 2013 durch G v. 21. 3. 2013 (BGBl. I S. 556); Abs. 4 Satz 2 angef. mWv 31. 7. 2014 durch G v. 25. 7. 2014 (BGBl. I S. 1266).

schäftsbetrieb (§ 14) unterhalten wird, so verliert die Körperschaft die Steuervergünstigung für die dem Geschäftsbetrieb zuzuordnenden Besteuerungsgrundlagen (Einkünfte, Umsätze, Vermögen), soweit der wirtschaftliche Geschäftsbetrieb kein Zweckbetrieb (§§ 65 bis 68) ist.

(2) Unterhält die Körperschaft mehrere wirtschaftliche Geschäftsbetriebe, die keine Zweckbetriebe (§§ 65 bis 68) sind, werden diese als ein wirtschaftlicher Geschäftsbetrieb behandelt.

(3) Übersteigen die Einnahmen einschließlich Umsatzsteuer aus wirtschaftlichen Geschäftsbetrieben, die keine Zweckbetriebe sind, insgesamt nicht 35 000 Euro[1] im Jahr, so unterliegen die diesen Geschäftsbetrieben zuzuordnenden Besteuerungsgrundlagen nicht der Körperschaftsteuer und der Gewerbesteuer.

(4) Die Aufteilung einer Körperschaft in mehrere selbständige Körperschaften zum Zweck der mehrfachen Inanspruchnahme der Steuervergünstigung nach Absatz 3 gilt als Missbrauch von rechtlichen Gestaltungsmöglichkeiten im Sinne des § 42.

(5) Überschüsse aus der Verwertung unentgeltlich erworbenen Altmaterials außerhalb einer ständig dafür vorgehaltenen Verkaufsstelle, die der Körperschaftsteuer und der Gewerbesteuer unterliegen, können in Höhe des branchenüblichen Reingewinns geschätzt werden.

(6)[2] Bei den folgenden steuerpflichtigen wirtschaftlichen Geschäftsbetrieben kann der Besteuerung ein Gewinn von 15 Prozent der Einnahmen zugrunde gelegt werden:

1. Werbung für Unternehmen, die im Zusammenhang mit der steuerbegünstigten Tätigkeit einschließlich Zweckbetrieben stattfindet,
2. Totalisatorbetriebe,
3. Zweite Fraktionierungsstufe der Blutspendedienste.

§ 65 Zweckbetrieb. Ein Zweckbetrieb ist gegeben, wenn

1. der wirtschaftliche Geschäftsbetrieb in seiner Gesamtrichtung dazu dient, die steuerbegünstigten satzungsmäßigen Zwecke der Körperschaft zu verwirklichen,
2. die Zwecke nur durch einen solchen Geschäftsbetrieb erreicht werden können und
3. der wirtschaftliche Geschäftsbetrieb zu nicht begünstigten Betrieben derselben oder ähnlicher Art nicht in größerem Umfang in Wettbewerb tritt, als es bei Erfüllung der steuerbegünstigten Zwecke unvermeidbar ist.

§ 66 Wohlfahrtspflege. (1) Eine Einrichtung der Wohlfahrtspflege ist ein Zweckbetrieb, wenn sie in besonderem Maß den in § 53 genannten Personen dient.

---

[1] Betrag geänd. mWv 1. 1. 2007 (Art. 97 § 1 d EGAO – Nr. **800 a**) durch G v. 10. 10. 2007 (BGBl. I S. 2332).

[2] § 64 Abs. 6 anzuwenden ab 1. 1. 2000 (Art. 97 § 1 b EGAO – Nr. **800 a**).

(2) [1]Wohlfahrtspflege ist die planmäßige, zum Wohle der Allgemeinheit und nicht des Erwerbs wegen ausgeübte Sorge für notleidende oder gefährdete Mitmenschen. [2]Die Sorge kann sich auf das gesundheitliche, sittliche, erzieherische oder wirtschaftliche Wohl erstrecken und Vorbeugung oder Abhilfe bezwecken.

(3) [1]Eine Einrichtung der Wohlfahrtspflege dient in besonderem Maße den in § 53 genannten Personen, wenn diesen mindestens zwei Drittel ihrer Leistungen zugute kommen. [2]Für Krankenhäuser gilt § 67.

§ 67[1)] Krankenhäuser. (1) Ein Krankenhaus, das in den Anwendungsbereich des Krankenhausentgeltgesetzes oder der Bundespflegesatzverordnung fällt, ist ein Zweckbetrieb, wenn mindestens 40 Prozent der jährlichen Belegungstage oder Berechnungstage auf Patienten entfallen, bei denen nur Entgelte für allgemeine Krankenhausleistungen (§ 7 des Krankenhausentgeltgesetzes, § 10 der Bundespflegesatzverordnung) berechnet werden.

(2) Ein Krankenhaus, das nicht in den Anwendungsbereich des Krankenhausentgeltgesetzes oder der Bundespflegesatzverordnung fällt, ist ein Zweckbetrieb, wenn mindestens 40 Prozent der jährlichen Belegungstage oder Berechnungstage auf Patienten entfallen, bei denen für die Krankenhausleistungen kein höheres Entgelt als nach Absatz 1 berechnet wird.

§ 67 a Sportliche Veranstaltungen. (1) [1]Sportliche Veranstaltungen eines Sportvereins sind ein Zweckbetrieb, wenn die Einnahmen einschließlich Umsatzsteuer insgesamt 45 000 Euro[2)] im Jahr nicht übersteigen. [2]Der Verkauf von Speisen und Getränken sowie die Werbung gehören nicht zu den sportlichen Veranstaltungen.

(2) [1]Der Sportverein kann dem Finanzamt bis zur Unanfechtbarkeit des Körperschaftsteuerbescheids erklären, dass er auf die Anwendung des Absatzes 1 Satz 1 verzichtet. [2]Die Erklärung bindet den Sportverein für mindestens fünf Veranlagungszeiträume.

(3) [1]Wird auf die Anwendung des Absatzes 1 Satz 1 verzichtet, sind sportliche Veranstaltungen eines Sportvereins ein Zweckbetrieb, wenn

1. kein Sportler des Vereins teilnimmt, der für seine sportliche Betätigung oder für die Benutzung seiner Person, seines Namens, seines Bildes oder seiner sportlichen Betätigung zu Werbezwecken von dem Verein oder einem Dritten über eine Aufwandsentschädigung hinaus Vergütungen oder andere Vorteile erhält und
2. kein anderer Sportler teilnimmt, der für die Teilnahme an der Veranstaltung von dem Verein oder einem Dritten im Zusammenwirken mit dem Verein über eine Aufwandsentschädigung hinaus Vergütungen oder andere Vorteile erhält.

[1)] § 67 Abs. 1 neu gef., Abs. 2 geänd. durch G v. 13. 12. 2006 (BGBl. I S. 2878); zur erstmaligen Anwendung siehe Art. 97 § 1 c Abs. 3 EGAO (Nr. **800 a**).

[2)] Betrag geänd. mWv 1. 1. 2007 (Art. 97 § 1 d EGAO – Nr. **800 a**) durch G v. 10. 10. 2007 (BGBl. I S. 2332); geänd. mWv 1. 1. 2013 durch G v. 21. 3. 2013 (BGBl. I S. 556).

[2]Andere sportliche Veranstaltungen sind ein steuerpflichtiger wirtschaftlicher Geschäftsbetrieb. [3]Dieser schließt die Steuervergünstigung nicht aus, wenn die Vergütungen oder andere Vorteile ausschließlich aus wirtschaftlichen Geschäftsbetrieben, die nicht Zweckbetriebe sind, oder von Dritten geleistet werden.

§ 68 Einzelne Zweckbetriebe. Zweckbetriebe sind auch:

1. a) Alten-, Altenwohn- und Pflegeheime, Erholungsheime, Mahlzeitendienste, wenn sie in besonderem Maß den in § 53 genannten Personen dienen (§ 66 Abs. 3),

   b) Kindergärten, Kinder-, Jugend- und Studentenheime, Schullandheime und Jugendherbergen,

2. a) landwirtschaftliche Betriebe und Gärtnereien, die der Selbstversorgung von Körperschaften dienen und dadurch die sachgemäße Ernährung und ausreichende Versorgung von Anstaltsangehörigen sichern,

   b) andere Einrichtungen, die für die Selbstversorgung von Körperschaften erforderlich sind, wie Tischlereien, Schlossereien,

   wenn die Lieferungen und sonstigen Leistungen dieser Einrichtungen an Außenstehende dem Wert nach 20 Prozent der gesamten Lieferungen und sonstigen Leistungen des Betriebs – einschließlich der an die Körperschaften selbst bewirkten – nicht übersteigen,

3.[1)] a) Werkstätten für behinderte Menschen, die nach den Vorschriften des Dritten Buches Sozialgesetzbuch förderungsfähig sind und Personen Arbeitsplätze bieten, die wegen ihrer Behinderung nicht auf dem allgemeinen Arbeitsmarkt tätig sein können,

   b) Einrichtungen für Beschäftigungs- und Arbeitstherapie, in denen behinderte Menschen aufgrund ärztlicher Indikationen außerhalb eines Beschäftigungsverhältnisses zum Träger der Therapieeinrichtung mit dem Ziel behandelt werden, körperliche oder psychische Grundfunktionen zum Zwecke der Wiedereingliederung in das Alltagsleben wiederherzustellen oder die besonderen Fähigkeiten und Fertigkeiten auszubilden, zu fördern und zu trainieren, die für eine Teilnahme am Arbeitsleben erforderlich sind, und

   c) Integrationsprojekte im Sinne des § 132 Abs. 1 des Neunten Buches Sozialgesetzbuch,[2)] wenn mindestens 40 Prozent der Beschäftigten besonders betroffene schwerbehinderte Menschen im Sinne des § 132 Abs. 1 des Neunten Buches Sozialgesetzbuch sind,

4. Einrichtungen, die zur Durchführung der Blindenfürsorge und zur Durchführung der Fürsorge für Körperbehinderte unterhalten werden,

5.[3)] Einrichtungen über Tag und Nacht (Heimerziehung) oder sonstige betreute Wohnformen,

---

[1)] § 68 Nr. 3 neu gef. durch G v. 23. 4. 2004 (BGBl. I S. 606); zur erstmaligen Anwendung siehe Art. 97 § 1 e Abs. 3 EGAO (Nr. **800 a**).

[2)] **Aichberger Sozialgesetzbuch Nr. 9.**

[3)] § 68 Nr. 5 neu gef. mWv 1. 1. 2014 durch G v. 26. 6. 2013 (BGBl. I S. 1809).

6.[1] von den zuständigen Behörden genehmigte Lotterien und Ausspielungen, wenn der Reinertrag unmittelbar und ausschließlich zur Förderung mildtätiger, kirchlicher oder gemeinnütziger Zwecke verwendet wird,
7. kulturelle Einrichtungen, wie Museen, Theater, und kulturelle Veranstaltungen, wie Konzerte, Kunstausstellungen; dazu gehört nicht der Verkauf von Speisen und Getränken,
8. Volkshochschulen und andere Einrichtungen, soweit sie selbst Vorträge, Kurse und andere Veranstaltungen wissenschaftlicher oder belehrender Art durchführen; dies gilt auch, soweit die Einrichtungen den Teilnehmern dieser Veranstaltungen selbst Beherbergung und Beköstigung gewähren,
9. Wissenschafts- und Forschungseinrichtungen, deren Träger sich überwiegend aus Zuwendungen der öffentlichen Hand oder Dritter oder aus der Vermögensverwaltung finanziert. [2]Der Wissenschaft und Forschung dient auch die Auftragsforschung. [3]Nicht zum Zweckbetrieb gehören Tätigkeiten, die sich auf die Anwendung gesicherter wissenschaftlicher Erkenntnisse beschränken, die Übernahme von Projektträgerschaften sowie wirtschaftliche Tätigkeiten ohne Forschungsbezug.

Vierter Abschnitt: Haftung[2)]

§ 69 Haftung der Vertreter. [1]Die in den §§ 34 und 35 bezeichneten Personen haften, soweit Ansprüche aus dem Steuerschuldverhältnis (§ 37) infolge vorsätzlicher oder grob fahrlässiger Verletzung der ihnen auferlegten Pflichten nicht oder nicht rechtzeitig festgesetzt oder erfüllt oder soweit infolgedessen Steuervergütungen oder Steuererstattungen ohne rechtlichen Grund gezahlt werden. [2]Die Haftung umfasst auch die infolge der Pflichtverletzung zu zahlenden Säumniszuschläge.

§ 70[3)] Haftung des Vertretenen. (1) Wenn die in den §§ 34 und 35 bezeichneten Personen bei Ausübung ihrer Obliegenheiten eine Steuerhinterziehung oder eine leichtfertige Steuerverkürzung begehen oder an einer Steuerhinterziehung teilnehmen und hierdurch Steuerschuldner oder Haftende werden, so haften die Vertretenen, soweit sie nicht Steuerschuldner sind, für die durch die Tat verkürzten Steuern und die zu Unrecht gewährten Steuervorteile.

(2) [1]Absatz 1 ist nicht anzuwenden bei Taten gesetzlicher Vertreter natürlicher Personen, wenn diese aus der Tat des Vertreters keinen Vermögensvorteil erlangt haben. [2]Das Gleiche gilt, wenn die Vertretenen denjenigen, der die Steuerhinterziehung oder die leichtfertige Steuerverkürzung begangen hat, sorgfältig ausgewählt und beaufsichtigt haben.

---

1) § 68 Nr. 6 erstmals anzuwenden ab 1. 1. 2000 (Art. 97 § 1 e Abs. 1 EGAO – Nr. **800 a**).

2) Zur Anwendung in den neuen Bundesländern siehe Art. 97 a § 2 Nr. 6 EGAO (Nr. **800 a**).

3) Zu § 70 siehe Art. 97 a § 3 Abs. 3 EGAO (Nr. **800 a**).

§ 71[1] Haftung des Steuerhinterziehers und des Steuerhehlers. Wer eine Steuerhinterziehung oder eine Steuerhehlerei begeht oder an einer solchen Tat teilnimmt, haftet für die verkürzten Steuern und die zu Unrecht gewährten Steuervorteile sowie für die Zinsen nach § 235.

§ 72 Haftung bei Verletzung der Pflicht zur Kontenwahrheit. Wer vorsätzlich oder grob fahrlässig der Vorschrift des § 154 Abs. 3 zuwiderhandelt, haftet, soweit dadurch die Verwirklichung von Ansprüchen aus dem Steuerschuldverhältnis beeinträchtigt wird.

§ 73 Haftung bei Organschaft. [1] Eine Organgesellschaft haftet für solche Steuern des Organträgers, für welche die Organschaft zwischen ihnen steuerlich von Bedeutung ist. [2] Den Steuern stehen die Ansprüche auf Erstattung von Steuervergütungen gleich.

§ 74 Haftung des Eigentümers von Gegenständen. (1) [1] Gehören Gegenstände, die einem Unternehmen dienen, nicht dem Unternehmer, sondern einer an dem Unternehmen wesentlich beteiligten Person, so haftet der Eigentümer der Gegenstände mit diesen für diejenigen Steuern des Unternehmens, bei denen sich die Steuerpflicht auf den Betrieb des Unternehmens gründet. [2] Die Haftung erstreckt sich jedoch nur auf die Steuern, die während des Bestehens der wesentlichen Beteiligung entstanden sind. [3] Den Steuern stehen die Ansprüche auf Erstattung von Steuervergütungen gleich.

(2) [1] Eine Person ist an dem Unternehmen wesentlich beteiligt, wenn sie unmittelbar oder mittelbar zu mehr als einem Viertel am Grund- oder Stammkapital oder am Vermögen des Unternehmens beteiligt ist. [2] Als wesentlich beteiligt gilt auch, wer auf das Unternehmen einen beherrschenden Einfluss ausübt und durch sein Verhalten dazu beiträgt, dass fällige Steuern im Sinne des Absatzes 1 Satz 1 nicht entrichtet werden.

§ 75 Haftung des Betriebsübernehmers. (1) [1] Wird ein Unternehmen oder ein in der Gliederung eines Unternehmens gesondert geführter Betrieb im Ganzen übereignet, so haftet der Erwerber für Steuern, bei denen sich die Steuerpflicht auf den Betrieb des Unternehmens gründet, und für Steuerabzugsbeträge, vorausgesetzt, dass die Steuern seit dem Beginn des letzten, vor der Übereignung liegenden Kalenderjahrs entstanden sind und bis zum Ablauf von einem Jahr nach Anmeldung des Betriebs durch den Erwerber festgesetzt oder angemeldet werden. [2] Die Haftung beschränkt sich auf den Bestand des übernommenen Vermögens. [3] Den Steuern stehen die Ansprüche auf Erstattung von Steuervergütungen gleich.

(2) Absatz 1 gilt nicht für Erwerbe aus einer Insolvenzmasse und für Erwerbe im Vollstreckungsverfahren.

§ 76 Sachhaftung. (1) Verbrauchsteuerpflichtige Waren und einfuhr- und ausfuhrabgabenpflichtige Waren dienen ohne Rücksicht auf die Rechte Dritter als Sicherheit für die darauf ruhenden Steuern (Sachhaftung).

---

[1] Zu § 71 siehe Art. 97 a § 3 Abs. 3 EGAO (Nr. **800 a**).

(2) Die Sachhaftung entsteht bei einfuhr- und ausfuhrabgaben- oder verbrauchsteuerpflichtigen Waren, wenn nichts anderes vorgeschrieben ist, mit ihrem Verbringen in den Geltungsbereich dieses Gesetzes, bei verbrauchsteuerpflichtigen Waren auch mit Beginn ihrer Gewinnung oder Herstellung.

(3) [1] Solange die Steuer nicht entrichtet ist, kann die Finanzbehörde die Waren mit Beschlag belegen. [2] Als Beschlagnahme genügt das Verbot an den, der die Waren im Gewahrsam hat, über sie zu verfügen.

(4) [1] Die Sachhaftung erlischt mit der Steuerschuld. [2] Sie erlischt ferner mit der Aufhebung der Beschlagnahme oder dadurch, dass die Waren mit Zustimmung der Finanzbehörde in einen steuerlich nicht beschränkten Verkehr übergehen.

(5) Von der Geltendmachung der Sachhaftung wird abgesehen, wenn die Waren dem Verfügungsberechtigten abhanden gekommen sind und die verbrauchsteuerpflichtigen Waren in einen Herstellungsbetrieb aufgenommen oder die einfuhr- und ausfuhrabgabenpflichtigen Waren eine zollrechtliche Bestimmung erhalten.

§ 77 Duldungspflicht. (1) Wer kraft Gesetzes verpflichtet ist, eine Steuer aus Mitteln, die seiner Verwaltung unterliegen, zu entrichten, ist insoweit verpflichtet, die Vollstreckung in dieses Vermögen zu dulden.

(2) [1] Wegen einer Steuer, die als öffentliche Last auf Grundbesitz ruht, hat der Eigentümer die Zwangsvollstreckung in den Grundbesitz zu dulden. [2] Zugunsten der Finanzbehörde gilt als Eigentümer, wer als solcher im Grundbuch eingetragen ist. [3] Das Recht des nicht eingetragenen Eigentümers, die ihm gegen die öffentliche Last zustehenden Einwendungen geltend zu machen, bleibt unberührt.

Dritter Teil. Allgemeine Verfahrensvorschriften

Erster Abschnitt: Verfahrensgrundsätze

1. Unterabschnitt: Beteiligung am Verfahren

§ 78 Beteiligte. Beteiligte sind

1. Antragsteller und Antragsgegner,
2. diejenigen, an die die Finanzbehörde den Verwaltungsakt richten will oder gerichtet hat,
3. diejenigen, mit denen die Finanzbehörde einen öffentlich-rechtlichen Vertrag schließen will oder geschlossen hat.

§ 79 Handlungsfähigkeit. (1) Fähig zur Vornahme von Verfahrenshandlungen sind:

1. natürliche Personen, die nach bürgerlichem Recht geschäftsfähig sind,
2. natürliche Personen, die nach bürgerlichem Recht in der Geschäftsfähigkeit beschränkt sind, soweit sie für den Gegenstand des Verfahrens durch Vor-

schriften des bürgerlichen Rechts als geschäftsfähig oder durch Vorschriften des öffentlichen Rechts als handlungsfähig anerkannt sind,

3. juristische Personen, Vereinigungen oder Vermögensmassen durch ihre gesetzlichen Vertreter oder durch besonders Beauftragte,
4. Behörden durch ihre Leiter, deren Vertreter oder Beauftragte.

(2) Betrifft ein Einwilligungsvorbehalt nach § 1903 des Bürgerlichen Gesetzbuchs den Gegenstand des Verfahrens, so ist ein geschäftsfähiger Betreuter nur insoweit zur Vornahme von Verfahrenshandlungen fähig, als er nach den Vorschriften des bürgerlichen Rechts ohne Einwilligung des Betreuers handeln kann oder durch Vorschriften des öffentlichen Rechts als handlungsfähig anerkannt ist.

(3) Die §§ 53 und 55 der Zivilprozessordnung gelten entsprechend.

§ 80 Bevollmächtigte und Beistände. (1) 1 Ein Beteiligter kann sich durch einen Bevollmächtigten vertreten lassen. 2 Die Vollmacht ermächtigt zu allen das Verwaltungsverfahren betreffenden Verfahrenshandlungen, sofern sich aus ihrem Inhalt nicht etwas anderes ergibt; sie ermächtigt nicht zum Empfang von Steuererstattungen und Steuervergütungen. 3 Der Bevollmächtigte hat auf Verlangen seine Vollmacht schriftlich nachzuweisen. 4 Ein Widerruf der Vollmacht wird der Behörde gegenüber erst wirksam, wenn er ihr zugeht.

(2) Die Vollmacht wird weder durch den Tod des Vollmachtgebers noch durch eine Veränderung in seiner Handlungsfähigkeit oder seiner gesetzlichen Vertretung aufgehoben; der Bevollmächtigte hat jedoch, wenn er für den Rechtsnachfolger im Verwaltungsverfahren auftritt, dessen Vollmacht auf Verlangen schriftlich beizubringen.

(3) 1 Ist für das Verfahren ein Bevollmächtigter bestellt, so soll sich die Behörde an ihn wenden. 2 Sie kann sich an den Beteiligten selbst wenden, soweit er zur Mitwirkung verpflichtet ist. 3 Wendet sich die Finanzbehörde an den Beteiligten, so soll der Bevollmächtigte verständigt werden.

(4) 1 Ein Beteiligter kann zu Verhandlungen und Besprechungen mit einem Beistand erscheinen. 2 Das von dem Beistand Vorgetragene gilt als von den Beteiligten vorgebracht, soweit dieser nicht unverzüglich widerspricht.

(5) Bevollmächtigte und Beistände sind zurückzuweisen, wenn sie geschäftsmäßig Hilfe in Steuersachen leisten, ohne dazu befugt zu sein; dies gilt nicht für Notare und Patentanwälte.

(6) 1 Bevollmächtigte und Beistände können vom Vortrag zurückgewiesen werden, wenn sie hierzu ungeeignet sind; vom mündlichen Vortrag können sie nur zurückgewiesen werden, wenn sie zum sachgemäßen Vortrag nicht fähig sind. 2 Dies gilt nicht für die in § 3 Nr. 1 und in § 4 Nr. 1 und 2 des Steuerberatungsgesetzes[1)] bezeichneten natürlichen Personen.

(7)[2)] *(aufgehoben)*

[1)] Nr. **840**.

[2)] § 80 Abs. 7 aufgeh., Verweis geänd. mWv 12. 4. 2008 durch G v. 8. 4. 2008 (BGBl. I S. 666).

(8) [1]Die Zurückweisung nach den Absätzen 5 und 6[1)] ist auch dem Beteiligten, dessen Bevollmächtigter oder Beistand zurückgewiesen wird, mitzuteilen. [2]Verfahrenshandlungen des zurückgewiesenen Bevollmächtigten oder Beistands, die dieser nach der Zurückweisung vornimmt, sind unwirksam.

§ 81 Bestellung eines Vertreters von Amts wegen. (1) Ist ein Vertreter nicht vorhanden, so hat das Betreuungsgericht, für einen minderjährigen Beteiligten das Familiengericht[2)] auf Ersuchen der Finanzbehörde einen geeigneten Vertreter zu bestellen

1. für einen Beteiligten, dessen Person unbekannt ist,
2. für einen abwesenden Beteiligten, dessen Aufenthalt unbekannt ist oder der an der Besorgung seiner Angelegenheiten verhindert ist,
3. für einen Beteiligten ohne Aufenthalt im Geltungsbereich dieses Gesetzes, wenn er der Aufforderung der Finanzbehörde, einen Vertreter zu bestellen, innerhalb der ihm gesetzten Frist nicht nachgekommen ist,
4. für einen Beteiligten, der infolge einer psychischen Krankheit oder körperlichen, geistigen oder seelischen Behinderung nicht in der Lage ist, in dem Verwaltungsverfahren selbst tätig zu werden,
5. bei herrenlosen Sachen, auf die sich das Verfahren bezieht, zur Wahrung der sich in Bezug auf die Sache ergebenden Rechte und Pflichten.

(2) Für die Bestellung des Vertreters ist in den Fällen des Absatzes 1 Nr. 4 das Betreuungsgericht, für einen minderjährigen Beteiligten das Familiengericht[2)] zuständig, in dessen Bezirk der Beteiligte seinen gewöhnlichen Aufenthalt (§ 272 Abs. 1 Nr. 2 des Gesetzes über das Verfahren in Familiensachen und in den Angelegenheiten der freiwilligen Gerichtsbarkeit)[2)] hat; im Übrigen ist das Gericht[2)] zuständig, in dessen Bezirk die ersuchende Finanzbehörde ihren Sitz hat.

(3) [1]Der Vertreter hat gegen den Rechtsträger der Finanzbehörde, die um seine Bestellung ersucht hat, Anspruch auf eine angemessene Vergütung und auf die Erstattung seiner baren Auslagen. [2]Die Finanzbehörde kann von dem Vertretenen Ersatz ihrer Aufwendungen verlangen. [3]Sie bestimmt die Vergütung und stellt die Auslagen und Aufwendungen fest.

(4) Im Übrigen gelten für die Bestellung und für das Amt des Vertreters in den Fällen des Absatzes 1 Nr. 4 die Vorschriften über die Betreuung, in den übrigen Fällen die Vorschriften über die Pflegschaft entsprechend.

2. Unterabschnitt: Ausschließung und Ablehnung von Amtsträgern und anderen Personen

§ 82 Ausgeschlossene Personen. (1) [1]In einem Verwaltungsverfahren darf für eine Finanzbehörde nicht tätig werden,

1. wer selbst Beteiligter ist,

[1)] § 80 Abs. 7 aufgeh., Verweis geänd. mWv 12. 4. 2008 durch G v. 8. 4. 2008 (BGBl. I S. 666).

[2)] § 81 Abs. 1 und 2 geänd. mWv 1. 9. 2009 durch G v. 17. 12. 2008 (BGBl. I S. 2586).

2. wer Angehöriger (§ 15) eines Beteiligten ist,
3. wer einen Beteiligten kraft Gesetzes oder Vollmacht allgemein oder in diesem Verfahren vertritt,
4. wer Angehöriger (§ 15) einer Person ist, die für einen Beteiligten in diesem Verfahren Hilfe in Steuersachen leistet,
5. wer bei einem Beteiligten gegen Entgelt beschäftigt ist oder bei ihm als Mitglied des Vorstands, des Aufsichtsrats oder eines gleichartigen Organs tätig ist; dies gilt nicht für den, dessen Anstellungskörperschaft Beteiligte ist,
6. wer außerhalb seiner amtlichen Eigenschaft in der Angelegenheit ein Gutachten abgegeben hat oder sonst tätig geworden ist.

[2]Dem Beteiligten steht gleich, wer durch die Tätigkeit oder durch die Entscheidung einen unmittelbaren Vorteil oder Nachteil erlangen kann. [3]Dies gilt nicht, wenn der Vor- oder Nachteil nur darauf beruht, dass jemand einer Berufs- oder Bevölkerungsgruppe angehört, deren gemeinsame Interessen durch die Angelegenheit berührt werden.

(2) Wer nach Absatz 1 ausgeschlossen ist, darf bei Gefahr im Verzug unaufschiebbare Maßnahmen treffen.

(3) [1]Hält sich ein Mitglied eines Ausschusses für ausgeschlossen oder bestehen Zweifel, ob die Voraussetzungen des Absatzes 1 gegeben sind, ist dies dem Vorsitzenden des Ausschusses mitzuteilen. [2]Der Ausschuss entscheidet über den Ausschluss. [3]Der Betroffene darf an dieser Entscheidung nicht mitwirken. [4]Das ausgeschlossene Mitglied darf bei der weiteren Beratung und Beschlussfassung nicht zugegen sein.

§ 83 Besorgnis der Befangenheit. (1) [1]Liegt ein Grund vor, der geeignet ist, Misstrauen gegen die Unparteilichkeit des Amtsträgers zu rechtfertigen oder wird von einem Beteiligten das Vorliegen eines solchen Grundes behauptet, so hat der Amtsträger den Leiter der Behörde oder den von ihm Beauftragten zu unterrichten und sich auf dessen Anordnung der Mitwirkung zu enthalten. [2]Betrifft die Besorgnis der Befangenheit den Leiter der Behörde, so trifft diese Anordnung die Aufsichtsbehörde, sofern sich der Behördenleiter nicht selbst einer Mitwirkung enthält.

(2) Bei Mitgliedern eines Ausschusses ist sinngemäß nach § 82 Abs. 3 zu verfahren.

§ 84 Ablehnung von Mitgliedern eines Ausschusses. [1]Jeder Beteiligte kann ein Mitglied eines in einem Verwaltungsverfahren tätigen Ausschusses ablehnen, das in diesem Verwaltungsverfahren nicht tätig werden darf (§ 82) oder bei dem die Besorgnis der Befangenheit besteht (§ 83). [2]Eine Ablehnung vor einer mündlichen Verhandlung ist schriftlich oder zur Niederschrift zu erklären. [3]Die Erklärung ist unzulässig, wenn sich der Beteiligte, ohne den ihm bekannten Ablehnungsgrund geltend zu machen, in eine mündliche Verhandlung eingelassen hat. [4]Für die Entscheidung über die Ablehnung gilt § 82 Abs. 3 Sätze 2 bis 4. [5]Die Entscheidung über das Ablehnungsgesuch kann nur zusammen mit der Entscheidung angefochten werden, die das Verfahren vor dem Ausschuss abschließt.

3. Unterabschnitt: Besteuerungsgrundsätze, Beweismittel

I. Allgemeines

§ 85 Besteuerungsgrundsätze. [1]Die Finanzbehörden haben die Steuern nach Maßgabe der Gesetze gleichmäßig festzusetzen und zu erheben. [2]Insbesondere haben sie sicherzustellen, dass Steuern nicht verkürzt, zu Unrecht erhoben oder Steuererstattungen und Steuervergütungen nicht zu Unrecht gewährt oder versagt werden.

§ 86 Beginn des Verfahrens. [1]Die Finanzbehörde entscheidet nach pflichtgemäßem Ermessen, ob und wann sie ein Verwaltungsverfahren durchführt. [2]Dies gilt nicht, wenn die Finanzbehörde auf Grund von Rechtsvorschriften

1. von Amts wegen oder auf Antrag tätig werden muss,
2. nur auf Antrag tätig werden darf und ein Antrag nicht vorliegt.

§ 87[1] Amtssprache. (1) Die Amtssprache ist deutsch.

(2) [1]Werden bei einer Finanzbehörde in einer fremden Sprache Anträge gestellt oder Eingaben, Belege, Urkunden oder sonstige Dokumente vorgelegt, kann die Finanzbehörde verlangen, dass unverzüglich eine Übersetzung vorgelegt wird. [2]In begründeten Fällen kann die Vorlage einer beglaubigten oder von einem öffentlich bestellten oder beeidigten Dolmetscher oder Übersetzer angefertigten Übersetzung verlangt werden. [3]Wird die verlangte Übersetzung nicht unverzüglich vorgelegt, so kann die Finanzbehörde auf Kosten des Beteiligten selbst eine Übersetzung beschaffen. [4]Hat die Finanzbehörde Dolmetscher oder Übersetzer herangezogen, erhalten diese eine Vergütung in entsprechender Anwendung des Justizvergütungs- und -entschädigungsgesetzes[2].

(3) Soll durch eine Anzeige, einen Antrag oder die Abgabe einer Willenserklärung eine Frist in Lauf gesetzt werden, innerhalb deren die Finanzbehörde in einer bestimmten Weise tätig werden muss, und gehen diese in einer fremden Sprache ein, so beginnt der Lauf der Frist erst mit dem Zeitpunkt, in dem der Finanzbehörde eine Übersetzung vorliegt.

(4) [1]Soll durch eine Anzeige, einen Antrag oder eine Willenserklärung, die in fremder Sprache eingehen, zugunsten eines Beteiligten eine Frist gegenüber der Finanzbehörde gewahrt, ein öffentlich-rechtlicher Anspruch geltend gemacht oder eine Leistung begehrt werden, so gelten die Anzeige, der Antrag oder die Willenserklärung als zum Zeitpunkt des Eingangs bei der Finanzbehörde abgegeben, wenn auf Verlangen der Finanzbehörde innerhalb einer von dieser zu setzenden angemessenen Frist eine Übersetzung vorgelegt wird. [2]Andernfalls ist der Zeitpunkt des Eingangs der Übersetzung maßgebend, soweit sich nicht aus zwischenstaatlichen Vereinbarungen etwas anderes ergibt. [3]Auf diese Rechtsfolge ist bei der Fristsetzung hinzuweisen.

---

[1] § 87 Abs. 2 Satz 4 geänd. mWv 1. 7. 2004 durch G v. 5. 5. 2004 (BGBl. I S. 718).
[2] **Schönfelder Nr. 116.**

§ 87 a Elektronische Kommunikation. (1)[1] [1]Die Übermittlung elektronischer Dokumente ist zulässig, soweit der Empfänger hierfür einen Zugang eröffnet. [2]Ein elektronisches Dokument ist zugegangen, sobald die für den Empfang bestimmte Einrichtung es in für den Empfänger bearbeitbarer Weise aufgezeichnet hat. [3]Übermittelt die Finanzbehörde Daten, die dem Steuergeheimnis unterliegen, sind diese Daten mit einem geeigneten Verfahren zu verschlüsseln. [4]Die kurzzeitige automatisierte Entschlüsselung, die beim Versenden einer De-Mail-Nachricht durch den akkreditierten Diensteanbieter zum Zweck der Überprüfung auf Schadsoftware und zum Zweck der Weiterleitung an den Adressaten der De-Mail-Nachricht erfolgt, verstößt nicht gegen das Verschlüsselungsgebot des Satzes 3.

(2) [1]Ist ein der Finanzbehörde übermitteltes elektronisches Dokument für sie zur Bearbeitung nicht geeignet, hat sie dies dem Absender unter Angabe der für sie geltenden technischen Rahmenbedingungen unverzüglich mitzuteilen. [2]Macht ein Empfänger geltend, er könne das von der Finanzbehörde übermittelte elektronische Dokument nicht bearbeiten, hat sie es ihm erneut in einem geeigneten elektronischen Format oder als Schriftstück zu übermitteln.

(3)[2] [1]Eine durch Gesetz für Anträge, Erklärungen oder Mitteilungen an die Finanzbehörden angeordnete Schriftform kann, soweit nicht durch Gesetz etwas anderes bestimmt ist, durch die elektronische Form ersetzt werden. [2]Der elektronischen Form genügt ein elektronisches Dokument, das mit einer qualifizierten elektronischen Signatur nach dem Signaturgesetz versehen ist. [3]Die Signierung mit einem Pseudonym ist nicht zulässig. [4]Die Schriftform kann auch ersetzt werden

1. durch unmittelbare Abgabe der Erklärung in einem elektronischen Formular, das von der Behörde in einem Eingabegerät oder über öffentlich zugängliche Netze zur Verfügung gestellt wird;
2. durch Versendung eines elektronischen Dokuments an die Behörde mit der Versandart nach § 5 Absatz 5 des De-Mail-Gesetzes.

[5]In den Fällen des Satzes 4 Nummer 1 muss bei einer Eingabe über öffentlich zugängliche Netze ein sicherer Identitätsnachweis nach § 18 des Personalausweisgesetzes oder nach § 78 Absatz 5 des Aufenthaltsgesetzes erfolgen.

(4)[3] [1]Eine durch Gesetz für Verwaltungsakte oder sonstige Maßnahmen der Finanzbehörden angeordnete Schriftform kann, soweit nicht durch Gesetz etwas anderes bestimmt ist, durch die elektronische Form ersetzt werden. [2]Der elektronischen Form genügt ein elektronisches Dokument, das mit einer qualifizierten elektronischen Signatur nach dem Signaturgesetz versehen ist. [3]Die Schriftform kann auch ersetzt werden durch Versendung einer De-Mail-Nachricht nach § 5 Absatz 5 des De-Mail-Gesetzes, bei der die Bestätigung des akkreditierten Diensteanbieters die erlassende Finanzbehörde als Nutzer des De-Mail-

---

[1] § 87 a Abs. 1 Satz 4 angef. mWv 1. 8. 2013 durch G v. 25. 7. 2013 (BGBl. I S. 2749).

[2] § 87 a Abs. 3 neu gef. mWv 1. 8. 2013 **(Nr. 2 mWv 1. 7. 2014)** durch G v. 25. 7. 2013 (BGBl. I S. 2749).

[3] § 87 a Abs. 4 Sätze 2 und 3 neu gef., Satz 4 angef. mWv **1. 7. 2014** durch G v. 25. 7. 2013 (BGBl. I S. 2749).

Kontos erkennen lässt. 4 Für von der Finanzbehörde aufzunehmende Niederschriften gelten die Sätze 1 und 3 nur, wenn dies durch Gesetz ausdrücklich zugelassen ist.

(5)[1] 1 Ist ein elektronisches Dokument Gegenstand eines Beweises, wird der Beweis durch Vorlegung oder Übermittlung der Datei angetreten; befindet diese sich nicht im Besitz des Steuerpflichtigen oder der Finanzbehörde, gilt § 97 entsprechend. 2 Der Anschein der Echtheit eines mit einer qualifizierten elektronischen Signatur nach dem Signaturgesetz übermittelten Dokuments, der sich auf Grund der Prüfung nach dem Signaturgesetz ergibt, kann nur durch Tatsachen erschüttert werden, die ernstliche Zweifel daran begründen, dass das Dokument mit dem Willen des Signaturschlüssel-Inhabers übermittelt worden ist.

(6)[2] 1 Das Bundesministerium der Finanzen kann im Benehmen mit dem Bundesministerium des Innern durch Rechtsverordnung mit Zustimmung des Bundesrates für die Fälle der Absätze 3 und 4 neben der qualifizierten elektronischen Signatur auch ein anderes sicheres Verfahren zulassen, das den Datenübermittler (Absender der Daten) authentifiziert und die Integrität des elektronisch übermittelten Datensatzes gewährleistet. 2 Zur Authentifizierung des Datenübermittlers kann auch der elektronische Identitätsnachweis des Personalausweises genutzt werden; die dazu erforderlichen Daten dürfen zusammen mit den übrigen übermittelten Daten gespeichert und verwendet werden. 3 Die Rechtsverordnung nach Satz 1 bedarf nicht der Zustimmung des Bundesrates, soweit sie die Kraftfahrzeugsteuer, die Luftverkehrsteuer, die Versicherungsteuer oder Verbrauchsteuern, mit Ausnahme der Biersteuer, betrifft.

§ 88 Untersuchungsgrundsatz. (1) 1 Die Finanzbehörde ermittelt den Sachverhalt von Amts wegen. 2 Sie bestimmt Art und Umfang der Ermittlungen; an das Vorbringen und an die Beweisanträge der Beteiligten ist sie nicht gebunden. 3 Der Umfang dieser Pflichten richtet sich nach den Umständen des Einzelfalls.

(2) Die Finanzbehörde hat alle für den Einzelfall bedeutsamen, auch die für die Beteiligten günstigen Umstände zu berücksichtigen.

(3)[3] 1 Zur Sicherstellung einer gleichmäßigen und gesetzmäßigen Festsetzung und Erhebung der Steuern kann das Bundesministerium der Finanzen durch Rechtsverordnung mit Zustimmung des Bundesrates Anforderungen an Art und Umfang der Ermittlungen bei Einsatz automatischer Einrichtungen bestimmen. 2 Einer Zustimmung des Bundesrates bedarf es nicht, soweit die Kraftfahrzeugsteuer, die Luftverkehrsteuer, die Versicherungsteuer oder Verbrauchsteuern, mit Ausnahme der Biersteuer, betroffen sind.

§ 88 a Sammlung von geschützten Daten. 1 Soweit es zur Sicherstellung einer gleichmäßigen Festsetzung und Erhebung der Steuern erforderlich ist,

---

[1] § 87 a Abs. 5 Satz 1 geänd. mWv 30. 6. 2013 durch G v. 26. 6. 2013 (BGBl. I S. 1809).

[2] § 87 a Abs. 6 neu gef. durch G v. 1. 11. 2011 (BGBl. I S. 2131); Abs. 6 Satz 3 neu gef. mWv 30. 6. 2013 durch G v. 26. 6. 2013 (BGBl. I S. 1809).

[3] § 88 Abs. 3 angef. mWv 1. 1. 2009 durch G v. 20. 12. 2008 (BGBl. I S. 2850); Abs. 3 Satz 2 neu gef. mWv 30. 6. 2013 durch G v. 26. 6 2013 (BGBl. I S. 1809).

dürfen die Finanzbehörden nach § 30 geschützte Daten auch für Zwecke künftiger Verfahren im Sinne des § 30 Abs. 2 Nr. 1 Buchstabe a und b, insbesondere zur Gewinnung von Vergleichswerten, in Dateien oder Akten sammeln und verwenden. 2 Eine Verwendung ist nur für Verfahren im Sinne des § 30 Abs. 2 Nr. 1 Buchstabe a und b zulässig.

§ 89[1)] Beratung, Auskunft. (1) 1 Die Finanzbehörde soll die Abgabe von Erklärungen, die Stellung von Anträgen oder die Berichtigung von Erklärungen oder Anträgen anregen, wenn diese offensichtlich nur versehentlich oder aus Unkenntnis unterblieben oder unrichtig abgegeben oder gestellt worden sind. 2 Sie erteilt, soweit erforderlich, Auskunft über die den Beteiligten im Verwaltungsverfahren zustehenden Rechte und die ihnen obliegenden Pflichten.

(2) 1 Die Finanzämter und das Bundeszentralamt für Steuern können auf Antrag verbindliche Auskünfte über die steuerliche Beurteilung von genau bestimmten, noch nicht verwirklichten Sachverhalten erteilen, wenn daran im Hinblick auf die erheblichen steuerlichen Auswirkungen ein besonderes Interesse besteht. 2 Zuständig für die Erteilung einer verbindlichen Auskunft ist die Finanzbehörde, die bei Verwirklichung des dem Antrag zugrunde liegenden Sachverhalts örtlich zuständig sein würde. 3 Bei Antragstellern, für die im Zeitpunkt der Antragstellung nach den §§ 18 bis 21 keine Finanzbehörde zuständig ist, ist auf dem Gebiet der Steuern, die von den Landesfinanzbehörden im Auftrag des Bundes verwaltet werden, abweichend von Satz 2 das Bundeszentralamt für Steuern zuständig; in diesem Fall bindet die verbindliche Auskunft auch die Finanzbehörde, die bei der Verwirklichung des der Auskunft zugrunde liegenden Sachverhalts zuständig ist. 4 Das Bundesministerium der Finanzen wird ermächtigt, mit Zustimmung des Bundesrates durch Rechtsverordnung nähere Bestimmungen zu Form, Inhalt und Voraussetzungen des Antrages auf Erteilung einer verbindlichen Auskunft und zur Reichweite der Bindungswirkung zu treffen. 5 Die Rechtsverordnung bedarf nicht der Zustimmung des Bundesrates, soweit sie die Versicherungsteuer betrifft.

(3)[2)] 1 Für die Bearbeitung eines Antrags auf Erteilung einer verbindlichen Auskunft nach Absatz 2 wird eine Gebühr erhoben. 2 Die Gebühr ist vom Antragsteller innerhalb eines Monats nach Bekanntgabe ihrer Festsetzung zu entrichten. 3 Die Finanzbehörde kann die Entscheidung über den Antrag bis zur Entrichtung der Gebühr zurückstellen.

(4)[2)] 1 Die Gebühr wird nach dem Wert berechnet, den die verbindliche Auskunft für den Antragsteller hat (Gegenstandswert). 2 Der Antragsteller soll den Gegenstandswert und die für seine Bestimmung erheblichen Umstände in seinem Antrag auf Erteilung einer verbindlichen Auskunft darlegen. 3 Die Finanzbehörde soll der Gebührenfestsetzung den vom Antragsteller erklärten Gegenstandswert zugrunde legen, soweit dies nicht zu einem offensichtlich unzutreffenden Ergebnis führt.

[1)] § 89 Abs. 2 angef. mWv 12. 9. 2006 durch G v. 5. 9. 2006 (BGBl. I S. 2098), Abs. 2 Satz 1 geänd., Abs. 3 bis 5 angef. mWv 19. 12. 2006 durch G v. 13. 12. 2006 (BGBl. I S. 2878); Abs. 2 Satz 5 angef. mWv 30. 6. 2013 durch G v. 26. 6. 2013 (BGBl. I S. 1809).

[2)] § 89 Abs. 3 bis 5 ersetzt durch Abs. 3 bis 7 durch G v. 1. 11. 2011 (BGBl. I S. 2131); zur Anwendung siehe Art. 97 § 25 EGAO (Nr. **800 a**).

(5)[1] [1]Die Gebühr wird in entsprechender Anwendung des § 34 des Gerichtskostengesetzes mit einem Gebührensatz von 1,0 erhoben. [2]§ 39 Absatz 2 des Gerichtskostengesetzes ist entsprechend anzuwenden. [3]Beträgt der Gegenstandswert weniger als 10 000 Euro, wird keine Gebühr erhoben.

(6)[1] [1]Ist ein Gegenstandswert nicht bestimmbar und kann er auch nicht durch Schätzung bestimmt werden, ist eine Zeitgebühr zu berechnen; sie beträgt 50 Euro je angefangene halbe Stunde Bearbeitungszeit. [2]Beträgt die Bearbeitungszeit weniger als zwei Stunden, wird keine Gebühr erhoben.

(7)[1] [1]Auf die Gebühr kann ganz oder teilweise verzichtet werden, wenn ihre Erhebung nach Lage des einzelnen Falls unbillig wäre. [2]Die Gebühr kann insbesondere ermäßigt werden, wenn ein Antrag auf Erteilung einer verbindlichen Auskunft vor Bekanntgabe der Entscheidung der Finanzbehörde zurückgenommen wird.

§ 90 Mitwirkungspflichten der Beteiligten. (1) [1]Die Beteiligten sind zur Mitwirkung bei der Ermittlung des Sachverhaltes verpflichtet. [2]Sie kommen der Mitwirkungspflicht insbesondere dadurch nach, dass sie die für die Besteuerung erheblichen Tatsachen vollständig und wahrheitsgemäß offenlegen und die ihnen bekannten Beweismittel angeben. [3]Der Umfang dieser Pflichten richtet sich nach den Umständen des Einzelfalls.

(2) [1]Ist ein Sachverhalt zu ermitteln und steuerrechtlich zu beurteilen, der sich auf Vorgänge außerhalb des Geltungsbereichs dieses Gesetzes bezieht, so haben die Beteiligten diesen Sachverhalt aufzuklären und die erforderlichen Beweismittel zu beschaffen. [2]Sie haben dabei alle für sie bestehenden rechtlichen und tatsächlichen Möglichkeiten auszuschöpfen. [3]Bestehen objektiv erkennbare Anhaltspunkte für die Annahme, dass der Steuerpflichtige über Geschäftsbeziehungen zu Finanzinstituten in einem Staat oder Gebiet verfügt, mit dem kein Abkommen besteht, das die Erteilung von Auskünften entsprechend Artikel 26 des Musterabkommens der OECD zur Vermeidung der Doppelbesteuerung auf dem Gebiet der Steuern vom Einkommen und vom Vermögen in der Fassung von 2005 vorsieht, oder der Staat oder das Gebiet keine Auskünfte in einem vergleichbaren Umfang erteilt oder keine Bereitschaft zu einer entsprechenden Auskunftserteilung besteht, hat der Steuerpflichtige nach Aufforderung der Finanzbehörde die Richtigkeit und Vollständigkeit seiner Angaben an Eides statt zu versichern und die Finanzbehörde zu bevollmächtigen, in seinem Namen mögliche Auskunftsansprüche gegenüber den von der Finanzbehörde benannten Kreditinstituten außergerichtlich und gerichtlich geltend zu machen; die Versicherung an Eides statt kann nicht nach § 328 erzwungen werden.[2] [4]Ein Beteiligter kann sich nicht darauf berufen, daß er Sachverhalte nicht aufklären oder Beweismittel nicht beschaffen kann, wenn er sich nach Lage des Falls bei der Gestaltung seiner

[1] § 89 Abs. 3 bis 5 ersetzt durch Abs. 3 bis 7 durch G v. 1. 11. 2011 (BGBl. I S. 2131); zur Anwendung siehe Art. 97 § 25 EGAO (Nr. **800 a**).

[2] § 90 Abs. 2 Satz 3 eingef., bish. Satz 3 wird Satz 4 durch G v. 29. 7. 2009 (BGBl. I S. 2302); zur erstmaligen Anwendung ab 1. 1. 2010 siehe Art. 97 § 22 Abs. 2 EGAO (Nr. **800 a**) iVm § 5 Satz 1 Steuerhinterziehungsbekämpfungsverordnung (Nr. **12**).

Verhältnisse die Möglichkeit dazu hätte beschaffen oder einräumen lassen können.

(3)[1] [1]Bei Sachverhalten, die Vorgänge mit Auslandsbezug betreffen, hat ein Steuerpflichtiger über die Art und den Inhalt seiner Geschäftsbeziehungen mit nahe stehenden Personen im Sinne des § 1 Abs. 2 des Außensteuergesetzes Aufzeichnungen zu erstellen. [2]Die Aufzeichnungspflicht umfasst auch die wirtschaftlichen und rechtlichen Grundlagen für eine den Grundsatz des Fremdvergleichs beachtende Vereinbarung von Preisen und anderen Geschäftsbedingungen mit den Nahestehenden. [3]Bei außergewöhnlichen Geschäftsvorfällen sind die Aufzeichnungen zeitnah zu erstellen. [4]Die Aufzeichnungspflichten gelten entsprechend für Steuerpflichtige, die für die inländische Besteuerung Gewinne zwischen ihrem inländischen Unternehmen und dessen ausländischer Betriebsstätte aufzuteilen oder den Gewinn der inländischen Betriebsstätte ihres ausländischen Unternehmens zu ermitteln haben. [5]Um eine einheitliche Rechtsanwendung sicherzustellen, wird das Bundesministerium der Finanzen ermächtigt, mit Zustimmung des Bundesrates durch Rechtsverordnung Art, Inhalt und Umfang der zu erstellenden Aufzeichnungen zu bestimmen. [6]Die Finanzbehörde soll die Vorlage von Aufzeichnungen in der Regel nur für die Durchführung einer Außenprüfung verlangen. [7]Die Vorlage richtet sich nach § 97. [8]Sie hat jeweils auf Anforderung innerhalb einer Frist von 60 Tagen zu erfolgen. [9]Soweit Aufzeichnungen über außergewöhnliche Geschäftsvorfälle vorzulegen sind, beträgt die Frist 30 Tage. [10]In begründeten Einzelfällen kann die Vorlagefrist verlängert werden.

§ 91 Anhörung Beteiligter. (1) [1]Bevor ein Verwaltungsakt erlassen wird, der in Rechte eines Beteiligten eingreift, soll diesem Gelegenheit gegeben werden, sich zu den für die Entscheidung erheblichen Tatsachen zu äußern. [2]Dies gilt insbesondere, wenn von dem in der Steuererklärung erklärten Sachverhalt zuungunsten des Steuerpflichtigen wesentlich abgewichen werden soll.

(2) Von der Anhörung kann abgesehen werden, wenn sie nach den Umständen des Einzelfalls nicht geboten ist, insbesondere wenn

1. eine sofortige Entscheidung wegen Gefahr im Verzug oder im öffentlichen Interesse notwendig erscheint,
2. durch die Anhörung die Einhaltung einer für die Entscheidung maßgeblichen Frist in Frage gestellt würde,
3. von den tatsächlichen Angaben eines Beteiligten, die dieser in einem Antrag oder einer Erklärung gemacht hat, nicht zu seinen Ungunsten abgewichen werden soll,
4. die Finanzbehörde eine Allgemeinverfügung oder gleichartige Verwaltungsakte in größerer Zahl oder Verwaltungsakte mit Hilfe automatischer Einrichtungen erlassen will,
5. Maßnahmen in der Vollstreckung getroffen werden sollen.

---

[1] § 90 Abs. 3 angef. durch G v. 16. 5. 2003 (BGBl. I S. 660); zur erstmaligen Anwendung siehe Art. 97 § 22 Abs. 1 Satz 1 und 3 EGAO (Nr. **800 a**). Abs. 3 Satz 9 eingef. mWv 18. 8. 2007 durch G v. 14. 8. 2007 (BGBl. I S. 1912); Satz 7 geänd. mWv 30. 6. 2013 durch G v. 26. 6. 2013 (BGBl. I S. 1809).

(3) Eine Anhörung unterbleibt, wenn ihr ein zwingendes öffentliches Interesse entgegensteht.

§ 92 Beweismittel. [1] Die Finanzbehörde bedient sich der Beweismittel, die sie nach pflichtgemäßem Ermessen zur Ermittlung des Sachverhalts für erforderlich hält. [2] Sie kann insbesondere

1. Auskünfte jeder Art von den Beteiligten und anderen Personen einholen,
2. Sachverständige zuziehen,
3. Urkunden und Akten beiziehen,
4. den Augenschein einnehmen.

II. Beweis durch Auskünfte und Sachverständigengutachten

§ 93[1)] Auskunftspflicht der Beteiligten und anderer Personen.

(1) [1] Die Beteiligten und andere Personen haben der Finanzbehörde die zur Feststellung eines für die Besteuerung erheblichen Sachverhalts erforderlichen Auskünfte zu erteilen. [2] Dies gilt auch für nicht rechtsfähige Vereinigungen, Vermögensmassen, Behörden und Betriebe gewerblicher Art der Körperschaften des öffentlichen Rechts. [3] Andere Personen als die Beteiligten sollen erst dann zur Auskunft angehalten werden, wenn die Sachverhaltsaufklärung durch die Beteiligten nicht zum Ziele führt oder keinen Erfolg verspricht.

(2) [1] In dem Auskunftsersuchen ist anzugeben, worüber Auskünfte erteilt werden sollen und ob die Auskunft für die Besteuerung des Auskunftspflichtigen oder für die Besteuerung anderer Personen angefordert wird. [2] Auskunftsersuchen haben auf Verlangen des Auskunftspflichtigen schriftlich zu ergehen.

(3) [1] Die Auskünfte sind wahrheitsgemäß nach bestem Wissen und Gewissen zu erteilen. [2] Auskunftspflichtige, die nicht aus dem Gedächtnis Auskunft geben können, haben Bücher, Aufzeichnungen, Geschäftspapiere und andere Urkunden, die ihnen zur Verfügung stehen, einzusehen und, soweit nötig, Aufzeichnungen daraus zu entnehmen.

(4) [1] Der Auskunftspflichtige kann die Auskunft schriftlich, elektronisch, mündlich oder fernmündlich erteilen. [2] Die Finanzbehörde kann verlangen, dass der Auskunftspflichtige schriftlich Auskunft erteilt, wenn dies sachdienlich ist.

(5) [1] Die Finanzbehörde kann anordnen, dass der Auskunftspflichtige eine mündliche Auskunft an Amtsstelle erteilt. [2] Hierzu ist sie insbesondere dann befugt, wenn trotz Aufforderung eine schriftliche Auskunft nicht erteilt worden ist oder eine schriftliche Auskunft nicht zu einer Klärung des Sachverhalts geführt hat. [3] Absatz 2 Satz 1 gilt entsprechend.

(6) [1] Auf Antrag des Auskunftspflichtigen ist über die mündliche Auskunft an Amtsstelle eine Niederschrift aufzunehmen. [2] Die Niederschrift soll den Namen der anwesenden Personen, den Ort, den Tag und den wesentlichen Inhalt der Auskunft enthalten. [3] Sie soll von dem Amtsträger, dem die münd-

---

[1)] § 93 Abs. 7 und 8 angef. mWv 1. 4. 2005 durch G v. 23. 12. 2003 (BGBl. I S. 2928).

liche Auskunft erteilt wird, und dem Auskunftspflichtigen unterschrieben werden. [4]Den Beteiligten ist eine Abschrift der Niederschrift zu überlassen.

(7)[1)] [1]Ein automatisierter Abruf von Kontoinformationen nach § 93b ist nur zulässig, soweit

1. der Steuerpflichtige eine Steuerfestsetzung nach § 32d Abs. 6 des Einkommensteuergesetzes beantragt oder
2.[2)] *(aufgehoben)*

und der Abruf in diesen Fällen zur Festsetzung der Einkommensteuer erforderlich ist oder er erforderlich ist

3. zur Feststellung von Einkünften nach den §§ 20 und 23 Abs. 1 des Einkommensteuergesetzes in Veranlagungszeiträumen bis einschließlich des Jahres 2008 oder
4. zur Erhebung von bundesgesetzlich geregelten Steuern

oder

5. der Steuerpflichtige zustimmt.

[2]In diesen Fällen darf die Finanzbehörde oder in den Fällen des § 1 Abs. 2 die Gemeinde das Bundeszentralamt für Steuern ersuchen, bei den Kreditinstituten einzelne Daten aus den nach § 93b Abs. 1 zu führenden Dateien abzurufen; in den Fällen des Satzes 1 Nr. 1 bis 4 darf ein Abrufersuchen nur dann erfolgen, wenn ein Auskunftsersuchen an den Steuerpflichtigen nicht zum Ziel geführt hat oder keinen Erfolg verspricht.

(8)[3)] [1]Die für die Verwaltung

1. der Grundsicherung für Arbeitsuchende nach dem Zweiten Buch Sozialgesetzbuch,
2. der Sozialhilfe nach dem Zwölften Buch Sozialgesetzbuch,
3. der Ausbildungsförderung nach dem Bundesausbildungsförderungsgesetz,
4. der Aufstiegsfortbildungsförderung nach dem Aufstiegsfortbildungsförderungsgesetz und
5. des Wohngeldes nach dem Wohngeldgesetz

zuständigen Behörden dürfen das Bundeszentralamt für Steuern ersuchen, bei den Kreditinstituten die in § 93b Abs. 1 bezeichneten Daten abzurufen, soweit dies zur Überprüfung des Vorliegens der Anspruchsvoraussetzungen erforderlich ist und ein vorheriges Auskunftsersuchen an den Betroffenen nicht zum Ziel geführt hat oder keinen Erfolg verspricht. [2]Für andere Zwecke ist ein Abrufersuchen an das Bundeszentralamt für Steuern hinsichtlich der in § 93b Abs. 1 bezeichneten Daten nur zulässig, soweit dies durch ein Bundesgesetz ausdrücklich zugelassen ist.

(9)[3)] [1]Vor einem Abrufersuchen nach Absatz 7 oder Absatz 8 ist der Betroffene auf die Möglichkeit eines Kontenabrufs hinzuweisen; dies kann auch

---

[1)] § 93 Abs. 7 neu gef. mWv 1. 1. 2009 durch G v. 14. 8. 2007 (BGBl. I S. 1912).

[2)] § 93 Abs. 7 Satz 1 Nr. 2 aufgeh. durch G v. 1. 11. 2011 (BGBl. I S. 2131); zur Anwendung siehe Art. 97 § 26 EGAO (Nr. **800 a**).

[3)] § 93 Abs. 8 ersetzt durch Abs. 8 bis 10 mWv 18. 8. 2007 durch G v. 14. 8. 2007 (BGBl. I S. 1912).

durch ausdrücklichen Hinweis in amtlichen Vordrucken und Merkblättern geschehen. 2 Nach Durchführung eines Kontenabrufs ist der Betroffene vom Ersuchenden über die Durchführung zu benachrichtigen. 3 Ein Hinweis nach Satz 1 erster Halbsatz und eine Benachrichtigung nach Satz 2 unterbleiben, soweit

1. sie die ordnungsgemäße Erfüllung der in der Zuständigkeit des Ersuchenden liegenden Aufgaben gefährden würden,
2. sie die öffentliche Sicherheit oder Ordnung gefährden oder sonst dem Wohle des Bundes oder eines Landes Nachteile bereiten würden oder
3. die Tatsache des Kontenabrufs nach einer Rechtsvorschrift oder seinem Wesen nach, insbesondere wegen der überwiegenden berechtigten Interessen eines Dritten, geheim gehalten werden muss

und deswegen das Interesse des Betroffenen zurücktreten muss; § 19 Abs. 5 und 6 des Bundesdatenschutzgesetzes in der Fassung der Bekanntmachung vom 14. Januar 2003 (BGBl. I S. 66), das zuletzt durch Artikel 1 des Gesetzes vom 22. August 2006 (BGBl. I S. 1970) geändert worden ist, in der jeweils geltenden Fassung gilt entsprechend, soweit gesetzlich nichts anderes bestimmt ist.

(10)[1] Ein Abrufersuchen nach Absatz 7 oder Absatz 8 und dessen Ergebnis sind vom Ersuchenden zu dokumentieren.

§ 93 a[2] **Allgemeine Mitteilungspflichten.** (1) 1 Zur Sicherung der Besteuerung (§ 85) kann die Bundesregierung durch Rechtsverordnung mit Zustimmung des Bundesrates Behörden und andere öffentliche Stellen verpflichten,

1. Verwaltungsakte, die die Versagung oder Einschränkung einer steuerlichen Vergünstigung zur Folge haben oder dem Betroffenen steuerpflichtige Einnahmen ermöglichen,
2. Subventionen und ähnliche Förderungsmaßnahmen sowie
3. Anhaltspunkte für Schwarzarbeit, unerlaubte Arbeitnehmerüberlassung oder unerlaubte Ausländerbeschäftigung

den Finanzbehörden mitzuteilen. 2 Durch Rechtsverordnung kann auch bestimmt werden, dass bei Zahlungen von Behörden und anderen öffentlichen Stellen sowie von öffentlich-rechtlichen Rundfunkanstalten der Zahlungsempfänger zur Erleichterung seiner steuerlichen Aufzeichnungs- und Erklärungspflichten über die Summe der jährlichen Zahlungen sowie über die Auffassung der Finanzbehörden zu den daraus entstehenden Steuerpflichten zu unterrichten ist; der zuständigen Finanzbehörde sind der Empfänger, der Rechtsgrund, die Höhe und der Zeitpunkt der Zahlungen mitzuteilen. 3 Die Verpflichtung der Behörden, anderer öffentlicher Stellen und der Rundfunkanstalten zu Mitteilungen, Auskünften, Anzeigen und zur Amtshilfe auf Grund anderer Vorschriften bleibt unberührt.

---

[1] § 93 Abs. 8 ersetzt durch Abs. 8 bis 10 mWv 18. 8. 2007 durch G v. 14. 8. 2007 (BGBl. I S. 1912).

[2] § 93 a Abs. 1 Sätze 1, 2 und 3 sowie Abs. 2 geänd. mWv 25. 12. 2008 (BGBl. I S. 2794).

(2) Schuldenverwaltungen, Kreditinstitute, Betriebe gewerblicher Art von juristischen Personen des öffentlichen Rechts im Sinne des Körperschaftsteuergesetzes, öffentliche Beteiligungsunternehmen ohne Hoheitsbefugnisse, Berufskammern und Versicherungsunternehmen sind von der Mitteilungspflicht ausgenommen.

(3) [1]In der Rechtsverordnung sind die mitteilenden Stellen, die Verpflichtung zur Unterrichtung der Betroffenen, die mitzuteilenden Angaben und die für die Entgegennahme der Mitteilungen zuständigen Finanzbehörden näher zu bestimmen sowie der Umfang, der Zeitpunkt und das Verfahren der Mitteilung zu regeln. [2]In der Rechtsverordnung können Ausnahmen von der Mitteilungspflicht, insbesondere für Fälle geringer steuerlicher Bedeutung, zugelassen werden.

§ 93 b[1)] Automatisierter Abruf von Kontoinformationen. (1) Kreditinstitute haben die nach § 24 c Abs. 1 des Kreditwesengesetzes zu führende Datei auch für Abrufe nach § 93 Abs. 7 und 8 zu führen.

(2) Das Bundeszentralamt für Steuern darf in den Fällen des § 93 Abs. 7 und 8 auf Ersuchen bei den Kreditinstituten einzelne Daten aus den nach Absatz 1 zu führenden Dateien im automatisierten Verfahren abrufen und sie an den Ersuchenden übermitteln.

(3) Die Verantwortung für die Zulässigkeit des Datenabrufs und der Datenübermittlung trägt der Ersuchende.

(4) § 24 c Abs. 1 Satz 2 bis 6, Abs. 4 bis 8 des Kreditwesengesetzes gilt entsprechend.

§ 94 Eidliche Vernehmung. (1) [1]Hält die Finanzbehörde mit Rücksicht auf die Bedeutung der Auskunft oder zur Herbeiführung einer wahrheitsgemäßen Auskunft die Beeidigung einer anderen Person als eines Beteiligten für geboten, so kann sie das für den Wohnsitz oder den Aufenthaltsort der zu beeidigenden Person zuständige Finanzgericht um die eidliche Vernehmung ersuchen. [2]Befindet sich der Wohnsitz oder der Aufenthaltsort der zu beeidigenden Person nicht am Sitz eines Finanzgerichts oder eines besonders errichteten Senats, so kann auch das zuständige Amtsgericht um die eidliche Vernehmung ersucht werden.

(2) [1]In dem Ersuchen hat die Finanzbehörde den Gegenstand der Vernehmung sowie die Namen und Anschriften der Beteiligten anzugeben. [2]Das Gericht hat die Beteiligten und die ersuchende Finanzbehörde von den Terminen zu benachrichtigen. [3]Die Beteiligten und die ersuchende Finanzbehörde sind berechtigt, während der Vernehmung Fragen zu stellen.

(3) Das Gericht entscheidet über die Rechtmäßigkeit der Verweigerung des Zeugnisses oder der Eidesleistung.

§ 95 Versicherung an Eides Statt. (1) [1]Die Finanzbehörde kann den Beteiligten auffordern, dass er die Richtigkeit von Tatsachen, die er behauptet,

---

[1)] § 93 b eingef. mWv 1. 4. 2005 durch G v. 23. 12. 2003 (BGBl. I S. 2928) und neugef. mWv 18. 8. 2007 durch G v. 14. 8. 2007 (BGBl. I S. 1912).

an Eides Statt versichert. 2 Eine Versicherung an Eides Statt soll nur gefordert werden, wenn andere Mittel zur Erforschung der Wahrheit nicht vorhanden sind, zu keinem Ergebnis geführt haben oder einen unverhältnismäßigen Aufwand erfordern. 3 Von eidesunfähigen Personen im Sinne des § 393 der Zivilprozessordnung darf eine eidesstattliche Versicherung nicht verlangt werden.

(2) 1 Die Versicherung an Eides Statt wird von der Finanzbehörde zur Niederschrift aufgenommen. 2 Zur Aufnahme sind der Behördenleiter, sein ständiger Vertreter sowie Angehörige des öffentlichen Dienstes befugt, welche die Befähigung zum Richteramt haben oder die Voraussetzungen des § 110 Satz 1 des Deutschen Richtergesetzes erfüllen. 3 Andere Angehörige des öffentlichen Dienstes kann der Behördenleiter oder sein ständiger Vertreter hierzu allgemein oder im Einzelfall schriftlich ermächtigen.

(3) 1 Die Angaben, deren Richtigkeit versichert werden soll, sind schriftlich festzustellen und dem Beteiligten mindestens eine Woche vor Aufnahme der Versicherung mitzuteilen. 2 Die Versicherung besteht darin, dass der Beteiligte unter Wiederholung der behaupteten Tatsachen erklärt:

„Ich versichere an Eides Statt, dass ich nach bestem Wissen die reine Wahrheit gesagt und nichts verschwiegen habe". 3 Bevollmächtigte und Beistände des Beteiligten sind berechtigt, an der Aufnahme der Versicherung an Eides Statt teilzunehmen.

(4) 1 Vor der Aufnahme der Versicherung an Eides Statt ist der Beteiligte über die Bedeutung der eidesstattlichen Versicherung und die strafrechtlichen Folgen einer unrichtigen oder unvollständigen eidesstattlichen Versicherung zu belehren. 2 Die Belehrung ist in der Niederschrift zu vermerken.

(5) 1 Die Niederschrift hat ferner die Namen der anwesenden Personen sowie den Ort und den Tag der Niederschrift zu enthalten. 2 Die Niederschrift ist dem Beteiligten, der die eidesstattliche Versicherung abgibt, zur Genehmigung vorzulesen oder auf Verlangen zur Durchsicht vorzulegen. 3 Die erteilte Genehmigung ist zu vermerken und von dem Beteiligten zu unterschreiben. 4 Die Niederschrift ist sodann von dem Amtsträger, der die Versicherung an Eides Statt aufgenommen hat, sowie von dem Schriftführer zu unterschreiben.

(6) Die Versicherung an Eides Statt kann nicht nach § 328 erzwungen werden.

§ 96 Hinzuziehung von Sachverständigen. (1) 1 Die Finanzbehörde bestimmt, ob ein Sachverständiger zuzuziehen ist. 2 Soweit nicht Gefahr im Verzug vorliegt, hat sie die Person, die sie zum Sachverständigen ernennen will, den Beteiligten vorher bekannt zu geben.

(2) 1 Die Beteiligten können einen Sachverständigen wegen Besorgnis der Befangenheit ablehnen, wenn ein Grund vorliegt, der geeignet ist, Zweifel an seiner Unparteilichkeit zu rechtfertigen oder wenn von seiner Tätigkeit die Verletzung eines Geschäfts- oder Betriebsgeheimnisses oder Schaden für die geschäftliche Tätigkeit eines Beteiligten zu befürchten ist. 2 Die Ablehnung ist der Finanzbehörde gegenüber unverzüglich nach Bekanntgabe der Person des Sachverständigen, jedoch spätestens innerhalb von zwei Wochen unter Glaub-

haftmachung der Ablehnungsgründe geltend zu machen. 3 Nach diesem Zeitpunkt ist die Ablehnung nur zulässig, wenn glaubhaft gemacht wird, dass der Ablehnungsgrund vorher nicht geltend gemacht werden konnte. 4 Über die Ablehnung entscheidet die Finanzbehörde, die den Sachverständigen ernannt hat oder ernennen will. 5 Das Ablehnungsgesuch hat keine aufschiebende Wirkung.

(3) 1 Der zum Sachverständigen Ernannte hat der Ernennung Folge zu leisten, wenn er zur Erstattung von Gutachten der erforderlichen Art öffentlich bestellt ist oder wenn er die Wissenschaft, die Kunst oder das Gewerbe, deren Kenntnis Voraussetzung der Begutachtung ist, öffentlich zum Erwerb ausübt oder wenn er zur Ausübung derselben öffentlich bestellt oder ermächtigt ist. 2 Zur Erstattung des Gutachtens ist auch derjenige verpflichtet, der sich hierzu der Finanzbehörde gegenüber bereit erklärt hat.

(4) Der Sachverständige kann die Erstattung des Gutachtens unter Angabe der Gründe wegen Besorgnis der Befangenheit ablehnen.

(5) Angehörige des öffentlichen Dienstes sind als Sachverständige nur dann zuzuziehen, wenn sie die nach dem Dienstrecht erforderliche Genehmigung erhalten.

(6) Die Sachverständigen sind auf die Vorschriften über die Wahrung des Steuergeheimnisses hinzuweisen.

(7) 1 Das Gutachten ist regelmäßig schriftlich zu erstatten. 2 Die mündliche Erstattung des Gutachtens kann zugelassen werden. 3 Die Beeidigung des Gutachtens darf nur gefordert werden, wenn die Finanzbehörde dies mit Rücksicht auf die Bedeutung des Gutachtens für geboten hält. 4 Ist der Sachverständige für die Erstattung von Gutachten der betreffenden Art im Allgemeinen beeidigt, so genügt die Berufung auf den geleisteten Eid; sie kann auch in einem schriftlichen Gutachten erklärt werden. 5 Anderenfalls gilt für die Beeidigung § 94 sinngemäß.

III. Beweis durch Urkunden und Augenschein

§ 97[1)] Vorlage von Urkunden. (1) 1 Die Beteiligten und andere Personen haben der Finanzbehörde auf Verlangen Bücher, Aufzeichnungen, Geschäftspapiere und andere Urkunden zur Einsicht und Prüfung vorzulegen. 2 Im Vorlageverlangen ist anzugeben, ob die Urkunden für die Besteuerung des zur Vorlage Aufgeforderten oder für die Besteuerung anderer Personen benötigt werden. 3 § 93 Absatz 1 Satz 2 und 3 gilt entsprechend.

(2) 1 Die Finanzbehörde kann die Vorlage der in Absatz 1 genannten Urkunden an Amtsstelle verlangen oder sie bei dem Vorlagepflichtigen einsehen, wenn dieser einverstanden ist oder die Urkunden für eine Vorlage an Amtsstelle ungeeignet sind. 2 § 147 Abs. 5 gilt entsprechend.

§ 98 Einnahme des Augenscheins. (1) Führt die Finanzbehörde einen Augenschein durch, so ist das Ergebnis aktenkundig zu machen.

---

1) § 97 Abs. 1 neu gef., Abs. 2 aufgeh., bish. Abs. 3 wird Abs. 2 mWv 30. 6. 2013 durch G v. 26. 6. 2013 (BGBl. I S. 1809).

(2) Bei der Einnahme des Augenscheins können Sachverständige zugezogen werden.

§ 99 Betreten von Grundstücken und Räumen. (1) [1]Die von der Finanzbehörde mit der Einnahme des Augenscheins betrauten Amtsträger und die nach den §§ 96 und 98 zugezogenen Sachverständigen sind berechtigt, Grundstücke, Räume, Schiffe, umschlossene Betriebsvorrichtungen und ähnliche Einrichtungen während der üblichen Geschäfts- und Arbeitszeit zu betreten, soweit dies erforderlich ist, um im Besteuerungsinteresse Feststellungen zu treffen. [2]Die betroffenen Personen sollen angemessene Zeit vorher benachrichtigt werden. [3]Wohnräume dürfen gegen den Willen des Inhabers nur zur Verhütung dringender Gefahren für die öffentliche Sicherheit und Ordnung betreten werden.

(2) Maßnahmen nach Absatz 1 dürfen nicht zu dem Zweck angeordnet werden, nach unbekannten Gegenständen zu forschen.

§ 100 Vorlage von Wertsachen. (1) [1]Der Beteiligte und andere Personen haben der Finanzbehörde auf Verlangen Wertsachen (Geld, Wertpapiere, Kostbarkeiten) vorzulegen, soweit dies erforderlich ist, um im Besteuerungsinteresse Feststellungen über ihre Beschaffenheit und ihren Wert zu treffen. [2]§ 98 Abs. 2 ist anzuwenden.

(2) Die Vorlage von Wertsachen darf nicht angeordnet werden, um nach unbekannten Gegenständen zu forschen.

IV. Auskunfts- und Vorlageverweigerungsrechte

§ 101 Auskunfts- und Eidesverweigerungsrecht der Angehörigen. (1) [1]Die Angehörigen (§ 15) eines Beteiligten können die Auskunft verweigern, soweit sie nicht selbst als Beteiligte über ihre eigenen steuerlichen Verhältnisse auskunftspflichtig sind oder die Auskunftspflicht für einen Beteiligten zu erfüllen haben. [2]Die Angehörigen sind über das Auskunftsverweigerungsrecht zu belehren. [3]Die Belehrung ist aktenkundig zu machen.

(2) [1]Die in Absatz 1 genannten Personen haben ferner das Recht, die Beeidigung ihrer Auskunft zu verweigern. [2]Absatz 1 Sätze 2 und 3 gelten entsprechend.

§ 102 Auskunftsverweigerungsrecht zum Schutz bestimmter Berufsgeheimnisse. (1) Die Auskunft können ferner verweigern:

1. Geistliche über das, was ihnen in ihrer Eigenschaft als Seelsorger anvertraut worden oder bekannt geworden ist,
2. Mitglieder des Bundestages, eines Landtages oder einer zweiten Kammer über Personen, die ihnen in ihrer Eigenschaft als Mitglieder dieser Organe oder denen sie in dieser Eigenschaft Tatsachen anvertraut haben, sowie über diese Tatsachen selbst,
3. a) Verteidiger,
   b) Rechtsanwälte, Patentanwälte, Notare, Steuerberater, Wirtschaftsprüfer, Steuerbevollmächtigte, vereidigte Buchprüfer,

c) Ärzte, Zahnärzte, Psychologische Psychotherapeuten, Kinder- und Jugendlichenpsychotherapeuten, Apotheker und Hebammen,

über das, was ihnen in dieser Eigenschaft anvertraut worden oder bekannt geworden ist,

4. Personen, die bei der Vorbereitung, Herstellung oder Verbreitung von periodischen Druckwerken oder Rundfunksendungen berufsmäßig mitwirken oder mitgewirkt haben, über die Person des Verfassers, Einsenders oder Gewährsmanns von Beiträgen und Unterlagen sowie über die ihnen im Hinblick auf ihre Tätigkeit gemachten Mitteilungen, soweit es sich um Beiträge, Unterlagen und Mitteilungen für den redaktionellen Teil handelt; § 160 bleibt unberührt.

(2) [1]Den im Absatz 1 Nr. 1 bis 3 genannten Personen stehen ihre Gehilfen und die Personen gleich, die zur Vorbereitung auf den Beruf an der berufsmäßigen Tätigkeit teilnehmen. [2]Über die Ausübung des Rechts dieser Hilfspersonen, die Auskunft zu verweigern, entscheiden die im Absatz 1 Nr. 1 bis 3 genannten Personen, es sei denn, dass diese Entscheidung in absehbarer Zeit nicht herbeigeführt werden kann.

(3) [1]Die in Absatz 1 Nr. 3 genannten Personen dürfen die Auskunft nicht verweigern, wenn sie von der Verpflichtung zur Verschwiegenheit entbunden sind. [2]Die Entbindung von der Verpflichtung zur Verschwiegenheit gilt auch für die Hilfspersonen.

(4)[1)] [1]Die gesetzlichen Anzeigepflichten der Notare und die Mitteilungspflichten der in Absatz 1 Nr. 3 Buchstabe b bezeichneten Personen nach der Zinsinformationsverordnung vom 26. Januar 2004 (BGBl. I S. 128), die zuletzt durch Artikel 4 Abs. 28 des Gesetzes vom 22. September 2005 (BGBl. I S. 2809) geändert worden ist, in der jeweils geltenden Fassung bleiben unberührt. [2]Soweit die Anzeigepflichten bestehen, sind die Notare auch zur Vorlage von Urkunden und zur Erteilung weiterer Auskünfte verpflichtet.

§ 103 Auskunftsverweigerungsrecht bei Gefahr der Verfolgung wegen einer Straftat oder einer Ordnungswidrigkeit. [1]Personen, die nicht Beteiligte und nicht für einen Beteiligten auskunftspflichtig sind, können die Auskunft auf solche Fragen verweigern, deren Beantwortung sie selbst oder einen ihrer Angehörigen (§ 15) der Gefahr strafgerichtlicher Verfolgung oder eines Verfahrens nach dem Gesetz über Ordnungswidrigkeiten aussetzen würde. [2]Über das Recht, die Auskunft zu verweigern, sind sie zu belehren. [3]Die Belehrung ist aktenkundig zu machen.

§ 104 Verweigerung der Erstattung eines Gutachtens und der Vorlage von Urkunden. (1) [1]Soweit die Auskunft verweigert werden darf, kann auch die Erstattung eines Gutachtens und die Vorlage von Urkunden oder Wertsachen verweigert werden. [2]§ 102 Abs. 4 Satz 2 bleibt unberührt.

(2) [1]Nicht verweigert werden kann die Vorlage von Urkunden und Wertsachen, die für den Beteiligten aufbewahrt werden, soweit der Beteiligte bei

---

1) § 102 Abs. 4 Satz 1 neugef. mWv 18. 8. 2007 durch G v. 14. 8. 2007 (BGBl. I S. 1912).

eigenem Gewahrsam zur Vorlage verpflichtet wäre. [2]Für den Beteiligten aufbewahrt werden auch die für ihn geführten Geschäftsbücher und sonstigen Aufzeichnungen.

§ 105 Verhältnis der Auskunfts- und Vorlagepflicht zur Schweigepflicht öffentlicher Stellen. (1) Die Verpflichtung der Behörden oder sonstiger öffentlicher Stellen einschließlich der Deutschen Bundesbank, der Staatsbanken und der Schuldenverwaltungen sowie der Organe und Bediensteten dieser Stellen zur Verschwiegenheit gilt nicht für ihre Auskunfts- und Vorlagepflicht gegenüber den Finanzbehörden.

(2) Absatz 1 gilt nicht, soweit die Behörden und die mit postdienstlichen Verrichtungen betrauten Personen gesetzlich verpflichtet sind, das Brief-, Post- und Fernmeldegeheimnis zu wahren.

§ 106 Beschränkung der Auskunfts- und Vorlagepflicht bei Beeinträchtigung des staatlichen Wohls. Eine Auskunft oder die Vorlage von Urkunden darf nicht gefordert werden, wenn die zuständige oberste Bundes- oder Landesbehörde erklärt, dass die Auskunft oder Vorlage dem Wohl des Bundes oder eines Landes erhebliche Nachteile bereiten würde.

V. Entschädigung der Auskunftspflichtigen und der Sachverständigen

§ 107[1)] Entschädigung der Auskunftspflichtigen und der Sachverständigen. [1]Auskunftspflichtige, Vorlagepflichtige und Sachverständige, die die Finanzbehörde zu Beweiszwecken herangezogen hat, erhalten auf Antrag eine Entschädigung oder Vergütung in entsprechender Anwendung des Justizvergütungs- und -entschädigungsgesetzes[2)]. [2]Dies gilt nicht für die Beteiligten und für die Personen, die für die Beteiligten die Auskunfts- oder Vorlagepflicht zu erfüllen haben.

4. Unterabschnitt: Fristen, Termine, Wiedereinsetzung

§ 108 Fristen und Termine. (1) Für die Berechnung von Fristen und für die Bestimmung von Terminen gelten die §§ 187 bis 193 des Bürgerlichen Gesetzbuchs entsprechend, soweit nicht durch die Absätze 2 bis 5 etwas anderes bestimmt ist.

(2) Der Lauf einer Frist, die von einer Behörde gesetzt wird, beginnt mit dem Tag, der auf die Bekanntgabe der Frist folgt, außer wenn dem Betroffenen etwas anderes mitgeteilt wird.

(3) Fällt das Ende einer Frist auf einen Sonntag, einen gesetzlichen Feiertag oder einen Sonnabend, so endet die Frist mit dem Ablauf des nächstfolgenden Werktags.

(4) Hat eine Behörde Leistungen nur für einen bestimmten Zeitraum zu erbringen, so endet dieser Zeitraum auch dann mit dem Ablauf seines letzten

---

[1)] § 107 Satz 1 geänd. mWv 1. 7. 2004 durch G v. 5. 5. 2004 (BGBl. I S. 718); Sätze 1 und 2 geänd. mWv 30. 6. 2013 durch G v. 26. 6. 2013 (BGBl. I S. 1809).

[2)] **Schönfelder Nr. 116.**

Tages, wenn dieser auf einen Sonntag, einen gesetzlichen Feiertag oder einen Sonnabend fällt.

(5) Der von einer Behörde gesetzte Termin ist auch dann einzuhalten, wenn er auf einen Sonntag, gesetzlichen Feiertag oder Sonnabend fällt.

(6) Ist eine Frist nach Stunden bestimmt, so werden Sonntage, gesetzliche Feiertage oder Sonnabende mitgerechnet.

§ 109 Verlängerung von Fristen. (1) [1]Fristen zur Einreichung von Steuererklärungen und Fristen, die von einer Finanzbehörde gesetzt sind, können verlängert werden. [2]Sind solche Fristen bereits abgelaufen, so können sie rückwirkend verlängert werden, insbesondere wenn es unbillig wäre, die durch den Fristablauf eingetretenen Rechtsfolgen bestehen zu lassen.

(2) Die Finanzbehörde kann die Verlängerung der Frist von einer Sicherheitsleistung abhängig machen oder sonst nach § 120 mit einer Nebenbestimmung verbinden.

§ 110 Wiedereinsetzung in den vorigen Stand. (1) [1]War jemand ohne Verschulden verhindert, eine gesetzliche Frist einzuhalten, so ist ihm auf Antrag Wiedereinsetzung in den vorigen Stand zu gewähren. [2]Das Verschulden eines Vertreters ist dem Vertretenen zuzurechnen.

(2) [1]Der Antrag ist innerhalb eines Monats nach Wegfall des Hindernisses zu stellen. [2]Die Tatsachen zur Begründung des Antrags sind bei der Antragstellung oder im Verfahren über den Antrag glaubhaft zu machen. [3]Innerhalb der Antragsfrist ist die versäumte Handlung nachzuholen. [4]Ist dies geschehen, so kann Wiedereinsetzung auch ohne Antrag gewährt werden.

(3) Nach einem Jahr seit dem Ende der versäumten Frist kann die Wiedereinsetzung nicht mehr beantragt oder die versäumte Handlung nicht mehr nachgeholt werden, außer wenn dies vor Ablauf der Jahresfrist infolge höherer Gewalt unmöglich war.

(4) Über den Antrag auf Wiedereinsetzung entscheidet die Finanzbehörde, die über die versäumte Handlung zu befinden hat.

5. Unterabschnitt: Rechts- und Amtshilfe

§ 111 Amtshilfepflicht. (1) [1]Alle Gerichte und Behörden haben die zur Durchführung der Besteuerung erforderliche Amtshilfe zu leisten. [2]§ 102 bleibt unberührt.

(2) Amtshilfe liegt nicht vor, wenn

1. Behörden einander innerhalb eines bestehenden Weisungsverhältnisses Hilfe leisten,
2. die Hilfeleistung in Handlungen besteht, die der ersuchten Behörde als eigene Aufgabe obliegen.

(3) Schuldenverwaltungen, Kreditinstitute sowie Betriebe gewerblicher Art der Körperschaften des öffentlichen Rechts fallen nicht unter diese Vorschrift.

(4) Auf dem Gebiet der Zollverwaltung erstreckt sich die Amtshilfepflicht auch auf diejenigen dem öffentlichen Verkehr oder dem öffentlichen Waren-

umschlag dienenden Unternehmen, die das Bundesministerium der Finanzen als Zollhilfsorgane besonders bestellt hat, und auf die Bediensteten dieser Unternehmen.

(5) Die §§ 105 und 106 sind entsprechend anzuwenden.

§ 112 Voraussetzungen und Grenzen der Amtshilfe. (1) Eine Finanzbehörde kann um Amtshilfe insbesondere dann ersuchen, wenn sie

1. aus rechtlichen Gründen die Amtshandlung nicht selbst vornehmen kann,
2. aus tatsächlichen Gründen, besonders weil die zur Vornahme der Amtshandlung erforderlichen Dienstkräfte oder Einrichtungen fehlen, die Amtshandlung nicht selbst vornehmen kann,
3. zur Durchführung ihrer Aufgaben auf die Kenntnis von Tatsachen angewiesen ist, die ihr unbekannt sind und die sie selbst nicht ermitteln kann,
4. zur Durchführung ihrer Aufgaben Urkunden oder sonstige Beweismittel benötigt, die sich im Besitz der ersuchten Behörde befinden,
5. die Amtshandlung nur mit wesentlich größerem Aufwand vornehmen könnte als die ersuchte Behörde.

(2) Die ersuchte Behörde darf Hilfe nicht leisten, wenn sie hierzu aus rechtlichen Gründen nicht in der Lage ist.

(3) Die ersuchte Behörde braucht Hilfe nicht zu leisten, wenn

1. eine andere Behörde die Hilfe wesentlich einfacher oder mit wesentlich geringerem Aufwand leisten kann,
2. sie die Hilfe nur mit unverhältnismäßig großem Aufwand leisten könnte,
3. sie unter Berücksichtigung der Aufgaben der ersuchenden Finanzbehörde durch den Umfang der Hilfeleistung die Erfüllung ihrer eigenen Aufgaben ernstlich gefährden würde.

(4) Die ersuchte Behörde darf die Hilfe nicht deshalb verweigern, weil sie das Ersuchen aus anderen als den in Absatz 3 genannten Gründen oder weil sie die mit der Amtshilfe zu verwirklichende Maßnahme für unzweckmäßig hält.

(5) [1] Hält die ersuchte Behörde sich zur Hilfe nicht für verpflichtet, so teilt sie der ersuchenden Finanzbehörde ihre Auffassung mit. [2] Besteht diese auf der Amtshilfe, so entscheidet über die Verpflichtung zur Amtshilfe die gemeinsame fachlich zuständige Aufsichtsbehörde oder, sofern eine solche nicht besteht, die für die ersuchte Behörde fachlich zuständige Aufsichtsbehörde.

§ 113 Auswahl der Behörde. Kommen für die Amtshilfe mehrere Behörden in Betracht, so soll nach Möglichkeit eine Behörde der untersten Verwaltungsstufe des Verwaltungszweigs ersucht werden, dem die ersuchende Finanzbehörde angehört.

§ 114 Durchführung der Amtshilfe. (1) Die Zulässigkeit der Maßnahme, die durch die Amtshilfe verwirklicht werden soll, richtet sich nach dem für die ersuchende Finanzbehörde, die Durchführung der Amtshilfe nach dem für die ersuchte Behörde geltenden Recht.

(2) [1]Die ersuchende Finanzbehörde trägt gegenüber der ersuchten Behörde die Verantwortung für die Rechtmäßigkeit der zu treffenden Maßnahme. [2]Die ersuchte Behörde ist für die Durchführung der Amtshilfe verantwortlich.

§ 115 Kosten der Amtshilfe. (1) [1]Die ersuchende Finanzbehörde hat der ersuchten Behörde für die Amtshilfe keine Verwaltungsgebühr zu entrichten. [2]Auslagen hat sie der ersuchten Behörde auf Anforderung zu erstatten, wenn sie im Einzelfall 25 Euro übersteigen. [3]Leisten Behörden desselben Rechtsträgers einander Amtshilfe, so werden die Auslagen nicht erstattet.

(2) Nimmt die ersuchte Behörde zur Durchführung der Amtshilfe eine kostenpflichtige Amtshandlung vor, so stehen ihr die von einem Dritten hierfür geschuldeten Kosten (Verwaltungsgebühren, Benutzungsgebühren und Auslagen) zu.

§ 116[1)] Anzeige von Steuerstraftaten. (1) [1]Gerichte und die Behörden von Bund, Ländern und kommunalen Trägern der öffentlichen Verwaltung, die nicht Finanzbehörden sind, haben Tatsachen, die sie dienstlich erfahren und die auf eine Steuerstraftat schließen lassen, dem Bundeszentralamt für Steuern oder, soweit bekannt, den für das Steuerstrafverfahren zuständigen Finanzbehörden mitzuteilen. [2]Soweit die für das Steuerstrafverfahren zuständigen Finanzbehörden nicht bereits erkennbar unmittelbar informiert worden sind, teilt das Bundeszentralamt für Steuern ihnen diese Tatsachen mit. [3]Die für das Steuerstrafverfahren zuständigen Finanzbehörden, ausgenommen die Behörden der Bundeszollverwaltung, übermitteln die Mitteilung an das Bundeszentralamt für Steuern, soweit dieses nicht bereits erkennbar unmittelbar in Kenntnis gesetzt worden ist.

(2) § 105 Abs. 2 gilt entsprechend.

§ 117 Zwischenstaatliche Rechts- und Amtshilfe in Steuersachen. (1) Die Finanzbehörden können zwischenstaatliche Rechts- und Amtshilfe nach Maßgabe des deutschen Rechts in Anspruch nehmen.

(2)[2)] Die Finanzbehörden können zwischenstaatliche Rechts- und Amtshilfe auf Grund innerstaatlich anwendbarer völkerrechtlicher Vereinbarungen, innerstaatlich anwendbarer Rechtsakte der Europäischen Union sowie des EU-Amtshilfegesetzes leisten.

(3) [1]Die Finanzbehörden können nach pflichtgemäßem Ermessen zwischenstaatliche Rechts- und Amtshilfe auf Ersuchen auch in anderen Fällen leisten, wenn

1. die Gegenseitigkeit verbürgt ist,
2. der ersuchende Staat gewährleistet, dass die übermittelten Auskünfte und Unterlagen nur für Zwecke seines Besteuerungs- oder Steuerstrafverfahrens (einschließlich Ordnungswidrigkeitenverfahren) verwendet werden, und dass die übermittelten Auskünfte und Unterlagen nur solchen Personen,

1) § 116 Abs. 1 neu gef. mWv 29. 12. 2007 durch G v. 20. 12. 2007 (BGBl. I S. 3150).
2) § 117 Abs. 2 geänd. mWv 1. 1. 2013 durch G v. 26. 6. 2013 (BGBl. I S. 1809).

Behörden oder Gerichten zugänglich gemacht werden, die mit der Bearbeitung der Steuersache oder Verfolgung der Steuerstraftat befasst sind,

3. der ersuchende Staat zusichert, dass er bereit ist, bei den Steuern vom Einkommen, Ertrag und Vermögen eine mögliche Doppelbesteuerung im Verständigungswege durch eine sachgerechte Abgrenzung der Besteuerungsgrundlagen zu vermeiden und
4. die Erledigung des Ersuchens die Souveränität, die Sicherheit, die öffentliche Ordnung oder andere wesentliche Interessen des Bundes oder seiner Gebietskörperschaften nicht beeinträchtigt und keine Gefahr besteht, dass dem inländischen Beteiligten ein mit dem Zweck der Rechts- und Amtshilfe nicht zu vereinbarender Schaden entsteht, falls ein Handels-, Industrie-, Gewerbe- oder Berufsgeheimnis oder ein Geschäftsverfahren, das auf Grund des Ersuchens offenbart werden soll, preisgegeben wird.

2 Soweit die zwischenstaatliche Rechts- und Amtshilfe Steuern betrifft, die von den Landesfinanzbehörden verwaltet werden, entscheidet das Bundesministerium der Finanzen im Einvernehmen mit der zuständigen obersten Landesbehörde.

(4)[1] 1 Bei der Durchführung der Rechts- und Amtshilfe richten sich die Befugnisse der Finanzbehörden sowie die Rechte und Pflichten der Beteiligten und anderer Personen nach den für Steuern im Sinne von § 1 Abs. 1 geltenden Vorschriften. 2 § 114 findet entsprechende Anwendung. 3 Bei der Übermittlung von Auskünften und Unterlagen gilt für inländische Beteiligte § 91 entsprechend; soweit die Rechts- und Amtshilfe Steuern betrifft, die von den Landesfinanzbehörden verwaltet werden, hat eine Anhörung des inländischen Beteiligten abweichend von § 91 Abs. 1 stets stattzufinden, es sei denn, die Umsatzsteuer ist betroffen, es findet ein Informationsaustausch auf Grund des EU-Amtshilfegesetzes statt oder es liegt eine Ausnahme nach § 91 Abs. 2 oder 3 vor.

(5) Das Bundesministerium der Finanzen wird ermächtigt, zur Förderung der zwischenstaatlichen Zusammenarbeit durch Rechtsverordnung mit Zustimmung des Bundesrates völkerrechtliche Vereinbarungen über die gegenseitige Rechts- und Amtshilfe auf dem Gebiete des Zollwesens in Kraft zu setzen, wenn sich die darin übernommenen Verpflichtungen im Rahmen der nach diesem Gesetz zulässigen zwischenstaatlichen Rechts- und Amtshilfe halten.

§ 117 a[2] Übermittlung personenbezogener Daten an Mitgliedstaaten der Europäischen Union. (1) 1 Auf ein Ersuchen einer für die Verhütung und Verfolgung von Straftaten zuständigen öffentlichen Stelle eines Mitgliedstaates der Europäischen Union können die mit der Steuerfahndung betrauten Dienststellen der Finanzbehörden personenbezogene Daten, die in Zusammenhang mit dem in § 208 bestimmten Aufgabenbereich stehen, zum Zweck der Verhütung von Straftaten übermitteln. 2 Für die Übermittlung dieser Daten gelten die Vorschriften über die Datenübermittlung im innerstaatlichen Bereich entsprechend.

---

[1] § 117 Abs. 4 Satz 3 geänd. mWv 1. 1. 2013 durch G v. 26. 6. 2013 (BGBl. I S. 1809).
[2] § 117 a eingef. durch G v. 21. 7. 2012 (BGBl. I S. 1566).

(2) Die Übermittlung personenbezogener Daten nach Absatz 1 ist nur zulässig, wenn das Ersuchen mindestens folgende Angaben enthält:

1. die Bezeichnung und die Anschrift der ersuchenden Behörde,
2. die Bezeichnung der Straftat, zu deren Verhütung die Daten benötigt werden,
3. die Beschreibung des Sachverhalts, der dem Ersuchen zugrunde liegt,
4. die Benennung des Zwecks, zu dem die Daten erbeten werden,
5. den Zusammenhang zwischen dem Zweck, zu dem die Informationen oder Erkenntnisse erbeten werden, und der Person, auf die sich diese Informationen beziehen,
6. Einzelheiten zur Identität der betroffenen Person, sofern sich das Ersuchen auf eine bekannte Person bezieht, und
7. Gründe für die Annahme, dass sachdienliche Informationen und Erkenntnisse im Inland vorliegen.

(3) Die mit der Steuerfahndung betrauten Dienststellen der Finanzbehörden können auch ohne Ersuchen personenbezogene Daten im Sinne von Absatz 1 an eine für die Verhütung und Verfolgung von Straftaten zuständige öffentliche Stelle eines Mitgliedstaates der Europäischen Union übermitteln, wenn im Einzelfall die Gefahr der Begehung einer Straftat im Sinne des Artikels 2 Absatz 2 des Rahmenbeschlusses 2002/584/JI des Rates vom 13. Juni 2002 über den Europäischen Haftbefehl und die Übergabeverfahren zwischen den Mitgliedstaaten (ABl. L 190 vom 18. 7. 2002, S. 1), der zuletzt durch den Rahmenbeschluss 2009/299/JI (ABl. L 81 vom 27. 3. 2009, S. 24) geändert worden ist, besteht und konkrete Anhaltspunkte dafür vorliegen, dass die Übermittlung dieser personenbezogenen Daten dazu beitragen könnte, eine solche Straftat zu verhindern.

(4) [1] Für die Übermittlung der Daten nach Absatz 3 gelten die Vorschriften über die Datenübermittlung im innerstaatlichen Bereich entsprechend. [2] Die Datenübermittlung unterbleibt, soweit, auch unter Berücksichtigung des besonderen öffentlichen Interesses an der Datenübermittlung, im Einzelfall schutzwürdige Interessen der betroffenen Person überwiegen. [3] Zu den schutzwürdigen Interessen gehört auch das Vorhandensein eines angemessenen Datenschutzniveaus im Empfängerstaat. [4] Die schutzwürdigen Interessen der betroffenen Personen können auch dadurch gewahrt werden, dass der Empfängerstaat oder die empfangende zwischen- oder überstaatliche Stelle im Einzelfall einen Schutz der übermittelten Daten garantiert.

(5) Die Datenübermittlung nach den Absätzen 1 und 3 unterbleibt, wenn

1. hierdurch wesentliche Sicherheitsinteressen des Bundes oder der Länder beeinträchtigt würden,
2. die Übermittlung der Daten zu den in Artikel 6 des Vertrages über die Europäische Union enthaltenen Grundsätzen in Widerspruch stünde,
3. die zu übermittelnden Daten bei der ersuchten Behörde nicht vorhanden sind und nur durch das Ergreifen von Zwangsmaßnahmen erlangt werden können oder

4. die Übermittlung der Daten unverhältnismäßig wäre oder die Daten für die Zwecke, für die sie übermittelt werden sollen, nicht erforderlich sind.

(6) Die Datenübermittlung nach den Absätzen 1 und 3 kann unterbleiben, wenn

1. die zu übermittelnden Daten bei den mit der Steuerfahndung betrauten Dienststellen der Finanzbehörden nicht vorhanden sind, jedoch ohne das Ergreifen von Zwangsmaßnahmen erlangt werden können,
2. hierdurch der Erfolg laufender Ermittlungen oder Leib, Leben oder Freiheit einer Person gefährdet würde oder
3. die Tat, zu deren Verhütung die Daten übermittelt werden sollen, nach deutschem Recht mit einer Freiheitsstrafe von im Höchstmaß einem Jahr oder weniger bedroht ist.

(7) Als für die Verhütung und Verfolgung von Straftaten zuständige öffentliche Stelle eines Mitgliedstaates der Europäischen Union im Sinne der Absätze 1 und 3 gilt jede Stelle, die von diesem Staat gemäß Artikel 2 Buchstabe a des Rahmenbeschlusses 2006/960/JI des Rates vom 18. Dezember 2006 über die Vereinfachung des Austauschs von Informationen und Erkenntnissen zwischen den Strafverfolgungsbehörden der Mitgliedstaaten der Europäischen Union (ABl. L 386 vom 29. 12. 2006, S. 89, L 75 vom 15. 3. 2007, S. 26) benannt wurde.

(8) Die Absätze 1 bis 7 sind auch anzuwenden auf die Übermittlung von personenbezogenen Daten an für die Verhütung und Verfolgung von Straftaten zuständige öffentliche Stellen eines Schengenassoziierten Staates im Sinne von § 91 Absatz 3 des Gesetzes über die internationale Rechtshilfe in Strafsachen.

§ 117 b[1)] Verwendung von den nach dem Rahmenbeschluss 2006/960/JI des Rates übermittelten Daten. (1) [1]Daten, die nach dem Rahmenbeschluss 2006/960/JI an die mit der Steuerfahndung betrauten Dienststellen der Finanzbehörden übermittelt worden sind, dürfen nur für die Zwecke, für die sie übermittelt wurden, oder zur Abwehr einer gegenwärtigen und erheblichen Gefahr für die öffentliche Sicherheit verwendet werden. [2]Für einen anderen Zweck oder als Beweismittel in einem gerichtlichen Verfahren dürfen sie nur verwendet werden, wenn der übermittelnde Staat zugestimmt hat. [3]Von dem übermittelnden Staat für die Verwendung der Daten gestellte Bedingungen sind zu beachten.

(2) Die mit der Steuerfahndung betrauten Dienststellen der Finanzbehörden erteilen dem übermittelnden Staat auf dessen Ersuchen zu Zwecken der Datenschutzkontrolle Auskunft darüber, wie die übermittelten Daten verwendet wurden.

§ 117 c[2)] Umsetzung innerstaatlich anwendbarer völkerrechtlicher Vereinbarungen zur Förderung der Steuerehrlichkeit bei internationalen Sachverhalten. (1) [1]Das Bundesministerium der Finanzen wird er-

---

[1)] § 117 b eingef. durch G v. 21. 7. 2012 (BGBl. I S. 1566).

[2)] § 117 c eingef. durch G v. 18. 12. 2013 (BGBl. I S. 4318).

mächtigt, zur Erfüllung der Verpflichtungen aus innerstaatlich anwendbaren völkerrechtlichen Vereinbarungen, die der Förderung der Steuerehrlichkeit durch systematische Erhebung und Übermittlung steuerlich relevanter Daten dienen, durch Rechtsverordnungen mit Zustimmung des Bundesrates Regelungen über die Erhebung der nach diesen Vereinbarungen erforderlichen Daten durch in diesen Vereinbarungen dem Grunde nach bestimmte Dritte und ihre Übermittlung nach amtlich vorgeschriebenem Datensatz im Wege der Datenfernübertragung an das Bundeszentralamt für Steuern sowie ihre Weiterleitung an die zuständige Behörde des anderen Vertragsstaates zu treffen. [2] § 150 Absatz 6 Satz 2, 3, 5, 8 und 9 gilt für die Übermittlung der Daten an das Bundeszentralamt für Steuern entsprechend.

(2) [1] Bei der Übermittlung von Daten durch das Bundeszentralamt für Steuern an die zuständige Finanzbehörde des anderen Vertragsstaates nach einer auf Grund des Absatzes 1 Satz 1 erlassenen Rechtsverordnung findet eine Anhörung der Beteiligten nicht statt. [2] § 30a Absatz 2 und 3 gilt nicht.

(3) [1] Das Bundeszentralamt für Steuern ist berechtigt, Verhältnisse, die für die Erfüllung der Pflichten zur Erhebung und Übermittlung von Daten nach einer auf Grund des Absatzes 1 erlassenen Rechtsverordnung von Bedeutung sind oder der Aufklärung bedürfen, bei den zur Erhebung dieser Daten und deren Übermittlung an das Bundeszentralamt für Steuern Verpflichteten zu prüfen. [2] Die §§ 193 bis 203 gelten sinngemäß.

(4) Die auf Grund einer Rechtsverordnung nach Absatz 1 oder im Rahmen einer Prüfung nach Absatz 3 vom Bundeszentralamt für Steuern erhobenen Daten dürfen nur für die in den zugrunde liegenden völkerrechtlichen Vereinbarungen festgelegten Zwecke verwendet werden.

Zweiter Abschnitt: Verwaltungsakte

§ 118 Begriff des Verwaltungsakts. [1] Verwaltungsakt ist jede Verfügung, Entscheidung oder andere hoheitliche Maßnahme, die eine Behörde zur Regelung eines Einzelfalls auf dem Gebiet des öffentlichen Rechts trifft und die auf unmittelbare Rechtswirkung nach außen gerichtet ist. [2] Allgemeinverfügung ist ein Verwaltungsakt, der sich an einen nach allgemeinen Merkmalen bestimmten oder bestimmbaren Personenkreis richtet oder die öffentlich-rechtliche Eigenschaft einer Sache oder ihre Benutzung durch die Allgemeinheit betrifft.

§ 119 Bestimmtheit und Form des Verwaltungsakts. (1) Ein Verwaltungsakt muss inhaltlich hinreichend bestimmt sein.

(2) [1] Ein Verwaltungsakt kann schriftlich, elektronisch, mündlich oder in anderer Weise erlassen werden. [2] Ein mündlicher Verwaltungsakt ist schriftlich zu bestätigen, wenn hieran ein berechtigtes Interesse besteht und der Betroffene dies unverzüglich verlangt.

(3)[1)] [1] Ein schriftlich oder elektronisch erlassener Verwaltungsakt muss die erlassende Behörde erkennen lassen. [2] Ferner muss er die Unterschrift oder die Namenswiedergabe des Behördenleiters, seines Vertreters oder seines Beauf-

---

1) § 119 Abs. 3 Satz 4 angef. mWv 1. 8. 2013 durch G v. 25. 7. 2013 (BGBl. I S. 2749).

tragten enthalten; dies gilt nicht für einen Verwaltungsakt, der formularmäßig oder mit Hilfe automatischer Einrichtungen erlassen wird. [3]Ist für einen Verwaltungsakt durch Gesetz eine Schriftform angeordnet, so muss bei einem elektronischen Verwaltungsakt auch das der Signatur zugrunde liegende qualifizierte Zertifikat oder ein zugehöriges qualifiziertes Attributzertifikat die erlassende Behörde erkennen lassen. [4]Im Falle des § 87a Absatz 4 Satz 3 muss die Bestätigung nach § 5 Absatz 5 des De-Mail-Gesetzes die erlassende Finanzbehörde als Nutzer des De-Mail-Kontos erkennen lassen.

§ 120 Nebenbestimmungen zum Verwaltungsakt. (1) Ein Verwaltungsakt, auf den ein Anspruch besteht, darf mit einer Nebenbestimmung nur versehen werden, wenn sie durch Rechtsvorschrift zugelassen ist oder wenn sie sicherstellen soll, dass die gesetzlichen Voraussetzungen des Verwaltungsakts erfüllt werden.

(2) Unbeschadet des Absatzes 1 darf ein Verwaltungsakt nach pflichtgemäßem Ermessen erlassen werden mit

1. einer Bestimmung, nach der eine Vergünstigung oder Belastung zu einem bestimmten Zeitpunkt beginnt, endet oder für einen bestimmten Zeitraum gilt (Befristung),
2. einer Bestimmung, nach der der Eintritt oder der Wegfall einer Vergünstigung oder einer Belastung von dem ungewissen Eintritt eines zukünftigen Ereignisses abhängt (Bedingung),
3. einem Vorbehalt des Widerrufs

oder verbunden werden mit

4. einer Bestimmung, durch die dem Begünstigten ein Tun, Dulden oder Unterlassen vorgeschrieben wird (Auflage),
5. einem Vorbehalt der nachträglichen Aufnahme, Änderung oder Ergänzung einer Auflage.

(3) Eine Nebenbestimmung darf dem Zweck des Verwaltungsakts nicht zuwiderlaufen.

§ 121 Begründung des Verwaltungsakts. (1) Ein schriftlicher, elektronischer sowie ein schriftlich oder elektronisch bestätigter Verwaltungsakt ist mit einer Begründung zu versehen, soweit dies zu seinem Verständnis erforderlich ist.

(2) Einer Begründung bedarf es nicht,

1. soweit die Finanzbehörde einem Antrag entspricht oder einer Erklärung folgt und der Verwaltungsakt nicht in Rechte eines anderen eingreift,
2. soweit demjenigen, für den der Verwaltungsakt bestimmt ist oder der von ihm betroffen wird, die Auffassung der Finanzbehörde über die Sach- und Rechtslage bereits bekannt oder auch ohne Begründung für ihn ohne weiteres erkennbar ist,
3. wenn die Finanzbehörde gleichartige Verwaltungsakte in größerer Zahl oder Verwaltungsakte mit Hilfe automatischer Einrichtungen erlässt und die Begründung nach den Umständen des Einzelfalls nicht geboten ist,

4. wenn sich dies aus einer Rechtsvorschrift ergibt,
5. wenn eine Allgemeinverfügung öffentlich bekannt gegeben wird.

§ 122 Bekanntgabe des Verwaltungsakts. (1) [1]Ein Verwaltungsakt ist demjenigen Beteiligten bekannt zu geben, für den er bestimmt ist oder der von ihm betroffen wird. [2]§ 34 Abs. 2 ist entsprechend anzuwenden. [3]Der Verwaltungsakt kann auch gegenüber einem Bevollmächtigten bekannt gegeben werden.

(2) Ein schriftlicher Verwaltungsakt, der durch die Post übermittelt wird, gilt als bekannt gegeben
1. bei einer Übermittlung im Inland am dritten Tage nach der Aufgabe zur Post,[1)]
2. bei einer Übermittlung im Ausland einen Monat nach der Aufgabe zur Post,

außer wenn er nicht oder zu einem späteren Zeitpunkt zugegangen ist; im Zweifel hat die Behörde den Zugang des Verwaltungsakts und den Zeitpunkt des Zugangs nachzuweisen.

(2a) Ein elektronisch übermittelter Verwaltungsakt gilt am dritten Tage nach der Absendung als bekannt gegeben, außer wenn er nicht oder zu einem späteren Zeitpunkt zugegangen ist; im Zweifel hat die Behörde den Zugang des Verwaltungsakts und den Zeitpunkt des Zugangs nachzuweisen.

(3) [1]Ein Verwaltungsakt darf öffentlich bekannt gegeben werden, wenn dies durch Rechtsvorschrift zugelassen ist. [2]Eine Allgemeinverfügung darf auch dann öffentlich bekannt gegeben werden, wenn eine Bekanntgabe an die Beteiligten untunlich ist.

(4) [1]Die öffentliche Bekanntgabe eines Verwaltungsakts wird dadurch bewirkt, dass sein verfügender Teil ortsüblich bekannt gemacht wird. [2]In der ortsüblichen Bekanntmachung ist anzugeben, wo der Verwaltungsakt und seine Begründung eingesehen werden können. [3]Der Verwaltungsakt gilt zwei Wochen nach dem Tag der ortsüblichen Bekanntmachung als bekannt gegeben. [4]In einer Allgemeinverfügung kann ein hiervon abweichender Tag, jedoch frühestens der auf die Bekanntmachung folgende Tag bestimmt werden.

(5) [1]Ein Verwaltungsakt wird zugestellt, wenn dies gesetzlich vorgeschrieben ist oder behördlich angeordnet wird. [2]Die Zustellung richtet sich nach den Vorschriften des Verwaltungszustellungsgesetzes.[2)]

(6) Die Bekanntgabe eines Verwaltungsakts an einen Beteiligten zugleich mit Wirkung für und gegen andere Beteiligte ist zulässig, soweit die Beteiligten einverstanden sind; diese Beteiligten können nachträglich eine Abschrift des Verwaltungsakts verlangen.

(7)[3)] [1]Betreffen Verwaltungsakte
1. Ehegatten oder Lebenspartner oder

[1)] Die Dreitagesfrist verlängert sich, wenn das Fristende auf einen Sonntag, gesetzlichen Feiertag oder Sonnabend fällt, bis zum nächstfolgenden Werktag (BFH-Urteil v. 14. 10. 2003 IX R 68/98, BStBl. II S. 898).

[2)] Nr. **805**.

[3)] § 122 Abs. 7 Satz 1 neu gef. mWv 24. 7. 2014 durch G v. 18. 7. 2014 (BGBl. I S. 1042); zur Anwendung siehe Art. 97 § 1 Abs. 10 Sätze 1 und 2 EGAO (Nr. **800 a**).

2. Ehegatten mit ihren Kindern, Lebenspartner mit ihren Kindern oder Alleinstehende mit ihren Kindern,

so reicht es für die Bekanntgabe an alle Beteiligten aus, wenn ihnen eine Ausfertigung unter ihrer gemeinsamen Anschrift übermittelt wird. [2]Die Verwaltungsakte sind den Beteiligten einzeln bekannt zu geben, soweit sie dies beantragt haben oder soweit der Finanzbehörde bekannt ist, dass zwischen ihnen ernstliche Meinungsverschiedenheiten bestehen.

§ 123[1)] Bestellung eines Empfangsbevollmächtigten. [1]Ein Beteiligter ohne Wohnsitz oder gewöhnlichen Aufenthalt, Sitz oder Geschäftsleitung im Inland, in einem anderen Mitgliedstaat der Europäischen Union oder in einem Staat, auf den das Abkommen über den Europäischen Wirtschaftsraum anwendbar ist, hat der Finanzbehörde auf Verlangen innerhalb einer angemessenen Frist einen Empfangsbevollmächtigten im Inland zu benennen. [2]Unterlässt er dies, so gilt ein an ihn gerichtetes Schriftstück einen Monat nach der Aufgabe zur Post und ein elektronisch übermitteltes Dokument am dritten Tage nach der Absendung als zugegangen. [3]Dies gilt nicht, wenn feststeht, dass das Schriftstück oder das elektronische Dokument den Empfänger nicht oder zu einem späteren Zeitpunkt erreicht hat. [4]Auf die Rechtsfolgen der Unterlassung ist der Beteiligte hinzuweisen.

§ 124 Wirksamkeit des Verwaltungsakts. (1) [1]Ein Verwaltungsakt wird gegenüber demjenigen, für den er bestimmt ist oder der von ihm betroffen wird, in dem Zeitpunkt wirksam, in dem er ihm bekannt gegeben wird. [2]Der Verwaltungsakt wird mit dem Inhalt wirksam, mit dem er bekannt gegeben wird.

(2) Ein Verwaltungsakt bleibt wirksam, solange und soweit er nicht zurückgenommen, widerrufen, anderweitig aufgehoben oder durch Zeitablauf oder auf andere Weise erledigt ist.

(3) Ein nichtiger Verwaltungsakt ist unwirksam.

§ 125 Nichtigkeit des Verwaltungsakts. (1) Ein Verwaltungsakt ist nichtig, soweit er an einem besonders schwerwiegenden Fehler leidet und dies bei verständiger Würdigung aller in Betracht kommenden Umstände offenkundig ist.

(2) Ohne Rücksicht auf das Vorliegen der Voraussetzungen des Absatzes 1 ist ein Verwaltungsakt nichtig,

1. der schriftlich oder elektronisch erlassen worden ist, die erlassende Finanzbehörde aber nicht erkennen lässt,
2. den aus tatsächlichen Gründen niemand befolgen kann,
3. der die Begehung einer rechtswidrigen Tat verlangt, die einen Straf- oder Bußgeldtatbestand verwirklicht,
4. der gegen die guten Sitten verstößt.

---

1) § 123 Satz 1 neu gef. mWv 6. 11. 2015 durch G v. 2. 11. 2015 (BGBl. I S. 1834).

(3) Ein Verwaltungsakt ist nicht schon deshalb nichtig, weil

1. Vorschriften über die örtliche Zuständigkeit nicht eingehalten worden sind,
2. eine nach § 82 Abs. 1 Satz 1 Nr. 2 bis 6 und Satz 2 ausgeschlossene Person mitgewirkt hat,
3. ein durch Rechtsvorschrift zur Mitwirkung berufener Ausschuss den für den Erlass des Verwaltungsakts vorgeschriebenen Beschluss nicht gefasst hat oder nicht beschlussfähig war,
4. die nach einer Rechtsvorschrift erforderliche Mitwirkung einer anderen Behörde unterblieben ist.

(4) Betrifft die Nichtigkeit nur einen Teil des Verwaltungsakts, so ist er im Ganzen nichtig, wenn der nichtige Teil so wesentlich ist, dass die Finanzbehörde den Verwaltungsakt ohne den nichtigen Teil nicht erlassen hätte.

(5) Die Finanzbehörde kann die Nichtigkeit jederzeit von Amts wegen feststellen; auf Antrag ist sie festzustellen, wenn der Antragsteller hieran ein berechtigtes Interesse hat.

§ 126 Heilung von Verfahrens- und Formfehlern. (1) Eine Verletzung von Verfahrens- oder Formvorschriften, die nicht den Verwaltungsakt nach § 125 nichtig macht, ist unbeachtlich, wenn

1. der für den Verwaltungsakt erforderliche Antrag nachträglich gestellt wird,
2. die erforderliche Begründung nachträglich gegeben wird,
3. die erforderliche Anhörung eines Beteiligten nachgeholt wird,
4. der Beschluss eines Ausschusses, dessen Mitwirkung für den Erlass des Verwaltungsakts erforderlich ist, nachträglich gefasst wird,
5. die erforderliche Mitwirkung einer anderen Behörde nachgeholt wird.

(2) Handlungen nach Absatz 1 Nr. 2 bis 5 können bis zum Abschluss der Tatsacheninstanz eines finanzgerichtlichen Verfahrens nachgeholt werden.

(3) [1] Fehlt einem Verwaltungsakt die erforderliche Begründung oder ist die erforderliche Anhörung eines Beteiligten vor Erlass des Verwaltungsakts unterblieben und ist dadurch die rechtzeitige Anfechtung des Verwaltungsakts versäumt worden, so gilt die Versäumung der Einspruchsfrist als nicht verschuldet. [2] Das für die Wiedereinsetzungsfrist nach § 110 Abs. 2 maßgebende Ereignis tritt im Zeitpunkt der Nachholung der unterlassenen Verfahrenshandlung ein.

§ 127 Folgen von Verfahrens- und Formfehlern. Die Aufhebung eines Verwaltungsakts, der nicht nach § 125 nichtig ist, kann nicht allein deshalb beansprucht werden, weil er unter Verletzung von Vorschriften über das Verfahren, die Form oder die örtliche Zuständigkeit zustande gekommen ist, wenn keine andere Entscheidung in der Sache hätte getroffen werden können.

§ 128 Umdeutung eines fehlerhaften Verwaltungsakts. (1) Ein fehlerhafter Verwaltungsakt kann in einen anderen Verwaltungsakt umgedeutet werden, wenn er auf das gleiche Ziel gerichtet ist, von der erlassenden Finanzbehörde in der geschehenen Verfahrensweise und Form rechtmäßig hätte erlassen werden können und wenn die Voraussetzungen für dessen Erlass erfüllt sind.

(2) [1]Absatz 1 gilt nicht, wenn der Verwaltungsakt, in den der fehlerhafte Verwaltungsakt umzudeuten wäre, der erkennbaren Absicht der erlassenden Finanzbehörde widerspräche oder seine Rechtsfolgen für den Betroffenen ungünstiger wären als die des fehlerhaften Verwaltungsakts. [2]Eine Umdeutung ist ferner unzulässig, wenn der fehlerhafte Verwaltungsakt nicht zurückgenommen werden dürfte.

(3) Eine Entscheidung, die nur als gesetzlich gebundene Entscheidung ergehen kann, kann nicht in eine Ermessensentscheidung umgedeutet werden.

(4) § 91 ist entsprechend anzuwenden.

§ 129 Offenbare Unrichtigkeiten beim Erlass eines Verwaltungsakts. [1]Die Finanzbehörde kann Schreibfehler, Rechenfehler und ähnliche offenbare Unrichtigkeiten, die beim Erlass eines Verwaltungsakts unterlaufen sind, jederzeit berichtigen. [2]Bei berechtigtem Interesse des Beteiligten ist zu berichtigen. [3]Wird zu einem schriftlich ergangenen Verwaltungsakt die Berichtigung begehrt, ist die Finanzbehörde berechtigt, die Vorlage des Schriftstücks zu verlangen, das berichtigt werden soll.

§ 130 Rücknahme eines rechtswidrigen Verwaltungsakts. (1) Ein rechtswidriger Verwaltungsakt kann, auch nachdem er unanfechtbar geworden ist, ganz oder teilweise mit Wirkung für die Zukunft oder für die Vergangenheit zurückgenommen werden.

(2) Ein Verwaltungsakt, der ein Recht oder einen rechtlich erheblichen Vorteil begründet oder bestätigt hat (begünstigender Verwaltungsakt), darf nur dann zurückgenommen werden, wenn

1. er von einer sachlich unzuständigen Behörde erlassen worden ist,
2. er durch unlautere Mittel wie arglistige Täuschung, Drohung oder Bestechung erwirkt worden ist,
3. ihn der Begünstigte durch Angaben erwirkt hat, die in wesentlicher Beziehung unrichtig oder unvollständig waren,
4. seine Rechtswidrigkeit dem Begünstigten bekannt oder infolge grober Fahrlässigkeit nicht bekannt war.

(3) [1]Erhält die Finanzbehörde von Tatsachen Kenntnis, welche die Rücknahme eines rechtswidrigen begünstigenden Verwaltungsakts rechtfertigen, so ist die Rücknahme nur innerhalb eines Jahres seit dem Zeitpunkt der Kenntnisnahme zulässig. [2]Dies gilt nicht im Fall des Absatzes 2 Nr. 2.

(4) Über die Rücknahme entscheidet nach Unanfechtbarkeit des Verwaltungsakts die nach den Vorschriften über die örtliche Zuständigkeit zuständige Finanzbehörde; dies gilt auch dann, wenn der zurückzunehmende Verwaltungsakt von einer anderen Finanzbehörde erlassen worden ist; § 26 Satz 2 bleibt unberührt.

§ 131 Widerruf eines rechtmäßigen Verwaltungsakts. (1) Ein rechtmäßiger nicht begünstigender Verwaltungsakt kann, auch nachdem er unanfechtbar geworden ist, ganz oder teilweise mit Wirkung für die Zukunft widerrufen werden, außer wenn ein Verwaltungsakt gleichen Inhalts erneut erlassen werden müßte oder aus anderen Gründen ein Widerruf unzulässig ist.

(2) [1] Ein rechtmäßiger begünstigender Verwaltungsakt darf, auch nachdem er unanfechtbar geworden ist, ganz oder teilweise mit Wirkung für die Zukunft nur widerrufen werden,

1. wenn der Widerruf durch Rechtsvorschrift zugelassen oder im Verwaltungsakt vorbehalten ist,
2. wenn mit dem Verwaltungsakt eine Auflage verbunden ist und der Begünstigte diese nicht oder nicht innerhalb einer ihm gesetzten Frist erfüllt hat,
3. wenn die Finanzbehörde auf Grund nachträglich eingetretener Tatsachen berechtigt wäre, den Verwaltungsakt nicht zu erlassen, und wenn ohne den Widerruf das öffentliche Interesse gefährdet würde.

[2] § 130 Abs. 3 gilt entsprechend.

(3) Der widerrufene Verwaltungsakt wird mit dem Wirksamwerden des Widerrufs unwirksam, wenn die Finanzbehörde keinen späteren Zeitpunkt bestimmt.

(4) Über den Widerruf entscheidet nach Unanfechtbarkeit des Verwaltungsakts die nach den Vorschriften über die örtliche Zuständigkeit zuständige Finanzbehörde; dies gilt auch dann, wenn der zu widerrufende Verwaltungsakt von einer anderen Finanzbehörde erlassen worden ist.

§ 132 Rücknahme, Widerruf, Aufhebung und Änderung im Rechtsbehelfsverfahren. [1] Die Vorschriften über Rücknahme, Widerruf, Aufhebung und Änderung von Verwaltungsakten gelten auch während eines Einspruchsverfahrens und während eines finanzgerichtlichen Verfahrens. [2] § 130 Abs. 2 und 3 und § 131 Abs. 2 und 3 stehen der Rücknahme und dem Widerruf eines von einem Dritten angefochtenen begünstigenden Verwaltungsakts während des Einspruchsverfahrens oder des finanzgerichtlichen Verfahrens nicht entgegen, soweit dadurch dem Einspruch oder der Klage abgeholfen wird.

§ 133 Rückgabe von Urkunden und Sachen. [1] Ist ein Verwaltungsakt unanfechtbar widerrufen oder zurückgenommen oder ist seine Wirksamkeit aus einem anderen Grund nicht oder nicht mehr gegeben, so kann die Finanzbehörde die auf Grund dieses Verwaltungsaktes erteilten Urkunden oder Sachen, die zum Nachweis der Rechte aus dem Verwaltungsakt oder zu deren Ausübung bestimmt sind, zurückfordern. [2] Der Inhaber und, sofern er nicht der Besitzer ist, auch der Besitzer dieser Urkunden oder Sachen sind zu ihrer Herausgabe verpflichtet. [3] Der Inhaber oder der Besitzer kann jedoch verlangen, dass ihm die Urkunden oder Sachen wieder ausgehändigt werden, nachdem sie von der Finanzbehörde als ungültig gekennzeichnet sind; dies gilt nicht bei Sachen, bei denen eine solche Kennzeichnung nicht oder nicht mit der erforderlichen Offensichtlichkeit oder Dauerhaftigkeit möglich ist.

Vierter Teil. Durchführung der Besteuerung

Erster Abschnitt: Erfassung der Steuerpflichtigen

1. Unterabschnitt: Personenstands- und Betriebsaufnahme

§ 134 Personenstands- und Betriebsaufnahme. (1) [1]Zur Erfassung von Personen und Unternehmen, die der Besteuerung unterliegen, können die Gemeinden für die Finanzbehörden eine Personenstands- und Betriebsaufnahme durchführen. [2]Die Gemeinden haben hierbei die Befugnisse nach den §§ 328 bis 335.

(2) Die Personenstandsaufnahme erstreckt sich nicht auf diejenigen Angehörigen der Bundeswehr, der Bundespolizei[1)] und der Polizei, die in Dienstunterkünften untergebracht sind und keine andere Wohnung haben.

(3) [1]Die Landesregierungen bestimmen durch Rechtsverordnung den Zeitpunkt der Erhebungen. [2]Sie können den Umfang der Erhebungen (§ 135) auf bestimmte Gemeinden und bestimmte Angaben beschränken. [3]Die Landesregierungen können diese Ermächtigung durch Rechtsverordnung auf die obersten Finanzbehörden übertragen.

(4) [1]Mit der Personenstands- und Betriebsaufnahme können die Gemeinden für ihre Zwecke besondere Erhebungen verbinden, soweit für diese Erhebungen eine Rechtsgrundlage besteht. [2]Für solche Erhebungen gilt Absatz 1 Satz 2 nicht.

§ 135 Mitwirkungspflicht bei der Personenstands- und Betriebsaufnahme. (1) [1]Die Grundstückseigentümer sind verpflichtet, bei der Durchführung der Personenstands- und Betriebsaufnahme Hilfe zu leisten. [2]Sie haben insbesondere die Personen anzugeben, die auf dem Grundstück eine Wohnung, Wohnräume, eine Betriebstätte, Lagerräume oder sonstige Geschäftsräume haben.

(2) Die Wohnungsinhaber und die Untermieter haben über sich und über die zu ihrem Haushalt gehörenden Personen auf den amtlichen Vordrucken die Angaben zu machen, die für die Personenstands- und Betriebsaufnahme notwendig sind, insbesondere über Namen, Familienstand, Geburtstag und Geburtsort, Religionszugehörigkeit, Wohnsitz, Erwerbstätigkeit oder Beschäftigung, Betriebstätten.

(3) Die Inhaber von Betriebstätten, Lagerräumen oder sonstigen Geschäftsräumen haben über den Betrieb, der in diesen Räumen ausgeübt wird, die Angaben zu machen, die für die Betriebsaufnahme notwendig sind und in den amtlichen Vordrucken verlangt werden, insbesondere über Art und Größe des Betriebs und über die Betriebsinhaber.

§ 136 Änderungsmitteilungen für die Personenstandsaufnahme. Die Meldebehörden haben die ihnen nach den Vorschriften über das Meldewesen

---

1) Umbenennung mWv 1. 7. 2005 durch G v. 21. 6. 2005 (BGBl. I S. 1818).

der Länder bekannt gewordenen Änderungen in den Angaben nach § 135 dem zuständigen Finanzamt mitzuteilen.

2. Unterabschnitt: Anzeigepflichten

§ 137 Steuerliche Erfassung von Körperschaften, Vereinigungen und Vermögensmassen. (1) Steuerpflichtige, die nicht natürliche Personen sind, haben dem nach § 20 zuständigen Finanzamt und den für die Erhebung der Realsteuern zuständigen Gemeinden die Umstände anzuzeigen, die für die steuerliche Erfassung von Bedeutung sind, insbesondere die Gründung, den Erwerb der Rechtsfähigkeit, die Änderung der Rechtsform, die Verlegung der Geschäftsleitung oder des Sitzes und die Auflösung.

(2) Die Mitteilungen sind innerhalb eines Monats seit dem meldepflichtigen Ereignis zu erstatten.

§ 138 Anzeigen über die Erwerbstätigkeit. (1)[1] [1]Wer einen Betrieb der Land- und Forstwirtschaft, einen gewerblichen Betrieb oder eine Betriebstätte eröffnet, hat dies nach amtlich vorgeschriebenem Vordruck der Gemeinde mitzuteilen, in der der Betrieb oder die Betriebstätte eröffnet wird; die Gemeinde unterrichtet unverzüglich das nach § 22 Abs. 1 zuständige Finanzamt von dem Inhalt der Mitteilung. [2]Ist die Festsetzung der Realsteuern den Gemeinden nicht übertragen worden, so tritt an die Stelle der Gemeinde das nach § 22 Abs. 2 zuständige Finanzamt. [3]Wer eine freiberufliche Tätigkeit aufnimmt, hat dies dem nach § 19 zuständigen Finanzamt mitzuteilen. [4]Das Gleiche gilt für die Verlegung und die Aufgabe eines Betriebs, einer Betriebstätte oder einer freiberuflichen Tätigkeit.

(1 a)[1] Unternehmer im Sinne des § 2 des Umsatzsteuergesetzes können ihre Anzeigepflichten nach Absatz 1 zusätzlich bei der für die Umsatzbesteuerung zuständigen Finanzbehörde elektronisch erfüllen.

(1 b)[2] [1]Durch Rechtsverordnung kann das Bundesministerium der Finanzen mit Zustimmung des Bundesrates zur Vereinfachung des Besteuerungsverfahrens bestimmen, dass Unternehmer im Sinne des § 2 des Umsatzsteuergesetzes anlässlich der Aufnahme der beruflichen oder gewerblichen Tätigkeit der Finanzbehörde zusätzlich zu den Anzeigen nach den Absätzen 1 und 1 a auch Auskunft über die für die Besteuerung erheblichen rechtlichen und tatsächlichen Verhältnisse nach amtlich vorgeschriebenem Datensatz durch Datenfernübertragung zu erteilen haben. [2]In der Rechtsverordnung kann bestimmt werden, unter welchen Voraussetzungen auf eine elektronische Übermittlung verzichtet werden kann. [3]§ 150 Abs. 6 Satz 2 bis 9[3] gilt entsprechend.

(2) Steuerpflichtige mit Wohnsitz, gewöhnlichem Aufenthalt, Geschäftsleitung oder Sitz im Geltungsbereich dieses Gesetzes haben dem nach den §§ 18

---

[1] § 138 Abs. 1 Satz 1 geänd., Abs. 1 a eingef. mWv 21. 5. 2003 durch G v. 16. 5. 2003 (BGBl. I S. 660), Abs. 1 Satz 1 geänd. mWv 1. 1. 2004 durch G v. 15. 12. 2003 (BGBl. I S. 2645).

[2] § 138 Abs. 1 b eingef. mWv 1. 1. 2009 durch G v. 20. 12. 2008 (BGBl. I S. 2850).

[3] Verweis geänd. durch G v. 1. 11. 2011 (BGBl. I S. 2131).

bis 20 zuständigen Finanzamt nach amtlich vorgeschriebenem Vordruck mitzuteilen:

1. die Gründung und den Erwerb von Betrieben und Betriebstätten im Ausland;
2. die Beteiligung an ausländischen Personengesellschaften oder deren Aufgabe oder Änderung;
3. den Erwerb von Beteiligungen an einer Körperschaft, Personenvereinigung oder Vermögensmasse im Sinne des § 2 Nr. 1 des Körperschaftsteuergesetzes, wenn damit unmittelbar eine Beteiligung von mindestens 10 Prozent oder mittelbar eine Beteiligung von mindestens 25 Prozent am Kapital oder am Vermögen der Körperschaft, Personenvereinigung oder Vermögensmasse erreicht wird oder wenn die Summe der Anschaffungskosten aller Beteiligungen mehr als 150 000 Euro beträgt.

(3)[1] [1] Mitteilungen nach den Absätzen 1 und 1 a sind innerhalb eines Monats nach dem meldepflichtigen Ereignis zu erstatten. [2] Mitteilungen nach Absatz 2 sind innerhalb von fünf Monaten nach Ablauf des Kalenderjahres zu erstatten, in dem das meldepflichtige Ereignis eingetreten ist.

§ 139 Anmeldung von Betrieben in besonderen Fällen. (1) [1] Wer Waren gewinnen oder herstellen will, an deren Gewinnung, Herstellung, Entfernung aus dem Herstellungsbetrieb oder Verbrauch innerhalb des Herstellungsbetriebs eine Verbrauchsteuerpflicht geknüpft ist, hat dies der zuständigen Finanzbehörde vor Eröffnung des Betriebs anzumelden. [2] Das Gleiche gilt für den, der ein Unternehmen betreiben will, bei dem besondere Verkehrsteuern anfallen.

(2)[2] [1] Durch Rechtsverordnung können Bestimmungen über den Zeitpunkt, die Form und den Inhalt der Anmeldung getroffen werden. [2] Die Rechtsverordnung erlässt die Bundesregierung, soweit es sich um Verkehrsteuern mit Ausnahme der Luftverkehrsteuer handelt, im Übrigen das Bundesministerium der Finanzen. [3] Die Rechtsverordnung des Bundesministeriums der Finanzen bedarf der Zustimmung des Bundesrates nur, soweit sie die Biersteuer betrifft.

3. Unterabschnitt:[3] Identifikationsmerkmal

§ 139 a[3] Identifikationsmerkmal. (1) [1] Das Bundeszentralamt für Steuern[4] teilt jedem Steuerpflichtigen zum Zwecke der eindeutigen Identifizierung in Besteuerungsverfahren ein einheitliches und dauerhaftes Merkmal (Identifikationsmerkmal) zu; das Identifikationsmerkmal ist vom Steuerpflichtigen oder von einem Dritten, der Daten dieses Steuerpflichtigen an die Finanzbehörden zu übermitteln hat, bei Anträgen, Erklärungen oder Mitteilungen gegenüber Finanzbehörden anzugeben.[5] [2] Es besteht aus einer Ziffernfolge, die nicht aus

---

[1] § 138 Abs. 3 neu gef. durch G v. 1. 11. 2011 (BGBl. I S. 2131).

[2] § 139 Abs. 2 Satz 2 geänd. mWv 30. 6. 2013 durch G v. 26. 6. 2013 (BGBl. I S. 1809).

[3] 3. Unterabschnitt (§§ 139 a bis 139 d) eingef. durch G v. 15. 12. 2003 (BGBl. I S. 2645); zu § 139 a siehe Art. 97 § 5 EGAO (Nr. **800 a**).

[4] Bezeichnung geänd. durch G v. 22. 9. 2005 (BGBl. I S. 2809).

[5] § 139 a Abs. 1 Satz 1 2. HS neu gef. mWv 31. 12. 2014 durch G v. 22. 12. 2014 (BGBl. I S. 2417).

anderen Daten über den Steuerpflichtigen gebildet oder abgeleitet werden darf; die letzte Stelle ist eine Prüfziffer. [3]Natürliche Personen erhalten eine Identifikationsnummer, wirtschaftlich Tätige eine Wirtschafts-Identifikationsnummer. [4]Der Steuerpflichtige ist über die Zuteilung eines Identifikationsmerkmals unverzüglich zu unterrichten.

(2) Steuerpflichtiger im Sinne dieses Unterabschnitts ist jeder, der nach einem Steuergesetz steuerpflichtig ist.

(3) Wirtschaftlich Tätige im Sinne dieses Unterabschnitts sind:

1. natürliche Personen, die wirtschaftlich tätig sind,
2. juristische Personen,
3. Personenvereinigungen.

§ 139 b[1)·2)] Identifikationsnummer. (1) [1]Eine natürliche Person darf nicht mehr als eine Identifikationsnummer erhalten. [2]Jede Identifikationsnummer darf nur einmal vergeben werden.

(2)[3)] [1]Die Finanzbehörden dürfen die Identifikationsnummer nur erheben und verwenden, soweit dies zur Erfüllung ihrer gesetzlichen Aufgaben erforderlich ist oder eine Rechtsvorschrift die Erhebung oder Verwendung der Identifikationsnummer ausdrücklich erlaubt oder anordnet. [2]Andere öffentliche oder nicht öffentliche Stellen dürfen

1. die Identifikationsnummer nur erheben oder verwenden, soweit dies für Datenübermittlungen zwischen ihnen und den Finanzbehörden erforderlich ist oder eine Rechtsvorschrift die Erhebung oder Verwendung der Identifikationsnummer ausdrücklich erlaubt oder anordnet,
2. ihre Dateien nur insoweit nach der Identifikationsnummer ordnen oder für den Zugriff erschließen, als dies für regelmäßige Datenübermittlungen zwischen ihnen und den Finanzbehörden erforderlich ist,
3. eine rechtmäßig erhobene Identifikationsnummer eines Steuerpflichtigen zur Erfüllung aller Mitteilungspflichten gegenüber Finanzbehörden verwenden, soweit die Mitteilungspflicht denselben Steuerpflichtigen betrifft und die Erhebung und Verwendung nach Nummer 1 zulässig wäre,
4. eine durch ein verbundenes Unternehmen im Sinne des § 15 des Aktiengesetzes rechtmäßig erhobene Identifikationsnummer eines Steuerpflichtigen zur Erfüllung aller Mitteilungspflichten gegenüber Finanzbehörden verwenden, soweit die Mitteilungspflicht denselben Steuerpflichtigen betrifft und die verwendende Stelle zum selben Unternehmensverbund wie die Stelle gehört, die die Identifikationsnummer erhoben hat und die Erhebung und Verwendung nach Nummer 1 zulässig wäre.

[1)] 3. Unterabschnitt (§§ 139 a bis 139 d) eingef. durch G v. 15. 12. 2003 (BGBl. I S. 2645); zu § 139 a siehe Art. 97 § 5 EGAO (Nr. **800 a**).

[2)] Zu § 139 b siehe SteueridentifikationsnummerVO v. 28. 11. 2006, BGBl. I S. 2726 (Nr. **800 h**).

[3)] § 139 b Abs. 2 Satz 2 Nrn. 3 und 4 angef. mWv 31. 12. 2014 durch G v. 22. 12. 2014 (BGBl. I S. 2417).

[3] Vertragsbestimmungen und Einwilligungserklärungen, die darauf gerichtet sind, eine nach den vorstehenden Bestimmungen nicht zulässige Erhebung oder Verwendung der Identifikationsnummer zu ermöglichen, sind unwirksam.

(3) Das Bundeszentralamt für Steuern[1)] speichert zu natürlichen Personen folgende Daten:

1. Identifikationsnummer,
2. Wirtschafts-Identifikationsnummern,
3. Familienname,
4. frühere Namen,
5. Vornamen,
6. Doktorgrad,
7.[2)] *(aufgehoben)*
8. Tag und Ort der Geburt,
9. Geschlecht,
10. gegenwärtige oder letzte bekannte Anschrift,
11. zuständige Finanzbehörden[3)],
12.[4)] *Übermittlungssperren nach dem Melderechtsrahmengesetz und den Meldegesetzen der Länder* [***ab 1. 11. 2015:*** Auskunftssperren nach dem Bundesmeldegesetz],
13.[4)] Sterbetag,
14.[5)] Tag des Ein- und Auszugs.

(4) Die in Absatz 3 aufgeführten Daten werden gespeichert, um

1. sicherzustellen, dass eine Person nur eine Identifikationsnummer erhält und eine Identifikationsnummer nicht mehrfach vergeben wird,
2. die Identifikationsnummer eines Steuerpflichtigen festzustellen,
3. zu erkennen, welche Finanzbehörden[3)] für einen Steuerpflichtigen zuständig sind,
4. Daten, die auf Grund eines Gesetzes oder nach über- und zwischenstaatlichem Recht entgegenzunehmen sind, an die zuständigen Stellen weiterleiten zu können,
5. den Finanzbehörden die Erfüllung der ihnen durch Rechtsvorschrift zugewiesenen Aufgaben zu ermöglichen.

[1)] Bezeichnung geänd. durch G v. 22. 9. 2005 (BGBl. I S. 2809).

[2)] § 139 b Abs. 3 Nr. 7 aufgeh. mWv 1. 11. 2007 durch G v. 20. 7. 2007 (BGBl. I S. 1566).

[3)] Bezeichnung geänd. durch G v. 9. 12. 2004 (BGBl. I S. 3310).

[4)] § 139 b Abs. 3 Nr. 12 eingef., bish. Nr. 12 wird Nr. 13 mWv 29. 12. 2007 durch G v. 20. 12. 2007 (BGBl. I S. 3150); Nr. 12 neu gef. mWv 1. 11. 2015 durch G v. 3. 5. 2013 (BGBl. I S. 1084; geänd. BGBl. I 2014 S. 1738).

[5)] § 139 b Abs. 3 Nr. 14 angef. mWv 31. 12. 2014 durch G v. 22. 12. 2014 (BGBl. I S. 2417).

(5)[1] [1]Die in Absatz 3 aufgeführten Daten dürfen nur für die in Absatz 4 genannten Zwecke verwendet werden. [2]*Übermittlungssperren nach dem Melderechtsrahmengesetz und den Meldegesetzen der Länder* [***ab 1. 11. 2015:*** Auskunftssperren nach dem Bundesmeldegesetz] sind zu beachten und im Fall einer zulässigen Datenübermittlung ebenfalls zu übermitteln. [3]Der Dritte, an den die Daten übermittelt werden, hat die Übermittlungssperren ebenfalls zu beachten.

(6)[2] [1]Zum Zwecke der erstmaligen Zuteilung der Identifikationsnummer übermitteln die Meldebehörden dem Bundeszentralamt für Steuern für jeden in ihrem Zuständigkeitsbereich mit alleiniger Wohnung oder Hauptwohnung im Melderegister registrierten Einwohner folgende Daten:

1. Familienname,
2. frühere Namen,
3. Vornamen,
4. Doktorgrad,
5.[3] *(aufgehoben)*
6. Tag und Ort der Geburt,
7. Geschlecht,
8. gegenwärtige Anschrift der alleinigen Wohnung oder der Hauptwohnung,
9.[4] Tag des Ein- und Auszugs,
10.[4] *Übermittlungssperren nach dem Melderechtsrahmengesetz und den Meldegesetzen der Länder* [***ab 1. 11. 2015:*** Auskunftssperren nach dem Bundesmeldegesetz].

[2]Hierzu haben die Meldebehörden jedem in ihrem Zuständigkeitsbereich mit alleiniger Wohnung oder Hauptwohnung registrierten Einwohner ein Vorläufiges Bearbeitungsmerkmal zu vergeben. [3]Dieses übermitteln sie zusammen mit den Daten nach Satz 1 an das Bundeszentralamt für Steuern. [4]Die Übermittlung der Daten nach Satz 1 erfolgt ab dem Zeitpunkt der Einführung des Identifikationsmerkmals, der durch Rechtsverordnung des Bundesministeriums der Finanzen auf Grund von Artikel 97 § 5 Satz 1 des Einführungsgesetzes zur Abgabenordnung bestimmt wird. [5]Das Bundeszentralamt für Steuern teilt der zuständigen Meldebehörde die dem Steuerpflichtigen zugeteilte Identifikationsnummer zur Speicherung im Melderegister unter Angabe des Vorläufigen Bearbeitungsmerkmals mit und löscht das Vorläufige Bearbeitungsmerk-

---

[1] § 139 b Abs. 5 Sätze 2 und 3 angef. mWv 29. 12. 2007 durch G v. 20. 12. 2007 (BGBl. I S. 3150); Satz 2 geänd. mWv 1. 11. 2015 durch G v. 5. 3. 2013 (BGBl. I S. 1804; geänd. BGBl. I 2014 S. 1738).

[2] § 139 b Abs. 6 bish. Sätze 2 und 3 ersetzt durch Sätze 2 bis 5 mWv 19. 12. 2006 durch G v. 13. 12. 2006 (BGBl. I S. 2878).

[3] § 139 b Abs. 6 Satz 1 Nr. 5 aufgeh. mWv 1. 11. 2007 durch G v. 20. 7. 2007 (BGBl. I S. 1566).

[4] § 139 b Abs. 6 Satz 1 Nrn. 9 und 10 angef. mWv 29. 12. 2007 durch G v. 20. 12. 2007 (BGBl. I S. 3150); Nr. 10 neu gef. mWv 1. 11. 2015 durch G v. 3. 5. 2013 (BGBl. I S. 1084; geänd. BGBl. I 2014 S. 1738).

mal anschließend.[1]

(7)[2] [1]Die Meldebehörden haben im Falle der Speicherung einer Geburt im Melderegister sowie im Falle der Speicherung einer Person, für die bisher keine Identifikationsnummer zugeteilt worden ist, dem Bundeszentralamt für Steuern die Daten nach Absatz 6 Satz 1 zum Zwecke der Zuteilung der Identifikationsnummer zu übermitteln. [2]Absatz 6 Satz 2 bis 5[3] gilt entsprechend.

(8)[2] Die Meldebehörde teilt dem Bundeszentralamt für Steuern[4] Änderungen der in Absatz 6 Satz 1 Nr. 1 bis 10[3] bezeichneten Daten sowie bei Sterbefällen den Sterbetag unter Angabe der Identifikationsnummer oder, sofern diese noch nicht zugeteilt wurde, unter Angabe des Vorläufigen Bearbeitungsmerkmals mit.

(9)[5] Das Bundeszentralamt für Steuern[4] unterrichtet die Meldebehörden, wenn ihm konkrete Anhaltspunkte für die Unrichtigkeit der ihm von den Meldebehörden übermittelten Daten vorliegen.

§ 139 c[6] Wirtschafts-Identifikationsnummer. (1) [1]Die Wirtschafts-Identifikationsnummer wird auf Anforderung der zuständigen Finanzbehörde[7] vergeben. [2]Sie beginnt mit den Buchstaben „DE". [3]Jede Wirtschafts-Identifikationsnummer darf nur einmal vergeben werden.

(2) [1]Die Finanzbehörden dürfen die Wirtschafts-Identifikationsnummer nur erheben und verwenden, soweit dies zur Erfüllung ihrer gesetzlichen Aufgaben erforderlich ist oder eine Rechtsvorschrift dies erlaubt oder anordnet. [2]Andere öffentliche oder nicht öffentliche Stellen dürfen die Wirtschafts-Identifikationsnummer nur erheben oder verwenden, soweit dies zur Erfüllung ihrer Aufgaben oder Geschäftszwecke oder für Datenübermittlungen zwischen ihnen und den Finanzbehörden erforderlich ist. [3]Soweit die Wirtschafts-Identifikationsnummer andere Nummern ersetzt, bleiben Rechtsvorschriften, die eine Übermittlung durch die Finanzbehörden an andere Behörden regeln, unberührt.

(3) Das Bundeszentralamt für Steuern[4] speichert zu natürlichen Personen, die wirtschaftlich tätig sind, folgende Daten:

1. Wirtschafts-Identifikationsnummer,
2. Identifikationsnummer,
3. Firma (§§ 17 ff. des Handelsgesetzbuchs) oder Name des Unternehmens,
4. frühere Firmennamen oder Namen des Unternehmens,

---

[1] § 139 b Abs. 6 Satz 6 angef. mWv 29. 12. 2007 durch G v. 20. 12. 2007 (BGBl. I S. 3150) und aufgeh. mWv 31. 12. 2014 durch G v. 22. 12. 2014 (BGBl. I S. 2417).

[2] § 139 b Abs. 7 Satz 2 neu gef. und Abs. 8 geänd. mWv 19. 12. 2006 durch G v. 13. 12. 2006 (BGBl. I S. 2878).

[3] § 139 b Abs. 7 Satz 2 und Abs. 8 Zitat geänd. mWv 29. 12. 2007 durch G v. 20. 12. 2007 (BGBl. I S. 3150); Abs. 7 Satz 2 Zitat geänd. mWv 31. 12. 2014 durch G v. 22. 12. 2014 (BGBl. I S. 2417).

[4] Bezeichnung geänd. durch G v. 22. 9. 2005 (BGBl. I S. 2809).

[5] § 139 b Abs. 9 angef. mWv 16. 12. 2004 durch G v. 9. 12. 2004 (BGBl. I S. 3310).

[6] 3. Unterabschnitt (§§ 139 a bis 139 d) eingef. durch G v. 15. 12. 2003 (BGBl. I S. 2645).

[7] Bezeichnung geänd. durch G v. 9. 12. 2004 (BGBl. I S. 3310).

5. Rechtsform,
6. Wirtschaftszweignummer,
7. amtlicher Gemeindeschlüssel,
8. Anschrift des Unternehmens, Firmensitz,
9. Handelsregistereintrag (Registergericht, Datum und Nummer der Eintragung),
10. Datum der Betriebseröffnung oder Zeitpunkt der Aufnahme der Tätigkeit,
11. Datum der Betriebseinstellung oder Zeitpunkt der Beendigung der Tätigkeit,
12. zuständige Finanzbehörden[1],
13.[2] Unterscheidungsmerkmale nach Absatz 5 a,
14.[2] Angaben zu verbundenen Unternehmen.

(4) Das Bundeszentralamt für Steuern[3] speichert zu juristischen Personen folgende Daten:

1. Wirtschafts-Identifikationsnummer,
2. Identifikationsmerkmale der gesetzlichen Vertreter,
3. Firma (§§ 17 ff. des Handelsgesetzbuchs),
4. frühere Firmennamen,
5. Rechtsform,
6. Wirtschaftszweignummer,
7. amtlicher Gemeindeschlüssel,
8. Sitz gemäß § 11, insbesondere Ort der Geschäftsleitung,
9. Datum des Gründungsaktes,
10. Handels-, Genossenschafts- oder Vereinsregistereintrag (Registergericht, Datum und Nummer der Eintragung),
11. Datum der Betriebseröffnung oder Zeitpunkt der Aufnahme der Tätigkeit,
12. Datum der Betriebseinstellung oder Zeitpunkt der Beendigung der Tätigkeit,
13. Zeitpunkt der Auflösung,
14. Datum der Löschung im Register,
15. verbundene Unternehmen,
16. zuständige Finanzbehörden[1],
17.[4] Unterscheidungsmerkmale nach Absatz 5 a.

---

[1] Bezeichnung geänd. durch G v. 9. 12. 2004 (BGBl. I S. 3310).

[2] § 139 c Abs. 3 Nrn. 13 und 14 angef. mWv 31. 12. 2014 durch G v. 22. 12. 2014 (BGBl. I S. 2417).

[3] Bezeichnung geänd. durch G v. 22. 9. 2005 (BGBl. I S. 2809).

[4] § 139 c Abs. 4 Nr. 17 angef. mWv 31. 12. 2014 durch G v. 22. 12. 2014 (BGBl. I S. 2417).

(5) Das Bundeszentralamt für Steuern[1] speichert zu Personenvereinigungen folgende Daten:

1. Wirtschafts-Identifikationsnummer,
2. Identifikationsmerkmale der gesetzlichen Vertreter,
3. Identifikationsmerkmale der Beteiligten,
4. Firma (§§ 17 ff. des Handelsgesetzbuchs) oder Name der Personenvereinigung,
5. frühere Firmennamen oder Namen der Personenvereinigung,
6. Rechtsform,
7. Wirtschaftszweignummer,
8. amtlicher Gemeindeschlüssel,
9. Sitz gemäß § 11, insbesondere Ort der Geschäftsleitung,
10. Datum des Gesellschaftsvertrags,
11. Handels- oder Partnerschaftsregistereintrag (Registergericht, Datum und Nummer der Eintragung),
12. Datum der Betriebseröffnung oder Zeitpunkt der Aufnahme der Tätigkeit,
13. Datum der Betriebseinstellung oder Zeitpunkt der Beendigung der Tätigkeit,
14. Zeitpunkt der Auflösung,
15. Zeitpunkt der Beendigung,
16. Datum der Löschung im Register,
17. verbundene Unternehmen,
18. zuständige Finanzbehörden[2],
19.[3] Unterscheidungsmerkmale nach Absatz 5a.

(5 a)[4] [1]Bei jedem wirtschaftlich Tätigen (§ 139 a Absatz 3) wird die Wirtschafts-Identifikationsnummer für jede einzelne seiner wirtschaftlichen Tätigkeiten, jeden seiner Betriebe sowie für jede seiner Betriebstätten um ein fünfstelliges Unterscheidungsmerkmal ergänzt, so dass die Tätigkeiten, Betriebe und Betriebstätten des wirtschaftlich Tätigen in Besteuerungsverfahren eindeutig identifiziert werden können. [2]Der ersten wirtschaftlichen Tätigkeit des wirtschaftlich Tätigen, seinem ersten Betrieb oder seiner ersten Betriebstätte wird vom Bundeszentralamt für Steuern hierbei das Unterscheidungsmerkmal 00001 zugeordnet. [3]Jeder weiteren wirtschaftlichen Tätigkeit, jedem weiteren Betrieb sowie jeder weiteren Betriebstätte des wirtschaftlich Tätigen ordnet das Bundeszentralamt für Steuern auf Anforderung der zuständigen Finanzbehörde fortlaufend ein eigenes Unterscheidungsmerkmal zu. [4]Das Bundeszentralamt für Steuern speichert zu den einzelnen wirtschaftlichen

[1] Bezeichnung geänd. durch G v. 22. 9. 2005 (BGBl. I S. 2809).
[2] Bezeichnung geänd. durch G v. 9. 12. 2004 (BGBl. I S. 3310).
[3] § 139 c Abs. 5 Nr. 19 angef. mWv 31. 12. 2014 durch G v. 22. 12. 2014 (BGBl. I S. 2417).
[4] § 139 c Abs. 5 a eingef. mWv 31. 12. 2014 durch G v. 22. 12. 2014 (BGBl. I S. 2417).

Tätigkeiten, den einzelnen Betrieben sowie den einzelnen Betriebstätten des wirtschaftlich Tätigen folgende Daten:

1. Unterscheidungsmerkmal,
2. Wirtschafts-Identifikationsnummer des wirtschaftlich Tätigen,
3. Firma (§§ 17ff. des Handelsgesetzbuchs) oder Name der wirtschaftlichen Tätigkeit, des Betriebes oder der Betriebstätte,
4. frühere Firmennamen oder Namen der wirtschaftlichen Tätigkeit, des Betriebes oder der Betriebstätte,
5. Rechtsform,
6. Wirtschaftszweignummer,
7. amtlicher Gemeindeschlüssel,
8.[1] Anschrift der wirtschaftlichen Tätigkeit, des Betriebes oder der Betriebstätte,
9. Registereintrag (Registergericht, Datum und Nummer der Eintragung),
10.[1] Datum der Eröffnung des Betriebes oder der Betriebstätte oder Zeitpunkt der Aufnahme der wirtschaftlichen Tätigkeit,
11.[1] Datum der Einstellung des Betriebes oder der Betriebstätte oder Zeitpunkt der Beendigung der wirtschaftlichen Tätigkeit,
12. Datum der Löschung im Register,
13. zuständige Finanzbehörden.

(6) Die Speicherung der in den Absätzen 3 bis 5 a[2] aufgeführten Daten erfolgt, um

1. sicherzustellen, dass eine vergebene Wirtschafts-Identifikationsnummer nicht noch einmal für einen anderen wirtschaftlich Tätigen verwendet wird,
2. für einen wirtschaftlich Tätigen die vergebene Wirtschafts-Identifikationsnummer festzustellen,
3. zu erkennen, welche Finanzbehörden[3] zuständig sind,
4. Daten, die auf Grund eines Gesetzes oder nach über- und zwischenstaatlichem Recht entgegenzunehmen sind, an die zuständigen Stellen weiterleiten zu können,
5. den Finanzbehörden die Erfüllung der ihnen durch Rechtsvorschrift zugewiesenen Aufgaben zu ermöglichen.

(7) Die in Absatz 3 aufgeführten Daten dürfen nur für die in Absatz 6 genannten Zwecke verwendet werden, es sei denn, eine Rechtsvorschrift sieht eine andere Verwendung ausdrücklich vor.

§ 139 d[4], [5] Verordnungsermächtigung. Die Bundesregierung bestimmt durch Rechtsverordnung mit Zustimmung des Bundesrates:

---

[1] § 139 c Abs. 5 a Satz 4 Nr. 8 geänd., Nrn. 10 und 11 neu gef. mWv 6. 11. 2015 durch G v. 2. 11. 2015 (BGBl. I S. 1834).

[2] Verweis angepasst durch G v. 22. 12. 2014 (BGBl. I S. 2417).

[3] Bezeichnung geänd. durch G v. 9. 12. 2004 (BGBl. I S. 3310).

[4] 3. Unterabschnitt (§§ 139 a bis 139 d) eingef. durch G v. 15. 12. 2003 (BGBl. I S. 2645).

[5] Siehe SteueridentifikationsnummerVO v. 28. 11. 2006, BGBl. I S. 2726 (Nr. **800 h**).

1. organisatorische und technische Maßnahmen zur Wahrung des Steuergeheimnisses, insbesondere zur Verhinderung eines unbefugten Zugangs zu Daten, die durch § 30 geschützt sind,
2. Richtlinien zur Vergabe der Identifikationsnummer nach § 139 b und der Wirtschafts-Identifikationsnummer nach § 139 c,
3. Fristen, nach deren Ablauf die nach §§ 139 b und 139 c gespeicherten Daten zu löschen sind, sowie
4.[1] die Form und das Verfahren der Datenübermittlungen nach § 139 b Abs. 6 bis 9.

Zweiter Abschnitt: Mitwirkungspflichten

1. Unterabschnitt: Führung von Büchern und Aufzeichnungen

§ 140 Buchführungs- und Aufzeichnungspflichten nach anderen Gesetzen. Wer nach anderen Gesetzen als den Steuergesetzen Bücher und Aufzeichnungen zu führen hat, die für die Besteuerung von Bedeutung sind, hat die Verpflichtungen, die ihm nach den anderen Gesetzen obliegen, auch für die Besteuerung zu erfüllen.

§ 141 Buchführungspflicht bestimmter Steuerpflichtiger. (1) [1]Gewerbliche Unternehmer sowie Land- und Forstwirte, die nach den Feststellungen der Finanzbehörde für den einzelnen Betrieb

1. Umsätze einschließlich der steuerfreien Umsätze, ausgenommen die Umsätze nach § 4 Nr. 8 bis 10 des Umsatzsteuergesetzes, von mehr als *500 000* [***ab 1. 1. 2016:*** 600 000] Euro[2] im Kalenderjahr oder
2. (weggefallen)
3. selbstbewirtschaftete land- und forstwirtschaftliche Flächen mit einem Wirtschaftswert[3] (§ 46 des Bewertungsgesetzes) von mehr als 25 000 Euro[4] oder
4. einen Gewinn aus Gewerbebetrieb von mehr als *50 000* [***ab 1. 1. 2016:*** 60 000] Euro[5] im Wirtschaftsjahr oder
5. einen Gewinn aus Land- und Forstwirtschaft von mehr als *50 000* [***ab 1. 1. 2016:*** 60 000] Euro[6] im Kalenderjahr

gehabt haben, sind auch dann verpflichtet, für diesen Betrieb Bücher zu führen und auf Grund jährlicher Bestandsaufnahmen Abschlüsse zu machen, wenn sich eine Buchführungspflicht nicht aus § 140 ergibt. [2]Die §§ 238, 240,

---

[1] § 139 d Nr. 4 geänd. mWv 19. 12. 2006 durch G v. 13. 12. 2006 (BGBl. I S. 2878).

[2] § 141 Abs. 1 Satz 1 Nr. 1 geänd. durch G v. 28. 7. 2015 (BGBl. I S. 1400); zur erstmaligen Anwendung siehe Art. 97 § 19 Abs. 8 EGAO (Nr. **800 a**).

[3] Zur Anwendung in den neuen Bundesländern siehe Art. 97 a § 2 Nr. 7 EGAO (Nr. **800 a**).

[4] § 141 geänd. durch G v. 31. 7. 2003 (BGBl. I S. 1550); zur erstmaligen Anwendung siehe Art. 97 § 19 EGAO (Nr. **800 a**).

[5] § 141 Abs. 1 Satz 1 Nr. 4 geänd. durch G v. 28. 7. 2015 (BGBl. I S. 1400); zur erstmaligen Anwendung siehe Art. 97 § 19 Abs. 3 Satz 3 und Abs. 9 EGAO (Nr. **800 a**).

[6] § 141 Abs. 1 Satz 1 Nr. 5 geänd. durch G v. 28. 7. 2015 (BGBl. I S. 1400); zur erstmaligen Anwendung siehe Art. 97 § 19 Abs. 4 Satz 3 und Abs. 9 EGAO (Nr. **800 a**).

241,[1] 242 Abs. 1 und die §§ 243 bis 256 des Handelsgesetzbuchs gelten sinngemäß, sofern sich nicht aus den Steuergesetzen etwas anderes ergibt. [3]Bei der Anwendung der Nummer 3 ist der Wirtschaftswert aller vom Land- und Forstwirt selbstbewirtschafteten Flächen maßgebend, unabhängig davon, ob sie in seinem Eigentum stehen oder nicht.[2]

(2) [1]Die Verpflichtung nach Absatz 1 ist vom Beginn des Wirtschaftsjahrs an zu erfüllen, das auf die Bekanntgabe der Mitteilung folgt, durch die die Finanzbehörde auf den Beginn dieser Verpflichtung hingewiesen hat. [2]Die Verpflichtung endet mit dem Ablauf des Wirtschaftsjahrs, das auf das Wirtschaftsjahr folgt, in dem die Finanzbehörde feststellt, dass die Voraussetzungen nach Absatz 1 nicht mehr vorliegen.

(3) [1]Die Buchführungspflicht geht auf denjenigen über, der den Betrieb im Ganzen zur Bewirtschaftung als Eigentümer oder Nutzungsberechtigter übernimmt. [2]Ein Hinweis nach Absatz 2 auf den Beginn der Buchführungspflicht ist nicht erforderlich.

(4) Absatz 1 Nr. 5 in der vorstehenden Fassung ist erstmals auf den Gewinn des Kalenderjahrs 1980 anzuwenden.

§ 142 Ergänzende Vorschriften für Land- und Forstwirte. [1]Land- und Forstwirte, die nach § 141 Abs. 1 Nr. 1, 3 oder 5 zur Buchführung verpflichtet sind, haben neben den jährlichen Bestandsaufnahmen und den jährlichen Abschlüssen ein Anbauverzeichnis zu führen. [2]In dem Anbauverzeichnis ist nachzuweisen, mit welchen Fruchtarten die selbstbewirtschafteten Flächen im abgelaufenen Wirtschaftsjahr bestellt waren.

§ 143 Aufzeichnung des Wareneingangs. (1) Gewerbliche Unternehmer müssen den Wareneingang gesondert aufzeichnen.

(2) [1]Aufzuzeichnen sind alle Waren einschließlich der Rohstoffe, unfertigen Erzeugnisse, Hilfsstoffe und Zutaten, die der Unternehmer im Rahmen seines Gewerbebetriebs zur Weiterveräußerung oder zum Verbrauch entgeltlich oder unentgeltlich, für eigene oder für fremde Rechnung, erwirbt; dies gilt auch dann, wenn die Waren vor der Weiterveräußerung oder dem Verbrauch be- oder verarbeitet werden sollen. [2]Waren, die nach Art des Betriebs üblicherweise für den Betrieb zur Weiterveräußerung oder zum Verbrauch erworben werden, sind auch dann aufzuzeichnen, wenn sie für betriebsfremde Zwecke verwendet werden.

(3) Die Aufzeichnungen müssen die folgenden Angaben enthalten:

1. den Tag des Wareneingangs oder das Datum der Rechnung,
2. den Namen oder die Firma und die Anschrift des Lieferers,
3. die handelsübliche Bezeichnung der Ware,
4. den Preis der Ware,
5. einen Hinweis auf den Beleg.

---

[1] Verweis auf § 241 HGB eingef. durch G v. 25. 5. 2009 (BGBl. I S. 1102).

[2] § 141 Abs. 1 Satz 4 aufgeh. mWv 30. 6. 2013 durch G v. 26. 6. 2013 (BGBl. I S. 1809).

§ 144 Aufzeichnung des Warenausgangs. (1) Gewerbliche Unternehmer, die nach der Art ihres Geschäftsbetriebs Waren regelmäßig an andere gewerbliche Unternehmer zur Weiterveräußerung oder zum Verbrauch als Hilfsstoffe liefern, müssen den erkennbar für diese Zwecke bestimmten Warenausgang gesondert aufzeichnen.

(2) 1 Aufzuzeichnen sind auch alle Waren, die der Unternehmer

1. auf Rechnung (auf Ziel, Kredit, Abrechnung oder Gegenrechnung), durch Tausch oder unentgeltlich liefert, oder
2. gegen Barzahlung liefert, wenn die Ware wegen der abgenommenen Menge zu einem Preis veräußert wird, der niedriger ist als der übliche Preis für Verbraucher.

2 Dies gilt nicht, wenn die Ware erkennbar nicht zur gewerblichen Weiterverwendung bestimmt ist.

(3) Die Aufzeichnungen müssen die folgenden Angaben enthalten:

1. den Tag des Warenausgangs oder das Datum der Rechnung,
2. den Namen oder die Firma und die Anschrift des Abnehmers,
3. die handelsübliche Bezeichnung der Ware,
4. den Preis der Ware,
5. einen Hinweis auf den Beleg.

(4)[1)] 1 Der Unternehmer muss über jeden Ausgang der in den Absätzen 1 und 2 genannten Waren einen Beleg erteilen, der die in Absatz 3 bezeichneten Angaben sowie seinen Namen oder die Firma und seine Anschrift enthält. 2 Dies gilt insoweit nicht, als nach § 14 Abs. 2 des Umsatzsteuergesetzes 1999 durch die dort bezeichneten Leistungsempfänger eine Gutschrift erteilt wird oder auf Grund des § 14 Abs. 6 des Umsatzsteuergesetzes 1999 Erleichterungen gewährt werden.

(5) Die Absätze 1 bis 4 gelten auch für Land- und Forstwirte, die nach § 141 buchführungspflichtig sind.

§ 145 Allgemeine Anforderungen an Buchführung und Aufzeichnungen. (1) 1 Die Buchführung muss so beschaffen sein, dass sie einem sachverständigen Dritten innerhalb angemessener Zeit einen Überblick über die Geschäftsvorfälle und über die Lage des Unternehmens vermitteln kann. 2 Die Geschäftsvorfälle müssen sich in ihrer Entstehung und Abwicklung verfolgen lassen.

(2) Aufzeichnungen sind so vorzunehmen, dass der Zweck, den sie für die Besteuerung erfüllen sollen, erreicht wird.

§ 146 Ordnungsvorschriften für die Buchführung und für Aufzeichnungen. (1) 1 Die Buchungen und die sonst erforderlichen Aufzeichnungen sind vollständig, richtig, zeitgerecht und geordnet vorzunehmen. 2 Kasseneinnahmen und Kassenausgaben sollen täglich festgehalten werden.

---

1) § 144 Abs. 4 Satz 2 neu gef. mWv 20. 12. 2003 durch G v. 15. 12. 2003 (BGBl. I S. 2645).

(2) [1]Bücher und die sonst erforderlichen Aufzeichnungen sind im Geltungsbereich dieses Gesetzes zu führen und aufzubewahren. [2]Dies gilt nicht, soweit für Betriebstätten außerhalb des Geltungsbereichs dieses Gesetzes nach dortigem Recht eine Verpflichtung besteht, Bücher und Aufzeichnungen zu führen, und diese Verpflichtung erfüllt wird. [3]In diesem Fall sowie bei Organgesellschaften außerhalb des Geltungsbereichs dieses Gesetzes müssen die Ergebnisse der dortigen Buchführung in die Buchführung des hiesigen Unternehmens übernommen werden, soweit sie für die Besteuerung von Bedeutung sind. [4]Dabei sind die erforderlichen Anpassungen an die steuerrechtlichen Vorschriften im Geltungsbereich dieses Gesetzes vorzunehmen und kenntlich zu machen.

(2 a)[1)] [1]Abweichend von Absatz 2 Satz 1 kann die zuständige Finanzbehörde auf schriftlichen Antrag des Steuerpflichtigen bewilligen, dass elektronische Bücher und sonstige erforderliche elektronische Aufzeichnungen oder Teile davon außerhalb des Geltungsbereichs dieses Gesetzes geführt und aufbewahrt werden können. [2]Voraussetzung ist, dass

1. der Steuerpflichtige der zuständigen Finanzbehörde den Standort des Datenverarbeitungssystems und bei Beauftragung eines Dritten dessen Namen und Anschrift mitteilt,
2. der Steuerpflichtige seinen sich aus den §§ 90, 93, 97, 140 bis 147 und 200 Absatz 1 und 2 ergebenden Pflichten ordnungsgemäß nachgekommen ist,
3. der Datenzugriff nach § 147 Absatz 6 in vollem Umfang möglich ist und
4. die Besteuerung hierdurch nicht beeinträchtigt wird.

[3]Werden der Finanzbehörde Umstände bekannt, die zu einer Beeinträchtigung der Besteuerung führen, hat sie die Bewilligung zu widerrufen und die unverzügliche Rückverlagerung der elektronischen Bücher und sonstigen erforderlichen elektronischen Aufzeichnungen in den Geltungsbereich dieses Gesetzes zu verlangen. [4]Eine Änderung der unter Satz 2 Nummer 1 benannten Umstände ist der zuständigen Finanzbehörde unverzüglich mitzuteilen.

(2 b)[2)] Kommt der Steuerpflichtige der Aufforderung zur Rückverlagerung seiner elektronischen Buchführung oder seinen Pflichten nach Absatz 2 a Satz 4, zur Einräumung des Datenzugriffs nach § 147 Abs. 6, zur Erteilung von Auskünften oder zur Vorlage angeforderter Unterlagen im Sinne des § 200 Abs. 1 im Rahmen einer Außenprüfung innerhalb einer ihm bestimmten angemessenen Frist nach Bekanntgabe durch die zuständige Finanzbehörde nicht nach oder hat er seine elektronische Buchführung ohne Bewilligung der zuständigen Finanzbehörde ins Ausland verlagert, kann ein Verzögerungsgeld von 2500 Euro bis 250 000 Euro festgesetzt werden.

(3) [1]Die Buchungen und die sonst erforderlichen Aufzeichnungen sind in einer lebenden Sprache vorzunehmen. [2]Wird eine andere als die deutsche Sprache verwendet, so kann die Finanzbehörde Übersetzungen verlangen. [3]Werden Abkürzungen, Ziffern, Buchstaben oder Symbole verwendet, muss im Einzelfall deren Bedeutung eindeutig festliegen.

[1)] § 146 Abs. 2 a eingef. mWv 25. 12. 2008 durch G v. 19. 12. 2008 (BGBl. I S. 2794) und neu gef. mWv 14. 12. 2010 durch G v. 8. 12. 2010 (BGBl. I S. 1768).

[2)] § 146 Abs. 2 b eingef. mWv 25. 12. 2008 durch G v. 19. 12. 2008 (BGBl. I S. 2794).

(4) [1] Eine Buchung oder eine Aufzeichnung darf nicht in einer Weise verändert werden, dass der ursprüngliche Inhalt nicht mehr feststellbar ist. [2] Auch solche Veränderungen dürfen nicht vorgenommen werden, deren Beschaffenheit es ungewiss lässt, ob sie ursprünglich oder erst später gemacht worden sind.

(5)[1)] [1] Die Bücher und die sonst erforderlichen Aufzeichnungen können auch in der geordneten Ablage von Belegen bestehen oder auf Datenträgern geführt werden, soweit diese Formen der Buchführung einschließlich des dabei angewandten Verfahrens den Grundsätzen ordnungsmäßiger Buchführung entsprechen; bei Aufzeichnungen, die allein nach den Steuergesetzen vorzunehmen sind, bestimmt sich die Zulässigkeit des angewendeten Verfahrens nach dem Zweck, den die Aufzeichnungen für die Besteuerung erfüllen sollen. [2] Bei der Führung der Bücher und der sonst erforderlichen Aufzeichnungen auf Datenträgern muss insbesondere sichergestellt sein, dass während der Dauer der Aufbewahrungsfrist die Daten jederzeit verfügbar sind und unverzüglich lesbar gemacht werden können. [3] Dies gilt auch für die Befugnisse der Finanzbehörde nach § 147 Abs. 6. [4] Absätze 1 bis 4 gelten sinngemäß.

(6) Die Ordnungsvorschriften gelten auch dann, wenn der Unternehmer Bücher und Aufzeichnungen, die für die Besteuerung von Bedeutung sind, führt, ohne hierzu verpflichtet zu sein.

§ 147[2)] Ordnungsvorschriften für die Aufbewahrung von Unterlagen. (1) Die folgenden Unterlagen sind geordnet aufzubewahren:

1. Bücher und Aufzeichnungen, Inventare, Jahresabschlüsse, Lageberichte, die Eröffnungsbilanz sowie die zu ihrem Verständnis erforderlichen Arbeitsanweisungen und sonstigen Organisationsunterlagen,
2. die empfangenen Handels- oder Geschäftsbriefe,
3. Wiedergaben der abgesandten Handels- oder Geschäftsbriefe,
4. Buchungsbelege,

4 a.[3)] *Unterlagen, die einer mit Mitteln der Datenverarbeitung abgegebenen Zollanmeldung nach Artikel 77 Abs. 1 in Verbindung mit Artikel 62 Abs. 2 Zollkodex beizufügen sind, sofern die Zollbehörden nach Artikel 77 Abs. 2 Satz 1 Zollkodex auf ihre Vorlage verzichtet oder sie nach erfolgter Vorlage zurückgegeben haben,* [***ab 1. 5. 2016:*** Unterlagen nach Artikel 15 Absatz 1 und Artikel 163 des Zollkodex der Union,][4)]

5. sonstige Unterlagen, soweit sie für die Besteuerung von Bedeutung sind.

(2)[3)] Mit Ausnahme der Jahresabschlüsse, der Eröffnungsbilanz und der Unterlagen nach Absatz 1 *Nr. 4 a* [***ab 1. 5. 2016:*** Nummer 4 a, sofern es sich bei letztgenannten Unterlagen um amtliche Urkunden oder handschriftlich zu

---

[1)] § 146 Abs. 5 Sätze 2 und 3 anzuwenden ab 1. 1. 2002 (Art. 97 § 19 b EGAO – Nr. **800 a**).

[2)] § 147 Abs. 2, 5 und 6 erstmals anzuwenden ab 1. 1. 2002 (Art. 97 § 193 EGAO – Nr. **800 a**).

[3)] § 147 Abs. 1 Nr. 4 a eingef., Abs. 2 Zitat und Abs. 3 Satz 1 Zitat geänd. mWv 20. 12. 2003 durch G v. 15. 12. 2003 (BGBl. I S. 2645).

[4)] § 147 Abs. 1 Nr. 4 a neu gef. mWv 1. 5. 2016 durch G v. 22. 12. 2014 (BGBl. I S. 2417).

unterschreibende nicht förmliche Präferenznachweise handelt,][1] können die in Absatz 1 aufgeführten Unterlagen auch als Wiedergabe auf einem Bildträger oder auf anderen Datenträgern aufbewahrt werden, wenn dies den Grundsätzen ordnungsmäßiger Buchführung entspricht und sichergestellt ist, dass die Wiedergabe oder die Daten

1. mit den empfangenen Handels- oder Geschäftsbriefen und den Buchungsbelegen bildlich und mit den anderen Unterlagen inhaltlich übereinstimmen, wenn sie lesbar gemacht werden,
2. während der Dauer der Aufbewahrungsfrist jederzeit verfügbar sind, unverzüglich lesbar gemacht und maschinell ausgewertet werden können.

(3) [1] Die in Absatz 1 Nr. 1, 4 und 4 a[2] aufgeführten Unterlagen sind zehn Jahre, die sonstigen in Absatz 1 aufgeführten Unterlagen sechs Jahre aufzubewahren, sofern nicht in anderen Steuergesetzen kürzere Aufbewahrungsfristen zugelassen sind. [2] Kürzere Aufbewahrungsfristen nach außersteuerlichen Gesetzen lassen die in Satz 1 bestimmte Frist unberührt. [3] Die Aufbewahrungsfrist läuft jedoch nicht ab, soweit und solange die Unterlagen für Steuern von Bedeutung sind, für welche die Festsetzungsfrist noch nicht abgelaufen ist; § 169 Abs. 2 Satz 2 gilt nicht.

(4) Die Aufbewahrungsfrist beginnt mit dem Schluss des Kalenderjahrs, in dem die letzte Eintragung in das Buch gemacht, das Inventar, die Eröffnungsbilanz, der Jahresabschluss oder der Lagebericht aufgestellt, der Handels- oder Geschäftsbrief empfangen oder abgesandt worden oder der Buchungsbeleg entstanden ist, ferner die Aufzeichnung vorgenommen worden ist oder die sonstigen Unterlagen entstanden sind.

(5) Wer aufzubewahrende Unterlagen in der Form einer Wiedergabe auf einem Bildträger oder auf anderen Datenträgern vorlegt, ist verpflichtet, auf seine Kosten diejenigen Hilfsmittel zur Verfügung zu stellen, die erforderlich sind, um die Unterlagen lesbar zu machen; auf Verlangen der Finanzbehörde hat er auf seine Kosten die Unterlagen unverzüglich ganz oder teilweise auszudrucken oder ohne Hilfsmittel lesbare Reproduktionen beizubringen.

(6) [1] Sind die Unterlagen nach Absatz 1 mit Hilfe eines Datenverarbeitungssystems erstellt worden, hat die Finanzbehörde im Rahmen einer Außenprüfung das Recht, Einsicht in die gespeicherten Daten zu nehmen und das Datenverarbeitungssystem zur Prüfung dieser Unterlagen zu nutzen. [2] Sie kann im Rahmen einer Außenprüfung auch verlangen, dass die Daten nach ihren Vorgaben maschinell ausgewertet oder ihr die gespeicherten Unterlagen und Aufzeichnungen auf einem maschinell verwertbaren Datenträger zur Verfügung gestellt werden. [3] Die Kosten trägt der Steuerpflichtige.

§ 147 a[3] Vorschriften für die Aufbewahrung von Aufzeichnungen und Unterlagen bestimmter Steuerpflichtiger. [1] Steuerpflichtige, bei de-

---

[1] § 147 Abs. 2 geänd. mWv 1. 5. 2016 durch G v. 22. 12. 2014 (BGBl. I S. 2417).

[2] § 147 Abs. 3 Satz 1 Zitat geänd. mWv 20. 12. 2003 durch G v. 15. 12. 2003 (BGBl. I S. 2645).

[3] § 147 a eingef. durch G v. 29. 7. 2009 (BGBl. I S. 2302); zur erstmaligen Anwendung ab 1. 1. 2010 siehe Art. 97 § 22 Abs. 2 EGAO (Nr. **800 a**) iVm § 5 Steuerhinterziehungsbekämpfungsverordnung (Nr. **12**).

nen die Summe der positiven Einkünfte nach § 2 Absatz 1 Nummer 4 bis 7 des Einkommensteuergesetzes (Überschusseinkünfte) mehr als 500 000 Euro im Kalenderjahr beträgt, haben die Aufzeichnungen und Unterlagen über die den Überschusseinkünften zu Grunde liegenden Einnahmen und Werbungskosten sechs Jahre aufzubewahren. 2 Im Falle der Zusammenveranlagung sind für die Feststellung des Überschreitens des Betrags von 500 000 Euro die Summe der positiven Einkünfte nach Satz 1 eines jeden Ehegatten [*ab 24. 7. 2014:* oder Lebenspartners][1] maßgebend. 3 Die Verpflichtung nach Satz 1 ist vom Beginn des Kalenderjahrs an zu erfüllen, das auf das Kalenderjahr folgt[2], in dem die Summe der positiven Einkünfte im Sinne des Satzes 1 mehr als 500 000 Euro beträgt. 4 Die Verpflichtung nach Satz 1 endet mit Ablauf des fünften aufeinanderfolgenden Kalenderjahrs, in dem die Voraussetzungen des Satzes 1 nicht erfüllt sind. 5 § 147 Absatz 2, Absatz 3 Satz 3 und die Absätze 4 bis 6 gelten entsprechend. 6 Die Sätze 1 bis 3 und 5 gelten entsprechend in den Fällen, in denen die zuständige Finanzbehörde den Steuerpflichtigen für die Zukunft zur Aufbewahrung der in Satz 1 genannten Aufzeichnungen und Unterlagen verpflichtet, weil er seinen Mitwirkungspflichten nach § 90 Absatz 2 Satz 3 nicht nachgekommen ist.

§ 148 Bewilligung von Erleichterungen. 1 Die Finanzbehörden können für einzelne Fälle oder für bestimmte Gruppen von Fällen Erleichterungen bewilligen, wenn die Einhaltung der durch die Steuergesetze begründeten Buchführungs-, Aufzeichnungs- und Aufbewahrungspflichten Härten mit sich bringt und die Besteuerung durch die Erleichterung nicht beeinträchtigt wird. 2 Erleichterungen nach Satz 1 können rückwirkend bewilligt werden. 3 Die Bewilligung kann widerrufen werden.

2. Unterabschnitt: Steuererklärungen

§ 149 Abgabe der Steuererklärungen. (1) 1 Die Steuergesetze bestimmen, wer zur Abgabe einer Steuererklärung verpflichtet ist. 2 Zur Abgabe einer Steuererklärung ist auch verpflichtet, wer hierzu von der Finanzbehörde aufgefordert wird. 3 Die Aufforderung kann durch öffentliche Bekanntmachung erfolgen. 4 Die Verpflichtung zur Abgabe einer Steuererklärung bleibt auch dann bestehen, wenn die Finanzbehörde die Besteuerungsgrundlagen geschätzt hat (§ 162).

(2) 1 Soweit die Steuergesetze nichts anderes bestimmen, sind Steuererklärungen, die sich auf ein Kalenderjahr oder einen gesetzlich bestimmten Zeitpunkt beziehen, spätestens fünf Monate danach abzugeben. 2 Bei Steuerpflichtigen, die den Gewinn aus Land- und Forstwirtschaft nach einem vom Kalenderjahr abweichenden Wirtschaftsjahr ermitteln, endet die Frist nicht vor Ablauf des fünften Monats,[3] der auf den Schluss des in dem Kalenderjahr begonnenen Wirtschaftsjahrs folgt.

---

[1] § 147 a Satz 2 geänd. durch G v. 18. 7. 2014 (BGBl. I S. 1042); zur Anwendung siehe Art. 97 § 1 Abs. 10 Satz 1 EGAO (Nr. **800 a**).

[2] Siehe hierzu § 5 Satz 2 Steuerhinterziehungsbekämpfungsverordnung (Nr. **12**).

[3] Frist verlängert durch G v. 1. 11. 2011 (BGBl. I S. 2131); zur Anwendung siehe Art. 97 § 10 a Abs. 3 EGAO (Nr. **800 a**).

§ 150 Form und Inhalt der Steuererklärungen. (1) [1]Die Steuererklärungen sind nach amtlich vorgeschriebenem Vordruck abzugeben, soweit nicht eine mündliche Steuererklärung zugelassen ist. [2]§ 87 a ist nur anwendbar, soweit auf Grund eines Gesetzes oder einer nach Absatz 6 erlassenen Rechtsverordnung die Steuererklärung auf maschinell verwertbarem Datenträger oder durch Datenfernübertragung übermittelt werden darf. [3]Der Steuerpflichtige hat in der Steuererklärung die Steuer selbst zu berechnen, soweit dies gesetzlich vorgeschrieben ist (Steueranmeldung).

(2) [1]Die Angaben in den Steuererklärungen sind wahrheitsgemäß nach bestem Wissen und Gewissen zu machen. [2]Dies ist, wenn der Vordruck dies vorsieht, schriftlich zu versichern.

(3) [1]Ordnen die Steuergesetze an, dass der Steuerpflichtige die Steuererklärung eigenhändig zu unterschreiben hat, so ist die Unterzeichnung durch einen Bevollmächtigten nur dann zulässig, wenn der Steuerpflichtige infolge seines körperlichen oder geistigen Zustands oder durch längere Abwesenheit an der Unterschrift gehindert ist. [2]Die eigenhändige Unterschrift kann nachträglich verlangt werden, wenn der Hinderungsgrund weggefallen ist.

(4) [1]Den Steuererklärungen müssen die Unterlagen beigefügt werden, die nach den Steuergesetzen vorzulegen sind. [2]Dritte Personen sind verpflichtet, hierfür erforderliche Bescheinigungen auszustellen.

(5) [1]In die Vordrucke der Steuererklärung können auch Fragen aufgenommen werden, die zur Ergänzung der Besteuerungsunterlagen für Zwecke einer Statistik nach dem Gesetz über Steuerstatistiken erforderlich sind. [2]Die Finanzbehörden können ferner von Steuerpflichtigen Auskünfte verlangen, die für die Durchführung des Bundesausbildungsförderungsgesetzes erforderlich sind. [3]Die Finanzbehörden haben bei der Überprüfung der Angaben dieselben Befugnisse wie bei der Aufklärung der für die Besteuerung erheblichen Verhältnisse.

(6)[1)] [1]Zur Erleichterung und Vereinfachung des automatisierten Besteuerungsverfahrens kann das Bundesministerium der Finanzen durch Rechtsverordnung[2)] mit Zustimmung des Bundesrates bestimmen, dass und unter welchen Voraussetzungen Steuererklärungen oder sonstige für das Besteuerungsverfahren erforderliche Daten ganz oder teilweise durch Datenfernübertragung oder auf maschinell verwertbaren Datenträgern übermittelt werden können. [2]Dabei können insbesondere geregelt werden:

1. das Nähere über Form, Inhalt, Verarbeitung und Sicherung der zu übermittelnden Daten,
2. die Art und Weise der Übermittlung der Daten,
3. die Zuständigkeit für die Entgegennahme der zu übermittelnden Daten,
4. die Mitwirkungspflichten Dritter und deren Haftung, wenn auf Grund unrichtiger Erhebung, Verarbeitung oder Übermittlung der Daten Steuern verkürzt oder Steuervorteile erlangt werden,

[1)] § 150 Abs. 6 neu gef. durch G v. 1. 11. 2011 (BGBl. I S. 2131); Abs. 6 Satz 7 neu gef. mWv 30. 6. 2013 durch G v. 26. 6. 2013 (BGBl. I S. 1809).

[2)] Siehe Steuerdaten-ÜbermittlungsVO (Nr. **800 d**).

5. der Umfang und die Form der für dieses Verfahren erforderlichen besonderen Erklärungspflichten des Steuerpflichtigen.

3 Bei der Datenübermittlung ist ein sicheres Verfahren zu verwenden, das den Datenübermittler (Absender der Daten) authentifiziert und die Vertraulichkeit und Integrität des elektronisch übermittelten Datensatzes gewährleistet. 4 Zur Authentifizierung des Datenübermittlers kann auch der elektronische Identitätsnachweis des Personalausweises genutzt werden; die dazu erforderlichen Daten dürfen zusammen mit den übrigen übermittelten Daten gespeichert und verwendet werden. 5 Das Verfahren wird vom Bundesministerium der Finanzen im Benehmen mit dem Bundesministerium des Innern durch Rechtsverordnung mit Zustimmung des Bundesrates bestimmt. 6 Die Rechtsverordnung kann auch Ausnahmen von der Pflicht zur Verwendung dieses Verfahrens vorsehen. 7 Einer Zustimmung des Bundesrates zu einer Rechtsverordnung nach Satz 1 und 5 bedarf es nicht, soweit die Kraftfahrzeugsteuer, die Luftverkehrsteuer, die Versicherungsteuer und Verbrauchsteuern, mit Ausnahme der Biersteuer, betroffen sind. 8 Zur Regelung der Datenübermittlung kann in der Rechtsverordnung auf Veröffentlichungen sachverständiger Stellen verwiesen werden. 9 Hierbei sind das Datum der Veröffentlichung, die Bezugsquelle und eine Stelle zu bezeichnen, bei der die Veröffentlichung archivmäßig gesichert niedergelegt ist. 10 § 87 a Absatz 3 Satz 2 ist nicht anzuwenden.

(7)[1] Soweit die Steuergesetze anordnen, dass der Steuerpflichtige die Steuererklärung nach amtlich vorgeschriebenem Datensatz durch Datenfernübertragung zu übermitteln hat, kann das Bundesministerium der Finanzen durch Rechtsverordnung mit Zustimmung des Bundesrates das Nähere zum Verfahren der elektronischen Übermittlung bestimmen; Absatz 6 Satz 2 bis 9 gilt entsprechend.

(8)[2] 1 Ordnen die Steuergesetze an, dass die Finanzbehörde auf Antrag zur Vermeidung unbilliger Härten auf eine Übermittlung der Steuererklärung nach amtlich vorgeschriebenem Datensatz durch Datenfernübertragung verzichten kann, ist einem solchen Antrag zu entsprechen, wenn eine Erklärungsabgabe nach amtlich vorgeschriebenem Datensatz durch Datenfernübertragung für den Steuerpflichtigen wirtschaftlich oder persönlich unzumutbar ist. 2 Dies ist insbesondere der Fall, wenn die Schaffung der technischen Möglichkeiten für eine Datenfernübertragung des amtlich vorgeschriebenen Datensatzes nur mit einem nicht unerheblichen finanziellen Aufwand möglich wäre oder wenn der Steuerpflichtige nach seinen individuellen Kenntnissen und Fähigkeiten nicht oder nur eingeschränkt in der Lage ist, die Möglichkeiten der Datenfernübertragung zu nutzen.

§ 151 Aufnahme der Steuererklärung an Amtsstelle. Steuererklärungen, die schriftlich abzugeben sind, können bei der zuständigen Finanzbehörde zur Niederschrift erklärt werden, wenn die Schriftform dem Steuerpflichtigen nach seinen persönlichen Verhältnissen nicht zugemutet werden kann,

---

[1] § 150 Abs. 7 neu gef. durch G v. 1. 11. 2011 (BGBl. I S. 2131); zur Anwendung siehe Art. 97 § 10 a Abs. 1 EGAO (Nr. **800 a**).

[2] § 150 Abs. 8 angef. mWv 1. 1. 2009 durch G v. 20. 12. 2008 (BGBl. I S. 2850).

insbesondere, wenn er nicht in der Lage ist, eine gesetzlich vorgeschriebene Selbstberechnung der Steuer vorzunehmen oder durch einen Dritten vornehmen zu lassen.

§ 152[1]) Verspätungszuschlag. (1) [1]Gegen denjenigen, der seiner Verpflichtung zur Abgabe einer Steuererklärung nicht oder nicht fristgemäß nachkommt, kann ein Verspätungszuschlag festgesetzt werden. [2]Von der Festsetzung eines Verspätungszuschlags ist abzusehen, wenn die Versäumnis entschuldbar erscheint. [3]Das Verschulden eines gesetzlichen Vertreters oder eines Erfüllungsgehilfen steht dem eigenen Verschulden gleich.

(2) [1]Der Verspätungszuschlag darf 10 Prozent der festgesetzten Steuer oder des festgesetzten Messbetrags nicht übersteigen und höchstens 25 000 Euro[2]) betragen. [2]Bei der Bemessung des Verspätungszuschlags sind neben seinem Zweck, den Steuerpflichtigen zur rechtzeitigen Abgabe der Steuererklärung anzuhalten, die Dauer der Fristüberschreitung, die Höhe des sich aus der Steuerfestsetzung ergebenden Zahlungsanspruchs, die aus der verspäteten Abgabe der Steuererklärung gezogenen Vorteile sowie das Verschulden und die wirtschaftliche Leistungsfähigkeit des Steuerpflichtigen zu berücksichtigen.

(3) Der Verspätungszuschlag ist regelmäßig mit der Steuer oder dem Steuermessbetrag festzusetzen.

(4) Bei Steuererklärungen für gesondert festzustellende Besteuerungsgrundlagen gelten die Absätze 1 bis 3 mit der Maßgabe, dass bei Anwendung des Absatzes 2 Satz 1 die steuerlichen Auswirkungen zu schätzen sind.

(5)[3]) *(aufgehoben)*

§ 153 Berichtigung von Erklärungen. (1) [1]Erkennt ein Steuerpflichtiger nachträglich vor Ablauf der Festsetzungsfrist,

1. dass eine von ihm oder für ihn abgegebene Erklärung unrichtig oder unvollständig ist und dass es dadurch zu einer Verkürzung von Steuern kommen kann oder bereits gekommen ist oder
2. dass eine durch Verwendung von Steuerzeichen oder Steuerstemplern zu entrichtende Steuer nicht in der richtigen Höhe entrichtet worden ist,

so ist er verpflichtet, dies unverzüglich anzuzeigen und die erforderliche Richtigstellung vorzunehmen. [2]Die Verpflichtung trifft auch den Gesamtrechtsnachfolger eines Steuerpflichtigen und die nach den §§ 34 und 35 für den Gesamtrechtsnachfolger oder den Steuerpflichtigen handelnden Personen.

(2) Die Anzeigepflicht besteht ferner, wenn die Voraussetzungen für eine Steuerbefreiung, Steuerermäßigung oder sonstige Steuervergünstigung nachträglich ganz oder teilweise wegfallen.

---

[1]) Zur Anwendung in den neuen Bundesländern siehe Art. 97 a § 2 Nr. 3 EGAO (Nr. **800 a**).

[2]) Zur erstmaligen Anwendung siehe Art. 97 § 8 Abs. 3 EGAO – Nr. **800 a.**

[3]) § 152 Abs. 5 aufgeh. mWv 30. 6. 2013 durch G v. 26. 6. 2013 (BGBl. I S. 1809).

(3) Wer Waren, für die eine Steuervergünstigung unter einer Bedingung gewährt worden ist, in einer Weise verwenden will, die der Bedingung nicht entspricht, hat dies vorher der Finanzbehörde anzuzeigen.

3. Unterabschnitt: Kontenwahrheit

§ 154 Kontenwahrheit. (1) Niemand darf auf einen falschen oder erdichteten Namen für sich oder einen Dritten ein Konto errichten oder Buchungen vornehmen lassen, Wertsachen (Geld, Wertpapiere, Kostbarkeiten) in Verwahrung geben oder verpfänden oder sich ein Schließfach geben lassen.

(2) [1] Wer ein Konto führt, Wertsachen verwahrt oder als Pfand nimmt oder ein Schließfach überlässt, hat sich zuvor Gewissheit über die Person und Anschrift des Verfügungsberechtigten zu verschaffen und die entsprechenden Angaben in geeigneter Form, bei Konten auf dem Konto, festzuhalten. [2] Er hat sicherzustellen, dass er jederzeit Auskunft darüber geben kann, über welche Konten oder Schließfächer eine Person verfügungsberechtigt ist.

(3) Ist gegen Absatz 1 verstoßen worden, so dürfen Guthaben, Wertsachen und der Inhalt eines Schließfachs nur mit Zustimmung des für die Einkommen- und Körperschaftsteuer des Verfügungsberechtigten zuständigen Finanzamts herausgegeben werden.

Dritter Abschnitt: Festsetzungs- und Feststellungsverfahren

1. Unterabschnitt: Steuerfestsetzung

I. Allgemeine Vorschriften

§ 155 Steuerfestsetzung. (1) [1] Die Steuern werden, soweit nichts anderes vorgeschrieben ist, von der Finanzbehörde durch Steuerbescheid festgesetzt. [2] Steuerbescheid ist der nach § 122 Abs. 1 bekannt gegebene Verwaltungsakt. [3] Dies gilt auch für die volle oder teilweise Freistellung von einer Steuer und für die Ablehnung eines Antrags auf Steuerfestsetzung.

(2) Ein Steuerbescheid kann erteilt werden, auch wenn ein Grundlagenbescheid noch nicht erlassen wurde.

(3) [1] Schulden mehrere Steuerpflichtige eine Steuer als Gesamtschuldner, so können gegen sie zusammengefasste Steuerbescheide ergehen. [2] Mit zusammengefassten Steuerbescheiden können Verwaltungsakte über steuerliche Nebenleistungen oder sonstige Ansprüche, auf die dieses Gesetz anzuwenden ist, gegen einen oder mehrere der Steuerpflichtigen verbunden werden. [3] Das gilt auch dann, wenn festgesetzte Steuern, steuerliche Nebenleistungen oder sonstige Ansprüche nach dem zwischen den Steuerpflichtigen bestehenden Rechtsverhältnis nicht von allen Beteiligten zu tragen sind.

(4) Die für die Steuerfestsetzung geltenden Vorschriften sind auf die Festsetzung einer Steuervergütung sinngemäß anzuwenden.

§ 156 Absehen von Steuerfestsetzung. (1)[1] [1]Das Bundesministerium der Finanzen kann zur Vereinfachung der Verwaltung durch Rechtsverordnung[2] bestimmen, dass Steuern und steuerliche Nebenleistungen nicht festgesetzt werden, wenn der Betrag, der festzusetzen ist, einen durch diese Rechtsverordnung zu bestimmenden Betrag voraussichtlich nicht übersteigt; der zu bestimmende Betrag darf 10 Euro nicht überschreiten. [2]Die Rechtsverordnung bedarf nicht der Zustimmung des Bundesrates, soweit sie die Kraftfahrzeugsteuer, die Luftverkehrsteuer, die Versicherungsteuer, Einfuhr- und Ausfuhrabgaben oder Verbrauchsteuern, mit Ausnahme der Biersteuer, betrifft.

(2) Die Festsetzung von Steuern und steuerlichen Nebenleistungen kann unterbleiben, wenn feststeht, dass die Einziehung keinen Erfolg haben wird, oder wenn die Kosten der Einziehung einschließlich der Festsetzung außer Verhältnis zu dem Betrag stehen.

§ 157 Form und Inhalt der Steuerbescheide. (1) [1]Steuerbescheide sind schriftlich zu erteilen, soweit nichts anderes bestimmt ist. [2]Schriftliche Steuerbescheide müssen die festgesetzte Steuer nach Art und Betrag bezeichnen und angeben, wer die Steuer schuldet. [3]Ihnen ist außerdem eine Belehrung darüber beizufügen, welcher Rechtsbehelf zulässig ist und binnen welcher Frist und bei welcher Behörde er einzulegen ist.

(2) Die Feststellung der Besteuerungsgrundlagen bildet einen mit Rechtsbehelfen nicht selbständig anfechtbaren Teil des Steuerbescheids, soweit die Besteuerungsgrundlagen nicht gesondert festgestellt werden.

§ 158 Beweiskraft der Buchführung. Die Buchführung und die Aufzeichnungen des Steuerpflichtigen, die den Vorschriften der §§ 140 bis 148 entsprechen, sind der Besteuerung zugrunde zu legen, soweit nach den Umständen des Einzelfalls kein Anlass ist, ihre sachliche Richtigkeit zu beanstanden.

§ 159 Nachweis der Treuhänderschaft. (1) [1]Wer behauptet, dass er Rechte, die auf seinen Namen lauten, oder Sachen, die er besitzt, nur als Treuhänder, Vertreter eines anderen oder Pfandgläubiger innehabe oder besitze, hat auf Verlangen nachzuweisen, wem die Rechte oder Sachen gehören; anderenfalls sind sie ihm regelmäßig zuzurechnen. [2]Das Recht der Finanzbehörde, den Sachverhalt zu ermitteln, wird dadurch nicht eingeschränkt.

(2) § 102 bleibt unberührt.

§ 160 Benennung von Gläubigern und Zahlungsempfängern. (1) [1]Schulden und andere Lasten, Betriebsausgaben, Werbungskosten und andere Ausgaben sind steuerlich regelmäßig nicht zu berücksichtigen, wenn der Steuerpflichtige dem Verlangen der Finanzbehörde nicht nachkommt, die

---

[1] § 156 Abs. 1 Satz 2 neu gef. mWv 30. 6. 2013 durch G v. 26. 6. 2013 (BGBl. I S. 1809).
[2] Vgl. KleinbetragsVO (Nr. **800 c**).

Gläubiger oder die Empfänger genau zu benennen. [2]Das Recht der Finanzbehörde, den Sachverhalt zu ermitteln, bleibt unberührt.

(2) § 102 bleibt unberührt.

§ 161 Fehlmengen bei Bestandsaufnahmen. [1]Ergeben sich bei einer vorgeschriebenen oder amtlich durchgeführten Bestandsaufnahme Fehlmengen an verbrauchsteuerpflichtigen Waren, so wird vermutet, dass hinsichtlich der Fehlmengen eine Verbrauchsteuer entstanden oder eine bedingt entstandene Verbrauchsteuer unbedingt geworden ist, soweit nicht glaubhaft gemacht wird, dass die Fehlmengen auf Umstände zurückzuführen sind, die eine Steuer nicht begründen oder eine bedingte Steuer nicht unbedingt werden lassen. [2]Die Steuer gilt im Zweifel im Zeitpunkt der Bestandsaufnahme als entstanden oder unbedingt geworden.

§ 162 Schätzung von Besteuerungsgrundlagen. (1) [1]Soweit die Finanzbehörde die Besteuerungsgrundlagen nicht ermitteln oder berechnen kann, hat sie sie zu schätzen. [2]Dabei sind alle Umstände zu berücksichtigen, die für die Schätzung von Bedeutung sind.

(2)[1)] [1]Zu schätzen ist insbesondere dann, wenn der Steuerpflichtige über seine Angaben keine ausreichenden Aufklärungen zu geben vermag oder weitere Auskunft oder eine Versicherung an Eides statt verweigert oder seine Mitwirkungspflicht nach § 90 Abs. 2 verletzt. [2]Das Gleiche gilt, wenn der Steuerpflichtige Bücher oder Aufzeichnungen, die er nach den Steuergesetzen zu führen hat, nicht vorlegen kann, wenn die Buchführung oder die Aufzeichnungen der Besteuerung nicht nach § 158 zugrunde gelegt werden oder wenn tatsächliche Anhaltspunkte für die Unrichtigkeit oder Unvollständigkeit der vom Steuerpflichtigen gemachten Angaben zu steuerpflichtigen Einnahmen oder Betriebsvermögensmehrungen bestehen und der Steuerpflichtige die Zustimmung nach § 93 Abs. 7 Satz 1 Nr. 5 nicht erteilt. [3]Hat der Steuerpflichtige seine Mitwirkungspflichten nach § 90 Absatz 2 Satz 3 verletzt, so wird widerlegbar vermutet, dass steuerpflichtige Einkünfte in Staaten oder Gebieten im Sinne des § 90 Absatz 2 Satz 3 vorhanden oder höher als die erklärten Einkünfte sind.

(3)[2)] [1]Verletzt ein Steuerpflichtiger seine Mitwirkungspflichten nach § 90 Abs. 3 dadurch, dass er die Aufzeichnungen nicht vorlegt, oder sind vorgelegte Aufzeichnungen im Wesentlichen unverwertbar oder wird festgestellt, dass der Steuerpflichtige Aufzeichnungen im Sinne des § 90 Abs. 3 Satz 3 nicht zeitnah erstellt hat, so wird widerlegbar vermutet, dass seine im Inland steuerpflichtigen Einkünfte, zu deren Ermittlung die Aufzeichnungen im Sinne des § 90 Abs. 3 dienen, höher als die von ihm erklärten Einkünfte sind. [2]Hat in solchen Fällen die Finanzbehörde eine Schätzung vor-zunehmen und können

[1)] § 162 Abs. 2 Satz 2 ergänzt mWv 1. 1. 2009 durch G v. 14. 8. 2007 (BGBl. I S. 1912); Satz 3 angef. durch G v. 29. 7. 2009 (BGBl. I S. 2302); zur erstmaligen Anwendung ab 1. 1. 2010 siehe Art. 97 § 22 Abs. 2 EGAO (Nr. **800 a**) iVm § 5 Satz 1 Steuerhinterziehungsbekämpfungsverordnung (Nr. **12**).

[2)] § 162 Abs. 3 eingef. durch G v. 16. 5. 2003 (BGBl. I S. 660); zur erstmaligen Anwendung siehe Art. 97 § 22 Abs. 1 Satz 2 EGAO (Nr. **800 a**).

diese Einkünfte nur innerhalb eines bestimmten Rahmens, insbesondere nur auf Grund von Preisspannen bestimmt werden, kann dieser Rahmen zu Lasten des Steuerpflichtigen ausgeschöpft werden. [3]Bestehen trotz Vorlage verwertbarer Aufzeichnungen durch den Steuerpflichtigen Anhaltspunkte dafür, dass seine Einkünfte bei Beachtung des Fremdvergleichsgrundsatzes höher wären als die auf Grund der Aufzeichnungen erklärten Einkünfte, und können entsprechende Zweifel deswegen nicht aufgeklärt werden, weil eine ausländische, nahe stehende Person ihre Mitwirkungspflichten nach § 90 Abs. 2 oder ihre Auskunftspflichten nach § 93 Abs. 1 nicht erfüllt, ist Satz 2 entsprechend anzuwenden.[1)]

(4)[2)] [1]Legt ein Steuerpflichtiger Aufzeichnungen im Sinne des § 90 Abs. 3 nicht vor oder sind vorgelegte Aufzeichnungen im Wesentlichen unverwertbar, ist ein Zuschlag von 5000 Euro festzusetzen. [2]Der Zuschlag beträgt mindestens 5 Prozent und höchstens 10 Prozent des Mehrbetrags der Einkünfte, der sich nach einer Berichtigung auf Grund der Anwendung des Absatzes 3 ergibt, wenn sich danach ein Zuschlag von mehr als 5000 Euro ergibt. [3]Bei verspäteter Vorlage von verwertbaren Aufzeichnungen beträgt der Zuschlag bis zu 1 000 000 Euro, mindestens jedoch 100 Euro für jeden vollen Tag der Fristüberschreitung. [4]Soweit den Finanzbehörden Ermessen hinsichtlich der Höhe des Zuschlags eingeräumt ist, sind neben dessen Zweck, den Steuerpflichtigen zur Erstellung und fristgerechten Vorlage der Aufzeichnungen im Sinne des § 90 Abs. 3 anzuhalten, insbesondere die von ihm gezogenen Vorteile und bei verspäteter Vorlage auch die Dauer der Fristüberschreitung zu berücksichtigen. [5]Von der Festsetzung eines Zuschlags ist abzusehen, wenn die Nichterfüllung der Pflichten nach § 90 Abs. 3 entschuldbar erscheint oder ein Verschulden nur geringfügig ist. [6]Das Verschulden eines gesetzlichen Vertreters oder eines Erfüllungsgehilfen steht dem eigenen Verschulden gleich. [7]Der Zuschlag ist regelmäßig nach Abschluss der Außenprüfung festzusetzen.

(5)[3)] In den Fällen des § 155 Abs. 2 können die in einem Grundlagenbescheid festzustellenden Besteuerungsgrundlagen geschätzt werden.

§ 163 Abweichende Festsetzung von Steuern aus Billigkeitsgründen. [1]Steuern können niedriger festgesetzt werden und einzelne Besteuerungsgrundlagen, die die Steuern erhöhen, können bei der Festsetzung der Steuer unberücksichtigt bleiben, wenn die Erhebung der Steuer nach Lage des einzelnen Falls unbillig wäre. [2]Mit Zustimmung des Steuerpflichtigen kann bei Steuern vom Einkommen zugelassen werden, dass einzelne Besteuerungsgrundlagen, soweit sie die Steuer erhöhen, bei der Steuerfestsetzung erst zu einer späteren Zeit und, soweit sie die Steuer mindern, schon zu einer früheren Zeit berücksichtigt werden. [3]Die Entscheidung über die abweichende Festsetzung kann mit der Steuerfestsetzung verbunden werden.

§ 164 Steuerfestsetzung unter Vorbehalt der Nachprüfung. (1) [1]Die Steuern können, solange der Steuerfall nicht abschließend geprüft ist, allge-

---

[1)] § 162 Abs. 3 Satz 3 angef. mWv 18. 8. 2007 durch G v. 14. 8. 2007 (BGBl. I S. 1912).

[2)] § 162 Abs. 4 eingef. durch G v. 16. 5. 2003 (BGBl. I S. 660); zur erstmaligen Anwendung siehe Art. 97 § 22 Abs. 1 Satz 2 EGAO (Nr. **800 a**).

[3)] § 162 bish. Abs. 3 wird Abs. 5 durch G v. 16. 5. 2003 (BGBl. I S. 660).

mein oder im Einzelfall unter dem Vorbehalt der Nachprüfung festgesetzt werden, ohne dass dies einer Begründung bedarf. [2]Die Festsetzung einer Vorauszahlung ist stets eine Steuerfestsetzung unter Vorbehalt der Nachprüfung.

(2)[1)] [1]Solange der Vorbehalt wirksam ist, kann die Steuerfestsetzung aufgehoben oder geändert werden. [2]Der Steuerpflichtige kann die Aufhebung oder Änderung der Steuerfestsetzung jederzeit beantragen. [3]Die Entscheidung hierüber kann jedoch bis zur abschließenden Prüfung des Steuerfalls, die innerhalb angemessener Frist vorzunehmen ist, hinausgeschoben werden.

(3)[1)] [1]Der Vorbehalt der Nachprüfung kann jederzeit aufgehoben werden. [2]Die Aufhebung steht einer Steuerfestsetzung ohne Vorbehalt der Nachprüfung gleich; § 157 Abs. 1 Satz 1 und 3 gilt sinngemäß. [3]Nach einer Außenprüfung ist der Vorbehalt aufzuheben, wenn sich Änderungen gegenüber der Steuerfestsetzung unter Vorbehalt der Nachprüfung nicht ergeben.

(4)[2)] [1]Der Vorbehalt der Nachprüfung entfällt, wenn die Festsetzungsfrist abläuft. [2]§ 169 *Abs. 2 Satz 2 und § 171 Abs.* [***ab 1. 1. 2015:*** Absatz 2 Satz 2, § 170 Absatz 6 und § 171 Absatz] 7, 8 und 10 sind nicht anzuwenden.

§ 165 Vorläufige Steuerfestsetzung, Aussetzung der Steuerfestsetzung. (1) [1]Soweit ungewiss ist, ob die Voraussetzungen für die Entstehung einer Steuer eingetreten sind, kann sie vorläufig festgesetzt werden. [2]Diese Regelung ist auch anzuwenden, wenn

1. ungewiss ist, ob und wann Verträge mit anderen Staaten über die Besteuerung (§ 2), die sich zugunsten des Steuerpflichtigen auswirken, für die Steuerfestsetzung wirksam werden,
2. das Bundesverfassungsgericht die Unvereinbarkeit eines Steuergesetzes mit dem Grundgesetz festgestellt hat und der Gesetzgeber zu einer Neuregelung verpflichtet ist,
3.[3)] die Vereinbarkeit eines Steuergesetzes mit höherrangigem Recht Gegenstand eines Verfahrens bei dem Gerichtshof der Europäischen Union, dem Bundesverfassungsgericht oder einem obersten Bundesgericht ist, oder
4.[4)] die Auslegung eines Steuergesetzes Gegenstand eines Verfahrens bei dem Bundesfinanzhof ist.

[3]Umfang und Grund der Vorläufigkeit sind anzugeben. [4]Unter den Voraussetzungen der Sätze 1 oder 2 kann die Steuerfestsetzung auch gegen oder ohne Sicherheitsleistung ausgesetzt werden.

(2)[5)· 6)] [1]Soweit die Finanzbehörde eine Steuer vorläufig festgesetzt hat, kann sie die Festsetzung aufheben oder ändern. [2]Wenn die Ungewissheit be-

---

[1)] Zur Anwendung in den neuen Bundesländern siehe Art. 97 a § 2 Nr. 4 EGAO (Nr. **800 a**).

[2)] § 164 Abs. 4 Satz 2 geänd. mWv 1. 1. 2015 durch G v. 22. 12. 2014 (BGBl. I S. 2415).

[3)] § 165 Abs. 1 Satz 2 Nr. 3 geänd. durch G v. 26. 6. 2013 (BGBl. I S. 1809).

[4)] § 165 Abs. 1 Satz 2 Nr. 4 angef. mWv 1. 1. 2009 durch G v. 20. 12. 2008 (BGBl. I S. 2850).

[5)] § 165 Abs. 2 Satz 3 eingef. mWv 1. 1. 2009 durch G v. 20. 12. 2008 (BGBl. I S. 2850).

[6)] Zur Anwendung in den neuen Bundesländern siehe Art. 97 a § 2 Nr. 4 EGAO (Nr. **800 a**).

seitigt ist, ist eine vorläufige Steuerfestsetzung aufzuheben, zu ändern oder für endgültig zu erklären; eine ausgesetzte Steuerfestsetzung ist nachzuholen. [3]In den Fällen des Absatzes 1 Satz 2 Nr. 4 endet die Ungewissheit, sobald feststeht, dass die Grundsätze der Entscheidung des Bundesfinanzhofs über den entschiedenen Einzelfall hinaus allgemein anzuwenden sind. [4]In den Fällen des Absatzes 1 Satz 2 muss eine vorläufige Steuerfestsetzung nach Satz 2 nur auf Antrag des Steuerpflichtigen für endgültig erklärt werden, wenn sie nicht aufzuheben oder zu ändern ist.

(3) Die vorläufige Steuerfestsetzung kann mit einer Steuerfestsetzung unter Vorbehalt der Nachprüfung verbunden werden.

§ 166 Drittwirkung der Steuerfestsetzung. Ist die Steuer dem Steuerpflichtigen gegenüber unanfechtbar festgesetzt, so hat dies neben einem Gesamtrechtsnachfolger auch gegen sich gelten zu lassen, wer in der Lage gewesen wäre, den gegen den Steuerpflichtigen erlassenen Bescheid als dessen Vertreter, Bevollmächtigter oder kraft eigenen Rechts anzufechten.

§ 167 Steueranmeldung, Verwendung von Steuerzeichen oder Steuerstemplern. (1) [1]Ist eine Steuer auf Grund gesetzlicher Verpflichtung anzumelden (§ 150 Abs. 1 Satz 3)[1)], so ist eine Festsetzung der Steuer nach § 155 nur erforderlich, wenn die Festsetzung zu einer abweichenden Steuer führt oder der Steuer- oder Haftungsschuldner die Steueranmeldung nicht abgibt. [2]Satz 1 gilt sinngemäß, wenn die Steuer auf Grund gesetzlicher Verpflichtung durch Verwendung von Steuerzeichen oder Steuerstemplern zu entrichten ist. [3]Erkennt der Steuer- oder Haftungsschuldner nach Abschluss einer Außenprüfung im Sinne des § 193 Abs. 2 Nr. 1 seine Zahlungsverpflichtung schriftlich an, steht das Anerkenntnis einer Steueranmeldung gleich.

(2) [1]Steueranmeldungen gelten auch dann als rechtzeitig abgegeben, wenn sie fristgerecht bei der zuständigen Kasse eingehen. [2]Dies gilt nicht für Einfuhr- und Ausfuhrabgaben und Verbrauchsteuern.

§ 168[2)] Wirkung einer Steueranmeldung. [1]Eine Steueranmeldung steht einer Steuerfestsetzung unter Vorbehalt der Nachprüfung gleich. [2]Führt die Steueranmeldung zu einer Herabsetzung der bisher zu entrichtenden Steuer oder zu einer Steuervergütung, so gilt Satz 1 erst, wenn die Finanzbehörde zustimmt. [3]Die Zustimmung bedarf keiner Form.

II. Festsetzungsverjährung[3)]

§ 169 Festsetzungsfrist. (1) [1]Eine Steuerfestsetzung sowie ihre Aufhebung oder Änderung sind nicht mehr zulässig, wenn die Festsetzungsfrist abgelaufen ist. [2]Dies gilt auch für die Berichtigung wegen offenbarer Unrichtigkeit nach § 129. [3]Die Frist ist gewahrt, wenn vor Ablauf der Festsetzungsfrist

---

[1)] § 167 Abs. 1 Satz 1 Zitat geänd. durch G v. 15. 12. 2003 (BGBl. I S. 2645).
[2)] Zu § 168 siehe Art. 97 § 21 EGAO (Nr. **800 a**).
[3)] Zur Anwendung in den neuen Bundesländern siehe Art. 97 a § 2 Nr. 5 EGAO (Nr. **800 a**).

1. der Steuerbescheid den Bereich der für die Steuerfestsetzung zuständigen Finanzbehörde verlassen hat oder
2.[1] bei öffentlicher Zustellung die Benachrichtigung nach § 10 Abs. 2 Satz 1 des Verwaltungszustellungsgesetzes[2] bekannt gemacht oder veröffentlicht wird.

(2) [1]Die Festsetzungsfrist beträgt:

1. ein Jahr
für Verbrauchsteuern und Verbrauchsteuervergütungen,
2. vier Jahre[3]
für Steuern und Steuervergütungen, die keine Steuern oder Steuervergütungen im Sinne der Nummer 1 oder Einfuhr- und Ausfuhrabgaben *im Sinne des Artikels 4 Nr. 10 und 11 des Zollkodexes* [***ab 1. 5. 2016:*** nach Artikel 5 Nummer 20 und 21 des Zollkodex der Union][4] sind.

[2]Die Festsetzungsfrist beträgt zehn Jahre, soweit eine Steuer hinterzogen, und fünf Jahre[3], soweit sie leichtfertig verkürzt worden ist. [3]Dies gilt auch dann, wenn die Steuerhinterziehung oder leichtfertige Steuerverkürzung nicht durch den Steuerschuldner oder eine Person begangen worden ist, deren er sich zur Erfüllung seiner steuerlichen Pflichten bedient, es sei denn, der Steuerschuldner weist nach, dass er durch die Tat keinen Vermögensvorteil erlangt hat und dass sie auch nicht darauf beruht, dass er die im Verkehr erforderlichen Vorkehrungen zur Verhinderung von Steuerverkürzungen unterlassen hat.

§ 170 Beginn der Festsetzungsfrist. (1) Die Festsetzungsfrist beginnt mit Ablauf des Kalenderjahrs, in dem die Steuer entstanden ist oder eine bedingt entstandene Steuer unbedingt geworden ist.

(2) [1]Abweichend von Absatz 1 beginnt die Festsetzungsfrist, wenn

1. eine Steuererklärung oder eine Steueranmeldung einzureichen oder eine Anzeige zu erstatten ist, mit Ablauf des Kalenderjahrs, in dem die Steuererklärung, die Steueranmeldung oder die Anzeige eingereicht wird, spätestens jedoch mit Ablauf des dritten Kalenderjahrs, das auf das Kalenderjahr folgt, in dem die Steuer entstanden ist, es sei denn, dass die Festsetzungsfrist nach Absatz 1 später beginnt,
2. eine Steuer durch Verwendung von Steuerzeichen oder Steuerstemplern zu zahlen ist, mit Ablauf des Kalenderjahrs, in dem für den Steuerfall Steuerzeichen oder Steuerstempler verwendet worden sind, spätestens jedoch mit Ablauf des dritten Kalenderjahrs, das auf das Kalenderjahr folgt, in dem die Steuerzeichen oder Steuerstempler hätten verwendet werden müssen.

[2]Dies gilt nicht für Verbrauchsteuern, ausgenommen die Energiesteuer auf Erdgas und die Stromsteuer.[5]

---

[1] § 169 Abs. 1 Satz 3 Nr. 2 neu gef. durch G v. 12. 8. 2005 (BGBl. I S. 2354).
[2] Nr. **805**.
[3] Abweichend hiervon siehe Art. 97 a § 3 Abs. 1 EGAO (Nr. **800 a**).
[4] Verweis geänd. mWv 1. 5. 2016 durch G v. 22. 12. 2014 (BGBl. I S. 2417).
[5] § 170 Abs. 2 Satz 2 ergänzt durch G v. 8. 12. 2010 (BGBl. I S. 1768); zur Anwendung siehe Art. 97 § 10 Abs. 10 EGAO (Nr. **800 a**).

(3) Wird eine Steuer oder eine Steuervergütung nur auf Antrag festgesetzt, so beginnt die Frist für die Aufhebung oder Änderung dieser Festsetzung oder ihrer Berichtigung nach § 129 nicht vor Ablauf des Kalenderjahrs, in dem der Antrag gestellt wird.

(4) Wird durch Anwendung des Absatzes 2 Nr. 1 auf die Vermögensteuer oder die Grundsteuer der Beginn der Festsetzungsfrist hinausgeschoben, so wird der Beginn der Festsetzungsfrist für die folgenden Kalenderjahre des Hauptveranlagungszeitraums jeweils um die gleiche Zeit hinausgeschoben.

(5) Für die Erbschaftsteuer (Schenkungsteuer) beginnt die Festsetzungsfrist nach den Absätzen 1 oder 2

1. bei einem Erwerb von Todes wegen nicht vor Ablauf des Kalenderjahrs, in dem der Erwerber Kenntnis von dem Erwerb erlangt hat,
2. bei einer Schenkung nicht vor Ablauf des Kalenderjahrs, in dem der Schenker gestorben ist oder die Finanzbehörde von der vollzogenen Schenkung Kenntnis erlangt hat,
3. bei einer Zweckzuwendung unter Lebenden nicht vor Ablauf des Kalenderjahrs, in dem die Verpflichtung erfüllt worden ist.

[Fassung bis 31. 12. 2014:]

(6) Für die Wechselsteuer beginnt die Festsetzungsfrist nicht vor Ablauf des Kalenderjahrs, in dem der Wechsel fällig geworden ist.

[Fassung ab 1. 1. 2015:][1)]

(6) Für die Steuer, die auf Kapitalerträge entfällt, die

1. aus Staaten oder Territorien stammen, die nicht Mitglieder der Europäischen Union oder der Europäischen Freihandelsassoziation sind, und
2. nicht nach Verträgen im Sinne des § 2 Absatz 1 oder hierauf beruhenden Vereinbarungen automatisch mitgeteilt werden,

beginnt die Festsetzungsfrist frühestens mit Ablauf des Kalenderjahres, in dem diese Kapitalerträge der Finanzbehörde durch Erklärung des Steuerpflichtigen oder in sonstiger Weise bekannt geworden sind, spätestens jedoch zehn Jahre nach Ablauf des Kalenderjahres, in dem die Steuer entstanden ist.

§ 171 Ablaufhemmung. (1) Die Festsetzungsfrist läuft nicht ab, solange die Steuerfestsetzung wegen höherer Gewalt innerhalb der letzten sechs Monate des Fristlaufs nicht erfolgen kann.

[1)] § 170 Abs. 6 neu gef. durch G v. 22. 12. 2014 (BGBl. I S. 2415); zur Anwendung siehe Art. 97 § 10 Abs. 13 EGAO (Nr. **800 a**).

(2) Ist beim Erlass eines Steuerbescheids eine offenbare Unrichtigkeit unterlaufen, so endet die Festsetzungsfrist insoweit nicht vor Ablauf eines Jahres nach Bekanntgabe dieses Steuerbescheids.

(3) Wird vor Ablauf der Festsetzungsfrist außerhalb eines Einspruchs- oder Klageverfahrens ein Antrag auf Steuerfestsetzung oder auf Aufhebung oder Änderung einer Steuerfestsetzung oder ihrer Berichtigung nach § 129 gestellt, so läuft die Festsetzungsfrist insoweit nicht ab, bevor über den Antrag unanfechtbar entschieden worden ist.

(3 a) [1] Wird ein Steuerbescheid mit einem Einspruch oder einer Klage angefochten, so läuft die Festsetzungsfrist nicht ab, bevor über den Rechtsbehelf unanfechtbar entschieden ist; dies gilt auch, wenn der Rechtsbehelf erst nach Ablauf der Festsetzungsfrist eingelegt wird. [2] Der Ablauf der Festsetzungsfrist ist hinsichtlich des gesamten Steueranspruchs gehemmt; dies gilt nicht, soweit der Rechtsbehelf unzulässig ist. [3] In den Fällen des § 100 Abs. 1 Satz 1, Abs. 2 Satz 2, Abs. 3 Satz 1, § 101 der Finanzgerichtsordnung[1)] ist über den Rechtsbehelf erst dann unanfechtbar entschieden, wenn ein auf Grund der genannten Vorschriften erlassener Steuerbescheid unanfechtbar geworden ist.

(4) [1] Wird vor Ablauf der Festsetzungsfrist mit einer Außenprüfung begonnen oder wird deren Beginn auf Antrag des Steuerpflichtigen hinausgeschoben, so läuft die Festsetzungsfrist für die Steuern, auf die sich die Außenprüfung erstreckt oder im Fall der Hinausschiebung der Außenprüfung erstrecken sollte, nicht ab, bevor die auf Grund der Außenprüfung zu erlassenden Steuerbescheide unanfechtbar geworden sind oder nach Bekanntgabe der Mitteilung nach § 202 Abs. 1 Satz 3 drei Monate verstrichen sind. [2] Dies gilt nicht, wenn eine Außenprüfung unmittelbar nach ihrem Beginn für die Dauer von mehr als sechs Monaten aus Gründen unterbrochen wird, die die Finanzbehörde zu vertreten hat. [3] Die Festsetzungsfrist endet spätestens, wenn seit Ablauf des Kalenderjahrs, in dem die Schlussbesprechung stattgefunden hat, oder, wenn sie unterblieben ist, seit Ablauf des Kalenderjahrs, in dem die letzten Ermittlungen im Rahmen der Außenprüfung stattgefunden haben, die in § 169 Abs. 2 genannten Fristen verstrichen sind; eine Ablaufhemmung nach anderen Vorschriften bleibt unberührt.

(5) [1] Beginnen die Zollfahndungsämter oder die mit der Steuerfahndung betrauten Dienststellen der Landesfinanzbehörden vor Ablauf der Festsetzungsfrist beim Steuerpflichtigen mit Ermittlungen der Besteuerungsgrundlagen, so läuft die Festsetzungsfrist insoweit nicht ab, bevor die auf Grund der Ermittlungen zu erlassenden Steuerbescheide unanfechtbar geworden sind; Absatz 4 Satz 2 gilt sinngemäß. [2] Das Gleiche gilt, wenn dem Steuerpflichtigen vor Ablauf der Festsetzungsfrist die Einleitung des Steuerstrafverfahrens oder des Bußgeldverfahrens wegen einer Steuerordnungswidrigkeit bekannt gegeben worden ist; § 169 Abs. 1 Satz 3 gilt sinngemäß.

(6) [1] Ist bei Steuerpflichtigen eine Außenprüfung im Geltungsbereich dieses Gesetzes nicht durchführbar, wird der Ablauf der Festsetzungsfrist auch durch sonstige Ermittlungshandlungen im Sinne des § 92 gehemmt, bis die auf

---

[1)] Nr. **802**.

Grund dieser Ermittlungen erlassenen Steuerbescheide unanfechtbar geworden sind. [2]Die Ablaufhemmung tritt jedoch nur dann ein, wenn der Steuerpflichtige vor Ablauf der Festsetzungsfrist auf den Beginn der Ermittlungen nach Satz 1 hingewiesen worden ist; § 169 Abs. 1 Satz 3 gilt sinngemäß.

(7) In den Fällen des § 169 Abs. 2 Satz 2 endet die Festsetzungsfrist nicht, bevor die Verfolgung der Steuerstraftat oder der Steuerordnungswidrigkeit verjährt ist.

(8) [1]Ist die Festsetzung einer Steuer nach § 165 ausgesetzt oder die Steuer vorläufig festgesetzt worden, so endet die Festsetzungsfrist nicht vor dem Ablauf eines Jahres, nachdem die Ungewissheit beseitigt ist und die Finanzbehörde hiervon Kenntnis erhalten hat. [2]In den Fällen des § 165 Abs. 1 Satz 2 endet die Festsetzungsfrist nicht vor Ablauf von zwei Jahren, nachdem die Ungewissheit beseitigt ist und die Finanzbehörde hiervon Kenntnis erlangt hat.

(9) Erstattet der Steuerpflichtige vor Ablauf der Festsetzungsfrist eine Anzeige nach den §§ 153, 371 und 378 Abs. 3, so endet die Festsetzungsfrist nicht vor Ablauf eines Jahres nach Eingang der Anzeige.

(10) [1]Soweit für die Festsetzung einer Steuer ein Feststellungsbescheid, ein Steuermessbescheid oder ein anderer Verwaltungsakt bindend ist (Grundlagenbescheid), endet die Festsetzungsfrist nicht vor Ablauf von zwei Jahren nach Bekanntgabe des Grundlagenbescheids. [2]Satz 1 gilt für einen Grundlagenbescheid, auf den § 181 nicht anzuwenden ist, nur, sofern dieser Grundlagenbescheid vor Ablauf der Festsetzungsfrist bei der zuständigen Behörde beantragt worden ist.[1)] [3]Ist der Ablauf der Festsetzungsfrist hinsichtlich des Teils der Steuer, für den der Grundlagenbescheid nicht bindend ist, nach Absatz 4 gehemmt, endet die Festsetzungsfrist für den Teil der Steuer, für den der Grundlagenbescheid bindend ist, nicht vor Ablauf der nach Absatz 4 gehemmten Frist.

(11) [1]Ist eine geschäftsunfähige oder in der Geschäftsfähigkeit beschränkte Person ohne gesetzlichen Vertreter, so endet die Festsetzungsfrist nicht vor Ablauf von sechs Monaten nach dem Zeitpunkt, in dem die Person unbeschränkt geschäftsfähig wird oder der Mangel der Vertretung aufhört. [2]Dies gilt auch, soweit für eine Person ein Betreuer bestellt und ein Einwilligungsvorbehalt nach § 1903 des Bürgerlichen Gesetzbuchs angeordnet ist, der Betreuer jedoch verstorben oder auf andere Weise weggefallen oder aus rechtlichen Gründen an der Vertretung des Betreuten verhindert ist.

(12) Richtet sich die Steuer gegen einen Nachlass, so endet die Festsetzungsfrist nicht vor dem Ablauf von sechs Monaten nach dem Zeitpunkt, in dem die Erbschaft von dem Erben angenommen oder das Insolvenzverfahren über den Nachlass eröffnet wird oder von dem an die Steuer gegen einen Vertreter festgesetzt werden kann.

(13) Wird vor Ablauf der Festsetzungsfrist eine noch nicht festgesetzte Steuer im Insolvenzverfahren angemeldet, so läuft die Festsetzungsfrist insoweit nicht vor Ablauf von drei Monaten nach Beendigung des Insolvenzverfahrens ab.

[1)] § 171 Abs. 10 Satz 2 eingef., bish. Satz 2 wird Satz 3 durch G v. 22. 12. 2014 (BGBl. I S. 2417); zur Anwendung siehe Art. 97 § 10 Abs. 12 EGAO (Nr. **800 a**).

(14) Die Festsetzungsfrist für einen Steueranspruch endet nicht, soweit ein damit zusammenhängender Erstattungsanspruch nach § 37 Abs. 2 noch nicht verjährt ist (§ 228).

(15)[1] Soweit ein Dritter Steuern für Rechnung des Steuerschuldners einzubehalten und abzuführen oder für Rechnung des Steuerschuldners zu entrichten hat, endet die Festsetzungsfrist gegenüber dem Steuerschuldner nicht vor Ablauf der gegenüber dem Steuerentrichtungspflichtigen geltenden Festsetzungsfrist.

III. Bestandskraft

§ 172 Aufhebung und Änderung von Steuerbescheiden. (1) [1]Ein Steuerbescheid darf, soweit er nicht vorläufig oder unter dem Vorbehalt der Nachprüfung ergangen ist, nur aufgehoben oder geändert werden,

1. wenn er Verbrauchsteuern betrifft,
2. wenn er andere Steuern als Einfuhr- oder Ausfuhrabgaben *im Sinne des Artikels 4 Nr. 10 und 11 des Zollkodexes* [***ab 1. 5. 2016:*** nach Artikel 5 Nummer 20 und 21 des Zollkodex der Union][2] oder Verbrauchsteuern betrifft,
   a) soweit der Steuerpflichtige zustimmt oder seinem Antrag der Sache nach entsprochen wird; dies gilt jedoch zugunsten des Steuerpflichtigen nur, soweit er vor Ablauf der Einspruchsfrist zugestimmt oder den Antrag gestellt hat oder soweit die Finanzbehörde einem Einspruch oder einer Klage abhilft,
   b) soweit er von einer sachlich unzuständigen Behörde erlassen worden ist,
   c) soweit er durch unlautere Mittel wie arglistige Täuschung, Drohung oder Bestechung erwirkt worden ist,
   d) soweit dies sonst gesetzlich zugelassen ist; die §§ 130 und 131 gelten nicht.

[2]Dies gilt auch dann, wenn der Steuerbescheid durch Einspruchsentscheidung bestätigt oder geändert worden ist. [3]In den Fällen des Satzes 2 ist Satz 1 Nr. 2 Buchstabe a ebenfalls anzuwenden, wenn der Steuerpflichtige vor Ablauf der Klagefrist zugestimmt oder den Antrag gestellt hat; Erklärungen und Beweismittel, die nach § 364 b Abs. 2 in der Einspruchsentscheidung nicht berücksichtigt wurden, dürfen hierbei nicht berücksichtigt werden.

(2) Absatz 1 gilt auch für einen Verwaltungsakt, durch den ein Antrag auf Erlass, Aufhebung oder Änderung eines Steuerbescheids ganz oder teilweise abgelehnt wird.

(3)[3] [1]Anhängige, außerhalb eines Einspruchs- oder Klageverfahrens gestellte Anträge auf Aufhebung oder Änderung einer Steuerfestsetzung, die eine vom Gerichtshof der Europäischen Union vom Bundesverfassungsgericht oder vom Bundesfinanzhof entschiedene Rechtsfrage betreffen und denen nach

---

1) § 171 Abs. 15 angef. durch G v. 26. 6. 2013 (BGBl. I S. 1809); zur Anwendung siehe Art. 97 § 10 Abs. 11 EGAO (Nr. **800 a**).

2) Verweis geänd. mWv 1. 5. 2016 durch G v. 22. 12. 2014 (BGBl. I S. 2417).

3) § 172 Abs. 3 angef. durch G v. 13. 12. 2006 (BGBl. I S. 2878); zur Anwendung siehe Art. 97 § 18 a Abs. 12 EGAO (Nr. **800 a**); Satz 1 geänd. durch G v. 26. 6. 2013 (BGBl. I S. 1809).

dem Ausgang des Verfahrens vor diesen Gerichten nicht entsprochen werden kann, können durch Allgemeinverfügung insoweit zurückgewiesen werden. 2 § 367 Abs. 2b Satz 2 bis 6 gilt entsprechend.

§ 173 Aufhebung oder Änderung von Steuerbescheiden wegen neuer Tatsachen oder Beweismittel. (1) Steuerbescheide sind aufzuheben oder zu ändern,

1. soweit Tatsachen oder Beweismittel nachträglich bekannt werden, die zu einer höheren Steuer führen,
2. soweit Tatsachen oder Beweismittel nachträglich bekannt werden, die zu einer niedrigeren Steuer führen und den Steuerpflichtigen kein grobes Verschulden daran trifft, dass die Tatsachen oder Beweismittel erst nachträglich bekannt werden. 2 Das Verschulden ist unbeachtlich, wenn die Tatsachen oder Beweismittel in einem unmittelbaren oder mittelbaren Zusammenhang mit Tatsachen oder Beweismitteln im Sinne der Nummer 1 stehen.

(2) 1 Abweichend von Absatz 1 können Steuerbescheide, soweit sie auf Grund einer Außenprüfung ergangen sind, nur aufgehoben oder geändert werden, wenn eine Steuerhinterziehung oder eine leichtfertige Steuerverkürzung vorliegt. 2 Dies gilt auch in den Fällen, in denen eine Mitteilung nach § 202 Abs. 1 Satz 3 ergangen ist.

§ 174 Widerstreitende Steuerfestsetzungen. (1) 1 Ist ein bestimmter Sachverhalt in mehreren Steuerbescheiden zuungunsten eines oder mehrerer Steuerpflichtiger berücksichtigt worden, obwohl er nur einmal hätte berücksichtigt werden dürfen, so ist der fehlerhafte Steuerbescheid auf Antrag aufzuheben oder zu ändern. 2 Ist die Festsetzungsfrist für diese Steuerfestsetzung bereits abgelaufen, so kann der Antrag noch bis zum Ablauf eines Jahres gestellt werden, nachdem der letzte der betroffenen Steuerbescheide unanfechtbar geworden ist. 3 Wird der Antrag rechtzeitig gestellt, steht der Aufhebung oder Änderung des Steuerbescheids insoweit keine Frist entgegen.

(2) 1 Absatz 1 gilt sinngemäß, wenn ein bestimmter Sachverhalt in unvereinbarer Weise mehrfach zugunsten eines oder mehrerer Steuerpflichtiger berücksichtigt worden ist; ein Antrag ist nicht erforderlich. 2 Der fehlerhafte Steuerbescheid darf jedoch nur dann geändert werden, wenn die Berücksichtigung des Sachverhalts auf einen Antrag oder eine Erklärung des Steuerpflichtigen zurückzuführen ist.

(3) 1 Ist ein bestimmter Sachverhalt in einem Steuerbescheid erkennbar in der Annahme nicht berücksichtigt worden, dass er in einem anderen Steuerbescheid zu berücksichtigen sei, und stellt sich diese Annahme als unrichtig heraus, so kann die Steuerfestsetzung, bei der die Berücksichtigung des Sachverhalts unterblieben ist, insoweit nachgeholt, aufgehoben oder geändert werden. 2 Die Nachholung, Aufhebung oder Änderung ist nur zulässig bis zum Ablauf der für die andere Steuerfestsetzung geltenden Festsetzungsfrist.

(4) 1 Ist auf Grund irriger Beurteilung eines bestimmten Sachverhalts ein Steuerbescheid ergangen, der auf Grund eines Rechtsbehelfs oder sonst auf Antrag des Steuerpflichtigen durch die Finanzbehörde zu seinen Gunsten auf-

gehoben oder geändert wird, so können aus dem Sachverhalt nachträglich durch Erlass oder Änderung eines Steuerbescheids die richtigen steuerlichen Folgerungen gezogen werden. 2 Dies gilt auch dann, wenn der Steuerbescheid durch das Gericht aufgehoben oder geändert wird. 3 Der Ablauf der Festsetzungsfrist ist unbeachtlich, wenn die steuerlichen Folgerungen innerhalb eines Jahres nach Aufhebung oder Änderung des fehlerhaften Steuerbescheids gezogen werden. 4 War die Festsetzungsfrist bereits abgelaufen, als der später aufgehobene oder geänderte Steuerbescheid erlassen wurde, gilt dies nur unter den Voraussetzungen des Absatzes 3 Satz 1.

(5) 1 Gegenüber Dritten gilt Absatz 4, wenn sie an dem Verfahren, das zur Aufhebung oder Änderung des fehlerhaften Steuerbescheids geführt hat, beteiligt waren. 2 Ihre Hinzuziehung oder Beiladung zu diesem Verfahren ist zulässig.

§ 175[1)] Aufhebung oder Änderung von Steuerbescheiden in sonstigen Fällen. (1) 1 Ein Steuerbescheid ist zu erlassen, aufzuheben oder zu ändern,

1. soweit ein Grundlagenbescheid (§ 171 Abs. 10), dem Bindungswirkung für diesen Steuerbescheid zukommt, erlassen, aufgehoben oder geändert wird,
2. soweit ein Ereignis eintritt, das steuerliche Wirkung für die Vergangenheit hat (rückwirkendes Ereignis).

2 In den Fällen des Satzes 1 Nr. 2 beginnt die Festsetzungsfrist mit Ablauf des Kalenderjahrs, in dem das Ereignis eintritt.

(2) 1 Als rückwirkendes Ereignis gilt auch der Wegfall einer Voraussetzung für eine Steuervergünstigung, wenn gesetzlich bestimmt ist, dass diese Voraussetzung für eine bestimmte Zeit gegeben sein muss, oder wenn durch Verwaltungsakt festgestellt worden ist, dass sie die Grundlage für die Gewährung der Steuervergünstigung bildet. 2 Die nachträgliche Erteilung oder Vorlage einer Bescheinigung oder Bestätigung gilt nicht als rückwirkendes Ereignis.

§ 175 a Umsetzung von Verständigungsvereinbarungen. 1 Ein Steuerbescheid ist zu erlassen, aufzuheben oder zu ändern, soweit dies zur Umsetzung einer Verständigungsvereinbarung oder eines Schiedsspruchs nach einem Vertrag im Sinne des § 2 geboten ist. 2 Die Festsetzungsfrist endet insoweit nicht vor Ablauf eines Jahres nach dem Wirksamwerden der Verständigungsvereinbarung oder des Schiedsspruchs.

§ 176 Vertrauensschutz bei der Aufhebung und Änderung von Steuerbescheiden. (1) 1 Bei der Aufhebung oder Änderung eines Steuerbescheids darf nicht zuungunsten des Steuerpflichtigen berücksichtigt werden, dass

1. das Bundesverfassungsgericht die Nichtigkeit eines Gesetzes feststellt, auf dem die bisherige Steuerfestsetzung beruht,
2. ein oberster Gerichtshof des Bundes eine Norm, auf der die bisherige Steuerfestsetzung beruht, nicht anwendet, weil er sie für verfassungswidrig hält,

---

1) § 175 Abs. 2 Satz 2 angef. durch G v. 9. 12. 2004 (BGBl. I S. 3310); zur erstmaligen Anwendung siehe Art. 97 § 9 Abs. 3 EGAO (Nr. **800 a**).

3. sich die Rechtsprechung eines obersten Gerichtshofes des Bundes geändert hat, die bei der bisherigen Steuerfestsetzung von der Finanzbehörde angewandt worden ist.

[2] Ist die bisherige Rechtsprechung bereits in einer Steuererklärung oder einer Steueranmeldung berücksichtigt worden, ohne dass das für die Finanzbehörde erkennbar war, so gilt Nummer 3 nur, wenn anzunehmen ist, dass die Finanzbehörde bei Kenntnis der Umstände die bisherige Rechtsprechung angewandt hätte.

(2) Bei der Aufhebung oder Änderung eines Steuerbescheids darf nicht zuungunsten des Steuerpflichtigen berücksichtigt werden, dass eine allgemeine Verwaltungsvorschrift der Bundesregierung, einer obersten Bundes- oder Landesbehörde von einem obersten Gerichtshof des Bundes als nicht mit dem geltenden Recht in Einklang stehend bezeichnet worden ist.

§ 177 Berichtigung von materiellen Fehlern. (1) Liegen die Voraussetzungen für die Aufhebung oder Änderung eines Steuerbescheids zuungunsten des Steuerpflichtigen vor, so sind, soweit die Änderung reicht, zugunsten und zuungunsten des Steuerpflichtigen solche materiellen Fehler zu berichtigen, die nicht Anlass der Aufhebung oder Änderung sind.

(2) Liegen die Voraussetzungen für die Aufhebung oder Änderung eines Steuerbescheids zugunsten des Steuerpflichtigen vor, so sind, soweit die Änderung reicht, zuungunsten und zugunsten des Steuerpflichtigen solche materiellen Fehler zu berichtigen, die nicht Anlass der Aufhebung oder Änderung sind.

(3) Materielle Fehler im Sinne der Absätze 1 und 2 sind alle Fehler einschließlich offenbarer Unrichtigkeiten im Sinne des § 129, die zur Festsetzung einer Steuer führen, die von der kraft Gesetzes entstandenen Steuer abweicht.

(4) § 164 Abs. 2, § 165 Abs. 2 und § 176 bleiben unberührt.

IV. Kosten

§ 178 Kosten bei besonderer Inanspruchnahme der Zollbehörden. (1) Die Behörden der Bundeszollverwaltung sowie die Behörden, denen die Wahrnehmung von Aufgaben der Bundeszollverwaltung übertragen worden ist, können für eine besondere Inanspruchnahme oder Leistung (kostenpflichtige Amtshandlung) Gebühren erheben und die Erstattung von Auslagen verlangen.

(2) Eine besondere Inanspruchnahme oder Leistung im Sinne des Absatzes 1 liegt insbesondere vor bei

1. Amtshandlungen außerhalb des Amtsplatzes und außerhalb der Öffnungszeiten, soweit es sich nicht um Maßnahmen der Steueraufsicht handelt,
2. Amtshandlungen, die zu einer Diensterschwernis führen, weil sie antragsgemäß zu einer bestimmten Zeit vorgenommen werden sollen,
3. Untersuchungen von Waren, wenn

a) sie durch einen Antrag auf Erteilung einer verbindlichen Zolltarifauskunft, Gewährung einer Steuervergütung oder sonstigen Vergünstigungen veranlasst sind oder
b) bei Untersuchungen von Amts wegen Angaben oder Einwendungen des Verfügungsberechtigten sich als unrichtig oder unbegründet erweisen oder
c) die untersuchten Waren den an sie gestellten Anforderungen nicht entsprechen,

4. Überwachungsmaßnahmen in Betrieben und bei Betriebsvorgängen, wenn sie durch Zuwiderhandlungen gegen die zur Sicherung des Steueraufkommens erlassenen Rechtsvorschriften veranlasst sind,
5. amtlichen Bewachungen und Begleitungen von Beförderungsmitteln oder Waren,
6.[1] Verwahrung von Nichtgemeinschaftswaren,
7.[2] Fertigung von Schriftstücken, elektronischen Dokumenten, Abschriften und Ablichtungen sowie bei der elektronischen Übersendung oder dem Ausdruck von elektronischen Dokumenten und anderen Dateien, wenn diese Arbeiten auf Antrag erfolgen,
8.[1] Vernichtung oder Zerstörung von Waren, die von Amts wegen oder auf Antrag vorgenommen wird.

(3) Das Bundesministerium der Finanzen wird ermächtigt, durch Rechtsverordnung, die der Zustimmung des Bundesrates nicht bedarf, die kostenpflichtigen Amtshandlungen näher festzulegen, die für sie zu erhebenden Kosten nach dem auf sie entfallenden durchschnittlichen Verwaltungsaufwand zu bemessen und zu pauschalieren sowie die Voraussetzungen zu bestimmen, unter denen von ihrer Erhebung wegen Geringfügigkeit, zur Vermeidung von Härten oder aus ähnlichen Gründen ganz oder teilweise abgesehen werden kann.

(4)[3] [1]Auf die Festsetzung der Kosten sind die für Verbrauchssteuern geltenden Vorschriften entsprechend anzuwenden. [2]Im Übrigen gilt für diese Kosten das Verwaltungskostengesetz in der bis zum 14. August 2013 geltenden Fassung. [3]Die §§ 18 bis 22 des Verwaltungskostengesetzes in der bis zum 14. August 2013 geltenden Fassung finden keine Anwendung.

§ 178 a[4]) Kosten bei besonderer Inanspruchnahme der Finanzbehörden. (1) [1]Das Bundeszentralamt für Steuern erhebt für die Bearbeitung eines Antrags auf Durchführung eines Verständigungsverfahrens nach einem Vertrag im Sinne des § 2 zur einvernehmlichen Besteuerung von noch nicht verwirklichten Geschäften eines Steuerpflichtigen mit nahe stehenden Personen im Sinne des § 1 des Außensteuergesetzes oder zur zukünftigen einvernehmlichen

---

[1] § 178 Abs. 2 Nr. 6 neu gef. und Nr. 8 angef. mWv 20. 12. 2003 durch G v. 15. 12. 2003 (BGBl. I S. 2645).

[2] § 178 Abs. 2 Nr. 7 neu gef. mWv 31. 12. 2014 durch G v. 22. 12. 2014 (BGBl. I S. 2417).

[3] § 178 Abs. 4 neu gef. mWv 15. 8. 2013 durch G v. 7. 8. 2013 (BGBl. I S. 3154).

[4] § 178 a eingef. mWv 19. 12. 2006 durch G v. 13. 12. 2006 (BGBl. I S. 2878).

Gewinnaufteilung zwischen einem inländischen Unternehmen und seiner ausländischen Betriebsstätte oder zur zukünftigen einvernehmlichen Gewinnermittlung einer inländischen Betriebsstätte eines ausländischen Unternehmens (Vorabverständigungsverfahren) Gebühren, die vor Eröffnung des Vorabverständigungsverfahrens durch das Bundeszentralamt für Steuern festzusetzen sind. [2]Diese Eröffnung geschieht durch die Versendung des ersten Schriftsatzes an den anderen Staat. [3]Hat ein Antrag Vorabverständigungsverfahren mit mehreren Staaten zum Ziel, ist für jedes Verfahren eine Gebühr festzusetzen und zu entrichten. [4]Das Vorabverständigungsverfahren wird erst eröffnet, wenn die Gebührenfestsetzung unanfechtbar geworden und die Gebühr entrichtet ist; wird ein Herabsetzungsantrag nach Absatz 4 gestellt, muss auch darüber unanfechtbar entschieden sein.

(2) [1]Die Gebühr beträgt 20 000 Euro (Grundgebühr) für jeden Antrag im Sinne des Absatzes 1; der Antrag eines Organträgers im Sinne des § 14 Abs. 1 des Körperschaftsteuergesetzes, der entsprechende Geschäfte seiner Organgesellschaften mit umfasst, gilt als ein Antrag. [2]Stellt der Antragsteller einer bereits abgeschlossenen Verständigungsvereinbarung einen Antrag auf Verlängerung der Geltungsdauer, beträgt die Gebühr 15 000 Euro (Verlängerungsgebühr). [3]Ändert der Antragsteller seinen Antrag vor der Entscheidung über den ursprünglichen Antrag oder stellt er während der Laufzeit der Verständigungsvereinbarung einen Antrag auf Änderung der Verständigungsvereinbarung, wird eine zusätzliche Gebühr von 10 000 Euro für jeden Änderungsantrag erhoben (Änderungsgebühr); dies gilt nicht, wenn die Änderung vom Bundeszentralamt für Steuern oder vom anderen Staat veranlasst worden ist.

(3) Sofern die Summe der von dem Vorabverständigungsverfahren erfassten Geschäftsvorfälle die Beträge des § 6 Abs. 2 Satz 1 der Gewinnabgrenzungsaufzeichnungsverordnung vom 13. November 2003 (BGBl. I S. 2296) voraussichtlich nicht überschreitet, beträgt die Grundgebühr 10 000 Euro, die Verlängerungsgebühr 7500 Euro und die Änderungsgebühr 5000 Euro.

(4) [1]Das Bundeszentralamt für Steuern kann die Gebühr nach Absatz 2 oder 3 auf Antrag herabsetzen, wenn deren Entrichtung für den Steuerpflichtigen eine unbillige Härte bedeutet und das Bundeszentralamt für Steuern ein besonderes Interesse der Finanzbehörden an der Durchführung des Vorabverständigungsverfahrens feststellt. [2]Der Antrag ist vor Eröffnung des Vorabverständigungsverfahrens zu stellen; ein später gestellter Antrag ist unzulässig.

(5) Im Fall der Rücknahme oder Ablehnung des Antrags, oder wenn das Vorabverständigungsverfahren scheitert, wird die unanfechtbar festgesetzte Gebühr nicht erstattet.

2. Unterabschnitt: Gesonderte Feststellung von Besteuerungsgrundlagen, Festsetzung von Steuermessbeträgen

I. Gesonderte Feststellungen

§ 179 Feststellung von Besteuerungsgrundlagen. (1) Abweichend von § 157 Abs. 2 werden die Besteuerungsgrundlagen durch Feststellungsbescheid gesondert festgestellt, soweit dies in diesem Gesetz oder sonst in den Steuergesetzen bestimmt ist.

(2) [1] Ein Feststellungsbescheid richtet sich gegen den Steuerpflichtigen, dem der Gegenstand der Feststellung bei der Besteuerung zuzurechnen ist. [2] Die gesonderte Feststellung wird gegenüber mehreren Beteiligten einheitlich vorgenommen, wenn dies gesetzlich bestimmt ist oder der Gegenstand der Feststellung mehreren Personen zuzurechnen ist. [3] Ist eine dieser Personen an dem Gegenstand der Feststellung nur über eine andere Person beteiligt, so kann insoweit eine besondere gesonderte Feststellung vorgenommen werden.

(3) Soweit in einem Feststellungsbescheid eine notwendige Feststellung unterblieben ist, ist sie in einem Ergänzungsbescheid nachzuholen.

§ 180 Gesonderte Feststellung von Besteuerungsgrundlagen.

(1)[1)] [1] Gesondert festgestellt werden insbesondere:

1. die Einheitswerte nach Maßgabe des Bewertungsgesetzes,
2. a)[2)] die einkommensteuerpflichtigen und körperschaftsteuerpflichtigen Einkünfte und mit ihnen im Zusammenhang stehende andere Besteuerungsgrundlagen, wenn an den Einkünften mehrere Personen beteiligt sind und die Einkünfte diesen Personen steuerlich zuzurechnen sind,
   b) in anderen als den in Buchstabe a genannten Fällen die Einkünfte aus Land- und Forstwirtschaft, Gewerbebetrieb oder einer freiberuflichen Tätigkeit, wenn nach den Verhältnissen zum Schluss des Gewinnermittlungszeitraums das für die gesonderte Feststellung zuständige Finanzamt nicht auch für die Steuern vom Einkommen zuständig ist,
3. der Wert der vermögensteuerpflichtigen Wirtschaftsgüter *(§§ 114 bis 117a des Bewertungsgesetzes)*[3)] und der Wert der Schulden und sonstigen Abzüge *(§ 118 des Bewertungsgesetzes)*[3)], wenn die Wirtschaftsgüter, Schulden und sonstigen Abzüge mehreren Personen zuzurechnen sind und die Feststellungen für die Besteuerung von Bedeutung sind.

[2] Wenn sich in den Fällen von Satz 1 Nummer 2 Buchstabe b die für die örtliche Zuständigkeit maßgeblichen Verhältnisse nach Schluss des Gewinnermittlungszeitraums geändert haben, so richtet sich die örtliche Zuständigkeit auch für Feststellungszeiträume, die vor der Änderung der maßgeblichen Verhältnisse liegen, nach § 18 Absatz 1 Nummer 1 bis 3 in Verbindung mit § 26.

(2) [1] Zur Sicherstellung einer einheitlichen Rechtsanwendung bei gleichen Sachverhalten und zur Erleichterung des Besteuerungsverfahrens kann das Bundesministerium der Finanzen durch Rechtsverordnung[4)] mit Zustimmung des Bundesrates bestimmen, dass in anderen als den in Absatz 1 genannten

---

[1)] § 180 Abs. 1 Satz 2 angef. durch G v. 22. 12. 2014 (BGBl. I S. 2417); zur Anwendung siehe Art. 97 § 10b Satz 2 EGAO (Nr. **800a**).

[2)] Siehe hierzu Art. 97a § 3 Abs. 2 EGAO (Nr. **800a**).

[3)] §§ 114–117a, 118 BewG aufgeh. durch G v. 20. 12. 1996 (BGBl. I S. 2049) und v. 29. 10. 1997 (BGBl. I S. 2590).

[4)] Vgl. hierzu VO über die gesonderte Feststellung von Besteuerungsgrundlagen nach § 180 Abs. 2 AO (Nr. **800e**).

Fällen Besteuerungsgrundlagen gesondert und für mehrere Personen einheitlich festgestellt werden. [2]Dabei können insbesondere geregelt werden

1. der Gegenstand und der Umfang der gesonderten Feststellung,
2. die Voraussetzungen für das Feststellungsverfahren,
3. die örtliche Zuständigkeit der Finanzbehörden,
4. die Bestimmung der am Feststellungsverfahren beteiligten Personen (Verfahrensbeteiligte) und der Umfang ihrer steuerlichen Pflichten und Rechteeinschließlich der Vertretung Beteiligter durch andere Beteiligte,
5. die Bekanntgabe von Verwaltungsakten an die Verfahrensbeteiligten und Empfangsbevollmächtigte,
6. die Zulässigkeit, der Umfang und die Durchführung von Außenprüfungen zur Ermittlung der Besteuerungsgrundlagen.

[3]Durch Rechtsverordnung kann das Bundesministerium der Finanzen mit Zustimmung des Bundesrates bestimmen, dass Besteuerungsgrundlagen, die sich erst später auswirken, zur Sicherung der späteren zutreffenden Besteuerung gesondert und für mehrere Personen einheitlich festgestellt werden; Satz 2 gilt entsprechend. [4]Die Rechtsverordnungen bedürfen nicht der Zustimmung des Bundesrates, soweit sie Einfuhr- und Ausfuhrabgaben und Verbrauchsteuern, mit Ausnahme der Biersteuer, betreffen.

(3) [1]Absatz 1 Nr. 2 Buchstabe a gilt nicht, wenn

1. nur eine der an den Einkünften beteiligten Personen mit ihren Einkünften im Geltungsbereich dieses Gesetzes einkommensteuerpflichtig oder körperschaftsteuerpflichtig ist oder
2. es sich um einen Fall von geringer Bedeutung handelt, insbesondere weil die Höhe des festgestellten Betrags und die Aufteilung feststehen. [2]Dies gilt sinngemäß auch für die Fälle des Absatzes 1 Nr. 2 Buchstabe b und Nr. 3.

[2]Das nach § 18 Abs. 1 Nr. 4 zuständige Finanzamt kann durch Bescheid feststellen, dass eine gesonderte Feststellung nicht durchzuführen ist. [3]Der Bescheid gilt als Steuerbescheid.

(4) Absatz 1 Nr. 2 Buchstabe a gilt ferner nicht für Arbeitsgemeinschaften, deren alleiniger Zweck in der Erfüllung eines einzigen Werkvertrages oder Werklieferungsvertrages besteht.

(5) Absatz 1 Nr. 2, Absätze 2 und 3 sind entsprechend anzuwenden, soweit

1. die nach einem Abkommen zur Vermeidung der Doppelbesteuerung von der Bemessungsgrundlage ausgenommenen Einkünfte bei der Festsetzung der Steuern der beteiligten Personen von Bedeutung sind oder
2. Steuerabzugsbeträge und Körperschaftsteuer auf die festgesetzte Steuer anzurechnen sind.

§ 181 Verfahrensvorschriften für die gesonderte Feststellung, Feststellungsfrist, Erklärungspflicht. (1) [1]Für die gesonderte Feststellung gelten die Vorschriften über die Durchführung der Besteuerung sinngemäß. [2]Steuererklärung im Sinne des § 170 Abs. 2 Nr. 1 ist die Erklärung zur gesonderten Feststellung. [3]Wird eine Erklärung zur gesonderten Feststellung nach

§ 180 Abs. 2 ohne Aufforderung durch die Finanzbehörde abgegeben, gilt § 170 Abs. 3 sinngemäß.

(2) [1]Eine Erklärung zur gesonderten Feststellung hat abzugeben, wem der Gegenstand der Feststellung ganz oder teilweise zuzurechnen ist. [2]Erklärungspflichtig sind insbesondere

1. in den Fällen des § 180 Abs. 1 Nr. 2 Buchstabe a jeder Feststellungsbeteiligte, dem ein Anteil an den einkommen- oder körperschaftsteuerpflichtigen Einkünften zuzurechnen ist;
2. in den Fällen des § 180 Abs. 1 Nr. 2 Buchstabe b der Unternehmer;
3. in den Fällen des § 180 Abs. 1 Nr. 3 jeder Feststellungsbeteiligte, dem ein Anteil an den Wirtschaftsgütern, Schulden oder sonstigen Abzügen zuzurechnen ist;
4. in den Fällen des § 180 Abs. 1 Nr. 2 Buchstabe a und Nr. 3 auch die in § 34 bezeichneten Personen.

[3]Hat ein Erklärungspflichtiger eine Erklärung zur gesonderten Feststellung abgegeben, sind andere Beteiligte insoweit von der Erklärungspflicht befreit.

(2 a)[1)] [1]Die Erklärung zur gesonderten Feststellung nach § 180 Abs. 1 Nr. 2 ist nach amtlich vorgeschriebenem Datensatz durch Datenfernübertragung zu übermitteln. [2]Auf Antrag kann die Finanzbehörde zur Vermeidung unbilliger Härten auf eine elektronische Übermittlung verzichten; in diesem Fall ist die Erklärung zur gesonderten Feststellung nach amtlich vorgeschriebenem Vordruck abzugeben und vom Erklärungspflichtigen eigenhändig zu unterschreiben.

(3) [1]Die Frist für die gesonderte Feststellung von Einheitswerten (Feststellungsfrist) beginnt mit Ablauf des Kalenderjahrs, auf dessen Beginn die Hauptfeststellung, die Fortschreibung, die Nachfeststellung oder die Aufhebung eines Einheitswerts vorzunehmen ist. [2]Ist eine Erklärung zur gesonderten Feststellung des Einheitswerts abzugeben, beginnt die Feststellungsfrist mit Ablauf des Kalenderjahrs, in dem die Erklärung eingereicht wird, spätestens jedoch mit Ablauf des dritten Kalenderjahrs, das auf das Kalenderjahr folgt, auf dessen Beginn die Einheitswertfeststellung vorzunehmen oder aufzuheben ist. [3]Wird der Beginn der Feststellungsfrist nach Satz 2 hinausgeschoben, wird der Beginn der Feststellungsfrist für die weiteren Feststellungszeitpunkte des Hauptfeststellungszeitraums jeweils um die gleiche Zeit hinausgeschoben.

(4) In den Fällen des Absatzes 3 beginnt die Feststellungsfrist nicht vor Ablauf des Kalenderjahrs, auf dessen Beginn der Einheitswert erstmals steuerlich anzuwenden ist.

(5) [1]Eine gesonderte Feststellung kann auch nach Ablauf der für sie geltenden Feststellungsfrist insoweit erfolgen, als die gesonderte Feststellung für eine Steuerfestsetzung von Bedeutung ist, für die die Festsetzungsfrist im Zeitpunkt der gesonderten Feststellung noch nicht abgelaufen ist; hierbei bleibt § 171 Abs. 10 außer Betracht. [2]Hierauf ist im Feststellungsbescheid hinzuweisen. [3]§ 169 Abs. 1 Satz 3 gilt sinngemäß.

[1)] § 181 Abs. 2 a eingef. mit erstmaliger Wirkung für nach dem 31. 12. 2010 beginnende Feststellungszeiträume (Art. 97 § 10 a Abs. 2 EGAO – Nr. **800 a**) durch G v. 20. 12. 2008 (BGBl. I S. 2850).

§ 182 Wirkungen der gesonderten Feststellung. (1) [1] Feststellungsbescheide sind, auch wenn sie noch nicht unanfechtbar sind, für andere Feststellungsbescheide, für Steuermessbescheide, für Steuerbescheide und für Steueranmeldungen (Folgebescheide) bindend, soweit die in den Feststellungsbescheiden getroffenen Feststellungen für diese Folgebescheide von Bedeutung sind. [2] Satz 1 gilt entsprechend bei Feststellungen nach § 180 Abs. 5 Nr. 2 für Verwaltungsakte, die die Verwirklichung der Ansprüche aus dem Steuerschuldverhältnis betreffen; wird ein Feststellungsbescheid nach § 180 Abs. 5 Nr. 2 erlassen, aufgehoben oder geändert, ist ein Verwaltungsakt, für den dieser Feststellungsbescheid Bindungswirkung entfaltet, in entsprechender Anwendung des § 175 Abs. 1 Satz 1 Nr. 1 zu korrigieren.

(2) [1] Ein Feststellungsbescheid über einen Einheitswert (§ 180 Abs. 1 Nr. 1) wirkt auch gegenüber dem Rechtsnachfolger, auf den der Gegenstand der Feststellung nach dem Feststellungszeitpunkt mit steuerlicher Wirkung übergeht. [2] Tritt die Rechtsnachfolge jedoch ein, bevor der Feststellungsbescheid ergangen ist, so wirkt er gegen den Rechtsnachfolger nur dann, wenn er ihm bekannt gegeben wird. [3] Die Sätze 1 und 2 gelten für gesonderte sowie gesonderte und einheitliche Feststellungen von Besteuerungsgrundlagen, die sich erst später auswirken, nach der Verordnung über die gesonderte Feststellung von Besteuerungsgrundlagen nach § 180 Abs. 2 der Abgabenordnung vom 19. Dezember 1986 (BGBl. I S. 2663), entsprechend.

(3) Erfolgt eine gesonderte Feststellung gegenüber mehreren Beteiligten einheitlich (§ 179 Abs. 2 Satz 2) und ist ein Beteiligter im Feststellungsbescheid unrichtig bezeichnet worden, weil Rechtsnachfolge eingetreten ist, kann dies durch besonderen Bescheid gegenüber dem Rechtsnachfolger berichtigt werden.

§ 183 Empfangsbevollmächtigte bei der einheitlichen Feststellung. (1) [1] Richtet sich ein Feststellungsbescheid gegen mehrere Personen, die an dem Gegenstand der Feststellung als Gesellschafter oder Gemeinschafter beteiligt sind (Feststellungsbeteiligte), so sollen sie einen gemeinsamen Empfangsbevollmächtigten bestellen, der ermächtigt ist, für sie alle Verwaltungsakte und Mitteilungen in Empfang zu nehmen, die mit dem Feststellungsverfahren und dem anschließenden Verfahren über einen Einspruch zusammenhängen. [2] Ist ein gemeinsamer Empfangsbevollmächtigter nicht vorhanden, so gilt ein zur Vertretung der Gesellschaft oder der Feststellungsbeteiligten oder ein zur Verwaltung des Gegenstands der Feststellung Berechtigter als Empfangsbevollmächtigter. [3] Anderenfalls kann die Finanzbehörde die Beteiligten auffordern, innerhalb einer bestimmten angemessenen Frist einen Empfangsbevollmächtigten zu benennen. [4] Hierbei ist ein Beteiligter vorzuschlagen und darauf hinzuweisen, dass diesem die in Satz 1 genannten Verwaltungsakte und Mitteilungen mit Wirkung für und gegen alle Beteiligten bekannt gegeben werden, soweit nicht ein anderer Empfangsbevollmächtigter benannt wird. [5] Bei der Bekanntgabe an den Empfangsbevollmächtigten ist darauf hinzuweisen, dass die Bekanntgabe mit Wirkung für und gegen alle Feststellungsbeteiligten erfolgt.

(2) [1] Absatz 1 ist insoweit nicht anzuwenden, als der Finanzbehörde bekannt ist, dass die Gesellschaft oder Gemeinschaft nicht mehr besteht, dass ein Betei-

ligter aus der Gesellschaft oder der Gemeinschaft ausgeschieden ist oder dass zwischen den Beteiligten ernstliche Meinungsverschiedenheiten bestehen. 2 Ist nach Satz 1 Einzelbekanntgabe erforderlich, so sind dem Beteiligten der Gegenstand der Feststellung, die alle Beteiligten betreffenden Besteuerungsgrundlagen, sein Anteil, die Zahl der Beteiligten und die ihn persönlich betreffenden Besteuerungsgrundlagen bekannt zu geben. 3 Bei berechtigtem Interesse ist dem Beteiligten der gesamte Inhalt des Feststellungsbescheids mitzuteilen.

(3) 1 Ist ein Empfangsbevollmächtigter nach Absatz 1 Satz 1 vorhanden, können Feststellungsbescheide ihm gegenüber auch mit Wirkung für einen in Absatz 2 Satz 1 genannten Beteiligten bekannt gegeben werden, soweit und solange dieser Beteiligte oder der Empfangsbevollmächtigte nicht widersprochen hat. 2 Der Widerruf der Vollmacht wird der Finanzbehörde gegenüber erst wirksam, wenn er ihr zugeht.

(4)[1] Wird eine wirtschaftliche Einheit

1. Ehegatten oder Lebenspartnern oder
2. Ehegatten mit ihren Kindern, Lebenspartnern mit ihren Kindern oder Alleinstehenden mit ihren Kindern

zugerechnet und haben die Beteiligten keinen gemeinsamen Empfangsbevollmächtigten bestellt, so gelten für die Bekanntgabe von Feststellungsbescheiden über den Einheitswert die Regelungen über zusammengefasste Bescheide in § 122 Absatz 7 entsprechend.

II. Festsetzung von Steuermessbeträgen

§ 184 Festsetzung von Steuermessbeträgen. (1) 1 Steuermessbeträge, die nach den Steuergesetzen zu ermitteln sind, werden durch Steuermessbescheid festgesetzt. 2 Mit der Festsetzung der Steuermessbeträge wird auch über die persönliche und sachliche Steuerpflicht entschieden. 3 Die Vorschriften über die Durchführung der Besteuerung sind sinngemäß anzuwenden. 4 Ferner sind § 182 Abs. 1 und für Grundsteuermessbescheide auch Abs. 2 und § 183 sinngemäß anzuwenden.

(2)[2] 1 Die Befugnis, Realsteuermessbeträge festzusetzen, schließt auch die Befugnis zu Maßnahmen nach § 163 Satz 1 ein, soweit für solche Maßnahmen in einer allgemeinen Verwaltungsvorschrift der Bundesregierung, der obersten Bundesfinanzbehörde oder einer obersten Landesfinanzbehörde Richtlinien aufgestellt worden sind. 2 Eine Maßnahme nach § 163 Satz 2 wirkt, soweit sie die gewerblichen Einkünfte als Grundlage für die Festsetzung der Steuer vom Einkommen beeinflusst, auch für den Gewerbeertrag als Grundlage für die Festsetzung des Gewerbesteuermessbetrags.

(3) Die Finanzbehörden teilen den Inhalt des Steuermessbescheids sowie die nach Absatz 2 getroffenen Maßnahmen den Gemeinden mit, denen die Steuerfestsetzung (der Erlass des Realsteuerbescheids) obliegt.

---

[1] § 183 Abs. 4 neu gef. durch G v. 18. 7. 2014 (BGBl. I S. 1042); zur Anwendung siehe Art. 97 § 1 Abs. 10 Satz 1 und 2 EGAO (Nr. **800 a**).

[2] § 184 Abs. 2 Satz 1 geänd. durch G v. 22. 12. 2014 (BGBl. I S. 2417); zur Anwendung siehe Art. 97 § 10 c EGAO (Nr. **800 a**).

3. Unterabschnitt: Zerlegung und Zuteilung

§ 185 Geltung der allgemeinen Vorschriften. Auf die in den Steuergesetzen vorgesehene Zerlegung von Steuermessbeträgen sind die für die Steuermessbeträge geltenden Vorschriften entsprechend anzuwenden, soweit im Folgenden nichts anderes bestimmt ist.

§ 186 Beteiligte. Am Zerlegungsverfahren sind beteiligt:

1. der Steuerpflichtige,
2. die Steuerberechtigten, denen ein Anteil an dem Steuermessbetrag zugeteilt worden ist oder die einen Anteil beanspruchen. [2]Soweit die Festsetzung der Steuer dem Steuerberechtigten nicht obliegt, tritt an seine Stelle die für die Festsetzung der Steuer zuständige Behörde.

§ 187 Akteneinsicht. Die beteiligten Steuerberechtigten können von der zuständigen Finanzbehörde Auskunft über die Zerlegungsgrundlagen verlangen und durch ihre Amtsträger Einsicht in die Zerlegungsunterlagen nehmen.

§ 188 Zerlegungsbescheid. (1) Über die Zerlegung ergeht ein schriftlicher Bescheid (Zerlegungsbescheid), der den Beteiligten bekannt zu geben ist, soweit sie betroffen sind.

(2) [1]Der Zerlegungsbescheid muss die Höhe des zu zerlegenden Steuermessbetrags angeben und bestimmen, welche Anteile den beteiligten Steuerberechtigten zugeteilt werden. [2]Er muss ferner die Zerlegungsgrundlagen angeben.

§ 189 Änderung der Zerlegung. [1]Ist der Anspruch eines Steuerberechtigten auf einen Anteil am Steuermessbetrag nicht berücksichtigt und auch nicht zurückgewiesen worden, so wird die Zerlegung von Amts wegen oder auf Antrag geändert oder nachgeholt. [2]Ist der bisherige Zerlegungsbescheid gegenüber denjenigen Steuerberechtigten, die an dem Zerlegungsverfahren bereits beteiligt waren, unanfechtbar geworden, so dürfen bei der Änderung der Zerlegung nur solche Änderungen vorgenommen werden, die sich aus der nachträglichen Berücksichtigung der bisher übergangenen Steuerberechtigten ergeben. [3]Eine Änderung oder Nachholung der Zerlegung unterbleibt, wenn ein Jahr vergangen ist, seitdem der Steuermessbescheid unanfechtbar geworden ist, es sei denn, dass der übergangene Steuerberechtigte die Änderung oder Nachholung der Zerlegung vor Ablauf des Jahres beantragt hatte.

§ 190 Zuteilungsverfahren. [1]Ist ein Steuermessbetrag in voller Höhe einem Steuerberechtigten zuzuteilen, besteht aber Streit darüber, welchem Steuerberechtigten der Steuermessbetrag zusteht, so entscheidet die Finanzbehörde auf Antrag eines Beteiligten durch Zuteilungsbescheid. [2]Die für das Zerlegungsverfahren geltenden Vorschriften sind entsprechend anzuwenden.

4. Unterabschnitt: Haftung

§ 191 Haftungsbescheide, Duldungsbescheide. (1) [1]Wer kraft Gesetzes für eine Steuer haftet (Haftungsschuldner), kann durch Haftungsbescheid, wer kraft Gesetzes verpflichtet ist, die Vollstreckung zu dulden, kann durch Duldungsbescheid in Anspruch genommen werden. [2]Die Anfechtung wegen Ansprüchen aus dem Steuerschuldverhältnis außerhalb des Insolvenzverfahrens erfolgt durch Duldungsbescheid, soweit sie nicht im Wege der Einrede nach § 9 des Anfechtungsgesetzes geltend zu machen ist; bei der Berechnung von Fristen nach den §§ 3 und 4[1)] des Anfechtungsgesetzes steht der Erlass eines Duldungsbescheids der gerichtlichen Geltendmachung der Anfechtung nach § 7 Abs. 1 des Anfechtungsgesetzes gleich. [3]Die Bescheide sind schriftlich zu erteilen.

(2) Bevor gegen einen Rechtsanwalt, Patentanwalt, Notar, Steuerberater, Steuerbevollmächtigten, Wirtschaftsprüfer oder vereidigten Buchprüfer wegen einer Handlung im Sinne des § 69, die er in Ausübung seines Berufs vorgenommen hat, ein Haftungsbescheid erlassen wird, gibt die Finanzbehörde der zuständigen Berufskammer Gelegenheit, die Gesichtspunkte vorzubringen, die von ihrem Standpunkt für die Entscheidung von Bedeutung sind.

(3)[2) · 3)] [1]Die Vorschriften über die Festsetzungsfrist sind auf den Erlass von Haftungsbescheiden entsprechend anzuwenden. [2]Die Festsetzungsfrist beträgt vier Jahre, in den Fällen des § 70 bei Steuerhinterziehung zehn Jahre, bei leichtfertiger Steuerverkürzung fünf Jahre, in den Fällen des § 71 zehn Jahre. [3]Die Festsetzungsfrist beginnt mit Ablauf des Kalenderjahrs, in dem der Tatbestand verwirklicht worden ist, an den das Gesetz die Haftungsfolge knüpft. [4]Ist die Steuer, für die gehaftet wird, noch nicht festgesetzt worden, so endet die Festsetzungsfrist für den Haftungsbescheid nicht vor Ablauf der für die Steuerfestsetzung geltenden Festsetzungsfrist; andernfalls gilt § 171 Abs. 10 sinngemäß. [5]In den Fällen der §§ 73 und 74 endet die Festsetzungsfrist nicht, bevor die gegen den Steuerschuldner festgesetzte Steuer verjährt (§ 228) ist.

(4)[2)] Ergibt sich die Haftung nicht aus den Steuergesetzen, so kann ein Haftungsbescheid ergehen, solange die Haftungsansprüche nach dem für sie maßgebenden Recht noch nicht verjährt sind.

(5)[2)] [1]Ein Haftungsbescheid kann nicht mehr ergehen,

1. soweit die Steuer gegen den Steuerschuldner nicht festgesetzt worden ist und wegen Ablaufs der Festsetzungsfrist auch nicht mehr festgesetzt werden kann,
2. soweit die gegen den Steuerschuldner festgesetzte Steuer verjährt ist oder die Steuer erlassen worden ist.

[2]Dies gilt nicht, wenn die Haftung darauf beruht, dass der Haftungsschuldner Steuerhinterziehung oder Steuerhehlerei begangen hat.

[1)] § 191 Abs. 1 Satz 2 Verweis geänd. mWv 1. 11. 2008 durch G v. 23. 10. 2008 (BGBl. I S. 2026).

[2)] Zur Anwendung in den neuen Bundesländern siehe Art. 97 a § 2 Nr. 6 EGAO (Nr. **800 a**).

[3)] Zu § 191 Abs. 3 Satz 2 siehe Art. 97 a § 3 EGAO (Nr. **800 a**).

§ 192 Vertragliche Haftung. Wer sich auf Grund eines Vertrags verpflichtet hat, für die Steuer eines anderen einzustehen, kann nur nach den Vorschriften des bürgerlichen Rechts in Anspruch genommen werden.

Vierter Abschnitt: Außenprüfung

1. Unterabschnitt: Allgemeine Vorschriften

§ 193[1] Zulässigkeit einer Außenprüfung. (1) Eine Außenprüfung ist zulässig bei Steuerpflichtigen, die einen gewerblichen oder land- und forstwirtschaftlichen Betrieb unterhalten, die freiberuflich tätig sind und bei Steuerpflichtigen im Sinne des § 147 a.

(2) Bei anderen als den in Absatz 1 bezeichneten Steuerpflichtigen ist eine Außenprüfung zulässig,

1. soweit sie die Verpflichtung dieser Steuerpflichtigen betrifft, für Rechnung eines anderen Steuern zu entrichten oder Steuern einzubehalten und abzuführen,
2. wenn die für die Besteuerung erheblichen Verhältnisse der Aufklärung bedürfen und eine Prüfung an Amtsstelle nach Art und Umfang des zu prüfenden Sachverhalts nicht zweckmäßig ist oder
3. wenn ein Steuerpflichtiger seinen Mitwirkungspflichten nach § 90 Absatz 2 Satz 3 nicht nachkommt.

§ 194 Sachlicher Umfang einer Außenprüfung. (1) [1]Die Außenprüfung dient der Ermittlung der steuerlichen Verhältnisse des Steuerpflichtigen. [2]Sie kann eine oder mehrere Steuerarten, einen oder mehrere Besteuerungszeiträume umfassen oder sich auf bestimmte Sachverhalte beschränken. [3]Die Außenprüfung bei einer Personengesellschaft umfasst die steuerlichen Verhältnisse der Gesellschafter insoweit, als diese Verhältnisse für die zu überprüfenden einheitlichen Feststellungen von Bedeutung sind. [4]Die steuerlichen Verhältnisse anderer Personen können insoweit geprüft werden, als der Steuerpflichtige verpflichtet war oder verpflichtet ist, für Rechnung dieser Personen Steuern zu entrichten oder Steuern einzubehalten und abzuführen; dies gilt auch dann, wenn etwaige Steuernachforderungen den anderen Personen gegenüber geltend zu machen sind.

(2) Die steuerlichen Verhältnisse von Gesellschaftern und Mitgliedern sowie von Mitgliedern der Überwachungsorgane können über die in Absatz 1 geregelten Fälle hinaus in die bei einer Gesellschaft durchzuführende Außenprüfung einbezogen werden, wenn dies im Einzelfall zweckmäßig ist.

(3) Werden anlässlich einer Außenprüfung Verhältnisse anderer als der in Absatz 1 genannten Personen festgestellt, so ist die Auswertung der Feststellungen insoweit zulässig, als ihre Kenntnis für die Besteuerung dieser anderen Perso-

---

[1] § 193 Abs. 1 geänd., Abs. 2 Nr. 3 angef. durch G v. 29. 7. 2009 (BGBl. I S. 2302); zur erstmaligen Anwendung mWv 1. 1. 2010 siehe Art. 97 § 22 Abs. 2 EGAO (Nr. **800 a**) iVm § 5 Satz 1 Steuerhinterziehungsbekämpfungsverordnung (Nr. **12**).

nen von Bedeutung ist oder die Feststellungen eine unerlaubte Hilfeleistung in Steuersachen betreffen.

§ 195 Zuständigkeit. [1]Außenprüfungen werden von den für die Besteuerung zuständigen Finanzbehörden durchgeführt. [2]Sie können andere Finanzbehörden mit der Außenprüfung beauftragen. [3]Die beauftragte Finanzbehörde kann im Namen der zuständigen Finanzbehörde die Steuerfestsetzung vornehmen und verbindliche Zusagen (§§ 204 bis 207) erteilen.

§ 196 Prüfungsanordnung. Die Finanzbehörde bestimmt den Umfang der Außenprüfung in einer schriftlich zu erteilenden Prüfungsanordnung mit Rechtsbehelfsbelehrung (§ 356).

§ 197 Bekanntgabe der Prüfungsanordnung. (1) [1]Die Prüfungsanordnung sowie der voraussichtliche Prüfungsbeginn und die Namen der Prüfer sind dem Steuerpflichtigen, bei dem die Außenprüfung durchgeführt werden soll, angemessene Zeit vor Beginn der Prüfung bekannt zu geben, wenn der Prüfungszweck dadurch nicht gefährdet wird. [2]Der Steuerpflichtige kann auf die Einhaltung der Frist verzichten. [3]Soll die Prüfung nach § 194 Abs. 2 auf die steuerlichen Verhältnisse von Gesellschaftern und Mitgliedern sowie von Mitgliedern der Überwachungsorgane erstreckt werden, so ist die Prüfungsanordnung insoweit auch diesen Personen bekannt zu geben.

(2) Auf Antrag der Steuerpflichtigen soll der Beginn der Außenprüfung auf einen anderen Zeitpunkt verlegt werden, wenn dafür wichtige Gründe glaubhaft gemacht werden.

§ 198 Ausweispflicht, Beginn der Außenprüfung. [1]Die Prüfer haben sich bei Erscheinen unverzüglich auszuweisen. [2]Der Beginn der Außenprüfung ist unter Angabe von Datum und Uhrzeit aktenkundig zu machen.

§ 199 Prüfungsgrundsätze. (1) Der Außenprüfer hat die tatsächlichen und rechtlichen Verhältnisse, die für die Steuerpflicht und für die Bemessung der Steuer maßgebend sind (Besteuerungsgrundlagen), zugunsten wie zuungunsten des Steuerpflichtigen zu prüfen.

(2) Der Steuerpflichtige ist während der Außenprüfung über die festgestellten Sachverhalte und die möglichen steuerlichen Auswirkungen zu unterrichten, wenn dadurch Zweck und Ablauf der Prüfung nicht beeinträchtigt werden.

§ 200 Mitwirkungspflichten des Steuerpflichtigen. (1)[1)] [1]Der Steuerpflichtige hat bei der Feststellung der Sachverhalte, die für die Besteuerung erheblich sein können, mitzuwirken. [2]Er hat insbesondere Auskünfte zu erteilen, Aufzeichnungen, Bücher, Geschäftspapiere und andere Urkunden zur Einsicht und Prüfung vorzulegen, die zum Verständnis der Aufzeichnungen erforderlichen Erläuterungen zu geben und die Finanzbehörde bei Ausübung ihrer Befugnisse nach § 147 Abs. 6 zu unterstützen. [3]Sind der Steuerpflichtige

---

1) § 200 Abs. 1 Satz 2 anzuwenden ab 1. 1. 2002 (Art. 97 § 19 b EGAO – Nr. **800 a**); Abs. 1 Satz 4 neu gef. mWv 30. 6. 2013 durch G v. 26. 6. 2013 (BGBl. I S. 1809).

oder die von ihm benannten Personen nicht in der Lage, Auskünfte zu erteilen, oder sind die Auskünfte zur Klärung des Sachverhalts unzureichend oder versprechen Auskünfte des Steuerpflichtigen keinen Erfolg, so kann der Außenprüfer auch andere Betriebsangehörige um Auskunft ersuchen. 4 § 93 Absatz 2 Satz 2 gilt nicht.

(2) 1 Die in Absatz 1 genannten Unterlagen hat der Steuerpflichtige in seinen Geschäftsräumen oder, soweit ein zur Durchführung der Außenprüfung geeigneter Geschäftsraum nicht vorhanden ist, in seinen Wohnräumen oder an Amtsstelle vorzulegen. 2 Ein zur Durchführung der Außenprüfung geeigneter Raum oder Arbeitsplatz sowie die erforderlichen Hilfsmittel sind unentgeltlich zur Verfügung zu stellen.

(3) 1 Die Außenprüfung findet während der üblichen Geschäfts- oder Arbeitszeit statt. 2 Die Prüfer sind berechtigt, Grundstücke und Betriebsräume zu betreten und zu besichtigen. 3 Bei der Betriebsbesichtigung soll der Betriebsinhaber oder sein Beauftragter hinzugezogen werden.

§ 201 Schlussbesprechung. (1) 1 Über das Ergebnis der Außenprüfung ist eine Besprechung abzuhalten (Schlussbesprechung), es sei denn, dass sich nach dem Ergebnis der Außenprüfung keine Änderung der Besteuerungsgrundlagen ergibt oder dass der Steuerpflichtige auf die Besprechung verzichtet. 2 Bei der Schlussbesprechung sind insbesondere strittige Sachverhalte sowie die rechtliche Beurteilung der Prüfungsfeststellungen und ihre steuerlichen Auswirkungen zu erörtern.

(2) Besteht die Möglichkeit, dass auf Grund der Prüfungsfeststellungen ein Straf- oder Bußgeldverfahren durchgeführt werden muss, soll der Steuerpflichtige darauf hingewiesen werden, dass die straf- oder bußgeldrechtliche Würdigung einem besonderen Verfahren vorbehalten bleibt.

§ 202 Inhalt und Bekanntgabe des Prüfungsberichts. (1) 1 Über das Ergebnis der Außenprüfung ergeht ein schriftlicher Bericht (Prüfungsbericht). 2 Im Prüfungsbericht sind die für die Besteuerung erheblichen Prüfungsfeststellungen in tatsächlicher und rechtlicher Hinsicht sowie die Änderungen der Besteuerungsgrundlagen darzustellen. 3 Führt die Außenprüfung zu keiner Änderung der Besteuerungsgrundlagen, so genügt es, wenn dies dem Steuerpflichtigen schriftlich mitgeteilt wird.

(2) Die Finanzbehörde hat dem Steuerpflichtigen auf Antrag den Prüfungsbericht vor seiner Auswertung zu übersenden und ihm Gelegenheit zu geben, in angemessener Zeit dazu Stellung zu nehmen.

§ 203 Abgekürzte Außenprüfung. (1) 1 Bei Steuerpflichtigen, bei denen die Finanzbehörde eine Außenprüfung in regelmäßigen Zeitabständen nach den Umständen des Falls nicht für erforderlich hält, kann sie eine abgekürzte Außenprüfung durchführen. 2 Die Prüfung hat sich auf die wesentlichen Besteuerungsgrundlagen zu beschränken.

(2) 1 Der Steuerpflichtige ist vor Abschluss der Prüfung darauf hinzuweisen, in wieweit von den Steuererklärungen oder den Steuerfestsetzungen abgewi-

chen werden soll. 2 Die steuerlich erheblichen Prüfungsfeststellungen sind dem Steuerpflichtigen spätestens mit den Steuerbescheiden schriftlich mitzuteilen. 3 § 201 Abs. 1 und § 202 Abs. 2 gelten nicht.

2. Unterabschnitt: Verbindliche Zusagen auf Grund einer Außenprüfung[1)]

§ 204 Voraussetzung der verbindlichen Zusage. Im Anschluss an eine Außenprüfung soll die Finanzbehörde dem Steuerpflichtigen auf Antrag verbindlich zusagen, wie ein für die Vergangenheit geprüfter und im Prüfungsbericht dargestellter Sachverhalt in Zukunft steuerrechtlich behandelt wird, wenn die Kenntnis der künftigen steuerrechtlichen Behandlung für die geschäftlichen Maßnahmen des Steuerpflichtigen von Bedeutung ist.

§ 205 Form der verbindlichen Zusage. (1) Die verbindliche Zusage wird schriftlich erteilt und als verbindlich gekennzeichnet.

(2) Die verbindliche Zusage muss enthalten:

1. den ihr zugrunde gelegten Sachverhalt; dabei kann auf den im Prüfungsbericht dargestellten Sachverhalt Bezug genommen werden,
2. die Entscheidung über den Antrag und die dafür maßgebenden Gründe,
3. eine Angabe darüber, für welche Steuern und für welchen Zeitraum die verbindliche Zusage gilt.

§ 206 Bindungswirkung. (1) Die verbindliche Zusage ist für die Besteuerung bindend, wenn sich der später verwirklichte Sachverhalt mit dem der verbindlichen Zusage zugrunde gelegten Sachverhalt deckt.

(2) Absatz 1 gilt nicht, wenn die verbindliche Zusage zuungunsten des Antragstellers dem geltenden Recht widerspricht.

§ 207 Außerkrafttreten, Aufhebung und Änderung der verbindlichen Zusage. (1) Die verbindliche Zusage tritt außer Kraft, wenn die Rechtsvorschriften, auf denen die Entscheidung beruht, geändert werden.

(2) Die Finanzbehörde kann die verbindliche Zusage mit Wirkung für die Zukunft aufheben oder ändern.

(3) Eine rückwirkende Aufhebung oder Änderung der verbindlichen Zusage ist nur zulässig, falls der Steuerpflichtige zustimmt oder wenn die Voraussetzungen des § 130 Abs. 2 Nr. 1 oder 2 vorliegen.

Fünfter Abschnitt: Steuerfahndung (Zollfahndung)

§ 208 Steuerfahndung (Zollfahndung). (1)[2)] 1 Aufgabe der Steuerfahndung (Zollfahndung) ist

---

[1)] Zur Anwendung in den neuen Bundesländern siehe Art. 97 a § 2 Nr. 8 EGAO (Nr. **800 a**).

[2)] § 208 Abs. 1 Satz 3 erster HS geänd. mWv 30. 6. 2013 durch G v. 26. 6. 2013 (BGBl. I S. 1809).

1. die Erforschung von Steuerstraftaten und Steuerordnungswidrigkeiten,
2. die Ermittlung der Besteuerungsgrundlagen in den in Nummer 1 bezeichneten Fällen,
3. die Aufdeckung und Ermittlung unbekannter Steuerfälle.

2 Die mit der Steuerfahndung betrauten Dienststellen der Landesfinanzbehörden und die Zollfahndungsämter haben außer den Befugnissen nach § 404 Satz 2 erster Halbsatz auch die Ermittlungsbefugnisse, die den Finanzämtern (Hauptzollämtern) zustehen. 3 In den Fällen der Nummern 2 und 3 gelten die Einschränkungen des § 93 Abs. 1 Satz 3, Abs. 2 Satz 2 und des § 97 Absatz 2 nicht; § 200 Abs. 1 Satz 1 und 2, Abs. 2, Abs. 3 Satz 1 und 2 gilt sinngemäß, § 393 Abs. 1 bleibt unberührt.

(2) Unabhängig von Absatz 1 sind die mit der Steuerfahndung betrauten Dienststellen der Landesfinanzbehörden und die Zollfahndungsämter zuständig

1. für steuerliche Ermittlungen einschließlich der Außenprüfung auf Ersuchen der zuständigen Finanzbehörde,
2. für die ihnen sonst im Rahmen der Zuständigkeit der Finanzbehörden übertragenen Aufgaben.

(3) Die Aufgaben und Befugnisse der Finanzämter (Hauptzollämter) bleiben unberührt.

Sechster Abschnitt: Steueraufsicht in besonderen Fällen

§ 209 Gegenstand der Steueraufsicht. (1) Der Warenverkehr über die Grenze und in den Freizonen und Freilagern sowie die Gewinnung und Herstellung, Lagerung, Beförderung und gewerbliche Verwendung verbrauchsteuerpflichtiger Waren und der Handel mit verbrauchsteuerpflichtigen Waren unterliegen der zollamtlichen Überwachung (Steueraufsicht).

(2) Der Steueraufsicht unterliegen ferner:

1. der Versand, die Ausfuhr, Lagerung, Verwendung, Vernichtung, Veredelung, Umwandlung und sonstige Bearbeitung oder Verarbeitung von Waren in einem Verbrauchsteuerverfahren,
2. die Herstellung und Ausfuhr von Waren, für die ein Erlass, eine Erstattung oder Vergütung von Verbrauchsteuer beansprucht wird.

(3) Andere Sachverhalte unterliegen der Steueraufsicht, wenn es gesetzlich bestimmt ist.

§ 210 Befugnisse der Finanzbehörde. (1) Die von der Finanzbehörde mit der Steueraufsicht betrauten Amtsträger sind berechtigt, Grundstücke und Räume von Personen, die eine gewerbliche oder berufliche Tätigkeit selbständig ausüben und denen ein der Steueraufsicht unterliegender Sachverhalt zuzurechnen ist, während der Geschäfts- und Arbeitszeiten zu betreten, um Prüfungen vorzunehmen oder sonst Feststellungen zu treffen, die für die Besteuerung erheblich sein können (Nachschau).

(2) [1]Der Nachschau unterliegen ferner Grundstücke und Räume von Personen, denen ein der Steueraufsicht unterliegender Sachverhalt zuzurechnen ist ohne zeitliche Einschränkung, wenn Tatsachen die Annahme rechtfertigen, dass sich dort Schmuggelwaren oder nicht ordnungsgemäß versteuerte verbrauchsteuerpflichtige Waren befinden oder dort sonst gegen Vorschriften oder Anordnungen verstoßen wird, deren Einhaltung durch die Steueraufsicht gesichert werden soll. [2]Bei Gefahr im Verzug ist eine Durchsuchung von Wohn- und Geschäftsräumen auch ohne richterliche Anordnung zulässig.

(3) [1]Die von der Finanzbehörde mit der Steueraufsicht betrauten Amtsträger sind ferner berechtigt, im Rahmen von zeitlich und örtlich begrenzten Kontrollen, Schiffe und andere Fahrzeuge, die nach ihrer äußeren Erscheinung gewerblichen Zwecken dienen, anzuhalten. [2]Die Betroffenen haben sich auszuweisen und Auskunft über die mitgeführten Waren zu geben; sie haben insbesondere Frachtbriefe und sonstige Beförderungspapiere, auch nicht steuerlicher Art, vorzulegen. [3]Ergeben sich dadurch oder auf Grund sonstiger Tatsachen Anhaltspunkte, dass verbrauchsteuerpflichtige Waren mitgeführt werden, können die Amtsträger die mitgeführten Waren überprüfen und alle Feststellungen treffen, die für eine Besteuerung dieser Waren erheblich sein können. [4]Die Betroffenen haben die Herkunft der verbrauchsteuerpflichtigen Waren anzugeben, die Entnahme von unentgeltlichen Proben zu dulden und die erforderliche Hilfe zu leisten.

(4) [1]Wenn Feststellungen bei Ausübung der Steueraufsicht hierzu Anlass geben, kann ohne vorherige Prüfungsanordnung (§ 196) zu einer Außenprüfung nach § 193 übergegangen werden. [2]Auf den Übergang zur Außenprüfung wird schriftlich hingewiesen.

(5) [1]Wird eine Nachschau in einem Dienstgebäude oder einer nicht allgemein zugänglichen Einrichtung oder Anlage der Bundeswehr erforderlich, so wird die vorgesetzte Dienststelle der Bundeswehr um ihre Durchführung ersucht. [2]Die Finanzbehörde ist zur Mitwirkung berechtigt. [3]Ein Ersuchen ist nicht erforderlich, wenn die Nachschau in Räumen vorzunehmen ist, die ausschließlich von anderen Personen als Soldaten bewohnt werden.

§ 211 Pflichten des Betroffenen. (1) [1]Wer von einer Maßnahme der Steueraufsicht betroffen wird, hat den Amtsträgern auf Verlangen Aufzeichnungen, Bücher, Geschäftspapiere und andere Urkunden über die der Steueraufsicht unterliegenden Sachverhalte und über den Bezug und den Absatz verbrauchsteuerpflichtiger Waren vorzulegen, Auskünfte zu erteilen und die zur Durchführung der Steueraufsicht sonst erforderlichen Hilfsdienste zu leisten. [2]§ 200 Abs. 2 Satz 2 gilt sinngemäß.

(2) Die Pflichten nach Absatz 1 gelten auch dann, wenn bei einer gesetzlich vorgeschriebenen Nachversteuerung verbrauchsteuerpflichtiger Waren in einem der Steueraufsicht unterliegenden Betrieb oder Unternehmen festgestellt werden soll, an welche Empfänger und in welcher Menge nachsteuerpflichtige Waren geliefert worden sind.

(3) Vorkehrungen, die die Ausübung der Steueraufsicht hindern oder erschweren, sind unzulässig.

§ 212 Durchführungsvorschriften. (1) Das Bundesministerium der Finanzen kann durch Rechtsverordnung zur näheren Bestimmung der im Rahmen der Steueraufsicht zu erfüllenden Pflichten anordnen, dass

1. bestimmte Handlungen nur in Räumen vorgenommen werden dürfen, die der Finanzbehörde angemeldet sind oder deren Benutzung für diesen Zweck von der Finanzbehörde besonders genehmigt ist,
2. Räume, Fahrzeuge, Geräte, Gefäße und Leitungen, die der Herstellung, Bearbeitung, Verarbeitung, Lagerung, Beförderung oder Messung steuerpflichtiger Waren dienen oder dienen können, auf Kosten des Betriebsinhabers in bestimmter Weise einzurichten, herzurichten, zu kennzeichnen oder amtlich zu verschließen sind,
3. der Überwachung unterliegende Waren in bestimmter Weise behandelt, bezeichnet, gelagert, verpackt, versandt oder verwendet werden müssen,
4. der Handel mit steuerpflichtigen Waren besonders überwacht wird, wenn der Händler zugleich Hersteller der Waren ist,
5. über die Betriebsvorgänge und über die steuerpflichtigen Waren sowie über die zu ihrer Herstellung verwendeten Einsatzstoffe, Fertigungsstoffe, Hilfsstoffe und Zwischenerzeugnisse in bestimmter Weise Anschreibungen zu führen und die Bestände festzustellen sind,
6. Bücher, Aufzeichnungen und sonstige Unterlagen in bestimmter Weise aufzubewahren sind,
7. Vorgänge und Maßnahmen in Betrieben oder Unternehmen, die für die Besteuerung von Bedeutung sind, der Finanzbehörde anzumelden sind,
8. von steuerpflichtigen Waren, von Waren, für die ein Erlass, eine Erstattung oder Vergütung von Verbrauchsteuern beansprucht wird, von Stoffen, die zur Herstellung dieser Waren bestimmt sind, sowie von Umschließungen dieser Waren unentgeltlich Proben entnommen werden dürfen oder unentgeltlich Muster zu hinterlegen sind.

(2) Die Rechtsverordnung bedarf, außer wenn sie die Biersteuer betrifft, nicht der Zustimmung des Bundesrates.

§ 213 Besondere Aufsichtsmaßnahmen. [1] Betriebe oder Unternehmen, deren Inhaber oder deren leitende Angehörige wegen Steuerhinterziehung, versuchter Steuerhinterziehung oder wegen der Teilnahme an einer solchen Tat rechtskräftig bestraft worden sind, dürfen auf ihre Kosten besonderen Aufsichtsmaßnahmen unterworfen werden, wenn dies zur Gewährleistung einer wirksamen Steueraufsicht erforderlich ist. [2] Insbesondere dürfen zusätzliche Anschreibungen und Meldepflichten, der sichere Verschluss von Räumen, Behältnissen und Geräten sowie ähnliche Maßnahmen vorgeschrieben werden.

§ 214 Beauftragte. Wer sich zur Erfüllung steuerlicher Pflichten, die ihm auf Grund eines der Steueraufsicht unterliegenden Sachverhalts obliegen, durch einen mit der Wahrnehmung dieser Pflichten beauftragten Angehörigen seines Betriebs oder Unternehmens vertreten lässt, bedarf der Zustimmung der Finanzbehörde. [2] *Dies gilt nicht für die Vertretung in Einfuhrabgabensachen im Sinne von Artikel 4 Nr. 10 des Zollkodexes und § 1 Abs. 1 Satz 3 des Zollverwaltungsge-*

setzes im Zusammenhang mit dem Erhalt einer zollrechtlichen Bestimmung im Sinne von Artikel 4 Nr. 15 des Zollkodexes.[1)]

§ 215 Sicherstellung im Aufsichtsweg. (1) [1]Die Finanzbehörde kann durch Wegnahme, Anbringen von Siegeln oder durch Verfügungsverbot sicherstellen:

1. verbrauchsteuerpflichtige Waren, die ein Amtsträger vorfindet
   a) in Herstellungsbetrieben oder anderen anmeldepflichtigen Räumen, die der Finanzbehörde nicht angemeldet sind,
   b) im Handel ohne eine den Steuergesetzen entsprechende Verpackung, Bezeichnung, Kennzeichnung oder ohne vorschriftsmäßige Steuerzeichen,
2. Waren, die im grenznahen Raum oder in Gebieten, die der Grenzaufsicht unterliegen, aufgefunden werden, wenn sie weder offenbar Gemeinschaftswaren noch den Umständen nach in den zollrechtlich freien Verkehr überführt worden sind,
3. die Umschließungen der in den Nummern 1 und 2 genannten Waren,
4. Geräte, die zur Herstellung von verbrauchsteuerpflichtigen Waren bestimmt sind und die sich in einem der Finanzbehörde nicht angemeldeten Herstellungsbetrieb befinden.

[2]Die Sicherstellung ist auch zulässig, wenn die Sachen zunächst in einem Strafverfahren beschlagnahmt und dann der Finanzbehörde zur Verfügung gestellt worden sind.

(2) [1]Über die Sicherstellung ist eine Niederschrift aufzunehmen. [2]Die Sicherstellung ist den betroffenen Personen (Eigentümer, Besitzer) mitzuteilen, soweit sie bekannt sind.

§ 216 Überführung in das Eigentum des Bundes. (1) [1]Nach § 215 sichergestellte Sachen sind in das Eigentum des Bundes überzuführen, sofern sie nicht nach § 375 Abs. 2 eingezogen werden. [2]Für Fundgut gilt dies nur, wenn kein Eigentumsanspruch geltend gemacht wird.

(2) [1]Die Überführung sichergestellter Sachen in das Eigentum des Bundes ist den betroffenen Personen mitzuteilen. [2]Ist eine betroffene Person nicht bekannt, so gilt § 10 Abs. 2[2)] des Verwaltungszustellungsgesetzes[3)] sinngemäß.

(3) [1]Der Eigentumsübergang wird wirksam, sobald der von der Finanzbehörde erlassene Verwaltungsakt unanfechtbar ist. [2]Bei Sachen, die mit dem Grund und Boden verbunden sind, geht das Eigentum unter der Voraussetzung des Satzes 1 mit der Trennung über. [3]Rechte Dritter an einer sichergestellten Sache bleiben bestehen. [4]Das Erlöschen dieser Rechte kann jedoch angeordnet werden, wenn der Dritte leichtfertig dazu beigetragen hat, dass die in das Eigentum des Bundes überführte Sache der Sicherstellung unterlag oder er sein Recht an der Sache in Kenntnis der Umstände erwarb, welche die Sicherstellung veranlasst haben.

[1)] § 214 Satz 2 aufgeh. **mWv 1. 5. 2016** durch G v. 22. 12. 2014 (BGBl. I S. 2417).
[2)] Verweis geänd. durch G v. 12. 8. 2005 (BGBl. I S. 2354).
[3)] Nr. **805**.

(4) 1 Sichergestellte Sachen können schon vor der Überführung in das Eigentum des Bundes veräußert werden, wenn ihr Verderb oder eine wesentliche Minderung ihres Werts droht oder ihre Aufbewahrung, Pflege oder Erhaltung mit unverhältnismäßig großen Kosten oder Schwierigkeiten verbunden ist; zu diesem Zweck dürfen auch Sachen, die mit dem Grund und Boden verbunden sind, von diesem getrennt werden. 2 Der Erlös tritt an die Stelle der Sachen. 3 Die Notveräußerung wird nach den Vorschriften dieses Gesetzes über die Verwertung gepfändeter Sachen durchgeführt. 4 Die betroffenen Personen sollen vor der Anordnung der Veräußerung gehört werden. 5 Die Anordnung sowie Zeit und Ort der Veräußerung sind ihnen, soweit tunlich, mitzuteilen.

(5) 1 Sichergestellte oder bereits in das Eigentum des Bundes überführte Sachen werden zurückgegeben, wenn die Umstände, die die Sicherstellung veranlasst haben, dem Eigentümer nicht zuzurechnen sind oder wenn die Überführung in das Eigentum des Bundes als eine unbillige Härte für die Betroffenen erscheint. 2 Gutgläubige Dritte, deren Rechte durch die Überführung in das Eigentum des Bundes erloschen oder beeinträchtigt sind, werden aus dem Erlös der Sachen angemessen entschädigt. 3 Im Übrigen kann eine Entschädigung gewährt werden, soweit es eine unbillige Härte wäre, sie zu versagen.

§ 217 Steuerhilfspersonen. Zur Feststellung von Tatsachen, die zoll- oder verbrauchsteuerrechtlich erheblich sind, kann die Finanzbehörde Personen, die vom Ergebnis der Feststellung nicht selbst betroffen werden, als Steuerhilfspersonen bestellen.

Fünfter Teil. Erhebungsverfahren

Erster Abschnitt: Verwirklichung, Fälligkeit und Erlöschen von Ansprüchen aus dem Steuerschuldverhältnis

1. Unterabschnitt: Verwirklichung und Fälligkeit von Ansprüchen aus dem Steuerschuldverhältnis

§ 218 Verwirklichung von Ansprüchen aus dem Steuerschuldverhältnis. (1) 1 Grundlage für die Verwirklichung von Ansprüchen aus dem Steuerschuldverhältnis (§ 37) sind die Steuerbescheide, die Steuervergütungsbescheide, die Haftungsbescheide und die Verwaltungsakte, durch die steuerliche Nebenleistungen festgesetzt werden; bei den Säumniszuschlägen genügt die Verwirklichung des gesetzlichen Tatbestands (§ 240). 2 Die Steueranmeldungen (§ 168) stehen den Steuerbescheiden gleich.

(2) 1 Über Streitigkeiten, die die Verwirklichung der Ansprüche im Sinne des Absatzes 1 betreffen, entscheidet die Finanzbehörde durch Abrechnungsbescheid[1]. 2 Dies gilt auch, wenn die Streitigkeit einen Erstattungsanspruch (§ 37 Abs. 2) betrifft.

---

[1] Bezeichnung geänd. mWv 31. 12. 2014 durch G v. 22. 12. 2014 (BGBl. I S. 2417).

(3)[1)] [1]Wird eine Anrechnungsverfügung oder ein Abrechnungsbescheid auf Grund eines Rechtsbehelfs oder auf Antrag des Steuerpflichtigen oder eines Dritten zurückgenommen und in dessen Folge ein für ihn günstigerer Verwaltungsakt erlassen, können nachträglich gegenüber dem Steuerpflichtigen oder einer anderen Person die entsprechenden steuerlichen Folgerungen gezogen werden. [2]§ 174 Absatz 4 und 5 gilt entsprechend.

§ 219 Zahlungsaufforderung bei Haftungsbescheiden. [1]Wenn nichts anderes bestimmt ist, darf ein Haftungsschuldner auf Zahlung nur in Anspruch genommen werden, soweit die Vollstreckung in das bewegliche Vermögen des Steuerschuldners ohne Erfolg geblieben oder anzunehmen ist, daß die Vollstreckung aussichtslos sein würde. [2]Diese Einschränkung gilt nicht, wenn die Haftung darauf beruht, dass der Haftungsschuldner Steuerhinterziehung oder Steuerhehlerei begangen hat oder gesetzlich verpflichtet war, Steuern einzubehalten und abzuführen oder zu Lasten eines anderen zu entrichten.

§ 220 Fälligkeit. (1) Die Fälligkeit von Ansprüchen aus dem Steuerschuldverhältnis richtet sich nach den Vorschriften der Steuergesetze.

(2) [1]Fehlt es an einer besonderen gesetzlichen Regelung über die Fälligkeit, so wird der Anspruch mit seiner Entstehung fällig, es sei denn, dass in einem nach § 254 erforderlichen Leistungsgebot eine Zahlungsfrist eingeräumt worden ist. [2]Ergibt sich der Anspruch in den Fällen des Satzes 1 aus der Festsetzung von Ansprüchen aus dem Steuerschuldverhältnis, so tritt die Fälligkeit nicht vor Bekanntgabe der Festsetzung ein.

§ 221 Abweichende Fälligkeitsbestimmung. [1]Hat ein Steuerpflichtiger eine Verbrauchsteuer oder die Umsatzsteuer mehrfach nicht rechtzeitig entrichtet, so kann die Finanzbehörde verlangen, dass die Steuer jeweils zu einem von der Finanzbehörde zu bestimmenden, vor der gesetzlichen Fälligkeit aber nach Entstehung der Steuer liegenden Zeitpunkt entrichtet wird. [2]Das Gleiche gilt, wenn die Annahme begründet ist, dass der Eingang einer Verbrauchsteuer oder der Umsatzsteuer gefährdet ist; an Stelle der Vorverlegung der Fälligkeit kann auch Sicherheitsleistung verlangt werden. [3]In den Fällen des Satzes 1 ist die Vorverlegung der Fälligkeit nur zulässig, wenn sie dem Steuerpflichtigen für den Fall erneuter nicht rechtzeitiger Entrichtung angekündigt worden ist.

§ 222 Stundung. [1]Die Finanzbehörden können Ansprüche aus dem Steuerschuldverhältnis ganz oder teilweise stunden, wenn die Einziehung bei Fälligkeit eine erhebliche Härte für den Schuldner bedeuten würde und der Anspruch durch die Stundung nicht gefährdet erscheint. [2]Die Stundung soll in der Regel nur auf Antrag und gegen Sicherheitsleistung gewährt werden. [3]Steueransprüche gegen den Steuerschuldner können nicht gestundet werden, soweit ein Dritter (Entrichtungspflichtiger) die Steuer für Rechnung des Steu-

---

[1)] § 218 Abs. 3 angef. durch G v. 22. 12. 2014 (BGBl. I S. 2417); zur Anwendung siehe Art. 97 § 13 a EGAO (Nr. **800 a**).

erschuldners zu entrichten, insbesondere einzubehalten und abzuführen hat. [4]Die Stundung des Haftungsanspruchs gegen den Entrichtungspflichtigen ist ausgeschlossen, soweit er Steuerabzugsbeträge einbehalten oder Beträge, die eine Steuer enthalten, eingenommen hat.

§ 223[1)] *(aufgehoben)*

2. Unterabschnitt: Zahlung, Aufrechnung, Erlass

§ 224 Leistungsort, Tag der Zahlung. (1) [1]Zahlungen an Finanzbehörden sind an die zuständige Kasse zu entrichten. [2]Außerhalb des Kassenraums können Zahlungsmittel nur einem Amtsträger übergeben werden, der zur Annahme von Zahlungsmitteln außerhalb des Kassenraums besonders ermächtigt worden ist und sich hierüber ausweisen kann.

(2) Eine wirksam geleistete Zahlung gilt als entrichtet:

1.[2)] bei Übergabe oder Übersendung von Zahlungsmitteln am Tag des Eingangs, bei Hingabe oder Übersendung von Schecks jedoch drei Tage nach dem Tag des Eingangs,

2.[3)] bei Überweisung oder Einzahlung auf ein Konto der Finanzbehörde und bei Einzahlung mit Zahlschein an dem Tag, an dem der Betrag der Finanzbehörde gutgeschrieben wird,

3. bei Vorliegen einer Einzugsermächtigung am Fälligkeitstag.

(3) [1]Zahlungen der Finanzbehörden sind unbar zu leisten. [2]Das Bundesministerium der Finanzen und die für die Finanzverwaltung zuständigen obersten Landesbehörden können für ihre Geschäftsbereiche Ausnahmen zulassen. [3]Als Tag der Zahlung gilt bei Überweisung oder Zahlungsanweisung der dritte Tag nach der Hingabe oder Absendung des Auftrags an das Kreditinstitut oder, wenn der Betrag nicht sofort abgebucht werden soll, der dritte Tag nach der Abbuchung.

(4) [1]Die zuständige Kasse kann für die Übergabe von Zahlungsmitteln gegen Quittung geschlossen werden. [2]Absatz 2 Nr. 1 gilt entsprechend, wenn bei der Schließung von Kassen nach Satz 1 am Ort der Kasse eine oder mehrere Zweiganstalten der Deutschen Bundesbank oder, falls solche am Ort der Kasse nicht bestehen, ein oder mehrere Kreditinstitute ermächtigt werden, für die Kasse Zahlungsmittel gegen Quittung anzunehmen.

§ 224 a Hingabe von Kunstgegenständen an Zahlungs statt. (1) [1]Schuldet ein Steuerpflichtiger Erbschaft- oder Vermögensteuer, kann durch öffentlich-rechtlichen Vertrag zugelassen werden, dass an Zahlungs statt das Eigentum an Kunstgegenständen, Kunstsammlungen, wissenschaftlichen Sammlungen, Bibliotheken, Handschriften und Archiven dem Land, dem das Steueraufkommen zusteht, übertragen wird, wenn an deren Erwerb wegen

---

1) § 223 aufgeh. mWv 31. 12. 2014 durch G v. 22. 12. 2014 (BGBl. I S. 2417).

2) § 224 Abs. 2 Nr. 1 neu gef. durch G v. 13. 12. 2006 (BGBl. I S. 2878); zur erstmaligen Anwendung siehe Art. 97 § 6 EGAO (Nr. **800 a**).

3) § 224 Abs. 2 Nr. 2 geänd. mWv 30. 6. 2013 durch G v. 26. 6. 2013 (BGBl. I S. 1809).

ihrer Bedeutung für Kunst, Geschichte oder Wissenschaft ein öffentliches Interesse besteht. [2]Die Übertragung des Eigentums nach Satz 1 gilt nicht als Veräußerung im Sinne des § 13 Abs. 1 Nr. 2 Satz 2 des Erbschaftsteuergesetzes.

(2) [1]Der Vertrag nach Absatz 1 bedarf der Schriftform; die elektronische Form ist ausgeschlossen. [2]Der Steuerpflichtige hat das Vertragsangebot an die örtlich zuständige Finanzbehörde zu richten. [3]Zuständig für den Vertragsabschluss ist die oberste Finanzbehörde des Landes, dem das Steueraufkommen zusteht. [4]Der Vertrag wird erst mit der Zustimmung der für kulturelle Angelegenheiten zuständigen obersten Landesbehörde wirksam; diese Zustimmung wird von der obersten Finanzbehörde eingeholt.

(3) Kommt ein Vertrag zustande, erlischt die Steuerschuld in der im Vertrag vereinbarten Höhe am Tag der Übertragung des Eigentums an das Land, dem das Steueraufkommen zusteht.

(4) [1]Solange nicht feststeht, ob ein Vertrag zustande kommt, kann der Steueranspruch nach § 222 gestundet werden. [2]Kommt ein Vertrag zustande, ist für die Dauer der Stundung auf die Erhebung von Stundungszinsen zu verzichten.

§ 225 Reihenfolge der Tilgung. (1) Schuldet ein Steuerpflichtiger mehrere Beträge und reicht bei freiwilliger Zahlung der gezahlte Betrag nicht zur Tilgung sämtlicher Schulden aus, so wird die Schuld getilgt, die der Steuerpflichtige bei der Zahlung bestimmt.

(2) [1]Trifft der Steuerpflichtige keine Bestimmung, so werden mit einer freiwilligen Zahlung, die nicht sämtliche Schulden deckt, zunächst die Geldbußen, sodann nacheinander die Zwangsgelder, die Steuerabzugsbeträge, die übrigen Steuern, die Kosten, die Verspätungszuschläge, die Zinsen und die Säumniszuschläge getilgt. [2]Innerhalb dieser Reihenfolge sind die einzelnen Schulden nach ihrer Fälligkeit zu ordnen; bei gleichzeitig fällig gewordenen Beträgen und bei den Säumniszuschlägen bestimmt die Finanzbehörde die Reihenfolge der Tilgung.

(3) Wird die Zahlung im Verwaltungsweg erzwungen (§ 249) und reicht der verfügbare Betrag nicht zur Tilgung aller Schulden aus, derentwegen die Vollstreckung oder die Verwertung der Sicherheiten erfolgt ist, so bestimmt die Finanzbehörde die Reihenfolge der Tilgung.

§ 226 Aufrechnung. (1) Für die Aufrechnung mit Ansprüchen aus dem Steuerschuldverhältnis sowie für die Aufrechnung gegen diese Ansprüche gelten sinngemäß die Vorschriften des bürgerlichen Rechts, soweit nichts anderes bestimmt ist.

(2) Mit Ansprüchen aus dem Steuerschuldverhältnis kann nicht aufgerechnet werden, wenn sie durch Verjährung oder Ablauf einer Ausschlussfrist erloschen sind.

(3) Die Steuerpflichtigen können gegen Ansprüche aus dem Steuerschuldverhältnis nur mit unbestrittenen oder rechtskräftig festgestellten Gegenansprüchen aufrechnen.

(4) Für die Aufrechnung gilt als Gläubiger oder Schuldner eines Anspruchs aus dem Steuerschuldverhältnis auch die Körperschaft, die die Steuer verwaltet.

§ 227 Erlass. Die Finanzbehörden können Ansprüche aus dem Steuerschuldverhältnis ganz oder zum Teil erlassen, wenn deren Einziehung nach Lage des einzelnen Falls unbillig wäre; unter den gleichen Voraussetzungen können bereits entrichtete Beträge erstattet oder angerechnet werden.

3. Unterabschnitt: Zahlungsverjährung[1)]

§ 228 Gegenstand der Verjährung, Verjährungsfrist. [1]Ansprüche aus dem Steuerschuldverhältnis unterliegen einer besonderen Zahlungsverjährung. [2]Die Verjährungsfrist beträgt fünf Jahre.

§ 229 Beginn der Verjährung. (1) [1]Die Verjährung beginnt mit Ablauf des Kalenderjahrs, in dem der Anspruch erstmals fällig geworden ist. [2]Sie beginnt jedoch nicht vor Ablauf des Kalenderjahrs, in dem die Festsetzung eines Anspruchs aus dem Steuerschuldverhältnis, ihre Aufhebung, Änderung oder Berichtigung nach § 129 wirksam geworden ist, aus der sich der Anspruch ergibt; eine Steueranmeldung steht einer Steuerfestsetzung gleich.

(2) Ist ein Haftungsbescheid ohne Zahlungsaufforderung ergangen, so beginnt die Verjährung mit Ablauf des Kalenderjahrs, in dem der Haftungsbescheid wirksam geworden ist.

§ 230 Hemmung der Verjährung. Die Verjährung ist gehemmt, solange der Anspruch wegen höherer Gewalt innerhalb der letzten sechs Monate der Verjährungsfrist nicht verfolgt werden kann.

§ 231 Unterbrechung der Verjährung. (1)[2)] [1]Die Verjährung wird unterbrochen durch schriftliche Geltendmachung des Anspruches, durch Zahlungsaufschub, durch Stundung, durch Aussetzung der Vollziehung, durch Aussetzung der Verpflichtung des Zollschuldners zur Abgabenentrichtung, durch Sicherheitsleistung, durch Vollstreckungsaufschub, durch eine Vollstreckungsmaßnahme, durch Anmeldung im Insolvenzverfahren, durch Aufnahme in einen Insolvenzplan oder einen gerichtlichen Schuldenbereinigungsplan, durch Einbeziehung in ein Verfahren, das die Restschuldbefreiung für den Schuldner zum Ziel hat, und durch Ermittlungen der Finanzbehörde nach dem Wohnsitz oder dem Aufenthaltsort des Zahlungspflichtigen. [2]§ 169 Abs. 1 Satz 3 gilt sinngemäß.

(2)[3)] [1]Die Unterbrechung der Verjährung durch Zahlungsaufschub, durch Stundung, durch Aussetzung der Vollziehung, durch Aussetzung der Verpflich-

---

1) Zur Anwendung in den neuen Bundesländern vgl. Art. 97 a § 2 Nr. 9 EGAO (Nr. **800 a**).

2) § 231 Abs. 1 Satz 1 geänd. mWv 20. 12. 2003 durch G v. 15. 12. 2003 (BGBl. I S. 2645).

3) § 231 Abs. 2 Satz 1 neu gef. mWv 20. 12. 2003 durch G v. 15. 12. 2003 (BGBl. I S. 2645).

tung des Zollschuldners zur Abgabenentrichtung, durch Sicherheitsleistung, durch Vollstreckungsaufschub, durch eine Vollstreckungsmaßnahme, die zu einem Pfändungspfandrecht, einer Zwangshypothek oder einem sonstigen Vorzugsrecht auf Befriedigung führt, durch Anmeldung im Insolvenzverfahren, durch Aufnahme in einen Insolvenzplan oder einen gerichtlichen Schuldenbereinigungsplan oder durch Einbeziehung in ein Verfahren, das die Restschuldbefreiung für den Schuldner zum Ziel hat, dauert fort, bis der Zahlungsaufschub, die Stundung, die Aussetzung der Vollziehung, die Aussetzung der Verpflichtung des Zollschuldners zur Abgabenentrichtung oder der Vollstreckungsaufschub abgelaufen, die Sicherheit, das Pfändungspfandrecht, die Zwangshypothek oder ein sonstiges Vorzugsrecht auf Befriedigung erloschen, das Insolvenzverfahren beendet ist, der Insolvenzplan oder der gerichtliche Schuldenbereinigungsplan erfüllt oder hinfällig wird, die Restschuldbefreiung wirksam wird oder das Verfahren, das die Restschuldbefreiung zum Ziel hat, vorzeitig beendet wird. [2] Wird gegen die Finanzbehörde ein Anspruch geltend gemacht, so endet die hierdurch eingetretene Unterbrechung der Verjährung nicht, bevor über den Anspruch rechtskräftig entschieden worden ist.

(3) Mit Ablauf des Kalenderjahrs, in dem die Unterbrechung geendet hat, beginnt eine neue Verjährungsfrist.

(4) Die Verjährung wird nur in Höhe des Betrags unterbrochen, auf den sich die Unterbrechungshandlung bezieht.

§ 232 Wirkung der Verjährung. Durch die Verjährung erlöschen der Anspruch aus dem Steuerschuldverhältnis und die von ihm abhängenden Zinsen.

Zweiter Abschnitt: Verzinsung, Säumniszuschläge

1. Unterabschnitt: Verzinsung

§ 233 Grundsatz. [1] Ansprüche aus dem Steuerschuldverhältnis (§ 37) werden nur verzinst, soweit dies gesetzlich vorgeschrieben ist. [2] Ansprüche auf steuerliche Nebenleistungen (§ 3 Abs. 4) und die entsprechenden Erstattungsansprüche werden nicht verzinst.

§ 233 a Verzinsung von Steuernachforderungen und Steuererstattungen. (1) [1] Führt die Festsetzung der Einkommen-, Körperschaft-, Vermögen-, Umsatz- oder Gewerbesteuer zu einem Unterschiedsbetrag im Sinne des Absatzes 3, ist dieser zu verzinsen. [2] Dies gilt nicht für die Festsetzung von Vorauszahlungen und Steuerabzugsbeträgen.

(2)[1)] [1] Der Zinslauf beginnt 15 Monate nach Ablauf des Kalenderjahrs, in dem die Steuer entstanden ist. [2] Er beginnt für die Einkommen- und Körper-

---

[1)] Zur Anwendung in den neuen Bundesländern siehe Art. 97 a § 2 Nr. 10 EGAO (Nr. **800 a**).

schaftsteuer 23 Monate[1)] nach diesem Zeitpunkt, wenn die Einkünfte aus Land- und Forstwirtschaft bei der erstmaligen Steuerfestsetzung die anderen Einkünfte überwiegen. [3]Er endet mit Ablauf des Tages, an dem die Steuerfestsetzung wirksam wird.

(2 a) Soweit die Steuerfestsetzung auf der Berücksichtigung eines rückwirkenden Ereignisses (§ 175 Abs. 1 Satz 1 Nr. 2 und Abs. 2) oder auf einem Verlustabzug nach § 10 d Abs. 1 des Einkommensteuergesetzes beruht, beginnt der Zinslauf abweichend von Absatz 2 Satz 1 und 2 15 Monate nach Ablauf des Kalenderjahres, in dem das rückwirkende Ereignis eingetreten oder der Verlust entstanden ist.

(3) [1]Maßgebend für die Zinsberechnung ist die festgesetzte Steuer, vermindert um die anzurechnenden Steuerabzugsbeträge, um die anzurechnende Körperschaftsteuer und um die bis zum Beginn des Zinslaufs festgesetzten Vorauszahlungen (Unterschiedsbetrag). [2]Bei der Vermögensteuer ist als Unterschiedsbetrag für die Zinsberechnung die festgesetzte Steuer, vermindert um die festgesetzten Vorauszahlungen oder die bisher festgesetzte Jahressteuer, maßgebend. [3]Ein Unterschiedsbetrag zugunsten des Steuerpflichtigen ist nur bis zur Höhe des zu erstattenden Betrags zu verzinsen; die Verzinsung beginnt frühestens mit dem Tag der Zahlung.

(4) Die Festsetzung der Zinsen soll mit der Steuerfestsetzung verbunden werden.

(5) [1]Wird die Steuerfestsetzung aufgehoben, geändert oder nach § 129 berichtigt, ist eine bisherige Zinsfestsetzung zu ändern; Gleiches gilt, wenn die Anrechnung von Steuerbeträgen zurückgenommen, widerrufen oder nach § 129 berichtigt wird. [2]Maßgebend für die Zinsberechnung ist der Unterschiedsbetrag zwischen der festgesetzten Steuer und der vorher festgesetzten Steuer, jeweils vermindert um die anzurechnenden Steuerabzugsbeträge und um die anzurechnende Körperschaftsteuer. [3]Dem sich hiernach ergebenden Zinsbetrag sind bisher festzusetzende Zinsen hinzuzurechnen; bei einem Unterschiedsbetrag zugunsten des Steuerpflichtigen entfallen darauf festgesetzte Zinsen. [4]Im Übrigen gilt Absatz 3 Satz 3 entsprechend.

(6) Die Absätze 1 bis 5 gelten bei der Durchführung des Lohnsteuer-Jahresausgleichs entsprechend.

(7) [1]Bei Anwendung des Absatzes 2 a gelten die Absätze 3 und 5 mit der Maßgabe, dass der Unterschiedsbetrag in Teil-Unterschiedsbeträge mit jeweils gleichem Zinslaufbeginn aufzuteilen ist; für jeden Teil-Unterschiedsbetrag sind Zinsen gesondert und in der zeitlichen Reihenfolge der Teil-Unterschiedsbeträge zu berechnen, beginnend mit den Zinsen auf den Teil-Unterschiedsbetrag mit dem ältesten Zinslaufbeginn. [2]Ergibt sich ein Teil-Unterschiedsbetrag zugunsten des Steuerpflichtigen, entfallen auf diesen Betrag festgesetzte Zinsen frühestens ab Beginn des für diesen Teil-Unterschiedsbetrag maßgebenden Zinslaufs; Zinsen für den Zeitraum bis zum Beginn des Zinslaufs dieses Teil-Unterschiedsbetrags bleiben endgültig bestehen. [3]Dies gilt auch, wenn

---

[1)] Zeitpunkt geänd. durch G v. 1. 11. 2011 (BGBl. I S. 2131); zur Anwendung siehe Art. 97 § 15 Abs. 11 EGAO (Nr. **800 a**).

zuvor innerhalb derselben Zinsberechnung Zinsen auf einen Teil-Unterschiedsbetrag zuungunsten des Steuerpflichtigen berechnet worden sind.

§ 234 Stundungszinsen. (1) [1]Für die Dauer einer gewährten Stundung von Ansprüchen aus dem Steuerschuldverhältnis werden Zinsen erhoben. [2]Wird der Steuerbescheid nach Ablauf der Stundung aufgehoben, geändert oder nach § 129 berichtigt, so bleiben die bis dahin entstandenen Zinsen unberührt.

(2) Auf die Zinsen kann ganz oder teilweise verzichtet werden, wenn ihre Erhebung nach Lage des einzelnen Falls unbillig wäre.

(3) Zinsen nach § 233a, die für denselben Zeitraum festgesetzt wurden, sind anzurechnen.

§ 235 Verzinsung von hinterzogenen Steuern. (1) [1]Hinterzogene Steuern sind zu verzinsen. [2]Zinsschuldner ist derjenige, zu dessen Vorteil die Steuern hinterzogen worden sind. [3]Wird die Steuerhinterziehung dadurch begangen, dass ein anderer als der Steuerschuldner seine Verpflichtung, einbehaltene Steuern an die Finanzbehörde abzuführen oder Steuern zu Lasten eines anderen zu entrichten, nicht erfüllt, so ist dieser Zinsschuldner.

(2) [1]Der Zinslauf beginnt mit dem Eintritt der Verkürzung oder der Erlangung des Steuervorteils, es sei denn, dass die hinterzogenen Beträge ohne die Steuerhinterziehung erst später fällig geworden wären. [2]In diesem Fall ist der spätere Zeitpunkt maßgebend.

(3) [1]Der Zinslauf endet mit der Zahlung der hinterzogenen Steuern. [2]Für eine Zeit, für die ein Säumniszuschlag verwirkt, die Zahlung gestundet oder die Vollziehung ausgesetzt ist, werden Zinsen nach dieser Vorschrift nicht erhoben. [3]Wird der Steuerbescheid nach Ende des Zinslaufs aufgehoben, geändert oder nach § 129 berichtigt, so bleiben die bis dahin entstandenen Zinsen unberührt.

(4) Zinsen nach § 233a, die für denselben Zeitraum festgesetzt wurden, sind anzurechnen.

§ 236 Prozesszinsen auf Erstattungsbeträge. (1) [1]Wird durch eine rechtskräftige gerichtliche Entscheidung oder auf Grund einer solchen Entscheidung eine festgesetzte Steuer herabgesetzt oder eine Steuervergütung gewährt, so ist der zu erstattende oder zu vergütende Betrag vorbehaltlich des Absatzes 3 vom Tag der Rechtshängigkeit an bis zum Auszahlungstag zu verzinsen. [2]Ist der zu erstattende Betrag erst nach Eintritt der Rechtshängigkeit entrichtet worden, so beginnt die Verzinsung mit dem Tag der Zahlung.

(2) Absatz 1 ist entsprechend anzuwenden, wenn

1. sich der Rechtsstreit durch Aufhebung oder Änderung des angefochtenen Verwaltungsakts oder durch Erlass des beantragten Verwaltungsakts erledigt oder
2. eine rechtskräftige gerichtliche Entscheidung oder ein unanfechtbarer Verwaltungsakt, durch den sich der Rechtsstreit erledigt hat,

   a) zur Herabsetzung der in einem Folgebescheid festgesetzten Steuer,

b) zur Herabsetzung der Gewerbesteuer nach Änderung des Gewerbesteuermessbetrags

führt.

(3) Ein zu erstattender oder zu vergütender Betrag wird nicht verzinst, soweit dem Beteiligten die Kosten des Rechtsbehelfs nach § 137 Satz 1 der Finanzgerichtsordnung auferlegt worden sind.

(4) Zinsen nach § 233 a, die für denselben Zeitraum festgesetzt wurden, sind anzurechnen.

(5) Ein Zinsbescheid ist nicht aufzuheben oder zu ändern, wenn der Steuerbescheid nach Abschluss des Rechtsbehelfsverfahrens aufgehoben, geändert oder nach § 129 berichtigt wird.

§ 237 Zinsen bei Aussetzung der Vollziehung. (1) [1]Soweit ein Einspruch oder eine Anfechtungsklage gegen einen Steuerbescheid, eine Steueranmeldung oder einen Verwaltungsakt, der einen Steuervergütungsbescheid aufhebt oder ändert, oder gegen eine Einspruchsentscheidung über einen dieser Verwaltungsakte endgültig keinen Erfolg gehabt hat, ist der geschuldete Betrag, hinsichtlich dessen die Vollziehung des angefochtenen Verwaltungsakts ausgesetzt wurde, zu verzinsen. [2]Satz 1 gilt entsprechend, wenn nach Einlegung eines förmlichen außergerichtlichen oder gerichtlichen Rechtsbehelfs gegen einen Grundlagenbescheid (§ 171 Abs. 10) oder eine Rechtsbehelfsentscheidung über einen Grundlagenbescheid die Vollziehung eines Folgebescheids ausgesetzt wurde.

(2) [1]Zinsen werden erhoben vom Tag des Eingangs des außergerichtlichen Rechtsbehelfs bei der Behörde, deren Verwaltungsakt angefochten wird, oder vom Tag der Rechtshängigkeit beim Gericht an bis zum Tag, an dem die Aussetzung der Vollziehung endet. [2]Ist die Vollziehung erst nach dem Eingang des außergerichtlichen Rechtsbehelfs oder erst nach der Rechtshängigkeit ausgesetzt worden, so beginnt die Verzinsung mit dem Tag, an dem die Wirkung der Aussetzung der Vollziehung beginnt.

(3) Absätze 1 und 2 sind entsprechend anzuwenden, wenn nach Aussetzung der Vollziehung des Einkommensteuerbescheids, des Körperschaftsteuerbescheids oder eines Feststellungsbescheids die Vollziehung eines Gewerbesteuermessbescheids oder Gewerbesteuerbescheids ausgesetzt wird.

(4) § 234 Abs. 2 und 3 gelten entsprechend.

(5) Ein Zinsbescheid ist nicht aufzuheben oder zu ändern, wenn der Steuerbescheid nach Abschluss des Rechtsbehelfsverfahrens aufgehoben, geändert oder nach § 129 berichtigt wird.

§ 238 Höhe und Berechnung der Zinsen. (1) [1]Die Zinsen betragen für jeden Monat einhalb Prozent. [2]Sie sind von dem Tag an, an dem der Zinslauf beginnt, nur für volle Monate zu zahlen; angefangene Monate bleiben außer Ansatz. [3]Erlischt der zu verzinsende Anspruch durch Aufrechnung, gilt der Tag, an dem die Schuld des Aufrechnenden fällig wird, als Tag der Zahlung.

(2)[1] Für die Berechnung der Zinsen wird der zu verzinsende Betrag jeder Steuerart auf den nächsten durch 50 Euro teilbaren Betrag abgerundet.

§ 239 Festsetzung der Zinsen. (1) [1] Auf die Zinsen sind die für die Steuern geltenden Vorschriften entsprechend anzuwenden, jedoch beträgt die Festsetzungsfrist ein Jahr. [2] Die Festsetzungsfrist beginnt:

1. in den Fällen des § 233 a mit Ablauf des Kalenderjahrs, in dem die Steuer festgesetzt, aufgehoben, geändert oder nach § 129 berichtigt worden ist,
2. in den Fällen des § 234 mit Ablauf des Kalenderjahrs, in dem die Stundung geendet hat,
3. in den Fällen des § 235 mit Ablauf des Kalenderjahrs, in dem die Festsetzung der hinterzogenen Steuern unanfechtbar geworden ist, jedoch nicht vor Ablauf des Kalenderjahrs, in dem ein eingeleitetes Strafverfahren rechtskräftig abgeschlossen worden ist,
4. in den Fällen des § 236 mit Ablauf des Kalenderjahrs, in dem die Steuer erstattet oder die Steuervergütung ausgezahlt worden ist,
5. in den Fällen des § 237 mit Ablauf des Kalenderjahrs, in dem ein Einspruch oder eine Anfechtungsklage endgültig erfolglos geblieben ist.

[3] Die Festsetzungsfrist läuft in den Fällen des § 233 a nicht ab, solange die Steuerfestsetzung, ihre Aufhebung, ihre Änderung oder ihre Berichtigung nach § 129 noch zulässig ist.

(2)[2] [1] Zinsen sind auf volle Euro zum Vorteil des Steuerpflichtigen gerundet festzusetzen. [2] Sie werden nur dann festgesetzt, wenn sie mindestens 10 Euro betragen.

2. Unterabschnitt: Säumniszuschläge

§ 240 Säumniszuschläge. (1) [1] Wird eine Steuer nicht bis zum Ablauf des Fälligkeitstages entrichtet, so ist für jeden angefangenen Monat der Säumnis ein Säumniszuschlag von ein Prozent des abgerundeten rückständigen Steuerbetrags zu entrichten; abzurunden ist auf den nächsten durch 50 Euro teilbaren Betrag. [2] Das Gleiche gilt für zurückzuzahlende Steuervergütungen und Haftungsschulden, soweit sich die Haftung auf Steuern und zurückzuzahlende Steuervergütungen erstreckt. [3] Die Säumnis nach Satz 1 tritt nicht ein, bevor die Steuer festgesetzt oder angemeldet worden ist. [4] Wird die Festsetzung einer Steuer oder Steuervergütung aufgehoben, geändert oder nach § 129 berichtigt, so bleiben die bis dahin verwirkten Säumniszuschläge unberührt; das Gleiche gilt, wenn ein Haftungsbescheid zurückgenommen, widerrufen oder nach § 129 berichtigt wird. [5] Erlischt der Anspruch durch Aufrechnung, bleiben Säumniszuschläge unberührt, die bis zur Fälligkeit der Schuld des Aufrechnenden entstanden sind.

(2) Säumniszuschläge entstehen nicht bei steuerlichen Nebenleistungen.

---

[1] Zur erstmaligen Anwendung von § 238 Abs. 2 siehe Art. 97 § 15 Abs. 10 EGAO – Nr. **800 a**.

[2] Zur erstmaligen Anwendung von § 239 Abs. 2 siehe Art. 97 § 15 Abs. 10 EGAO – Nr. **800 a**.

(3) 1 Ein Säumniszuschlag wird bei einer Säumnis bis zu drei[1] Tagen nicht erhoben. 2 Dies gilt nicht bei Zahlung nach § 224 Abs. 2 Nr. 1.

(4) 1 In den Fällen der Gesamtschuld entstehen Säumniszuschläge gegenüber jedem säumigen Gesamtschuldner. 2 Insgesamt ist jedoch kein höherer Säumniszuschlag zu entrichten als verwirkt worden wäre, wenn die Säumnis nur bei einem Gesamtschuldner eingetreten wäre.

Dritter Abschnitt: Sicherheitsleistung

§ 241 Art der Sicherheitsleistung. (1) Wer nach den Steuergesetzen Sicherheit zu leisten hat, kann diese erbringen

1. durch Hinterlegung von im Geltungsbereich dieses Gesetzes umlaufenden Zahlungsmitteln bei der zuständigen Finanzbehörde,
2. durch Verpfändung der in Absatz 2 genannten Wertpapiere, die von dem zur Sicherheitsleistung Verpflichteten der Deutschen Bundesbank oder einem Kreditinstitut zur Verwahrung anvertraut worden sind, das zum Depotgeschäft zugelassen ist, wenn dem Pfandrecht keine anderen Rechte vorgehen. 2 Die Haftung der Wertpapiere für Forderungen des Verwahrers für ihre Verwahrung und Verwaltung bleibt unberührt. 3 Der Verpfändung von Wertpapieren steht die Verpfändung von Anteilen an einem Sammelbestand nach § 6 des Depotgesetzes in der im Bundesgesetzblatt Teil III, Gliederungsnummer 4130-1, veröffentlichten bereinigten Fassung, zuletzt geändert durch Artikel 1 des Gesetzes vom 17. Juli 1985 (BGBl. I S. 1507), gleich,
3. durch eine mit der Übergabe des Sparbuchs verbundene Verpfändung von Spareinlagen bei einem Kreditinstitut, das im Geltungsbereich dieses Gesetzes zum Einlagengeschäft zugelassen ist, wenn dem Pfandrecht keine anderen Rechte vorgehen,
4. durch Verpfändung von Forderungen, die in einem Schuldbuch des Bundes, eines Sondervermögens des Bundes oder eines Landes eingetragen sind, wenn dem Pfandrecht keine anderen Rechte vorgehen,
5. durch Bestellung von
   a) erstrangigen Hypotheken, Grund- oder Rentenschulden an Grundstücken oder Erbbaurechten, die im Geltungsbereich dieses Gesetzes belegen sind,
   b) erstrangigen Schiffshypotheken an Schiffen, Schiffsbauwerken oder Schwimmdocks, die in einem im Geltungsbereich dieses Gesetzes geführten Schiffsregister oder Schiffsbauregister eingetragen sind,
6. durch Verpfändung von Forderungen, für die eine erstrangige Verkehrshypothek an einem im Geltungsbereich dieses Gesetzes belegenen Grundstück oder Erbbaurecht besteht, oder durch Verpfändung von erstrangigen Grundschulden oder Rentenschulden an im Geltungsbereich dieses Geset-

---

[1] § 240 Abs. 3 Satz 1 geänd. durch G v. 15. 12. 2003 (BGBl. I S. 2645); zur erstmaligen Anwendung siehe Art. 97 § 16 Abs. 6 EGAO (Nr. **800 a**).

zes belegenen Grundstücken oder Erbbaurechten, wenn an den Forderungen, Grundschulden oder Rentenschulden keine vorgehenden Rechte bestehen,

7. durch Schuldversprechen, Bürgschaft oder Wechselverpflichtungen eines tauglichen Steuerbürgen (§ 244).

(2) Wertpapiere im Sinne von Absatz 1 Nr. 2 sind

1. Schuldverschreibungen des Bundes, eines Sondervermögens des Bundes, eines Landes, einer Gemeinde oder eines Gemeindeverbands,
2. Schuldverschreibungen zwischenstaatlicher Einrichtungen, denen der Bund Hoheitsrechte übertragen hat, wenn sie im Geltungsbereich dieses Gesetzes zum amtlichen Börsenhandel zugelassen sind,
3. Schuldverschreibungen der Deutschen Genossenschaftsbank, der Deutschen Siedlungs- und Landesrentenbank, der Deutschen Ausgleichsbank, der Kreditanstalt für Wiederaufbau und der Landwirtschaftlichen Rentenbank,
4. Pfandbriefe, Kommunalobligationen und verwandte Schuldverschreibungen,
5. Schuldverschreibungen, deren Verzinsung und Rückzahlung vom Bund oder von einem Land gewährleistet werden.

(3) Ein unter Steuerverschluss befindliches Lager steuerpflichtiger Waren gilt als ausreichende Sicherheit für die darauf lastende Steuer.

§ 242 Wirkung der Hinterlegung von Zahlungsmitteln. [1] Zahlungsmittel, die nach § 241 Abs. 1 Nr. 1 hinterlegt werden, gehen in das Eigentum der Körperschaft über, der die Finanzbehörde angehört, bei der sie hinterlegt worden sind. [2] Die Forderung auf Rückzahlung ist nicht zu verzinsen. [3] Mit der Hinterlegung erwirbt die Körperschaft, deren Forderung durch die Hinterlegung gesichert werden soll, ein Pfandrecht an der Forderung auf Rückerstattung der hinterlegten Zahlungsmittel.

§ 243 Verpfändung von Wertpapieren. [1] Die Sicherheitsleistung durch Verpfändung von Wertpapieren nach § 241 Abs. 1 Nr. 2 ist nur zulässig, wenn der Verwahrer die Gewähr für die Umlauffähigkeit übernimmt. [2] Die Übernahme dieser Gewähr umfasst die Haftung dafür,

1. dass das Rückforderungsrecht des Hinterlegers durch gerichtliche Sperre und Beschlagnahme nicht beschränkt ist,
2. dass die anvertrauten Wertpapiere in den Sammellisten aufgerufener Wertpapiere nicht als gestohlen oder als verloren gemeldet und weder mit Zahlungssperre belegt noch zur Kraftloserklärung aufgeboten oder für kraftlos erklärt worden sind,
3. dass die Wertpapiere auf den Inhaber lauten, oder, falls sie auf den Namen ausgestellt sind, mit Blankoindossament versehen und auch sonst nicht gesperrt sind, und dass die Zinsscheine und die Erneuerungsscheine bei den Stücken sind.

§ 244 Taugliche Steuerbürgen. (1) [1]Schuldversprechen und Bürgschaften nach dem Bürgerlichen Gesetzbuch sowie Wechselverpflichtungen aus Artikel 28 oder 78 des Wechselgesetzes sind als Sicherheit nur geeignet, wenn sie von Personen abgegeben oder eingegangen worden sind, die

1. ein der Höhe der zu leistenden Sicherheit angemessenes Vermögen besitzen und
2. ihren allgemeinen oder einen vereinbarten Gerichtsstand im Geltungsbereich dieses Gesetzes haben.

[2]Bürgschaften müssen den Verzicht auf die Einrede der Vorausklage nach § 771 des Bürgerlichen Gesetzbuchs enthalten. [3]Schuldversprechen und Bürgschaftserklärungen sind schriftlich zu erteilen; die elektronische Form ist ausgeschlossen. [4]Sicherungsgeber und Sicherungsnehmer dürfen nicht wechselseitig füreinander Sicherheit leisten und auch nicht wirtschaftlich miteinander verflochten sein. [5]Über die Annahme von Bürgschaftserklärungen in den Verfahren nach dem A.T.A.-Übereinkommen vom 6. Dezember 1961 (BGBl. 1965 II S. 948)[1)] und dem TIR-Übereinkommen vom 14. November 1975 (BGBl. 1979 II S. 445)[1)] in ihren jeweils gültigen Fassungen entscheidet die Generalzolldirektion[2)]. [6]Über die Annahme von Bürgschaftserklärungen über Einzelsicherheiten in Form von Sicherheitstiteln nach der Verordnung (EWG) Nr. 2454/93 der Kommission vom 2. Juli 1993 mit Durchführungsvorschriften zu der Verordnung (EWG) 2913/92 des Rates zur Festlegung des Zollkodexes der Gemeinschaften (ABl. EG Nr. L 253 S. 1)[1)] und dem Übereinkommen vom 20. Mai 1987 über ein gemeinsames Versandverfahren (ABl. EG Nr. L 226 S. 2)[1)] in ihren jeweils gültigen Fassungen entscheidet die Generalzolldirektion[2)].

(2)[3)] [1]Die Generalzolldirektion[2)] kann Kreditinstitute und geschäftsmäßig für andere Sicherheit leistende Versicherungsunternehmen allgemein als Steuerbürge zulassen, wenn sie im Geltungsbereich dieses Gesetzes zum Geschäftsbetrieb befugt sind. [2]Bei der Zulassung ist ein Höchstbetrag festzusetzen (Bürgschaftssumme). [3]Die gesamten Verbindlichkeiten aus Schuldversprechen, Bürgschaften und Wechselverpflichtungen, die der Steuerbürge gegenüber der Finanzverwaltung übernommen hat, dürfen nicht über die Bürgschaftssumme hinausgehen.

(3)[4)] Das Bundesministerium der Finanzen wird ermächtigt, durch Rechtsverordnung mit Zustimmung des Bundesrates die Befugnisse nach Absatz 1 Satz 6 und Absatz 2 auf ein Hauptzollamt oder mehrere Hauptzollämter zu übertragen.

§ 245 Sicherheitsleistung durch andere Werte. [1]Andere als die in § 241 bezeichneten Sicherheiten kann die Finanzbehörde nach ihrem Ermessen annehmen. [2]Vorzuziehen sind Vermögensgegenstände, die größere Sicherheit

---

[1)] **Zölle und Verbauchsteuern Nr. 161, Nr. 160, Nr. 11** und **Nr. 40.**

[2)] Geänd. mWv 1. 1. 2016 durch G v. 3. 12. 2015 (BGBl. I S. 2178).

[3)] § 244 Abs. 2 Sätze 2 und 3 aufgeh., bish. Sätze 4 und 5 werden Sätze 2 und 3 mWv 1. 1. 2016 durch G v. 3. 12. 2015 (BGBl. I S. 2178).

[4)] § 244 Abs. 3 angef. mWv 1. 1. 2016 durch G v. 3. 12. 2015 (BGBl. I S. 2178).

bieten oder bei Eintritt auch außerordentlicher Verhältnisse ohne erhebliche Schwierigkeit und innerhalb angemessener Frist verwertet werden können.

§ 246 Annahmewerte. [1]Die Finanzbehörde bestimmt nach ihrem Ermessen, zu welchen Werten Gegenstände als Sicherheit anzunehmen sind. [2]Der Annahmewert darf jedoch den bei einer Verwertung zu erwartenden Erlös abzüglich der Kosten der Verwertung nicht übersteigen. [3]Er darf bei den in § 241 Abs. 1 Nr. 2 und 4 aufgeführten Gegenständen und bei beweglichen Sachen, die nach § 245 als Sicherheit angenommen werden, nicht unter den in § 234 Abs. 3, § 236 und § 237 Satz 1 des Bürgerlichen Gesetzbuchs genannten Werten liegen.

§ 247 Austausch von Sicherheiten. Wer nach den §§ 241 bis 245 Sicherheit geleistet hat, ist berechtigt, die Sicherheit oder einen Teil davon durch eine andere nach den §§ 241 bis 244 geeignete Sicherheit zu ersetzen.

§ 248 Nachschusspflicht. Wird eine Sicherheit unzureichend, so ist sie zu ergänzen oder es ist anderweitige Sicherheit zu leisten.

Sechster Teil. Vollstreckung

Erster Abschnitt: Allgemeine Vorschriften

§ 249 Vollstreckungsbehörden. (1)[1)] [1]Die Finanzbehörden können Verwaltungsakte, mit denen eine Geldleistung, eine sonstige Handlung, eine Duldung oder Unterlassung gefordert wird, im Verwaltungsweg vollstrecken. [2]Dies gilt auch für Steueranmeldungen (§ 168). [3]Vollstreckungsbehörden sind die Finanzämter und die Hauptzollämter sowie die Landesfinanzbehörden, denen durch eine Rechtsverordnung nach § 17 Absatz 2 Satz 3 Nummer 3 des Finanzverwaltungsgesetzes die landesweite Zuständigkeit für Kassengeschäfte und das Erhebungsverfahren einschließlich der Vollstreckung übertragen worden ist; § 328 Absatz 1 Satz 3 bleibt unberührt.

(2) [1]Zur Vorbereitung der Vollstreckung können die Finanzbehörden die Vermögens- und Einkommensverhältnisse des Vollstreckungsschuldners ermitteln. [2]Die Finanzbehörde darf ihr bekannte, nach § 30 geschützte Daten, die sie bei der Vollstreckung wegen Steuern und steuerlicher Nebenleistungen verwenden darf, auch bei der Vollstreckung wegen anderer Geldleistungen als Steuern und steuerlicher Nebenleistungen verwenden.

§ 250 Vollstreckungsersuchen. (1) [1]Soweit eine Vollstreckungsbehörde auf Ersuchen einer anderen Vollstreckungsbehörde Vollstreckungsmaßnahmen ausführt, tritt sie an die Stelle der anderen Vollstreckungsbehörde. [2]Für die Vollstreckbarkeit des Anspruchs bleibt die ersuchende Vollstreckungsbehörde verantwortlich.

(2) [1]Hält sich die ersuchte Vollstreckungsbehörde für unzuständig oder hält sie die Handlung, um die sie ersucht worden ist, für unzulässig, so teilt sie ihre

---

1) § 249 Abs. 1 Satz 3 neu gef. mWv 6. 11. 2015 durch G v. 2. 11. 2015 (BGBl. I S. 1834).

Bedenken der ersuchenden Vollstreckungsbehörde mit. [2]Besteht diese auf der Ausführung des Ersuchens und lehnt die ersuchte Vollstreckungsbehörde die Ausführung ab, so entscheidet die Aufsichtsbehörde der ersuchten Vollstreckungsbehörde.

§ 251[1)] **Vollstreckbare Verwaltungsakte.** (1) [1]Verwaltungsakte können vollstreckt werden, soweit nicht ihre Vollziehung ausgesetzt oder die Vollziehung durch Einlegung eines Rechtsbehelfs gehemmt ist (§ 361; § 69 der Finanzgerichtsordnung). [2]Einfuhr- und Ausfuhrabgabenbescheide können außerdem nur vollstreckt werden, soweit die Verpflichtung des Zollschuldners zur Abgabenentrichtung nicht ausgesetzt ist (Artikel *222 Abs. 2 des Zollkodexes* [***ab 1. 5. 2016:*** 108 Absatz 3 des Zollkodex der Union][2)]).

(2) [1]Unberührt bleiben die Vorschriften der Insolvenzordnung sowie § 79 Abs. 2 des Bundesverfassungsgerichtsgesetzes. [2]Die Finanzbehörde ist berechtigt, in den Fällen des § 201 Abs. 2, §§ 257 und 308 Abs. 1 der Insolvenzordnung gegen den Schuldner im Verwaltungsweg zu vollstrecken.

(3) Macht die Finanzbehörde im Insolvenzverfahren einen Anspruch aus dem Steuerschuldverhältnis als Insolvenzforderung geltend, so stellt sie erforderlichenfalls die Insolvenzforderung durch schriftlichen Verwaltungsakt fest.

§ 252 Vollstreckungsgläubiger. Im Vollstreckungsverfahren gilt die Körperschaft als Gläubigerin der zu vollstreckenden Ansprüche, der die Vollstreckungsbehörde angehört.

§ 253 Vollstreckungsschuldner. Vollstreckungsschuldner ist derjenige, gegen den sich ein Vollstreckungsverfahren nach § 249 richtet.

§ 254 Voraussetzungen für den Beginn der Vollstreckung. (1) [1]Soweit nichts anderes bestimmt ist, darf die Vollstreckung erst beginnen, wenn die Leistung fällig ist und der Vollstreckungsschuldner zur Leistung oder Duldung oder Unterlassung aufgefordert worden ist (Leistungsgebot) und seit der Aufforderung mindestens eine Woche verstrichen ist. [2]Das Leistungsgebot kann mit dem zu vollstreckenden Verwaltungsakt verbunden werden. [3]Ein Leistungsgebot ist auch dann erforderlich, wenn der Verwaltungsakt gegen den Vollstreckungsschuldner wirkt, ohne ihm bekannt gegeben zu sein. [4]Soweit der Vollstreckungsschuldner eine von ihm auf Grund einer Steueranmeldung geschuldete Leistung nicht erbracht hat, bedarf es eines Leistungsgebots nicht.

(2) [1]Eines Leistungsgebots wegen der Säumniszuschläge und Zinsen bedarf es nicht, wenn sie zusammen mit der Steuer beigetrieben werden. [2]Dies gilt sinngemäß für die Vollstreckungskosten, wenn sie zusammen mit dem Hauptanspruch beigetrieben werden.

§ 255 Vollstreckung gegen juristische Personen des öffentlichen Rechts. (1) [1]Gegen den Bund oder ein Land ist die Vollstreckung nicht zulässig. [2]Im Übrigen ist die Vollstreckung gegen juristische Personen des öffentli-

[1)] § 251 Abs. 1 Satz 2 angef. mWv 20. 12. 2003 durch G v. 15. 12. 2003 (BGBl. I S. 2645).
[2)] Verweis geänd. mWv 1. 5. 2016 durch G v. 22. 12. 2014 (BGBl. I S. 2417).

chen Rechts, die der Staatsaufsicht unterliegen, nur mit Zustimmung der betreffenden Aufsichtsbehörde zulässig. [3]Die Aufsichtsbehörde bestimmt den Zeitpunkt der Vollstreckung und die Vermögensgegenstände, in die vollstreckt werden kann.

(2) Gegenüber öffentlich-rechtlichen Kreditinstituten gelten die Beschränkungen des Absatzes 1 nicht.

§ 256 Einwendungen gegen die Vollstreckung. Einwendungen gegen den zu vollstreckenden Verwaltungsakt sind außerhalb des Vollstreckungsverfahrens mit den hierfür zugelassenen Rechtsbehelfen zu verfolgen.

§ 257 Einstellung und Beschränkung der Vollstreckung. (1) Die Vollstreckung ist einzustellen oder zu beschränken, sobald

1. die Vollstreckbarkeitsvoraussetzungen des § 251 Abs. 1 weggefallen sind,
2. der Verwaltungsakt, aus dem vollstreckt wird, aufgehoben wird,
3. der Anspruch auf die Leistung erloschen ist,
4. die Leistung gestundet worden ist.

(2) [1]In den Fällen des Absatzes 1 Nr. 2 und 3 sind bereits getroffene Vollstreckungsmaßnahmen aufzuheben. [2]Ist der Verwaltungsakt durch eine gerichtliche Entscheidung aufgehoben worden, so gilt dies nur, soweit die Entscheidung unanfechtbar geworden ist und nicht auf Grund der Entscheidung ein neuer Verwaltungsakt zu erlassen ist. [3]Im Übrigen bleiben die Vollstreckungsmaßnahmen bestehen, soweit nicht ihre Aufhebung ausdrücklich angeordnet worden ist.

§ 258 Einstweilige Einstellung oder Beschränkung der Vollstreckung. Soweit im Einzelfall die Vollstreckung unbillig ist, kann die Vollstreckungsbehörde sie einstweilen einstellen oder beschränken oder eine Vollstreckungsmaßnahme aufheben.

Zweiter Abschnitt: Vollstreckung wegen Geldforderungen

1. Unterabschnitt: Allgemeine Vorschriften

§ 259[1)] Mahnung. [1]Der Vollstreckungsschuldner soll in der Regel vor Beginn der Vollstreckung mit einer Zahlungsfrist von einer Woche gemahnt werden. [2]Einer Mahnung bedarf es nicht, wenn der Vollstreckungsschuldner vor Eintritt der Fälligkeit an die Zahlung erinnert wird. [3]An die Zahlung kann auch durch öffentliche Bekanntmachung allgemein erinnert werden.

§ 260 Angabe des Schuldgrundes. Im Vollstreckungsauftrag oder in der Pfändungsverfügung ist für die beizutreibenden Geldbeträge der Schuldgrund anzugeben.

---

1) § 259 Satz 2 aufgeh., bish. Sätze 3 und 4 werden Sätze 2 und 3 mWv 30. 6. 2013 durch G v. 26. 6. 2013 (BGBl. I S. 1809).

§ 261 Niederschlagung. Ansprüche aus dem Steuerschuldverhältnis dürfen niedergeschlagen werden, wenn feststeht, dass die Einziehung keinen Erfolg haben wird, oder wenn die Kosten der Einziehung außer Verhältnis zu dem Betrag stehen.

§ 262 Rechte Dritter. (1) 1Behauptet ein Dritter, dass ihm am Gegenstand der Vollstreckung ein die Veräußerung hinderndes Recht zustehe, oder werden Einwendungen nach den §§ 772 bis 774 der Zivilprozessordnung erhoben, so ist der Widerspruch gegen die Vollstreckung erforderlichenfalls durch Klage vor den ordentlichen Gerichten geltend zu machen. 2Als Dritter gilt auch, wer zur Duldung der Vollstreckung in ein Vermögen, das von ihm verwaltet wird, verpflichtet ist, wenn er geltend macht, dass ihm gehörende Gegenstände von der Vollstreckung betroffen seien. 3Welche Rechte die Veräußerung hindern, bestimmt sich nach bürgerlichem Recht.

(2) Für die Einstellung der Vollstreckung und die Aufhebung von Vollstreckungsmaßnahmen gelten die §§ 769 und 770 der Zivilprozessordnung.

(3) 1Die Klage ist ausschließlich bei dem Gericht zu erheben, in dessen Bezirk die Vollstreckung erfolgt. 2Wird die Klage gegen die Körperschaft, der die Vollstreckungsbehörde angehört, und gegen den Vollstreckungsschuldner gerichtet, so sind sie Streitgenossen.

§ 263[1] Vollstreckung gegen Ehegatten oder Lebenspartner. Für die Vollstreckung gegen Ehegatten oder Lebenspartner sind die Vorschriften der §§ 739, 740, 741, 743, 744a und 745 der Zivilprozessordnung entsprechend anzuwenden.

§ 264 Vollstreckung gegen Nießbraucher. Für die Vollstreckung in Gegenstände, die dem Nießbrauch an einem Vermögen unterliegen, ist die Vorschrift des § 737 der Zivilprozessordnung entsprechend anzuwenden.

§ 265 Vollstreckung gegen Erben. Für die Vollstreckung gegen Erben sind die Vorschriften der §§ 1958, 1960 Abs. 3, § 1961 des Bürgerlichen Gesetzbuchs sowie der §§ 747, 748, 778, 779, 781 bis 784 der Zivilprozessordnung entsprechend anzuwenden.

§ 266 Sonstige Fälle beschränkter Haftung. Die Vorschriften der §§ 781 bis 784 der Zivilprozessordnung sind auf die nach § 1489 des Bürgerlichen Gesetzbuchs eintretende beschränkte Haftung, die Vorschrift des § 781 der Zivilprozessordnung ist auf die nach den §§ 1480, 1504 und 2187 des Bürgerlichen Gesetzbuchs eintretende beschränkte Haftung entsprechend anzuwenden.

§ 267 Vollstreckungsverfahren gegen nicht rechtsfähige Personenvereinigungen. 1Bei nicht rechtsfähigen Personenvereinigungen, die als sol-

---

[1] § 263 geänd. durch G v. 18. 7. 2014 (BGBl. I S. 1042); zur Anwendung siehe Art. 97 § 1 Abs. 10 Satz 1 und 3 EGAO (Nr. **800 a**).

che steuerpflichtig sind, genügt für die Vollstreckung in deren Vermögen ein vollstreckbarer Verwaltungsakt gegen die Personenvereinigung. 2 Dies gilt entsprechend für Zweckvermögen und sonstige einer juristischen Person ähnliche steuerpflichtige Gebilde.

2. Unterabschnitt: Aufteilung einer Gesamtschuld

§ 268 Grundsatz. Sind Personen Gesamtschuldner, weil sie zusammen zu einer Steuer vom Einkommen oder zur Vermögensteuer veranlagt worden sind, so kann jeder von ihnen beantragen, dass die Vollstreckung wegen dieser Steuern jeweils auf den Betrag beschränkt wird, der sich nach Maßgabe der §§ 269 bis 278 bei einer Aufteilung der Steuern ergibt.

§ 269 Antrag. (1) Der Antrag ist bei dem im Zeitpunkt der Antragstellung für die Besteuerung nach dem Einkommen oder dem Vermögen zuständigen Finanzamt schriftlich zu stellen oder zur Niederschrift zu erklären.

(2) 1 Der Antrag kann frühestens nach Bekanntgabe des Leistungsgebots gestellt werden. 2 Nach vollständiger Tilgung der rückständigen Steuer ist der Antrag nicht mehr zulässig. 3 Der Antrag muss alle Angaben enthalten, die zur Aufteilung der Steuer erforderlich sind, soweit sich diese Angaben nicht aus der Steuererklärung ergeben.

§ 270 Allgemeiner Aufteilungsmaßstab. 1 Die rückständige Steuer ist nach dem Verhältnis der Beträge aufzuteilen, die sich bei Einzelveranlagung[1] nach Maßgabe des § 26 a des Einkommensteuergesetzes und der §§ 271 bis 276 ergeben würden. 2 Dabei sind die tatsächlichen und rechtlichen Feststellungen maßgebend, die der Steuerfestsetzung bei der Zusammenveranlagung zugrunde gelegt worden sind, soweit nicht die Anwendung der Vorschriften über die Einzelveranlagung[1] zu Abweichungen führt.

§ 271 Aufteilungsmaßstab für die Vermögensteuer. Die Vermögensteuer ist wie folgt aufzuteilen:

1. Für die Berechnung des Vermögens und der Vermögensteuer der einzelnen Gesamtschuldner ist vorbehaltlich der Abweichungen in den Nummern 2 und 3 von den Vorschriften des Bewertungsgesetzes und des Vermögensteuergesetzes in der Fassung auszugehen, die der Zusammenveranlagung zugrunde gelegen hat.
2.[2] Wirtschaftsgüter eines Ehegatten oder Lebenspartners, die bei der Zusammenveranlagung als land- und forstwirtschaftliches Vermögen oder als Betriebsvermögen dem anderen Ehegatten oder Lebenspartner zugerechnet worden sind, werden als eigenes land- und forstwirtschaftliches Vermögen oder als eigenes Betriebsvermögen behandelt.

---

[1] § 270 geänd. durch G v. 1. 11. 2011 (BGBl. I S. 2131); zur Anwendung siehe Art. 97 § 17 e EGAO (Nr. **800 a**).

[2] § 271 Nr. 2 geänd. durch G v. 18. 7. 2014 (BGBl. I S. 1042); zur Anwendung siehe Art. 97 § 1 Abs. 10 Satz 1 EGAO (Nr. **800 a**).

3. Schulden, die nicht mit bestimmten, einem Gesamtschuldner zugerechneten Wirtschaftsgütern in wirtschaftlichem Zusammenhang stehen, werden bei den einzelnen Gesamtschuldnern nach gleichen Teilen abgesetzt, soweit sich ein bestimmter Schuldner nicht feststellen lässt.

§ 272 Aufteilungsmaßstab für Vorauszahlungen. (1) [1]Die rückständigen Vorauszahlungen sind im Verhältnis der Beträge aufzuteilen, die sich bei einer getrennten Festsetzung der Vorauszahlungen ergeben würden. [2]Ein Antrag auf Aufteilung von Vorauszahlungen gilt zugleich als Antrag auf Aufteilung der weiteren im gleichen Veranlagungszeitraum fällig werdenden Vorauszahlungen und einer etwaigen Abschlusszahlung. [3]Nach Durchführung der Veranlagung ist eine abschließende Aufteilung vorzunehmen. [4]Aufzuteilen ist die gesamte Steuer abzüglich der Beträge, die nicht in die Aufteilung der Vorauszahlungen einbezogen worden sind. [5]Dabei sind jedem Gesamtschuldner die von ihm auf die aufgeteilten Vorauszahlungen entrichteten Beträge anzurechnen. [6]Ergibt sich eine Überzahlung gegenüber dem Aufteilungsbetrag, so ist der überzahlte Betrag zu erstatten.

(2) Werden die Vorauszahlungen erst nach der Veranlagung aufgeteilt, so wird der für die veranlagte Steuer geltende Aufteilungsmaßstab angewendet.

§ 273 Aufteilungsmaßstab für Steuernachforderungen. (1) Führt die Änderung einer Steuerfestsetzung oder ihre Berichtigung nach § 129 zu einer Steuernachforderung, so ist die aus der Nachforderung herrührende rückständige Steuer im Verhältnis der Mehrbeträge aufzuteilen, die sich bei einem Vergleich der berichtigten Einzelveranlagungen[1)] mit den früheren Einzelveranlagungen[1)] ergeben.

(2) Der in Absatz 1 genannte Aufteilungsmaßstab ist nicht anzuwenden, wenn die bisher festgesetzte Steuer noch nicht getilgt ist.

§ 274 Besonderer Aufteilungsmaßstab. [1]Abweichend von den §§ 270 bis 273 kann die rückständige Steuer nach einem von den Gesamtschuldnern gemeinschaftlich vorgeschlagenen Maßstab aufgeteilt werden, wenn die Tilgung sichergestellt ist. [2]Der gemeinschaftliche Vorschlag ist schriftlich einzureichen oder zur Niederschrift zu erklären; er ist von allen Gesamtschuldnern zu unterschreiben.

§ 275.[2)] *(aufgehoben)*

§ 276 Rückständige Steuer, Einleitung der Vollstreckung. (1) Wird der Antrag vor Einleitung der Vollstreckung bei der Finanzbehörde gestellt, so ist die im Zeitpunkt des Eingangs des Aufteilungsantrags geschuldete Steuer aufzuteilen.

---

1) § 273 geänd. durch G v. 1. 11. 2011 (BGBl. I S. 2131); zur Anwendung siehe Art. 97 § 17 e EGAO (Nr. **800 a**).

2) § 275 aufgeh. mWv 30. 6. 2013 durch G v. 26. 6. 2013 (BGBl. I S. 1809).

(2) Wird der Antrag nach Einleitung der Vollstreckung gestellt, so ist die im Zeitpunkt der Einleitung der Vollstreckung geschuldete Steuer, derentwegen vollstreckt wird, aufzuteilen.

(3) Steuerabzugsbeträge und getrennt festgesetzte Vorauszahlungen sind in die Aufteilung auch dann einzubeziehen, wenn sie vor der Stellung des Antrags entrichtet worden sind.

(4) Zur rückständigen Steuer gehören auch Säumniszuschläge, Zinsen und Verspätungszuschläge.

(5) Die Vollstreckung gilt mit der Ausfertigung der Rückstandsanzeige als eingeleitet.

(6) [1] Zahlungen, die in den Fällen des Absatzes 1 nach Antragstellung, in den Fällen des Absatzes 2 nach Einleitung der Vollstreckung von einem Gesamtschuldner geleistet worden sind oder die nach Absatz 3 in die Aufteilung einzubeziehen sind, werden dem Schuldner angerechnet, der sie geleistet hat oder für den sie geleistet worden sind. [2] Ergibt sich dabei eine Überzahlung gegenüber dem Aufteilungsbetrag, so ist der überzahlte Betrag zu erstatten.

§ 277 Vollstreckung. Solange nicht über den Antrag auf Beschränkung der Vollstreckung unanfechtbar entschieden ist, dürfen Vollstreckungsmaßnahmen nur soweit durchgeführt werden, als dies zur Sicherung des Anspruchs erforderlich ist.

§ 278 Beschränkung der Vollstreckung. (1) Nach der Aufteilung darf die Vollstreckung nur nach Maßgabe der auf die einzelnen Schuldner entfallenden Beträge durchgeführt werden.

(2) [1] Werden einem Steuerschuldner von einer mit ihm zusammen veranlagten Person in oder nach dem Veranlagungszeitraum, für den noch Steuerrückstände bestehen, unentgeltlich Vermögensgegenstände zugewendet, so kann der Empfänger bis zum Ablauf des zehnten Kalenderjahres nach dem Zeitpunkt des Ergehens des Aufteilungsbescheids[1)] über den sich nach Absatz 1 ergebenden Betrag hinaus bis zur Höhe des gemeinen Werts dieser Zuwendung für die Steuer in Anspruch genommen werden. [2] Dies gilt nicht für gebräuchliche Gelegenheitsgeschenke.

§ 279 Form und Inhalt des Aufteilungsbescheids. (1) [1] Über den Antrag auf Beschränkung der Vollstreckung ist nach Einleitung der Vollstreckung durch schriftlichen Bescheid (Aufteilungsbescheid) gegenüber den Beteiligten einheitlich zu entscheiden. [2] Eine Entscheidung ist jedoch nicht erforderlich, wenn keine Vollstreckungsmaßnahmen ergriffen oder bereits ergriffene Vollstreckungsmaßnahmen wieder aufgehoben werden.

(2) [1] Der Aufteilungsbescheid hat die Höhe der auf jeden Gesamtschuldner entfallenden anteiligen Steuer zu enthalten; ihm ist eine Belehrung beizufügen, welcher Rechtsbehelf zulässig ist und binnen welcher Frist und bei welcher Behörde er einzulegen ist. [2] Er soll ferner enthalten:

---

1) § 278 Abs. 2 Satz 1 ergänzt durch G v. 19. 12. 2008 (BGBl. I S. 2794).

1. die Höhe der aufzuteilenden Steuer,
2. den für die Berechnung der rückständigen Steuer maßgebenden Zeitpunkt,
3. die Höhe der Besteuerungsgrundlagen, die den einzelnen Gesamtschuldnern zugerechnet worden sind, wenn von den Angaben der Gesamtschuldner abgewichen ist,
4.[1] die Höhe der bei Einzelveranlagung (§ 270) auf den einzelnen Gesamtschuldner entfallenden Steuer,
5. die Beträge, die auf die aufgeteilte Steuer des Gesamtschuldners anzurechnen sind.

§ 280 Änderung des Aufteilungsbescheids. (1) Der Aufteilungsbescheid kann außer in den Fällen des § 129 nur geändert werden, wenn
1. nachträglich bekannt wird, dass die Aufteilung auf unrichtigen Angaben beruht und die rückständige Steuer infolge falscher Aufteilung ganz oder teilweise nicht beigetrieben werden konnte,
2. sich die rückständige Steuer durch Aufhebung oder Änderung der Steuerfestsetzung oder ihre Berichtigung nach § 129 erhöht oder vermindert.

(2) Nach Beendigung der Vollstreckung ist eine Änderung des Aufteilungsbescheids oder seine Berichtigung nach § 129 nicht mehr zulässig.

3. Unterabschnitt: Vollstreckung in das bewegliche Vermögen

I. Allgemeines

§ 281 Pfändung. (1) Die Vollstreckung in das bewegliche Vermögen erfolgt durch Pfändung.

(2) Die Pfändung darf nicht weiter ausgedehnt werden, als es zur Deckung der beizutreibenden Geldbeträge und der Kosten der Vollstreckung erforderlich ist.

(3) Die Pfändung unterbleibt, wenn die Verwertung der pfändbaren Gegenstände einen Überschuss über die Kosten der Vollstreckung nicht erwarten lässt.

§ 282 Wirkung der Pfändung. (1) Durch die Pfändung erwirbt die Körperschaft, der die Vollstreckungsbehörde angehört, ein Pfandrecht an dem gepfändeten Gegenstand.

(2) Das Pfandrecht gewährt ihr im Verhältnis zu anderen Gläubigern dieselben Rechte wie ein Pfandrecht im Sinne des Bürgerlichen Gesetzbuchs; es geht Pfand- und Vorzugsrechten vor, die im Insolvenzverfahren diesem Pfandrecht nicht gleichgestellt sind.

(3) Das durch eine frühere Pfändung begründete Pfandrecht geht demjenigen vor, das durch eine spätere Pfändung begründet wird.

§ 283 Ausschluss von Gewährleistungsansprüchen. Wird ein Gegenstand auf Grund der Pfändung veräußert, so steht dem Erwerber wegen eines

[1] § 279 Abs. 2 Nr. 4 geänd. durch G v. 1. 11. 2011 (BGBl. I S. 2131); zur Anwendung siehe Art. 97 § 17 e EGAO (Nr. **800 a**).

Mangels im Recht oder wegen eines Mangels der veräußerten Sache ein Anspruch auf Gewährleistung nicht zu.

§ 284[1]) Vermögensauskunft des Vollstreckungsschuldners. (1) [1]Der Vollstreckungsschuldner muss der Vollstreckungsbehörde auf deren Verlangen für die Vollstreckung einer Forderung Auskunft über sein Vermögen nach Maßgabe der folgenden Vorschriften erteilen, wenn er die Forderung nicht binnen zwei Wochen begleicht, nachdem ihn die Vollstreckungsbehörde unter Hinweis auf die Verpflichtung zur Abgabe der Vermögensauskunft zur Zahlung aufgefordert hat. [2]Zusätzlich hat er seinen Geburtsnamen, sein Geburtsdatum und seinen Geburtsort anzugeben. [3]Handelt es sich bei dem Vollstreckungsschuldner um eine juristische Person oder um eine Personenvereinigung, so hat er seine Firma, die Nummer des Registerblatts im Handelsregister und seinen Sitz anzugeben.

(2) [1]Zur Auskunftserteilung hat der Vollstreckungsschuldner alle ihm gehörenden Vermögensgegenstände anzugeben. [2]Bei Forderungen sind Grund und Beweismittel zu bezeichnen. [3]Ferner sind anzugeben:

1. die entgeltlichen Veräußerungen des Vollstreckungsschuldners an eine nahestehende Person (§ 138 der Insolvenzordnung), die dieser in den letzten zwei Jahren vor dem Termin nach Absatz 7 und bis zur Abgabe der Vermögensauskunft vorgenommen hat;
2. die unentgeltlichen Leistungen des Vollstreckungsschuldners, die dieser in den letzten vier Jahren vor dem Termin nach Absatz 7 und bis zur Abgabe der Vermögensauskunft vorgenommen hat, sofern sie sich nicht auf gebräuchliche Gelegenheitsgeschenke geringen Werts richteten.

[4]Sachen, die nach § 811 Abs. 1 Nr. 1 und 2 der Zivilprozessordnung der Pfändung offensichtlich nicht unterworfen sind, brauchen nicht angegeben zu werden, es sei denn, dass eine Austauschpfändung in Betracht kommt.

(3) [1]Der Vollstreckungsschuldner hat zu Protokoll an Eides statt zu versichern, dass er die Angaben nach den Absätzen 1 und 2[2]) nach bestem Wissen und Gewissen richtig und vollständig gemacht habe. [2]Vor Abnahme der eidesstattlichen Versicherung ist der Vollstreckungsschuldner über die Bedeutung der eidesstattlichen Versicherung, insbesondere über die strafrechtlichen Folgen einer unrichtigen oder unvollständigen eidesstattlichen Versicherung, zu belehren.

(4) [1]Ein Vollstreckungsschuldner, der die in dieser Vorschrift oder die in § 802 c der Zivilprozessordnung bezeichnete Vermögensauskunft innerhalb der letzten zwei Jahre abgegeben hat, ist zur erneuten Abgabe nur verpflichtet, wenn anzunehmen ist, dass sich seine Vermögensverhältnisse wesentlich geändert haben. [2]Die Vollstreckungsbehörde hat von Amts wegen festzustellen, ob beim zentralen Vollstreckungsgericht nach § 802 k Abs. 1 der Zivilprozessordnung in den letzten zwei Jahren ein auf Grund einer Vermögensauskunft des Schuldners erstelltes Vermögensverzeichnis hinterlegt wurde.

---

[1]) § 284 neu gef. mWv 1. 1. 2013 durch G v. 29. 7. 2009 (BGBl. I S. 2258).
[2]) Verweis geänd. durch G v. 22. 12. 2011 (BGBl. I S. 3044).

(5) [1]Für die Abnahme der Vermögensauskunft ist die Vollstreckungsbehörde zuständig, in deren Bezirk sich der Wohnsitz oder der Aufenthaltsort des Vollstreckungsschuldners befindet. [2]Liegen diese Voraussetzungen bei der Vollstreckungsbehörde, die die Vollstreckung betreibt, nicht vor, so kann sie die Vermögensauskunft abnehmen, wenn der Vollstreckungsschuldner zu ihrer Abgabe bereit ist.

(6) [1]Die Ladung zu dem Termin zur Abgabe der Vermögensauskunft ist dem Vollstreckungsschuldner selbst zuzustellen; sie kann mit der Fristsetzung nach Absatz 1 Satz 1 verbunden werden. [2]Der Termin zur Abgabe der Vermögensauskunft soll nicht vor Ablauf eines Monats nach Zustellung der Ladung bestimmt werden. [3]Ein Rechtsbehelf gegen die Anordnung der Abgabe der Vermögensauskunft hat keine aufschiebende Wirkung. [4]Der Vollstreckungsschuldner hat die zur Vermögensauskunft erforderlichen Unterlagen im Termin vorzulegen. [5]Hierüber und über seine Rechte und Pflichten nach den Absätzen 2 und 3, über die Folgen einer unentschuldigten Terminssäumnis oder einer Verletzung seiner Auskunftspflichten sowie über die Möglichkeit der Eintragung in das Schuldnerverzeichnis bei Abgabe der Vermögensauskunft ist der Vollstreckungsschuldner bei der Ladung zu belehren.

(7) [1]Im Termin zur Abgabe der Vermögensauskunft erstellt die Vollstreckungsbehörde ein elektronisches Dokument mit den nach den Absätzen 1 und 2[1)] erforderlichen Angaben (Vermögensverzeichnis). [2]Diese Angaben sind dem Vollstreckungsschuldner vor Abgabe der Versicherung nach Absatz 3 vorzulesen oder zur Durchsicht auf einem Bildschirm wiederzugeben. [3]Ihm ist auf Verlangen ein Ausdruck zu erteilen. [4]Die Vollstreckungsbehörde hinterlegt das Vermögensverzeichnis bei dem zentralen Vollstreckungsgericht nach § 802k Abs. 1 der Zivilprozessordnung. [5]Form, Aufnahme und Übermittlung des Vermögensverzeichnisses haben den Vorgaben der Verordnung nach § 802k Abs. 4 der Zivilprozessordnung zu entsprechen.

(8) [1]Ist der Vollstreckungsschuldner ohne ausreichende Entschuldigung in dem zur Abgabe der Vermögensauskunft anberaumten Termin vor der in Absatz 5 Satz 1 bezeichneten Vollstreckungsbehörde nicht erschienen oder verweigert er ohne Grund die Abgabe der Vermögensauskunft, so kann die Vollstreckungsbehörde, die die Vollstreckung betreibt, die Anordnung der Haft zur Erzwingung der Abgabe beantragen. [2]Zuständig für die Anordnung der Haft ist das Amtsgericht, in dessen Bezirk der Vollstreckungsschuldner im Zeitpunkt der Fristsetzung nach Absatz 1 Satz 1 seinen Wohnsitz oder in Ermangelung eines solchen seinen Aufenthaltsort hat. [3]Die §§ 802g bis 802j der Zivilprozessordnung sind entsprechend anzuwenden. [4]Die Verhaftung des Vollstreckungsschuldners erfolgt durch einen Gerichtsvollzieher. [5]§ 292 dieses Gesetzes gilt entsprechend. [6]Nach der Verhaftung des Vollstreckungsschuldners kann die Vermögensauskunft von dem nach § 802i der Zivilprozessordnung zuständigen Gerichtsvollzieher abgenommen werden, wenn sich der Sitz der in Absatz 5 bezeichneten Vollstreckungsbehörde nicht im Bezirk des für den Gerichtsvollzieher zuständigen Amtsgerichts befindet oder wenn die Abnahme der Vermögensauskunft durch die Vollstreckungsbehörde nicht möglich

[1)] Verweis geänd. durch G v. 22. 12. 2011 (BGBl. I S. 3044).

ist. 7 Der Beschluss des Amtsgerichts, mit dem der Antrag der Vollstreckungsbehörde auf Anordnung der Haft abgelehnt wird, unterliegt der Beschwerde nach den §§ 567 bis 577 der Zivilprozessordnung.

(9) 1 Die Vollstreckungsbehörde kann die Eintragung des Vollstreckungsschuldners in das Schuldnerverzeichnis nach § 882h Abs. 1 der Zivilprozessordnung anordnen, wenn

1. der Vollstreckungsschuldner seiner Pflicht zur Abgabe der Vermögensauskunft nicht nachgekommen ist,
2. eine Vollstreckung nach dem Inhalt des Vermögensverzeichnisses offensichtlich nicht geeignet wäre, zu einer vollständigen Befriedigung der Forderung zu führen, wegen der die Vermögensauskunft verlangt wurde oder wegen der die Vollstreckungsbehörde vorbehaltlich der Fristsetzung nach Absatz 1 Satz 1 und der Sperrwirkung nach Absatz 4 eine Vermögensauskunft verlangen könnte, oder
3. der Vollstreckungsschuldner nicht innerhalb eines Monats nach Abgabe der Vermögensauskunft die Forderung, wegen der die Vermögensauskunft verlangt wurde, vollständig befriedigt. 2 Gleiches gilt, wenn die Vollstreckungsbehörde vorbehaltlich der Fristsetzung nach Absatz 1 Satz 1 und der Sperrwirkung nach Absatz 4 eine Vermögensauskunft verlangen kann, sofern der Vollstreckungsschuldner die Forderung nicht innerhalb eines Monats befriedigt, nachdem er auf die Möglichkeit der Eintragung in das Schuldnerverzeichnis hingewiesen wurde.

2 Die Eintragungsanordnung soll kurz begründet werden. 3 Sie ist dem Vollstreckungsschuldner zuzustellen. 4 § 882c Abs. 3 der Zivilprozessordnung gilt entsprechend.

(10) 1 Ein Rechtsbehelf gegen die Eintragungsanordnung nach Absatz 9 hat keine aufschiebende Wirkung. 2 Nach Ablauf eines Monats seit der Zustellung hat die Vollstreckungsbehörde die Eintragungsanordnung dem zentralen Vollstreckungsgericht nach § 882h Abs. 1 der Zivilprozessordnung mit den in § 882b Abs. 2 und 3 der Zivilprozessordnung genannten Daten elektronisch zu übermitteln. 3 Dies gilt nicht, wenn Anträge auf Gewährung einer Aussetzung der Vollziehung der Eintragungsanordnung nach § 361 dieses Gesetzes oder § 69 der Finanzgerichtsordnung anhängig sind, die Aussicht auf Erfolg haben.

(11) 1 Ist die Eintragung in das Schuldnerverzeichnis nach § 882h Abs. 1 der Zivilprozessordnung erfolgt, sind Entscheidungen über Rechtsbehelfe des Vollstreckungsschuldners gegen die Eintragungsanordnung durch die Vollstreckungsbehörde oder durch das Gericht dem zentralen Vollstreckungsgericht nach § 882h Abs. 1 der Zivilprozessordnung elektronisch zu übermitteln. 2 Form und Übermittlung der Eintragungsanordnung nach Absatz 10 Satz 1 und 2 sowie der Entscheidung nach Satz 1 haben den Vorgaben der Verordnung nach § 882h Abs. 3 der Zivilprozessordnung zu entsprechen.

II. Vollstreckung in Sachen

§ 285 Vollziehungsbeamte. (1) Die Vollstreckungsbehörde führt die Vollstreckung in bewegliche Sachen durch Vollziehungsbeamte aus.

(2)[1] Dem Vollstreckungsschuldner und Dritten gegenüber wird der Vollziehungsbeamte zur Vollstreckung durch schriftlichen oder elektronischen Auftrag der Vollstreckungsbehörde ermächtigt; der Auftrag ist auf Verlangen vorzuzeigen.

§ 286 Vollstreckung in Sachen. (1) Sachen, die im Gewahrsam des Vollstreckungsschuldners sind, pfändet der Vollziehungsbeamte dadurch, dass er sie in Besitz nimmt.

(2) [1]Andere Sachen als Geld, Kostbarkeiten und Wertpapiere sind im Gewahrsam des Vollstreckungsschuldners zu lassen, wenn die Befriedigung hierdurch nicht gefährdet wird. [2]Bleiben die Sachen im Gewahrsam des Vollstreckungsschuldners, so ist die Pfändung nur wirksam, wenn sie durch Anlegung von Siegeln oder in sonstiger Weise ersichtlich gemacht ist.

(3) Der Vollziehungsbeamte hat dem Vollstreckungsschuldner die Pfändung mitzuteilen.

(4) Diese Vorschriften gelten auch für die Pfändung von Sachen im Gewahrsam eines Dritten, der zu ihrer Herausgabe bereit ist.

§ 287 Befugnisse des Vollziehungsbeamten. (1) Der Vollziehungsbeamte ist befugt, die Wohn- und Geschäftsräume sowie die Behältnisse des Vollstreckungsschuldners zu durchsuchen, soweit dies der Zweck der Vollstreckung erfordert.

(2) Er ist befugt, verschlossene Türen und Behältnisse öffnen zu lassen.

(3) Wenn er Widerstand findet, kann er Gewalt anwenden und hierzu um Unterstützung durch Polizeibeamte nachsuchen.

(4) [1]Die Wohn- und Geschäftsräume des Vollstreckungsschuldners dürfen ohne dessen Einwilligung nur auf Grund einer richterlichen Anordnung durchsucht werden. [2]Dies gilt nicht, wenn die Einholung der Anordnung den Erfolg der Durchsuchung gefährden würde. [3]Für die richterliche Anordnung einer Durchsuchung ist das Amtsgericht zuständig, in dessen Bezirk die Durchsuchung vorgenommen werden soll.

(5) [1]Willigt der Vollstreckungsschuldner in die Durchsuchung ein oder ist eine Anordnung gegen ihn nach Absatz 4 Satz 1 ergangen oder nach Absatz 4 Satz 2 entbehrlich, so haben Personen, die Mitgewahrsam an den Wohn- oder Geschäftsräumen des Vollstreckungsschuldners haben, die Durchsuchung zu dulden. [2]Unbillige Härten gegenüber Mitgewahrsaminhabern sind zu vermeiden.

(6) Die Anordnung nach Absatz 4 ist bei der Vollstreckung vorzuzeigen.

§ 288[2] Zuziehung von Zeugen. Wird bei einer Vollstreckungshandlung Widerstand geleistet oder ist bei einer Vollstreckungshandlung in den Wohn- oder Geschäftsräumen des Vollstreckungsschuldners weder der Vollstreckungsschuldner noch ein erwachsener Familienangehöriger, ein erwach-

---

[1] § 285 Abs. 2 ergänzt durch G v. 19. 12. 2008 (BGBl. I S. 2794).

[2] § 288 geänd. mWv 30. 6. 2013 durch G v. 26. 6. 2013 (BGBl. I S. 1809).

sener ständiger Mitbewohner oder eine beim Vollstreckungsschuldner beschäftigte Person, gegenwärtig, so hat der Vollziehungsbeamte zwei Erwachsene oder einen Gemeinde- oder Polizeibeamten als Zeugen zuzuziehen.

§ 289[1] **Zeit der Vollstreckung.** (1) Zur Nachtzeit (§ 758 a Absatz 4 Satz 2 der Zivilprozessordnung) sowie an Sonntagen und staatlich anerkannten allgemeinen Feiertagen darf eine Vollstreckungshandlung nur mit schriftlicher oder elektronischer Erlaubnis der Vollstreckungsbehörde vorgenommen werden.

(2) Die Erlaubnis ist auf Verlangen bei der Vollstreckungshandlung vorzuzeigen.

§ 290 Aufforderungen und Mitteilungen des Vollziehungsbeamten. Die Aufforderungen und die sonstigen Mitteilungen, die zu den Vollstreckungshandlungen gehören, sind vom Vollziehungsbeamten mündlich zu erlassen und vollständig in die Niederschrift aufzunehmen; können sie mündlich nicht erlassen werden, so hat die Vollstreckungsbehörde demjenigen, an den die Aufforderung oder Mitteilung zu richten ist, eine Abschrift der Niederschrift zu senden.

§ 291 Niederschrift. (1) Der Vollziehungsbeamte hat über jede Vollstreckungshandlung eine Niederschrift aufzunehmen.

(2) Die Niederschrift muss enthalten:

1. Ort und Zeit der Aufnahme,
2. den Gegenstand der Vollstreckungshandlung unter kurzer Erwähnung der Vorgänge,
3. die Namen der Personen, mit denen verhandelt worden ist,
4. die Unterschriften der Personen und die Bemerkung, dass nach Vorlesung oder Vorlegung zur Durchsicht und nach Genehmigung unterzeichnet sei,
5. die Unterschrift des Vollziehungsbeamten.

(3) Hat einem der Erfordernisse unter Absatz 2 Nr. 4 nicht genügt werden können, so ist der Grund anzugeben.

(4)[2] [1]Die Niederschrift kann auch elektronisch erstellt werden. [2]Absatz 2 Nr. 4 und 5 sowie § 87 a Abs. 4 Satz 2 gelten nicht.

§ 292 Abwendung der Pfändung. (1) Der Vollstreckungsschuldner kann die Pfändung nur abwenden, wenn er den geschuldeten Betrag an den Vollziehungsbeamten zahlt oder nachweist, dass ihm eine Zahlungsfrist bewilligt worden ist oder dass die Schuld erloschen ist.

(2) Absatz 1 gilt entsprechend, wenn der Vollstreckungsschuldner eine Entscheidung vorlegt, aus der sich die Unzulässigkeit der vorzunehmenden Pfändung ergibt oder wenn er eine Post- oder Bankquittung vorlegt, aus der sich ergibt, dass er den geschuldeten Betrag eingezahlt hat.

---

[1] § 289 geänd. bzw. ergänzt mWv 1. 1. 2009 durch G v. 19. 12. 2008 (BGBl. I S. 2794); Abs. 1 Verweis geänd. mWv 14. 12. 2010 durch G v. 8. 12. 2010 (BGBl. I S. 1768).

[2] § 291 Abs. 4 angef. mWv 1. 1. 2009 durch G v. 19. 12. 2008 (BGBl. I S. 2794).

§ 293 Pfand- und Vorzugsrechte Dritter. (1) [1]Der Pfändung einer Sache kann ein Dritter, der sich nicht im Besitz der Sache befindet, auf Grund eines Pfand- oder Vorzugsrechts nicht widersprechen. [2]Er kann jedoch vorzugsweise Befriedigung aus dem Erlös verlangen ohne Rücksicht darauf, ob seine Forderung fällig ist oder nicht.

(2) [1]Für eine Klage auf vorzugsweise Befriedigung ist ausschließlich zuständig das ordentliche Gericht, in dessen Bezirk gepfändet worden ist. [2]Wird die Klage gegen die Körperschaft, der die Vollstreckungsbehörde angehört, und gegen den Vollstreckungsschuldner gerichtet, so sind sie Streitgenossen.

§ 294 Ungetrennte Früchte. (1) [1]Früchte, die vom Boden noch nicht getrennt sind, können gepfändet werden, solange sie nicht durch Vollstreckung in das unbewegliche Vermögen in Beschlag genommen worden sind. [2]Sie dürfen nicht früher als einen Monat vor der gewöhnlichen Zeit der Reife gepfändet werden.

(2) Ein Gläubiger, der ein Recht auf Befriedigung aus dem Grundstück hat, kann der Pfändung nach § 262 widersprechen, wenn nicht für einen Anspruch gepfändet ist, der bei der Vollstreckung in das Grundstück vorgeht.

§ 295 Unpfändbarkeit von Sachen. [1]Die §§ 811 bis 812 und 813 Abs. 1 bis 3 der Zivilprozessordnung sowie die Beschränkung und Verbote, die nach anderen gesetzlichen Vorschriften für die Pfändung von Sachen bestehen, gelten entsprechend. [2]An die Stelle des Vollstreckungsgerichts tritt die Vollstreckungsbehörde.

§ 296 Verwertung. (1)[1)] [1]Die gepfändeten Sachen sind auf schriftliche Anordnung der Vollstreckungsbehörde öffentlich zu versteigern. [2]Eine öffentliche Versteigerung ist

1. die Versteigerung vor Ort oder
2. die allgemein zugängliche Versteigerung im Internet über die Plattform www.zoll-auktion.de.

[3]Die Versteigerung erfolgt in der Regel durch den Vollziehungsbeamten. [4]§ 292 gilt entsprechend.

(2) Bei Pfändung von Geld gilt die Wegnahme als Zahlung des Vollstreckungsschuldners.

§ 297 Aussetzung der Verwertung. Die Vollstreckungsbehörde kann die Verwertung gepfändeter Sachen unter Anordnung von Zahlungsfristen zeitweilig aussetzen, wenn die alsbaldige Verwertung unbillig wäre.

§ 298[2)] Versteigerung. (1) Die gepfändeten Sachen dürfen nicht vor Ablauf einer Woche seit dem Tag der Pfändung versteigert werden, sofern sich nicht der Vollstreckungsschuldner mit einer früheren Versteigerung einverstan-

---

[1)] § 296 Abs. 1 neu gef. mWv 5. 8. 2009 durch G v. 30. 7. 2009 (BGBl. I S. 2474).

[2)] § 298 Abs. 2 Satz 3 angef., Abs. 3 neu gef. mWv 5. 8. 2009 durch G v. 30. 7. 2009 (BGBl. I S. 2474).

den erklärt oder diese erforderlich ist, um die Gefahr einer beträchtlichen Wertverringerung abzuwenden oder unverhältnismäßige Kosten längerer Aufbewahrung zu vermeiden.

(2) [1]Zeit und Ort der Versteigerung sind öffentlich bekannt zu machen; dabei sind die Sachen, die versteigert werden sollen, im allgemeinen zu bezeichnen. [2]Auf Ersuchen der Vollstreckungsbehörde hat ein Gemeindebediensteter oder ein Polizeibeamter der Versteigerung beizuwohnen. [3]Die Sätze 1 und 2 gelten nicht für eine Versteigerung nach § 296 Absatz 1 Satz 2 Nummer 2.

(3) § 1239 Absatz 1 Satz 1 des Bürgerlichen Gesetzbuchs gilt entsprechend; bei der Versteigerung vor Ort (§ 296 Absatz 1 Satz 2 Nummer 1) ist auch § 1239 Absatz 2 des Bürgerlichen Gesetzbuchs entsprechend anzuwenden.

§ 299[1)] Zuschlag. (1) [1]Bei der Versteigerung vor Ort (§ 296 Absatz 1 Satz 2 Nummer 1) soll dem Zuschlag an den Meistbietenden ein dreimaliger Aufruf vorausgehen. [2]Bei einer Versteigerung im Internet (§ 296 Absatz 1 Satz 2 Nummer 2) ist der Zuschlag der Person erteilt, die am Ende der Versteigerung das höchste Gebot abgegeben hat, es sei denn, die Versteigerung wird vorzeitig abgebrochen; sie ist von dem Zuschlag zu benachrichtigen. [3]§ 156 des Bürgerlichen Gesetzbuchs gilt entsprechend.

(2) [1]Die Aushändigung einer zugeschlagenen Sache darf nur gegen bare Zahlung geschehen. [2]Bei einer Versteigerung im Internet darf die zugeschlagene Sache auch ausgehändigt werden, wenn die Zahlung auf dem Konto der Finanzbehörde gutgeschrieben ist. [3]Wird die zugeschlagene Sache übersandt, so gilt die Aushändigung mit der Übergabe an die zur Ausführung der Versendung bestimmte Person als bewirkt.

(3) [1]Hat der Meistbietende nicht zu der in den Versteigerungsbedingungen bestimmten Zeit oder in Ermangelung einer solchen Bestimmung nicht vor dem Schluss des Versteigerungstermins die Aushändigung gegen Zahlung des Kaufgeldes verlangt, so wird die Sache anderweitig versteigert. [2]Der Meistbietende wird zu einem weiteren Gebot nicht zugelassen; er haftet für den Ausfall, auf den Mehrerlös hat er keinen Anspruch.

(4) [1]Wird der Zuschlag dem Gläubiger erteilt, so ist dieser von der Verpflichtung zur baren Zahlung so weit befreit, als der Erlös nach Abzug der Kosten der Vollstreckung zu seiner Befriedigung zu verwenden ist. [2]Soweit der Gläubiger von der Verpflichtung zur baren Zahlung befreit ist, gilt der Betrag als von dem Schuldner an den Gläubiger gezahlt.

§ 300 Mindestgebot. (1) [1]Der Zuschlag darf nur auf ein Gebot erteilt werden, das mindestens die Hälfte des gewöhnlichen Verkaufswerts der Sache erreicht (Mindestgebot). [2]Der gewöhnliche Verkaufswert und das Mindestgebot sollen bei dem Ausbieten bekannt gegeben werden.

(2) [1]Wird der Zuschlag nicht erteilt, weil ein das Mindestgebot erreichendes Gebot nicht abgegeben worden ist, so bleibt das Pfandrecht bestehen. [2]Die

---

[1)] § 299 Abs. 1 neu gef., Abs. 2 Sätze 2 bis 4 angef. mWv 5. 8. 2009 durch G v. 30. 7. 2009 (BGBl. I S. 2474); Abs. 2 Satz 1 (vom Gesetzgeber versehentlich doppelt eingefügt) aufgeh., bish. Sätze 2 bis 4 werden Sätze 1 bis 3 mWv 14. 12. 2010 durch G v. 8. 12. 2010 (BGBl. I S. 1768).

Vollstreckungsbehörde kann jederzeit einen neuen Versteigerungstermin bestimmen oder eine anderweitige Verwertung der gepfändeten Sachen nach § 305 anordnen. [3]Wird die anderweitige Verwertung angeordnet, so gilt Absatz 1 entsprechend.

(3) [1]Gold- und Silbersachen dürfen auch nicht unter ihrem Gold- oder Silberwert zugeschlagen werden. [2]Wird ein den Zuschlag gestattendes Gebot nicht abgegeben, so können die Sachen auf Anordnung der Vollstreckungsbehörde aus freier Hand verkauft werden. [3]Der Verkaufspreis darf den Gold- oder Silberwert und die Hälfte des gewöhnlichen Verkaufswerts nicht unterschreiten.

§ 301[1)] **Einstellung der Versteigerung.** (1) Die Versteigerung wird eingestellt, sobald der Erlös zur Deckung der beizutreibenden Beträge einschließlich der Kosten der Vollstreckung ausreicht.

(2) [1]Die Empfangnahme des Erlöses durch den versteigernden Beamten gilt als Zahlung des Vollstreckungsschuldners, es sei denn, dass der Erlös hinterlegt wird (§ 308 Abs. 4). [2]Als Zahlung im Sinne von Satz 1 gilt bei einer Versteigerung im Internet auch der Eingang des Erlöses auf dem Konto der Finanzbehörde.

§ 302 Wertpapiere. Gepfändete Wertpapiere, die einen Börsen- oder Marktpreis haben, sind aus freier Hand zum Tageskurs zu verkaufen; andere Wertpapiere sind nach den allgemeinen Vorschriften zu versteigern.

§ 303 Namenspapiere. Lautet ein gepfändetes Wertpapier auf einen Namen, so ist die Vollstreckungsbehörde berechtigt, die Umschreibung auf den Namen des Käufers oder, wenn es sich um ein auf einen Namen umgeschriebenes Inhaberpapier handelt, die Rückverwandlung in ein Inhaberpapier zu erwirken und die hierzu erforderlichen Erklärungen an Stelle des Vollstreckungsschuldners abzugeben.

§ 304 Versteigerung ungetrennter Früchte. [1]Gepfändete Früchte, die vom Boden noch nicht getrennt sind, dürfen erst nach der Reife versteigert werden. [2]Der Vollziehungsbeamte hat sie abernten zu lassen, wenn er sie nicht vor der Trennung versteigert.

§ 305 Besondere Verwertung. Auf Antrag des Vollstreckungsschuldners oder aus besonderen Zweckmäßigkeitsgründen kann die Vollstreckungsbehörde anordnen, dass eine gepfändete Sache in anderer Weise oder an einem anderen Ort, als in den vorstehenden Paragraphen bestimmt ist, zu verwerten oder durch eine andere Person als den Vollziehungsbeamten zu versteigern sei.

§ 306 Vollstreckung in Ersatzteile von Luftfahrzeugen.[2)] (1) Für die Vollstreckung in Ersatzteile, auf die sich ein Registerpfandrecht an einem Luft-

---

[1)] § 301 Abs. 2 Satz 2 angef. mWv 5. 8. 2009 durch G v. 30. 7. 2009 (BGBl. I S. 2474).

[2)] Vgl. Gesetz über Rechte an Luftfahrzeugen v. 26. 2. 1959 (BGBl. I S. 57, 223), zuletzt geänd. durch G v. 11. 8. 2009 (BGBl. I S. 2713).

fahrzeug nach § 71 des Gesetzes über Rechte an Luftfahrzeugen erstreckt, gilt § 100 des Gesetzes über Rechte an Luftfahrzeugen; an die Stelle des Gerichtsvollziehers tritt der Vollziehungsbeamte.

(2) Absatz 1 gilt für die Vollstreckung in Ersatzteile, auf die sich das Recht an einem ausländischen Luftfahrzeug erstreckt, mit der Maßgabe, dass die Vorschriften des § 106 Abs. 1 Nr. 2 und Abs. 4 des Gesetzes über Rechte an Luftfahrzeugen zu berücksichtigen sind.

§ 307 Anschlusspfändung. (1) 1 Zur Pfändung bereits gepfändeter Sachen genügt die in die Niederschrift aufzunehmende Erklärung des Vollziehungsbeamten, dass er die Sache für die zu bezeichnende Forderung pfändet. 2 Dem Vollstreckungsschuldner ist die weitere Pfändung mitzuteilen.

(2) 1 Ist die erste Pfändung für eine andere Vollstreckungsbehörde oder durch einen Gerichtsvollzieher erfolgt, so ist dieser Vollstreckungsbehörde oder dem Gerichtsvollzieher eine Abschrift der Niederschrift zu übersenden. 2 Die gleiche Pflicht hat ein Gerichtsvollzieher, der eine Sache pfändet, die bereits im Auftrag einer Vollstreckungsbehörde gepfändet ist.

§ 308 Verwertung bei mehrfacher Pfändung. (1) Wird dieselbe Sache mehrfach durch Vollziehungsbeamte oder durch Vollziehungsbeamte und Gerichtsvollzieher gepfändet, so begründet ausschließlich die erste Pfändung die Zuständigkeit zur Versteigerung.

(2) Betreibt ein Gläubiger die Versteigerung, so wird für alle beteiligten Gläubiger versteigert.

(3) Der Erlös wird nach der Reihenfolge der Pfändungen oder nach abweichender Vereinbarung der beteiligten Gläubiger verteilt.

(4) 1 Reicht der Erlös zur Deckung der Forderungen nicht aus und verlangt ein Gläubiger, für den die zweite oder eine spätere Pfändung erfolgt ist, ohne Zustimmung der übrigen beteiligten Gläubiger eine andere Verteilung als nach der Reihenfolge der Pfändungen, so ist die Sachlage unter Hinterlegung des Erlöses dem Amtsgericht, in dessen Bezirk gepfändet ist, anzuzeigen. 2 Der Anzeige sind die Schriftstücke, die sich auf das Verfahren beziehen, beizufügen. 3 Für das Verteilungsverfahren gelten die §§ 873 bis 882 der Zivilprozessordnung.

(5) Wird für verschiedene Gläubiger gleichzeitig gepfändet, so finden die Vorschriften der Absätze 2 bis 4 mit der Maßgabe Anwendung, dass der Erlös nach dem Verhältnis der Forderungen verteilt wird.

III. Vollstreckung in Forderungen und andere Vermögensrechte

§ 309 Pfändung einer Geldforderung. (1) 1 Soll eine Geldforderung gepfändet werden, so hat die Vollstreckungsbehörde dem Drittschuldner schriftlich zu verbieten, an den Vollstreckungsschuldner zu zahlen, und dem Vollstreckungsschuldner schriftlich zu gebieten, sich jeder Verfügung über die Forderung, insbesondere ihrer Einziehung, zu enthalten (Pfändungsverfügung). 2 Die elektronische Form ist ausgeschlossen.

(2) 1Die Pfändung ist bewirkt, wenn die Pfändungsverfügung dem Drittschuldner zugestellt ist. 2Die an den Drittschuldner zuzustellende Pfändungsverfügung soll den beizutreibenden Geldbetrag nur in einer Summe, ohne Angabe der Steuerarten und der Zeiträume, für die er geschuldet wird, bezeichnen. 3Die Zustellung ist dem Vollstreckungsschuldner mitzuteilen.

(3)[1] 1Bei Pfändung des Guthabens eines Kontos des Vollstreckungsschuldners bei einem Kreditinstitut gelten die §§ 833a und 850l der Zivilprozessordnung entsprechend. 2§ 850l der Zivilprozessordnung gilt mit der Maßgabe, dass Anträge bei dem nach § 828 Abs. 2 der Zivilprozessordnung zuständigen Vollstreckungsgericht zu stellen sind.

§ 310 Pfändung einer durch Hypothek gesicherten Forderung.

(1) 1Zur Pfändung einer Forderung, für die eine Hypothek besteht, ist außer der Pfändungsverfügung die Aushändigung des Hypothekenbriefs an die Vollstreckungsbehörde erforderlich. 2Die Übergabe gilt als erfolgt, wenn der Vollziehungsbeamte den Brief wegnimmt. 3Ist die Erteilung des Hypothekenbriefs ausgeschlossen, so muss die Pfändung in das Grundbuch eingetragen werden; die Eintragung erfolgt auf Grund der Pfändungsverfügung auf Ersuchen der Vollstreckungsbehörde.

(2) Wird die Pfändungsverfügung vor der Übergabe des Hypothekenbriefs oder der Eintragung der Pfändung dem Drittschuldner zugestellt, so gilt die Pfändung diesem gegenüber mit der Zustellung als bewirkt.

(3) 1Diese Vorschriften gelten nicht, soweit Ansprüche auf die in § 1159 des Bürgerlichen Gesetzbuchs[2] bezeichneten Leistungen gepfändet werden. 2Das Gleiche gilt bei einer Sicherungshypothek im Fall des § 1187 des Bürgerlichen Gesetzbuchs von der Pfändung der Hauptforderung.

§ 311 Pfändung einer durch Schiffshypothek oder Registerpfandrecht an einem Luftfahrzeug gesicherten Forderung. (1) Die Pfändung einer Forderung, für die eine Schiffshypothek besteht, bedarf der Eintragung in das Schiffsregister oder das Schiffsbauregister.

(2) Die Pfändung einer Forderung, für die ein Registerpfandrecht an einem Luftfahrzeug besteht, bedarf der Eintragung in das Register für Pfandrechte an Luftfahrzeugen.

(3) 1Die Pfändung nach den Absätzen 1 und 2 wird auf Grund der Pfändungsverfügung auf Ersuchen der Vollstreckungsbehörde eingetragen. 2§ 310 Abs. 2 gilt entsprechend.

(4) 1Die Absätze 1 bis 3 sind nicht anzuwenden, soweit es sich um die Pfändung der Ansprüche auf die in § 53 des Gesetzes über Rechte an eingetragenen Schiffen und Schiffsbauwerken[3] und auf die in § 53 des Gesetzes über

---

[1] § 309 Abs. 3 neu gef. mWv 1. 1. 2012 durch Art. 7 des G v. 7. 7. 2009 (BGBl. I S. 1707).

[2] **Schönfelder Nr. 20.**

[3] Gesetz über Rechte an eingetragenen Schiffen und Schiffsbauwerken v. 15. 11. 1940 (RGBl. I S. 1499), zuletzt geänd. durch G v. 17. 12. 2008 (BGBl. I S. 2586).

Rechte an Luftfahrzeugen[1] bezeichneten Leistungen handelt. [2]Das Gleiche gilt, wenn bei einer Schiffshypothek für eine Forderung aus einer Schuldverschreibung auf den Inhaber, aus einem Wechsel oder aus einem anderen durch Indossament übertragbaren Papier die Hauptforderung gepfändet ist.

(5) Für die Pfändung von Forderungen, für die ein Recht an einem ausländischen Luftfahrzeug besteht, gilt § 106 Abs. 1 Nr. 3 und Abs. 5 des Gesetzes über Rechte an Luftfahrzeugen.[1]

§ 312 Pfändung einer Forderung aus indossablen Papieren. Forderungen aus Wechseln und anderen Papieren, die durch Indossament übertragen werden können, werden dadurch gepfändet, dass der Vollziehungsbeamte die Papiere in Besitz nimmt.

§ 313 Pfändung fortlaufender Bezüge. (1) Das Pfandrecht, das durch die Pfändung einer Gehaltsforderung oder einer ähnlichen in fortlaufenden Bezügen bestehenden Forderung erworben wird, erstreckt sich auch auf die Beträge, die später fällig werden.

(2) [1]Die Pfändung eines Diensteinkommens trifft auch das Einkommen, das der Vollstreckungsschuldner bei Versetzung in ein anderes Amt, Übertragung eines neuen Amts oder einer Gehaltserhöhung zu beziehen hat. [2]Dies gilt nicht bei Wechsel des Dienstherrn.

(3) Endet das Arbeits- oder Dienstverhältnis und begründen Vollstreckungsschuldner und Drittschuldner innerhalb von neun Monaten ein solches neu, so erstreckt sich die Pfändung auf die Forderung aus dem neuen Arbeits- oder Dienstverhältnis.

§ 314 Einziehungsverfügung. (1) [1]Die Vollstreckungsbehörde ordnet die Einziehung der gepfändeten Forderung an. [2]§ 309 Abs. 2 gilt entsprechend.

(2) Die Einziehungsverfügung kann mit der Pfändungsverfügung verbunden werden.

(3) Wird die Einziehung eines bei einem Geldinstitut gepfändeten Guthabens eines Vollstreckungsschuldners, der eine natürliche Person ist, angeordnet, so gilt § 835 Absatz 3 Satz 2 und Absatz 4[2] der Zivilprozessordnung entsprechend.

(4)[3] Wird die Einziehung einer gepfändeten nicht wiederkehrend zahlbaren Vergütung eines Vollstreckungsschuldners, der eine natürliche Person ist, für persönlich geleistete Arbeiten oder Dienste oder sonstige Einkünfte, die kein Arbeitslohn sind, angeordnet, so gilt § 835 Absatz 5[2] der Zivilprozessordnung entsprechend.

§ 315 Wirkung der Einziehungsverfügung. (1) [1]Die Einziehungsverfügung ersetzt die förmlichen Erklärungen des Vollstreckungsschuldners, von

---

[1] Gesetz über Rechte an Luftfahrzeugen v. 26. 2. 1959 (BGBl. I S. 57, 223), zuletzt geänd. durch G v. 11. 8. 2009 (BGBl. I S. 2713).

[2] Verweis geänd. mWv 16. 4. 2011 durch G v. 12. 4. 2011 (BGBl. I S. 615).

[3] § 314 Abs. 4 angef. mWv 1. 7. 2010 durch G v. 7. 7. 2009 (BGBl. I S. 1707).

denen nach bürgerlichem Recht die Berechtigung zur Einziehung abhängt. [2]Sie genügt auch bei einer Forderung, für die eine Hypothek, Schiffshypothek oder ein Registerpfandrecht an einem Luftfahrzeug besteht. [3]Zugunsten des Drittschuldners gilt eine zu Unrecht ergangene Einziehungsverfügung dem Vollstreckungsschuldner gegenüber solange als rechtmäßig, bis sie aufgehoben ist und der Drittschuldner hiervon erfährt.

(2) [1]Der Vollstreckungsschuldner ist verpflichtet, die zur Geltendmachung der Forderung nötige Auskunft zu erteilen und die über die Forderung vorhandenen Urkunden herauszugeben. [2]Erteilt der Vollstreckungsschuldner die Auskunft nicht, ist er auf Verlangen der Vollstreckungsbehörde verpflichtet, sie zu Protokoll zu geben und seine Angaben an Eides statt zu versichern. [3]Die Vollstreckungsbehörde kann die eidesstattliche Versicherung der Lage der Sache entsprechend ändern. [4]§ 284 Absatz 5, 6 und 8[1)] gilt sinngemäß. [5]Die Vollstreckungsbehörde kann die Urkunden durch den Vollziehungsbeamten wegnehmen lassen oder ihre Herausgabe nach den §§ 328 bis 335 erzwingen.

(3) [1]Werden die Urkunden nicht vorgefunden, so hat der Vollstreckungsschuldner auf Verlangen der Vollstreckungsbehörde zu Protokoll an Eides statt zu versichern, dass er die Urkunden nicht besitze, auch nicht wisse, wo sie sich befinden. [2]Absatz 2 Satz 3 und 4 gilt entsprechend.

(4) Hat ein Dritter die Urkunde, so kann die Vollstreckungsbehörde auch den Anspruch des Vollstreckungsschuldners auf Herausgabe geltend machen.

§ 316 Erklärungspflicht des Drittschuldners. (1) [1]Auf Verlangen der Vollstreckungsbehörde hat ihr der Drittschuldner binnen zwei Wochen, von der Zustellung der Pfändungsverfügung an gerechnet, zu erklären:

1. ob und inwieweit er die Forderung als begründet anerkenne und bereit sei zu zahlen,
2. ob und welche Ansprüche andere Personen an die Forderung erheben,
3. ob und wegen welcher Ansprüche die Forderung bereits für andere Gläubiger gepfändet sei;
4.[2)] ob innerhalb der letzten zwölf Monate im Hinblick auf das Konto, dessen Guthaben gepfändet worden ist, nach § 850l der Zivilprozessordnung[3)] die Unpfändbarkeit des Guthabens angeordnet worden ist, und
5.[2)] ob es sich bei dem Konto, dessen Guthaben gepfändet worden ist, um ein Pfändungsschutzkonto im Sinne von § 850k Abs. 7 der Zivilprozessordnung handelt.

[2]Die Erklärung des Drittschuldners zu Nummer 1 gilt nicht als Schuldanerkenntnis.

(2) [1]Die Aufforderung zur Abgabe dieser Erklärung kann in die Pfändungsverfügung aufgenommen werden. [2]Der Drittschuldner haftet der Vollstre-

[1)] Verweis geänd. mWv 31. 12. 2014 durch G v. 22. 12. 2014 (BGBl. I S. 2417).

[2)] § 316 Abs. 1 Nrn. 4 und 5 angef. mWv 1. 7. 2010 durch G v. 7. 7. 2009 (BGBl. I S. 1707).

[3)] § 316 Abs. 1 Nr. 4 geänd. mWv 1. 1. 2012 durch G v. 7. 7. 2009 (BGBl. I S. 1707).

ckungsbehörde für den Schaden, der aus der Nichterfüllung seiner Verpflichtung entsteht. 3 Er kann zur Abgabe der Erklärung durch ein Zwangsgeld angehalten werden; § 334 ist nicht anzuwenden.

(3) Die §§ 841 bis 843 der Zivilprozessordnung sind anzuwenden.

§ 317 Andere Art der Verwertung. 1 Ist die gepfändete Forderung bedingt oder betagt oder ihre Einziehung schwierig, so kann die Vollstreckungsbehörde anordnen, dass sie in anderer Weise zu verwerten ist; § 315 Abs. 1 gilt entsprechend. 2 Der Vollstreckungsschuldner ist vorher zu hören, sofern nicht eine Bekanntgabe außerhalb des Geltungsbereichs des Gesetzes oder eine öffentliche Bekanntmachung erforderlich ist.

§ 318 Ansprüche auf Herausgabe oder Leistung von Sachen. (1) Für die Vollstreckung in Ansprüche auf Herausgabe oder Leistung von Sachen gelten außer den §§ 309 bis 317 die nachstehenden Vorschriften.

(2) 1 Bei der Pfändung eines Anspruchs, der eine bewegliche Sache betrifft, ordnet die Vollstreckungsbehörde an, dass die Sache an den Vollziehungsbeamten herauszugeben sei. 2 Die Sache wird wie eine gepfändete Sache verwertet.

(3) 1 Bei Pfändung eines Anspruchs, der eine unbewegliche Sache betrifft, ordnet die Vollstreckungsbehörde an, dass die Sache an einen Treuhänder herauszugeben sei, den das Amtsgericht der belegenen Sache auf Antrag der Vollstreckungsbehörde bestellt. 2 Ist der Anspruch auf Übertragung des Eigentums gerichtet, so ist dem Treuhänder als Vertreter des Vollstreckungsschuldners aufzulassen. 3 Mit dem Übergang des Eigentums auf den Vollstreckungsschuldner erlangt die Körperschaft, der die Vollstreckungsbehörde angehört, eine Sicherungshypothek für die Forderung. 4 Der Treuhänder hat die Eintragung der Sicherungshypothek zu bewilligen. 5 Die Vollstreckung in die herausgegebene Sache wird nach den Vorschriften über die Vollstreckung in unbewegliche Sachen bewirkt.

(4) Absatz 3 gilt entsprechend, wenn der Anspruch ein im Schiffsregister eingetragenes Schiff, ein Schiffsbauwerk oder Schwimmdock, das im Schiffsbauregister eingetragen ist oder in dieses Register eingetragen werden kann, oder ein Luftfahrzeug betrifft, das in der Luftfahrzeugrolle eingetragen ist oder nach Löschung in der Luftfahrzeugrolle noch in dem Register für Pfandrechte an Luftfahrzeugen eingetragen ist.

(5)[1] 1 Dem Treuhänder ist auf Antrag eine Entschädigung zu gewähren. 2 Die Entschädigung darf die nach der Zwangsverwalterordnung festzusetzende Vergütung nicht übersteigen.

§ 319 Unpfändbarkeit von Forderungen. Beschränkungen und Verbote, die nach §§ 850 bis 852 der Zivilprozessordnung und anderen gesetzlichen Bestimmungen für die Pfändung von Forderungen und Ansprüchen bestehen, gelten sinngemäß.

---

[1] § 318 Abs. 5 Satz 2 neugef. mWv 16. 12. 2004 durch G v. 9. 12. 2004 (BGBl. I S. 3310).

§ 320 Mehrfache Pfändung einer Forderung. (1) Ist eine Forderung durch mehrere Vollstreckungsbehörden oder durch eine Vollstreckungsbehörde und ein Gericht gepfändet, so sind die §§ 853 bis 856 der Zivilprozessordnung und § 99 Abs. 1 Satz 1 des Gesetzes über Rechte an Luftfahrzeugen[1]) entsprechend anzuwenden.

(2) Fehlt es an einem Amtsgericht, das nach den §§ 853 und 854 der Zivilprozessordnung zuständig wäre, so ist bei dem Amtsgericht zu hinterlegen, in dessen Bezirk die Vollstreckungsbehörde ihren Sitz hat, deren Pfändungsverfügung dem Drittschuldner zuerst zugestellt worden ist.

§ 321 Vollstreckung in andere Vermögensrechte. (1) Für die Vollstreckung in andere Vermögensrechte, die nicht Gegenstand der Vollstreckung in das unbewegliche Vermögen sind, gelten die vorstehenden Vorschriften entsprechend.

(2) Ist kein Drittschuldner vorhanden, so ist die Pfändung bewirkt, wenn dem Vollstreckungsschuldner das Gebot, sich jeder Verfügung über das Recht zu enthalten, zugestellt ist.

(3) Ein unveräußerliches Recht ist, wenn nichts anderes bestimmt ist, insoweit pfändbar, als die Ausübung einem anderen überlassen werden kann.

(4) Die Vollstreckungsbehörde kann bei der Vollstreckung in unveräußerliche Rechte, deren Ausübung einem anderen überlassen werden kann, besondere Anordnungen erlassen, insbesondere bei der Vollstreckung in Nutzungsrechte eine Verwaltung anordnen; in diesem Fall wird die Pfändung durch Übergabe der zu benutzenden Sache an den Verwalter bewirkt, sofern sie nicht durch Zustellung der Pfändungsverfügung schon vorher bewirkt ist.

(5) Ist die Veräußerung des Rechts zulässig, so kann die Vollstreckungsbehörde die Veräußerung anordnen.

(6) Für die Vollstreckung in eine Reallast, eine Grundschuld oder eine Rentenschuld gelten die Vorschriften über die Vollstreckung in eine Forderung, für die eine Hypothek besteht.

(7) Die §§ 858 bis 863 der Zivilprozessordnung gelten sinngemäß.

4. Unterabschnitt: Vollstreckung in das unbewegliche Vermögen

§ 322 Verfahren. (1) [1]Der Vollstreckung in das unbewegliche Vermögen unterliegen außer den Grundstücken die Berechtigungen, für welche die sich auf Grundstücke beziehenden Vorschriften gelten, die im Schiffsregister eingetragenen Schiffe, die Schiffsbauwerke und Schwimmdocks, die im Schiffsbauregister eingetragen sind oder in dieses Register eingetragen werden können, sowie die Luftfahrzeuge, die in der Luftfahrzeugrolle eingetragen sind oder nach Löschung in der Luftfahrzeugrolle noch in dem Register für Pfandrecht an Luftfahrzeugen eingetragen sind. [2]Auf die Vollstreckung sind die für

[1]) Gesetz über Rechte an Luftfahrzeugen v. 26. 2. 1959 (BGBl. I S. 57, 223), zuletzt geänd. durch G v. 11. 8. 2009 (BGBl. I S. 2713).

die gerichtliche Zwangsvollstreckung geltenden Vorschriften, namentlich die §§ 864 bis 871 der Zivilprozessordnung und das Gesetz über die Zwangsversteigerung und die Zwangsverwaltung[1)] anzuwenden. [3]Bei Stundung und Aussetzung der Vollziehung geht eine im Wege der Vollstreckung eingetragene Sicherungshypothek jedoch nur dann nach § 868 der Zivilprozessordnung auf den Eigentümer über und erlischt eine Schiffshypothek oder ein Registerpfandrecht an einem Luftfahrzeug jedoch nur dann nach § 870 a Abs. 3 der Zivilprozessordnung sowie § 99 Abs. 1 des Gesetzes über Rechte an Luftfahrzeugen[2)], wenn zugleich die Aufhebung der Vollstreckungsmaßnahme angeordnet wird.

(2) Für die Vollstreckung in ausländische Schiffe gilt § 171 des Gesetzes über die Zwangsversteigerung und die Zwangsverwaltung,[1)] für die Vollstreckung in ausländische Luftfahrzeuge § 106 Abs. 1, 2 des Gesetzes über Rechte an Luftfahrzeugen[2)] sowie die §§ 171 h bis 171 n des Gesetzes über die Zwangsversteigerung und die Zwangsverwaltung.[1)]

(3) [1]Die für die Vollstreckung in das unbewegliche Vermögen erforderlichen Anträge des Gläubigers stellt die Vollstreckungsbehörde. [2]Sie hat hierbei zu bestätigen, dass die gesetzlichen Voraussetzungen für die Vollstreckung vorliegen. [3]Diese Fragen unterliegen nicht der Beurteilung des Vollstreckungsgerichts oder des Grundbuchamts. [4]Anträge auf Eintragung einer Sicherungshypothek, einer Schiffshypothek oder eines Registerpfandrechts an einem Luftfahrzeug sind Ersuchen im Sinne des § 38 der Grundbuchordnung[3)] und des § 45 der Schiffsregisterordnung.[4)]

(4) Zwangsversteigerung und Zwangsverwaltung soll die Vollstreckungsbehörde nur beantragen, wenn festgestellt ist, dass der Geldbetrag durch Vollstreckung in das bewegliche Vermögen nicht beigetrieben werden kann.

(5) Soweit der zu vollstreckende Anspruch gemäß § 10 Abs. 1 Nr. 3 des Gesetzes über die Zwangsversteigerung und die Zwangsverwaltung[1)] den Rechten am Grundstück im Rang vorgeht, kann eine Sicherungshypothek unter der aufschiebenden Bedingung in das Grundbuch eingetragen werden, dass das Vorrecht wegfällt.

§ 323 Vollstreckung gegen den Rechtsnachfolger. [1]Ist nach § 322 eine Sicherungshypothek, eine Schiffshypothek oder ein Registerpfandrecht an einem Luftfahrzeug eingetragen worden, so bedarf es zur Zwangsversteigerung aus diesem Recht nur dann eines Duldungsbescheids, wenn nach der Eintragung dieses Rechts ein Eigentumswechsel eingetreten ist. [2]Satz 1 gilt sinngemäß für die Zwangsverwaltung aus einer nach § 322 eingetragenen Sicherungshypothek.

[1)] Gesetz über die Zwangsversteigerung und die Zwangsverwaltung idF der Bek. v. 20. 5. 1898 (RGBl. S. 369, 713) **(Schönfelder Nr. 108)**.

[2)] Gesetz über Rechte an Luftfahrzeugen v. 26. 2. 1959 (BGBl. I S. 57, 223), zuletzt geänd. durch G v. 11. 8. 2009 (BGBl. I S. 2713).

[3)] GrundbuchO idF der Bek. v. 26. 5. 1994 (BGBl. I S. 1114) **(Schönfelder Nr. 114)**.

[4)] SchiffsregisterO idF der Bek. v. 26. 5. 1994 (BGBl. I S. 1133), zuletzt geänd. durch G v. 11. 8. 2009 (BGBl. I S. 2713).

5. Unterabschnitt: Arrest

§ 324 Dinglicher Arrest. (1) [1]Zur Sicherung der Vollstreckung von Geldforderungen nach den §§ 249 bis 323 kann die für die Steuerfestsetzung zuständige Finanzbehörde den Arrest in das bewegliche oder unbewegliche Vermögen anordnen, wenn zu befürchten ist, dass sonst die Beitreibung vereitelt oder wesentlich erschwert wird. [2]Sie kann den Arrest auch dann anordnen, wenn die Forderung noch nicht zahlenmäßig feststeht oder wenn sie bedingt oder betagt ist. [3]In der Arrestanordnung ist ein Geldbetrag zu bestimmen, bei dessen Hinterlegung die Vollziehung des Arrestes gehemmt und der vollzogene Arrest aufzuheben ist.

(2) [1]Die Arrestanordnung ist zuzustellen. [2]Sie muss begründet und von dem anordnenden Bediensteten unterschrieben sein. [3]Die elektronische Form ist ausgeschlossen.

(3) [1]Die Vollziehung der Arrestanordnung ist unzulässig, wenn seit dem Tag, an dem die Anordnung unterzeichnet worden ist, ein Monat verstrichen ist. [2]Die Vollziehung ist auch schon vor der Zustellung an den Arrestschuldner zulässig, sie ist jedoch ohne Wirkung, wenn die Zustellung nicht innerhalb einer Woche nach der Vollziehung und innerhalb eines Monats seit der Unterzeichnung erfolgt. [3]Bei Zustellung im Ausland und öffentlicher Zustellung gilt § 169 Abs. 1 Satz 3 entsprechend. [4]Auf die Vollziehung des Arrestes finden die §§ 930 bis 932 der Zivilprozessordnung sowie § 99 Abs. 2 und § 106 Abs. 1, 3 und 5 des Gesetzes über Rechte an Luftfahrzeugen entsprechende Anwendung; an die Stelle des Arrestgerichts und des Vollstreckungsgerichts tritt die Vollstreckungsbehörde, an die Stelle des Gerichtsvollziehers der Vollziehungsbeamte. [5]Soweit auf die Vorschriften über die Pfändung verwiesen wird, sind die entsprechenden Vorschriften dieses Gesetzes anzuwenden.

§ 325 Aufhebung des dinglichen Arrestes. Die Arrestanordnung ist aufzuheben, wenn nach ihrem Erlass Umstände bekannt werden, die die Arrestanordnung nicht mehr gerechtfertigt erscheinen lassen.

§ 326 Persönlicher Sicherheitsarrest. (1) [1]Auf Antrag der für die Steuerfestsetzung zuständigen Finanzbehörde kann das Amtsgericht einen persönlichen Sicherheitsarrest anordnen, wenn er erforderlich ist, um die gefährdete Vollstreckung in das Vermögen des Pflichtigen zu sichern. [2]Zuständig ist das Amtsgericht, in dessen Bezirk die Finanzbehörde ihren Sitz hat oder sich der Pflichtige befindet.

(2) In dem Antrag hat die für die Steuerfestsetzung zuständige Finanzbehörde den Anspruch nach Art und Höhe sowie die Tatsachen anzugeben, die den Arrestgrund ergeben.

(3) [1]Für die Anordnung, Vollziehung und Aufhebung des persönlichen Sicherheitsarrestes gelten § 128 Abs. 4 und die §§ 922 bis 925, 927, 929, 933, 934 Abs. 1, 3 und 4 der Zivilprozessordnung sinngemäß. [2]§ 802j Abs. 2[1)] der Zivilprozessordnung ist nicht anzuwenden.

(4) Für Zustellungen gelten die Vorschriften der Zivilprozessordnung.

---

1) Verweis geänd. mWv 1. 1. 2013 durch G v. 29. 7. 2009 (BGBl. I S. 2258).

6. Unterabschnitt: Verwertung von Sicherheiten

§ 327 Verwertung von Sicherheiten. 1 Werden Geldforderungen, die im Verwaltungsverfahren vollstreckbar sind (§ 251), bei Fälligkeit nicht erfüllt, kann sich die Vollstreckungsbehörde aus den Sicherheiten befriedigen, die sie zur Sicherung dieser Ansprüche erlangt hat. 2 Die Sicherheiten werden nach den Vorschriften dieses Abschnitts verwertet. 3 Die Verwertung darf erst erfolgen, wenn dem Vollstreckungsschuldner die Verwertungsabsicht bekannt gegeben und seit der Bekanntgabe mindestens eine Woche verstrichen ist.

Dritter Abschnitt: Vollstreckung wegen anderer Leistungen als Geldforderungen

1. Unterabschnitt: Vollstreckung wegen Handlungen, Duldungen oder Unterlassungen

§ 328 Zwangsmittel. (1) 1 Ein Verwaltungsakt, der auf Vornahme einer Handlung oder auf Duldung oder Unterlassung gerichtet ist, kann mit Zwangsmitteln (Zwangsgeld, Ersatzvornahme, unmittelbarer Zwang) durchgesetzt werden. 2 Für die Erzwingung von Sicherheiten gilt § 336. 3 Vollstreckungsbehörde ist die Behörde, die den Verwaltungsakt erlassen hat.

(2) 1 Es ist dasjenige Zwangsmittel zu bestimmen, durch das der Pflichtige und die Allgemeinheit am wenigsten beeinträchtigt werden. 2 Das Zwangsmittel muss in einem angemessenen Verhältnis zu seinem Zweck stehen.

§ 329 Zwangsgeld. Das einzelne Zwangsgeld darf 25 000 Euro nicht übersteigen.

§ 330 Ersatzvornahme. Wird die Verpflichtung, eine Handlung vorzunehmen, deren Vornahme durch einen anderen möglich ist (vertretbare Handlung), nicht erfüllt, so kann die Vollstreckungsbehörde einen anderen mit der Vornahme der Handlung auf Kosten des Pflichtigen beauftragen.

§ 331 Unmittelbarer Zwang. Führen das Zwangsgeld oder die Ersatzvornahme nicht zum Ziel oder sind sie untunlich, so kann die Finanzbehörde den Pflichtigen zur Handlung, Duldung oder Unterlassung zwingen oder die Handlung selbst vornehmen.

§ 332 Androhung der Zwangsmittel. (1) 1 Die Zwangsmittel müssen schriftlich angedroht werden. 2 Wenn zu besorgen ist, dass dadurch der Vollzug des durchzusetzenden Verwaltungsakts vereitelt wird, genügt es, die Zwangsmittel mündlich oder auf andere nach der Lage gebotene Weise anzudrohen. 3 Zur Erfüllung der Verpflichtung ist eine angemessene Frist zu bestimmen.

(2) 1 Die Androhung kann mit dem Verwaltungsakt verbunden werden, durch den die Handlung, Duldung oder Unterlassung aufgegeben wird. 2 Sie

muss sich auf ein bestimmtes Zwangsmittel beziehen und für jede einzelne Verpflichtung getrennt ergehen. 3 Zwangsgeld ist in bestimmter Höhe anzudrohen.

(3) 1 Eine neue Androhung wegen derselben Verpflichtung ist erst dann zulässig, wenn das zunächst angedrohte Zwangsmittel erfolglos ist. 2 Wird vom Pflichtigen ein Dulden oder Unterlassen gefordert, so kann das Zwangsmittel für jeden Fall der Zuwiderhandlung angedroht werden.

(4) Soll die Handlung durch Ersatzvornahme ausgeführt werden, so ist in der Androhung der Kostenbetrag vorläufig zu veranschlagen.

§ 333 Festsetzung der Zwangsmittel. Wird die Verpflichtung innerhalb der Frist, die in der Androhung bestimmt ist, nicht erfüllt oder handelt der Pflichtige der Verpflichtung zuwider, so setzt die Finanzbehörde das Zwangsmittel fest.

§ 334 Ersatzzwangshaft. (1) 1 Ist ein gegen eine natürliche Person festgesetztes Zwangsgeld uneinbringlich, so kann das Amtsgericht auf Antrag der Finanzbehörde nach Anhörung des Pflichtigen Ersatzzwangshaft anordnen, wenn bei Androhung des Zwangsgelds hierauf hingewiesen worden ist. 2 Ordnet das Amtsgericht Ersatzzwangshaft an, so hat es einen Haftbefehl auszufertigen, in dem die antragstellende Behörde, der Pflichtige und der Grund der Verhaftung zu bezeichnen sind.

(2) 1 Das Amtsgericht entscheidet nach pflichtgemäßem Ermessen durch Beschluss. 2 Örtlich zuständig ist das Amtsgericht, in dessen Bezirk der Pflichtige seinen Wohnsitz oder in Ermangelung eines Wohnsitzes seinen gewöhnlichen Aufenthalt hat. 3 Der Beschluss des Amtsgerichts unterliegt der Beschwerde nach den §§ 567 bis 577 der Zivilprozessordnung.

(3) 1 Die Ersatzzwangshaft beträgt mindestens einen Tag, höchstens zwei Wochen. 2 Die Vollziehung der Ersatzzwangshaft richtet sich nach den § 802g Abs. 2 und § 802h[1)] der Zivilprozessordnung und den §§ 171 bis 175 des Strafvollzugsgesetzes.

(4) Ist der Anspruch auf das Zwangsgeld verjährt, so darf die Haft nicht mehr vollstreckt werden.

§ 335 Beendigung des Zwangsverfahrens. Wird die Verpflichtung nach Festsetzung des Zwangsmittels erfüllt, so ist der Vollzug einzustellen.

2. Unterabschnitt: Erzwingung von Sicherheiten

§ 336 Erzwingung von Sicherheiten. (1) Wird die Verpflichtung zur Leistung von Sicherheiten nicht erfüllt, so kann die Finanzbehörde geeignete Sicherheiten pfänden.

(2) 1 Der Erzwingung der Sicherheit muss eine schriftliche Androhung vorausgehen. 2 Die §§ 262 bis 323 sind entsprechend anzuwenden.

---

1) Verweise geänd. mWv 1. 1. 2013 durch G v. 29. 7. 2009 (BGBl. I S. 2258).

Vierter Abschnitt: Kosten

§ 337[1] **Kosten der Vollstreckung.** (1) [1]Im Vollstreckungsverfahren werden Kosten (Gebühren und Auslagen) erhoben. [2]Schuldner dieser Kosten ist der Vollstreckungsschuldner.

(2)[2] Für das Mahnverfahren werden keine Kosten erhoben.

§ 338 Gebührenarten. Im Vollstreckungsverfahren werden Pfändungsgebühren (§ 339), Wegnahmegebühren (§ 340) und Verwertungsgebühren (§ 341) erhoben.

§ 339[3] **Pfändungsgebühr.** (1) Die Pfändungsgebühr wird erhoben für die Pfändung von beweglichen Sachen, von Tieren, von Früchten, die vom Boden noch nicht getrennt sind, von Forderungen und von anderen Vermögensrechten.

(2) Die Gebühr entsteht:

1. sobald der Vollziehungsbeamte Schritte zur Ausführung des Vollstreckungsauftrags unternommen hat,
2. mit der Zustellung der Verfügung, durch die eine Forderung oder ein anderes Vermögensrecht gepfändet werden soll.

(3) Die Gebühr beträgt 26[4] Euro.

(4) [1]Die Gebühr wird auch erhoben, wenn

1. die Pfändung durch Zahlung an den Vollziehungsbeamten abgewendet wird,
2. auf andere Weise Zahlung geleistet wird, nachdem sich der Vollziehungsbeamte an Ort und Stelle begeben hat,
3. ein Pfändungsversuch erfolglos geblieben ist, weil pfändbare Gegenstände nicht vorgefunden wurden, oder
4. die Pfändung in den Fällen des § 281 Abs. 3 dieses Gesetzes sowie der §§ 812 und 851 b Abs. 1 der Zivilprozessordnung unterbleibt.

[2]Wird die Pfändung auf andere Weise abgewendet, wird keine Gebühr erhoben.

§ 340[5] **Wegnahmegebühr.** (1) [1]Die Wegnahmegebühr wird für die Wegnahme beweglicher Sachen einschließlich Urkunden in den Fällen der §§ 310, 315 Abs. 2 Satz 5, §§ 318, 321, 331 und 336 erhoben. [2]Dies gilt auch dann, wenn der Vollstreckungsschuldner an den zur Vollstreckung erschienenen Vollziehungsbeamten freiwillig leistet.

(2) § 339 Abs. 2 Nr. 1 ist entsprechend anzuwenden.

---

[1] § 337 Abs. 1 neu gef. mWv 1. 1. 2005 durch G v. 9. 12. 2004 (BGBl. I S. 3310).
[2] § 337 Abs. 2 Satz 2 aufgeh. mWv 30. 6. 2013 durch G v. 26. 6. 2013 (BGBl. I S. 1809).
[3] § 339 neu gef. mWv 1. 1. 2005 durch G v. 9. 12. 2004 (BGBl. I S. 3310).
[4] Betrag geänd. mWv 31. 12. 2014 durch G v. 22. 12. 2014 (BGBl. I S. 2417).
[5] § 340 Abs. 3 neu gef., Abs. 4 aufgeh. mWv 1. 1. 2005 durch G v. 9. 12. 2004 (BGBl. I S. 3310).

(3) [1]Die Höhe der Wegnahmegebühr beträgt 26[1)] Euro. [2]Die Gebühr wird auch erhoben, wenn die in Absatz 1 bezeichneten Sachen nicht aufzufinden sind.

(4) *(aufgehoben)*

§ 341[2)] Verwertungsgebühr. (1) Die Verwertungsgebühr wird für die Versteigerung und andere Verwertung von Gegenständen erhoben.

(2) Die Gebühr entsteht, sobald der Vollziehungsbeamte oder ein anderer Beauftragter Schritte zur Ausführung des Verwertungsauftrags unternommen hat.

(3) Die Gebühr beträgt 52[1)] Euro.

(4) Wird die Verwertung abgewendet (§ 296 Abs. 1 Satz 4), ist eine Gebühr von 26[1)] Euro zu erheben.

§ 342[3)] Mehrheit von Schuldnern. (1) Wird gegen mehrere Schuldner vollstreckt, so sind die Gebühren, auch wenn der Vollziehungsbeamte bei derselben Gelegenheit mehrere Vollstreckungshandlungen vornimmt, von jedem Vollstreckungsschuldner zu erheben.

(2) [1]Wird gegen Gesamtschuldner wegen der Gesamtschuld bei derselben Gelegenheit vollstreckt, so werden Pfändungs-, Wegnahme- und Verwertungsgebühren nur einmal erhoben. [2]Die in Satz 1 bezeichneten Personen schulden die Gebühren als Gesamtschuldner.

§ 343. (weggefallen)

§ 344[4)] Auslagen. (1) Als Auslagen werden erhoben:

1.[5)] Schreibauslagen für nicht von Amts wegen zu erteilende oder per Telefax übermittelte Abschriften; die Schreibauslagen betragen unabhängig von der Art der Herstellung

a) für die ersten 50 Seiten je Seite 0,50 Euro,

b) für jede weitere Seite 0,15 Euro,

c) für die ersten 50 Seiten in Farbe je Seite 1,00 Euro,

d) für jede weitere Seite in Farbe 0,30 Euro.

[2]Werden anstelle von Abschriften elektronisch gespeicherte Dateien überlassen, betragen die Auslagen 1,50 Euro je Datei. [3]Für die in einem Arbeitsgang überlassenen oder in einem Arbeitsgang auf einen Datenträger übertragenen Dokumente werden insgesamt höchstens 5 Euro erhoben.

---

1) Betrag geänd. mWv 31. 12. 2014 durch G v. 22. 12. 2014 (BGBl. I S. 2417).

2) § 341 Abs. 3 und 4 neu gef. mWv 1. 1. 2005 durch G v. 9. 12. 2004 (BGBl. I S. 3310); Abs. 4 geänd. mWv 5. 8. 2009 durch G v. 30. 7. 2009 (BGBl. I S. 2474).

3) § 342 Abs. 2 bish. Satz 3 aufgeh. mWv 1. 1. 2005 durch G v. 9. 12. 2004 (BGBl. I S. 3310).

4) § 344 neu gef. mWv 1. 1. 2005 durch G v. 9. 12. 2004 (BGBl. I S. 3310).

5) § 344 Abs. 1 Nr. 1 neu gef. mWv 31. 12. 2014 durch G v. 22. 12. 2014 (BGBl. I S. 2417).

[4]Werden zum Zweck der Überlassung von elektronisch gespeicherten Dateien Dokumente zuvor auf Antrag von der Papierform in die elektronische Form übertragen, beträgt die Pauschale für Schreibauslagen nach Satz 2 nicht weniger, als die Pauschale im Fall von Satz 1 betragen würde,

2. Entgelte für Post- und Telekommunikationsdienstleistungen, ausgenommen die Entgelte für Telefondienstleistungen im Orts- und Nahbereich,
3. Entgelte für Zustellungen durch die Post mit Zustellungsurkunde; wird durch die Behörde zugestellt (§ 5 des Verwaltungszustellungsgesetzes), so werden 7,50 Euro erhoben,
4. Kosten, die durch öffentliche Bekanntmachung entstehen,
5. an die zum Öffnen von Türen und Behältnissen sowie an die zur Durchsuchung von Vollstreckungsschuldnern zugezogenen Personen zu zahlende Beträge,
6. Kosten für die Beförderung, Verwahrung und Beaufsichtigung gepfändeter Sachen, Kosten für die Aberntung gepfändeter Früchte und Kosten für die Verwahrung, Fütterung, Pflege und Beförderung gepfändeter Tiere,
7. Beträge, die in entsprechender Anwendung des Justizvergütungs- und -entschädigungsgesetzes an Auskunftspersonen und Sachverständige (§ 107) sowie Beträge, die an Treuhänder (§ 318 Abs. 5) zu zahlen sind,

7a. Kosten, die von einem Kreditinstitut erhoben werden, weil ein Scheck des Vollstreckungsschuldners nicht eingelöst wurde,

7b. Kosten für die Umschreibung eines auf einen Namen lautenden Wertpapiers oder für die Wiederinkurssetzung eines Inhaberpapiers,

8. andere Beträge, die auf Grund von Vollstreckungsmaßnahmen an Dritte zu zahlen sind, insbesondere Beträge, die bei der Ersatzvornahme oder beim unmittelbaren Zwang an Beauftragte und an Hilfspersonen gezahlt werden, und sonstige durch Ausführung des unmittelbaren Zwanges oder Anwendung der Ersatzzwangshaft entstandene Kosten.

(2) Steuern, die die Finanzbehörde auf Grund von Vollstreckungsmaßnahmen schuldet, sind als Auslagen zu erheben.

(3) [1]Werden Sachen oder Tiere, die bei mehreren Vollstreckungsschuldnern gepfändet worden sind, in einem einheitlichen Verfahren abgeholt und verwertet, so werden die Auslagen, die in diesem Verfahren entstehen, auf die beteiligten Vollstreckungsschuldner verteilt. [2]Dabei sind die besonderen Umstände des einzelnen Falls, vor allem Wert, Umfang und Gewicht der Gegenstände, zu berücksichtigen.

§ 345 Reisekosten und Aufwandsentschädigungen. Im Vollstreckungsverfahren sind die Reisekosten des Vollziehungsbeamten und Auslagen, die durch Aufwandsentschädigungen abgegolten werden, von dem Vollstreckungsschuldner nicht zu erstatten.

§ 346 Unrichtige Sachbehandlung, Festsetzungsfrist. (1) Kosten, die bei richtiger Behandlung der Sache nicht entstanden wären, sind nicht zu erheben.

(2) [1]Die Frist für den Ansatz der Kosten und für die Aufhebung und Änderung des Kostenansatzes beträgt ein Jahr. [2]Sie beginnt mit Ablauf des Kalenderjahrs, in dem die Kosten entstanden sind. [3]Einem vor Ablauf der Frist gestellten Antrag auf Aufhebung oder Änderung kann auch nach Ablauf der Frist entsprochen werden.

Siebenter Teil. Außergerichtliches Rechtsbehelfsverfahren[1)]

Erster Abschnitt: Zulässigkeit

§ 347 Statthaftigkeit des Einspruchs. (1) [1]Gegen Verwaltungsakte
1. in Abgabenangelegenheiten, auf die dieses Gesetz Anwendung findet,
2. in Verfahren zur Vollstreckung von Verwaltungsakten in anderen als den in Nummer 1 bezeichneten Angelegenheiten, soweit die Verwaltungsakte durch Bundesfinanzbehörden oder Landesfinanzbehörden nach den Vorschriften dieses Gesetzes zu vollstrecken sind,
3. in öffentlich-rechtlichen und berufsrechtlichen Angelegenheiten, auf die dieses Gesetz nach § 164 a des Steuerberatungsgesetzes Anwendung findet,
4. in anderen durch die Finanzbehörden verwalteten Angelegenheiten, soweit die Vorschriften über die außergerichtlichen Rechtsbehelfe durch Gesetz für anwendbar erklärt worden sind oder erklärt werden,

ist als Rechtsbehelf der Einspruch statthaft. [2]Der Einspruch ist außerdem statthaft, wenn geltend gemacht wird, dass in den in Satz 1 bezeichneten Angelegenheiten über einen vom Einspruchsführer gestellten Antrag auf Erlass eines Verwaltungsakts ohne Mitteilung eines zureichenden Grundes binnen angemessener Frist sachlich nicht entschieden worden ist.

(2) Abgabenangelegenheiten sind alle mit der Verwaltung der Abgaben einschließlich der Abgabenvergütungen oder sonst mit der Anwendung der abgabenrechtlichen Vorschriften durch die Finanzbehörden zusammenhängenden Angelegenheiten einschließlich der Maßnahmen der Bundesfinanzbehörden zur Beachtung der Verbote und Beschränkungen für den Warenverkehr über die Grenze; den Abgabenangelegenheiten stehen die Angelegenheiten der Verwaltung der Finanzmonopole gleich.

(3) Die Vorschriften des Siebenten Teils finden auf das Straf- und Bußgeldverfahren keine Anwendung.

§ 348 Ausschluss des Einspruchs. Der Einspruch ist nicht statthaft
1. gegen Einspruchsentscheidungen (§ 367),
2. bei Nichtentscheidung über einen Einspruch,
3. gegen Verwaltungsakte der obersten Finanzbehörden des Bundes und der Länder, außer wenn ein Gesetz das Einspruchsverfahren vorschreibt,

---

1) Zu §§ 347 ff. siehe Übergangsvorschriften in Art. 97 § 18 Abs. 3 EGAO (Nr. 800 a).

4.[1] gegen Entscheidungen in Angelegenheiten des Zweiten und Sechsten Abschnitts des Zweiten Teils des Steuerberatungsgesetzes,

5.[1] *(aufgehoben)*

6.[2] in den Fällen des § 172 Abs. 3.

§ 349. (weggefallen)

§ 350 Beschwer. Befugt, Einspruch einzulegen, ist nur, wer geltend macht, durch einen Verwaltungsakt oder dessen Unterlassung beschwert zu sein.

§ 351 Bindungswirkung anderer Verwaltungsakte. (1) Verwaltungsakte, die unanfechtbare Verwaltungsakte ändern, können nur insoweit angegriffen werden, als die Änderung reicht, es sei denn, dass sich aus den Vorschriften über die Aufhebung und Änderung von Verwaltungsakten etwas anderes ergibt.

(2) Entscheidungen in einem Grundlagenbescheid (§ 171 Abs. 10) können nur durch Anfechtung dieses Bescheids, nicht auch durch Anfechtung des Folgebescheids, angegriffen werden.

§ 352 Einspruchsbefugnis bei der einheitlichen Feststellung. (1) Gegen Bescheide über die einheitliche und gesonderte Feststellung von Besteuerungsgrundlagen können Einspruch einlegen:

1. zur Vertretung berufene Geschäftsführer oder, wenn solche nicht vorhanden sind, der Einspruchsbevollmächtigte im Sinne des Absatzes 2;
2. wenn Personen nach Nummer 1 nicht vorhanden sind, jeder Gesellschafter, Gemeinschafter oder Mitberechtigte, gegen den der Feststellungsbescheid ergangen ist oder zu ergehen hätte;
3. auch wenn Personen nach Nummer 1 vorhanden sind, ausgeschiedene Gesellschafter, Gemeinschafter oder Mitberechtigte, gegen die der Feststellungsbescheid ergangen ist oder zu ergehen hätte;
4. soweit es sich darum handelt, wer an dem festgestellten Betrag beteiligt ist und wie dieser sich auf die einzelnen Beteiligten verteilt, jeder, der durch die Feststellungen hierzu berührt wird;
5. soweit es sich um eine Frage handelt, die einen Beteiligten persönlich angeht, jeder, der durch die Feststellungen über die Frage berührt wird.

(2) [1]Einspruchsbefugt im Sinne des Absatzes 1 Nr. 1 ist der gemeinsame Empfangsbevollmächtigte im Sinne des § 183 Abs. 1 Satz 1 oder des § 6 Abs. 1 Satz 1 der Verordnung über die gesonderte Feststellung von Besteuerungsgrundlagen nach § 180 Abs. 2 der Abgabenordnung vom 19. Dezember 1986 (BGBl. I S. 2663)[3]. [2]Haben die Feststellungsbeteiligten keinen gemeinsamen

---

[1] § 348 Nr. 4 geänd. und Nr. 5 aufgeh. mWv 12. 4. 2008 durch G v. 8. 4. 2008 (BGBl. I S. 666).

[2] § 348 Nr. 6 angef. mWv 19. 12. 2006 durch G v. 13. 12. 2006 (BGBl. I S. 2878).

[3] Nr. **800 e**.

Empfangsbevollmächtigten bestellt, ist einspruchsbefugt im Sinne des Absatzes 1 Nr. 1 der nach § 183 Abs. 1 Satz 2 fingierte oder der nach § 183 Abs. 1 Satz 3 bis 5 oder nach § 6 Abs. 1 Satz 3 bis 5 der Verordnung über die gesonderte Feststellung von Besteuerungsgrundlagen nach § 180 Abs. 2 der Abgabenordnung von der Finanzbehörde bestimmte Empfangsbevollmächtigte; dies gilt nicht für Feststellungsbeteiligte, die gegenüber der Finanzbehörde der Einspruchsbefugnis des Empfangsbevollmächtigten widersprechen. 3 Die Sätze 1 und 2 sind nur anwendbar, wenn die Beteiligten in der Feststellungserklärung oder in der Aufforderung zur Benennung eines Empfangsbevollmächtigten über die Einspruchsbefugnis des Empfangsbevollmächtigten belehrt worden sind.

§ 353 Einspruchsbefugnis des Rechtsnachfolgers. Wirkt ein Feststellungsbescheid, ein Grundsteuermessbescheid oder ein Zerlegungs- oder Zuteilungsbescheid über einen Grundsteuermessbetrag gegenüber dem Rechtsnachfolger, ohne dass er diesem bekannt gegeben worden ist (§ 182 Abs. 2, § 184 Abs. 1 Satz 4, §§ 185 und 190), so kann der Rechtsnachfolger nur innerhalb der für den Rechtsvorgänger maßgebenden Einspruchsfrist Einspruch einlegen.

§ 354 Einspruchsverzicht. (1) 1 Auf Einlegung eines Einspruchs kann nach Erlass des Verwaltungsakts verzichtet werden. 2 Der Verzicht kann auch bei Abgabe einer Steueranmeldung für den Fall ausgesprochen werden, dass die Steuer nicht abweichend von der Steueranmeldung festgesetzt wird. 3 Durch den Verzicht wird der Einspruch unzulässig.

(1 a) 1 Soweit Besteuerungsgrundlagen für ein Verständigungs- oder ein Schiedsverfahren nach einem Vertrag im Sinne des § 2 von Bedeutung sein können, kann auf die Einlegung eines Einspruchs insoweit verzichtet werden. 2 Die Besteuerungsgrundlage, auf die sich der Verzicht beziehen soll, ist genau zu bezeichnen.

(2) 1 Der Verzicht ist gegenüber der zuständigen Finanzbehörde schriftlich oder zur Niederschrift zu erklären; er darf keine weiteren Erklärungen enthalten. 2 Wird nachträglich die Unwirksamkeit des Verzichts geltend gemacht, so gilt § 110 Abs. 3 sinngemäß.

Zweiter Abschnitt: Verfahrensvorschriften

§ 355 Einspruchsfrist. (1) 1 Der Einspruch nach § 347 Abs. 1 Satz 1 ist innerhalb eines Monats nach Bekanntgabe des Verwaltungsakts einzulegen. 2 Ein Einspruch gegen eine Steueranmeldung ist innerhalb eines Monats nach Eingang der Steueranmeldung bei der Finanzbehörde, in den Fällen des § 168 Satz 2 innerhalb eines Monats nach Bekanntwerden der Zustimmung, einzulegen.

(2) Der Einspruch nach § 347 Abs. 1 Satz 2 ist unbefristet.

§ 356 Rechtsbehelfsbelehrung. (1) Ergeht ein Verwaltungsakt schriftlich oder elektronisch, so beginnt die Frist für die Einlegung des Einspruchs nur, wenn der Beteiligte über den Einspruch und die Finanzbehörde, bei der er einzulegen ist, deren Sitz und die einzuhaltende Frist in der für den Verwaltungsakt verwendeten Form belehrt worden ist.

(2) [1]Ist die Belehrung unterblieben oder unrichtig erteilt, so ist die Einlegung des Einspruchs nur binnen eines Jahres seit Bekanntgabe des Verwaltungsakts zulässig, es sei denn, dass die Einlegung vor Ablauf der Jahresfrist infolge höherer Gewalt unmöglich war oder schriftlich oder elektronisch darüber belehrt wurde, dass ein Einspruch nicht gegeben sei. [2]§ 110 Abs. 2 gilt für den Fall höherer Gewalt sinngemäß.

§ 357[1)] **Einlegung des Einspruchs.** (1) [1]Der Einspruch ist schriftlich oder elektronisch einzureichen oder zur Niederschrift zu erklären. [2]Es genügt, wenn aus dem Einspruch hervorgeht, wer ihn eingelegt hat. [3]Einlegung durch Telegramm ist zulässig. [4]Unrichtige Bezeichnung des Einspruchs schadet nicht.

(2) [1]Der Einspruch ist bei der Behörde anzubringen, deren Verwaltungsakt angefochten wird oder bei der ein Antrag auf Erlass eines Verwaltungsakts gestellt worden ist. [2]Ein Einspruch, der sich gegen die Feststellung von Besteuerungsgrundlagen oder gegen die Festsetzung eines Steuermessbetrags richtet, kann auch bei der zur Erteilung des Steuerbescheids zuständigen Behörde angebracht werden. [3]Ein Einspruch, der sich gegen einen Verwaltungsakt richtet, den eine Behörde auf Grund gesetzlicher Vorschrift für die zuständige Finanzbehörde erlassen hat, kann auch bei der zuständigen Finanzbehörde angebracht werden. [4]Die schriftliche oder elektronische Anbringung bei einer anderen Behörde ist unschädlich, wenn der Einspruch vor Ablauf der Einspruchsfrist einer der Behörden übermittelt wird, bei der er nach den Sätzen 1 bis 3 angebracht werden kann.

(3) [1]Bei der Einlegung soll der Verwaltungsakt bezeichnet werden, gegen den der Einspruch gerichtet ist. [2]Es soll angegeben werden, inwieweit der Verwaltungsakt angefochten und seine Aufhebung beantragt wird. [3]Ferner sollen die Tatsachen, die zur Begründung dienen, und die Beweismittel angeführt werden.

§ 358 Prüfung der Zulässigkeitsvoraussetzungen. [1]Die zur Entscheidung über den Einspruch berufene Finanzbehörde hat zu prüfen, ob der Einspruch zulässig, insbesondere in der vorgeschriebenen Form und Frist eingelegt ist. [2]Mangelt es an einem dieser Erfordernisse, so ist der Einspruch als unzulässig zu verwerfen.

§ 359 Beteiligte. Beteiligte am Verfahren sind:

1. wer den Einspruch eingelegt hat (Einspruchsführer),
2. wer zum Verfahren hinzugezogen worden ist.

§ 360 Hinzuziehung zum Verfahren. (1) [1]Die zur Entscheidung über den Einspruch berufene Finanzbehörde kann von Amts wegen oder auf An-

---

1) § 357 Abs. 1 Satz 1 geänd., Satz 2 neu gef., Abs. 2 Satz 4 geänd. mWv 1. 8. 2013 (BGBl. I S. 2749).

trag andere hinzuziehen, deren rechtliche Interessen nach den Steuergesetzen durch die Entscheidung berührt werden, insbesondere solche, die nach den Steuergesetzen neben dem Steuerpflichtigen haften. [2]Vor der Hinzuziehung ist derjenige zu hören, der den Einspruch eingelegt hat.

(2) Wird eine Abgabe für einen anderen Abgabenberechtigten verwaltet, so kann dieser nicht deshalb hinzugezogen werden, weil seine Interessen als Abgabenberechtigter durch die Entscheidung berührt werden.

(3) [1]Sind an dem streitigen Rechtsverhältnis Dritte derart beteiligt, dass die Entscheidung auch ihnen gegenüber nur einheitlich ergehen kann, so sind sie hinzuzuziehen. [2]Dies gilt nicht für Mitberechtigte, die nach § 352 nicht befugt sind, Einspruch einzulegen.

(4) Wer zum Verfahren hinzugezogen worden ist, kann dieselben Rechte geltend machen, wie derjenige, der den Einspruch eingelegt hat.

(5)[1)] [1]Kommt nach Absatz 3 die Hinzuziehung von mehr als 50 Personen in Betracht, kann die Finanzbehörde anordnen, dass nur solche Personen hinzugezogen werden, die dies innerhalb einer bestimmten Frist beantragen. [2]Von einer Einzelbekanntgabe der Anordnung kann abgesehen werden, wenn die Anordnung im *elektronischen*[2)] Bundesanzeiger bekannt gemacht und außerdem in Tageszeitungen veröffentlicht wird, die in dem Bereich verbreitet sind, in dem sich die Entscheidung voraussichtlich auswirken wird. [3]Die Frist muss mindestens drei Monate seit Veröffentlichung im *elektronischen*[2)] Bundesanzeiger betragen. [4]In der Veröffentlichung in Tageszeitungen ist mitzuteilen, an welchem Tage die Frist abläuft. [5]Für die Wiedereinsetzung in den vorigen Stand wegen Versäumung der Frist gilt § 110 entsprechend. [6]Die Finanzbehörde soll Personen, die von der Entscheidung erkennbar in besonderem Maße betroffen werden, auch ohne Antrag hinzuziehen.

§ 361 Aussetzung der Vollziehung. (1) [1]Durch Einlegung des Einspruchs wird die Vollziehung des angefochtenen Verwaltungsakts vorbehaltlich des Absatzes 4 nicht gehemmt, insbesondere die Erhebung einer Abgabe nicht aufgehalten. [2]Entsprechendes gilt bei Anfechtung von Grundlagenbescheiden für die darauf beruhenden Folgebescheide.

(2) [1]Die Finanzbehörde, die den angefochtenen Verwaltungsakt erlassen hat, kann die Vollziehung ganz oder teilweise aussetzen; § 367 Abs. 1 Satz 2 gilt sinngemäß. [2]Auf Antrag soll die Aussetzung erfolgen, wenn ernstliche Zweifel an der Rechtmäßigkeit des angefochtenen Verwaltungsakts bestehen oder wenn die Vollziehung für den Betroffenen eine unbillige, nicht durch überwiegende öffentliche Interessen gebotene Härte zur Folge hätte. [3]Ist der Verwaltungsakt schon vollzogen, tritt an die Stelle der Aussetzung der Vollziehung die Aufhebung der Vollziehung. [4]Bei Steuerbescheiden sind die Aussetzung und die Aufhebung der Vollziehung auf die festgesetzte Steuer, vermindert um die anzurechnenden Steuerabzugsbeträge, um die anzurechnende Körperschaftsteuer und um die festgesetzten Vorauszahlungen, beschränkt; dies gilt

---

[1)] § 360 Abs. 5 Sätze 2 und 3 geänd. mWv 1. 4. 2005 durch G v. 22. 3. 2005 (BGBl. I S. 837).
[2)] Wort aufgeh. mWv 1. 4. 2012 durch G v. 22. 12. 2011 (BGBl. I S. 3044).

nicht, wenn die Aussetzung oder Aufhebung der Vollziehung zur Abwendung wesentlicher Nachteile nötig erscheint. [5]Die Aussetzung kann von einer Sicherheitsleistung abhängig gemacht werden.

(3) [1]Soweit die Vollziehung eines Grundlagenbescheids ausgesetzt wird, ist auch die Vollziehung eines Folgebescheids auszusetzen. [2]Der Erlass eines Folgebescheids bleibt zulässig. [3]Über eine Sicherheitsleistung ist bei der Aussetzung eines Folgebescheids zu entscheiden, es sei denn, dass bei der Aussetzung der Vollziehung des Grundlagenbescheids die Sicherheitsleistung ausdrücklich ausgeschlossen worden ist.

(4) [1]Durch Einlegung eines Einspruchs gegen die Untersagung des Gewerbebetriebs oder der Berufsausübung wird die Vollziehung des angefochtenen Verwaltungsakts gehemmt. [2]Die Finanzbehörde, die den Verwaltungsakt erlassen hat, kann die hemmende Wirkung durch besondere Anordnung ganz oder zum Teil beseitigen, wenn sie es im öffentlichen Interesse für geboten hält; sie hat das öffentliche Interesse schriftlich zu begründen. [3]§ 367 Abs. 1 Satz 2 gilt sinngemäß.

(5) Gegen die Ablehnung der Aussetzung der Vollziehung kann das Gericht nur nach § 69 Abs. 3 und 5 Satz 3 der Finanzgerichtsordnung angerufen werden.

§ 362 Rücknahme des Einspruchs. (1) [1]Der Einspruch kann bis zur Bekanntgabe der Entscheidung über den Einspruch zurückgenommen werden. [2]§ 357 Abs. 1 und 2 gilt sinngemäß.

(1a) [1]Soweit Besteuerungsgrundlagen für ein Verständigungs- oder ein Schiedsverfahren nach einem Vertrag im Sinne des § 2 von Bedeutung sein können, kann der Einspruch hierauf begrenzt zurückgenommen werden. [2]§ 354 Abs. 1a Satz 2 gilt entsprechend.

(2) [1]Die Rücknahme hat den Verlust des eingelegten Einspruchs zur Folge. [2]Wird nachträglich die Unwirksamkeit der Rücknahme geltend gemacht, so gilt § 110 Abs. 3 sinngemäß.

§ 363 Aussetzung und Ruhen des Verfahrens. (1) Hängt die Entscheidung ganz oder zum Teil von dem Bestehen oder Nichtbestehen eines Rechtsverhältnisses ab, das den Gegenstand eines anhängigen Rechtsstreits bildet oder von einem Gericht oder einer Verwaltungsbehörde festzustellen ist, kann die Finanzbehörde die Entscheidung bis zur Erledigung des anderen Rechtsstreits oder bis zur Entscheidung des Gerichts oder der Verwaltungsbehörde aussetzen.

(2)[1)] [1]Die Finanzbehörde kann das Verfahren mit Zustimmung des Einspruchsführers ruhen lassen, wenn das aus wichtigen Gründen zweckmäßig erscheint. [2]Ist wegen der Verfassungsmäßigkeit einer Rechtsnorm oder wegen einer Rechtsfrage ein Verfahren bei dem Gerichtshof der Europäischen Union, dem Bundesverfassungsgericht oder einem obersten Bundesgericht anhängig und wird der Einspruch hierauf gestützt, ruht das Einspruchsverfah-

---

[1)] § 363 Abs. 2 Satz 2 geänd. mWv 30. 6. 2013 durch G v. 26. 6. 2013 (BGBl. I S. 1809).

ren insoweit; dies gilt nicht, soweit nach § 165 Abs. 1 Satz 2 Nr. 3 oder Nr. 4[1]) die Steuer vorläufig festgesetzt wurde. [3]Mit Zustimmung der obersten Finanzbehörde kann durch öffentlich bekannt zu gebende Allgemeinverfügung für bestimmte Gruppen gleichgelagerter Fälle angeordnet werden, dass Einspruchsverfahren insoweit auch in anderen als den in den Sätzen 1 und 2 genannten Fällen ruhen. [4]Das Einspruchsverfahren ist fortzusetzen, wenn der Einspruchsführer dies beantragt oder die Finanzbehörde dies dem Einspruchsführer mitteilt.

(3) Wird ein Antrag auf Aussetzung oder Ruhen des Verfahrens abgelehnt oder die Aussetzung oder das Ruhen des Verfahrens widerrufen, kann die Rechtswidrigkeit der Ablehnung oder des Widerrufs nur durch Klage gegen die Einspruchsentscheidung geltend gemacht werden.

§ 364 Mitteilung der Besteuerungsunterlagen. Den Beteiligten sind, soweit es noch nicht geschehen ist, die Unterlagen der Besteuerung auf Antrag oder, wenn die Begründung des Einspruchs dazu Anlass gibt, von Amts wegen mitzuteilen.

§ 364 a Erörterung des Sach- und Rechtsstands. (1) [1]Auf Antrag eines Einspruchsführers soll die Finanzbehörde vor Erlass einer Einspruchsentscheidung den Sach- und Rechtsstand erörtern. [2]Weitere Beteiligte können hierzu geladen werden, wenn die Finanzbehörde dies für sachdienlich hält. [3]Die Finanzbehörde kann auch ohne Antrag eines Einspruchsführers diesen und weitere Beteiligte zu einer Erörterung laden.

(2) [1]Von einer Erörterung mit mehr als 10 Beteiligten kann die Finanzbehörde absehen. [2]Bestellen die Beteiligten innerhalb einer von der Finanzbehörde bestimmten angemessenen Frist einen gemeinsamen Vertreter, soll der Sach- und Rechtsstand mit diesem erörtert werden.

(3) [1]Die Beteiligten können sich durch einen Bevollmächtigten vertreten lassen. [2]Sie können auch persönlich zur Erörterung geladen werden, wenn die Finanzbehörde dies für sachdienlich hält.

(4) Das Erscheinen kann nicht nach § 328 erzwungen werden.

§ 364 b Fristsetzung. (1) Die Finanzbehörde kann dem Einspruchsführer eine Frist setzen

1. zur Angabe der Tatsachen, durch deren Berücksichtigung oder Nichtberücksichtigung er sich beschwert fühlt,
2. zur Erklärung über bestimmte klärungsbedürftige Punkte,
3. zur Bezeichnung von Beweismitteln oder zur Vorlage von Urkunden, soweit er dazu verpflichtet ist.

(2) [1]Erklärungen und Beweismittel, die erst nach Ablauf der nach Absatz 1 gesetzten Frist vorgebracht werden, sind nicht zu berücksichtigen. [2]§ 367

---

[1]) § 363 Abs. 2 Satz 2 Verweis auf Nr. 4 eingef. mWv 1. 1. 2009 durch G v. 20. 12. 2008 (BGBl. I S. 2850).

Abs. 2 Satz 2 bleibt unberührt. [3]Bei Überschreitung der Frist gilt § 110 entsprechend.

(3) Der Einspruchsführer ist mit der Fristsetzung über die Rechtsfolgen nach Absatz 2 zu belehren.

§ 365 Anwendung von Verfahrensvorschriften. (1) Für das Verfahren über den Einspruch gelten im Übrigen die Vorschriften sinngemäß, die für den Erlass des angefochtenen oder des begehrten Verwaltungsakts gelten.

(2) In den Fällen des § 93 Abs. 5, des § 96 Abs. 7 Satz 2 und der §§ 98 bis 100 ist den Beteiligten und ihren Bevollmächtigten und Beiständen (§ 80) Gelegenheit zu geben, an der Beweisaufnahme teilzunehmen.

(3) [1]Wird der angefochtene Verwaltungsakt geändert oder ersetzt, so wird der neue Verwaltungsakt Gegenstand des Einspruchsverfahrens. [2]Satz 1 gilt entsprechend, wenn

1. ein Verwaltungsakt nach § 129 berichtigt wird oder
2. ein Verwaltungsakt an die Stelle eines angefochtenen unwirksamen Verwaltungsakts tritt.

§ 366 Form, Inhalt und Bekanntgabe der Einspruchsentscheidung. Die Einspruchsentscheidung ist schriftlich zu erteilen, zu begründen, mit einer Rechtsbehelfsbelehrung zu versehen und den Beteiligten bekannt zu geben.

§ 367 Entscheidung über den Einspruch. (1) [1]Über den Einspruch entscheidet die Finanzbehörde, die den Verwaltungsakt erlassen hat, durch Einspruchsentscheidung. [2]Ist für den Steuerfall nachträglich eine andere Finanzbehörde zuständig geworden, so entscheidet diese Finanzbehörde; § 26 Satz 2 bleibt unberührt.

(2) [1]Die Finanzbehörde, die über den Einspruch entscheidet, hat die Sache in vollem Umfang erneut zu prüfen. [2]Der Verwaltungsakt kann auch zum Nachteil des Einspruchsführers geändert werden, wenn dieser auf die Möglichkeit einer verbösernden Entscheidung unter Angabe von Gründen hingewiesen und ihm Gelegenheit gegeben worden ist, sich hierzu zu äußern. [3]Einer Einspruchsentscheidung bedarf es nur insoweit, als die Finanzbehörde dem Einspruch nicht abhilft.

(2a)[1)] [1]Die Finanzbehörde kann vorab über Teile des Einspruchs entscheiden, wenn dies sachdienlich ist. [2]Sie hat in dieser Entscheidung zu bestimmen, hinsichtlich welcher Teile Bestandskraft nicht eintreten soll.

(2b)[1)] [1]Anhängige Einsprüche, die eine vom Gerichtshof der Europäischen Union, vom Bundesverfassungsgericht oder vom Bundesfinanzhof entschiedene Rechtsfrage betreffen und denen nach dem Ausgang des Verfahrens vor diesen Gerichten nicht abgeholfen werden kann, können durch Allgemeinverfügung insoweit zurückgewiesen werden. [2]Sachlich zuständig für den Erlass

---

[1)] § 367 Abs. 2a und 2b eingef. mWv 19. 12. 2006 durch G v. 13. 12. 2006 (BGBl. I S. 2878); zur Anwendung von Abs. 2b siehe Art. 97 § 18a Abs. 12 EGAO (Nr. **800 a**); Abs. 2b Satz 1 geänd. durch G v. 26. 6. 2013 (BGBl. I S. 1809).

der Allgemeinverfügung ist die oberste Finanzbehörde. [3]Die Allgemeinverfügung ist im Bundessteuerblatt und auf den Internetseiten des Bundesministeriums der Finanzen zu veröffentlichen. [4]Sie gilt am Tag nach der Herausgabe des Bundessteuerblattes, in dem sie veröffentlicht wird, als bekannt gegeben. [5]Abweichend von § 47 Abs. 1 der Finanzgerichtsordnung endet die Klagefrist mit Ablauf eines Jahres nach dem Tag der Bekanntgabe. [6]§ 63 Abs. 1 Nr. 1 der Finanzgerichtsordnung gilt auch, soweit ein Einspruch durch eine Allgemeinverfügung nach Satz 1 zurückgewiesen wurde.

(3) [1]Richtet sich der Einspruch gegen einen Verwaltungsakt, den eine Behörde auf Grund gesetzlicher Vorschrift für die zuständige Finanzbehörde erlassen hat, so entscheidet die zuständige Finanzbehörde über den Einspruch. [2]Auch die für die zuständige Finanzbehörde handelnde Behörde ist berechtigt, dem Einspruch abzuhelfen.

§ 368. (weggefallen)

Achter Teil. Straf- und Bußgeldvorschriften, Straf- und Bußgeldverfahren

Erster Abschnitt: Strafvorschriften

§ 369 Steuerstraftaten. (1) Steuerstraftaten (Zollstraftaten) sind:

1. Taten, die nach den Steuergesetzen strafbar sind,
2. der Bannbruch,
3. die Wertzeichenfälschung und deren Vorbereitung, soweit die Tat Steuerzeichen betrifft,
4. die Begünstigung einer Person, die eine Tat nach den Nummern 1 bis 3 begangen hat.

(2) Für Steuerstraftaten gelten die allgemeinen Gesetze über das Strafrecht, soweit die Strafvorschriften der Steuergesetze nichts anderes bestimmen.

§ 370 Steuerhinterziehung. (1) Mit Freiheitsstrafe bis zu fünf Jahren oder mit Geldstrafe wird bestraft, wer

1. den Finanzbehörden oder anderen Behörden über steuerlich erhebliche Tatsachen unrichtige oder unvollständige Angaben macht,
2. die Finanzbehörden pflichtwidrig über steuerlich erhebliche Tatsachen in Unkenntnis lässt oder
3. pflichtwidrig die Verwendung von Steuerzeichen oder Steuerstemplern unterlässt

und dadurch Steuern verkürzt oder für sich oder einen anderen nicht gerechtfertigte Steuervorteile erlangt.

(2) Der Versuch ist strafbar.

(3) [1]In besonders schweren Fällen ist die Strafe Freiheitsstrafe von sechs Monaten bis zu zehn Jahren. [2]Ein besonders schwerer Fall liegt in der Regel vor, wenn der Täter

1.[1)] in großem Ausmaß Steuern verkürzt oder nicht gerechtfertigte Steuervorteile erlangt,

2.[2)] seine Befugnisse oder seine Stellung als Amtsträger oder Europäischer Amtsträger (§ 11 Absatz 1 Nummer 2 a des Strafgesetzbuchs) missbraucht,

3.[2)] die Mithilfe eines Amtsträgers oder Europäischen Amtsträgers (§ 11 Absatz 1 Nummer 2 a des Strafgesetzbuchs) ausnutzt, der seine Befugnisse oder seine Stellung missbraucht,

4. unter Verwendung nachgemachter oder verfälschter Belege fortgesetzt Steuern verkürzt oder nicht gerechtfertigte Steuervorteile erlangt oder

5.[1)] als Mitglied einer Bande, die sich zur fortgesetzten Begehung von Taten nach Absatz 1 verbunden hat, Umsatz- oder Verbrauchssteuern verkürzt oder nicht gerechtfertigte Umsatz- oder Verbrauchssteuervorteile erlangt.

(4) [1]Steuern sind namentlich dann verkürzt, wenn sie nicht, nicht in voller Höhe oder nicht rechtzeitig festgesetzt werden; dies gilt auch dann, wenn die Steuer vorläufig oder unter Vorbehalt der Nachprüfung festgesetzt wird oder eine Steueranmeldung einer Steuerfestsetzung unter Vorbehalt der Nachprüfung gleichsteht. [2]Steuervorteile sind auch Steuervergütungen; nicht gerechtfertigte Steuervorteile sind erlangt, soweit sie zu Unrecht gewährt oder belassen werden. [3]Die Voraussetzungen der Sätze 1 und 2 sind auch dann erfüllt, wenn die Steuer, auf die sich die Tat bezieht, aus anderen Gründen hätte ermäßigt oder der Steuervorteil aus anderen Gründen hätte beansprucht werden können.

(5) Die Tat kann auch hinsichtlich solcher Waren begangen werden, deren Einfuhr, Ausfuhr oder Durchfuhr verboten ist.

(6)[3)] [1]Die Absätze 1 bis 5 gelten auch dann, wenn sich die Tat auf Einfuhr- oder Ausfuhrabgaben bezieht, die von einem anderen Mitgliedstaat der Europäischen Union verwaltet werden oder die einem Mitgliedstaat der Europäischen Freihandelsassoziation oder einem mit dieser assoziierten Staat zustehen. [2]Das Gleiche gilt, wenn sich die Tat auf Umsatzsteuern oder auf die in Artikel 1 Absatz 1 der Richtlinie 2008/118/EG des Rates vom 16. Dezember 2008 über das allgemeine Verbrauchsteuersystem und zur Aufhebung der Richtlinie 92/12/EWG (ABl. L 9 vom 14. 1. 2009, S. 12) genannten harmonisierten Verbrauchsteuern bezieht, die von einem anderen Mitgliedstaat der Europäischen Union verwaltet werden.

(7) Die Absätze 1 bis 6 gelten unabhängig von dem Recht des Tatortes auch für Taten, die außerhalb des Geltungsbereiches dieses Gesetzes begangen werden.

§ 370 a[4)]. *(aufgehoben)*

[1)] § 370 Abs. 3 Satz 2 Nr. 1 neu gef., Nr. 5 angef. mWv 1. 1. 2008 durch G v. 21. 12. 2007 (BGBl. I S. 3198).

[2)] § 370 Abs. 3 Satz 2 Nrn. 2 und 3 geänd. mWv 26. 11. 2015 (BGBl. I S. 2025).

[3)] § 370 Abs. 6 neu gef. durch G v. 7. 12. 2011 (BGBl. I S. 2592).

[4)] § 370 a aufgeh. mWv 1. 1. 2008 durch G v. 21. 12. 2007 (BGBl. I S. 3198); siehe nunmehr § 370 Abs. 3 Nr. 5.

§ 371 Selbstanzeige bei Steuerhinterziehung.

[Fassung bis 31. 12. 2014:][1)]

(1) Wer gegenüber der Finanzbehörde zu allen unverjährten Steuerstraftaten einer Steuerart in vollem Umfang die unrichtigen Angaben berichtigt, die unvollständigen Angaben ergänzt oder die unterlassenen Angaben nachholt, wird wegen dieser Steuerstraftaten nicht nach § 370 bestraft.

(2) Straffreiheit tritt nicht ein, wenn

1. bei einer der zur Selbstanzeige gebrachten unverjährten Steuerstraftaten vor der Berichtigung, Ergänzung oder Nachholung
   a) dem Täter oder seinem Vertreter eine Prüfungsanordnung nach § 196 bekannt gegeben worden ist oder
   b) dem Täter oder seinem Vertreter die Einleitung des Straf- oder Bußgeldverfahrens bekannt gegeben worden ist oder
   c) ein Amtsträger der Finanzbehörde zur steuerlichen Prüfung, zur Ermittlung einer Steuerstraftat oder einer Steuerordnungswidrigkeit erschienen ist oder

[Fassung ab 1. 1. 2015:][2)]

(1) [1] Wer gegenüber der Finanzbehörde zu allen Steuerstraftaten einer Steuerart in vollem Umfang die unrichtigen Angaben berichtigt, die unvollständigen Angaben ergänzt oder die unterlassenen Angaben nachholt, wird wegen dieser Steuerstraftaten nicht nach § 370 bestraft. [2] Die Angaben müssen zu allen unverjährten Steuerstraftaten einer Steuerart, mindestens aber zu allen Steuerstraftaten einer Steuerart innerhalb der letzten zehn Kalenderjahre erfolgen.

(2) [1] Straffreiheit tritt nicht ein, wenn

1. bei einer der zur Selbstanzeige gebrachten unverjährten Steuerstraftaten vor der Berichtigung, Ergänzung oder Nachholung
   a) dem an der Tat Beteiligten, seinem Vertreter, dem Begünstigten im Sinne des § 370 Absatz 1 oder dessen Vertreter eine Prüfungsanordnung nach § 196 bekannt gegeben worden ist, beschränkt auf den sachlichen und zeitlichen Umfang der angekündigten Außenprüfung, oder
   b) dem an der Tat Beteiligten oder seinem Vertreter die Einleitung des Straf- oder Bußgeldverfahrens bekannt gegeben worden ist oder
   c) ein Amtsträger der Finanzbehörde zur steuerlichen Prüfung erschienen ist, beschränkt auf den sachlichen und zeitlichen Umfang der Außenprüfung, oder

---

1) § 371 Abs. 1 neu gef., Abs. 2 Einleitungssatz von Nr. 1 geänd., Nr. 1 Buchst. a neu gef., Buchst. b geänd., Buchst. c angef., Nr. 2 neu gef., Nr. 3 angef., Abs. 3 geänd. durch G v. 28. 4. 2011 (BGBl. I S. 676); zur Anwendung siehe Art. 97 § 24 Satz 1 EGAO (Nr. **800 a**).

2) § 371 Abs. 1 und 2 ersetzt durch Abs. 1 bis 2 a mWv 1. 1. 2015 durch G v. 22. 12. 2014 (BGBl. I S. 2415).

2. eine der Steuerstraftaten im Zeitpunkt der Berichtigung, Ergänzung oder Nachholung ganz oder zum Teil bereits entdeckt war und der Täter dies wusste oder bei verständiger Würdigung der Sachlage damit rechnen musste oder
3. die nach § 370 Absatz 1 verkürzte Steuer oder der für sich oder einen anderen erlangte nicht gerechtfertigte Steuervorteil einen Betrag von 50 000 Euro je Tat übersteigt.

d) ein Amtsträger zur Ermittlung einer Steuerstraftat oder einer Steuerordnungswidrigkeit erschienen ist oder
e) ein Amtsträger der Finanzbehörde zu einer Umsatzsteuer-Nachschau nach § 27 b des Umsatzsteuergesetzes, einer Lohnsteuer-Nachschau nach § 42 g des Einkommensteuergesetzes oder einer Nachschau nach anderen steuerrechtlichen Vorschriften erschienen ist und sich ausgewiesen hat oder

2. eine der Steuerstraftaten im Zeitpunkt der Berichtigung, Ergänzung oder Nachholung ganz oder zum Teil bereits entdeckt war und der Täter dies wusste oder bei verständiger Würdigung der Sachlage damit rechnen musste,
3. die nach § 370 Absatz 1 verkürzte Steuer oder der für sich oder einen anderen erlangte nicht gerechtfertigte Steuervorteil einen Betrag von 25 000 Euro je Tat übersteigt, oder
4. ein in § 370 Absatz 3 Satz 2 Nummer 2 bis 5 genannter besonders schwerer Fall vorliegt.

[2] Der Ausschluss der Straffreiheit nach Satz 1 Nummer 1 Buchstabe a und c hindert nicht die Abgabe einer Berichtigung nach Absatz 1 für die nicht unter Satz 1 Nummer 1 Buchstabe a und c fallenden Steuerstraftaten einer Steuerart.

(2 a) [1] Soweit die Steuerhinterziehung durch Verletzung der Pflicht zur rechtzeitigen Abgabe einer vollständigen und richtigen Umsatzsteuervoranmeldung oder Lohnsteueranmeldung begangen worden ist, tritt Straffreiheit abweichend von den Absätzen 1 und 2 Satz 1 Nummer 3 bei Selbstanzeigen in dem Umfang ein, in dem der Täter gegenüber der zuständigen Finanzbehörde die un-

richtigen Angaben berichtigt, die unvollständigen Angaben ergänzt oder die unterlassenen Angaben nachholt. 2 Absatz 2 Satz 1 Nummer 2 gilt nicht, wenn die Entdeckung der Tat darauf beruht, dass eine Umsatzsteuervoranmeldung oder Lohnsteueranmeldung nachgeholt oder berichtigt wurde. 3 Die Sätze 1 und 2 gelten nicht für Steueranmeldungen, die sich auf das Kalenderjahr beziehen. 4 Für die Vollständigkeit der Selbstanzeige hinsichtlich einer auf das Kalenderjahr bezogenen Steueranmeldung ist die Berichtigung, Ergänzung oder Nachholung der Voranmeldungen, die dem Kalenderjahr nachfolgenden Zeiträume betreffen, nicht erforderlich.

(3)[1] 1 Sind Steuerverkürzungen bereits eingetreten oder Steuervorteile erlangt, so tritt für einen an der Tat Beteiligten Straffreiheit nur ein, wenn er die aus der Tat zu seinen Gunsten hinterzogenen Steuern [***ab 1. 1. 2015:*** , die Hinterziehungszinsen nach § 235 und die Zinsen nach § 233 a, soweit sie auf die Hinterziehungszinsen nach § 235 Absatz 4 angerechnet werden,] innerhalb der ihm bestimmten angemessenen Frist entrichtet. [***ab 1. 1. 2015:*** 2 In den Fällen des Absatzes 2 a Satz 1 gilt Satz 1 mit der Maßgabe, dass die fristgerechte Entrichtung von Zinsen nach § 233a oder § 235 unerheblich ist.]

(4) 1 Wird die in § 153 vorgesehene Anzeige rechtzeitig und ordnungsmäßig erstattet, so wird ein Dritter, der die in § 153 bezeichneten Erklärungen abzugeben unterlassen oder unrichtig oder unvollständig abgegeben hat, strafrechtlich nicht verfolgt, es sei denn, dass ihm oder seinem Vertreter vorher die Einleitung eines Straf- oder Bußgeldverfahrens wegen der Tat bekannt gegeben worden ist. 2 Hat der Dritte zum eigenen Vorteil gehandelt, so gilt Absatz 3 entsprechend.

§ 372 Bannbruch. (1) Bannbruch begeht, wer Gegenstände entgegen einem Verbot einführt, ausführt oder durchführt.

(2) Der Täter wird nach § 370 Absatz 1, 2 bestraft, wenn die Tat nicht in anderen Vorschriften als Zuwiderhandlung gegen ein Einfuhr-, Ausfuhr- oder Durchfuhrverbot mit Strafe oder mit Geldbuße bedroht ist.

§ 373[2] Gewerbsmäßiger, gewaltsamer und bandenmäßiger Schmuggel. (1) 1 Wer gewerbsmäßig Einfuhr- oder Ausfuhrabgaben hinterzieht oder

[1] § 371 Abs. 3 Satz 1 geänd., Satz 2 angef. mWv 1. 1. 2015 durch G v. 22. 12. 2014 (BGBl. I S. 2415).

[2] § 373 Abs. 1 und Abs. 2 Nr. 3 neu gef., Abs. 3 und 4 angef. mWv 1. 1. 2008 durch G v. 21. 12. 2007 (BGBl. I S. 3198).

gewerbsmäßig durch Zuwiderhandlungen gegen Monopolvorschriften Bannbruch begeht, wird mit Freiheitsstrafe von sechs Monaten bis zu zehn Jahren bestraft. [2]In minder schweren Fällen ist die Strafe Freiheitsstrafe bis zu fünf Jahren oder Geldstrafe.

(2) Ebenso wird bestraft, wer

1. eine Hinterziehung von Einfuhr- oder Ausfuhrabgaben oder einen Bannbruch begeht, bei denen er oder ein anderer Beteiligter eine Schusswaffe bei sich führt,
2. eine Hinterziehung von Einfuhr- oder Ausfuhrabgaben oder einen Bannbruch begeht, bei denen er oder ein anderer Beteiligter eine Waffe oder sonst ein Werkzeug oder Mittel bei sich führt, um den Widerstand eines anderen durch Gewalt oder Drohung mit Gewalt zu verhindern oder zu überwinden, oder
3. als Mitglied einer Bande, die sich zur fortgesetzten Begehung der Hinterziehung von Einfuhr- oder Ausfuhrabgaben oder des Bannbruchs verbunden hat, eine solche Tat begeht.

(3) Der Versuch ist strafbar.

(4) § 370 Abs. 6 Satz 1 und Abs. 7 gilt entsprechend.

§ 374[1)] Steuerhehlerei. (1) Wer Erzeugnisse oder Waren, hinsichtlich deren Verbrauchsteuern oder Einfuhr- und Ausfuhrabgaben *im Sinne des Artikels 4 Nr. 10 und 11 des Zollkodexes* [***ab 1. 5. 2016:*** nach Artikel 5 Nummer 20 und 21 des Zollkodex der Union][2)] hinterzogen oder Bannbruch nach § 372 Abs. 2, § 373 begangen worden ist, ankauft oder sonst sich oder einem Dritten verschafft, sie absetzt oder abzusetzen hilft, um sich oder einen Dritten zu bereichern, wird mit Freiheitsstrafe bis zu fünf Jahren oder mit Geldstrafe bestraft.

(2) [1]Handelt der Täter gewerbsmäßig oder als Mitglied einer Bande, die sich zur fortgesetzten Begehung von Straftaten nach Absatz 1 verbunden hat, so ist die Strafe Freiheitsstrafe von sechs Monaten bis zu zehn Jahren. [2]In minder schweren Fällen ist die Strafe Freiheitsstrafe bis zu fünf Jahren oder Geldstrafe.

(3) Der Versuch ist strafbar.

(4)[3)] § 370 *Abs. 6 Satz 1 und Abs.* 7 [***ab 1. 1. 2015:*** Absatz 6 und 7] gilt entsprechend.

§ 375 Nebenfolgen. (1) Neben einer Freiheitsstrafe von mindestens einem Jahr wegen

1. Steuerhinterziehung,
2. Bannbruchs nach § 372 Abs. 2, § 373,

[1)] § 374 Abs. 1 geänd., Abs. 2 und 3 eingef., bish. Abs. 2 wird Abs. 4 und neu gef. mWv 1. 1. 2008 durch G v. 21. 12. 2007 (BGBl. I S. 3198).

[2)] Verweis geänd. mWv 1. 5. 2016 durch G v. 22. 12. 2014 (BGBl. I S. 2417).

[3)] § 374 Abs. 4 Verweis geänd. mWv 1. 1. 2015 durch G v. 22. 12. 2014 (BGBl. I S. 2415).

3. Steuerhehlerei oder
4. Begünstigung einer Person, die eine Tat nach den Nummern 1 bis 3 begangen hat,

kann das Gericht die Fähigkeit, öffentliche Ämter zu bekleiden, und die Fähigkeit, Rechte aus öffentlichen Wahlen zu erlangen, aberkennen (§ 45 Abs. 2 des Strafgesetzbuchs).

(2) [1] Ist eine Steuerhinterziehung, ein Bannbruch nach § 372 Abs. 2, § 373 oder eine Steuerhehlerei begangen worden, so können

1. die Erzeugnisse, Waren und andere Sachen, auf die sich die Hinterziehung von Verbrauchsteuer oder Einfuhr- und Ausfuhrabgaben *im Sinne des Artikels 4 Nr. 10 und 11 des Zollkodexes* [***ab 1. 5. 2016:*** nach Artikel 5 Nummer 20 und 21 des Zollkodex der Union][1)], der Bannbruch oder die Steuerhehlerei bezieht, und
2. die Beförderungsmittel, die zur Tat benutzt worden sind,

eingezogen werden. [2] § 74 a des Strafgesetzbuchs ist anzuwenden.

§ 376[2)] **Verfolgungsverjährung.** (1) In den in § 370 Abs. 3 Satz 2 Nr. 1 bis 5 genannten Fällen besonders schwerer Steuerhinterziehung beträgt die Verjährungsfrist zehn Jahre.

(2) Die Verjährung der Verfolgung einer Steuerstraftat wird auch dadurch unterbrochen, dass dem Beschuldigten die Einleitung des Bußgeldverfahrens bekannt gegeben oder diese Bekanntgabe angeordnet wird.

Zweiter Abschnitt: Bußgeldvorschriften

§ 377 Steuerordnungswidrigkeiten. (1) Steuerordnungswidrigkeiten (Zollordnungswidrigkeiten) sind Zuwiderhandlungen, die nach den Steuergesetzen mit Geldbuße geahndet werden können.

(2) Für Steuerordnungswidrigkeiten gelten die Vorschriften des Ersten Teils des Gesetzes über Ordnungswidrigkeiten[3)], soweit die Bußgeldvorschriften der Steuergesetze nichts anderes bestimmen.

§ 378 Leichtfertige Steuerverkürzung. (1) [1] Ordnungswidrig handelt, wer als Steuerpflichtiger oder bei Wahrnehmung der Angelegenheiten eines Steuerpflichtigen eine der in § 370 Abs. 1 bezeichneten Taten leichtfertig begeht. [2] § 370 Abs. 4 bis 7 gilt entsprechend.

(2) Die Ordnungswidrigkeit kann mit einer Geldbuße bis zu fünfzigtausend Euro geahndet werden.

---

1) Verweis geänd. mWv 1. 5. 2016 durch G v. 22. 12. 2014 (BGBl. I S. 2417).

2) § 376 neu gef. durch G v. 19. 12. 2008 (BGBl. I S. 2794); zur Anwendung siehe Art. 97 § 23 EGAO (Nr. **800 a**).

3) **Schönfelder Nr. 94.**

(3)[1] [1]Eine Geldbuße wird nicht festgesetzt, soweit der Täter gegenüber der Finanzbehörde die unrichtigen Angaben berichtigt, die unvollständigen Angaben ergänzt oder die unterlassenen Angaben nachholt, bevor ihm oder seinem Vertreter die Einleitung eines Straf- oder Bußgeldverfahrens wegen der Tat bekannt gegeben worden ist. *[2]§ 371 Absatz 3 und 4 gilt entsprechend.* [***ab 1. 1. 2015:*** [2]Sind Steuerverkürzungen bereits eingetreten oder Steuervorteile erlangt, so wird eine Geldbuße nicht festgesetzt, wenn der Täter die aus der Tat zu seinen Gunsten verkürzten Steuern innerhalb der ihm bestimmten angemessenen Frist entrichtet. [3]§ 371 Absatz 4 gilt entsprechend.]

§ 379 Steuergefährdung. (1)[2] [1]Ordnungswidrig handelt, wer vorsätzlich oder leichtfertig

1. Belege ausstellt, die in tatsächlicher Hinsicht unrichtig sind,
2. Belege gegen Entgelt in den Verkehr bringt oder
3. nach Gesetz buchungs- oder aufzeichnungspflichtige Geschäftsvorfälle oder Betriebsvorgänge nicht oder in tatsächlicher Hinsicht unrichtig verbucht oder verbuchen lässt

und dadurch ermöglicht, Steuern zu verkürzen oder nicht gerechtfertigte Steuervorteile zu erlangen. [2]Satz 1 Nr. 1 gilt auch dann, wenn Einfuhr- und Ausfuhrabgaben verkürzt werden können, die von einem anderen Mitgliedstaat der Europäischen Union verwaltet werden oder die einem Staat zustehen, der für Waren aus der Europäischen Union auf Grund eines Assoziations- oder Präferenzabkommens eine Vorzugsbehandlung gewährt; § 370 Abs. 7 gilt entsprechend. [3]Das Gleiche gilt, wenn sich die Tat auf Umsatzsteuern bezieht, die von einem anderen Mitgliedstaat der Europäischen Union verwaltet werden.

(2) Ordnungswidrig handelt, wer vorsätzlich oder leichtfertig

1. der Mitteilungspflicht nach § 138 Abs. 2 nicht, nicht vollständig oder nicht rechtzeitig nachkommt,

1 a.[3] entgegen § 144 Absatz 1 oder Absatz 2 Satz 1, jeweils auch in Verbindung mit Absatz 5, eine Aufzeichnung nicht, nicht richtig oder nicht vollständig erstellt,

1 b.[4] einer Rechtsverordnung nach § 117 c Absatz 1 oder einer vollziehbaren Anordnung auf Grund einer solchen Rechtsverordnung zuwiderhandelt, soweit die Rechtsverordnung für einen bestimmten Tatbestand auf diese Bußgeldvorschrift verweist,

2. die Pflicht zur Kontenwahrheit nach § 154 Abs. 1 verletzt.

---

[1] § 378 Abs. 3 Satz 1 neu gef. durch G v. 28. 4. 2011 (BGBl. I S. 676); zur Anwendung siehe Art. 97 § 24 Satz 2 iVm. Satz 1 EGAO (Nr. **800**); Satz 2 eingef., bish. Satz 2 wird Satz 3 und neuer Satz 3 geänd. mWv 1. 1. 2015 durch G v. 22. 12. 2014 (BGBl. I S. 2415).

[2] § 379 Abs. 1 Satz 1 Nr. 2 eingef. mWv 6. 5. 2006 durch G v. 28. 4. 2006 (BGBl. I S. 1095; Sätze 2 und 3 geänd. durch G v. 26. 6. 2013 (BGBl. I S. 1809).

[3] § 379 Abs. 2 Nr. 1 a eingef. mWv 14. 12. 2010 durch G v. 8. 12. 2010 (BGBl. I S. 1768).

[4] § 379 Abs. 2 Nr. 1 b eingef. durch G v. 18. 12. 2013 (BGBl. I S. 4318).

(3) Ordnungswidrig handelt, wer vorsätzlich oder fahrlässig einer Auflage nach § 120 Abs. 2 Nr. 4 zuwiderhandelt, die einem Verwaltungsakt für Zwecke der besonderen Steueraufsicht (§§ 209 bis 217) beigefügt worden ist.

(4) Die Ordnungswidrigkeit kann mit einer Geldbuße bis zu fünftausend Euro geahndet werden, wenn die Handlung nicht nach § 378 geahndet werden kann.

§ 380 Gefährdung der Abzugsteuern. (1) Ordnungswidrig handelt, wer vorsätzlich oder leichtfertig seiner Verpflichtung, Steuerabzugsbeträge einzubehalten und abzuführen, nicht, nicht vollständig oder nicht rechtzeitig nachkommt.

(2) Die Ordnungswidrigkeit kann mit einer Geldbuße bis zu fünfundzwanzigtausend Euro geahndet werden, wenn die Handlung nicht nach § 378 geahndet werden kann.

§ 381 Verbrauchsteuergefährdung. (1) Ordnungswidrig handelt, wer vorsätzlich oder leichtfertig Vorschriften der Verbrauchsteuergesetze oder der dazu erlassenen Rechtsverordnungen

1. über die zur Vorbereitung, Sicherung oder Nachprüfung der Besteuerung auferlegten Pflichten,
2. über Verpackung und Kennzeichnung verbrauchsteuerpflichtiger Erzeugnisse oder Waren, die solche Erzeugnisse enthalten, oder über Verkehrs- oder Verwendungsbeschränkungen für solche Erzeugnisse oder Waren oder
3. über den Verbrauch unversteuerter Waren in den Freihäfen

zuwiderhandelt, soweit die Verbrauchsteuergesetze oder die dazu erlassenen Rechtsverordnungen für einen bestimmten Tatbestand auf diese Bußgeldvorschrift verweisen.

(2) Die Ordnungswidrigkeit kann mit einer Geldbuße bis zu fünftausend Euro geahndet werden, wenn die Handlung nicht nach § 378 geahndet werden kann.

§ 382[1] Gefährdung der Einfuhr- und Ausfuhrabgaben. (1) Ordnungswidrig handelt, wer als Pflichtiger oder bei der Wahrnehmung der Angelegenheiten eines Pflichtigen vorsätzlich oder fahrlässig Zollvorschriften, den dazu erlassenen Rechtsverordnungen oder den Verordnungen des Rates der Europäischen Union oder der Europäischen Kommission zuwiderhandelt, die

1. für die zollamtliche Erfassung des Warenverkehrs über die Grenze des Zollgebiets der Europäischen Union sowie über die Freizonengrenzen,
2. für die Überführung von Waren in ein Zollverfahren und dessen Durchführung oder für die Erlangung einer sonstigen zollrechtlichen Bestimmung von Waren,
3. für die Freizonen, den grenznahen Raum sowie die darüber hinaus der Grenzaufsicht unterworfenen Gebiete

---

[1] § 382 Abs. 1 und Abs. 4 geänd. mWv 30. 6. 2013 durch G v. 26. 6. 2013 (BGBl. I S. 1809).

gelten, soweit die Zollvorschriften, die dazu oder die auf Grund von Absatz 4 erlassenen Rechtsverordnungen für einen bestimmten Tatbestand auf diese Bußgeldvorschrift verweisen.

(2) Absatz 1 ist auch anzuwenden, soweit die Zollvorschriften und die dazu erlassenen Rechtsverordnungen für Verbrauchsteuern sinngemäß gelten.

(3) Die Ordnungswidrigkeit kann mit einer Geldbuße bis zu fünftausend Euro geahndet werden, wenn die Handlung nicht nach § 378 geahndet werden kann.

(4) Das Bundesministerium der Finanzen kann durch Rechtsverordnungen die Tatbestände der Verordnungen des Rates der Europäischen Union oder der Europäischen Kommission, die nach den Absätzen 1 bis 3 als Ordnungswidrigkeiten mit Geldbuße geahndet werden können, bezeichnen, soweit dies zur Durchführung dieser Rechtsvorschriften erforderlich ist und die Tatbestände Pflichten zur Gestellung, Vorführung, Lagerung oder Behandlung von Waren, zur Abgabe von Erklärungen oder Anzeigen, zur Aufnahme von Niederschriften sowie zur Ausfüllung oder Vorlage von Zolldokumenten oder zur Aufnahme von Vermerken in solchen Dokumenten betreffen.

§ 383 Unzulässiger Erwerb von Steuererstattungs- und Vergütungsansprüchen. (1) Ordnungswidrig handelt, wer entgegen § 46 Abs. 4 Satz 1 Erstattungs- oder Vergütungsansprüche erwirbt.

(2) Die Ordnungswidrigkeit kann mit einer Geldbuße bis zu fünfzigtausend Euro geahndet werden.

§ 383 a[1] Zweckwidrige Verwendung des Identifikationsmerkmals nach § 139 a. (1) Ordnungswidrig handelt, wer als nicht öffentliche Stelle vorsätzlich oder leichtfertig entgegen § 139 b Abs. 2 Satz 2 Nr. 1 und § 139 c Abs. 2 Satz 2 die Identifikationsnummer nach § 139 b oder die Wirtschaftsidentifikationsnummer nach § 139 c Abs. 3 für andere als die zugelassenen Zwecke erhebt oder verwendet, oder entgegen § 139 b Abs. 2 Satz 2 Nr. 2 seine Dateien nach der Identifikationsnummer für andere als die zugelassenen Zwecke ordnet oder für den Zugriff erschließt.

(2) Die Ordnungswidrigkeit kann mit einer Geldbuße bis zu zehntausend Euro geahndet werden.

§ 384 Verfolgungsverjährung. Die Verfolgung von Steuerordnungswidrigkeiten nach den §§ 378 bis 380 verjährt in fünf Jahren.

Dritter Abschnitt: Strafverfahren

1. Unterabschnitt: Allgemeine Vorschriften

§ 385 Geltung von Verfahrensvorschriften. (1) Für das Strafverfahren wegen Steuerstraftaten gelten, soweit die folgenden Vorschriften nichts anderes

[1] § 383 a eingef. mWv 16. 12. 2004 durch G v. 9. 12. 2004 (BGBl. I S. 3310).

bestimmen, die allgemeinen Gesetze über das Strafverfahren, namentlich die Strafprozessordnung, das Gerichtsverfassungsgesetz und das Jugendgerichtsgesetz.

(2) Die für Steuerstraftaten geltenden Vorschriften dieses Abschnitts, mit Ausnahme des § 386 Abs. 2 sowie der §§ 399 bis 401, sind bei dem Verdacht einer Straftat, die unter Vorspiegelung eines steuerlich erheblichen Sachverhalts gegenüber der Finanzbehörde oder einer anderen Behörde auf die Erlangung von Vermögensvorteilen gerichtet ist und kein Steuerstrafgesetz verletzt, entsprechend anzuwenden.

§ 386 Zuständigkeit der Finanzbehörde bei Steuerstraftaten.

(1) [1]Bei dem Verdacht einer Steuerstraftat ermittelt die Finanzbehörde den Sachverhalt. [2]Finanzbehörde im Sinne dieses Abschnitts sind das Hauptzollamt, das Finanzamt, das Bundeszentralamt für Steuern[1)] und die Familienkasse.

(2) Die Finanzbehörde führt das Ermittlungsverfahren in den Grenzen des § 399 Abs. 1 und der §§ 400, 401 selbständig durch, wenn die Tat

1. ausschließlich eine Steuerstraftat darstellt oder
2. zugleich andere Strafgesetze verletzt und deren Verletzung Kirchensteuern oder andere öffentlich-rechtliche Abgaben betrifft, die an Besteuerungsgrundlagen, Steuermessbeträge oder Steuerbeträge anknüpfen.

(3) Absatz 2 gilt nicht, sobald gegen einen Beschuldigten wegen der Tat ein Haftbefehl oder ein Unterbringungsbefehl erlassen ist.

(4) [1]Die Finanzbehörde kann die Strafsache jederzeit an die Staatsanwaltschaft abgeben. [2]Die Staatsanwaltschaft kann die Strafsache jederzeit an sich ziehen. [3]In beiden Fällen kann die Staatsanwaltschaft im Einvernehmen mit der Finanzbehörde die Strafsache wieder an die Finanzbehörde abgeben.

§ 387 Sachlich zuständige Finanzbehörde. (1) Sachlich zuständig ist die Finanzbehörde, welche die betroffene Steuer verwaltet.

(2)[2)] [1]Die Zuständigkeit nach Absatz 1 kann durch Rechtsverordnung einer Finanzbehörde für den Bereich mehrerer Finanzbehörden übertragen werden, soweit dies mit Rücksicht auf die Wirtschafts- oder Verkehrsverhältnisse, den Aufbau der Verwaltungsbehörden oder andere örtliche Bedürfnisse zweckmäßig erscheint. [2]Die Rechtsverordnung erlässt, soweit die Finanzbehörde eine Landesbehörde ist, die Landesregierung, im Übrigen das Bundesministerium der Finanzen. [3]Die Rechtsverordnung des Bundesministeriums der Finanzen bedarf nicht der Zustimmung des Bundesrates. [4]Das Bundesministerium der Finanzen kann die Ermächtigung nach Satz 1 durch Rechtsverordnung, die nicht der Zustimmung des Bundesrates bedarf, auf eine Bundesoberbehörde übertragen. [5]Die Landesregierung kann die Ermächtigung auf die für die Finanzverwaltung zuständige oberste Landesbehörde übertragen.

§ 388 Örtlich zuständige Finanzbehörde. (1) Örtlich zuständig ist die Finanzbehörde,

1. in deren Bezirk die Steuerstraftat begangen oder entdeckt worden ist,

---

[1)] Bezeichnung geänd. durch G v. 22. 9. 2005 (BGBl. I S. 2809).

[2)] § 387 Abs. 2 Satz 4 eingef., bish. Satz 4 wird Satz 5 mWv 1. 1. 2016 durch G v. 3. 12. 2015 (BGBl. I S. 2178).

2. die zur Zeit der Einleitung des Strafverfahrens für die Abgabenangelegenheiten zuständig ist oder
3. in deren Bezirk der Beschuldigte zur Zeit der Einleitung des Strafverfahrens seinen Wohnsitz hat.

(2) [1] Ändert sich der Wohnsitz des Beschuldigten nach Einleitung des Strafverfahrens, so ist auch die Finanzbehörde örtlich zuständig, in deren Bezirk der neue Wohnsitz liegt. [2] Entsprechendes gilt, wenn sich die Zuständigkeit der Finanzbehörde für die Abgabenangelegenheit ändert.

(3) Hat der Beschuldigte im räumlichen Geltungsbereich dieses Gesetzes keinen Wohnsitz, so wird die Zuständigkeit auch durch den gewöhnlichen Aufenthaltsort bestimmt.

§ 389 Zusammenhängende Strafsachen. [1] Für zusammenhängende Strafsachen, die einzeln nach § 388 zur Zuständigkeit verschiedener Finanzbehörden gehören würden, ist jede dieser Finanzbehörden zuständig. [2] § 3 der Strafprozessordnung gilt entsprechend.

§ 390 Mehrfache Zuständigkeit. (1) Sind nach den §§ 387 bis 389 mehrere Finanzbehörden zuständig, so gebührt der Vorzug der Finanzbehörde, die wegen der Tat zuerst ein Strafverfahren eingeleitet hat.

(2) [1] Auf Ersuchen dieser Finanzbehörde hat eine andere zuständige Finanzbehörde die Strafsache zu übernehmen, wenn dies für die Ermittlungen sachdienlich erscheint. [2] In Zweifelsfällen entscheidet die Behörde, der die ersuchte Finanzbehörde untersteht.

§ 391 Zuständiges Gericht. (1) [1] Ist das Amtsgericht sachlich zuständig, so ist örtlich zuständig das Amtsgericht, in dessen Bezirk das Landgericht seinen Sitz hat. [2] Im vorbereitenden Verfahren gilt dies, unbeschadet einer weitergehenden Regelung nach § 58 Abs. 1 des Gerichtsverfassungsgesetzes, nur für die Zustimmung des Gerichts nach § 153 Abs. 1 und § 153 a Abs. 1 der Strafprozessordnung.

(2) [1] Die Landesregierung kann durch Rechtsverordnung die Zuständigkeit abweichend von Absatz 1 Satz 1 regeln, soweit dies mit Rücksicht auf die Wirtschafts- oder Verkehrsverhältnisse, den Aufbau der Verwaltungsbehörden oder andere örtliche Bedürfnisse zweckmäßig erscheint. [2] Die Landesregierung kann diese Ermächtigung auf die Landesjustizverwaltung übertragen.

(3) Strafsachen wegen Steuerstraftaten sollen beim Amtsgericht einer bestimmten Abteilung zugewiesen werden.

(4) Die Absätze 1 bis 3 gelten auch, wenn das Verfahren nicht nur Steuerstraftaten zum Gegenstand hat; sie gelten jedoch nicht, wenn dieselbe Handlung eine Straftat nach dem Betäubungsmittelgesetz darstellt, und nicht für Steuerstraftaten, welche die Kraftfahrzeugsteuer betreffen.

§ 392[1] Verteidigung. (1) Abweichend von § 138 Abs. 1 der Strafprozessordnung können auch Steuerberater, Steuerbevollmächtigte, Wirtschaftsprüfer

---

[1] § 392 Abs. 1 HS 2 geänd. mWv 1. 9. 2004 durch G v. 24. 8. 2004 (BGBl. I S. 2198).

und vereidigte Buchprüfer zu Verteidigern gewählt werden, soweit die Finanzbehörde das Strafverfahren selbständig durchführt; im Übrigen können sie die Verteidigung nur in Gemeinschaft mit einem Rechtsanwalt oder einem Rechtslehrer an einer deutschen Hochschule im Sinne des Hochschulrahmengesetzes mit Befähigung zum Richteramt führen.

(2) § 138 Abs. 2 der Strafprozessordnung bleibt unberührt.

§ 393 Verhältnis des Strafverfahrens zum Besteuerungsverfahren. (1) [1]Die Rechte und Pflichten der Steuerpflichtigen und der Finanzbehörde im Besteuerungsverfahren und im Strafverfahren richten sich nach den für das jeweilige Verfahren geltenden Vorschriften. [2]Im Besteuerungsverfahren sind jedoch Zwangsmittel (§ 328) gegen den Steuerpflichtigen unzulässig, wenn er dadurch gezwungen würde, sich selbst wegen einer von ihm begangenen Steuerstraftat oder Steuerordnungswidrigkeit zu belasten. [3]Dies gilt stets, soweit gegen ihn wegen einer solchen Tat das Strafverfahren eingeleitet worden ist. [4]Der Steuerpflichtige ist hierüber zu belehren, soweit dazu Anlass besteht.

(2) [1]Soweit der Staatsanwaltschaft oder dem Gericht in einem Strafverfahren aus den Steuerakten Tatsachen oder Beweismittel bekannt werden, die der Steuerpflichtige der Finanzbehörde vor Einleitung des Strafverfahrens oder in Unkenntnis der Einleitung des Strafverfahrens in Erfüllung steuerrechtlicher Pflichten offenbart hat, dürfen diese Kenntnisse gegen ihn nicht für die Verfolgung einer Tat verwendet werden, die keine Steuerstraftat ist. [2]Dies gilt nicht für Straftaten, an deren Verfolgung ein zwingendes öffentliches Interesse (§ 30 Abs. 4 Nr. 5) besteht.

(3)[1)] [1]Erkenntnisse, die die Finanzbehörde oder die Staatsanwaltschaft rechtmäßig im Rahmen strafrechtlicher Ermittlungen gewonnen hat, dürfen im Besteuerungsverfahren verwendet werden. [2]Dies gilt auch für Erkenntnisse, die dem Brief-, Post- und Fernmeldegeheimnis unterliegen, soweit die Finanzbehörde diese rechtmäßig im Rahmen eigener strafrechtlicher Ermittlungen gewonnen hat oder soweit nach den Vorschriften der Strafprozessordnung Auskunft an die Finanzbehörden erteilt werden darf.

§ 394 Übergang des Eigentums. [1]Hat ein Unbekannter, der bei einer Steuerstraftat auf frischer Tat betroffen wurde, aber entkommen ist, Sachen zurückgelassen und sind diese Sachen beschlagnahmt oder sonst sichergestellt worden, weil sie eingezogen werden können, so gehen sie nach Ablauf eines Jahres in das Eigentum des Staates über, wenn der Eigentümer der Sachen unbekannt ist und die Finanzbehörde durch eine öffentliche Bekanntmachung auf den drohenden Verlust des Eigentums hingewiesen hat. [2]*§ 15 Abs. 2 Satz 1 des Verwaltungszustellungsgesetzes gilt entsprechend.* [***ab 1. 2. 2006:*** [2]§ 10 Abs. 2 Satz 1 des Verwaltungszustellungsgesetzes[2)] ist mit der Maßgabe anzuwenden, dass anstelle einer Benachrichtigung der Hinweis nach Satz 1 bekannt

---

[1)] § 393 Abs. 3 angef. mWv 29. 12. 2007 durch G v. 20. 12. 2007 (BGBl. I S. 3150).

[2)] Nr. **805**.

gemacht oder veröffentlicht wird.][1] [3]Die Frist beginnt mit dem Aushang der Bekanntmachung.

§ 395 Akteneinsicht der Finanzbehörde. [1]Die Finanzbehörde ist befugt, die Akten, die dem Gericht vorliegen oder im Fall der Erhebung der Anklage vorzulegen wären, einzusehen sowie beschlagnahmte oder sonst sichergestellte Gegenstände zu besichtigen. [2]Die Akten werden der Finanzbehörde auf Antrag zur Einsichtnahme übersandt.

§ 396 Aussetzung des Verfahrens. (1) Hängt die Beurteilung der Tat als Steuerhinterziehung davon ab, ob ein Steueranspruch besteht, ob Steuern verkürzt oder ob nicht gerechtfertigte Steuervorteile erlangt sind, so kann das Strafverfahren ausgesetzt werden, bis das Besteuerungsverfahren rechtskräftig abgeschlossen ist.

(2) Über die Aussetzung entscheidet im Ermittlungsverfahren die Staatsanwaltschaft, im Verfahren nach Erhebung der öffentlichen Klage das Gericht, das mit der Sache befasst ist.

(3) Während der Aussetzung des Verfahrens ruht die Verjährung.

2. Unterabschnitt: Ermittlungsverfahren

I. Allgemeines

§ 397[2] Einleitung des Strafverfahrens. (1) Das Strafverfahren ist eingeleitet, sobald die Finanzbehörde, die Polizei, die Staatsanwaltschaft, eine ihrer Ermittlungspersonen oder der Strafrichter eine Maßnahme trifft, die erkennbar darauf abzielt, gegen jemanden wegen einer Steuerstraftat strafrechtlich vorzugehen.

(2) Die Maßnahme ist unter Angabe des Zeitpunkts unverzüglich in den Akten zu vermerken.

(3) Die Einleitung des Strafverfahrens ist dem Beschuldigten spätestens mitzuteilen, wenn er dazu aufgefordert wird, Tatsachen darzulegen oder Unterlagen vorzulegen, die im Zusammenhang mit der Straftat stehen, derer er verdächtig ist.

§ 398 Einstellung wegen Geringfügigkeit. [1]Die Staatsanwaltschaft kann von der Verfolgung einer Steuerhinterziehung, bei der nur eine geringwertige Steuerverkürzung eingetreten ist oder nur geringwertige Steuervorteile erlangt sind, auch ohne Zustimmung des für die Eröffnung des Hauptverfahrens zuständigen Gerichts absehen, wenn die Schuld des Täters als gering anzusehen wäre und kein öffentliches Interesse an der Verfolgung besteht. [2]Dies gilt für das Verfahren wegen einer Steuerhehlerei nach § 374 und einer Begünstigung einer Person, die eine der in § 375 Abs. 1 Nr. 1 bis 3 genannten Taten begangen hat, entsprechend.

---

[1] § 394 Satz 2 neu gef. durch G v. 12. 8. 2005 (BGBl. I S. 2354).
[2] § 397 Abs. 1 geänd. mWv 1. 9. 2004 durch G v. 24. 8. 2004 (BGBl. I S. 2198).

§ 398 a Absehen von Verfolgung in besonderen Fällen.

[Fassung bis 31. 12. 2014:][1]

In Fällen, in denen Straffreiheit nur deswegen nicht eintritt, weil der Hinterziehungsbetrag 50 000 Euro übersteigt (§ 371 Absatz 2 Nummer 3), wird von der Verfolgung einer Steuerstraftat abgesehen, wenn der Täter innerhalb einer ihm bestimmten angemessenen Frist

1. die aus der Tat zu seinen Gunsten hinterzogenen Steuern entrichtet und
2. einen Geldbetrag in Höhe von 5 Prozent der hinterzogenen Steuer zugunsten der Staatskasse zahlt.

[Fassung ab 1. 1. 2015:][2]

(1) In Fällen, in denen Straffreiheit nur wegen § 371 Absatz 2 Satz 1 Nummer 3 oder 4 nicht eintritt, wird von der Verfolgung einer Steuerstraftat abgesehen, wenn der an der Tat Beteiligte innerhalb einer ihm bestimmten angemessenen Frist

1. die aus der Tat zu seinen Gunsten hinterzogenen Steuern, die Hinterziehungszinsen nach § 235 und die Zinsen nach § 233 a, soweit sie auf die Hinterziehungszinsen nach § 235 Absatz 4 angerechnet werden, entrichtet und
2. einen Geldbetrag in folgender Höhe zugunsten der Staatskasse zahlt:
   a) 10 Prozent der hinterzogenen Steuer, wenn der Hinterziehungsbetrag 100 000 Euro nicht übersteigt,
   b) 15 Prozent der hinterzogenen Steuer, wenn der Hinterziehungsbetrag 100 000 Euro übersteigt und 1 000 000 Euro nicht übersteigt,
   c) 20 Prozent der hinterzogenen Steuer, wenn der Hinterziehungsbetrag 1 000 000 Euro übersteigt.

(2) Die Bemessung des Hinterziehungsbetrags richtet sich nach den Grundsätzen in § 370 Absatz 4.

(3) Die Wiederaufnahme eines nach Absatz 1 abgeschlossenen Verfahrens ist zulässig, wenn die Finanzbehörde erkennt, dass die Angaben im Rahmen einer Selbstanzeige unvollständig oder unrichtig waren.

---

[1] § 398 a eingef. durch G v. 28. 4. 2011 (BGBl. I S. 676).
[2] § 398 a neu gef. mWv 1. 1. 2015 durch G v. 22. 12. 2014 (BGBl. I S. 2415).

(4) [1]Der nach Absatz 1 Nummer 2 gezahlte Geldbetrag wird nicht erstattet, wenn die Rechtsfolge des Absatzes 1 nicht eintritt. [2]Das Gericht kann diesen Betrag jedoch auf eine wegen Steuerhinterziehung verhängte Geldstrafe anrechnen.

II. Verfahren der Finanzbehörde bei Steuerstraftaten

§ 399[1)] Rechte und Pflichten der Finanzbehörde. (1) Führt die Finanzbehörde das Ermittlungsverfahren auf Grund des § 386 Abs. 2 selbständig durch, so nimmt sie die Rechte und Pflichten wahr, die der Staatsanwaltschaft im Ermittlungsverfahren zustehen.

(2) [1]Ist einer Finanzbehörde nach § 387 Abs. 2 die Zuständigkeit für den Bereich mehrerer Finanzbehörden übertragen, so bleiben das Recht und die Pflicht dieser Finanzbehörden unberührt, bei dem Verdacht einer Steuerstraftat den Sachverhalt zu erforschen und alle unaufschiebbaren Anordnungen zu treffen, um die Verdunkelung der Sache zu verhüten. [2]Sie können Beschlagnahmen, Notveräußerungen, Durchsuchungen, Untersuchungen und sonstige Maßnahmen nach den für Ermittlungspersonen der Staatsanwaltschaft geltenden Vorschriften der Strafprozessordnung anordnen.

§ 400 Antrag auf Erlass eines Strafbefehls. Bieten die Ermittlungen genügenden Anlass zur Erhebung der öffentlichen Klage, so beantragt die Finanzbehörde beim Richter den Erlass eines Strafbefehls, wenn die Strafsache zur Behandlung im Strafbefehlsverfahren geeignet erscheint; ist dies nicht der Fall, so legt die Finanzbehörde die Akten der Staatsanwaltschaft vor.

§ 401 Antrag auf Anordnung von Nebenfolgen im selbständigen Verfahren. Die Finanzbehörde kann den Antrag stellen, die Einziehung oder den Verfall selbständig anzuordnen oder eine Geldbuße gegen eine juristische Person oder eine Personenvereinigung selbständig festzusetzen (§§ 440, 442 Abs. 1, § 444 Abs. 3 der Strafprozessordnung).

III. Stellung der Finanzbehörde im Verfahren der Staatsanwaltschaft

§ 402 Allgemeine Rechte und Pflichten der Finanzbehörde. (1) Führt die Staatsanwaltschaft das Ermittlungsverfahren durch, so hat die sonst zuständige Finanzbehörde dieselben Rechte und Pflichten wie die Behörden des Polizeidienstes nach der Strafprozessordnung sowie die Befugnisse nach § 399 Abs. 2 Satz 2.

---

1) § 399 Abs. 2 Satz 2 geänd. mWv 1. 9. 2004 durch G v. 24. 8. 2004 (BGBl. I S. 2198).

(2) Ist einer Finanzbehörde nach § 387 Abs. 2 die Zuständigkeit für den Bereich mehrerer Finanzbehörden übertragen, so gilt Absatz 1 für jede dieser Finanzbehörden.

§ 403 Beteiligung der Finanzbehörde. (1) [1] Führt die Staatsanwaltschaft oder die Polizei Ermittlungen durch, die Steuerstraftaten betreffen, so ist die sonst zuständige Finanzbehörde befugt, daran teilzunehmen. [2] Ort und Zeit der Ermittlungshandlungen sollen ihr rechtzeitig mitgeteilt werden. [3] Dem Vertreter der Finanzbehörde ist zu gestatten, Fragen an Beschuldigte, Zeugen und Sachverständige zu stellen.

(2) Absatz 1 gilt sinngemäß für solche richterlichen Verhandlungen, bei denen auch der Staatsanwaltschaft die Anwesenheit gestattet ist.

(3) Der sonst zuständigen Finanzbehörde sind die Anklageschrift und der Antrag auf Erlass eines Strafbefehls mitzuteilen.

(4) Erwägt die Staatsanwaltschaft, das Verfahren einzustellen, so hat sie die sonst zuständige Finanzbehörde zu hören.

IV. Steuer- und Zollfahndung

§ 404[1)] Steuer- und Zollfahndung. [1] Die Zollfahndungsämter und die mit der Steuerfahndung betrauten Dienststellen der Landesfinanzbehörden sowie ihre Beamten haben im Strafverfahren wegen Steuerstraftaten dieselben Rechte und Pflichten wie die Behörden und Beamten des Polizeidienstes nach den Vorschriften der Strafprozessordnung. [2] Die in Satz 1 bezeichneten Stellen haben die Befugnisse nach § 399 Abs. 2 Satz 2 sowie die Befugnis zur Durchsicht der Papiere des von der Durchsuchung Betroffenen (§ 110 Abs. 1 der Strafprozessordnung); ihre Beamten sind Ermittlungspersonen der Staatsanwaltschaft.

V. Entschädigung der Zeugen und der Sachverständigen

§ 405[2)] Entschädigung der Zeugen und der Sachverständigen. [1] Werden Zeugen und Sachverständige von der Finanzbehörde zu Beweiszwecken herangezogen, so erhalten sie eine Entschädigung oder Vergütung nach dem Justizvergütungs- und -entschädigungsgesetz[3)]. [2] Dies gilt auch in den Fällen des § 404.

3. Unterabschnitt: Gerichtliches Verfahren

§ 406 Mitwirkung der Finanzbehörde im Strafbefehlsverfahren und im selbständigen Verfahren. (1) Hat die Finanzbehörde den Erlass eines Strafbefehls beantragt, so nimmt sie die Rechte und Pflichten der Staatsanwaltschaft wahr, solange nicht nach § 408 Abs. 3 Satz 2 der Strafprozessord-

---

[1)] § 404 Satz 2 HS 2 geänd. mWv 1. 9. 2004 durch G v. 24. 8. 2004 (BGBl. I S. 2198).
[2)] § 405 Satz 1 geänd. mWv 1. 7. 2004 durch G v. 5. 5. 2004 (BGBl. I S. 718).
[3)] **Schönfelder Nr. 116.**

nung Hauptverhandlung anberaumt oder Einspruch gegen den Strafbefehl erhoben wird.

(2) Hat die Finanzbehörde den Antrag gestellt, die Einziehung oder den Verfall selbständig anzuordnen oder eine Geldbuße gegen eine juristische Person oder eine Personenvereinigung selbständig festzusetzen (§ 401), so nimmt sie die Rechte und Pflichten der Staatsanwaltschaft wahr, solange nicht mündliche Verhandlung beantragt oder vom Gericht angeordnet wird.

§ 407 Beteiligung der Finanzbehörde in sonstigen Fällen. (1) [1] Das Gericht gibt der Finanzbehörde Gelegenheit, die Gesichtspunkte vorzubringen, die von ihrem Standpunkt für die Entscheidung von Bedeutung sind. [2] Dies gilt auch, wenn das Gericht erwägt, das Verfahren einzustellen. [3] Der Termin zur Hauptverhandlung und der Termin zur Vernehmung durch einen beauftragten oder ersuchten Richter (§§ 223, 233 der Strafprozessordnung) werden der Finanzbehörde mitgeteilt. [4] Ihr Vertreter erhält in der Hauptverhandlung auf Verlangen das Wort. [5] Ihm ist zu gestatten, Fragen an Angeklagte, Zeugen und Sachverständige zu richten.

(2) Das Urteil und andere das Verfahren abschließende Entscheidungen sind der Finanzbehörde mitzuteilen.

4. Unterabschnitt: Kosten des Verfahrens

§ 408 Kosten des Verfahrens. [1] Notwendige Auslagen eines Beteiligten im Sinne des § 464 a Abs. 2 Nr. 2 der Strafprozessordnung sind im Strafverfahren wegen einer Steuerstraftat auch die gesetzlichen Gebühren und Auslagen eines Steuerberaters, Steuerbevollmächtigten, Wirtschaftsprüfers oder vereidigten Buchprüfers. [2] Sind Gebühren und Auslagen gesetzlich nicht geregelt, so können sie bis zur Höhe der gesetzlichen Gebühren und Auslagen eines Rechtsanwalts erstattet werden.

Vierter Abschnitt: Bußgeldverfahren

§ 409 Zuständige Verwaltungsbehörde. [1] Bei Steuerordnungswidrigkeiten ist zuständige Verwaltungsbehörde im Sinne des § 36 Abs. 1 Nr. 1 des Gesetzes über Ordnungswidrigkeiten die nach § 387 Abs. 1 sachlich zuständige Finanzbehörde. [2] § 387 Abs. 2 gilt entsprechend.

§ 410 Ergänzende Vorschriften für das Bußgeldverfahren. (1) Für das Bußgeldverfahren gelten außer den verfahrensrechtlichen Vorschriften des Gesetzes über Ordnungswidrigkeiten entsprechend:

1. die §§ 388 bis 390 über die Zuständigkeit der Finanzbehörde,
2. § 391 über die Zuständigkeit des Gerichts,
3. § 392 über die Verteidigung,
4. § 393 über das Verhältnis des Strafverfahrens zum Besteuerungsverfahren,
5. § 396 über die Aussetzung des Verfahrens,
6. § 397 über die Einleitung des Strafverfahrens,
7. § 399 Abs. 2 über die Rechte und Pflichten der Finanzbehörde,

8. die §§ 402, 403 Abs. 1, 3 und 4 über die Stellung der Finanzbehörde im Verfahren der Staatsanwaltschaft,
9. § 404 Satz 1 und Satz 2 erster Halbsatz über die Steuer- und Zollfahndung,
10. § 405 über die Entschädigung der Zeugen und der Sachverständigen,
11. § 407 über die Beteiligung der Finanzbehörde und
12. § 408 über die Kosten des Verfahrens.

(2) Verfolgt die Finanzbehörde eine Steuerstraftat, die mit einer Steuerordnungswidrigkeit zusammenhängt (§ 42 Abs. 1 Satz 2 des Gesetzes über Ordnungswidrigkeiten), so kann sie in den Fällen des § 400 beantragen, den Strafbefehl auf die Steuerordnungswidrigkeit zu erstrecken.

§ 411 Bußgeldverfahren gegen Rechtsanwälte, Steuerberater, Steuerbevollmächtigte, Wirtschaftsprüfer oder vereidigte Buchprüfer. Bevor gegen einen Rechtsanwalt, Steuerberater, Steuerbevollmächtigten, Wirtschaftsprüfer oder vereidigten Buchprüfer wegen einer Steuerordnungswidrigkeit, die er in Ausübung seines Berufs bei der Beratung in Steuersachen begangen hat, ein Bußgeldbescheid erlassen wird, gibt die Finanzbehörde der zuständigen Berufskammer Gelegenheit, die Gesichtspunkte vorzubringen, die von ihrem Standpunkt für die Entscheidung von Bedeutung sind.

§ 412 Zustellung, Vollstreckung, Kosten. (1) [1] Für das Zustellungsverfahren gelten abweichend von § 51 Abs. 1 Satz 1 des Gesetzes über Ordnungswidrigkeiten die Vorschriften des Verwaltungszustellungsgesetzes auch dann, wenn eine Landesfinanzbehörde den Bescheid erlassen hat. [2] § 51 Abs. 1 Satz 2 und Absatz 2 bis 5 des Gesetzes über Ordnungswidrigkeiten bleibt unberührt.

(2) [1] Für die Vollstreckung von Bescheiden der Finanzbehörden in Bußgeldverfahren gelten abweichend von § 90 Abs. 1 und 4, § 108 Abs. 2 des Gesetzes über Ordnungswidrigkeiten die Vorschriften des Sechsten Teils dieses Gesetzes. [2] Die übrigen Vorschriften des Neunten Abschnitts des Zweiten Teils des Gesetzes über Ordnungswidrigkeiten bleiben unberührt.

(3)[1)] Für die Kosten des Bußgeldverfahrens gilt § 107 Absatz 4 des Gesetzes über Ordnungswidrigkeiten auch dann, wenn eine Landesfinanzbehörde den Bußgeldbescheid erlassen hat; an Stelle des § 19 des Verwaltungskostengesetzes in der bis zum 14. August 2013 geltenden Fassung gelten § 227 und § 261 dieses Gesetzes.

Neunter Teil. Schlussvorschriften

§ 413 Einschränkung von Grundrechten. Die Grundrechte auf körperliche Unversehrtheit und Freiheit der Person (Artikel 2 Abs. 2 des Grundgesetzes), des Briefgeheimnisses sowie des Post- und Fernmeldegeheimnisses

---

1) § 412 Abs. 3 neu gef. mWv 15. 8. 2013 durch G v. 7. 8. 2013 (BGBl. I S. 3154).

(Artikel 10 des Grundgesetzes) und der Unverletzlichkeit der Wohnung (Artikel 13 des Grundgesetzes) werden nach Maßgabe dieses Gesetzes eingeschränkt.

§ 414. *(gegenstandslos)*

§ 415[1] (Inkrafttreten)

Anlage 1
(zu § 60)

Mustersatzung[2]
für Vereine, Stiftungen, Betriebe gewerblicher Art von juristischen Personen des öffentlichen Rechts, geistliche Genossenschaften und Kapitalgesellschaften

(nur aus steuerlichen Gründen notwendige Bestimmungen)

§ 1

Der – Die – ... (Körperschaft) mit Sitz in ... verfolgt ausschließlich und unmittelbar – gemeinnützige – mildtätige – kirchliche – Zwecke (nicht verfolgte Zwecke streichen) im Sinne des Abschnitts „Steuerbegünstigte Zwecke" der Abgabenordnung.

Zweck der Körperschaft ist ... (z. B. die Förderung von Wissenschaft und Forschung, Jugend- und Altenhilfe, Erziehung, Volks- und Berufsbildung, Kunst und Kultur, Landschaftspflege, Umweltschutz, des öffentlichen Gesundheitswesens, des Sports, Unterstützung hilfsbedürftiger Personen).

Der Satzungszweck wird verwirklicht insbesondere durch ... (z. B. Durchführung wissenschaftlicher Veranstaltungen und Forschungsvorhaben, Vergabe von Forschungsaufträgen, Unterhaltung einer Schule, einer Erziehungsberatungsstelle, Pflege von Kunstsammlungen, Pflege des Liedgutes und des Chorgesanges, Errichtung von Naturschutzgebieten, Unterhaltung eines Kindergartens, Kinder-, Jugendheimes, Unterhaltung eines Altenheimes, eines Erholungsheimes, Bekämpfung des Drogenmissbrauchs, des Lärms, Förderung sportlicher Übungen und Leistungen).

§ 2

Die Körperschaft ist selbstlos tätig; sie verfolgt nicht in erster Linie eigenwirtschaftliche Zwecke.

§ 3

Mittel der Körperschaft dürfen nur für die satzungsmäßigen Zwecke verwendet werden. Die Mitglieder erhalten keine Zuwendungen aus Mitteln der Körperschaft.

§ 4

Es darf keine Person durch Ausgaben, die dem Zweck der Körperschaft fremd sind, oder durch unverhältnismäßig hohe Vergütungen begünstigt werden.

§ 5

Bei Auflösung oder Aufhebung der Körperschaft oder bei Wegfall steuerbegünstigter Zwecke fällt das Vermögen der Körperschaft

---

[1] Die AO in ihrer ursprünglichen Fassung ist am 1. 1. 1977 in Kraft getreten. Das Inkrafttreten der späteren Änderungen ergibt sich aus den jeweiligen Änderungsgesetzen.

[2] Anlage 1 angef. durch G v. 19. 12. 2008 (BGBl. I S. 2794); zur Anwendung siehe Art. 97 § 1 f Abs. 2 EGAO (Nr. **800 a**).

1. an – den – die – das – … (Bezeichnung einer juristischen Person des öffentlichen Rechts oder einer anderen steuerbegünstigten Körperschaft), – der – die – das – es unmittelbar und ausschließlich für gemeinnützige, mildtätige oder kirchliche Zwecke zu verwenden hat.
   oder
2. an eine juristische Person des öffentlichen Rechts oder eine andere steuerbegünstigte Körperschaft zwecks Verwendung für … (Angabe eines bestimmten gemeinnützigen, mildtätigen oder kirchlichen Zwecks, z. B. Förderung von Wissenschaft und Forschung, Erziehung, Volks- und Berufsbildung, der Unterstützung von Personen, die im Sinne von § 53 der Abgabenordnung wegen … bedürftig sind, Unterhaltung des Gotteshauses in …).

Weitere Hinweise

Bei **Betrieben gewerblicher Art von juristischen Personen des öffentlichen Rechts, bei den von einer juristischen Person des öffentlichen Rechts verwalteten unselbständigen Stiftungen und bei geistlichen Genossenschaften** (Orden, Kongregationen) ist folgende Bestimmung aufzunehmen:

§ 3 Abs. 2:
„Der – die – das … erhält bei Auflösung oder Aufhebung der Körperschaft oder bei Wegfall steuerbegünstigter Zwecke nicht mehr als – seine – ihre – eingezahlten Kapitalanteile und den gemeinen Wert seiner – ihrer – geleisteten Sacheinlagen zurück."
Bei **Stiftungen** ist diese Bestimmung nur erforderlich, wenn die Satzung dem Stifter einen Anspruch auf Rückgewähr von Vermögen einräumt. Fehlt die Regelung, wird das eingebrachte Vermögen wie das übrige Vermögen behandelt.

Bei **Kapitalgesellschaften** sind folgende ergänzende Bestimmungen in die Satzung aufzunehmen:

1. § 3 Abs. 1 Satz 2:
   „Die Gesellschafter dürfen keine Gewinnanteile und auch keine sonstigen Zuwendungen aus Mitteln der Körperschaft erhalten."
2. § 3 Abs. 2:
   „Sie erhalten bei ihrem Ausscheiden oder bei Auflösung der Körperschaft oder bei Wegfall steuerbegünstigter Zwecke nicht mehr als ihre eingezahlten Kapitalanteile und den gemeinen Wert ihrer geleisteten Sacheinlagen zurück."
3. § 5:
   „Bei Auflösung der Körperschaft oder bei Wegfall steuerbegünstigter Zwecke fällt das Vermögen der Körperschaft, soweit es die eingezahlten Kapitalanteile der Gesellschafter und den gemeinen Wert der von den Gesellschaftern geleisteten Sacheinlagen übersteigt, …".

§ 3 Abs. 2 und der Satzteil „soweit es die eingezahlten Kapitalanteile der Gesellschafter und den gemeinen Wert der von den Gesellschaftern geleisteten Sacheinlagen übersteigt," in § 5 sind nur erforderlich, wenn die Satzung einen Anspruch auf Rückgewähr von Vermögen einräumt.

800a. Einführungsgesetz zur Abgabenordnung (EGAO)

Vom 14. Dezember 1976 (BGBl. I S. 3341, ber. 1977 I S. 667)

Geändert durch Grunderwerbsteuergesetz 1983 vom 17. 12. 1982 (BGBl. I S. 1777), Steuerbereinigungsgesetz 1986 vom 19. 12. 1985 (BGBl. I S. 2436), Steuerreformgesetz 1990 vom 25. 7. 1988 (BGBl. I S. 1093), Haushaltsbegleitgesetz 1989 vom 20. 12. 1988 (BGBl. I S. 2262), Vereinsförderungsgesetz vom 18. 12. 1989 (BGBl. I S. 2212), Wohnungsbauförderungsgesetz vom 22. 12. 1989 (BGBl. I S. 2408), Einigungsvertrag vom 31. 8. 1990 (BGBl. II S. 889, 968), Steueränderungsgesetz 1991 vom 24. 6. 1991 (BGBl. I S. 1322), Steueränderungsgesetz 1992 vom 25. 2. 1992 (BGBl. I S. 297), Gesetz zur Umsetzung des Föderalen Konsolidierungsprogramms vom 23. 6. 1993 (BGBl. I S. 944), Standortsicherungsgesetz vom 13. 9. 1993 (BGBl. I S. 1569), Mißbrauchsbekämpfungs- und Steuerbereinigungsgesetz vom 21. 12. 1993 (BGBl. I S. 2310), Grenzpendlergesetz vom 24. 6. 1994 (BGBl. I S. 1395), Jahressteuergesetz 1996 vom 11. 10. 1995 (BGBl. I S. 1250), Jahressteuer-Ergänzungsgesetz 1996 vom 18. 12. 1995 (BGBl. I S. 1959), Jahressteuergesetz 1997 vom 20. 12. 1996 (BGBl. I S. 2049), 2. Zwangsvollstreckungsnovelle vom 17. 12. 1997 (BGBl. I S. 3039), Gesetz zur Datenermittlung für den Verteilungsschlüssel des Gemeindeanteils am Umsatzsteueraufkommen und zur Änderung steuerlicher Vorschriften vom 23. 6. 1998 (BGBl. I S. 1496), Steueränderungsgesetz 1998 vom 19. 12. 1998 (BGBl. I S. 3816), Gesetz zur Änderung des Einführungsgesetzes zur Insolvenzordnung vom 19. 12. 1998 (BGBl. I S. 3836), Zweites Euro-Einführungsgesetz vom 24. 3. 1999 (BGBl. I S. 385), Steuerbereinigungsgesetz 1999 vom 22. 12. 1999 (BGBl. I S. 2601), Gesetz zur weiteren steuerlichen Förderung von Stiftungen vom 14. 7. 2000 (BGBl. I S. 1034), Steuersenkungsgesetz vom 23. 10. 2000 (BGBl. I S. 1433), Steuer-Euroglättungsgesetz vom 19. 12. 2000 (BGBl. I S. 1790), Gesetz zur Änderung des Investitionszulagengesetzes 1999 vom 20. 12. 2000 (BGBl. I S. 1850), Steueränderungsgesetz 2001 vom 20. 12. 2001 (BGBl. I S. 3794), Steuervergünstigungsabbaugesetz vom 16. 5. 2003 (BGBl. I S. 660), Kleinunternehmerförderungsgesetz vom 31. 7. 2003 (BGBl. I S. 1550), Steueränderungsgesetz 2003 vom 15. 12. 2003 (BGBl. I S. 2645), Gesetz zur Förderung der Ausbildung und Beschäftigung schwerbehinderter Menschen vom 23. 4. 2004 (BGBl. I S. 606), Kostenrechtsmodernisierungsgesetz vom 5. 5. 2004 (BGBl. I S. 718), Gesetz zur Änderung der Abgabenordnung und weiterer Gesetze vom 21. 7. 2004 (BGBl. I S. 1753), EU-Richtlinien-Umsetzungsgesetz vom 9. 12. 2004 (BGBl. I S. 3310), Erstes Gesetz zum Abbau bürokratischer Hemmnisse insbesondere in der mittelständischen Wirtschaft vom 22. 8. 2006 (BGBl. I S. 1970), Jahressteuergesetz 2007 vom 13. 12. 2006 (BGBl. I S. 2878), Zweites Gesetz zum Abbau bürokratischer Hemmnisse insbesondere in der mittelständischen Wirtschaft vom 7. 9. 2007 (BGBl. I S. 2246), Gesetz zur weiteren Stärkung des bürgerschaftlichen Engagements vom 10. 10. 2007 (BGBl. I S. 2332), Jahressteuergesetz 2008 vom 20. 12. 2007 (BGBl. I S. 3150), Jahressteuergesetz 2009 vom 19. 12. 2008 (BGBl. I S. 2794), Steuerbürokratieabbaugesetz vom 20. 12. 2008 (BGBl. I S. 2850), Steuerhinterziehungsbekämpfungsgesetz vom 29. 7. 2009 (BGBl. I S. 2302), Jahressteuergesetz 2010 (JStG 2010) vom 8. 12. 2010 (BGBl. I S. 1768), Schwarzgeldbekämpfungsgesetz vom 28. 4. 2011 (BGBl. I S. 676), Steuervereinfachungsgesetz 2011 vom 1. 11. 2011 (BGBl. I S. 2131), Amtshilferichtlinie-Umsetzungsgesetz (AmtshilfeRLUmsG) vom 26. 6. 2013 (BGBl. I S. 1809), Gesetz zur Anpassung steuerlicher Regelungen an die Rechtsprechung des Bundesverfassungsgerichts vom 18. 7. 2014 (BGBl. I S. 1042), Gesetz zur Änderung der Abgabenordnung und des Einführungsgesetzes zur Abgabenordnung vom 22. 12. 2014 (BGBl. I S. 2415), Gesetz zur Anpassung der Abgabenordnung an den Zollkodex der Union und zur Änderung weiterer steuerlicher Vorschriften vom 22. 12. 2014 (BGBl. I S. 2417) und Gesetz zur Entlastung insbesondere der mittelständischen Wirtschaft von Bürokratie (Bürokratieentlastungsgesetz) vom 28. 7. 2015 (BGBl. I S. 1400)

BGBl. III/FNA 610-1-4

– Auszug –

Der Bundestag hat mit Zustimmung des Bundesrates das folgende Gesetz beschlossen:

Erster Abschnitt. Änderung von Gesetzen auf dem Gebiet des Finanzwesens

Art. 1 bis **Art. 6** ……

Art. 7 Hauptfeststellung der Einheitswerte der Mineralgewinnungsrechte. (1) Für Mineralgewinnungsrechte findet die nächste Hauptfeststellung der Einheitswerte auf den 1. Januar 1977 statt (Hauptfeststellung 1977).

(2) Die Einheitswerte für Mineralgewinnungsrechte, denen die Wertverhältnisse vom 1. Januar 1977 zugrunde liegen, sind erstmals anzuwenden bei der Feststellung von Einheitswerten der gewerblichen Betriebe auf den 1. Januar 1977 und bei der Festsetzung von Steuern, bei denen die Steuer nach dem 31. Dezember 1976 entsteht.

Art. 8 bis **Art. 38** ……

Zweiter Abschnitt. Anpassung weiterer Bundesgesetze

Erster Titel. Änderung von Gesetzen auf dem Gebiet des Rechts der Verwaltung

Art. 39 bis **Art. 52** ……

Zweiter Titel. Änderung von Gesetzen auf dem Gebiet der Rechtspflege, des Zivilrechts und des Strafrechts

Art. 53 bis **Art. 57** ……

Dritter Titel. Änderung von Gesetzen auf dem Gebiet des Verteidigungsrechts

Art. 58 ……

Vierter Titel. Änderung von Gesetzen auf dem Gebiet des Wirtschaftsrechts

Art. 59 bis **Art. 81** ……

Fünfter Titel. Änderung von Gesetzen auf dem Gebiet des Arbeitsrechts, der Sozialversicherung und der Kriegsopferversorgung

Art. 82 bis **Art. 90** ……

Sechster Titel. Änderung von Gesetzen auf dem Gebiet des Post- und Fernmeldewesens sowie des Verkehrswesens

Art. 91 bis **Art. 94** ……

Siebenter Titel. Änderung anderer Gesetze

Art. 95 .....

Achter Titel. Außerkrafttreten von Vorschriften

Art. 96 Außerkrafttreten. Mit Inkrafttreten der Abgabenordnung treten außer Kraft:

1. Die Reichsabgabenordnung vom 22. Mai 1931 (Reichsgesetzbl. I S. 161), zuletzt geändert durch das Gesetz über das Zeugnisverweigerungsrecht der Mitarbeiter von Presse und Rundfunk vom 25. Juli 1975 (Bundesgesetzbl. I S. 1973);
2. die Verordnung zur Durchführung des § 160 Abs. 2 der Reichsabgabenordnung vom 24. März 1932 (Reichsgesetzbl. I S. 165);
3. die Verordnung zur Durchführung von Buch- und Betriebsprüfungen vom 9. November 1925 (Reichsministerialblatt S. 1337);
4. die Verordnung zur Durchführung der §§ 402 und 413 der Reichsabgabenordnung vom 17. August 1940 (Reichsministerialblatt S. 209);
5. das Steueranpassungsgesetz vom 16. Oktober 1934 (Reichsgesetzbl. I S. 925), zuletzt geändert durch das Einführungsgesetz zum Einkommensteuerreformgesetz vom 21. Dezember 1974 (Bundesgesetzbl. I S. 3656);
6. die Gemeinnützigkeitsverordnung vom 24. Dezember 1953 (Bundesgesetzbl. I S. 1592), zuletzt geändert durch das Steueränderungsgesetz 1969 vom 18. August 1969 (Bundesgesetzbl. I S. 1211);
7. die Aufteilungsverordnung vom 8. November 1963 (Bundesgesetzblatt I S. 785), geändert durch die Finanzgerichtsordnung vom 6. Oktober 1965 (Bundesgesetzbl. I S. 1477);
8. das Steuersäumnisgesetz vom 13. Juli 1961 (Bundesgesetzbl. I S. 981, 993), zuletzt geändert durch das Dritte Gesetz zur Änderung des Steuerberatungsgesetzes vom 24. Juni 1975 (Bundesgesetzbl. I S. 1509);
9. die Verordnung zum Steuersäumnisgesetz vom 15. August 1961 (Bundesgesetzbl. I S. 1299), geändert durch die Verordnung zur Änderung der Verordnung zum Steuersäumnisgesetz vom 9. Juni 1969 (Bundesgesetzbl. I S. 539);
10. die Beitreibungsordnung vom 23. Juni 1923 (Reichsministerialblatt S. 595);
11. die Verordnung zur Einführung der Beitreibungsordnung vom 5. Juli 1923 (Reichsministerialblatt S. 645);
12. die Verordnung über die Auswertung der Personenstands- und Betriebsaufnahme (Aufstellung von Urlisten) vom 16. Mai 1935 (Reichsministerialblatt S. 538);

13. die Verordnung über die Führung eines Wareneingangsbuchs vom 20. Juni 1935 (Reichsgesetzbl. I S. 752), zuletzt geändert durch das Gesetz zur Abkürzung handelsrechtlicher und steuerrechtlicher Aufbewahrungsfristen vom 2. März 1959 (Bundesgesetzbl. I S. 77);
14. die Verordnung über landwirtschaftliche Buchführung vom 5. Juli 1935 (Reichsgesetzbl. I S. 908);
15. die Warenausgangsverordnung vom 20. Juni 1936 (Reichsgesetzbl. I S. 507), geändert durch das Gesetz zur Änderung von Vorschriften des Dritten Teiles der Reichsabgabenordnung vom 11. Mai 1956 (Bundesgesetzbl. I S. 418);
16. die Verordnung über die Zuständigkeit im Besteuerungsverfahren vom 3. Januar 1944 (Reichsgesetzbl. I S. 11);
17. das Gesetz über die Kosten der Zwangsvollstreckung nach der Reichsabgabenordnung vom 12. April 1961 (Bundesgesetzbl. I S. 429), zuletzt geändert durch das Gesetz zur Änderung des Gesetzes über die Kosten der Zwangsvollstreckung nach der Reichsabgabenordnung vom 20. Mai 1975 (Bundesgesetzbl. I S. 1119);
18. § 6 Abs. 2 Satz 4 der Verordnung über die Offenlegung der Ergebnisse der Bodenschätzung vom 31. Januar 1936 (Reichsgesetzbl. I S. 120);
19. §§ 15 und 20 des Rennwett- und Lotteriegesetzes vom 8. April 1922 (Reichsgesetzbl. I S. 335, 393), zuletzt geändert durch das Gesetz zur Änderung des Rennwett- und Lotteriegesetzes vom 16. Dezember 1974 (Bundesgesetzbl. I S. 3561);
20. die Verordnung über die Zwangsvollstreckung im Erstattungsverfahren für den Dienstbereich der Reichsfinanzverwaltung vom 17. Dezember 1937 (Reichsgesetzbl. I S. 1388);
21. § 5 der Verordnung zur beschleunigten Förderung des Baues von Heuerlings- und Werkwohnungen sowie von Eigenheimen für ländliche Arbeiter und Handwerker vom 10. März 1937 (Reichsgesetzbl. I S. 292), zuletzt geändert durch das Beurkundungsgesetz vom 28. August 1969 (Bundesgesetzbl. I S. 1513);
22. § 2 Abs. 3 der Zweiten Durchführungsverordnung über die beschleunigte Förderung des Baues von Heuerlings- und Werkwohnungen sowie von Eigenheimen für ländliche Arbeiter und Handwerker vom 27. Januar 1938 (Reichsgesetzbl. I S. 107);
23. § 3 des Gesetzes über die Erhebung von Gebühren durch die Außenhandelsstelle des Bundesministeriums für Ernährung, Landwirtschaft und Forsten vom 17. Dezember 1951 (Bundesgesetzbl. I S. 969);
24. § 21 Abs. 3 des Vieh- und Fleischgesetzes vom 25. April 1951 (Bundesgesetzbl. I S. 272), zuletzt geändert durch das Gesetz über die Neuorganisation der Marktordnungsstellen vom 23. Juni 1976 (Bundesgesetzbl. I S. 1608);
25. § 11 Abs. 3 des Zuckergesetzes vom 5. Januar 1951 (Bundesgesetzbl. I S. 47), zuletzt geändert durch das Gesetz zur Gesamtreform des Lebensmittelrechts vom 15. August 1974 (Bundesgesetzbl. I S. 1945).

Dritter Abschnitt. Schlußvorschriften

Art. 97 Übergangsvorschriften

§ 1[1] **Begonnene Verfahren.** (1) Verfahren, die am 1. Januar 1977 anhängig sind, werden nach den Vorschriften der Abgabenordnung zu Ende geführt, soweit in den nachfolgenden Vorschriften nichts anderes bestimmt ist.

(2) [1]Durch das Steuerbereinigungsgesetz 1986 vom 19. Dezember 1985 (BGBl. I S. 2436) geänderte oder eingefügte Vorschriften sowie die auf diesen Vorschriften beruhenden Rechtsverordnungen sind auf alle bei Inkrafttreten[2] dieser Vorschriften anhängigen Verfahren anzuwenden, soweit nichts anderes bestimmt ist. [2]Soweit die Vorschriften die Bekanntgabe von schriftlichen Verwaltungsakten regeln, gelten sie für alle nach dem Inkrafttreten der Vorschriften zur Post gegebenen Verwaltungsakte.

(3) Die durch Artikel 15 des Steuerreformgesetzes 1990 vom 25. Juli 1988 (BGBl. I S. 1093) geänderten Vorschriften sind auf alle bei Inkrafttreten[3] dieser Vorschriften anhängigen Verfahren anzuwenden, soweit nichts anderes bestimmt ist.

(4)[4] Die durch Artikel 26 des Gesetzes vom 21. Dezember 1993 (BGBl. I S. 2310) geänderten Vorschriften sind auf alle bei Inkrafttreten[5] dieser Vorschriften anhängigen Verfahren anzuwenden, soweit nichts anderes bestimmt ist.

(5)[6] Die durch Artikel 26 des Gesetzes vom 11. Oktober 1995 (BGBl. I S. 1250) geänderten Vorschriften sind auf alle bei Inkrafttreten[7] dieser Vorschriften anhängigen Verfahren anzuwenden, soweit nichts anderes bestimmt ist.

(6)[8] Die durch Artikel 18 des Gesetzes vom 20. Dezember 1996 (BGBl. I S. 2049) geänderten Vorschriften sind auf alle bei Inkrafttreten[9] dieser Vorschriften anhängigen Verfahren anzuwenden, soweit nichts anderes bestimmt ist.

(7)[10] Die durch Artikel 17 des Gesetzes vom 22. Dezember 1999 (BGBl. I S. 2601) geänderten Vorschriften sind auf alle bei Inkrafttreten[11] des Gesetzes anhängigen Verfahren anzuwenden, soweit nichts anderes bestimmt ist.

(8)[12] Die durch Artikel 23 des Gesetzes vom 19. Dezember 2000 (BGBl. I S. 1790) geänderten Vorschriften sind auf alle bei Inkrafttreten[13] des Gesetzes anhängigen Verfahren anzuwenden, soweit nichts anderes bestimmt ist.

---

[1] § 1 Abs. 2 angef. durch G v. 19. 12. 1985 (BGBl. I S. 2436), Abs. 3 angef. durch G v. 25. 7. 1988 (BGBl. I S. 1093).
[2] In Kraft ab 25. 12. 1985.
[3] In Kraft ab 3. 8. 1988.
[4] § 1 Abs. 4 angef. durch G v. 21. 12. 1993 (BGBl. I S. 2310).
[5] In Kraft ab 30. 12. 1993.
[6] § 1 Abs. 5 angef. durch G v. 11. 10. 1995 (BGBl. I S. 1250).
[7] In Kraft ab 21. 10. 1995.
[8] § 1 Abs. 6 angef. durch G v. 20. 12. 1996 (BGBl. I S. 2049).
[9] In Kraft ab 28. 12. 1996.
[10] § 1 Abs. 7 angef. durch G v. 22. 12. 1999 (BGBl. I S. 2601).
[11] In Kraft ab 30. 12. 1999.
[12] § 1 Abs. 8 angef. durch G v. 19. 12. 2000 (BGBl. I S. 1790).
[13] In Kraft ab 1. 1. 2002.

(9)[1] 1 Rechtsverordnungen auf Grund des § 2 Absatz 2 der Abgabenordnung in der Fassung des Artikels 9 des Gesetzes vom 8. Dezember 2010 (BGBl. I S. 1768) können mit Wirkung für den Veranlagungszeitraum 2010 erlassen werden, sofern die dem Bundesrat zugeleitete Rechtsverordnung vor dem 1. Januar 2011 als Bundesratsdrucksache veröffentlicht worden ist. 2 Rechtsverordnungen, die dem Bundesrat nach diesem Zeitpunkt zugeleitet werden, können bestimmen, dass sie ab dem Zeitpunkt der Bekanntgabe der in § 2 Absatz 2 der Abgabenordnung genannten und nach dem 31. Dezember 2010 geschlossenen Konsultationsvereinbarung im Bundessteuerblatt gelten.

(10)[2] 1 Die durch Artikel 3 des Gesetzes vom 18. Juli 2014 (BGBl. I S. 1042) geänderten Vorschriften sind auf alle am 24. Juli 2014[3] anhängigen Verfahren anzuwenden, soweit nichts anderes bestimmt ist. 2 § 122 Absatz 7 Satz 1 und § 183 Absatz 4 in der Fassung des Artikels 3 des Gesetzes vom 18. Juli 2014 (BGBl. I S. 1042) gelten für alle nach dem 23. Juli 2014[3] erlassenen Verwaltungsakte. 3 § 15 und § 263 in der Fassung des Artikels 3 des Gesetzes vom 18. Juli 2014 (BGBl. I S. 1042) sind ab dem 24. Juli 2014[3] anzuwenden.

§ 1 a[4] Steuerlich unschädliche Betätigungen. (1) § 58 Nr. 1 der Abgabenordnung in der Fassung des Artikels 1 des Gesetzes vom 21. Juli 2004 (BGBl. I S. 1753) ist ab dem 1. Januar 2001 anzuwenden.

(2) Die Vorschrift des § 58 Nr. 10 der Abgabenordnung über steuerlich unschädliche Betätigungen in der Fassung des Artikels 26 des Gesetzes vom 21. Dezember 1993 (BGBl. I S. 2310) ist erstmals ab dem 1. Januar 1993 anzuwenden.

(3) § 55 Abs. 1 Nr. 5, § 58 Nr. 7 Buchstabe a, Nr. 11 und 12 der Abgabenordnung in der Fassung des Gesetzes vom 14. Juli 2000 (BGBl. I S. 1034) sind ab dem 1. Januar 2000 anzuwenden.

§ 1 b[5] Steuerpflichtige wirtschaftliche Geschäftsbetriebe. § 64 Abs. 6 der Abgabenordnung in der Fassung des Artikels 5 des Gesetzes vom 20. Dezember 2000 (BGBl. I S. 1850) ist ab dem 1. Januar 2000 anzuwenden.

§ 1 c[6], [7] Krankenhäuser. (1) § 67 Abs. 1 der Abgabenordnung in der Fassung des Steuerbereinigungsgesetzes 1986 ist ab dem 1. Januar 1986 anzuwenden.

(2) 1 § 67 Abs. 1 der Abgabenordnung in der Fassung des Gesetzes vom 20. Dezember 1996 (BGBl. I S. 2049) ist ab dem 1. Januar 1996 anzuwenden. 2 Für Krankenhäuser, die mit Wirkung zum 1. Januar 1995 Fallpauschalen und Sonderentgelte nach § 11 Abs. 1 und 2 der Bundespflegesatzverordnung vom 26. September 1994 (BGBl. I S. 2750) angewandt haben, ist § 67 Abs. 1 der

---

[1] § 1 Abs. 9 angef. durch G v. 8. 12. 2010 (BGBl. I S. 1768).

[2] § 1 Abs. 10 angef. durch G v. 18. 7. 2014 (BGBl. I S. 1042).

[3] Tag nach der Verkündung des G v. 18. 7. 2014.

[4] § 1 a eingef. durch G v. 19. 12. 1985 (BGBl. I S. 2436), Abs. 2 angef. durch G v. 21. 12. 1993 (BGBl. I S. 2310), Abs. 3 angef. durch G v. 14. 7. 2000 (BGBl. I S. 1034), Abs. 1 neu gef. durch G v. 21. 7. 2004 (BGBl. I S. 1753).

[5] § 1 b eingef. durch G v. 20. 12. 2000 (BGBl. I S. 1850).

[6] § 1 b eingef. durch G v. 19. 12. 1985 (BGBl. I S. 2436) und neu gef. durch G v. 20. 12. 1996 (BGBl. I S. 2049), bish. § 1 b wird § 1 c durch G v. 20. 12. 2000 (BGBl. I S. 1850).

[7] § 1 c Abs. 2 Satz 2 geänd., Abs. 3 angef. durch G v. 13. 12. 2006 (BGBl. I S. 2878).

Abgabenordnung in der Fassung des in Satz 1 bezeichneten Gesetzes ab dem 1. Januar 1995 anzuwenden.

(3) § 67 der Abgabenordnung in der Fassung des Artikels 10 des Gesetzes vom 13. Dezember 2006 (BGBl. I S. 2878) st ab dem 1. Januar 2003 anzuwenden.

§ 1 d[1] Steuerbegünstigte Zwecke. (1) Die §§ 52, 58, 61, 64 und 67a der Abgabenordnung in der Fassung des Artikels 5 des Gesetzes vom 10. Oktober 2007 (BGBl. I S. 2332) sind ab 1. Januar 2007 anzuwenden.

(2) § 51 der Abgabenordnung in der Fassung des Artikels 10 des Gesetzes vom 19. Dezember 2008 (BGBl. I S. 2794) ist ab dem 1. Januar 2009 anzuwenden.

(3)[2] [1] § 55 Absatz 3 der Abgabenordnung in der Fassung des Artikels 9 des Gesetzes vom 8. Dezember 2010 (BGBl. I S. 1768) ist ab dem 1. Januar 2011 anzuwenden. [2] § 55 Absatz 1 Nummer 4 Satz 2 und § 58 Nummer 1 bis 4 der Abgabenordnung in der Fassung des Artikels 9 des Gesetzes vom 8. Dezember 2010 (BGBl. I S. 1768) sind auch für vor diesem Zeitraum beginnende Veranlagungszeiträume anzuwenden, soweit Steuerfestsetzungen noch nicht bestandskräftig sind oder unter dem Vorbehalt der Nachprüfung stehen.

§ 1 e[3] Zweckbetriebe. (1) [1] § 68 *Abs. 6*[4] der Abgabenordnung in der Fassung des Artikels 5 des Gesetzes vom 20. Dezember 2000 (BGBl. I S. 1850) ist mit Wirkung vom 1. Januar 2000 anzuwenden. [2] Die Vorschrift ist auch für vor diesem Zeitraum beginnende Veranlagungszeiträume anzuwenden, soweit Steuerfestsetzungen noch nicht bestandskräftig sind oder unter dem Vorbehalt der Nachprüfung stehen.

(2) [1] Die Vorschrift des § 68 Nr. 9 der Abgabenordnung über die Zweckbetriebseigenschaft von Forschungseinrichtungen ist ab dem 1. Januar 1997 anzuwenden. [2] Sie ist auch für vor diesem Zeitpunkt beginnende Kalenderjahre anzuwenden, soweit Steuerfestsetzungen noch nicht bestandskräftig sind oder unter dem Vorbehalt der Nachprüfung stehen.

(3) [1] § 68 Nr. 3 der Abgabenordnung in der Fassung des Artikels 1a des Gesetzes vom 23. April 2004 (BGBl. I S. 606) ist ab dem 1. Januar 2003 anzuwenden. [2] § 68 Nr. 3 Buchstabe c der Abgabenordnung ist auch für vor diesem Zeitraum beginnende Veranlagungszeiträume anzuwenden, soweit Steuerfestsetzungen noch nicht bestandskräftig sind oder unter dem Vorbehalt der Nachprüfung stehen.

§ 1 f[5] Satzung. (1) [1] § 62 der Abgabenordnung in der Fassung des Artikels 10 des Gesetzes vom 13. Dezember 2006 (BGBl. I S. 2878) gilt für alle

---

[1] § 1 d eingef. durch G v. 18. 12. 1989 (BGBl. I S. 2212), neu gef. durch G v. 10. 10. 2007 (BGBl. I S. 2332), Abs. 2 angef. durch G v. 19. 12. 2008 (BGBl. I S. 2794).

[2] § 1 d Abs. 3 angef. durch G v. 8. 12. 2010 (BGBl. I S. 1768).

[3] § 1 e eingef. durch G v. 20. 12. 1996 (BGBl. I S. 2049), Abs. 1 eingef., bish. Wortlaut wird Abs. 2 durch G v. 20. 12. 2000 (BGBl. I S. 1850), Abs. 3 angef. durch G v. 23. 4. 2004 (BGBl. I S. 606).

[4] Muss lauten „Nr. 6".

[5] § 1 f eingef. durch G v. 13. 12. 2006 (BGBl. I S. 2878), Abs. 1 Satz 2 und Abs. 2 angef. durch G v. 19. 12. 2008 (BGBl. I S. 2794).

staatlich beaufsichtigten Stiftungen, die nach dem Inkrafttreten[1] dieses Gesetzes errichtet werden. [2] § 62 der Abgabenordnung in der am 31. Dezember 2008 geltenden Fassung ist letztmals anzuwenden auf Betriebe gewerblicher Art von Körperschaften des öffentlichen Rechts, bei den von einer Körperschaft des öffentlichen Rechts verwalteten unselbständigen Stiftungen und bei geistlichen Genossenschaften (Orden, Kongregationen), die vor dem 1. Januar 2009 errichtet wurden.

(2) § 60 Abs. 1 Satz 2 der Abgabenordnung in der Fassung des Artikels 10 des Gesetzes vom 19. Dezember 2008 (BGBl. I S. 2794) ist auf Körperschaften, die nach dem 31. Dezember 2008 gegründet werden, sowie auf Satzungsänderungen bestehender Körperschaften, die nach dem 31. Dezember 2008 wirksam werden, anzuwenden.

§ 2 Fristen. [1] Fristen, deren Lauf vor dem 1. Januar 1977 begonnen hat, werden nach den bisherigen Vorschriften berechnet, soweit in den nachfolgenden Vorschriften nichts anderes bestimmt ist. [2] Dies gilt auch in den Fällen, in denen der Lauf einer Frist nur deshalb nicht vor dem 1. Januar 1977 begonnen hat, weil der Beginn der Frist nach § 84 der Reichsabgabenordnung hinausgeschoben worden ist.

§ 3[2] Grunderwerbsteuer, Feuerschutzsteuer. (1) [1] Die Abgabenordnung und die Übergangsvorschriften dieses Artikels gelten auch für die Grunderwerbsteuer und die Feuerschutzsteuer; abweichende landesrechtliche Vorschriften bleiben unberührt. [2] Soweit die Grunderwerbsteuer nicht von Landesfinanzbehörden verwaltet wird, gilt § 1 Abs. 2 der Abgabenordnung sinngemäß.

(2) *(aufgehoben)*

§ 4[3] Mitteilungsverordnung. § 7 Abs. 2 Satz 1 der Mitteilungsverordnung vom 7. September 1993 (BGBl. I S. 1554) in der Fassung des Artikels 25 des Gesetzes vom 19. Dezember 2000 (BGBl. I S. 1790) ist erstmals auf im Kalenderjahr 2002 geleistete Zahlungen anzuwenden.

§ 5[4] Zeitpunkt der Einführung des steuerlichen Identifikationsmerkmals. [1] Das Bundesministerium der Finanzen bestimmt durch Rechtsverordnung mit Zustimmung des Bundesrates den Zeitpunkt der Einführung des Identifikationsmerkmals nach § 139 a Abs. 1 der Abgabenordnung. [2] Die Festlegung der Zeitpunkte für die ausschließliche Verwendung des Identifikationsmerkmals im Bereich der Einfuhr- und Ausfuhrabgaben sowie der Verbrauchsteuern bedarf nicht der Zustimmung des Bundesrates.

§ 6[5] Zahlungszeitpunkt bei Scheckzahlung. § 224 Abs. 2 Nr. 1 der Abgabenordnung in der Fassung des Artikels 10 des Gesetzes vom 13. Dezember 2006 (BGBl. I S. 2878) gilt erstmals, wenn ein Scheck nach dem 31. Dezember 2006 bei der Finanzbehörde eingegangen ist.

---

[1] In Kraft ab 19. 12. 2006.

[2] § 3 Abs. 2 aufgeh. durch G v. 17. 12. 1982 (BGBl. I S. 1777).

[3] § 4 eingef. durch G v. 19. 12. 2000 (BGBl. I S. 1790).

[4] § 5 eingef. durch G. v. 15. 12. 2003 (BGBl. I S. 2645), Satz 1 geänd. durch G v. 13. 12. 2006 (BGBl. I S. 2878).

[5] § 6 eingef. durch G v. 13. 12. 2006 (BGBl. I S. 2878).

§ 7[1] Missbrauch von rechtlichen Gestaltungsmöglichkeiten. [1]§ 42 der Abgabenordnung in der Fassung des Artikels 14 des Gesetzes vom 20. Dezember 2007 (BGBl. I S. 3150) ist ab dem 1. Januar 2008 für Kalenderjahre, die nach dem 31. Dezember 2007 beginnen, anzuwenden. [2]Für Kalenderjahre, die vor dem 1. Januar 2008 liegen, ist § 42 der Abgabenordnung in der am 28. Dezember 2007 geltenden Fassung weiterhin anzuwenden.

§ 8[2] Verspätungszuschlag. (1) [1]Die Vorschriften des § 152 der Abgabenordnung über Verspätungszuschläge sind erstmals auf Steuererklärungen anzuwenden, die nach dem 31. Dezember 1976 einzureichen sind; eine Verlängerung der Steuererklärungsfrist ist hierbei nicht zu berücksichtigen. [2]Im übrigen gilt § 168 Abs. 2 der Reichsabgabenordnung mit der Maßgabe, daß ein nach dem 31. Dezember 1976 festgesetzter Verspätungszuschlag höchstens zehntausend Deutsche Mark betragen darf.

(2) § 152 Abs. 2 Satz 1 der Abgabenordnung in der Fassung des Artikels 17 des Gesetzes vom 22. Dezember 1999 (BGBl. I S. 2601) ist erstmals auf Steuererklärungen anzuwenden, die nach dem 31. Dezember 1999 einzureichen sind; eine Verlängerung der Steuererklärungsfrist ist hierbei nicht zu berücksichtigen.

(3) § 152 Abs. 2 Satz 1 der Abgabenordnung in der Fassung des Artikels 23 des Gesetzes vom 19. Dezember 2000 (BGBl. I S. 1790) ist erstmals auf Steuererklärungen anzuwenden, die Steuern betreffen, die nach dem 31. Dezember 2001 entstehen.

§ 9[3] Aufhebung und Änderung von Verwaltungsakten. (1) [1]Die Vorschriften der Abgabenordnung über die Aufhebung und Änderung von Verwaltungsakten sind erstmals anzuwenden, wenn nach dem 31. Dezember 1976 ein Verwaltungsakt aufgehoben oder geändert wird. [2]Dies gilt auch dann, wenn der aufzuhebende oder zu ändernde Verwaltungsakt vor dem 1. Januar 1977 erlassen worden ist. [3]Auf vorläufige Steuerbescheide nach § 100 Abs. 1 der Reichsabgabenordnung ist § 165 Abs. 2 der Abgabenordnung, auf Steuerbescheide nach § 100 Abs. 2 der Reichsabgabenordnung und § 28 des Erbschaftsteuergesetzes in der vor dem 1. Januar 1974 geltenden Fassung ist § 164 Abs. 2 und 3 der Abgabenordnung anzuwenden.

(2) § 173 Abs. 1 der Abgabenordnung in der Fassung des Steuerbereinigungsgesetzes 1986 vom 19. Dezember 1985 (BGBl. I S. 2436) gilt weiter, soweit Tatsachen oder Beweismittel vor dem 1. Januar 1994 nachträglich bekannt geworden sind.

(3) [1]§ 175 Abs. 2 Satz 2 der Abgabenordnung in der Fassung des Artikels 8 des Gesetzes vom 9. Dezember 2004 (BGBl. I S. 3310) ist erstmals anzuwenden, wenn die Bescheinigung oder Bestätigung nach dem 28. Oktober 2004

---

[1] § 7 eingef. durch G v. 20. 12. 2007 (BGBl. I S. 3150).

[2] § 8 Abs. 2 angef. durch G v. 22. 12. 1999 (BGBl. I S. 2601), Abs. 3 angef. durch G v. 19. 12. 2000 (BGBl. I S. 1790).

[3] § 9 Abs. 2 angef. durch G v. 21. 12. 1993 (BGBl. I S. 2310), Abs. 3 angef. durch G v. 9. 12. 2004 (BGBl. I S. 3310).

vorgelegt oder erteilt wird. 2 § 175 Abs. 2 Satz 2 der Abgabenordnung in der in Satz 1 genannten Fassung ist nicht für die Bescheinigung der anrechenbaren Körperschaftsteuer bei verdeckten Gewinnausschüttungen anzuwenden.

§ 9 a[1] Absehen von Steuerfestsetzung, Abrundung. (1) 1 Die Vorschriften der Kleinbetragsverordnung vom 10. Dezember 1980 (BGBl. I S. 2255) in der Fassung des Artikels 26 des Gesetzes vom 19. Dezember 2000 (BGBl. I S. 1790) sind auf Steuern anzuwenden, die nach dem 31. Dezember 2001 entstehen. 2 Im Übrigen bleiben die Vorschriften der Kleinbetragsverordnung in der bis zum 31. Dezember 2001 geltenden Fassung vorbehaltlich des Absatzes 2 weiter anwendbar.

(2) § 8 Abs. 1 Satz 1 der Kleinbetragsverordnung vom 10. Dezember 1980 (BGBl. I S. 2255) in der bis zum 31. Dezember 2001 geltenden Fassung ist auf Zinsen letztmals anzuwenden, wenn die Zinsen vor dem 1. Januar 2002 festgesetzt werden.

§ 10[2] Festsetzungsverjährung. (1) 1 Die Vorschriften der Abgabenordnung über die Festsetzungsverjährung gelten erstmals für die Festsetzung sowie für die Aufhebung und Änderung der Festsetzung von Steuern, Steuervergütungen und – soweit für steuerliche Nebenleistungen eine Festsetzungsverjährung vorgesehen ist – von steuerlichen Nebenleistungen, die nach dem 31. Dezember 1976 entstehen. 2 Für vorher entstandene Ansprüche gelten die Vorschriften der Reichsabgabenordnung über die Verjährung und über die Ausschlußfristen weiter, soweit sie für die Festsetzung einer Steuer, Steuervergütung oder steuerlichen Nebenleistung, für die Aufhebung oder Änderung einer solchen Festsetzung oder für die Geltendmachung von Erstattungsansprüchen von Bedeutung sind; § 14 Abs. 2 dieses Artikels bleibt unberührt.

(2) 1 Absatz 1 gilt sinngemäß für die gesonderte Feststellung von Besteuerungsgrundlagen sowie für die Festsetzung, Zerlegung und Zuteilung von Steuermeßbeträgen. 2 Bei der Einheitsbewertung tritt an die Stelle des Zeitpunkts der Entstehung des Steueranspruchs der Zeitpunkt, auf den die Hauptfeststellung, die Fortschreibung, die Nachfeststellung oder die Aufhebung eines Einheitswertes vorzunehmen ist.

(3) Wenn die Schlußbesprechung oder die letzten Ermittlungen vor dem 1. Januar 1987 stattgefunden haben, beginnt der nach § 171 Abs. 4 Satz 3 der Abgabenordnung zu berechnende Zeitraum am 1. Januar 1987.

(4) Die Vorschrift des § 171 Abs. 14 der Abgabenordnung gilt für alle bei Inkrafttreten[3] des Steuerbereinigungsgesetzes 1986 noch nicht abgelaufenen Festsetzungsfristen.

---

[1] § 9 a eingef. durch G v. 19. 12. 2000 (BGBl. I S. 1790).

[2] § 10 Abs. 3 und 4 angef. durch G v. 19. 12. 1985 (BGBl. I S. 2436), Abs. 5 angef. durch G v. 21. 12. 1993 (BGBl. I S. 2310), Abs. 6 angef. durch G v. 11. 10. 1995 (BGBl. I S. 1250), Abs. 7 angef. durch G v. 20. 12. 1996 (BGBl. I S. 2049), Abs. 8 angef. durch G v. 23. 6. 1998 (BGBl. I S. 1496), Abs. 6 aufgeh. und Abs. 9 angef. durch G v. 22. 12. 1999 (BGBl. I S. 2601).

[3] In Kraft ab 25. 12. 1985.

(5) § 170 Abs. 2 Satz 1 Nr. 1, Abs. 3 und 4, § 171 Abs. 3 Satz 1 und Abs. 8 Satz 2, § 175a Satz 2, § 181 Abs. 1 Satz 3 und Abs. 3 sowie § 239 Abs. 1 der Abgabenordnung in der Fassung des Artikels 26 des Gesetzes vom 21. Dezember 1993 (BGBl. I S. 2310) gelten für alle bei Inkrafttreten[1] dieses Gesetzes noch nicht abgelaufenen Festsetzungsfristen.

(6) *(aufgehoben)*

(7) § 171 Abs. 10 der Abgabenordnung in der Fassung des Gesetzes vom 20. Dezember 1996 (BGBl. I S. 2049) gilt für alle bei Inkrafttreten[2] dieses Gesetzes noch nicht abgelaufenen Festsetzungsfristen.

(8) § 171 Abs. 10 Satz 2 der Abgabenordnung in der Fassung des Artikels 5 des Gesetzes vom 23. Juni 1998 (BGBl. I S. 1496) gilt für alle bei Inkrafttreten[3] dieses Gesetzes noch nicht abgelaufenen Festsetzungsfristen.

(9) § 170 Abs. 2 Satz 2 und § 171 Abs. 3 und 3a der Abgabenordnung in der Fassung des Artikels 17 des Gesetzes vom 22. Dezember 1999 (BGBl. I S. 2601) gelten für alle bei Inkrafttreten[4] dieses Gesetzes noch nicht abgelaufenen Festsetzungsfristen.

(10)[5] § 170 Absatz 2 Satz 2 der Abgabenordnung in der Fassung des Artikels 9 des Gesetzes vom 8. Dezember 2010 (BGBl. I S. 1768) gilt für die Energiesteuer auf Erdgas für alle am 14. Dezember 2010 noch nicht abgelaufenen Festsetzungsfristen.

(11)[5] § 171 Absatz 15 der Abgabenordnung in der Fassung des Artikels 11 des Gesetzes vom 26. Juni 2013 (BGBl. I S. 1809) gilt für alle am 30. Juni 2013 noch nicht abgelaufenen Festsetzungsfristen.

(12)[6] § 171 Absatz 10 Satz 2 der Abgabenordnung in der Fassung des Artikels 1 des Gesetzes vom 22. Dezember 2014 (BGBl. I S. 2417) gilt für alle am 31. Dezember 2014 noch nicht abgelaufenen Festsetzungsfristen.

(13)[7] § 170 Absatz 6 der Abgabenordnung in der Fassung des Artikels 1 des Gesetzes vom 22. Dezember 2014 (BGBl. I S. 2415) gilt für alle nach dem 31. Dezember 2014 beginnenden Festsetzungsfristen.

§ 10a[8] Erklärungspflicht. (1) § 150 Absatz 7 der Abgabenordnung in der Fassung des Artikels 3 des Gesetzes vom 1. November 2011 (BGBl. I S. 2131) ist erstmals für Besteuerungszeiträume anzuwenden, die nach dem 31. Dezember 2010 beginnen.

---

[1] In Kraft ab 30. 12. 1993.
[2] In Kraft ab 28. 12. 1996.
[3] In Kraft ab 27. 6. 1998.
[4] In Kraft ab 30. 12. 1999.
[5] § 10 Abs. 10 angef. durch G v. 8. 12. 2010 (BGBl. I S. 1768); Abs. 11 angef. durch G v. 26. 6. 2013 (BGBl. I S. 1809).
[6] Art. 97 § 10 Abs. 12 angef. durch G v. 22. 12. 2014 (BGBl. I S. 2417).
[7] Art. 97 § 10 Abs. 13 angef. durch G v. 22. 12. 2014 (BGBl. I S. 2415).
[8] § 10a neu gef. durch G v. 20. 12. 2008 (BGBl. I S. 2850); Abs. 1 geänd., Abs. 3 angef. durch G v. 1. 11. 2011 (BGBl. I S. 2131).

(2) § 181 Abs. 2a der Abgabenordnung in der Fassung des Artikels 10 des Gesetzes vom 20. Dezember 2008 (BGBl. I S. 2850) ist erstmals für Feststellungszeiträume anzuwenden, die nach dem 31. Dezember 2010 beginnen.

(3) § 149 Absatz 2 Satz 2 der Abgabenordnung in der Fassung des Artikels 3 des Gesetzes vom 1. November 2011 (BGBl. I S. 2131) ist erstmals für Besteuerungszeiträume anzuwenden, die nach dem 31. Dezember 2009 beginnen.

§ 10b[1)] Gesonderte Feststellungen. [1] § 180 Abs. 1 Nr. 2 Buchstabe a, Abs. 4 und Abs. 5 der Abgabenordnung in der Fassung des Artikels 26 des Gesetzes vom 21. Dezember 1993 (BGBl. I S. 2310) ist erstmals auf Feststellungszeiträume anzuwenden, die nach dem 31. Dezember 1994 beginnen. [2] § 180 Absatz 1 Satz 2 der Abgabenordnung in der Fasssung des Artikels 1 des Gesetzes vom 22. Dezember 2014 (BGBl. I S. 2417) ist erstmals auf Feststellungszeiträume anzuwenden, die nach dem 31. Dezember 2014 beginnen.

§ 10c[2)] Billigkeitsmaßnahmen bei der Festsetzung des Gewerbesteuermessbetrags. § 184 Absatz 2 der Abgabenordnung in der Fassung des Artikels 1 des Gesetzes vom 22. Dezember 2014 (BGBl. I S. 2417) ist auch für nach dem 31. Dezember 2014 getroffene Maßnahmen nach § 163 Satz 1 der Abgabenordnung anzuwenden, die Besteuerungszeiträume betreffen, die vor dem 1. Januar 2015 abgelaufen sind.

§ 11[3)] Haftung. (1) Die Vorschriften der §§ 69 bis 76 und 191 Abs. 3 bis 5 der Abgabenordnung sind anzuwenden, wenn der haftungsbegründende Tatbestand nach dem 31. Dezember 1976 verwirklicht worden ist.

(2) Die Vorschriften der Abgabenordnung über die Haftung sind in der Fassung des Steuerbereinigungsgesetzes 1986 anzuwenden, wenn der haftungsbegründende Tatbestand nach dem 31. Dezember 1986 verwirklicht worden ist.

§ 11a[4)] Insolvenzverfahren. [1] In einem Insolvenzverfahren, das nach dem 31. Dezember 1998 beantragt wird, gelten § 75 Abs. 2, § 171 Abs. 12 und 13, § 231 Abs. 1 Satz 1 und Abs. 2 Satz 1, § 251 Abs. 2 Satz 1 und Abs. 3, §§ 266, 282 Abs. 2 und § 284 Abs. 2 Satz 1 der Abgabenordnung in der Fassung des Artikels 9 des Gesetzes vom 19. Dezember 1998 (BGBl. I S. 3836) sowie § 251 Abs. 2 Satz 2 der Abgabenordnung in der Fassung des Artikels 17 des Gesetzes vom 22. Dezember 1999 (BGBl. I S. 2601) auch für Rechtsverhältnisse und Rechte, die vor dem 1. Januar 1999 begründet worden sind. [2] Auf Konkurs-, Vergleichs- und Gesamtvollstreckungsverfahren, die vor dem 1. Januar 1999 beantragt worden sind, und deren Wirkungen sind weiter die bisherigen gesetzlichen Vorschriften anzuwenden; gleiches gilt für Anschluß-

---

1) § 10b eingef. durch G v. 21. 12. 1993 (BGBl. I S. 2310); Satz 2 angef. durch G v. 22. 12. 2014 (BGBl. I S. 2417).

2) Art. 97 § 10c eingef. durch G v. 22. 12. 2014 (BGBl. I S. 2417).

3) § 11 Abs. 2 angef. durch G v. 19. 12. 1985 (BGBl. I S. 2436).

4) § 11a eingef. durch G v. 19. 12. 1998 (BGBl. I S. 3836), Satz 1 neu gef. durch G v. 22. 12. 1999 (BGBl. I S. 2601).

konkursverfahren, bei denen der dem Verfahren vorausgehende Vergleichsantrag vor dem 1. Januar 1999 gestellt worden ist.

§ 11 b[1] Anfechtung außerhalb des Insolvenzverfahrens. [1]§ 191 Abs. 1 Satz 2 der Abgabenordnung in der Fassung des Artikels 17 des Gesetzes vom 22. Dezember 1999 (BGBl. I S. 2601) ist mit Wirkung vom 1. Januar 1999 anzuwenden. [2]§ 20 Abs. 2 Satz 2 des Anfechtungsgesetzes vom 5. Oktober 1994 (BGBl. I S. 2911) ist mit der Maßgabe anzuwenden, dass der Erlass eines Duldungsbescheides vor dem 1. Januar 1999 der gerichtlichen Geltendmachung vor dem 1. Januar 1999 gleichsteht.

§ 12 Verbindliche Zusagen auf Grund einer Außenprüfung. Die Vorschriften der Abgabenordnung über verbindliche Zusagen auf Grund einer Außenprüfung (§§ 204 bis 207) sind anzuwenden, wenn die Schlußbesprechung nach dem 31. Dezember 1976 stattfindet oder, falls eine solche nicht erforderlich ist, wenn dem Steuerpflichtigen der Prüfungsbericht nach dem 31. Dezember 1976 zugegangen ist.

§ 13 Sicherungsgeld. [1]Die Vorschriften des § 203 der Reichsabgabenordnung sind auch nach dem 31. Dezember 1976 anzuwenden, soweit die dort genannten besonderen Bedingungen vor dem 1. Januar 1977 nicht eingehalten wurden. [2]Auf die Verwaltungsakte, die ein Sicherungsgeld festsetzen, ist § 100 Abs. 2 der Finanzgerichtsordnung nicht anzuwenden.

§ 13 a[2] Änderung widerstreitender Abrechnungsbescheide und Anrechnungsverfügungen. § 218 Absatz 3 der Abgabenordnung in der Fassung des Artikels 1 des Gesetzes vom 22. Dezember 2014 (BGBl. I S. 2417) gilt ab dem 31. Dezember 2014 auch für Abrechnungsbescheide und Anrechnungsverfügungen, die vor dem 31. Dezember 2014 erlassen worden sind.

§ 14[3] Zahlungsverjährung. (1) Die Vorschriften der Abgabenordnung über die Zahlungsverjährung gelten für alle Ansprüche im Sinne des § 228 Satz 1 der Abgabenordnung, deren Verjährung nach § 229 der Abgabenordnung nach dem 31. Dezember 1976 beginnt.

(2) [1]Liegen die Voraussetzungen des Absatzes 1 nicht vor, so gelten für die Ansprüche weiterhin die bisherigen Vorschriften über Verjährung und Ausschlußfristen. [2]Die Verjährung wird jedoch ab 1. Januar 1977 nur noch nach den §§ 230 und 231 der Abgabenordnung gehemmt und unterbrochen. [3]Auf die nach § 321 Abs. 3 der Abgabenordnung beginnende neue Verjährungsfrist sind die §§ 228 bis 232 der Abgabenordnung anzuwenden.

---

[1] § 11 b eingef. durch G v. 22. 12. 1999 (BGBl. I S. 2601).

[2] Art. 97 § 13 a eingef. durch G v. 22. 12. 2014 (BGBl. I S. 2417).

[3] § 14 Abs. 3 angef. durch G v. 21. 12. 1993 (BGBl. I S. 2310), Abs. 4 angef. durch G v. 22. 12. 1999 (BGBl. I S. 2601).

(3) § 229 Abs. 1 Satz 2 der Abgabenordnung in der Fassung des Artikels 26 des Gesetzes vom 21. Dezember 1993 (BGBl. I S. 2310) gilt für alle bei Inkrafttreten[1] dieses Gesetzes noch nicht abgelaufenen Verjährungsfristen.

(4) § 231 Abs. 1 Satz 1 und Abs. 2 Satz 1 der Abgabenordnung in der Fassung des Artikels 17 des Gesetzes vom 22. Dezember 1999 (BGBl. I S. 2601) gilt für alle bei Inkrafttreten[2] dieses Gesetzes noch nicht abgelaufenen Verjährungsfristen.

§ 15[3] **Zinsen.** (1) [1]Zinsen entstehen für die Zeit nach dem 31. Dezember 1976 nach den Vorschriften der Abgabenordnung. [2]Aussetzungszinsen entstehen nach § 237 der Abgabenordnung in der Fassung des Steuerbereinigungsgesetzes 1986 auch, soweit der Zinslauf vor dem 1. Januar 1987 begonnen hat.

(2) Ist eine Steuer über den 31. Dezember 1976 hinaus zinslos gestundet worden, so gilt dies als Verzicht auf Zinsen im Sinne des § 234 Abs. 2 der Abgabenordnung.

(3) Die Vorschriften des § 239 Abs. 1 der Abgabenordnung über die Festsetzungsfrist gelten in allen Fällen, in denen die Festsetzungsfrist auf Grund dieser Vorschrift nach dem 31. Dezember 1977 beginnt.

(4) Die Vorschriften der §§ 233a, 235, 236 und 239 der Abgabenordnung in der Fassung von Artikel 15 Nr. 3 bis 5 und 7 des Steuerreformgesetzes 1990 vom 25. Juli 1988 (BGBl. I S. 1093) und Artikel 9 des Wohnungsbauförderungsgesetzes vom 22. Dezember 1989 (BGBl. I S. 2408) gelten für alle Steuern, die nach dem 31. Dezember 1988 entstehen.

(5) § 233a Abs. 2 Satz 3 der Abgabenordnung in der Fassung des Artikels 4 Nr. 1 des Gesetzes vom 24. Juni 1994 (BGBl. I S. 1395) gilt in allen Fällen, in denen Zinsen nach dem 31. Dezember 1993 festgesetzt werden.

(6) § 233a Abs. 5 und §§ 234 bis 237 der Abgabenordnung in der Fassung des Artikels 26 des Gesetzes vom 21. Dezember 1993 (BGBl. I S. 2310) gelten in allen Fällen, in denen die Steuerfestsetzung nach Inkrafttreten[4] dieses Gesetzes aufgehoben, geändert oder nach § 129 der Abgabenordnung berichtigt wird.

(7) *(aufgehoben)*

(8) § 233a Abs. 2a der Abgabenordnung in der Fassung des Gesetzes vom 20. Dezember 1996 (BGBl. I S. 2049) gilt in allen Fällen, in denen der Verlust nach dem 31. Dezember 1995 entstanden oder das rückwirkende Ereignis nach dem 31. Dezember 1995 eingetreten ist.

---

[1] In Kraft ab 30. 12. 1993.

[2] In Kraft ab 30. 12. 1999.

[3] § 15 Abs. 1 Satz 2 angef. durch G v. 19. 12. 1985 (BGBl. I S. 2436), Abs. 4 angef. durch G v. 25. 7. 1988 (BGBl. I S. 1093), geänd. durch G v. 20. 12. 1988 (BGBl. I S. 2262) und v. 22. 12. 1989 (BGBl. I S. 2408), Abs. 5 und 6 angef. durch G v. 21. 12. 1993 (BGBl. I S. 2310), Abs. 5 neugef. durch G v 24. 6. 1994 (BGBl. I S. 1395), Abs. 7 angef. durch G v. 11. 10. 1995 (BGBl. I S. 1250), Abs. 8 angef. durch G v. 20. 12. 1996 (BGBl. I S. 2049), Abs. 7 aufgeh. und Abs. 9 angef. durch G v. 22. 12. 1999 (BGBl. I S. 2601), Abs. 10 angef. durch G v. 19. 12. 2000 (BGBl. I S. 1790).

[4] In Kraft ab 30. 12. 1993.

(9) § 233a Abs. 2 Satz 3 der Abgabenordnung in der Fassung des Artikels 17 des Gesetzes vom 22. Dezember 1999 (BGBl. I S. 2601) gilt für alle Steuern, die nach dem 31. Dezember 1993 entstehen.

(10) § 238 Abs. 2 und § 239 Abs. 2 der Abgabenordnung in der Fassung des Artikels 23 Nr. 7 und 8 des Gesetzes vom 19. Dezember 2000 (BGBl. I S. 1790) gilt in allen Fällen, in denen Zinsen nach dem 31. Dezember 2001 festgesetzt werden.

(11)[1] § 233a Absatz 2 Satz 2 der Abgabenordnung in der Fassung des Artikels 3 des Gesetzes vom 1. November 2011 (BGBl. I S. 2131) gilt für alle Steuern, die nach dem 31. Dezember 2009 entstehen.

§ 16[2] Säumniszuschläge. (1) Die Vorschriften des § 240 der Abgabenordnung über Säumniszuschläge sind erstmals auf Säumniszuschläge anzuwenden, die nach dem 31. Dezember 1976 verwirkt werden.

(2) Bis zum 31. Dezember 1980 gilt für die Anwendung des § 240 der Abgabenordnung bei den Finanzämtern, die von den obersten Finanzbehörden der Länder dazu bestimmt sind, Rationalisierungsversuche im Erhebungsverfahren durchzuführen, folgendes:

1. [1] Abweichend von § 240 Abs. 1 der Abgabenordnung tritt bei der Einkommensteuer, der Körperschaftsteuer, der Gewerbesteuer, der Vermögensteuer, der Grundsteuer, der Vermögensabgabe, der Kreditgewinnabgabe und der Umsatzsteuer für die Verwirkung des Säumniszuschlages an die Stelle des Fälligkeitstages jeweils der auf diesen folgende 20. eines Monats. [2] § 240 Abs. 3 der Abgabenordnung gilt nicht.
2. Werden bei derselben Steuerart innerhalb eines Jahres Zahlungen wiederholt nach Ablauf des Fälligkeitstages entrichtet, so kann der Säumniszuschlag vom Ablauf des Fälligkeitstages an erhoben werden; dabei bleibt § 240 Abs. 3 der Abgabenordnung unberührt.
3. Für die Berechnung des Säumniszuschlages wird der rückständige Betrag jeder Steuerart zusammengerechnet und auf volle hundert Deutsche Mark nach unten abgerundet.

(3) Die Vorschrift des § 240 Abs. 3 der Abgabenordnung in der Fassung des Artikels 17 des Gesetzes vom 23. Juni 1993 (BGBl. I S. 944) ist erstmals auf Säumniszuschläge anzuwenden, die nach dem 31. Dezember 1993 verwirkt werden.

(4) § 240 Abs. 1 der Abgabenordnung in der Fassung des Artikels 5 des Gesetzes vom 23. Juni 1998 (BGBl. I S. 1496) ist erstmals auf Säumniszuschläge anzuwenden, die nach dem 31. Juli 1998 entstehen.

(5) § 240 Abs. 1 Satz 1 der Abgabenordnung in der Fassung von Artikel 23 Nr. 9 des Gesetzes vom 19. Dezember 2000 (BGBl. I S. 1790) gilt erstmals für Säumniszuschläge, die nach dem 31. Dezember 2001 entstehen.

---

[1] § 15 Abs. 11 angef. durch G v. 1. 11. 2011 (BGBl. I S. 2131).

[2] § 16 Abs. 3 angef. durch G v. 23. 6. 1993 (BGBl. I S. 944), Abs. 4 angef. durch G v. 23. 6. 1998 (BGBl. I S. 1496), Abs. 5 angef. durch G v. 19. 12. 2000 (BGBl. I S. 1790), Abs. 6 angef. durch G v. 15. 12. 2003 (BGBl. I S. 2645).

(6) § 240 Abs. 3 Satz 1 der Abgabenordnung in der Fassung des Artikels 8 des Gesetzes vom 15. Dezember 2003 (BGBl. I S. 2645) gilt erstmals, wenn die Steuer, die zurückzuzahlende Steuervergütung oder die Haftungsschuld nach dem 31. Dezember 2003 fällig geworden ist.

§ 17 Angabe des Schuldgrundes. Für die Anwendung des § 260 der Abgabenordnung auf Ansprüche, die bis zum 31. Dezember 1980 entstanden sind, gilt folgendes:

Hat die Vollstreckungsbehörde den Vollstreckungsschuldner durch Kontoauszüge über Entstehung, Fälligkeit und Tilgung seiner Schulden fortlaufend unterrichtet, so genügt es, wenn die Vollstreckungsbehörde die Art der Abgabe und die Höhe des beizutreibenden Betrages angibt und auf den Kontoauszug Bezug nimmt, der den Rückstand ausweist.

§ 17a[1)] Kosten der Vollstreckung. Die Höhe der Gebühren und Auslagen im Vollstreckungsverfahren richtet sich nach dem Recht, das in dem Zeitpunkt gilt, in dem der Tatbestand verwirklicht ist, an den die Abgabenordnung die Entstehung der Gebühr oder der Auslage knüpft.

§ 17b[2)] Eidesstattliche Versicherung. § 284 Abs. 1 Nr. 3 und 4 der Abgabenordnung in der Fassung des Artikels 2 Abs. 11 Nr. 1 Buchstabe a des Zweiten Gesetzes zur Änderung zwangsvollstreckungsrechtlicher Vorschriften vom 17. Dezember 1997 (BGBl. I S. 3039) gelten nicht für Verfahren, in denen der Vollziehungsbeamte die Vollstreckung vor dem Inkrafttreten[3)] dieses Gesetzes versucht hat.

§ 17c[4)] Pfändung fortlaufender Bezüge. § 313 Abs. 3 der Abgabenordnung in der Fassung des Artikels 2 Abs. 11 Nr. 3 des Zweiten Gesetzes zur Änderung zwangsvollstreckungsrechtlicher Vorschriften vom 17. Dezember 1997 (BGBl. I S. 3039) gilt nicht für Arbeits- und Dienstverhältnisse, die vor Inkrafttreten[3)] dieses Gesetzes beendet waren.

§ 17d[5)] Zwangsgeld. § 329 der Abgabenordnung in der Fassung des Artikels 17 des Gesetzes vom 22. Dezember 1999 (BGBl. I S. 2601) gilt in allen Fällen, in denen ein Zwangsgeld nach dem 31. Dezember 1999 angedroht wird.

§ 17e[6)] Aufteilung einer Gesamtschuld bei Ehegatten oder Lebenspartnern. Die §§ 270, 273 Absatz 1 und § 279 Absatz 2 Nummer 4 der Abgabenordnung in der Fassung des Artikels 3 des Gesetzes vom 1. November 2011 (BGBl. I S. 2131) sind erstmals für den Veranlagungszeitraum 2013 anzuwenden.

[1)] § 17a neu gef. durch G v. 22. 12. 2014 (BGBl. I S. 2417).
[2)] § 17b eingef. durch G v. 17. 12. 1997 (BGBl. I S. 3039).
[3)] In Kraft ab 1. 1. 1999.
[4)] § 17c eingef. durch G v. 17. 12. 1997 (BGBl. I S. 3039).
[5)] § 17d eingef. durch G v. 22. 12. 1999 (BGBl. I S. 2601).
[6)] § 17e eingef. durch G v. 1. 11. 2011 (BGBl. I S. 2131); Überschr. geänd. durch G v. 18. 7. 2014 (BGBl. I S. 1042).

§ 18[1] **Außergerichtliche Rechtsbehelfe.** (1) Wird ein Verwaltungsakt angefochten, der vor dem 1. Januar 1977 wirksam geworden ist, bestimmt sich die Zulässigkeit des außergerichtlichen Rechtsbehelfs nach den bisherigen Vorschriften; ist über den Rechtsbehelf nach dem 31. Dezember 1976 zu entscheiden, richten sich die Art des außergerichtlichen Rechtsbehelfs sowie das weitere Verfahren nach den neuen Vorschriften.

(2) Nach dem 31. Dezember 1976 ist eine Gebühr für einen außergerichtlichen Rechtsbehelf nur noch dann festzusetzen, wenn die Voraussetzungen für die Festsetzung einer Gebühr nach § 256 der Reichsabgabenordnung bereits vor dem 1. Januar 1977 eingetreten waren.

(3) [1] Wird ein Verwaltungsakt angefochten, der vor dem 1. Januar 1996 wirksam geworden ist, bestimmt sich die Zulässigkeit des Rechtsbehelfs nach den bis zum 31. Dezember 1995 geltenden Vorschriften der Abgabenordnung. [2] Ist über den Rechtsbehelf nach dem 31. Dezember 1995 zu entscheiden, richten sich die Art des außergerichtlichen Rechtsbehelfs sowie das weitere Verfahren nach den ab 1. Januar 1996 geltenden Vorschriften der Abgabenordnung.

(4) § 365 Abs. 3 Satz 2 Nr. 1 der Abgabenordnung in der Fassung des Artikels 4 Nr. 11 Buchstabe b des Gesetzes vom 24. Juni 1994 (BGBl. I S. 1395) ist auf berichtigende Verwaltungsakte anzuwenden, die nach dem 31. Dezember 1995 bekanntgegeben werden.

§ 18 a[2] **Erledigung von Massenrechtsbehelfen und Massenanträgen.**

(1) [1] Wurde mit einem vor dem 1. Januar 1995 eingelegten Einspruch die Verfassungswidrigkeit von Normen des Steuerrechts gerügt, derentwegen eine

(Fortsetzung nächstes Blatt)

[1] § 18 Abs. 3 und 4 angef. durch G v. 24. 6. 1994 (BGBl. I S. 1395).

[2] § 18 a eingef. durch G v. 21. 12. 1993 (BGBl. I S. 2310), Abs. 4 bis 10 angef. durch G v. 15. 12. 2003 (BGBl. I S. 2645), Abs. 11 und 12 angef. durch G v. 13. 12. 2006 (BGBl. I S. 2878).

Entscheidung des Bundesverfassungsgerichts aussteht, gilt der Einspruch im Zeitpunkt der Veröffentlichung der Entscheidungsformel im Bundesgesetzblatt (§ 31 Abs. 2 des Gesetzes über das Bundesverfassungsgericht) ohne Einspruchsentscheidung als zurückgewiesen, soweit er nach dem Ausgang des Verfahrens vor dem Bundesverfassungsgericht als unbegründet abzuweisen wäre. [2]Abweichend von § 47 Abs. 1 und § 55 der Finanzgerichtsordnung[1)] endet die Klagefrist mit Ablauf eines Jahres nach dem Zeitpunkt der Veröffentlichung gemäß Satz 1. [3]Die Sätze 1 und 2 sind auch anzuwenden, wenn der Einspruch unzulässig ist.

(2) Absatz 1 gilt für Anträge auf Aufhebung oder Änderung einer Steuerfestsetzung außerhalb des außergerichtlichen Rechtsbehelfsverfahrens sinngemäß.

(3) [1]Die Absätze 1 und 2 sind auch anzuwenden, wenn eine Entscheidung des Bundesverfassungsgerichts vor Inkrafttreten[2)] dieses Gesetzes ergangen ist. [2]In diesen Fällen endet die Klagefrist mit Ablauf des 31. Dezember 1994.

(4) [1]Wurde mit einem am 31. Dezember 2003 anhängigen Einspruch die Verfassungswidrigkeit der für Veranlagungszeiträume vor 2000 geltenden Regelungen des Einkommensteuergesetzes über die Abziehbarkeit von Kinderbetreuungskosten gerügt, gilt der Einspruch mit Wirkung vom 1. Januar 2004 ohne Einspruchsentscheidung insoweit als zurückgewiesen; dies gilt auch, wenn der Einspruch unzulässig ist. [2]Abweichend von § 47 Abs. 1 und § 55 der Finanzgerichtsordnung endet die Klagefrist mit Ablauf des 31. Dezember 2004. [3]Die Sätze 1 und 2 gelten nicht, soweit in der angefochtenen Steuerfestsetzung die Kinderbetreuungskosten um die zumutbare Belastung nach § 33 Abs. 3 des Einkommensteuergesetzes gekürzt worden sind.

(5) [1]Wurde mit einem am 31. Dezember 2003 anhängigen und außerhalb eines Einspruchs- oder Klageverfahrens gestellten Antrag auf Aufhebung oder Änderung einer Steuerfestsetzung die Verfassungswidrigkeit der für Veranlagungszeiträume vor 2000 geltenden Regelungen des Einkommensteuergesetzes über die Abziehbarkeit von Kinderbetreuungskosten gerügt, gilt der Antrag mit Wirkung vom 1. Januar 2004 insoweit als zurückgewiesen; dies gilt auch, wenn der Antrag unzulässig ist. [2]Abweichend von § 355 Abs. 1 Satz 1 der Abgabenordnung endet die Frist für einen Einspruch gegen die Zurückweisung des Antrags mit Ablauf des 31. Dezember 2004. [3]Die Sätze 1 und 2 gelten nicht, soweit in der Steuerfestsetzung, deren Aufhebung oder Änderung beantragt wurde, die Kinderbetreuungskosten um die zumutbare Belastung nach § 33 Abs. 3 des Einkommensteuergesetzes gekürzt worden sind.

(6) [1]Wurde mit einem am 31. Dezember 2003 anhängigen Einspruch die Verfassungswidrigkeit der für Veranlagungszeiträume vor 2002 geltenden Regelungen des Einkommensteuergesetzes über die Abziehbarkeit eines Haushaltsfreibetrages gerügt, gilt der Einspruch mit Wirkung vom 1. Januar 2004 ohne Einspruchsentscheidung insoweit als zurückgewiesen; dies gilt auch, wenn der Einspruch unzulässig ist. [2]Abweichend von § 47 Abs. 1 und § 55 der Finanzgerichtsordnung endet die Klagefrist mit Ablauf des 31. Dezember 2004.

[1)] Nr. **802**.
[2)] In Kraft ab 30. 12. 1993.

(7) [1]Wurde mit einem am 31. Dezember 2003 anhängigen und außerhalb eines Einspruchs- oder Klageverfahrens gestellten Antrag auf Aufhebung oder Änderung einer Steuerfestsetzung die Verfassungswidrigkeit der für Veranlagungszeiträume vor 2002 geltenden Regelungen des Einkommensteuergesetzes über die Abziehbarkeit eines Haushaltsfreibetrages gerügt, gilt der Antrag mit Wirkung vom 1. Januar 2004 insoweit als zurückgewiesen; dies gilt auch, wenn der Antrag unzulässig ist. [2]Abweichend von § 355 Abs. 1 Satz 1 der Abgabenordnung endet die Frist für einen Einspruch gegen die Zurückweisung des Antrags mit Ablauf des 31. Dezember 2004.

(8) [1]Wurde mit einem am 31. Dezember 2003 anhängigen Einspruch die Verfassungswidrigkeit der für die Veranlagungszeiträume 1983 bis 1995 geltenden Regelungen des Einkommensteuergesetzes über die Abziehbarkeit eines Kinderfreibetrages gerügt, gilt der Einspruch mit Wirkung vom 1. Januar 2005 ohne Einspruchsentscheidung insoweit als zurückgewiesen, soweit nicht der Einspruchsführer nach dem 31. Dezember 2003 und vor dem 1. Januar 2005 ausdrücklich eine Entscheidung beantragt. [2]Der Antrag auf Entscheidung ist schriftlich bei dem für die Besteuerung nach dem Einkommen zuständigen Finanzamt zu stellen. [3]Ist nach Einspruchseinlegung ein anderes Finanzamt zuständig geworden, kann der Antrag auf Entscheidung fristwahrend auch bei dem Finanzamt gestellt werden, das den angefochtenen Steuerbescheid erlassen hat; Artikel 97 a § 1 Abs. 1 bleibt unberührt. [4]Die Sätze 1 bis 3 gelten auch, wenn der Einspruch unzulässig ist. [5]Gilt nach Satz 1 der Einspruch als zurückgewiesen, endet abweichend von § 47 Abs. 1 und § 55 der Finanzgerichtsordnung die Klagefrist mit Ablauf des 31. Dezember 2005. [6]Satz 1 gilt nicht, soweit eine Neufestsetzung nach § 53 des Einkommensteuergesetzes von der Frage abhängig ist, ob bei der nach dieser Regelung gebotenen Steuerfreistellung auf den Jahressockelbetrag des Kindergeldes oder auf das dem Steuerpflichtigen tatsächlich zustehende Kindergeld abzustellen ist.

(9) [1]Wurde mit einem am 31. Dezember 2003 anhängigen und außerhalb eines Einspruchs- oder Klageverfahrens gestellten Antrag auf Aufhebung oder Änderung einer Steuerfestsetzung die Verfassungswidrigkeit der für die Veranlagungszeiträume 1983 bis 1995 geltenden Regelungen des Einkommensteuergesetzes über die Abziehbarkeit eines Kinderfreibetrages gerügt, gilt der Antrag mit Wirkung vom 1. Januar 2005 insoweit als zurückgewiesen, soweit nicht der Steuerpflichtige nach dem 31. Dezember 2003 und vor dem 1. Januar 2005 ausdrücklich eine Entscheidung beantragt. [2]Der Antrag auf Entscheidung ist schriftlich bei dem für die Besteuerung nach dem Einkommen zuständigen Finanzamt zu stellen. [3]Ist nach Erlass des Steuerbescheides ein anderes Finanzamt zuständig geworden, kann der Antrag auf Entscheidung fristwahrend auch bei dem Finanzamt gestellt werden, das den Steuerbescheid erlassen hat, dessen Aufhebung oder Änderung begehrt wird; Artikel 97 a § 1 Abs. 1 bleibt unberührt. [4]Die Sätze 1 bis 3 gelten auch, wenn der Antrag auf Aufhebung oder Änderung der Steuerfestsetzung unzulässig ist. [5]Gilt nach Satz 1 der Antrag auf Aufhebung oder Änderung einer Steuerfestsetzung als zurückgewiesen, endet abweichend von § 355 Abs. 1 Satz 1 der Abgabenordnung die Frist für einen Einspruch gegen die Zurückweisung des Antrags mit Ablauf des 31. Dezember 2005. [6]Satz 1 gilt nicht, soweit eine Neufestset-

zung nach § 53 des Einkommensteuergesetzes von der Frage abhängig ist, ob bei der nach dieser Regelung gebotenen Steuerfreistellung auf den Jahressockelbetrag des Kindergeldes oder auf das dem Steuerpflichtigen tatsächlich zustehende Kindergeld abzustellen ist.

(10) Die Absätze 5, 7 und 9 gelten sinngemäß für Anträge auf abweichende Festsetzung von Steuern aus Billigkeitsgründen (§ 163 der Abgabenordnung) und für Erlassanträge (§ 227 der Abgabenordnung).

(11) [1] Wurde mit einem am 31. Dezember 2006 anhängigen Einspruch gegen die Entscheidung über die Festsetzung von Kindergeld nach Abschnitt X des Einkommensteuergesetzes die Verfassungswidrigkeit der für die Jahre 1996 bis 2000 geltenden Regelungen zur Höhe des Kindergeldes gerügt, gilt der Einspruch mit Wirkung vom 1. Januar 2007 ohne Einspruchsentscheidung insoweit als zurückgewiesen; dies gilt auch, wenn der Einspruch unzulässig ist. [2] Abweichend von § 47 Abs. 1 und § 55 der Finanzgerichtsordnung endet die Klagefrist mit Ablauf des 31. Dezember 2007.

(12) § 172 Abs. 3 und § 367 Abs. 2b der Abgabenordnung in der Fassung des Artikels 10 Nr. 12 und 16 des Gesetzes vom 13. Dezember 2006 (BGBl. I S. 2878) gelten auch, soweit Aufhebungs- oder Änderungsanträge oder Einsprüche vor dem 19. Dezember 2006 gestellt oder eingelegt wurden und die Allgemeinverfügung nach dem 19. Dezember 2006 im Bundessteuerblatt veröffentlicht wird.

§ 19[1)] **[Buchführungspflicht bestimmter Steuerpflichtiger]** (1) § 141 Abs. 1 Satz 1 Nr. 1 der Abgabenordnung in der Fassung des Artikels 6 des Gesetzes vom 31. Juli 2003 (BGBl. I S. 1550) ist auf Umsätze der Kalenderjahre anzuwenden, die nach dem 31. Dezember 2003 beginnen.

(2) § 141 Abs. 1 Satz 1 Nr. 3 der Abgabenordnung in der Fassung des Artikels 6 des Gesetzes vom 31. Juli 2003 (BGBl. I S. 1550) ist für Feststellungen anzuwenden, die nach dem 31. Dezember 2003 getroffen werden.

(3)[2)] [1] § 141 Abs. 1 Satz 1 Nr. 4 der Abgabenordnung in der Fassung des Artikels 6 des Gesetzes vom 31. Juli 2003 (BGBl. I S. 1550) ist auf Gewinne der Wirtschaftsjahre anzuwenden, die nach dem 31. Dezember 2003 beginnen. [2] § 141 Abs. 1 Satz 1 Nr. 4 der Abgabenordnung in der Fassung des Artikels 5 des Gesetzes vom 7. September 2007 (BGBl. I S. 2246) ist auf Gewinne der Wirtschaftsjahre anzuwenden, die nach dem 31. Dezember 2007 beginnen. [3] § 141 Absatz 1 Satz 1 Nummer 4 der Abgabenordnung in der am 1. Januar 2016 geltenden Fassung ist auf Gewinne der Wirtschaftsjahre anzuwenden, die nach dem 31. Dezember 2015 beginnen.

(4)[2)] [1] § 141 Abs. 1 Satz 1 Nr. 5 der Abgabenordnung in der Fassung des Artikels 6 des Gesetzes vom 31. Juli 2003 (BGBl. I S. 1550) ist auf Gewinne der Kalenderjahre anzuwenden, die nach dem 31. Dezember 2003 beginnen.

[1)] § 19 neu gef. durch G v. 31. 7. 2003 (BGBl. I S. 1550), Abs. 6 angef. durch G v. 22. 8. 2006 (BGBl. I S. 1970), Abs. 3 Satz 2, Abs. 4 Satz 2 und Abs. 7 angef. durch G v. 7. 9. 2007 (BGBl. I S. 2246).

[2)] § 19 Abs. 3 Satz 3 und Abs. 4 Satz 3 angef. durch G v. 28. 7. 2015 (BGBl. I S. 1400).

[2]§ 141 Abs. 1 Satz 1 Nr. 5 der Abgabenordnung in der Fassung des Artikels 5 des Gesetzes vom 7. September 2007 (BGBl. I S. 2246) ist auf Gewinne der Kalenderjahre anzuwenden, die nach dem 31. Dezember 2007 beginnen. [3]§ 141 Absatz 1 Satz 1 Nummer 5 der Abgabenordnung in der am 1. Januar 2016 geltenden Fassung ist auf Gewinne der Kalenderjahre anzuwenden, die nach dem 31. Dezember 2015 beginnen.

(5) [1]Eine Mitteilung über den Beginn der Buchführungspflicht ergeht nicht, wenn die Voraussetzungen des § 141 Abs. 1 der Abgabenordnung für Kalenderjahre, die vor dem 1. Januar 2004 liegen, erfüllt sind, jedoch nicht die Voraussetzungen des § 141 Abs. 1 der Abgabenordnung in der Fassung des Gesetzes vom 31. Juli 2003 (BGBl. I S. 1550) im Kalenderjahr 2004. [2]Entsprechendes gilt für Feststellungen, die vor dem 1. Januar 2004 getroffen werden, oder für Wirtschaftsjahre, die vor dem 1. Januar 2004 enden.

(6) [1]§ 141 Abs. 1 Satz 1 Nr. 1 der Abgabenordnung in der am 26. August 2006 geltenden Fassung ist auf Umsätze der Kalenderjahre anzuwenden, die nach dem 31. Dezember 2006 beginnen. [2]Eine Mitteilung über den Beginn der Buchführungspflicht ergeht nicht, wenn die Voraussetzungen des § 141 Abs. 1 Satz 1 Nr. 1 der Abgabenordnung in der am 25. August 2006 geltenden Fassung für Kalenderjahre, die vor dem 1. Januar 2007 liegen, erfüllt sind, jedoch im Kalenderjahr 2006 nicht die des § 141 Abs. 1 Satz 1 Nr. 1 der Abgabenordnung in der am 26. August 2006 geltenden Fassung.

(7) Eine Mitteilung über den Beginn der Buchführungspflicht ergeht nicht, wenn die Voraussetzungen des § 141 Abs. 1 Satz 1 Nr. 4 und Nr. 5 der Abgabenordnung in der am 13. September 2007 geltenden Fassung für Kalenderjahre, die vor dem 1. Januar 2008 liegen, erfüllt sind, jedoch im Kalenderjahr 2007 nicht die Voraussetzungen des § 141 Abs. 1 Satz 1 Nr. 4 und Nr. 5 der Abgabenordnung in der Fassung des Artikels 5 des Gesetzes vom 7. September 2007 (BGBl. I S. 2246).

(8)[1)] [1]§ 141 Absatz 1 Satz 1 Nummer 1 der Abgabenordnung in der am 1. Januar 2016 geltenden Fassung ist auf Umsätze der Kalenderjahre anzuwenden, die nach dem 31. Dezember 2015 beginnen. [2]Eine Mitteilung über den Beginn der Buchführungspflicht ergeht nicht, wenn die Voraussetzungen des § 141 Absatz 1 Satz 1 Nummer 1 der Abgabenordnung in der am 31. Dezember 2015 geltenden Fassung für Kalenderjahre, die vor dem 1. Januar 2016 liegen, erfüllt sind, jedoch im Kalenderjahr 2015 die Voraussetzungen des § 141 Absatz 1 Satz 1 Nummer 1 der Abgabenordnung in der am 1. Januar 2016 geltenden Fassung nicht erfüllt sind.

(9)[1)] Eine Mitteilung über den Beginn der Buchführungspflicht ergeht nicht, wenn die Voraussetzungen des § 141 Absatz 1 Satz 1 Nummer 4 und 5 der Abgabenordnung in der am 31. Dezember 2015 geltenden Fassung für Kalenderjahre, die vor dem 1. Januar 2016 liegen, erfüllt sind, jedoch im Kalenderjahr 2015 die Voraussetzungen des § 141 Absatz 1 Satz 1 Nummer 4 und 5 der Abgabenordnung in der am 1. Januar 2016 geltenden Fassung nicht erfüllt sind.

---

1) § 19 Abs. 8 und 9 angef. durch G v. 28. 7. 2015 (BGBl. I S. 1400).

§ 19a[1] **Aufbewahrungsfristen.** § 147 Abs. 3 der Abgabenordnung in der Fassung des Artikels 2 des Gesetzes vom 19. Dezember 1998 (BGBl. I S. 3816) gilt erstmals für Unterlagen, deren Aufbewahrungsfrist nach § 147 Abs. 3 der Abgabenordnung in der bis zum 23. Dezember 1998 geltenden Fassung noch nicht abgelaufen ist.

§ 19b[2] **Zugriff auf datenverarbeitungsgestützte Buchführungssysteme.** § 146 Abs. 5, § 147 Abs. 2, 5 und 6 sowie § 200 Abs. 1 der Abgabenordnung in der Fassung des Artikels 7 des Gesetzes vom 23. Oktober 2000 (BGBl. I S. 1433) sind ab dem 1. Januar 2002 anzuwenden.

§ 20 Verweisungserfordernis bei Blankettvorschriften. Die in § 381 Abs. 1, § 382 Abs. 1 der Abgabenordnung vorgeschriebene Verweisung ist nicht erforderlich, soweit die Vorschriften der dort genannten Gesetze und Rechtsverordnungen vor dem 1. Oktober 1968 erlassen sind.

§ 21[3] **Steueranmeldungen in Euro.** Für Besteuerungszeiträume nach dem 31. Dezember 1998 und vor dem 1. Januar 2002 ist § 168 der Abgabenordnung mit folgender Maßgabe anzuwenden:

Wird eine Steueranmeldung nach dem vom Bundesministerium der Finanzen im Einvernehmen mit den obersten Finanzbehörden der Länder bestimm-

(Fortsetzung nächstes Blatt)

[1] § 19a eingef. durch G v. 19. 12. 1998 (BGBl. I S. 3816).
[2] § 19b eingef. durch G v. 23. 10. 2000 (BGBl. I S. 1433).
[3] § 21 angef. durch G v. 24. 3. 1999 (BGBl. I S. 385).

ten Vordruck in Euro abgegeben, gilt die Steuer als zu dem vom Rat der Europäischen Union gemäß Artikel 1091 Abs. 4 Satz 1 des EG-Vertrages unwiderruflich festgelegten Umrechnungskurs in Deutscher Mark berechnet. Betrifft die Anmeldung eine von Bundesfinanzbehörden verwaltete Steuer, ist bei der Bestimmung des Vordrucks das Einvernehmen mit den obersten Finanzbehörden der Länder nicht erforderlich.

§ 22[1)] Mitwirkungspflichten der Beteiligten; Schätzung von Besteuerungsgrundlagen. (1) [1] § 90 Abs. 3 der Abgabenordnung in der Fassung des Artikels 9 des Gesetzes vom 16. Mai 2003 (BGBl. I S. 660) ist erstmals für Wirtschaftsjahre anzuwenden, die nach dem 31. Dezember 2002 beginnen. [2] § 162 Abs. 3 und 4 der Abgabenordnung in der Fassung des Artikels 9 des Gesetzes vom 16. Mai 2003 (BGBl. I S. 660) ist erstmals für Wirtschaftsjahre anzuwenden, die nach dem 31. Dezember 2003 beginnen, frühestens sechs Monate nach Inkrafttreten der Rechtsverordnung im Sinne des § 90 Abs. 3 der Abgabenordnung in der Fassung des Artikels 9 des Gesetzes vom 16. Mai 2003 (BGBl. I S. 660). [3] Gehören zu den Geschäftsbeziehungen im Sinne des § 90 Abs. 3 der Abgabenordnung in der Fassung des Artikels 9 des Gesetzes vom 16. Mai 2003 (BGBl. I S. 660) Dauerschuldverhältnisse, die als außergewöhnliche Geschäftsvorfälle im Sinne des § 90 Abs. 3 Satz 3 der Abgabenordnung in der Fassung des Artikels 9 des Gesetzes vom 16. Mai 2003 (BGBl. I S. 660) anzusehen sind und die vor Beginn der in Satz 1 bezeichneten Wirtschaftsjahre begründet wurden und bei Beginn dieser Wirtschaftsjahre noch bestehen, sind die Aufzeichnungen der sie betreffenden wirtschaftlichen und rechtlichen Grundlagen spätestens sechs Monate nach Inkrafttreten der Rechtsverordnung im Sinne des § 90 Abs. 3 der Abgabenordnung in der Fassung des Artikels 9 des Gesetzes vom 16. Mai 2003 (BGBl. I S. 660) zu erstellen.

(2) Die Bundesregierung bestimmt durch Rechtsverordnung mit Zustimmung des Bundesrates den Zeitpunkt der erstmaligen Anwendung von § 90 Absatz 2 Satz 3, § 147 a, § 162 Absatz 2 Satz 3 und § 193 Absatz 1 und Absatz 2 Nummer 3 in der Fassung des Artikels 3 des Gesetzes vom 29. Juli 2009 (BGBl. I S. 2302).[2)]

§ 23[3)] Verfolgungsverjährung. § 376 der Abgabenordnung in der Fassung des Artikels 10 des Gesetzes vom 19. Dezember 2008 (BGBl. I S. 2794) gilt für alle bei Inkrafttreten dieses Gesetzes noch nicht abgelaufenen Verjährungsfristen.

§ 24[4)] Selbstanzeige bei Steuerhinterziehung und leichtfertiger Steuerverkürzung. [1] Bei Selbstanzeigen nach § 371 der Abgabenordnung, die bis zum 28. April 2011 bei der zuständigen Finanzbehörde eingegangen sind, ist

---

[1)] § 22 angef. durch G v. 16. 5. 2003 (BGBl. I S. 660); Abs. 2 angef., bish. Wortlaut wird Abs. 1 durch G v. 29. 7. 2009 (BGBl. I S. 2302).

[2)] Steuerhinterziehungsbekämpfungsverordnung – SteuerHBekV (Nr. **12**).

[3)] § 23 angef. durch G v. 19. 12. 2008 (BGBl. I S. 2794).

[4)] § 24 angef. durch G v. 28. 4. 2011 (BGBl. I S. 676).

§ 371 der Abgabenordnung in der bis zu diesem Zeitpunkt geltenden Fassung mit der Maßgabe anzuwenden, dass im Umfang der gegenüber der zuständigen Finanzbehörde berechtigten, ergänzten oder nachgeholten Angaben Straffreiheit eintritt. [2]Das Gleiche gilt im Fall der leichtfertigen Steuerverkürzung für die Anwendung des § 378 Absatz 3 der Abgabenordnung.

§ 25[1]) Gebühren für die Bearbeitung von Anträgen auf Erteilung einer verbindlichen Auskunft. § 89 Absatz 3 bis 7 der Abgabenordnung in der Fassung des Artikels 3 des Gesetzes vom 1. November 2011 (BGBl. I S. 2131) ist erstmals auf Anträge anzuwenden, die nach dem 4. November 2011[2]) bei der zuständigen Finanzbehörde eingegangen sind.

§ 26[3]) Kontenabrufmöglichkeit. § 93 Absatz 7 Satz 1 Nummer 2 der Abgabenordnung in der am 31. Dezember 2011 geltenden Fassung ist für Veranlagungszeiträume vor 2012 weiterhin anzuwenden.

Art. 97 a[4]) Überleitungsregelungen aus Anlaß der Herstellung der Einheit Deutschlands

§ 1[5]) Zuständigkeit. (1) [1]Für vor dem 1. Januar 1991 nach dem Recht der Bundesrepublik Deutschland oder der Deutschen Demokratischen Republik entstandene Besitz- und Verkehrsteuern, Zulagen und Prämien, auf die Abgabenrecht Anwendung findet, und dazugehörige steuerliche Nebenleistungen, bleiben die nach den bisher geltenden Vorschriften einschließlich der Vorschriften der Einzelsteuergesetze örtlich zuständigen Finanzbehörden weiterhin zuständig. [2]Dies gilt auch für das Rechtsbehelfsverfahren.

(2) [1]Würde durch einen Wechsel der örtlichen Zuständigkeit eine Finanzbehörde in dem in Artikel 3 des Einigungsvertrages genannten Gebiet für die gesonderte Feststellung nach § 180 Abs. 1 Nr. 1 der Abgabenordnung, für die gesonderte und einheitliche Feststellung nach der Anteilsbewertungsverordnung vom 19. Januar 1977 (BGBl. I S. 171) oder für die Besteuerung nach dem Vermögen zuständig, bleibt abweichend von § 26 Satz 1 der Abgabenordnung letztmals für Feststellungen zum 1. Januar 1998[6]) oder für die Vermögensteuer des Kalenderjahrs 1998[6]) die nach den bisherigen Verhältnissen zuständige Finanzbehörde insoweit zuständig. [2]Dies gilt auch für das Rechtsbehelfsverfahren.

§ 2 Überleitungsbestimmungen für die Anwendung der Abgabenordnung in dem in Artikel 3 des Einigungsvertrages genannten Gebiet. Für die Anwendung der Abgabenordnung in dem in Artikel 3 des Einigungsvertrages genannten Gebiet gilt folgendes:

---

[1]) § 25 eingef. durch G v. 1. 11. 2011 (BGBl. I S. 2131).

[2]) Datum der Verkündung des G v. 1. 11. 2011.

[3]) § 26 eingef durch G v. 1. 11. 2011 (BGBl. I S. 2131).

[4]) Art. 97 a eingef. durch Vertrag v. 31. 8. 1990 (BGBl. II S. 889, 968).

[5]) § 1 Abs. 2 angef. durch G v. 24. 6. 1991 (BGBl. I S. 1322) und geänd. durch G v. 21. 12. 1993 (BGBl. I S. 2310).

[6]) Geänd. durch G v. 11. 10. 1995 (BGBl. I S. 1250).

1. Verfahren, die beim Wirksamwerden des Beitritts anhängig sind, werden nach den Vorschriften der Abgabenordnung zu Ende geführt, soweit in den nachfolgenden Vorschriften nichts anderes bestimmt ist.
2. Fristen, deren Lauf vor dem Wirksamwerden des Beitritts begonnen hat, werden nach den Vorschriften der Abgabenordnung der Deutschen Demokratischen Republik (AO 1990) vom 22. Juni 1990 (Sonderdruck Nr. 1428 des Gesetzblattes)[1] sowie des Einführungsgesetzes zur Abgabenordnung der Deutschen Demokratischen Republik vom 22. Juni 1990 (Sonderdruck Nr. 1428 des Gesetzblattes)[1] berechnet, soweit in den nachfolgenden Vorschriften nichts anderes bestimmt ist.
3. § 152 ist erstmals auf Steuererklärungen anzuwenden, die nach dem Wirksamwerden des Beitritts einzureichen sind; eine Verlängerung der Steuererklärungsfrist ist hierbei nicht zu berücksichtigen.
4. [1]Die Vorschriften über die Aufhebung und Änderung von Verwaltungsakten sind erstmals anzuwenden, wenn nach dem Wirksamwerden des Beitritts ein Verwaltungsakt aufgehoben oder geändert wird.

(Fortsetzung nächstes Blatt)

---

[1] Gesetzblatt der DDR.

[2]Dies gilt auch dann, wenn der aufzuhebende oder zu ändernde Verwaltungsakt vor dem Wirksamwerden des Beitritts erlassen worden ist. [3]Auf vorläufige Steuerbescheide nach § 100 Abs. 1 der Abgabenordnung (AO) der Deutschen Demokratischen Republik in der Fassung vom 18. September 1970 (Sonderdruck Nr. 681 des Gesetzblattes)[1)] ist § 165 Abs. 2, auf Steuerbescheide nach § 100 Abs. 2 der Abgabenordnung (AO) der Deutschen Demokratischen Republik in der Fassung vom 18. September 1970 (Sonderdruck Nr. 681 des Gesetzblattes)[1)] ist § 164 Abs. 2 und 3 anzuwenden.

5. [1]Die Vorschriften über die Festsetzungsverjährung gelten für die Festsetzung sowie für die Aufhebung und Änderung der Festsetzung von Steuern, Steuervergütungen und, soweit für steuerliche Nebenleistungen eine Festsetzungsverjährung vorgesehen ist, von steuerlichen Nebenleistungen, die nach dem Wirksamwerden des Beitritts entstehen. [2]Für vorher entstandene Ansprüche sind die Vorschriften der Abgabenordnung der Deutschen Demokratischen Republik (AO 1990) vom 22. Juni 1990 (Sonderdruck Nr. 1428 des Gesetzblattes)[1)] sowie des Einführungsgesetzes zur Abgabenordnung der Deutschen Demokratischen Republik vom 22. Juni 1990 (Sonderdruck Nr. 1428 des Gesetzblattes)[1)] über die Verjährung und über die Ausschlußfristen weiter anzuwenden, soweit sie für die Festsetzung einer Steuer, Steuervergütung oder steuerlichen Nebenleistung, für die Aufhebung oder Änderung einer solchen Festsetzung oder für die Geltendmachung von Erstattungsansprüchen von Bedeutung sind; Nummer 9 Satz 2 bis 4 bleibt unberührt. [3]Sätze 1 und 2 gelten sinngemäß für die gesonderte Feststellung von Besteuerungsgrundlagen sowie für die Festsetzung, Zerlegung und Zuteilung von Steuermeßbeträgen. [4]Bei der Einheitsbewertung tritt an die Stelle des Zeitpunkts der Entstehung des Steueranspruchs der Zeitpunkt, auf den die Hauptfeststellung, die Fortschreibung, die Nachfeststellung oder die Aufhebung eines Einheitswertes vorzunehmen ist.

6. §§ 69 bis 76 und 191 Abs. 3 bis 5 sind anzuwenden, wenn der haftungsbegründende Tatbestand nach dem Wirksamwerden des Beitritts verwirklicht worden ist.

7. Bei der Anwendung des § 141 Abs. 1 Nr. 3 tritt an die Stelle des Wirtschaftswerts der Ersatzwirtschaftswert (§ 125 des Bewertungsgesetzes)[2)].

8. [1]Die Vorschriften über verbindliche Zusagen auf Grund einer Außenprüfung (§§ 204 bis 207) sind anzuwenden, wenn die Schlußbesprechung nach dem Wirksamwerden des Beitritts stattfindet oder, falls eine solche nicht erforderlich ist, wenn dem Steuerpflichtigen der Prüfungsbericht nach dem Wirksamwerden des Beitritts zugegangen ist. [2]Hat die Schlußbesprechung nach dem 30. Juni 1990 und vor dem Wirksamwerden des Beitritts stattgefunden oder war eine solche nicht erforderlich und ist der Prüfungsbericht dem Steuerpflichtigen nach

---

1) Gesetzblatt der DDR.

2) Nr. **200**.

dem 30. Juni 1990 und vor dem Wirksamwerden des Beitritts zugegangen, sind die bisherigen Vorschriften der Abgabenordnung der Deutschen Demokratischen Republik (AO 1990) vom 22. Juni 1990 (Sonderdruck Nr. 1428 des Gesetzblattes)[1] sowie des Einführungsgesetzes zur Abgabenordnung der Deutschen Demokratischen Republik vom 22. Juni 1990 (Sonderdruck Nr. 1428 des Gesetzblattes)[1] über verbindliche Zusagen auf Grund einer Außenprüfung weiter anzuwenden.

9. [1] Die Vorschriften über die Zahlungsverjährung gelten für alle Ansprüche im Sinne des § 228 Satz 1, deren Verjährung gemäß § 229 nach dem Wirksamwerden des Beitritts beginnt. [2] Liegen die Voraussetzungen des Satzes 1 nicht vor, so sind für die Ansprüche weiterhin die Vorschriften der Abgabenordnung der Deutschen Demokratischen Republik (AO 1990) vom 22. Juni 1990 (Sonderdruck Nr. 1428 des Gesetzblattes)[1] sowie des Einführungsgesetzes zur Abgabenordnung der Deutschen Demokratischen Republik vom 22. Juni 1990 (Sonderdruck Nr. 1428 des Gesetzblattes)[1] über die Verjährung und Ausschlußfristen anzuwenden. [3] Die Verjährung wird jedoch ab Wirksamwerden des Beitritts nur noch nach den §§ 230 und 231 gehemmt und unterbrochen. [4] Auf die nach § 231 Abs. 3 beginnende neue Verjährungsfrist sind die §§ 228 bis 232 anzuwenden.

10. [1] Zinsen entstehen für die Zeit nach dem Wirksamwerden des Beitritts nach den Vorschriften der Abgabenordnung. [2] Die Vorschriften des § 233 a über die Verzinsung von Steuernachforderungen und Steuererstattungen sind erstmals für Steuern anzuwenden, die nach dem 31. Dezember 1990 entstehen. [3] Ist eine Steuer über den Tag des Wirksamwerdens des Beitritts hinaus zinslos gestundet worden, so gilt dies als Verzicht auf Zinsen im Sinne des § 234 Abs. 2. [4] Die Vorschriften des § 239 Abs. 1 über die Festsetzungsfrist gelten in allen Fällen, in denen die Festsetzungsfrist auf Grund dieser Vorschrift nach dem Wirksamwerden des Beitritts beginnt.

11. § 240 ist erstmals auf Säumniszuschläge anzuwenden, die nach dem Wirksamwerden des Beitritts verwirkt werden.

12. Wird ein Verwaltungsakt angefochten, der vor dem Wirksamwerden des Beitritts wirksam geworden ist, bestimmt sich die Zulässigkeit des außergerichtlichen Rechtsbehelfs nach den bisherigen Vorschriften; ist über den Rechtsbehelf nach dem Wirksamwerden des Beitritts zu entscheiden, richten sich die Art des außergerichtlichen Rechtsbehelfs sowie das weitere Verfahren nach den neuen Vorschriften.

13. [1] Eine vor dem Wirksamwerden des Beitritts begonnene Maßnahme der Zwangsvollstreckung ist nach dem bisherigen Recht zu erledigen. [2] Werden weitere selbständige Maßnahmen zur Fortsetzung der bereits begonnenen Zwangsvollstreckung nach dem Wirksamwerden des Beitritts eingeleitet, gelten die Vorschriften der Abgabenordnung. [3] Als selbständige Maßnahme gilt auch die Verwertung eines gepfändeten Gegenstandes.

---

[1] Gesetzblatt der DDR.

§ 3[1] **Festsetzungsverjährung und D-Markbilanzgesetz.** (1) [1]Bei Steuerpflichtigen, die nach dem D-Markbilanzgesetz vom 31. August 1990 in der Fassung vom 28. Juli 1994 (BGBl. II S. 1842) eine Eröffnungsbilanz für den 1. Juli 1990 aufzustellen haben, beträgt die Festsetzungsfrist insoweit abweichend von § 169 Abs. 2 Satz 1 Nr. 2 der Abgabenordnung für Steuern vom Einkommen, die nach dem 30. Juni 1990 und vor dem 1. Januar 1993 entstehen, sechs Jahre. [2]Soweit diese Steuern leichtfertig verkürzt worden sind, beträgt die Festsetzungsfrist abweichend von § 169 Abs. 2 Satz 2 der Abgabenordnung sieben Jahre.

(2) Für Gesellschaften und Gemeinschaften, für die Einkünfte nach § 180 Abs. 1 Nr. 2 Buchstabe a der Abgabenordnung einheitlich und gesondert festzustellen sind, gilt Absatz 1 für die Feststellungsfrist sinngemäß.

(3) Die Festsetzungsfrist für Haftungsbescheide, denen die in den Absätzen 1 und 2 genannten Steueransprüche zugrunde liegen, beträgt abweichend von § 191 Abs. 3 Satz 2 der Abgabenordnung sechs Jahre, in den Fällen des § 70 der Abgabenordnung bei Steuerhinterziehung zehn Jahre, bei leichtfertiger Steuerverkürzung sieben Jahre, in den Fällen des § 71 der Abgabenordnung zehn Jahre.

§ 4[2] **Verrechnung der für das zweite Halbjahr 1990 gezahlten Vermögensteuer.** Die nach der Verordnung vom 27. Juni 1990 (GBl. I Nr. 41 S. 618)[3] in der zusammengefaßten Steuerrate für das zweite Halbjahr 1990 gezahlte Vermögensteuer ist in der Jahreserklärung 1990 innerhalb der Steuerrate mit der Körperschaftsteuer und Gewerbesteuer der in Kapitalgesellschaften umgewandelten ehemaligen volkseigenen Kombinate, Betriebe und Einrichtungen zu verrechnen.

§ 5.[4] *(aufgehoben)*

Art. 98 Verweisungen. Soweit in Rechtsvorschriften auf Vorschriften verwiesen wird, die durch dieses Gesetz aufgehoben werden, treten an deren Stelle die entsprechenden Vorschriften der Abgabenordnung.

Art. 99[5] **Ermächtigungen.** (1) Das Bundesministerium der Finanzen wird ermächtigt, durch Rechtsverordnung in den Fällen, in denen Verbrauchsteuergesetze für verbrauchsteuerpflichtige Waren Steuerbefreiungen, Steuerermäßigungen oder sonstige Steuervergünstigungen unter der Bedingung vorsehen, daß diese Waren einer besonderen Bestimmung zugeführt werden, zur Sicherung des Steueraufkommens und zur Vereinfachung des Verfahrens anzuordnen, daß

---

[1] Art. 97 a § 3 eingef. durch G v. 18. 12. 1995 (BGBl. I S. 1959).
[2] Art. 97 a § 4 angef. als § 3 durch G v. 24. 6. 1991 (BGBl. I S. 1322).
[3] Gesetzblatt der DDR.
[4] Art. 97 a § 5 eingef. durch G v. 20. 12. 2001 (BGBl. I S. 3794) und aufgeh. durch G v. 5. 5. 2004 (BGBl. I S. 718).
[5] Art. 99 Abs. 1 Einleitungssatz geänd. durch G v. 21. 12. 1993 (BGBl. I S. 2310).

1. die Steuer nur bedingt entsteht; bei einer Steuerermäßigung gilt dies in Höhe des Unterschiedes zwischen dem vollen und dem ermäßigten Steuersatz,
2. eine bedingte Steuer außer in sonst gesetzlich bestimmten Fällen auch unbedingt wird, wenn
   a) die verbrauchsteuerpflichtige Ware entgegen Rechtsvorschriften über das Verfahren der Steueraufsicht vorenthalten oder entzogen wird,
   b) eine befristete Erlaubnis für die Inanspruchnahme einer Steuervergünstigung erlischt, hinsichtlich der in diesem Zeitpunkt beim Inhaber der Erlaubnis noch vorhandenen Bestände an von ihm steuerbegünstigt bezogenen verbrauchsteuerpflichtigen Waren.

(2) Rechtsverordnungen nach Absatz 1 und andere Rechtsverordnungen, die auf Grund der in diesem Gesetz enthaltenen Ermächtigungen auf dem Gebiet der Verbrauchsteuern und Finanzmonopole (Artikel 20 bis 32) erlassen werden, bedürfen, außer wenn sie die Biersteuer betreffen, nicht der Zustimmung des Bundesrates.

Art. 100[1]. *(aufgehoben)*

Art. 101 Berlin-Klausel. *(gegenstandslos)*

Art. 102[2] **Inkrafttreten.** (1) Dieses Gesetz tritt am 1. Januar 1977 in Kraft, soweit nichts anderes bestimmt ist.

(2) § 17 Abs. 3 des Finanzverwaltungsgesetzes in der Fassung des Artikels 1 Nr. 7 Buchstabe b, Artikel 11, Artikel 17 Nr. 13 Buchstabe c, Artikel 97 § 19 und Artikel 99 treten am Tage nach der Verkündung[3] in Kraft.

(3) Artikel 14 Nr. 1 Buchstabe a gilt erstmals für die Vermögensteuer des Kalenderjahres 1975.

---

[1] Art. 100 aufgeh. durch G v. 21. 12. 1993 (BGBl. I S. 2310).

[2] Art. 102 betrifft das Inkrafttreten in der ursprünglichen Fassung. Das Inkrafttreten der späteren Änderungen ergibt sich aus den jeweiligen Änderungsgesetzen.

[3] Verkündet am 17. 12. 1976.

800b. Verordnung zu Art, Inhalt und Umfang von Aufzeichnungen im Sinne des § 90 Abs. 3 der Abgabenordnung (Gewinnabgrenzungsaufzeichnungsverordnung – GAufzV)

Vom 13. November 2003 (BGBl. I S. 2296)

Geändert durch Unternehmensteuerreformgesetz 2008 vom 14. 8. 2007 (BGBl. I S. 1912) und Amtshilferichtlinie-Umsetzungsgesetz (AmtshilfeRLUmsG) vom 26. 6. 2013 (BGBl. I S. 1809)

BGBl. III/FNA 610-1-15

Auf Grund des § 90 Abs. 3 Satz 5 der Abgabenordnung vom 16. März 1976 (BGBl. I S. 613), der durch Artikel 9 Nr. 3 des Gesetzes vom 16. Mai 2003 (BGBl. I S. 660) eingefügt worden ist, verordnet das Bundesministerium der Finanzen:

§ 1 Grundsätze der Aufzeichnungspflicht. (1) [1]Aus den nach § 90 Abs. 3 der Abgabenordnung zu erstellenden Aufzeichnungen muss ersichtlich sein, welchen Sachverhalt der Steuerpflichtige im Rahmen seiner Geschäftsbeziehungen im Sinne des § 1 Abs. 4 des Außensteuergesetzes mit nahe stehenden Personen im Sinne des § 1 Abs. 2 des Außensteuergesetzes verwirklicht hat und ob und inwieweit er diesen Geschäftsbeziehungen Bedingungen einschließlich von Preisen zu Grunde gelegt hat, die erkennen lassen, dass er den Grundsatz des Fremdverhaltens (Fremdvergleichsgrundsatz) beachtet hat (Aufzeichnungen). [2]Die Aufzeichnungen müssen das ernsthafte Bemühen des Steuerpflichtigen belegen, seine Geschäftsbeziehungen zu nahe stehenden Personen unter Beachtung des Fremdvergleichsgrundsatzes zu gestalten. [3]Die Aufzeichnungspflicht bezieht sich auch auf Geschäftsbeziehungen, die keinen Leistungsaustausch zum Gegenstand haben, wie Vereinbarungen über Arbeitnehmerentsendungen und Poolvereinbarungen (zum Beispiel Umlageverträge). [4]Aufzeichnungen, die im Wesentlichen unverwertbar sind (§ 162 Abs. 3 und 4 der Abgabenordnung), sind als nicht erstellt zu behandeln.

(2) Soweit nach Absatz 1 in Verbindung mit § 90 Abs. 3 Satz 1 der Abgabenordnung aufzuzeichnen ist, welcher Sachverhalt verwirklicht wurde, sind Aufzeichnungen über die Art, den Umfang und die Abwicklung sowie über die wirtschaftlichen und rechtlichen Rahmenbedingungen der Geschäftsbeziehungen erforderlich.

(3) [1]Soweit nach Absatz 1 in Verbindung mit § 90 Abs. 3 Satz 2 der Abgabenordnung aufzuzeichnen ist, ob und inwieweit der Steuerpflichtige bei seinen Geschäftsbeziehungen den Fremdvergleichsgrundsatz im Sinne des Absatzes 1 beachtet hat, sind die Markt- und Wettbewerbsverhältnisse darzustellen, die für die Tätigkeiten des Steuerpflichtigen und die vereinbarten Bedingungen von Bedeutung sind. [2]Der Steuerpflichtige hat für seine Aufzeichnungen entsprechend der von ihm gewählten Methode Vergleichsdaten heranzuzie-

hen, soweit solche Daten im Zeitpunkt der Vereinbarung der Geschäftsbeziehung bei ihm oder bei ihm nahe stehenden Personen vorhanden sind oder soweit er sich diese mit zumutbarem Aufwand aus ihm frei zugänglichen Quellen beschaffen kann. [3] Zu den zu verwendenden und erforderlichenfalls für die Erstellung der Aufzeichnungen zu beschaffenden Informationen gehören insbesondere Daten aus vergleichbaren Geschäften zwischen fremden Dritten sowie aus vergleichbaren Geschäften, die der Steuerpflichtige oder eine ihm nahe stehende Person mit fremden Dritten abgeschlossen hat, zum Beispiel Preise und Geschäftsbedingungen, Kostenaufteilungen, Gewinnaufschläge, Bruttospannen, Nettospannen, Gewinnaufteilungen. [4] Zusätzlich sind Aufzeichnungen über innerbetriebliche Daten zu erstellen, die eine Plausibilitätskontrolle der vom Steuerpflichtigen vereinbarten Verrechnungspreise ermöglichen, wie zum Beispiel Prognoserechnungen und Daten zur Absatz-, Gewinn- und Kostenplanung.

§ 2 Art, Inhalt und Umfang der Aufzeichnungen. (1) [1] Aufzeichnungen können schriftlich oder elektronisch erstellt werden. [2] Sie sind in sachgerechter Ordnung zu führen und aufzubewahren. [3] Die Aufzeichnungen müssen es einem sachverständigen Dritten ermöglichen, innerhalb einer angemessenen Frist festzustellen, welche Sachverhalte der Steuerpflichtige im Zusammenhang mit seinen Geschäftsbeziehungen zu nahe stehenden Personen verwirklicht hat und ob und inwieweit er dabei den Fremdvergleichsgrundsatz beachtet hat.

(2) [1] Art, Inhalt und Umfang der zu erstellenden Aufzeichnungen bestimmen sich nach den Umständen des Einzelfalles, insbesondere nach der vom Steuerpflichtigen angewandten Verrechnungspreismethode. [2] Der Steuerpflichtige hat aufzuzeichnen, weshalb er die angewandte Methode hinsichtlich der Art seiner Geschäfte und der sonstigen Verhältnisse für geeignet hält. [3] Er ist nicht verpflichtet, Aufzeichnungen für mehr als eine geeignete Methode zu erstellen.

(3) [1] Aufzeichnungen sind grundsätzlich geschäftsvorfallbezogen zu erstellen. [2] Geschäftsvorfälle, die gemessen an Funktionen und Risiken wirtschaftlich vergleichbar sind, können für die Erstellung von Aufzeichnungen zu Gruppen zusammengefasst werden, wenn die Gruppenbildung nach vorher festgelegten und nachvollziehbaren Regeln vorgenommen wurde und wenn die Geschäftsvorfälle gleichartig oder gleichwertig sind oder die Zusammenfassung auch bei Geschäften zwischen fremden Dritten üblich ist. [3] Eine Zusammenfassung ist auch zulässig bei ursächlich zusammenhängenden Geschäftsvorfällen und bei Teilleistungen im Rahmen eines Gesamtgeschäfts, wenn es für die Prüfung der Angemessenheit weniger auf den einzelnen Geschäftsvorfall, sondern mehr auf die Beurteilung des Gesamtgeschäfts ankommt. [4] Werden Aufzeichnungen für Gruppen von Geschäftsvorfällen erstellt, sind die Regeln für deren Abwicklung und die Kriterien für die Gruppenbildung darzustellen. [5] Bestehen für eine Gruppe verbundener Unternehmen dem Fremdvergleichsgrundsatz genügende innerbetriebliche Verrechnungspreisrichtlinien, die für die einzelnen Unternehmen eine oder mehrere geeignete Methoden vorgeben, können die Richtlinien als Bestandteil der Aufzeichnungen verwendet werden. [6] So-

weit solche Richtlinien die Preisermittlung regeln und tatsächlich befolgt werden, kann auf geschäftsvorfallbezogene Einzelaufzeichnungen verzichtet werden.

(4) [1] Ergibt sich bei Dauersachverhalten eine Änderung der Umstände, die für die Angemessenheit vereinbarter Preise von wesentlicher Bedeutung ist, hat der Steuerpflichtige auch nach dem Geschäftsabschluss Informationen zu sammeln und aufzuzeichnen, die der Finanzbehörde die Prüfung ermöglichen, ob und ab welchem Zeitpunkt fremde Dritte eine Anpassung der Geschäftsbedingungen vereinbart hätten. [2] Dies gilt insbesondere, wenn in einem Geschäftsbereich steuerliche Verluste erkennbar werden, die ein fremder Dritter nicht hingenommen hätte, oder wenn Preisanpassungen zu Lasten des Steuerpflichtigen vorgenommen werden.

(5) [1] Aufzeichnungen sind grundsätzlich in deutscher Sprache zu erstellen. [2] Die Finanzbehörde kann auf Antrag des Steuerpflichtigen Ausnahmen hiervon zulassen. [3] Der Antrag kann vor der Anfertigung der Aufzeichnungen gestellt werden, er ist aber spätestens unverzüglich nach Anforderung der Aufzeichnungen durch die Finanzbehörde zu stellen. [4] Erforderliche Übersetzungen von Verträgen und ähnlichen Dokumenten im Sinne der §§ 4 und 5 gehören zu den Aufzeichnungen. [5] § 87 Abs. 2 der Abgabenordnung bleibt unberührt.

(6) [1] Aufzeichnungen sollen regelmäßig nur für Zwecke der Durchführung einer Außenprüfung angefordert werden. [2] Die Anforderung soll die Geschäftsbereiche und die Geschäftsbeziehungen des Steuerpflichtigen bezeichnen, die Gegenstand der Prüfung sein sollen. [3] Die Anforderung soll auch Art und Umfang der angeforderten Aufzeichnungen angeben. [4] Die Anforderung kann zusammen mit der Prüfungsanordnung erfolgen und jederzeit nachgeholt, ergänzt oder geändert werden.

§ 3 Zeitnahe Erstellung von Aufzeichnungen bei außergewöhnlichen Geschäftsvorfällen. (1) [1] Aufzeichnungen über außergewöhnliche Geschäftsvorfälle im Sinne des § 90 Abs. 3 Satz 3 der Abgabenordnung sind zeitnah erstellt, wenn sie im engen zeitlichen Zusammenhang mit dem Geschäftsvorfall gefertigt wurden. [2] Sie gelten als noch zeitnah erstellt, wenn sie innerhalb von sechs Monaten nach Ablauf des Wirtschaftsjahres gefertigt werden, in dem sich der Geschäftsvorfall ereignet hat.

(2)[1)] Als außergewöhnliche Geschäftsvorfälle sind insbesondere anzusehen der Abschluss und die Änderung langfristiger Verträge, die sich erheblich auf die Höhe der Einkünfte des Steuerpflichtigen aus seinen Geschäftsbeziehungen auswirken, Vermögensübertragungen im Zuge von Umstrukturierungsmaßnahmen, die Übertragung und Überlassung von Wirtschaftsgütern und Vorteilen im Zusammenhang mit wesentlichen Funktions- und Risikoänderungen im Unternehmen, Geschäftsvorfälle im Zusammenhang mit einer für die Verrechnungspreisbildung erheblichen Änderung der Geschäftsstrategie sowie der Abschluss von Umlageverträgen.

---

1) § 3 Abs. 2 neugef. mWv 18. 8. 2007 durch G v. 14. 8. 2007 (BGBl. I S. 1912).

§ 4 Allgemein erforderliche Aufzeichnungen. Der Steuerpflichtige hat nach Maßgabe der §§ 1 bis 3 folgende Aufzeichnungen, soweit sie für die Prüfung von Geschäftsbeziehungen im Sinne des § 90 Abs. 3 der Abgabenordnung von Bedeutung sind, zu erstellen:

1. Allgemeine Informationen über Beteiligungsverhältnisse, Geschäftsbetrieb und Organisationsaufbau:
   a) Darstellung der Beteiligungsverhältnisse zwischen dem Steuerpflichtigen und nahe stehenden Personen im Sinne des § 1 Abs. 2 Nr. 1 und 2 des Außensteuergesetzes, mit denen er unmittelbar oder über Zwischenpersonen Geschäftsbeziehungen unterhält, zu Beginn des Prüfungszeitraums sowie deren Veränderung bis zu dessen Ende,
   b) Darstellung der sonstigen Umstände, die das „Nahestehen" im Sinne des § 1 Abs. 2 Nr. 3 des Außensteuergesetzes begründen können,
   c) Darstellung der organisatorischen und operativen Konzernstruktur sowie deren Veränderungen, einschließlich Betriebsstätten und Beteiligungen an Personengesellschaften,
   d) Beschreibung der Tätigkeitsbereiche des Steuerpflichtigen, zum Beispiel Dienstleistungen, Herstellung oder Vertrieb von Wirtschaftsgütern, Forschung und Entwicklung;
2. Geschäftsbeziehungen zu nahe stehenden Personen:
   a) Darstellung der Geschäftsbeziehungen mit nahe stehenden Personen, Übersicht über Art und Umfang dieser Geschäftsbeziehungen (zum Beispiel Wareneinkauf, Dienstleistung, Darlehensverhältnisse und andere Nutzungsüberlassungen, Umlagen) und Übersicht über die den Geschäftsbeziehungen zu Grunde liegenden Verträge und ihre Veränderung,
   b) Zusammenstellung (Liste) der wesentlichen immateriellen Wirtschaftsgüter, die dem Steuerpflichtigen gehören und die er im Rahmen seiner Geschäftsbeziehungen zu Nahestehenden nutzt oder zur Nutzung überlässt;
3. Funktions- und Risikoanalyse:
   a) Informationen über die jeweils vom Steuerpflichtigen und den nahe stehenden Personen im Rahmen der Geschäftsbeziehungen ausgeübten Funktionen und übernommenen Risiken sowie deren Veränderungen, über die eingesetzten wesentlichen Wirtschaftsgüter, über die vereinbarten Vertragsbedingungen, über gewählte Geschäftsstrategien sowie über die bedeutsamen Markt- und Wettbewerbsverhältnisse,
   b) Beschreibung der Wertschöpfungskette und Darstellung des Wertschöpfungsbeitrags des Steuerpflichtigen im Verhältnis zu den nahe stehenden Personen, mit denen Geschäftsbeziehungen bestehen;
4. Verrechnungspreisanalyse:
   a) Darstellung der angewandten Verrechnungspreismethode,
   b) Begründung der Geeignetheit der angewandten Methode,
   c) Unterlagen über die Berechnungen bei der Anwendung der gewählten Verrechnungspreismethode,

d) Aufbereitung der zum Vergleich herangezogenen Preise beziehungsweise Finanzdaten unabhängiger Unternehmen sowie Unterlagen über vorgenommene Anpassungsrechnungen.

§ 5 Erforderliche Aufzeichnungen in besonderen Fällen. [1]Soweit besondere Umstände der in Satz 2 genannten Art für die vom Steuerpflichtigen vereinbarten Geschäftsbeziehungen von Bedeutung sind oder er sich im Hinblick auf von ihm vereinbarte Geschäftsbedingungen zur Begründung der Fremdüblichkeit auf besondere Umstände beruft, sind Aufzeichnungen über diese Umstände nach Maßgabe der §§ 1 bis 3 zu erstellen. [2]Dazu können nach den Verhältnissen des Einzelfalles folgende Aufzeichnungen gehören:

1. Informationen über die Änderung von Geschäftsstrategien (zum Beispiel Marktanteilsstrategien, Wahl von Vertriebswegen, Management-Strategien) und über andere Sonderumstände wie Maßnahmen zum Vorteilsausgleich, soweit sie die Bestimmung der Verrechnungspreise des Steuerpflichtigen beeinflussen können;
2. bei Umlagen die Verträge, gegebenenfalls in Verbindung mit Anhängen, Anlagen und Zusatzvereinbarungen, Unterlagen über die Anwendung des Aufteilungsschlüssels und über den erwarteten Nutzen für alle Beteiligten sowie mindestens Unterlagen über Art und Umfang der Rechnungskontrolle, über die Anpassung an veränderte Verhältnisse, über die Zugriffsberechtigung auf die Unterlagen des leistungserbringenden Unternehmens, über die Zuordnung von Nutzungsrechten;
3. Informationen über Verrechnungspreiszusagen oder -vereinbarungen ausländischer Steuerverwaltungen gegenüber beziehungsweise mit dem Steuerpflichtigen und über beantragte oder abgeschlossene Verständigungs- oder Schiedsstellenverfahren anderer Staaten, die Geschäftsbeziehungen des Steuerpflichtigen mit Nahestehenden berühren;
4. Aufzeichnungen über Preisanpassungen beim Steuerpflichtigen, auch wenn diese die Folge von Verrechnungspreiskorrekturen oder Vorwegauskünften ausländischer Finanzbehörden bei dem Steuerpflichtigen nahe stehenden Personen sind;
5. Aufzeichnungen über die Ursachen von Verlusten und über Vorkehrungen des Steuerpflichtigen oder ihm Nahestehender zur Beseitigung der Verlustsituation, wenn der Steuerpflichtige in mehr als drei aufeinander folgenden Wirtschaftsjahren aus Geschäftsbeziehungen mit Nahestehenden einen steuerlichen Verlust ausweist.
6. [1)] in Fällen von Funktions- und Risikoänderungen im Sinne des § 3 Abs. 2 Aufzeichnungen über Forschungsvorhaben und laufende Forschungstätigkeiten, die im Zusammenhang mit einer Funktionsänderung stehen können und in den drei Jahren vor Durchführung der Funktionsänderung stattfanden oder abgeschlossen worden sind; die Aufzeichnungen müssen mindestens Angaben über den genauen Gegenstand der Forschungen und die insgesamt jeweils zuzuordnenden Kosten enthalten. [2]Dies gilt nur, soweit ein Steuerpflichtiger regelmäßig Forschung und Entwicklung betreibt und aus

---

1) § 5 Satz 2 Nr. 6 angef. mWv 18. 8. 2007 durch G v. 14. 8. 2007 (BGBl. I S. 1912).

betriebsinternen Gründen Unterlagen über seine Forschungs- und Entwicklungsarbeiten erstellt, aus denen die genannten Aufzeichnungen abgeleitet werden können.

§ 6 Anwendungsregelungen für kleinere Unternehmen und Steuerpflichtige mit anderen als Gewinneinkünften. (1) Bei Steuerpflichtigen, die aus Geschäftsbeziehungen mit Nahestehenden andere als Gewinneinkünfte beziehen, und bei kleineren Unternehmen gelten die in § 90 Abs. 3 Satz 1 bis 4 der Abgabenordnung und in dieser Verordnung bezeichneten Aufzeichnungspflichten als durch die Erteilung von Auskünften, die den Anforderungen des § 1 Abs. 1 Satz 2 entsprechen, und durch die Vorlage vorhandener Unterlagen auf Anforderung des Finanzamts als erfüllt, wenn die in § 90 Abs. 3 Satz 8 und 9 der Abgabenordnung genannten Fristen eingehalten werden.

(2) [1]Kleinere Unternehmen im Sinne des Absatzes 1 sind Unternehmen, bei denen jeweils im laufenden Wirtschaftsjahr weder die Summe der Entgelte für die Lieferung von Gütern oder Waren aus Geschäftsbeziehungen mit nahe stehenden Personen im Sinne des § 1 Abs. 2 des Außensteuergesetzes 5 Millionen Euro übersteigt noch die Summe der Vergütungen für andere Leistungen als die Lieferung von Gütern oder Waren aus Geschäftsbeziehungen mit solchen Nahestehenden mehr als 500 000 Euro beträgt. [2]Werden die genannten Beträge in einem Wirtschaftsjahr überschritten, ist Absatz 1 ab dem darauf folgenden Wirtschaftsjahr nicht mehr anzuwenden. [3]Unterschreitet ein Unternehmen, das nicht nach Absatz 1 begünstigt ist, die genannten Beträge in einem Wirtschaftsjahr, ist es im darauf folgenden Wirtschaftsjahr als Unternehmen im Sinne des Satzes 1 zu behandeln.

(3) Zusammenhängende inländische Unternehmen im Sinne der §§ 13, 18 und 19 der Betriebsprüfungsordnung vom 15. März 2000 (BStBl. I S. 368) in der jeweils geltenden Fassung und inländische Betriebsstätten nahe stehender Personen sind für die Prüfung der Betragsgrenzen nach Absatz 2 zusammenzurechnen.

§ 7[1] Entsprechende Anwendung für Betriebsstätten, Personengesellschaften und Mitunternehmerschaften. [1]Die §§ 1 bis 6 gelten entsprechend

1. für Steuerpflichtige, die für die inländische Besteuerung nach § 1 Absatz 5 des Außensteuergesetzes Einkünfte zwischen ihrem inländischen Unternehmen und dessen ausländischer Betriebsstätte aufzuteilen haben,
2. für Steuerpflichtige, die für die inländische Besteuerung nach § 1 Absatz 5 des Außensteuergesetzes Einkünfte der inländischen Betriebsstätte ihres ausländischen Unternehmens zu ermitteln haben, sowie
3. für Personengesellschaften und Mitunternehmerschaften, auf die § 1 Absatz 1 Satz 2 des Außensteuergesetzes anzuwenden ist.

§ 8 Inkrafttreten. Diese Verordnung tritt mit Wirkung vom 30. Juni 2003 in Kraft.

---

[1] § 7 neu gef. mWv 30. 6. 2013 durch G v. 26. 6. 2013 (BGBl. I S. 1809).

800 c. Kleinbetragsverordnung (KBV)[1]

Vom 19. Dezember 2000 (BGBl. I S. 1790, 1805)[2]

§ 1 Änderung oder Berichtigung von Steuerfestsetzungen. (1) [1] Festsetzungen der

1. Einkommensteuer,
2. Körperschaftsteuer,
3. Erbschaftsteuer (Schenkungsteuer),
4. Grunderwerbsteuer sowie
5. der Rennwett- und Lotteriesteuer

werden nur geändert oder berichtigt, wenn die Abweichung von der bisherigen Festsetzung mindestens 10 Euro beträgt. [2] Bei der Einkommensteuer und bei der Körperschaftsteuer ist die jeweils nach Anrechnung von Steuerabzugsbeträgen und von Körperschaftsteuer verbleibende Steuerschuld zu vergleichen.

(2) [1] Eine angemeldete Umsatzsteuervorauszahlung, eine für das Kalenderjahr angemeldete Umsatzsteuer, eine angemeldete Feuerschutzsteuer oder eine angemeldete Versicherungsteuer wird von der Finanzbehörde nur abweichend festgesetzt, geändert oder berichtigt, wenn die Abweichung von der angemeldeten Steuer mindestens 10 Euro beträgt. [2] Dasselbe gilt, wenn diese Steuern durch Steuerbescheid festgesetzt worden sind.

(3) Ist Lohnsteuer durch Steuerbescheid festgesetzt oder ist eine durch Lohnsteuer-Anmeldung bewirkte Festsetzung unanfechtbar geworden, gilt Absatz 2 entsprechend.

§ 2 Änderung oder Berichtigung der Festsetzung eines Gewerbesteuermessbetrages. Die Festsetzung eines Gewerbesteuermessbetrages wird nur geändert oder berichtigt, wenn die Abweichung zur bisherigen Festsetzung mindestens 2 Euro beträgt.

§ 3 Änderung oder Berichtigung der gesonderten Feststellung von Einkünften. (1) Bei gesonderten und einheitlichen Feststellungen von Einkünften wird die Feststellung zur Höhe der Einkünfte nur geändert oder berichtigt, wenn sich diese Einkünfte bei mindestens einem Beteiligten um mindestens 20 Euro ermäßigen oder erhöhen.

(2) Bei gesonderten Feststellungen wird in den Fällen des § 180 Abs. 1 Nr. 2 Buchstabe b der Abgabenordnung die Feststellung zur Höhe der Einkünfte nur geändert oder berichtigt, wenn sich diese Einkünfte um mindestens 20 Euro ermäßigen oder erhöhen.

---

[1] Die KBV ist als Art. 26 des G v. 19. 12. 2000 (BGBl. I S. 1790) verkündet worden.
[2] In Kraft ab 1. 1. 2002.

§ 4 Änderung oder Berichtigung der Festsetzung einer Investitions- oder Eigenheimzulage. Investitions- oder Eigenheimzulagebescheide werden nur geändert oder berichtigt, wenn sich die Investitionszulage oder die Eigenheimzulage um mindestens 10 Euro ändert.

§ 5 Rückforderung von Wohnungsbauprämien. Wohnungsbauprämien werden nur zurückgefordert, wenn die Rückforderung mindestens 10 Euro beträgt.

§ 6 Kraftfahrzeugsteuer bei Beendigung der Steuerpflicht. [1]Bei Beendigung der Kraftfahrzeugsteuerpflicht wird die Steuer für den Entrichtungszeitraum, in den das Ende der Steuerpflicht fällt, auf null Euro festgesetzt, wenn der neu festzusetzende Betrag weniger als 5 Euro betragen würde. [2]Dies gilt nicht, wenn gleichzeitig für dasselbe Fahrzeug und denselben Steuerschuldner die Steuer in geänderter Höhe neu festgesetzt wird.

800 d. Verordnung über die elektronische Übermittlung von für das Besteuerungsverfahren erforderlichen Daten (Steuerdaten-Übermittlungsverordnung – StDÜV)[1)·2)]

Vom 28. Januar 2003
(BGBl. I S. 139)

Geändert durch Gesetz zur Neuorganisation der Bundesfinanzverwaltung und zur Schaffung eines Refinanzierungsregisters vom 22. 9. 2005 (BGBl. I S. 2809), durch VO zur Änderung der Steuerdaten-Übermittlungsverordnung vom 20. 12. 2006 (BGBl. I S. 3380), Dritte VO zur Änderung der Altersvorsorge-DurchführungsVO vom 8. 1. 2009 (BGBl. I S. 31), Verordnung zur Änderung steuerlicher Verordnungen vom 17. 11. 2010 (BGBl. I S. 1544) und Steuervereinfachungsgesetz 2011 vom 1. 11. 2011 (BGBl. I S. 2131)

BGBl. III/FNA 610-1-14

Auf Grund
- des § 150 Abs. 6 Satz 1 und 3 Nr. 1 bis 3, 5 und 6, des § 87 a Abs. 6 Satz 1 in Verbindung mit § 150 Abs. 6 Satz 3 Nr. 2 der Abgabenordnung in der Fassung der Bekanntmachung vom 1. Oktober 2002 (BGBl. I S. 3866),
- des § 45 d Abs. 1 Satz 3 des Einkommensteuergesetzes 2002 in der Fassung der Bekanntmachung vom 19. Oktober 2002 (BGBl. I S. 4210) in Verbindung mit § 150 Abs. 6 Satz 3 Nr. 2 der Abgabenordnung sowie
- des § 18 a Abs. 9 Satz 1 und 2 Nr. 1 bis 5 des Umsatzsteuergesetzes 1999 in der Fassung der Bekanntmachung vom 9. Juni 1999 (BGBl. I S. 1270)

verordnet das Bundesministerium der Finanzen:

§ 1[3)] Allgemeines. (1) [1]Diese Verordnung gilt für die Übermittlung von für das Besteuerungsverfahren erforderlichen Daten mit Ausnahme solcher Daten, die für die Festsetzung von Verbrauchsteuern bestimmt sind, durch Datenfernübertragung (elektronische Übermittlung) an die Finanzverwaltung. [2]Mit der elektronischen Übermittlung können Dritte beauftragt werden.

(2) [1]Das Bundesministerium der Finanzen bestimmt in Abstimmung mit den obersten Finanzbehörden der Länder Art und Einschränkungen der elektronischen Übermittlung von Daten nach Absatz 1 Satz 1 durch ein im Bundessteuerblatt zu veröffentlichendes Schreiben. [2]In diesem Rahmen bestimmte Anforderungen an die Sicherheit der elektronischen Übermittlung sind im Benehmen mit dem Bundesamt für Sicherheit in der Informationstechnik

---

1) **Amtl. Anm.:** Diese Verordnung dient der Umsetzung der Sechsten Richtlinie 77/388/EWG des Rates vom 17. Mai 1977 zur Harmonisierung der Rechtsvorschriften der Mitgliedstaaten über die Umsatzsteuern – Gemeinsames Mehrwertsteuersystem: einheitliche steuerpflichtige Bemessungsgrundlage (ABl. EG Nr. L 145 S. 1, Nr. L 149 S. 26, Nr. L 173 S. 27, Nr. L 242 S. 22, Nr. L 262 S. 44), geändert durch Richtlinie 2002/38/EG des Rates vom 7. Mai 2002 (ABl. EG Nr. L 128 S. 41).

2) Überschrift neu gef. durch VO v. 20. 12. 2006 (BGBl. I S. 3380).

3) § 1 Abs. 2 Satz 2 neu gef. durch G v. 22. 9. 2005 (BGBl. I S. 2809), Abs. 1 Satz 1 sowie Abs. 2 und 3 neu gef. mWv 1. 1. 2007 durch VO v. 20. 12. 2006 (BGBl. I S. 3380); Abs. 1 Satz 1 neu gef. mWv 1. 1. 2011 durch VO v. 17. 11. 2010 (BGBl. I S. 1544).

festzulegen. [3]Einer Abstimmung mit den obersten Finanzbehörden der Länder bedarf es nicht, soweit ausschließlich die Übermittlung von Daten an Bundesfinanzbehörden betroffen ist.

(3) Bei der elektronischen Übermittlung sind dem jeweiligen Stand der Technik entsprechende Verfahren einzusetzen, die die Authentizität, Vertraulichkeit und Integrität der Daten gewährleisten; im Falle der Nutzung allgemein zugänglicher Netze sind Verschlüsselungsverfahren anzuwenden.

(4) Die in dieser Verordnung genannten Pflichten der Programmhersteller sind ausschließlich öffentlich-rechtlicher Art.

§ 2 Schnittstellen. [1]Bei der elektronischen Übermittlung sind die hierfür aufgrund des § 1 Abs. 2 für den jeweiligen Besteuerungszeitraum oder -zeitpunkt bestimmten Schnittstellen ordnungsgemäß zu bedienen. [2]Die für die Übermittlung benötigten Schnittstellen werden über das Internet zur Verfügung gestellt.

§ 3[1)] Anforderungen an die Programme. (1) Programme, die für die Verarbeitung von für das Besteuerungsverfahren erforderlichen Daten bestimmt sind, müssen im Rahmen des in der Programmbeschreibung angegebenen Programmumfangs die richtige und vollständige Verarbeitung der für das Besteuerungsverfahren erforderlichen Daten gewährleisten.

(2) Auf den Programmumfang sowie auf Fallgestaltungen, in denen eine richtige und vollständige Erhebung, Verarbeitung und Übermittlung ausnahmsweise nicht möglich ist (Ausschlussfälle), ist in der Programmbeschreibung an hervorgehobener Stelle hinzuweisen.

§ 4[2)] Prüfung der Programme. (1) [1]Programme, die für die Verarbeitung von für das Besteuerungsverfahren erforderlichen Daten bestimmt sind, sind vom Hersteller vor der ersten Nutzung und nach jeder Änderung daraufhin zu prüfen, ob sie die Anforderungen nach § 3 Abs. 1 erfüllen. [2]Hierbei sind ein Protokoll über den letzten durchgeführten Testlauf und eine Programmauflistung zu erstellen, die fünf Jahre aufzubewahren sind. [3]Die Aufbewahrungsfrist nach Satz 2 beginnt mit Ablauf des Kalenderjahres der erstmaligen Nutzung zur Datenübermittlung. [4]Elektronische, magnetische und optische Speicherverfahren, die eine jederzeitige Wiederherstellung der eingesetzten Programmversion in Papierform ermöglichen, sind der Programmauflistung gleichgestellt. [5]Die Finanzbehörden sind befugt, die für die Erfassung, Verarbeitung oder elektronische Übermittlung der Daten bestimmten Programme und Dokumentationen zu überprüfen. [6]§ 200 der Abgabenordnung in der Fassung der Bekanntmachung vom 1. Oktober 2002 (BGBl. I S. 3866) in der jeweils geltenden Fassung gilt entsprechend. [7]Der Hersteller oder Vertreiber eines fehlerhaften Programms ist unverzüglich zur Nachbesserung oder Ablösung aufzufordern. [8]Soweit eine unverzügliche Nachbesserung bzw. Ablösung nicht erfolgt, sind die Finanzbehörden berechtigt, die Programme des Herstellers von der elektronischen Übermittlung nach § 1 technisch auszu-

---

[1)] § 3 Abs. 1 neugef. mWv 1. 1. 2007 durch VO v. 20. 12. 2006 (BGBl. I S. 3380).

[2)] § 4 Abs. 1 Satz 1 neugef. mWv 1. 1. 2007 durch VO v. 20. 12. 2006 (BGBl. I S. 3380).

schließen. [9]Die Finanzbehörden sind nicht verpflichtet, die Programme zu prüfen.

(2) Sind Programme nach Absatz 1 zum allgemeinen Vertrieb vorgesehen, hat der Hersteller den Finanzbehörden auf Verlangen Muster zum Zwecke der Prüfung kostenfrei zur Verfügung zu stellen.

§ 5[1)] **Haftung.** (1) [1]Der Hersteller von Programmen, die für die Verarbeitung von für das Besteuerungsverfahren erforderlichen Daten bestimmt sind, haftet, soweit die Daten infolge einer Verletzung einer Pflicht nach dieser Verordnung unrichtig oder unvollständig verarbeitet und dadurch Steuern verkürzt oder zu Unrecht steuerliche Vorteile erlangt werden. [2]Die Haftung entfällt, soweit der Hersteller nachweist, dass die Pflichtverletzung nicht auf grober Fahrlässigkeit oder Vorsatz beruht.

(2) [1]Wer Programme nach Absatz 1 zur elektronischen Übermittlung im Auftrag (§ 1 Abs. 1 Satz 2) einsetzt, haftet, soweit aufgrund unrichtiger oder unvollständiger Übermittlung Steuern verkürzt oder zu Unrecht steuerliche Vorteile erlangt werden. [2]Die Haftung entfällt, soweit er nachweist, dass die unrichtige oder unvollständige Übermittlung der Daten nicht auf grober Fahrlässigkeit oder Vorsatz beruht.

(3) Die Absätze 1 und 2 gelten nicht für Zusammenfassende Meldungen im Sinne von § 18 a Abs. 1 des Umsatzsteuergesetzes.

§ 6[2)] **Authentifizierung, Datenübermittlung im Auftrag.** (1) [1]Bei der elektronischen Übermittlung ist ein sicheres Verfahren zu verwenden, das den Datenübermittler authentifiziert und die Vertraulichkeit und Integrität des elektronisch übermittelten Datensatzes gewährleistet (§ 150 Absatz 6 der Abgabenordnung). [2]*Zur weiteren Erleichterung der elektronischen Übermittlung kann auf die Authentifizierung des Datenübermittlers verzichtet werden bei*

1. *Lohnsteuer-Anmeldungen nach § 41 a des Einkommensteuergesetzes,*
2. *Steueranmeldungen nach § 18 Absatz 1 bis 2 a und 4 a des Umsatzsteuergesetzes,*
3. *Anträgen auf Dauerfristverlängerung und Anmeldungen der Sondervorauszahlung nach § 18 Absatz 6 des Umsatzsteuergesetzes in Verbindung mit den §§ 46 bis 48 der Umsatzsteuer-Durchführungsverordnung sowie*
4. *Zusammenfassenden Meldungen nach § 18 a des Umsatzsteuergesetzes.*

(2) [1]Im Falle der Übermittlung im Auftrag (§ 1 Abs. 1 Satz 2) hat der Dritte die Daten dem Auftraggeber unverzüglich in leicht nachprüfbarer Form zur Überprüfung zur Verfügung zu stellen. [2]Der Auftraggeber hat die Daten unverzüglich zu überprüfen.

[1)] § 5 Abs. 1 Satz 1 neu gef. und Abs. 3 angef. mWv 1. 1. 2007 durch VO v. 20. 12. 2006 (BGBl. I S. 3380).

[2)] § 6 neu gef. mWv 1. 1. 2007 durch VO v. 20. 12. 2006 (BGBl. I S. 3380); Abs. 1 neu gef. mWv 1. 1. 2011 durch VO v. 17. 11. 2010 (BGBl. I S. 1544); Abs. 1 neu gef. mWv 5. 11. 2011 durch G v. 1. 11. 2011 (BGBl. I S. 2131); Abs. 1 Satz 2 aufgeh. mWv 1. 1. 2013 durch G v. 1. 11. 2011 (BGBl. I S. 2131).

§ 7[1] **Rentenbezugsmitteilungen.** Für das Rentenbezugsmitteilungsverfahren nach § 22a, auch in Verbindung mit § 52 Abs. 38a, des Einkommensteuergesetzes findet ausschließlich die Altersvorsorge-Durchführungsverordnung in der Fassung der Bekanntmachung vom 28. Februar 2005 (BGBl. I S. 487), die zuletzt durch Artikel 1 der Verordnung vom 8. Januar 2009 (BGBl. I S. 31) geändert worden ist, in der jeweils geltenden Fassung Anwendung.

§ 8.[2] *(aufgehoben)*

---

[1] § 7 angef. mWv 16. 1. 2009 durch VO v. 8. 1. 2009 (BGBl. I S. 31).
[2] § 8 aufgeh. mWv 1. 1. 2007 durch VO v. 20. 12. 2006 (BGBl. I S. 3380).

800e. Verordnung über die gesonderte Feststellung von Besteuerungsgrundlagen nach § 180 Abs. 2 der Abgabenordnung (V zu § 180 Abs. 2 AO)

Vom 19. Dezember 1986 (BGBl. I S. 2663)

Geändert durch Verordnungen vom 22. 10. 1990 (BGBl. I S. 2275), vom 16. 12. 1994 (BGBl. I S. 3834), Gesetz vom 15. 12. 1995 (BGBl. I S. 1783), Steuerbereinigungsgesetz 1999 vom 22. 12. 1999 (BGBl. I S. 2601), Gesetz zur Änderung des Investitionszulagengesetzes 1999 vom 20. 12. 2000 (BGBl. I S. 1850), Alterseinkünftegesetz vom 5. 7. 2004 (BGBl. I S. 1427), Gesetz über steuerliche Begleitmaßnahmen zur Einführung der Europäischen Gesellschaft und zur Änderung weiterer steuerrechtlicher Vorschriften (SEStEG) vom 7. 12. 2006 (BGBl. I S. 2782) und Steuerbürokratieabbaugesetz vom 20. 12. 2008 (BGBl. I S. 2850)

BGBl. III/FNA 610-1-7

Auf Grund des § 180 Abs. 2 der Abgabenordnung vom 16. März 1976 (BGBl. I S. 613), der durch Artikel 1 Nr. 31 des Steuerbereinigungsgesetzes 1986 vom 19. Dezember 1985 (BGBl. I S. 2436) neu gefaßt worden ist, wird mit Zustimmung des Bundesrates verordnet:

§ 1[1)] Gegenstand, Umfang und Voraussetzungen der Feststellung.

(1) [1]Besteuerungsgrundlagen, insbesondere einkommensteuerpflichtige oder körperschaftsteuerpflichtige Einkünfte, können ganz oder teilweise gesondert festgestellt werden, wenn der Einkunftserzielung dienende Wirtschaftsgüter, Anlagen oder Einrichtungen

1. von mehreren Personen betrieben, genutzt oder gehalten werden oder
2. mehreren Personen getrennt zuzurechnen sind, die bei der Planung, Herstellung, Erhaltung oder dem Erwerb dieser Wirtschaftsgüter, Anlagen oder Einrichtungen gleichartige Rechtsbeziehungen zu Dritten hergestellt oder unterhalten haben (Gesamtobjekt).

[2]Satz 1 Nr. 2 gilt entsprechend

a) bei Wohneigentum, das nicht der Einkunftserzielung dient,

b) bei der Anschaffung von Genossenschaftsanteilen im Sinne des § 17 des Eigenheimzulagengesetzes und

c) bei Mietwohngebäuden,

wenn die Feststellung für die Besteuerung, für die Festsetzung der Eigenheimzulage oder für die Festsetzung der Investitionszulage von Bedeutung ist.

(2) Absatz 1 gilt für die Umsatzsteuer nur, wenn mehrere Unternehmer im Rahmen eines Gesamtobjekts Umsätze ausführen oder empfangen.

---

1) § 1 Abs. 1 Satz 2 angef. durch VO v. 22. 10. 1990 (BGBl. I S. 2275), geänd. durch G v. 15. 12. 1995 (BGBl. I S. 1783) und G v. 22. 12. 1999 (BGBl. I S. 2601), neugef. durch G v. 20. 12. 2000 (BGBl. I S. 1850).

(3) [1]Die Feststellung ist gegenüber den in Absatz 1 genannten Personen einheitlich vorzunehmen. [2]Sie kann auf bestimmte Personen beschränkt werden.

§ 2[1)] **Örtliche Zuständigkeit.** (1) [1]Für Feststellungen in den Fällen des § 1 Abs. 1 Satz 1 Nr. 1 richtet sich die örtliche Zuständigkeit nach § 18 Abs. 1 Nr. 2 der Abgabenordnung. [2]Die Wirtschaftsgüter, Anlagen oder Einrichtungen gelten als gewerblicher Betrieb im Sinne dieser Vorschrift.

(2) Für Feststellungen in den Fällen des § 1 Abs. 1 Satz 1 Nr. 2 und Satz 2 ist das Finanzamt zuständig, das nach § 19 oder § 20 der Abgabenordnung für die Steuern vom Einkommen und Vermögen des Erklärungspflichtigen zuständig ist.

(3) Feststellungen nach § 1 Abs. 2 hat das für die Feststellungen nach § 1 Abs. 1 Satz 1 Nr. 2 zuständige Finanzamt zu treffen.

(4) § 18 Abs. 2 der Abgabenordnung gilt entsprechend.

§ 3[2)] **Erklärungspflicht.** (1) [1]Eine Erklärung zur gesonderten Feststellung der Besteuerungsgrundlagen haben nach Aufforderung durch die Finanzbehörde abzugeben:

1. in den Fällen des § 1 Abs. 1 Satz 1 Nr. 1 die Personen, die im Feststellungszeitraum die Wirtschaftsgüter, Anlagen oder Einrichtungen betrieben, genutzt oder gehalten haben,
2. in den Fällen des § 1 Abs. 1 Satz 1 Nr. 2 und Satz 2 die Personen, die bei der Planung, Herstellung, Erhaltung, dem Erwerb, der Betreuung, Geschäftsführung oder Verwaltung des Gesamtobjektes für die Feststellungsbeteiligten handeln oder im Feststellungszeitraum gehandelt haben; dies gilt in den Fällen des § 1 Abs. 2 entsprechend.

[2]§ 34 der Abgabenordnung bleibt unberührt.

(2)[3)] [1]Die Erklärung ist nach amtlich vorgeschriebenem Vordruck abzugeben und von der zur Abgabe verpflichteten Person eigenhändig zu unterschreiben. [2]Name und Anschrift der Feststellungsbeteiligten sind anzugeben. [3]Der Erklärung ist eine Ermittlung der Besteuerungsgrundlagen beizufügen. [4]Ist Besteuerungsgrundlage ein nach § 4 Abs. 1 oder § 5 des Einkommensteuergesetzes zu ermittelnder Gewinn, gilt § 5b des Einkommensteuergesetzes entsprechend; die Beifügung der in Satz 3 genannten Unterlagen kann in den Fällen des § 5b Abs. 1 des Einkommensteuergesetzes unterbleiben.

(3) Die Finanzbehörde kann entsprechend der vorgesehenen Feststellung den Umfang der Erklärung und die zum Nachweis erforderlichen Unterlagen bestimmen.

---

1) § 2 Zitate geänd. durch VO v. 22. 10. 1990 (BGBl. I S. 2275).
2) § 3 Abs. 1 Zitate geänd. durch VO v. 22. 10. 1990 (BGBl. I S. 2275).
3) § 3 Abs. 2 Satz 4 angef. mWv 1. 1. 2009 durch G v. 20. 12. 2008 (BGBl. I S. 2850).

(4) Hat ein Erklärungspflichtiger eine Erklärung zur gesonderten Feststellung der Besteuerungsgrundlagen abgegeben, sind andere Erklärungspflichtige insoweit von der Erklärungspflicht befreit.

§ 4 Einleitung des Feststellungsverfahrens. [1]Die Finanzbehörde entscheidet nach pflichtgemäßem Ermessen, ob und in welchem Umfang sie ein Feststellungsverfahren durchführt. [2]Hält sie eine gesonderte Feststellung nicht für erforderlich, insbesondere weil das Feststellungsverfahren nicht der einheitlichen Rechtsanwendung und auch nicht der Erleichterung des Besteuerungsverfahrens dient, kann sie dies durch Bescheid feststellen. [3]Der Bescheid gilt als Steuerbescheid.

§ 5 Verfahrensbeteiligte. Als an dem Feststellungsverfahren Beteiligte gelten neben den Beteiligten nach § 78 der Abgabenordnung auch die in § 3 Abs. 1 Nr. 2 genannten Personen.

§ 6 Bekanntgabe. (1) [1]Die am Gegenstand der Feststellung beteiligten Personen sollen einen gemeinsamen Empfangsbevollmächtigten bestellen, der ermächtigt ist, für sie alle Verwaltungsakte und Mitteilungen in Empfang zu nehmen, die mit dem Feststellungsverfahren und dem anschließenden Verfahren über einen außergerichtlichen Rechtsbehelf zusammenhängen. [2]Ein Widerruf der Empfangsvollmacht wird der Finanzbehörde gegenüber erst wirksam, wenn er ihr zugeht. [3]Ist ein Empfangsbevollmächtigter nicht bestellt, kann die Finanzbehörde die Beteiligten auffordern, innerhalb einer angemessenen Frist einen Empfangsbevollmächtigten zu benennen. [4]Hierbei ist ein Beteiligter vorzuschlagen und darauf hinzuweisen, daß diesem die in Satz 1 genannten Verwaltungsakte und Mitteilungen mit Wirkung für und gegen alle Beteiligten bekanntgegeben werden, soweit nicht ein anderer Empfangsbevollmächtigter benannt wird. [5]Bei der Bekanntgabe an den Empfangsbevollmächtigten ist darauf hinzuweisen, daß die Bekanntgabe mit Wirkung für und gegen alle Feststellungsbeteiligten erfolgt.

(2) Der Feststellungsbescheid ist auch den in § 3 Abs. 1 Nr. 2 genannten Personen bekanntzugeben, wenn sie die Erklärung abgegeben haben, aber nicht zum Empfangsbevollmächtigten bestellt sind.

(3) Absatz 1 Sätze 3 und 4 ist insoweit nicht anzuwenden, als der Finanzbehörde bekannt ist, daß zwischen den Feststellungsbeteiligten und dem Empfangsbevollmächtigten ernstliche Meinungsverschiedenheiten bestehen.

(4) Ist Einzelbekanntgabe erforderlich, sind dem Beteiligten nur die ihn betreffenden Besteuerungsgrundlagen bekanntzugeben.

§ 7 Außenprüfung. (1) Eine Außenprüfung zur Ermittlung der Besteuerungsgrundlagen ist bei jedem Verfahrensbeteiligten zulässig.

(2) Die Prüfungsanordnung ist dem Verfahrensbeteiligten bekanntzugeben, bei dem die Außenprüfung durchgeführt werden soll.

§ 8 Feststellungsgegenstand beim Übergang zur Liebhaberei. Dient ein Betrieb von einem bestimmten Zeitpunkt an nicht mehr der Erzielung von Einkünften im Sinne des § 2 Abs. 1 Nr. 1 bis 3 des Einkommensteuergesetzes und liegt deshalb ein Übergang zur Liebhaberei vor, so ist auf diesen Zeitpunkt unabhängig von der Gewinnermittlungsart für jedes Wirtschaftsgut des Anlagevermögens der Unterschiedsbetrag zwischen dem gemeinen Wert und dem Wert, der nach § 4 Abs. 1 oder nach § 5 des Einkommensteuergesetzes anzusetzen wäre, gesondert und bei mehreren Beteiligten einheitlich festzustellen.

§ 9[1] **Feststellungsgegenstand bei Einsatz von Versicherungen auf den Erlebens- oder Todesfall zu Finanzierungszwecken.** Sind für Beiträge zu Versicherungen auf den Erlebens- oder Todesfall die Voraussetzungen für den Sonderausgabenabzug nach § 10 Abs. 1 Nr. 3 Buchstabe b[2] des Einkommensteuergesetzes nicht erfüllt, stellt das für die Einkommensbesteuerung des Versicherungsnehmers zuständige Finanzamt die Steuerpflicht der außerrechnungsmäßigen und rechnungsmäßigen Zinsen aus den in den Beiträgen enthaltenen Sparanteilen (§ 52 Abs. 36 letzter Satz[1] des Einkommensteuergesetzes) gesondert fest.

§ 10[3] ***Feststellungsverfahren bei steuerverstrickten Anteilen an Kapitalgesellschaften.*** *(1) [1] Es kann gesondert und bei mehreren Beteiligten einheitlich festgestellt werden,*

a) ob und in welchem Umfang im Rahmen der Gründung einer Kapitalgesellschaft oder einer Kapitalerhöhung stille Reserven in Gesellschaftsanteilen, die der Besteuerung nach § 21 des Umwandlungssteuergesetzes oder § 17 des Einkommensteuergesetzes unterliegen (steuerverstrickte Anteile), auf andere Gesellschaftsanteile übergehen (mitverstrickte Anteile),

b) in welchem Umfang die Anschaffungskosten der steuerverstrickten Anteile den mitverstrickten Anteilen zuzurechnen sind,

c) wie hoch die Anschaffungskosten der steuerverstrickten Anteile nach dem Übergang stiller Reserven sowie der mitverstrickten Anteile im Übrigen sind.

[2] Satz 1 gilt sinngemäß für die Feststellung, ob und inwieweit Anteile an Kapitalgesellschaften unentgeltlich auf andere Steuerpflichtige übertragen werden.

(2) [1] Feststellungen nach Absatz 1 erfolgen durch das Finanzamt, das für die Besteuerung der Kapitalgesellschaft nach § 20 der Abgabenordnung zuständig ist. [2] Die Inhaber der von Feststellungen nach Absatz 1 betroffenen Anteile haben eine Erklärung zur gesonderten Feststellung der Besteuerungsgrundlagen abzugeben, wenn sie durch die Finanzbehörde dazu aufgefordert werden. [3] § 3 Abs. 2 bis 4, §§ 4, 6 Abs. 1, 3 und 4 und § 7 sind sinngemäß anzuwenden.

---

[1] § 9 neugef. durch VO v. 16. 12. 1994 (BGBl. I S. 3834).

[2] Verweis geänd. mWv 1. 1. 2005 durch G v. 5. 7. 2004 (BGBl. I S. 1427).

[3] § 10 eingef. mWv 30. 12. 1999 durch G v. 22. 12. 1999 (BGBl. I S. 2601), bish. § 10 wird § 11.

§ 10 aufgeh. mWv 13. 12. 2006 durch G v. 7. 12. 2006 (BGBl. I S. 2782); zur weiteren Anwendung siehe § 11 Satz 3.

§ 11[1] Inkrafttreten, Anwendungsvorschriften. [1]Diese Verordnung tritt am Tage nach der Verkündung[2] in Kraft. [2]Sie tritt mit Wirkung vom 25. Dezember 1985 in Kraft, soweit einheitliche und gesonderte Feststellungen nach § 180 Abs. 2 der Abgabenordnung in der bis zum 24. Dezember 1985 geltenden Fassung zulässig waren. [3]§ 10 ist für Anteile, bei denen hinsichtlich des Gewinns aus der Veräußerung der Anteile die Steuerfreistellung nach § 8b Abs. 4 des Körperschaftsteuergesetzes in der am 12. Dezember 2006 geltenden Fassung oder nach § 3 Nr. 40 Satz 3 und 4 des Einkommensteuergesetzes in der am 12. Dezember 2006 geltenden Fassung ausgeschlossen ist, weiterhin anzuwenden.

---

[1] § 11 Satz 3 angef. durch G v. 7. 12. 2006 (BGBl. I S. 2782).

[2] Verkündet am 30. 12. 1986. Das Inkrafttreten der späteren Änderungen ergibt sich aus den jeweiligen Änderungsbestimmungen.

800f. Verordnung über Mitteilungen an die Finanzbehörden durch andere Behörden und öffentlich-rechtliche Rundfunkanstalten (Mitteilungsverordnung – MV)

Vom 7. September 1993 (BGBl. I S. 1554)

Geändert durch Verordnungen vom 19. Dezember 1994 (BGBl. I S. 3848), vom 26. 5. 1999 (BGBl. I S. 1077), Gesetze vom 19. 12. 2000 (BGBl. I S. 1790) und vom 23. 12. 2003 (BGBl. I S. 2848)

BGBl. III/FNA 610-1-8

Auf Grund des § 93a der Abgabenordnung vom 16. März 1976 (BGBl. I S. 613, 1977 I S. 269), der durch Artikel 1 Nr. 10 des Gesetzes vom 19. Dezember 1985 (BGBl. I S. 2436) eingefügt worden ist, verordnet die Bundesregierung:

1. Teil. Allgemeine Vorschriften

§ 1[1] **Grundsätze.** (1) [1]Behörden (§ 6 Abs. 1 der Abgabenordnung) und öffentlich-rechtliche Rundfunkanstalten sind verpflichtet, Mitteilungen an die Finanzbehörden nach Maßgabe der folgenden Vorschriften ohne Ersuchen zu übersenden. [2]Dies gilt nicht, wenn die Finanzbehörden bereits auf Grund anderer Vorschriften über diese Tatbestände Mitteilungen erhalten. [3]Eine Verpflichtung zur Mitteilung besteht auch dann nicht, wenn die Gefahr besteht, daß das Bekanntwerden des Inhalts der Mitteilung dem Wohl des Bundes oder eines deutschen Landes Nachteile bereiten würde. [4]Ist eine mitteilungspflichtige Behörde einer obersten Dienstbehörde nachgeordnet, muß die oberste Behörde dem Unterlassen der Mitteilung zustimmen; die Zustimmung kann für bestimmte Fallgruppen allgemein erteilt werden.

(2) Auf Grund dieser Verordnung sind personenbezogene Daten, die dem Sozialgeheimnis unterliegen (§ 35 des Ersten Buches Sozialgesetzbuch), und nach Landesrecht zu erbringende Sozialleistungen nicht mitzuteilen.

§ 2[2] **Allgemeine Zahlungsmitteilungen.** (1) [1]Die Behörden haben Zahlungen mitzuteilen, wenn der Zahlungsempfänger nicht im Rahmen einer land- und forstwirtschaftlichen, gewerblichen oder freiberuflichen Haupttätigkeit gehandelt hat, oder soweit die Zahlung nicht auf das Geschäftskonto des Zahlungsempfängers erfolgt. [2]Zahlungen sind auch mitzuteilen, wenn zweifelhaft ist, ob der Zahlungsempfänger im Rahmen der Haupttätigkeit gehandelt hat oder die Zahlung auf das Geschäftskonto erfolgt. [3]Eine Mitteilungspflicht besteht nicht, wenn ein Steuerabzug durchgeführt wird.

---

[1] § 1 Abs. 1 Satz 1 geänd. durch VO v. 26. 5. 1999 (BGBl. I S. 1077).

[2] § 2 neugef. durch VO v. 26. 5. 1999 (BGBl. I S. 1077).

(2) Die Finanzbehörden können Ausnahmen von der Mitteilungspflicht zulassen, wenn die Zahlungen geringe oder keine steuerliche Bedeutung haben.

§ 3 Honorare der Rundfunkanstalten. (1) [1]Die öffentlich-rechtlichen Rundfunkanstalten haben Honorare für Leistungen freier Mitarbeiter mitzuteilen, die in unmittelbarem Zusammenhang mit der Vorbereitung, Herstellung oder Verbreitung von Hörfunk- und Fernsehsendungen erbracht werden. [2]Das gilt nicht, wenn die Besteuerung den Regeln eines Abzugsverfahrens unterliegt oder wenn die Finanzbehörden auf Grund anderweitiger Regelungen Mitteilungen über die Honorare erhalten.

(2) Honorare im Sinne des Absatzes 1 sind alle Güter, die in Geld oder Geldeswert bestehen und dem Steuerpflichtigen für eine persönliche Leistung oder eine Verwertung im Sinne des Urheberrechtsgesetzes zufließen.

§ 4 Wegfall oder Einschränkung einer steuerlichen Vergünstigung. Die Behörden haben Verwaltungsakte mitzuteilen, die den Wegfall oder die Einschränkung einer steuerlichen Vergünstigung zur Folge haben können.

§ 4 a[1)] Ausfuhrerstattungen. Die Zollbehörden haben den Landesfinanzbehörden die im Rahmen der gemeinsamen Marktorganisationen gewährten Ausfuhrerstattungen mitzuteilen.

§ 5 Ausgleichs- und Abfindungszahlungen nach dem Flurbereinigungsgesetz. Die Flurbereinigungsbehörden haben Ausgleichs- und Abfindungszahlungen nach dem Flurbereinigungsgesetz mitzuteilen.

§ 6[2)] Gewerberechtliche Erlaubnisse und Gestattungen. (1) Die Behörden haben mitzuteilen

1. die Erteilung von Reisegewerbekarten,
2. zeitlich befristete Erlaubnisse sowie Gestattungen nach dem Gaststättengesetz,
3. Bescheinigungen über die Geeignetheit der Aufstellungsorte für Spielgeräte (§ 33 c der Gewerbeordnung),
4. Erlaubnisse zur Veranstaltung anderer Spiele mit Gewinnmöglichkeit (§ 33 d der Gewerbeordnung),
5. Festsetzungen von Messen, Ausstellungen, Märkten und Volksfesten (§ 69 der Gewerbeordnung),
6. Genehmigungen nach dem Personenbeförderungsgesetz zur Beförderung von Personen mit Kraftfahrzeugen im Linienverkehr, die Unternehmern mit Wohnsitz oder Sitz außerhalb des Geltungsbereichs des Personenbeförderungsgesetzes erteilt werden, und

---

1) § 4 a eingef. durch VO v. 26. 5. 1999 (BGBl. I S. 1077).

2) § 6 Abs. 1 Nr. 8 und Abs. 2 angef. durch VO v. 26. 5. 1999 (BGBl. I S. 1077).

7. Erlaubnisse zur gewerbsmäßigen Arbeitnehmerüberlassung,
8. die gemäß der Verordnung (EWG) Nr. 2408/92 des Rates vom 23. Juli 1992 über den Zugang von Luftfahrtunternehmen der Gemeinschaft zu Strecken des innergemeinschaftlichen Flugverkehrs (ABl. EG Nr. L 240 S. 8) erteilten Genehmigungen, Verkehrsrechte auszuüben.

(2) Abweichend von § 1 Abs. 2 teilt die Bundesagentur[1)] für Arbeit nach Erteilung der erforderlichen Zusicherung folgende Daten der ausländischen Unternehmen mit, die auf Grund bilateraler Regierungsvereinbarungen über die Beschäftigung von Arbeitnehmern zur Ausführung von Werkverträgen tätig werden:

1. die Namen und Anschriften der ausländischen Vertragspartner des Werkvertrages,
2. den Beginn und die Ausführungsdauer des Werkvertrages und
3. den Ort der Durchführung des Werkvertrages.

§ 7 Ausnahmen von der Mitteilungspflicht über Zahlungen. (1) [1]Zahlungen an Behörden, juristische Personen des öffentlichen Rechts, Betriebe gewerblicher Art von Körperschaften des öffentlichen Rechts oder Körperschaften, die steuerbegünstigte Zwecke im Sinne des Zweiten Teils Dritter Abschnitt der Abgabenordnung verfolgen, sind nicht mitzuteilen; maßgebend sind die Verhältnisse zum Zeitpunkt der Zahlung. [2]Das gilt auch für Mitteilungen über Leistungen, die von Körperschaften des öffentlichen Rechts im Rahmen ihrer Beteiligungen an Unternehmen oder Einrichtungen des privaten Rechts erbracht werden.

(2) [1]Mitteilungen nach dieser Verordnung über Zahlungen, mit Ausnahme von wiederkehrenden Bezügen, unterbleiben, wenn die an denselben Empfänger geleisteten Zahlungen im Kalenderjahr weniger als 1500 Euro[2)] betragen; wurden Vorauszahlungen geleistet, sind diese bei der Errechnung des maßgebenden Betrages zu berücksichtigen. [2]Vorauszahlungen sind nicht gesondert mitzuteilen. [3]In der Mitteilung über die abschließende Zahlung ist anzugeben, ob eine oder mehrere Vorauszahlungen geleistet wurden.

(3) Bei wiederkehrenden Bezügen brauchen nur die erste Zahlung, die Zahlungsweise und die voraussichtliche Dauer der Zahlungen mitgeteilt zu werden, wenn mitgeteilt wird, daß es sich um wiederkehrende Bezüge handelt.

2. Teil. Mitteilungen

§ 8[3)] Form und Inhalt der Mitteilungen. (1) [1]Die Mitteilungen sollen schriftlich ergehen. [2]Sie sind für jeden Betroffenen getrennt zu erstel-

---

[1)] Bezeichnung geänd. mWv 1. 1. 2004 durch G v. 23. 12. 2003 (BGBl. I S. 2848).

[2)] Betrag geänd. mWv 1. 1. 2002 durch G v. 19. 12. 2000 (BGBl. I S. 1790).

[3)] § 8 Abs. 2 Satz 1 geänd., Abs. 3 Sätze 2 und 3 angef. durch G v. 19. 12. 1994 (BGBl. I S. 3848).

len. [3] Sie können auch auf maschinell verwertbaren Datenträgern oder durch Datenfernübertragung übermittelt werden; in diesen Fällen bedarf das Verfahren der Zustimmung der obersten Finanzbehörde des Landes, in dem die mitteilende Behörde oder Rundfunkanstalt ihren Sitz hat. [4] Eine Übermittlung im automatisierten Abrufverfahren findet nicht statt.

(2) [1] In Mitteilungen über Zahlungen sind die anordnende Stelle, ihr Aktenzeichen, die Bezeichnung (Name, Vorname, Firma), die Anschrift des Zahlungsempfängers und, wenn bekannt, seine Steuernummer sowie sein Geburtsdatum, der Grund der Zahlung (Art des Anspruchs), die Höhe der Zahlung, der Tag der Zahlung oder der Zahlungsanordnung anzugeben. [2] Als Zahlungsempfänger ist stets der ursprüngliche Gläubiger der Forderung zu benennen, auch wenn die Forderung abgetreten, verpfändet oder gepfändet ist.

(3) [1] In Mitteilungen über Verwaltungsakte sind die Behörde, die den Verwaltungsakt erlassen hat, das Aktenzeichen und das Datum des Verwaltungsakts sowie Gegenstand und Umfang der Genehmigung, Erlaubnis oder gewährten Leistung und die Bezeichnung (Name, Vorname, Firma), die Anschrift des Beteiligten und, wenn bekannt, seine Steuernummer sowie sein Geburtsdatum anzugeben. [2] Die Mitteilungspflicht kann auch durch die Übersendung einer Mehrausfertigung oder eines Abdrucks des Bescheids erfüllt werden. [3] In diesem Fall dürfen jedoch nicht mehr personenbezogene Daten übermittelt werden, als nach Satz 1 zulässig ist.

§ 9[1)] Empfänger der Mitteilungen. (1) [1] Die Mitteilungen sind an das Finanzamt zu richten, in dessen Bezirk der Zahlungsempfänger oder derjenige, für den ein Verwaltungsakt bestimmt ist, seinen Wohnsitz hat. [2] Bei Körperschaften, Personenvereinigungen und Vermögensmassen ist die Mitteilung dem Finanzamt zuzuleiten, in dessen Bezirk sich die Geschäftsleitung befindet. [3] Mitteilungen nach § 6 Abs. 2 sind an das für die Umsatzbesteuerung zuständige Finanzamt zu richten. [4] Bestehen Zweifel über die Zuständigkeit des Finanzamts, ist die Mitteilung an die Oberfinanzdirektionen zu senden, in deren Bezirk die Behörde oder Rundfunkanstalt ihren Sitz hat. [5] Die Oberfinanzdirektion, in deren Bezirk die mitteilungspflichtige Behörde oder Rundfunkanstalt ihren Sitz hat, kann ein Finanzamt bestimmen, an das die mitteilungspflichtige Behörde oder Rundfunkanstalt die Mitteilung zu übersenden hat.

(2) Werden Mitteilungen auf maschinell verwertbaren Datenträgern oder durch Datenfernübertragung übermittelt, kann die oberste Finanzbehörde des Landes, in dem die mitteilungspflichtige Behörde oder Rundfunkanstalt ihren Sitz hat, eine andere Landesfinanzbehörde oder mit Zustimmung des Bundesministeriums der Finanzen eine Finanzbehörde des Bundes als Empfänger der Mitteilungen bestimmen.

[1)] § 9 Abs. 1 Satz 3 eingef., bisherige Sätze 3 und 4 werden Sätze 4 und 5 durch VO vom 26. 5. 1999 (BGBl. I S. 1077).

§ 10[1] **[Zeitpunkt der Mitteilungen].** Die Mitteilungen nach § 6 Abs. 2 sind unverzüglich, die Mitteilungen nach den §§ 4 und 6 Abs. 1 sind mindestens vierteljährlich und die übrigen Mitteilungen mindestens einmal jährlich, spätestens bis zum 30. April des Folgejahres, zu übersenden.

3. Teil. Unterrichtung des Betroffenen

§ 11 Pflicht zur Unterrichtung. Die mitteilungspflichtige Behörde oder öffentlich-rechtliche Rundfunkanstalt hat den Betroffenen von ihrer Verpflichtung, Mitteilungen zu erstellen, spätestens bei Übersendung der ersten Mitteilung an die Finanzbehörde zu unterrichten.

§ 12 Inhalt der Unterrichtung. (1) [1]Der Betroffene ist darüber zu unterrichten, daß den Finanzbehörden die nach § 8 geforderten Angaben mitgeteilt werden, soweit sich diese Unterrichtung nicht aus dem Verwaltungsakt, dem Vertrag, der Genehmigung oder der Erlaubnis ergibt. [2]Der Betroffene ist hierbei in allgemeiner Form auf seine steuerlichen Aufzeichnungs- und Erklärungspflichten hinzuweisen.

(2) In den Fällen des § 2 Satz 2 und des § 3 ist dem Betroffenen eine Aufstellung der im Kalenderjahr geleisteten Zahlungen und ihrer Summe zu übersenden, soweit nicht über die einzelne Zahlung bereits eine Unterrichtung erfolgt ist.

4. Teil. Schlußvorschriften

§ 13 Inkrafttreten. Diese Verordnung tritt am 1. Januar 1994 in Kraft.

---

[1] § 10 geänd. durch VOen v. 19. 12. 1994 (BGBl. I S. 3848) und vom 26. 5. 1999 (BGBl. I S. 1077).

800g. Verordnung über den automatisierten Abruf von Steuerdaten (Steuerdaten-Abrufverordnung – StDAV)

Vom 13. Oktober 2005 (BGBl. I S. 3021)

Auf Grund des § 30 Abs. 6 Satz 2 und 3 der Abgabenordnung in der Fassung der Bekanntmachung vom 1. Oktober 2002 (BGBl. I S. 3866, 2003 I S. 61) verordnet das Bundesministerium der Finanzen:

§ 1 Anwendungsbereich. [1]Diese Verordnung regelt den automatisierten Abruf von Daten (Abrufverfahren), die dem Steuergeheimnis unterliegen und für eines der in §30 Abs. 2 Nr. 1 der Abgabenordnung genannten Verfahren gespeichert sind. [2]Sie regelt nicht Abrufverfahren, die Verbrauchsteuern und Verbrauchsteuervergütungen oder Ein- und Ausfuhrabgaben im Sinne des Artikels 4 Nr. 10 und 11 des Zollkodexes[1] betreffen.

§ 2 Maßnahmen zur Wahrung des Steuergeheimnisses. (1) [1]Es sind angemessene organisatorische und dem jeweiligen Stand der Technik entsprechende technische Vorkehrungen zur Wahrung des Steuergeheimnisses zu treffen. [2]Hierzu zählen insbesondere Maßnahmen, die sicherstellen, dass

1. Unbefugten der Zutritt zu Datenverarbeitungsanlagen, mit denen die in § 1 Satz 1 bezeichneten Daten abgerufen werden können, verwehrt wird (Zutrittskontrolle),
2. Datenverarbeitungssysteme nicht unbefugt zum Abruf genutzt werden können (Zugangskontrolle),
3. die zur Benutzung eines Datenverarbeitungssystems zum Datenabruf Befugten ausschließlich auf die ihrer Zugriffsbefugnis unterliegenden Daten zugreifen können und dass die Daten während des Abrufs nicht unbefugt gelesen oder kopiert werden können (Zugriffskontrolle),
4. überprüft und festgestellt werden kann, wer personenbezogene Daten abrufen darf oder abgerufen hat (Weitergabekontrolle).

(2) Abrufverfahren zur Übermittlung von Daten an Empfänger außerhalb der für die Speicherung verantwortlichen Stelle sollen nur eingerichtet werden, wenn es wegen der Vielzahl der Übermittlungen oder wegen

[1] **Amtl. Anm.:** Verordnung (EWG) Nr. 2913/92 des Rates vom 12. Oktober 1992 zur Festlegung des Zollkodexes der Gemeinschaften (ABl. EG Nr. L 302 S. 1, 1993 Nr. L 79 S. 84, 1996 Nr. L 97 S. 38), zuletzt geändert durch die Akte über die Bedingungen des Beitritts der Tschechischen Republik, der Republik Estland, der Republik Zypern, der Republik Lettland, der Republik Litauen, der Republik Ungarn, der Republik Malta, der Republik Polen, der Republik Slowenien und der Slowakischen Republik und die Anpassungen der die Europäischen Union betreffenden Verträge vom 23. September 2003 (ABl. EU Nr. L 236 S. 762), in der jeweils geltenden Fassung.

ihrer besonderen Eilbedürftigkeit unter Berücksichtigung der schutzwürdigen Interessen der Betroffenen angemessen ist.

§ 3 Erteilung der Abrufbefugnis. Die Erteilung einer Abrufbefugnis kommt in Betracht bei

1. Amtsträgern (§ 7 der Abgabenordnung) oder gleichgestellten Personen (§ 30 Abs. 3 der Abgabenordnung), die in einem Verwaltungsverfahren, einem Rechnungsprüfungsverfahren oder gerichtlichen Verfahren in Steuersachen, in einem Strafverfahren wegen einer Steuerstraftat oder einem Bußgeldverfahren wegen einer Steuerordnungswidrigkeit tätig sind,
2. Amtsträgern oder gleichgestellten Personen, soweit die Abrufbefugnis zur Wahrnehmung der Dienst- und Fachaufsicht erforderlich ist,
3. Amtsträgern oder gleichgestellten Personen, soweit die Abrufbefugnis zur zulässigen Weitergabe von Daten nach § 30 Abs. 4 und 5 der Abgabenordnung erforderlich ist,
4. Amtsträgern oder gleichgestellten Personen, die mit der Entwicklung oder Betreuung automatisierter Verfahren oder der dabei eingesetzten technischen Einrichtungen befasst sind, in denen die in § 1 bezeichneten Daten verarbeitet werden, wenn der Abruf allein der Beseitigung von Fehlern oder der Kontrolle der ordnungsgemäßen Arbeitsweise der Verfahren oder der technischen Einrichtungen dient und dies nicht mit vertretbarem Aufwand durch Zugriff auf anonymisierte oder pseudonymisierte Daten erreicht werden kann,
5. Amtsträgern der Zollverwaltung oder gleichgestellten Personen, soweit die Abrufbefugnis für die Festsetzung oder Erhebung der Einfuhrumsatzsteuer erforderlich ist und die Daten beim Bundesamt für Finanzen gespeichert sind,
6. Amtsträgern der Gemeinden, soweit sie in einem Realsteuerverfahren in Ausübung der nach § 21 des Finanzverwaltungsgesetzes den Gemeinden zustehenden Rechte tätig sind.

§ 4 Umfang der Abrufbefugnis. (1) [1]Die Abrufbefugnis ist auf die Daten oder die Arten von Daten zu beschränken, die zur Erledigung der jeweiligen Aufgabe erforderlich sind. [2]Hiervon darf nur abgesehen werden, wenn der Aufwand für eine Beschränkung auf bestimmte Daten oder Arten von Daten unter Berücksichtigung der schutzwürdigen Interessen der Betroffenen außer Verhältnis zu dem angestrebten Zweck steht.

(2) [1]Die Abrufbefugnis ist zu befristen, wenn der Verwendungszweck zeitlich begrenzt ist. [2]Sie ist unverzüglich zu widerrufen, wenn der Anlass für ihre Erteilung weggefallen ist.

§ 5 Prüfung der Abrufbefugnis. (1) [1]Die Abrufbefugnis ist automatisiert zu prüfen

1. bei jedem Aufbau einer Verbindung anhand eines Identifizierungsschlüssels (Benutzerkennung) und eines geheim zu haltenden Passwortes

oder sonst zum hinreichend sicheren Nachweis von Benutzeridentität und Authentizität geeigneter Verfahren,

2. bei jedem Abruf anhand eines Verzeichnisses über den Umfang der dem Abrufenden eingeräumten Abrufbefugnis.

[2]Benutzerkennungen und Passwörter sind nach höchstens fünf aufeinander folgenden Fehlversuchen zum Aufbau einer Verbindung zu sperren.

(2) Die Passwörter nach Absatz 1 Satz 1 Nr. 1 sind spätestens nach 90 Tagen, bei Kenntnisnahme durch andere Personen unverzüglich, zu ändern.

(3) [1]Werden zur Authentifizierung automatisiert lesbare Ausweiskarten verwendet, so sind deren Bestand, Ausgabe und Einzug nachzuweisen und zu überwachen. [2]Abhanden gekommene Ausweiskarten sind unverzüglich zu sperren. [3]Der Inhaber darf die Ausweiskarte nicht weitergeben. [4]Er hat sie unter Verschluss aufzubewahren, wenn er sie nicht zum Datenabruf verwendet.

§ 6 Aufzeichnung der Abrufe. (1) [1]Abrufe und Abrufversuche sind zur Prüfung der Zulässigkeit der Abrufe automatisiert aufzuzeichnen. [2]Die Aufzeichnungen umfassen mindestens die Benutzerkennung, das Datum, die Uhrzeit sowie die sonstigen zur Prüfung der Zulässigkeit der Abrufe erforderlichen Daten.

(2) [1]Die Aufzeichnungspflicht entfällt, soweit die Abrufbefugnis durch technische Maßnahmen auf die Daten oder Arten von Daten beschränkt worden ist, die zur Erledigung der jeweiligen Aufgabe erforderlich sind. [2]Unbeschadet des Satzes 1 können Aufzeichnungen anlassbezogen durchgeführt werden.

(3) Die Aufzeichnungen dürfen nur zur Prüfung der Zulässigkeit der Abrufe verwendet werden.

(4) Die Aufzeichnungen sind zwei Jahre aufzubewahren und danach unverzüglich zu löschen.

§ 7 Prüfung der Zulässigkeit der Abrufe. [1]Anhand der Aufzeichnungen ist zeitnah und in angemessenem Umfang zu prüfen, ob der Abruf nach § 30 Abs. 6 Satz 1 der Abgabenordnung und nach dieser Verordnung zulässig war. [2]Unbeschadet des Satzes 1 können aufgezeichnete Abrufe anlassbezogen geprüft werden.

§ 8 Ergänzende Regelungen und Verfahrensdokumentation. [1]Bei Einrichtung eines Abrufverfahrens sind von den beteiligten Stellen zu regeln und in einer für sachverständige Dritte verständlichen Weise zu dokumentieren

1. Anlass, Zweck und beteiligte Stellen des Abrufverfahrens,
2. die notwendigen technischen Voraussetzungen und die verwendeten Programme,
3. die zum Abruf bereitgehaltenen Daten,

4. auf welche Weise und zu welchem Zeitpunkt die verantwortlichen Stellen über die Abrufbefugnis anderer Behörden zu unterrichten sind,
5. die Gruppen der zum Abruf berechtigten Personen (§ 3) und der Umfang der Abrufbefugnisse (§ 4),
6. die protokollierende Stelle,
7. die zur Identifizierung, Authentisierung und Verschlüsselung verwendeten Verfahren,
8. die für die Vergabe und Verwaltung von Benutzerkennungen, Passwörtern und Ausweiskarten sowie die für die Prüfung der aufgezeichneten Abrufe und Stichproben zuständigen Stellen,
9. Art und Umfang der Maßnahmen zur nachträglichen Überprüfung eingeräumter Abrufbefugnisse sowie die Frist zur Aufbewahrung der revisionsfähigen Unterlagen,
10. die Einzelheiten des Prüfungsverfahrens nach § 7,
11. das Verfahren zur Erprobung und zur Qualitätssicherung der Programme vor dem Einsatz,
12. die Fristen, nach deren Ablauf Daten zum Abruf durch Abrufberechtigte außerhalb der für die Speicherung verantwortlichen Stelle nicht mehr für einen Datenabruf bereitgehalten werden dürfen,
13. die sonstigen zur Wahrung der schutzwürdigen Belange der Betroffenen sowie zur Gewährleistung von Datenschutz und Datensicherheit getroffenen technischen und organisatorischen Maßnahmen.

[2]Die Verfahrensdokumentation ist fortlaufend zu aktualisieren. [3]Sie ist mindestens zwei Jahre über das Ende des Verfahrenseinsatzes hinaus aufzubewahren.

§ 9 Abrufe durch den Steuerpflichtigen. [1]Für Verfahren, die dem Steuerpflichtigen (§ 33 der Abgabenordnung) den Abruf von zu seiner Person gespeicherten Daten ermöglichen, gelten die §§ 1 bis 8 entsprechend. [2]Satz 1 ist auch anzuwenden, wenn anstelle des Steuerpflichtigen seinem gesetzlichen Vertreter, Vermögensverwalter, Verfügungsberechtigten, Bevollmächtigten oder Beistand eine Abrufberechtigung erteilt wird.

§ 10 Übergangsvorschrift. Bestehende Abrufverfahren sind spätestens bis zum 31. Oktober 2008 so zu gestalten, dass sie den vorstehenden Regelungen entsprechen.

§ 11 Inkrafttreten. Diese Verordnung tritt am Tag nach der Verkündung[1]) in Kraft.

---

1) Verkündet am 26. 10. 2005.

800h. Verordnung zur Vergabe steuerlicher Identifikationsnummern (Steueridentifikationsnummerverordnung – StIdV)[1]

Vom 28. November 2006 (BGBl. I S. 2726)

Geändert durch VO vom 26. 6. 2007 (BGBl. I S. 1185) und Gesetz zur Änderung von Vorschriften über Verkündung und Bekanntmachungen sowie der Zivilprozessordnung, des Gesetzes betreffend die Einführung der Zivilprozessordnung und der Abgabenordnung vom 22. 12. 2011 (BGBl. I S. 3044)

§ 1 Zeitpunkt der Einführung, Aufbau. Die Identifikationsnummer nach § 139b der Abgabenordnung wird zum 1. Juli 2007 eingeführt; sie besteht aus zehn Ziffern und einer Prüfziffer als elfter Ziffer.

§ 2[2] Form und Verfahren der Datenübermittlungen. (1) [1]Für die Datenübermittlungen der Meldebehörden an das Bundeszentralamt für Steuern nach § 139b Abs. 6 Satz 1, 3, Abs. 7 Satz 1 und Abs. 8 der Abgabenordnung gelten die §§ 5c und 6 der Zweiten Bundesmeldedatenübermittlungsverordnung. [2]Im Fall des § 3 kann die Datenübermittlung auch auf einem vom Bundeszentralamt für Steuern zugelassenen automatisiert verarbeitbaren Datenträger erfolgen; dabei ist die Satzbeschreibung OSCI-XMeld (§ 2 Abs. 4 Satz 1 der Ersten Bundesmeldedatenübermittlungsverordnung) in der im Bundesanzeiger *sowie elektronischen Bundesanzeiger (www.bundesanzeiger.de)* bekannt gemachten jeweils gültigen Fassung zu Grunde zu legen. [3]Daten auf Datenträgern sind mit einer fortgeschrittenen elektronischen Signatur nach § 2 Nr. 2 des Signaturgesetzes zu versehen und nach dem Stand der Technik zu verschlüsseln.

(2) [1]Die Datenübermittlungen des Bundeszentralamts für Steuern an die Meldebehörden nach § 139b Abs. 6 Satz 5 und Abs. 7 Satz 2 der Abgabenordnung erfolgen durch Datenübertragung über verwaltungseigene Kommunikationsnetze oder über das Internet. [2]Sie erfolgen unmittelbar oder über Vermittlungsstellen. [3]Die zu übermittelnden Daten sind mit einer fortgeschrittenen elektronischen Signatur nach § 2 Nr. 2 des Signaturgesetzes zu versehen und nach dem Stand der Technik zu verschlüsseln. [4]Hierbei sind die Satzbeschreibung OSCI-XMeld (§ 2 Abs. 4 Satz 1 der Ersten Bundesmeldedatenübermittlungsverordnung) und das Übermittlungsprotokoll OSCI-Transport (§ 2 Abs. 4 Satz 2 der Ersten Bundesmeldedatenübermittlungsverordnung) in der im Bundesanzeiger *sowie im elektronischen Bundesanzeiger* bekannt gemachten jeweils geltenden Fassung zu Grunde zu legen. [5]Absatz 1 Satz 2 und 3 gilt

---

[1] Die StIdV ist als Art. 1 der VO zur Einführung dauerhafter Identifikationsnummern in Besteuerungsverfahren und zur Änderung der Zweiten BundesmeldedatenübermittlungsVO v. 28. 11. 2006 verkündet worden.

[2] § 2 geänd. durch VO v. 26. 6. 2007 (BGBl. I S. 1185); Abs. 1 Satz 2 und Abs. 2 Satz 4 geänd. mWv 1. 4. 2012 durch G v. 22. 12. 2011 (BGBl. I S. 3044).

entsprechend, wenn zwischen dem Bundeszentralamt für Steuern und dem Empfänger darüber Einvernehmen besteht.

§ 3[1] **Erstmalige Zuteilung der Identifikationsnummer nach § 139 b Abs. 6 der Abgabenordnung.** (1) Jede Meldebehörde übermittelt dem Bundeszentralamt für Steuern für jeden zum Ablauf des 30. Juni 2007 in ihrem Zuständigkeitsbereich mit alleiniger Wohnung oder Hauptwohnung im Melderegister registrierten Einwohner folgende Daten:

	Blattnummern des Datensatzes für das Meldewesen – Einheitlicher Bundes-/Länderteil – (DSMeld)
1. Familienname (mit Namensbestandteilen)	0101 bis 0106,
2. frühere Namen	0201, 0202,
3. Vornamen	0301, 0302,
4. Doktorgrad	0401,
5. Ordensnamen/Künstlernamen	0501, 0502,
6. Tag und Ort der Geburt	0601 bis 0603,
7. Geschlecht	0701,
8. gegenwärtige Anschrift der alleinigen Wohnung oder der Hauptwohnung	1201 bis 1203, 1205, 1206, 1208 bis 1212.

(2) Die Meldebehörde übermittelt die Daten unter Angabe des Vorläufigen Bearbeitungsmerkmals (§ 139 b Abs. 6 Satz 2 der Abgabenordnung) mit der Blattnummer 2702 des DSMeld bis zum 31. Juli 2007.

(3) Nach Übermittlung sämtlicher von den Meldebehörden zu übermittelnden Daten sind die Daten zusammenzuführen und zu bereinigen.

(4) [1]Auf Grund der Datenübermittlungen der Meldebehörden vergibt das Bundeszentralamt für Steuern für jede gemeldete natürliche Person eine Identifikationsnummer. [2]Die Identifikationsnummer ist der zuständigen Meldebehörde zusammen mit dem Vorläufigen Bearbeitungsmerkmal zur Speicherung im Melderegister unverzüglich mitzuteilen.

§ 4 Löschungsfrist. Die beim Bundeszentralamt für Steuern nach § 139 b Abs. 3 der Abgabenordnung gespeicherten Daten sind zu löschen, wenn sie zur Erfüllung der gesetzlichen Aufgaben der Finanzbehörden nicht mehr erforderlich sind, spätestens jedoch 20 Jahre nach Ablauf des Kalenderjahres, in dem der Steuerpflichtige verstorben ist.

§ 5[1] **Sicherheit und Funktionsfähigkeit des Verfahrens.** [1]Das Bundeszentralamt für Steuern hat die Sicherheit und Funktionsfähigkeit des Verfahrens zu gewährleisten. [2]Anforderungen an die Sicherheit der elektronischen Übermittlung hat das Bundeszentralamt für Steuern im Benehmen mit dem Bundesamt für Sicherheit in der Informationstechnik festzulegen.

[1] § 3 geänd., § 5 neugef. durch VO v. 26. 6. 2007 (BGBl. I S. 1185).

§ 6 Benachrichtigung des Betroffenen, Berichtigung unrichtiger Daten. (1) Das Bundeszentralamt für Steuern unterrichtet den Steuerpflichtigen unverzüglich über die ihm zugeteilte Identifikationsnummer und die übrigen beim Bundeszentralamt für Steuern zu seiner Person gespeicherten Daten.

(2) [1] Stellen die Finanzbehörden Unrichtigkeiten der Daten im Sinne des § 139b Abs. 3 der Abgabenordnung fest, teilen sie dies dem Bundeszentralamt für Steuern mit. [2] Einzelheiten des Verfahrens bestimmt das Bundesministerium der Finanzen im Einvernehmen mit den obersten Finanzbehörden der Länder durch ein im Bundessteuerblatt zu veröffentlichendes Schreiben.

§ 7 Erprobung des Verfahrens. (1) [1] Das Bundeszentralamt für Steuern kann bei den Meldebehörden Daten nach § 3 Abs. 1 erheben zum Zwecke der Erprobung

1. des Verfahrens der Datenübermittlungen von den Meldebehörden an das Bundeszentralamt für Steuern,
2. der vom Bundeszentralamt für Steuern einzusetzenden Programme, mit denen die von den Meldebehörden zu liefernden Daten zusammengeführt, verglichen und bereinigt werden sollen,
3. der Zuordnung zu den bei den Rechenzentren der Landesfinanzverwaltungen gespeicherten personenbezogenen Daten.

[2] § 2 Abs. 1 gilt entsprechend.

(2) [1] Die Daten dürfen nur für die in Absatz 1 genannten Zwecke verwendet werden. [2] Sie sind unmittelbar nach Beendigung der Erprobung, spätestens am 1. Juli 2007, zu löschen.

800 i. Verordnung zur Durchführung von § 89 Abs. 2 der Abgabenordnung (Steuer-Auskunftsverordnung – StAuskV)

Vom 30. November 2007 (BGBl. I S. 2783)

BGBl. III/FNA 610-1-20

Auf Grund des § 89 Abs. 2 Satz 4 der Abgabenordnung in der Fassung der Bekanntmachung vom 1. Oktober 2002 (BGBl. I S. 3866, 2003 I S. 61), der zuletzt durch Artikel 10 Nr. 9 des Gesetzes vom 13. Dezember 2006 (BGBl. I S. 2878) geändert worden ist, verordnet das Bundesministerium der Finanzen:

§ 1 Form und Inhalt des Antrags auf Erteilung einer verbindlichen Auskunft. (1) Der Antrag auf Erteilung einer verbindlichen Auskunft ist schriftlich bei dem nach § 89 Abs. 2 Satz 2 der Abgabenordnung zuständigen Finanzamt, in den Fällen des § 89 Abs. 2 Satz 3 der Abgabenordnung beim Bundeszentralamt für Steuern, zu stellen und hat zu enthalten:

1. die genaue Bezeichnung des Antragstellers (Name, bei natürlichen Personen Wohnsitz oder gewöhnlicher Aufenthalt, bei Körperschaften, Personenvereinigungen und Vermögensmassen Sitz oder Ort der Geschäftsleitung, soweit vorhanden Steuernummer),
2. eine umfassende und in sich abgeschlossene Darstellung des zum Zeitpunkt der Antragstellung noch nicht verwirklichten Sachverhalts,
3. die Darlegung des besonderen steuerlichen Interesses des Antragstellers,
4. eine ausführliche Darlegung des Rechtsproblems mit eingehender Begründung des eigenen Rechtsstandpunktes des Antragstellers,
5. die Formulierung konkreter Rechtsfragen,
6. die Erklärung, dass über den zur Beurteilung gestellten Sachverhalt bei keiner anderen der in § 89 Abs. 2 Satz 2 und 3 der Abgabenordnung genannten Finanzbehörden (Finanzämter oder Bundeszentralamt für Steuern) eine verbindliche Auskunft beantragt wurde, sowie
7. die Versicherung, dass alle für die Erteilung der Auskunft und für die Beurteilung erforderlichen Angaben gemacht wurden und der Wahrheit entsprechen.

(2) [1]Bezieht sich die verbindliche Auskunft auf einen Sachverhalt, der mehreren Personen steuerlich zuzurechnen ist (§ 179 Abs. 2 Satz 2 der Abgabenordnung), kann die Auskunft nur von allen Beteiligten gemeinsam beantragt werden. [2]Die Beteiligten sollen einen gemeinsamen Empfangsbevollmächtigten bestellen, der ermächtigt ist, für sie alle Verwaltungsakte und Mitteilungen in Empfang zu nehmen.

(3) [1]Soll der dem Antrag zugrunde liegende Sachverhalt durch eine Person, Personenvereinigung oder Vermögensmasse verwirklicht werden, die im Zeitpunkt der Antragstellung noch nicht existiert, kann der Antrag

auf Erteilung einer verbindlichen Auskunft auch durch einen Dritten gestellt werden, sofern er ebenfalls ein eigenes berechtigtes Interesse an der Auskunftserteilung darlegen kann. [2] In diesem Fall sind die in Absatz 1 Nr. 1 und 3 genannten Angaben auch hinsichtlich der Person, Personenvereinigung oder Vermögensmasse zu machen, die den der Auskunft zugrunde liegenden Sachverhalt verwirklichen soll.

§ 2 Bindung einer verbindlichen Auskunft. (1) [1] Die von der nach § 89 Abs. 2 Satz 2 und 3 der Abgabenordnung zuständigen Finanzbehörde erteilte verbindliche Auskunft ist für die Besteuerung des Antragstellers oder in den Fällen des § 1 Abs. 3 für die Besteuerung der Person, Personenvereinigung oder Vermögensmasse, die den Sachverhalt verwirklicht hat, bindend, wenn der später verwirklichte Sachverhalt von dem der Auskunft zugrunde gelegten Sachverhalt nicht oder nur unwesentlich abweicht. [2] Die verbindliche Auskunft ist nicht bindend, wenn sie zuungunsten des Steuerpflichtigen dem geltenden Recht widerspricht.

(2) Die Bindungswirkung der verbindlichen Auskunft entfällt ab dem Zeitpunkt, in dem die Rechtsvorschriften, auf denen die Auskunft beruht, aufgehoben oder geändert werden.

(3) Unbeschadet der §§ 129 bis 131 der Abgabenordnung kann eine verbindliche Auskunft mit Wirkung für die Zukunft aufgehoben oder geändert werden, wenn sich herausstellt, dass die erteilte Auskunft unrichtig war.

§ 3 Inkrafttreten. Diese Verordnung tritt am Tag nach der Verkündung[1)] in Kraft.

[1)] Verkündet am 7. 12. 2007.

801. Gesetz über die Durchführung der gegenseitigen Amtshilfe in Steuersachen zwischen den Mitgliedstaaten der Europäischen Union (EU-Amtshilfegesetz – EUAHiG)

Vom 26. Juni 2013 (BGBl. I S. 1809)[1)]

Zuletzt geänd. durch Gesetz zum automatischen Austausch von Informationen über Finanzkonten in Steuersachen und zur Änderung weiterer Gesetze vom 21. 12. 2015 (BGBl. I S. 2531)

BGBl. III/FNA 611-9-29

Inhaltsübersicht

[1)] Dieses Gesetz dient der Umsetzung der Richtlinie 2011/16/EU des Rates vom 15. Februar 2011 über die Zusammenarbeit der Verwaltungsbehörden im Bereich der Besteuerung und zur Aufhebung der Richtlinie 77/799/EWG (ABl. L 64 vom 11. 3. 2011, S. 1). Artikel 10 Nummer 2 Buchstabe b dieses Gesetzes dient der Umsetzung von Artikel 4 der Richtlinie 2008/8/EG des Rates vom 12. Februar 2008 zur Änderung der Richtlinie 2006/112/EG bezüglich des Ortes der Dienstleistung (ABl. L 44 vom 20. 2. 2008, S. 11). Artikel 10 Nummer 7 und 8 dient der Umsetzung der Richtlinie 2010/45/EU des Rates vom 13. Juli 2010 zur Änderung der Richtlinie 2006/112/EG über das gemeinsame Mehrwertsteuersystem hinsichtlich der Rechnungsstellungsvorschriften (ABl. L 189 vom 22. 7. 2010, S. 1).

Abschnitt 1. Allgemeine Bestimmungen

§ 1 Anwendungsbereich und anzuwendendes Recht. (1) [1]Dieses Gesetz regelt den Austausch von voraussichtlich erheblichen Informationen in Steuersachen zwischen Deutschland und den anderen Mitgliedstaaten der Europäischen Union (Mitgliedstaaten). [2]Es ist anzuwenden für jede Art von Steuern, die von einem oder für einen Mitgliedstaat oder dessen Gebiets- oder Verwaltungseinheiten einschließlich der örtlichen Behörden erhoben werden.

(2) Dieses Gesetz ist nicht anzuwenden auf

1. die Umsatzsteuer, einschließlich der Einfuhrumsatzsteuer,
2. Zölle,
3. harmonisierte Verbrauchsteuern, sofern diese in Artikel 1 Absatz 1 der Richtlinie 2008/118/EG des Rates vom 16. Dezember 2008 über das allgemeine Verbrauchsteuersystem und zur Aufhebung der Richtlinie 92/12/EWG (ABl. L 9 vom 14. 1. 2009, S. 12), die zuletzt durch die Richtlinie 2010/12/EU (ABl. L 50 vom 27. 2. 2010, S. 1) geändert worden ist, in der jeweils geltenden Fassung genannt werden,
4. Beiträge und Umlagen sowie damit verbundene Abgaben und Gebühren nach dem Sozialgesetzbuch, den in § 68 des Ersten Buches Sozialgesetzbuch genannten Gesetzen, dem Aufwendungsausgleichsgesetz und
5. Gebühren.

(3) Dieses Gesetz berührt nicht

1. die Vorschriften über die Rechtshilfe in Strafsachen und
2. die Wahrnehmung der Rechte und die Erfüllung der Pflichten, die Deutschland in Bezug auf eine umfassendere Zusammenarbeit der Verwaltungen aus anderen Rechtsinstrumenten erwachsen, einschließlich bi- oder multilateraler Abkommen.

(4) Für die Amtshilfe nach diesem Gesetz gelten die Vorschriften der Abgabenordnung entsprechend, soweit dieses Gesetz nichts anderes bestimmt.

§ 2 Begriffsbestimmungen. (1) Person im Sinne dieses Gesetzes ist

1. eine natürliche Person,
2. eine juristische Person,
3. eine Personenvereinigung, der die Rechtsfähigkeit zuerkannt wurde, die aber nicht über die Rechtsstellung einer juristischen Person verfügt oder
4. jede andere Rechtsform gleich welcher Art, mit oder ohne allgemeine Rechtsfähigkeit, die Vermögensgegenstände besitzt oder verwaltet, welche einschließlich der daraus erzielten Einkünfte einer der von § 1 erfassten Steuern unterliegen.

(2) [1]Amtshilferichtlinie im Sinne dieses Gesetzes sowie des Einkommensteuergesetzes, der Abgabenordnung, des Außensteuergesetzes, des Körperschaftsteuergesetzes, des Gewerbesteuergesetzes, des Investmentsteuergesetzes und

sonstiger Steuergesetze bezeichnet die Richtlinie 2011/16/EU des Rates vom 15. Februar 2011 über die Zusammenarbeit der Verwaltungsbehörden im Bereich der Besteuerung und zur Aufhebung der Richtlinie 77/799/EWG (ABl. L 64 vom 11. 3. 2011, S. 1) in der jeweils geltenden Fassung. [2]Die auf Grund der Amtshilferichtlinie erlassenen europarechtlichen Durchführungsbestimmungen gelten in der im jeweiligen Besteuerungszeitraum aktuellen Fassung.

(3) Auf elektronischem Weg im Sinne dieses Gesetzes bezeichnet die Verwendung elektronischer Anlagen zur Übermittlung, Verarbeitung von Daten, einschließlich der Datenkomprimierung, und zum Speichern von Daten unter Einsatz von Draht, Funk, optischen Technologien oder anderen elektromagnetischen Verfahren.

§ 3 Zuständigkeit und Prüfungsbefugnisse. (1) Zuständige Behörde im Sinne von Artikel 4 Absatz 1 der Amtshilferichtlinie ist das Bundesministerium der Finanzen.

(2) [1]Zentrales Verbindungsbüro im Sinne von Artikel 4 Absatz 2 Unterabsatz 1 der Amtshilferichtlinie ist in den Fällen des § 5 Absatz 1 Nummer 5 des Finanzverwaltungsgesetzes das Bundeszentralamt für Steuern. [2]Das Bundesministerium der Finanzen kann durch Schreiben weitere Verbindungsstellen im Sinne von Artikel 4 Absatz 3 und zuständige Bedienstete im Sinne von Artikel 4 Absatz 4 der Amtshilferichtlinie benennen.

(3) [1]Das zentrale Verbindungsbüro übernimmt die Kommunikation mit den anderen Mitgliedstaaten und prüft eingehende und ausgehende Ersuchen auf Zulässigkeit nach diesem Gesetz. [2]Eingehende zulässige Ersuchen und Informationen werden vom zentralen Verbindungsbüro an die Finanzbehörden weitergeleitet. [3]Zulässige Ersuchen und Informationen der Finanzbehörden werden vom zentralen Verbindungsbüro an die anderen Mitgliedstaaten weitergeleitet.

(4) Gehen Ersuchen nach diesem Gesetz bei einer anderen Stelle als dem zentralen Verbindungsbüro ein, so sind diese Ersuchen letzterem unverzüglich zuzuleiten.

(5) [1]Die Gemeinden und Gemeindeverbände können Amtshilfe nach Maßgabe dieses Gesetzes in Anspruch nehmen. [2]Sie gelten insoweit als Finanzbehörden im Sinne dieses Gesetzes.

Abschnitt 2. Übermittlung von Informationen auf Ersuchen

§ 4 Ersuchen von anderen Mitgliedstaaten. (1) [1]Auf Ersuchen erstellt die zuständige Finanzbehörde alle Antworten, die für die Festsetzung von Steuern nach § 1 voraussichtlich erheblich sind. [2]Die Antworten werden durch das zentrale Verbindungsbüro an den anderen Mitgliedstaat weitergeleitet. [3]Die zuständige Finanzbehörde erstellt die Antworten nach Maßgabe dieses Gesetzes und unter Berücksichtigung des § 117 Absatz 4 der Abgabenordnung. [4]Verfügt die Finanzbehörde nicht über die betreffenden Informationen, so führt sie nach pflichtgemäßem Ermessen alle nach der Abgabenordnung vorgesehenen behördlichen Ermittlungen durch.

(2) [1]Absatz 1 gilt auch für Ersuchen um Durchführung bestimmter behördlicher Ermittlungen. [2]Ist die Finanzbehörde der Auffassung, dass keine behördliche Ermittlung erforderlich ist, so teilt sie dies unverzüglich dem zentralen Verbindungsbüro mit. [3]Originaldokumente sind auf Ersuchen des anderen Mitgliedstaats zu übermitteln, soweit dies nach deutschem Recht zulässig ist.

(3) Das zentrale Verbindungsbüro übermittelt keine Informationen, wenn

1. die Durchführung erforderlicher Ermittlungen oder die Beschaffung der betreffenden Informationen nach deutschem Recht nicht möglich ist,
2. der andere Mitgliedstaat die üblichen Informationsquellen nicht ausgeschöpft hat, die ihm zur Erlangung der erbetenen Informationen zur Verfügung stehen, ohne dabei die Erreichung des Ziels zu gefährden,
3. ein Handels-, Gewerbe- oder Berufsgeheimnis oder ein Geschäftsverfahren preisgegeben werden würde oder
4. die öffentliche Ordnung verletzt werden würde.

(4) Das zentrale Verbindungsbüro kann die Übermittlung von Informationen zudem ablehnen, wenn der andere Mitgliedstaat seinerseits aus rechtlichen Gründen nicht zur Übermittlung entsprechender Informationen in der Lage ist.

(5) Absatz 3 Nummer 1, 3 und 4 ist in keinem Fall so auszulegen, dass die Übermittlung von Informationen nur deshalb abgelehnt werden kann, weil die betreffenden Informationen sich bei einer Bank, einem sonstigen Finanzinstitut, einem Bevollmächtigten, Vertreter oder Treuhänder befinden oder sich auf Eigentumsanteile an einer Person beziehen.

(6) [1]Ein Ersuchen kann nicht aus dem Grund abgelehnt werden, dass die zu übermittelnden Informationen nach deutschem Recht nicht für steuerliche Zwecke benötigt werden. [2]Lehnt das zentrale Verbindungsbüro ein Ersuchen aus anderen Gründen ab, so sind dem anderen Mitgliedstaat die Gründe hierfür mitzuteilen.

§ 5 Fristen. (1) [1]Das zentrale Verbindungsbüro übermittelt die Informationen nach § 4 unverzüglich, spätestens jedoch sechs Monate, nachdem es das Ersuchen erhalten hat. [2]Ist die Finanzbehörde bereits im Besitz der entsprechenden Informationen, verkürzt sich die Frist auf zwei Monate. [3]In besonders gelagerten Fällen können das zentrale Verbindungsbüro und der andere Mitgliedstaat abweichende Fristen vereinbaren.

(2) Das zentrale Verbindungsbüro bestätigt dem anderen Mitgliedstaat unverzüglich, spätestens jedoch sieben Arbeitstage, nachdem es das Ersuchen erhalten hat, möglichst auf elektronischem Weg den Erhalt dieses Ersuchens.

(3) [1]Weist das Ersuchen Mängel auf, so unterrichtet das zentrale Verbindungsbüro den anderen Mitgliedstaat darüber innerhalb eines Monats, nachdem es das Ersuchen erhalten hat, und fordert gegebenenfalls zusätzliche Hintergrundinformationen an. [2]Die Fristen nach Absatz 1 beginnen am Tag nach dem Eingang der angeforderten zusätzlichen Hintergrundinformationen.

(4) Ist die Finanzbehörde nicht in der Lage, auf ein Ersuchen fristgerecht zu antworten, so teilt das zentrale Verbindungsbüro dies dem anderen Mitgliedstaat unverzüglich, spätestens jedoch drei Monate, nachdem das zentrale Verbindungsbüro das Ersuchen erhalten hat, unter Nennung der Gründe und des voraussichtlichen Erledigungsdatums mit.

(5) Ist die Finanzbehörde nicht im Besitz der erbetenen Informationen oder lehnt sie das Ersuchen aus den in § 4 Absatz 3 oder 4 genannten Gründen ab, so teilt das zentrale Verbindungsbüro dies dem anderen Mitgliedstaat unverzüglich, spätestens jedoch innerhalb eines Monats, nachdem das zentrale Verbindungsbüro das Ersuchen erhalten hat, unter Nennung der Gründe mit.

§ 6 Ersuchen an andere Mitgliedstaaten. (1) [1]Die Finanzbehörde ist befugt, ein Ersuchen zu stellen, welches das zentrale Verbindungsbüro dem anderen Mitgliedstaat nach den Vorschriften dieses Gesetzes weiterleitet. [2]Darin kann um sachdienliche behördliche Ermittlungen ersucht werden. [3]Originaldokumente können erbeten werden, soweit sie für das weitere Verfahren notwendig sind.

(2) Bevor die Finanzbehörde ein Ersuchen stellt, hat sie alle nach der Abgabenordnung vorgesehenen Ermittlungsmöglichkeiten auszuschöpfen, es sei denn, die Durchführung der Ermittlungen wäre mit unverhältnismäßig großen Schwierigkeiten verbunden oder stellt sich als nicht Erfolg versprechend dar.

Abschnitt 3. Weitere Übermittlung von Informationen

§ 7[1)] Automatische Übermittlung von Informationen. (1) Das zentrale Verbindungsbüro übermittelt an andere Mitgliedstaaten systematisch auf elektronischem Weg, ohne vorheriges Ersuchen, die folgenden verfügbaren Informationen über in anderen Mitgliedstaaten ansässige Personen:

1. Vergütungen aus unselbständiger Arbeit,
2. Aufsichtsrats- oder Verwaltungsratsvergütungen,
3. Lebensversicherungsprodukte, die nicht von anderen Rechtsakten der Europäischen Union über den Austausch von Informationen oder vergleichbaren Maßnahmen erfasst sind,
4. Ruhegehälter, Renten und ähnliche Zahlungen und
5. Eigentum an unbeweglichem Vermögen und Einkünfte daraus.

(2) Das zentrale Verbindungsbüro übermittelt an andere Mitgliedstaaten systematisch auf elektronischem Weg, ohne vorheriges Ersuchen, die Informationen über Finanzkonten gemäß § 2 des Gesetzes zum automatischen Austausch von Informationen über Finanzkonten in Steuersachen.

(3) In den Fällen der Absätze 1 und 2 ist abweichend von § 117 Absatz 4 Satz 3 der Abgabenordnung keine Anhörung erforderlich.

(4) [1]Das Bundesministerium der Finanzen legt im Einvernehmen mit den obersten Finanzbehörden der Länder die Einzelheiten der automatischen Über-

---

1) § 7 Abs. 2 eingef., bish. Abs. 2 wird Abs. 3 und neu gef., bish. Abs. 3 wird Abs. 4 durch G v. 21. 12. 2015 (BGBl. I S. 2531; zur Anwendung siehe **§ 20**.

mittlung von Informationen in einem Schreiben fest. 2 Dieses Schreiben ist im Bundessteuerblatt zu veröffentlichen.

§ 8 Spontane Übermittlung von Informationen an andere Mitgliedstaaten. (1) 1 Die Finanzbehörde kann nach pflichtgemäßem Ermessen ohne Ersuchen alle Informationen an das zentrale Verbindungsbüro übermitteln, die für die anderen Mitgliedstaaten von Nutzen sein können. 2 Das zentrale Verbindungsbüro entscheidet nach pflichtgemäßem Ermessen über die Übermittlung der Informationen an die anderen Mitgliedstaaten.

(2) Informationen nach § 1 Absatz 1 sind zu übermitteln, wenn

1. Gründe für die Vermutung einer Steuerverkürzung in dem anderen Mitgliedstaat vorliegen,
2. ein Sachverhalt vorliegt, auf Grund dessen eine Steuerermäßigung oder Steuerbefreiung gewährt worden ist und die zu übermittelnden Informationen für den Steuerpflichtigen zu einer Besteuerung oder Steuererhöhung im anderen Mitgliedstaat führen könnten,
3. Geschäftsbeziehungen zwischen einem in Deutschland Steuerpflichtigen und einem in einem anderen Mitgliedstaat Steuerpflichtigen über ein oder mehrere weitere Staaten in einer Weise geleitet werden, die in einem oder beiden Mitgliedstaaten zur Steuerersparnis führen kann,
4. Gründe für die Vermutung vorliegen, dass durch künstliche Gewinnverlagerungen zwischen verbundenen Unternehmen eine Steuerersparnis eintritt, oder
5. ein Sachverhalt, der im Zusammenhang mit der Informationserteilung eines anderen Mitgliedstaats ermittelt wurde, auch für die zutreffende Steuerfestsetzung in einem weiteren Mitgliedstaat erheblich sein könnte.

(3) Die Übermittlung nach Absatz 2 soll unverzüglich erfolgen, spätestens jedoch einen Monat, nachdem die Informationen verfügbar geworden sind.

§ 9 Spontane Übermittlung von Informationen durch andere Mitgliedstaaten. 1 Das zentrale Verbindungsbüro leitet Informationen, die andere Mitgliedstaaten spontan übermittelt haben, den Finanzbehörden zur Auswertung weiter. 2 Es bestätigt unverzüglich, spätestens jedoch sieben Arbeitstage nach Eingang der Informationen, dem anderen Mitgliedstaat möglichst auf elektronischem Weg deren Erhalt.

Abschnitt 4. Sonstige Formen der Verwaltungszusammenarbeit

§ 10 Anwesenheit von Bediensteten anderer Mitgliedstaaten im Inland. (1) Das zentrale Verbindungsbüro kann zum Zweck des Informationsaustauschs mit einem anderen Mitgliedstaat vereinbaren, dass unter den von der Finanzbehörde festgelegten Voraussetzungen befugte Bedienstete des anderen Mitgliedstaats

1. in den Amtsräumen zugegen sein dürfen, in denen deutsche Finanzbehörden ihre Tätigkeit ausüben, sowie

2. bei den behördlichen Ermittlungen zugegen sein dürfen, die auf deutschem Hoheitsgebiet durchgeführt werden.

(2) [1] Bei dem Informationsaustausch gemäß Absatz 1 stellt die Finanzbehörde sicher, dass Bediensteten der anderen Mitgliedstaaten nur solche Informationen offenbart werden, die nach § 4 übermittelt werden dürfen. [2] Sind die erbetenen Informationen in den Unterlagen enthalten, zu denen die Finanzbehörde Zugang hat, so werden den Bediensteten des anderen Mitgliedstaats Kopien dieser Unterlagen ausgehändigt.

(3) [1] Die Vereinbarung nach Absatz 1 kann vorsehen, dass Bedienstete der anderen Mitgliedstaaten im Beisein inländischer Bediensteter Personen befragen und Aufzeichnungen prüfen dürfen. [2] Voraussetzung hierfür ist, dass die Personen der Befragung und Prüfung zustimmen. [3] Verweigert eine Person die Mitwirkung, gilt diese Verweigerung wie eine Verweigerung gegenüber inländischen Bediensteten.

(4) Befugte Bedienstete des anderen Mitgliedstaats müssen, wenn sie sich nach Absatz 1 auf deutschem Hoheitsgebiet aufhalten, jederzeit eine schriftliche Vollmacht vorlegen können, aus der ihre Identität und dienstliche Stellung hervorgehen.

§ 11 Anwesenheit von inländischen Bediensteten in anderen Mitgliedstaaten. [1] Sofern die Komplexität eines Ersuchens es erfordert, können bevollmächtigte inländische Bedienstete in andere Mitgliedstaaten entsandt werden. [2] § 10 gilt sinngemäß.

§ 12 Gleichzeitige Prüfung. (1) [1] Auf Vorschlag der Finanzbehörde kann das zentrale Verbindungsbüro mit einem oder mehreren Mitgliedstaaten vereinbaren, im jeweils eigenen Hoheitsgebiet eine gleichzeitige Prüfung einer oder mehrerer Personen von gemeinsamem oder ergänzendem Interesse durchzuführen. [2] Soweit dies nach § 4 zulässig ist, sind die hierbei erlangten Informationen sowie die für die Vereinbarung der Prüfung im Vorfeld erforderlichen Kenntnisse auszutauschen.

(2) [1] Die Finanzbehörde bestimmt, welche Person oder welche Personen sie für eine gleichzeitige Prüfung vorschlägt. [2] Das zentrale Verbindungsbüro unterrichtet die betroffenen Mitgliedstaaten darüber, begründet die Auswahl und gibt den Zeitraum an, in welchem die gleichzeitige Prüfung durchgeführt werden soll.

(3) [1] Schlägt ein anderer Mitgliedstaat eine gleichzeitige Prüfung vor, so entscheidet die Finanzbehörde, ob sie an der gleichzeitigen Prüfung teilnehmen wird. [2] Das zentrale Verbindungsbüro teilt dem anderen Mitgliedstaat das Einverständnis oder die begründete Ablehnung mit.

(4) Das zentrale Verbindungsbüro benennt einen Bediensteten, der für die Beaufsichtigung und die Koordinierung der gleichzeitigen Prüfung verantwortlich ist.

(5) Von der Anhörung des Steuerpflichtigen kann bis zur Bekanntgabe der Prüfungsanordnung abgesehen werden, wenn sonst der Prüfungserfolg gefährdet werden würde.

§ 13 Zustellungsersuchen an andere Mitgliedstaaten. (1) Auf Ersuchen der zuständigen Finanzbehörde beantragt das zentrale Verbindungsbüro bei einem anderen Mitgliedstaat die Zustellung von Dokumenten und Entscheidungen der Finanzbehörde, die mit einer Steuer nach § 1 zusammenhängen.

(2) Ein Zustellungsersuchen ist nur dann zulässig, wenn

1. die Finanzbehörde nicht in der Lage ist, die Zustellung nach den Vorschriften des Verwaltungszustellungsgesetzes im anderen Mitgliedstaat vorzunehmen, oder
2. die Zustellung mit unverhältnismäßig großen Schwierigkeiten verbunden wäre.

(3) Im Zustellungsersuchen ist Folgendes anzugeben:

1. der Gegenstand des zuzustellenden Dokuments oder der zuzustellenden Entscheidung,
2. der Name und die Anschrift des Adressaten sowie
3. alle weiteren Informationen, die die Identifizierung des Adressaten erleichtern können.

(4) Einer in einem anderen Mitgliedstaat ansässigen Person kann jedes Dokument per Einschreiben oder auf elektronischem Weg direkt zugestellt werden.

(5) Das zentrale Verbindungsbüro leitet Informationen über veranlasste Zustellungen anderer Mitgliedstaaten den Finanzbehörden, die die Informationen verwenden, weiter.

§ 14 Zustellungsersuchen von anderen Mitgliedstaaten. (1) [1]Auf Ersuchen werden alle Dokumente zugestellt, die mit einer Steuer gemäß § 1 zusammenhängen, einschließlich der gerichtlichen Dokumente, die aus dem anderen Mitgliedstaat stammen. [2]Das zentrale Verbindungsbüro leitet hierzu der Finanzbehörde das Ersuchen zwecks Zustellung zu. [3]Die Zustellung richtet sich nach den Vorschriften des Verwaltungszustellungsgesetzes.

(2) [1]Das zentrale Verbindungsbüro teilt dem anderen Mitgliedstaat unverzüglich mit, welche Maßnahme auf Grund des Zustellungsersuchens veranlasst wurde. [2]Diese Mitteilung beinhaltet insbesondere die Angabe, an welchem Tag und an welche Anschrift dem Empfänger das Dokument zugestellt worden ist.

Abschnitt 5. Weitere Vorschriften

§ 15 Verwendung von Informationen und Dokumenten. (1) Übermittelt das zentrale Verbindungsbüro einem anderen Mitgliedstaat Informationen, so gestattet es diesem auf Anfrage, die Informationen für andere als die in § 19 Absatz 2 Satz 1 genannten Zwecke zu verwenden, wenn die Verwendung für einen vergleichbaren Zweck nach deutschem Recht unter Beachtung der §§ 30, 31, 31 a und 31 b der Abgabenordnung zulässig ist.

(2) Ist das zentrale Verbindungsbüro der Ansicht, dass Informationen und Dokumente von einem anderen Mitgliedstaat einem dritten Mitgliedstaat für die in § 19 Absatz 2 Satz 1 genannten Zwecke von Nutzen sein könnten, so kann es diese Informationen und Dokumente weitergeben, wenn

1. die Weitergabe im Einklang mit den in diesem Gesetz festgelegten Regeln und Verfahren steht,
2. es dem Mitgliedstaat, von dem die Informationen und Dokumente stammen, seine Absicht mitteilt, diese einem dritten Mitgliedstaat weiterzugeben, und
3. der Mitgliedstaat, von dem die Informationen stammen, nicht innerhalb von zehn Arbeitstagen nach Eingang der Mitteilung nach Nummer 2 der Weitergabe widerspricht.

(3) [1]Sollen Informationen und Dokumente für andere als die in § 19 Absatz 2 Satz 1 genannten Zwecke nach Absatz 2 weitergegeben oder verwendet werden, so muss hierfür die Einwilligung jenes Mitgliedstaats eingeholt werden, von dem die Informationen und Dokumente stammen. [2]Die Weitergabe darf nur erfolgen, wenn die Verwendung für einen vergleichbaren Zweck nach deutschem Recht unter Beachtung der §§ 30, 31, 31 a und 31 b der Abgabenordnung zulässig ist.

(4) Sämtliche Informationen und Dokumente, die im Rahmen dieses Gesetzes erlangt werden, können von den Behörden, die die Informationen verwenden, wie vergleichbare inländische Informationen und Dokumente angeführt oder als Beweismittel verwendet werden.

(5) Von der Berichtigung übermittelter unrichtiger Daten und der Löschung oder Sperrung unzulässig gespeicherter oder unzulässig übermittelter Daten sind alle Mitgliedstaaten, die diese Daten im Rahmen einer Auskunft erhalten haben, durch das zentrale Verbindungsbüro unverzüglich zu unterrichten und anzuhalten, ebenfalls die Berichtigung, Sperrung oder Löschung dieser Daten vorzunehmen.

§ 16 Rückmeldungen. (1) In den Fällen der §§ 4 und 8 kann das zentrale Verbindungsbüro den anderen Mitgliedstaat um Rückmeldung über die Verwendung der erbetenen Information bitten.

(2) [1]Bittet in den Fällen der §§ 6 und 9 der andere Mitgliedstaat um Rückmeldung, so übermittelt das zentrale Verbindungsbüro dem anderen Mitgliedstaat die Rückmeldung unverzüglich, spätestens jedoch drei Monate, nachdem das Ergebnis über die Verwendung der erbetenen Information bekannt geworden ist. [2]Eine Übermittlung ist nur zulässig, wenn ihr die Vorschriften zum Datenschutz und zum Schutz des Steuergeheimnisses insbesondere nach § 30 der Abgabenordnung nicht entgegenstehen. [3]Die zuständige Finanzbehörde teilt dem zentralen Verbindungsbüro die erforderlichen Angaben mit.

§ 17 Standardformblätter und Kommunikationsmittel. (1) Ersuchen nach § 4 Absatz 1 und 2 und § 6 Absatz 1, spontane Übermittlungen von Informationen nach § 8 Absatz 1 und 2 und § 9, Zustellungsersuchen nach § 13 Absatz 1 und § 14 Absatz 1, Rückmeldungen nach § 16 sowie sonstige

Mitteilungen werden jeweils mittels eines zwischen den Mitgliedstaaten abgestimmten Standardformblatts auf elektronischem Weg übermittelt.

(2) Den Standardformblättern können Berichte, Bescheinigungen und andere Dokumente oder beglaubigte Kopien oder Auszüge daraus beigefügt werden.

(3) Die Absätze 1 und 2 gelten nicht für Informationen und Unterlagen, die nach den §§ 10 und 11 erlangt werden.

(4) Erfolgt die Übermittlung nicht auf elektronischem Weg durch Standardformblätter, so berührt dies nicht die Gültigkeit der erhaltenen Informationen oder der im Rahmen eines Ersuchens um Amtshilfe ergriffenen Maßnahmen.

§ 18 Informationsübermittlung an Drittstaaten. (1) Erhält das zentrale Verbindungsbüro von einem Drittstaat Informationen, die für die Anwendung und Durchsetzung des deutschen Rechts über die in § 1 genannten Steuern voraussichtlich erheblich sind, kann das zentrale Verbindungsbüro diese Informationen an andere Mitgliedstaaten, für die diese Informationen von Nutzen sein können, und an alle ersuchenden Behörden weitergeben, sofern dies auf Grund einer Vereinbarung mit dem Drittstaat zulässig ist.

(2) Das zentrale Verbindungsbüro kann die im Einklang mit diesem Gesetz erhaltenen Informationen an einen Drittstaat weitergeben, wenn

1. die Weitergabe im Einklang mit den deutschen Bestimmungen über die Weitergabe personenbezogener Daten an Drittstaaten steht,
2. die Informationen für die zutreffende Steuerfestsetzung in diesem Drittstaat erheblich sein können,
3. der Mitgliedstaat, von dem die Informationen stammen, mit der Weitergabe einverstanden ist und
4. sich der Drittstaat zum Informationsaustausch verpflichtet hat.

§ 19 Datenschutz und Zweckbestimmung. (1) Die Informationen, die im Rahmen dieses Gesetzes an Deutschland übermittelt werden, unterliegen dem Steuergeheimnis und genießen den Schutz, den die Abgabenordnung für Informationen dieser Art gewährt.

(2) [1] Diese Informationen können für folgende Zwecke verwendet werden:

1. zur Anwendung und Durchsetzung des innerstaatlichen Steuerrechts über die in § 1 genannten Steuern,
2. zur Wahrnehmung gesetzlicher Kontroll- und Aufsichtsbefugnisse,
3. zur Festsetzung und Beitreibung anderer Steuern und Abgaben nach § 1 des EU-Beitreibungsgesetzes sowie
4. zur Verwertung im Zusammenhang mit Gerichts- und Verwaltungsverfahren, die Sanktionen wegen Nichtbeachtung des Steuerrechts zur Folge haben können; hierbei sind die allgemeinen Regelungen und Vorschriften über die Rechte der Personen, gegen die sich das jeweilige Verfahren richtet, und Zeugen in solchen Verfahren zu beachten.

[2]Sollen Informationen für einen anderen Zweck verwendet werden, ist die Einwilligung des anderen Mitgliedstaats einzuholen.

§ 20[1] **Anwendungsbestimmung.** [1]Die automatische Übermittlung von Informationen gemäß § 7 Absatz 1 ist ab dem 1. Januar 2015 vorzunehmen und erstmals auf Informationen der Besteuerungszeiträume ab dem 1. Januar 2014 anzuwenden. [2]Die automatische Übermittlung von Informationen gemäß § 7 Absatz 2 ist ab dem 30. September 2017 vorzunehmen und für zum 31. Dezember 2015 bestehende Konten und nach dem 31. Dezember 2015 neu eröffnete Konten im Sinne der in § 7 Absatz 2 angeführten Melde- und Sorgfaltspflichten und ergänzenden Melde- und Sorgfaltsvorschriften erstmals auf Informationen der Besteuerungszeiträume ab dem 1. Januar 2016 anzuwenden.

---

[1] § 20 Satz 2 angef. durch G v. 21. 12. 2015 (BGBl. I S. 2531).

801 a. Gesetz über die Durchführung der Amtshilfe bei der Beitreibung von Forderungen in Bezug auf bestimmte Steuern, Abgaben und sonstige Maßnahmen zwischen den Mitgliedstaaten der Europäischen Union (EU-Beitreibungsgesetz – EUBeitrG)[1)]

Vom 7. Dezember 2011
(BGBl. I S. 2592)

Geändert durch Amtshilferichtlinie-Umsetzungsgesetz (AmtshilfeRLUmsG) vom 26. 6. 2013 (BGBl. I S. 1809)

BGBl. III/FNA 610-1-23

Inhaltsübersicht

---

1) Verkündet als Art. 1 des G v. 7. 12. 2011 (BGBl. I S. 2592); Inkrafttreten gem. Art. 25 Abs. 1 dieses G am 1. 1. 2012. Das G dient der Umsetzung der Richtlinie 2010/24/EU des Rates vom 16. März 2010 über die Amtshilfe bei der Beitreibung von Forderungen in Bezug auf bestimmte Steuern, Abgaben und sonstige Maßnahmen (ABl. L 84 vom 31. 3. 2010, S. 1).

Abschnitt 1. Allgemeine Bestimmungen

§ 1 Anwendungsbereich und anzuwendendes Recht. (1) [1]Dieses Gesetz regelt die Einzelheiten der Amtshilfe zwischen Deutschland und den anderen Mitgliedstaaten der Europäischen Union (Mitgliedstaaten) zur Geltendmachung von in den Mitgliedstaaten entstandenen Forderungen. [2]Forderungen im Sinne dieses Gesetzes sind

1. Steuern und Abgaben aller Art, die erhoben werden
   a) von einem oder für einen Mitgliedstaat oder dessen Gebiets- oder Verwaltungseinheiten einschließlich der lokalen Behörden oder
   b) für die Europäische Union;
2. Erstattungen, Interventionen und andere Maßnahmen, die Bestandteil des Systems der vollständigen Finanzierung oder Teilfinanzierung des Europäischen Garantiefonds für die Landwirtschaft oder des Europäischen Landwirtschaftsfonds für die Entwicklung des ländlichen Raums sind, einschließlich der im Rahmen dieser Aktionen zu erhebenden Beiträge;
3. Abschöpfungen und andere Abgaben im Rahmen der gemeinsamen Organisation der Agrarmärkte für den Sektor Zucker.

(2) Der Anwendungsbereich dieses Gesetzes umfasst auch

1. Geldstrafen, Geldbußen, Gebühren und Zuschläge in Bezug auf Forderungen,
   a) für deren Beitreibung gemäß Absatz 1 um Amtshilfe ersucht werden kann und
   b) die von den Behörden, die für die Erhebung der betreffenden Steuern oder Abgaben oder die Durchführung der dafür erforderlichen behördlichen Ermittlungen zuständig sind, verhängt wurden oder von Verwaltungsorganen oder Gerichten auf Antrag dieser Behörden bestätigt wurden;
2. Gebühren für Bescheinigungen und ähnliche Dokumente, die im Zusammenhang mit Verwaltungsverfahren in Bezug auf Steuern oder Abgaben ausgestellt werden;
3. Zinsen und Kosten im Zusammenhang mit Forderungen, für deren Beitreibung gemäß Absatz 1 oder gemäß den Nummern 1 und 2 um Amtshilfe ersucht werden kann.

(3)[1)] Der Anwendungsbereich dieses Gesetzes umfasst nicht

1. Beiträge und Umlagen sowie damit verbundene Abgaben und Gebühren nach dem Sozialgesetzbuch, den in § 68 des Ersten Buches Sozialgesetzbuch genannten Gesetzen und dem Aufwendungsausgleichsgesetz;
2. andere als die in Absatz 2 genannten Gebühren;

[1)] § 1 Abs. 3 Nr. 1 neu gef. mWv 1. 1. 2013 durch G v. 26. 6. 2013 (BGBl. I S. 1809).

3. vertragliche Gebühren, wie Zahlungen an öffentliche Versorgungsbetriebe;
4. strafrechtliche Sanktionen, die auf der Grundlage einer Anklageerhebung im Strafverfahren verhängt werden, oder andere strafrechtliche Sanktionen, die nicht von Absatz 2 Nummer 1 erfasst sind.

(Fortsetzung nächstes Blatt)

(4) [1] Für Ersuchen nach diesem Gesetz gelten die Vorschriften der Abgabenordnung entsprechend, soweit dieses Gesetz nicht etwas anderes bestimmt. [2] Zur Ausführung der Abgabenordnung hat das Bundesministerium der Finanzen Verwaltungsvorschriften erlassen.

§ 2 Begriffsbestimmungen. (1) „Person" ist

1. eine natürliche Person,
2. eine juristische Person,
3. eine Personenvereinigung, der die Rechtsfähigkeit zuerkannt wurde, die aber nicht über die Rechtsstellung einer juristischen Person verfügt, oder
4. jede andere Rechtsform gleich welcher Art, mit oder ohne allgemeine Rechtsfähigkeit, die Vermögensgegenstände besitzt oder verwaltet, welche einschließlich der daraus erzielten Einkünfte einer der in § 1 erfassten Steuern unterliegen.

(2) Beitreibungsrichtlinie im Sinne dieses Gesetzes sowie des Einkommensteuergesetzes, des Körperschaftsteuergesetzes und des Gewerbesteuergesetzes bezeichnet die Richtlinie 2010/24/EU des Rates vom 16. März 2010 über die Amtshilfe bei der Beitreibung von Forderungen in Bezug auf bestimmte Steuern, Abgaben und sonstige Maßnahmen (ABl. L 84 vom 31. 3. 2010, S. 1) in der jeweils geltenden Fassung.

§ 3 Zuständigkeit und Prüfungsbefugnisse für Ersuchen. (1) [1] Das Bundesministerium der Finanzen ist zuständige Behörde ausschließlich im Sinne von Artikel 4 Absatz 1 der Beitreibungsrichtlinie und zentrales Verbindungsbüro im Sinne von Artikel 4 Absatz 2 der Beitreibungsrichtlinie. [2] Für die Prüfung und Bearbeitung von Ersuchen werden die folgenden Verbindungsbüros benannt:

1. in den Fällen des § 5 Absatz 1 Nummer 5 des Finanzverwaltungsgesetzes das Bundeszentralamt für Steuern,
2. für den Bereich der Zollverwaltung gemäß § 12 Absatz 2 des Finanzverwaltungsgesetzes die Bundesstelle Vollstreckung Zoll beim Hauptzollamt Hannover.

[3] Die Verbindungsbüros übernehmen die Kommunikation mit den ersuchenden Behörden, den anderen Verbindungsbüros oder der Europäischen Kommission. [4] Die Verbindungsbüros prüfen Ersuchen auf ihre Zulässigkeit nach diesem Gesetz und bearbeiten diese. [5] Ihnen obliegt außerdem die Prüfung, ob die Amtshilfe gemäß § 14 Absatz 2 zu unterbleiben hat.

(2) [1] Eingehende Ersuchen werden nach entsprechender Prüfung gemäß Absatz 1 Satz 4 und 5 von den Verbindungsbüros an die für die Durchführung der Amtshilfe in § 4 Absatz 1 genannten Vollstreckungsbehörden weitergeleitet. [2] Ausgehende Ersuchen werden von den in § 4 Absatz 1 oder Absatz 2 genannten Vollstreckungsbehörden erstellt und über die Verbindungsbüros nach entsprechender Prüfung gemäß Absatz 1 Satz 4 an die zuständige ausländische Behörde geleitet.

§ 4 Zuständigkeit für die Vollstreckung eingehender Ersuchen.

(1) [1] Folgende Behörden nehmen nach Maßgabe dieses Gesetzes Amtshilfe in Anspruch und leisten danach Amtshilfe (Vollstreckungsbehörden):

1. die Finanzämter für Forderungen
   a) von Steuern vom Einkommen, Ertrag oder Vermögen,
   b) von Umsatzsteuern, soweit diese nicht als Einfuhrabgaben geschuldet werden,
   c) von sonstigen Steuern und Abgaben im Sinne des § 1 Absatz 1 Nummer 1, soweit nicht die Hauptzollämter zuständig sind,
   d) gemäß § 1 Absatz 2, soweit sie mit den in den Buchstaben a bis c genannten Steuern zusammenhängen;
2. die Hauptzollämter für
   a) Erstattungen, Interventionen und andere Maßnahmen des Europäischen Garantiefonds für die Landwirtschaft und des Europäischen Landwirtschaftsfonds für die Entwicklung des ländlichen Raums nach den Verordnungen (EG) Nr. 1290/2005 des Rates vom 21. Juni 2005 über die Finanzierung der Gemeinsamen Agrarpolitik (ABl. L 209 vom 11. 8. 2005, S. 1), die zuletzt durch die Verordnung (EG) Nr. 473/2009 (ABl. L 144 vom 9. 6. 2009, S. 3) geändert worden ist, und (EG) Nr. 1698/2005 des Rates vom 20. September 2005 über die Förderung der Entwicklung des ländlichen Raums durch den Europäischen Landwirtschaftsfonds für die Entwicklung des ländlichen Raums (ABl. L 277 vom 21. 10. 2005, S. 1, L 67 vom 11. 3. 2008, S. 22), die zuletzt durch die Verordnung (EG) Nr. 473/2009 (ABl. L 144 vom 9. 6. 2009, S. 3) geändert worden ist, in der jeweils geltenden Fassung,
   b) Abschöpfungen und andere Abgaben im Sektor Zucker nach der Verordnung (EG) Nr. 1234/2007 des Rates vom 22. Oktober 2007 über eine gemeinsame Organisation der Agrarmärkte und mit Sondervorschriften für bestimmte landwirtschaftliche Erzeugnisse (ABl. L 299 vom 16. 11. 2007, S. 1) in der jeweils geltenden Fassung,
   c) Einfuhr- und Ausfuhrabgaben,
   d) Verbrauchsteuern,
   e) sonstige Steuern, deren Festsetzung, Erhebung oder Vollstreckung ebenfalls in die Zuständigkeit der Zollverwaltung fallen,
   f) Forderungen gemäß § 1 Absatz 2, soweit sie mit den in den Buchstaben a bis e genannten Abgaben und Steuern zusammenhängen.

[2] Die örtliche Zuständigkeit richtet sich nach dem Dritten Abschnitt des Ersten Teils der Abgabenordnung entsprechend.

(2) [1] Die Gemeinden und Gemeindeverbände können Amtshilfe nach Maßgabe dieses Gesetzes in Anspruch nehmen. [2] Sie gelten insoweit als Vollstreckungsbehörde im Sinne dieses Gesetzes.

(3) [1] Das Bundesministerium der Finanzen kann mit Zustimmung der zuständigen obersten Landesbehörden die Amtshilfe bei der Vollstreckung auf

weitere als die in Absatz 1 Nummer 1 genannten Landesbehörden übertragen. 2 Die Übertragung ist im Bundessteuerblatt zu veröffentlichen.

Abschnitt 2. Erteilen von Auskünften

§ 5 Erteilen von Auskünften an andere Mitgliedstaaten auf Ersuchen. (1) 1 Auf Ersuchen teilt das Verbindungsbüro dem Mitgliedstaat alle Auskünfte mit, die bei der Beitreibung einer Forderung gemäß § 1 voraussichtlich erheblich sein werden. 2 Zur Beschaffung dieser Auskünfte veranlasst die Vollstreckungsbehörde alle dafür erforderlichen behördlichen Ermittlungen, die nach der Abgabenordnung in vergleichbaren Fällen vorgesehen sind.

(2) Das Verbindungsbüro erteilt keine Auskünfte,

1. die für die Beitreibung derartiger Forderungen nicht beschafft werden könnten, wenn sie in Deutschland entstanden wären;
2. mit denen ein Handels-, Gewerbe- oder Berufsgeheimnis preisgegeben würde;
3. die die Sicherheit oder die öffentliche Ordnung des Bundes oder eines Landes verletzen würden.

(3) Absatz 2 ist in keinem Fall so auszulegen, dass die Erteilung von Auskünften nur deshalb abgelehnt werden kann, weil die betreffenden Informationen sich bei einer Bank, einem sonstigen Finanzinstitut, einem Bevollmächtigten, Vertreter oder Treuhänder befinden oder sich auf Eigentumsanteile an einer Person beziehen.

(4) Kann das Verbindungsbüro dem Auskunftsersuchen nicht stattgeben, so sind dem anderen Mitgliedstaat die Gründe hierfür mitzuteilen.

§ 6 Erteilen von Auskünften an andere Mitgliedstaaten ohne Ersuchen. (1) 1 Bei einer Erstattung von Steuern oder Abgaben an eine Person, die in einem anderen Mitgliedstaat niedergelassen oder wohnhaft ist, kann die Vollstreckungsbehörde, die die Erstattung vornehmen soll, den Mitgliedstaat der Niederlassung oder des Wohnsitzes durch das Verbindungsbüro über die bevorstehende Erstattung informieren. 2 Dies gilt nicht für die Umsatzsteuer, mit Ausnahme der Einfuhrumsatzsteuer.

(2) Das Verbindungsbüro muss die anderen Mitgliedstaaten informieren, soweit Steuern und Abgaben im Sinne des § 4 Absatz 1 Nummer 2 betroffen sind.

(3) Im Falle einer Informationserteilung nach Absatz 1 oder Absatz 2 wird die Erstattung nicht fällig vor dem Ablauf von zehn Arbeitstagen nach Übermittlung der Information an den anderen Mitgliedstaat.

Abschnitt 3. Zustellung von Dokumenten

§ 7 Zustellungsersuchen von anderen Mitgliedstaaten. (1) 1 Auf Ersuchen veranlasst die Vollstreckungsbehörde die Zustellung aller Dokumente, die mit einer Forderung gemäß § 1 oder mit deren Vollstreckung zusammenhängen, einschließlich der gerichtlichen Dokumente, die aus dem anderen Mitgliedstaat stammen. 2 Die Zustellung richtet sich nach den Vorschriften des Verwaltungszustellungsgesetzes. 3 Dem Ersuchen muss ein Standardformblatt beigefügt sein. 4 Eine Ausfertigung des Standardformblatts mit den zuzustellenden Dokumenten ist dem Empfänger auszuhändigen.

(2) 1 Unverzüglich nachdem die Vollstreckungsbehörde auf Grund des Zustellungsersuchens tätig geworden ist, teilt sie dem anderen Mitgliedstaat über das Verbindungsbüro das Veranlasste mit. 2 Diese Mitteilung beinhaltet insbesondere die Angabe, an welchem Tag und an welche Anschrift dem Empfänger das Dokument zugestellt worden ist.

§ 8 Zustellungsersuchen in andere Mitgliedstaaten. (1) 1 Das Verbindungsbüro kann um die Zustellung aller Dokumente ersuchen, die mit einer Forderung gemäß § 1 oder mit deren Vollstreckung zusammenhängen, einschließlich der Dokumente, die von deutschen Gerichten stammen. 2 Dem Zustellungsersuchen ist ein Standardformblatt beizufügen.

(2) Ein Zustellungsersuchen darf nur dann nach dieser Vorschrift erfolgen, wenn es der Vollstreckungsbehörde nicht möglich ist, das betreffende Dokument gemäß den Vorschriften des Verwaltungszustellungsgesetzes zuzustellen oder wenn eine solche Zustellung mit unverhältnismäßigen Schwierigkeiten verbunden wäre.

Abschnitt 4. Beitreibungs- und Sicherungsmaßnahmen

§ 9 Beitreibungsersuchen von anderen Mitgliedstaaten. (1) 1 Auf Ersuchen nimmt die Vollstreckungsbehörde die Vollstreckung von Forderungen vor, für die in einem anderen Mitgliedstaat ein Vollstreckungstitel besteht. 2 Die Forderung wird wie eine inländische Forderung behandelt. 3 Als vollstreckbarer Verwaltungsakt gilt der dem Ersuchen beigefügte einheitliche Vollstreckungstitel.

(2) 1 Die Vollstreckung erfolgt nach den Vorschriften, die für Forderungen aus gleichen oder, in Ermangelung gleicher, aus vergleichbaren Steuern oder Abgaben vorgesehen sind. 2 Ist das Verbindungsbüro der Auffassung, dass in Deutschland keine gleichen oder vergleichbaren Steuern oder Abgaben erhoben werden, so handelt die Vollstreckungsbehörde nach den Vorschriften, die für die Vollstreckung von Einkommensteuerforderungen gelten. 3 Die Forderungen werden in Euro vollstreckt.

(3) Das Verbindungsbüro teilt dem anderen Mitgliedstaat die Maßnahmen mit, die die Vollstreckungsbehörde in Bezug auf das Beitreibungsersuchen ergriffen hat.

(4) 1 § 240 der Abgabenordnung gilt entsprechend. 2 Fälligkeitstag ist der Tag, an dem das Ersuchen bei einem Verbindungsbüro im Sinne des § 3 Absatz 1 eingeht, so dass Säumniszuschläge ab diesem Tag berechnet werden können. 3 Wenn die Vollstreckungsbehörde dem Schuldner eine Zahlungsfrist

einräumt oder Ratenzahlung gewährt, unterrichtet das Verbindungsbüro den anderen Mitgliedstaat hiervon.

(5) [1] Die Vollstreckungsbehörde überweist die im Zusammenhang mit der Forderung beigetriebenen Beträge sowie die Säumniszuschläge und gegebenenfalls entstehende Zinsen. [2] Die in § 16 Absatz 1 genannten Kosten können vorher einbehalten werden.

§ 10 Beitreibungsersuchen in andere Mitgliedstaaten. (1) [1] Ein Verbindungsbüro kann Beitreibungsersuchen in einen anderen Mitgliedstaat stellen, wenn

1. die Voraussetzungen für die Vollstreckung gegeben sind und
2. die Forderung nicht angefochten ist oder nicht mehr angefochten werden kann.

[2] Satz 1 Nummer 2 gilt nicht, sofern der Einspruch offensichtlich aussichtslos ist beziehungsweise nicht in angemessener Zeit begründet wird und lediglich der Verzögerung der Vollstreckung dient. [3] Ersuchen um Beitreibung angefochtener Forderungen sind nur ausnahmsweise zu stellen und auch nur zulässig, sofern die geltenden Rechts- und Verwaltungsvorschriften und die Verwaltungspraxis des ersuchten Mitgliedstaates dies zulassen; ein solches Ersuchen ist zu begründen.

(2) Die Vollstreckungsbehörde muss zuvor alle nach der Abgabenordnung vorgesehenen Vollstreckungsmöglichkeiten ausgeschöpft haben, es sei denn,

1. es ist offensichtlich, dass
   a) keine Vermögensgegenstände für die Vollstreckung in Deutschland vorhanden sind oder
   b) Vollstreckungsverfahren in Deutschland nicht zur vollständigen Begleichung der Forderung führen,

   und der Vollstreckungsbehörde oder dem Verbindungsbüro konkrete Informationen vorliegen, wonach Vermögensgegenstände der betreffenden Person im ersuchten Mitgliedstaat vorhanden sind;
2. die Durchführung solcher Vollstreckungsmaßnahmen wäre in Deutschland mit unverhältnismäßigen Schwierigkeiten verbunden.

(3) [1] Jedem Beitreibungsersuchen ist der für alle Mitgliedstaaten einheitliche Vollstreckungstitel, dessen Inhalt im Wesentlichen dem des ursprünglichen Vollstreckungstitels entspricht, beizufügen, der die alleinige Grundlage für die im anderen Mitgliedstaat zu ergreifenden Beitreibungs- und Sicherungsmaßnahmen ist. [2] Er muss im anderen Mitgliedstaat weder durch einen besonderen Akt anerkannt noch ergänzt oder ersetzt werden. [3] Dem Beitreibungsersuchen können weitere Dokumente, die im Zusammenhang mit der Forderung stehen, beigefügt werden.

(4) Erlangt die Vollstreckungsbehörde im Zusammenhang mit der Angelegenheit, die dem Beitreibungsersuchen zu Grunde liegt, zweckdienliche Informationen, so teilt sie diese dem Verbindungsbüro zur unverzüglichen Weiterleitung an den anderen Mitgliedstaat mit.

§ 11 Änderung oder Rücknahme des Beitreibungsersuchens. (1) [1]Das Verbindungsbüro teilt unverzüglich nach entsprechender Erstellung durch die Vollstreckungsbehörde dem anderen Mitgliedstaat jede Änderung oder Rücknahme ihres Beitreibungsersuchens mit. [2]Dabei sind die Gründe für die Änderung oder Rücknahme anzugeben. [3]Bei Änderungen übersendet sie zusätzlich eine entsprechend geänderte Fassung des einheitlichen Vollstreckungstitels.

(2) [1]Geht die Änderung oder Rücknahme des Ersuchens auf eine Rechtsbehelfsentscheidung gemäß § 13 Absatz 1 zurück, so teilt die Vollstreckungsbehörde diese Entscheidung dem Verbindungsbüro mit. [2]Bei Änderungen übersendet sie zusätzlich eine entsprechend geänderte Fassung des einheitlichen Vollstreckungstitels. [3]Das Verbindungsbüro sendet die Unterlagen an die ersuchte Behörde.

(3) Wird ein gemäß § 13 Absatz 1 geänderter einheitlicher Vollstreckungstitel an ein Verbindungsbüro als ersuchte Behörde übermittelt, ergreift die mit der Durchführung der Amtshilfe beauftragte Vollstreckungsbehörde weitere Beitreibungsmaßnahmen auf der Grundlage dieses Vollstreckungstitels.

(4) Beitreibungs- und Sicherungsmaßnahmen, die bereits auf der Grundlage des ursprünglichen einheitlichen Vollstreckungstitels ergriffen wurden, können auf Grund des geänderten einheitlichen Vollstreckungstitels fortgeführt werden, sofern die Änderung des Ersuchens nicht darauf zurückzuführen ist, dass der ursprüngliche Vollstreckungstitel oder der ursprüngliche einheitliche Vollstreckungstitel unwirksam ist.

(5) Für die neue Fassung des Vollstreckungstitels gelten § 10 Absatz 3 und 4 sowie § 13 entsprechend.

§ 12 Ersuchen um Sicherungsmaßnahmen. (1) [1]Um die Vollstreckung sicherzustellen, führt die Vollstreckungsbehörde auf Ersuchen des anderen Mitgliedstaates Sicherungsmaßnahmen durch, sofern und soweit diese nach dem Sechsten Teil der Abgabenordnung zulässig sind. [2]Hierfür ist Voraussetzung, dass Sicherungsmaßnahmen sowohl des Mitgliedstaates der ersuchenden als auch der ersuchten deutschen Behörde in einer vergleichbaren Situation getroffen werden können.

(2) Das Verbindungsbüro kann nach entsprechender Erstellung durch die Vollstreckungsbehörde ein Ersuchen um Sicherungsmaßnahmen stellen, wenn

1. die Forderung oder der Vollstreckungstitel zum Zeitpunkt der Stellung des Ersuchens angefochten ist oder
2. ein Ersuchen um Beitreibung aus anderen Gründen noch nicht gestellt werden kann.

(3) [1]Einem ausgehenden Ersuchen um Sicherungsmaßnahmen ist das Dokument, das in Deutschland Sicherungsmaßnahmen in Bezug auf die Forderung ermöglicht, beizufügen. [2]Dem Ersuchen können weitere in Deutschland ausgestellte Dokumente beigefügt werden.

(4) § 9 Absatz 1 bis 3, § 10 Absatz 4 sowie die §§ 11 und 13 gelten entsprechend.

§ 13 Streitigkeiten. (1) [1]Stellt das Verbindungsbüro ein Ersuchen, so sind die nach dem Dritten Abschnitt des Ersten Teils der Abgabenordnung zuständigen Behörden oder die nach Abschnitt V des Ersten Teils der Finanzgerichtsordnung zuständigen Gerichte zuständig für

1. Rechtsbehelfe in Bezug auf
   a) die Forderung,
   b) den ursprünglichen Vollstreckungstitel für die Vollstreckung in Deutschland und
   c) den einheitlichen Vollstreckungstitel für die Vollstreckung im anderen Mitgliedstaat;
2. Streitigkeiten in Bezug auf die Gültigkeit einer Zustellung durch eine zuständige deutsche Behörde.

[2]Dies gilt auch für Streitigkeiten bei in Deutschland ergriffenen Vollstreckungsmaßnahmen oder Auseinandersetzungen im Zusammenhang mit der Gültigkeit einer Zustellungshilfe durch eine zuständige deutsche Behörde. [3]Wurde ein Rechtsbehelf eingelegt, teilt das Verbindungsbüro dies nach Mitteilung durch die Vollstreckungsbehörde dem anderen Mitgliedstaat mit. [4]Hierbei hat es insbesondere mitzuteilen, in welchem Umfang die Forderung nicht angefochten wird.

(2) [1]Ist Deutschland der ersuchte Mitgliedstaat und werden im Verlauf des Beitreibungsverfahrens die Forderung, der ursprüngliche Vollstreckungstitel oder der einheitliche Vollstreckungstitel von einer betroffenen Partei durch Rechtsbehelf angegriffen, so unterrichtet das Verbindungsbüro nach Mitteilung durch die Vollstreckungsbehörde diese Partei darüber, dass sie den Rechtsbehelf bei der zuständigen Instanz des anderen Mitgliedstaates nach dessen Recht einzulegen hat. [2]Wurde von der ersuchenden Behörde eine Mitteilung entsprechend Absatz 1 Satz 3 erteilt, setzt die Vollstreckungsbehörde das Beitreibungsverfahren für den angefochtenen Teilbetrag der Forderung bis zur Entscheidung über den jeweiligen Rechtsbehelf aus. [3]Satz 2 gilt nicht, wenn die ersuchende Behörde im Einklang mit Absatz 3 ein anderes Vorgehen wünscht. [4]Die Vollstreckungsbehörde kann selbständig oder auf Ersuchen Maßnahmen für die Sicherstellung der Beitreibung treffen, soweit dies zulässig ist. [5]Die Regelungen des § 12 bleiben unberührt.

(3) [1]Eingehende Beitreibungsersuchen aus anderen Mitgliedstaaten können auch die Beitreibung einer angefochtenen Forderung oder eines angefochtenen Teilbetrags einer Forderung beinhalten. [2]Ein solches Ersuchen ist durch die ersuchende Behörde zu begründen. [3]Wird dem Rechtsbehelf später stattgegeben, haftet die ersuchende ausländische Behörde für die Erstattung bereits beigetriebener Beträge samt etwaig geschuldeter Entschädigungsleistungen.

(4) [1]Durch die Einleitung eines Verständigungsverfahrens, das auf die Höhe der beizutreibenden Forderung Auswirkungen haben kann, werden die Beitreibungsmaßnahmen bis zum Abschluss dieses Verfahrens unterbrochen. [2]§ 231 Absatz 3 und 4 der Abgabenordnung gilt entsprechend. [3]Dies gilt nicht, wenn auf Grund von Betrug oder Insolvenz unmittelbare Dringlichkeit gegeben ist. [4]Werden die Beitreibungsmaßnahmen unterbrochen, so ist Absatz 2 Satz 4 und 5 anzuwenden.

§ 14 Ablehnungsgründe. (1) Die in den §§ 9 bis 13 vorgesehene Amtshilfe wird nicht geleistet, wenn die Vollstreckung oder die Anordnung von Sicherungsmaßnahmen unbillig wäre oder die Forderungen insgesamt weniger als 1500 Euro betragen.

(2) [1]Die in den §§ 5 bis 13, 17 und 18 vorgesehene Amtshilfe wird nicht geleistet, wenn

1. sich das ursprüngliche Ersuchen um Amtshilfe auf Forderungen bezieht, die älter als fünf Jahre waren;
2. die Forderungen älter als zehn Jahre sind. Die Frist wird ab dem Zeitpunkt der Fälligkeit gerechnet.

[2]Die Frist nach Nummer 1 beginnt ab dem Zeitpunkt, zu dem die Forderung in dem Mitgliedstaat der ersuchenden Behörde fällig wurde, und endet zu dem Zeitpunkt, in dem das ursprüngliche Amtshilfeersuchen gestellt wurde. [3]Wird gegen die Forderung oder den ursprünglichen Vollstreckungstitel ein Rechtsbehelf eingelegt, beginnt für die Vollstreckung im Mitgliedstaat der ersuchenden Behörde die Fünfjahresfrist ab dem Zeitpunkt, zu dem festgestellt wird, dass eine Anfechtung der Forderung oder des Vollstreckungstitels nicht mehr möglich ist. [4]Gewähren die zuständigen Behörden des Mitgliedstaates der ersuchenden Behörde einen Zahlungsaufschub oder einen Aufschub des Ratenzahlungsplans, beginnt die Fünfjahresfrist mit Ablauf der gesamten Zahlungsfrist.

(3) Gründe für die Ablehnung eines Ersuchens um Amtshilfe teilt das Verbindungsbüro dem anderen Mitgliedstaat mit.

§ 15 Verjährung. (1) Für die Verjährung von Forderungen, hinsichtlich derer um Amtshilfe ersucht wird, sind die §§ 228 bis 232 der Abgabenordnung entsprechend anzuwenden.

(2) Führt eine Behörde eines anderen Mitgliedstaates auf Grund eines deutschen Ersuchens Beitreibungsmaßnahmen durch oder lässt diese in ihrem Namen durchführen und bewirken die Beitreibungsmaßnahmen nach dem Recht dieses Mitgliedstaates eine Hemmung oder Unterbrechung der Verjährung oder Verlängerung der Verjährungsfrist, so gelten die Beitreibungsmaßnahmen im Hinblick auf die Hemmung oder Unterbrechung der Verjährung oder Verlängerung der Verjährungsfrist als Maßnahmen, die in Deutschland dieselbe Wirkung entfalten, sofern die §§ 228 bis 232 der Abgabenordnung die entsprechende Wirkung vorsehen.

(3) Ist nach dem Recht des Mitgliedstaates der ersuchten Behörde die Hemmung oder Unterbrechung der Verjährung oder Verlängerung der Verjährungsfrist nicht zulässig, so gelten die Beitreibungsmaßnahmen als von Deutschland vorgenommen, sofern diese

1. die ersuchte Behörde durchgeführt hat oder in ihrem Namen hat durchführen lassen und
2. im Fall der Durchführung eine Hemmung oder Unterbrechung der Verjährung nach den §§ 230, 231 der Abgabenordnung bewirkt hätten.

(4) Die nach § 231 der Abgabenordnung zulässigen rechtlichen Maßnahmen zur Unterbrechung der Verjährung bleiben unberührt.

(5) Die Vollstreckungsbehörden teilen über das Verbindungsbüro dem anderen Mitgliedstaat jede Maßnahme mit, die die Verjährung der Forderung, hinsichtlich derer um Beitreibung oder Sicherungsmaßnahmen ersucht wurde, unterbricht oder hemmt.

§ 16 Kosten. (1) Die Vollstreckungsbehörde bemüht sich bei den betreffenden Personen, neben den in § 9 Absatz 5 genannten Beträgen auch die ihr nach den §§ 337 bis 346 der Abgabenordnung entstandenen Kosten beizutreiben, und behält diese ein.

(2) [1] Deutschland verzichtet gegenüber dem ersuchenden Mitgliedstaat auf jegliche Erstattung der Kosten der Amtshilfe nach diesem Gesetz. [2] In den Fällen, in denen die Beitreibung besondere Probleme bereitet, sehr hohe Kosten verursacht oder im Rahmen der Bekämpfung der organisierten Kriminalität erfolgt, kann das in § 3 Absatz 1 genannte Verbindungsbüro mit der entsprechenden Behörde des anderen Mitgliedstaates einzelfallbezogen eine Erstattung vereinbaren.

(3) Deutschland haftet einem ersuchten Mitgliedstaat für alle Schäden aus Handlungen, die im Hinblick auf die tatsächliche Begründetheit der Forderung oder auf die Wirksamkeit des von der ersuchenden Behörde ausgestellten Vollstreckungstitels oder des Titels, der zur Ergreifung von Sicherungsmaßnahmen ermächtigt, für nicht angemessen befunden werden.

Abschnitt 5. Allgemeine Vorschriften

§ 17 Anwesenheit von Bediensteten anderer Mitgliedstaaten im Inland. (1) [1] Die Verbindungsbüros können zur Förderung der Amtshilfe gemäß der Beitreibungsrichtlinie vereinbaren, dass unter den von ihr festgelegten Voraussetzungen befugte Bedienstete des anderen Mitgliedstaates

1. in den Amtsräumen anwesend sein dürfen, in denen die deutsche Vollstreckungsbehörde ihre Tätigkeit ausübt;
2. bei den behördlichen Ermittlungen anwesend sein dürfen, die auf deutschem Hoheitsgebiet geführt werden;
3. Gerichtsverfahren, die auf deutschem Hoheitsgebiet geführt werden, unterstützen dürfen.

[2] Dabei stellt das Verbindungsbüro sicher, dass dem befugten Bediensteten der ersuchenden Behörde nur solche Informationen offenbart werden, die nach § 5 Absatz 1 erteilt werden dürfen und nicht unter § 5 Absatz 2 fallen.

(2) [1] Zur Ausübung der Möglichkeiten nach Absatz 1 ist die jederzeitige Vorlage einer schriftlichen Vollmacht notwendig. [2] Aus der Vollmacht müssen die Identität und dienstliche Stellung des Bediensteten der ersuchenden Behörde hervorgehen.

§ 18 Anwesenheit von deutschen Bediensteten in anderen Mitgliedstaaten. [1] Sofern die Komplexität eines Ersuchens es erfordert, können ordnungsgemäß bevollmächtigte deutsche Bedienstete in andere Mitgliedstaaten entsandt werden. [2]Die Voraussetzungen und Bedingungen des § 17 gelten sinngemäß.

§ 19 Standardformblätter und Kommunikationsmittel. (1) [1]Ersuchen um Auskünfte gemäß § 5 Absatz 1, um Zustellung gemäß § 7 Absatz 1 und § 8 Absatz 1, um Beitreibung gemäß § 9 Absatz 1 und § 10 Absatz 1 oder um Sicherungsmaßnahmen gemäß § 12 Absatz 1 und 3 werden jeweils mittels eines Standardformblatts auf elektronischem Weg übermittelt. [2]Diese Formblätter werden, soweit möglich, auch für jede weitere Mitteilung im Zusammenhang mit dem Ersuchen verwendet.

(2) Der einheitliche Vollstreckungstitel für die Vollstreckung im Mitgliedstaat der ersuchten Behörde und das Dokument für das Ergreifen von Sicherungsmaßnahmen im Mitgliedstaat der ersuchenden Behörde sowie die anderen in § 10 Absatz 3 und 4 sowie den §§ 12 bis 15 genannten Dokumente sind ebenfalls auf elektronischem Weg zu übermitteln.

(3) [1]Den Standardformblättern können gegebenenfalls Berichte, Bescheinigungen und andere Dokumente oder beglaubigte Kopien oder Auszüge daraus beigefügt werden, die ebenfalls auf elektronischem Weg zu übermitteln sind. [2]Auch der Informationsaustausch gemäß § 6 hat auf Standardformblättern und in elektronischer Form zu erfolgen.

(4) Die Absätze 1 bis 3 gelten nicht für Auskünfte und Unterlagen, die auf Grund der Anwesenheit in den Amtsräumen in einem anderen Mitgliedstaat oder auf Grund der Teilnahme an behördlichen Ermittlungen in einem anderen Mitgliedstaat gemäß § 18 erlangt werden.

(5) Erfolgt die Übermittlung nicht auf elektronischem Weg oder auf Standardformblättern, so berührt dies nicht die Gültigkeit der erhaltenen Auskünfte oder der im Rahmen eines Ersuchens um Amtshilfe ergriffenen Maßnahmen.

§ 20 Sprachen. (1) [1]Alle Ersuchen um Amtshilfe, Standardformblätter für die Zustellung sowie einheitliche Vollstreckungstitel für die Vollstreckung werden entweder in der Amtssprache oder einer der Amtssprachen des Mitgliedstaates der ersuchten Behörde übermittelt oder es wird ihnen eine Übersetzung in der entsprechenden Amtssprache beigefügt. [2]Der Umstand, dass bestimmte Teile davon in einer Sprache verfasst sind, die nicht Amtssprache oder eine der Amtssprachen des Mitgliedstaates der ersuchten Behörde ist, berührt nicht deren Gültigkeit oder die Gültigkeit des Verfahrens, sofern es sich bei dieser anderen Sprache um eine zwischen den betroffenen Mitgliedstaaten vereinbarte Sprache handelt.

(2) Die Dokumente, um deren Zustellung gemäß § 8 in einem anderen Mitgliedstaat ersucht wird, können in einer der Amtssprachen des ersuchenden Mitgliedstaates übermittelt werden.

(3) Legt die deutsche Behörde dem Ersuchen andere Dokumente, als die in den Absätzen 1 und 2 genannten bei, so hat sie auf Verlangen der ersuchten Behörde die Übersetzung in die Amtssprache, in eine der Amtssprachen oder in eine zwischen beiden Staaten vereinbarte Sprache beizufügen.

§ 21 Weiterleitung von Auskünften und Dokumenten. (1) [1]Die Auskünfte, die im Rahmen der Durchführung dieses Gesetzes an Deutschland übermittelt werden, unterliegen dem Steuergeheimnis und genießen den Schutz, den die Abgabenordnung für Auskünfte dieser Art gewährt. [2]Solche Auskünfte können für Vollstreckungs- und Sicherungsmaßnahmen mit Bezug auf Forderungen, die unter dieses Gesetz fallen, verwendet werden. [3]Eine Verwendung für einen anderen Zweck ist nur mit Einwilligung des Mitgliedstaates, von dem die Auskünfte stammen, zulässig.

(2) Erteilt Deutschland einem anderen Mitgliedstaat Auskünfte, so gestattet es diesem auf Anfrage, die Auskünfte für andere als die in Absatz 1 genannten Zwecke zu verwenden, wenn die Verwendung für einen vergleichbaren Zweck nach deutschem Recht unter Beachtung der §§ 30, 31, 31 a und 31 b der Abgabenordnung zulässig ist.

(3) [1]Ist die zuständige Behörde der Auffassung, dass auf Grund dieses Gesetzes erhaltene Auskünfte einem dritten Mitgliedstaat für die Zwecke des Absatzes 1 nützlich sein könnten, so kann sie diese Auskünfte an den dritten Mitgliedstaat unter der Voraussetzung weiterleiten, dass die Weiterleitung im Einklang mit diesem Gesetz erfolgt. [2]Sie teilt dem Mitgliedstaat, von dem die Auskünfte stammen, ihre Weiterleitungsabsicht mit. [3]Stammen die Auskünfte aus Deutschland, so kann die Vollstreckungsbehörde innerhalb von zehn Arbeitstagen über das Verbindungsbüro mitteilen, dass sie dieser Weiterleitung nicht zustimmt. [4]Diese Frist beginnt mit dem Tag, an dem die Mitteilung über die beabsichtigte Weiterleitung bei einem Verbindungsbüro eingeht.

(4) Die Einwilligung der Verwendung von Auskünften gemäß Absatz 2, die nach Absatz 3 weitergeleitet worden sind, darf nur durch den Mitgliedstaat erteilt werden, aus dem die Auskünfte stammen.

(5) Auskünfte, die in jedweder Form im Rahmen dieses Gesetzes übermittelt werden, können von allen Behörden des Mitgliedstaates, die die Auskünfte erhalten, auf der gleichen Grundlage wie vergleichbare Auskünfte, die in diesem Staat erlangt wurden, angeführt oder als Beweismittel verwendet werden.

Abschnitt 6. Schlussbestimmungen

§ 22 Anwendung anderer Abkommen zur Unterstützung bei der Beitreibung. (1) [1]Dieses Gesetz gilt unbeschadet der Erfüllung von Verpflichtungen zur Leistung von Amtshilfe in größerem Umfang, die sich aus bilateralen oder multilateralen Übereinkünften oder Vereinbarungen ergeben. [2]Das gilt auch für die Zustellung gerichtlicher oder sonstiger Dokumente.

(2) Auch in diesen Fällen können das elektronische Kommunikationsnetz und die Standardformblätter im Sinne des § 19 genutzt werden.

802. Finanzgerichtsordnung (FGO)[1]

In der Fassung der Bekanntmachung vom 28. März 2001
(BGBl. I S. 442, ber. S. 2262, I 2002 S. 679)

Geändert durch Zustellungsreformgesetz vom 25. 6. 2001 (BGBl. I S. 1206), Gesetz zur Anpassung der Formvorschriften an den modernen Rechtsgeschäftsverkehr vom 13. 7. 2001 (BGBl. I S. 1542), Gesetz zur Änderung des Finanzverwaltungsgesetzes und anderer Gesetze vom 14. 12. 2001 (BGBl. I S. 3714), Steueränderungsgesetz 2001 vom 20. 12. 2001 (BGBl. I S. 3794), Steuerverkürzungsbekämpfungsgesetz vom 19. 12. 2001 (BGBl. I S. 3922), Kostenrechtsmodernisierungsgesetz vom 5. 5. 2004 (BGBl. I S. 718), 1. Justizmodernisierungsgesetz vom 24. 8. 2004 (BGBl. I S. 2198), Anhörungsrügengesetz vom 9. 12. 2004 (BGBl. I S. 3220), Gesetz zur Vereinfachung und Vereinheitlichung der Verfahrensvorschriften zur Wahl und Berufung ehrenamtlicher Richter vom 21. 12. 2004 (BGBl. I S. 3599), Justizkommunikationsgesetz vom 22. 3. 2005 (BGBl. I S. 837, ber. 2022), Föderalismusreform-Begleitgesetz vom 5. 9. 2006 (BGBl. I S. 2098), Gesetz zur Neuregelung des Rechtsberatungsrechts vom 12. 12. 2007 (BGBl. I S. 2840), Gesetz zur Modernisierung von Verfahren im anwaltlichen und notariellen Berufsrecht vom 30. 7. 2009 (BGBl. I S. 2449), Gesetz über den Rechtsschutz bei überlangen Gerichtsverfahren und strafrechtlichen Ermittlungsverfahren vom 24. 11. 2011 (BGBl. I S. 2302), Gesetz zur Änderung von Vorschriften über Verkündung und Bekanntmachungen sowie der Zivilprozessordnung, des Gesetzes betreffend die Einführung der Zivilprozessordnung und der Abgabenordnung vom 22. 12. 2011 (BGBl. I S. 3044), Gesetz zur Förderung der Mediation und anderer Verfahren der außergerichtlichen Konfliktbeilegung vom 21. 7. 2012 (BGBl. I S. 1577), Gesetz zur Einführung von Kostenhilfe für Drittbetroffene in Verfahren vor dem Europäischen Gerichtshof für Menschenrechte sowie zur Änderung der Finanzgerichtsordnung vom 20. 4. 2013 (BGBl. I S. 829), Gesetz zur Intensivierung des Einsatzes von Videokonferenztechnik in gerichtlichen und staatsanwaltschaftlichen Verfahren vom 25. 4. 2013 (BGBl. I S. 935), Amtshilferichtlinie-Umsetzungsgesetz (AmtshilfeRLUmsG) vom 26. 6. 2013 (BGBl. I S. 1809), Gesetz zur Änderung des Prozesskostenhilfe- und Beratungshilferechts vom 31. 8. 2013 (BGBl. I S. 3533; ber. BGBl. I 2016 S. 121), Gesetz zur Förderung des elektronischen Rechtsverkehrs mit den Gerichten vom 10. 10. 2013 (BGBl. I S. 3786), Gesetz zur Durchführung der Verordnung (EU) Nr. 1215/2012 sowie zur Änderung sonstiger Vorschriften vom 8. 7. 2014 (BGBl. I S. 890), Zehnte Zuständigkeitsanpassungsverordnung vom 31. 8. 2015 (BGBl. I S. 1474) und Gesetz zur Neuordnung des Rechts der Syndikusanwälte und zur Änderung der Finanzgerichtsordnung vom 21. 12. 2015 (BGBl. I S. 2517)

BGBl. III/FNA 350-1

Nichtamtliche Inhaltsübersicht

Erster Teil. Gerichtsverfassung

Abschnitt I. Gerichte

[1] Die Neubekanntmachung der Finanzgerichtsordnung vom 6. 10. 1965 (BGBl. I S. 1477) auf Grund des Art. 5 des G v. 19. 12. 2000 (BGBl. I S. 1757) in der ab 1. 1. 2001 geltenden Fassung.

Abschnitt II. Allgemeine Verfahrensvorschriften

Abschnitt III. Verfahren im ersten Rechtszug

(Fortsetzung nächstes Blatt)

Abschnitt IV. Urteile und andere Entscheidungen

Abschnitt V. Rechtsmittel und Wiederaufnahme des Verfahrens

Unterabschnitt 1. Revision §§

Unterabschnitt 2. Beschwerde, Erinnerung, Anhörungsrüge

Unterabschnitt 3. Wiederaufnahme des Verfahrens

Dritter Teil. Kosten und Vollstreckung

Abschnitt I. Kosten

Abschnitt II. Vollstreckung

Vierter Teil. Übergangs- und Schlussbestimmungen §§

Erster Teil. Gerichtsverfassung

Abschnitt I. Gerichte

§ 1 [Unabhängigkeit der Gerichte] Die Finanzgerichtsbarkeit wird durch unabhängige, von den Verwaltungsbehörden getrennte, besondere Verwaltungsgerichte ausgeübt.

§ 2 [Arten der Gerichte] Gerichte der Finanzgerichtsbarkeit sind
in den Ländern die Finanzgerichte als obere Landesgerichte,
im Bund der Bundesfinanzhof mit dem Sitz in München.

§ 3 [Errichtung und Aufhebung von Finanzgerichten] (1) Durch Gesetz werden angeordnet

1. die Errichtung und Aufhebung eines Finanzgerichts,
2. die Verlegung eines Gerichtssitzes,
3. Änderungen in der Abgrenzung der Gerichtsbezirke,
4. die Zuweisung einzelner Sachgebiete an ein Finanzgericht für die Bezirke mehrerer Finanzgerichte,
5. die Errichtung einzelner Senate des Finanzgerichts an anderen Orten,
6. der Übergang anhängiger Verfahren auf ein anderes Gericht bei Maßnahmen nach den Nummern 1, 3 und 4, wenn sich die Zuständigkeit nicht nach den bisher geltenden Vorschriften richten soll.

(2) Mehrere Länder können die Errichtung eines gemeinsamen Finanzgerichts oder gemeinsamer Senate eines Finanzgerichts oder die Ausdehnung von Gerichtsbezirken über die Landesgrenzen hinaus, auch für einzelne Sachgebiete, vereinbaren.

§ 4 [Anwendung des Gerichtsverfassungsgesetzes] Für die Gerichte der Finanzgerichtsbarkeit gelten die Vorschriften des Zweiten Titels des Gerichtsverfassungsgesetzes entsprechend.

§ 5 [Verfassung der Finanzgerichte] (1) [1]Das Finanzgericht besteht aus dem Präsidenten, den Vorsitzenden Richtern und weiteren Richtern in erforderlicher Anzahl. [2]Von der Ernennung eines Vorsitzenden Richters kann abgesehen werden, wenn bei einem Gericht nur ein Senat besteht.

(2) 1 Bei den Finanzgerichten werden Senate gebildet. 2 Zoll-, Verbrauchsteuer- und Finanzmonopolsachen sind in besonderen Senaten zusammenzufassen.

(3) 1 Die Senate entscheiden in der Besetzung mit drei Richtern und zwei ehrenamtlichen Richtern, soweit nicht ein Einzelrichter entscheidet. 2 Bei Beschlüssen außerhalb der mündlichen Verhandlung und bei Gerichtsbescheiden (§ 90 a) wirken die ehrenamtlichen Richter nicht mit.

(4) 1 Die Länder können durch Gesetz die Mitwirkung von zwei ehrenamtlichen Richtern an den Entscheidungen des Einzelrichters vorsehen. 2 Absatz 3 Satz 2 bleibt unberührt.

§ 6 [Übertragung des Rechtsstreits auf Einzelrichter] (1) Der Senat kann den Rechtsstreit einem seiner Mitglieder als Einzelrichter zur Entscheidung übertragen, wenn

1. die Sache keine besonderen Schwierigkeiten tatsächlicher oder rechtlicher Art aufweist und
2. die Rechtssache keine grundsätzliche Bedeutung hat.

(2) Der Rechtsstreit darf dem Einzelrichter nicht übertragen werden, wenn bereits vor dem Senat mündlich verhandelt worden ist, es sei denn, dass inzwischen ein Vorbehalts-, Teil- oder Zwischenurteil ergangen ist.

(3) 1 Der Einzelrichter kann nach Anhörung der Beteiligten den Rechtsstreit auf den Senat zurückübertragen, wenn sich aus einer wesentlichen Änderung der Prozesslage ergibt, dass die Rechtssache grundsätzliche Bedeutung hat oder die Sache besondere Schwierigkeiten tatsächlicher oder rechtlicher Art aufweist. 2 Eine erneute Übertragung auf den Einzelrichter ist ausgeschlossen.

(4) 1 Beschlüsse nach den Absätzen 1 und 3 sind unanfechtbar. 2 Auf eine unterlassene Übertragung kann die Revision nicht gestützt werden.

§§ 7 bis 9. (weggefallen)

§ 10 [Verfassung des Bundesfinanzhofs] (1) Der Bundesfinanzhof besteht aus dem Präsidenten und aus den Vorsitzenden Richtern und weiteren Richtern in erforderlicher Anzahl.

(2) 1 Beim Bundesfinanzhof werden Senate gebildet. 2 § 5 Abs. 2 Satz 2 gilt sinngemäß.

(3) Die Senate des Bundesfinanzhofs entscheiden in der Besetzung von fünf Richtern, bei Beschlüssen außerhalb der mündlichen Verhandlung in der Besetzung von drei Richtern.

§ 11 [Zuständigkeit des Großen Senats] (1) Bei dem Bundesfinanzhof wird ein Großer Senat gebildet.

(2) Der Große Senat entscheidet, wenn ein Senat in einer Rechtsfrage von der Entscheidung eines anderen Senats oder des Großen Senats abweichen will.

(3) 1 Eine Vorlage an den Großen Senat ist nur zulässig, wenn der Senat, von dessen Entscheidung abgewichen werden soll, auf Anfrage des erken-

nenden Senats erklärt hat, dass er an seiner Rechtsauffassung festhält. [2]Kann der Senat, von dessen Entscheidung abgewichen werden soll, wegen einer Änderung des Geschäftsverteilungsplanes mit der Rechtsfrage nicht mehr befasst werden, tritt der Senat an seine Stelle, der nach dem Geschäftsverteilungsplan für den Fall, in dem abweichend entschieden wurde, nunmehr zuständig wäre. [3]Über die Anfrage und die Antwort entscheidet der jeweilige Senat durch Beschluss in der für Urteile erforderlichen Besetzung.

(4) Der erkennende Senat kann eine Frage von grundsätzlicher Bedeutung dem Großen Senat zur Entscheidung vorlegen, wenn das nach seiner Auffassung zur Fortbildung des Rechts oder zur Sicherung einer einheitlichen Rechtsprechung erforderlich ist.

(5) [1]Der Große Senat besteht aus dem Präsidenten und je einem Richter der Senate, in denen der Präsident nicht den Vorsitz führt. [2]Bei einer Verhinderung des Präsidenten tritt ein Richter aus dem Senat, dem er angehört, an seine Stelle.

(6) [1]Die Mitglieder und die Vertreter werden durch das Präsidium für ein Geschäftsjahr bestellt. [2]Den Vorsitz im Großen Senat führt der Präsident, bei Verhinderung das dienstälteste Mitglied. [3]Bei Stimmengleichheit gibt die Stimme des Vorsitzenden den Ausschlag.

(7) [1]Der Große Senat entscheidet nur über die Rechtsfrage. [2]Er kann ohne mündliche Verhandlung entscheiden. [3]Seine Entscheidung ist in der vorliegenden Sache für den erkennenden Senat bindend.

§ 12 [Geschäftsstelle] [1]Bei jedem Gericht wird eine Geschäftsstelle eingerichtet. [2]Sie wird mit der erforderlichen Anzahl von Urkundsbeamten besetzt.

§ 13 [Rechts- und Amtshilfe] Alle Gerichte und Verwaltungsbehörden leisten den Gerichten der Finanzgerichtsbarkeit Rechts- und Amtshilfe.

Abschnitt II. Richter

§ 14 [Richter auf Lebenszeit] (1) Die Richter werden auf Lebenszeit ernannt, soweit nicht in § 15 Abweichendes bestimmt ist.

(2) Die Richter des Bundesfinanzhofs müssen das 35. Lebensjahr vollendet haben.

§ 15 [Richter auf Probe] Bei den Finanzgerichten können Richter auf Probe oder Richter kraft Auftrags verwendet werden.

Abschnitt III. Ehrenamtliche Richter

§ 16 [Stellung] Der ehrenamtliche Richter wirkt bei der mündlichen Verhandlung und der Urteilsfindung mit gleichen Rechten wie der Richter mit.

§ 17[1] **[Voraussetzungen für die Berufung]** [1]Der ehrenamtliche Richter muss Deutscher sein. [2]Er soll das 25. Lebensjahr vollendet und seinen Wohnsitz oder seine gewerbliche oder berufliche Niederlassung innerhalb des Gerichtsbezirks haben.

§ 18 [Ausschlussgründe] (1) Vom Amt des ehrenamtlichen Richters sind ausgeschlossen

1. Personen, die infolge Richterspruchs die Fähigkeit zur Bekleidung öffentlicher Ämter nicht besitzen oder wegen einer vorsätzlichen Tat zu einer Freiheitsstrafe von mehr als sechs Monaten oder innerhalb der letzten zehn Jahre wegen einer Steuer- oder Monopolstraftat verurteilt worden sind, soweit es sich nicht um eine Tat handelt, für die das nach der Verurteilung geltende Gesetz nur noch Geldbuße androht,
2. Personen, gegen die Anklage wegen einer Tat erhoben ist, die den Verlust der Fähigkeit zur Bekleidung öffentlicher Ämter zur Folge haben kann,
3. Personen, die nicht das Wahlrecht zu den gesetzgebenden Körperschaften des Landes besitzen.

(2) Personen, die in Vermögensverfall geraten sind, sollen nicht zu ehrenamtlichen Richtern berufen werden.

§ 19 [Unvereinbarkeit] Zum ehrenamtlichen Richter können nicht berufen werden

1. Mitglieder des Bundestages, des Europäischen Parlaments, der gesetzgebenden Körperschaften eines Landes, der Bundesregierung oder einer Landesregierung,
2. Richter,
3. Beamte und Angestellte der Steuerverwaltungen des Bundes und der Länder,
4. Berufssoldaten und Soldaten auf Zeit,
5. Rechtsanwälte, Notare, Patentanwälte, Steuerberater, Vorstandsmitglieder von Steuerberatungsgesellschaften, die nicht Steuerberater sind, ferner Steuerbevollmächtigte, Wirtschaftsprüfer, vereidigte Buchprüfer und Personen, die fremde Rechtsangelegenheiten geschäftsmäßig besorgen.

§ 20 [Recht zur Ablehnung der Berufung] (1) Die Berufung zum Amt des ehrenamtlichen Richters dürfen ablehnen

1. Geistliche und Religionsdiener,
2. Schöffen und andere ehrenamtliche Richter,
3.[2] Personen, die zwei Amtsperioden lang als ehrenamtliche Richter beim Finanzgericht tätig gewesen sind,

---

[1] § 17 Satz 2 geänd. mWv 1. 1. 2005 durch G v. 21. 12. 2004 (BGBl. I S. 3599).

[2] § 20 Abs. 1 Nr. 3 geänd. mWv 1. 1. 2005 durch G v. 21. 12. 2004 (BGBl. I S. 3599).

4. Ärzte, Krankenpfleger, Hebammen,
5. Apothekenleiter, die kein pharmazeutisches Personal beschäftigen,
6.[1] Personen, die die Regelaltersgrenze nach dem Sechsten Buch Sozialgesetzbuch erreicht haben.

(2) In besonderen Härtefällen kann außerdem auf Antrag von der Übernahme des Amtes befreit werden.

§ 21 [Gründe für Amtsentbindung] (1) Ein ehrenamtlicher Richter ist von seinem Amt zu entbinden, wenn er

1. nach den §§ 17 bis 19 nicht berufen werden konnte oder nicht mehr berufen werden kann oder
2. einen Ablehnungsgrund nach § 20 Abs. 1 geltend macht oder
3. seine Amtspflichten gröblich verletzt hat oder
4. die zur Ausübung seines Amtes erforderlichen geistigen oder körperlichen Fähigkeiten nicht mehr besitzt oder
5. seinen Wohnsitz oder seine gewerbliche oder berufliche Niederlassung im Gerichtsbezirk aufgibt.

(2) In besonderen Härtefällen kann außerdem auf Antrag von der weiteren Ausübung des Amtes entbunden werden.

(3) [1]Die Entscheidung trifft der vom Präsidium für jedes Geschäftsjahr im Voraus bestimmte Senat in den Fällen des Absatzes 1 Nr. 1, 3 und 4 auf Antrag des Präsidenten des Finanzgerichts, in den Fällen des Absatzes 1 Nr. 2 und 5 und des Absatzes 2 auf Antrag des ehrenamtlichen Richters. [2]Die Entscheidung ergeht durch Beschluss nach Anhörung des ehrenamtlichen Richters.

(4) Absatz 3 gilt sinngemäß in den Fällen des § 20 Abs. 2.

(5) Auf Antrag des ehrenamtlichen Richters ist die Entscheidung nach Absatz 3 aufzuheben, wenn Anklage nach § 18 Nr. 2 erhoben war und der Angeschuldigte rechtskräftig außer Verfolgung gesetzt oder freigesprochen worden ist.

§ 22 [Wahl] Die ehrenamtlichen Richter werden für jedes Finanzgericht auf fünf Jahre[2] durch einen Wahlausschuss nach Vorschlagslisten (§ 25) gewählt.

§ 23[3] [Wahlausschuss] (1) Bei jedem Finanzgericht wird ein Ausschuss zur Wahl der ehrenamtlichen Richter bestellt.

(2) [1]Der Ausschuss besteht aus dem Präsidenten des Finanzgerichts als Vorsitzendem, einem durch die Oberfinanzdirektion zu bestimmenden Beamten der Landesfinanzverwaltung und sieben Vertrauensleuten, die die Voraussetzungen zur Berufung als ehrenamtlicher Richter erfüllen.

---

[1] § 20 Abs. 1 Nr. 6 geänd. mWv 5. 8. 2009 durch G v. 30. 7. 2009 (BGBl. I S. 2449).
[2] § 22 geänd. mWv 1. 1. 2005 durch G v. 21. 12. 2004 (BGBl. I S. 3599).
[3] § 23 Abs. 2 Satz 5 angef. mWv 21. 12. 2001 durch G v. 14. 12. 2001 (BGBl. I S. 3714).

[2]Die Vertrauensleute, ferner sieben Vertreter werden auf fünf Jahre[1)] vom Landtag oder von einem durch ihn bestimmten Landtagsausschuss oder nach Maßgabe der Landesgesetze gewählt. [3]In den Fällen des § 3 Abs. 2 und bei Bestehen eines Finanzgerichts für die Bezirke mehrerer Oberfinanzdirektionen innerhalb eines Landes richtet sich die Zuständigkeit der Oberfinanzdirektion für die Bestellung des Beamten der Landesfinanzverwaltung sowie des Landes für die Wahl der Vertrauensleute nach dem Sitz des Finanzgerichts. [4]Die Landesgesetzgebung kann in diesen Fällen vorsehen, dass jede beteiligte Oberfinanzdirektion einen Beamten der Finanzverwaltung in den Ausschuss entsendet und dass jedes beteiligte Land mindestens zwei Vertrauensleute bestellt. [5]In Fällen, in denen ein Land nach § 2a Abs. 1 des Finanzverwaltungsgesetzes auf Mittelbehörden verzichtet hat, ist für die Bestellung des Beamten der Landesfinanzverwaltung die oberste Landesbehörde im Sinne des § 2 Abs. 1 Nr. 1 des Finanzverwaltungsgesetzes zuständig.

(3) Der Ausschuss ist beschlussfähig, wenn wenigstens der Vorsitzende, ein Vertreter der Finanzverwaltung und drei Vertrauensleute anwesend sind.

§ 24 [Bestimmung der Anzahl] Die für jedes Finanzgericht erforderliche Anzahl von ehrenamtlichen Richtern wird durch den Präsidenten so bestimmt, dass voraussichtlich jeder zu höchstens zwölf ordentlichen Sitzungstagen im Jahre herangezogen wird.

§ 25[2)] [Vorschlagsliste] [1]Die Vorschlagsliste der ehrenamtlichen Richter wird in jedem fünften Jahr durch den Präsidenten des Finanzgerichts aufgestellt. [2]Er soll zuvor die Berufsvertretungen hören. [3]In die Vorschlagsliste soll die doppelte Anzahl der nach § 24 zu wählenden ehrenamtlichen Richter aufgenommen werden.

§ 26 [Wahlverfahren] (1) Der Ausschuss wählt aus den Vorschlagslisten mit einer Mehrheit von mindestens zwei Dritteln der Stimmen die erforderliche Anzahl von ehrenamtlichen Richtern.

(2) Bis zur Neuwahl bleiben die bisherigen ehrenamtlichen Richter im Amt.

§ 27 [Liste und Hilfsliste] (1) [1]Das Präsidium des Finanzgerichts bestimmt vor Beginn des Geschäftsjahrs durch Aufstellung einer Liste die Reihenfolge, in der die ehrenamtlichen Richter heranzuziehen sind. [2]Für jeden Senat ist eine Liste aufzustellen, die mindestens zwölf Namen enthalten muss.

(2) Für die Heranziehung von Vertretern bei unvorhergesehener Verhinderung kann eine Hilfsliste ehrenamtlicher Richter aufgestellt werden, die am Gerichtssitz oder in seiner Nähe wohnen.

[1)] § 23 Abs. 2 Satz 2 geänd. mWv 1. 1. 2005 durch G v. 21. 12. 2004 (BGBl. I S. 3599).

[2)] § 25 Sätze 1 und 3 geänd. mWv 1. 1. 2005 durch G v. 21. 12. 2004 (BGBl. I S. 3599).

§ 28. (weggefallen)

§ 29 [Entschädigung] Der ehrenamtliche Richter und der Vertrauensmann (§ 23) erhalten eine Entschädigung nach dem Justizvergütungs- und -entschädigungsgesetz.[1)] · [2)]

§ 30 [Ordnungsstrafen] (1) [1]Gegen einen ehrenamtlichen Richter, der sich ohne genügende Entschuldigung zu einer Sitzung nicht rechtzeitig einfindet oder der sich seinen Pflichten auf andere Weise entzieht, kann ein Ordnungsgeld festgesetzt werden. [2]Zugleich können ihm die durch sein Verhalten verursachten Kosten auferlegt werden.

(2) [1]Die Entscheidung trifft der Vorsitzende. [2]Er kann sie bei nachträglicher Entschuldigung ganz oder zum Teil aufheben.

Abschnitt IV. Gerichtsverwaltung

§ 31 [Dienstaufsicht] Der Präsident des Gerichts übt die Dienstaufsicht über die Richter, Beamten, Angestellten und Arbeiter aus.

§ 32 [Verbot der Übertragung von Verwaltungsgeschäften] Dem Gericht dürfen keine Verwaltungsgeschäfte außerhalb der Gerichtsverwaltung übertragen werden.

Abschnitt V. Finanzrechtsweg und Zuständigkeit

Unterabschnitt 1. Finanzrechtsweg

§ 33 [Zulässigkeit des Rechtswegs] (1) Der Finanzrechtsweg ist gegeben

1. in öffentlich-rechtlichen Streitigkeiten über Abgabenangelegenheiten, soweit die Abgaben der Gesetzgebung des Bundes unterliegen und durch Bundesfinanzbehörden oder Landesfinanzbehörden verwaltet werden,
2. in öffentlich-rechtlichen Streitigkeiten über die Vollziehung von Verwaltungsakten in anderen als den in Nummer 1 bezeichneten Angelegenheiten, soweit die Verwaltungsakte durch Bundesfinanzbehörden oder Landesfinanzbehörden nach den Vorschriften der Abgabenordnung zu vollziehen sind,
3. in öffentlich-rechtlichen und berufsrechtlichen Streitigkeiten über Angelegenheiten, die durch den Ersten Teil, den Zweiten und den Sechsten Abschnitt des Zweiten Teils und den Ersten Abschnitt des Dritten Teils des Steuerberatungsgesetzes geregelt werden,
4. in anderen als den in den Nummern 1 bis 3 bezeichneten öffentlichrechtlichen Streitigkeiten, soweit für diese durch Bundesgesetz oder Landesgesetz der Finanzrechtsweg eröffnet ist.

[1)] Bezeichnung geänd. mWv 1. 7. 2004 durch G v. 5. 5. 2004 (BGBl. I S. 718).
[2)] **Schönfelder Nr. 116.**

(2) Abgabenangelegenheiten im Sinne dieses Gesetzes sind alle mit der Verwaltung der Abgaben einschließlich der Abgabenvergütungen oder sonst mit der Anwendung der abgabenrechtlichen Vorschriften durch die Finanzbehörden zusammenhängenden Angelegenheiten einschließlich der Maßnahmen der Bundesfinanzbehörden zur Beachtung der Verbote und Beschränkungen für den Warenverkehr über die Grenze; den Abgabenangelegenheiten stehen die Angelegenheiten der Verwaltung der Finanzmonopole gleich.

(3) Die Vorschriften dieses Gesetzes finden auf das Straf- und Bußgeldverfahren keine Anwendung.

§ 34. (weggefallen)

Unterabschnitt 2. Sachliche Zuständigkeit

§ 35 [Zuständigkeit der Finanzgerichte] Das Finanzgericht entscheidet im ersten Rechtszug über alle Streitigkeiten, für die der Finanzrechtsweg gegeben ist.

§ 36 [Zuständigkeit des Bundesfinanzhofs] Der Bundesfinanzhof entscheidet über das Rechtsmittel

1. der Revision gegen Urteile des Finanzgerichts und gegen Entscheidungen, die Urteilen des Finanzgerichts gleichstehen,
2. der Beschwerde gegen andere Entscheidungen des Finanzgerichts, des Vorsitzenden oder des Berichterstatters.

§ 37. (weggefallen)

Unterabschnitt 3. Örtliche Zuständigkeit

§ 38 [Örtliche Zuständigkeit des Finanzgerichts] (1) Örtlich zuständig ist das Finanzgericht, in dessen Bezirk die Behörde, gegen welche die Klage gerichtet ist, ihren Sitz hat.

(2) [1] Ist die in Absatz 1 bezeichnete Behörde eine oberste Finanzbehörde, so ist das Finanzgericht zuständig, in dessen Bezirk der Kläger seinen Wohnsitz, seine Geschäftsleitung oder seinen gewöhnlichen Aufenthalt hat; bei Zöllen, Verbrauchsteuern und Monopolabgaben ist das Finanzgericht zuständig, in dessen Bezirk ein Tatbestand verwirklicht wird, an den das Gesetz die Abgabe knüpft. [2] Hat der Kläger im Bezirk der obersten Finanzbehörde keinen Wohnsitz, keine Geschäftsleitung und keinen gewöhnlichen Aufenthalt, so findet Absatz 1 Anwendung.

(2 a)[1)] [1] In Angelegenheiten des Familienleistungsausgleichs nach Maßgabe der §§ 62 bis 78 des Einkommensteuergesetzes ist das Finanzgericht zuständig, in dessen Bezirk der Kläger seinen Wohnsitz oder seinen gewöhnlichen Aufenthalt hat. [2] Hat der Kläger im Inland keinen Wohnsitz und keinen gewöhnlichen Aufenthalt, ist das Finanzgericht zuständig, in dessen Bezirk die Behörde, gegen welche die Klage gerichet ist, ihren Sitz hat.

[1)] § 38 Abs. 2 a Satz 3 aufgeh. mWv 31. 12. 2015 durch G v. 21. 12. 2015 (BGBl. I S. 2517).

(3) Befindet sich der Sitz einer Finanzbehörde außerhalb ihres Bezirks, so richtet sich die örtliche Zuständigkeit abweichend von Absatz 1 nach der Lage des Bezirks.

§ 39 [Bestimmung des Gerichts durch den Bundesfinanzhof] (1) Das zuständige Finanzgericht wird durch den Bundesfinanzhof bestimmt,

1. wenn das an sich zuständige Finanzgericht in einem einzelnen Fall an der Ausübung der Gerichtsbarkeit rechtlich oder tatsächlich verhindert ist,
2. wenn es wegen der Grenzen verschiedener Gerichtsbezirke ungewiss ist, welches Finanzgericht für den Rechtsstreit zuständig ist,
3. wenn verschiedene Finanzgerichte sich rechtskräftig für zuständig erklärt haben,
4. wenn verschiedene Finanzgerichte, von denen eines für den Rechtsstreit zuständig ist, sich rechtskräftig für unzuständig erklärt haben,
5. wenn eine örtliche Zuständigkeit nach § 38 nicht gegeben ist.

(2) [1]Jeder am Rechtsstreit Beteiligte und jedes mit dem Rechtsstreit befasste Finanzgericht kann den Bundesfinanzhof anrufen. [2]Dieser kann ohne mündliche Verhandlung entscheiden.

Zweiter Teil. Verfahren

Abschnitt I. Klagearten, Klagebefugnis, Klagevoraussetzungen, Klageverzicht

§ 40 [Anfechtungs- und Verpflichtungsklage] (1) Durch Klage kann die Aufhebung, in den Fällen des § 100 Abs. 2 auch die Änderung eines Verwaltungsakts (Anfechtungsklage) sowie die Verurteilung zum Erlass eines abgelehnten oder unterlassenen Verwaltungsakts (Verpflichtungsklage) oder zu einer anderen Leistung begehrt werden.

(Fortsetzung nächstes Blatt)

(3) Befindet sich der Sitz einer Finanzbehörde außerhalb ihres Bezirks, so richtet sich die örtliche Zuständigkeit abweichend von Absatz 1 nach der Lage des Bezirks.

§ 39 [Bestimmung des Gerichts durch den Bundesfinanzhof] (1) Das zuständige Finanzgericht wird durch den Bundesfinanzhof bestimmt,

1. wenn das an sich zuständige Finanzgericht in einem einzelnen Fall an der Ausübung der Gerichtsbarkeit rechtlich oder tatsächlich verhindert ist,
2. wenn es wegen der Grenzen verschiedener Gerichtsbezirke ungewiss ist, welches Finanzgericht für den Rechtsstreit zuständig ist,
3. wenn verschiedene Finanzgerichte sich rechtskräftig für zuständig erklärt haben,
4. wenn verschiedene Finanzgerichte, von denen eines für den Rechtsstreit zuständig ist, sich rechtskräftig für unzuständig erklärt haben,
5. wenn eine örtliche Zuständigkeit nach § 38 nicht gegeben ist.

(2) Jeder am Rechtsstreit Beteiligte und jedes mit dem Rechtsstreit befasste Finanzgericht kann den Bundesfinanzhof anrufen. Dieser kann ohne mündliche Verhandlung entscheiden.

Zweiter Teil. Verfahren

Abschnitt I. Klagearten, Klagebefugnis, Klagevoraussetzungen, Klageverzicht

§ 40 [Anfechtungs- und Verpflichtungsklage] (1) Durch Klage kann die Aufhebung, in den Fällen des § 100 Abs. 2 Satz 1 auch die Änderung eines Verwaltungsakts (Anfechtungsklage) sowie die Verurteilung zum Erlass eines abgelehnten oder unterlassenen Verwaltungsakts (Verpflichtungsklage) oder zu einer anderen Leistung begehrt werden.

(Fortsetzung nächstes Blatt)

(2) Soweit gesetzlich nichts anderes bestimmt ist, ist die Klage nur zulässig, wenn der Kläger geltend macht, durch den Verwaltungsakt oder durch die Ablehnung oder Unterlassung eines Verwaltungsakts oder einer anderen Leistung in seinen Rechten verletzt zu sein.

(3) Verwaltet eine Finanzbehörde des Bundes oder eines Landes eine Abgabe ganz oder teilweise für andere Abgabenberechtigte, so können diese in den Fällen Klage erheben, in denen der Bund oder das Land die Abgabe oder einen Teil der Abgabe unmittelbar oder mittelbar schulden würde.

§ 41 [Feststellungsklage] (1) Durch Klage kann die Feststellung des Bestehens oder Nichtbestehens eines Rechtsverhältnisses oder der Nichtigkeit eines Verwaltungsakts begehrt werden, wenn der Kläger ein berechtigtes Interesse an der baldigen Feststellung hat (Feststellungsklage).

(2) [1]Die Feststellung kann nicht begehrt werden, soweit der Kläger seine Rechte durch Gestaltungs- oder Leistungsklage verfolgen kann oder hätte verfolgen können. [2]Dies gilt nicht, wenn die Feststellung der Nichtigkeit eines Verwaltungsakts begehrt wird.

§ 42 [Umfang der Anfechtbarkeit] Auf Grund der Abgabenordnung erlassene Änderungs- und Folgebescheide können nicht in weiterem Umfang angegriffen werden, als sie in dem außergerichtlichen Vorverfahren angefochten werden können.

§ 43 [Verbindung von Klagen] Mehrere Klagebegehren können vom Kläger in einer Klage zusammen verfolgt werden, wenn sie sich gegen denselben Beklagten richten, im Zusammenhang stehen und dasselbe Gericht zuständig ist.

§ 44 [Außergerichtlicher Rechtsbehelf] (1) In den Fällen, in denen ein außergerichtlicher Rechtsbehelf gegeben ist, ist die Klage vorbehaltlich der §§ 45 und 46 nur zulässig, wenn das Vorverfahren über den außergerichtlichen Rechtsbehelf ganz oder zum Teil erfolglos geblieben ist.

(2) Gegenstand der Anfechtungsklage nach einem Vorverfahren ist der ursprüngliche Verwaltungsakt in der Gestalt, die er durch die Entscheidung über den außergerichtlichen Rechtsbehelf gefunden hat.

§ 45 [Sprungklage] (1) [1]Die Klage ist ohne Vorverfahren zulässig, wenn die Behörde, die über den außergerichtlichen Rechtsbehelf zu entscheiden hat, innerhalb eines Monats nach Zustellung der Klageschrift dem Gericht gegenüber zustimmt. [2]Hat von mehreren Berechtigten einer einen außergerichtlichen Rechtsbehelf eingelegt, ein anderer unmittelbar Klage erhoben, ist zunächst über den außergerichtlichen Rechtsbehelf zu entscheiden.

(2) [1]Das Gericht kann eine Klage, die nach Absatz 1 ohne Vorverfahren erhoben worden ist, innerhalb von drei Monaten nach Eingang der Akten der Behörde bei Gericht, spätestens innerhalb von sechs Monaten nach

Klagezustellung, durch Beschluss an die zuständige Behörde zur Durchführung des Vorverfahrens abgeben, wenn eine weitere Sachaufklärung notwendig ist, die nach Art oder Umfang erhebliche Ermittlungen erfordert, und die Abgabe auch unter Berücksichtigung der Belange der Beteiligten sachdienlich ist. [2]Der Beschluss ist unanfechtbar.

(3) Stimmt die Behörde im Fall des Absatzes 1 nicht zu oder gibt das Gericht die Klage nach Absatz 2 ab, ist die Klage als außergerichtlicher Rechtsbehelf zu behandeln.

(4) Die Klage ist außerdem ohne Vorverfahren zulässig, wenn die Rechtswidrigkeit der Anordnung eines dinglichen Arrests geltend gemacht wird.

§ 46 [Untätigkeitsklage] (1) [1]Ist über einen außergerichtlichen Rechtsbehelf ohne Mitteilung eines zureichenden Grundes in angemessener Frist sachlich nicht entschieden worden, so ist die Klage abweichend von § 44 ohne vorherigen Abschluss des Vorverfahrens zulässig. [2]Die Klage kann nicht vor Ablauf von sechs Monaten seit Einlegung des außergerichtlichen Rechtsbehelfs erhoben werden, es sei denn, dass wegen besonderer Umstände des Falles eine kürzere Frist geboten ist. [3]Das Gericht kann das Verfahren bis zum Ablauf einer von ihm bestimmten Frist, die verlängert werden kann, aussetzen; wird dem außergerichtlichen Rechtsbehelf innerhalb dieser Frist stattgegeben oder der beantragte Verwaltungsakt innerhalb dieser Frist erlassen, so ist der Rechtsstreit in der Hauptsache als erledigt anzusehen.

(2) Absatz 1 Satz 2 und 3 gilt für die Fälle sinngemäß, in denen geltend gemacht wird, dass eine der in § 348 Nr. 3 und 4 der Abgabenordnung genannten Stellen über einen Antrag auf Vornahme eines Verwaltungsakts ohne Mitteilung eines zureichenden Grundes in angemessener Frist sachlich nicht entschieden hat.

§ 47[1)] [Frist zur Erhebung der Anfechtungsklage] (1)[2)] [1]Die Frist für die Erhebung der Anfechtungsklage beträgt einen Monat; sie beginnt mit der Bekanntgabe der Entscheidung über den außergerichtlichen Rechtsbehelf, in den Fällen des § 45 und in den Fällen, in denen ein außergerichtlicher Rechtsbehelf nicht gegeben ist, mit der Bekanntgabe des Verwaltungsakts. [2]Dies gilt für die Verpflichtungsklage sinngemäß, wenn der Antrag auf Vornahme des Verwaltungsakts abgelehnt worden ist.

(2) [1]Die Frist für die Erhebung der Klage gilt als gewahrt, wenn die Klage bei der Behörde, die den angefochtenen Verwaltungsakt oder die angefochtene Entscheidung erlassen oder den Beteiligten bekannt gegeben hat oder die nachträglich für den Steuerfall zuständig geworden ist, innerhalb der Frist angebracht oder zur Niederschrift gegeben wird. [2]Die Behörde hat die Klageschrift in diesem Fall unverzüglich dem Gericht zu übermitteln.

---

1) § 47 Abs. 2 Satz 2 geänd. mWv 1. 4. 2005 durch G v. 22. 3. 2005 (BGBl. I S. 837).

2) Abweichend hierzu siehe Art. 97 § 18 a EGAO (Nr. **800 a**).

(3) Absatz 2 gilt sinngemäß bei einer Klage, die sich gegen die Feststellung von Besteuerungsgrundlagen oder gegen die Festsetzung eines Steuermessbetrags richtet, wenn sie bei der Stelle angebracht wird, die zur Erteilung des Steuerbescheids zuständig ist.

§ 48 [Klagebefugnis] (1) Gegen Bescheide über die einheitliche und gesonderte Feststellung von Besteuerungsgrundlagen können Klage erheben:

1. zur Vertretung berufene Geschäftsführer oder, wenn solche nicht vorhanden sind, der Klagebevollmächtigte im Sinne des Absatzes 2;
2. wenn Personen nach Nummer 1 nicht vorhanden sind, jeder Gesellschafter, Gemeinschafter oder Mitberechtigte, gegen den der Feststellungsbescheid ergangen ist oder zu ergehen hätte;
3. auch wenn Personen nach Nummer 1 vorhanden sind, ausgeschiedene Gesellschafter, Gemeinschafter oder Mitberechtigte, gegen die der Feststellungsbescheid ergangen ist oder zu ergehen hätte;
4. soweit es sich darum handelt, wer an dem festgestellten Betrag beteiligt ist und wie dieser sich auf die einzelnen Beteiligten verteilt, jeder, der durch die Feststellungen hierzu berührt wird;
5. soweit es sich um eine Frage handelt, die einen Beteiligten persönlich angeht, jeder, der durch die Feststellungen über die Frage berührt wird.

(2) [1]Klagebefugt im Sinne des Absatzes 1 Nr. 1 ist der gemeinsame Empfangsbevollmächtigte im Sinne des § 183 Abs. 1 Satz 1 der Abgabenordnung oder des § 6 Abs. 1 Satz 1 der Verordnung über die gesonderte Feststellung von Besteuerungsgrundlagen nach § 180 Abs. 2 der Abgabenordnung vom 19. Dezember 1986 (BGBl. I S. 2663). [2]Haben die Feststellungsbeteiligten keinen gemeinsamen Empfangsbevollmächtigten bestellt, ist klagebefugt im Sinne des Absatzes 1 Nr. 1 der nach § 183 Abs. 1 Satz 2 der Abgabenordnung fingierte oder der nach § 183 Abs. 1 Satz 3 bis 5 der Abgabenordnung oder nach § 6 Abs. 1 Satz 3 bis 5 der Verordnung über die gesonderte Feststellung von Besteuerungsgrundlagen nach § 180 Abs. 2 der Abgabenordnung von der Finanzbehörde bestimmte Empfangsbevollmächtigte; dies gilt nicht für Feststellungsbeteiligte, die gegenüber der Finanzbehörde der Klagebefugnis des Empfangsbevollmächtigten widersprechen. [3]Die Sätze 1 und 2 sind nur anwendbar, wenn die Beteiligten spätestens bei Erlass der Einspruchsentscheidung über die Klagebefugnis des Empfangsbevollmächtigten belehrt worden sind.

§ 49. (weggefallen)

§ 50 [Klageverzicht] (1) [1]Auf die Erhebung der Klage kann nach Erlass des Verwaltungsakts verzichtet werden. [2]Der Verzicht kann auch bei Abgabe einer Steueranmeldung ausgesprochen werden, wenn er auf den Fall beschränkt wird, dass die Steuer nicht abweichend von der Steueranmeldung festgesetzt wird. [3]Eine trotz des Verzichts erhobene Klage ist unzulässig.

(1 a) [1]Soweit Besteuerungsgrundlagen für ein Verständigungs- oder ein Schiedsverfahren nach einem Vertrag im Sinne des § 2 der Abgabenordnung von Bedeutung sein können, kann auf die Erhebung der Klage insoweit verzichtet werden. [2]Die Besteuerungsgrundlage, auf die sich der Verzicht beziehen soll, ist genau zu bezeichnen.

(2) 1 Der Verzicht ist gegenüber der zuständigen Behörde schriftlich oder zur Niederschrift zu erklären; er darf keine weiteren Erklärungen enthalten. 2 Wird nachträglich die Unwirksamkeit des Verzichts geltend gemacht, so gilt § 56 Abs. 3 sinngemäß.

Abschnitt II. Allgemeine Verfahrensvorschriften

§ 51 [Ausschließung und Ablehnung der Gerichtspersonen]

(1) 1 Für die Ausschließung und Ablehnung der Gerichtspersonen gelten die §§ 41 bis 49 der Zivilprozessordnung sinngemäß. 2 Gerichtspersonen können auch abgelehnt werden, wenn von ihrer Mitwirkung die Verletzung eines Geschäfts- oder Betriebsgeheimnisses oder Schaden für die geschäftliche Tätigkeit eines Beteiligten zu besorgen ist.

(2) Von der Ausübung des Amtes als Richter, als ehrenamtlicher Richter oder als Urkundsbeamter ist auch ausgeschlossen, wer bei dem vorausgegangenen Verwaltungsverfahren mitgewirkt hat.

(3) Besorgnis der Befangenheit nach § 42 der Zivilprozessordnung[1] ist stets dann begründet, wenn der Richter oder ehrenamtliche Richter der Vertretung einer Körperschaft angehört oder angehört hat, deren Interessen durch das Verfahren berührt werden.

§ 52 [Sitzungspolizei usw.] (1) Die §§ 169, 171 b bis 197 des Gerichtsverfassungsgesetzes[2] über die Öffentlichkeit, Sitzungspolizei, Gerichtssprache, Beratung und Abstimmung gelten sinngemäß.

(2) Die Öffentlichkeit ist auch auszuschließen, wenn ein Beteiligter, der nicht Finanzbehörde ist, es beantragt.

(3) Bei der Abstimmung und Beratung dürfen auch die zu ihrer steuerrechtlichen Ausbildung beschäftigten Personen zugegen sein, soweit sie die Befähigung zum Richteramt besitzen und soweit der Vorsitzende ihre Anwesenheit gestattet.

§ 52 a[3] [Elektronische Dokumente]

[Fassung bis 31. 12. 2017:]

(1) 1 Die Beteiligten können dem Gericht elektronische Dokumente übermitteln, soweit dies für den jeweiligen Zuständigkeitsbereich durch Rechtsverordnung der Bundesregierung oder der Landesregierungen zugelassen worden ist. 2 Die Rechtsverordnung bestimmt den Zeitpunkt, von dem an Dokumente an ein Gericht elektronisch übermittelt werden

[Fassung ab 1. 1. 2018:][4]

(1) Vorbereitende Schriftsätze und deren Anlagen, schriftlich einzureichende Anträge und Erklärungen der Beteiligten sowie schriftlich einzureichende Auskünfte, Aussagen, Gutachten, Übersetzungen und Erklärungen Dritter können nach Maßgabe der Absätze 2 bis 6 als elektronisches Dokument bei Gericht eingereicht werden.

---

1) **Schönfelder Nr. 100.**
2) **Schönfelder Nr. 95.**
3) § 52 a eingef. mWv 1. 4. 2005 durch G v. 22. 3. 2005 (BGBl. I S. 837).
4) § 52 a neu gef. mWv 1. 1. 2018 durch G v. 10. 10. 2013 (BGBl. I S. 3786).

[Fassung bis 31. 12. 2017:]

können, sowie die Art und Weise, in der elektronische Dokumente einzureichen sind. [3]Für Dokumente, die einem schriftlich zu unterzeichnenden Schriftstück gleichstehen, ist eine qualifizierte elektronische Signatur nach § 2 Nr. 3 des Signaturgesetzes vorzuschreiben. [4]Neben der qualifizierten elektronischen Signatur kann auch ein anderes sicheres Verfahren zugelassen werden, das die Authentizität und die Integrität des übermittelten elektronischen Dokuments sicherstellt. [5]Die Landesregierungen können die Ermächtigung auf die für die Finanzgerichtsbarkeit zuständigen obersten Landesbehörden übertragen. [6]Die Zulassung der elektronischen Übermittlung kann auf einzelne Gerichte oder Verfahren beschränkt werden. [7]Die Rechtsverordnung der Bundesregierung bedarf nicht der Zustimmung des Bundesrates.

(2) [1]Ein elektronisches Dokument ist dem Gericht zugegangen, wenn es in der nach Absatz 1 Satz 1 bestimmten Art und Weise übermittelt worden ist und wenn die für den Empfang bestimmte Einrichtung es aufgezeichnet hat. [2]Die Vorschriften dieses Gesetzes über die Beifügung von Abschriften für die übrigen Beteiligten finden keine Anwendung. [3]Genügt das Dokument nicht den Anforderungen, ist dies dem Absender unter Angabe der für das Gericht geltenden technischen Rahmenbedingungen unverzüglich mitzuteilen.

(3) Soweit eine handschriftliche Unterzeichnung durch den Richter oder den Urkundsbeamten der Geschäftsstelle vorgeschrieben ist, genügt dieser Form die Aufzeichnung als elektronisches Dokument, wenn die verantwortenden Personen am

[Fassung ab 1. 1. 2018:]

(2) [1]Das elektronische Dokument muss für die Bearbeitung durch das Gericht geeignet sein. [2]Die Bundesregierung bestimmt durch Rechtsverordnung mit Zustimmung des Bundesrates die für die Übermittlung und Bearbeitung geeigneten technischen Rahmenbedingungen.

(3) Das elektronische Dokument muss mit einer qualifizierten elektronischen Signatur der verantwortenden Person versehen sein oder von der verantwortenden Person signiert und auf einem sicheren Übermittlungsweg eingereicht werden.

(4) Sichere Übermittlungswege sind

1. der Postfach- und Versanddienst eines De-Mail-Kontos, wenn der Absender bei Versand der Nachricht sicher im Sinne des § 4 Absatz 1 Satz 2 des De-Mail-Gesetzes angemeldet ist und er sich die sichere Anmeldung gemäß § 5 Absatz 5 des De-Mail-Gesetzes bestätigen lässt,
2. der Übermittlungsweg zwischen dem besonderen elektronischen Anwaltspostfach nach § 31 a der Bundesrechtsanwaltsordnung oder einem entsprechenden, auf gesetzlicher Grundlage errichteten elektronischen Postfach und der elektronischen Poststelle des Gerichts,
3. der Übermittlungsweg zwischen einem nach Durchführung eines Identifizierungsverfahrens eingerichteten Postfach einer Behörde oder einer juristischen Person des öffentlichen Rechts und der elektronischen Poststelle des Gerichts; das Nähere regelt die Verordnung nach Absatz 2 Satz 2,

[Fassung bis 31. 12. 2017:]

Ende des Dokuments ihren Namen hinzufügen und das Dokument mit einer qualifizierten elektronischen Signatur nach § 2 Nr. 3 des Signaturgesetzes versehen.

[Fassung ab 1. 1. 2018:]

4. sonstige bundeseinheitliche Übermittlungswege, die durch Rechtsverordnung der Bundesregierung mit Zustimmung des Bundesrates festgelegt werden, bei denen die Authentizität und Integrität der Daten sowie die Barrierefreiheit gewährleistet sind.

(5) [1] Ein elektronisches Dokument ist eingegangen, sobald es auf der für den Empfang bestimmten Einrichtung des Gerichts gespeichert ist. [2] Dem Absender ist eine automatisierte Bestätigung über den Zeitpunkt des Eingangs zu erteilen. [3] Die Vorschriften dieses Gesetzes über die Beifügung von Abschriften für die übrigen Beteiligten finden keine Anwendung.

(6) [1] Ist ein elektronisches Dokument für das Gericht zur Bearbeitung nicht geeignet, ist dies dem Absender unter Hinweis auf die Unwirksamkeit des Eingangs und die geltenden technischen Rahmenbedingungen unverzüglich mitzuteilen. [2] Das Dokument gilt als zum Zeitpunkt der früheren Einreichung eingegangen, sofern der Absender es unverzüglich in einer für das Gericht zur Bearbeitung geeigneten Form nachreicht und glaubhaft macht, dass es mit dem zuerst eingereichten Dokument inhaltlich übereinstimmt.

(7) Soweit eine handschriftliche Unterzeichnung durch den Richter oder den Urkundsbeamten der Geschäftsstelle vorgeschrieben ist, genügt dieser Form die Aufzeichnung als elektronisches Dokument, wenn die verantwortenden Personen am Ende des Dokuments ihren Namen hinzufügen und das Dokument mit einer qualifizierten elektronischen Signatur nach § 2 Nr. 3 des Signaturgesetzes versehen.

§ 52 b[1)] [Elektronisch geführte Prozessakten] (1) [1]Die Prozessakten können elektronisch geführt werden. [2]Die Bundesregierung und die Landesregierungen bestimmen jeweils für ihren Bereich durch Rechtsverordnung den Zeitpunkt, von dem an die Prozessakten elektronisch geführt werden. [3]In der Rechtsverordnung sind die organisatorisch-technischen Rahmenbedingungen für die Bildung, Führung und Verwahrung der elektronischen Akten festzulegen. [4]Die Landesregierungen können die Ermächtigung auf die für die Finanzgerichtsbarkeit zuständigen obersten Landesbehörden übertragen. [5]Die Zulassung der elektronischen Akte kann auf einzelne Gerichte oder Verfahren beschränkt werden. [6]Die Rechtsverordnung der Bundesregierung bedarf nicht der Zustimmung des Bundesrates.

[Fassung bis 31. 12. 2017:]

(2) Dokumente, die nicht der Form entsprechen, in der die Akte geführt wird, sind in die entsprechende Form zu übertragen und in dieser Form zur Akte zu nehmen, soweit die Rechtsverordnung nach Absatz 1 nichts anderes bestimmt.

(3) Die Originaldokumente sind mindestens bis zum rechtskräftigen Abschluss des Verfahrens aufzubewahren.

(4) [1]Ist ein in Papierform eingereichtes Dokument in ein elektronisches Dokument übertragen worden, muss dieses den Vermerk enthalten, wann und durch wen die Übertragung vorgenommen worden ist. [2]Ist ein elektronisches Dokument in die Papierform überführt worden, muss der Ausdruck den Vermerk enthalten, welches Ergebnis die Integritätsprüfung des Dokuments ausweist, wen die Signaturprüfung als Inhaber der Signatur ausweist und welchen Zeitpunkt die Signaturprüfung für die Anbringung der Signatur ausweist.

(5) Dokumente, die nach Absatz 2 hergestellt sind, sind für das Verfahren zugrunde zu legen, soweit kein Anlass besteht, an der Übereinstimmung mit dem eingereichten Dokument zu zweifeln.

***[Fassung ab 1. 1. 2018:]**[2)]*

(2) [1]Werden die Akten in Papierform geführt, ist von einem elektronischen Dokument ein Ausdruck für die Akten zu fertigen. [2]Kann dies bei Anlagen zu vorbereitenden Schriftsätzen nicht oder nur mit unverhältnismäßigem Aufwand erfolgen, so kann ein Ausdruck unterbleiben. [3]Die Daten sind in diesem Fall dauerhaft zu speichern; der Speicherort ist aktenkundig zu machen.

(3) Ist das elektronische Dokument auf einem sicheren Übermittlungsweg eingereicht, so ist dies aktenkundig zu machen.

(4) Wird das elektronische Dokument mit einer qualifizierten elektronischen Signatur versehen und nicht auf einem sicheren Übermittlungsweg eingereicht, muss der Ausdruck einen Vermerk darüber enthalten,

1. welches Ergebnis die Integritätsprüfung des Dokumentes ausweist,
2. wen die Signaturprüfung als Inhaber der Signatur ausweist,
3. welchen Zeitpunkt die Signaturprüfung für die Anbringung der Signatur ausweist.

---

1) § 52 b eingef. mWv 1. 4. 2005 durch G v. 22. 3. 2005 (BGBl. I S. 837).

2) § 52 b Abs. 2 bis 6 neu gef. mWv 1. 1. 2018 durch G v. 10. 10. 2013 (BGBl. I S. 3786).

[Fassung ab 1. 1. 2018:]

(5) Ein eingereichtes elektronisches Dokument kann im Falle von Absatz 2 nach Ablauf von sechs Monaten gelöscht werden.

(6) [1]Wird die Akte in elektronischer Form geführt, sollen in Papierform eingereichte Schriftstücke und sonstige Unterlagen nach dem Stand der Technik in ein elektronisches Dokument übertragen werden. [2]Es ist sicherzustellen, dass das elektronische Dokument mit den eingereichten Schriftstücken und sonstigen Unterlagen bildlich und inhaltlich übereinstimmt. [3]Die in Papierform eingereichten Schriftstücke und sonstige Unterlagen können sechs Monate nach der Übertragung vernichtet werden, sofern sie nicht rückgabepflichtig sind.

§ 52 c[1)] Formulare; Verordnungsermächtigung. [1]Das Bundesministerium der Justiz und für Verbraucherschutz[2)] kann durch Rechtsverordnung mit Zustimmung des Bundesrates elektronische Formulare einführen. [2]Die Rechtsverordnung kann bestimmen, dass die in den Formularen enthaltenen Angaben ganz oder teilweise in strukturierter maschinenlesbarer Form zu übermitteln sind. [3]Die Formulare sind auf einer in der Rechtsverordnung zu bestimmenden Kommunikationsplattform im Internet zur Nutzung bereitzustellen. [4]Die Rechtsverordnung kann bestimmen, dass eine Identifikation des Formularverwenders abweichend von § 52 a Absatz 3 auch durch Nutzung des elektronischen Identitätsnachweises nach § 18 des Personalausweisgesetzes oder § 78 Absatz 5 des Aufenthaltsgesetzes erfolgen kann.

[*ab 1. 1. 2022:*

§ 52 d[3)] Nutzungspflicht für Rechtsanwälte, Behörden und vertretungsberechtigte Personen. [1]Vorbereitende Schriftsätze und deren Anlagen sowie schriftlich einzureichende Anträge und Erklärungen, die durch einen Rechtsanwalt, durch eine Behörde oder durch eine juristische Person des öffentlichen Rechts einschließlich der von ihr zur Erfüllung ihrer öffentlichen Aufgaben gebildeten Zusammenschlüsse eingereicht werden, sind als elektronisches Dokument zu übermitteln. [2]Gleiches gilt für die nach diesem Gesetz vertretungsberechtigten Personen, für die ein sicherer Übermittlungsweg nach § 52a Absatz 4 Nummer 2 zur Verfügung steht. [3]Ist eine Übermittlung aus

[1)] § 52 c eingef. mWv 1. 7. 2014 durch G v. 10. 10. 2013 (BGBl. I S. 3786).
[2)] Bezeichnung geänd. durch VO v. 31. 8. 2015 (BGBl. I S. 1474).
[3)] § 52 d eingef. **mWv 1. 1. 2022** durch G v. 10. 10. 2013 (BGBl. I S. 3786).

technischen Gründen vorübergehend nicht möglich, bleibt die Übermittlung nach den allgemeinen Vorschriften zulässig. 4 Die vorübergehende Unmöglichkeit ist bei der Ersatzeinreichung oder unverzüglich danach glaubhaft zu machen; auf Anforderung ist ein elektronisches Dokument nachzureichen.]

§ 53 [Zustellung] (1) Anordnungen und Entscheidungen, durch die eine Frist in Lauf gesetzt wird, sowie Terminbestimmungen und Ladungen sind den Beteiligten zuzustellen, bei Verkündung jedoch nur, wenn es ausdrücklich vorgeschrieben ist.

(2) Zugestellt wird von Amts wegen nach den Vorschriften der Zivilprozessordnung[1)].

(3) 1 Wer seinen Wohnsitz oder seinen Sitz nicht im Geltungsbereich dieses Gesetzes hat, hat auf Verlangen einen Zustellungsbevollmächtigten zu bestellen. 2 Geschieht dies nicht, so gilt eine Sendung mit der Aufgabe zur Post als zugestellt, selbst wenn sie als unbestellbar zurückkommt.

§ 54 [Beginn des Laufs von Fristen] (1) Der Lauf einer Frist beginnt, soweit nichts anderes bestimmt ist, mit der Bekanntgabe des Verwaltungsakts oder der Entscheidung oder mit dem Zeitpunkt, an dem die Bekanntgabe als bewirkt gilt.

(2) Für die Fristen gelten die Vorschriften der §§ 222, 224 Abs. 2 und 3, §§ 225 und 226 der Zivilprozessordnung[2)].

§ 55[3), 4)] [Belehrung über Frist] (1) Die Frist für einen Rechtsbehelf beginnt nur zu laufen, wenn der Beteiligte über den Rechtsbehelf, die Behörde oder das Gericht, bei denen der Rechtsbehelf anzubringen ist, den Sitz und die einzuhaltende Frist schriftlich oder elektronisch belehrt worden ist.

(2) 1 Ist die Belehrung unterblieben oder unrichtig erteilt, so ist die Einlegung des Rechtsbehelfs nur innerhalb eines Jahres seit Bekanntgabe im Sinne des § 54 Abs. 1 zulässig, es sei denn, dass die Einlegung vor Ablauf der Jahresfrist infolge höherer Gewalt unmöglich war oder eine schriftliche oder elektronische Belehrung dahin erfolgt ist, dass ein Rechtsbehelf nicht gegeben sei. 2 § 56 Abs. 2 gilt für den Fall höherer Gewalt sinngemäß.

§ 56[5)] [Wiedereinsetzung in den vorigen Stand] (1) Wenn jemand ohne Verschulden verhindert war, eine gesetzliche Frist einzuhalten, so ist ihm auf Antrag Wiedereinsetzung in den vorigen Stand zu gewähren.

(2) 1 Der Antrag ist binnen zwei Wochen nach Wegfall des Hindernisses zu stellen; bei Versäumung der Frist zur Begründung der Revision oder der

---

1) § 53 Abs. 2 Verweis geänd. mWv 1. 7. 2002 durch G v. 25. 6. 2001 (BGBl. I S. 1206).

2) **Schönfelder Nr. 100.**

3) Abweichend hierzu siehe Art. 97 § 18 a EGAO (Nr. **800 a**).

4) § 55 Abs. 1 neugef., Abs. 2 Satz 1 ergänzt mWv 1. 4. 2005 durch G v. 22. 3. 2005 (BGBl. I S. 837).

5) § 56 Abs. 2 Satz 1 HS 2 eingef. mWv 1. 9. 2004 durch G v. 24. 8. 2004 (BGBl. I S. 2198).

Nichtzulassungsbeschwerde beträgt die Frist einen Monat. 2 Die Tatsachen zur Begründung des Antrags sind bei der Antragstellung oder im Verfahren über den Antrag glaubhaft zu machen. 3 Innerhalb der Antragsfrist ist die versäumte Rechtshandlung nachzuholen. 4 Ist dies geschehen, so kann Wiedereinsetzung auch ohne Antrag gewährt werden.

(3) Nach einem Jahr seit dem Ende der versäumten Frist kann Wiedereinsetzung nicht mehr beantragt oder ohne Antrag bewilligt werden, außer wenn der Antrag vor Ablauf der Jahresfrist infolge höherer Gewalt unmöglich war.

(4) Über den Antrag auf Wiedereinsetzung entscheidet das Gericht, das über die versäumte Rechtshandlung zu befinden hat.

(5) Die Wiedereinsetzung ist unanfechtbar.

§ 57 [Am Verfahren Beteiligte] Beteiligte am Verfahren sind

1. der Kläger,
2. der Beklagte,
3. der Beigeladene,
4. die Behörde, die dem Verfahren beigetreten ist (§ 122 Abs. 2).

§ 58 [Prozessfähigkeit] (1) Fähig zur Vornahme von Verfahrenshandlungen sind

1. die nach dem bürgerlichen Recht Geschäftsfähigen,
2. die nach dem bürgerlichen Recht in der Geschäftsfähigkeit Beschränkten, soweit sie durch Vorschriften des bürgerlichen oder öffentlichen Rechts für den Gegenstand des Verfahrens als geschäftsfähig anerkannt sind.

(2) 1 Für rechtsfähige und nichtrechtsfähige Personenvereinigungen, für Personen, die geschäftsunfähig oder in der Geschäftsfähigkeit beschränkt sind, für alle Fälle der Vermögensverwaltung und für andere einer juristischen Person ähnliche Gebilde, die als solche der Besteuerung unterliegen, sowie bei Wegfall eines Steuerpflichtigen handeln die nach dem bürgerlichen Recht dazu befugten Personen. 2 §§ 53 bis 58 der Zivilprozessordnung[1)] gelten sinngemäß.

(3) Betrifft ein Einwilligungsvorbehalt nach § 1903 des Bürgerlichen Gesetzbuchs[2)] den Gegenstand des Verfahrens, so ist ein geschäftsfähiger Betreuter nur insoweit zur Vornahme von Verfahrenshandlungen fähig, als er nach den Vorschriften des bürgerlichen Rechts ohne Einwilligung des Betreuers handeln kann oder durch Vorschriften des öffentlichen Rechts als handlungsfähig anerkannt ist.

§ 59 [Streitgenossenschaft] Die Vorschriften der §§ 59 bis 63 der Zivilprozessordnung[1)] über die Streitgenossenschaft sind sinngemäß anzuwenden.

§ 60 [Beiladungen] (1) 1 Das Finanzgericht kann von Amts wegen oder auf Antrag andere beiladen, deren rechtliche Interessen nach den Steuergesetzen

---

1) **Schönfelder Nr. 100.**
2) **Schönfelder Nr. 20.**

durch die Entscheidung berührt werden, insbesondere solche, die nach den Steuergesetzen neben dem Steuerpflichtigen haften. 2 Vor der Beiladung ist der Steuerpflichtige zu hören, wenn er am Verfahren beteiligt ist.

(2) Wird eine Abgabe für einen anderen Abgabenberechtigten verwaltet, so kann dieser nicht deshalb beigeladen werden, weil seine Interessen als Abgabenberechtigter durch die Entscheidung berührt werden.

(3) 1 Sind an dem streitigen Rechtsverhältnis Dritte derart beteiligt, dass die Entscheidung auch ihnen gegenüber nur einheitlich ergehen kann, so sind sie beizuladen (notwendige Beiladung). 2 Dies gilt nicht für Mitberechtigte, die nach § 48 nicht klagebefugt sind.

(4) 1 Der Beiladungsbeschluss ist allen Beteiligten zuzustellen. 2 Dabei sollen der Stand der Sache und der Grund der Beiladung angegeben werden.

(5) Die als Mitberechtigte Beigeladenen können aufgefordert werden, einen gemeinsamen Zustellungsbevollmächtigten zu benennen.

(6) 1 Der Beigeladene kann innerhalb der Anträge eines als Kläger oder Beklagter Beteiligten selbständig Angriffs- und Verteidigungsmittel geltend machen und alle Verfahrenshandlungen wirksam vornehmen. 2 Abweichende Sachanträge kann er nur stellen, wenn eine notwendige Beiladung vorliegt.

§ 60 a[1)] **[Begrenzung der Beiladung]** 1 Kommt nach § 60 Abs. 3 die Beiladung von mehr als 50 Personen in Betracht, kann das Gericht durch Beschluss anordnen, dass nur solche Personen beigeladen werden, die dies innerhalb einer bestimmten Frist beantragen. 2 Der Beschluss ist unanfechtbar. 3 Er ist im Bundesanzeiger bekannt zu machen. 4 Er muss außerdem in Tageszeitungen veröffentlicht werden, die in dem Bereich verbreitet sind, in dem sich die Entscheidung voraussichtlich auswirken wird. 5 Die Bekanntmachung kann zusätzlich in einem von dem Gericht für Bekanntmachungen bestimmten Informations- und Kommunikationssystem erfolgen. 6 Die Frist muss mindestens drei Monate seit Veröffentlichung im Bundesanzeiger betragen. 7 In der Veröffentlichung in Tageszeitungen ist mitzuteilen, an welchem Tage die Frist abläuft. 8 Für die Wiedereinsetzung in den vorigen Stand wegen Versäumung der Frist gilt § 56 entsprechend. 9 Das Gericht soll Personen, die von der Entscheidung erkennbar in besonderem Maße betroffen werden, auch ohne Antrag beiladen.

§ 61. (weggefallen)

§ 62 [Bevollmächtigte und Beistände]

[Fassung bis 30. 6. 2008][2)]

(1) 1 Die Beteiligten können sich durch Bevollmächtigte vertreten lassen und sich in der mündlichen

[Fassung ab 1. 7. 2008][3)]

(1) Die Beteiligten können vor dem Finanzgericht den Rechtsstreit selbst führen.

---

1) § 60 a Sätze 3 und 6 geänd., Satz 5 eingef. mWv 1. 4. 2005 durch G v. 22. 3. 2005 (BGBl. I S. 837, ber. 2022).

2) § 62 Abs. 2 Satz 1 geänd. mWv 1. 4. 2005 durch G v. 22. 3. 2005 (BGBl. I S. 837).

3) § 62 neugef. durch G v. 12. 12. 2007 (BGBl. I S. 2840).

[Fassung bis 30. 6. 2008]

Verhandlung eines Beistands bedienen. [2]Durch Beschluss kann angeordnet werden, dass ein Bevollmächtigter bestellt oder ein Beistand hinzugezogen werden muss.

(2) [1]Bevollmächtigte oder Beistände, denen die Fähigkeit zum geeigneten schriftlichen, elektronischen oder mündlichen Vortrag fehlt, oder die zur geschäftsmäßigen Hilfeleistung in Steuersachen fachlich nicht geeignet sind, können zurückgewiesen werden; dies gilt nicht für die in § 3 Nr. 1 und in § 4 Nr. 1 und 2 des Steuerberatungsgesetzes[1)] bezeichneten natürlichen Personen. [2]Bevollmächtigte und Beistände, die geschäftsmäßig Hilfe in Steuersachen leisten, ohne dazu nach den Vorschriften des Steuerberatungsgesetzes befugt zu sein, sind zurückzuweisen. [3]Soweit eine Vertretung durch Gesellschaften im Sinne von § 3 Nr. 2 und 3 des Steuerberatungsgesetzes erfolgt, können diese zurückgewiesen werden, wenn sie nicht durch Personen im Sinne von § 3 Nr. 1 des Steuerberatungsgesetzes tätig werden.

(3) [1]Die Bevollmächtigung ist durch eine schriftliche Vollmacht nachzuweisen. [2]Das Gericht hat den Mangel der Vollmacht von Amts wegen zu berücksichtigen. [3]Die Vollmacht kann nachgereicht werden; hierfür kann der Vorsitzende oder der Berichterstatter eine Frist mit ausschließender Wirkung setzen. [4]Für die Wiedereinsetzung in den vorigen Stand wegen Versäumung der Frist gilt § 56 entsprechend. [5]Ist ein Bevollmächtigter bestellt, sind die Zustellungen oder Mitteilungen des

[Fassung ab 1. 7. 2008]

(2) [1]Die Beteiligten können sich durch einen Rechtsanwalt, Steuerberater, Steuerbevollmächtigten, Wirtschaftsprüfer oder vereidigten Buchprüfer als Bevollmächtigten vertreten lassen; zur Vertretung berechtigt sind auch Gesellschaften im Sinne des § 3 Nr. 2 und 3 des Steuerberatungsgesetzes, die durch solche Personen handeln. [2]Darüber hinaus sind als Bevollmächtigte vor dem Finanzgericht vertretungsbefugt nur

1. Beschäftigte des Beteiligten oder eines mit ihm verbundenen Unternehmens (§ 15 des Aktiengesetzes); Behörden und juristische Personen des öffentlichen Rechts einschließlich der von ihnen zur Erfüllung ihrer öffentlichen Aufgaben gebildeten Zusammenschlüsse können sich auch durch Beschäftigte anderer Behörden oder juristischer Personen des öffentlichen Rechts einschließlich der von ihnen zur Erfüllung ihrer öffentlichen Aufgaben gebildeten Zusammenschlüsse vertreten lassen,
2. volljährige Familienangehörige (§ 15 der Abgabenordnung, § 11 des Lebenspartnerschaftsgesetzes), Personen mit Befähigung zum Richteramt und Streitgenossen, wenn die Vertretung nicht im Zusammenhang mit einer entgeltlichen Tätigkeit steht,
3. Personen und Vereinigungen im Sinne des *§ 3 Nr. 4* [***ab 5. 8. 2009:*** § 3 a][2)] des Steuerberatungsgesetzes im Rahmen ihrer Befugnisse nach § 3 Nr. 4 des Steuerberatungsgesetzes,

---

[1)] Nr. **840**.

[2)] § 62 Abs. 2 Satz 2 Nr. 3 Verweis geänd. mWv 5. 8. 2009 durch G v. 30. 7. 2009 (BGBl. I S. 2449).

[Fassung bis 30. 6. 2008]

Gerichts an ihn zu richten. [6]Tritt als Bevollmächtigter eine Person im Sinne des § 3 Nr. 1 bis 3 des Steuerberatungsgesetzes auf, braucht das Gericht den Mangel der Vollmacht nicht von Amts wegen zu berücksichtigen.

[Fassung ab 1. 7. 2008]

4. landwirtschaftliche Buchstellen im Rahmen ihrer Befugnisse nach § 4 Nr. 8 des Steuerberatungsgesetzes,
5. Lohnsteuerhilfevereine im Rahmen ihrer Befugnisse nach § 4 Nr. 11 des Steuerberatungsgesetzes,
6. Gewerkschaften und Vereinigungen von Arbeitgebern sowie Zusammenschlüsse solcher Verbände für ihre Mitglieder oder für andere Verbände oder Zusammenschlüsse mit vergleichbarer Ausrichtung und deren Mitglieder,
7. juristische Personen, deren Anteile sämtlich im wirtschaftlichen Eigentum einer der in Nummer 6 bezeichneten Organisationen stehen, wenn die juristische Person ausschließlich die Rechtsberatung und Prozessvertretung dieser Organisation und ihrer Mitglieder oder anderer Verbände oder Zusammenschlüsse mit vergleichbarer Ausrichtung und deren Mitglieder entsprechend deren Satzung durchführt, und wenn die Organisation für die Tätigkeit der Bevollmächtigten haftet.

[3]Bevollmächtigte, die keine natürlichen Personen sind, handeln durch ihre Organe und mit der Prozessvertretung beauftragten Vertreter.

(3) [1]Das Gericht weist Bevollmächtigte, die nicht nach Maßgabe des Absatzes 2 vertretungsbefugt sind, durch unanfechtbaren Beschluss zurück. [2]Prozesshandlungen eines nicht vertretungsbefugten Bevollmächtigten und Zustellungen oder Mitteilungen an diesen Bevollmächtigten sind bis zu seiner Zurückweisung wirksam. [3]Das Gericht kann den in Absatz 2 Satz 2 bezeichneten Bevollmächtigten durch unanfechtbaren

[Fassung ab 1. 7. 2008]

Beschluss die weitere Vertretung untersagen, wenn sie nicht in der Lage sind, das Sach- und Streitverhältnis sachgerecht darzustellen.

(4) [1]Vor dem Bundesfinanzhof müssen sich die Beteiligten durch Prozessbevollmächtigte vertreten lassen. [2]Dies gilt auch für Prozesshandlungen, durch die ein Verfahren vor dem Bundesfinanzhof eingeleitet wird. [3]Als Bevollmächtigte sind nur die in Absatz 2 Satz 1 bezeichneten Personen und Gesellschaften zugelassen. [4]Behörden und juristische Personen des öffentlichen Rechts einschließlich der von ihnen zur Erfüllung ihrer öffentlichen Aufgaben gebildeten Zusammenschlüsse können sich durch eigene Beschäftigte mit Befähigung zum Richteramt oder durch Beschäftigte mit Befähigung zum Richteramt anderer Behörden oder juristischer Personen des öffentlichen Rechts einschließlich der von ihnen zur Erfüllung ihrer öffentlichen Aufgaben gebildeten Zusammenschlüsse vertreten lassen. [5]Ein Beteiligter, der nach Maßgabe des Satzes 3 zur Vertretung berechtigt ist, kann sich selbst vertreten.

(5) [1]Richter dürfen nicht als Bevollmächtigte vor dem Gericht auftreten, dem sie angehören. [2]Ehrenamtliche Richter dürfen, außer in den Fällen des Absatzes 2 Satz 2 Nr. 1, nicht vor einem Spruchkörper auftreten, dem sie angehören. [3]Absatz 3 Satz 1 und 2 gilt entsprechend.

(6) [1]Die Vollmacht ist schriftlich zu den Gerichtsakten einzureichen. [2]Sie kann nachgereicht werden; hierfür kann das Gericht eine Frist bestimmen. [3]Der Mangel der Vollmacht kann in jeder Lage des Verfahrens geltend gemacht werden.

[Fassung ab 1. 7. 2008]

[4]Das Gericht hat den Mangel der Vollmacht von Amts wegen zu berücksichtigen, wenn nicht als Bevollmächtigter eine in Absatz 2 Satz 1 bezeichnete Person oder Gesellschaft auftritt. [5]Ist ein Bevollmächtigter bestellt, sind die Zustellungen oder Mitteilungen des Gerichts an ihn zu richten.

(7) [1]In der Verhandlung können die Beteiligten mit Beiständen erscheinen. [2]Beistand kann sein, wer in Verfahren, in denen die Beteiligten den Rechtsstreit selbst führen können, als Bevollmächtigter zur Vertretung in der Verhandlung befugt ist. [3]Das Gericht kann andere Personen als Beistand zulassen, wenn dies sachdienlich ist und hierfür nach den Umständen des Einzelfalls ein Bedürfnis besteht. [4]Absatz 3 Satz 1 und 3 und Absatz 5 gelten entsprechend. [5]Das von dem Beistand Vorgetragene gelten[1)] als von dem Beteiligten vorgebracht, soweit es nicht von diesem sofort widerrufen oder berichtigt wird.

§ 62 a[2)] *[Vertretung vor dem Bundesfinanzhof] (1) [1]Vor dem Bundesfinanzhof muss sich jeder Beteiligte durch eine Person im Sinne des § 3 Nr. 1 des Steuerberatungsgesetzes als Bevollmächtigten vertreten lassen. [2]Das gilt auch für die Einlegung der Beschwerde. [3]Juristische Personen des öffentlichen Rechts und Behörden können sich auch durch Beamte oder Angestellte mit Befähigung zum Richteramt sowie durch Diplomjuristen im höheren Dienst vertreten lassen.*

(2) Zur Vertretung berechtigt sind auch Gesellschaften im Sinne des § 3 Nr. 2 und 3 des Steuerberatungsgesetzes, die durch Personen gemäß Absatz 1 Satz 1 tätig werden.

Abschnitt III. Verfahren im ersten Rechtszug

§ 63 **[Passivlegitimation]** (1) Die Klage ist gegen die Behörde zu richten,

1. die den ursprünglichen Verwaltungsakt erlassen oder
2. die den beantragten Verwaltungsakt oder die andere Leistung unterlassen oder abgelehnt hat oder

---

1) Müsste lauten „gilt".

2) § 62 a aufgeh. mWv 1. 7. 2008 durch G v. 12. 12. 2007 (BGBl. I S. 2840).

3. der gegenüber die Feststellung des Bestehens oder Nichtbestehens eines Rechtsverhältnisses oder der Nichtigkeit eines Verwaltungsakts begehrt wird.

(2) Ist vor Erlass der Entscheidung über den Einspruch eine andere als die ursprünglich zuständige Behörde für den Steuerfall örtlich zuständig geworden, so ist die Klage zu richten

1. gegen die Behörde, welche die Einspruchsentscheidung erlassen hat,
2. wenn über einen Einspruch ohne Mitteilung eines zureichenden Grundes in angemessener Frist sachlich nicht entschieden worden ist (§ 46), gegen die Behörde, die im Zeitpunkt der Klageerhebung für den Steuerfall örtlich zuständig ist.

(3) Hat eine Behörde, die auf Grund gesetzlicher Vorschrift berechtigt ist, für die zuständige Behörde zu handeln, den ursprünglichen Verwaltungsakt erlassen oder den beantragten Verwaltungsakt oder die andere Leistung unterlassen oder abgelehnt, so ist die Klage gegen die zuständige Behörde zu richten.

§ 64 [Form der Klageerhebung] (1) Die Klage ist bei dem Gericht schriftlich oder zur Niederschrift des Urkundsbeamten der Geschäftsstelle zu erheben.

(2) Der Klage sollen Abschriften für die übrigen Beteiligten beigefügt werden; § 77 Abs. 2 gilt sinngemäß.

§ 65[1] [Notwendiger Inhalt der Klage] (1) [1]Die Klage muss den Kläger, den Beklagten, den Gegenstand des Klagebegehrens, bei Anfechtungsklagen auch den Verwaltungsakt und die Entscheidung über den außergerichtlichen Rechtsbehelf bezeichnen. [2]Sie soll einen bestimmten Antrag enthalten. [3]Die zur Begründung dienenden Tatsachen und Beweismittel sollen angegeben werden. [4]Der Klage soll *die Urschrift oder*[2] eine Abschrift des angefochtenen Verwaltungsakts und der Einspruchsentscheidung beigefügt werden.

(2) [1]Entspricht die Klage diesen Anforderungen nicht, hat der Vorsitzende oder der nach § 21 g des Gerichtsverfassungsgesetzes[3] zuständige Berufsrichter (Berichterstatter) den Kläger zu der erforderlichen Ergänzung innerhalb einer bestimmten Frist aufzufordern. [2]Er kann dem Kläger für die Ergänzung eine Frist mit ausschließender Wirkung setzen, wenn es an einem der in Absatz 1 Satz 1 genannten Erfordernisse fehlt. [3]Für die Wiedereinsetzung in den vorigen Stand wegen Versäumung der Frist gilt § 56 entsprechend.

§ 66 [Rechtshängigkeit] Durch Erhebung der Klage wird die Streitsache rechtshängig.

§ 67 [Klageänderung] (1) Eine Änderung der Klage ist zulässig, wenn die übrigen Beteiligten einwilligen oder das Gericht die Änderung für sachdienlich hält; § 68 bleibt unberührt.

---

[1] § 65 Abs. 2 Satz 1 geänd. mWv 1. 4. 2005 durch G v. 22. 3. 2005 (BGBl. I S. 837).
[2] Kursiver Satzteil aufgeh. mWv 1. 7. 2014 durch G v. 10. 10. 2013 (BGBl. I S. 3786).
[3] **Schönfelder Nr. 95.**

(2) Die Einwilligung des Beklagten in die Änderung der Klage ist anzunehmen, wenn er sich, ohne ihr zu widersprechen, in einem Schriftsatz oder in einer mündlichen Verhandlung auf die geänderte Klage eingelassen hat.

(3) Die Entscheidung, dass eine Änderung der Klage nicht vorliegt oder zuzulassen ist, ist nicht selbständig anfechtbar.

§ 68[1] [Änderung des angefochtenen Verwaltungsakts] [1]Wird der angefochtene Verwaltungsakt nach Bekanntgabe der Einspruchsentscheidung geändert oder ersetzt, so wird der neue Verwaltungsakt Gegenstand des Verfahrens. [2]Ein Einspruch gegen den neuen Verwaltungsakt ist insoweit ausgeschlossen. [3]Die Finanzbehörde hat dem Gericht, bei dem das Verfahren anhängig ist, eine Abschrift des neuen Verwaltungsakts zu übermitteln. [4]Satz 1 gilt entsprechend, wenn

1. ein Verwaltungsakt nach § 129 der Abgabenordnung berichtigt wird oder
2. ein Verwaltungsakt an die Stelle eines angefochtenen unwirksamen Verwaltungsakts tritt.

§ 69 [Aussetzung der Vollziehung] (1) [1]Durch Erhebung der Klage wird die Vollziehung des angefochtenen Verwaltungsakts vorbehaltlich des Absatzes 5 nicht gehemmt, insbesondere die Erhebung einer Abgabe nicht aufgehalten. [2]Entsprechendes gilt bei Anfechtung von Grundlagenbescheiden für die darauf beruhenden Folgebescheide.

(2) [1]Die zuständige Finanzbehörde kann die Vollziehung ganz oder teilweise aussetzen. [2]Auf Antrag soll die Aussetzung erfolgen, wenn ernstliche Zweifel an der Rechtmäßigkeit des angefochtenen Verwaltungsakts bestehen oder wenn die Vollziehung für den Betroffenen eine unbillige, nicht durch überwiegende öffentliche Interessen gebotene Härte zur Folge hätte. [3]Die Aussetzung kann von einer Sicherheitsleistung abhängig gemacht werden. [4]Soweit die Vollziehung eines Grundlagenbescheides ausgesetzt wird, ist auch die Vollziehung eines Folgebescheides auszusetzen. [5]Der Erlass eines Folgebescheides bleibt zulässig. [6]Über eine Sicherheitsleistung ist bei der Aussetzung eines Folgebescheides zu entscheiden, es sei denn, dass bei der Aussetzung der Vollziehung des Grundlagenbescheides die Sicherheitsleistung ausdrücklich ausgeschlossen worden ist. [7]Ist der Verwaltungsakt schon vollzogen, tritt an die Stelle der Aussetzung der Vollziehung die Aufhebung der Vollziehung. [8]Bei Steuerbescheiden sind die Aussetzung und die Aufhebung der Vollziehung auf die festgesetzte Steuer, vermindert um die anzurechnenden Steuerabzugsbeträge, um die anzurechnende Körperschaftsteuer und um die festgesetzten Vorauszahlungen, beschränkt; dies gilt nicht, wenn die Aussetzung oder Aufhebung der Vollziehung zur Abwendung wesentlicher Nachteile nötig erscheint.

(3) [1]Auf Antrag kann das Gericht der Hauptsache die Vollziehung ganz oder teilweise aussetzen; Absatz 2 Satz 2 bis 6 und § 100 Abs. 2 Satz 2 gelten sinngemäß. [2]Der Antrag kann schon vor Erhebung der Klage gestellt werden. [3]Ist der Verwaltungsakt im Zeitpunkt der Entscheidung schon vollzo-

[1] § 68 Satz 3 geänd. mWv 1. 4. 2005 durch G v. 22. 3. 2005 (BGBl. I S. 837).

gen, kann das Gericht ganz oder teilweise die Aufhebung der Vollziehung, auch gegen Sicherheit, anordnen. 4 Absatz 2 Satz 8 gilt entsprechend. 5 In dringenden Fällen kann der Vorsitzende entscheiden.

(4) 1 Der Antrag nach Absatz 3 ist nur zulässig, wenn die Behörde einen Antrag auf Aussetzung der Vollziehung ganz oder zum Teil abgelehnt hat. 2 Das gilt nicht, wenn

1. die Finanzbehörde über den Antrag ohne Mitteilung eines zureichenden Grundes in angemessener Frist sachlich nicht entschieden hat oder
2. eine Vollstreckung droht.

(5) 1 Durch Erhebung der Klage gegen die Untersagung des Gewerbebetriebes oder der Berufsausübung wird die Vollziehung des angefochtenen Verwaltungsakts gehemmt. 2 Die Behörde, die den Verwaltungsakt erlassen hat, kann die hemmende Wirkung durch besondere Anordnung ganz oder zum Teil beseitigen, wenn sie es im öffentlichen Interesse für geboten hält; sie hat das öffentliche Interesse schriftlich zu begründen. 3 Auf Antrag kann das Gericht der Hauptsache die hemmende Wirkung wiederherstellen, wenn ernstliche Zweifel an der Rechtmäßigkeit des Verwaltungsakts bestehen. 4 In dringenden Fällen kann der Vorsitzende entscheiden.

(6) 1 Das Gericht der Hauptsache kann Beschlüsse über Anträge nach den Absätzen 3 und 5 Satz 3 jederzeit ändern oder aufheben. 2 Jeder Beteiligte kann die Änderung oder Aufhebung wegen veränderter oder im ursprünglichen Verfahren ohne Verschulden nicht geltend gemachter Umstände beantragen.

(7) Lehnt die Behörde die Aussetzung der Vollziehung ab, kann das Gericht nur nach den Absätzen 3 und 5 Satz 3 angerufen werden.

§ 70 [Wirkungen der Rechtshängigkeit; Entscheidung über die Zulässigkeit des Rechtsweges] 1 Für die sachliche und örtliche Zuständigkeit gelten die §§ 17 bis 17b des Gerichtsverfassungsgesetzes[1)] entsprechend. 2 Beschlüsse entsprechend § 17a Abs. 2 und 3 des Gerichtsverfassungsgesetzes sind unanfechtbar.

§ 71[2)] [Zustellung der Klageschrift] (1) 1 Die Klageschrift ist dem Beklagten von Amts wegen zuzustellen. 2 Zugleich mit der Zustellung der Klage ist der Beklagte aufzufordern, sich schriftlich oder zur Niederschrift des Urkundsbeamten der Geschäftsstelle zu äußern. 3 Hierfür kann eine Frist gesetzt werden.

(2) Die beteiligte Finanzbehörde hat die den Streitfall betreffenden Akten nach Empfang der Klageschrift an das Gericht zu übermitteln.

§ 72[3)] [Zurücknahme der Klage] (1) 1 Der Kläger kann seine Klage bis zur Rechtskraft des Urteils zurücknehmen. 2 Nach Schluss der mündlichen

---

1) **Schönfelder Nr. 95.**
2) § 71 Abs. 2 geänd. mWv 1. 4. 2005 durch G v. 22. 3. 2005 (BGBl. I S. 837).
3) § 72 Abs. 1 Satz 3 angef. mWv 1. 9. 2004 durch G v. 24. 8. 2004 (BGBl. I S. 2198).

Verhandlung, bei Verzicht auf die mündliche Verhandlung und nach Ergehen eines Gerichtsbescheides ist die Rücknahme nur mit Einwilligung des Beklagten möglich. 3 Die Einwilligung gilt als erteilt, wenn der Klagerücknahme nicht innerhalb von zwei Wochen seit Zustellung des die Rücknahme enthaltenden Schriftsatzes widersprochen wird; das Gericht hat auf diese Folge hinzuweisen.

(1 a) 1 Soweit Besteuerungsgrundlagen für ein Verständigungs- oder ein Schiedsverfahren nach einem Vertrag im Sinne des § 2 der Abgabenordnung von Bedeutung sein können, kann die Klage hierauf begrenzt zurückgenommen werden. 2 § 50 Abs. 1 a Satz 2 gilt entsprechend.

(2) 1 Die Rücknahme hat bei Klagen, deren Erhebung an eine Frist gebunden ist, den Verlust der Klage zur Folge. 2 Wird die Klage zurückgenommen, so stellt das Gericht das Verfahren durch Beschluss ein. 3 Wird nachträglich die Unwirksamkeit der Klagerücknahme geltend gemacht, so gilt § 56 Abs. 3 sinngemäß.

§ 73 [Verbindung/Trennung mehrerer Verfahren] (1) 1 Das Gericht kann durch Beschluss mehrere bei ihm anhängige Verfahren zu gemeinsamer Verhandlung und Entscheidung verbinden und wieder trennen. 2 Es kann anordnen, dass mehrere in einem Verfahren zusammengefasste Klagegegenstände in getrennten Verfahren verhandelt und entschieden werden.

(2) Ist die Klage von jemandem erhoben, der wegen dieses Klagegegenstandes nach § 60 Abs. 3 zu einem anderen Verfahren beizuladen wäre, so wird die notwendige Beiladung des Klägers dadurch ersetzt, dass die beiden Verfahren zu gemeinsamer Verhandlung und einheitlicher Entscheidung verbunden werden.

§ 74 [Aussetzung der Verhandlung] Das Gericht kann, wenn die Entscheidung des Rechtsstreits ganz oder zum Teil von dem Bestehen oder Nichtbestehen eines Rechtsverhältnisses abhängt, das den Gegenstand eines anderen anhängigen Rechtsstreits bildet oder von einer Verwaltungsbehörde festzustellen ist, anordnen, dass die Verhandlung bis zur Erledigung des anderen Rechtsstreits oder bis zur Entscheidung der Verwaltungsbehörde auszusetzen sei.

§ 75 [Mitteilung der Besteuerungsgrundlagen] Den Beteiligten sind, soweit es noch nicht geschehen ist, die Unterlagen der Besteuerung auf Antrag oder, wenn der Inhalt der Klageschrift dazu Anlass gibt, von Amts wegen mitzuteilen.

§ 76 [Erforschung des Sachverhalts durch das Gericht] (1)[1)] 1 Das Gericht erforscht den Sachverhalt von Amts wegen. 2 Die Beteiligten sind dabei heranzuziehen. 3 Sie haben ihre Erklärungen über tatsächliche Umstände vollständig und der Wahrheit gemäß abzugeben und sich auf Anforderung des Gerichts zu den von den anderen Beteiligten vorgebrachten Tatsachen zu er-

---

[1)] § 76 Abs. 1 Satz 4 geänd. mWv 30. 6. 2013 durch G v. 26. 6. 2013 (BGBl. I S. 1809).

klären. [4] § 90 Abs. 2, § 93 Abs. 3 Satz 2, § 97, §§ 99, 100 der Abgabenordnung[1)] gelten sinngemäß. [5] Das Gericht ist an das Vorbringen und an die Beweisanträge der Beteiligten nicht gebunden.

(2) Der Vorsitzende hat darauf hinzuwirken, dass Formfehler beseitigt, sachdienliche Anträge gestellt, unklare Anträge erläutert, ungenügende tatsächliche Angaben ergänzt, ferner alle für die Feststellung und Beurteilung des Sachverhalts wesentlichen Erklärungen abgegeben werden.

(3) [1] Erklärungen und Beweismittel, die erst nach Ablauf der von der Finanzbehörde nach § 364b Abs. 1 der Abgabenordnung gesetzten Frist im Einspruchsverfahren oder im finanzgerichtlichen Verfahren vorgebracht werden, kann das Gericht zurückweisen und ohne weitere Ermittlungen entscheiden. [2] § 79b Abs. 3 gilt entsprechend.

(4) Die Verpflichtung der Finanzbehörde zur Ermittlung des Sachverhalts (§§ 88, 89 Abs. 1[2)] der Abgabenordnung[1)]) wird durch das finanzgerichtliche Verfahren nicht berührt.

§ 77[3)] **[Schriftsätze]** (1) [1] Die Beteiligten sollen zur Vorbereitung der mündlichen Verhandlung Schriftsätze einreichen. [2] Hierzu kann der Vorsitzende sie unter Fristsetzung auffordern. [3] Den Schriftsätzen sollen Abschriften für die übrigen Beteiligten beigefügt werden. [4] Die Schriftsätze sind den Beteiligten von Amts wegen zu übermitteln.

(2) [1] Den Schriftsätzen sind die Urkunden, auf die Bezug genommen wird, *in Urschrift oder*[4)] in Abschrift ganz oder im Auszug beizufügen. [2] Sind die Urkunden dem Gegner bereits bekannt oder sehr umfangreich, so genügt die genaue Bezeichnung mit dem Anerbieten, Einsicht bei Gericht zu gewähren.

§ 77 a.[5)] *(aufgehoben)*

§ 78[6)] **[Akteneinsicht]** (1) Die Beteiligten können die Gerichtsakte und die dem Gericht vorgelegten Akten einsehen.

(2) [1] Beteiligte können sich auf ihre Kosten durch die Geschäftsstelle Ausfertigungen, Auszüge, Ausdrucke und Abschriften erteilen lassen. [2] Nach dem Ermessen des Vorsitzenden kann Bevollmächtigten, die zu den in § 3 Nr. 1 und § 4 Nr. 1 und 2 des Steuerberatungsgesetzes bezeichneten natürlichen Personen gehören, der elektronische Zugriff auf den Inhalt der Akten gestattet oder der Inhalt der Akten elektronisch übermittelt werden. [3] § 79a Abs. 4 gilt entsprechend. [4] Bei einem elektronischen Zugriff auf den Inhalt der Akten ist sicherzustellen, dass der Zugriff nur durch den Bevollmächtigten erfolgt. [5] Für die Übermittlung von elektronischen Dokumenten ist die Gesamtheit der

---

1) Nr. **800**.

2) Verweis geänd. durch G. v. 5. 9. 2006 (BGBl. I S. 2098).

3) § 77 Abs. 1 Satz 4 geänd. mWv 1. 4. 2005 durch G v. 22. 3. 2005 (BGBl. I S. 837).

4) Kursiver Satzteil aufgeh. mWv 1. 7. 2014 durch G v. 10. 10. 2013 (BGBl. I S. 3786).

5) § 77a eingef. mWv 1. 8. 2001 durch G v. 13. 7. 2001 (BGBl. I S. 1542) und aufgeh. mWv 1. 4. 2005 durch G v. 22. 3. 2005 (BGBl. I S. 837).

6) § 78 Abs. 1 neugef., Abs. 2 eingef., bish. Abs. 2 wird Abs. 3 und geänd. mWv 1. 4. 2005 durch G v. 22. 3. 2005 (BGBl. I S. 837).

Dokumente mit einer qualifizierten elektronischen Signatur nach § 2 Nr. 3 des Signaturgesetzes zu versehen und gegen unbefugte Kenntnisnahme zu schützen.

(3) Die Entwürfe zu Urteilen, Beschlüssen und Verfügungen, die Arbeiten zu ihrer Vorbereitung, ferner die Dokumente, die Abstimmungen oder Ordnungsstrafen des Gerichts betreffen, werden weder vorgelegt noch abschriftlich mitgeteilt.

§ 79[1)] **[Vorbereitung der mündlichen Verhandlung]** (1) [1]Der Vorsitzende oder der Berichterstatter hat schon vor der mündlichen Verhandlung alle Anordnungen zu treffen, die notwendig sind, um den Rechtsstreit möglichst in einer mündlichen Verhandlung zu erledigen. [2]Er kann insbesondere

1. die Beteiligten zur Erörterung des Sach- und Streitstandes und zur gütlichen Beilegung des Rechtsstreits laden;
2. den Beteiligten die Ergänzung oder Erläuterung ihrer vorbereitenden Schriftsätze, die Vorlegung von Urkunden, die Übermittlung von elektronischen Dokumenten und die Vorlegung von anderen zur Niederlegung bei Gericht geeigneten Gegenständen aufgeben, insbesondere eine Frist zur Erklärung über bestimmte klärungsbedürftige Punkte setzen;
3. Auskünfte einholen;
4. die Vorlage von Urkunden oder die Übermittlung von elektronischen Dokumenten anordnen;
5. das persönliche Erscheinen der Beteiligten anordnen; § 80 gilt entsprechend;
6. Zeugen und Sachverständige zur mündlichen Verhandlung laden.

(2) Die Beteiligten sind von jeder Anordnung zu benachrichtigen.

(3) [1]Der Vorsitzende oder der Berichterstatter kann einzelne Beweise erheben. [2]Dies darf nur insoweit geschehen, als es zur Vereinfachung der Verhandlung vor dem Gericht sachdienlich und von vornherein anzunehmen ist, dass das Gericht das Beweisergebnis auch ohne unmittelbaren Eindruck von dem Verlauf der Beweisaufnahme sachgemäß zu würdigen vermag.

§ 79 a[2)] **[Entscheidung im vorbereitenden Verfahren]** (1) Der Vorsitzende entscheidet, wenn die Entscheidung im vorbereitenden Verfahren ergeht,

1. über die Aussetzung und das Ruhen des Verfahrens;
2. bei Zurücknahme der Klage, auch über einen Antrag auf Prozesskostenhilfe;
3. bei Erledigung des Rechtsstreits in der Hauptsache, auch über einen Antrag auf Prozesskostenhilfe;
4. über den Streitwert;

[1)] § 79 Abs. 1 Satz 2 Nr. 2 neugef., Nr. 4 geänd. mWv 1. 4. 2005 durch G v. 22. 3. 2005 (BGBl. I S. 837).

[2)] § 79 a Abs. 1 Nrn. 2 und 3 ergänzt, Nr. 6 angef. mWv 1. 9. 2004 durch G v. 24. 8. 2004 (BGBl. I S. 2198).

5. über Kosten;

6. über die Beiladung.

(2) [1]Der Vorsitzende kann ohne mündliche Verhandlung durch Gerichtsbescheid (§ 90 a) entscheiden. [2]Dagegen ist nur der Antrag auf mündliche Verhandlung innerhalb eines Monats nach Zustellung des Gerichtsbescheides gegeben.

(3) Im Einverständnis der Beteiligten kann der Vorsitzende auch sonst anstelle des Senats entscheiden.

(4) Ist ein Berichterstatter bestellt, so entscheidet dieser anstelle des Vorsitzenden.

§ 79 b[1)] [Fristsetzung] (1) [1]Der Vorsitzende oder der Berichterstatter kann dem Kläger eine Frist setzen zur Angabe der Tatsachen, durch deren Berücksichtigung oder Nichtberücksichtigung im Verwaltungsverfahren er sich beschwert fühlt. [2]Die Fristsetzung nach Satz 1 kann mit der Fristsetzung nach § 65 Abs. 2 Satz 2 verbunden werden.

(2) Der Vorsitzende oder der Berichterstatter kann einem Beteiligten unter Fristsetzung aufgeben, zu bestimmten Vorgängen

1. Tatsachen anzugeben oder Beweismittel zu bezeichnen,
2. Urkunden oder andere bewegliche Sachen vorzulegen oder elektronische Dokumente zu übermitteln, soweit der Beteiligte dazu verpflichtet ist.

(3) [1]Das Gericht kann Erklärungen und Beweismittel, die erst nach Ablauf einer nach den Absätzen 1 und 2 gesetzten Frist vorgebracht werden, zurückweisen und ohne weitere Ermittlungen entscheiden, wenn

1. ihre Zulassung nach der freien Überzeugung des Gerichts die Erledigung des Rechtsstreits verzögern würde und
2. der Beteiligte die Verspätung nicht genügend entschuldigt und
3. der Beteiligte über die Folgen einer Fristversäumung belehrt worden ist.

[2]Der Entschuldigungsgrund ist auf Verlangen des Gerichts glaubhaft zu machen. [3]Satz 1 gilt nicht, wenn es mit geringem Aufwand möglich ist, den Sachverhalt auch ohne Mitwirkung des Beteiligten zu ermitteln.

§ 80 [Persönliches Erscheinen] (1) [1]Das Gericht kann das persönliche Erscheinen eines Beteiligten anordnen. [2]Für den Fall des Ausbleibens kann es Ordnungsgeld wie gegen einen im Vernehmungstermin nicht erschienenen Zeugen androhen. [3]Bei schuldhaftem Ausbleiben setzt das Gericht durch Beschluss das angedrohte Ordnungsgeld fest. [4]Androhung und Festsetzung des Ordnungsgelds können wiederholt werden.

(2) Ist Beteiligter eine juristische Person oder eine Vereinigung, so ist das Ordnungsgeld dem nach Gesetz oder Satzung Vertretungsberechtigten anzudrohen und gegen ihn festzusetzen.

(3) Das Gericht kann einer beteiligten öffentlich-rechtlichen Körperschaft oder Behörde aufgeben, zur mündlichen Verhandlung einen Beamten oder

1) § 79 b Abs. 2 Nr. 2 geänd. mWv 1. 4. 2005 durch G v. 22. 3. 2005 (BGBl. I S. 837).

Angestellten zu entsenden, der mit einem schriftlichen Nachweis über die Vertretungsbefugnis versehen und über die Sach- und Rechtslage ausreichend unterrichtet ist.

§ 81 [Beweiserhebung] (1) [1]Das Gericht erhebt Beweis in der mündlichen Verhandlung. [2]Es kann insbesondere Augenschein einnehmen, Zeugen, Sachverständige und Beteiligte vernehmen und Urkunden heranziehen.

(2) Das Gericht kann in geeigneten Fällen schon vor der mündlichen Verhandlung durch eines seiner Mitglieder als beauftragten Richter Beweis erheben lassen oder durch Bezeichnung der einzelnen Beweisfragen ein anderes Gericht um die Beweisaufnahme ersuchen.

§ 82[1)] [Verfahren bei der Beweisaufnahme] Soweit die §§ 83 bis 89 nicht abweichende Vorschriften enthalten, sind auf die Beweisaufnahme die §§ 358 bis 371, 372 bis 377, 380 bis 382, 386 bis 414 und 450 bis 494 der Zivilprozessordnung[2)] sinngemäß anzuwenden.

§ 83 [Beweistermin; Teilnahme] [1]Die Beteiligten werden von allen Beweisterminen benachrichtigt und können der Beweisaufnahme beiwohnen. [2]Sie können an Zeugen und Sachverständige sachdienliche Fragen richten. [3]Wird eine Frage beanstandet, so entscheidet das Gericht.

§ 84 [Zeugnisverweigerungsrecht] (1) Für das Recht zur Verweigerung des Zeugnisses und die Pflicht zur Belehrung über das Zeugnisverweigerungsrecht gelten die §§ 101 bis 103 der Abgabenordnung[3)] sinngemäß.

(2) Wer als Angehöriger zur Verweigerung des Zeugnisses berechtigt ist, kann die Ableistung des Eides verweigern.

§ 85[4)] [Hilfspflichten der Zeugen] [1]Zeugen, die nicht aus dem Gedächtnis aussagen können, haben Dokumente und Geschäftsbücher, die ihnen zur Verfügung stehen, einzusehen und, soweit nötig, Aufzeichnungen daraus zu entnehmen. [2]Die Vorschriften der § 97, §§ 99, 100, 104 der Abgabenordnung[3)] gelten sinngemäß.

§ 86[5)] [Aktenvorlage und Auskunftserteilung] (1) Behörden sind zur Vorlage von Urkunden und Akten zur Übermittlung elektronischer Dokumente und zu Auskünften verpflichtet, soweit nicht durch das Steuergeheimnis (§ 30 der Abgabenordnung)[3)] geschützte Verhältnisse Dritter unbefugt offenbart werden.

(2) Wenn das Bekanntwerden von Urkunden, elektronischer Dokumente oder Akten oder von Auskünften dem Wohle des Bundes oder eines deutschen

---

[1)] § 82 geänd. durch G v. 22. 3. 2005 (BGBl. I S. 837).

[2)] **Schönfelder Nr. 100.**

[3)] Nr. **800**.

[4)] § 85 geänd. mWv 1. 4. 2005 durch G v. 22. 3. 2005 (BGBl. I S. 837); Satz 2 geänd. mWv 30. 6. 2013 durch G v. 26. 6. 2013 (BGBl. I S. 1809).

[5)] § 86 Abs. 1 und 2 geänd., Abs. 3 neugef. mWv 1. 4. 2005 durch G v. 22. 3. 2005 (BGBl. I S. 837).

Landes Nachteile bereiten würde oder wenn die Vorgänge aus anderen Gründen als nach Absatz 1 nach einem Gesetz oder ihrem Wesen nach geheimgehalten werden müssen, kann die zuständige oberste Aufsichtsbehörde die Vorlage von Urkunden oder Akten, die Übermittlung elektronischer Dokumente und die Erteilung der Auskünfte verweigern.

(3) 1 Auf Antrag eines Beteiligten stellt der Bundesfinanzhof in den Fällen der Absätze 1 und 2 ohne mündliche Verhandlung durch Beschluss fest, ob die Verweigerung der Vorlage der Urkunden oder Akten, der Übermittlung elektronischer Dokumente oder die Verweigerung der Erteilung von Auskünften rechtmäßig ist. 2 Der Antrag ist bei dem für die Hauptsache zuständigen Gericht zu stellen. 3 Auf Aufforderung des Bundesfinanzhofs hat die oberste Aufsichtsbehörde die verweigerten Dokumente oder Akten vorzulegen oder zu übermitteln oder ihm die verweigerten Auskünfte zu erteilen. 4 Sie ist zu diesem Verfahren beizuladen. 5 Das Verfahren unterliegt den Vorschriften des materiellen Geheimschutzes. 6 Können diese nicht eingehalten werden oder macht die zuständige oberste Aufsichtsbehörde geltend, dass besondere Gründe der Geheimhaltung oder des Geheimschutzes einer Übergabe oder Übermittlung der Dokumente oder der Akten an den Bundesfinanzhof entgegenstehen, wird die Vorlage nach Satz 3 dadurch bewirkt, dass die Dokumente oder Akten dem Bundesfinanzhof in von der obersten Aufsichtsbehörde bestimmten Räumlichkeiten zur Verfügung gestellt werden. 7 Für die nach Satz 3 vorgelegten oder übermittelten Dokumente oder Akten und für die gemäß Satz 6 geltend gemachten besonderen Gründe gilt § 78 nicht. 8 Die Mitglieder des Bundesfinanzhofs sind zur Geheimhaltung verpflichtet; die Entscheidungsgründe dürfen Art und Inhalt der geheim gehaltenen Dokumente oder Akten und Auskünfte nicht erkennen lassen. 9 Für das nichtrichterliche Personal gelten die Regelungen des personellen Geheimschutzes.

§ 87 [Zeugnis von Behörden] Wenn von Behörden, von Verbänden und Vertretungen von Betriebs- oder Berufszweigen, von geschäftlichen oder gewerblichen Unternehmungen, Gesellschaften oder Anstalten Zeugnis begehrt wird, ist das Ersuchen, falls nicht bestimmte Personen als Zeugen in Betracht kommen, an den Vorstand oder an die Geschäfts- oder Betriebsleitung zu richten.

§ 88 [Weiterer Grund für Ablehnung von Sachverständigen] Die Beteiligten können Sachverständige auch ablehnen, wenn von deren Heranziehung eine Verletzung eines Geschäfts- oder Betriebsgeheimnisses oder Schaden für ihre geschäftliche Tätigkeit zu befürchten ist.

§ 89[1)] [Erzwingung der Vorlage von Urkunden] Für die Erzwingung einer gesetzlich vorgeschriebenen Vorlage von Urkunden und elektronischen Dokumenten gelten § 380 der Zivilprozessordnung[2)] und § 255 der Abgabenordnung[3)] sinngemäß.

---

1) § 89 geänd. mWv 1. 4. 2005 durch G v. 22. 3. 2005 (BGBl. I S. 837).
2) **Schönfelder Nr. 100.**
3) Nr. **800**.

§ 90 [Entscheidung grundsätzlich auf Grund mündlicher Verhandlung] (1) [1]Das Gericht entscheidet, soweit nichts anderes bestimmt ist, auf Grund mündlicher Verhandlung. [2]Entscheidungen des Gerichts, die nicht Urteile sind, können ohne mündliche Verhandlung ergehen.

(2) Mit Einverständnis der Beteiligten kann das Gericht ohne mündliche Verhandlung entscheiden.

§ 90 a [Entscheidung ohne mündliche Verhandlung; Gerichtsbescheid] (1) Das Gericht kann in geeigneten Fällen ohne mündliche Verhandlung durch Gerichtsbescheid entscheiden.

(2) [1]Die Beteiligten können innerhalb eines Monats nach Zustellung des Gerichtsbescheides mündliche Verhandlung beantragen. [2]Hat das Finanzgericht in dem Gerichtsbescheid die Revision zugelassen, können sie auch Revision einlegen. [3]Wird von beiden Rechtsbehelfen Gebrauch gemacht, findet mündliche Verhandlung statt.

(3) Der Gerichtsbescheid wirkt als Urteil; wird rechtzeitig mündliche Verhandlung beantragt, gilt er als nicht ergangen.

(4) Wird mündliche Verhandlung beantragt, kann das Gericht in dem Urteil von einer weiteren Darstellung des Tatbestands und der Entscheidungsgründe absehen, soweit es der Begründung des Gerichtsbescheides folgt und dies in seiner Entscheidung feststellt.

§ 91 [Ladung der Beteiligten] (1) [1]Sobald der Termin zur mündlichen Verhandlung bestimmt ist, sind die Beteiligten mit einer Ladungsfrist von mindestens zwei Wochen, beim Bundesfinanzhof von mindestens vier Wochen, zu laden. [2]In dringenden Fällen kann der Vorsitzende die Frist abkürzen.

(2) Bei der Ladung ist darauf hinzuweisen, dass beim Ausbleiben eines Beteiligten auch ohne ihn verhandelt und entschieden werden kann.

(3) Das Gericht kann Sitzungen auch außerhalb des Gerichtssitzes abhalten, wenn dies zur sachdienlichen Erledigung notwendig ist.

(4) § 227 Abs. 3 Satz 1 der Zivilprozessordnung[1)] ist nicht anzuwenden.

§ 91 a [Übertragung der mündlichen Verhandlung]

[Fassung bis 31. 10. 2013:]

(1) [1]Den am Verfahren Beteiligten sowie ihren Bevollmächtigten und Beiständen kann auf Antrag gestattet werden, sich während einer mündlichen Verhandlung an einem anderen Ort aufzuhalten und dort Verfahrenshandlungen vorzunehmen. [2]Die mündliche Verhandlung wird zeitgleich in Bild und Ton an den Ort,

[Fassung ab 1. 11. 2013:][2)]

(1) [1]Das Gericht kann den Beteiligten, ihren Bevollmächtigten und Beiständen auf Antrag oder von Amts wegen gestatten, sich während einer mündlichen Verhandlung an einem anderen Ort aufzuhalten und dort Verfahrenshandlungen vorzunehmen. [2]Die Verhandlung wird zeitgleich in Bild und Ton an diesen

---

1) **Schönfelder Nr. 100.**

2) § 91 a neu gef. mWv 1. 11. 2013 durch G v. 25. 4. 2013 (BGBl. I S. 935).

[Fassung bis 31. 10. 2013:]

an dem sich die Beteiligten, Bevollmächtigten und Beistände aufhalten, und in das Sitzungszimmer übertragen. [3]Eine Aufzeichnung findet nicht statt.

(2) Absatz 1 gilt entsprechend für Erörterungstermine (§ 79 Abs. 1 Satz 2 Nr. 1).

[Fassung ab 1. 11. 2013:]

Ort und in das Sitzungszimmer übertragen.

(2) [1]Das Gericht kann auf Antrag gestatten, dass sich ein Zeuge, ein Sachverständiger oder ein Beteiligter während einer Vernehmung an einem anderen Ort aufhält. [2]Die Vernehmung wird zeitgleich in Bild und Ton an diesen Ort und in das Sitzungszimmer übertragen. [3]Ist Beteiligten, Bevollmächtigten und Beiständen nach Absatz 1 Satz 1 gestattet worden, sich an einem anderen Ort aufzuhalten, so wird die Vernehmung auch an diesen Ort übertragen.

(3) [1]Die Übertragung wird nicht aufgezeichnet. [2]Entscheidungen nach Absatz 1 Satz 1 und Absatz 2 Satz 1 sind unanfechtbar.

(4) Die Absätze 1 und 3 gelten entsprechend für Erörterungstermine (§ 79 Absatz 1 Satz 2 Nummer 1).

§ 92 [Gang der Verhandlung] (1) Der Vorsitzende eröffnet und leitet die mündliche Verhandlung.

(2) Nach Aufruf der Sache trägt der Vorsitzende oder der Berichterstatter den wesentlichen Inhalt der Akten vor.

(3) Hierauf erhalten die Beteiligten das Wort, um ihre Anträge zu stellen und zu begründen.

§ 93 [Erörterung der Streitsache] (1) Der Vorsitzende hat die Streitsache mit den Beteiligten tatsächlich und rechtlich zu erörtern.

(2) [1]Der Vorsitzende hat jedem Mitglied des Gerichts auf Verlangen zu gestatten, Fragen zu stellen. [2]Wird eine Frage beanstandet, so entscheidet das Gericht.

(3) [1]Nach Erörterung der Streitsache erklärt der Vorsitzende die mündliche Verhandlung für geschlossen. [2]Das Gericht kann die Wiedereröffnung beschließen.

§ 93 a[1)] ***[Übertragung und Aufzeichnung einer Aussage]*** *(1) [1]Im Einverständnis mit den am Verfahren Beteiligten kann das Gericht anordnen, dass sich ein Zeuge oder ein Sachverständiger während der Vernehmung an einem anderen Ort aufhält. [2]Die Aussage wird zeitgleich in Bild und Ton in das Sitzungszimmer übertragen. [3]Ist Betei-*

[1)] § 93 a aufgeh. mWv 1. 11. 2013 durch G v. 25. 4. 2013 (BGBl. I S. 935).

ligten, Bevollmächtigten und Beiständen nach § 91 a gestattet worden, sich an einem anderen Ort aufzuhalten, so wird die Aussage zeitgleich in Bild und Ton auch an diesen Ort übertragen. 4 Die Aussage soll aufgezeichnet werden, wenn zu besorgen ist, dass der Zeuge oder Sachverständige in einer weiteren mündlichen Verhandlung nicht vernommen werden kann und die Aufzeichnung zur Erforschung des Sachverhalts erforderlich ist.

(2) 1 Die Aufzeichnung darf nur innerhalb des Verfahrens verwendet werden, für das sie gefertigt worden ist. 2 Das Recht zur Verweigerung des Zeugnisses nach § 84 ist hierbei zu wahren. 3 § 78 Abs. 1 findet mit der Maßgabe entsprechende Anwendung, dass die Einsicht ausschließlich bei der Geschäftsstelle erfolgt; Kopien werden nicht erteilt. 4 Sobald die Aufzeichnung nicht mehr benötigt wird, spätestens nach rechtskräftigem Abschluss des Verfahrens, ist sie zu löschen.

§ 94 [Niederschrift] Für die Niederschrift gelten die §§ 159 bis 165 der Zivilprozessordnung[1] entsprechend.

§ 94 a [Verfahren nach billigem Ermessen] 1 Das Gericht kann sein Verfahren nach billigem Ermessen bestimmen, wenn der Streitwert bei einer Klage, die eine Geldleistung oder einen hierauf gerichteten Verwaltungsakt betrifft, fünfhundert Euro nicht übersteigt. 2 Auf Antrag eines Beteiligten muss mündlich verhandelt werden. 3 Das Gericht entscheidet über die Klage durch Urteil; § 76 über den Untersuchungsgrundsatz und § 79 a Abs. 2, § 90 a über den Gerichtsbescheid bleiben unberührt.

Abschnitt IV. Urteile und andere Entscheidungen

§ 95 [Urteil] Über die Klage wird, soweit nichts anderes bestimmt ist, durch Urteil entschieden.

§ 96 [Freie Beweiswürdigung, notwendiger Inhalt des Urteils]
(1) 1 Das Gericht entscheidet nach seiner freien, aus dem Gesamtergebnis des Verfahrens gewonnenen Überzeugung; die §§ 158, 160, 162 der Abgabenordnung[2] gelten sinngemäß. 2 Das Gericht darf über das Klagebegehren nicht hinausgehen, ist aber an die Fassung der Anträge nicht gebunden. 3 In dem Urteil sind die Gründe anzugeben, die für die richterliche Überzeugung leitend gewesen sind.

(2) Das Urteil darf nur auf Tatsachen und Beweisergebnisse gestützt werden, zu denen die Beteiligten sich äußern konnten.

§ 97 [Zwischenurteil über Zulässigkeit der Klage] Über die Zulässigkeit der Klage kann durch Zwischenurteil vorab entschieden werden.

§ 98 [Teilurteil] Ist nur ein Teil des Streitgegenstands zur Entscheidung reif, so kann das Gericht ein Teilurteil erlassen.

---

[1] **Schönfelder Nr. 100.**
[2] Nr. **800**.

§ 99 [Vorabentscheidung über den Grund] (1) Ist bei einer Leistungsklage oder einer Anfechtungsklage gegen einen Verwaltungsakt ein Anspruch nach Grund und Betrag strittig, so kann das Gericht durch Zwischenurteil über den Grund vorab entscheiden.

(2) Das Gericht kann durch Zwischenurteil über eine entscheidungserhebliche Sach- oder Rechtsfrage vorab entscheiden, wenn dies sachdienlich ist und nicht der Kläger oder der Beklagte widerspricht.

§ 100 [Aufhebung angefochtener Verwaltungsakte durch Urteil]

(1) [1] Soweit ein angefochtener Verwaltungsakt rechtswidrig und der Kläger dadurch in seinen Rechten verletzt ist, hebt das Gericht den Verwaltungsakt und die etwaige Entscheidung über den außergerichtlichen Rechtsbehelf auf; die Finanzbehörde ist an die rechtliche Beurteilung gebunden, die der Aufhebung zugrunde liegt, an die tatsächliche so weit, als nicht neu bekannt werdende Tatsachen und Beweismittel eine andere Beurteilung rechtfertigen. [2] Ist der Verwaltungsakt schon vollzogen, so kann das Gericht auf Antrag auch aussprechen, dass und wie die Finanzbehörde die Vollziehung rückgängig zu machen hat. [3] Dieser Ausspruch ist nur zulässig, wenn die Behörde dazu in der Lage und diese Frage spruchreif ist. [4] Hat sich der Verwaltungsakt vorher durch Zurücknahme oder anders erledigt, so spricht das Gericht auf Antrag durch Urteil aus, dass der Verwaltungsakt rechtswidrig gewesen ist, wenn der Kläger ein berechtigtes Interesse an dieser Feststellung hat.

(2) [1] Begehrt der Kläger die Änderung eines Verwaltungsakts, der einen Geldbetrag festsetzt oder eine darauf bezogene Feststellung trifft, kann das Gericht den Betrag in anderer Höhe festsetzen oder die Feststellung durch eine andere ersetzen. [2] Erfordert die Ermittlung des festzusetzenden oder festzustellenden Betrags einen nicht unerheblichen Aufwand, kann das Gericht die Änderung des Verwaltungsakts durch Angabe der zu Unrecht berücksichtigten oder nicht berücksichtigten tatsächlichen oder rechtlichen Verhältnisse so bestimmen, dass die Behörde den Betrag auf Grund der Entscheidung errechnen kann. [3] Die Behörde teilt den Beteiligten das Ergebnis der Neuberechnung unverzüglich formlos mit; nach Rechtskraft der Entscheidung ist der Verwaltungsakt mit dem geänderten Inhalt neu bekannt zu geben.

(3) [1] Hält das Gericht eine weitere Sachaufklärung für erforderlich, kann es, ohne in der Sache selbst zu entscheiden, den Verwaltungsakt und die Entscheidung über den außergerichtlichen Rechtsbehelf aufheben, soweit nach Art oder Umfang die noch erforderlichen Ermittlungen erheblich sind und die Aufhebung auch unter Berücksichtigung der Belange der Beteiligten sachdienlich ist. [2] Satz 1 gilt nicht, soweit der Steuerpflichtige seiner Erklärungspflicht nicht nachgekommen ist und deshalb die Besteuerungsgrundlagen geschätzt worden sind. [3] Auf Antrag kann das Gericht bis zum Erlass des neuen Verwaltungsakts eine einstweilige Regelung treffen, insbesondere bestimmen, dass Sicherheiten geleistet werden oder ganz oder zum Teil bestehen bleiben und Leistungen zunächst nicht zurückgewährt werden müssen. [4] Der Beschluss kann jederzeit geändert oder aufgehoben werden. [5] Eine Entscheidung nach Satz 1 kann nur binnen sechs Monaten seit Eingang der Akten der Behörde bei Gericht ergehen.

(4) Kann neben der Aufhebung eines Verwaltungsakts eine Leistung verlangt werden, so ist im gleichen Verfahren auch die Verurteilung zur Leistung zulässig.

§ 101 [Urteil auf Erlass eines Verwaltungsakts] [1]Soweit die Ablehnung oder Unterlassung eines Verwaltungsakts rechtswidrig und der Kläger dadurch in seinen Rechten verletzt ist, spricht das Gericht die Verpflichtung der Finanzbehörde aus, den begehrten Verwaltungsakt zu erlassen, wenn die Sache spruchreif ist. [2]Andernfalls spricht es die Verpflichtung aus, den Kläger unter Beachtung der Rechtsauffassung des Gerichts zu bescheiden.

§ 102[1)] [Nachprüfung des Ermessensgebrauchs] [1]Soweit die Finanzbehörde ermächtigt ist, nach ihrem Ermessen zu handeln oder zu entscheiden, prüft das Gericht auch, ob der Verwaltungsakt oder die Ablehnung oder Unterlassung des Verwaltungsakts rechtswidrig ist, weil die gesetzlichen Grenzen des Ermessens überschritten sind oder von dem Ermessen in einer dem Zweck der Ermächtigung nicht entsprechenden Weise Gebrauch gemacht ist. [2]Die Finanzbehörde kann ihre Ermessenserwägungen hinsichtlich des Verwaltungsaktes bis zum Abschluss der Tatsacheninstanz eines finanzgerichtlichen Verfahrens ergänzen.

§ 103 [Am Urteil beteiligte Richter] Das Urteil kann nur von den Richtern und ehrenamtlichen Richtern gefällt werden, die an der dem Urteil zugrunde liegenden Verhandlung teilgenommen haben.

§ 104[2)] [Verkündung und Zustellung des Urteils] (1) [1]Das Urteil wird, wenn eine mündliche Verhandlung stattgefunden hat, in der Regel in dem Termin, in dem die mündliche Verhandlung geschlossen wird, verkündet, in besonderen Fällen in einem sofort anzuberaumenden Termin, der nicht über zwei Wochen hinaus angesetzt werden soll. [2]Das Urteil wird durch Verlesung der Formel verkündet; es ist den Beteiligten zuzustellen.

(2) Statt der Verkündung ist die Zustellung des Urteils zulässig; dann ist das Urteil binnen zwei Wochen nach der mündlichen Verhandlung der Geschäftsstelle zu übermitteln.

(3) Entscheidet das Gericht ohne mündliche Verhandlung, so wird die Verkündung durch Zustellung an die Beteiligten ersetzt.

§ 105[3)] [Urteilsform] (1) [1]Das Urteil ergeht im Namen des Volkes. [2]Es ist schriftlich abzufassen und von den Richtern, die bei der Entscheidung mitgewirkt haben, zu unterzeichnen. [3]Ist ein Richter verhindert, seine Unterschrift beizufügen, so wird dies mit dem Hinderungsgrund vom Vorsitzenden oder, wenn er verhindert ist, vom dienstältesten beisitzenden Richter unter dem Urteil vermerkt. [4]Der Unterschrift der ehrenamtlichen Richter bedarf es nicht.

[1)] § 102 Satz 2 angef. mWv 23. 12. 2001 durch G v. 20. 12. 2001 (BGBl. I S. 3794).

[2)] § 104 Abs. 2 geänd. mWv 1. 4. 2005 durch G v. 22. 3. 2005 (BGBl. I S. 837).

[3)] § 105 Abs. 4 geänd., Abs. 6 Sätze 2 und 3 angef. mWv 1. 4. 2005 durch G v. 22. 3. 2005 (BGBl. I S. 837).

(2) Das Urteil enthält

1. die Bezeichnung der Beteiligten, ihrer gesetzlichen Vertreter und der Bevollmächtigten nach Namen, Beruf, Wohnort und ihrer Stellung im Verfahren,
2. die Bezeichnung des Gerichts und die Namen der Mitglieder, die bei der Entscheidung mitgewirkt haben,
3. die Urteilsformel,
4. den Tatbestand,
5. die Entscheidungsgründe,
6. die Rechtsmittelbelehrung.

(3) [1] Im Tatbestand ist der Sach- und Streitstand unter Hervorhebung der gestellten Anträge seinem wesentlichen Inhalt nach gedrängt darzustellen. [2] Wegen der Einzelheiten soll auf Schriftsätze, Protokolle und andere Unterlagen verwiesen werden, soweit sich aus ihnen der Sach- und Streitstand ausreichend ergibt.

(4) [1] Ein Urteil, das bei der Verkündung noch nicht vollständig abgefasst war, ist vor Ablauf von zwei Wochen, vom Tag der Verkündung an gerechnet, vollständig abgefasst der Geschäftsstelle zu übermitteln. [2] Kann dies ausnahmsweise nicht geschehen, so ist innerhalb dieser zwei Wochen das von den Richtern unterschriebene Urteil ohne Tatbestand, Entscheidungsgründe und Rechtsmittelbelehrung der Geschäftsstelle zu übermitteln. [3] Tatbestand, Entscheidungsgründe und Rechtsmittelbelehrung sind alsbald nachträglich niederzulegen, von den Richtern besonders zu unterschreiben und der Geschäftsstelle zu übermitteln.

(5) Das Gericht kann von einer weiteren Darstellung der Entscheidungsgründe absehen, soweit es der Begründung des Verwaltungsakts oder der Entscheidung über den außergerichtlichen Rechtsbehelf folgt und dies in seiner Entscheidung feststellt.

(6) [1] Der Urkundsbeamte der Geschäftsstelle hat auf dem Urteil den Tag der Zustellung und im Fall des § 104 Abs. 1 Satz 1 den Tag der Verkündung zu vermerken und diesen Vermerk zu unterschreiben. [2] Werden die Akten elektronisch geführt, hat der Urkundsbeamte der Geschäftsstelle den Vermerk in einem gesonderten Dokument festzuhalten. [3] Das Dokument ist mit dem Urteil untrennbar zu verbinden.

§ 106 [Gerichtsbescheide] Die §§ 104 und 105 gelten für Gerichtsbescheide sinngemäß.

§ 107[1)] [Berichtigung des Urteils] (1) Schreibfehler, Rechenfehler und ähnliche offenbare Unrichtigkeiten im Urteil sind jederzeit vom Gericht zu berichtigen.

(2) [1] Über die Berichtigung kann ohne mündliche Verhandlung entschieden werden. [2] Der Berichtigungsbeschluss wird auf dem Urteil und den Ausferti-

---

[1)] § 107 Abs. 2 Satz 3 angef. mWv 1. 4. 2005 durch G v. 22. 3. 2005 (BGBl. I S. 837).

gungen vermerkt. 3 Ist das Urteil elektronisch abgefasst, ist auch der Beschluss elektronisch abzufassen und mit dem Urteil untrennbar zu verbinden.

§ 108[1)] **[Berichtigung des Tatbestands]** (1) Enthält der Tatbestand des Urteils andere Unrichtigkeiten oder Unklarheiten, so kann die Berichtigung binnen zwei Wochen nach Zustellung des Urteils beantragt werden.

(2) 1 Das Gericht entscheidet ohne Beweisaufnahme durch Beschluss. 2 Der Beschluss ist unanfechtbar. 3 Bei der Entscheidung wirken nur die Richter mit, die beim Urteil mitgewirkt haben. 4 Ist ein Richter verhindert, so gibt bei Stimmengleichheit die Stimme des Vorsitzenden den Ausschlag. 5 Der Berichtigungsbeschluss wird auf dem Urteil und den Ausfertigungen vermerkt. 6 Ist das Urteil elektronisch abgefasst, ist auch der Beschluss elektronisch abzufassen und mit dem Urteil untrennbar zu verbinden.

§ 109 [Nachträgliche Ergänzung eines Urteils] (1) Wenn ein nach dem Tatbestand von einem Beteiligten gestellter Antrag oder die Kostenfolge bei der Entscheidung ganz oder zum Teil übergangen ist, so ist auf Antrag das Urteil durch nachträgliche Entscheidung zu ergänzen.

(2) 1 Die Entscheidung muss binnen zwei Wochen nach Zustellung des Urteils beantragt werden. 2 Die mündliche Verhandlung hat nur den nicht erledigten Teil des Rechtsstreits zum Gegenstand.

§ 110 [Rechtskraftwirkung der Urteile] (1) 1 Rechtskräftige Urteile binden, soweit über den Streitgegenstand entschieden worden ist,

1. die Beteiligten und ihre Rechtsnachfolger,
2. in den Fällen des § 48 Abs. 1 Nr. 1 die nicht klageberechtigten Gesellschafter oder Gemeinschafter und
3. im Fall des § 60a die Personen, die einen Antrag auf Beiladung nicht oder nicht fristgemäß gestellt haben.

2 Die gegen eine Finanzbehörde ergangenen Urteile wirken auch gegenüber der öffentlich-rechtlichen Körperschaft, der die beteiligte Finanzbehörde angehört.

(2) Die Vorschriften der Abgabenordnung und anderer Steuergesetze über die Rücknahme, Widerruf, Aufhebung und Änderung von Verwaltungsakten sowie über die Nachforderung von Steuern bleiben unberührt, soweit sich aus Absatz 1 Satz 1 nichts anderes ergibt.

§§ 111 und 112. (weggefallen)

§ 113 [Beschlüsse] (1) Für Beschlüsse gelten § 96 Abs. 1 Satz 1 und 2, § 105 Abs. 2 Nr. 6, §§ 107 bis 109 sinngemäß.

(2) 1 Beschlüsse sind zu begründen, wenn sie durch Rechtsmittel angefochten werden können oder über einen Rechtsbehelf entscheiden. 2 Beschlüsse über die Aussetzung der Vollziehung (§ 69 Abs. 3 und 5) und über einstweilige Anordnungen (§ 114 Abs. 1), Beschlüsse nach Erledigung des

---

1) § 108 Abs. 2 Satz 6 angef. mWv 1. 4. 2005 durch G v. 22. 3. 2005 (BGBl. I S. 837).

Rechtsstreits in der Hauptsache (§ 138) sowie Beschlüsse, in denen ein Antrag auf Bewilligung von Prozesskostenhilfe zurückgewiesen wird (§ 142), sind stets zu begründen. 3 Beschlüsse, die über ein Rechtsmittel entscheiden, bedürfen keiner weiteren Begründung, soweit das Gericht das Rechtsmittel aus den Gründen der angefochtenen Entscheidung als unbegründet zurückweist.

§ 114 [Einstweilige Anordnungen] (1) 1 Auf Antrag kann das Gericht, auch schon vor Klageerhebung, eine einstweilige Anordnung in Bezug auf den Streitgegenstand treffen, wenn die Gefahr besteht, dass durch eine Veränderung des bestehenden Zustands die Verwirklichung eines Rechts des Antragstellers vereitelt oder wesentlich erschwert werden könnte. 2 Einstweilige Anordnungen sind auch zur Regelung eines vorläufigen Zustands in Bezug auf ein streitiges Rechtsverhältnis zulässig, wenn diese Regelung, vor allem bei dauernden Rechtsverhältnissen, um wesentliche Nachteile abzuwenden oder drohende Gewalt zu verhindern oder aus anderen Gründen nötig erscheint.

(2) 1 Für den Erlass einstweiliger Anordnungen ist das Gericht der Hauptsache zuständig. 2 Dies ist das Gericht des ersten Rechtszugs. 3 In dringenden Fällen kann der Vorsitzende entscheiden.

(3) Für den Erlass einstweiliger Anordnungen gelten die §§ 920, 921, 923, 926, 928 bis 932, 938, 939, 941 und 945 der Zivilprozessordnung[1] sinngemäß.

(4) Das Gericht entscheidet durch Beschluss.

(5) Die Vorschriften der Absätze 1 bis 3 gelten nicht für die Fälle des § 69.

Abschnitt V. Rechtsmittel und Wiederaufnahme des Verfahrens

Unterabschnitt 1. Revision

§ 115 [Zulassung der Revision] (1) Gegen das Urteil des Finanzgerichts (§ 36 Nr. 1) steht den Beteiligten die Revision an den Bundesfinanzhof zu, wenn das Finanzgericht oder auf Beschwerde gegen die Nichtzulassung der Bundesfinanzhof sie zugelassen hat.

(2) Die Revision ist nur zuzulassen, wenn

1. die Rechtssache grundsätzliche Bedeutung hat,
2. die Fortbildung des Rechts oder die Sicherung einer einheitlichen Rechtsprechung eine Entscheidung des Bundesfinanzhofs erfordert oder
3. ein Verfahrensmangel geltend gemacht wird und vorliegt, auf dem die Entscheidung beruhen kann.

(3) Der Bundesfinanzhof ist an die Zulassung gebunden.

§ 116 [Nichtzulassungsbeschwerde] (1) Die Nichtzulassung der Revision kann durch Beschwerde angefochten werden.

---

[1] **Schönfelder Nr. 100.**

(2) 1Die Beschwerde ist innerhalb eines Monats nach Zustellung des vollständigen Urteils bei dem Bundesfinanzhof einzulegen. 2Sie muss das angefochtene Urteil bezeichnen. 3Der Beschwerdeschrift soll eine Ausfertigung oder Abschrift des Urteils, gegen das Revision eingelegt werden soll, beigefügt werden.

(3) 1Die Beschwerde ist innerhalb von zwei Monaten nach der Zustellung des vollständigen Urteils zu begründen. 2Die Begründung ist bei dem Bundesfinanzhof einzureichen. 3In der Begründung müssen die Voraussetzungen des § 115 Abs. 2 dargelegt werden. 4Die Begründungsfrist kann von dem Vorsitzenden auf einen vor ihrem Ablauf gestellten Antrag um einen weiteren Monat verlängert werden.

(4) Die Einlegung der Beschwerde hemmt die Rechtskraft des Urteils.

(5) 1Der Bundesfinanzhof entscheidet über die Beschwerde durch Beschluss. 2Der Beschluss soll kurz begründet werden; von einer Begründung kann abgesehen werden, wenn sie nicht geeignet ist, zur Klärung der Voraussetzungen beizutragen, unter denen eine Revision zuzulassen ist, oder wenn der Beschwerde stattgegeben wird. 3Mit der Ablehnung der Beschwerde durch den Bundesfinanzhof wird das Urteil rechtskräftig.

(6) Liegen die Voraussetzungen des § 115 Abs. 2 Nr. 3 vor, kann der Bundesfinanzhof in dem Beschluss das angefochtene Urteil aufheben und den Rechtsstreit zur anderweitigen Verhandlung und Entscheidung zurückverweisen.

(7) 1Wird der Beschwerde gegen die Nichtzulassung der Revision stattgegeben, so wird das Beschwerdeverfahren als Revisionsverfahren fortgesetzt, wenn nicht der Bundesfinanzhof das angefochtene Urteil nach Absatz 6 aufhebt; der Einlegung einer Revision durch den Beschwerdeführer bedarf es nicht. 2Mit der Zustellung der Entscheidung beginnt für den Beschwerdeführer die Revisionsbegründungsfrist, für die übrigen Beteiligten die Revisions- und die Revisionsbegründungsfrist. 3Auf Satz 1 und 2 ist in dem Beschluss hinzuweisen.

§ 117. (weggefallen)

§ 118 [Revisionsgründe] (1) 1Die Revision kann nur darauf gestützt werden, dass das angefochtene Urteil auf der Verletzung von Bundesrecht beruhe. 2Soweit im Fall des § 33 Abs. 1 Nr. 4 die Vorschriften dieses Unterabschnitts durch Landesgesetz für anwendbar erklärt werden, kann die Revision auch darauf gestützt werden, dass das angefochtene Urteil auf der Verletzung von Landesrecht beruhe.

(2) Der Bundesfinanzhof ist an die in dem angefochtenen Urteil getroffenen tatsächlichen Feststellungen gebunden, es sei denn, dass in bezug auf diese Feststellungen zulässige und begründete Revisionsgründe vorgebracht sind.

(3) 1Wird die Revision auf Verfahrensmängel gestützt und liegt nicht zugleich eine der Voraussetzungen des § 115 Abs. 2 Nr. 1 und 2 vor, so ist nur über die geltend gemachten Verfahrensmängel zu entscheiden. 2Im Übrigen

ist der Bundesfinanzhof an die geltend gemachten Revisionsgründe nicht gebunden.

§ 119 [Fälle der Verletzung von Bundesrecht] Ein Urteil ist stets als auf der Verletzung von Bundesrecht beruhend anzusehen, wenn

1. das erkennende Gericht nicht vorschriftsmäßig besetzt war,
2. bei der Entscheidung ein Richter mitgewirkt hat, der von der Ausübung des Richteramts kraft Gesetzes ausgeschlossen oder wegen Besorgnis der Befangenheit mit Erfolg abgelehnt war,
3. einem Beteiligten das rechtliche Gehör versagt war,
4. ein Beteiligter im Verfahren nicht nach Vorschrift des Gesetzes vertreten war, außer wenn er der Prozessführung ausdrücklich oder stillschweigend zugestimmt hat,
5. das Urteil auf eine mündliche Verhandlung ergangen ist, bei der die Vorschriften über die Öffentlichkeit des Verfahrens verletzt worden sind, oder
6. die Entscheidung nicht mit Gründen versehen ist.

§ 120[1] [Einlegung der Revision] (1) [1]Die Revision ist bei dem Bundesfinanzhof innerhalb eines Monats nach Zustellung des vollständigen Urteils schriftlich einzulegen. [2]Die Revision muss das angefochtene Urteil bezeichnen. [3]Eine Ausfertigung oder Abschrift des Urteils soll beigefügt werden, sofern dies nicht schon nach § 116 Abs. 2 Satz 3 geschehen ist. [4]Satz 3 gilt nicht im Falle der elektronischen Revisionseinlegung.

(2) [1]Die Revision ist innerhalb von zwei Monaten nach Zustellung des vollständigen Urteils zu begründen; im Fall des § 116 Abs. 7 beträgt die Begründungsfrist für den Beschwerdeführer einen Monat nach Zustellung des Beschlusses über die Zulassung der Revision. [2]Die Begründung ist bei dem Bundesfinanzhof einzureichen. [3]Die Frist kann auf einen vor ihrem Ablauf gestellten Antrag von dem Vorsitzenden verlängert werden.

(3) Die Begründung muss enthalten:

1. die Erklärung, inwieweit das Urteil angefochten und dessen Aufhebung beantragt wird (Revisionsanträge);
2. die Angabe der Revisionsgründe, und zwar
   a) die bestimmte Bezeichnung der Umstände, aus denen sich die Rechtsverletzung ergibt;
   b) soweit die Revision darauf gestützt wird, dass das Gesetz in Bezug auf das Verfahren verletzt sei, die Bezeichnung der Tatsachen, die den Mangel ergeben.

§ 121 [Verfahrensvorschriften] [1]Für das Revisionsverfahren gelten die Vorschriften über das Verfahren im ersten Rechtszug und die Vorschriften über Urteile und andere Entscheidungen entsprechend, soweit sich aus den Vorschriften über die Revision nichts anderes ergibt. [2]§ 79a über die Ent-

---

[1] § 120 Abs. 1 Satz 4 angef. mWv 1. 4. 2005 durch G v. 22. 3. 2005 (BGBl. I S. 837).

scheidung durch den vorbereitenden Richter und § 94a über das Verfahren nach billigem Ermessen sind nicht anzuwenden. [3]Erklärungen und Beweismittel, die das Finanzgericht nach § 79b zu Recht zurückgewiesen hat, bleiben auch im Revisionsverfahren ausgeschlossen.

§ 122 [Beteiligte am Revisionsverfahren] (1) Beteiligter am Verfahren über die Revision ist, wer am Verfahren über die Klage beteiligt war.

(2) [1]Betrifft das Verfahren eine auf Bundesrecht beruhende Abgabe oder eine Rechtsstreitigkeit über Bundesrecht, so kann das Bundesministerium der Finanzen dem Verfahren beitreten. [2]Betrifft das Verfahren eine von den Landesfinanzbehörden verwaltete Abgabe oder eine Rechtsstreitigkeit über Landesrecht, so steht dieses Recht auch der zuständigen obersten Landesbehörde zu. [3]Der Senat kann die zuständigen Stellen zum Beitritt auffordern. [4]Mit ihrem Beitritt erlangt die Behörde die Rechtsstellung eines Beteiligten.

§ 123 [Unzulässigkeit der Klageänderung] (1) [1]Klageänderungen und Beiladungen sind im Revisionsverfahren unzulässig. [2]Das gilt nicht für Beiladungen nach § 60 Abs. 3 Satz 1.

(2) [1]Ein im Revisionsverfahren nach § 60 Abs. 3 Satz 1 Beigeladener kann Verfahrensmängel nur innerhalb von zwei Monaten nach Zustellung des Beiladungsbeschlusses rügen. [2]Die Frist kann auf einen vor ihrem Ablauf gestellten Antrag von dem Vorsitzenden verlängert werden.

§ 124 [Prüfung der Zulässigkeit der Revision] (1) [1]Der Bundesfinanzhof prüft, ob die Revision statthaft und ob sie in der gesetzlichen Form und Frist eingelegt und begründet worden ist. [2]Mangelt es an einem dieser Erfordernisse, so ist die Revision unzulässig.

(2) Der Beurteilung der Revision unterliegen auch diejenigen Entscheidungen, die dem Endurteil vorausgegangen sind, sofern sie nicht nach den Vorschriften dieses Gesetzes unanfechtbar sind.

§ 125 [Rücknahme der Revision] (1) [1]Die Revision kann bis zur Rechtskraft des Urteils zurückgenommen werden. [2]Nach Schluss der mündlichen Verhandlung, bei Verzicht auf die mündliche Verhandlung und nach Ergehen eines Gerichtsbescheides ist die Rücknahme nur mit Einwilligung des Revisionsbeklagten möglich.

(2) Die Zurücknahme bewirkt den Verlust des eingelegten Rechtsmittels.

§ 126 [Entscheidung über die Revision] (1) Ist die Revision unzulässig, so verwirft der Bundesfinanzhof sie durch Beschluss.

(2) Ist die Revision unbegründet, so weist der Bundesfinanzhof sie zurück.

(3) [1]Ist die Revision begründet, so kann der Bundesfinanzhof

1. in der Sache selbst entscheiden oder
2. das angefochtene Urteil aufheben und die Sache zur anderweitigen Verhandlung und Entscheidung zurückverweisen.

[2]Der Bundesfinanzhof verweist den Rechtsstreit zurück, wenn der in dem Revisionsverfahren nach § 123 Abs. 1 Satz 2 Beigeladene ein berechtigtes Interesse daran hat.

(4) Ergeben die Entscheidungsgründe zwar eine Verletzung des bestehenden Rechts, stellt sich die Entscheidung selbst aber aus anderen Gründen als richtig dar, so ist die Revision zurückzuweisen.

(5) Das Gericht, an das die Sache zur anderweitigen Verhandlung und Entscheidung zurückverwiesen ist, hat seiner Entscheidung die rechtliche Beurteilung des Bundesfinanzhofs zugrunde zu legen.

(6) [1]Die Entscheidung über die Revision bedarf keiner Begründung, soweit der Bundesfinanzhof Rügen von Verfahrensmängeln nicht für durchgreifend erachtet. [2]Das gilt nicht für Rügen nach § 119 und, wenn mit der Revision ausschließlich Verfahrensmängel geltend gemacht werden, für Rügen, auf denen die Zulassung der Revision beruht.

§ 126 a [Unbegründete Revision] [1]Der Bundesfinanzhof kann über die Revision in der Besetzung von fünf Richtern durch Beschluss entscheiden, wenn er einstimmig die Revision für unbegründet und eine mündliche Verhandlung nicht für erforderlich hält. [2]Die Beteiligten sind vorher zu hören. [3]Der Beschluss soll eine kurze Begründung enthalten; dabei sind die Voraussetzungen dieses Verfahrens festzustellen. [4]§ 126 Abs. 6 gilt entsprechend.

§ 127 [Zurückverweisung] Ist während des Revisionsverfahrens ein neuer oder geänderter Verwaltungsakt Gegenstand des Verfahrens geworden (§§ 68, 123 Satz 2), so kann der Bundesfinanzhof das angefochtene Urteil aufheben und die Sache zur anderweitigen Verhandlung und Entscheidung an das Finanzgericht zurückverweisen.

Unterabschnitt 2. Beschwerde, Erinnerung, Anhörungsrüge[1)]

§ 128 [Statthaftigkeit der Beschwerde] (1) Gegen die Entscheidungen des Finanzgerichts, des Vorsitzenden oder des Berichterstatters, die nicht Urteile oder Gerichtsbescheide sind, steht den Beteiligten und den sonst von der Entscheidung Betroffenen die Beschwerde an den Bundesfinanzhof zu, soweit nicht in diesem Gesetz etwas anderes bestimmt ist.

(2) Prozessleitende Verfügungen, Aufklärungsanordnungen, Beschlüsse über die Vertagung oder die Bestimmung einer Frist, Beweisbeschlüsse, Beschlüsse nach den §§ 91 a und 93 a, Beschlüsse über die Ablehnung von Beweisanträgen, über Verbindung und Trennung von Verfahren und Ansprüchen und über die Ablehnung von Gerichtspersonen, Sachverständigen und Dolmetschern, Einstellungsbeschlüsse nach Klagerücknahme sowie Beschlüsse im Verfahren der Prozesskostenhilfe können nicht mit der Beschwerde angefochten werden.

(3) [1]Gegen die Entscheidung über die Aussetzung der Vollziehung nach § 69 Abs. 3 und 5 und über einstweilige Anordnungen nach § 114 Abs. 1 steht den Beteiligten die Beschwerde nur zu, wenn sie in der Entscheidung zugelassen worden ist. [2]Für die Zulassung gilt § 115 Abs. 2 entsprechend.

---

1) Überschrift neugef. durch G v. 9. 12. 2004 (BGBl. I S. 3220).

(4) [1]In Streitigkeiten über Kosten ist die Beschwerde nicht gegeben. [2]Das gilt nicht für die Beschwerde gegen die Nichtzulassung der Revision.

§ 129 [Einlegung der Beschwerde] (1) Die Beschwerde ist beim Finanzgericht schriftlich oder zur Niederschrift des Urkundsbeamten der Geschäftsstelle innerhalb von zwei Wochen nach Bekanntgabe der Entscheidung einzulegen.

(2) Die Beschwerdefrist ist auch gewahrt, wenn die Beschwerde innerhalb der Frist beim Bundesfinanzhof eingeht.

§ 130 [Abhilfe oder Vorlage beim BFH] (1) Hält das Finanzgericht, der Vorsitzende oder der Berichterstatter, dessen Entscheidung angefochten wird, die Beschwerde für begründet, so ist ihr abzuhelfen; sonst ist sie unverzüglich dem Bundesfinanzhof vorzulegen.

(2) Das Finanzgericht soll die Beteiligten von der Vorlage der Beschwerde in Kenntnis setzen.

§ 131 [Aufschiebende Wirkung der Beschwerde] (1) [1]Die Beschwerde hat nur dann aufschiebende Wirkung, wenn sie die Festsetzung eines Ordnungs- oder Zwangsmittels zum Gegenstand hat. [2]Das Finanzgericht, der Vorsitzende oder der Berichterstatter, dessen Entscheidung angefochten wird, kann auch sonst bestimmen, dass die Vollziehung der angefochtenen Entscheidung einstweilen auszusetzen ist.

(2) Die §§ 178 und 181 Abs. 2 des Gerichtsverfassungsgesetzes[1)] bleiben unberührt.

§ 132 [Entscheidung über die Beschwerde] Über die Beschwerde entscheidet der Bundesfinanzhof durch Beschluss.

§ 133 [Antrag auf Entscheidung des Gerichts] (1) [1]Gegen die Entscheidung des beauftragten oder ersuchten Richters oder des Urkundsbeamten kann innerhalb von zwei Wochen nach Bekanntgabe die Entscheidung des Finanzgerichts beantragt werden. [2]Der Antrag ist schriftlich oder zur Niederschrift des Urkundsbeamten der Geschäftsstelle des Gerichts zu stellen. [3]Die §§ 129 bis 131 gelten sinngemäß.

(2) Im Verfahren vor dem Bundesfinanzhof gilt Absatz 1 für Entscheidungen des beauftragten oder ersuchten Richters oder des Urkundsbeamten der Geschäftsstelle sinngemäß.

§ 133 a[2)] [Anhörungsrüge] (1) [1]Auf die Rüge eines durch eine gerichtliche Entscheidung beschwerten Beteiligten ist das Verfahren fortzuführen, wenn

1. ein Rechtsmittel oder ein anderer Rechtsbehelf gegen die Entscheidung nicht gegeben ist und
2. das Gericht den Anspruch dieses Beteiligten auf rechtliches Gehör in entscheidungserheblicher Weise verletzt hat.

[1)] **Schönfelder Nr. 95.**

[2)] § 133 a eingef. mWv 1. 1. 2005 durch G v. 9. 12. 2004 (BGBl. I S. 3220).

[2]Gegen eine der Endentscheidung vorausgehende Entscheidung findet die Rüge nicht statt.

(2)[1)] [1]Die Rüge ist innerhalb von zwei Wochen nach Kenntnis von der Verletzung des rechtlichen Gehörs zu erheben; der Zeitpunkt der Kenntniserlangung ist glaubhaft zu machen. [2]Nach Ablauf eines Jahres seit Bekanntgabe der angegriffenen Entscheidung kann die Rüge nicht mehr erhoben werden. [3]Formlos mitgeteilte Entscheidungen gelten mit dem dritten Tage nach Aufgabe zur Post als bekannt gegeben. [4]Die Rüge ist schriftlich oder zur Niederschrift des Urkundsbeamten der Geschäftsstelle bei dem Gericht zu erheben, dessen Entscheidung angegriffen wird. [5]*§ 62 a bleibt unberührt.* [6]Die Rüge muss die angegriffene Entscheidung bezeichnen und das Vorliegen der in Absatz 1 Satz 1 Nr. 2 genannten Voraussetzungen darlegen.

(3) Den übrigen Beteiligten ist, soweit erforderlich, Gelegenheit zur Stellungnahme zu geben.

(4) [1]Ist die Rüge nicht statthaft oder nicht in der gesetzlichen Form oder Frist erhoben, so ist sie als unzulässig zu verwerfen. [2]Ist die Rüge unbegründet, weist das Gericht sie zurück. [3]Die Entscheidung ergeht durch unanfechtbaren Beschluss. [4]Der Beschluss soll kurz begründet werden.

(5) [1]Ist die Rüge begründet, so hilft ihr das Gericht ab, indem es das Verfahren fortführt, soweit dies aufgrund der Rüge geboten ist. [2]Das Verfahren wird in die Lage zurückversetzt, in der es sich vor dem Schluss der mündlichen Verhandlung befand. [3]In schriftlichen Verfahren tritt an die Stelle des Schlusses der mündlichen Verhandlung der Zeitpunkt, bis zu dem Schriftsätze eingereicht werden können. [4]Für den Ausspruch des Gerichts ist § 343 der Zivilprozessordnung entsprechend anzuwenden.

(6) § 131 Abs. 1 Satz 2 ist entsprechend anzuwenden.

Unterabschnitt 3. Wiederaufnahme des Verfahrens

§ 134 [Anwendbarkeit der ZPO] Ein rechtskräftig beendetes Verfahren kann nach den Vorschriften des Vierten Buchs der Zivilprozessordnung[2)] wieder aufgenommen werden.

Dritter Teil. Kosten und Vollstreckung

Abschnitt I. Kosten[3)]

§ 135 [Kostenpflichtige] (1) Der unterliegende Beteiligte trägt die Kosten des Verfahrens.

(2) Die Kosten eines ohne Erfolg eingelegten Rechtsmittels fallen demjenigen zur Last, der das Rechtsmittel eingelegt hat.

[1)] § 133 a Abs. 2 Satz 5 aufgeh. mWv 1. 7. 2008 durch G v. 12. 12. 2007 (BGBl. I S. 2840).

[2)] **Schönfelder Nr. 100.**

[3)] Wegen der Berechnung der Kosten siehe §§ 3 und 34 Gerichtskostengesetz sowie Anlagen 1 und 2; abgedr. im Anschluss an die FGO.

(3) Dem Beigeladenen können Kosten nur auferlegt werden, soweit er Anträge gestellt oder Rechtsmittel eingelegt hat.

(4) Die Kosten des erfolgreichen Wiederaufnahmeverfahrens können der Staatskasse auferlegt werden, soweit sie nicht durch das Verschulden eines Beteiligten entstanden sind.

(5) [1]Besteht der kostenpflichtige Teil aus mehreren Personen, so haften diese nach Kopfteilen. [2]Bei erheblicher Verschiedenheit ihrer Beteiligung kann nach Ermessen des Gerichts die Beteiligung zum Maßstab genommen werden.

§ 136 [Kompensation der Kosten] (1) [1]Wenn ein Beteiligter teils obsiegt, teils unterliegt, so sind die Kosten gegeneinander aufzuheben oder verhältnismäßig zu teilen. [2]Sind die Kosten gegeneinander aufgehoben, so fallen die Gerichtskosten jedem Teil zur Hälfte zur Last. [3]Einem Beteiligten können die Kosten ganz auferlegt werden, wenn der andere nur zu einem geringen Teil unterlegen ist.

(2) Wer einen Antrag, eine Klage, ein Rechtsmittel oder einen anderen Rechtsbehelf zurücknimmt, hat die Kosten zu tragen.

(3) Kosten, die durch einen Antrag auf Wiedereinsetzung in den vorigen Stand entstehen, fallen dem Antragsteller zur Last.

§ 137[1)] [Anderweitige Auferlegung der Kosten] [1]Einem Beteiligten können die Kosten ganz oder teilweise auch dann auferlegt werden, wenn er obsiegt hat, die Entscheidung aber auf Tatsachen beruht, die er früher hätte geltend machen oder beweisen können und sollen. [2]Kosten, die durch Verschulden eines Beteiligten entstanden sind, können diesem auferlegt werden. [3]Berücksichtigt das Gericht nach § 76 Abs. 3 Erklärungen und Beweismittel, die im Einspruchsverfahren nach § 364b der Abgabenordnung rechtmäßig zurückgewiesen wurden, sind dem Kläger insoweit die Kosten aufzuerlegen.

§ 138[2)] [Kostenentscheidung durch Beschluss] (1) Ist der Rechtsstreit in der Hauptsache erledigt, so entscheidet das Gericht nach billigem Ermessen über die Kosten des Verfahrens durch Beschluss; der bisherige Sach- und Streitstand ist zu berücksichtigen.

(2) [1]Soweit ein Rechtsstreit dadurch erledigt wird, dass dem Antrag des Steuerpflichtigen durch Rücknahme oder Änderung des angefochtenen Verwaltungsakts stattgegeben oder dass im Fall der Untätigkeitsklage gemäß § 46 Abs. 1 Satz 3 Halbsatz 2 innerhalb der gesetzten Frist dem außergerichtlichen Rechtsbehelf stattgegeben oder der beantragte Verwaltungsakt erlassen wird, sind die Kosten der Behörde aufzuerlegen. [2]§ 137 gilt sinngemäß.

(3) Der Rechtsstreit ist auch in der Hauptsache erledigt, wenn der Beklagte der Erledigungserklärung des Klägers nicht innerhalb von zwei Wochen seit Zustellung des die Erledigungserklärung enthaltenden Schriftsatzes widerspricht und er vom Gericht auf diese Folge hingewiesen worden ist.

§ 139 [Erstattungsfähige Kosten] (1) Kosten sind die Gerichtskosten (Gebühren und Auslagen) und die zur zweckentsprechenden Rechtsverfol-

---

1) § 137 Satz 3 angef. mWv 28. 12. 2001 durch G v. 19. 12. 2001 (BGBl. I S. 3922).

2) § 138 Abs. 3 angef. mWv 1. 9. 2004 durch G v. 24. 8. 2004 (BGBl. I S. 2198).

gung oder Rechtsverteidigung notwendigen Aufwendungen der Beteiligten einschließlich der Kosten des Vorverfahrens.

(2) Die Aufwendungen der Finanzbehörden sind nicht zu erstatten.

(3) [1] Gesetzlich vorgesehene Gebühren und Auslagen eines Bevollmächtigten oder Beistands, der nach den Vorschriften des Steuerberatungsgesetzes zur geschäftsmäßigen Hilfeleistung in Steuersachen befugt ist, sind stets erstattungsfähig. [2] Aufwendungen für einen Bevollmächtigten oder Beistand, für den Gebühren und Auslagen gesetzlich nicht vorgesehen sind, können bis zur Höhe der gesetzlichen Gebühren und Auslagen der Rechtsanwälte erstattet werden. [3] Soweit ein Vorverfahren geschwebt hat, sind die Gebühren und Auslagen erstattungsfähig, wenn das Gericht die Zuziehung eines Bevollmächtigten oder Beistands für das Vorverfahren für notwendig erklärt. [4] Steht der Bevollmächtigte oder Beistand in einem Angestelltenverhältnis zu einem Beteiligten, so werden die durch seine Zuziehung entstandenen Gebühren nicht erstattet.

(4) Die außergerichtlichen Kosten des Beigeladenen sind nur erstattungsfähig, wenn das Gericht sie aus Billigkeit der unterliegenden Partei oder der Staatskasse auferlegt.

§§ 140 und 141. (weggefallen)

§ 142[1)] **[Prozesskostenhilfe]** (1) Die Vorschriften der Zivilprozessordnung[2)] über die Prozesskostenhilfe gelten sinngemäß.

(2) [1] Einem Beteiligten, dem Prozesskostenhilfe bewilligt worden ist, kann auch ein Steuerberater, Steuerbevollmächtigter, Wirtschaftsprüfer oder vereidigter Buchprüfer beigeordnet werden. [2] Die Vergütung richtet sich nach den für den beigeordneten Rechtsanwalt geltenden Vorschriften des Rechtsanwaltsvergütungsgesetzes.

(3) [1] Die Prüfung der persönlichen und wirtschaftlichen Verhältnisse nach den §§ 114 bis 116 der Zivilprozessordnung einschließlich der in § 118 Absatz 2 der Zivilprozessordnung bezeichneten Maßnahmen und der Entscheidungen nach § 118 Absatz 2 Satz 4 der Zivilprozessordnung obliegt dem Urkundsbeamten der Geschäftsstelle des jeweiligen Rechtszugs, wenn der Vorsitzende ihm das Verfahren insoweit überträgt. [2] Liegen die Voraussetzungen für die Bewilligung der Prozesskostenhilfe hiernach nicht vor, erlässt der Urkundsbeamte die den Antrag ablehnende Entscheidung; anderenfalls vermerkt der Urkundsbeamte in den Prozessakten, dass dem Antragsteller nach seinen persönlichen und wirtschaftlichen Verhältnissen Prozesskostenhilfe gewährt werden kann und in welcher Höhe gegebenenfalls Monatsraten oder Beträge aus dem Vermögen zu zahlen sind.

(4) Dem Urkundsbeamten obliegen im Verfahren über die Prozesskostenhilfe ferner die Bestimmung des Zeitpunkts für die Einstellung und eine Wiederaufnahme der Zahlungen nach § 120 Absatz 3 der Zivilprozessordnung sowie die Änderung und die Aufhebung der Bewilligung der Prozesskostenhilfe nach den §§ 120a und 124 Absatz 1 Nummer 2 bis 5 der Zivilprozessordnung.

[1)] § 142 Abs. 2 Satz 1 geänd., Satz 2 angef., Abs. 3 bis 8 angef. mWv 1. 1. 2014 durch G v. 31. 8. 2013 (BGBl. I S. 3533); Abs. 3 neu gef. mWv 16. 7. 2014 durch G v. 8. 7. 2014 (BGBl. I S. 890).

[2)] **Schönfelder Nr. 100.**

(5)[1] [1]Der Vorsitzende kann Aufgaben nach den Absätzen 3 und 4 zu jedem Zeitpunkt an sich ziehen. [2]§ 5 Absatz 1 Nummer 1, die §§ 6, 7, 8 Absatz 1 bis 4 und § 9 des Rechtspflegergesetzes gelten entsprechend mit der Maßgabe, dass an die Stelle des Rechtspflegers der Urkundsbeamte der Geschäftsstelle tritt.

(6) § 79 a Absatz 4 gilt entsprechend.

(7) [1]Gegen Entscheidungen des Urkundsbeamten nach den Absätzen 3 und 4 ist die Erinnerung an das Gericht gegeben. [2]Die Frist für die Einlegung der Erinnerung beträgt zwei Wochen. [3]Über die Erinnerung entscheidet das Gericht durch Beschluss.

(8) Durch Landesgesetz kann bestimmt werden, dass die Absätze 3 bis 7 für die Gerichte des jeweiligen Landes nicht anzuwenden sind.

§ 143 [Kostenentscheidung] (1) Das Gericht hat im Urteil oder, wenn das Verfahren in anderer Weise beendet worden ist, durch Beschluss über die Kosten zu entscheiden.

(2) Wird eine Sache vom Bundesfinanzhof an das Finanzgericht zurückverwiesen, so kann diesem die Entscheidung über die Kosten des Verfahrens übertragen werden.

§ 144 [Kostenentscheidung bei Rücknahme eines Rechtsbehelfs] Ist ein Rechtsbehelf seinem vollen Umfang nach zurückgenommen worden, so wird über die Kosten des Verfahrens nur entschieden, wenn ein Beteiligter Kostenerstattung beantragt.

§ 145 [Anfechtung der Kostenentscheidung] Die Anfechtung der Entscheidung über die Kosten ist unzulässig, wenn nicht gegen die Entscheidung in der Hauptsache ein Rechtsmittel eingelegt wird.

§§ 146 bis 148. (weggefallen)

§ 149 [Festsetzung der zu erstattenden Aufwendungen] (1) Die den Beteiligten zu erstattenden Aufwendungen werden auf Antrag von dem Urkundsbeamten des Gerichts des ersten Rechtszugs festgesetzt.

(2) [1]Gegen die Festsetzung ist die Erinnerung an das Gericht gegeben. [2]Die Frist für die Einlegung der Erinnerung beträgt zwei Wochen. [3]Über die Zulässigkeit der Erinnerung sind die Beteiligten zu belehren.

(3) Der Vorsitzende des Gerichts oder das Gericht können anordnen, dass die Vollstreckung einstweilen auszusetzen ist.

(4) Über die Erinnerung entscheidet das Gericht durch Beschluss.

Abschnitt II. Vollstreckung

§ 150[2] [Anwendung der Bestimmungen der AO] [1]Soll zugunsten des Bundes, eines Landes, eines Gemeindeverbands, einer Gemeinde oder einer Körperschaft, Anstalt oder Stiftung des öffentlichen Rechts als Abgabenbe-

[1] Red. Fehler des Gesetzgebers bei der Absatzzählung berichtigt in BGBl. I 2016 S. 121.
[2] § 150 Satz 2 geänd. mWv 1. 4. 2005 durch G v. 22. 3. 2005 (BGBl. I S. 837).

rechtigte vollstreckt werden, so richtet sich die Vollstreckung nach den Bestimmungen der Abgabenordnung, soweit nicht durch Gesetz etwas anderes bestimmt ist. 2 Vollstreckungsbehörden sind die Finanzämter und Hauptzollämter. 3 Für die Vollstreckung gilt § 69 sinngemäß.

§ 151 [Anwendung der Bestimmungen der ZPO] (1) 1 Soll gegen den Bund, ein Land, einen Gemeindeverband, eine Gemeinde, eine Körperschaft, eine Anstalt oder Stiftung des öffentlichen Rechts vollstreckt werden, so gilt für die Zwangsvollstreckung das Achte Buch der Zivilprozessordnung[1)] sinngemäß; § 150 bleibt unberührt. 2 Vollstreckungsgericht ist das Finanzgericht.

(2) Vollstreckt wird

1. aus rechtskräftigen und aus vorläufig vollstreckbaren gerichtlichen Entscheidungen,
2. aus einstweiligen Anordnungen,
3. aus Kostenfestsetzungsbeschlüssen.

(3) Urteile auf Anfechtungs- und Verpflichtungsklagen können nur wegen der Kosten für vorläufig vollstreckbar erklärt werden.

(4) Für die Vollstreckung können den Beteiligten auf ihren Antrag Ausfertigungen des Urteils ohne Tatbestand und ohne Entscheidungsgründe erteilt werden, deren Zustellung in den Wirkungen der Zustellung eines vollständigen Urteils gleichsteht.

§ 152 [Vollstreckung wegen Geldforderungen] (1) 1 Soll im Fall des § 151 wegen einer Geldforderung vollstreckt werden, so verfügt das Vollstreckungsgericht auf Antrag des Gläubigers die Vollstreckung. 2 Es bestimmt die vorzunehmenden Vollstreckungsmaßnahmen und ersucht die zuständigen Stellen um deren Vornahme. 3 Die ersuchte Stelle ist verpflichtet, dem Ersuchen nach den für sie geltenden Vollstreckungsvorschriften nachzukommen.

(2) 1 Das Gericht hat vor Erlass der Vollstreckungsverfügung die Behörde oder bei Körperschaften, Anstalten und Stiftungen des öffentlichen Rechts, gegen die vollstreckt werden soll, die gesetzlichen Vertreter von der beabsichtigten Vollstreckung zu benachrichtigen mit der Aufforderung, die Vollstreckung innerhalb einer vom Gericht zu bemessenden Frist abzuwenden. 2 Die Frist darf einen Monat nicht übersteigen.

(3) 1 Die Vollstreckung ist unzulässig in Sachen, die für die Erfüllung öffentlicher Aufgaben unentbehrlich sind oder deren Veräußerung ein öffentliches Interesse entgegensteht. 2 Über Einwendungen entscheidet das Gericht nach Anhörung der zuständigen Aufsichtsbehörde oder bei obersten Bundes- oder Landesbehörden des zuständigen Ministers.

(4) Für öffentlich-rechtliche Kreditinstitute gelten die Absätze 1 bis 3 nicht.

(5) Der Ankündigung der Vollstreckung und der Einhaltung einer Wartefrist bedarf es nicht, wenn es sich um den Vollzug einer einstweiligen Anordnung handelt.

§ 153 [Vollstreckung ohne Vollstreckungsklausel] In den Fällen der §§ 150, 152 Abs. 1 bis 3 bedarf es einer Vollstreckungsklausel nicht.

---

1) **Schönfelder Nr. 100.**

§ 154 [Androhung eines Zwangsgeldes] [1]Kommt die Finanzbehörde in den Fällen des § 100 Abs. 1 Satz 2 und der §§ 101 und 114 der ihr im Urteil oder in der einstweiligen Anordnung auferlegten Verpflichtung nicht nach, so kann das Gericht des ersten Rechtszugs auf Antrag unter Fristsetzung gegen sie ein Zwangsgeld bis *zweitausend Deutsche Mark* eintausend Euro durch Beschluss androhen, nach fruchtlosem Fristablauf festsetzen und von Amts wegen vollstrecken. [2]Das Zwangsgeld kann wiederholt angedroht, festgesetzt und vollstreckt werden.

Vierter Teil. Übergangs- und Schlussbestimmungen

§ 155[1)] [Anwendung von GVG und von ZPO] [1]Soweit dieses Gesetz keine Bestimmungen über das Verfahren enthält, sind das Gerichtsverfassungsgesetz und, soweit die grundsätzlichen Unterschiede der beiden Verfahrensarten es nicht ausschließen, die Zivilprozessordnung einschließlich § 278 Absatz 5 und § 278a sinngemäß anzuwenden. [2]Die Vorschriften des Siebzehnten Titels des Gerichtsverfassungsgesetzes sind mit der Maßgabe entsprechend anzuwenden, dass an die Stelle des Oberlandesgerichts und des Bundesgerichtshofs der Bundesfinanzhof und an die Stelle der Zivilprozessordnung die Finanzgerichtsordnung tritt; die Vorschriften über das Verfahren im ersten Rechtszug sind entsprechend anzuwenden.

§ 156[2)] [Anwendung von § 6 EGGVG] § 6 des Einführungsgesetzes zum Gerichtsverfassungsgesetz gilt entsprechend.

§ 157 [Folgen der Nichtigkeitserklärung von landesrechtlichen Vorschriften] [1]Hat das Verfassungsgericht eines Landes die Nichtigkeit von Landesrecht festgestellt oder Vorschriften des Landesrechts für nichtig erklärt, so bleiben vorbehaltlich einer besonderen gesetzlichen Regelung durch das Land die nicht mehr anfechtbaren Entscheidungen der Gerichte der Finanzgerichtsbarkeit, die auf der für nichtig erklärten Norm beruhen, unberührt. [2]Die Vollstreckung aus einer solchen Entscheidung ist unzulässig. [3]§ 767 der Zivilprozessordnung[3)] gilt sinngemäß.

§ 158 [Eidliche Vernehmung, Beeidigung] [1]Die eidliche Vernehmung eines Auskunftspflichtigen nach § 94 der Abgabenordnung[4)] oder die Beeidigung eines Sachverständigen nach § 96 Abs. 7 Satz 5 der Abgabenordnung[4)] durch das Finanzgericht findet vor dem dafür im Geschäftsverteilungsplan bestimmten Richter statt. [2]Über die Rechtmäßigkeit einer Verweigerung des Zeugnisses, des Gutachtens oder der Eidesleistung entscheidet das Finanzgericht durch Beschluss.

---

1) § 155 Satz 2 angef. durch G v. 24. 11. 2011 (BGBl. I S. 2302); Satz 1 geänd. durch G v. 21. 7. 2012 (BGBl. I S. 1577).

2) § 156 eingef. mWv 1. 1. 2005 durch G v. 21. 12. 2004 (BGBl. I S. 3599).

3) **Schönfelder Nr. 100.**

4) Nr. **800**.

§ 159. (weggefallen)

§ 160 [Beteiligung und Beiladung] Soweit der Finanzrechtsweg auf Grund des § 33 Abs. 1 Nr. 4 eröffnet wird, können die Beteiligung am Verfahren und die Beiladung durch Gesetz abweichend von den Vorschriften dieses Gesetzes geregelt werden.

§ 161. (Aufhebung von Vorschriften)

§§ 162 bis 183. (weggefallen)

§ 184. (1) (Inkrafttreten)[1)]

(2) (Überleitungsvorschriften)

[1)] Das Gesetz in seiner ursprünglichen Fassung ist am 1. 1. 1966 in Kraft getreten. Das Inkrafttreten der späteren Änderungen ergibt sich aus den jeweiligen Änderungsgesetzen.

Anhang

(zu §§ 135 ff. FGO, Kosten)
§§ 1, 3, 34, 52 des Gerichtskostengesetzes

In der Fassung der Bekanntmachung vom 27. Februar 2014 (BGBl. I S. 154)
Zuletzt geändert durch Gesetz vom 21. 12. 2015 (BGBl. I S. 2525)

§ 1 Geltungsbereich. (1) [1] Für Verfahren vor den ordentlichen Gerichten

1.–20. …

werden Kosten (Gebühren und Auslagen) nur nach diesem Gesetz erhoben.

(2) Dieses Gesetz ist ferner anzuwenden für Verfahren

1. …
2. vor den Gerichten der Finanzgerichtsbarkeit nach der Finanzgerichtsordnung;

3.–5. …

(3) …

(4) Kosten nach diesem Gesetz werden auch erhoben für Verfahren über eine Beschwerde, die mit einem der in den Abätzen 1 bis 3 genannten Verfahren im Zusammenhang steht.

(5) Die Vorschriften dieses Gesetzes über die Erinnerung und die Beschwerde gehen den Regelungen der für das zugrunde liegende Verfahren geltenden Verfahrensvorschriften vor.

§ 3 Höhe der Kosten. (1) Die Gebühren richten sich nach dem Wert des Streitgegenstands (Streitwert), soweit nichts anderes bestimmt ist.

(2) Kosten werden nach dem Kostenverzeichnis der Anlage 1 zu diesem Gesetz erhoben.

§ 34 Wertgebühren. (1) Wenn sich die Gebühren nach dem Streitwert richten, beträgt die Gebühr bei einem Streitwert bis 500 Euro 35 Euro. Die Gebühr erhöht sich bei einem

Streitwert bis … Euro	für jeden angefangenen Betrag von weiteren … Euro	um … Euro
2 000	500	18
10 000	1 000	19
25 000	3 000	26
50 000	5 000	35
200 000	15 000	120
500 000	30 000	179
über 500 000	50 000	180.

Eine Gebührentabelle für Streitwerte bis 500 000 Euro ist diesem Gesetz als Anlage 2[1)] beigefügt.

(2) Der Mindestbetrag einer Gebühr ist 15 Euro.

§ 52 Verfahren vor Gerichten der Verwaltungs-, Finanz- und Sozialgerichtsbarkeit. (1) In Verfahren vor den Gerichten der Verwaltungs-, Finanz- und Sozialgerichtsbarkeit ist, soweit nichts anderes bestimmt ist, der Streitwert nach der sich aus dem Antrag des Klägers für ihn ergebenden Bedeutung der Sache nach Ermessen zu bestimmen.

1) Im Anschluss abgedruckt.

(2) Bietet der Sach- und Streitstand für die Bestimmung des Streitwerts keine genügenden Anhaltspunkte, ist ein Streitwert von 5000 Euro anzunehmen.

(3)[1)] Betrifft der Antrag des Klägers eine bezifferte Geldleistung oder einen hierauf bezogenen Verwaltungsakt, ist deren Höhe maßgebend. Hat der Antrag des Klägers offensichtlich absehbare Auswirkungen auf künftige Geldleistungen oder auf noch zu erlassende, auf derartige Geldleistungen bezogene Verwaltungsakte, ist die Höhe des sich aus Satz 1 ergebenden Streitwerts um den Betrag der offensichtlich absehbaren zukünftigen Auswirkungen für den Kläger anzuheben, wobei die Summe das Dreifache des Werts nach Satz 1 nicht übersteigen darf. In Verfahren in Kindergeldangelegenheiten vor den Gerichten der Finanzgerichtsbarkeit ist § 42 Absatz 1 Satz 1 und Absatz 3 entsprechend anzuwenden; an die Stelle des dreifachen Jahresbetrags tritt der einfache Jahresbetrag.

(4) In Verfahren

1. vor den Gerichten der Finanzgerichtsbarkeit, mit Ausnahme der Verfahren nach § 155 Satz 2 der Finanzgerichtsordnung und der Verfahren in Kindergeldangelegenheiten, darf der Streitwert nicht unter 1500 Euro,
2. vor den Gerichten der Sozialgerichtsbarkeit und bei Rechtsstreitigkeiten nach dem Krankenhausfinanzierungsgesetz nicht über 2 500 000 Euro und
3. vor den Gerichten der Verwaltungsgerichtsbarkeit über Ansprüche nach dem Vermögensgesetz nicht über 500 000 Euro

angenommen werden.

(5)[2)] Solange in Verfahren vor den Gerichten der Finanzgerichtsbarkeit der Wert nicht festgesetzt ist und sich der nach den Absätzen 3 und 4 Nummer 1 maßgebende Wert auch nicht unmittelbar aus den gerichtlichen Verfahrensakten ergibt, sind die Gebühren vorläufig nach dem in Absatz 4 Nummer 1 bestimmten Mindestwert zu bemessen.

(6)[2)] In Verfahren, die die Begründung, die Umwandlung, das Bestehen, das Nichtbestehen oder die Beendigung eines besoldeten öffentlich-rechtlichen Dienst- oder Amtsverhältnisses betreffen, ist Streitwert

1. die Summe der für ein Kalenderjahr zu zahlenden Bezüge mit Ausnahme nicht ruhegehaltsfähiger Zulagen, wenn Gegenstand des Verfahrens ein Dienst- oder Amtsverhältnis auf Lebenszeit ist,
2. im Übrigen die Hälfte der für ein Kalenderjahr zu zahlenden Bezüge mit Ausnahme nicht ruhegehaltsfähiger Zulagen.

Maßgebend für die Berechnung ist das laufende Kalenderjahr. Bezügebestandteile, die vom Familienstand oder von Unterhaltsverpflichtungen abhängig sind, bleiben außer Betracht. Betrifft das Verfahren die Verleihung eines anderen Amts oder den Zeitpunkt einer Versetzung in den Ruhestand, ist Streitwert die Hälfte des sich nach den Sätzen 1 bis 3 ergebenden Betrags.

(7)[2)·3)] Ist mit einem in Verfahren nach Absatz 6 verfolgten Klagebegehren ein aus ihm hergeleiteter vermögensrechtlicher Anspruch verbunden, ist nur ein Klagebegehren, und zwar das wertmäßig höhere, maßgebend.

(8)[2)] Dem Kläger steht gleich, wer sonst das Verfahren des ersten Rechtszugs beantragt hat.

---

1) § 52 Abs. 3 Satz 3 angef. mWv 16. 7. 2014 durch G v. 8. 7. 2014 (BGBl. I S. 890).

2) § 52 Abs. 5 eingef., bish. Abs. 5 bis 7 werden Absätze 6 bis 8 mWv 16. 7. 2014 durch G v. 8. 7. 2014 (BGBl. I S. 890).

3) § 52 Abs. 7 geänd. mWv 4. 7. 2015 durch G v. 29. 6. 2015 (BGBl. I S. 1042).

Anlage 1 (zu § 3 Abs. 2 GKG)

Teil 6. Verfahren vor den Gerichten der Finanzgerichtsbarkeit

Nr.	Gebührentatbestand	Gebühr oder Satz der Gebühr nach § 34 GKG
	Hauptabschnitt 1. Prozessverfahren	
	Abschnitt 1. Erster Rechtszug	
	Unterabschnitt 1. Verfahren vor dem Finanzgericht	
6110	Verfahren im Allgemeinen, soweit es sich nicht nach § 45 Abs. 3 FGO erledigt	4,0
6111	Beendigung des gesamten Verfahrens durch 1. Zurücknahme der Klage a) vor dem Schluss der mündlichen Verhandlung oder, b) wenn eine solche nicht stattfindet, vor Ablauf des Tages, an dem das Urteil oder der Gerichtsbescheid der Geschäftsstelle übermittelt wird, oder 2. Beschluss in den Fällen des § 138 FGO, es sei denn, dass bereits ein Urteil oder ein Gerichtsbescheid vorausgegangen ist: Die Gebühr 6110 ermäßigt sich auf .... Die Gebühr ermäßigt sich auch, wenn mehrere Ermäßigungstatbestände erfüllt sind.	2,0
	Unterabschnitt 2. Verfahren vor dem Bundesfinanzhof	
6112	Verfahren im Allgemeinen	5,0
6113	Beendigung des gesamten Verfahrens durch 1. Zurücknahme der Klage a) vor dem Schluss der mündlichen Verhandlung oder, b) wenn eine solche nicht stattfindet, vor Ablauf des Tages, an dem das Urteil oder der Gerichtsbescheid der Geschäftsstelle übermittelt wird, oder 2. Beschluss in den Fällen des § 138 FGO, es sei denn, dass bereits ein Urteil oder ein Gerichtsbescheid vorausgegangen ist: Die Gebühr 6112 ermäßigt sich auf .... Die Gebühr ermäßigt sich auch, wenn mehrere Ermäßigungstatbestände erfüllt sind.	3,0
	Abschnitt 2. Revision	
6120	Verfahren im Allgemeinen	5,0
6121	Beendigung des gesamten Verfahrens durch Zurücknahme der Revision oder der Klage, bevor die Schrift zur Begründung der Revision bei Gericht eingegangen ist: Die Gebühr 6120 ermäßigt sich auf	1,0

Nr.	Gebührentatbestand	Gebühr oder Satz der Gebühr nach § 34 GKG
	Erledigungen in den Fällen des § 138 FGO stehen der Zurücknahme gleich.	
6122	Beendigung des gesamten Verfahrens, wenn nicht Nummer 6121 erfüllt ist, durch 1. Zurücknahme der Revision oder der Klage a) vor dem Schluss der mündlichen Verhandlung oder, b) wenn eine solche nicht stattfindet, vor Ablauf des Tages, an dem das Urteil, der Gerichtsbescheid oder der Beschluss in der Hauptsache der Geschäftsstelle übermittelt wird, oder 2. Beschluss in den Fällen des § 138 FGO, es sei denn, dass bereits ein Urteil, ein Gerichtsbescheid oder ein Beschluss in der Hauptsache vorausgegangen ist: Die Gebühr 6120 ermäßigt sich auf .... Die Gebühr ermäßigt sich auch, wenn mehrere Ermäßigungstatbestände erfüllt sind.	3,0

Hauptabschnitt 2. Vorläufiger Rechtsschutz

Vorbemerkung 6.2:

(1) Die Vorschriften dieses Hauptabschnitts gelten für einstweilige Anordnungen und für Verfahren nach § 69 Abs. 3 und 5 FGO.

(2) Im Verfahren über den Antrag auf Erlass und im Verfahren über den Antrag auf Aufhebung einer einstweiligen Anordnung werden die Gebühren jeweils gesondert erhoben. Mehrere Verfahren nach § 69 Abs. 3 und 5 FGO gelten innerhalb eines Rechtszugs als ein Verfahren.

Nr.	Gebührentatbestand	Gebühr oder Satz der Gebühr nach § 34 GKG
	Abschnitt 1. Erster Rechtszug	
6210	Verfahren im Allgemeinen	2,0
6211	Beendigung des gesamten Verfahrens durch 1. Zurücknahme des Antrags a) vor dem Schluss der mündlichen Verhandlung oder, b) wenn eine solche nicht stattfindet, vor Ablauf des Tages, an dem der Beschluss (§ 114 Abs. 4 FGO) der Geschäftsstelle übermittelt wird, oder 2. Beschluss in den Fällen des § 138 FGO, es sei denn, dass bereits ein Beschluss nach § 114 Abs. 4 FGO vorausgegangen ist: Die Gebühr 6210 ermäßigt sich auf .... Die Gebühr ermäßigt sich auch, wenn mehrere Ermäßigungstatbestände erfüllt sind.	0,75

Nr.	Gebührentatbestand	Gebühr oder Satz der Gebühr nach § 34 GKG

Abschnitt 2. Beschwerde

Vorbemerkung 6.2.2:

Die Vorschriften dieses Abschnitts gelten für Beschwerden gegen Beschlüsse über einstweilige Anordnungen (§ 114 FGO) und über die Aussetzung der Vollziehung (§ 69 Abs. 3 und 5 FGO).

6220	Verfahren über die Beschwerde	2,0
6221	Beendigung des gesamten Verfahrens durch Zurücknahme der Beschwerde: Die Gebühr 6220 ermäßigt sich auf	1,0

Hauptabschnitt 3. Besondere Verfahren

6300	Selbstständiges Beweisverfahren	1,0
6301	Verfahren über Anträge auf gerichtliche Handlungen der Zwangsvollstreckung gemäß § 152 FGO	20,00 EUR

Hauptabschnitt 4. Rüge wegen Verletzung des Anspruchs auf rechtliches Gehör

6400	Verfahren über die Rüge wegen Verletzung des Anspruchs auf rechtliches Gehör (§ 133 a FGO): Die Rüge wird in vollem Umfang verworfen oder zurückgewiesen	60,00 EUR

Hauptabschnitt 5. Sonstige Beschwerden

6500	Verfahren über die Beschwerde gegen die Nichtzulassung der Revision: Soweit die Beschwerde verworfen oder zurückgewiesen wird	2,0
6501	Verfahren über die Beschwerde gegen die Nichtzulassung der Revision: Soweit die Beschwerde zurückgenommen oder das Verfahren durch anderweitige Erledigung beendet wird ...... Die Gebühr entsteht nicht, soweit die Revision zugelassen wird.	1,0
6502	Verfahren über nicht besonders aufgeführte Beschwerden, die nicht nach anderen Vorschriften gebührenfrei sind: Die Beschwerde wird verworfen oder zurückgewiesen . Wird die Beschwerde nur teilweise verworfen oder zurückgewiesen, kann das Gericht die Gebühr nach billigem Ermessen auf die Hälfte ermäßigen oder bestimmen, dass eine Gebühr nicht zu erheben ist.	60,00 EUR

Nr.	Gebührentatbestand	Gebühr oder Satz der Gebühr nach § 34 GKG

Hauptabschnitt 6. Besondere Gebühr

Nr.	Gebührentatbestand	Gebühr oder Satz der Gebühr nach § 34 GKG
6600	Auferlegung einer Gebühr nach § 38 GKG wegen Verzögerung des Rechtsstreits	wie vom Gericht bestimmt

Teil 9. Auslagen

Nr.	Auslagentatbestand	Höhe

Vorbemerkung 9:

(1) Auslagen, die durch eine für begründet befundene Beschwerde entstanden sind, werden nicht erhoben, soweit das Beschwerdeverfahren gebührenfrei ist; dies gilt jedoch nicht, soweit das Beschwerdegericht die Kosten dem Gegner des Beschwerdeführers auferlegt hat.

(2) Sind Auslagen durch verschiedene Rechtssachen veranlasst, werden sie auf die mehreren Rechtssachen angemessen verteilt.

Nr.	Auslagentatbestand	Höhe
9000	Pauschale für die Herstellung und Überlassung von Dokumenten:	
	1. Ausfertigungen, Kopien und Ausdrucke bis zur Größe von DIN A3, die	
	a) auf Antrag angefertigt oder auf Antrag per Telefax übermittelt worden sind oder	
	b) angefertigt worden sind, weil die Partei oder ein Beteiligter es unterlassen hat, die erforderliche Zahl von Mehrfertigungen beizufügen; der Anfertigung steht es gleich, wenn per Telefax übermittelte Mehrfertigungen von der Empfangseinrichtung des Gerichts ausgedruckt werden:	
	für die ersten 50 Seiten je Seite	0,50 €
	für jede weitere Seite	0,15 €
	für die ersten 50 Seiten in Farbe je Seite	1,00 €
	für jede weitere Seite in Farbe	0,30 €
	2. Entgelte für die Herstellung und Überlassung der in Nummer 1 genannten Kopien oder Ausdrucke in einer Größe von mehr als DIN A3	in voller Höhe
	oder pauschal je Seite	3,00 €
	oder pauschal je Seite in Farbe	6,00 €
	3. Überlassung von elektronisch gespeicherten Dateien oder deren Bereitstellung zum Abruf anstelle der in den Nummern 1 und 2 genannten Ausfertigungen, Kopien und Ausdrucke:	
	je Datei	1,50 €
	für die in einem Arbeitsgang überlassenen, bereitgestellten oder in einem Arbeitsgang auf denselben Datenträger übertragenen Dokumente insgesamt höchstens	5,00 €

Nr.	Auslagentatbestand	Höhe
	(1) Die Höhe der Dokumentenpauschale nach Nummer 1 ist in jedem Rechtszug und für jeden Kostenschuldner nach § 28 Abs. 1 GKG gesondert zu berechnen; Gesamtschuldner gelten als ein Schuldner. Die Dokumentenpauschale ist auch im erstinstanzlichen Musterverfahren nach dem KapMuG gesondert zu berechnen. (2) Werden zum Zweck der Überlassung von elektronisch gespeicherten Dateien Dokumente zuvor auf Antrag von der Papierform in die elektronische Form übertragen, beträgt die Dokumentenpauschale nach Nummer 2 nicht weniger, als die Dokumentenpauschale im Fall der Nummer 1 betragen würde. (3) Frei von der Dokumentenpauschale sind für jede Partei, jeden Beteiligten, jeden Beschuldigten und deren bevollmächtigte Vertreter jeweils 1. eine vollständige Ausfertigung oder Kopie oder ein vollständiger Ausdruck jeder gerichtlichen Entscheidung und jedes vor Gericht abgeschlossenen Vergleichs, 2. eine Ausfertigung ohne Tatbestand und Entscheidungsgründe und .... 3. eine Kopie oder ein Ausdruck jeder Niederschrift über eine Sitzung. § 191 a Abs. 1 Satz 2 GVG bleibt unberührt.	
9001	Auslagen für Telegramme	in voller Höhe
9002[1]	Pauschale für Zustellungen mit Zustellungsurkunde, Einschreiben gegen Rückschein oder durch Justizbedienstete nach § 168 Abs. 1 ZPO je Zustellung .... Neben Gebühren, die sich nach dem Streitwert richten, mit Ausnahme der Gebühr 3700, wird die Zustellungspauschale nur erhoben, soweit in einem Rechtszug mehr als 10 Zustellungen anfallen. Im erstinstanzlichen Musterverfahren nach dem KapMuG wird die Zustellungspauschale für sämtliche Zustellungen erhoben.	3,50 €
9003[2]	Pauschale für die bei der Versendung von Akten auf Antrag anfallenden Auslagen an Transport- und Verpackungskosten je Sendung .... (1) Die Hin- und Rücksendung der Akten durch Gerichte oder Staatsanwaltschaften gelten zusammen als eine Sendung. (2) Die Auslagen werden von demjenigen Kostenschuldner nicht erhoben, von dem die Gebühr 2116 zu erheben ist.	12,00 €

[1] Nummer 9002 neu gef. mWv 1. 1. 2008 durch G v. 22. 12. 2006 (BGBl. I S. 3416); geänd. mWv 1. 8. 2013 durch G v. 23. 7. 2013 (BGBl. I S. 2586).

[2] Nummer 9003 neu gef. mWv 1. 4. 2005 durch G v. 22. 3. 2005 (BGBl. I S. 837), Anmerkung Abs. 1 und 2 geänd. mWv 31. 12. 2006 durch G v. 22. 12. 2006 (BGBl. I S. 3416); geänd. mWv 1. 8. 2013 durch G v. 23. 7. 2013 (BGBl. I S. 2586).

Nr.	Auslagentatbestand	Höhe
9004[1]	Auslagen für öffentliche Bekanntmachungen	in voller Höhe
	(1) Auslagen werden nicht erhoben für die Bekanntmachung in einem elektronischen Informations- und Kommunikationssystem, wenn das Entgelt nicht für den Einzelfall oder nicht für ein einzelnes Verfahren berechnet wird. Nicht erhoben werden ferner Auslagen für die Bekanntmachung eines besonderen Prüfungstermins (§ 177 InsO, § 18 SVertO).	
	(2) Die Auslagen für die Bekanntmachung eines Vorlagebeschlusses gemäß § 6 Abs. 4 KapMuG gelten als Auslagen des Musterverfahrens.	
9005[2]	Nach dem JVEG zu zahlende Beträge	in voller Höhe
	(1) Nicht erhoben werden Beträge, die an ehrenamtliche Richter (§ 1 Abs. 1 Satz 1 Nr. 2 JVEG) gezahlt werden.	
	(2) Die Beträge werden auch erhoben, wenn aus Gründen der Gegenseitigkeit, der Verwaltungsvereinfachung oder aus vergleichbaren Gründen keine Zahlungen zu leisten sind. Ist aufgrund des § 1 Abs. 2 Satz 2 JVEG keine Vergütung zu zahlen, ist der Betrag zu erheben, der ohne diese Vorschrift zu zahlen wäre.	
	(3) Auslagen für Übersetzer, die zur Erfüllung der Rechte blinder oder sehbehinderter Personen herangezogen werden (§ 191 a Abs. 1 GVG), werden nicht, Auslagen für Gebärdensprachdolmetscher (§ 186 Abs. 1 GVG) werden nur nach Maßgabe des Absatzes 4 erhoben.	
	(4) Ist für einen Beschuldigten oder Betroffenen, der der deutschen Sprache nicht mächtig, hör- oder sprachbehindert ist, im Strafverfahren oder im gerichtlichen Verfahren nach dem OWiG ein Dolmetscher oder Übersetzer herangezogen worden, um Erklärungen oder Schriftstücke zu übertragen, auf deren Verständnis der Beschuldigte oder Betroffene zu seiner Verteidigung angewiesen oder soweit dies zur Ausübung seiner strafprozessualen Rechte erforderlich war, werden von diesem die dadurch entstandenen Auslagen nur erhoben, wenn das Gericht ihm diese nach § 464 c StPO oder die Kosten nach § 467 Abs. 2 Satz 1 StPO, auch i. V. m. § 467 a Abs. 1 Satz 2 StPO, auferlegt hat; dies gilt auch jeweils i. V. m. § 46 Abs. 1 OWiG.	
	(5) Im Verfahren vor den Gerichten für Arbeitssachen werden Kosten für vom Gericht herangezogene Dolmetscher und Übersetzer nicht erhoben, wenn ein Ausländer Partei und die Gegenseitigkeit verbürgt ist oder ein Staatenloser Partei ist.	
9006[3]	Bei Geschäften außerhalb der Gerichtsstelle	
	1. die den Gerichtspersonen aufgrund gesetzlicher Vorschriften gewährte Vergütung (Reisekosten, Auslagen-	

[1] Nummer 9004 Satz 4 angef. mWv 1. 1. 2014 durch G v. 5. 12. 2012 (BGBl. I S. 2418); geänd. mWv 1. 8. 2013 durch G v. 23. 7. 2013 (BGBl. I S. 2586).

[2] Nummer 9005 Abs. 4 geänd. mWv 1. 9. 2004 durch G v. 24. 6. 2004 (BGBl. I S. 1354).

[3] Nummer 9006 geänd. mWv 1. 8. 2013 durch G v. 23. 7. 2013 (BGBl. I S. 2586).

Nr.	Auslagentatbestand	Höhe
	ersatz) und die Auslagen für die Bereitstellung von Räumen	in voller Höhe
	2. für den Einsatz von Dienstkraftfahrzeugen für jeden gefahrenen Kilometer	0,30 €
9007	An Rechtsanwälte zu zahlende Beträge mit Ausnahme der nach § 59 RVG auf die Staatskasse übergegangenen Ansprüche	in voller Höhe
9008	Auslagen für	
	1. die Beförderung von Personen	in voller Höhe
	2. Zahlungen an mittellose Personen für die Reise zum Ort einer Verhandlung, Vernehmung oder Untersuchung und für die Rückreise	bis zur Höhe der nach dem JVEG an Zeugen zu zahlenden Beträge
9009	An Dritte zu zahlende Beträge für	
	1. die Beförderung von Tieren und Sachen mit Ausnahme der für Postdienstleistungen zu zahlenden Entgelte, die Verwahrung von Tieren und Sachen sowie die Fütterung von Tieren	in voller Höhe
	2. die Beförderung und die Verwahrung von Leichen ...	in voller Höhe
	3. die Durchsuchung oder Untersuchung von Räumen und Sachen einschließlich der die Durchsuchung oder Untersuchung vorbereitenden Maßnahmen	in voller Höhe
	4. die Bewachung von Schiffen und Luftfahrzeugen	in voller Höhe
9010	Kosten einer Zwangshaft, auch aufgrund eines Haftbefehls nach § 802 g ZPO ...... Maßgebend ist die Höhe des Haftkostenbeitrags, der nach Landesrecht von einem Gefangenen zu erheben ist.	in Höhe des Haftkostenbeitrags
9011	Kosten einer Haft außer Zwangshaft, Kosten einer einstweiligen Unterbringung (§ 126 a StPO), einer Unterbringung zur Beobachtung (§ 81 StPO, § 73 JGG) und einer einstweiligen Unterbringung in einem Heim der Jugendhilfe (§ 71 Abs. 2, § 72 Abs. 4 JGG) ...... Maßgebend ist die Höhe des Haftkostenbeitrags, der nach Landesrecht von einem Gefangenen zu erheben ist. Diese Kosten werden nur angesetzt, wenn der Haftkostenbeitrag auch von einem Gefangenen im Strafvollzug zu erheben wäre.	in Höhe des Haftkostenbeitrags
9012[1]	Nach *dem Auslandskostengesetz* [***ab 14. 8. 2018:*** § 12 BGebG, dem 5. Abschnitt des Konsulargesetzes und der Besonderen Gebührenverordnung des Auswärtigen Amts nach § 22 Abs. 4 BGebG] zu zahlende Beträge	in voller Höhe
9013[2]	An deutsche Behörden für die Erfüllung von deren eigenen Aufgaben zu zahlende Gebühren sowie diejeni-	

[1] Nr. 9012 geänd. mWv 14. 8. 2018 durch G v. 7. 8. 2013 (BGBl. I S. 3154).
[2] Nr. 9013 neu gef. mWv 1. 8. 2013 durch G v. 23. 7. 2013 (BGBl. I S. 2586).

Nr.	Auslagentatbestand	Höhe
	gen Beträge, die diesen Behörden, öffentlichen Einrichtungen oder deren Bediensteten als Ersatz für Auslagen der in den Nummern 9000 bis 9011 bezeichneten Art zustehen	in voller Höhe, die Auslagen begrenzt durch die Höchstsätze für die Auslagen 9000 bis 9011
	Die als Ersatz für Auslagen angefallenen Beträge werden auch erhoben, wenn aus Gründen der Gegenseitigkeit, der Verwaltungsvereinfachung oder aus vergleichbaren Gründen keine Zahlungen zu leisten sind.	
9014	Beträge, die ausländischen Behörden, Einrichtungen oder Personen im Ausland zustehen, sowie Kosten des Rechtshilfeverkehrs mit dem Ausland	in voller Höhe
	Die Beträge werden auch erhoben, wenn aus Gründen der Gegenseitigkeit, der Verwaltungsvereinfachung oder aus vergleichbaren Gründen keine Zahlungen zu leisten sind.	
9015	Auslagen der in den Nummern 9000 bis 9014 bezeichneten Art, soweit sie durch die Vorbereitung der öffentlichen Klage entstanden sind	begrenzt durch die Höchstsätze für die Auslagen 9000 bis 9013
9016	Auslagen der in den Nummern 9000 bis 9014 bezeichneten Art, soweit sie durch das dem gerichtlichen Verfahren vorausgegangene Bußgeldverfahren entstanden sind	begrenzt durch die Höchstsätze für die Auslagen 9000 bis 9013
	Absatz 3 der Anmerkung zu Nummer 9005 ist nicht anzuwenden.	
9017[1)]	An den vorläufigen Insolvenzverwalter, den Insolvenzverwalter, die Mitglieder des Gläubigerausschusses oder die Treuhänder auf der Grundlage der Insolvenzrechtlichen Vergütungsverordnung aufgrund einer Stundung nach § 4a InsO zu zahlende Beträge	in voller Höhe
9018[1)·2)]	Im ersten Rechtszug des Prozessverfahrens: Auslagen des erstinstanzlichen Musterverfahrens nach dem KapMuG zuzüglich Zinsen	anteilig
	(1) Die im erstinstanzlichen Musterverfahren entstehenden Auslagen nach Nummer 9005 werden vom Tag nach der Auszahlung bis zum rechtskräftigen Abschluss des Musterverfahrens mit 5 Prozentpunkten über dem Basiszinssatz nach § 247 BGB verzinst.	
	(2) Auslagen und Zinsen werden nur erhoben, wenn der Kläger nicht innerhalb von einem Monat ab Zustellung des Aussetzungsbeschlusses nach § 8 KapMuG seine Klage in der Hauptsache zurücknimmt.	
	(3) Der Anteil bestimmt sich nach dem Verhältnis der Höhe des von dem Kläger geltend gemachten Anspruchs, soweit dieser von den Feststellungszielen des Musterverfahrens betroffen ist, zu der Gesamthöhe der	

1) Nummer 9017 aufgeh. mWv 1. 9. 2009, bish. Nummern 9018 und 9019 werden Nummern 9017 und 9018 durch G v. 17. 12. 2008 (BGBl. I S. 2586, 2709).

2) Nummer 9018 angef. als Nummer 9019 mWv 1. 11. 2005 durch G v. 16. 8. 2005 (BGBl. I S. 2437); geänd. durch G v. 19. 10. 2012 (BGBl. I S. 2182).

Nr.	Auslagentatbestand	Höhe
	vom Musterkläger und den Beigeladenen des Musterverfahrens in den Prozessverfahren geltend gemachten Ansprüche, soweit diese Gegenstand des Musterverfahrens sind. Der Anspruch des Musterklägers oder eines Beigeladenen ist hierbei nicht zu berücksichtigen, wenn er innerhalb von einem Monat ab Zustellung des Aussetzungsbeschlusses nach § 8 KapMuG seine Klage in der Hauptsache zurücknimmt.	
9019	Pauschale für die Inanspruchnahme von Videokonferenzverbindungen: je Verfahren für jede angefangene halbe Stunde	15,00 EUR

Anlage 2 (zu § 34 Satz 3 GKG)

Streitwert bis ... €	Gebühr ... €	Streitwert bis ... €	Gebühr ... €
500	35,00	50 000	546,00
1 000	53,00	65 000	666,00
1 500	71,00	80 000	786,00
2 000	89,00	95 000	906,00
3 000	108,00	110 000	1026,00
4 000	127,00	125 000	1146,00
5 000	146,00	140 000	1266,00
6 000	165,00	155 000	1386,00
7 000	184,00	170 000	1506,00
8 000	203,00	185 000	1626,00
9 000	222,00	200 000	1746,00
10 000	241,00	230 000	1925,00
13 000	267,00	260 000	2104,00
16 000	293,00	290 000	2283,00
19 000	319,00	320 000	2462,00
22 000	345,00	350 000	2641,00
25 000	371,00	380 000	2820,00
30 000	406,00	410 000	2999,00
35 000	441,00	440 000	3178,00
40 000	476,00	470 000	3357,00
45 000	511,00	500 000	3536,00

803. Gesetz über die Finanzverwaltung (Finanzverwaltungsgesetz – FVG)[1]

In der Fassung der Bekanntmachung vom 4. April 2006 (BGBl. I S. 846, ber. S. 1202)

Geändert durch Bundesschuldenwesenmodernisierungsgesetz vom 12. 7. 2006 (BGBl. I S. 1466), Föderalismusreform-Begleitgesetz vom 5. 9. 2006 (BGBl. I S. 2098), Gesetz über steuerliche Begleitmaßnahmen zur Einführung der Europäischen Gesellschaft und zur Änderung weiterer steuerrechtlicher Vorschriften (SEStEG) vom 7. 12. 2006 (BGBl. I S. 2782), Jahressteuergesetz 2007 vom 13. 12. 2006 (BGBl. I S. 2878), Gesetz zur Schaffung deutscher Immobilien-Aktiengesellschaften mit börsennotierten Anteilen vom 28. 5. 2007 (BGBl. I S. 914), Unternehmensteuerreformgesetz 2008 vom 14. 8. 2007 (BGBl. I S. 1912), Zweites Gesetz zur Änderung des Finanzverwaltungsgesetzes und anderer Gesetze vom 13. 12. 2007 (BGBl. I S. 2897), Jahressteuergesetz 2008 vom 20. 12. 2007 (BGBl. I S. 3150), Gesetz zur Änderung der Organisation des Bundesausgleichsamtes vom 5. 3. 2008 (BGBl. I S. 282), Jahressteuergesetz 2009 vom 19. 12. 2008 (BGBl. I S. 2794), Steuerbürokratieabbaugesetz vom 20. 12. 2008 (BGBl. I S. 2850), Gesetz zur Neuregelung der Kraftfahrzeugsteuer und Änderung anderer Gesetze vom 29. 5. 2009 (BGBl. I S. 1170), Bürgerentlastungsgesetz Krankenversicherung von 16. 7. 2009 (BGBl. I S. 1959), Begleitgesetz zur zweiten Föderalismusreform vom 10. 8. 2009 (BGBl. I S. 2702), Gesetz zur Umsetzung steuerlicher EU-Vorgaben sowie zur Änderung steuerlicher Vorschriften vom 8. 4. 2010 (BGBl. I S. 386), Gesetz zu dem Staatsvertrag vom 16. 12. 2009 und 26. 1. 2010 über die Verteilung von Versorgungslasten bei bund- und länderübergreifenden Dienstherrenwechseln vom 5. 9. 2010 (BGBl. I S. 1288),[2] Jahressteuergesetz 2010 (JStG 2010) vom 8. 12. 2010 (BGBl. I S. 1768), Gesetz zur Umsetzung des EuGH-Urteils vom 20. Oktober 2011 in der Rechtssache C-284/09 vom 21. 3. 2013 (BGBl. I S. 561), Amtshilferichtlinie-Umsetzungsgesetz (AmtshilfeRLUmsG) vom 26. 6. 2013 (BGBl. I S. 1809), Gesetz zur Anpassung des Investmentsteuergesetzes und anderer Gesetze an das AIFM-Umsetzungsgesetz (AIFM-Steuer-Anpassungsgesetz – AIFM-StAnpG) vom 18. 12. 2013 (BGBl. I S. 4318), Gesetz zur Anpassung des nationalen Steuerrechts an den Beitritt Kroatiens zur EU und zur Änderung weiterer steuerlicher Vorschriften vom 25. 7. 2014 (BGBl. I S. 1266), Gesetz zur Anpassung der Abgabenordnung an den Zollkodex der Union und zur Änderung weiterer steuerlicher Vorschriften vom 22. 12. 2014 (BGBl. I S. 2417), Steueränderungsgesetz 2015 vom 2. 11. 2015 (BGBl. I S. 1834), Gesetz zur Neuorganisation der Zollverwaltung vom 3. 12. 2015 (BGBl. I S. 2178) und Gesetz zum automatischen Austausch von Informationen über Finanzkonten in Steuersachen und zur Änderung weiterer Gesetze vom 21. 12. 2015 (BGBl. I S. 2531)

BGBl. III/FNA 600-1

Abschnitt I. Allgemeine Vorschriften

§ 1 Bundesfinanzbehörden. Bundesfinanzbehörden sind

1. als oberste Behörde:
   das Bundesministerium der Finanzen;

---

[1] Neubekanntmachung des FVG v. 30. 8. 1971 (BGBl. I S. 1426, 1427) auf Grund Art. 4 des Gesetzes zur Änderung des Gemeindefinanzreformgesetzes und anderer Gesetze v. 6. 9. 2005 (BGBl. I S. 2725) in der ab 1. 1. 2006 geltenden Fassung.

[2] Gem. dessen Art. 6 Abs. 2 Satz 2 in Kraft getreten am 1. 1. 2011, lt. Bek. v. 8. 10. 2010 (BGBl. I S. 1404).

2.[1] als Oberbehörden:
die Bundesmonopolverwaltung für Branntwein, das Bundesausgleichsamt, das Bundeszentralamt für Steuern, das Bundesamt für zentrale Dienste und offene Vermögensfragen und die Generalzolldirektion;

3.[2] als örtliche Behörden:
die Hauptzollämter einschließlich ihrer Dienststellen (Zollämter) und die Zollfahndungsämter.

§ 2 Landesfinanzbehörden. (1) Landesfinanzbehörden sind

1. als oberste Behörde:
die für die Finanzverwaltung zuständige oberste Landesbehörde;

2. Oberbehörden, soweit nach diesem Gesetz oder nach Landesrecht als Landesfinanzbehörden eingerichtet;

3. als Mittelbehörden, soweit eingerichtet:
die Oberfinanzdirektionen; anstelle der Oberfinanzdirektionen können Oberbehörden nach Nummer 2 treten;

4. als örtliche Behörden:
die Finanzämter.

(2) [1] Durch Rechtsverordnung der zuständigen Landesregierung kann ein Rechenzentrum der Landesfinanzverwaltung als Teil der für die Finanzverwaltung zuständigen obersten Landesbehörde, als Oberbehörde oder als Teil einer Oberbehörde, die nach Landesrecht als Landesfinanzbehörde nach Absatz 1 Nr. 2 oder 3 eingerichtet ist, als Teil einer Oberfinanzdirektion, als Finanzamt oder als Teil eines Finanzamtes eingerichtet werden. [2] Die Landesregierung kann die Ermächtigung durch Rechtsverordnung auf die für die Finanzverwaltung zuständige oberste Landesbehörde übertragen. [3] Soweit ein Rechenzentrum der Finanzverwaltung eingerichtet ist, können ihm weitere Aufgaben, auch aus dem Geschäftsbereich einer anderen obersten Landesbehörde, übertragen werden.

(3) [1] Durch Rechtsverordnung der zuständigen Landesregierung können für Kassengeschäfte andere örtliche Landesbehörden zu Landesfinanzbehörden bestimmt werden (besondere Landesfinanzbehörden). [2] Absatz 2 Satz 2 ist anzuwenden.

§ 2a[3] Verzicht auf Mittelbehörden, Aufgabenwahrnehmung durch andere Finanzbehörden. (1) [1] Durch Rechtsverordnung kann auf Mittelbehörden verzichtet werden. [2] Die Rechtsverordnung erlässt für den Bereich von Aufgaben des Landes die zuständige Landesregierung. [3] Die Landesregie-

---

[1] § 1 Nr. 2 geänd. mWv 1. 8. 2006 durch G v. 12. 7. 2006 (BGBl. I S. 1466), mWv 13. 3. 2008 durch G v. 5. 3. 2008 (BGBl. I S. 282) und mWv 1. 1. 2016 durch G v. 3. 12. 2015 (BGBl. I S. 2178).

[2] § 1 Nr. 3 aufgeh., bish. Nr. 4 wird Nr. 3 mWv 1. 1. 2016 durch G v. 3. 12. 2015 (BGBl. I S. 2178).

[3] § 2a Abs. 2 Satz 1 neu gef. mWv 1. 1. 2008 durch G v. 13. 12. 2007 (BGBl. I S. 2897); Abs. 1 Satz 2 geänd., Satz 4 aufgeh., Abs. 2 Satz 1 geänd., Satz 2 aufgeh. mWv 1. 1. 2016 durch G v. 3. 12. 2015 (BGBl. I S. 2178).

rung kann die Ermächtigung durch Rechtsverordnung auf die für die Finanzverwaltung zuständige oberste Landesbehörde übertragen.

(2) [1]Wird auf Mittelbehörden verzichtet, gehen die den Oberfinanzdirektionen zugewiesenen Aufgaben der Landesfinanzverwaltung auf die oberste Behörde nach § 2 Abs. 1 Nr. 1 über. [2]Durch Rechtsverordnung der zuständigen Landesregierung können Landesaufgaben nach Satz 1 einer anderen Landesfinanzbehörde übertragen werden. [3]Die Landesregierung kann die Ermächtigung durch Rechtsverordnung auf die für die Finanzverwaltung zuständige oberste Landesbehörde übertragen.

§ 2 b. (weggefallen)

§ 3 Leitung der Finanzverwaltung. (1)[1)] [1]Das Bundesministerium der Finanzen leitet die Bundesfinanzverwaltung. [2]Das Bundesausgleichsamt unterliegt der Dienstaufsicht des Bundesministeriums der Finanzen. [3]Soweit die Bundesfinanzbehörden Aufgaben aus dem Geschäftsbereich eines anderen Bundesministeriums zu erledigen haben, erteilt dieses die fachlichen Weisungen. [4]Fachliche Weisungen, die wesentliche organisatorische Auswirkungen haben, ergehen im Benehmen mit dem Bundesministerium der Finanzen.

(2) [1]Die für die Finanzverwaltung zuständige oberste Landesbehörde leitet die Landesfinanzverwaltung. [2]Soweit Landesfinanzbehörden Aufgaben aus dem Geschäftsbereich einer anderen obersten Landesbehörde zu erledigen haben, erteilt diese die fachlichen Weisungen. [3]Fachliche Weisungen, die wesentliche organisatorische Auswirkungen haben, ergehen im Benehmen mit der für die Finanzverwaltung zuständigen obersten Landesbehörde.

Abschnitt II. Oberbehörden

§ 4 Sitz und Aufgaben der Bundesoberbehörden. (1) Das Bundesministerium der Finanzen bestimmt den Sitz der Bundesoberbehörden, soweit durch Gesetz nichts anderes bestimmt ist.

(2)[2)] Die Bundesoberbehörden erledigen in eigener Zuständigkeit Aufgaben, die ihnen durch dieses Gesetz, durch andere oder aufgrund anderer Bundesgesetze zugewiesen werden.

(3) Die Bundesoberbehörden erledigen als beauftragte Behörden Aufgaben des Bundes, mit deren Durchführung sie vom Bundesministerium der Finanzen oder mit dessen Zustimmung von dem fachlich zuständigen Bundesministerium beauftragt werden.

§ 5 Aufgaben des Bundeszentralamtes für Steuern. (1) Das Bundeszentralamt für Steuern hat unbeschadet des § 4 Abs. 2 und 3 folgende Aufgaben:

1. die Mitwirkung an Außenprüfungen (§ 19);

[1)] § 3 Abs. 1 Satz 2 eingef. mWv 13. 3. 2008 durch G v. 5. 3. 2008 (BGBl. I S. 282).
[2)] § 4 Abs. 2 geänd. mWv 1. 1. 2016 durch G v. 3. 12. 2015 (BGBl. I S. 2178).

2. die Entlastung von deutschen Abzugsteuern (Erstattungen und Freistellungen) in den Fällen der §§ 43 b und 50 g des Einkommensteuergesetzes sowie auf Grund von Abkommen zur Vermeidung der Doppelbesteuerung;
3. die Entlastung bei deutschen Besitz- oder Verkehrsteuern gegenüber internationalen Organisationen, amtlichen zwischenstaatlichen Einrichtungen, ausländischen Missionen, berufskonsularischen Vertretungen und deren Mitgliedern auf Grund völkerrechtlicher Vereinbarung oder besonderer gesetzlicher Regelung nach näherer Weisung des Bundesministeriums der Finanzen;

4.[1] die Mitwirkung an der Überprüfung der Besteuerungsgrundlagen für ausländische Investmentanteile, die Feststellung, ob die Anforderungen an einen Investmentfonds[2] erfüllt sind oder nicht, sowie die Veröffentlichung dieser Feststellungen nach dem Investmentsteuergesetz vom 15. Dezember 2003 (BGBl. I S. 2676, 2724), das zuletzt durch Artikel 8 des Gesetzes vom 26. Juni 2013 (BGBl. I S. 1809)[3] geändert worden ist, in der jeweils geltenden Fassung; die Überprüfung erfolgt auf Antrag einer Landesfinanzbehörde oder durch Stichproben;

5.[4] die Ausübung der Funktion der zuständigen Behörde auf dem Gebiet der steuerlichen Rechts- und Amtshilfe und bei der Durchführung von Verständigungs- und Schiedsverfahren nach den Doppelbesteuerungsabkommen und dem Übereinkommen Nr. 90/436/EWG über die Beseitigung der Doppelbesteuerung im Falle von Gewinnberichtigungen zwischen verbundenen Unternehmen vom 23. Juli 1990 (ABl. EG Nr. L 225 S. 10) in der jeweils geltenden Fassung, soweit das zuständige Bundesministerium seine Befugnisse in diesem Bereich delegiert;

5 a.[5] die Entgegennahme und Weiterleitung von Meldungen nach auf der Grundlage von § 117 c der Abgabenordnung ergangenen Rechtsverordnungen und die Durchführung von Bußgeldverfahren in den Fällen des § 379 Absatz 2 Nummer 1 b der Abgabenordnung;

5 b.[6] die Entgegennahme und Weiterleitung von Meldungen und Auswertungen im Rahmen der nach § 2 des Gesetzes zum automatischen Austausch von Informationen über Finanzkonten in Steuersachen auszutauschenden Informationen und die Durchführung von Bußgeldverfahren nach § 28 des vorgenannten Gesetzes;

6. die zentrale Sammlung und Auswertung von Unterlagen über steuerliche Auslandsbeziehungen nach näherer Weisung des Bundesministeriums der Finanzen;
7. bei Personen, die nicht im Geltungsbereich dieses Gesetzes ansässig sind, die Bestimmung des für die Besteuerung örtlich zuständigen Finanzamts,

---

[1] § 5 Abs. 1 Nr. 4 neu gef. mWv 24. 12. 2013 durch G v. 18. 12. 2013 (BGBl. I S. 4318).
[2] Nr. **120**.
[3] Nr. **120 a**.
[4] § 5 Abs. 1 Nr. 5 neu gef. mWv 19. 12. 2006 durch G v. 13. 12. 2006 (BGBl. I S. 2878).
[5] § 5 Abs. 1 Nr. 5 a eingef. mWv 24. 12. 2013 durch G v. 18. 12. 2013 (BGBl. I S. 4318).
[6] § 5 Abs. 1 Nr. 5 b eingef. mWv 31. 12. 2015 durch G v. 21. 12. 2015 (BGBl. I S. 2531).

wenn sich mehrere Finanzämter für örtlich zuständig oder für örtlich unzuständig halten oder wenn sonst Zweifel über die örtliche Zuständigkeit bestehen;

8.[1] die Vergütung der Vorsteuerbeträge in dem besonderen Verfahren nach § 18 Abs. 9 des Umsatzsteuergesetzes;

9.[2] auf Grund der Verordnung (EU) Nr. 904/2010 des Rates vom 7. Oktober 2010 über die Zusammenarbeit der Verwaltungsbehörden und die Betrugsbekämpfung auf dem Gebiet der Mehrwertsteuer (ABl. L 268 vom 12. 10. 2010, S. 1)

a) die Vergabe der Umsatzsteuer-Identifikationsnummer (§ 27 a des Umsatzsteuergesetzes)[3],

b) die Entgegennahme der Zusammenfassenden Meldungen (§ 18 a des Umsatzsteuergesetzes) und Speicherung der Daten,

c) den Austausch von gespeicherten Informationen mit anderen Mitgliedstaaten;

10.[4] die Erteilung von Bescheinigungen in Anwendung des Artikels 151 der Richtlinie 2006/112/EG des Rates vom 28. November 2006 über das gemeinsame Mehrwertsteuersystem (ABl. L 347 vom 11. 12. 2006, S. 1, L 335 vom 20. 12. 2007, S. 60), die zuletzt durch die Richtlinie 2013/61/EU (ABl. L 353 vom 28. 12. 2013, S. 5) geändert worden ist, in der jeweils geltenden Fassung zum Nachweis der Umsatzsteuerbefreiung der Umsätze, die in anderen Mitgliedstaaten der Europäischen Union an im Geltungsbereich dieses Gesetzes ansässige zwischenstaatliche Einrichtungen, ständige diplomatische Missionen und berufskonsularische Vertretungen sowie deren Mitglieder ausgeführt werden;

11. die Durchführung des Familienleistungsausgleichs nach Maßgabe der §§ 31, 62 bis 78 des Einkommensteuergesetzes. [2]Die Bundesagentur für Arbeit stellt dem Bundeszentralamt für Steuern zur Durchführung dieser Aufgaben ihre Dienststellen als Familienkassen zur Verfügung. [3]Das Nähere, insbesondere die Höhe der Verwaltungskostenerstattung, wird durch Verwaltungsvereinbarung geregelt. [4]Der Vorstand der Bundesagentur für Arbeit kann innerhalb seines Zuständigkeitsbereichs abweichend von den Vorschriften der Abgabenordnung über die örtliche Zuständigkeit von Finanzbehörden die Entscheidung über den Anspruch auf Kindergeld für bestimmte Bezirke oder Gruppen von Berechtigten einer anderen Familienkasse übertragen. [5]Das Bundesministerium der Finanzen wird ermächtigt, durch Rechtsverordnung, die nicht der Zustimmung des Bundesrates bedarf, Bundesfamilienkassen zur Wahrnehmung der Aufgaben der Familienkassen nach § 72 Abs. 1 des Einkommensteuergesetzes einzurichten. [6]Diese können auch Aufgaben im Auftrag der mittelbaren

---

[1] § 5 Abs. 1 Nr. 8 Satz 2 aufgeh. mWv 1. 1. 2010 durch G v. 19. 12. 2008 (BGBl. I S. 2794).

[2] § 5 Abs. 1 Nr. 9 geänd. mWv 30. 6. 2013 durch G v. 26. 6. 2013 (BGBl. I S. 1809).

[3] Nr. **500**.

[4] § 5 Abs. 1 Nr. 10 geänd. mWv 30. 6. 2013 durch G v. 26. 6. 2013 (BGBl. I S. 1809); geänd. durch G v. 25. 7. 2014 (BGBl. I S. 1266).

Verwaltung wahrnehmen. [7]Die Landesregierungen werden ermächtigt, durch Rechtsverordnung Landesfamilienkassen zur Wahrnehmung der Aufgaben nach § 72 Abs. 1 des Einkommensteuergesetzes einzurichten. [8]Diese können auch Aufgaben der mittelbaren Verwaltung wahrnehmen. [9]Die Ermächtigung kann durch Rechtsverordnung auf die für die Finanzverwaltung zuständigen obersten Landesbehörden übertragen werden. [10]Die Familienkassen gelten als Bundesfinanzbehörden, soweit sie den Familienleistungsausgleich durchführen, und unterliegen insoweit der Fachaufsicht des Bundeszentralamtes für Steuern;

12.[1)] die Durchführung der Veranlagung nach § 50 Absatz 2 Satz 2 Nummer 5 des Einkommensteuergesetzes und § 32 Absatz 2 Nummer 2 des Körperschaftsteuergesetzes sowie die Durchführung des Steuerabzugsverfahrens nach § 50 a Absatz 1 des Einkommensteuergesetzes, einschließlich des Erlasses von Haftungs- und Nachforderungsbescheiden und deren Vollstreckung ab dem durch eine Rechtsverordnung der Bundesregierung mit Zustimmung des Bundesrates zu bestimmenden Zeitpunkt, der nicht vor dem 31. Dezember 2011 liegt;

13. die zentrale Sammlung und Auswertung der von den Finanzbehörden der Länder übermittelten Informationen über Betrugsfälle im Bereich der Umsatzsteuer;

14.[2)] die Sammlung, Auswertung und Weitergabe der Daten, die nach § 45 d des Einkommensteuergesetzes in den dort genannten Fällen zu übermitteln sind sowie die Übermittlung der Identifikationsnummer (§ 139 b der Abgabenordnung) in dem Anfrageverfahren nach § 44 a Absatz 2 a Satz 3 bis 7 des Einkommensteuergesetzes;

15. die Koordinierung von Umsatzsteuerprüfungen der Landesfinanzbehörden in grenz- und länderübergreifenden Fällen;

16. das Zusammenführen und Auswerten von umsatzsteuerlich erheblichen Informationen zur Identifizierung prüfungswürdiger Sachverhalte;

17. die Beobachtung von elektronisch angebotenen Dienstleistungen zur Unterstützung der Landesfinanzverwaltungen bei der Umsatzbesteuerung des elektronischen Handels;

18.[3)] a) die Weiterleitung der Daten, die nach § 10 Absatz 2 a[4)] und 4 b[5)] des Einkommensteuergesetzes in den dort genannten Fällen zu übermitteln sind,

---

[1)] § 5 Abs. 1 Nr. 12 neu gef. mWv 18. 8. 2009 durch G v. 10. 8. 2009 (BGBl. I S. 2702).

[2)] § 5 Abs. 1 Nr. 14 neu gef. mWv 14. 12. 2010 durch G v. 8. 12. 2010 (BGBl. I S. 1768).

[3)] § 5 Abs. 1 Nr. 18 neu gef. mWv 1. 1. 2009 durch G v. 20. 12. 2008 (BGBl. I S. 2850); § 5 Abs. 1 Nr. 18 Buchst. b Verweis geänd., Buchst. e neu gef. mWv 23. 7. 2009 durch G v. 16. 7. 2009 (BGBl. I S. 1959); Buchst. d neu gef. und Buchst. g angef. mWv 14. 12. 2010 durch G v. 8. 12. 2010 (BGBl. I S. 1768); Buchst. e geänd. durch G v. 25. 7. 2014 (BGBl. I S. 1266).

[4)] § 5 Abs. 1 Nr. 18 Buchst. a Verweis geänd. mWv 23. 7. 2009 durch G v. 16. 7. 2009 (BGBl. I S. 1959).

[5)] Verweis geänd. mWv 30. 6. 2013 durch G v. 26. 6. 2013 (BGBl. I S. 1809).

b) die Sammlung, Auswertung und Weitergabe der Daten, die nach § 10a Absatz 5 Satz 4 des Einkommensteuergesetzes in den dort genannten Fällen zu übermitteln sind,

c) die Sammlung, Auswertung und Weitergabe der Daten, die nach § 22a des Einkommensteuergesetzes in den dort genannten Fällen zu übermitteln sind,

d) die Erhebung des Verspätungsgeldes nach § 22a Absatz 5 des Einkommensteuergesetzes sowie die Prüfung, ob die Mitteilungspflichtigen ihre Pflichten nach § 22a Absatz 1 des Einkommensteuergesetzes erfüllt haben,

e) die Übermittlung der Identifikationsnummer (§ 139b der Abgabenordnung) im Anfrageverfahren nach § 22a Absatz 2 in Verbindung mit § 10 Absatz 2a und 4b, § 10a Absatz 5 und § 32b Absatz 3 Satz 1 des Einkommensteuergesetzes,

f) die Gewährung der Altersvorsorgezulage nach Abschnitt XI des Einkommensteuergesetzes sowie

g) die Durchführung von Bußgeldverfahren nach § 50f des Einkommensteuergesetzes.

[2]Das Bundeszentralamt für Steuern bedient sich zur Durchführung dieser Aufgaben der Deutschen Rentenversicherung Bund, soweit diese zentrale Stelle im Sinne des § 81 des Einkommensteuergesetzes ist, im Wege der Organleihe. [3]Die Deutsche Rentenversicherung Bund unterliegt insoweit der Fachaufsicht des Bundeszentralamtes für Steuern. [4]Das Nähere, insbesondere die Höhe der Verwaltungskostenerstattung, wird durch Verwaltungsvereinbarung geregelt;

19. die zentrale Sammlung der von den Finanzbehörden übermittelten Angaben über erteilte Freistellungsbescheinigungen nach § 48b des Einkommensteuergesetzes und die Erteilung von Auskünften im Wege einer elektronischen Abfrage an den Leistungsempfänger im Sinne des § 48 Abs. 1 Satz 1 des Einkommensteuergesetzes über die übermittelten Freistellungsbescheinigungen;

20.[1)] den Einzug der einheitlichen Pauschsteuer nach § 40a Abs. 2 des Einkommensteuergesetzes. [2]Das Bundeszentralamt für Steuern bedient sich zur Durchführung dieser Aufgabe der Deutschen Rentenversicherung Knappschaft-Bahn-See als Träger der knappschaftlichen Rentenversicherung im Wege der Organleihe. [3]Das Nähere, insbesondere die Höhe der Verwaltungskostenerstattung, wird durch Verwaltungsvereinbarung geregelt. [4]Die Deutsche Rentenversicherung Knappschaft-Bahn-See als Träger der knappschaftlichen Rentenversicherung gilt für die Durchführung dieser Aufgabe als Bundesfinanzbehörde und unterliegt insoweit der Fachaufsicht des Bundeszentralamtes für Steuern;

[1)] § 5 Abs. 1 Nr. 20 Sätze 2 und 4 geänd. mWv 30. 6. 2013 durch G v. 26. 6. 2013 (BGBl. I S. 1809).

21.[1] die Durchführung des Besteuerungsverfahrens nach § 18 Abs. 4c des Umsatzsteuergesetzes einschließlich der damit im Zusammenhang stehenden Tätigkeiten auf Grund von Kapitel XI der Verordnung (EU) Nr. 904/2010 des Rates vom 7. Oktober 2010 über die Zusammenarbeit der Verwaltungsbehörden und die Betrugsbekämpfung auf dem Gebiet der Mehrwertsteuer (ABl. L 268 vom 12. 10. 2010, S. 1);

22. die Vergabe und die Verwaltung des Identifikationsmerkmals nach den §§ 139a bis 139d der Abgabenordnung;

23. die Bestätigungen nach § 18e des Umsatzsteuergesetzes 1999;

24. den Abruf von Daten aus den nach § 93b der Abgabenordnung in Verbindung mit § 24c Abs. 1 Satz 1 des Kreditwesengesetzes von den Kreditinstituten geführten Dateien und die Weiterleitung der abgerufenen Daten an die zuständigen Finanzbehörden;

25.[2] die Verwaltung der Versicherung- und Feuerschutzsteuer und die zentrale Sammlung und Auswertung der Informationen für die Verwaltung der Versicherung- und Feuerschutzsteuer;

26. Entgegennahme von Meldungen und Zahlungen von Zinsabschlag nach der Zinsinformationsverordnung und deren Weiterleitung;

27.[3] die Erteilung von verbindlichen Auskünften nach § 89 Abs. 2 Satz 3 der Abgabenordnung;

28.[3] die Unterstützung der Finanzbehörden der Länder bei der Verhütung und Verfolgung von Steuerstraftaten mit länderübergreifender, internationaler oder erheblicher Bedeutung sowie bei Anzeigen nach § 116 Abs. 1 der Abgabenordnung. [2]Das Bundeszentralamt für Steuern hat zur Wahrnehmung dieser Aufgabe alle hierfür erforderlichen Informationen zu sammeln und auszuwerten und die Behörden der Länder über die sie betreffenden Informationen und die in Erfahrung gebrachten Zusammenhänge von Straftaten zu unterrichten;

28a.[4] die Weiterleitung von Mitteilungen nach § 116 Abs. 1 der Abgabenordnung an die zuständigen Finanzbehörden der Zollverwaltung;

29.[5] die Durchführung der gesonderten Feststellung und Erteilung der Bescheinigung nach § 27 Abs. 8 des Körperschaftsteuergesetzes;

30.[6] die Bildung, Speicherung und Bereitstellung elektronischer Lohnsteuerabzugsmerkmale;

---

[1] § 5 Abs. 1 Nr. 21 geänd. mWv 30. 6. 2013 durch G v. 26. 6. 2013 (BGBl. I S. 1809); geänd. mWv 1. 10. 2014 durch G v. 25. 7. 2014 (BGBl. I S. 1266).

[2] § 5 Abs. 1 Nr. 25 neu gef. mWv 1. 7. 2010 durch G v. 10. 8. 2009 (BGBl. I S. 2702).

[3] § 5 Abs. 1 Nrn. 27 und 28 angef. mWv 12. 9. 2006 durch G v. 5. 9. 2006 (BGBl. I S. 2098).

[4] § 5 Abs. 1 Nr. 28a eingef. mWv 29. 12. 2007 durch G v. 20. 12. 2007 (BGBl. I S. 3150).

[5] § 5 Abs. 1 Nr. 29 angef. mWv 13. 12. 2006 durch G v. 7. 12. 2006 (BGBl. I S. 2782).

[6] § 5 Abs. 1 Nr. 30 eingef. mWv 29. 12. 2007 durch G v. 20. 12. 2007 (BGBl. I S. 3150).

31.[1] die zentrale Sammlung der von den Finanzbehörden der Länder übermittelten Daten zu Konzernübersichten (Konzernverzeichnis) sowie die Erteilung von Auskünften daraus im Wege einer elektronischen Abfrage durch die Finanzbehörden der Länder;

32.[1] die zentrale Sammlung der von den Finanzbehörden der Länder übermittelten branchenbezogenen Kennzahlen sowie die Erteilung von Auskünften daraus im Wege einer elektronischen Abfrage durch die Finanzbehörden der Länder;

33.[2] die Registrierung eines Vor-REIT nach § 2 des REIT-Gesetzes;

34.[3] ab 1. Juli 2010 die Zertifizierung von Altersvorsorge- und Basisrentenverträgen nach dem Altersvorsorgeverträge-Zertifizierungsgesetz;

35.[4] die Prüfung der Vollständigkeit und Zulässigkeit von Anträgen auf Vorsteuer-Vergütung für im Inland ansässige Unternehmer in Anwendung von Artikel 18 der Richtlinie 2008/9/EG[5] des Rates vom 12. Februar 2008 zur Regelung der Erstattung der Mehrwertsteuer gemäß der Richtinie 2006/112/EG an nicht im Mitgliedstaat der Erstattung, sondern in einem anderen Mitgliedstaat ansässige Steuerpflichtige (ABl. EU Nr. L 44 S. 23);

36.[6] die Prüfung der bei Vorliegen der Einwilligung nach § 10 Absatz 2 Satz 3 des Einkommensteuergesetzes zu übermittelnden Daten;

37.[7] Ausstellung der Bescheinigung an Unternehmer über die Erfüllung der Voraussetzungen des § 4 Nummer 11 b des Umsatzsteuergesetzes;

38.[8] ab 14. Dezember 2010 die Weiterleitung von Anzeigen nach § 9 der Erbschaftsteuer-Durchführungsverordnung an die zuständigen Finanzbehörden der Länder;

39.[9] die Entlastung von Kapitalertragsteuer in den Fällen des § 32 Absatz 5 des Körperschaftsteuergesetzes. [2]Die Verwaltungskosten sowie sonstige Kosten, die dem Bund durch diese Zuständigkeit entstehen, werden vom Bund und den Ländern je zur Hälfte getragen. [3]Zwischen den einzelnen Ländern werden die Kosten im Sinne des Satzes 2 entsprechend dem in Absatz 2 geregelten Verhältnis aufgeteilt;

40.[10] die mit der Durchführung des Besteuerungsverfahrens nach § 18 Absatz 4e des Umsatzsteuergesetzes in Zusammenhang stehenden Tätigkeiten auf Grund von Kapitel V und XI Abschnitt 2 der Verordnung (EU) Nr. 904/2010 des Rates vom 7. Oktober 2010 über die Zusammenarbeit

---

[1] § 5 Abs. 1 Nrn. 31 und 32 angef. mWv 19. 12. 2006 durch G v. 13. 12. 2006 (BGBl. I S. 2878).
[2] § 5 Abs. 1 Nr. 33 angef. mWv 1. 1. 2007 durch G v. 28. 5. 2007 (BGBl. I S. 914).
[3] § 5 Abs. 1 Nr. 34 angef. mWv 1. 1. 2009durch G v. 19. 12. 2008 (BGBl. I S. 2794).
[4] § 5 Abs. 1 Nr. 35 angef. mWv 1. 1. 2010 durch G v. 19. 12. 2008 (BGBl. I S. 2794).
[5] Nr. **550 b**.
[6] § 5 Abs. 1 Nr. 36 angef. mWv 1. 1. 2010 durch G v. 16. 7. 2009 (BGBl. I S. 1959).
[7] § 5 Abs. 1 Nr. 37 angef. mWv 15. 4. 2010 durch G v. 8. 4. 2010 (BGBl. I S. 386).
[8] § 5 Abs. 1 Nr. 38 angef. mWv 14. 12. 2010 durch G v. 8. 12. 2010 (BGBl. I S. 1768).
[9] § 5 Abs. 1 Nr. 39 angef. mWv 29. 3. 2013 durch G v. 21. 3. 2013 (BGBl. I S. 561).
[10] § 5 Abs. 1 Nr. 40 angef. mWv 1. 10. 2014 durch G v. 25. 7. 2014 (BGBl. I S. 1266).

der Verwaltungsbehörden und die Betrugsbekämpfung auf dem Gebiet der Mehrwertsteuer (ABl. L 268 vom 12. 10. 2010, S. 1);

41.[1] die Entgegennahme und Weiterleitung von Anzeigen und Umsatzsteuererklärungen für im Inland ansässige Unternehmer in Anwendung der Artikel 369 c bis 369 i der Richtlinie 2006/112/EG des Rates in der Fassung von Artikel 5 Nummer 15 der Richtlinie 2008/8/EG des Rates vom 12. Februar 2008 zur Änderung der Richtlinie 2006/112/EG bezüglich des Ortes der Dienstleistung (ABl. L 44 vom 20. 2. 2008, S. 11) einschließlich der damit zusammenhängenden Tätigkeiten auf Grund von Artikel 17 Absatz 1 Buchstabe d und Artikel 21 Absatz 1 sowie Kapitel XI Abschnitt 2 der Verordnung (EU) Nr. 904/2010 des Rates vom 7. Oktober 2010 über die Zusammenarbeit der Verwaltungsbehörden und die Betrugsbekämpfung auf dem Gebiet der Mehrwertsteuer (ABl. L 268 vom 12. 10. 2010, S. 1);

42.[2] die Einrichtung und Pflege des Online-Zugriffs der Finanzämter auf ATLAS-Ein- und Ausfuhrdaten.

(2)[3] [1]Die vom Bundeszentralamt für Steuern auf Grund gesetzlicher Vorschriften gewährten Steuererstattungen und Steuervergütungen sowie die nach § 44 b Absatz 6 Satz 1 bis 3 des Einkommensteuergesetzes erstattete Kapitalertragsteuer werden von den Ländern in dem Verhältnis getragen, in dem sie an dem Aufkommen der betreffenden Steuern beteiligt sind. [2]Kapitalertragsteuer, die das Bundeszentralamt für Steuern anlässlich der Vergütung von Körperschafsteuer vereinnahmt hat, steht den Ländern in demselben Verhältnis zu. [3]Für die Aufteilung ist das Aufkommen an den betreffenden Steuern in den einzelnen Ländern maßgebend, das sich ohne Berücksichtigung der in den Sätzen 1 und 2 bezeichneten Steuerbeträge für das Vorjahr ergibt. [4]Das Nähere bestimmt das Bundesministerium der Finanzen durch Rechtsverordnung, die der Zustimmung des Bundesrates bedarf.

(3) [1]Die von den Familienkassen bei der Durchführung des Familienleistungsausgleichs nach Absatz 1 Nr. 11 ausgezahlten Steuervergütungen im Sinne des § 31 des Einkommensteuergesetzes werden jeweils von den Ländern und Gemeinden, in denen der Gläubiger der Steuervergütung seinen Wohnsitz hat, nach den für die Verteilung des Aufkommens der Einkommensteuer maßgebenden Vorschriften mitgetragen. [2]Das Bundeszentralamt für Steuern stellt nach Ablauf eines jeden Monats die Anteile der einzelnen Länder einschließlich ihrer Gemeinden an den gewährten Leistungen fest. [3]Die nach Satz 2 festgestellten Anteile sind dem Bund von den Ländern bis zum 15. des dem Zahlungsmonat folgenden Monats zu erstatten. [4]Für den Monat Dezember ist dem Bund von den Ländern ein Abschlag auf der Basis der Abrechnung des Vormonats zu leisten. [5]Die Abrechnung für den Monat Dezember hat bis zum 15. Januar des Folgejahres zu erfolgen. [6]Das Bundesministerium der Finanzen wird ermächtigt, durch Rechtsverordnung[4] mit Zustimmung des Bundesrates das Nähere zu bestimmen.

---

[1] § 5 Abs. 1 Nr. 41 angef. mWv 1. 10. 2014 durch G v. 25. 7. 2014 (BGBl. I S. 1266).
[2] § 5 Abs. 1 Nr. 42 angef. mWv 31. 12. 2014 durch G v. 22. 12. 2014 (BGBl. I S. 2417).
[3] § 5 Abs. 2 Satz 1 geänd. mWv 23. 7. 2009 durch G v. 16. 7. 2009 (BGBl. I S. 1959).
[4] Siehe VO zur Durchführung von § 5 Abs. 3 FVG v. 19. 12. 1995 (BGBl. I S. 2086).

(4)[1)] [1]Die von der zentralen Stelle (§ 81 des Einkommensteuergesetzes) veranlassten Auszahlungen von Altersvorsorgezulagen (§ 83 des Einkommensteuergesetzes) werden nach den für die Verteilung des Aufkommens der Einkommensteuer maßgebenden Vorschriften von den Ländern und Gemeinden mitgetragen, in denen der Gläubiger der Steuervergütung seinen inländischen Wohnsitz hat; bei Gläubigern mit ausländischem Wohnsitz wird der letzte bekannte inländische Wohnsitz zugrunde gelegt. [2]Die sich aus Satz 1 ergebenden Finanzierungsanteile gelten auch, wenn der Wohnsitz nicht nach Satz 1 zugeordnet werden kann. [3]Die zentrale Stelle stellt nach Ablauf des dem Kalendervierteljahr folgenden Monats die Anteile der einzelnen Länder einschließlich ihrer Gemeinden an den zu gewährenden Leistungen fest. [4]Die nach Satz 2 festgestellten Anteile sind dem Bund von den Ländern bis zum 15. des zweiten, dem Kalendervierteljahr folgenden Monats zu erstatten. [5]Das Bundesministerium der Finanzen wird ermächtigt, durch Rechtsverordnung mit Zustimmung des Bundesrates das Nähere zu bestimmen.

(5) [1]An dem Aufkommen der von der vereinnahmten pauschalen Lohnsteuer (§ 40a Abs. 6 des Einkommensteuergesetzes) sind die Länder und Gemeinden, in denen die Steuerpflichtigen ihren Wohnsitz haben, nach den für die Verteilung des Aufkommens der Einkommensteuer maßgebenden Vorschriften zu beteiligen. [2]Nach Ablauf eines jeden Monats werden die Anteile der einzelnen Länder einschließlich ihrer Gemeinden an der vereinnahmten pauschalen Lohnsteuer festgestellt. [3]Die nach Satz 2 festgestellten Anteile sind an die Länder bis zum 15. des darauf folgenden Monats auszuzahlen. [4]Das Bundesministerium der Finanzen wird ermächtigt, durch Rechtsverordnung mit Zustimmung des Bundesrates das Nähere zur Verwaltung und Auszahlung der einheitlichen Pauschsteuer zu bestimmen.

(6)[2)] [1]An dem Aufkommen der nach der Richtlinie 2003/48/EG des Rates vom 3. Juni 2003 im Bereich der Besteuerung von Zinserträgen (ABl. EU Nr. L 157 S. 38, 2005 Nr. L 103 S. 41), zuletzt geändert durch die Richtlinie 2006/98/EG des Rates vom 20. November 2006 (ABl. EU Nr. L 363 S. 129), in der jeweils geltenden Fassung von den berechtigten Mitgliedstaaten sowie von den in Artikel 17 dieser Richtlinie genannten Staaten und abhängigen Gebieten erhobenen Quellensteuer sind die Länder und Gemeinden entsprechend ihrem Anteil an der Kapitalertragsteuer nach § 43 Abs. 1 Satz 1 Nr. 6, 7 und 8 bis 12 sowie Satz 2 des Einkommensteuergesetzes zu beteiligen. [2]Die Verteilung des Länder- und Gemeindeanteils auf die einzelnen Länder erfolgt nach den Anteilen an der Kapitalertragsteuer nach § 43 Abs. 1 Satz 1 Nr. 6, 7 und 8 bis 12 sowie Satz 2 des Einkommensteuergesetzes vom Vorjahr, die den Ländern und Gemeinden nach Zerlegung (§ 8 des Zerlegungsgesetzes) zustehen; für 2009 sind die Anteile der Länder und Gemeinden am Zinsabschlagsaufkommen des Jahres 2008 nach Zerlegung maßgeblich. [3]Das Bundeszentralamt für Steuern stellt jeweils nach Ablauf eines Monats die Anteile der

---

[1)] § 5 Abs. 4 Satz 1 neu gef., Satz 2 eingef., bish. Sätze 2 bis 4 werden Sätze 3 bis 5 mWv 15. 4. 2010 durch G v. 21. 12. 2015 (BGBl. I S. 2531).

[2)] § 5 Abs. 6 bish. Satz 1 ersetzt durch Sätze 1 und 2 mWv 1. 1. 2009 durch G v. 14. 8. 2007 (BGBl. I S. 1912).

Länder einschließlich ihrer Gemeinden fest und zahlt sie an die Länder bis zum 15. des dem Abrechnungsmonat folgenden Monats aus. [4]Das Bundesministerium der Finanzen wird ermächtigt, durch Rechtsverordnung mit Zustimmung des Bundesrates das Nähere zur Verwaltung und Auszahlung dieser Quellensteuer zu bestimmen.

(7)[1)] [1]Das Aufkommen der in Ausübung der Aufgaben nach Absatz 1 Nummer 12 zugeflossenen Einkommen- und Körperschaftsteuer steht den Ländern und Gemeinden nach den für die Verteilung des Aufkommens der Einkommen- und Körperschaftsteuer maßgebenden Vorschriften zu. [2]Nach Ablauf eines jeden Monats werden die Anteile der einzelnen Länder einschließlich ihrer Gemeinden an den Einnahmen durch das Bundeszentralamt für Steuern festgestellt. [3]Die nach Satz 2 festgestellten Anteile sind an die Länder bis zum 15. des darauf folgenden Monats auszuzahlen. [4]Das Bundesministerium der Finanzen wird ermächtigt, durch Rechtsverordnung mit Zustimmung des Bundesrates das Nähere zur Verwaltung und Auszahlung der Einnahmen in Ausübung der Aufgaben nach Absatz 1 Nummer 12 zu bestimmen.

§ 5 a[2)] Aufgaben und Gliederung der Generalzolldirektion. (1) [1]Unbeschadet des § 4 Absatz 2 und 3 leitet die Generalzolldirektion bundesweit die Durchführung der Aufgaben der Zollverwaltung. [2]Sie übt die Dienst- und Fachaufsicht über die Hauptzollämter und Zollfahndungsämter aus. [3]Außerdem nimmt die Generalzolldirektion die ihr sonst übertragenen Aufgaben wahr.

(2) [1]Die Generalzolldirektion gliedert sich in Direktionen. [2]Es wird eine für den Zollfahndungsdienst zuständige Direktion (Zollkriminalamt) eingerichtet. [3]Andere Organisationseinheiten können eingerichtet werden.

(3) [1]Die Zuständigkeiten und Aufgaben der Direktionen und der anderen Organisationseinheiten bestimmt das Bundesministerium der Finanzen. [2]Aufgaben des Zollfahndungsdienstes werden durch das Zollkriminalamt wahrgenommen.

(4) [1]Die bei der Generalzolldirektion errichteten Bundeskassen unterstehen unmittelbar der Leitung einer Direktion der Generalzolldirektion. [2]Das Bundesministerium der Finanzen bestimmt die zuständige Direktion.

§ 5 b[3)] Übertragung von Bauaufgaben. [1]Durch Verwaltungsvereinbarung mit dem jeweiligen Land kann der Bund die Leitung und Erledigung seiner Bauaufgaben im Wege der Organleihe Landesbehörden sowie Landesbetrieben, Sondervermögen des Landes und landesunmittelbaren juristischen Personen des öffentlichen Rechts übertragen. [2]Die Verwaltungsvereinbarung muss vorsehen, dass die Landesbehörden die Anordnungen des fachlich zuständigen Bundesministeriums zu befolgen haben.

---

1) § 5 Abs. 7 angef., Satz 2 eingf., bish. Sätze 2 bis 4 werden Sätze 3 bis 5 mWv 18. 8. 2009 durch G v. 10. 8. 2009 (BGBl. I S. 2702).

2) § 5 a eingef. mWv 1. 1. 2016 durch G v. 3. 12. 2015 (BGBl. I S. 2178).

3) § 5 b eingef. mWv 1. 1. 2016 durch G v. 3. 12. 2015 (BGBl. I S. 2178).

§ 6 Sitz und Aufgaben der Landesoberbehörde. (1) Die für die Finanzverwaltung zuständige oberste Landesbehörde bestimmt den Sitz der Landesoberbehörde, soweit durch Gesetz nichts anderes bestimmt ist.

(2) Die Landesoberbehörde erledigt Aufgaben, die ihr nach Maßgabe des § 17 Abs. 3 Satz 1 zugewiesen werden und die ihr sonst übertragenen Aufgaben.

(3) Für die Ernennung und Entlassung des Leiters einer Oberbehörde, die nach § 2 Abs. 1 Nr. 3 anstelle einer Oberfinanzdirektion tritt, gilt § 9 a Satz 3 entsprechend.

Abschnitt III. Mittelbehörden

§ 7[1] Bezirk und Sitz. Die obersten Landesbehörden bestimmen den Bezirk (Oberfinanzbezirk) und Sitz der Oberfinanzdirektion, die ihnen jeweils untersteht.

§ 8[2] *(aufgehoben)*

§ 8 a[3] Aufgaben und Gliederung der Oberfinanzdirektionen. (1) [1]Die Oberfinanzdirektionen leiten die Finanzverwaltung des jeweiligen Landes in ihrem Bezirk. [2]Einer Oberfinanzdirektion kann auch die Leitung der Finanzverwaltung eines Landes für mehrere Oberfinanzbezirke übertragen werden. [3]Die Oberfinanzdirektionen können weitere Aufgaben erledigen.

(2) [1]Die Oberfinanzdirektionen können sich in eine Besitz- und Verkehrsteuerabteilung und eine Landesbauabteilung oder Landesvermögens- und Bauabteilung gliedern. [2]Außerdem können weitere Landesabteilungen oder andere Organisationseinheiten des Landes eingerichtet werden.

(3) [1]Durch Rechtsverordnung können Aufgaben einer Oberfinanzdirektion für den ganzen Bezirk oder einen Teil davon auf andere Oberfinanzdirektionen übertragen werden, wenn dadurch der Vollzug der Aufgaben verbessert oder erleichtert wird. [2]Die Rechtsverordnung erlässt die zuständige Landesregierung. [3]Die Landesregierung kann die Ermächtigung auf die für die Finanzverwaltung zuständige oberste Landesbehörde übertragen.

(4) [1]Die Besitz- und Verkehrsteuerabteilung leitet die Durchführung der Aufgaben, für deren Erledigung die Finanzämter zuständig sind. [2]Außerdem erledigt sie die ihr sonst übertragenen Aufgaben.

§ 9.[4] *(aufgehoben)*

§ 9 a.[5] Leitung der Oberfinanzdirektionen. [1]Der Oberfinanzpräsident oder die Oberfinanzpräsidentin leitet die jeweilige Oberfinanzdirektion. [2]Ihm

---

[1] § 7 Abs. 1 aufgeh. mWv 1. 1. 2016 durch G v. 3. 12. 2015 (BGBl. I S. 2178).
[2] § 8 aufgeh. mWv 1. 1. 2016 durch G v. 3. 12. 2015 (BGBl. I S. 2178).
[3] § 8 a eingef. mWv 1. 1. 2008 durch G v. 13. 12. 2007 (BGBl. I S. 2897).
[4] § 9 aufgeh. mWv 1. 1. 2016 durch G v. 3. 12. 2015 (BGBl. I S. 2178).
[5] § 9 a eingef. mWv 1. 1. 2008 durch G v. 13. 12. 2007 (BGBl. I S. 2897).

oder ihr kann auch die Leitung einer Abteilung übertragen werden. 3 Er oder sie wird auf Vorschlag der für die Finanzverwaltung zuständigen obersten Landesbehörde im Einvernehmen mit der Bundesregierung durch die zuständige Stelle des Landes ernannt und entlassen.

§ 10.[1] *(aufgehoben)*

§ 10 a[2] **Landeskassen.** 1 Werden oder sind bei einer Oberfinanzdirektion eine oder mehrere Landeskassen errichtet, so kann eine Landeskasse Kassengeschäfte für mehrere Oberfinanzbezirke oder für Teile davon wahrnehmen. 2 Die Landeskassen können unmittelbar dem zuständigen Oberfinanzpräsidenten oder der zuständigen Oberfinanzpräsidentin unterstellt werden.

§ 11.[3] *(aufgehoben)*

Abschnitt IV. Örtliche Behörden

§ 12[4] **Bezirk und Sitz der Hauptzollämter und Zollfahndungsämter sowie Aufgaben der Hauptzollämter.** (1) Die Generalzolldirektion bestimmt den Bezirk und den Sitz der Hauptzollämter und der Zollfahndungsämter.

(2) Die Hauptzollämter sind als örtliche Bundesbehörden für die Verwaltung der Zölle, der bundesgesetzlich geregelten Verbrauchsteuern einschließlich der Einfuhrumsatzsteuer und der Biersteuer, der Luftverkehrsteuer, der Kraftfahrzeugsteuer, der Abgaben im Rahmen der Europäischen Gemeinschaften, für die zollamtliche Überwachung des Warenverkehrs über die Grenze, für die Grenzaufsicht, für die Bekämpfung der Schwarzarbeit und der illegalen Beschäftigung und für die ihnen sonst übertragenen Aufgaben zuständig.

(3) 1 Das Bundesministerium der Finanzen kann durch Rechtsverordnung ohne Zustimmung des Bundesrates die Zuständigkeit eines Hauptzollamts nach Absatz 2 auf einzelne Aufgaben beschränken oder Zuständigkeiten nach Absatz 2 einem Hauptzollamt für den Bereich mehrerer Hauptzollämter übertragen, wenn dadurch der Vollzug der Aufgaben verbessert oder erleichtert wird. 2 Das Bundesministerium der Finanzen kann die Ermächtigung nach Satz 1 durch Rechtsverordnung auf die Generalzolldirektion übertragen.

§§ 12 a–12 d.[5] (weggefallen)

---

[1] § 10 aufgeh. mWv 1. 1. 2016 durch G v. 3. 12. 2015 (BGBl. I S. 2178).

[2] § 10 a eingef. mWv 1. 1. 2008 durch G v. 13. 12. 2007 (BGBl. I S. 2897).

[3] § 11 aufgeh. mWv 1. 1. 2008 durch G v. 13. 12. 2007 (BGBl. I S. 2897).

[4] § 12 Abs. 2 geänd. mWv 1. 1. 2008 durch G v. 13. 12. 2007 (BGBl. I S. 2897); Abs. 2 geänd. mWv 30. 6. 2013, Abs. 2 geänd. mWv 1. 7. 2014, Abs. 4 angef. mWv 30. 6. 2013 und wieder aufgeh. mWv 1. 7. 2014 durch G v. 26. 6. 2013 (BGBl. I S. 1809); Abs. 1 geänd., Abs. 3 Satz 2 angef. mWv 1. 1. 2016 durch G v. 3. 12. 2015 (BGBl. I S. 2178).

[5] Siehe nunmehr §§ 12 a–12 c und § 31 a ZollVG **(Zölle und Verbrauchsteuern Nr. 100).**

§ 13 Beistandspflicht der Ortsbehörden. (1) Die Gemeindebehörden, die Ortspolizeibehörden und die sonstigen Ortsbehörden haben den Hauptzollämtern auch neben der in § 111 der Abgabenordnung vorgesehenen Beistandspflicht Hilfe zu leisten, soweit dies wegen ihrer Kenntnis der örtlichen Verhältnisse oder zur Ersparung von Kosten oder Zeit zweckmäßig ist.

(2) Für Hilfeleistungen nach Absatz 1 werden Entschädigungen nicht gewährt.

§§ 14–16. (weggefallen)

§ 17 Bezirk, Sitz und Aufgaben der Finanzämter. (1) Die für die Finanzverwaltung zuständige oberste Landesbehörde bestimmt den Bezirk und den Sitz der Finanzämter.

(2)[1] [1]Die Finanzämter sind als örtliche Landesbehörden für die Verwaltung der Steuern mit Ausnahme der Kraftfahrzeugsteuer, der sonstigen auf motorisierte Verkehrsmittel bezogenen Verkehrsteuern, der Zölle und der bundesgesetzlich geregelten Verbrauchsteuern (§ 12) zuständig, soweit die Verwaltung nicht auf Grund des Artikels 108 Absatz 4 Satz 1 des Grundgesetzes den Bundesfinanzbehörden oder auf Grund des Artikels 108 Absatz 4 Satz 2 des Grundgesetzes den Gemeinden (Gemeindeverbänden) übertragen worden ist. [2]Sie sind ferner für die ihnen sonst übertragenen Aufgaben zuständig. [3]Soweit es sich um Aufgaben der Finanzverwaltung handelt und der Vollzug der Aufgaben verbessert oder erleichtert wird, kann die zuständige Landesregierung durch Rechtsverordnung

1. die Zuständigkeit eines Finanzamts oder einer besonderen Landesfinanzbehörde (§ 2 Absatz 3) auf einzelne Aufgaben beschränken,
2. einem Finanzamt oder einer besonderen Landesfinanzbehörde (§ 2 Absatz 3) Zuständigkeiten für die Bezirke mehrerer Finanzämter übertragen oder
3. einer Landesoberbehörde (§ 6) die landesweite Zuständigkeit für Kassengeschäfte und das Erhebungsverfahren einschließlich der Vollstreckung übertragen.

[4]Die Landesregierung kann die Ermächtigung durch Rechtsverordnung auf die für die Finanzverwaltung zuständige oberste Landesbehörde übertragen.

(3) [1]Wenn im Besteuerungsverfahren automatische Einrichtungen eingesetzt werden, können durch Rechtsverordnung der zuständigen Landesregierung damit zusammenhängende Steuerverwaltungstätigkeiten auf ein nach § 2 Abs. 2 eingerichtetes Rechenzentrum übertragen werden. [2]Dieses handelt insoweit für das jeweils örtlich zuständige Finanzamt. [3]Absatz 2 Satz 4 gilt entsprechend.

(4) Auf Grund eines Staatsvertrages zwischen mehreren Ländern können Zuständigkeiten nach Absatz 2 Satz 1 und 2 auf ein Finanzamt, ein nach § 2 Abs. 2 eingerichtetes Rechenzentrum der Landesfinanzverwaltung oder eine

---

[1] § 17 Abs. 2 Satz 1 neu gef. mWv 1. 7. 2009 durch G v. 29. 5. 2009 (BGBl. I S. 1170); Abs. 2 Satz 3 neu gef. mWv 6. 11. 2015 durch G v. 2. 11. 2015 (BGBl. I S. 1834).

besondere Landesfinanzbehörde (§ 2 Abs. 3) außerhalb des Landes übertragen werden.

Abschnitt V. Zusammenwirken von Bundes- und Landesfinanzbehörden

§ 18[1)] Verwaltung der Umsatzsteuer *und der Kraftfahrzeugsteuer.* [1]Die Hauptzollämter und ihre Dienststellen wirken bei der Verwaltung der Umsatzsteuer *und der Kraftfahrzeugsteuer* nach Maßgabe der für diese Steuer geltenden Vorschriften mit. [2]Sie handeln hierbei für die Finanzbehörde, die für die Besteuerung *jeweils* örtlich zuständig ist.

§ 18 a.[2)] *(aufgehoben)*

§ 19 Mitwirkung des Bundeszentralamtes für Steuern an Außenprüfungen. (1) [1]Das Bundeszentralamt für Steuern ist zur Mitwirkung an Außenprüfungen berechtigt, die durch Landesfinanzbehörden durchgeführt werden. [2]Es kann verlangen, dass bestimmte von ihm namhaft gemachte Betriebe zu einem bestimmten Zeitpunkt geprüft werden.

(2)[3)] [1]Das Bundeszentralamt für Steuern bestimmt Art und Umfang seiner Mitwirkung. [2]Die Landesfinanzbehörden machen dem Bundeszentralamt für Steuern auf Anforderung alle den Prüfungsfall betreffenden Unterlagen zugänglich und erteilen die erforderlichen Auskünfte.

(3) [1]Im Einvernehmen mit den zuständigen Landesfinanzbehörden kann das Bundeszentralamt für Steuern im Auftrag des zuständigen Finanzamtes Außenprüfungen durchführen. [2]Das gilt insbesondere bei Prüfungen von Auslandsbeziehungen und bei Prüfungen, die sich über das Gebiet eines Landes hinaus erstrecken.

(4)[4)] [1]Ist bei der Auswertung des Prüfungsberichts oder im Rechtsbehelfsverfahren beabsichtigt, von den Feststellungen des Bundeszentralamts für Steuern abzuweichen, so ist hierüber Einvernehmen mit dem Bundeszentralamt für Steuern zu erzielen. [2]Dies gilt auch für die in diesen Fällen zu erteilenden verbindlichen Zusagen nach § 204 der Abgabenordnung. [3]Wird kein Einvernehmen erzielt, kann die Frage dem Bundesministerium der Finanzen zur Entscheidung vorgelegt werden.

(5)[5)] [1]Das Bundeszentralamt für Steuern kann verlangen, dass bestimmte von ihm namhaft gemachte Steuerpflichtige, die nach § 193 der Abgabenord-

---

[1)] § 18 neu gef. mWv 1. 7. 2009 durch G v. 29. 5. 2009 (BGBl. I S. 1170); kursive Satzteile aufgeh. u. geänd. mWv 1. 7. 2014 durch G v. 26. 6. 2013 (BGBl. I S. 1809).

[2)] § 18 a eingef. mWv 1. 7. 2009 durch G v. 29. 5. 2009 (BGBl. I S. 1170) und aufgeh. mWv 1. 1. 2016 durch G v. 3. 12. 2015 (BGBl. I S. 2178).

[3)] § 19 Abs. 2 Satz 1 mWv 18. 8. 2009 durch G v. 10. 8. 2009 (BGBl. I S. 2702).

[4)] § 19 Abs. 4 angef. mWv 12. 9. 2006 durch G v. 5. 9. 2006 (BGBl. I S. 2098), Abs. 4 neu gef. mWv 18. 8. 2009 durch G v. 10. 8. 2009 (BGBl. I S. 2702).

[5)] § 19 Abs. 5 angef. mWv 12. 9. 2006 durch G v. 5. 9. 2006 (BGBl. I S. 2098), Satz 1 geänd. mWv 18. 8. 2009 durch G v. 10. 8. 2009 (BGBl. I S. 2702).

nung der Außenprüfung unterliegen, geprüft werden und Regelungen zur Durchführung und zu Inhalten der Außenprüfung dieser Steuerpflichtigen festlegen. 2 Es wirkt in diesen Fällen an der jeweiligen Außenprüfung mit. 3 Dies gilt insbesondere in Fällen, in denen die Gleichmäßigkeit der Rechtsanwendung in mehreren Betrieben sicherzustellen ist, sowie in den Fällen des Absatzes 3 Satz 2.

§ 20 Einsatz von automatischen Einrichtungen. (1)[1] 1 Die für die Finanzverwaltung zuständigen obersten Landesbehörden bestimmen Art, Umfang und Organisation des Einsatzes der automatischen Einrichtungen für die Festsetzung und Erhebung von Steuern, die von den Landesfinanzbehörden verwaltet werden; zur Gewährleistung gleicher Programmergebnisse und eines ausgewogenen Leistungsstandes ist Einvernehmen mit dem Bundesministerium der Finanzen herbeizuführen. 2 Das Bundesministerium der Finanzen kann zur Verbesserung oder Erleichterung des gleichmäßigen Vollzugs der Steuergesetze den bundeseinheitlichen Einsatz eines bestimmten Programms für die automatisierte Datenverarbeitung anweisen, wenn nicht die Mehrzahl der Länder dagegen Einwendungen erhebt. 3 Im Falle einer Anweisung sind die Länder verpflichtet, die technischen und organisatorischen Einsatzvoraussetzungen dafür zu schaffen.

(2)[2] 1 Die für die Finanzverwaltung zuständigen obersten Landesbehörden können technische Hilfstätigkeiten durch automatische Einrichtungen der Finanzbehörden des Bundes, eines anderen Landes oder anderer Verwaltungsträger verrichten lassen. 2 Das Bundesministerium der Finanzen kann technische Hilfstätigkeiten durch automatische Einrichtungen der Finanzbehörden eines Landes oder anderer Verwaltungsträger verrichten lassen. 3 In diesen Fällen ist sicherzustellen, dass die technischen Hilfstätigkeiten entsprechend den fachlichen Weisungen der für die Finanzverwaltung zuständigen obersten Behörde oder der von ihr bestimmten Finanzbehörde der Gebietskörperschaft verrichtet werden, die die Aufgabenwahrnehmung übertragen hat.

§ 21 Auskunfts- und Teilnahmerechte. (1) 1 Soweit die den Ländern zustehenden Steuern von Bundesfinanzbehörden verwaltet werden, haben die für die Finanzverwaltung zuständigen obersten Landesbehörden das Recht, sich über die für diese Steuern erheblichen Vorgänge bei den zuständigen Bundesfinanzbehörden zu unterrichten. 2 Zu diesem Zweck steht ihnen das Recht auf Akteneinsicht und auf mündliche und schriftliche Auskunft zu.

(2) Die für die Finanzverwaltung zuständigen obersten Landesbehörden sind berechtigt, durch Landesbedienstete an Außenprüfungen teilzunehmen, die durch Bundesfinanzbehörden durchgeführt werden und die in Absatz 1 genannten Steuern betreffen.

(3) 1 Die in den Absätzen 1 und 2 genannten Rechte stehen den Gemeinden hinsichtlich der Realsteuern insoweit zu, als diese von den Landesfinanzbehörden verwaltet werden. 2 Die Gemeinden sind jedoch abweichend von

[1] § 20 Abs. 1 Sätze 2 und 3 angef. mWv 12. 9. 2006 durch G v. 5. 9. 2006 (BGBl. I S. 2098).
[2] § 20 Abs. 2 neu gef. mWv 1. 1. 2009 durch G v. 19. 12. 2008 (BGBl. I S. 2794).

Absatz 2 nur dann berechtigt, durch Gemeindebedienstete an Außenprüfungen bei Steuerpflichtigen teilzunehmen, wenn diese in der Gemeinde eine Betriebstätte unterhalten oder Grundbesitz haben und die Außenprüfungen im Gemeindebezirk erfolgen.

(4) Das Bundeszentralamt für Steuern, die Familienkassen, soweit sie den Familienleistungsausgleich nach Maßgabe der §§ 31 und 62 bis 78 des Einkommensteuergesetzes durchführen, und die Landesfinanzbehörden stellen sich gegenseitig die für die Durchführung des § 31 des Einkommensteuergesetzes erforderlichen Daten und Auskünfte zur Verfügung.

(5)[1] Das Bundeszentralamt für Steuern, die Deutsche Rentenversicherung Knappschaft-Bahn-See als Träger der knappschaftlichen Rentenversicherung, soweit sie den Einzug der einheitlichen Pauschalsteuer nach § 40 a Abs. 2 des Einkommensteuergesetzes durchführt, und die Landesfinanzbehörden stellen sich gegenseitig die für die Durchführung des § 40 a Abs. 6 des Einkommensteuergesetzes erforderlichen Daten und Auskünfte zur Verfügung.

(6)[2] Soweit die dem Bund ganz oder zum Teil zufließenden Steuern von Landesfinanzbehörden verwaltet werden, stellen die Länder den Bundesfinanzbehörden anonymisierte Daten des Steuervollzugs zur eigenständigen Auswertung insbesondere für Zwecke der Gesetzesfolgenabschätzung zur Verfügung.

§ 21 a[3] Allgemeine Verfahrensgrundsätze. (1) [1] Zur Verbesserung und Erleichterung des Vollzugs von Steuergesetzen und im Interesse des Zieles der Gleichmäßigkeit der Besteuerung bestimmt das Bundesministerium der Finanzen mit Zustimmung der obersten Finanzbehörden der Länder einheitliche Verwaltungsgrundsätze, Regelungen zur Zusammenarbeit des Bundes mit den Ländern und erteilt allgemeine fachliche Weisungen. [2] Die Zustimmung gilt als erteilt, wenn eine Mehrheit der Länder nicht widerspricht. [3] Initiativen zur Festlegung der Angelegenheiten des Satzes 1 kann das Bundesministerium der Finanzen allein oder auf gemeinsame Veranlassung von mindestens vier Ländern ergreifen.

(2) [1] Die oberste Finanzbehörde jedes Landes vereinbart mit dem Bundesministerium der Finanzen bilateral Vollzugsziele für die Steuerverwaltung des Landes auf der Grundlage eines vom Bundesministerium der Finanzen mit Zustimmung der obersten Finanzbehörden der Länder bestimmten Rahmenkatalogs maßgebender Leistungskennzahlen. [2] Die Zustimmung gilt als erteilt, wenn eine Mehrheit der Länder nicht widerspricht.

(3) [1] Die obersten Finanzbehörden des Bundes und der Länder überprüfen regelmäßig die Erfüllung der vereinbarten Vollzugsziele. [2] Hierzu übermitteln die obersten Finanzbehörden der Länder dem Bundesministerium der Finanzen die erforderlichen Daten.

(4) Vereinbarungen nach Absatz 2 sind für die obersten Finanzbehörden des Bundes und der Länder verbindlich.

---

[1] § 21 Abs. 5 geänd. mWv 30. 6. 2013 durch G v. 26. 6. 2013 (BGBl. I S. 1809).

[2] § 21 Abs. 6 angef. mWv 18. 8. 2009 durch G v. 10. 8. 2009 (BGBl. I S. 2702).

[3] § 21 a eingef. mWv 12. 9. 2006 durch G v. 5. 9. 2006 (BGBl. I S. 2098), neu gef. mWv 18. 8. 2009 durch G v. 10. 8. 2009 (BGBl. I S. 2702).

Abschnitt VI. Übergangsregelungen aus Anlass des Zweiten Gesetzes zur Änderung des Finanzverwaltungsgesetzes und anderer Gesetze vom 13. Dezember 2007

§ 22[1)] Dienstrechtliche Folgen und Regelung der Versorgungslasten. (1) [1] Für die am 31. Dezember 2007 vorhandenen Oberfinanzpräsidenten und Oberfinanzpräsidentinnen der Oberfinanzdirektionen Chemnitz, Hannover, Karlsruhe und Koblenz endet das Beamtenverhältnis zur Bundesrepublik Deutschland mit Ablauf dieses Tages. [2] § 107b des Beamtenversorgungsgesetzes in der Fassung der Bekanntmachung vom 24. Februar 2010 (BGBl. I S. 150) gilt entsprechend mit der Maßgabe, dass der in § 107b Absatz 1 Satz 1 des Beamtenversorgungsgesetzes genannte Dienstherrenwechsel sowie der dort genannte Zeitraum von mindestens fünf Jahren unberücksichtigt bleiben und dass abgeleistete ruhegehaltfähige Dienstzeiten, in denen die Oberfinanzpräsidenten oder Oberfinanzpräsidentinnen sowohl beim Bund als auch beim Land beamtet waren, vom Bund und vom Land je zur Hälfte getragen werden. [3] Für die Zeit ab 1. Januar 2008 trägt das jeweilige Bundesland, dem die genannte Oberfinanzdirektion untersteht, die vollen Versorgungslasten.

(2) Für die übrigen Personen, die

1. das Amt des Oberfinanzpräsidenten oder der Oberfinanzpräsidentin am oder vor dem 31. Dezember 2007 innehatten und
2. an diesem Tag noch nicht im Ruhestand waren,

gilt Absatz 1 Satz 2 entsprechend.

§ 23[2)] Übergangsregelung Kosten der Oberfinanzdirektion. Die Kosten der Oberfinanzdirektion werden vom Bund getragen, soweit sie auf den Bund entfallen.

Abschnitt VII. Überleitungs- und Übergangsregelungen aus Anlass des Gesetzes zur Neuorganisation der Zollverwaltung vom 3. Dezember 2015 (BGBl. I S. 2178)[3)]

§ 24[4)] Überleitung der Beschäftigten der Bundesfinanzdirektionen, des Zollkriminalamtes und des Bildungs- und Wissenschaftszentrums der Bundesfinanzverwaltung. [1] Auf Grund der mit Inkrafttreten des Gesetzes zur

---

1) § 22 Abs. 1 Satz 2 geänd., Abs. 2 neu gef. mWv 1. 1. 2011 (Art. 6 Abs. 2 Satz 2 des G v. 5. 9. 2010 iVm Bek. v. 8. 10. 2010, BGBl. I S. 1404) durch G v. 5. 9. 2010 (BGBl. I S. 1288).

2) § 23 neu gef. mWv 1. 1. 2016 durch G v. 3. 12. 2015 (BGBl. I S. 2178).

3) Überschr. eingef. mWv 1. 1. 2016 durch G v. 3. 12. 2015 (BGBl. I S. 2178).

4) § 24 neu gef. mWv 1. 1. 2016 durch G v. 3. 12. 2015 (BGBl. I S. 2178).

Neuorganisation der Zollverwaltung vom 3. Dezember 2015 (BGBl. I S. 2178) vollzogenen Überführung der Bundesfinanzdirektionen Nord, Mitte, West, Südwest und Südost, des Zollkriminalamtes und des Bildungs- und Wissenschaftszentrums der Bundesfinanzverwaltung in die Generalzolldirektion sind die Beamtinnen und Beamten sowie die Arbeitnehmerinnen und Arbeitnehmer, die bei diesen Bundesfinanzdirektionen, dem Zollkriminalamt oder dem Bildungs- und Wissenschaftszentrum der Bundesfinanzverwaltung am 31. Dezember 2015 beschäftigt waren, ab dem 1. Januar 2016 Beschäftigte der Generalzolldirektion. [2] Satz 1 gilt für die Auszubildenden bei den zuvor genannten Behörden entsprechend.

§ 25[1)] Übergangsregelung Personalvertretung, Jugend- und Auszubildendenvertretung. (1) [1] Die erstmaligen Wahlen zu den Personalvertretungen finden bei der Generalzolldirektion spätestens bis zum 31. Mai 2016 statt. [2] Bis zu diesen Wahlen werden die Personalratsaufgaben des örtlichen Personalrats und des Bezirkspersonalrats übergangsweise vom Hauptpersonalrat beim Bundesministerium der Finanzen wahrgenommen.

(2) Die am 31. Dezember 2015 bestehenden Dienstvereinbarungen zwischen den aufgelösten Dienststellen und den dort gebildeten Personalvertretungen gelten bis zum Abschluss neuer Dienstvereinbarungen fort, längstens aber für die Dauer von 18 Monaten.

(3) [1] Für die Jugend- und Auszubildendenvertretungen bei der Generalzolldirektion gelten die Absätze 1 und 2 entsprechend. [2] Bis zu den erstmaligen Wahlen werden die Aufgaben der örtlichen Jugend und Auszubildendenvertretung und der Bezirksjugend- und Auszubildendenvertretung übergangsweise von der Hauptjugend- und Auszubildendenvertretung beim Bundesministerium der Finanzen wahrgenommen.

§ 26[2)] Übergangsregelung Schwerbehindertenvertretung. (1) [1] Die erstmaligen Wahlen zur örtlichen Schwerbehindertenvertretung nach dem Neunten Buch Sozialgesetzbuch finden in der Generalzolldirektion spätestens bis zum 30. Juni 2016 statt. [2] Bis die Schwerbehindertenvertretung ihre Tätigkeit aufnimmt, werden deren Aufgaben übergangsweise von der Hauptschwerbehindertenvertretung im Geschäftsbereich des Bundesministeriums der Finanzen wahrgenommen. [3] Die Hauptvertrauensperson der schwerbehinderten Menschen in der Bundesfinanzverwaltung bestellt unter Beachtung der gesetzlichen Bestimmungen unverzüglich den Wahlvorstand für die erstmaligen Wahlen nach Satz 1.

(2) [1] Die erstmalige Wahl zur Bezirksschwerbehindertenvertretung nach dem Neunten Buch Sozialgesetzbuch findet in der Generalzolldirektion zeitnah nach den Wahlen zur örtlichen Schwerbehindertenvertretung, spätestens bis zum 30. September 2016 statt. [2] Bis die Bezirksschwerbehindertenvertretung ihre Tätigkeit aufnimmt, werden deren Aufgaben übergangsweise von der Hauptschwerbehindertenvertretung im Geschäftsbereich des Bundesmi-

---

1) § 25 neu gef. mWv 1. 1. 2016 durch G v. 3. 12. 2015 (BGBl. I S. 2178).
2) § 26 neu gef. mWv 1. 1. 2016 durch G v. 3. 12. 2015 (BGBl. I S. 2178).

nisteriums der Finanzen wahrgenommen. [3]Die Hauptvertrauensperson der schwerbehinderten Menschen in der Bundesfinanzverwaltung bestellt unverzüglich den Wahlvorstand für die erstmalige Wahl nach Satz 1.

§ 27[1)] Übergangsregelung Gleichstellungsbeauftragte. (1) Die erstmalige Wahl der Gleichstellungsbeauftragten der Generalzolldirektion sowie der Stellvertreterinnen findet spätestens bis zum 31. März 2016 statt.

(2) [1]Bis zur erstmaligen Wahl führen die bisherigen Gleichstellungsbeauftragten der Bundesfinanzdirektionen, des Zollkriminalamtes und des Bildungs- und Wissenschaftszentrums der Bundesfinanzverwaltung sowie die Stellvertreterinnen ihr Amt bei der Generalzolldirektion fort. [2]Bis zur erstmaligen Wahl bleiben sie für die Beschäftigten derjenigen Dienststellen zuständig, für die sie vor der Einrichtung der Generalzolldirektion zuständig waren. [3]Sofern Entscheidungen getroffen und Maßnahmen durchgeführt werden, die die gesamte Generalzolldirektion betreffen, sind bis zur erstmaligen Wahl alle bisherigen Gleichstellungsbeauftragten zu beteiligen.

[1)] § 27 neu gef. mWv 1. 1. 2016 durch G v. 3. 12. 2015 (BGBl. I S. 2178).

805. Verwaltungszustellungsgesetz (VwZG)

Vom 12. August 2005 (BGBl. I S. 2354)[1)·2)]

Geändert durch Gesetz zur Modernisierung des GmbH-Rechts und zur Bekämpfung von Missbräuchen vom 23. 10. 2008 (BGBl. I S. 2026), Viertes Gesetz zur Änderung verwaltungsverfahrensrechtlicher Vorschriften vom 11. 12. 2008 (BGBl. I S. 2418), Gesetz zur Regelung von De-Mail-Diensten und zur Änderung weiterer Vorschriften vom 28. 4. 2011 (BGBl. I S. 666), Gesetz zur Änderung von Vorschriften über Verkündung und Bekanntmachungen sowie der Zivilprozessordnung, des Gesetzes betreffend die Einführung der Zivilprozessordnung und der Abgabenordnung vom 22. 12. 2011 (BGBl. I S. 3044) und Gesetz zur Förderung des elektronischen Rechtsverkehrs mit den Gerichten vom 10. 10. 2013 (BGBl. I S. 3786)

BGBl. III/FNA 201-3

§ 1 Anwendungsbereich. (1) Die Vorschriften dieses Gesetzes gelten für das Zustellungsverfahren der Bundesbehörden, der bundesunmittelbaren Körperschaften, Anstalten und Stiftungen des öffentlichen Rechts und der Landesfinanzbehörden.

(2) Zugestellt wird, soweit dies durch Rechtsvorschrift oder behördliche Anordnung bestimmt ist.

§ 2[3)] Allgemeines. (1) Zustellung ist die Bekanntgabe eines schriftlichen oder elektronischen Dokuments in der in diesem Gesetz bestimmten Form.

(2) [1]Die Zustellung wird durch einen Erbringer von Postdienstleistungen (Post), einem nach § 17 des De-Mail-Gesetzes akkreditierten Diensteanbieter oder durch die Behörde ausgeführt. [2]Daneben gelten die in den §§ 9 und 10 geregelten Sonderarten der Zustellung.

(3) [1]Die Behörde hat die Wahl zwischen den einzelnen Zustellungsarten. [2]§ 5 Absatz 5 Satz 2 bleibt unberührt.

§ 3 Zustellung durch die Post mit Zustellungsurkunde. (1) Soll durch die Post mit Zustellungsurkunde zugestellt werden, übergibt die Behörde der Post den Zustellungsauftrag, das zuzustellende Dokument in einem verschlossenen Umschlag und einen vorbereiteten Vordruck einer Zustellungsurkunde.

(2) [1]Für die Ausführung der Zustellung gelten die §§ 177 bis 182 der Zivilprozessordnung entsprechend. [2]Im Fall des § 181 Abs. 1 der Zivilprozessordnung kann das zuzustellende Dokument bei einer von der Post dafür bestimmten Stelle am Ort der Zustellung oder am Ort des Amtsgerichts, in dessen Bezirk der Ort der Zustellung liegt, niedergelegt werden oder bei der Behörde, die den Zustellungsauftrag erteilt hat, wenn sie ihren Sitz an einem der

---

[1)] Das Verwaltungszustellungsgesetz ist als Art. 1 des Gesetzes zur Novellierung des Verwaltungszustellungsrechts v. 12. 8. 2005 (BGBl. I S. 2354) verkündet worden.

[2)] **In Kraft ab 1. 2. 2006.**

[3)] § 2 Abs. 3 Satz 2 angef. mWv 18. 12. 2008 durch G v. 11. 12. 2008 (BGBl. I S. 2418); Abs. 2 Satz 1 geänd., Abs. 3 Satz 2 neu gef. mWv 3. 5. 2011 durch G v. 28. 4. 2011 (BGBl. I S. 666).

vorbezeichneten Orte hat. [3]Für die Zustellungsurkunde, den Zustellungsauftrag, den verschlossenen Umschlag nach Absatz 1 und die schriftliche Mitteilung nach § 181 Abs. 1 Satz 3 der Zivilprozessordnung sind die Vordrucke nach der Zustellungsvordruckverordnung zu verwenden.

§ 4 Zustellung durch die Post mittels Einschreiben. (1) Ein Dokument kann durch die Post mittels Einschreiben durch Übergabe oder mittels Einschreiben mit Rückschein zugestellt werden.

(2) [1]Zum Nachweis der Zustellung genügt der Rückschein. [2]Im Übrigen gilt das Dokument am dritten Tag nach der Aufgabe zur Post als zugestellt, es sei denn, dass es nicht oder zu einem späteren Zeitpunkt zugegangen ist. [3]Im Zweifel hat die Behörde den Zugang und dessen Zeitpunkt nachzuweisen. [4]Der Tag der Aufgabe zur Post ist in den Akten zu vermerken.

§ 5[1)] Zustellung durch die Behörde gegen Empfangsbekenntnis; elektronische Zustellung. (1) [1]Bei der Zustellung durch die Behörde händigt der zustellende Bedienstete das Dokument dem Empfänger in einem verschlossenen Umschlag aus. [2]Das Dokument kann auch offen ausgehändigt werden, wenn keine schutzwürdigen Interessen des Empfängers entgegenstehen. [3]Der Empfänger hat ein mit dem Datum der Aushändigung versehenes Empfangsbekenntnis zu unterschreiben. [4]Der Bedienstete vermerkt das Datum der Zustellung auf dem Umschlag des auszuhändigenden Dokuments oder bei offener Aushändigung auf dem Dokument selbst.

(2) [1]Die §§ 177 bis 181 der Zivilprozessordnung sind anzuwenden. [2]Zum Nachweis der Zustellung ist in den Akten zu vermerken:

1. im Fall der Ersatzzustellung in der Wohnung, in Geschäftsräumen und Einrichtungen nach § 178 der Zivilprozessordnung der Grund, der diese Art der Zustellung rechtfertigt,
2. im Fall der Zustellung bei verweigerter Annahme nach § 179 der Zivilprozessordnung, wer die Annahme verweigert hat und dass das Dokument am Ort der Zustellung zurückgelassen oder an den Absender zurückgesandt wurde sowie der Zeitpunkt und der Ort der verweigerten Annahme,
3. in den Fällen der Ersatzzustellung nach den §§ 180 und 181 der Zivilprozessordnung der Grund der Ersatzzustellung sowie wann und wo das Dokument in einen Briefkasten eingelegt oder sonst niedergelegt und in welcher Weise die Niederlegung schriftlich mitgeteilt wurde.

[3]Im Fall des § 181 Abs. 1 der Zivilprozessordnung kann das zuzustellende Dokument bei der Behörde, die den Zustellungsauftrag erteilt hat, niedergelegt werden, wenn diese Behörde ihren Sitz am Ort der Zustellung oder am Ort des Amtsgerichts hat, in dessen Bezirk der Ort der Zustellung liegt.

(3) [1]Zur Nachtzeit, an Sonntagen und allgemeinen Feiertagen darf nach den Absätzen 1 und 2 im Inland nur mit schriftlicher oder elektronischer Erlaubnis des Behördenleiters zugestellt werden. [2]Die Nachtzeit umfasst die

[1)] § 5 Überschr. geänd. mWv 3. 5. 2011 durch G v. 28. 4. 2011 (BGBl. I S. 666).

Stunden von 21 bis 6 Uhr. [3]Die Erlaubnis ist bei der Zustellung abschriftlich mitzuteilen. [4]Eine Zustellung, bei der diese Vorschriften nicht beachtet sind, ist wirksam, wenn die Annahme nicht verweigert wird.

(4)[1)] Das Dokument kann an Behörden, Körperschaften, Anstalten und Stiftungen des öffentlichen Rechts, an Rechtsanwälte, Patentanwälte, Notare, Steuerberater, Steuerbevollmächtigte, Wirtschaftsprüfer, vereidigte Buchprüfer, Steuerberatungsgesellschaften, Wirtschaftsprüfungsgesellschaften und Buchprüfungsgesellschaften auch auf andere Weise, auch elektronisch, gegen Empfangsbekenntnis zugestellt werden.

(5)[2)] [1]Ein elektronisches Dokument kann im Übrigen unbeschadet des Absatzes 4 elektronisch zugestellt werden, soweit der Empfänger hierfür einen Zugang eröffnet. [2]Es ist elektronisch zuzustellen, wenn auf Grund einer Rechtsvorschrift ein Verfahren auf Verlangen des Empfängers in elektronischer Form abgewickelt wird. [3]Für die Übermittlung ist das Dokument mit einer qualifizierten elektronischen Signatur nach dem Signaturgesetz zu versehen und gegen unbefugte Kenntnisnahme Dritter zu schützen.

(6)[2)] [1]Bei der elektronischen Zustellung ist die Übermittlung mit dem Hinweis „Zustellung gegen Empfangsbekenntnis" einzuleiten. [2]Die Übermittlung muss die absendende Behörde, den Namen und die Anschrift des Zustellungsadressaten sowie den Namen des Bediensteten erkennen lassen, der das Dokument zur Übermittlung aufgegeben hat.

(7)[2)] [1]Zum Nachweis der Zustellung nach den Absätzen 4 und 5 genügt das mit Datum und Unterschrift versehene Empfangsbekenntnis, das an die Behörde durch die Post oder elektronisch zurückzusenden ist. [2]Ein elektronisches Dokument gilt in den Fällen des Absatzes 5 Satz 2 am dritten Tag nach der Absendung an den vom Empfänger hierfür eröffneten Zugang als zugestellt, wenn der Behörde nicht spätestens an diesem Tag ein Empfangsbekenntnis nach Satz 1 zugeht. [3]Satz 2 gilt nicht, wenn der Empfänger nachweist, dass das Dokument nicht oder zu einem späteren Zeitpunkt zugegangen ist. [4]Der Empfänger ist in den Fällen des Absatzes 5 Satz 2 vor der Übermittlung über die Rechtsfolgen nach den Sätzen 2 und 3 zu belehren. [5]Zum Nachweis der Zustellung ist von der absendenden Behörde in den Akten zu vermerken, zu welchem Zeitpunkt und an welchen Zugang das Dokument gesendet wurde. [6]Der Empfänger ist über den Eintritt der Zustellungsfiktion nach Satz 2 zu benachrichtigen.

§ 5 a[3)] Elektronische Zustellung gegen Abholbestätigung über De-Mail-Dienste. (1) [1]Die elektronische Zustellung kann unbeschadet des § 5 Absatz 4 und 5 Satz 1 und 2 durch Übermittlung der nach § 17 des De-Mail-Gesetzes akkreditierten Diensteanbieter gegen Abholbestätigung nach § 5 Absatz 9 des De-Mail-Gesetzes an das De-Mail-Postfach des Empfängers er-

---

[1)] § 5 Abs. 4 bish. Satz 2 aufgeh. mWv 18. 12. 2008 durch G v. 11. 12. 2008 (BGBl. I S. 2418).

[2)] § 5 Abs. 5 neu gef., Abs. 6 und 7 angef. mWv 18. 12. 2008 durch G v. 11. 12. 2008 (BGBl. I S. 2418); Abs. 5 neu gef., Abs. 7 Sätze 2, 3 und 4 geänd. mWv 3. 5. 2011 durch G v. 28. 4. 2011 (BGBl. I S. 666).

[3)] § 5 a eingef. mWv 3. 5. 2011 durch G v. 28. 4. 2011 (BGBl. I S. 666).

folgen. 2 Für die Zustellung nach Satz 1 ist § 5 Absatz 4 und 6 mit der Maßgabe anzuwenden, dass an die Stelle des Empfangsbekenntnisses die Abholbestätigung tritt.

(2) 1 Der nach § 17 des De-Mail-Gesetzes akkreditierte Diensteanbieter hat eine Versandbestätigung nach § 5 Absatz 7 des De-Mail-Gesetzes und eine Abholbestätigung nach § 5 Absatz 9 des De-Mail-Gesetzes zu erzeugen. 2 Er hat diese Bestätigungen unverzüglich der absendenden Behörde zu übermitteln.

(3) 1 Zum Nachweis der elektronischen Zustellung genügt die Abholbestätigung nach § 5 Absatz 9 des De-Mail-Gesetzes. 2 Für diese gelten § 371 Absatz 1 Satz 2 und § 371 a *Absatz 2* [***ab 1. 7. 2014:*** Absatz 3][1] der Zivilprozessordnung.

(4) 1 Ein elektronisches Dokument gilt in den Fällen des § 5 Absatz 5 Satz 2 am dritten Tag nach der Absendung an das De-Mail-Postfach des Empfängers als zugestellt, wenn er dieses Postfach als Zugang eröffnet hat und der Behörde nicht spätestens an diesem Tag eine elektronische Abholbestätigung nach § 5 Absatz 9 des De-Mail-Gesetzes zugeht. 2 Satz 1 gilt nicht, wenn der Empfänger nachweist, dass das Dokument nicht oder zu einem späteren Zeitpunkt zugegangen ist. 3 Der Empfänger ist in den Fällen des § 5 Absatz 5 Satz 2 vor der Übermittlung über die Rechtsfolgen nach den Sätzen 1 und 2 zu belehren. 4 Als Nachweis der Zustellung nach Satz 1 dient die Versandbestätigung nach § 5 Absatz 7 des De-Mail-Gesetzes oder ein Vermerk der absendenden Behörde in den Akten, zu welchem Zeitpunkt und an welches De-Mail-Postfach das Dokument gesendet wurde. 5 Der Empfänger ist über den Eintritt der Zustellungsfiktion nach Satz 1 elektronisch zu benachrichtigen.

§ 6 Zustellung an gesetzliche Vertreter. (1) 1 Bei Geschäftsunfähigen oder beschränkt Geschäftsfähigen ist an ihre gesetzlichen Vertreter zuzustellen. 2 Gleiches gilt bei Personen, für die ein Betreuer bestellt ist, soweit der Aufgabenkreis des Betreuers reicht.

(2) 1 Bei Behörden wird an den Behördenleiter, bei juristischen Personen, nicht rechtsfähigen Personenvereinigungen und Zweckvermögen an ihre gesetzlichen Vertreter zugestellt. 2 § 34 Abs. 2 der Abgabenordnung bleibt unberührt.

(3) Bei mehreren gesetzlichen Vertretern oder Behördenleitern genügt die Zustellung an einen von ihnen.

(4) Der zustellende Bedienstete braucht nicht zu prüfen, ob die Anschrift den Vorschriften der Absätze 1 bis 3 entspricht.

§ 7 Zustellung an Bevollmächtigte. (1) 1 Zustellungen können an den allgemeinen oder für bestimmte Angelegenheiten bestellten Bevollmächtigten gerichtet werden. 2 Sie sind an ihn zu richten, wenn er schriftliche Vollmacht vorgelegt hat. 3 Ist ein Bevollmächtigter für mehrere Beteiligte bestellt, so genügt die Zustellung eines Dokuments an ihn für alle Beteiligten.

(2) Einem Zustellungsbevollmächtigten mehrerer Beteiligter sind so viele Ausfertigungen oder Abschriften zuzustellen, als Beteiligte vorhanden sind.

---

[1] Verweis geänd. mWv 1. 7. 2014 durch G v. 10. 10. 2013 (BGBl. I S. 3786).

(3) Auf § 180 Abs. 2 der Abgabenordnung beruhende Regelungen und § 183 der Abgabenordnung bleiben unberührt.

§ 8 Heilung von Zustellungsmängeln. Lässt sich die formgerechte Zustellung eines Dokuments nicht nachweisen oder ist es unter Verletzung zwingender Zustellungsvorschriften zugegangen, gilt es als in dem Zeitpunkt zugestellt, in dem es dem Empfangsberechtigten tatsächlich zugegangen ist, im Fall des § 5 Abs. 5 in dem Zeitpunkt, in dem der Empfänger das Empfangsbekenntnis zurückgesendet hat.

§ 9[1)] Zustellung im Ausland. (1) Eine Zustellung im Ausland erfolgt

1. durch Einschreiben mit Rückschein, soweit die Zustellung von Dokumenten unmittelbar durch die Post völkerrechtlich zulässig ist,
2. auf Ersuchen der Behörde durch die Behörden des fremden Staates oder durch die zuständige diplomatische oder konsularische Vertretung der Bundesrepublik Deutschland,
3. auf Ersuchen der Behörde durch das Auswärtige Amt an eine Person, die das Recht der Immunität genießt und zu einer Vertretung der Bundesrepublik Deutschland im Ausland gehört, sowie an Familienangehörige einer solchen Person, wenn diese das Recht der Immunität genießen, oder
4. durch Übermittlung elektronischer Dokumente, soweit dies völkerrechtlich zulässig ist.

(2) [1]Zum Nachweis der Zustellung nach Absatz 1 Nr. 1 genügt der Rückschein. [2]Die Zustellung nach Absatz 1 Nr. 2 und 3 wird durch das Zeugnis der ersuchten Behörde nachgewiesen. [3]Der Nachweis der Zustellung gemäß Absatz 1 Nr. 4 richtet sich nach § 5 Abs. 7 Satz 1 bis 3 und 5 sowie nach § 5a Absatz 3 und 4 Satz 1, 2 und 4.

(3) [1]Die Behörde kann bei der Zustellung nach Absatz 1 Nr. 2 und 3 anordnen, dass die Person, an die zugestellt werden soll, innerhalb einer angemessenen Frist einen Zustellungsbevollmächtigten benennt, der im Inland wohnt oder dort einen Geschäftsraum hat. [2]Wird kein Zustellungs- bevollmächtigter benannt, können spätere Zustellungen bis zur nachträg-lichen Benennung dadurch bewirkt werden, dass das Dokument unter der Anschrift der Person, an die zugestellt werden soll, zur Post gegeben wird. [3]Das Dokument gilt am siebenten Tag nach Aufgabe zur Post als zugestellt, wenn nicht feststeht, dass es den Empfänger nicht oder zu einem späteren Zeitpunkt erreicht hat. [4]Die Behörde kann eine längere Frist bestimmen. [5]In der Anordnung nach Satz 1 ist auf diese Rechtsfolgen hinzuweisen. [6]Zum Nachweis der Zustellung ist in den Akten zu vermerken, zu welcher Zeit und unter welcher Anschrift das Dokument zur Post gegeben wurde. [7]Ist durch Rechtsvorschrift angeordnet, dass ein Verwaltungsverfahren über eine einheitliche Stelle nach den Vorschriften des Verwaltungsverfahrensgesetzes abgewickelt werden kann, finden die Sätze 1 bis 6 keine Anwendung.

[1)] § 9 Abs. 2 Satz 3 neu gef. mWv 18. 12. 2008 durch G v. 11. 12. 2008 (BGBl. I S. 2418); Abs. 1 Nr. 4 geänd., Abs. 2 Satz 3 geänd., Abs. 3 Satz 7 angef. mWv 3. 5. 2011 durch G v. 28. 4. 2011 (BGBl. I S. 666).

§ 10 Öffentliche Zustellung. (1) [1]Die Zustellung kann durch öffentliche Bekanntmachung erfolgen, wenn

1. der Aufenthaltsort des Empfängers unbekannt ist und eine Zustellung an einen Vertreter oder Zustellungsbevollmächtigten nicht möglich ist,
2.[1)] bei juristischen Personen, die zur Anmeldung einer inländischen Geschäftsanschrift zum Handelsregister verpflichtet sind, eine Zustellung weder unter der eingetragenen Anschrift noch unter einer im Handelsregister eingetragenen Anschrift einer für Zustellungen empfangsberechtigten Person oder einer ohne Ermittlungen bekannten anderen inländischen Anschrift möglich ist oder
3. sie im Fall des § 9 nicht möglich ist oder keinen Erfolg verspricht.

[2]Die Anordnung über die öffentliche Zustellung trifft ein zeichnungsberechtigter Bediensteter.

(2)[2)] [1]Die öffentliche Zustellung erfolgt durch Bekanntmachung einer Benachrichtigung an der Stelle, die von der Behörde hierfür allgemein bestimmt ist, oder durch Veröffentlichung einer Benachrichtigung im Bundesanzeiger *oder im elektronischen Bundesanzeiger.* [2]Die Benachrichtigung muss

1. die Behörde, für die zugestellt wird,
2. den Namen und die letzte bekannte Anschrift des Zustellungsadressaten,
3. das Datum und das Aktenzeichen des Dokuments sowie
4. die Stelle, wo das Dokument eingesehen werden kann,

erkennen lassen. [3]Die Benachrichtigung muss den Hinweis enthalten, dass das Dokument öffentlich zugestellt wird und Fristen in Gang gesetzt werden können, nach deren Ablauf Rechtsverluste drohen können. [4]Bei der Zustellung einer Ladung muss die Benachrichtigung den Hinweis enthalten, dass das Dokument eine Ladung zu einem Termin enthält, dessen Versäumung Rechtsnachteile zur Folge haben kann. [5]In den Akten ist zu vermerken, wann und wie die Benachrichtigung bekannt gemacht wurde. [6]Das Dokument gilt als zugestellt, wenn seit dem Tag der Bekanntmachung der Benachrichtigung zwei Wochen vergangen sind.

[1)] § 10 Abs. 1 Nr. 2 eingef. bish. Nr. 2 wird Nr. 3 mWv 1. 11. 2008 durch G v. 23. 10. 2008 (BGBl. I S. 2026).

[2)] § 10 Abs. 2 Satz 1 kursiver Satzteil aufgeh. mWv 1. 4. 2012 durch G v. 22. 12. 2011 (BGBl. I S. 3044).

806. Gesetz zum automatischen Austausch von Informationen über Finanzkonten in Steuersachen (Finanzkonten-Informationsaustauschgesetz – FKAustG)[1)]

Vom 21. Dezember 2015 (BGBl. I S. 2531)

BGBl. III/FNA 611-9-34

Inhaltsübersicht

---

[1] Verkündet als Art. 1 Gesetz zum automatischen Austausch von Informationen über Finanzkonten in Steuersachen und zur Änderung weiterer Gesetze v. 21. 12. 2015 (BGBl. I S. 2531); Inkrafttreten gem. Art. 8 dieses Gesetzes am 31. 12. 2015.

Art. 1 dieses Gesetz dient der Umsetzung der Richtlinie 2011/16/EU des Rates vom 15. Februar 2011 über die Zusammenarbeit der Verwaltungsbehörden im Bereich der Besteuerung und zur Aufhebung der Richtlinie 77/799/EWG (ABl. L 64 vom 11. 3. 2011, S. 1; Amtshilferichtlinie) in der Fassung der Richtlinie 2014/107/EU (ABl. L 359 vom 16. 12. 2014, S. 1) sowie der Umsetzung des Gesetzes zu der Mehrseitigen Vereinbarung vom 29. Oktober 2014 zwischen den zuständigen Behörden über den automatischen Austausch von Informationen über Finanzkonten (CRS-MCAA) vom 21. Dezember 2015 (BGBl. 2015 II S. 1630).

Abschnitt 1. Allgemeine Bestimmungen

§ 1 Anwendungsbereich. (1) Dieses Gesetz gilt für den automatischen Austausch von Informationen über Finanzkonten in Steuersachen mit

1. Mitgliedstaaten der Europäischen Union aufgrund der Richtlinie 2011/16/EU des Rates vom 15. Februar 2011 über die Zusammenarbeit der Verwaltungsbehörden im Bereich der Besteuerung und zur Aufhebung der Richtlinie 77/799/EWG (ABl. L 64 vom 11. 3. 2011, S. 1; Amtshilferichtlinie) in der Fassung der Richtlinie 2014/107/EU (ABl. L 359 vom 16. 12. 2014, S. 1) sowie
2. Drittstaaten, die Vertragsparteien der von der Bundesrepublik Deutschland in Berlin unterzeichneten Mehrseitigen Vereinbarung vom 29. Oktober 2014 zwischen den zuständigen Behörden über den automatischen Austausch von Informationen über Finanzkonten (BGBl. 2015 II S. 1630, 1632) sind und diese in ihr nationales Recht verpflichtend aufgenommen haben sowie Vertragsparteien des Übereinkommens über die gegenseitige Amtshilfe in Steuersachen (BGBl. 2015 II S. 966, 967) sind und die gewährleisten, dass sie die Voraussetzungen des § 7 Absatz 1, insbesondere Buchstabe e der Mehrseitigen Vereinbarung vom 29. Oktober 2014 zwischen den zuständigen Behörden über den automatischen Austausch von Informationen über Finanzkonten erfüllen.

(2) Für die Durchführung der Melde- und Sorgfaltspflichten gelten die in § 19 angeführten Begriffsbestimmungen und die sonstigen Begriffsbestimmungen nach § 20.

§ 2 Gemeinsamer Meldestandard. Gemäß den geltenden Melde- und Sorgfaltspflichten und ergänzenden Melde- und Sorgfaltsvorschriften tauscht das Bundeszentralamt für Steuern innerhalb der festgelegten Frist nach § 5 Absatz 2 in Verbindung mit § 27 mit der zuständigen Behörde jedes anderen meldepflichtigen Staates die ihm hierzu von den Finanzinstituten nach diesem Gesetz übermittelten Daten aus; diese sind:

1. der Name, die Anschrift, die Steueridentifikationsnummer oder -nummern sowie bei natürlichen Personen das Geburtsdatum und der Geburtsort jeder meldepflichtigen Person, die Inhaber eines meldepflichtigen Kontos ist, sowie bei einem Rechtsträger, der Kontoinhaber ist und für den nach Anwendung von Verfahren zur Erfüllung der Sorgfaltspflichten gemäß dem Gemeinsamen Meldestandard eine oder mehrere beherrschende Personen ermittelt wurden, die meldepflichtige Personen sind, der Name, die An-

schrift und die Steueridentifikationsnummer oder -nummern des Rechtsträgers sowie der Name, die Anschrift, die Steueridentifikationsnummer oder -nummern, das Geburtsdatum und der Geburtsort jeder meldepflichtigen Person;

2. die Kontonummer oder funktionale Entsprechung, wenn keine Kontonummer vorhanden ist;
3. der Name und gegebenenfalls die Identifikationsnummer des meldenden Finanzinstituts;
4. der Kontosaldo oder Kontowert einschließlich des Barwerts oder Rückkaufwerts bei rückkaufsfähigen Versicherungs- oder Rentenversicherungsverträgen zum Ende des betreffenden Kalenderjahrs oder eines anderen geeigneten Meldezeitraums oder, wenn das Konto im Laufe des Jahres beziehungsweise Zeitraums aufgelöst wurde, die Auflösung des Kontos;
5. bei Verwahrkonten
   a) der Gesamtbruttobetrag der Zinsen, der Gesamtbruttobetrag der Dividenden und der Gesamtbruttobetrag anderer Einkünfte, die mittels der auf dem Konto vorhandenen Vermögenswerte erzielt und jeweils auf das Konto oder in Bezug auf das Konto im Laufe des Kalenderjahrs oder eines anderen geeigneten Meldezeitraums eingezahlt oder dem Konto gutgeschrieben wurden, sowie
   b) die Gesamtbruttoerlöse aus der Veräußerung oder dem Rückkauf von Finanzvermögen, die während des Kalenderjahrs oder eines anderen geeigneten Meldezeitraums auf das Konto eingezahlt oder dem Konto gutgeschrieben wurden und für die das meldende Finanzinstitut als Verwahrstelle, Makler, Bevollmächtigter oder anderweitig als Vertreter für den Kontoinhaber tätig war;
6. bei Einlagenkonten der Gesamtbruttobetrag der Zinsen, die während des Kalenderjahrs oder eines anderen geeigneten Meldezeitraums auf das Konto eingezahlt oder dem Konto gutgeschrieben wurden, und
7. bei allen anderen Konten, die nicht Verwahrkonten oder Einlagekonten sind, der Gesamtbruttobetrag, der in Bezug auf das Konto während des Kalenderjahrs oder eines anderen geeigneten Meldezeitraums an den Kontoinhaber gezahlt oder ihm gutgeschrieben wurde und für den das meldende Finanzinstitut Schuldner ist, einschließlich der Gesamthöhe aller Einlösungsbeträge, die während des Kalenderjahrs oder eines anderen geeigneten Meldezeitraums an den Kontoinhaber geleistet wurden.

§ 3 Pflichten der Finanzinstitute. (1) Die durch dieses Gesetz verpflichteten Finanzinstitute haben bei der Beschaffung und der Weiterleitung der Informationen im Sinne von § 8 die in diesem Gesetz bestimmten Melde- und Sorgfaltspflichten und ergänzenden Melde- und Sorgfaltsvorschriften einzuhalten.

(2) Die durch dieses Gesetz verpflichteten Finanzinstitute haben die Daten und Informationen zu erheben, zu speichern und zu verarbeiten soweit dies zur Erfüllung ihrer Pflichten nach Absatz 1 erforderlich ist.

(3) 1 Die Finanzinstitute nach Absatz 1 haben die bei der Erfüllung der Pflichten nach Absatz 1 erstellten Unterlagen zehn Jahre aufzubewahren. 2 Die Frist zur Aufbewahrung beginnt mit Ablauf des Jahres,

1. in dem die Finanzinstitute oder Dienstleister im Sinne des § 9 Absatz 4 die Informationen nach Absatz 2 erhoben haben, oder
2. in dem das Konto aufgelöst wird, soweit die Unterlagen nach Satz 1 für die weitere Erfüllung der Pflichten nach Absatz 1 benötigt werden.

§ 4 Zuständige Behörde. Zuständige Behörde im Sinne dieses Gesetzes ist das Bundesministerium der Finanzen, soweit nicht die Zuständigkeit des Bundeszentralamts für Steuern nach § 5 Absatz 1 Nummer 5 b des Finanzverwaltungsgesetzes gegeben ist.

§ 5 Aufgaben des Bundeszentralamts für Steuern. (1) 1 Dem Bundeszentralamt für Steuern sind als zuständiger Behörde im Sinne des § 4 von den meldenden Finanzinstituten die Daten nach § 8 nach amtlich vorgeschriebenem Datensatz elektronisch im Wege der Datenfernübertragung erstmals zum 31. Juli 2017 zu übermitteln. 2 Das Bundesministerium der Finanzen gibt den amtlich vorgeschriebenen Datensatz im Bundessteuerblatt bekannt.

(2) 1 Das Bundeszentralamt für Steuern übermittelt die ihm von den Finanzinstituten nach Absatz 1 übermittelten Daten an die zuständige Behörde des jeweils anderen Staates im Sinne des § 1 Absatz 1. 2 Das Bundeszentralamt für Steuern speichert zudem die übermittelten Daten.

(3) Das Bundeszentralamt für Steuern nimmt die von einer anderen zuständigen Behörde eines Staates im Sinne des § 1 Absatz 1 übermittelten Daten entgegen, speichert sie und leitet sie zur Durchführung des Besteuerungsverfahrens an die zuständige Landesfinanzbehörde weiter.

(4) 1 Das Bundeszentralamt für Steuern ist berechtigt, eine Auswertung der ihm nach den Absätzen 1 und 3 übermittelten Daten zur Erfüllung der dem Bundeszentralamt für Steuern gesetzlich übertragenen Aufgaben vorzunehmen. 2 Eine Auswertung der Daten durch die jeweils zuständige Landesfinanzbehörde bleibt hiervon unberührt.

(5) 1 Die nach den Absätzen 2 und 3 beim Bundeszentralamt für Steuern gespeicherten Daten werden ab dem Zeitpunkt der Übermittlung nach Absatz 2 Satz 1 15 Jahre lang aufbewahrt. 2 Mit Ablauf eines Jahres der Aufbewahrung nach Satz 1 werden die Daten gelöscht. 3 Geht vor dem in Satz 2 genannten Zeitpunkt eine Änderungsmeldung ein, so beginnt die Frist nach Satz 1 mit dem Zeitpunkt, zu dem die Änderungsmeldung eingegangen ist.

(6) 1 Das Bundeszentralamt für Steuern ist für die Prüfung der Einhaltung der den Finanzinstituten nach diesem Gesetz auferlegten Melde- und Sorgfaltspflichten, besonderen Sorgfaltspflichten sowie ergänzenden Melde- und Sorgfaltsvorschriften für Informationen über Finanzkonten zuständig. 2 Die §§ 193 bis 203 der Abgabenordnung gelten entsprechend.

(7) Die aufgrund dieses Gesetzes vom Bundeszentralamt für Steuern als zuständige Behörde erhobenen und gespeicherten Daten dürfen nur für die in den zugrunde liegenden Regelungen gemäß § 1 Absatz 1 festgelegten Zwecke verwendet werden.

§ 6 Ansässigkeit; Zeitpunkt der Erstanwendung. (1) [1]Finanzinstitute haben zur Wahrung der Melde- und Sorgfaltspflichten nach diesem Gesetz zu den von ihnen geführten Konten die steuerliche Ansässigkeit des Konteninhabers zu erheben und seinem Konto zuzuordnen, unabhängig davon, ob es sich bei dem Kontoinhaber oder dem sonstigen Kunden um eine meldepflichtige Person im Sinne der Melde- und Sorgfaltspflichten nach diesem Gesetz handelt. [2]Bei der Erhebung der steuerlichen Ansässigkeit nach Satz 1 gelten die von den Finanzinstituten geführten Konten insoweit als Konten, für die die Melde- und Sorgfaltspflichten nach diesem Gesetz einzuhalten sind; dies schließt auch die Erhebung der Steueridentifikationsnummer ein.

(2) Jedes meldende Finanzinstitut teilt vor einer erstmaligen Übermittlung von Daten nach § 8 jeder betroffenen Person in allgemeiner Form mit oder macht dieser zugänglich, dass die nach diesem Gesetz ermittelten Daten, soweit aufgrund dieses Gesetzes erforderlich, an das Bundeszentralamt für Steuern für Zwecke der Übermittlung an den Ansässigkeitsstaat des Kontoinhabers übermittelt werden.

(3) Meldende Finanzinstitute haben die nach diesem Gesetz zu erhebenden Daten erstmals für das Steuerjahr 2016 bis zum 31. Juli 2017 dem Bundeszentralamt für Steuern und in den Folgejahren jeweils bis zum 31. Juli eines Folgejahres zu übermitteln.

Abschnitt 2. Melde- und Sorgfaltspflichten für Informationen über Finanzkonten

§ 7 Melde- und Sorgfaltspflichten für Informationen über Finanzkonten. Die §§ 8 bis 26 legen die allgemeinen Melde- und Sorgfaltspflichten, die besonderen Sorgfaltsvorschriften und ergänzenden Melde- und Sorgfaltsvorschriften fest, die von meldenden Finanzinstituten zu beachten sind, damit das Bundeszentralamt für Steuern die Daten im Sinne des § 2 im Wege des automatischen Informationsaustauschs an die jeweils zuständige Behörde des anderen Staates im Sinne des § 1 Absatz 1 übermitteln kann.

§ 8 Allgemeine Meldepflichten. (1) [1]Vorbehaltlich der Absätze 2, 3 und 4 muss jedes meldende Finanzinstitut für jedes meldepflichtige Konto dieses meldenden Finanzinstituts dem Bundeszentralamt für Steuern folgende von ihnen nach diesem Gesetz erhobene Informationen gemäß § 5 Absatz 1 melden:

1. den Namen, die Anschrift, den oder die Ansässigkeitsstaat oder -staaten im Sinne des § 1 Absatz 1, die Steueridentifikationsnummer oder -nummern sowie bei natürlichen Personen das Geburtsdatum und den Geburtsort jeder meldepflichtigen Person, die Inhaber eines meldepflichtigen Kontos ist, sowie bei einem Rechtsträger, der Kontoinhaber ist und für den nach Anwendung der Verfahren zur Erfüllung der Sorgfaltspflichten nach den §§ 13, 14 bis 17 eine oder mehrere beherrschende Personen ermittelt wurden, die meldepflichtige Personen sind, der Name, die Anschrift, den oder die Ansässigkeitsstaat oder -staaten und die Steueridentifikationsnummer des

Rechtsträgers sowie den Namen, die Anschrift, den oder die Ansässigkeitsstaat oder -staaten und die Steueridentifikationsnummer oder -nummern, das Geburtsdatum und den Geburtsort jeder meldepflichtigen Person;

2. die Kontonummer oder funktionale Entsprechung, wenn keine Kontonummer vorhanden ist;
3. den Namen und gegebenenfalls die Identifikationsnummer des meldenden Finanzinstituts;
4. den Kontosaldo oder Kontowert einschließlich des Barwerts oder Rückkaufwerts bei rückkaufsfähigen Versicherungs- oder Rentenversicherungsverträgen zum Ende des betreffenden Kalenderjahrs oder eines anderen geeigneten Meldezeitraums oder, wenn das Konto im Laufe des Jahres beziehungsweise Zeitraums aufgelöst wurde, die Auflösung des Kontos;
5. bei Verwahrkonten:
   a) den Gesamtbruttobetrag der Zinsen, den Gesamtbruttobetrag der Dividenden und den Gesamtbruttobetrag anderer Einkünfte, die mittels der auf dem Konto vorhandenen Vermögenswerte erzielt und jeweils auf das Konto oder in Bezug auf das Konto im Laufe des Kalenderjahrs oder eines anderen geeigneten Meldezeitraums eingezahlt oder dem Konto gutgeschrieben wurden, sowie
   b) die Gesamtbruttoerlöse aus der Veräußerung oder dem Rückkauf von Finanzvermögen, die während des Kalenderjahrs oder eines anderen geeigneten Meldezeitraums auf das Konto eingezahlt oder dem Konto gutgeschrieben wurden und für die das meldende Finanzinstitut als Verwahrstelle, Makler, Bevollmächtigter oder anderweitig als Vertreter für den Kontoinhaber tätig war;
6. bei Einlagenkonten den Gesamtbruttobetrag der Zinsen, die während des Kalenderjahrs oder eines anderen geeigneten Meldezeitraums auf das Konto eingezahlt oder dem Konto gutgeschrieben wurden, und
7. bei allen anderen Konten, die nicht unter Nummer 5 oder Nummer 6 fallen, den Gesamtbruttobetrag, der in Bezug auf das Konto während des Kalenderjahrs oder eines anderen geeigneten Meldezeitraums an den Kontoinhaber gezahlt oder ihm gutgeschrieben wurde und für den das meldende Finanzinstitut Schuldner ist, einschließlich der Gesamthöhe aller Einlösungsbeträge, die während des Kalenderjahrs oder eines anderen geeigneten Meldezeitraums an den Kontoinhaber geleistet wurden.

[2] Zu den nach Satz 1 Nummer 4 bis 7 gemeldeten Daten muss die Währung genannt werden, auf die die Beträge lauten.

(2) [1] Die Steueridentifikationsnummer oder -nummern und das Geburtsdatum müssen in Bezug auf meldepflichtige Konten, die bestehende Konten sind, nicht gemeldet werden, wenn diese Steueridentifikationsnummer oder -nummern beziehungsweise dieses Geburtsdatum nicht in den Unterlagen des meldenden Finanzinstituts enthalten sind und nicht nach innerstaatlichem Recht oder anderen Rechtsinstrumenten der Europäischen Union von diesem meldenden Finanzinstitut zu erfassen sind. [2] Ein meldendes Finanzinstitut ist jedoch verpflichtet, angemessene Anstrengungen zu unternehmen, um bei

bestehenden Konten die Steueridentifikationsnummer und das Geburtsdatum bis zum Ende des zweiten Kalenderjahrs, das dem Jahr folgt, in dem bestehende Konten als meldepflichtige Konten identifiziert wurden, zu beschaffen.

(3) Die Steueridentifikationsnummer ist nicht zu melden, wenn vom betreffenden Staat keine Steueridentifikationsnummer ausgegeben wird.

(4) Der Geburtsort ist nicht zu melden, es sei denn,

1. das meldende Finanzinstitut hat oder hatte ihn nach innerstaatlichem Recht zu beschaffen und zu melden oder das meldende Finanzinstitut hat oder hatte ihn nach einem geltenden oder am 5. Januar 2015 geltenden Rechtsinstrument der Europäischen Union zu beschaffen und zu melden und
2. er ist in den elektronisch durchsuchbaren Daten des meldenden Finanzinstituts verfügbar.

(5) Bei der Meldung der Daten gemäß Absatz 1 sind geeignete Schutzmaßnahmen gegen unbefugten Zugang, unbefugte Veränderung und unbefugte Bekanntgabe nach Stand der Technik von den Finanzinstituten zu gewährleisten.

§ 9 Allgemeine Sorgfaltspflichten. (1) [1]Ein Konto gilt ab dem Tag als meldepflichtiges Konto, an dem es nach den Verfahren zur Erfüllung der Sorgfaltspflichten gemäß den §§ 9 bis 18 als solches identifiziert wird. [2]Sofern nichts anderes vorgesehen ist, müssen die Daten in Bezug auf ein meldepflichtiges Konto jährlich in dem Kalenderjahr gemeldet werden, das dem Jahr folgt, auf das sich die Daten beziehen.

(2) Der Saldo oder der Wert eines Kontos wird zum letzten Tag des Kalenderjahrs oder eines anderen geeigneten Meldezeitraums ermittelt.

(3) Ist eine Saldo- oder Wertgrenze zum letzten Tag eines Kalenderjahrs zu ermitteln, so muss der betreffende Saldo oder der Wert zum letzten Tag des Meldezeitraums ermittelt werden, der mit diesem Kalenderjahr oder innerhalb dieses Kalenderjahrs endet.

(4) Meldende Finanzinstitute können zur Erfüllung der ihnen nach diesem Gesetz auferlegten Melde- und Sorgfaltspflichten Dienstleister in Anspruch nehmen, wobei die Verantwortung für die Erfüllung dieser Pflichten weiterhin bei dem meldenden Finanzinstitut liegt.

(5) [1]Meldende Finanzinstitute können die für Neukonten geltenden Verfahren zur Erfüllung der Sorgfaltspflichten auf bestehende Konten anwenden und die für Konten von hohem Wert geltenden Verfahren zur Erfüllung der Sorgfaltspflichten auf Konten von geringerem Wert anwenden. [2]Wendet ein meldendes Finanzinstitut die für Neukonten geltenden Verfahren zur Erfüllung der Sorgfaltspflichten auf bestehende Konten an, finden die ansonsten geltenden Vorschriften für bestehende Konten weiterhin Anwendung.

§ 10 Sorgfaltspflichten bei bestehenden Konten natürlicher Personen. (1) Die Identifizierung meldepflichtiger Konten unter den bestehenden Konten natürlicher Personen richtet sich nach den §§ 11 und 12.

(2) Ein bestehendes Konto natürlicher Personen, das nach den §§ 11 und 12 als meldepflichtiges Konto identifiziert wurde, gilt in allen Folgejahren als meldepflichtiges Konto, es sei denn, der Kontoinhaber ist keine meldepflichtige Person mehr.

§ 11 Konten von geringerem Wert. (1) [1] Für Konten von geringerem Wert gilt:

1. Hausanschrift: liegt dem meldenden Finanzinstitut anhand der erfassten Belege eine aktuelle Hausanschrift der natürlichen Person vor, die Kontoinhaber ist, kann das meldende Finanzinstitut die natürliche Person, die Kontoinhaber ist, zur Feststellung, ob diese Person, die Kontoinhaber ist, eine meldepflichtige Person ist, als in dem Staat steuerlich ansässig behandeln, in dem die Anschrift liegt;
2. Suche in elektronischen Datensätzen: verlässt sich das meldende Finanzinstitut hinsichtlich einer aktuellen Hausanschrift der natürlichen Person, die Kontoinhaber ist, nicht auf erfasste Belege nach Nummer 1, muss das meldende Finanzinstitut seine elektronisch durchsuchbaren Daten auf folgende Indizien überprüfen und die Absätze 2 und 3 anwenden:
   a) die Identifizierung des Kontoinhabers als Ansässiger eines meldepflichtigen Staates im Sinne des § 1 Absatz 1,
   b) die aktuelle Post- oder die Hausanschrift einschließlich einer Postfachanschrift in einem meldepflichtigen Staat im Sinne des § 1 Absatz 1,
   c) eine oder mehrere Telefonnummern in einem meldepflichtigen Staat und keine Telefonnummer in der Bundesrepublik Deutschland,
   d) ein Dauerauftrag, ausgenommen bei Einlagenkonten, für Überweisungen auf ein in einem meldepflichtigen Staat im Sinne des § 1 Absatz 1 geführtes Konto,
   e) eine aktuell gültige, an eine Person mit einer Anschrift in einem meldepflichtigen Staat im Sinne des § 1 Absatz 1 erteilte Vollmacht oder Zeichnungsberechtigung oder
   f) ein Postlagerungsauftrag oder eine c/o-Anschrift in einem meldepflichtigen Staat im Sinne des § 1 Absatz 1, sofern dem meldenden Finanzinstitut keine andere Anschrift des Kontoinhabers vorliegt.

[2] Werden bei der elektronischen Suche keine Indizien im Sinne des Satzes 1 Nummer 2 festgestellt, sind keine weiteren Maßnahmen erforderlich, bis eine Änderung der Gegebenheiten eintritt, die dazu führt, dass dem Konto ein oder mehrere Indizien zugeordnet werden können oder das Konto zu einem Konto von hohem Wert wird. [3] Werden bei der elektronischen Suche Indizien im Sinne des Satzes 1 Nummer 2 Buchstabe a bis e festgestellt oder tritt eine Änderung der Gegebenheiten ein, die dazu führt, dass dem Konto ein oder mehrere Indizien zugeordnet werden können, muss das meldende Finanzinstitut den Kontoinhaber als steuerlich ansässige Person in jedem meldepflichtigen Staat im Sinne des § 1 Absatz 1, für den ein Indiz identifiziert wird, betrachten, es sei denn, das meldende Finanzinstitut entscheidet sich für die Anwendung des Absatzes 3 und eine der dort genannten Ausnahmen trifft auf dieses Konto zu.

(2) [1] Werden bei der elektronischen Suche nach Absatz 1 Satz 1 Nummer 2 ein Postlagerungsauftrag oder eine c/o-Anschrift und keine andere Anschrift und keine der in Absatz 1 Satz 1 Nummer 2 Buchstabe a bis e aufgeführten Indizien für den Kontoinhaber festgestellt, muss das meldende Finanzinstitut in der jeweils geeignetsten Reihenfolge die in § 12 Absatz 1 Satz 1 Nummer 2 beschriebene Suche in Papierunterlagen anwenden oder versuchen, vom Kontoinhaber eine Selbstauskunft oder Belege zu beschaffen, um die steuerliche Ansässigkeit oder steuerlichen Ansässigkeiten des Kontoinhabers festzustellen. [2] Wird bei der Suche in Papierunterlagen kein Indiz festgestellt und ist der Versuch, eine Selbstauskunft oder Belege zu beschaffen, erfolglos, muss das meldende Finanzinstitut dem Bundeszentralamt für Steuern das Konto als nicht dokumentiertes Konto melden.

(3) Ungeachtet der Feststellung von Indizien nach Absatz 1 Satz 1 Nummer 2 muss ein meldendes Finanzinstitut einen Kontoinhaber in den folgenden Fällen nicht als in einem meldepflichtigen Staat im Sinne des § 1 Absatz 1 ansässige Person betrachten:

1. die Daten des Kontoinhabers enthalten eine aktuelle Post- oder eine Hausanschrift in jenem meldepflichtigen Staat im Sinne des § 1 Absatz 1, eine oder mehrere Telefonnummern in jenem meldepflichtigen Staat im Sinne des § 1 Absatz 1 und keine Telefonnummer in der Bundesrepublik Deutschland oder einen Dauerauftrag, bei Finanzkonten mit Ausnahme von Einlagenkonten, für Überweisungen auf ein in einem meldepflichtigen Staat im Sinne des § 1 Absatz 1 geführtes Konto und das meldende Finanzinstitut beschafft die nachstehenden Dokumente oder hat diese bereits geprüft und erfasst:
   a) eine Selbstauskunft des Kontoinhabers über seinen Ansässigkeitsstaat oder seine Ansässigkeitsstaaten, die jenen meldepflichtigen Staat nicht umfassen, und
   b) Belege für den nicht meldepflichtigen Status des Kontoinhabers;
2. die Daten des Kontoinhabers beinhalten eine aktuell gültige, an eine Person mit Anschrift in jenem Staat erteilte Vollmacht oder Zeichnungsberechtigung und das meldende Finanzinstitut beschafft die nachstehenden Dokumente oder hat diese bereits geprüft und erfasst:
   a) eine Selbstauskunft des Kontoinhabers über seinen Ansässigkeitsstaat oder seine Ansässigkeitsstaaten, die nicht meldepflichtige Staaten umfassen, oder
   b) Belege für den nicht meldepflichtigen Status des Kontoinhabers.

(4) Die Überprüfung von bestehenden Konten von geringerem Wert natürlicher Personen muss bis zum 31. Dezember 2017 abgeschlossen sein.

§ 12 Konten von hohem Wert. (1) [1] Für Konten von hohem Wert gelten die folgenden erweiterten Überprüfungsverfahren:

1. Suche in elektronischen Datensätzen: das meldende Finanzinstitut muss seine elektronisch durchsuchbaren Daten auf die in § 11 Absatz 1 Satz 1 Nummer 2 aufgeführten Indizien überprüfen;

2. Suche in Papierunterlagen: enthalten die elektronisch durchsuchbaren Datenbanken des meldenden Finanzinstituts Felder für alle in Nummer 3 genannten Daten und erfassen diese, ist keine weitere Suche in den Papierunterlagen erforderlich. [2]Sind in den elektronischen Datenbanken nicht alle diese Daten erfasst, so muss das meldende Finanzinstitut bei Konten von hohem Wert auch die aktuelle Kundenstammakte und, soweit die Informationen dort nicht enthalten sind, die folgenden kontobezogenen, vom meldenden Finanzinstitut innerhalb der letzten fünf Jahre beschafften Unterlagen auf die in § 11 Absatz 1 Satz 1 Nummer 2 genannten Indizien überprüfen:
   a) die neuesten für dieses Konto erfassten Belege,
   b) den neuesten Kontoeröffnungsvertrag beziehungsweise die neuesten Kontoeröffnungsunterlagen,
   c) die neuesten vom meldenden Finanzinstitut, aufgrund von Verfahren zur Bekämpfung der Geldwäsche und Kundensorgfaltspflichten (AML/KYC – Anti-Money Laundering/Know-your-Customer) oder für sonstige aufsichtsrechtliche Zwecke beschafften Unterlagen,
   d) eine derzeit gültige Vollmacht oder eine Zeichnungsberechtigung und
   e) einen derzeit gültigen Dauerauftrag für Überweisungen, ausgenommen bei Einlagenkonten;
3. ein meldendes Finanzinstitut ist nicht zu der in Satz 1 Nummer 2 beschriebenen Suche in Papierunterlagen verpflichtet, soweit seine elektronisch durchsuchbaren Informationen Folgendes enthalten:
   a) den Ansässigkeitsstatus des Kontoinhabers,
   b) die derzeit beim meldenden Finanzinstitut hinterlegte Haus- und Postanschrift des Kontoinhabers,
   c) gegebenenfalls die derzeit beim meldenden Finanzinstitut hinterlegte Telefonnummer oder hinterlegten Telefonnummern des Kontoinhabers,
   d) im Fall von Finanzkonten, bei denen es sich nicht um Einlagenkonten handelt, Angaben dazu, ob Daueraufträge für Überweisungen von diesem Konto auf ein anderes Konto vorliegen – einschließlich eines Kontos bei einer anderen Zweigniederlassung des meldenden Finanzinstituts oder einem anderen Finanzinstitut,
   e) Angaben dazu, ob für den Kontoinhaber aktuell ein Postlagerungsauftrag oder eine c/o-Anschrift vorliegt, und
   f) Angaben dazu, ob eine Vollmacht oder Zeichnungsberechtigung für das Konto vorliegt.

[2]Zusätzlich zur Suche in elektronischen Datensätzen und Papierunterlagen, wie in Satz 1 Nummer 1 und 2 beschrieben, muss ein meldendes Finanzinstitut das einem Kundenbetreuer zugewiesene Konto von hohem Wert, einschließlich der mit diesem Konto von hohem Wert zusammengefassten Finanzkonten, als meldepflichtiges Konto betrachten, wenn dem Kundenbetreuer tatsächlich bekannt ist, dass der Kontoinhaber eine meldepflichtige Person ist.

(2) Werden bei der in Absatz 1 beschriebenen erweiterten Überprüfung von Konten von hohem Wert keine der in § 11 Absatz 1 Satz 1 Nummer 2 aufgeführten Indizien festgestellt und wird das Konto nicht nach Absatz 1 Satz 2 als Konto einer meldepflichtigen Person identifiziert, sind keine weiteren Maßnahmen erforderlich, bis eine Änderung der Gegebenheiten eintritt, die dazu führt, dass dem Konto ein oder mehrere Indizien zugeordnet werden.

(3) Werden bei der in Absatz 1 beschriebenen erweiterten Überprüfung von Konten von hohem Wert Indizien nach § 11 Absatz 1 Satz 1 Nummer 2 Buchstabe a bis e festgestellt oder tritt anschließend eine Änderung der Gegebenheiten ein, die dazu führt, dass dem Konto ein oder mehrere Indizien zugeordnet werden, so muss das meldende Finanzinstitut das Konto für jeden Staat, für den ein Indiz festgestellt wird, als meldepflichtiges Konto betrachten, es sei denn, es entscheidet sich für die Anwendung von § 11 Absatz 3 und eine der dort genannten Ausnahmen trifft auf dieses Konto zu.

(4) [1] Werden bei der in Absatz 1 beschriebenen erweiterten Überprüfung von Konten von hohem Wert ein Postlagerungsauftrag oder eine c/o-Anschrift festgestellt und keine andere Anschrift und keine der in § 11 Absatz 1 Satz 1 Nummer 2 Buchstabe a bis e aufgeführten Indizien für den Kontoinhaber festgestellt, muss das meldende Finanzinstitut vom Kontoinhaber eine Selbstauskunft oder Belege beschaffen, um die steuerliche Ansässigkeit oder steuerlichen Ansässigkeiten des Kontoinhabers festzustellen. [2] Kann das meldende Finanzinstitut keine Selbstauskunft oder Belege beschaffen, muss es das Konto dem Bundeszentralamt für Steuern als nicht dokumentiertes Konto melden.

(5) [1] Bei einem bestehenden Konto natürlicher Personen, das zum 31. Dezember 2015 kein Konto von hohem Wert ist, zum letzten Tag eines darauffolgenden Kalenderjahrs jedoch ein Konto von hohem Wert ist, muss das meldende Finanzinstitut die in Absatz 1 beschriebenen erweiterten Überprüfungsverfahren für dieses Konto innerhalb des auf das Kalenderjahr, in dem das Konto ein Konto von hohem Wert wird, folgenden Kalenderjahrs abschließen. [2] Wird das Konto aufgrund dieser Überprüfung als meldepflichtiges Konto identifiziert, so muss das meldende Finanzinstitut die erforderlichen kontobezogenen Informationen für das Jahr, in dem das Konto als meldepflichtiges Konto identifiziert wird, und für die Folgejahre jährlich melden, es sei denn, der Kontoinhaber ist keine meldepflichtige Person mehr.

(6) Führt ein meldendes Finanzinstitut die in Absatz 1 angeführten erweiterten Überprüfungsverfahren für ein Konto von hohem Wert durch, so ist es in den Folgejahren nicht verpflichtet, für dasselbe Konto von hohem Wert diese Verfahren erneut durchzuführen, abgesehen von der Nachfrage beim Kundenbetreuer nach Absatz 1 Satz 2, es sei denn, es handelt sich um ein nicht dokumentiertes Konto, bei dem das meldende Finanzinstitut diese Verfahren jährlich erneut durchführen muss, bis das Konto nicht mehr undokumentiert ist.

(7) Tritt bei einem Konto von hohem Wert eine Änderung der Gegebenheiten ein, die dazu führt, dass dem Konto ein oder mehrere der in § 11 Absatz 1 Satz 1 Nummer 2 beschriebenen Indizien zugeordnet werden, so muss

das meldende Finanzinstitut das Konto für jeden meldepflichtigen Staat, für den ein Indiz festgestellt wird, als meldepflichtiges Konto betrachten, es sei denn, es entscheidet sich für die Anwendung von § 11 Absatz 3 und eine der in jenem Absatz genannten Ausnahmen trifft auf dieses Konto zu.

(8) [1]Ein meldendes Finanzinstitut muss Verfahren einrichten, mit denen sichergestellt wird, dass die Kundenbetreuer Änderungen der Gegebenheiten bei einem Konto erkennen. [2]Wird ein Kundenbetreuer beispielsweise benachrichtigt, dass der Kontoinhaber eine neue Postanschrift in einem meldepflichtigen Staat im Sinne des § 1 Absatz 1 hat, so muss das meldende Finanzinstitut die neue Anschrift als eine Änderung der Gegebenheiten betrachten und ist, sofern es sich für die Anwendung von § 11 Absatz 3 entscheidet, dazu verpflichtet, die entsprechenden Unterlagen vom Kontoinhaber zu beschaffen.

(9) Die Überprüfung bestehender Konten von hohem Wert natürlicher Personen muss bis zum 31. Dezember 2016 abgeschlossen sein.

§ 13 Sorgfaltspflichten bei Neukonten natürlicher Personen. (1) Die Identifizierung meldepflichtiger Konten unter den Neukonten natürlicher Personen richtet sich nach den folgenden Absätzen.

(2) Bei Neukonten natürlicher Personen muss das meldende Finanzinstitut bei Kontoeröffnung eine Selbstauskunft beschaffen, die Bestandteil der Kontoeröffnungsunterlagen sein kann und anhand derer das meldende Finanzinstitut die steuerliche Ansässigkeit oder steuerlichen Ansässigkeiten des Kontoinhabers feststellen kann, sowie die Plausibilität dieser Selbstauskunft anhand der vom meldenden Finanzinstitut bei Kontoeröffnung beschafften Informationen, einschließlich der aufgrund von Verfahren zur Bekämpfung der Geldwäsche und Kundensorgfaltspflichten (AML/KYC – Anti-Money Laundering/Know-your-Customer) erfassten Unterlagen, bestätigen.

(3) Geht aus der Selbstauskunft nach Absatz 2 hervor, dass der Kontoinhaber in einem meldepflichtigen Staat steuerlich ansässig ist, so muss das meldende Finanzinstitut das Konto als meldepflichtiges Konto betrachten und die Selbstauskunft auch die Steueridentifikationsnummer des Kontoinhabers in dem meldepflichtigen Staat vorbehaltlich des § 8 Absatz 3 sowie das Geburtsdatum enthalten.

(4) Tritt bei einem Neukonto natürlicher Personen eine Änderung der Gegebenheiten ein, aufgrund derer dem meldenden Finanzinstitut bekannt ist oder bekannt sein müsste, dass die ursprüngliche Selbstauskunft nicht zutreffend oder unglaubwürdig ist, so darf es sich nicht auf die ursprüngliche Selbstauskunft verlassen und muss eine gültige Selbstauskunft beschaffen, aus der die steuerliche Ansässigkeit oder steuerlichen Ansässigkeiten des Kontoinhabers hervorgeht oder hervorgehen.

§ 14 Sorgfaltspflichten bei bestehenden Konten von Rechtsträgern. (1) Die Identifizierung meldepflichtiger Konten unter den bestehenden Konten von Rechtsträgern richtet sich nach den folgenden Absätzen.

(2) Für nicht überprüfungs-, identifizierungs- oder meldepflichtige Konten von Rechtsträgern gilt: Sofern sich das meldende Finanzinstitut nicht entwe-

der für alle bestehenden Konten von Rechtsträgern oder jeweils für eine eindeutig identifizierte Gruppe dieser Konten anderweitig entscheidet, muss ein bestehendes Konto von Rechtsträgern, das zum 31. Dezember 2015 einen Gesamtkontosaldo oder Gesamtkontowert von höchstens 250 000 US-Dollar aufweist, nicht als meldepflichtiges Konto überprüft, identifiziert oder gemeldet werden, bis der Gesamtkontosaldo oder der Gesamtkontowert zum letzten Tag eines darauffolgenden Kalenderjahrs diesen Betrag übersteigt.

(3) Für überprüfungspflichtige Konten von Rechtsträgern gilt: Ein bestehendes Konto von Rechtsträgern mit einem Gesamtkontosaldo oder Gesamtkontowert von mehr als 250 000 US-Dollar zum 31. Dezember 2015 und ein bestehendes Konto von Rechtsträgern, dessen Gesamtkontosaldo oder Gesamtkontowert am 31. Dezember 2015 diesen Betrag nicht übersteigt, zum letzten Tag eines darauffolgenden Kalenderjahrs jedoch diesen Betrag übersteigt, muss nach dem in Absatz 5 festgelegten Verfahren überprüft werden.

(4) Für meldepflichtige Konten von Rechtsträgern gilt: Von den in Absatz 3 beschriebenen bestehenden Konten von Rechtsträgern gelten nur diejenigen Konten als meldepflichtige Konten, die von einem oder von mehreren Rechtsträgern gehalten werden, die meldepflichtige Personen sind, oder von passiven NFEs mit einer oder mehreren beherrschenden Personen, die meldepflichtige Personen sind.

(5) Bei den in Absatz 3 beschriebenen bestehenden Konten von Rechtsträgern muss ein meldendes Finanzinstitut die folgenden Überprüfungsverfahren durchführen, um festzustellen, ob eine meldepflichtige Person oder mehrere meldepflichtige Personen oder passive NFEs mit einer oder mehreren beherrschenden Personen, die meldepflichtige Personen sind, Inhaber des Kontos ist oder sind:

1. Zur Feststellung, ob der Rechtsträger eine meldepflichtige Person ist, ist zu beachten:
   a) die Überprüfung der zu aufsichtsrechtlichen Zwecken oder für die Kundenbetreuung verwahrten Informationen einschließlich der aufgrund von Verfahren zur Bekämpfung der Geldwäsche und Kundensorgfaltspflichten (AML/KYC – Anti-Money Laundering/Know-your-Customer) erhobenen Informationen auf Hinweise, dass der Kontoinhaber in einem meldepflichtigen Staat ansässig ist. [2]Für diesen Zweck gilt ein Gründungsort, ein Sitz oder eine Anschrift in einem meldepflichtigen Staat als Hinweis, dass der Kontoinhaber in einem meldepflichtigen Staat ansässig ist;
   b) weisen die Informationen darauf hin, dass der Kontoinhaber in einem meldepflichtigen Staat ansässig ist, so muss das meldende Finanzinstitut das Konto als meldepflichtiges Konto betrachten, es sei denn, das meldende Finanzinstitut beschafft vom Kontoinhaber eine Selbstauskunft oder stellt anhand von in seinem Besitz befindlichen oder öffentlich verfügbaren Informationen in vertretbarer Weise fest, dass es sich bei dem Kontoinhaber nicht um eine meldepflichtige Person handelt.
2. [1]Zur Feststellung, ob der Rechtsträger ein passiver NFE mit einer oder mehreren beherrschenden Personen ist, bei denen es sich um meldepflich-

tige Personen handelt, gilt: Bei einem Kontoinhaber eines bestehenden Kontos von Rechtsträgern, einschließlich eines Rechtsträgers, der eine meldepflichtige Person ist, muss das meldende Finanzinstitut feststellen, ob der Kontoinhaber ein passiver NFE mit einer oder mehreren beherrschenden Personen ist, bei denen es sich um meldepflichtige Personen handelt. 2 Handelt es sich bei einer beherrschenden Person eines passiven NFE um eine meldepflichtige Person, so ist das Konto als meldepflichtiges Konto zu betrachten. 3 Bei diesen Feststellungen soll das meldende Finanzinstitut die unter den nachfolgenden Buchstaben a bis c aufgeführten Leitlinien in der jeweils geeignetsten Reihenfolge befolgen:

a) zur Feststellung, ob der Kontoinhaber ein passiver NFE ist, muss das meldende Finanzinstitut eine Selbstauskunft des Kontoinhabers zum Nachweis seines Status beschaffen, es sei denn, das meldende Finanzinstitut kann anhand von in seinem Besitz befindlichen oder öffentlich verfügbaren Informationen in vertretbarer Weise feststellen, dass der Kontoinhaber ein aktiver NFE ist oder ein anderes Finanzinstitut als ein unter § 19 Nummer 6 Buchstabe b beschriebenes Investmentunternehmen, bei dem es sich nicht um ein Finanzinstitut eines teilnehmenden Staates handelt;

b) zur Feststellung der beherrschenden Person eines Kontoinhabers kann sich ein meldendes Finanzinstitut auf die aufgrund von Verfahren zur Bekämpfung der Geldwäsche und Kundensorgfaltspflichten (AML/KYC – Anti-Money Laundering/Know-your-Customer) erhobenen und verwahrten Informationen verlassen;

c) zur Feststellung, ob eine beherrschende Person eines passiven NFE eine meldepflichtige Person ist, kann sich ein meldendes Finanzinstitut auf Folgendes verlassen:

aa) bei einem bestehenden Konto von Rechtsträgern, dessen Inhaber ein NFE oder mehrere NFEs ist oder sind und dessen Gesamtkontosaldo oder Gesamtkontowert 1 000 000 US-Dollar nicht übersteigt, auf die aufgrund von Verfahren zur Bekämpfung der Geldwäsche und Kundensorgfaltspflichten (AML/KYC – Anti-Money Laundering/Know-your-Customer) erfassten und verwahrten Informationen oder

bb) auf eine Selbstauskunft des Kontoinhabers oder dieser beherrschenden Person aus dem meldepflichtigen Staat oder den meldepflichtigen Staaten im Sinne des § 1 Absatz 1 oder anderen Staat oder Staaten, in dem oder in denen die beherrschende Person steuerlich ansässig ist.

§ 15 Überprüfungszeitraum und zusätzliche Verfahren für bestehende Konten von Rechtsträgern. (1) Die Überprüfung bestehender Konten von Rechtsträgern mit einem Gesamtkontosaldo oder Gesamtkontowert von mehr als 250 000 US-Dollar zum 31. Dezember 2015 muss bis zum 31. Dezember 2017 abgeschlossen sein.

(2) Die Überprüfung bestehender Konten von Rechtsträgern, deren Gesamtkontosaldo oder Gesamtkontowert zum 31. Dezember 2015 250 000 US-

Dollar nicht übersteigt, zum 31. Dezember eines Folgejahres jedoch diesen Betrag übersteigt, muss innerhalb des Kalenderjahrs nach dem Jahr, in dem der Gesamtkontosaldo oder Gesamtkontowert diesen Betrag übersteigt, abgeschlossen sein.

(3) Tritt bei einem bestehenden Konto von Rechtsträgern eine Änderung der Gegebenheiten ein, aufgrund derer dem meldenden Finanzinstitut bekannt ist oder bekannt sein müsste, dass die Selbstauskunft oder andere kontobezogene Unterlagen nicht zutreffend oder unglaubwürdig sind, so muss es den Status des Kontos nach dem in § 14 Absatz 5 festgelegten Verfahren neu bestimmen.

§ 16 Sorgfaltspflichten bei Neukonten von Rechtsträgern. (1) Die Identifizierung meldepflichtiger Konten unter den Neukonten von Rechtsträgern richtet sich nach den folgenden Absätzen.

(2) Bei Neukonten von Rechtsträgern muss ein meldendes Finanzinstitut die folgenden Überprüfungsverfahren durchführen, um festzustellen, ob das Konto von einer meldepflichtigen Person oder mehreren meldepflichtigen Personen oder von passiven NFEs mit einer oder mehreren beherrschenden Personen, die meldepflichtige Personen sind, gehalten wird:

1. [1] Feststellung, ob der Rechtsträger eine meldepflichtige Person ist:
   a) Beschaffung einer Selbstauskunft, die Bestandteil der Kontoeröffnungsunterlagen sein kann und anhand derer das meldende Finanzinstitut die steuerliche Ansässigkeit oder steuerlichen Ansässigkeiten des Kontoinhabers ermitteln kann, sowie Bestätigung der Plausibilität dieser Selbstauskunft anhand der vom meldenden Finanzinstitut bei Kontoeröffnung beschafften Informationen, einschließlich aufgrund von Verfahren zur Bekämpfung der Geldwäsche und Kundensorgfaltspflichten (AML/KYC – Anti-Money Laundering/Know-your-Customer) erfassten Unterlagen; erklärt der Rechtsträger, es liege keine steuerliche Ansässigkeit vor, so kann sich das meldende Finanzinstitut zur Bestimmung der Ansässigkeit des Kontoinhabers auf die Anschrift des Hauptsitzes des Rechtsträgers verlassen;
   b) enthält die Selbstauskunft Hinweise darauf, dass der Kontoinhaber in einem meldepflichtigen Staat ansässig ist, so muss das meldende Finanzinstitut das Konto als meldepflichtiges Konto betrachten, es sei denn, das meldende Finanzinstitut stellt anhand der in seinem Besitz befindlichen oder öffentlich verfügbaren Informationen in vertretbarer Weise fest, dass es sich bei dem Kontoinhaber nicht um eine meldepflichtige Person in Bezug auf diesen meldepflichtigen Staat handelt.

[2] Zur Feststellung, ob der Rechtsträger ein passiver NFE mit einer oder mehreren beherrschenden Personen ist, bei denen es sich um meldepflichtige Personen handelt, ist Folgendes zu beachten: [3] Bei einem Kontoinhaber eines Neukontos von Rechtsträgern einschließlich eines Rechtsträgers, der eine meldepflichtige Person ist, muss das meldende Finanzinstitut feststellen, ob der Kontoinhaber ein passiver NFE mit einer oder mehreren beherrschenden Personen ist, bei denen es sich um meldepflichtige Personen

handelt. [4]Handelt es sich bei einer beherrschenden Person eines passiven NFE um eine meldepflichtige Person, so ist das Konto als meldepflichtiges Konto zu betrachten. [5]Bei diesen Feststellungen soll das meldende Finanzinstitut die in Satz 1 Nummer 1 und 2 aufgeführten Leitlinien in der jeweils geeignetsten Reihenfolge befolgen.

2. Zur Feststellung, ob der Kontoinhaber ein passiver NFE ist, muss sich das meldende Finanzinstitut auf eine Selbstauskunft des Kontoinhabers zum Nachweis seines Status verlassen, es sei denn, das meldende Finanzinstitut kann anhand von in seinem Besitz befindlichen oder öffentlich verfügbaren Informationen in vertretbarer Weise feststellen, dass der Kontoinhaber ein aktiver NFE ist oder ein anderes Finanzinstitut als ein unter § 19 Nummer 6 Buchstabe b beschriebenes Investmentunternehmen, bei dem es sich nicht um ein Finanzinstitut eines teilnehmenden Staates handelt.

(3) Zur Feststellung der beherrschenden Personen eines Kontoinhabers kann sich ein meldendes Finanzinstitut auf die aufgrund von Verfahren zur Bekämpfung der Geldwäsche und Kundensorgfaltspflichten (AML/KYC – Anti-Money Laundering/Know-your-Customer) erhobenen und verwahrten Informationen verlassen.

(4) Zur Feststellung, ob eine beherrschende Person eines passiven NFE eine meldepflichtige Person ist, kann sich ein meldendes Finanzinstitut auf eine Selbstauskunft des Kontoinhabers oder dieser beherrschenden Person verlassen.

§ 17 Besondere Sorgfaltsvorschriften. (1) Ein meldendes Finanzinstitut darf sich nicht auf eine Selbstauskunft oder auf Belege verlassen, wenn ihm bekannt ist oder bekannt sein müsste, dass die Selbstauskunft oder die Belege nicht zutreffend oder unglaubwürdig sind.

(2) Für Finanzkonten begünstigter natürlicher Personen eines rückkaufsfähigen Versicherungsvertrags oder Rentenversicherungsvertrags und für rückkaufsfähige Gruppenversicherungsverträge oder Gruppenrentenversicherungsverträge gilt:

1. ein meldendes Finanzinstitut kann davon ausgehen, dass eine begünstigte natürliche Person, mit Ausnahme des Eigentümers, eines rückkaufsfähigen Versicherungsvertrags oder eines Rentenversicherungsvertrags, die eine Todesfallleistung erhält, keine meldepflichtige Person ist und dieses Finanzkonto als ein nicht meldepflichtiges Konto betrachten, es sei denn, dem meldenden Finanzinstitut ist bekannt oder müsste bekannt sein, dass der Begünstigte eine meldepflichtige Person ist. [2]Einem meldenden Finanzinstitut müsste bekannt sein, dass ein Begünstigter eines rückkaufsfähigen Versicherungsvertrags oder eines Rentenversicherungsvertrags eine meldepflichtige Person ist, wenn die vom meldenden Finanzinstitut erhobenen und dem Begünstigten zugeordneten Informationen Indizien im Sinne des § 11 enthalten. [3]Ist einem meldenden Finanzinstitut tatsächlich bekannt oder müsste ihm bekannt sein, dass der Begünstigte eine meldepflichtige Person ist, so muss das meldende Finanzinstitut die Verfahren nach § 11 einhalten;
2. ein meldendes Finanzinstitut kann ein Finanzkonto, das den Anteil eines Mitglieds an einem rückkaufsfähigen Gruppenversicherungsvertrag oder

einem Gruppenrentenversicherungsvertrag darstellt, bis zu dem Zeitpunkt, zu dem die Zahlung eines Betrags an den Arbeitnehmer oder den Inhaber des Versicherungsscheins oder Begünstigten fällig wird, als ein nicht meldepflichtiges Konto behandeln, sofern das Finanzkonto, das den Anteil eines Mitglieds an einem rückkaufsfähigen Gruppenversicherungsvertrag oder einem Gruppenrentenversicherungsvertrag darstellt, die folgenden Anforderungen erfüllt:

a) der rückkaufsfähige Gruppenversicherungsvertrag oder der Gruppenrentenversicherungsvertrag ist auf einen Arbeitgeber ausgestellt und erstreckt sich auf mindestens 25 Arbeitnehmer oder mindestens 25 Versicherungsscheininhaber,

b) die Arbeitnehmer oder die Versicherungsscheininhaber haben Anspruch auf einen ihrem Anteil entsprechenden Vertragswert und dürfen Begünstigte benennen, an die die Leistungen im Fall des Ablebens des Arbeitnehmers zu zahlen sind, und

c) der an einen Arbeitnehmer oder einen Versicherungsscheininhaber oder Begünstigten zu zahlende Gesamtbetrag beträgt höchstens 1 000 000 US-Dollar.

(3) Der Ausdruck rückkaufsfähiger Gruppenversicherungsvertrag bezeichnet einen rückkaufsfähigen Versicherungsvertrag:

1. der eine Deckung für natürliche Personen vorsieht, die über einen Arbeitgeber, einen Berufsverband, eine Arbeitnehmerorganisation oder eine andere Vereinigung oder Gruppe angeschlossen sind, und
2. der für jedes Mitglied der Gruppe oder Mitglied einer Kategorie innerhalb dieser Gruppe die Zahlung eines Versicherungsbeitrags vorsieht, der unabhängig von den Gesundheitsmerkmalen der natürlichen Person – mit Ausnahme von Alter, Geschlecht und Tabakkonsum des Mitglieds oder der Mitgliederkategorie der Gruppe – festgelegt wird.

(4) Der Ausdruck Gruppenrentenversicherungsvertrag bezeichnet einen Rentenversicherungsvertrag, bei dem die Anspruchsberechtigten natürliche Personen sind, die über einen Arbeitgeber, einen Berufsverband, eine Arbeitnehmerorganisation oder eine andere Vereinigung oder Gruppe angeschlossen sind.

§ 18 Zusammenfassung von Kontosalden und Währungen. (1) [1]Für Zwecke der Bestimmung des Gesamtsaldos oder des Gesamtwerts von Finanzkonten einer natürlichen Person muss ein meldendes Finanzinstitut alle von ihm oder einem verbundenen Rechtsträger geführten Finanzkonten zusammenfassen, jedoch nur insoweit, als die computergestützten Systeme des meldenden Finanzinstituts die Finanzkonten durch Verweis auf ein Datenelement wie eine Kundennummer oder Steueridentifikationsnummer miteinander verknüpfen und eine Zusammenfassung der Kontosalden oder Kontowerte ermöglichen. [2]Für die Zwecke der Anwendung der beschriebenen Zusammenfassungsvorschriften wird jedem Inhaber eines gemeinsamen Finanzkontos der gesamte Saldo oder Wert des gemeinsamen Finanzkontos zugerechnet.

(2) [1]Für Zwecke der Bestimmung des Gesamtsaldos oder des Gesamtwerts von Finanzkonten von Rechtsträgern muss ein meldendes Finanzinstitut alle von ihm oder einem verbundenen Rechtsträger geführten Finanzkonten berücksichtigen, jedoch nur insoweit, als die computergestützten Systeme des meldenden Finanzinstituts die Finanzkonten durch Verweis auf ein Datenelement wie eine Kundennummer oder Steueridentifikationsnummer miteinander verknüpfen und eine Zusammenfassung der Kontosalden oder Kontowerte ermöglichen. [2]Für die Zwecke der Anwendung der beschriebenen Zusammenfassungsvorschriften wird jedem Inhaber eines gemeinsamen Finanzkontos der gesamte Saldo oder Wert des gemeinsamen Finanzkontos zugerechnet.

(3) Für Zwecke der Bestimmung des Gesamtsaldos oder des Gesamtwerts von Finanzkonten einer Person zur Feststellung, ob es sich bei einem Finanzkonto um ein Konto von hohem Wert handelt, ist ein meldendes Finanzinstitut im Fall von Finanzkonten, bei denen einem Kundenbetreuer bekannt ist oder bekannt sein müsste, dass sie unmittelbar oder mittelbar derselben Person gehören, dieselbe Person über sie verfügt oder sie von derselben Person außer in treuhänderischer Eigenschaft eröffnet wurden, auch verpflichtet, alle diese Konten zusammenzufassen.

(4) Alle auf Euro lautenden Beträge umfassen den Gegenwert in anderen Währungen nach innerstaatlichem Recht.

§ 19 Begriffsbestimmungen. Im Sinne dieses Gesetzes ist oder sind:

1. meldendes Finanzinstitut: ein Finanzinstitut eines teilnehmenden Staates, bei dem es sich nicht um ein nicht meldendes Finanzinstitut handelt;
2. Finanzinstitut eines teilnehmenden Staates ist
   a) ein in einem teilnehmenden Staat ansässiges Finanzinstitut, jedoch nicht Zweigniederlassungen dieses Finanzinstituts, die sich außerhalb dieses teilnehmenden Staates befinden, oder
   b) eine Zweigniederlassung eines nicht in einem teilnehmenden Staat ansässigen Finanzinstituts, wenn diese sich in diesem teilnehmenden Staat befindet;
3. Finanzinstitut: bedeutet ein Verwahrinstitut, ein Einlageninstitut, ein Investmentunternehmen oder eine spezifizierte Versicherungsgesellschaft;
4. Verwahrinstitut bedeutet einen Rechtsträger, dessen Geschäftstätigkeit im Wesentlichen darin besteht, für fremde Rechnung Finanzvermögen zu verwahren. [2]Die Geschäftstätigkeit eines Rechtsträgers besteht im Wesentlichen darin, für fremde Rechnung Finanzvermögen zu verwahren, wenn die dem Verwahren von Finanzvermögen und damit zusammenhängenden Finanzdienstleistungen zuzurechnenden Bruttoeinkünfte des Rechtsträgers mindestens 20 Prozent der Bruttoeinkünfte des Rechtsträgers entsprechen, und zwar entweder:
   a) während des dreijährigen Zeitraums, der am 31. Dezember oder am letzten Tag eines nicht einem Kalenderjahr entsprechenden Abrechnungszeitraums vor dem Bestimmungsjahr endet, oder

b) während des Zeitraums des Bestehens des Rechtsträgers, je nachdem, welcher Zeitraum kürzer ist;

5. Einlageninstitut ein Rechtsträger, der im Rahmen gewöhnlicher Bankgeschäfte oder einer ähnlichen Geschäftstätigkeit Einlagen entgegennimmt;

6. 1 Investmentunternehmen: ein Rechtsträger,

a) der gewerblich vorwiegend eine oder mehrere der folgenden Tätigkeiten für einen Kunden ausübt:

aa) den Handel mit Geldmarktinstrumenten (zum Beispiel Schecks, Wechsel, Einlagenzertifikate, Derivate), Devisen, Wechselkursinstrumenten, Zinsinstrumenten und Indexinstrumenten, übertragbaren Wertpapieren oder die Vornahme von Warentermingeschäften,

bb) die individuelle und kollektive Vermögensverwaltung oder

cc) sonstige Arten der Anlage oder Verwaltung von Finanzvermögen oder Kapital im Auftrag Dritter oder

b) dessen Bruttoeinkünfte vorwiegend der Anlage oder der Wiederanlage von oder dem Handel mit Finanzvermögen zuzurechnen sind, wenn der Rechtsträger von einem Einlageninstitut, einem Verwahrinstitut, einer spezifizierten Versicherungsgesellschaft oder einem Rechtsträger im Sinne des Buchstaben a verwaltet wird.

2 Ein Rechtsträger übt gewerblich vorwiegend eine oder mehrere der in Satz 1 Buchstabe a beschriebenen Tätigkeiten aus beziehungsweise die Bruttoeinkünfte eines Rechtsträgers sind vorwiegend der Anlage oder Wiederanlage von Finanzvermögen oder dem Handel damit im Sinne von Satz 1 Buchstabe b zuzurechnen, wenn die den entsprechenden Tätigkeiten zuzurechnenden Bruttoeinkünfte des Rechtsträgers mindestens 50 Prozent der Bruttoeinkünfte des Rechtsträgers entsprechen, und zwar entweder

a) während des dreijährigen Zeitraums, der am 31. Dezember des Jahres vor dem Bestimmungsjahr endet, oder

b) während des Zeitraums des Bestehens des Rechtsträgers, je nachdem, welcher Zeitraum kürzer ist.

3 Der Ausdruck Investmentunternehmen umfasst nicht einen Rechtsträger, bei dem es sich aufgrund der Erfüllung der Kriterien in Nummer 42 Buchstabe d bis g um einen aktiven NFE handelt.

4 Diese Nummer ist auf eine Weise auszulegen, die mit dem ähnlichen Wortlaut der Definition von Finanzinstituten in den Empfehlungen der Arbeitsgruppe finanzielle Maßnahmen gegen Geldwäsche (Financial Action Task Force – FATF – on-Money Laundering) vereinbar ist.

7. 1 Der Ausdruck Finanzvermögen umfasst Wertpapiere zum Beispiel Anteile am Aktienkapital einer Kapitalgesellschaft, Beteiligungen oder wirtschaftliches Eigentum an den Beteiligungen an einer in Streubesitz befindlichen oder börsennotierten Personalgesellschaft oder einem Trust, sowie Obligationen, Anleihen, Schuldverschreibungen oder sonstige Schuldurkunden, Beteiligungen an Personengesellschaften, Warengeschäfte, Swaps, zum Beispiel Zinsswaps, Währungsswaps, Basisswaps, Zinscaps, Zinsfloors,

Warenswaps, Aktienswaps, Aktienindexswaps und ähnliche Vereinbarungen, Versicherungs- oder Rentenversicherungsverträge oder Beteiligungen, darunter börsengehandelte und nicht börsengehandelte Termingeschäfte und Optionen an Wertpapieren, Beteiligungen an Personengesellschaften, Warengeschäfte, Swaps oder Versicherungs- oder Rentenversicherungsverträgen. 2 Der Ausdruck Finanzvermögen umfasst keine nicht fremdfinanzierten unmittelbaren Immobilienbeteiligungen;

8. spezifizierte Versicherungsgesellschaft: ein Rechtsträger, bei dem es sich um eine Versicherungsgesellschaft oder die Holdinggesellschaft einer Versicherungsgesellschaft handelt, die einen rückkaufsfähigen Versicherungsvertrag oder einen Rentenversicherungsvertrag abschließt oder zur Leistung von Zahlungen in Bezug auf einen solchen Vertrag verpflichtet ist;

9. nicht meldendes Finanzinstitut: ein Finanzinstitut, bei dem es sich handelt um

   a) einen staatlichen Rechtsträger, eine internationale Organisation oder eine Zentralbank, außer bei Zahlungen, die aus einer Verpflichtung in Zusammenhang mit gewerblichen Finanzaktivitäten stammen, die denen einer spezifizierten Versicherungsgesellschaft, eines Verwahr- oder eines Einlageninstituts entsprechen,

   b) einen Altersvorsorgefonds mit breiter Beteiligung, einen Altersvorsorgefonds mit geringer Beteiligung, einen Pensionsfonds eines staatlichen Rechtsträgers, einer internationalen Organisation oder einer Zentralbank oder einen qualifizierten Kreditkartenanbieter,

   c) einen sonstigen Rechtsträger, bei dem ein geringes Risiko besteht, dass er zur Steuerhinterziehung missbraucht wird, der im Wesentlichen ähnliche Eigenschaften wie die in den Buchstaben a und b genannten Rechtsträger aufweist und der in der Liste der nicht meldenden Finanzinstitute nach Artikel 8 Absatz 7a der Richtlinie 2014/107/EU enthalten ist, sofern sein Status als nicht meldendes Finanzinstitut dem Zweck dieses Gesetzes nicht entgegensteht, dies gilt auch im Verhältnis zu Drittstaaten. 2 Die Liste der Drittstaaten und Änderungen hierzu werden durch das Bundesministerium der Finanzen in einem gesonderten Schreiben im Bundessteuerblatt Teil I bekannt gegeben,

   d) einen ausgenommenen Organismus für gemeinsame Anlagen oder

   e) einen Trust, soweit der Treuhänder des Trusts ein meldendes Finanzinstitut ist und sämtliche nach § 8 zu meldenden Informationen zu sämtlichen meldepflichtigen Konten des Trusts meldet;

10. staatlicher Rechtsträger: die Regierung eines Staates, eine Gebietskörperschaft eines Staates, wobei es sich, um Zweifel auszuräumen, unter anderem um einen Gliedstaat, einen Landkreis oder eine Gemeinde handeln kann, oder eine Behörde oder Einrichtung, die sich im Alleineigentum eines meldepflichtigen Staates oder eines anderen Staates oder einer oder mehrerer Gebietskörperschaften befindet, jeweils ein staatlicher Rechtsträger. 2 Ein staatlicher Rechtsträger besteht aus

    a) den wesentlichen Instanzen,

b) den beherrschten Rechtsträgern und

c) den Gebietskörperschaften

eines Staates. [3]Eine wesentliche Instanz eines meldepflichtigen Staates bedeutet unabhängig von ihrer Bezeichnung eine Person, eine Organisation, eine Behörde, ein Amt, einen Fonds, eine Einrichtung oder eine sonstige Stelle, die eine Regierungsbehörde eines Staates darstellt. [4]Die Nettoeinkünfte der Regierungsbehörde müssen ihrem eigenen Konto oder sonstigen Konten des Staates gutgeschrieben werden, ohne dass ein Teil davon einer Privatperson zugutekommt. [5]Eine wesentliche Instanz umfasst nicht eine natürliche Person, bei der es sich um einen in seiner Eigenschaft als Privatperson handelnden Regierungsvertreter, Beamten oder Verwalter handelt. [6]Ein beherrschter Rechtsträger bedeutet einen Rechtsträger, der formal von dem Staat getrennt ist oder auf andere Weise eine eigenständige juristische Person darstellt, sofern

a) der Rechtsträger sich unmittelbar oder über einen oder mehrere beherrschte Rechtsträger im Alleineigentum und unter der Beherrschung eines oder mehrerer staatlicher Rechtsträger befindet,

b) die Nettoeinkünfte des Rechtsträgers seinem eigenen Konto oder den Konten eines oder mehrerer staatlicher Rechtsträger gutgeschrieben werden, ohne dass ein Teil seiner Einkünfte einer Privatperson zugutekommt,

c) die Vermögenswerte des Rechtsträgers bei seiner Auflösung einem oder mehreren staatlichen Rechtsträgern zufallen.

[7]Einkünfte kommen nicht Privatpersonen zugute, wenn es sich bei diesen Personen um die vorgesehenen Begünstigten eines Regierungsprogramms handelt und die Programmaktivitäten für die Allgemeinheit im Interesse des Gemeinwohls ausgeübt werden oder sich auf die Verwaltung eines Regierungsbereichs beziehen. [8]Ungeachtet der vorstehenden Bestimmungen gelten Einkünfte jedoch als Einkünfte, die Privatpersonen zugutekommen, wenn sie aus über einen staatlichen Rechtsträger ausgeübten gewerblichen Tätigkeiten, wie zum Beispiel Geschäftsbankengeschäften, stammen, bei denen Finanzdienstleistungen an Privatpersonen erbracht werden;

11. internationale Organisation: eine internationale Organisation oder eine in ihrem Alleineigentum stehende Behörde oder Einrichtung. [2]Eine internationale Organisation umfasst eine zwischenstaatliche Organisation, einschließlich einer übernationalen Organisation, die

a) hauptsächlich aus Regierungen besteht,

b) mit dem Staat ein Sitzabkommen oder im Wesentlichen ähnliches Abkommen geschlossen hat und

c) deren Einkünfte nicht Privatpersonen zugutekommen;

12. [1]Zentralbank: ein Institut, das aufgrund eines Gesetzes oder staatlicher Genehmigung neben der Regierung des Staates die oberste Behörde für die Ausgabe von als Währung vorgesehenen Zahlungsmitteln darstellt. [2]Dieses Institut kann eine von der Regierung des Staats getrennte Einrichtung umfassen, die ganz oder teilweise im Eigentum des Staats stehen kann;

13. Altersvorsorgefonds mit breiter Beteiligung: ein Fonds zur Gewährung von Altersvorsorge- und Invaliditätsleistungen sowie Leistungen im Todesfall oder einer Kombination dieser Leistungen als Gegenleistung für erbrachte Leistungen an Begünstigte, die derzeitige oder ehemalige Arbeitnehmer oder von ihnen bestimmte Personen eines Arbeitgebers oder mehrerer Arbeitgeber sind, sofern der Fonds
    a) nicht einen einzigen Begünstigten hat, der Anspruch auf mehr als 5 Prozent der Vermögenswerte des Fonds hat,
    b) staatlicher Regelung unterliegt und Informationen an die Steuerbehörden übermittelt und
    c) mindestens eine der folgenden Voraussetzungen erfüllt:
        aa) der Fonds ist aufgrund seines Status als Altersvorsorgeplan grundsätzlich von der Ertragsteuer auf Kapitaleinkünfte befreit oder die Besteuerung entsprechender Erträge erfolgt nachgelagert beziehungsweise zu einem ermäßigten Satz,
        bb) der Fonds bezieht mindestens 50 Prozent seiner Gesamtbeiträge mit Ausnahme von Vermögensübertragungen von anderen in den Nummern 13 bis 15 genannten Plänen oder in Nummer 34 Buchstabe a genannten Altersvorsorgekonten von den Arbeitgebern,
        cc) Ausschüttungen oder Entnahmen aus dem Fonds dürfen nur bei Eintritt konkreter Ereignisse im Zusammenhang mit dem Ruhestand, der Invalidität oder dem Tod vorgenommen werden, mit Ausnahme von aus einem Altersvorsorgeplan an andere in den Nummern 13 bis 15 genannte Altersvorsorgefonds oder in Nummer 34 Buchstabe a genannte Altersvorsorgekonten übertragene Ausschüttungen, andernfalls finden Sanktionen Anwendung, oder
        dd) die Arbeitnehmerbeiträge an den Fonds, mit Ausnahme bestimmter zugelassener Ausgleichsbeiträge, werden durch das Erwerbseinkommen des Arbeitnehmers begrenzt oder dürfen unter Anwendung der in § 18 genannten Vorschriften für die Zusammenfassung von Konten und die Währungsumrechnung jährlich einen Betrag von 50 000 US-Dollar nicht übersteigen;
14. Altersvorsorgefonds mit geringer Beteiligung: ein Fonds zur Gewährung von Altersvorsorge- und Invaliditätsleistungen sowie Leistungen im Todesfall als Gegenleistung für erbrachte Leistungen an Begünstigte, die derzeitige oder ehemalige Arbeitnehmer oder von ihnen bestimmte Personen eines Arbeitgebers oder mehrerer Arbeitgeber sind, sofern
    a) weniger als 50 Personen am Fonds beteiligt sind,
    b) ein oder mehrere Arbeitgeber in den Fonds einzahlen, bei denen es sich nicht um Investmentunternehmen oder passive NFEs handelt,
    c) die Arbeitnehmer- und Arbeitgeberbeiträge an den Fonds, mit Ausnahme von Vermögensübertragungen von in Nummer 34 Buchstabe a genannten Altersvorsorgekonten, durch das Erwerbseinkommen beziehungsweise die Vergütung des Arbeitnehmers begrenzt werden,

d) nicht im Gründungsstaat des Fonds ansässige Beteiligte auf höchstens 20 Prozent der Vermögenswerte des Fonds Anspruch haben und

e) der Fonds staatlicher Regelung unterliegt und Informationen an die Steuerbehörden übermittelt;

15. Pensionsfonds eines staatlichen Rechtsträgers, einer internationalen Organisation oder einer Zentralbank: ein von einem staatlichen Rechtsträger, einer internationalen Organisation oder einer Zentralbank errichteter Fonds zur Gewährung von Altersvorsorge- und Invaliditätsleistungen sowie Leistungen im Todesfall an Begünstigte oder Beteiligte, bei denen es sich um derzeitige oder ehemalige Arbeitnehmer oder von ihnen bestimmte Personen oder um Personen handeln kann, die keine derzeitigen oder ehemaligen Arbeitnehmer sind, falls die Leistungen diesen Begünstigten und Beteiligten als Gegenleistung für ihre dem staatlichen Rechtsträger, der internationalen Organisation oder der Zentralbank persönlich geleisteten Dienste gewährt werden;

16. qualifizierter Kreditkartenanbieter: ein Finanzinstitut, das

a) nur als Finanzinstitut gilt, weil es ein Kreditkartenanbieter ist, der Einlagen nur akzeptiert, wenn ein Kunde eine Zahlung leistet, die einen in Bezug auf die Karte fälligen Saldo übersteigt, und die Überzahlung nicht unverzüglich an den Kunden zurücküberwiesen wird;

b) spätestens ab dem 1. Januar 2016 Maßnahmen und Verfahren umsetzt, die entweder verhindern, dass ein Kunde eine Überzahlung in Höhe von mehr als 50 000 US-Dollar leistet, oder sicherstellen, dass jede Überzahlung eines Kunden, die über diesem Betrag liegt, dem Kunden innerhalb von 60 Tagen zurückerstattet wird, wobei in beiden Fällen die Vorschriften für die Zusammenfassung von Konten und die Währungsumrechnung nach § 18 gelten. [2] Überzahlungen von Kunden in diesem Sinne umfassen nicht Guthaben im Zusammenhang mit strittigen Abbuchungen, schließen jedoch Guthaben infolge der Rückgabe von Waren ein;

17. ausgenommener Organismus für gemeinsame Anlagen: ein Investmentunternehmen, das als Organismus für gemeinsame Anlagen der Aufsicht untersteht, sofern sämtliche Beteiligungen an dem Organismus für gemeinsame Anlagen von natürlichen Personen oder Rechtsträgern, die keine meldepflichtigen Personen sind, oder über diese gehalten werden, mit Ausnahme eines passiven NFE mit beherrschenden Personen, die meldepflichtige Personen sind. [2] Ein Investmentunternehmen, das als Organismus für gemeinsame Anlagen der Aufsicht untersteht, gilt auch dann als nach dieser Nummer ausgenommener Organismus für gemeinsame Anlagen, wenn der Organismus für gemeinsame Anlagen effektive Inhaberanteile ausgibt, sofern

a) der Organismus für gemeinsame Anlagen nach dem 31. Dezember 2015 keine effektiven Inhaberanteile ausgegeben hat oder ausgibt,

b) der Organismus für gemeinsame Anlagen bei Rückkauf alle nicht in Sammelverwahrung befindlichen Anteilscheine einzieht,

c) der Organismus für gemeinsame Anlagen die in den §§ 9 bis 18 aufgeführten Verfahren zur Erfüllung der Sorgfaltspflichten durchführt und alle meldepflichtigen Informationen zu Inhaberanteilscheinen und dazugehörigen Gewinnanteilscheinen meldet, wenn diese zum Einlösen oder zu sonstiger Zahlung vorgelegt werden, und

d) der Organismus für gemeinsame Anlagen über Maßnahmen und Verfahren verfügt, um sicherzustellen, dass nicht in Sammelverwahrung befindliche Inhaberanteilscheine und zugehörige noch nicht fällige Gewinnanteilscheine so bald wie möglich und auf jeden Fall vor dem 1. Januar 2017 in Sammelverwahrung gegeben werden oder als Wertpapiere nicht mehr verkehrsfähig sind;

18. [1] Finanzkonto: ein von einem Finanzinstitut geführtes Konto. [2] Ein Finanzkonto umfasst ein Einlagenkonto, ein Verwahrkonto und

a) im Fall eines Investmentunternehmens Eigen- und Fremdkapitalbeteiligungen an dem Finanzinstitut.

[2] Ungeachtet der vorstehenden Bestimmung umfasst der Ausdruck Finanzkonto keine Eigen- und Fremdkapitalbeteiligungen an einem Rechtsträger, der nur als Investmentunternehmen gilt, weil er für den Zweck der Anlage oder die Verwaltung von Finanzvermögen, das bei einem anderen Finanzinstitut als diesem Rechtsträger im Namen eines Kunden eingezahlt wurde, für oder im Auftrag dieses Kunden

aa) Anlageberatung erbringt oder

bb) Vermögenswerte verwaltet,

b) im Fall eines nicht unter Buchstabe a beschriebenen Finanzinstituts Eigen- und Fremdkapitalbeteiligungen an dem Finanzinstitut, sofern die Beteiligungskategorie zur Vermeidung der Meldepflicht nach § 8 eingeführt wurde, sowie

c) von einem Finanzinstitut ausgestellte oder verwaltete rückkaufsfähige Versicherungsverträge und Rentenversicherungsverträge, mit Ausnahme von nicht mit einer Kapitalanlage verbundenen und nicht übertragbaren sofortigen Leibrenten, die auf natürliche Personen lauten und eine Altersvorsorge- oder Invaliditätsleistung monetisieren, die aufgrund eines Kontos erbracht wird, bei dem es sich um ein ausgenommenes Konto handelt.

[3] Der Ausdruck Finanzkonto umfasst keine Konten, bei denen es sich um ausgenommene Konten handelt;

19. [1] Einlagenkonten: Geschäfts-, Giro-, Spar- und Terminkonten sowie Konten, die durch Einlagenzertifikate, Sparbriefe, Investmentzertifikate, Schuldtitel oder vergleichbare Instrumente verbrieft sind, die von einem Finanzinstitut im Rahmen gewöhnlicher Bankgeschäfte oder einer ähnlichen Geschäftstätigkeit geführt werden. [2] Ein Einlagenkonto umfasst auch Beträge, die von einer Versicherungsgesellschaft aufgrund eines garantierten Kapitalanlagevertrags oder einer ähnlichen Vereinbarung zur Zahlung oder Gutschrift von Zinsen auf diese Beträge gehalten werden;

20. Verwahrkonto: ein Konto, nicht jedoch ein Versicherungsvertrag oder Rentenversicherungsvertrag, in dem Finanzvermögen zugunsten eines Dritten verwahrt wird;
21. [1]Eigenkapitalbeteiligung: Eigenkapitalbeteiligung bedeutet im Fall einer Personengesellschaft, die ein Finanzinstitut ist, entweder eine Kapital- oder eine Gewinnbeteiligung an der Personengesellschaft. [2]Im Fall eines Trusts, der ein Finanzinstitut ist, gilt eine Eigenkapitalbeteiligung als von einer Person gehalten, die als Treugeber oder Begünstigter des gesamten oder eines Teils des Trusts betrachtet wird, oder von einer sonstigen natürlichen Person, die den Trust tatsächlich beherrscht. [3]Eine meldepflichtige Person gilt als Begünstigter eines Trusts, wenn sie berechtigt ist, unmittelbar oder mittelbar, zum Beispiel durch einen Bevollmächtigten, eine Pflichtausschüttung aus dem Trust zu erhalten oder unmittelbar oder mittelbar eine freiwillige Ausschüttung aus dem Trust erhalten kann;
22. Versicherungsvertrag: ein Vertrag, nicht jedoch ein Rentenversicherungsvertrag, bei dem sich der Versicherungsgeber bereit erklärt, bei Eintritt eines konkreten Ereignisses im Zusammenhang mit einem Todesfall-, einem Krankheits-, Unfall-, Haftungs- oder Sachschadenrisiko einen Betrag zu zahlen;
23. [1]Rentenversicherungsvertrag: ein Vertrag, bei dem sich der Versicherungsgeber bereit erklärt, für einen vollständig oder teilweise anhand der Lebenserwartung einer oder mehrerer natürlicher Personen ermittelten Zeitraum Zahlungen zu leisten. [2]Der Ausdruck umfasst auch einen Vertrag, der nach dem Recht, den Vorschriften oder der Rechtsübung des anderen Staates, in dem er ausgestellt wurde, als Rentenversicherungsvertrag gilt und bei dem sich der Versicherungsgeber bereit erklärt, für eine bestimmte Anzahl von Jahren Zahlungen zu leisten;
24. rückkaufsfähiger Versicherungsvertrag: ein Versicherungsvertrag, nicht jedoch ein Rückversicherungsvertrag, zwischen zwei Versicherungsgesellschaften mit einem Barwert;
25. [1]Barwert: als Barwert gilt
    a) der Betrag, zu dessen Erhalt der Versicherungsnehmer nach Rückkauf oder Kündigung des Vertrags berechtigt ist, der ohne Minderung wegen einer Rückkaufgebühr oder eines Policendarlehens zu ermitteln ist, oder
    b) der Betrag, den der Versicherungsnehmer im Rahmen des Vertrags oder in Bezug auf den Vertrag als Darlehen aufnehmen kann, je nachdem, welcher Betrag höher ist.

    [2]Ungeachtet des Satzes 1 umfasst der Ausdruck Barwert nicht einen aufgrund eines Versicherungsvertrags wie folgt zahlbaren Betrag:
    a) ausschließlich aufgrund des Todes einer natürlichen Person, die über einen Lebensversicherungsvertrag verfügt,
    b) in Form einer Leistung bei Personenschaden oder Krankheit oder einer sonstigen Leistung zur Entschädigung für einen bei Eintritt des Versicherungsfalls erlittenen wirtschaftlichen Verlust,

c) in Form einer Rückerstattung einer aufgrund eines Versicherungsvertrags, nicht jedoch eines an Kapitalanlagen gebundenen Lebens- oder Rentenversicherungsvertrags, bereits gezahlten Prämie (abzüglich Versicherungsgebühren unabhängig von deren tatsächlicher Erhebung) bei Vertragsaufhebung oder -kündigung, Verringerung des Risikopotenzials während der Vertragslaufzeit oder Berichtigung einer Fehlbuchung oder eines vergleichbaren Fehlers in Bezug auf die Vertragsprämie,

d) in Form einer an den Versicherungsnehmer zahlbaren Dividende, nicht jedoch eines Schlussüberschussanteils, sofern die Dividende aus einem Versicherungsvertrag stammt, bei dem nur Leistungen nach Buchstabe b zu zahlen sind, oder

e) in Form einer Rückerstattung einer Prämienvorauszahlung oder eines Prämiendepots für einen Versicherungsvertrag mit mindestens jährlich fälliger Prämienzahlung, sofern die Höhe der Prämienvorauszahlung oder des Prämiendepots die nächste vertragsgemäß fällige Jahresprämie nicht übersteigt;

26. bestehendes Konto: ein bestehendes Konto ist

a) ein Finanzkonto, das zum 31. Dezember 2015 von einem meldenden Finanzinstitut geführt wird,

b) jedes Finanzkonto eines Kontoinhabers, ungeachtet des Zeitpunkts der Eröffnung dieses Finanzkontos, wenn

aa) der Kontoinhaber auch Inhaber eines Finanzkontos bei dem meldenden Finanzinstitut oder einem verbundenen Rechtsträger in demselben Staat wie das meldende Finanzinstitut ist, das ein bestehendes Konto nach Buchstabe a ist;

bb) das meldende Finanzinstitut und gegebenenfalls der verbundene Rechtsträger in demselben Staat wie das meldende Finanzinstitut diese beiden Finanzkonten und alle weiteren Finanzkonten des Kontoinhabers, die als bestehende Konten nach Buchstabe b behandelt werden, für die Zwecke der Erfüllung der in § 17 Absatz 1 genannten Anforderungen in Bezug auf den Kenntnisstand und für die Zwecke der Ermittlung des Saldos oder Werts eines der Finanzkonten bei der Anwendung eines der kontospezifischen Schwellenwerte als ein einziges Finanzkonto behandelt,

cc) das meldende Finanzinstitut in Bezug auf ein Finanzkonto, das den Verfahren zur Bekämpfung der Geldwäsche und Kundensorgfaltspflichten (AML/KYC – Anti-Money Laundering/Know-your-Customer) unterliegt, die Anforderungen dieser Verfahren in Bezug auf das Finanzkonto erfüllen darf, indem es sich auf die vorgenannten Verfahren verlässt, die für das in Buchstabe a beschriebene bestehende Konto durchgeführt wurden, und

dd) die Eröffnung des Finanzkontos außer für die Zwecke dieses Gesetzes keine Bereitstellung neuer, zusätzlicher oder geänderter Kundeninformationen durch den Kontoinhaber erfordert;

27. Neukonto: ein von einem meldenden Finanzinstitut geführtes Finanzkonto, das am oder nach dem 1. Januar 2016 eröffnet wird, sofern es nicht als bestehendes Konto nach Nummer 26 Buchstabe b behandelt wird;
28. bestehendes Konto natürlicher Personen: ein bestehendes Konto, dessen Inhaber eine natürliche Person oder mehrere natürliche Personen ist oder sind;
29. Neukonto natürlicher Personen: ein Neukonto, dessen Inhaber eine natürliche Person oder mehrere natürliche Personen ist oder sind;
30. bestehendes Konto von Rechtsträgern: ein bestehendes Konto, dessen Inhaber ein oder mehrere Rechtsträger ist oder sind;
31. Konto von geringerem Wert: ein bestehendes Konto natürlicher Personen mit einem Gesamtsaldo oder Gesamtwert von höchstens 1 000 000 US-Dollar zum 31. Dezember 2015;
32. Konto von hohem Wert: ein bestehendes Konto natürlicher Personen mit einem Gesamtsaldo oder Gesamtwert von mehr als 1 000 000 US-Dollar zum 31. Dezember 2015 oder 31. Dezember eines Folgejahres;
33. Neukonto von Rechtsträgern: ein Neukonto, dessen Inhaber ein oder mehrere Rechtsträger ist oder sind;
34. ausgenommenes Konto: eines der folgenden Konten:
    a) ein Altersvorsorgekonto, das folgende Voraussetzungen erfüllt:
        aa) das Konto untersteht als persönliches Altersvorsorgekonto der Aufsicht oder ist Teil eines registrierten oder der Aufsicht unterstehenden Altersvorsorgeplans für die Gewährung von Renten- und Pensionsleistungen einschließlich Invaliditätsleistungen und Leistungen im Todesfall,
        bb) das Konto ist steuerbegünstigt, das heißt, auf das Konto eingezahlte Beiträge, die andernfalls steuerpflichtig wären, sind von den Bruttoeinkünften des Kontoinhabers abziehbar oder ausgenommen oder werden mit einem ermäßigten Steuersatz besteuert, oder die mit dem Konto erzielten Kapitalerträge werden nachgelagert oder mit einem ermäßigten Steuersatz besteuert,
        cc) in Bezug auf das Konto besteht eine Pflicht zur Informationsübermittlung an die Steuerbehörden,
        dd) Entnahmen sind an das Erreichen eines bestimmten Ruhestandsalters, Invalidität oder den Todesfall geknüpft oder es werden bei Entnahmen vor Eintritt dieser Ereignisse Vorschusszinsen fällig,
        ee) entweder
            aaa) die jährlichen Beiträge sind auf höchstens 50 000 US-Dollar begrenzt oder
            bbb) für das Konto gilt eine auf die gesamte Lebenszeit bezogene Beitragsgrenze in Höhe von höchstens 1 000 000 US-Dollar,

            wobei in beiden Fällen die Vorschriften für die Zusammenfassung von Konten und die Währungsumrechnung nach § 18 gelten.

2 Ein Finanzkonto, das die in Nummer 34 Buchstabe a Doppelbuchstabe ee genannte Voraussetzung grundsätzlich erfüllt, wird diese auch dann erfüllen, wenn auf das Finanzkonto Vermögenswerte oder Geldbeträge von einem oder mehreren Finanzkonten, die die Voraussetzungen nach Nummer 34 Buchstabe a oder b erfüllen, oder von einem oder mehreren Altersvorsorge- oder Pensionsfonds, die die Voraussetzungen nach den Nummern 13 bis 15 erfüllen, übertragen werden können;

b) ein Konto, das folgende Voraussetzungen erfüllt:

aa) das Konto untersteht als Anlageinstrument für andere Zwecke als die Altersvorsorge der Aufsicht und wird regelmäßig an einer anerkannten Börse gehandelt oder das Konto untersteht als Sparinstrument für andere Zwecke als die Altersvorsorge der Aufsicht,

bb) das Konto ist steuerbegünstigt; auf das Konto eingezahlte Beiträge, die andernfalls steuerpflichtig wären, sind somit von den Bruttoeinkünften des Kontoinhabers abziehbar oder ausgenommen oder werden mit einem ermäßigten Steuersatz besteuert, oder die mit dem Konto erzielten Kapitalerträge werden nachgelagert oder mit einem ermäßigten Steuersatz besteuert,

cc) Entnahmen sind an die Erfüllung bestimmter Kriterien geknüpft, die in Zusammenhang mit dem Zweck des Anlage- oder Sparkontos (zum Beispiel die Gewährung von ausbildungsbezogenen oder medizinischen Leistungen) stehen, oder es werden bei Entnahmen vor Erfüllung dieser Kriterien Vorschusszinsen fällig,

dd) die jährlichen Beiträge sind auf höchstens 50 000 US-Dollar begrenzt, wobei die Vorschriften für die Zusammenfassung von Konten und die Währungsumrechnung nach § 18 gelten.

2 Ein Finanzkonto, das die in Nummer 34 Buchstabe b Doppelbuchstabe dd genannte Voraussetzung grundsätzlich erfüllt, wird diese auch dann erfüllen, wenn auf das Finanzkonto Vermögenswerte oder Geldbeträge von einem oder mehreren Finanzkonten, die die Voraussetzungen nach Nummer 34 Buchstabe a oder b erfüllen, oder von einem oder mehreren Altersvorsorge- oder Pensionsfonds, die die Voraussetzungen nach den Nummern 13 bis 15 erfüllen, übertragen werden können;

c) ein Lebensversicherungsvertrag mit einer Versicherungszeit, die vor Vollendung des 90. Lebensjahres der versicherten natürlichen Person endet, sofern der Vertrag folgende Voraussetzungen erfüllt:

aa) während der Vertragslaufzeit oder bis zur Vollendung des 90. Lebensjahres des Versicherten, je nachdem, welcher Zeitraum kürzer ist, sind mindestens jährlich regelmäßige Prämien fällig, die im Laufe der Zeit nicht sinken,

bb) der Vertrag besitzt keinen Vertragswert, auf den eine Person ohne Kündigung des Vertrags durch Entnahme, Beleihung oder auf andere Weise zugreifen kann,

cc) der bei Vertragsaufhebung oder Vertragskündigung auszahlbare Betrag, mit Ausnahme einer Leistung im Todesfall, kann die Gesamthöhe der für den Vertrag gezahlten Prämien abzüglich der Summe aus den Gebühren für das Todesfall- und das Krankheitsrisiko und Aufwendungen, unabhängig von deren tatsächlicher Erhebung, für die Vertragslaufzeit oder Vertragslaufzeiten, sowie sämtlichen, vor der Vertragsaufhebung oder der Vertragskündigung ausgezahlter Beträge nicht übersteigen,

dd) der Inhaber des Vertrags ist kein entgeltlicher Erwerber;

d) ein Konto, dessen ausschließlicher Inhaber ein Nachlass ist, sofern die Unterlagen zu diesem Konto eine Kopie des Testaments oder der Sterbeurkunde des Verstorbenen enthalten,

e) ein Konto, das eingerichtet wird im Zusammenhang mit

aa) einer gerichtlichen Verfügung oder einem Gerichtsurteil,

bb) einem Verkauf, einem Tausch oder einer Vermietung eines unbeweglichen oder beweglichen Vermögensgegenstands, sofern das Konto folgende Voraussetzungen erfüllt:

aaa) das Konto wird ausschließlich mit einer Anzahlung, einer Einlage in einer zur Sicherung einer unmittelbar mit der Transaktion verbundenen Verpflichtung angemessenen Höhe oder einer ähnlichen Zahlung finanziert oder mit Finanzvermögen, das im Zusammenhang mit dem Verkauf, dem Tausch oder der Vermietung des Vermögensgegenstands auf das Konto eingezahlt wird,

bbb) das Konto wird nur zur Sicherung der Verpflichtung des Käufers zur Zahlung des Kaufpreises für den Vermögensgegenstand, der Verpflichtung des Verkäufers zur Begleichung von Eventualverbindlichkeiten beziehungsweise der Verpflichtung des Vermieters oder Mieters zur Begleichung von Schäden im Zusammenhang mit dem Mietobjekt nach dem Mietvertrag eingerichtet und genutzt,

ccc) die Vermögenswerte des Kontos, einschließlich der daraus erzielten Einkünfte, werden bei Verkauf, Tausch oder Übertragung des Vermögensgegenstands beziehungsweise Ende des Mietvertrags zugunsten des Käufers, Verkäufers, Vermieters oder Mieters ausgezahlt oder auf andere Weise verteilt, auch zur Erfüllung einer Verpflichtung einer dieser Personen,

ddd) das Konto ist nicht ein im Zusammenhang mit einem Verkauf oder einem Tausch von Finanzvermögen eingerichtetes Margin-Konto oder ähnliches Konto,

eee) das Konto steht nicht in Verbindung mit einem Konto nach Nummer 34 Buchstabe f,

cc) einer Verpflichtung eines Finanzinstituts, das ein durch Immobilien besichertes Darlehen verwaltet, zur Zurücklegung eines Teils einer Zahlung ausschließlich zur Ermöglichung der Entrichtung von Steuern oder Versicherungsbeiträgen im Zusammenhang mit den Immobilien zu einem späteren Zeitpunkt oder dd) einer Verpflichtung eines Finanzinstituts ausschließlich zur Ermöglichung der Entrichtung von Steuern zu einem späteren Zeitpunkt,

f) ein Einlagenkonto, das folgende Voraussetzungen erfüllt:

aa) das Konto besteht ausschließlich, weil ein Kunde eine Zahlung leistet, die einen in Bezug auf eine Kreditkarte oder eine sonstige revolvierende Kreditfazilität fälligen Saldo übersteigt, und die Überzahlung nicht unverzüglich an den Kunden zurücküberwiesen wird,

bb) spätestens ab dem 1. Januar 2016 setzt das Finanzinstitut Maßnahmen und Verfahren um, die entweder verhindern, dass ein Kunde eine Überzahlung in Höhe von mehr als 50 000 US-Dollar leistet, oder sicherstellen, dass jede Überzahlung eines Kunden, die über diesem Betrag liegt, dem Kunden innerhalb von 60 Tagen zurückerstattet wird, wobei in beiden Fällen die Vorschriften für die Währungsumrechnung nach § 18 gelten. [2]Überzahlungen von Kunden in diesem Sinne umfassen nicht Guthaben im Zusammenhang mit strittigen Abbuchungen, schließen jedoch Guthaben infolge der Rückgabe von Waren ein,

g) ein sonstiges Konto, bei dem ein geringes Risiko besteht, dass es zur Steuerhinterziehung missbraucht wird, das im Wesentlichen ähnliche Eigenschaften wie die in den Buchstaben a bis f beschriebenen Konten aufweist und das in der Liste der ausgenommenen Konten nach Artikel 8 Absatz 7a der Richtlinie 2014/107/EU enthalten ist, sofern sein Status als ausgenommenes Konto dem Zweck dieses Gesetzes nicht entgegensteht. [2]Diese Liste gilt auch im Verhältnis zu Drittstaaten. [3]Die Liste der Drittstaaten und Änderungen hierzu werden durch das Bundesministerium der Finanzen in einem gesonderten Schreiben im Bundessteuerblatt Teil I bekannt gegeben;

35. meldepflichtiges Konto: ein von einem meldenden Finanzinstitut eines Staates geführtes Finanzkonto, dessen Inhaber eine meldepflichtige Person oder mehrere meldepflichtige Personen oder ein passiver NFE, der von einer oder mehreren meldepflichtigen Personen beherrscht wird, ist oder sind, sofern es nach den in den §§ 9 bis 18 beschriebenen Verfahren zur Erfüllung der Sorgfaltspflichten als solches identifiziert wurde;

36. meldepflichtige Person: eine Person eines meldepflichtigen Staates, jedoch nicht:

a) eine Kapitalgesellschaft, deren Aktien regelmäßig an einer oder mehreren anerkannten Wertpapierbörsen gehandelt werden,

b) eine Kapitalgesellschaft, die ein verbundener Rechtsträger einer Kapitalgesellschaft nach Buchstabe a ist,

c) ein staatlicher Rechtsträger,

d) eine internationale Organisation,

e) eine Zentralbank oder

f) ein Finanzinstitut;

37. Person eines meldepflichtigen Staates in Bezug auf jeden meldepflichtigen Staat: eine natürliche Person oder ein Rechtsträger, die oder der nach dem Steuerrecht eines beliebigen anderen meldepflichtigen Staates in diesem ansässig ist, oder ein Nachlass eines Erblassers, der in einem beliebigen anderen meldepflichtigen Staat ansässig war. 2 In diesem Sinne gilt ein Rechtsträger, bei dem keine steuerliche Ansässigkeit vorliegt, beispielsweise eine Personengesellschaft, eine Limited Liability Partnership oder ein ähnliches Rechtsgebilde, als in dem Staat ansässig, in dem sich der Ort seiner tatsächlichen Geschäftsleitung befindet;
38. teilnehmender Staat: teilnehmender Staat umfasst:
    a) einen anderen Mitgliedstaat der Europäischen Union,
    b) einen anderen Staat,
        aa) mit dem die Bundesrepublik Deutschland ein Abkommen oder eine Vereinbarung geschlossen hat, wonach der andere Staat die in § 8 genannten Informationen übermittelt, und
        bb) der in einer von der Bundesrepublik Deutschland veröffentlichten und der Europäischen Kommission mitgeteilten Liste aufgeführt ist,
        cc) einen anderen Staat,
            aaa) mit dem die Europäische Union ein Abkommen geschlossen hat, wonach der andere Staat die in § 8 genannten Informationen übermittelt, und
            bbb) der in einer von der Europäischen Kommission veröffentlichten Liste aufgeführt ist;
39. beherrschende Personen: die natürlichen Personen, die einen Rechtsträger beherrschen. 2 Im Fall eines Trusts bedeutet dieser Ausdruck den oder die Treugeber, den oder die Treuhänder, gegebenenfalls den Protektor oder die Protektoren, den oder die Begünstigten oder die Begünstigtenkategorie oder den Begünstigtenkategorien sowie jede sonstige natürliche Person oder alle sonstigen natürlichen Personen, die den Trust tatsächlich beherrscht oder beherrschen, und im Fall eines Rechtsgebildes, das kein Trust ist, bedeutet dieser Ausdruck Personen in gleichwertigen oder ähnlichen Positionen. 3 Der Ausdruck beherrschende Personen ist auf eine Weise auszulegen, die mit den FATF-Empfehlungen, veröffentlicht auf der Webseite der Bundesanstalt für Finanzdienstleistungen, vereinbar ist;
40. NFE: ein Rechtsträger, der kein Finanzinstitut ist;
41. passiver NFE: ein passiver NFE ist
    a) ein NFE, der kein aktiver NFE ist, oder
    b) ein Investmentunternehmen nach Nummer 6 Satz 1 Buchstabe b, das kein Finanzinstitut eines teilnehmenden Staates ist;
42. aktiver NFE: ein NFE, der mindestens eins der folgenden Kriterien erfüllt:
    a) weniger als 50 Prozent der Bruttoeinkünfte des NFE im vorangegangenen Kalenderjahr oder einem anderen geeigneten Meldezeitraum sind passive Einkünfte und weniger als 50 Prozent der Vermögenswer-

te, die sich während des vorangegangenen Kalenderjahrs oder eines anderen geeigneten Meldezeitraums im Besitz des NFE befanden, sind Vermögenswerte, mit denen passive Einkünfte erzielt werden oder erzielt werden sollen,

b) die Aktien des NFE werden regelmäßig an einer anerkannten Wertpapierbörse gehandelt oder der NFE ist ein verbundener Rechtsträger eines Rechtsträgers, dessen Aktien regelmäßig an einer anerkannten Wertpapierbörse gehandelt werden,

c) der NFE ist ein staatlicher Rechtsträger, eine internationale Organisation, eine Zentralbank oder ein Rechtsträger, der im Alleineigentum einer oder mehrerer der vorgenannten Institutionen steht,

d) im Wesentlichen alle Tätigkeiten des NFE bestehen im vollständigen oder teilweisen Besitzen der ausgegebenen Aktien einer Tochtergesellschaft oder mehrerer Tochtergesellschaften, die eine andere Geschäftstätigkeit als die eines Finanzinstituts ausüben, sowie in der Finanzierung und Erbringung von Dienstleistungen für diese Tochtergesellschaften mit der Ausnahme, dass ein Rechtsträger nicht die Kriterien für diesen Status erfüllt, wenn er als Anlagefonds tätig ist oder sich als solchen bezeichnet, wie zum Beispiel ein Beteiligungskapitalfonds, ein Wagniskapitalfonds, ein Fonds für fremdfinanzierte Übernahmen (Leveraged-Buyout-Fonds) oder ein Anlageinstrument, dessen Zweck darin besteht, Gesellschaften zu erwerben oder zu finanzieren und anschließend Anteile an diesen Gesellschaften als Anlagevermögen zu halten,

e) der NFE betreibt noch kein Geschäft und hat auch in der Vergangenheit kein Geschäft betrieben, legt jedoch Kapital in Vermögenswerten an mit der Absicht, ein anderes Geschäft als das eines Finanzinstituts zu betreiben; der NFE fällt jedoch nach dem Tag, der auf einen Zeitraum von 24 Monaten nach dem Gründungsdatum des NFE folgt, nicht unter diese Ausnahmeregelung,

f) der NFE war in den vergangenen fünf Jahren kein Finanzinstitut und veräußert derzeit seine Vermögenswerte oder führt eine Umstrukturierung durch mit der Absicht, eine andere Tätigkeit als die eines Finanzinstituts fortzusetzen oder wieder aufzunehmen,

g) die Tätigkeit des NFE besteht vorwiegend in der Finanzierung und Absicherung von Transaktionen mit oder für verbundene Rechtsträger, die kein Finanzinstitut sind, und er erbringt keine Finanzierungs- oder Absicherungsleistungen für Rechtsträger, die keine verbundenen Rechtsträger sind, mit der Maßgabe, dass der Konzern dieser verbundenen Rechtsträger vorwiegend eine andere Geschäftstätigkeit als die eines Finanzinstituts ausübt,

h) der NFE erfüllt alle folgenden Anforderungen:

aa) er wird in seinem Ansässigkeitsstaat ausschließlich für religiöse, gemeinnützige, wissenschaftliche, künstlerische, kulturelle, sportliche oder erzieherische Zwecke errichtet und betrieben, oder er wird in seinem Ansässigkeitsstaat errichtet und betrieben und ist ein Berufsverband, eine Vereinigung von Geschäftsleuten, eine Handelskammer, ein Arbeitnehmerverband, ein Landwirtschafts- oder Gartenbauverband, eine Bürgervereinigung oder eine Organisation, die ausschließlich zur Wohlfahrtsförderung betrieben wird,

bb) er ist in seinem Ansässigkeitsstaat von der Einkommensteuer befreit,

cc) er hat keine Anteilseigner oder Mitglieder, die Eigentums- oder Nutzungsrechte an seinen Einkünften oder Vermögenswerten haben,

dd) nach dem geltenden Recht des Ansässigkeitsstaats oder den Gründungsunterlagen des NFE dürfen seine Einkünfte und Vermögenswerte nicht an eine Privatperson oder einen nicht gemeinnützigen Rechtsträger ausgeschüttet oder zu deren Gunsten verwendet werden, außer in Übereinstimmung mit der Ausübung der gemeinnützigen Tätigkeit des NFE, als Zahlung einer angemessenen Vergütung für erbrachte Leistungen oder als Zahlung in Höhe des Marktwerts eines vom NFE erworbenen Vermögensgegenstands,

ee) nach dem geltenden Recht des Ansässigkeitsstaats oder den Gründungsunterlagen des NFE müssen bei seiner Abwicklung oder Auflösung alle seine Vermögenswerte an einen staatlichen Rechtsträger oder eine andere gemeinnützige Organisation verteilt werden oder fallen der Regierung des Ansässigkeitstaats des NFE oder einer seiner Gebietskörperschaften anheim;

43. Informationsaustausch im Sinne dieses Gesetzes ist die systematische Übermittlung zuvor festgelegter Informationen über in anderen meldepflichtigen Staaten ansässige Personen an den entsprechenden Ansässigkeitsstaat ohne dessen vorheriges Ersuchen in regelmäßigen, im Voraus bestimmten Abständen.

§ 20 Sonstige Begriffsbestimmungen. Im Sinne dieses Gesetzes ist oder sind:

1. [1]Kontoinhaber: die Person, die vom kontoführenden Finanzinstitut als Inhaber eines Finanzkontos geführt oder identifiziert wird. [2]Eine Person, die kein Finanzinstitut ist und als Vertreter, Verwahrer, Bevollmächtigter, Unterzeichner, Anlageberater oder Intermediär zugunsten oder für Rechnung einer anderen Person ein Finanzkonto unterhält, gilt nicht als Kontoinhaber im Sinne dieses Gesetzes, stattdessen gilt die andere Person als Kontoinhaber. [3]Im Fall eines rückkaufsfähigen Versicherungsvertrags oder eines Rentenversicherungsvertrags ist der Kontoinhaber jede Person, die berechtigt ist, auf den Barwert zuzugreifen oder den Begünstigten des Vertrags zu ändern. [4]Kann niemand auf den Barwert zugreifen oder den Begünstigten des Vertrags ändern, so ist der Kontoinhaber jede Person, die im Vertrag als Eigentümer genannt ist, und jede Person, die nach den Vertragsbedingungen einen unverfallbaren Zahlungsanspruch hat. [5]Bei Fälligkeit eines rückkaufsfähigen Versicherungsvertrags oder eines Rentenversicherungsvertrags gilt jede Person, die vertragsgemäß einen Anspruch auf Erhalt einer Zahlung hat, als Kontoinhaber;

2. Verfahren zur Bekämpfung der Geldwäsche und Kundensorgfaltspflichten (AML/KYC – Anti-Money Laundering/Know-your-Customer): die Verfahren eines meldenden Finanzinstituts zur Erfüllung der Sorgfaltspflichten gegenüber Kunden nach den Auflagen zur Geldwäschebekämpfung und ähnlichen Vorschriften, denen dieses meldende Finanzinstitut unterliegt;
3. Rechtsträger: eine juristische Person oder ein Rechtsgebilde wie zum Beispiel eine Kapitalgesellschaft, eine Personengesellschaft, ein Trust oder eine Stiftung;
4. ein Rechtsträger: ein verbundener Rechtsträger eines anderen Rechtsträgers, wenn
   a) einer der beiden Rechtsträger den anderen beherrscht,
   b) die beiden Rechtsträger der gleichen Beherrschung unterliegen oder
   c) die beiden Rechtsträger Investmentunternehmen im Sinne des § 19 Nummer 6 Satz 1 Buchstabe b sind, eine gemeinsame Geschäftsleitung haben und diese Geschäftsleitung die Sorgfaltspflichten solcher Investmentunternehmen einhält. [2]Für diesen Zweck umfasst Beherrschung unmittelbares oder mittelbares Eigentum an mehr als 50 Prozent der Stimmrechte und des Wertes eines Rechtsträgers;
5. Steueridentifikationsnummer: die Identifikationsnummer eines Steuerpflichtigen oder die funktionale Entsprechung, wenn keine Steueridentifikationsnummer vorhanden ist;
6. [1]Belege: umfassen folgende Dokumente:
   a) eine Ansässigkeitsbescheinigung, ausgestellt von einer autorisierten staatlichen Stelle, wie beispielsweise einer Regierung oder einer ihrer Behörden oder einer Gemeinde des Staates, in dem der Zahlungsempfänger ansässig zu sein behauptet,
   b) bei einer natürlichen Person einen von einer autorisierten staatlichen Stelle (zum Beispiel einer Regierung oder einer ihrer Behörden oder einer Gemeinde) ausgestellten gültigen Ausweis, der den Namen der natürlichen Person enthält und normalerweise zur Feststellung der Identität verwendet wird,
   c) bei einem Rechtsträger ein von einer autorisierten staatlichen Stelle (zum Beispiel einer Regierung oder einer ihrer Behörden oder einer Gemeinde) ausgestelltes amtliches Dokument, das den Namen des Rechtsträgers enthält sowie entweder die Anschrift seines Hauptsitzes in dem Staat, in dem er ansässig zu sein behauptet, oder den Staat, in dem der Rechtsträger eingetragen oder gegründet wurde,
   d) ein geprüfter Jahresabschluss, eine Kreditauskunft eines Dritten, ein Insolvenzantrag oder ein Bericht der Börsenaufsichtsbehörde.

   [2]Bei bestehenden Konten von Rechtsträgern kann ein meldendes Finanzinstitut als Beleg jede Einstufung in seinen Unterlagen in Bezug auf den Kontoinhaber verwenden, die auf der Grundlage eines standardisierten Branchenkodierungssystems ermittelt wurde, welches das meldende Finanzinstitut im Einklang mit seiner üblichen Geschäftspraxis für die Zwe-

cke von Verfahren zur Bekämpfung der Geldwäsche und Kundensorgfaltspflichten (AML/KYC – Anti-Money Laundering/Know-your-Customer) oder zu anderen gesetzlichen Zwecken (außer zu Steuerzwecken) dokumentiert und vor dem Datum eingeführt hat, an dem das Finanzkonto als bestehendes Konto eingestuft wurde, sofern dem meldenden Finanzinstitut nicht bekannt ist oder nicht bekannt sein müsste, dass diese Einstufung nicht zutreffend oder unglaubwürdig ist. [3]Der Ausdruck standardisiertes Branchenkodierungssystem bedeutet ein Kodierungssystem, das zur Einstufung von Einrichtungen nach Art der Geschäftstätigkeit zu anderen Zwecken als zu Steuerzwecken verwendet wird.

Abschnitt 3. Ergänzende Melde- und Sorgfaltsvorschriften für Informationen über Finanzkonten

§ 21 Änderung der Gegebenheiten. (1) [1]Eine Änderung der Gegebenheiten umfasst jede Änderung, die die Aufnahme neuer für den Status einer Person relevanter Informationen zur Folge hat oder in anderer Weise im Widerspruch zum Status dieser Person steht. [2]Zudem umfasst eine Änderung der Gegebenheiten jede Änderung oder Aufnahme von Informationen zum Konto des Kontoinhabers, einschließlich der Aufnahme, Ersetzung oder jeder anderen Änderung eines Kontoinhabers, oder jede Änderung oder Aufnahme von Informationen zu jedem mit einem solchen Konto verbundenen Konto unter Anwendung der Vorschriften für die Zusammenfassung von Konten nach § 18, wenn sich diese Änderung oder Aufnahme von Informationen auf den Status des Kontoinhabers auswirkt.

(2) [1]Hat sich ein meldendes Finanzinstitut auf die in § 11 Absatz 1 Satz 1 Nummer 1 beschriebene Überprüfung der Hausanschrift verlassen und tritt eine Änderung der Gegebenheiten ein, aufgrund derer dem meldenden Finanzinstitut bekannt ist oder bekannt sein müsste, dass die ursprünglichen Belege oder andere gleichwertige Dokumente nicht zutreffend oder unglaubwürdig sind, so muss das meldende Finanzinstitut entweder bis zum letzten Tag des maßgeblichen Kalenderjahres oder eines anderen geeigneten Meldezeitraums oder 90 Kalendertage nach Mitteilung oder Feststellung einer solchen Änderung der Gegebenheiten, je nachdem, welches Datum später ist, eine Selbstauskunft und neue Belege beschaffen, um die steuerliche Ansässigkeit oder steuerlichen Ansässigkeiten des Kontoinhabers festzustellen. [2]Kann das meldende Finanzinstitut bis zu diesem Datum keine Selbstauskunft und keine neuen Belege beschaffen, so muss es die in § 11 Absatz 1 Satz 1 Nummer 2 und in den Absätzen 2 und 3 beschriebene Suche in elektronischen Datensätzen durchführen.

§ 22 Selbstauskunft bei Neukonten von Rechtsträgern. Bei Neukonten von Rechtsträgern kann sich ein meldendes Finanzinstitut zur Feststellung, ob eine beherrschende Person eines passiven NFE eine meldepflichtige Person ist, nur auf eine Selbstauskunft entweder des Kontoinhabers oder dieser beherrschenden Person verlassen.

§ 23 Ansässigkeit eines Finanzinstituts. (1) [1]Ein Finanzinstitut ist in einem meldepflichtigen Staat ansässig, wenn es der Hoheitsgewalt dieses Staates untersteht. [2]Der Hoheitsgewalt untersteht ein Finanzinstitut in dem Staat, der die Meldepflichten des Finanzinstituts durchsetzen kann. [3]Im Allgemeinen untersteht ein Finanzinstitut, wenn es in einem meldepflichtigen Staat steuerlich ansässig ist, der Hoheitsgewalt dieses Staats und ist somit ein Finanzinstitut eines meldepflichtigen Staats.

(2) [1]Ein Trust, der ein Finanzinstitut ist, gilt, unabhängig davon, ob er in einem meldepflichtigen Staat steuerlich ansässig ist, als der Hoheitsgewalt eines meldepflichtigen Staats unterstehend, wenn einer oder mehrere seiner Treuhänder in diesem Staat ansässig sind, es sei denn, der Trust meldet alle gemäß der Richtlinie 2014/107/EU oder gemäß dem CRS-MCAA meldepflichtigen Informationen über von dem Trust geführte meldepflichtige Konten an einen anderen meldepflichtigen Staat, weil er in diesem anderen Staat steuerlich ansässig ist. [2]Hat ein Finanzinstitut, mit Ausnahme von Trusts, jedoch keine steuerliche Ansässigkeit (zum Beispiel weil es als steuerlich transparent gilt oder in einem Staat niedergelassen ist, der keine Einkommensteuer erhebt), so gilt es als der Hoheitsgewalt eines meldepflichtigen Staats unterstehend und ist somit ein Finanzinstitut eines meldepflichtigen Staats, wenn folgende Voraussetzungen erfüllt sind:

1. es ist nach dem Recht des meldepflichtigen Staats eingetragen,
2. es hat den Ort seiner Geschäftsleitung einschließlich der tatsächlichen Geschäftsleitung in dem meldepflichtigen Staat oder
3. es unterliegt der Finanzaufsicht in dem meldepflichtigen Staat.

(3) Ist ein Finanzinstitut mit Ausnahme von Trusts in zwei oder mehr meldepflichtigen Staaten ansässig, so gelten die Melde- und Sorgfaltspflichten des Staates, in dem es die Finanzkonten führt.

§ 24 Geführte Konten. Im Allgemeinen ist davon auszugehen, dass Konten von folgenden Finanzinstituten geführt werden:

1. Verwahrkonten von dem Finanzinstitut, das das Vermögen auf dem Konto verwahrt, einschließlich Finanzinstituten, die Vermögen als Makler für einen Kontoinhaber bei diesem Institut verwahren,
2. Einlagenkonten von dem Finanzinstitut, das verpflichtet ist, Zahlungen in Bezug auf das Konto zu leisten, mit Ausnahme von Vertretern von Finanzinstituten, unabhängig davon, ob dieser Vertreter ein Finanzinstitut ist,
3. Eigen- oder Fremdkapitalbeteiligungen an einem Finanzinstitut in Form eines Finanzkontos von diesem Finanzinstitut,
4. rückkaufsfähige Versicherungsverträge oder Rentenversicherungsverträge von dem Finanzinstitut, das verpflichtet ist, Zahlungen in Bezug auf den Vertrag zu leisten.

§ 25 Trusts, die passive NFEs sind. (1) [1]Ein Rechtsträger, wie eine Personengesellschaft, eine Limited Liability Partnership oder ein ähnliches Rechtsgebilde, bei dem keine steuerliche Ansässigkeit nach § 19 Nummer 37 vorliegt, gilt als in dem Staat ansässig, in dem sich der Ort seiner tatsächlichen Geschäftsleitung befindet. [2] Zu diesem Zweck gelten juristische Personen oder Rechtsgebilde als einer Personengesellschaft und einer Limited Liability Partnership ähnlich, wenn sie in einem meldepflichtigen Staat nach dessen Steuerrecht nicht als steuerpflichtige Rechtsträger behandelt werden.

(2) Um jedoch aufgrund des breiten Geltungsbereichs des Begriffs beherrschende Personen bei Trusts Doppelmeldungen zu vermeiden, kann ein Trust, der ein passiver NFE ist, nicht als ähnliches Rechtsgebilde gelten.

§ 26 Anschrift des Hauptsitzes eines Rechtsträgers. [1] Gemäß § 20 Nummer 6 Buchstabe c müssen amtliche Dokumente in Bezug auf einen Rechtsträger entweder die Anschrift des Hauptsitzes des Rechtsträgers in dem Staat umfassen, in dem er ansässig zu sein behauptet, oder den Staat, in dem der Rechtsträger eingetragen oder gegründet wurde. [2] Die Anschrift des Hauptsitzes des Rechtsträgers ist im Allgemeinen der Ort, an dem sich seine tatsächliche Geschäftsleitung befindet. [3] Die Anschrift des Finanzinstituts, bei dem der Rechtsträger ein Konto führt, ein Postfach oder eine reine Postanschrift, ist nicht die Anschrift des Hauptsitzes des Rechtsträgers, es sei denn, diese Anschrift ist die einzige, die von dem Rechtsträger verwendet wird, und erscheint als eingetragene Anschrift des Rechtsträgers in dessen Geschäftsdokumenten. [4] Ferner ist eine Anschrift, die mit der Anweisung angegeben wird, den gesamten Schriftverkehr postlagernd an diese Anschrift zu richten, nicht die Anschrift des Hauptsitzes des Rechtsträgers.

§ 27 Anwendungsbestimmung. (1) Das Bundeszentralamt für Steuern führt als zuständige Behörde die automatische Übermittlung von Informationen nach § 1 in Verbindung mit den §§ 2 und 4 jeweils zum 30. September eines Jahres für das vorhergehende Kalenderjahr durch; beginnend zum 30. September 2017 für 2016.

(2) Die Finanzinstitute haben dem Bundeszentralamt für Steuern die Daten nach § 8 nach amtlich vorgeschriebenem Datensatz elektronisch im Wege der Datenfernübertragung jeweils zum 31. Juli eines Jahres für das vorhergehende Kalenderjahr zu übermitteln; beginnend zum 31. Juli 2017 für 2016.

§ 28 Bußgeldvorschriften. (1) [1] Ordnungswidrig handelt, wer vorsätzlich oder leichtfertig entgegen § 8 Absatz 1 Satz 1 eine Meldung nicht, nicht richtig, nicht vollständig oder nicht rechtzeitig macht. [2] Die Ordnungswidrigkeit kann mit einer Geldbuße bis zu fünfzigtausend Euro geahndet werden.

(2) Verwaltungsbehörde im Sinne des § 36 Absatz 1 Nummer 1 des Gesetzes über Ordnungswidrigkeiten ist das Bundeszentralamt für Steuern.

807. Zerlegungsgesetz (ZerlG)[1)]

Vom 6. August 1998 (BGBl. I S. 1998)

Geändert durch Steuer-Euroglättungsgesetz vom 19. 12. 2000 (BGBl. I S. 1790), Steueränderungsgesetz 2003 vom 15. 12. 2003 (BGBl. I S. 2645), Gesetz über steuerliche Begleitmaßnahmen zur Einführung der Europäischen Gesellschaft und zur Änderung weiterer steuerrechtlicher Vorschriften (SEStEG) vom 7. 12. 2006 (BGBl. I S. 2782), Unternehmensteuerreformgesetz 2008 vom 14. 8. 2007 (BGBl. I S. 1912), Jahressteuergesetz 2008 vom 20. 12. 2007 (BGBl. I S. 3150), Jahressteuergesetz 2009 vom 19. 12. 2008 (BGBl. I S. 2794), Steuerbürokratieabbaugesetz vom 20. 12. 2008 (BGBl. I S. 2850), Jahressteuergesetz 2010 (JStG 2010) vom 8. 12. 2010 (BGBl. I S. 1768), OGAW-IV-Umsetzungsgesetz vom 22. 6. 2011 (BGBl. I S. 1126), Steuervereinfachungsgesetz 2011 vom 1. 11. 2011 (BGBl. I S. 2131), Beitreibungsrichtlinie-Umsetzungsgesetz (BeitrRLUmsG) vom 7. 12. 2011 (BGBl. I S. 2592), Amtshilferichtlinie-Umsetzungsgesetz (AmtshilfeRLUmsG) vom 26. 6. 2013 (BGBl. I S. 1809), Gesetz zur Anpassung des nationalen Steuerrechts an den Beitritt Kroatiens zur EU und zur Änderung weiterer steuerlicher Vorschriften vom 25. 7. 2014 (BGBl. I S. 1266), Gesetz zur Anpassung der Abgabenordnung an den Zollkodex der Union und zur Änderung weiterer steuerlicher Vorschriften vom 22. 12. 2014 (BGBl. I S. 2417) und Gesetz zum automatischen Austausch von Informationen über Finanzkonten in Steuersachen und zur Änderung weiterer Gesetze vom 21. 12. 2015 (BGBl. I S. 2531)

BGBl. III/FNA 604-2

Abschnitt 1. Unmittelbare Steuerberechtigung

§ 1 Unmittelbare Steuerberechtigung. (1)[2)] [1]Der Anspruch auf die Einkommensteuer oder die Körperschaftsteuer für ein Kalenderjahr steht unmittelbar dem Lande zu, in dem der Steuerpflichtige mit Ablauf des 10. Oktober dieses Jahres seinen Wohnsitz oder den Ort der Leitung hat. [2]§ 19 Absatz 1 und 2 sowie § 20 der Abgabenordnung gelten sinngemäß. [3]Auszahlungsbeträge des Körperschaftsteuerguthabens mindern und Körperschaftsteuererhöhungsbeträge erhöhen die Körperschaftsteuer im Sinne des Satzes 1.

(2) [1]Wird eine Steuerfestsetzung aufgehoben, geändert oder wegen einer offenbaren Unrichtigkeit berichtigt, so steht ein zusätzlicher Zahlungsanspruch, der sich aus der Aufhebung, Änderung oder Berichtigung ergibt, abweichend von Absatz 1 dem Lande zu, dessen Finanzamt die Aufhebung, Änderung oder Berichtigung vorgenommen hat. [2]Entsprechendes gilt für eine Erstattungsverpflichtung.

(3) [1]Die Vorschriften der Abgabenordnung über die örtliche Zuständigkeit für die Besteuerung bleiben unberührt. [2]Ist ein Steuerbetrag einem Lande zugeflossen, dem der Steueranspruch nach den Vorschriften dieses Gesetzes nicht zusteht, so ist er an das steuerberechtigte Land zu überweisen; bei Erstattungen ist sinngemäß zu verfahren. [3]Die Überweisung unterbleibt, wenn der für ein Kalenderjahr zu überweisende Betrag 25 000 Euro[3)] nicht übersteigt oder soweit der zu überweisende Betrag nach den §§ 2 bis 6 zerlegt worden ist.

---

1) Das Zerlegungsgesetz ist als Art. 1 des Zerlegungs- und Kraftfahrzeugsteueränderungsgesetzes verkündet worden.

2) § 1 Abs. 1 Satz 3 angef. durch G v. 8. 12. 2010 (BGBl. I S. 1768).

3) Betrag geänd. mWv VZ 2002 durch G v. 19. 12. 2000 (BGBl. I S. 1790).

(3 a)[1] Ist ein Steuerbetrag im Sinne des § 43 Absatz 1 Satz 1 Nummer 1 a oder Nummer 2 Satz 4 des Einkommensteuergesetzes einem Land zugeflossen, in dem sich der Ort der Leitung des Schuldners der Kapitalerträge nicht befindet, hat das Land den Steuerbetrag an das Land zu überweisen, in dem sich der Ort der Leitung des Schuldners der Kapitalerträge befindet.

(4) Die Vorschriften über die Zerlegung der Körperschaftsteuer (§§ 2 bis 6) und über die Zerlegung der Lohnsteuer (§ 7) bleiben unberührt.

§ 1 a[2] Unmittelbare Steuerberechtigung für die Einkommensteuer auf Einkünfte im Sinne des § 49 Abs. 1 Nr. 7 und 10 des Einkommensteuergesetzes nach Maßgabe der zu § 19 Abs. 6 der Abgabenordnung erlassenen Rechtsverordnung. (1) Der Anspruch auf die Einkommensteuer auf Einkünfte im Sinne des § 49 Absatz 1 Nummer 7 und 10 des Einkommensteuergesetzes, soweit durch Rechtsverordnung zu § 19 Abs. 6 der Abgabenordnung für die Einkommensbesteuerung von Personen, die beschränkt steuerpflichtig oder nach § 1 Absatz 3 des Einkommensteuergesetzes unbeschränkt steuerpflichtig sind und ausschließlich mit Einkünften im Sinne des § 49 Absatz 1 Nummer 7 und 10 des Einkommensteuergesetzes zu veranlagen sind, einer Finanzbehörde die örtliche Zuständigkeit übertragen worden ist, steht unmittelbar dem Land zu, in dem der Steuerpflichtige seinen letzten inländischen Wohnsitz, sofern kein letzter inländischer Wohnsitz feststellbar ist, den letzten inländischen Tätigkeitsort hatte.

(2) [1] § 1 Absatz 3 Satz 1 und 2 und § 8 a Absatz 4 gelten entsprechend. [2] Die Überweisungen erfolgen monatlich und sind am 15. des Folgemonats zuleisten.

Abschnitt 2. Zerlegung der Körperschaftsteuer

§ 2 Grundlagen der Zerlegung der Körperschaftsteuer. (1)[3] [1] Bei Körperschaften, Personenvereinigungen und Vermögensmassen im Sinne der §§ 1 und 2 Nr. 1 des Körperschaftsteuergesetzes (Körperschaften), die im Veranlagungszeitraum im Geltungsbereich dieses Gesetzes außerhalb des nach § 1 Absatz 1 steuerberechtigten Landes eine Betriebsstätte, mehrere Betriebsstätten oder Teile von Betriebsstätten unterhalten haben, ist die auf die Einkünfte aus Gewerbebetrieb entfallende nach Abzug anzurechnender Steuerabzugsbeträge und anzurechnender Körperschaftsteuer verbleibende Körperschaftsteuer durch das für die Veranlagung zuständige Finanzamt (Erhebungsfinanzamt) auf die beteiligten Länder zu zerlegen, wenn sie mindestens einen absoluten Betrag von 500 000 Euro[4] erreicht. [2] Dabei sind die Vorschriften der §§ 28 bis 31 und

---

[1] § 1 Abs. 3 a eingef. durch G v. 22. 6. 2011 (BGBl. I S. 1126); geänd. mWv 1. 1. 2013 durch G v. 26. 6. 2013 (BGBl. I S. 1809).

[2] § 1 a eingef. mWv 25. 12. 2008 durch G v. 19. 12. 2008 (BGBl. I S. 2794); Abs. 1 geänd. durch G v. 8. 12. 2010 (BGBl. I S. 1768).

[3] § 2 Abs. 1 Satz 4 angef. durch G v. 7. 12. 2006 (BGBl. I S. 2782), Satz 4 ersetzt durch Sätze 4 bis 6 durch G v. 20. 12. 2007 (BGBl. I S. 3150); Abs. 1 Satz 6 Zitat geänd. durch G v. 8. 12. 2010 (BGBl. I S. 1768).

[4] Betrag geänd. mWv VZ 2002 durch G v. 19. 12. 2000 (BGBl. I S. 1790).

des § 33 des Gewerbesteuergesetzes entsprechend anzuwenden. [3]Die Zerlegungsmaßstäbe sind als Prozentsätze, die auf drei Stellen hinter dem Komma zu runden sind, zu berechnen. [4]In den Fällen des § 37 Absatz 5 und des § 38 Absatz 5 bis 9 des Körperschaftsteuergesetzes in der jeweils geltenden Fassung ist die verbleibende Körperschaftsteuer im Sinne des Satzes 1 um einen Auszahlungsbetrag gemindert und um einen Körperschaftsteuererhöhungsbetrag erhöht. [5]Maßgeblich ist die verbleibende Körperschaftsteuer, die für den Veranlagungszeitraum festgesetzt wird, in dem der Auszahlungsbetrag nach § 37 Absatz 5 Satz 4 des Körperschaftsteuergesetzes zu erstatten ist und der Körperschaftssteuererhöhungsbetrag nach § 38 Absatz 6 bis 10 des Körperschaftsteuergesetzes zu entrichten ist. [6]Ein Betrag nach § 37 Absatz 6 Satz 3 des Körperschaftsteuergesetzes erhöht und ein Betrag nach § 38 Absatz 10 des Körperschaftsteuergesetzes vermindert die verbleibende Körperschaftsteuer im Sinne des Satzes 1; Satz 5 gilt insoweit entsprechend.

(2) Sind in dem veranlagten Einkommen außer den Einkünften aus Gewerbebetrieb auch andere Einkünfte enthalten, so ist die auf die Einkünfte aus Gewerbebetrieb entfallende Körperschaftsteuer im Sinne des Absatzes 1 mit dem Teilbetrag anzusetzen, der dem Verhältnis der Einkünfte aus Gewerbebetrieb zum Gesamtbetrag der Einkünfte entspricht.

(3)[1)] In den Fällen der §§ 14 und 17 des Körperschaftsteuergesetzes gelten Organgesellschaften und deren Betriebsstätten als Betriebsstätten des Organträgers.

(4) Ist die Körperschaft Gesellschafterin einer Personengesellschaft im Sinne des § 15 Abs. 1 Nr. 2 des Einkommensteuergesetzes, so gelten die Personengesellschaft und deren Betriebsstätten anteilig als Betriebsstätten der Körperschaft.

(5)[2)] [1]Ist in den Fällen des Absatzes 1 Satz 4 bis 6 für die Körperschaft, Personenvereinigung oder Vermögensmasse wegen Ausscheidens aus der Körperschaftsteuerpflicht Absatz 1 nicht mehr anzuwenden, gelten für noch ausstehende Auszahlungsbeträge und Körperschaftsteuererhöhungsbeträge Absatz 1 sowie § 3 Abs. 5, § 5 und § 6 entsprechend. [2]Maßgeblich ist der Zerlegungsmaßstab, der der Zerlegung für den letzten unter die Körperschaftsteuerpflicht fallenden Veranlagungszeitraum zu Grunde liegt. [3]Das Erhebungsfinanzamt zerlegt die Beträge im Sinne des Satzes 1 unverzüglich nach dem Zeitpunkt der Zahlung und setzt die Zerlegungsanteile der einzelnen Länder fest.

§ 3 Zerlegung der verbleibenden Körperschaftsteuer. (1) Das Erhebungsfinanzamt zerlegt die verbleibende Körperschaftsteuer auf die beteiligten Länder, sobald die erste Steuerfestsetzung für den Veranlagungszeitraum durchgeführt worden ist, und setzt die Zerlegungsanteile der einzelnen Länder fest.

(2) [1]Die Zerlegung der verbleibenden Körperschaftsteuer ist aufzuheben oder zu ändern, soweit die zugrunde liegende Steuerfestsetzung aufgehoben,

---

[1)] § 2 Abs. 3 Zitat geänd. durch G v. 25. 7. 2014 (BGBl. I S. 1266); zur Anwendung siehe § 12 Abs. 2.

[2)] § 2 Abs. 5 angef. durch G v. 20. 12. 2007 (BGBl. I S. 3150).

geändert oder wegen einer offenbaren Unrichtigkeit berichtigt wird und die Änderung der verbleibenden Körperschaftsteuer bezogen auf die bei der letzten Zerlegung der Körperschaftsteuer zugrunde gelegte verbleibende Körperschaftsteuer mindestens 500 000 Euro[1]) beträgt. [2] Satz 1 gilt entsprechend, wenn die Anrechnung von Steuerabzugsbeträgen oder von Körperschaftsteuer geändert, zurückgenommen, widerrufen oder wegen einer offenbaren Unrichtigkeit berichtigt wird.

(3) Ergibt sich bei der ersten Steuerfestsetzung oder nach einer Auf-hebung, Änderung oder Berichtigung des Steuerbescheids wegen einer offenbaren Unrichtigkeit oder nach einer Änderung, einer Rücknahme, einem Widerruf oder einer Berichtigung der Anrechung von Steuerbeträgen wegen einer offenbaren Unrichtigkeit, daß die Voraussetzungen für die Zerlegung der Körperschaftsteuer gemäß § 2 Abs. 1 nicht vorliegen oder weggefallen sind, so ist die Zerlegung der Körperschaftsteuer-Vorauszahlungen (§ 4) oder der verbleibenden Körperschaftsteuer aufzuheben.

(4) Liegen nach einer Aufhebung, Änderung oder Berichtigung des Steuerbescheids wegen einer offenbaren Unrichtigkeit oder nach einer Änderung, einer Rücknahme, einem Widerruf oder einer Berichtigung der Anrechnung von Steuerbeträgen wegen einer offenbaren Unrichtigkeit die Voraussetzungen für die Zerlegung der Körperschaftsteuer erstmals vor, ist Absatz 1 sinngemäß anzuwenden.

(5) Stellt sich nachträglich heraus, daß ein Land bei der Zerlegung nicht oder mit einem unzutreffenden Zerlegungsmaßstab berücksichtigt worden ist, oder ist bei der Zerlegung der verbleibenden Körperschaftsteuer ein Fehler unterlaufen, so ist die Zerlegung der verbleibenden Körperschaftsteuer zu ändern.

§ 4 Zerlegung der Körperschaftsteuer-Vorauszahlungen. (1) Sofern die Voraussetzungen für eine Zerlegung der Körperschaftsteuer vorliegen, zerlegt das Erhebungsfinanzamt die im Kalendervierteljahr eingehenden Körperschaftsteuer-Vorauszahlungen auf die beteiligten Länder und teilt die jeweiligen Zerlegungsanteile dem beauftragten Finanzamt seines Landes (§ 6 Abs. 1) mit.

(2) [1] Zerlegungsmaßstab ist grundsätzlich das Verhältnis der Zerlegungsanteile, die in dem letzten Zerlegungsbescheid festgesetzt worden sind. [2] Liegt ein Zerlegungsbescheid noch nicht vor, so sind die Zerlegungsanteile auf Grund der letzten Zerlegungserklärung (§ 6 Abs. 7) oder auf Grund einer für diese Zwecke anzufordernden Zerlegungserklärung zu berechnen. [3] Sollte das nach den vorstehenden Grundsätzen ermittelte Verhältnis der Zerlegungsanteile offensichtlich zu einem unzutreffenden Ergebnis führen, ist ein geeigneterer Zerlegungsmaßstab zu wählen.

(3) [1] Ist eine Körperschaftsteuer-Vorauszahlung erstattet worden, so ist der Erstattungsbetrag mit den in demselben Kalendervierteljahr eingegangenen Körperschaftsteuer-Vorauszahlungen für denselben Veranlagungszeitraum zu

[1]) Betrag geänd. mWv VZ 2002 durch G v. 19. 12. 2000 (BGBl. I S. 1790).

verrechnen. 2Der sich als Saldo ergebende Betrag ist nach den vorstehenden Grundsätzen zu zerlegen.

§ 5 Abrechnung der Zerlegung. (1) 1Das Erhebungsfinanzamt rechnet mit Ablauf des Kalendervierteljahres, in dem die verbleibende Körperschaftsteuer abzüglich etwaiger niedergeschlagener oder erlassener Beträge getilgt oder erstattet worden ist, die Zerlegungsanteile ab. 2Der Zahlungs- oder Erstattungsanspruch gegenüber den anderen Ländern ergibt sich aus dem Unterschied zwischen dem jeweiligen Zerlegungsanteil und den Zahlungen oder Erstattungen auf Grund der Zerlegung der Körperschaftsteuer-Vorauszahlungen. 3Etwaige erlassene oder niedergeschlagene Beträge sind im Verhältnis der Zerlegungsanteile wie Vorauszahlungen abzurechnen.

(2) 1Auf Teilzahlungen auf die verbleibende Körperschaftsteuer findet § 4 entsprechend Anwendung, sobald die Zahlungen mindestens 500 000 Euro[1] betragen. 2Die Teilzahlungen werden bei der Abrechnung gemäß Absatz 1 wie Vorauszahlungen berücksichtigt.

(3) In den Fällen, in denen die Zerlegung aufgehoben oder geändert wird, gilt Absatz 1 entsprechend.

§ 6 Verfahrensrechtliche Vorschriften. (1) Die oberste Finanzbehörde des Landes beauftragt ein Finanzamt mit der Wahrnehmung der Rechte des Landes an der Zerlegung (beauftragtes Finanzamt).

(2) Die Zerlegung der Körperschaftsteuer wird im Rahmen eines Clearingverfahrens über die beauftragten Finanzämter abgewickelt.

(3) Soweit dieses Gesetz nichts anderes bestimmt, gelten für das Verfahren bei der Zerlegung der Körperschaftsteuer die §§ 185 bis 188 der Abgabenordnung sinngemäß mit der Maßgabe, daß die Körperschaft am Zerlegungsverfahren nicht beteiligt ist und die Vorschriften der Abgabenordnung über das außergerichtliche Rechtsbehelfsverfahren nicht anzuwenden sind.

(4) 1Bestehen zwischen den beteiligten Finanzämtern Meinungsverschiedenheiten über die Zerlegung und kann eine Einigung nicht erzielt werden, so wird auf Vorlage des Erhebungsfinanzamtes oder auf Antrag der obersten Finanzbehörde des anderen Landes die oberste Finanzbehörde des Landes des Erhebungsfinanzamtes mit der Angelegenheit befaßt. 2Können sich die obersten Finanzbehörden der an der Zerlegung beteiligten Länder nicht einigen, entscheidet die oberste Finanzbehörde des Landes des Erhebungsfinanzamtes durch Zerlegungsbescheid. 3Dieser tritt an die Stelle des bisherigen Zerlegungsbescheids. 4Der Zerlegungsbescheid der obersten Finanzbehörde ist an die anderen beteiligten obersten Finanzbehörden zu richten.

(5) Ansprüche aus der Zerlegung der Körperschaftsteuer verjähren zehn Jahre nach Bestandskraft des letzten für den Veranlagungszeitraum erteilten Steuerbescheids.

(6) 1Ansprüche auf Abrechnung und aus der Abrechnung nach § 4 Abs. 1 verjähren zehn Jahre nach Bestandskraft des letzten für den Veranlagungszeit-

---

[1] Betrag geänd. mWv VZ 2002 durch G v. 19. 12. 2000 (BGBl. I S. 1790).

raum erteilten Steuerbescheids. [2] Sie verjähren nicht vor Ablauf von fünf Jahren nach der letzten Zahlung oder Erstattung auf die verbleibende Körperschaftsteuer.

[Fassung bis VZ 2013:]

(7) [1] Körperschaften im Sinne des § 2 Abs. 1 haben für jeden Veranlagungszeitraum eine Erklärung zur Zerlegung der Körperschaftsteuer nach amtlich vorgeschriebenem Muster (Zerlegungserklärung) abzugeben. [2] Zur Abgabe einer Zerlegungserklärung ist eine Körperschaft auch dann verpflichtet, wenn sie hierzu vom zuständigen Finanzamt aufgefordert wird. [3] Die Erklärung ist von den in § 34 der Abgabenordnung bezeichneten Personen eigenhändig zu unterschreiben.

[Fassung ab VZ 2014:][1)]

(7) [1] Körperschaften im Sinne des § 2 Absatz 1 haben für jeden Veranlagungszeitraum eine Erklärung zur Zerlegung der Körperschaftsteuer nach amtlich vorgeschriebenem Datensatz durch Datenfernübertragung zu übermitteln. [2] Auf Antrag kann die Finanzbehörde zur Vermeidung unbilliger Härten auf eine elektronische Übermittlung verzichten. [3] In diesem Fall ist die Erklärung nach amtlich vorgeschriebenem Vordruck abzugeben und vom gesetzlichen Vertreter des Steuerpflichtigen eigenhändig zu unterschreiben. [4] Eine Körperschaft ist auch dann verpflichtet eine Erklärung zur Zerlegung der Körperschaftsteuer zu übermitteln, wenn sie hierzu vom zuständigen Finanzamt aufgefordert wird.

Abschnitt 3. Zerlegung der Lohnsteuer

§ 7 Zerlegung der Lohnsteuer. (1)[2)] [1] Die von einem Land vereinnahmte Lohnsteuer wird insoweit zerlegt, als sie von den Bezügen der in den anderen Ländern ansässigen unbeschränkt steuerpflichtigen Arbeitnehmer insgesamt einbehalten worden ist. [2] Die Zerlegungsanteile der einzelnen Länder bemessen sich nach Prozentsätzen der vereinnahmten Lohnsteuer. [3] Die Prozentsätze sind nach den Verhältnissen im Feststellungszeitraum festzusetzen. [4] Feststellungszeitraum ist jeweils das Kalenderjahr.

(2)[3)] [1] Der Festsetzung der Prozentsätze sind die Verhältnisse zugrunde zu legen, die sich aus den Daten der elektronischen Lohnsteuerbescheinigung ergeben. [2] Dabei gilt ein Arbeitnehmer, der für den Feststellungszeitraum zur Einkommensteuer zu veranlagen ist, als in dem Land ansässig, in dem das für die Einkommensteuerveranlagung örtlich zuständige Finanzamt belegen ist (Wohnsitzland); in den übrigen Fällen gilt als Wohnsitzland das Land, in dem

---

1) § 6 Abs. 7 neu gef. mWv VZ 2014 durch G v. 1. 11. 2011 (BGBl. I S. 2131).

2) § 7 Abs. 1 Satz 4 geänd. durch G v. 20. 12. 2007 (BGBl. I S. 3150); erstmals anzuwenden für Kj. 2010 nach den Verhältnissen im Kj. 2007.

2) § 7 Abs. 2 neu gef. mWv 1. 1. 2012 durch G v. 7. 12. 2011 (BGBl. I S. 2592).

der Arbeitnehmer zu dem nach § 1 Absatz 1 Satz 1 maßgeblichen Zeitpunkt seinen Wohnsitz hat. [3]Der Wohnsitz wird der nach § 139b Absatz 3 Nummer 10 der Abgabenordnung zu diesem Stichtag gespeicherten Anschrift entnommen. [4]Die nach den Angaben der Arbeitgeber in der elektronischen Lohnsteuerbescheinigung einbehaltene Lohnsteuer gilt als von dem Land vereinnahmt, zu dem das Finanzamt gehört, an das die Lohnsteuer nach den Angaben in der elektronischen Lohnsteuerbescheinigung abgeführt worden ist (Einnahmeland).

(3)[1)·2)] [1]Für die Ermittlung der Verhältnisse im Feststellungszeitraum sind die für die Zerlegung maßgebenden Daten aus den elektronischen Lohnsteuerbescheinigungen für den Feststellungszeitraum oder die bei Durchführung der maschinellen Veranlagung zur Einkommensteuer auf den Feststellungszeitraum erstellten maschinell verwertbaren Datenträger, auf denen die für die Zerlegung maßgebenden Daten gespeichert sind, mit Stand 28. Februar des dritten Folgejahres, das dem Feststellungszeitraum folgt, an das Statistische Landesamt des Wohnsitzlandes zu leiten. [2]Das Statistische Landesamt des Wohnsitzlandes hat anhand der Daten aus den elektronischen Lohnsteuerbescheinigungen und der maschinellen Datenträger, die ihm zugeleitet worden sind, die Lohnsteuer, die nicht vom Wohnsitzland vereinnahmt worden ist, zu ermitteln, die hiervon auf die Einnahmeländer entfallenden Beträge festzustellen und diese bis zum 30. Juni des dritten Kalenderjahres, das dem Feststellungszeitraum folgt, den obersten Finanzbehörden der Einnahmeländer mitzuteilen. [3]Die sich aus den Daten ergebenden Centbeträge der Lohnsteuer sind nicht zu berücksichtigen.

(4)[3)] [1]Die obersten Finanzbehörden der Einnahmeländer stellen nach den von den Statistischen Landesämtern der Wohnsitzländer mitgeteilten Beträgen fest, in welchem Verhältnis – ausgedrückt in Prozentsätzen – jeder der Beträge zu der im Feststellungszeitraum von ihnen vereinnahmten individuellen Lohnsteuer steht. [2]Als vereinnahmte individuelle Lohnsteuer gilt die Differenz aus der insgesamt vereinnahmten Lohnsteuer und der für den Feststellungszeitraum bis zum 28. Februar des dritten Folgejahres angemeldeten pauschalen Lohnsteuer der Einnahmeländer. [3]Die Prozentsätze sind auf drei Stellen hinter dem Komma zu runden und den obersten Finanzbehörden der anderen Länder sowie dem Bundesministerium der Finanzen einschließlich der Berechnungsgrundlagen bis zum 15. August des dritten Kalenderjahres, das dem Feststellungszeitraum folgt, mitzuteilen.

(5) Die Prozentsätze gelten für die Zerlegung der Lohnsteuer im dritten Kalenderjahr, das dem Feststellungszeitraum folgt[4)].

(6) Auf Grund der nach Absatz 4 festgestellten Prozentsätze haben die obersten Finanzbehörden der Einnahmeländer

---

[1)] § 7 Abs. 3 neu gef. durch G v. 15. 12. 2003 (BGBl. I S. 2645), Satz 1 geänd. durch G v. 20. 12. 2007 (BGBl. I S. 3150); erstmals anzuwenden für Kj. 2007 nach den Verhältnissen im Kj. 2004.

[2)] § 7 Abs. 3 Sätze 1 und 2 geänd. mWv 1. 1. 2012 durch G v. 7. 12. 2011 (BGBl. I S. 2592).

[3)] § 7 Abs. 4 neu gef. durch G v. 19. 12. 2008 (BGBl. I S. 2794); erstmals anzuwenden für Kj. 2010 nach den Verhältnissen im Kj. 2007 (§ 12 Abs. 3 Satz 1).

[4)] § 7 Abs. 5 geänd. durch G v. 20. 12. 2007 (BGBl. I S. 3150); erstmals anzuwenden für Kj. 2010 nach den Verhältnissen im Kj. 2007.

1.[1] für jedes Kalendervierteljahr des Kalenderjahres, für das die Prozentsätze gelten (Absatz 5), die Zerlegungsanteile der Wohnsitzländer an der von ihnen in diesem Kalendervierteljahr vereinnahmten Lohnsteuer zu ermitteln sowie
2. für die folgenden Kalendervierteljahre Vorauszahlungen auf die Zerlegungsanteile der Wohnsitzländer an der von ihnen in diesem Kalendervierteljahr vereinnahmten Lohnsteuer zu ermitteln, bis die für diese Zeiträume maßgebenden Prozentsätze mitgeteilt worden sind.

(7) 1 Die Zerlegungsanteile und die Vorauszahlungen auf Zerlegungsanteile sind mit Ablauf der jeweiligen Kalendervierteljahre gegenüber den obersten Finanzbehörden der Wohnsitzländer abzurechnen. 2 Vorauszahlungen auf Zerlegungsanteile sind auf die jeweiligen Zerlegungsanteile anzurechnen. 3 Die Abrechnung und Zahlung erfolgt in einem Clearingverfahren.

(7 a)[2] 1 Die Absätze 1 bis 7 sind für die Zerlegung der Lohnsteuer für das Jahr 2015 und 2016 mit der Maßgabe anzuwenden, dass die Zerlegung vorläufig nach den für das Jahr 2011 ermittelten Prozentsätzen erfolgt; sie sind ferner für die Zerlegung der Lohnsteuer für das Jahr 2017 mit der Maßgabe anzuwenden, dass die Zerlegung vorläufig nach den für das Jahr 2013 ermittelten Prozentsätzen erfolgt. 2 Die endgültige Zerlegung der Lohnsteuer für die Jahre 2015, 2016 und 2017 erfolgt, wenn die hierzu erforderlichen Datengrundlagen zur Verfügung stehen. 3 Für die endgültige Zerlegung der Lohnsteuer für die Jahre 2015, 2016 und 2017 sind die Prozentsätze nach den Verhältnissen im jeweiligen Feststellungszeitraum gemäß den Absätzen 1 bis 3 festzusetzen; dabei dürfen die Prozentsätze für das Jahr 2013 vor den Prozentsätzen für das Jahr 2012 festgestellt werden.

(8) Die Vorschriften der §§ 185 bis 189 der Abgabenordnung sind auf das Verfahren bei der Zerlegung der Lohnsteuer nicht anzuwenden.

Abschnitt 4. Zerlegung des Zinsabschlags

§ 8[3] Zerlegung der Kapitalertragsteuer. (1) 1 Der Länder- und Gemeindeanteil am Aufkommen der Kapitalertragsteuer nach § 43 Abs. 1 Satz 1 Nr. 6, 7 und 8 bis 12 sowie Satz 2 des Einkommensteuergesetzes werden kalendervierteljährlich zerlegt. 2 Die Zerlegungsanteile bemessen sich nach Prozentsätzen des nach Wohnsitz oder Sitz des Steuerschuldners auf das jeweilige Land entfallenden Anteils am Aufkommen nach Satz 1. 3 Zur Ermittlung der Prozentsätze hat die die Kapitalerträge auszahlende Stelle (Zahlstelle) anhand der ihr vorliegenden Unterlagen unter Anwendung der Postleitzahlen des Wohnsitzes oder Sitzes die auf die einzelnen Länder entfallende Kapitalertragsteuer festzustellen. 4 Bei Personenhandelsgesellschaften ist für die Zuordnung auf den Sitz der Gesellschaft, bei sonstigen Personenmehrheiten auf die von der Zahlstelle geführte Anschrift abzustellen. 5 Die Zahlstelle hat die festgestellten Daten bis zum zehnten des auf den Zufluss der Kapitalerträge folgenden Monats an das nach § 44 Abs. 1 Satz 5 des Einkommensteuergesetzes zuständige Fi-

---

[1] § 7 Abs. 6 Nr. 1 geänd. durch G v. 20. 12. 2007 (BGBl. I S. 3150); erstmals anzuwenden für Kj. 2010 nach den Verhältnissen im Kj. 2007.

[2] § 7 Abs. 7 a eingef. mWv 31. 12. 2014 durch G v. 22. 12. 2014 (BGBl. I S. 2417) und neu gef. mWv 31. 12. 2015 durch G v. 21. 12. 2015 (BGBl. I S. 2531).

[3] § 8 neu gef. mW für das Kj. 2009 durch G v. 14. 8. 2007 (BGBl. I S. 1912).

nanzamt entsprechend den Maßgaben des § 45 a Abs. 1 Satz 1 und 4 des Einkommensteuergesetzes zu übermitteln.[1)]

(2) [1]Die obersten Finanzbehörden der Länder haben für jedes Kalendervierteljahr das Aufkommen nach Absatz 1 Satz 1 und die nach Ländern zusammengefassten Mitteilungen nach Absatz 1 Satz 5 bis zum zehnten des Folgemonats eines Kalendervierteljahres dem Bundesministerium der Finanzen mitzuteilen. [2]Dieses stellt die Anteile der einzelnen Länder am Aufkommen nach Absatz 1 fest. [3]Die Abrechnung erfolgt im Rahmen eines Clearingverfahrens.

Abschnitt 4 a.[2)] Zerlegung der Einkommensteuer auf Einkünfte im Sinne des § 49 Abs. 1 Nr. 7 und 10 des Einkommensteuergesetzes, soweit durch Rechtsverordnung zu § 19 Abs. 6 der Abgabenordnung für die Einkommensbesteuerung von Personen, die beschränkt steuerpflichtig oder nach § 1 Abs. 3 des Einkommensteuergesetzes unbeschränkt steuerpflichtig sind und ausschließlich mit Einkünften im Sinne des § 49 Abs. 1 Nr. 7 und 10 des Einkommensteuergesetzes zu veranlagen sind, einer Finanzbehörde die örtliche Zuständigkeit übertragen wird

§ 8 a[2)] Zerlegung der Einkommensteuer auf Einkünfte im Sinne des § 49 Abs. 1 Nr. 7 und 10 des Einkommensteuergesetzes nach Maßgabe der zu § 19 Abs. 6 der Abgabenordnung erlassenen Rechtsverordnung. (1) Der Länder- und Gemeindeanteil am Aufkommen der Einkommensteuer auf Einkünfte im Sinne des § 49 Abs. 1 Nr. 7 und 10 des Einkommensteuergesetzes wird nach den Absätzen 2 bis 5 zerlegt, soweit durch Rechtsverordnung zu § 19 Abs. 6 der Abgabenordnung für die Einkommensbesteuerung von Personen, die beschränkt steuerpflichtig oder nach § 1 Abs. 3 des Einkommensteuergesetzes unbeschränkt steuerpflichtig sind und ausschließlich mit Einkünften im Sinne des § 49 Abs. 1 Nr. 7 und 10 des Einkommensteuergesetzes zu veranlagen sind, einer Finanzbehörde die örtliche Zuständigkeit übertragen worden ist und eine unmittelbare Zuordnung nach § 1 a nicht möglich ist.

(2) [1]Die Zerlegungsanteile der einzelnen Länder am Aufkommen nach Absatz 1 bemessen sich nach den Verhältnissen der Anzahl der entsprechenden Personen, die beschränkt steuerpflichtig oder nach § 1 Abs. 3 des Einkommensteuergesetzes unbeschränkt steuerpflichtig sind und ausschließlich mit Einkünften im Sinne des § 49 Abs. 1 Nr. 7 und 10 des Einkommensteuergesetzes zu veranlagen sind, die dort ihren letzten inländischen Wohnsitz hatten,

---

1) § 8 Abs. 1 Satz 5 ergänzt mW für Kj. 2009 durch G v. 20. 12. 2008 (BGBl. I S. 2850).
2) § 8 a eingef. mWv 25. 12. 2008 durch G v. 19. 12. 2008 (BGBl. I S. 2794).

sofern kein letzter inländischer Wohnsitz feststellbar ist, den letzten inländischen Tätigkeitsort hatten; sie werden jährlich neu bestimmt. [2]Für die Ermittlung der Zerlegungsanteile werden jeweils die festgestellten inländischen Wohnsitze bzw. inländischen Tätigkeitsorte für das dem Zerlegungsjahr vorausgehende Jahr zu Grunde gelegt.

(3) [1]Die Zerlegung wird monatlich durchgeführt. [2]Dabei wird der Länder- und Gemeindeanteil am Aufkommen nach Absatz 1 des jeweiligen Monats auf die einzelnen Länder nach den Zerlegungsanteilen nach Absatz 2 aufgeteilt; die obersten Finanzbehörden der Länder sind über die Berechnungsgrundlagen zu unterrichten. [3]Die so bestimmten Zahlungen sind am 15. des Folgemonats zu leisten. [4]Für jedes Zerlegungsjahr sind bis zum 15. Januar die in dem Zerlegungsjahr geltenden Zerlegungsanteile den obersten Finanzbehörden der Länder mitzuteilen.

(4) Die Feststellung des jeweiligen letzten inländischen Wohnsitzes bzw. Tätigkeitsortes der entsprechenden Personen, die beschränkt steuerpflichtig oder nach § 1 Abs. 3 des Einkommensteuergesetzes unbeschränkt steuerpflichtig sind und ausschließlich mit Einkünften im Sinne des § 49 Abs. 1 Nr. 7 und 10 des Einkommensteuergesetzes zu veranlagen sind, und die Bestimmung der Zerlegungsanteile sowie die Durchführung der Zerlegung einschließlich des Zahlungsverkehrs obliegen dem Land Mecklenburg-Vorpommern.

(5) [1]Abweichend von Absatz 2 werden in den Jahren 2009 bis 2011 folgende Zerlegungsanteile vorläufig zu Grunde gelegt:

Baden-Württemberg	23,52%
Bayern	18,39%
Berlin	5,65%
Brandenburg	1,38%
Bremen	0,86%
Hamburg	2,92%
Hessen	10,73%
Mecklenburg-Vorpommern	0,25%
Niedersachsen	8,40%
Nordrhein-Westfalen	19,19%
Rheinland-Pfalz	4,41%
Saarland	0,81%
Sachsen	0,82%
Sachsen-Anhalt	0,51%
Schleswig-Holstein	1,93%
Thüringen	0,23%.

[2]2012 erfolgt die endgültige Zerlegung für die Jahre 2009 bis 2011. [3]Hierbei werden die nach Absatz 2 ermittelten Zerlegungsanteile für das Jahr 2012 auch für die Jahre 2009 bis 2011 zu Grunde gelegt. [4]Die Abweichungsbeträge zu den Zahlungen auf der Grundlage der vorläufigen Zerlegungen für die Jahre 2009 bis 2011 sind am 15. Januar 2012 auszugleichen.

Abschnitt 5. Gemeinsame Vorschriften

§ 9 Zahlungen im Clearingverfahren. Die sich im Rahmen der Clearingverfahren ergebenden Zahlungen sind von den zahlungspflichtigen Ländern bis zum Ende des auf das jeweilige Kalendervierteljahr folgenden Monats an die obersten Finanzbehörden der empfangsberechtigten Länder zu überweisen.

§ 10 Erlöschen der Ansprüche. (1) Die Ansprüche nach den §§ 1 und 8 erlöschen, wenn sie nicht bis zum Ablauf des dritten auf die Vereinnahmung der Steuer folgenden Kalenderjahres geltend gemacht werden.

(2) Die Ansprüche nach § 7 erlöschen, wenn sie nicht bis zum Ablauf des vierten auf die Vereinnahmung der Steuer folgenden Kalenderjahres geltend gemacht werden.

§ 11 Rechtsweg. Für die Entscheidung von Rechtsstreitigkeiten auf Grund dieses Gesetzes ist der Finanzrechtsweg gegeben.

§ 12[1] Anwendung. (1) [1]Die vorstehende Fassung dieses Gesetzes ist, soweit in Satz 2 und in Absatz 2 nichts anderes geregelt ist, erstmals für den Veranlagungszeitraum 2015 anzuwenden. [2]Für die Zerlegung der Lohnsteuer und des Zinsabschlags ist die vorstehende Fassung dieses Gesetzes erstmals für das Kalenderjahr 2015 anzuwenden.

(2) § 2 Absatz 3 in der am 31. Juli 2014[2] geltenden Fassung ist erstmals für den Veranlagungszeitraum 2012 anzuwenden.

---

[1] § 12 neu gef. durch G v. 25. 7. 2014 (BGBl. I S. 1266).

[2] Datum des Tags nach der Verkündung des G v. 25. 7. 2014 (BGBl. I S. 1266).

808. Gesetz über den Finanzausgleich zwischen Bund und Ländern (Finanzausgleichsgesetz – FAG)[1)]

Vom 20. Dezember 2001 (BGBl. I S. 3955)

Geändert durch Viertes Gesetz für moderne Dienstleistungen am Arbeitsmarkt vom 24. 12. 2003 (BGBl. I S. 2954), Gesetz zur Neuorganisation der Bundesfinanzverwaltung und zur Schaffung eines Refinanzierungsregisters vom 22. 9. 2005 (BGBl. I S. 2809), Haushaltsbegleitgesetz 2006 vom 29. 6. 2006 (BGBl. I S. 1402), Föderalismusreform-Begleitgesetz vom 5. 9. 2006 (BGBl. I S. 2098), Gesetz zur Änderung des Zweiten Buches Sozialgesetzbuch und des Finanzausgleichsgesetzes vom 22. 12. 2006 (BGBl. I S. 3376), Achtes Gesetz zur Änderung des Gemeindefinanzreformgesetzes vom 31. 7. 2008 (BGBl. I S. 1626), Kinderförderungsgesetz vom 10. 12. 2008 (BGBl. I S. 2403), Jahressteuergesetz 2009 vom 19. 12. 2008 (BGBl. I S. 2794), Gesetz zur Umsetzung steuerrechtlicher Regelungen des Maßnahmenpakets „Beschäftigungssicherung durch Wachstumsstärkung" vom 21. 12. 2008 (BGBl. I S. 2896), Familienleistungsgesetz vom 22. 12. 2008 (BGBl. I S. 2955), Gesetz zur Sicherung von Beschäftigung und Stabilität in Deutschland vom 2. 3. 2009 (BGBl. I S. 416), Gesetz zur Neuregelung der Kraftfahrzeugsteuer und Änderung anderer Gesetze vom 29. 5. 2009 (BGBl. I S. 1170), Begleitgesetz zur zweiten Föderalismusreform vom 10. 8. 2009 (BGBl. I S. 2702), Wachstumsbeschleunigungsgesetz vom 22. 12. 2009 (BGBl. I S. 3950), Gesetz zur Abschaffung des Finanzplanungsrates und zur Übertragung der fortzuführenden Aufgaben auf den Stabilitätsrat sowie zur Änderung weiterer Gesetze vom 27. 5. 2010 (BGBl. I S. 671), Steuervereinfachungsgesetz 2011 vom 1. 11. 2011 (BGBl. I S. 2131), Gesetz zur Stärkung der Finanzkraft der Kommunen vom 6. 12. 2011 (BGBl. I S. 2563), Beitreibungsrichtlinie-Umsetzungsgesetz (BeitrRLUmsG) vom 7. 12. 2011 (BGBl. I S. 2592), Gesetz zur Besteuerung von Sportwetten vom 29. 6. 2012 (BGBl. I S. 1424), Gesetz zur zusätzlichen Förderung von Kindern unter drei Jahren in Tageseinrichtungen und in Kindertagespflege vom 15. 2. 2013 (BGBl. I S. 250), Gesetz zur Änderung des Finanzausgleichsgesetzes und der Bundeshaushaltsordnung vom 15. 7. 2013 (BGBl. I S. 2395), Gesetz zur innerstaatlichen Umsetzung des Fiskalvertrags vom 15. 7. 2013 (BGBl. I S. 2398), Aufbauhilfegesetz vom 15. 7. 2013 (BGBl. I S. 2401), Gesetz zur weiteren Entlastung von Ländern und Kommunen ab 2015 und zum quantitativen und qualitativen Ausbau der Kindertagesbetreuung sowie zur Änderung des Lastenausgleichsgesetzes vom 22. 12. 2014 (BGBl. I S. 2411), Gesetz zur Förderung von Investitionen finanzschwacher Kommunen und zur Entlastung von Ländern und Kommunen bei der Aufnahme und Unterbringung von Asylbewerbern vom 24. 6. 2015 (BGBl. I S. 974) und Asylverfahrensbeschleunigungsgesetz vom 20. 10. 2015 (BGBl. I S. 1722)

BGBl. III/FNA 603-12

---

1) Das FAG ist als Art. 5 des Solidarpaktfortführungsgesetzes v. 20. 12. 2001 verkündet worden. **Es tritt mWv 1. 1. 2005 in Kraft.** Gleichzeitig tritt das FAG v. 23. 6. 1993 außer Kraft.

Erster Abschnitt. Steuerverteilung zwischen Bund und Ländern sowie unter den Ländern

§ 1[1)] **Anteile von Bund und Ländern an der Umsatzsteuer.** [1]Vom Aufkommen der Umsatzsteuer stehen dem Bund 2007 vorab 3,89 vom Hundert, 2008 4,42 vom Hundert und ab 2009 4,45 vom Hundert des Umsatzsteueraufkommens zu; bei einer Steuersatzerhöhung oder Steuersatzsenkung wird in dem Jahr ihres Wirksamwerdens der Vomhundertsatz in dem der Erhöhung oder Senkung entsprechenden Umfang verringert oder erhöht. [2]Vom Aufkommen der Umsatzsteuer stehen dem Bund 1998 vorab 3,64 vom Hundert, 1999 bis 2006 5,63 vom Hundert sowie vom verbleibenden Aufkommen 2007 5,15 vom Hundert und ab 2008 5,05 vom Hundert als Ausgleich für die Belastungen aufgrund eines zusätzlichen Bundeszuschusses an die Rentenversicherung der Arbeiter und Angestellten zu; bei einer Steuersatzerhöhung oder Steuersatzsenkung wird im Jahr ihres Wirksamwerdens der Vomhundertsatz in entsprechendem Umfang verringert oder erhöht. [3]Vom verbleibenden Aufkommen der Umsatzsteuer stehen den Gemeinden ab 1998 2,2 vom Hundert zu, zuzüglich eines Betrages von jährlich 500 Millionen Euro in den Jahren 2015 und 2016 sowie 1500 Millionen Euro im Jahr 2017. [4]Vom danach verbleibenden Aufkommen der Umsatzsteuer stehen dem Bund 50,5 vom Hundert zuzüglich des in Satz 5 genannten Betrages und den Ländern 49,5 vom Hundert abzüglich des in Satz 5 genannten Betrages zu. [5]Der in Satz 4 genannte Betrag beläuft sich

in den Jahren 2005 und 2006 auf	2 322 712 000 Euro,
in den Jahren 2007 und 2008 auf	2 262 712 000 Euro,
im Jahr 2009 auf	1 727 712 000 Euro,
im Jahr 2010 auf	1 372 712 000 Euro,
im Jahr 2011 auf	1 912 712 000 Euro,
im Jahr 2012 auf	1 007 212 000 Euro,
im Jahr 2013 auf	947 462 000 Euro,
im Jahr 2014 auf	1 115 212 000 Euro,
im Jahr 2015 auf	minus 1 173 788 000 Euro,
im Jahr 2016 auf	minus 2 810 788 000 Euro,
im Jahr 2017 auf	minus 900 788 000 Euro,
im Jahr 2018 auf	minus 242 288 000 Euro,
ab dem Jahr 2019 auf	727 712 000 Euro.

[6]In den Umsatzsteueranteilen der Länder ist jeweils ein Anteil von 5,5 Vomhundertpunkten für Umschichtungen zugunsten der Länder zum Ausgleich

---

1) § 1 geänd. durch G v. 29. 6. 2006 (BGBl. I S. 1402), v. 22. 12. 2006 (BGBl. I S. 3376), v. 10. 12. 2008 (BGBl. I S. 2403), v. 19. 12. 2008 (BGBl. I S. 2794), v. 21. 12. 2008 (BGBl. I S. 2896), v. 22. 12. 2008 (BGBl. I S. 2955) und v. 2. 3. 2009 (BGBl. I S. 416);
Sätze 16 und 17 eingef. durch G v. 10. 8. 2009 (BGBl. I S. 2702);
Sätze 18 und 19 eingef. durch G v. 22. 12. 2009 (BGBl. I S. 3950);
Satz 1 geänd. mWv 1. 1. 2012 durch G v. 6. 12. 2011 (BGBl. I S. 2563);
Satz 3 neu gef., Satz 5 geänd. mWv 31. 12. 2014 durch G v. 22. 12. 2014 (BGBl. I S. 2411);
Sätze 3 und 5 geänd. mWv 30. 6. 2015 durch G v. 24. 6. 2015 (BGBl. I S. 974); Satz 5 geänd. durch G v. 20. 10. 2015 (BGBl. I S. 1722).

ihrer zusätzlichen Belastungen aus der Neuregelung des Familienleistungsausgleichs enthalten. [7]Dieser Anteil wird ab 1998 auf der Grundlage der Geschäftsstatistik des Bundeszentralamtes für Steuern so an die Entwicklung der Leistungen nach den §§ 62 bis 78 des Einkommensteuergesetzes in der jeweils geltenden Fassung angepasst, dass diese zu 74 vom Hundert vom Bund und zu 26 vom Hundert von den Ländern getragen werden. [8]Zum Ausgleich der Kindergelderhöhung zum 1. Januar 2000 verringert sich ab 1. Januar 2000 der Anteil des Bundes nach Satz 4 um 0,25 Vomhundertpunkte und erhöht sich der Anteil der Länder nach Satz 4 um 0,25 Vomhundertpunkte. [9]Der in Satz 6 genannte Anteil wird ab 1. Januar 2000 um 0,25 Vomhundertpunkte erhöht. [10]Zum Ausgleich der Belastungen aus dem Zweiten Gesetz zur Familienförderung vom 16. August 2001 (BGBl. I S. 2074) verringert sich ab 1. Januar 2002 der Anteil des Bundes nach Satz 4 um weitere 0,65 Vomhundertpunkte und erhöht sich der Anteil der Länder nach Satz 4 um weitere 0,65 Vomhundertpunkte. [11]Der in Satz 6 genannte Anteil wird ab 1. Januar 2002 um weitere 0,65 Vomhundertpunkte erhöht. [12]Zum Ausgleich der Kindergelderhöhung zum 1. Januar 2009 verändern sich die in Satz 5 genannten Beträge

im Jahr 2009 um	minus	794 000 000 Euro,
im Jahr 2010 um	minus	281 000 000 Euro und
im Jahr 2011 um	plus	152 000 000 Euro.

[13]Der in Satz 6 genannte Anteil wird

im Jahr 2009 um einen Betrag von	plus	794 000 000 Euro,
im Jahr 2010 um einen Betrag von	plus	281 000 000 Euro und
im Jahr 2011 um einen Betrag von	minus	152 000 000 Euro

verändert. [14]Zum Ausgleich der Steuersatzerhöhung ab dem 1. Januar 2007 erhöht sich der Anteil des Bundes nach Satz 4 im Jahr 2007 um 0,08 Vomhundertpunkte und verringert sich der Anteil der Länder nach Satz 4 um 0,08 Vomhundertpunkte; ab dem Jahr 2008 erhöht sich der Anteil des Bundes nach Satz 4 um 0,1 Vomhundertpunkte und verringert sich der Anteil der Länder nach Satz 4 um 0,1 Vomhundertpunkte. [15]Zum Ausgleich der Steuersatzerhöhung

(Fortsetzung nächstes Blatt)

ab dem 1. Januar 2007 wird der in Satz 6 genannte Anteil im Jahr 2007 um 0,08 Vomhundertpunkte und ab dem Jahr 2008 um 0,1 Vomhundertpunkte verringert. [16] Zur Finanzierung der Konsolidierungshilfen nach dem Konsolidierungshilfengesetz wird der in Satz 4 genannte Betrag im Jahr 2011 um 266 666 666 Euro und ab dem Jahr 2012 um 400 Millionen Euro erhöht. [17] Entfällt der Anspruch eines oder mehrerer Länder auf Konsolidierungshilfen, ist der Betrag in Satz 16 nach Maßgabe der Regelung in § 3 des Konsolidierungshilfengeseztes entsprechend anzupassen. [18] Zum Ausgleich der Kindergelderhöhung zum 1. Januar 2010 verringern sich die in Satz 5 genannten Beträge ab dem Jahr 2010 um 1 326 000 000 Euro. [19] Der in Satz 6 genannte Anteil wird ab dem Jahr 2010 um 1 326 000 000 Euro erhöht. [20] Bei einer Steuersatzerhöhung oder Steuersatzsenkung wird im Jahr ihres Wirksamwerdens der in den Sätzen 8 bis 11 und 14 bis 15 genannte Vomhundertpunktesatz in dem der Erhöhung oder Senkung entsprechenden Umfang verringert oder erhöht. [21] Diese Aufteilung der Umsatzsteuer gilt jeweils für alle Beträge, die während der Geltungsdauer des Beteiligungsverhältnisses vereinnahmt oder erstattet werden.

§ 2 Verteilung der Umsatzsteuer unter den Ländern. (1) [1] Die Länder, deren Einnahmen aus der Einkommensteuer, der Körperschaftsteuer, der Gewerbesteuerumlage und aus den nach § 7 Abs. 1 ermittelten Landessteuern je Einwohner unter denen der Ländergesamtheit liegen, erhalten Ergänzungsanteile aus dem Länderanteil an der Umsatzsteuer. [2] Die Ergänzungsanteile eines Landes werden ermittelt durch Multiplikation der Steuereinnahmen der Ländergesamtheit nach Satz 1 je Einwohner mit seiner Einwohnerzahl sowie einem der folgenden Faktoren F:

1. $F = \frac{19}{20} \cdot X - \frac{21}{4000}$,

   wenn die Steuereinnahmen des Landes nach Satz 1 je Einwohner unter 97 vom Hundert der Ländergesamtheit liegen,

2. $F = X \cdot (\frac{35}{6} \cdot X + \frac{3}{5})$,

   wenn die Steuereinnahmen des Landes nach Satz 1 je Einwohner mindestens 97 vom Hundert der Ländergesamtheit betragen;

dabei ist für X jeweils 1 vermindert um das Verhältnis der Steuereinnahmen des Landes nach Satz 1 je Einwohner zu den Steuereinnahmen der Ländergesamtheit nach Satz 1 je Einwohner anzusetzen. [3] Betragen die Ergänzungsanteile nach den Sätzen 1 und 2 insgesamt mehr als ein Viertel des Länderanteils an der Umsatzsteuer, so sind die Ergänzungsanteile im Verhältnis der nach den Sätzen 1 und 2 ermittelten Beträge herabzusetzen.

(2) Der verbleibende Länderanteil an der Umsatzsteuer wird nach dem Verhältnis der Einwohnerzahlen der Länder verteilt.

(3) Für die Berechnung der Anteile der einzelnen Länder an der Umsatzsteuer ist die Einwohnerzahl maßgebend, die das Statistische Bundesamt zum 30. Juni des Ausgleichsjahres festgestellt hat.

§ 3 Verteilung der Gewerbesteuerumlage unter den Ländern. Die Gewerbesteuerumlage steht den Ländern insoweit zu, als die Gewerbesteuer in dem Gebiet des einzelnen Landes vereinnahmt wird.

Zweiter Abschnitt. Finanzausgleich unter den Ländern

§ 4 Ausgleichsleistungen. Zur Durchführung des Finanzausgleichs unter den Ländern werden aus Beiträgen der ausgleichspflichtigen Länder (Ausgleichsbeiträge) Zuschüsse an die ausgleichsberechtigten Länder (Ausgleichszuweisungen) geleistet.

§ 5 Ausgleichspflichtige und ausgleichsberechtigte Länder. (1) Ausgleichspflichtig sind die Länder, deren Finanzkraftmesszahl in dem Kalenderjahr, für das der Ausgleich durchgeführt wird (Ausgleichsjahr), ihre Ausgleichsmesszahl übersteigt.

(2) Ausgleichsberechtigt sind die Länder, deren Finanzkraftmesszahl im Ausgleichsjahr ihre Ausgleichsmesszahl nicht erreicht.

§ 6 Finanzkraftmesszahl, Ausgleichsmesszahl. (1) Die Finanzkraftmesszahl eines Landes ist die Summe der Einnahmen des Landes nach § 7 und der Steuereinnahmen seiner Gemeinden nach § 8.

(2) [1] Die Ausgleichsmesszahl eines Landes ist die Summe der beiden Messzahlen, die zum Ausgleich der Einnahmen der Länder nach § 7 und zum Ausgleich der Steuereinnahmen der Gemeinden nach § 8 getrennt festgestellt werden. [2] Die Messzahlen ergeben sich aus den auszugleichenden Einnahmen je Einwohner der Ländergesamtheit, vervielfacht mit der Einwohnerzahl des Landes; hierbei sind die nach § 9 gewerteten Einwohnerzahlen zugrunde zu legen.

§ 7 Einnahmen der Länder aus Steuern und Förderabgabe. (1)[1)] [1] Als Steuereinnahmen eines Landes gelten die ihm im Ausgleichsjahr zugeflossenen Einnahmen

1. aus seinem Anteil an der Einkommensteuer und der Körperschaftsteuer;
2. aus seinem Anteil an der Gewerbesteuerumlage nach § 6 des Gemeindefinanzreformgesetzes;
3.[2)] aus der Vermögensteuer, der Erbschaftsteuer, der Kraftfahrzeugsteuer, der Biersteuer, der Rennwett- und Lotteriesteuer [***ab 1. 7. 2012:*** sowie der Steuer für Sportwetten] mit Ausnahme der Totalisatorsteuer, der Feuerschutzsteuer und der Spielbankabgabe mit Ausnahme der Sonderabgabe und der Troncabgabe;
4.[3)] nach dem Gesetz zur Regelung der finanziellen Kompensation zugunsten der Länder infolge der Übertragung der Ertragshoheit der Kraftfahrzeugsteuer auf den Bund.

[1)] § 7 Abs. 1 neu gef. durch G v. 5. 9. 2006 (BGBl. I S. 2098).
[2)] § 7 Abs. 1 Nr. 3 geänd. mWv 1. 7. 2012 durch G v. 29. 6. 2012 (BGBl. I S. 1424).
[3)] § 7 Abs. 1 Nr. 4 angef. mWv 1. 7. 2009 durch G v. 29. 5. 2009 (BGBl. I S. 1170).

[2] Als Steuereinnahme eines Landes gilt ebenfalls seine Steuerkraftzahl der Grunderwerbsteuer im Ausgleichsjahr. [3] Als Steuerkraftzahlen werden für die einzelnen Länder die Beträge angesetzt, die sich ergeben, wenn die im Bundesgebiet insgesamt im Ausgleichsjahr aufgekommene Grunderwerbsteuer im Verhältnis der dem Aufkommen zu Grunde liegenden länderweisen Steuerbemessungsgrundlagen der Grunderwerbsteuer verteilt wird. [4] Für Fälle der Pauschalbesteuerung nach § 12 des Grunderwerbsteuergesetzes ist zur Ermittlung der Steuerbemessungsgrundlage der Pauschalbetrag durch den Steuersatz zu dividieren, der zum Zeitpunkt des pauschaliert besteuerten Rechtsvorgangs gültig war. [5] Als Steuereinnahmen eines Landes gelten ferner die nach § 2 für das Ausgleichsjahr festgestellten Anteile an der Umsatzsteuer.

(2) Den Steuereinnahmen der Länder nach Absatz 1 wird das Aufkommen aus der Förderabgabe nach § 31 des Bundesberggesetzes hinzugesetzt.

(3) [1] Die Einnahmen nach den Absätzen 1 und 2 werden in den Ländern gekürzt, in denen die Veränderungsrate der Steuereinnahmen nach Ab-

(Fortsetzung nächstes Blatt)

satz 1 Satz 1 bis 4[1] je Einwohner im Ausgleichsjahr gegenüber dem dem Ausgleichsjahr vorausgehenden Kalenderjahr die entsprechende Veränderungsrate der Ländergesamtheit übersteigt. [2]Dabei sind die Einwohnerzahlen maßgebend, die das Statistische Bundesamt jeweils zum 30. Juni des Ausgleichsjahres und des dem Ausgleichsjahr vorausgehenden Kalenderjahres festgestellt hat. [3]Der Kürzungsbetrag wird auf 12 vom Hundert des Betrages festgesetzt, der sich ergibt, wenn die Veränderungsrate der Steuereinnahmen eines Landes nach Absatz 1 Satz 1 bis 4[1] je Einwohner im Ausgleichsjahr, soweit sie die entsprechende Veränderungsrate der Ländergesamtheit übersteigt, vervielfacht wird mit den Steuereinnahmen des Landes nach Absatz 1 Satz 1 bis 4[1] je Einwohner des dem Ausgleichsjahr vorausgehenden Kalenderjahres sowie mit der Einwohnerzahl des Ausgleichsjahres.

§ 8 Steuereinnahmen der Gemeinden. (1) [1]Als Steuereinnahmen der Gemeinden eines Landes gelten nach Maßgabe des Absatzes 3

1. die Gemeindeanteile an der Umsatzsteuer und an der Einkommensteuer im Ausgleichsjahr,
2. die Steuerkraftzahlen der Grundsteuern und der Gewerbesteuer nach Absatz 2, vermindert um die im Ausgleichsjahr geleistete Gewerbesteuerumlage.

[2]Für die von den Gemeinden geleistete Gewerbesteuerumlage sind die Feststellungen der Länder maßgebend.

(2) [1]Als Steuerkraftzahlen der Grundsteuer von den land- und forstwirtschaftlichen Betrieben, der Grundsteuer von den Grundstücken und der Gewerbesteuer werden jeweils für die einzelnen Länder die Beträge angesetzt, die sich ergeben, wenn die im Bundesgebiet insgesamt im Ausgleichsjahr aufgekommenen einzelnen Realsteuern im Verhältnis der länderweisen Grundbeträge dieser Steuern in dem dem Ausgleichsjahr vorausgehenden Kalenderjahr verteilt werden. [2]Dabei sind die Grundbeträge maßgebend, die das Statistische Bundesamt nach dem Ergebnis der Gemeindefinanzstatistik festgestellt hat.

(3) Die Steuereinnahmen der Gemeinden eines Landes nach Absatz 1 werden je für sich auf 64 vom Hundert herabgesetzt.

§ 9 Einwohnerzahl. (1) Der Ausgleichsmesszahl eines Landes wird die Einwohnerzahl (Wohnbevölkerung) zugrunde gelegt, die das Statistische Bundesamt zum 30. Juni des Ausgleichsjahres festgestellt hat.

(2) Bei der Ermittlung der Messzahlen zum Ausgleich der Einnahmen der Länder nach § 7 werden die Einwohnerzahlen der Länder Berlin, Bremen und Hamburg mit 135 vom Hundert und die Einwohnerzahlen der übrigen Länder mit 100 vom Hundert gewertet.

(3) Bei der Ermittlung der Messzahlen zum Ausgleich der Steuereinnahmen der Gemeinden nach § 8 werden die Einwohnerzahlen der Länder Berlin, Bremen und Hamburg mit 135 vom Hundert, die Einwohnerzahl

---

[1] Verweis geänd. durch G v. 5. 9. 2006 (BGBl. I S. 2098).

des Landes Mecklenburg-Vorpommern mit 105 vom Hundert, die Einwohnerzahl des Landes Brandenburg mit 103 vom Hundert, die Einwohnerzahl des Landes Sachsen-Anhalt mit 102 vom Hundert und die Einwohnerzahlen der übrigen Länder mit 100 vom Hundert gewertet.

§ 10 Bemessung der Ausgleichszuweisungen und der Ausgleichsbeiträge. (1) Die Ausgleichszuweisungen eines ausgleichsberechtigten Landes werden ermittelt durch Multiplikation seiner Ausgleichsmesszahl mit einem der folgenden Faktoren F:

1. $F = \frac{3}{4} \cdot X - \frac{317}{20000}$,

   wenn die Finanzkraftmesszahl des Landes unter 80 vom Hundert seiner Ausgleichsmesszahl liegt,

2. $F = X \cdot \left(\frac{5}{26} \cdot X + \frac{35}{52}\right) - \frac{2121}{260000}$,

   wenn die Finanzkraftmesszahl eines Landes mindestens 80 vom Hundert seiner Ausgleichsmesszahl beträgt, aber unter 93 vom Hundert seiner Ausgleichsmesszahl liegt,

3. $F = X \cdot \left(\frac{13}{7} \cdot X + \frac{11}{25}\right)$,

   wenn die Finanzkraftmesszahl eines Landes mindestens 93 vom Hundert seiner Ausgleichsmesszahl beträgt;

dabei ist für X jeweils 1 vermindert um das Verhältnis von Finanzkraftmesszahl zu Ausgleichsmesszahl des Landes anzusetzen.

(2) [1]Die Ausgleichsbeiträge eines ausgleichspflichtigen Landes werden nach Maßgabe von Satz 2 ermittelt durch Multiplikation seiner Ausgleichsmesszahl mit einem der folgenden Faktoren:

1. mit dem Faktor nach Absatz 1 Nr. 3, wenn die Finanzkraftmesszahl des Landes unter 107 vom Hundert seiner Ausgleichsmesszahl liegt,
2. mit dem Faktor nach Absatz 1 Nr. 2, wenn die Finanzkraftmesszahl des Landes mindestens 107 vom Hundert seiner Ausgleichsmesszahl beträgt, aber unter 120 vom Hundert seiner Ausgleichsmesszahl liegt,
3. mit dem Faktor nach Absatz 1 Nr. 1, wenn die Finanzkraftmesszahl des Landes mindestens 120 vom Hundert seiner Ausgleichsmesszahl beträgt;

dabei ist für X jeweils das Verhältnis von Finanzkraftmesszahl zu Ausgleichsmesszahl des Landes vermindert um 1 anzusetzen. [2]Die nach Satz 1 ermittelten Beträge werden mit dem Vomhundertsatz zur Aufbringung der Ausgleichszuweisungen angesetzt, der erforderlich ist, damit die Summe der Ausgleichsbeiträge mit der Summe der Ausgleichszuweisungen übereinstimmt.

(3) [1]Übersteigen die nach Absatz 2 ermittelten Ausgleichsbeiträge eines ausgleichspflichtigen Landes 72,5 vom Hundert der Differenz zwischen seiner Finanzkraft- und Ausgleichsmesszahl, so ist der übersteigende Betrag jeweils hälftig von allen ausgleichspflichtigen und allen ausgleichsberechtig-

ten Ländern zu übernehmen. [2]Die ausgleichspflichtigen Länder erbringen ihren Anteil im Verhältnis ihrer Ausgleichsbeiträge nach Absatz 2, die ausgleichsberechtigten Länder erbringen ihren Anteil im Verhältnis ihrer Ausgleichszuweisungen nach Absatz 1.

Dritter Abschnitt. Bundesergänzungszuweisungen

§ 11 Bundesergänzungszuweisungen. (1) Der Bund gewährt aus seinen Mitteln leistungsschwachen Ländern Bundesergänzungszuweisungen zur ergänzenden Deckung ihres allgemeinen Finanzbedarfs sowie zum Ausgleich von Sonderlasten nach Maßgabe der Absätze 2 bis 4.

(2) [1]Zur ergänzenden Deckung ihres allgemeinen Finanzbedarfs erhalten leistungsschwache Länder allgemeine Bundesergänzungszuweisungen. [2]Leistungsschwach im Sinne von Satz 1 ist ein Land, dessen Summe aus Finanzkraftmesszahl und Ausgleichszuweisungen nach § 10 Fehlbeträge an 99,5 vom Hundert der Ausgleichsmesszahl des Ausgleichsjahres aufweist. [3]Ein leistungsschwaches Land erhält 77,5 vom Hundert dieser Fehlbeträge als allgemeine Bundesergänzungszuweisungen.

(3)[1)] [1]Zur Deckung von teilungsbedingten Sonderlasten aus dem bestehenden starken infrastrukturellen Nachholbedarf und zum Ausgleich unterproportionaler kommunaler Finanzkraft erhalten die Länder Berlin, Brandenburg, Mecklenburg-Vorpommern, Sachsen, Sachsen-Anhalt und Thüringen insgesamt in den Jahren 2005 bis 2019 folgende Sonderbedarfs-Bundesergänzungszuweisungen:

im Jahr 2005	10 532 613 000 Euro,
im Jahr 2006	10 481 484 000 Euro,
im Jahr 2007	10 379 225 000 Euro,
im Jahr 2008	10 225 838 000 Euro,
im Jahr 2009	9 510 029 000 Euro,
im Jahr 2010	8 743 091 000 Euro,
im Jahr 2011	8 027 283 000 Euro,
im Jahr 2012	7 260 345 000 Euro,
im Jahr 2013	6 544 536 000 Euro,
im Jahr 2014	5 777 598 000 Euro,
im Jahr 2015	5 061 790 000 Euro,
im Jahr 2016	4 294 852 000 Euro,
im Jahr 2017	3 579 043 000 Euro,
im Jahr 2018	2 812 105 000 Euro
und im Jahr 2019	2 096 297 000 Euro.

[2]Die Beträge nach Satz 1 werden auf die genannten Länder mit den folgenden Vomhundertsätzen unter Rundung auf Tausend Euro verteilt:

Berlin	19,020610 vom Hundert,
Brandenburg	14,326911 vom Hundert,
Mecklenburg-Vorpommern	10,536374 vom Hundert,

---

1) § 11 Abs. 3 Sätze 3 und 4 geänd. mWv 1. 1. 2010 durch G v. 27. 5. 2010 (BGBl. I S. 671).

Sachsen	26,075481 vom Hundert,
Sachsen-Anhalt	15,733214 vom Hundert,
Thüringen	14,307410 vom Hundert.

3 Die Länder Berlin, Brandenburg, Mecklenburg-Vorpommern, Sachsen, Sachsen-Anhalt und Thüringen berichten dem Stabilitätsrat jährlich im Rahmen von Fortschrittsberichten „Aufbau Ost" über ihre jeweiligen Fortschritte bei der Schließung der Infrastrukturlücke und die Verwendung der erhaltenen Mittel zum Abbau teilungsbedingter Sonderlasten. 4 Die Berichte werden bis spätestens zum 15. September des dem Berichtsjahr folgenden Jahres vorgelegt und mit einer Stellungnahme der Bundesregierung im Stabilitätsrat erörtert.

(3 a)[1] 1 Zum Ausgleich von Sonderlasten durch die strukturelle Arbeitslosigkeit und der daraus entstehenden überproportionalen Lasten bei der Zusammenführung von Arbeitslosenhilfe und Sozialhilfe für Erwerbsfähige erhalten nachstehende Länder jährlich folgende Sonderbedarfs-Bundesergänzungszuweisungen:

für die Jahre 2005 bis 2011:

Brandenburg	190 000 000 Euro,
Mecklenburg-Vorpommern	128 000 000 Euro,
Sachsen	319 000 000 Euro,
Sachsen-Anhalt	187 000 000 Euro,
Thüringen	176 000 000 Euro;

für die Jahre 2012 und 2013:

Brandenburg	153 330 000 Euro,
Mecklenburg-Vorpommern	103 296 000 Euro,
Sachsen	257 433 000 Euro,
Sachsen-Anhalt	150 909 000 Euro,
Thüringen	142 032 000 Euro;

für die Jahre ab 2014:

Brandenburg	147 630 000 Euro,
Mecklenburg-Vorpommern	99 456 000 Euro,
Sachsen	247 863 000 Euro,
Sachsen-Anhalt	145 299 000 Euro,
Thüringen	136 752 000 Euro.

2 Für die Jahre 2012 und 2013 verringern sich die Beträge der Länder nach Satz 1 jeweils um:

Brandenburg	18 335 000 Euro,
Mecklenburg-Vorpommern	12 352 000 Euro,
Sachsen	30 783 500 Euro,
Sachsen-Anhalt	18 045 500 Euro,
Thüringen	16 984 000 Euro.

3 Bund und Länder überprüfen gemeinsam in einem Abstand von drei Jahren, beginnend im Jahr 2013, in welcher Höhe die Sonderlasten dieser Länder ab dem jeweils folgenden Jahr auszugleichen sind. 4 Die Sonderlasten sind ent-

[1] § 11 Abs. 3 a eingef. durch G v. 24. 12. 2003 (BGBl. I S. 2954), Sätze 2 bis 4 neu gef. durch G v. 19. 12. 2008 (BGBl. I S. 2794); Abs. 3 a neu gef. mWv 1. 1. 2012 durch G v. 7. 12. 2011 (BGBl. I S. 2592); Abs. 3 a Sätze 1 und 2 neu gef. mWv 19. 7. 2013 durch G v. 15. 7. 2013 (BGBl. I S. 2395).

sprechend den im Jahr vor der Überprüfung gegebenen einwohnerbezogenen Verhältnissen der Bedarfsgemeinschaften und der Entwicklung der Kosten der Unterkunft im Durchschnitt der Länder Brandenburg, Mecklenburg-Vorpommern, Sachsen, Sachsen-Anhalt und Thüringen im Verhältnis zum Durchschnitt der Länder Baden-Württemberg, Bayern, Hessen, Niedersachsen, Nordrhein-Westfalen, Rheinland-Pfalz, Saarland und Schleswig-Holstein in Bezug zum Ausgangsjahr 2005 zu ermitteln.

(4) [1]Wegen überdurchschnittlich hoher Kosten politischer Führung erhalten nachstehende Länder jährlich folgende Sonderbedarfs-Bundesergänzungszuweisungen:

Berlin	43 460 000 Euro,
Brandenburg	55 220 000 Euro,
Bremen	60 332 000 Euro,
Mecklenburg-Vorpommern	61 355 000 Euro,
Rheinland-Pfalz	46 016 000 Euro,
Saarland	63 400 000 Euro,
Sachsen	25 565 000 Euro,
Sachsen-Anhalt	52 663 000 Euro,
Schleswig-Holstein	53 174 000 Euro,
Thüringen	55 731 000 Euro.

[2]Bund und Länder überprüfen gemeinsam die Voraussetzungen der Vergabe in einem Abstand von fünf Jahren, erstmals im Jahr 2008, im Hinblick auf die Vergabe im jeweils übernächsten Jahr.

(5) Die Bundesergänzungszuweisungen nach § 11 sind abweichend von § 10 Abs. 3, § 12 Abs. 1 und 4 des Haushaltsgrundsätzegesetzes sowie von § 13 Abs. 3, § 15 Abs. 1 und § 17 Abs. 1 der Bundeshaushaltsordnung bei den Einnahmen darzustellen.

Vierter Abschnitt. Vollzug und Abrechnung der Umsatzsteuerverteilung, des Finanzausgleichs und der Bundesergänzungszuweisungen

§ 12 Feststellung der Ausgleichszahlungen. Das Bundesministerium der Finanzen stellt nach Ablauf des Ausgleichsjahres die endgültige Höhe der Länderanteile an der Umsatzsteuer nach § 2 und die endgültige Höhe der Ausgleichszuweisungen und der Ausgleichsbeiträge nach § 10 durch Rechtsverordnung fest, die der Zustimmung des Bundesrates bedarf.

§ 12 a[1)] Abweichende Bestimmungen für die Ausgleichsjahre 2011 und 2012. Für die Ausgleichsjahre 2011 und 2012 sind in der Rechtsverordnung nach § 12 die Unterschiede zwischen den fortgeschriebenen Einwohnerzahlen der Länder auf der Grundlage des Zensus 2011 einerseits und den fortgeschriebenen Einwohnerzahlen der Länder auf der Grundlage des Auszugs des zentralen Einwohnerregisters der Deutschen Demokratischen Republik vom 3. Oktober 1990 für das Beitrittsgebiet sowie auf der Grund-

1) § 12 a eingef. mWv 19. 7. 2013 durch G v. 15. 7. 2013 (BGBl. I S. 2398).

lage der Volkszählung vom 25. Mai 1987 für das übrige Bundesgebiet (Einwohnerzahlen auf der alten Basis) andererseits wie folgt zu berücksichtigen: Die Einwohnerzahlen der Länder nach § 2 Absatz 3, § 7 Absatz 3 und § 9 Absatz 1 werden ermittelt, indem den Einwohnerzahlen der Länder auf der alten Basis für das Ausgleichsjahr 2011 ein Drittel und für das Ausgleichsjahr 2012 zwei Drittel der Unterschiede nach Satz 1 hinzugerechnet werden.

§ 13 Vollzug des Finanzausgleichs während des Ausgleichsjahres. [1]Der Finanzausgleich wird während des Ausgleichsjahres aufgrund vorläufiger Bemessungsgrundlagen vollzogen. [2]Die vorläufigen Ergänzungsanteile werden nach § 2, die vorläufigen Ausgleichszuweisungen und Ausgleichsbeiträge werden nach den §§ 4 bis 10 ermittelt; jedoch werden zugrunde gelegt

1. die Einnahmen der Länder nach § 7 Abs. 1 und 2 sowie die Gemeindeanteile an der Umsatzsteuer und an der Einkommensteuer und die Gewerbesteuerumlage nach § 8 in dem Jahreszeitraum, der am 30. September des vorausgehenden Jahres endet;
2. die Steuerkraftzahlen der Grundsteuern und der Gewerbesteuer der Gemeinden gemäß § 8 nach den Grundbeträgen, die das Statistische Bundesamt zuletzt festgestellt hat, und nach ihren Aufkommen in dem Jahreszeitraum, der am 30. Juni des vorausgehenden Jahres endet;
3. die Einwohnerzahlen nach § 9 Abs. 1, die das Statistische Bundesamt zum 30. Juni des Jahres festgestellt hat, das dem Ausgleichsjahr vorausgeht; sind diese nicht rechtzeitig verfügbar, die vom Statistischen Bundesamt zuletzt festgestellten Einwohnerzahlen.

§ 14 Zahlungsverkehr zum Vollzug des Finanzausgleichs. (1)[1)] [1]Der Zahlungsverkehr wird während des Ausgleichsjahres in der Weise abgewickelt, dass die Ablieferung des Bundesanteils an der durch Landesfinanzbehörden verwalteten Umsatzsteuer um die Beträge erhöht oder ermäßigt wird, die nach der vorläufigen Bemessung der Länderanteile an der Umsatzsteuer nach § 2 und nach der vorläufigen Bemessung der Ausgleichsbeiträge und der Ausgleichszuweisungen im Finanzausgleich nach § 10 unter den Ländern zu verrechnen sind. [2]Soweit der Anspruch eines Landes aus diesen Verrechnungen durch den Bundesanteil an der Umsatzsteuer nicht voll gedeckt wird, überweist das Bundesministerium der Finanzen diesem Land den nicht gedeckten Teil des vorläufigen Ausgleichsanspruchs in monatlichen Teilbeträgen. [3]Soweit die Verpflichtung eines Landes aus diesen Verrechnungen über dem Aufkommen der von Landesfinanzbehörden verwalteten Umsatzsteuer liegt, ist der darüber liegende Teil von dem Land dem Bundesministerium der Finanzen in monatlichen Teilbeträgen zu überweisen. [4]Unterjährige Gesetzesänderungen mit Auswirkungen auf die Umsatzsteueranteile nach § 1 im laufenden Ausgleichsjahr werden gesondert im Rahmen des Zahlungsverkehrs der Einfuhrumsatzsteuer nach Absatz 2 berücksichtigt.

(2) Der Länderanteil an der durch Bundesfinanzbehörden verwalteten Einfuhrumsatzsteuer wird auf die Länder nach der Einwohnerzahl verteilt und in monatlichen Teilbeträgen überwiesen.

[1)] § 14 Abs. 1 Satz 4 angef. mWv 30. 6. 2015 durch G v. 24. 6. 2015 (BGBl. I S. 974).

(3) Die Differenzen der vorläufigen Ergänzungsanteile, Ausgleichszuweisungen und Ausgleichsbeiträge nach § 13 zu den auf der Grundlage der tatsächlichen Entwicklung der Bemessungsgrundlagen bestimmten Ergänzungsanteilen, Ausgleichszuweisungen und Ausgleichsbeiträgen des Ausgleichsjahres werden vierteljährlich vorläufig abgerechnet.

(4) Das Nähere bestimmt das Bundesministerium der Finanzen jährlich in einer Rechtsverordnung, die der Zustimmung des Bundesrates bedarf.

§ 15 Endgültige Abrechnung des Finanzausgleichs. [1]Unterschiede zwischen den vorläufig gezahlten und den endgültig festgestellten Ausgleichszahlungen werden durch Überweisungen ausgeglichen, die mit dem Inkrafttreten der in § 12 vorgesehenen Rechtsverordnung fällig werden. [2]Das Bundesministerium der Finanzen trifft die für den Überweisungsverkehr erforderlichen Anordnungen.

§ 16 Zahlungsverkehr zum Vollzug der Bundesergänzungszuweisungen. (1) [1]Auf die Bundesergänzungszuweisungen nach § 11 Abs. 2 werden am 15. März, 15. Juni, 15. September und 15. Dezember Abschlagszahlungen nach Maßgabe der Finanzkraftverhältnisse des jeweils vorhergehenden Abrechnungszeitraums entrichtet. [2]Gleichzeitig werden die mit der Abschlagszahlung des vorausgegangenen Zahlungstermins zu viel oder zu wenig gezahlten Beträge verrechnet. [3]Für die endgültige Abrechnung der Bundesergänzungszuweisungen gilt § 15 entsprechend.

(2) Die Bundesergänzungszuweisungen nach § 11 Abs. 3 und 4 sind mit je einem Viertel ihres Betrages am 15. März, 15. Juni, 15. September und 15. Dezember fällig.

§ 17 Vollzug der Verteilung des Gemeindeanteils an der Umsatzsteuer. (1) [1]Die Höhe des Gemeindeanteils am Aufkommen der durch Bundesfinanzbehörden und Landesfinanzbehörden verwalteten Umsatzsteuer und seine Verteilung nach Ländern nach § 5 c[1)] des Gemeindefinanzreformgesetzes werden beim Bundesministerium der Finanzen jeweils nach Ablauf eines Monats berechnet. [2]Der Gemeindeanteil an der durch Bundesfinanzbehörden verwalteten Einfuhrumsatzsteuer wird den Ländern zusammen mit dem Länderanteil an der Einfuhrumsatzsteuer nach § 14 Abs. 2 in monatlichen Teilbeträgen überwiesen. [3]Dabei wird er dergestalt länderweise verteilt, dass bei dem einzelnen Land zusammen mit

(Fortsetzung nächstes Blatt)

[1)] Verweis geänd. mWv 1. 1. 2009 durch G v. 31. 7. 2008 (BGBl. I S. 1626).

dem Gemeindeanteil an der durch Landesfinanzbehörden verwalteten Umsatzsteuer der insgesamt seinen Gemeinden zustehende Anteil erreicht wird. [4] Ist der Gemeindeanteil an der durch Landesfinanzbehörden verwalteten Umsatzsteuer bei dem einzelnen Land höher als der seinen Gemeinden insgesamt zustehende Anteil an der Umsatzsteuer, wird der darüber hinausgehende Betrag mit dem Anteil des Landes an der Einfuhrumsatzsteuer verrechnet.

(2) Näheres kann das Bundesministerium der Finanzen durch Rechtsverordnung bestimmen, die der Zustimmung des Bundesrates bedarf.

§ 18 Auskunftspflicht. Die zuständigen Landesbehörden sind verpflichtet, dem Bundesministerium der Finanzen die zur Durchführung dieses Gesetzes erforderlichen Auskünfte zu erteilen und ihre sachliche Richtigkeit von der obersten Rechnungsprüfungsbehörde des Landes bestätigen zu lassen.

§ 19 Vollzug und Abrechnung der Ausgleichsjahre vor dem 1. Januar 2005. Für den Vollzug und die Abrechnung der Umsatzsteuerverteilung, des Finanzausgleichs und der Bundesergänzungszuweisungen für die vor dem 1. Januar 2005 liegenden Ausgleichsjahre findet das Gesetz über den Finanzausgleich zwischen Bund und Ländern vom 23. Juni 1993 (BGBl. I S. 944, 977) in der am 31. Dezember des jeweiligen Ausgleichsjahres geltenden Fassung weiterhin Anwendung.

§ 20 Geltungsdauer. Dieses Gesetz tritt mit Ablauf des 31. Dezember 2019 außer Kraft.

809 a. Gesetz über verfassungskonkretisierende allgemeine Maßstäbe für die Verteilung des Umsatzsteueraufkommens, für den Finanzausgleich unter den Ländern sowie für die Gewährung von Bundesergänzungszuweisungen (Maßstäbegesetz – MaßstG)

Vom 9. September 2001 (BGBl. I S. 2302)

Geändert durch Föderalismusreform-Begleitgesetz vom 5. 9. 2006 (BGBl. I S. 2098), Jahressteuergesetz 2009 vom 19. 12. 2008 (BGBl. I S. 2794) und Gesetz zur Neuregelung der Kraftfahrzeugsteuer und Änderung anderer Gesetze vom 29. 5. 2009 (BGBl. I S. 1170)

BGBl. III/FNA 603-11

Der Bundestag hat mit Zustimmung des Bundesrates das folgende Gesetz beschlossen:

Abschnitt 1. Allgemeine Bestimmungen

§ 1 Grundsätze der Maßstabsbildung. (1) Dieses Gesetz benennt Maßstäbe für die Festsetzung der Anteile von Bund und Ländern an der Umsatzsteuer (vertikale Umsatzsteuerverteilung) nach Artikel 106 Abs. 3 Satz 4 und Abs. 4 Satz 1 des Grundgesetzes, für die Vergabe von Ergänzungsanteilen der Länder an der Umsatzsteuer (horizontale Umsatzsteuerverteilung) nach Artikel 107 Abs. 1 Satz 4 zweiter Halbsatz des Grundgesetzes, für die Voraussetzungen und die Höhe der Ausgleichsansprüche und Ausgleichsverbindlichkeiten (Länderfinanzausgleich) nach Artikel 107 Abs. 2 Satz 1 und 2 des Grundgesetzes sowie für die Gewährung von Bundesergänzungszuweisungen nach Artikel 107 Abs. 2 Satz 3 des Grundgesetzes.

(2) [1]Die Maßstäbe konkretisieren die in Absatz 1 genannten Normen des Grundgesetzes. [2]Die Anwendung der Maßstäbe stellt sicher, dass Bund und Länder die verfassungsrechtlich vorgegebenen Ausgangstatbestände in gleicher Weise interpretieren und ihnen dieselben Indikatoren zugrunde legen. [3]Sie gewährleistet auch haushaltswirtschaftliche Planbarkeit und Voraussehbarkeit der finanzwirtschaftlichen Grundlagen sowie Transparenz der Mittelverteilung im Gesamtstaat.

§ 2 Bindungswirkung der Maßstäbe. (1) Das Finanzausgleichsgesetz dient der Ableitung der konkreten jährlichen Zuteilungs- und Ausgleichsfolgen im Regelungsbereich des § 1 Abs. 1.

(2) [1]Das Finanzausgleichsgesetz hat den finanzwirtschaftlichen Verhältnissen Rechnung zu tragen. [2]Möglichkeiten der Anpassung an finanzwirtschaftliche Veränderungen sind sicherzustellen.

(3) Die Regelungen müssen den Erfordernissen der Normenklarheit und Normenverständlichkeit genügen.

§ 3 Sicherung des Eigenbehalts. Von Mehr- oder Mindereinnahmen gegenüber den länderdurchschnittlichen Einnahmen sowie von überdurchschnittlichen Mehreinnahmen oder unterdurchschnittlichen Mindereinnahmen je Einwohner gegenüber dem Vorjahr muss dem betreffenden Land ein Eigenbehalt verbleiben.

Abschnitt 2. Vertikale Umsatzsteuerverteilung (Artikel 106 Abs. 3 Satz 4 und Abs. 4 Satz 1 GG)

§ 4 Vertikale Umsatzsteuerverteilung. (1) Die vertikale Umsatzsteuerverteilung zwischen Bund und Ländern wird auf der Grundlage des Deckungsquotenprinzips festgesetzt.

(2) Zusätzlich werden in die Festsetzung der Anteile von Bund und Ländern an der Umsatzsteuer Steuermindereinnahmen einbezogen, die den Ländern ab 1. Januar 1996 aus der Berücksichtigung von Kindern im Einkommensteuerrecht entstehen.

(3) Bei der Abstimmung der Deckungsbedürfnisse von Bund und Ländern sowie der Gestaltung der öffentlichen Haushalte ist über die Bestimmungen des Artikels 106 Abs. 3 Satz 4 und 5 des Grundgesetzes hinaus sicherzustellen, dass durch eine gemeinsame Ausgabenlinie die Bestimmungen des Maastricht-Vertrages und des europäischen Stabilitäts- und Wachstumspaktes zur Begrenzung des gesamtstaatlichen Defizits umgesetzt werden.

Abschnitt 3. Horizontale Umsatzsteuerverteilung (Artikel 107 Abs. 1 Satz 4 GG)

§ 5[1] Ergänzungsanteile. (1) [1] Aus dem Länderanteil am Aufkommen der Umsatzsteuer sollen in Höhe von bis zu einem Viertel Ergänzungsanteile den Ländern gewährt werden, deren Einnahmen je Einwohner aus den Landessteuern, aus der Einkommensteuer und der Körperschaftsteuer und nach dem Gesetz zur Regelung der finanziellen Kompensation zugunsten der Länder infolge der Übertragung der Ertragshoheit der Kraftfahrzeugsteuer auf den Bund den Durchschnitt aller Länder unterschreiten; bei der Grunderwerbsteuer ist anstelle der Einnahmen die Steuerkraft anzusetzen. [2] Zur Bestimmung der Steuerkraft der Grunderwerbsteuer sind die Einnahmen um die durch länderunterschiedliche Steuersätze entstehenden Einnahmeunterschiede zu bereinigen.

---

[1] § 5 Abs. 1 Satz 1 HS 2 und Satz 2 angef. durch G v. 5. 9. 2006 (BGBl. I S. 2098), Satz 1 HS 1 ergänzt durch G v. 29. 5. 2009 (BGBl. I S. 1170).

(2) Die Vergabe von Ergänzungsanteilen dient der Verminderung besonders großer Unterschiede der Einnahmen im Sinne von Absatz 1.

Abschnitt 4. Länderfinanzausgleich (Artikel 107 Abs. 2 Satz 1 und 2 GG)

§ 6 Ausgleichsansprüche und Ausgleichsverbindlichkeiten. [1]Der Finanzausgleich unter den Ländern dient der Annäherung ihrer Finanzkraft. [2]Dabei sind die Eigenstaatlichkeit der Länder einerseits und ihre Einbindung in die bundesstaatliche Solidargemeinschaft andererseits zu berücksichtigen. [3]Es bestehen Ausgleichsansprüche der Länder mit unter-

(Fortsetzung nächstes Blatt)

durchschnittlicher Finanzkraft (ausgleichsberechtigte Länder) und Ausgleichsverbindlichkeiten der Länder mit überdurchschnittlicher Finanzkraft (ausgleichspflichtige Länder).

§ 7 Finanzkraft. (1) [1]Die Finanzkraft bemisst sich nach den ausgleichserheblichen Einnahmen. [2]Grundsätzlich sind alle Einnahmen von Ländern und Gemeinden sowie Gemeindeverbänden zu berücksichtigen. [3]Nicht ausgleichserheblich sind solche Einnahmen, deren Volumen unerheblich ist, die in allen Ländern verhältnismäßig je Einwohner gleich anfallen, die als Entgelte oder entgeltähnliche Abgaben lediglich Leistungen des Landes oder seiner Gemeinden und Gemeindeverbände ausgleichen oder bei denen der Aufwand für die Ermittlung der auszugleichenden Einnahmen zur möglichen Ausgleichswirkung außer Verhältnis steht.

(2) Die ausgleichserheblichen Einnahmen nach Absatz 1 sind vorbehaltlich § 8 Abs. 4 in voller Höhe zu berücksichtigen.

§ 8 Vergleichbarkeit der Finanzkraft und Berücksichtigung des kommunalen Finanzbedarfs. (1) [1]Um die Finanzkraft der Länder vergleichbar zu machen, ist als abstraktes Bedarfskriterium die jeweilige Einwohnerzahl eines Landes zugrunde zu legen. [2]Die Einwohnerzahl nach Satz 1 ist zu modifizieren, wenn strukturelle Eigenarten der Länder und ihrer Gemeinden abstrakte Mehrbedarfe begründen. [3]Im Ansatz der abstrakten Mehrbedarfe findet auch der Finanzbedarf der Gemeinden und Gemeindeverbände Berücksichtigung.

(2) [1]Die Berücksichtigung eines abstrakten Mehrbedarfs eines Landes und seiner Gemeinden und Gemeindeverbände setzt die Einbeziehung vergleichbarer abstrakter Mehrbedarfe anderer Länder und deren Gemeinden und Gemeindeverbände voraus. [2]Die Höhe eines abstrakten Mehrbedarfs ist anhand objektivierbarer Indikatoren zu bestimmen.

(3) [1]Um die Finanzkraft der Stadtstaaten einerseits und die der Flächenländer andererseits vergleichen zu können, ist den abstrakten Mehrbedarfen der Stadtstaaten durch eine Modifizierung der Einwohnerzahl Rechnung zu tragen. [2]Ferner kann die Berücksichtigung abstrakter Mehrbedarfe besonders dünn besiedelter Flächenländer notwendig werden.

(4) Sofern eine umfassende Abbildung des kommunalen Finanzbedarfs nach Maßgabe der vorstehenden Absätze nicht möglich ist, muss dem insoweit nicht berücksichtigten abstrakten Mehrbedarf durch einen Abschlag von den nach § 7 ausgleichserheblichen Einnahmen der Gemeinden und Gemeindeverbände Rechnung getragen werden.

§ 9 Ausgleichshöhe. [1]Der angemessene Ausgleich erfordert eine den ländereigenen Aufgaben entsprechende hinreichende Annäherung der Finanzkraft der Länder. [2]Diese ist erreicht, wenn die Eigenstaatlichkeit der Länder und ihre Einbindung in die bundesstaatliche Solidargemeinschaft zugleich berücksichtigt sind. [3]Auszuschließen sind sowohl eine entscheidende Schwächung der Leistungsfähigkeit der ausgleichspflichtigen Länder als auch eine Nivellierung der Finanzkraft der Länder. [4]Der Länderfinanzausgleich darf weder die Finanzkraftabstände zwischen einzelnen Ländern aufheben, noch zu einer Verkehrung der Finanzkraftreihenfolge unter den Ländern führen.

Abschnitt 5. Bundesergänzungszuweisungen (Artikel 107 Abs. 2 Satz 3 GG)

§ 10 Funktion der Bundesergänzungszuweisungen. (1) [1]Bundesergänzungszuweisungen dienen dem ergänzenden Ausgleich im Anschluss an den Länderfinanzausgleich. [2]Die Vergabe von Bundesergänzungszuweisungen setzt eine Leistungsschwäche des Empfängerlandes voraus. [3]Leistungsschwach sind grundsätzlich nur ausgleichsberechtigte Länder. [4]Die Leistungsschwäche ist anhand des Verhältnisses von Finanzaufkommen und Ausgabenlasten zu bestimmen.

(2) Der Bund kann die Finanzkraft leistungsschwacher Länder allgemein anheben (allgemeine Bundesergänzungszuweisungen) und Sonderlasten leistungsschwacher Länder mitfinanzieren (Sonderbedarfs-Bundesergänzungszuweisungen).

(3) [1]Bundesergänzungszuweisungen stellen eine nachrangige und ergänzende Korrektur des Finanzausgleichs unter den Ländern dar. [2]Dem ist bei der Bemessung des Gesamtumfangs der Bundesergänzungszuweisungen Rechnung zu tragen. [3]Dieser darf daher im Verhältnis zum Gesamtvolumen des Finanzausgleichs unter den Ländern nicht beträchtlich sein. [4]Abweichungen von Satz 3 sind aus besonderen Gründen und vorübergehend zulässig.

§ 11 Allgemeine Bundesergänzungszuweisungen. (1) [1]Bei der Gewährung von allgemeinen Bundesergänzungszuweisungen bestimmt sich die Leistungsschwäche eines Landes danach, ob dessen Finanzkraft im Anschluss an den Länderfinanzausgleich nach dem bundesstaatlichen Prinzip des solidarischen Einstehens füreinander noch unangemessen im Verhältnis zur länderdurchschnittlichen Finanzkraft ist. [2]Die Finanzkraft eines Landes ist unangemessen im Sinne des Satzes 1, wenn sie erkennbar unterhalb der länderdurchschnittlichen Finanzkraft liegt.

(2) [1]Eine Nivellierung der Finanzkraft der Länder durch allgemeine Bundesergänzungszuweisungen ist auszuschließen. [2]§ 9 Satz 4 gilt entsprechend.

§ 12 Sonderbedarfs-Bundesergänzungszuweisungen. (1) [1]Die Gewährung von Sonderbedarfs-Bundesergänzungszuweisungen setzt voraus, dass die Sonderlasten benannt und begründet werden. [2]Nur aus besonderen Gründen können Sonderlasten berücksichtigt werden. [3]Sonderbedarfs-Bundesergänzungszuweisungen dienen nicht dazu, aktuelle Vorhaben zu finanzieren oder finanziellen Schwächen abzuhelfen, die eine unmittelbare und voraussehbare Folge von politischen Entscheidungen eines Landes bilden. [4]Auch kurzfristige Finanzschwächen können Sonderbedarfs-Bundesergänzungszuweisungen nicht rechtfertigen. 5 Die benannten und begründeten Sonderlasten müssen bei allen Ländern berücksichtigt werden, bei denen sie vorliegen.

(2) Ausnahmsweise kann die Gewährung von Sonderbedarfs-Bundesergänzungszuweisungen dazu führen, dass die Finanzkraft des Empfängerlandes die länderdurchschnittliche Finanzkraft übersteigt.

(3) 1 Die Vergabe von Sonderbedarfs-Bundesergänzungszuweisungen ist zu befristen. 2 Auch sollen Sonderbedarfs-Bundesergänzungszuweisungen im Regelfall degressiv ausgestaltet werden. 3 Die Voraussetzungen für die Vergabe von Sonderbedarfs-Bundesergänzungszuweisungen sind in angemessenem Zeitabstand zu überprüfen.

(4) 1 Soweit Sonderbedarfs-Bundesergänzungszuweisungen als ein Instrument zur Sanierung des Haushaltes eines Landes aufgrund einer extremen Haushaltsnotlage in Betracht kommen, setzt ihre Gewährung angesichts der nur in Ausnahmefällen gegebenen Hilfeleistungspflicht der bundesstaatlichen Gemeinschaft zusätzlich voraus, dass das betreffende Land ausreichende Eigenanstrengungen unternommen hat, um eine drohende Haushaltsnotlage abzuwenden oder sich aus ihr zu befreien. 2 Es dürfen keine ausgabenseitigen Sonderbedarfe als Ursache für eine Haushaltsnotsituation geltend gemacht werden, die bereits im Wege anderer Hilfen abgegolten worden sind. 3 Hilfen zur Haushaltssanierung sind mit strengen Auflagen und einem verbindlichen Sanierungsprogramm zu verknüpfen.

(5) 1 Die besondere Situation der Länder Berlin, Brandenburg, Mecklenburg-Vorpommern, Sachsen, Sachsen-Anhalt und Thüringen nach der Herstellung der Deutschen Einheit begründet Sonderbedarfs-Bundesergänzungszuweisungen zur Deckung von Sonderlasten aus dem bestehenden starken infrastrukturellen Nachholbedarf und zum Ausgleich unterproportionaler kommunaler Finanzkraft. 2 Maßgeblicher Zeitpunkt für die Feststellung eines solchen Nachholbedarfs und die Regelung seiner Finanzierung ist das Inkrafttreten des Finanzausgleichsgesetzes im Sinne von § 2 Abs. 1.

(6)[1)] 1 Kosten politischer Führung können Sonderbedarfs-Bundesergänzungszuweisungen begründen, sofern ein Land im Hinblick auf seine Einwohnerzahl mit solchen Kosten überproportional belastet ist. 2 Sonderlasten durch die strukturelle Arbeitslosigkeit und daraus entstehende überproportionale Lasten bei der Zusammenführung von Arbeitslosenhilfe und Sozialhilfe für Erwerbsfähige können Sonderbedarfs-Bundesergänzungszuweisungen begründen. 3 Absatz 3 Satz 1 gilt nicht.

Abschnitt 6. Schlussbestimmungen

§ 13 Übergangsbestimmung. Bis zum Inkrafttreten eines Finanzausgleichsgesetzes, das den Anforderungen der vorstehenden Vorschriften ge-

---

1) § 12 Abs. 6 Satz 2 eingef. mWv 25. 12. 2008 durch G v. 19. 12. 2008 (BGBl. I S. 2794).

nügt, ist das Finanzausgleichsgesetz vom 23. Juni 1993 (BGBl. I S. 944, 977), zuletzt geändert durch Artikel 6 des Gesetzes vom 16. August 2001 (BGBl. I S. 2074), weiter anzuwenden, längstens bis zum 31. Dezember 2004.

§ 14 Inkrafttreten. Dieses Gesetz tritt am Tage nach der Verkündung in Kraft.

§ 15 Geltungsdauer. Dieses Gesetz tritt mit Ablauf des 31. Dezember 2019 außer Kraft.

810. Gesetz zur Neuordnung der Gemeindefinanzen (Gemeindefinanzreformgesetz)

In der Fassung der Bekanntmachung vom 10. März 2009 (BGBl. I S. 502)[1)]

Geändert durch Gesetz zur Änderung des Gemeindefinanzreformgesetzes und von steuerlichen Vorschriften vom 8. 5. 2012 (BGBl. I S. 1030)

BGBl. III/FNA 605-1

§ 1 Gemeindeanteil an der Einkommensteuer. [1]Die Gemeinden erhalten 15 Prozent des Aufkommens an Lohnsteuer und an veranlagter Einkommensteuer sowie 12 Prozent des Aufkommens an Kapitalertragsteuer nach § 43 Absatz 1 Satz 1 Nummer 6, 7 und 8 bis 12 sowie Satz 2 des Einkommensteuergesetzes (Gemeindeanteil an der Einkommensteuer). [2]Der Gemeindeanteil an der Einkommensteuer wird für jedes Land nach den Steuerbeträgen bemessen, die von den Finanzbehörden im Gebiet des Landes unter Berücksichtigung der Zerlegung nach Artikel 107 Absatz 1 des Grundgesetzes vereinnahmt werden.

§ 2 Aufteilung des Gemeindeanteils an der Einkommensteuer. Der Gemeindeanteil an der Einkommensteuer wird nach einem Schlüssel auf die Gemeinden aufgeteilt, der von den Ländern auf Grund der Bundesstatistiken über die Lohnsteuer und die veranlagte Einkommensteuer nach § 1 des Gesetzes über Steuerstatistiken ermittelt und durch Rechtsverordnung der Landesregierung festgesetzt wird.

§ 3 Verteilungsschlüssel für den Gemeindeanteil. (1)[2)] [1]Der Schlüssel für die Aufteilung des Gemeindeanteils an der Einkommensteuer wird wie folgt ermittelt. [2]Für jede Gemeinde wird eine Schlüsselzahl festgestellt. [3]Sie ist der in einer Dezimalzahl ausgedrückte Anteil der Gemeinde an dem nach § 1 auf die Gemeinden eines Landes entfallenden Steueraufkommen. [4]Die Schlüsselzahl ergibt sich aus dem Anteil der Gemeinde an der Summe der durch die Bundesstatistiken über die veranlagte Einkommensteuer und über die Lohnsteuer ermittelten Einkommensteuerbeträge, die auf die zu versteuernden Einkommensbeträge bis zu 35 000 Euro jährlich, in den Fällen des § 32 a Absatz 5 oder des § 32 a Absatz 6 des Einkommensteuergesetzes in der jeweils am letzten Tag des für die Bundesstatistik maßgebenden Veranlagungszeitraumes geltenden Fassung auf die zu versteuernden Einkommensbeträge bis zu 70 000 Euro jährlich entfallen. [5]Für die Zurechnung der Steuerbeträge an die Gemeinden ist der in der Bundesstatistik zugrunde gelegte Wohnsitz der Steuerpflichtigen maßgebend.

[1)] Neubekanntmachung des Gemeindefinanzreformgesetzes idF der Bek. v. 4. 4. 2001 (BGBl. I S. 482) auf Grund Art. 11 Nr. 5 des Gesetzes vom 14. 8. 2007 (BGBl. I S. 1912) in der ab 1. 1. 2009 geltenden Fassung.

[2)] § 3 Abs. 1 Satz 4 neu gef. mWv 1. 1. 2012 durch G v. 8. 5. 2012 (BGBl. I S. 1030).

(2) (weggefallen)

(3) [1]Das Bundesministerium der Finanzen wird ermächtigt, nähere Bestimmungen über die Ermittlung der Schlüsselzahlen durch Rechtsverordnung mit Zustimmung des Bundesrates zu treffen. [2]In der Rechtsverordnung ist zu bestimmen, welche Bundesstatistiken über die veranlagte Einkommensteuer und über die Lohnsteuer für die Ermittlung des Schlüssels jeweils maßgebend sind.

§ 4 Berichtigung von Fehlern. (1) [1]Werden innerhalb von sechs Monaten nach der Festsetzung des Schlüssels Fehler bei der Ermittlung der Schlüsselzahl einer Gemeinde festgestellt, so ist für die Zeit bis zur Neufestsetzung des Schlüssels ein Ausgleich für diese Gemeinde vorzunehmen. [2]Die hierzu erforderlichen Ausgleichsbeträge sind aus dem Gesamtbetrag des Gemeindeanteils des Landes vor der Aufteilung zu entnehmen, zurückzuzahlende Beträge diesem Gesamtbetrag zuzuführen.

(2) Die Landesregierungen können zur Verwaltungsvereinfachung durch Rechtsverordnung bestimmen, dass ein Ausgleich unterbleibt, wenn der Ausgleichsbetrag einen bestimmten Betrag nicht überschreitet.

§ 5 Überweisung des Gemeindeanteils an der Einkommensteuer. Die Landesregierungen regeln durch Rechtsverordnung die Termine und das Verfahren für die Überweisung des Gemeindeanteils an der Einkommensteuer.

§ 5 a Nichtfortschreibungsfähiger Bestandteil des Verteilungsschlüssels. (1) Vorbehaltlich des § 5 c Absatz 1 entfällt von dem Gemeindeanteil an der Umsatzsteuer nach § 1 Satz 3 des Finanzausgleichsgesetzes

1. auf die Gemeinden der Länder Baden-Württemberg, Bayern, Bremen, Hessen, Niedersachsen, Nordrhein-Westfalen, Rheinland-Pfalz, Saarland, Schleswig-Holstein sowie auf Hamburg und Berlin (West) ein Anteil von insgesamt 85 Prozent,
2. auf die Gemeinden der Länder Brandenburg, Mecklenburg-Vorpommern, Sachsen, Sachsen-Anhalt und Thüringen sowie auf Berlin (Ost) ein Anteil von insgesamt 15 Prozent.

(2) [1]Der Schlüssel für die in Absatz 1 Nummer 1 genannten Länder und Berlin (West) bemisst sich nach dem entsprechend Absatz 3 Satz 2 gewichteten Anteil der Summe der nach Absatz 3 Satz 3 und 4 zugrunde gelegten Gemeindewerte des einzelnen Landes sowie des entsprechend gewichteten Anteils von Berlin (West) an der Summe der nach Absatz 3 Satz 3 und 4 zugrunde gelegten Gemeindewerte aller in Absatz 1 Nummer 1 genannten Länder und Berlin (West). [2]Der Schlüssel für die in Absatz 1 Nummer 2 genannten Länder und Berlin (Ost) bemisst sich nach dem entsprechend Absatz 4 Satz 2 gewichteten Anteil der Summe der nach Absatz 4 Satz 3 und 4 zugrunde gelegten Gemeindewerte des einzelnen Landes sowie des entsprechend gewichteten Anteils von Berlin (Ost) an der Summe der nach Absatz 4 Satz 3 und 4 zugrunde gelegten Gemeindewerte aller in Absatz 1 Nummer 2 genannten Länder und Berlin (Ost).

(3) [1]Der Anteil an der Umsatzsteuer nach Absatz 1 Nummer 1 wird auf die einzelnen Gemeinden verteilt, indem eine in einer Dezimalzahl ausgedrückte Schlüsselzahl festgesetzt wird. [2]Die Schlüsselzahl setzt sich zusammen zu 60 Prozent aus dem Anteil, der sich nach Satz 3 ergibt, und zu 40 Prozent aus dem Anteil, der sich nach Satz 4 ergibt; die Anteile sind jeweils in einer Dezimalzahl auszudrücken. [3]Die erste Komponente der Schlüsselzahl errechnet sich

1. zu 70 Prozent aus dem Anteil der einzelnen Gemeinde an dem Gewerbesteueraufkommen im jeweiligen Land, das als Summe der Jahre 1990 bis 1997 auf der Grundlage der Erhebung nach § 4 Nummer 2 des Finanz- und Personalstatistikgesetzes, für Berlin (West) als Summe der monatlichen Nachweisungen des Steueraufkommens, ermittelt wurde;
2. zu 30 Prozent aus dem Anteil der einzelnen Gemeinde an der Anzahl der sozialversicherungspflichtig Beschäftigten am Arbeitsort im jeweiligen Land, die als Durchschnitt für die Jahre 1990 bis 1998 in der Beschäftigten- und Entgeltstatistik mit Stand 30. Juni des jeweiligen Jahres ermittelt wurde; dabei bleiben die Beschäftigten der Gebietskörperschaften und Sozialversicherungen sowie deren Einrichtungen unberücksichtigt.

[4]Die zweite Komponente der Schlüsselzahl errechnet sich aus dem Anteil der einzelnen Gemeinde an der Summe der für jede einzelne Gemeinde ermittelten und mit dem durchschnittlichen örtlichen Hebesatz der Jahre 1995 bis 1998 multiplizierten Gewerbesteuer-Messbeträge nach dem Gewerbekapital im jeweiligen Land; Grundlage für die Gewerbesteuer-Messbeträge nach dem Gewerbekapital ist das Ergebnis der Gewerbesteuerstatistik für das Veranlagungsjahr 1995, Grundlage für die örtlichen Hebesätze ist die Erhebung nach § 4 Nummer 2 des Finanz- und Personalstatistikgesetzes. [5]Abweichend von den Sätzen 1 bis 4 können bis zu 20 Prozent des Anteils an der Umsatzsteuer nach Absatz 1 gemäß Landesrecht an Gemeinden verteilt werden, die als Folge der Regelungen der Absätze 1 und 3 Satz 1 bis 4 und der Regelungen in den Artikeln 1 bis 4 des Gesetzes zur Fortsetzung der Unternehmenssteuerreform vom 29. Oktober 1997 (BGBl. I S. 2590) besondere finanzielle Nachteile haben.

(4) [1]Der Anteil an der Umsatzsteuer nach Absatz 1 Nummer 2 wird auf die einzelnen Gemeinden verteilt, indem eine in einer Dezimalzahl ausgedrückte Schlüsselzahl festgesetzt wird. [2]Die Schlüsselzahl setzt sich zusammen zu 70 Prozent aus dem Anteil, der sich nach Satz 3 ergibt, und zu 30 Prozent aus dem Anteil, der sich nach Satz 4 ergibt; die Anteile sind jeweils in einer Dezimalzahl auszudrücken. [3]Die erste Komponente der Schlüsselzahl errechnet sich aus dem Anteil der einzelnen Gemeinde an dem Gewerbesteueraufkommen im jeweiligen Land, das als Summe der Jahre 1992 bis 1997 auf der Grundlage der Erhebung nach § 4 Nummer 2 des Finanz- und Personalstatistikgesetzes, für Berlin (Ost) als Summe der monatlichen Nachweisungen des Steueraufkommens, ermittelt wurde. [4]Die zweite Komponente der Schlüsselzahl errechnet sich aus dem Anteil der einzelnen Gemeinde an der Anzahl der sozialversicherungspflichtig Beschäftigten am Arbeitsort im jeweiligen Land, die als Durchschnitt für

die Jahre 1996 bis 1998 in der Beschäftigten- und Entgeltstatistik mit Stand 30. Juni des jeweiligen Jahres ermittelt wurde; dabei bleiben die Beschäftigten der Gebietskörperschaften und Sozialversicherungen sowie deren Einrichtungen unberücksichtigt.

§ 5 b Fortschreibungsfähiger Bestandteil des Verteilungsschlüssels. (1) [1]Der Gemeindeanteil an der Umsatzsteuer nach § 1 Satz 3 des Finanzausgleichsgesetzes wird vorbehaltlich des § 5 c Absatz 1 auf die einzelnen Länder nach Schlüsseln verteilt. [2]Die Schlüssel bemessen sich nach der Summe der nach Absatz 2 Satz 2 und 3 ermittelten Gemeindeschlüssel je Land.

(2) [1]Der Anteil an der Umsatzsteuer nach Absatz 1 Satz 1 wird auf die einzelnen Gemeinden verteilt, indem eine in einer Dezimalzahl ausgedrückte Schlüsselzahl festgesetzt wird. [2]Die Schlüsselzahl setzt sich zusammen

1. zu 25 Prozent aus dem Anteil der einzelnen Gemeinde an dem Gewerbesteueraufkommen, das als Summe der Jahre 2001 bis 2006 auf Grundlage des Realsteuervergleichs nach § 4 Nummer 2 des Finanz- und Personalstatistikgesetzes ermittelt wurde;
2. zu 50 Prozent aus dem Anteil der einzelnen Gemeinde an der Anzahl der sozialversicherungspflichtig Beschäftigten am Arbeitsort ohne Beschäftigte von Gebietskörperschaften und Sozialversicherungen sowie deren Einrichtungen, die als Summe für die Jahre 2004 bis 2006 der Beschäftigten- und Entgeltstatistik mit Stand 30. Juni des jeweiligen Jahres ermittelt wurde;
3. zu 25 Prozent aus dem Anteil der einzelnen Gemeinde an der Summe der sozialversicherungspflichtigen Entgelte am Arbeitsort ohne Entgelte von Beschäftigten von Gebietskörperschaften und Sozialversicherungen sowie deren Einrichtungen, die als Summe für die Jahre 2003 bis 2005 der Beschäftigten- und Entgeltstatistik ermittelt wurde.

[3]Die Merkmale nach Satz 2 Nummer 2 und 3 werden mit dem gewogenen durchschnittlichen örtlichen Gewerbesteuer-Hebesatz der jeweiligen Erfassungszeiträume gewichtet. [4]Nach erfolgter erstmaliger Festsetzung des Verteilungsschlüssels wird der Schlüssel unter Beibehaltung der in Satz 2 Nummer 1, 2 und 3 festgelegten Anzahl von Jahren alle drei Jahre, erstmals zum 1. Januar 2012, aktualisiert. [5]Die Aktualisierung erfolgt auf der Grundlage der Datenbasis, die beim Statistischen Bundesamt zum 1. April des dem Jahr der Aktualisierung vorangehenden Jahres verfügbar ist.

§ 5 c Verteilungsschlüssel für den Gemeindeanteil an der Umsatzsteuer. (1) [1]Der Verteilungsschlüssel für den Gemeindeanteil an der Umsatzsteuer nach § 1 Satz 3 des Finanzausgleichsgesetzes wird

1. in den Jahren 2009 bis 2011 mit einem Anteil von 75 Prozent gemäß dem Schlüssel nach § 5 a und mit einem Anteil von 25 Prozent gemäß dem Schlüssel nach § 5 b,

2. in den Jahren 2012 bis 2014 mit einem Anteil von jeweils 50 Prozent gemäß den Schlüsseln nach den §§ 5a und 5b und
3. in den Jahren 2015 bis 2017 mit einem Anteil von 25 Prozent gemäß dem Schlüssel nach § 5a und mit einem Anteil von 75 Prozent gemäß dem Schlüssel nach § 5b gebildet.

2 Ab dem Jahr 2018 wird der Gemeindeanteil an der Umsatzsteuer gemäß dem Schlüssel nach § 5b verteilt.

(2) 1 Die sich aus den Verteilungsschlüsseln nach Absatz 1 ergebenden Anteile an der Umsatzsteuer werden auf die einzelnen Länder jeweils nach Schlüsseln verteilt, die vom Bundesministerium der Finanzen durch Rechtsverordnung mit Zustimmung des Bundesrates festgesetzt werden. 2 Die Länder stellen dem Bundesministerium der Finanzen die für die Ermittlung der Schlüssel notwendigen Daten zur Verfügung. 3 Die Anteile an der Umsatzsteuer nach Absatz 1 werden jeweils nach Schlüsseln auf die Gemeinden aufgeteilt, die von den Ländern nach Absatz 1 ermittelt und durch Rechtsverordnung der jeweiligen Landesregierung festgesetzt werden. 4 Die Länder ermitteln die Schlüsselzahlen ihrer Gemeinden auf der Grundlage von Schlüsselzahlen, die aus Bundessummen abgeleitet und durch die Länder auf Eins normiert werden.

§ 5d Übermittlung statistischer Ergebnisse. 1 Zur Festsetzung der Verteilungsschlüssel nach § 5c, jedoch nicht für die Regelung von Einzelfällen, dürfen das Statistische Bundesamt und die statistischen Ämter der Länder den Gemeinden und ihren Spitzenverbänden auf Landes- und Bundesebene auf Ersuchen die dafür erforderlichen Tabellen mit Ergebnissen der hierzu vom Statistischen Bundesamt und den statistischen Ämtern der Länder durchgeführten Berechnungen übermitteln, auch soweit Tabellenfelder nur einen einzigen Fall ausweisen. 2 Die Tabellen dürfen nur für die Zwecke, für die sie übermittelt worden sind, nur durch Amtsträger, für den öffentlichen Dienst besonders Verpflichtete oder Personen, die entsprechend § 1 Absatz 2, 3 und 4 Nummer 2 des Verpflichtungsgesetzes auf die gewissenhafte Erfüllung ihrer Geheimhaltungspflicht förmlich verpflichtet worden sind, und nur räumlich, organisatorisch und personell getrennt von der Erfüllung solcher Verwaltungsaufgaben verwendet werden, für die sie gleichfalls von Bedeutung sein können. 3 Sie sind von den Gemeinden und ihren Spitzenverbänden geheim zu halten und vier Jahre nach Festsetzung des Verteilungsschlüssels zu löschen. 4 Werden innerhalb dieser Frist Einwendungen gegen die Berechnung des Verteilungsschlüssels erhoben, dürfen die Daten bis zur abschließenden Klärung der Einwendungen aufbewahrt werden, soweit sie für die Klärung erforderlich sind. 5 § 16 Absatz 9 des Bundesstatistikgesetzes gilt entsprechend.

§ 5e Rechtsverordnungsermächtigung. Das Bundesministerium der Finanzen wird ermächtigt, nähere Bestimmungen über die Ermittlung der Schlüsselzahlen nach § 5c durch Rechtsverordnung mit Zustimmung des Bundesrates zu treffen.

§ 5f Überweisung des Gemeindeanteils an der Umsatzsteuer.

(1) [1]Die Verteilung des Gemeindeanteils an der Umsatzsteuer auf die Länder wird nach § 17 des Finanzausgleichsgesetzes[1)] vom Bundesministerium der Finanzen vorgenommen. [2]Die Weiterverteilung auf die Gemeinden obliegt den Ländern.

(2) Die Landesregierungen regeln durch Rechtsverordnung das Verfahren für die Überweisung des Gemeindeanteils an der Umsatzsteuer an die Gemeinden.

(3) Für die Berichtigung von Fehlern gilt § 4 entsprechend.

§ 6 Umlage nach Maßgabe des Gewerbesteueraufkommens.

(1) [1]Die Gemeinden führen nach den folgenden Vorschriften eine Umlage an das für sie zuständige Finanzamt ab. [2]Die Umlage ist entsprechend dem Verhältnis von Bundes- und Landesvervielfältiger auf den Bund und das Land aufzuteilen.

(2) [1]Die Umlage wird in der Weise ermittelt, dass das Istaufkommen der Gewerbesteuer im Erhebungsjahr durch den von der Gemeinde für dieses Jahr festgesetzten Hebesatz der Steuer geteilt und mit dem Vervielfältiger nach Absatz 3 multipliziert wird. [2]Das Istaufkommen entspricht den Isteinnahmen nach der Jahresrechnung gemäß § 3 Absatz 2 Nummer 1 des Finanz- und Personalstatistikgesetzes.

(3) [1]Der Vervielfältiger ist die Summe eines Bundes- und Landesvervielfältigers für das jeweilige Land. [2]Der Bundesvervielfältiger beträgt im Jahr 2008 12 Prozent, im Jahr 2009 13 Prozent und ab dem Jahr 2010 14,5 Prozent. [3]Der Landesvervielfältiger für die Länder Brandenburg, Mecklenburg-Vorpommern, Sachsen, Sachsen-Anhalt und Thüringen beträgt im Jahr 2008 18 Prozent, im Jahr 2009 19 Prozent und ab dem Jahr 2010 20,5 Prozent. [4]Der Landesvervielfältiger für die übrigen Länder beträgt im Jahr 2008 47 Prozent, im Jahr 2009 48 Prozent und ab dem Jahr 2010 49,5 Prozent. [5]Der Landesvervielfältiger nach Satz 4 wird ab dem Jahr 2020 um 29 Prozentpunkte abgesenkt. [6]Absatz 5 Satz 9 gilt entsprechend.

(4) Das sich bei den übrigen Ländern aus der höheren Gewerbesteuerumlage – in Relation zum Vervielfältiger der Länder Brandenburg, Mecklenburg-Vorpommern, Sachsen, Sachsen-Anhalt und Thüringen – auf Grund der unterschiedlichen Landesvervielfältiger ergebende Mehraufkommen bleibt bei der Ermittlung der Steuereinnahmen der Länder und Gemeinden im Sinne der §§ 7 und 8 des Gesetzes über den Finanzausgleich zwischen Bund und Ländern unberücksichtigt.

(5) [1]Zur Mitfinanzierung der Belastungen, die den Ländern im Zusammenhang mit der Neuregelung der Finanzierung des Fonds „Deutsche Einheit" verbleiben, wird der Landesvervielfältiger nach Absatz 3 Satz 4 bis einschließlich dem Jahr 2019 um eine Erhöhungszahl angehoben. [2]Die fortwirkende Belastung nach Satz 1 beträgt jährlich 2 582 024 000 Euro. [3]Sie

[1)] Nr. **808**.

wird den einzelnen Ländern des Bundesgebietes mit Ausnahme des in Artikel 3 des Einigungsvertrages genannten Gebietes in dem Verhältnis zugeordnet, das ihren Anteilen an den Leistungen nach § 1 Absatz 2 des Finanzausgleichsgesetzes in der am 31. Dezember 2004 geltenden Fassung für das Jahr 2004 entspricht. 4 Die Erhöhungs- und Ermäßigungsbeträge nach § 1 Absatz 3 des Finanzausgleichsgesetzes in der am 31. Dezember 2004 geltenden Fassung bleiben dabei unberücksichtigt. 5 Das Bundesministerium der Finanzen wird ermächtigt, durch Rechtsverordnung mit Zustimmung des Bundesrates die Erhöhungszahl jährlich so festzusetzen, dass das Mehraufkommen der Umlage 50 Prozent der Finanzierungsbeteiligung der Gemeinden in Höhe von bundesdurchschnittlich rund 40 Prozent des Betrages nach Satz 2 entspricht. 6 Werden die Länder zu Ausgleichsleistungen nach § 6b des Gesetzes über die Errichtung eines Fonds „Deutsche Einheit" herangezogen, ist zur Beteiligung der Gemeinden die Erhöhungszahl im Jahr 2020 so festzusetzen, dass das Mehraufkommen der Umlage 50 Prozent der Finanzierungsbeteiligung der Gemeinden in Höhe von bundesdurchschnittlich rund 40 Prozent der Ausgleichsleistungen entspricht. 7 Das auf der Anhebung des Vervielfältigers beruhende Mehraufkommen an Gewerbesteuerumlage steht den Ländern zu und bleibt bei der Ermittlung der Steuereinnahmen der Länder und Gemeinden im Sinne der §§ 7 und 8 des Gesetzes über den Finanzausgleich zwischen Bund und Ländern[1)] unberücksichtigt. 8 Die Rechtsverordnung kann nähere Bestimmungen über die Abführung der Umlage treffen. 9 Die Feinabstimmung der Finanzierungsbeteiligung der Gemeinden bis zur Höhe ihres jeweiligen Anteils an den Gesamtsteuereinnahmen – einschließlich der Zuweisungen im Rahmen der Steuerverbünde – in den einzelnen Ländern bleibt der Landesgesetzgebung vorbehalten.

(6) 1 Übersteigen in einer Gemeinde die Erstattungen an Gewerbesteuer in einem Jahr die Einnahmen aus dieser Steuer, so erstattet das Finanzamt der Gemeinde einen Betrag, der sich durch Anwendung der Bemessungsgrundlagen des Absatzes 2 auf den Unterschiedsbetrag ergibt. 2 Ist für das Erhebungsjahr der Hebesatz gegenüber dem Vorjahr um mehr als 10 Prozent abgesenkt, ist abweichend von Absatz 2 der Hebesatz des Vorjahres anzusetzen; mindestens ist aber der Durchschnitt der Hebesätze für die letzten drei vorangegangenen Jahre zugrunde zu legen, in denen die Erstattungen an Gewerbesteuer die Einnahmen aus dieser Steuer nicht überstiegen haben.

(7) 1 Die Umlage ist jährlich bis zum 1. Februar des auf das Erhebungsjahr folgenden Jahres an das Finanzamt abzuführen. 2 Bis zum 1. Mai, 1. August und 1. November des Erhebungsjahres sind Abschlagszahlungen für das vorhergehende Kalendervierteljahr nach dem Istaufkommen in dem Vierteljahr zu leisten. 3 Absatz 6 gilt für die Abschlagszahlungen entsprechend.

(8) Die Landesregierungen können nähere Bestimmungen über die Festsetzung und Abführung der Umlage durch Rechtsverordnung treffen.

---

1) Nr. **808**.

§ 7 Sondervorschriften für Berlin und Hamburg. [1]In Berlin und Hamburg stehen der Gemeindeanteil an der Einkommensteuer und der Gemeindeanteil an der Umsatzsteuer dem Land zu. [2]Die Länder Berlin und Hamburg führen den Bundesanteil an der Umlage nach § 6 an den Bund ab. [3]Im Übrigen finden die §§ 2 bis 5 und 6 in Berlin und Hamburg keine Anwendung.

§ 8 Subdelegation. Soweit dieses Gesetz die Landesregierungen zum Erlass von Rechtsverordnungen ermächtigt, können die Landesregierungen die Ermächtigung durch Rechtsverordnung auf die oberste Finanzbehörde des Landes übertragen.

§ 9 Ermächtigung. Das Bundesministerium der Finanzen kann dieses Gesetz und die auf Grund dieses Gesetzes erlassenen Rechtsverordnungen in der jeweils geltenden Fassung mit neuem Datum und unter neuer Überschrift im Bundesgesetzblatt bekannt machen.

835. Zivilprozessordnung

In der Fassung der Bekanntmachung vom 5. Dezember 2005
(BGBl. I S. 3202)[1)]

Zuletzt geändert durch Gesetz vom 20. 11. 2015 (BGBl. I S. 2018)

BGBl. III/FNA 310-4

– Auszug –

– Pfändungsschutzbestimmungen (§§ 850 bis 852) –

§ 850 Pfändungsschutz für Arbeitseinkommen. (1) Arbeitseinkommen, das in Geld zahlbar ist, kann nur nach Maßgabe der §§ 850a bis 850i gepfändet werden.

(2) Arbeitseinkommen im Sinne dieser Vorschrift sind die Dienst- und Versorgungsbezüge der Beamten, Arbeits- und Dienstlöhne, Ruhegelder und ähnliche nach dem einstweiligen oder dauernden Ausscheiden aus dem Dienst- oder Arbeitsverhältnis gewährte fortlaufende Einkünfte, ferner Hinterbliebenenbezüge sowie sonstige Vergütungen für Dienstleistungen aller Art, die die Erwerbstätigkeit des Schuldners vollständig oder zu einem wesentlichen Teil in Anspruch nehmen.

(3) Arbeitseinkommen sind auch die folgenden Bezüge, soweit sie in Geld zahlbar sind:

a) Bezüge, die ein Arbeitnehmer zum Ausgleich für Wettbewerbsbeschränkungen für die Zeit nach Beendigung seines Dienstverhältnisses beanspruchen kann;

b) Renten, die auf Grund von Versicherungsverträgen gewährt werden, wenn diese Verträge zur Versorgung des Versicherungsnehmers oder seiner unterhaltsberechtigten Angehörigen eingegangen sind.

(4) Die Pfändung des in Geld zahlbaren Arbeitseinkommens erfasst alle Vergütungen, die dem Schuldner aus der Arbeits- oder Dienstleistung zustehen, ohne Rücksicht auf ihre Benennung oder Berechnungsart.

§ 850a Unpfändbare Bezüge. Unpfändbar sind

1. zur Hälfte die für die Leistung von Mehrarbeitsstunden gezahlten Teile des Arbeitseinkommens;

[1)] Neubekanntmachung der Zivilprozessordnung in der im Bundesgesetzblatt Teil III, Gliederungsnummer 310-4, veröffentlichten bereinigten Fassung auf Grund des Art. 2a des EG-Vollstreckungs-Durchführungsgesetzes v. 18. 8. 2005 (BGBl. I S. 2477) in der ab 21. 10. 2005 geltenden Fassung.

2. die für die Dauer eines Urlaubs über das Arbeitseinkommen hinaus gewährten Bezüge, Zuwendungen aus Anlass eines besonderen Betriebsereignisses und Treugelder, soweit sie den Rahmen des Üblichen nicht übersteigen;
3. Aufwandsentschädigungen, Auslösungsgelder und sonstige soziale Zulagen für auswärtige Beschäftigungen, das Entgelt für selbstgestelltes Arbeitsmaterial, Gefahrenzulagen sowie Schmutz- und Erschwerniszulagen, soweit diese Bezüge den Rahmen des Üblichen nicht übersteigen;
4. Weihnachtsvergütungen bis zum Betrag der Hälfte des monatlichen Arbeitseinkommens, höchstens aber bis zum Betrag von 500 Euro;
5.[1)] Geburtsbeihilfen sowie Beihilfen aus Anlass der Eingehung einer Ehe oder Begründung einer Lebenspartnerschaft, sofern die Vollstreckung wegen anderer als der aus Anlass der Geburt, der Eingehung einer Ehe oder der Begründung einer Lebenspartnerschaft entstandenen Ansprüche betrieben wird;
6. Erziehungsgelder, Studienbeihilfen und ähnliche Bezüge;
7. Sterbe- und Gnadenbezüge aus Arbeits- oder Dienstverhältnissen;
8. Blindenzulagen.

§ 850b Bedingt pfändbare Bezüge. (1) Unpfändbar sind ferner
1. Renten, die wegen einer Verletzung des Körpers oder der Gesundheit zu entrichten sind;
2. Unterhaltsrenten, die auf gesetzlicher Vorschrift beruhen, sowie die wegen Entziehung einer solchen Forderung zu entrichtenden Renten;
3. fortlaufende Einkünfte, die ein Schuldner aus Stiftungen oder sonst auf Grund der Fürsorge und Freigebigkeit eines Dritten oder auf Grund eines Altenteils oder Auszugsvertrags bezieht;
4. Bezüge aus Witwen-, Waisen-, Hilfs- und Krankenkassen, die ausschließlich oder zu einem wesentlichen Teil zu Unterstützungszwecken gewährt werden, ferner Ansprüche aus Lebensversicherungen, die nur auf den Todesfall des Versicherungsnehmers abgeschlossen sind, wenn die Versicherungssumme 3579 Euro nicht übersteigt.

(2) Diese Bezüge können nach den für Arbeitseinkommen geltenden Vorschriften gepfändet werden, wenn die Vollstreckung in das sonstige bewegliche Vermögen des Schuldners zu einer vollständigen Befriedigung des Gläubigers nicht geführt hat oder voraussichtlich nicht führen wird und wenn nach den Umständen des Falles, insbesondere nach der Art des beizutreibenden Anspruchs und der Höhe der Bezüge, die Pfändung der Billigkeit entspricht.

(3) Das Vollstreckungsgericht soll vor seiner Entscheidung die Beteiligten hören.

§ 850c Pfändungsgrenzen für Arbeitseinkommen. (1) [1] Arbeitseinkommen ist unpfändbar, wenn es, je nach dem Zeitraum, für den es gezahlt wird, nicht mehr als

---

1) § 850 a Nr. 5 geänd. durch G v. 20. 11. 2015 (BGBl. I S. 2010).

*930** [1] Euro monatlich,
*217,50** [2] Euro wöchentlich oder
*43,50** [3] Euro täglich

beträgt. [2] Gewährt der Schuldner auf Grund einer gesetzlichen Verpflichtung seinem Ehegatten, einem früheren Ehegatten, seinem Lebenspartner, einem früheren Lebenspartner oder einem Verwandten oder nach §§ 1615l, 1615 n des Bürgerlichen Gesetzbuchs einem Elternteil Unterhalt, so erhöht sich der Betrag, bis zu dessen Höhe Arbeitseinkommen unpfändbar ist, auf bis zu

*2060** [4] Euro monatlich,
*478,50** [5] Euro wöchentlich oder
*96,50** [6] Euro täglich,

und zwar um

*350** [7] Euro monatlich,
*81** [8] Euro wöchentlich oder
*17** [9] Euro täglich

für die erste Person, der Unterhalt gewährt wird, und um je

*195** [10] Euro monatlich,
*45** [11] Euro wöchentlich oder
*9** [12] Euro täglich

für die zweite bis fünfte Person.

(2) [1] Übersteigt das Arbeitseinkommen den Betrag, bis zu dessen Höhe es je nach der Zahl der Personen, denen der Schuldner Unterhalt gewährt, nach Absatz 1 unpfändbar ist, so ist es hinsichtlich des überschießenden Betrages zu einem Teil unpfändbar, und zwar in Höhe von drei Zehnteln, wenn der Schuldner keiner der in Absatz 1 genannten Personen Unterhalt gewährt, zwei weiteren Zehnteln für die erste Person, der Unterhalt gewährt wird, und je einem weiteren Zehntel für die zweite bis fünfte Person. [2] Der Teil des Arbeitseinkommens, der *2851** [13] Euro monatlich (*658** [14] Euro wöchentlich, *131,58** [15] Euro täglich) übersteigt, bleibt bei der Berechnung des unpfändbaren Betrages unberücksichtigt.

(2 a) [1] Die unpfändbaren Beträge nach Absatz 1 und Absatz 2 Satz 2 ändern sich jeweils zum 1. Juli eines jeden zweiten Jahres, erstmalig zum 1. Juli 2003, entsprechend der im Vergleich zum jeweiligen Vorjahreszeitraum sich ergebenden prozentualen Entwicklung des Grundfreibetrages nach § 32 a Abs. 1 Nr. 1 des Einkommensteuergesetzes; der Berechnung ist die am 1. Januar des jeweiligen Jahres geltende Fassung des § 32 a Abs. 1 Nr. 1 des Einkommensteuergesetzes zugrunde zu legen. [2] Das Bundesministerium der Justiz und

* Die unpfändbaren Beträge nach Absatz 1 und Absatz 2 Satz 2 sind durch Bekanntmachung zu § 850 c der Zivilprozessordnung (Pfändungsfreigrenzenbekanntmachung 2013) vom 26. 3. 2013 (BGBl. I S. 710) **zum 1. 7. 2013** geändert worden:
[1] 1045,04 Euro; [2] 240,50 Euro; [3] 48,10 Euro; [4] 2314,82 Euro; [5] 532,73 Euro; [6] 106,55 Euro; [7] 393,30 Euro; [8] 90,51 Euro; [9] 18,10 Euro; [10] 219,12 Euro; [11] 50,43 Euro; [12] 10,09 Euro; [13] 3203,67 Euro; [14] 737,28 Euro; [15] 147,46 Euro.

für Verbraucherschutz[1] gibt die maßgebenden Beträge rechtzeitig im Bundesgesetzblatt bekannt.[2]

(3) [1] Bei der Berechnung des nach Absatz 2 pfändbaren Teils des Arbeitseinkommens ist das Arbeitseinkommen, gegebenenfalls nach Abzug des nach Absatz 2 Satz 2 pfändbaren Betrages, wie aus der Tabelle ersichtlich, die diesem Gesetz als Anlage[3] beigefügt ist, nach unten abzurunden, und zwar bei Auszahlung für Monate auf einen durch 10 Euro, bei Auszahlung für Wochen auf einen durch 2,50 Euro oder bei Auszahlung für Tage auf einen durch 50 Cent teilbaren Betrag. [2] Im Pfändungsbeschluss genügt die Bezugnahme auf die Tabelle.

(4) Hat eine Person, welcher der Schuldner auf Grund gesetzlicher Verpflichtung Unterhalt gewährt, eigene Einkünfte, so kann das Vollstreckungsgericht auf Antrag des Gläubigers nach billigem Ermessen bestimmen, dass diese Person bei der Berechnung des unpfändbaren Teils des Arbeitseinkommens ganz oder teilweise unberücksichtigt bleibt; soll die Person nur teilweise berücksichtigt werden, so ist Absatz 3 Satz 2 nicht anzuwenden.

§ 850 d Pfändbarkeit bei Unterhaltsansprüchen. (1) [1] Wegen der Unterhaltsansprüche, die kraft Gesetzes einem Verwandten, dem Ehegatten, einem früheren Ehegatten, dem Lebenspartner, einem früheren Lebenspartner oder nach §§ 1615l, 1615n des Bürgerlichen Gesetzbuchs[4] einem Elternteil zustehen, sind das Arbeitseinkommen und die in § 850 a Nr. 1, 2 und 4 genannten Bezüge ohne die in § 850 c bezeichneten Beschränkungen pfändbar. [2] Dem Schuldner ist jedoch so viel zu belassen, als er für seinen notwendigen Unterhalt und zur Erfüllung seiner laufenden gesetzlichen Unterhaltspflichten gegenüber den dem Gläubiger vorgehenden Berechtigten oder zur gleichmäßigen Befriedigung der dem Gläubiger gleichstehenden Berechtigten bedarf; von den in § 850 a Nr. 1, 2 und 4 genannten Bezügen hat ihm mindestens die Hälfte des nach § 850 a unpfändbaren Betrages zu verbleiben. [3] Der dem Schuldner hiernach verbleibende Teil seines Arbeitseinkommens darf den Betrag nicht übersteigen, der ihm nach den Vorschriften des § 850 c gegenüber nicht bevorrechtigten Gläubigern zu verbleiben hätte. [4] Für die Pfändung wegen der Rückstände, die länger als ein Jahr vor dem Antrag auf Erlass des Pfändungsbeschlusses fällig geworden sind, gelten die Vorschriften dieses Absatzes insoweit nicht, als nach Lage der Verhältnisse nicht anzunehmen ist, dass der Schuldner sich seiner Zahlungspflicht absichtlich entzogen hat.

(2)[5] Mehrere nach Absatz 1 Berechtigte sind mit ihren Ansprüchen in der Reihenfolge nach § 1609 des Bürgerlichen Gesetzbuchs und § 16 des Lebens-

---

[1] Bezeichnung geänd. durch VO v. 31. 8. 2015 (BGBl. I S. 1474).

[2] Zuletzt Bek. v. 26. 3. 2013, BGBl. I S. 710 (Pfändungsfreigrenzenbekanntmachung 2013). Für den Zeitraum vom 1. 7. 2007 bis 30. 6. 2009 vgl. Bek. v. 22. 1. 2007, BGBl. I S. 64 (Pfändungsfreigrenzenbekanntmachung 2007), für den Zeitraum vom 1. 7. 2009 bis 30. 6. 2011 vgl. Bek. v. 15. 5. 2009, BGBl. I S. 1141 (Pfändungsfreigrenzenbekanntmachung 2009), für die Zeit ab 1. 7. 2011 vgl. Bek. v 9. 5. 2011, BGBl. I S. 825 (Pfändungsfreigrenzenbekanntmachung 2011).

[3] Nachstehend abgedruckt.

[4] **Schönfelder Nr. 20.**

[5] § 850 d Abs. 2 neu gef. mWv 1. 1. 2008 durch G v. 21. 12. 2007 (BGBl. I S. 3189).

partnerschaftsgesetzes zu berücksichtigen, wobei mehrere gleich nahe Berechtigte untereinander den gleichen Rang haben.

(3) Bei der Vollstreckung wegen der in Absatz 1 bezeichneten Ansprüche sowie wegen der aus Anlass einer Verletzung des Körpers oder der Gesundheit zu zahlenden Renten kann zugleich mit der Pfändung wegen fälliger Ansprüche auch künftig fällig werdendes Arbeitseinkommen wegen der dann jeweils fällig werdenden Ansprüche gepfändet und überwiesen werden.

§ 850 e Berechnung des pfändbaren Arbeitseinkommens. Für die Berechnung des pfändbaren Arbeitseinkommens gilt Folgendes:

1. [1] Nicht mitzurechnen sind die nach § 850 a der Pfändung entzogenen Bezüge, ferner Beträge, die unmittelbar auf Grund steuerrechtlicher oder sozialrechtlicher Vorschriften zur Erfüllung gesetzlicher Verpflichtungen des Schuldners abzuführen sind. [2] Diesen Beträgen stehen gleich die auf den Auszahlungszeitraum entfallenden Beträge, die der Schuldner
   a) nach den Vorschriften der Sozialversicherungsgesetze zur Weiterversicherung entrichtet oder
   b) an eine Ersatzkasse oder an ein Unternehmen der privaten Krankenversicherung leistet, soweit sie den Rahmen des Üblichen nicht übersteigen.
2. [1] Mehrere Arbeitseinkommen sind auf Antrag vom Vollstreckungsgericht bei der Pfändung zusammenzurechnen. [2] Der unpfändbare Grundbetrag ist in erster Linie dem Arbeitseinkommen zu entnehmen, das die wesentliche Grundlage der Lebenshaltung des Schuldners bildet.

2a. [1] Mit Arbeitseinkommen sind auf Antrag auch Ansprüche auf laufende Geldleistungen nach dem Sozialgesetzbuch zusammenzurechnen, soweit diese der Pfändung unterworfen sind. [2] Der unpfändbare Grundbetrag ist, soweit die Pfändung nicht wegen gesetzlicher Unterhaltsansprüche erfolgt, in erster Linie den laufenden Geldleistungen nach dem Sozialgesetzbuch zu entnehmen. [3] Ansprüche auf Geldleistungen für Kinder dürfen mit Arbeitseinkommen nur zusammengerechnet werden, soweit sie nach § 76 des Einkommensteuergesetzes oder nach § 54 Abs. 5 des Ersten Buches Sozialgesetzbuch[1)] gepfändet werden können.

3. [1] Erhält der Schuldner neben seinem in Geld zahlbaren Einkommen auch Naturalleistungen, so sind Geld- und Naturalleistungen zusammenzurechnen. [2] In diesem Fall ist der in Geld zahlbare Betrag insoweit pfändbar, als der nach § 850 c unpfändbare Teil des Gesamteinkommens durch den Wert der dem Schuldner verbleibenden Naturalleistungen gedeckt ist.
4. [1] Trifft eine Pfändung, eine Abtretung oder eine sonstige Verfügung wegen eines der in § 850 d bezeichneten Ansprüche mit einer Pfändung wegen eines sonstigen Anspruchs zusammen, so sind auf die Unterhaltsansprüche zunächst die gemäß § 850 d der Pfändung in erweitertem Umfang unterliegenden Teile des Arbeitseinkommens zu verrechnen. [2] Die Verrechnung nimmt auf Antrag eines Beteiligten das Vollstreckungsgericht vor. [3] Der Drittschuldner kann, solange ihm eine Entscheidung des Vollstreckungsgerichts nicht

---

1) Loseblatt-Textsammlung **Aichberger SGB RVO Nr. 1**.

zugestellt ist, nach dem Inhalt der ihm bekannten Pfändungsbeschlüsse, Abtretungen und sonstigen Verfügungen mit befreiender Wirkung leisten.

§ 850 f Änderung des unpfändbaren Betrages. (1) Das Vollstreckungsgericht kann dem Schuldner auf Antrag von dem nach den Bestimmungen der §§ 850 c, 850 d und 850 i pfändbaren Teil seines Arbeitseinkommens einen Teil belassen, wenn

a) der Schuldner nachweist, dass bei Anwendung der Pfändungsfreigrenzen entsprechend der Anlage zu diesem Gesetz (zu § 850 c) der notwendige Lebensunterhalt im Sinne des Dritten und Elften Kapitels des Zwölften Buches Sozialgesetzbuch oder nach Kapitel 3 Abschnitt 2 des Zweiten Buches Sozialgesetzbuch für sich und für die Personen, denen er Unterhalt zu gewähren hat, nicht gedeckt ist,

b) besondere Bedürfnisse des Schuldners aus persönlichen oder beruflichen Gründen oder

c) der besondere Umfang der gesetzlichen Unterhaltspflichten des Schuldners, insbesondere die Zahl der Unterhaltsberechtigten, dies erfordern

und überwiegende Belange des Gläubigers nicht entgegenstehen.

(2) Wird die Zwangsvollstreckung wegen einer Forderung aus einer vorsätzlich begangenen unerlaubten Handlung betrieben, so kann das Vollstreckungsgericht auf Antrag des Gläubigers den pfändbaren Teil des Arbeitseinkommens ohne Rücksicht auf die in § 850 c vorgesehenen Beschränkungen bestimmen; dem Schuldner ist jedoch so viel zu belassen, wie er für seinen notwendigen Unterhalt und zur Erfüllung seiner laufenden gesetzlichen Unterhaltspflichten bedarf.

(3)[1] [1]Wird die Zwangsvollstreckung wegen anderer als der in Absatz 2 und in § 850 d bezeichneten Forderungen betrieben, so kann das Vollstreckungsgericht in den Fällen, in denen sich das Arbeitseinkommen des Schuldners auf mehr als monatlich *2815*[*2)] Euro (wöchentlich *641*[*3)] Euro, täglich *123,50*[*4)] Euro) beläuft, über die Beträge hinaus, die nach § 850 c pfändbar wären, auf Antrag des Gläubigers die Pfändbarkeit unter Berücksichtigung der Belange des Gläubigers und des Schuldners nach freiem Ermessen festsetzen. [2]Dem Schuldner ist jedoch mindestens so viel zu belassen, wie sich bei einem Arbeitseinkommen von monatlich *2815*[*2)] Euro (wöchentlich *641*[*3)] Euro, täglich *123,50*[*4)] Euro) aus § 850 c ergeben würde. [3]Die Beträge nach den Sätzen 1 und 2 werden entsprechend der in § 850 c Abs. 2 a getroffenen Regelung jeweils zum 1. Juli eines jeden zweiten Jahres, erstmalig zum 1. Juli 2003, geändert. [4]Das Bundesministerium der Justiz und für Verbraucherschutz[5)] gibt die maßgebenden Beträge rechtzeitig im Bundesgesetzblatt[6)] bekannt.

[1)] § 850 f Abs. 3 Satz 4 angef. mWv 1. 8. 2009 durch G v. 29. 7. 2009 (BGBl. I S. 2258).

* Die Beträge haben sich infolge der Bekanntmachung zu § 850 c der Zivilprozessordnung (Pfändungsfreigrenzenbekanntmachung 2013) vom 26. März 2013 (BGBl. I S. 710) **mWv 1. 7. 2013** geändert:

[2)] 3166,48 Euro; [3)] 719,96 Euro; [4)] 139,23 Euro.

[5)] Bezeichnung geänd. durch VO v. 31. 8. 2015 (BGBl. I S. 1474).

[6)] Zuletzt durch Bekanntmachung vom 26. 3. 2013 (BGBl. I S. 710); Beträge nach § 850 f Abs. 3 Satz 1 und 2 geändert infolge Bekanntmachung v. 25. 2. 2005 (BGBl. I S. 493) und Bekanntmachung v. 9. 5. 2011 (BGBl. I S. 825).

§ 850 g Änderung der Unpfändbarkeitsvoraussetzungen. [1]Ändern sich die Voraussetzungen für die Bemessung des unpfändbaren Teils des Arbeitseinkommens, so hat das Vollstreckungsgericht auf Antrag des Schuldners oder des Gläubigers den Pfändungsbeschluss entsprechend zu ändern. [2]Antragsberechtigt ist auch ein Dritter, dem der Schuldner kraft Gesetzes Unterhalt zu gewähren hat. [3]Der Drittschuldner kann nach dem Inhalt des früheren Pfändungsbeschlusses mit befreiender Wirkung leisten, bis ihm der Änderungsbeschluss zugestellt wird.

§ 850 h Verschleiertes Arbeitseinkommen. (1) [1]Hat sich der Empfänger der vom Schuldner geleisteten Arbeiten oder Dienste verpflichtet, Leistungen an einen Dritten zu bewirken, die nach Lage der Verhältnisse ganz oder teilweise eine Vergütung für die Leistung des Schuldners darstellen, so kann der Anspruch des Drittberechtigten insoweit auf Grund des Schuldtitels gegen den Schuldner gepfändet werden, wie wenn der Anspruch dem Schuldner zustände. [2]Die Pfändung des Vergütungsanspruchs des Schuldners umfasst ohne weiteres den Anspruch des Drittberechtigten. [3]Der Pfändungsbeschluss ist dem Drittberechtigten ebenso wie dem Schuldner zuzustellen.

(2) [1]Leistet der Schuldner einem Dritten in einem ständigen Verhältnis Arbeiten oder Dienste, die nach Art und Umfang üblicherweise vergütet werden, unentgeltlich oder gegen eine unverhältnismäßig geringe Vergütung, so gilt im Verhältnis des Gläubigers zu dem Empfänger der Arbeits- und Dienstleistungen eine angemessene Vergütung als geschuldet. [2]Bei der Prüfung, ob diese Voraussetzungen vorliegen, sowie bei der Bemessung der Vergütung ist auf alle Umstände des Einzelfalles, insbesondere die Art der Arbeits- und Dienstleistung, die verwandtschaftlichen oder sonstigen Beziehungen zwischen dem Dienstberechtigten und dem Dienstverpflichteten und die wirtschaftliche Leistungsfähigkeit des Dienstberechtigten Rücksicht zu nehmen.

§ 850 i[1)] Pfändungsschutz für sonstige Einkünfte. (1) [1]Werden nicht wiederkehrend zahlbare Vergütungen für persönlich geleistete Arbeiten oder Dienste oder sonstige Einkünfte, die kein Arbeitseinkommen sind, gepfändet, so hat das Gericht dem Schuldner auf Antrag während eines angemessenen Zeitraums so viel zu belassen, als ihm nach freier Schätzung des Gerichts verbleiben würde, wenn sein Einkommen aus laufendem Arbeits- oder Dienstlohn bestünde. [2]Bei der Entscheidung sind die wirtschaftlichen Verhältnisse des Schuldners, insbesondere seine sonstigen Verdienstmöglichkeiten, frei zu würdigen. [3]Der Antrag des Schuldners ist insoweit abzulehnen, als überwiegende Belange des Gläubigers entgegenstehen.

(2)[2)] Die Vorschriften des § 27 des Heimarbeitsgesetzes vom 14. März 1951 (BGBl. I S. 191)[3)] bleiben unberührt.

[1)] § 850 i Überschrift geänd., Abs. 1 neu gef. mWv 1. 7. 2010 durch G v. 7. 7. 2009 (BGBl. I S. 1707).

[2)] § 850 i Abs. 2 aufgeh., bish. Abs. 3 und 4 werden Abs. 2 und 3 mWv 1. 7. 2010 durch G v. 7. 7. 2009 (BGBl. I S. 1707).

[3)] § 27 des Heimarbeitsgesetzes v. 14. 3. 1951 (BGBl. I S. 191) lautet:

„**§ 27 Pfändungsschutz.** Für das Entgelt, das den in Heimarbeit Beschäftigten oder den Gleichgestellten gewährt wird, gelten die Vorschriften über den Pfändungsschutz für Vergütungen, die auf Grund eines Arbeits- oder Dienstverhältnisses geschuldet werden, entsprechend."

(3)[1] Die Bestimmungen der Versicherungs-, Versorgungs- und sonstigen gesetzlichen Vorschriften über die Pfändung von Ansprüchen bestimmter Art bleiben unberührt.

§ 850k[2] Pfändungsschutzkonto. (1) 1 Wird das Guthaben auf dem Pfändungsschutzkonto des Schuldners bei einem Kreditinstitut gepfändet, kann der Schuldner jeweils bis zum Ende des Kalendermonats über Guthaben in Höhe des monatlichen Freibetrages nach § 850c Abs. 1 Satz 1 in Verbindung mit § 850c Abs. 2a verfügen; insoweit wird es nicht von der Pfändung erfasst. 2 Zum Guthaben im Sinne des Satzes 1 gehört auch das Guthaben, das bis zum Ablauf der Frist des § 835 Absatz 4 nicht an den Gläubiger geleistet oder hinterlegt werden darf. 3 Soweit der Schuldner in dem jeweiligen Kalendermonat nicht über Guthaben in Höhe des nach Satz 1 pfändungsfreien Betrages verfügt hat, wird dieses Guthaben in dem folgenden Kalendermonat zusätzlich zu dem nach Satz 1 geschützten Guthaben nicht von der Pfändung erfasst. 4 Die Sätze 1 bis 3 gelten entsprechend, wenn das Guthaben auf einem Girokonto des Schuldners gepfändet ist, das vor Ablauf von vier Wochen seit der Zustellung des Überweisungsbeschlusses an den Drittschuldner in ein Pfändungsschutzkonto umgewandelt wird.

(2) 1 Die Pfändung des Guthabens gilt im Übrigen als mit der Maßgabe ausgesprochen, dass in Erhöhung des Freibetrages nach Absatz 1 folgende Beträge nicht von der Pfändung erfasst sind:

1. die pfändungsfreien Beträge nach § 850c Abs. 1 Satz 2 in Verbindung mit § 850c Abs. 2a Satz 1, wenn
   a) der Schuldner einer oder mehreren Personen aufgrund gesetzlicher Verpflichtung Unterhalt gewährt oder
   b) der Schuldner Geldleistungen nach dem Zweiten oder Zwölften Buch Sozialgesetzbuch für mit ihm in einer Gemeinschaft im Sinne des § 7 Abs. 3 des Zweiten Buches Sozialgesetzbuch oder der §§ 19, 20, 36 Satz 1 oder 43 des Zwölften Buches Sozialgesetzbuch lebende Personen, denen er nicht aufgrund gesetzlicher Vorschriften zum Unterhalt verpflichtet ist, entgegennimmt;
2. einmalige Geldleistungen im Sinne des § 54 Abs. 2 des Ersten Buches Sozialgesetzbuch und Geldleistungen zum Ausgleich des durch einen Körper- oder Gesundheitsschaden bedingten Mehraufwandes im Sinne des § 54 Abs. 3 Nr. 3 des Ersten Buches Sozialgesetzbuch;
3. das Kindergeld oder andere Geldleistungen für Kinder, es sei denn, dass wegen einer Unterhaltsforderung eines Kindes, für das die Leistungen gewährt oder bei dem es berücksichtigt wird, gepfändet wird.

2 Für die Beträge nach Satz 1 gilt Absatz 1 Satz 3 entsprechend.

---

[1] § 850i Abs. 2 aufgeh., bish. Abs. 3 und 4 werden Abs. 2 und 3 mWv 1. 7. 2010 durch G v. 7. 7. 2009 (BGBl. I S. 1707).

[2] § 850k eingef. mWv 1. 7. 2010 durch G v. 7. 7. 2009 (BGBl. I S. 1707); Abs. 1 Satz 2 eingef., bish. Sätze 2 und 3 werden Sätze 3 und 4, neuer Satz 4 geänd., Abs. 2 Satz 2 geänd. mWv 16. 4. 2011 durch G v. 12. 4. 2011 (BGBl. I S. 615).

(3) An die Stelle der nach Absatz 1 und Absatz 2 Satz 1 Nr. 1 pfändungsfreien Beträge tritt der vom Vollstreckungsgericht im Pfändungsbeschluss belassene Betrag, wenn das Guthaben wegen der in § 850d bezeichneten Forderungen gepfändet wird.

(4) [1]Das Vollstreckungsgericht kann auf Antrag einen von den Absätzen 1, 2 Satz 1 Nr. 1 und Absatz 3 abweichenden pfändungsfreien Betrag festsetzen. [2]Die §§ 850a, 850b, 850c, 850d Abs. 1 und 2, die §§ 850e, 850f, 850g und 850i sowie die §§ 851c und 851d dieses Gesetzes sowie § 54 Abs. 2, Abs. 3 Nr. 1, 2 und 3, Abs. 4 und 5 des Ersten Buches Sozialgesetzbuch, § 17 Abs. 1 Satz 2 des Zwölften Buches Sozialgesetzbuch und § 76 des Einkommensteuergesetzes sind entsprechend anzuwenden. [3]Im Übrigen ist das Vollstreckungsgericht befugt, die in § 732 Abs. 2 bezeichneten Anordnungen zu erlassen.

(5) [1]Das Kreditinstitut ist dem Schuldner zur Leistung aus dem nach Absatz 1 und 3 nicht von der Pfändung erfassten Guthaben im Rahmen des vertraglich Vereinbarten verpflichtet. [2]Dies gilt für die nach Absatz 2 nicht von der Pfändung erfassten Beträge nur insoweit, als der Schuldner durch eine Bescheinigung des Arbeitgebers, der Familienkasse, des Sozialleistungsträgers oder einer geeigneten Person oder Stelle im Sinne von § 305 Abs. 1 Nr. 1 der Insolvenzordnung nachweist, dass das Guthaben nicht von der Pfändung erfasst ist. [3]Die Leistung des Kreditinstituts an den Schuldner hat befreiende Wirkung, wenn ihm die Unrichtigkeit einer Bescheinigung nach Satz 2 weder bekannt noch infolge grober Fahrlässigkeit unbekannt ist. [4]Kann der Schuldner den Nachweis nach Satz 2 nicht führen, so hat das Vollstreckungsgericht auf Antrag die Beträge nach Absatz 2 zu bestimmen. [5]Die Sätze 1 bis 4 gelten auch für eine Hinterlegung.

(6) [1]Wird einem Pfändungsschutzkonto eine Geldleistung nach dem Sozialgesetzbuch oder Kindergeld gutgeschrieben, darf das Kreditinstitut die Forderung, die durch die Gutschrift entsteht, für die Dauer von 14 Tagen seit der Gutschrift nur mit solchen Forderungen verrechnen und hiergegen nur mit solchen Forderungen aufrechnen, die ihm als Entgelt für die Kontoführung oder aufgrund von Kontoverfügungen des Berechtigten innerhalb dieses Zeitraums zustehen. [2]Bis zur Höhe des danach verbleibenden Betrages der Gutschrift ist das Kreditinstitut innerhalb von 14 Tagen seit der Gutschrift nicht berechtigt, die Ausführung von Zahlungsvorgängen wegen fehlender Deckung abzulehnen, wenn der Berechtigte nachweist oder dem Kreditinstitut sonst bekannt ist, dass es sich um die Gutschrift einer Geldleistung nach dem Sozialgesetzbuch oder von Kindergeld handelt. [3]Das Entgelt des Kreditinstituts für die Kontoführung kann auch mit Beträgen nach den Absätzen 1 bis 4 verrechnet werden.

(7) [1]In einem der Führung eines Girokontos zugrunde liegenden Vertrag können der Kunde, der eine natürliche Person ist, oder dessen gesetzlicher Vertreter und das Kreditinstitut vereinbaren, dass das Girokonto als Pfändungsschutzkonto geführt wird. [2]Der Kunde kann jederzeit verlangen, dass das Kreditinstitut sein Girokonto als Pfändungsschutzkonto führt. [3]Ist das Guthaben des Girokontos bereits gepfändet worden, so kann der Schuldner die Führung

als Pfändungsschutzkonto zum Beginn des vierten auf seine Erklärung folgenden Geschäftstages verlangen.

(8)[1] [1]Jede Person darf nur ein Pfändungsschutzkonto unterhalten. [2]Bei der Abrede hat der Kunde gegenüber dem Kreditinstitut zu versichern, dass er kein weiteres Pfändungsschutzkonto unterhält. [3]Das Kreditinstitut darf Auskunfteien mitteilen, dass es für den Kunden ein Pfändungsschutzkonto führt. [4]Die Auskunfteien dürfen diese Angabe nur verwenden, um Kreditinstituten auf Anfrage zum Zwecke der Überprüfung der Richtigkeit der Versicherung nach Satz 2 Auskunft darüber zu erteilen, ob die betroffene Person ein Pfändungsschutzkonto unterhält. [5]Die Erhebung, Verarbeitung und Nutzung zu einem anderen als dem in Satz 4 genannten Zweck ist auch mit Einwilligung der betroffenen Person unzulässig.

(9)[2] [1]Unterhält ein Schuldner entgegen Absatz 8 Satz 1 mehrere Girokonten als Pfändungsschutzkonten, ordnet das Vollstreckungsgericht auf Antrag eines Gläubigers an, dass nur das von dem Gläubiger in dem Antrag bezeichnete Girokonto dem Schuldner als Pfändungsschutzkonto verbleibt. [2]Der Gläubiger hat die Voraussetzungen nach Satz 1 durch Vorlage entsprechender Erklärungen der Drittschuldner glaubhaft zu machen. [3]Eine Anhörung des Schuldners unterbleibt. [4]Die Entscheidung ist allen Drittschuldnern zuzustellen. [5]Mit der Zustellung der Entscheidung an diejenigen Kreditinstitute, deren Girokonten nicht zum Pfändungsschutzkonto bestimmt sind, entfallen die Wirkungen nach den Absätzen 1 bis 6.

§ 850l[3] Anordnung der Unpfändbarkeit von Kontoguthaben auf dem Pfändungsschutzkonto. [1]Auf Antrag des Schuldners kann das Vollstreckungsgericht anordnen, dass das Guthaben auf dem Pfändungsschutzkonto für die Dauer von bis zu zwölf Monaten der Pfändung nicht unterworfen ist, wenn der Schuldner nachweist, dass dem Konto in den letzten sechs Monaten vor Antragstellung ganz überwiegend nur unpfändbare Beträge gutgeschrieben worden sind, und er glaubhaft macht, dass auch innerhalb der nächsten zwölf Monate nur ganz überwiegend nicht pfändbare Beträge zu erwarten sind. [2]Die Anordnung kann versagt werden, wenn überwiegende Belange des Gläubigers entgegenstehen. [3]Sie ist auf Antrag eines Gläubigers aufzuheben, wenn ihre Voraussetzungen nicht mehr vorliegen oder die Anordnung den überwiegenden Belangen dieses Gläubigers entgegensteht.

§ 851 Nicht übertragbare Forderungen. (1) Eine Forderung ist in Ermangelung besonderer Vorschriften der Pfändung nur insoweit unterworfen, als sie übertragbar ist.

(2) Eine nach § 399 des Bürgerlichen Gesetzbuchs[4] nicht übertragbare Forderung kann insoweit gepfändet und zur Einziehung überwiesen werden, als der geschuldete Gegenstand der Pfändung unterworfen ist.

---

[1] § 850 k Abs. 8 neu gef. mWv 28. 12. 2010 durch G v. 22. 12. 2010 (BGBl. I S. 2248).
[2] § 850 k Abs. 9 Satz 1 geänd. mWv 28. 12. 2010 durch G v. 22. 12. 2010 (BGBl. I S. 2248).
[3] § 850 l neu gef. mWv 1. 1. 2012 durch G v. 7. 7. 2009 (BGBl. I S. 1707).
[4] **Schönfelder Nr. 20.**

§ 851 a Pfändungsschutz für Landwirte. (1) Die Pfändung von Forderungen, die einem die Landwirtschaft betreibenden Schuldner aus dem Verkauf von landwirtschaftlichen Erzeugnissen zustehen, ist auf seinen Antrag vom Vollstreckungsgericht insoweit aufzuheben, als die Einkünfte zum Unterhalt des Schuldners, seiner Familie und seiner Arbeitnehmer oder zur Aufrechterhaltung einer geordneten Wirtschaftsführung unentbehrlich sind.

(2) Die Pfändung soll unterbleiben, wenn offenkundig ist, dass die Voraussetzungen für die Aufhebung der Zwangsvollstreckung nach Absatz 1 vorliegen.

§ 851 b Pfändungsschutz bei Miet- und Pachtzinsen. (1) [1]Die Pfändung von Miete und Pacht ist auf Antrag des Schuldners vom Vollstreckungsgericht insoweit aufzuheben, als diese Einkünfte für den Schuldner zur laufenden Unterhaltung des Grundstücks, zur Vornahme notwendiger Instandsetzungsarbeiten und zur Befriedigung von Ansprüchen unentbehrlich sind, die bei einer Zwangsvollstreckung in das Grundstück dem Anspruch des Gläubigers nach § 10 des Gesetzes über die Zwangsversteigerung und die Zwangsverwaltung[1)] vorgehen würden. [2]Das Gleiche gilt von der Pfändung von Barmitteln und Guthaben, die aus Miet- oder Pachtzahlungen herrühren und zu den in Satz 1 bezeichneten Zwecken unentbehrlich sind.

(2)[2)] [1]Wird der Antrag nicht binnen einer Frist von zwei Wochen gestellt, so ist er ohne sachliche Prüfung zurückzuweisen, wenn das Vollstreckungsgericht der Überzeugung ist, dass der Schuldner den Antrag in der Absicht der Verschleppung oder aus grober Nachlässigkeit nicht früher gestellt hat. [2]Die Frist beginnt mit der Pfändung.

(3)[3)] Anordnungen nach Absatz 1 können mehrmals ergehen und, soweit es nach Lage der Verhältnisse geboten ist, auf Antrag aufgehoben oder abgeändert werden.

(4)[3)] [1]Vor den in den Absätzen 1 und 3 bezeichneten Entscheidungen ist, soweit dies ohne erhebliche Verzögerung möglich ist, der Gläubiger zu hören. [2]Die für die Entscheidung wesentlichen tatsächlichen Verhältnisse sind glaubhaft zu machen. [3]Die Pfändung soll unterbleiben, wenn offenkundig ist, dass die Voraussetzungen für die Aufhebung der Zwangsvollstreckung nach Absatz 1 vorliegen.

§ 851 c[4)] Pfändungsschutz bei Altersrenten. (1) Ansprüche auf Leistungen, die auf Grund von Verträgen gewährt werden, dürfen nur wie Arbeitseinkommen gepfändet werden, wenn

1. die Leistung in regelmäßigen Zeitabständen lebenslang und nicht vor Vollendung des 60. Lebensjahres oder nur bei Eintritt der Berufsunfähigkeit gewährt wird,

---

1) **Schönfelder Nr. 108.**
2) § 851 b Abs. 2 neu gef. **mWv 1. 1. 2013** durch G v. 29. 7. 2009 (BGBl. I S. 2258).
3) § 851 b Abs. 3 und 4 angef. **mWv 1. 1. 2013** durch G v. 29. 7. 2009 (BGBl. I S. 2258).
4) § 851 c eingef. mWv 31. 3. 2007 durch G v. 26. 3. 2007 (BGBl. I S. 368).

2. über die Ansprüche aus dem Vertrag nicht verfügt werden darf,
3. die Bestimmung von Dritten mit Ausnahme von Hinterbliebenen als Berechtigte ausgeschlossen ist und
4. die Zahlung einer Kapitalleistung, ausgenommen eine Zahlung für den Todesfall, nicht vereinbart wurde.

(2) [1] Um dem Schuldner den Aufbau einer angemessenen Alterssicherung zu ermöglichen, kann er unter Berücksichtigung der Entwicklung auf dem Kapitalmarkt, des Sterblichkeitsrisikos und der Höhe der Pfändungsfreigrenze, nach seinem Lebensalter gestaffelt, jährlich einen bestimmten Betrag unpfändbar auf der Grundlage eines in Absatz 1 bezeichneten Vertrags bis zu einer Gesamtsumme von 256 000[1)] Euro ansammeln. [2] Der Schuldner darf vom 18. bis zum vollendeten 29. Lebensjahr 2000 Euro, vom 30. bis zum vollendeten 39. Lebensjahr 4000 Euro, vom 40. bis zum vollendeten 47. Lebensjahr 4500 Euro, vom 48. bis zum vollendeten 53. Lebensjahr 6000 Euro, vom 54. bis zum vollendeten 59. Lebensjahr 8000 Euro und vom 60. bis zum vollendeten 67.[1)] Lebensjahr 9000 Euro jährlich ansammeln. [3] Übersteigt der Rückkaufwert der Alterssicherung den unpfändbaren Betrag, sind drei Zehntel des überschießenden Betrags unpfändbar. [4] Satz 3 gilt nicht für den Teil des Rückkaufwerts, der den dreifachen Wert des in Satz 1 genannten Betrags übersteigt.

(3) § 850 e Nr. 2 und 2 a gilt entsprechend.

§ 851 d[2)] Pfändungsschutz bei steuerlich gefördertem Altersvorsorgevermögen. Monatliche Leistungen in Form einer lebenslangen Rente oder monatlicher Ratenzahlungen im Rahmen eines Auszahlungsplans nach § 1 Abs. 1 Satz 1 Nr. 4 des Altersvorsorgeverträge-Zertifizierungsgesetzes aus steuerlich gefördertem Altersvorsorgevermögen sind wie Arbeitseinkommen pfändbar.

§ 852 Beschränkt pfändbare Forderungen. (1) Der Pflichtteilsanspruch ist der Pfändung nur unterworfen, wenn er durch Vertrag anerkannt oder rechtshängig geworden ist.

(2)[3)] Das Gleiche gilt für den nach § 528 des Bürgerlichen Gesetzbuchs[4)] dem Schenker zustehenden Anspruch auf Herausgabe des Geschenkes sowie für den Anspruch eines Ehegatten oder Lebenspartners auf den Ausgleich des Zugewinns.

[1)] Geänd. mWv 1. 1. 2013 durch G v. 5. 12. 2012 (BGBl. I S. 2418).
[2)] § 851 d eingef. mWv 31. 3. 2007 durch G v. 26. 3. 2007 (BGBl. I S. 368).
[3)] § 852 Abs. 2 geänd. durch G v. 20. 11. 2015 (BGBl. I S. 2010).
[4)] **Schönfelder Nr. 20.**

Anlage[1)]
(zu § 850 c)

Auszahlung für Monate

Nettolohn monatlich	Pfändbarer Betrag bei Unterhaltspflicht für … Personen					
	0	1	2	3	4	5 und mehr
in Euro						
bis 1049,99	–	–	–	–	–	–
1050,00 bis 1059,99	3,47	–	–	–	–	–
1060,00 bis 1069,99	10,47	–	–	–	–	–
1070,00 bis 1079,99	17,47	–	–	–	–	–
1080,00 bis 1089,99	24,47	–	–	–	–	–
1090,00 bis 1099,99	31,47	–	–	–	–	–
1100,00 bis 1109,99	38,47	–	–	–	–	–
1110,00 bis 1119,99	45,47	–	–	–	–	–
1120,00 bis 1129,99	52,47	–	–	–	–	–
1130,00 bis 1139,99	59,47	–	–	–	–	–
1140,00 bis 1149,99	66,47	–	–	–	–	–
1150,00 bis 1159,99	73,47	–	–	–	–	–
1160,00 bis 1169,99	80,47	–	–	–	–	–
1170,00 bis 1179,99	87,47	–	–	–	–	–
1180,00 bis 1189,99	94,47	–	–	–	–	–
1190,00 bis 1199,99	101,47	–	–	–	–	–
1200,00 bis 1209,99	108,47	–	–	–	–	–
1210,00 bis 1219,99	115,47	–	–	–	–	–
1220,00 bis 1229,99	122,47	–	–	–	–	–
1230,00 bis 1239,99	129,47	–	–	–	–	–
1240,00 bis 1249,99	136,47	–	–	–	–	–
1250,00 bis 1259,99	143,47	–	–	–	–	–
1260,00 bis 1269,99	150,47	–	–	–	–	–
1270,00 bis 1279,99	157,47	–	–	–	–	–
1280,00 bis 1289,99	164,47	–	–	–	–	–
1290,00 bis 1299,99	171,47	–	–	–	–	–
1300,00 bis 1309,99	178,47	–	–	–	–	–
1310,00 bis 1319,99	185,47	–	–	–	–	–
1320,00 bis 1329,99	192,47	–	–	–	–	–
1330,00 bis 1339,99	199,47	–	–	–	–	–
1340,00 bis 1349,99	206,47	–	–	–	–	–
1350,00 bis 1359,99	213,47	–	–	–	–	–
1360,00 bis 1369,99	220,47	–	–	–	–	–
1370,00 bis 1379,99	227,47	–	–	–	–	–
1380,00 bis 1389,99	234,47	–	–	–	–	–
1390,00 bis 1399,99	241,47	–	–	–	–	–
1400,00 bis 1409,99	248,47	–	–	–	–	–
1410,00 bis 1419,99	255,47	–	–	–	–	–

[1)] Pfändungsfreibeträge in der **ab 1. 7. 2013** geltenden Fassung (Anhang der Pfändungsfreigrenzenbekanntmachung 2013 v. 26. 3. 2013 (BGBl. I S. 710)).

Auszahlung für Monate

Nettolohn monatlich	Pfändbarer Betrag bei Unterhaltspflicht für … Personen					
	0	1	2	3	4	5 und mehr
	in Euro					
1420,00 bis 1429,99	262,47	–	–	–	–	–
1430,00 bis 1439,99	269,47	–	–	–	–	–
1440,00 bis 1449,99	276,47	0,83	–	–	–	–
1450,00 bis 1459,99	283,47	5,83	–	–	–	–
1460,00 bis 1469,99	290,47	10,83	–	–	–	–
1470,00 bis 1479,99	297,47	15,83	–	–	–	–
1480,00 bis 1489,99	304,47	20,83	–	–	–	–
1490,00 bis 1499,99	311,47	25,83	–	–	–	–
1500,00 bis 1509,99	318,47	30,83	–	–	–	–
1510,00 bis 1519,99	325,47	35,83	–	–	–	–
1520,00 bis 1529,99	332,47	40,83	–	–	–	–
1530,00 bis 1539,99	339,47	45,83	–	–	–	–
1540,00 bis 1549,99	346,47	50,83	–	–	–	–
1550,00 bis 1559,99	353,47	55,83	–	–	–	–
1560,00 bis 1569,99	360,47	60,83	–	–	–	–
1570,00 bis 1579,99	367,47	65,83	–	–	–	–
1580,00 bis 1589,99	374,47	70,83	–	–	–	–
1590,00 bis 1599,99	381,47	75,83	–	–	–	–
1600,00 bis 1609,99	388,47	80,83	–	–	–	–
1610,00 bis 1619,99	395,47	85,83	–	–	–	–
1620,00 bis 1629,99	402,47	90,83	–	–	–	–
1630,00 bis 1639,99	409,47	95,83	–	–	–	–
1640,00 bis 1649,99	416,47	100,83	–	–	–	–
1650,00 bis 1659,99	423,47	105,83	–	–	–	–
1660,00 bis 1669,99	430,47	110,83	1,02	–	–	–
1670,00 bis 1679,99	437,47	115,83	5,02	–	–	–
1680,00 bis 1689,99	444,47	120,83	9,02	–	–	–
1690,00 bis 1699,99	451,47	125,83	13,02	–	–	–
1700,00 bis 1709,99	458,47	130,83	17,02	–	–	–
1710,00 bis 1719,99	465,47	135,83	21,02	–	–	–
1720,00 bis 1729,99	472,47	140,83	25,02	–	–	–
1730,00 bis 1739,99	479,47	145,83	29,02	–	–	–
1740,00 bis 1749,99	486,47	150,83	33,02	–	–	–
1750,00 bis 1759,99	493,47	155,83	37,02	–	–	–
1760,00 bis 1769,99	500,47	160,83	41,02	–	–	–
1770,00 bis 1779,99	507,47	165,83	45,02	–	–	–
1780,00 bis 1789,99	514,47	170,83	49,02	–	–	–
1790,00 bis 1799,99	521,47	175,83	53,02	–	–	–
1800,00 bis 1809,99	528,47	180,83	57,02	–	–	–
1810,00 bis 1819,99	535,47	185,83	61,02	–	–	–
1820,00 bis 1829,99	542,47	190,83	65,02	–	–	–
1830,00 bis 1839,99	549,47	195,83	69,02	–	–	–
1840,00 bis 1849,99	556,47	200,83	73,02	–	–	–

Auszahlung für Monate

Nettolohn monatlich	Pfändbarer Betrag bei Unterhaltspflicht für … Personen					
	0	1	2	3	4	5 und mehr
	in Euro					
1850,00 bis 1859,99	563,47	205,83	77,02	–	–	–
1860,00 bis 1869,99	570,47	210,83	81,02	–	–	–
1870,00 bis 1879,99	577,47	215,83	85,02	–	–	–
1880,00 bis 1889,99	584,47	220,83	89,02	1,03	–	–
1890,00 bis 1899,99	591,47	225,83	93,02	4,03	–	–
1900,00 bis 1909,99	598,47	230,83	97,02	7,03	–	–
1910,00 bis 1919,99	605,47	235,83	101,02	10,03	–	–
1920,00 bis 1929,99	612,47	240,83	105,02	13,03	–	–
1930,00 bis 1939,99	619,47	245,83	109,02	16,03	–	–
1940,00 bis 1949,99	626,47	250,83	113,02	19,03	–	–
1950,00 bis 1959,99	633,47	255,83	117,02	22,03	–	–
1960,00 bis 1969,99	640,47	260,83	121,02	25,03	–	–
1970,00 bis 1979,99	647,47	265,83	125,02	28,03	–	–
1980,00 bis 1989,99	654,47	270,83	129,02	31,03	–	–
1990,00 bis 1999,99	661,47	275,83	133,02	34,03	–	–
2000,00 bis 2009,99	668,47	280,83	137,02	37,03	–	–
2010,00 bis 2019,99	675,47	285,83	141,02	40,03	–	–
2020,00 bis 2029,99	682,47	290,83	145,02	43,03	–	–
2030,00 bis 2039,99	689,47	295,83	149,02	46,03	–	–
2040,00 bis 2049,99	696,47	300,83	153,02	49,03	–	–
2050,00 bis 2059,99	703,47	305,83	157,02	52,03	–	–
2060,00 bis 2069,99	710,47	310,83	161,02	55,03	–	–
2070,00 bis 2079,99	717,47	315,83	165,02	58,03	–	–
2080,00 bis 2089,99	724,47	320,83	169,02	61,03	–	–
2090,00 bis 2099,99	731,47	325,83	173,02	64,03	–	–
2100,00 bis 2109,99	738,47	330,83	177,02	67,03	0,86	–
2110,00 bis 2119,99	745,47	335,83	181,02	70,03	2,86	–
2120,00 bis 2129,99	752,47	340,83	185,02	73,03	4,86	–
2130,00 bis 2139,99	759,47	345,83	189,02	76,03	6,86	–
2140,00 bis 2149,99	766,47	350,83	193,02	79,03	8,86	–
2150,00 bis 2159,99	773,47	355,83	197,02	82,03	10,86	–
2160,00 bis 2169,99	780,47	360,83	201,02	85,03	12,86	–
2170,00 bis 2179,99	787,47	365,83	205,02	88,03	14,86	–
2180,00 bis 2189,99	794,47	370,83	209,02	91,03	16,86	–
2190,00 bis 2199,99	801,47	375,83	213,02	94,03	18,86	–
2200,00 bis 2209,99	808,47	380,83	217,02	97,03	20,86	–
2210,00 bis 2219,99	815,47	385,83	221,02	100,03	22,86	–
2220,00 bis 2229,99	822,47	390,83	225,02	103,03	24,86	–
2230,00 bis 2239,99	829,47	395,83	229,02	106,03	26,86	–
2240,00 bis 2249,99	836,47	400,83	233,02	109,03	28,86	–
2250,00 bis 2259,99	843,47	405,83	237,02	112,03	30,86	–
2260,00 bis 2269,99	850,47	410,83	241,02	115,03	32,86	–
2270,00 bis 2279,99	857,47	415,83	245,02	118,03	34,86	–

Auszahlung für Monate

Nettolohn monatlich	Pfändbarer Betrag bei Unterhaltspflicht für … Personen					
	0	1	2	3	4	5 und mehr
	in Euro					
2280,00 bis 2289,99	864,47	420,83	249,02	121,03	36,86	–
2290,00 bis 2299,99	871,47	425,83	253,02	124,03	38,86	–
2300,00 bis 2309,99	878,47	430,83	257,02	127,03	40,86	–
2310,00 bis 2319,99	885,47	435,83	261,02	130,03	42,86	–
2320,00 bis 2329,99	892,47	440,83	265,02	133,03	44,86	0,52
2330,00 bis 2339,99	899,47	445,83	269,02	136,03	46,86	1,52
2340,00 bis 2349,99	906,47	450,83	273,02	139,03	48,86	2,52
2350,00 bis 2359,99	913,47	455,83	277,02	142,03	50,86	3,52
2360,00 bis 2369,99	920,47	460,83	281,02	145,03	52,86	4,52
2370,00 bis 2379,99	927,47	465,83	285,02	148,03	54,86	5,52
2380,00 bis 2389,99	934,47	470,83	289,02	151,03	56,86	6,52
2390,00 bis 2399,99	941,47	475,83	293,02	154,03	58,86	7,52
2400,00 bis 2409,99	948,47	480,83	297,02	157,03	60,86	8,52
2410,00 bis 2419,99	955,47	485,83	301,02	160,03	62,86	9,52
2420,00 bis 2429,99	962,47	490,83	305,02	163,03	64,86	10,52
2430,00 bis 2439,99	969,47	495,83	309,02	166,03	66,86	11,52
2440,00 bis 2449,99	976,47	500,83	313,02	169,03	68,86	12,52
2450,00 bis 2459,99	983,47	505,83	317,02	172,03	70,86	13,52
2460,00 bis 2469,99	990,47	510,83	321,02	175,03	72,86	14,52
2470,00 bis 2479,99	997,47	515,83	325,02	178,03	74,86	15,52
2480,00 bis 2489,99	1004,47	520,83	329,02	181,03	76,86	16,52
2490,00 bis 2499,99	1011,47	525,83	333,02	184,03	78,86	17,52
2500,00 bis 2509,99	1018,47	530,83	337,02	187,03	80,86	18,52
2510,00 bis 2519,99	1025,47	535,83	341,02	190,03	82,86	19,52
2520,00 bis 2529,99	1032,47	540,83	345,02	193,03	84,86	20,52
2530,00 bis 2539,99	1039,47	545,83	349,02	196,03	86,86	21,52
2540,00 bis 2549,99	1046,47	550,83	353,02	199,03	88,86	22,52
2550,00 bis 2559,99	1053,47	555,83	357,02	202,03	90,86	23,52
2560,00 bis 2569,99	1060,47	560,83	361,02	205,03	92,86	24,52
2570,00 bis 2579,99	1067,47	565,83	365,02	208,03	94,86	25,52
2580,00 bis 2589,99	1074,47	570,83	369,02	211,03	96,86	26,52
2590,00 bis 2599,99	1081,47	575,83	373,02	214,03	98,86	27,52
2600,00 bis 2609,99	1088,47	580,83	377,02	217,03	100,86	28,52
2610,00 bis 2619,99	1095,47	585,83	381,02	220,03	102,86	29,52
2620,00 bis 2629,99	1102,47	590,83	385,02	223,03	104,86	30,52
2630,00 bis 2639,99	1109,47	595,83	389,02	226,03	106,86	31,52
2640,00 bis 2649,99	1116,47	600,83	393,02	229,03	108,86	32,52
2650,00 bis 2659,99	1123,47	605,83	397,02	232,03	110,86	33,52
2660,00 bis 2669,99	1130,47	610,83	401,02	235,03	112,86	34,52
2670,00 bis 2679,99	1137,47	615,83	405,02	238,03	114,86	35,52
2680,00 bis 2689,99	1144,47	620,83	409,02	241,03	116,86	36,52
2690,00 bis 2699,99	1151,47	625,83	413,02	244,03	118,86	37,52
2700,00 bis 2709,99	1158,47	630,83	417,02	247,03	120,86	38,52

Auszahlung für Monate

Nettolohn monatlich	Pfändbarer Betrag bei Unterhaltspflicht für ... Personen					
	0	1	2	3	4	5 und mehr
	in Euro					
2710,00 bis 2719,99	1165,47	635,83	421,02	250,03	122,86	39,52
2720,00 bis 2729,99	1172,47	640,83	425,02	253,03	124,86	40,52
2730,00 bis 2739,99	1179,47	645,83	429,02	256,03	126,86	41,52
2740,00 bis 2749,99	1186,47	650,83	433,02	259,03	128,86	42,52
2750,00 bis 2759,99	1193,47	655,83	437,02	262,03	130,86	43,52
2760,00 bis 2769,99	1200,47	660,83	441,02	265,03	132,86	44,52
2770,00 bis 2779,99	1207,47	665,83	445,02	268,03	134,86	45,52
2780,00 bis 2789,99	1214,47	670,83	449,02	271,03	136,86	46,52
2790,00 bis 2799,99	1221,47	675,83	453,02	274,03	138,86	47,52
2800,00 bis 2809,99	1228,47	680,83	457,02	277,03	140,86	48,52
2810,00 bis 2819,99	1235,47	685,83	461,02	280,03	142,86	49,52
2820,00 bis 2829,99	1242,47	690,83	465,02	283,03	144,86	50,52
2830,00 bis 2839,99	1249,47	695,83	469,02	286,03	146,86	51,52
2840,00 bis 2849,99	1256,47	700,83	473,02	289,03	148,86	52,52
2850,00 bis 2859,99	1263,47	705,83	477,02	292,03	150,86	53,52
2860,00 bis 2869,99	1270,47	710,83	481,02	295,03	152,86	54,52
2870,00 bis 2879,99	1277,47	715,83	485,02	298,03	154,86	55,52
2880,00 bis 2889,99	1284,47	720,83	489,02	301,03	156,86	56,52
2890,00 bis 2899,99	1291,47	725,83	493,02	304,03	158,86	57,52
2900,00 bis 2909,99	1298,47	730,83	497,02	307,03	160,86	58,52
2910,00 bis 2919,99	1305,47	735,83	501,02	310,03	162,86	59,52
2920,00 bis 2929,99	1312,47	740,83	505,02	313,03	164,86	60,52
2930,00 bis 2939,99	1319,47	745,83	509,02	316,03	166,86	61,52
2940,00 bis 2949,99	1326,47	750,83	513,02	319,03	168,86	62,52
2950,00 bis 2959,99	1333,47	755,83	517,02	322,03	170,86	63,52
2960,00 bis 2969,99	1340,47	760,83	521,02	325,03	172,86	64,52
2970,00 bis 2979,99	1347,47	765,83	525,02	328,03	174,86	65,52
2980,00 bis 2989,99	1354,47	770,83	529,02	331,03	176,86	66,52
2990,00 bis 2999,99	1361,47	775,83	533,02	334,03	178,86	67,52
3000,00 bis 3009,99	1368,47	780,83	537,02	337,03	180,86	68,52
3010,00 bis 3019,99	1375,47	785,83	541,02	340,03	182,86	69,52
3020,00 bis 3029,99	1382,47	790,83	545,02	343,03	184,86	70,52
3030,00 bis 3039,99	1389,47	795,83	549,02	346,03	186,86	71,52
3040,00 bis 3049,99	1396,47	800,83	553,02	349,03	188,86	72,52
3050,00 bis 3059,99	1403,47	805,83	557,02	352,03	190,86	73,52
3060,00 bis 3069,99	1410,47	810,83	561,02	355,03	192,86	74,52
3070,00 bis 3079,99	1417,47	815,83	565,02	358,03	194,86	75,52
3080,00 bis 3089,99	1424,47	820,83	569,02	361,03	196,86	76,52
3090,00 bis 3099,99	1431,47	825,83	573,02	364,03	198,86	77,52
3100,00 bis 3109,99	1438,47	830,83	577,02	367,03	200,86	78,52
3110,00 bis 3119,99	1445,47	835,83	581,02	370,03	202,86	79,52
3120,00 bis 3129,99	1452,47	840,83	585,02	373,03	204,86	80,52
3130,00 bis 3139,99	1459,47	845,83	589,02	376,03	206,86	81,52

Auszahlung für Monate

	Pfändbarer Betrag bei Unterhaltspflicht für … Personen					
Nettolohn monatlich	0	1	2	3	4	5 und mehr
in Euro						
3140,00 bis 3149,99	1466,47	850,83	593,02	379,03	208,86	82,52
3150,00 bis 3159,99	1473,47	855,83	597,02	382,03	210,86	83,52
3160,00 bis 3169,99	1480,47	860,83	601,02	385,03	212,86	84,52
3170,00 bis 3179,99	1487,47	865,83	605,02	388,03	214,86	85,52
3180,00 bis 3189,99	1494,47	870,83	609,02	391,03	216,86	86,52
3190,00 bis 3199,99	1501,47	875,83	613,02	394,03	218,86	87,52
3200,00 bis 3203,67	1508,47	880,83	617,02	397,03	220,86	88,52
Der Mehrbetrag über 3203,67 Euro ist voll pfändbar.						

Auszahlung für Wochen

	Pfändbarer Betrag bei Unterhaltspflicht für ... Personen					
Nettolohn wöchentlich	0	1	2	3	4	5 und mehr
in Euro						
bis 242,49	–	–	–	–	–	–
242,50 bis 244,99	1,40	–	–	–	–	–
245,00 bis 247,49	3,15	–	–	–	–	–
247,50 bis 249,99	4,90	–	–	–	–	–
250,00 bis 252,49	6,65	–	–	–	–	–
252,50 bis 254,99	8,40	–	–	–	–	–
255,00 bis 257,49	10,15	–	–	–	–	–
257,50 bis 259,99	11,90	–	–	–	–	–
260,00 bis 262,49	13,65	–	–	–	–	–
262,50 bis 264,99	15,40	–	–	–	–	–
265,00 bis 267,49	17,15	–	–	–	–	–
267,50 bis 269,99	18,90	–	–	–	–	–
270,00 bis 272,49	20,65	–	–	–	–	–
272,50 bis 274,99	22,40	–	–	–	–	–
275,00 bis 277,49	24,15	–	–	–	–	–
277,50 bis 279,99	25,90	–	–	–	–	–
280,00 bis 282,49	27,65	–	–	–	–	–
282,50 bis 284,99	29,40	–	–	–	–	–
285,00 bis 287,49	31,15	–	–	–	–	–
287,50 bis 289,99	32,90	–	–	–	–	–
290,00 bis 292,49	34,65	–	–	–	–	–
292,50 bis 294,99	36,40	–	–	–	–	–
295,00 bis 297,49	38,15	–	–	–	–	–
297,50 bis 299,99	39,90	–	–	–	–	–
300,00 bis 302,49	41,65	–	–	–	–	–
302,50 bis 304,99	43,40	–	–	–	–	–
305,00 bis 307,49	45,15	–	–	–	–	–
307,50 bis 309,99	46,90	–	–	–	–	–
310,00 bis 312,49	48,65	–	–	–	–	–
312,50 bis 314,99	50,40	–	–	–	–	–
315,00 bis 317,49	52,15	–	–	–	–	–
317,50 bis 319,99	53,90	–	–	–	–	–
320,00 bis 322,49	55,65	–	–	–	–	–
322,50 bis 324,99	57,40	–	–	–	–	–
325,00 bis 327,49	59,15	–	–	–	–	–
327,50 bis 329,99	60,90	–	–	–	–	–
330,00 bis 332,49	62,65	–	–	–	–	–
332,50 bis 334,99	64,40	0,75	–	–	–	–
335,00 bis 337,49	66,15	2,00	–	–	–	–
337,50 bis 339,99	67,90	3,25	–	–	–	–
340,00 bis 342,49	69,65	4,50	–	–	–	–
342,50 bis 344,99	71,40	5,75	–	–	–	–
345,00 bis 347,49	73,15	7,00	–	–	–	–

Auszahlung für Wochen

Nettolohn wöchentlich	Pfändbarer Betrag bei Unterhaltspflicht für ... Personen					
	0	1	2	3	4	5 und mehr
in Euro						
347,50 bis 349,99	74,90	8,25	–	–	–	–
350,00 bis 352,49	76,65	9,50	–	–	–	–
352,50 bis 354,99	78,40	10,75	–	–	–	–
355,00 bis 357,49	80,15	12,00	–	–	–	–
357,50 bis 359,99	81,90	13,25	–	–	–	–
360,00 bis 362,49	83,65	14,50	–	–	–	–
362,50 bis 364,99	85,40	15,75	–	–	–	–
365,00 bis 367,49	87,15	17,00	–	–	–	–
367,50 bis 369,99	88,90	18,25	–	–	–	–
370,00 bis 372,49	90,65	19,50	–	–	–	–
372,50 bis 374,99	92,40	20,75	–	–	–	–
375,00 bis 377,49	94,15	22,00	–	–	–	–
377,50 bis 379,99	95,90	23,25	–	–	–	–
380,00 bis 382,49	97,65	24,50	–	–	–	–
382,50 bis 384,99	99,40	25,75	0,42	–	–	–
385,00 bis 387,49	101,15	27,00	1,42	–	–	–
387,50 bis 389,99	102,90	28,25	2,42	–	–	–
390,00 bis 392,49	104,65	29,50	3,42	–	–	–
392,50 bis 394,99	106,40	30,75	4,42	–	–	–
395,00 bis 397,49	108,15	32,00	5,42	–	–	–
397,50 bis 399,99	109,90	33,25	6,42	–	–	–
400,00 bis 402,49	111,65	34,50	7,42	–	–	–
402,50 bis 404,99	113,40	35,75	8,42	–	–	–
405,00 bis 407,49	115,15	37,00	9,42	–	–	–
407,50 bis 409,99	116,90	38,25	10,42	–	–	–
410,00 bis 412,49	118,65	39,50	11,42	–	–	–
412,50 bis 414,99	120,40	40,75	12,42	–	–	–
415,00 bis 417,49	122,15	42,00	13,42	–	–	–
417,50 bis 419,99	123,90	43,25	14,42	–	–	–
420,00 bis 422,49	125,65	44,50	15,42	–	–	–
422,50 bis 424,99	127,40	45,75	16,42	–	–	–
425,00 bis 427,49	129,15	47,00	17,42	–	–	–
427,50 bis 429,99	130,90	48,25	18,42	–	–	–
430,00 bis 432,49	132,65	49,50	19,42	–	–	–
432,50 bis 434,99	134,40	50,75	20,42	0,19	–	–
435,00 bis 437,49	136,15	52,00	21,42	0,94	–	–
437,50 bis 439,99	137,90	53,25	22,42	1,69	–	–
440,00 bis 442,49	139,65	54,50	23,42	2,44	–	–
442,50 bis 444,99	141,40	55,75	24,42	3,19	–	–
445,00 bis 447,49	143,15	57,00	25,42	3,94	–	–
447,50 bis 449,99	144,90	58,25	26,42	4,69	–	–
450,00 bis 452,49	146,65	59,50	27,42	5,44	–	–
452,50 bis 454,99	148,40	60,75	28,42	6,19	–	–

Auszahlung für Wochen

Nettolohn wöchentlich	Pfändbarer Betrag bei Unterhaltspflicht für … Personen					
	0	1	2	3	4	5 und mehr
	in Euro					
455,00 bis 457,49	150,15	62,00	29,42	6,94	–	–
457,50 bis 459,99	151,90	63,25	30,42	7,69	–	–
460,00 bis 462,49	153,65	64,50	31,42	8,44	–	–
462,50 bis 464,99	155,40	65,75	32,42	9,19	–	–
465,00 bis 467,49	157,15	67,00	33,42	9,94	–	–
467,50 bis 469,99	158,90	68,25	34,42	10,69	–	–
470,00 bis 472,49	160,65	69,50	35,42	11,44	–	–
472,50 bis 474,99	162,40	70,75	36,42	12,19	–	–
475,00 bis 477,49	164,15	72,00	37,42	12,94	–	–
477,50 bis 479,99	165,90	73,25	38,42	13,69	–	–
480,00 bis 482,49	167,65	74,50	39,42	14,44	–	–
482,50 bis 484,99	169,40	75,75	40,42	15,19	0,04	–
485,00 bis 487,49	171,15	77,00	41,42	15,94	0,54	–
487,50 bis 489,99	172,90	78,25	42,42	16,69	1,04	–
490,00 bis 492,49	174,65	79,50	43,42	17,44	1,54	–
492,50 bis 494,99	176,40	80,75	44,42	18,19	2,04	–
495,00 bis 497,49	178,15	82,00	45,42	18,94	2,54	–
497,50 bis 499,99	179,90	83,25	46,42	19,69	3,04	–
500,00 bis 502,49	181,65	84,50	47,42	20,44	3,54	–
502,50 bis 504,99	183,40	85,75	48,42	21,19	4,04	–
505,00 bis 507,49	185,15	87,00	49,42	21,94	4,54	–
507,50 bis 509,99	186,90	88,25	50,42	22,69	5,04	–
510,00 bis 512,49	188,65	89,50	51,42	23,44	5,54	–
512,50 bis 514,99	190,40	90,75	52,42	24,19	6,04	–
515,00 bis 517,49	192,15	92,00	53,42	24,94	6,54	–
517,50 bis 519,99	193,90	93,25	54,42	25,69	7,04	–
520,00 bis 522,49	195,65	94,50	55,42	26,44	7,54	–
522,50 bis 524,99	197,40	95,75	56,42	27,19	8,04	–
525,00 bis 527,49	199,15	97,00	57,42	27,94	8,54	–
527,50 bis 529,99	200,90	98,25	58,42	28,69	9,04	–
530,00 bis 532,49	202,65	99,50	59,42	29,44	9,54	–
532,50 bis 534,99	204,40	100,75	60,42	30,19	10,04	–
535,00 bis 537,49	206,15	102,00	61,42	30,94	10,54	0,23
537,50 bis 539,99	207,90	103,25	62,42	31,69	11,04	0,48
540,00 bis 542,49	209,65	104,50	63,42	32,44	11,54	0,73
542,50 bis 544,99	211,40	105,75	64,42	33,19	12,04	0,98
545,00 bis 547,49	213,15	107,00	65,42	33,94	12,54	1,23
547,50 bis 549,99	214,90	108,25	66,42	34,69	13,04	1,48
550,00 bis 552,49	216,65	109,50	67,42	35,44	13,54	1,73
552,50 bis 554,99	218,40	110,75	68,42	36,19	14,04	1,98
555,00 bis 557,49	220,15	112,00	69,42	36,94	14,54	2,23
557,50 bis 559,99	221,90	113,25	70,42	37,69	15,04	2,48
560,00 bis 562,49	223,65	114,50	71,42	38,44	15,54	2,73

Auszahlung für Wochen

	Pfändbarer Betrag bei Unterhaltspflicht für … Personen					
Nettolohn wöchentlich	0	1	2	3	4	5 und mehr
in Euro						
562,50 bis 564,99	225,40	115,75	72,42	39,19	16,04	2,98
565,00 bis 567,49	227,15	117,00	73,42	39,94	16,54	3,23
567,50 bis 569,99	228,90	118,25	74,42	40,69	17,04	3,48
570,00 bis 572,49	230,65	119,50	75,42	41,44	17,54	3,73
572,50 bis 574,99	232,40	120,75	76,42	42,19	18,04	3,98
575,00 bis 577,49	234,15	122,00	77,42	42,94	18,54	4,23
577,50 bis 579,99	235,90	123,25	78,42	43,69	19,04	4,48
580,00 bis 582,49	237,65	124,50	79,42	44,44	19,54	4,73
582,50 bis 584,99	239,40	125,75	80,42	45,19	20,04	4,98
585,00 bis 587,49	241,15	127,00	81,42	45,94	20,54	5,23
587,50 bis 589,99	242,90	128,25	82,42	46,69	21,04	5,48
590,00 bis 592,49	244,65	129,50	83,42	47,44	21,54	5,73
592,50 bis 594,99	246,40	130,75	84,42	48,19	22,04	5,98
595,00 bis 597,49	248,15	132,00	85,42	48,94	22,54	6,23
597,50 bis 599,99	249,90	133,25	86,42	49,69	23,04	6,48
600,00 bis 602,49	251,65	134,50	87,42	50,44	23,54	6,73
602,50 bis 604,99	253,40	135,75	88,42	51,19	24,04	6,98
605,00 bis 607,49	255,15	137,00	89,42	51,94	24,54	7,23
607,50 bis 609,99	256,90	138,25	90,42	52,69	25,04	7,48
610,00 bis 612,49	258,65	139,50	91,42	53,44	25,54	7,73
612,50 bis 614,99	260,40	140,75	92,42	54,19	26,04	7,98
615,00 bis 617,49	262,15	142,00	93,42	54,94	26,54	8,23
617,50 bis 619,99	263,90	143,25	94,42	55,69	27,04	8,48
620,00 bis 622,49	265,65	144,50	95,42	56,44	27,54	8,73
622,50 bis 624,99	267,40	145,75	96,42	57,19	28,04	8,98
625,00 bis 627,49	269,15	147,00	97,42	57,94	28,54	9,23
627,50 bis 629,99	270,90	148,25	98,42	58,69	29,04	9,48
630,00 bis 632,49	272,65	149,50	99,42	59,44	29,54	9,73
632,50 bis 634,99	274,40	150,75	100,42	60,19	30,04	9,98
635,00 bis 637,49	276,15	152,00	101,42	60,94	30,54	10,23
637,50 bis 639,99	277,90	153,25	102,42	61,69	31,04	10,48
640,00 bis 642,49	279,65	154,50	103,42	62,44	31,54	10,73
642,50 bis 644,99	281,40	155,75	104,42	63,19	32,04	10,98
645,00 bis 647,49	283,15	157,00	105,42	63,94	32,54	11,23
647,50 bis 649,99	284,90	158,25	106,42	64,69	33,04	11,48
650,00 bis 652,49	286,65	159,50	107,42	65,44	33,54	11,73
652,50 bis 654,99	288,40	160,75	108,42	66,19	34,04	11,98
655,00 bis 657,49	290,15	162,00	109,42	66,94	34,54	12,23
657,50 bis 659,99	291,90	163,25	110,42	67,69	35,04	12,48
660,00 bis 662,49	293,65	164,50	111,42	68,44	35,54	12,73
662,50 bis 664,99	295,40	165,75	112,42	69,19	36,04	12,98
665,00 bis 667,49	297,15	167,00	113,42	69,94	36,54	13,23
667,50 bis 669,99	298,90	168,25	114,42	70,69	37,04	13,48

Auszahlung für Wochen

Nettolohn wöchentlich	Pfändbarer Betrag bei Unterhaltspflicht für ... Personen					
	0	1	2	3	4	5 und mehr
in Euro						
670,00 bis 672,49	300,65	169,50	115,42	71,44	37,54	13,73
672,50 bis 674,99	302,40	170,75	116,42	72,19	38,04	13,98
675,00 bis 677,49	304,15	172,00	117,42	72,94	38,54	14,23
677,50 bis 679,99	305,90	173,25	118,42	73,69	39,04	14,48
680,00 bis 682,49	307,65	174,50	119,42	74,44	39,54	14,73
682,50 bis 684,99	309,40	175,75	120,42	75,19	40,04	14,98
685,00 bis 687,49	311,15	177,00	121,42	75,94	40,54	15,23
687,50 bis 689,99	312,90	178,25	122,42	76,69	41,04	15,48
690,00 bis 692,49	314,65	179,50	123,42	77,44	41,54	15,73
692,50 bis 694,99	316,40	180,75	124,42	78,19	42,04	15,98
695,00 bis 697,49	318,15	182,00	125,42	78,94	42,54	16,23
697,50 bis 699,99	319,90	183,25	126,42	79,69	43,04	16,48
700,00 bis 702,49	321,65	184,50	127,42	80,44	43,54	16,73
702,50 bis 704,99	323,40	185,75	128,42	81,19	44,04	16,98
705,00 bis 707,49	325,15	187,00	129,42	81,94	44,54	17,23
707,50 bis 709,99	326,90	188,25	130,42	82,69	45,04	17,48
710,00 bis 712,49	328,65	189,50	131,42	83,44	45,54	17,73
712,50 bis 714,99	330,40	190,75	132,42	84,19	46,04	17,98
715,00 bis 717,49	332,15	192,00	133,42	84,94	46,54	18,23
717,50 bis 719,99	333,90	193,25	134,42	85,69	47,04	18,48
720,00 bis 722,49	335,65	194,50	135,42	86,44	47,54	18,73
722,50 bis 724,99	337,40	195,75	136,42	87,19	48,04	18,98
725,00 bis 727,49	339,15	197,00	137,42	87,94	48,54	19,23
727,50 bis 729,99	340,90	198,25	138,42	88,69	49,04	19,48
730,00 bis 732,49	342,65	199,50	139,42	89,44	49,54	19,73
732,50 bis 734,99	344,40	200,75	140,42	90,19	50,04	19,98
735,00 bis 737,28	346,15	202,00	141,42	90,94	50,54	20,23
Der Mehrbetrag über 737,28 Euro ist voll pfändbar.						

Auszahlung für Tage

Nettolohn täglich	Pfändbarer Betrag bei Unterhaltspflicht für ... Personen					
	0	1	2	3	4	5 und mehr
	in Euro					
bis 48,49	–	–	–	–	–	–
48,50 bis 48,99	0,28	–	–	–	–	–
49,00 bis 49,49	0,63	–	–	–	–	–
49,50 bis 49,99	0,98	–	–	–	–	–
50,00 bis 50,49	1,33	–	–	–	–	–
50,50 bis 50,99	1,68	–	–	–	–	–
51,00 bis 51,49	2,03	–	–	–	–	–
51,50 bis 51,99	2,38	–	–	–	–	–
52,00 bis 52,49	2,73	–	–	–	–	–
52,50 bis 52,99	3,08	–	–	–	–	–
53,00 bis 53,49	3,43	–	–	–	–	–
53,50 bis 53,99	3,78	–	–	–	–	–
54,00 bis 54,49	4,13	–	–	–	–	–
54,50 bis 54,99	4,48	–	–	–	–	–
55,00 bis 55,49	4,83	–	–	–	–	–
55,50 bis 55,99	5,18	–	–	–	–	–
56,00 bis 56,49	5,53	–	–	–	–	–
56,50 bis 56,99	5,88	–	–	–	–	–
57,00 bis 57,49	6,23	–	–	–	–	–
57,50 bis 57,99	6,58	–	–	–	–	–
58,00 bis 58,49	6,93	–	–	–	–	–
58,50 bis 58,99	7,28	–	–	–	–	–
59,00 bis 59,49	7,63	–	–	–	–	–
59,50 bis 59,99	7,98	–	–	–	–	–
60,00 bis 60,49	8,33	–	–	–	–	–
60,50 bis 60,99	8,68	–	–	–	–	–
61,00 bis 61,49	9,03	–	–	–	–	–
61,50 bis 61,99	9,38	–	–	–	–	–
62,00 bis 62,49	9,73	–	–	–	–	–
62,50 bis 62,99	10,08	–	–	–	–	–
63,00 bis 63,49	10,43	–	–	–	–	–
63,50 bis 63,99	10,78	–	–	–	–	–
64,00 bis 64,49	11,13	–	–	–	–	–
64,50 bis 64,99	11,48	–	–	–	–	–
65,00 bis 65,49	11,83	–	–	–	–	–
65,50 bis 65,99	12,18	–	–	–	–	–
66,00 bis 66,49	12,53	–	–	–	–	–
66,50 bis 66,99	12,88	0,15	–	–	–	–
67,00 bis 67,49	13,23	0,40	–	–	–	–
67,50 bis 67,99	13,58	0,65	–	–	–	–
68,00 bis 68,49	13,93	0,90	–	–	–	–
68,50 bis 68,99	14,28	1,15	–	–	–	–
69,00 bis 69,49	14,63	1,40	–	–	–	–

Auszahlung für Tage

Nettolohn täglich	Pfändbarer Betrag bei Unterhaltspflicht für … Personen					
	0	1	2	3	4	5 und mehr
	in Euro					
69,50 bis 69,99	14,98	1,65	–	–	–	–
70,00 bis 70,49	15,33	1,90	–	–	–	–
70,50 bis 70,99	15,68	2,15	–	–	–	–
71,00 bis 71,49	16,03	2,40	–	–	–	–
71,50 bis 71,99	16,38	2,65	–	–	–	–
72,00 bis 72,49	16,73	2,90	–	–	–	–
72,50 bis 72,99	17,08	3,15	–	–	–	–
73,00 bis 73,49	17,43	3,40	–	–	–	–
73,50 bis 73,99	17,78	3,65	–	–	–	–
74,00 bis 74,49	18,13	3,90	–	–	–	–
74,50 bis 74,99	18,48	4,15	–	–	–	–
75,00 bis 75,49	18,83	4,40	–	–	–	–
75,50 bis 75,99	19,18	4,65	–	–	–	–
76,00 bis 76,49	19,53	4,90	–	–	–	–
76,50 bis 76,99	19,88	5,15	0,08	–	–	–
77,00 bis 77,49	20,23	5,40	0,28	–	–	–
77,50 bis 77,99	20,58	5,65	0,48	–	–	–
78,00 bis 78,49	20,93	5,90	0,68	–	–	–
78,50 bis 78,99	21,28	6,15	0,88	–	–	–
79,00 bis 79,49	21,63	6,40	1,08	–	–	–
79,50 bis 79,99	21,98	6,65	1,28	–	–	–
80,00 bis 80,49	22,33	6,90	1,48	–	–	–
80,50 bis 80,99	22,68	7,15	1,68	–	–	–
81,00 bis 81,49	23,03	7,40	1,88	–	–	–
81,50 bis 81,99	23,38	7,65	2,08	–	–	–
82,00 bis 82,49	23,73	7,90	2,28	–	–	–
82,50 bis 82,99	24,08	8,15	2,48	–	–	–
83,00 bis 83,49	24,43	8,40	2,68	–	–	–
83,50 bis 83,99	24,78	8,65	2,88	–	–	–
84,00 bis 84,49	25,13	8,90	3,08	–	–	–
84,50 bis 84,99	25,48	9,15	3,28	–	–	–
85,00 bis 85,49	25,83	9,40	3,48	–	–	–
85,50 bis 85,99	26,18	9,65	3,68	–	–	–
86,00 bis 86,49	26,53	9,90	3,88	–	–	–
86,50 bis 86,99	26,88	10,15	4,08	0,04	–	–
87,00 bis 87,49	27,23	10,40	4,28	0,19	–	–
87,50 bis 87,99	27,58	10,65	4,48	0,34	–	–
88,00 bis 88,49	27,93	10,90	4,68	0,49	–	–
88,50 bis 88,99	28,28	11,15	4,88	0,64	–	–
89,00 bis 89,49	28,63	11,40	5,08	0,79	–	–
89,50 bis 89,99	28,98	11,65	5,28	0,94	–	–
90,00 bis 90,49	29,33	11,90	5,48	1,09	–	–
90,50 bis 90,99	29,68	12,15	5,68	1,24	–	–

Auszahlung für Tage

Nettolohn täglich	Pfändbarer Betrag bei Unterhaltspflicht für … Personen					
	0	1	2	3	4	5 und mehr
	in Euro					
91,00 bis 91,49	30,03	12,40	5,88	1,39	–	–
91,50 bis 91,99	30,38	12,65	6,08	1,54	–	–
92,00 bis 92,49	30,73	12,90	6,28	1,69	–	–
92,50 bis 92,99	31,08	13,15	6,48	1,84	–	–
93,00 bis 93,49	31,43	13,40	6,68	1,99	–	–
93,50 bis 93,99	31,78	13,65	6,88	2,14	–	–
94,00 bis 94,49	32,13	13,90	7,08	2,29	–	–
94,50 bis 94,99	32,48	14,15	7,28	2,44	–	–
95,00 bis 95,49	32,83	14,40	7,48	2,59	–	–
95,50 bis 95,99	33,18	14,65	7,68	2,74	–	–
96,00 bis 96,49	33,53	14,90	7,88	2,89	–	–
96,50 bis 96,99	33,88	15,15	8,08	3,04	0,01	–
97,00 bis 97,49	34,23	15,40	8,28	3,19	0,11	–
97,50 bis 97,99	34,58	15,65	8,48	3,34	0,21	–
98,00 bis 98,49	34,93	15,90	8,68	3,49	0,31	–
98,50 bis 98,99	35,28	16,15	8,88	3,64	0,41	–
99,00 bis 99,49	35,63	16,40	9,08	3,79	0,51	–
99,50 bis 99,99	35,98	16,65	9,28	3,94	0,61	–
100,00 bis 100,49	36,33	16,90	9,48	4,09	0,71	–
100,50 bis 100,99	36,68	17,15	9,68	4,24	0,81	–
101,00 bis 101,49	37,03	17,40	9,88	4,39	0,91	–
101,50 bis 101,99	37,38	17,65	10,08	4,54	1,01	–
102,00 bis 102,49	37,73	17,90	10,28	4,69	1,11	–
102,50 bis 102,99	38,08	18,15	10,48	4,84	1,21	–
103,00 bis 103,49	38,43	18,40	10,68	4,99	1,31	–
103,50 bis 103,99	38,78	18,65	10,88	5,14	1,41	–
104,00 bis 104,49	39,13	18,90	11,08	5,29	1,51	–
104,50 bis 104,99	39,48	19,15	11,28	5,44	1,61	–
105,00 bis 105,49	39,83	19,40	11,48	5,59	1,71	–
105,50 bis 105,99	40,18	19,65	11,68	5,74	1,81	–
106,00 bis 106,49	40,53	19,90	11,88	5,89	1,91	–
106,50 bis 106,99	40,88	20,15	12,08	6,04	2,01	–
107,00 bis 107,49	41,23	20,40	12,28	6,19	2,11	0,04
107,50 bis 107,99	41,58	20,65	12,48	6,34	2,21	0,09
108,00 bis 108,49	41,93	20,90	12,68	6,49	2,31	0,14
108,50 bis 108,99	42,28	21,15	12,88	6,64	2,41	0,19
109,00 bis 109,49	42,63	21,40	13,08	6,79	2,51	0,24
109,50 bis 109,99	42,98	21,65	13,28	6,94	2,61	0,29
110,00 bis 110,49	43,33	21,90	13,48	7,09	2,71	0,34
110,50 bis 110,99	43,68	22,15	13,68	7,24	2,81	0,39
111,00 bis 111,49	44,03	22,40	13,88	7,39	2,91	0,44
111,50 bis 111,99	44,38	22,65	14,08	7,54	3,01	0,49
112,00 bis 112,49	44,73	22,90	14,28	7,69	3,11	0,54

Auszahlung für Tage

Nettolohn täglich	Pfändbarer Betrag bei Unterhaltspflicht für … Personen 0	1	2	3	4	5 und mehr
	in Euro					
112,50 bis 112,99	45,08	23,15	14,48	7,84	3,21	0,59
113,00 bis 113,49	45,43	23,40	14,68	7,99	3,31	0,64
113,50 bis 113,99	45,78	23,65	14,88	8,14	3,41	0,69
114,00 bis 114,49	46,13	23,90	15,08	8,29	3,51	0,74
114,50 bis 114,99	46,48	24,15	15,28	8,44	3,61	0,79
115,00 bis 115,49	46,83	24,40	15,48	8,59	3,71	0,84
115,50 bis 115,99	47,18	24,65	15,68	8,74	3,81	0,89
116,00 bis 116,49	47,53	24,90	15,88	8,89	3,91	0,94
116,50 bis 116,99	47,88	25,15	16,08	9,04	4,01	0,99
117,00 bis 117,49	48,23	25,40	16,28	9,19	4,11	1,04
117,50 bis 117,99	48,58	25,65	16,48	9,34	4,21	1,09
118,00 bis 118,49	48,93	25,90	16,68	9,49	4,31	1,14
118,50 bis 118,99	49,28	26,15	16,88	9,64	4,41	1,19
119,00 bis 119,49	49,63	26,40	17,08	9,79	4,51	1,24
119,50 bis 119,99	49,98	26,65	17,28	9,94	4,61	1,29
120,00 bis 120,49	50,33	26,90	17,48	10,09	4,71	1,34
120,50 bis 120,99	50,68	27,15	17,68	10,24	4,81	1,39
121,00 bis 121,49	51,03	27,40	17,88	10,39	4,91	1,44
121,50 bis 121,99	51,38	27,65	18,08	10,54	5,01	1,49
122,00 bis 122,49	51,73	27,90	18,28	10,69	5,11	1,54
122,50 bis 122,99	52,08	28,15	18,48	10,84	5,21	1,59
123,00 bis 123,49	52,43	28,40	18,68	10,99	5,31	1,64
123,50 bis 123,99	52,78	28,65	18,88	11,14	5,41	1,69
124,00 bis 124,49	53,13	28,90	19,08	11,29	5,51	1,74
124,50 bis 124,99	53,48	29,15	19,28	11,44	5,61	1,79
125,00 bis 125,49	53,83	29,40	19,48	11,59	5,71	1,84
125,50 bis 125,99	54,18	29,65	19,68	11,74	5,81	1,89
126,00 bis 126,49	54,53	29,90	19,88	11,89	5,91	1,94
126,50 bis 126,99	54,88	30,15	20,08	12,04	6,01	1,99
127,00 bis 127,49	55,23	30,40	20,28	12,19	6,11	2,04
127,50 bis 127,99	55,58	30,65	20,48	12,34	6,21	2,09
128,00 bis 128,49	55,93	30,90	20,68	12,49	6,31	2,14
128,50 bis 128,99	56,28	31,15	20,88	12,64	6,41	2,19
129,00 bis 129,49	56,63	31,40	21,08	12,79	6,51	2,24
129,50 bis 129,99	56,98	31,65	21,28	12,94	6,61	2,29
130,00 bis 130,49	57,33	31,90	21,48	13,09	6,71	2,34
130,50 bis 130,99	57,68	32,15	21,68	13,24	6,81	2,39
131,00 bis 131,49	58,03	32,40	21,88	13,39	6,91	2,44
131,50 bis 131,99	58,38	32,65	22,08	13,54	7,01	2,49
132,00 bis 132,49	58,73	32,90	22,28	13,69	7,11	2,54
132,50 bis 132,99	59,08	33,15	22,48	13,84	7,21	2,59
133,00 bis 133,49	59,43	33,40	22,68	13,99	7,31	2,64
133,50 bis 133,99	59,78	33,65	22,88	14,14	7,41	2,69

Auszahlung für Tage

Nettolohn täglich	Pfändbarer Betrag bei Unterhaltspflicht für … Personen					
	0	1	2	3	4	5 und mehr
in Euro						
134,00 bis 134,49	60,13	33,90	23,08	14,29	7,51	2,74
134,50 bis 134,99	60,48	34,15	23,28	14,44	7,61	2,79
135,00 bis 135,49	60,83	34,40	23,48	14,59	7,71	2,84
135,50 bis 135,99	61,18	34,65	23,68	14,74	7,81	2,89
136,00 bis 136,49	61,53	34,90	23,88	14,89	7,91	2,94
136,50 bis 136,99	61,88	35,15	24,08	15,04	8,01	2,99
137,00 bis 137,49	62,23	35,40	24,28	15,19	8,11	3,04
137,50 bis 137,99	62,58	35,65	24,48	15,34	8,21	3,09
138,00 bis 138,49	62,93	35,90	24,68	15,49	8,31	3,14
138,50 bis 138,99	63,28	36,15	24,88	15,64	8,41	3,19
139,00 bis 139,49	63,63	36,40	25,08	15,79	8,51	3,24
139,50 bis 139,99	63,98	36,65	25,28	15,94	8,61	3,29
140,00 bis 140,49	64,33	36,90	25,48	16,09	8,71	3,34
140,50 bis 140,99	64,68	37,15	25,68	16,24	8,81	3,39
141,00 bis 141,49	65,03	37,40	25,88	16,39	8,91	3,44
141,50 bis 141,99	65,38	37,65	26,08	16,54	9,01	3,49
142,00 bis 142,49	65,73	37,90	26,28	16,69	9,11	3,54
142,50 bis 142,99	66,08	38,15	26,48	16,84	9,21	3,59
143,00 bis 143,49	66,43	38,40	26,68	16,99	9,31	3,64
143,50 bis 143,99	66,78	38,65	26,88	17,14	9,41	3,69
144,00 bis 144,49	67,13	38,90	27,08	17,29	9,51	3,74
144,50 bis 144,99	67,48	39,15	27,28	17,44	9,61	3,79
145,00 bis 145,49	67,83	39,40	27,48	17,59	9,71	3,84
145,50 bis 145,99	68,18	39,65	27,68	17,74	9,81	3,89
146,00 bis 146,49	68,53	39,90	27,88	17,89	9,91	3,94
146,50 bis 146,99	68,88	40,15	28,08	18,04	10,01	3,99
147,00 bis 147,46	69,23	40,40	28,28	18,19	10,11	4,04
Der Mehrbetrag über 147,46 Euro ist voll pfändbar.						

840. Steuerberatungsgesetz (StBerG)[1]

In der Fassung der Bekanntmachung vom 4. November 1975 (BGBl. I S. 2735)[2]

Geändert durch Einführungsgesetz zur Abgabenordnung vom 14. 12. 1976 (BGBl. I S. 3341), Gesetz zur Änderung und Vereinfachung des EStG und anderer Gesetze vom 18. 8. 1980 (BGBl. I S. 1537), Viertes Gesetz zur Änderung des Steuerberatungsgesetzes vom 9. 6. 1989 (BGBl. I S. 1062), DDR-Vertragsgesetz vom 25. 6. 1990 (BGBl. II S. 518), Einigungsvertrag vom 31. 8. 1990 (BGBl. II S. 889, 970), Fünftes Gesetz zur Änderung des Steuerberatungsgesetzes vom 13. 12. 1990 (BGBl. I S. 2756), Steueränderungsgesetz 1992 vom 25. 2. 1992 (BGBl. I S. 297), FGO-Änderungsgesetz vom 21. 12. 1992 (BGBl. I S. 2109), Verbrauchsteuer-Binnenmarktgesetz vom 21. 12. 1992 (BGBl. I S. 2150), EWR-Ausführungsgesetz vom 27. 4. 1993 (BGBl. I S. 512, 2436, geänd. durch Gesetz vom 27. 9. 1993, BGBl. I S. 1666, 2436), Sechstes Gesetz zur Änderung des Steuerberatungsgesetzes vom 24. 6. 1994 (BGBl. I S. 1387), Gesetz zur Schaffung von Partnerschaftsgesellschaften und zur Änderung anderer Gesetze vom 25. 7. 1994 (BGBl. I S. 1744), Einführungsgesetz zur Insolvenzordnung vom 5. 10. 1994 (BGBl. I S. 2911), Jahressteuergesetz 1996 vom 11. 10. 1995 (BGBl. I S. 1250), Jahressteuer-Ergänzungsgesetz 1996 vom 18. 12. 1995 (BGBl. I S. 1959), Umsatzsteuer-Änderungsgesetz 1997 vom 12. 12. 1996 (BGBl. I S. 1851), 2. Zwangsvollstreckungsnovelle vom 17. 12. 1997 (BGBl. I S. 3039), Gesetz zur Datenermittlung für den Verteilungsschlüssel des Gemeindeanteils am Umsatzsteueraufkommen und zur Änderung steuerlicher Vorschriften vom 23. 6. 1998 (BGBl. I S. 1496), Gesetz zur Änderung der Bundesrechtsanwaltsordnung, der Patentanwaltsordnung und anderer Gesetze vom 31. 8. 1998 (BGBl. I S. 2600), Gesetz zur Änderung des Einführungsgesetzes zur Insolvenzordnung und anderer Gesetze vom 19. 12. 1998 (BGBl. I S. 3836), Gesetz zur Änderung von Vorschriften über die Tätigkeit der Steuerberater vom 24. 6. 2000 (BGBl. I S. 874), Altersvermögensgesetz vom 26. 6. 2001 (BGBl. I S. 1310), Steueränderungsgesetz 2001 vom 20. 12. 2001 (BGBl. I S. 3794), Gesetz zur Gleichstellung behinderter Menschen und zur Änderung anderer Gesetze vom 27. 4. 2002 (BGBl. I S. 1467), Gesetz zur Änderung des Gesetzes über die Tätigkeit europäischer Rechtsanwälte in Deutschland und weiterer berufsrechtlicher Vorschriften für Rechts- und Patentanwälte, Steuerberater und Wirtschaftsprüfer vom 26. 10. 2003 (BGBl. I S. 2074), Steueränderungsgesetz 2003 vom 15. 12. 2003 (BGBl. I S. 2645), Kostenrechtsmodernisierungsgesetz vom 5. 5. 2004 (BGBl. I S. 718), Alterseinkünftegesetz vom 5. 7. 2004 (BGBl. I S. 1427), Gesetz zur Anpassung von Verjährungsvorschriften an das Gesetz zur Modernisierung des Schuldrechts vom 9. 12. 2004 (BGBl. I S. 3214), Richtlinien-Umsetzungsgesetz (EURLUmsG) vom 9. 12. 2004 (BGBl. I S. 3310), Gesetz zur Vereinfachung und Vereinheitlichung der Verfahrensvorschriften zur Wahl und Berufung ehrenamtlicher Richter vom 21. 12. 2004 (BGBl. I S. 3599), 2. Justizmodernisierungsgesetz vom 22. 12. 2006 (BGBl. I S. 3416), Gesetz zur Reform des Versicherungsvertragsrechts vom 23. 11. 2007 (BGBl. I S. 2631), Achtes Gesetz zur Änderung des Steuerberatungsgesetzes vom 8. 4. 2008 (BGBl. I S. 666), Gesetz zur Neuregelung des Verbots der Vereinbarung von Erfolgshonoraren vom 12. 6. 2008 (BGBl. I S. 1000), 4. Gesetz zur Änderung verwaltungsverfahrensrechtlicher Vorschriften vom 11. 12. 2008 (BGBl. I S. 2418), Jahressteuergesetz 2009 vom 19. 12. 2008 (BGBl. I S. 2794), Familienleistungsgesetz vom 22. 12. 2008 (BGBl. I S. 2955), Bürgerentlastungsgesetz Krankenversicherung vom 16. 7. 2009 (BGBl. I S. 1959), Gesetz zur Reform der Sachaufklärung in der Zwangsvollstreckung vom 29. 7. 2009 (BGBl. I S. 2258), Gesetz zur Änderung des Untersuchungshaftrechts vom 29. 7. 2009 (BGBl. I S. 2274), Gesetz zur Modernisierung von Verfahren im anwaltlichen und notariellen Berufsrecht vom 30. 7. 2009 (BGBl. I S. 2449), Jahressteuergesetz 2010 (JStG 2010) vom 8. 12. 2010 (BGBl. I S. 1768), Gesetz zur Umsetzung der Dienstleistungsrichtlinie in der Justiz und zur Änderung weiterer Vorschriften vom 22. 12. 2010 (BGBl. I S. 2248), Gesetz zur Verbesserung der Feststellung und Anerkennung im Ausland erworbener Berufsqualifikationen vom 6. 12. 2011 (BGBl. I

[1] Für Wirtschaftsprüfer erging die Wirtschaftsprüferordnung (Nr. **850**).

[2] Neubekanntmachung des SteuerberatungsG v. 16. 8. 1961 auf Grund des § 165 SteuerberatungsG v. 16. 8. 1961 (BGBl. I S. 1301), zuletzt geänd. durch G v. 24. 6. 1975 (BGBl. I S. 1509).

S. 2515), Gesetz zur Stärkung der Rechte von Opfern sexuellen Missbrauchs (StORMG) vom 26. 6. 2013 (BGBl. I S. 1805), Amtshilferichtlinie-Umsetzungsgestz (AmtshilfeRLUmsG) vom 26. 6. 2013 (BGBl. I S. 1809), Gesetz zur Einführung einer Partnergesellschaft mit beschränkter Berufshaftung und zur Änderung des Berufsrechts der Rechtsanwälte, Patentanwälte, Steuerberater und Wirtschaftsprüfer vom 15. 7. 2013 (BGBl. I S. 2386), Gesetz zur Strukturreform des Gebührenrechts des Bundes vom 7. 8. 2013 (BGBl. I S. 3154), Gesetz zur Änderung des Prozesskostenhilfe- und Beratungshilferechts vom 31. 8. 2013 (BGBl. I S. 3533), Gesetz zur Anpassung des nationalen Steuerrechts an den Beitritt Kroatiens zur EU und zur Änderung weiterer steuerlicher Vorschriften vom 25. 7. 2014 (BGBl. I S. 1266), Gesetz zur Stärkung des Rechts des Angeklagten auf Vertretung in der Berufungsverhandlung und über die Anerkennung von Abwesenheitsentscheidungen in der Rechtshilfe vom 17. 7. 2015 (BGBl. I S. 1332), Zehnte Zuständigkeitsanpassungsverordnung vom 31. 8. 2015 (BGBl. I S. 1474) und Steueränderungsgesetz 2015 vom 2. 11. 2015 (BGBl. I S. 1834)

BGBl. III/FNA 610-10

Inhaltsübersicht

Erster Teil. Vorschriften über die Hilfeleistung in Steuersachen

Erster Abschnitt. Ausübung der Hilfe in Steuersachen

Erster Unterabschnitt. Anwendungsbereich §§

Zweiter Unterabschnitt. Befugnis

Dritter Unterabschnitt. Verbot und Untersagung

Vierter Unterabschnitt. Sonstige Vorschriften

Zweiter Abschnitt. Lohnsteuerhilfevereine

Erster Unterabschnitt. Aufgaben

Zweiter Unterabschnitt. Anerkennung

(Fortsetzung nächstes Blatt)

Fünfter Unterabschnitt. Verordnungsermächtigung

Zweiter Teil. Steuerberaterordnung

Erster Abschnitt. Allgemeine Vorschriften

Zweiter Abschnitt
Voraussetzungen für die Berufsausübung

Erster Unterabschnitt. Persönliche Voraussetzungen

Zweiter Unterabschnitt. Bestellung

Dritter Unterabschnitt. Steuerberatungsgesellschaft

Dritter Abschnitt. Rechte und Pflichten

Vierter Abschnitt. Organisation des Berufs

Fünfter Abschnitt. Berufsgerichtsbarkeit

Erster Unterabschnitt. Die berufsgerichtliche Ahndung von Pflichtverletzungen

Zweiter Unterabschnitt. Die Gerichte

Vierter Teil. Schlußvorschriften §§

Erster Teil. Vorschriften über die Hilfeleistung in Steuersachen

Erster Abschnitt. Ausübung der Hilfe in Steuersachen

Erster Unterabschnitt. Anwendungsbereich

§ 1[1)] **Anwendungsbereich.** (1) Dieses Gesetz ist anzuwenden auf die Hilfeleistung

1. in Angelegenheiten, die durch Bundesrecht, Recht der Europäischen Union oder der Vertragsstaaten des Abkommens über den Europäischen Wirtschaftsraum geregelte Steuern und Vergütungen betreffen, soweit diese durch Bundesfinanzbehörden oder durch Landesfinanzbehörden verwaltet werden,
2. in Angelegenheiten, die die Realsteuern oder die Grunderwerbsteuer betreffen,
3. in Angelegenheiten, die durch Landesrecht oder auf Grund einer landesrechtlichen Ermächtigung geregelte Steuern betreffen,
4. in Monopolsachen,
5. in sonstigen von Bundesfinanzbehörden oder Landesfinanzbehörden verwalteten Angelegenheiten, soweit für diese durch Bundesgesetz oder Landesgesetz der Finanzrechtsweg eröffnet ist.

(2) Die Hilfeleistung in Steuersachen umfaßt auch

1. die Hilfeleistung in Steuerstrafsachen und in Bußgeldsachen wegen einer Steuerordnungswidrigkeit,
2. die Hilfeleistung bei der Führung von Büchern und Aufzeichnungen sowie bei der Aufstellung von Abschlüssen, die für die Besteuerung von Bedeutung sind,
3. die Hilfeleistung bei der Einziehung von Steuererstattungs- oder Vergütungsansprüchen.

(3) Die Vorschriften der einzelnen Verfahrensordnungen über die Zulassung von Bevollmächtigten und Beiständen bleiben unberührt.

(4) Das Berufsqualifikationsfeststellungsgesetz findet mit Ausnahme des § 17 keine Anwendung.

[1)] § 1 Abs. 1 Nr. 2 geänd. durch G v. 9. 6. 1989 (BGBl. I S. 1062), Nr. 1 geänd. mWv 1. 1. 1994 (BGBl. 1993 I S. 2436) durch G v. 27. 4. 1993 (BGBl. I S. 512); Abs. 4 angef. mWv 1. 4. 2012 durch G v. 6. 12. 2011 (BGBl. I S. 2515); Abs. 1 Nr. 1 geänd. durch G v. 26. 6. 2013 (BGBl. I S. 1809).

Zweiter Unterabschnitt. Befugnis

§ 2 Geschäftsmäßige Hilfeleistung. [1]Die Hilfeleistung in Steuersachen darf geschäftsmäßig nur von Personen und Vereinigungen ausgeübt werden, die hierzu befugt sind. [2]Dies gilt ohne Unterschied für hauptberufliche, nebenberufliche, entgeltliche oder unentgeltliche Tätigkeit.

§ 3[1)] Befugnis zu unbeschränkter Hilfeleistung in Steuersachen. Zur geschäftsmäßigen Hilfeleistung in Steuersachen sind befugt:

1. Steuerberater, Steuerbevollmächtigte, Rechtsanwälte, niedergelassene europäische Rechtsanwälte, Wirtschaftsprüfer und vereidigte Buchprüfer,
2. Partnerschaftsgesellschaften, deren Partner ausschließlich die in Nummer 1 genannten Personen sind,
3. Steuerberatungsgesellschaften, Rechtsanwaltsgesellschaften, Wirtschaftsprüfungsgesellschaften und Buchprüfungsgesellschaften.
4.[2)] *(aufgehoben)*

§ 3 a[3)] Befugnis zu vorübergehender und gelegentlicher Hilfeleistung in Steuersachen. (1) [1]Personen, die in einem anderen Mitgliedstaat der Europäischen Union oder in einem anderen Vertragsstaat des Abkommens über den Europäischen Wirtschaftsraum oder in der Schweiz beruflich niedergelassen sind und dort befugt geschäftsmäßig Hilfe in Steuersachen nach dem Recht des Niederlassungsstaates leisten, sind zur vorübergehenden und gelegentlichen geschäftsmäßigen Hilfeleistung in Steuersachen auf dem Gebiet der Bundesrepublik Deutschland befugt. [2]Der Umfang der Befugnis zur Hilfeleistung in Steuersachen im Inland richtet sich nach dem Umfang dieser Befugnis im Niederlassungsstaat. [3]Bei ihrer Tätigkeit im Inland unterliegen sie denselben Berufsregeln wie die in § 3 genannten Personen. [4]Wenn weder der Beruf noch die Ausbildung zu diesem Beruf im Staat der Niederlassung reglementiert ist, gilt die Befugnis zur geschäftsmäßigen Hilfeleistung in Steuersachen im Inland nur, wenn die Person den Beruf dort während der vorhergehenden zehn Jahre mindestens zwei Jahre ausgeübt hat. [5]Ob die geschäftsmäßige Hilfeleistung in Steuersachen vorübergehend und gelegentlich erfolgt, ist insbesondere anhand ihrer Dauer, Häufigkeit, regelmäßiger Wiederkehr und Kontinuität zu beurteilen.

(2) [1]Die geschäftsmäßige Hilfeleistung in Steuersachen nach Absatz 1 ist nur zulässig, wenn die Person vor der ersten Erbringung im Inland der zuständigen Stelle schriftlich Meldung erstattet. [2]Zuständige Stelle ist für Personen aus:

1. Finnland die Steuerberaterkammer Berlin,
2. Polen die Steuerberaterkammer Brandenburg,

---

1) § 3 neu gef. mWv 1. 7. 2000 durch G v. 24. 6. 2000 (BGBl. I S. 874), Nr. 2 geänd. mWv 19. 7. 2013 durch G v. 15. 7. 2013 (BGBl. I S. 2386).

2) § 3 Nr. 4 aufgeh. mWv 12. 4. 2008 durch G v. 8. 4. 2008 (BGBl. I S. 666).

3) § 3 a eingef. mWv 12. 4. 2008 durch G v. 8. 4. 2008 (BGBl. I S. 666).

3. Zypern die Steuerberaterkammer Bremen,
4. den Niederlanden und Bulgarien die Steuerberaterkammer Düsseldorf,
5. Schweden und Island die Steuerberaterkammer Hamburg,
6. Portugal und Spanien die Steuerberaterkammer Hessen,
7. Belgien die Steuerberaterkammer Köln,
8. Estland, Lettland, Litauen die Steuerberaterkammer Mecklenburg-Vorpommern,
9. Italien und Österreich die Steuerberaterkammer München,
10. dem Vereinigten Königreich die Steuerberaterkammer Niedersachsen,
11. Rumänien und Liechtenstein die Steuerberaterkammer Nordbaden,
12. Tschechien die Steuerberaterkammer Nürnberg,
13. Frankreich die Steuerberaterkammer Rheinland-Pfalz,
14. Luxemburg die Steuerberaterkammer Saarland,
15. Ungarn die Steuerberaterkammer des Freistaates Sachsen,
16. der Slowakei die Steuerberaterkammer Sachsen-Anhalt,
17. Dänemark und Norwegen die Steuerberaterkammer Schleswig-Holstein,
18. Griechenland die Steuerberaterkammer Stuttgart,
19. der Schweiz die Steuerberaterkammer Südbaden,
20. Malta und Slowenien die Steuerberaterkammer Thüringen,
21. Irland die Steuerberaterkammer Westfalen-Lippe.

3 Die Meldung der Person muss enthalten:

1. den Familiennamen und die Vornamen, den Namen oder die Firma einschließlich der gesetzlichen Vertreter,
2. das Geburts- oder Gründungsjahr,
3. die Geschäftsanschrift einschließlich der Anschriften aller Zweigstellen,
4. die Berufsbezeichnung, unter der die Tätigkeit im Inland zu erbringen ist,
5. eine Bescheinigung darüber, dass die Person in einem Mitgliedstaat der Europäischen Union, in einem anderen Vertragsstaat des Abkommens über den Europäischen Wirtschaftsraum oder in der Schweiz rechtmäßig zur geschäftsmäßigen Hilfeleistung in Steuersachen niedergelassen ist und dass ihr die Ausübung dieser Tätigkeit zum Zeitpunkt der Vorlage der Bescheinigung nicht, auch nicht vorübergehend, untersagt ist,
6. einen Nachweis über die Berufsqualifikation,
7. einen Nachweis darüber, dass die Person den Beruf im Staat der Niederlassung während der vorhergehenden zehn Jahre mindestens zwei Jahre ausgeübt hat, wenn weder der Beruf noch die Ausbildung zu diesem Beruf im Staat der Niederlassung reglementiert ist,
8. eine Information über Einzelheiten zur Berufshaftpflichtversicherung oder eines anderen individuellen oder kollektiven Schutzes in Bezug auf die Berufshaftpflicht.

[4]Die Meldung ist jährlich zu wiederholen, wenn die Person nach Ablauf eines Kalenderjahres erneut nach Absatz 1 geschäftsmäßig Hilfeleistung in Steuersachen im Inland erbringen will. [5]In diesem Fall sind die Bescheinigung nach Satz 3 Nr. 5 und die Information nach Satz 3 Nr. 8 erneut vorzulegen.

(3) [1]Sobald die Meldung nach Absatz 2 vollständig vorliegt, veranlasst die zuständige Stelle eine vorübergehende Eintragung der Angaben nach Absatz 2 Satz 3 Nr. 1 bis 4 im Berufsregister oder ihre Verlängerung um ein Jahr. [2]Die jeweilige Eintragung erfolgt unter Angabe der zuständigen Stelle und des Datums der Eintragung. [3]Das Verfahren ist kostenfrei.

(4) Registrierte Personen nach Absatz 3 oder ihre Rechtsnachfolger müssen der zuständigen Stelle alle Änderungen der Angaben nach Absatz 2 Satz 3 Nr. 1 bis 4 unverzüglich schriftlich mitteilen.

(5) [1]Personen, die nach Absatz 1 geschäftsmäßig Hilfeleistung in Steuersachen im Inland erbringen, dürfen dabei nur unter der Berufsbezeichnung in den Amtssprachen des Niederlassungsstaates tätig werden, unter der sie ihre Dienste im Niederlassungsstaat anbieten. [2]Wer danach berechtigt ist, die Berufsbezeichnung „Steuerberater"/„Steuerberaterin", „Steuerbevollmächtigter"/„Steuerbevollmächtigte" oder „Steuerberatungsgesellschaft" zu führen, hat zusätzlich die Berufsorganisation, der er im Niederlassungsstaat angehört, sowie den Niederlassungsstaat anzugeben. [3]Eine Verwechslung mit den genannten Berufsbezeichnungen muss ausgeschlossen sein.

(6) Die zuständige Stelle kann einer nach Absatz 1 geschäftsmäßig Hilfe in Steuersachen leistenden Person die weitere Erbringung ihrer Dienste im Inland untersagen, wenn die Person im Staat der Niederlassung nicht mehr rechtmäßig niedergelassen ist oder ihr die Ausübung der Tätigkeit dort untersagt wird, wenn sie nicht über die für die Ausübung der Berufstätigkeit im Inland erforderlichen deutschen Sprachkenntnisse verfügt oder wenn sie wiederholt eine unrichtige Berufsbezeichnung führt.

(7) [1]Die zuständigen Stellen arbeiten mit den zuständigen Stellen in den anderen Mitgliedstaaten der Europäischen Union, in den anderen Vertragsstaaten des Abkommens über den Europäischen Wirtschaftsraum und in der Schweiz zusammen und übermitteln auf Anfrage:

1. Informationen über die Rechtmäßigkeit der Niederlassung und die gute Führung des Dienstleisters;
2. Informationen darüber, dass keine berufsbezogenen disziplinarischen oder strafrechtlichen Sanktionen vorliegen;
3. Informationen, die im Falle von Beschwerden eines Dienstleistungsempfängers gegen einen Dienstleister für ein ordnungsgemäßes Beschwerdeverfahren erforderlich sind.

[2]§ 83 dieses Gesetzes und § 30 der Abgabenordnung stehen dem nicht entgegen.

§ 4[1] Befugnis zu beschränkter Hilfeleistung in Steuersachen. Zur geschäftsmäßigen Hilfeleistung in Steuersachen sind ferner befugt:

1. Notare im Rahmen ihrer Befugnisse nach der Bundesnotarordnung,
2. Patentanwälte und Patentanwaltsgesellschaften im Rahmen ihrer Befugnisse nach der Patentanwaltsordnung,
3. Behörden und Körperschaften des öffentlichen Rechts sowie die überörtlichen Prüfungseinrichtungen für Körperschaften und Anstalten des öffentlichen Rechts im Rahmen ihrer Zuständigkeit,
4. Verwahrer und Verwalter fremden oder zu treuen Händen oder zu Sicherungszwecken übereigneten Vermögens, soweit sie hinsichtlich dieses Vermögens Hilfe in Steuersachen leisten,
5. Unternehmer, die ein Handelsgewerbe betreiben, soweit sie in unmittelbarem Zusammenhang mit einem Geschäft, das zu ihrem Handelsgewerbe gehört, ihren Kunden Hilfe in Steuersachen leisten,
6. genossenschaftliche Prüfungs- und Spitzenverbände und genossenschaftliche Treuhandstellen, soweit sie im Rahmen ihres Aufgabenbereichs den Mitgliedern der Prüfungs- und Spitzenverbände Hilfe in Steuersachen leisten,
7. als Berufsvertretung oder auf ähnlicher Grundlage gebildete Vereinigungen, soweit sie im Rahmen ihres Aufgabenbereichs ihren Mitgliedern Hilfe in Steuersachen leisten; § 95 des Bundesvertriebenengesetzes bleibt unberührt,
8. als Berufsvertretung oder auf ähnlicher Grundlage gebildete Vereine von Land- und Forstwirten, zu deren satzungsmäßiger Aufgabe die Hilfeleistung für land- und forstwirtschaftliche Betriebe im Sinne des Bewertungsgesetzes gehört, soweit sie diese Hilfe durch Personen leisten, die berechtigt sind, die Bezeichnung „Landwirtschaftliche Buchstelle“ zu führen, und die Hilfe nicht die Ermittlung der Einkünfte aus selbständiger Arbeit oder aus Gewerbebetrieb betrifft, es sei denn, daß es sich hierbei um Nebeneinkünfte handelt, die üblicherweise bei Landwirten vorkommen,
9. a)[2] Speditionsunternehmen, soweit sie Hilfe in Eingangsabgabensachen oder bei der verbrauchsteuerlichen Behandlung von Waren im Warenverkehr mit anderen Mitgliedstaaten der Europäischen Union leisten,
   b) sonstige gewerbliche Unternehmen, soweit sie im Zusammenhang mit der Zollbehandlung Hilfe in Eingangsabgabensachen leisten,
   c)[3] die in den Buchstaben a und b genannten Unternehmen, soweit sie für Unternehmer im Sinne des § 22a des Umsatzsteuergesetzes Hilfe in Steuersachen nach § 22b des Umsatzsteuergesetzes leisten und im Geltungsbereich dieses Gesetzes ansässig sind, nicht Kleinunternehmer im Sinne des § 19 des Umsatzsteuergesetzes und nicht von der Fiskalvertretung nach § 22e des Umsatzsteuergesetzes ausgeschlossen sind,

---

[1] § 4 Nrn. 8, 11 neu gef., Nrn. 12, 13 angef. durch G v. 9. 6. 1989 (BGBl. I S. 1062), Nr. 9 Buchst. a geänd. durch G v. 21. 12. 1992 (BGBl. I S. 2150), Nr. 11 Buchst. c neu gef. mWv 1. 7. 1994 durch G v. 24. 6. 1994 (BGBl. I S. 1387), Nr. 2 geänd. mWv 1. 3. 1999 durch G v. 31. 8. 1998 (BGBl. I S. 2600).

[2] § 4 Nr. 9 Buchst. a geänd. durch G v. 24. 6. 2000 (BGBl. I S. 874).

[3] § 4 Nr. 9 Buchst. c angef. mWv 1. 1. 1997 durch G v. 12. 12. 1996 (BGBl. I S. 1851).

10.[1)] Arbeitgeber, soweit sie für ihre Arbeitnehmer Hilfe bei lohnsteuerlichen Sachverhalten oder bei Sachverhalten des Familienleistungsausgleichs im Sinne des Einkommensteuergesetzes leisten,

11.[1)·2)] Lohnsteuerhilfevereine, soweit sie für ihre Mitglieder Hilfe in Steuersachen leisten, wenn diese

a)[3)] Einkünfte aus nichtselbständiger Arbeit, sonstige Einkünfte aus wiederkehrenden Bezügen (§ 22 Nr. 1 des Einkommensteuergesetzes), Einkünfte aus Unterhaltsleistungen (§ 22 Nr. 1a des Einkommensteuergesetzes) oder Einkünfte aus Leistungen nach § 22 Nr. 5 des Einkommensteuergesetzes erzielen,

b)[4)] keine Einkünfte aus Land- und Forstwirtschaft, aus Gewerbebetrieb oder aus selbständiger Arbeit erzielen oder umsatzsteuerpflichtige Umsätze ausführen, es sei denn, die den Einkünften zugrunde liegenden Einnahmen sind nach § 3 Nr. 12, 26 oder 26a[5)] des Einkommensteuergesetzes in voller Höhe steuerfrei, und

c)[6)] Einnahmen aus anderen Einkunftsarten haben, die insgesamt die Höhe von dreizehntausend Euro, im Falle der Zusammenveranlagung von sechsundzwanzigtausend Euro, nicht übersteigen und im Veranlagungsverfahren zu erklären sind oder auf Grund eines Antrags des Steuerpflichtigen erklärt werden. [2]An die Stelle der Einnahmen tritt in Fällen des § 20 Absatz 2 des Einkommensteuergesetzes der Gewinn im Sinne des § 20 Absatz 4 des Einkommensteuergesetzes und in den Fällen des § 23 Absatz 1 des Einkommensteuergesetzes der Gewinn im Sinne des § 23 Absatz 3 Satz 1 des Einkommensteuergesetzes; Verluste bleiben unberücksichtigt.

[2]Die Befugnis erstreckt sich nur auf die Hilfeleistung bei der Einkommensteuer und ihren Zuschlagsteuern. [3]Soweit zulässig, berechtigt sie auch zur Hilfeleistung bei der Eigenheimzulage und der Investitionszulage nach den §§ 3 bis 4 des Investitionszulagengesetzes 1999, bei mit Kinderbetreuungskosten im Sinne von § 10 Absatz 1 Nummer 5[7)] des Einkommensteuergesetzes sowie bei mit haushaltsnahen Beschäftigungsverhältnissen im Sinne des § 35a des Einkommensteuergesetzes zusammenhängenden Arbeitgeberaufgaben sowie zur Hilfe bei Sachverhalten des Familienleistungsausgleichs im Sinne des Einkommensteuergesetzes und der sonstigen Zulagen und Prämien, auf die die Vorschriften der Abgabenordnung anzuwenden sind. [4]Mitglieder, die arbeitslos geworden sind, dürfen weiterhin beraten werden,

---

1) § 4 Nrn. 10 und 11 neu gef. mWv 1. 7. 2000 durch G v. 24. 6. 2000 (BGBl. I S. 874).
2) § 4 Nr. 11 Satz 3 neu gef. mWv 12. 4. 2008 durch G v. 8. 4. 2008 (BGBl. I S. 666).
3) § 4 Nr. 11 Satz 1 Buchst. a geänd. durch G. v. 5. 7. 2004 (BGBl. I S. 1427).
4) § 4 Nr. 11 Satz 1 Buchst. b neu gef. mWv 16. 12. 2004 durch G v. 9. 12. 2004 (BGBl. I S. 3310).
5) Hinweis auf § 3 Nr. 26a EStG eingef. durch G v. 8. 4. 2008 (BGBl. I S. 666).
6) § 4 Nr. 11 Satz 1 Buchst. c neu gef. mWv 12. 4. 2008 durch G v. 8. 4. 2008 (BGBl. I S. 666); Buchst. c Satz 2 angef. mWv 14. 12. 2010 durch G v. 8. 12. 2010 (BGBl. I S. 1768).
7) § 4 Nr. 11 Satz 3 Verweis geänd. durch G v. 22. 12. 2008 (BGBl. I S. 2955); geänd. durch G v. 26. 6. 2013 (BGBl. I S. 1809).

12.[1] inländische Kapitalanlagegesellschaften sowie Personen, Gesellschaften und andere Gesamthandsgemeinschaften, soweit sie in Vertretung der Gläubiger von Kapitalerträgen Sammelanträge auf Erstattung von Kapitalertragsteuer nach § 45b des Einkommensteuergesetzes stellen,

12a.[2] ausländische Kreditinstitute, soweit sie in Vertretung der Gläubiger von Kapitalerträgen Anträge auf Erstattung von Kapitalertragsteuer nach § 50d des Einkommensteuergesetzes stellen,

13. öffentlich bestellte versicherungsmathematische Sachverständige, soweit sie in unmittelbarem Zusammenhang mit der Berechnung von Pensionsrückstellungen, versicherungstechnischen Rückstellungen und Zuführungen zu Pensions- und Unterstützungskassen ihren Auftraggebern Hilfe in Steuersachen leisten,

14.[3] diejenigen, die Verträge im Sinne des § 2 Abs. 1 Wohnungsbau-Prämiengesetz schließen oder vermitteln, soweit sie bei der Ausfüllung von Anträgen auf Wohnungsbauprämie Hilfe leisten,

15.[4] Stellen, die durch Landesrecht als geeignet im Sinne des § 305 Abs. 1 Nr. 1 der Insolvenzordnung anerkannt sind, im Rahmen ihres Aufgabenbereichs,

16.[5] a) diejenigen, die Verträge im Sinne des § 1 Abs. 1 und 1a des Altersvorsorgeverträge-Zertifizierungsgesetzes schließen oder vermitteln,

b) die in § 82 Abs. 2 Satz 1 Buchstabe a des Einkommensteuergesetzes genannten Versorgungseinrichtungen,

soweit sie im Rahmen des Vertragsabschlusses, der Durchführung des Vertrages oder der Antragstellung nach § 89 des Einkommensteuergesetzes Hilfe leisten.

Dritter Unterabschnitt. Verbot und Untersagung

§ 5 Verbot der unbefugten Hilfeleistung in Steuersachen, Missbrauch von Berufsbezeichnungen. (1) [1]Andere als die in den §§ 3, 3a[6] und 4 bezeichneten Personen und Vereinigungen dürfen nicht geschäftsmäßig Hilfe in Steuersachen leisten, insbesondere nicht geschäftsmäßig Rat in Steuersachen erteilen. [2]Die in § 4 bezeichneten Personen und Vereinigungen dürfen nur im Rahmen ihrer Befugnis geschäftsmäßig Hilfe in Steuersachen leisten.

(2)[7] Werden den Finanzbehörden oder den Steuerberaterkammern Tatsachen bekannt, die den Verdacht begründen, dass eine Person oder Vereinigung entgegen Absatz 1 geschäftsmäßig Hilfe in Steuersachen leistet, so haben sie diese Tatsachen der für das Bußgeldverfahren zuständigen Stelle mitzuteilen.

---

[1] § 4 Nr. 12 neu gef. mWv 12. 4. 2008 durch G v. 8. 4. 2008 (BGBl. I S. 666).

[2] § 4 Nr. 12a eingef. mWv 12. 4. 2008 durch G v. 8. 4. 2008 (BGBl. I S. 666).

[3] § 4 Nr. 14 angef. mWv 21. 10. 1995 durch G v. 11. 10. 1995 (BGBl. I S. 1250).

[4] § 4 Nr. 15 angef. mWv 1. 1. 1999 durch G v. 19. 12. 1998 (BGBl. I S. 3836).

[5] § 4 Nr. 16 angef. mWv 30. 6. 2001 durch G v. 26. 6. 2001 (BGBl. I S. 1310) und neu gef. mWv 1. 1. 2004 durch G v. 5. 7. 2004 (BGBl. I S. 1427), Buchst. a geänd. mWv 1. 11. 2008 durch G v. 19. 12. 2008 (BGBl. I S. 2794).

[6] Hinweis auf § 3a eingef. durch G v. 8. 4. 2008 (BGBl. I S. 666).

[7] § 5 Abs. 2 angef. durch G v. 9. 6. 1989 (BGBl. I S. 1062) und neu gef. mWv 1. 7. 2000 durch G v. 24. 6. 2000 (BGBl. I S. 874).

(3)[1] [1]Die Finanzbehörden oder die Steuerberaterkammern haben der für das Strafverfahren, das Bußgeldverfahren oder ein berufsaufsichtliches Verfahren zuständigen Stelle ihnen bekannte Tatsachen mitzuteilen, die den Verdacht begründen, das

1. Personen, die geschäftsmäßig Hilfe in Steuersachen leisten, entgegen § 132a Absatz 1 Nummer 2 des Strafgesetzbuches die Berufsbezeichnungen „Steuerberater", „Steuerbevollmächtigter", „Rechtsanwalt", „Wirtschaftsprüfer" oder „vereidigter Buchprüfer" führen,
2. Vereinigungen, die geschäftsmäßig Hilfe in Steuersachen leisten, entgegen § 161 dieses Gesetzes unbefugt die Bezeichnungen „Steuerberatungsgesellschaft", „Lohnsteuerhilfeverein", „Landwirtschaftliche Buchstelle" oder unbefugt den Zusatz „und Partner", „Partnerschaft" (§ 2 Absatz 1 Satz 1 des Partnerschaftsgesellschaftsgesetzes), „mit beschränkter Berufshaftung" oder jeweilige Abkürzungen (§ 8 Absatz 4 des Partnerschaftsgesellschaftsgesetzes) oder entgegen § 133 der Wirtschaftsprüferordnung die Bezeichnungen „Wirtschaftsprüfungsgesellschaft" oder „Buchprüfungsgesellschaft" führen.

[2]§ 83 dieses Gesetzes und § 30 der Abgabenordnung stehen den Mitteilungen nicht entgegen.

§ 6[2] Ausnahmen vom Verbot der unbefugten Hilfeleistung in Steuersachen. Das Verbot des § 5 gilt nicht für

1. die Erstattung wissenschaftlich begründeter Gutachten,
2. die unentgeltliche Hilfeleistung in Steuersachen für Angehörige im Sinne des § 15 der Abgabenordnung,
3. die Durchführung mechanischer Arbeitsgänge bei der Führung von Büchern und Aufzeichnungen, die für die Besteuerung von Bedeutung sind; hierzu gehören nicht das Kontieren von Belegen und das Erteilen von Buchungsanweisungen,
4. das Buchen laufender Geschäftsvorfälle, die laufende Lohnabrechnung und das Fertigen der Lohnsteuer-Anmeldungen, soweit diese Tätigkeiten verantwortlich durch Personen erbracht werden, die nach Bestehen der Abschlußprüfung in einem kaufmännischen Ausbildungsberuf oder nach Erwerb einer gleichwertigen Vorbildung mindestens drei Jahre auf dem Gebiet des Buchhaltungswesens in einem Umfang von mindestens 16 Wochenstunden praktisch tätig gewesen sind.

§ 7[3] Untersagung der Hilfeleistung in Steuersachen. (1) Das Finanzamt kann die Hilfeleistung in Steuersachen untersagen,

1. wenn die Tätigkeit durch eine Person oder Vereinigung ausgeübt wird, die nicht unter §§ 3, 3a[4] oder 4 fällt,

---

[1] § 5 Abs. 3 neu gef. mWv 19. 7. 2013 durch G v. 15. 7. 2013 (BGBl. I S. 2386).

[2] § 6 Nr. 2 geänd. durch G v. 14. 12. 1976 (BGBl. I S. 3341), Nr. 4 angef. durch G v. 9. 6. 1989 (BGBl. I S.1062) und geänd. mWv 1. 7. 2000 durch G v. 24. 6. 2000 (BGBl. I S. 874).

[3] § 7 Abs. 2 Satz 1 geänd. durch G v. 9. 6. 1989 (BGBl. I S. 1062), Abs. 1 Nr. 3 angef. mWv 1. 7. 2000 durch G v. 24. 6. 2000 (BGBl. I S. 874).

[4] Hinweis auf § 3a eingef. durch G v. 8. 4. 2008 (BGBl. I S. 666).

2. wenn eine Tätigkeit nach den §§ 4 und 6 oder eine Tätigkeit als Arbeitnehmer zur Umgehung des Verbots nach § 5 mißbraucht wird.

3.[1] *(aufgehoben)*

(2) [1]Die für die Finanzverwaltung zuständige oberste Landesbehörde kann den in § 4 Nr. 7 bezeichneten Vereinigungen im Einvernehmen mit den fachlich beteiligten obersten Landesbehörden die Hilfeleistung in Steuersachen ganz oder teilweise untersagen, wenn eine sachgemäße Tätigkeit nicht gewährleistet ist. [2]Dies gilt nicht, wenn eine der in § 3 Nr. 1 aufgeführten Personen die Hilfeleistung in Steuersachen leitet.

(3)[2] [1]Örtlich zuständig ist die Finanzbehörde, in deren Bezirk die Person oder Vereinigung, deren Tätigkeit untersagt werden soll, ihre Geschäftsleitung hat, hilfsweise in deren Bezirk die Tätigkeit vorwiegend ausgeübt wird. [2]Ergibt sich die örtliche Zuständigkeit nicht aus Satz 1, ist die Finanzbehörde zuständig, in deren Bezirk der Anlass für die Amtshandlung besteht.

Vierter Unterabschnitt. Sonstige Vorschriften

§ 8[3] **Werbung.** (1) Auf eigene Dienste oder Dienste Dritter zur geschäftsmäßigen Hilfeleistung in Steuersachen darf hingewiesen werden, soweit über die Tätigkeit in Form und Inhalt sachlich unterrichtet wird.

(2) [1]Werbung, die auf die Erteilung eines Auftrags zur geschäftsmäßigen Hilfeleistung in Steuersachen im Einzelfall gerichtet ist, ist verboten. [2]Dies gilt nicht für die Durchführung der Tätigkeiten nach § 6 Nr. 3 und 4.

(3) Die in § 3 Nr. 1 bis 3 bezeichneten Personen und Gesellschaften dürfen auf ihre Befugnis zur Hilfeleistung in Steuersachen nach den für sie geltenden berufsrechtlichen Vorschriften hinweisen.

(4) [1]Die in § 6 Nr. 4 bezeichneten Personen dürfen auf ihre Befugnisse zur Hilfeleistung in Steuersachen hinweisen und sich als Buchhalter bezeichnen. [2]Personen, die den anerkannten Abschluss „Geprüfter Bilanzbuchhalter/Geprüfte Bilanzbuchhalterin" oder „Steuerfachwirt/Steuerfachwirtin" erworben haben, dürfen unter dieser Bezeichnung werben. [3]Die genannten Personen dürfen dabei nicht gegen das Gesetz gegen den unlauteren Wettbewerb verstoßen.

§ 9[4] **Vergütung.** (1)[5] *(aufgehoben)*

(2) Die Abgabe oder Entgegennahme eines Teils der Gebühren oder sonstiger Vorteile für die Vermittlung von Aufträgen, gleichviel ob im Verhältnis zu einem Steuerberater oder Steuerbevollmächtigten oder zu einem Dritten gleich welcher Art, ist unzulässig.

---

[1] § 7 Abs. 1 Nr. 3 aufgeh. mWv 12. 4. 2008 durch G v. 8. 4. 2008 (BGBl. I S. 666).

[2] § 7 Abs. 3 Satz 2 angef. mWv 31. 7. 2014 durch G v. 25. 7. 2014 (BGBl. I S. 1266).

[3] § 8 neu gef. mWv 1. 7. 2000 durch G v. 24. 6. 2000 (BGBl. I S. 874), Abs. 4 neugef. mWv 12. 4. 2008 durch G v. 8. 4. 2008 (BGBl. I S. 666).

[4] § 9 neu gef. mWv 1. 7. 1994 durch G v. 24. 6. 1994 (BGBl. I S. 1387).

[5] § 9 Abs. 1 aufgeh. mWv 1. 7. 2008 durch G v. 12. 6. 2008 (BGBl. I S. 1000).

§ 9a[1)] Erfolgshonorar. (1) [1]Vereinbarungen, durch die eine Vergütung für eine Hilfeleistung in Steuersachen oder ihre Höhe vom Ausgang der Sache oder vom Erfolg der Tätigkeit abhängig gemacht wird oder nach denen der Steuerberater oder Steuerbevollmächtigte einen Teil der zu erzielenden Steuerermäßigung, Steuerersparnis oder Steuervergütung als Honorar erhält (Erfolgshonorar), sind unzulässig, soweit nachfolgend nichts anderes bestimmt ist. [2]Vereinbarungen, durch die der Steuerberater oder Steuerbevollmächtigte sich verpflichtet, Gerichtskosten, Verwaltungskosten oder Kosten anderer Beteiligter zu tragen, sind unzulässig.

(2) [1]Ein Erfolgshonorar darf nur für den Einzelfall und nur dann vereinbart werden, wenn der Auftraggeber aufgrund seiner wirtschaftlichen Verhältnisse bei verständiger Betrachtung ohne die Vereinbarung eines Erfolgshonorars von der Rechtsverfolgung abgehalten würde. [2]Dabei darf für den Fall des Misserfolgs vereinbart werden, dass keine oder eine geringere als die gesetzliche Vergütung zu zahlen ist, wenn für den Erfolgsfall ein angemessener Zuschlag auf die gesetzliche Vergütung vereinbart wird.

(3) [1]Die Vereinbarung bedarf der Textform. [2]Sie muss als Vegütungsvereinbarung oder in vergleichbarer Weise bezeichnet werden, von anderen Vereinbarungen deutlich abgesetzt sein und darf nicht in der Vollmacht enthalten sein. [3]Die Vereinbarung muss enthalten:

1. die voraussichtliche gesetzliche Vergütung und gegebenenfalls die erfolgsunabhängige vertragliche Vergütung, zu der der Steuerberater oder Steuerbevollmächtigte bereit wäre, den Auftrag zu übernehmen, sowie
2. die Angabe, welche Vergütung bei Eintritt welcher Bedingungen verdient sein soll.

(4) [1]In der Vereinbarung sind außerdem die wesentlichen Gründe anzugeben, die für die Bemessung des Erfolgshonorars bestimmend sind. [2]Ferner ist ein Hinweis aufzunehmen, dass die Vereinbarung keinen Einfluss auf die gegebenenfalls vom Auftraggeber zu zahlenden Gerichtskosten, Verwaltungskosten und die von ihm zu erstattenden Kosten anderer Beteiligter hat.

(5) [1]Aus einer Vergütungsvereinbarung, die nicht den Anforderungen der Absätze 2 und 3 entspricht, kann der Steuerberater oder Steuerbevollmächtigte keine höhere als die gesetzliche Vergütung fordern. [2]Die Vorschriften des bürgerlichen Rechts über die ungerechtfertigte Bereicherung bleiben unberührt.

§ 10[2)] Mitteilungen über Pflichtverletzungen und andere Informationen. (1) Werden den Finanzbehörden oder den Steuerberaterkammern Tatsachen bekannt, die den Verdacht begründen, dass eine der in den §§ 3, 3a[3)] oder § 4 Nr. 1 und 2 genannten Personen eine Berufspflicht verletzt hat, so teilen sie diese Tatsachen, soweit ihre Kenntnis aus der Sicht der übermittelnden Stelle für die Verwirklichung der Rechtsfolgen erforderlich ist, der

---

[1)] § 9a eingef. mWv 1. 7. 2008 durch G v. 12. 6. 2008 (BGBl. I S. 1000).

[2)] § 10 neu gef. mWv 1. 7. 2000 durch G v. 24. 6. 2000 (BGBl. I S. 874), Abs. 2 Nr. 4 angef. mWv 20. 12. 2003 durch G v. 15. 12. 2003 (BGBl. I S. 2645), Abs. 2 Satz 1 geänd. durch G v. 8. 4. 2008 (BGBl. I S. 666).

[3)] § 10 Abs. 1 Verweis geänd. mWv 14. 12. 2010 durch G v. 8. 12. 2010 (BGBl. I S. 1768).

zuständigen Stelle mit; § 83 dieses Gesetzes und § 30 der Abgabenordnung[1] stehen dem nicht entgegen.

(2) [1]Gerichte und Behörden übermitteln Informationen über natürliche und juristische Personen, die aus der Sicht der übermittelnden Stelle

1. für die Zulassung zur Prüfung, für die Befreiung von der Prüfung, für die Bestellung und Wiederbestellung, für die Rücknahme oder für den Widerruf der Bestellung als Steuerberater oder Steuerbevollmächtigter,
2. für die Anerkennung, für die Rücknahme oder für den Widerruf der Anerkennung als Steuerberatungsgesellschaft oder als Lohnsteuerhilfeverein,
3. für die Einleitung eines Rügeverfahrens oder eines berufsgerichtlichen Verfahrens zur Ahndung von Pflichtverletzungen oder
4. für die Überprüfung der Pflichten eines Beratungsstellenleiters im Sinne des § 23 Abs. 3

erforderlich sind, der für die Entscheidung zuständigen Stelle, soweit hierdurch schutzwürdige Interessen des Betroffenen nicht beeinträchtigt werden oder das öffentliche Interesse das Geheimhaltungsinteresse der Beteiligten überwiegt. [2]Die Übermittlung unterbleibt, wenn besondere gesetzliche Verwendungsregelungen entgegenstehen; § 83 dieses Gesetzes und § 30 der Abgabenordnung[1] stehen dem nicht entgegen.

(3) Soweit natürliche oder juristische Personen über weitere Qualifikationen im Sinne von § 3 verfügen, dürfen Finanzbehörden und Steuerberaterkammern Informationen im Sinne des Absatzes 2 und nach Maßgabe dieser Vorschrift auch an andere zuständige Stellen übermitteln, soweit ihre Kenntnis aus der Sicht der übermittelnden Stelle für die Verwirklichung der Rechtsfolgen erforderlich ist.

§ 10 a[2] Mitteilung über den Ausgang eines Bußgeldverfahrens wegen unbefugter Hilfeleistung in Steuersachen. (1) [1]Liegen tatsächliche Anhaltspunkte dafür vor, dass die unbefugte Hilfeleistung in Steuersachen fortgesetzt wird, sind die Finanzbehörden verpflichtet, die Steuerberaterkammer, in deren Bezirk die Person Hilfe in Steuersachen geleistet hat, über den Ausgang eines nach § 160 eingeleiteten Bußgeldverfahrens zu unterrichten und ihr die Tatsachen mitzuteilen, die für die Geltendmachung von Ansprüchen nach den Vorschriften des Gesetzes gegen den unlauteren Wettbewerb erforderlich sind. [2]§ 30 der Abgabenordnung steht dem nicht entgegen.

(2) [1]Wird die Hilfe in Steuersachen in verschiedenen Kammerbezirken geleistet, ist die Mitteilung an die Steuerberaterkammer zu richten, in deren Bezirk die Person ihre Geschäftsleitung unterhält, hilfsweise in deren Bezirk die Tätigkeit vorwiegend ausgeübt wird. [2]Ergibt sich die örtliche Zuständigkeit einer Steuerberaterkammer nicht aus Absatz 1 Satz 1 oder Absatz 2 Satz 1, ist die Steuerberaterkammer zuständig, in deren Kammerbezirk die Finanzbehörde, die das Bußgeldverfahren nach § 160 eingeleitet hat, ihren Sitz hat.

---

[1] Nr. **800**.
[2] § 10 a eingef. mWv 31. 7. 2014 durch G v. 25. 7. 2014 (BGBl. I S. 1266).

§ 11[1)] Erhebung und Verwendung personenbezogener Daten. Soweit es zur Erfüllung der Aufgaben nach diesem Gesetz erforderlich ist, dürfen personenbezogene Daten erhoben und auch für Zwecke künftiger Verfahren verarbeitet und genutzt werden; § 83 dieses Gesetzes und § 30 der Abgabenordnung stehen dem nicht entgegen.

§ 12[2)] Hilfeleistung im Abgabenrecht fremder Staaten. [1]Personen und Vereinigungen im Sinne des § 3 Nr. 1 bis 3 sind in Angelegenheiten, die das Abgabenrecht fremder Staaten betreffen, zur geschäftsmäßigen Hilfe in Steuersachen befugt. [2]Die entsprechenden Befugnisse Dritter auf Grund anderer Rechtsvorschriften bleiben unberührt.

Zweiter Abschnitt. Lohnsteuerhilfevereine

Erster Unterabschnitt. Aufgaben

§ 13[3)] Zweck und Tätigkeitsbereich. (1) Lohnsteuerhilfevereine sind Selbsthilfeeinrichtungen von Arbeitnehmern zur Hilfeleistung in Steuersachen im Rahmen der Befugnis nach § 4 Nr. 11 für ihre Mitglieder.

(2) Lohnsteuerhilfevereine bedürfen für ihre Tätigkeit der Anerkennung.

Zweiter Unterabschnitt. Anerkennung

§ 14[4)] Voraussetzungen für die Anerkennung, Aufnahme der Tätigkeit. (1) [1]Ein rechtsfähiger Verein kann als Lohnsteuerhilfeverein anerkannt werden, wenn nach der Satzung

1. seine Aufgabe ausschließlich die Hilfeleistung in Steuersachen im Rahmen der Befugnis nach § 4 Nr. 11 für seine Mitglieder ist;
2. der Sitz und die Geschäftsleitung des Vereins sich in demselben Bezirk der Aufsichtsbehörde befinden;
3. der Name des Vereins keinen Bestandteil mit besonderem Werbecharakter enthält;
4. eine sachgemäße Ausübung der Hilfeleistung in Steuersachen im Rahmen der Befugnis nach § 4 Nr. 11 sichergestellt ist;
5. für die Hilfeleistung in Steuersachen im Rahmen der Befugnis nach § 4 Nr. 11 neben dem Mitgliedsbeitrag kein besonderes Entgelt erhoben wird;

[1)] § 11 neu gef. mWv 1. 7. 2000 durch G v. 24. 6. 2000 (BGBl. I S. 874).

[2)] Bish. § 12 aufgeh., bish. § 12a wird § 12 und neu gef. mWv 1. 7. 2000 durch G v. 24. 6. 2000 (BGBl. I S. 874).

[3)] § 13 Abs. 1 geänd., bish. Abs. 2 aufgeh., bish. Abs. 3 wird Abs. 2 mWv 1. 7. 2000 durch G v. 24. 6. 2000 (BGBl. I S. 874).

[4)] § 14 Abs. 1 Nrn. 2 und 7 eingef. durch G v. 9. 6. 1989 (BGBl. I S. 1062), Satz 3 angef. durch G v. 13. 12. 1990 (BGBl. I S. 2756), Abs. 1 Nrn. 1, 4, 5 und 7 sowie Abs. 2 und 3 geänd. mWv 1. 7. 2000 durch G v. 24. 6. 2000 (BGBl. I S. 874), Nr. 2 geänd. mWv 12. 4. 2008 durch G v. 8. 4. 2008 (BGBl. I S. 666).

6.[1] die Anwendung der Vorschriften des § 27 Absatz 1 und 3 Satz 1 sowie der §§ 32 und 33 des Bürgerlichen Gesetzbuches[2] nicht ausgeschlossen ist;

7. Verträge des Vereins mit Mitgliedern des Vorstands oder deren Angehörigen der Zustimmung oder Genehmigung der Mitgliederversammlung bedürfen;

8. innerhalb von drei Monaten nach Bekanntgabe des wesentlichen Inhalts der Prüfungsfeststellungen an die Mitglieder (§ 22 Abs. 7 Nr. 2) eine Mitgliederversammlung stattfinden muß, in der insbesondere eine Aussprache über das Ergebnis der Geschäftsprüfung durchzuführen und über die Entlastung des Vorstands wegen seiner Geschäftsführung während des geprüften Geschäftsjahres zu befinden ist.

[2] An die Stelle der Mitgliederversammlung kann eine Vertreterversammlung treten, sofern durch sie eine ausreichende Wahrnehmung der Interes-

(Fortsetzung nächstes Blatt)

---

[1] § 14 Abs. 1 Nr. 6 geänd. mWv 1. 1. 2015 durch G v. 2. 11. 2015 (BGBl. I S. 1834).
[2] **Schönfelder Nr. 20.**

sen der Mitglieder gewährleistet ist. [3]Die Vorschriften über Mitgliederversammlungen gelten für Vertreterversammlungen sinngemäß.

(2) Die Anerkennung darf nur ausgesprochen werden, wenn das Bestehen einer Versicherung gegen die sich aus der Hilfeleistung in Steuersachen im Rahmen der Befugnis nach § 4 Nr. 11 ergebenden Haftpflichtgefahren (§ 25 Abs. 2) nachgewiesen wird.

(3) Die Hilfeleistung in Steuersachen im Rahmen der Befugnis nach § 4 Nr. 11 darf erst nach der Anerkennung als Lohnsteuerhilfeverein aufgenommen werden.

§ 15[1)] Anerkennungsbehörde, Satzung. (1) Für die Entscheidung über den Antrag auf Anerkennung als Lohnsteuerhilfeverein ist die Aufsichtsbehörde zuständig, in deren Bezirk der Verein seinen Sitz hat.

(2) Dem Antrag auf Anerkennung als Lohnsteuerhilfeverein ist eine öffentlich beglaubigte Abschrift der Satzung beizufügen.

(3) [1]Der Lohnsteuerhilfeverein hat jede Satzungsänderung der für den Sitz des Vereins zuständigen Aufsichtsbehörde innerhalb eines Monats nach der Beschlußfassung anzuzeigen. [2]Der Änderungsanzeige ist eine öffentlich beglaubigte Abschrift der jeweiligen Urkunde beizufügen.

§ 16[2)] Gebühren für die Anerkennung. Für die Bearbeitung des Antrags auf Anerkennung als Lohnsteuerhilfeverein hat der Verein eine Gebühr von dreihundert Euro[3)] an die Aufsichtsbehörde zu zahlen.

§ 17[4)] Urkunde. Über die Anerkennung als Lohnsteuerhilfeverein stellt die Aufsichtsbehörde eine Urkunde aus.

§ 18 Bezeichnung „Lohnsteuerhilfeverein“. Der Verein ist verpflichtet, die Bezeichnung „Lohnsteuerhilfeverein“ in den Namen des Vereins aufzunehmen.

§ 19[5)] Erlöschen der Anerkennung. (1) Die Anerkennung erlischt durch

1. Auflösung des Vereins;
2. Verzicht auf die Anerkennung;
3. Verlust der Rechtsfähigkeit.

(2) Der Verzicht ist schriftlich gegenüber der Aufsichtsbehörde zu erklären.

[1)] § 15 Abs. 3 Satz 2 angef. mWv 1. 7. 2000 durch G v. 24. 6. 2000 (BGBl. I S. 874), Abs. 1 und Abs. 3 Satz 1 geänd. mWv 12. 4. 2008 durch G v. 4. 8. 2008 (BGBl. I S. 666).

[2)] § 16 Satz 1 geänd., bish. Satz 2 aufgeh. mWv 1. 7. 1994 durch G v. 24. 6. 1994 (BGBl. I S. 1387), Satz 1 geänd. mWv 12. 4. 2008 durch G v. 8. 4. 2008 (BGBl. I S. 666).

[3)] Betrag geänd. mWv 1. 1. 2002 durch G v. 24. 6. 2000 (BGBl. I S. 874).

[4)] § 17 geänd. mWv 12. 4. 2008 durch G v. 8. 4. 2008 (BGBl. I S. 666).

[5)] § 19 Abs. 2 geänd. mWv 12. 4. 2008 durch G v. 8. 4. 2008 (BGBl. I S. 666).

§ 20[1] **Rücknahme und Widerruf der Anerkennung.** (1) Die Aufsichtsbehörde hat die Anerkennung zurückzunehmen, wenn sich nach der Anerkennung ergibt, daß sie hätte versagt werden müssen.

(2) Die Aufsichtsbehörde hat die Anerkennung zu widerrufen,

1. wenn die Voraussetzungen für die Anerkennung als Lohnsteuerhilfeverein nachträglich fortfallen, es sei denn, daß der Verein innerhalb einer angemessenen, von der Aufsichtsbehörde zu bestimmenden Frist den dem Gesetz entsprechenden Zustand herbeiführt;
2. wenn die tatsächliche Geschäftsführung des Lohnsteuerhilfevereins nicht mit den in § 14 bezeichneten Anforderungen an die Satzung übereinstimmt;
3. wenn eine sachgemäße Ausübung der Hilfeleistung in Steuersachen im Rahmen der Befugnis nach § 4 Nr. 11 oder eine ordnungsgemäße Geschäftsführung nicht gewährleistet ist; eine ordnungsgemäße Geschäftsführung liegt insbesondere nicht vor, wenn
   a) gegen Pflichten nach diesem Gesetz in nachhaltiger Weise verstoßen wurde oder
   b) der Lohnsteuerhilfeverein in Vermögensverfall geraten ist; ein Vermögensverfall wird vermutet, wenn ein Insolvenzverfahren über das Vermögen des Lohnsteuerhilfevereins eröffnet oder der Lohnsteuerhilfeverein in das *vom Insolvenzgericht oder*[2] vom Vollstreckungsgericht zu führende Schuldnerverzeichnis (§ 26 Abs. 2 der Insolvenzordnung; *§ 915* [***ab 1. 1. 2013:*** § 882b][2] der Zivilprozessordnung) eingetragen ist.

(3) Vor der Rücknahme oder dem Widerruf ist der Lohnsteuerhilfeverein zu hören.

Dritter Unterabschnitt. Pflichten

§ 21 Aufzeichnungspflicht. (1) [1]Der Lohnsteuerhilfeverein hat sämtliche Einnahmen und Ausgaben fortlaufend und vollständig aufzuzeichnen. [2]Die Aufzeichnungen sind unverzüglich und in deutscher Sprache vorzunehmen.

(2) Für einzelne Mitglieder des Lohnsteuerhilfevereins empfangene Beträge sind vom Vereinsvermögen getrennt zu erfassen und gesondert zu verwalten.

(3) Der Lohnsteuerhilfeverein hat bei Beginn seiner Tätigkeit und am Ende eines jeden Geschäftsjahres auf Grund einer für diesen Zeitpunkt vorgenommenen Bestandsaufnahme seine Vermögenswerte und Schulden aufzuzeichnen und in einer Vermögensübersicht zusammenzustellen.

(4) [1]Die Belege und sonstigen Unterlagen sind geordnet zu sammeln und sechs Jahre aufzubewahren. [2]Die Aufzeichnungen der Einnahmen und Ausgaben und die Vermögensübersichten sind zehn Jahre aufzube-

---

[1] § 20 Abs. 2 Nr. 3 geänd. mWv 1. 7. 2000 durch G v. 24. 6. 2000 (BGBl. I S. 874), Abs. 1 und Abs. 2 HS 1 sowie Nr. 1 geänd., Nr. 3 HS 2 angef. mWv 12. 4. 2008 durch G v. 8. 4. 2008 (BGBl. I S. 666).

[2] § 20 Abs. 2 Nr. 3 Buchst. b kursive Worte aufgeh., Zitat geänd. mWv 1. 1. 2013 durch G v. 29. 7. 2009 (BGBl. I S. 2258).

wahren. [3]Im übrigen gelten für die Aufbewahrung der Belege, sonstigen Unterlagen, Aufzeichnungen und Vermögensübersichten die Vorschriften des Handelsgesetzbuches über die Aufbewahrung von Bilanzen, Inventaren, Belegen und sonstigen Unterlagen entsprechend.

(5) Sonstige Vorschriften über Aufzeichnungs- und Buchführungspflichten bleiben unberührt.

§ 22[1)] Geschäftsprüfung. (1) Der Lohnsteuerhilfeverein hat die Vollständigkeit und Richtigkeit der Aufzeichnungen und der Vermögensübersicht (§ 21 Abs. 1 bis 3) sowie die Übereinstimmung der tatsächlichen Geschäftsführung mit den satzungsmäßigen Aufgaben des Lohnsteuerhilfevereins jährlich innerhalb von sechs Monaten nach Beendigung des Geschäftsjahres durch einen oder mehrere Geschäftsprüfer prüfen zu lassen.

(2) Zu Geschäftsprüfern können nur bestellt werden

1. Personen und Gesellschaften, die nach § 3 zu unbeschränkter Hilfeleistung in Steuersachen befugt sind,
2. Prüfungsverbände, zu deren satzungsmäßigem Zweck die regelmäßige oder außerordentliche Prüfung der Mitglieder gehört, wenn mindestens ein gesetzlicher Vertreter des Verbandes Steuerberater, Steuerbevollmächtigter, Rechtsanwalt, niedergelassener europäischer Rechtsanwalt, Wirtschaftsprüfer oder vereidigter Buchprüfer ist.

(3) Als Geschäftsprüfer dürfen keine Personen tätig sein, bei denen die Besorgnis der Befangenheit besteht, insbesondere weil sie Vorstandsmitglied, besonderer Vertreter oder Angestellter des zu prüfenden Lohnsteuerhilfevereins sind.

(4) [1]Den Geschäftsprüfern ist Einsicht in die Bücher und Aufzeichnungen sowie den Schriftwechsel des Vereins zu gewähren und eine Untersuchung des Kassenbestandes und der Bestände an sonstigen Vermögenswerten zu gestatten. [2]Ihnen sind alle Aufklärungen und Nachweise zu geben, die für die Durchführung einer sorgfältigen Prüfung notwendig sind.

(5) [1]Die Geschäftsprüfer sind zu gewissenhafter und unparteiischer Prüfung und zur Verschwiegenheit verpflichtet. [2]Sie dürfen Geschäftsgeheimnisse, die sie bei der Wahrnehmung ihrer Obliegenheiten erfahren haben, nicht unbefugt verwerten. [3]Wer seine Obliegenheiten vorsätzlich oder grob fahrlässig verletzt, haftet dem Lohnsteuerhilfeverein für den daraus entstehenden Schaden. [4]Mehrere Personen haften als Gesamtschuldner.

(6) Die Geschäftsprüfer haben über das Ergebnis der Prüfung dem Vorstand des Lohnsteuerhilfevereins unverzüglich schriftlich zu berichten.

[1)] § 22 Abs. 3 neugef. durch G v. 9. 6. 1989 (BGBl. I S. 1062), Abs. 7 Nr. 1 geänd. durch G v. 13. 12. 1990 (BGBl. I S. 2756), Abs. 2 Nr. 2 geänd. mWv 1. 7. 2000 durch G v. 24. 6. 2000 (BGBl. I S. 874).

(7)[1] Der Lohnsteuerhilfeverein hat

1. innerhalb eines Monats nach Erhalt des Prüfungsberichts, spätestens jedoch neun Monate nach Beendigung des Geschäftsjahres, eine Abschrift hiervon der zuständigen Aufsichtsbehörde zuzuleiten;
2. innerhalb von sechs Monaten nach Erhalt des Prüfungsberichts den wesentlichen Inhalt der Prüfungsfeststellungen den Mitgliedern schriftlich bekanntzugeben.

§ 23[2] Ausübung der Hilfeleistung in Steuersachen im Rahmen der Befugnis nach § 4 Nr. 11, Beratungsstellen. (1) [1]Die Hilfeleistung in Steuersachen im Rahmen der Befugnis nach § 4 Nr. 11 darf nur durch Personen ausgeübt werden, die einer Beratungsstelle angehören. [2]Für jede Beratungsstelle ist ein Leiter zu bestellen. [3]Er darf gleichzeitig nur eine weitere Beratungsstelle leiten.

(2) [1]Der Lohnsteuerhilfeverein muß in dem Bezirk der Aufsichtsbehörde, in dem er seinen Sitz hat, mindestens eine Beratungsstelle unterhalten. [2]Die Unterhaltung von Beratungsstellen in Bezirken anderer Aufsichtsbehörden ist zulässig.

(3) [1]Der Lohnsteuerhilfeverein darf zum Leiter einer Beratungsstelle nur Personen bestellen, die

1. zu dem in § 3 Nr. 1 bezeichneten Personenkreis gehören oder
2. eine Abschlußprüfung in einem kaufmännischen Ausbildungsberuf bestanden haben oder eine andere gleichwertige Vorbildung besitzen und nach Abschluß der Ausbildung drei Jahre in einem Umfang von mindestens 16 Wochenstunden auf dem Gebiet der von den Bundes- oder Landesfinanzbehörden verwalteten Steuern praktisch tätig gewesen sind oder
3. mindestens drei Jahre auf den für die Beratungsbefugnis nach § 4 Nr. 11 einschlägigen Gebieten des Einkommensteuerrechts in einem Umfang von mindestens 16 Wochenstunden praktisch tätig gewesen sind; auf die mindestens dreijährige Tätigkeit können Ausbildungszeiten nicht angerechnet werden.

[2]Zum Leiter einer Beratungsstelle darf nicht bestellt werden, wer sich so verhalten hat, daß die Besorgnis begründet ist, er werde die Pflichten des Lohnsteuerhilfevereins nicht erfüllen.

(4) Der Lohnsteuerhilfeverein hat der für den Sitz der Beratungsstelle zuständigen Aufsichtsbehörde mitzuteilen

---

[1] § 22 Abs. 7 Nr. 1 geänd. mWv 12. 4. 2008 durch G v. 8. 4. 2008 (BGBl. I S. 666).

[2] § 23 Abs. 1 Sätze 2 und 3, Abs. 3 Satz 2 und Abs. 6 angef., Abs. 5 geänd. durch G v. 9. 6. 1989 (BGBl. I S. 1062), Abs. 3 Satz 1 ersetzt durch Sätze 1 und 2 sowie Abs. 4 und 5 geänd. durch G v. 13. 12. 1990 (BGBl. I S. 2756), Abs. 3 Satz 1 Nr. 2 und Abs. 6 neugef. sowie Abs. 3 Satz 2 geänd. mWv 1. 7. 1994 durch G v. 24. 6. 1994 (BGBl. I S. 1387), Abs. 1 Satz 1, Abs. 3 Nrn. 1, 2 und 3 sowie Abs. 4 Nr. 3 geänd., Abs. 3 bish. Satz 2 aufgeh. mWv 1. 7. 2000 durch G v. 24. 6. 2000 (BGBl. I S. 874), Abs. 2 und Abs. 4 geänd. mWv 12. 4. 2008 durch G v. 8. 4. 2008 (BGBl. I S. 666).

1. die Eröffnung oder Schließung einer Beratungsstelle;
2. die Bestellung oder Abberufung des Leiters einer Beratungsstelle;
3. die Personen, deren sich der Verein bei der Hilfeleistung in Steuersachen im Rahmen der Befugnis nach § 4 Nr. 11 bedient.

(5) Der Mitteilung über die Bestellung des Leiters einer Beratungsstelle ist ein Nachweis darüber beizufügen, daß die Voraussetzungen des Absatzes 3 erfüllt sind.

(6) Eine Beratungsstelle darf ihre Tätigkeit nur ausüben, wenn sie und der Beratungsstellenleiter nach Überprüfung der in Absatz 3 genannten Voraussetzungen bei der zuständigen Aufsichtsbehörde (§ 27 Abs. 2) im Verzeichnis der Lohnsteuerhilfevereine eingetragen sind.

§ 24[1] Abwicklung der schwebenden Steuersachen im Rahmen der Befugnis nach § 4 Nr. 11. (1) Ist die Anerkennung als Lohnsteuerhilfeverein erloschen, zurückgenommen oder widerrufen worden, so kann die Aufsichtsbehörde auf Antrag erlauben, daß der Verein einen Beauftragten zur Abwicklung der schwebenden Steuersachen im Rahmen der Befugnis nach § 4 Nr. 11 bestellt.

(2) Zum Beauftragten darf nur bestellt werden, wer die in § 23 Abs. 3 bezeichneten Voraussetzungen erfüllt.

(3) Die Erlaubnis nach Absatz 1 darf längstens für die Dauer von sechs Monaten erteilt werden; sie kann jederzeit widerrufen werden.

(4) § 70 Abs. 2 und 3 gilt sinngemäß.

§ 25[2] Haftungsausschluß, Haftpflichtversicherung. (1) Bei der Hilfeleistung in Steuersachen im Rahmen der Befugnis nach § 4 Nr. 11 für die Mitglieder kann die Haftung des Vereins für das Verschulden seiner Organe und Angestellten nicht ausgeschlossen werden.

(2) [1]Die Lohnsteuerhilfevereine müssen gegen die sich aus der Hilfeleistung in Steuersachen im Rahmen der Befugnis nach § 4 Nr. 11 ergebenden Haftpflichtgefahren angemessen versichert sein. [2]Zuständige Stelle im Sinne des § 117 Abs. 2 des Versicherungsvertragsgesetzes[3] ist die Aufsichtsbehörde.

(3) *(aufgehoben)*

§ 26[4] Allgemeine Pflichten der Lohnsteuerhilfevereine. (1) Die Hilfeleistung in Steuersachen im Rahmen der Befugnis nach § 4 Nr. 11 ist

---

[1] § 24 Abs. 4 angef. mWv 1. 7. 1994 durch G v. 24. 6. 1994 (BGBl. I S. 1387), Abs. 1 geänd. mWv 1. 7. 2000 durch G v. 24. 6. 2000 (BGBl. I S. 874), Abs. 1 geänd. mWv 12. 4. 2008 durch G v. 8. 4. 2008 (BGBl. I S. 666).

[2] § 25 Abs. 3 angef. durch G v. 13. 12. 1990 (BGBl. I S. 2756), Abs. 1 und 2 geänd. mWv 1. 7. 2000 durch G v. 24. 6. 2000 (BGBl. I S. 874), Abs. 2 Satz 2 geänd., Abs. 3 aufgeh. mWv 12. 4. 2008 durch G v. 8. 4. 2008 (BGBl. I S. 666).

[3] Verweis geänd. mWv 1. 1. 2008 durch G v. 23. 11. 2007 (BGBl. I S. 2631).

[4] § 26 geänd. mWv 1. 7. 2000 durch G v. 24. 6. 2000 (BGBl. I S. 874).

sachgemäß, gewissenhaft, verschwiegen und unter Beachtung der Regelungen zur Werbung (§ 8) auszuüben.

(2) Die Ausübung einer anderen wirtschaftlichen Tätigkeit in Verbindung mit der Hilfeleistung in Steuersachen im Rahmen der Befugnis nach § 4 Nr. 11 ist nicht zulässig.

(3) Alle Personen, deren sich der Verein bei der Hilfeleistung in Steuersachen im Rahmen der Befugnis nach § 4 Nr. 11 bedient, sind zur Einhaltung der in den Absätzen 1 und 2 bezeichneten Pflichten anzuhalten.

(4) [1]Die Handakten über die Hilfeleistung in Steuersachen im Rahmen der Befugnis nach § 4 Nr. 11 sind auf die Dauer von zehn Jahren[1)] nach Abschluß der Tätigkeit des Vereins in der Steuersache des Mitgliedes aufzubewahren. [2]§ 66 ist sinngemäß anzuwenden.

Vierter Unterabschnitt. Aufsicht

§ 27[2)] Aufsichtsbehörde. (1) [1]Aufsichtsbehörde ist die Oberfinanzdirektion oder die durch die Landesregierung bestimmte Landesfinanzbehörde. [2]Sie führt die Aufsicht über die Lohnsteuerhilfevereine, die ihren Sitz im Bezirk der Aufsichtsbehörde haben.

(2) [1]Der Aufsicht durch die Aufsichtsbehörde unterliegen auch alle im Bezirk der Aufsichtsbehörde bestehenden Beratungsstellen. [2]Die im Wege der Aufsicht getroffenen Feststellungen sind der für den Sitz des Lohnsteuerhilfevereins zuständigen Aufsichtsbehörde mitzuteilen.

(3) Die Finanzbehörden teilen der zuständigen Aufsichtsbehörde die ihnen bekannten Tatsachen mit, die den Verdacht begründen, daß ein Lohnsteuerhilfeverein gegen Vorschriften dieses Gesetzes verstoßen hat.

§ 28[3)] Pflicht zum Erscheinen vor der Aufsichtsbehörde, Befugnisse der Aufsichtsbehörde. (1) Die Mitglieder des Vorstandes eines Lohnsteuerhilfevereins und die Personen, deren sich der Verein bei der Hilfeleistung in Steuersachen im Rahmen der Befugnis nach § 4 Nr. 11 bedient, haben auf Verlangen vor der Aufsichtsbehörde zu erscheinen, Auskunft zu geben sowie Handakten und Geschäftsunterlagen vorzulegen.

(2) Die mit der Aufsicht betrauten Amtsträger sind berechtigt, die Geschäftsräume der Lohnsteuerhilfevereine und der in Absatz 1 bezeichneten Personen während der Geschäfts- und Arbeitszeiten zu betreten, um Prüfungen vorzunehmen oder sonst Feststellungen zu treffen, die zur Ausübung der Aufsicht für erforderlich gehalten werden.

(3) Ist für eine Beratungsstelle ein Leiter nicht vorhanden oder erfüllt die zum Leiter bestellte Person nicht die in § 23 Abs. 3 bezeichneten Vor-

---

1) Frist verlängert mWv 12. 4. 2008 durch G v. 8. 4. 2008 (BGBl. I S. 666).

2) § 27 Abs. 3 neugef. durch G v. 9. 6. 1989 (BGBl. I S. 1062), Abs. 1 und 2 neugef. mWv 12. 4. 2008 durch G v. 8. 4 2008 (BGBl. I S. 666).

3) § 28 Abs. 3 neugef. durch G v. 9. 6. 1989 (BGBl. I S. 1062), Abs. 1 geänd. mWv 1. 7. 2000 durch G v. 24. 6. 2000 (BGBl. I S. 874), Abs. 2 geänd. mWv 12. 4. 2008 durch G v. 8. 4. 2008 (BGBl. I S. 666).

aussetzungen oder ist in einer Beratungsstelle die Einhaltung der in § 26 bezeichneten Pflichten nicht gewährleistet, so kann die Aufsichtsbehörde die Schließung dieser Beratungsstelle anordnen.

§ 29[1] **Teilnahme der Aufsichtsbehörde an Mitgliederversammlungen.** (1) Von bevorstehenden Mitgliederversammlungen ist die Aufsichtsbehörde spätestens zwei Wochen vorher zu unterrichten.

(2) Die Aufsichtsbehörde ist berechtigt, zur Teilnahme an der Mitgliederversammlung Vertreter zu entsenden.

§ 30[2] **Verzeichnis der Lohnsteuerhilfevereine.** (1) Die Aufsichtsbehörden führen ein Verzeichnis über

1. die Lohnsteuerhilfevereine, die im Bezirk der Aufsichtsbehörde ihren Sitz haben;
2. die im Bezirk der Aufsichtsbehörde bestehenden Beratungsstellen.

(2) Die Einsicht in das Verzeichnis ist jedem gestattet, der ein berechtigtes Interesse darlegt.

Fünfter Unterabschnitt. Verordnungsermächtigung

§ 31[3] **Durchführungsbestimmungen zu den Vorschriften über die Lohnsteuerhilfevereine.** (1) Das Bundesministerium der Finanzen wird ermächtigt, durch Rechtsverordnung[4] mit Zustimmung des Bundesrates Bestimmungen zu erlassen

1. über das Verfahren bei der Anerkennung als Lohnsteuerhilfeverein,
2. über Einrichtung und Führung des Verzeichnisses nach § 30 Abs. 1 sowie über die sich auf die Eintragung beziehenden Meldepflichten der Lohnsteuerhilfevereine,
3. über die Verfahren bei der Eröffnung und Schließung von Beratungsstellen und bei der Bestellung von Beratungsstellenleitern,
4. über die zur Bestellung eines Beratungsstellenleiters erforderlichen Erklärungen und Nachweise,
5.[5] über den Abschluss und die Aufrechterhaltung der Haftpflichtversicherung, den Inhalt, den Umfang und die Ausschlüsse des Versicherungsvertrages sowie über die Höhe der Mindestdeckungssummen.

(2) [1]Die Landesregierungen werden ermächtigt, die den Oberfinanzdirektionen nach dem Zweiten Abschnitt des Ersten Teils zugewiesenen

---

[1] § 29 Abs. 1 neugef. durch G v. 9. 6. 1989 (BGBl. I S. 1062).

[2] § 30 Abs. 2 neugef. mWv 1. 7. 2000 durch G v. 24. 6. 2000 (BGBl. I S. 874), Abs. 1 neugef. mWv 12. 4. 2008 durch G v. 8. 4. 2008 (BGBl. I S. 666).

[3] § 31 Abs. 1 Nr. 3 angef. durch G v. 13. 12. 1990 (BGBl. I S. 2756), Nr. 4 angef. mWv 1. 7. 1994 durch G v. 24. 6. 1994 (BGBl. I S. 1387), Abs. 2 angef. mWv 1. 7. 2000 durch G v. 24. 6. 2000 (BGBl. I S. 874) und neugef. mWv 20. 12. 2003 durch G v. 15. 12. 2003 (BGBl. I S. 2645), Abs. 2 Satz 3 angef. mWv 12. 4. 2008 durch G v. 8. 4. 2008 (BGBl. I S. 666).

[4] Verordnung zur Durchführung der Vorschriften über die Lohnsteuerhilfevereine (DVLStHV) v. 15. 7. 1975 (Nr. **847**).

[5] § 31 Abs. 1 Nr. 5 angef. mWv 5. 8. 2009 durch G v. 30. 7. 2009 (BGBl. I S. 2449).

Aufgaben auf eine andere Landesfinanzbehörde zu übertragen. 2 Diese Aufgaben können durch Vereinbarung auch auf eine Landesfinanzbehörde eines anderen Landes übertragen werden. 3 Die Landesregierungen können die Ermächtigung durch Rechtsverordnung auf die jeweils für die Finanzverwaltung zuständige oberste Landesbehörde übertragen.

Zweiter Teil. Steuerberaterordnung

Erster Abschnitt. Allgemeine Vorschriften

§ 32[1)] Steuerberater, Steuerbevollmächtigte und Steuerberatungsgesellschaften. (1) Steuerberater, Steuerbevollmächtigte und Steuerberatungsgesellschaften leisten geschäftsmäßig Hilfe in Steuersachen nach den Vorschriften dieses Gesetzes.

(2) 1 Steuerberater und Steuerbevollmächtigte bedürfen der Bestellung; sie üben einen freien Beruf aus. 2 Ihre Tätigkeit ist kein Gewerbe.

(3) 1 Steuerberatungsgesellschaften bedürfen der Anerkennung. 2 Die Anerkennung setzt den Nachweis voraus, daß die Gesellschaft von Steuerberatern verantwortlich geführt wird.

§ 33[2)] Inhalt der Tätigkeit. 1 Steuerberater, Steuerbevollmächtigte und Steuerberatungsgesellschaften haben die Aufgabe, im Rahmen ihres Auftrags ihre Auftraggeber in Steuersachen zu beraten, sie zu vertreten und ihnen bei der Bearbeitung ihrer Steuerangelegenheiten und bei der Erfüllung ihrer steuerlichen Pflichten Hilfe zu leisten. 2 Dazu gehören auch die Hilfeleistungen in Steuerstrafsachen und in Bußgeldsachen wegen einer Steuerordnungswidrigkeit sowie die Hilfeleistung bei der Erfüllung von Buchführungspflichten, die auf Grund von Steuergesetzen bestehen, insbesondere die Aufstellung von Steuerbilanzen und deren steuerrechtliche Beurteilung.

§ 34[3)] Berufliche Niederlassung, weitere Beratungsstellen. (1) 1 Steuerberater und Steuerbevollmächtigte müssen unmittelbar nach der Bestellung eine berufliche Niederlassung begründen und eine solche unterhalten. 2 Berufliche Niederlassung eines selbständigen Steuerberaters oder Steuerbevollmächtigten ist die eigene Praxis, von der aus er seinen Beruf überwiegend ausübt. 3 Als berufliche Niederlassung eines ausschließlich nach § 58 angestellten Steuerberaters oder Steuerbevollmächtigten gilt

---

1) § 32 Abs. 1 geänd. und Abs. 2 Satz 1 neugef. mWv 1. 7. 2000 durch G v. 24. 6. 2000 (BGBl. I S. 874).

2) § 33 Satz 1 geänd. mWv 1. 7. 2000 durch G v. 24. 6. 2000 (BGBl. I S. 874).

3) § 34 neugef. durch G v. 9. 6. 1989 (BGBl. I S. 1062), Abs. 1 Satz 2 und Abs. 2 Satz 2 neugef. sowie Sätze 3 und 4 angef. durch G v. 13. 12. 1990 (BGBl. I S. 2756), Abs. 1 Satz 3 angef. durch G v. 25. 2. 1992 (BGBl. I S. 297), Abs. 2 Satz 3 geänd. mWv 1. 1. 1994 (BGBl. 1993 I S. 2436) durch G v. 27. 4. 1993 (BGBl. I S. 512); Abs. 1 Satz 1 und Abs. 2 Satz 1 bis 3 geänd. mWv 1. 7. 1994, bish. Satz 4 ersetzt durch Sätze 4 bis 7 mWv 1. 1. 1994 durch G v. 24. 6. 1994 (BGBl. I S. 1387), Abs. 2 Satz 2 neugef., Satz 3 geänd., bish. Sätze 4 bis 7 ersetzt durch Sätze 4 bis 6 mWv 1. 7. 2000 durch G v. 24. 6. 2000 (BGBl. I S. 874), Abs. 2 Satz 3 geänd. mWv 1. 11. 2003 durch G v. 26. 10. 2003 (BGBl. I S. 2077), Abs. 1 neugef. mWv 12. 4. 2008 durch G v. 8. 4. 2008 (BGBl. I S. 666).

seine regelmäßige, bei mehreren Anstellungsverhältnissen seine zuerst begründete Arbeitsstätte.

(2) [1] Weitere Beratungsstellen können unterhalten werden, soweit dadurch die Erfüllung der Berufspflichten nicht beeinträchtigt wird. [2] Leiter der weiteren Beratungsstelle muss jeweils ein anderer Steuerberater oder Steuerbevollmächtigter sein, der seine berufliche Niederlassung am Ort der Beratungsstelle oder in deren Nahbereich hat. [3] Satz 2 gilt nicht, wenn die weitere Beratungsstelle in einem anderen Mitgliedstaat der Europäischen Union oder in einem anderen Vertragsstaat des Abkommens über den Europäischen Wirtschaftsraum oder in der Schweiz liegt. [4] Die für die berufliche Niederlassung zuständige Steuerberaterkammer kann auf Antrag eine Ausnahme von Satz 2 zulassen. [5] Liegt die weitere Beratungsstelle in einem anderen Kammerbezirk, ist vor der Erteilung der Ausnahmegenehmigung die für die weitere Beratungsstelle zuständige Steuerberaterkammer zu hören. [6] Eine Ausnahmegenehmigung ist nur für eine weitere Beratungsstelle des Steuerberaters oder Steuerbevollmächtigten zulässig.

Zweiter Abschnitt. Voraussetzungen für die Berufsausübung

Erster Unterabschnitt. Persönliche Voraussetzungen

§ 35[1] Zulassung zur Prüfung, Befreiung von der Prüfung, organisatorische Durchführung der Prüfung, Abnahme der Prüfung, Wiederholung der Prüfung und Besetzung des Prüfungsausschusses. (1) [1] Als Steuerberater darf nur bestellt werden, wer die Prüfung als Steuerberater bestanden hat oder von dieser Prüfung befreit worden ist. [2] Die Prüfung muss vor einem Prüfungsausschuss abgelegt werden, der bei der für die Finanzverwaltung zuständigen obersten Landesbehörde zu bilden ist. [3] Diesem gehören drei Beamte des höheren Dienstes oder vergleichbare Angestellte der Finanzverwaltung an, davon einer als Vorsitzender, sowie drei Steuerberater oder zwei Steuerberater und ein Vertreter der Wirtschaft.

(2) Die Teilnahme an der Prüfung bedarf der Zulassung.

(3) [1] Das Ergebnis der Prüfung wird dem Bewerber von der für die Finanzverwaltung zuständigen obersten Landesbehörde bekannt gegeben. [2] Das Bestehen der Prüfung ist von der für die Finanzverwaltung zuständigen obersten Landesbehörde, die Befreiung von der Prüfung ist von der zuständigen Steuerberaterkammer schriftlich zu bescheinigen.

(4) Die Prüfung kann zweimal wiederholt werden.

(5) [1] Die Zulassung zur Prüfung, die Befreiung von der Prüfung und die organisatorische Durchführung der Prüfung sind Aufgaben der zuständigen Steuerberaterkammer. [2] Die Abnahme der Prüfung ist Aufgabe des Prüfungsausschusses.

---

[1] § 35 neugef. mWv 12. 4. 2008 durch G v. 8. 4. 2008 (BGBl. I S. 666).

§ 36[1] **Voraussetzungen für die Zulassung zur Prüfung.** (1) [1]Die Zulassung zur Steuerberaterprüfung setzt voraus, dass der Bewerber,

1. ein wirtschaftswissenschaftliches oder rechtswissenschaftliches Hochschulstudium oder ein anderes Hochschulstudium mit wirtschaftswissenschaftlicher Fachrichtung erfolgreich abgeschlossen hat und
2. danach praktisch tätig gewesen ist.

[2]Die praktische Tätigkeit muss über einen Zeitraum von mindestens drei Jahren ausgeübt worden sein, wenn die Regelstudienzeit des Hochschulstudiums nach Satz 1 Nr. 1 weniger als vier Jahre beträgt, sonst über einen Zeitraum von mindestens zwei Jahren. [3]Wurde in einem Hochschulstudium nach Satz 1 Nr. 1 ein erster berufsqualifizierender Abschluss und in einem, einen solchen ersten Abschluss voraussetzenden, weiteren Hochschulstudium nach Satz 1 Nr. 1 ein weiterer berufsqualifizierender Abschluss erworben, werden die Regelstudienzeiten beider Studiengänge zusammengerechnet; Zeiten der praktischen Tätigkeit werden berücksichtigt, soweit sie nach dem Erwerb des ersten berufsqualifizierenden Abschlusses liegen.

(2) Ein Bewerber ist zur Steuerberaterprüfung auch zuzulassen, wenn er

1. eine Abschlussprüfung in einem kaufmännischen Ausbildungsberuf bestanden hat oder eine andere gleichwertige Vorbildung besitzt und nach Abschluss der Ausbildung zehn Jahre oder im Falle der erfolgreich abgelegten Prüfung zum geprüften Bilanzbuchhalter oder Steuerfachwirt sieben Jahre praktisch tätig gewesen ist oder
2. der Finanzverwaltung als Beamter des gehobenen Dienstes oder als vergleichbarer Angestellter angehört oder angehört hat und bei ihr mindestens sieben Jahre als Sachbearbeiter oder in mindestens gleichwertiger Stellung praktisch tätig gewesen ist.

(3) Die in den Absätzen 1 und 2 geforderte praktische Tätigkeit muss sich in einem Umfang von mindestens 16 Wochenstunden auf das Gebiet der von den Bundes- oder Landesfinanzbehörden verwalteten Steuern erstrecken.

(4) [1]Nachweise über das Vorliegen der in den Absätzen 1 bis 3 genannten Voraussetzungen sind nach Maßgabe der Bestimmungen des amtlichen Vordrucks zu erbringen, der gemäß § 158 Nr. 1 Buchstabe a eingeführt worden ist. [2]Der Bewerber hat diese Unterlagen seinem Antrag auf Zulassung zur Prüfung beizufügen.

§ 37[2] **Steuerberaterprüfung.** (1) Mit der Prüfung hat der Bewerber darzutun, daß er in der Lage ist, den Beruf eines Steuerberaters ordnungsgemäß auszuüben.

---

[1] § 36 neugef. mWv 1. 7. 2000 durch G v. 24. 6. 2000 (BGBl. I S. 874), Abs. 1 neugef. mWv 12. 4. 2008 durch G v. 8. 4. 2008 (BGBl. I S. 666).

[2] § 37 eingef. als § 37 a durch G v. 13. 12. 1990 (BGBl. I S. 2756), Abs. 3 Nr. 2 bis 4 neugef. sowie Abs. 3 Satz 2 angef. mWv 1. 7. 1994 durch G v. 24. 6. 1994 (BGBl. I S. 1387);
bish. § 37 aufgeh., bish. § 37 a wird § 37 und geänd. mWv 1. 7. 2000 durch G v. 24. 6. 2000 (BGBl. I S. 874);
Abs. 2 Satz 2 angef., Abs. 3 Nr. 1 neugef. mWv 12. 4. 2008 durch G v. 8. 4. 2008 (BGBl. I S. 666).

(2) 1 Die Prüfung gliedert sich in einen schriftlichen Teil aus drei Aufsichtsarbeiten und eine mündliche Prüfung. 2 Der Zeitpunkt der Durchführung des schriftlichen Teils der Prüfung, die Prüfungsaufgaben der Aufsichtsarbeiten, die Bearbeitungszeit und die zum schriftlichen Teil der Prüfung zugelassenen Hilfsmittel sollen von den für die Finanzverwaltung zuständigen obersten Finanzbehörden der Länder bundeseinheitlich bestimmt werden.

(3) 1 Prüfungsgebiete der Steuerberaterprüfung sind

1. Steuerliches Verfahrensrecht sowie Steuerstraf- und Steuerordnungswidrigkeitenrecht,
2. Steuern vom Einkommen und Ertrag,
3. Bewertungsrecht, Erbschaftsteuer und Grundsteuer,
4. Verbrauch- und Verkehrsteuern, Grundzüge des Zollrechts,
5.[1] Handelsrecht sowie Grundzüge des Bürgerlichen Rechts, des Gesellschaftsrechts, des Insolvenzrechts und des Rechts der Europäischen Union,
6. Betriebswirtschaft und Rechnungswesen,
7. Volkswirtschaft,
8. Berufsrecht.

2 Nicht erforderlich ist, dass sämtliche Gebiete Gegenstand der Prüfung sind.

§ 37 a[2] Prüfung in Sonderfällen. (1) 1 Wirtschaftsprüfer und vereidigte Buchprüfer sowie Bewerber, die die Prüfung als Wirtschaftsprüfer oder vereidigter Buchprüfer bestanden haben, können auf Antrag die Steuerberaterprüfung in verkürzter Form ablegen. 2 Dabei entfallen die in § 37 Abs. 3 Nr. 5 bis 7 genannten Prüfungsgebiete. 3 Die Prüfung gliedert sich in einen schriftlichen Teil aus zwei Aufsichtsarbeiten und eine mündliche Prüfung.

(2)[3] 1 Bewerber mit einem Befähigungs- oder Ausbildungsnachweis, der in einem anderen Mitgliedstaat der Europäischen Union oder Vertragsstaat des Abkommens über den Europäischen Wirtschaftsraum oder in der Schweiz zur selbständigen Hilfe in Steuersachen berechtigt, können auf Antrag eine Eignungsprüfung im Sinne des Artikels 14 Absatz 1 in Verbindung mit Absatz 3 der Richtlinie 2005/36/EG des Europäischen Parlaments und des Rates vom 7. September 2005 über die Anerkennung von Berufsqualifikationen (ABl. L 255 vom 30. 9. 2005, S. 22, ABl. L 271 vom 16. 10. 2007, S. 18), geändert durch die Richtlinie 2006/100/EG des Rates vom 20. November 2006 (ABl. L 363 vom 20. 12. 2006, S. 141) ablegen. 2 Mit der erfolgreich abgelegten Eignungsprüfung werden dieselben Rechte erworben wie durch die erfolgreich abgelegte Steuerberaterprüfung.

(3) 1 Die Befähigungs- und Ausbildungsnachweise im Sinne von Absatz 2 müssen in einem Mitgliedstaat oder Vertragsstaat oder der Schweiz von einer

---

[1] § 37 Abs. 3 Satz 1 Nr. 5 geänd. durch G v. 26. 6. 2013 (BGBl. I S. 1809).

[2] § 37 a neu gef. mWv 1. 7. 2000 durch G v. 24. 6. 2000 (BGBl. I S. 874); Abs. 2 Satz 1 sowie Abs. 3 Satz 1 und 2 geänd., Satz 3 angef., Abs. 4 Satz 4 neu gef., Sätze 5 bis 7 angef. mWv 1. 11. 2003 durch G v. 26. 10. 2003 (BGBl. I S. 2074); Abs. 2 und 3 neu gef., Abs. 3 a und 4 a eingef. mWv 12. 4. 2008 durch G v. 8. 4. 2008 (BGBl. I S. 666).

[3] § 37 a Abs. 2 Satz 1 neu gef. mWv 1. 4. 2012 durch G v. 6. 12. 2011 (BGBl. I S. 2515).

entsprechend dessen Rechts- und Verwaltungsvorschriften benannten zuständigen Behörde ausgestellt worden sein. [2]Sie müssen bescheinigen, dass das Berufsqualifikationsniveau des Inhabers zumindest unmittelbar unter dem Niveau nach Artikel 11 Buchstabe d oder Buchstabe e der Richtlinie 2005/36/EG liegt und der Inhaber damit in diesem anderen Mitgliedstaat oder Vertragsstaat oder der Schweiz zur Hilfe in Steuersachen berechtigt ist. [3]Satz 2 gilt auch für Ausbildungsnachweise, die von einer zuständigen Behörde in einem anderen Mitgliedstaat oder Vertragsstaat oder der Schweiz ausgestellt wurden, sofern sie in der Gemeinschaft erworbene abgeschlossene Ausbildungen bescheinigen, von diesen als gleichwertig anerkannt wurden und in Bezug auf die Aufnahme und Ausübung des Berufs des Steuerberaters dieselben Rechte verleihen oder auf die Ausübung des Berufs des Steuerberaters vorbereiten. [4]Satz 2 gilt ferner für Berufsqualifikationen, die zwar nicht den Erfordernissen der Rechts- und Verwaltungsvorschriften des Herkunftsmitgliedstaates für die Aufnahme und Ausübung des Berufs des Steuerberaters entsprechen, ihrem Inhaber jedoch nach dem Recht des Herkunftsmitgliedstaates erworbene Rechte nach den dort maßgeblichen Vorschriften verleihen.

[Fassung bis 31. 3. 2012:]

[5]Bewerber aus anderen Mitgliedstaaten oder Vertragsstaaten oder der Schweiz, in denen der Beruf des Steuerberaters nicht reglementiert ist, müssen diesen Beruf zusätzlich in Vollzeit zwei Jahre in den vorhergehenden zehn Jahren in dem Mitgliedstaat oder Vertragsstaat oder der Schweiz ausgeübt haben.

[Fassung ab 1. 4. 2012:][1)]

[5]Bewerber aus Staaten, in denen der Beruf des Steuerberaters nicht reglementiert ist, müssen diesen Beruf zusätzlich in den vorhergehenden zehn Jahren mindestens drei Jahre in einem Umfang von mindestens 16 Wochenstunden in einem Mitgliedstaat oder Vertragsstaat oder der Schweiz ausgeübt haben.

[6]Die zuständige Behörde nach Satz 1 muss bescheinigen, dass der Inhaber auf die Ausübung des Berufs vorbereitet wurde. [7]Die Pflicht zum Nachweis dieser dreijährigen[2)] Berufserfahrung entfällt, wenn der Ausbildungsnachweis den Abschluss einer reglementierten Ausbildung im Sinne des Artikels 13 Abs. 2 Unterabs. 3 der Richtlinie 2005/36/EG bestätigt.

(3 a) [1]Die zuständige Behörde hat dem Antragsteller den Empfang der Unterlagen innerhalb eines Monats zu bestätigen und ggf. mitzuteilen, welche Unterlagen fehlen. [2]Das Berufsanerkennungsverfahren ist innerhalb kürzester Frist, spätestens jedoch drei Monate nach Einreichung der vollständigen Unterlagen abzuschließen. [3]Die Frist kann um einen Monat verlängert werden. [4]Die Eignungsprüfung ist innerhalb der Frist für die Durchführung des Berufsanerkennungsverfahrens anzusetzen. [5]Der Antragsteller kann gegen nicht fristgerecht getroffene Entscheidungen Einspruch einlegen.

---

1) § 37 a Abs. 3 Satz 5 neu gef. mWv 1. 4. 2012 durch G v. 6. 12. 2011 (BGBl. I S. 2515).

2) § 37 a Abs. 3 Satz 7 geänd. mWv 1. 4. 2012 durch G v. 6. 12. 2011 (BGBl. I S. 2515).

(4) [1]Bewerber mit den in Absatz 2 genannten Voraussetzungen sollen mit der Eignungsprüfung ihre Befähigung nachweisen, den Beruf eines Steuerberaters auch im Inland ordnungsgemäß ausüben zu können. [2]Die Eignungsprüfung umfasst die zur Berufsausübung notwendigen Kenntnisse aus den in § 37 Abs. 3 genannten Gebieten. [3]Die Eignungsprüfung gliedert sich in einen schriftlichen Teil aus höchstens zwei Aufsichtsarbeiten aus unterschiedlichen Prüfungsgebieten und eine mündliche Prüfung. [4]Die

(Fortsetzung nächstes Blatt)

Prüfung in einem der in § 37 Abs. 3 genannten Prüfungsgebiete entfällt, wenn der Bewerber nachweist, dass er im Rahmen seiner bisherigen Ausbildung oder im Rahmen seiner bisherigen Berufstätigkeit einen wesentlichen Teil der Kenntnisse erlangt hat, die in dem entfallenden Prüfungsgebiet gefordert werden. [5] Der Nachweis der im Rahmen der bisherigen Ausbildung erworbenen Kenntnisse ist durch Diplome oder gleichwertige Prüfungszeugnisse einer staatlichen oder staatlich anerkannten Universität oder einer Hochschule oder einer anderen Ausbildungseinrichtung zu führen. [6] Zum Nachweis der im Rahmen der bisherigen beruflichen Tätigkeit erworbenen Kenntnisse sind Falllisten vorzulegen, die regelmäßig folgende Angaben enthalten müssen: Akten- oder Geschäftszeichen, Gegenstand, Zeitraum, Art und Umfang der Tätigkeit, Sachstand. [7] Ferner sind auf Verlangen der für die Prüfung zuständigen Stelle anonymisierte Arbeitsproben vorzulegen.

(4 a) [1] Die zuständigen Behörden im Sinne von Absatz 3 arbeiten mit den zuständigen Behörden in anderen Mitgliedstaaten der Europäischen Union, in den Vertragsstaaten des Abkommens über den Europäischen Wirtschaftsraum und der Schweiz zusammen und tauschen Informationen über das Vorliegen von disziplinar- oder strafrechtlichen oder sonstigen schwerwiegenden Sachverhalten aus, wenn sie Auswirkungen auf die Berufsausübung der Betroffenen haben. [2] § 83 dieses Gesetzes und § 30 der Abgabenordnung stehen dem nicht entgegen.

(5) Für die Prüfung in verkürzter Form und für die Eignungsprüfung gelten im Übrigen die Vorschriften für die Steuerberaterprüfung.

§ 37 b[1)] Zuständigkeit für die Zulassung zur Prüfung, für die Befreiung von der Prüfung, für die organisatorische Durchführung der Prüfung, für die Abnahme der Prüfung und für die Berufung und Abberufung des Prüfungsausschusses. (1) [1] Für die Zulassung zur Prüfung, für die Befreiung von der Prüfung und für die organisatorische Durchführung der Prüfung ist die Steuerberaterkammer zuständig, in deren Bezirk der Bewerber im Zeitpunkt der Antragstellung vorwiegend beruflich tätig ist oder, sofern der Bewerber keine Tätigkeit ausübt, er seinen Wohnsitz hat. [2] Bei mehreren Wohnsitzen ist der Wohnsitz maßgebend, an dem sich der Bewerber vorwiegend aufhält.

(2) [1] Befindet sich der nach Absatz 1 maßgebliche Ort im Ausland, so ist die Steuerberaterkammer zuständig, in deren Bezirk sich der Ort der beabsichtigten beruflichen Niederlassung im Inland befindet. [2] Befindet sich der Ort der beabsichtigten beruflichen Niederlassung im Ausland, so ist die Steuerberaterkammer zuständig, bei der die Zulassung zur Prüfung beantragt wurde.

(3) [1] Zur Erfüllung der Aufgaben nach Absatz 1 kann eine Steuerberaterkammer durch Vereinbarung, die der Genehmigung der für die Finanzverwaltung zuständigen obersten Landesbehörde bedarf, mit einer anderen Steuerberaterkammer eine gemeinsame Stelle bilden. [2] Dies gilt auch über

---

[1)] § 37 b neugef. mWv 12. 4. 2008 durch G v. 8. 4. 2008 (BGBl. I S. 666).

Landesgrenzen hinweg, wenn die jeweils für die Finanzverwaltung zuständigen obersten Landesbehörden dies genehmigen. 3 Die gemeinsame Stelle handelt für diejenige Steuerberaterkammer, die für den Bewerber örtlich zuständig ist. 4 Gibt es in einem Land mehrere Steuerberaterkammern, bestimmt die für die Finanzverwaltung zuständige oberste Landesbehörde nach Anhörung der Steuerberaterkammern, ob eine, mehrere gemeinsam oder jede Steuerberaterkammer für sich die Aufgaben wahrnimmt.

(4) 1 Für die Abnahme der Prüfung ist der Prüfungsausschuss bei der für die Finanzverwaltung zuständigen obersten Landesbehörde zuständig, in deren Bereich der Bewerber zur Prüfung zugelassen wurde. 2 Die Zuständigkeit kann auf einen Prüfungsausschuss bei einer anderen für die Finanzverwaltung zuständigen obersten Landesbehörde einvernehmlich übertragen werden.

(5) 1 Die Berufung und Abberufung des Vorsitzenden, der übrigen Mitglieder des Prüfungsausschusses und ihrer Stellvertreter erfolgt durch die für die Finanzverwaltung zuständige oberste Landesbehörde. 2 Es können mehrere Prüfungsausschüsse gebildet werden.

§§ 37 c, 37 d[1]. *(aufgehoben)*

§ 38[2] Voraussetzungen für die Befreiung von der Prüfung.

(1) Von der Steuerberaterprüfung sind zu befreien

1. Professoren, die an einer deutschen Hochschule mindestens zehn Jahre auf dem Gebiet der von den Bundes- oder Landesfinanzbehörden verwalteten Steuern als Professor gelehrt haben;
2. ehemalige Finanzrichter, die mindestens zehn Jahre auf dem Gebiet der von den Bundes- oder Landesfinanzbehörden verwalteten Steuern tätig gewesen sind;
3. ehemalige Beamte des höheren Dienstes und vergleichbare Angestellte
   a) der Finanzverwaltung, die im höheren Dienst oder als Angestellter in vergleichbaren Vergütungsgruppen mindestens zehn Jahre auf dem Gebiet der von den Bundes- oder Landesfinanzbehörden verwalteten Steuern als Sachgebietsleiter oder mindestens in gleichwertiger Stellung tätig gewesen sind,
   b) der gesetzgebenden Körperschaften, der Gerichte der Finanzgerichtsbarkeit sowie der obersten Behörden und der Rechnungsprüfungsbehörden des Bundes und der Länder, die im höheren Dienst oder als Angestellter in vergleichbaren Vergütungsgruppen mindestens zehn Jahre überwiegend auf dem Gebiet der von den Bundes- oder

[1] §§ 37 c und 37 d aufgeh. mWv 1. 7. 2000 durch G v. 24. 6. 2000 (BGBl. I S. 874).

[2] § 38 Abs. 1 Nr. 1 und Abs. 2 Satz 2 neugef. durch G v. 9. 6. 1989 (BGBl. I S. 1062), Abs. 1 und Abs. 2 Satz 1 geänd. durch G v. 13. 12. 1990 (BGBl. I S. 2756), Abs. 2 Satz 1 geänd. mWv 1. 7. 1994 durch G v. 24. 6. 1994 (BGBl. I S. 1387), Abs. 1 Nrn. 1, 3 und 4 geänd., Abs. 2 neugef. mWv 1. 7. 2000 durch G v. 24. 6. 2000 (BGBl. I S. 874), Abs. 1 Nr. 3 Buchst. a und b sowie Nr. 4 Buchst. a und b geänd. mWv 12. 4. 2008 durch G v. 8. 4. 2008 (BGBl. I S. 666).

Landesfinanzbehörden verwalteten Steuern als Sachgebietsleiter oder mindestens in gleichwertiger Stellung tätig gewesen sind; die Angestellten der Fraktionen des Deutschen Bundestages gelten als Bedienstete der gesetzgebenden Körperschaften im Sinne dieser Vorschrift;

4. ehemalige Beamte des gehobenen Dienstes und vergleichbare Angestellte
   a) der Finanzverwaltung, die im gehobenen oder höheren Dienst oder als Angestellter in vergleichbaren Vergütungsgruppen mindestens fünfzehn Jahre auf dem Gebiet der von den Bundes- oder Landesfinanzbehörden verwalteten Steuern als Sachbearbeiter oder mindestens in gleichwertiger Stellung tätig gewesen sind,
   b) der gesetzgebenden Körperschaften, der Gerichte der Finanzgerichtsbarkeit sowie der obersten Behörden und der Rechnungsprüfungsbehörden des Bundes und der Länder, die im gehobenen oder höheren Dienst oder als Angestellter in vergleichbaren Vergütungsgruppen mindestens fünfzehn Jahre überwiegend auf dem Gebiet der von den Bundes- oder Landesfinanzbehörden verwalteten Steuern als Sachbearbeiter oder mindestens in gleichwertiger Stellung tätig gewesen sind; die Angestellten der Fraktionen des Deutschen Bundestages gelten als Bedienstete der gesetzgebenden Körperschaften im Sinne dieser Vorschrift.

(2) [1] § 36 Abs. 3 und 4 gilt auch für die Befreiung von der Prüfung. [2] Personen, die unter Absatz 1 Nr. 2 bis 4 fallen, sowie Professoren an staatlichen verwaltungsinternen Fachhochschulen mit Ausbildungsgängen für den öffentlichen Dienst können erst nach dem Ausscheiden aus dem öffentlichen Dienst oder dem Dienstverhältnis als Angestellter einer Fraktion des Deutschen Bundestages von der Prüfung befreit werden.

§ 38 a[1)] Verbindliche Auskunft. (1) Auf Antrag erteilt die zuständige Steuerberaterkammer eine verbindliche Auskunft über die Erfüllung einzelner Voraussetzungen für die Zulassung zur Prüfung oder für die Befreiung von der Prüfung.

(2) Für die örtliche Zuständigkeit gilt § 37 b Abs. 1 bis 3 entsprechend.

§ 39[2)] Gebühren für Zulassung, Prüfung, Befreiung und verbindliche Auskunft, Kostenerstattung. (1) Für die Bearbeitung des Antrags auf Zulassung zur Prüfung, auf Befreiung von der Prüfung oder auf Erteilung einer verbindlichen Auskunft über die Erfüllung einzelner Voraussetzungen für die Zulassung zur Prüfung oder über die Befreiung von der Prüfung hat der Bewerber eine Gebühr von zweihundert Euro an die zuständige Steuerberaterkammer zu zahlen.

(2) [1] Für die Prüfung hat der Bewerber bis zu einem von der zuständigen Steuerberaterkammer zu bestimmenden Zeitpunkt eine Gebühr von

---

1) § 38 a eingef. mWv 1. 7. 2000 durch G v. 24. 6. 2000 (BGBl. I S. 874), Abs. 1 und 2 geänd. mWv 12. 4. 2008 durch G v. 8. 4. 2008 (BGBl. I S. 666).

2) § 39 neugef. mWv 12. 4. 2008 durch G v. 8. 4. 2008 (BGBl. I S. 666).

eintausend Euro an die zuständige Steuerberaterkammer zu zahlen. 2 Zahlt der Bewerber die Gebühr nicht rechtzeitig, so gilt dies als Verzicht auf die Zulassung zur Prüfung. 3 Tritt der Bewerber bis zu dem von der zuständigen Steuerberaterkammer zu bestimmenden Zeitpunkt von der Prüfung zurück, so wird die Gebühr nicht erhoben. 4 Tritt der Bewerber bis zum Ende der Bearbeitungszeit für die letzte Aufsichtsarbeit zurück, so ist die Gebühr zur Hälfte zu erstatten.

(3) In einer Gebührenordnung nach § 79 Abs. 2 können der Höhe nach andere als die in den Absätzen 1 und 2 genannten Gebühren bestimmt werden.

(4) 1 Die zuständige Steuerberaterkammer hat die für die Erstellung der Prüfungsaufgaben der Aufsichtsarbeiten entstandenen Kosten der für die Finanzverwaltung zuständigen obersten Landesbehörde zu erstatten. 2 Die Vergütungen und sonstigen Aufwendungen für die Mitglieder des Prüfungsausschusses werden von der zuständigen Steuerberaterkammer unmittelbar an die Mitglieder des Prüfungsausschusses gezahlt. 3 Die für die Finanzverwaltung zuständige oberste Landesbehörde wird insoweit von ihrer Zahlungsverpflichtung gegenüber den Mitgliedern des Prüfungsausschusses befreit. 4 Für die Zahlungen nach den Sätzen 1 und 2 kann die zuständige Steuerberaterkammer keinen Ersatz von der für die Finanzverwaltung zuständigen obersten Landesbehörde verlangen.

§ 39 a[1)] Rücknahme von Entscheidungen. (1) 1 Die Zulassung zur Prüfung oder die Befreiung von der Prüfung ist von der zuständigen Steuerberaterkammer, die Prüfungsentscheidung ist von der für die Finanzverwaltung zuständigen obersten Landesbehörde, vertreten durch die zuständige Steuerberaterkammer, zurückzunehmen, wenn

1. sie durch unlautere Mittel wie arglistige Täuschung, Drohung oder Bestechung erwirkt worden ist,
2. sie der Begünstigte durch Angaben erwirkt hat, die in wesentlicher Beziehung unrichtig oder unvollständig waren,
3. ihre Rechtswidrigkeit dem Begünstigten bekannt oder infolge grober Fahrlässigkeit nicht bekannt war.

2 Erstrecken sich die Rücknahmegründe nach Satz 1 nur auf die Zulassung zur Prüfung, ist auch die Prüfungsentscheidung zurückzunehmen. 3 Nach einer Rücknahme gemäß Satz 1 oder Satz 2 gilt die Steuerberaterprüfung als nicht bestanden.

(2) 1 Die für die Finanzverwaltung zuständigen obersten Landesbehörden und die Steuerberaterkammern haben Tatsachen im Sinne des Absatzes 1 Satz 1 Nr. 1 bis 3 der zuständigen Steuerberaterkammer unverzüglich mitzuteilen. 2 § 83 dieses Gesetzes und § 30 der Abgabenordnung stehen diesen Mitteilungen nicht entgegen. 3 Werden Tatsachen nach Absatz 1 Satz 1

[1)] § 39 a eingef. mWv 1. 7. 2000 durch G v. 24. 6. 2000 (BGBl. I S. 874) und neugef. mWv 12. 4. 2008 durch G v. 8. 4. 2008 (BGBl. I S. 666).

Nr. 1 bis 3 während des Bestellungsverfahrens der zuständigen Steuerberaterkammer bekannt, so ruht dieses bis zum Ausgang des Verfahrens.

(3) Vor der Rücknahme ist der Betroffene zu hören.

Zweiter Unterabschnitt. Bestellung

§ 40[1)] Bestellende Steuerberaterkammer, Bestellungsverfahren.

(1) [1]Nach bestandener Prüfung oder nach der Befreiung von der Prüfung ist der Bewerber auf Antrag durch die zuständige Steuerberaterkammer als Steuerberater zu bestellen. [2]Die örtliche Zuständigkeit der bestellenden Steuerberaterkammer richtet sich nach der beabsichtigten beruflichen Niederlassung des Bewerbers. [3]Bei beabsichtigter beruflicher Niederlassung im Ausland ist für die Bestellung die Steuerberaterkammer zuständig, die den Bewerber von der Prüfung befreit hat oder die Steuerberaterkammer, in deren Kammerbezirk der Bewerber geprüft worden ist.

(2) [1]Vor der Bestellung hat die Steuerberaterkammer zu prüfen, ob der Bewerber persönlich geeignet ist. [2]Die Bestellung ist zu versagen, wenn der Bewerber

1. nicht in geordneten wirtschaftlichen Verhältnissen lebt;
2. infolge strafgerichtlicher Verurteilung die Fähigkeit zur Bekleidung öffentlicher Ämter nicht besitzt;
3. aus gesundheitlichen Gründen nicht nur vorübergehend unfähig ist, den Beruf des Steuerberaters ordnungsgemäß auszuüben;
4. sich so verhalten hat, dass die Besorgnis begründet ist, er werde den Berufspflichten als Steuerberater nicht genügen.

(3) Die Bestellung ist auch zu versagen,

1. wenn eine Entscheidung nach § 39 a Abs. 1 ergangen ist;
2. solange der Bewerber eine Tätigkeit ausübt, die mit dem Beruf unvereinbar ist (§ 57 Abs. 4);
3. solange nicht die vorläufige Deckungszusage auf den Antrag zum Abschluss einer Berufshaftpflichtversicherung oder der Nachweis der Mitversicherung bei einem Arbeitgeber vorliegt.

(4) [1]Wenn es zur Entscheidung über den Versagungsgrund des Absatzes 2 Nr. 3 erforderlich ist, gibt die zuständige Steuerberaterkammer dem Bewerber schriftlich auf, innerhalb einer von ihr zu bestimmenden angemessenen Frist das Gutachten eines von ihr bestimmten Arztes über seinen Gesundheitszustand vorzulegen. [2]Das Gutachten muss auf einer Untersuchung des Bewerbers und, wenn dies ein Arzt für notwendig hält, auch auf einer klinischen Beobachtung des Bewerbers beruhen. [3]Die Kosten des

---

[1)] § 40 neugef. durch G v. 9. 6. 1989 (BGBl. I S. 1062), Abs. 1 Satz 3 geänd. mWv 1. 1. 1994 (BGBl. 1993 I S. 2436) durch G v. 27. 4. 1993 (BGBl. I S. 512), Abs. 1 geänd., Abs. 2 bis 4 und 6 neugef. mWv 1. 7. 2000 durch G v. 24. 6. 2000 (BGBl. I S. 874), Abs. 2 Nr. 3 neugef. mWv 1. 5. 2002 durch G v. 27. 4. 2002 (BGBl. I S. 1467), Abs. 1 Satz 3 neugef., Abs. 3 Nr. 1 und Abs. 4 Satz 2 geänd. mWv 12. 4. 2008 durch G v. 8. 4. 2008 (BGBl. I S. 666).

Gutachtens hat der Bewerber zu tragen. 4 Kommt der Bewerber ohne zureichenden Grund der Anordnung der Steuerberaterkammer innerhalb der gesetzten Frist nicht nach, gilt der Antrag auf Bestellung als zurückgenommen.

(5) 1 Vor der Versagung der Bestellung ist der Bewerber zu hören. 2 Wird die Bestellung versagt, so ist ein schriftlicher Bescheid zu erteilen.

(6) Für die Bearbeitung des Antrags auf Bestellung hat der Bewerber eine Gebühr von fünfzig Euro[1] an die zuständige Steuerberaterkammer zu zahlen, soweit nicht durch eine Gebührenordnung nach § 79 Abs. 2 etwas anderes bestimmt ist.

§ 40 a[2]**.** *(aufgehoben)*

§ 41[3] **Berufsurkunde.** (1) Der Bewerber wird durch Aushändigung einer Urkunde als Steuerberater bestellt.

(2) Vor der Aushändigung der Urkunde hat der Bewerber vor der zuständigen Steuerberaterkammer die Versicherung abzugeben, daß er die Pflichten eines Steuerberaters gewissenhaft erfüllen wird.

§ 42[4] **Steuerbevollmächtigter.** 1 Steuerbevollmächtigter ist, wer nach den Vorschriften dieses Gesetzes als solcher bestellt ist. 2 Die Vorschriften für die Bestellung als Steuerberater sind bei der Bestellung als Steuerbevollmächtigter sinngemäß anzuwenden.

§ 43[5] **Berufsbezeichnung.** (1) 1 Die Berufsbezeichnung lautet „Steuerberater" oder „Steuerbevollmächtigter". 2 Frauen können die Berufsbezeichnung „Steuerberaterin" oder „Steuerbevollmächtigte" wählen. 3 Die Berufsangehörigen haben im beruflichen Verkehr die Berufsbezeichnung zu führen.

(2) Die Führung weiterer Berufsbezeichnungen ist nur gestattet, wenn sie amtlich verliehen worden sind. 2 Andere Zusätze und der Hinweis auf eine ehemalige Beamteneigenschaft sind im beruflichen Verkehr unzulässig.

(3) Zusätze, die auf einen akademischen Grad oder eine staatlich verliehene Graduierung hinweisen, sind erlaubt.

(4) 1 Die Bezeichnung „Steuerberater", „Steuerbevollmächtigter" oder „Steuerberatungsgesellschaft" darf nur führen, wer nach diesem Gesetz dazu berechtigt ist. 2 Es ist unzulässig, zum Hinweis auf eine steuerberatende Tätigkeit andere Bezeichnungen zu verwenden. 3 Satz 2 findet auf Rechts-

---

[1] Betrag geänd. mWv 1. 1. 2002 durch G v. 24. 6. 2000 (BGBl. I S. 874).

[2] § 40 a aufgeh. mWv 1. 7. 2000 durch G v. 24. 6. 2000 (BGBl. I S. 874).

[3] § 41 Abs. 2 neugef. mWv 1. 7. 1994 durch G v. 24. 6. 1994 (BGBl. I S. 1387), Abs. 2 geänd. mWv 1. 7. 2000 durch G v. 24. 6. 2000 (BGBl. I S. 874).

[4] § 42 Satz 2 angef. mWv 1. 7. 2000 durch G v. 24. 6. 2000 (BGBl. I S. 874).

[5] § 43 Abs. 1 Satz 2 eingef. durch G v. 9. 6. 1989 (BGBl. I S. 1062), Abs. 4 Satz 3 geänd. mWv 1. 3. 1999 durch G v. 31. 8. 1998 (BGBl. I S. 2600) und mWv 1. 7. 2000 durch G v. 24. 6. 2000 (BGBl. I S. 874).

anwälte, niedergelassene europäische Rechtsanwälte und Rechtsanwaltsgesellschaften keine Anwendung.

§ 44[1)] Bezeichnung „Landwirtschaftliche Buchstelle". (1) [1]Steuerberatern, Steuerbevollmächtigten, Rechtsanwälten und niedergelassenen europäischen Rechtsanwälten, die eine besondere Sachkunde auf dem Gebiet der Hilfeleistung in Steuersachen für land- und forstwirtschaftliche Betriebe im Sinne des Bewertungsgesetzes nachweisen, kann auf Antrag die Berechtigung verliehen werden, als Zusatz zur Berufsbezeichnung die Bezeichnung „Landwirtschaftliche Buchstelle" zu führen. [2]Die Verleihung erfolgt durch die Steuerberaterkammer, in deren Kammerbezirk der Antragsteller seine berufliche Niederlassung hat.

(2) [1]Die besondere Sachkunde im Sinne des Absatzes 1 Satz 1 ist durch eine mündliche Prüfung vor einem Sachkunde-Ausschuss nachzuweisen, der bei der Steuerberaterkammer zu bilden ist. [2]Personen, die ihre besondere Sachkunde durch eine einschlägige Ausbildung nachweisen und mindestens drei Jahre buchführende land- und forstwirtschaftliche Betriebe steuerlich beraten haben, können auf Antrag von der mündlichen Prüfung befreit werden. [3]Über den Antrag auf Befreiung entscheidet die zuständige Steuerberaterkammer im Benehmen mit der für die Landwirtschaft zuständigen obersten Landesbehörde oder der von ihr benannten Behörde und, soweit der Antragsteller Rechtsanwalt oder niedergelassener europäischer Rechtsanwalt ist, im Benehmen mit der für die berufliche Niederlassung des Antragstellers zuständigen Rechtsanwaltskammer.

(2a) Partnerschaftsgesellschaften gemäß § 3 Nr. 2 sind befugt, die Bezeichnung „Landwirtschaftliche Buchstelle" als Zusatz zum Namen zu führen, wenn mindestens ein Partner berechtigt ist, die Bezeichnung „Landwirtschaftliche Buchstelle" als Zusatz zur Berufsbezeichnung zu führen.

(3) Steuerberatungsgesellschaften sind befugt, die Bezeichnung „Landwirtschaftliche Buchstelle" als Zusatz zur Firma oder zum Namen zu führen, wenn mindestens ein gesetzlicher Vertreter berechtigt ist, diese Bezeichnung als Zusatz zur Berufsbezeichnung zu führen.

(4) Vereine im Sinne des § 4 Nr. 8 sind befugt, als Zusatz zum Namen des Vereins die Bezeichnung „Landwirtschaftliche Buchstelle" zu führen.

(5) Körperschaften des öffentlichen Rechts (§ 4 Nr. 3) und Personenvereinigungen im Sinne des § 4 Nr. 7, die eine Buchstelle für land- und forstwirtschaftliche Betriebe unterhalten, dürfen für diese Buchstelle die Bezeichnung „Landwirtschaftliche Buchstelle" benutzen, wenn der Leiter

---

1) § 44 Abs. 1 Satz 2 und Abs. 4 neugef., Abs. 2 eingef., bish. Abs. 2 wird Abs. 9 und geänd. durch G v. 9. 6. 1989 (BGBl. I S. 1062), Abs. 1 Satz 1 und Abs. 9 Satz 1 geänd. sowie Abs. 9 Satz 2 aufgeh. mWv 1. 7. 1994 durch G v. 24. 6. 1994 (BGBl. I S. 1387), Abs. 1 und 2 neugef., bish. Abs. 6 aufgeh., bish. Abs. 7 bis 9 werden Abs. 6 bis 8, neuer Abs. 6 geänd. und neuer Abs. 8 neugef. mWv 1. 7. 2000 durch G v. 24. 6. 2000 (BGBl. I S. 874), Abs. 2a eingef., Abs. 3 geänd. mWv 12. 4. 2008 durch G v. 8. 4. 2008 (BGBl. I S. 666).

der Buchstelle berechtigt ist, diese Bezeichnung als Zusatz zur Berufsbezeichnung zu führen.

(6) Die Befugnis zur Führung der Bezeichnung „Landwirtschaftliche Buchstelle“ erlischt mit dem Erlöschen, der Rücknahme oder dem Widerruf der Bestellung als Steuerberater oder Steuerbevollmächtigter bzw. mit dem Erlöschen oder der Rücknahme der Zulassung als Rechtsanwalt oder niedergelassener europäischer Rechtsanwalt.

(7) Die Befugnis zur Führung der Bezeichnung „Landwirtschaftliche Buchstelle“ ist in das Berufsregister einzutragen.

(8) Für die Bearbeitung des Antrags auf Verleihung der Bezeichnung „Landwirtschaftliche Buchstelle“ ist eine Gebühr von einhundertfünfzig Euro[1)] an die zuständige Steuerberaterkammer zu zahlen, soweit nicht durch eine Gebührenordnung nach § 79 Abs. 2 etwas anderes bestimmt ist.

§ 45[2)] **Erlöschen der Bestellung.** (1) [1]Die Bestellung als Steuerberater oder Steuerbevollmächtigter erlischt durch

1. Tod,
2. Verzicht gegenüber der zuständigen Steuerberaterkammer,
3. rechtskräftige Ausschließung aus dem Beruf,
4. rechtskräftige Rücknahme der Prüfungsentscheidung oder der Entscheidung über die Befreiung von der Prüfung nach § 39 a Abs. 1.

[2]Der Verzicht nach Nummer 2 ist zu Protokoll oder schriftlich gegenüber der Steuerberaterkammer zu erklären, die für die berufliche Niederlassung des Steuerberaters oder Steuerbevollmächtigten örtlich zuständig ist. [3]Ein im berufsgerichtlichen Verfahren gegenüber dem Berufsgericht erklärter Verzicht gilt als gegenüber der zuständigen Steuerberaterkammer abgegeben.

(2) Die Bestellung als Steuerbevollmächtigter erlischt ferner durch die Bestellung als Steuerberater.

§ 46[3)] **Rücknahme und Widerruf der Bestellung.** (1)[4)] Die Bestellung ist zurückzunehmen, wenn der Steuerberater oder Steuerbevollmächtigte die Bestellung durch arglistige Täuschung, Drohung oder Bestechung oder durch Angaben erwirkt hat, die in wesentlicher Beziehung unrichtig oder unvollständig waren.

[1)] Betrag geänd. mWv 1. 1. 2002 durch G v. 24. 6. 2000 (BGBl. I S. 874).

[2)] § 45 Abs. 1 Nr. 2 neugef. durch G v. 9. 6. 1989 (BGBl. I S. 1062), Abs. 1 Satz 1 Nr. 2 neugef., Abs. 1 Satz 1 Nr. 4 sowie Sätze 2 und 3 angef. mWv 1. 7. 2000 durch G v. 24. 6. 2000 (BGBl. I S. 874).

[3)] § 46 Abs. 3 und Abs. 4 neugef., Abs. 2 Nrn. 4 bis 7 angef. und Abs. 5 aufgeh. durch G v. 9. 6. 1989 (BGBl. I S. 1062); Abs. 1 Satz 2 angef. durch G v. 25. 2. 1992 (BGBl. I S. 297); Abs. 2 bish. Nr. 1 aufgeh., bish. Nrn. 2 bis 7 werden Nrn. 1 bis 6 sowie neue Nr. 6 neugef. mWv 1. 7. 1994 durch G v. 24. 6. 1994 (BGBl. I S. 1387).

[4)] § 46 Abs. 1 neugef. mWv 1. 7. 2000 durch G v. 24. 6. 2000 (BGBl. I S. 874).

(2) Die Bestellung ist zu widerrufen, wenn der Steuerberater oder Steuerbevollmächtigte

1.[1] eine gewerbliche Tätigkeit oder eine Tätigkeit als Arbeitnehmer ausübt, die mit seinem Beruf nicht vereinbar ist (§ 57 Abs. 4);
2. infolge strafgerichtlicher Verurteilung die Fähigkeit zur Bekleidung öffentlicher Ämter verloren hat;
3. nicht die vorgeschriebene Haftpflichtversicherung gegen die Haftpflichtgefahren aus seiner Berufstätigkeit unterhält;
4.[2] in Vermögensverfall geraten ist, es sei denn, daß dadurch die Interessen der Auftraggeber nicht gefährdet sind; ein Vermögensverfall wird vermutet, wenn ein Insolvenzverfahren über das Vermögen des Steuerberaters oder Steuerbevollmächtigten eröffnet oder der Steuerberater oder Steuerbevollmächtigte in das *vom Insolvenzgericht oder*[3] vom Vollstreckungsgericht zu führende Verzeichnis (§ 26 Abs. 2 der Insolvenzordnung[4]; *§ 915* [***ab 1. 1. 2013:*** § 882 b][3] der Zivilprozeßordnung[5]) eingetragen ist;
5.[2] seine berufliche Niederlassung in das Ausland verlegt, ohne daß ein Zustellungsbevollmächtigter mit Wohnsitz im Inland benannt worden ist. [2] Name und Anschrift sowie jede Änderung der Person oder der Anschrift des Zustellungsbevollmächtigten sind der zuständigen Steuerberaterkammer unverzüglich mitzuteilen. [3] Der Steuerberater oder Steuerbevollmächtigte bleibt Mitglied der Steuerberaterkammer, der er bisher angehört hat;
6.[2], [6] eine berufliche Niederlassung nicht unterhält oder
7.[2] aus gesundheitlichen Gründen nicht nur vorübergehend unfähig ist, seinen Beruf ordnungsgemäß auszuüben.

(3)[2] [1] In Verfahren wegen des Widerrufs der Bestellung nach Absatz 2 Nr. 7 ist § 40 Abs. 4 entsprechend anzuwenden. [2] Wird das Gutachten ohne zureichenden Grund nicht innerhalb der von der zuständigen Steuerberaterkammer gesetzten Frist vorgelegt, so wird vermutet, dass der Steuerberater oder Steuerbevollmächtigte aus einem Grund des Absatzes 2 Nr. 7, der durch das Gutachten geklärt werden soll, nicht nur vorübergehend unfähig ist, seinen Beruf ordnungsgemäß auszuüben.

(4)[7] [1] Die Bestellung als Steuerberater und als Steuerbevollmächtigter wird durch die Steuerberaterkammer zurückgenommen oder widerrufen.

---

[1] § 46 Abs. 2 Nr. 1 neugef. mWv 1. 7. 2000 durch G v. 24. 6. 2000 (BGBl. I S. 874).

[2] § 46 Abs. 2 bish. Nr. 4 aufgeh., Nr. 5 neugef. mWv 1. 1. 1999 durch G v. 5. 10. 1994 (BGBl. I S. 2911), bish. Nrn. 5 und 6 werden Nrn. 4 und 5 durch G v. 19. 12. 1998 (BGBl. I S. 3836), Abs. 2 Nr. 5 geänd., Nrn. 6 und 7 angef., Abs. 3 neugef. mWv 1. 7. 2000 durch G v. 24. 6. 2000 (BGBl. I S. 874), Abs. 2 Nr. 7 neugef. mWv 1. 5. 2002 durch G v. 27. 4. 2002 (BGBl. I S. 1467).

[3] § 46 Abs. 2 Nr. 4 HS 2 kursive Worte aufgeh., Zitat geänd. mWv 1. 1. 2013 durch G v. 29. 7. 2009 (BGBl. I S. 2258).

[4] **Schönfelder Nr. 110.**

[5] **Schönfelder Nr. 100.**

[6] § 46 Abs. 2 Nr. 6 neugef. mWv 12. 4. 2008 durch G v. 8. 4. 2008 (BGBl. I S. 666).

[7] § 46 Abs. 4 neugef. mWv 1. 7. 2000 durch G v. 24. 6. 2000 (BGBl. I S. 874).

[2]Die örtliche Zuständigkeit richtet sich nach der beruflichen Niederlassung, in den Fällen des Absatzes 2 Nr. 6 nach der beabsichtigten beruflichen Niederlassung gemäß § 40 Abs. 1 Satz 2. [3]§ 40 Abs. 1 Satz 3 gilt entsprechend. [4]Bei beruflicher Niederlassung im Ausland richtet sich die örtliche Zuständigkeit nach der letzten beruflichen Niederlassung im Geltungsbereich dieses Gesetzes; ist eine solche nicht vorhanden, so ist die Steuerberaterkammer zuständig, in deren Bezirk der Steuerberater oder Steuerbevollmächtigte bestellt wurde. [5]Vor der Rücknahme oder dem Widerruf ist der Betroffene zu hören.

(5) *(aufgehoben)*

§ 47[1]) Erlöschen der Befugnis zur Führung der Berufsbezeichnung.

(1) [1]Mit dem Erlöschen, der Rücknahme oder dem Widerruf der Bestellung erlischt die Befugnis, die Berufsbezeichnung „Steuerberater" oder „Steuerbevollmächtigter" zu führen. [2]Die Bezeichnung darf auch nicht mit einem Zusatz, der auf die frühere Berechtigung hinweist, geführt werden.

(2) Die zuständige Steuerberaterkammer kann einem Steuerberater oder Steuerbevollmächtigten, der wegen hohen Alters oder wegen körperlicher Leiden auf die Rechte aus der Bestellung verzichtet, auf Antrag die Erlaubnis erteilen, sich weiterhin Steuerberater oder Steuerbevollmächtigter zu nennen.

(3) [1]Die zuständige Steuerberaterkammer kann eine Erlaubnis, die sie nach Absatz 2 erteilt hat, zurücknehmen oder widerrufen, wenn nachträglich Umstände bekanntwerden oder eintreten, die bei einem Steuerberater oder Steuerbevollmächtigten das Erlöschen, die Rücknahme oder den Widerruf der Bestellung nach sich ziehen würden oder zur Ablehnung der Erlaubnis nach Absatz 2 hätten führen können. [2]Vor der Rücknahme oder dem Widerruf der Erlaubnis ist der Betroffene zu hören.

§ 48[2]) Wiederbestellung. (1) Ehemalige Steuerberater und Steuerbevollmächtigte können wiederbestellt werden,

1. wenn die Bestellung nach § 45 Abs. 1 Nr. 2 erloschen ist; wurde auf die Bestellung nach Einleitung eines berufsgerichtlichen Verfahrens (§ 114) verzichtet, kann die Wiederbestellung nicht vor Ablauf von acht Jahren erfolgen, es sei denn, dass eine Ausschließung aus dem Beruf nicht zu erwarten war;
2. wenn im Falle des Erlöschens der Bestellung nach § 45 Abs. 1 Nr. 3 die rechtskräftige Ausschließung aus dem Beruf im Gnadenwege auf-

---

[1]) § 47 Abs. 2 und Abs. 3 neugef. durch G v. 9. 6. 1989 (BGBl. I S. 1062), Abs. 2 Satz 2 geänd., Satz 3 aufgeh., Abs. 3 Satz 1 Halbsatz 2 angef. mWv 1. 7. 1994 durch G v. 24. 6. 1994 (BGBl. I S. 1387), Abs. 2 und Abs. 3 Satz 2 neugef., Abs. 3 Satz 1 geänd. mWv 1. 7. 2000 durch G v. 24. 6. 2000 (BGBl. I S. 874).

[2]) § 48 Abs. 1 Nr. 2 und Abs. 2 neugef., Abs. 3 angef. durch G v. 9. 6. 1989 (BGBl. I S. 1062), Abs. 1 Satz 2 angef. durch G v. 25. 2. 1992 (BGBl. I S. 297), Abs. 1 Satz 1 Nr. 1 Halbsatz 2 angef. sowie Abs. 3 neugef. mWv 1. 7. 1994 durch G v. 24. 6. 1994 (BGBl. I S. 1387), Abs. 1 Nr. 1 und Abs. 3 neugef., Abs. 1 Satz 1 Nr. 3 geänd., Abs. 1 bish. Satz 2 aufgeh. mWv 1. 7. 2000 durch G v. 24. 6. 2000 (BGBl. I S. 874).

gehoben worden ist oder seit der rechtskräftigen Ausschließung mindestens acht Jahre verstrichen sind;

3. wenn die Bestellung nach § 46 widerrufen ist und die Gründe, die für den Widerruf maßgeblich gewesen sind, nicht mehr bestehen.

(2) Die Vorschriften des § 40 gelten vorbehaltlich des Absatzes 3 entsprechend für die Wiederbestellung.

(3) Für die Bearbeitung des Antrags auf Wiederbestellung hat der Bewerber eine Gebühr von einhundertfünfundzwanzig Euro[1] an die zuständige Steuerberaterkammer zu zahlen, soweit nicht durch eine Gebührenordnung nach § 79 Abs. 2 etwas anderes bestimmt ist.

Dritter Unterabschnitt. Steuerberatungsgesellschaft

§ 49[2] Rechtsform der Gesellschaft, anerkennende Steuerberaterkammer, Gesellschaftsvertrag. (1) Aktiengesellschaften, Kommanditgesellschaften auf Aktien, Gesellschaften mit beschränkter Haftung, Offene Handelsgesellschaften, Kommanditgesellschaften und Partnerschaftsgesellschaften können nach Maßgabe dieses Gesetzes als Steuerberatungsgesellschaften anerkannt werden.

(2) Offene Handelsgesellschaften und Kommanditgesellschaften können als Steuerberatungsgesellschaften anerkannt werden, wenn sie wegen ihrer Treuhandtätigkeit als Handelsgesellschaften in das Handelsregister eingetragen worden sind.

(3) [1] Für die Entscheidung über den Antrag auf Anerkennung als Steuerberatungsgesellschaft ist die Steuerberaterkammer zuständig, in deren Kammerbezirk die Gesellschaft ihren Sitz hat. [2] Dem Antrag auf Anerkennung als Steuerberatungsgesellschaft ist eine Ausfertigung oder eine öffentlich beglaubigte Abschrift des Gesellschaftsvertrages oder der Satzung beizufügen.

(4)[3] [1] Jede Änderung des Gesellschaftsvertrages oder der Satzung oder der Gesellschafter oder in der Person der Vertretungsberechtigten ist der zuständigen Steuerberaterkammer innerhalb eines Monats anzuzeigen. [2] Der Änderungsanzeige ist eine öffentlich beglaubigte Abschrift der jeweiligen Urkunde beizufügen. [3] Die Vorlage einer einfachen Abschrift der jeweiligen Urkunde reicht aus, wenn die Änderung im Handelsregister oder Partnerschaftsregister eingetragen und eine beglaubigte Abschrift oder ein amtlicher Ausdruck der Eintragung bei der Steuerberaterkammer eingereicht wird. [4] Wird die Änderung im Handelsregister oder Partnerschaftsregister eingetragen, so ist eine beglaubigte Abschrift oder ein amtlicher Ausdruck der Eintragung nachzureichen. [5] Liegt der Steuerberaterkammer

---

[1] Betrag geänd. mWv 1. 1. 2002 durch G v. 24. 6. 2000 (BGBl. I S. 874).

[2] § 49 Abs. 1 und Abs. 3 geänd., Abs. 4 Satz 2 neugef. sowie Sätze 3 und 4 angef. durch G v. 9. 6. 1989 (BGBl. I S. 1062), Abs. 4 Satz 2 geänd. mWv 1. 7. 1994 durch G v. 24. 6. 1994 (BGBl. I S. 1387), Abs. 1 geänd. mWv 1. 7. 1995 durch G v. 25. 7. 1994 (BGBl. I S. 1744), Abs. 3 und 4 neugef. mWv 1. 7. 2000 durch G v. 24. 6. 2000 (BGBl. I S. 874).

[3] § 49 Abs. 4 neugef. mWv 12. 4. 2008 durch G v. 8. 4. 2008 (BGBl. I S. 666).

bereits eine öffentlich beglaubigte Abschrift der jeweiligen Urkunde vor, reicht es aus, wenn nach Eintragung der Änderung im Handelsregister oder Partnerschaftsregister ein einfacher Ausdruck der Eintragung oder eine Kopie des Ausdrucks bei der Steuerberaterkammer eingereicht wird.

§ 50[1)] Voraussetzungen für die Anerkennung. (1) [1]Voraussetzung für die Anerkennung ist, daß die Mitglieder des Vorstandes, die Geschäftsführer oder die persönlich haftenden Gesellschafter Steuerberater sind. [2]Mindestens ein Steuerberater, der Mitglied des Vorstandes, Geschäftsführer oder persönlich haftender Gesellschafter ist, muß seine berufliche Niederlassung am Sitz der Gesellschaft oder in dessen Nahbereich haben. [3]Persönlich haftender Gesellschafter kann auch eine Steuerberatungsgesellschaft sein, die die Voraussetzungen des § 50 a erfüllt.

(2) Neben Steuerberatern können auch Rechtsanwälte, niedergelassene europäische Rechtsanwälte, Wirtschaftsprüfer, vereidigte Buchprüfer und Steuerbevollmächtigte Mitglieder des Vorstands, Geschäftsführer oder persönlich haftende Gesellschafter von Steuerberatungsgesellschaften sein.

(3) [1]Die zuständige Steuerberaterkammer kann genehmigen, daß besonders befähigte Personen mit einer anderen Ausbildung als in einer der in § 36 genannten Fachrichtungen neben Steuerberatern Vorstandsmitglieder, Geschäftsführer oder persönlich haftende Gesellschafter von Steuerberatungsgesellschaften werden. [2]Die Genehmigung darf nur versagt werden, wenn die besondere Fachkunde fehlt oder die persönliche Zuverlässigkeit nicht vorhanden ist.

(4) Die Zahl der unter Absatz 2 und 3 fallenden Vorstandsmitglieder, Geschäftsführer und persönlich haftenden Gesellschafter darf die Zahl der Steuerberater im Vorstand, unter den Geschäftsführern oder unter den persönlich haftenden Gesellschaftern nicht übersteigen.

(5) [1]Bei Aktiengesellschaften oder Kommanditgesellschaften auf Aktien müssen die Aktien auf Namen lauten. [2]Die Übertragung muß an die Zustimmung der Gesellschaft gebunden sein. [3]Dasselbe gilt für die Übertragung von Geschäftsanteilen an einer Gesellschaft mit beschränkter Haftung.

(6) Die Anerkennung darf nicht erteilt werden, solange nicht die vorläufige Deckungszusage auf den Antrag zum Abschluß einer Berufshaftpflichtversicherung vorliegt.

§ 50 a[2)] Kapitalbindung. (1) Voraussetzung für die Anerkennung ist ferner, daß

[1)] § 50 Abs. 1 und Abs. 3 Satz 1 neugef., Abs. 6 angef. durch G v. 9. 6. 1989 (BGBl. I S. 1062), Abs. 1 Satz 2 geänd. durch G v. 13. 12. 1990 (BGBl. I S. 2756), Abs. 2 und Abs. 3 Satz 1 geänd. mWv 1. 7. 2000 durch G v. 24. 6. 2000 (BGBl. I S. 874), Abs. 1 Satz 3 angef. mWv 12. 4. 2008 durch G v. 8. 4. 2008 (BGBl. I S. 666).

[2)] § 50 a eingef. durch G v. 9. 6. 1989 (BGBl. I S. 1062), Abs. 1 Nr. 6 geänd. durch G v. 13. 12. 1990 (BGBl. I S. 2756), Abs. 1 Nr. 1 neugef., Nrn. 5 und 6 geänd. mWv 1. 7. 2000 durch G v. 24. 6. 2000 (BGBl. I S. 874).

1.[1] die Gesellschafter ausschließlich Steuerberater, Rechtsanwälte, niedergelassene europäische Rechtsanwälte, Wirtschaftsprüfer, vereidigte Buchprüfer, Steuerbevollmächtigte, in der Gesellschaft tätige Personen, deren Tätigkeit als Vorstandsmitglied, Geschäftsführer oder persönlich haftender Gesellschafter nach § 50 Abs. 3 genehmigt worden ist, oder Steuerberatungsgesellschaften, die die Voraussetzungen dieses Absatzes erfüllen, sind;
2. Anteile an der Steuerberatungsgesellschaft nicht für Rechnung eines Dritten gehalten werden;
3. bei Kapitalgesellschaften die Anteile Personen im Sinne von Nummer 1 gehören;
4. bei Kommanditgesellschaften die im Handelsregister eingetragenen Einlagen von Personen im Sinne von Nummer 1 übernommen worden sind;
5. Steuerberatern, Rechtsanwälten, niedergelassenen europäischen Rechtsanwälten, Wirtschaftsprüfern, vereidigten Buchprüfern, Steuerbevollmächtigten [*ab 20. 12. 2003:* oder Steuerberatungsgesellschaften, die die Voraussetzungen dieses Absatzes erfüllen,][2] zusammen die Mehrheit der Stimmrechte der Aktionäre, Kommanditaktionäre, Gesellschafter einer Gesellschaft mit beschränkter Haftung oder Kommanditisten zusteht und
6. im Gesellschaftsvertrag bestimmt ist, daß zur Ausübung von Gesellschafterrechten nur Personen bevollmächtigt werden können, die Steuerberater, Rechtsanwälte, niedergelassene europäische Rechtsanwälte, Wirtschaftsprüfer, vereidigte Buchprüfer oder Steuerbevollmächtigte sind.

(2) [1]Haben sich Personen im Sinne von Absatz 1 Nr. 1 zu einer Gesellschaft bürgerlichen Rechts zusammengeschlossen, deren Zweck ausschließlich das Halten von Anteilen an einer Steuerberatungsgesellschaft ist, so werden ihnen die Anteile an der Steuerberatungsgesellschaft im Verhältnis ihrer Beteiligung an der Gesellschaft bürgerlichen Rechts zugerechnet. [2]Stiftungen und eingetragene Vereine gelten als Berufsangehörige im Sinne von Absatz 1 Nr. 1, wenn sie ausschließlich der Altersversorgung in der Steuerberatungsgesellschaft tätiger Personen und ihrer Hinterbliebenen dienen und die zur gesetzlichen Vertretung berufenen Organe der Regelung in § 50 Abs. 4 entsprechen.

§ 51[3] Gebühren für die Anerkennung. (1) Für die Bearbeitung des Antrags auf Anerkennung als Steuerberatungsgesellschaft hat die Gesellschaft eine Gebühr von fünfhundert Euro[4] an die zuständige Steuerberaterkammer zu zahlen, soweit nicht durch eine Gebührenordnung nach § 79 Abs. 2 etwas anderes bestimmt ist.

---

[1] § 50 a Abs. 1 Nr. 1 geänd. mWv 12. 4. 2008 durch G v. 8. 4. 2008 (BGBl. I S. 666).
[2] § 50 a Abs. 1 Nr. 5 geänd. durch G v. 15. 12. 2003 (BGBl. I S. 2645).
[3] § 51 Abs. 1 und 2 geänd. durch G v. 9. 6. 1989 (BGBl. I S. 1062), Abs. 1 neugef., Abs. 2 geänd. sowie Abs. 3 aufgeh. mWv 1. 7. 1994 durch G v. 24. 6. 1994 (BGBl. I S. 1387), Abs. 1 und 2 geänd. mWv 1. 7. 2000 durch G v. 24. 6. 2000 (BGBl. I S. 874).
[4] Betrag geänd. mWv 1. 1. 2002 durch G v. 24. 6. 2000 (BGBl. I S. 874).

(2) Für die Bearbeitung eines Antrags auf Ausnahmegenehmigung nach § 50 Abs. 3 hat die Gesellschaft eine Gebühr von einhundertfünfzig Euro[1] an die zuständige Steuerberaterkammer zu zahlen, soweit nicht durch eine Gebührenordnung nach § 79 Abs. 2 etwas anderes bestimmt ist.

(3) *(aufgehoben)*

§ 52[2] **Urkunde.** Über die Anerkennung als Steuerberatungsgesellschaft stellt die zuständige Steuerberaterkammer eine Urkunde aus.

§ 53[3] **Bezeichnung „Steuerberatungsgesellschaft".** [1]Die Gesellschaft ist verpflichtet, die Bezeichnung „Steuerberatungsgesellschaft" in die Firma oder den Namen aufzunehmen. [2]Für eine Partnerschaftsgesellschaft entfällt die Pflicht nach § 2 Abs. 1 des Partnerschaftsgesellschaftsgesetzes vom 25. Juli 1994 (BGBl. I S. 1744), zusätzlich die Berufsbezeichnungen aller in der Partnerschaft vertretenen Berufe in den Namen aufzunehmen.

§ 54[4] **Erlöschen der Anerkennung.** (1) Die Anerkennung erlischt durch

1. Auflösung der Gesellschaft,
2. Verzicht auf die Anerkennung.

(2) Der Verzicht ist schriftlich gegenüber der zuständigen Steuerberaterkammer zu erklären.

(3) Die zuständige Steuerberaterkammer kann, wenn die zur gesetzlichen Vertretung bestellten Personen keine hinreichende Gewähr zur ordnungsgemäßen Abwicklung der schwebenden Angelegenheiten nach § 33 bieten, einen oder mehrere Steuerberater oder Steuerbevollmächtigte insoweit zum Abwickler bestellen.

(4) § 70 Abs. 1 bis 4 gilt entsprechend.

§ 55[5] **Rücknahme und Widerruf der Anerkennung.** (1) Die zuständige Steuerberaterkammer hat die Anerkennung zurückzunehmen, wenn sich nach der Anerkennung ergibt, daß sie hätte versagt werden müssen.

(2) [1]Die zuständige Steuerberaterkammer hat die Anerkennung zu widerrufen, wenn

---

[1] Betrag geänd. mWv 1. 1. 2002 durch G v. 24. 6. 2000 (BGBl. I S. 874).

[2] § 52 neugef. durch G v. 9. 6. 1989 (BGBl. I S. 1062) und geänd. mWv 1. 7. 2000 durch G v. 24. 6. 2000 (BGBl. I S. 874).

[3] § 53 Satz 1 geänd., Satz 2 angef. mWv 1. 7. 1995 durch G v. 25. 7. 1994 (BGBl. I S. 1744).

[4] § 54 Abs. 2 neugef. durch G v. 9. 6. 1989 (BGBl. I S. 1062), Abs. 3 und 4 angef. mWv 1. 7. 1994 durch G v. 24. 6. 1994 (BGBl. I S. 1387), Abs. 2 und 3 geänd. mWv 1. 7. 2000 durch G v. 24. 6. 2000 (BGBl. I S. 874).

[5] § 55 Abs. 1 geänd., Abs. 2 und 3 neugef. durch G v. 9. 6. 1989 (BGBl. I S. 1062), Abs. 4 und 5 angef. mWv 1. 7. 1994 durch G v. 24. 6. 1994 (BGBl. I S. 1387), Abs. 1 geänd., Abs. 2 und 3 neugef. mWv 1. 7. 2000 durch G v. 24. 6. 2000 (BGBl. I S. 874), Abs. 2 a eingef. mWv 12. 4. 2008 durch G v. 8. 4. 2008 (BGBl. I S. 666).

1. die Gesellschaft nicht die nach diesem Gesetz vorgeschriebene Haftpflichtversicherung unterhält oder
2. andere Voraussetzungen für die Anerkennung der Gesellschaft nachträglich fortfallen,

es sei denn, dass die Gesellschaft innerhalb einer angemessenen, von der zuständigen Steuerberaterkammer zu bestimmenden Frist den dem Gesetz entsprechenden Zustand herbeiführt. 2 Die Frist beträgt bei Fortfall der in § 50 a genannten Voraussetzungen wegen eines Erbfalls mindestens fünf Jahre.

(2 a) Die Anerkennung ist ferner zu widerrufen, wenn die Gesellschaft in Vermögensverfall geraten ist, es sei denn, dass dadurch die Interessen der Auftraggeber nicht gefährdet sind; der Vermögensverfall wird vermutet, wenn die Gesellschaft in das *vom Insolvenzgericht oder*[1] vom Vollstreckungsgericht zu führende Schuldnerverzeichnis (§ 26 Abs. 2 der Insolvenzordnung, *§ 915* [*ab 1. 1. 2013:* § 882 b][1] der Zivilprozessordnung) eingetragen ist.

(3) Vor der Rücknahme oder dem Widerruf ist die Steuerberatungsgesellschaft zu hören.

(4) Erfolgt die Rücknahme oder der Widerruf, weil die Gesellschaft keinen Vorstand, keinen Geschäftsführer oder keinen persönlich haftenden Gesellschafter hat, kann die Entscheidung jedem Gesellschafter bekanntgegeben werden.

(5) § 54 Abs. 3 und § 70 Abs. 1 bis 4 gelten entsprechend.

Dritter Abschnitt. Rechte und Pflichten

§ 56[2] **Weitere berufliche Zusammenschlüsse.** (1) 1 Steuerberater und Steuerbevollmächtigte dürfen sich mit anderen Steuerberatern und Steuerbevollmächtigten, Wirtschaftsprüfern, vereidigten Buchprüfern, Mitgliedern einer Rechtsanwaltskammer und der Patentanwaltskammer zur gemeinschaftlichen Berufsausübung im Rahmen der eigenen beruflichen Befugnisse verbinden. 2 Mit Rechtsanwälten, die zugleich Notare sind, darf diese Verbindung nur bezogen auf die anwaltliche Berufsausübung eingegangen werden. 3 Im Übrigen richtet sich die Verbindung mit Rechtsanwälten, die zugleich Notare sind, nach den Bestimmungen und Anforderungen des notariellen Berufsrechts.

(2) 1 Steuerberater und Steuerbevollmächtigte dürfen mit anderen Steuerberatern und Steuerbevollmächtigten, Wirtschaftsprüfern, vereidigten Buchprüfern, Mitgliedern einer Rechtsanwaltskammer und der Patentanwaltskammer, den in § 3 Nr. 2 und 3 genannten Vereinigungen, Lohnsteuerhilfevereinen, Vereinen im Sinne des § 4 Nr. 8 und Gesellschaften und Personenvereinigungen im Sinne des § 155 Abs. 1 eine Bürogemeinschaft bilden. 2 Absatz 1 Satz 2 und 3 ist sinngemäß anzuwenden.

---

[1] § 55 Abs. 2 a kursiver Satzteil aufgeh., Zitat geänd. mWv 1. 1. 2013 durch G v. 29. 7. 2009 (BGBl. I S. 2258).

[2] § 56 eingef. mWv 1. 7. 2000 durch G v. 24. 6. 2000 (BGBl. I S. 874) und neugef. mWv 12. 4. 2008 durch G v. 8. 4. 2008 (BGBl. I S. 666).

(3) Ein Zusammenschluss im Sinne der Absätze 1 und 2 mit ausländischen Berufsangehörigen, die ihre berufliche Niederlassung im Ausland haben, ist zulässig, wenn diese im Ausland einen den in § 3 Nr. 1 genannten Berufen in der Ausbildung und den Befugnissen vergleichbaren Beruf ausüben und die Voraussetzungen für die Berufsausübung den Anforderungen dieses Gesetzes im Wesentlichen entsprechen.

(4) [1] Die Gründung von Gesellschaften nach den Absätzen 1 und 3 und Veränderungen in den Gesellschaftsverhältnissen sind nach Maßgabe der Berufsordnung der zuständigen Steuerberaterkammer anzuzeigen. [2] Auf Verlangen der Steuerberaterkammer sind erforderliche Auskünfte zu erteilen und die Verträge über die gemeinsame Berufsausübung sowie deren Änderungen vorzulegen.

(5) [1] Steuerberater und Steuerbevollmächtigte dürfen eine auf einen Einzelfall oder auf Dauer angelegte berufliche Zusammenarbeit, der nicht die Annahme gemeinschaftlicher Aufträge zugrunde liegt, mit Angehörigen freier Berufe im Sinne des § 1 Abs. 2 des Partnerschaftsgesellschaftsgesetzes sowie von diesen gebildeten Berufsausübungsgemeinschaften eingehen (Kooperation). [2] Sie sind verpflichtet sicherzustellen, dass bei der Kooperation ihre Berufspflichten eingehalten werden. [3] Ist dies nicht gewährleistet, muss die Kooperation unverzüglich beendet werden.

§ 57[1)] Allgemeine Berufspflichten. (1) Steuerberater und Steuerbevollmächtigte haben ihren Beruf unabhängig, eigenverantwortlich, gewissenhaft, verschwiegen und unter Verzicht auf berufswidrige Werbung auszuüben.

(2) [1] Steuerberater und Steuerbevollmächtigte haben sich jeder Tätigkeit zu enthalten, die mit ihrem Beruf oder mit dem Ansehen des Berufs nicht vereinbar ist. [2] Sie haben sich auch außerhalb der Berufstätigkeit des Vertrauens und der Achtung würdig zu erweisen, die ihr Beruf erfordert.

(2a) Steuerberater und Steuerbevollmächtigte sind verpflichtet, sich fortzubilden.

(3) Mit dem Beruf eines Steuerberaters oder eines Steuerbevollmächtigten sind insbesondere vereinbar

1. die Tätigkeit als Wirtschaftsprüfer, Rechtsanwalt, niedergelassener europäischer Rechtsanwalt oder vereidigter Buchprüfer;
2. eine freiberufliche Tätigkeit, die die Wahrnehmung fremder Interessen einschließlich der Beratung zum Gegenstand hat;
3. eine wirtschaftsberatende, gutachtliche oder treuhänderische Tätigkeit sowie die Erteilung von Bescheinigungen über die Beachtung steuerrechtlicher Vorschriften in Vermögensübersichten und Erfolgsrechnungen;
4. die Tätigkeit eines Lehrers an Hochschulen und wissenschaftlichen Instituten; dies gilt nicht für Lehrer an staatlichen verwaltungsinternen Fachhochschulen mit Ausbildungsgängen für den öffentlichen Dienst;

---

1) § 57 Abs. 3 Nr. 4 angef. durch G v. 9. 6. 1989 (BGBl. I S. 1062), Abs. 4 Nr. 2 geänd. durch G v. 18. 8. 1980 (BGBl. I S. 1537), Abs. 3 Nrn. 1 und 4 geänd., Nr. 6 angef. mWv 1. 7. 2000 durch G v. 24. 6. 2000 (BGBl. I S. 874), Abs. 2a eingef., Abs. 4 Nr. 1 neugef., Nr. 2 Satz 2 angef. mWv 12. 4. 2008 durch G v. 8. 4. 2008 (BGBl. I S. 666).

5. eine freie schriftstellerische Tätigkeit sowie eine freie Vortrags- und Lehrtätigkeit;
6. die Durchführung von Lehr- und Vortragsveranstaltungen zur Vorbereitung auf die Steuerberaterprüfung sowie die Prüfung als Wirtschaftsprüfer und vereidigter Buchprüfer und zur Fortbildung der Mitglieder der Steuerberaterkammern und deren Mitarbeiter.

(4) 1 Als Tätigkeiten, die mit dem Beruf des Steuerberaters und des Steuerbevollmächtigten nicht vereinbar sind, gelten insbesondere
1. eine gewerbliche Tätigkeit; die zuständige Steuerberaterkammer kann von diesem Verbot Ausnahmen zulassen, soweit durch die Tätigkeit eine Verletzung von Berufspflichten nicht zu erwarten ist;
2. eine Tätigkeit als Arbeitnehmer mit Ausnahme der Fälle des Absatzes 3 Nr. 4 sowie der §§ 58 und 59.

2 Eine Tätigkeit als Angestellter der Finanzverwaltung ist stets mit dem Beruf des Steuerberaters oder Steuerbevollmächtigten unvereinbar.

§ 57 a[1] Werbung. Werbung ist nur erlaubt, soweit sie über die berufliche Tätigkeit in Form und Inhalt sachlich unterrichtet und nicht auf die Erteilung eines Auftrags im Einzelfall gerichtet ist.

§ 58[2] Tätigkeit als Angestellter. 1 Steuerberater und Steuerbevollmächtigte dürfen ihren Beruf als Angestellte einer Person oder Vereinigung im Sinne des § 3 Nr. 1 bis 3 ausüben. 2 Sie dürfen ferner tätig werden
1. als Leiter oder als Angestellte von genossenschaftlichen Prüfungsverbänden, genossenschaftlichen Treuhandstellen oder überörtlichen Prüfungseinrichtungen für Körperschaften und Anstalten des öffentlichen Rechts,
2. als Leiter von Buchstellen oder von Beratungsstellen der Lohnsteuerhilfevereine,
3. als Angestellte von Buchstellen oder von Beratungsstellen der Lohnsteuerhilfevereine, wenn die Buchstelle, die jeweilige Geschäftsstelle der Buchstelle oder die Beratungsstelle von einem Steuerberater oder Steuerbevollmächtigten geleitet wird;
4. als Angestellte von Genossenschaften oder anderen Personenvereinigungen,
   a) deren Mitglieder ausschließlich Personen und Gesellschaften im Sinne des § 3 sind und
   b) deren Zweck ausschließlich der Betrieb von Einrichtungen zur Unterstützung der Mitglieder bei der Ausübung ihres Berufes ist,

---

[1] § 57 a eingef. mWv 1. 7. 1994 durch G v. 24. 6. 1994 (BGBl. I S. 1387).

[2] § 58 Abs. 2 Nrn. 5 und 6 angef. durch G v. 18. 8. 1980 (BGBl. I S. 1537), Abs. 2 Nrn. 7 und 8 angef. mWv 1. 7. 1994 durch G v. 24. 6. 1994 (BGBl. I S. 1387), bish. Abs. 1 aufgeh., Satz 1 neugef., bish. Nr. 1 aufgeh., bish. Nrn. 2 bis 8 werden Nrn. 1 bis 7, Nr. 3 geänd. und Nr. 6 Halbsatz 2 angef. mWv 1. 7. 2000 durch G v. 24. 6. 2000 (BGBl. I S. 874), Nr. 5 ersetzt durch Nrn. 5 und 5 a mWv 12. 4. 2008 durch G v. 8. 4. 2008 (BGBl. I S. 666).

5. als Angestellte von Berufskammern der in § 56 Abs. 1 genannten Berufe,

5a. als Angestellte, wenn sie im Rahmen des Angestelltenverhältnisses Tätigkeiten im Sinne des § 33 wahrnehmen. [2]Dies gilt nicht, wenn hierdurch die Pflicht zur unabhängigen und eigenverantwortlichen Berufsausübung beeinträchtigt wird. [3]Der Steuerberater oder Steuerbevollmächtigte darf für einen Auftraggeber, dem er auf Grund eines ständigen Dienst- oder ähnlichen Beschäftigungsverhältnisses seine Arbeitszeit und -kraft zur Verfügung stellen muss, nicht in seiner Eigenschaft als Steuerberater oder Steuerbevollmächtigter tätig werden. [4]Bei Mandatsübernahme hat der Steuerberater oder Steuerbevollmächtigte den Mandanten auf seine Angestelltentätigkeit hinzuweisen. [5]§ 57 Abs. 4 Nr. 2 Satz 2 bleibt unberührt,

6. als Angestellte von ausländischen Berufsangehörigen, die ihre berufliche Niederlassung im Ausland haben, wenn diese den in § 56 Abs. 4 genannten vergleichbar sind und die Voraussetzungen für die Berufsausübung den Anforderungen dieses Gesetzes im wesentlichen entsprechen; für Angestellte von Vereinigungen mit Sitz im Ausland gilt dies nur, soweit es sich um Vereinigungen handelt, deren Vorstandsmitglieder, Geschäftsführer, persönlich haftende Gesellschafter, Mitglieder oder sonstige Anteilseigner mehrheitlich Personen sind, die im Ausland einen den in § 3 Nr. 1 genannten Berufen in der Ausbildung und den Befugnissen vergleichbaren Beruf ausüben und bei denen die Voraussetzungen für die Berufsausübung den Anforderungen dieses Gesetzes im Wesentlichen entsprechen,

7. als Geschäftsführer oder als Angestellte einer europäischen wirtschaftlichen Interessenvereinigung, wenn alle Geschäftsführer und alle Mitglieder Angehörige europäischer steuerberatender, wirtschaftsprüfender oder rechtsberatender Berufe sind.

§ 59[1)] Steuerberater oder Steuerbevollmächtigte im öffentlich-rechtlichen Dienst- oder Amtsverhältnis. [1]Ist ein Steuerberater oder Steuerbevollmächtigter ein öffentlich-rechtliches Dienstverhältnis als Wahlbeamter auf Zeit oder ein öffentlich-rechtliches Amtsverhältnis eingegangen, so darf er seinen Beruf als Steuerberater oder Steuerbevollmächtigter nicht ausüben, es sei denn, daß er die ihm übertragene Aufgabe ehrenamtlich wahrnimmt. [2]Die zuständige Steuerberaterkammer kann dem Steuerberater oder Steuerbevollmächtigten auf seinen Antrag einen Vertreter bestellen oder ihm gestatten, seinen Beruf selbst auszuüben, wenn die Einhaltung der allgemeinen Berufspflichten dadurch nicht gefährdet wird.

§ 60 Eigenverantwortlichkeit. (1) Eigenverantwortliche Tätigkeit nach § 57 Abs. 1 üben nur aus

1. selbständige Steuerberater oder Steuerbevollmächtigte,
2. zeichnungsberechtigte Vertreter eines Steuerberaters, eines Steuerbevollmächtigten oder einer Steuerberatungsgesellschaft,

---

1) § 59 Satz 2 geänd. durch G v. 24. 6. 2000 (BGBl. I S. 874).

3. Angestellte, die nach § 58 mit dem Recht der Zeichnung Hilfe in Steuersachen leisten.

(2) Eine eigenverantwortliche Tätigkeit in den Fällen des Absatzes 1 Nr. 2 und 3 übt nicht aus, wer sich als zeichnungsberechtigter Vertreter oder als Angestellter an Weisungen zu halten hat, durch die ihm die Freiheit zu pflichtmäßigem Handeln (§ 57) genommen wird.

§ 61 Ehemalige Angehörige der Finanzverwaltung. Ehemalige Beamte und Angestellte der Finanzverwaltung dürfen während eines Zeitraumes von drei Jahren nach dem Ausscheiden aus dem öffentlichen Dienst nicht für Auftraggeber tätig werden, mit deren Steuerangelegenheiten sie innerhalb der letzten drei Jahre vor dem Ausscheiden materiell befaßt waren.

§ 62 Verschwiegenheitspflicht der Gehilfen. Steuerberater und Steuerbevollmächtigte haben ihre Gehilfen, die nicht selbst Steuerberater oder Steuerbevollmächtigte sind, zur Verschwiegenheit zu verpflichten.

§ 63 Mitteilung der Ablehnung eines Auftrags. [1]Steuerberater und Steuerbevollmächtigte, die in ihrem Beruf in Anspruch genommen werden und den Auftrag nicht annehmen wollen, haben die Ablehnung unverzüglich zu erklären. [2]Sie haben den Schaden zu ersetzen, der aus einer schuldhaften Verzögerung dieser Erklärung entsteht.

§ 64[1)] Gebührenordnung. (1) [1]Steuerberater und Steuerbevollmächtigte sind an eine Gebührenordnung gebunden, die das Bundesministerium der Finanzen durch Rechtsverordnung[2)] mit Zustimmung des Bundesrates erläßt. [2]Das Bundesministerium der Finanzen hat vorher die Bundessteuerberaterkammer zu hören. [3]Die Höhe der Gebühren darf den Rahmen des Angemessenen nicht übersteigen und hat sich nach

1. Zeitaufwand,
2. Wert des Objekts und
3. Art der Aufgabe

zu richten.

(2) [1]Die Abtretung von Gebührenforderungen oder die Übertragung ihrer Einziehung an Personen und Vereinigungen im Sinne des § 3 Nr. 1 bis 3 und von diesen gebildeten Berufsausübungsgemeinschaften (§ 56) ist auch ohne Zustimmung des Mandanten zulässig. [2]Im Übrigen sind Abtretung oder Übertragung nur zulässig, wenn eine ausdrückliche, schriftliche Einwilligung des Mandanten vorliegt oder die Forderung rechtskräftig festgestellt ist. [3]Vor der Einwilligung ist der Mandant über die Informationspflicht des Steuerberaters oder Steuerbevollmächtigten gegenüber dem neuen Gläubiger oder Einziehungsermächtigten aufzuklären. [4]Der neue Gläubiger oder Einziehungsermächtigte ist in gleicher Weise zur Verschwiegenheit verpflichtet wie der beauftragte Steuerberater oder Steuerbevollmächtigte.

[1)] § 64 Abs. 2 angef. mWv 1. 7. 1994 durch G v. 24. 6. 1994 (BGBl. I S. 1387) und neugef. mWv 12. 4. 2008 durch G v. 8. 4. 2008 (BGBl. I S. 666).

[2)] GebührenVO für Steuerberater, Steuerbevollmächtigte und Steuerberatungsgesellschaften v. 17. 12. 1981 (Nr. **840 a**).

§ 65 Pflicht zur Übernahme einer Prozeßvertretung. 1 Steuerberater haben im Verfahren vor den Gerichten der Finanzgerichtsbarkeit die Vertretung eines Beteiligten zu übernehmen, wenn sie diesem zur vorläufig unentgeltlichen Wahrnehmung der Rechte auf Grund des § 142 der Finanzgerichtsordnung[1] beigeordnet sind. 2 Der Steuerberater kann beantragen, die Beiordnung aufzuheben, wenn hierfür wichtige Gründe vorliegen.

§ 65 a[2] Pflicht zur Übernahme der Beratungshilfe. 1 Steuerberater und Steuerbevollmächtigte sind verpflichtet, die in dem Beratungshilfegesetz vorgesehene Beratungshilfe zu übernehmen. 2 Sie können die Beratungshilfe im Einzelfall aus wichtigem Grund ablehnen.

§ 66[3] Handakten. (1) 1 Der Steuerberater oder Steuerbevollmächtigte hat die Handakten für die Dauer von zehn Jahren nach Beendigung des Auftrages aufzubewahren. 2 Diese Verpflichtung erlischt mit der Übergabe der Handakten an den Auftraggeber, spätestens jedoch binnen sechs Monaten, nachdem der Auftraggeber die Aufforderung des Steuerberaters oder Steuerbevollmächtigten erhalten hat, die Handakten in Empfang zu nehmen.

(2) 1 Der Steuerberater oder Steuerbevollmächtigte kann seinem Auftraggeber die Herausgabe der Handakten verweigern, bis er wegen seiner Gebühren und Auslagen befriedigt ist. 2 Dies gilt nicht, soweit die Vorenthaltung der Handakten und der einzelnen Schriftstücke nach den Umständen unangemessen ist.

(3) Handakten im Sinne dieser Vorschrift sind nur die Schriftstücke, die der Steuerberater oder Steuerbevollmächtigte aus Anlass seiner beruflichen Tätigkeit von dem Auftraggeber oder für ihn erhalten hat, nicht aber der Briefwechsel zwischen dem Steuerberater oder Steuerbevollmächtigten und seinem Auftraggeber, die Schriftstücke, die dieser bereits in Urschrift oder Abschrift erhalten hat, sowie die zu internen Zwecken gefertigten Arbeitspapiere.

(4) 1 Die Absätze 1 bis 3 gelten entsprechend, soweit sich der Steuerberater oder Steuerbevollmächtigte zum Führen von Handakten der elektronischen Datenverarbeitung bedient. 2 Die in anderen Gesetzen getroffenen Regelungen über die Pflicht zur Aufbewahrung von Geschäftsunterlagen bleiben unberührt.

§ 67[4] Berufshaftpflichtversicherung. (1) 1 Selbstständige Steuerberater, Steuerbevollmächtigte und Partnerschaftsgesellschaften, auch solche mit beschränkter Berufshaftung nach § 8 Absatz 4 des Partnerschaftsgesellschaftsgesetzes, müssen gegen die aus ihrer Berufstätigkeit sich ergebenden Haftpflichtgefahren angemessen versichert sein.

(2) 1 Partnerschaftsgesellschaften mit beschränkter Berufshaftung erfüllen die Voraussetzungen nach § 8 Absatz 4 Satz 1 des Partnerschaftsgesellschaftsgesetzes, wenn sie eine Berufshaftpflichtversicherung unterhalten, deren Mindestversicherungssumme eine Million Euro beträgt. 2 Die Leistungen des Versicherers für alle innerhalb eines Versicherungsjahres verursachten Schäden können auf den Betrag der Mindestversicherungssumme, vervielfacht mit der Zahl der Partner, begrenzt werden. 3 Die Jahreshöchstleistung für alle in einem Versiche-

---

[1] Nr. **802**.
[2] § 65 a eingef. mWv 1. 1. 2014 durch G v. 31. 8. 2013 (BGBl. I S. 3533).
[3] § 66 neu gef. mWv 12. 4. 2008 durch G v. 8. 4. 2008 (BGBl. I S. 666).
[4] § 67 neu gef. mWv 19. 7. 2013 durch G v. 15. 7. 2013 (BGBl. I S. 2386).

rungsjahr verursachten Schäden muss jedoch mindestens vier Millionen Euro betragen.

(3) Zuständige Stelle im Sinne des § 117 Absatz 2 des Versicherungsvertragsgesetzes ist die Steuerberaterkammer.

(4) Die Steuerberaterkammer erteilt Dritten zur Geltendmachung von Schadensersatzansprüchen auf Antrag Auskunft über den Namen, die Adresse und die Versicherungsnummer der Berufshaftpflichtversicherung des Steuerberaters, des Steuerbevollmächtigten, der Steuerberatungsgesellschaft oder der Partnerschaftsgesellschaft, soweit der Steuerberater, der Steuerbevollmächtigte, die Steuerberatungsgesellschaft oder die Partnerschaftsgesellschaft kein überwiegendes schutzwürdiges Interesse an der Nichterteilung der Auskunft hat.

§ 67 a[1] **Vertragliche Begrenzung von Ersatzansprüchen.** (1) [1]Der Anspruch des Auftraggebers aus dem zwischen ihm und dem Steuerberater oder Steuerbevollmächtigten bestehenden Vertragsverhältnis auf Ersatz eines fahrlässig verursachten Schadens kann beschränkt werden:

1. durch schriftliche Vereinbarung im Einzelfall bis zur Höhe der Mindestversicherungssumme;
2. durch vorformulierte Vertragsbedingungen auf den vierfachen Betrag der Mindestversicherungssumme, wenn insoweit Versicherungsschutz besteht.

[2]Für Berufsausübungsgesellschaften gilt Satz 1 entsprechend.

(2) [1]Die persönliche Haftung auf Schadensersatz kann durch vorformulierte Vertragsbedingungen beschränkt werden auf die Mitglieder einer Sozietät, die das Mandat im Rahmen ihrer eigenen beruflichen Befugnisse bearbeiten und namentlich bezeichnet sind. [2]Die Zustimmungserklärung zu einer solchen Beschränkung darf keine anderen Erklärungen enthalten und muß vom Auftraggeber unterschrieben sein.

§ 68.[2] *(aufgehoben)*

§ 69[3] **Bestellung eines allgemeinen Vertreters.** (1) [1]Steuerberater und Steuerbevollmächtigte müssen einen allgemeinen Vertreter bestellen, wenn sie länger als einen Monat daran gehindert sind, ihren Beruf auszuüben; die Bestellung ist der zuständigen Steuerberaterkammer unverzüglich anzuzeigen. [2]Auf Antrag des Steuerberaters oder Steuerbevollmächtigten bestellt die zuständige Steuerberaterkammer den Vertreter. [3]Der Vertreter muß ein Steuerberater oder Steuerbevollmächtigter (§§ 40, 42) sein.

(2) [1]Dem Vertreter stehen im Rahmen der eigenen Befugnisse die rechtlichen Befugnisse des Steuerberaters oder Steuerbevollmächtigten zu, den er vertritt. [2]Der Vertreter wird in eigener Verantwortung, jedoch im Interesse,

---

[1] § 67 a eingef. mWv 1. 7. 1994 durch G v. 24. 6. 1994 (BGBl. I S. 1387); Abs. 1 bish. Text wird Satz 1, Satz 2 angef. mWv 19. 7. 2013 durch G v. 15. 7. 2013 (BGBl. I S. 2386).

[2] § 68 aufgeh. mWv 15. 12. 2004 durch G v. 9. 12. 2004 (BGBl. I S. 3214).

[3] § 69 neu gef. mWv 1. 7. 1994 durch G v. 24. 6. 1994 (BGBl. I S. 1387), Abs. 1 Satz 1 Halbsatz 2 und Abs. 5 Satz 2 eingef., Abs. 1 Sätze 2 und 3, Abs. 3 Sätze 1 und 4, Abs. 4 Sätze 5 und 7 geänd. mWv 1. 7. 2000 durch G v. 24. 6. 2000 (BGBl. I S. 874), Abs. 7 angef. mWv 12. 4. 2008 durch G v. 8. 4. 2008 (BGBl. I S. 666).

für Rechnung und auf Kosten des Vertretenen tätig. 3 Die §§ 666, 667 und 670 des Bürgerlichen Gesetzbuches gelten entsprechend.

(3) 1 Die zuständige Steuerberaterkammer kann den Vertreter von Amts wegen bestellen, wenn der Steuerberater oder Steuerbevollmächtigte es unterlassen hat, eine Maßnahme nach Absatz 1 Satz 1 zu treffen oder die Bestellung eines Vertreters nach Absatz 1 Satz 2 zu beantragen. 2 Der Vertreter soll jedoch erst bestellt werden, wenn der Steuerberater oder Steuerbevollmächtigte vorher aufgefordert worden ist, den Vertreter selbst zu bestellen oder einen Antrag nach Absatz 1 Satz 2 einzureichen, und die ihm hierfür gesetzte Frist fruchtlos verstrichen ist. 3 Der Steuerberater oder Steuerbevollmächtigte, der von Amts wegen als Vertreter bestellt wird, kann die Vertretung nur aus einem wichtigen Grund ablehnen. 4 Über die Zulässigkeit der Ablehnung entscheidet die zuständige Steuerberaterkammer.

(4) 1 Der von Amts wegen bestellte Vertreter ist berechtigt, die Praxisräume zu betreten und die zur Praxis gehörenden Gegenstände einschließlich des dem Steuerberater oder Steuerbevollmächtigten zur Verwahrung unterliegenden Treugutes in Besitz zu nehmen, herauszuverlangen und hierüber zu verfügen. 2 An Weisungen des Vertretenen ist er nicht gebunden. 3 Der Vertretene darf die Tätigkeit des Vertreters nicht beeinträchtigen. 4 Er hat dem von Amts wegen bestellten Vertreter eine angemessene Vergütung zu zahlen, für die Sicherheit zu leisten ist, wenn die Umstände es erfordern. 5 Können sich die Beteiligten über die Höhe der Vergütung oder über die Sicherheit nicht einigen oder wird die geschuldete Sicherheit nicht geleistet, setzt die Steuerberaterkammer auf Antrag des Vertretenen oder des Vertreters die Vergütung fest. 6 Der Vertreter ist befugt, Vorschüsse auf die vereinbarte oder festgesetzte Vergütung zu entnehmen. 7 Für die festgesetzte Vergütung haftet die Steuerberaterkammer wie ein Bürge.

(5) 1 Der Vertreter wird für einen bestimmten Zeitraum, längstens jedoch für die Dauer von zwei Jahren bestellt. 2 In den Fällen des § 59 erfolgt die Bestellung des Vertreters für die Dauer des Dienst- oder Amtsverhältnisses. 3 Die Bestellung kann jederzeit widerrufen werden.

(6) Der von Amts wegen bestellte Vertreter darf für die Dauer von zwei Jahren nach Ablauf der Bestellung nicht für Auftraggeber tätig werden, die er in seiner Eigenschaft als Vertreter für den Vertretenen betreut hat.

(7) 1 Ist ein Steuerberater oder Steuerbevollmächtigter, für den ein Vertreter bestellt ist, gestorben, so sind Rechtshandlungen, die der Vertreter vor Eintragung der Löschung des verstorbenen Berufsangehörigen in das Berufsregister vorgenommen hat, nicht deshalb unwirksam, weil der Berufsangehörige zur Zeit der Bestellung des Vertreters oder zur Zeit der Vornahme der Handlung nicht mehr gelebt hat. 2 Das Gleiche gilt für Rechtshandlungen, die vor Eintragung der Löschung des verstorbenen Berufsangehörigen in das Berufsregister dem Vertreter gegenüber noch vorgenommen worden sind.

§ 70[1)] Bestellung eines Praxisabwicklers. (1) 1 Ist ein Steuerberater oder Steuerbevollmächtigter gestorben, kann die zuständige Steuerberaterkammer einen anderen Steuerberater oder Steuerbevollmächtigten zum

1) § 70 neu gef. mWv 12. 4. 2008 durch G v. 8. 4. 2008 (BGBl. I S. 666).

Abwickler der Praxis bestellen. [2]Ein Abwickler kann auch für die Praxis eines früheren Steuerberaters oder Steuerbevollmächtigten bestellt werden, dessen Bestellung erloschen, zurückgenommen oder widerrufen worden ist.

(2) [1]Der Abwickler ist in der Regel nicht länger als für die Dauer eines Jahres zu bestellen. [2]Auf Antrag des Abwicklers ist die Bestellung jeweils höchstens um ein Jahr zu verlängern, wenn er glaubhaft macht, dass schwebende Angelegenheiten noch nicht zu Ende geführt werden konnten.

(3) [1]Dem Abwickler obliegt es, die schwebenden Angelegenheiten abzuwickeln. [2]Er führt die laufenden Aufträge fort; innerhalb der ersten sechs Monate ist er auch berechtigt, neue Aufträge anzunehmen. [3]Ihm stehen die gleichen Befugnisse zu, die der verstorbene oder frühere Steuerberater oder Steuerbevollmächtigte hatte. [4]Der Abwickler gilt für die schwebenden Angelegenheiten als von der Partei bevollmächtigt, sofern diese nicht für die Wahrnehmung ihrer Rechte in anderer Weise gesorgt hat.

(4) [1]Der Steuerberater oder Steuerbevollmächtigte, der von Amts wegen zum Abwickler bestellt worden ist, kann die Abwicklung nur aus einem wichtigen Grund ablehnen. [2]Über die Zulässigkeit der Ablehnung entscheidet die zuständige Steuerberaterkammer.

(5) § 69 Abs. 2 und 4 gilt entsprechend.

(6) Der Abwickler ist berechtigt, jedoch außer im Rahmen eines Kostenfestsetzungsverfahrens nicht verpflichtet, Gebührenansprüche und Kostenforderungen des verstorbenen oder früheren Steuerberaters oder Steuerbevollmächtigten im eigenen Namen geltend zu machen, im Falle des verstorbenen Steuerberaters oder Steuerbevollmächtigten allerdings nur für Rechnung der Erben.

(7) Die Bestellung kann widerrufen werden.

(8) § 69 Abs. 6 gilt entsprechend, es sei denn, es liegt eine schriftliche Einwilligung der Erben oder des früheren Steuerberaters oder Steuerbevollmächtigten vor.

§ 71[1)] Bestellung eines Praxistreuhänders. (1) [1]Soll die Praxis eines verstorbenen Steuerberaters oder Steuerbevollmächtigten auf eine bestimmte Person übertragen werden, die im Zeitpunkt des Todes des verstorbenen Berufsangehörigen noch nicht zur Hilfeleistung in Steuersachen befugt ist, so kann auf Antrag der Erben die zuständige Steuerberaterkammer für einen Zeitraum bis zu drei Jahren einen Steuerberater oder Steuerbevollmächtigten zum Treuhänder bestellen. [2]In Ausnahmefällen kann der Zeitraum um ein weiteres Jahr verlängert werden.

(2) [1]Der Treuhänder führt sein Amt unter eigener Verantwortung, jedoch für Rechnung und auf Kosten der Erben des verstorbenen Steuerberaters oder Steuerbevollmächtigten. [2]Er hat Anspruch auf eine angemessene Vergütung.

[1)] § 71 Abs. 4 Zitat geänd. durch G v. 9. 6. 1989 (BGBl. I S. 1062), Abs. 5 angef. mWv 1. 7. 1994 durch G v. 24. 6. 1994 (BGBl. I S. 1387), Abs. 1 Satz 1 geänd. und Abs. 4 neugef. mWv 1. 7. 2000 durch G v. 24. 6. 2000 (BGBl. I S. 874).

(3) Die Bestellung kann jederzeit widerrufen werden.

(4) Absatz 1 gilt entsprechend für die Praxis eines früheren Steuerberaters oder Steuerbevollmächtigten, dessen Bestellung wegen nicht nur vorübergehender Berufsunfähigkeit widerrufen ist (§ 46 Abs. 2 Nr. 7) oder der aus den in § 57 Abs. 4 genannten Gründen auf seine Bestellung verzichtet hat.

(5) § 69 Abs. 6 gilt entsprechend.

§ 72[1)] Steuerberatungsgesellschaften. (1) Die §§ 34, 56 Abs. 2[2)], §§ 57, 57a, 62 bis 64 und 66 bis 71 gelten sinngemäß für Steuerberatungsgesellschaften sowie für Vorstandsmitglieder, Geschäftsführer und persönlich haftende Gesellschafter einer Steuerberatungsgesellschaft, die nicht Steuerberater oder Steuerbevollmächtigte sind.

(2) Die Gesellschafter sowie die Mitglieder der durch Gesetz, Satzung oder Gesellschaftsvertrag vorgesehenen Aufsichtsorgane der Gesellschaften sind zur Verschwiegenheit verpflichtet.

Vierter Abschnitt. Organisation des Berufs

§ 73[3)] Steuerberaterkammer. (1) [1]Die Steuerberater und Steuerbevollmächtigten, die in einem Oberfinanzbezirk oder durch die Landesregierung bestimmten Kammerbezirk ihre berufliche Niederlassung haben, bilden eine Berufskammer. [2]Diese führt die Bezeichnung „Steuerberaterkammer".

(2) [1]Die Steuerberaterkammer hat ihren Sitz im Kammerbezirk. [2]Sie ist eine Körperschaft des öffentlichen Rechts.

(3) [1]Werden Oberfinanzdirektionen aufgelöst oder zusammengelegt, bleiben die bisher gebildeten Kammern bestehen. [2]Der vormalige Geschäftsbereich einer aufgelösten Oberfinanzdirektion gilt als Kammerbezirk fort, soweit die Landesregierung nichts anderes bestimmt.

§ 74[4)] Mitgliedschaft. (1) [1]Mitglieder der Steuerberaterkammer sind außer Steuerberatern und Steuerbevollmächtigten die Steuerberatungsgesellschaften, die ihren Sitz im Kammerbezirk haben. [2]Steuerberater und Steuerbevollmächtigte, die im Geltungsbereich dieses Gesetzes keine berufliche Niederlassung begründet haben, sind Mitglieder der Steuerberaterkammer, in deren Bezirk sie bestellt worden sind. [3]§ 46 Abs. 2 Nr. 6 bleibt unberührt.

---

1) § 72 Abs. 2 neugef. durch G v. 9. 6. 1989 (BGBl. I S. 1062), Abs. 1 neugef. mWv 1. 7. 2000 durch G v. 24. 6. 2000 (BGBl. I S. 874).

2) Zitat geänd. durch G v. 8. 4. 2008 (BGBl. I S. 666).

3) § 73 neugef. mWv 12. 4. 2008 durch G v. 8. 4. 2008 (BGBl. I S. 666).

4) § 74 Abs. 1 Satz 3 angef. und Abs. 2 geänd. durch G v. 9. 6. 1989 (BGBl. I S. 1062), Abs. 1 Satz 2 geänd. durch G v. 13. 12. 1990 (BGBl. I S. 2756), Abs. 1 und 2 geänd. durch G v. 24. 6. 2000 (BGBl. I S. 874), Abs. 1 und 2 geänd. mWv 12. 4. 2008 durch G v. 8. 4. 2008 (BGBl. I S. 666).

(2) Mitglieder der Steuerberaterkammer sind außerdem, soweit sie nicht Steuerberater oder Steuerbevollmächtigte sind, die Mitglieder des Vorstandes, Geschäftsführer oder persönlich haftende Gesellschafter einer Steuerberatungsgesellschaft, die ihren Sitz im Kammerbezirk hat.

§ 75[1)] Gemeinsame Steuerberaterkammer. (1) [1]Die Steuerberaterkammern können sich durch einen übereinstimmenden Beschluß der beteiligten Kammern für den Bereich eines oder mehrerer Kammerbezirke oder mehrerer Länder zu einer gemeinsamen Steuerberaterkammer zusammenschließen. [2]Die einzelnen für den Kammerbezirk gebildeten Steuerberaterkammern werden damit aufgelöst.

(2) Ein Zusammenschluß für mehrere Länder ist zulässig, wenn eine Vereinbarung der beteiligten Länder vorliegt.

§ 76[2)] Aufgaben der Steuerberaterkammer. (1) Die Steuerberaterkammer hat die Aufgabe, die beruflichen Belange der Gesamtheit der Mitglieder zu wahren und die Erfüllung der beruflichen Pflichten zu überwachen.

(2) Der Steuerberaterkammer obliegt insbesondere,

1. die Mitglieder der Kammer in Fragen der Berufspflichten (§ 57) zu beraten und zu belehren;
2. auf Antrag bei Streitigkeiten unter den Mitgliedern der Kammer zu vermitteln;
3. auf Antrag bei Streitigkeiten zwischen Mitgliedern der Kammer und ihren Auftraggebern zu vermitteln;
4. die Erfüllung der den Mitgliedern obliegenden Pflichten (§ 57) zu überwachen und das Recht der Rüge (§ 81) zu handhaben;
5. die Vorschlagslisten der ehrenamtlichen Beisitzer bei den Berufsgerichten den Landesjustizverwaltungen einzureichen (§ 99 Abs. 3);
6. Fürsorgeeinrichtungen für Steuerberater und Steuerbevollmächtigte sowie deren Hinterbliebene zu schaffen;
7. Gutachten zu erstatten, die ein Gericht, eine Landesfinanzbehörde oder eine andere Verwaltungsbehörde des Landes anfordert;
8. die durch Gesetz zugewiesenen Aufgaben im Bereich der Berufsbildung wahrzunehmen;
9. die berufsständischen Mitglieder der Prüfungsausschüsse für die steuerberatenden Berufe vorzuschlagen;

[1)] § 75 Abs. 1 Satz 1 geänd. mWv 27. 6. 1998 durch G v. 23. 6. 1998 (BGBl. I S. 1496), Abs. 1 Sätze 1 und 2 geänd. durch G v. 24. 6. 2000 (BGBl. I S. 874), Abs. 1 Sätze 1 und 2 geänd. mWv 12. 4. 2008 durch G v. 8. 4. 2008 (BGBl. I S. 666).

[2)] § 76 Abs. 5 angef. durch G v. 9. 6. 1989 (BGBl. I S. 1062), Abs. 3 neugef. mWv 1. 7. 1994 durch G v. 24. 6. 1994 (BGBl. I S. 1387), Abs. 1, 2, 3, 5 und 6 geänd., Abs. 2 Nr. 10 angef. und Abs. 4 eingef., bish. Abs. 4 und 5 werden Abs. 5 und 6 mWv 1. 7. 2000 durch G v. 24. 6. 2000 (BGBl. I S. 874).

10. die Wahrnehmung der den Steuerberaterkammern zugewiesenen Aufgaben des Zweiten und Sechsten Abschnitts des Zweiten Teils dieses Gesetzes.

(3) [1]Die Steuerberaterkammer kann die in Absatz 2 Nr. 1 bis 3 bezeichneten Aufgaben einzelnen Mitgliedern des Vorstandes übertragen; weitere Aufgaben können Abteilungen im Sinne des § 77 a übertragen werden. [2]Im Fall des Absatzes 2 Nr. 4 zweite Alternative kann der Betroffene eine Entscheidung des Vorstandes verlangen.

(4) [1]Im Einvernehmen mit der Steuerberaterkammer, die nach den Vorschriften dieses Gesetzes für die Wahrnehmung der ihr nach Absatz 2 Nr. 10 obliegenden Aufgaben örtlich zuständig ist, kann eine andere Steuerberaterkammer diese Aufgaben übernehmen. [2]Diese Vereinbarung ist in die Satzungen der beteiligten Steuerberaterkammern aufzunehmen.

(5) Die Steuerberaterkammer hat ferner die Aufgabe, das Berufsregister zu führen.

(6) Die Steuerberaterkammer ist berechtigt, die Ausbildung des Berufsnachwuchses zu fördern.

(7)[1)] [1]Die Länder können durch Gesetz den Steuerberaterkammern allein oder gemeinsam mit anderen Stellen die Aufgaben einer einheitlichen Stelle im Sinne des Verwaltungsverfahrensgesetzes übertragen. [2]Das Gesetz regelt die Aufsicht und kann vorsehen, dass die Steuerberaterkammern auch für Antragsteller tätig werden, die nicht als Steuerberater tätig werden wollen.

(8)[1)] Die Steuerberaterkammer ist im Sinne des § 36 Absatz 1 Nummer 1 des Gesetzes über Ordnungswidrigkeiten Verwaltungsbehörde für Ordnungswidrigkeiten nach § 6 der Dienstleistungs-Informationspflichten-Verordnung, die durch ihre Mitglieder begangen werden.

(9)[1)] Die Geldbußen aus der Ahndung von Ordnungswidrigkeiten nach Absatz 8 fließen in die Kasse der Verwaltungsbehörde, die den Bußgeldbescheid erlassen hat.

(10)[1)] [1]Die nach Absatz 9 zuständige Kasse trägt abweichend von § 105 Absatz 2 des Gesetzes über Ordnungswidrigkeiten die notwendigen Auslagen. [2]Sie ist auch ersatzpflichtig im Sinne des § 110 Absatz 4 des Gesetzes über Ordnungswidrigkeiten.

(11)[2)] Die Steuerberaterkammer hat die Aufgabe, in den Fällen des § 160 Absatz 1 Ansprüche nach den Vorschriften des Gesetzes gegen den unlauteren Wettbewerb geltend zu machen, wenn Anhaltspunkte dafür vorliegen, dass die unbefugte Hilfeleistung in Steuersachen fortgesetzt wird.

§ 77[3)] Vorstand. [1]Der Vorstand der Steuerberaterkammer wird von den Mitgliedern gewählt. [2]Zum Mitglied des Vorstandes kann nur gewählt werden, wer persönliches Mitglied der Kammer ist.

[1)] § 76 Abs. 7 angef. durch G v. 11. 12. 2008 (BGBl. I S. 2418); Abs. 8 bis 10 angef. mWv 28. 12. 2010 durch G v. 22. 12. 2010 (BGBl. I S. 2248).

[2)] § 76 Abs. 11 angef. mWv 31. 7. 2014 durch G v. 25. 7. 2014 (BGBl. I S. 1266).

[3)] § 77 geänd. durch G v. 24. 6. 2000 (BGBl. I S. 874).

§ 77 a[1)] Abteilungen des Vorstandes. (1) [1]Der Vorstand kann mehrere Abteilungen bilden, wenn die Satzung der Steuerberaterkammer es zuläßt. [2]Er überträgt den Abteilungen die Geschäfte, die sie selbständig führen.

(2) [1]Jede Abteilung muß aus mindestens drei Mitgliedern des Vorstandes bestehen. [2]Die Mitglieder der Abteilung wählen aus ihren Reihen einen Abteilungsvorsitzenden, einen Abteilungsschriftführer und deren Stellvertreter.

(3) [1]Der Vorstand setzt die Zahl der Abteilungen und ihrer Mitglieder fest, überträgt den Abteilungen die Geschäfte und bestimmt die Mitglieder der einzelnen Abteilungen. [2]Jedes Mitglied des Vorstandes kann mehreren Abteilungen angehören.

(4) Der Vorstand kann die Abteilungen ermächtigen, ihre Sitzung außerhalb des Sitzes der Steuerberaterkammer abzuhalten.

(5) Die Abteilungen besitzen innerhalb ihrer Zuständigkeit die Rechte und Pflichten des Vorstandes.

(6) Anstelle der Abteilung entscheidet der Vorstand, wenn er es für angemessen hält oder wenn die Abteilung oder ihr Vorsitzender es beantragt.

(Fortsetzung nächstes Blatt)

[1)] § 77 a eingef. mWv 1. 7. 1994 durch G v. 24. 6. 1994 (BGBl. I S. 1387), Abs. 1 Satz 1 und Abs. 4 geänd. durch G v. 24. 6. 2000 (BGBl. I S. 874), Abs. 3 neu gef. mWv 12. 4. 2008 durch G v. 8. 4. 2008 (BGBl. I S. 666).

§ 78[1] **Satzung.** [1]Jede Steuerberaterkammer gibt sich ihre Satzung selbst. [2]Die Satzung bedarf der Genehmigung der Aufsichtsbehörde.

§ 79[2] **Beiträge und Gebühren.** (1) [1]Die Mitglieder sind verpflichtet, Beiträge nach Maßgabe einer Beitragsordnung zu leisten. [2]Die Beitragsordnung bedarf der Genehmigung durch die Aufsichtsbehörde. [3]Die Höhe der Beiträge bestimmt die Mitgliederversammlung. [4]Für die Verjährung des Anspruchs der Steuerberaterkammer auf Zahlung von Beiträgen sind die für die Gebühren geltenden Vorschriften entsprechend anzuwenden.

(2) [1]Die Steuerberaterkammer kann für die Inanspruchnahme von besonderen Einrichtungen oder Tätigkeiten oder für Amtshandlungen nach dem Zweiten und Sechsten Abschnitt des Zweiten Teils dieses Gesetzes Gebühren nach Maßgabe einer Gebührenordnung erheben. [2]Die Gebührenordnung bedarf der Genehmigung der Aufsichtsbehörde. [3]Die Gebühren entstehen mit Inanspruchnahme der besonderen Einrichtung oder Tätigkeit, bei Amtshandlungen, die einen Antrag voraussetzen, mit dessen Eingang bei der Steuerberaterkammer, bei anderen Amtshandlungen mit der Beendigung der Amtshandlung. [4]Der 2. Abschnitt des Verwaltungskostengesetzes in der bis zum 14. August 2013 geltenden Fassung ist entsprechend anzuwenden. [5]Im Übrigen gilt das jeweilige Verwaltungsgebührenrecht des Landes.

(3) *(aufgehoben)*

§ 80[3] **Pflicht zum Erscheinen vor der Steuerberaterkammer.** (1) [1]In Aufsichts- und Beschwerdesachen haben Mitglieder der Steuerberaterkammer dem Vorstand oder dem durch die Satzung bestimmten Organ der zuständigen Steuerberaterkammer oder einem Beauftragten des Vorstandes oder des Organs Auskunft zu geben sowie auf Verlangen ihre Handakten vorzulegen oder vor der zuständigen Steuerberaterkammer zu erscheinen. [2]Das gilt nicht, wenn und soweit der Steuerberater oder Steuerbevollmächtigte dadurch seine Verpflichtung zur Verschwiegenheit verletzen oder sich durch wahrheitsgemäße Beantwortung oder Vorlage seiner Handakten die Gefahr zuziehen würde, wegen einer Straftat, einer Ordnungswidrigkeit oder einer Berufspflichtverletzung verfolgt zu werden und er sich hierauf beruft. [3]Der Steuerberater oder Steuerbevollmächtigte ist auf das Recht zur Auskunftsverweigerung hinzuweisen.

(2) Sofern Steuerberatungsgesellschaften, die ihren Sitz im Kammerbezirk haben, nicht oder nicht mehr durch persönliche Mitglieder der Steuerberaterkammer vertreten sind, gilt Absatz 1 auch für deren gesetzliche Vertreter, die keine persönlichen Mitglieder sind.

---

[1] § 78 geänd. durch G v. 24. 6. 2000 (BGBl. I S. 874).

[2] § 79 Abs. 2 Satz 1 und Abs. 3 Satz 1 geänd. mWv 1. 7. 2000 durch G v. 24. 6. 2000 (BGBl. I S. 874), Abs. 1 Satz 4 und Abs. 2 Sätze 3 bis 5 angef., Abs. 3 aufgeh. mWv 12. 4. 2008 durch G v. 8. 4. 2008 (BGBl. I S. 666); Abs. 2 Satz 4 geänd. mWv 15. 8. 2013 durch G v. 7. 8. 2013 (BGBl. I S. 3154).

[3] § 80 Abs. 1 geänd. und Abs. 2 angef. mWv 1. 7. 2000 durch G v. 24. 6. 2000 (BGBl. I S. 874), Abs. 1 neu gef. mWv 12. 4. 2008 durch G v. 8. 4. 2008 (BGBl. I S. 666).

§ 80a[1)] Zwangsgeld bei Verletzung von Mitwirkungspflichten.

(1) [1]Um einen Steuerberater oder Steuerbevollmächtigten zur Erfüllung seiner Pflichten nach § 80 anzuhalten, kann die zuständige Steuerberaterkammer gegen ihn, auch mehrfach, ein Zwangsgeld festsetzen. [2]Das einzelne Zwangsgeld darf eintausend Euro nicht übersteigen.

(2) [1]Das Zwangsgeld muss vorher schriftlich angedroht werden. [2]Die Androhung und die Festsetzung des Zwangsgeldes sind dem Steuerberater oder Steuerbevollmächtigten zuzustellen.

(3) [1]Gegen die Androhung und gegen die Festsetzung des Zwangsgeldes kann innerhalb eines Monats nach der Zustellung die Entscheidung des Oberlandesgerichts beantragt werden. [2]Zuständig ist das Oberlandesgericht, in dessen Bezirk die Steuerberaterkammer ihren Sitz hat. [3]Der Antrag ist bei der zuständigen Steuerberaterkammer schriftlich einzureichen. [4]Erachtet die zuständige Steuerberaterkammer den Antrag für begründet, so hat sie ihm abzuhelfen; andernfalls ist der Antrag unverzüglich dem Oberlandesgericht vorzulegen. [5]Die Vorschriften der Strafprozessordnung über die Beschwerde sind sinngemäß anzuwenden. [6]Die Gegenerklärung (§ 308 Abs. 1 der Strafprozessordnung) wird von der zuständigen Steuerberaterkammer abgegeben. [7]Die Staatsanwaltschaft ist an dem Verfahren nicht beteiligt. [8]Der Beschluss des Oberlandesgerichts kann nicht angefochten werden.

(4) [1]Das Zwangsgeld fließt der zuständigen Steuerberaterkammer zu. [2]Es wird auf Grund einer von ihr erteilten, mit der Bescheinigung der Vollstreckbarkeit versehenen beglaubigten Abschrift des Festsetzungsbescheides nach den Vorschriften beigetrieben, die für die Vollstreckung von Urteilen in bürgerlichen Rechtsstreitigkeiten gelten.

§ 81[2)] Rügerecht des Vorstandes. (1) [1]Der Vorstand kann das Verhalten eines Mitglieds der Steuerberaterkammer, durch das dieses ihm obliegende Pflichten verletzt hat, rügen, wenn die Schuld des Mitglieds gering ist und ein Antrag auf Einleitung eines berufsgerichtlichen Verfahrens nicht erforderlich erscheint. [2]§ 89 Abs. 2 und 3, §§ 92 und 109 Abs. 2 gelten entsprechend.

(2) [1]Der Vorstand darf eine Rüge nicht mehr erteilen, wenn das berufsgerichtliche Verfahren gegen das Mitglied der Steuerberaterkammer eingeleitet ist oder wenn seit der Pflichtverletzung mehr als drei Jahre vergangen sind. [2]Eine Rüge darf nicht erteilt werden, während das Verfahren auf den Antrag des Steuerberaters oder Steuerbevollmächtigten nach § 116 anhängig ist.

(3) Bevor die Rüge erteilt wird, ist das Mitglied zu hören.

(4) [1]Der Bescheid des Vorstandes, durch den das Verhalten des Mitglieds gerügt wird, ist zu begründen. [2]Er ist dem Mitglied zuzustellen. [3]Eine Abschrift des Bescheides ist der Staatsanwaltschaft bei dem für den Sitz der Steuerberaterkammer zuständigen Oberlandesgericht mitzuteilen,

---

1) § 80a eingef. mWv 12. 4. 2008 durch G v. 8. 4. 2008 (BGBl. I S. 666).

2) § 81 Abs. 1 Satz 1, Abs. 2 Satz 1 und Abs. 4 Satz 3 geänd. durch G v. 24. 6. 2000 (BGBl. I S. 874).

bei dem der Senat für Steuerberater- und Steuerbevollmächtigtensachen besteht (§ 96).

(5) 1 Gegen den Bescheid kann das Mitglied binnen eines Monats nach der Zustellung bei dem Vorstand Einspruch erheben. 2 Über den Einspruch entscheidet der Vorstand; Absatz 4 ist entsprechend anzuwenden.

§ 82[1)] Antrag auf berufsgerichtliche Entscheidung. (1) 1 Wird der Einspruch gegen den Rügebescheid durch den Vorstand der Steuerberaterkammer zurückgewiesen, so kann das Mitglied der Steuerberaterkammer innerhalb eines Monats nach der Zustellung die Entscheidung des Landesgerichts (Kammer für Steuerberater- und Steuerbevollmächtigtensachen) beantragen. 2 Zuständig ist das Landgericht, in dessen Bezirk die Steuerberaterkammer, deren Vorstand die Rüge erteilt hat, ihren Sitz hat.

(2) 1 Der Antrag ist bei dem Landgericht schriftlich einzureichen. 2 Auf das Verfahren sind die Vorschriften der Strafprozeßordnung über die Beschwerde sinngemäß anzuwenden. 3 Die Gegenerklärung (§ 308 Abs. 1 der Strafprozeßordnung) wird von dem Vorstand der Steuerberaterkammer abgegeben. 4 Die Staatsanwaltschaft ist an dem Verfahren nicht beteiligt. 5 Eine mündliche Verhandlung findet statt, wenn sie das Mitglied der Steuerberaterkammer beantragt oder das Landgericht für erforderlich hält. 6 Von Zeit und Ort der mündlichen Verhandlung sind der Vorstand der Steuerberaterkammer, das Mitglied der Steuerberaterkammer und sein Verteidiger zu benachrichtigen. 7 Art und Umfang der Beweisaufnahme bestimmt das Landgericht. 8 Es hat jedoch zur Erforschung der Wahrheit die Beweisaufnahme von Amts wegen auf alle Tatsachen und Beweismittel zu erstrecken, die für die Entscheidung von Bedeutung sind.

(3) 1 Der Rügebescheid kann nicht deshalb aufgehoben werden, weil der Vorstand der Steuerberaterkammer zu Unrecht angenommen hat, die Schuld des Mitgliedes der Steuerberaterkammer sei gering und der Antrag auf Einleitung des berufsgerichtlichen Verfahrens nicht erforderlich. 2 Treten die Voraussetzungen, unter denen nach § 92 von einer berufsgerichtlichen Ahndung abzusehen ist oder nach § 109 Abs. 2 ein berufsgerichtliches Verfahren nicht eingeleitet oder fortgesetzt werden darf, erst ein, nachdem der Vorstand die Rüge erteilt hat, so hebt das Landgericht den Rügebescheid auf. 3 Der Beschluß ist mit Gründen zu versehen. 4 Er kann nicht angefochten werden.

(4) 1 Das Landgericht, bei dem ein Antrag auf berufsgerichtliche Entscheidung eingelegt wird, teilt unverzüglich der Staatsanwaltschaft bei dem Oberlandesgericht eine Abschrift des Antrags mit. 2 Der Staatsanwaltschaft ist auch eine Abschrift des Beschlusses mitzuteilen, mit dem über den Antrag entschieden wird.

(5) 1 Leitet die Staatsanwaltschaft wegen desselben Verhaltens, das der Vorstand der Steuerberaterkammer gerügt hat, ein berufsgerichtliches Verfahren gegen das Mitglied der Steuerberaterkammer ein, bevor die Entscheidung über den Antrag auf berufsgerichtliche Entscheidung gegen den

---

1) § 82 geänd. durch G v. 24. 6. 2000 (BGBl. I S. 874).

Rügebescheid ergangen ist, so wird das Verfahren über den Antrag bis zum rechtskräftigen Abschluß des berufsgerichtlichen Verfahrens ausgesetzt. [2] In den Fällen des § 91 Abs. 2 stellt das Landgericht nach Beendigung der Aussetzung fest, daß die Rüge unwirksam ist.

§ 83[1)] Pflicht der Vorstandsmitglieder zur Verschwiegenheit. (1) [1] Die Mitglieder des Vorstandes haben – auch nach dem Ausscheiden aus dem Vorstand – über die Angelegenheiten, die ihnen bei ihrer Tätigkeit im Vorstand über Mitglieder der Steuerberaterkammer, Bewerber und andere Personen bekannt werden, Verschwiegenheit gegen jedermann zu bewahren. [2] Das gleiche gilt für Mitglieder, die zur Mitarbeit im Vorstand oder in den durch die Satzung bestimmten Organen herangezogen werden, und für Angestellte der Steuerberaterkammer.

(2) [1] In Verfahren vor Gerichten oder Behörden dürfen die in Absatz 1 bezeichneten Personen über solche Angelegenheiten, die ihnen bei ihrer Tätigkeit im Vorstand oder in den durch die Satzung bestimmten Organen über Mitglieder der Steuerberaterkammer, Bewerber und andere Personen bekanntgeworden sind, nur aussagen oder Auskunft geben, wenn eine Aussage- oder Auskunftspflicht besteht und von der Verpflichtung zur Verschwiegenheit nach Absatz 3 entbunden worden ist. [2] Sonstige Geheimhaltungspflichten und Zeugnisverweigerungsrechte bleiben unberührt.

(3) [1] Die Genehmigung erteilt der Vorstand der Steuerberaterkammer nach pflichtmäßigem Ermessen. [2] Die Genehmigung soll nur versagt werden, wenn Rücksichten auf die Stellung oder die Aufgaben der Steuerberaterkammer oder berechtigte Belange der Personen, über welche die Tatsachen bekanntgeworden sind, es unabweisbar fordern. [3] § 28 Abs. 2 des Gesetzes über das Bundesverfassungsgericht[2)] bleibt unberührt.

§ 84[3)] Arbeitsgemeinschaft. (1) [1] Mehrere Steuerberaterkammern können sich zu einer nicht rechtsfähigen Arbeitsgemeinschaft zusammenschließen, wenn die Satzungen der Kammern dies vorsehen. [2] Der Arbeitsgemeinschaft können jedoch nicht Aufsichtsbefugnisse oder andere Aufgaben übertragen werden, für die gesetzlich die Zuständigkeit der einzelnen Steuerberaterkammern begründet ist.

(2) [1] Die in § 83 bezeichneten Personen verstoßen nicht gegen ihre Pflicht zur Verschwiegenheit, wenn sie der Arbeitsgemeinschaft Angelegenheiten mitteilen, die zum Aufgabengebiet der Arbeitsgemeinschaft gehören. [2] § 83 Abs. 1 gilt sinngemäß für die Personen, die für die Arbeitsgemeinschaft tätig werden.

§ 85[4)] Bundessteuerberaterkammer. (1) [1] Die Steuerberaterkammern bilden eine Bundeskammer. [2] Diese führt die Bezeichnung „Bundessteuerberaterkammer“.

---

1) § 83 geänd. durch G v. 24. 6. 2000 (BGBl. I S. 874).
2) **Sartorius I Nr. 40.**
3) § 84 geänd. durch G v. 24. 6. 2000 (BGBl. I S. 874).
4) § 85 Abs. 1 und Abs. 3 Satz 1 geänd. durch G v. 24. 6. 2000 (BGBl. I S. 874).

(2) [1] Die Bundessteuerberaterkammer ist eine Körperschaft des öffentlichen Rechts. [2] Ihr Sitz bestimmt sich nach ihrer Satzung.

(3) [1] Der Vorstand der Bundessteuerberaterkammer wird von den Steuerberaterkammern gewählt. [2] Im übrigen gibt sich die Bundessteuerberaterkammer ihre Satzung selbst. [3] Die Satzung bedarf der Genehmigung der Aufsichtsbehörde.

(4) Die Vorschrift des § 83 ist sinngemäß anzuwenden.

§ 86[1)] Aufgaben der Bundessteuerberaterkammer. (1) Die Bundessteuerberaterkammer hat die ihr durch Gesetz zugewiesenen Aufgaben zu erfüllen.

(2) Der Bundessteuerberaterkammer obliegt insbesondere,

1. in Fragen, welche die Gesamtheit der Steuerberaterkammern angehen, die Auffassung der einzelnen Kammern zu ermitteln und im Wege gemeinschaftlicher Aussprache die Auffassung der Mehrheit festzustellen;
2. die Berufsordnung als Satzung zu erlassen und zu ändern;
3. Richtlinien für die Fürsorgeeinrichtungen der Steuerberaterkammern (§ 76 Abs. 2 Nr. 6) aufzustellen;
4. in allen die Gesamtheit der Steuerberaterkammern berührenden Angelegenheiten die Auffassung der Bundessteuerberaterkammer den zuständigen Gerichten und Behörden gegenüber zur Geltung zu bringen;
5. die Gesamtheit der Steuerberaterkammern gegenüber Behörden und Organisationen zu vertreten;
6. Gutachten zu erstatten, die eine an der Gesetzgebung beteiligte Behörde oder Körperschaft des Bundes oder ein Bundesgericht anfordert;
7. die berufliche Fortbildung in den steuerberatenden Berufen zu fördern; sie kann den Berufsangehörigen unverbindliche Fortbildungsempfehlungen erteilen.

(3) [1] Die Satzung im Sinne des Absatzes 2 Nr. 2 und deren Änderung wird durch die Satzungsversammlung als Organ der Bundessteuerberaterkammer beschlossen. [2] Sie ist an das Bundesministerium der Finanzen zu übermitteln. [3] Soweit nicht das Bundesministerium der Finanzen die Satzung und deren Änderung im Ganzen oder in Teilen binnen drei Monaten nach Übermittlung aufhebt, ist sie in dem Presseorgan zu veröffentlichen, das für Verlautbarungen der Bundessteuerberaterkammer bestimmt ist. [4] Sie tritt am ersten Tag des Monats in Kraft, der auf die Veröffentlichung folgt. [5] Stellt sich nach Inkrafttreten der Satzung heraus, dass sie ganz oder in Teilen höherrangigem Recht widerspricht, kann das Bundesministerium der Finanzen die Satzung insoweit aufheben.

(4) Die Satzung kann zur Ausführung der gesetzlichen Vorschriften nähere Regelungen enthalten, insbesondere hinsichtlich

1. der unabhängigen, eigenverantwortlichen und gewissenhaften Berufsausübung;

[1)] § 86 Abs. 2 Nr. 2 neugef. sowie Abs. 3 und 4 angef. mWv 1. 7. 1994 durch G v. 24. 6. 1994 (BGBl. I S. 1387), Abs. 2 Nrn. 1, 3, 4 und 5 geänd., Abs. 3 Satz 2 ersetzt durch Sätze 2 bis 5 mWv 1. 7. 2000 durch G v. 24. 6. 2000 (BGBl. I S. 874), Abs. 2 Nr. 7 HS 2 angef. mWv 12. 4. 2008 durch G v. 8. 4. 2008 (BGBl. I S. 666).

2. der Verschwiegenheitspflicht;
3. der zulässigen und der berufswidrigen Werbung;
4. des Verbotes der Mitwirkung bei unbefugter Hilfeleistung in Steuersachen;
5. des berufsmäßigen Verhaltens gegenüber Mandanten, Kollegen, Gerichten, Behörden und Steuerberaterkammern sowie gegenüber Personen, Gesellschaften und Einrichtungen im Sinne der §§ 4 und 6;
6. der vereinbaren und nichtvereinbaren Tätigkeiten;
7. der Berufshaftpflichtversicherung sowie der Haftungsausschlüsse und Haftungsbeschränkungen;
8. der besonderen Pflichten gegenüber Auftraggebern, insbesondere in Zusammenhang mit dem Umgang mit fremden Vermögenswerten;
9. der Vereinbarung, Berechnung, Sicherung und Beitreibung von Gebühren und Auslagen;
10.[1] der Pflichten in *Prozeßkostenhilfesachen* [***ab 1. 1. 2014:*** Prozesskostenhilfe- und Beratungshilfesachen];
11. der Voraussetzung des Führens von Bezeichnungen, die auf besondere Kenntnis bestimmter Steuerrechtsgebiete hinweisen;
12. der Gründung von beruflichen Niederlassungen und weiteren Beratungsstellen;
13. dem Verhalten bei grenzüberschreitender Tätigkeit;
14. der besonderen Pflichten bei der gemeinsamen Ausübung der Berufstätigkeit nach § 56;
15. der besonderen Pflichten bei der Errichtung, Ausgestaltung und Tätigkeit von Steuerberatungsgesellschaften;
16. der Abwicklung und der Übertragung der Praxis;
17. der Ausbildung von Steuerfachgehilfen.

§ 86 a[2] Zusammensetzung und Arbeitsweise der Satzungsversammlung. (1) ¹Der Satzungsversammlung gehören als Mitglieder an: der Präsident der Bundessteuerberaterkammer, die Präsidenten der Steuerberaterkammern sowie weitere Mitglieder (Delegierte). ²Die Bundessteuerberaterkammer führt die Geschäfte der Satzungsversammlung.

(2) ¹Die Delegierten werden von den Mitgliedern der einzelnen Steuerberaterkammern in Kammerversammlungen unmittelbar gewählt. ²Wählbar ist nur, wer persönliches Mitglied der Steuerberaterkammer ist. ³Die Zahl der Delegierten bemißt sich nach der Zahl der Kammermitglieder. ⁴Je angefangene eintausendfünfhundert Mitglieder der Steuerberaterkammer sind ein Delegierter und ein Stellvertreter, für die einzelne Steuerberaterkammer jedoch mindestens zwei Delegierte und Stellvertreter, zu

---

[1] § 86 a Abs. 4 Nr. 10 geänd. mWv 1. 1. 2014 durch G v. 31. 8. 2013 (BGBl. I S. 3533).

[2] § 86 a eingef. mWv 1. 7. 1994 durch G v. 24. 6. 1994 (BGBl. I S. 1387), Abs. 1, 2 und 4 geänd., bish. Abs. 8 aufgeh., bish. Abs. 9 wird Abs. 8 mWv 1. 7. 2000 durch G v. 24. 6. 2000 (BGBl. I S. 874).

wählen. [5]Maßgebend ist die Zahl der Kammermitglieder am 1. Januar des Jahres, in dem die Satzungsversammlung einberufen wird.

(3) Jedes Mitglied der Satzungsversammlung ist unabhängig und verfügt in der Satzungsversammlung über eine Stimme.

(4) [1]Die Satzungsversammlung wird durch den Präsidenten der Bundessteuerberaterkammer mit einer Frist von sechs Wochen schriftlich einberufen. [2]Der Präsident der Bundessteuerberaterkammer muß die Satzungsversammlung innerhalb von sechs Wochen einberufen, wenn mindestens fünf Steuerberaterkammern oder ein Viertel der Mitglieder der Satzungsversammlung es schriftlich beantragen und hierbei den Gegenstand angeben, über den in der Satzungsversammlung beschlossen werden soll.

(5) Den Vorsitz in der Satzungsversammlung führt der Präsident der Bundessteuerberaterkammer, bei seiner Verhinderung sein Vertreter im Amt, soweit die Geschäftsordnung nichts anderes vorsieht.

(6) [1]Die Satzungsversammlung ist beschlußfähig, wenn mindestens zwei Drittel ihrer Mitglieder anwesend sind. [2]Beschlüsse der Satzungsversammlung, die den Erlaß oder die Änderung der Berufsordnung betreffen, werden mit der Mehrheit aller Mitglieder der Satzungsversammlung gefaßt, sonstige Beschlüsse mit einfacher Mehrheit der anwesenden Mitglieder.

(7) Der Wortlaut der von der Satzungsversammlung gefaßten Beschlüsse ist in einer Niederschrift festzuhalten, die vom Vorsitzenden und von einem von der Satzungsversammlung zu bestimmenden Schriftführer zu unterzeichnen und bei der Geschäftsstelle der Bundessteuerberaterkammer zu verwahren ist.

(8) Die Satzungsversammlung kann weitere Einzelheiten des Verfahrens in einer Geschäftsordnung regeln.

§ 87 Beiträge zur Bundessteuerberaterkammer. [1]Die Bundessteuerberaterkammer erhebt von den Steuerberaterkammern Beiträge nach Maßgabe einer Beitragsordnung. [2]Die Beitragsordnung bedarf der Genehmigung durch die Aufsichtsbehörde. [3]Die Höhe der Beiträge wird von der Mitgliederversammlung festgesetzt.

§ 87 a[1)] Wirtschaftsplan, Rechnungslegung. (1) [1]Die Bundessteuerberaterkammer ist berechtigt, abweichend von den Bestimmungen der Bundeshaushaltsordnung einen Wirtschaftsplan aufzustellen, die Bücher nach den Regeln der kaufmännischen Buchführung zu führen und einen Jahresabschluss sowie einen Lagebericht nach handelsrechtlichen Grundsätzen zu erstellen.

(2) [1]Näheres regelt die Satzung der Bundessteuerberaterkammer. [2]§ 109 Abs. 2 der Bundeshaushaltsordnung ist anzuwenden.

(3) [1]Die §§ 7, 9 und 24 der Bundeshaushaltsordnung sowie die Vorschriften des Teils III der Bundeshaushaltsordnung gelten entsprechend mit Ausnahme der §§ 38 und 45 sowie der Bestimmungen, die eine Buchung

---

[1)] § 87 a eingef. mWv 12. 4. 2008 durch G v. 8. 4. 2008 (BGBl. I S. 666).

nach Einnahmen und Ausgaben voraussetzen. [2]Das Bundesministerium der Finanzen wird ermächtigt, weitere Ausnahmen von der Anwendung der Vorschriften der Bundeshaushaltsordnung zuzulassen.

(4) Für das Prüfungsrecht des Bundesrechnungshofes gilt § 111 Abs. 1 der Bundeshaushaltsordnung.

§ 88[1)] Staatsaufsicht. (1) Die für die Finanzverwaltung zuständige oberste Landesbehörde führt die Aufsicht über die Steuerberaterkammern, die den Sitz im Lande haben.

(2) Das Bundesministerium der Finanzen führt die Aufsicht über die Bundessteuerberaterkammer.

(3) [1]Die Aufsicht beschränkt sich darauf, dass Gesetz und Satzung beachtet, insbesondere die den Steuerberaterkammern übertragenen Aufgaben erfüllt werden. [2]Die Aufsichtsbehörden können die hierzu erforderlichen Anordnungen und Maßnahmen treffen.

Fünfter Abschnitt. Berufsgerichtsbarkeit

Erster Unterabschnitt. Die berufsgerichtliche Ahndung von Pflichtverletzungen

§ 89[2)] Ahndung einer Pflichtverletzung. (1) Gegen einen Steuerberater oder Steuerbevollmächtigten, der seine Pflichten schuldhaft verletzt, wird eine berufsgerichtliche Maßnahme verhängt.

(2) Ein außerhalb des Berufs liegendes Verhalten eines Steuerberaters oder Steuerbevollmächtigten, das eine rechtswidrige Tat oder eine mit Geldbuße bedrohte Handlung darstellt, ist eine berufsgerichtlich zu ahndende Pflichtverletzung, wenn es nach den Umständen des Einzelfalls in besonderem Maße geeignet ist, Achtung und Vertrauen in einer für die Ausübung der Berufstätigkeit oder für das Ansehen des Berufs bedeutsamen Weise zu beeinträchtigen.

(3) Eine berufsgerichtliche Maßnahme kann nicht verhängt werden, wenn der Steuerberater oder Steuerbevollmächtigte zur Zeit der Tat der Berufsgerichtsbarkeit nicht unterstand.

§ 90[3)] Berufsgerichtliche Maßnahmen. (1) Die berufsgerichtlichen Maßnahmen sind

1. Warnung,
2. Verweis,
3. Geldbuße bis zu fünfzigtausend Euro,
4. Berufsverbot für die Dauer von einem bis zu fünf Jahren,
5. Ausschließung aus dem Beruf.

[1)] § 88 Abs. 1 geänd. durch G v. 9. 6. 1989 (BGBl. I S. 1062), Abs. 1 geänd. und Abs. 3 neugef. mWv 1. 7. 2000 durch G v. 24. 6. 2000 (BGBl. I S. 874).

[2)] § 89 Abs. 2 geänd. mWv 1. 7. 1994 durch G v. 24. 6. 1994 (BGBl. I S. 1387).

[3)] § 90 Abs. 1 neugef. mWv 12. 4. 2008 durch G v. 8. 4. 2008 (BGBl. I S. 666).

(2) Die berufsgerichtlichen Maßnahmen des Verweises und der Geldbuße können nebeneinander verhängt werden.

§ 91[1)] Rüge und berufsgerichtliche Maßnahme. (1) [1]Der Einleitung eines berufsgerichtlichen Verfahrens gegen einen Steuerberater oder Steuerbevollmächtigten steht es nicht entgegen, daß der Vorstand der Steuerberaterkammer ihm bereits wegen desselben Verhaltens eine Rüge erteilt hat (§ 81). [2]Hat das Landgericht den Rügebescheid aufgehoben (§ 82), weil es eine schuldhafte Pflichtverletzung nicht festgestellt hat, so kann ein berufsgerichtliches Verfahren wegen desselben Verhaltens nur auf Grund solcher Tatsachen oder Beweismittel eingeleitet werden, die dem Landgericht bei seiner Entscheidung nicht bekannt waren.

(2) [1]Die Rüge wird mit der Rechtskraft eines berufsgerichtlichen Urteils unwirksam, das wegen desselben Verhaltens gegen den Steuerberater oder Steuerbevollmächtigten ergeht und auf Freispruch oder eine berufsgerichtliche Maßnahme lautet. [2]Die Rüge wird auch unwirksam, wenn rechtskräftig die Eröffnung des Hauptverfahrens abgelehnt ist, weil eine schuldhafte Pflichtverletzung nicht festzustellen ist.

§ 92 Anderweitige Ahndung. [1]Ist durch ein Gericht oder eine Behörde eine Strafe, eine Disziplinarmaßnahme, eine ehrengerichtliche Maßnahme, eine anderweitige berufsgerichtliche Maßnahme oder eine Ordnungsmaßnahme verhängt worden, so ist von einer berufsgerichtlichen Ahndung wegen desselben Verhaltens abzusehen, wenn nicht eine berufsgerichtliche Maßnahme zusätzlich erforderlich ist, um den Steuerberater oder Steuerbevollmächtigten zur Erfüllung seiner Pflichten anzuhalten und das Ansehen des Berufs zu wahren. [2]Der Ausschließung steht eine anderweitig verhängte Strafe oder Maßnahme nicht entgegen.

§ 93[2)] Verjährung der Verfolgung einer Pflichtverletzung. (1) [1]Die Verfolgung einer Pflichtverletzung, die nicht die Ausschließung aus dem Beruf rechtfertigt, verjährt in fünf Jahren. [2]§ 78 Abs. 1, § 78 a Satz 1 sowie die §§ 78 b und 78 c Abs. 1 bis 4 des Strafgesetzbuches[3)] gelten entsprechend.

(2) Ist vor Ablauf der Verjährungsfrist nach Absatz 1 Satz 1 wegen desselben Sachverhalts ein Strafverfahren eingeleitet worden, ist der Ablauf der Verjährungsfrist für die Dauer des Strafverfahrens gehemmt.

§ 94[4)] Vorschriften für Mitglieder der Steuerberaterkammer, die nicht Steuerberater oder Steuerbevollmächtigte sind. (1) Die Vorschriften des Fünften Abschnitts (Berufsgerichtsbarkeit) gelten entsprechend für Personen, die der Steuerberaterkammer nach § 74 Abs. 2 angehören.

[1)] § 91 Abs. 1 Satz 1 geänd. durch G v. 24. 6. 2000 (BGBl. I S. 874).
[2)] § 93 Abs. 2 angef. mWv 1. 7. 2000 durch G v. 24. 6. 2000 (BGBl. I S. 874).
[3)] **Schönfelder Nr. 85.**
[4)] § 94 Abs. 1 geänd. durch G v. 24. 6. 2000 (BGBl. I S. 874).

(2) An die Stelle der Ausschließung aus dem Beruf tritt bei den in § 74 Abs. 2 genannten Personen die Aberkennung der Eignung, Steuerberatungsgesellschaften zu vertreten und deren Geschäfte zu führen.

(3) Soweit im berufsgerichtlichen Verfahren die Mitwirkung ehrenamtlicher Richter vorgesehen ist, entscheiden die Berufsgerichte in der gleichen Besetzung wie in Steuerberatersachen.

Zweiter Unterabschnitt. Die Gerichte

§ 95[1)] Kammer für Steuerberater- und Steuerbevollmächtigtensachen beim Landgericht. (1) In dem berufsgerichtlichen Verfahren entscheidet im ersten Rechtszug eine Kammer des Landgerichts (Kammer für Steuerberater- und Steuerbevollmächtigtensachen), das für den Sitz der Steuerberaterkammer zuständig ist.

(2) [1]Bestehen in einem Land mehrere Steuerberaterkammern, so kann die Landesregierung durch Rechtsverordnung die Steuerberater- und Steuerbevollmächtigtensachen einem oder einigen der Landgerichte zuweisen, wenn eine solche Zusammenfassung der Rechtspflege in Steuerberater- und Steuerbevollmächtigtensachen, insbesondere der Sicherung einer einheitlichen Rechtsprechung, dienlich ist. [2]Die Vorstände der beteiligten Steuerberaterkammern sind vorher zu hören.

(3) Durch Vereinbarung der beteiligten Länder können die Aufgaben, für die nach diesem Gesetz das Landgericht eines Landes zuständig ist, einem Landgericht des anderen Landes übertragen werden.

(4) [1]Die Kammer für Steuerberater- und Steuerbevollmächtigtensachen entscheidet außerhalb der Hauptverhandlung in der Besetzung von drei Mitgliedern des Landgerichts mit Einschluß des Vorsitzenden. [2]In der Hauptverhandlung ist sie mit dem Vorsitzenden und zwei Steuerberatern oder Steuerbevollmächtigten als Beisitzern besetzt.

§ 96[2)] Senat für Steuerberater- und Steuerbevollmächtigtensachen beim Oberlandesgericht. (1) In dem berufsgerichtlichen Verfahren entscheidet im zweiten Rechtszug ein Senat des Oberlandesgerichts (Senat für Steuerberater- und Steuerbevollmächtigtensachen beim Oberlandesgericht).

(2) [1]§ 95 Abs. 2 und 3 findet entsprechende Anwendung. [2]Die Steuerberater- und Steuerbevollmächtigtensachen können auch dem obersten Landesgericht zugewiesen oder übertragen werden.

(3) [1]Der Senat für Steuerberater- und Steuerbevollmächtigtensachen entscheidet außerhalb der Hauptverhandlung in der Besetzung von drei Mitgliedern des Oberlandesgerichts mit Einschluß des Vorsitzenden. [2]In der Hauptverhandlung wirken außerdem als Beisitzer zwei Steuerberater oder Steuerbevollmächtigte mit.

[1)] § 95 Abs. 4 Satz 2 geänd. durch G v. 9. 6. 1989 (BGBl. I S. 1062), Abs. 1 und 2 geänd. durch G v. 24. 6. 2000 (BGBl. I S. 874).

[2)] § 96 Abs. 3 Satz 2 geänd. durch G v. 9. 6. 1989 (BGBl. I S. 1062).

§ 97[1] **Senat für Steuerberater- und Steuerbevollmächtigtensachen beim Bundesgerichtshof.** (1) In dem berufsgerichtlichen Verfahren entscheidet im dritten Rechtszug ein Senat des Bundesgerichtshofs (Senat für Steuerberater- und Steuerbevollmächtigtensachen beim Bundesgerichtshof).

(2) Der Senat für Steuerberater- und Steuerbevollmächtigtensachen besteht aus einem Vorsitzenden sowie zwei Mitgliedern des Bundesgerichtshofs und zwei Steuerberatern oder Steuerbevollmächtigten als Beisitzern.

§ 98.[2] *(aufgehoben)*

§ 99[3] **Steuerberater oder Steuerbevollmächtigte als Beisitzer.** (1) Die Beisitzer aus den Reihen der Steuerberater oder Steuerbevollmächtigten sind ehrenamtliche Richter.

(2) [1]Die ehrenamtlichen Richter werden für die Gerichte des ersten und zweiten Rechtszugs von der Landesjustizverwaltung auf die Dauer von fünf Jahren berufen. [2]Sie können nach Ablauf ihrer Amtszeit wiederberufen werden.

(3) [1]Die ehrenamtlichen Richter werden den Vorschlagslisten entnommen, die die Vorstände der Steuerberaterkammern der Landesjustizverwaltung einreichen. [2]Die Landesjustizverwaltung bestimmt, welche Zahl von ehrenamtlichen Richtern für jedes Gericht erforderlich ist; sie hat vorher die Vorstände der Steuerberaterkammern zu hören. [3]Jede Vorschlagsliste soll mindestens die doppelte Zahl der zu berufenden Steuerberater oder Steuerbevollmächtigten enthalten.

(4) Scheidet ein ehrenamtlicher Richter vorzeitig aus, so wird für den Rest seiner Amtszeit ein Nachfolger berufen.

(5) § 6 des Einführungsgesetzes zum Gerichtsverfassungsgesetz gilt entsprechend.

(6) Die Absätze 1 bis 5 finden auf die ehrenamtlichen Richter des Senats für Steuerberater- und Steuerbevollmächtigtensachen beim Bundesgerichtshof mit der Maßgabe Anwendung, daß an Stelle der Steuerberaterkammern die Bundessteuerberaterkammer und an Stelle der Landesjustizverwaltung das Bundesministerium der Justiz und für Verbraucherschutz[4] treten.

(7)[5] [1]Die Landesregierungen werden ermächtigt, die Aufgaben und Befugnisse, die den Landesjustizverwaltungen nach den Absätzen 2 und 3 zustehen, durch Rechtsverordnung auf diesen nachgeordnete Behörden zu übertragen. [2]Die Landesregierungen können diese Ermächtigung durch Rechtsverordnung auf die Landesjustizverwaltungen übertragen.

---

[1] § 97 Abs. 2 neugef. mWv 1. 7. 1994 durch G v. 24. 6. 1994 (BGBl. I S. 1387).

[2] § 98 aufgeh. durch G v. 9. 6. 1989 (BGBl. I S. 1062).

[3] § 99 Abs. 3 und 5 geänd., Abs. 6 angef. mWv 1. 7. 2000 durch G v. 24. 6. 2000 (BGBl. I S. 874), Abs. 2 Satz 1 geänd., Abs. 5 eingef., bish. Abs. 5 und 6 werden Abs. 6 und 7, Abs. 6 geänd. mWv 1. 1. 2005 durch G v. 21. 12. 2004 (BGBl. I S. 3599).

[4] Bezeichnung geänd. durch VO v. 31. 8. 2015 (BGBl. I S. 1474).

[5] § 99 Abs. 7 neu gef. mWv 6. 11. 2015 durch G v. 2. 11. 2015 (BGBl. I S. 1834).

§ 100[1)] Voraussetzungen für die Berufung zum Beisitzer und Recht zur Ablehnung. (1) [1] Zum ehrenamtlichen Richter kann nur ein Steuerberater oder Steuerbevollmächtigter berufen werden, der in den Vorstand der Steuerberaterkammer gewählt werden kann (§ 77). [2] Er darf als Beisitzer nur für die Kammer für Steuerberater- und Steuerbevollmächtigtensachen beim Landgericht oder den Senat für Steuerberater- und Steuerbevollmächtigtensachen beim Oberlandesgericht oder den Senat für Steuerberater- und Steuerbevollmächtigtensachen beim Bundesgerichtshof berufen werden.

(2) Die ehrenamtlichen Richter dürfen nicht gleichzeitig dem Vorstand der Steuerberaterkammer angehören oder bei ihr im Haupt- oder Nebenberuf tätig sein.

(3) Die Übernahme des Beisitzeramtes kann ablehnen,

1. wer das 65. Lebensjahr vollendet hat;
2. wer in den letzten vier Jahren Mitglied des Vorstandes gewesen ist;
3. wer in gesundheitlicher Hinsicht beeinträchtigt ist.

§ 101[2)] Enthebung vom Amt des Beisitzers. (1) Ein Steuerberater oder Steuerbevollmächtigter ist in den Fällen der §§ 95 und 96 auf Antrag der für die Ernennung zuständigen Behörde, im Falle des § 97 auf Antrag des Bundesministeriums der Justiz und für Verbraucherschutz[3)] seines Amtes als Beisitzer zu entheben,

1. wenn nachträglich bekannt wird, daß er nicht hätte zum Beisitzer berufen werden dürfen;
2. wenn nachträglich ein Umstand eintritt, welcher der Berufung zum Beisitzer entgegensteht;
3. wenn der Steuerberater oder Steuerbevollmächtigte seine Amtspflicht als Beisitzer grob verletzt.

(2) [1] Über den Antrag entscheidet in den Fällen der §§ 95 und 96 ein Zivilsenat des Oberlandesgerichts, im Falle des § 97 ein Zivilsenat des Bundesgerichtshofs. [2] Bei der Entscheidung dürfen die Mitglieder der Senate für Steuerberater- und Steuerbevollmächtigtensachen nicht mitwirken.

(3) Vor der Entscheidung ist der Steuerberater oder Steuerbevollmächtigte zu hören.

§ 102 Stellung der ehrenamtlichen Richter und Pflicht zur Verschwiegenheit. (1) Die Steuerberater oder Steuerbevollmächtigten haben in der Sitzung, zu der sie als ehrenamtliche Richter herangezogen werden, die Stellung eines Berufsrichters.

(2) [1] Die Steuerberater und Steuerbevollmächtigten haben über Angelegenheiten, die ihnen bei ihrer Tätigkeit als ehrenamtliche Richter bekanntwerden, Verschwiegenheit gegen jedermann zu bewahren. [2] § 83 Abs. 2 und 3 ist ent-

---

1) § 100 Abs. 1 und 2 geänd. durch G v. 24. 6. 2000 (BGBl. I S. 874), Abs. 3 Nr. 3 neugef. mWv 1. 5. 2002 durch G v. 27. 4. 2002 (BGBl. I S. 1467).

2) § 101 Abs. 1 geänd. durch G v. 24. 6. 2000 (BGBl. I S. 874).

3) Bezeichnung geänd. durch VO v. 31. 8. 2015 (BGBl. I S. 1474).

sprechend anzuwenden. [3]Die Genehmigung zur Aussage erteilt der Präsident des Gerichts.

§ 103[1)] Reihenfolge der Teilnahme an den Sitzungen. Die ehrenamtlichen Richter sind zu den einzelnen Sitzungen in der Reihenfolge einer Liste heranzuziehen, die der Präsident des Gerichts nach Anhörung der beiden ältesten ehrenamtlichen Richter vor Beginn des Geschäftsjahres aufstellt.

§ 104[2)] Entschädigung der ehrenamtlichen Richter. Die ehrenamtlichen Richter erhalten eine Entschädigung nach dem Justizvergütungs- und -entschädigungsgesetz[3)].

Dritter Unterabschnitt. Verfahrensvorschriften

1. Allgemeines

§ 105 Vorschriften für das Verfahren. Für das berufsgerichtliche Verfahren gelten die nachstehenden Vorschriften.

§ 106 Keine Verhaftung des Steuerberaters oder Steuerbevollmächtigten. [1]Der Steuerberater oder Steuerbevollmächtigte darf zur Durchführung des berufsgerichtlichen Verfahrens weder vorläufig festgenommen noch verhaftet oder vorgeführt werden. [2]Er kann nicht zur Vorbereitung eines Gutachtens über seinen psychischen Zustand in ein psychiatrisches Krankenhaus gebracht werden.

§ 107 Verteidigung. (1) Zu Verteidigern im berufsgerichtlichen Verfahren vor dem Landgericht und vor dem Oberlandesgericht können außer den in § 138 Abs. 1 der Strafprozeßordnung genannten Personen auch Steuerberater oder Steuerbevollmächtigte gewählt werden.

(2)[4)] § 140 Abs. 1 Nr. 1 bis 3, 6, 7 und 9 der Strafprozeßordnung[5)] ist auf die Verteidigung im berufsgerichtlichen Verfahren nicht anzuwenden.

§ 108[6)] Akteneinsicht des Steuerberaters oder Steuerbevollmächtigten. [1]Der Vorstand der Steuerberaterkammer und der Steuerberater oder Steuerbevollmächtigte sind befugt, die Akten, die dem Gericht vorliegen oder diesem im Falle der Einreichung einer Anschuldigungsschrift vorzulegen wären, einzusehen sowie amtlich verwahrte Beweisstücke zu besichtigen. [2]§ 147 Abs. 2 Satz 1[7)], Abs. 3, 5 und 6 der Strafprozeßordnung[5)] ist insoweit entsprechend anzuwenden.

[1)] § 103 neu gef. durch G v. 9. 6. 1989 (BGBl. I S. 1062).
[2)] § 104 geänd. mWv 1. 7. 2004 durch G v. 5. 5. 2004 (BGBl. I S. 718).
[3)] **Schönfelder Nr. 116.**
[4)] § 107 Abs. 2 geänd. mWv 1. 9. 2013 durch G v. 26. 6. 2013 (BGBl. I S. 1805).
[5)] **Schönfelder Nr. 90.**
[6)] § 108 Satz 1 neu gef. mWv 1. 7. 1994 durch G v. 24. 6. 1994 (BGBl. I S. 1387), Satz 1 geänd. durch G v. 24. 6. 2000 (BGBl. I S. 874).
[7)] § 108 Satz 2 Zitat geänd. durch G v. 29. 7. 2009 (BGBl. I S. 2274).

§ 109[1)] Verhältnis des berufsgerichtlichen Verfahrens zum Straf- oder Bußgeldverfahren. (1) [1]Ist gegen einen Steuerberater oder Steuerbevollmächtigten, der einer Verletzung seiner Pflichten beschuldigt wird, wegen desselben Verhaltens die öffentliche Klage im strafgerichtlichen Verfahren erhoben, so kann gegen ihn ein berufsgerichtliches Verfahren zwar eingeleitet, es muß aber bis zur Beendigung des strafgerichtlichen Verfahrens ausgesetzt werden. [2]Ebenso muß ein bereits eingeleitetes berufsgerichtliches Verfahren ausgesetzt werden, wenn während seines Laufes die öffentliche Klage im strafgerichtlichen Verfahren erhoben wird. [3]Das berufsgerichtliche Verfahren ist fortzusetzen, wenn die Sachaufklärung so gesichert erscheint, daß sich widersprechende Entscheidungen nicht zu erwarten sind, oder wenn im strafgerichtlichen Verfahren aus Gründen nicht verhandelt werden kann, die in der Person des Steuerberaters oder Steuerbevollmächtigten liegen.

(2) Wird der Steuerberater oder Steuerbevollmächtigte im gerichtlichen Verfahren wegen einer Straftat oder einer Ordnungswidrigkeit freigesprochen, so kann wegen der Tatsachen, die Gegenstand der gerichtlichen Entscheidung waren, ein berufsgerichtliches Verfahren nur dann eingeleitet oder fortgesetzt werden, wenn diese Tatsachen, ohne den Tatbestand einer Strafvorschrift oder einer Bußgeldvorschrift zu erfüllen, eine Verletzung der Pflichten des Steuerberaters oder Steuerbevollmächtigten enthalten.

(3) [1]Für die Entscheidung im berufsgerichtlichen Verfahren sind die tatsächlichen Feststellungen des Urteils im Strafverfahren oder Bußgeldverfahren bindend, auf denen die Entscheidung des Gerichts beruht. [2]In dem berufsgerichtlichen Verfahren kann ein Gericht jedoch die nochmalige Prüfung solcher Feststellungen beschließen, deren Richtigkeit seine Mitglieder mit Stimmenmehrheit bezweifeln; dies ist in den Gründen der berufsgerichtlichen Entscheidung zum Ausdruck zu bringen.

(4) [1]Wird ein berufsgerichtliches Verfahren nach Absatz 1 Satz 3 fortgesetzt, ist die Wiederaufnahme des rechtskräftig abgeschlossenen berufsgerichtlichen Verfahrens auch zulässig, wenn die tatsächlichen Feststellungen, auf denen die Verurteilung oder der Freispruch im berufsgerichtlichen Verfahren beruht, den Feststellungen im strafgerichtlichen Verfahren widersprechen. [2]Den Antrag auf Wiederaufnahme des Verfahrens kann die Staatsanwaltschaft, der Steuerberater oder der Steuerbevollmächtigte binnen eines Monats nach Rechtskraft des Urteils im strafgerichtlichen Verfahren stellen.

§ 110 Verhältnis des berufsgerichtlichen Verfahrens zu den Verfahren anderer Berufsgerichtsbarkeiten. (1) Über eine Pflichtverletzung eines Steuerberaters oder Steuerbevollmächtigten, der zugleich der Disziplinar-, Ehren- oder Berufsgerichtsbarkeit eines anderen Berufs untersteht, wird im berufsgerichtlichen Verfahren nur dann entschieden, wenn die Pflichtverletzung überwiegend mit der Ausübung des Berufs als Steuerberater oder Steuerbevollmächtigter im Zusammenhang steht oder wenn wegen der Schwere der Pflichtverletzung das berufsgerichtliche Verfahren mit dem Ziel der Ausschließung aus dem Beruf eingeleitet worden ist.

---

1) § 109 Abs. 1 Satz 3 neu gef. sowie Abs. 4 angef. mWv 1. 7. 1994 durch G v. 24. 6. 1994 (BGBl. I S. 1387).

(2) 1 Beabsichtigt die Staatsanwaltschaft, gegen einen solchen Steuerberater oder Steuerbevollmächtigten das berufsgerichtliche Verfahren einzuleiten, so teilt sie dies der Staatsanwaltschaft oder Behörde mit, die für die Einleitung eines Verfahrens gegen ihn als Angehörigen des anderen Berufs zuständig wäre. 2 Hat die für den anderen Beruf zuständige Staatsanwaltschaft oder Einleitungsbehörde die Absicht, gegen den Steuerberater oder Steuerbevollmächtigten ein Verfahren einzuleiten, so unterrichtet sie die Staatsanwaltschaft, die für die Einleitung des berufsgerichtlichen Verfahrens zuständig wäre (§ 113).

(3) Hat das Gericht einer Disziplinar-, Ehren- oder Berufsgerichtsbarkeit sich zuvor rechtskräftig für zuständig oder unzuständig erklärt, über die Pflichtverletzung eines Steuerberaters oder Steuerbevollmächtigten, der zugleich der Disziplinar-, Ehren- oder Berufsgerichtsbarkeit eines anderen Berufs untersteht, zu entscheiden, so sind die anderen Gerichte an diese Entscheidung gebunden.

(4) Die Absätze 1 bis 3 sind auf Steuerberater oder Steuerbevollmächtigte, die in einem öffentlich-rechtlichen Dienst- oder Amtsverhältnis stehen und ihren Beruf als Steuerberater oder Steuerbevollmächtigter nicht ausüben dürfen (§ 59), nicht anzuwenden.

§ 111 Aussetzung des berufsgerichtlichen Verfahrens. Das berufsgerichtliche Verfahren kann ausgesetzt werden, wenn in einem anderen gesetzlich geordneten Verfahren über eine Frage zu entscheiden ist, deren Beurteilung für die Entscheidung im berufsgerichtlichen Verfahren von wesentlicher Bedeutung ist.

2. Das Verfahren im ersten Rechtszug

§ 112[1] Örtliche Zuständigkeit. 1 Die örtliche Zuständigkeit des Landgerichts bestimmt sich nach dem Sitz der Steuerberaterkammer, welcher der Steuerberater oder Steuerbevollmächtigte im Zeitpunkt der Beantragung der Einleitung des Verfahrens angehört. 2 Die Verlegung der beruflichen Niederlassung nach diesem Zeitpunkt in einen anderen Kammerbezirk führt nicht zu einem Wechsel der Zuständigkeit.

§ 113 Mitwirkung der Staatsanwaltschaft. Die Staatsanwaltschaft bei dem Oberlandesgericht, bei dem der Senat für Steuerberater- und Steuerbevollmächtigtensachen besteht, nimmt in den Verfahren vor der Kammer für Steuerberater- und Steuerbevollmächtigtensachen die Aufgaben der Staatsanwaltschaft wahr.

§ 114 Einleitung des berufsgerichtlichen Verfahrens. Das berufsgerichtliche Verfahren wird dadurch eingeleitet, daß die Staatsanwaltschaft eine Anschuldigungsschrift bei dem Landgericht einreicht.

§ 115[2] Gerichtliche Entscheidung über die Einleitung des Verfahrens. (1) Gibt die Staatsanwaltschaft einem Antrag des Vorstandes der

---

[1] § 112 Satz 1 geänd., Satz 2 angef. mWv 1. 7. 2000 durch G v. 24. 6. 2000 (BGBl. I S. 874).
[2] § 115 Abs. 1 und 2 geänd. durch G v. 24. 6. 2000 (BGBl. I S. 874).

Steuerberaterkammer, gegen einen Steuerberater oder Steuerbevollmächtigten das berufsgerichtliche Verfahren einzuleiten, keine Folge oder verfügt sie die Einstellung des Verfahrens, so hat sie ihre Entschließung dem Vorstand der Steuerberaterkammer unter Angabe der Gründe mitzuteilen.

(2) [1]Der Vorstand der Steuerberaterkammer kann gegen den Bescheid der Staatsanwaltschaft binnen eines Monats nach der Bekanntmachung bei dem Oberlandesgericht die gerichtliche Entscheidung beantragen. [2]Der Antrag muß die Tatsachen, welche die Einleitung des berufsgerichtlichen Verfahrens begründen sollen, und die Beweismittel angeben.

(3) Auf das Verfahren nach Absatz 2 sind die §§ 173 bis 175 der Strafprozeßordnung[1)] entsprechend anzuwenden.

(4) § 172 der Strafprozeßordnung[2)] ist nicht anzuwenden.

§ 116[2)] Antrag des Steuerberaters oder Steuerbevollmächtigten auf Einleitung des berufsgerichtlichen Verfahrens. (1) [1]Will sich der Steuerberater oder Steuerbevollmächtigte von dem Verdacht einer Pflichtverletzung befreien, muss er bei der Staatsanwaltschaft beantragen, das berufsgerichtliche Verfahren gegen ihn einzuleiten. [2]Wegen eines Verhaltens, das der Vorstand der Steuerberaterkammer gerügt hat (§ 81), kann der Steuerberater oder Steuerbevollmächtigte den Antrag nicht stellen.

(2) [1]Gibt die Staatsanwaltschaft dem Antrag des Steuerberaters oder Steuerbevollmächtigten keine Folge oder verfügt sie die Einstellung des Verfahrens, so hat sie ihre Entschließung dem Antragsteller unter Angabe der Gründe mitzuteilen. [2]Wird in den Gründen eine schuldhafte Pflichtverletzung festgestellt, das berufsgerichtliche Verfahren aber nicht eingeleitet, oder wird offengelassen, ob eine schuldhafte Pflichtverletzung vorliegt, kann der Steuerberater oder Steuerbevollmächtigte bei dem Oberlandesgericht die gerichtliche Entscheidung beantragen. [3]Der Antrag ist binnen eines Monats nach der Bekanntmachung der Entschließung der Staatsanwaltschaft zu stellen.

(3) [1]Auf das Verfahren vor dem Senat für Steuerberater- und Steuerbevollmächtigtensachen beim Oberlandesgericht ist § 173 Abs. 1 und 3 der Strafprozeßordnung[2)] entsprechend anzuwenden. [2]Das Oberlandesgericht entscheidet durch Beschluß, ob eine schuldhafte Pflichtverletzung des Steuerberaters oder Steuerbevollmächtigten festzustellen ist. [3]Der Beschluß ist mit Gründen zu versehen. [4]Erachtet das Oberlandesgericht den Steuerberater oder Steuerbevollmächtigten einer berufsgerichtlich zu ahndenden Pflichtverletzung für hinreichend verdächtig, so beschließt es die Einleitung des berufsgerichtlichen Verfahrens. [5]Die Durchführung dieses Beschlusses obliegt der Staatsanwaltschaft.

(4) Erachtet das Oberlandesgericht eine schuldhafte Pflichtverletzung nicht für gegeben, so kann nur auf Grund neuer Tatsachen oder Beweismittel wegen desselben Verhaltens ein Antrag auf Einleitung des berufsgerichtlichen Verfahrens gestellt oder eine Rüge durch den Vorstand der Steuerberaterkammer erteilt werden.

---

1) **Schönfelder Nr. 90.**

2) § 116 Abs. 1 neugef. und Abs. 4 geänd. mWv 1. 7. 2000 durch G v. 24. 6. 2000 (BGBl. I S. 874).

§ 117 Inhalt der Anschuldigungsschrift. [1]In der Anschuldigungsschrift (§ 114 dieses Gesetzes sowie § 207 Abs. 3 der Strafprozeßordnung[1)]) ist die dem Steuerberater oder Steuerbevollmächtigten zur Last gelegte Pflichtverletzung unter Anführung der sie begründenden Tatsache zu bezeichnen (Anschuldigungssatz). [2]Ferner sind die Beweismittel anzugeben, wenn in der Hauptverhandlung Beweise erhoben werden sollen. [3]Die Anschuldigungsschrift enthält den Antrag, das Hauptverfahren vor der Kammer für Steuerberater- und Steuerbevollmächtigtensachen beim Landgericht zu eröffnen.

§ 118 Entscheidung über die Eröffnung des Hauptverfahrens. (1) In dem Beschluß, durch den das Hauptverfahren eröffnet wird, läßt die Kammer für Steuerberater- und Steuerbevollmächtigtensachen beim Landgericht die Anschuldigung zur Hauptverhandlung zu.

(2) Der Beschluß, durch den das Hauptverfahren eröffnet worden ist, kann von dem Steuerberater oder Steuerbevollmächtigten nicht angefochten werden.

(3) [1]Der Beschluß, durch den die Eröffnung des Hauptverfahrens abgelehnt wird, ist zu begründen. [2]Gegen den Beschluß steht der Staatsanwaltschaft die sofortige Beschwerde zu.

§ 119 Rechtskraftwirkung eines ablehnenden Beschlusses. Ist die Eröffnung des Hauptverfahrens durch einen nicht mehr anfechtbaren Beschluß abgelehnt, so kann der Antrag auf Einleitung des berufsgerichtlichen Verfahrens nur auf Grund neuer Tatsachen oder Beweismittel und nur innerhalb von fünf Jahren, seitdem der Beschluß rechtskräftig geworden ist, erneut gestellt werden.

§ 120 Zustellung des Eröffnungsbeschlusses. [1]Der Beschluß über die Eröffnung des Hauptverfahrens ist dem Steuerberater oder Steuerbevollmächtigten spätestens mit der Ladung zuzustellen. [2]Entsprechendes gilt in den Fällen des § 207 Abs. 3 der Strafprozeßordnung[1)] für die nachgereichte Anschuldigungsschrift.

§ 121 Hauptverhandlung trotz Ausbleibens des Steuerberaters oder Steuerbevollmächtigten. [1]Die Hauptverhandlung kann gegen einen Steuerberater oder Steuerbevollmächtigten, der nicht erschienen ist, durchgeführt werden, wenn er ordnungsmäßig geladen und in der Ladung darauf hingewiesen ist, daß in seiner Abwesenheit verhandelt werden kann. [2]Eine öffentliche Ladung ist nicht zulässig.

§ 122[2)] Nichtöffentliche Hauptverhandlung. (1) [1]Die Hauptverhandlung ist nicht öffentlich. [2]Auf Antrag der Staatsanwaltschaft kann, auf Antrag des Steuerberaters oder Steuerbevollmächtigten muß die Öffentlichkeit herge-

---

[1)] **Schönfelder Nr. 90.**

[2)] § 122 Abs. 2 geänd. durch G v. 9. 6. 1989 (BGBl. I S. 1062), Abs. 2 Satz 2 geänd. durch G v. 24. 6. 2000 (BGBl. I S. 874).

stellt werden; in diesem Fall sind die Vorschriften des Gerichtsverfassungsgesetzes über die Öffentlichkeit sinngemäß anzuwenden.

(2) [1] Zu nichtöffentlichen Verhandlungen ist Vertretern der Landesjustizverwaltung, dem Präsidenten des Oberlandesgerichts oder seinem Beauftragten und den Beamten der Staatsanwaltschaft bei dem Oberlandesgericht der Zutritt gestattet. [2] Der Zutritt ist ferner Vertretern des Bundesministeriums der Finanzen, Vertretern der für die Finanzverwaltung zuständigen obersten Landesbehörde und Vertretern der Steuerberaterkammer gestattet. [3] Steuerberater und Steuerbevollmächtigte sind als Zuhörer zugelassen. [4] Die Kammer für Steuerberater- und Steuerbevollmächtigtensachen beim Landgericht kann nach Anhörung der Beteiligten auch andere Personen als Zuhörer zulassen.

§ 123 Beweisaufnahme durch einen ersuchten Richter. [1] Die Kammer für Steuerberater- und Steuerbevollmächtigtensachen beim Landgericht kann ein Amtsgericht um die Vernehmung von Zeugen oder Sachverständigen ersuchen. [2] Der Zeuge oder Sachverständige ist jedoch auf Antrag der Staatsanwaltschaft oder des Steuerberaters oder Steuerbevollmächtigten in der Hauptverhandlung zu vernehmen, es sei denn, daß er voraussichtlich am Erscheinen in der Hauptverhandlung verhindert ist oder ihm das Erscheinen wegen großer Entfernung nicht zugemutet werden kann.

§ 124 Verlesen von Protokollen. (1) Die Kammer für Steuerberater- und Steuerbevollmächtigtensachen beim Landgericht beschließt nach pflichtmäßigem Ermessen, ob die Aussage eines Zeugen oder eines Sachverständigen, der bereits in dem berufsgerichtlichen oder in einem anderen gesetzlich geordneten Verfahren vernommen worden ist, zu verlesen sei.

(2) [1] Bevor der Gerichtsbeschluß ergeht, kann der Staatsanwalt oder der Steuerberater oder Steuerbevollmächtigte beantragen, den Zeugen oder Sachverständigen in der Hauptverhandlung zu vernehmen. [2] Einem solchen Antrag ist zu entsprechen, es sei denn, daß der Zeuge oder Sachverständige voraussichtlich am Erscheinen in der Hauptverhandlung verhindert ist oder ihm das Erscheinen wegen großer Entfernung nicht zugemutet werden kann. [3] Wird dem Antrag stattgegeben, so darf das Protokoll über die frühere Vernehmung nicht verlesen werden.

(3) [1] Ist ein Zeuge oder Sachverständiger durch einen ersuchten Richter vernommen worden (§ 123), so kann der Verlesung des Protokolls nicht widersprochen werden. [2] Der Staatsanwalt oder der Steuerberater oder Steuerbevollmächtigte kann jedoch der Verlesung widersprechen, wenn ein Antrag gemäß § 123 Satz 2 abgelehnt worden ist und Gründe für die Ablehnung des Antrags jetzt nicht mehr bestehen.

§ 125 Entscheidung. (1) Die Hauptverhandlung schließt mit der auf die Beratung folgenden Verkündung des Urteils.

(2) Das Urteil lautet auf Freisprechung, Verurteilung oder Einstellung des Verfahrens.

(3) Das berufsgerichtliche Verfahren ist, abgesehen von dem Fall des § 260 Abs. 3 der Strafprozeßordnung, einzustellen,

1. wenn die Bestellung nach § 45 Abs. 1 erloschen oder nach § 46 zurückgenommen oder widerrufen ist;
2. wenn nach § 92 von einer berufsgerichtlichen Ahndung abzusehen ist.

3. Rechtsmittel

§ 126 Beschwerde. Für die Verhandlungen und Entscheidungen über Beschwerden ist der Senat für Steuerberater- und Steuerbevollmächtigtensachen beim Oberlandesgericht zuständig.

§ 127[1] Berufung. (1) Gegen das Urteil der Kammer für Steuerberater- und Steuerbevollmächtigtensachen beim Landgericht ist die Berufung an den Senat für Steuerberater- und Steuerbevollmächtigtensachen beim Oberlandesgericht zulässig.

(2) [1]Die Berufung muß binnen einer Woche nach Verkündung des Urteils bei der Kammer für Steuerberater- und Steuerbevollmächtigtensachen beim Landgericht schriftlich eingelegt werden. [2]Ist das Urteil nicht in Anwesenheit des Steuerberaters oder Steuerbevollmächtigten verkündet worden, so beginnt für diesen die Frist mit der Zustellung.

(3) Die Berufung kann nur schriftlich gerechtfertigt werden.

(4) [1]Auf das Verfahren sind im übrigen neben den Vorschriften der Strafprozeßordnung über die Berufung die §§ 121 bis 125 dieses Gesetzes sinngemäß anzuwenden. [2]Hat der Steuerberater oder Steuerbevollmächtigte die Berufung eingelegt, so ist bei seiner Abwesenheit in der Hauptverhandlung § 329 Absatz 1 Satz 1 und 4 sowie Absatz 7 der Strafprozessordnung entsprechend anzuwenden, falls der Steuerberater oder Steuerbevollmächtigte ordnungsgemäß geladen und in der Ladung ausdrücklich auf die sich aus seiner Abwesenheit ergebende Rechtsfolge hingewiesen wurde.

§ 128 Mitwirkung der Staatsanwaltschaft im zweiten Rechtszug. Die Aufgaben der Staatsanwaltschaft im zweiten Rechtszug werden von der Staatsanwaltschaft bei dem Oberlandesgericht wahrgenommen, bei dem der Senat für Steuerberater- und Steuerbevollmächtigtensachen besteht.

§ 129 Revision. (1) Gegen das Urteil des Senats für Steuerberater- und Steuerbevollmächtigtensachen beim Oberlandesgericht ist die Revision an den Bundesgerichtshof zulässig,

1. wenn das Urteil auf Ausschließung aus dem Beruf lautet;
2. wenn der Senat für Steuerberater- und Steuerbevollmächtigtensachen beim Oberlandesgericht entgegen einem Antrag der Staatsanwaltschaft nicht auf Ausschließung erkannt hat;
3. wenn der Senat für Steuerberater- und Steuerbevollmächtigtensachen beim Oberlandesgericht sie in dem Urteil zugelassen hat.

---

[1] § 127 Abs. 4 Satz 2 angef. mWv 20. 12. 2003 durch G v. 15. 12. 2003 (BGBl. I S. 2645) und geänd. mWv 25. 7. 2015 durch G v. 17. 7. 2015 (BGBl. I S. 1332).

(2) Der Senat für Steuerberater- und Steuerbevollmächtigtensachen beim Oberlandesgericht darf die Revision nur zulassen, wenn er über Rechtsfragen oder Fragen der Berufspflichten entschieden hat, die von grundsätzlicher Bedeutung sind.

(3) [1]Die Nichtzulassung der Revision kann selbständig durch Beschwerde innerhalb eines Monats nach Zustellung des Urteils angefochten werden. [2]Die Beschwerde ist bei dem Oberlandesgericht einzulegen. [3]In der Beschwerdeschrift muß die grundsätzliche Rechtsfrage ausdrücklich bezeichnet werden.

(4) Die Beschwerde hemmt die Rechtskraft des Urteils.

(5) [1]Wird der Beschwerde nicht abgeholfen, so entscheidet der Bundesgerichtshof durch Beschluß. [2]Der Beschluß bedarf keiner Begründung, wenn die Beschwerde einstimmig verworfen oder zurückgewiesen wird. [3]Mit Ablehnung der Beschwerde durch den Bundesgerichtshof wird das Urteils rechtskräftig. [4]Wird der Beschwerde stattgegeben, so beginnt mit Zustellung des Beschwerdebescheides die Revisionsfrist.

§ 130 Einlegung der Revision und Verfahren. (1) [1]Die Revision ist binnen einer Woche bei dem Oberlandesgericht schriftlich einzulegen. [2]Die Frist beginnt mit der Verkündung des Urteils. [3]Ist das Urteil nicht in Anwesenheit des Steuerberaters oder Steuerbevollmächtigten verkündet worden, so beginnt für diesen die Frist mit der Zustellung.

(2) Seitens des Steuerberaters oder Steuerbevollmächtigten können die Revisionsanträge und deren Begründung nur schriftlich angebracht werden.

(3) [1]Auf das Verfahren vor dem Bundesgerichtshof sind im übrigen neben den Vorschriften der Strafprozeßordnung über die Revision die §§ 122 und 125 Abs. 3 dieses Gesetzes sinngemäß anzuwenden. [2]In den Fällen des § 354 Abs. 2 der Strafprozeßordnung[1)] kann die Sache auch an das Oberlandesgericht eines anderen Landes zurückverwiesen werden.

§ 131 Mitwirkung der Staatsanwaltschaft vor dem Bundesgerichtshof. Die Aufgaben der Staatsanwaltschaft in den Verfahren vor dem Bundesgerichtshof werden von dem Generalbundesanwalt wahrgenommen.

(Fortsetzung nächste Seite)

---

1) Schönfelder Nr. 90.

4. Die Sicherung von Beweisen

§ 132 Anordnung der Beweissicherung. (1) [1]Wird ein berufsgerichtliches Verfahren gegen den Steuerberater oder Steuerbevollmächtigten eingestellt, weil seine Bestellung erloschen, zurückgenommen oder widerrufen ist, so kann in der Entscheidung zugleich auf Antrag der Staatsanwaltschaft die Sicherung der Beweise angeordnet werden, wenn zu erwarten ist, daß auf Ausschließung aus dem Beruf erkannt worden wäre. [2]Die Anordnung kann nicht angefochten werden.

(2) [1]Die Beweise werden von der Kammer für Steuerberater- und Steuerbevollmächtigtensachen beim Landgericht aufgenommen. [2]Die Kammer für Steuerberater- und Steuerbevollmächtigtensachen kann eines ihrer berufsrichterlichen Mitglieder mit der Beweisaufnahme beauftragen.

§ 133 Verfahren. (1) [1]Die Kammer für Steuerberater- und Steuerbevollmächtigtensachen beim Landgericht hat von Amts wegen alle Beweise zu erheben, die eine Entscheidung darüber begründen können, ob das eingestellte Verfahren zur Ausschließung aus dem Beruf geführt hätte. [2]Den Umfang des Verfahrens bestimmt die Kammer für Steuerberater- und Steuerbevollmächtigtensachen nach pflichtmäßigem Ermessen, ohne an Anträge gebunden zu sein; ihre Verfügungen können insoweit nicht angefochten werden.

(2) Zeugen sind, soweit nicht Ausnahmen vorgeschrieben oder zugelassen sind, eidlich zu vernehmen.

(3) [1]Die Staatsanwaltschaft und der frühere Steuerberater oder Steuerbevollmächtigte sind an dem Verfahren zu beteiligen. [2]Ein Anspruch auf Benachrichtigung von den Terminen, die zum Zwecke der Beweissicherung anberaumt werden, steht dem früheren Steuerberater oder Steuerbevollmächtigten nur zu, wenn er sich im Inland aufhält und seine Anschrift dem Landgericht angezeigt hat.

5. Das Berufs- und Vertretungsverbot

§ 134 Voraussetzung des Verbots. (1) Sind dringende Gründe für die Annahme vorhanden, daß gegen einen Steuerberater oder einen Steuerbevollmächtigten auf Ausschließung aus dem Beruf erkannt werden wird, so kann gegen ihn durch Beschluß ein Berufs- oder Vertretungsverbot verhängt werden.

(2) [1]Die Staatsanwaltschaft kann vor Einleitung des berufsgerichtlichen Verfahrens den Antrag auf Verhängung eines Berufs- oder Vertretungsverbots stellen. [2]In dem Antrag sind die Pflichtverletzung, die dem Steuerberater oder Steuerbevollmächtigten zur Last gelegt wird, sowie die Beweismittel anzugeben.

(3) Für die Verhandlung und Entscheidung ist das Gericht zuständig, das über die Eröffnung des Hauptverfahrens gegen den Steuerberater oder Steuerbevollmächtigten zu entscheiden hat oder vor dem das berufsgerichtliche Verfahren anhängig ist.

§ 135 Mündliche Verhandlung. (1) Der Beschluß, durch den ein Berufs- oder Vertretungsverbot verhängt wird, kann nur auf Grund mündlicher Verhandlung ergehen.

(2) Auf die Besetzung des Gerichts, die Ladung und die mündliche Verhandlung sind die Vorschriften entsprechend anzuwenden, die für die Hauptverhandlung vor dem erkennenden Gericht maßgebend sind, soweit sich nicht aus den folgenden Vorschriften etwas anderes ergibt.

(3) [1]In der Ladung ist die dem Steuerberater oder Steuerbevollmächtigten zur Last gelegte Pflichtverletzung durch Anführung der sie begründenden Tatsachen zu bezeichnen; ferner sind die Beweismittel anzugeben. [2]Dies ist jedoch nicht erforderlich, wenn dem Steuerberater oder Steuerbevollmächtigten die Anschuldigungsschrift bereits mitgeteilt worden ist.

(4) Den Umfang der Beweisaufnahme bestimmt das Gericht nach pflichtmäßigem Ermessen, ohne an Anträge der Staatsanwaltschaft oder des Steuerberaters oder Steuerbevollmächtigten gebunden zu sein.

§ 136 Abstimmung über das Verbot. Zur Verhängung des Berufs- oder Vertretungsverbots ist eine Mehrheit von zwei Dritteln der Stimmen erforderlich.

§ 137 Verbot im Anschluß an die Hauptverhandlung. [1]Hat das Gericht auf die Ausschließung aus dem Beruf erkannt, so kann es im unmittelbaren Anschluß an die Hauptverhandlung über die Verhängung des Berufs- oder Vertretungsverbots verhandeln und entscheiden. [2]Dies gilt auch dann, wenn der Steuerberater oder Steuerbevollmächtigte zu der Hauptverhandlung nicht erschienen ist.

§ 138 Zustellung des Beschlusses. [1]Der Beschluß ist mit Gründen zu versehen. [2]Er ist dem Steuerberater oder Steuerbevollmächtigten zuzustellen.

§ 139[1] Wirkungen des Verbots. (1) Der Beschluß wird mit der Verkündung wirksam.

(2) Der Steuerberater oder Steuerbevollmächtigte, gegen den ein Berufsverbot verhängt ist, darf seinen Beruf nicht ausüben.

(3) Der Steuerberater oder Steuerbevollmächtigte, gegen den ein Vertretungsverbot verhängt ist, darf nicht vor Gerichten oder Behörden in Person auftreten, Vollmachten oder Untervollmachten erteilen und mit Gerichten, Behörden, Steuerberatern oder Steuerbevollmächtigten oder anderen Vertretern in Steuersachen schriftlich verkehren.

(4) Der Steuerberater oder Steuerbevollmächtigte, gegen den ein Berufs- oder Vertretungsverbot verhängt ist, darf jedoch seine eigenen Angelegenheiten und die Angelegenheiten seiner Angehörigen im Sinne des § 15 der Abgabenordnung[2] wahrnehmen.

---

[1] § 139 Abs. 4 geänd. durch G v. 14. 12. 1976 (BGBl. I S. 3341).

[2] Nr. **800**.

(5) [1]Die Wirksamkeit von Rechtshandlungen des Steuerberaters oder Steuerbevollmächtigten wird durch das Berufs- oder Vertretungsverbot nicht berührt. [2]Das gleiche gilt für Rechtshandlungen, die ihm gegenüber vorgenommen werden.

§ 140 Zuwiderhandlungen gegen das Verbot. (1) Der Steuerberater oder Steuerbevollmächtigte, der einem gegen ihn ergangenen Berufs- oder Vertretungsverbot wissentlich zuwiderhandelt, wird aus dem Beruf ausgeschlossen, sofern nicht wegen besonderer Umstände eine mildere berufsgerichtliche Maßnahme ausreichend erscheint.

(2) Gerichte oder Behörden sollen einen Steuerberater oder Steuerbevollmächtigten, der entgegen einem Berufs- oder Vertretungsverbot vor ihnen auftritt, zurückweisen.

§ 141 Beschwerde. (1) [1]Gegen den Beschluß, durch den das Landgericht oder das Oberlandesgericht ein Berufs- oder Vertretungsverbot verhängt, ist die sofortige Beschwerde zulässig. [2]Die Beschwerde hat keine aufschiebende Wirkung.

(2) Gegen den Beschluß, durch den das Landgericht oder das Oberlandesgericht es ablehnt, ein Berufs- oder Vertretungsverbot zu verhängen, steht der Staatsanwaltschaft die sofortige Beschwerde zu.

(3) [1]Über die sofortige Beschwerde entscheidet, sofern der angefochtene Beschluß von dem Landgericht erlassen ist, das Oberlandesgericht und, sofern er von dem Oberlandesgericht erlassen ist, der Bundesgerichtshof. [2]Für das Verfahren gelten neben den Vorschriften der Strafprozeßordnung über die Beschwerde § 135 Abs. 1, 2 und 4 sowie die §§ 136 und 138 dieses Gesetzes entsprechend.

§ 142 Außerkrafttreten des Verbots. Das Berufs- oder Vertretungsverbot tritt außer Kraft,

1. wenn ein nicht auf Ausschließung lautendes Urteil ergeht;
2. wenn die Eröffnung des Hauptverfahrens vor der Kammer für Steuerberater- und Steuerbevollmächtigtensachen abgelehnt wird.

§ 143 Aufhebung des Verbots. (1) Das Berufs- oder Vertretungsverbot wird aufgehoben, wenn sich ergibt, daß die Voraussetzungen für seine Verhängung nicht oder nicht mehr vorliegen.

(2) Über die Aufhebung entscheidet das nach § 134 Abs. 3 zuständige Gericht.

(3) [1]Beantragt der Steuerberater oder Steuerbevollmächtigte, das Verbot aufzuheben, so kann eine erneute mündliche Verhandlung angeordnet werden. [2]Der Antrag kann nicht gestellt werden, solange über eine sofortige Beschwerde des Beschuldigten nach § 141 Abs. 1 noch nicht entschieden ist. [3]Gegen den Beschluß, durch den der Antrag abgelehnt wird, ist eine Beschwerde nicht zulässig.

§ 144[1] Mitteilung des Verbots. (1) Der Beschluß, durch den ein Berufs- oder Vertretungsverbot verhängt wird, ist alsbald dem Präsidenten der zuständigen Steuerberaterkammer in beglaubigter Abschrift mitzuteilen.

(2) Tritt das Berufs- oder Vertretungsverbot außer Kraft oder wird es aufgehoben oder abgeändert, so ist Absatz 1 entsprechend anzuwenden.

§ 145[2] Bestellung eines Vertreters. (1) [1] Für den Steuerberater oder Steuerbevollmächtigten, gegen den ein Berufs- oder Vertretungsverbot verhängt ist, wird im Fall des Bedürfnisses von der zuständigen Steuerberaterkammer ein Vertreter bestellt. [2] Der Steuerberater oder Steuerbevollmächtigte ist vor der Bestellung zu hören; er kann einen geeigneten Vertreter vorschlagen.

(2) Der Vertreter muß Steuerberater oder Steuerbevollmächtigter sein.

(3) Ein Steuerberater oder Steuerbevollmächtigter, dem die Vertretung übertragen wird, kann sie nur aus einem wichtigen Grund ablehnen.

(4) § 69 Abs. 2 bis 4 ist entsprechend anzuwenden.

(5) *(aufgehoben)*

Vierter Unterabschnitt. Die Kosten in dem berufsgerichtlichen Verfahren und in dem Verfahren bei Anträgen auf berufsgerichtliche Entscheidung über die Rüge. Die Vollstreckung der berufsgerichtlichen Maßnahmen und der Kosten. Die Tilgung

§ 146[3] Gerichtskosten. [1] Im berufsgerichtlichen Verfahren und im Verfahren über den Antrag auf Entscheidung des Landgerichts über die Rüge (§ 82 Abs. 1) werden Gebühren nach dem Gebührenverzeichnis der Anlage[4] zu diesem Gesetz erhoben. [2] Im Übrigen sind die für Kosten in Strafsachen geltenden Vorschriften des Gerichtskostengesetzes entsprechend anzuwenden.

§ 147[5] Kosten bei Anträgen auf Einleitung des berufsgerichtlichen Verfahrens. (1) Einem Steuerberater oder Steuerbevollmächtigten, der einen Antrag auf gerichtliche Entscheidung über die Entschließung der Staatsanwaltschaft (§ 116 Abs. 2) zurücknimmt, sind die durch dieses Verfahren entstandenen Kosten aufzuerlegen.

(2) Wird ein Antrag des Vorstandes der Steuerberaterkammer auf gerichtliche Entscheidung in dem Fall des § 115 Abs. 2 verworfen, so sind die durch das Verfahren über den Antrag veranlaßten Kosten der Steuerberaterkammer aufzuerlegen.

---

[1] § 144 Abs. 1 geänd. mWv 1. 7. 2000 durch G v. 24. 6. 2000 (BGBl. I S. 874).

[2] § 145 Abs. 4 neugef. sowie Abs. 5 aufgeh. mWv 1. 7. 1994 durch G v. 24. 6. 1994 (BGBl. I S. 1387), Abs. 1 Satz 1 geänd. durch G v. 24. 6. 2000 (BGBl. I S. 874).

[3] § 146 neugef. mWv 31. 12. 2006 durch G v. 22. 12. 2006 (BGBl. I S. 3416).

[4] Nachstehend abgedruckt.

[5] § 147 Abs. 2 geänd. durch G v. 24. 6. 2000 (BGBl. I S. 874).

§ 148[1] **Kostenpflicht des Verurteilten.** (1) [1]Dem Steuerberater oder Steuerbevollmächtigten, der in dem berufsgerichtlichen Verfahren verurteilt wird, sind zugleich die in dem Verfahren entstandenen Kosten ganz oder teilweise aufzuerlegen. [2]Dasselbe gilt, wenn das berufsgerichtliche Verfahren wegen Erlöschens, Rücknahme oder Widerruf der Bestellung eingestellt wird und nach dem Ergebnis des bisherigen Verfahrens die Verhängung einer berufsgerichtlichen Maßnahme gerechtfertigt gewesen wäre; zu den Kosten des berufsgerichtlichen Verfahrens gehören in diesem Fall auch diejenigen, die in einem anschließenden Verfahren zum Zwecke der Beweissicherung (§§ 132 und 133) entstehen.

(2) [1]Dem Steuerberater oder Steuerbevollmächtigten, der in dem berufsgerichtlichen Verfahren ein Rechtsmittel zurückgenommen oder ohne Erfolg eingelegt hat, sind zugleich die durch dieses Verfahren entstandenen Kosten aufzuerlegen. [2]Hatte das Rechtsmittel teilweise Erfolg, so kann dem Steuerberater oder Steuerbevollmächtigten ein angemessener Teil dieser Kosten auferlegt werden.

(3) Für die Kosten, die durch einen Antrag auf Wiederaufnahme des durch ein rechtskräftiges Urteil abgeschlossenen Verfahrens verursacht worden sind, ist Absatz 2 entsprechend anzuwenden.

§ 149[2] **Kostenpflicht in dem Verfahren bei Anträgen auf berufsgerichtliche Entscheidung über die Rüge.** (1) [1]Wird der Antrag auf berufsgerichtliche Entscheidung über die Rüge als unbegründet zurückgewiesen, so ist § 148 Abs. 1 Satz 1 entsprechend anzuwenden. [2]Stellt das Landgericht fest, daß die Rüge wegen der Verhängung einer berufsgerichtlichen Maßnahme unwirksam ist (§ 82 Abs. 5 Satz 2), oder hebt es den Rügebescheid gemäß § 82 Abs. 3 Satz 2 auf, so kann es dem Steuerberater oder Steuerbevollmächtigten die in dem Verfahren entstandenen Kosten ganz oder teilweise auferlegen, wenn es dies für angemessen erachtet.

(2) Nimmt der Steuerberater oder Steuerbevollmächtigte den Antrag auf berufsgerichtliche Entscheidung zurück oder wird der Antrag als unzulässig verworfen, so gilt § 148 Abs. 2 Satz 1 entsprechend.

(3) Wird der Rügebescheid, den Fall des § 82 Abs. 3 Satz 2 ausgenommen, aufgehoben oder wird die Unwirksamkeit der Rüge wegen eines Freispruchs des Steuerberaters oder Steuerbevollmächtigten im berufsgerichtlichen Verfahren oder aus den Gründen des § 91 Abs. 2 Satz 2 festgestellt (§ 82 Abs. 5 Satz 2), so sind die notwendigen Auslagen des Steuerberaters oder Steuerbevollmächtigten der Steuerberaterkammer aufzuerlegen.

§ 150[3] **Haftung der Steuerberaterkammer.** Auslagen, die weder dem Steuerberater oder Steuerbevollmächtigten noch einem Dritten auf

---

[1] § 148 Abs. 1 Satz 2 HS 1 neugef. mWv 12. 4. 2008 durch G v. 8. 4. 2008 (BGBl. I S. 666).

[2] § 149 Abs. 3 geänd. durch G v. 24. 6. 2000 (BGBl. I S. 874).

[3] § 150 geänd. durch G v. 24. 6. 2000 (BGBl. I S. 874) und durch G v. 22. 12. 2006 (BGBl. I S. 3416).

erlegt oder von dem Steuerberater oder Steuerbevollmächtigten nicht eingezogen werden können, fallen der Steuerberaterkammer zur Last, welcher der Steuerberater oder Steuerbevollmächtigte angehört.

§ 151 Vollstreckung der berufsgerichtlichen Maßnahmen und der Kosten. (1) [1]Die Ausschließung aus dem Beruf (§ 90 Abs. 1 Nr. 4) wird mit der Rechtskraft des Urteils wirksam. [2]Der Verurteilte wird auf Grund einer beglaubigten Abschrift der Urteilsformel, die mit der Bescheinigung der Rechtskraft versehen ist, im Berufsregister der Steuerberater oder Steuerbevollmächtigten gelöscht.

(2) Warnung und Verweis (§ 90 Abs. 1 Nr. 1 und 2) gelten mit der Rechtskraft des Urteils als vollstreckt.

(3) [1]Die Vollstreckung der Geldbuße und die Beitreibung der Kosten werden nicht dadurch gehindert, daß der Steuerberater oder Steuerbevollmächtigte nach rechtskräftigem Abschluß des Verfahrens aus dem Beruf ausgeschieden ist. [2]Werden zusammen mit einer Geldbuße die Kosten beigetrieben, so gelten auch für die Kosten die Vorschriften über die Vollstreckung der Geldbuße.

§ 152[1)] Tilgung. (1) [1]Eintragungen in den über den Steuerberater oder Steuerbevollmächtigten geführten Akten über eine Warnung sind nach fünf, über einen Verweis oder eine Geldbuße nach zehn Jahren zu tilgen, auch wenn sie nebeneinander verhängt wurden. [2]Die über diese berufsgerichtlichen Maßnahmen entstandenen Vorgänge sind aus den über den Steuerberater oder Steuerbevollmächtigten geführten Akten zu entfernen und zu vernichten. [3]Nach Ablauf der Frist dürfen diese Maßnahmen bei weiteren berufsgerichtlichen Maßnahmen nicht mehr berücksichtigt werden.

(2) Die Frist beginnt mit dem Tage, an dem die berufsgerichtliche Maßnahme unanfechtbar geworden ist.

(3) Die Frist endet nicht, solange gegen den Steuerberater oder Steuerbevollmächtigten ein Strafverfahren, ein ehrengerichtliches oder berufsgerichtliches Verfahren oder ein Disziplinarverfahren schwebt, eine andere berufsgerichtliche Maßnahme berücksichtigt werden darf oder ein auf Geldbuße lautendes Urteil noch nicht vollstreckt worden ist.

(4) Nach Ablauf der Frist gilt der Steuerberater oder Steuerbevollmächtigte als von berufsgerichtlichen Maßnahmen nicht betroffen.

(5) [1]Die Absätze 1 bis 4 gelten für Rügen des Vorstandes der Steuerberaterkammer entsprechend. [2]Die Frist beträgt fünf Jahre.

---

1) § 152 Abs. 5 Satz 1 geänd. durch G v. 24. 6. 2000 (BGBl. I S. 874), Abs. 1 Satz 1 neugef. mWv 12. 4. 2008 durch G v. 8. 4. 2008 (BGBl. I S. 666).

Fünfter Unterabschnitt.[1] Für die Berufsgerichtsbarkeit anzuwendende Vorschriften

§ 153[2] Für die Berufsgerichtsbarkeit anzuwendende Vorschriften. Für die Berufsgerichtsbarkeit sind ergänzend das Gerichtsverfassungsgesetz und die Strafprozeßordnung sinngemäß anzuwenden.

Sechster Abschnitt.[3] Übergangsvorschriften

§ 154[4] Bestehende Gesellschaften. (1) [1]Steuerberatungsgesellschaften, die am 16. Juni 1989 anerkannt sind, bleiben anerkannt. [2]Dies gilt auch, wenn die Gesellschaft zur Übernahme der Mandanten einer Einrichtung gemäß § 4 Nr. 3, 7 und 8 gegründet wurde oder später die Mandanten einer solchen Einrichtung übernommen hat. [3]Verändert sich nach dem 31. Dezember 1990 der Bestand der Gesellschafter oder das Verhältnis ihrer Beteiligungen oder Stimmrechte durch Rechtsgeschäft oder Erbfall und geht der Anteil oder das Stimmrecht nicht auf einen Gesellschafter über, der die Voraussetzungen des § 50 a Abs. 1 Nr. 1 oder Abs. 2 Satz 2 erfüllt, so hat die zuständige Steuerberaterkammer nach § 55 Abs. 2 und 3 zu verfahren. [4]Sie kann vom Widerruf der Anerkennung absehen, wenn Anteile von einer Körperschaft des öffentlichen Rechts im Zusammenhang mit der Übertragung von Aufgaben auf eine andere Körperschaft des öffentlichen Rechts übergehen.

(2) [1]Absatz 1 Satz 3 und 4 gilt auch für unmittelbar oder mittelbar an Steuerberatungsgesellschaften beteiligte Gesellschaften, wenn sie nicht die Kapitalbindungsvorschriften des § 50 a Abs. 1 Nr. 1 oder Abs. 2 Satz 2 dieses Gesetzes oder des § 28 Abs. 4 der Wirtschaftsprüferordnung erfüllen. [2]Auf Antrag kann auf Grund einer von der zuständigen Steuerberaterkammer erteilten Ausnahmegenehmigung von der Anwendung des Satzes 1 abgesehen werden, wenn

1. sich der Bestand der Gesellschafter einer beteiligten Gesellschaft und das Verhältnis ihrer Beteiligungen oder Stimmrechte dadurch ändert, dass ein Gesellschafter aus der beteiligten Gesellschaft ausscheidet und infolgedessen sein Anteil oder Stimmrecht auf einen Gesellschafter übergeht, der vor dem 19. Mai 1994 Gesellschafter der beteiligten Gesellschaft war, und die beteiligte Gesellschaft, bei der die Änderung eintritt, vor der Änderung von Berufsvertretungen desselben Berufs gebildet wurde, oder
2.[5] sich der Bestand der Gesellschafter einer beteiligten Gesellschaft und das Verhältnis ihrer Beteiligungen oder Stimmrechte in den vorangegangenen Jahren jeweils nur geringfügig geändert hat, oder

---

[1] Überschrift neugef. durch Vertrag v. 31. 8. 1990 (BGBl. II S. 889, 970) und geänd. durch G v. 24. 6. 2000 (BGBl. I S. 874).

[2] § 153 geänd. durch G v. 22. 12. 2006 (BGBl. I S. 3416).

[3] Überschrift geänd. durch G v. 24. 6. 2000 (BGBl. I S. 874).

[4] § 154 neugef. durch G v. 24. 6. 2000 (BGBl. I S. 874).

[5] § 154 Abs. 2 Nr. 2 eingef., bish. Nr. 2 wird Nr. 3 durch G v. 16. 7. 2009 (BGBl. I S. 1959); zur erstmaligen Anwendung siehe § 157 b.

3. sich der Bestand der Gesellschafter einer beteiligten Gesellschaft und das Verhältnis ihrer Beteiligungen oder Stimmrechte ändert und dies auf einen Strukturwandel im landwirtschaftlichen Bereich zurückzuführen ist.

§ 155[1] Übergangsvorschriften aus Anlass des Vierten Gesetzes zur Änderung des Steuerberatungsgesetzes. (1) [1]Gesellschaften und Personenvereinigungen, die nach § 4 Nr. 8 in der am 15. Juni 1989 geltenden Fassung zur geschäftsmäßigen Hilfeleistung in Steuersachen befugt waren, behalten diese Befugnis, soweit diese Hilfe durch gesetzliche Vertreter oder leitende Angestellte geleistet wird, die unter § 3 fallen, und die Hilfe nicht die Ermittlung der Einkünfte aus selbständiger Arbeit oder aus Gewerbebetrieb betrifft, es sei denn, dass es sich hierbei um Nebeneinkünfte handelt, die üblicherweise bei Landwirten vorkommen. [2]Die Befugnis zur geschäftsmäßigen Hilfeleistung in Steuersachen erlischt, wenn sie nicht nach dem 16. Juni 1999 durch Personen geleistet wird, die berechtigt sind, die Bezeichnung „Landwirtschaftliche Buchstelle" zu führen. [3]Die für die Finanzverwaltung zuständige oberste Landesbehörde kann die Frist um bis zu zwei Jahre verlängern, wenn dies nach Lage des einzelnen Falles angemessen ist.

(2) Vereinigungen im Sinne des Absatzes 1, die am 16. Juni 1989 befugt waren, die Bezeichnung „Landwirtschaftliche Buchstelle" zu führen, dürfen diese Bezeichnung als Zusatz zum Namen der Vereinigung weiter führen, wenn mindestens ein leitender Angestellter berechtigt ist, diese Bezeichnung als Zusatz zur Berufsbezeichnung zu führen.

(3) Die in § 36 Abs. 1 Nr. 2 und Abs. 2 Nr. 1 bestimmte Reihenfolge der Vorbildungsvoraussetzungen gilt nicht für Tätigkeiten, die vor dem 16. Juni 1989 ausgeübt worden sind.

§ 156[2] Übergangsvorschriften aus Anlass des Sechsten Gesetzes zur Änderung des Steuerberatungsgesetzes. § 36 Abs. 1 Nr. 2 und Abs. 3 gilt für Bewerber, die in dem in Artikel 3 des Einigungsvertrages genannten Gebiet einen Fachschulabschluss erworben und mit der Fachschulausbildung vor dem 1. Januar 1991 begonnen haben, mit der Maßgabe, dass sie nach dem Fachschulabschluss vier Jahre praktisch tätig gewesen sind.

§ 157[3] Übergangsvorschriften aus Anlass des Gesetzes zur Änderung von Vorschriften über die Tätigkeit der Steuerberater. (1) Prozessagenten im Sinne des § 11 in der bis zum 30. Juni 2000 geltenden Fassung sind weiterhin zur geschäftsmäßigen Hilfeleistung in Steuersachen befugt.

(2) Stundenbuchhalter im Sinne von § 12 Abs. 2 in der bis zum 30. Juni 2000 geltenden Fassung sind weiterhin zur beschränkten geschäftsmäßigen Hilfe in Steuersachen befugt.

---

[1] § 155 neugef. mWv 1. 7. 2000 durch G v. 24. 6. 2000 (BGBl. I S. 874).

[2] § 156 neugef. durch G v. 24. 6. 2000 (BGBl. I S. 874).

[3] § 157 neugef. durch G v. 24. 6. 2000 (BGBl. I S. 874), Abs. 7 aufgeh. durch G v. 8. 4. 2008 (BGBl. I S. 666).

(3) 1 Die vorläufige Bestellung von Steuerberatern und Steuerbevollmächtigten, deren Bestellung nach Maßgabe des § 40 a Abs. 1 Satz 6 in der bis zum 30. Juni 2000 geltenden Fassung nicht mit Ablauf des 31. Dezember 1997 erloschen ist, gilt weiter und erlischt erst mit Eintritt der Bestandskraft der Rücknahmeentscheidung nach § 46 Abs. 1 Satz 2 in der bis zum 30. Juni 2000 geltenden Fassung. 2 Soweit in diesen Fällen auf Grund rechtskräftiger Gerichtsentscheidungen endgültige Bestellungen vorzunehmen sind, gilt § 40 a Abs. 1 Satz 3 bis 5 in der bis zum 30. Juni 2000 geltenden Fassung weiter.

(4) Die Vorschriften dieses Gesetzes über die Zulassung zur Prüfung in der ab dem 1. Juli 2000 geltenden Fassung sind erstmals auf die Zulassung zur Prüfung im Jahr 2001 anzuwenden.

(5) Auf Prüfungen, die vor dem 1. November 2000 begonnen haben, sind die Vorschriften dieses Gesetzes in der bis zum 30. Juni 2000 geltenden Fassung weiter anzuwenden.

(6) Die den Steuerberaterkammern zugewiesenen Aufgaben des Ersten und Zweiten Unterabschnitts des Zweiten Abschnitts des Zweiten Teils dieses Gesetzes in der ab dem 1. Juli 2000 geltenden Fassung werden bis zum 31. Dezember 2000 von den bisher zuständigen Behörden der Finanzverwaltung wahrgenommen.

(7) *(aufgehoben)*

§ 157 a[1] Übergangsvorschriften anlässlich des Achten Gesetzes zur Änderung des Steuerberatungsgesetzes. (1) 1 Die Vorschriften dieses Gesetzes in der ab 12. April 2008 geltenden Fassung über die Zulassung zur Prüfung, die Befreiung von der Prüfung, die organisatorische Durchführung der Prüfung und die Abnahme der Prüfung sind erstmals für Prüfungen anzuwenden, die nach dem 31. Dezember 2008 beginnen und für Anträge auf Befreiung von der Prüfung oder auf Erteilung einer verbindlichen Auskunft über die Erfüllung einzelner Voraussetzungen für die Zulassung zur Prüfung oder über die Befreiung von der Prüfung, die nach dem 31. Dezember 2008 gestellt werden. 2 Das gilt nicht für § 36 Abs. 1, § 37 Abs. 3, § 37 a Abs. 2 bis 4 a, § 38 Abs. 1 und die in § 39 Abs. 1 für die Bearbeitung eines Antrags auf Befreiung von der Prüfung oder auf Erteilung einer verbindlichen Auskunft nach § 38 a bestimmte Gebührenhöhe. 3 Die in § 39 Abs. 2 bestimmte Höhe der Gebühr gilt für Prüfungen, die nach dem 31. Dezember 2007 beginnen.

(2) Auf Prüfungen, die vor dem 1. November 2007 begonnen haben, sind die Vorschriften dieses Gesetzes in der bis zum 11. April 2008 geltenden Fassung weiter anzuwenden.

(3) Unabhängig von den Absätzen 1 und 2 geht am 1. Juli 2009 in den zu diesem Zeitpunkt anhängigen Rechtsstreitigkeiten wegen der Zulassung zur Prüfung, der Befreiung von der Prüfung oder der Erteilung verbindlicher Auskünfte gemäß § 38 a und Überdenkungsverfahren die Zuständig-

[1] § 157 a eingef. mWv 12. 4. 2008 durch G v. 8. 4. 2008 (BGBl. I S. 666).

keit von der für die Finanzverwaltung zuständigen obersten Landesbehörde auf die zuständige Steuerberaterkammer über.

(4) Unabhängig von den Absätzen 1 und 2 wird ab dem 1. Juli 2009 in den zu diesem Zeitpunkt anhängigen Rechtsstreitigkeiten wegen Prüfungsentscheidungen die für die Finanzverwaltung zuständige oberste Landesbehörde durch die zuständige Steuerberaterkammer vertreten.

§ 157 b[1] Anwendungsvorschrift. § 154 Absatz 2 Satz 2 Nummer 2 in der Fassung des Artikels 14 des Gesetzes vom 16. Juli 2009 (BGBl. I S. 1959) ist auf alle bei Inkrafttreten dieser Vorschrift nicht bestandskräftig abgeschlossenen Verfahren anzuwenden.

Siebenter Abschnitt. Verordnungsermächtigung

§ 158[2] Durchführungsbestimmungen zu den Vorschriften über Steuerberater, Steuerbevollmächtigte und Steuerberatungsgesellschaften.[3] Die Bundesregierung wird ermächtigt, nach Anhören der Bundessteuerberaterkammer mit Zustimmung des Bundesrates durch Rechtsverordnung Bestimmungen zu erlassen

1. über
   a) das Verfahren bei der Zulassung zur Prüfung, der Befreiung von der Prüfung und der Erteilung verbindlicher Auskünfte, insbesondere über die Einführung von Vordrucken zur Erhebung der gemäß §§ 36, 37 a, 38 und 38 a erforderlichen Angaben und Nachweise,
   b) die Durchführung der Prüfung, insbesondere die Prüfungsgebiete, die schriftliche und mündliche Prüfung, das Überdenken der Prüfungsbewertung,
   c) das Verfahren bei der Wiederholung der Prüfung,
   d) das Verfahren der Berufung und Abberufung der Mitglieder des Prüfungsausschusses und ihrer Stellvertreter;
2. über die Bestellung;
3. über das Verfahren bei der Anerkennung als Steuerberatungsgesellschaft;
4. über die mündliche Prüfung im Sinne des § 44, insbesondere über die Prüfungsgebiete, die Befreiung von der Prüfung und das Verfahren bei der Erteilung der Bezeichnung „Landwirtschaftliche Buchstelle“;
5. über Einrichtung und Führung des Berufsregisters sowie über Meldepflichten;
6. über den Abschluss und die Aufrechterhaltung der Haftpflichtversicherung, den Inhalt, den Umfang und die Ausschlüsse des Versicherungsvertrages sowie über die Mindesthöhe der Deckungssummen.

---

[1] § 157 b eingef. durch G v. 16. 7. 2009 (BGBl. I S. 1959).

[2] § 158 neugef. mWv 12. 4. 2008 durch G v. 8. 4. 2008 (BGBl. I S. 666).

[3] VO zur Durchf. der Vorschriften über Steuerberater, Steuerbevollmächtigte und Steuerberatungsgesellschaften v. 12. 11. 1979 (Nr. **845**).

Dritter Teil. Zwangsmittel, Ordnungswidrigkeiten

Erster Abschnitt. Vollstreckung wegen Handlungen und Unterlassungen

§ 159[1] **Zwangsmittel.** Die Anwendung von Zwangsmitteln richtet sich nach der Abgabenordnung.

Zweiter Abschnitt. Ordnungswidrigkeiten

§ 160[2] **Unbefugte Hilfeleistung in Steuersachen.** (1) Ordnungswidrig handelt, wer entgegen § 5 Abs. 1 oder entgegen einer vollziehbaren Untersagung nach § 7 geschäftsmäßig Hilfe in Steuersachen leistet.

(2) Die Ordnungswidrigkeit kann mit einer Geldbuße bis zu fünftausend Euro[3] geahndet werden.

§ 161 Schutz der Bezeichnungen „Steuerberatungsgesellschaft", „Lohnsteuerhilfeverein" und „Landwirtschaftliche Buchstelle". (1) Ordnungswidrig handelt, wer unbefugt die Bezeichnung „Steuerberatungsgesellschaft", „Lohnsteuerhilfeverein", „Landwirtschaftliche Buchstelle" oder eine einer solchen zum Verwechseln ähnliche Bezeichnung benutzt.

(2) Die Ordnungswidrigkeit kann mit einer Geldbuße bis zu fünftausend Euro[3] geahndet werden.

§ 162[4] **Verletzung der den Lohnsteuerhilfevereinen obliegenden Pflichten.** (1) Ordnungswidrig handelt, wer

1. entgegen § 14 Abs. 1 Nr. 8 eine Mitgliederversammlung oder eine Vertreterversammlung nicht durchführt,
2. entgegen § 15 Abs. 3 eine Satzungsänderung der zuständigen Aufsichtsbehörde nicht oder nicht rechtzeitig anzeigt,
3. entgegen § 22 Abs. 1 die jährliche Geschäftsprüfung nicht oder nicht rechtzeitig durchführen läßt,
4. entgegen § 22 Abs. 7 Nr. 1 die Abschrift des Berichts über die Geschäftsprüfung der zuständigen Aufsichtsbehörde nicht oder nicht rechtzeitig zuleitet,
5. entgegen § 22 Abs. 7 Nr. 2 den Mitgliedern des Lohnsteuerhilfevereins den wesentlichen Inhalt der Prüfungsfeststellungen nicht oder nicht rechtzeitig bekanntgibt,

---

[1] § 159 neugef. durch G v. 9. 6. 1989 (BGBl. I S. 1062).

[2] § 160 Abs. 1 neugef. mWv 1. 7. 2000 durch G v. 24. 6. 2000 (BGBl. I S. 874).

[3] Betrag geänd. mWv 1. 1. 2002 durch G v. 24. 6. 2000 (BGBl. I S. 874).

[4] § 162 geänd. durch G v. 9. 6. 1989 (BGBl. I S. 1062) und v. 13. 12. 1990 (BGBl. I S. 2756), Abs. 1 Nr. 7 eingef., bish. Nr. 7 wird Nr. 8 sowie Abs. 2 geänd. mWv 1. 7. 1994 durch G v. 24. 6. 1994 (BGBl. I S. 1387), Abs. 1 Nr. 1 eingef., bish. Nrn. 1 bis 8 werden Nrn. 2 bis 9, Abs. 1 Nr. 7 und Abs. 2 geänd. mWv 1. 7. 2000 durch G v. 24. 6. 2000 (BGBl. I S. 874), Abs. 1 Nrn. 2, 4 und 7 geänd. mWv 12. 4. 2008 durch G v. 8. 4. 2008 (BGBl. I S. 666).

6. entgegen § 23 Abs. 3 Satz 1 zur Leitung einer Beratungsstelle eine Person bestellt, die nicht die dort bezeichneten Voraussetzungen erfüllt,
7. entgegen § 23 Abs. 4 der zuständigen Aufsichtsbehörde die Eröffnung oder Schließung einer Beratungsstelle, die Bestellung oder Abberufung des Leiters einer Beratungsstelle oder die Personen, deren sich der Verein bei der Hilfeleistung in Steuersachen im Rahmen der Befugnis nach § 4 Nr. 11 bedient, nicht mitteilt oder
8. entgegen § 25 Abs. 2 Satz 1 nicht angemessen versichert ist oder
9. entgegen § 29 Abs. 1 die Aufsichtsbehörde nicht oder nicht rechtzeitig von Mitgliederversammlungen oder Vertreterversammlungen unterrichtet.

(2) Die Ordnungswidrigkeit nach Absatz 1 Nr. 1, 3 bis 6 und 8 kann mit einer Geldbuße bis zu fünftausend Euro[1], die Ordnungswidrigkeit nach Absatz 1 Nr. 2, 7 und 9 mit einer Geldbuße bis zu eintausend Euro[1] geahndet werden.

§ 163[2] **Pflichtverletzung von Personen, deren sich der Verein bei der Hilfeleistung in Steuersachen im Rahmen der Befugnis nach § 4 Nr. 11 bedient.** (1) Ordnungswidrig handelt, wer entgegen § 26 Abs. 2 in Verbindung mit der Hilfeleistung in Steuersachen im Rahmen der Befugnis nach § 4 Nr. 11 eine andere wirtschaftliche Tätigkeit ausübt.

(2) Die Ordnungswidrigkeit kann mit einer Geldbuße bis zu fünfundzwanzigtausend Euro[1] geahndet werden.

§ 164[3] **Verfahren.** [1]Verwaltungsbehörde im Sinne des § 36 Abs. 1 Nr. 1 des Gesetzes über Ordnungswidrigkeiten ist das Finanzamt, § 387 Abs. 2 der Abgabenordnung[4] ist entsprechend anzuwenden. [2]Im übrigen gelten für das Bußgeldverfahren § 410 Abs. 1 Nr. 1, 2, 6 bis 11 und Abs. 2 sowie § 412 der Abgabenordnung[4] entsprechend.

Vierter Teil. Schlußvorschriften

§ 164 a[5] **Verwaltungsverfahren und finanzgerichtliches Verfahren.** (1) [1]Die Durchführung des Verwaltungsverfahrens in öffentlich-rechtlichen und berufsrechtlichen Angelegenheiten, die durch den Ersten Teil, den Zweiten und Sechsten Abschnitt des Zweiten Teils und den Ersten Abschnitt des Dritten Teils dieses Gesetzes geregelt werden, richtet sich nach der Abgabenordnung[4]. [2]Das Verfahren kann über eine einheitliche Stelle abgewickelt werden. [3]Dafür gelten die Vorschriften des Verwaltungsverfahrensgesetzes entsprechend.

---

[1] Betrag geänd. mWv 1. 1. 2002 durch G v. 24. 6. 2000 (BGBl. I S. 874).

[2] § 163 Abs. 2 geänd. durch G v. 9. 6. 1989 (BGBl. I S. 1062), Abs. 1 geänd. durch G v. 24. 6. 2000 (BGBl. I S. 874).

[3] § 164 neugef. durch G v. 14. 12. 1976 (BGBl. I S. 3341), Satz 1 zweiter Halbsatz angef. durch G v. 18. 8. 1980 (BGBl. I S. 1537).

[4] Nr. **800**.

[5] § 164 a eingef. durch G v. 14. 12. 1976 (BGBl. I S. 3341), Abs. 2 angef. durch G v. 9. 6. 1989 (BGBl. I S. 1062) und neugef. mWv 1. 7. 2000 durch G v. 24. 6. 2000 (BGBl. I S. 874), Überschrift geänd., Abs. 3 angef. mWv 12. 4. 2008 durch G v. 8. 4. 2008 (BGBl. I S. 666), Abs. 1 Sätze 2 und 3 angef. mWv 18. 12. 2008 durch G v. 11. 12. 2008 (BGBl. I S. 2418).

(2) [1]Die Vollziehung der Rücknahme oder des Widerrufs der Anerkennung als Lohnsteuerhilfeverein (§ 20), der Anordnung der Schließung einer Beratungsstelle (§ 28 Abs. 3), der Rücknahme oder des Widerrufs der Bestellung als Steuerberater oder Steuerbevollmächtigter (§ 46) oder der Anerkennung als Steuerberatungsgesellschaft (§ 55) ist bis zum Eintritt der Unanfechtbarkeit gehemmt; § 361 Abs. 4 Sätze 2 und 3 der Abgabenordnung und § 69 Abs. 5 Sätze 2 bis 4 der Finanzgerichtsordnung[1)] bleiben unberührt. [2]In den Fällen des Satzes 1 kann daneben die Ausübung der Hilfeleistung in Steuersachen mit sofortiger Wirkung untersagt werden, wenn es das öffentliche Interesse erfordert.

(3)[2)] [1]In finanzgerichtlichen Verfahren in Angelegenheiten der §§ 37, 37 a und 39 a wird die für die Finanzverwaltung zuständige oberste Landesbehörde durch die zuständige Steuerberaterkammer vertreten. [2]Die der für die Finanzverwaltung zuständigen obersten Landesbehörde in Verfahren nach Satz 1 auferlegten Kosten werden von der zuständigen Steuerberaterkammer unmittelbar an den Kostengläubiger gezahlt. [3]Die für die Finanzverwaltung zuständige oberste Landesbehörde wird insoweit von ihrer Zahlungsverpflichtung gegenüber dem Kostengläubiger befreit. [4]Die zuständige Steuerberaterkammer kann für eigene Aufwendungen in Verfahren nach Satz 1 und für die Zahlung nach Satz 2 keinen Ersatz von der für die Finanzverwaltung zuständigen obersten Landesbehörde verlangen.

§ 164 b[3)] Gebühren. (1) Soweit dieses Gesetz für die Bearbeitung von Anträgen Gebühren vorsieht, sind diese bei der Antragstellung zu entrichten.

(2) Wird ein Antrag vor der Entscheidung zurückgenommen, ist die Gebühr zur Hälfte zu erstatten.

§ 164 c[4)] Laufbahngruppenregelungen der Länder. [1]Soweit in diesem Gesetz die Bezeichnung gehobener und höherer Dienst verwendet wird, richtet sich die Zuordnung der Beamten zu einer dieser Laufbahngruppen in den Ländern, die durch landesrechtliche Regelungen die zuvor bezeichneten Laufbahngruppen zusammengefasst oder abweichend bezeichnet haben, nach den Zugangsvoraussetzungen für die Einstellung als Inspektor oder Regierungsrat. [2]Beamte, die durch eine Qualifizierungsmaßnahme die Voraussetzungen für die Verleihung des Amtes eines Oberinspektors erfüllen oder denen auf Grund einer Qualifizierungsmaßnahme ein Amt verliehen worden ist, das vor Verleihung des Amtes eines Oberinspektors durchlaufen werden muss, sind dem gehobenen Dienst, Beamte, die durch eine Qualifizierungsmaßnahme die Voraussetzungen für die Verleihung des Amtes eines Oberregierungsrates erfüllen, sind dem höheren Dienst zuzuordnen.

---

1) Nr. **802**.

2) § 164 a Abs. 3 Sätze 2 bis 4 angef. mWv 14. 12. 2010 durch G v. 8. 12. 2010 (BGBl. I S. 1768).

3) § 164 b eingef. mWv 1. 7. 1994 durch G v. 24. 6. 1994 (BGBl. I S. 1387).

4) § 164 c eingef. durch G v. 26. 6. 2013 (BGBl. I S. 1809).

§ 165 Ermächtigung. Das Bundesministerium der Finanzen wird ermächtigt, den Wortlaut dieses Gesetzes und der zu diesem Gesetz erlassenen Durchführungsverordnungen in der jeweils geltenden Fassung mit neuem Datum und in neuer Paragraphenfolge bekanntzumachen und dabei Unstimmigkeiten des Wortlauts zu beseitigen.

§ 166[1)] Fortgeltung bisheriger Vorschriften. [1]Das Versorgungswerk der Kammer der Steuerberater und Helfer in Steuersachen für das Saarland bleibt aufrechterhalten. [2]Die Regierung des Saarlandes wird ermächtigt, durch Rechtsverordnung die erforderlichen Vorschriften über die Beibehaltung des Versorgungswerkes, insbesondere in der Form einer Körperschaft des öffentlichen Rechts, über die Mitgliedschaft der Steuerberater und Steuerbevollmächtigten, über die Satzung und über die Dienstaufsicht zu erlassen.

§ 167[2)] Freie und Hansestadt Hamburg. Der Senat der Freien und Hansestadt Hamburg wird ermächtigt, die Vorschriften dieses Gesetzes über die Zuständigkeit der Behörden dem besonderen Verwaltungsaufbau in Hamburg anzupassen.

§ 168[3)] Inkrafttreten des Gesetzes. (1) Dieses Gesetz tritt mit Ausnahme des § 166 Abs. 2 am ersten Kalendertage des dritten Kalendermonats nach seiner Verkündung[4)] in Kraft.

(2) § 166 Abs. 2 tritt am Tage nach der Verkündung[3)] des Gesetzes in Kraft.

(Fortsetzung nächste Seite)

[1)] § 166 Überschrift neu gef., Abs. 1 und Abs. 2 Satz 1 aufgeh. durch G v. 24. 6. 2000 (BGBl. I S. 874).

[2)] § 167 bish. Abs. 1 (Berlin-Klausel) aufgeh. durch G v. 25. 2. 1992 (BGBl. I S. 297).

[3)] **Amtl. Anm.:** Die Vorschrift betrifft das Inkrafttreten des Gesetzes in der ursprünglichen Fassung vom 16. August 1961.

[4)] Verkündet am 23. 8. 1961. Das Inkrafttreten der späteren Änderungen ergibt sich aus den jeweiligen Änderungsgesetzen.

Anlage[1] (zu § 146 Satz 1)

Gebührenverzeichnis

Nr.	Gebührentatbestand	Gebührenbetrag oder Satz der jeweiligen Gebühr 110 bis 112

Vorbemerkung:

(1) Im berufsgerichtlichen Verfahren bemessen sich die Gerichtsgebühren vorbehaltlich des Absatzes 2 für alle Rechtszüge nach der rechtskräftig verhängten Maßnahme.

(2) Wird ein Rechtsmittel oder ein Antrag auf berufsgerichtliche Entscheidung nur teilweise verworfen oder zurückgewiesen, so hat das Gericht die Gebühr zu ermäßigen, soweit es unbillig wäre, den Steuerberater oder Steuerbevollmächtigten damit zu belasten.

(3) Im Verfahren nach Wiederaufnahme werden die gleichen Gebühren wie für das wiederaufgenommene Verfahren erhoben. Wird jedoch nach Anordnung der Wiederaufnahme des Verfahrens das frühere Urteil aufgehoben, gilt für die Gebührenerhebung jeder Rechtszug des neuen Verfahrens mit dem jeweiligen Rechtszug des früheren Verfahrens zusammen als ein Rechtszug. Gebühren werden auch für Rechtszüge erhoben, die nur im früheren Verfahren stattgefunden haben.

Abschnitt 1. Verfahren vor dem Landgericht

Unterabschnitt 1. Berufsgerichtliches Verfahren erster Instanz[2]

110	Verfahren mit Urteil bei Verhängung einer oder mehrerer der folgenden Maßnahmen: 1. einer Warnung, 2. eines Verweises, 3. einer Geldbuße, 4. eines befristeten Berufsverbots	240,00 EUR
112	Verfahren mit Urteil bei Ausschließung aus dem Beruf	480,00 EUR

Unterabschnitt 2. Antrag auf gerichtliche Entscheidung über die Rüge

120	Verfahren über den Antrag auf gerichtliche Entscheidung über die Rüge nach § 82 Abs. 1 StBerG: Der Antrag wird verworfen oder zurückgewiesen	160,00 EUR

Abschnitt 2. Verfahren vor dem Oberlandesgericht

Unterabschnitt 1. Berufung

210	Berufungsverfahren mit Urteil	1,5
211	Erledigung des Berufungsverfahrens ohne Urteil .... Die Gebühr entfällt bei Zurücknahme der Berufung vor Ablauf der Begründungsfrist.	0,5

Unterabschnitt 2. Beschwerde

220	Verfahren über Beschwerden im berufsgerichtlichen Verfahren, die nicht nach anderen Vorschriften gebührenfrei sind: Die Beschwerde wird verworfen oder zurückgewiesen	50,00 EUR

[1] Anlage angef. mWv 31. 12. 2006 durch G v. 22. 12. 2006 (BGBl. I S. 3416).
[2] Unteraschn. geänd. mWv 31. 7. 2014 durch G v. 25. 7. 2014 (BGBl. I S. 1266).

Nr.	Gebührentatbestand	Gebührenbetrag oder Satz der jeweiligen Gebühr 110 bis 112
	Von dem Steuerberater oder Steuerbevollmächtigten wird eine Gebühr nur erhoben, wenn gegen ihn rechtskräftig eine berufsgerichtliche Maßnahme verhängt worden ist.	
	Abschnitt 3. Verfahren vor dem Bundesgerichtshof	
	Unterabschnitt 1. Revision	
310	Revisionsverfahren mit Urteil oder mit Beschluss nach § 130 Abs. 3 Satz 1 StBerG i. V. m. § 349 Abs. 2 oder Abs. 4 StPO	2,0
311	Erledigung des Revisionsverfahrens ohne Urteil und ohne Beschluss nach § 130 Abs. 3 Satz 1 StBerG i. V. m. § 349 Abs. 2 oder Abs. 4 StPO	1,0
	Die Gebühr entfällt bei Zurücknahme der Revision vor Ablauf der Begründungsfrist.	
	Unterabschnitt 2. Beschwerde	
320	Verfahren über die Beschwerde gegen die Nichtzulassung der Revision: Die Beschwerde wird verworfen oder zurückgewiesen	1,0
321	Verfahren über sonstige Beschwerden im berufsgerichtlichen Verfahren, die nicht nach anderen Vorschriften gebührenfrei sind: Die Beschwerde wird verworfen oder zurückgewiesen	50,00 EUR
	Von dem Steuerberater oder Steuerbevollmächtigten wird eine Gebühr nur erhoben, wenn gegen ihn rechtskräftig eine berufsgerichtliche Maßnahme verhängt worden ist.	
	Abschnitt 4. Rüge wegen Verletzung des Anspruchs auf rechtliches Gehör	
400	Verfahren über die Rüge wegen Verletzung des Anspruchs auf rechtliches Gehör: Die Rüge wird in vollem Umfang verworfen oder zurückgewiesen........	50,00 EUR

840 a. Vergütungsverordnung für Steuerberater, Steuerbevollmächtigte und Steuerberatungsgesellschaften (Steuerberatervergütungsverordnung – StBVV)

Vom 17. Dezember 1981 (BGBl. I S. 1442)

Geändert durch Erste Verordnung zur Änderung der Steuerberatergebührenverordnung vom 20. 6. 1988 (BGBl. I S. 841), Zweite Verordnung zur Änderung der Steuerberatergebührenverordnung vom 21. 6. 1991 (BGBl. I S. 1370), Dritte Verordnung zur Änderung der Steuerberatergebührenverordnung vom 20. 8. 1998 (BGBl. I S. 2369), Gesetz zur Umstellung des Kostenrechts und der Steuerberatergebührenverordnung auf Euro vom 27. 4. 2001 (BGBl. I S. 751), Kostenrechtsmodernisierungsgesetz vom 5. 5. 2004 (BGBl. I S. 718), Jahressteuergesetz 2007 vom 13. 12. 2006 (BGBl. I S. 2878), Achtes Gesetz zur Änderung des Steuerberatungsgesetzes vom 8. 4. 2008 (BGBl. I S. 666) und Verordnung zum Erlass und zur Änderung steuerlicher Verordnungen vom 11. 12. 2012 (BGBl. I S. 2637)

BGBl. III/FNA 610-10-7

Auf Grund des § 64 des Steuerberatungsgesetzes[1] in der Fassung der Bekanntmachung vom 4. November 1975 (BGBl. I S. 2735) wird nach Anhörung der Bundessteuerberaterkammer mit Zustimmung des Bundesrates verordnet:

Erster Abschnitt. Allgemeine Vorschriften

§ 1 Anwendungsbereich. (1) Die Vergütung (Gebühren und Auslagenersatz) des Steuerberaters für seine selbständig ausgeübte Berufstätigkeit (§ 33 des Gesetzes) bemißt sich nach dieser Verordnung.

(2) Für die Vergütung der Steuerbevollmächtigten und der Steuerberatungsgesellschaften gelten die Vorschriften über die Vergütung der Steuerberater entsprechend.

§ 2 Sinngemäße Anwendung der Verordnung. Ist in dieser Verordnung über die Gebühren für eine Berufstätigkeit des Steuerberaters nichts bestimmt, so sind die Gebühren in sinngemäßer Anwendung der Vorschriften dieser Verordnung zu bemessen.

§ 3[2] Mindestgebühr, Auslagen. (1) Der Mindestbetrag einer Gebühr ist 10 Euro[3].

[1] Nr. **840**.

[2] § 3 Abs. 3 geänd. mWv 28. 8. 1998 durch VO v. 20. 8. 1998 (BGBl. I S. 2369) und mWv 1. 1. 2007 durch G v. 13. 12. 2006 (BGBl. I S. 2878).

[3] Betrag geänd. sowie bish. Satz 2 aufgeh. mWv 1. 1. 2002 durch G v. 27. 4. 2001 (BGBl. I S. 751).

(2) Mit den Gebühren werden auch die allgemeinen Geschäftskosten entgolten.

(3) Der Anspruch auf Zahlung der auf die Vergütung entfallenden Umsatzsteuer und auf Ersatz für Post- und Telekommunikationsdienstleistungen zu zahlende Entgelte, der Dokumentenpauschale und der Reisekosten bestimmt sich nach den §§ 15 bis 20.

§ 4[1)] Vereinbarung der Vergütung. (1) [1] Aus einer Vereinbarung kann der Steuerberater eine höhere als die gesetzliche Vergütung nur fordern, wenn die Erklärung des Auftraggebers schriftlich abgegeben und nicht in der Vollmacht enthalten ist. [2] Ist das Schriftstück nicht vom Auftraggeber verfasst, muss es als Vergütungsvereinbarung bezeichnet und die Vergütungsvereinbarung von anderen Vereinbarungen deutlich abgesetzt sein; Art und Umfang des Auftrags sind zu bezeichnen. [3] Hat der Auftraggeber freiwillig und ohne Vorbehalt geleistet, so kann er das Geleistete nicht deshalb zurückfordern, weil seine Erklärung den Vorschriften der Sätze 1 und 2 nicht entspricht.

(2) Ist eine vereinbarte Vergütung unter Berücksichtigung aller Umstände unangemessen hoch, so kann sie im Rechtsstreit auf den angemessenen Betrag bis zur Höhe der sich aus dieser Verordnung ergebenden Vergütung herabgesetzt werden.

§ 5 Mehrere Steuerberater. Ist die Angelegenheit mehreren Steuerberatern zur gemeinschaftlichen Erledigung übertragen, so erhält jeder Steuerberater für seine Tätigkeit die volle Vergütung.

§ 6 Mehrere Auftraggeber. (1) Wird der Steuerberater in derselben Angelegenheit für mehrere Auftraggeber tätig, so erhält er die Gebühren nur einmal.

(2) [1] Jeder Auftraggeber schuldet dem Steuerberater die Gebühren und Auslagen, die er schulden würde, wenn der Steuerberater nur in seinem Auftrag tätig geworden wäre. [2] Der Steuerberater kann aber insgesamt nicht mehr als die Gebühr nach Absatz 1 fordern, die in den Fällen des § 40 Abs. 5[1)] nach Maßgabe dieser Vorschrift zu berechnen ist; die Auslagen kann er nur einmal fordern.

§ 7 Fälligkeit. Die Vergütung des Steuerberaters wird fällig, wenn der Auftrag erledigt oder die Angelegenheit beendigt ist.

§ 8 Vorschuß. Der Steuerberater kann von seinem Auftraggeber für die entstandenen und die voraussichtlich entstehenden Gebühren und Auslagen einen angemessenen Vorschuß fordern.

§ 9[2)] Berechnung. (1) [1] Der Steuerberater kann die Vergütung nur auf Grund einer von ihm unterzeichneten und dem Auftraggeber mitgeteilten

---

[1)] § 4 Abs. 1 neu gef., § 6 Abs. 2 Satz 2 Zitat geänd. mWv 1. 1. 2007 durch G v. 13. 12. 2006 (BGBl. I S. 2878).

[2)] § 9 Abs. 2 Sätze 1 und 3 geänd. mWv 28. 8. 1998 durch VO v. 20. 8. 1998 (BGBl. I S. 2369), Abs. 1 Satz 2 angef. mWv 1. 1. 2007 durch G v. 13. 12. 2007 (BGBl. I S. 2878).

Berechnung einfordern. [2]Der Lauf der Verjährungsfrist ist von der Mitteilung der Berechnung nicht abhängig.

(2) [1]In der Berechnung sind die Beträge der einzelnen Gebühren und Auslagen, die Vorschüsse, eine kurze Bezeichnung des jeweiligen Gebührentatbestands, die Bezeichnung der Auslagen sowie die angewandten Vorschriften dieser Gebührenverordnung und bei Wertgebühren auch der Gegenstandswert anzugeben. [2]Nach demselben Stundensatz berechnete Zeitgebühren können zusammengefaßt werden. [3]Bei Entgelten für Post- und Telekommunikationsdienstleistungen genügt die Angabe des Gesamtbetrages.

(3) Hat der Auftraggeber die Vergütung gezahlt, ohne die Berechnung erhalten zu haben, so kann er die Mitteilung der Berechnung noch fordern, solange der Steuerberater zur Aufbewahrung der Handakten verpflichtet ist.

Zweiter Abschnitt. Gebührenberechnung

§ 10 Wertgebühren. (1) [1]Die Wertgebühren bestimmen sich nach den der Verordnung als Anlage beigefügten Tabellen A bis E. [2]Sie werden nach dem Wert berechnet, den der Gegenstand der beruflichen Tätigkeit hat. [3]Maßgebend ist, soweit diese Verordnung nichts anderes bestimmt, der Wert des Interesses.

(2) In derselben Angelegenheit werden die Werte mehrerer Gegenstände zusammengerechnet; dies gilt nicht für die in den §§ 24 bis 27, 30, 35 und 37 bezeichneten Tätigkeiten.

§ 11[1)] Rahmengebühren. [1]Ist für die Gebühren ein Rahmen vorgesehen, so bestimmt der Steuerberater die Gebühr im Einzelfall unter Berücksichtigung aller Umstände, vor allem des Umfangs und der Schwierigkeit der beruflichen Tätigkeit, der Bedeutung der Angelegenheit sowie der Einkommens- und Vermögensverhältnisse des Auftraggebers, nach billigem Ermessen. [2]Ein besonderes Haftungsrisiko des Steuerberaters kann bei der Bemessung herangezogen werden. [3]Bei Rahmengebühren, die sich nicht nach dem Gegenstandswert richten, ist das Haftungsrisiko zu berücksichtigen. [4]Ist die Gebühr von einem Dritten zu ersetzen, ist die von dem Steuerberater getroffene Bestimmung nicht verbindlich, wenn sie unbillig ist.

§ 12[2)] Abgeltungsbereich der Gebühren. (1) Die Gebühren entgelten, soweit diese Verordnung nichts anderes bestimmt, die gesamte Tätigkeit des Steuerberaters vom Auftrag bis zur Erledigung der Angelegenheit.

(2) Der Steuerberater kann die Gebühren in derselben Angelegenheit nur einmal fordern.

(3) Sind für Teile des Gegenstandes verschiedene Gebührensätze anzuwenden, so erhält der Steuerberater für die Teile gesondert berechnete Gebühren,

---

[1)] § 11 neu gef. mWv 1. 1. 2007 durch G v. 13. 12. 2006 (BGBl. I S. 2878).

[2)] § 12 Abs. 5 Satz 2 angef. mWv 28. 8. 1998 durch VO v. 20. 8. 1998 (BGBl. I S. 2369).

jedoch nicht mehr als die aus dem Gesamtbetrag der Wertteile nach dem höchsten Gebührensatz berechnete Gebühr.

(4) Auf bereits entstandene Gebühren ist es, soweit diese Verordnung nichts anderes bestimmt, ohne Einfluß, wenn sich die Angelegenheit vorzeitig erledigt oder der Auftrag endigt, bevor die Angelegenheit erledigt ist.

(5) [1] Wird der Steuerberater, nachdem er in einer Angelegenheit tätig geworden war, beauftragt, in derselben Angelegenheit weiter tätig zu werden, so erhält er nicht mehr an Gebühren, als er erhalten würde, wenn er von vornherein hiermit beauftragt worden wäre. [2] Ist der frühere Auftrag seit mehr als zwei Kalenderjahren erledigt, gilt die weitere Tätigkeit als neue Angelegenheit.

(6) Ist der Steuerberater nur mit einzelnen Handlungen beauftragt, so erhält er nicht mehr an Gebühren, als der mit der gesamten Angelegenheit beauftragte Steuerberater für die gleiche Tätigkeit erhalten würde.

§ 13 Zeitgebühr. [1] Die Zeitgebühr ist zu berechnen

1. in den Fällen, in denen diese Verordnung dies vorsieht,
2. wenn keine genügenden Anhaltspunkte für eine Schätzung des Gegenstandswerts vorliegen; dies gilt nicht für Tätigkeiten nach § 23 sowie für die Vertretung im außergerichtlichen Rechtsbehelfsverfahren (§ 40)[1)], im Verwaltungsvollstreckungsverfahren (§ 44) und in gerichtlichen und anderen Verfahren (§§ 45, 46).

[2] Sie beträgt 30 bis 70 Euro[2)] je angefangene halbe Stunde.

§ 14 Pauschalvergütung. (1) [1] Für einzelne oder mehrere für denselben Auftraggeber laufend auszuführende Tätigkeiten kann der Steuerberater eine Pauschalvergütung vereinbaren. [2] Die Vereinbarung ist schriftlich und für einen Zeitraum von mindestens einem Jahr zu treffen. [3] In der Vereinbarung sind die vom Steuerberater zu übernehmenden Tätigkeiten und die Zeiträume, für die sie geleistet werden, im einzelnen aufzuführen.

(2) Die Vereinbarung einer Pauschalvergütung ist ausgeschlossen für

1. die Anfertigung nicht mindestens jährlich wiederkehrender Steuererklärungen;
2. die Ausarbeitung von schriftlichen Gutachten (§ 22);
3. die in § 23 genannten Tätigkeiten;
4. die Teilnahme an Prüfungen (§ 29);
5. die Beratung und Vertretung im außergerichtlichen Rechtsbehelfsverfahren (§ 40)[3)], im Verwaltungsvollstreckungsverfahren (§ 44) und in gerichtlichen und anderen Verfahren (§ 45).

(3) Der Gebührenanteil der Pauschalvergütung muß in einem angemessenen Verhältnis zur Leistung des Steuerberaters stehen.

[1)] Zitat geänd. durch G v. 13. 12. 2006 (BGBl. I S. 2878).

[2)] Beträge geänd. mWv 1. 1. 2002 durch G v. 27. 4. 2001 (BGBl. I S. 751); geänd. **mWv 20. 12. 2012 durch VO v. 11. 12. 2012 (BGBl. I S. 2637)**.

[3)] Zitat geänd. durch G v. 13. 12. 2006 (BGBl. I S. 2878).

Dritter Abschnitt. Umsatzsteuer, Ersatz von Auslagen

§ 15 Umsatzsteuer. [1]Der Vergütung ist die Umsatzsteuer hinzuzurechnen, die nach § 12 des Umsatzsteuergesetzes auf die Tätigkeit entfällt. [2]Dies gilt nicht, wenn die Umsatzsteuer nach § 19 Abs. 1 des Umsatzsteuergesetzes unerhoben bleibt.

§ 16[1] Entgelte für Post- und Telekommunikationsdienstleistungen. [1]Der Steuerberater hat Anspruch auf Ersatz der bei der Ausführung des Auftrags für Post- und Telekommunikationsdienstleistungen zu zahlenden Entgelte. [2]Er kann nach seiner Wahl an Stelle der tatsächlich entstandenen Kosten einen Pauschsatz fordern, der 20 Prozent der sich nach dieser Verordnung ergebenden Gebühren beträgt, in derselben Angelegenheit jedoch höchstens 20 Euro.

§ 17[2] Dokumentenpauschale. (1) [1]Der Steuerberater erhält eine Dokumentenpauschale

1. für Ablichtungen
   a) aus Behörden- und Gerichtsakten, soweit deren Herstellung zur sachgerechten Bearbeitung der Angelegenheit geboten war,
   b) zur Mitteilung an Gegner oder Beteiligte und Verfahrensbevollmächtigte auf Grund einer Rechtsvorschrift oder nach Aufforderung durch das Gericht, die Behörde oder die sonst das Verfahren führende Stelle, soweit hierfür mehr als 100 Ablichtungen zu fertigen waren,
   c) zur notwendigen Unterrichtung des Auftraggebers, soweit hierfür mehr als 100 Ablichtungen zu fertigen waren,
   d) in sonstigen Fällen nur, wenn sie im Einverständnis mit dem Auftraggeber zusätzlich, auch zur Unterrichtung Dritter, angefertigt worden sind und
2. für die Überlassung elektronischer Dokumente an Stelle der in Nummer 1 Buchstabe d genannten Ablichtungen.

[2]Eine Übermittlung durch den Steuerberater per Telefax steht der Herstellung einer Ablichtung gleich.

(2) [1]Die Höhe der Dokumentenpauschale bemisst sich nach den für die Dokumentenpauschale im Vergütungsverzeichnis zum Rechtsanwaltsvergütungsgesetz bestimmten Beträgen. [2]Die Höhe der Dokumentenpauschale nach Absatz 1 Nr. 1 ist in derselben Angelegenheit und in gerichtlichen Verfahren in demselben Rechtszug einheitlich zu berechnen.

---

[1] § 16 Überschrift neu gef., Satz 1 geänd. mWv 28. 8. 1998 durch VO v. 20. 8. 1998 (BGBl. I S. 2369), Satz 2 neu gef. mWv 1. 1. 2007 durch G v. 13. 12. 2006 (BGBl. I S. 2878).

[2] § 17 neu gef. mWv 1. 1. 2007 durch G v. 13. 12. 2006 (BGBl. I S. 2878).

§ 18[1] **Geschäftsreisen.** (1) [1] Für Geschäftsreisen sind dem Steuerberater als Reisekosten die Fahrtkosten und die Übernachtungskosten zu erstatten; ferner erhält er ein Tage- und Abwesenheitsgeld. [2] Eine Geschäftsreise liegt vor, wenn das Reiseziel außerhalb der Gemeinde liegt, in der sich die Kanzlei oder die Wohnung des Steuerberaters befindet.

(2) Als Fahrtkosten sind zu erstatten:

1. bei Benutzung eines eigenen Kraftfahrzeugs zur Abgeltung der Anschaffungs-, Unterhaltungs- und Betriebskosten sowie der Abnutzung des Kraftfahrzeugs 0,30 Euro[2] für jeden gefahrenen Kilometer zuzüglich der durch die Benutzung des Kraftfahrzeugs aus Anlaß der Geschäftsreise regelmäßig anfallenden baren Auslagen, insbesondere der Parkgebühren,
2. bei Benutzung anderer Verkehrsmittel die tatsächlichen Aufwendungen, soweit sie angemessen sind.

(3) [1] Als Tage- und Abwesenheitsgeld erhält der Steuerberater bei einer Geschäftsreise von nicht mehr als 4 Stunden 20 Euro[2], von mehr als 4 bis 8 Stunden 35 Euro[2] und von mehr als 8 Stunden 60 Euro[2]; bei Auslandsreisen kann zu diesen Beträgen ein Zuschlag von 50 Prozent berechnet werden. [2] Die Übernachtungskosten sind in Höhe der tatsächlichen Aufwendungen zu erstatten, soweit sie angemessen sind.

§ 19 Reisen zur Ausführung mehrerer Geschäfte. Dient eine Reise der Ausführung mehrerer Geschäfte, so sind die entstandenen Reisekosten und Abwesenheitsgelder nach dem Verhältnis der Kosten zu verteilen, die bei gesonderter Ausführung der einzelnen Geschäfte entstanden wären.

§ 20 Verlegung der beruflichen Niederlassung. Ein Steuerberater, der seine berufliche Niederlassung nach einem anderen Ort verlegt, kann bei Fortführung eines ihm vorher erteilten Auftrags Reisekosten und Abwesenheitsgelder nur insoweit verlangen, als sie auch von seiner bisherigen beruflichen Niederlassung aus entstanden wären.

Vierter Abschnitt. Gebühren für die Beratung und für die Hilfeleistung bei der Erfüllung allgemeiner Steuerpflichten

§ 21[3] **Rat, Auskunft, Erstberatung.** (1) [1] Für einen mündlichen oder schriftlichen Rat oder eine Auskunft, die nicht mit einer anderen gebührenpflichtigen Tätigkeit zusammenhängt, erhält der Steuerberater eine Gebühr in

---

[1] § 18 Abs. 1 neu gef., Abs. 2 eingef., Abs. 3 Satz 1 geänd. und Satz 2 neu gef. mWv 28. 8. 1998 durch VO v. 20. 8. 1998 (BGBl. I S. 2369).

[2] Beträge geänd. mWv 1. 1. 2007 durch G v. 13. 12. 2006 (BGBl. I S. 2878).

[3] § 21 Überschrift geänd., Abs. 1 Satz 2 eingef., Satz 3 Betrag geänd., Abs. 2 Satz 2 geänd. mWv 28. 8. 1998 durch VO v. 20. 8. 1998 (BGBl. I S. 2369), Abs. 1 Satz 2 neu gef. mWv 1. 1. 2007 durch G v. 13. 12. 2006 (BGBl. I S. 2878); Abs. 1 Satz 2 Betrag geänd., Satz 3 aufgeh., bish. Satz 4 wird Satz 3 **mWv 20. 12. 2012 durch VO v. 11. 12. 2012 (BGBl. I S. 2637)**.

Höhe von 1 Zehntel bis 10 Zehntel der vollen Gebühr nach Tabelle A (Anlage 1). [2]Beschränkt sich die Tätigkeit nach Satz 1 auf ein erstes Beratungsgespräch und ist der Auftraggeber Verbraucher, so kann der Steuerberater, der erstmals von diesem Ratsuchenden in Anspruch genommen wird, keine höhere Gebühr als 190 Euro fordern. [3]Die Gebühr ist auf eine Gebühr anzurechnen, die der Steuerberater für eine sonstige Tätigkeit erhält, die mit der Raterteilung oder Auskunft zusammenhängt.

(2) [1]Wird ein Steuerberater, der mit der Angelegenheit noch nicht befaßt gewesen ist, beauftragt zu prüfen, ob eine Berufung oder Revision Aussicht auf Erfolg hat, so erhält er 13 Zwanzigstel einer Gebühr nach Tabelle E (Anlage 5), wenn er von der Einlegung der Berufung oder Revision abrät und eine Berufung oder Revision durch ihn nicht eingelegt wird. [2]Dies gilt nicht für die in Absatz 1 Satz 3 genannten Angelegenheiten.

§ 22 Gutachten. Für die Ausarbeitung eines schriftlichen Gutachtens mit eingehender Begründung erhält der Steuerberater eine Gebühr von 10 Zehnteln bis 30 Zehntel der vollen Gebühr nach Tabelle A (Anlage 1).

§ 23[1)] Sonstige Einzeltätigkeiten. [1]Die Gebühr beträgt für

1. die Berichtigung einer Erklärung	$^2/_{10}$ bis $^{10}/_{10}$
2. einen Antrag auf Stundung	$^2/_{10}$ bis $^8/_{10}$
3. einen Antrag auf Anpassung der Vorauszahlungen	$^2/_{10}$ bis $^8/_{10}$
4. einen Antrag auf abweichende Steuerfestsetzung aus Billigkeitsgründen	$^2/_{10}$ bis $^8/_{10}$
5. einen Antrag auf Erlaß von Ansprüchen aus dem Steuerschuldverhältnis oder aus zollrechtlichen Bestimmungen	$^2/_{10}$ bis $^8/_{10}$
6. einen Antrag auf Erstattung (§ 37 Abs. 2 der Abgabenordnung)	$^2/_{10}$ bis $^8/_{10}$
7.[2)] einen Antrag auf Aufhebung oder Änderung eines Steuerbescheides oder einer Steueranmeldung	$^2/_{10}$ bis $^{10}/_{10}$
8. einen Antrag auf volle oder teilweise Rücknahme oder auf vollen oder teilweisen Widerruf eines Verwaltungsaktes	$^4/_{10}$ bis $^{10}/_{10}$
9. einen Antrag auf Wiedereinsetzung in den vorigen Stand außerhalb eines Rechtsbehelfsverfahrens	$^4/_{10}$ bis $^{10}/_{10}$
10. sonstige Anträge, soweit sie nicht in Steuererklärungen gestellt werden	$^2/_{10}$ bis $^{10}/_{10}$

einer vollen Gebühr nach Tabelle A (Anlage 1). [2]Soweit Tätigkeiten nach den Nummern 1 bis 10 denselben Gegenstand betreffen, ist nur eine Tätigkeit maßgebend, und zwar die mit dem höchsten oberen Gebührenrahmen.

[1)] § 23 Nrn. 1 und 5 geänd. mWv 1. 1. 2007 durch G v. 13. 12. 2006 (BGBl. I S. 2878).
[2)] § 23 Satz 1 Nr. 7 geänd. **mWv 20. 12. 2012 durch VO v. 11. 12. 2012 (BGBl. I S. 2637)**.

§ 24 Steuererklärungen. (1) Der Steuerberater erhält für die Anfertigung

1. der Einkommensteuererklärung ohne Ermittlung der einzelnen Einkünfte — 1/10 bis 6/10
einer vollen Gebühr nach Tabelle A (Anlage 1); Gegenstandswert ist die Summe der positiven Einkünfte, jedoch mindestens 8000 Euro[1];

2. der Erklärung zur gesonderten Feststellung der Einkünfte ohne Ermittlung der Einkünfte — 1/10 bis 5/10
einer vollen Gebühr nach Tabelle A (Anlage 1); Gegenstandswert ist die Summe der positiven Einkünfte, jedoch mindestens 8000 Euro[1];

3.[2] der Körperschaftsteuererklärung — 2/10 bis 8/10
einer vollen Gebühr nach Tabelle A (Anlage 1); Gegenstandswert ist das Einkommen vor Berücksichtigung eines Verlustabzugs, jedoch mindestens 16 000 Euro; bei der Anfertigung einer Körperschaftsteuererklärung für eine Organgesellschaft ist das Einkommen der Organgesellschaft vor Zurechnung maßgebend; das entsprechende Einkommen ist bei der Gegenstandsberechnung des Organträgers zu kürzen;

4.[3] *(aufgehoben)*

5.[4] der Erklärung zur Gewerbesteuer — 1/10 bis 6/10
einer vollen Gebühr nach Tabelle A (Anlage 1); Gegenstandswert ist der Gewerbeertrag vor Berücksichtigung des Freibetrags und eines Gewerbeverlustes, jedoch mindestens 8000 Euro[1];

6.[5] der Gewerbesteuerzerlegungserklärung — 1/10 bis 6/10
einer vollen Gebühr nach Tabelle A (Anlage 1); Gegenstandswert sind 10 Prozent der als Zerlegungsmaßstab erklärten Arbeitslöhne, jedoch mindestens 4000 Euro[1];

7.[4] der Umsatzsteuer-Voranmeldung sowie hierzu ergänzender Anträge und Meldungen — 1/10 bis 6/10
einer vollen Gebühr nach Tabelle A (Anlage 1); Gegenstandswert sind 10 Prozent der Summe aus dem Gesamtbetrag der Entgelte und der Entgelte, für die der Leistungsempfänger Steuerschuldner ist, jedoch mindestens 650 Euro;

---

[1] Beträge geänd. mWv 1. 1. 2002 durch G v. 27. 4. 2001 (BGBl. I S. 751); geänd. **mWv 20. 12. 2012 durch VO v. 11. 12. 2012 (BGBl. I S. 2637).**

[2] § 24 Abs. 1 Nr. 3 neu gef. mWv 1. 1. 2007 durch G v. 13. 12. 2006 (BGBl. I S. 2878); geänd. **mWv 20. 12. 2012 durch VO v. 11. 12. 2012 (BGBl. I S. 2637).**

[3] § 24 Nr. 4 aufgeh. **mWv 20. 12. 2012 durch VO v. 11. 12. 2012 (BGBl. I S. 2637).**

[4] § 24 Abs. 1 Nrn. 5 und 7 neu gef. mWv 1. 1. 2007 durch G v. 13. 12. 2006 (BGBl. I S. 2878); Nr. 7 neu gef. **mWv 20. 12. 2012 durch VO v. 11. 12. 2012 (BGBl. I S. 2637).**

[5] § 24 Nr. 6 geänd. **mWv 20. 12. 2012 durch VO v. 11. 12. 2012 (BGBl. I S. 2637).**

8.[1] der Umsatzsteuererklärung für das Kalenderjahr einschließlich ergänzender Anträge und Meldungen — 1/10 bis 8/10
einer vollen Gebühr nach Tabelle A (Anlage 1); Gegenstandswert sind 10 Prozent der Summe aus dem Gesamtbetrag der Entgelte und der Entgelte, für die der Leistungsempfänger Steuerschuldner ist, jedoch mindestens 8000 Euro[2];

9.[3] *(aufgehoben)*

10. der Vermögensteuererklärung oder der Erklärung zur gesonderten Feststellung des Vermögens von Gemeinschaften — 1/20 bis 18/20
einer vollen Gebühr nach Tabelle A (Anlage 1); Gegenstandswert ist das Rohvermögen, jedoch bei natürlichen Personen mindestens 12 500 Euro[2] und bei Körperschaften, Personenvereinigungen und Vermögensmassen mindestens 25 000 Euro[2];

11.[4] der Erklärung zur Feststellung nach dem Bewertungsgesetz oder dem Erbschaftsteuer- und Schenkungsteuergesetz — 1/20 bis 18/20
einer vollen Gebühr nach Tabelle A (Anlage 1); Gegenstandswert ist der erklärte Wert, jedoch mindestens 25 000 Euro;

12. der Erbschaftsteuererklärung ohne Ermittlung der Zugewinnausgleichsforderung nach § 5 des Erbschaftsteuergesetzes — 2/10 bis 10/10
einer vollen Gebühr nach Tabelle A (Anlage 1); Gegenstandswert ist der Wert des Erwerbs von Todes wegen vor Abzug der Schulden und Lasten, jedoch mindestens 16 000 Euro[2];

13. der Schenkungsteuererklärung — 2/10 bis 10/10
einer vollen Gebühr nach Tabelle A (Anlage 1); Gegenstandswert ist der Rohwert der Schenkung, jedoch mindestens 16 000 Euro[2];

14.[5] der Kapitalertragsteueranmeldung sowie für jede weitere Erklärung in Zusammenhang mit Kapitalerträgen — 1/20 bis 6/20
einer vollen Gebühr nach Tabelle A (Anlage 1); Gegenstandswert ist die Summe der kapitalertrag-

---

[1] § 24 Abs. 1 Nr. 8 neu gef. mWv 1. 1. 2007 durch G v. 13. 12. 2006 (BGBl. I S. 2878).

[2] Beträge geänd. mWv 1. 1. 2002 durch G v. 27. 4. 2001 (BGBl. I S. 751); Nr. 12 und 13 geänd. **mWv 20. 12. 2012 durch VO v. 11. 12. 2012 (BGBl. I S. 2637)**.

[3] § 24 Abs. 1 Nr. 9 geänd. mWv 28. 8. 1998 durch VO v. 20. 8. 1998 (BGBl. I S. 2369) und aufgeh. **mWv 20. 12. 2012 durch VO v. 11. 12. 2012 (BGBl. I S. 2637)**.

[4] § 24 Abs. 1 Nr. 11 neu gef. **mWv 20. 12. 2012 durch VO v. 11. 12. 2012 (BGBl. I S. 2637)**.

[5] § 24 Abs. 1 Nr. 14 neu gef. **mWv 20. 12. 2012 durch VO v. 11. 12. 2012 (BGBl. I S. 2637)**.

steuerpflichtigen Kapitalerträge, jedoch mindestens 4000 Euro;

15.[1)] der Lohnsteuer-Anmeldung $^{1}/_{20}$ bis $^{6}/_{20}$ einer vollen Gebühr nach Tabelle A (Anlage 1); Gegenstandswert sind 20 Prozent der Arbeitslöhne einschließlich sonstiger Bezüge, jedoch mindestens 1000 Euro[2)];

16.[1)] von Steuererklärungen auf dem Gebiet der Einfuhr- und Ausfuhrabgaben und der Verbrauchsteuern, die als Einfuhrabgaben erhoben werden, $^{1}/_{10}$ bis $^{3}/_{10}$ einer vollen Gebühr nach Tabelle A (Anlage 1); Gegenstandswert ist der Betrag, der sich bei Anwendung der höchsten in Betracht kommenden Abgabensätze auf die den Gegenstand der Erklärung bildenden Waren ergibt, jedoch mindestens 1000 Euro[2)];

17.[3)] von Anmeldungen oder Erklärungen auf dem Gebiete der Verbrauchsteuern, die nicht als Einfuhrabgaben geschuldet werden, $^{1}/_{10}$ bis $^{3}/_{10}$ einer vollen Gebühr nach Tabelle A (Anlage 1); Gegenstandswert ist für eine Steueranmeldung der angemeldete Betrag und für eine Steuererklärung der festgesetzte Betrag, jedoch mindestens 1000 Euro[2)];

18. von Anträgen auf Gewährung einer Verbrauchsteuervergütung oder einer einzelgesetzlich geregelten Verbrauchsteuererstattung, sofern letztere nicht in der monatlichen Steuererklärung oder Steueranmeldung geltend zu machen ist, $^{1}/_{10}$ bis $^{3}/_{10}$ einer vollen Gebühr nach Tabelle A (Anlage 1); Gegenstandswert ist die beantragte Vergütung oder Erstattung, jedoch mindestens 1000 Euro[2)];

19. von Anträgen auf Gewährung einer Investitionszulage $^{1}/_{10}$ bis $^{6}/_{10}$ einer vollen Gebühr nach Tabelle A (Anlage 1); Gegenstandswert ist die Bemessungsgrundlage;

20.[4)] von Anträgen auf Steuervergütung nach § 4a des Umsatzsteuergesetzes $^{1}/_{10}$ bis $^{6}/_{10}$ einer vollen Gebühr nach Tabelle A (Anlage 1); Gegenstandswert ist die beantragte Vergütung;

[1)] § 24 Abs. 1 Nrn. 15 und 16 geänd. mWv 1. 1. 2007 durch G v. 13. 12. 2006 (BGBl. I S. 2878).

[2)] Beträge geänd. mWv 1. 1. 2002 durch G v. 27. 4. 2001 (BGBl. I S. 751).

[3)] § 24 Abs. 1 Nr. 17 geänd. **mWv 20. 12. 2012 durch VO v. 11. 12. 2012 (BGBl. I S. 2637).**

[4)] § 24 Abs. 1 Nr. 20 neu gef. mWv 1. 1. 2007 durch G v. 13. 12. 2006 (BGBl. I S. 2878).

21.[1] von Anträgen auf Vergütung der abziehbaren Vorsteuerbeträge — $^{1}/_{10}$ bis $^{6}/_{10}$
einer vollen Gebühr nach Tabelle A (Anlage 1); Gegenstandswert ist die beantragte Vergütung, jedoch mindestens 1300 Euro[2];

22. von Anträgen auf Erstattung von Kapitalertragsteuer und Vergütung der anrechenbaren Körperschaftsteuer — $^{1}/_{10}$ bis $^{6}/_{10}$
einer vollen Gebühr nach Tabelle A (Anlage 1); Gegenstandswert ist die beantragte Erstattung, jedoch mindestens 1000 Euro[2];

23.[3] von Anträgen nach Abschnitt X des Einkommensteuergesetzes — $^{2}/_{10}$ bis $^{10}/_{10}$
einer vollen Gebühr nach Tabelle A (Anlage 1); Gegenstandswert ist das beantragte Jahreskindergeld;

24.[4] *(aufgehoben)*

25.[5] der Anmeldung über den Steuerabzug von Bauleistungen — $^{1}/_{10}$ bis $^{6}/_{10}$
einer vollen Gebühr nach Tabelle A (Anlage 1); Gegenstandswert ist der angemeldete Steuerabzugsbetrag (§§ 48 ff. des Einkommensteuergesetzes), jedoch mindestens 1000 Euro;

26.[6] für die Erstellung sonstiger Steuererklärungen — $^{1}/_{10}$ bis $^{6}/_{10}$
einer vollen Gebühr nach Tabelle A (Anlage 1); Gegenstandswert ist die jeweilige Bemessungsgrundlage, jedoch mindestens 8000 Euro.

(2) Für die Ermittlung der Zugewinnausgleichsforderung nach § 5 des Erbschaftsteuergesetzes erhält der Steuerberater 5 Zehntel bis 15 Zehntel einer vollen Gebühr nach Tabelle A (Anlage 1); Gegenstandswert ist der ermittelte Betrag, jedoch mindestens 12 500 Euro.[7]

(3)[8] Für einen Antrag auf Lohnsteuer-Ermäßigung (Antrag auf Eintragung von Freibeträgen) erhält der Steuerberater $^{1}/_{20}$ bis $^{4}/_{20}$ einer vollen Gebühr nach Tabelle A (Anlage 1); Gegenstandswert ist der voraussichtliche Jahresarbeitslohn; er beträgt mindestens 4500 Euro[6].

(4)[8] Der Steuerberater erhält die Zeitgebühr

---

[1] § 24 Abs. 1 Nr. 21 geänd. **mWv 20. 12. 2012 durch VO v. 11. 12. 2012 (BGBl. I S. 2637)**.

[2] Beträge geänd. mWv 1. 1. 2002 durch G v. 27. 4. 2001 (BGBl. I S. 751).

[3] § 24 Abs. 1 Nr. 23 angef. mWv 28. 8. 1998 durch VO v. 20. 8. 1998 (BGBl. I S. 2369).

[4] § 24 Abs. 1 Nr. 24 aufgeh. **mWv 20. 12. 2012 durch VO v. 11. 12. 2012 (BGBl. I S. 2637)**.

[5] § 24 Abs. 1 Nr. 25 angef. mWv 1. 1. 2007 durch G v. 13. 12. 2006 (BGBl. I S. 2878).

[6] Nr. 26 angef. **mWv 20. 12. 2012 durch VO v. 11. 12. 2012 (BGBl. I S. 2637)**.

[7] Beträge geänd. mWv 1. 1. 2002 durch G v. 27. 4. 2001 (BGBl. I S. 751).

[8] § 24 Abs. 3 neu gef., Abs. 4 Nr. 1 geänd., Nrn. 3, 4 und 5 angef. mWv 28. 8. 1998 durch VO v. 20. 8. 1998 (BGBl. I S. 2369); Abs. 3 geänd., Abs. 4 Nrn. 1 und 4 geänd., Nrn. 6 bis 12 angef. mWv 1. 1. 2007 durch G v. 13. 12. 2006 (BGBl. I S. 2878); Abs. 4 Nrn. 1 und 4 aufgeh., Nr. 5 neu gef., Nrn. 6 bis 10 aufgeh. **mWv 20. 12. 2012 durch VO v. 11. 12. 2012 (BGBl. I S. 2637)**.

1. *(aufgehoben)*
2. für Arbeiten zur Feststellung des verrechenbaren Verlustes gemäß § 15 a des Einkommensteuergesetzes;
3. für die Anfertigung einer Meldung über die Beteiligung an ausländischen Körperschaften, Vermögensmassen und Personenvereinigungen und an ausländischen Personengesellschaften;
4. *(aufgehoben)*
5. für sonstige Anträge und Meldungen nach dem Einkommensteuergesetz;

6.–10. *(aufgehoben)*

11.[1] *für die Anfertigung eines Antrags auf Stundung nach § 95 Abs. 2 des Einkommensteuergesetzes;*

12.[1] *für die Anfertigung eines Antrags auf Gewährung der Zulage nach Neubegründung der unbeschränkten Steuerpflicht nach § 95 Abs. 3 des Einkommensteuergesetzes;*

[angef. durch VO v. 11. 12. 2012:]

11.[2] für die Überwachung und Meldung der Lohnsumme sowie der Behaltensfrist im Sinne von § 13 a Absatz 1 in Verbindung mit Absatz 6 Satz 1, Absatz 5 in Verbindung mit Absatz 6 Satz 2 des Erbschaftsteuer- und Schenkungsteuergesetzes;

12.[2] für die Berechnung des Begünstigungsgewinnes im Sinne von § 34 a Absatz 1 Satz 1 des Einkommensteuergesetzes (Begünstigung der nicht entnommenen Gewinne).

§ 25[3] **Ermittlung des Überschusses der Betriebseinnahmen über die Betriebsausgaben.** (1) [1]Die Gebühr für die Ermittlung des Überschusses der Betriebseinnahmen über die Betriebsausgaben bei den Einkünften aus Land- und Forstwirtschaft, Gewerbebetrieb oder selbständiger Arbeit beträgt 5 Zehntel bis 20 Zehntel einer vollen Gebühr nach Tabelle B (Anlage 2). [2]Gegenstandswert ist der jeweils höhere Betrag, der sich aus der Summe der Betriebseinnahmen oder der Summe der Betriebsausgaben ergibt, jedoch mindestens 12 500 Euro[4].

(2) Für Vorarbeiten, die über das übliche Maß erheblich hinausgehen, erhält der Steuerberater die Zeitgebühr.

(3) Sind bei mehreren Einkünften aus derselben Einkunftsart die Überschüsse getrennt zu ermitteln, so erhält der Steuerberater die Gebühr nach Absatz 1 für jede Überschußrechnung.

(4) [1]Für die Aufstellung eines schriftlichen Erläuterungsberichts zur Ermittlung des Überschusses der Betriebseinnahmen über die Betriebsausgaben erhält der Steuerberater $^{2}/_{10}$ bis $^{12}/_{10}$ einer vollen Gebühr nach Tabelle B (Anlage 2). [2]Der Gegenstandswert bemisst sich nach Absatz 1 Satz 2.

---

[1] Alte Nrn. 11 und 12 gegenstandslos, aber nicht aufgehoben.

[2] § 24 Abs. 1 Nrn. 11 und 12 angef. mWv 20. 12. 2012 durch VO v. 11. 12. 2012 (BGBl. I S. 2637).

[3] § 25 Abs. 4 angef. mWv 1. 1. 2007 durch G v. 13. 12. 2006 (BGBl. I S. 2878).

[4] Beträge geänd. mWv 1. 1. 2002 durch G v. 27. 4. 2001 (BGBl. I S. 751).

§ 26[1)] Ermittlung des Gewinns aus Land- und Forstwirtschaft nach Durchschnittsätzen. (1) [1]Die Gebühr für die Ermittlung des Gewinns nach Durchschnittsätzen beträgt 5 Zehntel bis 20 Zehntel einer vollen Gebühr nach Tabelle B (Anlage 2). [2]Gegenstandswert ist der Durchschnittssatzgewinn nach § 13a Abs. 3 Satz 1 des Einkommensteuergesetzes.

(2) Sind für mehrere land- und forstwirtschaftliche Betriebe desselben Auftraggebers die Gewinne nach Durchschnittsätzen getrennt zu ermitteln, so erhält der Steuerberater die Gebühr nach Absatz 1 für jede Gewinnermittlung.

§ 27[2)] Ermittlung des Überschusses der Einnahmen über die Werbungskosten. (1) [1]Die Gebühr für die Ermittlung des Überschusses der Einnahmen über die Werbungskosten bei den Einkünften aus nichtselbständiger Arbeit, Kapitalvermögen, Vermietung und Verpachtung oder sonstigen Einkünften beträgt 1 Zwanzigstel bis 12 Zwanzigstel einer vollen Gebühr nach Tabelle A (Anlage 1). [2]Gegenstandswert ist der jeweils höhere Betrag, der sich aus der Summe der Einnahmen oder der Summe der Werbungskosten ergibt, jedoch mindestens 8000 Euro[3)].

(2) Beziehen sich die Einkünfte aus Vermietung und Verpachtung auf mehrere Grundstücke oder sonstige Wirtschaftsgüter und ist der Überschuß der Einnahmen über die Werbungskosten jeweils getrennt zu ermitteln, so erhält der Steuerberater die Gebühr nach Absatz 1 für jede Überschußrechnung.

(3) Für Vorarbeiten, die über das übliche Maß erheblich hinausgehen, erhält der Steuerberater die Zeitgebühr.

§ 28 Prüfung von Steuerbescheiden. Für die Prüfung eines Steuerbescheids erhält der Steuerberater die Zeitgebühr.

§ 29[4)] Teilnahme an Prüfungen. Der Steuerberater erhält

1. für die Teilnahme an einer Prüfung, insbesondere an einer Außen- oder Zollprüfung (§ 193 der Abgabenordnung, Artikel 78 der Verordnung (EWG) Nr. 2913/92 des Rates vom 12. Oktober 1992 zur Festlegung des Zollkodex der Gemeinschaften (ABl. EG Nr. L 302 S. 1, 1993 Nr. L 79 S. 84, 1996 Nr. L 97 S. 38), die zuletzt durch die Verordnung (EG) Nr. 648/2005 des Europäischen Parlaments und des Rates vom 13. April 2005 (ABl. EU Nr. L 117 S. 13) geändert worden ist, in der jeweils geltenden Fassung) einschließlich der Schlußbesprechung und der Prüfung des Prüfungsberichts, an einer Ermittlung der Besteuerungsgrundlagen (§ 208 der Abgabenordnung) oder an einer Maßnahme der Steueraufsicht (§§ 209 bis 217 der Abgabenordnung) die Zeitgebühr;
2. für schriftliche Einwendungen gegen den Prüfungsbericht 5 Zehntel bis 10 Zehntel einer vollen Gebühr nach Tabelle A (Anlage 1).

---

1) § 26 Abs. 1 Satz 2 neu gef. mWv 1. 1. 2007 durch G v. 13. 12. 2006 (BGBl. I S. 2878).

2) § 27 Abs. 3 angef. **mWv 20. 12. 2012 durch VO v. 11. 12. 2012 (BGBl. I S. 2637)**.

3) Beträge geänd. mWv 1. 1. 2002 durch G v. 27. 4. 2001 (BGBl. I S. 751); geänd. **mWv 20. 12. 2012 durch VO v. 11. 12. 2012 (BGBl. I S. 2637)**.

4) § 29 Nr. 1 geänd. mWv 1. 1. 2007 durch G v. 13. 12. 2006 (BGBl. I S. 2878).

§ 30[1] **Selbstanzeige.** (1) Für die Tätigkeit im Verfahren der Selbstanzeige (§§ 371 und 378 Absatz 3 der Abgabenordnung) einschließlich der Ermittlungen zur Berichtigung, Ergänzung oder Nachholung der Angaben erhält der Steuerberater $^{10}/_{10}$ bis $^{30}/_{10}$ einer vollen Gebühr nach Tabelle A (Anlage 1).

(2) Der Gegenstandswert bestimmt sich nach der Summe der berichtigten, ergänzten und nachgeholten Angaben, er beträgt jedoch mindestens 8000 Euro.

§ 31[2] **Besprechungen.** (1) Für Besprechungen mit Behörden oder mit Dritten in abgaberechtlichen Sachen erhält der Steuerberater $^{5}/_{10}$ bis $^{10}/_{10}$ einer vollen Gebühr nach Tabelle A (Anlage 1).

(2) [1]Die Besprechungsgebühr entsteht, wenn der Steuerberater an einer Besprechung über tatsächliche oder rechtliche Fragen mitwirkt, die von der Behörde angeordnet ist oder im Einverständnis mit dem Auftraggeber mit der Behörde oder mit einem Dritten geführt wird. [2]Der Steuerberater erhält diese Gebühr nicht für die Beantwortung einer mündlichen oder fernmündlichen Nachfrage der Behörde.

Fünfter Abschnitt. Gebühren für die Hilfeleistung bei der Erfüllung steuerlicher Buchführungs- und Aufzeichnungspflichten

§ 32[3] **Einrichtung einer Buchführung.** Für die Hilfeleistung bei der Einrichtung einer Buchführung im Sinne der §§ 33 und 34 erhält der Steuerberater die Zeitgebühr.

§ 33[4] **Buchführung.** (1) Für die Buchführung oder das Führen steuerlicher Aufzeichnungen einschließlich des Kontierens der Belege beträgt die Monatsgebühr $^{2}/_{10}$ bis $^{12}/_{10}$ einer vollen Gebühr nach Tabelle C (Anlage 3).

(2) Für das Kontieren der Belege beträgt die Monatsgebühr $^{1}/_{10}$ bis $^{6}/_{10}$ einer vollen Gebühr nach Tabelle C (Anlage 3).

(3) Für die Buchführung oder das Führen steuerlicher Aufzeichnungen nach vom Auftraggeber kontierten Belegen oder erstellten Kontierungsunterlagen beträgt die Monatsgebühr $^{1}/_{10}$ bis $^{6}/_{10}$ einer vollen Gebühr nach Tabelle C (Anlage 3).

---

[1] § 30 neu gef. **mWv 20. 12. 2012 durch VO v. 11. 12. 2012 (BGBl. I S. 2637).**

[2] § 31 neu gef. mWv 1. 1. 2007 durch G v. 13. 12. 2006 (BGBl. I S. 2878).

[3] § 32 Überschr. geänd. **mWv 20. 12. 2012 durch VO v. 11. 12. 2012 (BGBl. I S. 2637).**

[4] § 33 Abs. 4 und 6 neu gef. mWv 28. 8. 1998 durch VO v. 20. 8. 1998 (BGBl. I S. 2369); Abs. 1, 3, 4, 5 und 7 geänd. **mWv 20. 12. 2012 durch VO v. 11. 12. 2012 (BGBl. I S. 2637).**

(4) Für die Buchführung oder das Führen steuerlicher Aufzeichnungen nach vom Auftraggeber erstellten Eingaben für die Datenverarbeitung und mit beim Auftraggeber eingesetzten Datenverarbeitungsprogrammen des Steuerberaters erhält der Steuerberater neben der Vergütung für die Datenverarbeitung und für den Einsatz der Datenverarbeitungsprogramme eine Monatsgebühr von $^{1}/_{20}$ bis $^{10}/_{20}$ einer vollen Gebühr nach Tabelle C (Anlage 3).

(5) Für die laufende Überwachung der Buchführung oder der steuerlichen Aufzeichnungen des Auftraggebers beträgt die Monatsgebühr $^{1}/_{10}$ bis $^{6}/_{10}$ einer vollen Gebühr nach Tabelle C (Anlage 3).

(6) Gegenstandswert ist der jeweils höchste Betrag, der sich aus dem Jahresumsatz oder aus der Summe des Aufwandes ergibt.

(7) Für die Hilfeleistung bei sonstigen Tätigkeiten im Zusammenhang mit der Buchführung oder das Führen steuerlicher Aufzeichnungen erhält der Steuerberater die Zeitgebühr.

(8) Mit der Gebühr nach den Absätzen 1, 3 und 4 sind die Gebühren für die Umsatzsteuervoranmeldung (§ 24 Abs. 1 Nr. 7) abgegolten.

§ 34[1] Lohnbuchführung. (1) Für die erstmalige Einrichtung von Lohnkonten und die Aufnahme der Stammdaten erhält der Steuerberater eine Gebühr von 5 bis 16 Euro[2] je Arbeitnehmer.

(2) Für die Führung von Lohnkonten und die Anfertigung der Lohnabrechnung erhält der Steuerberater eine Gebühr von 5 bis 25 Euro[2] je Arbeitnehmer und Abrechnungszeitraum.

(3) Für die Führung von Lohnkonten und die Anfertigung der Lohnabrechnung nach vom Auftraggeber erstellten Buchungsunterlagen erhält der Steuerberater eine Gebühr von 2 bis 9 Euro[2] je Arbeitnehmer und Abrechnungszeitraum.

(4) Für die Führung von Lohnkonten und die Anfertigung der Lohnabrechnung nach vom Auftraggeber erstellten Eingaben für die Datenverarbeitung und mit beim Auftraggeber eingesetzten Datenverarbeitungsprogrammen des Steuerberaters erhält der Steuerberater neben der Vergütung für die Datenverarbeitung und für den Einsatz der Datenverarbeitungsprogramme eine Gebühr von 1 bis 4 Euro[2] je Arbeitnehmer und Abrechnungszeitraum.

(5) Für die Hilfeleistung bei sonstigen Tätigkeiten im Zusammenhang mit dem Lohnsteuerabzug und der Lohnbuchführung erhält der Steuerberater die Zeitgebühr.

(6) Mit der Gebühr nach den Absätzen 2 bis 4 sind die Gebühren für die Lohnsteueranmeldung (§ 24 Abs. 1 Nr. 15) abgegolten.

---

[1] § 34 Abs. 1, 2 und 3 Beträge geänd., Abs. 4 neu gef. mWv 28. 8. 1998 durch VO v. 20. 8. 1998 (BGBl. I S. 2369).

[2] Beträge geänd. mWv 1. 1. 2002 durch G v. 27. 4. 2001 (BGBl. I S. 751); geänd. **mWv 20. 12. 2012 durch VO v. 11. 12. 2012 (BGBl. I S. 2637)**.

§ 35[1] **Abschlußarbeiten.** (1) Die Gebühr beträgt für

1. a) die Aufstellung eines Jahresabschlusses (Bilanz und Gewinn- und Verlustrechnung) $^{10}/_{10}$ bis $^{40}/_{10}$
   b) die Erstellung eines Anhangs $^{2}/_{10}$ bis $^{12}/_{10}$
   c) *(aufgehoben)*
2. die Aufstellung eines Zwischenabschlusses oder eines vorläufigen Abschlusses (Bilanz und Gewinn- und Verlustrechnung) $^{10}/_{10}$ bis $^{40}/_{10}$
3. a) die Ableitung des steuerlichen Ergebnisses aus dem Handelsbilanzergebnis $^{2}/_{10}$ bis $^{10}/_{10}$
   b) die Entwicklung einer Steuerbilanz aus der Handelsbilanz $^{5}/_{10}$ bis $^{12}/_{10}$
4. die Aufstellung einer Eröffnungsbilanz $^{5}/_{10}$ bis $^{12}/_{10}$
5. die Aufstellung einer Auseinandersetzungsbilanz $^{5}/_{10}$ bis $^{20}/_{10}$
6. den schriftlichen Erläuterungsbericht zu Tätigkeiten nach den Nummern 1 bis 5 $^{2}/_{10}$ bis $^{12}/_{10}$
7. a) die beratende Mitwirkung bei der Aufstellung eines Jahresabschlusses (Bilanz und Gewinn- und Verlustrechnung) $^{2}/_{10}$ bis $^{10}/_{10}$
   b) die beratende Mitwirkung bei der Erstellung eines Anhangs $^{2}/_{10}$ bis $^{4}/_{10}$
   c) die beratende Mitwirkung bei der Erstellung eines Lageberichts $^{2}/_{10}$ bis $^{4}/_{10}$
8. *(aufgehoben)*

einer vollen Gebühr nach Tabelle B (Anlage 2).

(2) [1] Gegenstandswert ist

1. in den Fällen des Absatzes 1 Nummer 1 bis 3 und 7[2] das Mittel zwischen der berichtigten Bilanzsumme und der betrieblichen Jahresleistung;
2. in den Fällen des Absatzes 1 Nr. 4 und 5 die berichtigte Bilanzsumme;
3. in den Fällen des Absatzes 1 Nr. 6 der Gegenstandswert, der für die dem Erläuterungsbericht zugrunde liegenden Abschlußarbeiten maßgeblich ist.

[2] Die berichtigte Bilanzsumme ergibt sich aus der Summe der Posten der Aktivseite der Bilanz zuzüglich Privatentnahmen und offener Ausschüttungen, abzüglich Privateinlagen, Kapitalerhöhungen durch Einlagen und Wertberichtigungen. [3] Die betriebliche Jahresleistung umfaßt Umsatzerlöse, sonstige betriebliche Erträge, Erträge aus Beteiligungen, Erträge aus anderen Wertpapieren und Ausleihungen des Finanzanlagevermögens, sonstige Zinsen und ähnliche Erträge,

---

[1] § 35 Abs. 1 Nr. 1, Nr. 7 und Abs. 2 neu gef. mWv 1. 7. 1988 durch VO v. 20. 6. 1988 (BGBl. I S. 841), Abs. 1 Nr. 1 Buchst. a geänd. und Abs. 2 neu gef. mWv 28. 8. 1998 durch VO v. 20. 8. 1998 (BGBl. I S. 2369), Abs. 1 Nr. 3 neu gef. mWv 1. 1. 2007 durch G v. 13. 12. 2006 (BGBl. I S. 2878); Abs. 1 Nr. 1 Buchst. c aufgeh., Nr. 2 geänd., Nr. 8 aufgeh. **mWv 20. 12. 2012 durch VO v. 11. 12. 2012 (BGBl. I S. 2637).**

[2] Zitat geänd. durch VO v. 11. 12. 2012 (BGBl. I S. 2637).

Veränderungen des Bestands an fertigen und unfertigen Erzeugnissen, andere aktivierte Eigenleistungen sowie außerordentliche Erträge. [4]Ist der betriebliche Jahresaufwand höher als die betriebliche Jahresleistung, so ist dieser der Berechnung des Gegenstandswerts zugrunde zu legen. [5]Betrieblicher Jahresaufwand ist die Summe der Betriebsausgaben einschließlich der Abschreibungen. [6]Bei der Berechnung des Gegenstandswerts ist eine negative berichtigte Bilanzsumme als positiver Wert anzusetzen. [7]Übersteigen die betriebliche Jahresleistung oder der höhere betriebliche Jahresaufwand das 5fache der berichtigten Bilanzsumme, so bleibt der übersteigende Betrag bei der Ermittlung des Gegenstandswerts außer Ansatz. [8]Der Gegenstandswert besteht nur aus der berichtigten Bilanzsumme, wenn die betriebliche Jahresleistung geringer als 3000 Euro[1)] ist. [9]Der Gegenstandswert besteht nur aus der betrieblichen Jahresleistung, wenn die berichtigte Bilanzsumme geringer als 3000 Euro[1)] ist.

(3) Für die Anfertigung oder Berichtigung von Inventurunterlagen und für sonstige Abschlußvorarbeiten bis zur abgestimmten Saldenbilanz erhält der Steuerberater die Zeitgebühr.

§ 36[2)] Steuerliches Revisionswesen. (1) Der Steuerberater erhält für die Prüfung einer Buchführung, einzelner Konten, einzelner Posten des Jahresabschlusses, eines Inventars, einer Überschussrechnung oder von Bescheinigungen für steuerliche Zwecke und für die Berichterstattung hierüber die Zeitgebühr.

(2) Der Steuerberater erhält

1. für die Prüfung einer Bilanz, einer Gewinn- und Verlustrechnung, eines Anhangs, eines Lageberichts oder einer sonstigen Vermögensrechnung für steuerliche Zwecke — $^2/_{10}$ bis $^{10}/_{10}$
einer vollen Gebühr nach Tabelle B (Anlage 2) sowie die Zeitgebühr; der Gegenstandswert bemisst sich nach § 35 Absatz 2;
2. für die Berichterstattung über eine Tätigkeit nach Nummer 1 die Zeitgebühr.

§ 37 Vermögensstatus, Finanzstatus für steuerliche Zwecke. [1]Die Gebühr beträgt für

1. die Erstellung eines Vermögensstatus oder Finanzstatus — $^5/_{10}$ bis $^{15}/_{10}$
2. die Erstellung eines Vermögensstatus oder Finanzstatus aus übergebenen Endzahlen (ohne Vornahme von Prüfungsarbeiten) — $^2/_{10}$ bis $^6/_{10}$
3. den schriftlichen Erläuterungsbericht zu den Tätigkeiten nach Nummer 1 — $^1/_{10}$ bis $^6/_{10}$

[1)] Beträge geänd. mWv 1. 1. 2002 durch G v. 27. 4. 2001 (BGBl. I S. 751).

[2)] § 36 Abs. 2 Nr. 1 neu gef. mWv 1. 1. 1988 durch VO v. 20. 6. 1988 (BGBl. I S. 841), Nrn. 1 und 2 geänd. mWv 28. 8. 1998 durch VO v. 20. 8. 1998 (BGBl. I S. 2369), Abs. 1 neu gef. mWv 1. 1. 2007 durch G v. 13. 12. 2006 (BGBl. I S. 2878); Abs. 2 Nr. 1 und Nr. 2 geänd. **mWv 20. 12. 2012 durch VO v. 11. 12. 2012 (BGBl. I S. 2637)**.

einer vollen Gebühr nach Tabelle B (Anlage 2). 2 Gegenstandswert ist für die Erstellung eines Vermögensstatus die Summe der Vermögenswerte, für die Erstellung eines Finanzstatus die Summe der Finanzwerte.

§ 38[1] **Erteilung von Bescheinigungen.** (1) 1 Der Steuerberater erhält für die Erteilung einer Bescheinigung über die Beachtung steuerrechtlicher Vorschriften in Vermögensübersichten und Erfolgsrechnungen 1 Zehntel bis 6 Zehntel einer vollen Gebühr nach Tabelle B (Anlage 2). 2 Der Gegenstandswert bemißt sich nach § 35 Abs. 2.

(2) Der Steuerberater erhält für die Mitwirkung an der Erteilung von Steuerbescheinigungen die Zeitgebühr.

§ 39[2] **Buchführungs- und Abschlußarbeiten für land- und forstwirtschaftliche Betriebe.** (1) Für Angelegenheiten, die sich auf land- und forstwirtschaftliche Betriebe beziehen, gelten abweichend von den §§ 32, 33, 35 und 36 die Absätze 2 bis 7.

(2) 1 Die Gebühr beträgt für

1.	laufende Buchführungsarbeiten einschließlich Kontieren der Belege jährlich	3/10 bis 20/10
2.	die Buchführung nach vom Auftraggeber kontierten Belegen oder erstellten Kontierungsunterlagen jährlich	3/20 bis 20/20
3.	die Buchführung nach vom Auftraggeber erstellten Datenträgern oder anderen Eingabemitteln für die Datenverarbeitung neben der Vergütung für die Datenverarbeitung und für den Einsatz der Datenverarbeitungsprogramme jährlich	1/20 bis 16/20
4.	die laufende Überwachung der Buchführung jährlich	1/10 bis 6/10

einer vollen Gebühr nach Tabelle D (Anlage 4). 2 Die volle Gebühr ist die Summe der Gebühren nach Tabelle D Teil a und Tabelle D Teil b.

(3) 1 Die Gebühr beträgt für

1.	die Abschlußvorarbeiten	1/10 bis 5/10
2.	die Aufstellung eines Abschlusses	3/10 bis 10/10
3.	die Entwicklung eines steuerlichen Abschlusses aus dem betriebswirtschaftlichen Abschluß oder aus der Handelsbilanz oder die Ableitung des steuerlichen Ergebnisses vom Ergebnis des betriebswirtschaftlichen Abschlusses oder der Handelsbilanz	3/20 bis 10/20
4.	die beratende Mitwirkung bei der Erstellung eines Abschlusses	1/20 bis 10/20
5.	die Prüfung eines Abschlusses für steuerliche Zwecke	1/10 bis 8/10
6.	den schriftlichen Erläuterungsbericht zum Abschluß	1/10 bis 8/10

---

1) § 38 neu gef. vWv 1. 1. 1988 durch VO v. 20. 6. 1988 (BGBl. I S. 841).

2) § 39 Abs. 2 Nr. 3 geänd. mWv 28. 8. 1998 durch VO v. 20. 8. 1998 (BGBl. I S. 2369).

einer vollen Gebühr nach Tabelle D (Anlage 4). 2 Die volle Gebühr ist die Summe der Gebühren nach Tabelle D Teil a und Tabelle D Teil b.

(4) Die Gebühr beträgt für

1. die Hilfeleistung bei der Einrichtung einer Buchführung $^{1}/_{10}$ bis $^{6}/_{10}$
2. die Erfassung der Anfangswerte bei Buchführungsbeginn $^{3}/_{10}$ bis $^{15}/_{10}$

einer vollen Gebühr nach Tabelle D Teil a (Anlage 4).

(5) 1 Gegenstandswert ist für die Anwendung der Tabelle D Teil a die Betriebsfläche. 2 Gegenstandswert für die Anwendung der Tabelle D Teil b ist der Jahresumsatz zuzüglich der Privateinlagen, mindestens jedoch die Höhe der Aufwendungen zuzüglich der Privatentnahmen. 3 Im Falle des Absatzes 3 vermindert sich der 100 000 Euro[1] übersteigende Betrag auf die Hälfte.

(6) Bei der Errechnung der Betriebsfläche (Absatz 5) ist

1. bei einem Jahresumsatz bis zu 1000 Euro[1] je Hektar das Einfache,
2. bei einem Jahresumsatz über 1000 Euro[1] je Hektar das Vielfache, das sich aus dem durch 1000[1] geteilten Betrag des Jahresumsatzes je Hektar ergibt,
3. bei forstwirtschaftlich genutzten Flächen die Hälfte,
4. bei Flächen mit bewirtschafteten Teichen die Hälfte,
5. bei durch Verpachtung genutzten Flächen ein Viertel

der tatsächlich genutzten Flächen anzusetzen.

(7) Mit der Gebühr nach Absatz 2 Nr. 1, 2 und 3 ist die Gebühr für die Umsatzsteuervoranmeldungen (§ 24 Abs. 1 Nr. 7) abgegolten.

Sechster Abschnitt. Gebühren für die Vertretung im außergerichtlichen Rechtsbehelfsverfahren und im Verwaltungsvollstreckungsverfahren

§ 40[2] Verfahren vor den Verwaltungsbehörden. (1) 1 Für die Vertretung im Rechtsbehelfsverfahren vor Verwaltungsbehörden erhält der Steuerberater eine Geschäftsgebühr von $^{5}/_{10}$ bis $^{25}/_{10}$ einer vollen Gebühr nach Tabelle E (Anlage 5). 2 Eine Gebühr von mehr als $^{13}/_{10}$ einer vollen Gebühr nach Tabelle E (Anlage 5) kann nur gefordert werden, wenn die Tätigkeit umfangreich oder schwierig war. 3 Beschränkt sich der Auftrag auf ein Schreiben einfacher Art, das weder schwierige rechtliche Ausführungen noch größere sachliche Auseinandersetzungen enthält, beträgt die Gebühr $^{3}/_{10}$ einer vollen Gebühr nach Tabelle E (Anlage 5).

(2) Die Geschäftsgebühr ermäßigt sich auf $^{3}/_{10}$ bis $^{20}/_{10}$ einer vollen Gebühr nach Tabelle E (Anlage 5), wenn der Steuerberater in dem Verwaltungsverfahren, das dem Verfahren nach Absatz 1 vorausgeht, Gebühren nach § 28 erhält.

[1] Geänd. mWv 1. 1. 2002 durch G v. 27. 4. 2001 (BGBl. I S. 751).
[2] § 40 neu gef. mWv 1. 1. 2007 durch G v. 13. 12. 2006 (BGBl. I S. 2878).

(3) Die Geschäftsgebühr ermäßigt sich auf $^{1}/_{10}$ bis $^{7,5}/_{10}$ einer vollen Gebühr nach Tabelle E (Anlage 5), wenn der Steuerberater im Zusammenhang mit dem Verfahren nach Absatz 1 Gebühren nach § 24 erhält.

(4) Erhält der Steuerberater im Verwaltungsverfahren, das dem Verfahren nach Absatz 1 vorausgeht, Gebühren nach § 23, so darf die Summe dieser Gebühren und der Gebühr nach Absatz 1 $^{25}/_{10}$ einer vollen Gebühr nach Tabelle E (Anlage 5) nicht übersteigen.

(5) [1] Wird der Steuerberater in derselben Angelegenheit für mehrere Auftraggeber tätig und ist der Gegenstand der beruflichen Tätigkeit derselbe, so erhöht sich die Geschäftsgebühr für jeden weiteren Auftraggeber um $^{3}/_{10}$, in den Fällen des Absatzes 2 um $^{2}/_{10}$ und in den Fällen des Absatzes 3 um $^{1}/_{10}$ einer vollen Gebühr nach Tabelle E (Anlage 5). [2] Die Erhöhung wird nach dem Betrag berechnet, an dem die Auftraggeber gemeinschaftlich beteiligt sind. [3] Mehrere Erhöhungen dürfen den Betrag von $^{20}/_{10}$, in den Fällen des Absatzes 2 den Betrag von $^{16}/_{10}$ und in den Fällen des Absatzes 3 den Betrag von $^{6}/_{10}$ einer vollen Gebühr nach Tabelle E (Anlage 5) nicht übersteigen.

(6) Erhält der Steuerberater in dem Verwaltungsverfahren, das dem Verfahren nach Absatz 1 vorausgeht, eine Gebühr nach § 31, so darf die Summe dieser Gebühr und der Gebühr nach Absatz 1 $^{25}/_{10}$ einer vollen Gebühr nach Tabelle E (Anlage 5) nicht übersteigen.

(7) Das Verwaltungsverfahren auf Aussetzung der Vollziehung oder auf Beseitigung der aufschiebenden oder hemmenden Wirkung ist zusammen mit dem Verfahren nach Absatz 1 eine Angelegenheit.

(8)[1)] Erledigt sich eine Angelegenheit ganz oder teilweise nach Rücknahme, Widerruf, Aufhebung, Änderung oder Berichtigung des mit einem Rechtsbehelf angefochtenen Verwaltungsaktes, so erhält der Steuerberater, der bei der Erledigung mitgewirkt hat, eine Gebühr von $^{10}/_{10}$ einer vollen Gebühr nach Tabelle E (Anlage 5).

§§ 41 bis 43.[2)] *(aufgehoben)*

§ 44[3)] **Verwaltungsvollstreckungsverfahren.** Auf die Vergütung des Steuerberaters im Verwaltungsvollstreckungsverfahren sind die Vorschriften des Rechtsanwaltsvergütungsgesetzes vom 5. Mai 2004 (BGBl. I S. 718, 788), zuletzt geändert durch Artikel 3 des Gesetzes vom 8. Juli 2006 (BGBl. I S. 1426), in der jeweils geltenden Fassung sinngemäß anzuwenden.

Siebenter Abschnitt. Gerichtliche und andere Verfahren

§ 45[4)] **Vergütung in gerichtlichen und anderen Verfahren.** Auf die Vergütung des Steuerberaters im Verfahren vor den Gerichten der Finanzge-

---

1) § 40 Abs. 8 geänd. mWv 12. 4. 2008 durch G v. 8. 4. 2008 (BGBl. I S. 666).
2) §§ 41 bis 43 aufgeh. mWv 1. 1. 2007 durch G v. 13. 12. 2006 (BGBl. I S. 2878).
3) § 44 neu gef. mWv 1. 1. 2007 durch G v. 13. 12. 2006 (BGBl. I S. 2878).
4) § 45 geänd. **mWv 20. 12. 2012 durch VO v. 11. 12. 2012 (BGBl. I S. 2637).**

richtsbarkeit, der Sozialgerichtsbarkeit und der Verwaltungsgerichtsbarkeit, im Strafverfahren, berufsgerichtlichen Verfahren, Bußgeldverfahren und in Gnadensachen sind die Vorschriften des Rechtsanwaltsvergütungsgesetzes[1]·[2] sinngemäß anzuwenden.

§ 46 Vergütung bei Prozeßkostenhilfe. Für die Vergütung des im Wege der Prozeßkostenhilfe beigeordneten Steuerberaters gelten die Vorschriften des Rechtsanwaltsvergütungsgesetzes[1]·[2] sinngemäß.

Achter Abschnitt. Übergangs- und Schlußvorschriften

§ 47 Anwendung. (1) Diese Verordnung ist erstmals anzuwenden auf

1. Angelegenheiten, mit deren Bearbeitung nach dem Inkrafttreten dieser Verordnung begonnen wird,
2. die Vertretung in Verfahren vor Verwaltungsbehörden, wenn das Verfahren nach Inkrafttreten dieser Verordnung beginnt.

(2) Hat der Steuerberater vor der Verkündung der Verordnung mit dem Auftraggeber schriftliche Vereinbarungen getroffen, die den Vorschriften dieser Verordnung nicht entsprechen, so ist insoweit diese Verordnung spätestens zwei Jahre nach ihrem Inkrafttreten anzuwenden.

§ 47 a[3] Übergangsvorschrift für Änderungen dieser Verordnung. [1]Die Vergütung ist nach bisherigem Recht zu berechnen, wenn der Auftrag zur Erledigung der Angelegenheit vor dem Inkrafttreten einer Änderung der Verordnung erteilt worden ist. [2]Hat der Steuerberater mit dem Auftraggeber schriftliche Vereinbarungen über auszuführende Tätigkeiten mit einer Geltungsdauer von mindestens einem Jahr getroffen oder eine Pauschalvergütung im Sinne des § 14 vereinbart und tritt während der Geltungsdauer dieser Vereinbarung eine Änderung der Verordnung in Kraft, so ist die Vergütung bis zum Ablauf des Jahres, in dem eine Änderung der Verordnung in Kraft tritt, nach bisherigem Recht zu berechnen. [3]Die Sätze 1 und 2 gelten auch, wenn Vorschriften geändert werden, auf die diese Verordnung verweist.

§ 48[4] Berlin-Klausel. *(aufgehoben)*

§ 49[5] Inkrafttreten. Diese Verordnung tritt am 1. April 1982 in Kraft.

---

[1] Verweis geänd. mWv 1. 7. 2004 durch G v. 5. 5. 2004 (BGBl. I S. 718).
[2] **Schönfelder Nr. 117.**
[3] § 47 a eingef. durch VO v. 20. 6. 1988 (BGBl. I S. 841).
[4] § 48 aufgeh. durch VO v. 21. 6. 1991 (BGBl. I S. 1370).
[5] § 49 betrifft das Inkrafttreten in der ursprünglichen Fassung. Das Inkrafttreten der späteren Änderungen ergibt sich aus den jeweiligen Änderungsverordnungen.

Anlage 1

Tabelle A
(Beratungstabelle)

Gegenstandswert bis … Euro	Volle Gebühr ($^{10}/_{10}$) Euro
300	26
600	47
900	68
1 200	89
1 500	110
2 000	140
2 500	169
3 000	198
3 500	228
4 000	257
4 500	287
5 000	316
6 000	355
7 000	394
8 000	433
9 000	471
10 000	510
13 000	552
16 000	594
19 000	636
22 000	678
25 000	720
30 000	796
35 000	872
40 000	947
45 000	1 023
50 000	1 098
65 000	1 179
80 000	1 260
95 000	1 341
110 000	1 422
125 000	1 503
140 000	1 583
155 000	1 664
170 000	1 745
185 000	1 826
200 000	1 907

Gegenstandswert bis ... Euro	Volle Gebühr ($^{10}/_{10}$) Euro
230 000	2 031
260 000	2 155
290 000	2 279
320 000	2 408
350 000	2 464
380 000	2 519
410 000	2 573
440 000	2 624
470 000	2 674
500 000	2 724
550 000	2 796
600 000	2 867
vom Mehrbetrag bis 5 000 000 Euro je angefangene 50 000 Euro	126
vom Mehrbetrag über 5 000 000 Euro bis 25 000 000 Euro je angefangene 50 000 Euro	95
vom Mehrbetrag über 25 000 000 Euro je angefangene 50 000 Euro	74

Anlage 2

Tabelle B
(Abschlusstabelle)

Gegenstandswert bis … Euro	Volle Gebühr (10/10) Euro
3 000	41
3 500	48
4 000	57
4 500	64
5 000	72
6 000	81
7 000	88
8 000	97
9 000	102
10 000	108
12 500	113
15 000	127
17 500	140
20 000	150
22 500	161
25 000	170
37 500	181
50 000	221
62 500	255
75 000	285
87 500	297
100 000	311
125 000	356
150 000	396
175 000	431
200 000	462
225 000	490
250 000	516
300 000	540
350 000	587
400 000	629
450 000	666
500 000	701
625 000	734
750 000	815
875 000	885
1 000 000	948

Gegenstandswert bis … Euro	Volle Gebühr ($^{10}/_{10}$) Euro
1 250 000	1 005
1 500 000	1 115
1 750 000	1 212
2 000 000	1 299
2 250 000	1 377
2 500 000	1 447
3 000 000	1 513
3 500 000	1 644
4 000 000	1 760
4 500 000	1 865
5 000 000	1 961
7 500 000	2 291
10 000 000	2 663
12 500 000	2 965
15 000 000	3 217
17 500 000	3 431
20 000 000	3 616
22 500 000	3 852
25 000 000	4 070
30 000 000	4 477
35 000 000	4 851
40 000 000	5 199
45 000 000	5 524
50 000 000	5 832
vom Mehrbetrag bis 125 000 000 Euro je angefangene 5 000 000 Euro	230
vom Mehrbetrag über 125 000 000 Euro bis 250 000 000 Euro je angefangene 12 500 000 Euro	402
vom Mehrbetrag über 250 000 000 Euro je angefangene 25 000 000 Euro	573

Anlage 3

Tabelle C
(Buchführungstabelle)

Gegenstandswert bis … Euro	Volle Gebühr ($^{10}/_{10}$) Euro
15 000	61
17 500	67
20 000	74
22 500	79
25 000	85
30 000	91
35 000	98
40 000	103
45 000	109
50 000	116
62 500	122
75 000	133
87 500	146
100 000	158
125 000	176
150 000	194
200 000	231
250 000	267
300 000	303
350 000	340
400 000	371
450 000	400
500 000	431
vom Mehrbetrag über 500 000 Euro je angefangene 50 000 Euro	30

Anlage 4

Tabelle D
Teil a (Landwirtschaftliche Tabelle – Betriebsfläche)

Betriebsfläche bis … Hektar	volle Gebühr ($^{10}/_{10}$) Euro
40	311
45	333
50	354
55	374
60	394
65	412
70	428
75	444
80	459
85	473
90	485
95	496
100	506
110	531
120	555
130	579
140	602
150	625
160	647
170	668
180	689
190	709
200	729
210	748
220	767
230	785
240	802
250	819
260	836
270	852
280	866
290	881
300	895
320	924
340	953
360	982
380	1009
400	1036

Betriebsfläche bis … Hektar	Volle Gebühr ($^{10}/_{10}$) Euro
420	1063
440	1089
460	1114
480	1138
500	1162
520	1187
540	1210
560	1232
580	1254
600	1276
620	1297
640	1317
660	1337
680	1356
700	1374
750	1416
800	1454
850	1486
900	1513
950	1535
1000	1552
2000 je ha	1,42
3000 je ha	1,29
4000 je ha	1,16
5000 je ha	1,03
6000 je ha	0,90
7000 je ha	0,78
8000 je ha	0,64
9000 je ha	0,51
10000 je ha	0,38
11000 je ha	0,25
12000 je ha	0,13
ab 12000 je ha	0,13

Tabelle D
Teil b (Landwirtschaftliche Tabelle – Jahresumsatz)

Jahresumsatz im Sinne von § 39 Absatz 5 bis … Euro	Volle Gebühr ($^{10}/_{10}$) Euro
40 000	323
42 500	339
45 000	355
47 500	372
50 000	387
55 000	419
60 000	449
65 000	481
70 000	510
75 000	541
80 000	571
85 000	601
90 000	630
95 000	659
100 000	688
105 000	716
110 000	744
115 000	773
120 000	801
125 000	828
130 000	856
135 000	883
140 000	911
145 000	938
150 000	965
155 000	992
160 000	1 019
165 000	1 046
170 000	1 072
175 000	1 098
180 000	1 125
185 000	1 151
190 000	1 177
195 000	1 203
200 000	1 229
205 000	1 255
210 000	1 280
215 000	1 305
220 000	1 331

Jahresumsatz im Sinne von § 39 Absatz 5 bis … Euro	Volle Gebühr (10/10) Euro
225 000	1 357
230 000	1 381
235 000	1 406
240 000	1 431
245 000	1 455
250 000	1 479
255 000	1 504
260 000	1 529
265 000	1 552
270 000	1 576
275 000	1 599
280 000	1 622
285 000	1 645
290 000	1 668
295 000	1 691
300 000	1 713
305 000	1 735
310 000	1 757
315 000	1 778
320 000	1 799
325 000	1 820
330 000	1 841
335 000	1 861
340 000	1 881
345 000	1 901
350 000	1 919
355 000	1 939
360 000	1 958
365 000	1 976
370 000	1 995
375 000	2 013
380 000	2 025
385 000	2 049
390 000	2 065
395 000	2 082
400 000	2 099
410 000	2 132
420 000	2 164
430 000	2 197
440 000	2 228
450 000	2 259
460 000	2 289
470 000	2 318

Jahresumsatz im Sinne von § 39 Absatz 5 bis … Euro	Volle Gebühr ($^{10}/_{10}$) Euro
480 000	2 347
490 000	2 373
500 000	2 399
vom Mehrbetrag über 500 000 Euro je angefangene 50 000 Euro	139

Anlage 5

Tabelle E
(Rechtsbehelfstabelle)

Gegenstandswert bis … Euro	Volle Gebühr ($^{10}/_{10}$) Euro
300	26
600	47
900	68
1 200	89
1 500	110
2 000	140
2 500	169
3 000	198
3 500	228
4 000	257
4 500	287
5 000	316
6 000	355
7 000	394
8 000	433
9 000	471
10 000	510
13 000	552
16 000	594
19 000	636
22 000	678
25 000	720
30 000	796
35 000	872
40 000	947
45 000	1 023
50 000	1 098
65 000	1 179
80 000	1 260
95 000	1 341
110 000	1 422
125 000	1 503
140 000	1 583
155 000	1 664
170 000	1 745
185 000	1 826
200 000	1 907

Gegenstandswert bis ... Euro	Volle Gebühr ($^{10}/_{10}$) Euro
230 000	2 031
260 000	2 155
290 000	2 279
320 000	2 402
350 000	2 526
380 000	2 650
410 000	2 774
440 000	2 898
470 000	3 022
500 000	3 146
vom Mehrbetrag bis 500 000 Euro je angefangene 50 000 Euro	158

845. Verordnung zur Durchführung der Vorschriften über Steuerberater, Steuerbevollmächtigte und Steuerberatungsgesellschaften (DVStB)

Vom 12. November 1979 (BGBl. I S. 1922)

Geändert durch Verordnung vom 19. 8. 1991 (BGBl. I S. 1797), EWR-Ausführungsgesetz vom 27. 4. 1993 (BGBl. I S. 512, 2436), Zweite Verordnung vom 25. 7. 1996 (BGBl. I S. 1168), 7. Steuerberatungsänderungsgesetz vom 24. 6. 2000 (BGBl. I S. 874, 1389), Gesetz zur Änderung des Gesetzes über die Tätigkeit europäischer Rechtsanwälte in Deutschland und weiterer berufsrechtlicher Vorschriften für Rechts- und Patentanwälte, Steuerberater und Wirtschaftsprüfer vom 26. 10. 2003 (BGBl. I S. 2074), Steueränderungsgesetz 2003 vom 15. 12. 2003 (BGBl. I S. 2645), Achtes Gesetz zur Änderung des Steuerberatungsgesetzes vom 8. 4. 2008 (BGBl. I S. 666), Jahressteuergesetz 2009 vom 19. 12. 2008 (BGBl. I S. 2794), Verordnung zur Änderung steuerlicher Verordnungen vom 17. 11. 2010 (BGBl. I S. 1544), Gesetz zur Verbesserung der Feststellung und Anerkennung im Ausland erworbener Berufsqualifikationen vom 6. 12. 2011 (BGBl. I S. 2515), Verordnung zum Erlass und zur Änderung steuerlicher Verordnungen vom 11. 12. 2012 (BGBl. I S. 2637) und Gesetz zur Einführung einer Partnerschaftsgesellschaft mit beschränkter Berufshaftung und zur Änderung des Berufsrechts der Rechtsanwälte, Patentanwälte, Steuerberater und Wirtschaftsprüfer vom 15. 7. 2013 (BGBl. I S. 2386)

BGBl. III/FNA 610-10-6

Nichtamtliche Inhaltsübersicht

Erster Teil. Prüfungsordnung für Steuerberater und Steuerbevollmächtigte §§

Auf Grund des § 158 des Steuerberatungsgesetzes[1] in der Fassung der Bekanntmachung vom 4. November 1975 (BGBl. I S. 2735) verordnet die Bundesregierung nach Anhören der Bundessteuerberaterkammer mit Zustimmung des Bundesrates:

[1] Nr. **840**.

Erster Teil. Prüfungsordnung für Steuerberater und Steuerbevollmächtigte

§ 1[1)] Zulassungsverfahren. (1) Über die Anträge auf Zulassung zur Steuerberaterprüfung entscheidet die zuständige Steuerberaterkammer.

(2) [1]Die Anträge auf Zulassung zur Prüfung sind bis zu einem von der zuständigen Steuerberaterkammer zu bestimmenden Zeitpunkt einzureichen. [2]Der Antrag kann nur für die Teilnahme an der nächsten Prüfung gestellt werden.

(3) [1]Die zuständige Steuerberaterkammer prüft die Angaben der Bewerber auf Vollständigkeit und Richtigkeit. [2]Sie kann vor einer Entscheidung erforderlichenfalls weitere Ermittlungen anstellen.

(4) Über die Entscheidung hat die zuständige Steuerberaterkammer einen schriftlichen Bescheid zu erteilen.

§§ 2[2)] und **3[3)].** *(aufgehoben)*

§ 4[4)] Antrag auf Zulassung zur Prüfung. (1) Der Antrag auf Zulassung zur Prüfung ist nach amtlich vorgeschriebenem Vordruck zu stellen.

(2) Der Bewerber muß in dem Antrag angeben

1. Namen, Wohnsitz oder vorwiegenden Aufenthalt und Anschrift sowie Beruf und Ort der vorwiegend beruflichen Tätigkeit,
2. den Ort der beabsichtigten beruflichen Niederlassung,
3. ob und bei welcher Stelle er bereits früher einen Antrag auf Zulassung zur Prüfung eingereicht hat,
4. welche Staatsangehörigkeit er besitzt.

(3) Dem Antrag sind beizufügen

1. ein Lebenslauf mit genauen Angaben über die Person und den beruflichen Werdegang,
2. beglaubigte Abschrift der Prüfungszeugnisse, Diplome und Befähigungsnachweise über die gesetzlichen Vorbildungsvoraussetzungen für die Prüfung als Steuerberater,
3. beglaubigte Abschrift der Zeugnisse über die bisherige berufliche Tätigkeit des Bewerbers, insbesondere mit Angaben über Art und Umfang der Tätig-

---

[1)] § 1 Abs. 3 Satz 2 neugef. durch VO v. 19. 8. 1991 (BGBl. I S. 1797), Abs. 2 Satz 2 angef. durch VO v. 25. 7. 1996 (BGBl. I S. 1168), Abs. 1 und 3 neugef., Abs. 4 angef. mWv 1. 7. 2000 durch G v. 24. 6. 2000 (BGBl. I S. 874), Abs. 1, Abs. 2 Satz 1, Abs. 3 Satz 1 und Abs. 4 geänd. mWv 12. 4. 2008 durch G v. 8. 4. 2008 (BGBl. I S. 666).

[2)] § 2 aufgeh. mWv 1. 7. 2000 durch G v. 24. 6. 2000 (BGBl. I S. 874).

[3)] § 3 aufgeh. durch VO v. 19. 8. 1991 (BGBl. I S. 1797).

[4)] § 4 Abs. 1 neugef., Abs. 3 Nrn. 1, 2, 3 u. 4 geänd. sowie Abs. 5 angef. durch VO v. 19. 8. 1991 (BGBl. I S. 1797), Abs. 2 Nr. 8 und Abs. 3 Nr. 3 Halbsatz 2 angef., bish. Nr. 4 aufgeh., bish. Nr. 5 wird Nr. 4 durch VO v. 25. 7. 1996 (BGBl. I S. 1168); Abs. 1, Abs. 2 Nr. 1 und Abs. 3 Nr. 3 geänd., Abs. 2 bish. Nrn. 4 und 6 bis 8 aufgeh., bish. Nr. 5 wird Nr. 4, Abs. 4 und 5 aufgeh. mWv 1. 7. 2000 durch G v. 24. 6. 2000 (BGBl. I S. 874).

keit auf dem Gebiet der von den Bundes- oder Landesfinanzbehörden verwalteten Steuern, und über bisher von ihm abgelegte einschlägige Prüfungen; Nachweise über die Arbeitszeit,

4. ein Paßbild.

(4), (5) *(aufgehoben)*

§ 5[1] **Sonstige Nachweise.** (1) In den Fällen des § 37 a Abs. 1 des Gesetzes ist dem Antrag eine Bescheinigung der nach den Vorschriften der Wirtschaftsprüferordnung[2] zuständigen Stelle darüber beizufügen, dass der Bewerber Wirtschaftsprüfer oder vereidigter Buchprüfer ist oder die Prüfung als Wirtschaftsprüfer oder vereidigter Buchprüfer bestanden hat.

(2) [1] In den Fällen des § 37 a Abs. 2 des Gesetzes sind dem Antrag zusätzlich beizufügen

1.[3] *ein Nachweis der Staatsangehörigkeit eines Mitgliedstaates der Europäischen Union oder eines Vertragsstaates des Abkommens über den Europäischen Wirtschaftsraum (Mitgliedstaat oder Vertragsstaat) oder der Schweiz,*

[Fassung bis 31. 3. 2012:]

2. eine Bescheinigung der zuständigen Stelle des Herkunftsstaates, durch die nachgewiesen wird, dass der Bewerber ein Diplom erlangt hat, mit dem er in diesem Mitgliedstaat oder Vertragsstaat oder der Schweiz zur Hilfe in Steuersachen berechtigt ist,

[Fassung ab 1. 4. 2012:][4]

2. eine Bescheinigung der zuständigen Stelle eines Mitgliedstaats der Europäischen Union oder eines Vertragsstaats des Abkommens über den Europäischen Wirtschaftsraum (Mitgliedstaat oder Vertragsstaat) oder der Schweiz, durch die nachgewiesen wird, dass der Bewerber ein Diplom erlangt hat, mit dem er in diesem Mitgliedstaat oder Vertragsstaat oder der Schweiz zur Hilfe in Steuersachen berechtigt ist,

3. soweit erforderlich ein Nachweis über die *zweijährige Tätigkeit* [***ab 1. 4. 2012:*** dreijährige Tätigkeit in einem Umfang von mindestens 16 Wochenstunden][5] im steuerberatenden Beruf sowie ein oder mehrere Ausbildungsnachweise im Sinne des Artikels 7 Abs. 2 Buchstabe c der Richtlinie 2005/36/EG des Europäischen Parlaments und des Rates vom 7. September 2005 über die Anerkennung von Berufsqualifikationen (ABl. EU Nr. L 255 S. 22,

---

[1] § 5 Abs. 1 und bish. Abs. 2 geänd. sowie bish. Abs. 3 angef. durch VO v. 19. 8. 1991 (BGBl. I S. 1797), bish. Abs. 2 aufgeh., Abs. 3 wird neuer Abs. 2 durch VO v. 25. 7. 1996 (BGBl. I S. 1168); Abs. 1, Abs. 2 Nrn. 1, 2 und 4 neugef., Abs. 2 Sätze 1 und 2 sowie Nrn. 3 und 5 geänd. mWv 1. 7. 2000 durch G v. 24. 6. 2000 (BGBl. I S. 874); Abs. 2 Nr. 1, 2 und 3 geänd., Nr. 4 neugef. mWv 1. 11. 2003 durch G v. 26. 10. 2003 (BGBl. I S. 2074); Abs. 1 geänd., Abs. 2 Nrn. 3 und 4 neugef. mWv 12. 4. 2008 durch G v. 8. 4. 2008 (BGBl. I S. 666).

[2] Nr. **850**.

[3] § 5 Abs. 2 Satz 1 Nr. 1 aufgeh. mWv 1. 4. 2012 durch G v. 6. 12. 2011 (BGBl. I S. 2515).

[4] § 5 Abs. 2 Satz 1 Nr. 2 neu gef. mWv 1. 4. 2012 durch G v. 6. 12. 2011 (BGBl. I S. 2515).

[5] § 5 Abs. 2 Satz 1 Nr. 3 geänd. mWv 1. 4. 2012 durch G v. 6. 12. 2011 (BGBl. I S. 2515).

ABl. EU 2007 Nr. L 271 S. 18), geändert durch die Richtlinie 2006/100/ EG des Rates vom 20. November 2006 (ABl. EU Nr. L 363 S. 141),

4. eine Bescheinigung über eine mindestens dreijährige Berufsausübung [***ab 1. 4. 2012:*** in einem Umfang von mindestens 16 Wochenstunden][1] in einem Mitgliedstaat oder Vertragsstaat oder in der Schweiz, sofern dieser Staat ein Diplom, ein Prüfungszeugnis oder einen sonstigen Befähigungsnachweis eines Drittlandes anerkannt hat,
5. die Bestimmung der Prüfungsgebiete, die bei der Prüfung gemäß § 37a Abs. 4 Satz 4 des Gesetzes entfallen sollen, sowie ein Nachweis über die für diese Prüfungsgebiete erlangten Kenntnisse.

[2]Der Antrag und die beizufügenden Unterlagen, soweit sie vom Bewerber stammen, sind in deutscher Sprache einzureichen; sonstige Unterlagen sind mit einer beglaubigten Übersetzung vorzulegen.

(Fortsetzung nächstes Blatt)

---

[1] § 5 Abs. 2 Satz 1 Nr. 4 geänd. mWv 1. 4. 2012 durch G v. 6. 12. 2011 (BGBl. I S. 2515).

§ 6[1)] Zulassung zur Prüfung. (1) [1]Die Zulassung gilt nur für die Teilnahme an der nächsten Prüfung. [2]Für eine spätere Prüfung bedarf es einer erneuten Zulassung.

(2) [1]Hat der Bewerber die Zulassungsvoraussetzung einer mehrjährigen praktischen Tätigkeit auf dem Gebiet der von den Bundes- oder Landesfinanzbehörden verwalteten Steuern im Zeitpunkt der Entscheidung noch nicht voll erfüllt, so kann die Zulassung unter der Bedingung ausgesprochen werden, daß der Bewerber diese Zulassungsvoraussetzung spätestens bei Beginn der schriftlichen Prüfung erfüllt hat. [2]Der Nachweis ist bis zu dem von der zuständigen Steuerberaterkammer zu bestimmenden Zeitpunkt zu erbringen.

§ 7[2)] Antrag auf Erteilung einer verbindlichen Auskunft. (1) Der Antrag auf Erteilung einer verbindlichen Auskunft ist nach amtlich vorgeschriebenem Vordruck zu stellen.

(2) [1]Die verbindliche Auskunft bedarf der Schriftform. [2]In die Auskunft ist ein Hinweis auf die mögliche Rechtsfolge nach Absatz 4 aufzunehmen.

(3) Betrifft die Auskunft eine noch nicht erfüllte Voraussetzung, so ist sie nur dann verbindlich, wenn sich der später verwirklichte Sachverhalt mit dem der Auskunft zugrunde gelegten deckt.

(4) Die Auskunft verliert ihre Verbindlichkeit, wenn die Rechtsvorschriften, auf denen sie beruht, geändert werden.

(5) Für das Verfahren sind die §§ 1, 4, 5 und 8 entsprechend anzuwenden.

§ 8[3)] Antrag auf Befreiung von der Prüfung. (1) § 1 Abs. 1 und § 4 gelten sinngemäß für einen Antrag auf Befreiung von der Prüfung nach § 38 des Gesetzes mit der Maßgabe, daß der Bewerber in der Erklärung nach § 4 Abs. 2 Nr. 3 über etwaige frühere Anträge auf Zulassung zur Prüfung oder auf Befreiung von der Prüfung Auskunft zu geben hat.

(2) Der Bewerber hat dem Antrag auf Befreiung von der Prüfung an Stelle der in § 4 Abs. 3 Nr. 2 und 3 genannten Nachweise beizufügen

1. in den Fällen des § 38 Abs. 1 Nr. 1 des Gesetzes die Bescheinigung einer deutschen Hochschule, der er angehört oder angehört hat, über Art und Dauer seiner Lehrtätigkeit auf dem Gebiet der von den Bundes- oder Landesfinanzbehörden verwalteten Steuern;
2. in den Fällen des § 38 Abs. 1 Nr. 2 bis 4 des Gesetzes eine Bescheinigung
   a) der letzten Dienstbehörde oder

---

1) § 6 Abs. 2 Satz 1 geänd. durch VO v. 19. 8. 1991 (BGBl. I S. 1797), Abs. 2 Sätze 1 und 2 geänd. mWv 1. 7. 2000 durch G v. 24. 6. 2000 (BGBl. I S. 874), Abs. 2 Satz 2 geänd. mWv 12. 4. 2008 durch G v. 8. 4. 2008 (BGBl. I S. 666).

2) § 7 neugef. mWv 1. 7. 2000 durch G v. 24. 6. 2000 (BGBl. I S. 874).

3) § 8 Abs. 2 Nrn. 1 und 2 geänd. durch VO v. 19. 8. 1991 (BGBl. I S. 1797), Abs. 1 und Abs. 2 Nr. 1 geänd., Nr. 2 neugef., Abs. 2 bish. Satz 2 aufgeh. mWv 1. 7. 2000 durch G v. 24. 6. 2000 (BGBl. I S. 874).

b) des Fraktionsvorstands, wenn er bei einer Fraktion des Deutschen Bundestages angestellt gewesen ist,

über Art und Dauer seiner Tätigkeit auf dem Gebiet der von den Bundes- oder Landesfinanzbehörden verwalteten Steuern.

§ 9.[1] *(aufgehoben)*

§ 10[2] **Prüfungsausschuß.** (1) [1]Die Mitglieder des Prüfungsausschusses und ihre Stellvertreter sind durch die für die Finanzverwaltung zuständige oberste Landesbehörde grundsätzlich für drei Jahre zu berufen. [2]Sie können nur aus wichtigem Grund abberufen werden. [3]Im Falle des vorzeitigen Ausscheidens oder der Abberufung wird der Nachfolger nur für den Rest der Amtszeit des ausgeschiedenen oder abberufenen Mitglieds oder Stellvertreters berufen. [4]Vor der Berufung oder Abberufung von Steuerberatern ist die Steuerberaterkammer zu hören, deren Mitglied der jeweilige Steuerberater ist; vor der Berufung oder Abberufung eines Vertreters der Wirtschaft ist die für die Wirtschaft zuständige oberste Landesbehörde zu hören. [5]Bei der Berufung von Stellvertretern ist eine Einzelzuordnung zwischen Stellvertreter und Mitglied des Prüfungsausschusses nicht erforderlich. [6]Mitglieder und Stellvertreter können während ihrer Amtszeit begonnene Verfahren auch nach Ablauf ihrer Amtszeit fortführen.

(2) [1]Der Ausschuß entscheidet mit Stimmenmehrheit. [2]Bei Stimmengleichheit ist die Stimme des Vorsitzenden entscheidend.

(3) [1]Die Mitglieder des Prüfungsausschusses haben das Recht, die Zulassungs- und Prüfungsunterlagen einzusehen. [2]Sie haben über die Tatsachen, die ihnen bei ihrer Tätigkeit bekannt geworden sind, Verschwiegenheit zu wahren.

(4) Die Mitglieder des Prüfungsausschusses, die nicht Beamte oder Angestellte der Finanzverwaltung sind, sind vom Vorsitzenden des Ausschusses auf gewissenhafte Erfüllung ihrer Obliegenheit zu verpflichten.

(5) [1]Die Mitglieder des Prüfungsausschusses sind nicht weisungsgebunden. [2]Sie sind aus dem Gebührenaufkommen zu entschädigen.

§§ 11 bis **13.**[3] *(aufgehoben)*

§ 14[4] **Durchführung der Prüfungen.** (1) Die für die Finanzverwaltung zuständige oberste Landesbehörde setzt, in der Regel jährlich einmal,

---

[1] § 9 aufgeh. mWv 1. 7. 2000 durch G v. 24. 6. 2000 (BGBl. I S. 874).

[2] § 10 Abs. 2 Satz 2 geänd., Abs. 3 Nr. 2 neugef. und Abs. 4 Satz 4 angef. durch VO v. 19. 8. 1991 (BGBl. I S. 1797), Abs. 2 Satz 2 geänd., Abs. 3 und Abs. 6 neugef. durch VO v. 25. 7. 1996 (BGBl. I S. 1168);

bish. Abs. 1, 2 und 6 aufgeh., bish. Abs. 3 bis 5 werden Abs. 1 bis 3, neuer Abs. 2 geänd., Abs. 4 bis 6 angef. mWv 1. 7. 2000 durch G v. 24. 6. 2000 (BGBl. I S. 874);

bish. Abs. 1 aufgeh., bish. Abs. 2 bis 6 werden Abs. 1 bis 5, Abs. 1 neugef. mWv 12. 4. 2008 durch G v. 8. 4. 2008 (BGBl. I S. 666).

[3] §§ 11 bis 13 aufgeh. durch VO v. 19. 8. 1991 (BGBl. I S. 1797).

[4] § 14 Abs. 2 Sätze 2 und 3 neugef. durch VO v. 19. 8. 1991 (BGBl. I S. 1797), Abs. 1 und Abs. 2 Satz 2 geänd. mWv 1. 7. 2000 durch G v. 24. 6. 2000 (BGBl. I S. 874), § 14 neugef. mWv 12. 4. 2008 durch G v. 8. 4. 2008 (BGBl. I S. 666).

die Prüfung der zugelassenen Bewerber durch den Prüfungsausschuss im Einvernehmen mit den übrigen für die Finanzverwaltung zuständigen obersten Landesbehörden an.

(2) [1]Die Prüfungen und die Beratungen des Prüfungsausschusses sind nicht öffentlich. [2]An der mündlichen Prüfung können Vertreter der für die Finanzverwaltung zuständigen obersten Landesbehörde und des Vorstandes der zuständigen Steuerberaterkammer teilnehmen. [3]Anderen Personen kann der Vorsitzende des Prüfungsausschusses die Anwesenheit gestatten.

§ 15[1)] Prüfungsnoten, Gesamtnoten. (1) [1]Für die Bewertung der einzelnen Prüfungsleistungen werden sechs Notenstufen gebildet. [2]Es bedeuten

Note 1	sehr gut	eine hervorragende Leistung,
Note 2	gut	eine erheblich über dem Durchschnitt liegende Leistung,
Note 3	befriedigend	eine Leistung, die in jeder Hinsicht durchschnittlichen Anforderungen gerecht wird,
Note 4	ausreichend	eine Leistung, die, abgesehen von einzelnen Mängeln, durchschnittlichen Anforderungen entspricht,
Note 5	mangelhaft	eine an erheblichen Mängeln leidende, im ganzen nicht mehr brauchbare Leistung,
Note 6	ungenügend	eine völlig unbrauchbare Leistung.

[3]Die Bewertung mit halben Zwischennoten ist zulässig.

(2) [1]Gesamtnoten errechnen sich aus der Summe der einzelnen Noten, geteilt durch deren Zahl. [2]Das Ergebnis ist auf zwei Dezimalstellen zu berechnen; die dritte Dezimalstelle bleibt unberücksichtigt.

§ 16[2)] Schriftliche Prüfung. (1) Die schriftliche Prüfung besteht aus drei Aufsichtsarbeiten.

(2) [1]Zwei Aufsichtsarbeiten sind den Prüfungsgebieten nach § 37 Abs. 3 Nr. 1 bis 4 des Gesetzes und eine Aufsichtsarbeit den Gebieten der Buchführung und des Bilanzwesens zu entnehmen. [2]Die Aufsichtsarbeiten können sich daneben jeweils auch auf andere Prüfungsgebiete erstrecken.

(3) [1]In der Steuerberaterprüfung in Sonderfällen (§ 37 a des Gesetzes) sind die Aufsichtsarbeiten den Prüfungsgebieten nach § 37 Abs. 3 Nr. 1 bis 4 des Gesetzes zu entnehmen. [2]Absatz 2 Satz 2 gilt entsprechend.

[1)] § 15 Abs. 2 bish. Satz 3 angef. durch VO v. 19. 8. 1991 (BGBl. I S. 1797), Satz 3 aufgeh. durch VO v. 25. 7. 1996 (BGBl. I S. 1168).

[2)] § 16 Abs. 1, Abs. 2 und Abs. 3 Sätze 1 und 2 neugef. durch VO v. 19. 8. 1991 (BGBl. I S. 1797), Abs. 2 Satz 1 geänd. und Abs. 3 neugef. mWv 1. 7. 2000 durch G v. 24. 6. 2000 (BGBl. I S. 874).

§ 17[1)] Ladung zur schriftlichen Prüfung. Die zuständige Steuerberaterkammer lädt die Bewerber, die Aufsichtsarbeiten zu fertigen haben, spätestens einen Monat vor dem Tag der ersten Aufsichtsarbeit.

§ 18[2)] Fertigung der Aufsichtsarbeiten. (1) [1]Die Prüfungsaufgaben der Aufsichtsarbeiten werden von der für die Finanzverwaltung zuständigen obersten Landesbehörde im Einvernehmen mit den übrigen für die Finanzverwaltung zuständigen obersten Landesbehörden gestellt. [2]Sie bestimmt die zulässigen Hilfsmittel und die Bearbeitungszeit. [3]Die Bearbeitungszeit soll für jede Arbeit mindestens vier und höchstens sechs Stunden betragen. [4]Die zuständige Steuerberaterkammer bestimmt in der Ladung zur schriftlichen Prüfung, ob die Arbeiten mit der Anschrift und der Unterschrift des Bewerbers oder mit der zugeteilten Kennzahl zu versehen sind.

(2) [1]Die Prüfungsaufgaben sind geheim zu halten. [2]Sie sind von der zuständigen Steuerberaterkammer an den jeweiligen Prüfungstagen dem Aufsichtsführenden in der erforderlichen Anzahl zur Verteilung an die erschienenen Bewerber auszuhändigen.

(3) [1]Auf Antrag hat die zuständige Steuerberaterkammer körperbehinderten Personen für die Fertigung der Aufsichtsarbeiten der Behinderung entsprechende Erleichterungen zu gewähren. [2]Der Antrag soll mit dem Antrag auf Zulassung zur Prüfung gestellt werden. [3]Die zuständige Steuerberaterkammer kann die Vorlage eines amtsärztlichen Zeugnisses verlangen.

§ 19[3)] Aufsicht. (1) Die zuständige Steuerberaterkammer veranlaßt, daß die Aufsichtsarbeiten unter ständiger Aufsicht angefertigt werden.

(2) [1]Der Aufsichtführende stellt am Prüfungstag die Personalien der erschienenen Bewerber fest. [2]Sodann gibt er an jeden Bewerber die Prüfungsaufgabe aus. [3]Er gibt den Beginn und das Ende der Bearbeitungszeit bekannt und hat darauf zu achten, daß die Arbeit spätestens am Ende der Bearbeitungszeit abgegeben wird und daß sie mit der Anschrift und der Unterschrift des Bewerbers oder mit der Kennzahl versehen ist.

(3) Der Aufsichtführende hat darauf zu achten, daß Bewerber sich nicht unerlaubter Hilfsmittel bedienen oder eines sonstigen Täuschungsversuchs schuldig machen.

(4) [1]Der Aufsichtführende kann Bewerber wegen ungebührlichen Verhaltens aus dem Prüfungsraum weisen. [2]Der Bewerber ist von der Fortsetzung der an diesem Prüfungstag anzufertigenden Aufsichtsarbeit ausgeschlossen.

(5) *(aufgehoben)*

---

1) § 17 geänd. durch VO v. 25. 7. 1996 (BGBl. I S. 1168) und geänd. mWv 12. 4. 2008 durch G v. 8. 4. 2008 (BGBl. I S. 666).

2) § 18 neugef. mWv 12. 4. 2008 durch G v. 8. 4. 2008 (BGBl. I S. 666).

3) § 19 Abs. 2 Satz 2 neugef. und Abs. 5 aufgeh. durch VO v. 25. 7. 1996 (BGBl. I S. 1168), Abs. 1 geänd. mWv 12. 4. 2008 durch G v. 8. 4. 2008 (BGBl. I S. 666).

§ 20[1)] Verhalten während der schriftlichen Prüfung. (1) [1]Die Bewerber haben die Aufsichtsarbeiten selbständig zu fertigen. [2]Während der Bearbeitungszeit dürfen sie mit anderen Bewerbern nicht sprechen oder sich mit ihnen in anderer Weise verständigen. [3]Sie dürfen nur die von der für die Finanzverwaltung zuständigen obersten Landesbehörde zugelassenen Hilfsmittel benutzen. [4]Die zuständige Steuerberaterkammer kann anordnen, dass nur von ihr zur Verfügung gestellte Ausgaben der zugelassenen Hilfsmittel benutzt werden dürfen.

(2) [1]Am Ende der Bearbeitungszeit haben die Bewerber die Arbeit abzugeben, auch wenn sie unvollendet ist. [2]Die Arbeit ist mit der Anschrift und der Unterschrift des Bewerbers oder mit der Kennzahl zu versehen.

(3) Die Bewerber haben Anordnungen des Aufsichtführenden, die sich auf das Verhalten während der Prüfung beziehen, nachzukommen.

(4) Einwendungen gegen den Ablauf der Prüfung wegen Störungen, die durch äußere Einwirkungen verursacht worden sind, sind unverzüglich, spätestens bis zum Ende der Bearbeitungszeit der jeweiligen Aufsichtsarbeit durch Erklärung gegenüber dem Aufsichtführenden geltend zu machen.

§ 21[2)] Rücktritt von der Prüfung. (1) [1]Der Bewerber kann bis zum Ende der Bearbeitungszeit der letzten Aufsichtsarbeit durch Erklärung gegenüber der zuständigen Steuerberaterkammer oder dem Aufsichtführenden von der Prüfung zurücktreten. [2]Als Rücktritt gilt auch, wenn der Bewerber zu einer der Aufsichtsarbeiten nicht erscheint. [3]In diesem Fall gilt die Prüfung als nicht abgelegt.

(2) Im Falle des Rücktritts ist die gesamte Prüfung erneut abzulegen.

§ 22[3)] Niederschrift über die Aufsichtsarbeit. Der Aufsichtführende hat an jedem Prüfungstag jeweils eine Niederschrift zu fertigen, in der insbesondere zu vermerken sind

1. der Beginn und das Ende der Bearbeitungszeit,
2. etwa beobachtete Täuschungsversuche und sonstige Unregelmäßigkeiten,
3. die Namen der Bewerber, die nicht erschienen sind, wegen ungebührlichen Verhaltens aus dem Prüfungsraum gewiesen worden sind oder keine Arbeit abgegeben haben,
4. etwaige Einwendungen wegen Störung des Prüfungsablaufs (§ 20 Abs. 4) und eine Stellungnahme hierzu,
5. etwaige Rücktritte von Bewerbern.

[1)] § 20 Abs. 2 Satz 3 aufgeh. mWv 1. 7. 2000 durch G v. 24. 6. 2000 (BGBl. I S. 874), Abs. 1 Satz 3 neugef. und Satz 4 angef. mWv 12. 4. 2008 durch G v. 8. 4. 2008 (BGBl. I S. 666).

[2)] § 21 Abs. 1 neugef. mWv 12. 4. 2008 durch G v. 8. 4. 2008 (BGBl. I S. 666), Satz 2 eingef. mWv 25. 12. 2008 durch G v. 19. 12. 2008 (BGBl. I S. 2794).

[3)] § 22 bish. Nrn. 1 und 7 aufgeh. durch VO v. 25. 7. 1996 (BGBl. I S. 1168).

§ 23[1)] Täuschungsversuche, Ordnungsverstöße. (1) [1]Unternimmt es ein Bewerber, das Ergebnis einer schriftlichen Arbeit durch Täuschung oder Benutzung nicht zugelassener Hilfsmittel zu beeinflussen, so kann der Prüfungsausschuß die Arbeit mit ungenügend bewerten. [2]In schweren Fällen kann er den Bewerber von der Prüfung ausschließen.

(2) In Fällen schweren ungebührlichen Verhaltens kann der Prüfungsausschuß den Bewerber von der Prüfung ausschließen.

(3) Im Falle des Ausschlusses gilt die Prüfung als nicht bestanden, auch wenn der Bewerber von der Prüfung zurückgetreten ist.

§ 24[2)] Bewertung der Aufsichtsarbeiten. (1) Für die Bewertung der Aufsichtsarbeiten kann der Prüfungsausschuß mit Stimmenmehrheit auch Prüfer bestimmen, die stellvertretende Mitglieder des Prüfungsausschusses sind.

(2) [1]Jede Aufsichtsarbeit ist von mindestens zwei Prüfern (Erst- und Zweitprüfer) persönlich zu bewerten. [2]Dem Zweitprüfer kann die Bewertung des Erstprüfers mitgeteilt werden; dies gilt entsprechend, wenn weitere Prüfer bestimmt sind.

(3) [1]Weichen die Bewertungen einer Arbeit nicht voneinander ab, gilt der von den Prüfern übereinstimmend ermittelte Notenvorschlag als Note des Prüfungsausschusses. [2]Bei Abweichungen sind die Prüfer gehalten, sich auf übereinstimmende Notenvorschläge zu einigen.

(4) Können sich die Prüfer nicht auf einen gemeinsamen Notenvorschlag einigen, setzt der Prüfungsausschuß die Note fest.

(5) Abweichend von den Absätzen 3 und 4 kann der Prüfungsausschuß in allen Fällen die Note festsetzen.

(6) Eine vom Bewerber nicht abgegebene Arbeit ist mit „ungenügend" zu bewerten.

§ 25[3)] Ergebnis der schriftlichen Prüfung, Ausschluß von der mündlichen Prüfung. (1) Für die schriftliche Prüfung wird eine Gesamtnote gebildet.

(2) Der Bewerber ist von der mündlichen Prüfung ausgeschlossen, wenn die Gesamtnote für die schriftliche Prüfung die Zahl 4,5 übersteigt; er hat die Prüfung nicht bestanden.

(3) Die für die Finanzverwaltung zuständige oberste Landesbehörde, vertreten durch die zuständige Steuerberaterkammer, hat Bewerber, die die Prüfung nach Absatz 2 nicht bestanden haben, schriftlich zu bescheiden.

[1)] § 23 Abs. 3 neugef. durch VO v. 19. 8. 1991 (BGBl. I S. 1797).

[2)] § 24 Abs. 1 geänd. mWv 12. 4. 2008 durch G v. 8. 4. 2008 (BGBl. I S. 666).

[3)] § 25 Abs. 2 geänd., Abs. 3 eingef. und bish. Abs. 3 wird Abs. 4 durch VO v. 19. 8. 1991 (BGBl. I S. 1797), Abs. 3 und 4 geänd. durch VO v. 25. 7. 1996 (BGBl. I S. 1168), Abs. 2 geänd., bish. Abs. 3 aufgeh., bish. Abs. 4 wird Abs. 3 und geänd. mWv 1. 7. 2000 durch G v. 24. 6. 2000 (BGBl. I S. 874), Abs. 3 neugef. mWv 12. 4. 2008 durch G v. 8. 4. 2008 (BGBl. I S. 666).

§ 26[1] **Mündliche Prüfung.** (1) [1]Die zuständige Steuerberaterkammer hat die Bewerber, die an der mündlichen Prüfung teilnehmen, hierzu spätestens zwei Wochen vorher zu laden. [2]Mit der Ladung können die Teilnoten der schriftlichen Prüfung mitgeteilt werden.

(2) [1]Der Vorsitzende des Prüfungsausschusses leitet die mündliche Prüfung. [2]Er ist berechtigt, jederzeit in die Prüfung einzugreifen.

(3) [1]Die mündliche Prüfung besteht aus einem kurzen Vortrag des Bewerbers über einen Gegenstand der in § 37 Abs. 3 des Gesetzes genannten Prüfungsgebiete und aus sechs Prüfungsabschnitten. [2]In den Prüfungsabschnitten sind an den Bewerber Fragen aus den Prüfungsgebieten zu stellen. [3]Prüfungsabschnitt ist jeweils die gesamte Prüfungstätigkeit eines Mitglieds des Prüfungsausschusses während der mündlichen Prüfung.

(4) In der Steuerberaterprüfung in verkürzter Form (§ 37 a Abs. 1 des Gesetzes) sind der Gegenstand des Vortrags und die Fragen an die Bewerber den in § 37 Abs. 3 Nr. 1 bis 4 und 8 des Gesetzes genannten Prüfungsgebieten zu entnehmen.

(5) In der Eignungsprüfung (§ 37 a Abs. 2 des Gesetzes) sind der Gegenstand des Vortrags und die Fragen an den Bewerber den in § 37 Abs. 3 des Gesetzes genannten Prüfungsgebieten zu entnehmen, soweit sie nicht gemäß § 37 a Abs. 4 Satz 4 des Gesetzes entfallen.

(6) Für den Vortrag über den Fachgegenstand werden dem Bewerber eine halbe Stunde vor Beginn der Prüfung drei Themen zur Wahl gestellt.

(7) Die auf jeden Bewerber entfallende Prüfungszeit soll neunzig Minuten nicht überschreiten.

(8) [1]Einwendungen gegen den Ablauf der Vorbereitung auf den Vortrag oder der mündlichen Prüfung wegen Störungen, die durch äußere Einwirkungen verursacht worden sind, sind unverzüglich, spätestens bis zum Ende der mündlichen Prüfung, durch Erklärung gegenüber dem Aufsichtführenden oder dem Vorsitzenden des Prüfungsausschusses geltend zu machen. [2]§ 23 ist auf die mündliche Prüfung entsprechend anzuwenden.

§ 27 Bewertung der mündlichen Prüfung. (1) In der mündlichen Prüfung werden der Vortrag und jeder Prüfungsabschnitt gesondert bewertet.

(2) Die Noten werden vom Prüfungsausschuß festgesetzt.

(3) Für die mündliche Prüfung wird eine Gesamtnote gebildet.

§ 28[2] **Ergebnis der Prüfung, Wiederholung der Prüfung.** (1) [1]Im unmittelbaren Anschluß an die mündliche Prüfung berät der Prüfungsaus-

---

[1] § 26 Abs. 3 Satz 1 geänd., Abs. 4 neugef. und Abs. 5 eingef., bish. Abs. 5 bis 7 werden Abs. 6 bis 8 durch VO v. 19. 8. 1991 (BGBl. I S. 1797), Abs. 1 geänd. durch VO v. 25. 7. 1996 (BGBl. I S. 1168), Abs. 1 Satz 2 angef., Abs. 3 Satz 1 und Abs. 4 geänd., Abs. 5 neugef. mWv 1. 7. 2000 durch G v. 24. 6. 2000 (BGBl. I S. 874), Abs. 1 Satz 1 geänd. mWv 12. 4. 2008 durch G v. 8. 4. 2008 (BGBl. I S. 666).

[2] § 28 Abs. 1 Satz 3 Halbsatz 2 angef., Abs. 2 neugef. mWv 1. 7. 2000 durch G v. 24. 6. 2000 (BGBl. I S. 874), Abs. 1 Satz 3 geänd. mWv 12. 4. 2008 durch G v. 8. 4. 2008 (BGBl. I S. 666).

schuß über das Ergebnis der Prüfung. 2Die Prüfung ist bestanden, wenn die durch zwei geteilte Summe aus den Gesamtnoten für die schriftliche und die mündliche Prüfung die Zahl 4,15 nicht übersteigt. 3Der Vorsitzende eröffnet hierauf den Bewerbern, ob sie die Prüfung nach der Entscheidung des Prüfungsausschusses bestanden haben; er handelt insoweit als Vertreter der für die Finanzverwaltung zuständigen obersten Landesbehörde. 4Noten werden nicht erteilt.

(2) Hat der Bewerber die Prüfung nicht bestanden, kann er eine Bekanntgabe der tragenden Gründe der Entscheidung verlangen.

(3) Für die Wiederholung bedarf es einer erneuten Zulassung.

§ 29[1)] Überdenken der Prüfungsbewertung. (1) 1Die Prüfer sind verpflichtet, ihre Bewertung der Prüfungsleistungen zu überdenken, wenn dies von einem Bewerber, der die Prüfung nicht bestanden hat, mit begründeten Einwendungen bei der zuständigen Steuerberaterkammer schriftlich beantragt wird und die Entscheidung über das Ergebnis der Prüfung noch nicht bestandskräftig ist. 2Die Frist zur Erhebung einer Anfechtungsklage nach § 47 der Finanzgerichtsordnung wird dadurch nicht berührt.

(2) Das Ergebnis des Überdenkens teilt die zuständige Steuerberaterkammer dem Antragsteller schriftlich mit.

§ 30[2)] Nichtteilnahme an der mündlichen Prüfung. (1) 1Die mündliche Prüfung gilt als nicht abgelegt, wenn der Bewerber aus einem von ihm nicht zu vertretenden Grund an der Ablegung der Prüfung verhindert ist. 2Eine Erkrankung ist auf Verlangen durch ein amtsärztliches Zeugnis nachzuweisen.

(2) Hat ein Bewerber aus einem von ihm nicht zu vertretenden Grund nicht an der mündlichen Prüfung teilgenommen, so kann sie nachgeholt werden.

(3) Versäumt ein Bewerber die mündliche Prüfung ohne ausreichende Entschuldigung, so gilt die Prüfung als nicht bestanden.

§ 31[3)] Niederschrift über die mündliche Prüfung. (1) 1Über die Prüfung ist eine Niederschrift zu fertigen. 2Aus ihr müssen ersichtlich sein

1. die Namen der Beteiligten,
2. das Ergebnis der Prüfung und seine Bekanntgabe an die Bewerber,
3. ein Begehren nach § 28 Abs. 2 und die Behandlung des Begehrens durch den Prüfungsausschuss,
4. besondere Vorkommnisse.

---

1) § 29 eingef. mWv 1. 7. 2000 durch G v. 24. 6. 2000 (BGBl. I S. 874), Abs. 1 Satz 1 und Abs. 2 geänd. mWv 12. 4. 2008 durch G v. 8. 4. 2008 (BGBl. I S. 666).

2) Bish. § 29 wird § 30 durch G v. 24. 6. 2000 (BGBl. I S. 874).

3) Bish. § 30 wird § 31, Abs. 1 Nr. 3 eingef., bish. Nr. 3 wird Nr. 4 mWv 1. 7. 2000 durch G v. 24. 6. 2000 (BGBl. I S. 874).

(2) Ein Auszug aus der Niederschrift ist zu den Akten des Bewerbers zu nehmen.

§ 32[1] **Aufbewahrungsfristen.** (1) [1]Die Aufsichtsarbeiten sind bei der zuständigen Steuerberaterkammer für die Dauer von mindestens zwei Jahren nach Eintritt der Bestandskraft der Prüfungsentscheidung aufzubewahren. [2]In den Fällen des § 21 Absatz 1 besteht keine Aufbewahrungspflicht.

(2) Die Anträge auf Zulassung, auf Befreiung, auf verbindliche Auskunft, die Prüfungsunterlagen der einzelnen Bewerber und die Unterlagen zu den Entscheidungen über die Anträge und Prüfungen sind bei der zuständigen Steuerberaterkammer für die Dauer von mindestens zehn Jahren nach Eintritt der Bestandskraft der Verwaltungsentscheidung aufzubewahren.

(3) Ein Nachweis über das Bestehen oder über die Befreiung von der Prüfung ist bei der zuständigen Steuerberaterkammer für die Dauer von mindestens 50 Jahren nach Eintritt der Bestandskraft der Verwaltungsentscheidung aufzubewahren.

(4) Unterlagen können auch in elektronischer Form aufbewahrt werden.

§ 33[2]**.** *(aufgehoben)*

Zweiter Teil. Bestellung als Steuerberater oder Steuerbevollmächtigter

§ 34[3] **Bestellungsverfahren.** (1) Über den Antrag auf Bestellung als Steuerberater entscheidet die zuständige Steuerberaterkammer.

(2) Der Antrag auf Bestellung ist nach amtlich vorgeschriebenem Vordruck zu stellen.

(3) [1]Der Bewerber muss in dem Antrag angeben:

1. Name, Wohnsitz oder vorwiegenden Aufenthalt und Anschrift sowie Beruf und Ort der beruflichen Tätigkeit,
2. den Ort der beabsichtigten beruflichen Niederlassung,
3. wann und bei welcher Stelle er die Steuerberaterprüfung bestanden hat bzw. von der Prüfung befreit wurde,
4. ob und bei welcher Stelle er bereits früher einen Antrag auf Bestellung eingereicht hat,
5. ob er sich in geordneten wirtschaftlichen Verhältnissen befindet,
6. ob er innerhalb der letzten zwölf Monate strafgerichtlich verurteilt worden ist und ob gegen ihn ein gerichtliches Strafverfahren oder ein Ermittlungs-

[1] Bish. § 31 wird § 32 und neu gef. mWv 1. 7. 2000 durch G v. 24. 6. 2000 (BGBl. I S. 874), Satz 1 geänd. mWv 12. 4. 2008 durch G v. 8. 4. 2008 (BGBl. I S. 666); neu gef. mWv 23. 11. 2010 durch VO v. 17. 11. 2010 (BGBl. I S. 1544).

[2] § 33 aufgeh. durch VO v. 19. 8. 1991 (BGBl. I S. 1797).

[3] § 34 neugef. mWv 1. 7. 2000 durch G v. 24. 6. 2000 (BGBl. I S. 874), Abs. 3 Nr. 3 und Abs. 4 Nr. 1 geänd. mWv 12. 4. 2008 durch G v. 8. 4. 2008 (BGBl. I S. 666).

verfahren anhängig ist; Entsprechendes gilt für berufsgerichtliche Verfahren sowie für Bußgeldverfahren nach der Abgabenordnung und nach dem Steuerberatungsgesetz,

7. ob und gegebenenfalls welche Tätigkeit er nach seiner Bestellung neben dem Beruf als Steuerberater weiter ausüben oder übernehmen will,
8. dass er bei der Meldebehörde die Erteilung eines Führungszeugnisses zur Vorlage bei der zuständigen Steuerberaterkammer beantragt hat.

2 Ein Bewerber, der nach § 38 Abs. 1 des Gesetzes von der Prüfung befreit wurde, muss außerdem eine Erklärung darüber abgeben, ob innerhalb der letzten zwölf Monate disziplinarrechtliche Maßnahmen gegen ihn verhängt worden sind und ob disziplinarrechtliche Ermittlungen gegen ihn anhängig sind oder innerhalb der letzten zwölf Monate anhängig waren.

(4) 1 Dem Antrag sind beizufügen:

1. eine beglaubigte Abschrift der Bescheinigung der zuständigen Stelle über die erfolgreich abgelegte Steuerberaterprüfung oder die Befreiung von dieser Prüfung,
2. ein Passbild.

2 Ist der Bewerber Rechtsanwalt, niedergelassener europäischer Rechtsanwalt, Wirtschaftsprüfer oder vereidigter Buchprüfer, so hat er außerdem eine Bescheinigung der für ihn zuständigen Berufsorganisation oder sonst zuständigen Stelle beizufügen, dass keine Tatsachen bekannt sind, die die Rücknahme oder den Widerruf der Zulassung oder Bestellung oder die Einleitung eines berufsgerichtlichen Verfahrens gegen ihn rechtfertigen.

(5) 1 Die Steuerberaterkammer prüft die Angaben des Bewerbers auf Vollständigkeit und Richtigkeit. 2 Sie kann vor einer Entscheidung erforderlichenfalls weitere Ermittlungen anstellen.

§ 35[1)] Berufsurkunde. 1 Die Berufsurkunde enthält

1. die Bezeichnung der bestellenden Steuerberaterkammer,
2. Ort und Datum der Ausstellung,
3. Namen, Geburtsort und Geburtsdatum des Bewerbers,
4. die Erklärung, daß der Bewerber als Steuerberater oder Steuerbevollmächtigter bestellt wird,
5. Dienstsiegel und
6. Unterschrift.

2 Weitere Berufsbezeichnungen des Bewerbers sind in die Berufsurkunde nicht aufzunehmen. 3 Akademische Grade oder staatlich verliehene Graduierungen sind nur aufzunehmen, wenn sie nachgewiesen worden sind.

§§ 36 und **37**[2)]. *(aufgehoben)*

---

1) § 35 bish. Abs. 2 aufgeh. durch VO v. 19. 8. 1991 (BGBl. I S. 1797), Nrn. 1 und 2 geänd. mWv 1. 7. 2000 durch G v. 24. 6. 2000 (BGBl. I S. 874).

2) §§ 36 und 37 aufgeh. mWv 1. 7. 2000 durch G v. 24. 6. 2000 (BGBl. I S. 874).

§ 38[1] **Wiederbestellung.** (1) Über den Antrag auf Wiederbestellung als Steuerberater oder Steuerbevollmächtigter entscheidet die zuständige Steuerberaterkammer.

(2) [1]Der Antrag auf Wiederbestellung ist nach amtlich vorgeschriebenem Vordruck zu stellen. [2]§ 34 Abs. 3 bis 5 gilt entsprechend.

(3) [1]Die bestellende Steuerberaterkammer prüft, ob die Voraussetzungen des § 40 Abs. 2 und 3 des Gesetzes gegeben sind. [2]Vor der Entscheidung ist die Steuerberaterkammer zu hören, der der Bewerber im Zeitpunkt des Erlöschens oder des Widerrufs der Bestellung angehört hat. [3]§ 40 Abs. 4 des Gesetzes ist sinngemäß anzuwenden.

(Fortsetzung nächstes Blatt)

---

[1] § 38 neugef. mWv 1. 7. 2000 durch G v. 24. 6. 2000 (BGBl. I S. 874).

(4) Unter den Voraussetzungen des § 48 des Gesetzes können auch Personen wiederbestellt werden, die ohne nochmalige Bestellung die Eigenschaft als Steuerberater oder Steuerbevollmächtigter erlangt hatten (§ 154 Abs. 1 und 3 des Gesetzes in der bis zum 30. Juni 2000 geltenden Fassung).

§ 39[1]**.** *(aufgehoben)*

Dritter Teil. Anerkennung als Steuerberatungsgesellschaft

§ 40[2] **Verfahren.** (1) [1] Der Antrag auf Anerkennung als Steuerberatungsgesellschaft ist schriftlich bei der Steuerberaterkammer einzureichen, in deren Kammerbezirk die Gesellschaft ihren Sitz hat. [2] In dem Antrag sind Name, Beruf und berufliche Niederlassung der Personen anzugeben, die die Gesellschaft verantwortlich führen (§ 32 Abs. 3 Satz 2 des Gesetzes) sowie Name, Beruf und berufliche Niederlassung der sonst zur Vertretung berechtigten Personen (§ 50 Abs. 2 und 3 des Gesetzes).

(2) Die zuständige Steuerberaterkammer prüft anhand des Gesellschaftsvertrages oder der Satzung, ob der Nachweis der verantwortlichen Führung der Gesellschaft durch Steuerberater nach § 32 Abs. 3 Satz 2 des Gesetzes erbracht ist und ob die Voraussetzungen der §§ 49 bis 53 des Gesetzes für die Anerkennung als Steuerberatungsgesellschaft gegeben sind.

(3) [1] Liegen die Voraussetzungen für die Anerkennung vor, hat die zuständige Steuerberaterkammer die Gesellschaft durch Ausstellung einer Urkunde nach § 41 als Steuerberatungsgesellschaft anzuerkennen. [2] Vor Eintragung in das Handels- oder Partnerschaftsregister kann die zuständige Steuerberaterkammer bereits bestätigen, daß bis auf die Eintragung in das Handels- oder Partnerschaftsregister alle Voraussetzungen für die Anerkennung vorliegen. [3] Über die Ablehnung des Antrags auf Anerkennung ist ein schriftlicher Bescheid zu erteilen.

§ 41[3] **Anerkennungsurkunde.** [1] Die Anerkennungsurkunde enthält

1. die Bezeichnung der anerkennenden Steuerberaterkammer,
2. Ort und Datum der Anerkennung,
3. Firma oder Name der Gesellschaft,
4. die Anerkennung als Steuerberatungsgesellschaft,
5. Dienstsiegel und
6. Unterschrift.

---

[1] § 39 aufgeh. mWv 1. 7. 2000 durch G v. 24. 6. 2000 (BGBl. I S. 874).

[2] § 40 neugef. durch VO v. 19. 8. 1991 (BGBl. I S. 1797), Abs. 1 Satz 1 neugef., Abs. 3 bish. Satz 1 aufgeh., Abs. 1 Satz 2, Abs. 2 und Abs. 3 Sätze 1 und 2 geänd. mWv 1. 7. 2000 durch G v. 24. 6. 2000 (BGBl. I S. 874).

[3] § 41 bish. Abs. 2 aufgeh. durch VO v. 19. 8. 1991 (BGBl. I S. 1797), Satz 1 Nr. 3 und Satz 2 geänd. durch VO v. 25. 7. 1996 (BGBl. I S. 1168), Nrn. 1 und 3 geänd. mWv 1. 7. 2000 durch G v. 24. 6. 2000 (BGBl. I S. 874).

[2]Außer der Firma oder dem Namen sind keine weiteren Bezeichnungen der Gesellschaft in die Anerkennungsurkunde aufzunehmen.

Vierter Teil. Verleihung der Berechtigung zur Führung der Bezeichnung „Landwirtschaftliche Buchstelle"

§ 42[1)] Nachweis der besonderen Sachkunde. (1) Der Antrag auf Verleihung der Berechtigung zur Führung der Bezeichnung „Landwirtschaftliche Buchstelle" ist bei der Steuerberaterkammer zu stellen, in deren Kammerbezirk sich die berufliche Niederlassung des Antragstellers befindet.

(2) [1]Der Antrag muss genaue Angaben über den beruflichen Werdegang und die bisherige berufliche Tätigkeit des Antragstellers enthalten. [2]In dem Antrag ist anzugeben, ob der Antragsteller die besondere Sachkunde durch eine mündliche Prüfung vor dem Sachkunde-Ausschuss nachweisen oder von dieser Prüfung befreit werden will; erforderliche Nachweise sind dem Antrag beizufügen.

(3) [1]Die mündliche Prüfung erstreckt sich auf folgende Gebiete:

1. steuerliche Besonderheiten der Land- und Forstwirtschaft,
2. Höferecht (Anerbenrecht) bzw. erbrechtliche Bestimmungen des Bürgerlichen Gesetzbuchs,
3. Landpachtrecht,
4. Grundstücksverkehrsrecht,
5. Grundlagen des Agrarkreditwesens,
6. landwirtschaftliche Betriebswirtschaft einschließlich Rechnungswesen und Statistik.

[2]Nicht erforderlich ist, dass alle Gebiete Gegenstand der Prüfung sind. [3]Die auf jeden Antragsteller entfallende Prüfungszeit soll sechzig Minuten nicht übersteigen.

(4) Die Steuerberaterkammer hat die Antragsteller, die an der mündlichen Prüfung teilnehmen, hierzu spätestens zwei Wochen vorher zu laden.

(5) [1]Die mündliche Prüfung wird vom Vorsitzenden des Sachkunde-Ausschusses geleitet. [2]Er ist berechtigt, jederzeit in die Prüfung einzugreifen. [3]Im unmittelbaren Anschluss an die mündliche Prüfung berät der Sachkunde-Ausschuss über das Ergebnis der Prüfung. [4]Der Vorsitzende eröffnet hierauf den Antragstellern, ob sie die Prüfung nach der Entscheidung des Sachkunde-Ausschusses bestanden haben; eine Note wird nicht erteilt.

(6) [1]Für die Befreiung von der mündlichen Prüfung hat der Antragsteller neben einer einschlägigen Ausbildung nachzuweisen, dass er vor der Antragstellung mindestens fünf buchführende land- und forstwirtschaftliche Betriebe drei Jahre lang steuerlich beraten hat. [2]Die steuerliche Be-

---

[1)] Bish. § 42 aufgeh., neuer § 42 eingef. mWv 1. 7. 2000 durch G v. 24. 6. 2000 (BGBl. I S. 874).

ratung kann auch im Rahmen einer Tätigkeit als Angestellter nach § 58 des Gesetzes erfolgt sein.

(7) [1]Einschlägig im Sinne des § 44 Abs. 2 Satz 2 des Gesetzes ist eine Ausbildung, die Kenntnisse auf den in Absatz 3 genannten Gebieten vermittelt. [2]Dazu rechnen insbesondere

1. ein erfolgreich abgeschlossenes Hochschulstudium der Agrarwissenschaften oder
2. sonstige Ausbildungsgänge im Sinne des Satzes 1, die mit einer Prüfung abgeschlossen werden.

[3]Die Teilnahme an einem fachbezogenen Seminar bzw. Lehrgang ohne Abschlussprüfung oder sonstigen Leistungsnachweis der einzelnen Teilnehmer reicht nicht aus.

(8) [1]Nachweise über eine einschlägige Ausbildung und über die praktische Tätigkeit im Sinne des § 44 Abs. 2 Satz 2 des Gesetzes sind dem Antrag beizufügen. [2]Antrag und Nachweise hat die Steuerberaterkammer der für die Landwirtschaft zuständigen obersten Landesbehörde oder der von ihr benannten Behörde und, soweit der Antragsteller Rechtsanwalt oder niedergelassener europäischer Rechtsanwalt ist, der für die berufliche Niederlassung zuständigen Rechtsanwaltskammer zur Stellungnahme zuzuleiten.

(9) Über die Ablehnung eines Antrags auf Befreiung von der mündlichen Prüfung ist ein schriftlicher Bescheid zu erteilen.

§ 43[1)] **Sachkunde-Ausschuss.** (1) Die mündliche Prüfung wird vor einem Sachkunde-Ausschuss abgelegt, der bei der Steuerberaterkammer zu bilden ist.

(2) [1]Die Prüfung kann auch einem Sachkunde-Ausschuss übertragen werden, der bei einer anderen Steuerberaterkammer besteht. [2]Die mit der Abnahme der mündlichen Prüfung verbundenen Aufgaben werden im Falle der Übertragung nach Satz 1 von der anderen Steuerberaterkammer wahrgenommen. [3]Diese erhält auch die Gebühr nach § 44 Abs. 8 des Gesetzes.

(3) Dem Sachkunde-Ausschuss gehören an

1. zwei Vertreter der Steuerberaterkammer, davon einer als Vorsitzender,
2. ein Vertreter der für die Landwirtschaft zuständigen obersten Landesbehörde oder einer von ihr benannten Behörde.

(4) [1]Die Steuerberaterkammer beruft die Mitglieder des Sachkunde-Ausschusses und ihre Stellvertreter grundsätzlich für drei Jahre; sie können aus wichtigem Grund abberufen werden. [2]Im Falle des vorzeitigen Ausscheidens oder der Abberufung wird der Nachfolger nur für den Rest der Amtszeit des ausgeschiedenen oder abberufenen Mitglieds oder Vertreters berufen. [3]Vor der Berufung oder Abberufung ist bei dem Vertreter der für die Landwirtschaft zuständigen obersten Landesbehörde diese oder die von ihr benannte Behörde zu hören. [4]§ 10 Abs. 4 bis 6 gilt sinngemäß.

(5) Der Ausschuss entscheidet mit Stimmenmehrheit.

---

1) § 43 neu gef. mWv 1. 7. 2000 durch G v. 24. 6. 2000 (BGBl. I S. 874).

§ 44[1] Verleihung, Verleihungsurkunde. (1) Über die Verleihung der Berechtigung zur Führung der Bezeichnung „Landwirtschaftliche Buchstelle" ist eine Urkunde auszustellen.

(2) Die Urkunde enthält

1. die Bezeichnung der verleihenden Steuerberaterkammer,
2. Namen und Berufsbezeichnung des Empfängers der Urkunde,
3. die Erklärung, daß dem in der Urkunde Bezeichneten die Berechtigung verliehen wird, als Zusatz zur Berufsbezeichnung die Bezeichnung „Landwirtschaftliche Buchstelle" zu führen.
4. Ort und Datum der Verleihung,
5. Dienstsiegel und
6. Unterschrift.

(3) *(aufgehoben)*

Fünfter Teil. Berufsregister

§ 45[2] Registerführende Stelle. (1) [1]Das Berufsregister wird durch die zuständige Steuerberaterkammer geführt. [2]Die Steuerberaterkammern können sich bei der Führung des Berufsregisters einer nach § 84 des Gesetzes gebildeten Arbeitsgemeinschaft bedienen.

(2) [1]Alle Eintragungen und Löschungen im Berufsregister sind den Beteiligten mitzuteilen. [2]Die Löschung von Steuerberatungsgesellschaften ist ferner dem zuständigen Registergericht mitzuteilen.

(3) Die Einsicht in das Berufsregister ist jedem gestattet, der ein berechtigtes Interesse darlegt.

§ 46[3] Eintragung. In das Berufsregister sind einzutragen:

1. Steuerberater und Steuerbevollmächtigte, wenn sie in dem Bezirk, für den das Register geführt wird (Registerbezirk), bestellt werden oder wenn sie ihre berufliche Niederlassung in den Registerbezirk verlegen, und zwar
   a) Name, Vorname, Geburtstag, Geburtsort,
   b) Tag der Bestellung und die Behörde oder die Steuerberaterkammer, die die Bestellung vorgenommen hat,

---

[1] § 44 Abs. 3 aufgeh. durch VO v. 19. 8. 1991 (BGBl. I S. 1797), Abs. 2 Nr. 1 geänd. mWv 1. 7. 2000 durch G v. 24. 6. 2000 (BGBl. I S. 874).

[2] § 45 Abs. 2 neu gef. durch VO v. 19. 8. 1991 (BGBl. I S. 1797), Abs. 1 geänd., Abs. 2 bish. Satz 2 aufgeh. mWv 1. 7. 2000 durch G v. 24. 6. 2000 (BGBl. I S. 874).

[3] § 46 Nr. 1 Buchst. f eingef. durch VO v. 19. 8. 1991 (BGBl. I S. 1797);
Nr. 1 Buchst. e und f, Nr. 3 und Nr. 4 geänd. durch VO v. 25. 7. 1996 (BGBl. I S. 1168);
Nr. 1 Buchst. b geänd., Buchst. e eingef., bish. Buchst. e und f werden Buchst. f und g, Buchst. g geänd., Nr. 2 Buchst. a, b und e geänd. mWv 1. 7. 2000 durch G v. 24. 6. 2000 (BGBl. I S. 874);
Nr. 1 Buchst. c und e geänd., Nr. 2 neu gef. mWv 12. 4. 2008 durch G v. 8. 4. 2008 (BGBl. I S. 666), Nr. 1 Buchst. d geänd., Buchst. h angef., Satzteil nach Buchst. h geänd., Nr. 2 Buchst. d geänd. mWv 20. 12. 2012 durch VO v. 11. 12. 2012 (BGBl. I S. 2637).

c) Befugnis zur Führung der Bezeichnung „Landwirtschaftliche Buchstelle" und von Bezeichnungen nach der Fachberaterordnung,

d) Anschrift der beruflichen Niederlassung und die geschäftliche E-Mail-Adresse,

e) berufliche Zusammenschlüsse im Sinne von § 56 Abs. 1 bis 3 des Gesetzes,

f) sämtliche weiteren Beratungsstellen und die Namen der die weiteren Beratungsstellen leitenden Personen,

g) Name und Anschrift des Zustellungsbevollmächtigten im Sinne von § 46 Abs. 2 Nr. 5 des Gesetzes,

h) Bestehen eines Berufsverbotes im Sinne von § 90 Absatz 1 Nummer 4 des Gesetzes und, sofern ein Vertreter bestellt ist, die Vertreterbestellung unter Angabe von Familiennamen und Vornamen des Vertreters

sowie alle Veränderungen zu den Buchstaben a und c bis h;

2. Steuerberatungsgesellschaften, wenn sie im Registerbezirk anerkannt werden oder wenn sie ihren Sitz in den Registerbezirk verlegen, und zwar

   a) Firma oder Name und Rechtsform,

   b) Tag der Anerkennung als Steuerberatungsgesellschaft und die für die Finanzverwaltung zuständige oberste Landesbehörde oder die Steuerberaterkammer, die die Anerkennung ausgesprochen hat,

   c) Befugnis zur Führung der Bezeichnung „Landwirtschaftliche Buchstelle",

   d) Sitz und Anschrift und die geschäftliche E-Mail-Adresse,

   e) berufliche Zusammenschlüsse im Sinne von § 56 Abs. 2 des Gesetzes,

   f) Namen der Mitglieder des zur gesetzlichen Vertretung berufenen Organs sowie der vertretungsberechtigten Gesellschafter und Partner,

   g) sämtliche weiteren Beratungsstellen und die Namen der die weiteren Beratungsstellen leitenden Personen

   sowie alle Veränderungen zu den Buchstaben a und c bis g;

3. weitere Beratungsstellen von Steuerberatern und Steuerbevollmächtigten, wenn sie im Registerbezirk errichtet werden, und zwar

   a) Namen und Ort der beruflichen Niederlassung des Steuerberaters oder Steuerbevollmächtigten,

   b) Befugnis zur Führung der Bezeichnung „Landwirtschaftliche Buchstelle",

   c) Anschrift der weiteren Beratungsstelle,

   d) Namen der die weitere Beratungsstelle leitenden Person

   sowie alle Veränderungen zu den Buchstaben a bis d;

4. weitere Beratungsstellen von Steuerberatungsgesellschaften, wenn sie im Registerbezirk errichtet werden, und zwar

   a) Firma, Sitz und Rechtsform der Steuerberatungsgesellschaft,

   b) Befugnis zur Führung der Bezeichnung „Landwirtschaftliche Buchstelle",

   c) Anschrift der weiteren Beratungsstelle,

   d) Namen der die weitere Beratungsstelle leitenden Person

   sowie alle Veränderungen zu den Buchstaben a bis d.

§ 47 Löschung. (1) Im Berufsregister sind zu löschen

1.[1] Steuerberater und Steuerbevollmächtigte,
   a) wenn die Bestellung erloschen oder vollziehbar zurückgenommen oder widerrufen ist,
   b) wenn die berufliche Niederlassung aus dem Registerbezirk verlegt wird;
2.[1] Steuerberatungsgesellschaften,
   a) wenn die Anerkennung erloschen oder vollziehbar zurückgenommen oder widerrufen ist,
   b) wenn der Sitz aus dem Registerbezirk verlegt wird;
3.[2] weitere Beratungsstellen, wenn die Beratungsstelle aufgelöst ist.

(2)[3] [1]Die Eintragung über die Befugnis zur Führung der Bezeichnung „Landwirtschaftliche Buchstelle" ist zu löschen, wenn bei einer Steuerberatungsgesellschaft die in § 44 Abs. 3 des Gesetzes bezeichneten Voraussetzungen weggefallen sind. [2]Die Eintragung von Bezeichnungen nach der Fachberaterordnung ist zu löschen, wenn die Bezeichnung nicht mehr geführt werden darf.

§ 48[4] Mitteilungspflichten. (1) Die in das Berufsregister einzutragenden Tatsachen sind der zuständigen Steuerberaterkammer mitzuteilen

1. in Fällen des § 46 Nr. 1 von dem einzutragenden Steuerberater oder Steuerbevollmächtigten;
2. im Falle des § 46 Nr. 2 von den Mitgliedern des zur gesetzlichen Vertretung berufenen Organs oder den vertretungsberechtigten Gesellschaftern der einzutragenden Steuerberatungsgesellschaft;
3. im Falle des § 46 Nr. 3 von dem Steuerberater oder Steuerbevollmächtigten, der die weitere Beratungsstelle errichtet hat;
4. im Falle des § 46 Nr. 4 von den Mitgliedern des zur gesetzlichen Vertretung berufenen Organs oder den vertretungsberechtigten Gesellschaftern der Steuerberatungsgesellschaft, die die auswärtige Beratungsstelle errichtet hat.

(2) Die im Berufsregister zu löschenden Tatsachen sind der zuständigen Steuerberaterkammer mitzuteilen

1. im Falle des § 47 Abs. 1 Nr. 1 Buchstabe b von dem Steuerberater oder Steuerbevollmächtigten, der seine berufliche Niederlassung verlegt;
2. in den Fällen des § 47 Abs. 1 Nr. 2 Buchstabe b von den Mitgliedern des zur gesetzlichen Vertretung berufenen Organs oder den vertretungsberechtigten Gesellschaftern der Steuerberatungsgesellschaft;

---

[1] § 47 Abs. 1 Nr. 1 Buchst. a und Nr. 2 Buchst. a geänd. mWv 1. 7. 2000 durch G v. 24. 6. 2000 (BGBl. I S. 874).

[2] § 47 Nr. 3 geänd. durch VO v. 25. 7. 1996 (BGBl. I S. 1168).

[3] § 47 Abs. 2 Satz 2 angef. mWv 12. 4. 2008 durch G v. 8. 4. 2008 (BGBl. I S. 666).

[4] § 48 Abs. 1 und 2 Einleitungssatz und Abs. 1 Nr. 3 geänd. mWv 1. 7. 2000 durch G v. 24. 6. 2000 (BGBl. I S. 874).

3. in den Fällen des § 47 Abs. 1 Nr. 3 von den in Absatz 1 Nr. 3 oder 4 genannten Personen;
4. in den Fällen des § 47 Abs. 2 von den Mitgliedern des zur gesetzlichen Vertretung berufenen Organs oder den vertretungsberechtigten Gesellschaftern der Steuerberatungsgesellschaft.

§ 49[1)] Vereine, Personenvereinigungen und Körperschaften, die zur Führung der Bezeichnung „Landwirtschaftliche Buchstelle" befugt sind. (1) In das Berufsregister sind ferner einzutragen

1. Vereine, die nach § 44 Abs. 4 des Gesetzes befugt sind, die Bezeichnung „Landwirtschaftliche Buchstelle" als Zusatz zum Namen zu führen, wenn sie ihren Sitz im Registerbezirk haben,
2. Buchstellen von Körperschaften des öffentlichen Rechts und Personenvereinigungen, für die nach § 44 Abs. 5 des Gesetzes die Bezeichnung „Landwirtschaftliche Buchstelle" geführt werden darf, wenn die Buchstellen im Registerbezirk gelegen sind.

(2) Die Eintragung nach Absatz 1 ist zu löschen,

a) wenn der Verein im Sinne des § 44 Abs. 4 des Gesetzes oder die Buchstelle der Personenvereinigung oder Körperschaft im Sinne des § 44 Abs. 5 des Gesetzes aufgelöst ist,

b) wenn die in § 44 Abs. 4 oder 5 des Gesetzes bezeichneten Voraussetzungen weggefallen sind,

c) wenn der Sitz des Vereins im Sinne des § 44 Abs. 4 des Gesetzes oder die Buchstelle der Personenvereinigung oder Körperschaft im Sinne des § 44 Abs. 5 des Gesetzes aus dem Registerbezirk verlegt wird.

(3) [1]Die Eintragung oder Löschung ist von den Vertretungsberechtigten des Vereins, Personenvereinigung oder Körperschaft zu beantragen. [2]Die Löschung kann auch von Amts wegen vorgenommen werden.

§ 50[2)] Anzeigepflichten. (1) [1]Alljährlich im Monat Januar haben die Mitglieder des zur gesetzlichen Vertretung berufenen Organs oder die vertretungsberechtigten Gesellschafter einer Steuerberatungsgesellschaft sowie die Gesellschafter einer Gesellschaft bürgerlichen Rechts im Sinne des § 50a Abs. 2 Satz 1 des Gesetzes eine von ihnen unterschriebene Liste der Gesellschafter, aus welcher Name, Vorname, Beruf, Wohnort und berufliche Niederlassung der Gesellschafter, ihre Aktien, Stammeinlagen oder Beteiligungsverhältnisse zu ersehen sind, bei der zuständigen Steuerberaterkammer einzureichen. [2]Sind seit Einreichung der letzten Liste Veränderungen hinsichtlich der Person oder des Berufs der Gesellschafter und des Umfangs der Beteiligung nicht eingetreten, so genügt die Einreichung einer entsprechenden Erklärung.

[1)] § 49 Überschrift, Abs. 1 Nr. 1, Abs. 2 Buchst. a und c sowie Abs. 3 Satz 1 geänd. durch VO v. 19. 8. 1991 (BGBl. I S. 1797).

[2)] § 50 neu gef. durch VO v. 25. 7. 1996 (BGBl. I S. 1168), bish. Abs. 1 und Abs. 2 bish. Satz 2 aufgeh., Abs. 2 Satz 1 geänd. mWv 1. 7. 2000 durch G v. 24. 6. 2000 (BGBl. I S. 874), Abs. 2 angef. mWv 12. 4. 2008 durch G v. 8. 4. 2008 (BGBl. I S. 666).

(2) Absatz 1 gilt entsprechend in den Fällen des § 154 Abs. 2 Satz 1 des Gesetzes.

Sechster Teil.[1] Berufshaftpflichtversicherung

§ 51[1), 2)] **Versicherungspflicht.** (1) [1]Selbständige Steuerberater und Steuerbevollmächtigte sowie Steuerberatungsgesellschaften sind verpflichtet, sich gegen die sich aus ihrer Berufstätigkeit (§§ 33, 57 Absatz 3 Nummer 2 und 3 des Gesetzes) ergebenden Haftpflichtgefahren für Vermögensschäden zu versichern und die Versicherung während der Dauer ihrer Bestellung oder Anerkennung aufrechtzuerhalten. [2]Satz 1 gilt sinngemäß für Partnerschaftsgesellschaften, auch solche mit beschränkter Berufshaftung nach § 8 Absatz 4 des Partnerschaftsgesellschaftsgesetzes. [3]Der Versicherungsschutz muss sich auch auf solche Vermögensschäden erstrecken, für die der Versicherungsnehmer nach § 278 oder § 831 des Bürgerlichen Gesetzbuchs einzustehen hat.

(2) [1]Selbständige Steuerberater und Steuerbevollmächtigte, die ausschließlich als freie Mitarbeiter für Auftraggeber, die die Voraussetzungen des § 3 des Gesetzes erfüllen, tätig sind, genügen der Versicherungspflicht nach Absatz 1, wenn die sich aus der freien Mitarbeit sowie aus § 63 des Gesetzes ergebenden Haftpflichtgefahren für Vermögensschäden durch die beim Auftraggeber bestehende Versicherung gedeckt sind. [2]Der entsprechende Versicherungsschutz ist durch eine Bestätigung der Versicherung des Auftraggebers nachzuweisen. [3]Satz 1 gilt nicht, wenn neben der freien Mitarbeit eigene Mandate betreut werden.

(3) Absatz 2 gilt sinngemäß auch für Steuerberater und Steuerbevollmächtigte, die ausschließlich als Angestellte nach § 58 des Gesetzes tätig sind, sowie für Partner einer Partnerschaftsgesellschaft mit beschränkter Berufshaftung nach § 8 Absatz 4 des Partnerschaftsgesellschaftsgesetzes, die ausschließlich für die Partnerschaftsgesellschaft tätig sind.

(4) Die Versicherung muß bei einem im Inland zum Geschäftsbetrieb befugten Versicherungsunternehmen zu den nach Maßgabe des Versicherungsaufsichtsgesetzes eingereichten allgemeinen Versicherungsbedingungen genommen werden.

§ 52[1)] **Mindestversicherungssumme.** (1) Die Mindestversicherungssumme muß für den einzelnen Versicherungsfall zweihundertfünfzigtausend Euro[3)] betragen.

(2) [1]Ein Selbstbehalt von eintausendfünfhundert Euro[3)] ist zulässig. [2]Der Selbstbehalt ist auszuschließen für den Fall, daß bei Geltendmachung des Schadens durch einen Dritten die Bestellung des Steuerberaters oder Steuerbevollmächtigten oder die Anerkennung der Steuerberatungsgesellschaft erloschen ist.

[1)] Sechster Teil (§§ 51–57) eingef. durch VO v. 19. 8. 1991 (BGBl. I S. 1797).

[2)] § 51 Abs. 2 geänd. mWv 1. 1. 1994 (BGBl. I 1993 S. 2436) durch G v. 27. 4. 1993 (BGBl. I S. 512), Abs. 2 eingef., Abs. 3 neu gef. durch VO v. 25. 7. 1996 (BGBl. I S. 1168), Abs. 3 eingef., bish. Abs. 3 wird Abs. 4 mWv 1. 7. 2000 durch G v. 24. 6. 2000 (BGBl. I S. 874); Abs. 1 und 3 neu gef. mWv 19. 7. 2013 durch G v. 15. 7. 2013 (BGBl. I S. 2386).

[3)] Beträge bzw. Bezeichnung geänd. mWv 1. 1. 2002 durch G v. 24. 6. 2000 (BGBl. I S. 874).

(3) Wird eine Jahreshöchstleistung für alle in einem Versicherungsjahr verursachten Schäden vereinbart, muß sie mindestens eine Million Euro[1] betragen.

(4)[2] Die Absätze 1 und 3 gelten für Partnerschaftsgesellschaften mit beschränkter Berufshaftung nach § 8 Absatz 4 des Partnerschaftsgesellschaftsgesetzes mit der Maßgabe, dass die Mindestversicherungssumme für den einzelnen Versicherungsfall eine Million Euro und die Jahreshöchstleistung für alle in einem Versicherungsjahr verursachten Schäden mindestens vier Millionen Euro betragen muss.

§ 53[3], [4] Weiterer Inhalt des Versicherungsvertrages. (1) Der Versicherungsvertrag muß vorsehen, daß

1. Versicherungsschutz für jede einzelne, während der Geltung des Versicherungsvertrages begangene Pflichtverletzung besteht, die gesetzliche Haftpflichtansprüche privatrechtlichen Inhalts zur Folge haben könnte,
2. der Versicherungsschutz für einen allgemeinen Vertreter, einen Praxisabwickler oder einen Praxistreuhänder für die Dauer ihrer Bestellung sowie für einen Vertreter während der Dauer eines Berufs- oder Vertretungsverbots aufrechterhalten bleibt, soweit die Mitversicherten nicht durch eine eigene Versicherung Deckung erhalten, und
3. die Leistungen des Versicherers für das mitversicherte Auslandsrisiko im Inland in Euro[1] zu erbringen sind.

(2) Im Versicherungsvertrag ist der Versicherer zu verpflichten, der zuständigen Steuerberaterkammer den Beginn und die Beendigung oder Kündigung des Versicherungsvertrages sowie jede Änderung des Versicherungsvertrages, die den vorgeschriebenen Versicherungsschutz beeinträchtigt, unverzüglich mitzuteilen.

(3) Der Versicherungsvertrag kann vorsehen, daß die Versicherungssumme den Höchstbetrag der dem Versicherer in jedem einzelnen Schadenfall obliegenden Leistung darstellt, und zwar mit der Maßgabe, daß nur eine einmalige Leistung der Versicherungssumme in Frage kommt,

a) gegenüber mehreren entschädigungspflichtigen Personen, auf welche sich der Versicherungsschutz erstreckt,
b) bezüglich eines aus mehreren Verstößen stammenden einheitlichen Schadens,
c) bezüglich sämtlicher Folgen eines Verstoßes. [2]Dabei gilt mehrfaches, auf gleicher oder gleichartiger Fehlerquelle beruhendes Tun oder Unterlassen als einheitlicher Verstoß, wenn die betreffenden Angelegenheiten miteinander in rechtlichem oder wirtschaftlichem Zusammenhang stehen. [3]In

---

[1] Beträge bzw. Bezeichnung geänd. mWv 1. 1. 2002 durch G v. 24. 6. 2000 (BGBl. I S. 874).
[2] § 52 Abs. 4 angef. mWv 19. 7. 2013 durch G v. 15. 7. 2013 (BGBl. I S. 2386).
[3] Sechster Teil (§§ 51–57) eingef. durch VO v. 19. 8. 1991 (BGBl. I S. 1797).
[4] § 53 neugef. durch VO v. 25. 7. 1996 (BGBl. I S. 1168).

diesem Fall kann die Leistung des Versicherers auf das Fünffache der Mindestversicherungssumme begrenzt werden.

§ 53 a[1] Ausschlüsse. (1) Von der Versicherung kann die Haftung ausgeschlossen werden für

1. Ersatzansprüche wegen wissentlicher Pflichtverletzung,
2. Ersatzansprüche wegen Schäden, die durch Fehlbeträge bei der Kassenführung, durch Verstöße beim Zahlungsakt oder durch Veruntreuung durch das Personal, Angehörige oder Sozien des Versicherungsnehmers entstehen,
3. Ersatzansprüche, die aus Tätigkeiten entstehen, die über Niederlassungen, Zweigniederlassungen oder weitere Beratungsstellen im Ausland ausgeübt werden,
4. Ersatzansprüche wegen Verletzung oder Nichtbeachtung des Rechts außereuropäischer Staaten mit Ausnahme der Türkei,
5. Ersatzansprüche, die vor Gerichten in den Ländern Albanien, Armenien, Aserbaidschan, Bosnien-Herzegowina, Bulgarien, Estland, Georgien, Jugoslawien (Serbien und Montenegro), Kroatien, Lettland, Litauen, Mazedonien, Moldau, Polen[2], Rumänien, Russische Föderation, Slowakische Republik, Slowenien, Tschechische Republik, Ukraine und Weißrußland sowie vor Gerichten in außereuropäischen Ländern mit Ausnahme der Türkei geltend gemacht werden.

(2) Von der Versicherung kann die Haftung für Ersatzansprüche wegen Verletzung oder Nichtbeachtung des Rechts der Länder Albanien, Armenien, Aserbaidschan, Bosnien-Herzegowina, Bulgarien, Estland, Georgien, Jugoslawien (Serbien und Montenegro), Kroatien, Lettland, Litauen, Mazedonien, Moldau, Polen[1], Rumänien, Russische Föderation, Slowakische Republik, Slowenien, Tschechische Republik, Ukraine und Weißrußland nur insoweit ausgeschlossen werden, als die Ansprüche nicht bei der das Abgabenrecht dieser Staaten betreffenden geschäftsmäßigen Hilfeleistung in Steuersachen entstehen.

§ 54[3], [4] Anerkennung anderer Berufshaftpflichtversicherungen. (1) Ist eine versicherungspflichtige Person zugleich als Rechtsanwalt, niedergelassener europäischer Rechtsanwalt, Wirtschaftsprüfer oder vereidigter Buchprüfer bestellt oder nach § 131 b Abs. 2 oder § 131 f Abs. 2 der Wirtschaftsprüferordnung vorläufig bestellt oder ist eine versicherungspflichtige Gesellschaft zugleich als Rechtsanwaltsgesellschaft, Wirtschaftsprüfungsgesellschaft oder Buchprüfungsgesellschaft anerkannt, wird der Versicherungspflicht auch mit einer diesen Berufen vorgeschriebenen Berufshaftpflichtversicherung

---

[1] § 53 a eingef. durch VO v. 25. 7. 1996 (BGBl. I S. 1168), Abs. 1 Nr. 2 neu gef. mWv 20. 12. 2012 durch VO v. 11. 12. 2012 (BGBl. I S. 2637).

[2] Polen eingef. mWv 1. 7. 2000 durch G v. 24. 6. 2000 (BGBl. I S. 874).

[3] Sechster Teil (§§ 51–57) eingef. durch VO v. 19. 8. 1991 (BGBl. I S. 1797).

[4] § 54 geänd. durch VO v. 25. 7. 1996 (BGBl. I S. 1168) und mWv 1. 7. 2000 durch G v. 24. 6. 2000 (BGBl. I S. 874), Abs. 2 und 3 angef. mWv 1. 11. 2003 durch G v. 26. 10. 2003 (BGBl. I S. 2074).

genügt, sofern der Versicherungsvertrag die Voraussetzungen der §§ 52 bis 53a erfüllt.

(2) [1]Erfolgt die Bestellung zum Steuerberater auf Grund des Bestehens einer Eignungsprüfung im Sinne des § 37a Abs. 2 des Gesetzes, so sind Bescheinigungen über eine abgeschlossene Berufshaftpflichtversicherung, die von den Versicherungsunternehmen eines anderen Mitgliedstaates der Europäischen Union oder eines Vertragsstaates des Abkommens über den Europäischen Wirtschaftsraum oder der Schweiz ausgestellt worden sind, als gleichwertig mit den in Deutschland ausgestellten Bescheinigungen anzuerkennen, sofern sie in Bezug auf Deckungsbedingungen und -umfang den in Deutschland geltenden Rechts- und Verwaltungsvorschriften genügen. [2]Die zum Nachweis vorgelegten Unterlagen sind mit einer beglaubigten Übersetzung vorzulegen, wenn sie nicht in deutscher Sprache abgefasst sind. [3]Die Bescheinigungen dürfen bei ihrer Vorlage nicht älter als drei Monate sein.

(3) Ist im Falle des Absatzes 2 die Erfüllung der Verpflichtung des § 53 Abs. 2 durch das Versicherungsunternehmen nicht sichergestellt, so haben die in Deutschland beruflich niedergelassenen selbständigen Steuerberater der zuständigen Steuerberaterkammer jährlich eine Bescheinigung des Versicherers vorzulegen, aus der sich die Versicherungsbedingungen und der Deckungsumfang ergeben.

§ 55[1) · 2)] **Nachweis des Versicherungsabschlusses.** (1) [1]Bewerber, die ihre Bestellung zum Steuerberater oder zum Steuerbevollmächtigten beantragen und den Beruf selbständig ausüben wollen, müssen der bestellenden Steuerberaterkammer den Abschluß einer dieser Verordnung entsprechenden Berufshaftpflichtversicherung durch eine Bestätigung des Versicherers nachweisen oder eine entsprechende vorläufige Deckungszusage vorlegen, in der sich der Versicherer verpflichtet, den Widerruf der Deckungszusage unverzüglich der zuständigen Steuerberaterkammer mitzuteilen. [2]Bei Vorlage einer vorläufigen Deckungszusage ist nach der Bestellung der zuständigen Steuerberaterkammer unverzüglich der Abschluß der Berufshaftpflichtversicherung durch eine Bestätigung des Versicherers oder eine beglaubigte Abschrift des Versicherungsscheines nachzuweisen.

(2) Absatz 1 gilt sinngemäß für die Anerkennung als Steuerberatungsgesellschaft.

(3) Absatz 1 gilt sinngemäß für Partnerschaftsgesellschaften mit der Maßgabe, dass eine entsprechende Versicherungsbescheinigung mit der Anmeldung zum Partnerschaftsregister der Steuerberaterkammer, in deren Bezirk die Partnerschaftsgesellschaft ihren Sitz hat, vorzulegen ist.

§ 56[1) · 3)] **Anzeige von Veränderungen.** (1) Die Beendigung oder Kündigung des Versicherungsvertrages, jede Änderung des Versicherungsvertrages, die

---

1) Sechster Teil (§§ 51–57) eingef. durch VO v. 19. 8. 1991 (BGBl. I S. 1797).

2) § 55 Abs. 1 Satz 1 geänd. mWv 1. 7. 2000 durch G v. 24. 6. 2000 (BGBl. I S. 874); Abs. 3 angef. mWv 19. 7. 2013 durch G v. 15. 7. 2013 (BGBl. I S. 2386).

3) § 56 Abs. 2 angef. mWv 12. 4. 2008 durch G v. 8. 4. 2008 (BGBl. I S. 666).

den nach dieser Verordnung vorgeschriebenen Versicherungsschutz beeinträchtigt, der Wechsel des Versicherers, der Beginn und die Beendigung der Versicherungspflicht infolge einer Änderung der Form der beruflichen Tätigkeit und der Widerruf einer vorläufigen Deckungszusage sind der gemäß § 67 des Gesetzes zuständigen Steuerberaterkammer von dem Versicherungspflichtigen unverzüglich anzuzeigen.

(2) [1]Der Versicherer ist befugt, der zuständigen Steuerberaterkammer Beginn und Ende des Versicherungsvertrags, jede Änderung des Versicherungsvertrags, die den nach dieser Verordnung vorgeschriebenen Versicherungsschutz beeinträchtigt, und den Widerruf einer vorläufigen Deckungszusage mitzuteilen. [2]Die zuständige Steuerberaterkammer ist berechtigt, entsprechende Auskünfte bei dem Versicherer einzuholen.

§ 57.[1)] *(aufgehoben)*

Siebter Teil. Übergangs- und Schlußvorschriften[2)]

§ 58[3)] **Übergangsregelung.** (1) Die Vorschriften dieser Verordnung über die Zulassung zur Prüfung in der ab dem 1. Juli 2000 geltenden Fassung sind erstmals auf die Zulassung zur Prüfung im Jahre 2001 anzuwenden.

(2) Auf Prüfungen, die vor dem 1. November 2000 begonnen haben, sind die Vorschriften dieser Verordnung in der bis zum 30. Juni 2000 geltenden Fassung weiter anzuwenden.

(3) Die den Steuerberatungskammern zugewiesenen Aufgaben des Zweiten und Vierten Teils dieser Verordnung in der ab dem 1. Juli 2000 geltenden Fassung werden bis zum 31. Dezember 2000 von den bisher zuständigen Behörden der Finanzverwaltung wahrgenommen.

(4) Die Vorschriften dieser Verordnung in der ab 12. April 2008 geltenden Fassung über die Zulassung zur Prüfung, die Befreiung von der Prüfung, die organisatorische Durchführung der Prüfung und die Abnahme der Prüfung sind erstmals für Prüfungen anzuwenden, die nach dem 31. Dezember 2008 beginnen und für Anträge auf Befreiung von der Prüfung oder auf Erteilung einer verbindlichen Auskunft über die Erfüllung einzelner Voraussetzungen für die Zulassung zur Prüfung oder über die Befreiung von der Prüfung, die nach dem 31. Dezember 2008 gestellt werden.

§ 59.[4)] *(aufgehoben)*

---

1) § 57 aufgeh. mWv 1. 7. 2000 durch G v. 24. 6. 2000 (BGBl. I S. 874).

2) Bish. Sechster Teil wird Siebter Teil, bish. §§ 51 und 53 werden §§ 58 und 59, bish. § 52 (Berlin-Klausel) aufgeh. durch VO v. 19. 8. 1991 (BGBl. I S. 1797).

3) § 58 neu gef. durch G v. 24. 6. 2000 (BGBl. I S. 874), Abs. 4 angef. durch G v. 8. 4. 2008 (BGBl. I S. 666).

4) § 59 aufgeh. durch G v. 24. 6. 2000 (BGBl. I S. 874).

847. Verordnung zur Durchführung der Vorschriften über die Lohnsteuerhilfevereine (DVLStHV)

Vom 15. Juli 1975 (BGBl. I S. 1906)

Geändert durch Verordnung vom 28. 5. 1991 (BGBl. I S. 1202), durch Gesetze vom 24. 6. 2000 (BGBl. I S. 874), vom 8. 4. 2008 (BGBl. I S. 666), Verordnung vom 17. 11. 2010 BGBl. I S. 1544), Gesetz vom 8. 12. 2010 (BGBl. I S. 1864) und Gesetz vom 22. 6. 2011 (BGBl. I S. 1126)

BGBl. III/FNA 610-10-4

Auf Grund des § 31 des Steuerberatungsgesetzes[1] vom 16. August 1961 (Bundesgesetzbl. I S. 1301) in der Fassung des Dritten Gesetzes zur Änderung des Steuerberatungsgesetzes vom 24. Juni 1975 (Bundesgesetzbl. I S. 1509) wird mit Zustimmung des Bundesrates verordnet:

Erster Teil. Anerkennung als Lohnsteuerhilfeverein

§ 1[2] **Antrag.** Der Antrag auf Anerkennung als Lohnsteuerhilfeverein ist schriftlich bei der zuständigen Aufsichtsbehörde einzureichen, in deren Bezirk der Verein seinen Sitz und seine Geschäftsleitung hat.

§ 2[3] **Nachweise.** Dem Antrag auf Anerkennung als Lohnsteuerhilfeverein sind neben der öffentlich beglaubigten Abschrift der Satzung (§ 15 Abs. 2 des Gesetzes) beizufügen

1. der Nachweis über den Erwerb der Rechtsfähigkeit,
2. eine Liste mit den Namen und den Anschriften der Mitglieder des Vorstands,
3.[4] der Nachweis über das Bestehen einer Versicherung gegen die sich aus der Hilfeleistung in Steuersachen im Rahmen der Befugnis nach § 4 Nr. 11 des Steuerberatungsgesetzes ergebenden Haftpflichtgefahren,
4. ein Verzeichnis der Beratungsstellen, deren Eröffnung im Bezirk der für die Anerkennung zuständigen Aufsichtsbehörde (§ 1) beabsichtigt ist, sowie die nach den §§ 4a und 4b erforderlichen Mitteilungen nebst Erklärungen und Nachweisen,
5. eine Abschrift der nicht in der Satzung enthaltenen Regelungen über die Erhebung von Beiträgen.

§ 3[5] **Anerkennungsurkunde.** Die Anerkennungsurkunde (§ 17 des Gesetzes) enthält

---

[1] Nr. **840**.

[2] § 1 geänd. durch VO v. 28. 5. 1991 (BGBl. I S. 1202) und durch G v. 8. 4. 2008 (BGBl. I S. 666).

[3] § 2 Nr. 2 geänd., Nr. 4 und Nr. 5 neugef. durch VO v. 28. 5. 1991 (BGBl. I S. 1202), Nr. 4 geänd. durch G v. 8. 4. 2008 (BGBl. I S. 666).

[4] § 2 Nr. 3 geänd. mWv 1. 7. 2000 durch G v. 24. 6. 2000 (BGBl. I S. 874).

[5] § 3 Abs. 2 aufgeh. durch VO v. 28. 5. 1991 (BGBl. I S. 1202).

1. die Bezeichnung der anerkennenden Behörde,
2. Ort und Datum der Anerkennung,
3. Namen und Sitz des Vereins,
4. die Anerkennung als Lohnsteuerhilfeverein,
5. Dienstsiegel und
6. Unterschrift.

§ 4[1)] Ablehnung der Anerkennung. Über eine Ablehnung des Antrags auf Anerkennung als Lohnsteuerhilfeverein ist ein schriftlicher Bescheid zu erteilen.

Zweiter Teil. Beratungsstellen, Beratungsstellenleiter

§ 4 a[2)] Eröffnung einer Beratungsstelle. Die Mitteilung über die Eröffnung einer Beratungsstelle (§ 23 Abs. 4 Nr. 1 des Gesetzes) muß folgende Angaben enthalten:

1. Anschrift der Beratungsstelle,
2. ob und gegebenenfalls welche räumlichen, personellen und organisatorischen Verflechtungen mit anderen wirtschaftlichen Unternehmen bestehen.

§ 4 b[2)] Bestellung eines Beratungsstellenleiters. (1) Die Mitteilung über die Bestellung des Leiters einer Beratungsstelle (§ 23 Abs. 4 Nr. 2 des Gesetzes) muß die Anschrift der übernommenen Beratungsstelle sowie folgende Angaben über den Beratungsstellenleiter enthalten:

1. Name, Anschrift und Beruf,
2. ob und gegebenenfalls bei welchem Lohnsteuerhilfeverein er bereits früher Hilfe in Steuersachen im Rahmen der Befugnis nach § 4 Nr. 11 des Steuerberatungsgesetzes geleistet hat,
3. ob und gegebenenfalls welche andere Beratungsstelle eines Lohnsteuerhilfevereins er weiterhin leitet.

(2) Der Mitteilung nach Absatz 1 sind beizufügen:

1. Bescheinigungen über die bisherige berufliche Tätigkeit, insbesondere mit Angaben über Art und Umfang der Tätigkeit, als Nachweis darüber, daß die Voraussetzungen des § 23 Abs. 3 Satz 1 des Gesetzes erfüllt sind,
2. eine Erklärung des Beratungsstellenleiters,
   a) daß er sich in geordneten wirtschaftlichen Verhältnissen befindet,
   b) ob er innerhalb der letzten zwölf Monate strafgerichtlich verurteilt worden ist und ob gegen ihn ein gerichtliches Strafverfahren oder ein Ermittlungsverfahren anhängig ist; entsprechendes gilt für berufsgerichtli-

---

[1)] § 4 neugef. durch VO v. 28. 5. 1991 (BGBl. I S. 1202).

[2)] §§ 4 a und 4 b eingef. durch VO v. 28. 5. 1991 (BGBl. I S. 1202), § 4 b Abs. 1 Nr. 2 geänd. mWv 1. 7. 2000 durch G v. 24. 6. 2000 (BGBl. I S. 874).

che Verfahren sowie für Bußgeldverfahren nach der Abgabenordnung und dem Steuerberatungsgesetz,

c) daß er bei der Meldebehörde die Erteilung eines Führungszeugnisses zur Vorlage bei der zuständigen Behörde beantragt hat.

Dritter Teil. Verzeichnis der Lohnsteuerhilfevereine

§ 5[1] **Eintragung.** In das Verzeichnis der Lohnsteuerhilfevereine sind einzutragen

1. Lohnsteuerhilfevereine, die im Bezirk der Aufsichtsbehörde ihren Sitz und ihre Geschäftsleitung haben, und zwar
   a) der Name, der Sitz und die Anschrift der Geschäftsleitung des Vereins,
   b) der Tag der Anerkennung als Lohnsteuerhilfeverein und die Aufsichtsbehörde, die die Anerkennung ausgesprochen hat,
   c) die Namen und die Anschriften der Mitglieder des Vorstands,
   d) sämtliche Beratungsstellen des Vereins

   sowie alle Veränderungen zu den Buchstaben a, c und d;
2. im Bezirk der Aufsichtsbehörde bestehende Beratungsstellen, und zwar
   a) der Name, der Sitz und die Anschrift der Geschäftsleitung des Vereins,
   b) die Anschrift der Beratungsstelle,
   c) der Name und die Anschrift des Leiters der Beratungsstelle,
   d) *(aufgehoben)*

   sowie alle Veränderungen zu den Buchstaben a bis c.

§ 5 a[2] **Ablehnung der Eintragung.** Wird die Eintragung einer Beratungsstelle oder eines Beratungsstellenleiters in das Verzeichnis der Lohnsteuerhilfevereine abgelehnt, gilt § 4 entsprechend.

§ 6[3] **Löschung.** Im Verzeichnis der Lohnsteuerhilfevereine sind zu löschen

1. Lohnsteuerhilfevereine,
   a) wenn die Anerkennung als Lohnsteuerhilfeverein erloschen oder unanfechtbar zurückgenommen oder widerrufen ist,
   b) wenn der Sitz und die Geschäftsleitung aus dem Bezirk der Aufsichtsbehörde verlegt wird;
2. Beratungsstellen, wenn die Beratungsstelle geschlossen ist.

---

[1] § 5 Nr. 1 geänd., Nr. 2 Buchst. d aufgeh. durch VO v. 28. 5. 1991 (BGBl. I S. 1202), Nr. 1 und Nr. 2 geänd. durch G v. 8. 4. 2008 (BGBl. I S. 666).

[2] § 5 a eingef. durch VO v. 28. 5. 1991 (BGBl. I S. 1202).

[3] § 6 Nr. 1 Buchst. b geänd. durch VO v. 28. 5. 1991 (BGBl. I S. 1202) und durch G v. 8. 4. 2008 (BGBl. I S. 666).

§ 7[1)] **Meldepflichten.** [1]Die Vertretungsberechtigten des Vereins haben der das Verzeichnis führenden Aufsichtsbehörde die für die Eintragung oder Löschung nach § 5 Nr. 1 Buchstaben a und c, Nr. 2, § 6 Nr. 1 Buchstabe b und Nr. 2 erforderlichen Angaben innerhalb von zwei Wochen nach Eintritt des Ereignisses, das eine Eintragung oder Löschung notwendig macht, mitzuteilen. [2]Mitteilungen nach § 23 Abs. 4 des Gesetzes gelten gleichzeitig als Mitteilungen im Sinne dieser Vorschrift.

§ 8[2)] **Mitteilung über Eintragung und Löschung.** (1) [1]Die das Verzeichnis führende Behörde hat dem Verein Eintragungen, die für das Tätigwerden einer Beratungsstelle Voraussetzung sind (§ 23 Abs. 6 des Gesetzes), mitzuteilen. [2]Hat der Verein seinen Sitz und seine Geschäftsleitung im Bezirk einer anderen Aufsichtsbehörde, so sind auch dieser Mitteilungen zu übersenden.

(2) Wird der Verein im Verzeichnis gelöscht, so ist dies allen Aufsichtsbehörden, in deren Verzeichnissen Beratungsstellen des Vereins eingetragen sind, sowie dem zuständigen Registergericht mitzuteilen.

Vierter Teil. Haftpflichtversicherung[3)]

§ 9[4)] **Versicherungspflicht.** (1) [1]Lohnsteuerhilfevereine sind verpflichtet, sich gegen die aus ihrer Tätigkeit (§ 4 Nummer 11 des Gesetzes) ergebenden Haftpflichtgefahren für Vermögensschäden zu versichern und die Versicherung während der Dauer ihrer Anerkennung aufrechtzuerhalten. [2]Der Versicherungsschutz muss sich auch auf solche Vermögensschäden erstrecken, für die der Versicherungsnehmer nach § 278 oder § 831 des Bürgerlichen Gesetzbuchs einzustehen hat.

(2) Die Versicherung muss bei einem im Inland zum Geschäftsbetrieb befugten Versicherungsunternehmen zu den nach Maßgabe des Versicherungsaufsichtsgesetzes eingereichten allgemeinen Versicherungsbedingungen genommen werden.

§ 10 Mindestversicherungssumme. (1) Die Mindestversicherungssumme muss für den einzelnen Versicherungsfall 50 000 Euro betragen.

(2) [1]Eine Selbstbeteiligung von bis zu 300 Euro ist zulässig. [2]Die Selbstbeteiligung ist auszuschließen für den Fall, dass bei Geltendmachung des Schadens durch einen Dritten die Anerkennung als Lohnsteuerhhilfeverein erloschen ist.

(3) Wird eine Jahreshöchstleistung für alle im Versicherungsjahr verursachten Schäden vereinbart, muss sie mindestens 200 000 Euro betragen.

[1)] § 7 neugef. durch VO v. 28. 5. 1991 (BGBl. I S. 1202) und geänd. durch G v. 8. 4. 2008 (BGBl. I S. 666).

[2)] § 8 neugef. durch VO v. 28. 5. 1991 (BGBl. I S. 1202) und geänd. durch G v. 8. 4. 2008 (BGBl. I S. 666).

[3)] 4. Teil eingef. mWv 23. 11. 2010 durch VO v. 17. 11. 2010 (BGBl. I S. 1544).

[4)] § 9 aufgeh. mWv 15. 12. 2010 durch G v. 8. 12. 2010 (BGBl. I S. 1864) und wieder eingef. mWv 1. 1. 2011 durch G v. 22. 6. 2011 (BGBl. I S. 1126).

§ 11 Sonstige Inhalte des Versicherungsvertrags. (1) Der Versicherungsvertrag muss vorsehen, dass Versicherungsschutz für jede einzelne, während der Geltung des Versicherungsvertrags begangene Pflichtverletzung besteht, die gesetzliche Haftpflichtansprüche privatrechtlichen Inhalts zur Folge haben könnte.

(2) [1] Im Versicherungsvertrag ist der Versicherer zu verpflichten, der zuständigen Aufsichtsbehörde den Beginn und die Beendigung oder Kündigung des Versicherungsvertrags sowie jede Änderung des Versicherungsvertrags, die den vorgeschriebenen Versicherungsschutz beeinträchtigt, unverzüglich mitzuteilen. [2] Die Aufsichtsbehörde (§ 27 des Gesetzes) erteilt Dritten zur Geltendmachung von Schadensersatzansprüchen auf Antrag Auskunft über den Namen und die Adresse der Berufshaftpflichtversicherung des Lohnsteuerhilfevereins sowie die Versicherungsnummer, soweit der Lohnsteuerhilfeverein kein überwiegendes schutzwürdiges Interesse an der Nichterteilung der Auskunft hat.

(3) Der Versicherungsvertrag kann vorsehen, dass die Versicherungssumme den Höchstbetrag der dem Versicherer in jedem einzelnen Schadensfall obliegenden Leistung darstellt, und zwar mit der Maßgabe, dass nur eine einmalige Leistung der Versicherungssumme in Frage kommt

1. gegenüber mehreren entschädigungspflichtigen Personen, auf welche sich der Versicherungsschutz erstreckt,
2. bezüglich eines aus mehreren Verstößen stammenden einheitlichen Schadens,
3. bezüglich sämtlicher Folgen eines Verstoßes. [2] Dabei gilt mehrfaches, auf gleicher oder gleichartiger Fehlerquelle beruhendes Tun oder Unterlassen als einheitlicher Verstoß, wenn die betreffenden Angelegenheiten miteinander in rechtlichem oder wirtschaftlichem Zusammenhang stehen. [3] In diesem Fall kann die Leistung des Versicherers auf das Fünffache der Mindestversicherungssumme begrenzt werden.

§ 12 Ausschlüsse. Von der Versicherung kann die Haftung ausgeschlossen werden für

1. Ersatzansprüche wegen wissentlicher Pflichtverletzung und
2. Ersatzansapрüche wegen Schäden, die durch fehlerhafte Kassenführung, durch Verstöße beim Zahlungsakt oder durch Veruntreuung durch das Personal des Versicherungsnehmers entstehen.

§ 13 Nachweis des Versicherungsabschlusses vor der Anerkennung. [1] Der Lohnsteuerhilfeverein, der die Anerkennung beantragt, muss der anerkennenden Aufsichtsbehörde (§ 27 des Gesetzes) den Abschluss einer dieser Verordnung entsprechenden Berufshaftpflichtversicherung durch eine Bestätigung des Versicherers nachweisen oder eine entsprechende vorläufige Deckungszusage vorlegen, in der sich der Versicherer verpflichtet, den Widerruf der Deckungszusage unverzüglich der zuständigen Aufsichtsbehörde mitzuteilen. [2] Bei Vorlage einer vorläufigen Deckungszusage ist nach der Anerkennung der zuständigen Aufsichtsbehörde unverzüglich der Abschluss der Berufshaftpflichtversicherung durch eine Bestätigung des Versicherers oder eine beglaubigte Abschrift des Versicherungsscheins nachzuweisen.

§ 14 Anzeige von Veränderungen. (1) Die Beendigung oder Kündigung des Versicherungsvertrags, jede Änderung des Versicherungsvertrags, die den nach dieser Verordnung vorgeschriebenen Versicherungsschutz beeinträchtigt, der Wechsel des Versicherers und der Widerruf einer vorläufigen Deckungszusage sind der gemäß § 25 Absatz 2 des Gesetzes zuständigen Aufsichtsbehörde von dem Versicherungspflichtigen unverzüglich anzuzeigen.

(2) Die zuständige Aufsichtsbehörde ist berechtigt, Auskünfte über den Beginn und über die in Absatz 1 aufgeführten Veränderungen des Versicherungsvertrags bei Versicherer einzuholen.

849. Verordnung über die Berufsausbildung zum Steuerfachangestellten/zur Steuerfachangestellten[1)]

Vom 9. Mai 1996

(BGBl. I S. 672)

BGBl. III/FNA 806–21–1–204

Auf Grund des § 25 des Berufsbildungsgesetzes vom 14. August 1969 (BGBl. I S. 1112), der zuletzt durch § 24 Nr. 1 des Gesetzes vom 24. August 1976 (BGBl. I S. 2525) geändert worden ist, in Verbindung mit Artikel 56 des Zuständigkeitsanpassungs-Gesetzes vom 18. März 1975 (BGBl. I S. 705) und dem Organisationserlaß vom 17. November 1994 (BGBl. I S. 3667) verordnen das Bundesministerium der Finanzen und das Bundesministerium für Wirtschaft im Einvernehmen mit dem Bundesministerium für Bildung, Wissenschaft, Forschung und Technologie:

§ 1 Staatliche Anerkennung des Ausbildungsberufes. Der Ausbildungsberuf Steuerfachangestellter/Steuerfachangestellte wird staatlich anerkannt.

§ 2 Ausbildungsdauer. Die Ausbildung dauert drei Jahre.

§ 3 Ausbildungsberufsbild. Gegenstand der Berufsausbildung sind mindestens die folgenden Fertigkeiten und Kenntnisse:

1. Ausbildungspraxis:
1.1 Bedeutung, Stellung und gesetzliche Grundlagen der steuerberatenden und wirtschaftsprüfenden Berufe,
1.2 Personalwesen, arbeits- und sozialrechtliche Grundlagen,
1.3 Berufsbildung,
1.4 Arbeitssicherheit, Umweltschutz und rationelle Energieverwendung;
2. Praxis- und Arbeitsorganisation:
2.1 Inhalt und Organisation der Arbeitsabläufe,
2.2 Kooperation und Kommunikation;
3. Anwenden von Informations- und Kommunikationstechniken;
4. Rechnungswesen:
4.1 Buchführungs- und Bilanzierungsvorschriften,
4.2 Buchführungs- und Abschlußtechnik,

---

1) Diese Rechtsverordnung ist eine Ausbildungsordnung im Sinne des § 25 des Berufsbildungsgesetzes. Die Ausbildungsordnung und der damit abgestimmte, von der Ständigen Konferenz der Kultusminister der Länder in der Bundesrepublik Deutschland beschlossene Rahmenlehrplan für die Berufsschule sind im BAnz 1996 Beilage 156 a veröffentlicht.

4.3 Lohn- und Gehaltsabrechnung,
4.4 Erstellen von Abschlüssen;
5. betriebswirtschaftliche Facharbeit:
5.1 Auswerten der Rechnungslegung,
5.2 Finanzierung;
6. steuerliche Facharbeit:
6.1 Abgabenordnung,
6.2 Umsatzsteuer,
6.3 Einkommensteuer,
6.4 Körperschaftsteuer,
6.5 Gewerbesteuer,
6.6 Bewertungsgesetz,
6.7 Vermögensteuer.

§ 4 Ausbildungsrahmenplan. (1) [1]Die Fertigkeiten und Kenntnisse nach § 3 sollen nach den in den Anlagen I und II enthaltenen Anleitungen zur sachlichen und zeitlichen Gliederung der Berufsausbildung (Ausbildungsrahmenplan) vermittelt werden. [2]Eine von dem Ausbildungsrahmenplan abweichende sachliche und zeitliche Gliederung des Ausbildungsinhaltes ist insbesondere zulässig, soweit betriebspraktische Besonderheiten die Abweichung erfordern.

(2) [1]Die in dieser Verordnung genannten Fertigkeiten und Kenntnisse sollen so vermittelt werden, daß der Auszubildende zur Ausübung einer qualifizierten beruflichen Tätigkeit im Sinne des § 1 Abs. 2 des Berufsbildungsgesetzes befähigt wird, die insbesondere selbständiges Planen, Durchführen und Kontrollieren einschließt. [2]Diese Befähigung ist auch in den Prüfungen nach den §§ 7 und 8 nachzuweisen.

§ 5 Ausbildungsplan. Der Ausbildende hat unter Zugrundelegung des Ausbildungsrahmenplanes für den Auszubildenden einen Ausbildungsplan zu erstellen.

§ 6 Berichtsheft. [1]Der Auszubildende hat ein Berichtsheft in Form eines Ausbildungsnachweises zu führen. [2]Ihm ist Gelegenheit zu geben, das Berichtsheft während der Ausbildungszeit zu führen. [3]Der Ausbildende hat das Berichtsheft regelmäßig durchzusehen.

§ 7 Zwischenprüfung. (1) [1]Zur Ermittlung des Ausbildungsstandes ist eine Zwischenprüfung durchzuführen. [2]Sie soll vor dem Ende des zweiten Ausbildungsjahres stattfinden.

(2) Die Zwischenprüfung erstreckt sich auf die in den Anlagen I und II für das erste Ausbildungsjahr und die für das zweite Ausbildungsjahr unter laufender Nummer 4.2 Buchstabe d und laufender Nummer 4.3 aufgeführten Fertigkeiten und Kenntnisse sowie auf den im Berufsschulunterricht entsprechend dem Rahmenlehrplan zu vermittelnden Lehrstoff, soweit er für die Berufsausbildung wesentlich ist.

(3) Die Zwischenprüfung ist schriftlich anhand praxisbezogener Fälle oder Aufgaben in insgesamt höchstens 180 Minuten in folgenden Prüfungsfächern durchzuführen:

1. Steuerwesen,
2. Rechnungswesen,
3. Wirtschafts- und Sozialkunde.

(4) Die in Absatz 3 genannte Prüfungsdauer kann insbesondere unterschritten werden, soweit die Prüfung in programmierter Form durchgeführt wird.

§ 8 Abschlußprüfung. (1) Die Abschlußprüfung erstreckt sich auf die in der Anlage I aufgeführten Fertigkeiten und Kenntnisse sowie auf den im Berufsschulunterricht vermittelten Lehrstoff, soweit er für die Berufsausbildung wesentlich ist.

(2) Die Prüfung ist schriftlich in den Prüfungsfächern Steuerwesen, Rechnungswesen, Wirtschafts- und Sozialkunde und mündlich im Prüfungsfach Mandantenorientierte Sachbearbeitung durchzuführen.

(3) In der schriftlichen Prüfung soll der Prüfling in den nachstehend genannten Prüfungsfächern je eine Arbeit anfertigen:

1. Prüfungsfach Steuerwesen:
   [1]In 150 Minuten soll der Prüfling praxisbezogene Fälle oder Aufgaben bearbeiten und dabei zeigen, daß er Fertigkeiten und Kenntnisse steuerlicher Facharbeit erworben hat und wirtschafts- und steuerrechtliche Zusammenhänge versteht. [2]Hierfür kommen insbesondere folgende Gebiete in Betracht:
   a) Steuern vom Einkommen und Ertrag,
   b) Steuern vom Vermögen,
   c) Steuern vom Umsatz,
   d) Abgabenordnung;
2. Prüfungsfach Rechnungswesen:
   In 120 Minuten soll der Prüfling praxisbezogene Aufgaben oder Fälle insbesondere aus den folgenden Gebieten bearbeiten und dabei zeigen, daß er Fertigkeiten und Kenntnisse dieser Gebiete erworben hat und Zusammenhänge versteht:
   a) Buchführung,
   b) Jahresabschluß;
3. Prüfungsfach Wirtschafts- und Sozialkunde:
   [1]In 90 Minuten soll der Prüfling praxisbezogene Aufgaben oder Fälle bearbeiten und dabei zeigen, daß er wirtschaftliche, rechtliche und gesellschaftliche Zusammenhänge der Berufs- und Arbeitswelt darstellen und beurteilen kann. [2]Hierfür kommen insbesondere folgende Gebiete in Betracht:
   a) Arbeitsrecht und soziale Sicherung,
   b) Schuld- und Sachenrecht,

c) Handels- und Gesellschaftsrecht,

d) Finanzierung.

(4) Die in Absatz 3 genannte Prüfungsdauer kann insbesondere unterschritten werden, soweit die Prüfung in programmierter Form durchgeführt wird.

(5) [1]Das Prüfungsfach Mandantenoriertierte Sachbearbeitung besteht aus einem Prüfungsgespräch. [2]Der Prüfling soll ausgehend von einer von zwei ihm mit einer Vorbereitungszeit von höchstens zehn Minuten zur Wahl gestellten Aufgaben zeigen, daß er berufspraktische Vorgänge und Problemstellungen bearbeiten und Lösungen darstellen kann. [3]Für das Prüfungsgespräch kommen insbesondere folgende Gebiete in Betracht:

a) allgemeines Steuer- und Wirtschaftsrecht,

b) Einzelsteuerrecht,

c) Buchführungs- und Bilanzierungsgrundsätze,

d) Rechnungslegung.

[4]Das Prüfungsgespräch soll für den einzelnen Prüfling nicht länger als 30 Minuten dauern.

(6) [1]Sind in der schriftlichen Prüfung die Prüfungsleistungen in bis zu zwei Prüfungsfächern mit „mangelhaft" und in dem weiteren Prüfungsfach mit mindestens „ausreichend" bewertet worden, so ist auf Antrag des Prüflings oder nach Ermessen des Prüfungsausschusses in einem der mit „mangelhaft" bewerteten Prüfungsfächer die schriftliche Prüfung durch eine mündliche Prüfung von etwa 15 Minuten zu ergänzen, wenn diese für das Bestehen der Prüfung den Ausschlag geben kann. [2]Das Prüfungsfach ist vom Prüfling zu bestimmen. [3]Bei der Ermittlung des Ergebnisses für dieses Prüfungsfach sind die Ergebnisse der schriftlichen Arbeit und der mündlichen Ergänzungsprüfung im Verhältnis 2 : 1 zu gewichten.

(7) Bei der Ermittlung des Gesamtergebnisses haben die Prüfungsfächer das gleiche Gewicht.

(8) [1]Zum Bestehen der Abschlußprüfung müssen im Gesamtergebnis, im Prüfungsfach Steuerwesen und in mindestens zwei weiteren der vier in Absatz 2 genannten Prüfungsfächer mindestens ausreichende Leistungen erbracht werden. [2]Werden die Prüfungsleistungen in einem Prüfungsfach mit „ungenügend" bewertet, ist die Prüfung nicht bestanden.

§ 9 Übergangsregelung. Auf Berufsausbildungsverhältnisse, die bei Inkrafttreten dieser Verordnung bestehen, sind die bisherigen Vorschriften weiter anzuwenden, es sei denn, die Vertragsparteien vereinbaren die Anwendung der Vorschriften dieser Verordnung.

§ 10 Inkrafttreten, Außerkrafttreten. [1]Diese Verordnung tritt am 1. August 1996 in Kraft. [2]Gleichzeitig tritt die Verordnung über die Berufsausbildung zum Fachgehilfen in steuer- und wirtschaftsberatenden Berufen vom 15. Februar 1978 (BGBl. I S. 269) außer Kraft.

Anlage I
(zu § 4)

Ausbildungsrahmenplan für die Berufsausbildung zum Steuerfachangestellten/zur Steuerfachangestellten

– Sachliche Gliederung –

Lfd. Nr.	Teil des Ausbildungsberufsbildes	Zu vermittelnde Fertigkeiten und Kenntnisse
1	2	3
1.	Ausbildungspraxis (§ 3 Nr. 1)	
1.1	Bedeutung, Stellung und gesetzliche Grundlagen der steuerberatenden und wirtschaftsprüfenden Berufe (§ 3 Nr. 1.1)	a) die Ausbildungspraxis und ihre Aufgaben in den gesamtwirtschaftlichen Zusammenhang einordnen b) Aufgaben der für die Ausbildungspraxis wichtigen Organisationen der Arbeitgeber und der Arbeitnehmer sowie der Finanzbehörden darstellen c) Aufgaben der steuerberatenden und wirtschaftsprüfenden Berufe erklären d) wesentliche Vorschriften des Berufsrechts der Steuerberater und Steuerbevollmächtigten sowie der Wirtschaftsprüfer und vereidigten Buchprüfer erläutern e) Vorschriften über Verschwiegenheitspflichten und Auskunftsverweigerungsrechte beachten sowie die Folgen ihrer Verletzung beschreiben
1.2	Personalwesen, arbeits- und sozialrechtliche Grundlagen (§ 3 Nr. 1.2)	a) für das Ausbildungs- und Arbeitsverhältnis in Betracht kommende Vorschriften des Arbeits- und Sozialrechts erläutern b) die für das Ausbildungs- und Arbeitsverhältnis wichtigen Nachweise erklären c) Personaleinsatzplanung an praktischen Beispielen erläutern d) Anforderungen an handlungskompetente Mitarbeiter in der Ausbildungspraxis beschreiben e) die durch das Berufsrecht gesetzten Grenzen des selbständigen Handelns bei der eigenen Arbeit beachten
1.3	Berufsbildung (§ 3 Nr. 1.3)	a) rechtliche Vorschriften der Berufsbildung erklären b) Inhalte des Berufsausbildungsvertrages, insbesondere die Rechte und Pflichten des Auszubildenden und des Ausbildenden, erläutern c) den betrieblichen Ausbildungsplan mit der Ausbildungsordnung vergleichen und zu seiner Umsetzung beitragen d) berufliche Fortbildungsmöglichkeiten und ihren Nutzen darstellen

Lfd. Nr.	Teil des Ausbildungsberufsbildes	Zu vermittelnde Fertigkeiten und Kenntnisse
1	2	3
1.4	Arbeitssicherheit, Umweltschutz und rationelle Energieverwendung (§ 3 Nr. 1.4)	a) berufsbezogene Arbeitsschutz- und Unfallverhütungsvorschriften einhalten und sich bei Unfällen situationsgerecht verhalten b) zur Vermeidung betriebsbedingter Umweltbelastungen im beruflichen Einwirkungsbereich beitragen c) zu sparsamen Material- und Energieverwendung im beruflichen Einwirkungsbereich beitragen
2.	Praxis- und Arbeitsorganisation (§ 3 Nr. 2)	
2.1	Inhalt und Organisation der Arbeitsabläufe (§ 3 Nr. 2.1)	a) Organisation der Ausbildungspraxis in Aufbau und Ablauf dastellen b) Zeichnungs- und Vertretungsregelung sowie Weisungsbefugnisse beachten c) Posteingang und Postausgang bearbeiten d) Termine planen und bei Fristenkontrolle mitwirken e) Aktenvermerke verfassen, Schriftstücke entwerfen und gestalten f) Registratur- und Fachbibliotheksarbeiten durchführen g) Vorgänge des Zahlungsverkehrs bearbeiten h) Möglichkeiten humaner Arbeitsgestaltung an Beispielen der Ausbildungspraxis erläutern i) Vorschriften für Büroarbeitsplätze beachten und den eigenen Arbeitsplatz sachgerecht gestalten k) den eigenen Aufgabenbereich selbstverantwortlich und zeitökonomisch gestalten
2.2	Kooperation und Kommunikation (§ 3 Nr. 2.2)	a) Möglichkeiten der gegenseitigen Information und der Kooperation innerhalb der Ausbildungspraxis nutzen b) Gespräche und Korrespondenz mandantenorientiert führen
3.	Anwenden von Informations- und Kommunikationstechniken (§ 3 Nr. 3)	a) die in der Ausbildungspraxis für unterschiedliche Arbeitsaufgaben, insbesondere für die Finanzbuchhaltung, eingesetzten Datenverarbeitungsanwendungen nutzen b) Handbücher, Dokumentationen und andere Hilfsmittel nutzen c) Schutzvorschriften und Regelungen für Bildschirmarbeitsplätze beachten d) die in der Ausbildungspraxis eingesetzten Informations- und Kommunikationstechniken nutzen e) Vorschriften des Datenschutzes beachten f) betriebliche Regelungen zur Datensicherheit anwenden

Lfd. Nr.	Teil des Ausbildungsberufsbildes	Zu vermittelnde Fertigkeiten und Kenntnisse
1	2	3
4.	Rechnungswesen (§ 3 Nr. 4)	
4.1	Buchführungs- und Bilanzierungsvorschriften (§ 3 Nr. 4.1)	a) Buchführungspflichten nach Handels- und Steuerrecht sowie Grundsätze ordnungsmäßiger Buchführung beachten b) Aufzeichnungspflichten nach Steuerrecht beachten und von den Buchführungspflichten unterscheiden c) Vorschriften über die Eröffnungsbilanz und den Jahresabschluß anwenden d) Vorschriften über die Aufbewahrungsfristen beachten
4.2	Buchführungs- und Abschlußtechnik (§ 3 Nr. 4.2)	a) die verschiedenen Buchungstechniken nach ihren Einsatzmöglichkeiten unterscheiden b) Kontenrahmen auswählen und Kontenpläne aufstellen c) Konten eröffnen, Geschäftsvorfälle kontieren und buchen sowie Konten abschließen d) Nebenbücher führen und abschließen e) Anlagenverzeichnisse führen
4.3	Lohn- und Gehaltsabrechnung (§ 3 Nr. 4.3)	a) steuer- und sozialversicherungsrechtliche Vorschriften für die Lohn- und Gehaltsabrechnung anwenden b) Lohn- und Gehaltsabrechnungen erstellen c) Lohn- und Gehaltskonten führen d) die im Rahmen der Lohn- und Gehaltsbuchführung notwendigen Nachweise und Anmeldungen erstellen e) die Ergebnisse der Lohn- und Gehaltsabrechnung in die Finanzbuchhaltung übernehmen
4.4	Erstellen von Abschlüssen (§ 3 Nr. 4.4)	a) Einnahme-Überschußrechnung erstellen b) Bilanz sowie Gewinn- und Verlustrechnung aus der Buchführung entwickeln
5.	Betriebswirtschaftliche Facharbeit (§ 3 Nr. 5)	
5.1	Auswerten der Rechnungslegung (§ 3 Nr. 5.1)	a) Zielsetzung innerer und äußerer Betriebsvergleiche darstellen b) betriebliche Kennziffern ermitteln und auswerten c) Vermögens- und Kapitalstrukturen ermitteln d) Kosten und Erlöse im Mehrjahresvergleich gegenüberstellen e) Richtsatzvergleiche durchführen
5.2	Finanzierung (§ 3 Nr. 5.2)	a) Finanzierungsregeln unterscheiden b) Eigen- und Fremdfinanzierung; Außen- und Innenfinanzierung an Beispielen erläutern

Lfd. Nr.	Teil des Ausbildungsberufsbildes	Zu vermittelnde Fertigkeiten und Kenntnisse
1	2	3
6.	Steuerliche Facharbeit (§ 3 Nr. 6)	
6.1	Abgabenordnung (§ 3 Nr. 6.1)	a) mit steuerlichen Vorschriften, Richtlinien, Rechtsprechung und Fachliteratur umgehen b) Rechte und Pflichten der Beteiligten, ihrer gesetzlichen Vertreter sowie der Finanzbehörden im Besteuerungsverfahren unterscheiden c) Vorschriften über die Entstehung und Festsetzung der Steuer sowie über die Fälligkeit beachten d) Anträge auf Stundung, Aussetzung der Vollziehung und Erlaß sowie Aufrechnungserklärungen entwerfen e) Fristen und Termine berechnen, Verjährungsfristen beachten und Anträge auf Fristverlängerung entwerfen f) über die Zulässigkeit und Durchführung des außergerichtlichen Rechtsbehelfsverfahrens sowie über die Aufhebung und Änderung von Steuerbescheiden Auskunft geben g) Einsprüche und Anträge auf Aufhebung und Änderung von Steuerbescheiden entwerfen h) Tatbestände der Steuerhinterziehung, der leichtfertigen Steuerverkürzung und der Steuergefährdung unterscheiden i) über den Ablauf des finanzgerichtlichen Verfahrens Auskunft geben
6.2	Umsatzsteuer (§ 3 Nr. 6.2)	a) Umsatzsteuer-Voranmeldungen und Zusammenfassende Meldungen erstellen b) Umsatzsteuererklärungen erstellen und Umsatzverprobungen durchführen c) Umsatzsteuerbescheide prüfen
6.3	Einkommensteuer (§ 3 Nr. 6.3)	a) Besteuerungsgrundlagen ermitteln b) Einkommensteuererklärungen erstellen c) Erklärungen zur gesonderten Feststellung der Einkünfte erstellen d) das zu versteuernde Einkommen ermitteln e) tarifliche und festzusetzende Einkommensteuer berechnen f) Einkommensteuer- und Feststellungsbescheide prüfen g) Anträge auf Lohnsteuerermäßigung stellen und Eintragungen auf der Lohnsteuerkarte prüfen
6.4	Körperschaftsteuer (§ 3 Nr. 6.4)	a) Körperschaftsteuerpflicht prüfen b) steuerpflichtiges Einkommen nach dem Einkommensteuergesetz und nach dem Körperschaftsteuergesetz unterscheiden c) Körperschaftsteuertarife, Ausschüttungsbelastung und Anrechnungsverfahren erklären

Lfd. Nr.	Teil des Ausbildungsberufsbildes	Zu vermittelnde Fertigkeiten und Kenntnisse
1	2	3
6.5	Gewerbesteuer (§ 3 Nr. 6.5)	a) Gewerbesteuerrückstellungen berechnen b) Gewerbesteuererklärungen einschließlich Zerlegungserklärungen erstellen c) Gewerbesteuermeßbescheide, Zerlegungsbescheide und Gewerbesteuerbescheide prüfen
6.6	Bewertungsgesetz (§ 3 Nr. 6.6)	a) Vermögensarten und die Bewertung der zu ihnen gehörenden Wirtschaftsgüter sowie der Schulden und Abzüge erläutern b) Vermögensaufstellungen erstellen c) Wertfortschreibungsgrenzen prüfen d) Einheitswertbescheide für Betriebsvermögen und das einem freien Beruf dienende Vermögen prüfen
6.7	Vermögensteuer (§ 3 Nr. 6.7)	a) Vermögensteuererklärungen erstellen b) Vermögensteuerbelastung errechnen c) Neuveranlagungsgrenzen prüfen d) Vermögensteuerbescheide prüfen

Anlage II
(zu § 4)

Ausbildungsrahmenplan für die Berufsausbildung zum Steuerfachangestellten/zur Steuerfachangestellten

– Zeitliche Gliederung –

A.

Die Fertigkeiten und Kenntnisse zu den Berufsbildpositionen 1.4, 2.1, Lernziele h, i, k, und 2.2 sind während der gesamten Ausbildungsdauer zu vermitteln. Ihre Vermittlung soll insbesondere in Zusammenhang mit den Berufsbildpositionen 4 und 6 erfolgen.

B.

1. Ausbildungsjahr

(1) In einem Zeitraum von insgesamt vier bis sechs Monaten sind schwerpunktmäßig die Fertigkeiten und Kenntnisse der Berufsbildpositionen
4.2 Buchführungs- und Abschlußtechnik, Lernziele a bis c,
6.1 Abgabenordnung, Lernziele a und e,
6.2 Umsatzsteuer, Lernziel a,
zu vermitteln.

(2) In einem Zeitraum von insgesamt drei bis fünf Monaten sind schwerpunktmäßig die Fertigkeiten und Kenntnisse der Berufsbildpositionen
2.1 Inhalt und Organisation der Arbeitsabläufe, Lernziele a, b, c, d, f und g,
4.1 Buchführungs- und Bilanzierungsvorschriften, Lernziele a, b und d,
zu vermitteln.

(3) In einem Zeitraum von insgesamt zwei bis vier Monaten sind schwerpunktmäßig die Fertigkeiten und Kenntnisse der Berufsbildpositionen
1.1 Bedeutung, Stellung und gesetzliche Grundlagen der steuerberatenden und wirtschaftsprüfenden Berufe,
1.2 Personalwesen, arbeits- und sozialrechtliche Grundlagen, Lernziele a, b und e,
1.3 Berufsbildung, Lernziele a bis c,
3. Anwenden von Informations- und Kommunikationstechniken, Lernziele d und e,
6.3 Einkommensteuer, Lernziele a und b,
zu vermitteln.

2. Ausbildungsjahr

(1) In einem Zeitraum von insgesamt vier bis sechs Monaten sind schwerpunktmäßig die Fertigkeiten und Kenntnisse der Berufsbildpositionen
6.1 Abgabenordnung, Lernziele c und g,
6.2 Umsatzsteuer, Lernziele b und c,
6.3 Einkommensteuer, Lernziele c bis g,
6.5 Gewerbesteuer
zu vermitteln sowie in Verbindung damit die Fertigkeiten und Kenntnisse der Berufsbildpositionen
6.1 Abgabenordnung, Lernziele a und e,
6.2 Umsatzsteuer, Lernziel a,
6.3 Einkommensteuer, Lernziele a und b,
zu vertiefen.

(2) In einem Zeitraum von insgesamt drei bis fünf Monaten sind schwerpunktmäßig die Fertigkeiten und Kenntnisse der Berufsbildpositionen
4.2 Buchführungs- und Abschlußtechnik, Lernziele d und e,
4.4 Erstellen von Abschlüssen, Lernziel a,
und in Verbindung damit die Fertigkeiten und Kenntnisse der Berufsbildposition

3. Anwenden von Informations- und Kommunikationstechniken, Lernziele a, b, c und f,
zu vermitteln sowie die Fertigkeiten und Kenntnisse der Berufsbildpositionen
4.1 Buchführungs- und Bilanzierungsvorschriften, Lernziele a, b und d,
4.2 Buchführungs- und Abschlußtechnik, Lernziele a bis c,
3. Anwenden von Informations- und Kommunikationstechniken, Lernziele d und e,
zu vertiefen.

(3) In einem Zeitraum von insgesamt zwei bis vier Monaten sind schwerpunktmäßig die Fertigkeiten und Kenntnisse der Berufsbildpositionen
1.2 Personalwesen, arbeits- und sozialrechtliche Grundlagen, Lernziele c und d,
2.1 Inhalt und Organisation der Arbeitsabläufe, Lernziel e,
4.3 Lohn- und Gehaltsabrechnung
zu vermitteln.

3. Ausbildungsjahr

(1) In einem Zeitraum von insgesamt vier bis sechs Monaten sind schwerpunktmäßig die Fertigkeiten und Kenntnisse der Berufsbildpositionen
6.1 Abgabenordnung, Lernziele b, d, f, h und i,
6.4 Körperschaftsteuer,
6.6 Bewertungsgesetz,
6.7 Vermögensteuer
zu vermitteln sowie die Fertigkeiten und Kenntnisse der Berufsbildpositionen
6.1 Abgabenordnung, Lernziele a, c und g,
6.2 Umsatzsteuer,
6.3 Einkommensteuer,
6.5 Gewerbesteuer
zu vertiefen.

(2) In einem Zeitraum von insgesamt drei bis fünf Monaten sind schwerpunktmäßig die Fertigkeiten und Kenntnisse der Berufsbildpositionen
4.1 Buchführungs- und Bilanzierungsvorschriften, Lernziel c,
4.4 Erstellen von Abschlüssen, Lernziel b,
zu vermitteln sowie in Verbindung damit die Fertigkeiten und Kenntnisse der Berufsbildpositionen
3. Anwenden von Informations- und Kommunikationstechniken,
4.2 Buchführungs- und Abschlußtechnik, Lernziele c und e,
4.3 Lohn- und Gehaltsabrechnung,
4.4 Erstellen von Abschlüssen, Lernziel a,
zu vertiefen.

(3) In einem Zeitraum von insgesamt zwei bis vier Monaten sind schwerpunktmäßig die Fertigkeiten und Kenntnisse der Berufsbildpositionen
1.3 Berufsbildung, Lernziel d,
5. Betriebswirtschaftliche Facharbeit
zu vermitteln sowie die Fertigkeiten und Kenntnisse der Berufsbildposition
2.1 Inhalt und Organisation der Arbeitsabläufe, Lernziel e,
zu vertiefen.

850. Gesetz über eine Berufsordnung der Wirtschaftsprüfer (Wirtschaftsprüferordnung)[1)]

In der Fassung der Bekanntmachung vom 5. November 1975
(BGBl. I S. 2803)

Geändert durch Gesetz zur Bereinigung wirtschaftsrechtlicher Vorschriften vom 27. 2. 1985 (BGBl. I S. 457), Bilanzrichtlinien-Gesetz vom 19. 12. 1985 (BGBl. I S. 2355), Erstes Gesetz zur Bereinigung des Verwaltungsverfahrensrechts vom 18. 2. 1986 (BGBl. I S. 265), Erstes Rechtsbereinigungsgesetz vom 24. 4. 1986 (BGBl. I S. 560), Zweites Gesetz zur Änderung der Wirtschaftsprüferordnung vom 20. 7. 1990 (BGBl. I S. 1462), Einigungsvertrag vom 31. 8. 1990 (BGBl. II S. 889, 998), Rechtspflege-Vereinfachungsgesetz vom 17. 12. 1990 (BGBl. I S. 2847), EWR-Ausführungsgesetz vom 27. 4. 1993 (BGBl. I S. 512, 2436), Drittes Gesetz zur Änderung der Wirtschaftsprüferordnung vom 15. 7. 1994 (BGBl. I S. 1569), Gesetz zur Schaffung von Partnerschaftsgesellschaften und zur Änderung anderer Gesetze vom 25. 7. 1994 (BGBl. I S. 1744), Gesetz zu dem Übereinkommen vom 15. April 1994 zur Errichtung der Welthandelsorganisation vom 30. 8. 1994 (BGBl. II S. 1438), Einführungsgesetz zur Insolvenzordnung vom 5. 10. 1994 (BGBl. I S. 2911, geänd. durch Gesetz zur Änderung des Einführungsgesetzes zur Insolvenzordnung und anderer Gesetze vom 19. 12. 1998, BGBl. I S. 3836), Gesetz zur Kontrolle und Transparenz im Unternehmensbereich vom 27. 4. 1998 (BGBl. I S. 786), Drittes Gesetz zur Änderung der Bundesnotarordnung und anderer Gesetze vom 31. 8. 1998 (BGBl. I S. 2585), Gesetz zur Änderung der Bundesrechtsanwaltsordnung, der Patentanwaltsordnung und anderer Gesetze vom 31. 8. 1998 (BGBl. I S. 2600), Kapitalgesellschaften- und Co-Richtlinie-Gesetz vom 24. 2. 2000 (BGBl. I S. 154), Wirtschaftsprüferordnungs-Änderungsgesetz vom 19. 12. 2000 (BGBl. I S. 1769), Gesetz zur Beendigung der Diskriminierung gleichgeschlechtlicher Gemeinschaften vom 16. 2. 2001 (BGBl. I S. 266), Euro-Bilanzgesetz vom 10. 12. 2001 (BGBl. I S. 3414), Gesetz zur Änderung der Strafprozessordnung vom 15. 2. 2002 (BGBl. I S. 682), Gesetz zur Gleichstellung behinderter Menschen und zur Änderung anderer Gesetze vom 27. 4. 2002 (BGBl. I S. 1467), Drittes Gesetz zur Änderung verwaltungsverfahrensrechtlicher Vorschriften vom 21. 8. 2002 (BGBl. I S. 3322), Gesetz zur Änderung des Gesetzes über die Tätigkeit europäischer Rechtsanwälte in Deutschland und weiterer berufsrechtlicher Vorschriften für Rechts- und Patentanwälte, Steuerberater und Wirtschaftsprüfer vom 26. 10. 2003 (BGBl. I S. 2074), Achte Zuständigkeitsanpassungsverordnung vom 25. 11. 2003 (BGBl. I S. 2304), Wirtschaftsprüfungsexamens-Reformgesetz vom 1. 12. 2003 (BGBl. I S. 2446)[2)], Kostenrechtsmodernisierungsgesetz vom 5. 5. 2004 (BGBl. I S. 718), Kommunales Optionsgesetz vom 30. 7. 2004 (BGBl. I S. 2014), Bilanzkontrollgesetz vom 15. 12. 2004 (BGBl. I S. 3408), Gesetz zur Vereinfachung und Vereinheitlichung der Verfahrensvorschriften zur Wahl und Berufung ehrenamtlicher Richter vom 21. 12. 2004 (BGBl. I S. 3599), Abschlussprüferaufsichtsgesetz vom 27. 12. 2004 (BGBl. I S. 3846), Neunte Zuständigkeitsanpassungsverordnung vom 31. 10. 2006 (BGBl. I S. 2407), 2. Justizmodernisierungsgesetz vom 22. 12. 2006 (BGBl. I S. 3416), Berufsaufsichtsreformgesetz vom 3. 9. 2007 (BGBl. I S. 2178), Gesetz zur Reform des Versicherungsvertragsrechts vom 23. 11. 2007 (BGBl. I S. 2631), Gesetz zur Neuregelung des Verbots der Vereinbarung von Erfolgshonoraren vom 12. 6. 2008 (BGBl. I S. 1000), FGG-Reformgesetz vom 17. 12. 2008 (BGBl. I S. 2586), Bilanzrechtsmodernisierungsgesetz vom 25. 5. 2009 (BGBl. I S. 1102), Gesetz zur Umsetzung der Dienstleistungsrichtlinie im Gewerberecht und in weiteren Rechtsvorschriften vom 17. 7. 2009 (BGBl. I S. 2091), Gesetz zur Reform der Sachaufklärung in der Zwangsvollstreckung vom 29. 7. 2009 (BGBl. I S. 2258), Gesetz zur Änderung des Untersuchungshaftrechts vom 29. 7. 2009 (BGBl. I S. 2274), Viertes Gesetz zur Änderung der Wirtschaftsprüferordnung vom 2. 12. 2010 (BGBl. I S. 1746), Gesetz zur

---

1) Neubekanntmachung der Wirtschaftsprüferordnung v. 24. 7. 1961 auf Grund des Artikels 6 des G zur Änderung der Wirtschaftsprüferordnung und anderer G v. 20. 8. 1975 (BGBl. I S. 2258) unter Berücksichtigung des G v. 24. 7. 1961 (BGBl. I S. 1049).

2) In Kraft ab 1. 1. 2004. Siehe Übergangsregelungen in §§ 134 ff.

Umsetzung der Dienstleistungsrichtlinie in der Justiz und zur Änderung weiterer Vorschriften vom 22. 12. 2010 (BGBl. I S. 2248), Gesetz zur Verbesserung der Feststellung und Anerkennung im Ausland erworbener Berufsqualifikationen vom 6. 12. 2011 (BGBl. I S. 2515), Gesetz zur Stärkung der Rechte von Opfern sexuellen Missbrauchs (StORMG) vom 26. 6. 2013 (BGBl. I S. 1805), Gesetz zur Einführung einer Partnerschaftsgesellschaft mit beschränkter Berufshaftung und zur Änderung des Berufsrechts der Rechtsanwälte, Patentanwälte, Steuerberater und Wirtschaftsprüfer vom 15. 7. 2013 (BGBl. I S. 2386), Gesetz zur Strukturreform des Gebührenrechts des Bundes vom 7. 8. 2013 (BGBl. I S. 3154), Gesetz zur Änderung des Prozesskostenhilfe- und Beratungshilferechts vom 31. 8. 2013 (BGBl. I S. 3533) und Zehnte Zuständigkeitsanpassungsverordnung vom 31. 8. 2015 (BGBl. I S. 1474)

BGBl. III/FNA 702-1

Inhaltsübersicht

Fünfter Abschnitt. Wirtschaftsprüfungsgesellschaften §§

**Sechster Abschnitt.
Allgemeine Vorschriften für das Verwaltungsverfahren**

Siebenter Abschnitt. Berufsregister

Achter Abschnitt. Verwaltungsgerichtliches Verfahren

Dritter Teil. Rechte und Pflichten der Wirtschaftsprüfer

Vierter Teil. Organisation des Berufs

Fünfter Teil. Berufsaufsicht

Sechster Teil. Berufsgerichtsbarkeit

**Erster Abschnitt.
Die berufsgerichtliche Ahndung von Pflichtverletzungen**

Zweiter Abschnitt. Die Gerichte

Dritter Abschnitt. Verfahrensvorschriften

1. Allgemeines

Vierter Abschnitt.
Die Kosten in dem berufsgerichtlichen Verfahren und in dem Verfahren bei Anträgen auf berufsgerichtliche Entscheidung über die Rüge.
Die Vollstreckung der berufsgerichtlichen Maßnahmen und der Kosten.
Die Tilgung

Fünfter Abschnitt. Anzuwendende Vorschriften

Siebenter Teil.
Vereidigte Buchprüfer und Buchprüfungsgesellschaften

Achter Teil. ***(aufgehoben)***

Neunter Teil. Eignungsprüfung als Wirtschaftsprüfer

Zehnter Teil. Straf- und Bußgeldvorschriften

Elfter Teil. Übergangs- und Schlußvorschriften

Erster Teil. Allgemeine Vorschriften

§ 1[1)] Wirtschaftsprüfer und Wirtschaftsprüfungsgesellschaften.

(1) [1]Wirtschaftsprüfer oder Wirtschaftsprüferinnen (Berufsangehörige) sind Personen, die als solche öffentlich bestellt sind. [2]Die Bestellung setzt den Nachweis der persönlichen und fachlichen Eignung im Zulassungs- und staatlichen Prüfungsverfahren voraus.

(2) [1]Der Wirtschaftsprüfer übt einen freien Beruf aus. [2]Seine Tätigkeit ist kein Gewerbe.

(3) [1]Wirtschaftsprüfungsgesellschaften bedürfen der Anerkennung. [2]Die Anerkennung setzt den Nachweis voraus, daß die Gesellschaft von Wirtschaftsprüfern verantwortlich geführt wird.

§ 2[2)] Inhalt der Tätigkeit. (1) Wirtschaftsprüfer haben die berufliche Aufgabe, betriebswirtschaftliche Prüfungen, insbesondere solche von Jahresabschlüssen wirtschaftlicher Unternehmen, durchzuführen und Bestätigungsvermerke über die Vornahme und das Ergebnis solcher Prüfungen zu erteilen.

(2) Wirtschaftsprüfer sind befugt, ihre Auftraggeber in steuerlichen Angelegenheiten nach Maßgabe der bestehenden Vorschriften zu beraten und zu vertreten.

(3) Wirtschaftsprüfer sind weiter befugt

1. unter Berufung auf ihren Berufseid auf den Gebieten der wirtschaftlichen Betriebsführung als Sachverständige aufzutreten;
2. in wirtschaftlichen Angelegenheiten zu beraten und fremde Interessen zu wahren;
3. zur treuhänderischen Verwaltung.

[1)] § 1 Abs. 1 neu gef. mWv 1. 1. 2004 durch G v. 1. 12. 2003 (BGBl. I S. 2446).

[2)] § 2 Abs. 3 neu gef. durch G v. 15. 7. 1994 (BGBl. I S. 1569).

§ 3[1)] Berufliche Niederlassung. (1) [1]Berufsangehörige müssen unmittelbar nach der Bestellung eine berufliche Niederlassung begründen und eine solche unterhalten; wird die Niederlassung in einem Staat begründet, der nicht Mitgliedstaat der Europäischen Union oder Vertragsstaat des Abkommens über den europäischen Wirtschaftsraum (Drittstaat) oder die Schweiz ist, muss eine zustellungsfähige Anschrift im Inland unterhalten werden. [2]Berufliche Niederlassung eines selbständigen Wirtschaftsprüfers ist die eigene Praxis, von der aus er seinen Beruf überwiegend ausübt. [3]Als berufliche Niederlassung eines ausschließlich nach § 43 a Abs. 1 angestellten Wirtschaftsprüfers gilt die Niederlassung, von der aus er seinen Beruf überwiegend ausübt.

(2) Bei Wirtschaftsprüfungsgesellschaften ist Sitz der Hauptniederlassung der Sitz der Gesellschaft.

(3) Wirtschaftsprüfer und Wirtschaftsprüfungsgesellschaften dürfen Zweigniederlassungen nach den Vorschriften dieses Gesetzes begründen.

§ 4[2)] Wirtschaftsprüferkammer. (1) [1]Zur Erfüllung der beruflichen Selbstverwaltungsaufgaben wird eine Kammer der Wirtschaftsprüfer gebildet; diese wird bei der Prüfung und der Eignungsprüfung, der Bestellung, der Anerkennung, dem Widerruf und der Registrierung, der Berufsaufsicht und der Qualitätskontrolle sowie bei der dem Erlass von Berufsausübungsregelungen (§ 57 Abs. 3, § 57 c) in mittelbarer Staatsverwaltung tätig. [2]Sie führt die Bezeichnung „Wirtschaftsprüferkammer".

(2) [1]Die Wirtschaftsprüferkammer ist eine Körperschaft des öffentlichen Rechts. [2]Ihr Sitz bestimmt sich nach ihrer Satzung.

(3) Die Wirtschaftsprüferkammer kann Landesgeschäftsstellen errichten.

§ 4 a[3)] Verfahren über eine einheitliche Stelle. Die Verwaltungsverfahren in öffentlich-rechtlichen und berufsrechtlichen Angelegenheiten, die in diesem Gesetz oder in einer auf Grund dieses Gesetzes erlassenen Rechtsverordnung geregelt werden, können über eine einheitliche Stelle nach den Vorschriften des Verwaltungsverfahrensgesetzes abgewickelt werden.

§ 4 b[4)] Frist für den Erlass von Verwaltungsakten. [1]Über Anträge auf Erteilung eines Verwaltungsaktes durch die Wirtschaftsprüferkammer ist innerhalb einer Frist von drei Monaten zu entscheiden, soweit keine kürzere Frist vorgesehen ist; § 42 a Absatz 2 Satz 2 bis 4 des Verwaltungsverfahrensgesetzes gilt entsprechend. [2]In den Fällen des § 16 a und des § 20 a beginnt die Frist erst mit der Vorlage des ärztlichen Gutachtens.

[1)] § 3 neu gef. mWv 1. 1. 1995 durch G v. 15. 7. 1994 (BGBl. I S. 1569), Abs. 1 Satz 3 geänd. mWv 1. 1. 2001 durch G v. 19. 12. 2000 (BGBl. I S. 1769), Abs. 1 Satz 1 neu gef. mWv 1. 1. 2004 durch G v. 1. 12. 2003 (BGBl. I S. 2446), Abs. 1 HS 2 angef. mWv 6. 9. 2007 durch G v. 3. 9. 2007 (BGBl. I S. 2178), Abs. 1 Satz 1 HS 2 neu gef. mWv 29. 5. 2009 durch G v. 25. 5. 2009 (BGBl. I S. 1102).

[2)] § 4 Abs. 1 Satz 1 neu gef. mWv 1. 1. 2005 durch G v. 27. 12. 2004 (BGBl. I S. 3846), Abs. 1 Satz 1 HS 2 geänd. mWv 6. 9. 2007 durch G v. 3. 9. 2007 (BGBl. I S. 2178).

[3)] § 4 a eingef. mWv 28. 12. 2009 durch G v. 17. 7. 2009 (BGBl. I S. 2091).

[4)] § 4 b eingef. mWv 28. 12. 2010 durch G v. 22. 12. 2010 (BGBl. I S. 2248).

Zweiter Teil. Voraussetzungen für die Berufsausübung

Erster Abschnitt. Zulassung zur Prüfung

§ 5[1)] Prüfungsstelle, Rechtsschutz. (1) Die Wirtschaftsprüferkammer richtet zur Erfüllung der ihr nach dem Zweiten und Neunten[2)] Teil dieses Gesetzes obliegenden Aufgaben für das Zulassungs- und staatliche Prüfungsverfahren eine „Prüfungsstelle für das Wirtschaftsprüfungsexamen bei der Wirtschaftsprüferkammer" (Prüfungsstelle) ein.

(2) [1]Die Prüfungsstelle ist eine selbstständige Verwaltungseinheit bei der Wirtschaftsprüferkammer. [2]Die Prüfungsstelle wird von einer Person geleitet, welche die Befähigung zum Richteramt haben muss (Leitung der Prüfungsstelle). [3]Die Prüfungsstelle ist bei der Erfüllung ihrer Aufgaben an Weisungen nicht gebunden.

(3) Die Prüfungsstelle kann bei der Durchführung ihrer Aufgaben die Landesgeschäftsstellen der Wirtschaftsprüferkammer einbeziehen.

(4) Die Prüfungsstelle unterstützt die Aufgabenkommission, die Prüfungskommission und die Widerspruchskommission.

(5) Über den Widerspruch gegen Bescheide, die im Rahmen des Zulassungs- und Prüfungsverfahrens erlassen worden sind, entscheidet die Widerspruchskommission.

§ 6[3)] Verbindliche Auskunft. Auf Antrag erteilt die Prüfungsstelle eine verbindliche Auskunft über die Erfüllung einzelner Voraussetzungen für die Zulassung zur Prüfung, für die Befreiung von Zulassungsvoraussetzungen und für die Anrechnung von Prüfungsleistungen.

§ 7[4)] Antrag auf Zulassung zur Prüfung. Der Antrag auf Zulassung zur Prüfung ist in schriftlicher Form an die Prüfungsstelle zu richten.

§ 8[4)] Voraussetzungen für die Zulassung (Vorbildung). (1) Die Zulassung setzt den Nachweis einer abgeschlossenen Hochschulausbildung voraus.

(2) Auf den Nachweis einer abgeschlossenen Hochschulausbildung kann verzichtet werden, wenn die Bewerbenden

1. sich in mindestens zehnjähriger Tätigkeit als Beschäftigte bei Berufsangehörigen, einer Wirtschaftsprüfungsgesellschaft, vereidigten Buchprüfern oder vereidigten Buchprüferinnen, einer Buchprüfungsgesellschaft, einem genossenschaftlichen Prüfungsverband oder der Prüfungsstelle eines Sparkassen- und Giroverbandes oder einer überörtlichen Prüfungseinrichtung für Körperschaften und Anstalten des öffentlichen Rechts bewährt haben;

---

1) § 5 neu gef. mWv 1. 1. 2004 durch G v. 1. 12. 2003 (BGBl. I S. 2446).
2) Verweis auf „Neunten" Teil geänd. durch G v. 3. 9. 2007 (BGBl. I S. 2178).
3) § 6 neu gef. mWv 1. 1. 2004 durch G v. 1. 12. 2003 (BGBl. I S. 2446).
4) §§ 7 und 8 neu gef. mWv 1. 1. 2004 durch G v. 1. 12. 2003 (BGBl. I S. 2446).

2. mindestens fünf Jahre den Beruf als vereidigter Buchprüfer oder vereidigte Buchprüferin oder als Steuerberater oder Steuerberaterin ausgeübt haben.

(3) Wurde die Hochschulausbildung außerhalb des Geltungsbereiches dieses Gesetzes abgeschlossen, so muss das Abschlusszeugnis gleichwertig sein.

§ 8 a[1] Anerkannte Hochschulausbildungsgänge, Rechtsverordnung.

(1) Hochschulausbildungsgänge,

1. die alle Wissensgebiete nach § 4 der Wirtschaftsprüferprüfungsverordnung[2] umfassen,
2. die mit einer Hochschulprüfung oder einer staatlichen Prüfung abschließen und
3. in denen Prüfungen einzelner Wissensgebiete, für die ein Leistungsnachweis ausgestellt wird, in Inhalt, Form und Umfang einer Prüfung im Wirtschaftsprüfungsexamen entsprechen,

können auf Antrag der Hochschule von der in der Rechtsverordnung nach Absatz 3 bestimmten Stelle als zur Ausbildung von Berufsangehörigen besonders geeignet anerkannt werden.

(2) [1]Leistungsnachweise, die in Prüfungen nach Absatz 1 Nr. 3 erbracht wurden, ersetzen die entsprechenden Prüfungen im Wirtschaftsprüfungsexamen. [2]Die Leistungsnachweise sind der Prüfungsstelle vorzulegen.

(3) [1]Das Bundesministerium für Wirtschaft und Energie[3] bestimmt durch Rechtsverordnung mit Zustimmung des Bundesrates die für die Anerkennung zuständige Stelle. [2]In der Rechtsverordnung kann es ferner

1. die Voraussetzungen der Anerkennung näher bestimmen, insbesondere das Verfahren zur Feststellung, ob Wissensgebiete des Hochschulausbildungsgangs denen nach § 4 der Wirtschaftsprüferprüfungsverordnung[2] entsprechen,
2. Einzelheiten des Anerkennungsverfahrens, insbesondere die dem Antrag beizufügenden Unterlagen, und die Bekanntmachung der Anerkennung regeln sowie
3. die Voraussetzungen der frühzeitigen Zulassung zur Prüfung nach § 9 Abs. 6 Satz 2, insbesondere die dem Antrag beizufügenden Unterlagen, bestimmen.

§ 9[4] Voraussetzungen für die Zulassung (Prüfungstätigkeit).

(1) [1]Die Zulassung setzt eine für die Ausübung des Berufes genügende praktische Ausbildung (Tätigkeit) voraus. [2]Bewerbende mit abgeschlossener Hochschulausbildung haben eine wenigstens dreijährige Tätigkeit bei einer in § 8 Abs. 2 Nr. 1 genannten Stelle nachzuweisen. [3]Beträgt die Regelstudien-

---

[1] § 8 a neu gef. mWv 1. 1. 2004 durch G v. 1. 12. 2003 (BGBl. I S. 2446).

[2] Zitat geänd. durch G v. 27. 12. 2004 (BGBl. I S. 3846).

[3] Bezeichnung geänd. durch VO v. 31. 8. 2015 (BGBl. I S. 1474).

[4] § 9 neu gef. mWv 1. 1. 2004 durch G v. 1. 12. 2003 (BGBl. I S. 2446), Abs. 1 Satz 4 HS 1 geänd. mWv 6. 9. 2007 durch G v. 3. 9. 2007 (BGBl. I S. 2178).

zeit der Hochschulausbildung weniger als acht Semester, verlängert sich die Tätigkeit auf vier Jahre; eine darüber hinausgehende Tätigkeit wird nicht gefordert. [4]Die Tätigkeit muss nach Erwerb des ersten berufsqualifizierenden Hochschulabschlusses erbracht werden; Absatz 6 Satz 2 bleibt unberührt.

(2) [1]Von ihrer gesamten Tätigkeit müssen die Bewerbenden wenigstens während der Dauer zweier Jahre überwiegend an Abschlussprüfungen teilgenommen und bei der Abfassung der Prüfungsberichte mitgewirkt haben (Prüfungstätigkeit). [2]Sie sollen während dieser Zeit insbesondere an gesetzlich vorgeschriebenen Abschlussprüfungen teilgenommen und an der Abfassung der Prüfungsberichte hierüber mitgewirkt haben. [3]Die Prüfungstätigkeit muss

1. im Falle des § 8 Abs. 2 Nr. 1 nach dem fünften Jahr der Mitarbeit abgeleistet werden;
2. im Falle des § 8 Abs. 2 Nr. 2 während oder nach der beruflichen Tätigkeit als vereidigter Buchprüfer oder vereidigte Buchprüferin oder als Steuerberater oder Steuerberaterin abgeleistet werden.

[4]Das Erfordernis der Prüfungstätigkeit ist erfüllt, wenn die Bewerbenden nachweislich in fremden Unternehmen materielle Buch- und Bilanzprüfungen nach betriebswirtschaftlichen Grundsätzen durchgeführt haben. [5]Als fremd gilt ein Unternehmen, mit dem die Bewerbenden weder in einem Leitungs- noch in einem Anstellungsverhältnis stehen oder gestanden haben.

(3) Die Prüfungstätigkeit muss in Mitarbeit bei Berufsangehörigen, einer Wirtschaftsprüfungsgesellschaft, vereidigten Buchprüfern oder vereidigten Buchprüferinnen, einer Buchprüfungsgesellschaft, einem genossenschaftlichen Prüfungsverband, einer Prüfungsstelle eines Sparkassen- und Giroverbandes oder einer überörtlichen Prüfungseinrichtung für Körperschaften und Anstalten des öffentlichen Rechts, in denen ein Berufsangehöriger tätig ist, ausgeübt worden sein.

(4) Der Nachweis der Tätigkeit wie auch der Prüfungstätigkeit entfällt für Bewerbende, die seit mindestens 15 Jahren den Beruf als Steuerberater oder Steuerberaterin oder als vereidigter Buchprüfer oder vereidigte Buchprüferin ausgeübt haben; dabei sind bis zu zehn Jahre Berufstätigkeit als Steuerbevollmächtigter oder Steuerbevollmächtigte anzurechnen.

(5) [1]Eine Revisorentätigkeit in größeren Unternehmen oder eine Tätigkeit als Steuerberater oder Steuerberaterin oder in einem Prüfungsverband nach § 26 Abs. 2 des Kreditwesengesetzes oder eine mit der Prüfungstätigkeit in Zusammenhang stehende Tätigkeit bei der Wirtschaftsprüferkammer oder bei einer Personenvereinigung nach § 43a Abs. 4 Nr. 4 kann bis zur Höchstdauer von einem Jahr auf die Tätigkeit nach Absatz 1 angerechnet werden. [2]Dasselbe gilt für prüfende Personen im öffentlichen Dienst, sofern sie nachweislich selbstständig Prüfungen von größeren Betrieben durchgeführt haben. [3]Eine Tätigkeit im Ausland ist auf die Tätigkeit nach Absatz 1 anzurechnen, wenn sie bei einer Person, die in dem ausländischen Staat als sachverständiger Prüfer ermächtigt oder bestellt ist, abgeleistet wurde und wenn die Voraussetzungen für die Ermächtigung oder Bestellung den Vorschriften dieses Gesetzes im Wesentlichen entsprechen.

(6) 1 Eine Tätigkeit im Sinne des Absatzes 1, die im Rahmen eines nach § 8 a anerkannten Hochschulausbildungsgangs nachgewiesen wird, kann bis zu einer Höchstdauer von einem Jahr auf die Tätigkeit nach Absatz 1 angerechnet werden. 2 Zudem kann die Zulassung zur Prüfung abweichend von Absatz 1 bereits zu einem früheren Zeitpunkt erfolgen.

§§ 10 bis 11.[1] *(aufgehoben)*

§ 11 a.[2] *(aufgehoben)*

Zweiter Abschnitt. Prüfung

§ 12[3] **Prüfungskommission und Gliederung der Prüfung.** (1) Die Prüfung wird vor der Prüfungskommission abgelegt.

(2) Die Prüfung gliedert sich in eine schriftliche und eine mündliche Prüfung.

(3) An alle Bewerber sind ohne Rücksicht auf ihren beruflichen Werdegang gleiche Anforderungen zu stellen.

§ 13[4] **Verkürzte Prüfung für Steuerberater.** 1 Steuerberater und Bewerber, die die Prüfung als Steuerberater bestanden haben, können die Prüfung in verkürzter Form ablegen. 2 Bei der Prüfung in verkürzter Form entfällt die schriftliche und mündliche Prüfung im Steuerrecht.

§ 13 a[5] **Verkürzte Prüfung für vereidigte Buchprüfer.** (1) 1 Vereidigte Buchprüfer und vereidigte Buchprüferinnen können die Prüfung in verkürzter Form ablegen. 2 Bei der Prüfung in verkürzter Form entfällt für vereidigte Buchprüfer und vereidigte Buchprüferinnen, die Steuerberater oder Steuerberaterinnen sind, die schriftliche und mündliche Prüfung im Steuerrecht, in Angewandter Betriebswirtschaftslehre und Volkswirtschaftslehre, für vereidigte Buchprüfer und vereidigte Buchprüferinnen, die Rechtsanwälte oder Rechtsanwältinnen sind, im Wirtschaftsrecht, in Angewandter Betriebswirtschaftslehre und Volkswirtschaftslehre.

(2) 1 Anträge auf Zulassung zur verkürzten Prüfung, die nicht für eine Wiederholungsprüfung gestellt werden, müssen bis spätestens 31. Dezember 2007 formgerecht eingereicht werden. 2 Die Prüfungen müssen bis spätestens 31. Dezember 2009 abgelegt sein. 3 Dieselbe Frist gilt für die den Prüfungen nachfolgenden Rücktrittsfolge- und Wiederholungsprüfungen nach den §§ 21, 22, 32 und 33 der Wirtschaftsprüferprüfungsverordnung[6]; nach Ablauf der Frist nach Satz 2 besteht kein Anspruch mehr auf deren Durchführung.

---

[1] §§ 10 bis 11 aufgeh. mWv 6. 9. 2007 durch G v. 3. 9. 2007 (BGBl. I S. 2178).

[2] § 11 a aufgeh. mWv 1. 1. 2004 durch G v. 1. 12. 2003 (BGBl. I S. 2446).

[3] § 12 Abs. 1 neu gef. mWv 1. 1. 2004 durch G v. 1. 12. 2003 (BGBl. I S. 2446).

[4] § 13 Satz 1 geänd. mWv 1. 1. 2001 durch G v. 19. 12. 2000 (BGBl. I S. 1769).

[5] § 13 a eingef. durch G v. 19. 12. 1985 (BGBl. I S. 2355), neu gef. mWv 1. 1. 2004 durch G v. 1. 12. 2003 (BGBl. I S. 2446).

[6] Zitat geänd. durch G v. 27. 12. 2004 (BGBl. I S. 3846).

§ 13 b[1]) Verkürzte Prüfung nach Anrechnung gleichwertiger Prüfungsleistungen, Rechtsverordnung. [1]Prüfungsleistungen, die im Rahmen einer Hochschulausbildung erbracht werden, werden angerechnet, wenn ihre Gleichwertigkeit in Inhalt, Form und Umfang mit den in § 4 der Wirtschaftsprüferprüfungsverordnung[2]) aufgeführten Anforderungen der Prüfungsgebiete Angewandte Betriebswirtschaftslehre, Volkswirtschaftslehre oder Wirtschaftsrecht im Zulassungsverfahren durch die Prüfungsstelle festgestellt wird. [2]Bei der Prüfung in verkürzter Form entfällt die schriftliche und mündliche Prüfung in dem entsprechenden Prüfungsgebiet. [3]Das Bundesministerium für Wirtschaft und Energie[3]) wird ermächtigt, durch Rechtsverordnung mit Zustimmung des Bundesrates die inhaltlichen und formalen Voraussetzungen für die Feststellung der Gleichwertigkeit und das Verfahren festzulegen.

§ 14[4]) Einzelheiten des Prüfungsverfahrens. [1]Das Bundesministerium für Wirtschaft und Energie[3]) regelt durch Rechtsverordnung[5])

1. die Einrichtung der Prüfungskommission, der Aufgabenkommission und der Widerspruchskommission, in denen jeweils eine Person, die eine für die Wirtschaft zuständige oder eine andere oberste Landesbehörde vertritt, den Vorsitz hat, die Zusammensetzung und die Berufung ihrer Mitglieder;
2. die Einzelheiten der Prüfungsaufgabenfindung, der Prüfung und des Prüfungsverfahrens, insbesondere die dem Antrag auf Zulassung zur Prüfung beizufügenden Unterlagen, und die Prüfungsgebiete;
3. die schriftliche und mündliche Prüfung, Rücktritt und Ausschluss von der Prüfung, Prüfungsergebnis, Ergänzungsprüfung, Wiederholung der Prüfung und die Mitteilung des Prüfungsergebnisses.

[2]Die Rechtsverordnung bedarf nicht der Zustimmung des Bundesrates.

§ 14 a[6]) Zulassungsgebühr, Prüfungsgebühr. (1) [1]Für alle Zulassungs- und Prüfungsverfahren und für erfolglose Widerspruchsverfahren sind Gebühren an die Wirtschaftsprüferkammer zu zahlen; die Wirtschaftsprüferkammer kann die Erhebung der Gebühren sowie deren Höhe und Fälligkeit bestimmen. [2]Näheres regelt die Gebührenordnung der Wirtschaftsprüferkammer (§ 61 Abs. 2).

§§ 14 b, 14 c.[7]) *(aufgehoben)*

---

[1]) § 13 b eingef. mWv 1. 1. 2004 durch G v. 1. 12. 2003 (BGBl. I S. 2446).
[2]) Zitat geänd. durch G v. 27. 12. 2004 (BGBl. I S. 3846).
[3]) Bezeichnung geänd. durch VO v. 31. 8. 2015 (BGBl. I S. 1474).
[4]) § 14 neu gef. mWv 1. 1. 2004 durch G v. 1. 12. 2003 (BGBl. I S. 2446).
[5]) Prüfungsverordnung für Wirtschaftsprüfer v. 20. 7. 2004 (BGBl. I S. 1707), zuletzt geänd. durch VO v. 31. 8. 2015 (BGBl. I S. 1474).
[6]) § 14 a neu gef. mWv 1. 1. 2004 durch G v. 1. 12. 2003 (BGBl. I S. 2446); zur Anwendung von § 14 a siehe § 135.
[7]) §§ 14 b, 14 c aufgeh. mWv 1. 1. 2004 durch G v. 1. 12. 2003 (BGBl. I S. 2446).

Dritter Abschnitt. Bestellung

§ 15[1] **Bestellungsbehörde und Gebühren.** [1]Nach bestandener Prüfung wird der Bewerber auf Antrag durch Aushändigung einer von der Wirtschaftsprüferkammer ausgestellten Urkunde als Wirtschaftsprüfer bestellt. [2]Zuständig ist die Wirtschaftsprüferkammer. [3]Wird der Antrag auf Bestellung als Wirtschaftsprüfer nicht innerhalb von fünf Jahren nach bestandener Prüfung gestellt, so finden auf die Bestellung die Vorschriften des § 23 Abs. 2 und 3 entsprechende Anwendung. [4]Wer gemäß § 9 Abs. 6 Satz 2 zugelassen wurde, hat vor der Bestellung den Nachweis der insgesamt dreijährigen Tätigkeit nach § 9 Abs. 1, einschließlich der Prüfungstätigkeit nach § 9 Abs. 2, vorzulegen.

§ 16 Versagung der Bestellung. (1)[2] Die Bestellung ist zu versagen,

1. wenn nach der Entscheidung des Bundesverfassungsgerichts ein Grundrecht verwirkt wurde;
2. wenn infolge strafgerichtlicher Verurteilung die Fähigkeit zur Bekleidung öffentlicher Ämter nicht gegeben ist;
3. solange die vorläufige Deckungszusage auf den Antrag zum Abschluss einer Berufshaftpflichtversicherung nicht vorliegt, es sei denn, es besteht ausschließlich eine Tätigkeit als Organmitglied oder eine Anstellung nach § 43a Abs. 1;
4. wenn sich der Bewerber oder die Bewerberin eines Verhaltens schuldig gemacht hat, das die Ausschließung aus dem Beruf rechtfertigen würde;
5. wenn der Bewerber oder die Bewerberin aus gesundheitlichen oder anderen Gründen nicht nur vorübergehend nicht in der Lage ist, den Beruf ordnungsgemäß auszuüben;
6. solange eine Tätigkeit ausgeübt wird, die mit dem Beruf nach § 43 Abs. 2 Satz 1 oder § 43a Abs. 3 unvereinbar ist;
7. wenn sich der Bewerber oder die Bewerberin in nicht geordneten wirtschaftlichen Verhältnissen, insbesondere in Vermögensverfall befindet; ein Vermögensverfall wird vermutet, wenn ein Insolvenzverfahren über das Vermögen eröffnet oder eine Eintragung in das *vom Insolvenzgericht oder*[3] vom Vollstreckungsgericht zu führende Verzeichnis (§ 26 Abs. 2 der Insolvenzordnung, § 882b[3] der Zivilprozessordnung) vorliegt.

---

[1] § 15 Abs. 1 Satz 4 eingef., bish. Satz 4 wird Satz 5 durch G v. 20. 7. 1990 (BGBl. I S. 1462); Abs. 1 geänd. sowie Abs. 2 neu gef. mWv 1. 1. 1995 durch G v. 15. 7. 1994 (BGBl. I S. 1569); Abs. 1 Sätze 1, 3 und 5 geänd., Satz 4 aufgeh., bish. Abs. 2 aufgeh. mWv 1. 1. 2002 durch G v. 19. 12. 2000 (BGBl. I S. 1769); Satz 2 eingef. mWv 1. 1. 2003 durch G v. 21. 8. 2002 (BGBl. I S. 3322); Satz 5 angef. mWv 1. 1. 2004 durch G v. 1. 12. 2003 (BGBl. I S. 2446); Satz 2 aufgeh. mWv 28. 12. 2009 durch G v. 17. 7. 2009 (BGBl. I S. 2091).

[2] § 16 Abs. 1 neu gef. mWv 6. 9. 2007 durch G v. 3. 9. 2007 (BGBl. I S. 2178).

[3] § 16 Abs. 1 Nr. 7 kursive Worte aufgeh. und Verweis geänd. mWv 1. 1. 2013 durch G v. 29. 7. 2009 (BGBl. I S. 2258).

(2)[1] Die Bestellung kann versagt werden, wenn der Bewerber sich so verhalten hat, dass die Besorgnis begründet ist, er werde den Berufspflichten als Wirtschaftsprüfer nicht genügen.

(3)[2] Über die Versagung der Bestellung entscheidet die Wirtschaftsprüferkammer.

§ 16 a[3] Ärztliches Gutachten im Bestellungsverfahren. (1) [1]Wenn es zur Entscheidung über den Versagungsgrund des § 16 Abs. 1 Nr. 5 erforderlich ist, gibt die Prüfungsstelle dem Bewerber oder der Bewerberin auf, innerhalb einer bestimmten angemessenen Frist ein Gutachten eines bestimmten Arztes oder einer bestimmten Ärztin über den Gesundheitszustand des Bewerbers oder der Bewerberin vorzulegen. [2]Das Gutachten muss auf einer Untersuchung und, wenn dies ein Amtsarzt oder eine Amtsärztin für notwendig hält, auch auf einer klinischen Beobachtung des Bewerbers oder der Bewerberin beruhen. [3]Die Kosten des Gutachtens hat der Bewerber oder die Bewerberin zu tragen.

(2) [1]Anordnungen nach Absatz 1 sind mit Gründen zu versehen und dem Bewerber oder der Bewerberin zuzustellen. [2]Gegen die Anordnungen kann innerhalb eines Monats nach der Zustellung ein Antrag auf gerichtliche Entscheidung gestellt werden.

(3) Kommt der Bewerber oder die Bewerberin ohne ausreichenden Grund der Anordnung der Wirtschaftsprüferkammer nicht nach, gilt der Antrag auf Bestellung als zurückgenommen.

§ 17 Berufsurkunde und Berufseid. (1)[4] [1]Bewerber haben vor Aushändigung der Urkunde den Berufseid vor der Wirtschaftsprüferkammer oder einer von ihr im Einzelfall beauftragten Stelle zu leisten. [2]Die Eidesformel lautet:

„Ich schwöre, daß ich die Pflichten eines Wirtschaftsprüfers verantwortungsbewußt und sorgfältig erfüllen, insbesondere Verschwiegenheit bewahren und Prüfungsberichte und Gutachten gewissenhaft und unparteiisch erstatten werde, so wahr mir Gott helfe."

(2) Der Eid kann auch ohne religiöse Beteuerung geleistet werden.

(3) Gestattet ein Gesetz den Mitgliedern einer Religionsgesellschaft an Stelle des Eides andere Beteuerungsformeln zu gebrauchen, so kann der Bewerber, der Mitglied einer solchen Religionsgesellschaft ist, diese Beteuerungsformel sprechen.

---

[1] § 16 Abs. 2 neu gef. mWv 1. 1. 2001 durch G v. 19. 12. 2000 (BGBl. I S. 1769).

[2] § 16 Abs. 4 geänd. durch G v. 18. 2. 1986 (BGBl. I S. 265), Satz 4 (jetziger Satz 3) angef. mWv 1. 1. 1995 durch G v. 15. 7. 1994 (BGBl. I S. 1569), bish. Satz 3 aufgeh. mWv 1. 1. 2001 durch G v. 19. 12. 2000 (BGBl. I S. 1769), bish. Abs. 3 aufgeh., bish. Abs. 4 wird Abs. 3, Abs. 3 Satz 1 geänd. und Satz 2 aufgeh. mWv 1. 1. 2002 durch G v. 19. 12. 2000 (BGBl. I S. 1769).

[3] § 16 a eingef. mWv 6. 9. 2007 durch G v. 3. 9. 2007 (BGBl. I S. 2178).

[4] § 17 Abs. 1 Satz 1 geänd. mWv 1. 1. 2002 durch G v. 19. 12. 2000 (BGBl. I S. 1769), Abs. 1 Satz 2 geänd. mWv 6. 9. 2007 durch G v. 3. 9. 2007 (BGBl. I S. 2178).

§ 18[1] **Berufsbezeichnung.** (1) [1]Wirtschaftsprüfer haben im beruflichen Verkehr die Berufsbezeichnung „Wirtschaftsprüfer" zu führen. [2]Frauen können die Berufsbezeichnung „Wirtschaftsprüferin" führen. [3]Werden Erklärungen im Rahmen von Tätigkeiten nach § 2 Abs. 1, die Berufsangehörigen gesetzlich vorbehalten sind, abgegeben, so dürfen diese Erklärungen unter Verwendung nur der Berufsbezeichnung und zusätzlich mit einem amtlich verliehenen ausländischen Prüfertitel unterzeichnet werden.

(2) [1]Akademische Grade und Titel und Zusätze, die auf eine staatlich verliehene Graduierung hinweisen, können neben der Berufsbezeichnung geführt werden. [2]Amts- und Berufsbezeichnungen sind zusätzlich gestattet, wenn sie amtlich verliehen worden sind und es sich um Bezeichnungen für eine Tätigkeit handelt, die neben der Tätigkeit des Wirtschaftsprüfers ausgeübt werden darf (§ 43a); zulässig sind auch Fachanwaltsbezeichnungen. [3]Zusätzlich gestattet sind auch in anderen Staaten zu Recht geführte Berufsbezeichnungen für die Tätigkeit als gesetzlicher Abschlußprüfer oder für eine Tätigkeit, die neben der Tätigkeit als Wirtschaftsprüfer ausgeübt werden darf.

(3) [1]Mit dem Erlöschen, der Rücknahme oder dem Widerruf der Bestellung erlischt die Befugnis, die Berufsbezeichnung zu führen. [2]Die Berufsbezeichnung darf auch nicht mit einem Zusatz, der auf die frühere Berechtigung hinweist, geführt werden.

(4) [1]Die Wirtschaftsprüferkammer kann Berufsangehörigen, die wegen hohen Alters oder wegen körperlicher Leiden auf die Rechte aus der Bestellung verzichten und keine berufliche Tätigkeit mehr ausüben, auf Antrag die Erlaubnis erteilen, weiterhin die Berufsbezeichnung zu führen. [2]Die Wirtschaftsprüferkammer kann diese Erlaubnis zurücknehmen oder widerrufen, wenn nachträglich Umstände bekannt werden oder eintreten, die das Erlöschen, die Rücknahme oder den Widerruf der Bestellung nach sich ziehen würden oder zur Ablehnung der Erlaubnis hätten führen können. [3]Vor der Rücknahme oder dem Widerruf der Erlaubnis ist der oder die Betroffene zu hören.

§ 19 Erlöschen der Bestellung. (1) Die Bestellung erlischt durch

1. Tod,
2. Verzicht,
3. rechtskräftige Ausschließung aus dem Beruf.

(2)[2] Der Verzicht ist schriftlich gegenüber der Wirtschaftsprüferkammer zu erklären.

---

[1] § 18 Abs. 2 Satz 3 angef. durch G v. 20. 7. 1990 (BGBl. I S. 1462), Abs. 1 Satz 2 angef. sowie Abs. 2 Satz 2 geänd. mWv 1. 1. 1995 durch G v. 15. 7. 1994 (BGBl. I S. 1569), Abs. 1 Satz 3 sowie Abs. 3 und 4 angef. mWv 6. 9. 2007 durch G v. 3. 9. 2007 (BGBl. I S. 2178).

[2] § 19 Abs. 2 Satz 1 geänd. und Satz 2 aufgeh. mWv 1. 1. 2002 durch G v. 19. 12. 2000 (BGBl. I S. 1769).

§ 20[1)] Rücknahme und Widerruf der Bestellung. (1) Die Bestellung ist mit Wirkung für die Zukunft zurückzunehmen, wenn nachträglich Tatsachen bekanntwerden, bei deren Kenntnis die Bestellung hätte versagt werden müssen.

(2) Die Bestellung ist zu widerrufen, wenn der Wirtschaftsprüfer oder die Wirtschaftsprüferin

1. nicht eigenverantwortlich tätig ist oder eine Tätigkeit ausübt, die mit dem Beruf nach § 43 Abs. 2 Satz 1 oder § 43 a Abs. 3 unvereinbar ist;
2. infolge strafgerichtlicher Verurteilung die Fähigkeit zur Bekleidung öffentlicher Ämter verloren hat;
3. aus gesundheitlichen oder anderen Gründen nicht nur vorübergehend nicht in der Lage ist, den Beruf ordnungsgemäß auszuüben;
4. nicht die vorgeschriebene Berufshaftpflichtversicherung (§ 44 b Abs. 4, § 54) unterhält oder die vorgeschriebene Berufshaftpflichtversicherung innerhalb der letzten fünf Jahre wiederholt mit nennenswerter Dauer nicht aufrechterhalten hat und diese Unterlassung auch zukünftig zu besorgen ist;
5. sich in nicht geordneten wirtschaftlichen Verhältnissen, insbesondere in Vermögensverfall (§ 16 Abs. 1 Nr. 7) befindet;
6. eine berufliche Niederlassung gemäß § 3 Abs. 1 Satz 1 nicht unterhält;
7. nach der Entscheidung des Bundesverfassungsgerichts ein Grundrecht verwirkt hat.

(3) [1]Der Wirtschaftsprüfer und die Wirtschaftsprüferin haben der Wirtschaftsprüferkammer unverzüglich anzuzeigen,

1. dass eine gewerbliche Tätigkeit ausgeübt wird (§ 43 a Abs. 3 Nr. 1),
2. dass er oder sie ein Anstellungsverhältnis eingeht oder dass eine wesentliche Änderung eines bestehenden Anstellungsverhältnisses eintritt (§ 43 a Abs. 3 Nr. 2),
3. dass er oder sie dauernd oder zeitweilig als Richter oder Richterin, Beamter oder Beamtin, Berufssoldat oder Berufssoldatin oder Soldat auf Zeit oder Soldatin auf Zeit verwendet wird (§ 43 a Abs. 3 Nr. 3).

[2]Der Wirtschaftsprüferkammer sind auf Verlangen die Unterlagen über ein Anstellungsverhältnis vorzulegen.

(4) [1]In den Fällen des Absatzes 2 Nr. 1 und 4 ist von einem Widerruf abzusehen, wenn anzunehmen ist, daß der Wirtschaftsprüfer künftig eigenverantwortlich tätig sein, die nach § 43 Abs. 2 und § 43 a Abs. 3 unvereinbare Tätigkeit dauernd aufgeben oder die vorgeschriebene Haftpflichtversicherung künftig laufend unterhalten wird. [2]Dem Wirtschaftsprüfer kann hierfür eine angemessene Frist gesetzt werden. [3]Kommt er seiner Verpflichtung innerhalb

---

[1)] § 20 Abs. 1, Abs. 2 Nr. 3, Abs. 3 und Abs. 6 neu gef., Abs. 2 Nr. 1 und Abs. 4 Satz 1 geänd. sowie Abs. 7 und Abs. 8 angef. mWv 1. 1. 1995 durch G v. 15. 7. 1994 (BGBl. I S. 1569), bish. Abs. 6 aufgeh., bish. Abs. 7 und 8 werden Abs. 6 und 7, Abs. 6 Satz 1 geänd. mWv 1. 1. 2002 durch G v. 19. 12. 2000 (BGBl. I S. 1769), Abs. 2 Nr. 3 neu gef. mWv 1. 5. 2002 durch G v. 27. 4. 2002 (BGBl. I S. 1467), Abs. 2 Nr. 4 neu gef., Nr. 6 angef., Abs. 3 und 5 aufgeh. und Abs. 7 neu gef. mWv 1. 1. 2004 durch G v. 1. 12. 2003 (BGBl. I S. 2446), Abs. 2 neu gef., Abs. 3 eingef., Abs. 4 Satz 4 angef. mWv 6. 9. 2007 durch G v. 3. 9. 2007 (BGBl. I S. 2178).

der gesetzten Frist nicht nach, so ist der Widerruf der Bestellung auszusprechen. [4]Von einem Widerruf in den Fällen des Absatzes 2 Nr. 5 kann abgesehen werden, wenn der Wirtschaftsprüferkammer nachgewiesen wird, dass durch die nicht geordneten wirtschaftlichen Verhältnisse die Interessen Dritter nicht gefährdet sind.

(5) *(aufgehoben)*

(6)[1)] [1]Ist der Wirtschaftsprüfer wegen einer psychischen Krankheit oder einer körperlichen, geistigen oder seelischen Behinderung zur Wahrnehmung seiner Rechte in dem Verfahren nicht in der Lage, bestellt das Betreuungsgericht auf Antrag der Wirtschaftsprüferkammer einen Betreuer als gesetzlichen Vertreter in dem Verfahren; die Vorschriften des Gesetzes über das Verfahren in Familiensachen und in den Angelegenheiten der freiwilligen Gerichtsbarkeit bei der Anordnung einer Betreuung nach den §§ 1896 ff. des Bürgerlichen Gesetzbuches sind entsprechend anzuwenden. [2]Zum Betreuer soll ein Wirtschaftsprüfer bestellt werden.

(7) [1]Entfällt die aufschiebende Wirkung einer Anfechtungsklage, sind § 116 Abs. 2 bis 4, § 117 Abs. 2 und § 121 entsprechend anzuwenden. [2]Die Anfechtungsklage gegen einen Widerruf aus den Gründen des Absatzes 2 Nr. 4 hat keine aufschiebende Wirkung.

§ 20 a[2)] Ärztliches Gutachten im Widerrufsverfahren. [1]Im Verfahren wegen des Widerrufs der Bestellung nach § 20 Abs. 2 Nr. 3 ist § 16 a[3)] Abs. 1 und 2 entsprechend anzuwenden. [2]Wird das Gutachten ohne zureichenden Grund nicht innerhalb der von der Wirtschaftsprüferkammer gesetzten Frist vorgelegt, wird vermutet, daß der Wirtschaftsprüfer aus dem Grund des § 20 Abs. 2 Nr. 3, der durch das Gutachten geklärt werden soll, nicht nur vorübergehend unfähig ist, seinen Beruf ordnungsgemäß auszuüben.

§ 21[4)] Zuständigkeit. Über die Rücknahme und den Widerruf der Bestellung entscheidet die Wirtschaftsprüferkammer.

§ 22.[4)] *(aufgehoben)*

§ 23[5)] Wiederbestellung. (1) Ein ehemaliger Wirtschaftsprüfer kann wiederbestellt werden, wenn

1. die Bestellung nach § 19 Abs. 1 Nr. 2 erloschen ist;
2. im Falle des Erlöschens der Bestellung nach § 19 Abs. 1 Nr. 3 die rechtskräftige Ausschließung aus dem Beruf im Gnadenwege aufgehoben worden

---

1) § 20 Abs. 6 Satz 1 geänd. mWv 1. 9. 2009 durch G v. 17. 12. 2008 (BGBl. I S. 2586).

2) § 20 a eingef. mWv 1. 1. 1995 durch G v. 15. 7. 1994 (BGBl. I S. 1569) und Satz 2 geänd. mWv 1. 1. 2002 durch G v. 19. 12. 2000 (BGBl. I S. 1769).

3) Verweis geänd. durch G v. 3. 9. 2007 (BGBl. I S. 2178).

4) § 21 neu gef. und § 22 aufgeh. mWv 1. 1. 2002 durch G v. 19. 12. 2000 (BGBl. I S. 1769).

5) § 23 Abs. 1 Nr. 2 2. Alternative angef. durch G v. 20. 7. 1990 (BGBl. I S. 1462), Abs. 3 Satz 3 angef., Abs. 4 Satz 1 Zitat geänd. mWv 1. 1. 2001, bish. Abs. 2 aufgeh., bish. Abs. 3 und 4 werden Abs. 2 und 3, Abs. 2 Sätze 2 und 3 geänd. und Satz 4 angef., Abs. 3 Satz 2 aufgeh. mWv 1. 1. 2002 durch G v. 19. 12. 2000 (BGBl. I S. 1769), Abs. 1 Nr. 3 geänd. und Abs. 2 Satz 3 aufgeh. mWv 1. 1. 2004 durch G v. 1. 12. 2003 (BGBl. I S. 2446).

ist oder seit der rechtskräftigen Ausschließung mindestens acht Jahre verstrichen sind;
3. die Bestellung zurückgenommen oder widerrufen ist und die Gründe, die für die Rücknahme oder den Widerruf maßgeblich gewesen sind, nicht mehr bestehen.

(2) [1] Eine erneute Prüfung ist nicht erforderlich. [2] Die Wirtschaftsprüferkammer kann im Einzelfall anordnen, daß sich der Bewerber der Prüfung oder Teilen derselben zu unterziehen hat, wenn die pflichtgemäße Ausübung des Berufes sonst nicht gewährleistet erscheint. [3] Für das Prüfungsverfahren gelten die §§ 7 und 12 sinngemäß.

(3) Die Wiederbestellung ist zu versagen, wenn die Voraussetzungen für die Wiederbestellung unter sinngemäßer Anwendung des § 16 nicht vorliegen.

§ 24.[1)] *(aufgehoben)*

Vierter Abschnitt.[2)] *Wirtschaftsprüfer im Genossenschaftswesen*

§§ 25, 26.[2)] *(aufgehoben)*

Fünfter Abschnitt. Wirtschaftsprüfungsgesellschaften

§ 27 Rechtsform. (1)[3)] Aktiengesellschaften, Europäische Gesellschaften (SE)[4)], Kommanditgesellschaften auf Aktien, Gesellschaften mit beschränkter Haftung, Offene Handelsgesellschaften, Kommanditgesellschaften und Partnerschaftsgesellschaften können nach Maßgabe der Vorschriften dieses Abschnittes als Wirtschaftsprüfungsgesellschaften anerkannt werden.

(2) Offene Handelsgesellschaften und Kommanditgesellschaften können als Wirtschaftsprüfungsgesellschaften anerkannt werden, wenn sie wegen ihrer Treuhandtätigkeit als Handelsgesellschaften in das Handelsregister eingetragen worden sind.

§ 28[5)] **Voraussetzungen für die Anerkennung.** (1) [1] Voraussetzung für die Anerkennung ist, dass die Mehrheit der Mitglieder des Vorstandes, der

---

[1)] § 24 aufgeh. mWv 1. 1. 2002 durch G v. 19. 12. 2000 (BGBl. I S. 1769).
[2)] Vierter Abschnitt aufgeh. mWv 1. 1. 2001 durch G v. 19. 12. 2000 (BGBl. I S. 1769).
[3)] § 27 Abs. 1 geänd. durch G v. 25. 7. 1994 (BGBl. I S. 1744).
[4)] Verweis auf Europäische Gesellschaften eingef. durch G v. 3. 9. 2007 (BGBl. I S. 2178).
[5)] § 28 Abs. 3 Satz 2 geänd., Abs. 4 eingef., bish. Abs. 4 bis Abs. 6 werden Abs. 5 bis Abs. 7 durch G v. 19. 12. 1985 (BGBl. I S. 2355), Abs. 1 Satz 2 neu gef. mWv 1. 1. 1995 durch G v. 15. 7. 1994 (BGBl. I S. 1569); Abs. 1 geänd., Abs. 2 neu gef., Abs. 3 Satz 1 geänd., Satz 2 neu gef., Satz 4 angef., Abs. 4 Satz 1 Nr. 1 und Abs. 6 Satz 1 geänd., Satz 2 neu gef. mWv 1. 1. 2001, Abs. 2 Satz 2 und Abs. 3 Satz 1 geänd. mWv 1. 1. 2002 durch G v. 19. 12. 2000 (BGBl. I S. 1769), Abs. 2 Satz 2 geänd., Abs. 4 Satz 1 Nr. 1 neu gef., Nrn. 1 a und 3 a eingef. mWv 1. 1. 2004 durch G v. 1. 12. 2003 (BGBl. I S. 2446), Abs. 1 bis 3 neu gef., Abs. 4 Satz 1 Nrn. 1, 3, 4, 5 und 6 geänd. mWv 6. 9. 2007 durch G v. 3. 9. 2007 (BGBl. I S. 2178), Abs. 1 Satz 1, 2, 3, Abs. 2 Satz 1, Abs. 3 Satz 1, Abs. 4 Satz 1 Nr. 1, 3, 4, 5 und 6 geänd. mWv 29. 5. 2009 durch G v. 25. 5. 2009 (BGBl. I S. 1102).

Geschäftsführer und Geschäftsführerinnen, der persönlich haftenden Gesellschafter und Gesellschafterinnen, der geschäftsführenden Direktoren und Direktorinnen oder der Partner oder Partnerinnen (gesetzliche Vertreter) Berufsangehörige oder in einem anderen Mitgliedstaat der Europäischen Union oder Vertragsstaat des Abkommens über den Europäischen Wirtschaftsraum zugelassene Abschlussprüfer oder Abschlussprüferinnen sind. 2 Persönlich haftende Gesellschafter und Gesellschafterinnen können auch Wirtschaftsprüfungsgesellschaften oder in einem anderen Mitgliedstaat der Europäischen Union oder Vertragsstaat des Abkommens über den Europäischen Wirtschaftsraum zugelassene Prüfungsgesellschaften sein. 3 Hat die Gesellschaft nur zwei gesetzliche Vertreter, so muss einer von ihnen Wirtschaftsprüfer oder Wirtschaftsprüferin oder in einem anderen Mitgliedstaat der Europäischen Union oder Vertragsstaat des Abkommens über den Europäischen Wirtschaftsraum zugelassener Abschlussprüfer oder zugelassene Abschlussprüferin sein. 4 Mindestens eine in den Sätzen 1 bis 3 genannte Person oder Gesellschaft muss ihre berufliche Niederlassung am Sitz der Gesellschaft haben.

(2) 1 Neben Berufsangehörigen, Wirtschaftsprüfungsgesellschaften, in einem anderen Mitgliedstaat der Europäischen Union oder Vertragsstaat des Abkommens über den Europäischen Wirtschaftsraum zugelassenen Abschlussprüfern oder Abschlussprüferinnen und Prüfungsgesellschaften sind vereidigte Buchprüfer und vereidigte Buchprüferinnen, Steuerberater und Steuerberaterinnen sowie Rechtsanwälte und Rechtsanwältinnen berechtigt, gesetzliche Vertreter von Wirtschaftsprüfungsgesellschaften zu sein. 2 Dieselbe Berechtigung kann die Wirtschaftsprüferkammer besonders befähigten Personen, die nicht in Satz 1 genannt werden und die einen mit dem Beruf des Wirtschaftsprüfers und der Wirtschaftsprüferin zu vereinbarenden Beruf ausüben, auf Antrag erteilen.

(3) 1 Die Wirtschaftsprüferkammer kann genehmigen, dass Personen, die in einem Drittstaat als sachverständige Prüfer oder Prüferinnen ermächtigt oder bestellt sind, neben Berufsangehörigen und in einem anderen Mitgliedstaat der Europäischen Union oder Vertragsstaat des Abkommens über den Europäischen Wirtschaftsraum zugelassenen Abschlussprüfern oder Abschlussprüferinnen gesetzliche Vertreter von Wirtschaftsprüfungsgesellschaften sein können, wenn die Voraussetzungen für ihre Ermächtigung oder Bestellung den Vorschriften dieses Gesetzes im Wesentlichen entsprechen. 2 Diejenigen Sachverständigen, in einem Drittstaat ermächtigten und bestellten Prüfer oder Prüferinnen, die als persönlich haftende Gesellschafter oder Gesellschafterinnen von der Geschäftsführung ausgeschlossen sind, bleiben unberücksichtigt. 3 Die Sätze 1 und 2 gelten entsprechend für Rechtsanwälte und Rechtsanwältinnen, Patentanwälte und Patentanwältinnen sowie Steuerberater und Steuerberaterinnen anderer Staaten, wenn diese einen nach Ausbildung und Befugnissen der Bundesrechtsanwaltsordnung, der Patentanwaltsordnung oder des Steuerberatungsgesetzes entsprechenden Beruf ausüben.

(4) 1 Voraussetzung für die Anerkennung ist ferner, daß

1. Gesellschafter ausschließlich Berufsangehörige, Wirtschaftsprüfungsgesellschaften, welche die Voraussetzungen dieses Absatzes erfüllen, oder in einem anderen Mitgliedstaat der Europäischen Union oder Vertragsstaat des

Abkommens über den Europäischen Wirtschaftsraum zugelassene Abschlussprüfer, Abschlussprüferinnen oder dort zugelassene Prüfungsgesellschaften oder Personen nach Nummer 1 a sind;

1 a. Gesellschafter vereidigte Buchprüfer oder vereidigte Buchprüferinnen, Steuerberater oder Steuerberaterinnen, Steuerbevollmächtigte, Rechtsanwälte oder Rechtsanwältinnen, Personen, mit denen eine gemeinsame Berufsausübung nach § 44 b Abs. 2 zulässig ist, oder Personen sind, deren Tätigkeit als Vorstandsmitglied, Geschäftsführer oder Geschäftsführerin, Partner oder Partnerin oder persönlich haftender Gesellschafter oder persönlich haftende Gesellschafterin nach Absatz 2 oder 3 genehmigt worden ist, und mindestens die Hälfte der Anzahl der in dieser Nummer genannten Personen in der Gesellschaft tätig ist;

2. die Anteile an der Wirtschaftsprüfungsgesellschaft nicht für Rechnung eines Dritten gehalten werden;

3. bei Kapitalgesellschaften die Mehrheit der Anteile Wirtschaftsprüfern oder Wirtschaftsprüfungsgesellschaften, die die Voraussetzungen dieses Absatzes erfüllen, oder in einem anderen Mitgliedstaat der Europäischen Union oder Vertragsstaat des Abkommens über den Europäischen Wirtschaftsraum zugelassenen Abschlussprüfern, Abschlussprüferinnen oder dort zugelassenen Prüfungsgesellschaften gehört;

3 a. bei Kapitalgesellschaften, Kommanditgesellschaften und Kommanditgesellschaften auf Aktien denjenigen Personen nach Nummer 1 a, die nicht in der Gesellschaft tätig sind, weniger als ein Viertel der Anteile am Nennkapital oder der im Handelsregister eingetragenen Einlagen der Kommanditisten gehören (einfache Minderheitenbeteiligung);

4. bei Kommanditgesellschaften die Mehrheit der im Handelsregister eingetragenen Einlagen der Kommanditisten von Wirtschaftsprüfern oder Wirtschaftsprüfungsgesellschaften, die die Voraussetzungen dieses Absatzes erfüllen, oder von in einem anderen Mitgliedstaat der Europäischen Union oder Vertragsstaat des Abkommens über den Europäischen Wirtschaftsraum zugelassenen Abschlussprüfern, Abschlussprüferinnen oder von dort zugelassenen Prüfungsgesellschaften übernommen worden ist;

5. Wirtschaftsprüfern oder Wirtschaftsprüfungsgesellschaften, die die Voraussetzungen dieses Absatzes erfüllen, oder in einem anderen Mitgliedstaat der Europäischen Union oder Vertragsstaat des Abkommens über den Europäischen Wirtschaftsraum zugelassenen Abschlussprüfern, Abschlussprüferinnen oder dort zugelassenen Prüfungsgesellschaften zusammen die Mehrheit der Stimmrechte der Aktionäre, Kommanditaktionäre, Gesellschafter einer Gesellschaft mit beschränkter Haftung oder Kommanditisten zusteht und

6. im Gesellschaftsvertrag bestimmt ist, daß zur Ausübung von Gesellschafterrechten nur Gesellschafter bevollmächtigt werden können, die Berufsangehörige oder in einem anderen Mitgliedstaat der Europäischen Union oder Vertragsstaat des Abkommens über den Europäischen Wirtschaftsraum zugelassene Abschlussprüfer oder Abschlussprüferinnen sind.

[2] Haben sich Berufsangehörige im Sinne von Satz 1 Nr. 1 zu einer Gesellschaft bürgerlichen Rechts zusammengeschlossen, deren Zweck ausschließlich das

Halten von Anteilen an einer Wirtschaftsprüfungsgesellschaft ist, so werden ihnen die Anteile an der Wirtschaftsprüfungsgesellschaft im Verhältnis ihrer Beteiligung an der Gesellschaft bürgerlichen Rechts zugerechnet. [3]Stiftungen und eingetragene Vereine gelten als Berufsangehörige im Sinne von Satz 1 Nr. 1, wenn

a) sie ausschließlich der Altersversorgung von in der Wirtschaftsprüfungsgesellschaft tätigen Personen und deren Hinterbliebenen dienen oder ausschließlich die Berufsausbildung, Berufsfortbildung oder die Wissenschaft fördern und

b) die zur gesetzlichen Vertretung berufenen Organe mehrheitlich aus Wirtschaftsprüfern bestehen.

(5) [1]Bei Aktiengesellschaften und Kommanditgesellschaften auf Aktien müssen die Aktien auf Namen lauten. [2]Die Übertragung muß an die Zustimmung der Gesellschaft gebunden sein. [3]Dasselbe gilt für die Übertragung von Geschäftsanteilen an einer Gesellschaft mit beschränkter Haftung.

(6) [1]Bei Gesellschaften mit beschränkter Haftung muß das Stammkapital mindestens fünfzigtausend Deutsche Mark [fünfundzwanzigtausend Euro] betragen. [2]Bei Aktiengesellschaften, Kommanditgesellschaften auf Aktien und Gesellschaften mit beschränkter Haftung muss bei Antragstellung nachgewiesen werden, dass der Wert der einzelnen Vermögensgegenstände abzüglich der Schulden mindestens dem gesetzlichen Mindestbetrag des Grund- oder Stammkapitals entspricht.

(7) Die Anerkennung muß versagt werden, solange nicht die vorläufige Deckungszusage auf den Antrag zum Abschluß einer Berufshaftpflichtversicherung vorliegt.

§ 29[1)] Zuständigkeit und Verfahren. (1) Zuständig für die Anerkennung als Wirtschaftsprüfungsgesellschaft ist die Wirtschaftsprüferkammer.

(2) Dem Antrag sind eine Ausfertigung oder eine öffentlich beglaubigte Abschrift des Gesellschaftsvertrages oder der Satzung sowie Nachweise zum Vorliegen der in § 28 genannten Anerkennungsvoraussetzungen beizufügen.

(3) [1]Über die Anerkennung als Wirtschaftsprüfungsgesellschaft wird eine Urkunde ausgestellt. [2]§ 3a des Verwaltungsverfahrensgesetzes findet keine Anwendung.

§ 30[2)] Änderungsanzeige. [1]Jede Änderung des Gesellschaftsvertrages oder der Satzung oder in der Person der gesetzlichen Vertreter ist der Wirtschaftsprüferkammer unverzüglich anzuzeigen. [2]Der Änderungsanzeige ist eine öffentlich beglaubigte Abschrift der jeweiligen Urkunde beizufügen. [3]Wird die Änderung im Handelsregister oder Partnerschaftsregister eingetragen, ist eine öffentlich beglaubigte Abschrift der Eintragung nachzureichen.

[1)] § 29 neu gef. mWv 1. 1. 2002 durch G v. 19. 12. 2000 (BGBl. I S. 1769), Abs. 3 Satz 2 angef. mWv 1. 2. 2003 durch G v. 21. 8. 2002 (BGBl. I S. 3322).

[2)] § 30 neu gef. mWv 1. 1. 2002 durch G v. 19. 12. 2000 (BGBl. I S. 1769).

§ 31[1] **Bezeichnung „Wirtschaftsprüfungsgesellschaft".** [1]Die anerkannte Gesellschaft ist verpflichtet, die Bezeichnung „Wirtschaftsprüfungsgesellschaft" in die Firma oder den Namen aufzunehmen und im beruflichen Verkehr zu führen. [2]Für eine Partnerschaftsgesellschaft entfällt die Pflicht nach § 2 Abs. 1 des Partnerschaftsgesellschaftsgesetzes vom 25. Juli 1994 (BGBl. I S. 1744), zusätzlich die Berufsbezeichnungen aller in der Partnerschaft vertretenen Berufe in den Namen aufzunehmen.

§ 32[2] **Bestätigungsvermerke.** [1]Erteilen Wirtschaftsprüfungsgesellschaften gesetzlich vorgeschriebene Bestätigungsvermerke, so dürfen diese nur von Wirtschaftsprüfern unterzeichnet werden; sie dürfen auch von vereidigten Buchprüfern unterzeichnet werden, soweit diese gesetzlich befugt sind, Bestätigungsvermerke zu erteilen. [2]Gleiches gilt für sonstige Erklärungen im Rahmen von Tätigkeiten, die den Berufsangehörigen gesetzlich vorbehalten sind.

§ 33[3] **Erlöschen der Anerkennung.** (1) Die Anerkennung erlischt durch

1. Auflösung der Gesellschaft,
2. Verzicht auf die Anerkennung.

(2) [1]Der Verzicht ist schriftlich gegenüber der Wirtschaftsprüferkammer zu erklären. [2]Die Auflösung der Gesellschaft ist der Wirtschaftsprüferkammer unverzüglich anzuzeigen.

§ 34[4] **Rücknahme und Widerruf der Anerkennung.** (1) Die Anerkennung ist zurückzunehmen oder zu widerrufen, wenn

1. für die Person eines Vorstandsmitgliedes, Geschäftsführers, persönlich haftenden Gesellschafters oder Partners die Bestellung zurückgenommen oder widerrufen ist, es sei denn, daß jede Vertretungs- und Geschäftsführungsbefugnis dieser Person unverzüglich widerrufen oder entzogen ist;
2. sich nach der Anerkennung ergibt, daß sie hätte versagt werden müssen, oder wenn die Voraussetzungen für die Anerkennung der Gesellschaft, auch bezogen auf § 54 Abs. 1, nachträglich fortfallen, es sei denn, daß die Gesellschaft innerhalb einer angemessenen, von der Wirtschaftsprüferkammer zu bestimmenden Frist, die bei Fortfall der in § 28 Abs. 2 Satz 3 und Abs. 3 Satz 2 genannten Voraussetzungen höchstens zwei Jahre betragen darf, den dem Gesetz entsprechenden Zustand herbeiführt; bei Fortfall der in § 28

---

[1] § 31 Satz 1 geänd. sowie Satz 2 angef. mWv 1. 7. 1995 durch G v. 25. 7. 1994 (BGBl. I S. 1744), Satz 1 geänd. mWv 6. 9. 2007 durch G v. 3. 9. 2007 (BGBl. I S. 2178).

[2] § 32 neu gef. mWv 1. 1. 1995 durch G v. 15. 7. 1994 (BGBl. I S. 1569), Satz 2 angef. mWv 6. 9. 2007 durch G v. 3. 9. 2007 (BGBl. I S. 2178).

[3] § 33 Abs. 2 Satz 2 angef. mWv 1. 1. 1995 durch G v. 15. 7. 1994 (BGBl. I S. 1569); Abs. 2 geänd. mWv 1. 1. 2002 durch G v. 19. 12. 2000 (BGBl. I S. 1769).

[4] § 34 Abs. 1 Nr. 2 geänd. durch G v. 19. 12. 1985 (BGBl. I S. 2355), Abs. 3 neu gef. durch G v. 24. 4. 1986 (BGBl. I S. 560), Abs. 1 Nr. 3 geänd. sowie Abs. 2 neu gef. mWv 1. 1. 1995 durch G v. 15. 7. 1994 (BGBl. I S. 1569), Abs. 1 Nr. 1 und 3 geänd. mWv 1. 1. 2001, Abs. 1 Nrn. 2 und 3 geänd., Abs. 3 neu gef. mWv 1. 1. 2002 durch G v. 19. 12. 2000 (BGBl. I S. 1769), Abs. 1 Nr. 1 geänd. mWv 1. 1. 2004 durch G v. 1. 12. 2003 (BGBl. I S. 2446), Abs. 1 Nr. 2 HS 1 geänd. mWv 6. 9. 2007 durch G v. 3. 9. 2007 (BGBl. I S. 2178).

Abs. 4 genannten Voraussetzungen wegen eines Erbfalls muß die Frist mindestens fünf Jahre betragen;

3. ein Mitglied des Vorstandes, ein Geschäftsführer, ein persönlich haftender Gesellschafter oder ein Partner durch rechtskräftiges berufsgerichtliches Urteil aus dem Beruf ausgeschlossen ist oder einer der in § 28 Abs. 2 Sätze 1, 2 und Abs. 3 genannten Personen die Eignung zur Vertretung und Geschäftsführung einer Wirtschaftsprüfungsgesellschaft aberkannt ist, es sei denn, daß die Wirtschaftsprüfungsgesellschaft der Wirtschaftsprüferkammer nachweist, daß jede Vertretungs- und Geschäftsführungsbefugnis des Verurteilten unverzüglich widerrufen oder entzogen ist.

(2) Die Anerkennung ist zu widerrufen, wenn die Gesellschaft in Vermögensverfall geraten ist, es sei denn, daß dadurch die Interessen der Auftraggeber oder anderer Personen nicht gefährdet sind.

(3) Über die Rücknahme und den Widerruf der Anerkennung entscheidet die Wirtschaftsprüferkammer.

§§ 35, 36.[1] *(aufgehoben)*

Sechster Abschnitt.[2] Allgemeine Vorschriften für das Verwaltungsverfahren

§ 36 a[3] **Untersuchungsgrundsatz, Mitwirkungspflicht, Übermittlung personenbezogener Daten.** (1) Die Wirtschaftsprüferkammer ermittelt den Sachverhalt von Amts wegen.

(2) [1]Die am Verfahren beteiligten Bewerber, Wirtschaftsprüfer oder Gesellschaften sollen bei der Ermittlung des Sachverhalts mitwirken und, soweit es dessen bedarf, ihr Einverständnis mit der Verwendung von Beweismitteln erklären. [2]Ihr Antrag auf Gewährung von Rechtsvorteilen ist zurückzuweisen, wenn die für die Entscheidung zuständige Stelle infolge ihrer Verweigerung der Mitwirkung den Sachverhalt nicht hinreichend klären kann. [3]Der Bewerber, Wirtschaftsprüfer oder die Gesellschaft ist auf diese Rechtsfolge hinzuweisen.

(3) [1]Es übermitteln

1. die Wirtschaftsprüferkammer, Gerichte und Behörden Daten über natürliche und juristische Personen, die aus Sicht der übermittelnden Stelle für die Zulassung zur oder die Durchführung der Prüfung und Eignungsprüfung, für die Erteilung einer Ausnahmegenehmigung nach § 28 Abs. 2 oder 3 oder für die Rücknahme oder den Widerruf dieser Entscheidung erforderlich sind, an die für die Entscheidung zuständige Stelle,

---

[1] §§ 35 und 36 aufgeh. mWv 1. 1. 2002 durch G v. 19. 12. 2000 (BGBl. I S. 1769).

[2] Sechster Abschnitt (§§ 36 a, 36 b) eingef. mWv 1. 1. 1995 durch G v. 15. 7. 1994 (BGBl. I S. 1569); Überschrift geänd. durch G v. 19. 12. 2000 (BGBl. I S. 1769).

[3] § 36 a neu gef. mWv 1. 1. 2001 und Abs. 1 geänd. mWv 1. 1. 2002 durch G v. 19. 12. 2000 (BGBl. I S. 1769), Abs. 1 und Abs. 4 geänd., Abs. 3 neu gef. mWv 1. 1. 2004 durch G v. 1. 12. 2003 (BGBl. I S. 2446), Abs. 3 neu gef. mWv 6. 9. 2007 durch G v. 3. 9. 2007 (BGBl. I S. 2178).

2. Gerichte und Behörden Daten über natürliche und juristische Personen, die aus Sicht der übermittelnden Stelle für die Bestellung oder Wiederbestellung, die Anerkennung oder die Rücknahme oder den Widerruf dieser Entscheidung erforderlich sind oder die den Verdacht einer Berufspflichtverletzung begründen können, an die Wirtschaftsprüferkammer,

soweit hierdurch schutzwürdige Interessen des oder der Betroffenen nicht beeinträchtigt werden oder das öffentliche Interesse das Geheimhaltungsinteresse der Beteiligten überwiegt. 2Die Übermittlung unterbleibt, wenn besondere gesetzliche Verwendungsregelungen entgegenstehen; dies gilt nicht für das Steuergeheimnis nach § 30 der Abgabenordnung, die Verschwiegenheitspflicht nach § 64, die Verschwiegenheitspflicht der Organmitglieder, Beauftragten und Angestellten der Berufskammer eines anderen freien Berufs im Geltungsbereich dieses Gesetzes und die Verschwiegenheitspflicht der in § 9 Abs. 1 des Kreditwesengesetzes und in § 8 des Wertpapierhandelsgesetzes sowie der in § 342c des Handelsgesetzesbuchs benannten Personen und Stellen.

(4) Soweit natürliche oder juristische Personen Mitglieder einer Berufskammer eines anderen freien Berufs im Geltungsbereich dieses Gesetzes sind, darf die Wirtschaftsprüferkammer Daten im Sinne des Absatzes 3 und nach Maßgabe dieser Vorschrift auch an andere zuständige Stellen übermitteln, soweit ihre Kenntnis aus der Sicht der übermittelnden Stelle für die Verwirklichung der Rechtsfolge erforderlich ist.

(5) Die Wirtschaftsprüferkammer darf personenbezogene Daten ihrer Mitglieder an die Versorgungswerke der Wirtschaftsprüfer und der vereidigten Buchprüfer übermitteln, soweit sie für die Feststellung der Mitgliedschaft sowie von Art und Umfang der Beitragspflicht oder der Versorgungsleistung erforderlich sind.

§ 36b.[1] *(aufgehoben)*

Siebenter Abschnitt. Berufsregister

§ 37[2] **Registerführende Stelle.** (1) 1Die Wirtschaftsprüferkammer führt ein Berufsregister für Wirtschaftsprüfer und Wirtschaftsprüfungsgesellschaften. 2Alle einzutragenden Berufsangehörigen und Wirtschaftsprüfungsgesellschaften erhalten jeweils eine Registernummer. 3Das Berufsregister wird in deutscher Sprache elektronisch geführt und ist der Öffentlichkeit mit den aktuellen Daten mit Ausnahme des Geburtstags und des Geburtsortes bei Berufsangehörigen elektronisch zugänglich.

---

[1] § 36b aufgeh. mWv 1. 1. 2001 durch G v. 19. 12. 2000 (BGBl. I S. 1769).

[2] § 37 Abs. 3 Sätze 2 und 3 sowie Abs. 4 angef. mWv 1. 1. 1995 durch G v. 15. 7. 1994 (BGBl. I S. 1569); Abs. 2 aufgeh., bish. Abs. 3 und 4 werden Abs. 2 und 3 mWv 1. 1. 2002 durch G v. 19. 12. 2000 (BGBl. I S. 1769), Abs. 2 Satz 2 neu gef. mWv 1. 1. 2004 durch G v. 1. 12. 2003 (BGBl. I S. 2446), Abs. 1 Sätze 2 und 3 angef., Abs. 2 neu gef. mWv 6. 9. 2007 durch G v. 3. 9. 2007 (BGBl. I S. 2178); Abs. 1 Satz 3 geänd. mWv 28. 12. 2010 durch G v. 22. 12. 2010 (BGBl. I S. 2248).

(2) Die Wirtschaftsprüferkammer kann ein Mitgliederverzeichnis veröffentlichen, das weitere, über § 38 hinausgehende freiwillige Angaben der Berufsangehörigen und der Berufsgesellschaften enthalten kann.

(3) [1]Auf Verlangen des Mitgliedes muß die Eintragung in das Mitgliederverzeichnis unterbleiben. [2]Das Mitglied ist von der Wirtschaftsprüferkammer auf sein Widerspruchsrecht hinzuweisen.

§ 38[1)] Eintragung. In das Berufsregister sind einleitend die für alle Berufsangehörigen und Wirtschaftsprüfungsgesellschaften verantwortlichen Stellen für die Zulassung, die Qualitätskontrolle, die Berufsaufsicht und die öffentliche Aufsicht nach § 66 a (Bezeichnungen, Anschriften) und darauf folgend im Einzelnen neben der jeweiligen Registernummer einzutragen.

1. Wirtschaftsprüfer, und zwar
   a) Name, Vorname, Geburtstag, Geburtsort und Veränderungen des Namens,
   b)[2)] Tag der Bestellung und Behörde, die die Bestellung vorgenommen hat,
   c)[3)] Datum der Begründung der beruflichen Niederlassung, deren Anschrift, in den Fällen des § 3 Abs. 1 Satz 1 Halbsatz 2 die inländische Zustellungsanschrift und ihre Veränderungen unter Angabe des Datums,
   d)[4)] Art der beruflichen Tätigkeit nach § 43 a Abs. 1 und 2 und alle Veränderungen unter Angabe des Datums,
   e)[5)] Name, Vorname, Berufe oder Firma und die Anschriften der beruflichen Niederlassungen der Mitglieder der Sozietät, Name der Sozietät und alle Veränderungen unter Angabe des Datums; dies gilt entsprechend im Falle der Kundmachung einer Sozietät, auch wenn die Voraussetzungen nach § 44 b Abs. 1 Satz 1 nicht vorliegen,
   f)[6)] Firma, Anschrift, Internetadresse und Registernummer der Prüfungsgesellschaft, bei welcher der Wirtschaftsprüfer oder die Wirtschaftsprüferin angestellt oder in anderer Weise tätig ist oder der er oder sie als Partner oder Partnerin angehört oder in ähnlicher Weise verbunden ist,
   g)[5)] Name, Vorname, Berufe und Anschriften der beruflichen Niederlassungen der Partner, Name der Partnerschaft sowie alle Veränderungen unter Angabe des Datums; dies gilt entsprechend im Falle der Kundmachung

---

[1)] § 38 Abs. 1 neu gef. durch G v. 19. 12. 1985 (BGBl. I S. 2355), Abs. 1 Nr. 1 Buchst. d neu gef. sowie Buchst. e und f angef. mWv 1. 1. 1995 durch G v. 15. 7. 1994 (BGBl. I S. 1569), Satzteil vor Nr. 1 neu gef. mWv 6. 9. 2007 durch G v. 3. 9. 2007 (BGBl. I S. 2178).

[2)] § 38 Nr. 1 Buchst. b geänd. mWv 1. 1. 2002 durch G v. 19. 12. 2000 (BGBl. I S. 1769).

[3)] § 38 Nr. 1 Buchst. c neu gef. mWv 1. 1. 2004 durch G v. 1. 12. 2003 (BGBl. I S. 2446), geänd. mWv 6. 9. 2007 durch G v. 3. 9. 2007 (BGBl. I S. 2178).

[4)] § 38 Abs. 1 Nr. 1 Buchst. d geänd. mWv 1. 3. 1999 durch G v. 31. 8. 1998 (BGBl. I S. 2600), mWv 1. 1. 2001 durch G v. 19. 12. 2000 (BGBl. I S. 1769) und mWv 1. 1. 2004 durch G v. 1. 12. 2003 (BGBl. I S. 2446), Buchst. d neu gef. mWv 6. 9. 2007 durch G v. 3. 9. 2007 (BGBl. I S. 2178).

[5)] § 38 Nr. 1 Buchst. e geänd., Buchst. g angef. mWv 1. 1. 2001 durch G v. 19. 12. 2000 (BGBl. I S. 1769), Nr. 1 Buchst. e, g geänd. mWv 1. 1. 2004 durch G v. 1. 12. 2003 (BGBl. I S. 2446).

[6)] § 38 Nr. 1 Buchst. f neu gef. mWv 6. 9. 2007 durch G v. 3. 9. 2007 (BGBl. I S. 2178).

einer Partnerschaft, auch wenn die Voraussetzungen nach § 1 des Partnerschaftsgesellschaftsgesetzes nicht vorliegen,

h)[1] Erteilung der Bescheinigung nach § 57a Abs. 6 Satz 7 und Ablauf der Frist nach § 57a Abs. 6 Satz 8 oder Ablauf der Frist nach § 57a Abs. 1 Satz 2 und alle Veränderungen unter Angabe des Datums,

i)[1] Registrierung als Prüfer für Qualitätskontrolle nach § 57a Abs. 3,

j)[2] alle anderen Registrierungen bei zuständigen Stellen anderer Staaten unter Angabe des Namens der betreffenden Registerstelle sowie der Registernummer,

k)[2] berufsgerichtlich festgesetzte, auch vorläufige Tätigkeits- und Berufsverbote und bei Tätigkeitsverboten das Tätigkeitsgebiet, jeweils unter Angabe des Beginns und der Dauer.

2. Wirtschaftsprüfungsgesellschaften, und zwar

a) Name und Rechtsform,

b)[3] Tag der Anerkennung als Wirtschaftsprüfungsgesellschaft und die Behörde, die die Anerkennung ausgesprochen hat,

c)[4] Anschrift der Hauptniederlassung, Kontaktmöglichkeiten einschließlich einer Kontaktperson, Internetadresse und, sofern die Wirtschaftsprüfungsgesellschaft in ein Netzwerk eingebunden ist, Firmen und Anschriften der Mitglieder des Netzwerks und ihre verbundenen Unternehmen oder ein Hinweis darauf, wo diese Angaben öffentlich zugänglich sind,

d)[4] Namen, Berufe, Geburtsdaten und Anschriften der Gesellschafter und der Mitglieder des zur gesetzlichen Vertretung berufenen Organs einer juristischen Person und die Höhe ihrer Aktien und Stammeinlagen sowie Namen, Berufe, Geburtsdaten und Anschriften der vertretungsberechtigten und der übrigen Gesellschafter einer Personengesellschaft und die Höhe der im Handelsregister eingetragenen Einlagen der Kommanditisten,

e)[4] Namen, Geschäftsanschriften und Registernummern der im Namen der Gesellschaft tätigen Wirtschaftsprüfer,

f)[4] Erteilung der Bescheinigung nach § 57a Abs. 6 Satz 7 und Ablauf der Frist nach § 57a Abs. 6 Satz 8 oder Ablauf der Frist nach § 57a Abs. 1 Satz 2,

g)[4] Registrierung als Prüfer für Qualitätskontrolle nach § 57a Abs. 3,

---

[1] § 38 Nr. 1 Buchst. h und i angef. mWv 1. 1. 2001 durch G v. 19. 12. 2000 (BGBl. I S. 1769), Nr. 1 Buchst. h geänd. mWv 1. 1. 2004 durch G v. 1. 12. 2003 (BGBl. I S. 2446), Buchst. h geänd. mWv 1. 1. 2005 durch G v. 27. 12. 2004 (BGBl. I S. 3846).

[2] § 38 Nr. 1 Buchst. j und k angef. mWv 6. 9. 2007 durch G v. 3. 9. 2007 (BGBl. I S. 2178).

[3] § 38 Nr. 2 Buchst. b geänd. mWv 1. 1. 2002 durch G v. 19. 12. 2000 (BGBl. I S. 1769).

[4] § 38 Nr. 2 Buchst. d geänd., Buchst. f und g angef., mWv 1. 1. 2001 durch G v. 19. 12. 2000 (BGBl. I S. 1769), Nr. 2 geänd. mWv 1. 1. 2004 durch G v. 1. 12. 2003 (BGBl. I S. 2446), Nr. 2 Buchst. f geänd. mWv 1. 1. 2005 durch G v. 27. 12. 2004 (BGBl. I S. 3846), Nr. 2 Buchst. c neu gef., Buchst. e geänd. mWv 6. 9. 2007 durch G v. 3. 9. 2007 (BGBl. I S. 2178).

h)[1] alle anderen Registrierungen bei zuständigen Stellen anderer Staaten unter Angabe des Namens der Registerstelle sowie der Registernummer

sowie alle Veränderungen zu den Buchstaben a, c, d, e, f, g und h unter Angabe des Datums.[2]

3.[3] Zweigniederlassungen von Wirtschaftsprüfern und Wirtschaftsprüfungsgesellschaften, und zwar

a) Name,

b) Anschrift der Zweigniederlassung,

c) Namen und Anschriften der die Zweigniederlassung leitenden Personen

sowie alle Veränderungen zu den Buchstaben a bis c unter Angabe des Datums.

4.[4] Abschlussprüfer, Abschlussprüferinnen und Abschlussprüfungsgesellschaften aus Drittstaaten gemäß § 134; die Nummern 1 bis 3 gelten entsprechend.

§ 39[5] Löschung. (1) Im Berufsregister sind zu löschen

1. Wirtschaftsprüfer, wenn die Bestellung als Wirtschaftsprüfer erloschen oder unanfechtbar zurückgenommen oder widerrufen ist;
2. Wirtschaftsprüfungsgesellschaften, wenn die Anerkennung als Wirtschaftsprüfungsgesellschaft erloschen oder unanfechtbar zurückgenommen oder widerrufen ist;
3. Zweigniederlassungen,
   a) wenn die Zweigniederlassung aufgehoben ist,
   b) wenn die Zweigniederlassung nicht mehr von einem Wirtschaftsprüfer verantwortlich geleitet wird und eine Ausnahmegenehmigung der Wirtschaftsprüferkammer nicht vorliegt.

(2) [1]Wirtschaftsprüfer oder Wirtschaftsprüfungsgesellschaften und ihre Zweigniederlassungen sind, wenn die sofortige Vollziehung von Rücknahme oder Widerruf der Bestellung oder Anerkennung besonders angeordnet wurde, abweichend von Absatz 1 im Berufsregister zu löschen. [2]Wird die aufschiebende Wirkung der Klage angeordnet oder wiederhergestellt oder die Rücknahme oder der Widerruf rechtskräftig aufgehoben, hat die Eintragung nach § 38 erneut zu erfolgen.

(3) [1]Die Angaben nach § 38 Nr. 1 Buchstabe h und i und § 38 Nr. 2 Buchstabe f und g sind zu löschen, wenn die Bescheinigung nach § 57a Abs. 6 Satz 7, die Ausnahmegenehmigung nach § 57a Abs. 1 Satz 2 oder die Registrierung als Prüfer für Qualitätskontrolle unanfechtbar zurückgenommen oder

[1] § 38 Buchst. h eingef. mWv 6. 9. 2007 durch G v. 3. 9. 2007 (BGBl. I S. 2178).

[2] § 38 Nr. 2 Satz 1 geänd., bish. Abs. 2 aufgeh. mWv 1. 1. 2001 durch G v. 19. 12. 2000 (BGBl. I S. 1769).

[3] § 38 Nr. 3 geänd. mWv 1. 1. 2004 durch G v. 1. 12. 2003 (BGBl. I S. 2446).

[4] § 38 Nr. 4 angef. mWv 6. 9. 2007 durch G v. 3. 9. 2007 (BGBl. I S. 2178).

[5] § 39 Abs. 2 und 3 angef. mWv 1. 1. 2001 durch G v. 19. 12. 2000 (BGBl. I S. 1769), Abs. 2 Satz 2 geänd. mWv 1. 1. 2004 durch G v. 1. 12. 2003 (BGBl. I S. 2446), Abs. 2 Satz 2 und Abs. 3 geänd. mWv 1. 1. 2005 durch G v. 27. 12. 2004 (BGBl. I S. 3846), Abs. 3 Satz 2 angef. mWv 6. 9. 2007 durch G v. 3. 9. 2007 (BGBl. I S. 2178).

widerrufen oder durch Fristablauf erloschen ist. [2]Die Angaben zu § 38 Nr. 1 Buchstabe k sind zu löschen, wenn die Tätigkeits- oder Berufsverbote erloschen sind.

§ 40[1)] Verfahren. (1) Eintragungen und Löschungen werden von der Wirtschaftsprüferkammer von Amts wegen vorgenommen.

(2) [1]Die Mitglieder der Wirtschaftsprüferkammer sind verpflichtet, die Tatsachen, die eine Eintragung, ihre Veränderung oder eine Lösung erforderlich machen, der Wirtschaftsprüferkammer unverzüglich in einer den §§ 126, 126 a des Bürgerlichen Gesetzbuchs entsprechenden Form mitzuteilen. [2]§ 62 a gilt entsprechend.

§ 40 a[2)] Register für genossenschaftliche Prüfungsverbände und Prüfungsstellen der Sparkassen- und Giroverbände. (1) [1]Bei der Wirtschaftsprüferkammer werden auch die genossenschaftlichen Prüfungsverbände registriert, die Abschlussprüfungen im Sinn des § 340 k Abs. 2 Satz 1 des Handelsgesetzbuchs oder des Artikels 25 Abs. 1 Satz 1 des Einführungsgesetzes zum Handelsgesetzbuch durchführen, sowie die Prüfungsstellen der Sparkassen- und Giroverbände. [2]§ 37 Abs. 1 gilt entsprechend.

(2) In das Register sind im Einzelnen neben der jeweiligen Registernummer einzutragen:

1. Name und Rechtsform des Prüfungsverbands oder Name der Prüfungsstelle sowie Name und Rechtsform des Trägers der Prüfungsstelle;
2. Tag der Verleihung des Prüfungsrechts und die Behörde, die das Recht verliehen hat, oder gesetzliche Ermächtigung der Prüfungsstelle;
3. Anschrift des Hauptbüros sowie Kontaktmöglichkeiten einschließlich einer Kontaktperson, Internetadresse und, sofern der Prüfungsverband oder die Prüfungsstelle Mitglied in einem Netzwerk ist, Namen und Anschriften aller Mitglieder des Netzwerkes und ihrer verbundenen Unternehmen oder ein Hinweis darauf, wo diese Informationen öffentlich zugänglich sind;
4. Anschriften von weiteren Büros in Deutschland;
5. Namen und Geschäftsadressen aller Mitglieder des Vorstands des Prüfungsverbands oder des Leiters der Prüfungsstelle;
6. Namen und Registernummern der im Namen des Prüfungsverbands oder der Prüfungsstelle tätigen Wirtschaftsprüfer;
7. alle anderen Registrierungen bei zuständigen Stellen anderer Staaten unter Angabe des Namens der Registerstelle sowie der Registernummer;
8. Name und Anschrift der zuständigen Aufsichtsbehörde.

(3) [1]Die in Absatz 1 genannten Prüfungsverbände und Prüfungsstellen sind verpflichtet, der Wirtschaftsprüferkammer die in Absatz 2 genannten Tatsachen sowie jede Änderung dieser Tatsachen mitzuteilen. [2]Die Wirtschafts-

---

1) § 40 neu gef. durch G v. 19. 12. 2000 (BGBl. I S. 1769), Abs. 2 Satz 1 geänd. und Satz 2 angef. mWv 1. 1. 2004 durch G v. 1. 12. 2003 (BGBl. I S. 2446), Abs. 2 Satz 1 geänd. mWv 6. 9. 2007 durch G v. 3. 9. 2007 (BGBl. I S. 2178).

2) § 40 a eingef. mWv 29. 5. 2009 durch G v. 25. 5. 2009 (BGBl. I S. 1102).

prüferkammer hat die mitgeteilten Tatsachen sowie Änderungen einzutragen.

(4) 1 Die in Absatz 1 genannten genossenschaftlichen Prüfungsverbände sind verpflichtet, der Wirtschaftsprüferkammer Mitteilung zu machen, wenn sie keine Abschlussprüfungen im Sinn des § 340 k Abs. 2 Satz 1 des Handelsgesetzbuchs oder des Artikels 25 Abs. 1 Satz 1 des Einführungsgesetzes zum Handelsgesetzbuch mehr durchführen oder wenn ihr Prüfungsrecht unanfechtbar entzogen worden ist. 2 Die in Absatz 1 genannten Prüfungsstellen der Sparkassen- und Giroverbände sind verpflichtet der Wirtschaftsprüferkammer mitzuteilen, wenn ihr Prüfungsrecht unanfechtbar entzogen worden ist. 3 In diesen Fällen hat die Wirtschaftsprüferkammer die Eintragung zu löschen.

Achter Abschnitt. Verwaltungsgerichtliches Verfahren

§ 41[1)] Unmittelbare Klage gegen Bescheide der Wirtschaftsprüferkammer. Vor Erhebung einer Klage gegen Bescheide der Wirtschaftsprüferkammer, die aufgrund von Vorschriften des Dritten und Fünften Abschnitts des Zweiten Teils und § 134 a Abs. 1 und 2 dieses Gesetzes erlassen worden sind, bedarf es keiner Nachprüfung in einem Vorverfahren.

§ 42. (weggefallen)

Dritter Teil. Rechte und Pflichten der Wirtschaftsprüfer

§ 43[2)] Allgemeine Berufspflichten. (1) 1 Der Wirtschaftsprüfer hat seinen Beruf unabhängig, gewissenhaft, verschwiegen und eigenverantwortlich auszuüben. 2 Er hat sich insbesondere bei der Erstattung von Prüfungsberichten und Gutachten unparteiisch zu verhalten.

(2) 1 Der Wirtschaftsprüfer hat sich jeder Tätigkeit zu enthalten, die mit seinem Beruf oder mit dem Ansehen des Berufs unvereinbar ist. 2 Er hat sich der besonderen Berufspflichten bewußt zu sein, die ihm aus der Befugnis erwachsen, gesetzlich vorgeschriebene Bestätigungsvermerke zu erteilen. 3 Er hat sich auch außerhalb der Berufstätigkeit des Vertrauens und der Achtung würdig zu erweisen, die der Beruf erfordert. 4 Er ist verpflichtet, sich fortzubilden.

(3) Wer Abschlussprüfer eines Unternehmens im Sinn des § 319 a Abs. 1 Satz 1 des Handelsgesetzbuchs war oder wer als verantwortlicher Prüfungspartner im Sinn des § 319 a Abs. 1 Satz 5, Abs. 2 Satz 2 des Handelsgesetzbuchs bei der Abschlussprüfung eines solchen Unternehmens tätig war, darf dort innerhalb von zwei Jahren nach der Beendigung der Prüfungstätigkeit keine wichtige Führungstätigkeit ausüben.

---

1) § 41 eingef. mWv 1. 1. 2002 durch G v. 10. 12. 2001 (BGBl. I S. 3414).

2) § 43 Abs. 2 Satz 4 angef. sowie Abs. 3 und Abs. 4 aufgeh. mWv 1. 1. 1995 durch G v. 15. 7. 1994 (BGBl. I S. 1569); Abs. 3 angef. mWv 29. 5. 2009 durch G v. 25. 5. 2009 (BGBl. I S. 1102), zur Übergangsregelung siehe § 140.

§ 43 a[1)] Regeln der Berufsausübung. (1) Wirtschaftsprüfer dürfen ihren Beruf selbständig in eigener Praxis oder in gemeinsamer Berufsausübung gemäß § 44b, als Vorstandsmitglieder, geschäftsführende Personen, persönlich haftende oder nach dem Partnerschaftsgesellschaftsgesetz verbundene Personen von Wirtschaftsprüfungsgesellschaften sowie als zeichnungsberechtigte Vertreter oder als zeichnungsberechtigte Angestellte bei Wirtschaftsprüfern, Wirtschaftsprüfungsgesellschaften, genossenschaftlichen Prüfungsverbänden und Prüfungsstellen von Sparkassen- und Giroverbänden oder überörtlichen Prüfungseinrichtungen für Körperschaften und Anstalten des öffentlichen Rechts ausüben.

(2) [1] Wirtschaftsprüfer dürfen als Vorstandsmitglieder, geschäftsführende Personen, persönlich haftende oder nach dem Partnerschaftsgesellschaftsgesetz verbundene Personen einer Buchprüfungsgesellschaft, einer Rechtsanwaltsgesellschaft, einer Steuerberatungsgesellschaft oder einer Partnerschaftsgesellschaft, die nicht als Wirtschaftsprüfungsgesellschaft oder Buchprüfungsgesellschaft anerkannt ist, nur tätig werden, wenn sie befugt bleiben, Aufträge auf gesetzlich vorgeschriebene Abschlussprüfungen nach § 316 des Handelsgesetzbuchs durchzuführen. [2] Unter der Voraussetzung des Satzes 1 dürfen Wirtschaftsprüfer als zeichnungsberechtigte Vertreter oder zeichnungsberechtigte Angestellte bei einem Angehörigen eines ausländischen Prüferberufs oder einer ausländischen Prüfungsgesellschaft oder als Vorstandsmitglieder, geschäftsführende Personen, persönlich haftende oder nach dem Partnerschaftsgesellschaftsgesetz verbundene Personen einer ausländischen Prüfungsgesellschaft tätig werden, wenn die Voraussetzungen für deren Berufsausübung den Vorschriften dieses Gesetzes im Wesentlichen entsprechen. [3] Satz 1 gilt entsprechend für die Tätigkeit als Vorstandsmitglied, geschäftsführende Personen, persönlich haftende oder nach dem Partnerschaftsgesellschaftsgesetz verbundene Personen einer ausländischen Rechtsberatungsgesellschaft oder Steuerberatungsgesellschaft, wenn die Voraussetzungen für deren Berufsausübung den Vorschriften der Bundesrechtsanwaltsordnung oder des Steuerberatungsgesetzes im Wesentlichen entsprechen.

(3) Wirtschaftsprüfer dürfen nicht ausüben

1. eine gewerbliche Tätigkeit;
2. jede Tätigkeit auf Grund eines Anstellungsvertrages mit Ausnahme der in den Absätzen 1 und 2 sowie in Absatz 4 Nr. 2, 3, 4, 5 und 8 genannten Fälle; in Ausnahmefällen kann die Wirtschaftsprüferkammer eine treuhänderische Verwaltung in einem Anstellungsverhältnis für vereinbar erklären, wenn sie nur vorübergehende Zeit dauert und die Übernahme der Treuhandfunktion ein Anstellungsverhältnis erfordert;
3. jede Tätigkeit auf Grund eines Beamtenverhältnisses oder eines nicht ehrenamtlich ausgeübten Richterverhältnisses mit Ausnahme des in Absatz 4 Nr. 2 genannten Falles. [2] § 44 a bleibt unberührt.

---

1) § 43 a eingef. mWv 1. 1. 1995 durch G v. 15. 7. 1994 (BGBl. I S. 1569); Abs. 2 Satz 1 geänd. mWv 1. 3. 1999 durch G v. 31. 8. 1998 (BGBl. I S. 2600); Abs. 2 Satz 1 geänd., Satz 2 ersetzt durch Sätze 2 und 3 mWv 1. 1. 2001 durch G v. 19. 12. 2000 (BGBl. I S. 1769); Abs. 1, Abs. 2 Satz 1, 2 und 3 sowie Abs. 3 Nr. 2 geänd. mWv 1. 1. 2004 durch G v. 1. 12. 2003 (BGBl. I S. 2446), Abs. 2 Satz 1 geänd. mWv 6. 9. 2007 durch G v. 3. 9. 2007 (BGBl. I S. 2178).

(4)[1] Vereinbar mit dem Beruf des Wirtschaftsprüfers sind

1. die Ausübung eines freien Berufes auf dem Gebiet der Technik und des Rechtswesens und eines nach § 44b Abs. 1 sozietätsfähigen Berufs;
2. die Tätigkeit an wissenschaftlichen Instituten und als Lehrer an Hochschulen;
3. die Tätigkeit als Angestellter der Wirtschaftsprüferkammer;
4. die Tätigkeit als Angestellter einer nach § 342 Abs. 1 des Handelsgesetzbuchs vom Bundesministerium der Justiz und für Verbraucherschutz[2] durch Vertrag anerkannten Einrichtung, als Angestellter einer nach § 342b Abs. 1 des Handelsgesetzbuchs vom Bundesministerium der Justiz und für Verbraucherschutz[2] im Einvernehmen mit dem Bundesministerium der Finanzen durch Vertrag anerkannten Prüfstelle oder als Angestellter einer nicht gewerblich tätigen Personenvereinigung, deren ordentliche Mitglieder Wirtschaftsprüfer, Wirtschaftsprüfungsgesellschaften, vereidigte Buchprüfer oder Buchprüfungsgesellschaften oder Personen und Personengesellschaften sind, die die Voraussetzungen des § 44b Abs. 2 Satz 1 erfüllen, und deren ausschließlicher Zweck die Vertretung der beruflichen Belange der Wirtschaftsprüfer oder vereidigten Buchprüfer ist und in der Wirtschaftsprüfer, Wirtschaftsprüfungsgesellschaften, vereidigte Buchprüfer oder Buchprüfungsgesellschaften die Mehrheit haben;

4a. die Tätigkeit als Angestellter der Bundesanstalt für Finanzdienstleistungsaufsicht, wenn es sich um eine Tätigkeit nach Abschnitt 11 des Wertpapierhandelsgesetzes handelt;

5. die Tätigkeit als Geschäftsführer einer Europäischen wirtschaftlichen Interessenvereinigung, deren Mitglieder ausschließlich sozietätsfähige Personen sind;
6. die Durchführung von Lehr- und Vortragsveranstaltungen zur Vorbereitung auf die Prüfungen als Wirtschaftsprüfer, vereidigter Buchprüfer und Steuerberater und zur Fortbildung der Mitglieder der Wirtschaftsprüferkammer;
7. die freie schriftstellerische, wissenschaftliche und künstlerische Tätigkeit und die freie Vortragstätigkeit;
8. die Tätigkeit als Angestellter einer Prüfungsverbands nach § 26 Abs. 2 des Gesetzes über das Kreditwesen.

§ 44[3] Eigenverantwortliche Tätigkeit. (1) [1] Eine eigenverantwortliche Tätigkeit übt nicht aus, wer sich als zeichnungsberechtigter Vertreter oder als zeichnungsberechtigter Angestellter an Weisungen zu halten hat, die ihn verpflichten, Prüfungsberichte und Gutachten auch dann zu unterzeichnen, wenn

---

[1] § 43a Abs. 4 Nr. 4 geänd., Nr. 8 angef. mWv 1. 1. 2001 durch G v. 19. 12. 2000 (BGBl. I S. 1769), Abs. 4 Nr. 4 geänd. mWv 21. 12. 2004 durch G v. 15. 12. 2004 (BGBl. I S. 3408); Abs. 4 Nr. 4a eingef. mWv 9. 12. 2010 durch G v. 2. 12. 2010 (BGBl. I S. 1746).

[2] Bezeichnung geänd. durch VO v. 31. 8. 2015 (BGBl. I S. 1474).

[3] § 44 neu gef. mWv 1. 1. 1995 durch G v. 15. 7. 1994 (BGBl. I S. 1569).

ihr Inhalt sich mit seiner Überzeugung nicht deckt. 2 Weisungen, die solche Verpflichtungen enthalten, sind unzulässig. 3 Gesetzliche Vertreter und Gesellschafter einer Wirtschaftsprüfungsgesellschaft, die nicht Wirtschaftsprüfer sind, und Mitglieder des Aufsichtsrats der Wirtschaftsprüfungsgesellschaft dürfen auf die Durchführung von Abschlußprüfungen nicht in einer Weise Einfluß nehmen, die die Unabhängigkeit des verantwortlichen Wirtschaftsprüfers beeinträchtigt.

(2) Die Eigenverantwortlichkeit wird nicht schon dadurch ausgeschlossen, daß für gesetzliche Vertreter von Wirtschaftsprüfungsgesellschaften und für bei Wirtschaftsprüfern oder Wirtschaftsprüfungsgesellschaften angestellte Wirtschaftsprüfer eine Mitzeichnung durch einen anderen Wirtschaftsprüfer oder bei genossenschaftlichen Prüfungsverbänden, Prüfungsstellen von Sparkassen- und Giroverbänden oder überörtlichen Prüfungseinrichtungen für Körperschaften und Anstalten des öffentlichen Rechts durch einen zeichnungsberechtigten Vertreter des Prüfungsverbandes, der Prüfungsstelle oder der Prüfungseinrichtung vereinbart ist.

§ 44 a[1)] Wirtschaftsprüfer im öffentlich-rechtlichen Dienst- oder Amtsverhältnis. 1 Ist ein Wirtschaftsprüfer ein öffentlich-rechtliches Dienstverhältnis als Wahlbeamter auf Zeit oder ein öffentlich-rechtliches Amtsverhältnis eingegangen, so darf er seinen Beruf als Wirtschaftsprüfer nicht ausüben, es sei denn, daß er die ihm übertragene Aufgabe ehrenamtlich wahrnimmt. 2 Die Wirtschaftsprüferkammer kann dem Wirtschaftsprüfer auf seinen Antrag einen Vertreter bestellen oder ihm gestatten, seinen Beruf selbst auszuüben, wenn die Einhaltung der allgemeinen Berufspflichten dadurch nicht gefährdet wird.

§ 44 b[2)] Gemeinsame Berufsausübung, Außen- und Scheinsozietät.

(1) 1 Wirtschaftsprüfer dürfen ihren Beruf mit natürlichen und juristischen Personen sowie mit Personengesellschaften, die der Berufsaufsicht einer Berufskammer eines freien Berufes im Geltungsbereich dieses Gesetzes unterliegen und ein Zeugnisverweigerungsrecht nach § 53 Abs. 1 Satz 1 Nr. 3 der Strafprozessordnung[3)] haben, örtlich und überörtlich in Gesellschaften bürgerlichen Rechts (Sozietäten) gemeinsam ausüben. 2 Mit Rechtsanwälten, die zugleich Notare sind, darf eine Sozietät nur bezogen auf die anwaltliche Berufsausübung eingegangen werden. 3 Im Übrigen richtet sich die Verbindung mit Rechtsanwälten, die zugleich Notare sind, nach den Bestimmungen und Anforderungen des notariellen Berufsrechts.

(2) 1 Eine gemeinsame Berufsausübung mit natürlichen und juristischen Personen sowie mit Personengesellschaften, die in einem ausländischen Staat als

---

1) § 44 a Satz 3 aufgeh. mWv 1. 1. 2002 durch G v. 19. 12. 2000 (BGBl. I S. 1769).

2) § 44 b eingef. mWv 1. 1. 1995 durch G v. 15. 7. 1994 (BGBl. I S. 1569) und geänd. mWv 8. 9. 1998 durch G v. 31. 8. 1998 (BGBl. I S. 2585), Abs. 1, 4 und 5 geänd. mWv 1. 1. 2001 durch G v. 19. 12. 2000 (BGBl. I S. 1769), Überschrift neu gef., Abs. 1 Sätze 2 und 3 sowie Abs. 2 Satz 3 angef., Abs. 4 neu gef., Abs. 6 angef. mWv 1. 1. 2004 durch G v. 1. 12. 2003 (BGBl. I S. 2446).

3) Zitat geänd. durch G v. 15. 2. 2002 (BGBl. I S. 682).

sachverständige Prüfer ermächtigt oder bestellt sind, ist zulässig, wenn die Voraussetzungen für ihre Ermächtigung oder Bestellung den Vorschriften dieses Gesetzes im wesentlichen entsprechen und sie in dem ausländischen Staat ihren Beruf gemeinsam mit Wirtschaftsprüfern ausüben dürfen. 2 Eine gemeinsame Berufsausübung ist weiter zulässig mit Rechtsanwälten, Patentanwälten und Steuerberatern anderer Staaten, wenn diese einen nach Ausbildung und Befugnissen der Bundesrechtsanwaltsordnung, der Patentanwaltsordnung oder dem Steuerberatungsgesetz entsprechenden Beruf ausüben und mit Rechtsanwälten, Patentanwälten oder Steuerberatern im Geltungsbereich dieses Gesetzes ihren Beruf in Sozietäten ausüben dürfen. 3 Absatz 1 Satz 2 und 3 gilt entsprechend.

(3) 1 Die Wirtschaftsprüferkammer hat ein Einsichtsrecht in die Verträge über die gemeinsame Berufsausübung. 2 Erforderliche Auskünfte sind auf Verlangen zu erteilen.

(4) Berufsangehörige dürfen ihren Beruf in Sozietäten mit Personen im Sinne von Absatz 1 Satz 1, die selbst nicht als Berufsangehörige oder als vereidigte Buchprüfer oder vereidigte Buchprüferin bestellt oder als Wirtschaftsprüfungsgesellschaft oder Buchprüfungsgesellschaft anerkannt sind, nur dann ausüben, wenn sie der Wirtschaftsprüferkammer bei Aufnahme einer solchen Tätigkeit nachweisen, dass ihnen auch bei gesamtschuldnerischer Inanspruchnahme der nach § 54 vorgeschriebene Versicherungsschutz für jeden Versicherungsfall uneingeschränkt zur Verfügung steht.

(5) Wirtschaftsprüfer haben die gemeinsame Berufsausübung unverzüglich zu beenden, wenn sie auf Grund des Verhaltens eines Mitglieds der Sozietät ihren beruflichen Pflichten nicht mehr uneingeschränkt nachkommen können.

(6) Wird eine gemeinsame Berufsausübung im Sinne des Absatzes 1 kundgemacht, sind die Vorschriften der Absätze 4 und 5 entsprechend anzuwenden.

§ 45[1)] Prokuristen. 1 Wirtschaftsprüfer sollen als Angestellte von Wirtschaftsprüfungsgesellschaften die Rechtsstellung von Prokuristen haben. 2 Angestellte Wirtschaftsprüfer gelten als leitende Angestellte im Sinne des § 5 Abs. 3 des Betriebsverfassungsgesetzes.

§ 46[2)] Beurlaubung. (1) Wirtschaftsprüfer, die vorübergehend eine mit dem Beruf unvereinbare Tätigkeit aufnehmen wollen, können auf Antrag von der Wirtschaftsprüfertätigkeit beurlaubt werden.

(2) 1 Sie dürfen während der Zeit ihrer Beurlaubung die Tätigkeit als Wirtschaftsprüfer nicht ausüben und die Bezeichnung „Wirtschaftsprüfer" nicht führen. 2 Die Beurlaubung soll zunächst höchstens für ein Jahr gewährt und jeweils höchstens um ein Jahr verlängert werden. 3 Die Gesamtzeit der Beurlaubung soll drei aufeinanderfolgende Jahre nicht überschreiten.

---

1) § 45 Satz 2 angef. mWv 6. 9. 2007 durch G v. 3. 9. 2007 (BGBl. I S. 2178).

2) § 46 Abs. 2 bish. Satz 2 aufgeh., bish. Satz 3 und 4 werden Satz 2 und 3, Satz 3 geänd. mWv 1. 1. 2002 durch G v. 19. 12. 2000 (BGBl. I S. 1769).

§ 47[1)] Zweigniederlassungen. [1]Zweigniederlassungen müssen jeweils von wenigstens einem Wirtschaftsprüfer geleitet werden, der seine berufliche Niederlassung am Ort der Zweigniederlassung hat. [2]Für Zweigniederlassungen von in eigener Praxis tätigen Wirtschaftsprüfern kann die Wirtschaftsprüferkammer Ausnahmen zulassen.

§ 48[2)] Siegel. (1) [1]Wirtschaftsprüfer und Wirtschaftsprüfungsgesellschaften sind verpflichtet, ein Siegel zu benutzen, wenn sie Erklärungen abgeben, die den Berufsangehörigen gesetzlich vorbehalten sind. [2]Sie können ein Siegel führen, wenn sie in ihrer Berufseigenschaft Erklärungen über Prüfungsergebnisse abgeben oder Gutachten erstatten.

(2) Die Wirtschaftsprüferkammer trifft im Rahmen der Berufssatzung die näheren Bestimmungen über die Gestaltung des Siegels und die Führung des Siegels.

§ 49 Versagung der Tätigkeit. Der Wirtschaftsprüfer hat seine Tätigkeit zu versagen, wenn sie für eine pflichtwidrige Handlung in Anspruch genommen werden soll oder die Besorgnis der Befangenheit bei der Durchführung eines Auftrages besteht.

§ 50 Verschwiegenheitspflicht der Gehilfen. Der Wirtschaftsprüfer hat seine Gehilfen und Mitarbeiter, soweit sie nicht bereits durch Gesetz zur Verschwiegenheit verpflichtet sind, zur Verschwiegenheit zu verpflichten.

§ 51 Mitteilung der Ablehnung eines Auftrages. [1]Der Wirtschaftsprüfer, der einen Auftrag nicht annehmen will, hat die Ablehnung unverzüglich zu erklären. [2]Er hat den Schaden zu ersetzen, der aus einer schuldhaften Verzögerung dieser Erklärung entsteht.

§ 51 a[3)] Pflicht zur Übernahme der Beratungshilfe. [1]Wirtschaftsprüfer und vereidigte Buchprüfer sind verpflichtet, die in dem Beratungshilfegesetz vorgesehene Beratungshilfe zu übernehmen. [2]Sie können die Beratungshilfe im Einzelfall aus wichtigem Grund ablehnen.

§ 51 b[4)] Handakten. (1) Der Wirtschaftsprüfer muß durch Anlegung von Handakten ein zutreffendes Bild über die von ihm entfaltete Tätigkeit geben können.

(2) [1]Der Wirtschaftsprüfer hat die Handakten auf die Dauer von zehn Jahren[5)] nach Beendigung des Auftrags aufzubewahren. [2]Diese Verpflichtung

---

[1)] § 47 neu gef. mWv 1. 1. 1995 durch G v. 15. 7. 1994 (BGBl. I S. 1569).

[2)] § 48 Abs. 1 Satz 1 geänd., Abs. 2 neu gef. mWv 6. 9. 2007 durch G v. 3. 9. 2007 (BGBl. I S. 2178).

[3)] § 51 a eingef. mWv 1. 1. 2014 durch G v. 31. 8. 2013 (BGBl. I S. 3533).

[4)] § 51 b eingef. mWv 1. 1. 1995 durch G v. 15. 7. 1994 (BGBl. I S. 1569), Abs. 4 Satz 2 und Abs. 4 a eingef., Abs. 5 geänd. mWv 29. 5. 2009 durch G v. 25. 5. 2009 (BGBl. I S. 1102).

[5)] Verlängert von 7 auf 10 Jahre mWv 6. 9. 2007 durch G v. 3. 9. 2007 (BGBl. I S. 2178).

erlischt jedoch schon vor Beendigung dieses Zeitraums, wenn der Wirtschaftsprüfer den Auftraggeber aufgefordert hat, die Handakten in Empfang zu nehmen, und der Auftraggeber dieser Aufforderung binnen sechs Monaten, nachdem er sie erhalten hat, nicht nachgekommen ist.

(3) [1]Der Wirtschaftsprüfer kann seinem Auftraggeber die Herausgabe der Handakten verweigern, bis er wegen seiner Vergütung und Auslagen befriedigt ist. [2]Dies gilt nicht, soweit die Vorenthaltung der Handakten oder einzelner Schriftstücke nach den Umständen unangemessen wäre.

(4) [1]Handakten im Sinne der Absätze 2 und 3 sind nur die Schriftstücke, die der Wirtschaftsprüfer aus Anlaß seiner beruflichen Tätigkeit von dem Auftraggeber oder für ihn erhalten hat, nicht aber der Briefwechsel zwischen dem Wirtschaftsprüfer und seinem Auftraggeber, die Schriftstücke, die dieser bereits in Urschrift oder Abschrift erhalten hat, sowie die zu internen Zwecken gefertigten Arbeitspapiere. [2]Der Wirtschaftsprüfer hat in den Arbeitspapieren, die Abschlussprüfungen im Sinn des § 316 des Handelsgesetzbuchs betreffen, auch die zur Überprüfung seiner Unabhängigkeit im Sinn des § 319 Abs. 2 bis 5 und des § 319a des Handelsgesetzbuchs ergriffenen Maßnahmen, seine Unabhängigkeit gefährdende Umstände und ergriffene Schutzmaßnahmen schriftlich zu dokumentieren.

(4a) [1]Der Wirtschaftsprüfer, der eine Konzernabschlussprüfung durchführt, hat der Wirtschaftsprüferkammer auf deren schriftliche Aufforderung die Unterlagen über die Arbeit von Abschlussprüfern oder Abschlussprüfungsgesellschaften aus Drittstaaten im Sinn des § 3 Abs. 1 Satz 1, die in den Konzernabschluss einbezogene Tochterunternehmen prüfen, zu übergeben, soweit diese nicht gemäß § 134 Abs. 1 eingetragen sind oder eine Vereinbarung zur Zusammenarbeit gemäß § 57 Abs. 9 Satz 5 Nr. 3 nicht besteht. [2]Erhält der Wirtschaftsprüfer keinen Zugang zu den Unterlagen über die Arbeit von Abschlussprüfern oder Abschlussprüfungsgesellschaften aus Drittländern, sind der Versuch ihrer Erlangung und die Hindernisse zu dokumentieren und der Wirtschaftsprüferkammer auf deren schriftliche Aufforderung die Gründe dafür mitzuteilen.

(5) [1]Die Absätze 1 bis 4a gelten entsprechend, soweit sich der Wirtschaftsprüfer zum Führen von Handakten der elektronischen Datenverarbeitung bedient. [2]In anderen Gesetzen getroffene Regelungen über die Pflichten zur Aufbewahrung von Geschäftsunterlagen bleiben unberührt.

§ 52[1)] Werbung. Werbung ist zulässig, es sei denn, sie ist unlauter.

§ 53[1)] Wechsel des Auftraggebers. Berufsangehörige dürfen keine widerstreitenden Interessen vertreten; sie dürfen insbesondere in einer Sache, in der sie oder eine Person oder eine Personengesellschaft, mit der sie ihren Beruf gemeinsam ausüben, bereits tätig waren, für andere Auftraggebende nur tätig werden, wenn die bisherigen und die neuen Auftraggebenden einverstanden sind.

[1)] §§ 52 und 53 neu gef. mWv 6. 9. 2007 durch G v. 3. 9. 2007 (BGBl. I S. 2178).

§ 54[1)] Berufshaftpflichtversicherung. (1) [1] Selbständige Wirtschaftsprüfer, Wirtschaftsprüfungsgesellschaften und Partnerschaftsgesellschaften mit beschränkter Berufshaftung nach § 8 Absatz 4 des Partnerschaftsgesellschaftsgesetzes sind verpflichtet, eine Berufshaftpflichtversicherung zur Deckung der sich aus ihrer Berufstätigkeit ergebenden Haftpflichtgefahren für Vermögensschäden abzuschließen und die Versicherung während der Dauer ihrer Bestellung oder Anerkennung aufrechtzuerhalten. [2] Die Mindestversicherungssumme für den einzelnen Versicherungsfall muß den in § 323 Abs. 2 Satz 1 des Handelsgesetzbuchs bezeichneten Umfang betragen. [3] Zuständige Stelle im Sinne des § 117 Abs. 2 des Versicherungsvertragsgesetzes[2)] ist die Wirtschaftsprüferkammer.

(2) Die Wirtschaftsprüferkammer erteilt Dritten zur Geltendmachung von Schadensersatzansprüchen auf Antrag Auskunft über den Namen, die Adresse und die Versicherungsnummer der Berufshaftpflichtversicherung des Wirtschaftsprüfers oder der Wirtschaftsprüfungsgesellschaft, soweit der Wirtschaftsprüfer oder die Wirtschaftsprüfungsgesellschaft kein überwiegendes schutzwürdiges Interesse an der Nichterteilung der Auskunft hat.

(3) Die Wirtschaftsprüferkammer trifft im Rahmen der Berufssatzung die näheren Bestimmungen über den Versicherungsinhalt, Regelungen über zulässige Versicherungsausschlüsse wie etwa für Ersatzansprüche bei wissentlicher Pflichtverletzung, den Versicherungsnachweis, das Anzeigeverfahren und die Überwachung der Versicherungspflicht.

§ 54 a[3)] Vertragliche Begrenzung von Ersatzansprüchen. (1) Der Anspruch des Auftraggebers aus dem zwischen ihm und dem Wirtschaftsprüfer bestehenden Vertragsverhältnis auf Ersatz eines fahrlässig verursachten Schadens kann beschränkt werden

1. durch schriftliche Vereinbarung im Einzelfall bis zur Mindesthöhe der Deckungssumme nach § 54 Abs. 1 Satz 2;
2. durch vorformulierte Vertragsbedingungen auf den vierfachen Betrag der Mindesthöhe der Deckungssumme nach § 54 Abs. 1 Satz 2, wenn insoweit Versicherungsschutz besteht.

(2) Die persönliche Haftung von Mitgliedern einer Sozietät (§ 44 b) auf Schadensersatz kann auch durch vorformulierte Vertragsbedingungen auf einzelne namentlich bezeichnete Mitglieder der Sozietät beschränkt werden, die die vertragliche Leistung erbringen sollen.

[1)] § 54 neu gef. mWv 1. 1. 1995 durch G v. 15. 7. 1994 (BGBl. I S. 1569), Abs. 2 neu gef. durch G v. 1. 12. 2003 (BGBl. I S. 2446), Abs. 2 neu gef. und Abs. 3 angef. mWv 6. 9. 2007 durch G v. 3. 9. 2007 (BGBl. I S. 2178); Abs. 1 geänd., Abs. 2 neu gef. mWv 19. 7. 2013 durch G v. 15. 7. 2013 (BGBl. I S. 2386).

[2)] Verweis geänd. mWv 1. 1. 2008 durch G v. 23. 11. 2007 (BGBl. I S. 2631).

[3)] § 54 a eingef. mWv 1. 1. 1995 durch G v. 15. 7. 1994 (BGBl. I S. 1569) und geänd. durch G v. 27. 4. 1998 (BGBl. I S. 786), Abs. 2 geänd. mWv 1. 1. 2001 durch G v. 19. 12. 2000 (BGBl. I S. 1769).

§ 55[1] Vergütung. (1) 1 Der Wirtschaftsprüfer darf für Tätigkeiten nach § 2 Abs. 1 und 3 Nr. 1 und 3 keine Vereinbarung schließen, durch welche die Höhe der Vergütung vom Ergebnis seiner Tätigkeit als Wirtschaftsprüfer abhängig gemacht wird. 2 Für Tätigkeiten nach § 2 Abs. 2 gilt dies, soweit § 55 a nichts anderes bestimmt. 3 Die Vergütung für gesetzlich vorgeschriebene Abschlussprüfungen darf über Satz 1 hinaus nicht an weitere Bedingungen geknüpft sein und sie darf auch nicht von der Erbringung zusätzlicher Leistungen für das geprüfte Unternehmen beeinflusst oder bestimmt sein. 4 Besteht zwischen der erbrachten Leistung und der vereinbarten Vergütung ein erhebliches Missverhältnis, muss der Wirtschaftsprüferkammer auf Verlangen nachgewiesen werden können, dass für die Prüfung eine angemessene Zeit aufgewandt und qualifiziertes Personal eingesetzt wurde.

(2) Die Abgabe und Entgegennahme eines Teils der Vergütung oder sonstiger Vorteile für die Vermittlung von Aufträgen, gleichviel ob im Verhältnis zu einem Wirtschaftsprüfer oder Dritten, ist unzulässig.

(3) 1 Die Abtretung von Vergütungsforderungen oder die Übertragung ihrer Einziehung an Berufsangehörige, an Berufsgesellschaften oder an Berufsausübungsgemeinschaften ist auch ohne Zustimmung der auftraggebenden Person zulässig; diese sind in gleicher Weise zur Verschwiegenheit verpflichtet wie die beauftragte Person. 2 Satz 1 gilt auch bei einer Abtretung oder Übertragung an Berufsangehörige anderer freier Berufe, die einer entsprechenden gesetzlichen Verschwiegenheitspflicht unterliegen. 3 Die Abtretung von Vergütungsforderungen oder die Übertragung ihrer Einziehung an andere Personen ist entweder bei rechtskräftiger Feststellung der Vergütungsforderung oder mit Zustimmung der auftraggebenden Person zulässig.

§ 55 a[2] Erfolgshonorar für Hilfeleistung in Steuersachen. (1) 1 Vereinbarungen, durch die eine Vergütung für eine Hilfeleistung in Steuersachen oder ihre Höhe vom Ausgang der Sache oder vom Erfolg der Tätigkeit des Wirtschaftsprüfers abhängig gemacht wird oder nach denen der Wirtschaftsprüfer einen Teil der zu erzielenden Steuerermäßigung, Steuerersparnis oder Steuervergütung als Honorar erhält (Erfolgshonorar), sind unzulässig, soweit nachfolgend nichts anderes bestimmt ist. 2 Vereinbarungen, durch die der Wirtschaftsprüfer sich verpflichtet, Gerichtskosten, Verwaltungskosten oder Kosten anderer Beteiligter zu tragen, sind unzulässig.

(2) Ein Erfolgshonorar darf nur für den Einzelfall und nur dann vereinbart werden, wenn der Auftraggeber aufgrund seiner wirtschaftlichen Verhältnisse bei verständiger Betrachtung ohne die Vereinbarung eines Erfolgshonorars von der Rechtsverfolgung abgehalten würde.

(3) 1 Die Vereinbarung bedarf der Textform. 2 Sie muss als Vergütungsvereinbarung oder in vergleichbarer Weise bezeichnet werden, von anderen

---

[1] § 55 a eingef. mWv 1. 1. 1995 durch G v. 15. 7. 1994 (BGBl. I S. 1569), Abs. 1 Satz 1 geänd., Sätze 2 und 3 angef., Abs. 3 neu gef. mWv 6. 9. 2007 durch G v. 3. 9. 2007 (BGBl. I S. 2178); bish. § 55 a wird § 55, Abs. 1 Satz 1 geänd., Satz 2 eingef. mWv 1. 7. 2008 durch G v. 12. 6. 2008 (BGBl. I S. 1000), bish. § 55 aufgeh. mWv 6. 9. 2007 durch G v. 3. 9. 2007 (BGBl. I S. 2178).

[2] § 55 a eingef. mWv 1. 7. 2008 durch G v. 12. 6. 2008 (BGBl. I S. 1000).

Vereinbarungen mit Ausnahme der Auftragserteilung deutlich abgesetzt sein und darf nicht in der Vollmacht enthalten sein. [3]Die Vereinbarung muss enthalten:

1. die erfolgsunabhängige Vergütung, zu der der Wirtschaftsprüfer bereit wäre, den Auftrag zu übernehmen, sowie
2. die Angabe, welche Vergütung bei Eintritt welcher Bedingungen verdient sein soll.

(4) [1]In der Vereinbarung sind außerdem die wesentlichen Gründe anzugeben, die für die Bemessung des Erfolgshonorars bestimmend sind. Ferner ist ein Hinweis aufzunehmen, dass die Vereinbarung keinen Einfluss auf die gegebenenfalls vom Auftraggeber zu zahlenden Gerichtskosten, Verwaltungskosten und die von ihm zu erstattenden Kosten anderer Beteiligter hat.

(5) [1]Aus einer Vergütungsvereinbarung, die nicht den Anforderungen der Absätze 2 und 3 entspricht, erhält der Wirtschaftsprüfer keine höhere als eine nach den Vorschriften des bürgerlichen Rechts bemessene Vergütung. [2]Die Vorschriften des bürgerlichen Rechts über die ungerechtfertigte Bereicherung bleiben unberührt.

§ 55 b[1] Qualitätssicherungssystem. [1]Der Wirtschaftsprüfer oder die Wirtschaftsprüferin hat die Regelungen, die zur Einhaltung der Berufspflichten erforderlich sind, zu schaffen sowie ihre Anwendung zu überwachen und durchzusetzen (Qualitätssicherungssystem). [2]Das Qualitätssicherungssystem ist zu dokumentieren.

§ 55 c[2] Transparenzbericht. (1) [1]Berufsangehörige in eigener Praxis und Wirtschaftsprüfungsgesellschaften, die im Jahr mindestens eine Abschlussprüfung eines Unternehmens von öffentlichem Interesse (§ 319 a Abs. 1 Satz 1 des Handelsgesetzbuchs) durchführen, haben jährlich spätestens drei Monate nach Ende des Kalenderjahres einen Transparenzbericht auf der jeweiligen Internetseite zu veröffentlichen. [2]Dieser muss mindestens beinhalten:

1. eine Beschreibung der Rechtsform und der Eigentumsverhältnisse;
2. sofern die Einbindung in ein Netzwerk vorliegt, eine Beschreibung dessen organisatorischer und rechtlicher Struktur;
3. eine Beschreibung des internen Qualitätssicherungssystems sowie eine Erklärung des oder der Berufsangehörigen oder des Geschäftsführungsorgans zur Durchsetzung des internen Qualitätssicherungssystems;
4. das Ausstellungsdatum der letzten Teilnahmebescheinigung (§ 57 a Abs. 6 Satz 7);
5. eine Liste der in Satz 1 genannten Unternehmen, bei denen im vorangegangenen Kalenderjahr eine gesetzlich vorgeschriebene Abschlussprüfung durchgeführt wurde;

---

[1] § 55 b eingef. mWv 1. 1. 2005 durch G v. 27. 12. 2004 (BGBl. I S. 3846), Satz 1 neu gef. mWv 6. 9. 2007 durch G v. 3. 9. 2007 (BGBl. I S. 2178).

[2] § 55 c eingef. mWv 6. 9. 2007 durch G v. 3. 9. 2007 (BGBl. I S. 2178), Abs. 1 Satz 3 Nr. 3 geänd. mWv 29. 5. 2009 durch G v. 25. 5. 2009 (BGBl. I S. 1102).

6. eine Erklärung über die Maßnahmen zur Wahrung der Unabhängigkeit einschließlich der Bestätigung, dass eine interne Überprüfung der Einhaltung von Unabhängigkeitsanforderungen stattgefunden hat;
7. Informationen über die Vergütungsgrundlagen der Organmitglieder und leitenden Angestellten.

3 Darüber hinaus muss der Transparenzbericht von in Satz 1 genannten Wirtschaftsprüfungsgesellschaften Folgendes beinhalten:

1. eine Beschreibung der Leitungsstruktur (Geschäftsführungs- und Aufsichtsorgane);
2. eine Erklärung darüber, wie die Gesellschaft ihre Berufsangehörigen zur Erfüllung der Fortbildungspflicht anhält (interne Fortbildungsgrundsätze und -maßnahmen);
3. Finanzinformationen, welche die Bedeutung der Gesellschaft widerspiegeln, in Form des im Sinne des § 285 Nr. 17 des Handelsgesetzbuchs nach Honoraren aufgeschlüsselten Gesamtumsatzes.

(2) 1 Der Transparenzbericht ist von dem oder der Berufsangehörigen oder von der Wirtschaftsprüfungsgesellschaft in einer den §§ 126, 126 a des Bürgerlichen Gesetzbuchs entsprechenden Form zu unterzeichnen. 2 Die Wirtschaftsprüferkammer ist von dem oder der Verpflichteten nach Absatz 1 Satz 1 über die elektronische Veröffentlichung zu unterrichten; ist keine elektronische Veröffentlichung des Transparenzberichtes möglich, kann der Transparenzbericht bei der Wirtschaftsprüferkammer hinterlegt und auf Nachfrage von Dritten dort eingesehen werden.

§ 56[1] Anwendung der Vorschriften über die Rechte und Pflichten der Wirtschaftsprüfer auf **Wirtschaftsprüfungsgesellschaften.**

(1) § 43, § 43 a Abs. 3 und 4, § 44 b, §§ 49 bis 53, § 54 a, §§ 55 a und 55 b[2] gelten sinngemäß für Wirtschaftsprüfungsgesellschaften sowie für Vorstandsmitglieder, Geschäftsführer, Partner und persönlich haftende Gesellschafter einer Wirtschaftsprüfungsgesellschaft, die nicht Wirtschaftsprüfer sind.

(2) Die Mitglieder der durch Gesetz, Satzung oder Gesellschaftsvertrag vorgesehenen Aufsichtsorgane der Gesellschaften sind zur Verschwiegenheit verpflichtet.

Vierter Teil. Organisation des Berufs

§ 57[3] Aufgaben der Wirtschaftsprüferkammer. (1) Die Wirtschaftsprüferkammer erfüllt die ihr durch Gesetz zugewiesenen Aufgaben; sie hat die

[1] § 56 Abs. 1 geänd. mWv 1. 1. 1995 durch G v. 15. 7. 1994 (BGBl. I S. 1569) und mWv 6. 9. 2007 durch G v. 3. 9. 2007 (BGBl. I S. 2178).

[2] Zitat geänd. durch G v. 27. 12. 2004 (BGBl. I S. 3846).

[3] § 57 Abs. 2 Nr. 13 sowie Abs. 3 und Abs. 4 angef. mWv 1. 1. 1995 durch G v. 15. 7. 1994 (BGBl. I S. 1569), Abs. 2 Nr. 14 angef. mWv 1. 1. 2001 und Nr. 15 angef. mWv 1. 1. 2002 durch G v. 19. 12. 2000 (BGBl. I S. 1769), Abs. 5 angef. mWv 1. 1. 2002 durch G v.

(Fortsetzung der Fußnote Seite 41)

beruflichen Belange der Gesamtheit ihrer Mitglieder zu wahren und die Erfüllung der beruflichen Pflichten zu überwachen.

(2) Der Wirtschaftsprüferkammer obliegt insbesondere:

1. die Mitglieder in Fragen der Berufspflichten zu beraten und zu belehren;
2. auf Antrag bei Streitigkeiten unter den Mitgliedern zu vermitteln;
3. auf Antrag bei Streitigkeiten zwischen Mitgliedern und ihren Auftraggebern zu vermitteln;
4. die Erfüllung der den Mitgliedern obliegenden Pflichten zu überwachen und das Recht der Rüge zu handhaben;
5. *(aufgehoben)*
6. in allen die Gesamtheit der Mitglieder berührenden Angelegenheiten die Auffassung der Wirtschaftsprüferkammer den zuständigen Gerichten, Behörden und Organisationen gegenüber zur Geltung zu bringen;
7. Gutachten zu erstatten, die ein Gericht oder eine Verwaltungsbehörde oder eine an der Gesetzgebung beteiligte Körperschaft des Bundes oder Landes anfordert;
8. die durch Gesetz zugewiesenen Aufgaben im Bereich der Berufsbildung wahrzunehmen;
9. *(aufgehoben)*
10. die berufliche Fortbildung der Mitglieder und Ausbildung des Berufsnachwuchses zu fördern;
11. die Vorschlagsliste der ehrenamtlichen Beisitzer bei den Berufsgerichten der Landesjustizverwaltungen und dem Bundesministerium der Justiz und für Verbraucherschutz[1] einzureichen;
12. das Berufsregister zu führen;
13. Fürsorgeeinrichtungen für Wirtschaftsprüfer und vereidigte Buchprüfer sowie deren Hinterbliebene zu schaffen;
14. ein System der Qualitätskontrolle zu betreiben;
15. Wirtschaftsprüfer sowie vereidigte Buchprüfer zu bestellen, Wirtschaftsprüfungsgesellschaften sowie Buchprüfungsgesellschaften anzuerkennen und Bestellungen sowie Anerkennungen zurückzunehmen oder zu widerrufen;
16. eine selbstständige Prüfungsstelle einzurichten und zu unterhalten;

(Fortsetzung der Fußn. von Seite 40)

10. 12. 2001 (BGBl. I S. 3414), Abs. 2 Nrn. 16 und 17 angef. mWv 1. 1. 2004 durch G v. 1. 12. 2003 (BGBl. I S. 2446), Abs. 1 neu gef., Abs. 2 Nr. 9 aufgeh., Abs. 3 Satz 1 HS 1 und Abs. 4 Nr. 5 geänd. mWv 1. 1. 2005 durch G v. 27. 12. 2004 (BGBl. I S. 3846), Abs. 2 Nr. 5 aufgeh., Abs. 3 Satz 1 geänd. und Satz 3 angef., Abs. 4 Nr. 1 Buchst. e und i neu gef., Buchst. l angef., Nr. 4 neu gef., Abs. 6 bis 9 angef. mWv 6. 9. 2007 durch G v. 3. 9. 2007 (BGBl. I S. 2178), Abs. 6 Satz 1 geänd. und Abs. 9 Satz 5 neu gef. mWv 29. 5. 2009 durch G v. 25. 5. 2009 (BGBl. I S. 1102).

[1] Bezeichnung geänd. durch VO v. 31. 8. 2015 (BGBl. I S. 1474).

17. die ihr als Bundesberufskammer gesetzlich eingeräumten Befugnisse im Rahmen der Geldwäschebekämpfung wahrzunehmen.

(3) [1]Die Wirtschaftsprüferkammer kann nach Anhörung der Arbeitsgemeinschaft für das wirtschaftliche Prüfungswesen eine Satzung über die Rechte und Pflichten bei der Ausübung der Berufe des Wirtschaftsprüfers und des vereidigten Buchprüfers (Berufssatzung) erlassen; die Berufssatzung wird vom Beirat der Wirtschaftsprüferkammer beschlossen. [2]Die Satzung tritt drei Monate nach Übermittlung an das Bundesministerium für Wirtschaft und Energie[1)] in Kraft, soweit nicht das Bundesministerium für Wirtschaft und Energie[1)] die Satzung oder Teile derselben aufhebt. [3]Für Änderungen der Berufssatzung gelten die Sätze 1 und 2 entsprechend.

(4) Die Berufssatzung kann im Rahmen der Vorschriften dieses Gesetzes näher regeln:

1. Allgemeine Berufspflichten
   a) Unabhängigkeit, Gewissenhaftigkeit, Verschwiegenheit, Eigenverantwortlichkeit;
   b) berufswürdiges Verhalten;
   c) Wechsel des Auftraggebers und Verbot der Vertretung widerstreitender Interessen;
   d) vereinbare und unvereinbare Tätigkeiten;
   e)[2)] Inhalt, Umfang und Nachweis der Berufshaftpflichtversicherung nach § 54 Abs. 3;
   f) Vereinbarung und Abrechnung der Vergütung der beruflichen Tätigkeit und deren Beitreibung;
   g) Umgang mit fremden Vermögenswerten;
   h) Ausbildung des Berufsnachwuchses sowie der Fachgehilfen in steuer- und wirtschaftsberatenden Berufen;
   i)[2)] Siegelgestaltung (Form, Größe, Art und Beschriftung) und Siegelführung nach § 48 Abs. 2;
   j) Verbot der Mitwirkung bei unbefugter Hilfeleistung in Steuersachen;
   k) Verbot der Verwertung von Berufsgeheimnissen;
   l) Art, Umfang und Nachweis der allgemeinen Fortbildungspflicht nach § 43 Abs. 2 Satz 4, wobei der Umfang der vorgeschriebenen Teilnahme an Fortbildungsveranstaltungen 20 Stunden im Jahr nicht überschreiten darf.
2. Besondere Berufspflichten bei der Durchführung von Prüfungen und der Erstattung von Gutachten
   a) Unbefangenheit, Unparteilichkeit und Versagung der Tätigkeit;
   b) Ausschluß als Prüfer oder Gutachter.
3. Besondere Berufspflichten

---

1) Bezeichnung geänd. durch VO v. 31. 8. 2015 (BGBl. I S. 1474).

2) Zu § 57 Abs. 4 Nr. 1 Buchst. e und Buchst. i siehe Übergangsregelung in § 137.

a) im Zusammenhang mit der Annahme, Wahrnehmung und Beendigung eines Auftrags und bei der Nachfolge im Mandat;

b) bei der Führung von Handakten;

c) bei der gemeinsamen Berufsausübung;

d) bei der Errichtung und Tätigkeit von Berufsgesellschaften;

e) bei grenzüberschreitender Tätigkeit;

f) gegenüber Gerichten, Behörden, der Wirtschaftsprüferkammer und anderen Mitgliedern der Wirtschaftsprüferkammer;

g)[1)] im Zusammenhang mit der Beratungshilfe.

4. Die abschließende Bestimmung der Kriterien zur Beschreibung der Vergütungsgrundlagen im Sinne von § 55 c Abs. 1 Satz 2 Nr. 7.

5. Besondere Berufspflichten zur Sicherung der Qualität der Berufsarbeit (§ 55 b).

(5) [1] Die Wirtschaftsprüferkammer kann die in Absatz 2 Nr. 1 bis 3 bezeichneten Aufgaben einzelnen Mitgliedern des Vorstandes übertragen; weitere Aufgaben können Abteilungen im Sinne des § 59 a übertragen werden. [2] Im Falle des Absatzes 2 Nr. 4 zweite Alternative entscheidet der Vorstand über den Einspruch (§ 63 Abs. 5 Satz 2).

(6) [1] Soweit nicht die Zuständigkeit der Abschlussprüferaufsichtskommission nach § 66 a Abs. 8 gegeben ist, leistet die Wirtschaftsprüferkammer einer für die Bestellung, Anerkennung, Berufsaufsicht und Qualitätskontrolle zuständigen Stelle in einem anderen Mitgliedstaat der Europäischen Union oder Vertragsstaat des Abkommens über den Europäischen Wirtschaftsraum Amtshilfe, soweit dies für die Wahrnehmung der genannten Aufgaben der zuständigen Stelle im Einzelfall erforderlich ist. [2] Ist die Erledigung einer Anfrage innerhalb einer angemessenen Frist nicht möglich, teilt die Wirtschaftsprüferkammer dies unter Angabe von Gründen mit. [3] Die Wirtschaftsprüferkammer lehnt es ab, auf eine Anfrage eigene Ermittlungen durchzuführen, wenn

1. aufgrund derselben Handlung und gegen dieselbe Person in Deutschland bereits ein berufsgerichtliches Verfahren anhängig ist oder

2. gegen die betreffende Person aufgrund derselben Handlung in Deutschland bereits ein rechtskräftiges Urteil ergangen ist.

[4] Macht die Wirtschaftsprüferkammer von ihrem Recht nach Satz 3 Gebrauch, so teilt sie dies unverzüglich der ersuchenden Stelle unter Angabe der Gründe mit und übermittelt genaue Informationen über das berufsgerichtliche Verfahren oder das rechtskräftige Urteil.

(7) [1] Die Wirtschaftsprüferkammer darf Informationen, einschließlich personenbezogener Daten, an die in Absatz 6 Satz 1 genannten Stellen auf Ersuchen übermitteln, soweit die Kenntnis der Informationen zur Wahrnehmung der in Absatz 6 Satz 1 genannten Aufgaben der zuständigen Stelle im Einzelfall

---

1) § 57 Abs. 4 Nr. 3 Buchst. g angef. mWv 1. 1. 2014 durch G v. 31. 8. 2013 (BGBl. I S. 3533).

erforderlich ist. 2 Informationen, die einer Geheimhaltungspflicht unterliegen, dürfen nur übermittelt werden, wenn zusätzlich sichergestellt ist, dass sie bei diesen Stellen in gleicher Weise geheim gehalten werden. 3 Bei der Übermittlung personenbezogener Daten ist auf den Zweck hinzuweisen, für den die Daten übermittelt werden. 4 Die Übermittlung von Informationen einschließlich personenbezogener Daten unterbleibt, soweit hierdurch die öffentliche Sicherheit oder Ordnung beeinträchtigt werden könnte.

(8) 1 Soweit nicht die Zuständigkeit der Abschlussprüferaufsichtskommission nach § 66a Abs. 10 gegeben ist, arbeitet die Wirtschaftsprüferkammer mit den für die Bestellung, Anerkennung, Berufsaufsicht und Qualitätskontrolle zuständigen Stellen anderer als der in Absatz 6 Satz 1 genannten Staaten zusammen, soweit dies für die Wahrnehmung der jeweiligen Aufgabe der zuständigen Stelle im Einzelfall erforderlich ist. 2 Absatz 6 Satz 2 bis 4 gilt entsprechend.

(9) 1 Die Wirtschaftsprüferkammer darf Informationen, einschließlich personenbezogener Daten, an die in Absatz 8 Satz 1 genannten Stellen auf Ersuchen übermitteln, soweit die Kenntnis der Informationen zur Wahrnehmung der in Absatz 8 Satz 1 genannten Aufgaben der zuständigen Stelle im Einzelfall erforderlich ist. 2 Informationen, die einer Geheimhaltungspflicht unterliegen, dürfen nur übermittelt werden, wenn zusätzlich sichergestellt ist, dass sie bei diesen Stellen in gleicher Weise geheim gehalten werden. 3 Für die Übermittlung personenbezogener Daten an die zuständige Stelle nach Absatz 8 Satz 1 gelten § 4b Abs. 2 bis 6 und § 4c des Bundesdatenschutzgesetzes entsprechend. 4 Die Übermittlung von Informationen, einschließlich personenbezogener Daten, unterbleibt, soweit hierdurch die öffentliche Sicherheit oder Ordnung beeinträchtigt werden könnte. 5 Legt die zuständige Stelle begründet dar, dass sie mit der Erledigung durch die Wirtschaftsprüferkammer nicht einverstanden ist, kann die Wirtschaftsprüferkammer unter den Voraussetzungen der Sätze 1 bis 4 Arbeitsunterlagen und andere Dokumente auf Anforderung der zuständigen Stelle an diese herausgeben, wenn

1. diese Arbeitsunterlagen oder Dokumente sich auf Prüfungen von Unternehmen beziehen, die Wertpapiere in diesem Drittstaat ausgegeben haben oder Teile eines Konzerns sind, der in diesem Staat einen Konzernabschluss vorlegt,
2. die zuständige Stelle die Anforderungen erfüllt, auf die in Artikel 47 Abs. 3 der Richtlinie 2006/43/EG des Europäischen Parlaments und des Rates vom 17. Mai 2006 über Abschlussprüfungen von Jahresabschlüssen und konsolidierten Abschlüssen (ABl. EU Nr. L 157 S. 87) Bezug genommen wird und die von der Kommission der Europäischen Gemeinschaften als angemessen erklärt wurden,
3. auf der Grundlage der Gegenseitigkeit eine Vereinbarung zur Zusammenarbeit zwischen der Wirtschaftsprüferkammer und der jeweiligen Stelle getroffen wurde.

§ 57 a[1)] Qualitätskontrolle. (1) [1]Berufsangehörige in eigener Praxis und Wirtschaftsprüfungsgesellschaften sind verpflichtet, sich einer Qualitätskontrolle zu unterziehen, wenn sie beabsichtigen, gesetzlich vorgeschriebene Abschlussprüfungen durchzuführen, und dafür spätestens bei Annahme des Prüfungsauftrages eine nach § 319 Abs. 1 Satz 3 des Handelsgesetzbuchs erforderliche Teilnahmebescheinigung oder Ausnahmegenehmigung vorliegen muss. [2]Zur Vermeidung von Härtefällen kann die Wirtschaftsprüferkammer auf Antrag befristete Ausnahmegenehmigungen erteilen. [3]Die Ausnahmegenehmigung kann wiederholt erteilt werden.

(2) [1]Die Qualitätskontrolle dient der Überwachung, ob die Regelungen zur Qualitätssicherung nach Maßgabe der gesetzlichen Vorschriften und der Berufssatzung insgesamt und bei der Durchführung einzelner Aufträge eingehalten werden. [2]Sie erstreckt sich auf betriebswirtschaftliche Prüfungen im Sinne von § 2 Abs. 1, bei denen das Siegel geführt wird oder zu führen ist.

(3) [1]Die Qualitätskontrolle wird durch bei der Wirtschaftsprüferkammer registrierte Wirtschaftsprüfer in eigener Praxis oder Wirtschaftsprüfungsgesellschaften (Prüfer für Qualitätskontrolle) durchgeführt. [2]Ein Wirtschaftsprüfer ist auf Antrag zu registrieren, wenn er

1. seit mindestens drei Jahren als Wirtschaftsprüfer bestellt und dabei im Bereich der Abschlussprüfung tätig gewesen ist;
2. über Kenntnisse in der Qualitätssicherung verfügt;
3. in den letzten fünf Jahren nicht berufsgerichtlich wegen der Verletzung einer Berufspflicht verurteilt worden ist, die seine Eignung als Prüfer für Qualitätskontrolle ausschließt;
4. nach erstmaliger Registrierung eine spezielle Fortbildung über die Qualitätssicherung nachweisen kann. [2]Der Nachweis muss spätestens bei Annahme eines Auftrags zur Durchführung der Qualitätskontrolle geführt sein.

[3]Die Registrierung setzt für einen Wirtschaftsprüfer in eigener Praxis voraus, dass er über eine wirksame Bescheinigung nach Absatz 6 Satz 7 verfügt. [4]Eine Wirtschaftsprüfungsgesellschaft ist auf Antrag zu registrieren, wenn mindestens ein Vorstandsmitglied, Geschäftsführer, persönlich haftender Gesellschafter oder Partner nach Satz 2 registriert ist und die Gesellschaft die Voraussetzung nach Satz 3 erfüllt. [5]Wird einer Wirtschaftsprüfungsgesellschaft der Auftrag zur Durchführung einer Qualitätskontrolle erteilt, so muss der für die Qualitätskontrolle verantwortliche Wirtschaftsprüfer entweder dem Personenkreis nach Satz 4 angehören oder Gesellschafter der Wirtschaftsprüfungsgesellschaft und nach Satz 2 registriert sein. [6]Sind als Prüfer für Qua-

---

[1)] § 57 a eingef. mWv 1. 1. 2001 durch G v. 19. 12. 2000 (BGBl. I S. 1769), Abs. 3 Satz 6 angef. mWv 1. 1. 2004 durch G v. 1. 12. 2003 (BGBl. I S. 2446), Abs. 3 Satz 2 Nr. 4 angef., Abs. 3 Satz 3 und Abs. 4 Satz 1 geänd., Abs. 5 Satz 2 und Abs. 6 neu gef. mWv 1. 1. 2005 durch G v. 27. 12. 2004 (BGBl. I S. 3846);

Abs. 1 Satz 1 neu gef., Abs. 2 Sätze 1 und 2 geänd., Abs. 3 Satz 2 Nr. 3 geänd. und Nr. 4 Satz 2 angef., Abs. 6 Sätze 2 und 9 geänd., Satz 8 neu gef. und Satz 11 angef. mWv 6. 9. 2007 durch G v. 3. 9. 2007 (BGBl. I S. 2178); zur Übergangsregelung für § 57 a Abs. 6 Satz 8 siehe § 136.

litätskontrolle registrierte Berufsangehörige, welche die Voraussetzung von Satz 3 nicht erfüllen, in eigener Praxis und in sonstiger Weise tätig, dürfen sie keine Qualitätskontrolle in eigener Praxis durchführen.

(4) [1] Ein Wirtschaftsprüfer oder eine Wirtschaftsprüfungsgesellschaft darf nicht Prüfer für Qualitätskontrolle sein, wenn kapitalmäßige, finanzielle oder persönliche Bindungen zum zu prüfenden Wirtschaftsprüfer oder zur zu prüfenden Wirtschaftsprüfungsgesellschaft oder sonstige Umstände, welche die Besorgnis der Befangenheit (§ 49 zweite Alternative) begründen, bestehen. [2] Ferner sind wechselseitige Prüfungen ausgeschlossen.

(5) [1] Der Prüfer für Qualitätskontrolle hat das Ergebnis der Qualitätskontrolle in einem Bericht (Qualitätskontrollbericht) zusammenzufassen. [2] Der Qualitätskontrollbericht muss enthalten

1. die Nennung der Kommission für Qualitätskontrolle und des oder der Geprüften als Empfänger oder Empfängerinnen des Berichts,
2. eine Beschreibung von Gegenstand, Art und Umfang der Prüfung,
3. eine nach Prüfungsart gegliederte Angabe der Stundenanzahl,
4. die Zusammensetzung und Qualifikation der Prüfer und Prüferinnen für Qualitätskontrolle und
5. eine Beurteilung des Prüfungsergebnisses;

zum Inhalt und zur Vereinheitlichung des Aufbaus des Qualitätskontrollberichts können weitere Bestimmungen getroffen werden (§ 57 c Abs. 2 Nr. 6). [3] Sind vom Prüfer für Qualitätskontrolle keine wesentlichen Mängel im Qualitätssicherungssystem oder Prüfungshemmnisse festgestellt worden, hat er zu erklären, dass das in der Prüfungspraxis eingeführte Qualitätssicherungssystem im Einklang mit den gesetzlichen und satzungsmäßigen Anforderungen steht und mit hinreichender Sicherheit eine ordnungsgemäße Abwicklung von Prüfungsaufträgen nach § 2 Abs. 1, bei denen das Berufssiegel verwendet wird, gewährleistet. [4] Sind wesentliche Mängel im Qualitätssicherungssystem oder Prüfungshemmnisse festgestellt worden, so hat der Prüfer für Qualitätskontrolle seine Erklärung nach Satz 3 einzuschränken oder zu versagen. [5] Die Einschränkung oder die Versagung sind zu begründen. [6] Im Falle der Einschränkung aufgrund festgestellter wesentlicher Mängel im Qualitätssicherungssystem hat der Prüfer für Qualitätskontrolle Empfehlungen zur Beseitigung der Mängel zu geben.

(6)[1)] [1] Die zu kontrollierende Person reicht bei der Kommission für Qualitätskontrolle bis zu drei Vorschläge für mögliche Prüfer oder Prüferinnen für Qualitätskontrolle ein. [2] Die eingereichten Vorschläge müssen jeweils um eine Unabhängigkeitsbestätigung des Prüfers oder der Prüferin für Qualitätskontrolle nach Maßgabe der Satzung für Qualitätskontrolle ergänzt sein (§ 57 c Abs. 2 Nr. 7). [3] Von den Vorschlägen kann die Kommission für Qualitätskontrolle in angemessener Frist und unter Angabe der Gründe einzelne oder alle ablehnen (Widerspruchsrecht); die Absicht, Vorschläge abzulehnen, ist innerhalb von vier Wochen seit Einreichung der zu kontrollierenden Person mitzu-

---

1) § 57 a Abs. 6 Satz 8 siehe Übergangsregelung in § 136.

teilen, ansonsten gelten die Vorschläge als anerkannt. 4Bei Ablehnung aller Vorschläge kann die zu kontrollierende Person bis zu drei neue Vorschläge einreichen; die Sätze 2 und 3 finden Anwendung. 5Der Prüfer oder die Prüferin für Qualitätskontrolle wird von der zu kontrollierenden Person eigenverantwortlich beauftragt. 6Nach Abschluss der Prüfung leitet der Prüfer oder die Prüferin für Qualitätskontrolle eine Ausfertigung des Qualitätskontrollberichts der Wirtschaftsprüferkammer unverzüglich zu; dies soll in elektronischer Form geschehen. 7Nach Eingang des Qualitätskontrollberichts bescheinigt die Wirtschaftsprüferkammer dem Wirtschaftsprüfer oder der Wirtschaftsprüferin in eigener Praxis oder der Wirtschaftsprüfungsgesellschaft die Teilnahme an der Qualitätskontrolle. 8Die Bescheinigung ist auf sechs Jahre und bei Berufsangehörigen, die gesetzliche Abschlussprüfungen bei Unternehmen von öffentlichem Interesse (§ 319 a Abs. 1 Satz 1 des Handelsgesetzbuchs) durchführen, auf drei Jahre zu befristen. 9Sie wird nicht erteilt, wenn die Qualitätskontrolle unter Verstoß gegen Absatz 3 Satz 1 und 5 oder Absatz 4 durchgeführt oder die Erklärung nach Absatz 5 Satz 3 versagt wurde. 10Erkennt die Wirtschaftsprüferkammer, dass eine Teilnahmebescheinigung nicht erteilt werden soll, so ist der Vorgang vor Entscheidungsbekanntgabe der Abschlussprüferaufsichtskommission vorzulegen. 11Auf die Durchführung von Abschlussprüfungen nach Absatz 1 Satz 1 kann jederzeit verzichtet werden; eine erhaltene Teilnahmebescheinigung ist in diesem Fall zurückzugeben.

(7) 1Ein Auftrag zur Durchführung der Qualitätskontrolle kann nur aus wichtigem Grund gekündigt werden. 2Als wichtiger Grund ist es nicht anzusehen, wenn Meinungsverschiedenheiten über den Inhalt des Qualitätskontrollberichts bestehen. 3Der Prüfer für Qualitätskontrolle hat über das Ergebnis seiner bisherigen Prüfung und den Kündigungsgrund zu berichten. 4Der Bericht nach Satz 3 ist von dem Wirtschaftsprüfer in eigener Praxis oder der Wirtschaftsprüfungsgesellschaft im Falle einer späteren Qualitätskontrolle dem nächsten Prüfer für Qualitätskontrolle vorzulegen.

(8) 1Der Qualitätskontrollbericht ist sieben Jahre nach Eingang in der Wirtschaftsprüferkammer zu vernichten. 2Im Falle eines anhängigen Rechtsstreits über Maßnahmen der Kommission für Qualitätskontrolle verlängert sich die in Satz 1 bestimmte Frist bis zur Rechtskraft des Urteils.

§ 57 b[1)] Verschwiegenheitspflicht und Verantwortlichkeit. (1) Der Prüfer für Qualitätskontrolle und seine Gehilfen, die Mitglieder der Kommission für Qualitätskontrolle (§ 57 e) und die Bediensteten der Wirtschaftsprüferkammer sind, auch nach Beendigung ihrer Tätigkeit, verpflichtet, über die ihnen im Rahmen der Qualitätskontrolle bekannt gewordenen Angelegenheiten Verschwiegenheit zu bewahren.

(2) 1Für die Mitglieder der Kommission für Qualitätskontrolle und die Bediensteten der Wirtschaftsprüferkammer gilt § 64 Abs. 2 entsprechend. 2Der Genehmigung bedarf auch die Vorlegung oder Auslieferung von Schriftstücken durch die Wirtschaftsprüferkammer an Gerichte oder Behörden. 3Die

---

1) § 57 b eingef. mWv 1. 1. 2001 durch G v. 19. 12. 2000 (BGBl. I S. 1769), Abs. 1 und Abs. 2 Satz 1 geänd. mWv 6. 9. 2007 durch G v. 3. 9. 2007 (BGBl. I S. 2178).

Genehmigung erteilt in den Fällen der Sätze 1 und 2 die Kommission für Qualitätskontrolle. [4]Sie kann nur erteilt werden, wenn der Beschuldigte den geprüften Wirtschaftsprüfer, die geprüfte Wirtschaftsprüfungsgesellschaft oder den Prüfer für Qualitätskontrolle von der Pflicht zur Verschwiegenheit entbunden hat.

(3) Soweit dies zur Durchführung der Qualitätskontrolle erforderlich ist, ist die Pflicht zur Verschwiegenheit nach Absatz 1, § 43 Abs. 1 Satz 1, § 64 Abs. 1 dieses Gesetzes und § 323 Abs. 1 Satz 1 des Handelsgesetzbuchs sowie die Pflicht zur Verschwiegenheit der Personen, die den Beruf gemeinsam mit dem Wirtschaftsprüfer in eigener Praxis ausüben, eingeschränkt.

(4) § 323 des Handelsgesetzbuchs gilt vorbehaltlich des Absatzes 3 entsprechend.

§ 57 c[1)] Satzung für Qualitätskontrolle. (1) [1]Die Wirtschaftsprüferkammer erlässt eine Satzung für Qualitätskontrolle; die Satzung wird vom Beirat der Wirtschaftsprüferkammer beschlossen. [2]Die Satzung und deren Änderungen bedürfen zu ihrer Wirksamkeit der Genehmigung des Bundesministeriums für Wirtschaft und Energie[2)] im Einvernehmen mit dem Bundesministerium der Justiz und für Verbraucherschutz[2)].

(2) Die Satzung für Qualitätskontrolle hat im Rahmen der Vorschriften dieses Gesetzes näher zu regeln:

1. die Voraussetzungen und das Verfahren der Registrierung der Prüfer für Qualitätskontrolle nach § 57 a Abs. 3 sowie nach § 63 f Abs. 2 des Gesetzes betreffend die Erwerbs- und Wirtschaftsgenossenschaften;
2. Ausschlussgründe des Prüfers für Qualitätskontrolle nach § 57 a Abs. 4;
3. das Verfahren nach den §§ 57 a ff. innerhalb der Wirtschaftsprüferkammer;
4. die Berechnung der Frist nach § 57 a Abs. 6 Satz 8;
5. die Maßnahmen der Kommission für Qualitätskontrolle;
6. weitere Bestimmungen nach § 57 a Abs. 5 Satz 2;
7. Bestimmungen zu Inhalt und Aufbau der Unabhängigkeitsbestätigung nach § 57 a Abs. 6 Satz 2;
8. Umfang und Inhalt der speziellen Fortbildungsverpflichtung nach § 57 a Abs. 3 Satz 2 Nr. 4 sowie das Verfahren zum Nachweis der Erfüllung dieser Verpflichtung.

§ 57 d[3)] Mitwirkungspflichten. [1]Wirtschaftsprüfer in eigener Praxis, Wirtschaftsprüfungsgesellschaften sowie die Personen, die den Beruf gemeinsam mit diesen ausüben, sind verpflichtet, dem Prüfer Zutritt zu den Praxisräumen

---

[1)] § 57 c eingef. mWv 1. 1. 2001 durch G v. 19. 12. 2000 (BGBl. I S. 1769), Abs. 2 Nr. 1 ergänzt mWv 15. 12. 2001 durch G v. 10. 12. 2001 (BGBl. I S. 3414), Abs. 2 Nrn. 6 und 7 angef. mWv 1. 1. 2005 durch G v. 27. 12. 2004 (BGBl. I S. 3846), Abs. 2 Nr. 4 und 6 neu gef., Nr. 7 eingef., bish. Nr. 7 wird Nr. 8 mWv 6. 9. 2007 durch G v. 3. 9. 2007 (BGBl. I S. 2178).

[2)] Bezeichnung geänd. durch VO v. 31. 8. 2015 (BGBl. I S. 1474).

[3)] § 57 d eingef. mWv 1. 1. 2001 durch G v. 19. 12. 2000 (BGBl. I S. 1769).

zu gewähren, Aufklärungen zu geben sowie die verlangten Nachweise vorzulegen, soweit dies für eine sorgfältige Prüfung erforderlich ist. [2]Die Mitwirkung kann nicht im Wege des Verwaltungszwangs nach § 57 e Abs. 3 erzwungen werden.

§ 57 e[1)] Kommission für Qualitätskontrolle. (1)[2)] [1]In der Wirtschaftsprüferkammer wird eine Kommission für Qualitätskontrolle eingerichtet. [2]Mitglieder der Kommission für Qualitätskontrolle sind Wirtschaftsprüfer und vereidigte Buchprüfer, die auf Vorschlag des Vorstands vom Beirat gewählt werden; mindestens ein Mitglied soll im genossenschaftlichen Prüfungswesen erfahren und tätig sein. [3]Sie sind unabhängig und nicht weisungsgebunden. [4]Die Kommission für Qualitätskontrolle ist innerhalb der Wirtschaftsprüferkammer zuständig für alle Angelegenheiten der Qualitätskontrolle im Sinne von § 57 a, soweit nicht die Abschlussprüferaufsichtskommission zuständig ist. [5]Ihr obliegt insbesondere:

1. Ausnahmegenehmigungen nach § 57 a Abs. 1 Satz 2 zu erteilen;
2. Prüfer für Qualitätskontrolle nach § 57 a Abs. 3 zu registrieren;
3. Qualitätskontrollberichte entgegenzunehmen;
4. Bescheinigungen über die Teilnahme an der Qualitätskontrolle zu erteilen und zu widerrufen;
5. über Maßnahmen nach den Absätzen 2 und 3 zu entscheiden;
6. Widersprüche gegen Entscheidungen im Zusammenhang mit der Qualitätskontrolle zu bescheiden.

(2)[3)] [1]Liegen Mängel bei Berufsangehörigen in eigener Praxis oder bei einer Wirtschaftsprüfungsgesellschaft vor, wurden Verletzungen von Berufsrecht, die auf Mängeln des Qualitätssicherungssystems beruhen, festgestellt oder wurde die Qualitätskontrolle nicht nach Maßgabe der §§ 57 a bis 57 d und der Satzung für Qualitätskontrolle durchgeführt, kann die Kommission für Qualitätskontrolle Auflagen zur Beseitigung der Mängel erteilen oder eine Sonderprüfung anordnen; werden Auflagen erteilt, sind diese in einer von der Kommission für Qualitätskontrolle vorgegebenen Frist umzusetzen, und es ist von dem oder der Geprüften hierüber unverzüglich ein schriftlicher Bericht vorzulegen. [2]Sie kann bestimmen, dass mit der Sonderprüfung ein anderer Prüfer oder eine andere Prüferin für Qualitätskontrolle beauftragt wird. [3]Stellt die Kommission für Qualitätskontrolle fest, dass die Erklärung nach § 57 a Abs. 5 Satz 3 zu versagen war, widerruft sie die Bescheinigung nach § 57 a Abs. 6 Satz 7. [4]Die Bescheinigung ist auch dann zu widerrufen, wenn die Prüfung entgegen den Verboten des § 57 a Abs. 4 erfolgte. [5]Wurde die Erklärung nach § 57 a Abs. 5 Satz 3 zu Unrecht versagt, kann die Kommission für Qualitätskontrolle entgegen § 57 a Abs. 6 Satz 9 die Bescheinigung erteilen. [6]Wurde die Qualitätskontrolle unter schwerwiegendem Verstoß gegen die in Satz 1 genannten

---

1) § 57 e eingef. mWv 1. 1. 2001 durch G v. 19. 12. 2000 (BGBl. I S. 1769).

2) § 57 e Abs. 1 Satz 2 HS 2 angef. mWv 15. 12. 2001 durch G v. 10. 12. 2001 (BGBl. I S. 3414), Abs. 1 Satz 4 geänd. mWv 1. 1. 2005 durch G v. 27. 12. 2004 (BGBl. I S. 3846).

3) § 57 e Abs. 2 neu gef. mWv 1. 1. 2005 durch G v. 27. 12. 2004 (BGBl. I S. 3846), Satz 1 neu gef. mWv 6. 9. 2007 durch G v. 3. 9. 2007 (BGBl. I S. 2178).

Vorschriften durchgeführt, stellt die Kommission für Qualitätskontrolle fest, dass die Pflicht nach § 57a Abs. 1 Satz 1 nicht erfüllt ist und widerruft die Bescheinigung nach § 57a Abs. 6 Satz 7. 7 Der Wirtschaftsprüfer oder die Wirtschaftsprüferin oder die Wirtschaftsprüfungsgesellschaft ist vor Erlass von Maßnahmen nach den Sätzen 1 bis 6 anzuhören. 8 Erkennt die Wirtschaftsprüferkammer, dass eine Bescheinigung nach § 57a Abs. 6 Satz 7 widerrufen werden soll, so ist der Vorgang vor Entscheidungsbekanntgabe der Abschlussprüferaufsichtskommission vorzulegen.

(3)[1] 1 Befolgt ein Wirtschaftsprüfer oder eine Wirtschaftsprüfungsgesellschaft Maßnahmen nach Absatz 2 einschließlich der Aushändigung der Bescheinigung nach § 57a Abs. 6 Satz 7[2] nicht, kann die Kommission für Qualitätskontrolle ein Zwangsgeld bis zu 25 000 Euro[3] verhängen. 2 Werden trotz wiederholter Festsetzung eines Zwangsgeldes Auflagen und sonstige Maßnahmen nach Absatz 2 nicht fristgerecht oder nicht vollständig umgesetzt, ist die Bescheinigung nach § 57a Abs. 6 Satz 7 zu widerrufen.

(4) 1 Die Kommission für Qualitätskontrolle hat den Vorstand der Wirtschaftsprüferkammer zu unterrichten, wenn ein Widerruf der Bestellung als Wirtschaftsprüfer oder der Anerkennung als Wirtschaftsprüfungsgesellschaft in Betracht zu ziehen ist. 2 Die mitgeteilten Tatsachen dürfen im Rahmen eines berufsaufsichtlichen Verfahrens nach den §§ 61a ff. und dem Sechsten Teil[2] dieses Gesetzes nicht verwertet werden.

(5) Verletzungen des Berufsrechts, die zu einer Maßnahme nach den Absätzen 2 und 3 geführt haben, können nicht Gegenstand eines berufsaufsichtlichen Verfahrens sein.

(6)[4] 1 Die Absätze 2 bis 4 gelten entsprechend, wenn sich außerhalb einer Qualitätskontrolle im Sinne des § 57a Anhaltspunkte für Mängel im Qualitätssicherungssystem eines Wirtschaftsprüfers oder einer Wirtschaftsprüfungsgesellschaft ergeben. 2 Die Kommission für Qualitätskontrolle ist dabei an die im Verfahren nach § 62b getroffenen Feststellungen gebunden.

§ 57f.[5] *(aufgehoben)*

§ 57g[6] **Freiwillige Qualitätskontrolle.** § 57a Abs. 2 bis 6, §§ 57b bis 57f gelten entsprechend für die freiwillige Durchführung einer Qualitätskontrolle bei Wirtschaftsprüfern in eigener Praxis und Wirtschaftsprüfungsgesellschaften.

§ 57h[6] **Qualitätskontrolle bei Prüfungsstellen der Sparkassen- und Giroverbände.** (1) 1 § 57a Abs. 1 Satz 1, Abs. 3 bis 5, Abs. 6 Satz 1 bis 9,

---

[1] § 57e Abs. 3 Satz 2 neu gef. mWv 6. 9. 2007 durch G v. 3. 9. 2007 (BGBl. I S. 2178).
[2] Zitat geänd. durch G v. 27. 12. 2004 (BGBl. I S. 3846).
[3] § 57e Abs. 3 Betrag geänd. mWv 1. 1. 2002 durch G v. 19. 12. 2000 (BGBl. I S. 1769).
[4] § 57e Abs. 6 angef. mWv 6. 9. 2007 durch G v. 3. 9. 2007 (BGBl. I S. 2178).
[5] § 57f aufgeh. mWv 6. 9. 2007 durch G v. 3. 9. 2007 (BGBl. I S. 2178).
[6] §§ 57g und 57h eingef. mWv 1. 1. 2001 durch G v. 19. 12. 2000 (BGBl. I S. 1769), § 57h Abs. 2 Satz 3 angef. mWv 1. 1. 2004 durch G v. 1. 12. 2003 (BGBl. I S. 2446), Abs. 1 Satz 4 angef. mWv 1. 1. 2005 durch G v. 27. 12. 2004 (BGBl. I S. 3846).

Abs. 7 bis 8[1], §§ 57b bis 57d, § 66a Abs. 1 Satz 1, Abs. 3 Satz 1 bis 3, Abs. 5 Satz 1, Abs. 6 Satz 5, §§ 66b und 136[2] gelten entsprechend für die Qualitätskontrolle bei Prüfungsstellen der Sparkassen- und Giroverbände, soweit diese Mitglieder der Wirtschaftsprüferkammer sind und das Landesrecht hinsichtlich der Verpflichtung zur Durchführung der Qualitätskontrolle nichts anderes vorsieht. 2 Maßstab und Reichweite der Qualitätskontrolle werden in entsprechender Anwendung von § 57a Abs. 2 durch die nach Landesrecht zuständige Aufsichtsbehörde bestimmt. 3 § 57e Abs. 2 findet mit der Maßgabe entsprechende Anwendung, dass die Kommission für Qualitätskontrolle nicht über belastende Maßnahmen gegenüber den Prüfungsstellen entscheidet, sondern der nach Landesrecht zuständigen Aufsichtsbehörde unverzüglich die Tatsachen und Schlussfolgerungen mitteilt, die Grundlage solcher Maßnahmen sein können. 4 Erkennt die Wirtschaftsprüferkammer, dass eine Teilnahmebescheinigung nach § 57a Abs. 6 Satz 7 widerrufen oder eine Teilnahmebescheinigung nach § 57a Abs. 6 Satz 9 nicht erteilt werden soll, so sind § 57a Abs. 6 Satz 10 und § 57e Abs. 2 Satz 8 mit der Maßgabe anzuwenden, dass der Vorgang der nach Landesrecht zuständigen Aufsichtsbehörde zur Entscheidung vorzulegen ist.

(2) 1 Prüfer für Qualitätskontrolle können im Falle des Absatzes 1 auch Prüfungsstellen der Sparkassen- und Giroverbände sein. 2 Eine Prüfungsstelle ist auf Antrag nach § 57a Abs. 3 zu registrieren, wenn der Leiter der Prüfungsstelle nach § 57a Abs. 3 Satz 2 registriert ist und die Prüfungsstelle die Voraussetzung nach § 57a Abs. 3 Satz 3 erfüllt. 3 Wird einer Prüfungsstelle eines Sparkassen- und Giroverbandes der Auftrag zur Durchführung einer Qualitätskontrolle erteilt, so muss die für die Qualitätskontrolle nach § 57a Abs. 3 Satz 5 verantwortliche berufsangehörige Person der Leiter oder die Leiterin der Prüfungsstelle des Sparkassen- und Giroverbandes sein und nach § 57a Abs. 3 Satz 2 registriert sein.

§ 58[3] Mitgliedschaft. (1) 1 Mitglieder der Wirtschaftsprüferkammer sind die Wirtschaftsprüfer, die nach diesem Gesetz bestellt oder als solche anerkannt sind, und Mitglieder des Vorstandes, nach dem Partnerschaftsgesellschaftsgesetz verbundene Personen, Geschäftsführer oder persönlich haftende Gesellschafter von Wirtschaftsprüfungsgesellschaften, die nicht Wirtschaftsprüfer sind, sowie die anerkannten Wirtschaftsprüfungsgesellschaften. 2 Für beurlaubte Wirtschaftsprüfer ruht die Mitgliedschaft während der Dauer ihrer Beurlaubung. 3 Sie bleiben der Berufsgerichtsbarkeit unterworfen.

(2) 1 Die genossenschaftlichen Prüfungsverbände, die Sparkassen- und Giroverbände für ihre Prüfungsstellen sowie die überörtlichen Prüfungseinrichtungen für öffentliche Körperschaften können die Mitgliedschaft bei der Wirt-

---

1) Zitat geänd. durch G v. 27. 12. 2004 (BGBl. I S. 3846).

2) Zitat geänd. mWv 6. 9. 2007 durch G v. 3. 9. 2007 (BGBl. I S. 2178) und mWv 29. 5. 2009 durch G v. 25. 5. 2009 (BGBl. I S. 1102).

3) § 58 Abs. 1 Satz 1 geänd. mWv 1. 1. 1995 durch G v. 15. 7. 1994 (BGBl. I S. 1569) und mWv 1. 1. 2004 durch G v. 1. 12. 2003 (BGBl. I S. 2446), Abs. 2 Satz 2 neu gef. mWv 6. 9. 2007 durch G v. 3. 9. 2007 (BGBl. I S. 2178).

schaftsprüferkammer erwerben. [2]Die Vorschriften des § 57 Abs. 1 bis 4 sind auf diese Mitglieder nicht anzuwenden.

§ 59[1)] Organe, Kammerversammlungen. (1) Organe der Wirtschaftsprüferkammer sind

1. der Beirat,
2. der Vorstand,
3. die Kommission für Qualitätskontrolle.

(2) [1]Die Beiratsmitglieder werden von den Mitgliedern der Wirtschaftsprüferkammer in unmittelbarer, freier und geheimer Briefwahl gewählt. [2]Der Vorstand wird vom Beirat gewählt. [3]Zum Mitglied des Beirates und des Vorstandes kann nur gewählt werden, wer persönlich Mitglied der Wirtschaftsprüferkammer ist. [3]Der Präsident der Wirtschaftsprüferkammer und der Vorsitzer des Beirats müssen Wirtschaftsprüfer sein.

(3) Die Wahl der Beiratsmitglieder erfolgt getrennt nach Gruppen. [2]Die Gruppe der Wirtschaftsprüfer und Wirtschaftsprüfungsgesellschaften wählt entsprechend der Zahl der Mitglieder der Wirtschaftsprüferkammer, die dieser Gruppe nach dem öffentlichen Berufsregister am 1. Dezember des dem Wahltag vorangehenden Kalenderjahres angehören, eine in der Satzung bestimmte Anzahl von Beiratsmitgliedern. [3]Die Gruppe der anderen stimmberechtigten Mitglieder wählt eine Anzahl von Beiratsmitgliedern, die sich nach der Zahl der stimmberechtigten Mitglieder der Wirtschaftsprüferkammer, die dieser Gruppe an dem in Satz 2 bezeichneten Tag angehören, bemißt. [4]Mindestens eine Zahl von einem Beiratsmitglied mehr als die Hälfte der Zahl aller Beiratsmitglieder muß jedoch von der Gruppe der Wirtschaftsprüfer und Wirtschaftsprüfungsgesellschaften gewählt werden. [5]Satz 1 bis 4 finden auf die Wahl der Vorstandsmitglieder entsprechende Anwendung; die Wahl des Präsidenten der Wirtschaftsprüferkammer erfolgt durch den gesamten Beirat.

(4) [1]Beirat und Vorstand erstatten den Mitgliedern jährlich Bericht. [2]Dazu kann die Wirtschaftsprüferkammer regionale Kammerversammlungen ausrichten. [3]Auf Verlangen des Beirats oder wenn mindestens ein Zwanzigstel der Mitglieder dies schriftlich unter Angabe des zu behandelnden Gegenstandes beantragt, richtet die Wirtschaftsprüferkammer eine Kammerversammlung aus, zu der alle Mitglieder eingeladen werden.

(5) Das Nähere regelt die Wirtschaftsprüferkammer in der Satzung und in der Wahlordnung gemäß § 60 Absatz 1.

[1)] § 59 Abs. 2 Sätze 3 und 4 sowie Abs. 3 angef. durch G v. 19. 12. 1985 (BGBl. I S. 2355), Abs. 1 Nr. 4 angef., Abs. 2 bish. Satz 3 aufgeh., Abs. 3 Satz 2 geänd. mWv 1. 1. 2001 durch G v. 19. 12. 2000 (BGBl. I S. 1769), Abs. 4 angef. mWv 1. 1. 2004 durch G v. 1. 12. 2003 (BGBl. I S. 2446) und aufgeh. mWv 1. 1. 2005 durch G v. 27. 12. 2004 (BGBl. I S. 3846); Überschr. geänd., Abs. 1 Nr. 1 aufgeh., bish. Nrn. 2 bis 4 werden Nrn. 1 bis 3, Abs. 2 Satz 1 wird ersetzt durch Sätze 1 und 2; bish. Satz 2 wird Satz 3, Abs. 3 Satz 2 geänd., Abs. 4 neu gef., Abs. 5 angef. mWv 9. 12. 2010 durch G v. 2. 12. 2010 (BGBl. I S. 1746).

§ 59 a[1] Abteilungen des Vorstandes und der Kommission für Qualitätskontrolle. (1) [1]Der Vorstand kann mehrere Abteilungen bilden, wenn die Satzung der Wirtschaftsprüferkammer es zulässt. [2]Er überträgt den Abteilungen die Geschäfte, die sie selbständig führen.

(2) [1]Jede Abteilung muss aus mindestens drei Mitgliedern des Vorstandes bestehen. [2]Die Mitglieder der Abteilung wählen aus ihren Reihen einen Abteilungsvorsitzenden und einen Stellvertreter.

(3) [1]Der Vorstand setzt die Zahl der Abteilungen und ihrer Mitglieder fest, überträgt den Abteilungen die Geschäfte und bestimmt die Mitglieder der einzelnen Abteilungen. [2]Jedes Mitglied des Vorstandes kann mehreren Abteilungen angehören. [3]Die Anordnungen können im Laufe der Amtsperiode nur getroffen oder geändert werden, wenn dies wegen Überlastung des Vorstandes, der Abteilung oder infolge Wechsels oder dauernder Verhinderung einzelner Mitglieder der Abteilung erforderlich wird.

(4) Die Abteilungen besitzen innerhalb ihrer Zuständigkeit die Rechte und Pflichten des Vorstandes.

(5) Anstelle der Abteilung entscheidet der Vorstand, wenn er es für angemessen hält oder wenn die Abteilung oder ihr Vorsitzender es beantragt.

(6) [1]Die Kommission für Qualitätskontrolle kann Abteilungen bilden. [2]Die Zuständigkeiten der Abteilungen sind in der Geschäftsordnung der Kommission für Qualitätskontrolle zu regeln. [3]Absatz 1 Satz 2 und die Absätze 2 bis 5 gelten entsprechend. [4]Über Widersprüche (§ 57 e Abs. 1 Satz 5 Nr. 6) gegen Beschlüsse von Abteilungen entscheidet die Kommission für Qualitätskontrolle.

§ 60[2] Satzung, Wirtschaftsplan. (1) [1]Die Organisation und Verwaltung der Wirtschaftsprüferkammer, insbesondere die Einrichtung von Landesgeschäftsstellen, werden in der Satzung der Wirtschaftsprüferkammer geregelt, die vom Beirat der Wirtschaftsprüferkammer beschlossen wird. [2]Die Satzung, die Wahlordnung und deren Änderungen bedürfen zu ihrer Wirksamkeit der Genehmigung des Bundesministeriums für Wirtschaft und Energie[3].

(2) [1]Die Wirtschaftsprüferkammer legt jährlich ihren Wirtschaftsplan für das darauffolgende Kalenderjahr vor Feststellung dem Bundesministerium für Wirtschaft und Energie[3] vor. [2]Die auf die Qualitätskontrolle und die Arbeit der Berufsaufsicht und der Abschlussprüferaufsichtskommission bezogenen Teile des Wirtschaftsplans bedürfen der Genehmigung des Bundesministeriums für Wirtschaft und Energie[3].

---

[1] § 59 a eingef. mWv 1. 1. 2002 durch G v. 10. 12. 2001 (BGBl. I S. 3414), Abs. 3 Satz 1 und Satz 3 geänd. mWv 1. 1. 2004 durch G v. 1. 12. 2003 (BGBl. I S. 2446), Abs. 3 neu gef. und Abs. 6 angef. mWv 1. 1. 2005 durch G v. 27. 12. 2004 (BGBl. I S. 3846).

[2] § 60 Satz 1 geänd. mWv 1. 1. 2001 durch G v. 19. 12. 2000 (BGBl. I S. 1769), Satz 1 und Satz 2 geänd. mWv 1. 1. 2004 durch G v. 1. 12. 2003 (BGBl. I S. 2446), Abs. 2 angef. mWv 1. 1. 2005 durch G v. 27. 12. 2004 (BGBl. I S. 3846), Abs. 1 Satz 1 geänd. mWv 6. 9. 2007 durch G v. 3. 9. 2007 (BGBl. I S. 2178); Abs. 1 Sätze 1 und 2 geänd. mWv 9. 12. 2010 durch G v. 2. 12. 2010 (BGBl. I S. 1746).

[3] Bezeichnung geänd. durch VO v. 31. 8. 2015 (BGBl. I S. 1474).

§ 61[1)] Beiträge und Gebühren. (1) [1]Die Mitglieder sind verpflichtet, die Beiträge nach Maßgabe der Beitragsordnung zu leisten; die Beitragsordnung kann je nach Tätigkeitsfeld des Mitglieds verschiedene Beiträge vorsehen. [2]Der 2. Abschnitt des Verwaltungskostengesetzes in der bis zum 14. August 2013 geltenden Fassung ist entsprechend anzuwenden. [3]Die Beitragsordnung sowie deren Änderungen bedürfen zu ihrer Wirksamkeit der Genehmigung des Bundesministeriums für Wirtschaft und Energie[2)]. [4]Die Höhe der Beiträge bestimmt der Beirat der Wirtschaftsprüferkammer.

(2) [1]Die Wirtschaftsprüferkammer kann für die Inanspruchnahme von besonderen Einrichtungen oder Tätigkeiten, insbesondere im Zulassungs-, Prüfungs- und Widerspruchsverfahren sowie im Qualitätskontroll- und Berufsaufsichtsverfahren, für die Bestellung und Wiederbestellung als Wirtschaftsprüfer, die Anerkennung als Wirtschaftsprüfungsgesellschaft und die Erteilung von Ausnahmegenehmigungen nach § 28 Abs. 2 und 3, Gebühren nach Maßgabe einer Gebührenordnung erheben. [2]Die Gebührenordnung und deren Änderungen bedürfen der Genehmigung des Bundesministeriums für Wirtschaft und Energie[2)].

(3) [1]Der Anspruch der Wirtschaftsprüferkammer auf Zahlung von Beiträgen und Gebühren unterliegt der Verjährung. [2]§ 20 des Verwaltungskostengesetzes in der bis zum 14. August 2013 geltenden Fassung ist sinngemäß anzuwenden. [3]Beiträge und Gebühren werden nach Maßgabe der Vorschriften des Verwaltungsvollstreckungsgesetzes beigetrieben.

Fünfter Teil. Berufsaufsicht

§ 61 a[3)] Zuständigkeit. [1]Für die Berufsaufsicht ist die Wirtschaftsprüferkammer zuständig. [2]Sie ermittelt

1. soweit konkrete Anhaltspunkte für einen Verstoß gegen Berufspflichten vorliegen und
2. bei Berufsangehörigen und Wirtschaftsprüfungsgesellschaften, die gesetzlich vorgeschriebene Abschlussprüfungen bei Unternehmen von öffentlichem Interesse nach § 319 a Abs. 1 Satz 1 des Handelsgesetzbuchs durchgeführt haben, stichprobenartig ohne besonderen Anlass (§ 62 b)

und entscheidet, ob das Rügeverfahren eingeleitet (§ 63) oder ob das Verfahren an die Berufsgerichtsbarkeit abgegeben (§ 84 a) wird. [3]Mitteilungen der Prüfstelle nach § 342 b Abs. 8 Satz 2 des Handelsgesetzbuchs oder der Bundesanstalt für Finanzdienstleistungsaufsicht nach § 37 r Abs. 2 Satz 1 des Wertpa-

---

1) § 61 Abs. 2 Satz 1 ergänzt mWv 1. 1. 2002 durch G v. 19. 12. 2000 (BGBl. I S. 1769), Abs. 1 sowie Abs. 2 Satz 2 neu gef., Abs. 2 Satz 1 geänd. und Abs. 3 Satz 3 angef. mWv 1. 1. 2004 durch G v. 1. 12. 2003 (BGBl. I S. 2446), Abs. 2 Satz 1 geänd. mWv 1. 1. 2005 durch G v. 27. 12. 2004 (BGBl. I S. 3846), Abs. 1 Satz 1 neu gef. mWv 6. 9. 2007 durch G v. 3. 9. 2007 (BGBl. I S. 2178); Abs. 1 Satz 2 eingef., Abs. 3 Satz 2 geänd. mWv 15. 8. 2013 durch G v. 7. 8. 2013 (BGBl. I S. 3154).

2) Bezeichnung geänd. durch VO v. 31. 8. 2015 (BGBl. I S. 1474).

3) § 61 a eingef. mWv 1. 1. 2005 durch G v. 27. 12. 2004 (BGBl. I S. 3846), Sätze 2 und 4 neu gef. mWv 6. 9. 2007 durch G v. 3. 9. 2007 (BGBl. I S. 2178).

pierhandelsgesetzes sind zu berücksichtigen. [4]Beabsichtigen der Vorstand oder die zuständige entscheidungsbefugte Abteilung der Wirtschaftsprüferkammer, ein Verfahren nach Satz 2 einzustellen, weil keine Berufspflichtverletzung vorliegt oder diese keiner Sanktion bedarf, legen sie den Vorgang vor Bekanntgabe der Entscheidung der Abschlussprüferaufsichtskommision vor.

§ 62[1)] Pflicht zum Erscheinen vor der Wirtschaftsprüferkammer; Auskunfts- und Vorlagepflichten; Betretens- und Einsichtsrecht.

(1) [1]Persönliche Mitglieder der Wirtschaftsprüferkammer haben in Aufsichts- und Beschwerdesachen vor der Wirtschaftsprüferkammer zu erscheinen, wenn sie zur Anhörung geladen werden. [2]Sie haben dem Vorstand, einer Abteilung im Sinne des § 59 a, dem Beirat oder einem Beauftragten des Vorstandes, des Beirates oder eines Ausschusses auf Verlangen Auskunft zu geben und ihre Handakten oder sonstige Unterlagen, die für das Aufsichts- und Beschwerdeverfahren von Bedeutung sein können, vorzulegen.

(2) [1]Die Auskunft und die Vorlage von Unterlagen können verweigert werden, wenn und soweit dadurch die Pflicht zur Verschwiegenheit verletzt würde. [2]Die Auskunft kann verweigert werden, wenn und soweit sich dadurch die Gefahr ergäbe, wegen einer Straftat, einer Ordnungswidrigkeit oder einer Berufspflichtverletzung verfolgt zu werden, und sich das Mitglied hierauf beruft. [3]Auf ein Recht zur Auskunftsverweigerung ist hinzuweisen. [4]Wenn die Auskunft oder die Vorlage von Unterlagen nicht verweigert wurde, besteht die Verpflichtung, richtige und vollständige Auskünfte zu erteilen und richtige und vollständige Unterlagen vorzulegen.

(3) [1]Die richtige und vollständige Auskunft und Vorlage von Unterlagen können nicht von denjenigen persönlichen Mitgliedern der Wirtschaftsprüferkammer verweigert werden, die zur Durchführung gesetzlich vorgeschriebener Abschlussprüfungen befugt sind oder solche ohne diese Befugnis tatsächlich durchführen, wenn die Auskunft und die Vorlage von Unterlagen im Zusammenhang mit der Prüfung eines der gesetzlichen Pflicht zur Abschlussprüfung unterliegenden Unternehmens stehen. [2]Absatz 2 Satz 2 und 3 gilt entsprechend.

(4) [1]Die Angestellten der Wirtschaftsprüferkammer sowie die sonstigen Personen, deren sich die Wirtschaftsprüferkammer bei der Berufsaufsicht bedient, können die Grundstücke und Geschäftsräume von Berufsangehörigen und von Wirtschaftsprüfungsgesellschaften innerhalb der üblichen Betriebs- und Geschäftszeiten betreten und besichtigen, Einsicht in Unterlagen nehmen und hieraus Abschriften und Ablichtungen anfertigen. [2]Die betroffenen Berufsangehörigen und Wirtschaftsprüfungsgesellschaften haben diese Maßnahmen zu dulden.

(5) Die bei Maßnahmen nach den Absätzen 1 bis 4 gegebenen Auskünfte und vorgelegten Unterlagen dürfen nur für Zwecke der der Auskunft und der Vorlage zugrunde liegenden Ermittlungen in Aufsichts- und Beschwerdesachen verwertet werden; sobald die Unterlagen nicht mehr erforderlich sind, sind sie unverzüglich zurückzugeben.

[1)] § 62 neu gef. mWv 6. 9. 2007 durch G v. 3. 9. 2007 (BGBl. I S. 2178).

§ 62 a[1]) Zwangsgeld bei Verletzung von Mitwirkungspflichten.

(1) [1] Um persönliche Mitglieder der Wirtschaftsprüferkammer zur Erfüllung ihrer Pflichten nach § 62 Abs. 1 bis 3 anzuhalten, kann die Wirtschaftsprüferkammer gegen sie, auch mehrfach, ein Zwangsgeld festsetzen. [2] Das einzelne Zwangsgeld darf 1000 Euro nicht übersteigen.

(2) [1] Das Zwangsgeld muss vorher schriftlich angedroht werden. [2] Die Androhung und die Festsetzung des Zwangsgeldes sind den Betroffenen zuzustellen.

(3) [1] Gegen die Androhung und gegen die Festsetzung des Zwangsgeldes kann innerhalb eines Monats nach der Zustellung die Entscheidung des Gerichts (§ 72 Abs. 1) beantragt werden. [2] Der Antrag ist bei der Wirtschaftsprüferkammer schriftlich einzureichen. [3] Erachtet die Wirtschaftsprüferkammer den Antrag für begründet, so hat sie ihm abzuhelfen; anderenfalls hat die Wirtschaftsprüferkammer den Antrag unter Beachtung des § 66 a Abs. 5 Satz 2 unverzüglich dem Gericht vorzulegen. [4] Die Vorschriften der Strafprozessordnung über die Beschwerde sind sinngemäß anzuwenden. [5] Die Gegenerklärung wird von der Wirtschaftsprüferkammer abgegeben. [6] Die Staatsanwaltschaft ist an dem Verfahren nicht beteiligt. [7] Der Beschluss des Gerichts kann nicht angefochten werden.

(4) [1] Das Zwangsgeld fließt dem Haushalt der Wirtschaftsprüferkammer zu. [2] Es wird auf Grund einer von ihr erteilten, mit der Bescheinigung der Vollstreckbarkeit versehenen beglaubigten Abschrift des Festsetzungsbescheids entsprechend § 61 Abs. 3 Satz 3 beigetrieben.

§ 62 b[2]) Anlassunabhängige Sonderuntersuchungen. (1)[3]) [1] Stichprobenartig und ohne besonderen Anlass durchgeführte berufsaufsichtliche Ermittlungen nach § 61 a Satz 2 Nr. 2 bei Berufsangehörigen und Wirtschaftsprüfungsgesellschaften, die gesetzlich vorgeschriebene Abschlussprüfungen bei Unternehmen von öffentlichem Interesse nach § 319 a Abs. 1 Satz 1 des Handelsgesetzbuchs durchführen, betreffen diejenigen Berufspflichten, die bei gesetzlich vorgeschriebenen Abschlussprüfungen von Unternehmen im Sinne des § 319 a Abs. 1 Satz 1 des Handelsgesetzbuchs einzuhalten sind (Sonderuntersuchungen). [2] Im Falle von Beanstandungen können in die Sonderuntersuchungen andere gesetzlich vorgeschriebene Abschlussprüfungen einbezogen werden. [3] Falls im Zusammenhang mit einer Anfrage gemäß § 57 Absatz 9 Satz 5 eine Sonderuntersuchung durchgeführt wird, können andere Prüfungen bei den in § 57 Absatz 9 Satz 5 Nummer 1 genannten Unternehmen in die Sonderuntersuchungen gemäß Satz 1 einbezogen werden.

(2) § 62 Abs. 1 bis 5 und § 62 a gelten entsprechend.

(3) Erkenntnisse aus den Sonderuntersuchungen können zur Entlastung anderer berufsrechtlicher Kontrollen nach den von der Wirtschaftsprüferkammer

---

[1]) § 62 a eingef. mWv 1. 1. 2004 durch G v. 1. 12. 2003 (BGBl. I S. 2446), Abs. 1 Satz 1 und Abs. 3 neu gef., Abs. 4 Satz 1 geänd. mWv 6. 9. 2007 durch G v. 3. 9. 2007 (BGBl. I S. 2178).

[2]) § 62 b eingef. mWv 6. 9. 2007 durch G v. 3. 9. 2007 (BGBl. I S. 2178).

[3]) § 62 b Abs. 1 Satz 3 angef. mWv 19. 7. 2013 durch G v. 15. 7. 2013 (BGBl. I S. 2386).

im Einvernehmen mit der Abschlussprüferaufsichtskommission festgelegten Grundsätzen berücksichtigt werden.

§ 63[1] **Rügerecht des Vorstands.** (1) [1]Der Vorstand kann das Verhalten eines der Berufsgerichtsbarkeit unterliegenden Mitglieds, durch das dieses ihm obliegende Pflichten verletzt hat, rügen und erforderlichenfalls die Aufrechterhaltung des pflichtwidrigen Verhaltens entsprechend § 68 a untersagen; ein Antrag auf Einleitung eines berufsgerichtlichen Verfahrens ist nur dann erforderlich, wenn eine schwere Schuld des Mitglieds vorliegt und eine berufsgerichtliche Maßnahme zu erwarten ist. [2]§ 67 Abs. 2 und 3, § 69 a und § 83 Abs. 2 gelten entsprechend. [3]Die Rüge kann mit einer Geldbuße von bis zu 50 000 Euro verbunden werden. [4]§ 61 Abs. 3 Satz 3 gilt entsprechend. [5]Geldbußen fließen dem Haushalt der Wirtschaftsprüferkammer zu.

(2) [1]Der Vorstand darf eine Rüge nicht mehr erteilen, wenn das berufsgerichtliche Verfahren gegen den Wirtschaftsprüfer oder die Wirtschaftsprüferin eingeleitet ist oder wenn seit der Pflichtverletzung mehr als fünf Jahre vergangen sind; für den Beginn, das Ruhen und eine Unterbrechung der Frist gilt § 70 Abs. 1 Satz 2 und Abs. 2 entsprechend. [2]Eine Rüge darf nicht erteilt werden, während das Verfahren auf den Antrag des Wirtschaftsprüfers nach § 87 anhängig ist.

(3) Bevor die Rüge erteilt wird, ist das Mitglied zu hören.

(4) [1]Der Bescheid des Vorstandes, durch den das Verhalten des Mitgliedes gerügt wird, ist zu begründen. [2]Er ist dem Mitglied zuzustellen. [3]Eine Abschrift des Bescheides ist der Staatsanwaltschaft mitzuteilen.

(5) [1]Gegen den Bescheid kann das Mitglied binnen eines Monats nach der Zustellung bei dem Vorstand Einspruch erheben. [2]Über den Einspruch entscheidet der Vorstand; Absatz 4 ist entsprechend anzuwenden.

(6) Die Wirtschaftsprüferkammer veröffentlicht zusammengefasste Angaben über die von ihr und von den Berufsgerichten verhängten Sanktionsmaßnahmen mindestens einmal jährlich in angemessener Weise.

§ 63 a[2] **Antrag auf berufsgerichtliche Entscheidung.** (1) [1]Wird der Einspruch gegen den Rügebescheid durch den Vorstand der Wirtschaftsprüferkammer zurückgewiesen, so kann das Mitglied innerhalb eines Monats nach der Zustellung die Entscheidung des Landgerichts (Kammer für Wirtschaftsprüfersachen) beantragen. [2]Zuständig ist das Landgericht am Sitz der Wirtschaftsprüferkammer. [3]Auf die Besetzung des Gerichts findet § 72 Abs. 2 Satz 2 entsprechende Anwendung.

(2) [1]Der Antrag ist bei dem Landgericht schriftlich einzureichen. [2]Auf das Verfahren sind die Vorschriften der Strafprozeßordnung über die Beschwerde sinngemäß anzuwenden. [3]Die Gegenerklärung (§ 308 Abs. 1 der Strafprozeß-

---

[1] § 63 Abs. 1 Sätze 3 und 4 angef. und Abs. 4 Satz 3 geänd. mWv 1. 1. 2004 durch G v. 1. 12. 2003 (BGBl. I S. 2446), Abs. 1 Satz 1 neu gef., Satz 3 geänd., Satz 5 angef., Abs. 2 Satz 1 neu gef., Abs. 6 angef. mWv 6. 9. 2007 durch G v. 3. 9. 2007 (BGBl. I S. 2178).

[2] § 63 a Abs. 1 Satz 3 angef., Abs. 3 Satz 2 geänd. mWv 6. 9. 2007 durch G v. 3. 9. 2007 (BGBl. I S. 2178).

ordnung) wird von dem Vorstand der Wirtschaftsprüferkammer abgegeben. [4]Die Staatsanwaltschaft ist an dem Verfahren nicht beteiligt. [5]Eine mündliche Verhandlung findet statt, wenn sie das Mitglied beantragt oder das Landgericht für erforderlich hält. [6]Von Zeit und Ort der mündlichen Verhandlung sind der Vorstand der Wirtschaftsprüferkammer, das Mitglied und sein Verteidiger zu benachrichtigen. [7]Art und Umfang der Beweisaufnahme bestimmt das Landgericht. [8]Es hat jedoch zur Erforschung der Wahrheit die Beweisaufnahme von Amts wegen auf alle Tatsachen und Beweismittel zu erstrecken, die für die Entscheidung von Bedeutung sind.

(3) [1]Der Rügebescheid kann nicht deshalb aufgehoben werden, weil der Vorstand der Wirtschaftsprüferkammer zu Unrecht angenommen hat, die Schuld des Mitgliedes sei gering und der Antrag auf Einleitung des berufsgerichtlichen Verfahrens nicht erforderlich. [2]Treten die Voraussetzungen, unter denen nach § 69 a von einer berufsgerichtlichen Ahndung abzusehen ist oder nach § 83 Abs. 2 ein berufsgerichtliches Verfahren nicht eingeleitet oder fortgesetzt werden darf, erst ein, nachdem der Vorstand die Rüge erteilt hat, so hebt das Landgericht den Rügebescheid und erforderlichenfalls auch die Untersagungsverfügung auf. [3]Der Beschluß ist mit Gründen zu versehen. [4]Er kann nicht angefochten werden.

(4) [1]Das Landgericht, bei dem ein Antrag auf berufsgerichtliche Entscheidung eingereicht wird, leitet unverzüglich der Staatsanwaltschaft bei dem Oberlandesgericht eine Abschrift des Antrags zu. [2]Der Staatsanwaltschaft ist auch eine Abschrift des Beschlusses zuzuleiten, mit dem über den Antrag entschieden wird.

(5) [1]Leitet die Staatsanwaltschaft wegen desselben Verhaltens, das der Vorstand der Wirtschaftsprüferkammer gerügt hat, ein berufsgerichtliches Verfahren gegen das Mitglied ein, bevor die Entscheidung über den Antrag auf berufsgerichtliche Entscheidung gegen den Rügebescheid ergangen ist, so wird das Verfahren über den Antrag bis zum rechtskräftigen Abschluß des berufsgerichtlichen Verfahrens ausgesetzt. [2]In den Fällen des § 69 Abs. 2 stellt das Landgericht nach Beendigung der Aussetzung fest, daß die Rüge unwirksam ist.

§ 64[1)] Pflicht der Mitglieder des Vorstandes, des Beirates und der Ausschüsse zur Verschwiegenheit. (1) [1]Die Mitglieder des Vorstandes, des Beirates, der Abteilungen und der Ausschüsse haben – auch nach dem Ausscheiden aus dem Vorstand, dem Beirat, der Abteilung oder dem Ausschuß – über die Angelegenheiten, die ihnen bei ihrer Tätigkeit im Vorstand, im Beirat, in der Abteilung oder im Ausschuß über Mitglieder der Wirtschaftsprüferkammer, Bewerber oder andere Personen bekanntwerden, Verschwiegenheit gegen jedermann zu bewahren. [2]Das gleiche gilt für Mitglieder, die zur Mitarbeit im Vorstand, im Beirat, in den Abteilungen oder in den Ausschüssen herangezogen werden, für Mitglieder, die im Verfahren nach § 62 zur Anhörung geladen werden, im Rahmen einer Aufsichts- und Beschwerdesache sowie eines Widerrufsverfahrens um Auskunft gebeten werden oder an einer

---

[1)] § 64 Abs. 1 geänd. und Abs. 4 angef. mWv 1. 1. 2004 durch G v. 1. 12. 2003 (BGBl. I S. 2446), Abs. 1 und Abs. 2 geänd. durch G v. 27. 12. 2004 (BGBl. I S. 3846).

nichtöffentlichen Verhandlung nach § 99 teilgenommen haben, sowie für Angestellte und sonstige Beauftragte der Wirtschaftsprüferkammer.

(2) In gerichtlichen Verfahren und vor Behörden dürfen die in Absatz 1 bezeichneten Personen über solche Angelegenheiten, die ihnen bei ihrer Tätigkeit im Vorstand, im Beirat, in Abteilungen oder in Ausschüssen über Mitglieder der Wirtschaftsprüferkammer, Bewerber oder andere Personen bekanntgeworden sind, ohne Genehmigung nicht aussagen oder Auskunft geben.

(3) [1]Die Genehmigung erteilt der Vorstand der Wirtschaftsprüferkammer nach pflichtmäßigem Ermessen. [2]Die Genehmigung soll nur versagt werden, wenn Rücksichten auf die Stellung oder die Aufgaben der Wirtschaftsprüferkammer oder berechtigte Belange der Personen, über welche die Tatsachen bekanntgeworden sind, es unabweisbar erfordern. [3]§ 28 Abs. 2 des Gesetzes über das Bundesverfassungsgericht bleibt unberührt.

(4) Zur Durchführung von Ermittlungen in Aufsichts- und Beschwerdesachen sowie in Widerrufsverfahren sind die in Absatz 1 genannten ehren- und hauptamtlich für die Wirtschaftsprüferkammer tätigen Personen berechtigt, Nichtkammerangehörige um Auskunft zu bitten; diese sind nicht zur Auskunft verpflichtet.

§ 65[1)] **Arbeitsgemeinschaft für das wirtschaftliche Prüfungswesen.** (1) Zur Behandlung von Fragen des wirtschaftlichen Prüfungs- und Treuhandwesens, die gemeinsame Belange der Wirtschaft und der Berufe der Wirtschaftsprüfer und der vereidigten Buchprüfer berühren, bilden der Deutsche Industrie- und Handelskammertag[2)] und die Wirtschaftsprüferkammer eine nicht rechtsfähige Arbeitsgemeinschaft für das wirtschaftliche Prüfungswesen (Arbeitsgemeinschaft) mit gemeinsamer Geschäftsstelle.

(2) Die Arbeitsgemeinschaft gibt sich ihre Satzung selbst.

§ 66[3)] **Staatsaufsicht.** [1]Das Bundesministerium für Wirtschaft und Energie[4)] führt die Aufsicht über die Wirtschaftsprüferkammer einschließlich der Prüfungsstelle und die Abschlussprüferaufsichtskommission. [2]Es hat darüber zu wachen, daß die Wirtschaftsprüferkammer einschließlich der Prüfungsstelle und die Abschlussprüferaufsichtskommission ihre Aufgaben im Rahmen der geltenden Gesetze und Satzungen erfüllen.

§ 66 a[5)] **Abschlussprüferaufsicht.** (1) [1]Die „Kommission für die Aufsicht über die Abschlussprüfer in Deutschland" (Abschlussprüferaufsichtskommissi-

---

[1)] § 65 Abs. 2 bish. Satz 2 aufgeh. durch G v. 27. 2. 1985 (BGBl. I S. 457).

[2)] Bezeichnung geänd. durch G v. 1. 12. 2003 (BGBl. I S. 2446).

[3)] § 66 geänd. durch G v. 27. 2. 1985 (BGBl. I S. 457), durch G v. 27. 12. 2004 (BGBl. I S. 3846) und durch G v. 3. 9. 2007 (BGBl. I S. 2178).

[4)] Bezeichnung geänd. durch VO v. 31. 8. 2015 (BGBl. I S. 1474).

[5)] § 66 a eingef. mWv 1. 1. 2005 durch G v. 27. 12. 2004 (BGBl. I S. 3846), Abs. 1 Satz 2 neu gef., Abs. 2 bish. Satz 7 aufgeh., Abs. 3 Satz 2 geänd., Sätze 3 bis 5 eingef., bish. Satz 3 wird Satz 6, Abs. 6 Satz 2 geänd., Abs. 8 bis 11 neu gef. mWv 6. 9. 2007 durch G v. 3. 9. 2007 (BGBl. I S. 2178).

on) führt eine öffentliche fachbezogene Aufsicht über die Wirtschaftsprüferkammer, soweit diese Aufgaben nach § 4 Abs. 1 Satz 1 erfüllt, die gegenüber Berufsangehörigen und Gesellschaften wahrzunehmen sind, die zur Durchführung gesetzlich vorgeschriebener Abschlussprüfungen befugt sind oder solche ohne diese Befugnis tatsächlich durchführen; § 61 a Satz 4 bleibt unberührt. 2 Die Wirtschaftsprüferkammer hat vor dem Erlass von Berufsausübungsregelungen (§ 57 Abs. 3, § 57 c) die Stellungnahme der Abschlussprüferaufsichtskommission einzuholen und dem Bundesministerium für Wirtschaft und Energie[1] vorzulegen.

(2) 1 Die Abschlussprüferaufsichtskommission besteht aus mindestens sechs und höchstens zehn ehrenamtlichen Mitgliedern. 2 Die Mitglieder dürfen in den letzten fünf Jahren vor Ernennung nicht persönliche Mitglieder der Wirtschaftsprüferkammer gewesen sein. 3 Sie sollen insbesondere in den Bereichen Rechnungslegung, Finanzwesen, Wirtschaft, Wissenschaft oder Rechtsprechung tätig sein oder tätig gewesen sein. 4 Die Mitglieder der Abschlussprüferaufsichtskommission werden vom Bundesministerium für Wirtschaft und Energie[1] für die Dauer von vier Jahren ernannt; eine vorzeitige Abberufung durch das Bundesministerium für Wirtschaft und Energie[1] ist in begründeten Ausnahmefällen möglich. 5 Die Mitglieder der Abschlussprüferaufsichtskommission wählen ein vorsitzendes und ein stellvertretendes vorsitzendes Mitglied. 6 Die Mitglieder der Abschlussprüferaufsichtskommission sind gegenüber der Wirtschaftsprüferkammer unabhängig und nicht weisungsgebunden.

(3) 1 Die Abschlussprüferaufsichtskommission beaufsichtig die Wirtschaftsprüferkammer, ob diese ihre in Absatz 1 Satz 1 genannten Aufgaben geeignet, angemessen und verhältnismäßig erfüllt. 2 Die Abschlussprüferaufsichtskommission kann hierzu an Sitzungen der Wirtschaftsprüferkammer teilnehmen und hat ein Informations- und Einsichtsrecht. 3 Die Abschlussprüferaufsichtskommission kann an Qualitätskontrollen teilnehmen. 4 Die Abschlussprüferaufsichtskommission kann die Wirtschaftsprüferkammer beauftragen, bei Hinweisen auf Berufspflichtverletzungen, bei Anfragen im Rahmen der Zusammenarbeit nach den Absätzen 8 und 9 und stichprobenartig ohne besonderen Anlass berufsaufsichtliche Ermittlungen nach § 61 a Satz 2 Nr. 2 durchzuführen. 5 Die Abschlussprüferaufsichtskommission kann an Ermittlungen der Wirtschaftsprüferkammer teilnehmen. 6 Zu ihren Sitzungen kann die Abschlussprüferaufsichtskommission Vertreter oder Vertreterinnen der Wirtschaftsprüferkammer, Berufsangehörige und Dritte als sachverständige Gäste fallweise zur Beratung heranziehen.

(4) 1 Die Abschlussprüferaufsichtskommission kann Entscheidungen der Wirtschaftsprüferkammer unter Angabe der Gründe zur nochmaligen Prüfung an diese zurückverweisen (Zweitprüfung); sie kann bei Nichtabhilfe unter Aufhebung der Entscheidung der Wirtschaftsprüferkammer Weisung erteilen (Letztentscheidung). 2 Die Wirtschaftsprüferkammer ist verpflichtet, den Vorgang in Umsetzung der Weisung abzuschließen. 3 Hält die Wirtschaftsprüferkammer eine Weisung für rechtswidrig, legt sie den Vorgang dem Bundesministerium für Wirtschaft und Energie[1] vor.

---

[1] Bezeichnung geänd. durch VO v. 31. 8. 2015 (BGBl. I S. 1474).

(5) [1]Die Wirtschaftsprüferkammer ist verpflichtet, auf Anforderung der Abschlussprüferaufsichtskommission im Einzelfall oder von sich aus auf Grund genereller von der Abschlussprüferkommission festzulegender Kriterien über einzelne, aufsichtsrelevante Vorgänge nach Sachverhaltsaufklärung zeitnah und in angemessener Form zu berichten. [2]Aufsichtsrelevant ist ein Vorgang dann, wenn er von der Wirtschaftsprüferkammer abschließend bearbeitet wurde und eine Entscheidung mit unmittelbarer Rechtswirkung nach außen verfügt werden soll. [3]Ein unmittelbarer oder mittelbarer Bezug zur Durchführung einer gesetzlich vorgeschriebenen Abschlussprüfung ist nicht erforderlich.

(6) [1]Die Abschlussprüferaufsichtskommission gibt sich eine Geschäftsordnung, deren Erlass und Änderungen der Genehmigung des Bundesministeriums für Wirtschaft und Energie[1)] bedürfen. [2]Die Geschäftsordnung kann insbesondere neben den Kriterien nach Absatz 5 Satz 1 auch die Bildung von entscheidungsbefugten Ausschüssen vorsehen. [3]Die Abschlussprüferaufsichtskommission und die Ausschüsse fassen ihre Beschlüsse mit einfacher Mehrheit; § 59 a gilt sinngemäß. [4]Die Abschlussprüferaufsichtskommission und deren Ausschüsse können sich bei der Erledigung ihrer Aufgaben der Wirtschaftsprüferkammer bedienen. [5]Die Abschlussprüferaufsichtskommission veröffentlicht jährlich ihr Arbeitsprogramm und einen Tätigkeitsbericht.

(7) Die Kosten, die von der Abschlussprüferaufsichtskommission verursacht werden, sind von der Wirtschaftsprüferkammer zu tragen.

(8) [1]Die Abschlussprüferaufsichtskommission arbeitet in Bezug auf die in Absatz 1 Satz 1 genannten Aufgaben mit den entsprechend zuständigen Stellen in den Mitgliedstaaten der Europäischen Union zusammen, soweit dies für die Wahrnehmung der jeweiligen Aufgabe der zuständigen Stelle im Einzelfall erforderlich ist. [2]§ 57 Abs. 6 Satz 2 bis 4 gilt entsprechend.

(9) [1]Hat die Abschlussprüferaufsichtskommission konkrete Hinweise darauf, dass ein Berufsangehöriger oder eine Berufsangehörige aus einem anderen Mitgliedstaat gegen das Recht der Europäischen Gemeinschaften über die Abschlussprüfungen von Jahresabschlüssen und Konzernabschlüssen verstößt, teilt sie diese der zuständigen Stelle des anderen Mitgliedstaats mit. [2]Erhält die Abschlussprüferaufsichtskommission entsprechende Hinweise von der zuständigen Stelle eines anderen Mitgliedstaats in Bezug auf deutsche Berufsangehörige, trifft die Abschlussprüferaufsichtskommission geeignete Maßnahmen und kann der zuständigen Stelle des anderen Mitgliedstaats das Ergebnis mitteilen. [3]Darüber hinaus kann die zuständige Stelle eines anderen Mitgliedstaats über die Abschlussprüferaufsichtskommission Ermittlungen der Wirtschaftsprüferkammer im Rahmen des § 61 a Satz 2 verlangen, bei denen Vertreter der zuständigen Stelle teilnehmen dürfen, wenn diese zur Verschwiegenheit verpflichtet sind. [4]§ 57 Abs. 7 Satz 2 bis 4 gilt entsprechend.

(10) [1]Die Abschlussprüferaufsichtskommission arbeitet in Bezug auf die in Absatz 1 Satz 1 genannten Aufgaben mit den entsprechend zuständigen Stellen anderer als in Absatz 8 Satz 1 genannten Staaten zusammen, soweit dies für die Wahrnehmung der jeweiligen Aufgabe der zuständigen Stelle im Einzelfall

---

1) Bezeichnung geänd. durch VO v. 31. 8. 2015 (BGBl. I S. 1474).

erforderlich ist oder wenn von diesen Stellen Sonderuntersuchungen oder Ermittlungen erbeten werden. [2]§ 57 Abs. 6 Satz 2 bis 4 gilt entsprechend.

(11) [1]§ 57 Abs. 9 gilt entsprechend. [2]Abweichend von § 57 Abs. 9 Satz 5 können Berufsangehörige und Prüfungsgesellschaften unter den Voraussetzungen des § 57 Abs. 9 Satz 1 bis 4 selbst Arbeitsunterlagen und andere Dokumente auf Anforderung der zuständigen Stelle an diese Stelle herausgeben, wenn sie die Abschlussprüferaufsichtskommission über die Anfrage informiert haben und die in § 57 Abs. 9 Satz 5 genannten Bedingungen erfüllt sind.

§ 66 b[1)] Verschwiegenheit; Schutz von Privatgeheimnissen.

(1) [1]Die Mitglieder der Abschlussprüferaufsichtskommission sind zur Verschwiegenheit verpflichtet; § 66 a Abs. 9 und 11 bleibt unberührt. [2]§ 64 gilt sinngemäß, eine erforderliche Genehmigung erteilt das Bundesministerium für Wirtschaft und Energie[2)].

(2) Die Mitglieder der Abschlussprüferaufsichtskommission dürfen, auch nach Beendigung ihrer Tätigkeit, ein fremdes Geheimnis, namentlich ein Geschäfts- oder Betriebsgeheimnis, das ihnen bei ihrer Tätigkeit bekannt geworden ist, nicht offenbaren und nicht verwerten.

Sechster Teil. Berufsgerichtsbarkeit

Erster Abschnitt. Die berufsgerichtliche Ahndung von Pflichtverletzungen

§ 67 Ahndung einer Pflichtverletzung. (1) Gegen einen Wirtschaftsprüfer, der seine Pflichten schuldhaft verletzt, wird eine berufsgerichtliche Maßnahme verhängt.

(2) Ein außerhalb des Berufs liegendes Verhalten eines Wirtschaftsprüfers ist eine berufsgerichtlich zu ahndende Pflichtverletzung, wenn es nach den Umständen des Einzelfalls in besonderem Maße geeignet ist, Achtung und Vertrauen in einer für die Ausübung der Berufstätigkeit oder für das Ansehen des Berufs bedeutsamen Weise zu beeinträchtigen.

(3) Eine berufsgerichtliche Maßnahme kann nicht verhängt werden, wenn der Wirtschaftsprüfer zur Zeit der Tat der Berufsgerichtsbarkeit nicht unterstand.

§ 68[3)] Berufsgerichtliche Maßnahmen. (1) Die berufsgerichtlichen Maßnahmen sind

1. Geldbuße bis zu 500 000 Euro,

[1)] § 66 b eingef. mWv 6. 9. 2007 durch G v. 3. 9. 2007 (BGBl. I S. 2178).

[2)] Bezeichnung geänd. durch VO v. 31. 8. 2015 (BGBl. I S. 1474).

[3)] § 68 Abs. 1 neu gef. mWv 1. 1. 2004 durch G v. 1. 12. 2003 (BGBl. I S. 2446), Abs. 1 bish. Nrn. 1 und 2 aufgeh., bish. Nrn. 3 bis 6 werden Nrn. 1 bis 4, Nr. 1 Betrag geänd., Abs. 2 neu gef. mWv 6. 9. 2007 durch G v. 3. 9. 2007 (BGBl. I S. 2178).

2. Verbot, auf bestimmten Tätigkeitsgebieten für die Dauer von einem Jahr bis zu fünf Jahren tätig zu werden,
3. Berufsverbot von einem bis zu fünf Jahren,
4. Ausschließung aus dem Beruf.

(2) Die berufsgerichtlichen Maßnahmen der Geldbuße und des Tätigkeits- und Berufsverbotes können nebeneinander verhängt werden.

§ 68 a[1)] Untersagungsverfügung, Verfahren. (1) [1] Wird gegen Berufsangehörige eine berufsgerichtliche Maßnahme wegen einer Pflichtverletzung, die im Zeitpunkt der Verhängung der Maßnahme noch nicht abgeschlossen ist, verhängt, so kann das Gericht neben der Verhängung der Maßnahme die Aufrechterhaltung des pflichtwidrigen Verhaltens untersagen. [2] Im Falle einer im Zeitpunkt der Verhängung der Maßnahme bereits abgeschlossenen Pflichtverletzung kann das Gericht die künftige Vornahme einer gleichgearteten Pflichtverletzung untersagen, wenn gegen die Betroffenen wegen einer solchen Pflichtverletzung bereits zuvor eine berufsgerichtliche Maßnahme verhängt, ihnen eine Rüge erteilt oder sie von der Wirtschaftsprüferkammer über die Pflichtwidrigkeit ihres Verhaltens belehrt worden waren. [3] Wird das berufsgerichtliche Verfahren nach § 153 a der Strafprozessordnung eingestellt, gelten die Sätze 1 und 2 entsprechend.

(2) [1] Handeln die Betroffenen der Untersagung wissentlich zuwider, so ist gegen sie wegen einer jeden Zuwiderhandlung auf Antrag der Staatsanwaltschaft von dem Berufsgericht des ersten Rechtszuges durch Beschluss ein Ordnungsgeld zu verhängen. [2] Das einzelne Ordnungsgeld darf den Betrag von 100 000 Euro nicht übersteigen. [3] Dem Beschluss muss eine entsprechende Androhung vorausgehen, die, wenn sie in dem die Untersagung aussprechenden Urteil nicht enthalten ist, auf Antrag der Staatsanwaltschaft von dem Berufsgericht des ersten Rechtszuges erlassen wird.

(3) [1] Die nach Absatz 2 zu erlassenden Entscheidungen können ohne mündliche Verhandlung ergehen. [2] Vor der Entscheidung ist rechtliches Gehör zu gewähren.

(4) [1] Gegen den Beschluss, durch den das Gericht ein Ordnungsgeld verhängt oder androht, ist die sofortige Beschwerde zulässig. [2] Die Beschwerde hat keine aufschiebende Wirkung. [3] Gegen den Beschluss, durch den das Gericht es ablehnt, ein Ordnungsgeld zu verhängen oder anzudrohen, steht der Staatsanwaltschaft die sofortige Beschwerde zu.

§ 69 Rüge und berufsgerichtliche Maßnahme. (1) [1] Der Einleitung eines berufsgerichtlichen Verfahrens gegen einen Wirtschaftsprüfer steht es nicht entgegen, daß der Vorstand der Wirtschaftsprüferkammer ihm bereits wegen desselben Verhaltens eine Rüge erteilt hat (§ 63). [2] Hat das Landgericht den Rügebescheid aufgehoben (§ 63 a), weil es eine schuldhafte Pflichtverletzung nicht festgestellt hat, so kann ein berufsgerichtliches Verfahren wegen

---

[1)] § 68 a eingef. mWv 1. 1. 2004 durch G v. 1. 12. 2003 (BGBl. I S. 2446), Abs. 1 Satz 3 angef. mWv 6. 9. 2007 durch G v. 3. 9. 2007 (BGBl. I S. 2178).

desselben Verhaltens nur auf Grund solcher Tatsachen oder Beweismittel eingeleitet werden, die dem Landgericht bei seiner Entscheidung nicht bekannt waren.

(2) [1]Die Rüge wird mit der Rechtskraft eines berufsgerichtlichen Urteils unwirksam, das wegen desselben Verhaltens gegen den Wirtschaftsprüfer ergeht und auf Freispruch oder eine berufsgerichtliche Maßnahme lautet. [2]Die Rüge wird auch unwirksam, wenn rechtskräftig die Eröffnung des Hauptverfahrens abgelehnt ist, weil eine schuldhafte Pflichtverletzung nicht festzustellen ist.

§ 69 a[1)] Anderweitige Ahndung. [1]Ist durch ein Gericht oder eine Behörde eine Strafe, eine Disziplinarmaßnahme, eine anderweitige berufsgerichtliche Maßnahme oder eine Ordnungsmaßnahme verhängt worden, so ist von einer berufsgerichtlichen Ahndung wegen desselben Verhaltens abzusehen, wenn nicht eine berufsgerichtliche Maßnahme zusätzlich erforderlich ist, um den Wirtschaftsprüfer zur Erfüllung seiner Pflichten anzuhalten und das Ansehen des Berufs zu wahren. [2]Der Ausschließung steht eine anderweitig verhängte Strafe oder Maßnahme nicht entgegen.

§ 70[2)] Verjährung der Verfolgung einer Pflichtverletzung. (1) [1]Die Verfolgung einer Pflichtverletzung, die nicht eine Maßnahme gemäß § 68 Abs. 1 Nr. 2, 3 oder 4 rechtfertigt, verjährt in fünf Jahren. [2]§ 78 Abs. 1, § 78 a Satz 1 sowie die §§ 78 b und 78 c Abs. 1 bis 4 des Strafgesetzbuches gelten entsprechend; der Vernehmung nach § 78 c Abs. 1 Satz 1 Nr. 1 des Strafgesetzbuchs steht die erste Anhörung durch die Wirtschaftsprüferkammer (§ 63 Abs. 3) gleich.

(2) Ist vor Ablauf der Verjährungsfrist nach Absatz 1 Satz 1 wegen desselben Sachverhalts ein Strafverfahren eingeleitet worden, ist der Ablauf der Verjährungsfrist für die Dauer des Strafverfahrens gehemmt.

§ 71[3)] Vorschriften für Mitglieder der Wirtschaftsprüferkammer, die nicht Wirtschaftsprüfer sind. [1]Die Vorschriften des Fünften und Sechsten Teils[4)] gelten entsprechend für Vorstandsmitglieder, Geschäftsführer oder persönlich haftende Gesellschafter einer Wirtschaftsprüfungsgesellschaft, die nicht Wirtschaftsprüfer sind. [2]An die Stelle der Ausschließung aus dem Beruf tritt die Aberkennung der Eignung, eine Wirtschaftsprüfungsgesellschaft zu vertreten und ihre Geschäfte zu führen.

[1)] § 69 a Satz 1 geänd. mWv 6. 9. 2007 durch G v. 3. 9. 2007 (BGBl. I S. 2178).

[2)] § 70 Abs. 2 angef. mWv 1. 1. 2001 durch G v. 19. 12. 2000 (BGBl. I S. 1769), Abs. 1 Satz 1 neu gef. mWv 1. 1. 2004 durch G v. 1. 12. 2003 (BGBl. I S. 2446), Abs. 1 Sätze 1 und 2 geänd. mWv 6. 9. 2007 durch G v. 3. 9. 2007 (BGBl. I S. 2178).

[3)] § 71 Satz 1 geänd. durch G v. 3. 9. 2007 (BGBl. I S. 2178).

[4)] Verweis ergänzt durch G v. 27. 12. 2004 (BGBl. I S. 3846).

Zweiter Abschnitt. Die Gerichte

§ 72 Kammer für Wirtschaftsprüfersachen. (1) In dem berufsgerichtlichen Verfahren entscheidet im ersten Rechtszug eine Kammer des Landgerichts (Kammer für Wirtschaftsprüfersachen), in dessen Bezirk die Wirtschaftsprüferkammer ihren Sitz hat.

(2) [1]Die Kammer für Wirtschaftsprüfersachen entscheidet außerhalb der Hauptverhandlung in der Besetzung von drei Mitgliedern mit Einschluß des Vorsitzenden. [2]In der Hauptverhandlung ist sie mit dem Vorsitzenden und zwei Wirtschaftsprüfern als Beisitzern besetzt.

§ 73 Senat für Wirtschaftsprüfersachen beim Oberlandesgericht. (1) In dem berufsgerichtlichen Verfahren entscheidet im zweiten Rechtszug ein Senat des Oberlandesgerichts (Senat für Wirtschaftsprüfersachen beim Oberlandesgericht).

(2) [1]Der Senat für Wirtschaftsprüfersachen beim Oberlandesgericht entscheidet außerhalb der Hauptverhandlung in der Besetzung von drei Mitgliedern mit Einschluß des Vorsitzenden. [2]In der Hauptverhandlung wirken außerdem als Beisitzer zwei Wirtschaftsprüfer mit.

§ 74[1)] Senat für Wirtschaftsprüfersachen beim Bundesgerichtshof. (1) [1]In dem berufsgerichtlichen Verfahren entscheidet im dritten Rechtszug ein Senat des Bundesgerichtshofes (Senat für Wirtschaftsprüfersachen beim Bundesgerichtshof). [2]Er gilt als Strafsenat im Sinne des § 132 des Gerichtsverfassungsgesetzes.

(2) Der Senat für Wirtschaftsprüfersachen beim Bundesgerichtshof besteht aus einem Vorsitzenden sowie zwei Mitgliedern des Bundesgerichtshofs und zwei Wirtschaftsprüfern als Beisitzer.

§ 75[2)] Wirtschaftsprüfer als Beisitzer. (1) Die Beisitzer aus den Reihen der Wirtschaftsprüfer sind ehrenamtliche Richter.

(2) [1]Die ehrenamtlichen Richter werden für die Gerichte des ersten und zweiten Rechtszuges von der Landesjustizverwaltung und für den Bundesgerichtshof von dem Bundesministerium der Justiz und für Verbraucherschutz[3)] auf die Dauer von fünf Jahren berufen. [2]Sie können nach Ablauf ihrer Amtszeit wieder berufen werden.

(3) [1]Die ehrenamtlichen Richter werden den Vorschlagslisten entnommen, die der Vorstand der Wirtschaftsprüferkammer der Landesjustizverwaltung für die Gerichte des ersten und zweiten Rechtszuges und dem Bundesministerium

---

[1)] § 74 Abs. 1 geänd. durch G v. 17. 12. 1990 (BGBl. I S. 2847), Abs. 2 neu gef. mWv 1. 1. 1995 durch G v. 15. 7. 1994 (BGBl. I S. 1569).

[2)] § 75 Abs. 5 und Abs. 6 angef. mWv 1. 1. 1995 durch G v. 15. 7. 1994 (BGBl. I S. 1569), Abs. 5 geänd. durch G v. 27. 4. 2002 (BGBl. I S. 1467), Abs. 2 Satz 1 Frist verlängert und Abs. 5 eingef. mWv 1. 1. 2005, Abs. 5 und 6 werden Abs. 6 und 7 durch G v. 21. 12. 2004 (BGBl. I S. 3599).

[3)] Bezeichnung geänd. durch VO v. 31. 8. 2015 (BGBl. I S. 1474).

der Justiz und für Verbraucherschutz[1]) für den Bundesgerichtshof einreicht. 2Die Landesjustizverwaltung und das Bundesministerium der Justiz und für Verbraucherschutz[1]) bestimmen, welche Zahl von Beisitzern für jedes Gericht erforderlich ist; sie haben vorher den Vorstand der Wirtschaftsprüferkammer zu hören. 3Jede Vorschlagsliste soll mindestens die doppelte Zahl der zu berufenden Wirtschaftsprüfer enthalten.

(4) Scheidet ein ehrenamtlicher Richter vorzeitig aus, so wird für den Rest seiner Amtszeit ein Nachfolger berufen.

(5) § 6 des Einführungsgesetzes zum Gerichtsverfassungsgesetz gilt entsprechend.

(6) Die Landesjustizverwaltung und das Bundesministerium der Justiz und für Verbraucherschutz[1]) können einen von ihnen berufenen ehrenamtlichen Richter auf seinen Antrag aus dem Amt entlassen, wenn er aus gesundheitlichen Gründen auf nicht absehbare Zeit gehindert ist, sein Amt ordnungsgemäß auszuüben.

(7) Das Amt eines ehrenamtlichen Richters, der zum ehrenamtlichen Richter bei einem Gericht des höheren Rechtszuges berufen wird, endet mit seiner Ernennung.

§ 76[2]) Voraussetzungen für die Berufung zum Beisitzer und Recht zur Ablehnung. (1) 1Zum ehrenamtlichen Richter kann nur ein Wirtschaftsprüfer berufen werden, der in den Vorstand der Wirtschaftsprüferkammer gewählt werden kann. 2Er darf als Beisitzer nur für die Kammer für Wirtschaftsprüfersachen, den Senat für Wirtschaftsprüfersachen beim Oberlandesgericht oder den Senat für Wirtschaftsprüfersachen beim Bundesgerichtshof berufen werden.

(2) Die ehrenamtlichen Richter dürfen nicht gleichzeitig dem Vorstand oder dem Beirat der Wirtschaftsprüferkammer angehören oder bei der Wirtschaftsprüferkammer im Haupt- oder Nebenberuf tätig sein.

(3) Die Übernahme des Beisitzeramtes kann ablehnen,

1. wer das fünfundsechzigste Lebensjahr vollendet hat;
2. wer in den letzten vier Jahren Mitglied des Vorstandes der Wirtschaftsprüferkammer gewesen ist;
3. wer in gesundheitlicher Hinsicht beeinträchtigt ist.

§ 77 Enthebung vom Amt des Beisitzers. (1) Ein ehrenamtlicher Richter ist auf Antrag der Justizverwaltung, die ihn berufen hat, seines Amtes zu entheben,

1. wenn nachträglich bekannt wird, daß er nicht hätte zum Beisitzer berufen werden dürfen;

---

1) Bezeichnung geänd. durch VO v. 31. 8. 2015 (BGBl. I S. 1474).

2) § 76 Abs. 1 Satz 1 geänd. durch G v. 20. 7. 1990 (BGBl. I S. 1462), Abs. 3 Nr. 3 neu gef. durch G v. 27. 4. 2002 (BGBl. I S. 1467).

2. wenn nachträglich ein Umstand eintritt, welcher der Berufung zum Beisitzer entgegensteht;
3. wenn der Wirtschaftsprüfer seine Amtspflicht als Beisitzer grob verletzt.

(2) 1Über den Antrag der Landesjustizverwaltung entscheidet ein Zivilsenat des Oberlandesgerichts, über den Antrag des Bundesministeriums der Justiz und für Verbraucherschutz[1] ein Zivilsenat des Bundesgerichtshofes. 2Bei der Entscheidung dürfen die Mitglieder der Senate für Wirtschaftsprüfersachen nicht mitwirken.

(3) 1Vor der Entscheidung ist der ehrenamtliche Richter zu hören. 2Die Entscheidung ist endgültig.

§ 78 Stellung der ehrenamtlichen Richter und Pflicht zur Verschwiegenheit. (1) Die ehrenamtlichen Richter haben in der Sitzung, zu der sie herangezogen werden, die Stellung eines Berufsrichters.

(2) 1Die ehrenamtlichen Richter haben über Angelegenheiten, die ihnen bei ihrer Tätigkeit bekannt werden, Verschwiegenheit gegen jedermann zu bewahren. 2§ 64 Abs. 2 und 3 ist entsprechend anzuwenden. 3Die Genehmigung zur Aussage erteilt der Präsident des Gerichts.

§ 79 Reihenfolge der Teilnahme an den Sitzungen. (1) Die ehrenamtlichen Richter sind zu den einzelnen Sitzungen in der Reihenfolge einer Liste heranzuziehen, die der Vorsitzende nach Anhörung der beiden ältesten der berufenen ehrenamtlichen Richter vor Beginn des Geschäftsjahres aufstellt.

(2) Für die Entbindung eines ehrenamtlichen Richters von der Dienstleistung an bestimmten Sitzungstagen gilt § 54 des Gerichtsverfassungsgesetzes sinngemäß.

§ 80[2] Entschädigung der ehrenamtlichen Richter. Die ehrenamtlichen Richter erhalten eine Entschädigung nach dem Justizvergütungs- und -entschädigungsgesetz.[3]

Dritter Abschnitt. Verfahrensvorschriften

1. Allgemeines

§ 81[4] Vorschriften für das Verfahren. Für das berufsgerichtliche Verfahren gelten die nachstehenden Vorschriften sowie § 62 entsprechend.

§ 82 Keine Verhaftung des Wirtschaftsprüfers. 1Der Wirtschaftsprüfer darf zur Durchführung des berufsgerichtlichen Verfahrens weder vorläufig festgenommen noch verhaftet oder vorgeführt werden. 2Er kann nicht zur

---

[1] Bezeichnung geänd. durch VO v. 31. 8. 2015 (BGBl. I S. 1474).

[2] § 80 geänd. durch G v. 1. 12. 2003 (BGBl. I S. 2446) und G v. 5. 5. 2004 (BGBl. I S. 718).

[3] **Schönfelder Nr. 116.**

[4] § 81 geänd. mWv 6. 9. 2007 durch G v. 3. 9. 2007 (BGBl. I S. 2178).

Vorbereitung eines Gutachtens über seinen psychischen Zustand in ein psychiatrisches Krankenhaus gebracht werden.

§ 82 a Verteidigung. (1) Zu Verteidigern im berufsgerichtlichen Verfahren vor dem Landgericht und vor dem Oberlandesgericht können außer den in § 138 Abs. 1 der Strafprozeßordnung[1] genannten Personen auch Wirtschaftsprüfer gewählt werden.

(2)[2] § 140 Abs. 1 Nr. 1 bis 3, 6, 7 und 9 der Strafprozeßordnung[1] ist auf die Verteidigung im berufsgerichtlichen Verfahren nicht anzuwenden.

§ 82 b[3] Akteneinsicht; Beteiligung der Wirtschaftsprüferkammer. (1) [1]Die Wirtschaftsprüferkammer und die beschuldigte Person sind befugt, die Akten, die dem Gericht vorliegen oder diesem im Falle der Einreichung einer Anschuldigungsschrift vorzulegen wären, einzusehen sowie amtlich verwahrte Beweisstücke zu besichtigen. [2]§ 147 Abs. 2 Satz 1[4], Abs. 3, 5 und 6 der Strafprozessordnung ist insoweit entsprechend anzuwenden.

(2) [1]Der Wirtschaftsprüferkammer sind Ort und Zeit der Hauptverhandlung mitzuteilen; die von dort entsandten Personen erhalten auf Verlangen das Wort. [2]§ 99 Abs. 2 Satz 1 bleibt unberührt.

§ 83[5] Verhältnis des berufsgerichtlichen Verfahrens zum Straf- oder Bußgeldverfahren. (1) Wird der Wirtschaftsprüfer im gerichtlichen Verfahren wegen einer Straftat oder einer Ordnungswidrigkeit freigesprochen, so kann wegen der Tatsachen, die Gegenstand der gerichtlichen Entscheidung waren, ein berufsgerichtliches Verfahren nur dann eingeleitet oder fortgesetzt werden, wenn diese Tatsachen, ohne den Tatbestand einer Strafvorschrift oder einer Bußgeldvorschrift zu erfüllen, eine Verletzung der Pflichten des Wirtschaftsprüfers enthalten.

(2) [1]Für die Entscheidung im berufsgerichtlichen Verfahren sind die tatsächlichen Feststellungen des Urteils im Strafverfahren oder Bußgeldverfahren bindend, auf denen die Entscheidung des Gerichts beruht. [2]In dem berufsgerichtlichen Verfahren kann ein Gericht jedoch die nochmalige Prüfung solcher Feststellungen beschließen, deren Richtigkeit seine Mitglieder mit Stimmenmehrheit bezweifeln; dies ist in den Gründen der berufsgerichtlichen Entscheidung zum Ausdruck zu bringen.

§ 83 a[6] Verhältnis des berufsgerichtlichen Verfahrens zu den Verfahren anderer Berufsgerichtsbarkeiten. (1) Über eine Pflichtverletzung eines Wirtschaftsprüfers, der zugleich der Disziplinar- oder Berufsgerichtsbarkeit

---

[1] **Schönfelder Nr. 90.**

[2] § 82 a Abs. 2 geänd. mWv 1. 9. 2013 durch G v. 26. 6. 2013 (BGBl. I S. 1805).

[3] § 82 b neu gef. mWv 6. 9. 2007 durch G v. 3. 9. 2007 (BGBl. I S. 2178).

[4] § 82 b Abs. 1 Satz 2 Zitat geänd. mWv 1. 1. 2010 durch G v. 29. 7. 2009 (BGBl. I S. 2274).

[5] § 83 bish. Abs. 1 und 4 aufgeh., bish. Abs. 2 und 3 werden Abs. 1 und 2 mWv 1. 1. 2004 durch G v. 1. 12. 2003 (BGBl. I S. 2446).

[6] § 83 a Abs. 1 und 3 geänd. mWv 6. 9. 2007 durch G v. 3. 9. 2007 (BGBl. I S. 2178).

eines anderen Berufs untersteht, wird im berufsgerichtlichen Verfahren nur dann entschieden, wenn die Pflichtverletzung überwiegend mit der Ausübung des Berufs des Wirtschaftsprüfers im Zusammenhang steht oder wenn wegen der Schwere der Pflichtverletzung das berufsgerichtliche Verfahren mit dem Ziel der Ausschließung aus dem Beruf eingeleitet worden ist.

(2) [1]Beabsichtigt die Staatsanwaltschaft, gegen einen solchen Wirtschaftsprüfer das berufsgerichtliche Verfahren einzuleiten, so teilt sie dies der Staatsanwaltschaft oder Behörde mit, die für die Einleitung eines Verfahrens gegen ihn als Angehörigen des anderen Berufs zuständig wäre. [2]Hat die für den anderen Beruf zuständige Staatsanwaltschaft oder Einleitungsbehörde die Absicht, gegen den Wirtschaftsprüfer ein Verfahren einzuleiten, so unterrichtet sie die Staatsanwaltschaft, die für die Einleitung des berufsgerichtlichen Verfahrens zuständig wäre (§ 84).

(3) Hat das Gericht einer Disziplinar- oder Berufsgerichtsbarkeit sich zuvor rechtskräftig für zuständig oder unzuständig erklärt, über die Pflichtverletzung eines Wirtschaftsprüfers, der zugleich der Disziplinar-, Ehren- oder Berufsgerichtsbarkeit eines anderen Berufs untersteht, zu entscheiden, so sind die anderen Gerichte an diese Entscheidung gebunden.

(4) Die Absätze 1 bis 3 sind auf Wirtschaftsprüfer, die in einem öffentlich-rechtlichen Dienst- oder Amtsverhältnis stehen und ihren Beruf als Wirtschaftsprüfer nicht ausüben dürfen (§ 44a), nicht anzuwenden.

§ 83b[1)] Aussetzung des berufsgerichtlichen Verfahrens. Das berufsgerichtliche Verfahren kann nur ausgesetzt werden, wenn

1. in einem anderen gesetzlich geregelten Verfahren ein Sachverhalt aufzuklären oder eine Rechtsfrage zu entscheiden ist, ohne deren Beurteilung eine Entscheidung im berufsgerichtlichen Verfahren nicht möglich oder nicht zweckmäßig ist oder
2. der rechtskräftige Abschluss eines anderen gesetzlich geregelten Verfahrens, in dem über einen Sachverhalt oder eine Rechtsfrage zu entscheiden ist, deren Beurteilung für die Entscheidung im berufsgerichtlichen Verfahren von Bedeutung ist, innerhalb von sechs Monaten zu erwarten ist.

§ 83c[2)] Wiederaufnahme des berufsgerichtlichen Verfahrens. [1]Die Wiederaufnahme eines rechtskräftig abgeschlossenen berufsgerichtlichen Verfahrens ist zulässig, wenn die tatsächlichen Feststellungen, auf denen die Verurteilung oder der Freispruch im berufsgerichtlichen Verfahren beruht, den Feststellungen in einem strafgerichtlichen Verfahren wegen desselben Verhaltens widersprechen. [2]Den Antrag auf Wiederaufnahme des Verfahrens können die Staatsanwaltschaft oder die betroffenen Berufsangehörigen binnen eines Monats nach Rechtskraft des Urteils im strafgerichtlichen Verfahren stellen.

[1)] § 83b neu gef. mWv 1. 1. 2004 durch G v. 1. 12. 2003 (BGBl. I S. 2446), Nr. 1 geänd. mWv 6. 9. 2007 durch G v. 3. 9. 2007 (BGBl. I S. 2178).

[2)] § 83c eingef. mWv 1. 1. 2004 durch G v. 1. 12. 2003 (BGBl. I S. 2446).

2. Das Verfahren im ersten Rechtszug

§ 84 Mitwirkung der Staatsanwaltschaft. Die Staatsanwaltschaft bei dem Oberlandesgericht, bei dem der Senat für Wirtschaftsprüfersachen besteht, nimmt in den Verfahren vor der Kammer für Wirtschaftsprüfersachen die Aufgaben der Staatsanwaltschaft wahr.

§ 84 a[1)] Unterrichtung der Staatsanwaltschaft und der Wirtschaftsprüferkammer. (1) [1] Erhalten Wirtschaftsprüferkammer, Gerichte oder Behörden Kenntnis von Tatsachen, die den Verdacht begründen, dass ein Mitglied, das der Berufsgerichtsbarkeit unterliegt,

1. eine schuldhafte, eine berufsgerichtliche Maßnahme nach § 68 Abs. 1 rechtfertigende Pflichtverletzung oder
2. eine Straftat im Zusammenhang mit der Berufsausübung

begangen hat, teilen sie die Tatsachen der nach § 84 zuständigen Staatsanwaltschaft unverzüglich oder nach Ermittlung (§ 61 a Satz 2) mit. [2] Der Mitteilung kann eine fachliche Bewertung beigefügt werden. [3] § 57 e Abs. 5, § 62 Abs. 5 und § 63 Abs. 4 Satz 3 bleiben unberührt.

(2) Erhält die Staatsanwaltschaft Kenntnis von Tatsachen, die den Verdacht einer schuldhaften, eine berufsgerichtliche Maßnahme nach § 68 Abs. 1 rechtfertigenden Pflichtverletzung eines Mitglieds der Wirtschaftsprüferkammer begründen, das der Berufsgerichtsbarkeit unterliegt, teilt sie die Tatsachen der Wirtschaftsprüferkammer mit und gibt ihr vor der Einleitung eines berufsgerichtlichen Verfahrens Gelegenheit zur Stellungnahme.

§ 85 Einleitung des berufsgerichtlichen Verfahrens. Das berufsgerichtliche Verfahren wird dadurch eingeleitet, daß die Staatsanwaltschaft eine Anschuldigungsschrift bei dem Landgericht einreicht.

§ 86 Gerichtliche Entscheidung über die Einleitung des Verfahrens.

(1) Gibt die Staatsanwaltschaft einem Antrag des Vorstandes der Wirtschaftsprüferkammer, gegen einen Wirtschaftsprüfer das berufsgerichtliche Verfahren einzuleiten, keine Folge oder verfügt sie die Einstellung des Verfahrens, so hat sie ihre Entschließung dem Vorstand der Wirtschaftsprüferkammer unter Angabe der Gründe mitzuteilen.

(2) [1] Der Vorstand der Wirtschaftsprüferkammer kann gegen den Bescheid der Staatsanwaltschaft binnen eines Monats nach der Bekanntmachung bei dem Oberlandesgericht die gerichtliche Entscheidung beantragen. [2] Der Antrag muß die Tatsachen, welche die Einleitung des berufsgerichtlichen Verfahrens begründen sollen, und die Beweismittel angeben.

(3) Auf das Verfahren nach Absatz 2 sind die §§ 173 bis 175 der Strafprozeßordnung entsprechend anzuwenden.

(4) § 172 der Strafprozeßordnung ist nicht anzuwenden.

---

1) § 84 a eingef. mWv 1. 1. 2004 durch G v. 1. 12. 2003 (BGBl. I S. 2446), Abs. 1 Satz 1 geänd. mWv 1. 1. 2005 durch G v. 27. 12. 2004 (BGBl. I S. 3846), Abs. 1 Satz 1 Nr. 1 und Satz 3 geänd. mWv 6. 9. 2007 durch G v. 3. 9. 2007 (BGBl. I S. 2178).

§ 87[1)] Antrag des Wirtschaftsprüfers auf Einleitung des berufsgerichtlichen Verfahrens. (1) [1] Will sich ein der Berufsgerichtsbarkeit unterliegendes Mitglied der Wirtschaftsprüferkammer von dem Verdacht einer Pflichtverletzung befreien, muss dieses bei der Staatsanwaltschaft beantragen, das berufsgerichtliche Verfahren gegen sich einzuleiten. [2] Wegen eines Verhaltens, wegen dessen Zwangsgeld angedroht oder festgesetzt worden ist oder das der Vorstand der Wirtschaftsprüferkammer gerügt hat, kann der Antrag nicht gestellt werden.

(2) [1] Gibt die Staatsanwaltschaft dem Antrag des Wirtschaftsprüfers keine Folge oder verfügt sie die Einstellung des Verfahrens, so hat sie ihre Entschließung dem Wirtschaftsprüfer unter Angabe der Gründe mitzuteilen. [2] Wird in den Gründen eine schuldhafte Pflichtverletzung festgestellt, das berufsgerichtliche Verfahren aber nicht eingeleitet, oder wird offengelassen, ob eine schuldhafte Pflichtverletzung vorliegt, kann der Wirtschaftsprüfer bei dem Oberlandesgericht die gerichtliche Entscheidung beantragen. [3] Der Antrag ist binnen eines Monats nach der Bekanntmachung der Entschließung der Staatsanwaltschaft zu stellen.

(3) [1] Auf das Verfahren vor dem Oberlandesgericht ist § 173 Abs. 1 und 3 der Strafprozeßordnung entsprechend anzuwenden. [2] Das Oberlandesgericht entscheidet durch Beschluß, ob eine schuldhafte Pflichtverletzung des Wirtschaftsprüfers festzustellen ist. [3] Der Beschluß ist mit Gründen zu versehen. [4] Erachtet das Oberlandesgericht den Wirtschaftsprüfer einer berufsgerichtlichen zu ahndenden Pflichtverletzung für hinreichend verdächtig, so beschließt es die Einleitung des berufsgerichtlichen Verfahrens. [5] Die Durchführung dieses Beschlusses obliegt der Staatsanwaltschaft.

(4) Erachtet das Oberlandesgericht eine schuldhafte Pflichtverletzung nicht für gegeben, so kann nur auf Grund neuer Tatsachen oder Beweismittel wegen desselben Verhaltens ein Antrag auf Einleitung des berufsgerichtlichen Verfahrens gestellt oder eine Rüge durch den Vorstand der Wirtschaftsprüferkammer erteilt werden.

§§ 88–93. (weggefallen)

§ 94 Inhalt der Anschuldigungsschrift. [1] In der Anschuldigungsschrift (§ 85 dieses Gesetzes sowie § 207 Abs. 3 der Strafprozeßordnung) ist die dem Wirtschaftsprüfer zur Last gelegte Pflichtverletzung unter Anführung der sie begründenden Tatsachen zu bezeichnen (Anschuldigungssatz). [2] Ferner sind die Beweismittel anzugeben, wenn in der Hauptverhandlung Beweise erhoben werden sollen. [3] Die Anschuldigungsschrift enthält den Antrag, das Hauptverfahren vor der Kammer für Wirtschaftsprüfersachen zu eröffnen.

§ 95 Entscheidung über die Eröffnung des Hauptverfahrens.
(1) In dem Beschluß, durch den das Hauptverfahren eröffnet wird, läßt die Kammer für Wirtschaftsprüfersachen beim Landgericht die Anschuldigung zur Hauptverhandlung zu.

---

1) § 87 Abs. 1 neu gef. mWv 1. 1. 2004 durch G v. 1. 12. 2003 (BGBl. I S. 2446).

(2) Der Beschluß, durch den das Hauptverfahren eröffnet worden ist, kann von dem Wirtschaftsprüfer nicht angefochten werden.

(3) [1]Der Beschluß, durch den die Eröffnung des Hauptverfahrens abgelehnt wird, ist zu begründen. [2]Gegen den Beschluß steht der Staatsanwaltschaft die sofortige Beschwerde zu.

§ 96 Rechtskraftwirkung eines ablehnenden Beschlusses. Ist die Eröffnung des Hauptverfahrens durch einen nicht mehr anfechtbaren Beschluß abgelehnt, so kann der Antrag auf Einleitung des berufsgerichtlichen Verfahrens nur auf Grund neuer Tatsachen oder Beweismittel und nur innerhalb von fünf Jahren, seitdem der Beschluß rechtskräftig geworden ist, erneut gestellt werden.

§ 97 Zustellung des Eröffnungsbeschlusses. [1]Der Beschluß über die Eröffnung des Hauptverfahrens ist dem Wirtschaftsprüfer spätestens mit der Ladung zuzustellen. [2]Entsprechendes gilt in den Fällen des § 207 Abs. 3 der Strafprozeßordnung für die nachgereichte Anschuldigungsschrift.

§ 98 Hauptverhandlung trotz Ausbleibens des Wirtschaftsprüfers. [1]Die Hauptverhandlung kann gegen einen Wirtschaftsprüfer, der nicht erschienen ist, durchgeführt werden, wenn er ordnungsmäßig geladen und in der Ladung darauf hingewiesen ist, daß in seiner Abwesenheit verhandelt werden kann. [2]Eine öffentliche Ladung ist nicht zulässig.

§ 99[1)] Nichtöffentliche Hauptverhandlung. (1) [1]Die Hauptverhandlung ist nicht öffentlich. [2]Auf Antrag der Staatsanwaltschaft kann, auf Antrag der betroffenen Berufsangehörigen muss die Öffentlichkeit hergestellt werden. [3]Ferner ist die Hauptverhandlung immer dann öffentlich, wenn die vorgeworfene Pflichtverletzung im Zusammenhang mit der Durchführung einer Prüfung nach § 316 des Handelsgesetzbuchs steht. [4]In den Fällen einer öffentlichen Verhandlung nach Satz 2 oder 3 sind die Vorschriften des Gerichtsverfassungsgesetzes über die Öffentlichkeit sinngemäß anzuwenden.

(2) [1]Zu nichtöffentlichen Verhandlungen ist Vertretern der Landesjustizverwaltung, dem Präsidenten des Oberlandesgerichts oder seinem Beauftragten, den Beamten der Staatsanwaltschaft bei dem Oberlandesgericht, Vertretern des Bundesministeriums für Wirtschaft und Energie[2)], Vertretern der Wirtschaftsprüferkammer und den Wirtschaftsprüfern der Zutritt gestattet. [2]Die Kammer für Wirtschaftsprüfersachen kann nach Anhörung der Beteiligten auch andere Personen als Zuhörer zulassen.

§ 100. (weggefallen)

§ 101 Beweisaufnahme durch einen ersuchten Richter. [1]Die Kammer für Wirtschaftsprüfersachen kann ein Amtsgericht um die Vernehmung von

---

[1)] § 99 Abs. 1 neu gef. mWv 1. 1. 2004 durch G v. 1. 12. 2003 (BGBl. I S. 2446), Abs. 2 Satz 1 geänd. mWv 1. 1. 2002 durch G v. 19. 12. 2000 (BGBl. I S. 1769).

[2)] Bezeichnung geänd. durch VO v. 31. 8. 2015 (BGBl. I S. 1474).

Zeugen oder Sachverständigen ersuchen. [2]Der Zeuge oder Sachverständige ist jedoch auf Antrag der Staatsanwaltschaft oder des Wirtschaftsprüfers in der Hautverhandlung zu vernehmen, es sei denn, daß er voraussichtlich am Erscheinen in der Hauptverhandlung verhindert ist oder ihm das Erscheinen wegen großer Entfernung nicht zugemutet werden kann.

§ 102 Verlesen von Protokollen. (1) Die Kammer für Wirtschaftsprüfersachen beschließt nach pflichtmäßigem Ermessen, ob die Aussage eines Zeugen oder eines Sachverständigen, der bereits in dem berufsgerichtlichen oder in einem anderen gesetzlich geordneten Verfahren vernommen worden ist, zu verlesen sei.

(2) [1]Bevor der Gerichtsbeschluß ergeht, kann der Staatsanwalt oder der Wirtschaftsprüfer beantragen, den Zeugen oder Sachverständigen in der Hauptverhandlung zu vernehmen. [2]Einem solchen Antrag ist zu entsprechen, es sei denn, daß der Zeuge oder Sachverständige voraussichtlich am Erscheinen in der Hauptverhandlung verhindert ist oder ihm das Erscheinen wegen großer Entfernung nicht zugemutet werden kann. [3]Wird dem Antrag stattgegeben, so darf das Protokoll über die frühere Vernehmung nicht verlesen werden.

(3) [1]Ist ein Zeuge oder Sachverständiger durch einen ersuchten Richter vernommen worden (§ 101), so kann der Verlesung des Protokolls nicht widersprochen werden. [2]Der Staatsanwalt oder der Wirtschaftsprüfer kann jedoch der Verlesung widersprechen, wenn ein Antrag gemäß § 101 Satz 2 abgelehnt worden ist und Gründe für eine Ablehnung des Antrags jetzt nicht mehr bestehen.

§ 103 Entscheidung. (1) Die Hauptverhandlung schließt mit der auf die Beratung folgenden Verkündung des Urteils.

(2) Das Urteil lautet auf Freisprechung, Verurteilung oder Einstellung des Verfahrens.

(3) Das berufsgerichtliche Verfahren ist, abgesehen von dem Fall des § 260 Abs. 3 der Strafprozeßordnung, einzustellen,

1. wenn die Bestellung als Wirtschaftsprüfer erloschen, zurückgenommen oder widerrufen ist (§§ 19, 20);
2. wenn nach § 69a von einer berufsgerichtlichen Ahndung abzusehen ist.

3. Die Rechtsmittel

§ 104 Beschwerde. Für die Verhandlung und Entscheidung über Beschwerden ist der Senat für Wirtschaftsprüfersachen beim Oberlandesgericht zuständig.

§ 105 Berufung. (1) Gegen das Urteil der Kammer für Wirtschaftsprüfersachen ist die Berufung an den Senat für Wirtschaftsprüfersachen zulässig.

(2) [1]Die Berufung muß binnen einer Woche nach Verkündung des Urteils bei der Kammer für Wirtschaftsprüfersachen schriftlich eingelegt werden. [2]Ist das Urteil nicht in Anwesenheit des Wirtschaftsprüfers verkündet worden, so beginnt für diesen die Frist mit der Zustellung.

(3) Die Berufung kann nur schriftlich gerechtfertigt werden.

(4) Auf das Verfahren sind im übrigen neben den Vorschriften der Strafprozeßordnung über die Berufung die §§ 98, 99, 101 bis 103 dieses Gesetzes sinngemäß anzuwenden.

§ 106 Mitwirkung der Staatsanwaltschaft vor dem Senat für Wirtschaftsprüfersachen. Die Aufgaben der Staatsanwaltschaft in dem Verfahren vor dem Senat für Wirtschaftsprüfersachen werden von der Staatsanwaltschaft bei dem Oberlandesgericht wahrgenommen, bei dem der Senat besteht.

§ 107 Revision. (1) Gegen ein Urteil des Senats für Wirtschaftsprüfersachen bei dem Oberlandesgericht ist die Revision an den Bundesgerichtshof zulässig,

1. wenn das Urteil auf Ausschließung aus dem Beruf lautet;
2. wenn der Senat für Wirtschaftsprüfersachen bei dem Oberlandesgericht entgegen einem Antrag der Staatsanwaltschaft nicht auf Ausschließung erkannt hat;
3. wenn der Senat für Wirtschaftsprüfersachen beim Oberlandesgericht sie in dem Urteil zugelassen hat.

(2) Der Senat für Wirtschaftsprüfersachen beim Oberlandesgericht darf die Revision nur zulassen, wenn er über Rechtsfragen oder Fragen der Berufspflichten entschieden hat, die von grundsätzlicher Bedeutung sind.

(3) [1]Die Nichtzulassung der Revision kann selbständig durch Beschwerde innerhalb eines Monats nach Zustellung des Urteils angefochten werden. [2]Die Beschwerde ist bei dem Oberlandesgericht einzulegen. [3]In der Beschwerdeschrift muß die grundsätzliche Rechtsfrage ausdrücklich bezeichnet werden.

(4) Die Beschwerde hemmt die Rechtskraft des Urteils.

(5) [1]Wird der Beschwerde nicht abgeholfen, so entscheidet der Bundesgerichtshof durch Beschluß. [2]Der Beschluß bedarf keiner Begründung, wenn die Beschwerde einstimmig verworfen oder zurückgewiesen wird. [3]Mit Ablehnung der Beschwerde durch den Bundesgerichtshof wird das Urteil rechtskräftig. [4]Wird der Beschwerde stattgegeben, so beginnt mit Zustellung des Beschwerdebescheids die Revisionsfrist.

§ 107 a Einlegung der Revision und Verfahren. (1) [1]Die Revision ist binnen einer Woche bei dem Oberlandesgericht schriftlich einzulegen. [2]Die Frist beginnt mit der Verkündung des Urteils. [3]Ist das Urteil nicht in Anwesenheit des Wirtschaftsprüfers verkündet worden, so beginnt für diesen die Frist mit der Zustellung.

(2) Seitens des Wirtschaftsprüfers können die Revisionsanträge und deren Begründung nur schriftlich angebracht werden.

(3) [1]Auf das Verfahren vor dem Bundesgerichtshof sind im übrigen neben den Vorschriften der Strafprozeßordnung über die Revision § 99 und § 103 Abs. 3 dieses Gesetzes sinngemäß anzuwenden. [2]In den Fällen des § 354 Abs. 2 der Strafprozeßordnung ist an den nach § 73 zuständigen Senat für Wirtschaftsprüfersachen beim Oberlandesgericht zurückzuverweisen.

§ 108 Mitwirkung der Staatsanwaltschaft vor dem Bundesgerichtshof. Die Aufgaben der Staatsanwaltschaft in den Verfahren vor dem Bundesgerichtshof werden von dem Generalbundesanwalt wahrgenommen.

4. Die Sicherung von Beweisen

§ 109 Anordnung der Beweissicherung. (1) [1]Wird ein berufsgerichtliches Verfahren gegen den Wirtschaftsprüfer eingestellt, weil seine Bestellung als Wirtschaftsprüfer erloschen oder zurückgenommen ist, so kann in der Entscheidung zugleich auf Antrag der Staatsanwaltschaft die Sicherung der Beweise angeordnet werden, wenn zu erwarten ist, daß auf Ausschließung aus dem Beruf erkannt worden wäre. [2]Die Anordnung kann nicht angefochten werden.

(2) [1]Die Beweise werden von der Kammer für Wirtschaftsprüfersachen beim Landgericht aufgenommen. [2]Die Kammer kann eines ihrer berufsrichterlichen Mitglieder mit der Beweisaufnahme beauftragen.

§ 110 Verfahren. (1) [1]Die Kammer für Wirtschaftsprüfersachen beim Landgericht hat vom Amts wegen alle Beweise zu erheben, die eine Entscheidung darüber begründen können, ob das eingestellte Verfahren zur Ausschließung aus dem Beruf geführt hätte. [2]Den Umfang des Verfahrens bestimmt die Kammer für Wirtschaftsprüfersachen beim Landgericht nach pflichtmäßigem Ermessen, ohne an Anträge gebunden zu sein; ihre Verfügungen können insoweit nicht angefochten werden.

(2) Zeugen sind, soweit nicht Ausnahmen vorgeschrieben oder zugelassen sind, eidlich zu vernehmen.

(3) [1]Die Staatsanwaltschaft und der frühere Wirtschaftsprüfer sind an dem Verfahren zu beteiligen. [2]Ein Anspruch auf Benachrichtigung von den Terminen, die zum Zwecke der Beweissicherung anberaumt werden, steht dem früheren Wirtschaftsprüfer nur zu, wenn er sich im Inland aufhält und seine Anschrift dem Landgericht angezeigt hat.

5. Das vorläufige Tätigkeits- und Berufsverbot[1)]

§ 111[2)] Voraussetzung des Verbotes. (1) Sind dringende Gründe für die Annahme vorhanden, dass gegen einen Wirtschaftsprüfer oder eine Wirtschaftsprüferin auf Ausschließung aus dem Beruf erkannt werden wird, so

---

1) Überschrift geänd. durch G v. 3. 9. 2007 (BGBl. I S. 2178).

2) § 111 Abs. 1 neu gef. mWv 1. 1. 1995 durch G v. 15. 7. 1994 (BGBl. I S. 1569), Abs. 1 Satz 2 aufgeh. mWv 1. 1. 2004 durch G v. 1. 12. 2003 (BGBl. I S. 2446), Abs. 1 neu gef. und Abs. 2 Satz 1 geänd. mWv 6. 9. 2007 durch G v. 3. 9. 2007 (BGBl. I S. 2178).

kann durch Beschluss ein vorläufiges Tätigkeits- oder Berufsverbot verhängt werden.

(2) [1]Die Staatsanwaltschaft kann vor Einleitung des berufsgerichtlichen Verfahrens den Antrag auf Verhängung eines vorläufigen Tätigkeits- oder Berufsverbots stellen. [2]In dem Antrag sind die Pflichtverletzung, die dem Wirtschaftsprüfer zur Last gelegt wird, sowie die Beweismittel anzugeben.

(3) Für die Verhandlung und Entscheidung ist das Gericht zuständig, das über die Eröffnung des Hauptverfahrens gegen den Wirtschaftsprüfer zu entscheiden hat oder vor dem das berufsgerichtliche Verfahren anhängig ist.

§ 112[1)] Mündliche Verhandlung. (1) Der Beschluß, durch den ein vorläufiges Tätigkeits- oder Berufsverbot verhängt wird, kann nur auf Grund mündlicher Verhandlung ergehen.

(2) Auf die Besetzung des Gerichts, die Ladung und die mündliche Verhandlung sind die Vorschriften entsprechend anzuwenden, die für die Hauptverhandlung vor dem erkennenden Gericht maßgebend sind, soweit sich nicht aus den folgenden Vorschriften etwas anderes ergibt.

(3) [1]In der ersten Ladung ist die dem Wirtschaftsprüfer zur Last gelegte Pflichtverletzung durch Anführung der sie begründenden Tatsachen zu bezeichnen; ferner sind die Beweismittel anzugeben. [2]Dies ist jedoch nicht erforderlich, wenn dem Wirtschaftsprüfer die Anschuldigungsschrift bereits mitgeteilt worden ist.

(4) Den Umfang der Beweisaufnahme bestimmt das Gericht nach pflichtmäßigem Ermessen, ohne an Anträge der Staatsanwaltschaft oder des Wirtschaftsprüfers gebunden zu sein.

§ 113[2)] Abstimmung über das Verbot. Zur Verhängung des vorläufigen Tätigkeits- oder Berufsverbots ist eine Mehrheit von zwei Dritteln der Stimmen erforderlich.

§ 114[2)] Verbot im Anschluß an die Hauptverhandlung. [1]Hat das Gericht auf Ausschließung aus dem Beruf erkannt, so kann es im unmittelbaren Anschluß an die Hauptverhandlung über die Verhängung des vorläufigen Tätigkeits- oder Berufsverbots verhandeln und entscheiden. [2]Dies gilt auch dann, wenn der Wirtschaftsprüfer zu der Hauptverhandlung nicht erschienen ist.

§ 115[3)] Zustellung des Beschlusses. [1]Der Beschluß ist mit Gründen zu versehen. [2]Er ist dem Wirtschaftsprüfer zuzustellen. [3]War der Wirtschaftsprüfer bei der Verkündung des Beschlusses nicht anwesend, ist ihm zusätzlich der Beschluß ohne Gründe unverzüglich nach der Verkündung zuzustellen.

---

1) § 112 Abs. 3 Satz 1 neu gef. mWv 1. 1. 1995 durch G v. 15. 7. 1994 (BGBl. I S. 1569), Abs. 1 geänd. mWv 6. 9. 2007 durch G v. 3. 9. 2007 (BGBl. I S. 2178).

2) § 113 und § 114 Satz 1 geänd. mWv 6. 9. 2007 durch G v. 3. 9. 2007 (BGBl. I S. 2178).

3) § 115 Satz 3 angef. mWv 1. 1. 1995 durch G v. 15. 7. 1994 (BGBl. I S. 1569).

§ 116[1)] Wirkungen des Verbotes. (1) Der Beschluß wird mit der Verkündung wirksam.

(2) Der Wirtschaftsprüfer, gegen den ein Berufsverbot verhängt ist, darf seinen Beruf nicht ausüben.

(3) Der Wirtschaftsprüfer, gegen den ein vorläufiges Tätigkeits- oder Berufsverbot verhängt ist, darf jedoch seine eigenen Angelegenheiten, die Angelegenheiten seines Ehegatten oder seines Lebenspartners und seiner minderjährigen Kinder wahrnehmen, soweit es sich nicht um die Erteilung von Prüfungsvermerken handelt.

(4) [1]Die Wirksamkeit von Rechtshandlungen, die der Wirtschaftsprüfer vornimmt, wird durch das vorläufige Tätigkeits- oder Berufsverbot nicht berührt. [2]Das gleiche gilt für Rechtshandlungen, die ihm gegenüber vorgenommen werden.

§ 117[2)] Zuwiderhandlungen gegen das Verbot. (1) Der Wirtschaftsprüfer, der einem gegen ihn ergangenen vorläufigen Tätigkeits- oder Berufsverbot wissentlich zuwiderhandelt, wird aus dem Beruf ausgeschlossen, sofern nicht wegen besonderer Umstände eine mildere berufsgerichtliche Maßnahme ausreichend erscheint.

(2) Gerichte oder Behörden sollen einen Wirtschaftsprüfer, der entgegen einem vorläufigen Tätigkeits- oder Berufsverbot vor ihnen auftritt, zurückweisen.

§ 118[2)] Beschwerde. (1) [1]Gegen den Beschluß, durch den das Landgericht oder das Oberlandesgericht ein vorläufiges Tätigkeits- oder Berufsverbot verhängt, ist die sofortige Beschwerde zulässig. [2]Die Beschwerde hat keine aufschiebende Wirkung.

(2) Gegen den Beschluß, durch den das Landgericht oder das Oberlandesgericht es ablehnt, ein vorläufiges Tätigkeits- oder Berufsverbot zu verhängen, steht der Staatsanwaltschaft die sofortige Beschwerde zu.

(3) [1]Über die sofortige Beschwerde entscheidet, sofern der angefochtene Beschluß von dem Landgericht erlassen ist, das Oberlandesgericht und, sofern er vor dem Oberlandesgericht ergangen ist, der Bundesgerichtshof. [2]Für das Verfahren gelten neben den Vorschriften der Strafprozeßordnung über die Beschwerde § 112 Abs. 1, 2 und 4 sowie §§ 113 und 115 dieses Gesetzes entsprechend.

§ 119[3)] Außerkrafttreten des Verbotes. (1) Das Berufsverbot tritt außer Kraft, wenn ein nicht auf Ausschließung lautendes Urteil ergeht oder wenn die Eröffnung des Hauptverfahrens vor der Kammer für Wirtschaftsprüfersachen abgelehnt wird.

[1)] § 116 Abs. 3 geänd. mWv 1. 8. 2001 durch G v. 16. 2. 2001 (BGBl. I S. 266), Abs. 3 und Abs. 4 Satz 1 geänd. mWv 6. 9. 2007 durch G v. 3. 9. 2007 (BGBl. I S. 2178).

[2)] § 117 Abs. 1 und 2, § 118 Abs. 1 Satz 1 und Abs. 2 geänd. mWv 6. 9. 2007 durch G v. 3. 9. 2007 (BGBl. I S. 2178).

[3)] § 119 neu gef. mWv 6. 9. 2007 durch G v. 3. 9. 2007 (BGBl. I S. 2178).

(2) Das vorläufige Tätigkeits- oder Berufsverbot tritt außer Kraft, wenn ein Urteil ergeht, das auf Geldbuße, ein befristetes Tätigkeitsverbot oder ein befristetes Berufsverbot lautet, oder wenn die Eröffnung des Hauptverfahrens vor der Kammer für Wirtschaftsprüfersachen abgelehnt wird.

§ 120[1] **Aufhebung des Verbotes.** (1) Das vorläufige Tätigkeits- oder Berufsverbot wird aufgehoben, wenn sich ergibt, daß die Voraussetzungen für seine Verhängung nicht oder nicht mehr vorliegen.

(2) Über die Aufhebung entscheidet das nach § 111 Abs. 3 zuständige Gericht.

(3) [1] Beantragt der Wirtschaftsprüfer, das Verbot aufzuheben, so kann eine erneute mündliche Verhandlung angeordnet werden. [2] Der Antrag kann nicht gestellt werden, solange über eine sofortige Beschwerde des Wirtschaftsprüfers nach § 118 Abs. 1 noch nicht entschieden ist. [3] Gegen den Beschluß, durch den der Antrag abgelehnt wird, ist eine Beschwerde nicht zulässig.

§ 120a[2] **Mitteilung des Verbotes.** (1) Der Beschluß, durch den ein vorläufiges Tätigkeits- oder Berufsverbot verhängt wird, ist alsbald der Wirtschaftsprüferkammer in beglaubigter Abschrift mitzuteilen.

(2) Tritt das vorläufige Tätigkeits- oder Berufsverbot außer Kraft oder wird es aufgehoben, so gilt Absatz 1 entsprechend.

§ 121[3] **Bestellung eines Vertreters.** (1) [1] Für den Wirtschaftsprüfer, gegen den ein vorläufiges Tätigkeits- oder Berufsverbot verhängt ist, wird im Falle des Bedürfnisses von der Wirtschaftsprüferkammer ein Vertreter bestellt. [2] Vor der Bestellung ist der vom vorläufigen Tätigkeits- oder Berufsverbot betroffene Wirtschaftsprüfer zu hören; er kann einen geeigneten Vertreter vorschlagen.

(2) Der Vertreter muß Wirtschaftsprüfer sein.

(3) [1] Ein Wirtschaftsprüfer, dem die Vertretung übertragen wird, kann sie nur aus einem wichtigen Grund ablehnen. [2] Über die Ablehnung entscheidet die Wirtschaftsprüferkammer.

(4) [1] Der Vertreter führt sein Amt unter eigener Verantwortung, jedoch für Rechnung und auf Kosten des Vertretenen. [2] An Weisungen des Vertretenen ist er nicht gebunden.

(5) [1] Der Vertretene hat dem Vertreter eine angemessene Vergütung zu zahlen. [2] Auf Antrag des Vertretenen oder des Vertreters setzt der Vorstand der Wirtschaftsprüferkammer die Vergütung fest. [3] Der Vertreter ist befugt, Vorschüsse auf die vereinbarte oder festgesetzte Vergütung zu entnehmen. [4] Für die festgesetzte Vergütung haftet die Wirtschaftsprüferkammer wie ein Bürge.

---

[1] § 120 Abs. 1 geänd. mWv 6. 9. 2007 durch G v. 3. 9. 2007 (BGBl. I S. 2178).

[2] § 120a Abs. 1 geänd. mWv 1. 1. 2002 durch G v. 19. 12. 2000 (BGBl. I S. 1769), Abs. 1 und 2 geänd. mWv 6. 9. 2007 durch G v. 3. 9. 2007 (BGBl. I S. 2178).

[3] § 121 Abs. 1 Satz 1 und 2 geänd. mWv 6. 9. 2007 durch G v. 3. 9. 2007 (BGBl. I S. 2178).

6. Das vorläufige Untersagungsverfahren

§ 121 a[1)] Voraussetzung des Verfahrens. (1) Sind dringende Gründe für die Annahme vorhanden, dass den betroffenen Berufsangehörigen die Aufrechterhaltung oder Vornahme eines pflichtwidrigen Verhaltens untersagt werden wird, so kann gegen sie durch Beschluss eine vorläufige Untersagung ausgesprochen werden.

(2) Für das weitere Verfahren gelten § 111 Abs. 2 bis § 120 a sinngemäß.

Vierter Abschnitt. Die Kosten in dem berufsgerichtlichen Verfahren und in dem Verfahren bei Anträgen auf berufsgerichtliche Entscheidung über die Rüge. Die Vollstreckung der berufsgerichtlichen Maßnahmen und der Kosten. Die Tilgung

§ 122[2)] Gerichtskosten. [1]Im berufsgerichtlichen Verfahren, im Verfahren über den Antrag auf Entscheidung des Landgerichts über die Rüge (§ 63 a Abs. 1) und im Verfahren über den Antrag auf Entscheidung des Landgerichts gegen die Androhung oder die Festsetzung eines Zwangsgelds (§ 62 a Abs. 3) werden Gebühren nach dem Gebührenverzeichnis der Anlage zu diesem Gesetz erhoben. [2]Im Übrigen sind die für Kosten in Strafsachen geltenden Vorschriften des Gerichtskostengesetzes entsprechend anzuwenden.

§ 123 Kosten bei Anträgen auf Einleitung des berufsgerichtlichen Verfahrens. (1) Einem Wirtschaftsprüfer, der einen Antrag auf gerichtliche Entscheidung über die Entschließung der Staatsanwaltschaft (§ 87 Abs. 2) zurücknimmt, sind die durch dieses Verfahren entstandenen Kosten aufzuerlegen.

(2) Wird ein Antrag des Vorstandes der Wirtschaftsprüferkammer auf gerichtliche Entscheidung in dem Fall des § 86 Abs. 2 verworfen, so sind die durch das Verfahren über den Antrag veranlaßten Kosten der Wirtschaftsprüferkammer aufzuerlegen.

§ 124[3)] Kostenpflicht des Verurteilten. (1) [1]Dem Wirtschaftsprüfer, der in dem berufsgerichtlichen Verfahren verurteilt wird, sind zugleich die in dem Verfahren entstandenen Kosten ganz oder teilweise aufzuerlegen. [2]Dasselbe gilt, wenn das berufsgerichtliche Verfahren wegen Erlöschens, Rücknahme oder Widerrufs der Bestellung eingestellt wird und nach dem Ergebnis des bisherigen Verfahrens die Verhängung einer berufsgerichtlichen Maßnahme gerechtfertigt gewesen wäre; zu den Kosten des berufsgerichtlichen Verfahrens gehören in diesem Fall auch diejenigen, die in einem anschließenden Verfahren zum Zwecke der Beweissicherung (§§ 109, 110) entstehen. [3]Wird das

---

1) § 121 a eingef. mWv 1. 1. 2004 durch G v. 1. 12. 2003 (BGBl. I S. 2446).
2) § 122 neu gef. mWv 31. 12. 2006 durch G v. 22. 12. 2006 (BGBl. I S. 3416).
3) § 124 Abs. 1 Satz 2 geänd. sowie Satz 3 angef. mWv 1. 1. 1995 durch G v. 15. 7. 1994 (BGBl. I S. 1569).

Verfahren nach § 103 Abs. 3 Nr. 2 eingestellt, kann das Gericht dem Wirtschaftsprüfer die in dem Verfahren entstandenen Kosten ganz oder teilweise auferlegen, wenn es dies für angemessen erachtet.

(2) 1 Dem Wirtschaftsprüfer, der in dem berufsgerichtlichen Verfahren ein Rechtsmittel zurückgenommen oder ohne Erfolg eingelegt hat, sind zugleich die durch dieses Verfahren entstandenen Kosten aufzuerlegen. 2 Hatte das Rechtsmittel teilweise Erfolg, so kann dem Wirtschaftsprüfer ein angemessener Teil dieser Kosten auferlegt werden.

(3) Für die Kosten, die durch einen Antrag auf Wiederaufnahme des durch ein rechtskräftiges Urteil abgeschlossenen Verfahrens verursacht worden sind, ist Absatz 2 entsprechend anzuwenden.

§ 124 a Kostenpflicht in dem Verfahren bei Anträgen auf berufsgerichtliche Entscheidung über die Rüge. (1) 1 Wird der Antrag auf berufsgerichtliche Entscheidung über die Rüge als unbegründet zurückgewiesen, so ist § 124 Abs. 1 Satz 1 entsprechend anzuwenden. 2 Stellt das Landgericht fest, daß die Rüge wegen der Verhängung einer berufsgerichtlichen Maßnahme unwirksam ist (§ 63 a Abs. 5 Satz 2), oder hebt es den Rügebescheid gemäß § 63 a Abs. 3 Satz 2 auf, so kann es dem Wirtschaftsprüfer die in dem Verfahren entstandenen Kosten ganz oder teilweise auferlegen, wenn es dies für angemessen erachtet.

(2) Nimmt der Wirtschaftsprüfer den Antrag auf berufsgerichtliche Entscheidung zurück oder wird der Antrag als unzulässig verworfen, so gilt § 124 Abs. 2 Satz 1 entsprechend.

(3) Wird der Rügebescheid, den Fall des § 63 a Abs. 3 Satz 2 ausgenommen, aufgehoben oder wird die Unwirksamkeit der Rüge wegen eines Freispruchs des Wirtschaftsprüfers im berufsgerichtlichen Verfahren oder aus den Gründen des § 69 Abs. 2 Satz 2 festgestellt (§ 63 a Abs. 5 Satz 2), so sind die notwendigen Auslagen des Wirtschaftsprüfers der Wirtschaftsprüferkammer aufzuerlegen.

§ 125[1] Haftung der Wirtschaftsprüferkammer. Auslagen, die weder dem Wirtschaftsprüfer noch einem Dritten auferlegt oder von dem Wirtschaftsprüfer nicht eingezogen werden können, fallen der Wirtschaftsprüferkammer zur Last.

§ 126[2] Vollstreckung der berufsgerichtlichen Maßnahmen und der Kosten. (1) 1 Die Ausschließung aus dem Beruf wird mit der Rechtskraft des Urteils wirksam. 2 Der Verurteilte wird auf Grund einer beglaubigten Abschrift der Urteilsformel, die mit der Bescheinigung der Rechtskraft versehen ist, im Berufsregister gelöscht.

(2) 1 Die Vollstreckung der Geldbuße und die Beitreibung der Kosten werden nicht dadurch gehindert, daß der Wirtschaftsprüfer nach rechtskräftigem

---

1) § 125 geänd. durch G v. 22. 12. 2006 (BGBl. I S. 3416).

2) § 126 Abs. 1 Satz 1 geänd., bish. Abs. 2 aufgeh., bish. Abs. 3 wird Abs. 2 mWv 6. 9. 2007 durch G v. 3. 9. 2007 (BGBl. I S. 2178).

Abschluß des Verfahrens aus dem Beruf ausgeschieden ist. [2]Werden zusammen mit einer Geldbuße die Kosten des Verfahrens beigetrieben, so gelten auch für die Kosten die Vorschriften über die Vollstreckung der Geldbuße.

§ 126 a[1)] Tilgung. (1) [1]Eintragungen in den über Berufsangehörige geführten Akten über verhängte berufsgerichtliche Maßnahmen nach § 68 Abs. 1 Nr. 1, 2 oder 3 sind nach zehn Jahren zu tilgen. [2]Die über diese berufsgerichtlichen Maßnahmen entstandenen Vorgänge sind aus den über den Wirtschaftsprüfer geführten Akten zu entfernen und zu vernichten. [3]Nach Ablauf der Frist dürfen diese Maßnahmen bei weiteren berufsgerichtlichen Maßnahmen nicht mehr berücksichtigt werden.

(2) Die Frist beginnt mit dem Tag, an dem die berufsgerichtliche Maßnahme unanfechtbar geworden ist.

(3) Die Frist endet nicht, solange gegen den Wirtschaftsprüfer ein Strafverfahren, ein berufsgerichtliches Verfahren oder ein Disziplinarverfahren schwebt, eine andere berufsgerichtliche Maßnahme berücksichtigt werden darf oder ein auf Geldbuße lautendes Urteil noch nicht vollstreckt ist.

(4) Nach Ablauf der Frist gilt der Wirtschaftsprüfer als von berufsgerichtlichen Maßnahmen nicht betroffen.

(5) [1]Die Absätze 1 bis 4 gelten für Rügen des Vorstands der Wirtschaftsprüferkammer entsprechend. [2]Die Frist beträgt fünf Jahre.

(6) [1]Eintragungen über strafgerichtliche Verurteilungen oder über andere Entscheidungen in Verfahren wegen Straftaten, Ordnungswidrigkeiten oder der Verletzung von Berufspflichten, die nicht zu einer berufsgerichtlichen Maßnahme oder Rüge geführt haben, sowie über Belehrungen der Wirtschaftsprüferkammer sind auf Antrag des Wirtschaftsprüfers nach fünf Jahren zu tilgen. [2]Absatz 1 Satz 2, Absätze 2 und 3 gelten entsprechend.

Fünfter Abschnitt. Anzuwendende Vorschriften

§ 127[2)] Anzuwendende Vorschriften. Für die Berufsgerichtsbarkeit sind ergänzend das Gerichtsverfassungsgesetz und die Strafprozeßordnung sinngemäß anzuwenden.

Siebenter Teil.
Vereidigte Buchprüfer und Buchprüfungsgesellschaften

§ 128[3)] Berufszugehörigkeit und Berufsbezeichnung. (1) [1]Vereidigter Buchprüfer ist, wer nach den Vorschriften dieses Gesetzes als solcher aner-

---

[1)] § 126 a Abs. 6 angef. mWv 1. 1. 1995 durch G v. 15. 7. 1994 (BGBl. I S. 1569), Abs. 1 Satz 1 neu gef., Abs. 3 geänd. mWv 6. 9. 2007 durch G v. 3. 9. 2007 (BGBl. I S. 2178).

[2)] § 127 geänd. durch G v. 22. 12. 2006 (BGBl. I S. 3416).

[3)] § 128 Abs. 1 Sätze 1 und 2 geänd. durch G v. 19. 12. 1985 (BGBl. I S. 2355), Abs. 2 Satz 2 angef. mWv 1. 1. 1995 durch G v. 15. 7. 1994 (BGBl. I S. 1569).

kannt oder bestellt ist; wird ein vereidigter Buchprüfer zum Wirtschaftsprüfer bestellt, so erlischt die Bestellung als vereidigter Buchprüfer. [2] Buchprüfungsgesellschaften sind die nach den Vorschriften dieses Gesetzes anerkannten Buchprüfungsgesellschaften; wird eine Buchprüfungsge-sellschaft als Wirtschaftsprüfungsgesellschaft anerkannt, so erlischt die Anerkennung als Buchprüfungsgesellschaft.

(2) [1] Vereidigte Buchprüfer haben im beruflichen Verkehr die Berufsbezeichnung „vereidigter Buchprüfer", Buchprüfungsgesellschaften die Bezeichnung „Buchprüfungsgesellschaft" zu führen. [2] Frauen können die Berufsbezeichnung „vereidigte Buchprüferin" führen.

(3) [1] Vereidigte Buchprüfer und Buchprüfungsgesellschaften sind Mitglieder der Wirtschaftsprüferkammer. [2] Im übrigen gilt § 58 Abs. 1 entsprechend.

§ 129[1)] Inhalt der Tätigkeit. (1) [1] Vereidigte Buchprüfer haben die berufliche Aufgabe, Prüfungen auf dem Gebiete des betrieblichen Rechnungswesens, insbesondere Buch- und Bilanzprüfungen, durchzuführen. [2] Sie können über das Ergebnis ihrer Prüfungen Prüfungsvermerke erteilen. [3] Zu den Prüfungsvermerken gehören auch Bestätigungen und Feststellungen, die vereidigte Buchprüfer auf Grund gesetzlicher Vorschriften vornehmen. [4] Zu den beruflichen Aufgaben des vereidigten Buchprüfers gehört es insbesondere, die Prüfung des Jahresabschlusses von mittelgroßen Gesellschaften mit beschränkter Haftung und Personenhandelsgesellschaften im Sinne des § 264 a des Handelsgesetzbuchs (§ 267 Abs. 2 des Handelsgesetzbuchs) nach § 316 Abs. 1 Satz 1 des Handelsgesetzbuchs durchzuführen.

(2) [1] Vereidigte Buchprüfer sind befugt, ihre Auftraggeber in steuerlichen Angelegenheiten nach Maßgabe der bestehenden Vorschriften zu beraten und zu vertreten. [2] In Angelegenheiten, die das Abgabenrecht fremder Staaten betreffen, sind sie zur geschäftsmäßigen Hilfe in Steuersachen befugt; die entsprechenden Befugnisse Dritter bleiben unberührt.

(3) Vereidigte Buchprüfer sind weiter befugt

1. unter Berufung auf ihren Berufseid auf den Gebieten des betrieblichen Rechnungswesens als Sachverständige aufzutreten;
2. in wirtschaftlichen Angelegenheiten zu beraten und fremde Interessen zu wahren;
3. zur treuhänderischen Verwaltung.

§ 130[2)] Anwendung von Vorschriften des Gesetzes. (1) [1] Auf vereidigte Buchprüfer finden § 1 Abs. 2 und § 3 sowie die Bestimmungen des Dritten,

---

[1)] § 129 Abs. 1 Satz 4 angef. durch G v. 19. 12. 1985 (BGBl. I S. 2355), Abs. 2 und Abs. 3 neu gef. mWv 1. 1. 1995 durch G v. 15. 7. 1994 (BGBl. I S. 1569), Abs. 1 Satz 4 geänd. mWv 9. 3. 2000 durch G v. 24. 2. 2000 (BGBl. I S. 154).

[2)] § 130 neu gef. durch G v. 19. 12. 1985 (BGBl. I S. 2355), Abs. 1 Satz 1 geänd. sowie Abs. 2 neu gef. mWv 1. 1. 1995 durch G v. 15. 7. 1994 (BGBl. I S. 1569), Abs. 3 angef. mWv 1. 1. 2001 durch G v. 19. 12. 2000 (BGBl. I S. 1769), Abs. 1 Satz 1 und Abs. 2 geänd. durch G v. 10. 12. 2001 (BGBl. I S. 3414), Abs. 1 Satz 1 geänd., Abs. 2 neu gef. mWv 1. 1. 2004 durch G v. 1. 12. 2003 (BGBl. I S. 2446), Abs. 2 Satz 2 neu gef., Abs. 3 Satz 2 HS 2 angef. mWv 6. 9. 2007 durch G v. 3. 9. 2007 (BGBl. I S. 2178).

Sechsten, Siebenten und Achten Abschnitts des Zweiten Teils und des Dritten, Fünften und Sechsten Teils[1] entsprechende Anwendung. [2] Im berufsgerichtlichen Verfahren gegen vereidigte Buchprüfer können vereidigte Buchprüfer und Wirtschaftsprüfer als Beisitzer berufen werden.

(2) [1] Auf Buchprüfungsgesellschaften finden § 1 Abs. 3 und § 3 sowie die Bestimmungen des Dritten, Fünften, Sechsten, Siebten und Achten Abschnitts des Zweiten Teils und des Dritten Teils entsprechende Anwendung. [2] Sobald die Zahl der gesetzlichen Vertreter (§ 28 Abs. 1), die Berufsangehörige sind, die Zahl der gesetzlichen Vertreter, die vereidigte Buchprüfer oder vereidigte Buchprüferinnen sind, übersteigt, ist der Antrag auf Anerkennung als Wirtschaftsprüfungsgesellschaft zu stellen, sofern die übrigen Anerkennungsvoraussetzungen insbesondere nach § 28 vorliegen. [3] Die Anerkennung als Buchprüfungsgesellschaft ist zurückzunehmen oder zu widerrufen, wenn bei Vorliegen der Voraussetzungen des Absatzes 2 Satz 2 ein Antrag auf Anerkennung als Wirtschaftsprüfungsgesellschaft unterbleibt.

(3) [1] Die §§ 57 a bis 57 g gelten für die Qualitätskontrolle bei vereidigten Buchprüfern in eigener Praxis und Buchprüfungsgesellschaften entsprechend. [2] Prüfer für Qualitätskontrolle können auch vereidigte Buchprüfer oder Buchprüfungsgesellschaften sein; sie können Qualitätskontrollen nur bei vereidigten Buchprüfern und Buchprüfungsgesellschaften durchführen. [3] Für die Registrierung von vereidigten Buchprüfern oder Buchprüfungsgesellschaften gilt § 57 a Abs. 3 entsprechend.

§§ 131–131 d.[2] *(aufgehoben)*

Achter Teil[3]
Erleichterte Bestellung von vereidigten Buchprüfern, Steuerberatern und Rechtsanwälten zu Wirtschaftsprüfern

§§ 131 e, 131 f.[3] *(aufgehoben)*

---

[1] Verweis geänd. durch G v. 27. 12. 2004 (BGBl. I S. 3846).

[2] §§ 131–131 d aufgeh. mWv 1. 1. 2004 durch G v. 1. 12. 2003 (BGBl. I S. 2446); zur Anwendung siehe § 139 a.

[3] Achter Teil (§§ 131 e und 131 f) aufgeh. mWv 1. 1. 2001 durch G v. 19. 12. 2000 (BGBl. I S. 1769).

Neunter Teil. Eignungsprüfung als Wirtschaftsprüfer[1)]

§ 131 g[2)] Zulassung zur Eignungsprüfung als Wirtschaftsprüfer. (1) Eine Person, die in einem Mitgliedstaat oder in einem anderen Vertragsstaat des Abkommens über den Europäischen Wirtschaftsraum oder der Schweiz außerhalb des Geltungsbereichs dieses Gesetzes ein Diplom erlangt hat, aus dem hervorgeht, daß der Inhaber über die beruflichen Voraussetzungen verfügt, die für die unmittelbare Zulassung zur Abschlussprüfung im Sinne des Artikels 2 Nr. 1 der Richtlinie 2006/43/EG des Europäischen Parlaments und des Rates vom 17. Mai 2006 über Abschlussprüfungen von Jahresabschlüssen und konsolidierten Abschlüssen, zur Änderung der Richtlinien 78/660/EWG und 83/349/EWG des Rates und zur Aufhebung der Richtlinie 84/253/EWG des Rates (ABl. EU Nr. L 157 S. 87) in diesem Mitgliedstaat oder in einem anderen Vertragsstaat des Abkommens über den Europäischen Wirtschaftsraum oder der Schweiz erforderlich sind, kann abweichend von den Vorschriften des Ersten und Zweiten Abschnitts des Zweiten Teils als Wirtschaftsprüfer bestellt werden, wenn sie eine Eignungsprüfung als Wirtschaftsprüfer abgelegt hat.

(2) [1]Diplome im Sinne des Absatzes 1 sind Diplome, Prüfungszeugnisse oder sonstige Befähigungsnachweise im Sinne des Artikels 1 Buchstabe a der Richtlinie des Rates vom 21. Dezember 1988 über eine allgemeine Regelung zur Anerkennung der Hochschuldiplome, die eine mindestens dreijährige Berufsausbildung abschließen (89/48/EWG) – ABl. EG Nr. L 19 (1989) S. 16 –. [2]Ein Diplom auf Grund einer Ausbildung, die nicht überwiegend in der Europäischen Union oder in einem anderen Vertragsstaat des Abkommens über den Europäischen Wirtschaftsraum oder in der Schweiz stattgefunden hat, berechtigt zur Ablegung der Eignungsprüfung, wenn der Inhaber tatsächlich und rechtmäßig mindestens drei Jahre Berufserfahrung als gesetzlicher Abschlußprüfer hat und dies von einem Staat nach Absatz 1 oder Vertragsstaat bescheinigt wird, der das Diplom ausgestellt oder anerkannt hat.

(3) [1]Über die Zulassung zur Eignungsprüfung entscheidet die Prüfungsstelle; der Antrag ist schriftlich einzureichen. [2]Die §§ 13 bis 13 b finden entsprechende Anwendung.

§ 131 h[3)] Eignungsprüfung als Wirtschaftsprüfer. (1) Bewerbende, die zugelassen worden sind, legen die Eignungsprüfung vor der Prüfungskommission ab.

[1)] Neunter Teil (§§ 131 g bis 131 m) eingef. durch G v. 20. 7. 1990 (BGBl. I S. 1462), Überschrift geänd. durch G v. 1. 12. 2003 (BGBl. I S. 2446).

[2)] § 131 g Abs. 1 und Abs. 2 Satz 2 geänd. mWv 1. 1. 1994 (BGBl. 1993 I S. 2436) durch G v. 27. 4. 1993 (BGBl. I S. 512), Abs. 1 und Abs. 2 Satz 2 geänd. mWv 1. 11. 2003 durch G v. 26. 10. 2003 (BGBl. I S. 2074), Abs. 3 neu gef. mWv 1. 1. 2004 durch G v. 1. 12. 2003 (BGBl. I S. 2446), Abs. 1 und Abs. 2 Satz 2 geänd. mWv 6. 9. 2007 durch G v. 3. 9. 2007 (BGBl. I S. 2178), Abs. 1 Satz 1 und Abs. 2 Satz 2 geänd. durch G v. 25. 5. 2009 (BGBl. I S. 1102); Abs. 1 geänd. mWv 1. 4. 2012 durch G v. 6. 12. 2011 (BGBl. I S. 2515).

[3)] § 131 h Abs. 2 Satz 2 geänd. mWv 1. 1. 1994 (BGBl. 1993 I S. 2436) durch G v. 27. 4. 1993 (BGBl. I S. 512), Abs. 2 Satz 2 geänd. mWv 1. 11. 2003 durch G v. 26. 10. 2003 (BGBl. I S. 2074), Abs. 1 neu gef. und Abs. 4 aufgeh. mWv 1. 1. 2004 durch G v. 1. 12. 2003 (BGBl. I S. 2446), Abs. 2 Satz 2 neu gef. mWv 6. 9. 2007 durch G v. 3. 9. 2007 (BGBl. I S. 2178).

(2) 1Die Eignungsprüfung ist eine ausschließlich die beruflichen Kenntnisse des Bewerbers betreffende Prüfung, mit der seine Fähigkeit, den Beruf eines Wirtschaftsprüfers in der Bundesrepublik Deutschland auszuüben, beurteilt werden soll. 2Die Eignungsprüfung muss dem Umstand Rechnung tragen, dass der Bewerber oder die Bewerberin in einem Mitgliedstaat der Europäischen Union oder in einem anderen Vertragsstaat des Abkommens über den Europäischen Wirtschaftsraum oder in der Schweiz über die beruflichen Voraussetzungen verfügt, die für die Zulassung zur Pflichtprüfung von Jahresabschlüssen und anderer Rechnungsunterlagen in diesem Staat erforderlich sind.

(3) 1Die Prüfung gliedert sich in eine schriftliche und eine mündliche Prüfung. 2Sie wird in deutscher Sprache abgelegt. 3Prüfungsgebiete sind durch Rechtsverordnung näher zu bestimmende Bereiche des Wirtschaftlichen Prüfungswesens (rechtliche Vorschriften), des Wirtschaftsrechts, des Steuerrechts und das Berufsrecht der Wirtschaftsprüfer.

§ 131 i[1] Anwendung des Berufsqualifikationsfeststellungsgesetzes. Das Berufsqualifikationsfeststellungsgesetz findet mit Ausnahme des § 17 keine Anwendung.]

§ 131 j.[2] *(aufgehoben)*

§ 131 k[3] Bestellung. Auf die Bestellung der Personen, die die Prüfung nach § 131 h bestanden haben, als Wirtschaftsprüfer findet der Dritte Abschnitt des Zweiten Teils entsprechende Anwendung.

§ 131 l[4] Rechtsverordnung. 1Das Bundesministerium für Wirtschaft und Energie[5] wird ermächtigt, durch Rechtsverordnung[6] für die Prüfung nach § 131 h Bestimmungen zu erlassen über die Zusammensetzung der Prüfungskommission und die Berufung ihrer Mitglieder, die Einzelheiten der Prüfung, der Prüfungsgebiete und des Prüfungsverfahrens, insbesondere über die in § 14 bezeichneten Angelegenheiten, den Erlass von Prüfungsleistungen sowie die Zulassung zur Eignungsprüfung von Bewerbenden, welche die Voraussetzungen des Artikels 3 Buchstabe b der Richtlinie (§ 131 g Abs. 2 Satz 1) erfüllen. 2Die Rechtsverordnung bedarf nicht der Zustimmung des Bundesrates.

---

[1] § 131 i eingef. mWv 1. 4. 2012 durch G v. 6. 12. 2011 (BGBl. I S. 2515).

[2] § 131 j aufgeh. mWv 1. 1. 2004 durch G v. 1. 12. 2003 (BGBl. I S. 2446).

[3] § 131 k Satz 1 geänd. mWv 1. 1. 2004 durch G v. 1. 12. 2003 (BGBl. I S. 2446), bish. Sätze 2 und 3 aufgeh. mWv 6. 9. 2007 durch G v. 3. 9. 2007 (BGBl. I S. 2178).

[4] § 131 l neu gef. durch G v. 1. 12. 2003 (BGBl. I S. 2446).

[5] Bezeichnung geänd. durch VO v. 31. 8. 2015 (BGBl. I S. 1474).

[6] Siehe hierzu Prüfungsverordnung für Wirtschaftsprüfer nach §§ 14 und 131 l WPO v. 20. 7. 2004 (BGBl. I S. 1707), zuletzt geänd. durch VO v. 31. 8. 2015 (BGBl. I S. 1474).

§ 131 m[1]) Bescheinigungen des Heimat- oder Herkunftsmitgliedstaats. Soweit es für die Entscheidung über die Bestellung als Wirtschaftsprüfer der Vorlage oder Anforderung von

1. Bescheinigungen oder Urkunden darüber, daß keine schwerwiegenden beruflichen Verfehlungen, Straftaten oder sonstige, die Eignung des Bewerbers für den Beruf des Wirtschaftsprüfers in Frage stellende Umstände bekannt sind,
2. Bescheinigungen oder Urkunden darüber, daß sich der Bewerber nicht im Konkurs befindet,
3. Bescheinigungen über die körperliche oder geistige Gesundheit,
4. Führungszeugnissen

des Heimat- oder Herkunftsmitgliedstaats bedarf, genügt eine Bescheinigung oder Urkunde im Sinne des Artikels 6 der Richtlinie des Rates vom 21. Dezember 1988 (§ 131 g Abs. 2 Satz 1).

§ 131 n.[2]) *(aufgehoben)*

Zehnter Teil. Straf- und Bußgeldvorschriften

§ 132[3]) Verbot verwechslungsfähiger Berufsbezeichnungen; Siegelimitate. (1) Untersagt ist

1. das Führen der Berufsbezeichnung „Buchprüfer", „Bücherrevisor" oder „Wirtschaftstreuhänder" oder
2. das nach dem Recht eines anderen Staates berechtigte Führen der Berufsbezeichnungen „Wirtschaftsprüfer", „Wirtschaftsprüferin", „vereidigter Buchprüfer" oder „vereidigte Buchprüferin", ohne dass der andere Staat angegeben wird.

(2) Siegel dürfen nur im geschäftlichen Verkehr verwendet werden, wenn sie den Bestimmungen über die Gestaltung des Siegels nach Maßgabe der Berufssatzung nach § 48 Abs. 2 entsprechen.

(3) Ordnungswidrig handelt, wer

1. entgegen Absatz 1 Nr. 1 oder 2 eine Berufsbezeichnung führt oder
2. entgegen Absatz 2 ein Siegel verwendet.

(4) Die Ordnungswidrigkeit kann mit einer Geldbuße bis zu 5000 Euro geahndet werden.

---

1) § 131 m geänd. mWv 1. 1. 2004 durch G v. 1. 12. 2003 (BGBl. I S. 2446).

2) § 131 n aufgeh. durch G v. 1. 12. 2003 (BGBl. I S. 2446).

3) § 132 neu gef. mWv 6. 9. 2007 durch G v. 3. 9. 2007 (BGBl. I S. 2178); Abs. 4 Satz 2 aufgeh. mWv 9. 12. 2010 durch G v. 2. 12. 2010 (BGBl. I S. 1746).

§ 133[1)] Schutz der Bezeichnung „Wirtschaftsprüfungsgesellschaft“ und „Buchprüfungsgesellschaft“. (1) Ordnungswidrig handelt, wer die Bezeichnung „Wirtschaftsprüfungsgesellschaft“ oder „Buchprüfungsgesellschaft“ oder eine einer solchen zum Verwechseln ähnliche Bezeichnung für eine Gesellschaft gebraucht, obwohl diese nicht als solche anerkannt ist.

(2) Die Ordnungswidrigkeit kann mit einer Geldbuße bis zu 10 000 Euro geahndet werden.

§ 133 a[2)] Unbefugte Ausübung einer Führungsposition bei dem geprüften Unternehmen. (1) Ordnungswidrig handelt, wer entgegen § 43 Abs. 3 eine wichtige Führungsposition ausübt.

(2) Die Ordnungswidrigkeit kann mit einer Geldbuße bis zu fünfzigtausend Euro geahndet werden.

§ 133 b[3)] Unbefugte Verwertung fremder Betriebs- oder Geschäftsgeheimnisse. (1) Mit Freiheitsstrafe bis zu zwei Jahren oder mit Geldstrafe wird bestraft, wer entgegen § 66 b Abs. 2[4)] ein fremdes Geheimnis verwertet.

(2) Die Tat wird nur auf Antrag verfolgt.

§ 133 c[3)] Unbefugte Offenbarung fremder Betriebs- oder Geschäftsgeheimnisse. (1) Mit Freiheitsstrafe bis zu einem Jahr oder mit Geldstrafe wird bestraft, wer entgegen § 66 b Abs. 2[4)] ein fremdes Geheimnis offenbart.

(2) Handelt der Täter gegen Entgelt oder in der Absicht, sich oder einen anderen zu bereichern oder einen anderen zu schädigen, ist die Strafe Freiheitsstrafe bis zu zwei Jahren oder Geldstrafe.

(3) Die Tat wird nur auf Antrag verfolgt.

§ 133 d[5)] Verwaltungsbehörde. [1]Verwaltungsbehörde im Sinne des § 36 Absatz 1 Nummer 1 des Gesetzes über Ordnungswidrigkeiten ist für Ordnungswidrigkeiten nach § 132 Absatz 3, § 133 Absatz 1 und § 133 a Absatz 1 die Wirtschaftsprüferkammer. [2]Das Gleiche gilt für durch Mitglieder der Wirtschaftsprüferkammer im Sinne des § 58 Absatz 1 Satz 1 begangene Ord-

---

[1)] § 133 Abs. 1 neu gef. sowie Abs. 2 Betrag geänd. mWv 1. 1. 1995 durch G v. 15. 7. 1994 (BGBl. I S. 1569), Abs. 3 angef. mWv 1. 1. 2002 durch G v. 19. 12. 2000 (BGBl. I S. 1769) und neu gef. mWv 1. 1. 2004 durch G v. 1. 12. 2003 (BGBl. I S. 2446), Abs. 2 Satz 2 angef. und Abs. 3 aufgeh. mWv. 29. 5. 2009 durch G v. 25. 5. 2009 (BGBl. I S. 1102); Abs. 2 Satz 2 aufgeh. mWv. 9. 12. 2010 durch G v. 2. 12. 2010 (BGBl. I S. 1746).

[2)] § 133 a eingef. mWv 29. 5. 2009 durch G v. 25. 5. 2009 (BGBl. I S. 1102); zur Übergangsregelung siehe § 140; Abs. 2 Satz 2 aufgeh. mWv 9. 12. 2010 durch G v. 2. 12. 2010 (BGBl. I S. 1746).

[3)] §§ 133 a und 133 b eingef. mWv 1. 1. 2001 durch G v. 19. 12. 2000 (BGBl. I S. 1769), werden §§ 133 b und 133 c durch G v. 25. 5. 2009 (BGBl. I S. 1102).

[4)] Zitat geänd. mWv 6. 9. 2007 durch G v. 3. 9. 2007 (BGBl. I S. 2178).

[5)] § 133 c eingef. mWv 6. 9. 2007 durch G v. 3. 9. 2007 (BGBl. I S. 2178), wird § 133 d und geänd. mWv 29. 5. 2009 durch G v. 25. 5. 2009 (BGBl. I S. 1102), § 133 d eingef., bish. § 133 d wird § 133 e und geänd. mWv 9. 12. 2010 durch G v. 2. 12. 2010 (BGBl. I S. 1746).

nungswidrigkeiten nach § 17 des Geldwäschegesetzes und nach § 6 der Dienstleistungs-Informationspflichten-Verordnung.

§ 133 e[1] Verwendung der Geldbußen. (1) Die Geldbußen fließen in den Fällen von § 132 Absatz 3, § 133 Absatz 1, § 133 a Absatz 1 sowie § 17 des Geldwäschegesetzes und § 6 der Dienstleistungs-Informationspflichten-Verordnung in die Kasse der Verwaltungsbehörde, die den Bußgeldbescheid erlassen hat.

(2) [1]Die nach Absatz 1 zuständige Kasse trägt abweichend von § 105 Absatz 2 des Gesetzes über Ordnungswidrigkeiten die notwendigen Auslagen. [2]Sie ist auch ersatzpflichtig im Sinne des § 110 Absatz 4 des Gesetzes über Ordnungswidrigkeiten.

Elfter Teil. Übergangs- und Schlußvorschriften

§ 134[2] Anwendung von Vorschriften dieses Gesetzes auf Abschlussprüfer, Abschlussprüferinnen und Abschlussprüfungsgesellschaften aus Drittstaaten. (1) [1]Abschlussprüfer, Abschlussprüferinnen und Abschlussprüfungsgesellschaften aus Drittstaaten sind verpflichtet, auch wenn keine Bestellung oder Anerkennung nach diesem Gesetz vorliegt, sich nach den Vorschriften des Siebten Abschnitts des Zweiten Teils eintragen zu lassen, wenn sie beabsichtigen, den Bestätigungsvermerk für einen gesetzlich vorgeschriebenen Jahresabschluss oder Konzernabschluss einer Gesellschaft mit Sitz außerhalb der Gemeinschaft, deren übertragbare Wertpapiere zum Handel an einem geregelten Markt im Sinne von Artikel 4 Abs. 1 Nr. 14 der Richtlinie 2004/39/EG in Deutschland zugelassen sind, zu erteilen. [2]Dies gilt nicht bei Bestätigungsvermerken für Gesellschaften, die ausschließlich zum Handel an einem geregelten Markt eines Mitgliedstaats der Europäischen Union zugelassene Schuldtitel im Sinne des Artikels 2 Abs. 1 Buchstabe b der Richtlinie 2004/109/EG des Europäischen Parlaments und des Rates vom 15. Dezember 2004 zur Harmonisierung der Transparenzanforderungen in Bezug auf Informationen über Emittenten, deren Wertpapiere zum Handel auf einem geregelten Markt zugelassen sind, und zur Änderung der Richtlinie 2001/34/EG (ABl. EU Nr. L 390 S. 38) mit einer Mindeststückelung von 50 000 Euro oder – bei Schuldtiteln, die auf eine andere Währung als Euro lauten – mit einer Mindeststückelung, deren Wert am Ausgabetag mindestens 50 000 Euro entspricht, begeben.

(2) Prüfungsgesellschaften nach Absatz 1 Satz 1 können nur eingetragen werden, wenn

1. sie die Voraussetzungen erfüllen, die denen des Fünften Abschnitts des Zweiten Teils gleichwertig sind,

---

[1] § 133 d eingef., bish. § 133 d wird § 133 e und geänd. mWv 9. 12. 2010 durch G v. 2. 12. 2010 (BGBl. I S. 1746).

[2] § 134 neu gef. mWv 6. 9. 2007 durch G v. 3. 9. 2007 (BGBl. I S. 2178), Abs. 2 a eingef. und Abs. 4 neu gef. mWv 29. 5. 2009 durch G v. 25. 5. 2009 (BGBl. I S. 1102).

2. die Person, welche die Prüfung im Namen der Drittstaatsprüfungsgesellschaft durchführt, diejenigen Voraussetzungen erfüllt, die denen des Ersten Abschnitts des Zweiten Teils gleichwertig sind,
3. die Prüfungen nach den internationalen Prüfungsstandards und den Anforderungen an die Unabhängigkeit oder nach gleichwertigen Standards und Anforderungen durchgeführt werden und
4. sie auf ihrer Website einen jährlichen Transparenzbericht veröffentlichen, der die in § 55 c genannten Informationen enthält, oder sie gleichwertige Bekanntmachungsanforderungen erfüllen.

(2 a) Liegen die Voraussetzungen des Absatzes 1 und 2 vor, erteilt die Wirtschaftsprüferkammer dem eingetragenen Abschlussprüfer, der Abschlussprüferin oder der Abschlussprüfungsgesellschaft eine Eintragungsbescheinigung.

(3) [1] Die nach den Absätzen 1 und 2 eingetragenen Personen und Gesellschaften unterliegen im Hinblick auf ihre Tätigkeit nach Absatz 1 den Vorschriften der Berufsaufsicht nach den §§ 61 a bis 66 b, den Vorschriften der Berufsgerichtsbarkeit nach den §§ 67 bis 127 sowie den Vorschriften der Qualitätskontrolle nach den §§ 57 a bis 57 g. [2] Von der Durchführung einer Qualitätskontrolle kann abgesehen werden, wenn in einem anderen Mitgliedstaat der Europäischen Union in den vorausgegangenen drei Jahren bereits eine Qualitätskontrolle bei der eingetragenen Person oder bei der Gesellschaft durchgeführt worden ist. [3] Satz 2 gilt entsprechend, wenn in einem Drittstaat in den vorangegangenen drei Jahren bereits eine Qualitätskontrolle bei der eingetragenen Person oder bei der Gesellschaft durchgeführt worden ist, wenn die dortige Qualitätskontrolle aufgrund der Bewertung gemäß Absatz 4 als gleichwertig anerkannt wurde.

(4) [1] Von der Eintragung und deren Folgen nach Absatz 3 ist auf der Grundlage der Gegenseitigkeit abzusehen, wenn die in Absatz 1 Satz 1 genannten Personen und Gesellschaften in ihrem jeweiligen Drittstaat einer öffentlichen Aufsicht, einer Qualitätskontrolle sowie einer Berufsaufsicht unterliegen, die Anforderungen erfüllen, welche denen der in Absatz 3 genannten Vorschriften gleichwertig sind, oder wenn die Europäische Kommission dies für eine Übergangsfrist nach Artikel 46 Abs. 2 Satz 3 der Richtlinie 2006/43/EG des Europäischen Parlaments und des Rates vom 17. Mai 2006 über Abschlussprüfungen von Jahresabschlüssen und konsolidierten Abschlüssen (ABl. EU Nr. L 157 S. 87) vorsieht. [2] Die in Satz 1 genannte Gleichwertigkeit wird von der Kommission der Europäischen Gemeinschaften in Zusammenarbeit mit den Mitgliedstaaten bewertet und festgestellt. [3] Solange die Kommission der Europäischen Gemeinschaften noch keine Übergangsentscheidung nach Satz 1 oder Feststellung nach Satz 2 getroffen hat, kann das Bundesministerium für Wirtschaft und Energie[1)] die Gleichwertigkeit selbst bewerten und feststellen. [4] Es wird bei der Bewertung die Bewertungen und Feststellungen anderer Mitgliedstaaten berücksichtigen. [5] Trifft das Bundesministerium für Wirtschaft und Energie[1)] eine solche Feststellung, macht es diese durch Veröffentlichung im Bundesanzeiger bekannt. [6] Lehnt das Bundesministerium für Wirtschaft und

---

[1)] Bezeichnung geänd. durch VO v. 31. 8. 2015 (BGBl. I S. 1474).

Energie[1)] die Gleichwertigkeit im Sinn des Satzes 1 ab, kann es den in Absatz 1 Satz 1 genannten Personen und Gesellschaften für einen angemessenen Übergangszeitraum die Fortführung ihrer Prüfungstätigkeit im Einklang mit den einschlägigen deutschen Vorschriften gestatten. 7 Die Feststellung und die Ablehnung der Gleichwertigkeit wird der Abschlussprüferaufsichtskommission mitgeteilt, damit sie diese Entscheidung gemäß § 66a Abs. 11 berücksichtigen kann. 8 Erfolgt nach Maßgabe dieses Absatzes keine Eintragung gemäß Absatz 1, so bestätigt die Wirtschaftsprüferkammer dies dem Abschlussprüfer, der Abschlussprüferin oder der Abschlussprüfungsgesellschaft auf Antrag schriftlich.

(5) Liegen die Voraussetzungen einer Eintragung im Sinne der Absätze 1 und 2 nicht mehr vor, erfolgt eine Löschung der Eintragung von Amts wegen.

§ 134a[2)] Übergangsregelung. (1) 1 Wirtschaftsprüfer und vereidigte Buchprüfer, die am 31. Dezember 1989 bestellt sind, behalten ihre Bestellung, auch wenn sie die Voraussetzungen der am 1. Januar 1990 in Kraft tretenden Vorschriften des Artikels 6 des Bilanzrichtlinien-Gesetzes vom 19. Dezember 1985 (BGBl. I S. 2355) nicht erfüllen. 2 Entsprechendes gilt für Wirtschaftsprüfungsgesellschaften und Buchprüfungsgesellschaften, die am 31. Dezember 1989 anerkannt sind. 3 Die Anerkennung einer Wirtschaftsprüfungsgesellschaft und einer Buchprüfungsgesellschaft ist jedoch zu widerrufen, wenn sie nach dem 31. Dezember 1994 die Voraussetzungen des § 28 Abs. 2 und 3 in der ab 1. Januar 1990 geltenden Fassung nicht erfüllt.

(2) 1 Wirtschaftsprüfungsgesellschaften und Buchprüfungsgesellschaften, die im Zeitpunkt des Inkrafttretens des Artikels 6 Nr. 6 Buchstabe b des Bilanzrichtlinien-Gesetzes anerkannt sind, bleiben anerkannt. 2 Die Anerkennung einer solchen Wirtschaftsprüfungsgesellschaft oder Buchprüfungsgesellschaft ist von der Wirtschaftsprüferkammer[3)] zu widerrufen, wenn nach dem 31. Dezember 1987 bei der Wirtschaftsprüfungsgesellschaft oder Buchprüfungsgesellschaft der Bestand der Gesellschafter oder das Verhältnis ihrer Beteiligungen oder Stimmrechte durch Rechtsgeschäft oder auf Grund Erbfalls verändert und dabei § 28 Abs. 4 nicht beachtet wird. 3 § 34 Abs. 1 Nr. 2 ist entsprechend anzuwenden.

§ 135[4)] Übergangsregelung für § 14a. § 14a ist in der ab 1. Januar 2004 geltenden Fassung anzuwenden, sofern der erste Prüfungsabschnitt oder eine Ergänzungsprüfung nach Inkrafttreten des Gesetzes zur Reform des Zulassungs- und Prüfungsverfahrens des Wirtschaftsprüfungsexamens abgelegt wird.

[1)] Bezeichnung geänd. durch VO v. 31. 8. 2015 (BGBl. I S. 1474).

[2)] § 134a eingef. durch G v. 19. 12. 1985 (BGBl. I S. 2355), Abs. 4 und Abs. 5 angef. durch Vertrag v. 31. 8. 1990 (BGBl. II S. 889, 998), Abs. 5 Satz 2 geänd. sowie Abs. 6 angef. mWv 1. 1. 1995 durch G v. 15. 7. 1994 (BGBl. I S. 1569), Abs. 3 und 4 aufgeh. durch G v. 1. 12. 2003 (BGBl. I S. 2446).

[3)] Bezeichnung geänd. mWv 1. 1. 2002 durch G v. 19. 12. 2000 (BGBl. I S. 1769).

[4)] § 135 neu gef. durch G v. 1. 12. 2003 (BGBl. I S. 2446).

§ 136[1)] Übergangsregelung für § 57 a Abs. 6 Satz 8. (1) [1] Berufsangehörige in eigener Praxis und Wirtschaftsprüfungsgesellschaften, denen vor dem 5. September 2007 eine Teilnahmebescheinigung nach § 57 a Abs. 6 Satz 7 erteilt wurde, können eine Verlängerung der Befristung der Teilnahmebescheinigung auf insgesamt sechs Jahre beantragen, soweit sie nicht gesetzliche Abschlussprüfungen von Unternehmen von öffentlichem Interesse (§ 319 a Abs. 1 Satz 1 des Handelsgesetzbuchs) durchführen. [2] Entsprechendes gilt für Teilnahmebescheinigungen nach § 57 a Abs. 6 Satz 7, die nach dem 5. September 2007 erteilt wurden.

(2) Ist die Teilnahmebescheinigung auf sechs Jahre befristet worden, haben Berufsangehörige in eigener Praxis oder Wirtschaftsprüfungsgesellschaften, die die Abschlussprüfung eines Unternehmens von öffentlichem Interesse (§ 319 a Abs. 1 Satz 1 des Handelsgesetzbuchs) mehr als drei Jahre nach Ausstellen der Teilnahmebescheinigung durchführen, innerhalb von sechs Monaten nach Annahme des Prüfungsauftrages eine Qualitätskontrolle durchführen zu lassen.

§ 136 a.[2)] *(aufgehoben)*

§ 137[3)] Übergangsregelung für § 57 Abs. 4 Nr. 1 Buchstabe e und i. Solange die Wirtschaftsprüferkammer die Vorschriften über das Siegel und die Vorschriften über die Berufshaftpflichtversicherung nach § 57 Abs. 4 Nr. 1 Buchstabe e und i nicht in die Berufssatzung aufgenommen hat, ist das am 5. September 2007 geltende Recht anzuwenden.

§ 137 a.[4)] *(aufgehoben)*

§ 138[5)] Behandlung schwebender Anträge und Verfahren. [1] Anträge und Verfahren, die am 1. Januar 2002 noch nicht entschieden sind und deren Zuständigkeit mit diesem Gesetz von den obersten Landesbehörden auf die Wirtschaftsprüferkammer übergehen würde, verbleiben bis zu ihrer Entscheidung in der Zuständigkeit der obersten Landesbehörden. [2] Die Vorgänge sind nach der Entscheidung der Wirtschaftsprüferkammer zuzuleiten.

§ 139[6)] Übergangsregelung zur Behandlung schwebender Anträge und Verfahren im Rahmen des Zuständigkeitswechsels zum 1. Januar 2004. (1) Zulassungs- und Prüfungsverfahren, die am 31. Dezember 2003 nicht abgeschlossen sind, sind nach der Aufgabenübertragung am 1. Januar 2004 von der Wirtschaftsprüferkammer fortzuführen; hierfür stellen die bisher zuständigen obersten Landesbehörden die erforderlichen Angaben und Unterlagen rechtzeitig zur Verfügung.

---

1) § 136 neu gef. durch G v. 3. 9. 2007 (BGBl. I S. 2178).

2) § 136 a eingef. mWv 15. 12. 2001 durch G v. 10. 12. 2001 (BGBl. I S. 3414) und aufgeh. mWv 1. 1. 2005 durch G v. 27. 12. 2004 (BGBl. I S. 3846).

3) § 137 eingef. durch G v. 3. 9. 2007 (BGBl. I S. 2178).

4) § 137 a aufgeh. durch G v. 1. 12. 2003 (BGBl. I S. 2446).

5) Bish. § 138 aufgeh., neuer § 138 eingef. durch G v. 19. 12. 2000 (BGBl. I S. 1769).

6) § 139 neu gef. durch G v. 1. 12. 2003 (BGBl. I S. 2446).

(2) [1]Laufende schriftliche und mündliche Prüfungen, die am 31. Dezember 2003 nicht abgeschlossen sind, verbleiben bis zum Prüfungsverfahrensabschluss in der bisherigen Zuständigkeit der obersten Landesbehörden. [2]Die bisherigen Organisationseinheiten, insbesondere die Prüfungsausschüsse, bleiben bis zum Prüfungsverfahrensabschluss bestehen. [3]Satz 1 gilt nicht für nachfolgende Ergänzungs- und Rücktrittsfolgeprüfungen nach den §§ 19, 21 und 32 der Wirtschaftsprüferprüfungsverordnung[1]; diese werden von der Wirtschaftsprüferkammer durchgeführt.

(3) Prüfungsverfahren nach Absatz 1 sowie Prüfungen nach Absatz 2 Satz 1 sind inhaltlich nach dem bis zum 31. Dezember 2003 geltenden Recht fortzuführen; dies gilt nicht für Zulassungsverfahren, deren Anträge bis zum 31. Dezember 2003 gestellt worden sind, über die aber erst nach dem 31. Dezember 2003 entschieden wird, und für Prüfungen nach Absatz 2 Satz 3.

(4) Die Vereinbarung zwischen dem Land Nordrhein-Westfalen und der Wirtschaftsprüferkammer über die Verlagerung der von der obersten Landeswirtschaftsbehörde bei der Durchführung der Zulassungs- und Prüfungsverfahren für Wirtschaftsprüfer und vereidigte Buchprüfer wahrzunehmenden Aufgaben auf die Berufskammer vom 5. Juli 2001 bleibt unberührt.

§ 139 a[2] Übergangsregelung zur Behandlung schwebender Anträge und Verfahren im Rahmen des Zulassungs- und Prüfungsverfahrens nach den bis zum 31. Dezember 2003 geltenden §§ 131 bis 131 d, 131 i und 131 j. (1) [1]Anträge auf Zulassung zur Prüfung als vereidigter Buchprüfer oder vereidigte Buchprüferin nach den bis zum 31. Dezember 2003 geltenden §§ 131 bis 131 d und auf Zulassung zur Eignungsprüfung nach den bis zum 31. Dezember 2003 geltenden §§ 131 i und 131 j, die nicht für eine Wiederholungsprüfung gestellt werden, müssen bis spätestens 31. Dezember 2004 formgerecht eingereicht werden; sie sind nach dem bis zum 31. Dezember 2003 geltenden Recht zu behandeln. [2]Die Zuständigkeiten nach § 139 bleiben hiervon unberührt; für Zulassungs- und Prüfungsverfahren, die ab 1. Januar 2004 beginnen, gelten die Zuständigkeiten nach § 5 entsprechend.

(2) Die dem Zulassungsverfahren gemäß Absatz 1 nachfolgenden Prüfungen sind nach dem bis zum 31. Dezember 2003 geltenden Recht durchzuführen.

(3) [1]Die Prüfungen müssen bis spätestens 31. Dezember 2006 abgelegt sein. [2]Dieselbe Frist gilt für die den Prüfungen nachfolgenden Rücktrittsfolge- und Wiederholungsprüfungen nach den bis zum 31. Dezember 2003 geltenden §§ 20 und 21 der Prüfungsordnung für Wirtschaftsprüfer und nach den bis zum 31. Dezember 2003 geltenden §§ 11 und 12 der Prüfungsordnung für die Eignungsprüfung nach dem Achten Teil der Wirtschaftsprüferordnung; nach Ablauf der Frist besteht kein Anspruch mehr auf deren Durchführung.

---

1) Verweis geänd. durch G v. 27. 12. 2004 (BGBl. I S. 3846).
2) § 139 a neu gef. durch G v. 1. 12. 2003 (BGBl. I S. 2446).

(4) 1 Hat eine Person die Prüfung als vereidigter Buchprüfer oder vereidigte Buchprüferin abgelegt, eine Bestellung aber noch nicht erhalten, so muss die Bestellung bis spätestens ein Jahr nach Prüfungsablegung beantragt werden. 2 In Härtefällen kann die Wirtschaftsprüferkammer auf Antrag Ausnahmen gewähren.

§ 139b[1)] Übergangsregelung für den bis zum 31. Dezember 2003 geltenden § 51a. (1) Die regelmäßige Verjährungsfrist nach § 195 des Bürgerlichen Gesetzbuchs findet auf die am 1. Januar 2004 bestehenden und noch nicht verjährten Ansprüche des Auftraggebers auf Schadensersatz aus dem zwischen ihm und dem Wirtschaftsprüfer bestehenden Vertragsverhältnis Anwendung.

(2) 1 Die regelmäßige Verjährungsfrist nach § 195 des Bürgerlichen Gesetzbuchs wird vom 1. Januar 2004 an berechnet. 2 Läuft jedoch die bis zu diesem Tag geltende Verjährungsfrist des § 51a früher als die regelmäßige Verjährungsfrist nach § 195 des Bürgerlichen Gesetzbuchs ab, so ist die Verjährung mit dem Ablauf der bis zu diesem Tag geltenden Verjährungsfrist des § 51a vollendet.

§ 140[2)] Übergangsregelung für § 43 Abs. 3, § 133a. § 43 Abs. 3 und § 133a gelten nicht für solche Personen, die ihre Prüfungstätigkeit bei den Unternehmen vor dem Inkrafttreten des Bilanzrechtsmodernisierungsgesetzes vom 25. Mai 2009 (BGBl. I S. 1102) aufgegeben haben.

§ 141[3)] Inkrafttreten. (1) Dieses Gesetz tritt am ersten Kalendertage des vierten auf seine Verkündung[4)] folgenden Kalendermonats in Kraft.

(2) Die §§ 14, 48, 54, 131 Abs. 4 treten am Tage der Verkündung[4)] in Kraft.

---

1) § 139b neu gef. durch G v. 1. 12. 2003 (BGBl. I S. 2446).

2) § 140 eingef. durch G v. 25. 5. 2009 (BGBl. I S. 1102).

3) § 141 betrifft das Inkrafttreten des G in der ursprünglichen Fassung. Das Inkrafttreten der späteren Änderungen ergibt sich aus den jeweiligen Änderungsgesetzen.

4) Das Gesetz in seiner ursprünglichen Fassung wurde am 29. 7. 1961 verkündet.

Anlage[1)] (zu § 122 Satz 1)

Gebührenverzeichnis

Nr.	Gebührentatbestand	Gebührenbetrag oder Satz der jeweiligen Gebühr 110 bis 113

Vorbemerkung:

(1) Im berufsgerichtlichen Verfahren bemessen sich die Gerichtsgebühren vorbehaltlich des Absatzes 2 für alle Rechtszüge nach der rechtskräftig verhängten Maßnahme.

(2) Wird ein Rechtsmittel oder ein Antrag auf berufsgerichtliche Entscheidung nur teilweise verworfen oder zurückgewiesen, so hat das Gericht die Gebühr zu ermäßigen, soweit es unbillig wäre, den Berufsangehörigen damit zu belasten.

(3) Bei rechtskräftiger Anordnung einer Untersagung (§ 68 a Abs. 1 der Wirtschaftsprüferordnung) wird eine Gebühr für alle Rechtszüge gesondert erhoben. Wird ein Rechtsmittel auf die Anordnung der Untersagung beschränkt, wird die Gebühr für das Rechtsmittelverfahren nur wegen der Anordnung der Untersagung erhoben. Satz 2 gilt im Fall der Wiederaufnahme entsprechend.

(4) Im Verfahren nach Wiederaufnahme werden die gleichen Gebühren wie für das wiederaufgenommene Verfahren erhoben. Wird jedoch nach Anordnung der Wiederaufnahme des Verfahrens das frühere Urteil aufgehoben, gilt für die Gebührenerhebung jeder Rechtszug des neuen Verfahrens mit dem jeweiligen Rechtszug des früheren Verfahrens zusammen als ein Rechtszug. Gebühren werden auch für Rechtszüge erhoben, die nur im früheren Verfahren stattgefunden haben.

Abschnitt 1. Verfahren vor dem Landgericht

Unterabschnitt 1. Berufsgerichtliches Verfahren erster Instanz

110	Verfahren mit Urteil bei Verhängung einer Geldbuße	240,00 EUR
111	Verfahren mit Urteil bei Verhängung eines Verbots nach § 68 Abs. 1 Nr. 2 der Wirtschaftsprüferordnung oder eines Berufsverbots	360,00 EUR
112	Verfahren mit Urteil bei Ausschließung aus dem Beruf	480,00 EUR
113	Untersagung der Aufrechterhaltung des pflichtwidrigen Verhaltens oder der künftigen Vornahme einer gleich gearteten Pflichtverletzung (§ 68 a Abs. 1 der Wirtschaftsprüferordnung)	60,00 EUR

Unterabschnitt 2. Antrag auf gerichtliche Entscheidung über die Rüge

120	Verfahren über den Antrag auf gerichtliche Entscheidung über die Rüge nach § 63 a Abs. 1 der Wirtschaftsprüferordnung: Der Antrag wird verworfen oder zurückgewiesen	160,00 EUR

Unterabschnitt 3. Antrag auf gerichtliche Entscheidung über die Androhung oder die Festsetzung eines Zwangsgelds

130	Verfahren über den Antrag auf gerichtliche Entscheidung über die Androhung oder die Festsetzung eines Zwangs-	

[1)] Anlage angef. mWv 31. 12. 2006 durch G v. 22. 12. 2006 (BGBl. I S. 3416).

Nr.	Gebührentatbestand	Gebührenbetrag oder Satz der jeweiligen Gebühr 110 bis 113
	gelds nach § 62 a Abs. 3 der Wirtschaftsprüferordnung: Der Antrag wird verworfen oder zurückgewiesen	160,00 EUR

Abschnitt 2. Verfahren vor dem Oberlandesgericht

Unterabschnitt 1. Berufung

210	Berufungsverfahren mit Urteil	1,5
211	Erledigung des Berufungsverfahrens ohne Urteil	0,5
	Die Gebühr entfällt bei Zurücknahme der Berufung vor Ablauf der Begründungsfrist.	

Unterabschnitt 2. Beschwerde

220	Verfahren über Beschwerden im berufsgerichtlichen Verfahren, die nicht nach anderen Vorschriften gebührenfrei sind: Die Beschwerde wird verworfen oder zurückgewiesen	50,00 EUR
	Von dem Berufsangehörigen wird eine Gebühr nur erhoben, wenn gegen ihn rechtskräftig eine berufsgerichtliche Maßnahme verhängt oder eine Untersagung (§ 68 a Abs. 1 der Wirtschaftsprüferordnung) angeordnet worden ist.	

Abschnitt 3. Verfahren vor dem Bundesgerichtshof

Unterabschnitt 1. Revision

310	Revisionsverfahren mit Urteil oder mit Beschluss nach § 107 a Abs. 3 Satz 1 der Wirtschaftsprüferordnung i. V. m. § 349 Abs. 2 oder Abs. 4 StPO	2,0
311	Erledigung des Revisionsverfahrens ohne Urteil und ohne Beschluss nach § 107 a Abs. 3 Satz 1 der Wirtschaftsprüferordnung i. V. m. § 349 Abs. 2 oder Abs. 4 StPO	1,0
	Die Gebühr entfällt bei Zurücknahme der Revision vor Ablauf der Begründungsfrist.	

Unterabschnitt 2. Beschwerde

320	Verfahren über die Beschwerde gegen die Nichtzulassung der Revision: Die Beschwerde wird verworfen oder zurückgewiesen	1,0
321	Verfahren über sonstige Beschwerden im berufsgerichtlichen Verfahren, die nicht nach anderen Vorschriften gebührenfrei sind: Die Beschwerde wird verworfen oder zurückgewiesen	50,00 EUR
	Von dem Berufsangehörigen wird eine Gebühr nur erhoben, wenn gegen ihn rechtskräftig eine berufsgerichtliche Maßnahme verhängt oder eine Untersagung (§ 68 a Abs. 1 der Wirtschaftsprüferordnung) angeordnet worden ist.	

Nr.	Gebührentatbestand	Gebührenbetrag oder Satz der jeweiligen Gebühr 110 bis 113
	Abschnitt 4. Rüge wegen Verletzung des Anspruchs auf rechtliches Gehör	
400	Verfahren über die Rüge wegen Verletzung des Anspruchs auf rechtliches Gehör: Die Rüge wird in vollem Umfang verworfen oder zurückgewiesen	50,00 EUR

vor T 1–T 3
Einkommensteuertabellen 2016
Lohnsteuertabellen Dezember 2016
Übergangstabellen Solidaritätszuschlag 2016

Die in dieser Sammlung enthaltenen Einkommensteuertabellen wurden nach den in § 32a EStG i. d. F. des Gesetzes zur Anhebung des Grundfreibetrags, des Kinderfreibetrags, des Kindergeldes und des Kinderzuschlags – KiFBG – v. 16. 7. 2015 (BGBl. I, 1202) vorgegebenen Berechnungsgrundlagen ermittelt. Für die Berechnung der Einkommensteuer kommt der stufenlose Steuertarif zur Anwendung. Zur Anwendung der Tabellen siehe die Vorbemerkungen zu T 1.

Die in dieser Sammlung enthaltenen Lohnsteuertabellen beruhen auf den in § 39 b EStG vorgeschriebenen Berechnungsgrundlagen und sind auf Basis des vom BMF am 11. 11. 2015 bekannt gemachten geänderten Programmablaufplans für die Erstellung von **Lohnsteuertabellen 2016** erstellt worden.

Zur Anwendung der Tabellen siehe die Vorbemerkungen zu T 2.

Hinweis: *Die Zahlen der Tabellen sind nach amtlichen Unterlagen ermittelt. Ihre Wiedergabe erfolgt ohne Gewähr.*

Vorbemerkung

Die Berechnung der Einkommensteuer erfolgt nach einem stufenlosen Steuertarif. Dies bedeutet, dass die Einkommensteuer exakt für den sich bei der Steuerveranlagung jeweils ergebenden Einzelwert berechnet wird.

Eine jeden Einzelwert berücksichtigende Einkommensteuertabelle ist somit aus Umfangsgründen nicht mehr möglich, so dass die nach der Einkommensteuertabelle manuell abgelesene Einkommensteuer mit Ausnahme des ausgewiesenen zu versteuernden Einkommens grundsätzlich höher ist als die aufgrund eines Tabellenberechnungsprogramms nach den Formeltarifen elektronisch errechnete Einkommensteuer. Die genaue Berechnung der Einkommensteuer kann deshalb nur mit Hilfe des auf der CD beiliegenden Berechnungsprogramms vorgenommen werden. Die nachstehenden Einkommensteuer-, Grund- und Splittingtabellen geben Ihnen für die zwischen den ausgewiesenen zu versteuernden Einkommen liegenden Werte nur Annäherungswerte. Den Wert Ihrer Einkommensteuer können Sie aber, soweit Sie keine elektronische Berechnung vornehmen, innerhalb der ausgewiesenen zu versteuernden Einkommen zumindest annäherungsweise schätzen.

Die Höhe der **Einkommensteuer** bestimmt sich für 2016 allgemein nach dem **Einkommensteuertarif,** der in § 32 a EStG i. d. F. des Gesetzes zur Anhebung des Grundfreibetrags, des Kinderfreibetrags, des Kindergeldes und des Kinderzuschlags – KiFBG – v. 16. 7. 2015 (BGBl. I, 1202) vorgeschrieben ist.

Dieser Einkommensteuertarif hat folgenden **Aufbau:**

a) Null-Zone (Grundfreibetrag) für zu versteuernde Einkommen von 0 bis 8 652 Euro,

b) Untere Zone mit einem ansteigenden Steuersatz von 14 v. H. bis 23,97 v. H. für zu versteuernde Einkommen von 8 653 bis 13 669 Euro,

c) Progressionszone mit einem ansteigenden Steuersatz von 23,97 v. H. bis 42 v. H. für zu versteuernde Einkommen von 13 670 bis 53 665 Euro,

d) Proportionalzone mit einem Steuersatz von 42 v. H. für zu versteuernde Einkommen von 53 666 bis 254 446 Euro und einem Steuersatz von 45 v. H. für zu versteuernde Einkommen von 254 447 Euro an.

Dieser Einkommensteuertarif gilt für alle Personen, für die nicht das Splitting-Verfahren anzuwenden ist, d. h. grundsätzlich für alle nicht verheirateten Personen, für die getrennt lebenden und für die getrennt zu veranlagenden Ehegatten.

T 1 Vorbem.

Ehegatten können zwischen der Einzelveranlagung (§ 26 a EStG) und der Zusammenveranlagung (§ 26 b EStG) wählen, wenn beide unbeschränkt einkommensteuerpflichtig sind und nicht dauernd getrennt leben, diese Voraussetzungen zu Beginn des Veranlagungszeitraums vorgelegen haben oder im Laufe des Veranlagungszeitraums eingetreten sind und keiner der Ehegatten die Einzelveranlagung wählt, Ehegatten werden zusammen veranlagt, wenn beide Ehegatten die Zusammenveranlagung wählen. Die Wahl wird für den betreffenden Veranlagungszeitraum durch Angabe in der Steuererklärung getroffen.

Bei der Zusammenveranlagung wird das Splitting-Verfahren angewendet. Die Einkünfte der Ehegatten werden zusammengerechnet, den Ehegatten gemeinsam zugerechnet und die Ehegatten sodann gemeinsam als Steuerpflichtige behandelt.

Bei dem Splitting-Verfahren wird die Einkommensteuer für die Hälfte des gemeinsam zu versteuernden Einkommens beider Ehegatten nach dem Einkommensteuertarif gem. § 32 a EStG berechnet und der ermittelte Steuerbetrag sodann verdoppelt.

Das **Splitting-Verfahren** ist auch anzuwenden

a) bei einem verwitweten Steuerpflichtigen für den Veranlagungszeitraum, der dem Kalenderjahr folgt, in dem sein Ehegatte verstorben ist, wenn der Steuerpflichtige und sein verstorbener Ehegatte am Todestag unbeschränkt steuerpflichtig waren und nicht dauernd getrennt gelebt haben (§ 32 a Abs. 6 EStG),

b) bei einem Steuerpflichtigen, dessen Ehe in dem Kalenderjahr, in dem er sein Einkommen bezogen hat, aufgelöst worden ist, wenn in diesem Kalenderjahr
   - der Steuerpflichtige und sein bisheriger Ehegatte unbeschränkt steuerpflichtig waren und nicht dauernd getrennt gelebt haben,
   - der bisherige Ehegatte wieder geheiratet hat und er sowie sein neuer Ehegatte ebenfalls unbeschränkt steuerpflichtig sind und nicht dauernd getrennt leben.

In den Fällen zu b) ist das Splitting-Verfahren allerdings dann nicht anzuwenden, wenn der Steuerpflichtige selber wieder geheiratet hat und getrennt oder wie ein Unverheirateter zur Einkommensteuer veranlagt wird.

Bemessungsgrundlage für die tarifliche Einkommensteuer ist das zu versteuernde Einkommen. Das zu versteuernde Einkommen ist wie folgt zu ermitteln:

Summe der Einkünfte aus den Einkunftsarten (§ 2 Abs. 1 EStG)

= **Summe der Einkünfte (§ 2 Abs. 1 EStG)**
./. Entlastungsbetrag für Alleinerziehende (§ 24 b EStG)
./. Altersentlastungsbetrag (§ 24 a EStG)
./. Freibetrag für Land- und Forstwirte (§ 13 Abs. 3 EStG)
\+ Hinzurechnungsbetrag (§ 52 Abs. 3 Satz 5 EStG sowie § 8 Abs. 5 Satz 2 AIG)

= **Gesamtbetrag der Einkünfte (§ 2 Abs. 3 EStG)**
./. Verlustabzug nach § 10 d EStG
./. Sonderausgaben (§§ 10, 10 a, 10 b, 10 c EStG)
./. außergewöhnliche Belastungen (§§ 33 bis 33 b EStG)
./. Steuerbegünstigung der zu Wohnzwecken genutzten Wohnungen, Gebäude und Baudenkmale sowie der schutzwürdigen Kulturgüter (§§ 10 e bis 10 i und § 52 Abs. 21 Satz 6 EStG i. d. F. vom 16. 4. 1997, BGBl I S. 821 und § 7 FördG)
\+ Erstattungsüberhänge (§ 10 Abs. 4 b Satz 3 EStG)
\+ zuzurechnende Einkünfte gemäß § 15 Abs. 1 AStG

= **Einkommen (§ 2 Abs. 4 EStG)**
./. Freibeträge für Kinder (§§ 31 und 32 Abs. 6 EStG)
./. Härteausgleich nach § 46 Abs. 3 EStG, § 70 EStDV

= **zu versteuerndes Einkommen (§ 2 Abs. 5 EStG)**

Einkommensteuertarif nach § 32 a EStG:

(1) Die tarifliche Einkommensteuer bemisst sich nach dem zu versteuernden Einkommen. Sie beträgt vorbehaltlich der §§ 32 b, 32 d, 34, 34 a, 34 b und 34 c jeweils in Euro für zu versteuernde Einkommen

1. bis 8 652 Euro (Grundfreibetrag):
   0;
2. von 8 653 Euro bis 13 669 Euro:
   $(993{,}62 \cdot y + 1\,400) \cdot y$;
3. von 13 670 Euro bis 53 665 Euro:
   $(225{,}40 \cdot z + 2\,397) \cdot z + 952{,}48$;
4. von 53 666 bis 254 446 Euro:
   $0{,}42 \cdot x - 8\,394{,}14$;
5. von 254 447 Euro an:
   $0{,}45 \cdot x - 16\,027{,}52$.

„y" ist ein Zehntausendstel des den Grundfreibetrag übersteigenden Teils des auf einen vollen Euro-Betrag abgerundeten zu versteuernden Einkommens. „z" ist ein Zehntausendstel des 13 669 Euro übersteigenden Teils des auf einen vollen Euro-Betrag abgerundeten zu versteuernden Einkommens. „x" ist das auf einen vollen Euro-Betrag abgerundete zu versteuernde Einkommen. Der sich ergebende Steuerbetrag ist auf den nächsten vollen Euro-Betrag abzurunden.

(2) bis (4) (weggefallen)

(5) Bei Ehegatten, die nach den §§ 26, 26 b zusammen zur Einkommensteuer veranlagt werden, beträgt die tarifliche Einkommensteuer vorbehaltlich der §§ 32 b, 32 d, 34, 34 a, 34 b und 34 c das Zweifache des Steuerbetrags, der sich für die Hälfte ihres gemeinsam zu versteuernden Einkommens nach Absatz 1 ergibt (Splitting-Verfahren).

(6) Das Verfahren nach Absatz 5 ist auch anzuwenden zur Berechnung der tariflichen Einkommensteuer für das zu versteuernde Einkommen

1. bei einem verwitweten Steuerpflichtigen für den Veranlagungszeitraum, der dem Kalenderjahr folgt, in dem der Ehegatte verstorben ist, wenn der Steuerpflichtige und sein verstorbener Ehegatte im Zeitpunkt seines Todes die Voraussetzungen des § 26 Absatz 1 Satz 1 erfüllt haben,
2. bei einem Steuerpflichtigen, dessen Ehe in dem Kalenderjahr, in dem er sein Einkommen bezogen hat, aufgelöst worden ist, wenn in diesem Kalenderjahr
   a) der Steuerpflichtige und sein bisheriger Ehegatte die Voraussetzungen des § 26 Absatz 1 Satz 1 erfüllt haben,
   b) der bisherige Ehegatte wieder geheiratet hat und
   c) der bisherige Ehegatte und dessen neuer Ehegatte ebenfalls die Voraussetzungen des § 26 Absatz 1 Satz 1 erfüllen.

Voraussetzung für die Anwendung des Satzes 1 ist, daß der Steuerpflichtige nicht nach den §§ 26, 26 a einzeln zur Einkommensteuer veranlagt wird.

laufende Nummer	zu versteuerndes Einkommen* in €	tarifliche Einkommensteuer* in €	laufende Nummer	zu versteuerndes Einkommen* in €	tarifliche Einkommensteuer* in €
1	8652		61	10812	348
2	8688	5	62	10848	355
3	8724	10	63	10884	361
4	8760	15	64	10920	368
5	8796	20	65	10956	375
6	8832	25	66	10992	382
7	8868	30	67	11028	388
8	8904	35	68	11064	395
9	8940	41	69	11100	402
10	8976	46	70	11136	409
11	9012	51	71	11172	415
12	9048	56	72	11208	422
13	9084	62	73	11244	429
14	9120	67	74	11280	436
15	9156	73	75	11316	443
16	9192	78	76	11352	450
17	9228	83	77	11388	457
18	9264	89	78	11424	464
19	9300	94	79	11460	471
20	9336	100	80	11496	478
21	9372	105	81	11532	485
22	9408	111	82	11568	492
23	9444	117	83	11604	499
24	9480	122	84	11640	507
25	9516	128	85	11676	514
26	9552	134	86	11712	521
27	9588	139	87	11748	528
28	9624	145	88	11784	535
29	9660	151	89	11820	543
30	9696	156	90	11856	550
31	9732	162	91	11892	557
32	9768	168	92	11928	565
33	9804	174	93	11964	572
34	9840	180	94	12000	580
35	9876	186	95	12036	587
36	9912	192	96	12072	595
37	9948	198	97	12108	602
38	9984	204	98	12144	610
39	10020	210	99	12180	617
40	10056	216	100	12216	625
41	10092	222	101	12252	632
42	10128	228	102	12288	640
43	10164	234	103	12324	648
44	10200	240	104	12360	655
45	10236	246	105	12396	663
46	10272	252	106	12432	671
47	10308	259	107	12468	678
48	10344	265	108	12504	686
49	10380	271	109	12540	694
50	10416	277	110	12576	702
51	10452	284	111	12612	710
52	10488	290	112	12648	718
53	10524	296	113	12684	726
54	10560	303	114	12720	733
55	10596	309	115	12756	741
56	10632	316	116	12792	749
57	10668	322	117	12828	757
58	10704	329	118	12864	765
59	10740	335	119	12900	774
60	10776	342	120	12936	782

* Die Einkommensteuer gilt nur für den ausgewiesenen Wert, Zwischenwerte sind zu schätzen – s. Vorbemerkungen

laufende Nummer	zu versteuerndes Einkommen* in €	tarifliche Einkommen-steuer* in €
121	12 972	790
122	13 008	798
123	13 044	806
124	13 080	814
125	13 116	822
126	13 152	831
127	13 188	839
128	13 224	847
129	13 260	856
130	13 296	864
131	13 332	872
132	13 368	881
133	13 404	889
134	13 440	898
135	13 476	906
136	13 512	915
137	13 548	923
138	13 584	932
139	13 620	940
140	13 656	949
141	13 692	957
142	13 728	966
143	13 764	975
144	13 800	983
145	13 836	992
146	13 872	1 001
147	13 908	1 009
148	13 944	1 018
149	13 980	1 027
150	14 016	1 035
151	14 052	1 044
152	14 088	1 053
153	14 124	1 062
154	14 160	1 070
155	14 196	1 079
156	14 232	1 088
157	14 268	1 096
158	14 304	1 105
159	14 340	1 114
160	14 376	1 123
161	14 412	1 131
162	14 448	1 140
163	14 484	1 149
164	14 520	1 158
165	14 556	1 166
166	14 592	1 175
167	14 628	1 184
168	14 664	1 193
169	14 700	1 202
170	14 736	1 210
171	14 772	1 219
172	14 808	1 228
173	14 844	1 237
174	14 880	1 246
175	14 916	1 254
176	14 952	1 263
177	14 988	1 272
178	15 024	1 281
179	15 060	1 290
180	15 096	1 299
181	15 132	1 307
182	15 168	1 316
183	15 204	1 325
184	15 240	1 334
185	15 276	1 343
186	15 312	1 352
187	15 348	1 361
188	15 384	1 370
189	15 420	1 379
190	15 456	1 388
191	15 492	1 396
192	15 528	1 405
193	15 564	1 414
194	15 600	1 423
195	15 636	1 432
196	15 672	1 441
197	15 708	1 450
198	15 744	1 459
199	15 780	1 468
200	15 816	1 477
201	15 852	1 486
202	15 888	1 495
203	15 924	1 504
204	15 960	1 513
205	15 996	1 522
206	16 032	1 531
207	16 068	1 540
208	16 104	1 549
209	16 140	1 558
210	16 176	1 567
211	16 212	1 576
212	16 248	1 585
213	16 284	1 594
214	16 320	1 603
215	16 356	1 612
216	16 392	1 621
217	16 428	1 630
218	16 464	1 640
219	16 500	1 649
220	16 536	1 658
221	16 572	1 667
222	16 608	1 676
223	16 644	1 685
224	16 680	1 694
225	16 716	1 703
226	16 752	1 712
227	16 788	1 722
228	16 824	1 731
229	16 860	1 740
230	16 896	1 749
231	16 932	1 758
232	16 968	1 767
233	17 004	1 776
234	17 040	1 786
235	17 076	1 795
236	17 112	1 804
237	17 148	1 813
238	17 184	1 822
239	17 220	1 832
240	17 256	1 841

* Die Einkommensteuer gilt nur für den ausgewiesenen Wert, Zwischenwerte sind zu schätzen – s. Vorbemerkungen

laufende Nummer	zu versteuerndes Einkommen* in €	tarifliche Einkommensteuer* in €
241	17292	1850
242	17328	1859
243	17364	1868
244	17400	1878
245	17436	1887
246	17472	1896
247	17508	1905
248	17544	1915
249	17580	1924
250	17616	1933
251	17652	1942
252	17688	1952
253	17724	1961
254	17760	1970
255	17796	1980
256	17832	1989
257	17868	1998
258	17904	2008
259	17940	2017
260	17976	2026
261	18012	2036
262	18048	2045
263	18084	2054
264	18120	2064
265	18156	2073
266	18192	2082
267	18228	2092
268	18264	2101
269	18300	2110
270	18336	2120
271	18372	2129
272	18408	2139
273	18444	2148
274	18480	2157
275	18516	2167
276	18552	2176
277	18588	2186
278	18624	2195
279	18660	2204
280	18696	2214
281	18732	2223
282	18768	2233
283	18804	2242
284	18840	2252
285	18876	2261
286	18912	2271
287	18948	2280
288	18984	2290
289	19020	2299
290	19056	2309
291	19092	2318
292	19128	2328
293	19164	2337
294	19200	2347
295	19236	2356
296	19272	2366
297	19308	2375
298	19344	2385
299	19380	2394
300	19416	2404
301	19452	2414
302	19488	2423
303	19524	2433
304	19560	2442
305	19596	2452
306	19632	2461
307	19668	2471
308	19704	2481
309	19740	2490
310	19776	2500
311	19812	2510
312	19848	2519
313	19884	2529
314	19920	2538
315	19956	2548
316	19992	2558
317	20028	2567
318	20064	2577
319	20100	2587
320	20136	2596
321	20172	2606
322	20208	2616
323	20244	2625
324	20280	2635
325	20316	2645
326	20352	2655
327	20388	2664
328	20424	2674
329	20460	2684
330	20496	2693
331	20532	2703
332	20568	2713
333	20604	2723
334	20640	2732
335	20676	2742
336	20712	2752
337	20748	2762
338	20784	2772
339	20820	2781
340	20856	2791
341	20892	2801
342	20928	2811
343	20964	2821
344	21000	2830
345	21036	2840
346	21072	2850
347	21108	2860
348	21144	2870
349	21180	2880
350	21216	2889
351	21252	2899
352	21288	2909
353	21324	2919
354	21360	2929
355	21396	2939
356	21432	2949
357	21468	2958
358	21504	2968
359	21540	2978
360	21576	2988

* Die Einkommensteuer gilt nur für den ausgewiesenen Wert, Zwischenwerte sind zu schätzen – s. Vorbemerkungen

laufende Nummer	zu versteuerndes Einkommen* in €	tarifliche Einkommensteuer* in €
361	21612	2998
362	21648	3008
363	21684	3018
364	21720	3028
365	21756	3038
366	21792	3048
367	21828	3058
368	21864	3068
369	21900	3078
370	21936	3088
371	21972	3098
372	22008	3108
373	22044	3118
374	22080	3128
375	22116	3138
376	22152	3148
377	22188	3158
378	22224	3168
379	22260	3178
380	22296	3188
381	22332	3198
382	22368	3208
383	22404	3218
384	22440	3228
385	22476	3238
386	22512	3248
387	22548	3258
388	22584	3268
389	22620	3278
390	22656	3288
391	22692	3298
392	22728	3308
393	22764	3319
394	22800	3329
395	22836	3339
396	22872	3349
397	22908	3359
398	22944	3369
399	22980	3379
400	23016	3389
401	23052	3400
402	23088	3410
403	23124	3420
404	23160	3430
405	23196	3440
406	23232	3450
407	23268	3461
408	23304	3471
409	23340	3481
410	23376	3491
411	23412	3501
412	23448	3512
413	23484	3522
414	23520	3532
415	23556	3542
416	23592	3552
417	23628	3563
418	23664	3573
419	23700	3583
420	23736	3593
421	23772	3604
422	23808	3614
423	23844	3624
424	23880	3635
425	23916	3645
426	23952	3655
427	23988	3665
428	24024	3676
429	24060	3686
430	24096	3696
431	24132	3707
432	24168	3717
433	24204	3727
434	24240	3738
435	24276	3748
436	24312	3758
437	24348	3769
438	24384	3779
439	24420	3790
440	24456	3800
441	24492	3810
442	24528	3821
443	24564	3831
444	24600	3841
445	24636	3852
446	24672	3862
447	24708	3873
448	24744	3883
449	24780	3894
450	24816	3904
451	24852	3914
452	24888	3925
453	24924	3935
454	24960	3946
455	24996	3956
456	25032	3967
457	25068	3977
458	25104	3988
459	25140	3998
460	25176	4009
461	25212	4019
462	25248	4030
463	25284	4040
464	25320	4051
465	25356	4061
466	25392	4072
467	25428	4082
468	25464	4093
469	25500	4103
470	25536	4114
471	25572	4124
472	25608	4135
473	25644	4146
474	25680	4156
475	25716	4167
476	25752	4177
477	25788	4188
478	25824	4199
479	25860	4209
480	25896	4220

* Die Einkommensteuer gilt nur für den ausgewiesenen Wert, Zwischenwerte sind zu schätzen — s. Vorbemerkungen

laufende Nummer	zu versteuerndes Einkommen* in €	tarifliche Einkommensteuer* in €
481	25 932	4 230
482	25 968	4 241
483	26 004	4 252
484	26 040	4 262
485	26 076	4 273
486	26 112	4 284
487	26 148	4 294
488	26 184	4 305
489	26 220	4 316
490	26 256	4 326
491	26 292	4 337
492	26 328	4 348
493	26 364	4 358
494	26 400	4 369
495	26 436	4 380
496	26 472	4 390
497	26 508	4 401
498	26 544	4 412
499	26 580	4 422
500	26 616	4 433
501	26 652	4 444
502	26 688	4 455
503	26 724	4 465
504	26 760	4 476
505	26 796	4 487
506	26 832	4 498
507	26 868	4 508
508	26 904	4 519
509	26 940	4 530
510	26 976	4 541
511	27 012	4 552
512	27 048	4 562
513	27 084	4 573
514	27 120	4 584
515	27 156	4 595
516	27 192	4 606
517	27 228	4 616
518	27 264	4 627
519	27 300	4 638
520	27 336	4 649
521	27 372	4 660
522	27 408	4 671
523	27 444	4 682
524	27 480	4 692
525	27 516	4 703
526	27 552	4 714
527	27 588	4 725
528	27 624	4 736
529	27 660	4 747
530	27 696	4 758
531	27 732	4 769
532	27 768	4 780
533	27 804	4 790
534	27 840	4 801
535	27 876	4 812
536	27 912	4 823
537	27 948	4 834
538	27 984	4 845
539	28 020	4 856
540	28 056	4 867

laufende Nummer	zu versteuerndes Einkommen* in €	tarifliche Einkommensteuer* in €
541	28 092	4 878
542	28 128	4 889
543	28 164	4 900
544	28 200	4 911
545	28 236	4 922
546	28 272	4 933
547	28 308	4 944
548	28 344	4 955
549	28 380	4 966
550	28 416	4 977
551	28 452	4 988
552	28 488	4 999
553	28 524	5 010
554	28 560	5 021
555	28 596	5 032
556	28 632	5 043
557	28 668	5 054
558	28 704	5 065
559	28 740	5 076
560	28 776	5 088
561	28 812	5 099
562	28 848	5 110
563	28 884	5 121
564	28 920	5 132
565	28 956	5 143
566	28 992	5 154
567	29 028	5 165
568	29 064	5 176
569	29 100	5 188
570	29 136	5 199
571	29 172	5 210
572	29 208	5 221
573	29 244	5 232
574	29 280	5 243
575	29 316	5 254
576	29 352	5 266
577	29 388	5 277
578	29 424	5 288
579	29 460	5 299
580	29 496	5 310
581	29 532	5 322
582	29 568	5 333
583	29 604	5 344
584	29 640	5 355
585	29 676	5 366
586	29 712	5 378
587	29 748	5 389
588	29 784	5 400
589	29 820	5 411
590	29 856	5 423
591	29 892	5 434
592	29 928	5 445
593	29 964	5 456
594	30 000	5 468
595	30 036	5 479
596	30 072	5 490
597	30 108	5 502
598	30 144	5 513
599	30 180	5 524
600	30 216	5 535

* Die Einkommensteuer gilt nur für den ausgewiesenen Wert, Zwischenwerte sind zu schätzen — s. Vorbemerkungen

laufende Nummer	zu versteuerndes Einkommen* in €	tarifliche Einkommensteuer* in €	laufende Nummer	zu versteuerndes Einkommen* in €	tarifliche Einkommensteuer* in €
601	30252	5547	661	32412	6237
602	30288	5558	662	32448	6248
603	30324	5569	663	32484	6260
604	30360	5581	664	32520	6272
605	30396	5592	665	32556	6283
606	30432	5603	666	32592	6295
607	30468	5615	667	32628	6307
608	30504	5626	668	32664	6318
609	30540	5638	669	32700	6330
610	30576	5649	670	32736	6342
611	30612	5660	671	32772	6354
612	30648	5672	672	32808	6365
613	30684	5683	673	32844	6377
614	30720	5694	674	32880	6389
615	30756	5706	675	32916	6400
616	30792	5717	676	32952	6412
617	30828	5729	677	32988	6424
618	30864	5740	678	33024	6436
619	30900	5751	679	33060	6448
620	30936	5763	680	33096	6459
621	30972	5774	681	33132	6471
622	31008	5786	682	33168	6483
623	31044	5797	683	33204	6495
624	31080	5809	684	33240	6506
625	31116	5820	685	33276	6518
626	31152	5832	686	33312	6530
627	31188	5843	687	33348	6542
628	31224	5855	688	33384	6554
629	31260	5866	689	33420	6566
630	31296	5878	690	33456	6577
631	31332	5889	691	33492	6589
632	31368	5901	692	33528	6601
633	31404	5912	693	33564	6613
634	31440	5924	694	33600	6625
635	31476	5935	695	33636	6637
636	31512	5947	696	33672	6649
637	31548	5958	697	33708	6660
638	31584	5970	698	33744	6672
639	31620	5981	699	33780	6684
640	31656	5993	700	33816	6696
641	31692	6004	701	33852	6708
642	31728	6016	702	33888	6720
643	31764	6027	703	33924	6732
644	31800	6039	704	33960	6744
645	31836	6051	705	33996	6756
646	31872	6062	706	34032	6768
647	31908	6074	707	34068	6780
648	31944	6085	708	34104	6791
649	31980	6097	709	34140	6803
650	32016	6108	710	34176	6815
651	32052	6120	711	34212	6827
652	32088	6132	712	34248	6839
653	32124	6143	713	34284	6851
654	32160	6155	714	34320	6863
655	32196	6167	715	34356	6875
656	32232	6178	716	34392	6887
657	32268	6190	717	34428	6899
658	32304	6202	718	34464	6911
659	32340	6213	719	34500	6923
660	32376	6225	720	34536	6935

* Die Einkommensteuer gilt nur für den ausgewiesenen Wert, Zwischenwerte sind zu schätzen – s. Vorbemerkungen

laufende Nummer	zu versteuerndes Einkommen* in €	tarifliche Einkommensteuer* in €
721	34 572	6 947
722	34 608	6 959
723	34 644	6 971
724	34 680	6 983
725	34 716	6 995
726	34 752	7 007
727	34 788	7 020
728	34 824	7 032
729	34 860	7 044
730	34 896	7 056
731	34 932	7 068
732	34 968	7 080
733	35 004	7 092
734	35 040	7 104
735	35 076	7 116
736	35 112	7 128
737	35 148	7 140
738	35 184	7 152
739	35 220	7 165
740	35 256	7 177
741	35 292	7 189
742	35 328	7 201
743	35 364	7 213
744	35 400	7 225
745	35 436	7 237
746	35 472	7 250
747	35 508	7 262
748	35 544	7 274
749	35 580	7 286
750	35 616	7 298
751	35 652	7 311
752	35 688	7 323
753	35 724	7 335
754	35 760	7 347
755	35 796	7 359
756	35 832	7 372
757	35 868	7 384
758	35 904	7 396
759	35 940	7 408
760	35 976	7 421
761	36 012	7 433
762	36 048	7 445
763	36 084	7 457
764	36 120	7 470
765	36 156	7 482
766	36 192	7 494
767	36 228	7 506
768	36 264	7 519
769	36 300	7 531
770	36 336	7 543
771	36 372	7 556
772	36 408	7 568
773	36 444	7 580
774	36 480	7 593
775	36 516	7 605
776	36 552	7 617
777	36 588	7 630
778	36 624	7 642
779	36 660	7 654
780	36 696	7 667

laufende Nummer	zu versteuerndes Einkommen* in €	tarifliche Einkommensteuer* in €
781	36 732	7 679
782	36 768	7 691
783	36 804	7 704
784	36 840	7 716
785	36 876	7 729
786	36 912	7 741
787	36 948	7 753
788	36 984	7 766
789	37 020	7 778
790	37 056	7 791
791	37 092	7 803
792	37 128	7 816
793	37 164	7 828
794	37 200	7 840
795	37 236	7 853
796	37 272	7 865
797	37 308	7 878
798	37 344	7 890
799	37 380	7 903
800	37 416	7 915
801	37 452	7 928
802	37 488	7 940
803	37 524	7 953
804	37 560	7 965
805	37 596	7 978
806	37 632	7 990
807	37 668	8 003
808	37 704	8 015
809	37 740	8 028
810	37 776	8 040
811	37 812	8 053
812	37 848	8 065
813	37 884	8 078
814	37 920	8 091
815	37 956	8 103
816	37 992	8 116
817	38 028	8 128
818	38 064	8 141
819	38 100	8 153
820	38 136	8 166
821	38 172	8 179
822	38 208	8 191
823	38 244	8 204
824	38 280	8 216
825	38 316	8 229
826	38 352	8 242
827	38 388	8 254
828	38 424	8 267
829	38 460	8 280
830	38 496	8 292
831	38 532	8 305
832	38 568	8 318
833	38 604	8 330
834	38 640	8 343
835	38 676	8 356
836	38 712	8 368
837	38 748	8 381
838	38 784	8 394
839	38 820	8 406
840	38 856	8 419

* Die Einkommensteuer gilt nur für den ausgewiesenen Wert, Zwischenwerte sind zu schätzen — s. Vorbemerkungen

laufende Nummer	zu versteuerndes Einkommen* in €	tarifliche Einkommensteuer* in €	laufende Nummer	zu versteuerndes Einkommen* in €	tarifliche Einkommensteuer* in €
841	38 892	8 432	901	41 052	9 206
842	38 928	8 445	902	41 088	9 219
843	38 964	8 457	903	41 124	9 232
844	39 000	8 470	904	41 160	9 245
845	39 036	8 483	905	41 196	9 258
846	39 072	8 496	906	41 232	9 271
847	39 108	8 508	907	41 268	9 284
848	39 144	8 521	908	41 304	9 297
849	39 180	8 534	909	41 340	9 311
850	39 216	8 547	910	41 376	9 324
851	39 252	8 559	911	41 412	9 337
852	39 288	8 572	912	41 448	9 350
853	39 324	8 585	913	41 484	9 363
854	39 360	8 598	914	41 520	9 376
855	39 396	8 611	915	41 556	9 389
856	39 432	8 623	916	41 592	9 403
857	39 468	8 636	917	41 628	9 416
858	39 504	8 649	918	41 664	9 429
859	39 540	8 662	919	41 700	9 442
860	39 576	8 675	920	41 736	9 455
861	39 612	8 688	921	41 772	9 468
862	39 648	8 700	922	41 808	9 482
863	39 684	8 713	923	41 844	9 495
864	39 720	8 726	924	41 880	9 508
865	39 756	8 739	925	41 916	9 521
866	39 792	8 752	926	41 952	9 534
867	39 828	8 765	927	41 988	9 548
868	39 864	8 778	928	42 024	9 561
869	39 900	8 790	929	42 060	9 574
870	39 936	8 803	930	42 096	9 587
871	39 972	8 816	931	42 132	9 601
872	40 008	8 829	932	42 168	9 614
873	40 044	8 842	933	42 204	9 627
874	40 080	8 855	934	42 240	9 640
875	40 116	8 868	935	42 276	9 654
876	40 152	8 881	936	42 312	9 667
877	40 188	8 894	937	42 348	9 680
878	40 224	8 907	938	42 384	9 694
879	40 260	8 920	939	42 420	9 707
880	40 296	8 933	940	42 456	9 720
881	40 332	8 946	941	42 492	9 733
882	40 368	8 958	942	42 528	9 747
883	40 404	8 971	943	42 564	9 760
884	40 440	8 984	944	42 600	9 773
885	40 476	8 997	945	42 636	9 787
886	40 512	9 010	946	42 672	9 800
887	40 548	9 023	947	42 708	9 813
888	40 584	9 036	948	42 744	9 827
889	40 620	9 049	949	42 780	9 840
890	40 656	9 062	950	42 816	9 853
891	40 692	9 075	951	42 852	9 867
892	40 728	9 088	952	42 888	9 880
893	40 764	9 101	953	42 924	9 894
894	40 800	9 114	954	42 960	9 907
895	40 836	9 127	955	42 996	9 920
896	40 872	9 141	956	43 032	9 934
897	40 908	9 154	957	43 068	9 947
898	40 944	9 167	958	43 104	9 960
899	40 980	9 180	959	43 140	9 974
900	41 016	9 193	960	43 176	9 987

* Die Einkommensteuer gilt nur für den ausgewiesenen Wert, Zwischenwerte sind zu schätzen – s. Vorbemerkungen

laufende Nummer	zu versteuerndes Einkommen* in €	tarifliche Einkommen-steuer* in €
961	43212	10001
962	43248	10014
963	43284	10028
964	43320	10041
965	43356	10054
966	43392	10068
967	43428	10081
968	43464	10095
969	43500	10108
970	43536	10122
971	43572	10135
972	43608	10149
973	43644	10162
974	43680	10176
975	43716	10189
976	43752	10203
977	43788	10216
978	43824	10230
979	43860	10243
980	43896	10257
981	43932	10270
982	43968	10284
983	44004	10297
984	44040	10311
985	44076	10325
986	44112	10338
987	44148	10352
988	44184	10365
989	44220	10379
990	44256	10392
991	44292	10406
992	44328	10420
993	44364	10433
994	44400	10447
995	44436	10460
996	44472	10474
997	44508	10488
998	44544	10501
999	44580	10515
1000	44616	10529
1001	44652	10542
1002	44688	10556
1003	44724	10570
1004	44760	10583
1005	44796	10597
1006	44832	10611
1007	44868	10624
1008	44904	10638
1009	44940	10652
1010	44976	10665
1011	45012	10679
1012	45048	10693
1013	45084	10707
1014	45120	10720
1015	45156	10734
1016	45192	10748
1017	45228	10762
1018	45264	10775
1019	45300	10789
1020	45336	10803
1021	45372	10817
1022	45408	10830
1023	45444	10844
1024	45480	10858
1025	45516	10872
1026	45552	10886
1027	45588	10899
1028	45624	10913
1029	45660	10927
1030	45696	10941
1031	45732	10955
1032	45768	10969
1033	45804	10982
1034	45840	10996
1035	45876	11010
1036	45912	11024
1037	45948	11038
1038	45984	11052
1039	46020	11066
1040	46056	11079
1041	46092	11093
1042	46128	11107
1043	46164	11121
1044	46200	11135
1045	46236	11149
1046	46272	11163
1047	46308	11177
1048	46344	11191
1049	46380	11205
1050	46416	11219
1051	46452	11232
1052	46488	11246
1053	46524	11260
1054	46560	11274
1055	46596	11288
1056	46632	11302
1057	46668	11316
1058	46704	11330
1059	46740	11344
1060	46776	11358
1061	46812	11372
1062	46848	11386
1063	46884	11400
1064	46920	11414
1065	46956	11428
1066	46992	11442
1067	47028	11456
1068	47064	11470
1069	47100	11485
1070	47136	11499
1071	47172	11513
1072	47208	11527
1073	47244	11541
1074	47280	11555
1075	47316	11569
1076	47352	11583
1077	47388	11597
1078	47424	11611
1079	47460	11625
1080	47496	11639

* Die Einkommensteuer gilt nur für den ausgewiesenen Wert, Zwischenwerte sind zu schätzen – s. Vorbemerkungen

laufende Nummer	zu versteuerndes Einkommen* in €	tarifliche Einkommen-steuer* in €	laufende Nummer	zu versteuerndes Einkommen* in €	tarifliche Einkommen-steuer* in €
1081	47532	11654	1141	49692	12512
1082	47568	11668	1142	49728	12526
1083	47604	11682	1143	49764	12541
1084	47640	11696	1144	49800	12555
1085	47676	11710	1145	49836	12570
1086	47712	11724	1146	49872	12584
1087	47748	11738	1147	49908	12599
1088	47784	11753	1148	49944	12613
1089	47820	11767	1149	49980	12628
1090	47856	11781	1150	50016	12642
1091	47892	11795	1151	50052	12657
1092	47928	11809	1152	50088	12671
1093	47964	11824	1153	50124	12686
1094	48000	11838	1154	50160	12700
1095	48036	11852	1155	50196	12715
1096	48072	11866	1156	50232	12729
1097	48108	11880	1157	50268	12744
1098	48144	11895	1158	50304	12759
1099	48180	11909	1159	50340	12773
1100	48216	11923	1160	50376	12788
1101	48252	11937	1161	50412	12802
1102	48288	11952	1162	50448	12817
1103	48324	11966	1163	50484	12831
1104	48360	11980	1164	50520	12846
1105	48396	11994	1165	50556	12861
1106	48432	12009	1166	50592	12875
1107	48468	12023	1167	50628	12890
1108	48504	12037	1168	50664	12905
1109	48540	12051	1169	50700	12919
1110	48576	12066	1170	50736	12934
1111	48612	12080	1171	50772	12948
1112	48648	12094	1172	50808	12963
1113	48684	12109	1173	50844	12978
1114	48720	12123	1174	50880	12992
1115	48756	12137	1175	50916	13007
1116	48792	12152	1176	50952	13022
1117	48828	12166	1177	50988	13037
1118	48864	12180	1178	51024	13051
1119	48900	12195	1179	51060	13066
1120	48936	12209	1180	51096	13081
1121	48972	12223	1181	51132	13095
1122	49008	12238	1182	51168	13110
1123	49044	12252	1183	51204	13125
1124	49080	12266	1184	51240	13139
1125	49116	12281	1185	51276	13154
1126	49152	12295	1186	51312	13169
1127	49188	12310	1187	51348	13184
1128	49224	12324	1188	51384	13198
1129	49260	12338	1189	51420	13213
1130	49296	12353	1190	51456	13228
1131	49332	12367	1191	51492	13243
1132	49368	12382	1192	51528	13257
1133	49404	12396	1193	51564	13272
1134	49440	12410	1194	51600	13287
1135	49476	12425	1195	51636	13302
1136	49512	12439	1196	51672	13317
1137	49548	12454	1197	51708	13331
1138	49584	12468	1198	51744	13346
1139	49620	12483	1199	51780	13361
1140	49656	12497	1200	51816	13376

* Die Einkommensteuer gilt nur für den ausgewiesenen Wert, Zwischenwerte sind zu schätzen — s. Vorbemerkungen

laufende Nummer	zu versteuerndes Einkommen* in €	tarifliche Einkommen-steuer* in €
1 201	51 852	13 391
1 202	51 888	13 405
1 203	51 924	13 420
1 204	51 960	13 435
1 205	51 996	13 450
1 206	52 032	13 465
1 207	52 068	13 480
1 208	52 104	13 495
1 209	52 140	13 509
1 210	52 176	13 524
1 211	52 212	13 539
1 212	52 248	13 554
1 213	52 284	13 569
1 214	52 320	13 584
1 215	52 356	13 599
1 216	52 392	13 614
1 217	52 428	13 629
1 218	52 464	13 644
1 219	52 500	13 658
1 220	52 536	13 673
1 221	52 572	13 688
1 222	52 608	13 703
1 223	52 644	13 718
1 224	52 680	13 733
1 225	52 716	13 748
1 226	52 752	13 763
1 227	52 788	13 778
1 228	52 824	13 793
1 229	52 860	13 808
1 230	52 896	13 823
1 231	52 932	13 838
1 232	52 968	13 853
1 233	53 004	13 868
1 234	53 040	13 883
1 235	53 076	13 898
1 236	53 112	13 913
1 237	53 148	13 928
1 238	53 184	13 943
1 239	53 220	13 958
1 240	53 256	13 973
1 241	53 292	13 988
1 242	53 328	14 003
1 243	53 364	14 018
1 244	53 400	14 034
1 245	53 436	14 049
1 246	53 472	14 064
1 247	53 508	14 079
1 248	53 544	14 094
1 249	53 580	14 109
1 250	53 616	14 124
1 251	53 652	14 139
1 252	53 688	14 154
1 253	53 724	14 169
1 254	53 760	14 185
1 255	53 796	14 200
1 256	53 832	14 215
1 257	53 868	14 230
1 258	53 904	14 245
1 259	53 940	14 260
1 260	53 976	14 275
1 261	54 012	14 290
1 262	54 048	14 306
1 263	54 084	14 321
1 264	54 120	14 336
1 265	54 156	14 351
1 266	54 192	14 366
1 267	54 228	14 381
1 268	54 264	14 396
1 269	54 300	14 411
1 270	54 336	14 426
1 271	54 372	14 442
1 272	54 408	14 457
1 273	54 444	14 472
1 274	54 480	14 487
1 275	54 516	14 502
1 276	54 552	14 517
1 277	54 588	14 532
1 278	54 624	14 547
1 279	54 660	14 563
1 280	54 696	14 578
1 281	54 732	14 593
1 282	54 768	14 608
1 283	54 804	14 623
1 284	54 840	14 638
1 285	54 876	14 653
1 286	54 912	14 668
1 287	54 948	14 684
1 288	54 984	14 699
1 289	55 020	14 714
1 290	55 056	14 729
1 291	55 092	14 744
1 292	55 128	14 759
1 293	55 164	14 774
1 294	55 200	14 789
1 295	55 236	14 804
1 296	55 272	14 820
1 297	55 308	14 835
1 298	55 344	14 850
1 299	55 380	14 865
1 300	55 416	14 880
1 301	55 452	14 895
1 302	55 488	14 910
1 303	55 524	14 925
1 304	55 560	14 941
1 305	55 596	14 956
1 306	55 632	14 971
1 307	55 668	14 986
1 308	55 704	15 001
1 309	55 740	15 016
1 310	55 776	15 031
1 311	55 812	15 046
1 312	55 848	15 062
1 313	55 884	15 077
1 314	55 920	15 092
1 315	55 956	15 107
1 316	55 992	15 122
1 317	56 028	15 137
1 318	56 064	15 152
1 319	56 100	15 167
1 320	56 136	15 182

* Die Einkommensteuer gilt nur für den ausgewiesenen Wert, Zwischenwerte sind zu schätzen — s. Vorbemerkungen

laufende Nummer	zu versteuerndes Einkommen* in €	tarifliche Einkommensteuer* in €	laufende Nummer	zu versteuerndes Einkommen* in €	tarifliche Einkommensteuer* in €
1 321	56 172	15 198	1 381	58 332	16 105
1 322	56 208	15 213	1 382	58 368	16 120
1 323	56 244	15 228	1 383	58 404	16 135
1 324	56 280	15 243	1 384	58 440	16 150
1 325	56 316	15 258	1 385	58 476	16 165
1 326	56 352	15 273	1 386	58 512	16 180
1 327	56 388	15 288	1 387	58 548	16 196
1 328	56 424	15 303	1 388	58 584	16 211
1 329	56 460	15 319	1 389	58 620	16 226
1 330	56 496	15 334	1 390	58 656	16 241
1 331	56 532	15 349	1 391	58 692	16 256
1 332	56 568	15 364	1 392	58 728	16 271
1 333	56 604	15 379	1 393	58 764	16 286
1 334	56 640	15 394	1 394	58 800	16 301
1 335	56 676	15 409	1 395	58 836	16 316
1 336	56 712	15 424	1 396	58 872	16 332
1 337	56 748	15 440	1 397	58 908	16 347
1 338	56 784	15 455	1 398	58 944	16 362
1 339	56 820	15 470	1 399	58 980	16 377
1 340	56 856	15 485	1 400	59 016	16 392
1 341	56 892	15 500	1 401	59 052	16 407
1 342	56 928	15 515	1 402	59 088	16 422
1 343	56 964	15 530	1 403	59 124	16 437
1 344	57 000	15 545	1 404	59 160	16 453
1 345	57 036	15 560	1 405	59 196	16 468
1 346	57 072	15 576	1 406	59 232	16 483
1 347	57 108	15 591	1 407	59 268	16 498
1 348	57 144	15 606	1 408	59 304	16 513
1 349	57 180	15 621	1 409	59 340	16 528
1 350	57 216	15 636	1 410	59 376	16 543
1 351	57 252	15 651	1 411	59 412	16 558
1 352	57 288	15 666	1 412	59 448	16 574
1 353	57 324	15 681	1 413	59 484	16 589
1 354	57 360	15 697	1 414	59 520	16 604
1 355	57 396	15 712	1 415	59 556	16 619
1 356	57 432	15 727	1 416	59 592	16 634
1 357	57 468	15 742	1 417	59 628	16 649
1 358	57 504	15 757	1 418	59 664	16 664
1 359	57 540	15 772	1 419	59 700	16 679
1 360	57 576	15 787	1 420	59 736	16 694
1 361	57 612	15 802	1 421	59 772	16 710
1 362	57 648	15 818	1 422	59 808	16 725
1 363	57 684	15 833	1 423	59 844	16 740
1 364	57 720	15 848	1 424	59 880	16 755
1 365	57 756	15 863	1 425	59 916	16 770
1 366	57 792	15 878	1 426	59 952	16 785
1 367	57 828	15 893	1 427	59 988	16 800
1 368	57 864	15 908	1 428	60 024	16 815
1 369	57 900	15 923	1 429	60 060	16 831
1 370	57 936	15 938	1 430	60 096	16 846
1 371	57 972	15 954	1 431	60 132	16 861
1 372	58 008	15 969	1 432	60 168	16 876
1 373	58 044	15 984	1 433	60 204	16 891
1 374	58 080	15 999	1 434	60 240	16 906
1 375	58 116	16 014	1 435	60 276	16 921
1 376	58 152	16 029	1 436	60 312	16 936
1 377	58 188	16 044	1 437	60 348	16 952
1 378	58 224	16 059	1 438	60 384	16 967
1 379	58 260	16 075	1 439	60 420	16 982
1 380	58 296	16 090	1 440	60 456	16 997

* Die Einkommensteuer gilt nur für den ausgewiesenen Wert, Zwischenwerte sind zu schätzen – s. Vorbemerkungen

laufende Nummer	zu versteuerndes Einkommen* in €	tarifliche Einkommensteuer* in €	laufende Nummer	zu versteuerndes Einkommen* in €	tarifliche Einkommensteuer* in €
1441	60492	17012	1501	62652	17919
1442	60528	17027	1502	62688	17934
1443	60564	17042	1503	62724	17949
1444	60600	17057	1504	62760	17965
1445	60636	17072	1505	62796	17980
1446	60672	17088	1506	62832	17995
1447	60708	17103	1507	62868	18010
1448	60744	17118	1508	62904	18025
1449	60780	17133	1509	62940	18040
1450	60816	17148	1510	62976	18055
1451	60852	17163	1511	63012	18070
1452	60888	17178	1512	63048	18086
1453	60924	17193	1513	63084	18101
1454	60960	17209	1514	63120	18116
1455	60996	17224	1515	63156	18131
1456	61032	17239	1516	63192	18146
1457	61068	17254	1517	63228	18161
1458	61104	17269	1518	63264	18176
1459	61140	17284	1519	63300	18191
1460	61176	17299	1520	63336	18206
1461	61212	17314	1521	63372	18222
1462	61248	17330	1522	63408	18237
1463	61284	17345	1523	63444	18252
1464	61320	17360	1524	63480	18267
1465	61356	17375	1525	63516	18282
1466	61392	17390	1526	63552	18297
1467	61428	17405	1527	63588	18312
1468	61464	17420	1528	63624	18327
1469	61500	17435	1529	63660	18343
1470	61536	17450	1530	63696	18358
1471	61572	17466	1531	63732	18373
1472	61608	17481	1532	63768	18388
1473	61644	17496	1533	63804	18403
1474	61680	17511	1534	63840	18418
1475	61716	17526	1535	63876	18433
1476	61752	17541	1536	63912	18448
1477	61788	17556	1537	63948	18464
1478	61824	17571	1538	63984	18479
1479	61860	17587	1539	64020	18494
1480	61896	17602	1540	64056	18509
1481	61932	17617	1541	64092	18524
1482	61968	17632	1542	64128	18539
1483	62004	17647	1543	64164	18554
1484	62040	17662	1544	64200	18569
1485	62076	17677	1545	64236	18584
1486	62112	17692	1546	64272	18600
1487	62148	17708	1547	64308	18615
1488	62184	17723	1548	64344	18630
1489	62220	17738	1549	64380	18645
1490	62256	17753	1550	64416	18660
1491	62292	17768	1551	64452	18675
1492	62328	17783	1552	64488	18690
1493	62364	17798	1553	64524	18705
1494	62400	17813	1554	64560	18721
1495	62436	17828	1555	64596	18736
1496	62472	17844	1556	64632	18751
1497	62508	17859	1557	64668	18766
1498	62544	17874	1558	64704	18781
1499	62580	17889	1559	64740	18796
1500	62616	17904	1560	64776	18811

* Die Einkommensteuer gilt nur für den ausgewiesenen Wert, Zwischenwerte sind zu schätzen – s. Vorbemerkungen

laufende Nummer	zu versteuerndes Einkommen* in €	tarifliche Einkommensteuer* in €
1561	64812	18826
1562	64848	18842
1563	64884	18857
1564	64920	18872
1565	64956	18887
1566	64992	18902
1567	65028	18917
1568	65064	18932
1569	65100	18947
1570	65136	18962
1571	65172	18978
1572	65208	18993
1573	65244	19008
1574	65280	19023
1575	65316	19038
1576	65352	19053
1577	65388	19068
1578	65424	19083
1579	65460	19099
1580	65496	19114
1581	65532	19129
1582	65568	19144
1583	65604	19159
1584	65640	19174
1585	65676	19189
1586	65712	19204
1587	65748	19220
1588	65784	19235
1589	65820	19250
1590	65856	19265
1591	65892	19280
1592	65928	19295
1593	65964	19310
1594	66000	19325
1595	66036	19340
1596	66072	19356
1597	66108	19371
1598	66144	19386
1599	66180	19401
1600	66216	19416
1601	66252	19431
1602	66288	19446
1603	66324	19461
1604	66360	19477
1605	66396	19492
1606	66432	19507
1607	66468	19522
1608	66504	19537
1609	66540	19552
1610	66576	19567
1611	66612	19582
1612	66648	19598
1613	66684	19613
1614	66720	19628
1615	66756	19643
1616	66792	19658
1617	66828	19673
1618	66864	19688
1619	66900	19703
1620	66936	19718
1621	66972	19734
1622	67008	19749
1623	67044	19764
1624	67080	19779
1625	67116	19794
1626	67152	19809
1627	67188	19824
1628	67224	19839
1629	67260	19855
1630	67296	19870
1631	67332	19885
1632	67368	19900
1633	67404	19915
1634	67440	19930
1635	67476	19945
1636	67512	19960
1637	67548	19976
1638	67584	19991
1639	67620	20006
1640	67656	20021
1641	67692	20036
1642	67728	20051
1643	67764	20066
1644	67800	20081
1645	67836	20096
1646	67872	20112
1647	67908	20127
1648	67944	20142
1649	67980	20157
1650	68016	20172
1651	68052	20187
1652	68088	20202
1653	68124	20217
1654	68160	20233
1655	68196	20248
1656	68232	20263
1657	68268	20278
1658	68304	20293
1659	68340	20308
1660	68376	20323
1661	68412	20338
1662	68448	20354
1663	68484	20369
1664	68520	20384
1665	68556	20399
1666	68592	20414
1667	68628	20429
1668	68664	20444
1669	68700	20459
1670	68736	20474
1671	68772	20490
1672	68808	20505
1673	68844	20520
1674	68880	20535
1675	68916	20550
1676	68952	20565
1677	68988	20580
1678	69024	20595
1679	69060	20611
1680	69096	20626

* Die Einkommensteuer gilt nur für den ausgewiesenen Wert, Zwischenwerte sind zu schätzen — s. Vorbemerkungen

laufende Nummer	zu versteuerndes Einkommen* in €	tarifliche Einkommensteuer* in €	laufende Nummer	zu versteuerndes Einkommen* in €	tarifliche Einkommensteuer* in €
1681	69132	20641	1741	71292	21548
1682	69168	20656	1742	71328	21563
1683	69204	20671	1743	71364	21578
1684	69240	20686	1744	71400	21593
1685	69276	20701	1745	71436	21608
1686	69312	20716	1746	71472	21624
1687	69348	20732	1747	71508	21639
1688	69384	20747	1748	71544	21654
1689	69420	20762	1749	71580	21669
1690	69456	20777	1750	71616	21684
1691	69492	20792	1751	71652	21699
1692	69528	20807	1752	71688	21714
1693	69564	20822	1753	71724	21729
1694	69600	20837	1754	71760	21745
1695	69636	20852	1755	71796	21760
1696	69672	20868	1756	71832	21775
1697	69708	20883	1757	71868	21790
1698	69744	20898	1758	71904	21805
1699	69780	20913	1759	71940	21820
1700	69816	20928	1760	71976	21835
1701	69852	20943	1761	72012	21850
1702	69888	20958	1762	72048	21866
1703	69924	20973	1763	72084	21881
1704	69960	20989	1764	72120	21896
1705	69996	21004	1765	72156	21911
1706	70032	21019	1766	72192	21926
1707	70068	21034	1767	72228	21941
1708	70104	21049	1768	72264	21956
1709	70140	21064	1769	72300	21971
1710	70176	21079	1770	72336	21986
1711	70212	21094	1771	72372	22002
1712	70248	21110	1772	72408	22017
1713	70284	21125	1773	72444	22032
1714	70320	21140	1774	72480	22047
1715	70356	21155	1775	72516	22062
1716	70392	21170	1776	72552	22077
1717	70428	21185	1777	72588	22092
1718	70464	21200	1778	72624	22107
1719	70500	21215	1779	72660	22123
1720	70536	21230	1780	72696	22138
1721	70572	21246	1781	72732	22153
1722	70608	21261	1782	72768	22168
1723	70644	21276	1783	72804	22183
1724	70680	21291	1784	72840	22198
1725	70716	21306	1785	72876	22213
1726	70752	21321	1786	72912	22228
1727	70788	21336	1787	72948	22244
1728	70824	21351	1788	72984	22259
1729	70860	21367	1789	73020	22274
1730	70896	21382	1790	73056	22289
1731	70932	21397	1791	73092	22304
1732	70968	21412	1792	73128	22319
1733	71004	21427	1793	73164	22334
1734	71040	21442	1794	73200	22349
1735	71076	21457	1795	73236	22364
1736	71112	21472	1796	73272	22380
1737	71148	21488	1797	73308	22395
1738	71184	21503	1798	73344	22410
1739	71220	21518	1799	73380	22425
1740	71256	21533	1800	73416	22440

* Die Einkommensteuer gilt nur für den ausgewiesenen Wert, Zwischenwerte sind zu schätzen – s. Vorbemerkungen

laufende Nummer	zu versteuerndes Einkommen* in €	tarifliche Einkommensteuer* in €	laufende Nummer	zu versteuerndes Einkommen* in €	tarifliche Einkommensteuer* in €
1801	73452	22455	1861	75612	23362
1802	73488	22470	1862	75648	23378
1803	73524	22485	1863	75684	23393
1804	73560	22501	1864	75720	23408
1805	73596	22516	1865	75756	23423
1806	73632	22531	1866	75792	23438
1807	73668	22546	1867	75828	23453
1808	73704	22561	1868	75864	23468
1809	73740	22576	1869	75900	23483
1810	73776	22591	1870	75936	23498
1811	73812	22606	1871	75972	23514
1812	73848	22622	1872	76008	23529
1813	73884	22637	1873	76044	23544
1814	73920	22652	1874	76080	23559
1815	73956	22667	1875	76116	23574
1816	73992	22682	1876	76152	23589
1817	74028	22697	1877	76188	23604
1818	74064	22712	1878	76224	23619
1819	74100	22727	1879	76260	23635
1820	74136	22742	1880	76296	23650
1821	74172	22758	1881	76332	23665
1822	74208	22773	1882	76368	23680
1823	74244	22788	1883	76404	23695
1824	74280	22803	1884	76440	23710
1825	74316	22818	1885	76476	23725
1826	74352	22833	1886	76512	23740
1827	74388	22848	1887	76548	23756
1828	74424	22863	1888	76584	23771
1829	74460	22879	1889	76620	23786
1830	74496	22894	1890	76656	23801
1831	74532	22909	1891	76692	23816
1832	74568	22924	1892	76728	23831
1833	74604	22939	1893	76764	23846
1834	74640	22954	1894	76800	23861
1835	74676	22969	1895	76836	23876
1836	74712	22984	1896	76872	23892
1837	74748	23000	1897	76908	23907
1838	74784	23015	1898	76944	23922
1839	74820	23030	1899	76980	23937
1840	74856	23045	1900	77016	23952
1841	74892	23060	1901	77052	23967
1842	74928	23075	1902	77088	23982
1843	74964	23090	1903	77124	23997
1844	75000	23105	1904	77160	24013
1845	75036	23120	1905	77196	24028
1846	75072	23136	1906	77232	24043
1847	75108	23151	1907	77268	24058
1848	75144	23166	1908	77304	24073
1849	75180	23181	1909	77340	24088
1850	75216	23196	1910	77376	24103
1851	75252	23211	1911	77412	24118
1852	75288	23226	1912	77448	24134
1853	75324	23241	1913	77484	24149
1854	75360	23257	1914	77520	24164
1855	75396	23272	1915	77556	24179
1856	75432	23287	1916	77592	24194
1857	75468	23302	1917	77628	24209
1858	75504	23317	1918	77664	24224
1859	75540	23332	1919	77700	24239
1860	75576	23347	1920	77736	24254

* Die Einkommensteuer gilt nur für den ausgewiesenen Wert, Zwischenwerte sind zu schätzen — s. Vorbemerkungen

laufende Nummer	zu versteuerndes Einkommen* in €	tarifliche Einkommensteuer* in €
1921	77 772	24 270
1922	77 808	24 285
1923	77 844	24 300
1924	77 880	24 315
1925	77 916	24 330
1926	77 952	24 345
1927	77 988	24 360
1928	78 024	24 375
1929	78 060	24 391
1930	78 096	24 406
1931	78 132	24 421
1932	78 168	24 436
1933	78 204	24 451
1934	78 240	24 466
1935	78 276	24 481
1936	78 312	24 496
1937	78 348	24 512
1938	78 384	24 527
1939	78 420	24 542
1940	78 456	24 557
1941	78 492	24 572
1942	78 528	24 587
1943	78 564	24 602
1944	78 600	24 617
1945	78 636	24 632
1946	78 672	24 648
1947	78 708	24 663
1948	78 744	24 678
1949	78 780	24 693
1950	78 816	24 708
1951	78 852	24 723
1952	78 888	24 738
1953	78 924	24 753
1954	78 960	24 769
1955	78 996	24 784
1956	79 032	24 799
1957	79 068	24 814
1958	79 104	24 829
1959	79 140	24 844
1960	79 176	24 859
1961	79 212	24 874
1962	79 248	24 890
1963	79 284	24 905
1964	79 320	24 920
1965	79 356	24 935
1966	79 392	24 950
1967	79 428	24 965
1968	79 464	24 980
1969	79 500	24 995
1970	79 536	25 010
1971	79 572	25 026
1972	79 608	25 041
1973	79 644	25 056
1974	79 680	25 071
1975	79 716	25 086
1976	79 752	25 101
1977	79 788	25 116
1978	79 824	25 131
1979	79 860	25 147
1980	79 896	25 162

laufende Nummer	zu versteuerndes Einkommen* in €	tarifliche Einkommensteuer* in €
1981	79 932	25 177
1982	79 968	25 192
1983	80 004	25 207
1984	80 040	25 222
1985	80 076	25 237
1986	80 112	25 252
1987	80 148	25 268
1988	80 184	25 283
1989	80 220	25 298
1990	80 256	25 313
1991	80 292	25 328
1992	80 328	25 343
1993	80 364	25 358
1994	80 400	25 373
1995	80 436	25 388
1996	80 472	25 404
1997	80 508	25 419
1998	80 544	25 434
1999	80 580	25 449
2000	80 616	25 464
2001	80 652	25 479
2002	80 688	25 494
2003	80 724	25 509
2004	80 760	25 525
2005	80 796	25 540
2006	80 832	25 555
2007	80 868	25 570
2008	80 904	25 585
2009	80 940	25 600
2010	80 976	25 615
2011	81 012	25 630
2012	81 048	25 646
2013	81 084	25 661
2014	81 120	25 676
2015	81 156	25 691
2016	81 192	25 706
2017	81 228	25 721
2018	81 264	25 736
2019	81 300	25 751
2020	81 336	25 766
2021	81 372	25 782
2022	81 408	25 797
2023	81 444	25 812
2024	81 480	25 827
2025	81 516	25 842
2026	81 552	25 857
2027	81 588	25 872
2028	81 624	25 887
2029	81 660	25 903
2030	81 696	25 918
2031	81 732	25 933
2032	81 768	25 948
2033	81 804	25 963
2034	81 840	25 978
2035	81 876	25 993
2036	81 912	26 008
2037	81 948	26 024
2038	81 984	26 039
2039	82 020	26 054
2040	82 056	26 069

* Die Einkommensteuer gilt nur für den ausgewiesenen Wert, Zwischenwerte sind zu schätzen — s. Vorbemerkungen

laufende Nummer	zu versteuerndes Einkommen* in €	tarifliche Einkommensteuer* in €
2 041	82 092	26 084
2 042	82 128	26 099
2 043	82 164	26 114
2 044	82 200	26 129
2 045	82 236	26 144
2 046	82 272	26 160
2 047	82 308	26 175
2 048	82 344	26 190
2 049	82 380	26 205
2 050	82 416	26 220
2 051	82 452	26 235
2 052	82 488	26 250
2 053	82 524	26 265
2 054	82 560	26 281
2 055	82 596	26 296
2 056	82 632	26 311
2 057	82 668	26 326
2 058	82 704	26 341
2 059	82 740	26 356
2 060	82 776	26 371
2 061	82 812	26 386
2 062	82 848	26 402
2 063	82 884	26 417
2 064	82 920	26 432
2 065	82 956	26 447
2 066	82 992	26 462
2 067	83 028	26 477
2 068	83 064	26 492
2 069	83 100	26 507
2 070	83 136	26 522
2 071	83 172	26 538
2 072	83 208	26 553
2 073	83 244	26 568
2 074	83 280	26 583
2 075	83 316	26 598
2 076	83 352	26 613
2 077	83 388	26 628
2 078	83 424	26 643
2 079	83 460	26 659
2 080	83 496	26 674
2 081	83 532	26 689
2 082	83 568	26 704
2 083	83 604	26 719
2 084	83 640	26 734
2 085	83 676	26 749
2 086	83 712	26 764
2 087	83 748	26 780
2 088	83 784	26 795
2 089	83 820	26 810
2 090	83 856	26 825
2 091	83 892	26 840
2 092	83 928	26 855
2 093	83 964	26 870
2 094	84 000	26 885
2 095	84 036	26 900
2 096	84 072	26 916
2 097	84 108	26 931
2 098	84 144	26 946
2 099	84 180	26 961
2 100	84 216	26 976
2 101	84 252	26 991
2 102	84 288	27 006
2 103	84 324	27 021
2 104	84 360	27 037
2 105	84 396	27 052
2 106	84 432	27 067
2 107	84 468	27 082
2 108	84 504	27 097
2 109	84 540	27 112
2 110	84 576	27 127
2 111	84 612	27 142
2 112	84 648	27 158
2 113	84 684	27 173
2 114	84 720	27 188
2 115	84 756	27 203
2 116	84 792	27 218
2 117	84 828	27 233
2 118	84 864	27 248
2 119	84 900	27 263
2 120	84 936	27 278
2 121	84 972	27 294
2 122	85 008	27 309
2 123	85 044	27 324
2 124	85 080	27 339
2 125	85 116	27 354
2 126	85 152	27 369
2 127	85 188	27 384
2 128	85 224	27 399
2 129	85 260	27 415
2 130	85 296	27 430
2 131	85 332	27 445
2 132	85 368	27 460
2 133	85 404	27 475
2 134	85 440	27 490
2 135	85 476	27 505
2 136	85 512	27 520
2 137	85 548	27 536
2 138	85 584	27 551
2 139	85 620	27 566
2 140	85 656	27 581
2 141	85 692	27 596
2 142	85 728	27 611
2 143	85 764	27 626
2 144	85 800	27 641
2 145	85 836	27 656
2 146	85 872	27 672
2 147	85 908	27 687
2 148	85 944	27 702
2 149	85 980	27 717
2 150	86 016	27 732
2 151	86 052	27 747
2 152	86 088	27 762
2 153	86 124	27 777
2 154	86 160	27 793
2 155	86 196	27 808
2 156	86 232	27 823
2 157	86 268	27 838
2 158	86 304	27 853
2 159	86 340	27 868
2 160	86 376	27 883

* Die Einkommensteuer gilt nur für den ausgewiesenen Wert, Zwischenwerte sind zu schätzen — s. Vorbemerkungen

laufende Nummer	zu versteuerndes Einkommen* in €	tarifliche Einkommensteuer* in €	laufende Nummer	zu versteuerndes Einkommen* in €	tarifliche Einkommensteuer* in €
2161	86412	27898	2221	88572	28806
2162	86448	27914	2222	88608	28821
2163	86484	27929	2223	88644	28836
2164	86520	27944	2224	88680	28851
2165	86556	27959	2225	88716	28866
2166	86592	27974	2226	88752	28881
2167	86628	27989	2227	88788	28896
2168	86664	28004	2228	88824	28911
2169	86700	28019	2229	88860	28927
2170	86736	28034	2230	88896	28942
2171	86772	28050	2231	88932	28957
2172	86808	28065	2232	88968	28972
2173	86844	28080	2233	89004	28987
2174	86880	28095	2234	89040	29002
2175	86916	28110	2235	89076	29017
2176	86952	28125	2236	89112	29032
2177	86988	28140	2237	89148	29048
2178	87024	28155	2238	89184	29063
2179	87060	28171	2239	89220	29078
2180	87096	28186	2240	89256	29093
2181	87132	28201	2241	89292	29108
2182	87168	28216	2242	89328	29123
2183	87204	28231	2243	89364	29138
2184	87240	28246	2244	89400	29153
2185	87276	28261	2245	89436	29168
2186	87312	28276	2246	89472	29184
2187	87348	28292	2247	89508	29199
2188	87384	28307	2248	89544	29214
2189	87420	28322	2249	89580	29229
2190	87456	28337	2250	89616	29244
2191	87492	28352	2251	89652	29259
2192	87528	28367	2252	89688	29274
2193	87564	28382	2253	89724	29289
2194	87600	28397	2254	89760	29305
2195	87636	28412	2255	89796	29320
2196	87672	28428	2256	89832	29335
2197	87708	28443	2257	89868	29350
2198	87744	28458	2258	89904	29365
2199	87780	28473	2259	89940	29380
2200	87816	28488	2260	89976	29395
2201	87852	28503	2261	90012	29410
2202	87888	28518	2262	90048	29426
2203	87924	28533	2263	90084	29441
2204	87960	28549	2264	90120	29456
2205	87996	28564	2265	90156	29471
2206	88032	28579	2266	90192	29486
2207	88068	28594	2267	90228	29501
2208	88104	28609	2268	90264	29516
2209	88140	28624	2269	90300	29531
2210	88176	28639	2270	90336	29546
2211	88212	28654	2271	90372	29562
2212	88248	28670	2272	90408	29577
2213	88284	28685	2273	90444	29592
2214	88320	28700	2274	90480	29607
2215	88356	28715	2275	90516	29622
2216	88392	28730	2276	90552	29637
2217	88428	28745	2277	90588	29652
2218	88464	28760	2278	90624	29667
2219	88500	28775	2279	90660	29683
2220	88536	28790	2280	90696	29698

* Die Einkommensteuer gilt nur für den ausgewiesenen Wert, Zwischenwerte sind zu schätzen – s. Vorbemerkungen

laufende Nummer	zu versteuerndes Einkommen* in €	tarifliche Einkommensteuer* in €
2 281	90 732	29 713
2 282	90 768	29 728
2 283	90 804	29 743
2 284	90 840	29 758
2 285	90 876	29 773
2 286	90 912	29 788
2 287	90 948	29 804
2 288	90 984	29 819
2 289	91 020	29 834
2 290	91 056	29 849
2 291	91 092	29 864
2 292	91 128	29 879
2 293	91 164	29 894
2 294	91 200	29 909
2 295	91 236	29 924
2 296	91 272	29 940
2 297	91 308	29 955
2 298	91 344	29 970
2 299	91 380	29 985
2 300	91 416	30 000
2 301	91 452	30 015
2 302	91 488	30 030
2 303	91 524	30 045
2 304	91 560	30 061
2 305	91 596	30 076
2 306	91 632	30 091
2 307	91 668	30 106
2 308	91 704	30 121
2 309	91 740	30 136
2 310	91 776	30 151
2 311	91 812	30 166
2 312	91 848	30 182
2 313	91 884	30 197
2 314	91 920	30 212
2 315	91 956	30 227
2 316	91 992	30 242
2 317	92 028	30 257
2 318	92 064	30 272
2 319	92 100	30 287
2 320	92 136	30 302
2 321	92 172	30 318
2 322	92 208	30 333
2 323	92 244	30 348
2 324	92 280	30 363
2 325	92 316	30 378
2 326	92 352	30 393
2 327	92 388	30 408
2 328	92 424	30 423
2 329	92 460	30 439
2 330	92 496	30 454
2 331	92 532	30 469
2 332	92 568	30 484
2 333	92 604	30 499
2 334	92 640	30 514
2 335	92 676	30 529
2 336	92 712	30 544
2 337	92 748	30 560
2 338	92 784	30 575
2 339	92 820	30 590
2 340	92 856	30 605
2 341	92 892	30 620
2 342	92 928	30 635
2 343	92 964	30 650
2 344	93 000	30 665
2 345	93 036	30 680
2 346	93 072	30 696
2 347	93 108	30 711
2 348	93 144	30 726
2 349	93 180	30 741
2 350	93 216	30 756
2 351	93 252	30 771
2 352	93 288	30 786
2 353	93 324	30 801
2 354	93 360	30 817
2 355	93 396	30 832
2 356	93 432	30 847
2 357	93 468	30 862
2 358	93 504	30 877
2 359	93 540	30 892
2 360	93 576	30 907
2 361	93 612	30 922
2 362	93 648	30 938
2 363	93 684	30 953
2 364	93 720	30 968
2 365	93 756	30 983
2 366	93 792	30 998
2 367	93 828	31 013
2 368	93 864	31 028
2 369	93 900	31 043
2 370	93 936	31 058
2 371	93 972	31 074
2 372	94 008	31 089
2 373	94 044	31 104
2 374	94 080	31 119
2 375	94 116	31 134
2 376	94 152	31 149
2 377	94 188	31 164
2 378	94 224	31 179
2 379	94 260	31 195
2 380	94 296	31 210
2 381	94 332	31 225
2 382	94 368	31 240
2 383	94 404	31 255
2 384	94 440	31 270
2 385	94 476	31 285
2 386	94 512	31 300
2 387	94 548	31 316
2 388	94 584	31 331
2 389	94 620	31 346
2 390	94 656	31 361
2 391	94 692	31 376
2 392	94 728	31 391
2 393	94 764	31 406
2 394	94 800	31 421
2 395	94 836	31 436
2 396	94 872	31 452
2 397	94 908	31 467
2 398	94 944	31 482
2 399	94 980	31 497
2 400	95 016	31 512

* Die Einkommensteuer gilt nur für den ausgewiesenen Wert, Zwischenwerte sind zu schätzen — s. Vorbemerkungen

laufende Nummer	zu versteuerndes Einkommen* in €	tarifliche Einkommensteuer* in €	laufende Nummer	zu versteuerndes Einkommen* in €	tarifliche Einkommensteuer* in €
1	17 304	–	61	21 624	696
2	17 376	10	62	21 696	710
3	17 448	20	63	21 768	722
4	17 520	30	64	21 840	736
5	17 592	40	65	21 912	750
6	17 664	50	66	21 984	764
7	17 736	60	67	22 056	776
8	17 808	70	68	22 128	790
9	17 880	82	69	22 200	804
10	17 952	92	70	22 272	818
11	18 024	102	71	22 344	830
12	18 096	112	72	22 416	844
13	18 168	124	73	22 488	858
14	18 240	134	74	22 560	872
15	18 312	146	75	22 632	886
16	18 384	156	76	22 704	900
17	18 456	166	77	22 776	914
18	18 528	178	78	22 848	928
19	18 600	188	79	22 920	942
20	18 672	200	80	22 992	956
21	18 744	210	81	23 064	970
22	18 816	222	82	23 136	984
23	18 888	234	83	23 208	998
24	18 960	244	84	23 280	1 014
25	19 032	256	85	23 352	1 028
26	19 104	268	86	23 424	1 042
27	19 176	278	87	23 496	1 056
28	19 248	290	88	23 568	1 070
29	19 320	302	89	23 640	1 086
30	19 392	312	90	23 712	1 100
31	19 464	324	91	23 784	1 114
32	19 536	336	92	23 856	1 130
33	19 608	348	93	23 928	1 144
34	19 680	360	94	24 000	1 160
35	19 752	372	95	24 072	1 174
36	19 824	384	96	24 144	1 190
37	19 896	396	97	24 216	1 204
38	19 968	408	98	24 288	1 220
39	20 040	420	99	24 360	1 234
40	20 112	432	100	24 432	1 250
41	20 184	444	101	24 504	1 264
42	20 256	456	102	24 576	1 280
43	20 328	468	103	24 648	1 296
44	20 400	480	104	24 720	1 310
45	20 472	492	105	24 792	1 326
46	20 544	504	106	24 864	1 342
47	20 616	518	107	24 936	1 356
48	20 688	530	108	25 008	1 372
49	20 760	542	109	25 080	1 388
50	20 832	554	110	25 152	1 404
51	20 904	568	111	25 224	1 420
52	20 976	580	112	25 296	1 436
53	21 048	592	113	25 368	1 452
54	21 120	606	114	25 440	1 466
55	21 192	618	115	25 512	1 482
56	21 264	632	116	25 584	1 498
57	21 336	644	117	25 656	1 514
58	21 408	658	118	25 728	1 530
59	21 480	670	119	25 800	1 548
60	21 552	684	120	25 872	1 564

* Die Einkommensteuer gilt nur für den ausgewiesenen Wert, Zwischenwerte sind zu schätzen — s. Vorbemerkungen

T 1b ESt-Splittingtabelle

Gültig ab 1. 1. 2016

laufende Nummer	zu versteuerndes Einkommen* in €	tarifliche Einkommen-steuer* in €
121	25 944	1 580
122	26 016	1 596
123	26 088	1 612
124	26 160	1 628
125	26 232	1 644
126	26 304	1 662
127	26 376	1 678
128	26 448	1 694
129	26 520	1 712
130	26 592	1 728
131	26 664	1 744
132	26 736	1 762
133	26 808	1 778
134	26 880	1 796
135	26 952	1 812
136	27 024	1 830
137	27 096	1 846
138	27 168	1 864
139	27 240	1 880
140	27 312	1 898
141	27 384	1 914
142	27 456	1 932
143	27 528	1 950
144	27 600	1 966
145	27 672	1 984
146	27 744	2 002
147	27 816	2 018
148	27 888	2 036
149	27 960	2 054
150	28 032	2 070
151	28 104	2 088
152	28 176	2 106
153	28 248	2 124
154	28 320	2 140
155	28 392	2 158
156	28 464	2 176
157	28 536	2 192
158	28 608	2 210
159	28 680	2 228
160	28 752	2 246
161	28 824	2 262
162	28 896	2 280
163	28 968	2 298
164	29 040	2 316
165	29 112	2 332
166	29 184	2 350
167	29 256	2 368
168	29 328	2 386
169	29 400	2 404
170	29 472	2 420
171	29 544	2 438
172	29 616	2 456
173	29 688	2 474
174	29 760	2 492
175	29 832	2 508
176	29 904	2 526
177	29 976	2 544
178	30 048	2 562
179	30 120	2 580
180	30 192	2 598
181	30 264	2 614
182	30 336	2 632
183	30 408	2 650
184	30 480	2 668
185	30 552	2 686
186	30 624	2 704
187	30 696	2 722
188	30 768	2 740
189	30 840	2 758
190	30 912	2 776
191	30 984	2 792
192	31 056	2 810
193	31 128	2 828
194	31 200	2 846
195	31 272	2 864
196	31 344	2 882
197	31 416	2 900
198	31 488	2 918
199	31 560	2 936
200	31 632	2 954
201	31 704	2 972
202	31 776	2 990
203	31 848	3 008
204	31 920	3 026
205	31 992	3 044
206	32 064	3 062
207	32 136	3 080
208	32 208	3 098
209	32 280	3 116
210	32 352	3 134
211	32 424	3 152
212	32 496	3 170
213	32 568	3 188
214	32 640	3 206
215	32 712	3 224
216	32 784	3 242
217	32 856	3 260
218	32 928	3 280
219	33 000	3 298
220	33 072	3 316
221	33 144	3 334
222	33 216	3 352
223	33 288	3 370
224	33 360	3 388
225	33 432	3 406
226	33 504	3 424
227	33 576	3 444
228	33 648	3 462
229	33 720	3 480
230	33 792	3 498
231	33 864	3 516
232	33 936	3 534
233	34 008	3 552
234	34 080	3 572
235	34 152	3 590
236	34 224	3 608
237	34 296	3 626
238	34 368	3 644
239	34 440	3 664
240	34 512	3 682

* Die Einkommensteuer gilt nur für den ausgewiesenen Wert, Zwischenwerte sind zu schätzen — s. Vorbemerkungen

laufende Nummer	zu versteuerndes Einkommen* in €	tarifliche Einkommensteuer* in €
241	34 584	3 700
242	34 656	3 718
243	34 728	3 736
244	34 800	3 756
245	34 872	3 774
246	34 944	3 792
247	35 016	3 810
248	35 088	3 830
249	35 160	3 848
250	35 232	3 866
251	35 304	3 884
252	35 376	3 904
253	35 448	3 922
254	35 520	3 940
255	35 592	3 960
256	35 664	3 978
257	35 736	3 996
258	35 808	4 016
259	35 880	4 034
260	35 952	4 052
261	36 024	4 072
262	36 096	4 090
263	36 168	4 108
264	36 240	4 128
265	36 312	4 146
266	36 384	4 164
267	36 456	4 184
268	36 528	4 202
269	36 600	4 220
270	36 672	4 240
271	36 744	4 258
272	36 816	4 278
273	36 888	4 296
274	36 960	4 314
275	37 032	4 334
276	37 104	4 352
277	37 176	4 372
278	37 248	4 390
279	37 320	4 408
280	37 392	4 428
281	37 464	4 446
282	37 536	4 466
283	37 608	4 484
284	37 680	4 504
285	37 752	4 522
286	37 824	4 542
287	37 896	4 560
288	37 968	4 580
289	38 040	4 598
290	38 112	4 618
291	38 184	4 636
292	38 256	4 656
293	38 328	4 674
294	38 400	4 694
295	38 472	4 712
296	38 544	4 732
297	38 616	4 750
298	38 688	4 770
299	38 760	4 788
300	38 832	4 808
301	38 904	4 828
302	38 976	4 846
303	39 048	4 866
304	39 120	4 884
305	39 192	4 904
306	39 264	4 922
307	39 336	4 942
308	39 408	4 962
309	39 480	4 980
310	39 552	5 000
311	39 624	5 020
312	39 696	5 038
313	39 768	5 058
314	39 840	5 076
315	39 912	5 096
316	39 984	5 116
317	40 056	5 134
318	40 128	5 154
319	40 200	5 174
320	40 272	5 192
321	40 344	5 212
322	40 416	5 232
323	40 488	5 250
324	40 560	5 270
325	40 632	5 290
326	40 704	5 310
327	40 776	5 328
328	40 848	5 348
329	40 920	5 368
330	40 992	5 386
331	41 064	5 406
332	41 136	5 426
333	41 208	5 446
334	41 280	5 464
335	41 352	5 484
336	41 424	5 504
337	41 496	5 524
338	41 568	5 544
339	41 640	5 562
340	41 712	5 582
341	41 784	5 602
342	41 856	5 622
343	41 928	5 642
344	42 000	5 660
345	42 072	5 680
346	42 144	5 700
347	42 216	5 720
348	42 288	5 740
349	42 360	5 760
350	42 432	5 778
351	42 504	5 798
352	42 576	5 818
353	42 648	5 838
354	42 720	5 858
355	42 792	5 878
356	42 864	5 898
357	42 936	5 916
358	43 008	5 936
359	43 080	5 956
360	43 152	5 976

* Die Einkommensteuer gilt nur für den ausgewiesenen Wert, Zwischenwerte sind zu schätzen – s. Vorbemerkungen

laufende Nummer	zu versteuerndes Einkommen* in €	tarifliche Einkommensteuer* in €	laufende Nummer	zu versteuerndes Einkommen* in €	tarifliche Einkommensteuer* in €
361	43224	5996	421	47544	7208
362	43296	6016	422	47616	7228
363	43368	6036	423	47688	7248
364	43440	6056	424	47760	7270
365	43512	6076	425	47832	7290
366	43584	6096	426	47904	7310
367	43656	6116	427	47976	7330
368	43728	6136	428	48048	7352
369	43800	6156	429	48120	7372
370	43872	6176	430	48192	7392
371	43944	6196	431	48264	7414
372	44016	6216	432	48336	7434
373	44088	6236	433	48408	7454
374	44160	6256	434	48480	7476
375	44232	6276	435	48552	7496
376	44304	6296	436	48624	7516
377	44376	6316	437	48696	7538
378	44448	6336	438	48768	7558
379	44520	6356	439	48840	7580
380	44592	6376	440	48912	7600
381	44664	6396	441	48984	7620
382	44736	6416	442	49056	7642
383	44808	6436	443	49128	7662
384	44880	6456	444	49200	7682
385	44952	6476	445	49272	7704
386	45024	6496	446	49344	7724
387	45096	6516	447	49416	7746
388	45168	6536	448	49488	7766
389	45240	6556	449	49560	7788
390	45312	6576	450	49632	7808
391	45384	6596	451	49704	7828
392	45456	6616	452	49776	7850
393	45528	6638	453	49848	7870
394	45600	6658	454	49920	7892
395	45672	6678	455	49992	7912
396	45744	6698	456	50064	7934
397	45816	6718	457	50136	7954
398	45888	6738	458	50208	7976
399	45960	6758	459	50280	7996
400	46032	6778	460	50352	8018
401	46104	6800	461	50424	8038
402	46176	6820	462	50496	8060
403	46248	6840	463	50568	8080
404	46320	6860	464	50640	8102
405	46392	6880	465	50712	8122
406	46464	6900	466	50784	8144
407	46536	6922	467	50856	8164
408	46608	6942	468	50928	8186
409	46680	6962	469	51000	8206
410	46752	6982	470	51072	8228
411	46824	7002	471	51144	8248
412	46896	7024	472	51216	8270
413	46968	7044	473	51288	8292
414	47040	7064	474	51360	8312
415	47112	7084	475	51432	8334
416	47184	7104	476	51504	8354
417	47256	7126	477	51576	8376
418	47328	7146	478	51648	8398
419	47400	7166	479	51720	8418
420	47472	7186	480	51792	8440

* Die Einkommensteuer gilt nur für den ausgewiesenen Wert, Zwischenwerte sind zu schätzen — s. Vorbemerkungen

laufende Nummer	zu versteuerndes Einkommen* in €	tarifliche Einkommensteuer* in €
481	51 864	8 460
482	51 936	8 482
483	52 008	8 504
484	52 080	8 524
485	52 152	8 546
486	52 224	8 568
487	52 296	8 588
488	52 368	8 610
489	52 440	8 632
490	52 512	8 652
491	52 584	8 674
492	52 656	8 696
493	52 728	8 716
494	52 800	8 738
495	52 872	8 760
496	52 944	8 780
497	53 016	8 802
498	53 088	8 824
499	53 160	8 844
500	53 232	8 866
501	53 304	8 888
502	53 376	8 910
503	53 448	8 930
504	53 520	8 952
505	53 592	8 974
506	53 664	8 996
507	53 736	9 016
508	53 808	9 038
509	53 880	9 060
510	53 952	9 082
511	54 024	9 104
512	54 096	9 124
513	54 168	9 146
514	54 240	9 168
515	54 312	9 190
516	54 384	9 212
517	54 456	9 232
518	54 528	9 254
519	54 600	9 276
520	54 672	9 298
521	54 744	9 320
522	54 816	9 342
523	54 888	9 364
524	54 960	9 384
525	55 032	9 406
526	55 104	9 428
527	55 176	9 450
528	55 248	9 472
529	55 320	9 494
530	55 392	9 516
531	55 464	9 538
532	55 536	9 560
533	55 608	9 580
534	55 680	9 602
535	55 752	9 624
536	55 824	9 646
537	55 896	9 668
538	55 968	9 690
539	56 040	9 712
540	56 112	9 734

laufende Nummer	zu versteuerndes Einkommen* in €	tarifliche Einkommensteuer* in €
541	56 184	9 756
542	56 256	9 778
543	56 328	9 800
544	56 400	9 822
545	56 472	9 844
546	56 544	9 866
547	56 616	9 888
548	56 688	9 910
549	56 760	9 932
550	56 832	9 954
551	56 904	9 976
552	56 976	9 998
553	57 048	10 020
554	57 120	10 042
555	57 192	10 064
556	57 264	10 086
557	57 336	10 108
558	57 408	10 130
559	57 480	10 152
560	57 552	10 176
561	57 624	10 198
562	57 696	10 220
563	57 768	10 242
564	57 840	10 264
565	57 912	10 286
566	57 984	10 308
567	58 056	10 330
568	58 128	10 352
569	58 200	10 376
570	58 272	10 398
571	58 344	10 420
572	58 416	10 442
573	58 488	10 464
574	58 560	10 486
575	58 632	10 508
576	58 704	10 532
577	58 776	10 554
578	58 848	10 576
579	58 920	10 598
580	58 992	10 620
581	59 064	10 644
582	59 136	10 666
583	59 208	10 688
584	59 280	10 710
585	59 352	10 732
586	59 424	10 756
587	59 496	10 778
588	59 568	10 800
589	59 640	10 822
590	59 712	10 846
591	59 784	10 868
592	59 856	10 890
593	59 928	10 912
594	60 000	10 936
595	60 072	10 958
596	60 144	10 980
597	60 216	11 004
598	60 288	11 026
599	60 360	11 048
600	60 432	11 070

* Die Einkommensteuer gilt nur für den ausgewiesenen Wert, Zwischenwerte sind zu schätzen — s. Vorbemerkungen

laufende Nummer	zu versteuerndes Einkommen* in €	tarifliche Einkommensteuer* in €	laufende Nummer	zu versteuerndes Einkommen* in €	tarifliche Einkommensteuer* in €
601	60 504	11 094	661	64 824	12 474
602	60 576	11 116	662	64 896	12 496
603	60 648	11 138	663	64 968	12 520
604	60 720	11 162	664	65 040	12 544
605	60 792	11 184	665	65 112	12 566
606	60 864	11 206	666	65 184	12 590
607	60 936	11 230	667	65 256	12 614
608	61 008	11 252	668	65 328	12 636
609	61 080	11 276	669	65 400	12 660
610	61 152	11 298	670	65 472	12 684
611	61 224	11 320	671	65 544	12 708
612	61 296	11 344	672	65 616	12 730
613	61 368	11 366	673	65 688	12 754
614	61 440	11 388	674	65 760	12 778
615	61 512	11 412	675	65 832	12 800
616	61 584	11 434	676	65 904	12 824
617	61 656	11 458	677	65 976	12 848
618	61 728	11 480	678	66 048	12 872
619	61 800	11 502	679	66 120	12 896
620	61 872	11 526	680	66 192	12 918
621	61 944	11 548	681	66 264	12 942
622	62 016	11 572	682	66 336	12 966
623	62 088	11 594	683	66 408	12 990
624	62 160	11 618	684	66 480	13 012
625	62 232	11 640	685	66 552	13 036
626	62 304	11 664	686	66 624	13 060
627	62 376	11 686	687	66 696	13 084
628	62 448	11 710	688	66 768	13 108
629	62 520	11 732	689	66 840	13 132
630	62 592	11 756	690	66 912	13 154
631	62 664	11 778	691	66 984	13 178
632	62 736	11 802	692	67 056	13 202
633	62 808	11 824	693	67 128	13 226
634	62 880	11 848	694	67 200	13 250
635	62 952	11 870	695	67 272	13 274
636	63 024	11 894	696	67 344	13 298
637	63 096	11 916	697	67 416	13 320
638	63 168	11 940	698	67 488	13 344
639	63 240	11 962	699	67 560	13 368
640	63 312	11 986	700	67 632	13 392
641	63 384	12 008	701	67 704	13 416
642	63 456	12 032	702	67 776	13 440
643	63 528	12 054	703	67 848	13 464
644	63 600	12 078	704	67 920	13 488
645	63 672	12 102	705	67 992	13 512
646	63 744	12 124	706	68 064	13 536
647	63 816	12 148	707	68 136	13 560
648	63 888	12 170	708	68 208	13 582
649	63 960	12 194	709	68 280	13 606
650	64 032	12 216	710	68 352	13 630
651	64 104	12 240	711	68 424	13 654
652	64 176	12 264	712	68 496	13 678
653	64 248	12 286	713	68 568	13 702
654	64 320	12 310	714	68 640	13 726
655	64 392	12 334	715	68 712	13 750
656	64 464	12 356	716	68 784	13 774
657	64 536	12 380	717	68 856	13 798
658	64 608	12 404	718	68 928	13 822
659	64 680	12 426	719	69 000	13 846
660	64 752	12 450	720	69 072	13 870

* Die Einkommensteuer gilt nur für den ausgewiesenen Wert, Zwischenwerte sind zu schätzen – s. Vorbemerkungen

laufende Nummer	zu versteuerndes Einkommen* in €	tarifliche Einkommensteuer* in €
721	69 144	13 894
722	69 216	13 918
723	69 288	13 942
724	69 360	13 966
725	69 432	13 990
726	69 504	14 014
727	69 576	14 040
728	69 648	14 064
729	69 720	14 088
730	69 792	14 112
731	69 864	14 136
732	69 936	14 160
733	70 008	14 184
734	70 080	14 208
735	70 152	14 232
736	70 224	14 256
737	70 296	14 280
738	70 368	14 304
739	70 440	14 330
740	70 512	14 354
741	70 584	14 378
742	70 656	14 402
743	70 728	14 426
744	70 800	14 450
745	70 872	14 474
746	70 944	14 500
747	71 016	14 524
748	71 088	14 548
749	71 160	14 572
750	71 232	14 596
751	71 304	14 622
752	71 376	14 646
753	71 448	14 670
754	71 520	14 694
755	71 592	14 718
756	71 664	14 744
757	71 736	14 768
758	71 808	14 792
759	71 880	14 816
760	71 952	14 842
761	72 024	14 866
762	72 096	14 890
763	72 168	14 914
764	72 240	14 940
765	72 312	14 964
766	72 384	14 988
767	72 456	15 012
768	72 528	15 038
769	72 600	15 062
770	72 672	15 086
771	72 744	15 112
772	72 816	15 136
773	72 888	15 160
774	72 960	15 186
775	73 032	15 210
776	73 104	15 234
777	73 176	15 260
778	73 248	15 284
779	73 320	15 308
780	73 392	15 334
781	73 464	15 358
782	73 536	15 382
783	73 608	15 408
784	73 680	15 432
785	73 752	15 458
786	73 824	15 482
787	73 896	15 506
788	73 968	15 532
789	74 040	15 556
790	74 112	15 582
791	74 184	15 606
792	74 256	15 632
793	74 328	15 656
794	74 400	15 680
795	74 472	15 706
796	74 544	15 730
797	74 616	15 756
798	74 688	15 780
799	74 760	15 806
800	74 832	15 830
801	74 904	15 856
802	74 976	15 880
803	75 048	15 906
804	75 120	15 930
805	75 192	15 956
806	75 264	15 980
807	75 336	16 006
808	75 408	16 030
809	75 480	16 056
810	75 552	16 080
811	75 624	16 106
812	75 696	16 130
813	75 768	16 156
814	75 840	16 182
815	75 912	16 206
816	75 984	16 232
817	76 056	16 256
818	76 128	16 282
819	76 200	16 306
820	76 272	16 332
821	76 344	16 358
822	76 416	16 382
823	76 488	16 408
824	76 560	16 432
825	76 632	16 458
826	76 704	16 484
827	76 776	16 508
828	76 848	16 534
829	76 920	16 560
830	76 992	16 584
831	77 064	16 610
832	77 136	16 636
833	77 208	16 660
834	77 280	16 686
835	77 352	16 712
836	77 424	16 736
837	77 496	16 762
838	77 568	16 788
839	77 640	16 812
840	77 712	16 838

* Die Einkommensteuer gilt nur für den ausgewiesenen Wert, Zwischenwerte sind zu schätzen — s. Vorbemerkungen

laufende Nummer	zu versteuerndes Einkommen* in €	tarifliche Einkommen-steuer* in €	laufende Nummer	zu versteuerndes Einkommen* in €	tarifliche Einkommen-steuer* in €
841	77784	16864	901	82104	18412
842	77856	16890	902	82176	18438
843	77928	16914	903	82248	18464
844	78000	16940	904	82320	18490
845	78072	16966	905	82392	18516
846	78144	16992	906	82464	18542
847	78216	17016	907	82536	18568
848	78288	17042	908	82608	18594
849	78360	17068	909	82680	18622
850	78432	17094	910	82752	18648
851	78504	17118	911	82824	18674
852	78576	17144	912	82896	18700
853	78648	17170	913	82968	18726
854	78720	17196	914	83040	18752
855	78792	17222	915	83112	18778
856	78864	17246	916	83184	18806
857	78936	17272	917	83256	18832
858	79008	17298	918	83328	18858
859	79080	17324	919	83400	18884
860	79152	17350	920	83472	18910
861	79224	17376	921	83544	18936
862	79296	17400	922	83616	18964
863	79368	17426	923	83688	18990
864	79440	17452	924	83760	19016
865	79512	17478	925	83832	19042
866	79584	17504	926	83904	19068
867	79656	17530	927	83976	19096
868	79728	17556	928	84048	19122
869	79800	17580	929	84120	19148
870	79872	17606	930	84192	19174
871	79944	17632	931	84264	19202
872	80016	17658	932	84336	19228
873	80088	17684	933	84408	19254
874	80160	17710	934	84480	19280
875	80232	17736	935	84552	19308
876	80304	17762	936	84624	19334
877	80376	17788	937	84696	19360
878	80448	17814	938	84768	19388
879	80520	17840	939	84840	19414
880	80592	17866	940	84912	19440
881	80664	17892	941	84984	19466
882	80736	17916	942	85056	19494
883	80808	17942	943	85128	19520
884	80880	17968	944	85200	19546
885	80952	17994	945	85272	19574
886	81024	18020	946	85344	19600
887	81096	18046	947	85416	19626
888	81168	18072	948	85488	19654
889	81240	18098	949	85560	19680
890	81312	18124	950	85632	19706
891	81384	18150	951	85704	19734
892	81456	18176	952	85776	19760
893	81528	18202	953	85848	19788
894	81600	18228	954	85920	19814
895	81672	18254	955	85992	19840
896	81744	18282	956	86064	19868
897	81816	18308	957	86136	19894
898	81888	18334	958	86208	19920
899	81960	18360	959	86280	19948
900	82032	18386	960	86352	19974

* Die Einkommensteuer gilt nur für den ausgewiesenen Wert, Zwischenwerte sind zu schätzen — s. Vorbemerkungen

laufende Nummer	zu versteuerndes Einkommen* in €	tarifliche Einkommensteuer* in €	laufende Nummer	zu versteuerndes Einkommen* in €	tarifliche Einkommensteuer* in €
961	86 424	20 002	1 021	90 744	21 634
962	86 496	20 028	1 022	90 816	21 660
963	86 568	20 056	1 023	90 888	21 688
964	86 640	20 082	1 024	90 960	21 716
965	86 712	20 108	1 025	91 032	21 744
966	86 784	20 136	1 026	91 104	21 772
967	86 856	20 162	1 027	91 176	21 798
968	86 928	20 190	1 028	91 248	21 826
969	87 000	20 216	1 029	91 320	21 854
970	87 072	20 244	1 030	91 392	21 882
971	87 144	20 270	1 031	91 464	21 910
972	87 216	20 298	1 032	91 536	21 938
973	87 288	20 324	1 033	91 608	21 964
974	87 360	20 352	1 034	91 680	21 992
975	87 432	20 378	1 035	91 752	22 020
976	87 504	20 406	1 036	91 824	22 048
977	87 576	20 432	1 037	91 896	22 076
978	87 648	20 460	1 038	91 968	22 104
979	87 720	20 486	1 039	92 040	22 132
980	87 792	20 514	1 040	92 112	22 158
981	87 864	20 540	1 041	92 184	22 186
982	87 936	20 568	1 042	92 256	22 214
983	88 008	20 594	1 043	92 328	22 242
984	88 080	20 622	1 044	92 400	22 270
985	88 152	20 650	1 045	92 472	22 298
986	88 224	20 676	1 046	92 544	22 326
987	88 296	20 704	1 047	92 616	22 354
988	88 368	20 730	1 048	92 688	22 382
989	88 440	20 758	1 049	92 760	22 410
990	88 512	20 784	1 050	92 832	22 438
991	88 584	20 812	1 051	92 904	22 464
992	88 656	20 840	1 052	92 976	22 492
993	88 728	20 866	1 053	93 048	22 520
994	88 800	20 894	1 054	93 120	22 548
995	88 872	20 920	1 055	93 192	22 576
996	88 944	20 948	1 056	93 264	22 604
997	89 016	20 976	1 057	93 336	22 632
998	89 088	21 002	1 058	93 408	22 660
999	89 160	21 030	1 059	93 480	22 688
1 000	89 232	21 058	1 060	93 552	22 716
1 001	89 304	21 084	1 061	93 624	22 744
1 002	89 376	21 112	1 062	93 696	22 772
1 003	89 448	21 140	1 063	93 768	22 800
1 004	89 520	21 166	1 064	93 840	22 828
1 005	89 592	21 194	1 065	93 912	22 856
1 006	89 664	21 222	1 066	93 984	22 884
1 007	89 736	21 248	1 067	94 056	22 912
1 008	89 808	21 276	1 068	94 128	22 940
1 009	89 880	21 304	1 069	94 200	22 970
1 010	89 952	21 330	1 070	94 272	22 998
1 011	90 024	21 358	1 071	94 344	23 026
1 012	90 096	21 386	1 072	94 416	23 054
1 013	90 168	21 414	1 073	94 488	23 082
1 014	90 240	21 440	1 074	94 560	23 110
1 015	90 312	21 468	1 075	94 632	23 138
1 016	90 384	21 496	1 076	94 704	23 166
1 017	90 456	21 524	1 077	94 776	23 194
1 018	90 528	21 550	1 078	94 848	23 222
1 019	90 600	21 578	1 079	94 920	23 250
1 020	90 672	21 606	1 080	94 992	23 278

* Die Einkommensteuer gilt nur für den ausgewiesenen Wert, Zwischenwerte sind zu schätzen – s. Vorbemerkungen

laufende Nummer	zu versteuerndes Einkommen* in €	tarifliche Einkommensteuer* in €	laufende Nummer	zu versteuerndes Einkommen* in €	tarifliche Einkommensteuer* in €
1081	95064	23308	1141	99384	25024
1082	95136	23336	1142	99456	25052
1083	95208	23364	1143	99528	25082
1084	95280	23392	1144	99600	25110
1085	95352	23420	1145	99672	25140
1086	95424	23448	1146	99744	25168
1087	95496	23476	1147	99816	25198
1088	95568	23506	1148	99888	25226
1089	95640	23534	1149	99960	25256
1090	95712	23562	1150	100032	25284
1091	95784	23590	1151	100104	25314
1092	95856	23618	1152	100176	25342
1093	95928	23648	1153	100248	25372
1094	96000	23676	1154	100320	25400
1095	96072	23704	1155	100392	25430
1096	96144	23732	1156	100464	25458
1097	96216	23760	1157	100536	25488
1098	96288	23790	1158	100608	25518
1099	96360	23818	1159	100680	25546
1100	96432	23846	1160	100752	25576
1101	96504	23874	1161	100824	25604
1102	96576	23904	1162	100896	25634
1103	96648	23932	1163	100968	25662
1104	96720	23960	1164	101040	25692
1105	96792	23988	1165	101112	25722
1106	96864	24018	1166	101184	25750
1107	96936	24046	1167	101256	25780
1108	97008	24074	1168	101328	25810
1109	97080	24102	1169	101400	25838
1110	97152	24132	1170	101472	25868
1111	97224	24160	1171	101544	25896
1112	97296	24188	1172	101616	25926
1113	97368	24218	1173	101688	25956
1114	97440	24246	1174	101760	25984
1115	97512	24274	1175	101832	26014
1116	97584	24304	1176	101904	26044
1117	97656	24332	1177	101976	26074
1118	97728	24360	1178	102048	26102
1119	97800	24390	1179	102120	26132
1120	97872	24418	1180	102192	26162
1121	97944	24446	1181	102264	26190
1122	98016	24476	1182	102336	26220
1123	98088	24504	1183	102408	26250
1124	98160	24532	1184	102480	26278
1125	98232	24562	1185	102552	26308
1126	98304	24590	1186	102624	26338
1127	98376	24620	1187	102696	26368
1128	98448	24648	1188	102768	26396
1129	98520	24676	1189	102840	26426
1130	98592	24706	1190	102912	26456
1131	98664	24734	1191	102984	26486
1132	98736	24764	1192	103056	26514
1133	98808	24792	1193	103128	26544
1134	98880	24820	1194	103200	26574
1135	98952	24850	1195	103272	26604
1136	99024	24878	1196	103344	26634
1137	99096	24908	1197	103416	26662
1138	99168	24936	1198	103488	26692
1139	99240	24966	1199	103560	26722
1140	99312	24994	1200	103632	26752

* Die Einkommensteuer gilt nur für den ausgewiesenen Wert, Zwischenwerte sind zu schätzen — s. Vorbemerkungen

laufende Nummer	zu versteuerndes Einkommen* in €	tarifliche Einkommensteuer* in €	laufende Nummer	zu versteuerndes Einkommen* in €	tarifliche Einkommensteuer* in €
1201	103704	26782	1261	108024	28580
1202	103776	26810	1262	108096	28612
1203	103848	26840	1263	108168	28642
1204	103920	26870	1264	108240	28672
1205	103992	26900	1265	108312	28702
1206	104064	26930	1266	108384	28732
1207	104136	26960	1267	108456	28762
1208	104208	26990	1268	108528	28792
1209	104280	27018	1269	108600	28822
1210	104352	27048	1270	108672	28852
1211	104424	27078	1271	108744	28884
1212	104496	27108	1272	108816	28914
1213	104568	27138	1273	108888	28944
1214	104640	27168	1274	108960	28974
1215	104712	27198	1275	109032	29004
1216	104784	27228	1276	109104	29034
1217	104856	27258	1277	109176	29064
1218	104928	27288	1278	109248	29094
1219	105000	27316	1279	109320	29126
1220	105072	27346	1280	109392	29156
1221	105144	27376	1281	109464	29186
1222	105216	27406	1282	109536	29216
1223	105288	27436	1283	109608	29246
1224	105360	27466	1284	109680	29276
1225	105432	27496	1285	109752	29306
1226	105504	27526	1286	109824	29336
1227	105576	27556	1287	109896	29368
1228	105648	27586	1288	109968	29398
1229	105720	27616	1289	110040	29428
1230	105792	27646	1290	110112	29458
1231	105864	27676	1291	110184	29488
1232	105936	27706	1292	110256	29518
1233	106008	27736	1293	110328	29548
1234	106080	27766	1294	110400	29578
1235	106152	27796	1295	110472	29608
1236	106224	27826	1296	110544	29640
1237	106296	27856	1297	110616	29670
1238	106368	27886	1298	110688	29700
1239	106440	27916	1299	110760	29730
1240	106512	27946	1300	110832	29760
1241	106584	27976	1301	110904	29790
1242	106656	28006	1302	110976	29820
1243	106728	28036	1303	111048	29850
1244	106800	28068	1304	111120	29882
1245	106872	28098	1305	111192	29912
1246	106944	28128	1306	111264	29942
1247	107016	28158	1307	111336	29972
1248	107088	28188	1308	111408	30002
1249	107160	28218	1309	111480	30032
1250	107232	28248	1310	111552	30062
1251	107304	28278	1311	111624	30092
1252	107376	28308	1312	111696	30124
1253	107448	28338	1313	111768	30154
1254	107520	28370	1314	111840	30184
1255	107592	28400	1315	111912	30214
1256	107664	28430	1316	111984	30244
1257	107736	28460	1317	112056	30274
1258	107808	28490	1318	112128	30304
1259	107880	28520	1319	112200	30334
1260	107952	28550	1320	112272	30364

* Die Einkommensteuer gilt nur für den ausgewiesenen Wert, Zwischenwerte sind zu schätzen — s. Vorbemerkungen

T 1b ESt-Splittingtabelle

laufende Nummer	zu versteuerndes Einkommen* in €	tarifliche Einkommen-steuer* in €
1321	112344	30396
1322	112416	30426
1323	112488	30456
1324	112560	30486
1325	112632	30516
1326	112704	30546
1327	112776	30576
1328	112848	30606
1329	112920	30638
1330	112992	30668
1331	113064	30698
1332	113136	30728
1333	113208	30758
1334	113280	30788
1335	113352	30818
1336	113424	30848
1337	113496	30880
1338	113568	30910
1339	113640	30940
1340	113712	30970
1341	113784	31000
1342	113856	31030
1343	113928	31060
1344	114000	31090
1345	114072	31120
1346	114144	31152
1347	114216	31182
1348	114288	31212
1349	114360	31242
1350	114432	31272
1351	114504	31302
1352	114576	31332
1353	114648	31362
1354	114720	31394
1355	114792	31424
1356	114864	31454
1357	114936	31484
1358	115008	31514
1359	115080	31544
1360	115152	31574
1361	115224	31604
1362	115296	31636
1363	115368	31666
1364	115440	31696
1365	115512	31726
1366	115584	31756
1367	115656	31786
1368	115728	31816
1369	115800	31846
1370	115872	31876
1371	115944	31908
1372	116016	31938
1373	116088	31968
1374	116160	31998
1375	116232	32028
1376	116304	32058
1377	116376	32088
1378	116448	32118
1379	116520	32150
1380	116592	32180
1381	116664	32210
1382	116736	32240
1383	116808	32270
1384	116880	32300
1385	116952	32330
1386	117024	32360
1387	117096	32392
1388	117168	32422
1389	117240	32452
1390	117312	32482
1391	117384	32512
1392	117456	32542
1393	117528	32572
1394	117600	32602
1395	117672	32632
1396	117744	32664
1397	117816	32694
1398	117888	32724
1399	117960	32754
1400	118032	32784
1401	118104	32814
1402	118176	32844
1403	118248	32874
1404	118320	32906
1405	118392	32936
1406	118464	32966
1407	118536	32996
1408	118608	33026
1409	118680	33056
1410	118752	33086
1411	118824	33116
1412	118896	33148
1413	118968	33178
1414	119040	33208
1415	119112	33238
1416	119184	33268
1417	119256	33298
1418	119328	33328
1419	119400	33358
1420	119472	33388
1421	119544	33420
1422	119616	33450
1423	119688	33480
1424	119760	33510
1425	119832	33540
1426	119904	33570
1427	119976	33600
1428	120048	33630
1429	120120	33662
1430	120192	33692
1431	120264	33722
1432	120336	33752
1433	120408	33782
1434	120480	33812
1435	120552	33842
1436	120624	33872
1437	120696	33904
1438	120768	33934
1439	120840	33964
1440	120912	33994

* Die Einkommensteuer gilt nur für den ausgewiesenen Wert, Zwischenwerte sind zu schätzen — s. Vorbemerkungen

laufende Nummer	zu versteuerndes Einkommen* in €	tarifliche Einkommensteuer* in €	laufende Nummer	zu versteuerndes Einkommen* in €	tarifliche Einkommensteuer* in €
1441	120 984	34 024	1501	125 304	35 838
1442	121 056	34 054	1502	125 376	35 868
1443	121 128	34 084	1503	125 448	35 898
1444	121 200	34 114	1504	125 520	35 930
1445	121 272	34 144	1505	125 592	35 960
1446	121 344	34 176	1506	125 664	35 990
1447	121 416	34 206	1507	125 736	36 020
1448	121 488	34 236	1508	125 808	36 050
1449	121 560	34 266	1509	125 880	36 080
1450	121 632	34 296	1510	125 952	36 110
1451	121 704	34 326	1511	126 024	36 140
1452	121 776	34 356	1512	126 096	36 172
1453	121 848	34 386	1513	126 168	36 202
1454	121 920	34 418	1514	126 240	36 232
1455	121 992	34 448	1515	126 312	36 262
1456	122 064	34 478	1516	126 384	36 292
1457	122 136	34 508	1517	126 456	36 322
1458	122 208	34 538	1518	126 528	36 352
1459	122 280	34 568	1519	126 600	36 382
1460	122 352	34 598	1520	126 672	36 412
1461	122 424	34 628	1521	126 744	36 444
1462	122 496	34 660	1522	126 816	36 474
1463	122 568	34 690	1523	126 888	36 504
1464	122 640	34 720	1524	126 960	36 534
1465	122 712	34 750	1525	127 032	36 564
1466	122 784	34 780	1526	127 104	36 594
1467	122 856	34 810	1527	127 176	36 624
1468	122 928	34 840	1528	127 248	36 654
1469	123 000	34 870	1529	127 320	36 686
1470	123 072	34 900	1530	127 392	36 716
1471	123 144	34 932	1531	127 464	36 746
1472	123 216	34 962	1532	127 536	36 776
1473	123 288	34 992	1533	127 608	36 806
1474	123 360	35 022	1534	127 680	36 836
1475	123 432	35 052	1535	127 752	36 866
1476	123 504	35 082	1536	127 824	36 896
1477	123 576	35 112	1537	127 896	36 928
1478	123 648	35 142	1538	127 968	36 958
1479	123 720	35 174	1539	128 040	36 988
1480	123 792	35 204	1540	128 112	37 018
1481	123 864	35 234	1541	128 184	37 048
1482	123 936	35 264	1542	128 256	37 078
1483	124 008	35 294	1543	128 328	37 108
1484	124 080	35 324	1544	128 400	37 138
1485	124 152	35 354	1545	128 472	37 168
1486	124 224	35 384	1546	128 544	37 200
1487	124 296	35 416	1547	128 616	37 230
1488	124 368	35 446	1548	128 688	37 260
1489	124 440	35 476	1549	128 760	37 290
1490	124 512	35 506	1550	128 832	37 320
1491	124 584	35 536	1551	128 904	37 350
1492	124 656	35 566	1552	128 976	37 380
1493	124 728	35 596	1553	129 048	37 410
1494	124 800	35 626	1554	129 120	37 442
1495	124 872	35 656	1555	129 192	37 472
1496	124 944	35 688	1556	129 264	37 502
1497	125 016	35 718	1557	129 336	37 532
1498	125 088	35 748	1558	129 408	37 562
1499	125 160	35 778	1559	129 480	37 592
1500	125 232	35 808	1560	129 552	37 622

* Die Einkommensteuer gilt nur für den ausgewiesenen Wert, Zwischenwerte sind zu schätzen — s. Vorbemerkungen

laufende Nummer	zu versteuerndes Einkommen* in €	tarifliche Einkommensteuer* in €	laufende Nummer	zu versteuerndes Einkommen* in €	tarifliche Einkommensteuer* in €
1561	129624	37652	1621	133944	39468
1562	129696	37684	1622	134016	39498
1563	129768	37714	1623	134088	39528
1564	129840	37744	1624	134160	39558
1565	129912	37774	1625	134232	39588
1566	129984	37804	1626	134304	39618
1567	130056	37834	1627	134376	39648
1568	130128	37864	1628	134448	39678
1569	130200	37894	1629	134520	39710
1570	130272	37924	1630	134592	39740
1571	130344	37956	1631	134664	39770
1572	130416	37986	1632	134736	39800
1573	130488	38016	1633	134808	39830
1574	130560	38046	1634	134880	39860
1575	130632	38076	1635	134952	39890
1576	130704	38106	1636	135024	39920
1577	130776	38136	1637	135096	39952
1578	130848	38166	1638	135168	39982
1579	130920	38198	1639	135240	40012
1580	130992	38228	1640	135312	40042
1581	131064	38258	1641	135384	40072
1582	131136	38288	1642	135456	40102
1583	131208	38318	1643	135528	40132
1584	131280	38348	1644	135600	40162
1585	131352	38378	1645	135672	40192
1586	131424	38408	1646	135744	40224
1587	131496	38440	1647	135816	40254
1588	131568	38470	1648	135888	40284
1589	131640	38500	1649	135960	40314
1590	131712	38530	1650	136032	40344
1591	131784	38560	1651	136104	40374
1592	131856	38590	1652	136176	40404
1593	131928	38620	1653	136248	40434
1594	132000	38650	1654	136320	40466
1595	132072	38680	1655	136392	40496
1596	132144	38712	1656	136464	40526
1597	132216	38742	1657	136536	40556
1598	132288	38772	1658	136608	40586
1599	132360	38802	1659	136680	40616
1600	132432	38832	1660	136752	40646
1601	132504	38862	1661	136824	40676
1602	132576	38892	1662	136896	40708
1603	132648	38922	1663	136968	40738
1604	132720	38954	1664	137040	40768
1605	132792	38984	1665	137112	40798
1606	132864	39014	1666	137184	40828
1607	132936	39044	1667	137256	40858
1608	133008	39074	1668	137328	40888
1609	133080	39104	1669	137400	40918
1610	133152	39134	1670	137472	40948
1611	133224	39164	1671	137544	40980
1612	133296	39196	1672	137616	41010
1613	133368	39226	1673	137688	41040
1614	133440	39256	1674	137760	41070
1615	133512	39286	1675	137832	41100
1616	133584	39316	1676	137904	41130
1617	133656	39346	1677	137976	41160
1618	133728	39376	1678	138048	41190
1619	133800	39406	1679	138120	41222
1620	133872	39436	1680	138192	41252

* Die Einkommensteuer gilt nur für den ausgewiesenen Wert, Zwischenwerte sind zu schätzen — s. Vorbemerkungen

laufende Nummer	zu versteuerndes Einkommen* in €	tarifliche Einkommen-steuer* in €	laufende Nummer	zu versteuerndes Einkommen* in €	tarifliche Einkommen-steuer* in €
1681	138264	41282	1741	142584	43096
1682	138336	41312	1742	142656	43126
1683	138408	41342	1743	142728	43156
1684	138480	41372	1744	142800	43186
1685	138552	41402	1745	142872	43216
1686	138624	41432	1746	142944	43248
1687	138696	41464	1747	143016	43278
1688	138768	41494	1748	143088	43308
1689	138840	41524	1749	143160	43338
1690	138912	41554	1750	143232	43368
1691	138984	41584	1751	143304	43398
1692	139056	41614	1752	143376	43428
1693	139128	41644	1753	143448	43458
1694	139200	41674	1754	143520	43490
1695	139272	41704	1755	143592	43520
1696	139344	41736	1756	143664	43550
1697	139416	41766	1757	143736	43580
1698	139488	41796	1758	143808	43610
1699	139560	41826	1759	143880	43640
1700	139632	41856	1760	143952	43670
1701	139704	41886	1761	144024	43700
1702	139776	41916	1762	144096	43732
1703	139848	41946	1763	144168	43762
1704	139920	41978	1764	144240	43792
1705	139992	42008	1765	144312	43822
1706	140064	42038	1766	144384	43852
1707	140136	42068	1767	144456	43882
1708	140208	42098	1768	144528	43912
1709	140280	42128	1769	144600	43942
1710	140352	42158	1770	144672	43972
1711	140424	42188	1771	144744	44004
1712	140496	42220	1772	144816	44034
1713	140568	42250	1773	144888	44064
1714	140640	42280	1774	144960	44094
1715	140712	42310	1775	145032	44124
1716	140784	42340	1776	145104	44154
1717	140856	42370	1777	145176	44184
1718	140928	42400	1778	145248	44214
1719	141000	42430	1779	145320	44246
1720	141072	42460	1780	145392	44276
1721	141144	42492	1781	145464	44306
1722	141216	42522	1782	145536	44336
1723	141288	42552	1783	145608	44366
1724	141360	42582	1784	145680	44396
1725	141432	42612	1785	145752	44426
1726	141504	42642	1786	145824	44456
1727	141576	42672	1787	145896	44488
1728	141648	42702	1788	145968	44518
1729	141720	42734	1789	146040	44548
1730	141792	42764	1790	146112	44578
1731	141864	42794	1791	146184	44608
1732	141936	42824	1792	146256	44638
1733	142008	42854	1793	146328	44668
1734	142080	42884	1794	146400	44698
1735	142152	42914	1795	146472	44728
1736	142224	42944	1796	146544	44760
1737	142296	42976	1797	146616	44790
1738	142368	43006	1798	146688	44820
1739	142440	43036	1799	146760	44850
1740	142512	43066	1800	146832	44880

* Die Einkommensteuer gilt nur für den ausgewiesenen Wert, Zwischenwerte sind zu schätzen — s. Vorbemerkungen

laufende Nummer	zu versteuerndes Einkommen* in €	tarifliche Einkommensteuer* in €	laufende Nummer	zu versteuerndes Einkommen* in €	tarifliche Einkommensteuer* in €
1801	146904	44910	1861	151224	46724
1802	146976	44940	1862	151296	46756
1803	147048	44970	1863	151368	46786
1804	147120	45002	1864	151440	46816
1805	147192	45032	1865	151512	46846
1806	147264	45062	1866	151584	46876
1807	147336	45092	1867	151656	46906
1808	147408	45122	1868	151728	46936
1809	147480	45152	1869	151800	46966
1810	147552	45182	1870	151872	46996
1811	147624	45212	1871	151944	47028
1812	147696	45244	1872	152016	47058
1813	147768	45274	1873	152088	47088
1814	147840	45304	1874	152160	47118
1815	147912	45334	1875	152232	47148
1816	147984	45364	1876	152304	47178
1817	148056	45394	1877	152376	47208
1818	148128	45424	1878	152448	47238
1819	148200	45454	1879	152520	47270
1820	148272	45484	1880	152592	47300
1821	148344	45516	1881	152664	47330
1822	148416	45546	1882	152736	47360
1823	148488	45576	1883	152808	47390
1824	148560	45606	1884	152880	47420
1825	148632	45636	1885	152952	47450
1826	148704	45666	1886	153024	47480
1827	148776	45696	1887	153096	47512
1828	148848	45726	1888	153168	47542
1829	148920	45758	1889	153240	47572
1830	148992	45788	1890	153312	47602
1831	149064	45818	1891	153384	47632
1832	149136	45848	1892	153456	47662
1833	149208	45878	1893	153528	47692
1834	149280	45908	1894	153600	47722
1835	149352	45938	1895	153672	47752
1836	149424	45968	1896	153744	47784
1837	149496	46000	1897	153816	47814
1838	149568	46030	1898	153888	47844
1839	149640	46060	1899	153960	47874
1840	149712	46090	1900	154032	47904
1841	149784	46120	1901	154104	47934
1842	149856	46150	1902	154176	47964
1843	149928	46180	1903	154248	47994
1844	150000	46210	1904	154320	48026
1845	150072	46240	1905	154392	48056
1846	150144	46272	1906	154464	48086
1847	150216	46302	1907	154536	48116
1848	150288	46332	1908	154608	48146
1849	150360	46362	1909	154680	48176
1850	150432	46392	1910	154752	48206
1851	150504	46422	1911	154824	48236
1852	150576	46452	1912	154896	48268
1853	150648	46482	1913	154968	48298
1854	150720	46514	1914	155040	48328
1855	150792	46544	1915	155112	48358
1856	150864	46574	1916	155184	48388
1857	150936	46604	1917	155256	48418
1858	151008	46634	1918	155328	48448
1859	151080	46664	1919	155400	48478
1860	151152	46694	1920	155472	48508

* Die Einkommensteuer gilt nur für den ausgewiesenen Wert, Zwischenwerte sind zu schätzen — s. Vorbemerkungen

ESt-Splittingtabelle T 1b

laufende Nummer	zu versteuerndes Einkommen* in €	tarifliche Einkommensteuer* in €	laufende Nummer	zu versteuerndes Einkommen* in €	tarifliche Einkommensteuer* in €
1921	155544	48540	1981	159864	50354
1922	155616	48570	1982	159936	50384
1923	155688	48600	1983	160008	50414
1924	155760	48630	1984	160080	50444
1925	155832	48660	1985	160152	50474
1926	155904	48690	1986	160224	50504
1927	155976	48720	1987	160296	50536
1928	156048	48750	1988	160368	50566
1929	156120	48782	1989	160440	50596
1930	156192	48812	1990	160512	50626
1931	156264	48842	1991	160584	50656
1932	156336	48872	1992	160656	50686
1933	156408	48902	1993	160728	50716
1934	156480	48932	1994	160800	50746
1935	156552	48962	1995	160872	50776
1936	156624	48992	1996	160944	50808
1937	156696	49024	1997	161016	50838
1938	156768	49054	1998	161088	50868
1939	156840	49084	1999	161160	50898
1940	156912	49114	2000	161232	50928
1941	156984	49144	2001	161304	50958
1942	157056	49174	2002	161376	50988
1943	157128	49204	2003	161448	51018
1944	157200	49234	2004	161520	51050
1945	157272	49264	2005	161592	51080
1946	157344	49296	2006	161664	51110
1947	157416	49326	2007	161736	51140
1948	157488	49356	2008	161808	51170
1949	157560	49386	2009	161880	51200
1950	157632	49416	2010	161952	51230
1951	157704	49446	2011	162024	51260
1952	157776	49476	2012	162096	51292
1953	157848	49506	2013	162168	51322
1954	157920	49538	2014	162240	51352
1955	157992	49568	2015	162312	51382
1956	158064	49598	2016	162384	51412
1957	158136	49628	2017	162456	51442
1958	158208	49658	2018	162528	51472
1959	158280	49688	2019	162600	51502
1960	158352	49718	2020	162672	51532
1961	158424	49748	2021	162744	51564
1962	158496	49780	2022	162816	51594
1963	158568	49810	2023	162888	51624
1964	158640	49840	2024	162960	51654
1965	158712	49870	2025	163032	51684
1966	158784	49900	2026	163104	51714
1967	158856	49930	2027	163176	51744
1968	158928	49960	2028	163248	51774
1969	159000	49990	2029	163320	51806
1970	159072	50020	2030	163392	51836
1971	159144	50052	2031	163464	51866
1972	159216	50082	2032	163536	51896
1973	159288	50112	2033	163608	51926
1974	159360	50142	2034	163680	51956
1975	159432	50172	2035	163752	51986
1976	159504	50202	2036	163824	52016
1977	159576	50232	2037	163896	52048
1978	159648	50262	2038	163968	52078
1979	159720	50294	2039	164040	52108
1980	159792	50324	2040	164112	52138

* Die Einkommensteuer gilt nur für den ausgewiesenen Wert, Zwischenwerte sind zu schätzen — s. Vorbemerkungen

laufende Nummer	zu versteuerndes Einkommen* in €	tarifliche Einkommensteuer* in €	laufende Nummer	zu versteuerndes Einkommen* in €	tarifliche Einkommensteuer* in €
2041	164 184	52 168	2 101	168 504	53 982
2042	164 256	52 198	2 102	168 576	54 012
2043	164 328	52 228	2 103	168 648	54 042
2044	164 400	52 258	2 104	168 720	54 074
2045	164 472	52 288	2 105	168 792	54 104
2046	164 544	52 320	2 106	168 864	54 134
2047	164 616	52 350	2 107	168 936	54 164
2048	164 688	52 380	2 108	169 008	54 194
2049	164 760	52 410	2 109	169 080	54 224
2050	164 832	52 440	2 110	169 152	54 254
2051	164 904	52 470	2 111	169 224	54 284
2052	164 976	52 500	2 112	169 296	54 316
2053	165 048	52 530	2 113	169 368	54 346
2054	165 120	52 562	2 114	169 440	54 376
2055	165 192	52 592	2 115	169 512	54 406
2056	165 264	52 622	2 116	169 584	54 436
2057	165 336	52 652	2 117	169 656	54 466
2058	165 408	52 682	2 118	169 728	54 496
2059	165 480	52 712	2 119	169 800	54 526
2060	165 552	52 742	2 120	169 872	54 556
2061	165 624	52 772	2 121	169 944	54 588
2062	165 696	52 804	2 122	170 016	54 618
2063	165 768	52 834	2 123	170 088	54 648
2064	165 840	52 864	2 124	170 160	54 678
2065	165 912	52 894	2 125	170 232	54 708
2066	165 984	52 924	2 126	170 304	54 738
2067	166 056	52 954	2 127	170 376	54 768
2068	166 128	52 984	2 128	170 448	54 798
2069	166 200	53 014	2 129	170 520	54 830
2070	166 272	53 044	2 130	170 592	54 860
2071	166 344	53 076	2 131	170 664	54 890
2072	166 416	53 106	2 132	170 736	54 920
2073	166 488	53 136	2 133	170 808	54 950
2074	166 560	53 166	2 134	170 880	54 980
2075	166 632	53 196	2 135	170 952	55 010
2076	166 704	53 226	2 136	171 024	55 040
2077	166 776	53 256	2 137	171 096	55 072
2078	166 848	53 286	2 138	171 168	55 102
2079	166 920	53 318	2 139	171 240	55 132
2080	166 992	53 348	2 140	171 312	55 162
2081	167 064	53 378	2 141	171 384	55 192
2082	167 136	53 408	2 142	171 456	55 222
2083	167 208	53 438	2 143	171 528	55 252
2084	167 280	53 468	2 144	171 600	55 282
2085	167 352	53 498	2 145	171 672	55 312
2086	167 424	53 528	2 146	171 744	55 344
2087	167 496	53 560	2 147	171 816	55 374
2088	167 568	53 590	2 148	171 888	55 404
2089	167 640	53 620	2 149	171 960	55 434
2090	167 712	53 650	2 150	172 032	55 464
2091	167 784	53 680	2 151	172 104	55 494
2092	167 856	53 710	2 152	172 176	55 524
2093	167 928	53 740	2 153	172 248	55 554
2094	168 000	53 770	2 154	172 320	55 586
2095	168 072	53 800	2 155	172 392	55 616
2096	168 144	53 832	2 156	172 464	55 646
2097	168 216	53 862	2 157	172 536	55 676
2098	168 288	53 892	2 158	172 608	55 706
2099	168 360	53 922	2 159	172 680	55 736
2 100	168 432	53 952	2 160	172 752	55 766

* Die Einkommensteuer gilt nur für den ausgewiesenen Wert, Zwischenwerte sind zu schätzen — s. Vorbemerkungen

laufende Nummer	zu versteuerndes Einkommen* in €	tarifliche Einkommensteuer* in €	laufende Nummer	zu versteuerndes Einkommen* in €	tarifliche Einkommensteuer* in €
2 161	172 824	55 796	2 221	177 144	57 612
2 162	172 896	55 828	2 222	177 216	57 642
2 163	172 968	55 858	2 223	177 288	57 672
2 164	173 040	55 888	2 224	177 360	57 702
2 165	173 112	55 918	2 225	177 432	57 732
2 166	173 184	55 948	2 226	177 504	57 762
2 167	173 256	55 978	2 227	177 576	57 792
2 168	173 328	56 008	2 228	177 648	57 822
2 169	173 400	56 038	2 229	177 720	57 854
2 170	173 472	56 068	2 230	177 792	57 884
2 171	173 544	56 100	2 231	177 864	57 914
2 172	173 616	56 130	2 232	177 936	57 944
2 173	173 688	56 160	2 233	178 008	57 974
2 174	173 760	56 190	2 234	178 080	58 004
2 175	173 832	56 220	2 235	178 152	58 034
2 176	173 904	56 250	2 236	178 224	58 064
2 177	173 976	56 280	2 237	178 296	58 096
2 178	174 048	56 310	2 238	178 368	58 126
2 179	174 120	56 342	2 239	178 440	58 156
2 180	174 192	56 372	2 240	178 512	58 186
2 181	174 264	56 402	2 241	178 584	58 216
2 182	174 336	56 432	2 242	178 656	58 246
2 183	174 408	56 462	2 243	178 728	58 276
2 184	174 480	56 492	2 244	178 800	58 306
2 185	174 552	56 522	2 245	178 872	58 336
2 186	174 624	56 552	2 246	178 944	58 368
2 187	174 696	56 584	2 247	179 016	58 398
2 188	174 768	56 614	2 248	179 088	58 428
2 189	174 840	56 644	2 249	179 160	58 458
2 190	174 912	56 674	2 250	179 232	58 488
2 191	174 984	56 704	2 251	179 304	58 518
2 192	175 056	56 734	2 252	179 376	58 548
2 193	175 128	56 764	2 253	179 448	58 578
2 194	175 200	56 794	2 254	179 520	58 610
2 195	175 272	56 824	2 255	179 592	58 640
2 196	175 344	56 856	2 256	179 664	58 670
2 197	175 416	56 886	2 257	179 736	58 700
2 198	175 488	56 916	2 258	179 808	58 730
2 199	175 560	56 946	2 259	179 880	58 760
2 200	175 632	56 976	2 260	179 952	58 790
2 201	175 704	57 006	2 261	180 024	58 820
2 202	175 776	57 036	2 262	180 096	58 852
2 203	175 848	57 066	2 263	180 168	58 882
2 204	175 920	57 098	2 264	180 240	58 912
2 205	175 992	57 128	2 265	180 312	58 942
2 206	176 064	57 158	2 266	180 384	58 972
2 207	176 136	57 188	2 267	180 456	59 002
2 208	176 208	57 218	2 268	180 528	59 032
2 209	176 280	57 248	2 269	180 600	59 062
2 210	176 352	57 278	2 270	180 672	59 092
2 211	176 424	57 308	2 271	180 744	59 124
2 212	176 496	57 340	2 272	180 816	59 154
2 213	176 568	57 370	2 273	180 888	59 184
2 214	176 640	57 400	2 274	180 960	59 214
2 215	176 712	57 430	2 275	181 032	59 244
2 216	176 784	57 460	2 276	181 104	59 274
2 217	176 856	57 490	2 277	181 176	59 304
2 218	176 928	57 520	2 278	181 248	59 334
2 219	177 000	57 550	2 279	181 320	59 366
2 220	177 072	57 580	2 280	181 392	59 396

* Die Einkommensteuer gilt nur für den ausgewiesenen Wert, Zwischenwerte sind zu schätzen — s. Vorbemerkungen

laufende Nummer	zu versteuerndes Einkommen* in €	tarifliche Einkommen-steuer* in €
2 281	181 464	59 426
2 282	181 536	59 456
2 283	181 608	59 486
2 284	181 680	59 516
2 285	181 752	59 546
2 286	181 824	59 576
2 287	181 896	59 608
2 288	181 968	59 638
2 289	182 040	59 668
2 290	182 112	59 698
2 291	182 184	59 728
2 292	182 256	59 758
2 293	182 328	59 788
2 294	182 400	59 818
2 295	182 472	59 848
2 296	182 544	59 880
2 297	182 616	59 910
2 298	182 688	59 940
2 299	182 760	59 970
2 300	182 832	60 000
2 301	182 904	60 030
2 302	182 976	60 060
2 303	183 048	60 090
2 304	183 120	60 122
2 305	183 192	60 152
2 306	183 264	60 182
2 307	183 336	60 212
2 308	183 408	60 242
2 309	183 480	60 272
2 310	183 552	60 302
2 311	183 624	60 332
2 312	183 696	60 364
2 313	183 768	60 394
2 314	183 840	60 424
2 315	183 912	60 454
2 316	183 984	60 484
2 317	184 056	60 514
2 318	184 128	60 544
2 319	184 200	60 574
2 320	184 272	60 604
2 321	184 344	60 636
2 322	184 416	60 666
2 323	184 488	60 696
2 324	184 560	60 726
2 325	184 632	60 756
2 326	184 704	60 786
2 327	184 776	60 816
2 328	184 848	60 846
2 329	184 920	60 878
2 330	184 992	60 908
2 331	185 064	60 938
2 332	185 136	60 968
2 333	185 208	60 998
2 334	185 280	61 028
2 335	185 352	61 058
2 336	185 424	61 088
2 337	185 496	61 120
2 338	185 568	61 150
2 339	185 640	61 180
2 340	185 712	61 210
2 341	185 784	61 240
2 342	185 856	61 270
2 343	185 928	61 300
2 344	186 000	61 330
2 345	186 072	61 360
2 346	186 144	61 392
2 347	186 216	61 422
2 348	186 288	61 452
2 349	186 360	61 482
2 350	186 432	61 512
2 351	186 504	61 542
2 352	186 576	61 572
2 353	186 648	61 602
2 354	186 720	61 634
2 355	186 792	61 664
2 356	186 864	61 694
2 357	186 936	61 724
2 358	187 008	61 754
2 359	187 080	61 784
2 360	187 152	61 814
2 361	187 224	61 844
2 362	187 296	61 876
2 363	187 368	61 906
2 364	187 440	61 936
2 365	187 512	61 966
2 366	187 584	61 996
2 367	187 656	62 026
2 368	187 728	62 056
2 369	187 800	62 086
2 370	187 872	62 116
2 371	187 944	62 148
2 372	188 016	62 178
2 373	188 088	62 208
2 374	188 160	62 238
2 375	188 232	62 268
2 376	188 304	62 298
2 377	188 376	62 328
2 378	188 448	62 358
2 379	188 520	62 390
2 380	188 592	62 420
2 381	188 664	62 450
2 382	188 736	62 480
2 383	188 808	62 510
2 384	188 880	62 540
2 385	188 952	62 570
2 386	189 024	62 600
2 387	189 096	62 632
2 388	189 168	62 662
2 389	189 240	62 692
2 390	189 312	62 722
2 391	189 384	62 752
2 392	189 456	62 782
2 393	189 528	62 812
2 394	189 600	62 842
2 395	189 672	62 872
2 396	189 744	62 904
2 397	189 816	62 934
2 398	189 888	62 964
2 399	189 960	62 994
2 400	190 032	63 024

* Die Einkommensteuer gilt nur für den ausgewiesenen Wert, Zwischenwerte sind zu schätzen — s. Vorbemerkungen

Vorbemerkungen

Die zur manuellen Berechnung der Lohnsteuer erstellten Lohnsteuertabellen wurden auf Basis des gem. § 51 Abs. 4 Nr. 1 a EStG vom BMF veröffentlichten geänderten Programmablaufplans für die Erstellung von **Lohnsteuertabellen 2016** vom 11. 11. 2015 berechnet. Entgegen der maschinellen Berechnung der Lohnsteuer (sogenannter Formeltarif) kommt zur manuellen Berechnung der Lohnsteuer auch weiterhin der sogenannte **Stufentarif** zur Anwendung. Die Berechnung nach diesem Stufentarif ist auch weiterhin zulässig, es kommt allerdings zu geringfügigen Abweichungen gegenüber der Berechnung nach dem sogenannten Formeltarif, also der elektronischen Berechnung. Beide Berechnungsarten werden von der Finanzverwaltung ausdrücklich gebilligt. Zur genauen Berechnung der Lohnsteuer nach dem Formeltarif benutzen Sie bitte das beigefügte Berechnungsprogramm auf CD-ROM. Eine **Programmanleitung** ist auf den Seiten 9 ff. enthalten.

Die Lohnsteuertabellen 2016 sind aus dem Einkommensteuertarif gem. § 32 a EStG abgeleitet und zwar die Steuerbeträge der Steuerklassen I, II und IV aus dem Einkommensteuertarif nach § 32 a Abs. 1, die Steuerbeträge der Steuerklasse III aus dem in § 32 a Abs. 5 festgelegten Splitting-Verfahren. Die Steuerbeträge der Steuerklassen V und VI sind aus dem Einkommensteuertarif in der Weise abgeleitet worden, daß für das zu versteuernden Einkommens jeweils der Betrag als Jahressteuer ermittelt worden ist (§ 39 b Abs. 2 EStG), der sich aus dem Zweifachen des Unterschiedsbetrags zwischen dem Steuerbetrag für das Eineinviertelfache und dem Steuerbetrag für das Dreiviertelfache des abgerundeten zu versteuernden Jahresbetrags nach § 32 a Abs. 1 EStG ergibt. Hierdurch wird im Ergebnis unterstellt, daß das nach der Steuerklasse V oder VI zu versteuernde Einkommen 40 v. H. des gesamten zu versteuernden Einkommens beträgt, das gesamte zu versteuernde Einkommen nach dem Einkommensteuer-Splittingtarif zu versteuern ist und bereits 60 v. H. des gesamten zu versteuernden Einkommens entsprechend versteuert werden. Im übrigen ist besonders vorgeschrieben worden, daß die Steuerbeträge in den Steuerklassen V und VI mindestens 14 v. H. und höchstens 42 v. H. sowie für den 203 557 Euro übersteigenden Teil 45 v. H. des maßgebenden zu versteuernden Jahresbetrags betragen.

Die Beträge des zu versteuernden Einkommens sind durch Hinzurechnung verschiedener Beträge unter Bildung von Steuerklassen in Jahresarbeitslöhne umgerechnet worden (§ 39 b Abs. 2 bis 3 EStG). Auf diese Weise sind folgende Beträge in die Jahreslohnsteuertabelle eingearbeitet worden:

- der tarifliche Grundfreibetrag (§ 32a Abs. 1 EStG) von 8652 Euro in den Steuerklassen I, II und IV, von 17304 Euro in der Steuerklasse III,
- der Arbeitnehmer-Pauschbetrag (§ 9a Satz 1 Nr. 1 Buchstabe a EStG) von 1000 Euro oder bei Versorgungsbezügen der Pauschbetrag (§ 9a Satz 1 Nr. 1 Buchstabe b) von 102 Euro in den Steuerklassen I bis V,
- der Sonderausgaben-Pauschbetrag (§ 10c Satz 1 EStG) von 36 Euro in den Steuerklassen I bis V,
- eine Vorsorgepauschale aus den Teilbeträgen
  a) für die RV bei Arbeitnehmern, die in der gesetzlichen RV pflichtversichert oder von der gesetzlichen RV nach § 6 Absatz 1 Nr. 1 SGB VI befreit sind, in den Steuerklassen I bis VI in Höhe des Betrags, der bezogen auf den Arbeitslohn 50 Prozent des Beitrags in der allgemeinen RV unter Berücksichtigung der jeweiligen Beitragsbemessungsgrenzen entspricht. Im Kalenderjahr 2016 ist der so ermittelte Betrag auf 64% begrenzt (§ 39b Abs. 4 EStG),
  b) für die KV bei Arbeitnehmern, die in der gesetzlichen KV versichert sind, in den Steuerklassen I bis VI in Höhe des Betrags, der bezogen auf den Arbeitslohn unter Berücksichtigung der Beitragsbemessungsgrenzen und den ermäßigten Beitragssatz (§ 243 SGB V) dem Arbeitnehmeranteil eines pflichtversicherten Arbeitnehmers entspricht,
  c) für die PflegeV bei Arbeitnehmern, die in der sozialen PflegeV versichert sind, in den Steuerklassen I bis VI in Höhe des Betrags, der bezogen auf den Arbeitslohn unter Berücksichtigung der Beitragsbemessungsgrenzen und den bundeseinheitlichen Beitragssatz dem Arbeitnehmeranteil eines pflichtversicherten Arbeitnehmers entspricht, erhöht um den Beitragszuschlag des Arbeitnehmers nach § 55 Absatz 3 SGB XI (Beitragszuschlag für Kinderlose), wenn die Voraussetzungen dafür vorliegen,
  d) für die KV und für die private Pflege-PflichtV bei Arbeitnehmern, die nicht unter Buchstabe b und c fallen, in den Steuerklassen I bis V in Höhe der dem Arbeitgeber mitgeteilten Beiträge im Sinne des § 10 Absatz 1 Nummer 3 EStG, etwaig vervielfältigt unter sinngemäßer Anwendung von Satz 2 auf einen Jahresbetrag, vermindert um den Betrag, der bezogen auf den Arbeitslohn unter Berücksichtigung der Beitragsbemessungsgrenzen und den ermäßigten Beitragssatz in der gesetzlichen KV sowie den bundeseinheitlichen Beitragssatz in der sozialen PflegeV dem Arbeitgeberanteil für einen pflichtversicherten Arbeitnehmer entspricht, wenn der Arbeitgeber gesetzlich verpflichtet ist, Zuschüsse zu den KV- und PflegeV-Beiträgen des Arbeitnehmers zu leisten;

Entschädigungen im Sinne des § 24 Nummer 1 EStG sind bei Anwendung der Buchstaben a bis c nicht zu berücksichtigen; mindestens ist für die Summe der Teilbeträge nach den Buchstaben b und c oder für den Teilbetrag nach Buchstabe d ein Betrag in Höhe von 12 Prozent des Arbeitslohns, höchstens 1 900 Euro in den Steuerklassen I, II, IV, V, VI und höchstens 3 000 Euro in der Steuerklasse III anzusetzen,

– der Entlastungsbetrag für Alleinerziehende (§ 24b EStG) von 1 908 Euro in der Steuerklasse II, der sich für jedes weitere Kind um 240 Euro erhöht.

Die **Monatslohnsteuertabellen,** die **Wochenlohnsteuertabellen** und die **Tageslohnsteuertabellen** sind nach § 39b Abs. 2 EStG aus den Jahreslohnsteuertabellen abgeleitet worden. Dabei sind die Anfangsbeträge der Arbeitslohnstufen und die Lohnsteuerbeträge für die Monatslohnsteuertabelle mit einem Zwölftel, für die Wochenlohnsteuertabelle mit $^{7}/_{360}$ und für die Tageslohnsteuertabelle mit $^{1}/_{360}$ der Jahresbeträge angesetzt worden. Für Lohnzahlungszeiträume, für die keine Lohnsteuertabellen bestehen, ist die Lohnsteuer aus den mit der Zahl der Kalendertage oder Wochen dieser Zeiträume vervielfachten Beträgen der maßgebenden Tageslohnsteuertabelle oder Wochenlohnsteuertabelle zu ermitteln.

Vor Ermittlung der Lohnsteuer aus der maßgebenden Lohnsteuertabelle hat der Arbeitgeber ggf. den auf den Lohnzahlungszeitraum entfallenden Anteil des **Versorgungs-Freibetrags** und des **Zuschlags zum Versorgungs-Freibetrag** (§ 19 Abs. 2 EStG) oder des **Altersentlastungsbetrags** (§ 24a EStG) und einen etwaigen als Lohnsteuerabzugsmerkmal für den Lohnzahlungszeitraum mitgeteilten Freibetrag (§ 39a Abs. 1 EStG) des Arbeitnehmers **vom Arbeitslohn abzuziehen** oder um einen etwaigen **Hinzurechnungsbetrag** (§ 39a Abs. 1 Nr. 7 EStG) zu erhöhen. Dabei ist der Versorgungs-Freibetrag mit 22,4 v. H. der Versorgungsbezüge, höchstens mit monatlich 140 Euro, wöchentlich 32,66 Euro und täglich 4,66 Euro zu berücksichtigen. Der Zuschlag zum Versorgungs-Freibetrag ist höchstens mit monatlich 42 Euro, wöchentlich 9,80 Euro und täglich mit 1,40 Euro anzusetzen. Der Altersentlastungsbetrag ist mit 22,4 v. H. des Arbeitslohns ohne etwaige Versorgungsbezüge, höchstens mit monatlich 88,67 Euro, wöchentlich 20,69 Euro und täglich 2,96 Euro zu berücksichtigen.

Die **besonderen Lohnsteuertabellen** gelten **für Arbeitnehmer, die** in der gesetzlichen Rentenversicherung **nicht versicherungspflichtig** sind, wie Beamte, Richter, Berufssoldaten, Arbeitnehmer der Sozialversicherungsträger und Geistliche der öffentlich-rechtlichen Religionsgemeinschaften, Bezieher von Ruhegehältern u. dgl. Für diesen Personenkreis sowie **Arbeitnehmer,** die **privat kranken- und pflegeversichert** sind (Lohnsteuerberechnung nach der allgemeinen Lohnsteuertabelle), kann die Lohnsteuer nicht mehr direkt aus den Lohnsteuertabellen entnommen werden, sondern es muß zunächst eine Zwischenrechnung vorgenommen werden. Dabei werden die nachgewiesenen Basiskranken- und Pflegeversicherungsbeiträge des Arbeitnehmers um die nach den Lohnsteuertabellen für den tatsächlichen (Brutto)Jahresarbeitslohn berücksichtigte Mindestvorsorgepauschale (BVSP) gemindert. Von dem verbleibenden Betrag ist der typisierte Arbeitgeberzuschuss (TAGZ) zur Kranken- und Pflegeversicherung abzuziehen, wenn der Arbeitgeber verpflichtet ist, einen Zuschuss zur Kranken- und Pflegeversicherung zu zahlen. Der so ermittelte Wert ist von dem maßgeblichen Bruttoarbeitslohn abzuziehen. Die Lohnsteuer ist für den geminderten Bruttoarbeitslohn in der Tabelle abzulesen. Für diese Nebenrechnung weisen die allgemeinen und besonderen Lohnsteuertabellen für privat versicherte Arbeitnehmer den typisierten Arbeitgeberzuschuss (TAGZ) und die Mindestvorsorgepauschale (BVSP) für die Basiskranken- und Pflegepflichtversicherungsbeiträge aus.

Berechnungsbeispiele

Beispiel 1: Allgemeine Lohnsteuertabelle, private KV und PflegeV

Ein Arbeitnehmer in der Steuerklasse III (keine Kinder, Beitragsbemessungsgrenze West) erhält einen Bruttojahresarbeitslohn von 50 000 Euro. Er ist in der gesetzlichen Rentenversicherung pflichtversichert und **privat kranken- und pflegeversichert.** Seine nachgewiesenen Basiskranken- und Pflegepflichtversicherungsbeiträge betragen 9 600 Euro im Jahr. Dazu erhält er einen Zuschuss von seinem Arbeitgeber.

Die Lohnsteuer nach der **allgemeinen Lohnsteuertabelle** beträgt 5 480 Euro im Jahr, dabei ist durch die Berücksichtigung der Vorsorgepauschale ein Aufwand für eine Basiskranken- und Pflegepflichtversicherung von 4 637 Euro berücksichtigt, der typisierte Arbeitgeberzuschuss beträgt in 2016 4 087 Euro. Um die nachgewiesenen Basiskranken- und Pflegepflichtversicherungsbeiträge zu berücksichtigen, sind in einer Nebenrechnung diese Beiträge um die nach der allgemeinen Lohnsteuertabelle berücksichtigten Aufwand für die gesetzliche Kranken- und soziale Pflegeversicherung und den typisierten Arbeitgeberzuschuss zu mindern. Es verbleiben (9 600 Euro – 4 637 Euro – 4 087 Euro =) 876 Euro, die den Bruttojahresarbeitslohn mindern. In diesem Fall ist die Lohnsteuer bei einem Bruttojahresarbeitslohn von (50 000 Euro – 876 Euro =) 49 124 Euro abzulesen. Die Lohnsteuer beträgt in der Steuerklasse III 5 282 Euro.

Beispiel 2: Besondere Lohnsteuertabelle, rentenversicherungsfrei und private KV und PflegeV

Ein **Beamter** in der Steuerklasse I ohne Kinder erhält einen Jahresarbeitslohn von 15 000 Euro. Seine nachgewiesenen Basiskranken-

und Pflegepflichtversicherungsbeiträge betragen 2400 Euro im Jahr. Er erhält keinen Zuschuss von seinem Arbeitgeber.

Die Lohnsteuer nach der **besonderen Lohnsteuertabelle** beträgt 616 Euro im Jahr, dabei ist durch die Berücksichtigung der Mindestvorsorgepauschale bereits ein Aufwand für eine Basiskranken- und Pflegepflichtversicherung von 1801 Euro berücksichtigt. Um die nachgewiesenen Basiskranken- und Pflegepflichtversicherungsbeiträge zu berücksichtigen, sind in einer Nebenrechnung diese Beiträge um die nach der besonderen Lohnsteuertabelle berücksichtigte Mindestvorsorgepauschale zu mindern. Es verbleiben (2400 Euro – 1801 Euro) = 599 Euro, die den Jahresarbeitslohn mindern. In diesem Fall ist die Lohnsteuer bei einem Jahresarbeitslohn von (15000 Euro – 599 Euro =) 14401 Euro abzulesen. Die Lohnsteuer beträgt in der Steuerklasse I 512 Euro.

Für Fälle, in denen die Lohnsteuertabellen keine Möglichkeit zur Berechnung anbieten, wird auf das beiliegende **Berechnungsprogramm auf CD** verwiesen.

Für die Ermittlung der Lohnsteuer sind die Lohnsteuerabzugsmerkmale des Arbeitnehmers maßgebend. Nach § 39 Abs. 4 EStG sind dies

1. Steuerklasse (§ 38b Absatz 1) und Faktor (§ 39f EStG),
2. Zahl der Kinderfreibeträge bei den Steuerklassen I bis IV (§ 38b Absatz 2 EStG),
3. Freibetrag und Hinzurechnungsbetrag (§ 39a EStG),
4. Höhe der Beiträge für eine private Krankenversicherung und für eine private Pflege-Pflichtversicherung (§ 39b Absatz 2 Satz 5 Nummer 3 Buchstabe d EStG) für die Dauer von zwölf Monaten, wenn der Arbeitnehmer dies beantragt,
5. Mitteilung, dass der von einem Arbeitgeber gezahlte Arbeitslohn nach einem Abkommen zur Vermeidung der Doppelbesteuerung von der Lohnsteuer freizustellen ist, wenn der Arbeitnehmer oder der Arbeitgeber dies beantragt.

Die Einreihung der Arbeitnehmer in die verschiedenen Steuerklassen ergibt sich aus § 38b EStG. In die Steuerklasse I gehören Arbeitnehmer, die unbeschränkt einkommensteuerpflichtig und ledig sind, verheiratet, verwitwet oder geschieden sind und bei denen die Voraussetzungen für die Steuerklasse III oder IV nicht erfüllt sind; oder beschränkt einkommensteuerpflichtig sind. **Ehegatten,** die unbeschränkt steuerpflichtig sind, nicht dauernd getrennt leben und beide Arbeitslohn beziehen, können **wählen,** ob sie beide nach der Steuerklasse IV oder ob einer der Ehegatten nach Steuerklasse III und der andere Ehegatte nach Steuerklasse V besteuert werden sollen. Anstelle der Steuerklassenkombination III/V kann auch das **Faktorverfahren** (§ 39f EStG) bei Ehegatten angewendet werden. Bei Ehegatten, die in die Steuerklasse IV gehören (§ 38b Abs. 1 Satz 2 Nr. 4 EStG), kann auf

Antrag beider Ehegatten anstelle der Steuerklassenkombination III/V als Lohnsteuerabzugsmerkmal jeweils die Steuerklasse IV in Verbindung mit einem Faktor zur Ermittlung der Lohnsteuer berücksichtigt werden, wenn der Faktor kleiner als 1 ist. Der Faktor ist Y : X und vom Finanzamt mit drei Nachkommastellen ohne Rundung zu berechnen. „Y" ist die voraussichtliche Einkommensteuer für beide Ehegatten nach dem Splittingverfahren (§ 32a Abs. 5 EStG) unter Berücksichtigung der in § 39b Abs. 2 EStG genannten Abzugsbeträge. „X" ist die Summe der voraussichtlichen Lohnsteuer bei Anwendung der Steuerklasse IV für jeden Ehegatten. In die Bemessungsgrundlage für Y werden jeweils neben den Jahresarbeitslöhnen der ersten Dienstverhältnisse zusätzlich nur Beträge einbezogen, die nach § 39a Abs. 1 Satz 1 Nr. 1 bis 6 EStG als Freibetrag ermittelt und als Lohnsteuerabzugsmerkmal gebildet werden könnten; Freibeträge werden neben dem Faktor nicht als Lohnsteuerabzugsmerkmal gebildet. In den Fällen des § 39a Abs. 1 Satz 1 Nr. 7 EStG sind bei der Ermittlung von Y und X die Hinzurechnungsbeträge zu berücksichtigen; die Hinzurechnungsbeträge sind zusätzlich als Lohnsteuerabzugsmerkmal für das erste Dienstverhältnis zu bilden. Arbeitslöhne aus zweiten und weiteren Dienstverhältnissen (Steuerklasse VI) sind im Faktorverfahren nicht zu berücksichtigen.

Für die Einbehaltung der Lohnsteuer vom Arbeitslohn hat der Arbeitgeber Steuerklasse IV und den Faktor anzuwenden.

Bei Anwendung des Faktorverfahrens ist zwingend eine Veranlagung durchzuführen (§ 46 Abs. 2 Nr. 3a EStG), ebenso bei Vorliegen anderer Einkünfte von mehr als 410 Euro (§ 46 Abs. 2 EStG).

Die für die Ehegatten günstigste Steuerklassenkombination hängt in erster Linie von der Höhe ihrer Arbeitslöhne, vom Verhältnis dieser Arbeitslöhne zueinander und von der Inanspruchnahme eines etwaigen Freibetrags und seiner Verteilung auf die Ehegatten ab. Bei der Steuerklassenkombination III/V kann die einbehaltene Lohnsteuer im Verhältnis zur Jahressteuerschuld zu gering sein, wenn das gemeinsam zu versteuernde Einkommen der Ehegatten der progressiven Besteuerung unterliegt. Daher müssen Ehegatten, die die Steuerklassen III/V gewählt haben, in jedem Fall zur Einkommensteuer veranlagt werden.

Bei **erweiterter unbeschränkter Steuerpflicht** erhalten die Arbeitnehmer auf Antrag vom Betriebsstättenfinanzamt eine Abzugsbescheinigung und einen etwa in Betracht kommenden Freibetrag (§ 39a Abs. 1 EStG). Erweitert unbeschränkt steuerpflichtig sind zum einen deutsche Staatsangehörige, die nicht im Inland wohnen und zu einer inländischen juristischen Person des öffentlichen Rechts in einem Dienstverhältnis stehen und dafür Arbeitslohn aus einer inländischen öffentlichen Kasse beziehen sowie bestimmte zu ihrem Haushalt gehörende Angehörige (§ 1 Abs. 2 EStG). Zum anderen können auf Antrag auch andere Staatsangehörige, die nicht im Inland wohnen, als unbeschränkt steuerpflichtig behandelt werden, soweit sie inländische Einkünfte haben, die mindestens zu 90 v. H. der deutschen Einkommensteuer unterliegen oder wenn die nicht der deutschen Einkommensteuer unterliegenden Einkünfte nicht mehr als 8 652 Euro betragen, wobei eine Kürzung dieses Betrages nach den Verhältnissen des Wohnsitzstaates in Betracht kommt (§ 1 Abs. 3 EStG).

Neben der allgemeinen und besonderen Lohnsteuertabelle, die der Ermittlung der vom Arbeitgeber einzubehaltenden und abzuführenden Lohnsteuer dient, ohne daß hierbei Kinderfreibeträge zu berücksichtigen sind, besteht noch eine **Lohnsteuertabelle, in der die Kinderfreibeträge eingearbeitet** sind. Sie dient aber im Rahmen des laufenden Lohnsteuerabzugs nur dazu, die Lohnsteuer zu ermitteln, die die Bemessungsgrundlage für die sog. **Annexsteuern** darstellt (§ 51 a Abs. 2 a EStG), das sind die Kirchensteuer und der Solidaritätszuschlag. Ist für den Arbeitnehmer die Berücksichtigung von Freibeträgen für Kinder nach § 32 EStG günstiger als das Kindergeld, wird dies bei der Einkommensteuerveranlagung berücksichtigt und entsprechend verrechnet (§ 31 EStG).

Lohnsteuerklassen nach § 38 b EStG:

(1) Für die Durchführung des Lohnsteuerabzugs werden Arbeitnehmer in Steuerklassen eingereiht. Dabei gilt folgendes:

1. In die Steuerklasse I gehören Arbeitnehmer, die
   a) unbeschränkt einkommensteuerpflichtig und
      aa) ledig sind,
      bb) verheiratet, verwitwet oder geschieden sind und bei denen die Voraussetzungen für die Steuerklasse III oder IV nicht erfüllt sind; oder
   b) beschränkt einkommensteuerpflichtig sind;
2. in die Steuerklasse II gehören die unter Nummer 1 Buchstabe a bezeichneten Arbeitnehmer, wenn bei ihnen der Entlastungsbetrag für Alleinerziehende (§ 24 b EStG) zu berücksichtigen ist;
3. in die Steuerklasse III gehören Arbeitnehmer,
   a) die verheiratet sind, wenn beide Ehegatten unbeschränkt einkommensteuerpflichtig sind und nicht dauernd getrennt leben und
      aa) der Ehegatte des Arbeitnehmers keinen Arbeitslohn bezieht oder
      bb) der Ehegatte des Arbeitnehmers auf Antrag beider Ehegatten in die Steuerklasse V eingereiht wird,
   b) die verwitwet sind, wenn sie und ihr verstorbener Ehegatte im Zeitpunkt seines Todes unbeschränkt einkommensteuerpflichtig waren und in diesem Zeitpunkt nicht dauernd getrennt gelebt haben, für das Kalenderjahr, das dem Kalenderjahr folgt, in dem der Ehegatte verstorben ist,

c) deren Ehe aufgelöst worden ist, wenn
   aa) im Kalenderjahr der Auflösung der Ehe beide Ehegatten unbeschränkt einkommensteuerpflichtig waren und nicht dauernd getrennt gelebt haben und
   bb) der andere Ehegatte wieder geheiratet hat, von seinem neuen Ehegatten nicht dauernd getrennt lebt und er und sein neuer Ehegatte unbeschränkt einkommensteuerpflichtig sind,

   für das Kalenderjahr, in dem die Ehe aufgelöst worden ist;

4. in die Steuerklasse IV gehören Arbeitnehmer, die verheiratet sind, wenn beide Ehegatten unbeschränkt einkommensteuerpflichtig sind und nicht dauernd getrennt leben und der Ehegatte des Arbeitnehmers ebenfalls Arbeitslohn bezieht;
5. in die Steuerklasse V gehören die unter Nummer 4 bezeichneten Arbeitnehmer, wenn der Ehegatte des Arbeitnehmers auf Antrag beider Ehegatten in die Steuerklasse III eingereiht wird;
6. die Steuerklasse VI gilt bei Arbeitnehmern, die nebeneinander von mehreren Arbeitgebern Arbeitslohn beziehen, für die Einbehaltung der Lohnsteuer vom Arbeitslohn aus dem zweiten und einem weiteren Dienstverhältnis sowie in den Fällen des § 39 c EStG.

Als unbeschränkt einkommensteuerpflichtig im Sinne der Nummern 3 und 4 gelten nur Personen, die die Voraussetzungen des § 1 Abs. 1 oder 2 oder des § 1 a EStG erfüllen.

(2) Für ein minderjähriges und nach § 1 Absatz 1 unbeschränkt einkommensteuerpflichtiges Kind im Sinne des § 32 Absatz 1 Nummer 1 und Absatz 3 werden bei der Anwendung der Steuerklassen I bis IV die Kinderfreibeträge als Lohnsteuerabzugsmerkmal nach § 39 Absatz 1 wie folgt berücksichtigt:

1. mit Zähler 0,5, wenn dem Arbeitnehmer der Kinderfreibetrag nach § 32 Absatz 6 Satz 1 zusteht, oder
2. mit Zähler 1, wenn dem Arbeitnehmer der Kinderfreibetrag zusteht, weil
   a) die Voraussetzungen des § 32 Absatz 6 Satz 2 vorliegen oder
   b) der andere Elternteil vor dem Beginn des Kalenderjahres verstorben ist oder
   c) der Arbeitnehmer allein das Kind angenommen hat.

Soweit dem Arbeitnehmer Kinderfreibeträge nach § 32 Absatz 1 bis 6 zustehen, die nicht nach Satz 1 berücksichtigt werden, ist die Zahl der Kinderfreibeträge auf Antrag vorbehaltlich des § 39 a Absatz 1 Nummer 6 zu Grunde zu legen. In den Fällen des Satzes 2 können die Kinderfreibeträge für mehrere Jahre gelten, wenn nach den tatsächlichen Verhältnissen zu erwarten ist, dass die Voraussetzungen bestehen bleiben. Bei Anwendung der Steuerklassen III und IV sind auch Kinder des Ehe gatten bei der Zahl der Kinderfreibeträge zu berücksichtigen. Der Antrag kann nur nach amtlich vorgeschriebenem Vordruck gestellt werden.

(3) Auf Antrag des Arbeitnehmers kann abweichend von Absatz 1 oder 2 eine für ihn ungünstigere Steuerklasse oder geringere Zahl der Kinderfreibeträge als Lohnsteuerabzugsmerkmal gebildet werden. Dieser Antrag ist nach amtlich vorgeschriebenem Vordruck zu stellen und vom Arbeitnehmer eigenhändig zu unterschreiben.

Eine elektronische **Lohnsteuerbescheinigung** hat der Arbeitgeber bei Abschluß des Lohnkontos, d. h. bei Beendigung des Dienstverhältnisses oder am Ende des Kalenderjahres auszustellen (§ 41 b Abs. 1 EStG). Arbeitgeber ohne maschinelle Lohnabrechnung, die keine elektronische Lohnsteuerbescheinigung erteilen können, haben eine entsprechende Lohnsteuerbescheinigung nach amtlich vorgeschriebenem Muster auszustellen (§ 41 b Abs. 3 EStG).

Erhebung des Solidaritätszuschlags

Gem. § 3 Abs. 4 SolZG ist der Solidaritätszuschlag in Höhe von 5,5 % beim Abzug vom **laufenden** Arbeitslohn nur zu erheben, wenn die Bemessungsgrundlage (Lohnsteuer) im jeweiligen Lohnzahlungszeitraum

1. bei monatlicher Lohnzahlung
   a) in der Steuerklasse III mehr als 162 Euro und
   b) in den Steuerklassen I, II, IV bis VI mehr als 81 Euro,
2. bei wöchentlicher Lohnzahlung
   a) in der Steuerklasse III mehr als 37,80 Euro und
   b) in den Steuerklassen I, II, IV bis VI mehr als 18,90 Euro,
3. bei täglicher Lohnzahlung
   a) in der Steuerklasse III mehr als 5,40 Euro und
   b) in den Steuerklassen I, II, IV bis VI mehr als 2,70 Euro beträgt.

Beim Lohnsteuer-Jahresausgleich ist der Solidaritätszuschlag nur zu ermitteln, wenn die Bemessungsgrundlage in Steuerklasse III mehr als 1 944 Euro und in den Steuerklassen I, II oder IV mehr als 972 Euro beträgt.

Der Solidaritätszuschlag beträgt darüber hinaus nicht mehr als 20 v. H. des Unterschiedsbetrags zwischen der Bemessungsgrundlage und den o. g. Freigrenzen. Dieser „Übergangswert“ ist den den einzelnen Tabellen jeweils vorangestellten „Übergangstabellen Solidaritätszuschlag“ zu entnehmen, wobei diese auf **„Sonstige Bezüge“** nicht anzuwenden sind.

Lohnsteuertabellen 2016

Programmbeschreibung

Vorbemerkung: Grundlage des vorliegenden Programms ist der vom Bundesministerium der Finanzen bekannt gemachte Euro-Programmablaufplan für die maschinelle Berechnung der vom Arbeitslohn einzubehaltenen Lohnsteuer, des Solidaritätszuschlages und der Maßstabsteuer für die Kirchenlohnsteuer 2016 vom 11. 11. 2015.

Für die maschinelle Berechnung der Lohn- und Einkommensteuer kommt der *stufenlose* Steuertarif (sog. Formeltarif) zur Anwendung. Der Formeltarif bedeutet, dass die Lohn- und Einkommensteuer exakt für den sich bei der Lohnsteuerberechnung bzw. Steuerveranlagung ergebenden Einzelwert berechnet wird. Dieser exakte Wert kann mit dem beiliegenden Programm berechnet werden.

1. Technische Voraussetzungen

Das Berechnungsprogramm kann auf allen PCs mit fest installiertem CD-ROM-Laufwerk, mind. 32 MB Arbeitsspeicher, Festplatte mit mind. 40 MB, Windows 7 oder Windows 8 betrieben werden.

Achtung: Passen Sie bitte das Programm entweder durch Mausklick auf die automatische Vergrößerung ☐ oder individuell mit Verziehen der unteren und seitlichen Ränder an Ihre Bildschirmgröße an.

2. Installation

Bitte legen Sie die CD-ROM in Ihr CD-ROM-Laufwerk ein. Das Installationsprogramm startet automatisch. Sollte kein automatischer Start erfolgen, rufen Sie über „Start" – „Ausführen" – „Durchsuchen" Ihr CD-ROM-Laufwerk auf. Anschließend starten Sie mit einem Doppelklick die Datei „setup.exe".

3. Inhalt

Das Berechnungsprogramm 2016 enthält:

- Die Lohnsteuerberechnung Tag, Woche, Monat und Jahr nach der Lohnsteuertabelle vom laufenden Arbeitslohn sowie von den Versorgungsbezügen
- die Hochrechnung des Bruttolohns ausgehend vom Nettolohn
- die Berechnung der Sozialversicherungsbeiträge (Krankenversicherung, Rentenversicherung, Arbeitslosenversicherung, Pflegeversicherung) für Arbeitnehmer, Arbeitgeber und Staat/Sozialversicherungsträger
- die Berechnung der Einkommensteuer nach Grund- und Splittingtarif
- Geringfügige Beschäftigung
- Steuerklassenvergleich
- Lohnumrechnung

4. Kurzbeschreibung

Steuer- und Sozialversicherungsberechnung

Über das Menü können Sie wählen, ob Sie den Arbeitgeber-, den Arbeitnehmer- oder den Staat/Sozialversicherungsträgeranteil zur Sozialversicherung ausgewiesen haben möchten.

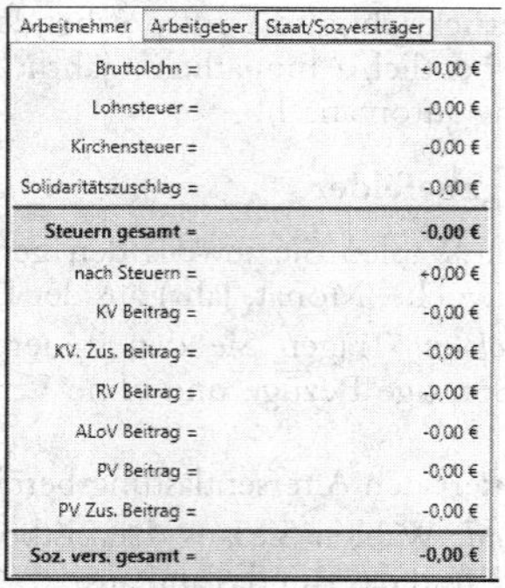

Über den Button „Einkommensteuer“.

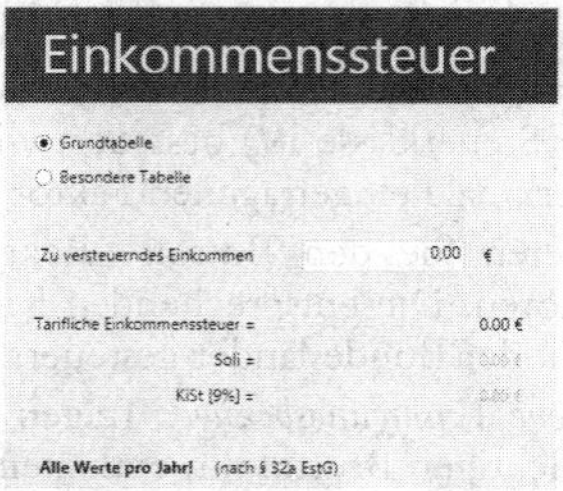

und Eingabe des entsprechenden zu versteuernden Einkommens erhalten Sie die Einkommensteuerberechnung wahlweise nach Grund- und Splittingtarif angezeigt.

Die bereits voreingestellten Beitragsbemessungsgrenzen Ost/West erhalten Sie über den Button „Bemessungsgrenze“.

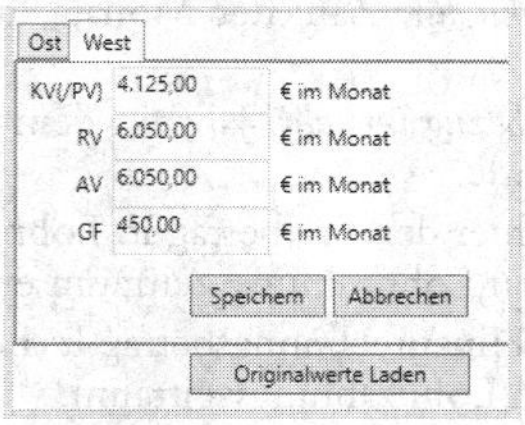

Über dieses Auswahlfenster wird auch die Zuordnung „Ost“ oder „West“ geregelt.

Die Beitragsbemessungsgrenzen zur Kranken-, Pflege-, Renten- und Arbeitslosenversicherung werden jährlich neu festgelegt. Diese Datenfelder sind jederzeit änderbar, wenn sich die Bemessungsgrenzen unterjährig ändern sollten.

Das Programm berücksichtigt die entsprechenden Lohnzahlungszeiträume täglich / wöchentlich / monatlich / jährlich bei der Sozialversicherungsberechnung automatisch.

Erklärung der Eingabefelder

Lohnzahlungszeitraum: Wählen Sie jeweils den gewünschten Lohnzahlungszeitraum (Tag, Woche, Monat, Jahr) aus der Listbox.

Steuerpflichtiger Bruttolohn: Tragen Sie den steuerpflichtigen Bruttoarbeitslohn ein ohne Sonstige Bezüge und ohne Vergütung für mehrjährige Tätigkeit.

Geboren im Jahre: Steuert den Altersentlastungsbetrag nach § 24 a EStG.

Steuerklasse/Bundesland: Wählen Sie aus der Listbox die Steuerklasse lt. Lohnsteuermerkmale und das Bundesland aus.

Zahl der Kinder: Bitte tragen Sie hier die Kinderfreibeträge lt. Lohnsteuerabzugsmerkmale ein.

Faktorverfahren: Aktivieren Sie ggf., ob der Arbeitnehmer nach dem Faktorverfahren (nur Steuerklasse IV) besteuert wird, und geben den lt. Lohnsteuerabzugsmerkmale eingetragenen Faktor ein.

Kirchensteuer: Aktivieren Sie den Button „Bekenntnislos“ wenn Sie keiner Kirche angehören. Die entsprechenden Kirchensteuersätze werden über die Auswahl der Bundesländer gesteuert.

Im Bruttolohn enthaltene Versorgungsbezüge: Tragen Sie hier den entsprechenden im steuerpflchtigen Bruttolohn enthaltenen Betrag ein.

Versorgungsbezug im Januar: Versorgungsbezug im Januar bzw. für den ersten vollen Monat.

Sonderzahlung für Versorgungsempfänger Kj.: Voraussichtliche Sonderzahlung für Versorgungsempfänger im Kalenderjahr ohne Sterbegeld, Kapitalauszahlungen und Abfindungen bei Versorgungsbezügen.

Versorgungsbezüge gezahlt für: Zahl der Monate, für die Versorgungsbezüge gezahlt wurden.

Erstmaliger Versorgungsbezug im Jahr: Jahr, in dem der Versorgungsbezug erstmalig gewährt wurde.

Freibetrag: Tragen Sie hier den Freibetrag lt. Lohnsteuerabzugsmerkmale für den entsprechenden Lohnzahlungszeitraum ein.

Hinzurechnungsbetrag: Hinzurechnungsbetrag lt. Lohnsteuerabzugsmerkmale, bezogen auf den Lohnzahlungszeitraum.

Abfindungen/Kap.Ausz./Sterbegeld: Sterbegeld bei Versorgungsbezügen sowie Kapitalauszahlungen und Abfindungen ohne Bezüge für mehrere Jahre.

Aktivieren Sie im Bedarfsfall, ob

– der Arbeitnehmer nach der allgemeinen oder besonderen Lohnsteuertabelle besteuert wird.
– Bei in der KV und PflegeV privat versicherten Arbeitnehmern, die in der RV und ALV **pflichtversichert** sind (Besteuerung nach der allgemeinen Lohnsteuertabelle) geben Sie bitte den privaten Basis-KV- und PflegeV-Beitrag ein.

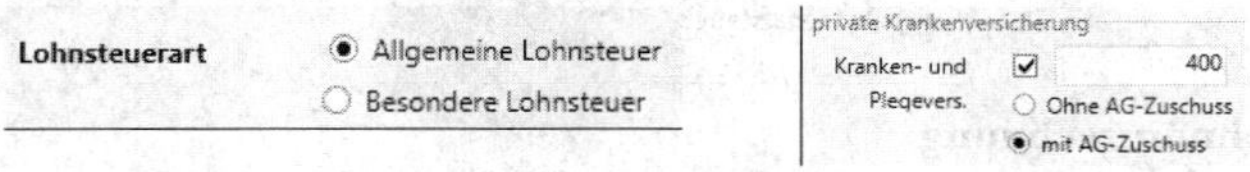

– Bei in der KV und PflegeV privat und in der RV und ALV **nicht pflichtversicherten** Arbeitnehmer (z. B. Beamte) (Besteuerung nach der besonderen Lohnsteuertabelle) geben Sie ebenfalls den privaten Basis-KV- und PflegeV-Beitrag ein.

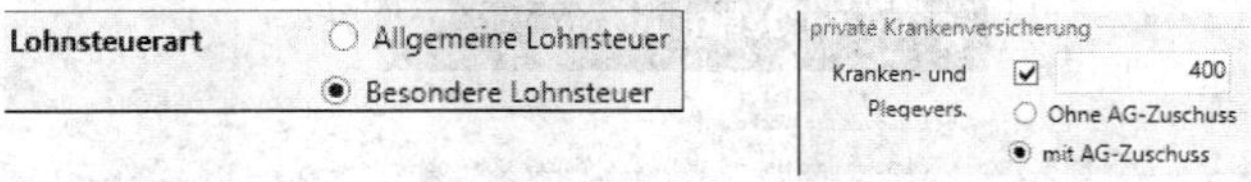

Aktivieren Sie in beiden Fällen ggf. ob der Arbeitnehmer einen Anspruch auf den AG-Zuschuss hat.

Im Eingabefeld „Sonstige Abzüge" können Sie vom Nettolohn einzubehaltende Abzüge und Zuzahlungen eingeben und textmäßig bezeichnen. Der eingegebene Betrag wird automatisch vom Nettolohn abgezogen oder hinzuaddiert.

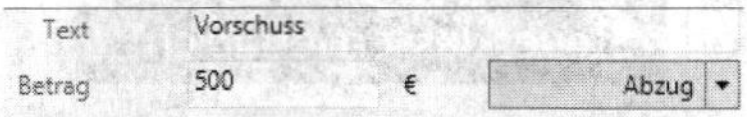

Über das Auswahlfenster

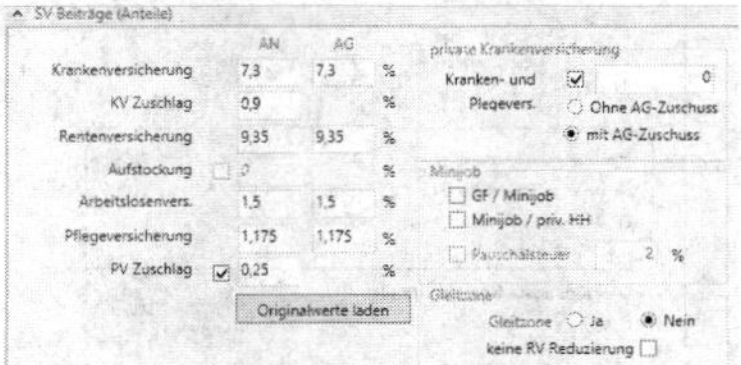

geben Sie die entsprechenden Arbeitnehmer- und Arbeitgeberanteile ein. Diese Werte bleiben bis zu einer erneuten Änderung fest eingestellt. Achten Sie bitte ggf. auf die verschiedenen Beitragssätze der Krankenkassen. Berücksichtigen Sie die Zuschläge für die Pflegeversicherung bei „Kinderlosen" sowie den Aufschlag bei der Krankenversicherung in den dafür vorgesehenen Feldern.

5. Geringfügig Beschäftigte

Sie können wählen zwischen der Abrechnung für Geringfügige Beschäftigung „GF/Minijob" und Geringfügige Beschäftigung in privaten Haushalten „Minijob/priv. HH". Die entsprechenden Berechnungsparameter sind voreingestellt.

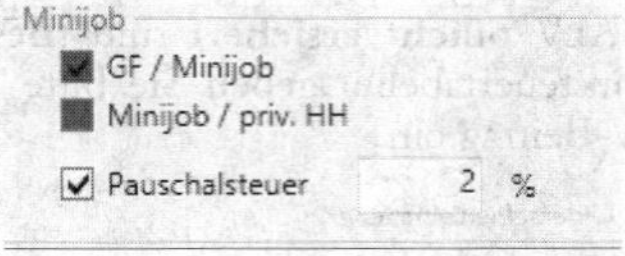

6. Lohnumrechnung

Bei Eingabe des Monatsentgelts und der Arbeitszeit berechnet das Programm den Bruttolohn/Stunde. Wichtig für die Einhaltung des Mindestlohns (8,50 €/Stunde) insb. bei Geringfügiger Beschäftigung.

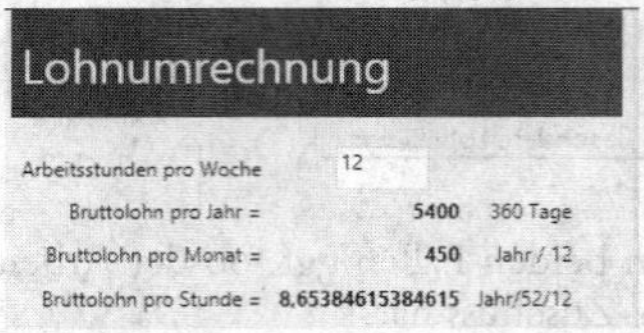

7. Steuerklassenvergleich

Über das Menü „Dienste" „Steuerklassenvergleich" können Sie die günstigste Kombination der Steuerklassen bei Ehegatten ermitteln:

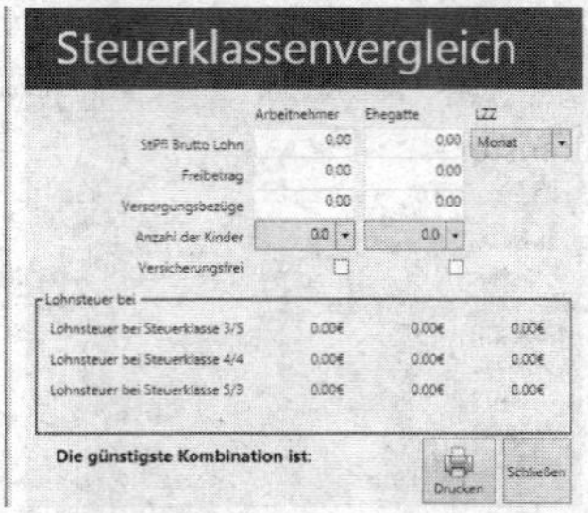

Hinweis: Wenn Sie neben der Lohn- und Einkommensteuer sowie Sozialversicherung auch Spezialberechnungen wie Geringfügige Beschäftigung, Gleitzone, Abfindungen etc. durchführen wollen, empfehlen wir Ihnen, das Programm Lohnsteuertabellen 2016 Berechnungsprogramm für 39,– Euro zu nutzen. ISBN 978 3 406 69258 1.

Solidaritätszuschlag beim Lohnsteuer-Jahresausgleich durch den Arbeitgeber*

Steuerklassen I, II, IV, V und VI		Steuerklasse III	
Maßstabslohnsteuer	Solidaritätszuschlag	Maßstabslohnsteuer	Solidaritätszuschlag
€	€	€	€
bis 980	0,00	bis 1961	0,00
981	1,80	1962	3,60
989	3,40	1978	6,80
998	5,20	1996	10,40
1007	7,00	2014	14,00
1016	8,80	2032	17,60
1024	10,40	2048	20,80
1033	12,20	2066	24,40
1042	14.00	2084	28,00
1051	15,80	2102	31,60
1060	17,60	2120	35,20
1068	19,20	2136	38,40
1077	21,00	2154	42,00
1086	22,80	2172	45,60
1095	24,60	2190	49,20
1104	26,40	2208	52,80
1113	28,20	2226	56,40
1121	29,80	2242	59,60
1130	31,60	2260	63,20
1139	33,40	2278	66,80
1148	35,20	2296	70,40
1157	37,00	2314	74,00
1166	38,80	2332	77,60
1175	40,60	2350	81,20
1184	42,40	2368	84,80
1193	44,20	2386	88,40
1201	45,80	2402	91,60
1210	47,60	2420	95,20
1219	49,40	2438	98,80
1228	51,20	2456	102,40
1237	53,00	2474	106,00
1246	54,80	2492	109,60
1255	56,60	2510	113,20
1264	58,40	2528	116,80
1273	60,20	2546	120,40
1282	62,00	2564	124,00
1291	63,80	2582	127,60
1300	65,60	2600	131,20
1309	67,40	2618	134,80
1318	69,20	2636	138,40
1327	71,00	2654	142,00
1336	72,80	2672	145,60

* Nur anzuwenden bei Lohnsteuer-Jahresausgleich durch den Arbeitgeber.

Lohn/ Gehalt in € bis	Steuerklasse	Lohn- steuer*	BVSP**	TAGZ***
35,99	I,IV		4	2
	II		4	2
	III		4	2
	V		4	2
	VI	**3**	4	2
71,99	I,IV		8	5
	II		8	5
	III		8	5
	V		8	5
	VI	**8**	8	5
107,99	I,IV		12	8
	II		12	8
	III		12	8
	V		12	8
	VI	**12**	12	8
143,99	I,IV		17	11
	II		17	11
	III		17	11
	V		17	11
	VI	**16**	17	11
179,99	I,IV		21	14
	II		21	14
	III		21	14
	V		21	14
	VI	**20**	21	14
215,99	I,IV		25	17
	II		25	17
	III		25	17
	V		25	17
	VI	**24**	25	17
251,99	I,IV		30	20
	II		30	20
	III		30	20
	V		30	20
	VI	**28**	30	20
287,99	I,IV		34	23
	II		34	23
	III		34	23
	V		34	23
	VI	**32**	34	23
323,99	I,IV		38	26
	II		38	26
	III		38	26
	V		38	26
	VI	**36**	38	26
359,99	I,IV		43	29
	II		43	29
	III		43	29
	V		43	29
	VI	**41**	43	29
395,99	I,IV		47	32
	II		47	32
	III		47	32
	V		47	32
	VI	**45**	47	32
431,99	I,IV		51	35
	II		51	35
	III		51	35
	V		51	35
	VI	**49**	51	35
467,99	I,IV		56	38
	II		56	38
	III		56	38
	V		56	38
	VI	**53**	56	38
503,99	I,IV		60	41
	II		60	41
	III		60	41
	V		60	41
	VI	**57**	60	41
539,99	I,IV		64	44
	II		64	44
	III		64	44
	V		64	44
	VI	**61**	64	44
575,99	I,IV		69	47
	II		69	47
	III		69	47
	V		69	47
	VI	**65**	69	47
611,99	I,IV		73	50
	II		73	50
	III		73	50
	V		73	50
	VI	**70**	73	50
647,99	I,IV		77	52
	II		77	52
	III		77	52
	V		77	52
	VI	**74**	77	52
683,99	I,IV		82	55
	II		82	55
	III		82	55
	V		82	55
	VI	**78**	82	55
719,99	I,IV		86	58
	II		86	58
	III		86	58
	V		86	58
	VI	**82**	86	58
755,99	I,IV		90	61
	II		90	61
	III		90	61
	V		90	61
	VI	**86**	90	61
791,99	I,IV		95	64
	II		95	64
	III		95	64
	V		95	64
	VI	**90**	95	64
827,99	I,IV		99	67
	II		99	67
	III		99	67
	V		99	67
	VI	**94**	99	67
863,99	I,IV		103	70
	II		103	70
	III		103	70
	V		103	70
	VI	**98**	103	70

* Zur LSt-Berechnung für privat versicherte Arbeitnehmer s. Beispiele **Vorbemerkung S. 4f.**
** Basisvorsorgepauschale KV und PV *** Typisierter Arbeitgeberzuschuss

Lohn/ Gehalt in € bis	Steuerklasse	Lohn-steuer*	BVSP**	TAGZ***
899,99	I,IV		107	73
	II		107	73
	III		107	73
	V		107	73
	VI	**103**	107	73
935,99	I,IV		112	76
	II		112	76
	III		112	76
	V		112	76
	VI	**107**	112	76
971,99	I,IV		116	79
	II		116	79
	III		116	79
	V		116	79
	VI	**111**	116	79
1 007,99	I,IV		120	82
	II		120	82
	III		120	82
	V		120	82
	VI	**115**	120	82
1 043,99	I,IV		125	85
	II		125	85
	III		125	85
	V		125	85
	VI	**119**	125	85
1 079,99	I,IV		129	88
	II		129	88
	III		129	88
	V		129	88
	VI	**123**	129	88
1 115,99	I,IV		133	91
	II		133	91
	III		133	91
	V		133	91
	VI	**127**	133	91
1 151,99	I,IV		138	94
	II		138	94
	III		138	94
	V		138	94
	VI	**132**	138	94
1 187,99	I,IV		142	97
	II		142	97
	III		142	97
	V		142	97
	VI	**136**	142	97
1 223,99	I,IV		146	100
	II		146	100
	III		146	100
	V		146	100
	VI	**140**	146	100
1 259,99	I,IV		151	103
	II		151	103
	III		151	103
	V		151	103
	VI	**144**	151	103
1 295,99	I,IV		155	105
	II		155	105
	III		155	105
	V	**3**	155	105
	VI	**148**	155	105

Lohn/ Gehalt in € bis	Steuerklasse	Lohn-steuer*	BVSP**	TAGZ***
1 331,99	I,IV		159	108
	II		159	108
	III		159	108
	V	**7**	159	108
	VI	**152**	159	108
1 367,99	I,IV		164	111
	II		164	111
	III		164	111
	V	**11**	164	111
	VI	**156**	164	111
1 403,99	I,IV		168	114
	II		168	114
	III		168	114
	V	**15**	168	114
	VI	**161**	168	114
1 439,99	I,IV		172	117
	II		172	117
	III		172	117
	V	**20**	172	117
	VI	**165**	172	117
1 475,99	I,IV		177	120
	II		177	120
	III		177	120
	V	**24**	177	120
	VI	**169**	177	120
1 511,99	I,IV		181	123
	II		181	123
	III		181	123
	V	**28**	181	123
	VI	**173**	181	123
1 547,99	I,IV		185	126
	II		185	126
	III		185	126
	V	**32**	185	126
	VI	**177**	185	126
1 583,99	I,IV		190	129
	II		190	129
	III		190	129
	V	**36**	190	129
	VI	**181**	190	129
1 619,99	I,IV		194	132
	II		194	132
	III		194	132
	V	**40**	194	132
	VI	**185**	194	132
1 655,99	I,IV		198	135
	II		198	135
	III		198	135
	V	**44**	198	135
	VI	**189**	198	135
1 691,99	I,IV		203	138
	II		203	138
	III		203	138
	V	**49**	203	138
	VI	**194**	203	138
1 727,99	I,IV		207	141
	II		207	141
	III		207	141
	V	**53**	207	141
	VI	**198**	207	141

* Zur LSt-Berechnung für privat versicherte Arbeitnehmer s. Beispiele **Vorbemerkung S. 4 f.**
** Basisvorsorgepauschale KV und PV *** Typisierter Arbeitgeberzuschuss

Lohn/ Gehalt in € bis	Steuerklasse	Lohn- steuer*	BVSP**	TAGZ***
1 763,99	I,IV		211	144
	II		211	144
	III		211	144
	V	**57**	211	144
	VI	**202**	211	144
1 799,99	I,IV		215	147
	II		215	147
	III		215	147
	V	**61**	215	147
	VI	**206**	215	147
1 835,99	I,IV		220	150
	II		220	150
	III		220	150
	V	**65**	220	150
	VI	**210**	220	150
1 871,99	I,IV		224	153
	II		224	153
	III		224	153
	V	**69**	224	153
	VI	**214**	224	153
1 907,99	I,IV		228	155
	II		228	155
	III		228	155
	V	**73**	228	155
	VI	**218**	228	155
1 943,99	I,IV		233	158
	II		233	158
	III		233	158
	V	**77**	233	158
	VI	**223**	233	158
1 979,99	I,IV		237	161
	II		237	161
	III		237	161
	V	**82**	237	161
	VI	**227**	237	161
2 015,99	I,IV		241	164
	II		241	164
	III		241	164
	V	**86**	241	164
	VI	**231**	241	164
2 051,99	I,IV		246	167
	II		246	167
	III		246	167
	V	**90**	246	167
	VI	**235**	246	167
2 087,99	I,IV		250	170
	II		250	170
	III		250	170
	V	**94**	250	170
	VI	**239**	250	170
2 123,99	I,IV		254	173
	II		254	173
	III		254	173
	V	**98**	254	173
	VI	**243**	254	173
2 159,99	I,IV		259	176
	II		259	176
	III		259	176
	V	**102**	259	176
	VI	**247**	259	176

Lohn/ Gehalt in € bis	Steuerklasse	Lohn- steuer*	BVSP**	TAGZ***
2 195,99	I,IV		263	179
	II		263	179
	III		263	179
	V	**106**	263	179
	VI	**252**	263	179
2 231,99	I,IV		267	182
	II		267	182
	III		267	182
	V	**111**	267	182
	VI	**256**	267	182
2 267,99	I,IV		272	185
	II		272	185
	III		272	185
	V	**115**	272	185
	VI	**260**	272	185
2 303,99	I,IV		276	188
	II		276	188
	III		276	188
	V	**119**	276	188
	VI	**264**	276	188
2 339,99	I,IV		280	191
	II		280	191
	III		280	191
	V	**123**	280	191
	VI	**268**	280	191
2 375,99	I,IV		285	194
	II		285	194
	III		285	194
	V	**127**	285	194
	VI	**272**	285	194
2 411,99	I,IV		289	197
	II		289	197
	III		289	197
	V	**131**	289	197
	VI	**276**	289	197
2 447,99	I,IV		293	200
	II		293	200
	III		293	200
	V	**135**	293	200
	VI	**280**	293	200
2 483,99	I,IV		298	203
	II		298	203
	III		298	203
	V	**140**	298	203
	VI	**285**	298	203
2 519,99	I,IV		302	206
	II		302	206
	III		302	206
	V	**144**	302	206
	VI	**289**	302	206
2 555,99	I,IV		306	208
	II		306	208
	III		306	208
	V	**148**	306	208
	VI	**293**	306	208
2 591,99	I,IV		311	211
	II		311	211
	III		311	211
	V	**152**	311	211
	VI	**297**	311	211

* Zur LSt-Berechnung für privat versicherte Arbeitnehmer s. Beispiele **Vorbemerkung S. 4 f.**
** Basisvorsorgepauschale KV und PV *** Typisierter Arbeitgeberzuschuss

Lohn/ Gehalt in € bis	Steuerklasse	Lohn- steuer*	BVSP**	TAGZ***
2627,99	I,IV		315	214
	II		315	214
	III		315	214
	V	**156**	315	214
	VI	**301**	315	214
2663,99	I,IV		319	217
	II		319	217
	III		319	217
	V	**160**	319	217
	VI	**305**	319	217
2699,99	I,IV		323	220
	II		323	220
	III		323	220
	V	**164**	323	220
	VI	**309**	323	220
2735,99	I,IV		328	223
	II		328	223
	III		328	223
	V	**168**	328	223
	VI	**313**	328	223
2771,99	I,IV		332	226
	II		332	226
	III		332	226
	V	**173**	332	226
	VI	**318**	332	226
2807,99	I,IV		336	229
	II		336	229
	III		336	229
	V	**177**	336	229
	VI	**322**	336	229
2843,99	I,IV		341	232
	II		341	232
	III		341	232
	V	**181**	341	232
	VI	**326**	341	232
2879,99	I,IV		345	235
	II		345	235
	III		345	235
	V	**185**	345	235
	VI	**330**	345	235
2915,99	I,IV		349	238
	II		349	238
	III		349	238
	V	**189**	349	238
	VI	**334**	349	238
2951,99	I,IV		354	241
	II		354	241
	III		354	241
	V	**193**	354	241
	VI	**338**	354	241
2987,99	I,IV		358	244
	II		358	244
	III		358	244
	V	**197**	358	244
	VI	**342**	358	244
3023,99	I,IV		362	247
	II		362	247
	III		362	247
	V	**202**	362	247
	VI	**347**	362	247
3059,99	I,IV		367	250
	II		367	250
	III		367	250
	V	**206**	367	250
	VI	**351**	367	250
3095,99	I,IV		371	253
	II		371	253
	III		371	253
	V	**210**	371	253
	VI	**355**	371	253
3131,99	I,IV		375	256
	II		375	256
	III		375	256
	V	**214**	375	256
	VI	**359**	375	256
3167,99	I,IV		380	258
	II		380	258
	III		380	258
	V	**218**	380	258
	VI	**363**	380	258
3203,99	I,IV		384	261
	II		384	261
	III		384	261
	V	**222**	384	261
	VI	**367**	384	261
3239,99	I,IV		388	264
	II		388	264
	III		388	264
	V	**226**	388	264
	VI	**371**	388	264
3275,99	I,IV		393	267
	II		393	267
	III		393	267
	V	**230**	393	267
	VI	**375**	393	267
3311,99	I,IV		397	270
	II		397	270
	III		397	270
	V	**235**	397	270
	VI	**380**	397	270
3347,99	I,IV		401	273
	II		401	273
	III		401	273
	V	**239**	401	273
	VI	**384**	401	273
3383,99	I,IV		406	276
	II		406	276
	III		406	276
	V	**243**	406	276
	VI	**388**	406	276
3419,99	I,IV		410	279
	II		410	279
	III		410	279
	V	**247**	410	279
	VI	**392**	410	279
3455,99	I,IV		414	282
	II		414	282
	III		414	282
	V	**251**	414	282
	VI	**396**	414	282

* Zur LSt-Berechnung für privat versicherte Arbeitnehmer s. Beispiele **Vorbemerkung S. 4 f.**
** Basisvorsorgepauschale KV und PV *** Typisierter Arbeitgeberzuschuss

Lohn/ Gehalt in € bis	Steuerklasse	**Lohn-steuer***	BVSP**	TAGZ***
3491,99	I,IV		419	285
	II		419	285
	III		419	285
	V	**255**	419	285
	VI	**400**	419	285
3527,99	I,IV		423	288
	II		423	288
	III		423	288
	V	**259**	423	288
	VI	**404**	423	288
3563,99	I,IV		427	291
	II		427	291
	III		427	291
	V	**264**	427	291
	VI	**409**	427	291
3599,99	I,IV		431	294
	II		431	294
	III		431	294
	V	**268**	431	294
	VI	**413**	431	294
3635,99	I,IV		436	297
	II		436	297
	III		436	297
	V	**272**	436	297
	VI	**417**	436	297
3671,99	I,IV		440	300
	II		440	300
	III		440	300
	V	**276**	440	300
	VI	**421**	440	300
3707,99	I,IV		444	303
	II		444	303
	III		444	303
	V	**280**	444	303
	VI	**425**	444	303
3743,99	I,IV		449	306
	II		449	306
	III		449	306
	V	**284**	449	306
	VI	**429**	449	306
3779,99	I,IV		453	309
	II		453	309
	III		453	309
	V	**288**	453	309
	VI	**433**	453	309
3815,99	I,IV		457	311
	II		457	311
	III		457	311
	V	**292**	457	311
	VI	**437**	457	311
3851,99	I,IV		462	314
	II		462	314
	III		462	314
	V	**297**	462	314
	VI	**442**	462	314
3887,99	I,IV		466	317
	II		466	317
	III		466	317
	V	**301**	466	317
	VI	**446**	466	317

Lohn/ Gehalt in € bis	Steuerklasse	**Lohn-steuer***	BVSP**	TAGZ***
3923,99	I,IV		470	320
	II		470	320
	III		470	320
	V	**305**	470	320
	VI	**450**	470	320
3959,99	I,IV		475	323
	II		475	323
	III		475	323
	V	**309**	475	323
	VI	**454**	475	323
3995,99	I,IV		479	326
	II		479	326
	III		479	326
	V	**313**	479	326
	VI	**458**	479	326
4031,99	I,IV		483	329
	II		483	329
	III		483	329
	V	**317**	483	329
	VI	**462**	483	329
4067,99	I,IV		488	332
	II		488	332
	III		488	332
	V	**321**	488	332
	VI	**466**	488	332
4103,99	I,IV		492	335
	II		492	335
	III		492	335
	V	**325**	492	335
	VI	**470**	492	335
4139,99	I,IV		496	338
	II		496	338
	III		496	338
	V	**330**	496	338
	VI	**475**	496	338
4175,99	I,IV		501	341
	II		501	341
	III		501	341
	V	**334**	501	341
	VI	**479**	501	341
4211,99	I,IV		505	344
	II		505	344
	III		505	344
	V	**338**	505	344
	VI	**483**	505	344
4247,99	I,IV		509	347
	II		509	347
	III		509	347
	V	**342**	509	347
	VI	**487**	509	347
4283,99	I,IV		514	350
	II		514	350
	III		514	350
	V	**346**	514	350
	VI	**491**	514	350
4319,99	I,IV		518	353
	II		518	353
	III		518	353
	V	**350**	518	353
	VI	**495**	518	353

* Zur LSt-Berechnung für privat versicherte Arbeitnehmer s. Beispiele **Vorbemerkung S. 4f.**
** Basisvorsorgepauschale KV und PV *** Typisierter Arbeitgeberzuschuss

Lohn/ Gehalt in € bis	Steuerklasse	Lohn- steuer*	BVSP**	TAGZ***
4 355,99	I,IV		522	356
	II		522	356
	III		522	356
	V	**354**	522	356
	VI	**499**	522	356
4 391,99	I,IV		527	359
	II		527	359
	III		527	359
	V	**359**	527	359
	VI	**504**	527	359
4 427,99	I,IV		531	361
	II		531	361
	III		531	361
	V	**363**	531	361
	VI	**508**	531	361
4 463,99	I,IV		535	364
	II		535	364
	III		535	364
	V	**367**	535	364
	VI	**512**	535	364
4 499,99	I,IV		539	367
	II		539	367
	III		539	367
	V	**371**	539	367
	VI	**516**	539	367
4 535,99	I,IV		544	370
	II		544	370
	III		544	370
	V	**375**	544	370
	VI	**520**	544	370
4 571,99	I,IV		548	373
	II		548	373
	III		548	373
	V	**379**	548	373
	VI	**524**	548	373
4 607,99	I,IV		552	376
	II		552	376
	III		552	376
	V	**383**	552	376
	VI	**528**	552	376
4 643,99	I,IV		557	379
	II		557	379
	III		557	379
	V	**387**	557	379
	VI	**532**	557	379
4 679,99	I,IV		561	382
	II		561	382
	III		561	382
	V	**392**	561	382
	VI	**537**	561	382
4 715,99	I,IV		565	385
	II		565	385
	III		565	385
	V	**396**	565	385
	VI	**541**	565	385
4 751,99	I,IV		570	388
	II		570	388
	III		570	388
	V	**400**	570	388
	VI	**545**	570	388
4 787,99	I,IV		574	391
	II		574	391
	III		574	391
	V	**404**	574	391
	VI	**549**	574	391
4 823,99	I,IV		578	394
	II		578	394
	III		578	394
	V	**408**	578	394
	VI	**553**	578	394
4 859,99	I,IV		583	397
	II		583	397
	III		583	397
	V	**412**	583	397
	VI	**557**	583	397
4 895,99	I,IV		587	400
	II		587	400
	III		587	400
	V	**416**	587	400
	VI	**561**	587	400
4 931,99	I,IV		591	403
	II		591	403
	III		591	403
	V	**421**	591	403
	VI	**566**	591	403
4 967,99	I,IV		596	406
	II		596	406
	III		596	406
	V	**425**	596	406
	VI	**570**	596	406
5 003,99	I,IV		600	409
	II		600	409
	III		600	409
	V	**429**	600	409
	VI	**574**	600	409
5 039,99	I,IV		604	412
	II		604	412
	III		604	412
	V	**433**	604	412
	VI	**578**	604	412
5 075,99	I,IV		609	414
	II		609	414
	III		609	414
	V	**437**	609	414
	VI	**582**	609	414
5 111,99	I,IV		613	417
	II		613	417
	III		613	417
	V	**441**	613	417
	VI	**586**	613	417
5 147,99	I,IV		617	420
	II		617	420
	III		617	420
	V	**445**	617	420
	VI	**590**	617	420
5 183,99	I,IV		622	423
	II		622	423
	III		622	423
	V	**449**	622	423
	VI	**595**	622	423

* Zur LSt-Berechnung für privat versicherte Arbeitnehmer s. Beispiele **Vorbemerkung S. 4 f.**
** Basisvorsorgepauschale KV und PV *** Typisierter Arbeitgeberzuschuss

Lohn/ Gehalt in € bis	Steuerklasse	Lohn- steuer*	BVSP**	TAGZ***
5 219,99	I,IV		626	426
	II		626	426
	III		626	426
	V	**454**	626	426
	VI	**599**	626	426
5 255,99	I,IV		630	429
	II		630	429
	III		630	429
	V	**458**	630	429
	VI	**603**	630	429
5 291,99	I,IV		635	432
	II		635	432
	III		635	432
	V	**462**	635	432
	VI	**607**	635	432
5 327,99	I,IV		639	435
	II		639	435
	III		639	435
	V	**466**	639	435
	VI	**611**	639	435
5 363,99	I,IV		643	438
	II		643	438
	III		643	438
	V	**470**	643	438
	VI	**615**	643	438
5 399,99	I,IV		647	441
	II		647	441
	III		647	441
	V	**474**	647	441
	VI	**619**	647	441
5 435,99	I,IV		652	444
	II		652	444
	III		652	444
	V	**478**	652	444
	VI	**623**	652	444
5 471,99	I,IV		656	447
	II		656	447
	III		656	447
	V	**483**	656	447
	VI	**628**	656	447
5 507,99	I,IV		660	450
	II		660	450
	III		660	450
	V	**487**	660	450
	VI	**632**	660	450
5 543,99	I,IV		665	453
	II		665	453
	III		665	453
	V	**491**	665	453
	VI	**636**	665	453
5 579,99	I,IV		669	456
	II		669	456
	III		669	456
	V	**495**	669	456
	VI	**640**	669	456
5 615,99	I,IV		673	459
	II		673	459
	III		673	459
	V	**499**	673	459
	VI	**644**	673	459

Lohn/ Gehalt in € bis	Steuerklasse	Lohn- steuer*	BVSP**	TAGZ***
5 651,99	I,IV		678	462
	II		678	462
	III		678	462
	V	**503**	678	462
	VI	**648**	678	462
5 687,99	I,IV		682	464
	II		682	464
	III		682	464
	V	**507**	682	464
	VI	**652**	682	464
5 723,99	I,IV		686	467
	II		686	467
	III		686	467
	V	**511**	686	467
	VI	**657**	686	467
5 759,99	I,IV		691	470
	II		691	470
	III		691	470
	V	**516**	691	470
	VI	**661**	691	470
5 795,99	I,IV		695	473
	II		695	473
	III		695	473
	V	**520**	695	473
	VI	**665**	695	473
5 831,99	I,IV		699	476
	II		699	476
	III		699	476
	V	**524**	699	476
	VI	**669**	699	476
5 867,99	I,IV		704	479
	II		704	479
	III		704	479
	V	**528**	704	479
	VI	**673**	704	479
5 903,99	I,IV		708	482
	II		708	482
	III		708	482
	V	**532**	708	482
	VI	**677**	708	482
5 939,99	I,IV		712	485
	II		712	485
	III		712	485
	V	**536**	712	485
	VI	**681**	712	485
5 975,99	I,IV		717	488
	II		717	488
	III		717	488
	V	**540**	717	488
	VI	**686**	717	488
6 011,99	I,IV		721	491
	II		721	491
	III		721	491
	V	**545**	721	491
	VI	**690**	721	491
6 047,99	I,IV		725	494
	II		725	494
	III		725	494
	V	**549**	725	494
	VI	**694**	725	494

* Zur LSt-Berechnung für privat versicherte Arbeitnehmer s. Beispiele **Vorbemerkung S. 4 f.**
** Basisvorsorgepauschale KV und PV *** Typisierter Arbeitgeberzuschuss

Lohn/ Gehalt in € bis	Steuerklasse	Lohn- steuer*	BVSP**	TAGZ***
6083,99	I,IV		730	497
	II		730	497
	III		730	497
	V	**553**	730	497
	VI	**698**	730	497
6119,99	I,IV		734	500
	II		734	500
	III		734	500
	V	**557**	734	500
	VI	**702**	734	500
6155,99	I,IV		738	503
	II		738	503
	III		738	503
	V	**561**	738	503
	VI	**706**	738	503
6191,99	I,IV		743	506
	II		743	506
	III		743	506
	V	**565**	743	506
	VI	**710**	743	506
6227,99	I,IV		747	509
	II		747	509
	III		747	509
	V	**569**	747	509
	VI	**714**	747	509
6263,99	I,IV		751	512
	II		751	512
	III		751	512
	V	**574**	751	512
	VI	**719**	751	512
6299,99	I,IV		755	515
	II		755	515
	III		755	515
	V	**578**	755	515
	VI	**723**	755	515
6335,99	I,IV		760	517
	II		760	517
	III		760	517
	V	**582**	760	517
	VI	**727**	760	517
6371,99	I,IV		764	520
	II		764	520
	III		764	520
	V	**586**	764	520
	VI	**731**	764	520
6407,99	I,IV		768	523
	II		768	523
	III		768	523
	V	**590**	768	523
	VI	**735**	768	523
6443,99	I,IV		773	526
	II		773	526
	III		773	526
	V	**594**	773	526
	VI	**739**	773	526
6479,99	I,IV		777	529
	II		777	529
	III		777	529
	V	**598**	777	529
	VI	**743**	777	529

Lohn/ Gehalt in € bis	Steuerklasse	Lohn- steuer*	BVSP**	TAGZ***
6515,99	I,IV		781	532
	II		781	532
	III		781	532
	V	**602**	781	532
	VI	**748**	781	532
6551,99	I,IV		786	535
	II		786	535
	III		786	535
	V	**607**	786	535
	VI	**752**	786	535
6587,99	I,IV		790	538
	II		790	538
	III		790	538
	V	**611**	790	538
	VI	**756**	790	538
6623,99	I,IV		794	541
	II		794	541
	III		794	541
	V	**615**	794	541
	VI	**760**	794	541
6659,99	I,IV		799	544
	II		799	544
	III		799	544
	V	**619**	799	544
	VI	**764**	799	544
6695,99	I,IV		803	547
	II		803	547
	III		803	547
	V	**623**	803	547
	VI	**768**	803	547
6731,99	I,IV		807	550
	II		807	550
	III		807	550
	V	**627**	807	550
	VI	**772**	807	550
6767,99	I,IV		812	553
	II		812	553
	III		812	553
	V	**631**	812	553
	VI	**776**	812	553
6803,99	I,IV		816	556
	II		816	556
	III		816	556
	V	**636**	816	556
	VI	**781**	816	556
6839,99	I,IV		820	559
	II		820	559
	III		820	559
	V	**640**	820	559
	VI	**785**	820	559
6875,99	I,IV		825	562
	II		825	562
	III		825	562
	V	**644**	825	562
	VI	**789**	825	562
6911,99	I,IV		829	565
	II		829	565
	III		829	565
	V	**648**	829	565
	VI	**793**	829	565

* Zur LSt-Berechnung für privat versicherte Arbeitnehmer s. Beispiele **Vorbemerkung S. 4f.**
** Basisvorsorgepauschale KV und PV *** Typisierter Arbeitgeberzuschuss

Lohn/ Gehalt in € bis	Steuerklasse	**Lohn-steuer***	BVSP**	TAGZ***
6 947,99	I,IV		833	567
	II		833	567
	III		833	567
	V	**652**	833	567
	VI	**797**	833	567
6 983,99	I,IV		838	570
	II		838	570
	III		838	570
	V	**656**	838	570
	VI	**801**	838	570
7 019,99	I,IV		842	573
	II		842	573
	III		842	573
	V	**660**	842	573
	VI	**805**	842	573
7 055,99	I,IV		846	576
	II		846	576
	III		846	576
	V	**665**	846	576
	VI	**810**	846	576
7 091,99	I,IV		851	579
	II		851	579
	III		851	579
	V	**669**	851	579
	VI	**814**	851	579
7 127,99	I,IV		855	582
	II		855	582
	III		855	582
	V	**673**	855	582
	VI	**818**	855	582
7 163,99	I,IV		859	585
	II		859	585
	III		859	585
	V	**677**	859	585
	VI	**822**	859	585
7 199,99	I,IV		863	588
	II		863	588
	III		863	588
	V	**681**	863	588
	VI	**826**	863	588
7 235,99	I,IV		868	591
	II		868	591
	III		868	591
	V	**685**	868	591
	VI	**830**	868	591
7 271,99	I,IV		872	594
	II		872	594
	III		872	594
	V	**689**	872	594
	VI	**834**	872	594
7 307,99	I,IV		876	597
	II		876	597
	III		876	597
	V	**693**	876	597
	VI	**838**	876	597
7 343,99	I,IV		881	600
	II		881	600
	III		881	600
	V	**698**	881	600
	VI	**843**	881	600
7 379,99	I,IV		885	603
	II		885	603
	III		885	603
	V	**702**	885	603
	VI	**847**	885	603
7 415,99	I,IV		889	606
	II		889	606
	III		889	606
	V	**706**	889	606
	VI	**851**	889	606
7 451,99	I,IV		894	609
	II		894	609
	III		894	609
	V	**710**	894	609
	VI	**855**	894	609
7 487,99	I,IV		898	612
	II		898	612
	III		898	612
	V	**714**	898	612
	VI	**859**	898	612
7 523,99	I,IV		902	615
	II		902	615
	III		902	615
	V	**718**	902	615
	VI	**863**	902	615
7 559,99	I,IV		907	618
	II		907	618
	III		907	618
	V	**722**	907	618
	VI	**867**	907	618
7 595,99	I,IV		911	620
	II		911	620
	III		911	620
	V	**726**	911	620
	VI	**871**	911	620
7 631,99	I,IV		915	623
	II		915	623
	III		915	623
	V	**731**	915	623
	VI	**876**	915	623
7 667,99	I,IV		920	626
	II		920	626
	III		920	626
	V	**735**	920	626
	VI	**880**	920	626
7 703,99	I,IV		924	629
	II		924	629
	III		924	629
	V	**739**	924	629
	VI	**884**	924	629
7 739,99	I,IV		928	632
	II		928	632
	III		928	632
	V	**743**	928	632
	VI	**888**	928	632
7 775,99	I,IV		933	635
	II		933	635
	III		933	635
	V	**747**	933	635
	VI	**892**	933	635

* Zur LSt-Berechnung für privat versicherte Arbeitnehmer s. Beispiele **Vorbemerkung S. 4 f.**
** Basisvorsorgepauschale KV und PV *** Typisierter Arbeitgeberzuschuss

Lohn/ Gehalt in € bis	Steuerklasse	Lohn- steuer*	BVSP**	TAGZ***
7 811,99	I,IV		937	638
	II		937	638
	III		937	638
	V	**751**	937	638
	VI	**896**	937	638
7 847,99	I,IV		941	641
	II		941	641
	III		941	641
	V	**755**	941	641
	VI	**900**	941	641
7 883,99	I,IV		946	644
	II		946	644
	III		946	644
	V	**760**	946	644
	VI	**905**	946	644
7 919,99	I,IV		950	647
	II		950	647
	III		950	647
	V	**764**	950	647
	VI	**909**	950	647
7 955,99	I,IV		954	650
	II		954	650
	III		954	650
	V	**768**	954	650
	VI	**913**	954	650
7 991,99	I,IV		959	653
	II		959	653
	III		959	653
	V	**772**	959	653
	VI	**917**	959	653
8 027,99	I,IV		963	656
	II		963	656
	III		963	656
	V	**776**	963	656
	VI	**921**	963	656
8 063,99	I,IV		967	659
	II		967	659
	III		967	659
	V	**780**	967	659
	VI	**925**	967	659
8 099,99	I,IV		971	662
	II		971	662
	III		971	662
	V	**784**	971	662
	VI	**929**	971	662
8 135,99	I,IV		976	665
	II		976	665
	III		976	665
	V	**788**	976	665
	VI	**933**	976	665
8 171,99	I,IV		980	668
	II		980	668
	III		980	668
	V	**793**	980	668
	VI	**938**	980	668
8 207,99	I,IV		984	671
	II		984	671
	III		984	671
	V	**797**	984	671
	VI	**942**	984	671

Lohn/ Gehalt in € bis	Steuerklasse	Lohn- steuer*	BVSP**	TAGZ***
8 243,99	I,IV		989	673
	II		989	673
	III		989	673
	V	**801**	989	673
	VI	**946**	989	673
8 279,99	I,IV		993	676
	II		993	676
	III		993	676
	V	**805**	993	676
	VI	**950**	993	676
8 315,99	I,IV		997	679
	II		997	679
	III		997	679
	V	**809**	997	679
	VI	**954**	997	679
8 351,99	I,IV		1 002	682
	II		1 002	682
	III		1 002	682
	V	**813**	1 002	682
	VI	**958**	1 002	682
8 387,99	I,IV		1 006	685
	II		1 006	685
	III		1 006	685
	V	**817**	1 006	685
	VI	**962**	1 006	685
8 423,99	I,IV		1 010	688
	II		1 010	688
	III		1 010	688
	V	**822**	1 010	688
	VI	**967**	1 010	688
8 459,99	I,IV		1 015	691
	II		1 015	691
	III		1 015	691
	V	**826**	1 015	691
	VI	**971**	1 015	691
8 495,99	I,IV		1 019	694
	II		1 019	694
	III		1 019	694
	V	**830**	1 019	694
	VI	**975**	1 019	694
8 531,99	I,IV		1 023	697
	II		1 023	697
	III		1 023	697
	V	**834**	1 023	697
	VI	**979**	1 023	697
8 567,99	I,IV		1 028	700
	II		1 028	700
	III		1 028	700
	V	**838**	1 028	700
	VI	**983**	1 028	700
8 603,99	I,IV		1 032	703
	II		1 032	703
	III		1 032	703
	V	**842**	1 032	703
	VI	**987**	1 032	703
8 639,99	I,IV		1 036	706
	II		1 036	706
	III		1 036	706
	V	**846**	1 036	706
	VI	**991**	1 036	706

* Zur LSt-Berechnung für privat versicherte Arbeitnehmer s. Beispiele **Vorbemerkung S. 4 f.**
** Basisvorsorgepauschale KV und PV *** Typisierter Arbeitgeberzuschuss

Lohn/ Gehalt in € bis	Steuerklasse	**Lohn-steuer***	BVSP**	TAGZ***
8675,99	I,IV		1041	709
	II		1041	709
	III		1041	709
	V	**850**	1041	709
	VI	**995**	1041	709
8711,99	I,IV		1045	712
	II		1045	712
	III		1045	712
	V	**855**	1045	712
	VI	**1000**	1045	712
8747,99	I,IV		1049	715
	II		1049	715
	III		1049	715
	V	**859**	1049	715
	VI	**1004**	1049	715
8783,99	I,IV		1054	718
	II		1054	718
	III		1054	718
	V	**863**	1054	718
	VI	**1008**	1054	718
8819,99	I,IV		1058	721
	II		1058	721
	III		1058	721
	V	**867**	1058	721
	VI	**1012**	1058	721
8855,99	I,IV		1062	723
	II		1062	723
	III		1062	723
	V	**871**	1062	723
	VI	**1016**	1062	723
8891,99	I,IV		1067	726
	II		1067	726
	III		1067	726
	V	**875**	1067	726
	VI	**1020**	1067	726
8927,99	I,IV		1071	729
	II		1071	729
	III		1071	729
	V	**879**	1071	729
	VI	**1024**	1071	729
8963,99	I,IV		1075	732
	II		1075	732
	III		1075	732
	V	**883**	1075	732
	VI	**1029**	1075	732
8999,99	I,IV		1079	735
	II		1079	735
	III		1079	735
	V	**888**	1079	735
	VI	**1033**	1079	735
9035,99	I,IV		1084	738
	II		1084	738
	III		1084	738
	V	**892**	1084	738
	VI	**1037**	1084	738
9071,99	I,IV		1088	741
	II		1088	741
	III		1088	741
	V	**896**	1088	741
	VI	**1041**	1088	741
9107,99	I,IV		1092	744
	II		1092	744
	III		1092	744
	V	**900**	1092	744
	VI	**1045**	1092	744
9143,99	I,IV		1097	747
	II		1097	747
	III		1097	747
	V	**904**	1097	747
	VI	**1049**	1097	747
9179,99	I,IV		1101	750
	II		1101	750
	III		1101	750
	V	**908**	1101	750
	VI	**1053**	1101	750
9215,99	I,IV		1105	753
	II		1105	753
	III		1105	753
	V	**912**	1105	753
	VI	**1057**	1105	753
9251,99	I,IV		1110	756
	II		1110	756
	III		1110	756
	V	**917**	1110	756
	VI	**1062**	1110	756
9287,99	I,IV		1114	759
	II		1114	759
	III		1114	759
	V	**921**	1114	759
	VI	**1066**	1114	759
9323,99	I,IV		1118	762
	II		1118	762
	III		1118	762
	V	**925**	1118	762
	VI	**1070**	1118	762
9359,99	I,IV		1123	765
	II		1123	765
	III		1123	765
	V	**929**	1123	765
	VI	**1074**	1123	765
9395,99	I,IV		1127	768
	II		1127	768
	III		1127	768
	V	**933**	1127	768
	VI	**1078**	1127	768
9431,99	I,IV		1131	771
	II		1131	771
	III		1131	771
	V	**937**	1131	771
	VI	**1082**	1131	771
9467,99	I,IV		1136	774
	II		1136	774
	III		1136	774
	V	**941**	1136	774
	VI	**1086**	1136	774
9503,99	I,IV		1140	776
	II		1140	776
	III		1140	776
	V	**945**	1140	776
	VI	**1091**	1140	776

* Zur LSt-Berechnung für privat versicherte Arbeitnehmer s. Beispiele **Vorbemerkung S. 4f.**
** Basisvorsorgepauschale KV und PV *** Typisierter Arbeitgeberzuschuss

Lohn/ Gehalt in € bis	Steuerklasse	Lohn-steuer*	BVSP**	TAGZ***
9 539,99	I,IV		1 144	779
	II		1 144	779
	III		1 144	779
	V	**950**	1 144	779
	VI	**1 095**	1 144	779
9 575,99	I,IV		1 149	782
	II		1 149	782
	III		1 149	782
	V	**954**	1 149	782
	VI	**1 099**	1 149	782
9 611,99	I,IV		1 153	785
	II		1 153	785
	III		1 153	785
	V	**958**	1 153	785
	VI	**1 103**	1 153	785
9 647,99	I,IV		1 157	788
	II		1 157	788
	III		1 157	788
	V	**962**	1 157	788
	VI	**1 107**	1 157	788
9 683,99	I,IV		1 162	791
	II		1 162	791
	III		1 162	791
	V	**966**	1 162	791
	VI	**1 111**	1 162	791
9 719,99	I,IV		1 166	794
	II		1 166	794
	III		1 166	794
	V	**970**	1 166	794
	VI	**1 115**	1 166	794
9 755,99	I,IV		1 170	797
	II		1 170	797
	III		1 170	797
	V	**974**	1 170	797
	VI	**1 120**	1 170	797
9 791,99	I,IV		1 175	800
	II		1 175	800
	III		1 175	800
	V	**979**	1 175	800
	VI	**1 124**	1 175	800
9 827,99	I,IV		1 179	803
	II		1 179	803
	III		1 179	803
	V	**983**	1 179	803
	VI	**1 128**	1 179	803
9 863,99	I,IV		1 183	806
	II		1 183	806
	III		1 183	806
	V	**987**	1 183	806
	VI	**1 132**	1 183	806
9 899,99	I,IV		1 187	809
	II		1 187	809
	III		1 187	809
	V	**991**	1 187	809
	VI	**1 136**	1 187	809
9 935,99	I,IV		1 192	812
	II		1 192	812
	III		1 192	812
	V	**995**	1 192	812
	VI	**1 140**	1 192	812

Lohn/ Gehalt in € bis	Steuerklasse	Lohn-steuer*	BVSP**	TAGZ***
9 971,99	I,IV		1 196	815
	II		1 196	815
	III		1 196	815
	V	**999**	1 196	815
	VI	**1 144**	1 196	815
10 007,99	I,IV		1 200	818
	II		1 200	818
	III		1 200	818
	V	**1 003**	1 200	818
	VI	**1 148**	1 200	818
10 043,99	I,IV		1 205	821
	II		1 205	821
	III		1 205	821
	V	**1 008**	1 205	821
	VI	**1 153**	1 205	821
10 079,99	I,IV		1 209	824
	II		1 209	824
	III		1 209	824
	V	**1 012**	1 209	824
	VI	**1 157**	1 209	824
10 115,99	I,IV		1 213	826
	II		1 213	826
	III		1 213	826
	V	**1 016**	1 213	826
	VI	**1 161**	1 213	826
10 151,99	I,IV		1 218	829
	II		1 218	829
	III		1 218	829
	V	**1 020**	1 218	829
	VI	**1 165**	1 218	829
10 187,99	I,IV		1 222	832
	II		1 222	832
	III		1 222	832
	V	**1 024**	1 222	832
	VI	**1 169**	1 222	832
10 223,99	I,IV		1 226	835
	II		1 226	835
	III		1 226	835
	V	**1 028**	1 226	835
	VI	**1 173**	1 226	835
10 259,99	I,IV		1 231	838
	II		1 231	838
	III		1 231	838
	V	**1 032**	1 231	838
	VI	**1 177**	1 231	838
10 295,99	I,IV		1 235	841
	II		1 235	841
	III		1 235	841
	V	**1 036**	1 235	841
	VI	**1 182**	1 235	841
10 331,99	I,IV		1 239	844
	II		1 239	844
	III		1 239	844
	V	**1 041**	1 239	844
	VI	**1 186**	1 239	844
10 367,99	I,IV		1 244	847
	II		1 244	847
	III		1 244	847
	V	**1 045**	1 244	847
	VI	**1 190**	1 244	847

* Zur LSt-Berechnung für privat versicherte Arbeitnehmer s. Beispiele **Vorbemerkung S. 4 f.**
** Basisvorsorgepauschale KV und PV *** Typisierter Arbeitgeberzuschuss

Lohn/ Gehalt in € bis	Steuerklasse	**Lohnsteuer***	BVSP**	TAGZ***
10 403,99	I,IV		1 248	850
	II		1 248	850
	III		1 248	850
	V	**1 049**	1 248	850
	VI	**1 194**	1 248	850
10 439,99	I,IV		1 252	853
	II		1 252	853
	III		1 252	853
	V	**1 053**	1 252	853
	VI	**1 198**	1 252	853
10 475,99	I,IV		1 257	856
	II		1 257	856
	III		1 257	856
	V	**1 057**	1 257	856
	VI	**1 202**	1 257	856
10 511,99	I,IV		1 261	859
	II		1 261	859
	III		1 261	859
	V	**1 061**	1 261	859
	VI	**1 206**	1 261	859
10 547,99	I,IV		1 265	862
	II		1 265	862
	III		1 265	862
	V	**1 065**	1 265	862
	VI	**1 211**	1 265	862
10 583,99	I,IV		1 270	865
	II		1 270	865
	III		1 270	865
	V	**1 070**	1 270	865
	VI	**1 215**	1 270	865
10 619,99	I,IV		1 274	868
	II		1 274	868
	III		1 274	868
	V	**1 074**	1 274	868
	VI	**1 219**	1 274	868
10 655,99	I,IV		1 278	871
	II		1 278	871
	III		1 278	871
	V	**1 078**	1 278	871
	VI	**1 223**	1 278	871
10 691,99	I,IV		1 283	874
	II		1 283	874
	III		1 283	874
	V	**1 082**	1 283	874
	VI	**1 227**	1 283	874
10 727,99	I,IV		1 287	877
	II		1 287	877
	III		1 287	877
	V	**1 086**	1 287	877
	VI	**1 231**	1 287	877
10 763,99	I,IV		1 291	879
	II		1 291	879
	III		1 291	879
	V	**1 090**	1 291	879
	VI	**1 235**	1 291	879
10 799,99	I,IV		1 295	882
	II		1 295	882
	III		1 295	882
	V	**1 094**	1 295	882
	VI	**1 239**	1 295	882

Lohn/ Gehalt in € bis	Steuerklasse	**Lohnsteuer***	BVSP**	TAGZ***
10 835,99	I,IV		1 300	885
	II		1 300	885
	III		1 300	885
	V	**1 099**	1 300	885
	VI	**1 244**	1 300	885
10 871,99	I,IV		1 304	888
	II		1 304	888
	III		1 304	888
	V	**1 103**	1 304	888
	VI	**1 248**	1 304	888
10 907,99	I,IV		1 308	891
	II		1 308	891
	III		1 308	891
	V	**1 107**	1 308	891
	VI	**1 252**	1 308	891
10 943,99	I,IV		1 313	894
	II		1 313	894
	III		1 313	894
	V	**1 111**	1 313	894
	VI	**1 256**	1 313	894
10 979,99	I,IV		1 317	897
	II		1 317	897
	III		1 317	897
	V	**1 115**	1 317	897
	VI	**1 260**	1 317	897
11 015,99	I,IV		1 321	900
	II		1 321	900
	III		1 321	900
	V	**1 119**	1 321	900
	VI	**1 264**	1 321	900
11 051,99	I,IV		1 326	903
	II		1 326	903
	III		1 326	903
	V	**1 123**	1 326	903
	VI	**1 268**	1 326	903
11 087,99	I,IV		1 330	906
	II		1 330	906
	III		1 330	906
	V	**1 127**	1 330	906
	VI	**1 272**	1 330	906
11 123,99	I,IV		1 334	909
	II		1 334	909
	III		1 334	909
	V	**1 132**	1 334	909
	VI	**1 277**	1 334	909
11 159,99	I,IV		1 339	912
	II		1 339	912
	III		1 339	912
	V	**1 136**	1 339	912
	VI	**1 281**	1 339	912
11 195,99	I,IV		1 343	915
	II		1 343	915
	III		1 343	915
	V	**1 140**	1 343	915
	VI	**1 285**	1 343	915
11 231,99	I,IV		1 347	918
	II		1 347	918
	III		1 347	918
	V	**1 144**	1 347	918
	VI	**1 289**	1 347	918

* Zur LSt-Berechnung für privat versicherte Arbeitnehmer s. Beispiele **Vorbemerkung S. 4 f.**
** Basisvorsorgepauschale KV und PV *** Typisierter Arbeitgeberzuschuss

Lohn/ Gehalt in € bis	Steuerklasse	Lohn-steuer*	BVSP**	TAGZ***
11 267,99	I,IV		1 352	921
	II		1 352	921
	III		1 352	921
	V	**1 148**	1 352	921
	VI	**1 293**	1 352	921
11 303,99	I,IV		1 356	924
	II		1 356	924
	III		1 356	924
	V	**1 152**	1 356	924
	VI	**1 297**	1 356	924
11 339,99	I,IV		1 360	927
	II		1 360	927
	III		1 360	927
	V	**1 156**	1 360	927
	VI	**1 301**	1 360	927
11 375,99	I,IV		1 365	929
	II		1 365	929
	III		1 365	929
	V	**1 161**	1 365	929
	VI	**1 306**	1 365	929
11 411,99	I,IV		1 369	932
	II		1 369	932
	III		1 369	932
	V	**1 165**	1 369	932
	VI	**1 310**	1 369	932
11 447,99	I,IV		1 373	935
	II		1 373	935
	III		1 373	935
	V	**1 169**	1 373	935
	VI	**1 314**	1 373	935
11 483,99	I,IV		1 378	938
	II		1 378	938
	III		1 378	938
	V	**1 173**	1 378	938
	VI	**1 318**	1 378	938
11 519,99	I,IV		1 382	941
	II		1 382	941
	III		1 382	941
	V	**1 177**	1 382	941
	VI	**1 322**	1 382	941
11 555,99	I,IV		1 386	944
	II		1 386	944
	III		1 386	944
	V	**1 181**	1 386	944
	VI	**1 326**	1 386	944
11 591,99	I,IV		1 391	947
	II		1 391	947
	III		1 391	947
	V	**1 185**	1 391	947
	VI	**1 330**	1 391	947
11 627,99	I,IV		1 395	950
	II		1 395	950
	III		1 395	950
	V	**1 189**	1 395	950
	VI	**1 334**	1 395	950
11 663,99	I,IV		1 399	953
	II		1 399	953
	III		1 399	953
	V	**1 194**	1 399	953
	VI	**1 339**	1 399	953

Lohn/ Gehalt in € bis	Steuerklasse	Lohn-steuer*	BVSP**	TAGZ***
11 699,99	I,IV		1 403	956
	II		1 403	956
	III		1 403	956
	V	**1 198**	1 403	956
	VI	**1 343**	1 403	956
11 735,99	I,IV		1 408	959
	II		1 408	959
	III		1 408	959
	V	**1 202**	1 408	959
	VI	**1 347**	1 408	959
11 771,99	I,IV		1 412	962
	II		1 412	962
	III		1 412	962
	V	**1 206**	1 412	962
	VI	**1 351**	1 412	962
11 807,99	I,IV		1 416	965
	II		1 416	965
	III		1 416	965
	V	**1 210**	1 416	965
	VI	**1 355**	1 416	965
11 843,99	I,IV	**3**	1 421	968
	II		1 421	968
	III		1 421	968
	V	**1 214**	1 421	968
	VI	**1 359**	1 421	968
11 879,99	I,IV	**7**	1 425	971
	II		1 425	971
	III		1 425	971
	V	**1 218**	1 425	971
	VI	**1 363**	1 425	971
11 915,99	I,IV	**11**	1 429	974
	II		1 429	974
	III		1 429	974
	V	**1 223**	1 429	974
	VI	**1 368**	1 429	974
11 951,99	I,IV	**15**	1 434	977
	II		1 434	977
	III		1 434	977
	V	**1 227**	1 434	977
	VI	**1 372**	1 434	977
11 987,99	I,IV	**20**	1 438	980
	II		1 438	980
	III		1 438	980
	V	**1 231**	1 438	980
	VI	**1 376**	1 438	980
12 023,99	I,IV	**24**	1 442	982
	II		1 442	982
	III		1 442	982
	V	**1 235**	1 442	982
	VI	**1 380**	1 442	982
12 059,99	I,IV	**28**	1 447	985
	II		1 447	985
	III		1 447	985
	V	**1 239**	1 447	985
	VI	**1 384**	1 447	985
12 095,99	I,IV	**32**	1 451	988
	II		1 451	988
	III		1 451	988
	V	**1 243**	1 451	988
	VI	**1 388**	1 451	988

* Zur LSt-Berechnung für privat versicherte Arbeitnehmer s. Beispiele **Vorbemerkung S. 4 f.**
** Basisvorsorgepauschale KV und PV *** Typisierter Arbeitgeberzuschuss

Lohn/ Gehalt in € bis	Steuerklasse	Lohn- steuer*	BVSP**	TAGZ***
12131,99	I,IV	**37**	1455	991
	II		1455	991
	III		1455	991
	V	**1247**	1455	991
	VI	**1392**	1455	991
12167,99	I,IV	**41**	1460	994
	II		1460	994
	III		1460	994
	V	**1251**	1460	994
	VI	**1396**	1460	994
12203,99	I,IV	**45**	1464	997
	II		1464	997
	III		1464	997
	V	**1256**	1464	997
	VI	**1401**	1464	997
12239,99	I,IV	**50**	1468	1000
	II		1468	1000
	III		1468	1000
	V	**1260**	1468	1000
	VI	**1405**	1468	1000
12275,99	I,IV	**54**	1473	1003
	II		1473	1003
	III		1473	1003
	V	**1264**	1473	1003
	VI	**1409**	1473	1003
12311,99	I,IV	**58**	1477	1006
	II		1477	1006
	III		1477	1006
	V	**1268**	1477	1006
	VI	**1419**	1477	1006
12347,99	I,IV	**63**	1481	1009
	II		1481	1009
	III		1481	1009
	V	**1272**	1481	1009
	VI	**1432**	1481	1009
12383,99	I,IV	**67**	1486	1012
	II		1486	1012
	III		1486	1012
	V	**1276**	1486	1012
	VI	**1444**	1486	1012
12419,99	I,IV	**72**	1490	1015
	II		1490	1015
	III		1490	1015
	V	**1280**	1490	1015
	VI	**1457**	1490	1015
12455,99	I,IV	**76**	1494	1018
	II		1494	1018
	III		1494	1018
	V	**1284**	1494	1018
	VI	**1469**	1494	1018
12491,99	I,IV	**80**	1499	1021
	II		1499	1021
	III		1499	1021
	V	**1289**	1499	1021
	VI	**1482**	1499	1021
12527,99	I,IV	**85**	1503	1024
	II		1503	1024
	III		1503	1024
	V	**1293**	1503	1024
	VI	**1494**	1503	1024

Lohn/ Gehalt in € bis	Steuerklasse	Lohn- steuer*	BVSP**	TAGZ***
12563,99	I,IV	**89**	1507	1027
	II		1507	1027
	III		1507	1027
	V	**1297**	1507	1027
	VI	**1506**	1507	1027
12599,99	I,IV	**94**	1511	1030
	II		1511	1030
	III		1511	1030
	V	**1301**	1511	1030
	VI	**1519**	1511	1030
12635,99	I,IV	**98**	1516	1032
	II		1516	1032
	III		1516	1032
	V	**1305**	1516	1032
	VI	**1531**	1516	1032
12671,99	I,IV	**103**	1520	1035
	II		1520	1035
	III		1520	1035
	V	**1309**	1520	1035
	VI	**1544**	1520	1035
12707,99	I,IV	**107**	1524	1038
	II		1524	1038
	III		1524	1038
	V	**1313**	1524	1038
	VI	**1556**	1524	1038
12743,99	I,IV	**112**	1529	1041
	II		1529	1041
	III		1529	1041
	V	**1318**	1529	1041
	VI	**1569**	1529	1041
12779,99	I,IV	**117**	1533	1044
	II		1533	1044
	III		1533	1044
	V	**1322**	1533	1044
	VI	**1581**	1533	1044
12815,99	I,IV	**121**	1537	1047
	II		1537	1047
	III		1537	1047
	V	**1326**	1537	1047
	VI	**1593**	1537	1047
12851,99	I,IV	**126**	1542	1050
	II		1542	1050
	III		1542	1050
	V	**1330**	1542	1050
	VI	**1605**	1542	1050
12887,99	I,IV	**131**	1546	1053
	II		1546	1053
	III		1546	1053
	V	**1334**	1546	1053
	VI	**1618**	1546	1053
12923,99	I,IV	**135**	1550	1056
	II		1550	1056
	III		1550	1056
	V	**1338**	1550	1056
	VI	**1630**	1550	1056
12959,99	I,IV	**140**	1555	1059
	II		1555	1059
	III		1555	1059
	V	**1342**	1555	1059
	VI	**1643**	1555	1059

* Zur LSt-Berechnung für privat versicherte Arbeitnehmer s. Beispiele **Vorbemerkung S. 4f.**
** Basisvorsorgepauschale KV und PV *** Typisierter Arbeitgeberzuschuss

Lohn/ Gehalt in € bis	Steuerklasse	Lohn-steuer*	BVSP**	TAGZ***
12 995,99	I,IV	**144**	1 559	1 062
	II		1 559	1 062
	III		1 559	1 062
	V	**1 346**	1 559	1 062
	VI	**1 655**	1 559	1 062
13 031,99	I,IV	**149**	1 563	1 065
	II		1 563	1 065
	III		1 563	1 065
	V	**1 351**	1 563	1 065
	VI	**1 668**	1 563	1 065
13 067,99	I,IV	**154**	1 568	1 068
	II		1 568	1 068
	III		1 568	1 068
	V	**1 355**	1 568	1 068
	VI	**1 680**	1 568	1 068
13 103,99	I,IV	**159**	1 572	1 071
	II		1 572	1 071
	III		1 572	1 071
	V	**1 359**	1 572	1 071
	VI	**1 692**	1 572	1 071
13 139,99	I,IV	**163**	1 576	1 074
	II		1 576	1 074
	III		1 576	1 074
	V	**1 363**	1 576	1 074
	VI	**1 705**	1 576	1 074
13 175,99	I,IV	**168**	1 581	1 077
	II		1 581	1 077
	III		1 581	1 077
	V	**1 367**	1 581	1 077
	VI	**1 717**	1 581	1 077
13 211,99	I,IV	**173**	1 585	1 080
	II		1 585	1 080
	III		1 585	1 080
	V	**1 371**	1 585	1 080
	VI	**1 729**	1 585	1 080
13 247,99	I,IV	**178**	1 589	1 083
	II		1 589	1 083
	III		1 589	1 083
	V	**1 375**	1 589	1 083
	VI	**1 742**	1 589	1 083
13 283,99	I,IV	**183**	1 594	1 085
	II		1 594	1 085
	III		1 594	1 085
	V	**1 380**	1 594	1 085
	VI	**1 755**	1 594	1 085
13 319,99	I,IV	**188**	1 598	1 088
	II		1 598	1 088
	III		1 598	1 088
	V	**1 384**	1 598	1 088
	VI	**1 767**	1 598	1 088
13 355,99	I,IV	**193**	1 602	1 091
	II		1 602	1 091
	III		1 602	1 091
	V	**1 388**	1 602	1 091
	VI	**1 779**	1 602	1 091
13 391,99	I,IV	**197**	1 607	1 094
	II		1 607	1 094
	III		1 607	1 094
	V	**1 392**	1 607	1 094
	VI	**1 792**	1 607	1 094

Lohn/ Gehalt in € bis	Steuerklasse	Lohn-steuer*	BVSP**	TAGZ***
13 427,99	I,IV	**202**	1 611	1 097
	II		1 611	1 097
	III		1 611	1 097
	V	**1 396**	1 611	1 097
	VI	**1 804**	1 611	1 097
13 463,99	I,IV	**207**	1 615	1 100
	II		1 615	1 100
	III		1 615	1 100
	V	**1 400**	1 615	1 100
	VI	**1 816**	1 615	1 100
13 499,99	I,IV	**212**	1 619	1 103
	II		1 619	1 103
	III		1 619	1 103
	V	**1 404**	1 619	1 103
	VI	**1 829**	1 619	1 103
13 535,99	I,IV	**217**	1 624	1 106
	II		1 624	1 106
	III		1 624	1 106
	V	**1 408**	1 624	1 106
	VI	**1 841**	1 624	1 106
13 571,99	I,IV	**222**	1 628	1 109
	II		1 628	1 109
	III		1 628	1 109
	V	**1 419**	1 628	1 109
	VI	**1 854**	1 628	1 109
13 607,99	I,IV	**227**	1 632	1 112
	II		1 632	1 112
	III		1 632	1 112
	V	**1 431**	1 632	1 112
	VI	**1 866**	1 632	1 112
13 643,99	I,IV	**232**	1 637	1 115
	II		1 637	1 115
	III		1 637	1 115
	V	**1 443**	1 637	1 115
	VI	**1 878**	1 637	1 115
13 679,99	I,IV	**237**	1 641	1 118
	II		1 641	1 118
	III		1 641	1 118
	V	**1 456**	1 641	1 118
	VI	**1 891**	1 641	1 118
13 715,99	I,IV	**242**	1 645	1 121
	II		1 645	1 121
	III		1 645	1 121
	V	**1 468**	1 645	1 121
	VI	**1 903**	1 645	1 121
13 751,99	I,IV	**247**	1 650	1 124
	II		1 650	1 124
	III		1 650	1 124
	V	**1 480**	1 650	1 124
	VI	**1 915**	1 650	1 124
13 787,99	I,IV	**252**	1 654	1 127
	II		1 654	1 127
	III		1 654	1 127
	V	**1 493**	1 654	1 127
	VI	**1 928**	1 654	1 127
13 823,99	I,IV	**257**	1 658	1 130
	II		1 658	1 130
	III		1 658	1 130
	V	**1 505**	1 658	1 130
	VI	**1 940**	1 658	1 130

* Zur LSt-Berechnung für privat versicherte Arbeitnehmer s. Beispiele **Vorbemerkung S. 4 f.**
** Basisvorsorgepauschale KV und PV *** Typisierter Arbeitgeberzuschuss

Lohn/ Gehalt in € bis	Steuerklasse	Lohn- steuer*	BVSP**	TAGZ***	Steuerklasse	Bemessungsgrundlage für Kirchensteuer und Solidaritätszuschlag – Freibeträge für ... Kinder 0,5	1,0	1,5	2,0	2,5	3,0
13859,99	I,IV	**262**	1663	1133	I						
	II		1663	1133	II						
	III		1663	1133	III						
	V	**1518**	1663	1133	IV						
	VI	**1953**	1663	1133							
13895,99	I,IV	**267**	1667	1135	I						
	II		1667	1135	II						
	III		1667	1135	III						
	V	**1530**	1667	1135	IV						
	VI	**1965**	1667	1135							
13931,99	I,IV	**273**	1671	1138	I						
	II		1671	1138	II						
	III		1671	1138	III						
	V	**1542**	1671	1138	IV						
	VI	**1978**	1671	1138							
13967,99	I,IV	**278**	1676	1141	I						
	II		1676	1141	II						
	III		1676	1141	III						
	V	**1555**	1676	1141	IV						
	VI	**1990**	1676	1141							
14003,99	I,IV	**283**	1680	1144	I						
	II		1680	1144	II						
	III		1680	1144	III						
	V	**1567**	1680	1144	IV						
	VI	**2002**	1680	1144							
14039,99	I,IV	**288**	1684	1147	I						
	II		1684	1147	II						
	III		1684	1147	III						
	V	**1580**	1684	1147	IV	1					
	VI	**2015**	1684	1147							
14075,99	I,IV	**293**	1689	1150	I						
	II		1689	1150	II						
	III		1689	1150	III						
	V	**1592**	1689	1150	IV	6					
	VI	**2027**	1689	1150							
14111,99	I,IV	**299**	1693	1153	I						
	II		1693	1153	II						
	III		1693	1153	III						
	V	**1605**	1693	1153	IV	10					
	VI	**2040**	1693	1153							
14147,99	I,IV	**304**	1697	1156	I						
	II		1697	1156	II						
	III		1697	1156	III						
	V	**1617**	1697	1156	IV	14					
	VI	**2052**	1697	1156							
14183,99	I,IV	**309**	1702	1159	I						
	II	**5**	1702	1159	II						
	III		1702	1159	III						
	V	**1629**	1702	1159	IV	18					
	VI	**2065**	1702	1159							
14219,99	I,IV	**314**	1706	1162	I						
	II	**9**	1706	1162	II						
	III		1706	1162	III						
	V	**1642**	1706	1162	IV	22					
	VI	**2077**	1706	1162							
14255,99	I,IV	**320**	1710	1165	I						
	II	**13**	1710	1165	II						
	III		1710	1165	III						
	V	**1654**	1710	1165	IV	27					
	VI	**2089**	1710	1165							

* Zur LSt-Berechnung für privat versicherte Arbeitnehmer s. Beispiele **Vorbemerkung S. 4 f.**
** Basisvorsorgepauschale KV und PV *** Typisierter Arbeitgeberzuschuss

Lohn/ Gehalt in € bis	Steuerklasse	Lohn-steuer*	BVSP**	TAGZ***	Steuerklasse	Bemessungsgrundlage für Kirchensteuer und Solidaritätszuschlag – Freibeträge für ... Kinder 0,5	**1,0**	1,5	**2,0**	2,5	**3,0**
14 291,99	I,IV	**325**	1 715	1 168	I						
	II	**17**	1 715	1 168	II						
	III		1 715	1 168	III						
	V	**1 666**	1 715	1 168	IV	31					
	VI	**2 102**	1 715	1 168							
14 327,99	I,IV	**330**	1 719	1 171	I						
	II	**21**	1 719	1 171	II						
	III		1 719	1 171	III						
	V	**1 679**	1 719	1 171	IV	35					
	VI	**2 114**	1 719	1 171							
14 363,99	I,IV	**336**	1 723	1 174	I						
	II	**25**	1 723	1 174	II						
	III		1 723	1 174	III						
	V	**1 691**	1 723	1 174	IV	39					
	VI	**2 126**	1 723	1 174							
14 399,99	I,IV	**341**	1 727	1 177	I						
	II	**30**	1 727	1 177	II						
	III		1 727	1 177	III						
	V	**1 704**	1 727	1 177	IV	44					
	VI	**2 139**	1 727	1 177							
14 435,99	I,IV	**346**	1 732	1 180	I						
	II	**34**	1 732	1 180	II						
	III		1 732	1 180	III						
	V	**1 716**	1 732	1 180	IV	48					
	VI	**2 151**	1 732	1 180							
14 471,99	I,IV	**352**	1 736	1 183	I						
	II	**38**	1 736	1 183	II						
	III		1 736	1 183	III						
	V	**1 729**	1 736	1 183	IV	52					
	VI	**2 164**	1 736	1 183							
14 507,99	I,IV	**357**	1 740	1 186	I						
	II	**43**	1 740	1 186	II						
	III		1 740	1 186	III						
	V	**1 741**	1 740	1 186	IV	57					
	VI	**2 176**	1 740	1 186							
14 543,99	I,IV	**363**	1 745	1 188	I						
	II	**47**	1 745	1 188	II						
	III		1 745	1 188	III						
	V	**1 753**	1 745	1 188	IV	61					
	VI	**2 188**	1 745	1 188							
14 579,99	I,IV	**368**	1 749	1 191	I						
	II	**51**	1 749	1 191	II						
	III		1 749	1 191	III						
	V	**1 766**	1 749	1 191	IV	65					
	VI	**2 201**	1 749	1 191							
14 615,99	I,IV	**374**	1 753	1 194	I						
	II	**56**	1 753	1 194	II						
	III		1 753	1 194	III						
	V	**1 778**	1 753	1 194	IV	70					
	VI	**2 213**	1 753	1 194							
14 651,99	I,IV	**379**	1 758	1 197	I						
	II	**60**	1 758	1 197	II						
	III		1 758	1 197	III						
	V	**1 791**	1 758	1 197	IV	74					
	VI	**2 226**	1 758	1 197							
14 687,99	I,IV	**385**	1 762	1 200	I						
	II	**64**	1 762	1 200	II						
	III		1 762	1 200	III						
	V	**1 803**	1 762	1 200	IV	79					
	VI	**2 238**	1 762	1 200							

* Zur LSt-Berechnung für privat versicherte Arbeitnehmer s. Beispiele **Vorbemerkung S. 4 f.**
** Basisvorsorgepauschale KV und PV *** Typisierter Arbeitgeberzuschuss

Lohn/ Gehalt in € bis	Steuerklasse	**Lohn-steuer***	BVSP**	TAGZ***	Steuerklasse	Bemessungsgrundlage für Kirchensteuer und Solidaritätszuschlag – Freibeträge für ... Kinder 0,5	**1,0**	1,5	**2,0**	2,5	**3,0**
14723,99	I,IV	**390**	1766	1203	I						
	II	**69**	1766	1203	II						
	III		1766	1203	III						
	V	**1815**	1766	1203	IV	83					
	VI	**2251**	1766	1203							
14759,99	I,IV	**396**	1771	1206	I						
	II	**73**	1771	1206	II						
	III		1771	1206	III						
	V	**1828**	1771	1206	IV	88					
	VI	**2263**	1771	1206							
14795,99	I,IV	**401**	1775	1209	I						
	II	**78**	1775	1209	II						
	III		1775	1209	III						
	V	**1840**	1775	1209	IV	92					
	VI	**2275**	1775	1209							
14831,99	I,IV	**407**	1779	1212	I						
	II	**82**	1779	1212	II						
	III		1779	1212	III						
	V	**1852**	1779	1212	IV	97					
	VI	**2288**	1779	1212							
14867,99	I,IV	**413**	1784	1215	I						
	II	**87**	1784	1215	II						
	III		1784	1215	III						
	V	**1865**	1784	1215	IV	101					
	VI	**2300**	1784	1215							
14903,99	I,IV	**418**	1788	1218	I						
	II	**91**	1788	1218	II						
	III		1788	1218	III						
	V	**1877**	1788	1218	IV	106					
	VI	**2312**	1788	1218							
14939,99	I,IV	**424**	1792	1221	I						
	II	**96**	1792	1221	II						
	III		1792	1221	III						
	V	**1890**	1792	1221	IV	110					
	VI	**2325**	1792	1221							
14975,99	I,IV	**429**	1797	1224	I						
	II	**100**	1797	1224	II						
	III		1797	1224	III						
	V	**1902**	1797	1224	IV	115					
	VI	**2337**	1797	1224							
15011,99	I,IV	**435**	1801	1227	I						
	II	**105**	1801	1227	II						
	III		1801	1227	III						
	V	**1915**	1801	1227	IV	120					
	VI	**2350**	1801	1227							
15047,99	I,IV	**441**	1805	1230	I						
	II	**109**	1805	1230	II						
	III		1805	1230	III						
	V	**1927**	1805	1230	IV	124					
	VI	**2362**	1805	1230							
15083,99	I,IV	**446**	1810	1233	I						
	II	**114**	1810	1233	II						
	III		1810	1233	III						
	V	**1939**	1810	1233	IV	129					
	VI	**2375**	1810	1233							
15119,99	I,IV	**452**	1814	1236	I						
	II	**118**	1814	1236	II						
	III		1814	1236	III						
	V	**1952**	1814	1236	IV	133					
	VI	**2387**	1814	1236							

* Zur LSt-Berechnung für private versicherte Arbeitnehmer s. Beispiele **Vorbemerkung S. 4f.**
** Basisvorsorgepauschale KV und PV *** Typisierter Arbeitgeberzuschuss

Lohn/ Gehalt in € bis	Steuerklasse	Lohn-steuer*	BVSP**	TAGZ***	Steuerklasse	Bemessungsgrundlage für Kirchensteuer und Solidaritätszuschlag					
						Freibeträge für ... Kinder					
						0,5	**1,0**	1,5	**2,0**	2,5	**3,0**
15155,99	I,IV	**458**	1818	1239	I						
	II	**123**	1818	1239	II						
	III		1818	1239	III						
	V	**1964**	1818	1239	IV	138					
	VI	**2399**	1818	1239							
15191,99	I,IV	**464**	1823	1241	I						
	II	**128**	1823	1241	II						
	III		1823	1241	III						
	V	**1976**	1823	1241	IV	143					
	VI	**2411**	1823	1241							
15227,99	I,IV	**469**	1827	1244	I						
	II	**132**	1827	1244	II						
	III		1827	1244	III						
	V	**1989**	1827	1244	IV	148					
	VI	**2424**	1827	1244							
15263,99	I,IV	**475**	1831	1247	I						
	II	**137**	1831	1247	II						
	III		1831	1247	III						
	V	**2001**	1831	1247	IV	152					
	VI	**2436**	1831	1247							
15299,99	I,IV	**481**	1835	1250	I						
	II	**142**	1835	1250	II						
	III		1835	1250	III						
	V	**2014**	1835	1250	IV	157					
	VI	**2449**	1835	1250							
15335,99	I,IV	**487**	1840	1253	I						
	II	**146**	1840	1253	II						
	III		1840	1253	III						
	V	**2026**	1840	1253	IV	162					
	VI	**2461**	1840	1253							
15371,99	I,IV	**493**	1844	1256	I						
	II	**151**	1844	1256	II						
	III		1844	1256	III						
	V	**2039**	1844	1256	IV	166					
	VI	**2474**	1844	1256							
15407,99	I,IV	**499**	1848	1259	I						
	II	**156**	1848	1259	II						
	III		1848	1259	III						
	V	**2051**	1848	1259	IV	171					
	VI	**2486**	1848	1259							
15443,99	I,IV	**504**	1853	1262	I						
	II	**161**	1853	1262	II						
	III		1853	1262	III						
	V	**2063**	1853	1262	IV	176					
	VI	**2498**	1853	1262							
15479,99	I,IV	**510**	1857	1265	I						
	II	**165**	1857	1265	II						
	III		1857	1265	III						
	V	**2076**	1857	1265	IV	181					
	VI	**2511**	1857	1265							
15515,99	I,IV	**516**	1861	1268	I						
	II	**170**	1861	1268	II						
	III		1861	1268	III						
	V	**2088**	1861	1268	IV	186					
	VI	**2523**	1861	1268							
15551,99	I,IV	**522**	1866	1271	I						
	II	**175**	1866	1271	II						
	III		1866	1271	III						
	V	**2101**	1866	1271	IV	191					
	VI	**2536**	1866	1271							

* Zur LSt-Berechnung für privat versicherte Arbeitnehmer s. Beispiele **Vorbemerkung S. 4 f.**
** Basisvorsorgepauschale KV und PV *** Typisierter Arbeitgeberzuschuss

Lohn/ Gehalt in € bis	Steuerklasse	Lohn- steuer*	BVSP**	TAGZ***	Steuerklasse	Bemessungsgrundlage für Kirchensteuer und Solidaritätszuschlag					
						Freibeträge für ... Kinder					
						0,5	**1,0**	1,5	**2,0**	2,5	**3,0**
15 587,99	I,IV	**528**	1 870	1 274	I						
	II	**180**	1 870	1 274	II						
	III		1 870	1 274	III						
	V	**2 113**	1 870	1 274	IV	195					
	VI	**2 548**	1 870	1 274							
15 623,99	I,IV	**534**	1 874	1 277	I						
	II	**185**	1 874	1 277	II						
	III		1 874	1 277	III						
	V	**2 125**	1 874	1 277	IV	200					
	VI	**2 561**	1 874	1 277							
15 659,99	I,IV	**540**	1 879	1 280	I						
	II	**189**	1 879	1 280	II						
	III		1 879	1 280	III						
	V	**2 138**	1 879	1 280	IV	205					
	VI	**2 573**	1 879	1 280							
15 695,99	I,IV	**546**	1 883	1 283	I						
	II	**194**	1 883	1 283	II						
	III		1 883	1 283	III						
	V	**2 150**	1 883	1 283	IV	210					
	VI	**2 585**	1 883	1 283							
15 731,99	I,IV	**552**	1 887	1 286	I						
	II	**199**	1 887	1 286	II						
	III		1 887	1 286	III						
	V	**2 162**	1 887	1 286	IV	215					
	VI	**2 598**	1 887	1 286							
15 767,99	I,IV	**558**	1 892	1 289	I						
	II	**204**	1 892	1 289	II						
	III		1 892	1 289	III						
	V	**2 175**	1 892	1 289	IV	220					
	VI	**2 610**	1 892	1 289							
15 803,99	I,IV	**564**	1 896	1 291	I						
	II	**209**	1 896	1 291	II						
	III		1 896	1 291	III						
	V	**2 187**	1 896	1 291	IV	225					
	VI	**2 622**	1 896	1 291							
15 839,99	I,IV	**570**	1 900	1 294	I						
	II	**214**	1 900	1 294	II						
	III		1 900	1 294	III						
	V	**2 200**	1 900	1 294	IV	230					
	VI	**2 635**	1 900	1 294							
15 875,99	I,IV	**577**	1 900	1 297	I						
	II	**220**	1 900	1 297	II						
	III		1 905	1 297	III						
	V	**2 214**	1 900	1 297	IV	236					
	VI	**2 649**	1 900	1 297							
15 911,99	I,IV	**584**	1 900	1 300	I						
	II	**225**	1 900	1 300	II						
	III		1 909	1 300	III						
	V	**2 228**	1 900	1 300	IV	242					
	VI	**2 663**	1 900	1 300							
15 947,99	I,IV	**591**	1 900	1 303	I						
	II	**231**	1 900	1 303	II						
	III		1 913	1 303	III						
	V	**2 243**	1 900	1 303	IV	248					
	VI	**2 678**	1 900	1 303							
15 983,99	I,IV	**598**	1 900	1 306	I						
	II	**237**	1 900	1 306	II						
	III		1 918	1 306	III						
	V	**2 257**	1 900	1 306	IV	253					
	VI	**2 692**	1 900	1 306							

* Zur LSt-Berechnung für privat versicherte Arbeitnehmer s. Beispiele **Vorbemerkung S. 4f.**
** Basisvorsorgepauschale KV und PV *** Typisierter Arbeitgeberzuschuss

Lohn/ Gehalt in € bis	Steuerklasse	Lohn-steuer*	BVSP**	TAGZ***	Steuerklasse	Bemessungsgrundlage für Kirchensteuer und Solidaritätszuschlag					
						Freibeträge für ... Kinder					
						0,5	**1,0**	1,5	**2,0**	2,5	**3,0**
16019,99	I,IV	**605**	1900	1309	I						
	II	**243**	1900	1309	II						
	III		1922	1309	III						
	V	**2271**	1900	1309	IV	259					
	VI	**2706**	1900	1309							
16055,99	I,IV	**612**	1900	1312	I						
	II	**249**	1900	1312	II						
	III		1926	1312	III						
	V	**2285**	1900	1312	IV	265					
	VI	**2721**	1900	1312							
16091,99	I,IV	**620**	1900	1315	I						
	II	**254**	1900	1315	II						
	III		1931	1315	III						
	V	**2300**	1900	1315	IV	271					
	VI	**2735**	1900	1315							
16127,99	I,IV	**627**	1900	1318	I						
	II	**260**	1900	1318	II						
	III		1935	1318	III						
	V	**2314**	1900	1318	IV	277					
	VI	**2749**	1900	1318							
16163,99	I,IV	**634**	1900	1321	I						
	II	**266**	1900	1321	II						
	III		1939	1321	III						
	V	**2328**	1900	1321	IV	283					
	VI	**2763**	1900	1321							
16199,99	I,IV	**641**	1900	1324	I	2					
	II	**272**	1900	1324	II						
	III		1943	1324	III						
	V	**2342**	1900	1324	IV	289	2				
	VI	**2777**	1900	1324							
16235,99	I,IV	**648**	1900	1327	I	7					
	II	**278**	1900	1327	II						
	III		1948	1327	III						
	V	**2356**	1900	1327	IV	295	7				
	VI	**2792**	1900	1327							
16271,99	I,IV	**655**	1900	1330	I	11					
	II	**284**	1900	1330	II						
	III		1952	1330	III						
	V	**2371**	1900	1330	IV	301	11				
	VI	**2806**	1900	1330							
16307,99	I,IV	**663**	1900	1333	I	16					
	II	**290**	1900	1333	II						
	III		1956	1333	III						
	V	**2385**	1900	1333	IV	307	16				
	VI	**2820**	1900	1333							
16343,99	I,IV	**670**	1900	1336	I	21					
	II	**296**	1900	1336	II						
	III		1961	1336	III						
	V	**2399**	1900	1336	IV	313	21				
	VI	**2834**	1900	1336							
16379,99	I,IV	**677**	1900	1339	I	26					
	II	**302**	1900	1339	II						
	III		1965	1339	III						
	V	**2413**	1900	1339	IV	319	26				
	VI	**2848**	1900	1339							
16415,99	I,IV	**684**	1900	1342	I	31					
	II	**308**	1900	1342	II						
	III		1969	1342	III						
	V	**2427**	1900	1342	IV	325	31				
	VI	**2863**	1900	1342							

* Zur LSt-Berechnung für privat versicherte Arbeitnehmer s. Beispiele **Vorbemerkung S. 4f.**
** Basisvorsorgepauschale KV und PV *** Typisierter Arbeitgeberzuschuss

Lohn/ Gehalt in € bis	Steuerklasse	**Lohn-steuer***	BVSP**	TAGZ***	Steuerklasse	Bemessungsgrundlage für Kirchensteuer und Solidaritätszuschlag – Freibeträge für ... Kinder 0,5	**1,0**	1,5	**2,0**	2,5	**3,0**
16451,99	I,IV	**692**	1900	1344	I	36					
	II	**314**	1900	1344	II						
	III		1974	1344	III						
	V	**2442**	1900	1344	IV	331	36				
	VI	**2877**	1900	1344							
16487,99	I,IV	**699**	1900	1347	I	41					
	II	**320**	1900	1347	II						
	III		1978	1347	III						
	V	**2456**	1900	1347	IV	337	41				
	VI	**2891**	1900	1347							
16523,99	I,IV	**707**	1900	1350	I	46					
	II	**326**	1900	1350	II						
	III		1982	1350	III						
	V	**2470**	1900	1350	IV	344	46				
	VI	**2905**	1900	1350							
16559,99	I,IV	**714**	1900	1353	I	51					
	II	**332**	1900	1353	II						
	III		1987	1353	III						
	V	**2485**	1900	1353	IV	350	51				
	VI	**2920**	1900	1353							
16595,99	I,IV	**721**	1900	1356	I	55					
	II	**338**	1900	1356	II						
	III		1991	1356	III						
	V	**2498**	1900	1356	IV	356	55				
	VI	**2934**	1900	1356							
16631,99	I,IV	**729**	1900	1359	I	60					
	II	**344**	1900	1359	II						
	III		1995	1359	III						
	V	**2513**	1900	1359	IV	362	60				
	VI	**2948**	1900	1359							
16667,99	I,IV	**736**	1900	1362	I	66					
	II	**351**	1900	1362	II						
	III		2000	1362	III						
	V	**2527**	1900	1362	IV	368	66				
	VI	**2962**	1900	1362							
16703,99	I,IV	**744**	1900	1365	I	71					
	II	**357**	1900	1365	II						
	III		2004	1365	III						
	V	**2541**	1900	1365	IV	375	71				
	VI	**2976**	1900	1365							
16739,99	I,IV	**751**	1900	1368	I	76					
	II	**363**	1900	1368	II						
	III		2008	1368	III						
	V	**2556**	1900	1368	IV	381	76				
	VI	**2991**	1900	1368							
16775,99	I,IV	**759**	1900	1371	I	81					
	II	**369**	1900	1371	II						
	III		2013	1371	III						
	V	**2570**	1900	1371	IV	387	81				
	VI	**3005**	1900	1371							
16811,99	I,IV	**766**	1900	1374	I	86					
	II	**376**	1900	1374	II						
	III		2017	1374	III						
	V	**2584**	1900	1374	IV	393	86				
	VI	**3019**	1900	1374							
16847,99	I,IV	**774**	1900	1377	I	91					
	II	**382**	1900	1377	II						
	III		2021	1377	III						
	V	**2598**	1900	1377	IV	400	91				
	VI	**3033**	1900	1377							

* Zur LSt-Berechnung für privat versicherte Arbeitnehmer s. Beispiele **Vorbemerkung S. 4 f.**
** Basisvorsorgepauschale KV und PV *** Typisierter Arbeitgeberzuschuss

Lohn/ Gehalt in € bis	Steuerklasse	Lohnsteuer*	BVSP**	TAGZ***	Steuerklasse	Bemessungsgrundlage für Kirchensteuer und Solidaritätszuschlag					
						Freibeträge für ... Kinder					
						0,5	**1,0**	1,5	**2,0**	2,5	**3,0**
16883,99	I,IV	**782**	1900	1380	I	96					
	II	**388**	1900	1380	II						
	III		2026	1380	III						
	V	**2612**	1900	1380	IV	406	96				
	VI	**3047**	1900	1380							
16919,99	I,IV	**789**	1900	1383	I	101					
	II	**395**	1900	1383	II						
	III		2030	1383	III						
	V	**2627**	1900	1383	IV	413	101				
	VI	**3062**	1900	1383							
16955,99	I,IV	**797**	1900	1386	I	107					
	II	**401**	1900	1386	II						
	III		2034	1386	III						
	V	**2641**	1900	1386	IV	419	107				
	VI	**3076**	1900	1386							
16991,99	I,IV	**805**	1900	1389	I	112					
	II	**407**	1900	1389	II						
	III		2039	1389	III						
	V	**2655**	1900	1389	IV	426	112				
	VI	**3090**	1900	1389							
17027,99	I,IV	**812**	1900	1392	I	117					
	II	**414**	1900	1392	II						
	III		2043	1392	III						
	V	**2669**	1900	1392	IV	432	117				
	VI	**3104**	1900	1392							
17063,99	I,IV	**820**	1900	1394	I	122					
	II	**420**	1900	1394	II						
	III		2047	1394	III						
	V	**2683**	1900	1394	IV	439	122				
	VI	**3118**	1900	1394							
17099,99	I,IV	**828**	1900	1397	I	128					
	II	**427**	1900	1397	II						
	III		2051	1397	III						
	V	**2697**	1900	1397	IV	445	128				
	VI	**3133**	1900	1397							
17135,99	I,IV	**836**	1900	1400	I	133					
	II	**433**	1900	1400	II						
	III		2056	1400	III						
	V	**2712**	1900	1400	IV	452	133				
	VI	**3147**	1900	1400							
17171,99	I,IV	**843**	1900	1403	I	138					
	II	**440**	1900	1403	II						
	III		2060	1403	III						
	V	**2726**	1900	1403	IV	458	138				
	VI	**3161**	1900	1403							
17207,99	I,IV	**851**	1900	1406	I	144					
	II	**446**	1900	1406	II						
	III		2064	1406	III						
	V	**2740**	1900	1406	IV	465	144				
	VI	**3175**	1900	1406							
17243,99	I,IV	**859**	1900	1409	I	149					
	II	**453**	1900	1409	II						
	III		2069	1409	III						
	V	**2755**	1900	1409	IV	472	149				
	VI	**3190**	1900	1409							
17279,99	I,IV	**867**	1900	1412	I	155					
	II	**459**	1900	1412	II						
	III		2073	1412	III						
	V	**2768**	1900	1412	IV	478	155				
	VI	**3204**	1900	1412							

* Zur LSt-Berechnung für privat versicherte Arbeitnehmer s. Beispiele **Vorbemerkung S. 4 f.**
** Basisvorsorgepauschale KV und PV *** Typisierter Arbeitgeberzuschuss

Lohn/ Gehalt in € bis	Steuerklasse	Lohnsteuer*	BVSP**	TAGZ***	Steuerklasse	Bemessungsgrundlage für Kirchensteuer und Solidaritätszuschlag – Freibeträge für ... Kinder 0,5	1,0	1,5	2,0	2,5	3,0
17315,99	I,IV	**875**	1900	1415	I	160					
	II	**466**	1900	1415	II						
	III		2077	1415	III						
	V	**2783**	1900	1415	IV	485	160				
	VI	**3218**	1900	1415							
17351,99	I,IV	**883**	1900	1418	I	166					
	II	**473**	1900	1418	II						
	III		2082	1418	III						
	V	**2797**	1900	1418	IV	491	166				
	VI	**3232**	1900	1418							
17387,99	I,IV	**891**	1900	1421	I	171					
	II	**479**	1900	1421	II						
	III		2086	1421	III						
	V	**2811**	1900	1421	IV	498	171				
	VI	**3246**	1900	1421							
17423,99	I,IV	**899**	1900	1424	I	177					
	II	**486**	1900	1424	II						
	III		2090	1424	III						
	V	**2826**	1900	1424	IV	505	177				
	VI	**3261**	1900	1424							
17459,99	I,IV	**907**	1900	1427	I	182					
	II	**493**	1900	1427	II						
	III		2095	1427	III						
	V	**2840**	1900	1427	IV	512	182				
	VI	**3275**	1900	1427							
17495,99	I,IV	**915**	1900	1430	I	188					
	II	**499**	1900	1430	II						
	III		2099	1430	III						
	V	**2854**	1900	1430	IV	519	188				
	VI	**3289**	1900	1430							
17531,99	I,IV	**922**	1900	1433	I	193					
	II	**506**	1900	1433	II						
	III		2103	1433	III						
	V	**2868**	1900	1433	IV	525	193				
	VI	**3303**	1900	1433							
17567,99	I,IV	**930**	1900	1436	I	199					
	II	**513**	1900	1436	II						
	III		2108	1436	III						
	V	**2882**	1900	1436	IV	532	199				
	VI	**3317**	1900	1436							
17603,99	I,IV	**939**	1900	1439	I	204					
	II	**520**	1900	1439	II						
	III		2112	1439	III						
	V	**2897**	1900	1439	IV	539	204				
	VI	**3332**	1900	1439							
17639,99	I,IV	**947**	1900	1442	I	210					
	II	**526**	1900	1442	II						
	III		2116	1442	III						
	V	**2911**	1900	1442	IV	546	210				
	VI	**3346**	1900	1442							
17675,99	I,IV	**955**	1900	1445	I	216					
	II	**533**	1900	1445	II						
	III		2121	1445	III						
	V	**2925**	1900	1445	IV	553	216				
	VI	**3360**	1900	1445							
17711,99	I,IV	**963**	1900	1447	I	222					
	II	**540**	1900	1447	II						
	III		2125	1447	III						
	V	**2939**	1900	1447	IV	560	222				
	VI	**3375**	1900	1447							

* Zur LSt-Berechnung für privat versicherte Arbeitnehmer s. Beispiele **Vorbemerkung S. 4 f.**
** Basisvorsorgepauschale KV und PV *** Typisierter Arbeitgeberzuschuss

Lohn/ Gehalt in € bis	Steuerklasse	Lohn-steuer*	BVSP**	TAGZ***	Steuerklasse	Bemessungsgrundlage für Kirchensteuer und Solidaritätszuschlag – Freibeträge für ... Kinder 0,5	1,0	1,5	2,0	2,5	3,0
17747,99	I,IV	**971**	1900	1450	I	227					
	II	**547**	1900	1450	II						
	III		2129	1450	III						
	V	**2953**	1900	1450	IV	566	227				
	VI	**3388**	1900	1450							
17783,99	I,IV	**979**	1900	1453	I	233					
	II	**554**	1900	1453	II						
	III		2134	1453	III						
	V	**2968**	1900	1453	IV	573	233				
	VI	**3403**	1900	1453							
17819,99	I,IV	**987**	1900	1456	I	239					
	II	**561**	1900	1456	II						
	III		2138	1456	III						
	V	**2982**	1900	1456	IV	580	239				
	VI	**3417**	1900	1456							
17855,99	I,IV	**995**	1900	1459	I	244					
	II	**568**	1900	1459	II						
	III		2142	1459	III						
	V	**2996**	1900	1459	IV	587	244				
	VI	**3431**	1900	1459							
17891,99	I,IV	**1004**	1900	1462	I	250					
	II	**575**	1900	1462	II						
	III		2147	1462	III						
	V	**3010**	1900	1462	IV	595	250				
	VI	**3446**	1900	1462							
17927,99	I,IV	**1012**	1900	1465	I	256					
	II	**582**	1900	1465	II						
	III		2151	1465	III						
	V	**3025**	1900	1465	IV	602	256				
	VI	**3460**	1900	1465							
17963,99	I,IV	**1020**	1900	1468	I	262					
	II	**589**	1900	1468	II						
	III		2155	1468	III						
	V	**3039**	1900	1468	IV	609	262				
	VI	**3474**	1900	1468							
17999,99	I,IV	**1028**	1900	1471	I	268					
	II	**596**	1900	1471	II						
	III		2159	1471	III						
	V	**3053**	1900	1471	IV	616	268				
	VI	**3488**	1900	1471							
18035,99	I,IV	**1036**	1900	1474	I	274					
	II	**603**	1900	1474	II						
	III		2164	1474	III						
	V	**3067**	1900	1474	IV	623	274				
	VI	**3502**	1900	1474							
18071,99	I,IV	**1044**	1900	1477	I	280					
	II	**610**	1900	1477	II						
	III		2168	1477	III						
	V	**3081**	1900	1477	IV	630	280				
	VI	**3516**	1900	1477							
18107,99	I,IV	**1053**	1900	1480	I	286					
	II	**617**	1900	1480	II						
	III		2172	1480	III						
	V	**3096**	1900	1480	IV	637	286				
	VI	**3531**	1900	1480							
18143,99	I,IV	**1061**	1900	1483	I	292					
	II	**624**	1900	1483	II						
	III		2177	1483	III						
	V	**3110**	1900	1483	IV	644	292	4			
	VI	**3545**	1900	1483							

* Zur LSt-Berechnung für privat versicherte Arbeitnehmer s. Beispiele **Vorbemerkung S. 4 f.**
** Basisvorsorgepauschale KV und PV *** Typisierter Arbeitgeberzuschuss

Lohn/ Gehalt in € bis	Steuerklasse	Lohn- steuer*	BVSP**	TAGZ***	Steuerklasse	Bemessungsgrundlage für Kirchensteuer und Solidaritätszuschlag					
						Freibeträge für ... Kinder					
						0,5	**1,0**	1,5	**2,0**	2,5	**3,0**
18179,99	I,IV	**1069**	1900	1486	I	298					
	II	**631**	1900	1486	II						
	III		2181	1486	III						
	V	**3124**	1900	1486	IV	652	298	9			
	VI	**3559**	1900	1486							
18215,99	I,IV	**1077**	1900	1489	I	304					
	II	**638**	1900	1489	II						
	III		2185	1489	III						
	V	**3138**	1900	1489	IV	659	304	14			
	VI	**3573**	1900	1489							
18251,99	I,IV	**1085**	1900	1492	I	310					
	II	**645**	1900	1492	II	5					
	III		2190	1492	III						
	V	**3152**	1900	1492	IV	666	310	18			
	VI	**3587**	1900	1492							
18287,99	I,IV	**1093**	1900	1495	I	316					
	II	**653**	1900	1495	II	10					
	III		2194	1495	III						
	V	**3167**	1900	1495	IV	673	316	23			
	VI	**3602**	1900	1495							
18323,99	I,IV	**1102**	1900	1497	I	322					
	II	**660**	1900	1497	II	14					
	III		2198	1497	III						
	V	**3181**	1900	1497	IV	681	322	28			
	VI	**3616**	1900	1497							
18359,99	I,IV	**1110**	1900	1500	I	328					
	II	**667**	1900	1500	II	19					
	III		2203	1500	III						
	V	**3195**	1900	1500	IV	688	328	33			
	VI	**3630**	1900	1500							
18395,99	I,IV	**1118**	1900	1503	I	334					
	II	**675**	1900	1503	II	24					
	III		2207	1503	III						
	V	**3209**	1900	1503	IV	695	334	38			
	VI	**3645**	1900	1503							
18431,99	I,IV	**1126**	1900	1506	I	340					
	II	**682**	1900	1506	II	29					
	III		2211	1506	III						
	V	**3224**	1900	1506	IV	703	340	43			
	VI	**3659**	1900	1506							
18467,99	I,IV	**1134**	1900	1509	I	346					
	II	**689**	1900	1509	II	34					
	III		2216	1509	III						
	V	**3238**	1900	1509	IV	710	346	48			
	VI	**3673**	1900	1509							
18503,99	I,IV	**1143**	1900	1512	I	352					
	II	**696**	1900	1512	II	39					
	III		2220	1512	III						
	V	**3252**	1900	1512	IV	717	352	53			
	VI	**3687**	1900	1512							
18539,99	I,IV	**1151**	1900	1515	I	359					
	II	**704**	1900	1515	II	44					
	III		2224	1515	III						
	V	**3266**	1900	1515	IV	725	359	58			
	VI	**3701**	1900	1515							
18575,99	I,IV	**1159**	1900	1518	I	365					
	II	**711**	1900	1518	II	49					
	III		2229	1518	III						
	V	**3280**	1900	1518	IV	732	365	63			
	VI	**3716**	1900	1518							

* Zur LSt-Berechnung für privat versicherte Arbeitnehmer s. Beispiele **Vorbemerkung S. 4f.**
** Basisvorsorgepauschale KV und PV *** Typisierter Arbeitgeberzuschuss

Lohn/ Gehalt in € bis	Steuerklasse	Lohn- steuer*	BVSP**	TAGZ***	Steuerklasse	Bemessungsgrundlage für Kirchensteuer und Solidaritätszuschlag – Freibeträge für ... Kinder 0,5	1,0	1,5	2,0	2,5	3,0
18611,99	I,IV	**1168**	1900	1521	I	371					
	II	**719**	1900	1521	II	54					
	III		2233	1521	III						
	V	**3295**	1900	1521	IV	740	371	68			
	VI	**3730**	1900	1521							
18647,99	I,IV	**1176**	1900	1524	I	378					
	II	**726**	1900	1524	II	59					
	III		2237	1524	III						
	V	**3309**	1900	1524	IV	747	378	73			
	VI	**3744**	1900	1524							
18683,99	I,IV	**1184**	1900	1527	I	384					
	II	**733**	1900	1527	II	64					
	III		2242	1527	III						
	V	**3323**	1900	1527	IV	755	384	78			
	VI	**3758**	1900	1527							
18719,99	I,IV	**1192**	1900	1530	I	390					
	II	**741**	1900	1530	II	69					
	III		2246	1530	III						
	V	**3337**	1900	1530	IV	762	390	83			
	VI	**3772**	1900	1530							
18755,99	I,IV	**1201**	1900	1533	I	396					
	II	**749**	1900	1533	II	74					
	III		2250	1533	III						
	V	**3351**	1900	1533	IV	770	396	88			
	VI	**3787**	1900	1533							
18791,99	I,IV	**1209**	1900	1536	I	403					
	II	**756**	1900	1536	II	79					
	III		2255	1536	III						
	V	**3366**	1900	1536	IV	778	403	93			
	VI	**3801**	1900	1536							
18827,99	I,IV	**1217**	1900	1539	I	409					
	II	**764**	1900	1539	II	84					
	III		2259	1539	III						
	V	**3380**	1900	1539	IV	785	409	99			
	VI	**3815**	1900	1539							
18863,99	I,IV	**1225**	1900	1542	I	416					
	II	**771**	1900	1542	II	89					
	III		2263	1542	III						
	V	**3394**	1900	1542	IV	793	416	104			
	VI	**3829**	1900	1542							
18899,99	I,IV	**1234**	1900	1545	I	422					
	II	**779**	1900	1545	II	94					
	III		2267	1545	III						
	V	**3409**	1900	1545	IV	801	422	109			
	VI	**3844**	1900	1545							
18935,99	I,IV	**1242**	1900	1548	I	429					
	II	**786**	1900	1548	II	99					
	III		2272	1548	III						
	V	**3422**	1900	1548	IV	808	429	114			
	VI	**3858**	1900	1548							
18971,99	I,IV	**1250**	1900	1550	I	435					
	II	**794**	1900	1550	II	105					
	III		2276	1550	III						
	V	**3437**	1900	1550	IV	816	435	120			
	VI	**3872**	1900	1550							
19007,99	I,IV	**1259**	1900	1553	I	442					
	II	**802**	1900	1553	II	110					
	III		2280	1553	III						
	V	**3451**	1900	1553	IV	824	442	125			
	VI	**3886**	1900	1553							

* Zur LSt-Berechnung für privat versicherte Arbeitnehmer s. Beispiele **Vorbemerkung S. 4 f.**
** Basisvorsorgepauschale KV und PV *** Typisierter Arbeitgeberzuschuss

Lohn/ Gehalt in € bis	Steuerklasse	Lohn-steuer*	BVSP**	TAGZ***	Steuerklasse	Bemessungsgrundlage für Kirchensteuer und Solidaritätszuschlag – Freibeträge für ... Kinder 0,5	**1,0**	1,5	**2,0**	2,5	**3,0**
19043,99	I,IV	**1267**	1900	1556	I	448					
	II	**809**	1900	1556	II	115					
	III		2285	1556	III						
	V	**3465**	1900	1556	IV	831	448	130			
	VI	**3900**	1900	1556							
19079,99	I,IV	**1275**	1900	1559	I	455					
	II	**817**	1900	1559	II	121					
	III		2289	1559	III						
	V	**3480**	1900	1559	IV	839	455	136			
	VI	**3915**	1900	1559							
19115,99	I,IV	**1284**	1900	1562	I	461					
	II	**825**	1900	1562	II	126					
	III		2293	1562	III						
	V	**3494**	1900	1562	IV	847	461	141			
	VI	**3929**	1900	1562							
19151,99	I,IV	**1292**	1900	1565	I	468					
	II	**833**	1900	1565	II	131					
	III		2298	1565	III						
	V	**3508**	1900	1565	IV	855	468	146			
	VI	**3943**	1900	1565							
19187,99	I,IV	**1300**	1900	1568	I	474					
	II	**840**	1900	1568	II	136					
	III		2302	1568	III						
	V	**3522**	1900	1568	IV	863	474	152			
	VI	**3957**	1900	1568							
19223,99	I,IV	**1308**	1900	1571	I	481					
	II	**848**	1900	1571	II	142					
	III		2306	1571	III						
	V	**3536**	1900	1571	IV	870	481	157			
	VI	**3971**	1900	1571							
19259,99	I,IV	**1317**	1900	1574	I	488					
	II	**856**	1900	1574	II	147					
	III		2311	1574	III						
	V	**3551**	1900	1574	IV	878	488	163			
	VI	**3986**	1900	1574							
19295,99	I,IV	**1325**	1900	1577	I	495					
	II	**864**	1900	1577	II	153					
	III		2315	1577	III						
	V	**3565**	1900	1577	IV	886	495	168			
	VI	**4000**	1900	1577							
19331,99	I,IV	**1334**	1900	1580	I	501					
	II	**872**	1900	1580	II	158					
	III		2319	1580	III						
	V	**3579**	1900	1580	IV	894	501	174			
	VI	**4014**	1900	1580							
19367,99	I,IV	**1342**	1900	1583	I	508					
	II	**880**	1900	1583	II	164					
	III		2324	1583	III						
	V	**3593**	1900	1583	IV	902	508	179			
	VI	**4028**	1900	1583							
19403,99	I,IV	**1350**	1900	1586	I	515					
	II	**888**	1900	1586	II	169					
	III		2328	1586	III						
	V	**3607**	1900	1586	IV	910	515	185			
	VI	**4042**	1900	1586							
19439,99	I,IV	**1359**	1900	1589	I	522					
	II	**895**	1900	1589	II	174					
	III		2332	1589	III						
	V	**3621**	1900	1589	IV	918	522	190			
	VI	**4057**	1900	1589							

* Zur LSt-Berechnung für privat versicherte Arbeitnehmer s. Beispiele **Vorbemerkung S. 4f.**
** Basisvorsorgepauschale KV und PV *** Typisierter Arbeitgeberzuschuss

Lohn/ Gehalt in € bis	Steuerklasse	Lohn-steuer*	BVSP**	TAGZ***	Steuerklasse	Bemessungsgrundlage für Kirchensteuer und Solidaritätszuschlag					
						Freibeträge für ... Kinder					
						0,5	**1,0**	1,5	**2,0**	2,5	**3,0**
19475,99	I,IV	**1367**	1900	1592	I	528					
	II	**903**	1900	1592	II	180					
	III		2337	1592	III						
	V	**3636**	1900	1592	IV	926	528	196			
	VI	**4071**	1900	1592							
19511,99	I,IV	**1375**	1900	1595	I	535					
	II	**912**	1900	1595	II	186					
	III		2341	1595	III						
	V	**3650**	1900	1595	IV	934	535	201			
	VI	**4085**	1900	1595							
19547,99	I,IV	**1384**	1900	1598	I	542					
	II	**920**	1900	1598	II	191					
	III		2345	1598	III						
	V	**3664**	1900	1598	IV	942	542	207			
	VI	**4099**	1900	1598							
19583,99	I,IV	**1392**	1900	1600	I	549					
	II	**928**	1900	1600	II	197					
	III		2350	1600	III						
	V	**3679**	1900	1600	IV	951	549	213			
	VI	**4114**	1900	1600							
19619,99	I,IV	**1400**	1900	1603	I	556					
	II	**935**	1900	1603	II	202					
	III		2354	1603	III						
	V	**3692**	1900	1603	IV	958	556	218			
	VI	**4128**	1900	1603							
19655,99	I,IV	**1409**	1900	1606	I	563					
	II	**944**	1900	1606	II	208					
	III		2358	1606	III						
	V	**3707**	1900	1606	IV	967	563	224			
	VI	**4142**	1900	1606							
19691,99	I,IV	**1417**	1900	1609	I	570					
	II	**952**	1900	1609	II	214					
	III		2363	1609	III						
	V	**3721**	1900	1609	IV	975	570	230			
	VI	**4156**	1900	1609							
19727,99	I,IV	**1426**	1900	1612	I	577					
	II	**960**	1900	1612	II	219					
	III		2367	1612	III						
	V	**3735**	1900	1612	IV	983	577	236			
	VI	**4170**	1900	1612							
19763,99	I,IV	**1434**	1900	1615	I	584					
	II	**968**	1900	1615	II	225					
	III		2371	1615	III						
	V	**3750**	1900	1615	IV	991	584	241			
	VI	**4185**	1900	1615							
19799,99	I,IV	**1443**	1900	1618	I	591					
	II	**976**	1900	1618	II	231					
	III		2375	1618	III						
	V	**3764**	1900	1618	IV	999	591	247			
	VI	**4199**	1900	1618							
19835,99	I,IV	**1451**	1900	1621	I	598					
	II	**984**	1900	1621	II	237					
	III		2380	1621	III						
	V	**3778**	1900	1621	IV	1007	598	253			
	VI	**4213**	1900	1621							
19871,99	I,IV	**1459**	1900	1624	I	605					
	II	**992**	1900	1624	II	242					
	III		2384	1624	III						
	V	**3792**	1900	1624	IV	1015	605	259			
	VI	**4227**	1900	1624							

* Zur LSt-Berechnung für privat versicherte Arbeitnehmer s. Beispiele **Vorbemerkung S. 4 f.**
** Basisvorsorgepauschale KV und PV *** Typisierter Arbeitgeberzuschuss

Lohn/ Gehalt in € bis	Steuerklasse	Lohn-steuer*	BVSP**	TAGZ***	Steuerklasse	Bemessungsgrundlage für Kirchensteuer und Solidaritätszuschlag – Freibeträge für ... Kinder 0,5	1,0	1,5	2,0	2,5	3,0
19907,99	I,IV	**1468**	1900	1627	I	612					
	II	**1000**	1900	1627	II	248					
	III		2388	1627	III						
	V	**3806**	1900	1627	IV	1024	612	265			
	VI	**4241**	1900	1627							
19943,99	I,IV	**1476**	1900	1630	I	619					
	II	**1009**	1900	1630	II	254					
	III		2393	1630	III						
	V	**3821**	1900	1630	IV	1032	619	271			
	VI	**4256**	1900	1630							
19979,99	I,IV	**1485**	1900	1633	I	626					
	II	**1017**	1900	1633	II	260					
	III		2397	1633	III						
	V	**3835**	1900	1633	IV	1040	626	277			
	VI	**4270**	1900	1633							
20015,99	I,IV	**1493**	1900	1636	I	633					
	II	**1025**	1900	1636	II	266					
	III		2401	1636	III						
	V	**3849**	1900	1636	IV	1048	633	282			
	VI	**4284**	1900	1636							
20051,99	I,IV	**1502**	1900	1639	I	641	2				
	II	**1033**	1900	1639	II	272					
	III		2406	1639	III						
	V	**3863**	1900	1639	IV	1056	641	288	2		
	VI	**4299**	1900	1639							
20087,99	I,IV	**1510**	1900	1642	I	648	6				
	II	**1041**	1900	1642	II	277					
	III		2410	1642	III						
	V	**3877**	1900	1642	IV	1064	648	294	6		
	VI	**4312**	1900	1642							
20123,99	I,IV	**1518**	1900	1645	I	655	11				
	II	**1049**	1900	1645	II	283					
	III		2414	1645	III						
	V	**3892**	1900	1645	IV	1073	655	300	11		
	VI	**4324**	1900	1645							
20159,99	I,IV	**1527**	1900	1648	I	662	16				
	II	**1058**	1900	1648	II	289					
	III		2419	1648	III						
	V	**3906**	1900	1648	IV	1081	662	306	16		
	VI	**4334**	1900	1648							
20195,99	I,IV	**1535**	1900	1651	I	669	21				
	II	**1066**	1900	1651	II	295					
	III		2423	1651	III						
	V	**3920**	1900	1651	IV	1089	669	312	21		
	VI	**4348**	1900	1651							
20231,99	I,IV	**1544**	1900	1653	I	677	26				
	II	**1074**	1900	1653	II	301					
	III		2427	1653	III						
	V	**3934**	1900	1653	IV	1097	677	319	26		
	VI	**4360**	1900	1653							
20267,99	I,IV	**1553**	1900	1656	I	684	30				
	II	**1082**	1900	1656	II	307					
	III		2432	1656	III						
	V	**3949**	1900	1656	IV	1106	684	325	30		
	VI	**4370**	1900	1656							
20303,99	I,IV	**1561**	1900	1659	I	691	35				
	II	**1091**	1900	1659	II	314					
	III		2436	1659	III						
	V	**3963**	1900	1659	IV	1114	691	331	35		
	VI	**4382**	1900	1659							

* Zur LSt-Berechnung für privat versicherte Arbeitnehmer s. Beispiele **Vorbemerkung S. 4f.**
** Basisvorsorgepauschale KV und PV *** Typisierter Arbeitgeberzuschuss

Lohn/ Gehalt in € bis	Steuerklasse	Lohn- steuer*	BVSP**	TAGZ***	Steuerklasse	Bemessungsgrundlage für Kirchensteuer und Solidaritätszuschlag					
						Freibeträge für ... Kinder					
						0,5	**1,0**	1,5	**2,0**	2,5	**3,0**
20339,99	I,IV	**1569**	1900	1662	I	699	40				
	II	**1099**	1900	1662	II	319					
	III		2440	1662	III						
	V	**3977**	1900	1662	IV	1122	699	337	40		
	VI	**4396**	1900	1662							
20375,99	I,IV	**1578**	1900	1665	I	706	45				
	II	**1107**	1900	1665	II	326					
	III		2445	1665	III						
	V	**3991**	1900	1665	IV	1130	706	343	45		
	VI	**4406**	1900	1665							
20411,99	I,IV	**1586**	1900	1668	I	713	50				
	II	**1115**	1900	1668	II	332					
	III		2449	1668	III						
	V	**4005**	1900	1668	IV	1138	713	349	50		
	VI	**4418**	1900	1668							
20447,99	I,IV	**1595**	1900	1671	I	721	55				
	II	**1123**	1900	1671	II	338					
	III		2453	1671	III						
	V	**4020**	1900	1671	IV	1147	721	355	55		
	VI	**4432**	1900	1671							
20483,99	I,IV	**1604**	1900	1674	I	728	60				
	II	**1132**	1900	1674	II	344					
	III		2458	1674	III						
	V	**4034**	1900	1674	IV	1155	728	362	60		
	VI	**4442**	1900	1674							
20519,99	I,IV	**1611**	1903	1677	I	735	65				
	II	**1139**	1903	1677	II	350					
	III		2462	1677	III						
	V	**4047**	1903	1677	IV	1162	735	367	65		
	VI	**4454**	1903	1677							
20555,99	I,IV	**1619**	1906	1680	I	742	69				
	II	**1146**	1906	1680	II	355					
	III		2466	1680	III						
	V	**4060**	1906	1680	IV	1170	742	373	69		
	VI	**4464**	1906	1680							
20591,99	I,IV	**1626**	1909	1683	I	749	74				
	II	**1154**	1909	1683	II	361					
	III		2471	1683	III						
	V	**4072**	1909	1683	IV	1177	749	379	74		
	VI	**4474**	1909	1683							
20627,99	I,IV	**1634**	1913	1686	I	755	78				
	II	**1161**	1913	1686	II	366					
	III		2475	1686	III						
	V	**4085**	1913	1686	IV	1185	755	384	78		
	VI	**4484**	1913	1686							
20663,99	I,IV	**1642**	1916	1689	I	762	83				
	II	**1169**	1916	1689	II	372					
	III		2479	1689	III						
	V	**4098**	1916	1689	IV	1192	762	390	83		
	VI	**4496**	1916	1689							
20699,99	I,IV	**1650**	1919	1692	I	769	88				
	II	**1176**	1919	1692	II	378					
	III		2483	1692	III						
	V	**4111**	1919	1692	IV	1200	769	396	88		
	VI	**4508**	1919	1692							
20735,99	I,IV	**1657**	1923	1695	I	776	92				
	II	**1183**	1923	1695	II	383					
	III		2488	1695	III						
	V	**4123**	1923	1695	IV	1207	776	401	92		
	VI	**4516**	1923	1695							

* Zur LSt-Berechnung für privat versicherte Arbeitnehmer s. Beispiele **Vorbemerkung S. 4 f.**
** Basisvorsorgepauschale KV und PV *** Typisierter Arbeitgeberzuschuss

Lohn/ Gehalt in € bis	Steuerklasse	**Lohn-steuer***	BVSP**	TAGZ***	Steuerklasse	Bemessungsgrundlage für Kirchensteuer und Solidaritätszuschlag					
						Freibeträge für ... Kinder					
						0,5	**1,0**	1,5	**2,0**	2,5	**3,0**
20771,99	I,IV	**1665**	1926	1698	I	783	97				
	II	**1191**	1926	1698	II	389					
	III		2492	1698	III						
	V	**4136**	1926	1698	IV	1214	783	407	97		
	VI	**4528**	1926	1698							
20807,99	I,IV	**1673**	1929	1701	I	790	102				
	II	**1198**	1929	1701	II	395					
	III		2496	1701	III						
	V	**4149**	1929	1701	IV	1222	790	413	102		
	VI	**4538**	1929	1701							
20843,99	I,IV	**1680**	1933	1703	I	797	106				
	II	**1206**	1933	1703	II	401					
	III		2501	1703	III						
	V	**4162**	1933	1703	IV	1229	797	419	106		
	VI	**4550**	1933	1703							
20879,99	I,IV	**1688**	1936	1706	I	803	111				
	II	**1213**	1936	1706	II	406					
	III		2505	1706	III						
	V	**4175**	1936	1706	IV	1237	803	425	111		
	VI	**4558**	1936	1706							
20915,99	I,IV	**1696**	1939	1709	I	810	116				
	II	**1221**	1939	1709	II	412					
	III		2509	1709	III						
	V	**4188**	1939	1709	IV	1244	810	430	116		
	VI	**4570**	1939	1709							
20951,99	I,IV	**1704**	1943	1712	I	817	121				
	II	**1228**	1943	1712	II	418					
	III		2514	1712	III						
	V	**4200**	1943	1712	IV	1252	817	436	121		
	VI	**4580**	1943	1712							
20987,99	I,IV	**1711**	1946	1715	I	824	125				
	II	**1236**	1946	1715	II	424					
	III		2518	1715	III						
	V	**4213**	1946	1715	IV	1259	824	442	125		
	VI	**4590**	1946	1715							
21023,99	I,IV	**1719**	1949	1718	I	831	130				
	II	**1243**	1949	1718	II	430					
	III		2522	1718	III						
	V	**4226**	1949	1718	IV	1267	831	448	130		
	VI	**4602**	1949	1718							
21059,99	I,IV	**1727**	1953	1721	I	838	135				
	II	**1251**	1953	1721	II	435					
	III		2527	1721	III						
	V	**4239**	1953	1721	IV	1274	838	454	135		
	VI	**4612**	1953	1721							
21095,99	I,IV	**1734**	1956	1724	I	845	140				
	II	**1258**	1956	1724	II	441					
	III		2531	1724	III						
	V	**4251**	1956	1724	IV	1282	845	460	140		
	VI	**4622**	1956	1724							
21131,99	I,IV	**1742**	1959	1727	I	852	145				
	II	**1266**	1959	1727	II	447					
	III		2535	1727	III						
	V	**4265**	1959	1727	IV	1289	852	466	145		
	VI	**4634**	1959	1727							
21167,99	I,IV	**1750**	1963	1730	I	859	149				
	II	**1273**	1963	1730	II	453					
	III		2540	1730	III						
	V	**4277**	1963	1730	IV	1297	859	472	149		
	VI	**4644**	1963	1730							

* Zur LSt-Berechnung für privat versicherte Arbeitnehmer s. Beispiele **Vorbemerkung S. 4f.**
** Basisvorsorgepauschale KV und PV *** Typisierter Arbeitgeberzuschuss

Lohn/ Gehalt in € bis	Steuerklasse	Lohn- steuer*	BVSP**	TAGZ***	Steuerklasse	Bemessungsgrundlage für Kirchensteuer und Solidaritätszuschlag – Freibeträge für ... Kinder 0,5	1,0	1,5	2,0	2,5	3,0
21 203,99	I,IV	**1 758**	1 966	1 733	I	867	154				
	II	**1 281**	1 966	1 733	II	459					
	III		2 544	1 733	III						
	V	**4 290**	1 966	1 733	IV	1 304	867	478	154		
	VI	**4 654**	1 966	1 733							
21 239,99	I,IV	**1 766**	1 970	1 736	I	874	159				
	II	**1 288**	1 970	1 736	II	465					
	III		2 548	1 736	III						
	V	**4 303**	1 970	1 736	IV	1 312	874	484	159		
	VI	**4 666**	1 970	1 736							
21 275,99	I,IV	**1 773**	1 973	1 739	I	881	164				
	II	**1 296**	1 973	1 739	II	471					
	III		2 553	1 739	III						
	V	**4 314**	1 973	1 739	IV	1 319	881	490	164		
	VI	**4 674**	1 973	1 739							
21 311,99	I,IV	**1 781**	1 976	1 742	I	888	169				
	II	**1 303**	1 976	1 742	II	477					
	III		2 557	1 742	III						
	V	**4 326**	1 976	1 742	IV	1 327	888	496	169		
	VI	**4 686**	1 976	1 742							
21 347,99	I,IV	**1 789**	1 980	1 745	I	895	174				
	II	**1 311**	1 980	1 745	II	483					
	III		2 561	1 745	III						
	V	**4 336**	1 980	1 745	IV	1 334	895	502	174		
	VI	**4 696**	1 980	1 745							
21 383,99	I,IV	**1 797**	1 983	1 748	I	902	179				
	II	**1 318**	1 983	1 748	II	489					
	III		2 566	1 748	III						
	V	**4 346**	1 983	1 748	IV	1 342	902	508	179		
	VI	**4 708**	1 983	1 748							
21 419,99	I,IV	**1 804**	1 986	1 751	I	909	184				
	II	**1 326**	1 986	1 751	II	495					
	III		2 570	1 751	III						
	V	**4 358**	1 986	1 751	IV	1 349	909	514	184		
	VI	**4 718**	1 986	1 751							
21 455,99	I,IV	**1 812**	1 990	1 754	I	917	189				
	II	**1 333**	1 990	1 754	II	501					
	III		2 574	1 754	III						
	V	**4 368**	1 990	1 754	IV	1 357	917	520	189		
	VI	**4 728**	1 990	1 754							
21 491,99	I,IV	**1 820**	1 993	1 756	I	924	194				
	II	**1 341**	1 993	1 756	II	507					
	III		2 579	1 756	III						
	V	**4 380**	1 993	1 756	IV	1 364	924	526	194		
	VI	**4 738**	1 993	1 756							
21 527,99	I,IV	**1 828**	1 996	1 759	I	931	199				
	II	**1 348**	1 996	1 759	II	513					
	III		2 583	1 759	III						
	V	**4 388**	1 996	1 759	IV	1 372	931	533	199		
	VI	**4 748**	1 996	1 759							
21 563,99	I,IV	**1 836**	2 000	1 762	I	938	204				
	II	**1 356**	2 000	1 762	II	519					
	III		2 587	1 762	III						
	V	**4 400**	2 000	1 762	IV	1 380	938	539	204		
	VI	**4 760**	2 000	1 762							
21 599,99	I,IV	**1 844**	2 003	1 765	I	946	209				
	II	**1 364**	2 003	1 765	II	526					
	III		2 591	1 765	III						
	V	**4 410**	2 003	1 765	IV	1 387	946	545	209		
	VI	**4 770**	2 003	1 765							

* Zur LSt-Berechnung für privat versicherte Arbeitnehmer s. Beispiele **Vorbemerkung S. 4 f.**
** Basisvorsorgepauschale KV und PV *** Typisierter Arbeitgeberzuschuss

Lohn/ Gehalt in € bis	Steuerklasse	Lohn-steuer*	BVSP**	TAGZ***	Steuerklasse	Bemessungsgrundlage für Kirchensteuer und Solidaritätszuschlag – Freibeträge für ... Kinder 0,5	**1,0**	1,5	**2,0**	2,5	**3,0**
21635,99	I,IV	**1851**	2006	1768	I	953	214				
	II	**1371**	2006	1768	II	532					
	III		2596	1768	III						
	V	**4422**	2006	1768	IV	1395	953	551	214		
	VI	**4780**	2006	1768							
21671,99	I,IV	**1859**	2010	1771	I	960	220				
	II	**1379**	2010	1771	II	538					
	III		2600	1771	III						
	V	**4432**	2010	1771	IV	1402	960	557	220		
	VI	**4790**	2010	1771							
21707,99	I,IV	**1867**	2013	1774	I	968	225				
	II	**1386**	2013	1774	II	544					
	III		2604	1774	III						
	V	**4444**	2013	1774	IV	1410	968	564	225		
	VI	**4802**	2013	1774							
21743,99	I,IV	**1875**	2016	1777	I	975	230				
	II	**1394**	2016	1777	II	550					
	III		2609	1777	III						
	V	**4452**	2016	1777	IV	1418	975	570	230		
	VI	**4812**	2016	1777							
21779,99	I,IV	**1883**	2020	1780	I	982	235				
	II	**1401**	2020	1780	II	556					
	III		2613	1780	III						
	V	**4464**	2020	1780	IV	1425	982	576	235		
	VI	**4822**	2020	1780							
21815,99	I,IV	**1891**	2023	1783	I	990	240				
	II	**1409**	2023	1783	II	563					
	III		2617	1783	III						
	V	**4474**	2023	1783	IV	1433	990	582	240		
	VI	**4832**	2023	1783							
21851,99	I,IV	**1898**	2026	1786	I	997	246				
	II	**1416**	2026	1786	II	569					
	III		2622	1786	III						
	V	**4486**	2026	1786	IV	1440	997	589	246		
	VI	**4844**	2026	1786							
21887,99	I,IV	**1906**	2030	1789	I	1004	251				
	II	**1424**	2030	1789	II	575					
	III		2626	1789	III						
	V	**4498**	2030	1789	IV	1448	1004	595	251		
	VI	**4854**	2030	1789							
21923,99	I,IV	**1914**	2033	1792	I	1012	256				
	II	**1431**	2033	1792	II	581					
	III		2630	1792	III						
	V	**4506**	2033	1792	IV	1455	1012	601	256		
	VI	**4864**	2033	1792							
21959,99	I,IV	**1922**	2036	1795	I	1019	261				
	II	**1439**	2036	1795	II	588					
	III		2635	1795	III						
	V	**4518**	2036	1795	IV	1463	1019	608	261		
	VI	**4874**	2036	1795							
21995,99	I,IV	**1930**	2040	1798	I	1026	267				
	II	**1447**	2040	1798	II	594					
	III		2639	1798	III						
	V	**4528**	2040	1798	IV	1471	1026	614	267		
	VI	**4886**	2040	1798							
22031,99	I,IV	**1938**	2043	1801	I	1034	272				
	II	**1454**	2043	1801	II	601					
	III		2643	1801	III						
	V	**4540**	2043	1801	IV	1478	1034	621	272		
	VI	**4896**	2043	1801							

* Zur LSt-Berechnung für privat versicherte Arbeitnehmer s. Beispiele **Vorbemerkung S. 4 f.**
** Basisvorsorgepauschale KV und PV *** Typisierter Arbeitgeberzuschuss

Lohn/ Gehalt in € bis	Steuerklasse	Lohnsteuer*	BVSP**	TAGZ***	Steuerklasse	Bemessungsgrundlage für Kirchensteuer und Solidaritätszuschlag – Freibeträge für ... Kinder 0,5	1,0	1,5	2,0	2,5	3,0
22067,99	I,IV	**1945**	2046	1804	I	1041	277				
	II	**1462**	2046	1804	II	607					
	III		2648	1804	III						
	V	**4548**	2046	1804	IV	1486	1041	627	277		
	VI	**4906**	2046	1804							
22103,99	I,IV	**1953**	2050	1807	I	1048	283				
	II	**1470**	2050	1807	II	613					
	III		2652	1807	III						
	V	**4560**	2050	1807	IV	1493	1048	634	283		
	VI	**4916**	2050	1807							
22139,99	I,IV	**1961**	2053	1809	I	1056	288				
	II	**1477**	2053	1809	II	620					
	III		2656	1809	III						
	V	**4570**	2053	1809	IV	1501	1056	640	288	1	
	VI	**4928**	2053	1809							
22175,99	I,IV	**1969**	2056	1812	I	1063	293				
	II	**1485**	2056	1812	II	626					
	III		2661	1812	III						
	V	**4580**	2056	1812	IV	1509	1063	646	293	6	
	VI	**4938**	2056	1812							
22211,99	I,IV	**1977**	2060	1815	I	1070	299				
	II	**1492**	2060	1815	II	632					
	III		2665	1815	III						
	V	**4592**	2060	1815	IV	1516	1070	653	299	10	
	VI	**4948**	2060	1815							
22247,99	I,IV	**1985**	2063	1818	I	1078	304				
	II	**1500**	2063	1818	II	639	1				
	III		2669	1818	III						
	V	**4602**	2063	1818	IV	1524	1078	660	304	14	
	VI	**4960**	2063	1818							
22283,99	I,IV	**1993**	2066	1821	I	1085	310				
	II	**1507**	2066	1821	II	645	5				
	III		2674	1821	III						
	V	**4612**	2066	1821	IV	1531	1085	666	310	18	
	VI	**4968**	2066	1821							
22319,99	I,IV	**2001**	2070	1824	I	1093	315				
	II	**1515**	2070	1824	II	652	9				
	III		2678	1824	III						
	V	**4624**	2070	1824	IV	1539	1093	673	315	23	
	VI	**4980**	2070	1824							
22355,99	I,IV	**2008**	2073	1827	I	1100	321				
	II	**1523**	2073	1827	II	658	13				
	III		2682	1827	III						
	V	**4634**	2073	1827	IV	1547	1100	679	321	27	
	VI	**4990**	2073	1827							
22391,99	I,IV	**2016**	2076	1830	I	1108	326				
	II	**1530**	2076	1830	II	665	18				
	III	**2**	2687	1830	III						
	V	**4644**	2076	1830	IV	1555	1108	686	326	32	
	VI	**5002**	2076	1830							
22427,99	I,IV	**2024**	2080	1833	I	1115	332				
	II	**1538**	2080	1833	II	672	22				
	III	**6**	2691	1833	III						
	V	**4654**	2080	1833	IV	1562	1115	692	332	36	
	VI	**5012**	2080	1833							
22463,99	I,IV	**2032**	2083	1836	I	1122	337				
	II	**1546**	2083	1836	II	678	27				
	III	**10**	2695	1836	III						
	V	**4664**	2083	1836	IV	1570	1122	699	337	40	
	VI	**5024**	2083	1836							

* Zur LSt-Berechnung für privat versicherte Arbeitnehmer s. Beispiele **Vorbemerkung S. 4 f.**
** Basisvorsorgepauschale KV und PV *** Typisierter Arbeitgeberzuschuss

Lohn/ Gehalt in € bis	Steuerklasse	Lohn- steuer*	BVSP**	TAGZ***	Steuerklasse	Bemessungsgrundlage für Kirchensteuer und Solidaritätszuschlag					
						Freibeträge für ... Kinder					
						0,5	**1,0**	1,5	**2,0**	2,5	**3,0**
22499,99	I,IV	**2040**	2086	1839	I	1130	343				
	II	**1553**	2086	1839	II	685	31				
	III	**14**	2699	1839	III						
	V	**4676**	2086	1839	IV	1577	1130	706	343	45	
	VI	**5034**	2086	1839							
22535,99	I,IV	**2048**	2090	1842	I	1137	348				
	II	**1561**	2090	1842	II	691	35				
	III	**18**	2704	1842	III						
	V	**4688**	2090	1842	IV	1585	1137	712	348	49	
	VI	**5046**	2090	1842							
22571,99	I,IV	**2056**	2093	1845	I	1144	354				
	II	**1569**	2093	1845	II	698	40				
	III	**22**	2708	1845	III						
	V	**4696**	2093	1845	IV	1593	1144	719	354	54	
	VI	**5054**	2093	1845							
22607,99	I,IV	**2064**	2096	1848	I	1152	359				
	II	**1576**	2096	1848	II	705	44				
	III	**28**	2712	1848	III						
	V	**4708**	2096	1848	IV	1600	1152	726	359	58	
	VI	**5066**	2096	1848							
22643,99	I,IV	**2072**	2100	1851	I	1159	365				
	II	**1584**	2100	1851	II	711	49				
	III	**32**	2717	1851	III						
	V	**4716**	2100	1851	IV	1608	1159	732	365	63	
	VI	**5076**	2100	1851							
22679,99	I,IV	**2080**	2103	1854	I	1167	371				
	II	**1592**	2103	1854	II	718	53				
	III	**36**	2721	1854	III						
	V	**4728**	2103	1854	IV	1616	1167	739	371	67	
	VI	**5086**	2103	1854							
22715,99	I,IV	**2087**	2106	1857	I	1174	376				
	II	**1599**	2106	1857	II	725	58				
	III	**40**	2725	1857	III						
	V	**4738**	2106	1857	IV	1623	1174	746	376	72	
	VI	**5098**	2106	1857							
22751,99	I,IV	**2096**	2110	1859	I	1182	382				
	II	**1607**	2110	1859	II	731	62				
	III	**44**	2730	1859	III						
	V	**4750**	2110	1859	IV	1631	1182	753	382	77	
	VI	**5108**	2110	1859							
22787,99	I,IV	**2103**	2113	1862	I	1189	388				
	II	**1615**	2113	1862	II	738	67				
	III	**48**	2734	1862	III						
	V	**4758**	2113	1862	IV	1639	1189	759	388	81	
	VI	**5120**	2113	1862							
22823,99	I,IV	**2111**	2116	1865	I	1197	393				
	II	**1622**	2116	1865	II	745	71				
	III	**52**	2738	1865	III						
	V	**4770**	2116	1865	IV	1647	1197	766	393	86	
	VI	**5130**	2116	1865							
22859,99	I,IV	**2119**	2120	1868	I	1204	399				
	II	**1630**	2120	1868	II	752	76				
	III	**56**	2743	1868	III						
	V	**4780**	2120	1868	IV	1654	1204	773	399	90	
	VI	**5142**	2120	1868							
22895,99	I,IV	**2127**	2123	1871	I	1212	405				
	II	**1638**	2123	1871	II	759	81				
	III	**60**	2747	1871	III						
	V	**4792**	2123	1871	IV	1662	1212	780	405	95	
	VI	**5152**	2123	1871							

* Zur LSt-Berechnung für privat versicherte Arbeitnehmer s. Beispiele **Vorbemerkung S. 4f.**
** Basisvorsorgepauschale KV und PV *** Typisierter Arbeitgeberzuschuss

Lohn/ Gehalt in € bis	Steuerklasse	Lohn-steuer*	BVSP**	TAGZ***	Steuerklasse	Bemessungsgrundlage für Kirchensteuer und Solidaritätszuschlag – Freibeträge für ... Kinder 0,5	**1,0**	1,5	**2,0**	2,5	**3,0**
22931,99	I,IV	**2135**	2126	1874	I	1219	411				
	II	**1645**	2126	1874	II	765	85				
	III	**66**	2751	1874	III						
	V	**4800**	2126	1874	IV	1670	1219	787	411	100	
	VI	**5162**	2126	1874							
22967,99	I,IV	**2143**	2130	1877	I	1226	417				
	II	**1653**	2130	1877	II	772	90				
	III	**70**	2756	1877	III						
	V	**4812**	2130	1877	IV	1677	1226	794	417	105	
	VI	**5174**	2130	1877							
23003,99	I,IV	**2151**	2133	1880	I	1234	422				
	II	**1661**	2133	1880	II	779	94				
	III	**74**	2760	1880	III						
	V	**4822**	2133	1880	IV	1685	1234	801	422	109	
	VI	**5184**	2133	1880							
23039,99	I,IV	**2159**	2136	1883	I	1241	428				
	II	**1669**	2136	1883	II	786	99				
	III	**78**	2764	1883	III						
	V	**4834**	2136	1883	IV	1693	1241	808	428	114	
	VI	**5196**	2136	1883							
23075,99	I,IV	**2167**	2140	1886	I	1249	434				
	II	**1676**	2140	1886	II	793	104				
	III	**82**	2769	1886	III						
	V	**4842**	2140	1886	IV	1700	1249	814	434	119	
	VI	**5206**	2140	1886							
23111,99	I,IV	**2175**	2143	1889	I	1256	440				
	II	**1684**	2143	1889	II	800	109				
	III	**86**	2773	1889	III						
	V	**4854**	2143	1889	IV	1708	1256	822	440	123	
	VI	**5216**	2143	1889							
23147,99	I,IV	**2183**	2146	1892	I	1264	446				
	II	**1692**	2146	1892	II	807	113				
	III	**92**	2777	1892	III						
	V	**4864**	2146	1892	IV	1716	1264	828	446	128	
	VI	**5228**	2146	1892							
23183,99	I,IV	**2191**	2150	1895	I	1271	452				
	II	**1699**	2150	1895	II	814	118				
	III	**96**	2782	1895	III						
	V	**4876**	2150	1895	IV	1724	1271	836	452	133	
	VI	**5238**	2150	1895							
23219,99	I,IV	**2199**	2153	1898	I	1279	458				
	II	**1707**	2153	1898	II	820	123				
	III	**100**	2786	1898	III						
	V	**4884**	2153	1898	IV	1731	1279	842	458	138	
	VI	**5250**	2153	1898							
23255,99	I,IV	**2207**	2156	1901	I	1286	464				
	II	**1715**	2156	1901	II	827	128				
	III	**104**	2790	1901	III						
	V	**4896**	2156	1901	IV	1739	1286	850	464	143	
	VI	**5260**	2156	1901							
23291,99	I,IV	**2215**	2160	1904	I	1294	469				
	II	**1723**	2160	1904	II	834	132				
	III	**108**	2795	1904	III						
	V	**4906**	2160	1904	IV	1747	1294	857	469	148	
	VI	**5272**	2160	1904							
23327,99	I,IV	**2223**	2163	1907	I	1301	475				
	II	**1730**	2163	1907	II	842	137				
	III	**112**	2799	1907	III						
	V	**4918**	2163	1907	IV	1755	1301	864	475	152	
	VI	**5282**	2163	1907							

* Zur LSt-Berechnung für privat versicherte Arbeitnehmer s. Beispiele **Vorbemerkung S. 4 f.**
** Basisvorsorgepauschale KV und PV *** Typisierter Arbeitgeberzuschuss

Lohn/ Gehalt in € bis	Steuerklasse	**Lohn-steuer***	BVSP**	TAGZ***	Steuerklasse	Bemessungsgrundlage für Kirchensteuer und Solidaritätszuschlag – Freibeträge für ... Kinder 0,5	**1,0**	1,5	**2,0**	2,5	**3,0**
23363,99	I,IV	**2231**	2167	1910	I	1309	481				
	II	**1738**	2167	1910	II	848	142				
	III	**118**	2803	1910	III						
	V	**4926**	2167	1910	IV	1762	1309	871	481	157	
	VI	**5292**	2167	1910							
23399,99	I,IV	**2239**	2170	1912	I	1316	487				
	II	**1746**	2170	1912	II	856	147				
	III	**122**	2807	1912	III						
	V	**4938**	2170	1912	IV	1770	1316	878	487	162	
	VI	**5304**	2170	1912							
23435,99	I,IV	**2247**	2173	1915	I	1324	493				
	II	**1754**	2173	1915	II	863	152				
	III	**126**	2812	1915	III						
	V	**4948**	2173	1915	IV	1778	1324	885	493	167	
	VI	**5314**	2173	1915							
23471,99	I,IV	**2255**	2177	1918	I	1331	500				
	II	**1761**	2177	1918	II	870	157				
	III	**130**	2816	1918	III						
	V	**4960**	2177	1918	IV	1786	1331	892	500	172	
	VI	**5324**	2177	1918							
23507,99	I,IV	**2263**	2180	1921	I	1339	506				
	II	**1769**	2180	1921	II	877	161				
	III	**134**	2820	1921	III						
	V	**4970**	2180	1921	IV	1794	1339	899	506	177	
	VI	**5336**	2180	1921							
23543,99	I,IV	**2271**	2183	1924	I	1346	512				
	II	**1777**	2183	1924	II	884	166				
	III	**140**	2825	1924	III						
	V	**4982**	2183	1924	IV	1801	1346	907	512	182	
	VI	**5346**	2183	1924							
23579,99	I,IV	**2279**	2187	1927	I	1354	518				
	II	**1785**	2187	1927	II	891	171				
	III	**144**	2829	1927	III						
	V	**4992**	2187	1927	IV	1809	1354	914	518	187	
	VI	**5358**	2187	1927							
23615,99	I,IV	**2287**	2190	1930	I	1362	524				
	II	**1793**	2190	1930	II	898	176				
	III	**148**	2833	1930	III						
	V	**5004**	2190	1930	IV	1817	1362	921	524	192	
	VI	**5368**	2190	1930							
23651,99	I,IV	**2295**	2193	1933	I	1369	530				
	II	**1800**	2193	1933	II	905	181				
	III	**152**	2838	1933	III						
	V	**5012**	2193	1933	IV	1825	1369	928	530	197	
	VI	**5378**	2193	1933							
23687,99	I,IV	**2303**	2197	1936	I	1377	536				
	II	**1808**	2197	1936	II	913	186				
	III	**156**	2842	1936	III						
	V	**5022**	2197	1936	IV	1833	1377	935	536	202	
	VI	**5392**	2197	1936							
23723,99	I,IV	**2311**	2200	1939	I	1384	542				
	II	**1816**	2200	1939	II	920	191				
	III	**162**	2846	1939	III						
	V	**5034**	2200	1939	IV	1840	1384	943	542	207	
	VI	**5402**	2200	1939							
23759,99	I,IV	**2319**	2203	1942	I	1392	549				
	II	**1824**	2203	1942	II	927	196				
	III	**166**	2851	1942	III						
	V	**5044**	2203	1942	IV	1848	1392	950	549	212	
	VI	**5412**	2203	1942							

* Zur LSt-Berechnung für privat versicherte Arbeitnehmer s. Beispiele **Vorbemerkung S. 4f.**
** Basisvorsorgepauschale KV und PV *** Typisierter Arbeitgeberzuschuss

Lohn/ Gehalt in € bis	Steuerklasse	Lohn- steuer*	BVSP**	TAGZ***	Steuerklasse	Bemessungsgrundlage für Kirchensteuer und Solidaritätszuschlag					
						Freibeträge für ... Kinder					
						0,5	**1,0**	1,5	**2,0**	2,5	**3,0**
23795,99	I,IV	**2327**	2207	1945	I	1399	555				
	II	**1831**	2207	1945	II	934	201				
	III	**170**	2855	1945	III						
	V	**5056**	2207	1945	IV	1856	1399	957	555	217	
	VI	**5424**	2207	1945							
23831,99	I,IV	**2336**	2210	1948	I	1407	561				
	II	**1839**	2210	1948	II	942	207				
	III	**174**	2859	1948	III						
	V	**5066**	2210	1948	IV	1864	1407	965	561	223	
	VI	**5434**	2210	1948							
23867,99	I,IV	**2344**	2213	1951	I	1414	567				
	II	**1847**	2213	1951	II	949	212				
	III	**180**	2864	1951	III						
	V	**5078**	2213	1951	IV	1872	1414	972	567	228	
	VI	**5446**	2213	1951							
23903,99	I,IV	**2352**	2217	1954	I	1422	574				
	II	**1855**	2217	1954	II	956	217				
	III	**184**	2868	1954	III						
	V	**5088**	2217	1954	IV	1879	1422	979	574	233	
	VI	**5456**	2217	1954							
23939,99	I,IV	**2360**	2220	1957	I	1430	580				
	II	**1863**	2220	1957	II	964	222				
	III	**188**	2872	1957	III						
	V	**5098**	2220	1957	IV	1887	1430	987	580	238	
	VI	**5468**	2220	1957							
23975,99	I,IV	**2368**	2223	1960	I	1437	586				
	II	**1870**	2223	1960	II	971	227				
	III	**192**	2877	1960	III						
	V	**5110**	2223	1960	IV	1895	1437	994	586	243	
	VI	**5480**	2223	1960							
24011,99	I,IV	**2376**	2227	1962	I	1445	593				
	II	**1878**	2227	1962	II	978	232				
	III	**198**	2881	1962	III						
	V	**5120**	2227	1962	IV	1903	1445	1001	593	249	
	VI	**5490**	2227	1962							
24047,99	I,IV	**2384**	2230	1965	I	1452	599				
	II	**1886**	2230	1965	II	986	237				
	III	**202**	2885	1965	III						
	V	**5130**	2230	1965	IV	1911	1452	1009	599	254	
	VI	**5500**	2230	1965							
24083,99	I,IV	**2392**	2233	1968	I	1460	605				
	II	**1894**	2233	1968	II	993	243				
	III	**206**	2890	1968	III						
	V	**5142**	2233	1968	IV	1919	1460	1016	605	259	
	VI	**5512**	2233	1968							
24119,99	I,IV	**2400**	2237	1971	I	1468	612				
	II	**1902**	2237	1971	II	1000	248				
	III	**210**	2894	1971	III						
	V	**5152**	2237	1971	IV	1926	1468	1023	612	264	
	VI	**5522**	2237	1971							
24155,99	I,IV	**2408**	2240	1974	I	1475	618				
	II	**1910**	2240	1974	II	1008	253				
	III	**216**	2898	1974	III						
	V	**5162**	2240	1974	IV	1934	1475	1031	618	270	
	VI	**5534**	2240	1974							
24191,99	I,IV	**2416**	2243	1977	I	1483	624				
	II	**1917**	2243	1977	II	1015	258				
	III	**220**	2903	1977	III						
	V	**5174**	2243	1977	IV	1942	1483	1038	624	275	
	VI	**5546**	2243	1977							

* Zur LSt-Berechnung für privat versicherte Arbeitnehmer s. Beispiele **Vorbemerkung S. 4f.**
** Basisvorsorgepauschale KV und PV *** Typisierter Arbeitgeberzuschuss

Lohn/ Gehalt in € bis	Steuerklasse	Lohnsteuer*	BVSP**	TAGZ***	Steuerklasse	Bemessungsgrundlage für Kirchensteuer und Solidaritätszuschlag — Freibeträge für ... Kinder 0,5	**1,0**	1,5	**2,0**	2,5	**3,0**
24227,99	I,IV	**2425**	2247	1980	I	1490	631				
	II	**1925**	2247	1980	II	1022	264				
	III	**224**	2907	1980	III						
	V	**5184**	2247	1980	IV	1950	1490	1046	631	281	
	VI	**5556**	2247	1980							
24263,99	I,IV	**2433**	2250	1983	I	1498	637				
	II	**1933**	2250	1983	II	1030	269				
	III	**230**	2911	1983	III						
	V	**5194**	2250	1983	IV	1958	1498	1053	637	286	
	VI	**5566**	2250	1983							
24299,99	I,IV	**2441**	2253	1986	I	1506	644	4			
	II	**1941**	2253	1986	II	1037	274				
	III	**234**	2915	1986	III						
	V	**5206**	2253	1986	IV	1966	1506	1060	644	291	4
	VI	**5578**	2253	1986							
24335,99	I,IV	**2449**	2257	1989	I	1513	650	8			
	II	**1949**	2257	1989	II	1044	280				
	III	**238**	2920	1989	III						
	V	**5216**	2257	1989	IV	1974	1513	1068	650	297	8
	VI	**5588**	2257	1989							
24371,99	I,IV	**2457**	2260	1992	I	1521	657	12			
	II	**1957**	2260	1992	II	1052	285				
	III	**242**	2924	1992	III						
	V	**5228**	2260	1992	IV	1982	1521	1075	657	302	12
	VI	**5600**	2260	1992							
24407,99	I,IV	**2465**	2263	1995	I	1528	663	17			
	II	**1965**	2263	1995	II	1059	290				
	III	**248**	2928	1995	III						
	V	**5238**	2263	1995	IV	1989	1528	1082	663	307	17
	VI	**5612**	2263	1995							
24443,99	I,IV	**2473**	2267	1998	I	1536	670	21			
	II	**1973**	2267	1998	II	1067	296				
	III	**252**	2933	1998	III						
	V	**5248**	2267	1998	IV	1997	1536	1090	670	313	21
	VI	**5622**	2267	1998							
24479,99	I,IV	**2481**	2270	2001	I	1544	676	25			
	II	**1980**	2270	2001	II	1074	301				
	III	**258**	2937	2001	III						
	V	**5260**	2270	2001	IV	2005	1544	1097	676	318	25
	VI	**5632**	2270	2001							
24515,99	I,IV	**2490**	2273	2004	I	1552	683	30			
	II	**1988**	2273	2004	II	1081	307				
	III	**262**	2941	2004	III						
	V	**5270**	2273	2004	IV	2013	1552	1105	683	324	30
	VI	**5646**	2273	2004							
24551,99	I,IV	**2498**	2277	2007	I	1559	690	34			
	II	**1996**	2277	2007	II	1089	312				
	III	**266**	2946	2007	III						
	V	**5282**	2277	2007	IV	2021	1559	1112	690	329	34
	VI	**5656**	2277	2007							
24587,99	I,IV	**2506**	2280	2010	I	1567	696	39			
	II	**2004**	2280	2010	II	1096	318				
	III	**270**	2950	2010	III						
	V	**5292**	2280	2010	IV	2029	1567	1119	696	335	39
	VI	**5666**	2280	2010							
24623,99	I,IV	**2514**	2283	2013	I	1574	703	43			
	II	**2012**	2283	2013	II	1103	323				
	III	**276**	2954	2013	III						
	V	**5302**	2283	2013	IV	2037	1574	1127	703	340	43
	VI	**5678**	2283	2013							

* Zur LSt-Berechnung für privat versicherte Arbeitnehmer s. Beispiele **Vorbemerkung S. 4 f.**
** Basisvorsorgepauschale KV und PV *** Typisierter Arbeitgeberzuschuss

Lohn/ Gehalt in € bis	Steuerklasse	Lohn- steuer*	BVSP**	TAGZ***	Steuerklasse	Bemessungsgrundlage für Kirchensteuer und Solidaritätszuschlag					
						Freibeträge für ... Kinder					
						0,5	**1,0**	1,5	**2,0**	2,5	**3,0**
24659,99	I,IV	**2522**	2287	2015	I	1582	710	48			
	II	**2020**	2287	2015	II	1111	329				
	III	**280**	2959	2015	III						
	V	**5316**	2287	2015	IV	2045	1582	1134	710	346	48
	VI	**5690**	2287	2015							
24695,99	I,IV	**2530**	2290	2018	I	1590	716	52			
	II	**2028**	2290	2018	II	1118	334				
	III	**284**	2963	2018	III						
	V	**5324**	2290	2018	IV	2053	1590	1142	716	352	52
	VI	**5700**	2290	2018							
24731,99	I,IV	**2539**	2293	2021	I	1597	723	57			
	II	**2036**	2293	2021	II	1126	340				
	III	**290**	2967	2021	III						
	V	**5338**	2293	2021	IV	2061	1597	1149	723	357	57
	VI	**5710**	2293	2021							
24767,99	I,IV	**2547**	2297	2024	I	1605	730	61			
	II	**2044**	2297	2024	II	1133	345				
	III	**294**	2972	2024	III						
	V	**5348**	2297	2024	IV	2068	1605	1156	730	363	61
	VI	**5724**	2297	2024							
24803,99	I,IV	**2555**	2300	2027	I	1613	737	66			
	II	**2052**	2300	2027	II	1141	351				
	III	**300**	2976	2027	III						
	V	**5358**	2300	2027	IV	2077	1613	1164	737	369	66
	VI	**5734**	2300	2027							
24839,99	I,IV	**2563**	2303	2030	I	1620	743	70			
	II	**2059**	2303	2030	II	1148	356				
	III	**304**	2980	2030	III						
	V	**5370**	2303	2030	IV	2084	1620	1171	743	374	70
	VI	**5744**	2303	2030							
24875,99	I,IV	**2571**	2307	2033	I	1628	750	75			
	II	**2067**	2307	2033	II	1155	362				
	III	**308**	2985	2033	III						
	V	**5380**	2307	2033	IV	2092	1628	1179	750	380	75
	VI	**5758**	2307	2033							
24911,99	I,IV	**2579**	2310	2036	I	1636	757	79			
	II	**2075**	2310	2036	II	1163	368				
	III	**314**	2989	2036	III						
	V	**5392**	2310	2036	IV	2100	1636	1186	757	385	79
	VI	**5768**	2310	2036							
24947,99	I,IV	**2588**	2313	2039	I	1644	764	84			
	II	**2083**	2313	2039	II	1170	373				
	III	**318**	2993	2039	III						
	V	**5402**	2313	2039	IV	2108	1644	1194	764	391	84
	VI	**5778**	2313	2039							
24983,99	I,IV	**2596**	2317	2042	I	1651	770	89			
	II	**2091**	2317	2042	II	1178	379				
	III	**322**	2998	2042	III						
	V	**5412**	2317	2042	IV	2116	1651	1201	770	397	89
	VI	**5792**	2317	2042							
25019,99	I,IV	**2604**	2320	2045	I	1659	777	93			
	II	**2099**	2320	2045	II	1185	385				
	III	**328**	3000	2045	III						
	V	**5424**	2320	2045	IV	2124	1659	1209	777	403	93
	VI	**5802**	2320	2045							
25055,99	I,IV	**2612**	2323	2048	I	1667	784	98			
	II	**2107**	2323	2048	II	1192	390				
	III	**334**	3000	2048	III						
	V	**5434**	2323	2048	IV	2132	1667	1216	784	408	98
	VI	**5812**	2323	2048							

* Zur LSt-Berechnung für privat versicherte Arbeitnehmer s. Beispiele **Vorbemerkung S. 4f.**
** Basisvorsorgepauschale KV und PV *** Typisierter Arbeitgeberzuschuss

Lohn/ Gehalt in € bis	Steuerklasse	Lohn-steuer*	BVSP**	TAGZ***	Steuerklasse	Bemessungsgrundlage für Kirchensteuer und Solidaritätszuschlag – Freibeträge für ... Kinder 0,5	**1,0**	1,5	**2,0**	2,5	**3,0**
25091,99	I,IV	**2621**	2327	2051	I	1674	791	103			
	II	**2115**	2327	2051	II	1200	396				
	III	**338**	3000	2051	III						
	V	**5446**	2327	2051	IV	2140	1674	1224	791	414	103
	VI	**5824**	2327	2051							
25127,99	I,IV	**2629**	2330	2054	I	1682	798	107			
	II	**2123**	2330	2054	II	1207	402				
	III	**344**	3000	2054	III						
	V	**5458**	2330	2054	IV	2148	1682	1231	798	420	107
	VI	**5836**	2330	2054							
25163,99	I,IV	**2637**	2333	2057	I	1690	805	112			
	II	**2131**	2333	2057	II	1215	408				
	III	**350**	3000	2057	III						
	V	**5468**	2333	2057	IV	2156	1690	1238	805	426	112
	VI	**5846**	2333	2057							
25199,99	I,IV	**2645**	2337	2060	I	1697	812	117			
	II	**2139**	2337	2060	II	1222	413				
	III	**356**	3000	2060	III						
	V	**5478**	2337	2060	IV	2164	1697	1246	812	432	117
	VI	**5858**	2337	2060							
25235,99	I,IV	**2653**	2340	2063	I	1705	819	122			
	II	**2147**	2340	2063	II	1230	419				
	III	**360**	3000	2063	III						
	V	**5490**	2340	2063	IV	2172	1705	1253	819	438	122
	VI	**5870**	2340	2063							
25271,99	I,IV	**2662**	2343	2065	I	1713	826	126			
	II	**2155**	2343	2065	II	1237	425				
	III	**366**	3000	2065	III						
	V	**5500**	2343	2065	IV	2180	1713	1261	826	443	126
	VI	**5880**	2343	2065							
25307,99	I,IV	**2670**	2347	2068	I	1721	833	131			
	II	**2163**	2347	2068	II	1245	431				
	III	**372**	3000	2068	III						
	V	**5512**	2347	2068	IV	2188	1721	1268	833	449	131
	VI	**5892**	2347	2068							
25343,99	I,IV	**2678**	2350	2071	I	1728	840	136			
	II	**2171**	2350	2071	II	1252	437				
	III	**378**	3000	2071	III						
	V	**5524**	2350	2071	IV	2196	1728	1276	840	455	136
	VI	**5902**	2350	2071							
25379,99	I,IV	**2686**	2353	2074	I	1736	847	141			
	II	**2179**	2353	2074	II	1260	443				
	III	**384**	3000	2074	III						
	V	**5534**	2353	2074	IV	2204	1736	1283	847	461	141
	VI	**5916**	2353	2074							
25415,99	I,IV	**2695**	2357	2077	I	1744	854	146			
	II	**2187**	2357	2077	II	1267	448				
	III	**388**	3000	2077	III						
	V	**5546**	2357	2077	IV	2212	1744	1291	854	467	146
	VI	**5926**	2357	2077							
25451,99	I,IV	**2703**	2360	2080	I	1752	861	151			
	II	**2195**	2360	2080	II	1275	454				
	III	**394**	3000	2080	III						
	V	**5556**	2360	2080	IV	2220	1752	1298	861	473	151
	VI	**5938**	2360	2080							
25487,99	I,IV	**2711**	2364	2083	I	1759	868	155			
	II	**2203**	2364	2083	II	1282	460				
	III	**400**	3000	2083	III						
	V	**5566**	2364	2083	IV	2228	1759	1306	868	479	155
	VI	**5948**	2364	2083							

* Zur LSt-Berechnung für privat versicherte Arbeitnehmer s. Beispiele **Vorbemerkung S. 4f.**
** Basisvorsorgepauschale KV und PV *** Typisierter Arbeitgeberzuschuss

Lohn/ Gehalt in € bis	Steuerklasse	Lohn-steuer*	BVSP**	TAGZ***	Steuerklasse	Bemessungsgrundlage für Kirchensteuer und Solidaritätszuschlag					
						Freibeträge für ... Kinder					
						0,5	**1,0**	1,5	**2,0**	2,5	**3,0**
25 523,99	I,IV	**2 719**	2 367	2 086	I	1 767	875	160			
	II	**2 211**	2 367	2 086	II	1 290	466				
	III	**406**	3 000	2 086	III						
	V	**5 578**	2 367	2 086	IV	2 236	1 767	1 313	875	485	160
	VI	**5 960**	2 367	2 086							
25 559,99	I,IV	**2 728**	2 370	2 089	I	1 775	882	165			
	II	**2 219**	2 370	2 089	II	1 297	472				
	III	**412**	3 000	2 089	III						
	V	**5 590**	2 370	2 089	IV	2 244	1 775	1 321	882	491	165
	VI	**5 972**	2 370	2 089							
25 595,99	I,IV	**2 736**	2 374	2 092	I	1 783	889	170			
	II	**2 227**	2 374	2 092	II	1 305	478				
	III	**416**	3 000	2 092	III						
	V	**5 600**	2 374	2 092	IV	2 252	1 783	1 328	889	497	170
	VI	**5 982**	2 374	2 092							
25 631,99	I,IV	**2 744**	2 377	2 095	I	1 790	896	175			
	II	**2 235**	2 377	2 095	II	1 312	484				
	III	**422**	3 000	2 095	III						
	V	**5 612**	2 377	2 095	IV	2 260	1 790	1 336	896	503	175
	VI	**5 994**	2 377	2 095							
25 667,99	I,IV	**2 753**	2 380	2 098	I	1 798	904	180			
	II	**2 243**	2 380	2 098	II	1 320	490				
	III	**428**	3 000	2 098	III						
	V	**5 624**	2 380	2 098	IV	2 268	1 798	1 343	904	509	180
	VI	**6 006**	2 380	2 098							
25 703,99	I,IV	**2 761**	2 384	2 101	I	1 806	911	185			
	II	**2 251**	2 384	2 101	II	1 327	496				
	III	**434**	3 000	2 101	III						
	V	**5 634**	2 384	2 101	IV	2 276	1 806	1 351	911	515	185
	VI	**6 018**	2 384	2 101							
25 739,99	I,IV	**2 769**	2 387	2 104	I	1 814	918	190			
	II	**2 259**	2 387	2 104	II	1 335	502				
	III	**440**	3 000	2 104	III						
	V	**5 644**	2 387	2 104	IV	2 284	1 814	1 359	918	522	190
	VI	**6 028**	2 387	2 104							
25 775,99	I,IV	**2 777**	2 390	2 107	I	1 822	925	195			
	II	**2 267**	2 390	2 107	II	1 342	508				
	III	**446**	3 000	2 107	III						
	V	**5 656**	2 390	2 107	IV	2 292	1 822	1 366	925	528	195
	VI	**6 040**	2 390	2 107							
25 811,99	I,IV	**2 786**	2 394	2 110	I	1 830	933	200			
	II	**2 275**	2 394	2 110	II	1 350	515				
	III	**452**	3 000	2 110	III						
	V	**5 668**	2 394	2 110	IV	2 300	1 830	1 374	933	534	200
	VI	**6 052**	2 394	2 110							
25 847,99	I,IV	**2 794**	2 397	2 113	I	1 837	940	205			
	II	**2 283**	2 397	2 113	II	1 357	521				
	III	**456**	3 000	2 113	III						
	V	**5 678**	2 397	2 113	IV	2 308	1 837	1 381	940	540	205
	VI	**6 062**	2 397	2 113							
25 883,99	I,IV	**2 802**	2 400	2 116	I	1 845	947	210			
	II	**2 291**	2 400	2 116	II	1 365	527				
	III	**462**	3 000	2 116	III						
	V	**5 690**	2 400	2 116	IV	2 316	1 845	1 389	947	546	210
	VI	**6 074**	2 400	2 116							
25 919,99	I,IV	**2 810**	2 404	2 118	I	1 853	954	215			
	II	**2 299**	2 404	2 118	II	1 372	533				
	III	**468**	3 000	2 118	III						
	V	**5 700**	2 404	2 118	IV	2 324	1 853	1 396	954	552	215
	VI	**6 084**	2 404	2 118							

* Zur LSt-Berechnung für privat versicherte Arbeitnehmer s. Beispiele **Vorbemerkung S. 4 f.**
** Basisvorsorgepauschale KV und PV *** Typisierter Arbeitgeberzuschuss

Lohn/ Gehalt in € bis	Steuerklasse	Lohn- steuer*	BVSP**	TAGZ***	Steuerklasse	Bemessungsgrundlage für Kirchensteuer und Solidaritätszuschlag					
						Freibeträge für ... Kinder					
						0,5	**1,0**	1,5	**2,0**	2,5	**3,0**
25955,99	I,IV	**2819**	2407	2121	I	1861	962	221			
	II	**2307**	2407	2121	II	1380	539				
	III	**474**	3000	2121	III						
	V	**5712**	2407	2121	IV	2332	1861	1404	962	559	221
	VI	**6098**	2407	2121							
25991,99	I,IV	**2827**	2410	2124	I	1868	969	226			
	II	**2315**	2410	2124	II	1388	545				
	III	**480**	3000	2124	III						
	V	**5724**	2410	2124	IV	2340	1868	1411	969	565	226
	VI	**6110**	2410	2124							
26027,99	I,IV	**2836**	2414	2127	I	1876	976	231			
	II	**2323**	2414	2127	II	1395	551				
	III	**486**	3000	2127	III						
	V	**5734**	2414	2127	IV	2349	1876	1419	976	571	231
	VI	**6120**	2414	2127							
26063,99	I,IV	**2844**	2417	2130	I	1884	984	236			
	II	**2331**	2417	2130	II	1403	558				
	III	**492**	3000	2130	III						
	V	**5746**	2417	2130	IV	2357	1884	1426	984	577	236
	VI	**6132**	2417	2130							
26099,99	I,IV	**2852**	2420	2133	I	1892	991	241			
	II	**2339**	2420	2133	II	1410	564				
	III	**498**	3000	2133	III						
	V	**5756**	2420	2133	IV	2365	1892	1434	991	584	241
	VI	**6142**	2420	2133							
26135,99	I,IV	**2860**	2424	2136	I	1900	998	247			
	II	**2347**	2424	2136	II	1418	570				
	III	**504**	3000	2136	III						
	V	**5768**	2424	2136	IV	2373	1900	1442	998	590	247
	VI	**6156**	2424	2136							
26171,99	I,IV	**2869**	2427	2139	I	1908	1006	252			
	II	**2355**	2427	2139	II	1425	577				
	III	**508**	3000	2139	III						
	V	**5780**	2427	2139	IV	2381	1908	1449	1006	596	252
	VI	**6166**	2427	2139							
26207,99	I,IV	**2877**	2430	2142	I	1915	1013	257			
	II	**2363**	2430	2142	II	1433	583				
	III	**514**	3000	2142	III						
	V	**5790**	2430	2142	IV	2389	1915	1457	1013	603	257
	VI	**6178**	2430	2142							
26243,99	I,IV	**2886**	2434	2145	I	1923	1020	262			
	II	**2372**	2434	2145	II	1441	589				
	III	**520**	3000	2145	III						
	V	**5802**	2434	2145	IV	2397	1923	1465	1020	609	262
	VI	**6190**	2434	2145							
26279,99	I,IV	**2894**	2437	2148	I	1931	1028	268			
	II	**2380**	2437	2148	II	1448	595				
	III	**526**	3000	2148	III						
	V	**5814**	2437	2148	IV	2405	1931	1472	1028	615	268
	VI	**6202**	2437	2148							
26315,99	I,IV	**2902**	2440	2151	I	1939	1035	273			
	II	**2388**	2440	2151	II	1456	602				
	III	**532**	3000	2151	III						
	V	**5824**	2440	2151	IV	2413	1939	1480	1035	622	273
	VI	**6214**	2440	2151							
26351,99	I,IV	**2910**	2444	2154	I	1947	1042	278			
	II	**2396**	2444	2154	II	1463	608				
	III	**538**	3000	2154	III						
	V	**5836**	2444	2154	IV	2421	1947	1487	1042	628	278
	VI	**6224**	2444	2154							

* Zur LSt-Berechnung für privat versicherte Arbeitnehmer s. Beispiele **Vorbemerkung S. 4 f.**
** Basisvorsorgepauschale KV und PV *** Typisierter Arbeitgeberzuschuss

Lohn/ Gehalt in € bis	Steuerklasse	Lohn- steuer*	BVSP**	TAGZ***	Steuerklasse	Bemessungsgrundlage für Kirchensteuer und Solidaritätszuschlag					
						Freibeträge für ... Kinder					
						0,5	**1,0**	1,5	**2,0**	2,5	**3,0**
26387,99	I,IV	**2919**	2447	2157	I	1955	1050	284			
	II	**2404**	2447	2157	II	1471	615				
	III	**544**	3000	2157	III						
	V	**5848**	2447	2157	IV	2430	1955	1495	1050	635	284
	VI	**6236**	2447	2157							
26423,99	I,IV	**2927**	2450	2160	I	1963	1057	289			
	II	**2412**	2450	2160	II	1479	621				
	III	**550**	3000	2160	III						
	V	**5858**	2450	2160	IV	2437	1963	1502	1057	641	289
	VI	**6246**	2450	2160							
26459,99	I,IV	**2936**	2454	2163	I	1971	1065	294			
	II	**2420**	2454	2163	II	1486	627				
	III	**556**	3000	2163	III						
	V	**5870**	2454	2163	IV	2446	1971	1510	1065	648	294
	VI	**6258**	2454	2163							
26495,99	I,IV	**2944**	2457	2166	I	1978	1072	300			
	II	**2428**	2457	2166	II	1494	634				
	III	**562**	3000	2166	III						
	V	**5882**	2457	2166	IV	2454	1978	1518	1072	654	300
	VI	**6270**	2457	2166							
26531,99	I,IV	**2952**	2460	2168	I	1986	1079	305			
	II	**2436**	2460	2168	II	1501	640	1			
	III	**568**	3000	2168	III						
	V	**5892**	2460	2168	IV	2462	1986	1525	1079	661	305
	VI	**6282**	2460	2168							
26567,99	I,IV	**2961**	2464	2171	I	1994	1087	311			
	II	**2445**	2464	2171	II	1509	647	6			
	III	**574**	3000	2171	III						
	V	**5904**	2464	2171	IV	2470	1994	1533	1087	667	311
	VI	**6294**	2464	2171							
26603,99	I,IV	**2969**	2467	2174	I	2002	1094	316			
	II	**2453**	2467	2174	II	1517	653	10			
	III	**580**	3000	2174	III	6					
	V	**5914**	2467	2174	IV	2478	2002	1541	1094	674	316
	VI	**6306**	2467	2174							
26639,99	I,IV	**2978**	2470	2177	I	2010	1102	322			
	II	**2461**	2470	2177	II	1524	660	14			
	III	**586**	3000	2177	III	10					
	V	**5928**	2470	2177	IV	2487	2010	1549	1102	681	322
	VI	**6316**	2470	2177							
26675,99	I,IV	**2986**	2474	2180	I	2018	1109	327			
	II	**2469**	2474	2180	II	1532	666	19			
	III	**592**	3000	2180	III	16					
	V	**5938**	2474	2180	IV	2495	2018	1556	1109	687	327
	VI	**6330**	2474	2180							
26711,99	I,IV	**2995**	2477	2183	I	2026	1117	333			
	II	**2477**	2477	2183	II	1540	673	23			
	III	**598**	3000	2183	III	20					
	V	**5950**	2477	2183	IV	2503	2026	1564	1117	694	333
	VI	**6342**	2477	2183							
26747,99	I,IV	**3003**	2480	2186	I	2034	1124	338			
	II	**2485**	2480	2186	II	1547	680	27			
	III	**604**	3000	2186	III	24					
	V	**5960**	2480	2186	IV	2511	2034	1571	1124	700	338
	VI	**6352**	2480	2186							
26783,99	I,IV	**3011**	2484	2189	I	2042	1131	344			
	II	**2493**	2484	2189	II	1555	686	32			
	III	**610**	3000	2189	III	30					
	V	**5972**	2484	2189	IV	2519	2042	1579	1131	707	344
	VI	**6364**	2484	2189							

* Zur LSt-Berechnung für privat versicherte Arbeitnehmer s. Beispiele **Vorbemerkung S. 4f.**
** Basisvorsorgepauschale KV und PV *** Typisierter Arbeitgeberzuschuss

Lohn/ Gehalt in € bis	Steuerklasse	**Lohn-steuer***	BVSP**	TAGZ***	Steuerklasse	Bemessungsgrundlage für Kirchensteuer und Solidaritätszuschlag					
						Freibeträge für ... Kinder					
						0,5	**1,0**	1,5	**2,0**	2,5	**3,0**
26819,99	I,IV	**3020**	2487	2192	I	2050	1139	349			
	II	**2501**	2487	2192	II	1563	693	36			
	III	**616**	3000	2192	III	34					
	V	**5984**	2487	2192	IV	2527	2050	1587	1139	714	349
	VI	**6374**	2487	2192							
26855,99	I,IV	**3028**	2490	2195	I	2058	1146	355			
	II	**2510**	2490	2195	II	1570	699	41			
	III	**622**	3000	2195	III	38					
	V	**5994**	2490	2195	IV	2535	2058	1594	1146	720	355
	VI	**6386**	2490	2195							
26891,99	I,IV	**3036**	2494	2198	I	2065	1153	361			
	II	**2518**	2494	2198	II	1578	706	45			
	III	**628**	3000	2198	III	44					
	V	**6006**	2494	2198	IV	2544	2065	1602	1153	727	361
	VI	**6400**	2494	2198							
26927,99	I,IV	**3045**	2497	2201	I	2073	1161	366			
	II	**2526**	2497	2201	II	1586	713	50			
	III	**634**	3000	2201	III	48					
	V	**6018**	2497	2201	IV	2552	2073	1610	1161	734	366
	VI	**6412**	2497	2201							
26963,99	I,IV	**3053**	2500	2204	I	2081	1168	372			
	II	**2534**	2500	2204	II	1593	719	54			
	III	**640**	3000	2204	III	54					
	V	**6030**	2500	2204	IV	2560	2081	1617	1168	741	372
	VI	**6422**	2500	2204							
26999,99	I,IV	**3062**	2504	2207	I	2089	1176	378			
	II	**2542**	2504	2207	II	1601	726	59			
	III	**646**	3000	2207	III	58					
	V	**6040**	2504	2207	IV	2568	2089	1625	1176	747	378
	VI	**6434**	2504	2207							
27035,99	I,IV	**3070**	2507	2210	I	2097	1183	383			
	II	**2550**	2507	2210	II	1609	733	63			
	III	**652**	3000	2210	III	64					
	V	**6052**	2507	2210	IV	2576	2097	1633	1183	754	383
	VI	**6446**	2507	2210							
27071,99	I,IV	**3079**	2510	2213	I	2105	1191	389			
	II	**2559**	2510	2213	II	1616	740	68			
	III	**658**	3000	2213	III	68					
	V	**6064**	2510	2213	IV	2585	2105	1641	1191	761	389
	VI	**6456**	2510	2213							
27107,99	I,IV	**3087**	2514	2216	I	2113	1198	395			
	II	**2567**	2514	2216	II	1624	746	72			
	III	**664**	3000	2216	III	74					
	V	**6076**	2514	2216	IV	2593	2113	1648	1198	768	395
	VI	**6470**	2514	2216							
27143,99	I,IV	**3096**	2517	2219	I	2121	1206	400			
	II	**2575**	2517	2219	II	1632	753	77			
	III	**670**	3000	2219	III	78					
	V	**6086**	2517	2219	IV	2601	2121	1656	1206	775	400
	VI	**6482**	2517	2219							
27179,99	I,IV	**3104**	2520	2221	I	2129	1213	406			
	II	**2583**	2520	2221	II	1639	760	81			
	III	**676**	3000	2221	III	84					
	V	**6098**	2520	2221	IV	2609	2129	1664	1213	781	406
	VI	**6492**	2520	2221							
27215,99	I,IV	**3113**	2524	2224	I	2137	1221	412			
	II	**2592**	2524	2224	II	1647	767	86			
	III	**684**	3000	2224	III	88					
	V	**6108**	2524	2224	IV	2617	2137	1671	1221	788	412
	VI	**6504**	2524	2224							

* Zur LSt-Berechnung für privat versicherte Arbeitnehmer s. Beispiele **Vorbemerkung S. 4 f.**
** Basisvorsorgepauschale KV und PV *** Typisierter Arbeitgeberzuschuss

Lohn/ Gehalt in € bis	Steuerklasse	Lohn-steuer*	BVSP**	TAGZ***	Steuerklasse	Bemessungsgrundlage für Kirchensteuer und Solidaritätszuschlag – Freibeträge für ... Kinder 0,5	1,0	1,5	2,0	2,5	3,0
27251,99	I,IV	**3121**	2527	2227	I	2145	1228	418			
	II	**2600**	2527	2227	II	1655	774	91			
	III	**690**	3000	2227	III	92					
	V	**6122**	2527	2227	IV	2625	2145	1679	1228	795	418
	VI	**6516**	2527	2227							
27287,99	I,IV	**3129**	2530	2230	I	2153	1236	424			
	II	**2608**	2530	2230	II	1663	780	95			
	III	**696**	3000	2230	III	98					
	V	**6132**	2530	2230	IV	2634	2153	1687	1236	802	424
	VI	**6528**	2530	2230							
27323,99	I,IV	**3138**	2534	2233	I	2161	1243	429			
	II	**2616**	2534	2233	II	1670	787	100			
	III	**702**	3000	2233	III	102					
	V	**6144**	2534	2233	IV	2642	2161	1694	1243	809	429
	VI	**6538**	2534	2233							
27359,99	I,IV	**3146**	2537	2236	I	2169	1250	435			
	II	**2624**	2537	2236	II	1678	794	105			
	III	**708**	3000	2236	III	108					
	V	**6154**	2537	2236	IV	2650	2169	1702	1250	816	435
	VI	**6550**	2537	2236							
27395,99	I,IV	**3155**	2540	2239	I	2177	1258	441			
	II	**2632**	2540	2239	II	1686	801	109			
	III	**714**	3000	2239	III	112					
	V	**6168**	2540	2239	IV	2658	2177	1710	1258	823	441
	VI	**6564**	2540	2239							
27431,99	I,IV	**3163**	2544	2242	I	2185	1265	447			
	II	**2641**	2544	2242	II	1693	808	114			
	III	**720**	3000	2242	III	118					
	V	**6180**	2544	2242	IV	2667	2185	1718	1265	830	447
	VI	**6576**	2544	2242							
27467,99	I,IV	**3172**	2547	2245	I	2193	1273	453			
	II	**2649**	2547	2245	II	1701	815	119			
	III	**726**	3000	2245	III	122					
	V	**6190**	2547	2245	IV	2675	2193	1725	1273	837	453
	VI	**6588**	2547	2245							
27503,99	I,IV	**3180**	2550	2248	I	2201	1280	459			
	II	**2657**	2550	2248	II	1709	822	124			
	III	**732**	3000	2248	III	128					
	V	**6202**	2550	2248	IV	2683	2201	1733	1280	844	459
	VI	**6600**	2550	2248							
27539,99	I,IV	**3189**	2554	2251	I	2209	1288	465			
	II	**2665**	2554	2251	II	1716	829	129			
	III	**738**	3000	2251	III	132					
	V	**6212**	2554	2251	IV	2691	2209	1741	1288	851	465
	VI	**6610**	2554	2251							
27575,99	I,IV	**3197**	2557	2254	I	2217	1295	471			
	II	**2674**	2557	2254	II	1724	836	133			
	III	**746**	3000	2254	III	138					
	V	**6226**	2557	2254	IV	2700	2217	1749	1295	858	471
	VI	**6622**	2557	2254							
27611,99	I,IV	**3206**	2561	2257	I	2225	1303	477			
	II	**2682**	2561	2257	II	1732	843	138			
	III	**752**	3000	2257	III	144					
	V	**6236**	2561	2257	IV	2708	2225	1756	1303	865	477
	VI	**6634**	2561	2257							
27647,99	I,IV	**3214**	2564	2260	I	2233	1310	483			
	II	**2690**	2564	2260	II	1740	850	143			
	III	**758**	3000	2260	III	148					
	V	**6248**	2564	2260	IV	2716	2233	1764	1310	872	483
	VI	**6646**	2564	2260							

* Zur LSt-Berechnung für privat versicherte Arbeitnehmer s. Beispiele **Vorbemerkung S. 4 f.**
** Basisvorsorgepauschale KV und PV *** Typisierter Arbeitgeberzuschuss

Lohn/ Gehalt in € bis	Steuerklasse	**Lohn-steuer***	BVSP**	TAGZ***	Steuerklasse	Bemessungsgrundlage für Kirchensteuer und Solidaritätszuschlag – Freibeträge für ... Kinder 0,5	**1,0**	1,5	**2,0**	2,5	**3,0**
27 683,99	I,IV	**3 223**	2 567	2 263	I	2 241	1 318	489			
	II	**2 698**	2 567	2 263	II	1 747	857	148			
	III	**764**	3 000	2 263	III	154					
	V	**6 258**	2 567	2 263	IV	2 724	2 241	1 772	1 318	879	489
	VI	**6 658**	2 567	2 263							
27 719,99	I,IV	**3 231**	2 571	2 266	I	2 249	1 325	495			
	II	**2 707**	2 571	2 266	II	1 755	864	153			
	III	**770**	3 000	2 266	III	158					
	V	**6 270**	2 571	2 266	IV	2 733	2 249	1 780	1 325	887	495
	VI	**6 670**	2 571	2 266							
27 755,99	I,IV	**3 240**	2 574	2 269	I	2 257	1 333	501			
	II	**2 715**	2 574	2 269	II	1 763	871	158			
	III	**776**	3 000	2 269	III	164					
	V	**6 284**	2 574	2 269	IV	2 741	2 257	1 787	1 333	894	501
	VI	**6 682**	2 574	2 269							
27 791,99	I,IV	**3 248**	2 577	2 271	I	2 265	1 341	507			
	II	**2 723**	2 577	2 271	II	1 771	878	163			
	III	**782**	3 000	2 271	III	168					
	V	**6 294**	2 577	2 271	IV	2 749	2 265	1 795	1 341	901	507
	VI	**6 694**	2 577	2 271							
27 827,99	I,IV	**3 257**	2 581	2 274	I	2 273	1 348	513			
	II	**2 731**	2 581	2 274	II	1 778	885	167			
	III	**790**	3 000	2 274	III	174					
	V	**6 306**	2 581	2 274	IV	2 757	2 273	1 803	1 348	908	513
	VI	**6 706**	2 581	2 274							
27 863,99	I,IV	**3 266**	2 584	2 277	I	2 281	1 356	519			
	II	**2 740**	2 584	2 277	II	1 786	893	173			
	III	**796**	3 000	2 277	III	178					
	V	**6 318**	2 584	2 277	IV	2 766	2 281	1 811	1 356	915	519
	VI	**6 718**	2 584	2 277							
27 899,99	I,IV	**3 274**	2 587	2 280	I	2 289	1 363	525			
	II	**2 748**	2 587	2 280	II	1 794	900	177			
	III	**802**	3 000	2 280	III	184					
	V	**6 328**	2 587	2 280	IV	2 774	2 289	1 819	1 363	922	525
	VI	**6 730**	2 587	2 280							
27 935,99	I,IV	**3 283**	2 591	2 283	I	2 297	1 371	531			
	II	**2 756**	2 591	2 283	II	1 802	907	182			
	III	**808**	3 000	2 283	III	190					
	V	**6 340**	2 591	2 283	IV	2 782	2 297	1 826	1 371	930	531
	VI	**6 742**	2 591	2 283							
27 971,99	I,IV	**3 291**	2 594	2 286	I	2 305	1 378	537			
	II	**2 764**	2 594	2 286	II	1 810	914	187			
	III	**814**	3 000	2 286	III	194					
	V	**6 352**	2 594	2 286	IV	2 791	2 305	1 834	1 378	937	537
	VI	**6 752**	2 594	2 286							
28 007,99	I,IV	**3 300**	2 597	2 289	I	2 313	1 386	544			
	II	**2 773**	2 597	2 289	II	1 818	921	193			
	III	**822**	3 000	2 289	III	200					
	V	**6 364**	2 597	2 289	IV	2 799	2 313	1 842	1 386	944	544
	VI	**6 764**	2 597	2 289							
28 043,99	I,IV	**3 308**	2 601	2 292	I	2 321	1 393	550			
	II	**2 781**	2 601	2 292	II	1 825	929	197			
	III	**828**	3 000	2 292	III	204					
	V	**6 376**	2 601	2 292	IV	2 807	2 321	1 850	1 393	951	550
	VI	**6 778**	2 601	2 292							
28 079,99	I,IV	**3 317**	2 604	2 295	I	2 329	1 401	556			
	II	**2 789**	2 604	2 295	II	1 833	936	203			
	III	**834**	3 000	2 295	III	210					
	V	**6 388**	2 604	2 295	IV	2 816	2 329	1 858	1 401	959	556
	VI	**6 790**	2 604	2 295							

* Zur LSt-Berechnung für privat versicherte Arbeitnehmer s. Beispiele **Vorbemerkung S. 4 f.**
** Basisvorsorgepauschale KV und PV *** Typisierter Arbeitgeberzuschuss

Lohn/ Gehalt in € bis	Steuerklasse	Lohn-steuer*	BVSP**	TAGZ***	Steuerklasse	Bemessungsgrundlage für Kirchensteuer und Solidaritätszuschlag – Freibeträge für ... Kinder 0,5	1,0	1,5	2,0	2,5	3,0
28115,99	I,IV	**3325**	2607	2298	I	2337	1408	562			
	II	**2798**	2607	2298	II	1841	943	208			
	III	**840**	3000	2298	III	216					
	V	**6398**	2607	2298	IV	2824	2337	1865	1408	966	562
	VI	**6802**	2607	2298							
28151,99	I,IV	**3334**	2611	2301	I	2345	1416	569			
	II	**2806**	2611	2301	II	1849	951	213			
	III	**848**	3000	2301	III	220					
	V	**6410**	2611	2301	IV	2832	2345	1873	1416	974	569
	VI	**6814**	2611	2301							
28187,99	I,IV	**3342**	2614	2304	I	2353	1423	575			
	II	**2814**	2614	2304	II	1856	958	218			
	III	**854**	3000	2304	III	226					
	V	**6424**	2614	2304	IV	2840	2353	1881	1423	981	575
	VI	**6826**	2614	2304							
28223,99	I,IV	**3351**	2617	2307	I	2362	1431	581			
	II	**2823**	2617	2307	II	1864	965	223			
	III	**860**	3000	2307	III	232					
	V	**6434**	2617	2307	IV	2849	2362	1889	1431	988	581
	VI	**6838**	2617	2307							
28259,99	I,IV	**3360**	2621	2310	I	2369	1439	587			
	II	**2831**	2621	2310	II	1872	972	228			
	III	**866**	3000	2310	III	236					
	V	**6446**	2621	2310	IV	2857	2369	1897	1439	995	587
	VI	**6850**	2621	2310							
28295,99	I,IV	**3368**	2624	2313	I	2378	1446	594			
	II	**2839**	2624	2313	II	1880	980	233			
	III	**872**	3000	2313	III	242					
	V	**6458**	2624	2313	IV	2866	2378	1905	1446	1003	594
	VI	**6862**	2624	2313							
28331,99	I,IV	**3377**	2627	2316	I	2386	1454	600			
	II	**2848**	2627	2316	II	1888	987	238			
	III	**880**	3000	2316	III	246					
	V	**6468**	2627	2316	IV	2874	2386	1912	1454	1010	600
	VI	**6872**	2627	2316							
28367,99	I,IV	**3385**	2631	2319	I	2394	1462	607			
	II	**2856**	2631	2319	II	1896	994	244			
	III	**886**	3000	2319	III	252					
	V	**6480**	2631	2319	IV	2882	2394	1920	1462	1018	607
	VI	**6886**	2631	2319							
28403,99	I,IV	**3394**	2634	2322	I	2402	1469	613			
	II	**2864**	2634	2322	II	1903	1002	249			
	III	**892**	3000	2322	III	258					
	V	**6494**	2634	2322	IV	2890	2402	1928	1469	1025	613
	VI	**6896**	2634	2322							
28439,99	I,IV	**3403**	2637	2324	I	2410	1477	619			
	II	**2873**	2637	2324	II	1911	1009	254			
	III	**900**	3000	2324	III	262					
	V	**6506**	2637	2324	IV	2899	2410	1936	1477	1032	619
	VI	**6908**	2637	2324							
28475,99	I,IV	**3411**	2641	2327	I	2418	1484	626			
	II	**2881**	2641	2327	II	1919	1016	259			
	III	**906**	3000	2327	III	268					
	V	**6516**	2641	2327	IV	2907	2418	1944	1484	1040	626
	VI	**6920**	2641	2327							
28511,99	I,IV	**3420**	2644	2330	I	2426	1492	632			
	II	**2889**	2644	2330	II	1927	1024	265			
	III	**912**	3000	2330	III	274					
	V	**6528**	2644	2330	IV	2916	2426	1952	1492	1047	632
	VI	**6932**	2644	2330							

* Zur LSt-Berechnung für privat versicherte Arbeitnehmer s. Beispiele **Vorbemerkung S. 4f.**
** Basisvorsorgepauschale KV und PV *** Typisierter Arbeitgeberzuschuss

Lohn/ Gehalt in € bis	Steuerklasse	**Lohn-steuer***	BVSP**	TAGZ***	Steuerklasse	Bemessungsgrundlage für Kirchensteuer und Solidaritätszuschlag – Freibeträge für ... Kinder 0,5	**1,0**	1,5	**2,0**	2,5	**3,0**
28547,99	I,IV	**3428**	2647	2333	I	2434	1499	639			
	II	**2898**	2647	2333	II	1935	1031	270			
	III	**918**	3000	2333	III	278					
	V	**6540**	2647	2333	IV	2924	2434	1959	1499	1054	639
	VI	**6946**	2647	2333							
28583,99	I,IV	**3437**	2651	2336	I	2443	1507	645	5		
	II	**2906**	2651	2336	II	1943	1039	275			
	III	**926**	3000	2336	III	284					
	V	**6552**	2651	2336	IV	2932	2443	1967	1507	1062	645
	VI	**6958**	2651	2336							
28619,99	I,IV	**3446**	2654	2339	I	2451	1515	652	9		
	II	**2914**	2654	2339	II	1950	1046	281			
	III	**932**	3000	2339	III	290					
	V	**6562**	2654	2339	IV	2941	2451	1975	1515	1069	652
	VI	**6970**	2654	2339							
28655,99	I,IV	**3454**	2657	2342	I	2459	1522	658	13		
	II	**2923**	2657	2342	II	1958	1053	286			
	III	**938**	3000	2342	III	296					
	V	**6574**	2657	2342	IV	2949	2459	1983	1522	1077	658
	VI	**6982**	2657	2342							
28691,99	I,IV	**3463**	2661	2345	I	2467	1530	665	18		
	II	**2931**	2661	2345	II	1966	1061	291			
	III	**946**	3000	2345	III	300					
	V	**6588**	2661	2345	IV	2957	2467	1991	1530	1084	665
	VI	**6994**	2661	2345							
28727,99	I,IV	**3472**	2664	2348	I	2475	1538	671	22		
	II	**2940**	2664	2348	II	1974	1068	297			
	III	**952**	3000	2348	III	306					
	V	**6600**	2664	2348	IV	2966	2475	1999	1538	1091	671
	VI	**7006**	2664	2348							
28763,99	I,IV	**3480**	2667	2351	I	2483	1545	678	26		
	II	**2948**	2667	2351	II	1982	1075	302			
	III	**958**	3000	2351	III	312					
	V	**6612**	2667	2351	IV	2974	2483	2007	1545	1099	678
	VI	**7018**	2667	2351							
28799,99	I,IV	**3489**	2671	2354	I	2491	1553	684	31		
	II	**2956**	2671	2354	II	1990	1083	308			
	III	**966**	3000	2354	III	316					
	V	**6624**	2671	2354	IV	2983	2491	2015	1553	1106	684
	VI	**7030**	2671	2354							
28835,99	I,IV	**3497**	2674	2357	I	2499	1561	691	35		
	II	**2965**	2674	2357	II	1998	1090	313			
	III	**972**	3000	2357	III	322					
	V	**6634**	2674	2357	IV	2991	2499	2023	1561	1113	691
	VI	**7042**	2674	2357							
28871,99	I,IV	**3506**	2677	2360	I	2508	1568	698	40		
	II	**2973**	2677	2360	II	2006	1098	319			
	III	**978**	3000	2360	III	328					
	V	**6646**	2677	2360	IV	3000	2508	2031	1568	1121	698
	VI	**7056**	2677	2360							
28907,99	I,IV	**3515**	2681	2363	I	2516	1576	704	44		
	II	**2981**	2681	2363	II	2013	1105	324			
	III	**986**	3000	2363	III	332					
	V	**6658**	2681	2363	IV	3008	2516	2038	1576	1128	704
	VI	**7066**	2681	2363							
28943,99	I,IV	**3523**	2684	2366	I	2524	1584	711	49		
	II	**2990**	2684	2366	II	2022	1112	330			
	III	**992**	3000	2366	III	338					
	V	**6670**	2684	2366	IV	3016	2524	2046	1584	1136	711
	VI	**7080**	2684	2366							

* Zur LSt-Berechnung für privat versicherte Arbeitnehmer s. Beispiele **Vorbemerkung S. 4 f.**
** Basisvorsorgepauschale KV und PV *** Typisierter Arbeitgeberzuschuss

Lohn/ Gehalt in € bis	Steuerklasse	Lohn-steuer*	BVSP**	TAGZ***	Steuerklasse	Bemessungsgrundlage für Kirchensteuer und Solidaritätszuschlag – Freibeträge für ... Kinder 0,5	1,0	1,5	2,0	2,5	3,0
28979,99	I,IV	**3532**	2687	2369	I	2532	1591	718	53		
	II	**2998**	2687	2369	II	2029	1120	335			
	III	**998**	3000	2369	III	344					
	V	**6682**	2687	2369	IV	3025	2532	2054	1591	1143	718
	VI	**7092**	2687	2369							
29015,99	I,IV	**3541**	2691	2372	I	2540	1599	724	58		
	II	**3007**	2691	2372	II	2037	1127	341			
	III	**1006**	3000	2372	III	350					
	V	**6696**	2691	2372	IV	3033	2540	2062	1599	1151	724
	VI	**7104**	2691	2372							
29051,99	I,IV	**3549**	2694	2375	I	2548	1607	731	62		
	II	**3015**	2694	2375	II	2045	1134	346			
	III	**1012**	3000	2375	III	356					
	V	**6706**	2694	2375	IV	3041	2548	2070	1607	1158	731
	VI	**7116**	2694	2375							
29087,99	I,IV	**3558**	2697	2377	I	2557	1614	738	67		
	II	**3023**	2697	2377	II	2053	1142	352			
	III	**1020**	3000	2377	III	360					
	V	**6718**	2697	2377	IV	3050	2557	2078	1614	1165	738
	VI	**7128**	2697	2377							
29123,99	I,IV	**3567**	2701	2380	I	2565	1622	745	71		
	II	**3032**	2701	2380	II	2061	1149	357			
	III	**1026**	3000	2380	III	366					
	V	**6730**	2701	2380	IV	3058	2565	2086	1622	1173	745
	VI	**7140**	2701	2380							
29159,99	I,IV	**3576**	2704	2383	I	2573	1630	751	76		
	II	**3040**	2704	2383	II	2069	1157	363			
	III	**1032**	3000	2383	III	372					
	V	**6742**	2704	2383	IV	3067	2573	2094	1630	1180	751
	VI	**7152**	2704	2383							
29195,99	I,IV	**3584**	2707	2386	I	2581	1638	758	80		
	II	**3049**	2707	2386	II	2077	1164	369			
	III	**1040**	3000	2386	III	378					
	V	**6754**	2707	2386	IV	3075	2581	2102	1638	1188	758
	VI	**7164**	2707	2386							
29231,99	I,IV	**3593**	2711	2389	I	2589	1645	765	85		
	II	**3057**	2711	2389	II	2085	1172	374			
	III	**1046**	3000	2389	III	382					
	V	**6766**	2711	2389	IV	3084	2589	2110	1645	1195	765
	VI	**7176**	2711	2389							
29267,99	I,IV	**3602**	2714	2392	I	2598	1653	772	90		
	II	**3066**	2714	2392	II	2093	1179	380			
	III	**1052**	3000	2392	III	388					
	V	**6778**	2714	2392	IV	3092	2598	2118	1653	1203	772
	VI	**7190**	2714	2392							
29303,99	I,IV	**3610**	2717	2395	I	2606	1661	779	94		
	II	**3074**	2717	2395	II	2101	1187	386			
	III	**1060**	3000	2395	III	394					
	V	**6790**	2717	2395	IV	3101	2606	2126	1661	1210	779
	VI	**7202**	2717	2395							
29339,99	I,IV	**3619**	2721	2398	I	2614	1668	786	99		
	II	**3083**	2721	2398	II	2109	1194	392			
	III	**1066**	3000	2398	III	400					
	V	**6802**	2721	2398	IV	3109	2614	2134	1668	1218	786
	VI	**7214**	2721	2398							
29375,99	I,IV	**3628**	2724	2401	I	2622	1676	792	104		
	II	**3091**	2724	2401	II	2117	1202	397			
	III	**1074**	3000	2401	III	406					
	V	**6814**	2724	2401	IV	3118	2622	2142	1676	1225	792
	VI	**7226**	2724	2401							

* Zur LSt-Berechnung für privat versicherte Arbeitnehmer s. Beispiele **Vorbemerkung S. 4f.**
** Basisvorsorgepauschale KV und PV *** Typisierter Arbeitgeberzuschuss

Lohn/ Gehalt in € bis	Steuerklasse	**Lohn-steuer***	BVSP**	TAGZ***	Steuerklasse	Bemessungsgrundlage für Kirchensteuer und Solidaritätszuschlag – Freibeträge für … Kinder 0,5	**1,0**	1,5	**2,0**	2,5	**3,0**
29411,99	I,IV	**3637**	2727	2404	I	2631	1684	799	108		
	II	**3100**	2727	2404	II	2125	1209	403			
	III	**1080**	3000	2404	III	410					
	V	**6826**	2727	2404	IV	3126	2631	2150	1684	1233	799
	VI	**7238**	2727	2404							
29447,99	I,IV	**3645**	2731	2407	I	2639	1691	806	113		
	II	**3108**	2731	2407	II	2133	1216	409			
	III	**1088**	3000	2407	III	416					
	V	**6838**	2731	2407	IV	3134	2639	2158	1691	1240	806
	VI	**7250**	2731	2407							
29483,99	I,IV	**3654**	2734	2410	I	2647	1699	813	118		
	II	**3116**	2734	2410	II	2141	1224	415			
	III	**1094**	3000	2410	III	422					
	V	**6850**	2734	2410	IV	3143	2647	2166	1699	1248	813
	VI	**7262**	2734	2410							
29519,99	I,IV	**3663**	2737	2413	I	2655	1707	820	123		
	II	**3125**	2737	2413	II	2148	1231	420			
	III	**1100**	3000	2413	III	428					
	V	**6862**	2737	2413	IV	3151	2655	2174	1707	1255	820
	VI	**7274**	2737	2413							
29555,99	I,IV	**3671**	2741	2416	I	2663	1715	827	127		
	II	**3133**	2741	2416	II	2157	1239	426			
	III	**1108**	3000	2416	III	434					
	V	**6874**	2741	2416	IV	3160	2663	2182	1715	1262	827
	VI	**7288**	2741	2416							
29591,99	I,IV	**3680**	2744	2419	I	2672	1722	834	132		
	II	**3142**	2744	2419	II	2164	1246	432			
	III	**1114**	3000	2419	III	440					
	V	**6886**	2744	2419	IV	3168	2672	2190	1722	1270	834
	VI	**7300**	2744	2419							
29627,99	I,IV	**3689**	2747	2422	I	2680	1730	841	137		
	II	**3150**	2747	2422	II	2173	1254	438			
	III	**1122**	3000	2422	III	446					
	V	**6898**	2747	2422	IV	3177	2680	2198	1730	1277	841
	VI	**7312**	2747	2422							
29663,99	I,IV	**3698**	2751	2425	I	2688	1738	848	142		
	II	**3159**	2751	2425	II	2180	1261	444			
	III	**1128**	3000	2425	III	450					
	V	**6910**	2751	2425	IV	3185	2688	2206	1738	1285	848
	VI	**7324**	2751	2425							
29699,99	I,IV	**3706**	2754	2427	I	2696	1746	855	147		
	II	**3167**	2754	2427	II	2188	1269	450			
	III	**1136**	3000	2427	III	456					
	V	**6922**	2754	2427	IV	3194	2696	2214	1746	1292	855
	VI	**7338**	2754	2427							
29735,99	I,IV	**3715**	2758	2430	I	2705	1753	862	152		
	II	**3176**	2758	2430	II	2196	1276	456			
	III	**1142**	3000	2430	III	462					
	V	**6934**	2758	2430	IV	3202	2705	2222	1753	1300	862
	VI	**7350**	2758	2430							
29771,99	I,IV	**3724**	2761	2433	I	2713	1761	870	156		
	II	**3184**	2761	2433	II	2204	1284	462			
	III	**1150**	3000	2433	III	468					
	V	**6946**	2761	2433	IV	3211	2713	2230	1761	1307	870
	VI	**7362**	2761	2433							
29807,99	I,IV	**3733**	2764	2436	I	2721	1769	877	161		
	II	**3193**	2764	2436	II	2212	1291	467			
	III	**1156**	3000	2436	III	474					
	V	**6958**	2764	2436	IV	3219	2721	2238	1769	1315	877
	VI	**7374**	2764	2436							

* Zur LSt-Berechnung für privat versicherte Arbeitnehmer s. Beispiele **Vorbemerkung S. 4 f.**
** Basisvorsorgepauschale KV und PV *** Typisierter Arbeitgeberzuschuss

Lohn/ Gehalt in € bis	Steuerklasse	Lohn- steuer*	BVSP**	TAGZ***	Steuerklasse	Bemessungsgrundlage für Kirchensteuer und Solidaritätszuschlag – Freibeträge für ... Kinder 0,5	**1,0**	1,5	**2,0**	2,5	**3,0**
29 843,99	I,IV	**3 741**	2 768	2 439	I	2 729	1 777	884	166		
	II	**3 201**	2 768	2 439	II	2 220	1 299	474			
	III	**1 164**	3 000	2 439	III	480					
	V	**6 970**	2 768	2 439	IV	3 228	2 729	2 246	1 777	1 323	884
	VI	**7 386**	2 768	2 439							
29 879,99	I,IV	**3 750**	2 771	2 442	I	2 738	1 784	891	171		
	II	**3 210**	2 771	2 442	II	2 228	1 306	479			
	III	**1 170**	3 000	2 442	III	486					
	V	**6 982**	2 771	2 442	IV	3 236	2 738	2 254	1 784	1 330	891
	VI	**7 398**	2 771	2 442							
29 915,99	I,IV	**3 759**	2 774	2 445	I	2 746	1 792	898	176		
	II	**3 218**	2 774	2 445	II	2 236	1 314	486			
	III	**1 178**	3 000	2 445	III	492					
	V	**6 994**	2 774	2 445	IV	3 245	2 746	2 262	1 792	1 338	898
	VI	**7 412**	2 774	2 445							
29 951,99	I,IV	**3 768**	2 778	2 448	I	2 754	1 800	905	181		
	II	**3 227**	2 778	2 448	II	2 244	1 321	491			
	III	**1 184**	3 000	2 448	III	496					
	V	**7 008**	2 778	2 448	IV	3 253	2 754	2 270	1 800	1 345	905
	VI	**7 424**	2 778	2 448							
29 987,99	I,IV	**3 777**	2 781	2 451	I	2 763	1 808	912	186		
	II	**3 235**	2 781	2 451	II	2 253	1 329	498			
	III	**1 192**	3 000	2 451	III	502					
	V	**7 020**	2 781	2 451	IV	3 262	2 763	2 278	1 808	1 353	912
	VI	**7 436**	2 781	2 451							
30 023,99	I,IV	**3 785**	2 784	2 454	I	2 771	1 815	920	191		
	II	**3 244**	2 784	2 454	II	2 260	1 336	504			
	III	**1 198**	3 000	2 454	III	508					
	V	**7 032**	2 784	2 454	IV	3 271	2 771	2 286	1 815	1 360	920
	VI	**7 448**	2 784	2 454							
30 059,99	I,IV	**3 794**	2 788	2 457	I	2 779	1 823	927	196		
	II	**3 252**	2 788	2 457	II	2 269	1 344	510			
	III	**1 206**	3 000	2 457	III	514					
	V	**7 044**	2 788	2 457	IV	3 279	2 779	2 294	1 823	1 368	927
	VI	**7 462**	2 788	2 457							
30 095,99	I,IV	**3 803**	2 791	2 460	I	2 787	1 831	934	201		
	II	**3 261**	2 791	2 460	II	2 276	1 351	516			
	III	**1 212**	3 000	2 460	III	520					
	V	**7 056**	2 791	2 460	IV	3 288	2 787	2 302	1 831	1 375	934
	VI	**7 474**	2 791	2 460							
30 131,99	I,IV	**3 812**	2 794	2 463	I	2 796	1 839	941	206		
	II	**3 269**	2 794	2 463	II	2 285	1 359	522			
	III	**1 220**	3 000	2 463	III	526					
	V	**7 068**	2 794	2 463	IV	3 296	2 796	2 310	1 839	1 383	941
	VI	**7 486**	2 794	2 463							
30 167,99	I,IV	**3 820**	2 798	2 466	I	2 804	1 847	949	211		
	II	**3 278**	2 798	2 466	II	2 293	1 366	528			
	III	**1 226**	3 000	2 466	III	532					
	V	**7 080**	2 798	2 466	IV	3 305	2 804	2 318	1 847	1 390	949
	VI	**7 498**	2 798	2 466							
30 203,99	I,IV	**3 829**	2 801	2 469	I	2 812	1 855	956	217		
	II	**3 287**	2 801	2 469	II	2 301	1 374	534			
	III	**1 234**	3 000	2 469	III	538					
	V	**7 092**	2 801	2 469	IV	3 313	2 812	2 326	1 855	1 398	956
	VI	**7 510**	2 801	2 469							
30 239,99	I,IV	**3 838**	2 804	2 472	I	2 821	1 862	963	222		
	II	**3 295**	2 804	2 472	II	2 309	1 382	540			
	III	**1 240**	3 000	2 472	III	544					
	V	**7 104**	2 804	2 472	IV	3 322	2 821	2 334	1 862	1 405	963
	VI	**7 524**	2 804	2 472							

* Zur LSt-Berechnung für privat versicherte Arbeitnehmer s. Beispiele **Vorbemerkung S. 4f.**
** Basisvorsorgepauschale KV und PV *** Typisierter Arbeitgeberzuschuss

Lohn/ Gehalt in € bis	Steuerklasse	**Lohn-steuer***	BVSP**	TAGZ***	Steuerklasse	Bemessungsgrundlage für Kirchensteuer und Solidaritätszuschlag – Freibeträge für ... Kinder 0,5	**1,0**	1,5	**2,0**	2,5	**3,0**
30275,99	I,IV	**3847**	2808	2475	I	2829	1870	971	227		
	II	**3304**	2808	2475	II	2317	1389	547			
	III	**1248**	3000	2475	III	550					
	V	**7116**	2808	2475	IV	3331	2829	2342	1870	1413	971
	VI	**7534**	2808	2475							
30311,99	I,IV	**3856**	2811	2478	I	2837	1878	978	232		
	II	**3312**	2811	2478	II	2325	1397	553			
	III	**1256**	3000	2478	III	556					
	V	**7128**	2811	2478	IV	3339	2837	2350	1878	1421	978
	VI	**7548**	2811	2478							
30347,99	I,IV	**3865**	2814	2480	I	2846	1886	985	237		
	II	**3321**	2814	2480	II	2333	1404	559			
	III	**1262**	3000	2480	III	562					
	V	**7142**	2814	2480	IV	3348	2846	2358	1886	1428	985
	VI	**7560**	2814	2480							
30383,99	I,IV	**3873**	2818	2483	I	2854	1894	993	242		
	II	**3329**	2818	2483	II	2341	1412	565			
	III	**1270**	3000	2483	III	568					
	V	**7154**	2818	2483	IV	3356	2854	2366	1894	1436	993
	VI	**7572**	2818	2483							
30419,99	I,IV	**3882**	2821	2486	I	2862	1902	1000	248		
	II	**3338**	2821	2486	II	2349	1420	572			
	III	**1276**	3000	2486	III	574					
	V	**7166**	2821	2486	IV	3365	2862	2375	1902	1443	1000
	VI	**7586**	2821	2486							
30455,99	I,IV	**3891**	2824	2489	I	2871	1909	1007	253		
	II	**3346**	2824	2489	II	2357	1427	578			
	III	**1284**	3000	2489	III	580	6				
	V	**7178**	2824	2489	IV	3373	2871	2382	1909	1451	1007
	VI	**7598**	2824	2489							
30491,99	I,IV	**3900**	2828	2492	I	2879	1917	1015	258		
	II	**3355**	2828	2492	II	2365	1435	584			
	III	**1292**	3000	2492	III	586	10				
	V	**7190**	2828	2492	IV	3382	2879	2391	1917	1459	1015
	VI	**7610**	2828	2492							
30527,99	I,IV	**3909**	2831	2495	I	2887	1925	1022	263		
	II	**3363**	2831	2495	II	2373	1442	590			
	III	**1298**	3000	2495	III	592	14				
	V	**7202**	2831	2495	IV	3391	2887	2399	1925	1466	1022
	VI	**7624**	2831	2495							
30563,99	I,IV	**3918**	2834	2498	I	2896	1933	1029	269		
	II	**3372**	2834	2498	II	2381	1450	597			
	III	**1306**	3000	2498	III	598	20				
	V	**7214**	2834	2498	IV	3399	2896	2407	1933	1474	1029
	VI	**7636**	2834	2498							
30599,99	I,IV	**3926**	2838	2501	I	2904	1941	1037	274		
	II	**3381**	2838	2501	II	2389	1457	603			
	III	**1312**	3000	2501	III	604	24				
	V	**7226**	2838	2501	IV	3408	2904	2415	1941	1481	1037
	VI	**7648**	2838	2501							
30635,99	I,IV	**3935**	2841	2504	I	2912	1949	1044	279		
	II	**3389**	2841	2504	II	2398	1465	610			
	III	**1320**	3000	2504	III	610	28				
	V	**7240**	2841	2504	IV	3416	2912	2423	1949	1489	1044
	VI	**7662**	2841	2504							
30671,99	I,IV	**3944**	2844	2507	I	2921	1956	1051	285		
	II	**3398**	2844	2507	II	2406	1473	616			
	III	**1328**	3000	2507	III	616	34				
	V	**7252**	2844	2507	IV	3425	2921	2431	1956	1496	1051
	VI	**7674**	2844	2507							

* Zur LSt-Berechnung für privat versicherte Arbeitnehmer s. Beispiele **Vorbemerkung S. 4f.**
** Basisvorsorgepauschale KV und PV *** Typisierter Arbeitgeberzuschuss

Lohn/ Gehalt in € bis	Steuerklasse	Lohn-steuer*	BVSP**	TAGZ***	Steuerklasse	Bemessungsgrundlage für Kirchensteuer und Solidaritätszuschlag – Freibeträge für ... Kinder 0,5	1,0	1,5	2,0	2,5	3,0
30707,99	I,IV	**3953**	2848	2510	I	2929	1964	1059	290		
	II	**3407**	2848	2510	II	2414	1480	622			
	III	**1334**	3000	2510	III	622	38				
	V	**7264**	2848	2510	IV	3434	2929	2439	1964	1504	1059
	VI	**7688**	2848	2510							
30743,99	I,IV	**3962**	2851	2513	I	2937	1972	1066	296		
	II	**3415**	2851	2513	II	2422	1488	629			
	III	**1342**	3000	2513	III	628	44				
	V	**7276**	2851	2513	IV	3442	2937	2447	1972	1512	1066
	VI	**7700**	2851	2513							
30779,99	I,IV	**3971**	2854	2516	I	2946	1980	1074	301		
	II	**3424**	2854	2516	II	2430	1495	635			
	III	**1350**	3000	2516	III	634	48				
	V	**7288**	2854	2516	IV	3451	2946	2456	1980	1519	1074
	VI	**7710**	2854	2516							
30815,99	I,IV	**3980**	2858	2519	I	2954	1988	1081	306		
	II	**3432**	2858	2519	II	2438	1503	642	2		
	III	**1356**	3000	2519	III	640	54				
	V	**7300**	2858	2519	IV	3459	2954	2464	1988	1527	1081
	VI	**7724**	2858	2519							
30851,99	I,IV	**3989**	2861	2522	I	2963	1996	1088	312		
	II	**3441**	2861	2522	II	2446	1511	648	7		
	III	**1364**	3000	2522	III	646	58				
	V	**7314**	2861	2522	IV	3468	2963	2472	1996	1535	1088
	VI	**7736**	2861	2522							
30887,99	I,IV	**3997**	2864	2525	I	2971	2004	1096	317		
	II	**3450**	2864	2525	II	2454	1518	655	11		
	III	**1372**	3000	2525	III	652	64				
	V	**7326**	2864	2525	IV	3477	2971	2480	2004	1542	1096
	VI	**7748**	2864	2525							
30923,99	I,IV	**4006**	2868	2528	I	2979	2012	1103	323		
	II	**3458**	2868	2528	II	2463	1526	661	15		
	III	**1378**	3000	2528	III	658	68				
	V	**7338**	2868	2528	IV	3485	2979	2488	2012	1550	1103
	VI	**7762**	2868	2528							
30959,99	I,IV	**4015**	2871	2530	I	2988	2019	1110	328		
	II	**3467**	2871	2530	II	2471	1533	668	20		
	III	**1386**	3000	2530	III	664	72				
	V	**7350**	2871	2530	IV	3494	2988	2496	2019	1558	1110
	VI	**7774**	2871	2530							
30995,99	I,IV	**4024**	2874	2533	I	2996	2027	1118	334		
	II	**3476**	2874	2533	II	2479	1541	674	24		
	III	**1394**	3000	2533	III	670	78				
	V	**7362**	2874	2533	IV	3503	2996	2504	2027	1565	1118
	VI	**7788**	2874	2533							
31031,99	I,IV	**4033**	2878	2536	I	3004	2035	1125	339		
	II	**3484**	2878	2536	II	2487	1549	681	28		
	III	**1400**	3000	2536	III	676	82				
	V	**7374**	2878	2536	IV	3511	3004	2512	2035	1573	1125
	VI	**7800**	2878	2536							
31067,99	I,IV	**4042**	2881	2539	I	3013	2043	1133	345		
	II	**3493**	2881	2539	II	2495	1557	688	33		
	III	**1408**	3000	2539	III	682	88				
	V	**7388**	2881	2539	IV	3520	3013	2521	2043	1581	1133
	VI	**7814**	2881	2539							
31103,99	I,IV	**4051**	2884	2542	I	3021	2051	1140	350		
	II	**3501**	2884	2542	II	2503	1564	694	37		
	III	**1416**	3000	2542	III	688	92				
	V	**7400**	2884	2542	IV	3529	3021	2529	2051	1588	1140
	VI	**7826**	2884	2542							

* Zur LSt-Berechnung für privat versicherte Arbeitnehmer s. Beispiele **Vorbemerkung S. 4 f.**
** Basisvorsorgepauschale KV und PV *** Typisierter Arbeitgeberzuschuss

Lohn/ Gehalt in € bis	Steuerklasse	**Lohn-steuer***	BVSP**	TAGZ***	Steuerklasse	Bemessungsgrundlage für Kirchensteuer und Solidaritätszuschlag – Freibeträge für ... Kinder 0,5	**1,0**	1,5	**2,0**	2,5	**3,0**
31 139,99	I,IV	**4060**	2888	2545	I	3030	2059	1148	356		
	II	**3510**	2888	2545	II	2511	1572	701	42		
	III	**1422**	3000	2545	III	694	98				
	V	**7412**	2888	2545	IV	3537	3030	2537	2059	1596	1148
	VI	**7838**	2888	2545							
31 175,99	I,IV	**4069**	2891	2548	I	3038	2067	1155	362		
	II	**3519**	2891	2548	II	2519	1579	707	46		
	III	**1430**	3000	2548	III	700	102				
	V	**7424**	2891	2548	IV	3546	3038	2545	2067	1604	1155
	VI	**7850**	2891	2548							
31 211,99	I,IV	**4078**	2894	2551	I	3047	2075	1162	367		
	II	**3527**	2894	2551	II	2528	1587	714	51		
	III	**1438**	3000	2551	III	708	108				
	V	**7438**	2894	2551	IV	3555	3047	2553	2075	1611	1162
	VI	**7864**	2894	2551							
31 247,99	I,IV	**4086**	2898	2554	I	3055	2083	1170	373		
	II	**3536**	2898	2554	II	2536	1595	721	55		
	III	**1444**	3000	2554	III	714	112				
	V	**7450**	2898	2554	IV	3563	3055	2561	2083	1619	1170
	VI	**7876**	2898	2554							
31 283,99	I,IV	**4095**	2901	2557	I	3064	2091	1177	379		
	II	**3545**	2901	2557	II	2544	1603	727	60		
	III	**1452**	3000	2557	III	720	118				
	V	**7460**	2901	2557	IV	3572	3064	2570	2091	1627	1177
	VI	**7888**	2901	2557							
31 319,99	I,IV	**4104**	2904	2560	I	3072	2099	1185	384		
	II	**3553**	2904	2560	II	2552	1610	734	64		
	III	**1460**	3000	2560	III	726	122				
	V	**7474**	2904	2560	IV	3581	3072	2578	2099	1634	1185
	VI	**7902**	2904	2560							
31 355,99	I,IV	**4113**	2908	2563	I	3080	2107	1192	390		
	II	**3562**	2908	2563	II	2560	1618	741	69		
	III	**1468**	3000	2563	III	732	128				
	V	**7486**	2908	2563	IV	3589	3080	2586	2107	1642	1192
	VI	**7914**	2908	2563							
31 391,99	I,IV	**4122**	2911	2566	I	3089	2115	1200	396		
	II	**3571**	2911	2566	II	2568	1625	748	73		
	III	**1474**	3000	2566	III	738	132				
	V	**7498**	2911	2566	IV	3598	3089	2594	2115	1650	1200
	VI	**7928**	2911	2566							
31 427,99	I,IV	**4131**	2914	2569	I	3097	2123	1207	402		
	II	**3580**	2914	2569	II	2577	1633	755	78		
	III	**1482**	3000	2569	III	744	138				
	V	**7510**	2914	2569	IV	3607	3097	2603	2123	1657	1207
	VI	**7938**	2914	2569							
31 463,99	I,IV	**4140**	2918	2572	I	3106	2130	1214	407		
	II	**3588**	2918	2572	II	2585	1641	761	82		
	III	**1490**	3000	2572	III	752	142				
	V	**7522**	2918	2572	IV	3615	3106	2611	2130	1665	1214
	VI	**7952**	2918	2572							
31 499,99	I,IV	**4149**	2921	2575	I	3114	2139	1222	413		
	II	**3597**	2921	2575	II	2593	1649	768	87		
	III	**1498**	3000	2575	III	758	148				
	V	**7536**	2921	2575	IV	3624	3114	2619	2139	1673	1222
	VI	**7966**	2921	2575							
31 535,99	I,IV	**4158**	2924	2578	I	3123	2146	1229	419		
	II	**3605**	2924	2578	II	2601	1656	775	92		
	III	**1504**	3000	2578	III	764	152				
	V	**7548**	2924	2578	IV	3633	3123	2627	2146	1680	1229
	VI	**7978**	2924	2578							

* Zur LSt-Berechnung für privat versicherte Arbeitnehmer s. Beispiele **Vorbemerkung S. 4 f.**
** Basisvorsorgepauschale KV und PV *** Typisierter Arbeitgeberzuschuss

Lohn/ Gehalt in € bis	Steuerklasse	Lohn- steuer*	BVSP**	TAGZ***	Steuerklasse	Bemessungsgrundlage für Kirchensteuer und Solidaritätszuschlag — Freibeträge für ... Kinder 0,5	**1,0**	1,5	**2,0**	2,5	**3,0**
31 571,99	I,IV	**4 167**	2 928	2 581	I	3 131	2 154	1 237	425		
	II	**3 614**	2 928	2 581	II	2 610	1 664	782	96		
	III	**1 512**	3 000	2 581	III	770	158				
	V	**7 562**	2 928	2 581	IV	3 642	3 131	2 635	2 154	1 688	1 237
	VI	**7 992**	2 928	2 581							
31 607,99	I,IV	**4 176**	2 931	2 583	I	3 139	2 162	1 244	430		
	II	**3 623**	2 931	2 583	II	2 618	1 672	789	101		
	III	**1 520**	3 000	2 583	III	776	162				
	V	**7 574**	2 931	2 583	IV	3 650	3 139	2 644	2 162	1 696	1 244
	VI	**8 004**	2 931	2 583							
31 643,99	I,IV	**4 185**	2 934	2 586	I	3 148	2 170	1 252	436		
	II	**3 632**	2 934	2 586	II	2 626	1 679	796	106		
	III	**1 528**	3 000	2 586	III	782	168				
	V	**7 586**	2 934	2 586	IV	3 659	3 148	2 652	2 170	1 704	1 252
	VI	**8 016**	2 934	2 586							
31 679,99	I,IV	**4 194**	2 938	2 589	I	3 156	2 178	1 259	442		
	II	**3 640**	2 938	2 589	II	2 634	1 687	802	110		
	III	**1 534**	3 000	2 589	III	788	174				
	V	**7 598**	2 938	2 589	IV	3 668	3 156	2 660	2 178	1 711	1 259
	VI	**8 029**	2 938	2 589							
31 715,99	I,IV	**4 203**	2 941	2 592	I	3 165	2 186	1 267	448		
	II	**3 649**	2 941	2 592	II	2 642	1 695	809	115		
	III	**1 542**	3 000	2 592	III	796	178				
	V	**7 612**	2 941	2 592	IV	3 677	3 165	2 668	2 186	1 719	1 267
	VI	**8 042**	2 941	2 592							
31 751,99	I,IV	**4 212**	2 944	2 595	I	3 173	2 194	1 274	454		
	II	**3 658**	2 944	2 595	II	2 651	1 703	816	120		
	III	**1 550**	3 000	2 595	III	802	184				
	V	**7 624**	2 944	2 595	IV	3 685	3 173	2 676	2 194	1 727	1 274
	VI	**8 054**	2 944	2 595							
31 787,99	I,IV	**4 221**	2 948	2 598	I	3 182	2 202	1 282	460		
	II	**3 667**	2 948	2 598	II	2 659	1 710	823	125		
	III	**1 558**	3 000	2 598	III	808	188				
	V	**7 638**	2 948	2 598	IV	3 694	3 182	2 685	2 202	1 735	1 282
	VI	**8 067**	2 948	2 598							
31 823,99	I,IV	**4 230**	2 951	2 601	I	3 190	2 210	1 289	466		
	II	**3 675**	2 951	2 601	II	2 667	1 718	830	129		
	III	**1 566**	3 000	2 601	III	814	194				
	V	**7 650**	2 951	2 601	IV	3 703	3 190	2 693	2 210	1 742	1 289
	VI	**8 080**	2 951	2 601							
31 859,99	I,IV	**4 239**	2 955	2 604	I	3 199	2 218	1 297	472		
	II	**3 684**	2 955	2 604	II	2 675	1 726	837	134		
	III	**1 574**	3 000	2 604	III	820	200				
	V	**7 660**	2 955	2 604	IV	3 712	3 199	2 701	2 218	1 750	1 297
	VI	**8 093**	2 955	2 604							
31 895,99	I,IV	**4 248**	2 958	2 607	I	3 208	2 227	1 305	478		
	II	**3 693**	2 958	2 607	II	2 684	1 734	845	139		
	III	**1 580**	3 000	2 607	III	828	204				
	V	**7 674**	2 958	2 607	IV	3 720	3 208	2 710	2 227	1 758	1 305
	VI	**8 106**	2 958	2 607							
31 931,99	I,IV	**4 257**	2 961	2 610	I	3 216	2 234	1 312	484		
	II	**3 702**	2 961	2 610	II	2 692	1 741	851	144		
	III	**1 588**	3 000	2 610	III	834	210				
	V	**7 686**	2 961	2 610	IV	3 729	3 216	2 718	2 234	1 766	1 312
	VI	**8 118**	2 961	2 610							
31 967,99	I,IV	**4 266**	2 965	2 613	I	3 225	2 243	1 320	490		
	II	**3 710**	2 965	2 613	II	2 700	1 749	859	149		
	III	**1 596**	3 000	2 613	III	840	214				
	V	**7 700**	2 965	2 613	IV	3 738	3 225	2 726	2 243	1 774	1 320
	VI	**8 131**	2 965	2 613							

* Zur LSt-Berechnung für privat versicherte Arbeitnehmer s. Beispiele **Vorbemerkung S. 4 f.**
** Basisvorsorgepauschale KV und PV *** Typisierter Arbeitgeberzuschuss

Lohn/ Gehalt in € bis	Steuerklasse	**Lohn-steuer***	BVSP**	TAGZ***	Steuerklasse	Bemessungsgrundlage für Kirchensteuer und Solidaritätszuschlag – Freibeträge für ... Kinder 0,5	**1,0**	1,5	**2,0**	2,5	**3,0**
32 003,99	I,IV	**4 275**	2 968	2 616	I	3 233	2 250	1 327	496		
	II	**3 719**	2 968	2 616	II	2 708	1 757	866	154		
	III	**1 604**	3 000	2 616	III	846	220				
	V	**7 712**	2 968	2 616	IV	3 747	3 233	2 734	2 250	1 781	1 327
	VI	**8 144**	2 968	2 616							
32 039,99	I,IV	**4 284**	2 971	2 619	I	3 242	2 259	1 335	502		
	II	**3 728**	2 971	2 619	II	2 717	1 765	873	159		
	III	**1 612**	3 000	2 619	III	852	226				
	V	**7 724**	2 971	2 619	IV	3 756	3 242	2 743	2 259	1 789	1 335
	VI	**8 157**	2 971	2 619							
32 075,99	I,IV	**4 293**	2 975	2 622	I	3 250	2 266	1 342	508		
	II	**3 737**	2 975	2 622	II	2 725	1 772	880	164		
	III	**1 618**	3 000	2 622	III	860	230				
	V	**7 738**	2 975	2 622	IV	3 764	3 250	2 751	2 266	1 797	1 342
	VI	**8 170**	2 975	2 622							
32 111,99	I,IV	**4 302**	2 978	2 625	I	3 259	2 275	1 350	514		
	II	**3 745**	2 978	2 625	II	2 733	1 780	887	169		
	III	**1 626**	3 000	2 625	III	866	236				
	V	**7 750**	2 978	2 625	IV	3 773	3 259	2 759	2 275	1 805	1 350
	VI	**8 183**	2 978	2 625							
32 147,99	I,IV	**4 311**	2 981	2 628	I	3 267	2 283	1 357	520		
	II	**3 754**	2 981	2 628	II	2 741	1 788	894	173		
	III	**1 634**	3 000	2 628	III	872	242				
	V	**7 762**	2 981	2 628	IV	3 782	3 267	2 767	2 283	1 812	1 357
	VI	**8 195**	2 981	2 628							
32 183,99	I,IV	**4 320**	2 985	2 631	I	3 276	2 291	1 365	527		
	II	**3 763**	2 985	2 631	II	2 750	1 796	901	179		
	III	**1 642**	3 000	2 631	III	880	246				
	V	**7 776**	2 985	2 631	IV	3 791	3 276	2 776	2 291	1 820	1 365
	VI	**8 208**	2 985	2 631							
32 219,99	I,IV	**4 329**	2 988	2 633	I	3 284	2 299	1 372	533		
	II	**3 772**	2 988	2 633	II	2 758	1 803	908	183		
	III	**1 650**	3 000	2 633	III	886	252				
	V	**7 788**	2 988	2 633	IV	3 799	3 284	2 784	2 299	1 828	1 372
	VI	**8 221**	2 988	2 633							
32 255,99	I,IV	**4 338**	2 991	2 636	I	3 293	2 307	1 380	539		
	II	**3 781**	2 991	2 636	II	2 766	1 811	916	189		
	III	**1 658**	3 000	2 636	III	892	258				
	V	**7 800**	2 991	2 636	IV	3 808	3 293	2 792	2 307	1 836	1 380
	VI	**8 234**	2 991	2 636							
32 291,99	I,IV	**4 347**	2 995	2 639	I	3 301	2 315	1 387	545		
	II	**3 789**	2 995	2 639	II	2 775	1 819	923	193		
	III	**1 666**	3 000	2 639	III	898	262				
	V	**7 812**	2 995	2 639	IV	3 817	3 301	2 801	2 315	1 844	1 387
	VI	**8 247**	2 995	2 639							
32 327,99	I,IV	**4 356**	2 998	2 642	I	3 310	2 323	1 395	551		
	II	**3 798**	2 998	2 642	II	2 783	1 827	930	199		
	III	**1 674**	3 000	2 642	III	906	268				
	V	**7 826**	2 998	2 642	IV	3 826	3 310	2 809	2 323	1 852	1 395
	VI	**8 260**	2 998	2 642							
32 363,99	I,IV	**4 365**	3 001	2 645	I	3 319	2 331	1 402	557		
	II	**3 807**	3 001	2 645	II	2 791	1 835	937	204		
	III	**1 680**	3 001	2 645	III	912	272				
	V	**7 838**	3 001	2 645	IV	3 835	3 319	2 817	2 331	1 859	1 402
	VI	**8 272**	3 001	2 645							
32 399,99	I,IV	**4 375**	3 005	2 648	I	3 327	2 339	1 410	564		
	II	**3 816**	3 005	2 648	II	2 800	1 843	945	209		
	III	**1 688**	3 005	2 648	III	918	278				
	V	**7 852**	3 005	2 648	IV	3 843	3 327	2 826	2 339	1 867	1 410
	VI	**8 285**	3 005	2 648							

* Zur LSt-Berechnung für privat versicherte Arbeitnehmer s. Beispiele **Vorbemerkung S. 4 f.**
** Basisvorsorgepauschale KV und PV *** Typisierter Arbeitgeberzuschuss

Lohn/ Gehalt in € bis	Steuerklasse	Lohn-steuer*	BVSP**	TAGZ***	Steuerklasse	Bemessungsgrundlage für Kirchensteuer und Solidaritätszuschlag – Freibeträge für ... Kinder 0,5	1,0	1,5	2,0	2,5	3,0
32435,99	I,IV	**4383**	3008	2651	I	3336	2347	1418	570		
	II	**3824**	3008	2651	II	2808	1850	952	214		
	III	**1694**	3008	2651	III	924	282				
	V	**7864**	3008	2651	IV	3852	3336	2834	2347	1875	1418
	VI	**8298**	3008	2651							
32471,99	I,IV	**4393**	3011	2654	I	3344	2355	1425	576		
	II	**3833**	3011	2654	II	2816	1858	959	219		
	III	**1702**	3011	2654	III	930	288				
	V	**7878**	3011	2654	IV	3861	3344	2842	2355	1883	1425
	VI	**8311**	3011	2654							
32507,99	I,IV	**4402**	3015	2657	I	3353	2363	1433	582		
	II	**3842**	3015	2657	II	2824	1866	967	224		
	III	**1708**	3015	2657	III	936	292				
	V	**7890**	3015	2657	IV	3870	3353	2851	2363	1891	1433
	VI	**8323**	3015	2657							
32543,99	I,IV	**4411**	3018	2660	I	3362	2371	1440	589		
	II	**3851**	3018	2660	II	2833	1874	974	229		
	III	**1716**	3018	2660	III	942	296				
	V	**7902**	3018	2660	IV	3879	3362	2859	2371	1898	1440
	VI	**8336**	3018	2660							
32579,99	I,IV	**4420**	3021	2663	I	3370	2379	1448	595		
	II	**3860**	3021	2663	II	2841	1882	981	234		
	III	**1722**	3021	2663	III	948	302				
	V	**7914**	3021	2663	IV	3887	3370	2867	2379	1906	1448
	VI	**8349**	3021	2663							
32615,99	I,IV	**4429**	3025	2666	I	3379	2388	1456	602		
	II	**3869**	3025	2666	II	2849	1889	989	240		
	III	**1730**	3025	2666	III	954	306				
	V	**7928**	3025	2666	IV	3896	3379	2876	2388	1914	1456
	VI	**8362**	3025	2666							
32651,99	I,IV	**4438**	3028	2669	I	3387	2395	1463	608		
	II	**3877**	3028	2669	II	2858	1897	996	245		
	III	**1738**	3028	2669	III	960	312				
	V	**7940**	3028	2669	IV	3905	3387	2884	2395	1922	1463
	VI	**8375**	3028	2669							
32687,99	I,IV	**4447**	3031	2672	I	3396	2404	1471	614		
	II	**3886**	3031	2672	II	2866	1905	1003	250		
	III	**1744**	3031	2672	III	966	316				
	V	**7954**	3031	2672	IV	3914	3396	2892	2404	1930	1471
	VI	**8388**	3031	2672							
32723,99	I,IV	**4456**	3035	2675	I	3404	2412	1478	621		
	II	**3895**	3035	2675	II	2874	1913	1011	255		
	III	**1752**	3035	2675	III	972	322				
	V	**7966**	3035	2675	IV	3923	3404	2901	2412	1938	1478
	VI	**8400**	3035	2675							
32759,99	I,IV	**4465**	3038	2678	I	3413	2420	1486	627		
	II	**3904**	3038	2678	II	2883	1921	1018	261		
	III	**1758**	3038	2678	III	978	326				
	V	**7980**	3038	2678	IV	3932	3413	2909	2420	1946	1486
	VI	**8413**	3038	2678							
32795,99	I,IV	**4474**	3041	2681	I	3422	2428	1493	634		
	II	**3913**	3041	2681	II	2891	1929	1025	266		
	III	**1766**	3041	2681	III	984	332				
	V	**7992**	3041	2681	IV	3941	3422	2917	2428	1953	1493
	VI	**8426**	3041	2681							
32831,99	I,IV	**4484**	3045	2684	I	3430	2436	1501	640		
	II	**3922**	3045	2684	II	2900	1937	1033	271		
	III	**1772**	3045	2684	III	990	336				
	V	**8004**	3045	2684	IV	3950	3430	2926	2436	1961	1501
	VI	**8439**	3045	2684							

* Zur LSt-Berechnung für privat versicherte Arbeitnehmer s. Beispiele **Vorbemerkung S. 4 f.**
** Basisvorsorgepauschale KV und PV *** Typisierter Arbeitgeberzuschuss

Lohn/ Gehalt in € bis	Steuerklasse	Lohn-steuer*	BVSP**	TAGZ***	Steuerklasse	Bemessungsgrundlage für Kirchensteuer und Solidaritätszuschlag – Freibeträge für ... Kinder 0,5	1,0	1,5	2,0	2,5	3,0
32 867,99	I,IV	**4493**	3048	2686	I	3439	2444	1509	646	6	
	II	**3930**	3048	2686	II	2908	1944	1040	277		
	III	**1780**	3048	2686	III	996	342				
	V	**8016**	3048	2686	IV	3958	3439	2934	2444	1969	1509
	VI	**8451**	3048	2686							
32 903,99	I,IV	**4502**	3051	2689	I	3448	2452	1516	653	10	
	II	**3939**	3051	2689	II	2916	1952	1047	282		
	III	**1788**	3051	2689	III	1002	346				
	V	**8029**	3051	2689	IV	3967	3448	2943	2452	1977	1516
	VI	**8465**	3051	2689							
32 939,99	I,IV	**4511**	3055	2692	I	3456	2460	1524	660	14	
	II	**3948**	3055	2692	II	2924	1960	1055	287		
	III	**1794**	3055	2692	III	1008	352				
	V	**8042**	3055	2692	IV	3976	3456	2951	2460	1985	1524
	VI	**8477**	3055	2692							
32 975,99	I,IV	**4520**	3058	2695	I	3465	2469	1532	666	19	
	II	**3957**	3058	2695	II	2933	1968	1062	293		
	III	**1802**	3058	2695	III	1014	356				
	V	**8055**	3058	2695	IV	3985	3465	2959	2469	1993	1532
	VI	**8490**	3058	2695							
33 011,99	I,IV	**4529**	3061	2698	I	3473	2477	1539	673	23	
	II	**3966**	3061	2698	II	2941	1976	1069	298		
	III	**1808**	3061	2698	III	1020	360				
	V	**8068**	3061	2698	IV	3994	3473	2968	2477	2001	1539
	VI	**8503**	3061	2698							
33 047,99	I,IV	**4538**	3065	2701	I	3482	2485	1547	679	27	
	II	**3975**	3065	2701	II	2950	1984	1077	304		
	III	**1816**	3065	2701	III	1026	366				
	V	**8081**	3065	2701	IV	4003	3482	2976	2485	2009	1547
	VI	**8516**	3065	2701							
33 083,99	I,IV	**4547**	3068	2704	I	3491	2493	1555	686	32	
	II	**3984**	3068	2704	II	2958	1991	1084	309		
	III	**1824**	3068	2704	III	1032	372				
	V	**8093**	3068	2704	IV	4012	3491	2984	2493	2016	1555
	VI	**8528**	3068	2704							
33 119,99	I,IV	**4557**	3071	2707	I	3499	2501	1562	693	36	
	II	**3993**	3071	2707	II	2966	2000	1092	314		
	III	**1830**	3071	2707	III	1038	376				
	V	**8106**	3071	2707	IV	4021	3499	2993	2501	2024	1562
	VI	**8541**	3071	2707							
33 155,99	I,IV	**4566**	3075	2710	I	3508	2509	1570	699	40	
	II	**4001**	3075	2710	II	2975	2007	1099	320		
	III	**1838**	3075	2710	III	1044	382				
	V	**8119**	3075	2710	IV	4029	3508	3001	2509	2032	1570
	VI	**8554**	3075	2710							
33 191,99	I,IV	**4575**	3078	2713	I	3517	2518	1578	706	45	
	II	**4010**	3078	2713	II	2983	2015	1107	325		
	III	**1844**	3078	2713	III	1050	386				
	V	**8132**	3078	2713	IV	4038	3517	3010	2518	2040	1578
	VI	**8567**	3078	2713							
33 227,99	I,IV	**4584**	3081	2716	I	3525	2526	1585	712	49	
	II	**4019**	3081	2716	II	2992	2023	1114	331		
	III	**1852**	3081	2716	III	1056	392				
	V	**8144**	3081	2716	IV	4047	3525	3018	2526	2048	1585
	VI	**8580**	3081	2716							
33 263,99	I,IV	**4593**	3085	2719	I	3534	2534	1593	719	54	
	II	**4028**	3085	2719	II	3000	2031	1121	336		
	III	**1860**	3085	2719	III	1062	396				
	V	**8157**	3085	2719	IV	4056	3534	3027	2534	2056	1593
	VI	**8593**	3085	2719							

* Zur LSt-Berechnung für privat versicherte Arbeitnehmer s. Beispiele **Vorbemerkung S. 4f.**
** Basisvorsorgepauschale KV und PV *** Typisierter Arbeitgeberzuschuss

Lohn/ Gehalt in € bis	Steuerklasse	Lohn-steuer*	BVSP**	TAGZ***	Steuerklasse	Bemessungsgrundlage für Kirchensteuer und Solidaritätszuschlag					
						Freibeträge für ... Kinder					
						0,5	**1,0**	1,5	**2,0**	2,5	**3,0**
33 299,99	I,IV	**4 602**	3 088	2 722	I	3 543	2 542	1 600	726	58	
	II	**4 037**	3 088	2 722	II	3 008	2 039	1 129	342		
	III	**1 866**	3 088	2 722	III	1 068	402				
	V	**8 170**	3 088	2 722	IV	4 065	3 543	3 035	2 542	2 064	1 600
	VI	**8 605**	3 088	2 722							
33 335,99	I,IV	**4 612**	3 091	2 725	I	3 551	2 550	1 608	733	63	
	II	**4 046**	3 091	2 725	II	3 017	2 047	1 136	348		
	III	**1 874**	3 091	2 725	III	1 074	406				
	V	**8 183**	3 091	2 725	IV	4 074	3 551	3 043	2 550	2 072	1 608
	VI	**8 618**	3 091	2 725							
33 371,99	I,IV	**4 621**	3 095	2 728	I	3 560	2 558	1 616	739	67	
	II	**4 055**	3 095	2 728	II	3 025	2 055	1 143	353		
	III	**1 880**	3 095	2 728	III	1 082	412				
	V	**8 196**	3 095	2 728	IV	4 083	3 560	3 052	2 558	2 080	1 616
	VI	**8 631**	3 095	2 728							
33 407,99	I,IV	**4 630**	3 098	2 731	I	3 569	2 567	1 624	746	72	
	II	**4 064**	3 098	2 731	II	3 034	2 063	1 151	359		
	III	**1 888**	3 098	2 731	III	1 088	416				
	V	**8 209**	3 098	2 731	IV	4 092	3 569	3 060	2 567	2 088	1 624
	VI	**8 644**	3 098	2 731							
33 443,99	I,IV	**4 639**	3 101	2 734	I	3 577	2 575	1 631	753	77	
	II	**4 073**	3 101	2 734	II	3 042	2 071	1 158	364		
	III	**1 896**	3 101	2 734	III	1 094	422				
	V	**8 221**	3 101	2 734	IV	4 101	3 577	3 069	2 575	2 096	1 631
	VI	**8 656**	3 101	2 734							
33 479,99	I,IV	**4 648**	3 105	2 736	I	3 586	2 583	1 639	760	81	
	II	**4 082**	3 105	2 736	II	3 051	2 079	1 166	370		
	III	**1 902**	3 105	2 736	III	1 100	426				
	V	**8 234**	3 105	2 736	IV	4 110	3 586	3 077	2 583	2 104	1 639
	VI	**8 669**	3 105	2 736							
33 515,99	I,IV	**4 657**	3 108	2 739	I	3 595	2 591	1 647	766	86	
	II	**4 090**	3 108	2 739	II	3 059	2 086	1 173	376		
	III	**1 910**	3 108	2 739	III	1 106	432				
	V	**8 247**	3 108	2 739	IV	4 119	3 595	3 085	2 591	2 111	1 647
	VI	**8 682**	3 108	2 739							
33 551,99	I,IV	**4 667**	3 111	2 742	I	3 603	2 599	1 654	773	91	
	II	**4 100**	3 111	2 742	II	3 067	2 094	1 181	381		
	III	**1 918**	3 111	2 742	III	1 112	438				
	V	**8 260**	3 111	2 742	IV	4 128	3 603	3 094	2 599	2 119	1 654
	VI	**8 695**	3 111	2 742							
33 587,99	I,IV	**4 676**	3 115	2 745	I	3 612	2 607	1 662	780	95	
	II	**4 108**	3 115	2 745	II	3 076	2 102	1 188	387		
	III	**1 924**	3 115	2 745	III	1 118	442				
	V	**8 273**	3 115	2 745	IV	4 137	3 612	3 102	2 607	2 127	1 662
	VI	**8 708**	3 115	2 745							
33 623,99	I,IV	**4 685**	3 118	2 748	I	3 621	2 616	1 670	787	100	
	II	**4 117**	3 118	2 748	II	3 084	2 110	1 196	393		
	III	**1 932**	3 118	2 748	III	1 124	448				
	V	**8 286**	3 118	2 748	IV	4 146	3 621	3 111	2 616	2 135	1 670
	VI	**8 721**	3 118	2 748							
33 659,99	I,IV	**4 694**	3 121	2 751	I	3 629	2 624	1 677	794	105	
	II	**4 126**	3 121	2 751	II	3 093	2 118	1 203	398		
	III	**1 940**	3 121	2 751	III	1 130	452				
	V	**8 298**	3 121	2 751	IV	4 154	3 629	3 119	2 624	2 143	1 677
	VI	**8 733**	3 121	2 751							
33 695,99	I,IV	**4 704**	3 125	2 754	I	3 638	2 632	1 685	801	109	
	II	**4 135**	3 125	2 754	II	3 101	2 126	1 211	404		
	III	**1 946**	3 125	2 754	III	1 136	458				
	V	**8 311**	3 125	2 754	IV	4 164	3 638	3 128	2 632	2 151	1 685
	VI	**8 746**	3 125	2 754							

* Zur LSt-Berechnung für privat versicherte Arbeitnehmer s. Beispiele **Vorbemerkung S. 4 f.**
** Basisvorsorgepauschale KV und PV *** Typisierter Arbeitgeberzuschuss

Lohn/ Gehalt in € bis	Steuerklasse	**Lohn-steuer***	BVSP**	TAGZ***	Steuerklasse	Bemessungsgrundlage für Kirchensteuer und Solidaritätszuschlag — Freibeträge für ... Kinder 0,5	**1,0**	1,5	**2,0**	2,5	**3,0**
33731,99	I,IV	**4713**	3128	2757	I	3647	2640	1693	808	114	
	II	**4144**	3128	2757	II	3110	2134	1218	410		
	III	**1954**	3128	2757	III	1144	462				
	V	**8324**	3128	2757	IV	4172	3647	3136	2640	2159	1693
	VI	**8759**	3128	2757							
33767,99	I,IV	**4722**	3131	2760	I	3656	2649	1701	815	119	
	II	**4153**	3131	2760	II	3118	2142	1225	416		
	III	**1962**	3131	2760	III	1150	468				
	V	**8337**	3131	2760	IV	4181	3656	3145	2649	2167	1701
	VI	**8772**	3131	2760							
33803,99	I,IV	**4731**	3135	2763	I	3664	2657	1708	822	123	
	II	**4162**	3135	2763	II	3126	2150	1233	421		
	III	**1968**	3135	2763	III	1156	474				
	V	**8349**	3135	2763	IV	4190	3664	3153	2657	2175	1708
	VI	**8785**	3135	2763							
33839,99	I,IV	**4740**	3138	2766	I	3673	2665	1716	829	128	
	II	**4171**	3138	2766	II	3135	2158	1240	427		
	III	**1976**	3138	2766	III	1162	478				
	V	**8362**	3138	2766	IV	4199	3673	3162	2665	2183	1716
	VI	**8798**	3138	2766							
33875,99	I,IV	**4750**	3141	2769	I	3682	2673	1724	836	133	
	II	**4180**	3141	2769	II	3143	2166	1248	433		
	III	**1984**	3141	2769	III	1168	484				
	V	**8375**	3141	2769	IV	4208	3682	3170	2673	2191	1724
	VI	**8810**	3141	2769							
33911,99	I,IV	**4759**	3145	2772	I	3691	2682	1732	843	138	
	II	**4189**	3145	2772	II	3152	2174	1255	439		
	III	**1990**	3145	2772	III	1174	488				
	V	**8388**	3145	2772	IV	4217	3691	3179	2682	2199	1732
	VI	**8823**	3145	2772							
33947,99	I,IV	**4768**	3148	2775	I	3699	2690	1739	850	143	
	II	**4198**	3148	2775	II	3160	2182	1263	445		
	III	**1998**	3148	2775	III	1182	494				
	V	**8401**	3148	2775	IV	4226	3699	3187	2690	2207	1739
	VI	**8836**	3148	2775							
33983,99	I,IV	**4777**	3152	2778	I	3708	2698	1747	857	148	
	II	**4207**	3152	2778	II	3169	2190	1270	451		
	III	**2006**	3152	2778	III	1188	500				
	V	**8414**	3152	2778	IV	4235	3708	3196	2698	2215	1747
	VI	**8849**	3152	2778							
34019,99	I,IV	**4787**	3155	2781	I	3717	2706	1755	864	152	
	II	**4216**	3155	2781	II	3177	2198	1278	457		
	III	**2012**	3155	2781	III	1194	504				
	V	**8426**	3155	2781	IV	4244	3717	3204	2706	2223	1755
	VI	**8861**	3155	2781							
34055,99	I,IV	**4796**	3158	2784	I	3726	2715	1763	871	157	
	II	**4225**	3158	2784	II	3186	2206	1285	463		
	III	**2020**	3158	2784	III	1200	510				
	V	**8439**	3158	2784	IV	4253	3726	3213	2715	2231	1763
	VI	**8874**	3158	2784							
34091,99	I,IV	**4805**	3162	2787	I	3734	2723	1770	878	162	
	II	**4234**	3162	2787	II	3194	2214	1293	469		
	III	**2028**	3162	2787	III	1206	516				
	V	**8452**	3162	2787	IV	4262	3734	3221	2723	2239	1770
	VI	**8887**	3162	2787							
34127,99	I,IV	**4814**	3165	2789	I	3743	2731	1778	885	167	
	II	**4243**	3165	2789	II	3203	2222	1300	475		
	III	**2034**	3165	2789	III	1212	520				
	V	**8465**	3165	2789	IV	4271	3743	3230	2731	2247	1778
	VI	**8900**	3165	2789							

* Zur LSt-Berechnung für privat versicherte Arbeitnehmer s. Beispiele **Vorbemerkung S. 4f.**
** Basisvorsorgepauschale KV und PV *** Typisierter Arbeitgeberzuschuss

Lohn/ Gehalt in € bis	Steuerklasse	Lohn-steuer*	BVSP**	TAGZ***	Steuerklasse	Bemessungsgrundlage für Kirchensteuer und Solidaritätszuschlag					
						Freibeträge für ... Kinder					
						0,5	**1,0**	1,5	**2,0**	2,5	**3,0**
34163,99	I,IV	**4824**	3168	2792	I	3752	2739	1786	892	172	
	II	**4252**	3168	2792	II	3211	2230	1308	481		
	III	**2042**	3168	2792	III	1220	526				
	V	**8478**	3168	2792	IV	4280	3752	3238	2739	2255	1786
	VI	**8913**	3168	2792							
34199,99	I,IV	**4833**	3172	2795	I	3761	2748	1794	899	177	
	II	**4261**	3172	2795	II	3220	2238	1315	487		
	III	**2050**	3172	2795	III	1226	532				
	V	**8491**	3172	2795	IV	4289	3761	3247	2748	2263	1794
	VI	**8926**	3172	2795							
34235,99	I,IV	**4842**	3175	2798	I	3769	2756	1801	907	182	
	II	**4270**	3175	2798	II	3228	2246	1323	493		
	III	**2056**	3175	2798	III	1232	536				
	V	**8503**	3175	2798	IV	4298	3769	3255	2756	2271	1801
	VI	**8938**	3175	2798							
34271,99	I,IV	**4852**	3178	2801	I	3778	2764	1809	914	187	
	II	**4279**	3178	2801	II	3237	2254	1330	499		
	III	**2064**	3178	2801	III	1238	542				
	V	**8516**	3178	2801	IV	4308	3778	3264	2764	2279	1809
	VI	**8951**	3178	2801							
34307,99	I,IV	**4861**	3182	2804	I	3787	2772	1817	921	192	
	II	**4288**	3182	2804	II	3245	2262	1338	505		
	III	**2072**	3182	2804	III	1244	546				
	V	**8529**	3182	2804	IV	4316	3787	3272	2772	2287	1817
	VI	**8964**	3182	2804							
34343,99	I,IV	**4870**	3185	2807	I	3796	2781	1825	928	197	
	II	**4297**	3185	2807	II	3254	2270	1345	511		
	III	**2080**	3185	2807	III	1252	552				
	V	**8542**	3185	2807	IV	4326	3796	3281	2781	2295	1825
	VI	**8977**	3185	2807							
34379,99	I,IV	**4879**	3188	2810	I	3805	2789	1833	935	202	
	II	**4306**	3188	2810	II	3262	2278	1353	517		
	III	**2086**	3188	2810	III	1258	558				
	V	**8554**	3188	2810	IV	4334	3805	3289	2789	2303	1833
	VI	**8990**	3188	2810							
34415,99	I,IV	**4889**	3192	2813	I	3813	2797	1841	943	207	
	II	**4315**	3192	2813	II	3271	2286	1361	523		
	III	**2094**	3192	2813	III	1264	562				
	V	**8567**	3192	2813	IV	4344	3813	3298	2797	2312	1841
	VI	**9003**	3192	2813							
34451,99	I,IV	**4898**	3195	2816	I	3822	2806	1848	950	212	
	II	**4324**	3195	2816	II	3280	2294	1368	529		
	III	**2100**	3195	2816	III	1270	568				
	V	**8580**	3195	2816	IV	4353	3822	3306	2806	2319	1848
	VI	**9015**	3195	2816							
34487,99	I,IV	**4907**	3198	2819	I	3831	2814	1856	957	218	
	II	**4333**	3198	2819	II	3288	2302	1376	535		
	III	**2108**	3198	2819	III	1278	574				
	V	**8593**	3198	2819	IV	4362	3831	3315	2814	2328	1856
	VI	**9028**	3198	2819							
34523,99	I,IV	**4916**	3202	2822	I	3840	2822	1864	965	223	
	II	**4342**	3202	2822	II	3297	2310	1383	542		
	III	**2116**	3202	2822	III	1284	580	4			
	V	**8606**	3202	2822	IV	4371	3840	3324	2822	2336	1864
	VI	**9041**	3202	2822							
34559,99	I,IV	**4926**	3205	2825	I	3849	2831	1872	972	228	
	II	**4351**	3205	2825	II	3305	2318	1391	548		
	III	**2124**	3205	2825	III	1290	584	10			
	V	**8619**	3205	2825	IV	4380	3849	3332	2831	2344	1872
	VI	**9054**	3205	2825							

* Zur LSt-Berechnung für privat versicherte Arbeitnehmer s. Beispiele **Vorbemerkung S. 4f.**
** Basisvorsorgepauschale KV und PV *** Typisierter Arbeitgeberzuschuss

Lohn/ Gehalt in € bis	Steuerklasse	Lohn- steuer*	BVSP**	TAGZ***	Steuerklasse	Bemessungsgrundlage für Kirchensteuer und Solidaritätszuschlag – Freibeträge für ... Kinder 0,5	**1,0**	1,5	**2,0**	2,5	**3,0**
34595,99	I,IV	**4935**	3208	2828	I	3858	2839	1880	980	233	
	II	**4361**	3208	2828	II	3314	2327	1398	554		
	III	**2130**	3208	2828	III	1296	590	14			
	V	**8632**	3208	2828	IV	4389	3858	3341	2839	2352	1880
	VI	**9067**	3208	2828							
34631,99	I,IV	**4945**	3212	2831	I	3866	2847	1887	987	238	
	II	**4370**	3212	2831	II	3322	2335	1406	560		
	III	**2138**	3212	2831	III	1304	596	18			
	V	**8644**	3212	2831	IV	4398	3866	3349	2847	2360	1887
	VI	**9079**	3212	2831							
34667,99	I,IV	**4954**	3215	2834	I	3875	2856	1895	994	244	
	II	**4379**	3215	2834	II	3331	2343	1414	567		
	III	**2146**	3215	2834	III	1310	600	22			
	V	**8657**	3215	2834	IV	4407	3875	3358	2856	2368	1895
	VI	**9092**	3215	2834							
34703,99	I,IV	**4963**	3218	2837	I	3884	2864	1903	1001	249	
	II	**4388**	3218	2837	II	3340	2351	1421	573		
	III	**2152**	3218	2837	III	1316	606	26			
	V	**8670**	3218	2837	IV	4416	3884	3367	2864	2376	1903
	VI	**9105**	3218	2837							
34739,99	I,IV	**4973**	3222	2839	I	3893	2872	1911	1009	254	
	II	**4397**	3222	2839	II	3348	2359	1429	579		
	III	**2160**	3222	2839	III	1322	612	30			
	V	**8683**	3222	2839	IV	4425	3893	3375	2872	2384	1911
	VI	**9118**	3222	2839							
34775,99	I,IV	**4982**	3225	2842	I	3902	2881	1919	1016	259	
	II	**4406**	3225	2842	II	3357	2367	1436	585		
	III	**2168**	3225	2842	III	1330	616	36			
	V	**8696**	3225	2842	IV	4434	3902	3384	2881	2392	1919
	VI	**9131**	3225	2842							
34811,99	I,IV	**4991**	3228	2845	I	3911	2889	1927	1024	265	
	II	**4415**	3228	2845	II	3365	2375	1444	592		
	III	**2174**	3228	2845	III	1336	622	40			
	V	**8709**	3228	2845	IV	4444	3911	3392	2889	2401	1927
	VI	**9144**	3228	2845							
34847,99	I,IV	**5001**	3232	2848	I	3919	2897	1934	1031	270	
	II	**4424**	3232	2848	II	3374	2383	1451	598		
	III	**2182**	3232	2848	III	1342	628	44			
	V	**8721**	3232	2848	IV	4453	3919	3401	2897	2408	1934
	VI	**9156**	3232	2848							
34883,99	I,IV	**5010**	3235	2851	I	3928	2906	1942	1038	275	
	II	**4433**	3235	2851	II	3383	2391	1459	605		
	III	**2190**	3235	2851	III	1350	634	48			
	V	**8734**	3235	2851	IV	4462	3928	3410	2906	2417	1942
	VI	**9169**	3235	2851							
34919,99	I,IV	**5019**	3238	2854	I	3937	2914	1950	1046	281	
	II	**4442**	3238	2854	II	3391	2399	1467	611		
	III	**2198**	3238	2854	III	1356	638	52			
	V	**8747**	3238	2854	IV	4471	3937	3418	2914	2425	1950
	VI	**9182**	3238	2854							
34955,99	I,IV	**5029**	3242	2857	I	3946	2923	1958	1053	286	
	II	**4451**	3242	2857	II	3400	2407	1474	617		
	III	**2204**	3242	2857	III	1362	644	56			
	V	**8760**	3242	2857	IV	4480	3946	3427	2923	2433	1958
	VI	**9195**	3242	2857							
34991,99	I,IV	**5038**	3245	2860	I	3955	2931	1966	1060	291	
	II	**4460**	3245	2860	II	3408	2415	1482	624		
	III	**2212**	3245	2860	III	1368	650	62			
	V	**8772**	3245	2860	IV	4489	3955	3435	2931	2441	1966
	VI	**9207**	3245	2860							

* Zur LSt-Berechnung für privat versicherte Arbeitnehmer s. Beispiele **Vorbemerkung S. 4f.**
** Basisvorsorgepauschale KV und PV *** Typisierter Arbeitgeberzuschuss

Lohn/ Gehalt in € bis	Steuerklasse	Lohn-steuer*	BVSP**	TAGZ***	Steuerklasse	Bemessungsgrundlage für Kirchensteuer und Solidaritätszuschlag – Freibeträge für ... Kinder 0,5	1,0	1,5	2,0	2,5	3,0
35 027,99	I,IV	**5 048**	3 248	2 863	I	3 964	2 939	1 974	1 068	297	
	II	**4 470**	3 248	2 863	II	3 417	2 424	1 489	630		
	III	**2 220**	3 248	2 863	III	1 376	656	66			
	V	**8 785**	3 248	2 863	IV	4 498	3 964	3 444	2 939	2 449	1 974
	VI	**9 221**	3 248	2 863							
35 063,99	I,IV	**5 057**	3 252	2 866	I	3 973	2 948	1 982	1 075	302	
	II	**4 479**	3 252	2 866	II	3 425	2 432	1 497	637		
	III	**2 226**	3 252	2 866	III	1 382	660	70			
	V	**8 798**	3 252	2 866	IV	4 507	3 973	3 453	2 948	2 457	1 982
	VI	**9 233**	3 252	2 866							
35 099,99	I,IV	**5 066**	3 255	2 869	I	3 982	2 956	1 990	1 083	308	
	II	**4 488**	3 255	2 869	II	3 434	2 440	1 505	643	3	
	III	**2 234**	3 255	2 869	III	1 388	666	74			
	V	**8 811**	3 255	2 869	IV	4 517	3 982	3 461	2 956	2 465	1 990
	VI	**9 246**	3 255	2 869							
35 135,99	I,IV	**5 076**	3 258	2 872	I	3 990	2 964	1 997	1 090	313	
	II	**4 497**	3 258	2 872	II	3 443	2 448	1 512	649	8	
	III	**2 242**	3 258	2 872	III	1 394	672	78			
	V	**8 824**	3 258	2 872	IV	4 526	3 990	3 470	2 964	2 473	1 997
	VI	**9 259**	3 258	2 872							
35 171,99	I,IV	**5 085**	3 262	2 875	I	3 999	2 973	2 005	1 097	319	
	II	**4 506**	3 262	2 875	II	3 451	2 456	1 520	656	12	
	III	**2 250**	3 262	2 875	III	1 402	678	84			
	V	**8 837**	3 262	2 875	IV	4 535	3 999	3 479	2 973	2 482	2 005
	VI	**9 272**	3 262	2 875							
35 207,99	I,IV	**5 094**	3 265	2 878	I	4 008	2 981	2 013	1 105	324	
	II	**4 515**	3 265	2 878	II	3 460	2 464	1 527	663	16	
	III	**2 256**	3 265	2 878	III	1 408	684	88			
	V	**8 849**	3 265	2 878	IV	4 544	4 008	3 487	2 981	2 490	2 013
	VI	**9 284**	3 265	2 878							
35 243,99	I,IV	**5 104**	3 268	2 881	I	4 017	2 990	2 021	1 112	330	
	II	**4 524**	3 268	2 881	II	3 469	2 472	1 535	669	21	
	III	**2 264**	3 268	2 881	III	1 416	688	92			
	V	**8 862**	3 268	2 881	IV	4 553	4 017	3 496	2 990	2 498	2 021
	VI	**9 297**	3 268	2 881							
35 279,99	I,IV	**5 113**	3 272	2 884	I	4 026	2 998	2 029	1 119	335	
	II	**4 533**	3 272	2 884	II	3 477	2 480	1 543	676	25	
	III	**2 270**	3 272	2 884	III	1 422	694	96			
	V	**8 875**	3 272	2 884	IV	4 562	4 026	3 504	2 998	2 506	2 029
	VI	**9 310**	3 272	2 884							
35 315,99	I,IV	**5 123**	3 275	2 887	I	4 035	3 006	2 037	1 127	341	
	II	**4 543**	3 275	2 887	II	3 486	2 489	1 551	682	29	
	III	**2 278**	3 275	2 887	III	1 428	700	102			
	V	**8 888**	3 275	2 887	IV	4 571	4 035	3 513	3 006	2 514	2 037
	VI	**9 323**	3 275	2 887							
35 351,99	I,IV	**5 132**	3 278	2 890	I	4 044	3 015	2 045	1 134	346	
	II	**4 552**	3 278	2 890	II	3 495	2 497	1 558	689	34	
	III	**2 286**	3 278	2 890	III	1 436	706	106			
	V	**8 900**	3 278	2 890	IV	4 580	4 044	3 522	3 015	2 522	2 045
	VI	**9 336**	3 278	2 890							
35 387,99	I,IV	**5 141**	3 282	2 892	I	4 053	3 023	2 053	1 142	352	
	II	**4 561**	3 282	2 892	II	3 503	2 505	1 566	696	38	
	III	**2 294**	3 282	2 892	III	1 442	710	110			
	V	**8 913**	3 282	2 892	IV	4 590	4 053	3 531	3 023	2 531	2 053
	VI	**9 349**	3 282	2 892							
35 423,99	I,IV	**5 151**	3 285	2 895	I	4 062	3 031	2 061	1 149	357	
	II	**4 570**	3 285	2 895	II	3 512	2 513	1 573	702	43	
	III	**2 300**	3 285	2 895	III	1 448	716	114			
	V	**8 926**	3 285	2 895	IV	4 599	4 062	3 539	3 031	2 539	2 061
	VI	**9 361**	3 285	2 895							

* Zur LSt-Berechnung für privat versicherte Arbeitnehmer s. Beispiele **Vorbemerkung S. 4 f.**
** Basisvorsorgepauschale KV und PV *** Typisierter Arbeitgeberzuschuss

Lohn/ Gehalt in € bis	Steuerklasse	Lohn- steuer*	BVSP**	TAGZ***	Steuerklasse	Bemessungsgrundlage für Kirchensteuer und Solidaritätszuschlag – Freibeträge für ... Kinder 0,5	**1,0**	1,5	**2,0**	2,5	**3,0**
35 459,99	I,IV	**5 160**	3 288	2 898	I	4 071	3 040	2 069	1 157	363	
	II	**4 579**	3 288	2 898	II	3 521	2 521	1 581	709	47	
	III	**2 308**	3 288	2 898	III	1 456	722	120			
	V	**8 939**	3 288	2 898	IV	4 608	4 071	3 548	3 040	2 547	2 069
	VI	**9 374**	3 288	2 898							
35 495,99	I,IV	**5 170**	3 292	2 901	I	4 079	3 048	2 077	1 164	369	
	II	**4 588**	3 292	2 901	II	3 529	2 529	1 589	715	51	
	III	**2 316**	3 292	2 901	III	1 462	728	124			
	V	**8 952**	3 292	2 901	IV	4 617	4 079	3 556	3 048	2 555	2 077
	VI	**9 387**	3 292	2 901							
35 531,99	I,IV	**5 179**	3 295	2 904	I	4 088	3 057	2 085	1 171	374	
	II	**4 598**	3 295	2 904	II	3 538	2 538	1 596	722	56	
	III	**2 322**	3 295	2 904	III	1 468	734	128			
	V	**8 965**	3 295	2 904	IV	4 626	4 088	3 565	3 057	2 563	2 085
	VI	**9 400**	3 295	2 904							
35 567,99	I,IV	**5 188**	3 298	2 907	I	4 097	3 065	2 092	1 179	380	
	II	**4 607**	3 298	2 907	II	3 546	2 546	1 604	729	60	
	III	**2 330**	3 298	2 907	III	1 476	738	132			
	V	**8 977**	3 298	2 907	IV	4 635	4 097	3 574	3 065	2 571	2 092
	VI	**9 412**	3 298	2 907							
35 603,99	I,IV	**5 198**	3 302	2 910	I	4 106	3 074	2 100	1 186	386	
	II	**4 616**	3 302	2 910	II	3 555	2 554	1 612	736	65	
	III	**2 338**	3 302	2 910	III	1 482	744	138			
	V	**8 990**	3 302	2 910	IV	4 645	4 106	3 583	3 074	2 580	2 100
	VI	**9 425**	3 302	2 910							
35 639,99	I,IV	**5 207**	3 305	2 913	I	4 115	3 082	2 108	1 194	391	
	II	**4 625**	3 305	2 913	II	3 564	2 562	1 619	742	70	
	III	**2 346**	3 305	2 913	III	1 490	750	142			
	V	**9 003**	3 305	2 913	IV	4 654	4 115	3 591	3 082	2 588	2 108
	VI	**9 438**	3 305	2 913							
35 675,99	I,IV	**5 217**	3 308	2 916	I	4 124	3 091	2 116	1 201	397	
	II	**4 634**	3 308	2 916	II	3 573	2 570	1 627	749	74	
	III	**2 352**	3 308	2 916	III	1 496	756	146			
	V	**9 016**	3 308	2 916	IV	4 663	4 124	3 600	3 091	2 596	2 116
	VI	**9 451**	3 308	2 916							
35 711,99	I,IV	**5 226**	3 312	2 919	I	4 133	3 099	2 124	1 209	403	
	II	**4 643**	3 312	2 919	II	3 581	2 578	1 635	756	79	
	III	**2 360**	3 312	2 919	III	1 502	762	152			
	V	**9 029**	3 312	2 919	IV	4 672	4 133	3 609	3 099	2 604	2 124
	VI	**9 464**	3 312	2 919							
35 747,99	I,IV	**5 236**	3 315	2 922	I	4 142	3 108	2 132	1 216	409	
	II	**4 653**	3 315	2 922	II	3 590	2 587	1 643	763	83	
	III	**2 368**	3 315	2 922	III	1 510	768	156			
	V	**9 042**	3 315	2 922	IV	4 682	4 142	3 617	3 108	2 613	2 132
	VI	**9 477**	3 315	2 922							
35 783,99	I,IV	**5 245**	3 318	2 925	I	4 151	3 116	2 140	1 224	414	
	II	**4 662**	3 318	2 925	II	3 599	2 595	1 650	769	88	
	III	**2 376**	3 318	2 925	III	1 516	774	160			
	V	**9 054**	3 318	2 925	IV	4 691	4 151	3 626	3 116	2 621	2 140
	VI	**9 489**	3 318	2 925							
35 819,99	I,IV	**5 255**	3 322	2 928	I	4 160	3 125	2 148	1 231	420	
	II	**4 671**	3 322	2 928	II	3 607	2 603	1 658	776	93	
	III	**2 382**	3 322	2 928	III	1 522	778	166			
	V	**9 067**	3 322	2 928	IV	4 700	4 160	3 635	3 125	2 629	2 148
	VI	**9 502**	3 322	2 928							
35 855,99	I,IV	**5 264**	3 325	2 931	I	4 169	3 133	2 156	1 238	426	
	II	**4 680**	3 325	2 931	II	3 616	2 611	1 666	783	97	
	III	**2 390**	3 325	2 931	III	1 530	784	170			
	V	**9 080**	3 325	2 931	IV	4 709	4 169	3 643	3 133	2 637	2 156
	VI	**9 515**	3 325	2 931							

* Zur LSt-Berechnung für privat versicherte Arbeitnehmer s. Beispiele **Vorbemerkung S. 4 f.**
** Basisvorsorgepauschale KV und PV *** Typisierter Arbeitgeberzuschuss

Lohn/ Gehalt in € bis	Steuerklasse	Lohn- steuer*	BVSP**	TAGZ***	Steuerklasse	Bemessungsgrundlage für Kirchensteuer und Solidaritätszuschlag – Freibeträge für ... Kinder 0,5	1,0	1,5	2,0	2,5	3,0
35 891,99	I,IV	**5 274**	3 328	2 934	I	4 178	3 141	2 164	1 246	432	
	II	**4 689**	3 328	2 934	II	3 625	2 620	1 673	790	102	
	III	**2 398**	3 328	2 934	III	1 536	790	174			
	V	**9 093**	3 328	2 934	IV	4 718	4 178	3 652	3 141	2 645	2 164
	VI	**9 528**	3 328	2 934							
35 927,99	I,IV	**5 283**	3 332	2 937	I	4 187	3 150	2 172	1 253	438	
	II	**4 698**	3 332	2 937	II	3 633	2 628	1 681	797	107	
	III	**2 404**	3 332	2 937	III	1 544	796	180			
	V	**9 105**	3 332	2 937	IV	4 727	4 187	3 661	3 150	2 653	2 172
	VI	**9 541**	3 332	2 937							
35 963,99	I,IV	**5 293**	3 335	2 940	I	4 196	3 158	2 180	1 261	444	
	II	**4 708**	3 335	2 940	II	3 642	2 636	1 689	804	111	
	III	**2 412**	3 335	2 940	III	1 550	802	184			
	V	**9 118**	3 335	2 940	IV	4 737	4 196	3 670	3 158	2 662	2 180
	VI	**9 554**	3 335	2 940							
35 999,99	I,IV	**5 302**	3 338	2 942	I	4 205	3 167	2 188	1 268	449	
	II	**4 717**	3 338	2 942	II	3 651	2 644	1 696	811	116	
	III	**2 420**	3 338	2 942	III	1 556	808	188			
	V	**9 131**	3 338	2 942	IV	4 746	4 205	3 678	3 167	2 670	2 188
	VI	**9 566**	3 338	2 942							
36 035,99	I,IV	**5 312**	3 342	2 945	I	4 214	3 175	2 196	1 276	455	
	II	**4 726**	3 342	2 945	II	3 660	2 652	1 704	818	121	
	III	**2 428**	3 342	2 945	III	1 564	814	194			
	V	**9 144**	3 342	2 945	IV	4 755	4 214	3 687	3 175	2 678	2 196
	VI	**9 579**	3 342	2 945							
36 071,99	I,IV	**5 321**	3 345	2 948	I	4 223	3 184	2 204	1 283	461	
	II	**4 735**	3 345	2 948	II	3 668	2 661	1 712	825	126	
	III	**2 434**	3 345	2 948	III	1 570	820	198			
	V	**9 157**	3 345	2 948	IV	4 764	4 223	3 696	3 184	2 686	2 204
	VI	**9 592**	3 345	2 948							
36 107,99	I,IV	**5 331**	3 349	2 951	I	4 232	3 192	2 212	1 291	467	
	II	**4 745**	3 349	2 951	II	3 677	2 669	1 720	832	131	
	III	**2 442**	3 349	2 951	III	1 578	824	202			
	V	**9 170**	3 349	2 951	IV	4 774	4 232	3 705	3 192	2 695	2 212
	VI	**9 605**	3 349	2 951							
36 143,99	I,IV	**5 340**	3 352	2 954	I	4 241	3 201	2 220	1 298	473	
	II	**4 754**	3 352	2 954	II	3 686	2 677	1 727	839	135	
	III	**2 450**	3 352	2 954	III	1 584	830	206			
	V	**9 182**	3 352	2 954	IV	4 783	4 241	3 713	3 201	2 703	2 220
	VI	**9 617**	3 352	2 954							
36 179,99	I,IV	**5 350**	3 355	2 957	I	4 250	3 209	2 228	1 306	479	
	II	**4 763**	3 355	2 957	II	3 695	2 685	1 735	846	140	
	III	**2 458**	3 355	2 957	III	1 592	836	212			
	V	**9 195**	3 355	2 957	IV	4 792	4 250	3 722	3 209	2 711	2 228
	VI	**9 630**	3 355	2 957							
36 215,99	I,IV	**5 359**	3 359	2 960	I	4 259	3 218	2 236	1 313	485	
	II	**4 772**	3 359	2 960	II	3 703	2 693	1 743	853	145	
	III	**2 464**	3 359	2 960	III	1 598	842	216			
	V	**9 208**	3 359	2 960	IV	4 801	4 259	3 731	3 218	2 719	2 236
	VI	**9 643**	3 359	2 960							
36 251,99	I,IV	**5 369**	3 362	2 963	I	4 268	3 226	2 244	1 321	491	
	II	**4 782**	3 362	2 963	II	3 712	2 702	1 751	860	150	
	III	**2 472**	3 362	2 963	III	1 606	848	222			
	V	**9 221**	3 362	2 963	IV	4 811	4 268	3 740	3 226	2 728	2 244
	VI	**9 656**	3 362	2 963							
36 287,99	I,IV	**5 378**	3 365	2 966	I	4 277	3 235	2 252	1 328	497	
	II	**4 791**	3 365	2 966	II	3 721	2 710	1 758	867	155	
	III	**2 480**	3 365	2 966	III	1 612	854	226			
	V	**9 234**	3 365	2 966	IV	4 820	4 277	3 748	3 235	2 736	2 252
	VI	**9 669**	3 365	2 966							

* Zur LSt-Berechnung für privat versicherte Arbeitnehmer s. Beispiele **Vorbemerkung S. 4 f.**
** Basisvorsorgepauschale KV und PV *** Typisierter Arbeitgeberzuschuss

Lohn/ Gehalt in € bis	Steuerklasse	Lohn- steuer*	BVSP**	TAGZ***	Steuerklasse	Bemessungsgrundlage für Kirchensteuer und Solidaritätszuschlag – Freibeträge für ... Kinder 0,5	**1,0**	1,5	**2,0**	2,5	**3,0**
36323,99	I,IV	**5388**	3369	2969	I	4286	3243	2260	1336	503	
	II	**4800**	3369	2969	II	3730	2718	1766	874	160	
	III	**2488**	3369	2969	III	1620	860	230			
	V	**9247**	3369	2969	IV	4829	4286	3757	3243	2744	2260
	VI	**9682**	3369	2969							
36359,99	I,IV	**5397**	3372	2972	I	4295	3252	2268	1343	509	
	II	**4809**	3372	2972	II	3738	2726	1774	881	165	
	III	**2494**	3372	2972	III	1626	866	236			
	V	**9259**	3372	2972	IV	4838	4295	3766	3252	2753	2268
	VI	**9694**	3372	2972							
36395,99	I,IV	**5407**	3375	2975	I	4304	3260	2276	1351	516	
	II	**4819**	3375	2975	II	3747	2735	1782	888	170	
	III	**2502**	3375	2975	III	1634	872	240			
	V	**9272**	3375	2975	IV	4848	4304	3775	3260	2761	2276
	VI	**9707**	3375	2975							
36431,99	I,IV	**5416**	3379	2978	I	4313	3269	2284	1359	522	
	II	**4828**	3379	2978	II	3756	2743	1789	895	174	
	III	**2510**	3379	2978	III	1640	878	244			
	V	**9285**	3379	2978	IV	4857	4313	3783	3269	2769	2284
	VI	**9720**	3379	2978							
36467,99	I,IV	**5426**	3382	2981	I	4322	3278	2292	1366	528	
	II	**4837**	3382	2981	II	3765	2751	1797	903	180	
	III	**2518**	3382	2981	III	1648	884	250			
	V	**9298**	3382	2981	IV	4866	4322	3792	3278	2778	2292
	VI	**9733**	3382	2981							
36503,99	I,IV	**5435**	3385	2984	I	4331	3286	2300	1374	534	
	II	**4846**	3385	2984	II	3773	2760	1805	910	184	
	III	**2524**	3385	2984	III	1654	890	254			
	V	**9310**	3385	2984	IV	4876	4331	3801	3286	2786	2300
	VI	**9746**	3385	2984							
36539,99	I,IV	**5445**	3389	2987	I	4340	3295	2308	1381	540	
	II	**4856**	3389	2987	II	3782	2768	1813	917	190	
	III	**2532**	3389	2987	III	1660	894	260			
	V	**9323**	3389	2987	IV	4885	4340	3810	3295	2794	2308
	VI	**9759**	3389	2987							
36575,99	I,IV	**5454**	3392	2990	I	4349	3303	2316	1389	546	
	II	**4865**	3392	2990	II	3791	2776	1821	924	194	
	III	**2540**	3392	2990	III	1668	900	264			
	V	**9336**	3392	2990	IV	4894	4349	3819	3303	2802	2316
	VI	**9771**	3392	2990							
36611,99	I,IV	**5464**	3395	2993	I	4358	3312	2325	1396	553	
	II	**4874**	3395	2993	II	3800	2785	1829	932	200	
	III	**2548**	3395	2993	III	1676	906	268			
	V	**9349**	3395	2993	IV	4904	4358	3828	3312	2811	2325
	VI	**9784**	3395	2993							
36647,99	I,IV	**5473**	3399	2995	I	4367	3320	2332	1404	559	
	II	**4884**	3399	2995	II	3809	2793	1836	939	205	
	III	**2554**	3399	2995	III	1682	912	274			
	V	**9362**	3399	2995	IV	4913	4367	3836	3320	2819	2332
	VI	**9797**	3399	2995							
36683,99	I,IV	**5483**	3402	2998	I	4376	3329	2341	1412	565	
	II	**4893**	3402	2998	II	3817	2801	1844	946	210	
	III	**2562**	3402	2998	III	1690	918	278			
	V	**9375**	3402	2998	IV	4922	4376	3845	3329	2827	2341
	VI	**9810**	3402	2998							
36719,99	I,IV	**5492**	3405	3001	I	4385	3337	2349	1419	571	
	II	**4902**	3405	3001	II	3826	2809	1852	953	215	
	III	**2570**	3405	3001	III	1696	924	284			
	V	**9387**	3405	3001	IV	4931	4385	3854	3337	2836	2349
	VI	**9822**	3405	3001							

* Zur LSt-Berechnung für privat versicherte Arbeitnehmer s. Beispiele **Vorbemerkung S. 4f.**
** Basisvorsorgepauschale KV und PV *** Typisierter Arbeitgeberzuschuss

Lohn/ Gehalt in € bis	Steuerklasse	Lohn-steuer*	BVSP**	TAGZ***	Steuerklasse	Bemessungsgrundlage für Kirchensteuer und Solidaritätszuschlag					
						Freibeträge für ... Kinder					
						0,5	**1,0**	1,5	**2,0**	2,5	**3,0**
36755,99	I,IV	**5502**	3409	3004	I	4394	3346	2357	1427	578	
	II	**4912**	3409	3004	II	3835	2818	1860	961	220	
	III	**2578**	3409	3004	III	1704	930	288			
	V	**9400**	3409	3004	IV	4941	4394	3863	3346	2844	2357
	VI	**9835**	3409	3004							
36791,99	I,IV	**5512**	3412	3007	I	4403	3354	2365	1434	584	
	II	**4921**	3412	3007	II	3844	2826	1867	968	225	
	III	**2584**	3412	3007	III	1710	936	294			
	V	**9413**	3412	3007	IV	4950	4403	3872	3354	2852	2365
	VI	**9848**	3412	3007							
36827,99	I,IV	**5521**	3415	3010	I	4413	3363	2373	1442	590	
	II	**4930**	3415	3010	II	3853	2834	1875	975	230	
	III	**2592**	3415	3010	III	1718	942	298			
	V	**9426**	3415	3010	IV	4960	4413	3881	3363	2861	2373
	VI	**9861**	3415	3010							
36863,99	I,IV	**5531**	3419	3013	I	4422	3372	2381	1449	596	
	II	**4939**	3419	3013	II	3861	2843	1883	983	235	
	III	**2600**	3419	3013	III	1724	948	302			
	V	**9438**	3419	3013	IV	4969	4422	3889	3372	2869	2381
	VI	**9874**	3419	3013							
36899,99	I,IV	**5540**	3422	3016	I	4431	3380	2389	1457	603	
	II	**4949**	3422	3016	II	3870	2851	1891	990	241	
	III	**2608**	3422	3016	III	1732	954	308			
	V	**9452**	3422	3016	IV	4978	4431	3898	3380	2877	2389
	VI	**9887**	3422	3016							
36935,99	I,IV	**5550**	3425	3019	I	4440	3389	2397	1465	609	
	II	**4958**	3425	3019	II	3879	2859	1899	997	246	
	III	**2614**	3425	3019	III	1738	960	312			
	V	**9464**	3425	3019	IV	4987	4440	3907	3389	2886	2397
	VI	**9899**	3425	3019							
36971,99	I,IV	**5560**	3429	3022	I	4449	3398	2405	1472	616	
	II	**4968**	3429	3022	II	3888	2868	1907	1005	251	
	III	**2622**	3429	3022	III	1746	966	318			
	V	**9477**	3429	3022	IV	4997	4449	3916	3398	2894	2405
	VI	**9912**	3429	3022							
37007,99	I,IV	**5569**	3432	3025	I	4458	3406	2413	1480	622	
	II	**4977**	3432	3025	II	3897	2876	1914	1012	256	
	III	**2630**	3432	3025	III	1752	972	322			
	V	**9490**	3432	3025	IV	5006	4458	3925	3406	2902	2413
	VI	**9925**	3432	3025							
37043,99	I,IV	**5579**	3435	3028	I	4467	3415	2422	1487	628	
	II	**4986**	3435	3028	II	3906	2884	1922	1020	262	
	III	**2638**	3435	3028	III	1760	978	328			
	V	**9503**	3435	3028	IV	5016	4467	3934	3415	2911	2422
	VI	**9938**	3435	3028							
37079,99	I,IV	**5588**	3439	3031	I	4476	3423	2430	1495	635	
	II	**4995**	3439	3031	II	3914	2893	1930	1027	267	
	III	**2644**	3439	3031	III	1768	984	332			
	V	**9515**	3439	3031	IV	5025	4476	3942	3423	2919	2430
	VI	**9950**	3439	3031							
37115,99	I,IV	**5598**	3442	3034	I	4485	3432	2438	1503	641	
	II	**5005**	3442	3034	II	3923	2901	1938	1034	272	
	III	**2652**	3442	3034	III	1774	990	338			
	V	**9528**	3442	3034	IV	5034	4485	3951	3432	2927	2438
	VI	**9963**	3442	3034							
37151,99	I,IV	**5608**	3445	3037	I	4494	3440	2446	1510	648	
	II	**5014**	3445	3037	II	3932	2909	1946	1041	278	
	III	**2660**	3445	3037	III	1782	996	342			
	V	**9541**	3445	3037	IV	5044	4494	3960	3440	2936	2446
	VI	**9976**	3445	3037							

* Zur LSt-Berechnung für privat versicherte Arbeitnehmer s. Beispiele **Vorbemerkung S. 4f.**
** Basisvorsorgepauschale KV und PV *** Typisierter Arbeitgeberzuschuss

Lohn/ Gehalt in € bis	Steuerklasse	Lohnsteuer*	BVSP**	TAGZ***	Steuerklasse	Bemessungsgrundlage für Kirchensteuer und Solidaritätszuschlag Freibeträge für ... Kinder 0,5	**1,0**	1,5	**2,0**	2,5	**3,0**
37 187,99	I,IV	**5 617**	3 449	3 040	I	4 504	3 449	2 454	1 518	654	11
	II	**5 024**	3 449	3 040	II	3 941	2 918	1 954	1 049	283	
	III	**2 668**	3 449	3 040	III	1 788	1 002	348			
	V	**9 554**	3 449	3 040	IV	5 053	4 504	3 969	3 449	2 944	2 454
	VI	**9 989**	3 449	3 040							
37 223,99	I,IV	**5 627**	3 452	3 043	I	4 513	3 458	2 462	1 526	661	15
	II	**5 033**	3 452	3 043	II	3 950	2 926	1 962	1 056	288	
	III	**2 674**	3 452	3 043	III	1 796	1 008	352			
	V	**9 567**	3 452	3 043	IV	5 063	4 513	3 978	3 458	2 953	2 462
	VI	**10 002**	3 452	3 043							
37 259,99	I,IV	**5 637**	3 455	3 046	I	4 522	3 466	2 470	1 533	667	19
	II	**5 042**	3 455	3 046	II	3 959	2 935	1 970	1 064	294	
	III	**2 682**	3 455	3 046	III	1 802	1 014	358			
	V	**9 580**	3 455	3 046	IV	5 072	4 522	3 987	3 466	2 961	2 470
	VI	**10 015**	3 455	3 046							
37 295,99	I,IV	**5 646**	3 459	3 048	I	4 531	3 475	2 479	1 541	674	24
	II	**5 052**	3 459	3 048	II	3 968	2 943	1 978	1 071	299	
	III	**2 690**	3 459	3 048	III	1 810	1 022	362			
	V	**9 593**	3 459	3 048	IV	5 081	4 531	3 996	3 475	2 969	2 479
	VI	**10 028**	3 459	3 048							
37 331,99	I,IV	**5 656**	3 462	3 051	I	4 540	3 484	2 487	1 549	681	28
	II	**5 061**	3 462	3 051	II	3 977	2 951	1 985	1 078	305	
	III	**2 698**	3 462	3 051	III	1 818	1 028	368			
	V	**9 605**	3 462	3 051	IV	5 091	4 540	4 005	3 484	2 978	2 487
	VI	**10 040**	3 462	3 051							
37 367,99	I,IV	**5 666**	3 465	3 054	I	4 549	3 493	2 495	1 556	687	33
	II	**5 071**	3 465	3 054	II	3 986	2 960	1 993	1 086	310	
	III	**2 704**	3 465	3 054	III	1 824	1 034	372			
	V	**9 618**	3 465	3 054	IV	5 100	4 549	4 014	3 493	2 986	2 495
	VI	**10 053**	3 465	3 054							
37 403,99	I,IV	**5 675**	3 469	3 057	I	4 558	3 501	2 503	1 564	694	37
	II	**5 080**	3 469	3 057	II	3 994	2 968	2 001	1 093	315	
	III	**2 712**	3 469	3 057	III	1 832	1 040	378			
	V	**9 631**	3 469	3 057	IV	5 109	4 558	4 022	3 501	2 995	2 503
	VI	**10 066**	3 469	3 057							
37 439,99	I,IV	**5 685**	3 472	3 060	I	4 568	3 510	2 511	1 572	701	42
	II	**5 089**	3 472	3 060	II	4 003	2 977	2 009	1 101	321	
	III	**2 720**	3 472	3 060	III	1 840	1 046	382			
	V	**9 644**	3 472	3 060	IV	5 119	4 568	4 031	3 510	3 003	2 511
	VI	**10 079**	3 472	3 060							
37 475,99	I,IV	**5 694**	3 475	3 063	I	4 577	3 518	2 519	1 579	707	46
	II	**5 099**	3 475	3 063	II	4 012	2 985	2 017	1 108	326	
	III	**2 728**	3 475	3 063	III	1 846	1 052	388			
	V	**9 656**	3 475	3 063	IV	5 128	4 577	4 040	3 518	3 011	2 519
	VI	**10 092**	3 475	3 063							
37 511,99	I,IV	**5 704**	3 479	3 066	I	4 586	3 527	2 527	1 587	714	50
	II	**5 108**	3 479	3 066	II	4 021	2 993	2 025	1 116	332	
	III	**2 734**	3 479	3 066	III	1 854	1 058	392			
	V	**9 669**	3 479	3 066	IV	5 138	4 586	4 049	3 527	3 020	2 527
	VI	**10 105**	3 479	3 066							
37 547,99	I,IV	**5 714**	3 482	3 069	I	4 595	3 536	2 535	1 594	720	55
	II	**5 117**	3 482	3 069	II	4 030	3 002	2 033	1 123	338	
	III	**2 742**	3 482	3 069	III	1 860	1 064	398			
	V	**9 682**	3 482	3 069	IV	5 147	4 595	4 058	3 536	3 028	2 535
	VI	**10 117**	3 482	3 069							
37 583,99	I,IV	**5 724**	3 485	3 072	I	4 604	3 545	2 544	1 602	727	59
	II	**5 127**	3 485	3 072	II	4 039	3 010	2 041	1 130	343	
	III	**2 750**	3 485	3 072	III	1 868	1 070	402			
	V	**9 695**	3 485	3 072	IV	5 157	4 604	4 067	3 545	3 037	2 544
	VI	**10 130**	3 485	3 072							

* Zur LSt-Berechnung für privat versicherte Arbeitnehmer s. Beispiele **Vorbemerkung S. 4 f.**
** Basisvorsorgepauschale KV und PV *** Typisierter Arbeitgeberzuschuss

Lohn/ Gehalt in € bis	Steuerklasse	Lohn-steuer*	BVSP**	TAGZ***	Steuerklasse	Bemessungsgrundlage für Kirchensteuer und Solidaritätszuschlag – Freibeträge für ... Kinder 0,5	1,0	1,5	2,0	2,5	3,0
37 619,99	I,IV	**5 733**	3 489	3 075	I	4 613	3 553	2 552	1 610	734	64
	II	**5 136**	3 489	3 075	II	4 048	3 019	2 048	1 138	349	
	III	**2 758**	3 489	3 075	III	1 876	1 076	408			
	V	**9 708**	3 489	3 075	IV	5 166	4 613	4 076	3 553	3 045	2 552
	VI	**10 143**	3 489	3 075							
37 655,99	I,IV	**5 743**	3 492	3 078	I	4 623	3 562	2 560	1 618	741	69
	II	**5 146**	3 492	3 078	II	4 057	3 027	2 057	1 145	354	
	III	**2 766**	3 492	3 078	III	1 882	1 082	412			
	V	**9 721**	3 492	3 078	IV	5 175	4 623	4 085	3 562	3 054	2 560
	VI	**10 156**	3 492	3 078							
37 691,99	I,IV	**5 752**	3 495	3 081	I	4 632	3 570	2 568	1 625	747	73
	II	**5 155**	3 495	3 081	II	4 066	3 035	2 064	1 152	360	
	III	**2 772**	3 495	3 081	III	1 890	1 088	418			
	V	**9 733**	3 495	3 081	IV	5 185	4 632	4 094	3 570	3 062	2 568
	VI	**10 168**	3 495	3 081							
37 727,99	I,IV	**5 762**	3 499	3 084	I	4 641	3 579	2 577	1 633	754	78
	II	**5 165**	3 499	3 084	II	4 075	3 044	2 072	1 160	366	
	III	**2 780**	3 499	3 084	III	1 898	1 094	422			
	V	**9 746**	3 499	3 084	IV	5 194	4 641	4 103	3 579	3 070	2 577
	VI	**10 181**	3 499	3 084							
37 763,99	I,IV	**5 772**	3 502	3 087	I	4 650	3 588	2 585	1 641	761	82
	II	**5 174**	3 502	3 087	II	4 083	3 052	2 080	1 167	371	
	III	**2 788**	3 502	3 087	III	1 904	1 100	428			
	V	**9 759**	3 502	3 087	IV	5 204	4 650	4 112	3 588	3 079	2 585
	VI	**10 194**	3 502	3 087							
37 799,99	I,IV	**5 782**	3 505	3 090	I	4 660	3 597	2 593	1 648	768	87
	II	**5 183**	3 505	3 090	II	4 093	3 061	2 088	1 175	377	
	III	**2 796**	3 505	3 090	III	1 912	1 108	432			
	V	**9 772**	3 505	3 090	IV	5 213	4 660	4 121	3 597	3 087	2 593
	VI	**10 207**	3 505	3 090							
37 835,99	I,IV	**5 791**	3 509	3 093	I	4 669	3 605	2 601	1 656	775	91
	II	**5 193**	3 509	3 093	II	4 101	3 069	2 096	1 182	382	
	III	**2 802**	3 509	3 093	III	1 918	1 114	438			
	V	**9 785**	3 509	3 093	IV	5 222	4 669	4 129	3 605	3 096	2 601
	VI	**10 220**	3 509	3 093							
37 871,99	I,IV	**5 801**	3 512	3 096	I	4 678	3 614	2 609	1 664	782	96
	II	**5 202**	3 512	3 096	II	4 110	3 078	2 104	1 190	388	
	III	**2 810**	3 512	3 096	III	1 926	1 120	444			
	V	**9 798**	3 512	3 096	IV	5 232	4 678	4 139	3 614	3 104	2 609
	VI	**10 233**	3 512	3 096							
37 907,99	I,IV	**5 811**	3 515	3 098	I	4 687	3 623	2 617	1 671	788	101
	II	**5 212**	3 515	3 098	II	4 119	3 086	2 112	1 197	394	
	III	**2 818**	3 515	3 098	III	1 934	1 126	448			
	V	**9 810**	3 515	3 098	IV	5 241	4 687	4 147	3 623	3 113	2 617
	VI	**10 245**	3 515	3 098							
37 943,99	I,IV	**5 820**	3 519	3 101	I	4 696	3 631	2 626	1 679	795	106
	II	**5 221**	3 519	3 101	II	4 128	3 095	2 120	1 205	400	
	III	**2 826**	3 519	3 101	III	1 940	1 132	454			
	V	**9 823**	3 519	3 101	IV	5 251	4 696	4 156	3 631	3 121	2 626
	VI	**10 258**	3 519	3 101							
37 979,99	I,IV	**5 830**	3 522	3 104	I	4 705	3 640	2 634	1 687	802	110
	II	**5 231**	3 522	3 104	II	4 137	3 103	2 128	1 212	405	
	III	**2 834**	3 522	3 104	III	1 948	1 138	458			
	V	**9 836**	3 522	3 104	IV	5 260	4 705	4 165	3 640	3 129	2 634
	VI	**10 271**	3 522	3 104							
38 015,99	I,IV	**5 840**	3 525	3 107	I	4 715	3 649	2 642	1 695	809	115
	II	**5 240**	3 525	3 107	II	4 146	3 111	2 136	1 220	411	
	III	**2 842**	3 525	3 107	III	1 956	1 144	464			
	V	**9 849**	3 525	3 107	IV	5 270	4 715	4 174	3 649	3 138	2 642
	VI	**10 284**	3 525	3 107							

* Zur LSt-Berechnung für privat versicherte Arbeitnehmer s. Beispiele **Vorbemerkung S. 4 f.**
** Basisvorsorgepauschale KV und PV *** Typisierter Arbeitgeberzuschuss

Lohn/ Gehalt in € bis	Steuerklasse	Lohn-steuer*	BVSP**	TAGZ***	Steuerklasse	Bemessungsgrundlage für Kirchensteuer und Solidaritätszuschlag					
						Freibeträge für ... Kinder					
						0,5	**1,0**	1,5	**2,0**	2,5	**3,0**
38 051,99	I,IV	**5 849**	3 529	3 110	I	4 724	3 657	2 650	1 702	816	120
	II	**5 249**	3 529	3 110	II	4 155	3 120	2 144	1 227	417	
	III	**2 848**	3 529	3 110	III	1 962	1 150	470			
	V	**9 861**	3 529	3 110	IV	5 279	4 724	4 183	3 657	3 146	2 650
	VI	**10 297**	3 529	3 110							
38 087,99	I,IV	**5 859**	3 532	3 113	I	4 733	3 666	2 659	1 710	823	125
	II	**5 259**	3 532	3 113	II	4 164	3 128	2 152	1 235	423	
	III	**2 856**	3 532	3 113	III	1 970	1 158	474			
	V	**9 874**	3 532	3 113	IV	5 289	4 733	4 192	3 666	3 155	2 659
	VI	**10 310**	3 532	3 113							
38 123,99	I,IV	**5 869**	3 536	3 116	I	4 742	3 675	2 667	1 718	830	129
	II	**5 268**	3 536	3 116	II	4 173	3 137	2 160	1 242	429	
	III	**2 864**	3 536	3 116	III	1 978	1 164	480			
	V	**9 887**	3 536	3 116	IV	5 298	4 742	4 201	3 675	3 163	2 667
	VI	**10 322**	3 536	3 116							
38 159,99	I,IV	**5 879**	3 539	3 119	I	4 752	3 684	2 675	1 726	837	134
	II	**5 278**	3 539	3 119	II	4 182	3 145	2 168	1 249	435	
	III	**2 872**	3 539	3 119	III	1 986	1 170	484			
	V	**9 900**	3 539	3 119	IV	5 308	4 752	4 210	3 684	3 172	2 675
	VI	**10 335**	3 539	3 119							
38 195,99	I,IV	**5 888**	3 542	3 122	I	4 761	3 692	2 683	1 733	844	139
	II	**5 287**	3 542	3 122	II	4 191	3 154	2 176	1 257	440	
	III	**2 878**	3 542	3 122	III	1 992	1 176	490			
	V	**9 913**	3 542	3 122	IV	5 317	4 761	4 219	3 692	3 180	2 683
	VI	**10 348**	3 542	3 122							
38 231,99	I,IV	**5 898**	3 546	3 125	I	4 770	3 701	2 692	1 741	851	144
	II	**5 297**	3 546	3 125	II	4 200	3 162	2 184	1 264	446	
	III	**2 886**	3 546	3 125	III	2 000	1 182	496			
	V	**9 926**	3 546	3 125	IV	5 327	4 770	4 228	3 701	3 189	2 692
	VI	**10 361**	3 546	3 125							
38 267,99	I,IV	**5 908**	3 549	3 128	I	4 779	3 710	2 700	1 749	858	149
	II	**5 306**	3 549	3 128	II	4 209	3 171	2 192	1 272	452	
	III	**2 894**	3 549	3 128	III	2 006	1 188	500			
	V	**9 938**	3 549	3 128	IV	5 336	4 779	4 237	3 710	3 197	2 700
	VI	**10 373**	3 549	3 128							
38 303,99	I,IV	**5 918**	3 552	3 131	I	4 789	3 719	2 708	1 757	865	154
	II	**5 316**	3 552	3 131	II	4 218	3 179	2 200	1 279	458	
	III	**2 902**	3 552	3 131	III	2 014	1 196	506			
	V	**9 951**	3 552	3 131	IV	5 346	4 789	4 246	3 719	3 206	2 708
	VI	**10 386**	3 552	3 131							
38 339,99	I,IV	**5 927**	3 556	3 134	I	4 798	3 727	2 716	1 764	872	158
	II	**5 325**	3 556	3 134	II	4 227	3 188	2 208	1 287	464	
	III	**2 910**	3 556	3 134	III	2 022	1 202	510			
	V	**9 964**	3 556	3 134	IV	5 355	4 798	4 255	3 727	3 214	2 716
	VI	**10 399**	3 556	3 134							
38 375,99	I,IV	**5 937**	3 559	3 137	I	4 807	3 736	2 725	1 772	880	163
	II	**5 335**	3 559	3 137	II	4 236	3 196	2 216	1 294	470	
	III	**2 916**	3 559	3 137	III	2 028	1 208	516			
	V	**9 977**	3 559	3 137	IV	5 365	4 807	4 264	3 736	3 223	2 725
	VI	**10 412**	3 559	3 137							
38 411,99	I,IV	**5 947**	3 562	3 140	I	4 816	3 745	2 733	1 780	887	168
	II	**5 344**	3 562	3 140	II	4 245	3 205	2 224	1 302	476	
	III	**2 924**	3 562	3 140	III	2 036	1 214	522			
	V	**9 990**	3 562	3 140	IV	5 374	4 816	4 273	3 745	3 231	2 733
	VI	**10 425**	3 562	3 140							
38 447,99	I,IV	**5 957**	3 566	3 143	I	4 826	3 754	2 741	1 788	894	173
	II	**5 354**	3 566	3 143	II	4 254	3 213	2 232	1 309	482	
	III	**2 932**	3 566	3 143	III	2 044	1 220	526			
	V	**10 003**	3 566	3 143	IV	5 384	4 826	4 282	3 754	3 240	2 741
	VI	**10 438**	3 566	3 143							

* Zur LSt-Berechnung für privat versicherte Arbeitnehmer s. Beispiele **Vorbemerkung S. 4f.**
** Basisvorsorgepauschale KV und PV *** Typisierter Arbeitgeberzuschuss

Lohn/ Gehalt in € bis	Steuerklasse	Lohn-steuer*	BVSP**	TAGZ***	Steuerklasse	Bemessungsgrundlage für Kirchensteuer und Solidaritätszuschlag Freibeträge für ... Kinder 0,5	1,0	1,5	2,0	2,5	3,0
38 483,99	I,IV	**5 966**	3 569	3 146	I	4 835	3 762	2 749	1 795	901	178
	II	**5 363**	3 569	3 146	II	4 263	3 222	2 240	1 317	488	
	III	**2 940**	3 569	3 146	III	2 052	1 228	532			
	V	**10 015**	3 569	3 146	IV	5 393	4 835	4 291	3 762	3 248	2 749
	VI	**10 450**	3 569	3 146							
38 519,99	I,IV	**5 976**	3 572	3 149	I	4 844	3 771	2 758	1 803	908	183
	II	**5 373**	3 572	3 149	II	4 272	3 230	2 248	1 324	494	
	III	**2 948**	3 572	3 149	III	2 058	1 234	538			
	V	**10 028**	3 572	3 149	IV	5 403	4 844	4 300	3 771	3 257	2 758
	VI	**10 463**	3 572	3 149							
38 555,99	I,IV	**5 986**	3 576	3 151	I	4 853	3 780	2 766	1 811	915	188
	II	**5 382**	3 576	3 151	II	4 281	3 239	2 256	1 332	500	
	III	**2 954**	3 576	3 151	III	2 066	1 240	542			
	V	**10 041**	3 576	3 151	IV	5 412	4 853	4 309	3 780	3 266	2 766
	VI	**10 476**	3 576	3 151							
38 591,99	I,IV	**5 996**	3 579	3 154	I	4 863	3 789	2 774	1 819	923	193
	II	**5 392**	3 579	3 154	II	4 290	3 247	2 264	1 340	506	
	III	**2 962**	3 579	3 154	III	2 074	1 246	548			
	V	**10 054**	3 579	3 154	IV	5 422	4 863	4 318	3 789	3 274	2 774
	VI	**10 489**	3 579	3 154							
38 627,99	I,IV	**6 006**	3 582	3 157	I	4 872	3 798	2 782	1 826	930	198
	II	**5 401**	3 582	3 157	II	4 299	3 256	2 272	1 347	512	
	III	**2 970**	3 582	3 157	III	2 080	1 252	554			
	V	**10 066**	3 582	3 157	IV	5 431	4 872	4 327	3 798	3 283	2 782
	VI	**10 502**	3 582	3 157							
38 663,99	I,IV	**6 015**	3 586	3 160	I	4 881	3 807	2 791	1 834	937	203
	II	**5 411**	3 586	3 160	II	4 308	3 264	2 280	1 355	518	
	III	**2 978**	3 586	3 160	III	2 088	1 260	558			
	V	**10 079**	3 586	3 160	IV	5 441	4 881	4 337	3 807	3 291	2 791
	VI	**10 515**	3 586	3 160							
38 699,99	I,IV	**6 025**	3 589	3 163	I	4 891	3 815	2 799	1 842	944	208
	II	**5 420**	3 589	3 163	II	4 317	3 273	2 288	1 362	524	
	III	**2 984**	3 589	3 163	III	2 094	1 266	564			
	V	**10 092**	3 589	3 163	IV	5 450	4 891	4 345	3 815	3 300	2 799
	VI	**10 527**	3 589	3 163							
38 735,99	I,IV	**6 035**	3 592	3 166	I	4 900	3 824	2 807	1 850	952	214
	II	**5 430**	3 592	3 166	II	4 326	3 281	2 296	1 370	531	
	III	**2 992**	3 592	3 166	III	2 102	1 272	570			
	V	**10 105**	3 592	3 166	IV	5 460	4 900	4 355	3 824	3 308	2 807
	VI	**10 540**	3 592	3 166							
38 771,99	I,IV	**6 045**	3 596	3 169	I	4 909	3 833	2 816	1 858	959	219
	II	**5 439**	3 596	3 169	II	4 335	3 290	2 304	1 377	537	
	III	**3 000**	3 596	3 169	III	2 110	1 278	574	2		
	V	**10 118**	3 596	3 169	IV	5 470	4 909	4 364	3 833	3 317	2 816
	VI	**10 553**	3 596	3 169							
38 807,99	I,IV	**6 055**	3 599	3 172	I	4 919	3 842	2 824	1 866	966	224
	II	**5 449**	3 599	3 172	II	4 344	3 299	2 312	1 385	543	
	III	**3 008**	3 599	3 172	III	2 118	1 284	580	6		
	V	**10 131**	3 599	3 172	IV	5 479	4 919	4 373	3 842	3 326	2 824
	VI	**10 566**	3 599	3 172							
38 843,99	I,IV	**6 064**	3 602	3 175	I	4 928	3 850	2 832	1 873	974	229
	II	**5 459**	3 602	3 175	II	4 353	3 307	2 320	1 392	549	
	III	**3 016**	3 602	3 175	III	2 124	1 292	586	10		
	V	**10 143**	3 602	3 175	IV	5 489	4 928	4 382	3 850	3 334	2 832
	VI	**10 578**	3 602	3 175							
38 879,99	I,IV	**6 074**	3 606	3 178	I	4 937	3 859	2 841	1 881	981	234
	II	**5 468**	3 606	3 178	II	4 362	3 316	2 328	1 400	555	
	III	**3 024**	3 606	3 178	III	2 132	1 298	592	14		
	V	**10 156**	3 606	3 178	IV	5 498	4 937	4 391	3 859	3 343	2 841
	VI	**10 591**	3 606	3 178							

* Zur LSt-Berechnung für privat versicherte Arbeitnehmer s. Beispiele **Vorbemerkung S. 4 f.**
** Basisvorsorgepauschale KV und PV *** Typisierter Arbeitgeberzuschuss

Lohn/ Gehalt in € bis	Steuerklasse	Lohn-steuer*	BVSP**	TAGZ***	Steuerklasse	Bemessungsgrundlage für Kirchensteuer und Solidaritätszuschlag					
						Freibeträge für ... Kinder					
						0,5	**1,0**	1,5	**2,0**	2,5	**3,0**
38 915,99	I,IV	**6084**	3609	3181	I	4946	3868	2849	1889	988	239
	II	**5478**	3609	3181	II	4371	3324	2336	1407	561	
	III	**3030**	3609	3181	III	2140	1304	596	18		
	V	**10169**	3609	3181	IV	5508	4946	4400	3868	3351	2849
	VI	**10604**	3609	3181							
38 951,99	I,IV	**6094**	3612	3184	I	4956	3877	2857	1897	996	245
	II	**5487**	3612	3184	II	4381	3333	2344	1415	568	
	III	**3038**	3612	3184	III	2146	1310	602	22		
	V	**10182**	3612	3184	IV	5518	4956	4409	3877	3360	2857
	VI	**10617**	3612	3184							
38 987,99	I,IV	**6104**	3616	3187	I	4965	3886	2866	1905	1003	250
	II	**5497**	3616	3187	II	4389	3341	2352	1423	574	
	III	**3046**	3616	3187	III	2154	1318	608	28		
	V	**10194**	3616	3187	IV	5527	4965	4418	3886	3368	2866
	VI	**10630**	3616	3187							
39 023,99	I,IV	**6114**	3619	3190	I	4975	3895	2874	1913	1010	255
	II	**5507**	3619	3190	II	4399	3350	2360	1430	580	
	III	**3054**	3619	3190	III	2162	1324	612	32		
	V	**10208**	3619	3190	IV	5537	4975	4427	3895	3377	2874
	VI	**10643**	3619	3190							
39 059,99	I,IV	**6123**	3622	3193	I	4984	3903	2882	1920	1018	260
	II	**5516**	3622	3193	II	4408	3358	2368	1438	587	
	III	**3062**	3622	3193	III	2168	1330	618	36		
	V	**10220**	3622	3193	IV	5546	4984	4436	3903	3385	2882
	VI	**10655**	3622	3193							
39 095,99	I,IV	**6133**	3626	3196	I	4993	3912	2891	1928	1025	266
	II	**5526**	3626	3196	II	4417	3367	2377	1445	593	
	III	**3068**	3626	3196	III	2176	1338	624	40		
	V	**10233**	3626	3196	IV	5556	4993	4445	3912	3394	2891
	VI	**10668**	3626	3196							
39 131,99	I,IV	**6143**	3629	3199	I	5002	3921	2899	1936	1032	271
	II	**5535**	3629	3199	II	4426	3376	2385	1453	599	
	III	**3076**	3629	3199	III	2184	1344	628	44		
	V	**10246**	3629	3199	IV	5565	5002	4454	3921	3403	2899
	VI	**10681**	3629	3199							
39 167,99	I,IV	**6153**	3632	3201	I	5012	3930	2907	1944	1040	276
	II	**5545**	3632	3201	II	4435	3384	2393	1461	606	
	III	**3084**	3632	3201	III	2192	1350	634	50		
	V	**10259**	3632	3201	IV	5575	5012	4464	3930	3411	2907
	VI	**10694**	3632	3201							
39 203,99	I,IV	**6163**	3636	3204	I	5021	3939	2916	1952	1047	282
	II	**5554**	3636	3204	II	4444	3393	2401	1468	612	
	III	**3092**	3636	3204	III	2198	1356	640	54		
	V	**10271**	3636	3204	IV	5585	5021	4473	3939	3420	2916
	VI	**10706**	3636	3204							
39 239,99	I,IV	**6173**	3639	3207	I	5031	3948	2924	1960	1055	287
	II	**5564**	3639	3207	II	4453	3402	2409	1476	619	
	III	**3100**	3639	3207	III	2206	1364	646	58		
	V	**10284**	3639	3207	IV	5594	5031	4482	3948	3429	2924
	VI	**10719**	3639	3207							
39 275,99	I,IV	**6182**	3642	3210	I	5040	3957	2932	1967	1062	292
	II	**5574**	3642	3210	II	4462	3410	2417	1483	625	
	III	**3108**	3642	3210	III	2214	1370	650	62		
	V	**10297**	3642	3210	IV	5604	5040	4491	3957	3437	2932
	VI	**10732**	3642	3210							
39 311,99	I,IV	**6192**	3646	3213	I	5049	3966	2941	1975	1069	298
	II	**5583**	3646	3213	II	4471	3419	2425	1491	631	
	III	**3116**	3646	3213	III	2220	1376	656	66		
	V	**10310**	3646	3213	IV	5614	5049	4500	3966	3446	2941
	VI	**10745**	3646	3213							

* Zur LSt-Berechnung für privat versicherte Arbeitnehmer s. Beispiele **Vorbemerkung S. 4 f.**
** Basisvorsorgepauschale KV und PV *** Typisierter Arbeitgeberzuschuss

Lohn/ Gehalt in € bis	Steuerklasse	Lohnsteuer*	BVSP**	TAGZ***	Steuerklasse	Bemessungsgrundlage für Kirchensteuer und Solidaritätszuschlag – Freibeträge für ... Kinder 0,5	1,0	1,5	2,0	2,5	3,0
39 347,99	I,IV	**6 202**	3 649	3 216	I	5 059	3 974	2 949	1 983	1 077	303
	II	**5 593**	3 649	3 216	II	4 480	3 427	2 433	1 498	638	
	III	**3 122**	3 649	3 216	III	2 228	1 384	662	72		
	V	**10 323**	3 649	3 216	IV	5 623	5 059	4 509	3 974	3 454	2 949
	VI	**10 758**	3 649	3 216							
39 383,99	I,IV	**6 212**	3 652	3 219	I	5 068	3 983	2 958	1 991	1 084	309
	II	**5 602**	3 652	3 219	II	4 490	3 436	2 441	1 506	644	4
	III	**3 130**	3 652	3 219	III	2 236	1 390	668	76		
	V	**10 336**	3 652	3 219	IV	5 633	5 068	4 518	3 983	3 463	2 958
	VI	**10 771**	3 652	3 219							
39 419,99	I,IV	**6 222**	3 656	3 222	I	5 077	3 992	2 966	1 999	1 091	314
	II	**5 612**	3 656	3 222	II	4 499	3 444	2 449	1 514	651	8
	III	**3 138**	3 656	3 222	III	2 242	1 396	672	80		
	V	**10 348**	3 656	3 222	IV	5 642	5 077	4 527	3 992	3 472	2 966
	VI	**10 783**	3 656	3 222							
39 455,99	I,IV	**6 232**	3 659	3 225	I	5 087	4 001	2 974	2 007	1 099	320
	II	**5 622**	3 659	3 225	II	4 508	3 453	2 458	1 521	657	13
	III	**3 146**	3 659	3 225	III	2 250	1 404	678	84		
	V	**10 361**	3 659	3 225	IV	5 652	5 087	4 537	4 001	3 480	2 974
	VI	**10 796**	3 659	3 225							
39 491,99	I,IV	**6 242**	3 662	3 228	I	5 096	4 010	2 983	2 015	1 106	325
	II	**5 631**	3 662	3 228	II	4 517	3 462	2 466	1 529	664	17
	III	**3 154**	3 662	3 228	III	2 258	1 410	684	88		
	V	**10 374**	3 662	3 228	IV	5 662	5 096	4 546	4 010	3 489	2 983
	VI	**10 809**	3 662	3 228							
39 527,99	I,IV	**6 252**	3 666	3 231	I	5 106	4 019	2 991	2 023	1 114	331
	II	**5 641**	3 666	3 231	II	4 526	3 470	2 474	1 537	670	21
	III	**3 160**	3 666	3 231	III	2 266	1 416	690	94		
	V	**10 387**	3 666	3 231	IV	5 671	5 106	4 555	4 019	3 498	2 991
	VI	**10 822**	3 666	3 231							
39 563,99	I,IV	**6 261**	3 669	3 234	I	5 115	4 028	3 000	2 031	1 121	336
	II	**5 650**	3 669	3 234	II	4 535	3 479	2 482	1 544	677	26
	III	**3 168**	3 669	3 234	III	2 272	1 422	696	98		
	V	**10 399**	3 669	3 234	IV	5 681	5 115	4 564	4 028	3 506	3 000
	VI	**10 835**	3 669	3 234							
39 599,99	I,IV	**6 272**	3 672	3 237	I	5 125	4 037	3 008	2 039	1 128	342
	II	**5 660**	3 672	3 237	II	4 544	3 488	2 490	1 552	684	30
	III	**3 176**	3 672	3 237	III	2 280	1 430	700	102		
	V	**10 412**	3 672	3 237	IV	5 691	5 125	4 573	4 037	3 515	3 008
	VI	**10 848**	3 672	3 237							
39 635,99	I,IV	**6 281**	3 676	3 240	I	5 134	4 045	3 016	2 046	1 136	347
	II	**5 670**	3 676	3 240	II	4 553	3 496	2 498	1 560	690	35
	III	**3 184**	3 676	3 240	III	2 288	1 436	706	106		
	V	**10 425**	3 676	3 240	IV	5 700	5 134	4 582	4 045	3 523	3 016
	VI	**10 860**	3 676	3 240							
39 671,99	I,IV	**6 291**	3 679	3 243	I	5 143	4 054	3 025	2 054	1 143	353
	II	**5 680**	3 679	3 243	II	4 563	3 505	2 507	1 567	697	39
	III	**3 192**	3 679	3 243	III	2 294	1 444	712	112		
	V	**10 438**	3 679	3 243	IV	5 710	5 143	4 592	4 054	3 532	3 025
	VI	**10 873**	3 679	3 243							
39 707,99	I,IV	**6 301**	3 682	3 246	I	5 153	4 063	3 033	2 062	1 151	358
	II	**5 689**	3 682	3 246	II	4 572	3 514	2 515	1 575	703	43
	III	**3 198**	3 682	3 246	III	2 302	1 450	718	116		
	V	**10 451**	3 682	3 246	IV	5 719	5 153	4 601	4 063	3 541	3 033
	VI	**10 886**	3 682	3 246							
39 743,99	I,IV	**6 311**	3 686	3 249	I	5 162	4 072	3 042	2 070	1 158	364
	II	**5 699**	3 686	3 249	II	4 581	3 522	2 523	1 583	710	48
	III	**3 208**	3 686	3 249	III	2 310	1 456	724	120		
	V	**10 464**	3 686	3 249	IV	5 729	5 162	4 610	4 072	3 550	3 042
	VI	**10 899**	3 686	3 249							

* Zur LSt-Berechnung für privat versicherte Arbeitnehmer s. Beispiele **Vorbemerkung S. 4 f.**
** Basisvorsorgepauschale KV und PV *** Typisierter Arbeitgeberzuschuss

Lohn/ Gehalt in € bis	Steuerklasse	Lohn- steuer*	BVSP**	TAGZ***	Steuerklasse	Bemessungsgrundlage für Kirchensteuer und Solidaritätszuschlag					
						Freibeträge für ... Kinder					
						0,5	**1,0**	1,5	**2,0**	2,5	**3,0**
39779,99	I,IV	**6321**	3689	3252	I	5171	4081	3050	2078	1165	370
	II	**5708**	3689	3252	II	4590	3531	2531	1590	717	52
	III	**3214**	3689	3252	III	2318	1464	728	124		
	V	**10476**	3689	3252	IV	5739	5171	4619	4081	3558	3050
	VI	**10911**	3689	3252							
39815,99	I,IV	**6331**	3692	3254	I	5181	4090	3059	2086	1173	375
	II	**5718**	3692	3254	II	4599	3540	2539	1598	724	57
	III	**3222**	3692	3254	III	2324	1470	734	130		
	V	**10489**	3692	3254	IV	5749	5181	4628	4090	3567	3059
	VI	**10924**	3692	3254							
39851,99	I,IV	**6341**	3696	3257	I	5190	4099	3067	2094	1180	381
	II	**5728**	3696	3257	II	4608	3548	2547	1606	730	61
	III	**3230**	3696	3257	III	2332	1476	740	134		
	V	**10502**	3696	3257	IV	5758	5190	4637	4099	3576	3067
	VI	**10937**	3696	3257							
39887,99	I,IV	**6351**	3699	3260	I	5200	4108	3075	2102	1188	387
	II	**5738**	3699	3260	II	4618	3557	2556	1613	737	66
	III	**3238**	3699	3260	III	2340	1484	746	138		
	V	**10515**	3699	3260	IV	5768	5200	4647	4108	3584	3075
	VI	**10950**	3699	3260							
39923,99	I,IV	**6361**	3702	3263	I	5209	4117	3084	2110	1195	393
	II	**5747**	3702	3263	II	4627	3566	2564	1621	744	71
	III	**3246**	3702	3263	III	2346	1490	752	144		
	V	**10528**	3702	3263	IV	5778	5209	4656	4117	3593	3084
	VI	**10963**	3702	3263							
39959,99	I,IV	**6371**	3706	3266	I	5219	4126	3092	2118	1203	398
	II	**5757**	3706	3266	II	4636	3574	2572	1629	751	75
	III	**3252**	3706	3266	III	2354	1498	758	148		
	V	**10541**	3706	3266	IV	5787	5219	4665	4126	3602	3092
	VI	**10976**	3706	3266							
39995,99	I,IV	**6381**	3709	3269	I	5228	4135	3101	2126	1210	404
	II	**5767**	3709	3269	II	4645	3583	2580	1637	757	80
	III	**3260**	3709	3269	III	2362	1504	764	152		
	V	**10554**	3709	3269	IV	5797	5228	4674	4135	3611	3101
	VI	**10989**	3709	3269							
40031,99	I,IV	**6391**	3712	3272	I	5238	4144	3109	2134	1218	410
	II	**5776**	3712	3272	II	4654	3592	2588	1644	764	84
	III	**3268**	3712	3272	III	2370	1510	768	156		
	V	**10566**	3712	3272	IV	5807	5238	4683	4144	3619	3109
	VI	**11001**	3712	3272							
40067,99	I,IV	**6401**	3716	3275	I	5247	4153	3118	2142	1225	416
	II	**5786**	3716	3275	II	4664	3601	2597	1652	771	89
	III	**3276**	3716	3275	III	2376	1518	774	162		
	V	**10579**	3716	3275	IV	5817	5247	4693	4153	3628	3118
	VI	**11014**	3716	3275							
40103,99	I,IV	**6411**	3719	3278	I	5257	4162	3126	2150	1233	421
	II	**5796**	3719	3278	II	4673	3609	2605	1659	778	94
	III	**3284**	3719	3278	III	2384	1524	780	166		
	V	**10592**	3719	3278	IV	5826	5257	4702	4162	3637	3126
	VI	**11027**	3719	3278							
40139,99	I,IV	**6421**	3722	3281	I	5266	4171	3135	2158	1240	427
	II	**5805**	3722	3281	II	4682	3618	2613	1667	785	98
	III	**3292**	3722	3281	III	2392	1532	786	170		
	V	**10605**	3722	3281	IV	5836	5266	4711	4171	3645	3135
	VI	**11040**	3722	3281							
40175,99	I,IV	**6431**	3726	3284	I	5276	4180	3143	2166	1248	433
	II	**5815**	3726	3284	II	4691	3627	2621	1675	792	103
	III	**3300**	3726	3284	III	2400	1538	792	176		
	V	**10617**	3726	3284	IV	5846	5276	4720	4180	3654	3143
	VI	**11053**	3726	3284							

* Zur LSt-Berechnung für privat versicherte Arbeitnehmer s. Beispiele **Vorbemerkung S. 4 f.**
** Basisvorsorgepauschale KV und PV *** Typisierter Arbeitgeberzuschuss

Lohn/ Gehalt in € bis	Steuerklasse	Lohnsteuer*	BVSP**	TAGZ***	Steuerklasse	Bemessungsgrundlage für Kirchensteuer und Solidaritätszuschlag – Freibeträge für ... Kinder 0,5	1,0	1,5	2,0	2,5	3,0
40 211,99	I,IV	**6 441**	3 729	3 287	I	5 285	4 189	3 152	2 174	1 255	439
	II	**5 825**	3 729	3 287	II	4 701	3 635	2 629	1 683	799	108
	III	**3 306**	3 729	3 287	III	2 406	1 544	798	180		
	V	**10 630**	3 729	3 287	IV	5 856	5 285	4 730	4 189	3 663	3 152
	VI	**11 066**	3 729	3 287							
40 247,99	I,IV	**6 450**	3 733	3 290	I	5 294	4 198	3 160	2 182	1 262	445
	II	**5 834**	3 733	3 290	II	4 710	3 644	2 638	1 690	805	112
	III	**3 314**	3 733	3 290	III	2 414	1 552	802	184		
	V	**10 643**	3 733	3 290	IV	5 865	5 294	4 739	4 198	3 671	3 160
	VI	**11 078**	3 733	3 290							
40 283,99	I,IV	**6 461**	3 736	3 293	I	5 304	4 207	3 169	2 190	1 270	451
	II	**5 844**	3 736	3 293	II	4 719	3 653	2 646	1 698	812	117
	III	**3 322**	3 736	3 293	III	2 422	1 558	808	190		
	V	**10 656**	3 736	3 293	IV	5 875	5 304	4 748	4 207	3 680	3 169
	VI	**11 091**	3 736	3 293							
40 319,99	I,IV	**6 470**	3 739	3 296	I	5 313	4 216	3 177	2 198	1 277	457
	II	**5 854**	3 739	3 296	II	4 728	3 661	2 654	1 706	819	122
	III	**3 330**	3 739	3 296	III	2 428	1 566	814	194		
	V	**10 669**	3 739	3 296	IV	5 885	5 313	4 757	4 216	3 689	3 177
	VI	**11 104**	3 739	3 296							
40 355,99	I,IV	**6 481**	3 743	3 299	I	5 323	4 225	3 186	2 206	1 285	463
	II	**5 864**	3 743	3 299	II	4 737	3 670	2 662	1 714	826	127
	III	**3 338**	3 743	3 299	III	2 436	1 572	820	198		
	V	**10 682**	3 743	3 299	IV	5 894	5 323	4 767	4 225	3 698	3 186
	VI	**11 117**	3 743	3 299							
40 391,99	I,IV	**6 490**	3 746	3 302	I	5 332	4 234	3 194	2 214	1 292	468
	II	**5 873**	3 746	3 302	II	4 747	3 679	2 670	1 721	833	131
	III	**3 346**	3 746	3 302	III	2 444	1 580	826	204		
	V	**10 694**	3 746	3 302	IV	5 904	5 332	4 776	4 234	3 706	3 194
	VI	**11 129**	3 746	3 302							
40 427,99	I,IV	**6 501**	3 749	3 304	I	5 342	4 243	3 203	2 222	1 300	474
	II	**5 883**	3 749	3 304	II	4 756	3 688	2 679	1 729	840	136
	III	**3 354**	3 749	3 304	III	2 452	1 586	832	208		
	V	**10 707**	3 749	3 304	IV	5 914	5 342	4 785	4 243	3 715	3 203
	VI	**11 142**	3 749	3 304							
40 463,99	I,IV	**6 510**	3 753	3 307	I	5 351	4 252	3 211	2 230	1 307	480
	II	**5 893**	3 753	3 307	II	4 765	3 696	2 687	1 737	847	141
	III	**3 360**	3 753	3 307	III	2 458	1 594	838	212		
	V	**10 720**	3 753	3 307	IV	5 924	5 351	4 794	4 252	3 724	3 211
	VI	**11 155**	3 753	3 307							
40 499,99	I,IV	**6 521**	3 756	3 310	I	5 361	4 261	3 220	2 238	1 315	486
	II	**5 903**	3 756	3 310	II	4 774	3 705	2 695	1 745	854	146
	III	**3 368**	3 756	3 310	III	2 466	1 600	844	218		
	V	**10 733**	3 756	3 310	IV	5 933	5 361	4 804	4 261	3 733	3 220
	VI	**11 168**	3 756	3 310							
40 535,99	I,IV	**6 530**	3 759	3 313	I	5 370	4 270	3 228	2 246	1 323	492
	II	**5 912**	3 759	3 313	II	4 784	3 714	2 703	1 752	861	151
	III	**3 376**	3 759	3 313	III	2 474	1 606	850	222		
	V	**10 746**	3 759	3 313	IV	5 943	5 370	4 813	4 270	3 741	3 228
	VI	**11 181**	3 759	3 313							
40 571,99	I,IV	**6 541**	3 763	3 316	I	5 380	4 279	3 237	2 254	1 330	499
	II	**5 922**	3 763	3 316	II	4 793	3 723	2 712	1 760	869	156
	III	**3 384**	3 763	3 316	III	2 482	1 614	856	228		
	V	**10 759**	3 763	3 316	IV	5 953	5 380	4 822	4 279	3 750	3 237
	VI	**11 194**	3 763	3 316							
40 607,99	I,IV	**6 550**	3 766	3 319	I	5 389	4 288	3 245	2 262	1 338	505
	II	**5 932**	3 766	3 319	II	4 802	3 731	2 720	1 768	876	161
	III	**3 392**	3 766	3 319	III	2 488	1 620	860	232		
	V	**10 771**	3 766	3 319	IV	5 963	5 389	4 831	4 288	3 759	3 245
	VI	**11 206**	3 766	3 319							

* Zur LSt-Berechnung für privat versicherte Arbeitnehmer s. Beispiele **Vorbemerkung S. 4 f.**
** Basisvorsorgepauschale KV und PV *** Typisierter Arbeitgeberzuschuss

Lohn/ Gehalt in € bis	Steuerklasse	Lohn- steuer*	BVSP**	TAGZ***	Steuerklasse	Bemessungsgrundlage für Kirchensteuer und Solidaritätszuschlag – Freibeträge für ... Kinder 0,5	1,0	1,5	2,0	2,5	3,0
40 643,99	I,IV	**6 561**	3 769	3 322	I	5 399	4 297	3 254	2 270	1 345	511
	II	**5 942**	3 769	3 322	II	4 811	3 740	2 728	1 776	883	166
	III	**3 400**	3 769	3 322	III	2 496	1 628	866	236		
	V	**10 784**	3 769	3 322	IV	5 973	5 399	4 841	4 297	3 768	3 254
	VI	**11 219**	3 769	3 322							
40 679,99	I,IV	**6 571**	3 773	3 325	I	5 409	4 306	3 262	2 278	1 353	517
	II	**5 951**	3 773	3 325	II	4 821	3 749	2 737	1 783	890	171
	III	**3 408**	3 773	3 325	III	2 504	1 634	872	242		
	V	**10 797**	3 773	3 325	IV	5 982	5 409	4 850	4 306	3 777	3 262
	VI	**11 232**	3 773	3 325							
40 715,99	I,IV	**6 581**	3 776	3 328	I	5 418	4 315	3 271	2 286	1 360	523
	II	**5 961**	3 776	3 328	II	4 830	3 758	2 745	1 791	897	176
	III	**3 416**	3 776	3 328	III	2 512	1 642	878	246		
	V	**10 810**	3 776	3 328	IV	5 992	5 418	4 859	4 315	3 785	3 271
	VI	**11 245**	3 776	3 328							
40 751,99	I,IV	**6 591**	3 779	3 331	I	5 428	4 324	3 279	2 294	1 368	529
	II	**5 971**	3 779	3 331	II	4 839	3 766	2 753	1 799	904	180
	III	**3 422**	3 779	3 331	III	2 518	1 648	884	250		
	V	**10 822**	3 779	3 331	IV	6 002	5 428	4 868	4 324	3 794	3 279
	VI	**11 258**	3 779	3 331							
40 787,99	I,IV	**6 601**	3 783	3 334	I	5 437	4 333	3 288	2 302	1 375	535
	II	**5 981**	3 783	3 334	II	4 849	3 775	2 761	1 807	912	186
	III	**3 430**	3 783	3 334	III	2 526	1 656	890	256		
	V	**10 835**	3 783	3 334	IV	6 012	5 437	4 878	4 333	3 803	3 288
	VI	**11 271**	3 783	3 334							
40 823,99	I,IV	**6 611**	3 786	3 337	I	5 447	4 342	3 296	2 310	1 383	541
	II	**5 990**	3 786	3 337	II	4 858	3 784	2 770	1 814	919	191
	III	**3 438**	3 786	3 337	III	2 534	1 662	896	260		
	V	**10 848**	3 786	3 337	IV	6 021	5 447	4 887	4 342	3 812	3 296
	VI	**11 283**	3 786	3 337							
40 859,99	I,IV	**6 621**	3 789	3 340	I	5 456	4 351	3 305	2 318	1 390	548
	II	**6 000**	3 789	3 340	II	4 867	3 793	2 778	1 822	926	196
	III	**3 446**	3 789	3 340	III	2 542	1 670	902	266		
	V	**10 861**	3 789	3 340	IV	6 031	5 456	4 896	4 351	3 821	3 305
	VI	**11 296**	3 789	3 340							
40 895,99	I,IV	**6 631**	3 793	3 343	I	5 466	4 360	3 313	2 326	1 398	554
	II	**6 010**	3 793	3 343	II	4 876	3 802	2 786	1 830	933	201
	III	**3 454**	3 793	3 343	III	2 548	1 676	908	270		
	V	**10 874**	3 793	3 343	IV	6 041	5 466	4 905	4 360	3 829	3 313
	VI	**11 309**	3 793	3 343							
40 931,99	I,IV	**6 641**	3 796	3 346	I	5 476	4 369	3 322	2 334	1 406	560
	II	**6 020**	3 796	3 346	II	4 886	3 811	2 795	1 838	940	206
	III	**3 462**	3 796	3 346	III	2 556	1 684	914	274		
	V	**10 887**	3 796	3 346	IV	6 051	5 476	4 915	4 369	3 838	3 322
	VI	**11 322**	3 796	3 346							
40 967,99	I,IV	**6 651**	3 799	3 349	I	5 485	4 378	3 331	2 342	1 413	566
	II	**6 030**	3 799	3 349	II	4 895	3 819	2 803	1 846	948	211
	III	**3 468**	3 799	3 349	III	2 564	1 690	920	280		
	V	**10 899**	3 799	3 349	IV	6 060	5 485	4 924	4 378	3 847	3 331
	VI	**11 334**	3 799	3 349							
41 003,99	I,IV	**6 661**	3 803	3 352	I	5 495	4 387	3 339	2 350	1 421	573
	II	**6 040**	3 803	3 352	II	4 904	3 828	2 811	1 854	955	216
	III	**3 478**	3 803	3 352	III	2 572	1 698	926	284		
	V	**10 912**	3 803	3 352	IV	6 070	5 495	4 934	4 387	3 856	3 339
	VI	**11 347**	3 803	3 352							
41 039,99	I,IV	**6 671**	3 806	3 355	I	5 504	4 396	3 348	2 358	1 428	579
	II	**6 049**	3 806	3 355	II	4 913	3 837	2 819	1 861	962	221
	III	**3 484**	3 806	3 355	III	2 578	1 704	932	290		
	V	**10 925**	3 806	3 355	IV	6 080	5 504	4 943	4 396	3 865	3 348
	VI	**11 360**	3 806	3 355							

* Zur LSt-Berechnung für privat versicherte Arbeitnehmer s. Beispiele **Vorbemerkung S. 4 f.**
** Basisvorsorgepauschale KV und PV *** Typisierter Arbeitgeberzuschuss

Lohn/ Gehalt in € bis	Steuerklasse	Lohn-steuer*	BVSP**	TAGZ***	Steuerklasse	Bemessungsgrundlage für Kirchensteuer und Solidaritätszuschlag – Freibeträge für ... Kinder 0,5	1,0	1,5	2,0	2,5	3,0
41 075,99	I,IV	**6681**	3809	3357	I	5514	4406	3356	2367	1436	585
	II	**6059**	3809	3357	II	4923	3846	2828	1869	970	226
	III	**3492**	3809	3357	III	2586	1712	938	294		
	V	**10938**	3809	3357	IV	6090	5514	4952	4406	3874	3356
	VI	**11373**	3809	3357							
41 111,99	I,IV	**6691**	3813	3360	I	5523	4414	3365	2375	1443	591
	II	**6069**	3813	3360	II	4932	3854	2836	1877	977	231
	III	**3500**	3813	3360	III	2594	1718	944	298		
	V	**10950**	3813	3360	IV	6100	5523	4961	4414	3882	3365
	VI	**11386**	3813	3360							
41 147,99	I,IV	**6701**	3816	3363	I	5533	4424	3374	2383	1451	598
	II	**6079**	3816	3363	II	4942	3863	2845	1885	984	237
	III	**3508**	3816	3363	III	2602	1726	950	304		
	V	**10964**	3816	3363	IV	6110	5533	4971	4424	3891	3374
	VI	**11399**	3816	3363							
41 183,99	I,IV	**6711**	3819	3366	I	5542	4433	3382	2391	1459	604
	II	**6088**	3819	3366	II	4951	3872	2853	1893	992	242
	III	**3516**	3819	3366	III	2608	1734	956	308		
	V	**10976**	3819	3366	IV	6119	5542	4980	4433	3900	3382
	VI	**11411**	3819	3366							
41 219,99	I,IV	**6722**	3823	3369	I	5552	4442	3391	2399	1466	611
	II	**6098**	3823	3369	II	4960	3881	2861	1901	999	247
	III	**3524**	3823	3369	III	2616	1740	962	314		
	V	**10989**	3823	3369	IV	6129	5552	4990	4442	3909	3391
	VI	**11424**	3823	3369							
41 255,99	I,IV	**6732**	3826	3372	I	5562	4451	3399	2407	1474	617
	II	**6108**	3826	3372	II	4969	3890	2869	1908	1006	252
	III	**3530**	3826	3372	III	2624	1746	968	318		
	V	**11002**	3826	3372	IV	6139	5562	4999	4451	3918	3399
	VI	**11437**	3826	3372							
41 291,99	I,IV	**6742**	3829	3375	I	5571	4460	3408	2415	1481	623
	II	**6118**	3829	3375	II	4979	3899	2878	1916	1014	258
	III	**3540**	3829	3375	III	2632	1754	974	324		
	V	**11015**	3829	3375	IV	6149	5571	5008	4460	3927	3408
	VI	**11450**	3829	3375							
41 327,99	I,IV	**6752**	3833	3378	I	5581	4469	3416	2423	1489	630
	II	**6128**	3833	3378	II	4988	3907	2886	1924	1021	263
	III	**3546**	3833	3378	III	2638	1762	980	328		
	V	**11027**	3833	3378	IV	6159	5581	5017	4469	3935	3416
	VI	**11462**	3833	3378							
41 363,99	I,IV	**6762**	3836	3381	I	5591	4478	3425	2431	1497	636
	II	**6138**	3836	3381	II	4998	3916	2895	1932	1028	268
	III	**3554**	3836	3381	III	2646	1768	986	334		
	V	**11040**	3836	3381	IV	6169	5591	5027	4478	3944	3425
	VI	**11475**	3836	3381							
41 399,99	I,IV	**6772**	3839	3384	I	5600	4487	3434	2439	1504	643
	II	**6148**	3839	3384	II	5007	3925	2903	1940	1036	273
	III	**3562**	3839	3384	III	2654	1776	992	338		
	V	**11053**	3839	3384	IV	6179	5600	5036	4487	3953	3434
	VI	**11488**	3839	3384							
41 435,99	I,IV	**6782**	3843	3387	I	5610	4496	3442	2448	1512	649
	II	**6158**	3843	3387	II	5016	3934	2911	1948	1043	279
	III	**3570**	3843	3387	III	2662	1782	998	344		
	V	**11066**	3843	3387	IV	6189	5610	5046	4496	3962	3442
	VI	**11501**	3843	3387							
41 471,99	I,IV	**6792**	3846	3390	I	5619	4505	3451	2456	1519	656
	II	**6167**	3846	3390	II	5025	3943	2920	1955	1050	284
	III	**3578**	3846	3390	III	2668	1790	1004	348		
	V	**11079**	3846	3390	IV	6198	5619	5055	4505	3971	3451
	VI	**11514**	3846	3390							

* Zur LSt-Berechnung für privat versicherte Arbeitnehmer s. Beispiele **Vorbemerkung S. 4 f.**
** Basisvorsorgepauschale KV und PV *** Typisierter Arbeitgeberzuschuss

Lohn/ Gehalt in € bis	Steuerklasse	**Lohnsteuer***	BVSP**	TAGZ***	Steuerklasse	Bemessungsgrundlage für Kirchensteuer und Solidaritätszuschlag – Freibeträge für ... Kinder 0,5	**1,0**	1,5	**2,0**	2,5	**3,0**
41 507,99	I,IV	**6 802**	3 849	3 393	I	5 629	4 515	3 460	2 464	1 527	662
	II	**6 177**	3 849	3 393	II	5 035	3 952	2 928	1 963	1 058	290
	III	**3 586**	3 849	3 393	III	2 676	1 798	1 010	354		
	V	**11 092**	3 849	3 393	IV	6 208	5 629	5 064	4 515	3 980	3 460
	VI	**11 527**	3 849	3 393							
41 543,99	I,IV	**6 812**	3 853	3 396	I	5 638	4 524	3 468	2 472	1 535	669
	II	**6 187**	3 853	3 396	II	5 044	3 961	2 936	1 971	1 065	295
	III	**3 594**	3 853	3 396	III	2 684	1 804	1 016	358		
	V	**11 104**	3 853	3 396	IV	6 218	5 638	5 074	4 524	3 989	3 468
	VI	**11 539**	3 853	3 396							
41 579,99	I,IV	**6 823**	3 856	3 399	I	5 648	4 533	3 477	2 480	1 542	675
	II	**6 197**	3 856	3 399	II	5 054	3 970	2 945	1 979	1 073	300
	III	**3 602**	3 856	3 399	III	2 692	1 812	1 022	364		
	V	**11 117**	3 856	3 399	IV	6 228	5 648	5 083	4 533	3 998	3 477
	VI	**11 552**	3 856	3 399							
41 615,99	I,IV	**6 833**	3 859	3 402	I	5 658	4 542	3 485	2 488	1 550	682
	II	**6 207**	3 859	3 402	II	5 063	3 978	2 953	1 987	1 080	306
	III	**3 608**	3 859	3 402	III	2 698	1 818	1 028	368		
	V	**11 130**	3 859	3 402	IV	6 238	5 658	5 092	4 542	4 006	3 485
	VI	**11 565**	3 859	3 402							
41 651,99	I,IV	**6 843**	3 863	3 405	I	5 668	4 551	3 494	2 496	1 558	689
	II	**6 217**	3 863	3 405	II	5 072	3 987	2 962	1 995	1 087	311
	III	**3 616**	3 863	3 405	III	2 706	1 826	1 034	374		
	V	**11 143**	3 863	3 405	IV	6 248	5 668	5 102	4 551	4 015	3 494
	VI	**11 578**	3 863	3 405							
41 687,99	I,IV	**6 853**	3 866	3 407	I	5 677	4 560	3 503	2 504	1 565	695
	II	**6 226**	3 866	3 407	II	5 082	3 996	2 970	2 003	1 095	317
	III	**3 624**	3 866	3 407	III	2 714	1 832	1 040	378		
	V	**11 155**	3 866	3 407	IV	6 258	5 677	5 111	4 560	4 024	3 503
	VI	**11 591**	3 866	3 407							
41 723,99	I,IV	**6 863**	3 869	3 410	I	5 687	4 570	3 512	2 513	1 573	702
	II	**6 237**	3 869	3 410	II	5 091	4 005	2 978	2 011	1 102	322
	III	**3 632**	3 869	3 410	III	2 722	1 840	1 046	384		
	V	**11 168**	3 869	3 410	IV	6 268	5 687	5 121	4 570	4 033	3 512
	VI	**11 604**	3 869	3 410							
41 759,99	I,IV	**6 873**	3 873	3 413	I	5 696	4 579	3 520	2 521	1 581	708
	II	**6 246**	3 873	3 413	II	5 100	4 014	2 987	2 018	1 109	328
	III	**3 640**	3 873	3 413	III	2 728	1 848	1 052	388		
	V	**11 181**	3 873	3 413	IV	6 277	5 696	5 130	4 579	4 042	3 520
	VI	**11 616**	3 873	3 413							
41 795,99	I,IV	**6 884**	3 876	3 416	I	5 706	4 588	3 529	2 529	1 588	715
	II	**6 256**	3 876	3 416	II	5 110	4 023	2 995	2 026	1 117	333
	III	**3 648**	3 876	3 416	III	2 736	1 854	1 058	394		
	V	**11 194**	3 876	3 416	IV	6 287	5 706	5 140	4 588	4 051	3 529
	VI	**11 629**	3 876	3 416							
41 831,99	I,IV	**6 894**	3 879	3 419	I	5 716	4 597	3 537	2 537	1 596	722
	II	**6 266**	3 879	3 419	II	5 119	4 032	3 003	2 034	1 124	339
	III	**3 656**	3 879	3 419	III	2 744	1 862	1 064	398		
	V	**11 207**	3 879	3 419	IV	6 297	5 716	5 149	4 597	4 060	3 537
	VI	**11 642**	3 879	3 419							
41 867,99	I,IV	**6 904**	3 883	3 422	I	5 725	4 606	3 546	2 545	1 604	729
	II	**6 276**	3 883	3 422	II	5 129	4 041	3 012	2 042	1 132	344
	III	**3 664**	3 883	3 422	III	2 752	1 870	1 072	404		
	V	**11 220**	3 883	3 422	IV	6 307	5 725	5 158	4 606	4 069	3 546
	VI	**11 655**	3 883	3 422							
41 903,99	I,IV	**6 914**	3 886	3 425	I	5 735	4 615	3 555	2 553	1 611	735
	II	**6 286**	3 886	3 425	II	5 138	4 050	3 020	2 050	1 139	350
	III	**3 672**	3 886	3 425	III	2 760	1 876	1 078	408		
	V	**11 232**	3 886	3 425	IV	6 317	5 735	5 168	4 615	4 078	3 555
	VI	**11 667**	3 886	3 425							

* Zur LSt-Berechnung für privat versicherte Arbeitnehmer s. Beispiele **Vorbemerkung S. 4 f.**
** Basisvorsorgepauschale KV und PV *** Typisierter Arbeitgeberzuschuss

Lohn/ Gehalt in € bis	Steuerklasse	Lohn-steuer*	BVSP**	TAGZ***	Steuerklasse	Bemessungsgrundlage für Kirchensteuer und Solidaritätszuschlag – Freibeträge für ... Kinder 0,5	**1,0**	1,5	**2,0**	2,5	**3,0**
41 939,99	I,IV	**6 924**	3 889	3 428	I	5 745	4 625	3 564	2 562	1 619	742
	II	**6 296**	3 889	3 428	II	5 148	4 059	3 029	2 058	1 147	355
	III	**3 680**	3 889	3 428	III	2 766	1 884	1 084	414		
	V	**11 245**	3 889	3 428	IV	6 327	5 745	5 177	4 625	4 087	3 564
	VI	**11 680**	3 889	3 428							
41 975,99	I,IV	**6 934**	3 893	3 431	I	5 754	4 634	3 572	2 570	1 627	749
	II	**6 306**	3 893	3 431	II	5 157	4 067	3 037	2 066	1 154	361
	III	**3 686**	3 893	3 431	III	2 774	1 892	1 090	418		
	V	**11 258**	3 893	3 431	IV	6 337	5 754	5 187	4 634	4 095	3 572
	VI	**11 693**	3 893	3 431							
42 011,99	I,IV	**6 945**	3 896	3 434	I	5 764	4 643	3 581	2 578	1 635	756
	II	**6 316**	3 896	3 434	II	5 166	4 076	3 046	2 074	1 161	367
	III	**3 694**	3 896	3 434	III	2 782	1 898	1 096	424		
	V	**11 271**	3 896	3 434	IV	6 347	5 764	5 196	4 643	4 105	3 581
	VI	**11 706**	3 896	3 434							
42 047,99	I,IV	**6 955**	3 899	3 437	I	5 774	4 652	3 589	2 586	1 642	762
	II	**6 326**	3 899	3 437	II	5 176	4 085	3 054	2 082	1 169	372
	III	**3 702**	3 899	3 437	III	2 790	1 906	1 102	428		
	V	**11 284**	3 899	3 437	IV	6 357	5 774	5 205	4 652	4 113	3 589
	VI	**11 719**	3 899	3 437							
42 083,99	I,IV	**6 965**	3 903	3 440	I	5 784	4 661	3 598	2 595	1 650	769
	II	**6 336**	3 903	3 440	II	5 185	4 094	3 062	2 090	1 176	378
	III	**3 710**	3 903	3 440	III	2 796	1 914	1 108	434		
	V	**11 297**	3 903	3 440	IV	6 367	5 784	5 215	4 661	4 122	3 598
	VI	**11 732**	3 903	3 440							
42 119,99	I,IV	**6 975**	3 906	3 443	I	5 793	4 670	3 607	2 603	1 657	776
	II	**6 345**	3 906	3 443	II	5 195	4 103	3 071	2 098	1 184	384
	III	**3 718**	3 906	3 443	III	2 804	1 920	1 114	440		
	V	**11 309**	3 906	3 443	IV	6 377	5 793	5 224	4 670	4 131	3 607
	VI	**11 744**	3 906	3 443							
42 155,99	I,IV	**6 985**	3 909	3 446	I	5 803	4 680	3 616	2 611	1 665	783
	II	**6 355**	3 909	3 446	II	5 204	4 112	3 079	2 106	1 191	389
	III	**3 726**	3 909	3 446	III	2 812	1 928	1 120	444		
	V	**11 322**	3 909	3 446	IV	6 387	5 803	5 234	4 680	4 140	3 616
	VI	**11 757**	3 909	3 446							
42 191,99	I,IV	**6 995**	3 913	3 449	I	5 812	4 689	3 624	2 619	1 673	790
	II	**6 365**	3 913	3 449	II	5 213	4 121	3 088	2 113	1 199	395
	III	**3 734**	3 913	3 449	III	2 820	1 936	1 128	450		
	V	**11 335**	3 913	3 449	IV	6 397	5 812	5 243	4 689	4 149	3 624
	VI	**11 770**	3 913	3 449							
42 227,99	I,IV	**7 006**	3 916	3 452	I	5 822	4 698	3 633	2 627	1 681	797
	II	**6 375**	3 916	3 452	II	5 223	4 130	3 096	2 122	1 206	401
	III	**3 742**	3 916	3 452	III	2 828	1 942	1 134	454		
	V	**11 348**	3 916	3 452	IV	6 407	5 822	5 253	4 698	4 158	3 633
	VI	**11 783**	3 916	3 452							
42 263,99	I,IV	**7 016**	3 919	3 455	I	5 832	4 707	3 642	2 635	1 688	804
	II	**6 385**	3 919	3 455	II	5 232	4 139	3 105	2 129	1 213	406
	III	**3 750**	3 919	3 455	III	2 834	1 950	1 140	460		
	V	**11 360**	3 919	3 455	IV	6 416	5 832	5 262	4 707	4 167	3 642
	VI	**11 796**	3 919	3 455							
42 299,99	I,IV	**7 026**	3 923	3 458	I	5 842	4 717	3 651	2 644	1 696	811
	II	**6 395**	3 923	3 458	II	5 242	4 148	3 113	2 137	1 221	412
	III	**3 758**	3 923	3 458	III	2 842	1 958	1 146	466		
	V	**11 373**	3 923	3 458	IV	6 427	5 842	5 272	4 717	4 176	3 651
	VI	**11 809**	3 923	3 458							
42 335,99	I,IV	**7 036**	3 926	3 460	I	5 851	4 726	3 659	2 652	1 704	817
	II	**6 405**	3 926	3 460	II	5 251	4 157	3 121	2 145	1 228	418
	III	**3 766**	3 926	3 460	III	2 850	1 964	1 152	470		
	V	**11 386**	3 926	3 460	IV	6 436	5 851	5 281	4 726	4 185	3 659
	VI	**11 821**	3 926	3 460							

* Zur LSt-Berechnung für privat versicherte Arbeitnehmer s. Beispiele **Vorbemerkung S. 4 f.**
** Basisvorsorgepauschale KV und PV *** Typisierter Arbeitgeberzuschuss

Lohn/ Gehalt in € bis	Steuerklasse	Lohn-steuer*	BVSP**	TAGZ***	Steuerklasse	Bemessungsgrundlage für Kirchensteuer und Solidaritätszuschlag – Freibeträge für ... Kinder 0,5	1,0	1,5	2,0	2,5	3,0
42 371,99	I,IV	**7 047**	3 930	3 463	I	5 861	4 735	3 668	2 660	1 712	825
	II	**6 415**	3 930	3 463	II	5 261	4 166	3 130	2 153	1 236	424
	III	**3 772**	3 930	3 463	III	2 858	1 972	1 158	476		
	V	**11 399**	3 930	3 463	IV	6 447	5 861	5 291	4 735	4 194	3 668
	VI	**11 834**	3 930	3 463							
42 407,99	I,IV	**7 057**	3 933	3 466	I	5 871	4 744	3 677	2 668	1 719	831
	II	**6 425**	3 933	3 466	II	5 270	4 175	3 138	2 161	1 243	430
	III	**3 780**	3 933	3 466	III	2 864	1 978	1 164	480		
	V	**11 412**	3 933	3 466	IV	6 456	5 871	5 300	4 744	4 203	3 677
	VI	**11 847**	3 933	3 466							
42 443,99	I,IV	**7 067**	3 936	3 469	I	5 881	4 754	3 686	2 677	1 727	839
	II	**6 435**	3 936	3 469	II	5 280	4 184	3 147	2 169	1 251	436
	III	**3 788**	3 936	3 469	III	2 872	1 986	1 172	486		
	V	**11 425**	3 936	3 469	IV	6 467	5 881	5 310	4 754	4 212	3 686
	VI	**11 860**	3 936	3 469							
42 479,99	I,IV	**7 077**	3 940	3 472	I	5 890	4 763	3 694	2 685	1 735	845
	II	**6 445**	3 940	3 472	II	5 289	4 193	3 155	2 177	1 258	441
	III	**3 796**	3 940	3 472	III	2 880	1 994	1 178	492		
	V	**11 437**	3 940	3 472	IV	6 476	5 890	5 319	4 763	4 221	3 694
	VI	**11 872**	3 940	3 472							
42 515,99	I,IV	**7 088**	3 943	3 475	I	5 900	4 772	3 703	2 693	1 743	853
	II	**6 455**	3 943	3 475	II	5 299	4 202	3 164	2 185	1 266	447
	III	**3 804**	3 943	3 475	III	2 888	2 000	1 184	496		
	V	**11 450**	3 943	3 475	IV	6 486	5 900	5 329	4 772	4 230	3 703
	VI	**11 885**	3 943	3 475							
42 551,99	I,IV	**7 098**	3 946	3 478	I	5 910	4 781	3 712	2 702	1 750	860
	II	**6 465**	3 946	3 478	II	5 308	4 211	3 173	2 193	1 274	453
	III	**3 812**	3 946	3 478	III	2 896	2 008	1 190	502		
	V	**11 463**	3 946	3 478	IV	6 497	5 910	5 338	4 781	4 239	3 712
	VI	**11 898**	3 946	3 478							
42 587,99	I,IV	**7 108**	3 950	3 481	I	5 920	4 790	3 720	2 710	1 758	867
	II	**6 475**	3 950	3 481	II	5 318	4 220	3 181	2 201	1 281	459
	III	**3 820**	3 950	3 481	III	2 904	2 016	1 196	506		
	V	**11 476**	3 950	3 481	IV	6 506	5 920	5 348	4 790	4 248	3 720
	VI	**11 911**	3 950	3 481							
42 623,99	I,IV	**7 119**	3 953	3 484	I	5 930	4 800	3 729	2 718	1 766	874
	II	**6 485**	3 953	3 484	II	5 327	4 229	3 190	2 209	1 289	465
	III	**3 828**	3 953	3 484	III	2 910	2 024	1 202	512		
	V	**11 489**	3 953	3 484	IV	6 517	5 930	5 357	4 800	4 257	3 729
	VI	**11 924**	3 953	3 484							
42 659,99	I,IV	**7 129**	3 956	3 487	I	5 939	4 809	3 738	2 726	1 774	881
	II	**6 495**	3 956	3 487	II	5 337	4 238	3 198	2 217	1 296	471
	III	**3 836**	3 956	3 487	III	2 918	2 030	1 210	518		
	V	**11 502**	3 956	3 487	IV	6 526	5 939	5 367	4 809	4 266	3 738
	VI	**11 937**	3 956	3 487							
42 695,99	I,IV	**7 139**	3 960	3 490	I	5 949	4 818	3 747	2 735	1 782	888
	II	**6 505**	3 960	3 490	II	5 346	4 247	3 207	2 225	1 304	477
	III	**3 844**	3 960	3 490	III	2 926	2 038	1 216	522		
	V	**11 515**	3 960	3 490	IV	6 537	5 949	5 376	4 818	4 275	3 747
	VI	**11 950**	3 960	3 490							
42 731,99	I,IV	**7 149**	3 963	3 493	I	5 959	4 828	3 756	2 743	1 789	895
	II	**6 515**	3 963	3 493	II	5 356	4 256	3 215	2 233	1 311	483
	III	**3 852**	3 963	3 493	III	2 934	2 046	1 222	528		
	V	**11 527**	3 963	3 493	IV	6 547	5 959	5 386	4 828	4 284	3 756
	VI	**11 962**	3 963	3 493							
42 767,99	I,IV	**7 160**	3 966	3 496	I	5 969	4 837	3 764	2 751	1 797	903
	II	**6 525**	3 966	3 496	II	5 365	4 265	3 224	2 241	1 319	489
	III	**3 860**	3 966	3 496	III	2 942	2 052	1 228	534		
	V	**11 540**	3 966	3 496	IV	6 557	5 969	5 395	4 837	4 293	3 764
	VI	**11 975**	3 966	3 496							

* Zur LSt-Berechnung für privat versicherte Arbeitnehmer s. Beispiele **Vorbemerkung S. 4 f.**
** Basisvorsorgepauschale KV und PV *** Typisierter Arbeitgeberzuschuss

Lohn/ Gehalt in € bis	Steuerklasse	Lohn- steuer*	BVSP**	TAGZ***	Steuerklasse	Bemessungsgrundlage für Kirchensteuer und Solidaritätszuschlag – Freibeträge für ... Kinder 0,5	1,0	1,5	2,0	2,5	3,0
42 803,99	I,IV	**7 170**	3 970	3 499	I	5 978	4 846	3 773	2 759	1 805	910
	II	**6 535**	3 970	3 499	II	5 375	4 274	3 232	2 249	1 326	495
	III	**3 866**	3 970	3 499	III	2 948	2 060	1 234	538		
	V	**11 553**	3 970	3 499	IV	6 567	5 978	5 405	4 846	4 302	3 773
	VI	**11 988**	3 970	3 499							
42 839,99	I,IV	**7 180**	3 973	3 502	I	5 988	4 856	3 782	2 768	1 813	917
	II	**6 545**	3 973	3 502	II	5 384	4 283	3 241	2 258	1 334	501
	III	**3 876**	3 973	3 502	III	2 956	2 068	1 242	544		
	V	**11 566**	3 973	3 502	IV	6 577	5 988	5 414	4 856	4 311	3 782
	VI	**12 001**	3 973	3 502							
42 875,99	I,IV	**7 190**	3 976	3 505	I	5 998	4 865	3 791	2 776	1 820	924
	II	**6 555**	3 976	3 505	II	5 394	4 292	3 249	2 265	1 341	507
	III	**3 882**	3 976	3 505	III	2 964	2 074	1 248	550		
	V	**11 578**	3 976	3 505	IV	6 587	5 998	5 424	4 865	4 320	3 791
	VI	**12 014**	3 976	3 505							
42 911,99	I,IV	**7 201**	3 980	3 508	I	6 008	4 874	3 800	2 784	1 828	931
	II	**6 565**	3 980	3 508	II	5 404	4 301	3 258	2 274	1 349	514
	III	**3 890**	3 980	3 508	III	2 972	2 082	1 254	554		
	V	**11 591**	3 980	3 508	IV	6 597	6 008	5 434	4 874	4 329	3 800
	VI	**12 027**	3 980	3 508							
42 947,99	I,IV	**7 211**	3 983	3 510	I	6 017	4 883	3 808	2 792	1 836	939
	II	**6 575**	3 983	3 510	II	5 413	4 310	3 266	2 281	1 356	520
	III	**3 898**	3 983	3 510	III	2 978	2 090	1 260	560		
	V	**11 604**	3 983	3 510	IV	6 607	6 017	5 443	4 883	4 338	3 808
	VI	**12 039**	3 983	3 510							
42 983,99	I,IV	**7 221**	3 986	3 513	I	6 027	4 893	3 817	2 801	1 844	946
	II	**6 585**	3 986	3 513	II	5 423	4 319	3 275	2 290	1 364	526
	III	**3 906**	3 986	3 513	III	2 986	2 096	1 268	566		
	V	**11 617**	3 986	3 513	IV	6 617	6 027	5 453	4 893	4 348	3 817
	VI	**12 052**	3 986	3 513							
43 019,99	I,IV	**7 231**	3 990	3 516	I	6 037	4 902	3 826	2 809	1 852	953
	II	**6 595**	3 990	3 516	II	5 432	4 328	3 283	2 298	1 371	532
	III	**3 914**	3 990	3 516	III	2 994	2 104	1 274	570		
	V	**11 630**	3 990	3 516	IV	6 627	6 037	5 462	4 902	4 356	3 826
	VI	**12 065**	3 990	3 516							
43 055,99	I,IV	**7 242**	3 993	3 519	I	6 047	4 911	3 835	2 818	1 859	961
	II	**6 605**	3 993	3 519	II	5 442	4 337	3 292	2 306	1 379	538
	III	**3 922**	3 993	3 519	III	3 002	2 112	1 280	576	2	
	V	**11 643**	3 993	3 519	IV	6 637	6 047	5 472	4 911	4 366	3 835
	VI	**12 078**	3 993	3 519							
43 091,99	I,IV	**7 252**	3 996	3 522	I	6 057	4 920	3 843	2 826	1 867	968
	II	**6 615**	3 996	3 522	II	5 451	4 346	3 300	2 314	1 386	544
	III	**3 930**	3 996	3 522	III	3 010	2 118	1 286	582	6	
	V	**11 655**	3 996	3 522	IV	6 647	6 057	5 481	4 920	4 375	3 843
	VI	**12 090**	3 996	3 522							
43 127,99	I,IV	**7 262**	4 000	3 525	I	6 067	4 930	3 852	2 834	1 875	975
	II	**6 625**	4 000	3 525	II	5 461	4 355	3 309	2 322	1 394	550
	III	**3 938**	4 000	3 525	III	3 018	2 126	1 292	586	12	
	V	**11 668**	4 000	3 525	IV	6 657	6 067	5 491	4 930	4 384	3 852
	VI	**12 103**	4 000	3 525							
43 163,99	I,IV	**7 273**	4 003	3 528	I	6 076	4 939	3 861	2 842	1 883	982
	II	**6 635**	4 003	3 528	II	5 470	4 364	3 317	2 330	1 401	557
	III	**3 946**	4 003	3 528	III	3 024	2 134	1 300	592	16	
	V	**11 681**	4 003	3 528	IV	6 667	6 076	5 500	4 939	4 393	3 861
	VI	**12 116**	4 003	3 528							
43 199,99	I,IV	**7 283**	4 006	3 531	I	6 086	4 949	3 870	2 851	1 891	990
	II	**6 646**	4 006	3 531	II	5 480	4 373	3 326	2 338	1 409	563
	III	**3 954**	4 006	3 531	III	3 032	2 140	1 306	598	20	
	V	**11 694**	4 006	3 531	IV	6 677	6 086	5 510	4 949	4 402	3 870
	VI	**12 129**	4 006	3 531							

* Zur LSt-Berechnung für privat versicherte Arbeitnehmer s. Beispiele **Vorbemerkung S. 4f.**
** Basisvorsorgepauschale KV und PV *** Typisierter Arbeitgeberzuschuss

Lohn/ Gehalt in € bis	Steuerklasse	Lohn-steuer*	BVSP**	TAGZ***	Steuerklasse	Bemessungsgrundlage für Kirchensteuer und Solidaritätszuschlag Freibeträge für ... Kinder 0,5	1,0	1,5	2,0	2,5	3,0
43235,99	I,IV	**7293**	4010	3534	I	6096	4958	3879	2859	1898	997
	II	**6655**	4010	3534	II	5489	4382	3335	2346	1417	569
	III	**3962**	4010	3534	III	3040	2148	1312	602	24	
	V	**11706**	4010	3534	IV	6687	6096	5519	4958	4411	3879
	VI	**12142**	4010	3534							
43271,99	I,IV	**7304**	4013	3537	I	6106	4967	3888	2867	1906	1005
	II	**6666**	4013	3537	II	5499	4392	3343	2354	1424	575
	III	**3970**	4013	3537	III	3048	2156	1320	608	28	
	V	**11720**	4013	3537	IV	6697	6106	5529	4967	4420	3888
	VI	**12155**	4013	3537							
43307,99	I,IV	**7314**	4016	3540	I	6116	4976	3896	2876	1914	1012
	II	**6676**	4016	3540	II	5508	4400	3352	2362	1432	582
	III	**3978**	4016	3540	III	3056	2164	1326	614	32	
	V	**11732**	4016	3540	IV	6707	6116	5539	4976	4429	3896
	VI	**12167**	4016	3540							
43343,99	I,IV	**7324**	4020	3543	I	6126	4986	3905	2884	1922	1019
	II	**6686**	4020	3543	II	5518	4410	3360	2370	1439	588
	III	**3986**	4020	3543	III	3062	2170	1332	620	36	
	V	**11745**	4020	3543	IV	6718	6126	5548	4986	4438	3905
	VI	**12180**	4020	3543							
43379,99	I,IV	**7335**	4023	3546	I	6135	4995	3914	2892	1930	1027
	II	**6696**	4023	3546	II	5528	4419	3369	2378	1447	594
	III	**3992**	4023	3546	III	3070	2178	1338	624	42	
	V	**11758**	4023	3546	IV	6728	6135	5558	4995	4447	3914
	VI	**12193**	4023	3546							
43415,99	I,IV	**7345**	4026	3549	I	6145	5005	3923	2901	1938	1034
	II	**6706**	4026	3549	II	5537	4428	3378	2386	1455	601
	III	**4002**	4026	3549	III	3078	2186	1346	630	46	
	V	**11771**	4026	3549	IV	6738	6145	5568	5005	4456	3923
	VI	**12206**	4026	3549							
43451,99	I,IV	**7355**	4030	3552	I	6155	5014	3932	2909	1946	1041
	II	**6716**	4030	3552	II	5547	4437	3386	2394	1462	607
	III	**4008**	4030	3552	III	3086	2192	1352	636	50	
	V	**11783**	4030	3552	IV	6748	6155	5577	5014	4465	3932
	VI	**12218**	4030	3552							
43487,99	I,IV	**7366**	4033	3555	I	6165	5023	3941	2918	1954	1049
	II	**6726**	4033	3555	II	5557	4446	3395	2403	1470	614
	III	**4016**	4033	3555	III	3094	2200	1358	642	54	
	V	**11796**	4033	3555	IV	6758	6165	5587	5023	4475	3941
	VI	**12231**	4033	3555							
43523,99	I,IV	**7376**	4036	3558	I	6175	5033	3950	2926	1961	1056
	II	**6736**	4036	3558	II	5566	4455	3403	2411	1477	620
	III	**4024**	4036	3558	III	3102	2208	1364	646	58	
	V	**11809**	4036	3558	IV	6768	6175	5596	5033	4484	3950
	VI	**12244**	4036	3558							
43559,99	I,IV	**7387**	4040	3561	I	6185	5042	3959	2934	1969	1063
	II	**6746**	4040	3561	II	5576	4464	3412	2419	1485	626
	III	**4032**	4040	3561	III	3110	2216	1372	652	64	
	V	**11822**	4040	3561	IV	6778	6185	5606	5042	4493	3959
	VI	**12257**	4040	3561							
43595,99	I,IV	**7397**	4043	3563	I	6194	5051	3967	2943	1977	1071
	II	**6756**	4043	3563	II	5585	4473	3420	2427	1492	633
	III	**4040**	4043	3563	III	3116	2222	1378	658	68	
	V	**11835**	4043	3563	IV	6788	6194	5615	5051	4502	3967
	VI	**12270**	4043	3563							
43631,99	I,IV	**7407**	4046	3566	I	6204	5061	3976	2951	1985	1078
	II	**6767**	4046	3566	II	5595	4482	3429	2435	1500	639
	III	**4048**	4046	3566	III	3124	2230	1384	664	72	
	V	**11848**	4046	3566	IV	6798	6204	5625	5061	4511	3976
	VI	**12283**	4046	3566							

* Zur LSt-Berechnung für privat versicherte Arbeitnehmer s. Beispiele **Vorbemerkung S. 4f.**
** Basisvorsorgepauschale KV und PV *** Typisierter Arbeitgeberzuschuss

Lohn/ Gehalt in € bis	Steuerklasse	Lohn- steuer*	BVSP**	TAGZ***	Steuerklasse	Bemessungsgrundlage für Kirchensteuer und Solidaritätszuschlag – Freibeträge für ... Kinder 0,5	1,0	1,5	2,0	2,5	3,0
43 667,99	I,IV	**7 418**	4 050	3 569	I	6 214	5 070	3 985	2 959	1 993	1 085
	II	**6 777**	4 050	3 569	II	5 604	4 491	3 438	2 443	1 508	646
	III	**4 056**	4 050	3 569	III	3 132	2 236	1 392	668	76	
	V	**11 860**	4 050	3 569	IV	6 808	6 214	5 635	5 070	4 520	3 985
	VI	**12 295**	4 050	3 569							
43 703,99	I,IV	**7 428**	4 053	3 572	I	6 224	5 080	3 994	2 968	2 001	1 093
	II	**6 787**	4 053	3 572	II	5 614	4 501	3 446	2 451	1 515	652
	III	**4 064**	4 053	3 572	III	3 140	2 244	1 398	674	80	
	V	**11 873**	4 053	3 572	IV	6 819	6 224	5 644	5 080	4 529	3 994
	VI	**12 308**	4 053	3 572							
43 739,99	I,IV	**7 438**	4 056	3 575	I	6 234	5 089	4 003	2 976	2 009	1 100
	II	**6 797**	4 056	3 575	II	5 624	4 510	3 455	2 459	1 523	659
	III	**4 072**	4 056	3 575	III	3 148	2 252	1 404	680	86	
	V	**11 886**	4 056	3 575	IV	6 829	6 234	5 654	5 089	4 538	4 003
	VI	**12 321**	4 056	3 575							
43 775,99	I,IV	**7 449**	4 060	3 578	I	6 244	5 098	4 012	2 985	2 017	1 108
	II	**6 807**	4 060	3 578	II	5 633	4 519	3 464	2 468	1 531	665
	III	**4 080**	4 060	3 578	III	3 154	2 260	1 412	686	90	
	V	**11 899**	4 060	3 578	IV	6 839	6 244	5 664	5 098	4 548	4 012
	VI	**12 334**	4 060	3 578							
43 811,99	I,IV	**7 459**	4 063	3 581	I	6 254	5 108	4 021	2 993	2 024	1 115
	II	**6 817**	4 063	3 581	II	5 643	4 528	3 472	2 476	1 538	672
	III	**4 088**	4 063	3 581	III	3 162	2 266	1 418	690	94	
	V	**11 911**	4 063	3 581	IV	6 849	6 254	5 673	5 108	4 557	4 021
	VI	**12 347**	4 063	3 581							
43 847,99	I,IV	**7 470**	4 066	3 584	I	6 264	5 117	4 030	3 001	2 032	1 123
	II	**6 827**	4 066	3 584	II	5 653	4 537	3 481	2 484	1 546	678
	III	**4 096**	4 066	3 584	III	3 170	2 274	1 424	696	98	
	V	**11 924**	4 066	3 584	IV	6 859	6 264	5 683	5 117	4 566	4 030
	VI	**12 360**	4 066	3 584							
43 883,99	I,IV	**7 480**	4 070	3 587	I	6 273	5 126	4 038	3 010	2 040	1 130
	II	**6 837**	4 070	3 587	II	5 662	4 546	3 489	2 492	1 554	685
	III	**4 104**	4 070	3 587	III	3 178	2 282	1 432	702	104	
	V	**11 937**	4 070	3 587	IV	6 869	6 273	5 693	5 126	4 575	4 038
	VI	**12 372**	4 070	3 587							
43 919,99	I,IV	**7 490**	4 073	3 590	I	6 284	5 136	4 047	3 018	2 048	1 137
	II	**6 848**	4 073	3 590	II	5 672	4 555	3 498	2 500	1 561	692
	III	**4 112**	4 073	3 590	III	3 186	2 288	1 438	708	108	
	V	**11 950**	4 073	3 590	IV	6 880	6 284	5 702	5 136	4 584	4 047
	VI	**12 385**	4 073	3 590							
43 955,99	I,IV	**7 501**	4 076	3 593	I	6 293	5 145	4 056	3 027	2 056	1 145
	II	**6 858**	4 076	3 593	II	5 681	4 564	3 507	2 508	1 569	698
	III	**4 120**	4 076	3 593	III	3 192	2 296	1 444	714	112	
	V	**11 963**	4 076	3 593	IV	6 890	6 293	5 712	5 145	4 593	4 056
	VI	**12 398**	4 076	3 593							
43 991,99	I,IV	**7 511**	4 080	3 596	I	6 303	5 155	4 065	3 035	2 064	1 152
	II	**6 868**	4 080	3 596	II	5 691	4 574	3 516	2 516	1 577	705
	III	**4 128**	4 080	3 596	III	3 200	2 304	1 452	718	116	
	V	**11 976**	4 080	3 596	IV	6 900	6 303	5 722	5 155	4 603	4 065
	VI	**12 411**	4 080	3 596							
44 027,99	I,IV	**7 521**	4 083	3 599	I	6 313	5 164	4 074	3 043	2 072	1 160
	II	**6 878**	4 083	3 599	II	5 701	4 583	3 524	2 524	1 584	711
	III	**4 136**	4 083	3 599	III	3 208	2 312	1 458	724	122	
	V	**11 988**	4 083	3 599	IV	6 910	6 313	5 731	5 164	4 612	4 074
	VI	**12 423**	4 083	3 599							
44 063,99	I,IV	**7 532**	4 086	3 602	I	6 323	5 174	4 083	3 052	2 080	1 167
	II	**6 888**	4 086	3 602	II	5 711	4 592	3 533	2 533	1 592	718
	III	**4 144**	4 086	3 602	III	3 216	2 318	1 464	730	126	
	V	**12 001**	4 086	3 602	IV	6 920	6 323	5 741	5 174	4 621	4 083
	VI	**12 436**	4 086	3 602							

* Zur LSt-Berechnung für privat versicherte Arbeitnehmer s. Beispiele **Vorbemerkung S. 4 f.**
** Basisvorsorgepauschale KV und PV *** Typisierter Arbeitgeberzuschuss

Lohn/ Gehalt in € bis	Steuerklasse	Lohn-steuer*	BVSP**	TAGZ***	Steuerklasse	Bemessungsgrundlage für Kirchensteuer und Solidaritätszuschlag – Freibeträge für ... Kinder 0,5	**1,0**	1,5	**2,0**	2,5	**3,0**
44099,99	I,IV	**7542**	4090	3605	I	6333	5183	4092	3060	2088	1174
	II	**6898**	4090	3605	II	5720	4601	3541	2541	1599	725
	III	**4150**	4090	3605	III	3224	2326	1472	736	130	
	V	**12014**	4090	3605	IV	6930	6333	5751	5183	4630	4092
	VI	**12449**	4090	3605							
44135,99	I,IV	**7553**	4093	3608	I	6343	5192	4101	3069	2096	1182
	II	**6909**	4093	3608	II	5730	4610	3550	2549	1607	732
	III	**4160**	4093	3608	III	3232	2334	1478	742	134	
	V	**12027**	4093	3608	IV	6941	6343	5760	5192	4639	4101
	VI	**12462**	4093	3608							
44171,99	I,IV	**7563**	4096	3611	I	6353	5202	4110	3077	2104	1189
	II	**6919**	4096	3611	II	5739	4619	3559	2557	1615	738
	III	**4168**	4096	3611	III	3240	2342	1486	748	140	
	V	**12040**	4096	3611	IV	6951	6353	5770	5202	4648	4110
	VI	**12475**	4096	3611							
44207,99	I,IV	**7574**	4100	3614	I	6363	5211	4119	3086	2112	1197
	II	**6929**	4100	3614	II	5749	4629	3568	2565	1623	745
	III	**4174**	4100	3614	III	3246	2348	1492	752	144	
	V	**12053**	4100	3614	IV	6961	6363	5780	5211	4658	4119
	VI	**12488**	4100	3614							
44243,99	I,IV	**7584**	4103	3616	I	6373	5221	4128	3094	2119	1204
	II	**6939**	4103	3616	II	5759	4638	3576	2574	1630	752
	III	**4182**	4103	3616	III	3254	2356	1498	758	148	
	V	**12065**	4103	3616	IV	6971	6373	5789	5221	4667	4128
	VI	**12500**	4103	3616							
44279,99	I,IV	**7595**	4106	3619	I	6383	5230	4137	3103	2128	1212
	II	**6949**	4106	3619	II	5769	4647	3585	2582	1638	759
	III	**4192**	4106	3619	III	3262	2364	1506	764	154	
	V	**12078**	4106	3619	IV	6981	6383	5799	5230	4676	4137
	VI	**12513**	4106	3619							
44315,99	I,IV	**7605**	4110	3622	I	6393	5240	4146	3111	2135	1219
	II	**6959**	4110	3622	II	5778	4656	3593	2590	1646	765
	III	**4198**	4110	3622	III	3270	2370	1512	770	158	
	V	**12091**	4110	3622	IV	6991	6393	5809	5240	4685	4146
	VI	**12526**	4110	3622							
44351,99	I,IV	**7616**	4113	3625	I	6403	5249	4155	3120	2143	1227
	II	**6970**	4113	3625	II	5788	4666	3602	2598	1653	772
	III	**4206**	4113	3625	III	3278	2378	1518	776	162	
	V	**12104**	4113	3625	IV	7002	6403	5819	5249	4695	4155
	VI	**12539**	4113	3625							
44387,99	I,IV	**7626**	4116	3628	I	6413	5258	4164	3128	2151	1234
	II	**6980**	4116	3628	II	5798	4675	3611	2606	1661	779
	III	**4214**	4116	3628	III	3286	2386	1526	780	166	
	V	**12116**	4116	3628	IV	7012	6413	5828	5258	4704	4164
	VI	**12552**	4116	3628							
44423,99	I,IV	**7637**	4120	3631	I	6423	5268	4173	3136	2159	1242
	II	**6990**	4120	3631	II	5807	4684	3620	2615	1669	786
	III	**4222**	4120	3631	III	3294	2394	1532	786	172	
	V	**12129**	4120	3631	IV	7022	6423	5838	5268	4713	4173
	VI	**12565**	4120	3631							
44459,99	I,IV	**7647**	4123	3634	I	6432	5277	4181	3145	2167	1249
	II	**7000**	4123	3634	II	5817	4693	3628	2623	1676	793
	III	**4230**	4123	3634	III	3300	2400	1540	792	176	
	V	**12142**	4123	3634	IV	7032	6432	5848	5277	4722	4181
	VI	**12577**	4123	3634							
44495,99	I,IV	**7657**	4127	3637	I	6443	5287	4191	3153	2175	1257
	II	**7010**	4127	3637	II	5827	4702	3637	2631	1684	800
	III	**4238**	4127	3637	III	3308	2408	1546	798	180	
	V	**12155**	4127	3637	IV	7043	6443	5857	5287	4731	4191
	VI	**12590**	4127	3637							

* Zur LSt-Berechnung für privat versicherte Arbeitnehmer s. Beispiele **Vorbemerkung S. 4 f.**
** Basisvorsorgepauschale KV und PV *** Typisierter Arbeitgeberzuschuss

Lohn/ Gehalt in € bis	Steuerklasse	Lohn-steuer*	BVSP**	TAGZ***	Steuerklasse	Bemessungsgrundlage für Kirchensteuer und Solidaritätszuschlag Freibeträge für ... Kinder 0,5	1,0	1,5	2,0	2,5	3,0
44531,99	I,IV	**7668**	4130	3640	I	6452	5296	4199	3162	2183	1264
	II	**7021**	4130	3640	II	5836	4711	3646	2639	1692	807
	III	**4246**	4130	3640	III	3316	2416	1552	804	186	
	V	**12168**	4130	3640	IV	7053	6452	5867	5296	4740	4199
	VI	**12603**	4130	3640							
44567,99	I,IV	**7678**	4133	3643	I	6463	5306	4209	3170	2191	1272
	II	**7031**	4133	3643	II	5846	4721	3655	2648	1700	814
	III	**4254**	4133	3643	III	3324	2424	1560	810	190	
	V	**12181**	4133	3643	IV	7063	6463	5877	5306	4750	4209
	VI	**12616**	4133	3643							
44603,99	I,IV	**7689**	4137	3646	I	6472	5315	4217	3179	2199	1279
	II	**7041**	4137	3646	II	5856	4730	3663	2656	1707	821
	III	**4262**	4137	3646	III	3332	2430	1566	816	194	
	V	**12193**	4137	3646	IV	7073	6472	5886	5315	4759	4217
	VI	**12628**	4137	3646							
44639,99	I,IV	**7699**	4140	3649	I	6483	5325	4227	3187	2207	1287
	II	**7051**	4140	3649	II	5866	4739	3672	2664	1715	828
	III	**4270**	4140	3649	III	3340	2438	1574	822	200	
	V	**12206**	4140	3649	IV	7084	6483	5896	5325	4768	4227
	VI	**12641**	4140	3649							
44675,99	I,IV	**7710**	4143	3652	I	6492	5334	4235	3196	2215	1294
	II	**7061**	4143	3652	II	5875	4748	3681	2672	1723	835
	III	**4278**	4143	3652	III	3346	2446	1580	826	204	
	V	**12219**	4143	3652	IV	7094	6492	5906	5334	4777	4235
	VI	**12654**	4143	3652							
44711,99	I,IV	**7720**	4147	3655	I	6503	5344	4245	3204	2223	1302
	II	**7072**	4147	3655	II	5885	4758	3690	2680	1731	842
	III	**4286**	4147	3655	III	3354	2452	1588	834	210	
	V	**12232**	4147	3655	IV	7104	6503	5916	5344	4787	4245
	VI	**12667**	4147	3655							
44747,99	I,IV	**7731**	4150	3658	I	6512	5353	4253	3213	2231	1309
	II	**7082**	4150	3658	II	5895	4767	3698	2689	1738	849
	III	**4294**	4150	3658	III	3362	2460	1594	838	214	
	V	**12245**	4150	3658	IV	7114	6512	5925	5353	4796	4253
	VI	**12680**	4150	3658							
44783,99	I,IV	**7741**	4153	3661	I	6523	5363	4263	3221	2239	1317
	II	**7092**	4153	3661	II	5905	4776	3707	2697	1746	856
	III	**4302**	4153	3661	III	3370	2468	1602	844	218	
	V	**12258**	4153	3661	IV	7125	6523	5935	5363	4805	4263
	VI	**12693**	4153	3661							
44819,99	I,IV	**7752**	4157	3664	I	6532	5372	4271	3230	2247	1324
	II	**7102**	4157	3664	II	5914	4785	3716	2705	1754	863
	III	**4310**	4157	3664	III	3378	2474	1608	850	222	
	V	**12270**	4157	3664	IV	7135	6532	5945	5372	4814	4271
	VI	**12705**	4157	3664							
44855,99	I,IV	**7762**	4160	3666	I	6543	5382	4281	3238	2255	1332
	II	**7113**	4160	3666	II	5924	4795	3725	2713	1762	870
	III	**4318**	4160	3666	III	3386	2482	1616	856	228	
	V	**12283**	4160	3666	IV	7145	6543	5955	5382	4824	4281
	VI	**12718**	4160	3666							
44891,99	I,IV	**7773**	4163	3669	I	6552	5391	4289	3247	2263	1339
	II	**7123**	4163	3669	II	5934	4804	3733	2722	1769	877
	III	**4326**	4163	3669	III	3394	2490	1622	862	232	
	V	**12296**	4163	3669	IV	7155	6552	5964	5391	4833	4289
	VI	**12731**	4163	3669							
44927,99	I,IV	**7783**	4167	3672	I	6563	5401	4299	3255	2271	1347
	II	**7133**	4167	3672	II	5944	4813	3742	2730	1777	884
	III	**4334**	4167	3672	III	3400	2498	1628	868	238	
	V	**12309**	4167	3672	IV	7166	6563	5974	5401	4842	4299
	VI	**12744**	4167	3672							

* Zur LSt-Berechnung für privat versicherte Arbeitnehmer s. Beispiele **Vorbemerkung S. 4f.**
** Basisvorsorgepauschale KV und PV *** Typisierter Arbeitgeberzuschuss

Lohn/ Gehalt in € bis	Steuerklasse	Lohn- steuer*	BVSP**	TAGZ***	Steuerklasse	Bemessungsgrundlage für Kirchensteuer und Solidaritätszuschlag – Freibeträge für ... Kinder 0,5	**1,0**	1,5	**2,0**	2,5	**3,0**
44963,99	I,IV	**7794**	4170	3675	I	6572	5410	4308	3264	2279	1354
	II	**7143**	4170	3675	II	5953	4822	3751	2738	1785	891
	III	**4342**	4170	3675	III	3408	2504	1636	874	242	
	V	**12321**	4170	3675	IV	7176	6572	5984	5410	4852	4308
	VI	**12756**	4170	3675							
44999,99	I,IV	**7804**	4173	3678	I	6583	5420	4317	3273	2288	1362
	II	**7154**	4173	3678	II	5963	4832	3760	2747	1793	899
	III	**4350**	4173	3678	III	3416	2512	1644	880	246	
	V	**12334**	4173	3678	IV	7186	6583	5994	5420	4861	4317
	VI	**12770**	4173	3678							
45035,99	I,IV	**7815**	4177	3681	I	6593	5429	4326	3281	2295	1369
	II	**7164**	4177	3681	II	5973	4841	3768	2755	1800	906
	III	**4358**	4177	3681	III	3424	2520	1650	886	252	
	V	**12347**	4177	3681	IV	7196	6593	6004	5429	4870	4326
	VI	**12782**	4177	3681							
45071,99	I,IV	**7826**	4180	3684	I	6603	5439	4335	3290	2304	1377
	II	**7174**	4180	3684	II	5983	4850	3777	2763	1808	913
	III	**4366**	4180	3684	III	3432	2528	1656	892	256	
	V	**12360**	4180	3684	IV	7207	6603	6014	5439	4880	4335
	VI	**12795**	4180	3684							
45107,99	I,IV	**7836**	4183	3687	I	6613	5449	4344	3298	2312	1384
	II	**7184**	4183	3687	II	5992	4859	3786	2771	1816	920
	III	**4374**	4183	3687	III	3440	2534	1664	898	262	
	V	**12373**	4183	3687	IV	7217	6613	6023	5449	4889	4344
	VI	**12808**	4183	3687							
45143,99	I,IV	**7847**	4187	3690	I	6623	5458	4353	3307	2320	1392
	II	**7195**	4187	3690	II	6002	4869	3795	2780	1824	927
	III	**4382**	4187	3690	III	3448	2542	1672	904	266	
	V	**12386**	4187	3690	IV	7227	6623	6033	5458	4898	4353
	VI	**12821**	4187	3690							
45179,99	I,IV	**7857**	4190	3693	I	6633	5468	4362	3315	2328	1399
	II	**7205**	4190	3693	II	6012	4878	3803	2788	1832	935
	III	**4390**	4190	3693	III	3456	2550	1678	910	270	
	V	**12398**	4190	3693	IV	7237	6633	6043	5468	4907	4362
	VI	**12833**	4190	3693							
45215,99	I,IV	**7868**	4193	3696	I	6643	5477	4371	3324	2336	1407
	II	**7216**	4193	3696	II	6022	4888	3812	2796	1840	942
	III	**4398**	4193	3696	III	3462	2558	1684	916	276	
	V	**12411**	4193	3696	IV	7248	6643	6053	5477	4917	4371
	VI	**12846**	4193	3696							
45251,99	I,IV	**7878**	4197	3699	I	6653	5487	4380	3333	2344	1415
	II	**7226**	4197	3699	II	6032	4897	3821	2805	1847	949
	III	**4406**	4197	3699	III	3470	2566	1692	922	280	
	V	**12424**	4197	3699	IV	7258	6653	6063	5487	4926	4380
	VI	**12859**	4197	3699							
45287,99	I,IV	**7889**	4200	3702	I	6663	5497	4389	3341	2352	1422
	II	**7236**	4200	3702	II	6042	4906	3830	2813	1855	957
	III	**4414**	4200	3702	III	3478	2572	1700	928	286	
	V	**12437**	4200	3702	IV	7269	6663	6072	5497	4935	4389
	VI	**12872**	4200	3702							
45323,99	I,IV	**7900**	4203	3705	I	6673	5506	4398	3350	2360	1430
	II	**7247**	4203	3705	II	6051	4916	3839	2821	1863	964
	III	**4422**	4203	3705	III	3486	2580	1706	932	290	
	V	**12450**	4203	3705	IV	7279	6673	6082	5506	4945	4398
	VI	**12885**	4203	3705							
45359,99	I,IV	**7910**	4207	3708	I	6683	5516	4407	3358	2368	1437
	II	**7257**	4207	3708	II	6061	4925	3848	2830	1871	971
	III	**4430**	4207	3708	III	3494	2588	1714	938	296	
	V	**12462**	4207	3708	IV	7289	6683	6092	5516	4954	4407
	VI	**12898**	4207	3708							

* Zur LSt-Berechnung für privat versicherte Arbeitnehmer s. Beispiele **Vorbemerkung S. 4f.**
** Basisvorsorgepauschale KV und PV *** Typisierter Arbeitgeberzuschuss

Lohn/ Gehalt in € bis	Steuerklasse	Lohnsteuer*	BVSP**	TAGZ***	Steuerklasse	Bemessungsgrundlage für Kirchensteuer und Solidaritätszuschlag					
						Freibeträge für ... Kinder					
						0,5	**1,0**	1,5	**2,0**	2,5	**3,0**
45 395,99	I,IV	**7 921**	4 210	3 711	I	6 693	5 525	4 417	3 367	2 376	1 445
	II	**7 267**	4 210	3 711	II	6 071	4 934	3 856	2 838	1 879	979
	III	**4 438**	4 210	3 711	III	3 502	2 596	1 720	946	300	
	V	**12 476**	4 210	3 711	IV	7 300	6 693	6 102	5 525	4 964	4 417
	VI	**12 911**	4 210	3 711							
45 431,99	I,IV	**7 931**	4 213	3 714	I	6 703	5 535	4 425	3 375	2 384	1 453
	II	**7 277**	4 213	3 714	II	6 081	4 943	3 865	2 846	1 886	986
	III	**4 446**	4 213	3 714	III	3 510	2 602	1 728	950	304	
	V	**12 488**	4 213	3 714	IV	7 310	6 703	6 112	5 535	4 973	4 425
	VI	**12 923**	4 213	3 714							
45 467,99	I,IV	**7 942**	4 217	3 717	I	6 714	5 545	4 435	3 384	2 393	1 460
	II	**7 288**	4 217	3 717	II	6 091	4 953	3 874	2 855	1 894	993
	III	**4 454**	4 217	3 717	III	3 518	2 610	1 734	956	310	
	V	**12 501**	4 217	3 717	IV	7 320	6 714	6 122	5 545	4 982	4 435
	VI	**12 936**	4 217	3 717							
45 503,99	I,IV	**7 952**	4 220	3 719	I	6 724	5 554	4 444	3 392	2 401	1 468
	II	**7 298**	4 220	3 719	II	6 100	4 962	3 883	2 863	1 902	1 000
	III	**4 462**	4 220	3 719	III	3 524	2 618	1 742	962	314	
	V	**12 514**	4 220	3 719	IV	7 331	6 724	6 131	5 554	4 991	4 444
	VI	**12 949**	4 220	3 719							
45 539,99	I,IV	**7 963**	4 223	3 722	I	6 734	5 564	4 453	3 401	2 409	1 476
	II	**7 309**	4 223	3 722	II	6 110	4 972	3 892	2 871	1 910	1 008
	III	**4 470**	4 223	3 722	III	3 534	2 626	1 748	970	320	
	V	**12 527**	4 223	3 722	IV	7 341	6 734	6 141	5 564	5 001	4 453
	VI	**12 962**	4 223	3 722							
45 575,99	I,IV	**7 974**	4 227	3 725	I	6 744	5 573	4 462	3 410	2 417	1 483
	II	**7 319**	4 227	3 725	II	6 120	4 981	3 901	2 880	1 918	1 015
	III	**4 478**	4 227	3 725	III	3 540	2 632	1 756	974	324	
	V	**12 539**	4 227	3 725	IV	7 351	6 744	6 151	5 573	5 010	4 462
	VI	**12 974**	4 227	3 725							
45 611,99	I,IV	**7 984**	4 230	3 728	I	6 754	5 583	4 471	3 418	2 425	1 491
	II	**7 329**	4 230	3 728	II	6 130	4 990	3 909	2 888	1 926	1 023
	III	**4 486**	4 230	3 728	III	3 548	2 640	1 762	980	330	
	V	**12 552**	4 230	3 728	IV	7 362	6 754	6 161	5 583	5 020	4 471
	VI	**12 987**	4 230	3 728							
45 647,99	I,IV	**7 995**	4 233	3 731	I	6 764	5 592	4 480	3 427	2 433	1 498
	II	**7 339**	4 233	3 731	II	6 140	4 999	3 918	2 896	1 933	1 030
	III	**4 494**	4 233	3 731	III	3 556	2 648	1 770	986	334	
	V	**12 565**	4 233	3 731	IV	7 372	6 764	6 171	5 592	5 029	4 480
	VI	**13 000**	4 233	3 731							
45 683,99	I,IV	**8 006**	4 237	3 734	I	6 774	5 602	4 489	3 436	2 441	1 506
	II	**7 350**	4 237	3 734	II	6 150	5 009	3 927	2 905	1 941	1 037
	III	**4 502**	4 237	3 734	III	3 564	2 656	1 778	994	340	
	V	**12 578**	4 237	3 734	IV	7 382	6 774	6 181	5 602	5 038	4 489
	VI	**13 013**	4 237	3 734							
45 719,99	I,IV	**8 016**	4 240	3 737	I	6 784	5 612	4 498	3 444	2 449	1 513
	II	**7 360**	4 240	3 737	II	6 159	5 018	3 936	2 913	1 949	1 045
	III	**4 510**	4 240	3 737	III	3 572	2 662	1 784	1 000	344	
	V	**12 591**	4 240	3 737	IV	7 393	6 784	6 191	5 612	5 048	4 498
	VI	**13 026**	4 240	3 737							
45 755,99	I,IV	**8 027**	4 243	3 740	I	6 794	5 621	4 508	3 453	2 457	1 521
	II	**7 371**	4 243	3 740	II	6 169	5 028	3 945	2 921	1 957	1 052
	III	**4 518**	4 243	3 740	III	3 580	2 670	1 792	1 006	350	
	V	**12 604**	4 243	3 740	IV	7 403	6 794	6 201	5 621	5 057	4 508
	VI	**13 039**	4 243	3 740							
45 791,99	I,IV	**8 037**	4 247	3 743	I	6 804	5 631	4 517	3 461	2 465	1 529
	II	**7 381**	4 247	3 743	II	6 179	5 037	3 954	2 930	1 965	1 059
	III	**4 526**	4 247	3 743	III	3 588	2 678	1 798	1 012	354	
	V	**12 616**	4 247	3 743	IV	7 413	6 804	6 210	5 631	5 066	4 517
	VI	**13 051**	4 247	3 743							

* Zur LSt-Berechnung für privat versicherte Arbeitnehmer s. Beispiele **Vorbemerkung S. 4 f.**
** Basisvorsorgepauschale KV und PV *** Typisierter Arbeitgeberzuschuss

Lohn/ Gehalt in € bis	Steuerklasse	**Lohn-steuer***	BVSP**	TAGZ***	Steuerklasse	Bemessungsgrundlage für Kirchensteuer und Solidaritätszuschlag – Freibeträge für ... Kinder 0,5	**1,0**	1,5	**2,0**	2,5	**3,0**
45 827,99	I,IV	**8 048**	4 250	3 746	I	6 815	5 641	4 526	3 470	2 474	1 536
	II	**7 391**	4 250	3 746	II	6 189	5 046	3 963	2 938	1 973	1 067
	III	**4 534**	4 250	3 746	III	3 596	2 686	1 806	1 018	360	
	V	**12 629**	4 250	3 746	IV	7 424	6 815	6 220	5 641	5 076	4 526
	VI	**13 064**	4 250	3 746							
45 863,99	I,IV	**8 058**	4 253	3 749	I	6 825	5 650	4 535	3 479	2 482	1 544
	II	**7 402**	4 253	3 749	II	6 199	5 056	3 971	2 946	1 981	1 074
	III	**4 542**	4 253	3 749	III	3 602	2 692	1 814	1 024	364	
	V	**12 642**	4 253	3 749	IV	7 434	6 825	6 230	5 650	5 085	4 535
	VI	**13 077**	4 253	3 749							
45 899,99	I,IV	**8 069**	4 257	3 752	I	6 835	5 660	4 544	3 487	2 490	1 552
	II	**7 412**	4 257	3 752	II	6 209	5 065	3 980	2 955	1 989	1 082
	III	**4 550**	4 257	3 752	III	3 610	2 700	1 820	1 030	370	
	V	**12 655**	4 257	3 752	IV	7 445	6 835	6 240	5 660	5 095	4 544
	VI	**13 090**	4 257	3 752							
45 935,99	I,IV	**8 080**	4 260	3 755	I	6 845	5 669	4 553	3 496	2 498	1 559
	II	**7 422**	4 260	3 755	II	6 219	5 074	3 989	2 963	1 996	1 089
	III	**4 558**	4 260	3 755	III	3 618	2 708	1 828	1 036	374	
	V	**12 667**	4 260	3 755	IV	7 455	6 845	6 250	5 669	5 104	4 553
	VI	**13 103**	4 260	3 755							
45 971,99	I,IV	**8 091**	4 263	3 758	I	6 855	5 679	4 562	3 505	2 506	1 567
	II	**7 433**	4 263	3 758	II	6 229	5 084	3 998	2 972	2 004	1 096
	III	**4 566**	4 263	3 758	III	3 626	2 716	1 834	1 042	380	
	V	**12 680**	4 263	3 758	IV	7 466	6 855	6 260	5 679	5 113	4 562
	VI	**13 116**	4 263	3 758							
46 007,99	I,IV	**8 101**	4 267	3 761	I	6 865	5 689	4 571	3 513	2 514	1 575
	II	**7 443**	4 267	3 761	II	6 238	5 093	4 007	2 980	2 012	1 104
	III	**4 574**	4 267	3 761	III	3 634	2 724	1 842	1 048	384	
	V	**12 693**	4 267	3 761	IV	7 476	6 865	6 270	5 689	5 123	4 571
	VI	**13 128**	4 267	3 761							
46 043,99	I,IV	**8 112**	4 270	3 764	I	6 876	5 699	4 581	3 522	2 523	1 582
	II	**7 454**	4 270	3 764	II	6 249	5 103	4 016	2 988	2 020	1 111
	III	**4 582**	4 270	3 764	III	3 642	2 730	1 850	1 054	390	
	V	**12 706**	4 270	3 764	IV	7 486	6 876	6 280	5 699	5 132	4 581
	VI	**13 141**	4 270	3 764							
46 079,99	I,IV	**8 122**	4 273	3 767	I	6 886	5 708	4 590	3 531	2 531	1 590
	II	**7 464**	4 273	3 767	II	6 258	5 112	4 025	2 997	2 028	1 118
	III	**4 590**	4 273	3 767	III	3 650	2 738	1 856	1 060	394	
	V	**12 719**	4 273	3 767	IV	7 497	6 886	6 289	5 708	5 141	4 590
	VI	**13 154**	4 273	3 767							
46 115,99	I,IV	**8 133**	4 277	3 769	I	6 896	5 718	4 599	3 539	2 539	1 598
	II	**7 474**	4 277	3 769	II	6 268	5 121	4 034	3 005	2 036	1 126
	III	**4 598**	4 277	3 769	III	3 658	2 746	1 864	1 066	400	
	V	**12 732**	4 277	3 769	IV	7 507	6 896	6 299	5 718	5 151	4 599
	VI	**13 167**	4 277	3 769							
46 151,99	I,IV	**8 144**	4 280	3 772	I	6 906	5 727	4 608	3 548	2 547	1 605
	II	**7 485**	4 280	3 772	II	6 278	5 131	4 043	3 014	2 044	1 133
	III	**4 606**	4 280	3 772	III	3 666	2 754	1 870	1 072	404	
	V	**12 744**	4 280	3 772	IV	7 517	6 906	6 309	5 727	5 160	4 608
	VI	**13 179**	4 280	3 772							
46 187,99	I,IV	**8 154**	4 283	3 775	I	6 916	5 737	4 617	3 557	2 555	1 613
	II	**7 495**	4 283	3 775	II	6 288	5 140	4 052	3 022	2 052	1 141
	III	**4 614**	4 283	3 775	III	3 672	2 760	1 878	1 078	410	
	V	**12 757**	4 283	3 775	IV	7 528	6 916	6 319	5 737	5 170	4 617
	VI	**13 192**	4 283	3 775							
46 223,99	I,IV	**8 165**	4 287	3 778	I	6 926	5 747	4 626	3 565	2 563	1 621
	II	**7 505**	4 287	3 778	II	6 298	5 149	4 060	3 030	2 060	1 148
	III	**4 622**	4 287	3 778	III	3 680	2 768	1 886	1 084	414	
	V	**12 770**	4 287	3 778	IV	7 538	6 926	6 329	5 747	5 179	4 626
	VI	**13 205**	4 287	3 778							

* Zur LSt-Berechnung für privat versicherte Arbeitnehmer s. Beispiele **Vorbemerkung S. 4f.**
** Basisvorsorgepauschale KV und PV *** Typisierter Arbeitgeberzuschuss

Lohn/ Gehalt in € bis	Steuerklasse	Lohn- steuer*	BVSP**	TAGZ***	Steuerklasse	Bemessungsgrundlage für Kirchensteuer und Solidaritätszuschlag					
						Freibeträge für ... Kinder					
						0,5	**1,0**	1,5	**2,0**	2,5	**3,0**
46259,99	I,IV	**8176**	4290	3781	I	6937	5757	4636	3574	2572	1628
	II	**7516**	4290	3781	II	6308	5159	4069	3039	2068	1156
	III	**4632**	4290	3781	III	3688	2776	1892	1092	420	
	V	**12783**	4290	3781	IV	7549	6937	6339	5757	5189	4636
	VI	**13218**	4290	3781							
46295,99	I,IV	**8186**	4293	3784	I	6947	5766	4645	3583	2580	1636
	II	**7526**	4293	3784	II	6318	5168	4078	3047	2075	1163
	III	**4638**	4293	3784	III	3696	2784	1900	1098	424	
	V	**12796**	4293	3784	IV	7559	6947	6349	5766	5198	4645
	VI	**13231**	4293	3784							
46331,99	I,IV	**8197**	4297	3787	I	6957	5776	4654	3591	2588	1644
	II	**7537**	4297	3787	II	6328	5178	4087	3056	2084	1171
	III	**4646**	4297	3787	III	3704	2790	1908	1104	430	
	V	**12809**	4297	3787	IV	7570	6957	6359	5776	5208	4654
	VI	**13244**	4297	3787							
46367,99	I,IV	**8208**	4300	3790	I	6967	5785	4663	3600	2596	1651
	II	**7547**	4300	3790	II	6338	5187	4096	3064	2091	1178
	III	**4654**	4300	3790	III	3712	2798	1914	1110	434	
	V	**12821**	4300	3790	IV	7580	6967	6369	5785	5217	4663
	VI	**13256**	4300	3790							
46403,99	I,IV	**8219**	4303	3793	I	6977	5795	4672	3609	2604	1659
	II	**7558**	4303	3793	II	6348	5197	4105	3073	2099	1185
	III	**4664**	4303	3793	III	3720	2806	1922	1116	440	
	V	**12834**	4303	3793	IV	7591	6977	6379	5795	5227	4672
	VI	**13269**	4303	3793							
46439,99	I,IV	**8229**	4307	3796	I	6987	5805	4682	3617	2613	1667
	II	**7568**	4307	3796	II	6357	5206	4114	3081	2107	1193
	III	**4672**	4307	3796	III	3728	2814	1930	1122	446	
	V	**12847**	4307	3796	IV	7601	6987	6389	5805	5236	4682
	VI	**13282**	4307	3796							
46475,99	I,IV	**8240**	4310	3799	I	6998	5815	4691	3626	2621	1675
	II	**7579**	4310	3799	II	6368	5216	4123	3090	2115	1200
	III	**4680**	4310	3799	III	3736	2822	1936	1128	450	
	V	**12860**	4310	3799	IV	7611	6998	6399	5815	5245	4691
	VI	**13295**	4310	3799							
46511,99	I,IV	**8251**	4313	3802	I	7008	5824	4700	3635	2629	1682
	II	**7589**	4313	3802	II	6377	5225	4132	3098	2123	1208
	III	**4688**	4313	3802	III	3744	2828	1944	1134	456	
	V	**12872**	4313	3802	IV	7622	7008	6409	5824	5255	4700
	VI	**13308**	4313	3802							
46547,99	I,IV	**8261**	4317	3805	I	7018	5834	4709	3644	2637	1690
	II	**7599**	4317	3805	II	6387	5235	4141	3106	2131	1215
	III	**4696**	4317	3805	III	3752	2836	1952	1142	460	
	V	**12885**	4317	3805	IV	7632	7018	6419	5834	5264	4709
	VI	**13321**	4317	3805							
46583,99	I,IV	**8272**	4320	3808	I	7028	5844	4718	3652	2645	1698
	II	**7610**	4320	3808	II	6397	5244	4150	3115	2139	1223
	III	**4704**	4320	3808	III	3758	2844	1958	1148	466	
	V	**12898**	4320	3808	IV	7643	7028	6429	5844	5274	4718
	VI	**13333**	4320	3808							
46619,99	I,IV	**8283**	4324	3811	I	7039	5854	4728	3661	2654	1706
	II	**7620**	4324	3811	II	6407	5253	4159	3123	2147	1230
	III	**4712**	4324	3811	III	3766	2852	1966	1154	472	
	V	**12911**	4324	3811	IV	7653	7039	6439	5854	5283	4728
	VI	**13346**	4324	3811							
46655,99	I,IV	**8293**	4327	3814	I	7049	5863	4737	3670	2662	1713
	II	**7631**	4327	3814	II	6417	5263	4168	3132	2155	1237
	III	**4720**	4327	3814	III	3774	2858	1974	1160	476	
	V	**12924**	4327	3814	IV	7664	7049	6449	5863	5293	4737
	VI	**13359**	4327	3814							

* Zur LSt-Berechnung für privat versicherte Arbeitnehmer s. Beispiele **Vorbemerkung S. 4 f.**
** Basisvorsorgepauschale KV und PV *** Typisierter Arbeitgeberzuschuss

Lohn/ Gehalt in € bis	Steuerklasse	Lohn-steuer*	BVSP**	TAGZ***	Steuerklasse	Bemessungsgrundlage für Kirchensteuer und Solidaritätszuschlag – Freibeträge für ... Kinder 0,5	**1,0**	1,5	**2,0**	2,5	**3,0**
46691,99	I,IV	**8304**	4330	3817	I	7059	5873	4746	3679	2670	1721
	II	**7641**	4330	3817	II	6427	5272	4177	3140	2163	1245
	III	**4728**	4330	3817	III	3782	2866	1980	1166	482	
	V	**12937**	4330	3817	IV	7674	7059	6459	5873	5302	4746
	VI	**13372**	4330	3817							
46727,99	I,IV	**8315**	4334	3820	I	7069	5883	4755	3687	2678	1729
	II	**7652**	4334	3820	II	6437	5282	4186	3149	2171	1252
	III	**4736**	4334	3820	III	3790	2874	1988	1172	486	
	V	**12949**	4334	3820	IV	7685	7069	6468	5883	5312	4755
	VI	**13384**	4334	3820							
46763,99	I,IV	**8326**	4337	3822	I	7080	5893	4765	3696	2687	1737
	II	**7662**	4337	3822	II	6447	5291	4195	3157	2179	1260
	III	**4744**	4337	3822	III	3798	2882	1996	1178	492	
	V	**12962**	4337	3822	IV	7695	7080	6479	5893	5321	4765
	VI	**13397**	4337	3822							
46799,99	I,IV	**8336**	4340	3825	I	7090	5902	4774	3705	2695	1744
	II	**7673**	4340	3825	II	6457	5301	4204	3166	2187	1267
	III	**4752**	4340	3825	III	3806	2890	2002	1184	498	
	V	**12975**	4340	3825	IV	7706	7090	6488	5902	5331	4774
	VI	**13410**	4340	3825							
46835,99	I,IV	**8347**	4344	3828	I	7100	5912	4783	3714	2703	1752
	II	**7683**	4344	3828	II	6467	5310	4213	3174	2195	1275
	III	**4760**	4344	3828	III	3814	2898	2010	1192	502	
	V	**12988**	4344	3828	IV	7716	7100	6499	5912	5340	4783
	VI	**13423**	4344	3828							
46871,99	I,IV	**8358**	4347	3831	I	7110	5922	4792	3722	2711	1760
	II	**7694**	4347	3831	II	6477	5320	4222	3183	2203	1282
	III	**4768**	4347	3831	III	3822	2904	2018	1198	508	
	V	**13001**	4347	3831	IV	7727	7110	6508	5922	5350	4792
	VI	**13436**	4347	3831							
46907,99	I,IV	**8369**	4350	3834	I	7121	5932	4802	3731	2720	1768
	II	**7704**	4350	3834	II	6487	5329	4231	3191	2211	1290
	III	**4776**	4350	3834	III	3830	2912	2024	1204	514	
	V	**13014**	4350	3834	IV	7737	7121	6519	5932	5359	4802
	VI	**13449**	4350	3834							
46943,99	I,IV	**8379**	4354	3837	I	7131	5941	4811	3740	2728	1775
	II	**7715**	4354	3837	II	6497	5339	4240	3200	2219	1297
	III	**4784**	4354	3837	III	3838	2920	2032	1210	518	
	V	**13026**	4354	3837	IV	7748	7131	6528	5941	5369	4811
	VI	**13461**	4354	3837							
46979,99	I,IV	**8390**	4357	3840	I	7141	5951	4820	3749	2736	1783
	II	**7725**	4357	3840	II	6507	5348	4249	3208	2227	1305
	III	**4792**	4357	3840	III	3846	2928	2040	1216	524	
	V	**13039**	4357	3840	IV	7758	7141	6539	5951	5378	4820
	VI	**13474**	4357	3840							
47015,99	I,IV	**8401**	4360	3843	I	7151	5961	4829	3757	2744	1791
	II	**7736**	4360	3843	II	6517	5358	4258	3217	2235	1312
	III	**4800**	4360	3843	III	3852	2936	2046	1224	528	
	V	**13052**	4360	3843	IV	7769	7151	6548	5961	5388	4829
	VI	**13487**	4360	3843							
47051,99	I,IV	**8412**	4364	3846	I	7162	5971	4839	3766	2753	1799
	II	**7746**	4364	3846	II	6527	5367	4267	3225	2243	1320
	III	**4808**	4364	3846	III	3860	2942	2054	1230	534	
	V	**13065**	4364	3846	IV	7779	7162	6559	5971	5397	4839
	VI	**13500**	4364	3846							
47087,99	I,IV	**8422**	4367	3849	I	7172	5980	4848	3775	2761	1806
	II	**7757**	4367	3849	II	6537	5377	4276	3234	2251	1327
	III	**4816**	4367	3849	III	3868	2950	2062	1236	540	
	V	**13077**	4367	3849	IV	7790	7172	6569	5980	5407	4848
	VI	**13512**	4367	3849							

* Zur LSt-Berechnung für privat versicherte Arbeitnehmer s. Beispiele **Vorbemerkung S. 4 f.**
** Basisvorsorgepauschale KV und PV *** Typisierter Arbeitgeberzuschuss

Lohn/ Gehalt in € bis	Steuerklasse	Lohn- steuer*	BVSP**	TAGZ***	Steuerklasse	Bemessungsgrundlage für Kirchensteuer und Solidaritätszuschlag					
						Freibeträge für ... Kinder					
						0,5	**1,0**	1,5	**2,0**	2,5	**3,0**
47 123,99	I,IV	**8 433**	4 370	3 852	I	7 182	5 990	4 857	3 784	2 769	1 814
	II	**7 767**	4 370	3 852	II	6 547	5 386	4 285	3 242	2 259	1 335
	III	**4 824**	4 370	3 852	III	3 876	2 958	2 068	1 242	544	
	V	**13 090**	4 370	3 852	IV	7 800	7 182	6 579	5 990	5 416	4 857
	VI	**13 526**	4 370	3 852							
47 159,99	I,IV	**8 444**	4 374	3 855	I	7 192	6 000	4 866	3 792	2 778	1 822
	II	**7 778**	4 374	3 855	II	6 557	5 396	4 294	3 251	2 267	1 343
	III	**4 832**	4 374	3 855	III	3 884	2 966	2 076	1 248	550	
	V	**13 103**	4 374	3 855	IV	7 811	7 192	6 589	6 000	5 426	4 866
	VI	**13 538**	4 374	3 855							
47 195,99	I,IV	**8 455**	4 377	3 858	I	7 203	6 010	4 876	3 801	2 786	1 830
	II	**7 788**	4 377	3 858	II	6 567	5 405	4 303	3 259	2 275	1 350
	III	**4 840**	4 377	3 858	III	3 892	2 972	2 084	1 256	556	
	V	**13 116**	4 377	3 858	IV	7 821	7 203	6 599	6 010	5 435	4 876
	VI	**13 551**	4 377	3 858							
47 231,99	I,IV	**8 466**	4 380	3 861	I	7 213	6 019	4 885	3 810	2 794	1 837
	II	**7 799**	4 380	3 861	II	6 577	5 415	4 312	3 268	2 283	1 358
	III	**4 848**	4 380	3 861	III	3 900	2 980	2 090	1 262	560	
	V	**13 129**	4 380	3 861	IV	7 832	7 213	6 609	6 019	5 445	4 885
	VI	**13 564**	4 380	3 861							
47 267,99	I,IV	**8 476**	4 384	3 864	I	7 223	6 029	4 895	3 819	2 803	1 845
	II	**7 809**	4 384	3 864	II	6 587	5 424	4 321	3 276	2 291	1 365
	III	**4 858**	4 384	3 864	III	3 908	2 988	2 098	1 268	566	
	V	**13 142**	4 384	3 864	IV	7 842	7 223	6 619	6 029	5 455	4 895
	VI	**13 577**	4 384	3 864							
47 303,99	I,IV	**8 487**	4 387	3 867	I	7 233	6 039	4 904	3 828	2 811	1 853
	II	**7 820**	4 387	3 867	II	6 597	5 434	4 330	3 285	2 299	1 373
	III	**4 866**	4 387	3 867	III	3 916	2 996	2 106	1 274	572	
	V	**13 154**	4 387	3 867	IV	7 853	7 233	6 629	6 039	5 464	4 904
	VI	**13 589**	4 387	3 867							
47 339,99	I,IV	**8 498**	4 390	3 870	I	7 244	6 049	4 913	3 837	2 819	1 861
	II	**7 830**	4 390	3 870	II	6 607	5 444	4 339	3 294	2 307	1 380
	III	**4 874**	4 390	3 870	III	3 924	3 004	2 112	1 282	576	4
	V	**13 167**	4 390	3 870	IV	7 864	7 244	6 639	6 049	5 474	4 913
	VI	**13 602**	4 390	3 870							
47 375,99	I,IV	**8 509**	4 394	3 872	I	7 254	6 059	4 922	3 845	2 827	1 869
	II	**7 841**	4 394	3 872	II	6 617	5 453	4 348	3 302	2 315	1 388
	III	**4 882**	4 394	3 872	III	3 932	3 010	2 120	1 288	582	8
	V	**13 180**	4 394	3 872	IV	7 874	7 254	6 649	6 059	5 483	4 922
	VI	**13 615**	4 394	3 872							
47 411,99	I,IV	**8 520**	4 397	3 875	I	7 265	6 069	4 932	3 854	2 836	1 877
	II	**7 851**	4 397	3 875	II	6 627	5 463	4 357	3 311	2 323	1 395
	III	**4 890**	4 397	3 875	III	3 940	3 018	2 128	1 294	588	12
	V	**13 193**	4 397	3 875	IV	7 885	7 265	6 659	6 069	5 493	4 932
	VI	**13 628**	4 397	3 875							
47 447,99	I,IV	**8 530**	4 400	3 878	I	7 275	6 078	4 941	3 863	2 844	1 884
	II	**7 862**	4 400	3 878	II	6 637	5 472	4 366	3 319	2 331	1 403
	III	**4 898**	4 400	3 878	III	3 948	3 026	2 136	1 300	594	16
	V	**13 205**	4 400	3 878	IV	7 895	7 275	6 669	6 078	5 502	4 941
	VI	**13 641**	4 400	3 878							
47 483,99	I,IV	**8 541**	4 404	3 881	I	7 285	6 088	4 950	3 872	2 852	1 892
	II	**7 873**	4 404	3 881	II	6 648	5 482	4 375	3 328	2 340	1 411
	III	**4 906**	4 404	3 881	III	3 956	3 034	2 142	1 308	598	20
	V	**13 218**	4 404	3 881	IV	7 906	7 285	6 679	6 088	5 512	4 950
	VI	**13 654**	4 404	3 881							
47 519,99	I,IV	**8 552**	4 407	3 884	I	7 295	6 098	4 960	3 881	2 861	1 900
	II	**7 883**	4 407	3 884	II	6 657	5 491	4 384	3 336	2 348	1 418
	III	**4 914**	4 407	3 884	III	3 962	3 042	2 150	1 314	604	24
	V	**13 231**	4 407	3 884	IV	7 916	7 295	6 689	6 098	5 521	4 960
	VI	**13 666**	4 407	3 884							

* Zur LSt-Berechnung für privat versicherte Arbeitnehmer s. Beispiele **Vorbemerkung S. 4 f.**
** Basisvorsorgepauschale KV und PV *** Typisierter Arbeitgeberzuschuss

Lohn/ Gehalt in € bis	Steuerklasse	Lohn-steuer*	BVSP**	TAGZ***	Steuerklasse	Bemessungsgrundlage für Kirchensteuer und Solidaritätszuschlag – Freibeträge für ... Kinder 0,5	**1,0**	1,5	**2,0**	2,5	**3,0**
47 555,99	I,IV	**8 563**	4 410	3 887	I	7 306	6 108	4 969	3 889	2 869	1 908
	II	**7 894**	4 410	3 887	II	6 668	5 501	4 393	3 345	2 356	1 426
	III	**4 922**	4 410	3 887	III	3 972	3 050	2 158	1 320	610	30
	V	**13 244**	4 410	3 887	IV	7 927	7 306	6 699	6 108	5 531	4 969
	VI	**13 679**	4 410	3 887							
47 591,99	I,IV	**8 574**	4 414	3 890	I	7 316	6 118	4 978	3 898	2 877	1 916
	II	**7 904**	4 414	3 890	II	6 678	5 510	4 402	3 353	2 364	1 433
	III	**4 930**	4 414	3 890	III	3 978	3 056	2 164	1 326	614	34
	V	**13 257**	4 414	3 890	IV	7 937	7 316	6 709	6 118	5 540	4 978
	VI	**13 692**	4 414	3 890							
47 627,99	I,IV	**8 585**	4 417	3 893	I	7 326	6 128	4 988	3 907	2 886	1 924
	II	**7 915**	4 417	3 893	II	6 688	5 520	4 411	3 362	2 372	1 441
	III	**4 938**	4 417	3 893	III	3 986	3 064	2 172	1 334	620	38
	V	**13 270**	4 417	3 893	IV	7 948	7 326	6 720	6 128	5 550	4 988
	VI	**13 705**	4 417	3 893							
47 663,99	I,IV	**8 595**	4 420	3 896	I	7 337	6 137	4 997	3 916	2 894	1 931
	II	**7 925**	4 420	3 896	II	6 698	5 529	4 420	3 371	2 380	1 448
	III	**4 946**	4 420	3 896	III	3 994	3 072	2 180	1 340	626	42
	V	**13 282**	4 420	3 896	IV	7 959	7 337	6 730	6 137	5 560	4 997
	VI	**13 717**	4 420	3 896							
47 699,99	I,IV	**8 606**	4 424	3 899	I	7 347	6 147	5 006	3 925	2 903	1 939
	II	**7 936**	4 424	3 899	II	6 708	5 539	4 430	3 379	2 388	1 456
	III	**4 954**	4 424	3 899	III	4 002	3 080	2 186	1 346	632	46
	V	**13 295**	4 424	3 899	IV	7 969	7 347	6 740	6 147	5 569	5 006
	VI	**13 730**	4 424	3 899							
47 735,99	I,IV	**8 617**	4 427	3 902	I	7 357	6 157	5 016	3 934	2 911	1 947
	II	**7 946**	4 427	3 902	II	6 718	5 549	4 439	3 388	2 396	1 464
	III	**4 962**	4 427	3 902	III	4 010	3 088	2 194	1 352	636	50
	V	**13 308**	4 427	3 902	IV	7 980	7 357	6 750	6 157	5 579	5 016
	VI	**13 743**	4 427	3 902							
47 771,99	I,IV	**8 628**	4 430	3 905	I	7 368	6 167	5 025	3 943	2 919	1 955
	II	**7 957**	4 430	3 905	II	6 728	5 558	4 448	3 396	2 404	1 471
	III	**4 970**	4 430	3 905	III	4 018	3 096	2 202	1 360	642	56
	V	**13 321**	4 430	3 905	IV	7 991	7 368	6 760	6 167	5 589	5 025
	VI	**13 756**	4 430	3 905							
47 807,99	I,IV	**8 639**	4 434	3 908	I	7 378	6 177	5 034	3 951	2 927	1 963
	II	**7 968**	4 434	3 908	II	6 738	5 568	4 457	3 405	2 412	1 479
	III	**4 978**	4 434	3 908	III	4 026	3 102	2 208	1 366	648	60
	V	**13 334**	4 434	3 908	IV	8 001	7 378	6 770	6 177	5 598	5 034
	VI	**13 769**	4 434	3 908							
47 843,99	I,IV	**8 650**	4 437	3 911	I	7 389	6 187	5 044	3 960	2 936	1 971
	II	**7 978**	4 437	3 911	II	6 748	5 578	4 466	3 414	2 420	1 486
	III	**4 988**	4 437	3 911	III	4 034	3 110	2 216	1 372	654	64
	V	**13 347**	4 437	3 911	IV	8 012	7 389	6 780	6 187	5 608	5 044
	VI	**13 782**	4 437	3 911							
47 879,99	I,IV	**8 661**	4 440	3 914	I	7 399	6 197	5 053	3 969	2 944	1 979
	II	**7 989**	4 440	3 914	II	6 759	5 587	4 475	3 422	2 429	1 494
	III	**4 996**	4 440	3 914	III	4 042	3 118	2 224	1 380	658	68
	V	**13 360**	4 440	3 914	IV	8 023	7 399	6 791	6 197	5 618	5 053
	VI	**13 795**	4 440	3 914							
47 915,99	I,IV	**8 672**	4 444	3 917	I	7 409	6 206	5 063	3 978	2 953	1 987
	II	**8 000**	4 444	3 917	II	6 769	5 597	4 484	3 431	2 437	1 502
	III	**5 004**	4 444	3 917	III	4 050	3 126	2 232	1 386	664	72
	V	**13 372**	4 444	3 917	IV	8 033	7 409	6 800	6 206	5 627	5 063
	VI	**13 807**	4 444	3 917							
47 951,99	I,IV	**8 683**	4 447	3 920	I	7 420	6 216	5 072	3 987	2 961	1 995
	II	**8 010**	4 447	3 920	II	6 779	5 607	4 494	3 440	2 445	1 509
	III	**5 012**	4 447	3 920	III	4 058	3 134	2 238	1 392	670	78
	V	**13 385**	4 447	3 920	IV	8 044	7 420	6 811	6 216	5 637	5 072
	VI	**13 820**	4 447	3 920							

* Zur LSt-Berechnung für privat versicherte Arbeitnehmer s. Beispiele **Vorbemerkung S. 4f.**
** Basisvorsorgepauschale KV und PV *** Typisierter Arbeitgeberzuschuss

Lohn/ Gehalt in € bis	Steuerklasse	Lohn-steuer*	BVSP**	TAGZ***	Steuerklasse	Bemessungsgrundlage für Kirchensteuer und Solidaritätszuschlag – Freibeträge für ... Kinder 0,5	**1,0**	1,5	**2,0**	2,5	**3,0**
47 987,99	I,IV	**8 693**	4 450	3 923	I	7 430	6 226	5 081	3 996	2 969	2 002
	II	**8 021**	4 450	3 923	II	6 789	5 616	4 502	3 448	2 453	1 517
	III	**5 020**	4 450	3 923	III	4 066	3 142	2 246	1 400	676	82
	V	**13 398**	4 450	3 923	IV	8 054	7 430	6 821	6 226	5 646	5 081
	VI	**13 833**	4 450	3 923							
48 023,99	I,IV	**8 704**	4 454	3 925	I	7 441	6 236	5 091	4 005	2 978	2 010
	II	**8 032**	4 454	3 925	II	6 799	5 626	4 512	3 457	2 461	1 525
	III	**5 028**	4 454	3 925	III	4 074	3 148	2 254	1 406	680	86
	V	**13 411**	4 454	3 925	IV	8 065	7 441	6 831	6 236	5 656	5 091
	VI	**13 846**	4 454	3 925							
48 059,99	I,IV	**8 715**	4 457	3 928	I	7 451	6 246	5 100	4 014	2 986	2 018
	II	**8 042**	4 457	3 928	II	6 809	5 635	4 521	3 465	2 469	1 532
	III	**5 036**	4 457	3 928	III	4 082	3 156	2 260	1 412	686	90
	V	**13 423**	4 457	3 928	IV	8 076	7 451	6 841	6 246	5 666	5 100
	VI	**13 859**	4 457	3 928							
48 095,99	I,IV	**8 726**	4 460	3 931	I	7 461	6 256	5 110	4 023	2 995	2 026
	II	**8 053**	4 460	3 931	II	6 819	5 645	4 530	3 474	2 477	1 540
	III	**5 044**	4 460	3 931	III	4 090	3 164	2 268	1 420	692	96
	V	**13 436**	4 460	3 931	IV	8 086	7 461	6 851	6 256	5 675	5 110
	VI	**13 872**	4 460	3 931							
48 131,99	I,IV	**8 737**	4 464	3 934	I	7 472	6 266	5 119	4 031	3 003	2 034
	II	**8 063**	4 464	3 934	II	6 829	5 655	4 539	3 483	2 485	1 548
	III	**5 052**	4 464	3 934	III	4 098	3 172	2 276	1 426	698	100
	V	**13 449**	4 464	3 934	IV	8 097	7 472	6 861	6 266	5 685	5 119
	VI	**13 884**	4 464	3 934							
48 167,99	I,IV	**8 748**	4 467	3 937	I	7 482	6 276	5 129	4 040	3 012	2 042
	II	**8 074**	4 467	3 937	II	6 840	5 664	4 548	3 491	2 494	1 555
	III	**5 060**	4 467	3 937	III	4 106	3 180	2 284	1 432	704	104
	V	**13 462**	4 467	3 937	IV	8 108	7 482	6 872	6 276	5 695	5 129
	VI	**13 897**	4 467	3 937							
48 203,99	I,IV	**8 759**	4 470	3 940	I	7 492	6 286	5 138	4 049	3 020	2 050
	II	**8 085**	4 470	3 940	II	6 850	5 674	4 557	3 500	2 502	1 563
	III	**5 068**	4 470	3 940	III	4 114	3 186	2 290	1 440	708	108
	V	**13 475**	4 470	3 940	IV	8 118	7 492	6 882	6 286	5 704	5 138
	VI	**13 910**	4 470	3 940							
48 239,99	I,IV	**8 770**	4 474	3 943	I	7 503	6 296	5 147	4 058	3 028	2 058
	II	**8 095**	4 474	3 943	II	6 860	5 684	4 567	3 509	2 510	1 571
	III	**5 078**	4 474	3 943	III	4 122	3 194	2 298	1 446	714	114
	V	**13 488**	4 474	3 943	IV	8 129	7 503	6 892	6 296	5 714	5 147
	VI	**13 923**	4 474	3 943							
48 275,99	I,IV	**8 780**	4 477	3 946	I	7 513	6 305	5 157	4 067	3 037	2 066
	II	**8 106**	4 477	3 946	II	6 870	5 693	4 576	3 517	2 518	1 578
	III	**5 086**	4 477	3 946	III	4 130	3 202	2 306	1 452	720	118
	V	**13 500**	4 477	3 946	IV	8 139	7 513	6 902	6 305	5 724	5 157
	VI	**13 935**	4 477	3 946							
48 311,99	I,IV	**8 792**	4 480	3 949	I	7 524	6 315	5 166	4 076	3 045	2 074
	II	**8 117**	4 480	3 949	II	6 880	5 703	4 585	3 526	2 526	1 586
	III	**5 094**	4 480	3 949	III	4 136	3 210	2 312	1 460	726	122
	V	**13 513**	4 480	3 949	IV	8 150	7 524	6 912	6 315	5 733	5 166
	VI	**13 948**	4 480	3 949							
48 347,99	I,IV	**8 802**	4 484	3 952	I	7 534	6 325	5 175	4 085	3 054	2 081
	II	**8 127**	4 484	3 952	II	6 890	5 712	4 594	3 535	2 534	1 593
	III	**5 102**	4 484	3 952	III	4 144	3 218	2 320	1 466	732	126
	V	**13 526**	4 484	3 952	IV	8 161	7 534	6 922	6 325	5 743	5 175
	VI	**13 961**	4 484	3 952							
48 383,99	I,IV	**8 813**	4 487	3 955	I	7 545	6 335	5 185	4 094	3 062	2 090
	II	**8 138**	4 487	3 955	II	6 901	5 722	4 603	3 543	2 543	1 601
	III	**5 110**	4 487	3 955	III	4 154	3 226	2 328	1 474	738	132
	V	**13 539**	4 487	3 955	IV	8 172	7 545	6 933	6 335	5 753	5 185
	VI	**13 974**	4 487	3 955							

* Zur LSt-Berechnung für privat versicherte Arbeitnehmer s. Beispiele **Vorbemerkung S. 4 f.**
** Basisvorsorgepauschale KV und PV *** Typisierter Arbeitgeberzuschuss

Lohn/ Gehalt in € bis	Steuerklasse	Lohn- steuer*	BVSP**	TAGZ***	Steuerklasse	Bemessungsgrundlage für Kirchensteuer und Solidaritätszuschlag – Freibeträge für ... Kinder 0,5	**1,0**	1,5	**2,0**	2,5	**3,0**
48419,99	I,IV	**8824**	4490	3958	I	7555	6345	5194	4103	3070	2097
	II	**8149**	4490	3958	II	6911	5732	4612	3552	2551	1609
	III	**5118**	4490	3958	III	4160	3234	2336	1480	742	136
	V	**13552**	4490	3958	IV	8182	7555	6943	6345	5762	5194
	VI	**13987**	4490	3958							
48455,99	I,IV	**8835**	4494	3961	I	7566	6355	5204	4112	3079	2105
	II	**8159**	4494	3961	II	6921	5742	4622	3561	2559	1617
	III	**5126**	4494	3961	III	4168	3240	2342	1486	748	140
	V	**13565**	4494	3961	IV	8193	7566	6953	6355	5772	5204
	VI	**14000**	4494	3961							
48491,99	I,IV	**8846**	4497	3964	I	7576	6365	5213	4121	3087	2113
	II	**8170**	4497	3964	II	6931	5751	4631	3569	2567	1624
	III	**5134**	4497	3964	III	4176	3248	2350	1494	754	144
	V	**13577**	4497	3964	IV	8204	7576	6963	6365	5782	5213
	VI	**14012**	4497	3964							
48527,99	I,IV	**8857**	4500	3967	I	7586	6375	5223	4130	3096	2121
	II	**8181**	4500	3967	II	6941	5761	4640	3578	2575	1632
	III	**5142**	4500	3967	III	4184	3256	2358	1500	760	150
	V	**13590**	4500	3967	IV	8214	7586	6973	6375	5792	5223
	VI	**14025**	4500	3967							
48563,99	I,IV	**8868**	4504	3970	I	7597	6385	5232	4139	3104	2129
	II	**8191**	4504	3970	II	6951	5771	4649	3587	2583	1640
	III	**5150**	4504	3970	III	4192	3264	2364	1506	766	154
	V	**13603**	4504	3970	IV	8225	7597	6983	6385	5801	5232
	VI	**14038**	4504	3970							
48599,99	I,IV	**8879**	4507	3973	I	7607	6395	5242	4148	3113	2137
	II	**8202**	4507	3973	II	6962	5780	4658	3595	2592	1647
	III	**5158**	4507	3973	III	4200	3272	2372	1514	770	158
	V	**13616**	4507	3973	IV	8236	7607	6994	6395	5811	5242
	VI	**14051**	4507	3973							
48635,99	I,IV	**8890**	4510	3975	I	7618	6405	5251	4156	3121	2145
	II	**8213**	4510	3975	II	6972	5790	4667	3604	2600	1655
	III	**5166**	4510	3975	III	4208	3280	2380	1520	776	164
	V	**13628**	4510	3975	IV	8246	7618	7004	6405	5820	5251
	VI	**14064**	4510	3975							
48671,99	I,IV	**8901**	4514	3978	I	7628	6415	5261	4166	3130	2153
	II	**8224**	4514	3978	II	6982	5800	4677	3613	2608	1663
	III	**5176**	4514	3978	III	4216	3288	2388	1528	782	168
	V	**13641**	4514	3978	IV	8257	7628	7014	6415	5830	5261
	VI	**14077**	4514	3978							
48707,99	I,IV	**8912**	4517	3981	I	7639	6425	5270	4174	3138	2161
	II	**8234**	4517	3981	II	6992	5809	4686	3621	2616	1670
	III	**5184**	4517	3981	III	4224	3294	2394	1534	788	172
	V	**13654**	4517	3981	IV	8268	7639	7024	6425	5840	5270
	VI	**14089**	4517	3981							
48743,99	I,IV	**8923**	4521	3984	I	7649	6435	5280	4184	3147	2169
	II	**8245**	4521	3984	II	7002	5819	4695	3630	2625	1678
	III	**5192**	4521	3984	III	4232	3302	2402	1540	794	178
	V	**13667**	4521	3984	IV	8279	7649	7035	6435	5850	5280
	VI	**14102**	4521	3984							
48779,99	I,IV	**8934**	4524	3987	I	7660	6445	5289	4192	3155	2177
	II	**8255**	4524	3987	II	7012	5829	4704	3639	2633	1686
	III	**5200**	4524	3987	III	4240	3310	2410	1548	800	182
	V	**13680**	4524	3987	IV	8289	7660	7045	6445	5859	5289
	VI	**14115**	4524	3987							
48815,99	I,IV	**8945**	4527	3990	I	7670	6455	5299	4201	3164	2185
	II	**8266**	4527	3990	II	7023	5839	4714	3648	2641	1694
	III	**5208**	4527	3990	III	4248	3318	2418	1554	806	186
	V	**13693**	4527	3990	IV	8300	7670	7055	6455	5869	5299
	VI	**14128**	4527	3990							

* Zur LSt-Berechnung für privat versicherte Arbeitnehmer s. Beispiele **Vorbemerkung S. 4f.**
** Basisvorsorgepauschale KV und PV *** Typisierter Arbeitgeberzuschuss

Lohn/ Gehalt in € bis	Steuerklasse	Lohn-steuer*	BVSP**	TAGZ***	Steuerklasse	Bemessungsgrundlage für Kirchensteuer und Solidaritätszuschlag – Freibeträge für ... Kinder 0,5	1,0	1,5	2,0	2,5	3,0
48851,99	I,IV	**8956**	4531	3993	I	7680	6465	5308	4210	3172	2193
	II	**8277**	4531	3993	II	7033	5848	4723	3656	2649	1701
	III	**5216**	4531	3993	III	4256	3326	2424	1562	812	192
	V	**13705**	4531	3993	IV	8311	7680	7065	6465	5879	5308
	VI	**14140**	4531	3993							
48887,99	I,IV	**8967**	4534	3996	I	7691	6475	5317	4219	3181	2201
	II	**8288**	4534	3996	II	7043	5858	4732	3665	2658	1709
	III	**5224**	4534	3996	III	4264	3334	2432	1568	816	196
	V	**13718**	4534	3996	IV	8322	7691	7076	6475	5889	5317
	VI	**14153**	4534	3996							
48923,99	I,IV	**8978**	4537	3999	I	7701	6485	5327	4228	3189	2209
	II	**8298**	4537	3999	II	7053	5868	4741	3674	2666	1717
	III	**5232**	4537	3999	III	4272	3340	2440	1574	822	200
	V	**13731**	4537	3999	IV	8332	7701	7086	6485	5898	5327
	VI	**14166**	4537	3999							
48959,99	I,IV	**8989**	4541	4002	I	7712	6495	5336	4237	3198	2217
	II	**8309**	4541	4002	II	7064	5878	4750	3683	2674	1725
	III	**5242**	4541	4002	III	4280	3348	2448	1582	828	206
	V	**13744**	4541	4002	IV	8343	7712	7096	6495	5908	5336
	VI	**14179**	4541	4002							
48995,99	I,IV	**9000**	4544	4005	I	7722	6505	5346	4246	3206	2225
	II	**8320**	4544	4005	II	7074	5887	4760	3691	2682	1732
	III	**5250**	4544	4005	III	4288	3356	2454	1588	834	210
	V	**13757**	4544	4005	IV	8354	7722	7106	6505	5918	5346
	VI	**14192**	4544	4005							
49031,99	I,IV	**9011**	4547	4008	I	7733	6515	5355	4255	3215	2233
	II	**8331**	4547	4008	II	7084	5897	4769	3700	2690	1740
	III	**5258**	4547	4008	III	4296	3364	2462	1596	840	214
	V	**13770**	4547	4008	IV	8365	7733	7116	6515	5928	5355
	VI	**14205**	4547	4008							
49067,99	I,IV	**9022**	4551	4011	I	7743	6525	5365	4264	3223	2241
	II	**8341**	4551	4011	II	7094	5907	4778	3709	2699	1748
	III	**5266**	4551	4011	III	4304	3372	2470	1602	846	220
	V	**13782**	4551	4011	IV	8375	7743	7127	6525	5937	5365
	VI	**14217**	4551	4011							
49103,99	I,IV	**9033**	4554	4014	I	7754	6535	5374	4273	3232	2249
	II	**8352**	4554	4014	II	7105	5916	4787	3718	2707	1756
	III	**5274**	4554	4014	III	4312	3380	2476	1610	852	224
	V	**13795**	4554	4014	IV	8386	7754	7137	6535	5947	5374
	VI	**14230**	4554	4014							
49139,99	I,IV	**9044**	4557	4017	I	7764	6545	5384	4282	3240	2257
	II	**8363**	4557	4017	II	7115	5926	4797	3726	2715	1763
	III	**5282**	4557	4017	III	4320	3388	2484	1616	858	228
	V	**13808**	4557	4017	IV	8397	7764	7147	6545	5957	5384
	VI	**14243**	4557	4017							
49175,99	I,IV	**9055**	4561	4020	I	7775	6555	5394	4292	3249	2265
	II	**8374**	4561	4020	II	7125	5936	4806	3735	2724	1771
	III	**5290**	4561	4020	III	4328	3394	2492	1624	864	234
	V	**13821**	4561	4020	IV	8408	7775	7158	6555	5967	5394
	VI	**14256**	4561	4020							
49211,99	I,IV	**9066**	4564	4023	I	7785	6565	5403	4300	3257	2273
	II	**8384**	4564	4023	II	7135	5946	4815	3744	2732	1779
	III	**5298**	4564	4023	III	4336	3402	2498	1630	870	238
	V	**13833**	4564	4023	IV	8418	7785	7168	6565	5976	5403
	VI	**14268**	4564	4023							
49247,99	I,IV	**9077**	4567	4026	I	7796	6575	5413	4310	3266	2281
	II	**8395**	4567	4026	II	7146	5956	4824	3753	2740	1787
	III	**5306**	4567	4026	III	4344	3410	2506	1638	876	244
	V	**13846**	4567	4026	IV	8429	7796	7178	6575	5986	5413
	VI	**14282**	4567	4026							

* Zur LSt-Berechnung für privat versicherte Arbeitnehmer s. Beispiele **Vorbemerkung S. 4 f.**
** Basisvorsorgepauschale KV und PV *** Typisierter Arbeitgeberzuschuss

Lohn/ Gehalt in € bis	Steuerklasse	Lohn- steuer*	BVSP**	TAGZ***	Steuerklasse	Bemessungsgrundlage für Kirchensteuer und Solidaritätszuschlag – Freibeträge für ... Kinder 0,5	**1,0**	1,5	**2,0**	2,5	**3,0**
49 283,99	I,IV	**9 088**	4 571	4 028	I	7 807	6 585	5 422	4 318	3 274	2 289
	II	**8 406**	4 571	4 028	II	7 156	5 965	4 834	3 761	2 748	1 794
	III	**5 316**	4 571	4 028	III	4 352	3 418	2 514	1 644	880	248
	V	**13 859**	4 571	4 028	IV	8 440	7 807	7 188	6 585	5 996	5 422
	VI	**14 294**	4 571	4 028							
49 319,99	I,IV	**9 099**	4 574	4 031	I	7 817	6 595	5 432	4 328	3 283	2 297
	II	**8 417**	4 574	4 031	II	7 166	5 975	4 843	3 770	2 757	1 802
	III	**5 324**	4 574	4 031	III	4 360	3 426	2 522	1 652	886	252
	V	**13 872**	4 574	4 031	IV	8 451	7 817	7 199	6 595	6 006	5 432
	VI	**14 307**	4 574	4 031							
49 355,99	I,IV	**9 110**	4 577	4 034	I	7 828	6 605	5 441	4 337	3 291	2 305
	II	**8 427**	4 577	4 034	II	7 176	5 985	4 852	3 779	2 765	1 810
	III	**5 332**	4 577	4 034	III	4 368	3 434	2 528	1 658	892	258
	V	**13 885**	4 577	4 034	IV	8 461	7 828	7 209	6 605	6 015	5 441
	VI	**14 320**	4 577	4 034							
49 391,99	I,IV	**9 121**	4 581	4 037	I	7 838	6 615	5 451	4 346	3 300	2 313
	II	**8 438**	4 581	4 037	II	7 187	5 995	4 862	3 788	2 773	1 818
	III	**5 340**	4 581	4 037	III	4 376	3 442	2 536	1 666	898	262
	V	**13 898**	4 581	4 037	IV	8 472	7 838	7 219	6 615	6 025	5 451
	VI	**14 333**	4 581	4 037							
49 427,99	I,IV	**9 132**	4 584	4 040	I	7 849	6 625	5 460	4 355	3 308	2 321
	II	**8 449**	4 584	4 040	II	7 197	6 004	4 871	3 796	2 781	1 825
	III	**5 348**	4 584	4 040	III	4 384	3 450	2 544	1 672	904	268
	V	**13 910**	4 584	4 040	IV	8 483	7 849	7 229	6 625	6 035	5 460
	VI	**14 345**	4 584	4 040							
49 463,99	I,IV	**9 143**	4 587	4 043	I	7 859	6 635	5 470	4 364	3 317	2 330
	II	**8 460**	4 587	4 043	II	7 207	6 014	4 880	3 805	2 790	1 833
	III	**5 356**	4 587	4 043	III	4 392	3 456	2 552	1 680	910	272
	V	**13 923**	4 587	4 043	IV	8 494	7 859	7 240	6 635	6 045	5 470
	VI	**14 358**	4 587	4 043							
49 499,99	I,IV	**9 154**	4 591	4 046	I	7 870	6 645	5 479	4 373	3 326	2 337
	II	**8 470**	4 591	4 046	II	7 218	6 024	4 889	3 814	2 798	1 841
	III	**5 364**	4 591	4 046	III	4 400	3 464	2 558	1 686	916	276
	V	**13 936**	4 591	4 046	IV	8 504	7 870	7 250	6 645	6 055	5 479
	VI	**14 371**	4 591	4 046							
49 535,99	I,IV	**9 165**	4 594	4 049	I	7 881	6 655	5 489	4 382	3 334	2 346
	II	**8 481**	4 594	4 049	II	7 228	6 034	4 899	3 823	2 806	1 849
	III	**5 372**	4 594	4 049	III	4 408	3 472	2 566	1 694	922	282
	V	**13 949**	4 594	4 049	IV	8 515	7 881	7 260	6 655	6 065	5 489
	VI	**14 384**	4 594	4 049							
49 571,99	I,IV	**9 176**	4 597	4 052	I	7 891	6 665	5 498	4 391	3 343	2 354
	II	**8 492**	4 597	4 052	II	7 238	6 043	4 908	3 832	2 815	1 857
	III	**5 380**	4 597	4 052	III	4 416	3 480	2 574	1 700	928	286
	V	**13 961**	4 597	4 052	IV	8 526	7 891	7 271	6 665	6 074	5 498
	VI	**14 397**	4 597	4 052							
49 607,99	I,IV	**9 187**	4 601	4 055	I	7 902	6 675	5 508	4 400	3 351	2 362
	II	**8 503**	4 601	4 055	II	7 249	6 053	4 917	3 841	2 823	1 865
	III	**5 390**	4 601	4 055	III	4 424	3 488	2 582	1 708	934	292
	V	**13 974**	4 601	4 055	IV	8 537	7 902	7 281	6 675	6 084	5 508
	VI	**14 410**	4 601	4 055							
49 643,99	I,IV	**9 198**	4 604	4 058	I	7 912	6 685	5 518	4 409	3 360	2 370
	II	**8 514**	4 604	4 058	II	7 259	6 063	4 927	3 849	2 831	1 872
	III	**5 398**	4 604	4 058	III	4 432	3 496	2 588	1 714	940	296
	V	**13 987**	4 604	4 058	IV	8 548	7 912	7 291	6 685	6 094	5 518
	VI	**14 422**	4 604	4 058							
49 679,99	I,IV	**9 209**	4 607	4 061	I	7 923	6 695	5 527	4 418	3 369	2 378
	II	**8 525**	4 607	4 061	II	7 269	6 073	4 936	3 858	2 840	1 880
	III	**5 406**	4 607	4 061	III	4 440	3 504	2 596	1 722	946	302
	V	**14 000**	4 607	4 061	IV	8 559	7 923	7 302	6 695	6 104	5 527
	VI	**14 435**	4 607	4 061							

* Zur LSt-Berechnung für privat versicherte Arbeitnehmer s. Beispiele **Vorbemerkung S. 4 f.**
** Basisvorsorgepauschale KV und PV *** Typisierter Arbeitgeberzuschuss

Lohn/ Gehalt in € bis	Steuerklasse	Lohn- steuer*	BVSP**	TAGZ***	Steuerklasse	Bemessungsgrundlage für Kirchensteuer und Solidaritätszuschlag – Freibeträge für ... Kinder 0,5	1,0	1,5	2,0	2,5	3,0
49715,99	I,IV	**9220**	4611	4064	I	7933	6705	5537	4427	3377	2386
	II	**8535**	4611	4064	II	7279	6083	4945	3867	2848	1888
	III	**5414**	4611	4064	III	4448	3512	2604	1728	952	306
	V	**14013**	4611	4064	IV	8569	7933	7312	6705	6114	5537
	VI	**14448**	4611	4064							
49751,99	I,IV	**9232**	4614	4067	I	7944	6716	5546	4436	3386	2394
	II	**8546**	4614	4067	II	7290	6093	4955	3876	2856	1896
	III	**5422**	4614	4067	III	4456	3518	2612	1736	958	310
	V	**14026**	4614	4067	IV	8580	7944	7322	6716	6124	5546
	VI	**14461**	4614	4067							
49787,99	I,IV	**9242**	4617	4070	I	7954	6726	5556	4445	3394	2402
	II	**8557**	4617	4070	II	7300	6102	4964	3885	2864	1904
	III	**5430**	4617	4070	III	4464	3526	2618	1742	964	316
	V	**14038**	4617	4070	IV	8591	7954	7333	6726	6133	5556
	VI	**14473**	4617	4070							
49823,99	I,IV	**9254**	4621	4073	I	7965	6736	5566	4455	3403	2410
	II	**8568**	4621	4073	II	7311	6112	4973	3894	2873	1912
	III	**5438**	4621	4073	III	4472	3534	2626	1750	970	320
	V	**14051**	4621	4073	IV	8602	7965	7343	6736	6143	5566
	VI	**14486**	4621	4073							
49859,99	I,IV	**9265**	4624	4076	I	7976	6746	5575	4464	3411	2418
	II	**8579**	4624	4076	II	7321	6122	4983	3902	2881	1919
	III	**5448**	4624	4076	III	4480	3542	2634	1758	976	326
	V	**14064**	4624	4076	IV	8613	7976	7353	6746	6153	5575
	VI	**14499**	4624	4076							
49895,99	I,IV	**9276**	4627	4078	I	7986	6756	5585	4473	3420	2427
	II	**8590**	4627	4078	II	7331	6132	4992	3911	2890	1927
	III	**5456**	4627	4078	III	4488	3550	2642	1764	982	330
	V	**14077**	4627	4078	IV	8624	7986	7364	6756	6163	5585
	VI	**14512**	4627	4078							
49931,99	I,IV	**9287**	4631	4081	I	7997	6766	5594	4482	3429	2435
	II	**8600**	4631	4081	II	7341	6142	5001	3920	2898	1935
	III	**5464**	4631	4081	III	4496	3558	2648	1772	988	336
	V	**14090**	4631	4081	IV	8634	7997	7374	6766	6173	5594
	VI	**14525**	4631	4081							
49967,99	I,IV	**9298**	4634	4084	I	8008	6776	5604	4491	3437	2443
	II	**8611**	4634	4084	II	7352	6152	5011	3929	2906	1943
	III	**5472**	4634	4084	III	4504	3566	2656	1778	994	340
	V	**14103**	4634	4084	IV	8645	8008	7385	6776	6183	5604
	VI	**14538**	4634	4084							
50003,99	I,IV	**9309**	4637	4087	I	8018	6786	5614	4500	3446	2451
	II	**8622**	4637	4087	II	7362	6161	5020	3938	2915	1951
	III	**5480**	4637	4087	III	4512	3574	2664	1786	1000	346
	V	**14115**	4637	4087	IV	8656	8018	7395	6786	6192	5614
	VI	**14550**	4637	4087							
50039,99	I,IV	**9320**	4641	4090	I	8029	6796	5623	4509	3455	2459
	II	**8633**	4641	4090	II	7373	6171	5029	3947	2923	1959
	III	**5488**	4641	4090	III	4520	3580	2672	1792	1006	350
	V	**14128**	4641	4090	IV	8667	8029	7405	6796	6202	5623
	VI	**14563**	4641	4090							
50075,99	I,IV	**9331**	4644	4093	I	8039	6806	5633	4518	3463	2467
	II	**8644**	4644	4093	II	7383	6181	5039	3955	2931	1966
	III	**5496**	4644	4093	III	4528	3588	2680	1800	1012	356
	V	**14141**	4644	4093	IV	8678	8039	7415	6806	6212	5633
	VI	**14576**	4644	4093							
50111,99	I,IV	**9343**	4647	4096	I	8050	6817	5643	4528	3472	2475
	II	**8655**	4647	4096	II	7393	6191	5048	3964	2940	1974
	III	**5506**	4647	4096	III	4536	3596	2686	1808	1018	360
	V	**14154**	4647	4096	IV	8689	8050	7426	6817	6222	5643
	VI	**14589**	4647	4096							

* Zur LSt-Berechnung für privat versicherte Arbeitnehmer s. Beispiele **Vorbemerkung S. 4 f.**
** Basisvorsorgepauschale KV und PV *** Typisierter Arbeitgeberzuschuss

Lohn/ Gehalt in € bis	Steuerklasse	Lohn-steuer*	BVSP**	TAGZ***	Steuerklasse	Bemessungsgrundlage für Kirchensteuer und Solidaritätszuschlag					
						Freibeträge für ... Kinder					
						0,5	**1,0**	1,5	**2,0**	2,5	**3,0**
50147,99	I,IV	**9354**	4651	4099	I	8061	6827	5652	4537	3480	2483
	II	**8665**	4651	4099	II	7404	6201	5057	3973	2948	1982
	III	**5514**	4651	4099	III	4544	3604	2694	1814	1024	366
	V	**14166**	4651	4099	IV	8700	8061	7436	6827	6232	5652
	VI	**14602**	4651	4099							
50183,99	I,IV	**9365**	4654	4102	I	8071	6837	5662	4546	3489	2492
	II	**8676**	4654	4102	II	7414	6211	5067	3982	2957	1990
	III	**5522**	4654	4102	III	4552	3612	2702	1822	1030	370
	V	**14179**	4654	4102	IV	8711	8071	7447	6837	6242	5662
	VI	**14615**	4654	4102							
50219,99	I,IV	**9376**	4657	4105	I	8082	6847	5671	4555	3498	2500
	II	**8687**	4657	4105	II	7424	6221	5076	3991	2965	1998
	III	**5530**	4657	4105	III	4560	3620	2710	1828	1036	376
	V	**14192**	4657	4105	IV	8721	8082	7457	6847	6252	5671
	VI	**14627**	4657	4105							
50255,99	I,IV	**9387**	4661	4108	I	8093	6857	5681	4564	3506	2508
	II	**8698**	4661	4108	II	7435	6231	5086	4000	2973	2006
	III	**5538**	4661	4108	III	4568	3628	2718	1836	1044	380
	V	**14205**	4661	4108	IV	8733	8093	7468	6857	6262	5681
	VI	**14640**	4661	4108							
50291,99	I,IV	**9398**	4664	4111	I	8103	6867	5691	4573	3515	2516
	II	**8709**	4664	4111	II	7445	6240	5095	4009	2982	2014
	III	**5546**	4664	4111	III	4576	3636	2724	1844	1050	386
	V	**14218**	4664	4111	IV	8743	8103	7478	6867	6272	5691
	VI	**14653**	4664	4111							
50327,99	I,IV	**9409**	4667	4114	I	8114	6878	5700	4582	3524	2524
	II	**8720**	4667	4114	II	7456	6250	5104	4018	2990	2022
	III	**5554**	4667	4114	III	4584	3644	2732	1850	1056	390
	V	**14231**	4667	4114	IV	8754	8114	7488	6878	6282	5700
	VI	**14666**	4667	4114							
50363,99	I,IV	**9420**	4671	4117	I	8124	6888	5710	4592	3532	2532
	II	**8731**	4671	4117	II	7466	6260	5114	4026	2998	2030
	III	**5562**	4671	4117	III	4592	3650	2740	1858	1062	396
	V	**14243**	4671	4117	IV	8765	8124	7499	6888	6291	5710
	VI	**14678**	4671	4117							
50399,99	I,IV	**9432**	4674	4120	I	8135	6898	5720	4601	3541	2541
	II	**8742**	4674	4120	II	7476	6270	5123	4036	3007	2038
	III	**5572**	4674	4120	III	4600	3660	2748	1866	1068	400
	V	**14256**	4674	4120	IV	8776	8135	7509	6898	6301	5720
	VI	**14691**	4674	4120							
50435,99	I,IV	**9443**	4677	4123	I	8146	6908	5729	4610	3550	2549
	II	**8753**	4677	4123	II	7487	6280	5133	4044	3015	2045
	III	**5580**	4677	4123	III	4608	3666	2754	1872	1074	406
	V	**14269**	4677	4123	IV	8787	8146	7519	6908	6311	5729
	VI	**14704**	4677	4123							
50471,99	I,IV	**9454**	4681	4126	I	8157	6918	5739	4619	3558	2557
	II	**8764**	4681	4126	II	7497	6290	5142	4053	3024	2053
	III	**5588**	4681	4126	III	4616	3674	2762	1880	1080	410
	V	**14282**	4681	4126	IV	8798	8157	7530	6918	6321	5739
	VI	**14717**	4681	4126							
50507,99	I,IV	**9465**	4684	4129	I	8167	6929	5749	4628	3567	2565
	II	**8775**	4684	4129	II	7508	6300	5152	4062	3032	2061
	III	**5596**	4684	4129	III	4624	3682	2770	1888	1086	416
	V	**14295**	4684	4129	IV	8809	8167	7541	6929	6331	5749
	VI	**14730**	4684	4129							
50543,99	I,IV	**9476**	4687	4131	I	8178	6939	5758	4638	3576	2573
	II	**8785**	4687	4131	II	7518	6310	5161	4071	3041	2069
	III	**5604**	4687	4131	III	4632	3690	2778	1894	1092	420
	V	**14308**	4687	4131	IV	8820	8178	7551	6939	6341	5758
	VI	**14743**	4687	4131							

* Zur LSt-Berechnung für privat versicherte Arbeitnehmer s. Beispiele **Vorbemerkung S. 4 f.**
** Basisvorsorgepauschale KV und PV *** Typisierter Arbeitgeberzuschuss

Lohn/ Gehalt in € bis	Steuerklasse	Lohn-steuer*	BVSP**	TAGZ***	Steuerklasse	Bemessungsgrundlage für Kirchensteuer und Solidaritätszuschlag – Freibeträge für ... Kinder 0,5	1,0	1,5	2,0	2,5	3,0
50579,99	I,IV	**9488**	4691	4134	I	8189	6949	5768	4647	3585	2582
	II	**8797**	4691	4134	II	7529	6320	5171	4080	3049	2077
	III	**5612**	4691	4134	III	4640	3698	2784	1902	1098	426
	V	**14321**	4691	4134	IV	8831	8189	7561	6949	6351	5768
	VI	**14756**	4691	4134							
50615,99	I,IV	**9499**	4694	4137	I	8199	6959	5778	4656	3593	2590
	II	**8807**	4694	4137	II	7539	6330	5180	4089	3057	2085
	III	**5620**	4694	4137	III	4648	3706	2792	1908	1104	430
	V	**14333**	4694	4137	IV	8842	8199	7572	6959	6361	5778
	VI	**14768**	4694	4137							
50651,99	I,IV	**9510**	4697	4140	I	8210	6969	5788	4665	3602	2598
	II	**8818**	4697	4140	II	7550	6340	5189	4098	3066	2093
	III	**5630**	4697	4140	III	4656	3714	2800	1916	1112	436
	V	**14346**	4697	4140	IV	8853	8210	7582	6969	6371	5788
	VI	**14781**	4697	4140							
50687,99	I,IV	**9521**	4701	4143	I	8221	6979	5797	4674	3611	2606
	II	**8829**	4701	4143	II	7560	6350	5199	4107	3074	2101
	III	**5638**	4701	4143	III	4664	3722	2808	1924	1118	442
	V	**14359**	4701	4143	IV	8864	8221	7593	6979	6381	5797
	VI	**14794**	4701	4143							
50723,99	I,IV	**9533**	4704	4146	I	8232	6990	5807	4684	3619	2614
	II	**8840**	4704	4146	II	7570	6360	5208	4116	3083	2109
	III	**5646**	4704	4146	III	4672	3730	2816	1930	1124	446
	V	**14372**	4704	4146	IV	8875	8232	7603	6990	6391	5807
	VI	**14807**	4704	4146							
50759,99	I,IV	**9544**	4707	4149	I	8242	7000	5817	4693	3628	2622
	II	**8851**	4707	4149	II	7581	6369	5218	4125	3091	2117
	III	**5654**	4707	4149	III	4680	3736	2822	1938	1130	452
	V	**14384**	4707	4149	IV	8885	8242	7614	7000	6401	5817
	VI	**14820**	4707	4149							
50795,99	I,IV	**9555**	4711	4152	I	8253	7010	5827	4702	3637	2631
	II	**8862**	4711	4152	II	7591	6380	5227	4134	3100	2125
	III	**5662**	4711	4152	III	4690	3746	2830	1946	1136	456
	V	**14397**	4711	4152	IV	8897	8253	7624	7010	6411	5827
	VI	**14833**	4711	4152							
50831,99	I,IV	**9566**	4714	4155	I	8264	7020	5836	4711	3645	2639
	II	**8873**	4714	4155	II	7602	6389	5236	4143	3108	2133
	III	**5672**	4714	4155	III	4698	3752	2838	1952	1142	462
	V	**14410**	4714	4155	IV	8907	8264	7634	7020	6421	5836
	VI	**14845**	4714	4155							
50867,99	I,IV	**9578**	4716	4156	I	8275	7031	5846	4721	3655	2648
	II	**8884**	4716	4156	II	7613	6400	5246	4152	3117	2141
	III	**5680**	4716	4156	III	4706	3760	2846	1960	1148	468
	V	**14423**	4716	4156	IV	8919	8275	7645	7031	6431	5846
	VI	**14859**	4716	4156							
50903,99	I,IV	**9590**	4716	4156	I	8287	7042	5857	4731	3664	2657
	II	**8897**	4716	4156	II	7624	6411	5257	4162	3126	2150
	III	**5690**	4716	4156	III	4714	3770	2854	1968	1156	474
	V	**14438**	4716	4156	IV	8931	8287	7657	7042	6442	5857
	VI	**14873**	4716	4156							
50939,99	I,IV	**9603**	4716	4156	I	8299	7054	5868	4741	3674	2666
	II	**8909**	4716	4156	II	7636	6422	5267	4172	3136	2159
	III	**5698**	4716	4156	III	4724	3778	2862	1976	1162	480
	V	**14452**	4716	4156	IV	8943	8299	7669	7054	6453	5868
	VI	**14887**	4716	4156							
50975,99	I,IV	**9615**	4716	4156	I	8311	7065	5879	4752	3684	2675
	II	**8921**	4716	4156	II	7647	6433	5278	4182	3145	2168
	III	**5708**	4716	4156	III	4732	3788	2872	1986	1170	484
	V	**14466**	4716	4156	IV	8956	8311	7680	7065	6465	5879
	VI	**14901**	4716	4156							

* Zur LSt-Berechnung für privat versicherte Arbeitnehmer s. Beispiele **Vorbemerkung S. 4f.**
** Basisvorsorgepauschale KV und PV *** Typisierter Arbeitgeberzuschuss

Lohn/ Gehalt in € bis	Steuerklasse	Lohn-steuer*	BVSP**	TAGZ***	Steuerklasse	Bemessungsgrundlage für Kirchensteuer und Solidaritätszuschlag – Freibeträge für ... Kinder 0,5	1,0	1,5	2,0	2,5	3,0
51 011,99	I,IV	**9628**	4716	4156	I	8323	7077	5890	4762	3694	2684
	II	**8933**	4716	4156	II	7659	6444	5289	4192	3155	2177
	III	**5716**	4716	4156	III	4742	3796	2880	1994	1176	490
	V	**14481**	4716	4156	IV	8968	8323	7692	7077	6476	5890
	VI	**14916**	4716	4156							
51 047,99	I,IV	**9640**	4716	4156	I	8334	7088	5900	4772	3703	2693
	II	**8945**	4716	4156	II	7670	6455	5299	4202	3164	2185
	III	**5726**	4716	4156	III	4750	3804	2888	2000	1184	496
	V	**14494**	4716	4156	IV	8980	8334	7703	7088	6486	5900
	VI	**14930**	4716	4156							
51 083,99	I,IV	**9653**	4716	4156	I	8346	7099	5911	4782	3713	2702
	II	**8957**	4716	4156	II	7682	6466	5309	4212	3173	2194
	III	**5734**	4716	4156	III	4760	3812	2896	2010	1190	502
	V	**14509**	4716	4156	IV	8992	8346	7715	7099	6498	5911
	VI	**14944**	4716	4156							
51 119,99	I,IV	**9665**	4716	4156	I	8358	7110	5922	4793	3723	2712
	II	**8970**	4716	4156	II	7694	6477	5320	4222	3183	2203
	III	**5744**	4716	4156	III	4768	3822	2904	2018	1198	508
	V	**14523**	4716	4156	IV	9004	8358	7727	7110	6509	5922
	VI	**14958**	4716	4156							
51 155,99	I,IV	**9678**	4716	4156	I	8370	7122	5933	4803	3732	2721
	II	**8982**	4716	4156	II	7706	6488	5331	4232	3192	2212
	III	**5754**	4716	4156	III	4778	3830	2914	2026	1204	514
	V	**14537**	4716	4156	IV	9016	8370	7739	7122	6520	5933
	VI	**14972**	4716	4156							
51 191,99	I,IV	**9690**	4716	4156	I	8382	7133	5944	4813	3742	2730
	II	**8994**	4716	4156	II	7717	6500	5341	4242	3202	2221
	III	**5762**	4716	4156	III	4786	3840	2922	2034	1212	520
	V	**14552**	4716	4156	IV	9029	8382	7750	7133	6531	5944
	VI	**14987**	4716	4156							
51 227,99	I,IV	**9703**	4716	4156	I	8394	7145	5955	4824	3752	2739
	II	**9006**	4716	4156	II	7729	6511	5352	4252	3211	2230
	III	**5772**	4716	4156	III	4796	3848	2930	2042	1220	526
	V	**14566**	4716	4156	IV	9041	8394	7762	7145	6542	5955
	VI	**15001**	4716	4156							
51 263,99	I,IV	**9715**	4716	4156	I	8406	7156	5965	4834	3762	2748
	II	**9019**	4716	4156	II	7741	6522	5362	4262	3221	2239
	III	**5782**	4716	4156	III	4804	3856	2938	2050	1226	532
	V	**14580**	4716	4156	IV	9053	8406	7774	7156	6553	5965
	VI	**15015**	4716	4156							
51 299,99	I,IV	**9727**	4716	4156	I	8418	7167	5976	4844	3771	2757
	II	**9031**	4716	4156	II	7752	6533	5373	4272	3230	2248
	III	**5790**	4716	4156	III	4814	3866	2948	2058	1234	538
	V	**14594**	4716	4156	IV	9065	8418	7785	7167	6564	5976
	VI	**15029**	4716	4156							
51 335,99	I,IV	**9740**	4716	4156	I	8430	7179	5987	4854	3781	2767
	II	**9043**	4716	4156	II	7764	6544	5383	4282	3240	2256
	III	**5800**	4716	4156	III	4822	3874	2956	2066	1240	544
	V	**14608**	4716	4156	IV	9078	8430	7797	7179	6575	5987
	VI	**15043**	4716	4156							
51 371,99	I,IV	**9753**	4716	4156	I	8442	7190	5998	4865	3791	2776
	II	**9055**	4716	4156	II	7775	6555	5394	4292	3249	2265
	III	**5810**	4716	4156	III	4832	3882	2964	2074	1248	550
	V	**14623**	4716	4156	IV	9090	8442	7809	7190	6587	5998
	VI	**15058**	4716	4156							
51 407,99	I,IV	**9765**	4716	4156	I	8454	7202	6009	4875	3800	2785
	II	**9067**	4716	4156	II	7787	6566	5404	4302	3259	2274
	III	**5818**	4716	4156	III	4840	3892	2972	2082	1254	556
	V	**14637**	4716	4156	IV	9102	8454	7820	7202	6598	6009
	VI	**15072**	4716	4156							

* Zur LSt-Berechnung für privat versicherte Arbeitnehmer s. Beispiele **Vorbemerkung S. 4f.**
** Basisvorsorgepauschale KV und PV *** Typisierter Arbeitgeberzuschuss

Lohn/ Gehalt in € bis	Steuerklasse	Lohn-steuer*	BVSP**	TAGZ***	Steuerklasse	Bemessungsgrundlage für Kirchensteuer und Solidaritätszuschlag – Freibeträge für ... Kinder 0,5	1,0	1,5	2,0	2,5	3,0
51 443,99	I,IV	**9778**	4716	4156	I	8466	7213	6020	4885	3810	2794
	II	**9080**	4716	4156	II	7799	6577	5415	4312	3268	2283
	III	**5828**	4716	4156	III	4850	3900	2980	2092	1262	562
	V	**14651**	4716	4156	IV	9114	8466	7832	7213	6609	6020
	VI	**15086**	4716	4156							
51 479,99	I,IV	**9790**	4716	4156	I	8478	7225	6031	4896	3820	2804
	II	**9092**	4716	4156	II	7811	6589	5426	4322	3278	2292
	III	**5838**	4716	4156	III	4858	3910	2990	2100	1270	568
	V	**14665**	4716	4156	IV	9127	8478	7844	7225	6620	6031
	VI	**15101**	4716	4156							
51 515,99	I,IV	**9803**	4716	4156	I	8490	7236	6041	4906	3830	2813
	II	**9104**	4716	4156	II	7822	6599	5436	4332	3287	2301
	III	**5846**	4716	4156	III	4866	3918	2998	2108	1276	572
	V	**14679**	4716	4156	IV	9139	8490	7855	7236	6631	6041
	VI	**15114**	4716	4156							
51 551,99	I,IV	**9815**	4716	4156	I	8502	7247	6052	4916	3839	2822
	II	**9116**	4716	4156	II	7834	6611	5447	4342	3296	2310
	III	**5856**	4716	4156	III	4876	3926	3006	2116	1284	578
	V	**14694**	4716	4156	IV	9151	8502	7867	7247	6642	6052
	VI	**15129**	4716	4156							
51 587,99	I,IV	**9828**	4716	4156	I	8514	7259	6063	4927	3849	2831
	II	**9129**	4716	4156	II	7846	6622	5457	4352	3306	2319
	III	**5864**	4716	4156	III	4886	3934	3014	2124	1290	584
	V	**14708**	4716	4156	IV	9163	8514	7879	7259	6654	6063
	VI	**15143**	4716	4156							
51 623,99	I,IV	**9840**	4716	4156	I	8526	7270	6074	4937	3859	2840
	II	**9141**	4716	4156	II	7857	6633	5468	4362	3315	2328
	III	**5874**	4716	4156	III	4894	3944	3022	2132	1298	590
	V	**14722**	4716	4156	IV	9176	8526	7891	7270	6665	6074
	VI	**15157**	4716	4156							
51 659,99	I,IV	**9853**	4716	4156	I	8538	7282	6085	4947	3869	2850
	II	**9153**	4716	4156	II	7869	6644	5479	4372	3325	2337
	III	**5884**	4716	4156	III	4904	3952	3032	2140	1304	596
	V	**14736**	4716	4156	IV	9188	8538	7902	7282	6676	6085
	VI	**15171**	4716	4156							
51 695,99	I,IV	**9866**	4716	4156	I	8550	7293	6096	4958	3879	2859
	II	**9166**	4716	4156	II	7881	6655	5489	4382	3335	2346
	III	**5892**	4716	4156	III	4912	3962	3040	2148	1312	602
	V	**14751**	4716	4156	IV	9200	8550	7914	7293	6687	6096
	VI	**15186**	4716	4156							
51 731,99	I,IV	**9878**	4716	4156	I	8562	7305	6107	4968	3889	2868
	II	**9178**	4716	4156	II	7893	6667	5500	4392	3344	2355
	III	**5902**	4716	4156	III	4922	3970	3048	2156	1320	608
	V	**14765**	4716	4156	IV	9213	8562	7926	7305	6698	6107
	VI	**15200**	4716	4156							
51 767,99	I,IV	**9891**	4716	4156	I	8574	7316	6118	4978	3898	2877
	II	**9190**	4716	4156	II	7904	6678	5510	4402	3353	2364
	III	**5912**	4716	4156	III	4930	3978	3056	2164	1326	614
	V	**14779**	4716	4156	IV	9225	8574	7937	7316	6709	6118
	VI	**15214**	4716	4156							
51 803,99	I,IV	**9903**	4716	4156	I	8586	7328	6128	4989	3908	2887
	II	**9202**	4716	4156	II	7916	6689	5521	4412	3363	2373
	III	**5920**	4716	4156	III	4940	3988	3066	2172	1334	620
	V	**14793**	4716	4156	IV	9237	8586	7949	7328	6721	6128
	VI	**15228**	4716	4156							
51 839,99	I,IV	**9916**	4716	4156	I	8598	7339	6139	4999	3918	2896
	II	**9215**	4716	4156	II	7928	6700	5532	4422	3372	2382
	III	**5930**	4716	4156	III	4948	3996	3074	2182	1342	628
	V	**14807**	4716	4156	IV	9249	8598	7961	7339	6732	6139
	VI	**15242**	4716	4156							

* Zur LSt-Berechnung für privat versicherte Arbeitnehmer s. Beispiele **Vorbemerkung S. 4 f.**
** Basisvorsorgepauschale KV und PV *** Typisierter Arbeitgeberzuschuss

Lohn/ Gehalt in € bis	Steuerklasse	Lohn-steuer*	BVSP**	TAGZ***	Steuerklasse	Bemessungsgrundlage für Kirchensteuer und Solidaritätszuschlag					
						Freibeträge für ... Kinder					
						0,5	**1,0**	1,5	**2,0**	2,5	**3,0**
51 875,99	I,IV	**9 928**	4 716	4 156	I	8 610	7 351	6 150	5 010	3 928	2 905
	II	**9 227**	4 716	4 156	II	7 939	6 711	5 542	4 433	3 382	2 391
	III	**5 940**	4 716	4 156	III	4 958	4 006	3 082	2 190	1 348	634
	V	**14 822**	4 716	4 156	IV	9 262	8 610	7 973	7 351	6 743	6 150
	VI	**15 257**	4 716	4 156							
51 911,99	I,IV	**9 941**	4 716	4 156	I	8 622	7 362	6 161	5 020	3 938	2 915
	II	**9 239**	4 716	4 156	II	7 951	6 723	5 553	4 443	3 392	2 400
	III	**5 948**	4 716	4 156	III	4 966	4 014	3 092	2 198	1 356	640
	V	**14 836**	4 716	4 156	IV	9 274	8 622	7 985	7 362	6 754	6 161
	VI	**15 271**	4 716	4 156							
51 947,99	I,IV	**9 954**	4 716	4 156	I	8 634	7 374	6 172	5 030	3 948	2 924
	II	**9 252**	4 716	4 156	II	7 963	6 734	5 564	4 453	3 401	2 409
	III	**5 958**	4 716	4 156	III	4 976	4 022	3 100	2 206	1 364	646
	V	**14 850**	4 716	4 156	IV	9 287	8 634	7 996	7 374	6 766	6 172
	VI	**15 285**	4 716	4 156							
51 983,99	I,IV	**9 966**	4 716	4 156	I	8 646	7 385	6 183	5 040	3 957	2 933
	II	**9 264**	4 716	4 156	II	7 975	6 745	5 574	4 463	3 411	2 418
	III	**5 968**	4 716	4 156	III	4 984	4 032	3 108	2 214	1 370	652
	V	**14 864**	4 716	4 156	IV	9 299	8 646	8 008	7 385	6 777	6 183
	VI	**15 299**	4 716	4 156							
52 019,99	I,IV	**9 979**	4 716	4 156	I	8 658	7 396	6 194	5 051	3 967	2 942
	II	**9 276**	4 716	4 156	II	7 986	6 756	5 585	4 473	3 420	2 427
	III	**5 976**	4 716	4 156	III	4 994	4 040	3 116	2 222	1 378	658
	V	**14 878**	4 716	4 156	IV	9 311	8 658	8 020	7 396	6 788	6 194
	VI	**15 313**	4 716	4 156							
52 055,99	I,IV	**9 991**	4 716	4 156	I	8 670	7 408	6 205	5 061	3 977	2 952
	II	**9 288**	4 716	4 156	II	7 998	6 767	5 596	4 483	3 430	2 436
	III	**5 986**	4 716	4 156	III	5 002	4 048	3 124	2 230	1 386	664
	V	**14 893**	4 716	4 156	IV	9 323	8 670	8 032	7 408	6 799	6 205
	VI	**15 328**	4 716	4 156							
52 091,99	I,IV	**10 004**	4 716	4 156	I	8 682	7 420	6 216	5 072	3 987	2 961
	II	**9 301**	4 716	4 156	II	8 010	6 779	5 606	4 493	3 439	2 445
	III	**5 996**	4 716	4 156	III	5 012	4 058	3 134	2 238	1 392	670
	V	**14 907**	4 716	4 156	IV	9 336	8 682	8 043	7 420	6 810	6 216
	VI	**15 342**	4 716	4 156							
52 127,99	I,IV	**10 017**	4 716	4 156	I	8 694	7 431	6 227	5 082	3 997	2 970
	II	**9 313**	4 716	4 156	II	8 022	6 790	5 617	4 503	3 449	2 454
	III	**6 004**	4 716	4 156	III	5 020	4 066	3 142	2 246	1 400	676
	V	**14 921**	4 716	4 156	IV	9 348	8 694	8 055	7 431	6 822	6 227
	VI	**15 356**	4 716	4 156							
52 163,99	I,IV	**10 029**	4 716	4 156	I	8 706	7 443	6 238	5 093	4 007	2 980
	II	**9 326**	4 716	4 156	II	8 034	6 801	5 628	4 514	3 459	2 463
	III	**6 014**	4 716	4 156	III	5 030	4 076	3 150	2 254	1 408	682
	V	**14 935**	4 716	4 156	IV	9 361	8 706	8 067	7 443	6 833	6 238
	VI	**15 371**	4 716	4 156							
52 199,99	I,IV	**10 042**	4 716	4 156	I	8 719	7 454	6 249	5 103	4 017	2 989
	II	**9 338**	4 716	4 156	II	8 046	6 812	5 638	4 524	3 468	2 472
	III	**6 024**	4 716	4 156	III	5 038	4 084	3 158	2 264	1 414	688
	V	**14 950**	4 716	4 156	IV	9 373	8 719	8 079	7 454	6 844	6 249
	VI	**15 385**	4 716	4 156							
52 235,99	I,IV	**10 054**	4 716	4 156	I	8 730	7 466	6 260	5 113	4 026	2 998
	II	**9 350**	4 716	4 156	II	8 057	6 823	5 649	4 534	3 478	2 481
	III	**6 032**	4 716	4 156	III	5 048	4 092	3 168	2 272	1 422	694
	V	**14 964**	4 716	4 156	IV	9 385	8 730	8 091	7 466	6 855	6 260
	VI	**15 399**	4 716	4 156							
52 271,99	I,IV	**10 067**	4 716	4 156	I	8 743	7 477	6 271	5 124	4 036	3 007
	II	**9 362**	4 716	4 156	II	8 069	6 835	5 660	4 544	3 487	2 490
	III	**6 042**	4 716	4 156	III	5 058	4 102	3 176	2 280	1 430	700
	V	**14 978**	4 716	4 156	IV	9 397	8 743	8 102	7 477	6 867	6 271
	VI	**15 413**	4 716	4 156							

* Zur LSt-Berechnung für privat versicherte Arbeitnehmer s. Beispiele **Vorbemerkung S. 4 f.**
** Basisvorsorgepauschale KV und PV *** Typisierter Arbeitgeberzuschuss

Lohn/ Gehalt in € bis	Steuerklasse	Lohn-steuer*	BVSP**	TAGZ***	Steuerklasse	Bemessungsgrundlage für Kirchensteuer und Solidaritätszuschlag – Freibeträge für ... Kinder 0,5	1,0	1,5	2,0	2,5	3,0
52307,99	I,IV	**10080**	4716	4156	I	8755	7489	6282	5134	4046	3017
	II	**9375**	4716	4156	II	8081	6846	5670	4554	3497	2499
	III	**6052**	4716	4156	III	5066	4110	3184	2288	1436	706
	V	**14992**	4716	4156	IV	9410	8755	8114	7489	6878	6282
	VI	**15427**	4716	4156							
52343,99	I,IV	**10093**	4716	4156	I	8767	7500	6293	5145	4056	3026
	II	**9387**	4716	4156	II	8093	6857	5681	4564	3506	2508
	III	**6060**	4716	4156	III	5076	4120	3192	2296	1444	714
	V	**15006**	4716	4156	IV	9422	8767	8126	7500	6889	6293
	VI	**15442**	4716	4156							
52379,99	I,IV	**10105**	4716	4156	I	8779	7512	6304	5155	4066	3036
	II	**9400**	4716	4156	II	8105	6869	5692	4574	3516	2517
	III	**6070**	4716	4156	III	5084	4128	3202	2304	1452	720
	V	**15021**	4716	4156	IV	9435	8779	8138	7512	6901	6304
	VI	**15456**	4716	4156							
52415,99	I,IV	**10118**	4716	4156	I	8791	7524	6315	5166	4076	3045
	II	**9412**	4716	4156	II	8116	6880	5703	4585	3526	2526
	III	**6080**	4716	4156	III	5094	4136	3210	2312	1460	726
	V	**15035**	4716	4156	IV	9447	8791	8150	7524	6912	6315
	VI	**15470**	4716	4156							
52451,99	I,IV	**10130**	4716	4156	I	8803	7535	6326	5176	4086	3054
	II	**9424**	4716	4156	II	8128	6891	5713	4595	3535	2535
	III	**6088**	4716	4156	III	5102	4146	3218	2320	1466	732
	V	**15049**	4716	4156	IV	9459	8803	8161	7535	6923	6326
	VI	**15484**	4716	4156							
52487,99	I,IV	**10143**	4716	4156	I	8815	7546	6337	5187	4095	3064
	II	**9437**	4716	4156	II	8140	6902	5724	4605	3545	2544
	III	**6098**	4716	4156	III	5112	4154	3226	2328	1474	738
	V	**15063**	4716	4156	IV	9472	8815	8173	7546	6934	6337
	VI	**15498**	4716	4156							
52523,99	I,IV	**10156**	4716	4156	I	8827	7558	6348	5197	4105	3073
	II	**9449**	4716	4156	II	8152	6914	5735	4615	3554	2553
	III	**6108**	4716	4156	III	5120	4162	3236	2338	1482	744
	V	**15077**	4716	4156	IV	9484	8827	8185	7558	6946	6348
	VI	**15513**	4716	4156							
52559,99	I,IV	**10169**	4716	4156	I	8840	7570	6359	5208	4115	3082
	II	**9461**	4716	4156	II	8164	6925	5745	4625	3564	2562
	III	**6116**	4716	4156	III	5130	4172	3244	2346	1490	750
	V	**15092**	4716	4156	IV	9497	8840	8197	7570	6957	6359
	VI	**15527**	4716	4156							
52595,99	I,IV	**10181**	4716	4156	I	8852	7581	6370	5218	4125	3092
	II	**9474**	4716	4156	II	8175	6936	5756	4635	3574	2571
	III	**6126**	4716	4156	III	5138	4180	3252	2354	1496	756
	V	**15106**	4716	4156	IV	9509	8852	8209	7581	6968	6370
	VI	**15541**	4716	4156							
52631,99	I,IV	**10194**	4716	4156	I	8864	7593	6381	5229	4135	3101
	II	**9486**	4716	4156	II	8187	6948	5767	4646	3583	2581
	III	**6136**	4716	4156	III	5148	4190	3260	2362	1504	764
	V	**15120**	4716	4156	IV	9522	8864	8221	7593	6980	6381
	VI	**15555**	4716	4156							
52667,99	I,IV	**10207**	4716	4156	I	8876	7605	6392	5239	4145	3111
	II	**9499**	4716	4156	II	8199	6959	5778	4656	3593	2590
	III	**6144**	4716	4156	III	5156	4198	3270	2370	1512	770
	V	**15135**	4716	4156	IV	9534	8876	8233	7605	6991	6392
	VI	**15570**	4716	4156							
52703,99	I,IV	**10219**	4716	4156	I	8888	7616	6403	5249	4155	3120
	II	**9511**	4716	4156	II	8211	6970	5788	4666	3603	2599
	III	**6154**	4716	4156	III	5166	4208	3278	2378	1520	776
	V	**15148**	4716	4156	IV	9546	8888	8245	7616	7002	6403
	VI	**15584**	4716	4156							

* Zur LSt-Berechnung für privat versicherte Arbeitnehmer s. Beispiele **Vorbemerkung S. 4 f.**
** Basisvorsorgepauschale KV und PV *** Typisierter Arbeitgeberzuschuss

Lohn/ Gehalt in € bis	Steuerklasse	Lohn-steuer*	BVSP**	TAGZ***	Steuerklasse	Bemessungsgrundlage für Kirchensteuer und Solidaritätszuschlag – Freibeträge für ... Kinder 0,5	**1,0**	1,5	**2,0**	2,5	**3,0**
52 739,99	I,IV	**10 232**	4 716	4 156	I	8 900	7 628	6 414	5 260	4 165	3 129
	II	**9 523**	4 716	4 156	II	8 223	6 981	5 799	4 676	3 612	2 608
	III	**6 164**	4 716	4 156	III	5 176	4 216	3 286	2 386	1 526	782
	V	**15 163**	4 716	4 156	IV	9 559	8 900	8 256	7 628	7 013	6 414
	VI	**15 598**	4 716	4 156							
52 775,99	I,IV	**10 245**	4 716	4 156	I	8 912	7 639	6 425	5 271	4 175	3 139
	II	**9 536**	4 716	4 156	II	8 235	6 993	5 810	4 686	3 622	2 617
	III	**6 174**	4 716	4 156	III	5 184	4 224	3 296	2 396	1 534	788
	V	**15 177**	4 716	4 156	IV	9 571	8 912	8 268	7 639	7 025	6 425
	VI	**15 612**	4 716	4 156							
52 811,99	I,IV	**10 258**	4 716	4 156	I	8 925	7 651	6 436	5 281	4 185	3 148
	II	**9 548**	4 716	4 156	II	8 247	7 004	5 821	4 697	3 632	2 626
	III	**6 182**	4 716	4 156	III	5 194	4 234	3 304	2 404	1 542	794
	V	**15 191**	4 716	4 156	IV	9 584	8 925	8 280	7 651	7 036	6 436
	VI	**15 626**	4 716	4 156							
52 847,99	I,IV	**10 270**	4 716	4 156	I	8 937	7 663	6 448	5 292	4 195	3 158
	II	**9 561**	4 716	4 156	II	8 259	7 015	5 832	4 707	3 641	2 635
	III	**6 192**	4 716	4 156	III	5 202	4 242	3 312	2 412	1 550	802
	V	**15 206**	4 716	4 156	IV	9 596	8 937	8 292	7 663	7 048	6 448
	VI	**15 641**	4 716	4 156							
52 883,99	I,IV	**10 283**	4 716	4 156	I	8 949	7 674	6 459	5 302	4 205	3 167
	II	**9 573**	4 716	4 156	II	8 271	7 027	5 842	4 717	3 651	2 644
	III	**6 202**	4 716	4 156	III	5 212	4 252	3 322	2 420	1 558	808
	V	**15 220**	4 716	4 156	IV	9 609	8 949	8 304	7 674	7 059	6 459
	VI	**15 655**	4 716	4 156							
52 919,99	I,IV	**10 296**	4 716	4 156	I	8 961	7 686	6 469	5 313	4 215	3 176
	II	**9 586**	4 716	4 156	II	8 282	7 038	5 853	4 727	3 661	2 653
	III	**6 210**	4 716	4 156	III	5 220	4 260	3 330	2 428	1 564	814
	V	**15 234**	4 716	4 156	IV	9 621	8 961	8 316	7 686	7 070	6 469
	VI	**15 669**	4 716	4 156							
52 955,99	I,IV	**10 308**	4 716	4 156	I	8 973	7 697	6 481	5 323	4 225	3 186
	II	**9 598**	4 716	4 156	II	8 294	7 049	5 864	4 737	3 670	2 662
	III	**6 220**	4 716	4 156	III	5 230	4 268	3 338	2 436	1 572	820
	V	**15 248**	4 716	4 156	IV	9 633	8 973	8 328	7 697	7 082	6 481
	VI	**15 683**	4 716	4 156							
52 991,99	I,IV	**10 321**	4 716	4 156	I	8 985	7 709	6 492	5 334	4 235	3 195
	II	**9 611**	4 716	4 156	II	8 306	7 061	5 875	4 748	3 680	2 672
	III	**6 230**	4 716	4 156	III	5 238	4 278	3 346	2 444	1 580	826
	V	**15 262**	4 716	4 156	IV	9 646	8 985	8 340	7 709	7 093	6 492
	VI	**15 697**	4 716	4 156							
53 027,99	I,IV	**10 334**	4 716	4 156	I	8 998	7 721	6 503	5 344	4 245	3 205
	II	**9 623**	4 716	4 156	II	8 318	7 072	5 885	4 758	3 690	2 681
	III	**6 238**	4 716	4 156	III	5 248	4 286	3 354	2 452	1 588	834
	V	**15 276**	4 716	4 156	IV	9 658	8 998	8 352	7 721	7 104	6 503
	VI	**15 712**	4 716	4 156							
53 063,99	I,IV	**10 347**	4 716	4 156	I	9 010	7 732	6 514	5 355	4 255	3 214
	II	**9 636**	4 716	4 156	II	8 330	7 084	5 896	4 768	3 700	2 690
	III	**6 248**	4 716	4 156	III	5 256	4 296	3 364	2 462	1 596	840
	V	**15 291**	4 716	4 156	IV	9 671	9 010	8 364	7 732	7 116	6 514
	VI	**15 726**	4 716	4 156							
53 099,99	I,IV	**10 360**	4 716	4 156	I	9 022	7 744	6 525	5 365	4 265	3 224
	II	**9 648**	4 716	4 156	II	8 342	7 095	5 907	4 779	3 709	2 699
	III	**6 258**	4 716	4 156	III	5 266	4 304	3 372	2 470	1 604	846
	V	**15 305**	4 716	4 156	IV	9 684	9 022	8 376	7 744	7 127	6 525
	VI	**15 740**	4 716	4 156							
53 135,99	I,IV	**10 372**	4 716	4 156	I	9 035	7 756	6 536	5 376	4 275	3 233
	II	**9 661**	4 716	4 156	II	8 354	7 106	5 918	4 789	3 719	2 708
	III	**6 266**	4 716	4 156	III	5 276	4 314	3 380	2 478	1 610	852
	V	**15 319**	4 716	4 156	IV	9 696	9 035	8 388	7 756	7 139	6 536
	VI	**15 754**	4 716	4 156							

* Zur LSt-Berechnung für privat versicherte Arbeitnehmer s. Beispiele **Vorbemerkung S. 4 f.**
** Basisvorsorgepauschale KV und PV *** Typisierter Arbeitgeberzuschuss

Lohn/ Gehalt in € bis	Steuerklasse	Lohn-steuer*	BVSP**	TAGZ***	Steuerklasse	Bemessungsgrundlage für Kirchensteuer und Solidaritätszuschlag – Freibeträge für ... Kinder 0,5	**1,0**	1,5	**2,0**	2,5	**3,0**
53171,99	I,IV	**10385**	4716	4156	I	9046	7767	6547	5386	4285	3242
	II	**9673**	4716	4156	II	8366	7117	5929	4799	3729	2717
	III	**6276**	4716	4156	III	5284	4322	3390	2486	1618	860
	V	**15333**	4716	4156	IV	9708	9046	8399	7767	7150	6547
	VI	**15768**	4716	4156							
53207,99	I,IV	**10398**	4716	4156	I	9059	7779	6558	5397	4295	3252
	II	**9685**	4716	4156	II	8378	7129	5940	4809	3738	2726
	III	**6286**	4716	4156	III	5294	4330	3398	2494	1626	866
	V	**15347**	4716	4156	IV	9721	9059	8411	7779	7161	6558
	VI	**15783**	4716	4156							
53243,99	I,IV	**10411**	4716	4156	I	9071	7791	6570	5408	4305	3261
	II	**9698**	4716	4156	II	8390	7140	5950	4820	3748	2736
	III	**6296**	4716	4156	III	5302	4340	3406	2502	1634	872
	V	**15362**	4716	4156	IV	9733	9071	8423	7791	7173	6570
	VI	**15797**	4716	4156							
53279,99	I,IV	**10423**	4716	4156	I	9083	7802	6581	5418	4315	3271
	II	**9710**	4716	4156	II	8402	7152	5961	4830	3758	2745
	III	**6304**	4716	4156	III	5312	4348	3416	2512	1642	878
	V	**15376**	4716	4156	IV	9746	9083	8435	7802	7184	6581
	VI	**15811**	4716	4156							
53315,99	I,IV	**10436**	4716	4156	I	9096	7814	6592	5429	4325	3280
	II	**9723**	4716	4156	II	8414	7163	5972	4840	3768	2754
	III	**6314**	4716	4156	III	5322	4358	3424	2520	1650	886
	V	**15390**	4716	4156	IV	9759	9096	8447	7814	7196	6592
	VI	**15825**	4716	4156							
53351,99	I,IV	**10449**	4716	4156	I	9108	7826	6603	5439	4335	3290
	II	**9736**	4716	4156	II	8426	7175	5983	4851	3777	2763
	III	**6324**	4716	4156	III	5330	4366	3432	2528	1658	892
	V	**15405**	4716	4156	IV	9771	9108	8460	7826	7207	6603
	VI	**15840**	4716	4156							
53387,99	I,IV	**10462**	4716	4156	I	9120	7837	6614	5450	4345	3299
	II	**9748**	4716	4156	II	8437	7186	5994	4861	3787	2772
	III	**6332**	4716	4156	III	5338	4374	3440	2536	1664	898
	V	**15418**	4716	4156	IV	9783	9120	8471	7837	7218	6614
	VI	**15854**	4716	4156							
53423,99	I,IV	**10474**	4716	4156	I	9132	7849	6625	5460	4355	3309
	II	**9760**	4716	4156	II	8449	7197	6005	4871	3797	2782
	III	**6342**	4716	4156	III	5348	4384	3450	2544	1672	904
	V	**15433**	4716	4156	IV	9796	9132	8483	7849	7230	6625
	VI	**15868**	4716	4156							
53459,99	I,IV	**10487**	4716	4156	I	9144	7861	6636	5471	4365	3318
	II	**9773**	4716	4156	II	8461	7209	6015	4881	3807	2791
	III	**6352**	4716	4156	III	5358	4392	3458	2552	1680	912
	V	**15447**	4716	4156	IV	9809	9144	8495	7861	7241	6636
	VI	**15882**	4716	4156							
53495,99	I,IV	**10500**	4716	4156	I	9157	7873	6648	5482	4375	3328
	II	**9786**	4716	4156	II	8473	7220	6026	4892	3816	2800
	III	**6360**	4716	4156	III	5366	4402	3466	2560	1688	918
	V	**15461**	4716	4156	IV	9821	9157	8507	7873	7253	6648
	VI	**15896**	4716	4156							
53531,99	I,IV	**10513**	4716	4156	I	9169	7884	6659	5492	4385	3337
	II	**9798**	4716	4156	II	8485	7232	6037	4902	3826	2809
	III	**6370**	4716	4156	III	5376	4410	3476	2570	1696	924
	V	**15476**	4716	4156	IV	9834	9169	8519	7884	7264	6659
	VI	**15911**	4716	4156							
53567,99	I,IV	**10526**	4716	4156	I	9181	7896	6670	5503	4395	3347
	II	**9811**	4716	4156	II	8497	7243	6048	4913	3836	2819
	III	**6380**	4716	4156	III	5384	4420	3484	2578	1704	930
	V	**15490**	4716	4156	IV	9846	9181	8531	7896	7276	6670
	VI	**15925**	4716	4156							

* Zur LSt-Berechnung für privat versicherte Arbeitnehmer s. Beispiele **Vorbemerkung S. 4f.**
** Basisvorsorgepauschale KV und PV *** Typisierter Arbeitgeberzuschuss

Lohn/ Gehalt in € bis	Steuerklasse	**Lohn-steuer***	BVSP**	TAGZ***	Steuerklasse	Bemessungsgrundlage für Kirchensteuer und Solidaritätszuschlag – Freibeträge für ... Kinder 0,5	**1,0**	1,5	**2,0**	2,5	**3,0**
53603,99	I,IV	**10539**	4716	4156	I	9194	7908	6681	5514	4406	3356
	II	**9823**	4716	4156	II	8509	7255	6059	4923	3846	2828
	III	**6390**	4716	4156	III	5394	4428	3492	2586	1712	938
	V	**15504**	4716	4156	IV	9859	9194	8543	7908	7287	6681
	VI	**15939**	4716	4156							
53639,99	I,IV	**10551**	4716	4156	I	9206	7919	6692	5524	4415	3366
	II	**9836**	4716	4156	II	8521	7266	6070	4933	3855	2837
	III	**6398**	4716	4156	III	5404	4438	3500	2594	1720	944
	V	**15518**	4716	4156	IV	9871	9206	8555	7919	7298	6692
	VI	**15953**	4716	4156							
53675,99	I,IV	**10564**	4716	4156	I	9218	7931	6703	5535	4425	3375
	II	**9848**	4716	4156	II	8533	7277	6081	4943	3865	2846
	III	**6408**	4716	4156	III	5412	4446	3510	2602	1728	950
	V	**15532**	4716	4156	IV	9884	9218	8567	7931	7310	6703
	VI	**15967**	4716	4156							
53711,99	I,IV	**10577**	4716	4156	I	9231	7943	6715	5546	4436	3385
	II	**9861**	4716	4156	II	8545	7289	6092	4954	3875	2855
	III	**6418**	4716	4156	III	5422	4456	3518	2612	1736	958
	V	**15547**	4716	4156	IV	9896	9231	8579	7943	7321	6715
	VI	**15982**	4716	4156							
53747,99	I,IV	**10590**	4716	4156	I	9243	7955	6726	5556	4446	3394
	II	**9873**	4716	4156	II	8557	7300	6103	4964	3885	2865
	III	**6428**	4716	4156	III	5430	4464	3526	2620	1744	964
	V	**15561**	4716	4156	IV	9909	9243	8591	7955	7333	6726
	VI	**15996**	4716	4156							
53783,99	I,IV	**10603**	4716	4156	I	9255	7967	6737	5567	4456	3404
	II	**9886**	4716	4156	II	8569	7312	6114	4975	3895	2874
	III	**6436**	4716	4156	III	5440	4472	3536	2628	1752	972
	V	**15575**	4716	4156	IV	9922	9255	8604	7967	7344	6737
	VI	**16010**	4716	4156							
53819,99	I,IV	**10616**	4716	4156	I	9268	7978	6748	5578	4466	3414
	II	**9899**	4716	4156	II	8581	7323	6125	4985	3905	2883
	III	**6446**	4716	4156	III	5450	4482	3544	2636	1760	978
	V	**15589**	4716	4156	IV	9934	9268	8616	7978	7356	6748
	VI	**16025**	4716	4156							
53855,99	I,IV	**10629**	4716	4156	I	9280	7990	6759	5588	4476	3423
	II	**9911**	4716	4156	II	8593	7335	6135	4995	3914	2892
	III	**6456**	4716	4156	III	5458	4490	3552	2644	1766	984
	V	**15603**	4716	4156	IV	9947	9280	8627	7990	7367	6759
	VI	**16038**	4716	4156							
53891,99	I,IV	**10641**	4716	4156	I	9292	8002	6771	5599	4486	3433
	II	**9924**	4716	4156	II	8605	7346	6146	5006	3924	2902
	III	**6464**	4716	4156	III	5468	4500	3562	2652	1774	990
	V	**15618**	4716	4156	IV	9959	9292	8639	8002	7379	6771
	VI	**16053**	4716	4156							
53927,99	I,IV	**10654**	4716	4156	I	9304	8014	6782	5609	4496	3442
	II	**9936**	4716	4156	II	8617	7358	6157	5016	3934	2911
	III	**6474**	4716	4156	III	5476	4508	3570	2660	1782	998
	V	**15632**	4716	4156	IV	9972	9304	8652	8014	7390	6782
	VI	**16067**	4716	4156							
53963,99	I,IV	**10667**	4716	4156	I	9317	8025	6793	5620	4506	3452
	II	**9949**	4716	4156	II	8629	7369	6168	5026	3944	2920
	III	**6484**	4716	4156	III	5486	4518	3578	2670	1790	1004
	V	**15646**	4716	4156	IV	9985	9317	8664	8025	7402	6793
	VI	**16081**	4716	4156							
53999,99	I,IV	**10680**	4716	4156	I	9329	8037	6804	5631	4517	3461
	II	**9962**	4716	4156	II	8642	7381	6179	5037	3954	2930
	III	**6494**	4716	4156	III	5494	4526	3588	2678	1798	1012
	V	**15660**	4716	4156	IV	9997	9329	8676	8037	7413	6804
	VI	**16095**	4716	4156							

* Zur LSt-Berechnung für privat versicherte Arbeitnehmer s. Beispiele **Vorbemerkung S. 4 f.**
** Basisvorsorgepauschale KV und PV *** Typisierter Arbeitgeberzuschuss

Lohn/ Gehalt in € bis	Steuerklasse	Lohnsteuer*	BVSP**	TAGZ***	Steuerklasse	Bemessungsgrundlage für Kirchensteuer und Solidaritätszuschlag – Freibeträge für ... Kinder 0,5	1,0	1,5	2,0	2,5	3,0
54035,99	I,IV	**10693**	4716	4156	I	9342	8049	6816	5642	4527	3471
	II	**9974**	4716	4156	II	8654	7392	6190	5047	3964	2939
	III	**6502**	4716	4156	III	5504	4536	3596	2686	1806	1018
	V	**15675**	4716	4156	IV	10010	9342	8688	8049	7425	6816
	VI	**16110**	4716	4156							
54071,99	I,IV	**10706**	4716	4156	I	9354	8061	6827	5652	4537	3481
	II	**9987**	4716	4156	II	8666	7404	6201	5058	3973	2948
	III	**6512**	4716	4156	III	5514	4544	3604	2694	1814	1024
	V	**15689**	4716	4156	IV	10023	9354	8700	8061	7437	6827
	VI	**16124**	4716	4156							
54107,99	I,IV	**10719**	4716	4156	I	9366	8072	6838	5663	4547	3490
	II	**9999**	4716	4156	II	8678	7415	6212	5068	3983	2957
	III	**6522**	4716	4156	III	5522	4552	3614	2702	1822	1032
	V	**15703**	4716	4156	IV	10035	9366	8712	8072	7448	6838
	VI	**16138**	4716	4156							
54143,99	I,IV	**10732**	4716	4156	I	9378	8084	6849	5674	4557	3500
	II	**10012**	4716	4156	II	8690	7427	6223	5078	3993	2967
	III	**6532**	4716	4156	III	5532	4562	3622	2712	1830	1038
	V	**15717**	4716	4156	IV	10048	9378	8724	8084	7459	6849
	VI	**16152**	4716	4156							
54179,99	I,IV	**10745**	4716	4156	I	9391	8096	6861	5684	4567	3509
	II	**10025**	4716	4156	II	8702	7438	6234	5089	4003	2976
	III	**6540**	4716	4156	III	5540	4570	3630	2720	1838	1046
	V	**15731**	4716	4156	IV	10060	9391	8736	8096	7471	6861
	VI	**16166**	4716	4156							
54215,99	I,IV	**10758**	4716	4156	I	9403	8108	6872	5695	4577	3519
	II	**10037**	4716	4156	II	8714	7450	6245	5099	4013	2985
	III	**6550**	4716	4156	III	5550	4580	3640	2728	1846	1052
	V	**15746**	4716	4156	IV	10073	9403	8748	8108	7483	6872
	VI	**16181**	4716	4156							
54251,99	I,IV	**10771**	4716	4156	I	9416	8120	6883	5706	4588	3529
	II	**10050**	4716	4156	II	8726	7461	6256	5110	4023	2995
	III	**6560**	4716	4156	III	5560	4588	3648	2736	1854	1058
	V	**15760**	4716	4156	IV	10086	9416	8760	8120	7494	6883
	VI	**16195**	4716	4156							
54287,99	I,IV	**10784**	4716	4156	I	9428	8132	6895	5717	4598	3538
	II	**10063**	4716	4156	II	8738	7473	6267	5120	4033	3004
	III	**6570**	4716	4156	III	5568	4598	3656	2744	1862	1066
	V	**15774**	4716	4156	IV	10099	9428	8773	8132	7506	6895
	VI	**16209**	4716	4156							
54323,99	I,IV	**10796**	4716	4156	I	9440	8143	6906	5727	4608	3548
	II	**10075**	4716	4156	II	8750	7484	6278	5130	4042	3013
	III	**6578**	4716	4156	III	5578	4606	3664	2752	1870	1072
	V	**15788**	4716	4156	IV	10111	9440	8784	8143	7517	6906
	VI	**16223**	4716	4156							
54359,99	I,IV	**10809**	4716	4156	I	9453	8155	6917	5738	4618	3557
	II	**10088**	4716	4156	II	8762	7496	6289	5141	4052	3023
	III	**6588**	4716	4156	III	5586	4616	3674	2762	1878	1078
	V	**15802**	4716	4156	IV	10124	9453	8797	8155	7529	6917
	VI	**16237**	4716	4156							
54395,99	I,IV	**10822**	4716	4156	I	9465	8167	6928	5749	4628	3567
	II	**10100**	4716	4156	II	8774	7507	6300	5151	4062	3032
	III	**6598**	4716	4156	III	5596	4624	3682	2770	1886	1086
	V	**15817**	4716	4156	IV	10136	9465	8809	8167	7540	6928
	VI	**16252**	4716	4156							
54431,99	I,IV	**10835**	4716	4156	I	9478	8179	6940	5759	4638	3577
	II	**10113**	4716	4156	II	8787	7519	6311	5162	4072	3041
	III	**6606**	4716	4156	III	5606	4634	3690	2778	1894	1092
	V	**15831**	4716	4156	IV	10149	9478	8821	8179	7552	6940
	VI	**16266**	4716	4156							

* Zur LSt-Berechnung für privat versicherte Arbeitnehmer s. Beispiele **Vorbemerkung S. 4 f.**
** Basisvorsorgepauschale KV und PV *** Typisierter Arbeitgeberzuschuss

Lohn/ Gehalt in € bis	Steuerklasse	Lohn-steuer*	BVSP**	TAGZ***	Steuerklasse	Bemessungsgrundlage für Kirchensteuer und Solidaritätszuschlag					
						Freibeträge für ... Kinder					
						0,5	**1,0**	1,5	**2,0**	2,5	**3,0**
54467,99	I,IV	**10848**	4716	4156	I	9490	8191	6951	5770	4649	3586
	II	**10126**	4716	4156	II	8799	7531	6322	5172	4082	3051
	III	**6616**	4716	4156	III	5614	4642	3700	2786	1902	1100
	V	**15845**	4716	4156	IV	10162	9490	8833	8191	7564	6951
	VI	**16280**	4716	4156							
54503,99	I,IV	**10861**	4716	4156	I	9503	8203	6962	5781	4659	3596
	II	**10139**	4716	4156	II	8811	7542	6333	5183	4092	3060
	III	**6626**	4716	4156	III	5624	4652	3708	2794	1912	1106
	V	**15859**	4716	4156	IV	10175	9503	8845	8203	7575	6962
	VI	**16295**	4716	4156							
54539,99	I,IV	**10874**	4716	4156	I	9515	8215	6974	5792	4669	3606
	II	**10151**	4716	4156	II	8823	7554	6344	5193	4102	3070
	III	**6636**	4716	4156	III	5632	4660	3716	2804	1920	1114
	V	**15874**	4716	4156	IV	10187	9515	8857	8215	7587	6974
	VI	**16309**	4716	4156							
54575,99	I,IV	**10887**	4716	4156	I	9527	8226	6985	5802	4679	3615
	II	**10164**	4716	4156	II	8835	7565	6355	5204	4112	3079
	III	**6644**	4716	4156	III	5642	4670	3726	2812	1928	1120
	V	**15888**	4716	4156	IV	10200	9527	8869	8226	7598	6985
	VI	**16323**	4716	4156							
54611,99	I,IV	**10900**	4716	4156	I	9540	8238	6996	5813	4689	3625
	II	**10176**	4716	4156	II	8847	7577	6366	5214	4122	3088
	III	**6654**	4716	4156	III	5652	4678	3734	2820	1936	1128
	V	**15902**	4716	4156	IV	10212	9540	8882	8238	7610	6996
	VI	**16337**	4716	4156							
54647,99	I,IV	**10913**	4716	4156	I	9552	8250	7007	5824	4700	3635
	II	**10189**	4716	4156	II	8859	7589	6377	5225	4132	3098
	III	**6664**	4716	4156	III	5660	4688	3744	2828	1944	1134
	V	**15916**	4716	4156	IV	10225	9552	8894	8250	7621	7007
	VI	**16351**	4716	4156							
54683,99	I,IV	**10926**	4716	4156	I	9565	8262	7019	5835	4710	3644
	II	**10202**	4716	4156	II	8871	7600	6388	5235	4142	3107
	III	**6674**	4716	4156	III	5670	4696	3752	2838	1952	1142
	V	**15930**	4716	4156	IV	10238	9565	8906	8262	7633	7019
	VI	**16366**	4716	4156							
54719,99	I,IV	**10939**	4716	4156	I	9577	8274	7030	5846	4720	3654
	II	**10215**	4716	4156	II	8884	7612	6399	5246	4151	3116
	III	**6684**	4716	4156	III	5680	4706	3760	2846	1960	1148
	V	**15945**	4716	4156	IV	10251	9577	8918	8274	7645	7030
	VI	**16380**	4716	4156							
54755,99	I,IV	**10952**	4716	4156	I	9590	8286	7042	5856	4730	3664
	II	**10227**	4716	4156	II	8896	7623	6410	5256	4161	3126
	III	**6692**	4716	4156	III	5688	4714	3770	2854	1968	1156
	V	**15959**	4716	4156	IV	10264	9590	8930	8286	7656	7042
	VI	**16394**	4716	4156							
54791,99	I,IV	**10965**	4716	4156	I	9602	8298	7053	5867	4740	3673
	II	**10240**	4716	4156	II	8908	7635	6421	5267	4171	3135
	III	**6702**	4716	4156	III	5698	4722	3778	2862	1976	1162
	V	**15973**	4716	4156	IV	10276	9602	8942	8298	7668	7053
	VI	**16408**	4716	4156							
54827,99	I,IV	**10978**	4716	4156	I	9614	8310	7064	5878	4751	3683
	II	**10253**	4716	4156	II	8920	7646	6432	5277	4181	3144
	III	**6712**	4716	4156	III	5706	4732	3786	2870	1984	1170
	V	**15987**	4716	4156	IV	10289	9614	8955	8310	7679	7064
	VI	**16422**	4716	4156							
54863,99	I,IV	**10991**	4716	4156	I	9627	8322	7076	5889	4761	3693
	II	**10265**	4716	4156	II	8932	7658	6443	5288	4191	3154
	III	**6720**	4716	4156	III	5716	4740	3794	2878	1992	1176
	V	**16001**	4716	4156	IV	10302	9627	8967	8322	7691	7076
	VI	**16437**	4716	4156							

* Zur LSt-Berechnung für privat versicherte Arbeitnehmer s. Beispiele **Vorbemerkung S. 4 f.**
** Basisvorsorgepauschale KV und PV *** Typisierter Arbeitgeberzuschuss

Lohn/ Gehalt in € bis	Steuerklasse	Lohn- steuer*	BVSP**	TAGZ***	Steuerklasse	Bemessungsgrundlage für Kirchensteuer und Solidaritätszuschlag – Freibeträge für ... Kinder 0,5	**1,0**	1,5	**2,0**	2,5	**3,0**
54 899,99	I,IV	**11 004**	4 716	4 156	I	9 639	8 334	7 087	5 900	4 771	3 702
	II	**10 278**	4 716	4 156	II	8 944	7 670	6 454	5 298	4 201	3 163
	III	**6 730**	4 716	4 156	III	5 726	4 750	3 804	2 888	2 000	1 184
	V	**16 016**	4 716	4 156	IV	10 314	9 639	8 979	8 334	7 703	7 087
	VI	**16 451**	4 716	4 156							
54 935,99	I,IV	**11 017**	4 716	4 156	I	9 652	8 345	7 098	5 910	4 782	3 712
	II	**10 291**	4 716	4 156	II	8 957	7 681	6 466	5 309	4 211	3 173
	III	**6 740**	4 716	4 156	III	5 734	4 758	3 812	2 896	2 008	1 190
	V	**16 030**	4 716	4 156	IV	10 327	9 652	8 991	8 345	7 715	7 098
	VI	**16 465**	4 716	4 156							
54 971,99	I,IV	**11 030**	4 716	4 156	I	9 664	8 357	7 110	5 921	4 792	3 722
	II	**10 304**	4 716	4 156	II	8 969	7 693	6 477	5 319	4 221	3 182
	III	**6 750**	4 716	4 156	III	5 744	4 768	3 822	2 904	2 016	1 198
	V	**16 044**	4 716	4 156	IV	10 340	9 664	9 004	8 357	7 726	7 110
	VI	**16 479**	4 716	4 156							
55 007,99	I,IV	**11 044**	4 716	4 156	I	9 677	8 369	7 121	5 932	4 802	3 732
	II	**10 317**	4 716	4 156	II	8 981	7 705	6 488	5 330	4 231	3 192
	III	**6 760**	4 716	4 156	III	5 754	4 776	3 830	2 912	2 026	1 204
	V	**16 059**	4 716	4 156	IV	10 353	9 677	9 016	8 369	7 738	7 121
	VI	**16 494**	4 716	4 156							
55 043,99	I,IV	**11 056**	4 716	4 156	I	9 689	8 381	7 132	5 943	4 812	3 741
	II	**10 329**	4 716	4 156	II	8 993	7 716	6 499	5 340	4 241	3 201
	III	**6 768**	4 716	4 156	III	5 762	4 786	3 838	2 922	2 034	1 212
	V	**16 072**	4 716	4 156	IV	10 365	9 689	9 028	8 381	7 749	7 132
	VI	**16 508**	4 716	4 156							
55 079,99	I,IV	**11 069**	4 716	4 156	I	9 702	8 393	7 144	5 954	4 823	3 751
	II	**10 342**	4 716	4 156	II	9 005	7 728	6 510	5 351	4 251	3 210
	III	**6 778**	4 716	4 156	III	5 772	4 794	3 848	2 930	2 042	1 218
	V	**16 087**	4 716	4 156	IV	10 378	9 702	9 040	8 393	7 761	7 144
	VI	**16 522**	4 716	4 156							
55 115,99	I,IV	**11 082**	4 716	4 156	I	9 714	8 405	7 155	5 964	4 833	3 761
	II	**10 355**	4 716	4 156	II	9 018	7 740	6 521	5 361	4 261	3 220
	III	**6 788**	4 716	4 156	III	5 780	4 804	3 856	2 938	2 050	1 226
	V	**16 101**	4 716	4 156	IV	10 391	9 714	9 052	8 405	7 773	7 155
	VI	**16 536**	4 716	4 156							
55 151,99	I,IV	**11 096**	4 716	4 156	I	9 727	8 417	7 167	5 975	4 843	3 771
	II	**10 368**	4 716	4 156	II	9 030	7 751	6 532	5 372	4 271	3 229
	III	**6 798**	4 716	4 156	III	5 790	4 812	3 864	2 946	2 058	1 232
	V	**16 115**	4 716	4 156	IV	10 404	9 727	9 065	8 417	7 784	7 167
	VI	**16 550**	4 716	4 156							
55 187,99	I,IV	**11 109**	4 716	4 156	I	9 739	8 429	7 178	5 986	4 854	3 780
	II	**10 380**	4 716	4 156	II	9 042	7 763	6 543	5 383	4 281	3 239
	III	**6 806**	4 716	4 156	III	5 800	4 822	3 874	2 956	2 066	1 240
	V	**16 130**	4 716	4 156	IV	10 417	9 739	9 077	8 429	7 796	7 178
	VI	**16 565**	4 716	4 156							
55 223,99	I,IV	**11 122**	4 716	4 156	I	9 752	8 441	7 190	5 997	4 864	3 790
	II	**10 393**	4 716	4 156	II	9 054	7 775	6 554	5 393	4 291	3 248
	III	**6 816**	4 716	4 156	III	5 808	4 830	3 882	2 964	2 074	1 248
	V	**16 144**	4 716	4 156	IV	10 429	9 752	9 089	8 441	7 808	7 190
	VI	**16 579**	4 716	4 156							
55 259,99	I,IV	**11 135**	4 716	4 156	I	9 764	8 453	7 201	6 008	4 874	3 800
	II	**10 406**	4 716	4 156	II	9 066	7 786	6 565	5 404	4 301	3 258
	III	**6 826**	4 716	4 156	III	5 818	4 840	3 890	2 972	2 082	1 254
	V	**16 158**	4 716	4 156	IV	10 442	9 764	9 101	8 453	7 819	7 201
	VI	**16 593**	4 716	4 156							
55 295,99	I,IV	**11 148**	4 716	4 156	I	9 777	8 465	7 212	6 019	4 884	3 809
	II	**10 419**	4 716	4 156	II	9 079	7 798	6 576	5 414	4 311	3 267
	III	**6 836**	4 716	4 156	III	5 826	4 848	3 900	2 980	2 090	1 262
	V	**16 172**	4 716	4 156	IV	10 455	9 777	9 113	8 465	7 831	7 212
	VI	**16 607**	4 716	4 156							

* Zur LSt-Berechnung für privat versicherte Arbeitnehmer s. Beispiele **Vorbemerkung S. 4 f.**
** Basisvorsorgepauschale KV und PV *** Typisierter Arbeitgeberzuschuss

Lohn/ Gehalt in € bis	Steuerklasse	Lohn-steuer*	BVSP**	TAGZ***	Steuerklasse	Bemessungsgrundlage für Kirchensteuer und Solidaritätszuschlag					
						Freibeträge für ... Kinder					
						0,5	**1,0**	1,5	**2,0**	2,5	**3,0**
55 331,99	I,IV	**11 161**	4 716	4 156	I	9 789	8 477	7 224	6 030	4 895	3 819
	II	**10 431**	4 716	4 156	II	9 091	7 810	6 588	5 425	4 321	3 277
	III	**6 844**	4 716	4 156	III	5 836	4 858	3 908	2 988	2 098	1 268
	V	**16 186**	4 716	4 156	IV	10 468	9 789	9 126	8 477	7 843	7 224
	VI	**16 621**	4 716	4 156							
55 367,99	I,IV	**11 174**	4 716	4 156	I	9 802	8 489	7 235	6 041	4 905	3 829
	II	**10 444**	4 716	4 156	II	9 103	7 821	6 599	5 435	4 331	3 286
	III	**6 854**	4 716	4 156	III	5 846	4 866	3 916	2 996	2 106	1 276
	V	**16 200**	4 716	4 156	IV	10 481	9 802	9 138	8 489	7 855	7 235
	VI	**16 636**	4 716	4 156							
55 403,99	I,IV	**11 187**	4 716	4 156	I	9 814	8 501	7 247	6 051	4 916	3 839
	II	**10 457**	4 716	4 156	II	9 116	7 833	6 610	5 446	4 341	3 296
	III	**6 864**	4 716	4 156	III	5 854	4 876	3 926	3 006	2 114	1 282
	V	**16 215**	4 716	4 156	IV	10 493	9 814	9 150	8 501	7 866	7 247
	VI	**16 650**	4 716	4 156							
55 439,99	I,IV	**11 200**	4 716	4 156	I	9 827	8 513	7 258	6 062	4 926	3 849
	II	**10 470**	4 716	4 156	II	9 128	7 845	6 621	5 457	4 351	3 305
	III	**6 874**	4 716	4 156	III	5 864	4 884	3 934	3 014	2 124	1 290
	V	**16 229**	4 716	4 156	IV	10 506	9 827	9 163	8 513	7 878	7 258
	VI	**16 664**	4 716	4 156							
55 475,99	I,IV	**11 213**	4 716	4 156	I	9 839	8 525	7 269	6 073	4 936	3 858
	II	**10 482**	4 716	4 156	II	9 140	7 856	6 632	5 467	4 361	3 315
	III	**6 884**	4 716	4 156	III	5 874	4 894	3 944	3 022	2 132	1 298
	V	**16 243**	4 716	4 156	IV	10 519	9 839	9 175	8 525	7 890	7 269
	VI	**16 678**	4 716	4 156							
55 511,99	I,IV	**11 226**	4 716	4 156	I	9 852	8 537	7 281	6 084	4 946	3 868
	II	**10 495**	4 716	4 156	II	9 152	7 868	6 643	5 478	4 371	3 324
	III	**6 892**	4 716	4 156	III	5 882	4 902	3 952	3 030	2 140	1 304
	V	**16 257**	4 716	4 156	IV	10 532	9 852	9 187	8 537	7 901	7 281
	VI	**16 692**	4 716	4 156							
55 547,99	I,IV	**11 239**	4 716	4 156	I	9 865	8 549	7 292	6 095	4 957	3 878
	II	**10 508**	4 716	4 156	II	9 164	7 880	6 655	5 488	4 381	3 334
	III	**6 902**	4 716	4 156	III	5 892	4 912	3 960	3 040	2 148	1 312
	V	**16 271**	4 716	4 156	IV	10 545	9 865	9 199	8 549	7 913	7 292
	VI	**16 707**	4 716	4 156							
55 583,99	I,IV	**11 253**	4 716	4 156	I	9 877	8 561	7 304	6 106	4 967	3 888
	II	**10 521**	4 716	4 156	II	9 177	7 892	6 666	5 499	4 392	3 343
	III	**6 912**	4 716	4 156	III	5 902	4 920	3 970	3 048	2 156	1 320
	V	**16 286**	4 716	4 156	IV	10 558	9 877	9 212	8 561	7 925	7 304
	VI	**16 721**	4 716	4 156							
55 619,99	I,IV	**11 266**	4 716	4 156	I	9 890	8 573	7 315	6 117	4 978	3 898
	II	**10 534**	4 716	4 156	II	9 189	7 903	6 677	5 510	4 402	3 353
	III	**6 922**	4 716	4 156	III	5 910	4 930	3 978	3 056	2 164	1 326
	V	**16 300**	4 716	4 156	IV	10 570	9 890	9 224	8 573	7 937	7 315
	VI	**16 735**	4 716	4 156							
55 655,99	I,IV	**11 279**	4 716	4 156	I	9 902	8 585	7 327	6 128	4 988	3 907
	II	**10 547**	4 716	4 156	II	9 201	7 915	6 688	5 520	4 412	3 362
	III	**6 932**	4 716	4 156	III	5 920	4 938	3 988	3 064	2 172	1 334
	V	**16 314**	4 716	4 156	IV	10 583	9 902	9 236	8 585	7 949	7 327
	VI	**16 749**	4 716	4 156							
55 691,99	I,IV	**11 292**	4 716	4 156	I	9 915	8 597	7 338	6 139	4 998	3 917
	II	**10 560**	4 716	4 156	II	9 214	7 927	6 699	5 531	4 422	3 372
	III	**6 940**	4 716	4 156	III	5 930	4 948	3 996	3 074	2 180	1 340
	V	**16 329**	4 716	4 156	IV	10 596	9 915	9 249	8 597	7 960	7 338
	VI	**16 764**	4 716	4 156							
55 727,99	I,IV	**11 305**	4 716	4 156	I	9 927	8 609	7 350	6 149	5 009	3 927
	II	**10 572**	4 716	4 156	II	9 226	7 938	6 710	5 541	4 432	3 381
	III	**6 950**	4 716	4 156	III	5 938	4 956	4 004	3 082	2 188	1 348
	V	**16 342**	4 716	4 156	IV	10 609	9 927	9 261	8 609	7 972	7 350
	VI	**16 778**	4 716	4 156							

* Zur LSt-Berechnung für privat versicherte Arbeitnehmer s. Beispiele **Vorbemerkung S. 4 f.**
** Basisvorsorgepauschale KV und PV *** Typisierter Arbeitgeberzuschuss

Lohn/ Gehalt in € bis	Steuerklasse	Lohnsteuer*	BVSP**	TAGZ***	Steuerklasse	Bemessungsgrundlage für Kirchensteuer und Solidaritätszuschlag – Freibeträge für ... Kinder 0,5	1,0	1,5	2,0	2,5	3,0
55 763,99	I,IV	**11 318**	4 716	4 156	I	9 940	8 621	7 361	6 160	5 019	3 937
	II	**10 585**	4 716	4 156	II	9 238	7 950	6 722	5 552	4 442	3 391
	III	**6 960**	4 716	4 156	III	5 948	4 966	4 014	3 090	2 196	1 356
	V	**16 357**	4 716	4 156	IV	10 622	9 940	9 273	8 621	7 984	7 361
	VI	**16 792**	4 716	4 156							
55 799,99	I,IV	**11 331**	4 716	4 156	I	9 953	8 633	7 373	6 171	5 029	3 947
	II	**10 598**	4 716	4 156	II	9 250	7 962	6 733	5 563	4 452	3 400
	III	**6 970**	4 716	4 156	III	5 958	4 974	4 022	3 098	2 204	1 362
	V	**16 371**	4 716	4 156	IV	10 635	9 953	9 285	8 633	7 995	7 373
	VI	**16 806**	4 716	4 156							
55 835,99	I,IV	**11 345**	4 716	4 156	I	9 965	8 645	7 384	6 182	5 040	3 957
	II	**10 611**	4 716	4 156	II	9 263	7 974	6 744	5 574	4 462	3 410
	III	**6 978**	4 716	4 156	III	5 966	4 984	4 030	3 108	2 214	1 370
	V	**16 385**	4 716	4 156	IV	10 648	9 965	9 298	8 645	8 007	7 384
	VI	**16 820**	4 716	4 156							
55 871,99	I,IV	**11 358**	4 716	4 156	I	9 978	8 657	7 396	6 193	5 050	3 966
	II	**10 624**	4 716	4 156	II	9 275	7 986	6 755	5 584	4 472	3 420
	III	**6 988**	4 716	4 156	III	5 976	4 992	4 040	3 116	2 222	1 378
	V	**16 400**	4 716	4 156	IV	10 661	9 978	9 310	8 657	8 019	7 396
	VI	**16 835**	4 716	4 156							
55 907,99	I,IV	**11 371**	4 716	4 156	I	9 991	8 669	7 407	6 204	5 061	3 976
	II	**10 637**	4 716	4 156	II	9 288	7 998	6 767	5 595	4 482	3 429
	III	**6 998**	4 716	4 156	III	5 986	5 002	4 048	3 124	2 230	1 384
	V	**16 414**	4 716	4 156	IV	10 673	9 991	9 323	8 669	8 031	7 407
	VI	**16 849**	4 716	4 156							
55 943,99	I,IV	**11 384**	4 716	4 156	I	10 003	8 681	7 419	6 215	5 071	3 986
	II	**10 649**	4 716	4 156	II	9 300	8 009	6 778	5 605	4 492	3 438
	III	**7 008**	4 716	4 156	III	5 994	5 012	4 058	3 132	2 238	1 392
	V	**16 428**	4 716	4 156	IV	10 686	10 003	9 335	8 681	8 042	7 419
	VI	**16 863**	4 716	4 156							
55 979,99	I,IV	**11 397**	4 716	4 156	I	10 016	8 693	7 430	6 226	5 081	3 996
	II	**10 662**	4 716	4 156	II	9 312	8 021	6 789	5 616	4 502	3 448
	III	**7 018**	4 716	4 156	III	6 004	5 020	4 066	3 142	2 246	1 400
	V	**16 442**	4 716	4 156	IV	10 699	10 016	9 347	8 693	8 054	7 430
	VI	**16 877**	4 716	4 156							
56 015,99	I,IV	**11 410**	4 716	4 156	I	10 028	8 705	7 442	6 237	5 092	4 006
	II	**10 675**	4 716	4 156	II	9 324	8 033	6 800	5 627	4 513	3 458
	III	**7 028**	4 716	4 156	III	6 014	5 030	4 074	3 150	2 254	1 406
	V	**16 456**	4 716	4 156	IV	10 712	10 028	9 359	8 705	8 066	7 442
	VI	**16 891**	4 716	4 156							
56 051,99	I,IV	**11 424**	4 716	4 156	I	10 041	8 718	7 453	6 248	5 102	4 016
	II	**10 688**	4 716	4 156	II	9 337	8 045	6 811	5 638	4 523	3 467
	III	**7 036**	4 716	4 156	III	6 022	5 038	4 084	3 158	2 262	1 414
	V	**16 471**	4 716	4 156	IV	10 725	10 041	9 372	8 718	8 078	7 453
	VI	**16 906**	4 716	4 156							
56 087,99	I,IV	**11 437**	4 716	4 156	I	10 054	8 730	7 465	6 259	5 113	4 026
	II	**10 701**	4 716	4 156	II	9 349	8 056	6 823	5 648	4 533	3 477
	III	**7 046**	4 716	4 156	III	6 032	5 048	4 092	3 166	2 270	1 422
	V	**16 485**	4 716	4 156	IV	10 738	10 054	9 384	8 730	8 090	7 465
	VI	**16 920**	4 716	4 156							
56 123,99	I,IV	**11 450**	4 716	4 156	I	10 066	8 742	7 476	6 270	5 123	4 036
	II	**10 714**	4 716	4 156	II	9 362	8 068	6 834	5 659	4 543	3 487
	III	**7 056**	4 716	4 156	III	6 042	5 056	4 102	3 176	2 280	1 430
	V	**16 499**	4 716	4 156	IV	10 751	10 066	9 397	8 742	8 102	7 476
	VI	**16 934**	4 716	4 156							
56 159,99	I,IV	**11 463**	4 716	4 156	I	10 079	8 754	7 488	6 281	5 134	4 045
	II	**10 727**	4 716	4 156	II	9 374	8 080	6 845	5 670	4 553	3 496
	III	**7 066**	4 716	4 156	III	6 050	5 066	4 110	3 184	2 288	1 436
	V	**16 513**	4 716	4 156	IV	10 764	10 079	9 409	8 754	8 114	7 488
	VI	**16 949**	4 716	4 156							

* Zur LSt-Berechnung für privat versicherte Arbeitnehmer s. Beispiele **Vorbemerkung S. 4 f.**
** Basisvorsorgepauschale KV und PV *** Typisierter Arbeitgeberzuschuss

Lohn/ Gehalt in € bis	Steuerklasse	Lohn-steuer*	BVSP**	TAGZ***	Steuerklasse	Bemessungsgrundlage für Kirchensteuer und Solidaritätszuschlag — Freibeträge für ... Kinder 0,5	**1,0**	1,5	**2,0**	2,5	**3,0**
56195,99	I,IV	**11476**	4716	4156	I	10091	8766	7499	6292	5144	4055
	II	**10740**	4716	4156	II	9386	8092	6856	5680	4563	3506
	III	**7074**	4716	4156	III	6060	5074	4118	3192	2296	1444
	V	**16527**	4716	4156	IV	10776	10091	9421	8766	8125	7499
	VI	**16962**	4716	4156							
56231,99	I,IV	**11490**	4716	4156	I	10104	8778	7511	6303	5154	4065
	II	**10753**	4716	4156	II	9399	8103	6868	5691	4573	3515
	III	**7084**	4716	4156	III	6070	5084	4128	3200	2304	1452
	V	**16542**	4716	4156	IV	10789	10104	9434	8778	8137	7511
	VI	**16977**	4716	4156							
56267,99	I,IV	**11503**	4716	4156	I	10117	8790	7523	6314	5165	4075
	II	**10766**	4716	4156	II	9411	8115	6879	5702	4584	3525
	III	**7094**	4716	4156	III	6078	5092	4136	3210	2312	1458
	V	**16556**	4716	4156	IV	10802	10117	9446	8790	8149	7523
	VI	**16991**	4716	4156							
56303,99	I,IV	**11516**	4716	4156	I	10130	8802	7534	6325	5175	4085
	II	**10779**	4716	4156	II	9423	8127	6890	5712	4594	3535
	III	**7104**	4716	4156	III	6088	5102	4144	3218	2320	1466
	V	**16570**	4716	4156	IV	10815	10130	9459	8802	8161	7534
	VI	**17005**	4716	4156							
56339,99	I,IV	**11529**	4716	4156	I	10142	8814	7546	6336	5186	4095
	II	**10792**	4716	4156	II	9436	8139	6902	5723	4604	3544
	III	**7114**	4716	4156	III	6098	5110	4154	3226	2328	1474
	V	**16584**	4716	4156	IV	10829	10142	9471	8814	8173	7546
	VI	**17019**	4716	4156							
56375,99	I,IV	**11543**	4716	4156	I	10155	8827	7557	6347	5196	4105
	II	**10805**	4716	4156	II	9448	8151	6913	5734	4614	3554
	III	**7124**	4716	4156	III	6106	5120	4162	3234	2336	1482
	V	**16599**	4716	4156	IV	10842	10155	9483	8827	8185	7557
	VI	**17034**	4716	4156							
56411,99	I,IV	**11556**	4716	4156	I	10167	8838	7569	6358	5207	4115
	II	**10817**	4716	4156	II	9460	8163	6924	5744	4624	3563
	III	**7132**	4716	4156	III	6116	5128	4172	3244	2344	1488
	V	**16613**	4716	4156	IV	10854	10167	9496	8838	8196	7569
	VI	**17048**	4716	4156							
56447,99	I,IV	**11569**	4716	4156	I	10180	8851	7580	6369	5217	4124
	II	**10830**	4716	4156	II	9473	8174	6935	5755	4635	3573
	III	**7142**	4716	4156	III	6126	5138	4180	3252	2354	1496
	V	**16627**	4716	4156	IV	10867	10180	9508	8851	8208	7580
	VI	**17062**	4716	4156							
56483,99	I,IV	**11582**	4716	4156	I	10193	8863	7592	6380	5228	4134
	II	**10843**	4716	4156	II	9485	8186	6947	5766	4645	3583
	III	**7152**	4716	4156	III	6134	5148	4188	3260	2362	1504
	V	**16641**	4716	4156	IV	10880	10193	9521	8863	8220	7592
	VI	**17076**	4716	4156							
56519,99	I,IV	**11596**	4716	4156	I	10206	8875	7604	6391	5238	4144
	II	**10856**	4716	4156	II	9498	8198	6958	5777	4655	3592
	III	**7162**	4716	4156	III	6144	5156	4198	3270	2370	1512
	V	**16655**	4716	4156	IV	10893	10206	9533	8875	8232	7604
	VI	**17090**	4716	4156							
56555,99	I,IV	**11609**	4716	4156	I	10218	8887	7615	6402	5249	4154
	II	**10869**	4716	4156	II	9510	8210	6969	5788	4665	3602
	III	**7172**	4716	4156	III	6154	5166	4206	3278	2378	1518
	V	**16670**	4716	4156	IV	10906	10218	9545	8887	8244	7615
	VI	**17105**	4716	4156							
56591,99	I,IV	**11622**	4716	4156	I	10231	8899	7627	6414	5259	4164
	II	**10883**	4716	4156	II	9523	8222	6981	5799	4676	3612
	III	**7182**	4716	4156	III	6164	5174	4216	3286	2386	1526
	V	**16684**	4716	4156	IV	10919	10231	9558	8899	8256	7627
	VI	**17119**	4716	4156							

* Zur LSt-Berechnung für privat versicherte Arbeitnehmer s. Beispiele **Vorbemerkung S. 4f.**
** Basisvorsorgepauschale KV und PV *** Typisierter Arbeitgeberzuschuss

Lohn/ Gehalt in € bis	Steuerklasse	Lohn-steuer*	BVSP**	TAGZ***	Steuerklasse	Bemessungsgrundlage für Kirchensteuer und Solidaritätszuschlag – Freibeträge für ... Kinder 0,5	**1,0**	1,5	**2,0**	2,5	**3,0**
56627,99	I,IV	**11636**	4716	4156	I	10244	8912	7639	6425	5270	4174
	II	**10896**	4716	4156	II	9535	8234	6992	5809	4686	3621
	III	**7190**	4716	4156	III	6172	5184	4224	3294	2394	1534
	V	**16698**	4716	4156	IV	10932	10244	9570	8912	8268	7639
	VI	**17133**	4716	4156							
56663,99	I,IV	**11649**	4716	4156	I	10256	8924	7650	6435	5280	4184
	II	**10908**	4716	4156	II	9547	8246	7003	5820	4696	3631
	III	**7200**	4716	4156	III	6182	5192	4232	3302	2402	1542
	V	**16712**	4716	4156	IV	10945	10256	9583	8924	8279	7650
	VI	**17147**	4716	4156							
56699,99	I,IV	**11662**	4716	4156	I	10269	8936	7662	6447	5291	4194
	II	**10921**	4716	4156	II	9560	8258	7014	5831	4706	3641
	III	**7210**	4716	4156	III	6190	5202	4242	3312	2410	1548
	V	**16726**	4716	4156	IV	10958	10269	9595	8936	8291	7662
	VI	**17161**	4716	4156							
56735,99	I,IV	**11675**	4716	4156	I	10282	8948	7673	6458	5301	4204
	II	**10934**	4716	4156	II	9572	8269	7026	5841	4716	3650
	III	**7220**	4716	4156	III	6200	5210	4250	3320	2420	1556
	V	**16741**	4716	4156	IV	10971	10282	9608	8948	8303	7673
	VI	**17176**	4716	4156							
56771,99	I,IV	**11689**	4716	4156	I	10295	8960	7685	6469	5312	4214
	II	**10947**	4716	4156	II	9585	8281	7037	5852	4727	3660
	III	**7230**	4716	4156	III	6210	5220	4260	3328	2428	1564
	V	**16755**	4716	4156	IV	10984	10295	9620	8960	8315	7685
	VI	**17190**	4716	4156							
56807,99	I,IV	**11702**	4716	4156	I	10308	8973	7697	6480	5322	4224
	II	**10960**	4716	4156	II	9597	8293	7049	5863	4737	3670
	III	**7238**	4716	4156	III	6220	5228	4268	3338	2436	1572
	V	**16769**	4716	4156	IV	10997	10308	9633	8973	8327	7697
	VI	**17204**	4716	4156							
56843,99	I,IV	**11715**	4716	4156	I	10320	8985	7708	6491	5333	4234
	II	**10974**	4716	4156	II	9610	8305	7060	5874	4747	3679
	III	**7248**	4716	4156	III	6228	5238	4278	3346	2444	1580
	V	**16783**	4716	4156	IV	11010	10320	9645	8985	8339	7708
	VI	**17219**	4716	4156							
56879,99	I,IV	**11728**	4716	4156	I	10333	8997	7720	6502	5343	4244
	II	**10986**	4716	4156	II	9622	8317	7071	5885	4757	3689
	III	**7258**	4716	4156	III	6238	5248	4286	3354	2452	1588
	V	**16797**	4716	4156	IV	11023	10333	9657	8997	8351	7720
	VI	**17232**	4716	4156							
56915,99	I,IV	**11742**	4716	4156	I	10346	9009	7731	6513	5354	4254
	II	**10999**	4716	4156	II	9634	8329	7083	5895	4767	3699
	III	**7268**	4716	4156	III	6248	5256	4294	3362	2460	1594
	V	**16812**	4716	4156	IV	11036	10346	9670	9009	8363	7731
	VI	**17247**	4716	4156							
56951,99	I,IV	**11755**	4716	4156	I	10358	9021	7743	6524	5365	4264
	II	**11012**	4716	4156	II	9647	8341	7094	5906	4778	3708
	III	**7278**	4716	4156	III	6256	5266	4304	3372	2470	1602
	V	**16826**	4716	4156	IV	11049	10358	9682	9021	8375	7743
	VI	**17261**	4716	4156							
56987,99	I,IV	**11768**	4716	4156	I	10371	9033	7755	6535	5375	4274
	II	**11025**	4716	4156	II	9660	8353	7105	5917	4788	3718
	III	**7288**	4716	4156	III	6266	5274	4312	3380	2478	1610
	V	**16840**	4716	4156	IV	11062	10371	9695	9033	8387	7755
	VI	**17275**	4716	4156							
57023,99	I,IV	**11782**	4716	4156	I	10384	9046	7767	6547	5386	4284
	II	**11039**	4716	4156	II	9672	8365	7117	5928	4798	3728
	III	**7298**	4716	4156	III	6276	5284	4322	3388	2486	1618
	V	**16854**	4716	4156	IV	11076	10384	9708	9046	8399	7767
	VI	**17290**	4716	4156							

* Zur LSt-Berechnung für privat versicherte Arbeitnehmer s. Beispiele **Vorbemerkung S. 4 f.**
** Basisvorsorgepauschale KV und PV *** Typisierter Arbeitgeberzuschuss

Lohn/ Gehalt in € bis	Steuerklasse	Lohnsteuer*	BVSP**	TAGZ***	Steuerklasse	Bemessungsgrundlage für Kirchensteuer und Solidaritätszuschlag					
						Freibeträge für ... Kinder					
						0,5	**1,0**	1,5	**2,0**	2,5	**3,0**
57 059,99	I,IV	**11 795**	4 716	4 156	I	10 397	9 058	7 778	6 558	5 396	4 294
	II	**11 052**	4 716	4 156	II	9 685	8 377	7 128	5 939	4 809	3 738
	III	**7 306**	4 716	4 156	III	6 286	5 292	4 330	3 398	2 494	1 626
	V	**16 869**	4 716	4 156	IV	11 089	10 397	9 720	9 058	8 411	7 778
	VI	**17 304**	4 716	4 156							
57 095,99	I,IV	**11 809**	4 716	4 156	I	10 410	9 070	7 790	6 569	5 407	4 304
	II	**11 065**	4 716	4 156	II	9 697	8 389	7 140	5 950	4 819	3 747
	III	**7 316**	4 716	4 156	III	6 294	5 302	4 340	3 406	2 502	1 634
	V	**16 883**	4 716	4 156	IV	11 102	10 410	9 733	9 070	8 423	7 790
	VI	**17 318**	4 716	4 156							
57 131,99	I,IV	**11 822**	4 716	4 156	I	10 422	9 082	7 801	6 580	5 417	4 314
	II	**11 077**	4 716	4 156	II	9 709	8 400	7 151	5 960	4 829	3 757
	III	**7 326**	4 716	4 156	III	6 304	5 310	4 348	3 414	2 510	1 640
	V	**16 897**	4 716	4 156	IV	11 115	10 422	9 745	9 082	8 434	7 801
	VI	**17 332**	4 716	4 156							
57 167,99	I,IV	**11 835**	4 716	4 156	I	10 435	9 095	7 813	6 591	5 428	4 324
	II	**11 091**	4 716	4 156	II	9 722	8 412	7 162	5 971	4 839	3 767
	III	**7 336**	4 716	4 156	III	6 312	5 320	4 356	3 422	2 518	1 648
	V	**16 911**	4 716	4 156	IV	11 128	10 435	9 757	9 095	8 446	7 813
	VI	**17 346**	4 716	4 156							
57 203,99	I,IV	**11 848**	4 716	4 156	I	10 448	9 107	7 825	6 602	5 439	4 334
	II	**11 104**	4 716	4 156	II	9 735	8 425	7 174	5 982	4 850	3 777
	III	**7 346**	4 716	4 156	III	6 322	5 330	4 366	3 432	2 526	1 656
	V	**16 925**	4 716	4 156	IV	11 141	10 448	9 770	9 107	8 458	7 825
	VI	**17 361**	4 716	4 156							
57 239,99	I,IV	**11 862**	4 716	4 156	I	10 461	9 119	7 837	6 613	5 449	4 344
	II	**11 117**	4 716	4 156	II	9 747	8 437	7 185	5 993	4 860	3 786
	III	**7 354**	4 716	4 156	III	6 332	5 338	4 374	3 440	2 536	1 664
	V	**16 940**	4 716	4 156	IV	11 154	10 461	9 783	9 119	8 470	7 837
	VI	**17 375**	4 716	4 156							
57 275,99	I,IV	**11 875**	4 716	4 156	I	10 474	9 131	7 848	6 625	5 460	4 354
	II	**11 130**	4 716	4 156	II	9 760	8 449	7 197	6 004	4 870	3 796
	III	**7 364**	4 716	4 156	III	6 342	5 348	4 384	3 448	2 544	1 672
	V	**16 954**	4 716	4 156	IV	11 167	10 474	9 795	9 131	8 483	7 848
	VI	**17 389**	4 716	4 156							
57 311,99	I,IV	**11 889**	4 716	4 156	I	10 487	9 144	7 860	6 636	5 470	4 364
	II	**11 143**	4 716	4 156	II	9 772	8 461	7 208	6 015	4 881	3 806
	III	**7 374**	4 716	4 156	III	6 350	5 356	4 392	3 458	2 552	1 680
	V	**16 968**	4 716	4 156	IV	11 180	10 487	9 808	9 144	8 495	7 860
	VI	**17 403**	4 716	4 156							
57 347,99	I,IV	**11 902**	4 716	4 156	I	10 499	9 156	7 872	6 647	5 481	4 374
	II	**11 156**	4 716	4 156	II	9 784	8 472	7 219	6 025	4 891	3 815
	III	**7 384**	4 716	4 156	III	6 360	5 366	4 402	3 466	2 560	1 688
	V	**16 982**	4 716	4 156	IV	11 193	10 499	9 820	9 156	8 506	7 872
	VI	**17 417**	4 716	4 156							
57 383,99	I,IV	**11 915**	4 716	4 156	I	10 512	9 168	7 883	6 658	5 491	4 384
	II	**11 169**	4 716	4 156	II	9 797	8 484	7 231	6 036	4 901	3 825
	III	**7 394**	4 716	4 156	III	6 370	5 376	4 410	3 474	2 568	1 696
	V	**16 996**	4 716	4 156	IV	11 206	10 512	9 833	9 168	8 518	7 883
	VI	**17 432**	4 716	4 156							
57 419,99	I,IV	**11 929**	4 716	4 156	I	10 525	9 180	7 895	6 669	5 502	4 394
	II	**11 182**	4 716	4 156	II	9 810	8 496	7 242	6 047	4 912	3 835
	III	**7 404**	4 716	4 156	III	6 380	5 384	4 418	3 484	2 578	1 704
	V	**17 011**	4 716	4 156	IV	11 219	10 525	9 845	9 180	8 530	7 895
	VI	**17 446**	4 716	4 156							
57 455,99	I,IV	**11 942**	4 716	4 156	I	10 538	9 193	7 907	6 680	5 513	4 405
	II	**11 195**	4 716	4 156	II	9 822	8 508	7 254	6 058	4 922	3 845
	III	**7 414**	4 716	4 156	III	6 388	5 394	4 428	3 492	2 586	1 712
	V	**17 025**	4 716	4 156	IV	11 232	10 538	9 858	9 193	8 542	7 907
	VI	**17 460**	4 716	4 156							

* Zur LSt-Berechnung für privat versicherte Arbeitnehmer s. Beispiele **Vorbemerkung S. 4 f.**
** Basisvorsorgepauschale KV und PV *** Typisierter Arbeitgeberzuschuss

Lohn/ Gehalt in € bis	Steuerklasse	Lohnsteuer*	BVSP**	TAGZ***	Steuerklasse	Bemessungsgrundlage für Kirchensteuer und Solidaritätszuschlag – Freibeträge für ... Kinder 0,5	**1,0**	1,5	**2,0**	2,5	**3,0**
57491,99	I,IV	**11955**	4716	4156	I	10551	9205	7919	6691	5524	4415
	II	**11208**	4716	4156	II	9835	8520	7265	6069	4932	3855
	III	**7424**	4716	4156	III	6398	5402	4436	3500	2594	1720
	V	**17039**	4716	4156	IV	11246	10551	9870	9205	8554	7919
	VI	**17474**	4716	4156							
57527,99	I,IV	**11969**	4716	4156	I	10564	9217	7930	6703	5534	4425
	II	**11222**	4716	4156	II	9847	8532	7277	6080	4943	3865
	III	**7432**	4716	4156	III	6408	5412	4446	3510	2602	1726
	V	**17054**	4716	4156	IV	11259	10564	9883	9217	8567	7930
	VI	**17489**	4716	4156							
57563,99	I,IV	**11982**	4716	4156	I	10576	9230	7942	6714	5545	4435
	II	**11235**	4716	4156	II	9860	8545	7288	6091	4953	3874
	III	**7442**	4716	4156	III	6418	5422	4454	3518	2610	1734
	V	**17068**	4716	4156	IV	11272	10576	9896	9230	8579	7942
	VI	**17503**	4716	4156							
57599,99	I,IV	**11995**	4716	4156	I	10589	9242	7954	6725	5555	4445
	II	**11248**	4716	4156	II	9872	8556	7299	6102	4963	3884
	III	**7452**	4716	4156	III	6426	5430	4464	3526	2618	1742
	V	**17082**	4716	4156	IV	11285	10589	9908	9242	8590	7954
	VI	**17517**	4716	4156							
57635,99	I,IV	**12009**	4716	4156	I	10602	9254	7966	6736	5566	4455
	II	**11261**	4716	4156	II	9885	8568	7311	6113	4974	3894
	III	**7462**	4716	4156	III	6436	5438	4472	3534	2626	1750
	V	**17096**	4716	4156	IV	11298	10602	9921	9254	8602	7966
	VI	**17531**	4716	4156							
57671,99	I,IV	**12022**	4716	4156	I	10615	9267	7977	6747	5577	4465
	II	**11274**	4716	4156	II	9898	8580	7322	6124	4984	3904
	III	**7472**	4716	4156	III	6444	5448	4480	3544	2636	1758
	V	**17110**	4716	4156	IV	11311	10615	9933	9267	8615	7977
	VI	**17545**	4716	4156							
57707,99	I,IV	**12036**	4716	4156	I	10628	9279	7989	6759	5587	4475
	II	**11287**	4716	4156	II	9910	8592	7334	6135	4994	3914
	III	**7482**	4716	4156	III	6454	5458	4490	3552	2644	1766
	V	**17124**	4716	4156	IV	11324	10628	9946	9279	8627	7989
	VI	**17560**	4716	4156							
57743,99	I,IV	**12049**	4716	4156	I	10641	9291	8001	6770	5598	4485
	II	**11300**	4716	4156	II	9923	8605	7345	6146	5005	3923
	III	**7490**	4716	4156	III	6464	5466	4498	3560	2652	1774
	V	**17139**	4716	4156	IV	11338	10641	9959	9291	8639	8001
	VI	**17574**	4716	4156							
57779,99	I,IV	**12063**	4716	4156	I	10654	9304	8013	6781	5609	4496
	II	**11314**	4716	4156	II	9936	8617	7357	6157	5015	3933
	III	**7500**	4716	4156	III	6474	5476	4508	3570	2660	1782
	V	**17153**	4716	4156	IV	11351	10654	9971	9304	8651	8013
	VI	**17588**	4716	4156							
57815,99	I,IV	**12076**	4716	4156	I	10666	9316	8024	6792	5619	4505
	II	**11326**	4716	4156	II	9948	8628	7368	6167	5025	3943
	III	**7510**	4716	4156	III	6482	5484	4516	3578	2668	1790
	V	**17167**	4716	4156	IV	11364	10666	9984	9316	8663	8024
	VI	**17602**	4716	4156							
57851,99	I,IV	**12090**	4716	4156	I	10679	9328	8036	6803	5630	4516
	II	**11340**	4716	4156	II	9960	8641	7380	6178	5036	3953
	III	**7520**	4716	4156	III	6492	5494	4526	3586	2678	1798
	V	**17181**	4716	4156	IV	11377	10679	9996	9328	8675	8036
	VI	**17616**	4716	4156							
57887,99	I,IV	**12103**	4716	4156	I	10692	9340	8048	6815	5641	4526
	II	**11353**	4716	4156	II	9973	8653	7391	6189	5046	3963
	III	**7530**	4716	4156	III	6502	5504	4534	3596	2686	1806
	V	**17195**	4716	4156	IV	11390	10692	10009	9340	8687	8048
	VI	**17631**	4716	4156							

* Zur LSt-Berechnung für privat versicherte Arbeitnehmer s. Beispiele **Vorbemerkung S. 4 f.**
** Basisvorsorgepauschale KV und PV *** Typisierter Arbeitgeberzuschuss

Lohn/ Gehalt in € bis	Steuerklasse	Lohn- steuer*	BVSP**	TAGZ***	Steuerklasse	Bemessungsgrundlage für Kirchensteuer und Solidaritätszuschlag – Freibeträge für ... Kinder 0,5	1,0	1,5	2,0	2,5	3,0
57 923,99	I,IV	**12 117**	4 716	4 156	I	10 705	9 353	8 060	6 826	5 651	4 536
	II	**11 366**	4 716	4 156	II	9 986	8 665	7 403	6 200	5 057	3 973
	III	**7 540**	4 716	4 156	III	6 512	5 512	4 544	3 604	2 694	1 814
	V	**17 210**	4 716	4 156	IV	11 403	10 705	10 022	9 353	8 699	8 060
	VI	**17 645**	4 716	4 156							
57 959,99	I,IV	**12 130**	4 716	4 156	I	10 718	9 365	8 072	6 837	5 662	4 546
	II	**11 379**	4 716	4 156	II	9 998	8 677	7 414	6 211	5 067	3 982
	III	**7 550**	4 716	4 156	III	6 520	5 522	4 552	3 612	2 702	1 822
	V	**17 224**	4 716	4 156	IV	11 417	10 718	10 034	9 365	8 711	8 072
	VI	**17 659**	4 716	4 156							
57 995,99	I,IV	**12 144**	4 716	4 156	I	10 731	9 378	8 084	6 849	5 673	4 556
	II	**11 393**	4 716	4 156	II	10 011	8 689	7 426	6 222	5 078	3 992
	III	**7 560**	4 716	4 156	III	6 530	5 532	4 562	3 622	2 710	1 830
	V	**17 238**	4 716	4 156	IV	11 430	10 731	10 047	9 378	8 723	8 084
	VI	**17 673**	4 716	4 156							
58 031,99	I,IV	**12 157**	4 716	4 156	I	10 744	9 390	8 095	6 860	5 684	4 567
	II	**11 406**	4 716	4 156	II	10 024	8 701	7 438	6 233	5 088	4 002
	III	**7 570**	4 716	4 156	III	6 540	5 540	4 570	3 630	2 720	1 838
	V	**17 253**	4 716	4 156	IV	11 443	10 744	10 060	9 390	8 735	8 095
	VI	**17 688**	4 716	4 156							
58 067,99	I,IV	**12 170**	4 716	4 156	I	10 757	9 402	8 107	6 871	5 694	4 576
	II	**11 419**	4 716	4 156	II	10 036	8 713	7 449	6 244	5 098	4 012
	III	**7 578**	4 716	4 156	III	6 548	5 550	4 578	3 638	2 728	1 846
	V	**17 266**	4 716	4 156	IV	11 456	10 757	10 072	9 402	8 747	8 107
	VI	**17 702**	4 716	4 156							
58 103,99	I,IV	**12 184**	4 716	4 156	I	10 770	9 415	8 119	6 882	5 705	4 587
	II	**11 432**	4 716	4 156	II	10 049	8 725	7 460	6 255	5 109	4 022
	III	**7 588**	4 716	4 156	III	6 558	5 558	4 588	3 646	2 736	1 854
	V	**17 281**	4 716	4 156	IV	11 469	10 770	10 085	9 415	8 759	8 119
	VI	**17 716**	4 716	4 156							
58 139,99	I,IV	**12 197**	4 716	4 156	I	10 783	9 427	8 131	6 894	5 716	4 597
	II	**11 445**	4 716	4 156	II	10 062	8 737	7 472	6 266	5 119	4 032
	III	**7 598**	4 716	4 156	III	6 568	5 568	4 596	3 656	2 744	1 862
	V	**17 295**	4 716	4 156	IV	11 483	10 783	10 097	9 427	8 771	8 131
	VI	**17 730**	4 716	4 156							
58 175,99	I,IV	**12 211**	4 716	4 156	I	10 796	9 439	8 143	6 905	5 726	4 607
	II	**11 458**	4 716	4 156	II	10 074	8 749	7 484	6 277	5 130	4 042
	III	**7 608**	4 716	4 156	III	6 578	5 576	4 606	3 664	2 752	1 870
	V	**17 309**	4 716	4 156	IV	11 496	10 796	10 110	9 439	8 784	8 143
	VI	**17 744**	4 716	4 156							
58 211,99	I,IV	**12 224**	4 716	4 156	I	10 809	9 452	8 154	6 916	5 737	4 617
	II	**11 472**	4 716	4 156	II	10 087	8 761	7 495	6 288	5 140	4 052
	III	**7 618**	4 716	4 156	III	6 588	5 586	4 614	3 672	2 760	1 878
	V	**17 324**	4 716	4 156	IV	11 509	10 809	10 123	9 452	8 796	8 154
	VI	**17 759**	4 716	4 156							
58 247,99	I,IV	**12 238**	4 716	4 156	I	10 822	9 464	8 166	6 928	5 748	4 628
	II	**11 485**	4 716	4 156	II	10 100	8 774	7 507	6 299	5 151	4 062
	III	**7 628**	4 716	4 156	III	6 596	5 596	4 624	3 682	2 770	1 886
	V	**17 338**	4 716	4 156	IV	11 522	10 822	10 136	9 464	8 808	8 166
	VI	**17 773**	4 716	4 156							
58 283,99	I,IV	**12 251**	4 716	4 156	I	10 834	9 476	8 178	6 939	5 758	4 638
	II	**11 498**	4 716	4 156	II	10 112	8 785	7 518	6 310	5 161	4 071
	III	**7 638**	4 716	4 156	III	6 606	5 604	4 632	3 690	2 778	1 894
	V	**17 352**	4 716	4 156	IV	11 535	10 834	10 148	9 476	8 820	8 178
	VI	**17 787**	4 716	4 156							
58 319,99	I,IV	**12 265**	4 716	4 156	I	10 847	9 489	8 190	6 950	5 769	4 648
	II	**11 511**	4 716	4 156	II	10 125	8 798	7 530	6 321	5 171	4 081
	III	**7 648**	4 716	4 156	III	6 616	5 614	4 642	3 698	2 786	1 902
	V	**17 366**	4 716	4 156	IV	11 549	10 847	10 161	9 489	8 832	8 190
	VI	**17 801**	4 716	4 156							

* Zur LSt-Berechnung für privat versicherte Arbeitnehmer s. Beispiele **Vorbemerkung S. 4 f.**
** Basisvorsorgepauschale KV und PV *** Typisierter Arbeitgeberzuschuss

Lohn/ Gehalt in € bis	Steuerklasse	Lohn-steuer*	BVSP**	TAGZ***	Steuerklasse	Bemessungsgrundlage für Kirchensteuer und Solidaritätszuschlag — Freibeträge für ... Kinder 0,5	1,0	1,5	2,0	2,5	3,0
58 355,99	I,IV	**12 278**	4 716	4 156	I	10 860	9 501	8 202	6 961	5 780	4 658
	II	**11 524**	4 716	4 156	II	10 137	8 810	7 541	6 332	5 182	4 091
	III	**7 656**	4 716	4 156	III	6 626	5 624	4 650	3 708	2 794	1 910
	V	**17 380**	4 716	4 156	IV	11 562	10 860	10 173	9 501	8 844	8 202
	VI	**17 815**	4 716	4 156							
58 391,99	I,IV	**12 292**	4 716	4 156	I	10 873	9 514	8 214	6 973	5 791	4 668
	II	**11 538**	4 716	4 156	II	10 150	8 822	7 553	6 343	5 192	4 101
	III	**7 666**	4 716	4 156	III	6 634	5 632	4 660	3 716	2 802	1 918
	V	**17 395**	4 716	4 156	IV	11 575	10 873	10 186	9 514	8 856	8 214
	VI	**17 830**	4 716	4 156							
58 427,99	I,IV	**12 306**	4 716	4 156	I	10 886	9 526	8 226	6 984	5 802	4 679
	II	**11 551**	4 716	4 156	II	10 163	8 834	7 565	6 354	5 203	4 111
	III	**7 676**	4 716	4 156	III	6 644	5 642	4 668	3 726	2 812	1 926
	V	**17 409**	4 716	4 156	IV	11 589	10 886	10 199	9 526	8 869	8 226
	VI	**17 844**	4 716	4 156							
58 463,99	I,IV	**12 319**	4 716	4 156	I	10 899	9 539	8 238	6 995	5 812	4 689
	II	**11 564**	4 716	4 156	II	10 176	8 846	7 576	6 365	5 213	4 121
	III	**7 686**	4 716	4 156	III	6 654	5 650	4 678	3 734	2 820	1 936
	V	**17 423**	4 716	4 156	IV	11 602	10 899	10 212	9 539	8 881	8 238
	VI	**17 858**	4 716	4 156							
58 499,99	I,IV	**12 333**	4 716	4 156	I	10 912	9 551	8 249	7 007	5 823	4 699
	II	**11 578**	4 716	4 156	II	10 188	8 859	7 588	6 376	5 224	4 131
	III	**7 696**	4 716	4 156	III	6 664	5 660	4 686	3 742	2 828	1 944
	V	**17 437**	4 716	4 156	IV	11 615	10 912	10 224	9 551	8 893	8 249
	VI	**17 873**	4 716	4 156							
58 535,99	I,IV	**12 346**	4 716	4 156	I	10 925	9 563	8 261	7 018	5 834	4 709
	II	**11 590**	4 716	4 156	II	10 201	8 870	7 599	6 387	5 234	4 141
	III	**7 706**	4 716	4 156	III	6 672	5 668	4 696	3 750	2 836	1 950
	V	**17 451**	4 716	4 156	IV	11 628	10 925	10 237	9 563	8 905	8 261
	VI	**17 886**	4 716	4 156							
58 571,99	I,IV	**12 360**	4 716	4 156	I	10 938	9 576	8 273	7 029	5 845	4 719
	II	**11 604**	4 716	4 156	II	10 214	8 883	7 611	6 398	5 245	4 151
	III	**7 716**	4 716	4 156	III	6 682	5 678	4 704	3 760	2 844	1 960
	V	**17 466**	4 716	4 156	IV	11 641	10 938	10 250	9 576	8 917	8 273
	VI	**17 901**	4 716	4 156							
58 607,99	I,IV	**12 373**	4 716	4 156	I	10 951	9 588	8 285	7 041	5 856	4 730
	II	**11 617**	4 716	4 156	II	10 226	8 895	7 622	6 409	5 255	4 161
	III	**7 726**	4 716	4 156	III	6 692	5 688	4 714	3 768	2 852	1 968
	V	**17 480**	4 716	4 156	IV	11 655	10 951	10 262	9 588	8 929	8 285
	VI	**17 915**	4 716	4 156							
58 643,99	I,IV	**12 387**	4 716	4 156	I	10 964	9 601	8 297	7 052	5 866	4 740
	II	**11 630**	4 716	4 156	II	10 239	8 907	7 634	6 420	5 266	4 171
	III	**7 734**	4 716	4 156	III	6 702	5 696	4 722	3 776	2 862	1 976
	V	**17 494**	4 716	4 156	IV	11 668	10 964	10 275	9 601	8 942	8 297
	VI	**17 929**	4 716	4 156							
58 679,99	I,IV	**12 400**	4 716	4 156	I	10 977	9 614	8 309	7 063	5 877	4 750
	II	**11 644**	4 716	4 156	II	10 252	8 919	7 646	6 432	5 276	4 181
	III	**7 744**	4 716	4 156	III	6 710	5 706	4 732	3 786	2 870	1 984
	V	**17 508**	4 716	4 156	IV	11 681	10 977	10 288	9 614	8 954	8 309
	VI	**17 943**	4 716	4 156							
58 715,99	I,IV	**12 414**	4 716	4 156	I	10 990	9 626	8 321	7 075	5 888	4 760
	II	**11 657**	4 716	4 156	II	10 265	8 931	7 657	6 443	5 287	4 191
	III	**7 754**	4 716	4 156	III	6 720	5 716	4 740	3 794	2 878	1 992
	V	**17 523**	4 716	4 156	IV	11 695	10 990	10 301	9 626	8 966	8 321
	VI	**17 958**	4 716	4 156							
58 751,99	I,IV	**12 427**	4 716	4 156	I	11 003	9 638	8 332	7 086	5 899	4 770
	II	**11 670**	4 716	4 156	II	10 277	8 943	7 669	6 453	5 297	4 200
	III	**7 764**	4 716	4 156	III	6 730	5 724	4 750	3 804	2 886	2 000
	V	**17 537**	4 716	4 156	IV	11 708	11 003	10 313	9 638	8 978	8 332
	VI	**17 972**	4 716	4 156							

* Zur LSt-Berechnung für privat versicherte Arbeitnehmer s. Beispiele **Vorbemerkung S. 4 f.**
** Basisvorsorgepauschale KV und PV *** Typisierter Arbeitgeberzuschuss

Lohn/ Gehalt in € bis	Steuerklasse	Lohn- steuer*	BVSP**	TAGZ***	Steuerklasse	Bemessungsgrundlage für Kirchensteuer und Solidaritätszuschlag					
						Freibeträge für ... Kinder					
						0,5	**1,0**	1,5	**2,0**	2,5	**3,0**
58 787,99	I,IV	**12 441**	4 716	4 156	I	11 016	9 651	8 344	7 097	5 909	4 781
	II	**11 683**	4 716	4 156	II	10 290	8 956	7 680	6 465	5 308	4 210
	III	**7 774**	4 716	4 156	III	6 740	5 734	4 758	3 812	2 896	2 008
	V	**17 551**	4 716	4 156	IV	11 721	11 016	10 326	9 651	8 990	8 344
	VI	**17 986**	4 716	4 156							
58 823,99	I,IV	**12 455**	4 716	4 156	I	11 029	9 663	8 356	7 109	5 920	4 791
	II	**11 697**	4 716	4 156	II	10 303	8 968	7 692	6 476	5 318	4 220
	III	**7 784**	4 716	4 156	III	6 748	5 744	4 768	3 820	2 904	2 016
	V	**17 565**	4 716	4 156	IV	11 735	11 029	10 339	9 663	9 002	8 356
	VI	**18 000**	4 716	4 156							
58 859,99	I,IV	**12 468**	4 716	4 156	I	11 042	9 676	8 368	7 120	5 931	4 801
	II	**11 710**	4 716	4 156	II	10 316	8 980	7 704	6 487	5 329	4 230
	III	**7 794**	4 716	4 156	III	6 758	5 752	4 776	3 830	2 912	2 024
	V	**17 579**	4 716	4 156	IV	11 748	11 042	10 352	9 676	9 015	8 368
	VI	**18 014**	4 716	4 156							
58 895,99	I,IV	**12 482**	4 716	4 156	I	11 055	9 688	8 380	7 132	5 942	4 812
	II	**11 724**	4 716	4 156	II	10 328	8 992	7 716	6 498	5 340	4 240
	III	**7 804**	4 716	4 156	III	6 768	5 762	4 786	3 838	2 920	2 032
	V	**17 594**	4 716	4 156	IV	11 761	11 055	10 365	9 688	9 027	8 380
	VI	**18 029**	4 716	4 156							
58 931,99	I,IV	**12 496**	4 716	4 156	I	11 069	9 701	8 392	7 143	5 953	4 822
	II	**11 737**	4 716	4 156	II	10 341	9 005	7 727	6 509	5 350	4 250
	III	**7 814**	4 716	4 156	III	6 778	5 772	4 794	3 846	2 930	2 040
	V	**17 608**	4 716	4 156	IV	11 775	11 069	10 377	9 701	9 039	8 392
	VI	**18 043**	4 716	4 156							
58 967,99	I,IV	**12 509**	4 716	4 156	I	11 082	9 713	8 404	7 155	5 964	4 832
	II	**11 750**	4 716	4 156	II	10 354	9 017	7 739	6 520	5 361	4 260
	III	**7 824**	4 716	4 156	III	6 788	5 780	4 804	3 856	2 938	2 050
	V	**17 622**	4 716	4 156	IV	11 788	11 082	10 390	9 713	9 052	8 404
	VI	**18 057**	4 716	4 156							
59 003,99	I,IV	**12 522**	4 716	4 156	I	11 094	9 726	8 416	7 166	5 974	4 842
	II	**11 763**	4 716	4 156	II	10 366	9 029	7 750	6 531	5 371	4 270
	III	**7 832**	4 716	4 156	III	6 796	5 790	4 812	3 864	2 946	2 056
	V	**17 636**	4 716	4 156	IV	11 801	11 094	10 403	9 726	9 063	8 416
	VI	**18 071**	4 716	4 156							
59 039,99	I,IV	**12 536**	4 716	4 156	I	11 108	9 738	8 428	7 177	5 985	4 853
	II	**11 777**	4 716	4 156	II	10 379	9 041	7 762	6 542	5 382	4 280
	III	**7 842**	4 716	4 156	III	6 806	5 798	4 820	3 872	2 954	2 066
	V	**17 650**	4 716	4 156	IV	11 814	11 108	10 415	9 738	9 076	8 428
	VI	**18 085**	4 716	4 156							
59 075,99	I,IV	**12 550**	4 716	4 156	I	11 121	9 751	8 440	7 189	5 996	4 863
	II	**11 790**	4 716	4 156	II	10 392	9 053	7 774	6 553	5 392	4 290
	III	**7 852**	4 716	4 156	III	6 816	5 808	4 830	3 882	2 962	2 074
	V	**17 665**	4 716	4 156	IV	11 828	11 121	10 428	9 751	9 088	8 440
	VI	**18 100**	4 716	4 156							
59 111,99	I,IV	**12 564**	4 716	4 156	I	11 134	9 763	8 452	7 200	6 007	4 873
	II	**11 803**	4 716	4 156	II	10 405	9 066	7 785	6 565	5 403	4 300
	III	**7 862**	4 716	4 156	III	6 826	5 818	4 838	3 890	2 970	2 082
	V	**17 679**	4 716	4 156	IV	11 841	11 134	10 441	9 763	9 100	8 452
	VI	**18 114**	4 716	4 156							
59 147,99	I,IV	**12 577**	4 716	4 156	I	11 147	9 776	8 464	7 211	6 018	4 884
	II	**11 817**	4 716	4 156	II	10 418	9 078	7 797	6 576	5 414	4 310
	III	**7 872**	4 716	4 156	III	6 834	5 826	4 848	3 898	2 980	2 090
	V	**17 693**	4 716	4 156	IV	11 855	11 147	10 454	9 776	9 113	8 464
	VI	**18 128**	4 716	4 156							
59 183,99	I,IV	**12 591**	4 716	4 156	I	11 160	9 789	8 476	7 223	6 029	4 894
	II	**11 830**	4 716	4 156	II	10 431	9 090	7 809	6 587	5 424	4 321
	III	**7 882**	4 716	4 156	III	6 844	5 836	4 856	3 908	2 988	2 098
	V	**17 707**	4 716	4 156	IV	11 868	11 160	10 467	9 789	9 125	8 476
	VI	**18 143**	4 716	4 156							

* Zur LSt-Berechnung für privat versicherte Arbeitnehmer s. Beispiele **Vorbemerkung S. 4 f.**

** Basisvorsorgepauschale KV und PV   *** Typisierter Arbeitgeberzuschuss

Lohn/ Gehalt in € bis	Steuerklasse	Lohn-steuer*	BVSP**	TAGZ***	Steuerklasse	Bemessungsgrundlage für Kirchensteuer und Solidaritätszuschlag – Freibeträge für ... Kinder 0,5	1,0	1,5	2,0	2,5	3,0
59219,99	I,IV	**12604**	4716	4156	I	11173	9801	8488	7234	6040	4904
	II	**11843**	4716	4156	II	10443	9102	7820	6598	5434	4330
	III	**7892**	4716	4156	III	6854	5846	4866	3916	2996	2106
	V	**17721**	4716	4156	IV	11881	11173	10479	9801	9137	8488
	VI	**18156**	4716	4156							
59255,99	I,IV	**12618**	4716	4156	I	11186	9813	8500	7246	6051	4915
	II	**11857**	4716	4156	II	10456	9114	7832	6609	5445	4340
	III	**7902**	4716	4156	III	6864	5854	4874	3926	3004	2114
	V	**17736**	4716	4156	IV	11895	11186	10492	9813	9149	8500
	VI	**18171**	4716	4156							
59291,99	I,IV	**12632**	4716	4156	I	11199	9826	8512	7257	6061	4925
	II	**11870**	4716	4156	II	10469	9127	7844	6620	5456	4351
	III	**7912**	4716	4156	III	6874	5864	4884	3934	3014	2122
	V	**17750**	4716	4156	IV	11908	11199	10505	9826	9162	8512
	VI	**18185**	4716	4156							
59327,99	I,IV	**12645**	4716	4156	I	11212	9839	8524	7269	6072	4935
	II	**11884**	4716	4156	II	10482	9139	7856	6631	5466	4361
	III	**7922**	4716	4156	III	6882	5874	4894	3942	3022	2130
	V	**17764**	4716	4156	IV	11921	11212	10518	9839	9174	8524
	VI	**18199**	4716	4156							
59363,99	I,IV	**12659**	4716	4156	I	11226	9851	8536	7280	6083	4946
	II	**11897**	4716	4156	II	10495	9151	7867	6643	5477	4371
	III	**7932**	4716	4156	III	6892	5882	4902	3952	3030	2138
	V	**17778**	4716	4156	IV	11935	11226	10531	9851	9186	8536
	VI	**18214**	4716	4156							
59399,99	I,IV	**12673**	4716	4156	I	11239	9864	8548	7292	6094	4956
	II	**11910**	4716	4156	II	10507	9164	7879	6654	5488	4381
	III	**7942**	4716	4156	III	6902	5892	4912	3960	3038	2148
	V	**17793**	4716	4156	IV	11948	11239	10544	9864	9199	8548
	VI	**18228**	4716	4156							
59435,99	I,IV	**12687**	4716	4156	I	11252	9876	8560	7303	6105	4967
	II	**11924**	4716	4156	II	10520	9176	7891	6665	5498	4391
	III	**7952**	4716	4156	III	6912	5902	4920	3970	3048	2156
	V	**17807**	4716	4156	IV	11962	11252	10557	9876	9211	8560
	VI	**18242**	4716	4156							
59471,99	I,IV	**12700**	4716	4156	I	11265	9889	8572	7314	6116	4977
	II	**11937**	4716	4156	II	10533	9188	7902	6676	5509	4401
	III	**7960**	4716	4156	III	6920	5910	4928	3978	3056	2164
	V	**17821**	4716	4156	IV	11975	11265	10569	9889	9223	8572
	VI	**18256**	4716	4156							
59507,99	I,IV	**12714**	4716	4156	I	11278	9901	8584	7326	6127	4987
	II	**11950**	4716	4156	II	10546	9200	7914	6687	5519	4411
	III	**7970**	4716	4156	III	6930	5920	4938	3986	3064	2172
	V	**17835**	4716	4156	IV	11988	11278	10582	9901	9235	8584
	VI	**18270**	4716	4156							
59543,99	I,IV	**12727**	4716	4156	I	11291	9914	8596	7337	6138	4998
	II	**11964**	4716	4156	II	10559	9213	7926	6698	5530	4421
	III	**7980**	4716	4156	III	6940	5928	4946	3994	3072	2180
	V	**17849**	4716	4156	IV	12002	11291	10595	9914	9248	8596
	VI	**18285**	4716	4156							
59579,99	I,IV	**12741**	4716	4156	I	11304	9927	8608	7349	6149	5008
	II	**11977**	4716	4156	II	10572	9225	7938	6710	5541	4431
	III	**7990**	4716	4156	III	6950	5938	4956	4004	3080	2188
	V	**17864**	4716	4156	IV	12015	11304	10608	9927	9260	8608
	VI	**18299**	4716	4156							
59615,99	I,IV	**12755**	4716	4156	I	11317	9939	8620	7360	6160	5018
	II	**11991**	4716	4156	II	10584	9237	7950	6721	5551	4441
	III	**8000**	4716	4156	III	6960	5948	4966	4012	3090	2196
	V	**17878**	4716	4156	IV	12029	11317	10621	9939	9272	8620
	VI	**18313**	4716	4156							

* Zur LSt-Berechnung für privat versicherte Arbeitnehmer s. Beispiele **Vorbemerkung S. 4f.**
** Basisvorsorgepauschale KV und PV *** Typisierter Arbeitgeberzuschuss

Lohn/ Gehalt in € bis	Steuerklasse	Lohn-steuer*	BVSP**	TAGZ***	Steuerklasse	Bemessungsgrundlage für Kirchensteuer und Solidaritätszuschlag – Freibeträge für ... Kinder 0,5	**1,0**	1,5	**2,0**	2,5	**3,0**
59651,99	I,IV	**12769**	4716	4156	I	11331	9952	8632	7372	6171	5029
	II	**12004**	4716	4156	II	10597	9250	7961	6732	5562	4451
	III	**8010**	4716	4156	III	6968	5956	4974	4022	3098	2204
	V	**17892**	4716	4156	IV	12042	11331	10634	9952	9285	8632
	VI	**18327**	4716	4156							
59687,99	I,IV	**12782**	4716	4156	I	11344	9964	8644	7383	6181	5039
	II	**12017**	4716	4156	II	10610	9262	7973	6743	5573	4461
	III	**8020**	4716	4156	III	6978	5966	4984	4030	3106	2212
	V	**17906**	4716	4156	IV	12055	11344	10646	9964	9297	8644
	VI	**18341**	4716	4156							
59723,99	I,IV	**12796**	4716	4156	I	11357	9977	8656	7395	6192	5049
	II	**12031**	4716	4156	II	10623	9274	7985	6754	5583	4471
	III	**8030**	4716	4156	III	6988	5976	4992	4038	3116	2220
	V	**17920**	4716	4156	IV	12069	11357	10659	9977	9309	8656
	VI	**18356**	4716	4156							
59759,99	I,IV	**12810**	4716	4156	I	11370	9990	8668	7406	6203	5060
	II	**12044**	4716	4156	II	10636	9287	7996	6766	5594	4482
	III	**8040**	4716	4156	III	6998	5984	5002	4048	3124	2230
	V	**17935**	4716	4156	IV	12082	11370	10672	9990	9322	8668
	VI	**18370**	4716	4156							
59795,99	I,IV	**12823**	4716	4156	I	11383	10002	8680	7418	6214	5070
	II	**12058**	4716	4156	II	10649	9299	8008	6777	5605	4492
	III	**8050**	4716	4156	III	7008	5994	5010	4056	3132	2238
	V	**17949**	4716	4156	IV	12096	11383	10685	10002	9334	8680
	VI	**18384**	4716	4156							
59831,99	I,IV	**12837**	4716	4156	I	11396	10015	8693	7429	6225	5081
	II	**12071**	4716	4156	II	10662	9311	8020	6788	5615	4502
	III	**8060**	4716	4156	III	7016	6004	5020	4066	3140	2246
	V	**17963**	4716	4156	IV	12109	11396	10698	10015	9346	8693
	VI	**18398**	4716	4156							
59867,99	I,IV	**12851**	4716	4156	I	11410	10028	8705	7441	6237	5091
	II	**12085**	4716	4156	II	10675	9324	8032	6799	5626	4512
	III	**8070**	4716	4156	III	7026	6012	5028	4074	3150	2254
	V	**17978**	4716	4156	IV	12123	11410	10711	10028	9359	8705
	VI	**18413**	4716	4156							
59903,99	I,IV	**12865**	4716	4156	I	11423	10040	8717	7453	6248	5102
	II	**12098**	4716	4156	II	10688	9336	8044	6811	5637	4522
	III	**8080**	4716	4156	III	7036	6022	5038	4082	3158	2262
	V	**17992**	4716	4156	IV	12136	11423	10724	10040	9371	8717
	VI	**18427**	4716	4156							
59939,99	I,IV	**12878**	4716	4156	I	11436	10053	8729	7464	6258	5112
	II	**12111**	4716	4156	II	10700	9348	8055	6822	5647	4532
	III	**8090**	4716	4156	III	7046	6030	5046	4092	3166	2270
	V	**18006**	4716	4156	IV	12150	11436	10737	10053	9383	8729
	VI	**18441**	4716	4156							
59975,99	I,IV	**12892**	4716	4156	I	11449	10065	8741	7475	6269	5122
	II	**12125**	4716	4156	II	10713	9361	8067	6833	5658	4542
	III	**8100**	4716	4156	III	7054	6040	5056	4100	3174	2278
	V	**18020**	4716	4156	IV	12163	11449	10750	10065	9396	8741
	VI	**18455**	4716	4156							
60011,99	I,IV	**12906**	4716	4156	I	11462	10078	8753	7487	6280	5133
	II	**12138**	4716	4156	II	10726	9373	8079	6844	5669	4552
	III	**8108**	4716	4156	III	7064	6050	5064	4108	3182	2286
	V	**18034**	4716	4156	IV	12177	11462	10763	10078	9408	8753
	VI	**18469**	4716	4156							
60047,99	I,IV	**12920**	4716	4156	I	11476	10091	8765	7499	6291	5143
	II	**12152**	4716	4156	II	10739	9385	8091	6856	5680	4563
	III	**8118**	4716	4156	III	7074	6060	5074	4118	3192	2294
	V	**18048**	4716	4156	IV	12190	11476	10776	10091	9420	8765
	VI	**18484**	4716	4156							

* Zur LSt-Berechnung für privat versicherte Arbeitnehmer s. Beispiele **Vorbemerkung S. 4 f.**
** Basisvorsorgepauschale KV und PV *** Typisierter Arbeitgeberzuschuss

Lohn/ Gehalt in € bis	Steuerklasse	Lohn- steuer*	BVSP**	TAGZ***	Steuerklasse	Bemessungsgrundlage für Kirchensteuer und Solidaritätszuschlag — Freibeträge für ... Kinder 0,5	**1,0**	1,5	**2,0**	2,5	**3,0**
60083,99	I,IV	**12933**	4716	4156	I	11489	10103	8777	7510	6302	5154
	II	**12165**	4716	4156	II	10752	9398	8103	6867	5690	4573
	III	**8128**	4716	4156	III	7084	6068	5082	4126	3200	2304
	V	**18063**	4716	4156	IV	12204	11489	10789	10103	9433	8777
	VI	**18498**	4716	4156							
60119,99	I,IV	**12947**	4716	4156	I	11502	10116	8789	7522	6313	5164
	II	**12179**	4716	4156	II	10765	9410	8115	6878	5701	4583
	III	**8138**	4716	4156	III	7094	6078	5092	4136	3208	2312
	V	**18077**	4716	4156	IV	12217	11502	10802	10116	9445	8789
	VI	**18512**	4716	4156							
60155,99	I,IV	**12961**	4716	4156	I	11515	10128	8801	7533	6324	5175
	II	**12192**	4716	4156	II	10778	9422	8126	6889	5712	4593
	III	**8148**	4716	4156	III	7104	6088	5100	4144	3218	2320
	V	**18091**	4716	4156	IV	12230	11515	10814	10128	9457	8801
	VI	**18526**	4716	4156							
60191,99	I,IV	**12975**	4716	4156	I	11528	10141	8813	7545	6335	5185
	II	**12206**	4716	4156	II	10791	9435	8138	6901	5722	4603
	III	**8158**	4716	4156	III	7112	6096	5110	4154	3226	2328
	V	**18105**	4716	4156	IV	12244	11528	10827	10141	9470	8813
	VI	**18540**	4716	4156							
60227,99	I,IV	**12988**	4716	4156	I	11542	10154	8826	7556	6346	5196
	II	**12219**	4716	4156	II	10804	9447	8150	6912	5733	4613
	III	**8168**	4716	4156	III	7122	6106	5120	4162	3234	2336
	V	**18119**	4716	4156	IV	12258	11542	10840	10154	9482	8826
	VI	**18555**	4716	4156							
60263,99	I,IV	**13002**	4716	4156	I	11555	10167	8838	7568	6357	5206
	II	**12233**	4716	4156	II	10817	9460	8162	6923	5744	4624
	III	**8178**	4716	4156	III	7132	6116	5128	4170	3242	2344
	V	**18134**	4716	4156	IV	12271	11555	10853	10167	9495	8838
	VI	**18569**	4716	4156							
60299,99	I,IV	**13016**	4716	4156	I	11568	10179	8850	7580	6369	5217
	II	**12246**	4716	4156	II	10830	9472	8174	6935	5755	4634
	III	**8188**	4716	4156	III	7142	6124	5138	4180	3252	2352
	V	**18148**	4716	4156	IV	12285	11568	10866	10179	9507	8850
	VI	**18583**	4716	4156							
60335,99	I,IV	**13030**	4716	4156	I	11581	10192	8862	7591	6380	5227
	II	**12260**	4716	4156	II	10843	9485	8186	6946	5765	4644
	III	**8198**	4716	4156	III	7152	6134	5146	4188	3260	2362
	V	**18162**	4716	4156	IV	12298	11581	10879	10192	9520	8862
	VI	**18597**	4716	4156							
60371,99	I,IV	**13044**	4716	4156	I	11595	10205	8874	7603	6391	5238
	II	**12274**	4716	4156	II	10856	9497	8198	6957	5776	4654
	III	**8208**	4716	4156	III	7162	6144	5156	4198	3268	2370
	V	**18177**	4716	4156	IV	12312	11595	10892	10205	9532	8874
	VI	**18612**	4716	4156							
60407,99	I,IV	**13057**	4716	4156	I	11608	10217	8886	7614	6401	5248
	II	**12287**	4716	4156	II	10868	9509	8209	6968	5787	4664
	III	**8218**	4716	4156	III	7170	6152	5164	4206	3276	2378
	V	**18190**	4716	4156	IV	12325	11608	10905	10217	9544	8886
	VI	**18626**	4716	4156							
60443,99	I,IV	**13071**	4716	4156	I	11621	10230	8898	7626	6413	5258
	II	**12300**	4716	4156	II	10881	9522	8221	6980	5798	4675
	III	**8228**	4716	4156	III	7180	6162	5174	4214	3286	2386
	V	**18205**	4716	4156	IV	12339	11621	10918	10230	9557	8898
	VI	**18640**	4716	4156							
60479,99	I,IV	**13085**	4716	4156	I	11634	10243	8911	7638	6424	5269
	II	**12314**	4716	4156	II	10894	9534	8233	6991	5808	4685
	III	**8238**	4716	4156	III	7190	6172	5182	4224	3294	2394
	V	**18219**	4716	4156	IV	12352	11634	10931	10243	9569	8911
	VI	**18654**	4716	4156							

* Zur LSt-Berechnung für privat versicherte Arbeitnehmer s. Beispiele **Vorbemerkung S. 4 f.**
** Basisvorsorgepauschale KV und PV *** Typisierter Arbeitgeberzuschuss

Lohn/ Gehalt in € bis	Steuerklasse	Lohn-steuer*	BVSP**	TAGZ***	Steuerklasse	Bemessungsgrundlage für Kirchensteuer und Solidaritätszuschlag – Freibeträge für ... Kinder 0,5	**1,0**	1,5	**2,0**	2,5	**3,0**
60515,99	I,IV	**13099**	4716	4156	I	11648	10256	8923	7649	6435	5280
	II	**12328**	4716	4156	II	10907	9547	8245	7002	5819	4695
	III	**8248**	4716	4156	III	7200	6180	5192	4232	3302	2402
	V	**18233**	4716	4156	IV	12366	11648	10944	10256	9582	8923
	VI	**18668**	4716	4156							
60551,99	I,IV	**13113**	4716	4156	I	11661	10268	8935	7661	6446	5290
	II	**12341**	4716	4156	II	10920	9559	8257	7014	5830	4705
	III	**8258**	4716	4156	III	7210	6190	5200	4242	3310	2410
	V	**18248**	4716	4156	IV	12380	11661	10957	10268	9594	8935
	VI	**18683**	4716	4156							
60587,99	I,IV	**13127**	4716	4156	I	11674	10281	8947	7673	6457	5301
	II	**12355**	4716	4156	II	10934	9572	8269	7025	5841	4716
	III	**8268**	4716	4156	III	7218	6200	5210	4250	3320	2418
	V	**18262**	4716	4156	IV	12393	11674	10970	10281	9607	8947
	VI	**18697**	4716	4156							
60623,99	I,IV	**13140**	4716	4156	I	11687	10294	8959	7684	6468	5311
	II	**12368**	4716	4156	II	10946	9584	8280	7036	5851	4726
	III	**8278**	4716	4156	III	7228	6210	5220	4258	3328	2426
	V	**18276**	4716	4156	IV	12406	11687	10983	10294	9619	8959
	VI	**18711**	4716	4156							
60659,99	I,IV	**13154**	4716	4156	I	11701	10306	8971	7696	6479	5322
	II	**12382**	4716	4156	II	10959	9596	8292	7048	5862	4736
	III	**8288**	4716	4156	III	7238	6218	5228	4268	3336	2436
	V	**18290**	4716	4156	IV	12420	11701	10996	10306	9632	8971
	VI	**18725**	4716	4156							
60695,99	I,IV	**13168**	4716	4156	I	11714	10319	8984	7707	6490	5332
	II	**12395**	4716	4156	II	10972	9609	8304	7059	5873	4746
	III	**8298**	4716	4156	III	7248	6228	5238	4276	3346	2444
	V	**18304**	4716	4156	IV	12434	11714	11009	10319	9644	8984
	VI	**18739**	4716	4156							
60731,99	I,IV	**13182**	4716	4156	I	11727	10332	8996	7719	6501	5343
	II	**12409**	4716	4156	II	10985	9621	8316	7070	5884	4757
	III	**8308**	4716	4156	III	7258	6238	5246	4286	3354	2452
	V	**18319**	4716	4156	IV	12447	11727	11022	10332	9657	8996
	VI	**18754**	4716	4156							
60767,99	I,IV	**13196**	4716	4156	I	11741	10345	9008	7731	6512	5353
	II	**12422**	4716	4156	II	10999	9634	8328	7082	5895	4767
	III	**8318**	4716	4156	III	7268	6246	5256	4294	3362	2460
	V	**18333**	4716	4156	IV	12461	11741	11035	10345	9669	9008
	VI	**18768**	4716	4156							
60803,99	I,IV	**13210**	4716	4156	I	11754	10358	9020	7742	6524	5364
	II	**12436**	4716	4156	II	11012	9646	8340	7093	5906	4777
	III	**8328**	4716	4156	III	7278	6256	5264	4304	3372	2468
	V	**18347**	4716	4156	IV	12475	11754	11049	10358	9682	9020
	VI	**18782**	4716	4156							
60839,99	I,IV	**13224**	4716	4156	I	11768	10371	9033	7754	6535	5374
	II	**12450**	4716	4156	II	11025	9659	8352	7105	5916	4787
	III	**8338**	4716	4156	III	7286	6266	5274	4312	3380	2476
	V	**18361**	4716	4156	IV	12488	11768	11062	10371	9694	9033
	VI	**18797**	4716	4156							
60875,99	I,IV	**13237**	4716	4156	I	11781	10383	9045	7765	6546	5385
	II	**12463**	4716	4156	II	11037	9671	8364	7116	5927	4797
	III	**8348**	4716	4156	III	7296	6274	5282	4320	3388	2484
	V	**18375**	4716	4156	IV	12502	11781	11074	10383	9706	9045
	VI	**18810**	4716	4156							
60911,99	I,IV	**13251**	4716	4156	I	11794	10396	9057	7777	6557	5395
	II	**12477**	4716	4156	II	11050	9684	8376	7127	5938	4808
	III	**8358**	4716	4156	III	7306	6284	5292	4330	3396	2494
	V	**18390**	4716	4156	IV	12515	11794	11088	10396	9719	9057
	VI	**18825**	4716	4156							

* Zur LSt-Berechnung für privat versicherte Arbeitnehmer s. Beispiele **Vorbemerkung S. 4f.**
** Basisvorsorgepauschale KV und PV *** Typisierter Arbeitgeberzuschuss

Lohn/ Gehalt in € bis	Steuerklasse	Lohnsteuer*	BVSP**	TAGZ***	Steuerklasse	Bemessungsgrundlage für Kirchensteuer und Solidaritätszuschlag – Freibeträge für ... Kinder 0,5	1,0	1,5	2,0	2,5	3,0
60947,99	I,IV	**13265**	4716	4156	I	11807	10409	9069	7789	6568	5406
	II	**12490**	4716	4156	II	11064	9696	8388	7139	5949	4818
	III	**8368**	4716	4156	III	7316	6294	5302	4338	3406	2502
	V	**18404**	4716	4156	IV	12529	11807	11101	10409	9732	9069
	VI	**18839**	4716	4156							
60983,99	I,IV	**13279**	4716	4156	I	11821	10422	9082	7801	6579	5417
	II	**12504**	4716	4156	II	11077	9709	8400	7150	5960	4828
	III	**8378**	4716	4156	III	7326	6302	5310	4348	3414	2510
	V	**18418**	4716	4156	IV	12543	11821	11114	10422	9744	9082
	VI	**18853**	4716	4156							
61019,99	I,IV	**13293**	4716	4156	I	11834	10434	9094	7812	6590	5427
	II	**12518**	4716	4156	II	11090	9721	8412	7162	5971	4839
	III	**8388**	4716	4156	III	7334	6312	5320	4356	3422	2518
	V	**18432**	4716	4156	IV	12556	11834	11127	10434	9757	9094
	VI	**18867**	4716	4156							
61055,99	I,IV	**13307**	4716	4156	I	11848	10447	9106	7824	6601	5438
	II	**12531**	4716	4156	II	11103	9734	8424	7173	5981	4849
	III	**8398**	4716	4156	III	7344	6322	5328	4364	3430	2526
	V	**18447**	4716	4156	IV	12570	11848	11140	10447	9769	9106
	VI	**18882**	4716	4156							
61091,99	I,IV	**13321**	4716	4156	I	11861	10460	9118	7836	6612	5448
	II	**12545**	4716	4156	II	11116	9746	8435	7184	5992	4859
	III	**8408**	4716	4156	III	7354	6332	5338	4374	3440	2534
	V	**18461**	4716	4156	IV	12583	11861	11153	10460	9781	9118
	VI	**18896**	4716	4156							
61127,99	I,IV	**13335**	4716	4156	I	11874	10473	9130	7847	6624	5459
	II	**12558**	4716	4156	II	11129	9759	8447	7196	6003	4870
	III	**8418**	4716	4156	III	7364	6340	5346	4382	3448	2544
	V	**18475**	4716	4156	IV	12597	11874	11166	10473	9794	9130
	VI	**18910**	4716	4156							
61163,99	I,IV	**13349**	4716	4156	I	11887	10485	9143	7859	6635	5470
	II	**12572**	4716	4156	II	11142	9771	8460	7207	6014	4880
	III	**8428**	4716	4156	III	7374	6350	5356	4392	3456	2552
	V	**18489**	4716	4156	IV	12611	11887	11179	10485	9807	9143
	VI	**18924**	4716	4156							
61199,99	I,IV	**13363**	4716	4156	I	11901	10498	9155	7871	6646	5480
	II	**12586**	4716	4156	II	11155	9784	8472	7219	6025	4890
	III	**8438**	4716	4156	III	7384	6360	5366	4400	3466	2560
	V	**18503**	4716	4156	IV	12624	11901	11192	10498	9819	9155
	VI	**18938**	4716	4156							
61235,99	I,IV	**13377**	4716	4156	I	11914	10511	9167	7883	6657	5491
	II	**12599**	4716	4156	II	11168	9796	8484	7230	6036	4901
	III	**8448**	4716	4156	III	7394	6370	5374	4410	3474	2568
	V	**18518**	4716	4156	IV	12638	11914	11205	10511	9832	9167
	VI	**18953**	4716	4156							
61271,99	I,IV	**13391**	4716	4156	I	11928	10524	9180	7894	6668	5502
	II	**12613**	4716	4156	II	11181	9809	8496	7242	6047	4911
	III	**8458**	4716	4156	III	7404	6378	5384	4418	3482	2576
	V	**18532**	4716	4156	IV	12652	11928	11219	10524	9844	9180
	VI	**18967**	4716	4156							
61307,99	I,IV	**13405**	4716	4156	I	11941	10537	9192	7906	6680	5512
	II	**12627**	4716	4156	II	11195	9821	8508	7253	6058	4921
	III	**8468**	4716	4156	III	7412	6388	5392	4428	3492	2584
	V	**18546**	4716	4156	IV	12666	11941	11232	10537	9857	9192
	VI	**18981**	4716	4156							
61343,99	I,IV	**13418**	4716	4156	I	11954	10550	9204	7918	6690	5523
	II	**12640**	4716	4156	II	11207	9834	8519	7264	6068	4931
	III	**8476**	4716	4156	III	7422	6396	5402	4436	3500	2592
	V	**18560**	4716	4156	IV	12679	11954	11245	10550	9869	9204
	VI	**18995**	4716	4156							

* Zur LSt-Berechnung für privat versicherte Arbeitnehmer s. Beispiele **Vorbemerkung S. 4 f.**
** Basisvorsorgepauschale KV und PV *** Typisierter Arbeitgeberzuschuss

Lohn/ Gehalt in € bis	Steuerklasse	Lohn-steuer*	BVSP**	TAGZ***	Steuerklasse	Bemessungsgrundlage für Kirchensteuer und Solidaritätszuschlag – Freibeträge für ... Kinder 0,5	**1,0**	1,5	**2,0**	2,5	**3,0**
61 379,99	I,IV	**13432**	4716	4156	I	11968	10562	9216	7929	6702	5533
	II	**12654**	4716	4156	II	11220	9846	8531	7276	6079	4942
	III	**8486**	4716	4156	III	7432	6406	5410	4444	3508	2602
	V	**18574**	4716	4156	IV	12693	11968	11258	10562	9882	9216
	VI	**19009**	4716	4156							
61 415,99	I,IV	**13446**	4716	4156	I	11981	10575	9229	7941	6713	5544
	II	**12668**	4716	4156	II	11234	9859	8543	7287	6090	4952
	III	**8496**	4716	4156	III	7442	6416	5420	4454	3516	2610
	V	**18589**	4716	4156	IV	12706	11981	11271	10575	9895	9229
	VI	**19024**	4716	4156							
61 451,99	I,IV	**13460**	4716	4156	I	11995	10588	9241	7953	6724	5555
	II	**12681**	4716	4156	II	11247	9872	8556	7299	6101	4963
	III	**8506**	4716	4156	III	7452	6426	5430	4462	3526	2618
	V	**18603**	4716	4156	IV	12720	11995	11284	10588	9907	9241
	VI	**19038**	4716	4156							
61 487,99	I,IV	**13474**	4716	4156	I	12008	10601	9253	7965	6735	5565
	II	**12695**	4716	4156	II	11260	9884	8568	7310	6112	4973
	III	**8516**	4716	4156	III	7462	6434	5438	4472	3534	2626
	V	**18617**	4716	4156	IV	12734	12008	11297	10601	9920	9253
	VI	**19052**	4716	4156							
61 523,99	I,IV	**13488**	4716	4156	I	12022	10614	9266	7977	6747	5576
	II	**12709**	4716	4156	II	11273	9897	8580	7322	6123	4983
	III	**8526**	4716	4156	III	7470	6444	5448	4480	3542	2634
	V	**18631**	4716	4156	IV	12748	12022	11310	10614	9933	9266
	VI	**19067**	4716	4156							
61 559,99	I,IV	**13502**	4716	4156	I	12035	10627	9278	7988	6758	5586
	II	**12722**	4716	4156	II	11286	9909	8591	7333	6134	4994
	III	**8536**	4716	4156	III	7480	6454	5456	4490	3552	2644
	V	**18645**	4716	4156	IV	12761	12035	11323	10627	9945	9278
	VI	**19080**	4716	4156							
61 595,99	I,IV	**13516**	4716	4156	I	12048	10640	9290	8000	6769	5597
	II	**12736**	4716	4156	II	11299	9922	8604	7344	6145	5004
	III	**8546**	4716	4156	III	7490	6464	5466	4498	3560	2652
	V	**18660**	4716	4156	IV	12775	12048	11337	10640	9957	9290
	VI	**19095**	4716	4156							
61 631,99	I,IV	**13530**	4716	4156	I	12062	10653	9303	8012	6780	5608
	II	**12750**	4716	4156	II	11312	9934	8616	7356	6156	5014
	III	**8558**	4716	4156	III	7500	6472	5476	4508	3568	2660
	V	**18674**	4716	4156	IV	12789	12062	11350	10653	9970	9303
	VI	**19109**	4716	4156							
61 667,99	I,IV	**13544**	4716	4156	I	12075	10665	9315	8024	6791	5619
	II	**12763**	4716	4156	II	11326	9947	8628	7368	6167	5025
	III	**8568**	4716	4156	III	7510	6482	5484	4516	3578	2668
	V	**18688**	4716	4156	IV	12802	12075	11363	10665	9983	9315
	VI	**19123**	4716	4156							
61 703,99	I,IV	**13558**	4716	4156	I	12089	10678	9327	8035	6803	5629
	II	**12777**	4716	4156	II	11339	9960	8640	7379	6178	5035
	III	**8578**	4716	4156	III	7520	6492	5494	4526	3586	2676
	V	**18702**	4716	4156	IV	12816	12089	11376	10678	9995	9327
	VI	**19138**	4716	4156							
61 739,99	I,IV	**13572**	4716	4156	I	12102	10691	9340	8047	6814	5640
	II	**12791**	4716	4156	II	11352	9972	8652	7391	6189	5046
	III	**8588**	4716	4156	III	7530	6502	5502	4534	3594	2686
	V	**18717**	4716	4156	IV	12830	12102	11389	10691	10008	9340
	VI	**19152**	4716	4156							
61 775,99	I,IV	**13586**	4716	4156	I	12116	10704	9352	8059	6825	5651
	II	**12805**	4716	4156	II	11365	9985	8664	7402	6200	5056
	III	**8598**	4716	4156	III	7540	6510	5512	4542	3604	2694
	V	**18731**	4716	4156	IV	12844	12116	11403	10704	10021	9352
	VI	**19166**	4716	4156							

* Zur LSt-Berechnung für privat versicherte Arbeitnehmer s. Beispiele **Vorbemerkung S. 4f.**
** Basisvorsorgepauschale KV und PV *** Typisierter Arbeitgeberzuschuss

Lohn/ Gehalt in € bis	Steuerklasse	Lohnsteuer*	BVSP**	TAGZ***	Steuerklasse	Bemessungsgrundlage für Kirchensteuer und Solidaritätszuschlag – Freibeträge für ... Kinder 0,5	1,0	1,5	2,0	2,5	3,0
61 811,99	I,IV	**13 600**	4 716	4 156	I	12 129	10 717	9 364	8 071	6 836	5 661
	II	**12 818**	4 716	4 156	II	11 378	9 997	8 676	7 413	6 210	5 066
	III	**8 606**	4 716	4 156	III	7 548	6 520	5 520	4 552	3 612	2 702
	V	**18 745**	4 716	4 156	IV	12 857	12 129	11 416	10 717	10 033	9 364
	VI	**19 180**	4 716	4 156							
61 847,99	I,IV	**13 614**	4 716	4 156	I	12 142	10 730	9 377	8 083	6 848	5 672
	II	**12 832**	4 716	4 156	II	11 391	10 010	8 688	7 425	6 221	5 077
	III	**8 616**	4 716	4 156	III	7 558	6 530	5 530	4 560	3 620	2 710
	V	**18 759**	4 716	4 156	IV	12 871	12 142	11 429	10 730	10 046	9 377
	VI	**19 194**	4 716	4 156							
61 883,99	I,IV	**13 628**	4 716	4 156	I	12 156	10 743	9 389	8 094	6 859	5 683
	II	**12 846**	4 716	4 156	II	11 405	10 023	8 700	7 437	6 232	5 087
	III	**8 626**	4 716	4 156	III	7 568	6 538	5 540	4 570	3 628	2 718
	V	**18 773**	4 716	4 156	IV	12 885	12 156	11 442	10 743	10 059	9 389
	VI	**19 209**	4 716	4 156							
61 919,99	I,IV	**13 642**	4 716	4 156	I	12 169	10 756	9 401	8 106	6 870	5 693
	II	**12 859**	4 716	4 156	II	11 418	10 035	8 712	7 448	6 243	5 098
	III	**8 636**	4 716	4 156	III	7 578	6 548	5 548	4 578	3 638	2 726
	V	**18 788**	4 716	4 156	IV	12 898	12 169	11 455	10 756	10 071	9 401
	VI	**19 223**	4 716	4 156							
61 955,99	I,IV	**13 656**	4 716	4 156	I	12 183	10 769	9 414	8 118	6 882	5 704
	II	**12 873**	4 716	4 156	II	11 431	10 048	8 724	7 460	6 254	5 108
	III	**8 648**	4 716	4 156	III	7 588	6 558	5 558	4 588	3 646	2 734
	V	**18 802**	4 716	4 156	IV	12 912	12 183	11 469	10 769	10 084	9 414
	VI	**19 237**	4 716	4 156							
61 991,99	I,IV	**13 670**	4 716	4 156	I	12 197	10 782	9 426	8 130	6 893	5 715
	II	**12 887**	4 716	4 156	II	11 444	10 061	8 736	7 471	6 265	5 119
	III	**8 658**	4 716	4 156	III	7 598	6 568	5 568	4 596	3 654	2 744
	V	**18 816**	4 716	4 156	IV	12 926	12 197	11 482	10 782	10 097	9 426
	VI	**19 251**	4 716	4 156							
62 027,99	I,IV	**13 684**	4 716	4 156	I	12 210	10 794	9 438	8 142	6 904	5 725
	II	**12 901**	4 716	4 156	II	11 457	10 073	8 748	7 483	6 276	5 129
	III	**8 668**	4 716	4 156	III	7 608	6 576	5 576	4 606	3 664	2 752
	V	**18 830**	4 716	4 156	IV	12 940	12 210	11 495	10 794	10 109	9 438
	VI	**19 265**	4 716	4 156							
62 063,99	I,IV	**13 698**	4 716	4 156	I	12 223	10 807	9 451	8 153	6 915	5 736
	II	**12 914**	4 716	4 156	II	11 470	10 086	8 760	7 494	6 287	5 139
	III	**8 678**	4 716	4 156	III	7 618	6 586	5 586	4 614	3 672	2 760
	V	**18 844**	4 716	4 156	IV	12 953	12 223	11 508	10 807	10 122	9 451
	VI	**19 280**	4 716	4 156							
62 099,99	I,IV	**13 712**	4 716	4 156	I	12 237	10 820	9 463	8 165	6 927	5 747
	II	**12 928**	4 716	4 156	II	11 484	10 099	8 773	7 506	6 298	5 150
	III	**8 688**	4 716	4 156	III	7 626	6 596	5 594	4 624	3 682	2 768
	V	**18 859**	4 716	4 156	IV	12 967	12 237	11 521	10 820	10 134	9 463
	VI	**19 294**	4 716	4 156							
62 135,99	I,IV	**13 727**	4 716	4 156	I	12 250	10 833	9 476	8 177	6 938	5 758
	II	**12 942**	4 716	4 156	II	11 497	10 111	8 785	7 517	6 309	5 160
	III	**8 698**	4 716	4 156	III	7 636	6 606	5 604	4 632	3 690	2 778
	V	**18 873**	4 716	4 156	IV	12 981	12 250	11 535	10 833	10 147	9 476
	VI	**19 308**	4 716	4 156							
62 171,99	I,IV	**13 741**	4 716	4 156	I	12 264	10 846	9 488	8 189	6 949	5 769
	II	**12 956**	4 716	4 156	II	11 510	10 124	8 797	7 529	6 320	5 171
	III	**8 708**	4 716	4 156	III	7 646	6 616	5 614	4 642	3 698	2 786
	V	**18 887**	4 716	4 156	IV	12 995	12 264	11 548	10 846	10 160	9 488
	VI	**19 322**	4 716	4 156							
62 207,99	I,IV	**13 755**	4 716	4 156	I	12 278	10 860	9 501	8 201	6 961	5 779
	II	**12 970**	4 716	4 156	II	11 524	10 137	8 809	7 541	6 331	5 181
	III	**8 718**	4 716	4 156	III	7 656	6 624	5 622	4 650	3 708	2 794
	V	**18 902**	4 716	4 156	IV	13 009	12 278	11 561	10 860	10 173	9 501
	VI	**19 337**	4 716	4 156							

* Zur LSt-Berechnung für privat versicherte Arbeitnehmer s. Beispiele **Vorbemerkung S. 4 f.**
** Basisvorsorgepauschale KV und PV *** Typisierter Arbeitgeberzuschuss

Lohn/ Gehalt in € bis	Steuerklasse	Lohn- steuer*	BVSP**	TAGZ***	Steuerklasse	Bemessungsgrundlage für Kirchensteuer und Solidaritätszuschlag					
						Freibeträge für ... Kinder					
						0,5	**1,0**	1,5	**2,0**	2,5	**3,0**
62 243,99	I,IV	**13 769**	4 716	4 156	I	12 291	10 872	9 513	8 213	6 972	5 790
	II	**12 983**	4 716	4 156	II	11 536	10 149	8 821	7 552	6 342	5 192
	III	**8 728**	4 716	4 156	III	7 666	6 634	5 632	4 658	3 716	2 802
	V	**18 915**	4 716	4 156	IV	13 022	12 291	11 574	10 872	10 185	9 513
	VI	**19 350**	4 716	4 156							
62 279,99	I,IV	**13 783**	4 716	4 156	I	12 304	10 885	9 525	8 225	6 983	5 801
	II	**12 997**	4 716	4 156	II	11 550	10 162	8 833	7 564	6 353	5 202
	III	**8 738**	4 716	4 156	III	7 676	6 644	5 640	4 668	3 724	2 810
	V	**18 930**	4 716	4 156	IV	13 036	12 304	11 587	10 885	10 198	9 525
	VI	**19 365**	4 716	4 156							
62 315,99	I,IV	**13 797**	4 716	4 156	I	12 318	10 898	9 538	8 236	6 994	5 812
	II	**13 011**	4 716	4 156	II	11 563	10 175	8 845	7 575	6 364	5 213
	III	**8 748**	4 716	4 156	III	7 686	6 652	5 650	4 676	3 732	2 818
	V	**18 944**	4 716	4 156	IV	13 050	12 318	11 601	10 898	10 211	9 538
	VI	**19 379**	4 716	4 156							
62 351,99	I,IV	**13 811**	4 716	4 156	I	12 332	10 911	9 550	8 248	7 006	5 822
	II	**13 025**	4 716	4 156	II	11 576	10 187	8 857	7 587	6 375	5 223
	III	**8 758**	4 716	4 156	III	7 696	6 662	5 660	4 686	3 742	2 828
	V	**18 958**	4 716	4 156	IV	13 064	12 332	11 614	10 911	10 223	9 550
	VI	**19 393**	4 716	4 156							
62 387,99	I,IV	**13 825**	4 716	4 156	I	12 345	10 924	9 563	8 260	7 017	5 833
	II	**13 039**	4 716	4 156	II	11 590	10 200	8 870	7 598	6 386	5 234
	III	**8 768**	4 716	4 156	III	7 704	6 672	5 668	4 694	3 750	2 836
	V	**18 972**	4 716	4 156	IV	13 078	12 345	11 627	10 924	10 236	9 563
	VI	**19 408**	4 716	4 156							
62 423,99	I,IV	**13 839**	4 716	4 156	I	12 359	10 937	9 575	8 272	7 029	5 844
	II	**13 052**	4 716	4 156	II	11 603	10 213	8 882	7 610	6 398	5 244
	III	**8 778**	4 716	4 156	III	7 714	6 682	5 678	4 704	3 758	2 844
	V	**18 987**	4 716	4 156	IV	13 092	12 359	11 641	10 937	10 249	9 575
	VI	**19 422**	4 716	4 156							
62 459,99	I,IV	**13 853**	4 716	4 156	I	12 372	10 950	9 588	8 284	7 040	5 855
	II	**13 066**	4 716	4 156	II	11 616	10 226	8 894	7 622	6 409	5 255
	III	**8 788**	4 716	4 156	III	7 724	6 690	5 686	4 712	3 768	2 852
	V	**19 001**	4 716	4 156	IV	13 106	12 372	11 654	10 950	10 262	9 588
	VI	**19 436**	4 716	4 156							
62 495,99	I,IV	**13 867**	4 716	4 156	I	12 386	10 963	9 600	8 296	7 051	5 865
	II	**13 080**	4 716	4 156	II	11 629	10 238	8 906	7 633	6 419	5 265
	III	**8 798**	4 716	4 156	III	7 734	6 700	5 696	4 722	3 776	2 860
	V	**19 015**	4 716	4 156	IV	13 119	12 386	11 667	10 963	10 274	9 600
	VI	**19 450**	4 716	4 156							
62 531,99	I,IV	**13 881**	4 716	4 156	I	12 399	10 976	9 612	8 308	7 062	5 876
	II	**13 094**	4 716	4 156	II	11 643	10 251	8 918	7 645	6 431	5 276
	III	**8 808**	4 716	4 156	III	7 744	6 710	5 706	4 730	3 786	2 870
	V	**19 029**	4 716	4 156	IV	13 133	12 399	11 680	10 976	10 287	9 612
	VI	**19 464**	4 716	4 156							
62 567,99	I,IV	**13 896**	4 716	4 156	I	12 413	10 989	9 625	8 320	7 074	5 887
	II	**13 108**	4 716	4 156	II	11 656	10 264	8 930	7 656	6 442	5 286
	III	**8 818**	4 716	4 156	III	7 754	6 720	5 714	4 740	3 794	2 878
	V	**19 043**	4 716	4 156	IV	13 147	12 413	11 694	10 989	10 300	9 625
	VI	**19 479**	4 716	4 156							
62 603,99	I,IV	**13 910**	4 716	4 156	I	12 426	11 002	9 637	8 332	7 085	5 898
	II	**13 121**	4 716	4 156	II	11 669	10 276	8 943	7 668	6 453	5 297
	III	**8 828**	4 716	4 156	III	7 764	6 730	5 724	4 748	3 802	2 886
	V	**19 058**	4 716	4 156	IV	13 161	12 426	11 707	11 002	10 312	9 637
	VI	**19 493**	4 716	4 156							
62 639,99	I,IV	**13 924**	4 716	4 156	I	12 440	11 015	9 650	8 344	7 097	5 909
	II	**13 135**	4 716	4 156	II	11 683	10 289	8 955	7 680	6 464	5 307
	III	**8 838**	4 716	4 156	III	7 774	6 738	5 734	4 758	3 812	2 894
	V	**19 072**	4 716	4 156	IV	13 175	12 440	11 720	11 015	10 325	9 650
	VI	**19 507**	4 716	4 156							

* Zur LSt-Berechnung für privat versicherte Arbeitnehmer s. Beispiele **Vorbemerkung S. 4 f.**
** Basisvorsorgepauschale KV und PV *** Typisierter Arbeitgeberzuschuss

Lohn/ Gehalt in € bis	Steuerklasse	Lohn-steuer*	BVSP**	TAGZ***	Steuerklasse	Bemessungsgrundlage für Kirchensteuer und Solidaritätszuschlag – Freibeträge für ... Kinder 0,5	1,0	1,5	2,0	2,5	3,0
62 675,99	I,IV	**13 938**	4 716	4 156	I	12 454	11 029	9 663	8 356	7 108	5 920
	II	**13 149**	4 716	4 156	II	11 696	10 302	8 967	7 691	6 475	5 318
	III	**8 848**	4 716	4 156	III	7 784	6 748	5 742	4 766	3 820	2 904
	V	**19 086**	4 716	4 156	IV	13 189	12 454	11 734	11 029	10 338	9 663
	VI	**19 521**	4 716	4 156							
62 711,99	I,IV	**13 952**	4 716	4 156	I	12 467	11 041	9 675	8 367	7 119	5 930
	II	**13 163**	4 716	4 156	II	11 709	10 314	8 979	7 703	6 486	5 328
	III	**8 858**	4 716	4 156	III	7 792	6 758	5 752	4 776	3 828	2 912
	V	**19 100**	4 716	4 156	IV	13 202	12 467	11 747	11 041	10 351	9 675
	VI	**19 535**	4 716	4 156							
62 747,99	I,IV	**13 966**	4 716	4 156	I	12 481	11 054	9 687	8 379	7 131	5 941
	II	**13 177**	4 716	4 156	II	11 722	10 327	8 991	7 715	6 497	5 339
	III	**8 868**	4 716	4 156	III	7 802	6 766	5 760	4 784	3 838	2 920
	V	**19 114**	4 716	4 156	IV	13 216	12 481	11 760	11 054	10 363	9 687
	VI	**19 550**	4 716	4 156							
62 783,99	I,IV	**13 980**	4 716	4 156	I	12 494	11 067	9 700	8 391	7 142	5 952
	II	**13 191**	4 716	4 156	II	11 736	10 340	9 004	7 726	6 508	5 349
	III	**8 878**	4 716	4 156	III	7 812	6 776	5 770	4 794	3 846	2 928
	V	**19 129**	4 716	4 156	IV	13 230	12 494	11 773	11 067	10 376	9 700
	VI	**19 564**	4 716	4 156							
62 819,99	I,IV	**13 995**	4 716	4 156	I	12 508	11 081	9 712	8 403	7 154	5 963
	II	**13 205**	4 716	4 156	II	11 749	10 353	9 016	7 738	6 519	5 360
	III	**8 888**	4 716	4 156	III	7 822	6 786	5 780	4 802	3 854	2 936
	V	**19 143**	4 716	4 156	IV	13 244	12 508	11 787	11 081	10 389	9 712
	VI	**19 578**	4 716	4 156							
62 855,99	I,IV	**14 009**	4 716	4 156	I	12 522	11 094	9 725	8 415	7 165	5 974
	II	**13 218**	4 716	4 156	II	11 762	10 366	9 028	7 750	6 530	5 370
	III	**8 898**	4 716	4 156	III	7 832	6 796	5 788	4 812	3 864	2 946
	V	**19 157**	4 716	4 156	IV	13 258	12 522	11 800	11 094	10 402	9 725
	VI	**19 592**	4 716	4 156							
62 891,99	I,IV	**14 023**	4 716	4 156	I	12 535	11 107	9 737	8 427	7 176	5 985
	II	**13 232**	4 716	4 156	II	11 776	10 378	9 040	7 761	6 542	5 381
	III	**8 908**	4 716	4 156	III	7 842	6 806	5 798	4 820	3 872	2 954
	V	**19 172**	4 716	4 156	IV	13 272	12 535	11 814	11 107	10 415	9 737
	VI	**19 607**	4 716	4 156							
62 927,99	I,IV	**14 037**	4 716	4 156	I	12 549	11 120	9 750	8 439	7 188	5 996
	II	**13 246**	4 716	4 156	II	11 789	10 391	9 053	7 773	6 553	5 392
	III	**8 918**	4 716	4 156	III	7 852	6 814	5 808	4 830	3 880	2 962
	V	**19 186**	4 716	4 156	IV	13 286	12 549	11 827	11 120	10 428	9 750
	VI	**19 621**	4 716	4 156							
62 963,99	I,IV	**14 051**	4 716	4 156	I	12 562	11 133	9 762	8 451	7 199	6 006
	II	**13 260**	4 716	4 156	II	11 802	10 404	9 065	7 784	6 564	5 402
	III	**8 930**	4 716	4 156	III	7 862	6 824	5 816	4 838	3 890	2 970
	V	**19 200**	4 716	4 156	IV	13 299	12 562	11 840	11 133	10 440	9 762
	VI	**19 635**	4 716	4 156							
62 999,99	I,IV	**14 065**	4 716	4 156	I	12 576	11 146	9 775	8 463	7 210	6 017
	II	**13 274**	4 716	4 156	II	11 816	10 417	9 077	7 796	6 575	5 413
	III	**8 940**	4 716	4 156	III	7 872	6 834	5 826	4 848	3 898	2 978
	V	**19 214**	4 716	4 156	IV	13 313	12 576	11 854	11 146	10 453	9 775
	VI	**19 649**	4 716	4 156							
63 035,99	I,IV	**14 080**	4 716	4 156	I	12 590	11 159	9 787	8 475	7 222	6 028
	II	**13 288**	4 716	4 156	II	11 829	10 429	9 089	7 808	6 586	5 423
	III	**8 950**	4 716	4 156	III	7 882	6 844	5 836	4 856	3 908	2 988
	V	**19 228**	4 716	4 156	IV	13 327	12 590	11 867	11 159	10 466	9 787
	VI	**19 663**	4 716	4 156							
63 071,99	I,IV	**14 094**	4 716	4 156	I	12 603	11 172	9 800	8 487	7 233	6 039
	II	**13 302**	4 716	4 156	II	11 842	10 442	9 101	7 820	6 597	5 434
	III	**8 960**	4 716	4 156	III	7 892	6 854	5 844	4 866	3 916	2 996
	V	**19 243**	4 716	4 156	IV	13 341	12 603	11 880	11 172	10 479	9 800
	VI	**19 678**	4 716	4 156							

* Zur LSt-Berechnung für privat versicherte Arbeitnehmer s. Beispiele **Vorbemerkung S. 4 f.**
** Basisvorsorgepauschale KV und PV *** Typisierter Arbeitgeberzuschuss

Lohn/ Gehalt in € bis	Steuerklasse	Lohn-steuer*	BVSP**	TAGZ***	Steuerklasse	Bemessungsgrundlage für Kirchensteuer und Solidaritätszuschlag – Freibeträge für ... Kinder 0,5	1,0	1,5	2,0	2,5	3,0
63107,99	I,IV	**14108**	4716	4156	I	12617	11185	9813	8499	7245	6050
	II	**13316**	4716	4156	II	11856	10455	9114	7831	6608	5444
	III	**8970**	4716	4156	III	7902	6862	5854	4874	3924	3004
	V	**19257**	4716	4156	IV	13355	12617	11894	11185	10492	9813
	VI	**19692**	4716	4156							
63143,99	I,IV	**14122**	4716	4156	I	12631	11198	9825	8511	7256	6061
	II	**13330**	4716	4156	II	11869	10468	9126	7843	6620	5455
	III	**8980**	4716	4156	III	7912	6872	5864	4884	3934	3012
	V	**19271**	4716	4156	IV	13369	12631	11907	11198	10504	9825
	VI	**19706**	4716	4156							
63179,99	I,IV	**14136**	4716	4156	I	12644	11211	9837	8523	7268	6071
	II	**13343**	4716	4156	II	11882	10481	9138	7855	6630	5465
	III	**8990**	4716	4156	III	7920	6882	5872	4892	3942	3020
	V	**19285**	4716	4156	IV	13383	12644	11920	11211	10517	9837
	VI	**19720**	4716	4156							
63215,99	I,IV	**14151**	4716	4156	I	12658	11224	9850	8535	7279	6082
	II	**13357**	4716	4156	II	11896	10493	9150	7866	6642	5476
	III	**9000**	4716	4156	III	7930	6892	5882	4902	3950	3030
	V	**19299**	4716	4156	IV	13397	12658	11934	11224	10530	9850
	VI	**19734**	4716	4156							
63251,99	I,IV	**14165**	4716	4156	I	12672	11238	9863	8547	7291	6093
	II	**13371**	4716	4156	II	11909	10506	9163	7878	6653	5487
	III	**9010**	4716	4156	III	7940	6900	5890	4910	3960	3038
	V	**19314**	4716	4156	IV	13411	12672	11947	11238	10543	9863
	VI	**19749**	4716	4156							
63287,99	I,IV	**14179**	4716	4156	I	12685	11251	9875	8559	7302	6104
	II	**13385**	4716	4156	II	11923	10519	9175	7890	6664	5497
	III	**9020**	4716	4156	III	7950	6910	5900	4920	3968	3046
	V	**19328**	4716	4156	IV	13425	12685	11961	11251	10556	9875
	VI	**19763**	4716	4156							
63323,99	I,IV	**14193**	4716	4156	I	12699	11264	9888	8571	7314	6115
	II	**13399**	4716	4156	II	11936	10532	9187	7902	6675	5508
	III	**9030**	4716	4156	III	7960	6920	5910	4928	3976	3054
	V	**19342**	4716	4156	IV	13439	12699	11974	11264	10569	9888
	VI	**19777**	4716	4156							
63359,99	I,IV	**14208**	4716	4156	I	12713	11277	9901	8583	7325	6126
	II	**13413**	4716	4156	II	11950	10545	9200	7913	6687	5519
	III	**9040**	4716	4156	III	7970	6930	5918	4938	3986	3064
	V	**19356**	4716	4156	IV	13453	12713	11988	11277	10581	9901
	VI	**19791**	4716	4156							
63395,99	I,IV	**14222**	4716	4156	I	12727	11290	9913	8595	7337	6137
	II	**13427**	4716	4156	II	11963	10558	9212	7925	6698	5529
	III	**9050**	4716	4156	III	7980	6940	5928	4946	3994	3072
	V	**19371**	4716	4156	IV	13467	12727	12001	11290	10594	9913
	VI	**19806**	4716	4156							
63431,99	I,IV	**14236**	4716	4156	I	12740	11303	9925	8607	7348	6148
	II	**13441**	4716	4156	II	11976	10570	9224	7937	6709	5540
	III	**9060**	4716	4156	III	7990	6948	5938	4956	4004	3080
	V	**19385**	4716	4156	IV	13481	12740	12014	11303	10607	9925
	VI	**19820**	4716	4156							
63467,99	I,IV	**14250**	4716	4156	I	12754	11316	9938	8619	7359	6159
	II	**13455**	4716	4156	II	11990	10583	9236	7949	6720	5551
	III	**9070**	4716	4156	III	8000	6958	5946	4964	4012	3090
	V	**19399**	4716	4156	IV	13495	12754	12028	11316	10620	9938
	VI	**19834**	4716	4156							
63503,99	I,IV	**14264**	4716	4156	I	12767	11330	9951	8631	7371	6170
	II	**13469**	4716	4156	II	12003	10596	9249	7960	6731	5561
	III	**9080**	4716	4156	III	8010	6968	5956	4974	4020	3098
	V	**19413**	4716	4156	IV	13509	12767	12041	11330	10633	9951
	VI	**19848**	4716	4156							

* Zur LSt-Berechnung für privat versicherte Arbeitnehmer s. Beispiele **Vorbemerkung S. 4f.**
** Basisvorsorgepauschale KV und PV *** Typisierter Arbeitgeberzuschuss

Lohn/ Gehalt in € bis	Steuerklasse	Lohn- steuer*	BVSP**	TAGZ***	Steuerklasse	Bemessungsgrundlage für Kirchensteuer und Solidaritätszuschlag					
						Freibeträge für ... Kinder					
						0,5	**1,0**	1,5	**2,0**	2,5	**3,0**
63539,99	I,IV	**14279**	4716	4156	I	12781	11343	9963	8643	7382	6181
	II	**13483**	4716	4156	II	12016	10609	9261	7972	6742	5572
	III	**9092**	4716	4156	III	8020	6978	5966	4982	4030	3106
	V	**19427**	4716	4156	IV	13523	12781	12055	11343	10646	9963
	VI	**19862**	4716	4156							
63575,99	I,IV	**14293**	4716	4156	I	12795	11356	9976	8655	7394	6192
	II	**13497**	4716	4156	II	12030	10622	9273	7984	6754	5583
	III	**9102**	4716	4156	III	8030	6988	5974	4992	4038	3114
	V	**19442**	4716	4156	IV	13537	12795	12068	11356	10659	9976
	VI	**19877**	4716	4156							
63611,99	I,IV	**14307**	4716	4156	I	12809	11369	9989	8668	7406	6203
	II	**13511**	4716	4156	II	12043	10635	9286	7996	6765	5593
	III	**9112**	4716	4156	III	8040	6998	5984	5000	4048	3124
	V	**19456**	4716	4156	IV	13551	12809	12082	11369	10672	9989
	VI	**19891**	4716	4156							
63647,99	I,IV	**14321**	4716	4156	I	12822	11382	10001	8679	7417	6214
	II	**13525**	4716	4156	II	12057	10648	9298	8007	6776	5604
	III	**9122**	4716	4156	III	8048	7006	5992	5010	4056	3132
	V	**19470**	4716	4156	IV	13564	12822	12095	11382	10684	10001
	VI	**19905**	4716	4156							
63683,99	I,IV	**14335**	4716	4156	I	12836	11395	10014	8691	7428	6225
	II	**13539**	4716	4156	II	12070	10661	9310	8019	6787	5614
	III	**9132**	4716	4156	III	8058	7016	6002	5018	4064	3140
	V	**19484**	4716	4156	IV	13578	12836	12108	11395	10697	10014
	VI	**19919**	4716	4156							
63719,99	I,IV	**14350**	4716	4156	I	12850	11408	10026	8704	7440	6236
	II	**13553**	4716	4156	II	12084	10673	9323	8031	6798	5625
	III	**9142**	4716	4156	III	8068	7026	6012	5028	4074	3148
	V	**19498**	4716	4156	IV	13593	12850	12122	11408	10710	10026
	VI	**19933**	4716	4156							
63755,99	I,IV	**14364**	4716	4156	I	12864	11422	10039	8716	7452	6247
	II	**13567**	4716	4156	II	12097	10686	9335	8043	6810	5636
	III	**9152**	4716	4156	III	8078	7036	6022	5036	4082	3156
	V	**19513**	4716	4156	IV	13607	12864	12135	11422	10723	10039
	VI	**19948**	4716	4156							
63791,99	I,IV	**14378**	4716	4156	I	12877	11435	10052	8728	7463	6258
	II	**13581**	4716	4156	II	12111	10699	9347	8055	6821	5647
	III	**9162**	4716	4156	III	8088	7044	6030	5046	4090	3166
	V	**19527**	4716	4156	IV	13621	12877	12149	11435	10736	10052
	VI	**19962**	4716	4156							
63827,99	I,IV	**14392**	4716	4156	I	12891	11448	10065	8740	7475	6269
	II	**13595**	4716	4156	II	12124	10712	9360	8066	6832	5657
	III	**9172**	4716	4156	III	8098	7054	6040	5054	4100	3174
	V	**19541**	4716	4156	IV	13635	12891	12162	11448	10749	10065
	VI	**19976**	4716	4156							
63863,99	I,IV	**14407**	4716	4156	I	12905	11462	10077	8752	7486	6280
	II	**13609**	4716	4156	II	12138	10725	9372	8078	6844	5668
	III	**9182**	4716	4156	III	8108	7064	6050	5064	4108	3182
	V	**19555**	4716	4156	IV	13649	12905	12176	11462	10762	10077
	VI	**19991**	4716	4156							
63899,99	I,IV	**14421**	4716	4156	I	12918	11474	10090	8764	7498	6290
	II	**13623**	4716	4156	II	12151	10738	9384	8090	6855	5679
	III	**9192**	4716	4156	III	8118	7074	6058	5074	4118	3190
	V	**19569**	4716	4156	IV	13663	12918	12189	11474	10775	10090
	VI	**20004**	4716	4156							
63935,99	I,IV	**14435**	4716	4156	I	12932	11488	10102	8776	7509	6301
	II	**13637**	4716	4156	II	12164	10751	9397	8102	6866	5689
	III	**9202**	4716	4156	III	8128	7084	6068	5082	4126	3200
	V	**19584**	4716	4156	IV	13677	12932	12203	11488	10788	10102
	VI	**20019**	4716	4156							

* Zur LSt-Berechnung für privat versicherte Arbeitnehmer s. Beispiele **Vorbemerkung S. 4f.**
** Basisvorsorgepauschale KV und PV *** Typisierter Arbeitgeberzuschuss

Lohn/ Gehalt in € bis	Steuerklasse	Lohn-steuer*	BVSP**	TAGZ***	Steuerklasse	Bemessungsgrundlage für Kirchensteuer und Solidaritätszuschlag – Freibeträge für ... Kinder 0,5	**1,0**	1,5	**2,0**	2,5	**3,0**
63971,99	I,IV	**14449**	4716	4156	I	12946	11501	10115	8788	7521	6312
	II	**13651**	4716	4156	II	12178	10764	9409	8114	6877	5700
	III	**9214**	4716	4156	III	8138	7092	6078	5092	4134	3208
	V	**19598**	4716	4156	IV	13691	12946	12216	11501	10801	10115
	VI	**20033**	4716	4156							
64007,99	I,IV	**14463**	4716	4156	I	12960	11514	10128	8800	7532	6324
	II	**13665**	4716	4156	II	12191	10777	9422	8125	6889	5711
	III	**9224**	4716	4156	III	8148	7102	6086	5100	4144	3216
	V	**19612**	4716	4156	IV	13705	12960	12230	11514	10814	10128
	VI	**20047**	4716	4156							
64043,99	I,IV	**14478**	4716	4156	I	12974	11528	10140	8813	7544	6335
	II	**13679**	4716	4156	II	12205	10790	9434	8137	6900	5722
	III	**9234**	4716	4156	III	8158	7112	6096	5110	4152	3226
	V	**19626**	4716	4156	IV	13719	12974	12243	11528	10827	10140
	VI	**20062**	4716	4156							
64079,99	I,IV	**14492**	4716	4156	I	12988	11541	10153	8825	7556	6346
	II	**13693**	4716	4156	II	12218	10803	9446	8149	6911	5732
	III	**9244**	4716	4156	III	8168	7122	6106	5118	4162	3234
	V	**19641**	4716	4156	IV	13733	12988	12257	11541	10840	10153
	VI	**20076**	4716	4156							
64115,99	I,IV	**14506**	4716	4156	I	13001	11554	10166	8837	7567	6356
	II	**13707**	4716	4156	II	12232	10815	9459	8161	6922	5743
	III	**9254**	4716	4156	III	8178	7132	6114	5128	4170	3242
	V	**19655**	4716	4156	IV	13747	13001	12270	11554	10852	10166
	VI	**20090**	4716	4156							
64151,99	I,IV	**14520**	4716	4156	I	13015	11567	10178	8849	7579	6368
	II	**13721**	4716	4156	II	12245	10829	9471	8173	6934	5754
	III	**9264**	4716	4156	III	8188	7140	6124	5136	4178	3250
	V	**19669**	4716	4156	IV	13761	13015	12284	11567	10865	10178
	VI	**20104**	4716	4156							
64187,99	I,IV	**14534**	4716	4156	I	13029	11580	10191	8861	7590	6379
	II	**13735**	4716	4156	II	12259	10842	9483	8185	6945	5764
	III	**9274**	4716	4156	III	8198	7150	6134	5146	4188	3258
	V	**19683**	4716	4156	IV	13775	13029	12297	11580	10878	10191
	VI	**20118**	4716	4156							
64223,99	I,IV	**14549**	4716	4156	I	13043	11594	10204	8873	7602	6390
	II	**13749**	4716	4156	II	12272	10855	9496	8197	6956	5775
	III	**9284**	4716	4156	III	8208	7160	6142	5154	4196	3268
	V	**19697**	4716	4156	IV	13789	13043	12311	11594	10891	10204
	VI	**20133**	4716	4156							
64259,99	I,IV	**14563**	4716	4156	I	13057	11607	10217	8885	7614	6401
	II	**13764**	4716	4156	II	12286	10868	9508	8208	6968	5786
	III	**9294**	4716	4156	III	8218	7170	6152	5164	4206	3276
	V	**19712**	4716	4156	IV	13803	13057	12324	11607	10904	10217
	VI	**20147**	4716	4156							
64295,99	I,IV	**14577**	4716	4156	I	13070	11620	10229	8898	7625	6412
	II	**13778**	4716	4156	II	12300	10881	9521	8220	6979	5797
	III	**9304**	4716	4156	III	8228	7180	6162	5172	4214	3284
	V	**19726**	4716	4156	IV	13818	13070	12338	11620	10917	10229
	VI	**20161**	4716	4156							
64331,99	I,IV	**14592**	4716	4156	I	13084	11634	10242	8910	7637	6423
	II	**13792**	4716	4156	II	12313	10894	9533	8232	6990	5808
	III	**9314**	4716	4156	III	8238	7190	6170	5182	4222	3294
	V	**19740**	4716	4156	IV	13832	13084	12352	11634	10930	10242
	VI	**20175**	4716	4156							
64367,99	I,IV	**14605**	4716	4156	I	13098	11647	10255	8922	7648	6434
	II	**13806**	4716	4156	II	12326	10906	9545	8244	7001	5818
	III	**9326**	4716	4156	III	8248	7198	6180	5192	4232	3302
	V	**19754**	4716	4156	IV	13846	13098	12365	11647	10943	10255
	VI	**20189**	4716	4156							

* Zur LSt-Berechnung für privat versicherte Arbeitnehmer s. Beispiele **Vorbemerkung S. 4f.**
** Basisvorsorgepauschale KV und PV *** Typisierter Arbeitgeberzuschuss

Lohn/ Gehalt in € bis	Steuerklasse	Lohn- steuer*	BVSP**	TAGZ***	Steuerklasse	Bemessungsgrundlage für Kirchensteuer und Solidaritätszuschlag – Freibeträge für ... Kinder 0,5	1,0	1,5	2,0	2,5	3,0
64403,99	I,IV	**14620**	4716	4156	I	13112	11660	10267	8934	7660	6445
	II	**13820**	4716	4156	II	12340	10919	9558	8256	7013	5829
	III	**9336**	4716	4156	III	8258	7208	6190	5200	4240	3310
	V	**19768**	4716	4156	IV	13860	13112	12378	11660	10956	10267
	VI	**20204**	4716	4156							
64439,99	I,IV	**14634**	4716	4156	I	13126	11673	10280	8946	7672	6456
	II	**13834**	4716	4156	II	12354	10932	9570	8268	7024	5840
	III	**9346**	4716	4156	III	8268	7218	6200	5210	4250	3318
	V	**19783**	4716	4156	IV	13874	13126	12392	11673	10969	10280
	VI	**20218**	4716	4156							
64475,99	I,IV	**14648**	4716	4156	I	13139	11687	10293	8958	7683	6467
	II	**13848**	4716	4156	II	12367	10945	9583	8280	7036	5851
	III	**9356**	4716	4156	III	8278	7228	6208	5218	4258	3328
	V	**19797**	4716	4156	IV	13888	13139	12406	11687	10982	10293
	VI	**20232**	4716	4156							
64511,99	I,IV	**14663**	4716	4156	I	13153	11700	10306	8971	7695	6478
	II	**13862**	4716	4156	II	12381	10959	9595	8292	7047	5862
	III	**9366**	4716	4156	III	8288	7238	6218	5228	4268	3336
	V	**19811**	4716	4156	IV	13902	13153	12419	11700	10995	10306
	VI	**20246**	4716	4156							
64547,99	I,IV	**14677**	4716	4156	I	13167	11713	10319	8983	7707	6489
	II	**13876**	4716	4156	II	12394	10972	9608	8304	7058	5872
	III	**9376**	4716	4156	III	8298	7248	6228	5236	4276	3344
	V	**19826**	4716	4156	IV	13916	13167	12433	11713	11009	10319
	VI	**20261**	4716	4156							
64583,99	I,IV	**14691**	4716	4156	I	13181	11726	10331	8995	7718	6500
	II	**13890**	4716	4156	II	12408	10984	9620	8315	7069	5883
	III	**9386**	4716	4156	III	8306	7256	6236	5246	4284	3352
	V	**19839**	4716	4156	IV	13930	13181	12446	11726	11021	10331
	VI	**20274**	4716	4156							
64619,99	I,IV	**14705**	4716	4156	I	13195	11740	10344	9007	7730	6511
	II	**13904**	4716	4156	II	12421	10997	9633	8327	7081	5894
	III	**9396**	4716	4156	III	8316	7266	6246	5254	4294	3362
	V	**19854**	4716	4156	IV	13944	13195	12460	11740	11034	10344
	VI	**20289**	4716	4156							
64655,99	I,IV	**14719**	4716	4156	I	13209	11753	10357	9019	7741	6523
	II	**13919**	4716	4156	II	12435	11010	9645	8339	7092	5905
	III	**9406**	4716	4156	III	8326	7276	6256	5264	4302	3370
	V	**19868**	4716	4156	IV	13959	13209	12473	11753	11047	10357
	VI	**20303**	4716	4156							
64691,99	I,IV	**14734**	4716	4156	I	13223	11766	10369	9032	7753	6534
	II	**13933**	4716	4156	II	12449	11024	9658	8351	7104	5916
	III	**9416**	4716	4156	III	8336	7286	6264	5272	4312	3378
	V	**19882**	4716	4156	IV	13973	13223	12487	11766	11061	10369
	VI	**20317**	4716	4156							
64727,99	I,IV	**14748**	4716	4156	I	13237	11780	10382	9044	7765	6545
	II	**13947**	4716	4156	II	12462	11037	9670	8363	7115	5926
	III	**9428**	4716	4156	III	8346	7296	6274	5282	4320	3388
	V	**19896**	4716	4156	IV	13987	13237	12501	11780	11074	10382
	VI	**20332**	4716	4156							
64763,99	I,IV	**14762**	4716	4156	I	13250	11793	10395	9056	7777	6556
	II	**13961**	4716	4156	II	12476	11050	9683	8375	7127	5937
	III	**9438**	4716	4156	III	8356	7306	6284	5292	4328	3396
	V	**19911**	4716	4156	IV	14001	13250	12514	11793	11087	10395
	VI	**20346**	4716	4156							
64799,99	I,IV	**14776**	4716	4156	I	13264	11807	10408	9068	7788	6567
	II	**13975**	4716	4156	II	12490	11063	9695	8387	7138	5948
	III	**9448**	4716	4156	III	8366	7314	6292	5300	4338	3404
	V	**19925**	4716	4156	IV	14016	13264	12528	11807	11100	10408
	VI	**20360**	4716	4156							

* Zur LSt-Berechnung für privat versicherte Arbeitnehmer s. Beispiele **Vorbemerkung S. 4f.**
** Basisvorsorgepauschale KV und PV *** Typisierter Arbeitgeberzuschuss

Lohn/ Gehalt in € bis	Steuerklasse	Lohn-steuer*	BVSP**	TAGZ***	Steuerklasse	Bemessungsgrundlage für Kirchensteuer und Solidaritätszuschlag – Freibeträge für ... Kinder 0,5	1,0	1,5	2,0	2,5	3,0
64835,99	I,IV	**14790**	4716	4156	I	13278	11820	10420	9080	7800	6578
West	II	**13989**	4716	4156	II	12503	11076	9708	8399	7149	5959
	III	**9458**	4716	4156	III	8376	7324	6302	5310	4346	3414
	V	**19939**	4716	4156	IV	14029	13278	12541	11820	11113	10420
	VI	**20374**	4716	4156							
64835,99	I,IV	**14791**	4716	4156	I	13279	11821	10422	9082	7801	6579
Ost	II	**13990**	4716	4156	II	12504	11077	9709	8400	7150	5960
	III	**9458**	4716	4156	III	8378	7326	6302	5310	4348	3414
	V	**19940**	4716	4156	IV	14031	13279	12543	11821	11114	10422
	VI	**20375**	4716	4156							
64871,99	I,IV	**14804**	4716	4156	I	13292	11833	10433	9093	7811	6589
West	II	**14003**	4716	4156	II	12516	11089	9720	8411	7161	5970
	III	**9468**	4716	4156	III	8386	7334	6312	5318	4356	3422
	V	**19953**	4716	4156	IV	14044	13292	12555	11833	11126	10433
	VI	**20388**	4716	4156							
64871,99	I,IV	**14807**	4716	4156	I	13294	11835	10435	9095	7813	6591
Ost	II	**14006**	4716	4156	II	12518	11091	9722	8412	7162	5971
	III	**9470**	4716	4156	III	8388	7336	6312	5320	4356	3422
	V	**19955**	4716	4156	IV	14046	13294	12557	11835	11128	10435
	VI	**20390**	4716	4156							
64907,99	I,IV	**14819**	4716	4156	I	13306	11846	10446	9105	7823	6600
West	II	**14018**	4716	4156	II	12530	11102	9733	8423	7172	5981
	III	**9478**	4716	4156	III	8396	7344	6322	5328	4364	3430
	V	**19967**	4716	4156	IV	14058	13306	12569	11846	11139	10446
	VI	**20403**	4716	4156							
64907,99	I,IV	**14822**	4716	4156	I	13309	11849	10449	9108	7826	6603
Ost	II	**14021**	4716	4156	II	12533	11104	9735	8425	7174	5983
	III	**9480**	4716	4156	III	8398	7346	6322	5330	4366	3432
	V	**19970**	4716	4156	IV	14061	13309	12572	11849	11142	10449
	VI	**20406**	4716	4156							
64943,99	I,IV	**14833**	4716	4156	I	13320	11860	10459	9117	7835	6612
West	II	**14032**	4716	4156	II	12544	11115	9745	8435	7183	5991
	III	**9488**	4716	4156	III	8406	7354	6330	5338	4374	3440
	V	**19982**	4716	4156	IV	14072	13320	12582	11860	11152	10459
	VI	**20417**	4716	4156							
64943,99	I,IV	**14837**	4716	4156	I	13324	11863	10462	9121	7838	6615
Ost	II	**14036**	4716	4156	II	12547	11118	9749	8438	7187	5994
	III	**9492**	4716	4156	III	8408	7356	6332	5340	4376	3442
	V	**19986**	4716	4156	IV	14076	13324	12586	11863	11155	10462
	VI	**20421**	4716	4156							
64979,99	I,IV	**14847**	4716	4156	I	13334	11873	10472	9130	7847	6623
West	II	**14046**	4716	4156	II	12557	11128	9758	8447	7195	6002
	III	**9500**	4716	4156	III	8416	7364	6340	5346	4382	3448
	V	**19996**	4716	4156	IV	14086	13334	12596	11873	11165	10472
	VI	**20431**	4716	4156							
64979,99	I,IV	**14852**	4716	4156	I	13338	11878	10476	9134	7850	6626
Ost	II	**14051**	4716	4156	II	12562	11132	9762	8451	7199	6006
	III	**9502**	4716	4156	III	8420	7366	6342	5350	4384	3450
	V	**20001**	4716	4156	IV	14091	13338	12601	11878	11169	10476
	VI	**20436**	4716	4156							
65015,99	I,IV	**14862**	4716	4156	I	13348	11887	10485	9142	7858	6634
West	II	**14060**	4716	4156	II	12571	11141	9770	8459	7206	6013
	III	**9510**	4716	4156	III	8426	7374	6350	5356	4392	3456
	V	**20010**	4716	4156	IV	14101	13348	12610	11887	11178	10485
	VI	**20445**	4716	4156							
65015,99	I,IV	**14867**	4716	4156	I	13353	11892	10490	9147	7863	6638
Ost	II	**14066**	4716	4156	II	12576	11146	9775	8463	7211	6017
	III	**9514**	4716	4156	III	8430	7376	6352	5358	4394	3460
	V	**20016**	4716	4156	IV	14106	13353	12615	11892	11183	10490
	VI	**20451**	4716	4156							

* Zur LSt-Berechnung für privat versicherte Arbeitnehmer s. Beispiele **Vorbemerkung S. 4 f.**
** Basisvorsorgepauschale KV und PV *** Typisierter Arbeitgeberzuschuss

Lohn/ Gehalt in € bis	Steuerklasse	Lohn-steuer*	BVSP**	TAGZ***	Steuerklasse	Bemessungsgrundlage für Kirchensteuer und Solidaritätszuschlag					
						Freibeträge für ... Kinder					
						0,5	**1,0**	1,5	**2,0**	2,5	**3,0**
65 051,99	I,IV	**14 875**	4 716	4 156	I	13 361	11 900	10 497	9 154	7 870	6 645
West	II	**14 074**	4 716	4 156	II	12 584	11 154	9 783	8 470	7 218	6 024
	III	**9 520**	4 716	4 156	III	8 436	7 382	6 358	5 364	4 400	3 464
	V	**20 024**	4 716	4 156	IV	14 114	13 361	12 623	11 900	11 191	10 497
	VI	**20 459**	4 716	4 156							
65 051,99	I,IV	**14 882**	4 716	4 156	I	13 368	11 906	10 503	9 160	7 875	6 650
Ost	II	**14 081**	4 716	4 156	II	12 591	11 160	9 789	8 476	7 223	6 029
	III	**9 524**	4 716	4 156	III	8 440	7 388	6 362	5 368	4 404	3 468
	V	**20 031**	4 716	4 156	IV	14 121	13 368	12 630	11 906	11 197	10 503
	VI	**20 466**	4 716	4 156							
65 087,99	I,IV	**14 890**	4 716	4 156	I	13 375	11 913	10 510	9 166	7 882	6 656
West	II	**14 088**	4 716	4 156	II	12 598	11 167	9 795	8 483	7 229	6 035
	III	**9 530**	4 716	4 156	III	8 446	7 392	6 368	5 374	4 408	3 474
	V	**20 038**	4 716	4 156	IV	14 129	13 375	12 637	11 913	11 204	10 510
	VI	**20 474**	4 716	4 156							
65 087,99	I,IV	**14 897**	4 716	4 156	I	13 383	11 920	10 517	9 173	7 888	6 662
Ost	II	**14 096**	4 716	4 156	II	12 605	11 174	9 802	8 489	7 235	6 041
	III	**9 534**	4 716	4 156	III	8 452	7 398	6 374	5 378	4 414	3 478
	V	**20 046**	4 716	4 156	IV	14 136	13 383	12 644	11 920	11 211	10 517
	VI	**20 481**	4 716	4 156							
65 123,99	I,IV	**14 904**	4 716	4 156	I	13 389	11 927	10 523	9 179	7 893	6 667
West	II	**14 103**	4 716	4 156	II	12 612	11 180	9 808	8 495	7 241	6 046
	III	**9 540**	4 716	4 156	III	8 456	7 402	6 378	5 382	4 418	3 482
	V	**20 053**	4 716	4 156	IV	14 143	13 389	12 651	11 927	11 217	10 523
	VI	**20 488**	4 716	4 156							
65 123,99	I,IV	**14 912**	4 716	4 156	I	13 398	11 935	10 531	9 186	7 900	6 674
Ost	II	**14 111**	4 716	4 156	II	12 620	11 188	9 815	8 502	7 247	6 052
	III	**9 546**	4 716	4 156	III	8 462	7 408	6 384	5 388	4 422	3 486
	V	**20 061**	4 716	4 156	IV	14 151	13 398	12 659	11 935	11 225	10 531
	VI	**20 496**	4 716	4 156							
65 159,99	I,IV	**14 918**	4 716	4 156	I	13 403	11 940	10 536	9 191	7 905	6 679
West	II	**14 117**	4 716	4 156	II	12 626	11 193	9 820	8 507	7 252	6 057
	III	**9 550**	4 716	4 156	III	8 466	7 412	6 386	5 392	4 426	3 490
	V	**20 067**	4 716	4 156	IV	14 157	13 403	12 664	11 940	11 231	10 536
	VI	**20 502**	4 716	4 156							
65 159,99	I,IV	**14 928**	4 716	4 156	I	13 412	11 949	10 544	9 199	7 913	6 686
Ost	II	**14 126**	4 716	4 156	II	12 634	11 202	9 829	8 514	7 259	6 064
	III	**9 556**	4 716	4 156	III	8 472	7 418	6 394	5 398	4 432	3 496
	V	**20 076**	4 716	4 156	IV	14 167	13 412	12 673	11 949	11 239	10 544
	VI	**20 511**	4 716	4 156							
65 195,99	I,IV	**14 933**	4 716	4 156	I	13 417	11 953	10 549	9 203	7 917	6 690
West	II	**14 131**	4 716	4 156	II	12 639	11 207	9 833	8 519	7 264	6 068
	III	**9 560**	4 716	4 156	III	8 476	7 422	6 396	5 402	4 436	3 498
	V	**20 081**	4 716	4 156	IV	14 172	13 417	12 678	11 953	11 244	10 549
	VI	**20 516**	4 716	4 156							
65 195,99	I,IV	**14 943**	4 716	4 156	I	13 427	11 963	10 558	9 212	7 925	6 698
Ost	II	**14 141**	4 716	4 156	II	12 649	11 216	9 842	8 527	7 272	6 075
	III	**9 568**	4 716	4 156	III	8 484	7 428	6 404	5 408	4 442	3 506
	V	**20 091**	4 716	4 156	IV	14 182	13 427	12 688	11 963	11 253	10 558
	VI	**20 526**	4 716	4 156							
65 231,99	I,IV	**14 947**	4 716	4 156	I	13 431	11 967	10 562	9 216	7 929	6 701
West	II	**14 146**	4 716	4 156	II	12 653	11 220	9 846	8 531	7 275	6 079
	III	**9 570**	4 716	4 156	III	8 486	7 432	6 406	5 410	4 444	3 508
	V	**20 096**	4 716	4 156	IV	14 186	13 431	12 692	11 967	11 257	10 562
	VI	**20 531**	4 716	4 156							
65 231,99	I,IV	**14 958**	4 716	4 156	I	13 442	11 977	10 572	9 225	7 938	6 710
Ost	II	**14 156**	4 716	4 156	II	12 664	11 230	9 855	8 540	7 284	6 087
	III	**9 578**	4 716	4 156	III	8 494	7 438	6 414	5 418	4 450	3 514
	V	**20 106**	4 716	4 156	IV	14 197	13 442	12 702	11 977	11 267	10 572
	VI	**20 542**	4 716	4 156							

* Zur LSt-Berechnung für privat versicherte Arbeitnehmer s. Beispiele **Vorbemerkung S. 4 f.**
** Basisvorsorgepauschale KV und PV *** Typisierter Arbeitgeberzuschuss

Lohn/ Gehalt in € bis	Steuerklasse	Lohn-steuer*	BVSP**	TAGZ***	Steuerklasse	Bemessungsgrundlage für Kirchensteuer und Solidaritätszuschlag – Freibeträge für ... Kinder 0,5	**1,0**	1,5	**2,0**	2,5	**3,0**
65 267,99	I,IV	**14 961**	4 716	4 156	I	13 445	11 980	10 575	9 228	7 941	6 712
West	II	**14 160**	4 716	4 156	II	12 667	11 233	9 858	8 543	7 287	6 089
	III	**9 580**	4 716	4 156	III	8 496	7 440	6 416	5 420	4 454	3 516
	V	**20 110**	4 716	4 156	IV	14 200	13 445	12 706	11 980	11 270	10 575
	VI	**20 545**	4 716	4 156							
65 267,99	I,IV	**14 973**	4 716	4 156	I	13 457	11 992	10 585	9 238	7 950	6 722
Ost	II	**14 172**	4 716	4 156	II	12 678	11 244	9 869	8 553	7 296	6 098
	III	**9 590**	4 716	4 156	III	8 504	7 450	6 424	5 426	4 460	3 524
	V	**20 122**	4 716	4 156	IV	14 212	13 457	12 717	11 992	11 281	10 585
	VI	**20 557**	4 716	4 156							
65 303,99	I,IV	**14 975**	4 716	4 156	I	13 459	11 993	10 587	9 240	7 952	6 723
West	II	**14 174**	4 716	4 156	II	12 680	11 246	9 870	8 554	7 298	6 100
	III	**9 592**	4 716	4 156	III	8 506	7 450	6 424	5 428	4 462	3 524
	V	**20 124**	4 716	4 156	IV	14 214	13 459	12 719	11 993	11 283	10 587
	VI	**20 559**	4 716	4 156							
65 303,99	I,IV	**14 988**	4 716	4 156	I	13 472	12 006	10 599	9 251	7 963	6 733
Ost	II	**14 187**	4 716	4 156	II	12 693	11 258	9 882	8 565	7 308	6 110
	III	**9 600**	4 716	4 156	III	8 516	7 460	6 434	5 436	4 470	3 532
	V	**20 137**	4 716	4 156	IV	14 227	13 472	12 731	12 006	11 295	10 599
	VI	**20 572**	4 716	4 156							
65 339,99	I,IV	**14 989**	4 716	4 156	I	13 473	12 007	10 600	9 252	7 964	6 734
West	II	**14 188**	4 716	4 156	II	12 694	11 259	9 883	8 567	7 309	6 111
	III	**9 602**	4 716	4 156	III	8 516	7 460	6 434	5 438	4 470	3 534
	V	**20 138**	4 716	4 156	IV	14 228	13 473	12 733	12 007	11 296	10 600
	VI	**20 573**	4 716	4 156							
65 339,99	I,IV	**15 003**	4 716	4 156	I	13 487	12 020	10 613	9 264	7 975	6 745
Ost	II	**14 202**	4 716	4 156	II	12 707	11 272	9 895	8 578	7 320	6 122
	III	**9 612**	4 716	4 156	III	8 526	7 470	6 444	5 446	4 480	3 542
	V	**20 152**	4 716	4 156	IV	14 242	13 487	12 746	12 020	11 309	10 613
	VI	**20 587**	4 716	4 156							
65 375,99	I,IV	**15 004**	4 716	4 156	I	13 487	12 020	10 613	9 265	7 976	6 746
West	II	**14 202**	4 716	4 156	II	12 708	11 272	9 896	8 579	7 321	6 122
	III	**9 612**	4 716	4 156	III	8 526	7 470	6 444	5 448	4 480	3 542
	V	**20 152**	4 716	4 156	IV	14 243	13 487	12 746	12 020	11 309	10 613
	VI	**20 587**	4 716	4 156							
65 375,99	I,IV	**15 018**	4 716	4 156	I	13 502	12 034	10 626	9 277	7 988	6 757
Ost	II	**14 217**	4 716	4 156	II	12 722	11 286	9 909	8 591	7 333	6 133
	III	**9 622**	4 716	4 156	III	8 536	7 480	6 454	5 456	4 488	3 550
	V	**20 167**	4 716	4 156	IV	14 257	13 502	12 761	12 034	11 323	10 626
	VI	**20 602**	4 716	4 156							
65 411,99	I,IV	**15 018**	4 716	4 156	I	13 501	12 034	10 626	9 277	7 987	6 757
West	II	**14 216**	4 716	4 156	II	12 721	11 285	9 908	8 591	7 332	6 133
	III	**9 622**	4 716	4 156	III	8 536	7 480	6 454	5 456	4 488	3 550
	V	**20 167**	4 716	4 156	IV	14 257	13 501	12 760	12 034	11 323	10 626
	VI	**20 602**	4 716	4 156							
65 411,99	I,IV	**15 033**	4 716	4 156	I	13 516	12 049	10 640	9 291	8 000	6 769
Ost	II	**14 232**	4 716	4 156	II	12 736	11 300	9 922	8 604	7 345	6 145
	III	**9 634**	4 716	4 156	III	8 546	7 490	6 464	5 466	4 498	3 560
	V	**20 182**	4 716	4 156	IV	14 272	13 516	12 775	12 049	11 337	10 640
	VI	**20 617**	4 716	4 156							
65 447,99	I,IV	**15 032**	4 716	4 156	I	13 515	12 047	10 639	9 289	7 999	6 768
West	II	**14 231**	4 716	4 156	II	12 735	11 298	9 921	8 603	7 344	6 144
	III	**9 632**	4 716	4 156	III	8 546	7 490	6 462	5 466	4 498	3 560
	V	**20 181**	4 716	4 156	IV	14 271	13 515	12 774	12 047	11 336	10 639
	VI	**20 616**	4 716	4 156							
65 447,99	I,IV	**15 049**	4 716	4 156	I	13 531	12 063	10 654	9 304	8 013	6 781
Ost	II	**14 247**	4 716	4 156	II	12 751	11 314	9 936	8 617	7 357	6 157
	III	**9 644**	4 716	4 156	III	8 558	7 500	6 474	5 476	4 508	3 570
	V	**20 197**	4 716	4 156	IV	14 287	13 531	12 790	12 063	11 351	10 654
	VI	**20 632**	4 716	4 156							

* Zur LSt-Berechnung für privat versicherte Arbeitnehmer s. Beispiele **Vorbemerkung S. 4 f.**
** Basisvorsorgepauschale KV und PV *** Typisierter Arbeitgeberzuschuss

Lohn/ Gehalt in € bis	Steuerklasse	Lohn-steuer*	BVSP**	TAGZ***	Steuerklasse	Bemessungsgrundlage für Kirchensteuer und Solidaritätszuschlag – Freibeträge für ... Kinder 0,5	1,0	1,5	2,0	2,5	3,0
65483,99 West	I,IV	**15046**	4716	4156	I	13529	12061	10652	9302	8011	6780
	II	**14245**	4716	4156	II	12749	11312	9934	8615	7355	6155
	III	**9642**	4716	4156	III	8556	7500	6472	5474	4506	3568
	V	**20195**	4716	4156	IV	14285	13529	12788	12061	11349	10652
	VI	**20630**	4716	4156							
65483,99 Ost	I,IV	**15064**	4716	4156	I	13546	12077	10667	9317	8025	6793
	II	**14262**	4716	4156	II	12765	11328	9949	8629	7369	6168
	III	**9656**	4716	4156	III	8568	7512	6484	5486	4518	3578
	V	**20212**	4716	4156	IV	14303	13546	12804	12077	11365	10667
	VI	**20647**	4716	4156							
65519,99 West	I,IV	**15060**	4716	4156	I	13543	12074	10664	9314	8023	6791
	II	**14259**	4716	4156	II	12762	11324	9946	8627	7367	6166
	III	**9652**	4716	4156	III	8566	7508	6482	5484	4516	3576
	V	**20209**	4716	4156	IV	14299	13543	12801	12074	11362	10664
	VI	**20644**	4716	4156							
65519,99 Ost	I,IV	**15079**	4716	4156	I	13561	12092	10681	9330	8038	6805
	II	**14277**	4716	4156	II	12780	11342	9962	8642	7381	6180
	III	**9666**	4716	4156	III	8578	7522	6494	5496	4526	3588
	V	**20227**	4716	4156	IV	14318	13561	12819	12092	11379	10681
	VI	**20663**	4716	4156							
65555,99 West	I,IV	**15075**	4716	4156	I	13557	12088	10677	9326	8034	6802
	II	**14273**	4716	4156	II	12776	11338	9959	8639	7378	6177
	III	**9662**	4716	4156	III	8576	7518	6490	5492	4524	3586
	V	**20223**	4716	4156	IV	14314	13557	12815	12088	11375	10677
	VI	**20658**	4716	4156							
65555,99 Ost	I,IV	**15094**	4716	4156	I	13576	12106	10695	9343	8050	6817
	II	**14293**	4716	4156	II	12795	11356	9976	8655	7394	6191
	III	**9676**	4716	4156	III	8590	7532	6504	5506	4536	3596
	V	**20243**	4716	4156	IV	14333	13576	12834	12106	11393	10695
	VI	**20678**	4716	4156							
65591,99 West	I,IV	**15089**	4716	4156	I	13571	12101	10690	9339	8046	6813
	II	**14287**	4716	4156	II	12790	11351	9971	8651	7390	6188
	III	**9674**	4716	4156	III	8586	7528	6500	5502	4532	3594
	V	**20238**	4716	4156	IV	14328	13571	12829	12101	11388	10690
	VI	**20673**	4716	4156							
65591,99 Ost	I,IV	**15109**	4716	4156	I	13591	12120	10709	9356	8063	6829
	II	**14308**	4716	4156	II	12809	11370	9989	8668	7406	6203
	III	**9688**	4716	4156	III	8600	7542	6514	5514	4546	3606
	V	**20258**	4716	4156	IV	14348	13591	12848	12120	11407	10709
	VI	**20693**	4716	4156							
65627,99 West	I,IV	**15103**	4716	4156	I	13585	12115	10703	9351	8058	6824
	II	**14302**	4716	4156	II	12804	11364	9984	8663	7401	6199
	III	**9684**	4716	4156	III	8596	7538	6510	5512	4542	3602
	V	**20252**	4716	4156	IV	14342	13585	12842	12115	11401	10703
	VI	**20687**	4716	4156							
65627,99 Ost	I,IV	**15124**	4716	4156	I	13606	12134	10722	9369	8076	6841
	II	**14323**	4716	4156	II	12824	11384	10003	8681	7418	6215
	III	**9698**	4716	4156	III	8610	7552	6524	5524	4556	3616
	V	**20273**	4716	4156	IV	14363	13606	12863	12134	11421	10722
	VI	**20708**	4716	4156							
65663,99 West	I,IV	**15117**	4716	4156	I	13599	12128	10716	9363	8070	6836
	II	**14316**	4716	4156	II	12817	11377	9997	8675	7413	6210
	III	**9694**	4716	4156	III	8606	7548	6520	5520	4550	3612
	V	**20266**	4716	4156	IV	14356	13599	12856	12128	11415	10716
	VI	**20701**	4716	4156							
65663,99 Ost	I,IV	**15139**	4716	4156	I	13621	12149	10736	9382	8088	6853
	II	**14338**	4716	4156	II	12838	11398	10016	8694	7430	6226
	III	**9710**	4716	4156	III	8622	7562	6534	5534	4564	3624
	V	**20288**	4716	4156	IV	14378	13621	12877	12149	11435	10736
	VI	**20723**	4716	4156							

* Zur LSt-Berechnung für privat versicherte Arbeitnehmer s. Beispiele **Vorbemerkung S. 4 f.**
** Basisvorsorgepauschale KV und PV *** Typisierter Arbeitgeberzuschuss

Lohn/ Gehalt in € bis	Steuerklasse	Lohn-steuer*	BVSP**	TAGZ***	Steuerklasse	Bemessungsgrundlage für Kirchensteuer und Solidaritätszuschlag – Freibeträge für ... Kinder 0,5	1,0	1,5	2,0	2,5	3,0
65 699,99 West	I,IV	**15 132**	4 716	4 156	I	13 613	12 142	10 729	9 376	8 082	6 847
	II	**14 330**	4 716	4 156	II	12 831	11 391	10 009	8 687	7 424	6 221
	III	**9 704**	4 716	4 156	III	8 616	7 558	6 528	5 530	4 560	3 620
	V	**20 280**	4 716	4 156	IV	14 371	13 613	12 870	12 142	11 428	10 729
	VI	**20 715**	4 716	4 156							
65 699,99 Ost	I,IV	**15 154**	4 716	4 156	I	13 636	12 163	10 750	9 396	8 101	6 865
	II	**14 353**	4 716	4 156	II	12 853	11 412	10 029	8 706	7 443	6 238
	III	**9 720**	4 716	4 156	III	8 632	7 574	6 544	5 544	4 574	3 634
	V	**20 303**	4 716	4 156	IV	14 393	13 636	12 892	12 163	11 449	10 750
	VI	**20 738**	4 716	4 156							
65 735,99 West	I,IV	**15 146**	4 716	4 156	I	13 627	12 155	10 742	9 388	8 094	6 858
	II	**14 345**	4 716	4 156	II	12 845	11 404	10 022	8 699	7 436	6 232
	III	**9 714**	4 716	4 156	III	8 626	7 568	6 538	5 538	4 568	3 628
	V	**20 295**	4 716	4 156	IV	14 385	13 627	12 884	12 155	11 441	10 742
	VI	**20 730**	4 716	4 156							
65 735,99 Ost	I,IV	**15 169**	4 716	4 156	I	13 651	12 177	10 763	9 409	8 113	6 877
	II	**14 368**	4 716	4 156	II	12 868	11 426	10 043	8 719	7 455	6 250
	III	**9 732**	4 716	4 156	III	8 642	7 584	6 554	5 554	4 584	3 642
	V	**20 318**	4 716	4 156	IV	14 408	13 651	12 907	12 177	11 463	10 763
	VI	**20 753**	4 716	4 156							
65 771,99 West	I,IV	**15 160**	4 716	4 156	I	13 641	12 168	10 755	9 400	8 105	6 869
	II	**14 358**	4 716	4 156	II	12 858	11 417	10 034	8 711	7 447	6 242
	III	**9 726**	4 716	4 156	III	8 636	7 578	6 548	5 548	4 578	3 638
	V	**20 309**	4 716	4 156	IV	14 399	13 641	12 897	12 168	11 454	10 755
	VI	**20 744**	4 716	4 156							
65 771,99 Ost	I,IV	**15 185**	4 716	4 156	I	13 666	12 192	10 777	9 422	8 126	6 889
	II	**14 383**	4 716	4 156	II	12 882	11 440	10 056	8 732	7 467	6 261
	III	**9 742**	4 716	4 156	III	8 654	7 594	6 564	5 564	4 594	3 652
	V	**20 333**	4 716	4 156	IV	14 424	13 666	12 921	12 192	11 477	10 777
	VI	**20 768**	4 716	4 156							
65 807,99 West	I,IV	**15 174**	4 716	4 156	I	13 655	12 182	10 768	9 413	8 117	6 881
	II	**14 373**	4 716	4 156	II	12 872	11 430	10 047	8 723	7 459	6 253
	III	**9 736**	4 716	4 156	III	8 646	7 588	6 558	5 558	4 586	3 646
	V	**20 323**	4 716	4 156	IV	14 413	13 655	12 911	12 182	11 467	10 768
	VI	**20 758**	4 716	4 156							
65 807,99 Ost	I,IV	**15 200**	4 716	4 156	I	13 680	12 206	10 791	9 435	8 138	6 901
	II	**14 398**	4 716	4 156	II	12 897	11 454	10 070	8 745	7 479	6 273
	III	**9 754**	4 716	4 156	III	8 664	7 604	6 574	5 574	4 602	3 662
	V	**20 348**	4 716	4 156	IV	14 439	13 680	12 936	12 206	11 491	10 791
	VI	**20 784**	4 716	4 156							
65 843,99 West	I,IV	**15 188**	4 716	4 156	I	13 669	12 195	10 781	9 425	8 129	6 892
	II	**14 387**	4 716	4 156	II	12 886	11 443	10 060	8 735	7 470	6 264
	III	**9 746**	4 716	4 156	III	8 656	7 596	6 566	5 566	4 596	3 654
	V	**20 337**	4 716	4 156	IV	14 427	13 669	12 925	12 195	11 481	10 781
	VI	**20 772**	4 716	4 156							
65 843,99 Ost	I,IV	**15 215**	4 716	4 156	I	13 695	12 220	10 805	9 448	8 151	6 913
	II	**14 413**	4 716	4 156	II	12 911	11 468	10 083	8 758	7 492	6 285
	III	**9 764**	4 716	4 156	III	8 674	7 614	6 584	5 584	4 612	3 670
	V	**20 364**	4 716	4 156	IV	14 454	13 695	12 951	12 220	11 505	10 805
	VI	**20 799**	4 716	4 156							
65 879,99 West	I,IV	**15 203**	4 716	4 156	I	13 683	12 209	10 794	9 438	8 141	6 903
	II	**14 401**	4 716	4 156	II	12 900	11 456	10 072	8 748	7 482	6 275
	III	**9 756**	4 716	4 156	III	8 666	7 606	6 576	5 576	4 604	3 664
	V	**20 351**	4 716	4 156	IV	14 442	13 683	12 939	12 209	11 494	10 794
	VI	**20 786**	4 716	4 156							
65 879,99 Ost	I,IV	**15 230**	4 716	4 156	I	13 710	12 235	10 819	9 461	8 164	6 925
	II	**14 429**	4 716	4 156	II	12 926	11 482	10 097	8 771	7 504	6 297
	III	**9 776**	4 716	4 156	III	8 686	7 626	6 594	5 594	4 622	3 680
	V	**20 379**	4 716	4 156	IV	14 469	13 710	12 965	12 235	11 519	10 819
	VI	**20 814**	4 716	4 156							

* Zur LSt-Berechnung für privat versicherte Arbeitnehmer s. Beispiele **Vorbemerkung S. 4 f.**
** Basisvorsorgepauschale KV und PV *** Typisierter Arbeitgeberzuschuss

Lohn/ Gehalt in € bis	Steuerklasse	Lohn-steuer*	BVSP**	TAGZ***	Steuerklasse	Bemessungsgrundlage für Kirchensteuer und Solidaritätszuschlag					
						Freibeträge für ... Kinder					
						0,5	**1,0**	1,5	**2,0**	2,5	**3,0**
65915,99 West	I,IV	**15217**	4716	4156	I	13697	12222	10807	9450	8153	6915
	II	**14416**	4716	4156	II	12914	11470	10085	8760	7493	6286
	III	**9766**	4716	4156	III	8676	7616	6586	5584	4614	3672
	V	**20366**	4716	4156	IV	14456	13697	12953	12222	11507	10807
	VI	**20801**	4716	4156							
65915,99 Ost	I,IV	**15245**	4716	4156	I	13725	12249	10832	9475	8176	6937
	II	**14444**	4716	4156	II	12941	11496	10110	8784	7516	6308
	III	**9786**	4716	4156	III	8696	7636	6604	5602	4632	3688
	V	**20394**	4716	4156	IV	14484	13725	12980	12249	11533	10832
	VI	**20829**	4716	4156							
65951,99 West	I,IV	**15231**	4716	4156	I	13712	12236	10820	9463	8165	6926
	II	**14430**	4716	4156	II	12927	11483	10098	8772	7505	6298
	III	**9776**	4716	4156	III	8686	7626	6596	5594	4622	3680
	V	**20380**	4716	4156	IV	14470	13712	12966	12236	11520	10820
	VI	**20815**	4716	4156							
65951,99 Ost	I,IV	**15260**	4716	4156	I	13740	12264	10846	9488	8189	6949
	II	**14459**	4716	4156	II	12955	11510	10124	8797	7529	6320
	III	**9798**	4716	4156	III	8706	7646	6614	5612	4640	3698
	V	**20409**	4716	4156	IV	14499	13740	12995	12264	11547	10846
	VI	**20844**	4716	4156							
65987,99 West	I,IV	**15245**	4716	4156	I	13725	12249	10832	9475	8176	6937
	II	**14444**	4716	4156	II	12941	11496	10110	8784	7516	6308
	III	**9786**	4716	4156	III	8696	7636	6604	5602	4632	3688
	V	**20394**	4716	4156	IV	14484	13725	12980	12249	11533	10832
	VI	**20829**	4716	4156							
65987,99 Ost	I,IV	**15275**	4716	4156	I	13755	12278	10860	9501	8201	6961
	II	**14474**	4716	4156	II	12970	11524	10137	8809	7541	6332
	III	**9808**	4716	4156	III	8718	7656	6624	5622	4650	3708
	V	**20424**	4716	4156	IV	14514	13755	13009	12278	11562	10860
	VI	**20859**	4716	4156							
66023,99 West	I,IV	**15259**	4716	4156	I	13739	12263	10845	9487	8188	6948
	II	**14458**	4716	4156	II	12955	11509	10123	8796	7528	6319
	III	**9796**	4716	4156	III	8706	7646	6614	5612	4640	3698
	V	**20408**	4716	4156	IV	14498	13739	12994	12263	11547	10845
	VI	**20843**	4716	4156							
66023,99 Ost	I,IV	**15290**	4716	4156	I	13770	12292	10874	9514	8214	6973
	II	**14489**	4716	4156	II	12985	11538	10151	8822	7553	6343
	III	**9820**	4716	4156	III	8728	7666	6634	5632	4660	3716
	V	**20439**	4716	4156	IV	14529	13770	13024	12292	11576	10874
	VI	**20874**	4716	4156							
66059,99 West	I,IV	**15274**	4716	4156	I	13754	12276	10858	9500	8200	6960
	II	**14472**	4716	4156	II	12968	11522	10136	8808	7540	6330
	III	**9808**	4716	4156	III	8716	7656	6624	5622	4650	3706
	V	**20422**	4716	4156	IV	14513	13754	13008	12276	11560	10858
	VI	**20857**	4716	4156							
66059,99 Ost	I,IV	**15306**	4716	4156	I	13785	12307	10888	9527	8227	6985
	II	**14504**	4716	4156	II	12999	11552	10164	8835	7566	6355
	III	**9830**	4716	4156	III	8740	7678	6644	5642	4670	3726
	V	**20454**	4716	4156	IV	14545	13785	13039	12307	11590	10888
	VI	**20889**	4716	4156							
66095,99 West	I,IV	**15288**	4716	4156	I	13768	12290	10871	9512	8212	6971
	II	**14487**	4716	4156	II	12982	11536	10148	8820	7551	6341
	III	**9818**	4716	4156	III	8726	7666	6634	5630	4658	3714
	V	**20437**	4716	4156	IV	14527	13768	13021	12290	11573	10871
	VI	**20872**	4716	4156							
66095,99 Ost	I,IV	**15321**	4716	4156	I	13800	12321	10901	9541	8239	6997
	II	**14519**	4716	4156	II	13014	11566	10178	8848	7578	6367
	III	**9842**	4716	4156	III	8750	7688	6654	5652	4678	3734
	V	**20469**	4716	4156	IV	14560	13800	13053	12321	11604	10901
	VI	**20904**	4716	4156							

* Zur LSt-Berechnung für privat versicherte Arbeitnehmer s. Beispiele **Vorbemerkung S. 4f.**
** Basisvorsorgepauschale KV und PV *** Typisierter Arbeitgeberzuschuss

Lohn/ Gehalt in € bis	Steuerklasse	Lohn- steuer*	BVSP**	TAGZ***	Steuerklasse	Bemessungsgrundlage für Kirchensteuer und Solidaritätszuschlag – Freibeträge für ... Kinder 0,5	1,0	1,5	2,0	2,5	3,0
66131,99	I,IV	**15302**	4716	4156	I	13782	12304	10884	9525	8224	6982
West	II	**14501**	4716	4156	II	12996	11549	10161	8832	7563	6353
	III	**9828**	4716	4156	III	8736	7674	6642	5640	4666	3724
	V	**20451**	4716	4156	IV	14541	13782	13035	12304	11587	10884
	VI	**20886**	4716	4156							
66131,99	I,IV	**15336**	4716	4156	I	13815	12336	10915	9554	8252	7009
Ost	II	**14534**	4716	4156	II	13029	11580	10191	8861	7590	6379
	III	**9852**	4716	4156	III	8760	7698	6666	5662	4688	3744
	V	**20484**	4716	4156	IV	14575	13815	13068	12336	11618	10915
	VI	**20920**	4716	4156							
66167,99	I,IV	**15316**	4716	4156	I	13796	12317	10897	9537	8236	6994
West	II	**14515**	4716	4156	II	13010	11562	10174	8845	7574	6364
	III	**9838**	4716	4156	III	8746	7684	6652	5650	4676	3732
	V	**20465**	4716	4156	IV	14555	13796	13049	12317	11600	10897
	VI	**20900**	4716	4156							
66167,99	I,IV	**15351**	4716	4156	I	13830	12350	10929	9567	8265	7021
Ost	II	**14550**	4716	4156	II	13043	11594	10205	8874	7603	6390
	III	**9864**	4716	4156	III	8772	7708	6676	5672	4698	3754
	V	**20500**	4716	4156	IV	14590	13830	13083	12350	11632	10929
	VI	**20935**	4716	4156							
66203,99	I,IV	**15331**	4716	4156	I	13810	12331	10911	9550	8248	7005
West	II	**14529**	4716	4156	II	13024	11576	10187	8857	7586	6375
	III	**9848**	4716	4156	III	8756	7694	6662	5658	4684	3740
	V	**20479**	4716	4156	IV	14570	13810	13063	12331	11613	10911
	VI	**20915**	4716	4156							
66203,99	I,IV	**15366**	4716	4156	I	13845	12364	10943	9580	8277	7033
Ost	II	**14565**	4716	4156	II	13058	11609	10218	8887	7615	6402
	III	**9874**	4716	4156	III	8782	7718	6686	5682	4708	3762
	V	**20515**	4716	4156	IV	14605	13845	13097	12364	11646	10943
	VI	**20950**	4716	4156							
66239,99	I,IV	**15345**	4716	4156	I	13824	12344	10923	9562	8259	7016
West	II	**14543**	4716	4156	II	13037	11589	10199	8869	7597	6385
	III	**9860**	4716	4156	III	8766	7704	6672	5668	4694	3750
	V	**20493**	4716	4156	IV	14584	13824	13077	12344	11626	10923
	VI	**20928**	4716	4156							
66239,99	I,IV	**15381**	4716	4156	I	13860	12379	10957	9594	8290	7045
Ost	II	**14580**	4716	4156	II	13073	11623	10232	8900	7627	6414
	III	**9886**	4716	4156	III	8792	7730	6696	5692	4716	3772
	V	**20530**	4716	4156	IV	14620	13860	13112	12379	11660	10957
	VI	**20965**	4716	4156							
66275,99	I,IV	**15359**	4716	4156	I	13838	12358	10936	9574	8271	7028
West	II	**14558**	4716	4156	II	13051	11602	10212	8881	7609	6397
	III	**9870**	4716	4156	III	8778	7714	6680	5678	4702	3758
	V	**20508**	4716	4156	IV	14598	13838	13090	12358	11639	10936
	VI	**20943**	4716	4156							
66275,99	I,IV	**15396**	4716	4156	I	13875	12393	10970	9607	8303	7057
Ost	II	**14595**	4716	4156	II	13088	11637	10245	8913	7640	6426
	III	**9896**	4716	4156	III	8804	7740	6706	5702	4726	3782
	V	**20545**	4716	4156	IV	14635	13875	13127	12393	11674	10970
	VI	**20980**	4716	4156							
66311,99	I,IV	**15373**	4716	4156	I	13852	12371	10949	9587	8283	7039
West	II	**14572**	4716	4156	II	13065	11615	10224	8893	7621	6408
	III	**9880**	4716	4156	III	8788	7724	6690	5686	4712	3768
	V	**20522**	4716	4156	IV	14612	13852	13104	12371	11653	10949
	VI	**20957**	4716	4156							
66311,99	I,IV	**15411**	4716	4156	I	13890	12408	10984	9620	8315	7069
Ost	II	**14610**	4716	4156	II	13102	11651	10259	8926	7652	6437
	III	**9908**	4716	4156	III	8814	7750	6716	5710	4736	3790
	V	**20560**	4716	4156	IV	14650	13890	13141	12408	11689	10984
	VI	**20995**	4716	4156							

* Zur LSt-Berechnung für privat versicherte Arbeitnehmer s. Beispiele **Vorbemerkung S. 4f.**
** Basisvorsorgepauschale KV und PV *** Typisierter Arbeitgeberzuschuss

Lohn/ Gehalt in € bis	Steuerklasse	Lohn-steuer*	BVSP**	TAGZ***	Steuerklasse	Bemessungsgrundlage für Kirchensteuer und Solidaritätszuschlag – Freibeträge für ... Kinder 0,5	1,0	1,5	2,0	2,5	3,0
66347,99 West	I,IV	**15387**	4716	4156	I	13866	12385	10962	9599	8295	7050
	II	**14586**	4716	4156	II	13079	11629	10237	8905	7632	6419
	III	**9890**	4716	4156	III	8798	7734	6700	5696	4720	3776
	V	**20536**	4716	4156	IV	14626	13866	13118	12385	11666	10962
	VI	**20971**	4716	4156							
66347,99 Ost	I,IV	**15427**	4716	4156	I	13905	12422	10998	9633	8328	7082
	II	**14625**	4716	4156	II	13117	11665	10272	8939	7664	6449
	III	**9918**	4716	4156	III	8824	7760	6726	5720	4746	3800
	V	**20575**	4716	4156	IV	14665	13905	13156	12422	11703	10998
	VI	**21010**	4716	4156							
66383,99 West	I,IV	**15402**	4716	4156	I	13881	12398	10975	9612	8307	7062
	II	**14600**	4716	4156	II	13093	11642	10250	8917	7644	6430
	III	**9900**	4716	4156	III	8808	7744	6710	5704	4730	3784
	V	**20550**	4716	4156	IV	14641	13881	13132	12398	11680	10975
	VI	**20986**	4716	4156							
66383,99 Ost	I,IV	**15442**	4716	4156	I	13920	12436	11012	9647	8341	7094
	II	**14640**	4716	4156	II	13132	11679	10286	8952	7677	6461
	III	**9930**	4716	4156	III	8836	7770	6736	5730	4754	3808
	V	**20590**	4716	4156	IV	14681	13920	13171	12436	11717	11012
	VI	**21025**	4716	4156							
66419,99 West	I,IV	**15416**	4716	4156	I	13895	12412	10989	9624	8319	7073
	II	**14615**	4716	4156	II	13107	11655	10263	8930	7656	6441
	III	**9912**	4716	4156	III	8818	7754	6720	5714	4738	3794
	V	**20565**	4716	4156	IV	14655	13895	13146	12412	11693	10989
	VI	**21000**	4716	4156							
66419,99 Ost	I,IV	**15457**	4716	4156	I	13935	12451	11026	9660	8353	7106
	II	**14655**	4716	4156	II	13146	11693	10299	8965	7689	6473
	III	**9940**	4716	4156	III	8846	7782	6746	5740	4764	3818
	V	**20605**	4716	4156	IV	14696	13935	13186	12451	11731	11026
	VI	**21041**	4716	4156							
66455,99 West	I,IV	**15430**	4716	4156	I	13909	12425	11001	9636	8331	7084
	II	**14629**	4716	4156	II	13120	11668	10275	8942	7667	6452
	III	**9920**	4716	4156	III	8828	7762	6728	5722	4748	3802
	V	**20579**	4716	4156	IV	14669	13909	13159	12425	11706	11001
	VI	**21014**	4716	4156							
66455,99 Ost	I,IV	**15472**	4716	4156	I	13950	12465	11040	9673	8366	7118
	II	**14671**	4716	4156	II	13161	11707	10313	8978	7701	6485
	III	**9952**	4716	4156	III	8856	7792	6756	5750	4774	3828
	V	**20621**	4716	4156	IV	14711	13950	13200	12465	11745	11040
	VI	**21056**	4716	4156							
66491,99 West	I,IV	**15444**	4716	4156	I	13923	12439	11014	9649	8343	7096
	II	**14643**	4716	4156	II	13134	11681	10288	8954	7679	6463
	III	**9932**	4716	4156	III	8838	7772	6738	5732	4756	3810
	V	**20593**	4716	4156	IV	14683	13923	13173	12439	11719	11014
	VI	**21028**	4716	4156							
66491,99 Ost	I,IV	**15487**	4716	4156	I	13965	12480	11054	9686	8379	7130
	II	**14686**	4716	4156	II	13176	11722	10326	8991	7714	6496
	III	**9962**	4716	4156	III	8868	7802	6766	5760	4784	3836
	V	**20636**	4716	4156	IV	14726	13965	13215	12480	11759	11054
	VI	**21071**	4716	4156							
66527,99 West	I,IV	**15458**	4716	4156	I	13937	12453	11027	9661	8355	7107
	II	**14657**	4716	4156	II	13148	11695	10301	8966	7690	6474
	III	**9942**	4716	4156	III	8848	7782	6748	5742	4766	3820
	V	**20607**	4716	4156	IV	14697	13937	13187	12453	11733	11027
	VI	**21042**	4716	4156							
66527,99 Ost	I,IV	**15502**	4716	4156	I	13980	12494	11067	9700	8391	7142
	II	**14701**	4716	4156	II	13191	11736	10340	9004	7726	6508
	III	**9974**	4716	4156	III	8878	7812	6776	5770	4794	3846
	V	**20651**	4716	4156	IV	14741	13980	13230	12494	11773	11067
	VI	**21086**	4716	4156							

* Zur LSt-Berechnung für privat versicherte Arbeitnehmer s. Beispiele **Vorbemerkung S. 4 f.**
** Basisvorsorgepauschale KV und PV *** Typisierter Arbeitgeberzuschuss

Lohn/ Gehalt in € bis	Steuerklasse	Lohn-steuer*	BVSP**	TAGZ***	Steuerklasse	Bemessungsgrundlage für Kirchensteuer und Solidaritätszuschlag					
						Freibeträge für ... Kinder					
						0,5	**1,0**	1,5	**2,0**	2,5	**3,0**
66563,99 West	I,IV	**15473**	4716	4156	I	13951	12466	11040	9674	8367	7119
	II	**14671**	4716	4156	II	13162	11708	10314	8978	7702	6485
	III	**9952**	4716	4156	III	8858	7792	6756	5750	4774	3828
	V	**20621**	4716	4156	IV	14712	13951	13201	12466	11746	11040
	VI	**21057**	4716	4156							
66563,99 Ost	I,IV	**15517**	4716	4156	I	13995	12509	11081	9713	8404	7154
	II	**14716**	4716	4156	II	13205	11750	10354	9016	7739	6520
	III	**9984**	4716	4156	III	8890	7824	6786	5780	4802	3856
	V	**20666**	4716	4156	IV	14756	13995	13245	12509	11788	11081
	VI	**21101**	4716	4156							
66599,99 West	I,IV	**15487**	4716	4156	I	13965	12480	11054	9686	8379	7130
	II	**14686**	4716	4156	II	13176	11722	10326	8991	7714	6496
	III	**9962**	4716	4156	III	8868	7802	6766	5760	4784	3836
	V	**20636**	4716	4156	IV	14726	13965	13215	12480	11759	11054
	VI	**21071**	4716	4156							
66599,99 Ost	I,IV	**15532**	4716	4156	I	14011	12523	11095	9726	8417	7166
	II	**14731**	4716	4156	II	13220	11764	10367	9029	7751	6532
	III	**9996**	4716	4156	III	8900	7834	6796	5790	4812	3864
	V	**20681**	4716	4156	IV	14771	14011	13260	12523	11802	11095
	VI	**21116**	4716	4156							
66635,99 West	I,IV	**15501**	4716	4156	I	13980	12494	11067	9699	8391	7141
	II	**14700**	4716	4156	II	13190	11735	10339	9003	7726	6507
	III	**9974**	4716	4156	III	8878	7812	6776	5770	4792	3846
	V	**20650**	4716	4156	IV	14740	13980	13229	12494	11773	11067
	VI	**21085**	4716	4156							
66635,99 Ost	I,IV	**15547**	4716	4156	I	14026	12538	11109	9740	8429	7178
	II	**14746**	4716	4156	II	13235	11778	10381	9042	7763	6544
	III	**10006**	4716	4156	III	8910	7844	6806	5800	4822	3874
	V	**20696**	4716	4156	IV	14786	14026	13274	12538	11816	11109
	VI	**21131**	4716	4156							
66671,99 West	I,IV	**15516**	4716	4156	I	13994	12507	11080	9712	8403	7153
	II	**14714**	4716	4156	II	13204	11748	10352	9015	7737	6519
	III	**9984**	4716	4156	III	8888	7822	6786	5778	4802	3854
	V	**20664**	4716	4156	IV	14755	13994	13243	12507	11786	11080
	VI	**21099**	4716	4156							
66671,99 Ost	I,IV	**15563**	4716	4156	I	14041	12552	11123	9753	8442	7191
	II	**14761**	4716	4156	II	13250	11792	10394	9055	7776	6555
	III	**10018**	4716	4156	III	8922	7854	6818	5810	4832	3882
	V	**20711**	4716	4156	IV	14802	14041	13289	12552	11830	11123
	VI	**21146**	4716	4156							
66707,99 West	I,IV	**15529**	4716	4156	I	14008	12520	11093	9724	8414	7164
	II	**14728**	4716	4156	II	13217	11761	10365	9027	7749	6529
	III	**9994**	4716	4156	III	8898	7832	6796	5788	4810	3862
	V	**20678**	4716	4156	IV	14768	14008	13257	12520	11799	11093
	VI	**21113**	4716	4156							
66707,99 Ost	I,IV	**15578**	4716	4156	I	14056	12567	11137	9766	8455	7203
	II	**14776**	4716	4156	II	13264	11807	10408	9068	7788	6567
	III	**10028**	4716	4156	III	8932	7864	6828	5820	4840	3892
	V	**20726**	4716	4156	IV	14817	14056	13304	12567	11844	11137
	VI	**21162**	4716	4156							
66743,99 West	I,IV	**15544**	4716	4156	I	14022	12534	11106	9736	8426	7175
	II	**14742**	4716	4156	II	13231	11775	10377	9039	7760	6541
	III	**10004**	4716	4156	III	8908	7842	6804	5798	4820	3872
	V	**20692**	4716	4156	IV	14783	14022	13271	12534	11812	11106
	VI	**21128**	4716	4156							
66743,99 Ost	I,IV	**15593**	4716	4156	I	14071	12581	11151	9780	8468	7215
	II	**14791**	4716	4156	II	13279	11821	10422	9082	7801	6579
	III	**10040**	4716	4156	III	8942	7876	6838	5830	4850	3902
	V	**20742**	4716	4156	IV	14832	14071	13319	12581	11859	11151
	VI	**21177**	4716	4156							

* Zur LSt-Berechnung für privat versicherte Arbeitnehmer s. Beispiele **Vorbemerkung S. 4f.**
** Basisvorsorgepauschale KV und PV *** Typisierter Arbeitgeberzuschuss

Lohn/ Gehalt in € bis	Steuerklasse	Lohn-steuer*	BVSP**	TAGZ***	Steuerklasse	Bemessungsgrundlage für Kirchensteuer und Solidaritätszuschlag – Freibeträge für … Kinder 0,5	1,0	1,5	2,0	2,5	3,0
66 779,99 West	I,IV	**15 558**	4 716	4 156	I	14 036	12 548	11 119	9 749	8 438	7 187
	II	**14 757**	4 716	4 156	II	13 245	11 788	10 390	9 052	7 772	6 552
	III	**10 014**	4 716	4 156	III	8 918	7 852	6 814	5 806	4 828	3 880
	V	**20 707**	4 716	4 156	IV	14 797	14 036	13 285	12 548	11 826	11 119
	VI	**21 142**	4 716	4 156							
66 779,99 Ost	I,IV	**15 608**	4 716	4 156	I	14 086	12 596	11 165	9 793	8 480	7 227
	II	**14 807**	4 716	4 156	II	13 294	11 835	10 435	9 095	7 813	6 591
	III	**10 050**	4 716	4 156	III	8 954	7 886	6 848	5 840	4 860	3 910
	V	**20 757**	4 716	4 156	IV	14 847	14 086	13 333	12 596	11 873	11 165
	VI	**21 192**	4 716	4 156							
66 815,99 West	I,IV	**15 572**	4 716	4 156	I	14 050	12 562	11 132	9 762	8 450	7 198
	II	**14 771**	4 716	4 156	II	13 259	11 801	10 403	9 064	7 784	6 563
	III	**10 026**	4 716	4 156	III	8 928	7 862	6 824	5 816	4 838	3 890
	V	**20 721**	4 716	4 156	IV	14 811	14 050	13 299	12 562	11 839	11 132
	VI	**21 156**	4 716	4 156							
66 815,99 Ost	I,IV	**15 623**	4 716	4 156	I	14 101	12 610	11 179	9 806	8 493	7 239
	II	**14 822**	4 716	4 156	II	13 309	11 849	10 449	9 108	7 826	6 603
	III	**10 062**	4 716	4 156	III	8 964	7 896	6 858	5 848	4 870	3 920
	V	**20 772**	4 716	4 156	IV	14 862	14 101	13 348	12 610	11 887	11 179
	VI	**21 207**	4 716	4 156							
66 851,99 West	I,IV	**15 587**	4 716	4 156	I	14 065	12 575	11 145	9 774	8 462	7 210
	II	**14 785**	4 716	4 156	II	13 273	11 815	10 416	9 076	7 796	6 574
	III	**10 036**	4 716	4 156	III	8 938	7 872	6 834	5 826	4 846	3 898
	V	**20 735**	4 716	4 156	IV	14 825	14 065	13 312	12 575	11 853	11 145
	VI	**21 170**	4 716	4 156							
66 851,99 Ost	I,IV	**15 638**	4 716	4 156	I	14 116	12 625	11 193	9 820	8 506	7 251
	II	**14 837**	4 716	4 156	II	13 324	11 863	10 462	9 121	7 838	6 615
	III	**10 074**	4 716	4 156	III	8 976	7 906	6 868	5 858	4 880	3 930
	V	**20 787**	4 716	4 156	IV	14 877	14 116	13 363	12 625	11 901	11 193
	VI	**21 222**	4 716	4 156							
66 887,99 West	I,IV	**15 601**	4 716	4 156	I	14 079	12 589	11 158	9 787	8 474	7 221
	II	**14 799**	4 716	4 156	II	13 287	11 828	10 429	9 088	7 807	6 585
	III	**10 046**	4 716	4 156	III	8 948	7 882	6 844	5 834	4 856	3 906
	V	**20 750**	4 716	4 156	IV	14 840	14 079	13 326	12 589	11 866	11 158
	VI	**21 185**	4 716	4 156							
66 887,99 Ost	I,IV	**15 653**	4 716	4 156	I	14 131	12 639	11 207	9 833	8 519	7 264
	II	**14 852**	4 716	4 156	II	13 338	11 878	10 476	9 134	7 850	6 626
	III	**10 084**	4 716	4 156	III	8 986	7 918	6 878	5 868	4 888	3 938
	V	**20 802**	4 716	4 156	IV	14 892	14 131	13 378	12 639	11 916	11 207
	VI	**21 237**	4 716	4 156							
66 923,99 West	I,IV	**15 615**	4 716	4 156	I	14 093	12 602	11 171	9 799	8 486	7 232
	II	**14 813**	4 716	4 156	II	13 301	11 841	10 441	9 100	7 819	6 596
	III	**10 056**	4 716	4 156	III	8 958	7 890	6 852	5 844	4 864	3 914
	V	**20 763**	4 716	4 156	IV	14 854	14 093	13 340	12 602	11 879	11 171
	VI	**21 198**	4 716	4 156							
66 923,99 Ost	I,IV	**15 668**	4 716	4 156	I	14 146	12 654	11 220	9 846	8 531	7 276
	II	**14 867**	4 716	4 156	II	13 353	11 892	10 490	9 147	7 863	6 638
	III	**10 096**	4 716	4 156	III	8 996	7 928	6 888	5 878	4 898	3 948
	V	**20 817**	4 716	4 156	IV	14 907	14 146	13 393	12 654	11 930	11 220
	VI	**21 252**	4 716	4 156							
66 959,99 West	I,IV	**15 629**	4 716	4 156	I	14 107	12 616	11 184	9 811	8 498	7 244
	II	**14 828**	4 716	4 156	II	13 315	11 855	10 454	9 113	7 830	6 607
	III	**10 066**	4 716	4 156	III	8 968	7 900	6 862	5 852	4 874	3 924
	V	**20 778**	4 716	4 156	IV	14 868	14 107	13 354	12 616	11 893	11 184
	VI	**21 213**	4 716	4 156							
66 959,99 Ost	I,IV	**15 684**	4 716	4 156	I	14 161	12 668	11 234	9 860	8 544	7 288
	II	**14 882**	4 716	4 156	II	13 368	11 906	10 503	9 160	7 875	6 650
	III	**10 106**	4 716	4 156	III	9 008	7 938	6 898	5 888	4 908	3 958
	V	**20 832**	4 716	4 156	IV	14 923	14 161	13 408	12 668	11 944	11 234
	VI	**21 267**	4 716	4 156							

* Zur LSt-Berechnung für privat versicherte Arbeitnehmer s. Beispiele **Vorbemerkung S. 4 f.**
** Basisvorsorgepauschale KV und PV *** Typisierter Arbeitgeberzuschuss

Lohn/ Gehalt in € bis	Steuerklasse	Lohn-steuer*	BVSP**	TAGZ***	Steuerklasse	Bemessungsgrundlage für Kirchensteuer und Solidaritätszuschlag – Freibeträge für ... Kinder 0,5	1,0	1,5	2,0	2,5	3,0
66 995,99 West	I,IV	**15 643**	4 716	4 156	I	14 121	12 630	11 197	9 824	8 510	7 255
	II	**14 842**	4 716	4 156	II	13 329	11 868	10 467	9 125	7 842	6 619
	III	**10 076**	4 716	4 156	III	8 978	7 910	6 872	5 862	4 882	3 932
	V	**20 792**	4 716	4 156	IV	14 882	14 121	13 368	12 630	11 906	11 197
	VI	**21 227**	4 716	4 156							
66 995,99 Ost	I,IV	**15 699**	4 716	4 156	I	14 177	12 683	11 248	9 873	8 557	7 300
	II	**14 897**	4 716	4 156	II	13 383	11 920	10 517	9 173	7 888	6 662
	III	**10 118**	4 716	4 156	III	9 018	7 948	6 908	5 898	4 918	3 966
	V	**20 847**	4 716	4 156	IV	14 938	14 177	13 422	12 683	11 958	11 248
	VI	**21 282**	4 716	4 156							
67 031,99 West	I,IV	**15 658**	4 716	4 156	I	14 135	12 643	11 210	9 837	8 522	7 267
	II	**14 856**	4 716	4 156	II	13 342	11 882	10 480	9 137	7 854	6 630
	III	**10 088**	4 716	4 156	III	8 988	7 920	6 880	5 872	4 892	3 942
	V	**20 806**	4 716	4 156	IV	14 896	14 135	13 382	12 643	11 919	11 210
	VI	**21 241**	4 716	4 156							
67 031,99 Ost	I,IV	**15 714**	4 716	4 156	I	14 192	12 697	11 262	9 886	8 570	7 312
	II	**14 912**	4 716	4 156	II	13 398	11 935	10 531	9 186	7 900	6 674
	III	**10 128**	4 716	4 156	III	9 028	7 960	6 918	5 908	4 928	3 976
	V	**20 862**	4 716	4 156	IV	14 953	14 192	13 437	12 697	11 972	11 262
	VI	**21 298**	4 716	4 156							
67 067,99 West	I,IV	**15 672**	4 716	4 156	I	14 150	12 657	11 224	9 849	8 534	7 278
	II	**14 870**	4 716	4 156	II	13 356	11 895	10 493	9 150	7 866	6 641
	III	**10 098**	4 716	4 156	III	8 998	7 930	6 890	5 880	4 900	3 950
	V	**20 820**	4 716	4 156	IV	14 911	14 150	13 396	12 657	11 933	11 224
	VI	**21 256**	4 716	4 156							
67 067,99 Ost	I,IV	**15 729**	4 716	4 156	I	14 207	12 712	11 276	9 900	8 583	7 324
	II	**14 928**	4 716	4 156	II	13 412	11 949	10 544	9 199	7 913	6 686
	III	**10 140**	4 716	4 156	III	9 040	7 970	6 930	5 918	4 936	3 986
	V	**20 878**	4 716	4 156	IV	14 968	14 207	13 452	12 712	11 987	11 276
	VI	**21 313**	4 716	4 156							
67 103,99 West	I,IV	**15 686**	4 716	4 156	I	14 164	12 671	11 237	9 862	8 546	7 290
	II	**14 885**	4 716	4 156	II	13 370	11 908	10 506	9 162	7 877	6 652
	III	**10 108**	4 716	4 156	III	9 010	7 940	6 900	5 890	4 910	3 958
	V	**20 835**	4 716	4 156	IV	14 925	14 164	13 410	12 671	11 946	11 237
	VI	**21 270**	4 716	4 156							
67 103,99 Ost	I,IV	**15 744**	4 716	4 156	I	14 222	12 727	11 290	9 913	8 595	7 337
	II	**14 943**	4 716	4 156	II	13 427	11 963	10 558	9 212	7 925	6 698
	III	**10 150**	4 716	4 156	III	9 050	7 980	6 940	5 928	4 946	3 994
	V	**20 893**	4 716	4 156	IV	14 983	14 222	13 467	12 727	12 001	11 290
	VI	**21 328**	4 716	4 156							
67 139,99 West	I,IV	**15 700**	4 716	4 156	I	14 178	12 685	11 250	9 875	8 558	7 301
	II	**14 899**	4 716	4 156	II	13 384	11 922	10 518	9 174	7 889	6 663
	III	**10 118**	4 716	4 156	III	9 020	7 950	6 910	5 900	4 918	3 968
	V	**20 849**	4 716	4 156	IV	14 939	14 178	13 424	12 685	11 960	11 250
	VI	**21 284**	4 716	4 156							
67 139,99 Ost	I,IV	**15 759**	4 716	4 156	I	14 237	12 741	11 304	9 927	8 608	7 349
	II	**14 958**	4 716	4 156	II	13 442	11 977	10 572	9 225	7 938	6 710
	III	**10 162**	4 716	4 156	III	9 062	7 990	6 950	5 938	4 956	4 004
	V	**20 908**	4 716	4 156	IV	14 998	14 237	13 482	12 741	12 015	11 304
	VI	**21 343**	4 716	4 156							
67 175,99 West	I,IV	**15 714**	4 716	4 156	I	14 192	12 698	11 263	9 887	8 570	7 313
	II	**14 913**	4 716	4 156	II	13 398	11 935	10 531	9 186	7 901	6 674
	III	**10 128**	4 716	4 156	III	9 030	7 960	6 920	5 908	4 928	3 976
	V	**20 863**	4 716	4 156	IV	14 953	14 192	13 438	12 698	11 973	11 263
	VI	**21 298**	4 716	4 156							
67 175,99 Ost	I,IV	**15 774**	4 716	4 156	I	14 252	12 756	11 318	9 940	8 621	7 361
	II	**14 973**	4 716	4 156	II	13 457	11 992	10 585	9 238	7 950	6 722
	III	**10 172**	4 716	4 156	III	9 072	8 002	6 960	5 948	4 966	4 014
	V	**20 923**	4 716	4 156	IV	15 013	14 252	13 497	12 756	12 030	11 318
	VI	**21 358**	4 716	4 156							

* Zur LSt-Berechnung für privat versicherte Arbeitnehmer s. Beispiele **Vorbemerkung S. 4 f.**

** Basisvorsorgepauschale KV und PV *** Typisierter Arbeitgeberzuschuss

Lohn/Gehalt in € bis	Steuerklasse	Lohnsteuer*	BVSP**	TAGZ***	Steuerklasse	Bemessungsgrundlage für Kirchensteuer und Solidaritätszuschlag – Freibeträge für ... Kinder 0,5	1,0	1,5	2,0	2,5	3,0
67 211,99	I,IV	**15 728**	4 716	4 156	I	14 206	12 712	11 276	9 899	8 582	7 324
West	II	**14 927**	4 716	4 156	II	13 412	11 948	10 544	9 199	7 912	6 686
	III	**10 140**	4 716	4 156	III	9 040	7 970	6 930	5 918	4 936	3 986
	V	**20 877**	4 716	4 156	IV	14 967	14 206	13 452	12 712	11 986	11 276
	VI	**21 312**	4 716	4 156							
67 211,99	I,IV	**15 789**	4 716	4 156	I	14 267	12 770	11 332	9 953	8 634	7 373
Ost	II	**14 988**	4 716	4 156	II	13 472	12 006	10 599	9 251	7 963	6 733
	III	**10 184**	4 716	4 156	III	9 082	8 012	6 970	5 958	4 976	4 022
	V	**20 938**	4 716	4 156	IV	15 028	14 267	13 512	12 770	12 044	11 332
	VI	**21 373**	4 716	4 156							
67 247,99	I,IV	**15 743**	4 716	4 156	I	14 221	12 725	11 289	9 912	8 594	7 336
West	II	**14 941**	4 716	4 156	II	13 426	11 962	10 557	9 211	7 924	6 697
	III	**10 150**	4 716	4 156	III	9 050	7 980	6 938	5 928	4 946	3 994
	V	**20 891**	4 716	4 156	IV	14 982	14 221	13 466	12 725	12 000	11 289
	VI	**21 327**	4 716	4 156							
67 247,99	I,IV	**15 805**	4 716	4 156	I	14 282	12 785	11 346	9 967	8 647	7 386
Ost	II	**15 003**	4 716	4 156	II	13 487	12 020	10 613	9 264	7 975	6 745
	III	**10 194**	4 716	4 156	III	9 094	8 022	6 980	5 968	4 984	4 032
	V	**20 953**	4 716	4 156	IV	15 043	14 282	13 526	12 785	12 058	11 346
	VI	**21 388**	4 716	4 156							
67 283,99	I,IV	**15 757**	4 716	4 156	I	14 235	12 739	11 302	9 925	8 606	7 347
West	II	**14 956**	4 716	4 156	II	13 440	11 975	10 570	9 223	7 936	6 708
	III	**10 160**	4 716	4 156	III	9 060	7 990	6 948	5 936	4 954	4 002
	V	**20 906**	4 716	4 156	IV	14 996	14 235	13 480	12 739	12 013	11 302
	VI	**21 341**	4 716	4 156							
67 283,99	I,IV	**15 820**	4 716	4 156	I	14 298	12 799	11 360	9 980	8 659	7 398
Ost	II	**15 018**	4 716	4 156	II	13 502	12 034	10 626	9 277	7 988	6 757
	III	**10 206**	4 716	4 156	III	9 104	8 032	6 990	5 978	4 994	4 040
	V	**20 968**	4 716	4 156	IV	15 059	14 298	13 541	12 799	12 072	11 360
	VI	**21 403**	4 716	4 156							
67 319,99	I,IV	**15 771**	4 716	4 156	I	14 249	12 753	11 316	9 937	8 618	7 359
West	II	**14 970**	4 716	4 156	II	13 454	11 989	10 583	9 236	7 948	6 719
	III	**10 170**	4 716	4 156	III	9 070	8 000	6 958	5 946	4 964	4 012
	V	**20 920**	4 716	4 156	IV	15 010	14 249	13 494	12 753	12 027	11 316
	VI	**21 355**	4 716	4 156							
67 319,99	I,IV	**15 835**	4 716	4 156	I	14 313	12 814	11 374	9 994	8 672	7 410
Ost	II	**15 033**	4 716	4 156	II	13 516	12 049	10 640	9 291	8 000	6 769
	III	**10 216**	4 716	4 156	III	9 116	8 042	7 000	5 988	5 004	4 050
	V	**20 983**	4 716	4 156	IV	15 074	14 313	13 556	12 814	12 087	11 374
	VI	**21 419**	4 716	4 156							
67 355,99	I,IV	**15 786**	4 716	4 156	I	14 264	12 767	11 329	9 950	8 631	7 370
West	II	**14 984**	4 716	4 156	II	13 468	12 002	10 595	9 248	7 960	6 731
	III	**10 182**	4 716	4 156	III	9 080	8 010	6 968	5 956	4 974	4 020
	V	**20 934**	4 716	4 156	IV	15 025	14 264	13 508	12 767	12 040	11 329
	VI	**21 369**	4 716	4 156							
67 355,99	I,IV	**15 850**	4 716	4 156	I	14 328	12 829	11 388	10 007	8 685	7 422
Ost	II	**15 049**	4 716	4 156	II	13 531	12 063	10 654	9 304	8 013	6 781
	III	**10 228**	4 716	4 156	III	9 126	8 054	7 010	5 998	5 014	4 060
	V	**20 999**	4 716	4 156	IV	15 089	14 328	13 571	12 829	12 101	11 388
	VI	**21 434**	4 716	4 156							
67 391,99	I,IV	**15 799**	4 716	4 156	I	14 277	12 780	11 342	9 962	8 642	7 381
West	II	**14 998**	4 716	4 156	II	13 482	12 015	10 608	9 260	7 971	6 741
	III	**10 192**	4 716	4 156	III	9 090	8 018	6 976	5 964	4 982	4 028
	V	**20 948**	4 716	4 156	IV	15 038	14 277	13 521	12 780	12 053	11 342
	VI	**21 383**	4 716	4 156							
67 391,99	I,IV	**15 865**	4 716	4 156	I	14 343	12 843	11 402	10 020	8 698	7 435
Ost	II	**15 064**	4 716	4 156	II	13 546	12 077	10 667	9 317	8 025	6 793
	III	**10 240**	4 716	4 156	III	9 136	8 064	7 020	6 008	5 024	4 068
	V	**21 014**	4 716	4 156	IV	15 104	14 343	13 586	12 843	12 115	11 402
	VI	**21 449**	4 716	4 156							

* Zur LSt-Berechnung für privat versicherte Arbeitnehmer s. Beispiele **Vorbemerkung S. 4 f.**
** Basisvorsorgepauschale KV und PV *** Typisierter Arbeitgeberzuschuss

Lohn/ Gehalt in € bis	Steuerklasse	Lohn-steuer*	BVSP**	TAGZ***	Steuerklasse	Bemessungsgrundlage für Kirchensteuer und Solidaritätszuschlag – Freibeträge für ... Kinder 0,5	**1,0**	1,5	**2,0**	2,5	**3,0**
67 427,99	I,IV	**15 814**	4 716	4 156	I	14 292	12 794	11 355	9 975	8 654	7 393
West	II	**15 012**	4 716	4 156	II	13 496	12 029	10 621	9 272	7 983	6 753
	III	**10 202**	4 716	4 156	III	9 100	8 028	6 986	5 974	4 990	4 038
	V	**20 962**	4 716	4 156	IV	15 053	14 292	13 535	12 794	12 067	11 355
	VI	**21 398**	4 716	4 156							
67 427,99	I,IV	**15 880**	4 716	4 156	I	14 358	12 858	11 416	10 034	8 711	7 447
Ost	II	**15 079**	4 716	4 156	II	13 561	12 092	10 681	9 330	8 038	6 805
	III	**10 250**	4 716	4 156	III	9 148	8 074	7 032	6 018	5 032	4 078
	V	**21 029**	4 716	4 156	IV	15 119	14 358	13 601	12 858	12 130	11 416
	VI	**21 464**	4 716	4 156							
67 463,99	I,IV	**15 828**	4 716	4 156	I	14 306	12 808	11 368	9 988	8 667	7 405
West	II	**15 027**	4 716	4 156	II	13 510	12 042	10 634	9 285	7 995	6 764
	III	**10 212**	4 716	4 156	III	9 110	8 038	6 996	5 984	5 000	4 046
	V	**20 977**	4 716	4 156	IV	15 067	14 306	13 550	12 808	12 080	11 368
	VI	**21 412**	4 716	4 156							
67 463,99	I,IV	**15 895**	4 716	4 156	I	14 373	12 872	11 430	10 047	8 724	7 459
Ost	II	**15 094**	4 716	4 156	II	13 576	12 106	10 695	9 343	8 050	6 817
	III	**10 262**	4 716	4 156	III	9 158	8 086	7 042	6 028	5 042	4 088
	V	**21 044**	4 716	4 156	IV	15 134	14 373	13 616	12 872	12 144	11 430
	VI	**21 479**	4 716	4 156							
67 499,99	I,IV	**15 842**	4 716	4 156	I	14 320	12 821	11 381	10 000	8 679	7 416
West	II	**15 041**	4 716	4 156	II	13 524	12 056	10 647	9 297	8 007	6 775
	III	**10 222**	4 716	4 156	III	9 120	8 048	7 006	5 992	5 008	4 054
	V	**20 991**	4 716	4 156	IV	15 081	14 320	13 564	12 821	12 094	11 381
	VI	**21 426**	4 716	4 156							
67 499,99	I,IV	**15 910**	4 716	4 156	I	14 388	12 887	11 444	10 061	8 736	7 471
Ost	II	**15 109**	4 716	4 156	II	13 591	12 120	10 709	9 356	8 063	6 829
	III	**10 272**	4 716	4 156	III	9 170	8 096	7 052	6 038	5 052	4 096
	V	**21 059**	4 716	4 156	IV	15 149	14 388	13 631	12 887	12 158	11 444
	VI	**21 494**	4 716	4 156							
67 535,99	I,IV	**15 857**	4 716	4 156	I	14 335	12 835	11 394	10 013	8 691	7 428
West	II	**15 055**	4 716	4 156	II	13 538	12 069	10 660	9 309	8 018	6 787
	III	**10 232**	4 716	4 156	III	9 130	8 058	7 016	6 002	5 018	4 064
	V	**21 005**	4 716	4 156	IV	15 096	14 335	13 578	12 835	12 107	11 394
	VI	**21 440**	4 716	4 156							
67 535,99	I,IV	**15 925**	4 716	4 156	I	14 403	12 902	11 458	10 074	8 749	7 484
Ost	II	**15 124**	4 716	4 156	II	13 606	12 134	10 722	9 369	8 076	6 841
	III	**10 284**	4 716	4 156	III	9 180	8 106	7 062	6 046	5 062	4 106
	V	**21 074**	4 716	4 156	IV	15 164	14 403	13 646	12 902	12 173	11 458
	VI	**21 509**	4 716	4 156							
67 571,99	I,IV	**15 871**	4 716	4 156	I	14 349	12 849	11 408	10 026	8 703	7 439
West	II	**15 070**	4 716	4 156	II	13 552	12 083	10 673	9 322	8 030	6 798
	III	**10 244**	4 716	4 156	III	9 140	8 068	7 024	6 012	5 028	4 072
	V	**21 020**	4 716	4 156	IV	15 110	14 349	13 592	12 849	12 121	11 408
	VI	**21 455**	4 716	4 156							
67 571,99	I,IV	**15 941**	4 716	4 156	I	14 419	12 916	11 472	10 088	8 762	7 496
Ost	II	**15 139**	4 716	4 156	II	13 621	12 149	10 736	9 382	8 088	6 853
	III	**10 294**	4 716	4 156	III	9 190	8 116	7 072	6 056	5 072	4 116
	V	**21 089**	4 716	4 156	IV	15 180	14 419	13 661	12 916	12 187	11 472
	VI	**21 524**	4 716	4 156							
67 607,99	I,IV	**15 885**	4 716	4 156	I	14 363	12 863	11 421	10 038	8 715	7 451
West	II	**15 084**	4 716	4 156	II	13 566	12 096	10 686	9 334	8 042	6 809
	III	**10 254**	4 716	4 156	III	9 152	8 078	7 034	6 020	5 036	4 082
	V	**21 034**	4 716	4 156	IV	15 124	14 363	13 606	12 863	12 134	11 421
	VI	**21 469**	4 716	4 156							
67 607,99	I,IV	**15 956**	4 716	4 156	I	14 434	12 931	11 486	10 101	8 775	7 508
Ost	II	**15 154**	4 716	4 156	II	13 636	12 163	10 750	9 396	8 101	6 865
	III	**10 306**	4 716	4 156	III	9 202	8 128	7 082	6 066	5 082	4 126
	V	**21 104**	4 716	4 156	IV	15 195	14 434	13 675	12 931	12 201	11 486
	VI	**21 540**	4 716	4 156							

* Zur LSt-Berechnung für privat versicherte Arbeitnehmer s. Beispiele **Vorbemerkung S. 4 f.**
** Basisvorsorgepauschale KV und PV *** Typisierter Arbeitgeberzuschuss

Lohn/ Gehalt in € bis	Steuerklasse	Lohn-steuer*	BVSP**	TAGZ***	Steuerklasse	Bemessungsgrundlage für Kirchensteuer und Solidaritätszuschlag – Freibeträge für ... Kinder 0,5	1,0	1,5	2,0	2,5	3,0
67 643,99 West	I,IV	**15 899**	4 716	4 156	I	14 377	12 876	11 434	10 051	8 727	7 462
	II	**15 098**	4 716	4 156	II	13 580	12 109	10 698	9 346	8 054	6 820
	III	**10 264**	4 716	4 156	III	9 162	8 088	7 044	6 030	5 046	4 090
	V	**21 048**	4 716	4 156	IV	15 138	14 377	13 619	12 876	12 148	11 434
	VI	**21 483**	4 716	4 156							
67 643,99 Ost	I,IV	**15 971**	4 716	4 156	I	14 449	12 946	11 501	10 115	8 788	7 520
	II	**15 169**	4 716	4 156	II	13 651	12 177	10 763	9 409	8 113	6 877
	III	**10 316**	4 716	4 156	III	9 212	8 138	7 092	6 076	5 090	4 134
	V	**21 120**	4 716	4 156	IV	15 210	14 449	13 690	12 946	12 216	11 501
	VI	**21 555**	4 716	4 156							
67 679,99 West	I,IV	**15 913**	4 716	4 156	I	14 391	12 890	11 447	10 063	8 739	7 474
	II	**15 112**	4 716	4 156	II	13 594	12 123	10 711	9 359	8 065	6 831
	III	**10 274**	4 716	4 156	III	9 172	8 098	7 054	6 040	5 054	4 100
	V	**21 062**	4 716	4 156	IV	15 152	14 391	13 634	12 890	12 161	11 447
	VI	**21 497**	4 716	4 156							
67 679,99 Ost	I,IV	**15 986**	4 716	4 156	I	14 464	12 960	11 515	10 128	8 801	7 533
	II	**15 185**	4 716	4 156	II	13 666	12 192	10 777	9 422	8 126	6 889
	III	**10 328**	4 716	4 156	III	9 224	8 148	7 102	6 086	5 100	4 144
	V	**21 135**	4 716	4 156	IV	15 225	14 464	13 705	12 960	12 230	11 515
	VI	**21 570**	4 716	4 156							
67 715,99 West	I,IV	**15 928**	4 716	4 156	I	14 405	12 904	11 460	10 076	8 751	7 485
	II	**15 126**	4 716	4 156	II	13 608	12 136	10 724	9 371	8 077	6 843
	III	**10 286**	4 716	4 156	III	9 182	8 108	7 064	6 048	5 064	4 108
	V	**21 076**	4 716	4 156	IV	15 167	14 405	13 648	12 904	12 175	11 460
	VI	**21 511**	4 716	4 156							
67 715,99 Ost	I,IV	**16 001**	4 716	4 156	I	14 479	12 975	11 529	10 142	8 814	7 545
	II	**15 200**	4 716	4 156	II	13 680	12 206	10 791	9 435	8 138	6 901
	III	**10 340**	4 716	4 156	III	9 234	8 158	7 112	6 096	5 110	4 154
	V	**21 150**	4 716	4 156	IV	15 240	14 479	13 720	12 975	12 244	11 529
	VI	**21 585**	4 716	4 156							
67 751,99 West	I,IV	**15 942**	4 716	4 156	I	14 420	12 918	11 474	10 089	8 763	7 497
	II	**15 140**	4 716	4 156	II	13 622	12 150	10 737	9 384	8 089	6 854
	III	**10 296**	4 716	4 156	III	9 192	8 118	7 074	6 058	5 072	4 116
	V	**21 091**	4 716	4 156	IV	15 181	14 420	13 662	12 918	12 188	11 474
	VI	**21 526**	4 716	4 156							
67 751,99 Ost	I,IV	**16 016**	4 716	4 156	I	14 494	12 990	11 543	10 155	8 827	7 557
	II	**15 215**	4 716	4 156	II	13 695	12 220	10 805	9 448	8 151	6 913
	III	**10 350**	4 716	4 156	III	9 244	8 170	7 124	6 106	5 120	4 162
	V	**21 165**	4 716	4 156	IV	15 255	14 494	13 735	12 990	12 259	11 543
	VI	**21 600**	4 716	4 156							
67 787,99 West	I,IV	**15 956**	4 716	4 156	I	14 434	12 931	11 487	10 102	8 775	7 509
	II	**15 155**	4 716	4 156	II	13 636	12 163	10 750	9 396	8 101	6 865
	III	**10 306**	4 716	4 156	III	9 202	8 128	7 082	6 068	5 082	4 126
	V	**21 105**	4 716	4 156	IV	15 195	14 434	13 676	12 931	12 202	11 487
	VI	**21 540**	4 716	4 156							
67 787,99 Ost	I,IV	**16 031**	4 716	4 156	I	14 509	13 004	11 557	10 169	8 840	7 570
	II	**15 230**	4 716	4 156	II	13 710	12 235	10 819	9 461	8 164	6 925
	III	**10 362**	4 716	4 156	III	9 256	8 180	7 134	6 116	5 130	4 172
	V	**21 180**	4 716	4 156	IV	15 270	14 509	13 750	13 004	12 273	11 557
	VI	**21 615**	4 716	4 156							
67 823,99 West	I,IV	**15 970**	4 716	4 156	I	14 448	12 945	11 500	10 114	8 788	7 520
	II	**15 169**	4 716	4 156	II	13 650	12 177	10 763	9 408	8 113	6 877
	III	**10 316**	4 716	4 156	III	9 212	8 138	7 092	6 076	5 090	4 134
	V	**21 119**	4 716	4 156	IV	15 209	14 448	13 690	12 945	12 215	11 500
	VI	**21 554**	4 716	4 156							
67 823,99 Ost	I,IV	**16 046**	4 716	4 156	I	14 524	13 019	11 571	10 182	8 852	7 582
	II	**15 245**	4 716	4 156	II	13 725	12 249	10 832	9 475	8 176	6 937
	III	**10 372**	4 716	4 156	III	9 266	8 190	7 144	6 126	5 140	4 182
	V	**21 195**	4 716	4 156	IV	15 285	14 524	13 765	13 019	12 288	11 571
	VI	**21 630**	4 716	4 156							

* Zur LSt-Berechnung für privat versicherte Arbeitnehmer s. Beispiele **Vorbemerkung S. 4 f.**
** Basisvorsorgepauschale KV und PV *** Typisierter Arbeitgeberzuschuss

Lohn/ Gehalt in € bis	Steuerklasse	Lohn-steuer*	BVSP**	TAGZ***	Steuerklasse	Bemessungsgrundlage für Kirchensteuer und Solidaritätszuschlag – Freibeträge für ... Kinder 0,5	**1,0**	1,5	**2,0**	2,5	**3,0**
67 859,99	I,IV	**15 984**	4 716	4 156	I	14 462	12 959	11 513	10 127	8 799	7 531
West	II	**15 183**	4 716	4 156	II	13 664	12 190	10 776	9 420	8 124	6 888
	III	**10 326**	4 716	4 156	III	9 222	8 148	7 102	6 086	5 100	4 142
	V	**21 133**	4 716	4 156	IV	15 223	14 462	13 704	12 959	12 228	11 513
	VI	**21 568**	4 716	4 156							
67 859,99	I,IV	**16 062**	4 716	4 156	I	14 539	13 034	11 585	10 196	8 865	7 594
Ost	II	**15 260**	4 716	4 156	II	13 740	12 264	10 846	9 488	8 189	6 949
	III	**10 384**	4 716	4 156	III	9 278	8 200	7 154	6 136	5 148	4 190
	V	**21 210**	4 716	4 156	IV	15 301	14 539	13 780	13 034	12 302	11 585
	VI	**21 645**	4 716	4 156							
67 895,99	I,IV	**15 999**	4 716	4 156	I	14 476	12 973	11 526	10 139	8 812	7 543
West	II	**15 197**	4 716	4 156	II	13 678	12 204	10 789	9 433	8 136	6 899
	III	**10 338**	4 716	4 156	III	9 232	8 156	7 112	6 096	5 108	4 152
	V	**21 147**	4 716	4 156	IV	15 238	14 476	13 718	12 973	12 242	11 526
	VI	**21 582**	4 716	4 156							
67 895,99	I,IV	**16 077**	4 716	4 156	I	14 555	13 048	11 599	10 209	8 878	7 607
Ost	II	**15 275**	4 716	4 156	II	13 755	12 278	10 860	9 501	8 201	6 961
	III	**10 394**	4 716	4 156	III	9 288	8 212	7 164	6 146	5 158	4 200
	V	**21 225**	4 716	4 156	IV	15 316	14 555	13 795	13 048	12 316	11 599
	VI	**21 660**	4 716	4 156							
67 931,99	I,IV	**16 013**	4 716	4 156	I	14 491	12 986	11 540	10 152	8 824	7 555
West	II	**15 211**	4 716	4 156	II	13 692	12 217	10 802	9 445	8 148	6 910
	III	**10 348**	4 716	4 156	III	9 242	8 166	7 120	6 104	5 118	4 160
	V	**21 162**	4 716	4 156	IV	15 252	14 491	13 732	12 986	12 256	11 540
	VI	**21 597**	4 716	4 156							
67 931,99	I,IV	**16 092**	4 716	4 156	I	14 570	13 063	11 613	10 223	8 891	7 619
Ost	II	**15 290**	4 716	4 156	II	13 770	12 292	10 874	9 514	8 214	6 973
	III	**10 406**	4 716	4 156	III	9 300	8 222	7 174	6 156	5 168	4 210
	V	**21 240**	4 716	4 156	IV	15 331	14 570	13 810	13 063	12 331	11 613
	VI	**21 676**	4 716	4 156							
67 967,99	I,IV	**16 027**	4 716	4 156	I	14 505	13 000	11 553	10 165	8 836	7 566
West	II	**15 226**	4 716	4 156	II	13 706	12 231	10 815	9 458	8 160	6 922
	III	**10 358**	4 716	4 156	III	9 252	8 176	7 130	6 114	5 126	4 170
	V	**21 176**	4 716	4 156	IV	15 266	14 505	13 746	13 000	12 269	11 553
	VI	**21 611**	4 716	4 156							
67 967,99	I,IV	**16 107**	4 716	4 156	I	14 585	13 078	11 627	10 236	8 904	7 631
Ost	II	**15 306**	4 716	4 156	II	13 785	12 307	10 888	9 527	8 227	6 985
	III	**10 418**	4 716	4 156	III	9 310	8 232	7 184	6 166	5 178	4 218
	V	**21 256**	4 716	4 156	IV	15 346	14 585	13 825	13 078	12 345	11 627
	VI	**21 691**	4 716	4 156							
68 003,99	I,IV	**16 041**	4 716	4 156	I	14 519	13 014	11 566	10 178	8 848	7 578
West	II	**15 240**	4 716	4 156	II	13 720	12 244	10 828	9 470	8 172	6 933
	III	**10 368**	4 716	4 156	III	9 264	8 186	7 140	6 124	5 136	4 178
	V	**21 190**	4 716	4 156	IV	15 280	14 519	13 760	13 014	12 283	11 566
	VI	**21 625**	4 716	4 156							
68 003,99	I,IV	**16 122**	4 716	4 156	I	14 600	13 092	11 641	10 250	8 917	7 644
Ost	II	**15 321**	4 716	4 156	II	13 800	12 321	10 901	9 541	8 239	6 997
	III	**10 428**	4 716	4 156	III	9 320	8 244	7 194	6 176	5 188	4 228
	V	**21 271**	4 716	4 156	IV	15 361	14 600	13 840	13 092	12 360	11 641
	VI	**21 706**	4 716	4 156							
68 039,99	I,IV	**16 056**	4 716	4 156	I	14 534	13 028	11 580	10 190	8 860	7 590
West	II	**15 254**	4 716	4 156	II	13 734	12 258	10 841	9 483	8 184	6 944
	III	**10 380**	4 716	4 156	III	9 274	8 196	7 150	6 132	5 144	4 186
	V	**21 204**	4 716	4 156	IV	15 295	14 534	13 774	13 028	12 296	11 580
	VI	**21 639**	4 716	4 156							
68 039,99	I,IV	**16 137**	4 716	4 156	I	14 615	13 107	11 656	10 263	8 930	7 656
Ost	II	**15 336**	4 716	4 156	II	13 815	12 336	10 915	9 554	8 252	7 009
	III	**10 440**	4 716	4 156	III	9 332	8 254	7 206	6 186	5 198	4 238
	V	**21 286**	4 716	4 156	IV	15 376	14 615	13 855	13 107	12 374	11 656
	VI	**21 721**	4 716	4 156							

* Zur LSt-Berechnung für privat versicherte Arbeitnehmer s. Beispiele **Vorbemerkung S. 4f.**
** Basisvorsorgepauschale KV und PV *** Typisierter Arbeitgeberzuschuss

Lohn/ Gehalt in € bis	Steuerklasse	Lohnsteuer*	BVSP**	TAGZ***	Steuerklasse	Bemessungsgrundlage für Kirchensteuer und Solidaritätszuschlag – Freibeträge für ... Kinder 0,5	1,0	1,5	2,0	2,5	3,0
68075,99	I,IV	**16070**	4716	4156	I	14548	13042	11593	10203	8873	7601
West	II	**15269**	4716	4156	II	13749	12272	10854	9495	8196	6956
	III	**10390**	4716	4156	III	9284	8206	7160	6142	5154	4196
	V	**21219**	4716	4156	IV	15309	14548	13788	13042	12310	11593
	VI	**21654**	4716	4156							
68075,99	I,IV	**16152**	4716	4156	I	14630	13122	11670	10277	8943	7668
Ost	II	**15351**	4716	4156	II	13830	12350	10929	9567	8265	7021
	III	**10450**	4716	4156	III	9342	8264	7216	6196	5206	4246
	V	**21301**	4716	4156	IV	15391	14630	13870	13122	12388	11670
	VI	**21736**	4716	4156							
68111,99	I,IV	**16084**	4716	4156	I	14562	13055	11606	10215	8884	7613
West	II	**15282**	4716	4156	II	13762	12285	10866	9507	8207	6967
	III	**10400**	4716	4156	III	9294	8216	7170	6152	5164	4204
	V	**21233**	4716	4156	IV	15323	14562	13802	13055	12323	11606
	VI	**21668**	4716	4156							
68111,99	I,IV	**16167**	4716	4156	I	14645	13137	11684	10290	8956	7681
Ost	II	**15366**	4716	4156	II	13845	12364	10943	9580	8277	7033
	III	**10462**	4716	4156	III	9354	8274	7226	6206	5216	4256
	V	**21316**	4716	4156	IV	15406	14645	13885	13137	12403	11684
	VI	**21751**	4716	4156							
68147,99	I,IV	**16098**	4716	4156	I	14576	13069	11619	10228	8897	7624
West	II	**15297**	4716	4156	II	13776	12298	10879	9520	8219	6978
	III	**10410**	4716	4156	III	9304	8226	7178	6160	5172	4214
	V	**21247**	4716	4156	IV	15337	14576	13816	13069	12337	11619
	VI	**21682**	4716	4156							
68147,99	I,IV	**16183**	4716	4156	I	14660	13151	11698	10304	8969	7693
Ost	II	**15381**	4716	4156	II	13860	12379	10957	9594	8290	7045
	III	**10472**	4716	4156	III	9364	8286	7236	6216	5226	4266
	V	**21331**	4716	4156	IV	15421	14660	13900	13151	12417	11698
	VI	**21766**	4716	4156							
68183,99	I,IV	**16112**	4716	4156	I	14590	13083	11632	10241	8909	7636
West	II	**15311**	4716	4156	II	13791	12312	10892	9532	8231	6989
	III	**10422**	4716	4156	III	9314	8236	7188	6170	5182	4222
	V	**21261**	4716	4156	IV	15351	14590	13831	13083	12350	11632
	VI	**21696**	4716	4156							
68183,99	I,IV	**16198**	4716	4156	I	14676	13166	11712	10317	8982	7706
Ost	II	**15396**	4716	4156	II	13875	12393	10970	9607	8303	7057
	III	**10484**	4716	4156	III	9376	8296	7246	6226	5236	4274
	V	**21346**	4716	4156	IV	15437	14676	13915	13166	12432	11712
	VI	**21781**	4716	4156							
68219,99	I,IV	**16127**	4716	4156	I	14605	13097	11646	10254	8921	7647
West	II	**15325**	4716	4156	II	13805	12326	10906	9545	8243	7001
	III	**10432**	4716	4156	III	9324	8246	7198	6180	5190	4232
	V	**21275**	4716	4156	IV	15366	14605	13845	13097	12364	11646
	VI	**21710**	4716	4156							
68219,99	I,IV	**16213**	4716	4156	I	14691	13181	11726	10331	8995	7718
Ost	II	**15411**	4716	4156	II	13890	12408	10984	9620	8315	7069
	III	**10496**	4716	4156	III	9386	8306	7256	6236	5246	4284
	V	**21361**	4716	4156	IV	15452	14691	13930	13181	12446	11726
	VI	**21797**	4716	4156							
68255,99	I,IV	**16141**	4716	4156	I	14619	13111	11659	10267	8933	7659
West	II	**15340**	4716	4156	II	13819	12339	10919	9557	8255	7012
	III	**10442**	4716	4156	III	9334	8256	7208	6190	5200	4240
	V	**21290**	4716	4156	IV	15380	14619	13859	13111	12378	11659
	VI	**21725**	4716	4156							
68255,99	I,IV	**16228**	4716	4156	I	14706	13196	11740	10345	9008	7730
Ost	II	**15427**	4716	4156	II	13905	12422	10998	9633	8328	7082
	III	**10506**	4716	4156	III	9396	8318	7266	6246	5256	4294
	V	**21377**	4716	4156	IV	15467	14706	13945	13196	12461	11740
	VI	**21812**	4716	4156							

* Zur LSt-Berechnung für privat versicherte Arbeitnehmer s. Beispiele **Vorbemerkung S. 4f.**
** Basisvorsorgepauschale KV und PV *** Typisierter Arbeitgeberzuschuss

Lohn/ Gehalt in € bis	Steuerklasse	Lohn-steuer*	BVSP**	TAGZ***	Steuerklasse	Bemessungsgrundlage für Kirchensteuer und Solidaritätszuschlag					
						Freibeträge für ... Kinder					
						0,5	**1,0**	1,5	**2,0**	2,5	**3,0**
68 291,99	I,IV	**16 155**	4 716	4 156	I	14 633	13 125	11 672	10 279	8 946	7 671
West	II	**15 354**	4 716	4 156	II	13 833	12 353	10 932	9 570	8 267	7 024
	III	**10 454**	4 716	4 156	III	9 344	8 266	7 218	6 198	5 208	4 248
	V	**21 304**	4 716	4 156	IV	15 394	14 633	13 873	13 125	12 391	11 672
	VI	**21 739**	4 716	4 156							
68 291,99	I,IV	**16 243**	4 716	4 156	I	14 721	13 210	11 755	10 358	9 021	7 743
Ost	II	**15 442**	4 716	4 156	II	13 920	12 436	11 012	9 647	8 341	7 094
	III	**10 518**	4 716	4 156	III	9 408	8 328	7 278	6 256	5 264	4 304
	V	**21 392**	4 716	4 156	IV	15 482	14 721	13 960	13 210	12 475	11 755
	VI	**21 827**	4 716	4 156							
68 327,99	I,IV	**16 169**	4 716	4 156	I	14 647	13 138	11 685	10 292	8 957	7 682
West	II	**15 368**	4 716	4 156	II	13 847	12 366	10 944	9 582	8 279	7 035
	III	**10 462**	4 716	4 156	III	9 354	8 276	7 226	6 208	5 218	4 258
	V	**21 318**	4 716	4 156	IV	15 408	14 647	13 887	13 138	12 404	11 685
	VI	**21 753**	4 716	4 156							
68 327,99	I,IV	**16 258**	4 716	4 156	I	14 736	13 225	11 769	10 372	9 034	7 755
Ost	II	**15 457**	4 716	4 156	II	13 935	12 451	11 026	9 660	8 353	7 106
	III	**10 528**	4 716	4 156	III	9 418	8 338	7 288	6 266	5 274	4 312
	V	**21 407**	4 716	4 156	IV	15 497	14 736	13 975	13 225	12 490	11 769
	VI	**21 842**	4 716	4 156							
68 363,99	I,IV	**16 183**	4 716	4 156	I	14 661	13 152	11 699	10 305	8 970	7 694
West	II	**15 382**	4 716	4 156	II	13 861	12 380	10 957	9 594	8 291	7 046
	III	**10 474**	4 716	4 156	III	9 364	8 286	7 236	6 216	5 226	4 266
	V	**21 332**	4 716	4 156	IV	15 422	14 661	13 901	13 152	12 418	11 699
	VI	**21 767**	4 716	4 156							
68 363,99	I,IV	**16 273**	4 716	4 156	I	14 751	13 240	11 783	10 385	9 047	7 768
Ost	II	**15 472**	4 716	4 156	II	13 950	12 465	11 040	9 673	8 366	7 118
	III	**10 540**	4 716	4 156	III	9 430	8 348	7 298	6 276	5 284	4 322
	V	**21 422**	4 716	4 156	IV	15 512	14 751	13 990	13 240	12 504	11 783
	VI	**21 857**	4 716	4 156							
68 399,99	I,IV	**16 198**	4 716	4 156	I	14 676	13 166	11 712	10 317	8 982	7 706
West	II	**15 396**	4 716	4 156	II	13 875	12 393	10 970	9 607	8 303	7 057
	III	**10 484**	4 716	4 156	III	9 376	8 296	7 246	6 226	5 236	4 274
	V	**21 346**	4 716	4 156	IV	15 437	14 676	13 915	13 166	12 432	11 712
	VI	**21 781**	4 716	4 156							
68 399,99	I,IV	**16 288**	4 716	4 156	I	14 766	13 255	11 797	10 399	9 060	7 780
Ost	II	**15 487**	4 716	4 156	II	13 965	12 480	11 054	9 686	8 379	7 130
	III	**10 552**	4 716	4 156	III	9 440	8 360	7 308	6 286	5 294	4 332
	V	**21 437**	4 716	4 156	IV	15 527	14 766	14 006	13 255	12 518	11 797
	VI	**21 872**	4 716	4 156							
68 435,99	I,IV	**16 212**	4 716	4 156	I	14 690	13 180	11 725	10 330	8 994	7 717
West	II	**15 411**	4 716	4 156	II	13 889	12 407	10 984	9 619	8 314	7 069
	III	**10 494**	4 716	4 156	III	9 386	8 306	7 256	6 236	5 244	4 284
	V	**21 361**	4 716	4 156	IV	15 451	14 690	13 929	13 180	12 445	11 725
	VI	**21 796**	4 716	4 156							
68 435,99	I,IV	**16 303**	4 716	4 156	I	14 781	13 269	11 811	10 412	9 073	7 792
Ost	II	**15 502**	4 716	4 156	II	13 980	12 494	11 067	9 700	8 391	7 142
	III	**10 562**	4 716	4 156	III	9 452	8 370	7 318	6 296	5 304	4 340
	V	**21 452**	4 716	4 156	IV	15 542	14 781	14 021	13 269	12 533	11 811
	VI	**21 887**	4 716	4 156							
68 471,99	I,IV	**16 226**	4 716	4 156	I	14 704	13 194	11 739	10 343	9 006	7 729
West	II	**15 425**	4 716	4 156	II	13 904	12 420	10 997	9 632	8 326	7 080
	III	**10 506**	4 716	4 156	III	9 396	8 316	7 266	6 246	5 254	4 292
	V	**21 375**	4 716	4 156	IV	15 465	14 704	13 944	13 194	12 459	11 739
	VI	**21 810**	4 716	4 156							
68 471,99	I,IV	**16 319**	4 716	4 156	I	14 797	13 284	11 825	10 426	9 086	7 805
Ost	II	**15 517**	4 716	4 156	II	13 995	12 509	11 081	9 713	8 404	7 154
	III	**10 574**	4 716	4 156	III	9 462	8 380	7 328	6 306	5 314	4 350
	V	**21 467**	4 716	4 156	IV	15 558	14 797	14 036	13 284	12 547	11 825
	VI	**21 902**	4 716	4 156							

* Zur LSt-Berechnung für privat versicherte Arbeitnehmer s. Beispiele **Vorbemerkung S. 4 f.**
** Basisvorsorgepauschale KV und PV *** Typisierter Arbeitgeberzuschuss

Lohn/ Gehalt in € bis	Steuerklasse	Lohnsteuer*	BVSP**	TAGZ***	Steuerklasse	Bemessungsgrundlage für Kirchensteuer und Solidaritätszuschlag					
						Freibeträge für ... Kinder					
						0,5	**1,0**	1,5	**2,0**	2,5	**3,0**
68 507,99	I,IV	**16 240**	4 716	4 156	I	14 718	13 208	11 752	10 356	9 019	7 741
West	II	**15 439**	4 716	4 156	II	13 918	12 434	11 010	9 644	8 338	7 092
	III	**10 516**	4 716	4 156	III	9 406	8 326	7 276	6 254	5 264	4 302
	V	**21 389**	4 716	4 156	IV	15 479	14 718	13 958	13 208	12 473	11 752
	VI	**21 824**	4 716	4 156							
68 507,99	I,IV	**16 334**	4 716	4 156	I	14 812	13 299	11 840	10 440	9 099	7 817
Ost	II	**15 532**	4 716	4 156	II	14 011	12 523	11 095	9 726	8 417	7 166
	III	**10 584**	4 716	4 156	III	9 474	8 392	7 338	6 316	5 324	4 360
	V	**21 482**	4 716	4 156	IV	15 573	14 812	14 051	13 299	12 562	11 840
	VI	**21 918**	4 716	4 156							
68 543,99	I,IV	**16 255**	4 716	4 156	I	14 733	13 222	11 766	10 369	9 031	7 752
West	II	**15 453**	4 716	4 156	II	13 932	12 448	11 023	9 657	8 350	7 103
	III	**10 526**	4 716	4 156	III	9 416	8 336	7 286	6 264	5 272	4 310
	V	**21 403**	4 716	4 156	IV	15 494	14 733	13 972	13 222	12 486	11 766
	VI	**21 839**	4 716	4 156							
68 543,99	I,IV	**16 349**	4 716	4 156	I	14 827	13 314	11 854	10 453	9 112	7 830
Ost	II	**15 547**	4 716	4 156	II	14 026	12 538	11 109	9 740	8 429	7 178
	III	**10 596**	4 716	4 156	III	9 484	8 402	7 350	6 326	5 332	4 370
	V	**21 498**	4 716	4 156	IV	15 588	14 827	14 066	13 314	12 576	11 854
	VI	**21 933**	4 716	4 156							
68 579,99	I,IV	**16 269**	4 716	4 156	I	14 747	13 235	11 779	10 381	9 043	7 764
West	II	**15 467**	4 716	4 156	II	13 946	12 461	11 035	9 669	8 362	7 114
	III	**10 536**	4 716	4 156	III	9 426	8 346	7 294	6 274	5 282	4 320
	V	**21 417**	4 716	4 156	IV	15 508	14 747	13 986	13 235	12 500	11 779
	VI	**21 852**	4 716	4 156							
68 579,99	I,IV	**16 364**	4 716	4 156	I	14 842	13 329	11 868	10 467	9 125	7 842
Ost	II	**15 563**	4 716	4 156	II	14 041	12 552	11 123	9 753	8 442	7 191
	III	**10 606**	4 716	4 156	III	9 494	8 412	7 360	6 336	5 342	4 378
	V	**21 513**	4 716	4 156	IV	15 603	14 842	14 081	13 329	12 591	11 868
	VI	**21 948**	4 716	4 156							
68 615,99	I,IV	**16 283**	4 716	4 156	I	14 761	13 249	11 792	10 394	9 055	7 775
West	II	**15 482**	4 716	4 156	II	13 960	12 475	11 049	9 682	8 374	7 126
	III	**10 548**	4 716	4 156	III	9 436	8 356	7 304	6 282	5 290	4 328
	V	**21 432**	4 716	4 156	IV	15 522	14 761	14 000	13 249	12 513	11 792
	VI	**21 867**	4 716	4 156							
68 615,99	I,IV	**16 379**	4 716	4 156	I	14 857	13 343	11 882	10 481	9 138	7 855
Ost	II	**15 578**	4 716	4 156	II	14 056	12 567	11 137	9 766	8 455	7 203
	III	**10 618**	4 716	4 156	III	9 506	8 424	7 370	6 346	5 352	4 388
	V	**21 528**	4 716	4 156	IV	15 618	14 857	14 096	13 343	12 605	11 882
	VI	**21 963**	4 716	4 156							
68 651,99	I,IV	**16 297**	4 716	4 156	I	14 775	13 263	11 805	10 407	9 067	7 787
West	II	**15 496**	4 716	4 156	II	13 974	12 488	11 062	9 694	8 386	7 137
	III	**10 558**	4 716	4 156	III	9 448	8 366	7 314	6 292	5 300	4 338
	V	**21 446**	4 716	4 156	IV	15 536	14 775	14 014	13 263	12 527	11 805
	VI	**21 881**	4 716	4 156							
68 651,99	I,IV	**16 394**	4 716	4 156	I	14 872	13 358	11 897	10 494	9 151	7 867
Ost	II	**15 593**	4 716	4 156	II	14 071	12 581	11 151	9 780	8 468	7 215
	III	**10 630**	4 716	4 156	III	9 516	8 434	7 380	6 356	5 362	4 398
	V	**21 543**	4 716	4 156	IV	15 633	14 872	14 111	13 358	12 620	11 897
	VI	**21 978**	4 716	4 156							
68 687,99	I,IV	**16 311**	4 716	4 156	I	14 789	13 277	11 819	10 420	9 080	7 799
West	II	**15 510**	4 716	4 156	II	13 988	12 502	11 075	9 707	8 398	7 148
	III	**10 568**	4 716	4 156	III	9 458	8 376	7 324	6 302	5 310	4 346
	V	**21 460**	4 716	4 156	IV	15 550	14 789	14 029	13 277	12 541	11 819
	VI	**21 895**	4 716	4 156							
68 687,99	I,IV	**16 409**	4 716	4 156	I	14 887	13 373	11 911	10 508	9 164	7 880
Ost	II	**15 608**	4 716	4 156	II	14 086	12 596	11 165	9 793	8 480	7 227
	III	**10 640**	4 716	4 156	III	9 528	8 444	7 390	6 366	5 372	4 406
	V	**21 558**	4 716	4 156	IV	15 648	14 887	14 126	13 373	12 634	11 911
	VI	**21 993**	4 716	4 156							

* Zur LSt-Berechnung für privat versicherte Arbeitnehmer s. Beispiele **Vorbemerkung S. 4 f.**
** Basisvorsorgepauschale KV und PV *** Typisierter Arbeitgeberzuschuss

Lohn/ Gehalt in € bis	Steuerklasse	Lohn-steuer*	BVSP**	TAGZ***	Steuerklasse	Bemessungsgrundlage für Kirchensteuer und Solidaritätszuschlag					
						Freibeträge für ... Kinder					
						0,5	**1,0**	1,5	**2,0**	2,5	**3,0**
68 723,99 West	I,IV	**16 326**	4 716	4 156	I	14 804	13 291	11 832	10 432	9 092	7 811
	II	**15 524**	4 716	4 156	II	14 003	12 516	11 088	9 719	8 410	7 160
	III	**10 578**	4 716	4 156	III	9 468	8 386	7 334	6 312	5 318	4 354
	V	**21 474**	4 716	4 156	IV	15 565	14 804	14 043	13 291	12 554	11 832
	VI	**21 910**	4 716	4 156							
68 723,99 Ost	I,IV	**16 424**	4 716	4 156	I	14 902	13 388	11 925	10 521	9 177	7 892
	II	**15 623**	4 716	4 156	II	14 101	12 610	11 179	9 806	8 493	7 239
	III	**10 652**	4 716	4 156	III	9 538	8 454	7 400	6 376	5 382	4 416
	V	**21 573**	4 716	4 156	IV	15 663	14 902	14 141	13 388	12 649	11 925
	VI	**22 008**	4 716	4 156							
68 759,99 West	I,IV	**16 340**	4 716	4 156	I	14 818	13 305	11 846	10 445	9 104	7 822
	II	**15 539**	4 716	4 156	II	14 017	12 529	11 101	9 732	8 422	7 171
	III	**10 590**	4 716	4 156	III	9 478	8 396	7 344	6 320	5 328	4 364
	V	**21 489**	4 716	4 156	IV	15 579	14 818	14 057	13 305	12 568	11 846
	VI	**21 924**	4 716	4 156							
68 759,99 Ost	I,IV	**16 440**	4 716	4 156	I	14 917	13 403	11 939	10 535	9 190	7 904
	II	**15 638**	4 716	4 156	II	14 116	12 625	11 193	9 820	8 506	7 251
	III	**10 662**	4 716	4 156	III	9 550	8 466	7 412	6 386	5 392	4 426
	V	**21 588**	4 716	4 156	IV	15 679	14 917	14 156	13 403	12 664	11 939
	VI	**22 023**	4 716	4 156							
68 795,99 West	I,IV	**16 354**	4 716	4 156	I	14 832	13 319	11 859	10 458	9 116	7 834
	II	**15 553**	4 716	4 156	II	14 031	12 543	11 114	9 744	8 434	7 182
	III	**10 600**	4 716	4 156	III	9 488	8 406	7 352	6 330	5 336	4 372
	V	**21 503**	4 716	4 156	IV	15 593	14 832	14 071	13 319	12 581	11 859
	VI	**21 938**	4 716	4 156							
68 795,99 Ost	I,IV	**16 455**	4 716	4 156	I	14 933	13 417	11 953	10 549	9 203	7 917
	II	**15 653**	4 716	4 156	II	14 131	12 639	11 207	9 833	8 519	7 264
	III	**10 674**	4 716	4 156	III	9 560	8 476	7 422	6 396	5 402	4 436
	V	**21 603**	4 716	4 156	IV	15 694	14 933	14 172	13 417	12 678	11 953
	VI	**22 038**	4 716	4 156							
68 831,99 West	I,IV	**16 368**	4 716	4 156	I	14 846	13 333	11 872	10 471	9 129	7 846
	II	**15 567**	4 716	4 156	II	14 045	12 556	11 127	9 757	8 446	7 194
	III	**10 610**	4 716	4 156	III	9 498	8 416	7 362	6 340	5 346	4 382
	V	**21 517**	4 716	4 156	IV	15 607	14 846	14 085	13 333	12 595	11 872
	VI	**21 952**	4 716	4 156							
68 831,99 Ost	I,IV	**16 470**	4 716	4 156	I	14 948	13 432	11 968	10 562	9 216	7 929
	II	**15 668**	4 716	4 156	II	14 146	12 654	11 220	9 846	8 531	7 276
	III	**10 686**	4 716	4 156	III	9 572	8 486	7 432	6 406	5 410	4 444
	V	**21 618**	4 716	4 156	IV	15 709	14 948	14 187	13 432	12 693	11 968
	VI	**22 054**	4 716	4 156							
68 867,99 West	I,IV	**16 382**	4 716	4 156	I	14 860	13 347	11 885	10 484	9 141	7 857
	II	**15 581**	4 716	4 156	II	14 059	12 570	11 140	9 769	8 458	7 205
	III	**10 620**	4 716	4 156	III	9 508	8 426	7 372	6 348	5 354	4 390
	V	**21 531**	4 716	4 156	IV	15 621	14 860	14 099	13 347	12 609	11 885
	VI	**21 966**	4 716	4 156							
68 867,99 Ost	I,IV	**16 485**	4 716	4 156	I	14 963	13 447	11 982	10 576	9 229	7 942
	II	**15 684**	4 716	4 156	II	14 161	12 668	11 234	9 860	8 544	7 288
	III	**10 696**	4 716	4 156	III	9 582	8 498	7 442	6 416	5 420	4 454
	V	**21 634**	4 716	4 156	IV	15 724	14 963	14 202	13 447	12 707	11 982
	VI	**22 069**	4 716	4 156							
68 903,99 West	I,IV	**16 397**	4 716	4 156	I	14 875	13 361	11 899	10 496	9 153	7 869
	II	**15 595**	4 716	4 156	II	14 073	12 584	11 153	9 782	8 470	7 217
	III	**10 632**	4 716	4 156	III	9 518	8 436	7 382	6 358	5 364	4 398
	V	**21 545**	4 716	4 156	IV	15 636	14 875	14 114	13 361	12 622	11 899
	VI	**21 981**	4 716	4 156							
68 903,99 Ost	I,IV	**16 500**	4 716	4 156	I	14 978	13 462	11 996	10 590	9 242	7 954
	II	**15 699**	4 716	4 156	II	14 177	12 683	11 248	9 873	8 557	7 300
	III	**10 708**	4 716	4 156	III	9 594	8 508	7 452	6 426	5 430	4 464
	V	**21 649**	4 716	4 156	IV	15 739	14 978	14 217	13 462	12 722	11 996
	VI	**22 084**	4 716	4 156							

* Zur LSt-Berechnung für privat versicherte Arbeitnehmer s. Beispiele **Vorbemerkung S. 4 f.**
** Basisvorsorgepauschale KV und PV *** Typisierter Arbeitgeberzuschuss

Lohn/ Gehalt in € bis	Steuerklasse	Lohn-steuer*	BVSP**	TAGZ***	Steuerklasse	Bemessungsgrundlage für Kirchensteuer und Solidaritätszuschlag – Freibeträge für ... Kinder 0,5	1,0	1,5	2,0	2,5	3,0
68 939,99	I,IV	**16 411**	4 716	4 156	I	14 889	13 375	11 912	10 509	9 166	7 881
West	II	**15 610**	4 716	4 156	II	14 088	12 597	11 166	9 794	8 482	7 228
	III	**10 642**	4 716	4 156	III	9 528	8 446	7 392	6 368	5 372	4 408
	V	**21 560**	4 716	4 156	IV	15 650	14 889	14 128	13 375	12 636	11 912
	VI	**21 995**	4 716	4 156							
68 939,99	I,IV	**16 515**	4 716	4 156	I	14 993	13 477	12 011	10 603	9 256	7 967
Ost	II	**15 714**	4 716	4 156	II	14 192	12 697	11 262	9 886	8 570	7 312
	III	**10 720**	4 716	4 156	III	9 604	8 518	7 462	6 436	5 440	4 472
	V	**21 664**	4 716	4 156	IV	15 754	14 993	14 232	13 477	12 736	12 011
	VI	**22 099**	4 716	4 156							
68 975,99	I,IV	**16 425**	4 716	4 156	I	14 903	13 389	11 926	10 522	9 178	7 893
West	II	**15 624**	4 716	4 156	II	14 102	12 611	11 179	9 807	8 494	7 240
	III	**10 652**	4 716	4 156	III	9 540	8 456	7 402	6 376	5 382	4 416
	V	**21 574**	4 716	4 156	IV	15 664	14 903	14 142	13 389	12 650	11 926
	VI	**22 009**	4 716	4 156							
68 975,99	I,IV	**16 530**	4 716	4 156	I	15 008	13 492	12 025	10 617	9 269	7 979
Ost	II	**15 729**	4 716	4 156	II	14 207	12 712	11 276	9 900	8 583	7 324
	III	**10 730**	4 716	4 156	III	9 614	8 530	7 474	6 446	5 450	4 482
	V	**21 679**	4 716	4 156	IV	15 769	15 008	14 247	13 492	12 751	12 025
	VI	**22 114**	4 716	4 156							
69 011,99	I,IV	**16 440**	4 716	4 156	I	14 917	13 403	11 939	10 535	9 190	7 904
West	II	**15 638**	4 716	4 156	II	14 116	12 625	11 193	9 820	8 506	7 251
	III	**10 662**	4 716	4 156	III	9 550	8 466	7 412	6 386	5 392	4 426
	V	**21 588**	4 716	4 156	IV	15 679	14 917	14 156	13 403	12 664	11 939
	VI	**22 023**	4 716	4 156							
69 011,99	I,IV	**16 545**	4 716	4 156	I	15 023	13 507	12 039	10 631	9 282	7 992
Ost	II	**15 744**	4 716	4 156	II	14 222	12 727	11 290	9 913	8 595	7 337
	III	**10 742**	4 716	4 156	III	9 626	8 540	7 484	6 456	5 460	4 492
	V	**21 694**	4 716	4 156	IV	15 784	15 023	14 262	13 507	12 765	12 039
	VI	**22 129**	4 716	4 156							
69 047,99	I,IV	**16 453**	4 716	4 156	I	14 931	13 416	11 952	10 548	9 202	7 916
West	II	**15 652**	4 716	4 156	II	14 130	12 638	11 205	9 832	8 518	7 262
	III	**10 674**	4 716	4 156	III	9 560	8 476	7 420	6 396	5 400	4 434
	V	**21 602**	4 716	4 156	IV	15 692	14 931	14 170	13 416	12 677	11 952
	VI	**22 037**	4 716	4 156							
69 047,99	I,IV	**16 561**	4 716	4 156	I	15 038	13 521	12 053	10 645	9 295	8 004
Ost	II	**15 759**	4 716	4 156	II	14 237	12 741	11 304	9 927	8 608	7 349
	III	**10 752**	4 716	4 156	III	9 636	8 550	7 494	6 466	5 470	4 502
	V	**21 709**	4 716	4 156	IV	15 799	15 038	14 277	13 521	12 780	12 053
	VI	**22 144**	4 716	4 156							
69 083,99	I,IV	**16 468**	4 716	4 156	I	14 946	13 430	11 966	10 561	9 215	7 928
West	II	**15 666**	4 716	4 156	II	14 144	12 652	11 219	9 844	8 530	7 274
	III	**10 684**	4 716	4 156	III	9 570	8 486	7 430	6 406	5 410	4 444
	V	**21 616**	4 716	4 156	IV	15 707	14 946	14 185	13 430	12 691	11 966
	VI	**22 052**	4 716	4 156							
69 083,99	I,IV	**16 576**	4 716	4 156	I	15 054	13 536	12 068	10 658	9 308	8 017
Ost	II	**15 774**	4 716	4 156	II	14 252	12 756	11 318	9 940	8 621	7 361
	III	**10 764**	4 716	4 156	III	9 648	8 562	7 504	6 476	5 480	4 510
	V	**21 724**	4 716	4 156	IV	15 815	15 054	14 293	13 536	12 795	12 068
	VI	**22 159**	4 716	4 156							
69 119,99	I,IV	**16 482**	4 716	4 156	I	14 960	13 444	11 979	10 573	9 227	7 939
West	II	**15 681**	4 716	4 156	II	14 159	12 666	11 232	9 857	8 542	7 285
	III	**10 694**	4 716	4 156	III	9 580	8 496	7 440	6 414	5 418	4 452
	V	**21 631**	4 716	4 156	IV	15 721	14 960	14 199	13 444	12 704	11 979
	VI	**22 066**	4 716	4 156							
69 119,99	I,IV	**16 591**	4 716	4 156	I	15 069	13 551	12 082	10 672	9 321	8 030
Ost	II	**15 789**	4 716	4 156	II	14 267	12 770	11 332	9 953	8 634	7 373
	III	**10 776**	4 716	4 156	III	9 658	8 572	7 514	6 486	5 488	4 520
	V	**21 739**	4 716	4 156	IV	15 830	15 069	14 308	13 551	12 809	12 082
	VI	**22 175**	4 716	4 156							

* Zur LSt-Berechnung für privat versicherte Arbeitnehmer s. Beispiele **Vorbemerkung S. 4 f.**
** Basisvorsorgepauschale KV und PV *** Typisierter Arbeitgeberzuschuss

Lohn/ Gehalt in € bis	Steuerklasse	**Lohn-steuer***	BVSP**	TAGZ***	Steuerklasse	Bemessungsgrundlage für Kirchensteuer und Solidaritätszuschlag					
						Freibeträge für ... Kinder					
						0,5	**1,0**	1,5	**2,0**	2,5	**3,0**
69155,99	I,IV	**16496**	4716	4156	I	14974	13458	11993	10586	9239	7951
West	II	**15695**	4716	4156	II	14173	12679	11245	9870	8554	7297
	III	**10706**	4716	4156	III	9590	8506	7450	6424	5428	4462
	V	**21645**	4716	4156	IV	15735	14974	14213	13458	12718	11993
	VI	**22080**	4716	4156							
69155,99	I,IV	**16606**	4716	4156	I	15084	13566	12096	10686	9334	8042
Ost	II	**15805**	4716	4156	II	14282	12785	11346	9967	8647	7386
	III	**10786**	4716	4156	III	9670	8582	7524	6496	5498	4530
	V	**21755**	4716	4156	IV	15845	15084	14323	13566	12824	12096
	VI	**22190**	4716	4156							
69191,99	I,IV	**16511**	4716	4156	I	14988	13472	12006	10599	9252	7963
West	II	**15709**	4716	4156	II	14187	12693	11258	9882	8566	7309
	III	**10716**	4716	4156	III	9602	8516	7460	6434	5438	4470
	V	**21659**	4716	4156	IV	15749	14988	14227	13472	12732	12006
	VI	**22094**	4716	4156							
69191,99	I,IV	**16621**	4716	4156	I	15099	13581	12111	10699	9347	8055
Ost	II	**15820**	4716	4156	II	14298	12799	11360	9980	8659	7398
	III	**10798**	4716	4156	III	9680	8594	7536	6506	5508	4540
	V	**21770**	4716	4156	IV	15860	15099	14338	13581	12838	12111
	VI	**22205**	4716	4156							
69227,99	I,IV	**16525**	4716	4156	I	15003	13486	12020	10612	9264	7975
West	II	**15723**	4716	4156	II	14201	12707	11271	9895	8578	7320
	III	**10726**	4716	4156	III	9612	8526	7470	6444	5446	4480
	V	**21674**	4716	4156	IV	15764	15003	14242	13486	12746	12020
	VI	**22109**	4716	4156							
69227,99	I,IV	**16636**	4716	4156	I	15114	13596	12125	10713	9361	8067
Ost	II	**15835**	4716	4156	II	14313	12814	11374	9994	8672	7410
	III	**10808**	4716	4156	III	9692	8604	7546	6518	5518	4548
	V	**21785**	4716	4156	IV	15875	15114	14353	13596	12853	12125
	VI	**22220**	4716	4156							
69263,99	I,IV	**16539**	4716	4156	I	15017	13500	12033	10625	9276	7986
West	II	**15737**	4716	4156	II	14215	12720	11284	9907	8590	7331
	III	**10736**	4716	4156	III	9622	8536	7478	6452	5456	4488
	V	**21687**	4716	4156	IV	15778	15017	14256	13500	12759	12033
	VI	**22122**	4716	4156							
69263,99	I,IV	**16651**	4716	4156	I	15129	13611	12139	10727	9374	8080
Ost	II	**15850**	4716	4156	II	14328	12829	11388	10007	8685	7422
	III	**10820**	4716	4156	III	9702	8614	7556	6528	5528	4558
	V	**21800**	4716	4156	IV	15890	15129	14368	13611	12868	12139
	VI	**22235**	4716	4156							
69299,99	I,IV	**16553**	4716	4156	I	15031	13514	12046	10638	9288	7998
West	II	**15752**	4716	4156	II	14230	12734	11297	9920	8602	7343
	III	**10748**	4716	4156	III	9632	8546	7488	6462	5464	4496
	V	**21702**	4716	4156	IV	15792	15031	14270	13514	12773	12046
	VI	**22137**	4716	4156							
69299,99	I,IV	**16666**	4716	4156	I	15144	13626	12154	10741	9387	8092
Ost	II	**15865**	4716	4156	II	14343	12843	11402	10020	8698	7435
	III	**10832**	4716	4156	III	9714	8626	7566	6538	5538	4568
	V	**21815**	4716	4156	IV	15905	15144	14383	13626	12882	12154
	VI	**22250**	4716	4156							
69335,99	I,IV	**16567**	4716	4156	I	15045	13528	12060	10651	9301	8010
West	II	**15766**	4716	4156	II	14244	12748	11310	9933	8614	7354
	III	**10758**	4716	4156	III	9642	8556	7498	6472	5474	4506
	V	**21716**	4716	4156	IV	15806	15045	14284	13528	12786	12060
	VI	**22151**	4716	4156							
69335,99	I,IV	**16681**	4716	4156	I	15159	13641	12168	10754	9400	8105
Ost	II	**15880**	4716	4156	II	14358	12858	11416	10034	8711	7447
	III	**10842**	4716	4156	III	9724	8636	7576	6548	5548	4578
	V	**21830**	4716	4156	IV	15920	15159	14398	13641	12897	12168
	VI	**22265**	4716	4156							

* Zur LSt-Berechnung für privat versicherte Arbeitnehmer s. Beispiele **Vorbemerkung S. 4f.**
** Basisvorsorgepauschale KV und PV *** Typisierter Arbeitgeberzuschuss

Lohn/ Gehalt in € bis	Steuerklasse	Lohn-steuer*	BVSP**	TAGZ***	Steuerklasse	Bemessungsgrundlage für Kirchensteuer und Solidaritätszuschlag – Freibeträge für ... Kinder 0,5	1,0	1,5	2,0	2,5	3,0
69 371,99	I,IV	**16 582**	4 716	4 156	I	15 059	13 542	12 073	10 664	9 313	8 022
West	II	**15 780**	4 716	4 156	II	14 258	12 761	11 324	9 945	8 626	7 366
	III	**10 768**	4 716	4 156	III	9 652	8 566	7 508	6 480	5 482	4 514
	V	**21 730**	4 716	4 156	IV	15 820	15 059	14 298	13 542	12 800	12 073
	VI	**22 165**	4 716	4 156							
69 371,99	I,IV	**16 697**	4 716	4 156	I	15 175	13 656	12 182	10 768	9 413	8 117
Ost	II	**15 895**	4 716	4 156	II	14 373	12 872	11 430	10 047	8 724	7 459
	III	**10 854**	4 716	4 156	III	9 736	8 646	7 588	6 558	5 558	4 586
	V	**21 845**	4 716	4 156	IV	15 936	15 175	14 413	13 656	12 911	12 182
	VI	**22 280**	4 716	4 156							
69 407,99	I,IV	**16 596**	4 716	4 156	I	15 074	13 556	12 087	10 677	9 326	8 034
West	II	**15 794**	4 716	4 156	II	14 272	12 775	11 337	9 958	8 638	7 377
	III	**10 778**	4 716	4 156	III	9 662	8 576	7 518	6 490	5 492	4 524
	V	**21 744**	4 716	4 156	IV	15 835	15 074	14 313	13 556	12 814	12 087
	VI	**22 180**	4 716	4 156							
69 407,99	I,IV	**16 712**	4 716	4 156	I	15 190	13 670	12 197	10 782	9 426	8 130
Ost	II	**15 910**	4 716	4 156	II	14 388	12 887	11 444	10 061	8 736	7 471
	III	**10 866**	4 716	4 156	III	9 746	8 658	7 598	6 568	5 568	4 596
	V	**21 860**	4 716	4 156	IV	15 951	15 190	14 429	13 670	12 926	12 197
	VI	**22 296**	4 716	4 156							
69 443,99	I,IV	**16 610**	4 716	4 156	I	15 088	13 570	12 100	10 689	9 338	8 046
West	II	**15 809**	4 716	4 156	II	14 287	12 789	11 350	9 971	8 650	7 389
	III	**10 790**	4 716	4 156	III	9 672	8 586	7 528	6 500	5 502	4 532
	V	**21 759**	4 716	4 156	IV	15 849	15 088	14 327	13 570	12 828	12 100
	VI	**22 194**	4 716	4 156							
69 443,99	I,IV	**16 727**	4 716	4 156	I	15 205	13 685	12 211	10 796	9 439	8 143
Ost	II	**15 925**	4 716	4 156	II	14 403	12 902	11 458	10 074	8 749	7 484
	III	**10 876**	4 716	4 156	III	9 758	8 668	7 608	6 578	5 576	4 606
	V	**21 876**	4 716	4 156	IV	15 966	15 205	14 444	13 685	12 941	12 211
	VI	**22 311**	4 716	4 156							
69 479,99	I,IV	**16 624**	4 716	4 156	I	15 102	13 584	12 113	10 702	9 350	8 057
West	II	**15 823**	4 716	4 156	II	14 300	12 802	11 363	9 983	8 662	7 400
	III	**10 800**	4 716	4 156	III	9 684	8 596	7 538	6 510	5 510	4 542
	V	**21 773**	4 716	4 156	IV	15 863	15 102	14 341	13 584	12 841	12 113
	VI	**22 208**	4 716	4 156							
69 479,99	I,IV	**16 742**	4 716	4 156	I	15 220	13 700	12 225	10 809	9 453	8 155
Ost	II	**15 941**	4 716	4 156	II	14 419	12 916	11 472	10 088	8 762	7 496
	III	**10 888**	4 716	4 156	III	9 768	8 678	7 618	6 588	5 586	4 616
	V	**21 891**	4 716	4 156	IV	15 981	15 220	14 459	13 700	12 955	12 225
	VI	**22 326**	4 716	4 156							
69 515,99	I,IV	**16 638**	4 716	4 156	I	15 116	13 598	12 127	10 715	9 362	8 069
West	II	**15 837**	4 716	4 156	II	14 315	12 816	11 376	9 995	8 674	7 412
	III	**10 810**	4 716	4 156	III	9 694	8 606	7 548	6 518	5 520	4 550
	V	**21 787**	4 716	4 156	IV	15 877	15 116	14 355	13 598	12 855	12 127
	VI	**22 222**	4 716	4 156							
69 515,99	I,IV	**16 757**	4 716	4 156	I	15 235	13 715	12 240	10 823	9 466	8 168
Ost	II	**15 956**	4 716	4 156	II	14 434	12 931	11 486	10 101	8 775	7 508
	III	**10 900**	4 716	4 156	III	9 780	8 690	7 628	6 598	5 596	4 624
	V	**21 906**	4 716	4 156	IV	15 996	15 235	14 474	13 715	12 970	12 240
	VI	**22 341**	4 716	4 156							
69 551,99	I,IV	**16 652**	4 716	4 156	I	15 130	13 612	12 140	10 728	9 375	8 081
West	II	**15 851**	4 716	4 156	II	14 329	12 830	11 389	10 008	8 686	7 423
	III	**10 822**	4 716	4 156	III	9 704	8 616	7 558	6 528	5 528	4 560
	V	**21 801**	4 716	4 156	IV	15 891	15 130	14 369	13 612	12 869	12 140
	VI	**22 236**	4 716	4 156							
69 551,99	I,IV	**16 772**	4 716	4 156	I	15 250	13 730	12 254	10 837	9 479	8 180
Ost	II	**15 971**	4 716	4 156	II	14 449	12 946	11 501	10 115	8 788	7 520
	III	**10 910**	4 716	4 156	III	9 790	8 700	7 640	6 608	5 606	4 634
	V	**21 921**	4 716	4 156	IV	16 011	15 250	14 489	13 730	12 985	12 254
	VI	**22 356**	4 716	4 156							

* Zur LSt-Berechnung für privat versicherte Arbeitnehmer s. Beispiele **Vorbemerkung S. 4 f.**
** Basisvorsorgepauschale KV und PV *** Typisierter Arbeitgeberzuschuss

Lohn/ Gehalt in € bis	Steuerklasse	Lohn- steuer*	BVSP**	TAGZ***	Steuerklasse	Bemessungsgrundlage für Kirchensteuer und Solidaritätszuschlag					
						Freibeträge für ... Kinder					
						0,5	**1,0**	1,5	**2,0**	2,5	**3,0**
69587,99	I,IV	**16667**	4716	4156	I	15145	13626	12154	10741	9387	8093
West	II	**15865**	4716	4156	II	14343	12844	11403	10021	8698	7435
	III	**10832**	4716	4156	III	9714	8626	7566	6538	5538	4568
	V	**21815**	4716	4156	IV	15906	15145	14384	13626	12883	12154
	VI	**22251**	4716	4156							
69587,99	I,IV	**16787**	4716	4156	I	15265	13745	12268	10851	9492	8193
Ost	II	**15986**	4716	4156	II	14464	12960	11515	10128	8801	7533
	III	**10922**	4716	4156	III	9802	8710	7650	6618	5616	4644
	V	**21936**	4716	4156	IV	16026	15265	14504	13745	12999	12268
	VI	**22371**	4716	4156							
69623,99	I,IV	**16681**	4716	4156	I	15159	13640	12167	10754	9400	8105
West	II	**15880**	4716	4156	II	14358	12857	11416	10034	8710	7446
	III	**10842**	4716	4156	III	9724	8636	7576	6548	5548	4578
	V	**21830**	4716	4156	IV	15920	15159	14398	13640	12896	12167
	VI	**22265**	4716	4156							
69623,99	I,IV	**16802**	4716	4156	I	15280	13760	12283	10865	9505	8206
Ost	II	**16001**	4716	4156	II	14479	12975	11529	10142	8814	7545
	III	**10932**	4716	4156	III	9812	8722	7660	6628	5626	4654
	V	**21951**	4716	4156	IV	16041	15280	14519	13760	13014	12283
	VI	**22386**	4716	4156							
69659,99	I,IV	**16695**	4716	4156	I	15173	13654	12181	10767	9412	8116
West	II	**15894**	4716	4156	II	14372	12871	11429	10046	8723	7458
	III	**10854**	4716	4156	III	9734	8646	7586	6556	5556	4586
	V	**21844**	4716	4156	IV	15934	15173	14412	13654	12910	12181
	VI	**22279**	4716	4156							
69659,99	I,IV	**16818**	4716	4156	I	15295	13775	12297	10878	9519	8218
Ost	II	**16016**	4716	4156	II	14494	12990	11543	10155	8827	7557
	III	**10944**	4716	4156	III	9824	8732	7670	6638	5636	4662
	V	**21966**	4716	4156	IV	16057	15295	14534	13775	13029	12297
	VI	**22401**	4716	4156							
69695,99	I,IV	**16710**	4716	4156	I	15188	13668	12195	10780	9424	8128
West	II	**15908**	4716	4156	II	14386	12885	11442	10059	8735	7470
	III	**10864**	4716	4156	III	9746	8656	7596	6566	5566	4596
	V	**21858**	4716	4156	IV	15949	15188	14426	13668	12924	12195
	VI	**22293**	4716	4156							
69695,99	I,IV	**16833**	4716	4156	I	15311	13790	12312	10892	9532	8231
Ost	II	**16031**	4716	4156	II	14509	13004	11557	10169	8840	7570
	III	**10956**	4716	4156	III	9834	8742	7680	6648	5646	4672
	V	**21981**	4716	4156	IV	16072	15311	14550	13790	13043	12312
	VI	**22416**	4716	4156							
69731,99	I,IV	**16723**	4716	4156	I	15201	13682	12208	10793	9437	8140
West	II	**15922**	4716	4156	II	14400	12898	11455	10071	8746	7481
	III	**10874**	4716	4156	III	9754	8666	7606	6576	5574	4604
	V	**21872**	4716	4156	IV	15962	15201	14440	13682	12938	12208
	VI	**22307**	4716	4156							
69731,99	I,IV	**16848**	4716	4156	I	15326	13805	12326	10906	9545	8244
Ost	II	**16046**	4716	4156	II	14524	13019	11571	10182	8852	7582
	III	**10966**	4716	4156	III	9846	8754	7692	6658	5656	4682
	V	**21996**	4716	4156	IV	16087	15326	14565	13805	13058	12326
	VI	**22432**	4716	4156							
69767,99	I,IV	**16738**	4716	4156	I	15216	13696	12221	10806	9449	8152
West	II	**15936**	4716	4156	II	14414	12912	11469	10084	8759	7492
	III	**10884**	4716	4156	III	9766	8676	7616	6584	5584	4612
	V	**21886**	4716	4156	IV	15977	15216	14455	13696	12951	12221
	VI	**22322**	4716	4156							
69767,99	I,IV	**16863**	4716	4156	I	15341	13820	12340	10920	9558	8256
Ost	II	**16062**	4716	4156	II	14539	13034	11585	10196	8865	7594
	III	**10978**	4716	4156	III	9856	8764	7702	6668	5666	4692
	V	**22012**	4716	4156	IV	16102	15341	14580	13820	13073	12340
	VI	**22447**	4716	4156							

* Zur LSt-Berechnung für privat versicherte Arbeitnehmer s. Beispiele **Vorbemerkung S. 4f.**
** Basisvorsorgepauschale KV und PV *** Typisierter Arbeitgeberzuschuss

Lohn/ Gehalt in € bis	Steuerklasse	Lohnsteuer*	BVSP**	TAGZ***	Steuerklasse	Bemessungsgrundlage für Kirchensteuer und Solidaritätszuschlag — Freibeträge für ... Kinder 0,5	**1,0**	1,5	**2,0**	2,5	**3,0**
69 803,99 West	I,IV	**16 752**	4 716	4 156	I	15 230	13 710	12 235	10 819	9 461	8 164
	II	**15 951**	4 716	4 156	II	14 429	12 926	11 482	10 097	8 771	7 504
	III	**10 896**	4 716	4 156	III	9 776	8 686	7 626	6 594	5 594	4 622
	V	**21 901**	4 716	4 156	IV	15 991	15 230	14 469	13 710	12 965	12 235
	VI	**22 336**	4 716	4 156							
69 803,99 Ost	I,IV	**16 878**	4 716	4 156	I	15 356	13 835	12 355	10 934	9 572	8 269
	II	**16 077**	4 716	4 156	II	14 555	13 048	11 599	10 209	8 878	7 607
	III	**10 990**	4 716	4 156	III	9 868	8 774	7 712	6 678	5 674	4 700
	V	**22 027**	4 716	4 156	IV	16 117	15 356	14 595	13 835	13 088	12 355
	VI	**22 462**	4 716	4 156							
69 839,99 West	I,IV	**16 766**	4 716	4 156	I	15 244	13 724	12 248	10 832	9 474	8 175
	II	**15 965**	4 716	4 156	II	14 443	12 940	11 495	10 109	8 783	7 516
	III	**10 906**	4 716	4 156	III	9 786	8 696	7 634	6 604	5 602	4 630
	V	**21 915**	4 716	4 156	IV	16 005	15 244	14 483	13 724	12 979	12 248
	VI	**22 350**	4 716	4 156							
69 839,99 Ost	I,IV	**16 893**	4 716	4 156	I	15 371	13 850	12 369	10 947	9 585	8 281
	II	**16 092**	4 716	4 156	II	14 570	13 063	11 613	10 223	8 891	7 619
	III	**11 000**	4 716	4 156	III	9 878	8 786	7 722	6 688	5 684	4 710
	V	**22 042**	4 716	4 156	IV	16 132	15 371	14 610	13 850	13 102	12 369
	VI	**22 477**	4 716	4 156							
69 875,99 West	I,IV	**16 781**	4 716	4 156	I	15 259	13 739	12 262	10 845	9 486	8 187
	II	**15 979**	4 716	4 156	II	14 457	12 954	11 508	10 122	8 795	7 527
	III	**10 916**	4 716	4 156	III	9 796	8 706	7 644	6 614	5 612	4 640
	V	**21 929**	4 716	4 156	IV	16 020	15 259	14 497	13 739	12 993	12 262
	VI	**22 364**	4 716	4 156							
69 875,99 Ost	I,IV	**16 908**	4 716	4 156	I	15 386	13 865	12 384	10 961	9 598	8 294
	II	**16 107**	4 716	4 156	II	14 585	13 078	11 627	10 236	8 904	7 631
	III	**11 012**	4 716	4 156	III	9 890	8 796	7 732	6 698	5 694	4 720
	V	**22 057**	4 716	4 156	IV	16 147	15 386	14 625	13 865	13 117	12 384
	VI	**22 492**	4 716	4 156							
69 911,99 West	I,IV	**16 795**	4 716	4 156	I	15 273	13 753	12 276	10 858	9 499	8 199
	II	**15 994**	4 716	4 156	II	14 471	12 968	11 522	10 135	8 807	7 539
	III	**10 928**	4 716	4 156	III	9 806	8 716	7 654	6 622	5 620	4 648
	V	**21 944**	4 716	4 156	IV	16 034	15 273	14 512	13 753	13 007	12 276
	VI	**22 379**	4 716	4 156							
69 911,99 Ost	I,IV	**16 923**	4 716	4 156	I	15 401	13 880	12 398	10 975	9 611	8 307
	II	**16 122**	4 716	4 156	II	14 600	13 092	11 641	10 250	8 917	7 644
	III	**11 024**	4 716	4 156	III	9 900	8 806	7 744	6 708	5 704	4 730
	V	**22 072**	4 716	4 156	IV	16 162	15 401	14 640	13 880	13 132	12 398
	VI	**22 507**	4 716	4 156							
69 947,99 West	I,IV	**16 809**	4 716	4 156	I	15 287	13 766	12 289	10 870	9 511	8 211
	II	**16 007**	4 716	4 156	II	14 485	12 981	11 535	10 147	8 819	7 550
	III	**10 938**	4 716	4 156	III	9 818	8 726	7 664	6 632	5 630	4 658
	V	**21 957**	4 716	4 156	IV	16 048	15 287	14 526	13 766	13 020	12 289
	VI	**22 393**	4 716	4 156							
69 947,99 Ost	I,IV	**16 939**	4 716	4 156	I	15 416	13 895	12 412	10 989	9 625	8 319
	II	**16 137**	4 716	4 156	II	14 615	13 107	11 656	10 263	8 930	7 656
	III	**11 034**	4 716	4 156	III	9 912	8 818	7 754	6 720	5 714	4 738
	V	**22 087**	4 716	4 156	IV	16 177	15 416	14 655	13 895	13 146	12 412
	VI	**22 522**	4 716	4 156							
69 983,99 West	I,IV	**16 823**	4 716	4 156	I	15 301	13 781	12 302	10 883	9 523	8 223
	II	**16 022**	4 716	4 156	II	14 500	12 995	11 548	10 160	8 831	7 562
	III	**10 948**	4 716	4 156	III	9 828	8 736	7 674	6 642	5 640	4 666
	V	**21 972**	4 716	4 156	IV	16 062	15 301	14 540	13 781	13 034	12 302
	VI	**22 407**	4 716	4 156							
69 983,99 Ost	I,IV	**16 954**	4 716	4 156	I	15 432	13 910	12 427	11 003	9 638	8 332
	II	**16 152**	4 716	4 156	II	14 630	13 122	11 670	10 277	8 943	7 668
	III	**11 046**	4 716	4 156	III	9 922	8 828	7 764	6 730	5 724	4 748
	V	**22 102**	4 716	4 156	IV	16 193	15 432	14 671	13 910	13 161	12 427
	VI	**22 537**	4 716	4 156							

* Zur LSt-Berechnung für privat versicherte Arbeitnehmer s. Beispiele **Vorbemerkung S. 4 f.**
** Basisvorsorgepauschale KV und PV *** Typisierter Arbeitgeberzuschuss

Lohn/ Gehalt in € bis	Steuerklasse	Lohn-steuer*	BVSP**	TAGZ***	Steuerklasse	Bemessungsgrundlage für Kirchensteuer und Solidaritätszuschlag – Freibeträge für ... Kinder 0,5	**1,0**	1,5	**2,0**	2,5	**3,0**
70019,99 West	I,IV	**16837**	4716	4156	I	15315	13795	12316	10896	9536	8235
	II	**16036**	4716	4156	II	14514	13009	11561	10173	8843	7573
	III	**10960**	4716	4156	III	9838	8746	7684	6652	5648	4676
	V	**21986**	4716	4156	IV	16076	15315	14554	13795	13048	12316
	VI	**22421**	4716	4156							
70019,99 Ost	I,IV	**16969**	4716	4156	I	15447	13925	12441	11017	9651	8345
	II	**16167**	4716	4156	II	14645	13137	11684	10290	8956	7681
	III	**11058**	4716	4156	III	9934	8838	7774	6740	5734	4758
	V	**22117**	4716	4156	IV	16208	15447	14686	13925	13176	12441
	VI	**22553**	4716	4156							
70055,99 West	I,IV	**16852**	4716	4156	I	15329	13809	12330	10909	9548	8247
	II	**16050**	4716	4156	II	14528	13023	11574	10185	8856	7585
	III	**10970**	4716	4156	III	9848	8756	7694	6662	5658	4684
	V	**22000**	4716	4156	IV	16091	15329	14568	13809	13062	12330
	VI	**22435**	4716	4156							
70055,99 Ost	I,IV	**16984**	4716	4156	I	15462	13940	12456	11030	9664	8357
	II	**16183**	4716	4156	II	14660	13151	11698	10304	8969	7693
	III	**11068**	4716	4156	III	9944	8850	7784	6750	5744	4768
	V	**22133**	4716	4156	IV	16223	15462	14701	13940	13191	12456
	VI	**22568**	4716	4156							
70091,99 West	I,IV	**16866**	4716	4156	I	15344	13823	12343	10922	9561	8259
	II	**16064**	4716	4156	II	14542	13037	11588	10198	8868	7597
	III	**10980**	4716	4156	III	9858	8766	7704	6670	5668	4694
	V	**22015**	4716	4156	IV	16105	15344	14583	13823	13076	12343
	VI	**22450**	4716	4156							
70091,99 Ost	I,IV	**16999**	4716	4156	I	15477	13955	12470	11044	9678	8370
	II	**16198**	4716	4156	II	14676	13166	11712	10317	8982	7706
	III	**11080**	4716	4156	III	9956	8860	7796	6760	5754	4778
	V	**22148**	4716	4156	IV	16238	15477	14716	13955	13205	12470
	VI	**22583**	4716	4156							
70127,99 West	I,IV	**16880**	4716	4156	I	15358	13837	12357	10935	9573	8271
	II	**16079**	4716	4156	II	14557	13050	11601	10211	8880	7608
	III	**10992**	4716	4156	III	9870	8776	7714	6680	5676	4702
	V	**22029**	4716	4156	IV	16119	15358	14597	13837	13090	12357
	VI	**22464**	4716	4156							
70127,99 Ost	I,IV	**17014**	4716	4156	I	15492	13970	12485	11058	9691	8383
	II	**16213**	4716	4156	II	14691	13181	11726	10331	8995	7718
	III	**11092**	4716	4156	III	9966	8872	7806	6770	5764	4786
	V	**22163**	4716	4156	IV	16253	15492	14731	13970	13220	12485
	VI	**22598**	4716	4156							
70163,99 West	I,IV	**16894**	4716	4156	I	15372	13851	12370	10949	9586	8282
	II	**16093**	4716	4156	II	14571	13064	11614	10224	8892	7620
	III	**11002**	4716	4156	III	9880	8786	7724	6690	5686	4712
	V	**22043**	4716	4156	IV	16133	15372	14611	13851	13103	12370
	VI	**22478**	4716	4156							
70163,99 Ost	I,IV	**17029**	4716	4156	I	15507	13985	12499	11072	9704	8396
	II	**16228**	4716	4156	II	14706	13196	11740	10345	9008	7730
	III	**11102**	4716	4156	III	9978	8882	7816	6780	5774	4796
	V	**22178**	4716	4156	IV	16268	15507	14746	13985	13235	12499
	VI	**22613**	4716	4156							
70199,99 West	I,IV	**16908**	4716	4156	I	15386	13865	12384	10961	9598	8294
	II	**16107**	4716	4156	II	14585	13078	11627	10236	8904	7631
	III	**11012**	4716	4156	III	9890	8796	7732	6698	5694	4720
	V	**22057**	4716	4156	IV	16147	15386	14625	13865	13117	12384
	VI	**22492**	4716	4156							
70199,99 Ost	I,IV	**17044**	4716	4156	I	15522	14000	12514	11086	9718	8408
	II	**16243**	4716	4156	II	14721	13210	11755	10358	9021	7743
	III	**11114**	4716	4156	III	9988	8892	7826	6790	5784	4806
	V	**22193**	4716	4156	IV	16283	15522	14761	14000	13250	12514
	VI	**22628**	4716	4156							

* Zur LSt-Berechnung für privat versicherte Arbeitnehmer s. Beispiele **Vorbemerkung S. 4 f.**
** Basisvorsorgepauschale KV und PV *** Typisierter Arbeitgeberzuschuss

Lohn/ Gehalt in € bis	Steuerklasse	Lohnsteuer*	BVSP**	TAGZ***	Steuerklasse	Bemessungsgrundlage für Kirchensteuer und Solidaritätszuschlag – Freibeträge für ... Kinder 0,5	1,0	1,5	2,0	2,5	3,0
70235,99	I,IV	**16923**	4716	4156	I	15400	13879	12397	10974	9611	8306
West	II	**16121**	4716	4156	II	14599	13092	11641	10249	8916	7643
	III	**11022**	4716	4156	III	9900	8806	7742	6708	5704	4728
	V	**22071**	4716	4156	IV	16162	15400	14639	13879	13131	12397
	VI	**22506**	4716	4156							
70235,99	I,IV	**17059**	4716	4156	I	15537	14016	12528	11100	9731	8421
Ost	II	**16258**	4716	4156	II	14736	13225	11769	10372	9034	7755
	III	**11124**	4716	4156	III	10000	8904	7836	6800	5792	4816
	V	**22208**	4716	4156	IV	16298	15537	14776	14016	13264	12528
	VI	**22643**	4716	4156							
70271,99	I,IV	**16937**	4716	4156	I	15415	13894	12411	10987	9623	8318
West	II	**16135**	4716	4156	II	14613	13106	11654	10262	8929	7655
	III	**11034**	4716	4156	III	9910	8816	7752	6718	5714	4738
	V	**22086**	4716	4156	IV	16176	15415	14654	13894	13145	12411
	VI	**22521**	4716	4156							
70271,99	I,IV	**17075**	4716	4156	I	15553	14031	12543	11114	9744	8434
Ost	II	**16273**	4716	4156	II	14751	13240	11783	10385	9047	7768
	III	**11136**	4716	4156	III	10010	8914	7848	6810	5802	4824
	V	**22223**	4716	4156	IV	16314	15553	14791	14031	13279	12543
	VI	**22658**	4716	4156							
70307,99	I,IV	**16951**	4716	4156	I	15429	13908	12424	11000	9636	8330
West	II	**16150**	4716	4156	II	14628	13119	11667	10274	8941	7666
	III	**11044**	4716	4156	III	9920	8826	7762	6728	5722	4746
	V	**22100**	4716	4156	IV	16190	15429	14668	13908	13159	12424
	VI	**22535**	4716	4156							
70307,99	I,IV	**17090**	4716	4156	I	15568	14046	12557	11128	9757	8446
Ost	II	**16288**	4716	4156	II	14766	13255	11797	10399	9060	7780
	III	**11148**	4716	4156	III	10022	8924	7858	6820	5812	4834
	V	**22238**	4716	4156	IV	16329	15568	14807	14046	13294	12557
	VI	**22674**	4716	4156							
70343,99	I,IV	**16965**	4716	4156	I	15443	13922	12438	11014	9648	8342
West	II	**16164**	4716	4156	II	14642	13133	11681	10287	8953	7678
	III	**11054**	4716	4156	III	9930	8836	7772	6738	5732	4756
	V	**22114**	4716	4156	IV	16204	15443	14682	13922	13173	12438
	VI	**22549**	4716	4156							
70343,99	I,IV	**17105**	4716	4156	I	15583	14061	12572	11142	9771	8459
Ost	II	**16303**	4716	4156	II	14781	13269	11811	10412	9073	7792
	III	**11158**	4716	4156	III	10032	8936	7868	6830	5822	4844
	V	**22254**	4716	4156	IV	16344	15583	14822	14061	13309	12572
	VI	**22689**	4716	4156							
70379,99	I,IV	**16980**	4716	4156	I	15458	13936	12452	11027	9661	8354
West	II	**16178**	4716	4156	II	14656	13147	11694	10300	8965	7690
	III	**11066**	4716	4156	III	9942	8846	7782	6746	5742	4764
	V	**22128**	4716	4156	IV	16219	15458	14697	13936	13187	12452
	VI	**22563**	4716	4156							
70379,99	I,IV	**17120**	4716	4156	I	15598	14076	12586	11155	9784	8472
Ost	II	**16319**	4716	4156	II	14797	13284	11825	10426	9086	7805
	III	**11170**	4716	4156	III	10044	8946	7878	6840	5832	4854
	V	**22269**	4716	4156	IV	16359	15598	14837	14076	13324	12586
	VI	**22704**	4716	4156							
70415,99	I,IV	**16994**	4716	4156	I	15471	13950	12465	11039	9673	8366
West	II	**16192**	4716	4156	II	14670	13161	11707	10312	8977	7701
	III	**11076**	4716	4156	III	9952	8856	7792	6756	5750	4774
	V	**22142**	4716	4156	IV	16232	15471	14710	13950	13200	12465
	VI	**22577**	4716	4156							
70415,99	I,IV	**17135**	4716	4156	I	15613	14091	12601	11169	9797	8485
Ost	II	**16334**	4716	4156	II	14812	13299	11840	10440	9099	7817
	III	**11182**	4716	4156	III	10054	8958	7890	6850	5842	4864
	V	**22284**	4716	4156	IV	16374	15613	14852	14091	13338	12601
	VI	**22719**	4716	4156							

* Zur LSt-Berechnung für privat versicherte Arbeitnehmer s. Beispiele **Vorbemerkung S. 4 f.**
** Basisvorsorgepauschale KV und PV *** Typisierter Arbeitgeberzuschuss

Lohn/ Gehalt in € bis	Steuerklasse	Lohn- steuer*	BVSP**	TAGZ***	Steuerklasse	Bemessungsgrundlage für Kirchensteuer und Solidaritätszuschlag					
						Freibeträge für ... Kinder					
						0,5	**1,0**	1,5	**2,0**	2,5	**3,0**
70 451,99	I,IV	**17 008**	4 716	4 156	I	15 486	13 964	12 479	11 052	9 685	8 378
West	II	**16 206**	4 716	4 156	II	14 684	13 175	11 720	10 325	8 989	7 713
	III	**11 086**	4 716	4 156	III	9 962	8 868	7 802	6 766	5 760	4 784
	V	**22 157**	4 716	4 156	IV	16 247	15 486	14 725	13 964	13 214	12 479
	VI	**22 592**	4 716	4 156							
70 451,99	I,IV	**17 150**	4 716	4 156	I	15 628	14 106	12 615	11 183	9 811	8 497
Ost	II	**16 349**	4 716	4 156	II	14 827	13 314	11 854	10 453	9 112	7 830
	III	**11 194**	4 716	4 156	III	10 066	8 968	7 900	6 862	5 852	4 872
	V	**22 299**	4 716	4 156	IV	16 389	15 628	14 867	14 106	13 353	12 615
	VI	**22 734**	4 716	4 156							
70 487,99	I,IV	**17 022**	4 716	4 156	I	15 500	13 978	12 492	11 066	9 698	8 390
West	II	**16 221**	4 716	4 156	II	14 699	13 189	11 734	10 338	9 002	7 724
	III	**11 098**	4 716	4 156	III	9 972	8 878	7 812	6 776	5 768	4 792
	V	**22 171**	4 716	4 156	IV	16 261	15 500	14 739	13 978	13 228	12 492
	VI	**22 606**	4 716	4 156							
70 487,99	I,IV	**17 165**	4 716	4 156	I	15 643	14 121	12 630	11 197	9 824	8 510
Ost	II	**16 364**	4 716	4 156	II	14 842	13 329	11 868	10 467	9 125	7 842
	III	**11 204**	4 716	4 156	III	10 076	8 978	7 910	6 872	5 862	4 882
	V	**22 314**	4 716	4 156	IV	16 404	15 643	14 882	14 121	13 368	12 630
	VI	**22 749**	4 716	4 156							
70 523,99	I,IV	**17 036**	4 716	4 156	I	15 514	13 993	12 506	11 079	9 710	8 402
West	II	**16 235**	4 716	4 156	II	14 713	13 203	11 747	10 351	9 014	7 736
	III	**11 108**	4 716	4 156	III	9 982	8 888	7 822	6 784	5 778	4 802
	V	**22 185**	4 716	4 156	IV	16 275	15 514	14 753	13 993	13 242	12 506
	VI	**22 620**	4 716	4 156							
70 523,99	I,IV	**17 180**	4 716	4 156	I	15 658	14 136	12 644	11 211	9 837	8 523
Ost	II	**16 379**	4 716	4 156	II	14 857	13 343	11 882	10 481	9 138	7 855
	III	**11 216**	4 716	4 156	III	10 088	8 990	7 920	6 882	5 872	4 892
	V	**22 329**	4 716	4 156	IV	16 419	15 658	14 897	14 136	13 383	12 644
	VI	**22 764**	4 716	4 156							
70 559,99	I,IV	**17 051**	4 716	4 156	I	15 529	14 007	12 520	11 092	9 723	8 414
West	II	**16 249**	4 716	4 156	II	14 727	13 216	11 760	10 364	9 026	7 748
	III	**11 118**	4 716	4 156	III	9 994	8 898	7 832	6 794	5 788	4 810
	V	**22 199**	4 716	4 156	IV	16 290	15 529	14 768	14 007	13 256	12 520
	VI	**22 634**	4 716	4 156							
70 559,99	I,IV	**17 196**	4 716	4 156	I	15 673	14 151	12 659	11 225	9 851	8 536
Ost	II	**16 394**	4 716	4 156	II	14 872	13 358	11 897	10 494	9 151	7 867
	III	**11 228**	4 716	4 156	III	10 098	9 000	7 932	6 892	5 882	4 902
	V	**22 344**	4 716	4 156	IV	16 435	15 673	14 912	14 151	13 398	12 659
	VI	**22 779**	4 716	4 156							
70 595,99	I,IV	**17 065**	4 716	4 156	I	15 543	14 021	12 533	11 105	9 736	8 426
West	II	**16 264**	4 716	4 156	II	14 741	13 230	11 774	10 377	9 039	7 760
	III	**11 130**	4 716	4 156	III	10 004	8 908	7 842	6 804	5 796	4 820
	V	**22 214**	4 716	4 156	IV	16 304	15 543	14 782	14 021	13 270	12 533
	VI	**22 649**	4 716	4 156							
70 595,99	I,IV	**17 211**	4 716	4 156	I	15 689	14 167	12 673	11 239	9 864	8 548
Ost	II	**16 409**	4 716	4 156	II	14 887	13 373	11 911	10 508	9 164	7 880
	III	**11 238**	4 716	4 156	III	10 110	9 010	7 942	6 902	5 892	4 912
	V	**22 359**	4 716	4 156	IV	16 450	15 689	14 928	14 167	13 412	12 673
	VI	**22 794**	4 716	4 156							
70 631,99	I,IV	**17 079**	4 716	4 156	I	15 557	14 035	12 547	11 118	9 748	8 438
West	II	**16 278**	4 716	4 156	II	14 756	13 244	11 787	10 389	9 051	7 771
	III	**11 140**	4 716	4 156	III	10 014	8 918	7 850	6 814	5 806	4 828
	V	**22 228**	4 716	4 156	IV	16 318	15 557	14 796	14 035	13 284	12 547
	VI	**22 663**	4 716	4 156							
70 631,99	I,IV	**17 226**	4 716	4 156	I	15 704	14 182	12 688	11 253	9 878	8 561
Ost	II	**16 424**	4 716	4 156	II	14 902	13 388	11 925	10 521	9 177	7 892
	III	**11 250**	4 716	4 156	III	10 120	9 022	7 952	6 912	5 902	4 920
	V	**22 374**	4 716	4 156	IV	16 465	15 704	14 943	14 182	13 427	12 688
	VI	**22 810**	4 716	4 156							

* Zur LSt-Berechnung für privat versicherte Arbeitnehmer s. Beispiele **Vorbemerkung S. 4f.**
** Basisvorsorgepauschale KV und PV *** Typisierter Arbeitgeberzuschuss

Lohn/ Gehalt in € bis	Steuerklasse	Lohn- steuer*	BVSP**	TAGZ***	Steuerklasse	Bemessungsgrundlage für Kirchensteuer und Solidaritätszuschlag – Freibeträge für ... Kinder 0,5	**1,0**	1,5	**2,0**	2,5	**3,0**
70 667,99 West	I,IV	**17 093**	4 716	4 156	I	15 571	14 049	12 560	11 131	9 760	8 449
	II	**16 292**	4 716	4 156	II	14 770	13 258	11 800	10 402	9 063	7 783
	III	**11 150**	4 716	4 156	III	10 024	8 928	7 860	6 822	5 814	4 836
	V	**22 242**	4 716	4 156	IV	16 332	15 571	14 810	14 049	13 297	12 560
	VI	**22 677**	4 716	4 156							
70 667,99 Ost	I,IV	**17 241**	4 716	4 156	I	15 719	14 197	12 702	11 267	9 891	8 574
	II	**16 440**	4 716	4 156	II	14 917	13 403	11 939	10 535	9 190	7 904
	III	**11 262**	4 716	4 156	III	10 132	9 032	7 962	6 922	5 912	4 930
	V	**22 390**	4 716	4 156	IV	16 480	15 719	14 958	14 197	13 442	12 702
	VI	**22 825**	4 716	4 156							
70 703,99 West	I,IV	**17 107**	4 716	4 156	I	15 585	14 063	12 574	11 144	9 773	8 461
	II	**16 306**	4 716	4 156	II	14 784	13 272	11 814	10 415	9 075	7 794
	III	**11 160**	4 716	4 156	III	10 034	8 938	7 870	6 832	5 824	4 846
	V	**22 256**	4 716	4 156	IV	16 346	15 585	14 824	14 063	13 311	12 574
	VI	**22 691**	4 716	4 156							
70 703,99 Ost	I,IV	**17 256**	4 716	4 156	I	15 734	14 212	12 717	11 281	9 904	8 587
	II	**16 455**	4 716	4 156	II	14 933	13 417	11 953	10 549	9 203	7 917
	III	**11 272**	4 716	4 156	III	10 144	9 044	7 974	6 932	5 922	4 940
	V	**22 405**	4 716	4 156	IV	16 495	15 734	14 973	14 212	13 457	12 717
	VI	**22 840**	4 716	4 156							
70 739,99 West	I,IV	**17 122**	4 716	4 156	I	15 600	14 078	12 588	11 157	9 786	8 473
	II	**16 320**	4 716	4 156	II	14 798	13 286	11 827	10 428	9 087	7 806
	III	**11 172**	4 716	4 156	III	10 044	8 948	7 880	6 842	5 834	4 854
	V	**22 270**	4 716	4 156	IV	16 361	15 600	14 839	14 078	13 325	12 588
	VI	**22 705**	4 716	4 156							
70 739,99 Ost	I,IV	**17 271**	4 716	4 156	I	15 749	14 227	12 731	11 295	9 918	8 600
	II	**16 470**	4 716	4 156	II	14 948	13 432	11 968	10 562	9 216	7 929
	III	**11 284**	4 716	4 156	III	10 154	9 054	7 984	6 942	5 932	4 950
	V	**22 420**	4 716	4 156	IV	16 510	15 749	14 988	14 227	13 472	12 731
	VI	**22 855**	4 716	4 156							
70 775,99 West	I,IV	**17 136**	4 716	4 156	I	15 614	14 092	12 601	11 170	9 798	8 485
	II	**16 335**	4 716	4 156	II	14 812	13 300	11 840	10 440	9 100	7 818
	III	**11 182**	4 716	4 156	III	10 056	8 958	7 890	6 852	5 842	4 864
	V	**22 285**	4 716	4 156	IV	16 375	15 614	14 853	14 092	13 339	12 601
	VI	**22 720**	4 716	4 156							
70 775,99 Ost	I,IV	**17 286**	4 716	4 156	I	15 764	14 242	12 746	11 309	9 931	8 612
	II	**16 485**	4 716	4 156	II	14 963	13 447	11 982	10 576	9 229	7 942
	III	**11 296**	4 716	4 156	III	10 166	9 064	7 994	6 952	5 942	4 960
	V	**22 435**	4 716	4 156	IV	16 525	15 764	15 003	14 242	13 487	12 746
	VI	**22 870**	4 716	4 156							
70 811,99 West	I,IV	**17 150**	4 716	4 156	I	15 628	14 106	12 615	11 183	9 811	8 497
	II	**16 349**	4 716	4 156	II	14 827	13 314	11 854	10 453	9 112	7 830
	III	**11 194**	4 716	4 156	III	10 066	8 968	7 900	6 862	5 852	4 872
	V	**22 299**	4 716	4 156	IV	16 389	15 628	14 867	14 106	13 353	12 615
	VI	**22 734**	4 716	4 156							
70 811,99 Ost	I,IV	**17 301**	4 716	4 156	I	15 779	14 257	12 761	11 323	9 944	8 625
	II	**16 500**	4 716	4 156	II	14 978	13 462	11 996	10 590	9 242	7 954
	III	**11 306**	4 716	4 156	III	10 176	9 076	8 004	6 962	5 952	4 968
	V	**22 450**	4 716	4 156	IV	16 540	15 779	15 018	14 257	13 502	12 761
	VI	**22 885**	4 716	4 156							
70 847,99 West	I,IV	**17 164**	4 716	4 156	I	15 642	14 120	12 629	11 196	9 823	8 509
	II	**16 363**	4 716	4 156	II	14 841	13 328	11 867	10 466	9 124	7 841
	III	**11 204**	4 716	4 156	III	10 076	8 978	7 910	6 870	5 862	4 882
	V	**22 313**	4 716	4 156	IV	16 403	15 642	14 881	14 120	13 367	12 629
	VI	**22 748**	4 716	4 156							
70 847,99 Ost	I,IV	**17 317**	4 716	4 156	I	15 794	14 272	12 775	11 337	9 958	8 638
	II	**16 515**	4 716	4 156	II	14 993	13 477	12 011	10 603	9 256	7 967
	III	**11 318**	4 716	4 156	III	10 188	9 086	8 014	6 974	5 962	4 978
	V	**22 465**	4 716	4 156	IV	16 555	15 794	15 033	14 272	13 516	12 775
	VI	**22 900**	4 716	4 156							

* Zur LSt-Berechnung für privat versicherte Arbeitnehmer s. Beispiele **Vorbemerkung S. 4 f.**
** Basisvorsorgepauschale KV und PV *** Typisierter Arbeitgeberzuschuss

Lohn/ Gehalt in € bis	Steuerklasse	Lohn-steuer*	BVSP**	TAGZ***	Steuerklasse	Bemessungsgrundlage für Kirchensteuer und Solidaritätszuschlag – Freibeträge für ... Kinder 0,5	1,0	1,5	2,0	2,5	3,0
70 883,99 West	I,IV	**17 178**	4 716	4 156	I	15 656	14 134	12 642	11 209	9 836	8 521
	II	**16 377**	4 716	4 156	II	14 855	13 341	11 880	10 479	9 136	7 853
	III	**11 214**	4 716	4 156	III	10 086	8 988	7 920	6 880	5 870	4 890
	V	**22 327**	4 716	4 156	IV	16 417	15 656	14 895	14 134	13 381	12 642
	VI	**22 762**	4 716	4 156							
70 883,99 Ost	I,IV	**17 332**	4 716	4 156	I	15 810	14 287	12 790	11 351	9 971	8 651
	II	**16 530**	4 716	4 156	II	15 008	13 492	12 025	10 617	9 269	7 979
	III	**11 330**	4 716	4 156	III	10 198	9 098	8 026	6 984	5 970	4 988
	V	**22 480**	4 716	4 156	IV	16 571	15 810	15 049	14 287	13 531	12 790
	VI	**22 915**	4 716	4 156							
70 919,99 West	I,IV	**17 193**	4 716	4 156	I	15 671	14 148	12 656	11 222	9 848	8 533
	II	**16 391**	4 716	4 156	II	14 869	13 355	11 894	10 492	9 148	7 865
	III	**11 226**	4 716	4 156	III	10 096	8 998	7 930	6 890	5 880	4 900
	V	**22 341**	4 716	4 156	IV	16 432	15 671	14 909	14 148	13 395	12 656
	VI	**22 776**	4 716	4 156							
70 919,99 Ost	I,IV	**17 347**	4 716	4 156	I	15 825	14 303	12 804	11 365	9 985	8 664
	II	**16 545**	4 716	4 156	II	15 023	13 507	12 039	10 631	9 282	7 992
	III	**11 340**	4 716	4 156	III	10 210	9 108	8 036	6 994	5 980	4 998
	V	**22 495**	4 716	4 156	IV	16 586	15 825	15 064	14 303	13 546	12 804
	VI	**22 931**	4 716	4 156							
70 955,99 West	I,IV	**17 207**	4 716	4 156	I	15 685	14 163	12 670	11 236	9 861	8 545
	II	**16 406**	4 716	4 156	II	14 883	13 369	11 907	10 504	9 161	7 876
	III	**11 236**	4 716	4 156	III	10 108	9 008	7 940	6 900	5 890	4 910
	V	**22 356**	4 716	4 156	IV	16 446	15 685	14 924	14 163	13 409	12 670
	VI	**22 791**	4 716	4 156							
70 955,99 Ost	I,IV	**17 362**	4 716	4 156	I	15 840	14 318	12 819	11 379	9 998	8 676
	II	**16 561**	4 716	4 156	II	15 038	13 521	12 053	10 645	9 295	8 004
	III	**11 352**	4 716	4 156	III	10 220	9 118	8 046	7 004	5 990	5 008
	V	**22 511**	4 716	4 156	IV	16 601	15 840	15 079	14 318	13 561	12 819
	VI	**22 946**	4 716	4 156							
70 991,99 West	I,IV	**17 221**	4 716	4 156	I	15 699	14 177	12 683	11 249	9 873	8 557
	II	**16 420**	4 716	4 156	II	14 898	13 383	11 921	10 517	9 173	7 888
	III	**11 246**	4 716	4 156	III	10 118	9 018	7 950	6 910	5 898	4 918
	V	**22 370**	4 716	4 156	IV	16 460	15 699	14 938	14 177	13 423	12 683
	VI	**22 805**	4 716	4 156							
70 991,99 Ost	I,IV	**17 377**	4 716	4 156	I	15 855	14 333	12 834	11 393	10 012	8 689
	II	**16 576**	4 716	4 156	II	15 054	13 536	12 068	10 658	9 308	8 017
	III	**11 364**	4 716	4 156	III	10 232	9 130	8 056	7 014	6 000	5 016
	V	**22 526**	4 716	4 156	IV	16 616	15 855	15 094	14 333	13 576	12 834
	VI	**22 961**	4 716	4 156							
71 027,99 West	I,IV	**17 235**	4 716	4 156	I	15 713	14 191	12 697	11 262	9 886	8 569
	II	**16 434**	4 716	4 156	II	14 912	13 397	11 934	10 530	9 185	7 900
	III	**11 258**	4 716	4 156	III	10 128	9 028	7 960	6 918	5 908	4 928
	V	**22 384**	4 716	4 156	IV	16 474	15 713	14 952	14 191	13 437	12 697
	VI	**22 819**	4 716	4 156							
71 027,99 Ost	I,IV	**17 392**	4 716	4 156	I	15 870	14 348	12 848	11 407	10 025	8 702
	II	**16 591**	4 716	4 156	II	15 069	13 551	12 082	10 672	9 321	8 030
	III	**11 374**	4 716	4 156	III	10 242	9 140	8 068	7 024	6 010	5 026
	V	**22 541**	4 716	4 156	IV	16 631	15 870	15 109	14 348	13 591	12 848
	VI	**22 976**	4 716	4 156							
71 063,99 West	I,IV	**17 250**	4 716	4 156	I	15 728	14 206	12 711	11 275	9 899	8 581
	II	**16 448**	4 716	4 156	II	14 926	13 411	11 948	10 543	9 198	7 912
	III	**11 268**	4 716	4 156	III	10 138	9 040	7 968	6 928	5 918	4 936
	V	**22 398**	4 716	4 156	IV	16 489	15 728	14 967	14 206	13 451	12 711
	VI	**22 834**	4 716	4 156							
71 063,99 Ost	I,IV	**17 407**	4 716	4 156	I	15 885	14 363	12 863	11 421	10 038	8 715
	II	**16 606**	4 716	4 156	II	15 084	13 566	12 096	10 686	9 334	8 042
	III	**11 386**	4 716	4 156	III	10 254	9 152	8 078	7 034	6 020	5 036
	V	**22 556**	4 716	4 156	IV	16 646	15 885	15 124	14 363	13 606	12 863
	VI	**22 991**	4 716	4 156							

* Zur LSt-Berechnung für privat versicherte Arbeitnehmer s. Beispiele **Vorbemerkung S. 4 f.**
** Basisvorsorgepauschale KV und PV *** Typisierter Arbeitgeberzuschuss

Lohn/ Gehalt in € bis	Steuerklasse	Lohnsteuer*	BVSP**	TAGZ***	Steuerklasse	Bemessungsgrundlage für Kirchensteuer und Solidaritätszuschlag – Freibeträge für ... Kinder 0,5	1,0	1,5	2,0	2,5	3,0
71 099,99 West	I,IV	**17264**	4716	4156	I	15742	14220	12725	11288	9911	8594
	II	**16463**	4716	4156	II	14941	13425	11961	10556	9210	7924
	III	**11278**	4716	4156	III	10150	9050	7978	6938	5926	4946
	V	**22413**	4716	4156	IV	16503	15742	14981	14220	13465	12725
	VI	**22848**	4716	4156							
71 099,99 Ost	I,IV	**17422**	4716	4156	I	15900	14378	12877	11435	10052	8728
	II	**16621**	4716	4156	II	15099	13581	12111	10699	9347	8055
	III	**11398**	4716	4156	III	10266	9162	8088	7044	6030	5046
	V	**22571**	4716	4156	IV	16661	15900	15139	14378	13621	12877
	VI	**23006**	4716	4156							
71 135,99 West	I,IV	**17278**	4716	4156	I	15756	14234	12738	11301	9924	8605
	II	**16477**	4716	4156	II	14954	13439	11974	10569	9222	7935
	III	**11288**	4716	4156	III	10160	9058	7988	6948	5936	4954
	V	**22427**	4716	4156	IV	16517	15756	14995	14234	13478	12738
	VI	**22862**	4716	4156							
71 135,99 Ost	I,IV	**17437**	4716	4156	I	15915	14393	12892	11449	10065	8741
	II	**16636**	4716	4156	II	15114	13596	12125	10713	9361	8067
	III	**11410**	4716	4156	III	10276	9172	8100	7054	6040	5056
	V	**22586**	4716	4156	IV	16676	15915	15154	14393	13636	12892
	VI	**23021**	4716	4156							
71 171,99 West	I,IV	**17292**	4716	4156	I	15770	14248	12752	11314	9936	8617
	II	**16491**	4716	4156	II	14969	13453	11988	10581	9235	7947
	III	**11300**	4716	4156	III	10170	9070	7998	6956	5946	4962
	V	**22441**	4716	4156	IV	16531	15770	15009	14248	13493	12752
	VI	**22876**	4716	4156							
71 171,99 Ost	I,IV	**17453**	4716	4156	I	15931	14408	12907	11463	10079	8754
	II	**16651**	4716	4156	II	15129	13611	12139	10727	9374	8080
	III	**11420**	4716	4156	III	10288	9184	8110	7066	6050	5066
	V	**22601**	4716	4156	IV	16692	15931	15169	14408	13651	12907
	VI	**23036**	4716	4156							
71 207,99 West	I,IV	**17306**	4716	4156	I	15784	14262	12765	11328	9949	8629
	II	**16505**	4716	4156	II	14983	13467	12001	10594	9247	7959
	III	**11310**	4716	4156	III	10180	9080	8008	6966	5954	4972
	V	**22455**	4716	4156	IV	16545	15784	15023	14262	13507	12765
	VI	**22890**	4716	4156							
71 207,99 Ost	I,IV	**17468**	4716	4156	I	15946	14424	12921	11477	10092	8766
	II	**16666**	4716	4156	II	15144	13626	12154	10741	9387	8092
	III	**11432**	4716	4156	III	10298	9194	8120	7076	6060	5074
	V	**22616**	4716	4156	IV	16707	15946	15185	14424	13666	12921
	VI	**23052**	4716	4156							
71 243,99 West	I,IV	**17321**	4716	4156	I	15799	14277	12779	11341	9962	8642
	II	**16519**	4716	4156	II	14997	13481	12015	10607	9259	7970
	III	**11322**	4716	4156	III	10190	9090	8018	6976	5964	4982
	V	**22469**	4716	4156	IV	16560	15799	15038	14277	13521	12779
	VI	**22905**	4716	4156							
71 243,99 Ost	I,IV	**17483**	4716	4156	I	15961	14439	12936	11491	10106	8779
	II	**16681**	4716	4156	II	15159	13641	12168	10754	9400	8105
	III	**11444**	4716	4156	III	10310	9206	8130	7086	6070	5084
	V	**22632**	4716	4156	IV	16722	15961	15200	14439	13680	12936
	VI	**23067**	4716	4156							
71 279,99 West	I,IV	**17335**	4716	4156	I	15813	14291	12793	11354	9974	8654
	II	**16534**	4716	4156	II	15012	13495	12028	10620	9272	7982
	III	**11332**	4716	4156	III	10200	9100	8028	6986	5974	4990
	V	**22484**	4716	4156	IV	16574	15813	15052	14291	13535	12793
	VI	**22919**	4716	4156							
71 279,99 Ost	I,IV	**17498**	4716	4156	I	15976	14454	12951	11505	10119	8792
	II	**16697**	4716	4156	II	15175	13656	12182	10768	9413	8117
	III	**11454**	4716	4156	III	10320	9216	8142	7096	6080	5094
	V	**22647**	4716	4156	IV	16737	15976	15215	14454	13695	12951
	VI	**23082**	4716	4156							

* Zur LSt-Berechnung für privat versicherte Arbeitnehmer s. Beispiele **Vorbemerkung S. 4 f.**
** Basisvorsorgepauschale KV und PV *** Typisierter Arbeitgeberzuschuss

Lohn/ Gehalt in € bis	Steuerklasse	Lohn-steuer*	BVSP**	TAGZ***	Steuerklasse	Bemessungsgrundlage für Kirchensteuer und Solidaritätszuschlag – Freibeträge für ... Kinder 0,5	**1,0**	1,5	**2,0**	2,5	**3,0**
71 315,99	I,IV	**17 349**	4 716	4 156	I	15 827	14 305	12 807	11 367	9 987	8 666
West	II	**16 548**	4 716	4 156	II	15 026	13 509	12 041	10 633	9 284	7 994
	III	**11 342**	4 716	4 156	III	10 212	9 110	8 038	6 996	5 982	5 000
	V	**22 498**	4 716	4 156	IV	16 588	15 827	15 066	14 305	13 549	12 807
	VI	**22 933**	4 716	4 156							
71 315,99	I,IV	**17 513**	4 716	4 156	I	15 991	14 469	12 965	11 519	10 133	8 805
Ost	II	**16 712**	4 716	4 156	II	15 190	13 670	12 197	10 782	9 426	8 130
	III	**11 466**	4 716	4 156	III	10 332	9 226	8 152	7 106	6 090	5 104
	V	**22 662**	4 716	4 156	IV	16 752	15 991	15 230	14 469	13 710	12 965
	VI	**23 097**	4 716	4 156							
71 351,99	I,IV	**17 363**	4 716	4 156	I	15 841	14 319	12 820	11 380	9 999	8 678
West	II	**16 562**	4 716	4 156	II	15 040	13 523	12 055	10 646	9 296	8 006
	III	**11 354**	4 716	4 156	III	10 222	9 120	8 048	7 004	5 992	5 008
	V	**22 512**	4 716	4 156	IV	16 602	15 841	15 080	14 319	13 562	12 820
	VI	**22 947**	4 716	4 156							
71 351,99	I,IV	**17 528**	4 716	4 156	I	16 006	14 484	12 980	11 533	10 146	8 818
Ost	II	**16 727**	4 716	4 156	II	15 205	13 685	12 211	10 796	9 439	8 143
	III	**11 478**	4 716	4 156	III	10 342	9 238	8 162	7 116	6 100	5 114
	V	**22 677**	4 716	4 156	IV	16 767	16 006	15 245	14 484	13 725	12 980
	VI	**23 112**	4 716	4 156							
71 387,99	I,IV	**17 377**	4 716	4 156	I	15 855	14 333	12 834	11 393	10 012	8 690
West	II	**16 576**	4 716	4 156	II	15 054	13 537	12 068	10 659	9 308	8 017
	III	**11 364**	4 716	4 156	III	10 232	9 130	8 058	7 014	6 002	5 018
	V	**22 526**	4 716	4 156	IV	16 616	15 855	15 094	14 333	13 576	12 834
	VI	**22 961**	4 716	4 156							
71 387,99	I,IV	**17 543**	4 716	4 156	I	16 021	14 499	12 995	11 547	10 160	8 831
Ost	II	**16 742**	4 716	4 156	II	15 220	13 700	12 225	10 809	9 453	8 155
	III	**11 488**	4 716	4 156	III	10 354	9 248	8 172	7 126	6 110	5 122
	V	**22 692**	4 716	4 156	IV	16 782	16 021	15 260	14 499	13 740	12 995
	VI	**23 127**	4 716	4 156							
71 423,99	I,IV	**17 392**	4 716	4 156	I	15 870	14 348	12 848	11 407	10 025	8 702
West	II	**16 590**	4 716	4 156	II	15 068	13 551	12 082	10 672	9 321	8 029
	III	**11 374**	4 716	4 156	III	10 242	9 140	8 068	7 024	6 010	5 026
	V	**22 540**	4 716	4 156	IV	16 631	15 870	15 109	14 348	13 590	12 848
	VI	**22 976**	4 716	4 156							
71 423,99	I,IV	**17 558**	4 716	4 156	I	16 036	14 514	13 009	11 562	10 173	8 844
Ost	II	**16 757**	4 716	4 156	II	15 235	13 715	12 240	10 823	9 466	8 168
	III	**11 500**	4 716	4 156	III	10 366	9 260	8 184	7 136	6 120	5 132
	V	**22 707**	4 716	4 156	IV	16 797	16 036	15 275	14 514	13 755	13 009
	VI	**23 142**	4 716	4 156							
71 459,99	I,IV	**17 406**	4 716	4 156	I	15 884	14 362	12 862	11 420	10 037	8 714
West	II	**16 605**	4 716	4 156	II	15 083	13 565	12 095	10 685	9 333	8 041
	III	**11 386**	4 716	4 156	III	10 254	9 150	8 078	7 034	6 020	5 036
	V	**22 555**	4 716	4 156	IV	16 645	15 884	15 123	14 362	13 605	12 862
	VI	**22 990**	4 716	4 156							
71 459,99	I,IV	**17 574**	4 716	4 156	I	16 051	14 529	13 024	11 576	10 187	8 857
Ost	II	**16 772**	4 716	4 156	II	15 250	13 730	12 254	10 837	9 479	8 180
	III	**11 512**	4 716	4 156	III	10 376	9 270	8 194	7 148	6 130	5 142
	V	**22 722**	4 716	4 156	IV	16 813	16 051	15 290	14 529	13 770	13 024
	VI	**23 157**	4 716	4 156							
71 495,99	I,IV	**17 420**	4 716	4 156	I	15 898	14 376	12 875	11 433	10 050	8 726
West	II	**16 619**	4 716	4 156	II	15 097	13 579	12 109	10 697	9 346	8 053
	III	**11 396**	4 716	4 156	III	10 264	9 160	8 088	7 044	6 030	5 044
	V	**22 569**	4 716	4 156	IV	16 659	15 898	15 137	14 376	13 619	12 875
	VI	**23 004**	4 716	4 156							
71 495,99	I,IV	**17 589**	4 716	4 156	I	16 067	14 545	13 039	11 590	10 200	8 870
Ost	II	**16 787**	4 716	4 156	II	15 265	13 745	12 268	10 851	9 492	8 193
	III	**11 524**	4 716	4 156	III	10 388	9 282	8 204	7 158	6 140	5 152
	V	**22 737**	4 716	4 156	IV	16 828	16 067	15 306	14 545	13 785	13 039
	VI	**23 172**	4 716	4 156							

* Zur LSt-Berechnung für privat versicherte Arbeitnehmer s. Beispiele **Vorbemerkung S. 4 f.**
** Basisvorsorgepauschale KV und PV *** Typisierter Arbeitgeberzuschuss

Lohn/ Gehalt in € bis	Steuerklasse	Lohn-steuer*	BVSP**	TAGZ***	Steuerklasse	Bemessungsgrundlage für Kirchensteuer und Solidaritätszuschlag					
						Freibeträge für ... Kinder					
						0,5	**1,0**	1,5	**2,0**	2,5	**3,0**
71 531,99	I,IV	**17 435**	4 716	4 156	I	15 912	14 390	12 889	11 446	10 063	8 738
West	II	**16 633**	4 716	4 156	II	15 111	13 593	12 122	10 710	9 358	8 065
	III	**11 408**	4 716	4 156	III	10 274	9 172	8 098	7 054	6 038	5 054
	V	**22 583**	4 716	4 156	IV	16 673	15 912	15 151	14 390	13 633	12 889
	VI	**23 018**	4 716	4 156							
71 531,99	I,IV	**17 604**	4 716	4 156	I	16 082	14 560	13 053	11 604	10 214	8 883
Ost	II	**16 802**	4 716	4 156	II	15 280	13 760	12 283	10 865	9 505	8 206
	III	**11 534**	4 716	4 156	III	10 398	9 292	8 214	7 168	6 150	5 162
	V	**22 752**	4 716	4 156	IV	16 843	16 082	15 321	14 560	13 800	13 053
	VI	**23 188**	4 716	4 156							
71 567,99	I,IV	**17 449**	4 716	4 156	I	15 927	14 405	12 903	11 460	10 075	8 750
West	II	**16 647**	4 716	4 156	II	15 125	13 607	12 136	10 723	9 370	8 077
	III	**11 418**	4 716	4 156	III	10 284	9 182	8 108	7 062	6 048	5 062
	V	**22 598**	4 716	4 156	IV	16 688	15 927	15 166	14 405	13 647	12 903
	VI	**23 033**	4 716	4 156							
71 567,99	I,IV	**17 619**	4 716	4 156	I	16 097	14 575	13 068	11 618	10 227	8 896
Ost	II	**16 818**	4 716	4 156	II	15 295	13 775	12 297	10 878	9 519	8 218
	III	**11 546**	4 716	4 156	III	10 410	9 302	8 226	7 178	6 160	5 172
	V	**22 768**	4 716	4 156	IV	16 858	16 097	15 336	14 575	13 815	13 068
	VI	**23 203**	4 716	4 156							
71 603,99	I,IV	**17 463**	4 716	4 156	I	15 941	14 419	12 916	11 472	10 088	8 762
West	II	**16 661**	4 716	4 156	II	15 139	13 621	12 149	10 736	9 382	8 088
	III	**11 428**	4 716	4 156	III	10 294	9 190	8 116	7 072	6 056	5 072
	V	**22 611**	4 716	4 156	IV	16 702	15 941	15 180	14 419	13 661	12 916
	VI	**23 046**	4 716	4 156							
71 603,99	I,IV	**17 634**	4 716	4 156	I	16 112	14 590	13 083	11 632	10 241	8 908
Ost	II	**16 833**	4 716	4 156	II	15 311	13 790	12 312	10 892	9 532	8 231
	III	**11 558**	4 716	4 156	III	10 420	9 314	8 236	7 188	6 170	5 180
	V	**22 783**	4 716	4 156	IV	16 873	16 112	15 351	14 590	13 830	13 083
	VI	**23 218**	4 716	4 156							
71 639,99	I,IV	**17 477**	4 716	4 156	I	15 955	14 433	12 930	11 486	10 100	8 774
West	II	**16 676**	4 716	4 156	II	15 154	13 635	12 162	10 749	9 395	8 100
	III	**11 438**	4 716	4 156	III	10 306	9 202	8 126	7 082	6 066	5 080
	V	**22 626**	4 716	4 156	IV	16 716	15 955	15 194	14 433	13 675	12 930
	VI	**23 061**	4 716	4 156							
71 639,99	I,IV	**17 649**	4 716	4 156	I	16 127	14 605	13 097	11 646	10 254	8 921
Ost	II	**16 848**	4 716	4 156	II	15 326	13 805	12 326	10 906	9 545	8 244
	III	**11 570**	4 716	4 156	III	10 432	9 324	8 246	7 198	6 180	5 190
	V	**22 798**	4 716	4 156	IV	16 888	16 127	15 366	14 605	13 845	13 097
	VI	**23 233**	4 716	4 156							
71 675,99	I,IV	**17 491**	4 716	4 156	I	15 969	14 447	12 944	11 499	10 113	8 787
West	II	**16 690**	4 716	4 156	II	15 168	13 649	12 176	10 762	9 407	8 112
	III	**11 450**	4 716	4 156	III	10 316	9 212	8 136	7 092	6 076	5 090
	V	**22 640**	4 716	4 156	IV	16 730	15 969	15 208	14 447	13 689	12 944
	VI	**23 075**	4 716	4 156							
71 675,99	I,IV	**17 664**	4 716	4 156	I	16 142	14 620	13 112	11 660	10 268	8 934
Ost	II	**16 863**	4 716	4 156	II	15 341	13 820	12 340	10 920	9 558	8 256
	III	**11 580**	4 716	4 156	III	10 444	9 336	8 258	7 208	6 190	5 200
	V	**22 813**	4 716	4 156	IV	16 903	16 142	15 381	14 620	13 860	13 112
	VI	**23 248**	4 716	4 156							
71 711,99	I,IV	**17 506**	4 716	4 156	I	15 983	14 461	12 958	11 512	10 126	8 799
West	II	**16 704**	4 716	4 156	II	15 182	13 663	12 189	10 775	9 420	8 124
	III	**11 460**	4 716	4 156	III	10 326	9 222	8 146	7 100	6 086	5 098
	V	**22 654**	4 716	4 156	IV	16 744	15 983	15 222	14 461	13 703	12 958
	VI	**23 089**	4 716	4 156							
71 711,99	I,IV	**17 679**	4 716	4 156	I	16 157	14 635	13 127	11 674	10 281	8 947
Ost	II	**16 878**	4 716	4 156	II	15 356	13 835	12 355	10 934	9 572	8 269
	III	**11 592**	4 716	4 156	III	10 454	9 346	8 268	7 218	6 200	5 210
	V	**22 828**	4 716	4 156	IV	16 918	16 157	15 396	14 635	13 875	13 127
	VI	**23 263**	4 716	4 156							

* Zur LSt-Berechnung für privat versicherte Arbeitnehmer s. Beispiele **Vorbemerkung S. 4 f.**
** Basisvorsorgepauschale KV und PV *** Typisierter Arbeitgeberzuschuss

Lohn/ Gehalt in € bis	Steuerklasse	Lohn-steuer*	BVSP**	TAGZ***	Steuerklasse	Bemessungsgrundlage für Kirchensteuer und Solidaritätszuschlag					
						Freibeträge für ... Kinder					
						0,5	**1,0**	1,5	**2,0**	2,5	**3,0**
71 747,99 West	I,IV	**17 520**	4 716	4 156	I	15 998	14 476	12 972	11 526	10 139	8 811
	II	**16 718**	4 716	4 156	II	15 196	13 677	12 203	10 788	9 432	8 136
	III	**11 472**	4 716	4 156	III	10 336	9 232	8 156	7 110	6 094	5 108
	V	**22 668**	4 716	4 156	IV	16 759	15 998	15 237	14 476	13 717	12 972
	VI	**23 104**	4 716	4 156							
71 747,99 Ost	I,IV	**17 695**	4 716	4 156	I	16 172	14 650	13 141	11 689	10 295	8 960
	II	**16 893**	4 716	4 156	II	15 371	13 850	12 369	10 947	9 585	8 281
	III	**11 604**	4 716	4 156	III	10 466	9 358	8 278	7 230	6 210	5 220
	V	**22 843**	4 716	4 156	IV	16 933	16 172	15 411	14 650	13 890	13 141
	VI	**23 278**	4 716	4 156							
71 783,99 West	I,IV	**17 534**	4 716	4 156	I	16 012	14 490	12 986	11 539	10 151	8 823
	II	**16 733**	4 716	4 156	II	15 211	13 691	12 216	10 801	9 445	8 147
	III	**11 482**	4 716	4 156	III	10 348	9 242	8 166	7 120	6 104	5 118
	V	**22 683**	4 716	4 156	IV	16 773	16 012	15 251	14 490	13 731	12 986
	VI	**23 118**	4 716	4 156							
71 783,99 Ost	I,IV	**17 710**	4 716	4 156	I	16 188	14 665	13 156	11 703	10 308	8 973
	II	**16 908**	4 716	4 156	II	15 386	13 865	12 384	10 961	9 598	8 294
	III	**11 614**	4 716	4 156	III	10 476	9 368	8 288	7 240	6 220	5 230
	V	**22 858**	4 716	4 156	IV	16 949	16 188	15 427	14 665	13 905	13 156
	VI	**23 293**	4 716	4 156							
71 819,99 West	I,IV	**17 548**	4 716	4 156	I	16 026	14 504	12 999	11 552	10 164	8 835
	II	**16 747**	4 716	4 156	II	15 224	13 705	12 230	10 814	9 457	8 159
	III	**11 492**	4 716	4 156	III	10 358	9 252	8 176	7 130	6 114	5 126
	V	**22 697**	4 716	4 156	IV	16 787	16 026	15 265	14 504	13 745	12 999
	VI	**23 132**	4 716	4 156							
71 819,99 Ost	I,IV	**17 725**	4 716	4 156	I	16 203	14 681	13 171	11 717	10 322	8 986
	II	**16 923**	4 716	4 156	II	15 401	13 880	12 398	10 975	9 611	8 307
	III	**11 626**	4 716	4 156	III	10 488	9 378	8 300	7 250	6 230	5 240
	V	**22 873**	4 716	4 156	IV	16 964	16 203	15 442	14 681	13 920	13 171
	VI	**23 309**	4 716	4 156							
71 855,99 West	I,IV	**17 562**	4 716	4 156	I	16 040	14 518	13 013	11 565	10 176	8 847
	II	**16 761**	4 716	4 156	II	15 239	13 719	12 243	10 827	9 469	8 171
	III	**11 504**	4 716	4 156	III	10 368	9 262	8 186	7 140	6 122	5 136
	V	**22 711**	4 716	4 156	IV	16 801	16 040	15 279	14 518	13 759	13 013
	VI	**23 146**	4 716	4 156							
71 855,99 Ost	I,IV	**17 740**	4 716	4 156	I	16 218	14 696	13 186	11 731	10 335	8 999
	II	**16 939**	4 716	4 156	II	15 416	13 895	12 412	10 989	9 625	8 319
	III	**11 638**	4 716	4 156	III	10 498	9 390	8 310	7 260	6 240	5 248
	V	**22 889**	4 716	4 156	IV	16 979	16 218	15 457	14 696	13 935	13 186
	VI	**23 324**	4 716	4 156							
71 891,99 West	I,IV	**17 576**	4 716	4 156	I	16 054	14 532	13 027	11 578	10 189	8 859
	II	**16 775**	4 716	4 156	II	15 253	13 733	12 257	10 840	9 482	8 183
	III	**11 514**	4 716	4 156	III	10 378	9 272	8 196	7 150	6 132	5 144
	V	**22 725**	4 716	4 156	IV	16 815	16 054	15 293	14 532	13 773	13 027
	VI	**23 160**	4 716	4 156							
71 891,99 Ost	I,IV	**17 755**	4 716	4 156	I	16 233	14 711	13 200	11 745	10 349	9 012
	II	**16 954**	4 716	4 156	II	15 432	13 910	12 427	11 003	9 638	8 332
	III	**11 650**	4 716	4 156	III	10 510	9 400	8 320	7 270	6 250	5 258
	V	**22 904**	4 716	4 156	IV	16 994	16 233	15 472	14 711	13 950	13 200
	VI	**23 339**	4 716	4 156							
71 927,99 West	I,IV	**17 591**	4 716	4 156	I	16 069	14 547	13 041	11 592	10 202	8 871
	II	**16 789**	4 716	4 156	II	15 267	13 747	12 270	10 853	9 494	8 195
	III	**11 526**	4 716	4 156	III	10 390	9 282	8 206	7 160	6 142	5 154
	V	**22 739**	4 716	4 156	IV	16 830	16 069	15 308	14 547	13 787	13 041
	VI	**23 175**	4 716	4 156							
71 927,99 Ost	I,IV	**17 770**	4 716	4 156	I	16 248	14 726	13 215	11 759	10 363	9 025
	II	**16 969**	4 716	4 156	II	15 447	13 925	12 441	11 017	9 651	8 345
	III	**11 660**	4 716	4 156	III	10 522	9 412	8 332	7 280	6 260	5 268
	V	**22 919**	4 716	4 156	IV	17 009	16 248	15 487	14 726	13 965	13 215
	VI	**23 354**	4 716	4 156							

* Zur LSt-Berechnung für privat versicherte Arbeitnehmer s. Beispiele **Vorbemerkung S. 4 f.**
** Basisvorsorgepauschale KV und PV *** Typisierter Arbeitgeberzuschuss

Lohn/ Gehalt in € bis	Steuerklasse	Lohn- steuer*	BVSP**	TAGZ***	Steuerklasse	Bemessungsgrundlage für Kirchensteuer und Solidaritätszuschlag – Freibeträge für ... Kinder 0,5	1,0	1,5	2,0	2,5	3,0
71 963,99 West	I,IV	**17 605**	4 716	4 156	I	16 083	14 561	13 054	11 605	10 215	8 884
	II	**16 804**	4 716	4 156	II	15 282	13 761	12 284	10 866	9 507	8 207
	III	**11 536**	4 716	4 156	III	10 400	9 294	8 216	7 168	6 150	5 162
	V	**22 754**	4 716	4 156	IV	16 844	16 083	15 322	14 561	13 801	13 054
	VI	**23 189**	4 716	4 156							
71 963,99 Ost	I,IV	**17 785**	4 716	4 156	I	16 263	14 741	13 230	11 773	10 376	9 038
	II	**16 984**	4 716	4 156	II	15 462	13 940	12 456	11 030	9 664	8 357
	III	**11 672**	4 716	4 156	III	10 532	9 422	8 342	7 290	6 270	5 278
	V	**22 934**	4 716	4 156	IV	17 024	16 263	15 502	14 741	13 980	13 230
	VI	**23 369**	4 716	4 156							
71 999,99 West	I,IV	**17 619**	4 716	4 156	I	16 097	14 575	13 068	11 618	10 227	8 896
	II	**16 818**	4 716	4 156	II	15 296	13 776	12 298	10 879	9 519	8 219
	III	**11 546**	4 716	4 156	III	10 410	9 304	8 226	7 178	6 160	5 172
	V	**22 768**	4 716	4 156	IV	16 858	16 097	15 336	14 575	13 816	13 068
	VI	**23 203**	4 716	4 156							
71 999,99 Ost	I,IV	**17 800**	4 716	4 156	I	16 278	14 756	13 245	11 788	10 390	9 051
	II	**16 999**	4 716	4 156	II	15 477	13 955	12 470	11 044	9 678	8 370
	III	**11 684**	4 716	4 156	III	10 544	9 434	8 352	7 302	6 280	5 288
	V	**22 949**	4 716	4 156	IV	17 039	16 278	15 517	14 756	13 995	13 245
	VI	**23 384**	4 716	4 156							
72 035,99 West	I,IV	**17 634**	4 716	4 156	I	16 112	14 589	13 082	11 632	10 240	8 908
	II	**16 832**	4 716	4 156	II	15 310	13 790	12 311	10 892	9 532	8 231
	III	**11 558**	4 716	4 156	III	10 420	9 314	8 236	7 188	6 170	5 180
	V	**22 782**	4 716	4 156	IV	16 873	16 112	15 350	14 589	13 830	13 082
	VI	**23 217**	4 716	4 156							
72 035,99 Ost	I,IV	**17 815**	4 716	4 156	I	16 293	14 771	13 260	11 802	10 403	9 064
	II	**17 014**	4 716	4 156	II	15 492	13 970	12 485	11 058	9 691	8 383
	III	**11 696**	4 716	4 156	III	10 554	9 444	8 362	7 312	6 290	5 298
	V	**22 964**	4 716	4 156	IV	17 054	16 293	15 532	14 771	14 011	13 260
	VI	**23 399**	4 716	4 156							
72 071,99 West	I,IV	**17 647**	4 716	4 156	I	16 125	14 603	13 096	11 645	10 253	8 920
	II	**16 846**	4 716	4 156	II	15 324	13 803	12 324	10 904	9 544	8 242
	III	**11 568**	4 716	4 156	III	10 430	9 324	8 246	7 198	6 178	5 190
	V	**22 796**	4 716	4 156	IV	16 886	16 125	15 364	14 603	13 843	13 096
	VI	**23 231**	4 716	4 156							
72 071,99 Ost	I,IV	**17 831**	4 716	4 156	I	16 309	14 786	13 274	11 816	10 417	9 077
	II	**17 029**	4 716	4 156	II	15 507	13 985	12 499	11 072	9 704	8 396
	III	**11 706**	4 716	4 156	III	10 566	9 454	8 374	7 322	6 300	5 306
	V	**22 979**	4 716	4 156	IV	17 070	16 309	15 547	14 786	14 026	13 274
	VI	**23 414**	4 716	4 156							
72 107,99 West	I,IV	**17 662**	4 716	4 156	I	16 140	14 618	13 110	11 658	10 265	8 932
	II	**16 860**	4 716	4 156	II	15 338	13 818	12 338	10 917	9 556	8 254
	III	**11 578**	4 716	4 156	III	10 442	9 334	8 256	7 206	6 188	5 198
	V	**22 810**	4 716	4 156	IV	16 901	16 140	15 379	14 618	13 858	13 110
	VI	**23 246**	4 716	4 156							
72 107,99 Ost	I,IV	**17 846**	4 716	4 156	I	16 324	14 802	13 289	11 830	10 431	9 090
	II	**17 044**	4 716	4 156	II	15 522	14 000	12 514	11 086	9 718	8 408
	III	**11 718**	4 716	4 156	III	10 578	9 466	8 384	7 332	6 310	5 316
	V	**22 994**	4 716	4 156	IV	17 085	16 324	15 563	14 802	14 041	13 289
	VI	**23 430**	4 716	4 156							
72 143,99 West	I,IV	**17 676**	4 716	4 156	I	16 154	14 632	13 123	11 671	10 278	8 944
	II	**16 875**	4 716	4 156	II	15 353	13 832	12 352	10 930	9 569	8 266
	III	**11 590**	4 716	4 156	III	10 452	9 344	8 266	7 216	6 198	5 208
	V	**22 825**	4 716	4 156	IV	16 915	16 154	15 393	14 632	13 872	13 123
	VI	**23 260**	4 716	4 156							
72 143,99 Ost	I,IV	**17 861**	4 716	4 156	I	16 339	14 817	13 304	11 844	10 444	9 103
	II	**17 059**	4 716	4 156	II	15 537	14 016	12 528	11 100	9 731	8 421
	III	**11 730**	4 716	4 156	III	10 588	9 476	8 394	7 342	6 320	5 326
	V	**23 010**	4 716	4 156	IV	17 100	16 339	15 578	14 817	14 056	13 304
	VI	**23 445**	4 716	4 156							

* Zur LSt-Berechnung für privat versicherte Arbeitnehmer s. Beispiele **Vorbemerkung S. 4 f.**
** Basisvorsorgepauschale KV und PV *** Typisierter Arbeitgeberzuschuss

Lohn/ Gehalt in € bis	Steuerklasse	Lohnsteuer*	BVSP**	TAGZ***	Steuerklasse	Bemessungsgrundlage für Kirchensteuer und Solidaritätszuschlag					
						Freibeträge für ... Kinder					
						0,5	**1,0**	1,5	**2,0**	2,5	**3,0**
72 179,99	I,IV	**17 690**	4 716	4 156	I	16 168	14 646	13 137	11 685	10 291	8 957
West	II	**16 889**	4 716	4 156	II	15 367	13 846	12 365	10 944	9 581	8 278
	III	**11 600**	4 716	4 156	III	10 462	9 354	8 276	7 226	6 206	5 216
	V	**22 839**	4 716	4 156	IV	16 929	16 168	15 407	14 646	13 886	13 137
	VI	**23 274**	4 716	4 156							
72 179,99	I,IV	**17 876**	4 716	4 156	I	16 354	14 832	13 319	11 859	10 458	9 116
Ost	II	**17 075**	4 716	4 156	II	15 553	14 031	12 543	11 114	9 744	8 434
	III	**11 740**	4 716	4 156	III	10 600	9 488	8 406	7 352	6 330	5 336
	V	**23 025**	4 716	4 156	IV	17 115	16 354	15 593	14 832	14 071	13 319
	VI	**23 460**	4 716	4 156							
72 215,99	I,IV	**17 705**	4 716	4 156	I	16 183	14 660	13 151	11 698	10 304	8 969
West	II	**16 903**	4 716	4 156	II	15 381	13 860	12 379	10 957	9 594	8 290
	III	**11 610**	4 716	4 156	III	10 472	9 364	8 286	7 236	6 216	5 226
	V	**22 853**	4 716	4 156	IV	16 944	16 183	15 421	14 660	13 900	13 151
	VI	**23 288**	4 716	4 156							
72 215,99	I,IV	**17 891**	4 716	4 156	I	16 369	14 847	13 333	11 873	10 471	9 129
Ost	II	**17 090**	4 716	4 156	II	15 568	14 046	12 557	11 128	9 757	8 446
	III	**11 752**	4 716	4 156	III	10 610	9 498	8 416	7 362	6 340	5 346
	V	**23 040**	4 716	4 156	IV	17 130	16 369	15 608	14 847	14 086	13 333
	VI	**23 475**	4 716	4 156							
72 251,99	I,IV	**17 719**	4 716	4 156	I	16 197	14 675	13 165	11 711	10 317	8 981
West	II	**16 918**	4 716	4 156	II	15 395	13 874	12 392	10 970	9 606	8 302
	III	**11 622**	4 716	4 156	III	10 484	9 374	8 296	7 246	6 226	5 236
	V	**22 868**	4 716	4 156	IV	16 958	16 197	15 436	14 675	13 914	13 165
	VI	**23 303**	4 716	4 156							
72 251,99	I,IV	**17 906**	4 716	4 156	I	16 384	14 862	13 348	11 887	10 485	9 142
Ost	II	**17 105**	4 716	4 156	II	15 583	14 061	12 572	11 142	9 771	8 459
	III	**11 764**	4 716	4 156	III	10 622	9 510	8 426	7 374	6 350	5 356
	V	**23 055**	4 716	4 156	IV	17 145	16 384	15 623	14 862	14 101	13 348
	VI	**23 490**	4 716	4 156							
72 287,99	I,IV	**17 733**	4 716	4 156	I	16 211	14 689	13 179	11 724	10 329	8 993
West	II	**16 931**	4 716	4 156	II	15 409	13 888	12 406	10 982	9 618	8 313
	III	**11 632**	4 716	4 156	III	10 494	9 384	8 306	7 256	6 236	5 244
	V	**22 881**	4 716	4 156	IV	16 972	16 211	15 450	14 689	13 928	13 179
	VI	**23 317**	4 716	4 156							
72 287,99	I,IV	**17 921**	4 716	4 156	I	16 399	14 877	13 363	11 901	10 499	9 155
Ost	II	**17 120**	4 716	4 156	II	15 598	14 076	12 586	11 155	9 784	8 472
	III	**11 776**	4 716	4 156	III	10 634	9 520	8 438	7 384	6 360	5 366
	V	**23 070**	4 716	4 156	IV	17 160	16 399	15 638	14 877	14 116	13 363
	VI	**23 505**	4 716	4 156							
72 323,99	I,IV	**17 747**	4 716	4 156	I	16 225	14 703	13 193	11 738	10 342	9 005
West	II	**16 946**	4 716	4 156	II	15 424	13 902	12 419	10 995	9 631	8 325
	III	**11 644**	4 716	4 156	III	10 504	9 396	8 316	7 266	6 244	5 254
	V	**22 896**	4 716	4 156	IV	16 986	16 225	15 464	14 703	13 942	13 193
	VI	**23 331**	4 716	4 156							
72 323,99	I,IV	**17 936**	4 716	4 156	I	16 414	14 892	13 378	11 916	10 512	9 168
Ost	II	**17 135**	4 716	4 156	II	15 613	14 091	12 601	11 169	9 797	8 485
	III	**11 786**	4 716	4 156	III	10 644	9 532	8 448	7 394	6 370	5 376
	V	**23 085**	4 716	4 156	IV	17 175	16 414	15 653	14 892	14 131	13 378
	VI	**23 520**	4 716	4 156							
72 359,99	I,IV	**17 761**	4 716	4 156	I	16 239	14 717	13 207	11 751	10 355	9 018
West	II	**16 960**	4 716	4 156	II	15 438	13 916	12 433	11 009	9 643	8 337
	III	**11 654**	4 716	4 156	III	10 516	9 406	8 326	7 274	6 254	5 262
	V	**22 910**	4 716	4 156	IV	17 000	16 239	15 478	14 717	13 957	13 207
	VI	**23 345**	4 716	4 156							
72 359,99	I,IV	**17 952**	4 716	4 156	I	16 429	14 907	13 393	11 930	10 526	9 181
Ost	II	**17 150**	4 716	4 156	II	15 628	14 106	12 615	11 183	9 811	8 497
	III	**11 798**	4 716	4 156	III	10 656	9 542	8 458	7 404	6 380	5 384
	V	**23 100**	4 716	4 156	IV	17 191	16 429	15 668	14 907	14 146	13 393
	VI	**23 535**	4 716	4 156							

* Zur LSt-Berechnung für privat versicherte Arbeitnehmer s. Beispiele **Vorbemerkung S. 4 f.**
** Basisvorsorgepauschale KV und PV *** Typisierter Arbeitgeberzuschuss

Lohn/ Gehalt in € bis	Steuerklasse	Lohn-steuer*	BVSP**	TAGZ***	Steuerklasse	Bemessungsgrundlage für Kirchensteuer und Solidaritätszuschlag – Freibeträge für ... Kinder 0,5	1,0	1,5	2,0	2,5	3,0
72 395,99	I,IV	**17 776**	4 716	4 156	I	16 253	14 731	13 221	11 764	10 368	9 030
West	II	**16 974**	4 716	4 156	II	15 452	13 931	12 447	11 022	9 656	8 349
	III	**11 666**	4 716	4 156	III	10 526	9 416	8 336	7 284	6 264	5 272
	V	**22 924**	4 716	4 156	IV	17 015	16 253	15 492	14 731	13 971	13 221
	VI	**23 359**	4 716	4 156							
72 395,99	I,IV	**17 967**	4 716	4 156	I	16 445	14 923	13 408	11 944	10 540	9 195
Ost	II	**17 165**	4 716	4 156	II	15 643	14 121	12 630	11 197	9 824	8 510
	III	**11 810**	4 716	4 156	III	10 666	9 554	8 470	7 414	6 390	5 394
	V	**23 115**	4 716	4 156	IV	17 206	16 445	15 684	14 923	14 161	13 408
	VI	**23 550**	4 716	4 156							
72 431,99	I,IV	**17 790**	4 716	4 156	I	16 268	14 746	13 234	11 778	10 380	9 042
West	II	**16 988**	4 716	4 156	II	15 466	13 945	12 460	11 035	9 668	8 361
	III	**11 676**	4 716	4 156	III	10 536	9 426	8 346	7 294	6 272	5 282
	V	**22 939**	4 716	4 156	IV	17 029	16 268	15 507	14 746	13 985	13 234
	VI	**23 374**	4 716	4 156							
72 431,99	I,IV	**17 982**	4 716	4 156	I	16 460	14 938	13 422	11 958	10 553	9 208
Ost	II	**17 180**	4 716	4 156	II	15 658	14 136	12 644	11 211	9 837	8 523
	III	**11 822**	4 716	4 156	III	10 678	9 564	8 480	7 424	6 400	5 404
	V	**23 130**	4 716	4 156	IV	17 221	16 460	15 699	14 938	14 177	13 422
	VI	**23 566**	4 716	4 156							
72 467,99	I,IV	**17 804**	4 716	4 156	I	16 282	14 760	13 248	11 791	10 393	9 054
West	II	**17 003**	4 716	4 156	II	15 481	13 959	12 474	11 048	9 681	8 373
	III	**11 686**	4 716	4 156	III	10 546	9 436	8 356	7 304	6 282	5 290
	V	**22 953**	4 716	4 156	IV	17 043	16 282	15 521	14 760	13 999	13 248
	VI	**23 388**	4 716	4 156							
72 467,99	I,IV	**17 997**	4 716	4 156	I	16 475	14 953	13 437	11 972	10 567	9 221
Ost	II	**17 196**	4 716	4 156	II	15 673	14 151	12 659	11 225	9 851	8 536
	III	**11 832**	4 716	4 156	III	10 690	9 574	8 490	7 436	6 410	5 414
	V	**23 146**	4 716	4 156	IV	17 236	16 475	15 714	14 953	14 192	13 437
	VI	**23 581**	4 716	4 156							
72 503,99	I,IV	**17 818**	4 716	4 156	I	16 296	14 774	13 262	11 805	10 406	9 067
West	II	**17 017**	4 716	4 156	II	15 495	13 973	12 487	11 061	9 694	8 385
	III	**11 698**	4 716	4 156	III	10 558	9 446	8 366	7 314	6 292	5 300
	V	**22 967**	4 716	4 156	IV	17 057	16 296	15 535	14 774	14 013	13 262
	VI	**23 402**	4 716	4 156							
72 503,99	I,IV	**18 012**	4 716	4 156	I	16 490	14 968	13 452	11 987	10 581	9 234
Ost	II	**17 211**	4 716	4 156	II	15 689	14 167	12 673	11 239	9 864	8 548
	III	**11 844**	4 716	4 156	III	10 700	9 586	8 500	7 446	6 420	5 424
	V	**23 161**	4 716	4 156	IV	17 251	16 490	15 729	14 968	14 207	13 452
	VI	**23 596**	4 716	4 156							
72 539,99	I,IV	**17 832**	4 716	4 156	I	16 310	14 788	13 276	11 818	10 419	9 079
West	II	**17 031**	4 716	4 156	II	15 509	13 987	12 501	11 074	9 706	8 397
	III	**11 708**	4 716	4 156	III	10 568	9 456	8 374	7 322	6 300	5 308
	V	**22 981**	4 716	4 156	IV	17 071	16 310	15 549	14 788	14 027	13 276
	VI	**23 416**	4 716	4 156							
72 539,99	I,IV	**18 027**	4 716	4 156	I	16 505	14 983	13 467	12 001	10 594	9 247
Ost	II	**17 226**	4 716	4 156	II	15 704	14 182	12 688	11 253	9 878	8 561
	III	**11 856**	4 716	4 156	III	10 712	9 596	8 512	7 456	6 430	5 434
	V	**23 176**	4 716	4 156	IV	17 266	16 505	15 744	14 983	14 222	13 467
	VI	**23 611**	4 716	4 156							
72 575,99	I,IV	**17 847**	4 716	4 156	I	16 324	14 802	13 290	11 831	10 431	9 091
West	II	**17 045**	4 716	4 156	II	15 523	14 001	12 514	11 087	9 718	8 409
	III	**11 718**	4 716	4 156	III	10 578	9 466	8 384	7 332	6 310	5 318
	V	**22 995**	4 716	4 156	IV	17 086	16 324	15 563	14 802	14 042	13 290
	VI	**23 430**	4 716	4 156							
72 575,99	I,IV	**18 042**	4 716	4 156	I	16 520	14 998	13 482	12 015	10 608	9 260
Ost	II	**17 241**	4 716	4 156	II	15 719	14 197	12 702	11 267	9 891	8 574
	III	**11 868**	4 716	4 156	III	10 722	9 608	8 522	7 466	6 440	5 444
	V	**23 191**	4 716	4 156	IV	17 281	16 520	15 759	14 998	14 237	13 482
	VI	**23 626**	4 716	4 156							

* Zur LSt-Berechnung für privat versicherte Arbeitnehmer s. Beispiele **Vorbemerkung S. 4f.**
** Basisvorsorgepauschale KV und PV *** Typisierter Arbeitgeberzuschuss

Lohn/ Gehalt in € bis	Steuerklasse	Lohn-steuer*	BVSP**	TAGZ***	Steuerklasse	Bemessungsgrundlage für Kirchensteuer und Solidaritätszuschlag – Freibeträge für ... Kinder 0,5	**1,0**	1,5	**2,0**	2,5	**3,0**
72611,99	I,IV	**17861**	4716	4156	I	16339	14817	13304	11844	10444	9103
West	II	**17059**	4716	4156	II	15537	14016	12528	11100	9731	8421
	III	**11730**	4716	4156	III	10588	9476	8394	7342	6320	5326
	V	**23010**	4716	4156	IV	17100	16339	15578	14817	14056	13304
	VI	**23445**	4716	4156							
72611,99	I,IV	**18057**	4716	4156	I	16535	15013	13497	12030	10622	9273
Ost	II	**17256**	4716	4156	II	15734	14212	12717	11281	9904	8587
	III	**11880**	4716	4156	III	10734	9618	8532	7476	6450	5452
	V	**23206**	4716	4156	IV	17296	16535	15774	15013	14252	13497
	VI	**23641**	4716	4156							
72647,99	I,IV	**17875**	4716	4156	I	16353	14831	13318	11858	10457	9116
West	II	**17074**	4716	4156	II	15552	14030	12542	11113	9743	8433
	III	**11740**	4716	4156	III	10598	9488	8404	7352	6330	5336
	V	**23024**	4716	4156	IV	17114	16353	15592	14831	14070	13318
	VI	**23459**	4716	4156							
72647,99	I,IV	**18073**	4716	4156	I	16550	15028	13512	12044	10635	9286
Ost	II	**17271**	4716	4156	II	15749	14227	12731	11295	9918	8600
	III	**11890**	4716	4156	III	10746	9630	8544	7486	6460	5462
	V	**23221**	4716	4156	IV	17311	16550	15789	15028	14267	13512
	VI	**23656**	4716	4156							
72683,99	I,IV	**17889**	4716	4156	I	16367	14845	13332	11871	10470	9128
West	II	**17088**	4716	4156	II	15566	14044	12555	11126	9756	8445
	III	**11752**	4716	4156	III	10610	9498	8414	7362	6338	5344
	V	**23038**	4716	4156	IV	17128	16367	15606	14845	14084	13332
	VI	**23473**	4716	4156							
72683,99	I,IV	**18088**	4716	4156	I	16566	15043	13526	12058	10649	9299
Ost	II	**17286**	4716	4156	II	15764	14242	12746	11309	9931	8612
	III	**11902**	4716	4156	III	10756	9640	8554	7498	6470	5472
	V	**23236**	4716	4156	IV	17327	16566	15805	15043	14282	13526
	VI	**23671**	4716	4156							
72719,99	I,IV	**17904**	4716	4156	I	16382	14860	13346	11885	10483	9140
West	II	**17102**	4716	4156	II	15580	14058	12569	11139	9769	8457
	III	**11762**	4716	4156	III	10620	9508	8424	7372	6348	5354
	V	**23052**	4716	4156	IV	17143	16382	15621	14860	14099	13346
	VI	**23487**	4716	4156							
72719,99	I,IV	**18103**	4716	4156	I	16581	15059	13541	12072	10663	9312
Ost	II	**17301**	4716	4156	II	15779	14257	12761	11323	9944	8625
	III	**11914**	4716	4156	III	10768	9652	8564	7508	6480	5482
	V	**23251**	4716	4156	IV	17342	16581	15820	15059	14298	13541
	VI	**23687**	4716	4156							
72755,99	I,IV	**17918**	4716	4156	I	16395	14873	13359	11898	10495	9152
West	II	**17116**	4716	4156	II	15594	14072	12582	11152	9781	8469
	III	**11772**	4716	4156	III	10630	9518	8434	7382	6358	5364
	V	**23066**	4716	4156	IV	17156	16395	15634	14873	14112	13359
	VI	**23501**	4716	4156							
72755,99	I,IV	**18118**	4716	4156	I	16596	15074	13556	12087	10677	9326
Ost	II	**17317**	4716	4156	II	15794	14272	12775	11337	9958	8638
	III	**11926**	4716	4156	III	10778	9662	8576	7518	6490	5492
	V	**23267**	4716	4156	IV	17357	16596	15835	15074	14313	13556
	VI	**23702**	4716	4156							
72791,99	I,IV	**17932**	4716	4156	I	16410	14888	13373	11911	10508	9164
West	II	**17130**	4716	4156	II	15608	14086	12596	11165	9793	8481
	III	**11784**	4716	4156	III	10642	9528	8444	7392	6366	5372
	V	**23081**	4716	4156	IV	17171	16410	15649	14888	14127	13373
	VI	**23516**	4716	4156							
72791,99	I,IV	**18133**	4716	4156	I	16611	15089	13571	12101	10690	9339
Ost	II	**17332**	4716	4156	II	15810	14287	12790	11351	9971	8651
	III	**11936**	4716	4156	III	10790	9674	8586	7528	6500	5502
	V	**23282**	4716	4156	IV	17372	16611	15850	15089	14328	13571
	VI	**23717**	4716	4156							

* Zur LSt-Berechnung für privat versicherte Arbeitnehmer s. Beispiele **Vorbemerkung S. 4f.**
** Basisvorsorgepauschale KV und PV *** Typisierter Arbeitgeberzuschuss

Lohn/ Gehalt in € bis	Steuerklasse	Lohnsteuer*	BVSP**	TAGZ***	Steuerklasse	Bemessungsgrundlage für Kirchensteuer und Solidaritätszuschlag – Freibeträge für ... Kinder 0,5	1,0	1,5	2,0	2,5	3,0
72827,99 West	I,IV	**17946**	4716	4156	I	16424	14902	13387	11925	10521	9177
	II	**17145**	4716	4156	II	15623	14101	12610	11178	9806	8493
	III	**11794**	4716	4156	III	10652	9538	8454	7400	6376	5382
	V	**23095**	4716	4156	IV	17185	16424	15663	14902	14141	13387
	VI	**23530**	4716	4156							
72827,99 Ost	I,IV	**18148**	4716	4156	I	16626	15104	13586	12115	10704	9352
	II	**17347**	4716	4156	II	15825	14303	12804	11365	9985	8664
	III	**11948**	4716	4156	III	10802	9684	8596	7538	6510	5512
	V	**23297**	4716	4156	IV	17387	16626	15865	15104	14343	13586
	VI	**23732**	4716	4156							
72863,99 West	I,IV	**17960**	4716	4156	I	16438	14916	13401	11938	10534	9189
	II	**17159**	4716	4156	II	15637	14115	12624	11191	9819	8505
	III	**11806**	4716	4156	III	10662	9548	8464	7410	6386	5390
	V	**23109**	4716	4156	IV	17199	16438	15677	14916	14155	13401
	VI	**23544**	4716	4156							
72863,99 Ost	I,IV	**18163**	4716	4156	I	16641	15119	13601	12130	10718	9365
	II	**17362**	4716	4156	II	15840	14318	12819	11379	9998	8676
	III	**11960**	4716	4156	III	10812	9696	8608	7550	6520	5522
	V	**23312**	4716	4156	IV	17402	16641	15880	15119	14358	13601
	VI	**23747**	4716	4156							
72899,99 West	I,IV	**17975**	4716	4156	I	16453	14930	13415	11952	10547	9201
	II	**17173**	4716	4156	II	15651	14129	12637	11205	9831	8517
	III	**11816**	4716	4156	III	10672	9560	8474	7420	6396	5400
	V	**23123**	4716	4156	IV	17214	16453	15692	14930	14169	13415
	VI	**23558**	4716	4156							
72899,99 Ost	I,IV	**18178**	4716	4156	I	16656	15134	13616	12144	10731	9378
	II	**17377**	4716	4156	II	15855	14333	12834	11393	10012	8689
	III	**11972**	4716	4156	III	10824	9706	8618	7560	6530	5532
	V	**23327**	4716	4156	IV	17417	16656	15895	15134	14373	13616
	VI	**23762**	4716	4156							
72935,99 West	I,IV	**17989**	4716	4156	I	16467	14945	13429	11965	10560	9214
	II	**17188**	4716	4156	II	15665	14143	12651	11218	9844	8529
	III	**11828**	4716	4156	III	10684	9570	8484	7430	6404	5410
	V	**23138**	4716	4156	IV	17228	16467	15706	14945	14184	13429
	VI	**23573**	4716	4156							
72935,99 Ost	I,IV	**18193**	4716	4156	I	16671	15149	13631	12158	10745	9391
	II	**17392**	4716	4156	II	15870	14348	12848	11407	10025	8702
	III	**11982**	4716	4156	III	10836	9718	8628	7570	6540	5540
	V	**23342**	4716	4156	IV	17432	16671	15910	15149	14388	13631
	VI	**23777**	4716	4156							
72971,99 West	I,IV	**18003**	4716	4156	I	16481	14959	13443	11978	10573	9226
	II	**17202**	4716	4156	II	15680	14158	12665	11231	9856	8541
	III	**11838**	4716	4156	III	10694	9580	8494	7440	6414	5418
	V	**23152**	4716	4156	IV	17242	16481	15720	14959	14198	13443
	VI	**23587**	4716	4156							
72971,99 Ost	I,IV	**18209**	4716	4156	I	16687	15164	13646	12173	10759	9404
	II	**17407**	4716	4156	II	15885	14363	12863	11421	10038	8715
	III	**11994**	4716	4156	III	10846	9728	8640	7580	6550	5550
	V	**23357**	4716	4156	IV	17448	16687	15925	15164	14403	13646
	VI	**23792**	4716	4156							
73007,99 West	I,IV	**18017**	4716	4156	I	16495	14973	13457	11992	10585	9238
	II	**17216**	4716	4156	II	15694	14172	12678	11244	9869	8553
	III	**11848**	4716	4156	III	10704	9590	8504	7450	6424	5426
	V	**23166**	4716	4156	IV	17256	16495	15734	14973	14212	13457
	VI	**23601**	4716	4156							
73007,99 Ost	I,IV	**18224**	4716	4156	I	16702	15180	13661	12187	10773	9418
	II	**17422**	4716	4156	II	15900	14378	12877	11435	10052	8728
	III	**12006**	4716	4156	III	10858	9740	8650	7590	6560	5560
	V	**23372**	4716	4156	IV	17463	16702	15941	15180	14419	13661
	VI	**23808**	4716	4156							

* Zur LSt-Berechnung für privat versicherte Arbeitnehmer s. Beispiele **Vorbemerkung S. 4 f.**
** Basisvorsorgepauschale KV und PV *** Typisierter Arbeitgeberzuschuss

Lohn/ Gehalt in € bis	Steuerklasse	Lohnsteuer*	BVSP**	TAGZ***	Steuerklasse	Bemessungsgrundlage für Kirchensteuer und Solidaritätszuschlag – Freibeträge für ... Kinder 0,5	**1,0**	1,5	**2,0**	2,5	**3,0**
73043,99	I,IV	**18031**	4716	4156	I	16509	14987	13471	12005	10598	9250
West	II	**17230**	4716	4156	II	15708	14186	12692	11257	9881	8565
	III	**11860**	4716	4156	III	10714	9600	8514	7458	6432	5436
	V	**23180**	4716	4156	IV	17270	16509	15748	14987	14226	13471
	VI	**23615**	4716	4156							
73043,99	I,IV	**18239**	4716	4156	I	16717	15195	13675	12201	10786	9431
Ost	II	**17437**	4716	4156	II	15915	14393	12892	11449	10065	8741
	III	**12018**	4716	4156	III	10868	9750	8660	7600	6570	5570
	V	**23388**	4716	4156	IV	17478	16717	15956	15195	14434	13675
	VI	**23823**	4716	4156							
73079,99	I,IV	**18046**	4716	4156	I	16524	15001	13485	12018	10611	9263
West	II	**17244**	4716	4156	II	15722	14200	12706	11270	9894	8577
	III	**11870**	4716	4156	III	10726	9610	8524	7468	6442	5446
	V	**23194**	4716	4156	IV	17285	16524	15763	15001	14240	13485
	VI	**23629**	4716	4156							
73079,99	I,IV	**18254**	4716	4156	I	16732	15210	13690	12216	10800	9444
Ost	II	**17453**	4716	4156	II	15931	14408	12907	11463	10079	8754
	III	**12030**	4716	4156	III	10880	9760	8672	7612	6580	5580
	V	**23403**	4716	4156	IV	17493	16732	15971	15210	14449	13690
	VI	**23838**	4716	4156							
73115,99	I,IV	**18060**	4716	4156	I	16538	15016	13499	12032	10624	9275
West	II	**17259**	4716	4156	II	15736	14214	12719	11283	9907	8589
	III	**11880**	4716	4156	III	10736	9620	8534	7478	6452	5454
	V	**23209**	4716	4156	IV	17299	16538	15777	15016	14255	13499
	VI	**23644**	4716	4156							
73115,99	I,IV	**18269**	4716	4156	I	16747	15225	13705	12230	10814	9457
Ost	II	**17468**	4716	4156	II	15946	14424	12921	11477	10092	8766
	III	**12040**	4716	4156	III	10892	9772	8682	7622	6590	5590
	V	**23418**	4716	4156	IV	17508	16747	15986	15225	14464	13705
	VI	**23853**	4716	4156							
73151,99	I,IV	**18074**	4716	4156	I	16552	15030	13513	12045	10637	9288
West	II	**17273**	4716	4156	II	15751	14229	12733	11296	9919	8601
	III	**11892**	4716	4156	III	10746	9630	8544	7488	6462	5464
	V	**23223**	4716	4156	IV	17313	16552	15791	15030	14269	13513
	VI	**23658**	4716	4156							
73151,99	I,IV	**18284**	4716	4156	I	16762	15240	13720	12244	10828	9470
Ost	II	**17483**	4716	4156	II	15961	14439	12936	11491	10106	8779
	III	**12052**	4716	4156	III	10902	9782	8692	7632	6602	5600
	V	**23433**	4716	4156	IV	17523	16762	16001	15240	14479	13720
	VI	**23868**	4716	4156							
73187,99	I,IV	**18088**	4716	4156	I	16566	15044	13527	12059	10650	9300
West	II	**17287**	4716	4156	II	15765	14243	12747	11310	9932	8613
	III	**11902**	4716	4156	III	10758	9642	8554	7498	6470	5474
	V	**23237**	4716	4156	IV	17327	16566	15805	15044	14283	13527
	VI	**23672**	4716	4156							
73187,99	I,IV	**18299**	4716	4156	I	16777	15255	13735	12259	10842	9483
Ost	II	**17498**	4716	4156	II	15976	14454	12951	11505	10119	8792
	III	**12064**	4716	4156	III	10914	9794	8704	7642	6612	5610
	V	**23448**	4716	4156	IV	17538	16777	16016	15255	14494	13735
	VI	**23883**	4716	4156							
73223,99	I,IV	**18102**	4716	4156	I	16580	15058	13541	12072	10662	9312
West	II	**17301**	4716	4156	II	15779	14257	12760	11323	9944	8625
	III	**11914**	4716	4156	III	10768	9652	8564	7508	6480	5482
	V	**23251**	4716	4156	IV	17341	16580	15819	15058	14297	13541
	VI	**23686**	4716	4156							
73223,99	I,IV	**18314**	4716	4156	I	16792	15270	13750	12273	10855	9497
Ost	II	**17513**	4716	4156	II	15991	14469	12965	11519	10133	8805
	III	**12076**	4716	4156	III	10926	9804	8714	7652	6622	5620
	V	**23463**	4716	4156	IV	17553	16792	16031	15270	14509	13750
	VI	**23898**	4716	4156							

* Zur LSt-Berechnung für privat versicherte Arbeitnehmer s. Beispiele **Vorbemerkung S. 4f.**
** Basisvorsorgepauschale KV und PV *** Typisierter Arbeitgeberzuschuss

Lohn/ Gehalt in € bis	Steuerklasse	Lohn-steuer*	BVSP**	TAGZ***	Steuerklasse	Bemessungsgrundlage für Kirchensteuer und Solidaritätszuschlag					
						Freibeträge für ... Kinder					
						0,5	**1,0**	1,5	**2,0**	2,5	**3,0**
73 259,99	I,IV	**18 117**	4 716	4 156	I	16 595	15 072	13 555	12 086	10 675	9 324
West	II	**17 315**	4 716	4 156	II	15 793	14 271	12 774	11 336	9 957	8 637
	III	**11 924**	4 716	4 156	III	10 778	9 662	8 574	7 518	6 490	5 492
	V	**23 265**	4 716	4 156	IV	17 356	16 595	15 833	15 072	14 311	13 555
	VI	**23 700**	4 716	4 156							
73 259,99	I,IV	**18 330**	4 716	4 156	I	16 807	15 285	13 765	12 288	10 869	9 510
Ost	II	**17 528**	4 716	4 156	II	16 006	14 484	12 980	11 533	10 146	8 818
	III	**12 086**	4 716	4 156	III	10 936	9 816	8 724	7 664	6 632	5 630
	V	**23 478**	4 716	4 156	IV	17 569	16 807	16 046	15 285	14 524	13 765
	VI	**23 913**	4 716	4 156							
73 295,99	I,IV	**18 131**	4 716	4 156	I	16 609	15 087	13 569	12 099	10 688	9 337
West	II	**17 330**	4 716	4 156	II	15 807	14 285	12 788	11 349	9 969	8 649
	III	**11 936**	4 716	4 156	III	10 788	9 672	8 584	7 528	6 500	5 500
	V	**23 280**	4 716	4 156	IV	17 370	16 609	15 848	15 087	14 326	13 569
	VI	**23 715**	4 716	4 156							
73 295,99	I,IV	**18 345**	4 716	4 156	I	16 823	15 301	13 780	12 302	10 883	9 523
Ost	II	**17 543**	4 716	4 156	II	16 021	14 499	12 995	11 547	10 160	8 831
	III	**12 098**	4 716	4 156	III	10 948	9 826	8 736	7 674	6 642	5 638
	V	**23 493**	4 716	4 156	IV	17 584	16 823	16 062	15 301	14 539	13 780
	VI	**23 928**	4 716	4 156							
73 331,99	I,IV	**18 145**	4 716	4 156	I	16 623	15 101	13 583	12 113	10 701	9 349
West	II	**17 344**	4 716	4 156	II	15 822	14 300	12 801	11 362	9 982	8 661
	III	**11 946**	4 716	4 156	III	10 800	9 682	8 594	7 536	6 508	5 510
	V	**23 294**	4 716	4 156	IV	17 384	16 623	15 862	15 101	14 340	13 583
	VI	**23 729**	4 716	4 156							
73 331,99	I,IV	**18 360**	4 716	4 156	I	16 838	15 316	13 795	12 316	10 897	9 536
Ost	II	**17 558**	4 716	4 156	II	16 036	14 514	13 009	11 562	10 173	8 844
	III	**12 110**	4 716	4 156	III	10 960	9 838	8 746	7 684	6 652	5 648
	V	**23 508**	4 716	4 156	IV	17 599	16 838	16 077	15 316	14 555	13 795
	VI	**23 944**	4 716	4 156							
73 367,99	I,IV	**18 159**	4 716	4 156	I	16 637	15 115	13 597	12 126	10 714	9 362
West	II	**17 358**	4 716	4 156	II	15 836	14 314	12 815	11 375	9 995	8 673
	III	**11 958**	4 716	4 156	III	10 810	9 692	8 604	7 546	6 518	5 520
	V	**23 308**	4 716	4 156	IV	17 398	16 637	15 876	15 115	14 354	13 597
	VI	**23 743**	4 716	4 156							
73 367,99	I,IV	**18 375**	4 716	4 156	I	16 853	15 331	13 810	12 331	10 911	9 550
Ost	II	**17 574**	4 716	4 156	II	16 051	14 529	13 024	11 576	10 187	8 857
	III	**12 122**	4 716	4 156	III	10 970	9 848	8 756	7 694	6 662	5 658
	V	**23 524**	4 716	4 156	IV	17 614	16 853	16 092	15 331	14 570	13 810
	VI	**23 959**	4 716	4 156							
73 403,99	I,IV	**18 174**	4 716	4 156	I	16 652	15 130	13 611	12 140	10 727	9 374
West	II	**17 372**	4 716	4 156	II	15 850	14 328	12 829	11 389	10 007	8 685
	III	**11 968**	4 716	4 156	III	10 820	9 704	8 616	7 556	6 528	5 528
	V	**23 322**	4 716	4 156	IV	17 413	16 652	15 891	15 130	14 369	13 611
	VI	**23 758**	4 716	4 156							
73 403,99	I,IV	**18 390**	4 716	4 156	I	16 868	15 346	13 825	12 345	10 924	9 563
Ost	II	**17 589**	4 716	4 156	II	16 067	14 545	13 039	11 590	10 200	8 870
	III	**12 134**	4 716	4 156	III	10 982	9 860	8 768	7 704	6 672	5 668
	V	**23 539**	4 716	4 156	IV	17 629	16 868	16 107	15 346	14 585	13 825
	VI	**23 974**	4 716	4 156							
73 439,99	I,IV	**18 188**	4 716	4 156	I	16 666	15 144	13 625	12 153	10 740	9 386
West	II	**17 387**	4 716	4 156	II	15 865	14 342	12 843	11 402	10 020	8 698
	III	**11 978**	4 716	4 156	III	10 832	9 714	8 626	7 566	6 538	5 538
	V	**23 337**	4 716	4 156	IV	17 427	16 666	15 905	15 144	14 383	13 625
	VI	**23 772**	4 716	4 156							
73 439,99	I,IV	**18 405**	4 716	4 156	I	16 883	15 361	13 840	12 360	10 938	9 576
Ost	II	**17 604**	4 716	4 156	II	16 082	14 560	13 053	11 604	10 214	8 883
	III	**12 144**	4 716	4 156	III	10 994	9 870	8 778	7 716	6 682	5 678
	V	**23 554**	4 716	4 156	IV	17 644	16 883	16 122	15 361	14 600	13 840
	VI	**23 989**	4 716	4 156							

* Zur LSt-Berechnung für privat versicherte Arbeitnehmer s. Beispiele **Vorbemerkung S. 4 f.**
** Basisvorsorgepauschale KV und PV *** Typisierter Arbeitgeberzuschuss

Lohn/ Gehalt in € bis	Steuerklasse	**Lohnsteuer***	BVSP**	TAGZ***	Steuerklasse	Bemessungsgrundlage für Kirchensteuer und Solidaritätszuschlag – Freibeträge für ... Kinder 0,5	**1,0**	1,5	**2,0**	2,5	**3,0**
73475,99	I,IV	**18202**	4716	4156	I	16680	15158	13639	12166	10753	9399
West	II	**17401**	4716	4156	II	15878	14356	12856	11415	10032	8709
	III	**11990**	4716	4156	III	10842	9724	8634	7576	6546	5546
	V	**23351**	4716	4156	IV	17441	16680	15919	15158	14397	13639
	VI	**23786**	4716	4156							
73475,99	I,IV	**18420**	4716	4156	I	16898	15376	13855	12374	10952	9589
Ost	II	**17619**	4716	4156	II	16097	14575	13068	11618	10227	8896
	III	**12156**	4716	4156	III	11004	9882	8788	7726	6692	5688
	V	**23569**	4716	4156	IV	17659	16898	16137	15376	14615	13855
	VI	**24004**	4716	4156							
73511,99	I,IV	**18216**	4716	4156	I	16694	15172	13653	12180	10766	9411
West	II	**17415**	4716	4156	II	15893	14371	12870	11428	10045	8721
	III	**12000**	4716	4156	III	10852	9734	8644	7586	6556	5556
	V	**23365**	4716	4156	IV	17455	16694	15933	15172	14411	13653
	VI	**23800**	4716	4156							
73511,99	I,IV	**18435**	4716	4156	I	16913	15391	13870	12388	10966	9602
Ost	II	**17634**	4716	4156	II	16112	14590	13083	11632	10241	8908
	III	**12168**	4716	4156	III	11016	9892	8800	7736	6702	5698
	V	**23584**	4716	4156	IV	17674	16913	16152	15391	14630	13870
	VI	**24019**	4716	4156							
73547,99	I,IV	**18230**	4716	4156	I	16708	15186	13667	12193	10779	9423
West	II	**17429**	4716	4156	II	15907	14385	12884	11441	10058	8734
	III	**12012**	4716	4156	III	10862	9744	8654	7596	6566	5564
	V	**23379**	4716	4156	IV	17469	16708	15947	15186	14425	13667
	VI	**23814**	4716	4156							
73547,99	I,IV	**18451**	4716	4156	I	16928	15406	13885	12403	10980	9616
Ost	II	**17649**	4716	4156	II	16127	14605	13097	11646	10254	8921
	III	**12180**	4716	4156	III	11026	9904	8810	7746	6712	5708
	V	**23599**	4716	4156	IV	17689	16928	16167	15406	14645	13885
	VI	**24034**	4716	4156							
73583,99	I,IV	**18245**	4716	4156	I	16723	15201	13681	12207	10792	9436
West	II	**17443**	4716	4156	II	15921	14399	12898	11454	10071	8746
	III	**12022**	4716	4156	III	10874	9754	8664	7604	6574	5574
	V	**23393**	4716	4156	IV	17484	16723	15962	15201	14440	13681
	VI	**23829**	4716	4156							
73583,99	I,IV	**18466**	4716	4156	I	16944	15421	13900	12417	10994	9629
Ost	II	**17664**	4716	4156	II	16142	14620	13112	11660	10268	8934
	III	**12192**	4716	4156	III	11038	9914	8822	7756	6722	5718
	V	**23614**	4716	4156	IV	17705	16944	16183	15421	14660	13900
	VI	**24049**	4716	4156							
73619,99	I,IV	**18259**	4716	4156	I	16737	15215	13695	12220	10805	9448
West	II	**17458**	4716	4156	II	15936	14413	12911	11468	10083	8758
	III	**12032**	4716	4156	III	10884	9764	8674	7614	6584	5584
	V	**23408**	4716	4156	IV	17498	16737	15976	15215	14454	13695
	VI	**23843**	4716	4156							
73619,99	I,IV	**18481**	4716	4156	I	16959	15437	13915	12432	11007	9642
Ost	II	**17679**	4716	4156	II	16157	14635	13127	11674	10281	8947
	III	**12202**	4716	4156	III	11050	9926	8832	7768	6732	5728
	V	**23629**	4716	4156	IV	17720	16959	16198	15437	14676	13915
	VI	**24065**	4716	4156							
73655,99	I,IV	**18273**	4716	4156	I	16751	15229	13710	12234	10818	9461
West	II	**17472**	4716	4156	II	15950	14428	12925	11481	10096	8770
	III	**12044**	4716	4156	III	10894	9776	8686	7624	6594	5592
	V	**23422**	4716	4156	IV	17512	16751	15990	15229	14468	13710
	VI	**23857**	4716	4156							
73655,99	I,IV	**18496**	4716	4156	I	16974	15452	13930	12446	11021	9656
Ost	II	**17695**	4716	4156	II	16172	14650	13141	11689	10295	8960
	III	**12214**	4716	4156	III	11060	9936	8842	7778	6742	5738
	V	**23645**	4716	4156	IV	17735	16974	16213	15452	14691	13930
	VI	**24080**	4716	4156							

* Zur LSt-Berechnung für privat versicherte Arbeitnehmer s. Beispiele **Vorbemerkung S. 4f.**
** Basisvorsorgepauschale KV und PV *** Typisierter Arbeitgeberzuschuss

Lohn/ Gehalt in € bis	Steuerklasse	Lohn-steuer*	BVSP**	TAGZ***	Steuerklasse	Bemessungsgrundlage für Kirchensteuer und Solidaritätszuschlag					
						Freibeträge für ... Kinder					
						0,5	**1,0**	1,5	**2,0**	2,5	**3,0**
73691,99 West	I,IV	**18287**	4716	4156	I	16765	15243	13723	12247	10830	9473
	II	**17486**	4716	4156	II	15964	14442	12939	11494	10108	8782
	III	**12054**	4716	4156	III	10906	9786	8696	7634	6604	5602
	V	**23436**	4716	4156	IV	17526	16765	16004	15243	14482	13723
	VI	**23871**	4716	4156							
73691,99 Ost	I,IV	**18511**	4716	4156	I	16989	15467	13945	12461	11035	9669
	II	**17710**	4716	4156	II	16188	14665	13156	11703	10308	8973
	III	**12226**	4716	4156	III	11072	9948	8854	7788	6752	5748
	V	**23660**	4716	4156	IV	17750	16989	16228	15467	14706	13945
	VI	**24095**	4716	4156							
73727,99 West	I,IV	**18301**	4716	4156	I	16779	15257	13737	12261	10843	9485
	II	**17500**	4716	4156	II	15978	14456	12953	11507	10121	8794
	III	**12066**	4716	4156	III	10916	9796	8706	7644	6612	5612
	V	**23450**	4716	4156	IV	17540	16779	16018	15257	14496	13737
	VI	**23885**	4716	4156							
73727,99 Ost	I,IV	**18526**	4716	4156	I	17004	15482	13960	12475	11049	9682
	II	**17725**	4716	4156	II	16203	14681	13171	11717	10322	8986
	III	**12238**	4716	4156	III	11084	9958	8864	7798	6762	5756
	V	**23675**	4716	4156	IV	17765	17004	16243	15482	14721	13960
	VI	**24110**	4716	4156							
73763,99 West	I,IV	**18316**	4716	4156	I	16794	15272	13751	12274	10856	9498
	II	**17514**	4716	4156	II	15992	14470	12966	11520	10134	8806
	III	**12076**	4716	4156	III	10926	9806	8716	7654	6622	5620
	V	**23464**	4716	4156	IV	17555	16794	16033	15272	14510	13751
	VI	**23900**	4716	4156							
73763,99 Ost	I,IV	**18541**	4716	4156	I	17019	15497	13975	12490	11063	9695
	II	**17740**	4716	4156	II	16218	14696	13186	11731	10335	8999
	III	**12250**	4716	4156	III	11094	9970	8874	7810	6774	5766
	V	**23690**	4716	4156	IV	17780	17019	16258	15497	14736	13975
	VI	**24125**	4716	4156							
73799,99 West	I,IV	**18330**	4716	4156	I	16808	15286	13766	12288	10869	9510
	II	**17529**	4716	4156	II	16007	14484	12980	11534	10146	8818
	III	**12088**	4716	4156	III	10938	9816	8726	7664	6632	5630
	V	**23479**	4716	4156	IV	17569	16808	16047	15286	14525	13766
	VI	**23914**	4716	4156							
73799,99 Ost	I,IV	**18556**	4716	4156	I	17034	15512	13990	12504	11077	9709
	II	**17755**	4716	4156	II	16233	14711	13200	11745	10349	9012
	III	**12260**	4716	4156	III	11106	9980	8886	7820	6784	5776
	V	**23705**	4716	4156	IV	17795	17034	16273	15512	14751	13990
	VI	**24140**	4716	4156							
73835,99 West	I,IV	**18344**	4716	4156	I	16822	15300	13780	12302	10883	9523
	II	**17543**	4716	4156	II	16021	14499	12994	11547	10159	8831
	III	**12098**	4716	4156	III	10948	9826	8736	7674	6642	5638
	V	**23493**	4716	4156	IV	17583	16822	16061	15300	14539	13780
	VI	**23928**	4716	4156							
73835,99 Ost	I,IV	**18571**	4716	4156	I	17049	15527	14006	12518	11091	9722
	II	**17770**	4716	4156	II	16248	14726	13215	11759	10363	9025
	III	**12272**	4716	4156	III	11118	9992	8896	7830	6794	5786
	V	**23720**	4716	4156	IV	17810	17049	16288	15527	14766	14006
	VI	**24155**	4716	4156							
73871,99 West	I,IV	**18359**	4716	4156	I	16836	15314	13794	12315	10896	9535
	II	**17557**	4716	4156	II	16035	14513	13008	11560	10172	8843
	III	**12110**	4716	4156	III	10958	9838	8746	7684	6652	5648
	V	**23507**	4716	4156	IV	17597	16836	16075	15314	14553	13794
	VI	**23942**	4716	4156							
73871,99 Ost	I,IV	**18587**	4716	4156	I	17065	15542	14021	12533	11104	9735
	II	**17785**	4716	4156	II	16263	14741	13230	11773	10376	9038
	III	**12284**	4716	4156	III	11128	10004	8906	7840	6804	5796
	V	**23735**	4716	4156	IV	17826	17065	16303	15542	14781	14021
	VI	**24170**	4716	4156							

* Zur LSt-Berechnung für privat versicherte Arbeitnehmer s. Beispiele **Vorbemerkung S. 4 f.**
** Basisvorsorgepauschale KV und PV *** Typisierter Arbeitgeberzuschuss

Lohn/ Gehalt in € bis	Steuerklasse	Lohn- steuer*	BVSP**	TAGZ***	Steuerklasse	Bemessungsgrundlage für Kirchensteuer und Solidaritätszuschlag					
						Freibeträge für ... Kinder					
						0,5	**1,0**	1,5	**2,0**	2,5	**3,0**
73907,99	I,IV	**18373**	4716	4156	I	16851	15329	13808	12329	10909	9548
West	II	**17571**	4716	4156	II	16049	14527	13022	11574	10185	8855
	III	**12120**	4716	4156	III	10970	9848	8756	7694	6660	5658
	V	**23522**	4716	4156	IV	17612	16851	16090	15329	14568	13808
	VI	**23957**	4716	4156							
73907,99	I,IV	**18602**	4716	4156	I	17080	15558	14036	12547	11118	9749
Ost	II	**17800**	4716	4156	II	16278	14756	13245	11788	10390	9051
	III	**12296**	4716	4156	III	11140	10014	8918	7850	6814	5806
	V	**23750**	4716	4156	IV	17841	17080	16319	15558	14797	14036
	VI	**24186**	4716	4156							
73943,99	I,IV	**18387**	4716	4156	I	16865	15343	13822	12342	10921	9560
West	II	**17585**	4716	4156	II	16063	14541	13035	11587	10197	8867
	III	**12130**	4716	4156	III	10980	9858	8766	7702	6670	5666
	V	**23535**	4716	4156	IV	17626	16865	16104	15343	14581	13822
	VI	**23970**	4716	4156							
73943,99	I,IV	**18617**	4716	4156	I	17095	15573	14051	12562	11132	9762
Ost	II	**17815**	4716	4156	II	16293	14771	13260	11802	10403	9064
	III	**12308**	4716	4156	III	11152	10026	8928	7862	6824	5816
	V	**23766**	4716	4156	IV	17856	17095	16334	15573	14812	14051
	VI	**24201**	4716	4156							
73979,99	I,IV	**18401**	4716	4156	I	16879	15357	13836	12356	10934	9572
West	II	**17600**	4716	4156	II	16078	14555	13049	11600	10210	8879
	III	**12142**	4716	4156	III	10990	9868	8776	7712	6680	5676
	V	**23550**	4716	4156	IV	17640	16879	16118	15357	14596	13836
	VI	**23985**	4716	4156							
73979,99	I,IV	**18632**	4716	4156	I	17110	15588	14066	12576	11146	9775
Ost	II	**17831**	4716	4156	II	16309	14786	13274	11816	10417	9077
	III	**12318**	4716	4156	III	11162	10036	8940	7872	6834	5826
	V	**23781**	4716	4156	IV	17871	17110	16349	15588	14827	14066
	VI	**24216**	4716	4156							
74015,99	I,IV	**18415**	4716	4156	I	16893	15371	13850	12369	10947	9585
West	II	**17614**	4716	4156	II	16092	14570	13063	11613	10223	8891
	III	**12152**	4716	4156	III	11000	9878	8786	7722	6688	5684
	V	**23564**	4716	4156	IV	17654	16893	16132	15371	14610	13850
	VI	**23999**	4716	4156							
74015,99	I,IV	**18647**	4716	4156	I	17125	15603	14081	12591	11160	9789
Ost	II	**17846**	4716	4156	II	16324	14802	13289	11830	10431	9090
	III	**12330**	4716	4156	III	11174	10048	8950	7882	6844	5836
	V	**23796**	4716	4156	IV	17886	17125	16364	15603	14842	14081
	VI	**24231**	4716	4156							
74051,99	I,IV	**18430**	4716	4156	I	16907	15385	13864	12383	10960	9597
West	II	**17628**	4716	4156	II	16106	14584	13077	11627	10235	8903
	III	**12164**	4716	4156	III	11012	9888	8796	7732	6698	5694
	V	**23578**	4716	4156	IV	17668	16907	16146	15385	14624	13864
	VI	**24013**	4716	4156							
74051,99	I,IV	**18662**	4716	4156	I	17140	15618	14096	12605	11174	9802
Ost	II	**17861**	4716	4156	II	16339	14817	13304	11844	10444	9103
	III	**12342**	4716	4156	III	11186	10058	8960	7892	6854	5846
	V	**23811**	4716	4156	IV	17901	17140	16379	15618	14857	14096
	VI	**24246**	4716	4156							
74087,99	I,IV	**18444**	4716	4156	I	16922	15400	13878	12396	10974	9610
West	II	**17642**	4716	4156	II	16120	14598	13091	11640	10248	8916
	III	**12174**	4716	4156	III	11022	9898	8806	7742	6708	5704
	V	**23592**	4716	4156	IV	17683	16922	16161	15400	14639	13878
	VI	**24028**	4716	4156							
74087,99	I,IV	**18677**	4716	4156	I	17155	15633	14111	12620	11188	9815
Ost	II	**17876**	4716	4156	II	16354	14832	13319	11859	10458	9116
	III	**12354**	4716	4156	III	11196	10070	8972	7904	6864	5856
	V	**23826**	4716	4156	IV	17916	17155	16394	15633	14872	14111
	VI	**24261**	4716	4156							

* Zur LSt-Berechnung für privat versicherte Arbeitnehmer s. Beispiele **Vorbemerkung S. 4f.**
** Basisvorsorgepauschale KV und PV *** Typisierter Arbeitgeberzuschuss

Lohn/ Gehalt in € bis	Steuerklasse	Lohn-steuer*	BVSP**	TAGZ***	Steuerklasse	Bemessungsgrundlage für Kirchensteuer und Solidaritätszuschlag Freibeträge für ... Kinder 0,5	1,0	1,5	2,0	2,5	3,0
74123,99	I,IV	**18458**	4716	4156	I	16936	15414	13893	12410	10987	9622
West	II	**17657**	4716	4156	II	16135	14613	13105	11653	10261	8928
	III	**12186**	4716	4156	III	11032	9910	8816	7752	6718	5712
	V	**23607**	4716	4156	IV	17697	16936	16175	15414	14653	13893
	VI	**24042**	4716	4156							
74123,99	I,IV	**18692**	4716	4156	I	17170	15648	14126	12634	11202	9829
Ost	II	**17891**	4716	4156	II	16369	14847	13333	11873	10471	9129
	III	**12366**	4716	4156	III	11208	10080	8982	7914	6874	5866
	V	**23841**	4716	4156	IV	17931	17170	16409	15648	14887	14126
	VI	**24276**	4716	4156							
74159,99	I,IV	**18472**	4716	4156	I	16950	15428	13906	12423	10999	9634
West	II	**17671**	4716	4156	II	16148	14626	13118	11666	10273	8940
	III	**12196**	4716	4156	III	11044	9920	8826	7762	6726	5722
	V	**23621**	4716	4156	IV	17711	16950	16189	15428	14667	13906
	VI	**24056**	4716	4156							
74159,99	I,IV	**18708**	4716	4156	I	17185	15663	14141	12649	11216	9842
Ost	II	**17906**	4716	4156	II	16384	14862	13348	11887	10485	9142
	III	**12378**	4716	4156	III	11220	10092	8992	7924	6884	5876
	V	**23856**	4716	4156	IV	17947	17185	16424	15663	14902	14141
	VI	**24291**	4716	4156							
74195,99	I,IV	**18486**	4716	4156	I	16964	15442	13921	12437	11012	9647
West	II	**17685**	4716	4156	II	16163	14641	13132	11680	10286	8952
	III	**12208**	4716	4156	III	11054	9930	8836	7772	6736	5732
	V	**23635**	4716	4156	IV	17725	16964	16203	15442	14681	13921
	VI	**24070**	4716	4156							
74195,99	I,IV	**18723**	4716	4156	I	17201	15679	14156	12664	11230	9855
Ost	II	**17921**	4716	4156	II	16399	14877	13363	11901	10499	9155
	III	**12388**	4716	4156	III	11230	10102	9004	7934	6896	5886
	V	**23871**	4716	4156	IV	17962	17201	16440	15679	14917	14156
	VI	**24306**	4716	4156							
74231,99	I,IV	**18500**	4716	4156	I	16978	15456	13935	12451	11025	9660
West	II	**17699**	4716	4156	II	16177	14655	13146	11693	10299	8964
	III	**12218**	4716	4156	III	11064	9940	8846	7782	6746	5740
	V	**23649**	4716	4156	IV	17739	16978	16217	15456	14695	13935
	VI	**24084**	4716	4156							
74231,99	I,IV	**18738**	4716	4156	I	17216	15694	14172	12678	11244	9869
Ost	II	**17936**	4716	4156	II	16414	14892	13378	11916	10512	9168
	III	**12400**	4716	4156	III	11242	10114	9014	7946	6906	5896
	V	**23886**	4716	4156	IV	17977	17216	16455	15694	14933	14172
	VI	**24322**	4716	4156							
74267,99	I,IV	**18515**	4716	4156	I	16993	15471	13949	12464	11039	9672
West	II	**17713**	4716	4156	II	16191	14669	13160	11706	10312	8976
	III	**12230**	4716	4156	III	11076	9950	8856	7792	6756	5750
	V	**23663**	4716	4156	IV	17754	16993	16232	15471	14710	13949
	VI	**24099**	4716	4156							
74267,99	I,IV	**18753**	4716	4156	I	17231	15709	14187	12693	11258	9882
Ost	II	**17952**	4716	4156	II	16429	14907	13393	11930	10526	9181
	III	**12412**	4716	4156	III	11254	10124	9026	7956	6916	5904
	V	**23902**	4716	4156	IV	17992	17231	16470	15709	14948	14187
	VI	**24337**	4716	4156							
74303,99	I,IV	**18529**	4716	4156	I	17007	15485	13963	12478	11052	9685
West	II	**17728**	4716	4156	II	16206	14684	13174	11720	10325	8989
	III	**12240**	4716	4156	III	11086	9962	8866	7802	6766	5760
	V	**23678**	4716	4156	IV	17768	17007	16246	15485	14724	13963
	VI	**24113**	4716	4156							
74303,99	I,IV	**18768**	4716	4156	I	17246	15724	14202	12707	11272	9895
Ost	II	**17967**	4716	4156	II	16445	14923	13408	11944	10540	9195
	III	**12424**	4716	4156	III	11264	10136	9036	7966	6926	5914
	V	**23917**	4716	4156	IV	18007	17246	16485	15724	14963	14202
	VI	**24352**	4716	4156							

* Zur LSt-Berechnung für privat versicherte Arbeitnehmer s. Beispiele **Vorbemerkung S. 4f.**
** Basisvorsorgepauschale KV und PV *** Typisierter Arbeitgeberzuschuss

Lohn/ Gehalt in € bis	Steuerklasse	Lohn-steuer*	BVSP**	TAGZ***	Steuerklasse	Bemessungsgrundlage für Kirchensteuer und Solidaritätszuschlag – Freibeträge für ... Kinder 0,5	**1,0**	1,5	**2,0**	2,5	**3,0**
74339,99 West	I,IV	**18543**	4716	4156	I	17021	15499	13977	12492	11065	9697
	II	**17742**	4716	4156	II	16220	14698	13188	11733	10337	9001
	III	**12252**	4716	4156	III	11096	9972	8876	7810	6774	5768
	V	**23692**	4716	4156	IV	17782	17021	16260	15499	14738	13977
	VI	**24127**	4716	4156							
74339,99 Ost	I,IV	**18783**	4716	4156	I	17261	15739	14217	12722	11286	9909
	II	**17982**	4716	4156	II	16460	14938	13422	11958	10553	9208
	III	**12436**	4716	4156	III	11276	10146	9046	7976	6936	5924
	V	**23932**	4716	4156	IV	18022	17261	16500	15739	14978	14217
	VI	**24367**	4716	4156							
74375,99 West	I,IV	**18558**	4716	4156	I	17036	15513	13992	12505	11078	9710
	II	**17756**	4716	4156	II	16234	14712	13202	11746	10350	9013
	III	**12262**	4716	4156	III	11108	9982	8886	7820	6784	5778
	V	**23706**	4716	4156	IV	17797	17036	16274	15513	14752	13992
	VI	**24141**	4716	4156							
74375,99 Ost	I,IV	**18798**	4716	4156	I	17276	15754	14232	12736	11300	9922
	II	**17997**	4716	4156	II	16475	14953	13437	11972	10567	9221
	III	**12448**	4716	4156	III	11288	10158	9058	7988	6946	5934
	V	**23947**	4716	4156	IV	18037	17276	16515	15754	14993	14232
	VI	**24382**	4716	4156							
74411,99 West	I,IV	**18572**	4716	4156	I	17050	15528	14006	12519	11091	9722
	II	**17771**	4716	4156	II	16248	14726	13216	11760	10363	9026
	III	**12274**	4716	4156	III	11118	9992	8896	7830	6794	5786
	V	**23721**	4716	4156	IV	17811	17050	16289	15528	14767	14006
	VI	**24156**	4716	4156							
74411,99 Ost	I,IV	**18813**	4716	4156	I	17291	15769	14247	12751	11314	9936
	II	**18012**	4716	4156	II	16490	14968	13452	11987	10581	9234
	III	**12458**	4716	4156	III	11300	10168	9068	7998	6956	5944
	V	**23962**	4716	4156	IV	18052	17291	16530	15769	15008	14247
	VI	**24397**	4716	4156							
74447,99 West	I,IV	**18587**	4716	4156	I	17065	15543	14021	12533	11105	9736
	II	**17786**	4716	4156	II	16264	14741	13230	11774	10377	9039
	III	**12284**	4716	4156	III	11130	10004	8908	7842	6804	5796
	V	**23736**	4716	4156	IV	17826	17065	16304	15543	14782	14021
	VI	**24171**	4716	4156							
74447,99 Ost	I,IV	**18829**	4716	4156	I	17306	15784	14262	12765	11328	9949
	II	**18027**	4716	4156	II	16505	14983	13467	12001	10594	9247
	III	**12470**	4716	4156	III	11310	10180	9080	8008	6966	5954
	V	**23977**	4716	4156	IV	18067	17306	16545	15784	15023	14262
	VI	**24412**	4716	4156							
74483,99 West	I,IV	**18602**	4716	4156	I	17080	15558	14036	12548	11119	9749
	II	**17801**	4716	4156	II	16279	14757	13245	11788	10390	9052
	III	**12296**	4716	4156	III	11140	10014	8918	7852	6814	5806
	V	**23751**	4716	4156	IV	17841	17080	16319	15558	14797	14036
	VI	**24186**	4716	4156							
74483,99 Ost	I,IV	**18844**	4716	4156	I	17322	15799	14277	12780	11342	9962
	II	**18042**	4716	4156	II	16520	14998	13482	12015	10608	9260
	III	**12482**	4716	4156	III	11322	10192	9090	8018	6976	5964
	V	**23992**	4716	4156	IV	18083	17322	16561	15799	15038	14277
	VI	**24427**	4716	4156							
74519,99 West	I,IV	**18617**	4716	4156	I	17095	15573	14051	12562	11133	9762
	II	**17816**	4716	4156	II	16294	14772	13260	11802	10404	9065
	III	**12308**	4716	4156	III	11152	10026	8930	7862	6824	5816
	V	**23766**	4716	4156	IV	17856	17095	16334	15573	14812	14051
	VI	**24201**	4716	4156							
74519,99 Ost	I,IV	**18859**	4716	4156	I	17337	15815	14293	12795	11356	9976
	II	**18057**	4716	4156	II	16535	15013	13497	12030	10622	9273
	III	**12494**	4716	4156	III	11334	10202	9100	8028	6986	5974
	V	**24007**	4716	4156	IV	18098	17337	16576	15815	15054	14293
	VI	**24443**	4716	4156							

* Zur LSt-Berechnung für privat versicherte Arbeitnehmer s. Beispiele **Vorbemerkung S. 4f.**
** Basisvorsorgepauschale KV und PV *** Typisierter Arbeitgeberzuschuss

Lohn/ Gehalt in € bis	Steuerklasse	Lohn- steuer*	BVSP**	TAGZ***	Steuerklasse	Bemessungsgrundlage für Kirchensteuer und Solidaritätszuschlag					
						Freibeträge für ... Kinder					
						0,5	**1,0**	1,5	**2,0**	2,5	**3,0**
74 555,99 West	I,IV	**18 632**	4 716	4 156	I	17 110	15 588	14 066	12 577	11 147	9 776
	II	**17 831**	4 716	4 156	II	16 309	14 787	13 275	11 816	10 417	9 078
	III	**12 320**	4 716	4 156	III	11 164	10 036	8 940	7 872	6 834	5 826
	V	**23 781**	4 716	4 156	IV	17 871	17 110	16 349	15 588	14 827	14 066
	VI	**24 216**	4 716	4 156							
74 555,99 Ost	I,IV	**18 874**	4 716	4 156	I	17 352	15 830	14 308	12 809	11 370	9 989
	II	**18 073**	4 716	4 156	II	16 550	15 028	13 512	12 044	10 635	9 286
	III	**12 506**	4 716	4 156	III	11 344	10 214	9 112	8 040	6 998	5 984
	V	**24 023**	4 716	4 156	IV	18 113	17 352	16 591	15 830	15 069	14 308
	VI	**24 458**	4 716	4 156							
74 591,99 West	I,IV	**18 647**	4 716	4 156	I	17 125	15 603	14 081	12 591	11 161	9 789
	II	**17 846**	4 716	4 156	II	16 324	14 802	13 289	11 831	10 431	9 091
	III	**12 332**	4 716	4 156	III	11 174	10 048	8 950	7 882	6 844	5 836
	V	**23 796**	4 716	4 156	IV	17 886	17 125	16 364	15 603	14 842	14 081
	VI	**24 231**	4 716	4 156							
74 591,99 Ost	I,IV	**18 889**	4 716	4 156	I	17 367	15 845	14 323	12 824	11 384	10 003
	II	**18 088**	4 716	4 156	II	16 566	15 043	13 526	12 058	10 649	9 299
	III	**12 518**	4 716	4 156	III	11 356	10 224	9 122	8 050	7 008	5 994
	V	**24 038**	4 716	4 156	IV	18 128	17 367	16 606	15 845	15 084	14 323
	VI	**24 473**	4 716	4 156							
74 627,99 West	I,IV	**18 663**	4 716	4 156	I	17 141	15 618	14 096	12 606	11 174	9 802
	II	**17 861**	4 716	4 156	II	16 339	14 817	13 304	11 845	10 445	9 104
	III	**12 342**	4 716	4 156	III	11 186	10 058	8 962	7 894	6 854	5 846
	V	**23 811**	4 716	4 156	IV	17 902	17 141	16 379	15 618	14 857	14 096
	VI	**24 246**	4 716	4 156							
74 627,99 Ost	I,IV	**18 904**	4 716	4 156	I	17 382	15 860	14 338	12 838	11 398	10 016
	II	**18 103**	4 716	4 156	II	16 581	15 059	13 541	12 072	10 663	9 312
	III	**12 528**	4 716	4 156	III	11 368	10 236	9 134	8 060	7 018	6 004
	V	**24 053**	4 716	4 156	IV	18 143	17 382	16 621	15 860	15 099	14 338
	VI	**24 488**	4 716	4 156							
74 663,99 West	I,IV	**18 678**	4 716	4 156	I	17 156	15 634	14 112	12 620	11 188	9 816
	II	**17 876**	4 716	4 156	II	16 354	14 832	13 319	11 859	10 458	9 117
	III	**12 354**	4 716	4 156	III	11 198	10 070	8 972	7 904	6 866	5 856
	V	**23 826**	4 716	4 156	IV	17 917	17 156	16 395	15 634	14 873	14 112
	VI	**24 262**	4 716	4 156							
74 663,99 Ost	I,IV	**18 919**	4 716	4 156	I	17 397	15 875	14 353	12 853	11 412	10 029
	II	**18 118**	4 716	4 156	II	16 596	15 074	13 556	12 087	10 677	9 326
	III	**12 540**	4 716	4 156	III	11 378	10 246	9 144	8 072	7 028	6 014
	V	**24 068**	4 716	4 156	IV	18 158	17 397	16 636	15 875	15 114	14 353
	VI	**24 503**	4 716	4 156							
74 699,99 West	I,IV	**18 693**	4 716	4 156	I	17 171	15 649	14 127	12 635	11 202	9 829
	II	**17 891**	4 716	4 156	II	16 369	14 847	13 334	11 873	10 472	9 130
	III	**12 366**	4 716	4 156	III	11 208	10 080	8 982	7 914	6 876	5 866
	V	**23 842**	4 716	4 156	IV	17 932	17 171	16 410	15 649	14 888	14 127
	VI	**24 277**	4 716	4 156							
74 699,99 Ost	I,IV	**18 934**	4 716	4 156	I	17 412	15 890	14 368	12 868	11 426	10 043
	II	**18 133**	4 716	4 156	II	16 611	15 089	13 571	12 101	10 690	9 339
	III	**12 552**	4 716	4 156	III	11 390	10 258	9 154	8 082	7 038	6 024
	V	**24 083**	4 716	4 156	IV	18 173	17 412	16 651	15 890	15 129	14 368
	VI	**24 518**	4 716	4 156							
74 735,99 West	I,IV	**18 708**	4 716	4 156	I	17 186	15 664	14 142	12 649	11 216	9 842
	II	**17 907**	4 716	4 156	II	16 385	14 862	13 349	11 887	10 485	9 143
	III	**12 378**	4 716	4 156	III	11 220	10 092	8 994	7 924	6 886	5 876
	V	**23 857**	4 716	4 156	IV	17 947	17 186	16 425	15 664	14 903	14 142
	VI	**24 292**	4 716	4 156							
74 735,99 Ost	I,IV	**18 949**	4 716	4 156	I	17 427	15 905	14 383	12 882	11 440	10 056
	II	**18 148**	4 716	4 156	II	16 626	15 104	13 586	12 115	10 704	9 352
	III	**12 564**	4 716	4 156	III	11 402	10 268	9 166	8 092	7 048	6 034
	V	**24 098**	4 716	4 156	IV	18 188	17 427	16 666	15 905	15 144	14 383
	VI	**24 533**	4 716	4 156							

* Zur LSt-Berechnung für privat versicherte Arbeitnehmer s. Beispiele **Vorbemerkung S. 4 f.**
** Basisvorsorgepauschale KV und PV *** Typisierter Arbeitgeberzuschuss

Lohn/ Gehalt in € bis	Steuerklasse	**Lohn-steuer***	BVSP**	TAGZ***	Steuerklasse	Bemessungsgrundlage für Kirchensteuer und Solidaritätszuschlag – Freibeträge für ... Kinder 0,5	**1,0**	1,5	**2,0**	2,5	**3,0**
74771,99 West	I,IV	**18723**	4716	4156	I	17201	15679	14157	12664	11230	9856
	II	**17922**	4716	4156	II	16400	14878	13363	11902	10499	9156
	III	**12390**	4716	4156	III	11232	10104	9004	7936	6896	5886
	V	**23872**	4716	4156	IV	17962	17201	16440	15679	14918	14157
	VI	**24307**	4716	4156							
74771,99 Ost	I,IV	**18965**	4716	4156	I	17443	15920	14398	12897	11454	10070
	II	**18163**	4716	4156	II	16641	15119	13601	12130	10718	9365
	III	**12576**	4716	4156	III	11412	10280	9176	8102	7058	6044
	V	**24113**	4716	4156	IV	18204	17443	16681	15920	15159	14398
	VI	**24548**	4716	4156							
74807,99 West	I,IV	**18738**	4716	4156	I	17216	15694	14172	12678	11244	9869
	II	**17937**	4716	4156	II	16415	14893	13378	11916	10513	9169
	III	**12402**	4716	4156	III	11242	10114	9016	7946	6906	5896
	V	**23887**	4716	4156	IV	17977	17216	16455	15694	14933	14172
	VI	**24322**	4716	4156							
74807,99 Ost	I,IV	**18980**	4716	4156	I	17458	15936	14413	12911	11468	10083
	II	**18178**	4716	4156	II	16656	15134	13616	12144	10731	9378
	III	**12588**	4716	4156	III	11424	10290	9188	8114	7068	6054
	V	**24128**	4716	4156	IV	18219	17458	16697	15936	15175	14413
	VI	**24564**	4716	4156							
74843,99 West	I,IV	**18753**	4716	4156	I	17231	15709	14187	12693	11258	9882
	II	**17952**	4716	4156	II	16430	14908	13393	11930	10526	9182
	III	**12412**	4716	4156	III	11254	10126	9026	7956	6916	5906
	V	**23902**	4716	4156	IV	17992	17231	16470	15709	14948	14187
	VI	**24337**	4716	4156							
74843,99 Ost	I,IV	**18995**	4716	4156	I	17473	15951	14429	12926	11482	10097
	II	**18193**	4716	4156	II	16671	15149	13631	12158	10745	9391
	III	**12598**	4716	4156	III	11436	10302	9198	8124	7078	6064
	V	**24144**	4716	4156	IV	18234	17473	16712	15951	15190	14429
	VI	**24579**	4716	4156							
74879,99 West	I,IV	**18768**	4716	4156	I	17246	15724	14202	12708	11272	9896
	II	**17967**	4716	4156	II	16445	14923	13408	11944	10540	9195
	III	**12424**	4716	4156	III	11266	10136	9036	7966	6926	5916
	V	**23917**	4716	4156	IV	18007	17246	16485	15724	14963	14202
	VI	**24352**	4716	4156							
74879,99 Ost	I,IV	**19010**	4716	4156	I	17488	15966	14444	12941	11496	10110
	II	**18209**	4716	4156	II	16687	15164	13646	12173	10759	9404
	III	**12610**	4716	4156	III	11448	10314	9208	8134	7090	6074
	V	**24159**	4716	4156	IV	18249	17488	16727	15966	15205	14444
	VI	**24594**	4716	4156							
74915,99 West	I,IV	**18784**	4716	4156	I	17261	15739	14217	12722	11286	9909
	II	**17982**	4716	4156	II	16460	14938	13423	11959	10554	9208
	III	**12436**	4716	4156	III	11276	10148	9048	7978	6936	5926
	V	**23932**	4716	4156	IV	18023	17261	16500	15739	14978	14217
	VI	**24367**	4716	4156							
74915,99 Ost	I,IV	**19025**	4716	4156	I	17503	15981	14459	12955	11510	10124
	II	**18224**	4716	4156	II	16702	15180	13661	12187	10773	9418
	III	**12622**	4716	4156	III	11458	10324	9220	8144	7100	6084
	V	**24174**	4716	4156	IV	18264	17503	16742	15981	15220	14459
	VI	**24609**	4716	4156							
74951,99 West	I,IV	**18799**	4716	4156	I	17277	15755	14232	12737	11300	9922
	II	**17997**	4716	4156	II	16475	14953	13438	11973	10567	9221
	III	**12448**	4716	4156	III	11288	10158	9058	7988	6946	5936
	V	**23947**	4716	4156	IV	18038	17277	16516	15755	14993	14232
	VI	**24383**	4716	4156							
74951,99 Ost	I,IV	**19040**	4716	4156	I	17518	15996	14474	12970	11524	10137
	II	**18239**	4716	4156	II	16717	15195	13675	12201	10786	9431
	III	**12634**	4716	4156	III	11470	10336	9230	8156	7110	6094
	V	**24189**	4716	4156	IV	18279	17518	16757	15996	15235	14474
	VI	**24624**	4716	4156							

* Zur LSt-Berechnung für privat versicherte Arbeitnehmer s. Beispiele **Vorbemerkung S. 4 f.**
** Basisvorsorgepauschale KV und PV *** Typisierter Arbeitgeberzuschuss

Lohn/ Gehalt in € bis	Steuerklasse	Lohn-steuer*	BVSP**	TAGZ***	Steuerklasse	Bemessungsgrundlage für Kirchensteuer und Solidaritätszuschlag					
						Freibeträge für ... Kinder					
						0,5	**1,0**	1,5	**2,0**	2,5	**3,0**
74 987,99	I,IV	**18 814**	4 716	4 156	I	17 292	15 770	14 248	12 751	11 314	9 936
West	II	**18 012**	4 716	4 156	II	16 490	14 968	13 452	11 987	10 581	9 234
	III	**12 460**	4 716	4 156	III	11 300	10 170	9 070	7 998	6 956	5 946
	V	**23 963**	4 716	4 156	IV	18 053	17 292	16 531	15 770	15 009	14 248
	VI	**24 398**	4 716	4 156							
74 987,99	I,IV	**19 055**	4 716	4 156	I	17 533	16 011	14 489	12 985	11 538	10 151
Ost	II	**18 254**	4 716	4 156	II	16 732	15 210	13 690	12 216	10 800	9 444
	III	**12 646**	4 716	4 156	III	11 482	10 346	9 242	8 166	7 120	6 104
	V	**24 204**	4 716	4 156	IV	18 294	17 533	16 772	16 011	15 250	14 489
	VI	**24 639**	4 716	4 156							
75 023,99	I,IV	**18 829**	4 716	4 156	I	17 307	15 785	14 263	12 766	11 328	9 949
West	II	**18 028**	4 716	4 156	II	16 505	14 983	13 467	12 001	10 595	9 247
	III	**12 472**	4 716	4 156	III	11 312	10 180	9 080	8 008	6 966	5 954
	V	**23 978**	4 716	4 156	IV	18 068	17 307	16 546	15 785	15 024	14 263
	VI	**24 413**	4 716	4 156							
75 023,99	I,IV	**19 070**	4 716	4 156	I	17 548	16 026	14 504	12 999	11 552	10 164
Ost	II	**18 269**	4 716	4 156	II	16 747	15 225	13 705	12 230	10 814	9 457
	III	**12 658**	4 716	4 156	III	11 492	10 358	9 252	8 176	7 130	6 114
	V	**24 219**	4 716	4 156	IV	18 309	17 548	16 787	16 026	15 265	14 504
	VI	**24 654**	4 716	4 156							
75 059,99	I,IV	**18 844**	4 716	4 156	I	17 322	15 800	14 278	12 780	11 342	9 963
West	II	**18 043**	4 716	4 156	II	16 521	14 999	13 482	12 016	10 608	9 260
	III	**12 482**	4 716	4 156	III	11 322	10 192	9 090	8 020	6 978	5 964
	V	**23 993**	4 716	4 156	IV	18 083	17 322	16 561	15 800	15 039	14 278
	VI	**24 428**	4 716	4 156							
75 059,99	I,IV	**19 086**	4 716	4 156	I	17 563	16 041	14 519	13 014	11 566	10 178
Ost	II	**18 284**	4 716	4 156	II	16 762	15 240	13 720	12 244	10 828	9 470
	III	**12 670**	4 716	4 156	III	11 504	10 368	9 264	8 186	7 140	6 124
	V	**24 234**	4 716	4 156	IV	18 325	17 563	16 802	16 041	15 280	14 519
	VI	**24 669**	4 716	4 156							
75 095,99	I,IV	**18 859**	4 716	4 156	I	17 337	15 815	14 293	12 795	11 356	9 976
West	II	**18 058**	4 716	4 156	II	16 536	15 014	13 497	12 030	10 622	9 273
	III	**12 494**	4 716	4 156	III	11 334	10 202	9 102	8 030	6 988	5 974
	V	**24 008**	4 716	4 156	IV	18 098	17 337	16 576	15 815	15 054	14 293
	VI	**24 443**	4 716	4 156							
75 095,99	I,IV	**19 101**	4 716	4 156	I	17 579	16 057	14 534	13 029	11 580	10 191
Ost	II	**18 299**	4 716	4 156	II	16 777	15 255	13 735	12 259	10 842	9 483
	III	**12 680**	4 716	4 156	III	11 516	10 380	9 274	8 198	7 150	6 134
	V	**24 249**	4 716	4 156	IV	18 340	17 579	16 818	16 057	15 295	14 534
	VI	**24 684**	4 716	4 156							
75 131,99	I,IV	**18 874**	4 716	4 156	I	17 352	15 830	14 308	12 810	11 370	9 990
West	II	**18 073**	4 716	4 156	II	16 551	15 029	13 512	12 044	10 636	9 287
	III	**12 506**	4 716	4 156	III	11 346	10 214	9 112	8 040	6 998	5 984
	V	**24 023**	4 716	4 156	IV	18 113	17 352	16 591	15 830	15 069	14 308
	VI	**24 458**	4 716	4 156							
75 131,99	I,IV	**19 116**	4 716	4 156	I	17 594	16 072	14 550	13 043	11 594	10 205
Ost	II	**18 314**	4 716	4 156	II	16 792	15 270	13 750	12 273	10 855	9 497
	III	**12 692**	4 716	4 156	III	11 528	10 392	9 284	8 208	7 160	6 144
	V	**24 264**	4 716	4 156	IV	18 355	17 594	16 833	16 072	15 311	14 550
	VI	**24 700**	4 716	4 156							
75 167,99	I,IV	**18 889**	4 716	4 156	I	17 367	15 845	14 323	12 824	11 384	10 003
West	II	**18 088**	4 716	4 156	II	16 566	15 044	13 527	12 059	10 649	9 300
	III	**12 518**	4 716	4 156	III	11 356	10 224	9 122	8 050	7 008	5 994
	V	**24 038**	4 716	4 156	IV	18 128	17 367	16 606	15 845	15 084	14 323
	VI	**24 473**	4 716	4 156							
75 167,99	I,IV	**19 131**	4 716	4 156	I	17 609	16 087	14 565	13 058	11 609	10 218
Ost	II	**18 330**	4 716	4 156	II	16 807	15 285	13 765	12 288	10 869	9 510
	III	**12 704**	4 716	4 156	III	11 538	10 402	9 296	8 218	7 170	6 154
	V	**24 280**	4 716	4 156	IV	18 370	17 609	16 848	16 087	15 326	14 565
	VI	**24 715**	4 716	4 156							

* Zur LSt-Berechnung für privat versicherte Arbeitnehmer s. Beispiele **Vorbemerkung S. 4 f.**
** Basisvorsorgepauschale KV und PV *** Typisierter Arbeitgeberzuschuss

Lohn/ Gehalt in € bis	Steuerklasse	Lohnsteuer*	BVSP**	TAGZ***	Steuerklasse	Bemessungsgrundlage für Kirchensteuer und Solidaritätszuschlag – Freibeträge für ... Kinder 0,5	1,0	1,5	2,0	2,5	3,0
75 203,99 West	I,IV	**18 905**	4 716	4 156	I	17 382	15 860	14 338	12 839	11 398	10 016
	II	**18 103**	4 716	4 156	II	16 581	15 059	13 542	12 073	10 663	9 313
	III	**12 530**	4 716	4 156	III	11 368	10 236	9 134	8 062	7 018	6 004
	V	**24 053**	4 716	4 156	IV	18 143	17 382	16 621	15 860	15 099	14 338
	VI	**24 488**	4 716	4 156							
75 203,99 Ost	I,IV	**19 146**	4 716	4 156	I	17 624	16 102	14 580	13 073	11 623	10 232
	II	**18 345**	4 716	4 156	II	16 823	15 301	13 780	12 302	10 883	9 523
	III	**12 716**	4 716	4 156	III	11 550	10 414	9 306	8 230	7 182	6 164
	V	**24 295**	4 716	4 156	IV	18 385	17 624	16 863	16 102	15 341	14 580
	VI	**24 730**	4 716	4 156							
75 239,99 West	I,IV	**18 920**	4 716	4 156	I	17 398	15 875	14 353	12 853	11 412	10 030
	II	**18 118**	4 716	4 156	II	16 596	15 074	13 557	12 087	10 677	9 326
	III	**12 542**	4 716	4 156	III	11 380	10 248	9 144	8 072	7 028	6 014
	V	**24 068**	4 716	4 156	IV	18 159	17 398	16 637	15 875	15 114	14 353
	VI	**24 503**	4 716	4 156							
75 239,99 Ost	I,IV	**19 161**	4 716	4 156	I	17 639	16 117	14 595	13 088	11 637	10 245
	II	**18 360**	4 716	4 156	II	16 838	15 316	13 795	12 316	10 897	9 536
	III	**12 728**	4 716	4 156	III	11 562	10 424	9 318	8 240	7 192	6 174
	V	**24 310**	4 716	4 156	IV	18 400	17 639	16 878	16 117	15 356	14 595
	VI	**24 745**	4 716	4 156							
75 275,99 West	I,IV	**18 935**	4 716	4 156	I	17 413	15 891	14 369	12 868	11 426	10 043
	II	**18 133**	4 716	4 156	II	16 611	15 089	13 571	12 101	10 691	9 339
	III	**12 552**	4 716	4 156	III	11 390	10 258	9 156	8 082	7 038	6 024
	V	**24 083**	4 716	4 156	IV	18 174	17 413	16 652	15 891	15 130	14 369
	VI	**24 519**	4 716	4 156							
75 275,99 Ost	I,IV	**19 176**	4 716	4 156	I	17 654	16 132	14 610	13 102	11 651	10 259
	II	**18 375**	4 716	4 156	II	16 853	15 331	13 810	12 331	10 911	9 550
	III	**12 740**	4 716	4 156	III	11 572	10 436	9 328	8 250	7 202	6 184
	V	**24 325**	4 716	4 156	IV	18 415	17 654	16 893	16 132	15 371	14 610
	VI	**24 760**	4 716	4 156							
75 311,99 West	I,IV	**18 950**	4 716	4 156	I	17 428	15 906	14 384	12 883	11 440	10 057
	II	**18 149**	4 716	4 156	II	16 626	15 104	13 586	12 116	10 704	9 352
	III	**12 564**	4 716	4 156	III	11 402	10 270	9 166	8 092	7 048	6 034
	V	**24 099**	4 716	4 156	IV	18 189	17 428	16 667	15 906	15 145	14 384
	VI	**24 534**	4 716	4 156							
75 311,99 Ost	I,IV	**19 191**	4 716	4 156	I	17 669	16 147	14 625	13 117	11 665	10 272
	II	**18 390**	4 716	4 156	II	16 868	15 346	13 825	12 345	10 924	9 563
	III	**12 752**	4 716	4 156	III	11 584	10 446	9 338	8 260	7 212	6 192
	V	**24 340**	4 716	4 156	IV	18 430	17 669	16 908	16 147	15 386	14 625
	VI	**24 775**	4 716	4 156							
75 347,99 West	I,IV	**18 965**	4 716	4 156	I	17 443	15 921	14 399	12 897	11 454	10 070
	II	**18 164**	4 716	4 156	II	16 642	15 119	13 601	12 130	10 718	9 365
	III	**12 576**	4 716	4 156	III	11 414	10 280	9 178	8 104	7 058	6 044
	V	**24 114**	4 716	4 156	IV	18 204	17 443	16 682	15 921	15 160	14 399
	VI	**24 549**	4 716	4 156							
75 347,99 Ost	I,IV	**19 207**	4 716	4 156	I	17 684	16 162	14 640	13 132	11 679	10 286
	II	**18 405**	4 716	4 156	II	16 883	15 361	13 840	12 360	10 938	9 576
	III	**12 764**	4 716	4 156	III	11 596	10 458	9 350	8 272	7 222	6 202
	V	**24 355**	4 716	4 156	IV	18 445	17 684	16 923	16 162	15 401	14 640
	VI	**24 790**	4 716	4 156							
75 383,99 West	I,IV	**18 980**	4 716	4 156	I	17 458	15 936	14 414	12 912	11 468	10 084
	II	**18 179**	4 716	4 156	II	16 657	15 135	13 616	12 144	10 732	9 378
	III	**12 588**	4 716	4 156	III	11 424	10 292	9 188	8 114	7 070	6 054
	V	**24 129**	4 716	4 156	IV	18 219	17 458	16 697	15 936	15 175	14 414
	VI	**24 564**	4 716	4 156							
75 383,99 Ost	I,IV	**19 222**	4 716	4 156	I	17 700	16 177	14 655	13 146	11 693	10 299
	II	**18 420**	4 716	4 156	II	16 898	15 376	13 855	12 374	10 952	9 589
	III	**12 774**	4 716	4 156	III	11 608	10 470	9 360	8 282	7 232	6 212
	V	**24 370**	4 716	4 156	IV	18 461	17 700	16 939	16 177	15 416	14 655
	VI	**24 805**	4 716	4 156							

* Zur LSt-Berechnung für privat versicherte Arbeitnehmer s. Beispiele **Vorbemerkung S. 4 f.**
** Basisvorsorgepauschale KV und PV *** Typisierter Arbeitgeberzuschuss

Lohn/ Gehalt in € bis	Steuerklasse	Lohnsteuer*	BVSP**	TAGZ***	Steuerklasse	Bemessungsgrundlage für Kirchensteuer und Solidaritätszuschlag – Freibeträge für ... Kinder 0,5	**1,0**	1,5	**2,0**	2,5	**3,0**
75419,99	I,IV	**18995**	4716	4156	I	17473	15951	14429	12927	11482	10097
West	II	**18194**	4716	4156	II	16672	15150	13631	12159	10746	9392
	III	**12600**	4716	4156	III	11436	10302	9198	8124	7080	6064
	V	**24144**	4716	4156	IV	18234	17473	16712	15951	15190	14429
	VI	**24579**	4716	4156							
75419,99	I,IV	**19237**	4716	4156	I	17715	16193	14671	13161	11707	10313
Ost	II	**18435**	4716	4156	II	16913	15391	13870	12388	10966	9602
	III	**12786**	4716	4156	III	11618	10480	9372	8292	7242	6222
	V	**24385**	4716	4156	IV	18476	17715	16954	16193	15432	14671
	VI	**24821**	4716	4156							
75455,99	I,IV	**19010**	4716	4156	I	17488	15966	14444	12941	11496	10111
West	II	**18209**	4716	4156	II	16687	15165	13646	12173	10759	9405
	III	**12612**	4716	4156	III	11448	10314	9210	8134	7090	6074
	V	**24159**	4716	4156	IV	18249	17488	16727	15966	15205	14444
	VI	**24594**	4716	4156							
75455,99	I,IV	**19252**	4716	4156	I	17730	16208	14686	13176	11722	10326
Ost	II	**18451**	4716	4156	II	16928	15406	13885	12403	10980	9616
	III	**12798**	4716	4156	III	11630	10492	9382	8302	7254	6232
	V	**24401**	4716	4156	IV	18491	17730	16969	16208	15447	14686
	VI	**24836**	4716	4156							
75491,99	I,IV	**19025**	4716	4156	I	17503	15981	14459	12956	11510	10124
West	II	**18224**	4716	4156	II	16702	15180	13661	12187	10773	9418
	III	**12624**	4716	4156	III	11460	10324	9220	8146	7100	6084
	V	**24174**	4716	4156	IV	18264	17503	16742	15981	15220	14459
	VI	**24609**	4716	4156							
75491,99	I,IV	**19267**	4716	4156	I	17745	16223	14701	13191	11736	10340
Ost	II	**18466**	4716	4156	II	16944	15421	13900	12417	10994	9629
	III	**12810**	4716	4156	III	11642	10502	9394	8314	7264	6242
	V	**24416**	4716	4156	IV	18506	17745	16984	16223	15462	14701
	VI	**24851**	4716	4156							
75527,99	I,IV	**19041**	4716	4156	I	17519	15996	14474	12970	11524	10137
West	II	**18239**	4716	4156	II	16717	15195	13676	12202	10787	9431
	III	**12634**	4716	4156	III	11470	10336	9232	8156	7110	6094
	V	**24189**	4716	4156	IV	18280	17519	16757	15996	15235	14474
	VI	**24624**	4716	4156							
75527,99	I,IV	**19282**	4716	4156	I	17760	16238	14716	13205	11750	10354
Ost	II	**18481**	4716	4156	II	16959	15437	13915	12432	11007	9642
	III	**12822**	4716	4156	III	11654	10514	9404	8324	7274	6252
	V	**24431**	4716	4156	IV	18521	17760	16999	16238	15477	14716
	VI	**24866**	4716	4156							
75563,99	I,IV	**19056**	4716	4156	I	17534	16012	14489	12985	11538	10151
West	II	**18254**	4716	4156	II	16732	15210	13691	12216	10801	9444
	III	**12646**	4716	4156	III	11482	10348	9242	8166	7120	6104
	V	**24204**	4716	4156	IV	18295	17534	16773	16012	15251	14489
	VI	**24640**	4716	4156							
75563,99	I,IV	**19297**	4716	4156	I	17775	16253	14731	13220	11764	10367
Ost	II	**18496**	4716	4156	II	16974	15452	13930	12446	11021	9656
	III	**12834**	4716	4156	III	11664	10524	9416	8334	7284	6262
	V	**24446**	4716	4156	IV	18536	17775	17014	16253	15492	14731
	VI	**24881**	4716	4156							
75599,99	I,IV	**19071**	4716	4156	I	17549	16027	14505	13000	11553	10164
West	II	**18269**	4716	4156	II	16747	15225	13706	12230	10814	9457
	III	**12658**	4716	4156	III	11494	10358	9252	8176	7130	6114
	V	**24220**	4716	4156	IV	18310	17549	16788	16027	15266	14505
	VI	**24655**	4716	4156							
75599,99	I,IV	**19312**	4716	4156	I	17790	16268	14746	13235	11778	10381
Ost	II	**18511**	4716	4156	II	16989	15467	13945	12461	11035	9669
	III	**12846**	4716	4156	III	11676	10536	9426	8346	7294	6272
	V	**24461**	4716	4156	IV	18551	17790	17029	16268	15507	14746
	VI	**24896**	4716	4156							

* Zur LSt-Berechnung für privat versicherte Arbeitnehmer s. Beispiele **Vorbemerkung S. 4f.**
** Basisvorsorgepauschale KV und PV *** Typisierter Arbeitgeberzuschuss

Solidaritätszuschlag für Monatslohnsteuerbeträge

Steuerklassen I, II, IV, V und VI			Steuerklasse III		
Maßstabslohnsteuer		Solidaritätszuschlag	Maßstabslohnsteuer		Solidaritätszuschlag
	€	€		€	€
bis	81,40	0,00	bis	163,49	0,00
	81,41	0,08		163,50	0,30
	81,75	0,15		164,83	0,56
	82,08	0,21		166,33	0,86
	82,41	0,28		167,83	1,16
	82,66	0,33		169,33	1,46
	83,16	0,43		170,66	1,73
	83,25	0,45		172,16	2,03
	83,83	0,56		173,66	2,33
	83,91	0,58		175,16	2,63
	84,41	0,68		176,66	2,93
	84,66	0,73		178,00	3,20
	85,00	0,80		179,50	3,50
	85,33	0,86		181,00	3,80
	85,66	0,93		182,50	4,10
	86,08	1,01		184,00	4,40
	86,25	1,05		185,50	4,70
	86,83	1,16		186,83	4,96
	87,41	1,28		188,33	5,26
	87,58	1,31		189,83	5,56
	88,00	1,40		191,33	5,86
	88,33	1,46		192,83	6,16
	88,58	1,51		194,33	6,46
	89,00	1,60		195,83	6,76
	89,25	1,65		197,33	7,06
	89,75	1,75		198,83	7,36
	89,83	1,76		200,16	7,63
	90,41	1,88		201,66	7,93
	90,50	1,90		203,16	8,23
	91,00	2,00		204,66	8,53
	91,25	2,05		206,16	8,83
	91,58	2,11		207,66	9,13
	92,00	2,20		209,16	9,43
	92,16	2,23		210,66	9,73
	92,75	2,35		212,16	10,03
	92,83	2,36		213,66	10,33
	93,41	2,48		215,16	10,63
	94,00	2,60		216,66	10,93
	94,16	2,63		218,16	11,23
	94,58	2,71		219,66	11,53
	94,91	2,78		221,16	11,83
	95,16	2,83		222,66	12,13
	95,66	2,93			
	95,75	2,95			

Steuerklassen I, II, IV, V und VI		Steuerklasse III	
Maßstabslohnsteuer	Solidaritätszuschlag	Maßstabslohnsteuer	Solidaritätszuschlag
€	€	€	€
96,33	3,06		
96,41	3,08		
97,00	3,20		
97,16	3,23		
97,58	3,31		
97,91	3,38		
98,16	3,43		
98,66	3,53		
98,75	3,55		
99,33	3,66		
99,41	3,68		
99,91	3,78		
100,08	3,81		
100,58	3,91		
100,83	3,96		
101,16	4,03		
101,58	4,11		
101,75	4,15		
102,33	4,26		
102,91	4,38		
103,08	4,41		
103,50	4,50		
103,83	4,56		
104,16	4,63		
104,58	4,71		
104,75	4,75		
105,33	4,86		
105,91	4,98		
106,08	5,01		
106,50	5,10		
106,83	5,16		
107,08	5,21		
107,58	5,31		
107,75	5,35		
108,33	5,46		
108,91	5,58		
109,08	5,61		
109,50	5,70		
109,83	5,76		
110,08	5,81		
110,58	5,91		
110,66	5,93		
111,33	6,06		

Lohn/ Gehalt in € bis	Steuerklasse	Lohn-steuer*	BVSP**	TAGZ***
2,99	I,IV		0,33	0,16
	II		0,33	0,16
	III		0,33	0,16
	V		0,33	0,16
	VI	**0,25**	0,33	0,16
5,99	I,IV		0,66	0,41
	II		0,66	0,41
	III		0,66	0,41
	V		0,66	0,41
	VI	**0,66**	0,66	0,41
8,99	I,IV		1,00	0,66
	II		1,00	0,66
	III		1,00	0,66
	V		1,00	0,66
	VI	**1,00**	1,00	0,66
11,99	I,IV		1,41	0,91
	II		1,41	0,91
	III		1,41	0,91
	V		1,41	0,91
	VI	**1,33**	1,41	0,91
14,99	I,IV		1,75	1,16
	II		1,75	1,16
	III		1,75	1,16
	V		1,75	1,16
	VI	**1,66**	1,75	1,16
17,99	I,IV		2,08	1,41
	II		2,08	1,41
	III		2,08	1,41
	V		2,08	1,41
	VI	**2,00**	2,08	1,41
20,99	I,IV		2,50	1,66
	II		2,50	1,66
	III		2,50	1,66
	V		2,50	1,66
	VI	**2,33**	2,50	1,66
23,99	I,IV		2,83	1,91
	II		2,83	1,91
	III		2,83	1,91
	V		2,83	1,91
	VI	**2,66**	2,83	1,91
26,99	I,IV		3,16	2,16
	II		3,16	2,16
	III		3,16	2,16
	V		3,16	2,16
	VI	**3,00**	3,16	2,16
29,99	I,IV		3,58	2,41
	II		3,58	2,41
	III		3,58	2,41
	V		3,58	2,41
	VI	**3,41**	3,58	2,41
32,99	I,IV		3,91	2,66
	II		3,91	2,66
	III		3,91	2,66
	V		3,91	2,66
	VI	**3,75**	3,91	2,66
35,99	I,IV		4,25	2,91
	II		4,25	2,91
	III		4,25	2,91
	V		4,25	2,91
	VI	**4,08**	4,25	2,91

Lohn/ Gehalt in € bis	Steuerklasse	Lohn-steuer*	BVSP**	TAGZ***
38,99	I,IV		4,66	3,16
	II		4,66	3,16
	III		4,66	3,16
	V		4,66	3,16
	VI	**4,41**	4,66	3,16
41,99	I,IV		5,00	3,41
	II		5,00	3,41
	III		5,00	3,41
	V		5,00	3,41
	VI	**4,75**	5,00	3,41
44,99	I,IV		5,33	3,66
	II		5,33	3,66
	III		5,33	3,66
	V		5,33	3,66
	VI	**5,08**	5,33	3,66
47,99	I,IV		5,75	3,91
	II		5,75	3,91
	III		5,75	3,91
	V		5,75	3,91
	VI	**5,41**	5,75	3,91
50,99	I,IV		6,08	4,16
	II		6,08	4,16
	III		6,08	4,16
	V		6,08	4,16
	VI	**5,83**	6,08	4,16
53,99	I,IV		6,41	4,33
	II		6,41	4,33
	III		6,41	4,33
	V		6,41	4,33
	VI	**6,16**	6,41	4,33
56,99	I,IV		6,83	4,58
	II		6,83	4,58
	III		6,83	4,58
	V		6,83	4,58
	VI	**6,50**	6,83	4,58
59,99	I,IV		7,16	4,83
	II		7,16	4,83
	III		7,16	4,83
	V		7,16	4,83
	VI	**6,83**	7,16	4,83
62,99	I,IV		7,50	5,08
	II		7,50	5,08
	III		7,50	5,08
	V		7,50	5,08
	VI	**7,16**	7,50	5,08
65,99	I,IV		7,91	5,33
	II		7,91	5,33
	III		7,91	5,33
	V		7,91	5,33
	VI	**7,50**	7,91	5,33
68,99	I,IV		8,25	5,58
	II		8,25	5,58
	III		8,25	5,58
	V		8,25	5,58
	VI	**7,83**	8,25	5,58
71,99	I,IV		8,58	5,83
	II		8,58	5,83
	III		8,58	5,83
	V		8,58	5,83
	VI	**8,16**	8,58	5,83

* Zur LSt-Berechnung für privat versicherte Arbeitnehmer s. Beispiele **Vorbemerkung S. 4f.**
** Basisvorsorgepauschale KV und PV *** Typisierter Arbeitgeberzuschuss

Lohn/ Gehalt in € bis	Steuerklasse	Lohn-steuer*	BVSP**	TAGZ***
74,99	I,IV		8,91	6,08
	II		8,91	6,08
	III		8,91	6,08
	V		8,91	6,08
	VI	**8,58**	8,91	6,08
77,99	I,IV		9,33	6,33
	II		9,33	6,33
	III		9,33	6,33
	V		9,33	6,33
	VI	**8,91**	9,33	6,33
80,99	I,IV		9,66	6,58
	II		9,66	6,58
	III		9,66	6,58
	V		9,66	6,58
	VI	**9,25**	9,66	6,58
83,99	I,IV		10,00	6,83
	II		10,00	6,83
	III		10,00	6,83
	V		10,00	6,83
	VI	**9,58**	10,00	6,83
86,99	I,IV		10,41	7,08
	II		10,41	7,08
	III		10,41	7,08
	V		10,41	7,08
	VI	**9,91**	10,41	7,08
89,99	I,IV		10,75	7,33
	II		10,75	7,33
	III		10,75	7,33
	V		10,75	7,33
	VI	**10,25**	10,75	7,33
92,99	I,IV		11,08	7,58
	II		11,08	7,58
	III		11,08	7,58
	V		11,08	7,58
	VI	**10,58**	11,08	7,58
95,99	I,IV		11,50	7,83
	II		11,50	7,83
	III		11,50	7,83
	V		11,50	7,83
	VI	**11,00**	11,50	7,83
98,99	I,IV		11,83	8,08
	II		11,83	8,08
	III		11,83	8,08
	V		11,83	8,08
	VI	**11,33**	11,83	8,08
101,99	I,IV		12,16	8,33
	II		12,16	8,33
	III		12,16	8,33
	V		12,16	8,33
	VI	**11,66**	12,16	8,33
104,99	I,IV		12,58	8,58
	II		12,58	8,58
	III		12,58	8,58
	V		12,58	8,58
	VI	**12,00**	12,58	8,58
107,99	I,IV		12,91	8,75
	II		12,91	8,75
	III		12,91	8,75
	V	**0,25**	12,91	8,75
	VI	**12,33**	12,91	8,75

Lohn/ Gehalt in € bis	Steuerklasse	Lohn-steuer*	BVSP**	TAGZ***
110,99	I,IV		13,25	9,00
	II		13,25	9,00
	III		13,25	9,00
	V	**0,58**	13,25	9,00
	VI	**12,66**	13,25	9,00
113,99	I,IV		13,66	9,25
	II		13,66	9,25
	III		13,66	9,25
	V	**0,91**	13,66	9,25
	VI	**13,00**	13,66	9,25
116,99	I,IV		14,00	9,50
	II		14,00	9,50
	III		14,00	9,50
	V	**1,25**	14,00	9,50
	VI	**13,41**	14,00	9,50
119,99	I,IV		14,33	9,75
	II		14,33	9,75
	III		14,33	9,75
	V	**1,66**	14,33	9,75
	VI	**13,75**	14,33	9,75
122,99	I,IV		14,75	10,00
	II		14,75	10,00
	III		14,75	10,00
	V	**2,00**	14,75	10,00
	VI	**14,08**	14,75	10,00
125,99	I,IV		15,08	10,25
	II		15,08	10,25
	III		15,08	10,25
	V	**2,33**	15,08	10,25
	VI	**14,41**	15,08	10,25
128,99	I,IV		15,41	10,50
	II		15,41	10,50
	III		15,41	10,50
	V	**2,66**	15,41	10,50
	VI	**14,75**	15,41	10,50
131,99	I,IV		15,83	10,75
	II		15,83	10,75
	III		15,83	10,75
	V	**3,00**	15,83	10,75
	VI	**15,08**	15,83	10,75
134,99	I,IV		16,16	11,00
	II		16,16	11,00
	III		16,16	11,00
	V	**3,33**	16,16	11,00
	VI	**15,41**	16,16	11,00
137,99	I,IV		16,50	11,25
	II		16,50	11,25
	III		16,50	11,25
	V	**3,66**	16,50	11,25
	VI	**15,75**	16,50	11,25
140,99	I,IV		16,91	11,50
	II		16,91	11,50
	III		16,91	11,50
	V	**4,08**	16,91	11,50
	VI	**16,16**	16,91	11,50
143,99	I,IV		17,25	11,75
	II		17,25	11,75
	III		17,25	11,75
	V	**4,41**	17,25	11,75
	VI	**16,50**	17,25	11,75

* Zur LSt-Berechnung für privat versicherte Arbeitnehmer s. Beispiele **Vorbemerkung S. 4 f.**
** Basisvorsorgepauschale KV und PV *** Typisierter Arbeitgeberzuschuss

Lohn/ Gehalt in € bis	Steuerklasse	Lohn-steuer*	BVSP**	TAGZ***
146,99	I,IV		17,58	12,00
	II		17,58	12,00
	III		17,58	12,00
	V	**4,75**	17,58	12,00
	VI	**16,83**	17,58	12,00
149,99	I,IV		17,91	12,25
	II		17,91	12,25
	III		17,91	12,25
	V	**5,08**	17,91	12,25
	VI	**17,16**	17,91	12,25
152,99	I,IV		18,33	12,50
	II		18,33	12,50
	III		18,33	12,50
	V	**5,41**	18,33	12,50
	VI	**17,50**	18,33	12,50
155,99	I,IV		18,66	12,75
	II		18,66	12,75
	III		18,66	12,75
	V	**5,75**	18,66	12,75
	VI	**17,83**	18,66	12,75
158,99	I,IV		19,00	12,91
	II		19,00	12,91
	III		19,00	12,91
	V	**6,08**	19,00	12,91
	VI	**18,16**	19,00	12,91
161,99	I,IV		19,41	13,16
	II		19,41	13,16
	III		19,41	13,16
	V	**6,41**	19,41	13,16
	VI	**18,58**	19,41	13,16
164,99	I,IV		19,75	13,41
	II		19,75	13,41
	III		19,75	13,41
	V	**6,83**	19,75	13,41
	VI	**18,91**	19,75	13,41
167,99	I,IV		20,08	13,66
	II		20,08	13,66
	III		20,08	13,66
	V	**7,16**	20,08	13,66
	VI	**19,25**	20,08	13,66
170,99	I,IV		20,50	13,91
	II		20,50	13,91
	III		20,50	13,91
	V	**7,50**	20,50	13,91
	VI	**19,58**	20,50	13,91
173,99	I,IV		20,83	14,16
	II		20,83	14,16
	III		20,83	14,16
	V	**7,83**	20,83	14,16
	VI	**19,91**	20,83	14,16
176,99	I,IV		21,16	14,41
	II		21,16	14,41
	III		21,16	14,41
	V	**8,16**	21,16	14,41
	VI	**20,25**	21,16	14,41
179,99	I,IV		21,58	14,66
	II		21,58	14,66
	III		21,58	14,66
	V	**8,50**	21,58	14,66
	VI	**20,58**	21,58	14,66

Lohn/ Gehalt in € bis	Steuerklasse	Lohn-steuer*	BVSP**	TAGZ***
182,99	I,IV		21,91	14,91
	II		21,91	14,91
	III		21,91	14,91
	V	**8,83**	21,91	14,91
	VI	**21,00**	21,91	14,91
185,99	I,IV		22,25	15,16
	II		22,25	15,16
	III		22,25	15,16
	V	**9,25**	22,25	15,16
	VI	**21,33**	22,25	15,16
188,99	I,IV		22,66	15,41
	II		22,66	15,41
	III		22,66	15,41
	V	**9,58**	22,66	15,41
	VI	**21,66**	22,66	15,41
191,99	I,IV		23,00	15,66
	II		23,00	15,66
	III		23,00	15,66
	V	**9,91**	23,00	15,66
	VI	**22,00**	23,00	15,66
194,99	I,IV		23,33	15,91
	II		23,33	15,91
	III		23,33	15,91
	V	**10,25**	23,33	15,91
	VI	**22,33**	23,33	15,91
197,99	I,IV		23,75	16,16
	II		23,75	16,16
	III		23,75	16,16
	V	**10,58**	23,75	16,16
	VI	**22,66**	23,75	16,16
200,99	I,IV		24,08	16,41
	II		24,08	16,41
	III		24,08	16,41
	V	**10,91**	24,08	16,41
	VI	**23,00**	24,08	16,41
203,99	I,IV		24,41	16,66
	II		24,41	16,66
	III		24,41	16,66
	V	**11,25**	24,41	16,66
	VI	**23,33**	24,41	16,66
206,99	I,IV		24,83	16,91
	II		24,83	16,91
	III		24,83	16,91
	V	**11,66**	24,83	16,91
	VI	**23,75**	24,83	16,91
209,99	I,IV		25,16	17,16
	II		25,16	17,16
	III		25,16	17,16
	V	**12,00**	25,16	17,16
	VI	**24,08**	25,16	17,16
212,99	I,IV		25,50	17,33
	II		25,50	17,33
	III		25,50	17,33
	V	**12,33**	25,50	17,33
	VI	**24,41**	25,50	17,33
215,99	I,IV		25,91	17,58
	II		25,91	17,58
	III		25,91	17,58
	V	**12,66**	25,91	17,58
	VI	**24,75**	25,91	17,58

* Zur LSt-Berechnung für privat versicherte Arbeitnehmer s. Beispiele **Vorbemerkung S. 4 f.**
** Basisvorsorgepauschale KV und PV *** Typisierter Arbeitgeberzuschuss

Lohn/ Gehalt in € bis	Steuerklasse	Lohn- steuer*	BVSP**	TAGZ***
218,99	I,IV		26,25	17,83
	II		26,25	17,83
	III		26,25	17,83
	V	**13,00**	26,25	17,83
	VI	**25,08**	26,25	17,83
221,99	I,IV		26,58	18,08
	II		26,58	18,08
	III		26,58	18,08
	V	**13,33**	26,58	18,08
	VI	**25,41**	26,58	18,08
224,99	I,IV		26,91	18,33
	II		26,91	18,33
	III		26,91	18,33
	V	**13,66**	26,91	18,33
	VI	**25,75**	26,91	18,33
227,99	I,IV		27,33	18,58
	II		27,33	18,58
	III		27,33	18,58
	V	**14,00**	27,33	18,58
	VI	**26,08**	27,33	18,58
230,99	I,IV		27,66	18,83
	II		27,66	18,83
	III		27,66	18,83
	V	**14,41**	27,66	18,83
	VI	**26,50**	27,66	18,83
233,99	I,IV		28,00	19,08
	II		28,00	19,08
	III		28,00	19,08
	V	**14,75**	28,00	19,08
	VI	**26,83**	28,00	19,08
236,99	I,IV		28,41	19,33
	II		28,41	19,33
	III		28,41	19,33
	V	**15,08**	28,41	19,33
	VI	**27,16**	28,41	19,33
239,99	I,IV		28,75	19,58
	II		28,75	19,58
	III		28,75	19,58
	V	**15,41**	28,75	19,58
	VI	**27,50**	28,75	19,58
242,99	I,IV		29,08	19,83
	II		29,08	19,83
	III		29,08	19,83
	V	**15,75**	29,08	19,83
	VI	**27,83**	29,08	19,83
245,99	I,IV		29,50	20,08
	II		29,50	20,08
	III		29,50	20,08
	V	**16,08**	29,50	20,08
	VI	**28,16**	29,50	20,08
248,99	I,IV		29,83	20,33
	II		29,83	20,33
	III		29,83	20,33
	V	**16,41**	29,83	20,33
	VI	**28,50**	29,83	20,33
251,99	I,IV		30,16	20,58
	II		30,16	20,58
	III		30,16	20,58
	V	**16,83**	30,16	20,58
	VI	**28,91**	30,16	20,58
254,99	I,IV		30,58	20,83
	II		30,58	20,83
	III		30,58	20,83
	V	**17,16**	30,58	20,83
	VI	**29,25**	30,58	20,83
257,99	I,IV		30,91	21,08
	II		30,91	21,08
	III		30,91	21,08
	V	**17,50**	30,91	21,08
	VI	**29,58**	30,91	21,08
260,99	I,IV		31,25	21,33
	II		31,25	21,33
	III		31,25	21,33
	V	**17,83**	31,25	21,33
	VI	**29,91**	31,25	21,33
263,99	I,IV		31,66	21,50
	II		31,66	21,50
	III		31,66	21,50
	V	**18,16**	31,66	21,50
	VI	**30,25**	31,66	21,50
266,99	I,IV		32,00	21,75
	II		32,00	21,75
	III		32,00	21,75
	V	**18,50**	32,00	21,75
	VI	**30,58**	32,00	21,75
269,99	I,IV		32,33	22,00
	II		32,33	22,00
	III		32,33	22,00
	V	**18,83**	32,33	22,00
	VI	**30,91**	32,33	22,00
272,99	I,IV		32,75	22,25
	II		32,75	22,25
	III		32,75	22,25
	V	**19,16**	32,75	22,25
	VI	**31,25**	32,75	22,25
275,99	I,IV		33,08	22,50
	II		33,08	22,50
	III		33,08	22,50
	V	**19,58**	33,08	22,50
	VI	**31,66**	33,08	22,50
278,99	I,IV		33,41	22,75
	II		33,41	22,75
	III		33,41	22,75
	V	**19,91**	33,41	22,75
	VI	**32,00**	33,41	22,75
281,99	I,IV		33,83	23,00
	II		33,83	23,00
	III		33,83	23,00
	V	**20,25**	33,83	23,00
	VI	**32,33**	33,83	23,00
284,99	I,IV		34,16	23,25
	II		34,16	23,25
	III		34,16	23,25
	V	**20,58**	34,16	23,25
	VI	**32,66**	34,16	23,25
287,99	I,IV		34,50	23,50
	II		34,50	23,50
	III		34,50	23,50
	V	**20,91**	34,50	23,50
	VI	**33,00**	34,50	23,50

* Zur LSt-Berechnung für privat versicherte Arbeitnehmer s. Beispiele **Vorbemerkung S. 4 f.**
** Basisvorsorgepauschale KV und PV *** Typisierter Arbeitgeberzuschuss

Lohn/ Gehalt in € bis	Steuerklasse	Lohn-steuer*	BVSP**	TAGZ***
290,99	I,IV		34,91	23,75
	II		34,91	23,75
	III		34,91	23,75
	V	**21,25**	34,91	23,75
	VI	**33,33**	34,91	23,75
293,99	I,IV		35,25	24,00
	II		35,25	24,00
	III		35,25	24,00
	V	**21,58**	35,25	24,00
	VI	**33,66**	35,25	24,00
296,99	I,IV		35,58	24,25
	II		35,58	24,25
	III		35,58	24,25
	V	**22,00**	35,58	24,25
	VI	**34,08**	35,58	24,25
299,99	I,IV		35,91	24,50
	II		35,91	24,50
	III		35,91	24,50
	V	**22,33**	35,91	24,50
	VI	**34,41**	35,91	24,50
302,99	I,IV		36,33	24,75
	II		36,33	24,75
	III		36,33	24,75
	V	**22,66**	36,33	24,75
	VI	**34,75**	36,33	24,75
305,99	I,IV		36,66	25,00
	II		36,66	25,00
	III		36,66	25,00
	V	**23,00**	36,66	25,00
	VI	**35,08**	36,66	25,00
308,99	I,IV		37,00	25,25
	II		37,00	25,25
	III		37,00	25,25
	V	**23,33**	37,00	25,25
	VI	**35,41**	37,00	25,25
311,99	I,IV		37,41	25,50
	II		37,41	25,50
	III		37,41	25,50
	V	**23,66**	37,41	25,50
	VI	**35,75**	37,41	25,50
314,99	I,IV		37,75	25,75
	II		37,75	25,75
	III		37,75	25,75
	V	**24,00**	37,75	25,75
	VI	**36,08**	37,75	25,75
317,99	I,IV		38,08	25,91
	II		38,08	25,91
	III		38,08	25,91
	V	**24,33**	38,08	25,91
	VI	**36,41**	38,08	25,91
320,99	I,IV		38,50	26,16
	II		38,50	26,16
	III		38,50	26,16
	V	**24,75**	38,50	26,16
	VI	**36,83**	38,50	26,16
323,99	I,IV		38,83	26,41
	II		38,83	26,41
	III		38,83	26,41
	V	**25,08**	38,83	26,41
	VI	**37,16**	38,83	26,41

Lohn/ Gehalt in € bis	Steuerklasse	Lohn-steuer*	BVSP**	TAGZ***
326,99	I,IV		39,16	26,66
	II		39,16	26,66
	III		39,16	26,66
	V	**25,41**	39,16	26,66
	VI	**37,50**	39,16	26,66
329,99	I,IV		39,58	26,91
	II		39,58	26,91
	III		39,58	26,91
	V	**25,75**	39,58	26,91
	VI	**37,83**	39,58	26,91
332,99	I,IV		39,91	27,16
	II		39,91	27,16
	III		39,91	27,16
	V	**26,08**	39,91	27,16
	VI	**38,16**	39,91	27,16
335,99	I,IV		40,25	27,41
	II		40,25	27,41
	III		40,25	27,41
	V	**26,41**	40,25	27,41
	VI	**38,50**	40,25	27,41
338,99	I,IV		40,66	27,66
	II		40,66	27,66
	III		40,66	27,66
	V	**26,75**	40,66	27,66
	VI	**38,83**	40,66	27,66
341,99	I,IV		41,00	27,91
	II		41,00	27,91
	III		41,00	27,91
	V	**27,08**	41,00	27,91
	VI	**39,16**	41,00	27,91
344,99	I,IV		41,33	28,16
	II		41,33	28,16
	III		41,33	28,16
	V	**27,50**	41,33	28,16
	VI	**39,58**	41,33	28,16
347,99	I,IV		41,75	28,41
	II		41,75	28,41
	III		41,75	28,41
	V	**27,83**	41,75	28,41
	VI	**39,91**	41,75	28,41
350,99	I,IV		42,08	28,66
	II		42,08	28,66
	III		42,08	28,66
	V	**28,16**	42,08	28,66
	VI	**40,25**	42,08	28,66
353,99	I,IV		42,41	28,91
	II		42,41	28,91
	III		42,41	28,91
	V	**28,50**	42,41	28,91
	VI	**40,58**	42,41	28,91
356,99	I,IV		42,83	29,16
	II		42,83	29,16
	III		42,83	29,16
	V	**28,83**	42,83	29,16
	VI	**40,91**	42,83	29,16
359,99	I,IV		43,16	29,41
	II		43,16	29,41
	III		43,16	29,41
	V	**29,16**	43,16	29,41
	VI	**41,25**	43,16	29,41

* Zur LSt-Berechnung für privat versicherte Arbeitnehmer s. Beispiele **Vorbemerkung S. 4 f.**

** Basisvorsorgepauschale KV und PV *** Typisierter Arbeitgeberzuschuss

Lohn/ Gehalt in € bis	Steuerklasse	Lohnsteuer*	BVSP**	TAGZ***
362,99	I,IV		43,50	29,66
	II		43,50	29,66
	III		43,50	29,66
	V	**29,50**	43,50	29,66
	VI	**41,58**	43,50	29,66
365,99	I,IV		43,91	29,91
	II		43,91	29,91
	III		43,91	29,91
	V	**29,91**	43,91	29,91
	VI	**42,00**	43,91	29,91
368,99	I,IV		44,25	30,08
	II		44,25	30,08
	III		44,25	30,08
	V	**30,25**	44,25	30,08
	VI	**42,33**	44,25	30,08
371,99	I,IV		44,58	30,33
	II		44,58	30,33
	III		44,58	30,33
	V	**30,58**	44,58	30,33
	VI	**42,66**	44,58	30,33
374,99	I,IV		44,91	30,58
	II		44,91	30,58
	III		44,91	30,58
	V	**30,91**	44,91	30,58
	VI	**43,00**	44,91	30,58
377,99	I,IV		45,33	30,83
	II		45,33	30,83
	III		45,33	30,83
	V	**31,25**	45,33	30,83
	VI	**43,33**	45,33	30,83
380,99	I,IV		45,66	31,08
	II		45,66	31,08
	III		45,66	31,08
	V	**31,58**	45,66	31,08
	VI	**43,66**	45,66	31,08
383,99	I,IV		46,00	31,33
	II		46,00	31,33
	III		46,00	31,33
	V	**31,91**	46,00	31,33
	VI	**44,00**	46,00	31,33
386,99	I,IV		46,41	31,58
	II		46,41	31,58
	III		46,41	31,58
	V	**32,25**	46,41	31,58
	VI	**44,33**	46,41	31,58
389,99	I,IV		46,75	31,83
	II		46,75	31,83
	III		46,75	31,83
	V	**32,66**	46,75	31,83
	VI	**44,75**	46,75	31,83
392,99	I,IV		47,08	32,08
	II		47,08	32,08
	III		47,08	32,08
	V	**33,00**	47,08	32,08
	VI	**45,08**	47,08	32,08
395,99	I,IV		47,50	32,33
	II		47,50	32,33
	III		47,50	32,33
	V	**33,33**	47,50	32,33
	VI	**45,41**	47,50	32,33

Lohn/ Gehalt in € bis	Steuerklasse	Lohnsteuer*	BVSP**	TAGZ***
398,99	I,IV		47,83	32,58
	II		47,83	32,58
	III		47,83	32,58
	V	**33,66**	47,83	32,58
	VI	**45,75**	47,83	32,58
401,99	I,IV		48,16	32,83
	II		48,16	32,83
	III		48,16	32,83
	V	**34,00**	48,16	32,83
	VI	**46,08**	48,16	32,83
404,99	I,IV		48,58	33,08
	II		48,58	33,08
	III		48,58	33,08
	V	**34,33**	48,58	33,08
	VI	**46,41**	48,58	33,08
407,99	I,IV		48,91	33,33
	II		48,91	33,33
	III		48,91	33,33
	V	**34,66**	48,91	33,33
	VI	**46,75**	48,91	33,33
410,99	I,IV		49,25	33,58
	II		49,25	33,58
	III		49,25	33,58
	V	**35,08**	49,25	33,58
	VI	**47,16**	49,25	33,58
413,99	I,IV		49,66	33,83
	II		49,66	33,83
	III		49,66	33,83
	V	**35,41**	49,66	33,83
	VI	**47,50**	49,66	33,83
416,99	I,IV		50,00	34,08
	II		50,00	34,08
	III		50,00	34,08
	V	**35,75**	50,00	34,08
	VI	**47,83**	50,00	34,08
419,99	I,IV		50,33	34,33
	II		50,33	34,33
	III		50,33	34,33
	V	**36,08**	50,33	34,33
	VI	**48,16**	50,33	34,33
422,99	I,IV		50,75	34,50
	II		50,75	34,50
	III		50,75	34,50
	V	**36,41**	50,75	34,50
	VI	**48,50**	50,75	34,50
425,99	I,IV		51,08	34,75
	II		51,08	34,75
	III		51,08	34,75
	V	**36,75**	51,08	34,75
	VI	**48,83**	51,08	34,75
428,99	I,IV		51,41	35,00
	II		51,41	35,00
	III		51,41	35,00
	V	**37,08**	51,41	35,00
	VI	**49,16**	51,41	35,00
431,99	I,IV		51,83	35,25
	II		51,83	35,25
	III		51,83	35,25
	V	**37,41**	51,83	35,25
	VI	**49,58**	51,83	35,25

* Zur LSt-Berechnung für privat versicherte Arbeitnehmer s. Beispiele **Vorbemerkung S. 4 f.**
** Basisvorsorgepauschale KV und PV *** Typisierter Arbeitgeberzuschuss

Lohn/ Gehalt in € bis	Steuerklasse	Lohnsteuer*	BVSP**	TAGZ***
434,99	I,IV		52,16	35,50
	II		52,16	35,50
	III		52,16	35,50
	V	**37,83**	52,16	35,50
	VI	**49,91**	52,16	35,50
437,99	I,IV		52,50	35,75
	II		52,50	35,75
	III		52,50	35,75
	V	**38,16**	52,50	35,75
	VI	**50,25**	52,50	35,75
440,99	I,IV		52,91	36,00
	II		52,91	36,00
	III		52,91	36,00
	V	**38,50**	52,91	36,00
	VI	**50,58**	52,91	36,00
443,99	I,IV		53,25	36,25
	II		53,25	36,25
	III		53,25	36,25
	V	**38,83**	53,25	36,25
	VI	**50,91**	53,25	36,25
446,99	I,IV		53,58	36,50
	II		53,58	36,50
	III		53,58	36,50
	V	**39,16**	53,58	36,50
	VI	**51,25**	53,58	36,50
449,99	I,IV		53,91	36,75
	II		53,91	36,75
	III		53,91	36,75
	V	**39,50**	53,91	36,75
	VI	**51,58**	53,91	36,75
452,99	I,IV		54,33	37,00
	II		54,33	37,00
	III		54,33	37,00
	V	**39,83**	54,33	37,00
	VI	**51,91**	54,33	37,00
455,99	I,IV		54,66	37,25
	II		54,66	37,25
	III		54,66	37,25
	V	**40,25**	54,66	37,25
	VI	**52,33**	54,66	37,25
458,99	I,IV		55,00	37,50
	II		55,00	37,50
	III		55,00	37,50
	V	**40,58**	55,00	37,50
	VI	**52,66**	55,00	37,50
461,99	I,IV		55,41	37,75
	II		55,41	37,75
	III		55,41	37,75
	V	**40,91**	55,41	37,75
	VI	**53,00**	55,41	37,75
464,99	I,IV		55,75	38,00
	II		55,75	38,00
	III		55,75	38,00
	V	**41,25**	55,75	38,00
	VI	**53,33**	55,75	38,00
467,99	I,IV		56,08	38,25
	II		56,08	38,25
	III		56,08	38,25
	V	**41,58**	56,08	38,25
	VI	**53,66**	56,08	38,25

Lohn/ Gehalt in € bis	Steuerklasse	Lohnsteuer*	BVSP**	TAGZ***
470,99	I,IV		56,50	38,50
	II		56,50	38,50
	III		56,50	38,50
	V	**41,91**	56,50	38,50
	VI	**54,00**	56,50	38,50
473,99	I,IV		56,83	38,66
	II		56,83	38,66
	III		56,83	38,66
	V	**42,25**	56,83	38,66
	VI	**54,33**	56,83	38,66
476,99	I,IV		57,16	38,91
	II		57,16	38,91
	III		57,16	38,91
	V	**42,58**	57,16	38,91
	VI	**54,75**	57,16	38,91
479,99	I,IV		57,58	39,16
	II		57,58	39,16
	III		57,58	39,16
	V	**43,00**	57,58	39,16
	VI	**55,08**	57,58	39,16
482,99	I,IV		57,91	39,41
	II		57,91	39,41
	III		57,91	39,41
	V	**43,33**	57,91	39,41
	VI	**55,41**	57,91	39,41
485,99	I,IV		58,25	39,66
	II		58,25	39,66
	III		58,25	39,66
	V	**43,66**	58,25	39,66
	VI	**55,75**	58,25	39,66
488,99	I,IV		58,66	39,91
	II		58,66	39,91
	III		58,66	39,91
	V	**44,00**	58,66	39,91
	VI	**56,08**	58,66	39,91
491,99	I,IV		59,00	40,16
	II		59,00	40,16
	III		59,00	40,16
	V	**44,33**	59,00	40,16
	VI	**56,41**	59,00	40,16
494,99	I,IV		59,33	40,41
	II		59,33	40,41
	III		59,33	40,41
	V	**44,66**	59,33	40,41
	VI	**56,75**	59,33	40,41
497,99	I,IV		59,75	40,66
	II		59,75	40,66
	III		59,75	40,66
	V	**45,00**	59,75	40,66
	VI	**57,16**	59,75	40,66
500,99	I,IV		60,08	40,91
	II		60,08	40,91
	III		60,08	40,91
	V	**45,41**	60,08	40,91
	VI	**57,50**	60,08	40,91
503,99	I,IV		60,41	41,16
	II		60,41	41,16
	III		60,41	41,16
	V	**45,75**	60,41	41,16
	VI	**57,83**	60,41	41,16

* Zur LSt-Berechnung für privat versicherte Arbeitnehmer s. Beispiele **Vorbemerkung S. 4 f.**
** Basisvorsorgepauschale KV und PV *** Typisierter Arbeitgeberzuschuss

Lohn/ Gehalt in € bis	Steuerklasse	Lohnsteuer*	BVSP**	TAGZ***
506,99	I,IV		60,83	41,41
	II		60,83	41,41
	III		60,83	41,41
	V	**46,08**	60,83	41,41
	VI	**58,16**	60,83	41,41
509,99	I,IV		61,16	41,66
	II		61,16	41,66
	III		61,16	41,66
	V	**46,41**	61,16	41,66
	VI	**58,50**	61,16	41,66
512,99	I,IV		61,50	41,91
	II		61,50	41,91
	III		61,50	41,91
	V	**46,75**	61,50	41,91
	VI	**58,83**	61,50	41,91
515,99	I,IV		61,91	42,16
	II		61,91	42,16
	III		61,91	42,16
	V	**47,08**	61,91	42,16
	VI	**59,16**	61,91	42,16
518,99	I,IV		62,25	42,41
	II		62,25	42,41
	III		62,25	42,41
	V	**47,41**	62,25	42,41
	VI	**59,50**	62,25	42,41
521,99	I,IV		62,58	42,66
	II		62,58	42,66
	III		62,58	42,66
	V	**47,83**	62,58	42,66
	VI	**59,91**	62,58	42,66
524,99	I,IV		62,91	42,91
	II		62,91	42,91
	III		62,91	42,91
	V	**48,16**	62,91	42,91
	VI	**60,25**	62,91	42,91
527,99	I,IV		63,33	43,08
	II		63,33	43,08
	III		63,33	43,08
	V	**48,50**	63,33	43,08
	VI	**60,58**	63,33	43,08
530,99	I,IV		63,66	43,33
	II		63,66	43,33
	III		63,66	43,33
	V	**48,83**	63,66	43,33
	VI	**60,91**	63,66	43,33
533,99	I,IV		64,00	43,58
	II		64,00	43,58
	III		64,00	43,58
	V	**49,16**	64,00	43,58
	VI	**61,25**	64,00	43,58
536,99	I,IV		64,41	43,83
	II		64,41	43,83
	III		64,41	43,83
	V	**49,50**	64,41	43,83
	VI	**61,58**	64,41	43,83
539,99	I,IV		64,75	44,08
	II		64,75	44,08
	III		64,75	44,08
	V	**49,83**	64,75	44,08
	VI	**61,91**	64,75	44,08

Lohn/ Gehalt in € bis	Steuerklasse	Lohnsteuer*	BVSP**	TAGZ***
542,99	I,IV		65,08	44,33
	II		65,08	44,33
	III		65,08	44,33
	V	**50,16**	65,08	44,33
	VI	**62,33**	65,08	44,33
545,99	I,IV		65,50	44,58
	II		65,50	44,58
	III		65,50	44,58
	V	**50,58**	65,50	44,58
	VI	**62,66**	65,50	44,58
548,99	I,IV		65,83	44,83
	II		65,83	44,83
	III		65,83	44,83
	V	**50,91**	65,83	44,83
	VI	**63,00**	65,83	44,83
551,99	I,IV		66,16	45,08
	II		66,16	45,08
	III		66,16	45,08
	V	**51,25**	66,16	45,08
	VI	**63,33**	66,16	45,08
554,99	I,IV		66,58	45,33
	II		66,58	45,33
	III		66,58	45,33
	V	**51,58**	66,58	45,33
	VI	**63,66**	66,58	45,33
557,99	I,IV		66,91	45,58
	II		66,91	45,58
	III		66,91	45,58
	V	**51,91**	66,91	45,58
	VI	**64,00**	66,91	45,58
560,99	I,IV		67,25	45,83
	II		67,25	45,83
	III		67,25	45,83
	V	**52,25**	67,25	45,83
	VI	**64,33**	67,25	45,83
563,99	I,IV		67,66	46,08
	II		67,66	46,08
	III		67,66	46,08
	V	**52,58**	67,66	46,08
	VI	**64,66**	67,66	46,08
566,99	I,IV		68,00	46,33
	II		68,00	46,33
	III		68,00	46,33
	V	**53,00**	68,00	46,33
	VI	**65,08**	68,00	46,33
569,99	I,IV		68,33	46,58
	II		68,33	46,58
	III		68,33	46,58
	V	**53,33**	68,33	46,58
	VI	**65,41**	68,33	46,58
572,99	I,IV		68,75	46,83
	II		68,75	46,83
	III		68,75	46,83
	V	**53,66**	68,75	46,83
	VI	**65,75**	68,75	46,83
575,99	I,IV		69,08	47,08
	II		69,08	47,08
	III		69,08	47,08
	V	**54,00**	69,08	47,08
	VI	**66,08**	69,08	47,08

* Zur LSt-Berechnung für privat versicherte Arbeitnehmer s. Beispiele **Vorbemerkung S. 4 f.**
** Basisvorsorgepauschale KV und PV *** Typisierter Arbeitgeberzuschuss

Lohn/ Gehalt in € bis	Steuerklasse	Lohn- steuer*	BVSP**	TAGZ***
578,99	I,IV		69,41	47,25
	II		69,41	47,25
	III		69,41	47,25
	V	**54,33**	69,41	47,25
	VI	**66,41**	69,41	47,25
581,99	I,IV		69,83	47,50
	II		69,83	47,50
	III		69,83	47,50
	V	**54,66**	69,83	47,50
	VI	**66,75**	69,83	47,50
584,99	I,IV		70,16	47,75
	II		70,16	47,75
	III		70,16	47,75
	V	**55,00**	70,16	47,75
	VI	**67,08**	70,16	47,75
587,99	I,IV		70,50	48,00
	II		70,50	48,00
	III		70,50	48,00
	V	**55,41**	70,50	48,00
	VI	**67,50**	70,50	48,00
590,99	I,IV		70,91	48,25
	II		70,91	48,25
	III		70,91	48,25
	V	**55,75**	70,91	48,25
	VI	**67,83**	70,91	48,25
593,99	I,IV		71,25	48,50
	II		71,25	48,50
	III		71,25	48,50
	V	**56,08**	71,25	48,50
	VI	**68,16**	71,25	48,50
596,99	I,IV		71,58	48,75
	II		71,58	48,75
	III		71,58	48,75
	V	**56,41**	71,58	48,75
	VI	**68,50**	71,58	48,75
599,99	I,IV		71,91	49,00
	II		71,91	49,00
	III		71,91	49,00
	V	**56,75**	71,91	49,00
	VI	**68,83**	71,91	49,00
602,99	I,IV		72,33	49,25
	II		72,33	49,25
	III		72,33	49,25
	V	**57,08**	72,33	49,25
	VI	**69,16**	72,33	49,25
605,99	I,IV		72,66	49,50
	II		72,66	49,50
	III		72,66	49,50
	V	**57,41**	72,66	49,50
	VI	**69,50**	72,66	49,50
608,99	I,IV		73,00	49,75
	II		73,00	49,75
	III		73,00	49,75
	V	**57,75**	73,00	49,75
	VI	**69,83**	73,00	49,75
611,99	I,IV		73,41	50,00
	II		73,41	50,00
	III		73,41	50,00
	V	**58,16**	73,41	50,00
	VI	**70,25**	73,41	50,00

Lohn/ Gehalt in € bis	Steuerklasse	Lohn- steuer*	BVSP**	TAGZ***
614,99	I,IV		73,75	50,25
	II		73,75	50,25
	III		73,75	50,25
	V	**58,50**	73,75	50,25
	VI	**70,58**	73,75	50,25
617,99	I,IV		74,08	50,50
	II		74,08	50,50
	III		74,08	50,50
	V	**58,83**	74,08	50,50
	VI	**70,91**	74,08	50,50
620,99	I,IV		74,50	50,75
	II		74,50	50,75
	III		74,50	50,75
	V	**59,16**	74,50	50,75
	VI	**71,25**	74,50	50,75
623,99	I,IV		74,83	51,00
	II		74,83	51,00
	III		74,83	51,00
	V	**59,50**	74,83	51,00
	VI	**71,58**	74,83	51,00
626,99	I,IV		75,16	51,25
	II		75,16	51,25
	III		75,16	51,25
	V	**59,83**	75,16	51,25
	VI	**71,91**	75,16	51,25
629,99	I,IV		75,58	51,50
	II		75,58	51,50
	III		75,58	51,50
	V	**60,16**	75,58	51,50
	VI	**72,25**	75,58	51,50
632,99	I,IV		75,91	51,66
	II		75,91	51,66
	III		75,91	51,66
	V	**60,50**	75,91	51,66
	VI	**72,58**	75,91	51,66
635,99	I,IV		76,25	51,91
	II		76,25	51,91
	III		76,25	51,91
	V	**60,91**	76,25	51,91
	VI	**73,00**	76,25	51,91
638,99	I,IV		76,66	52,16
	II		76,66	52,16
	III		76,66	52,16
	V	**61,25**	76,66	52,16
	VI	**73,33**	76,66	52,16
641,99	I,IV		77,00	52,41
	II		77,00	52,41
	III		77,00	52,41
	V	**61,58**	77,00	52,41
	VI	**73,66**	77,00	52,41
644,99	I,IV		77,33	52,66
	II		77,33	52,66
	III		77,33	52,66
	V	**61,91**	77,33	52,66
	VI	**74,00**	77,33	52,66
647,99	I,IV		77,75	52,91
	II		77,75	52,91
	III		77,75	52,91
	V	**62,25**	77,75	52,91
	VI	**74,33**	77,75	52,91

* Zur LSt-Berechnung für privat versicherte Arbeitnehmer s. Beispiele **Vorbemerkung S. 4 f.**
** Basisvorsorgepauschale KV und PV *** Typisierter Arbeitgeberzuschuss

Lohn/ Gehalt in € bis	Steuerklasse	Lohn-steuer*	BVSP**	TAGZ***
650,99	I,IV		78,08	53,16
	II		78,08	53,16
	III		78,08	53,16
	V	**62,58**	78,08	53,16
	VI	**74,66**	78,08	53,16
653,99	I,IV		78,41	53,41
	II		78,41	53,41
	III		78,41	53,41
	V	**62,91**	78,41	53,41
	VI	**75,00**	78,41	53,41
656,99	I,IV		78,83	53,66
	II		78,83	53,66
	III		78,83	53,66
	V	**63,33**	78,83	53,66
	VI	**75,41**	78,83	53,66
659,99	I,IV		79,16	53,91
	II		79,16	53,91
	III		79,16	53,91
	V	**63,66**	79,16	53,91
	VI	**75,75**	79,16	53,91
662,99	I,IV		79,50	54,16
	II		79,50	54,16
	III		79,50	54,16
	V	**64,00**	79,50	54,16
	VI	**76,08**	79,50	54,16
665,99	I,IV		79,91	54,41
	II		79,91	54,41
	III		79,91	54,41
	V	**64,33**	79,91	54,41
	VI	**76,41**	79,91	54,41
668,99	I,IV		80,25	54,66
	II		80,25	54,66
	III		80,25	54,66
	V	**64,66**	80,25	54,66
	VI	**76,75**	80,25	54,66
671,99	I,IV		80,58	54,91
	II		80,58	54,91
	III		80,58	54,91
	V	**65,00**	80,58	54,91
	VI	**77,08**	80,58	54,91
674,99	I,IV		80,91	55,16
	II		80,91	55,16
	III		80,91	55,16
	V	**65,33**	80,91	55,16
	VI	**77,41**	80,91	55,16
677,99	I,IV		81,33	55,41
	II		81,33	55,41
	III		81,33	55,41
	V	**65,66**	81,33	55,41
	VI	**77,75**	81,33	55,41
680,99	I,IV		81,66	55,66
	II		81,66	55,66
	III		81,66	55,66
	V	**66,08**	81,66	55,66
	VI	**78,16**	81,66	55,66
683,99	I,IV		82,00	55,91
	II		82,00	55,91
	III		82,00	55,91
	V	**66,41**	82,00	55,91
	VI	**78,50**	82,00	55,91

Lohn/ Gehalt in € bis	Steuerklasse	Lohn-steuer*	BVSP**	TAGZ***
686,99	I,IV		82,41	56,08
	II		82,41	56,08
	III		82,41	56,08
	V	**66,75**	82,41	56,08
	VI	**78,83**	82,41	56,08
689,99	I,IV		82,75	56,33
	II		82,75	56,33
	III		82,75	56,33
	V	**67,08**	82,75	56,33
	VI	**79,16**	82,75	56,33
692,99	I,IV		83,08	56,58
	II		83,08	56,58
	III		83,08	56,58
	V	**67,41**	83,08	56,58
	VI	**79,50**	83,08	56,58
695,99	I,IV		83,50	56,83
	II		83,50	56,83
	III		83,50	56,83
	V	**67,75**	83,50	56,83
	VI	**79,83**	83,50	56,83
698,99	I,IV		83,83	57,08
	II		83,83	57,08
	III		83,83	57,08
	V	**68,08**	83,83	57,08
	VI	**80,16**	83,83	57,08
701,99	I,IV		84,16	57,33
	II		84,16	57,33
	III		84,16	57,33
	V	**68,50**	84,16	57,33
	VI	**80,58**	84,16	57,33
704,99	I,IV		84,58	57,58
	II		84,58	57,58
	III		84,58	57,58
	V	**68,83**	84,58	57,58
	VI	**80,91**	84,58	57,58
707,99	I,IV		84,91	57,83
	II		84,91	57,83
	III		84,91	57,83
	V	**69,16**	84,91	57,83
	VI	**81,25**	84,91	57,83
710,99	I,IV		85,25	58,08
	II		85,25	58,08
	III		85,25	58,08
	V	**69,50**	85,25	58,08
	VI	**81,58**	85,25	58,08
713,99	I,IV		85,66	58,33
	II		85,66	58,33
	III		85,66	58,33
	V	**69,83**	85,66	58,33
	VI	**81,91**	85,66	58,33
716,99	I,IV		86,00	58,58
	II		86,00	58,58
	III		86,00	58,58
	V	**70,16**	86,00	58,58
	VI	**82,25**	86,00	58,58
719,99	I,IV		86,33	58,83
	II		86,33	58,83
	III		86,33	58,83
	V	**70,50**	86,33	58,83
	VI	**82,58**	86,33	58,83

* Zur LSt-Berechnung für privat versicherte Arbeitnehmer s. Beispiele **Vorbemerkung S. 4 f.**
** Basisvorsorgepauschale KV und PV *** Typisierter Arbeitgeberzuschuss

Lohn/ Gehalt in € bis	Steuerklasse	Lohnsteuer*	BVSP**	TAGZ***
722,99	I,IV		86,75	59,08
	II		86,75	59,08
	III		86,75	59,08
	V	**70,83**	86,75	59,08
	VI	**82,91**	86,75	59,08
725,99	I,IV		87,08	59,33
	II		87,08	59,33
	III		87,08	59,33
	V	**71,25**	87,08	59,33
	VI	**83,33**	87,08	59,33
728,99	I,IV		87,41	59,58
	II		87,41	59,58
	III		87,41	59,58
	V	**71,58**	87,41	59,58
	VI	**83,66**	87,41	59,58
731,99	I,IV		87,83	59,83
	II		87,83	59,83
	III		87,83	59,83
	V	**71,91**	87,83	59,83
	VI	**84,00**	87,83	59,83
734,99	I,IV		88,16	60,08
	II		88,16	60,08
	III		88,16	60,08
	V	**72,25**	88,16	60,08
	VI	**84,33**	88,16	60,08
737,99	I,IV		88,50	60,25
	II		88,50	60,25
	III		88,50	60,25
	V	**72,58**	88,50	60,25
	VI	**84,66**	88,50	60,25
740,99	I,IV		88,91	60,50
	II		88,91	60,50
	III		88,91	60,50
	V	**72,91**	88,91	60,50
	VI	**85,00**	88,91	60,50
743,99	I,IV		89,25	60,75
	II		89,25	60,75
	III		89,25	60,75
	V	**73,25**	89,25	60,75
	VI	**85,33**	89,25	60,75
746,99	I,IV		89,58	61,00
	II		89,58	61,00
	III		89,58	61,00
	V	**73,58**	89,58	61,00
	VI	**85,75**	89,58	61,00
749,99	I,IV		89,91	61,25
	II		89,91	61,25
	III		89,91	61,25
	V	**74,00**	89,91	61,25
	VI	**86,08**	89,91	61,25
752,99	I,IV		90,33	61,50
	II		90,33	61,50
	III		90,33	61,50
	V	**74,33**	90,33	61,50
	VI	**86,41**	90,33	61,50
755,99	I,IV		90,66	61,75
	II		90,66	61,75
	III		90,66	61,75
	V	**74,66**	90,66	61,75
	VI	**86,75**	90,66	61,75

Lohn/ Gehalt in € bis	Steuerklasse	Lohnsteuer*	BVSP**	TAGZ***
758,99	I,IV		91,00	62,00
	II		91,00	62,00
	III		91,00	62,00
	V	**75,00**	91,00	62,00
	VI	**87,08**	91,00	62,00
761,99	I,IV		91,41	62,25
	II		91,41	62,25
	III		91,41	62,25
	V	**75,33**	91,41	62,25
	VI	**87,41**	91,41	62,25
764,99	I,IV		91,75	62,50
	II		91,75	62,50
	III		91,75	62,50
	V	**75,66**	91,75	62,50
	VI	**87,75**	91,75	62,50
767,99	I,IV		92,08	62,75
	II		92,08	62,75
	III		92,08	62,75
	V	**76,00**	92,08	62,75
	VI	**88,08**	92,08	62,75
770,99	I,IV		92,50	63,00
	II		92,50	63,00
	III		92,50	63,00
	V	**76,41**	92,50	63,00
	VI	**88,50**	92,50	63,00
773,99	I,IV		92,83	63,25
	II		92,83	63,25
	III		92,83	63,25
	V	**76,75**	92,83	63,25
	VI	**88,83**	92,83	63,25
776,99	I,IV		93,16	63,50
	II		93,16	63,50
	III		93,16	63,50
	V	**77,08**	93,16	63,50
	VI	**89,16**	93,16	63,50
779,99	I,IV		93,58	63,75
	II		93,58	63,75
	III		93,58	63,75
	V	**77,41**	93,58	63,75
	VI	**89,50**	93,58	63,75
782,99	I,IV		93,91	64,00
	II		93,91	64,00
	III		93,91	64,00
	V	**77,75**	93,91	64,00
	VI	**89,83**	93,91	64,00
785,99	I,IV		94,25	64,25
	II		94,25	64,25
	III		94,25	64,25
	V	**78,08**	94,25	64,25
	VI	**90,16**	94,25	64,25
788,99	I,IV		94,66	64,50
	II		94,66	64,50
	III		94,66	64,50
	V	**78,41**	94,66	64,50
	VI	**90,50**	94,66	64,50
791,99	I,IV		95,00	64,66
	II		95,00	64,66
	III		95,00	64,66
	V	**78,75**	95,00	64,66
	VI	**90,91**	95,00	64,66

* Zur LSt-Berechnung für privat versicherte Arbeitnehmer s. Beispiele **Vorbemerkung S. 4 f.**
** Basisvorsorgepauschale KV und PV *** Typisierter Arbeitgeberzuschuss

Lohn/ Gehalt in € bis	Steuerklasse	Lohn-steuer*	BVSP**	TAGZ***
794,99	I,IV		95,33	64,91
	II		95,33	64,91
	III		95,33	64,91
	V	**79,16**	95,33	64,91
	VI	**91,25**	95,33	64,91
797,99	I,IV		95,75	65,16
	II		95,75	65,16
	III		95,75	65,16
	V	**79,50**	95,75	65,16
	VI	**91,58**	95,75	65,16
800,99	I,IV		96,08	65,41
	II		96,08	65,41
	III		96,08	65,41
	V	**79,83**	96,08	65,41
	VI	**91,91**	96,08	65,41
803,99	I,IV		96,41	65,66
	II		96,41	65,66
	III		96,41	65,66
	V	**80,16**	96,41	65,66
	VI	**92,25**	96,41	65,66
806,99	I,IV		96,83	65,91
	II		96,83	65,91
	III		96,83	65,91
	V	**80,50**	96,83	65,91
	VI	**92,58**	96,83	65,91
809,99	I,IV		97,16	66,16
	II		97,16	66,16
	III		97,16	66,16
	V	**80,83**	97,16	66,16
	VI	**92,91**	97,16	66,16
812,99	I,IV		97,50	66,41
	II		97,50	66,41
	III		97,50	66,41
	V	**81,16**	97,50	66,41
	VI	**93,33**	97,50	66,41
815,99	I,IV		97,91	66,66
	II		97,91	66,66
	III		97,91	66,66
	V	**81,58**	97,91	66,66
	VI	**93,66**	97,91	66,66
818,99	I,IV		98,25	66,91
	II		98,25	66,91
	III		98,25	66,91
	V	**81,91**	98,25	66,91
	VI	**94,00**	98,25	66,91
821,99	I,IV		98,58	67,16
	II		98,58	67,16
	III		98,58	67,16
	V	**82,25**	98,58	67,16
	VI	**94,33**	98,58	67,16
824,99	I,IV		98,91	67,41
	II		98,91	67,41
	III		98,91	67,41
	V	**82,58**	98,91	67,41
	VI	**94,66**	98,91	67,41
827,99	I,IV		99,33	67,66
	II		99,33	67,66
	III		99,33	67,66
	V	**82,91**	99,33	67,66
	VI	**95,00**	99,33	67,66

Lohn/ Gehalt in € bis	Steuerklasse	Lohn-steuer*	BVSP**	TAGZ***
830,99	I,IV		99,66	67,91
	II		99,66	67,91
	III		99,66	67,91
	V	**83,25**	99,66	67,91
	VI	**95,33**	99,66	67,91
833,99	I,IV		100,00	68,16
	II		100,00	68,16
	III		100,00	68,16
	V	**83,58**	100,00	68,16
	VI	**95,66**	100,00	68,16
836,99	I,IV		100,41	68,41
	II		100,41	68,41
	III		100,41	68,41
	V	**84,00**	100,41	68,41
	VI	**96,08**	100,41	68,41
839,99	I,IV		100,75	68,66
	II		100,75	68,66
	III		100,75	68,66
	V	**84,33**	100,75	68,66
	VI	**96,41**	100,75	68,66
842,99	I,IV		101,08	68,83
	II		101,08	68,83
	III		101,08	68,83
	V	**84,66**	101,08	68,83
	VI	**96,75**	101,08	68,83
845,99	I,IV		101,50	69,08
	II		101,50	69,08
	III		101,50	69,08
	V	**85,00**	101,50	69,08
	VI	**97,08**	101,50	69,08
848,99	I,IV		101,83	69,33
	II		101,83	69,33
	III		101,83	69,33
	V	**85,33**	101,83	69,33
	VI	**97,41**	101,83	69,33
851,99	I,IV		102,16	69,58
	II		102,16	69,58
	III		102,16	69,58
	V	**85,66**	102,16	69,58
	VI	**97,75**	102,16	69,58
854,99	I,IV		102,58	69,83
	II		102,58	69,83
	III		102,58	69,83
	V	**86,00**	102,58	69,83
	VI	**98,08**	102,58	69,83
857,99	I,IV		102,91	70,08
	II		102,91	70,08
	III		102,91	70,08
	V	**86,33**	102,91	70,08
	VI	**98,50**	102,91	70,08
860,99	I,IV		103,25	70,33
	II		103,25	70,33
	III		103,25	70,33
	V	**86,75**	103,25	70,33
	VI	**98,83**	103,25	70,33
863,99	I,IV		103,66	70,58
	II		103,66	70,58
	III		103,66	70,58
	V	**87,08**	103,66	70,58
	VI	**99,16**	103,66	70,58

* Zur LSt-Berechnung für privat versicherte Arbeitnehmer s. Beispiele **Vorbemerkung S. 4 f.**
** Basisvorsorgepauschale KV und PV *** Typisierter Arbeitgeberzuschuss

Lohn/ Gehalt in € bis	Steuerklasse	Lohn-steuer*	BVSP**	TAGZ***
866,99	I,IV		104,00	70,83
	II		104,00	70,83
	III		104,00	70,83
	V	**87,41**	104,00	70,83
	VI	**99,50**	104,00	70,83
869,99	I,IV		104,33	71,08
	II		104,33	71,08
	III		104,33	71,08
	V	**87,75**	104,33	71,08
	VI	**99,83**	104,33	71,08
872,99	I,IV		104,75	71,33
	II		104,75	71,33
	III		104,75	71,33
	V	**88,08**	104,75	71,33
	VI	**100,16**	104,75	71,33
875,99	I,IV		105,08	71,58
	II		105,08	71,58
	III		105,08	71,58
	V	**88,41**	105,08	71,58
	VI	**100,50**	105,08	71,58
878,99	I,IV		105,41	71,83
	II		105,41	71,83
	III		105,41	71,83
	V	**88,75**	105,41	71,83
	VI	**100,91**	105,41	71,83
881,99	I,IV		105,83	72,08
	II		105,83	72,08
	III		105,83	72,08
	V	**89,16**	105,83	72,08
	VI	**101,25**	105,83	72,08
884,99	I,IV		106,16	72,33
	II		106,16	72,33
	III		106,16	72,33
	V	**89,50**	106,16	72,33
	VI	**101,58**	106,16	72,33
887,99	I,IV		106,50	72,58
	II		106,50	72,58
	III		106,50	72,58
	V	**89,83**	106,50	72,58
	VI	**101,91**	106,50	72,58
890,99	I,IV		106,91	72,83
	II		106,91	72,83
	III		106,91	72,83
	V	**90,16**	106,91	72,83
	VI	**102,25**	106,91	72,83
893,99	I,IV		107,25	73,08
	II		107,25	73,08
	III		107,25	73,08
	V	**90,50**	107,25	73,08
	VI	**102,58**	107,25	73,08
896,99	I,IV		107,58	73,25
	II		107,58	73,25
	III		107,58	73,25
	V	**90,83**	107,58	73,25
	VI	**102,91**	107,58	73,25
899,99	I,IV		107,91	73,50
	II		107,91	73,50
	III		107,91	73,50
	V	**91,16**	107,91	73,50
	VI	**103,25**	107,91	73,50

Lohn/ Gehalt in € bis	Steuerklasse	Lohn-steuer*	BVSP**	TAGZ***
902,99	I,IV		108,33	73,75
	II		108,33	73,75
	III		108,33	73,75
	V	**91,58**	108,33	73,75
	VI	**103,66**	108,33	73,75
905,99	I,IV		108,66	74,00
	II		108,66	74,00
	III		108,66	74,00
	V	**91,91**	108,66	74,00
	VI	**104,00**	108,66	74,00
908,99	I,IV		109,00	74,25
	II		109,00	74,25
	III		109,00	74,25
	V	**92,25**	109,00	74,25
	VI	**104,33**	109,00	74,25
911,99	I,IV		109,41	74,50
	II		109,41	74,50
	III		109,41	74,50
	V	**92,58**	109,41	74,50
	VI	**104,66**	109,41	74,50
914,99	I,IV		109,75	74,75
	II		109,75	74,75
	III		109,75	74,75
	V	**92,91**	109,75	74,75
	VI	**105,00**	109,75	74,75
917,99	I,IV		110,08	75,00
	II		110,08	75,00
	III		110,08	75,00
	V	**93,25**	110,08	75,00
	VI	**105,33**	110,08	75,00
920,99	I,IV		110,50	75,25
	II		110,50	75,25
	III		110,50	75,25
	V	**93,58**	110,50	75,25
	VI	**105,66**	110,50	75,25
923,99	I,IV		110,83	75,50
	II		110,83	75,50
	III		110,83	75,50
	V	**93,91**	110,83	75,50
	VI	**106,00**	110,83	75,50
926,99	I,IV		111,16	75,75
	II		111,16	75,75
	III		111,16	75,75
	V	**94,33**	111,16	75,75
	VI	**106,41**	111,16	75,75
929,99	I,IV		111,58	76,00
	II		111,58	76,00
	III		111,58	76,00
	V	**94,66**	111,58	76,00
	VI	**106,75**	111,58	76,00
932,99	I,IV		111,91	76,25
	II		111,91	76,25
	III		111,91	76,25
	V	**95,00**	111,91	76,25
	VI	**107,08**	111,91	76,25
935,99	I,IV		112,25	76,50
	II		112,25	76,50
	III		112,25	76,50
	V	**95,33**	112,25	76,50
	VI	**107,41**	112,25	76,50

* Zur LSt-Berechnung für privat versicherte Arbeitnehmer s. Beispiele **Vorbemerkung S. 4f.**
** Basisvorsorgepauschale KV und PV *** Typisierter Arbeitgeberzuschuss

Lohn/ Gehalt in € bis	Steuerklasse	Lohn- steuer*	BVSP**	TAGZ***
938,99	I,IV		112,66	76,75
	II		112,66	76,75
	III		112,66	76,75
	V	**95,66**	112,66	76,75
	VI	**107,75**	112,66	76,75
941,99	I,IV		113,00	77,00
	II		113,00	77,00
	III		113,00	77,00
	V	**96,00**	113,00	77,00
	VI	**108,08**	113,00	77,00
944,99	I,IV		113,33	77,25
	II		113,33	77,25
	III		113,33	77,25
	V	**96,33**	113,33	77,25
	VI	**108,41**	113,33	77,25
947,99	I,IV		113,75	77,41
	II		113,75	77,41
	III		113,75	77,41
	V	**96,75**	113,75	77,41
	VI	**108,83**	113,75	77,41
950,99	I,IV		114,08	77,66
	II		114,08	77,66
	III		114,08	77,66
	V	**97,08**	114,08	77,66
	VI	**109,16**	114,08	77,66
953,99	I,IV		114,41	77,91
	II		114,41	77,91
	III		114,41	77,91
	V	**97,41**	114,41	77,91
	VI	**109,50**	114,41	77,91
956,99	I,IV		114,83	78,16
	II		114,83	78,16
	III		114,83	78,16
	V	**97,75**	114,83	78,16
	VI	**109,83**	114,83	78,16
959,99	I,IV		115,16	78,41
	II		115,16	78,41
	III		115,16	78,41
	V	**98,08**	115,16	78,41
	VI	**110,16**	115,16	78,41
962,99	I,IV		115,50	78,66
	II		115,50	78,66
	III		115,50	78,66
	V	**98,41**	115,50	78,66
	VI	**110,50**	115,50	78,66
965,99	I,IV		115,91	78,91
	II		115,91	78,91
	III		115,91	78,91
	V	**98,75**	115,91	78,91
	VI	**110,83**	115,91	78,91
968,99	I,IV		116,25	79,16
	II		116,25	79,16
	III		116,25	79,16
	V	**99,08**	116,25	79,16
	VI	**111,16**	116,25	79,16
971,99	I,IV		116,58	79,41
	II		116,58	79,41
	III		116,58	79,41
	V	**99,50**	116,58	79,41
	VI	**111,58**	116,58	79,41
974,99	I,IV		116,91	79,66
	II		116,91	79,66
	III		116,91	79,66
	V	**99,83**	116,91	79,66
	VI	**111,91**	116,91	79,66
977,99	I,IV		117,33	79,91
	II		117,33	79,91
	III		117,33	79,91
	V	**100,16**	117,33	79,91
	VI	**112,25**	117,33	79,91
980,99	I,IV		117,66	80,16
	II		117,66	80,16
	III		117,66	80,16
	V	**100,50**	117,66	80,16
	VI	**112,58**	117,66	80,16
983,99	I,IV		118,00	80,41
	II		118,00	80,41
	III		118,00	80,41
	V	**100,83**	118,00	80,41
	VI	**112,91**	118,00	80,41
986,99	I,IV	**0,25**	118,41	80,66
	II		118,41	80,66
	III		118,41	80,66
	V	**101,16**	118,41	80,66
	VI	**113,25**	118,41	80,66
989,99	I,IV	**0,58**	118,75	80,91
	II		118,75	80,91
	III		118,75	80,91
	V	**101,50**	118,75	80,91
	VI	**113,58**	118,75	80,91
992,99	I,IV	**0,91**	119,08	81,16
	II		119,08	81,16
	III		119,08	81,16
	V	**101,91**	119,08	81,16
	VI	**114,00**	119,08	81,16
995,99	I,IV	**1,25**	119,50	81,41
	II		119,50	81,41
	III		119,50	81,41
	V	**102,25**	119,50	81,41
	VI	**114,33**	119,50	81,41
998,99	I,IV	**1,66**	119,83	81,66
	II		119,83	81,66
	III		119,83	81,66
	V	**102,58**	119,83	81,66
	VI	**114,66**	119,83	81,66
1 001,99	I,IV	**2,00**	120,16	81,83
	II		120,16	81,83
	III		120,16	81,83
	V	**102,91**	120,16	81,83
	VI	**115,00**	120,16	81,83
1 004,99	I,IV	**2,33**	120,58	82,08
	II		120,58	82,08
	III		120,58	82,08
	V	**103,25**	120,58	82,08
	VI	**115,33**	120,58	82,08
1 007,99	I,IV	**2,66**	120,91	82,33
	II		120,91	82,33
	III		120,91	82,33
	V	**103,58**	120,91	82,33
	VI	**115,66**	120,91	82,33

* Zur LSt-Berechnung für privat versicherte Arbeitnehmer s. Beispiele **Vorbemerkung S. 4 f.**
** Basisvorsorgepauschale KV und PV *** Typisierter Arbeitgeberzuschuss

Lohn/ Gehalt in € bis	Steuerklasse	Lohnsteuer*	BVSP**	TAGZ***
1010,99	I,IV	**3,08**	121,25	82,58
	II		121,25	82,58
	III		121,25	82,58
	V	**103,91**	121,25	82,58
	VI	**116,00**	121,25	82,58
1013,99	I,IV	**3,41**	121,66	82,83
	II		121,66	82,83
	III		121,66	82,83
	V	**104,25**	121,66	82,83
	VI	**116,33**	121,66	82,83
1016,99	I,IV	**3,75**	122,00	83,08
	II		122,00	83,08
	III		122,00	83,08
	V	**104,66**	122,00	83,08
	VI	**116,75**	122,00	83,08
1019,99	I,IV	**4,16**	122,33	83,33
	II		122,33	83,33
	III		122,33	83,33
	V	**105,00**	122,33	83,33
	VI	**117,08**	122,33	83,33
1022,99	I,IV	**4,50**	122,75	83,58
	II		122,75	83,58
	III		122,75	83,58
	V	**105,33**	122,75	83,58
	VI	**117,41**	122,75	83,58
1025,99	I,IV	**4,83**	123,08	83,83
	II		123,08	83,83
	III		123,08	83,83
	V	**105,66**	123,08	83,83
	VI	**118,25**	123,08	83,83
1028,99	I,IV	**5,25**	123,41	84,08
	II		123,41	84,08
	III		123,41	84,08
	V	**106,00**	123,41	84,08
	VI	**119,33**	123,41	84,08
1031,99	I,IV	**5,58**	123,83	84,33
	II		123,83	84,33
	III		123,83	84,33
	V	**106,33**	123,83	84,33
	VI	**120,33**	123,83	84,33
1034,99	I,IV	**6,00**	124,16	84,58
	II		124,16	84,58
	III		124,16	84,58
	V	**106,66**	124,16	84,58
	VI	**121,41**	124,16	84,58
1037,99	I,IV	**6,33**	124,50	84,83
	II		124,50	84,83
	III		124,50	84,83
	V	**107,00**	124,50	84,83
	VI	**122,41**	124,50	84,83
1040,99	I,IV	**6,66**	124,91	85,08
	II		124,91	85,08
	III		124,91	85,08
	V	**107,41**	124,91	85,08
	VI	**123,50**	124,91	85,08
1043,99	I,IV	**7,08**	125,25	85,33
	II		125,25	85,33
	III		125,25	85,33
	V	**107,75**	125,25	85,33
	VI	**124,50**	125,25	85,33
1046,99	I,IV	**7,41**	125,58	85,58
	II		125,58	85,58
	III		125,58	85,58
	V	**108,08**	125,58	85,58
	VI	**125,50**	125,58	85,58
1049,99	I,IV	**7,83**	125,91	85,83
	II		125,91	85,83
	III		125,91	85,83
	V	**108,41**	125,91	85,83
	VI	**126,58**	125,91	85,83
1052,99	I,IV	**8,16**	126,33	86,00
	II		126,33	86,00
	III		126,33	86,00
	V	**108,75**	126,33	86,00
	VI	**127,58**	126,33	86,00
1055,99	I,IV	**8,58**	126,66	86,25
	II		126,66	86,25
	III		126,66	86,25
	V	**109,08**	126,66	86,25
	VI	**128,66**	126,66	86,25
1058,99	I,IV	**8,91**	127,00	86,50
	II		127,00	86,50
	III		127,00	86,50
	V	**109,41**	127,00	86,50
	VI	**129,66**	127,00	86,50
1061,99	I,IV	**9,33**	127,41	86,75
	II		127,41	86,75
	III		127,41	86,75
	V	**109,83**	127,41	86,75
	VI	**130,75**	127,41	86,75
1064,99	I,IV	**9,75**	127,75	87,00
	II		127,75	87,00
	III		127,75	87,00
	V	**110,16**	127,75	87,00
	VI	**131,75**	127,75	87,00
1067,99	I,IV	**10,08**	128,08	87,25
	II		128,08	87,25
	III		128,08	87,25
	V	**110,50**	128,08	87,25
	VI	**132,75**	128,08	87,25
1070,99	I,IV	**10,50**	128,50	87,50
	II		128,50	87,50
	III		128,50	87,50
	V	**110,83**	128,50	87,50
	VI	**133,75**	128,50	87,50
1073,99	I,IV	**10,91**	128,83	87,75
	II		128,83	87,75
	III		128,83	87,75
	V	**111,16**	128,83	87,75
	VI	**134,83**	128,83	87,75
1076,99	I,IV	**11,25**	129,16	88,00
	II		129,16	88,00
	III		129,16	88,00
	V	**111,50**	129,16	88,00
	VI	**135,83**	129,16	88,00
1079,99	I,IV	**11,66**	129,58	88,25
	II		129,58	88,25
	III		129,58	88,25
	V	**111,83**	129,58	88,25
	VI	**136,91**	129,58	88,25

* Zur LSt-Berechnung für privat versicherte Arbeitnehmer s. Beispiele **Vorbemerkung S. 4f.**
** Basisvorsorgepauschale KV und PV
*** Typisierter Arbeitgeberzuschuss

Lohn/ Gehalt in € bis	Steuerklasse	Lohnsteuer*	BVSP**	TAGZ***
1 082,99	I,IV	**12,00**	129,91	88,50
	II		129,91	88,50
	III		129,91	88,50
	V	**112,16**	129,91	88,50
	VI	**137,91**	129,91	88,50
1 085,99	I,IV	**12,41**	130,25	88,75
	II		130,25	88,75
	III		130,25	88,75
	V	**112,58**	130,25	88,75
	VI	**139,00**	130,25	88,75
1 088,99	I,IV	**12,83**	130,66	89,00
	II		130,66	89,00
	III		130,66	89,00
	V	**112,91**	130,66	89,00
	VI	**140,00**	130,66	89,00
1 091,99	I,IV	**13,25**	131,00	89,25
	II		131,00	89,25
	III		131,00	89,25
	V	**113,25**	131,00	89,25
	VI	**141,00**	131,00	89,25
1 094,99	I,IV	**13,58**	131,33	89,50
	II		131,33	89,50
	III		131,33	89,50
	V	**113,58**	131,33	89,50
	VI	**142,08**	131,33	89,50
1 097,99	I,IV	**14,00**	131,75	89,75
	II		131,75	89,75
	III		131,75	89,75
	V	**113,91**	131,75	89,75
	VI	**143,08**	131,75	89,75
1 100,99	I,IV	**14,41**	132,08	90,00
	II		132,08	90,00
	III		132,08	90,00
	V	**114,25**	132,08	90,00
	VI	**144,08**	132,08	90,00
1 103,99	I,IV	**14,83**	132,41	90,25
	II		132,41	90,25
	III		132,41	90,25
	V	**114,58**	132,41	90,25
	VI	**145,16**	132,41	90,25
1 106,99	I,IV	**15,25**	132,83	90,41
	II		132,83	90,41
	III		132,83	90,41
	V	**115,00**	132,83	90,41
	VI	**146,25**	132,83	90,41
1 109,99	I,IV	**15,66**	133,16	90,66
	II		133,16	90,66
	III		133,16	90,66
	V	**115,33**	133,16	90,66
	VI	**147,25**	133,16	90,66
1 112,99	I,IV	**16,08**	133,50	90,91
	II		133,50	90,91
	III		133,50	90,91
	V	**115,66**	133,50	90,91
	VI	**148,25**	133,50	90,91
1 115,99	I,IV	**16,41**	133,91	91,16
	II		133,91	91,16
	III		133,91	91,16
	V	**116,00**	133,91	91,16
	VI	**149,33**	133,91	91,16
1 118,99	I,IV	**16,83**	134,25	91,41
	II		134,25	91,41
	III		134,25	91,41
	V	**116,33**	134,25	91,41
	VI	**150,33**	134,25	91,41
1 121,99	I,IV	**17,25**	134,58	91,66
	II		134,58	91,66
	III		134,58	91,66
	V	**116,66**	134,58	91,66
	VI	**151,33**	134,58	91,66
1 124,99	I,IV	**17,66**	134,91	91,91
	II		134,91	91,91
	III		134,91	91,91
	V	**117,00**	134,91	91,91
	VI	**152,41**	134,91	91,91
1 127,99	I,IV	**18,08**	135,33	92,16
	II		135,33	92,16
	III		135,33	92,16
	V	**117,33**	135,33	92,16
	VI	**153,41**	135,33	92,16
1 130,99	I,IV	**18,50**	135,66	92,41
	II		135,66	92,41
	III		135,66	92,41
	V	**118,25**	135,66	92,41
	VI	**154,50**	135,66	92,41
1 133,99	I,IV	**18,91**	136,00	92,66
	II		136,00	92,66
	III		136,00	92,66
	V	**119,25**	136,00	92,66
	VI	**155,50**	136,00	92,66
1 136,99	I,IV	**19,33**	136,41	92,91
	II		136,41	92,91
	III		136,41	92,91
	V	**120,25**	136,41	92,91
	VI	**156,50**	136,41	92,91
1 139,99	I,IV	**19,75**	136,75	93,16
	II		136,75	93,16
	III		136,75	93,16
	V	**121,33**	136,75	93,16
	VI	**157,58**	136,75	93,16
1 142,99	I,IV	**20,16**	137,08	93,41
	II		137,08	93,41
	III		137,08	93,41
	V	**122,33**	137,08	93,41
	VI	**158,58**	137,08	93,41
1 145,99	I,IV	**20,58**	137,50	93,66
	II		137,50	93,66
	III		137,50	93,66
	V	**123,33**	137,50	93,66
	VI	**159,58**	137,50	93,66
1 148,99	I,IV	**21,00**	137,83	93,91
	II		137,83	93,91
	III		137,83	93,91
	V	**124,41**	137,83	93,91
	VI	**160,66**	137,83	93,91
1 151,99	I,IV	**21,41**	138,16	94,16
	II		138,16	94,16
	III		138,16	94,16
	V	**125,41**	138,16	94,16
	VI	**161,66**	138,16	94,16

* Zur LSt-Berechnung für privat versicherte Arbeitnehmer s. Beispiele **Vorbemerkung S. 4 f.**
** Basisvorsorgepauschale KV und PV *** Typisierter Arbeitgeberzuschuss

Lohn/ Gehalt in € bis	Steuerklasse	Lohn- steuer*	BVSP**	TAGZ***	Steuerklasse	Bemessungsgrundlage für Kirchensteuer und Solidaritätszuschlag					
						Freibeträge für ... Kinder					
						0,5	**1,0**	1,5	**2,0**	2,5	**3,0**
1 154,99	I,IV	**21,83**	138,58	94,41	I						
	II		138,58	94,41	II						
	III		138,58	94,41	III						
	V	**126,50**	138,58	94,41	IV						
	VI	**162,75**	138,58	94,41							
1 157,99	I,IV	**22,25**	138,91	94,58	I						
	II		138,91	94,58	II						
	III		138,91	94,58	III						
	V	**127,50**	138,91	94,58	IV						
	VI	**163,75**	138,91	94,58							
1 160,99	I,IV	**22,75**	139,25	94,83	I						
	II		139,25	94,83	II						
	III		139,25	94,83	III						
	V	**128,50**	139,25	94,83	IV						
	VI	**164,83**	139,25	94,83							
1 163,99	I,IV	**23,16**	139,66	95,08	I						
	II		139,66	95,08	II						
	III		139,66	95,08	III						
	V	**129,58**	139,66	95,08	IV						
	VI	**165,83**	139,66	95,08							
1 166,99	I,IV	**23,58**	140,00	95,33	I						
	II		140,00	95,33	II						
	III		140,00	95,33	III						
	V	**130,58**	140,00	95,33	IV						
	VI	**166,83**	140,00	95,33							
1 169,99	I,IV	**24,00**	140,33	95,58	I						
	II		140,33	95,58	II						
	III		140,33	95,58	III						
	V	**131,66**	140,33	95,58	IV	0,08					
	VI	**167,91**	140,33	95,58							
1 172,99	I,IV	**24,41**	140,75	95,83	I						
	II		140,75	95,83	II						
	III		140,75	95,83	III						
	V	**132,66**	140,75	95,83	IV	0,50					
	VI	**168,91**	140,75	95,83							
1 175,99	I,IV	**24,91**	141,08	96,08	I						
	II		141,08	96,08	II						
	III		141,08	96,08	III						
	V	**133,75**	141,08	96,08	IV	0,83					
	VI	**170,00**	141,08	96,08							
1 178,99	I,IV	**25,33**	141,41	96,33	I						
	II		141,41	96,33	II						
	III		141,41	96,33	III						
	V	**134,75**	141,41	96,33	IV	1,16					
	VI	**171,00**	141,41	96,33							
1 181,99	I,IV	**25,75**	141,83	96,58	I						
	II	**0,41**	141,83	96,58	II						
	III		141,83	96,58	III						
	V	**135,75**	141,83	96,58	IV	1,50					
	VI	**172,08**	141,83	96,58							
1 184,99	I,IV	**26,16**	142,16	96,83	I						
	II	**0,75**	142,16	96,83	II						
	III		142,16	96,83	III						
	V	**136,83**	142,16	96,83	IV	1,83					
	VI	**173,08**	142,16	96,83							
1 187,99	I,IV	**26,66**	142,50	97,08	I						
	II	**1,08**	142,50	97,08	II						
	III		142,50	97,08	III						
	V	**137,83**	142,50	97,08	IV	2,25					
	VI	**174,08**	142,50	97,08							

* Zur LSt-Berechnung für privat versicherte Arbeitnehmer s. Beispiele **Vorbemerkung S. 4 f.**
** Basisvorsorgepauschale KV und PV *** Typisierter Arbeitgeberzuschuss

Lohn/ Gehalt in € bis	Steuerklasse	Lohn- steuer*	BVSP**	TAGZ***	Steuerklasse	Bemessungsgrundlage für Kirchensteuer und Solidaritätszuschlag – Freibeträge für ... Kinder 0,5	1,0	1,5	2,0	2,5	3,0
1 190,99	I,IV	**27,08**	142,91	97,33	I						
	II	**1,41**	142,91	97,33	II						
	III		142,91	97,33	III						
	V	**138,83**	142,91	97,33	IV	2,58					
	VI	**175,16**	142,91	97,33							
1 193,99	I,IV	**27,50**	143,25	97,58	I						
	II	**1,75**	143,25	97,58	II						
	III		143,25	97,58	III						
	V	**139,91**	143,25	97,58	IV	2,91					
	VI	**176,16**	143,25	97,58							
1 196,99	I,IV	**28,00**	143,58	97,83	I						
	II	**2,08**	143,58	97,83	II						
	III		143,58	97,83	III						
	V	**140,91**	143,58	97,83	IV	3,25					
	VI	**177,16**	143,58	97,83							
1 199,99	I,IV	**28,41**	143,91	98,08	I						
	II	**2,50**	143,91	98,08	II						
	III		143,91	98,08	III						
	V	**142,00**	143,91	98,08	IV	3,66					
	VI	**178,25**	143,91	98,08							
1 202,99	I,IV	**28,83**	144,33	98,33	I						
	II	**2,83**	144,33	98,33	II						
	III		144,33	98,33	III						
	V	**143,00**	144,33	98,33	IV	4,00					
	VI	**179,25**	144,33	98,33							
1 205,99	I,IV	**29,33**	144,66	98,58	I						
	II	**3,16**	144,66	98,58	II						
	III		144,66	98,58	III						
	V	**144,08**	144,66	98,58	IV	4,33					
	VI	**180,33**	144,66	98,58							
1 208,99	I,IV	**29,75**	145,00	98,83	I						
	II	**3,58**	145,00	98,83	II						
	III		145,00	98,83	III						
	V	**145,08**	145,00	98,83	IV	4,75					
	VI	**181,33**	145,00	98,83							
1 211,99	I,IV	**30,25**	145,41	99,00	I						
	II	**3,91**	145,41	99,00	II						
	III		145,41	99,00	III						
	V	**146,08**	145,41	99,00	IV	5,08					
	VI	**182,33**	145,41	99,00							
1 214,99	I,IV	**30,66**	145,75	99,25	I						
	II	**4,25**	145,75	99,25	II						
	III		145,75	99,25	III						
	V	**147,16**	145,75	99,25	IV	5,41					
	VI	**183,41**	145,75	99,25							
1 217,99	I,IV	**31,16**	146,08	99,50	I						
	II	**4,66**	146,08	99,50	II						
	III		146,08	99,50	III						
	V	**148,16**	146,08	99,50	IV	5,83					
	VI	**184,41**	146,08	99,50							
1 220,99	I,IV	**31,58**	146,50	99,75	I						
	II	**5,00**	146,50	99,75	II						
	III		146,50	99,75	III						
	V	**149,25**	146,50	99,75	IV	6,16					
	VI	**185,50**	146,50	99,75							
1 223,99	I,IV	**32,08**	146,83	100,00	I						
	II	**5,33**	146,83	100,00	II						
	III		146,83	100,00	III						
	V	**150,25**	146,83	100,00	IV	6,58					
	VI	**186,50**	146,83	100,00							

* Zur LSt-Berechnung für privat versicherte Arbeitnehmer s. Beispiele **Vorbemerkung S. 4 f.**
** Basisvorsorgepauschale KV und PV *** Typisierter Arbeitgeberzuschuss

Lohn/ Gehalt in € bis	Steuerklasse	Lohn- steuer*	BVSP**	TAGZ***	Steuerklasse	Bemessungsgrundlage für Kirchensteuer und Solidaritätszuschlag					
						Freibeträge für ... Kinder					
						0,5	**1,0**	1,5	**2,0**	2,5	**3,0**
1 226,99	I,IV	**32,50**	147,16	100,25	I						
	II	**5,75**	147,16	100,25	II						
	III		147,16	100,25	III						
	V	**151,25**	147,16	100,25	IV	6,91					
	VI	**187,58**	147,16	100,25							
1 229,99	I,IV	**33,00**	147,58	100,50	I						
	II	**6,08**	147,58	100,50	II						
	III		147,58	100,50	III						
	V	**152,33**	147,58	100,50	IV	7,33					
	VI	**188,58**	147,58	100,50							
1 232,99	I,IV	**33,41**	147,91	100,75	I						
	II	**6,50**	147,91	100,75	II						
	III		147,91	100,75	III						
	V	**153,33**	147,91	100,75	IV	7,66					
	VI	**189,58**	147,91	100,75							
1 235,99	I,IV	**33,91**	148,25	101,00	I						
	II	**6,83**	148,25	101,00	II						
	III		148,25	101,00	III						
	V	**154,33**	148,25	101,00	IV	8,08					
	VI	**190,66**	148,25	101,00							
1 238,99	I,IV	**34,41**	148,66	101,25	I						
	II	**7,25**	148,66	101,25	II						
	III		148,66	101,25	III						
	V	**155,41**	148,66	101,25	IV	8,41					
	VI	**191,66**	148,66	101,25							
1 241,99	I,IV	**34,83**	149,00	101,50	I						
	II	**7,58**	149,00	101,50	II						
	III		149,00	101,50	III						
	V	**156,41**	149,00	101,50	IV	8,83					
	VI	**192,66**	149,00	101,50							
1 244,99	I,IV	**35,33**	149,33	101,75	I						
	II	**8,00**	149,33	101,75	II						
	III		149,33	101,75	III						
	V	**157,50**	149,33	101,75	IV	9,16					
	VI	**193,75**	149,33	101,75							
1 247,99	I,IV	**35,75**	149,75	102,00	I						
	II	**8,33**	149,75	102,00	II						
	III		149,75	102,00	III						
	V	**158,50**	149,75	102,00	IV	9,58					
	VI	**194,75**	149,75	102,00							
1 250,99	I,IV	**36,25**	150,08	102,25	I						
	II	**8,75**	150,08	102,25	II						
	III		150,08	102,25	III						
	V	**159,58**	150,08	102,25	IV	10,00					
	VI	**195,83**	150,08	102,25							
1 253,99	I,IV	**36,75**	150,41	102,50	I						
	II	**9,08**	150,41	102,50	II						
	III		150,41	102,50	III						
	V	**160,58**	150,41	102,50	IV	10,33					
	VI	**196,83**	150,41	102,50							
1 256,99	I,IV	**37,16**	150,83	102,75	I						
	II	**9,50**	150,83	102,75	II						
	III		150,83	102,75	III						
	V	**161,58**	150,83	102,75	IV	10,75					
	VI	**197,91**	150,83	102,75							
1 259,99	I,IV	**37,66**	151,16	103,00	I						
	II	**9,83**	151,16	103,00	II						
	III		151,16	103,00	III						
	V	**162,66**	151,16	103,00	IV	11,08					
	VI	**198,91**	151,16	103,00							

* Zur LSt-Berechnung für privat versicherte Arbeitnehmer s. Beispiele **Vorbemerkung S. 4 f.**
** Basisvorsorgepauschale KV und PV *** Typisierter Arbeitgeberzuschuss

Lohn/ Gehalt in € bis	Steuerklasse	Lohn- steuer*	BVSP**	TAGZ***	Steuerklasse	Bemessungsgrundlage für Kirchensteuer und Solidaritätszuschlag – Freibeträge für ... Kinder 0,5	**1,0**	1,5	**2,0**	2,5	**3,0**
1 262,99	I,IV	**38,16**	151,50	103,25	I						
	II	**10,25**	151,50	103,25	II						
	III		151,50	103,25	III						
	V	**163,66**	151,50	103,25	IV	11,50					
	VI	**199,91**	151,50	103,25							
1 265,99	I,IV	**38,66**	151,91	103,41	I						
	II	**10,66**	151,91	103,41	II						
	III		151,91	103,41	III						
	V	**164,66**	151,91	103,41	IV	11,91					
	VI	**200,91**	151,91	103,41							
1 268,99	I,IV	**39,08**	152,25	103,66	I						
	II	**11,00**	152,25	103,66	II						
	III		152,25	103,66	III						
	V	**165,75**	152,25	103,66	IV	12,33					
	VI	**202,00**	152,25	103,66							
1 271,99	I,IV	**39,58**	152,58	103,91	I						
	II	**11,41**	152,58	103,91	II						
	III		152,58	103,91	III						
	V	**166,75**	152,58	103,91	IV	12,66					
	VI	**203,00**	152,58	103,91							
1 274,99	I,IV	**40,08**	152,91	104,16	I						
	II	**11,83**	152,91	104,16	II						
	III		152,91	104,16	III						
	V	**167,83**	152,91	104,16	IV	13,08					
	VI	**204,08**	152,91	104,16							
1 277,99	I,IV	**40,58**	153,33	104,41	I						
	II	**12,16**	153,33	104,41	II						
	III		153,33	104,41	III						
	V	**168,83**	153,33	104,41	IV	13,50					
	VI	**205,08**	153,33	104,41							
1 280,99	I,IV	**41,08**	153,66	104,66	I						
	II	**12,58**	153,66	104,66	II						
	III		153,66	104,66	III						
	V	**169,91**	153,66	104,66	IV	13,83					
	VI	**206,16**	153,66	104,66							
1 283,99	I,IV	**41,58**	154,00	104,91	I						
	II	**13,00**	154,00	104,91	II						
	III		154,00	104,91	III						
	V	**170,91**	154,00	104,91	IV	14,25					
	VI	**207,16**	154,00	104,91							
1 286,99	I,IV	**42,00**	154,41	105,16	I						
	II	**13,41**	154,41	105,16	II						
	III		154,41	105,16	III						
	V	**171,91**	154,41	105,16	IV	14,66					
	VI	**208,16**	154,41	105,16							
1 289,99	I,IV	**42,50**	154,75	105,41	I						
	II	**13,75**	154,75	105,41	II						
	III		154,75	105,41	III						
	V	**173,00**	154,75	105,41	IV	15,08					
	VI	**209,25**	154,75	105,41							
1 292,99	I,IV	**43,00**	155,08	105,66	I						
	II	**14,16**	155,08	105,66	II						
	III		155,08	105,66	III						
	V	**174,00**	155,08	105,66	IV	15,50					
	VI	**210,25**	155,08	105,66							
1 295,99	I,IV	**43,50**	155,50	105,91	I						
	II	**14,58**	155,50	105,91	II						
	III		155,50	105,91	III						
	V	**175,08**	155,50	105,91	IV	15,91					
	VI	**211,33**	155,50	105,91							

* Zur LSt-Berechnung für privat versicherte Arbeitnehmer s. Beispiele **Vorbemerkung S. 4 f.**
** Basisvorsorgepauschale KV und PV *** Typisierter Arbeitgeberzuschuss

Lohn/ Gehalt in € bis	Steuerklasse	Lohn- steuer*	BVSP**	TAGZ***	Steuerklasse	Bemessungsgrundlage für Kirchensteuer und Solidaritätszuschlag					
						Freibeträge für ... Kinder					
						0,5	**1,0**	1,5	**2,0**	2,5	**3,0**
1 298,99	I,IV	**44,00**	155,83	106,16	I						
	II	**15,00**	155,83	106,16	II						
	III		155,83	106,16	III						
	V	**176,08**	155,83	106,16	IV	16,25					
	VI	**212,33**	155,83	106,16							
1 301,99	I,IV	**44,50**	156,16	106,41	I						
	II	**15,41**	156,16	106,41	II						
	III		156,16	106,41	III						
	V	**177,08**	156,16	106,41	IV	16,66					
	VI	**213,41**	156,16	106,41							
1 304,99	I,IV	**45,00**	156,58	106,66	I						
	II	**15,75**	156,58	106,66	II						
	III		156,58	106,66	III						
	V	**178,16**	156,58	106,66	IV	17,08					
	VI	**214,41**	156,58	106,66							
1 307,99	I,IV	**45,50**	156,91	106,91	I						
	II	**16,16**	156,91	106,91	II						
	III		156,91	106,91	III						
	V	**179,16**	156,91	106,91	IV	17,50					
	VI	**215,41**	156,91	106,91							
1 310,99	I,IV	**46,00**	157,25	107,16	I						
	II	**16,58**	157,25	107,16	II						
	III		157,25	107,16	III						
	V	**180,16**	157,25	107,16	IV	17,91					
	VI	**216,50**	157,25	107,16							
1 313,99	I,IV	**46,50**	157,66	107,41	I						
	II	**17,00**	157,66	107,41	II						
	III		157,66	107,41	III						
	V	**181,25**	157,66	107,41	IV	18,33					
	VI	**217,50**	157,66	107,41							
1 316,99	I,IV	**47,00**	158,00	107,58	I						
	II	**17,41**	158,00	107,58	II						
	III		158,00	107,58	III						
	V	**182,25**	158,00	107,58	IV	18,75					
	VI	**218,50**	158,00	107,58							
1 319,99	I,IV	**47,50**	158,33	107,83	I						
	II	**17,83**	158,33	107,83	II						
	III		158,33	107,83	III						
	V	**183,33**	158,33	107,83	IV	19,16					
	VI	**219,58**	158,33	107,83							
1 322,99	I,IV	**48,08**	158,33	108,08	I						
	II	**18,33**	158,33	108,08	II						
	III		158,75	108,08	III						
	V	**184,50**	158,33	108,08	IV	19,66					
	VI	**220,75**	158,33	108,08							
1 325,99	I,IV	**48,66**	158,33	108,33	I						
	II	**18,75**	158,33	108,33	II						
	III		159,08	108,33	III						
	V	**185,66**	158,33	108,33	IV	20,16					
	VI	**221,91**	158,33	108,33							
1 328,99	I,IV	**49,25**	158,33	108,58	I						
	II	**19,25**	158,33	108,58	II						
	III		159,41	108,58	III						
	V	**186,91**	158,33	108,58	IV	20,66					
	VI	**223,16**	158,33	108,58							
1 331,99	I,IV	**49,83**	158,33	108,83	I						
	II	**19,75**	158,33	108,83	II						
	III		159,83	108,83	III						
	V	**188,08**	158,33	108,83	IV	21,08					
	VI	**224,33**	158,33	108,83							

* Zur LSt-Berechnung für privat versicherte Arbeitnehmer s. Beispiele **Vorbemerkung S. 4f.**
** Basisvorsorgepauschale KV und PV *** Typisierter Arbeitgeberzuschuss

Lohn/ Gehalt in € bis	Steuerklasse	Lohn- steuer*	BVSP**	TAGZ***	Steuerklasse	Bemessungsgrundlage für Kirchensteuer und Solidaritätszuschlag					
						Freibeträge für ... Kinder					
						0,5	**1,0**	1,5	**2,0**	2,5	**3,0**
1 334,99	I,IV	**50,41**	158,33	109,08	I						
	II	**20,25**	158,33	109,08	II						
	III		160,16	109,08	III						
	V	**189,25**	158,33	109,08	IV	21,58					
	VI	**225,50**	158,33	109,08							
1 337,99	I,IV	**51,00**	158,33	109,33	I						
	II	**20,75**	158,33	109,33	II						
	III		160,50	109,33	III						
	V	**190,41**	158,33	109,33	IV	22,08					
	VI	**226,75**	158,33	109,33							
1 340,99	I,IV	**51,66**	158,33	109,58	I						
	II	**21,16**	158,33	109,58	II						
	III		160,91	109,58	III						
	V	**191,66**	158,33	109,58	IV	22,58					
	VI	**227,91**	158,33	109,58							
1 343,99	I,IV	**52,25**	158,33	109,83	I						
	II	**21,66**	158,33	109,83	II						
	III		161,25	109,83	III						
	V	**192,83**	158,33	109,83	IV	23,08					
	VI	**229,08**	158,33	109,83							
1 346,99	I,IV	**52,83**	158,33	110,08	I						
	II	**22,16**	158,33	110,08	II						
	III		161,58	110,08	III						
	V	**194,00**	158,33	110,08	IV	23,58					
	VI	**230,25**	158,33	110,08							
1 349,99	I,IV	**53,41**	158,33	110,33	I	0,16					
	II	**22,66**	158,33	110,33	II						
	III		161,91	110,33	III						
	V	**195,16**	158,33	110,33	IV	24,08	0,16				
	VI	**231,41**	158,33	110,33							
1 352,99	I,IV	**54,00**	158,33	110,58	I	0,58					
	II	**23,16**	158,33	110,58	II						
	III		162,33	110,58	III						
	V	**196,33**	158,33	110,58	IV	24,58	0,58				
	VI	**232,66**	158,33	110,58							
1 355,99	I,IV	**54,58**	158,33	110,83	I	0,91					
	II	**23,66**	158,33	110,83	II						
	III		162,66	110,83	III						
	V	**197,58**	158,33	110,83	IV	25,08	0,91				
	VI	**233,83**	158,33	110,83							
1 358,99	I,IV	**55,25**	158,33	111,08	I	1,33					
	II	**24,16**	158,33	111,08	II						
	III		163,00	111,08	III						
	V	**198,75**	158,33	111,08	IV	25,58	1,33				
	VI	**235,00**	158,33	111,08							
1 361,99	I,IV	**55,83**	158,33	111,33	I	1,75					
	II	**24,66**	158,33	111,33	II						
	III		163,41	111,33	III						
	V	**199,91**	158,33	111,33	IV	26,08	1,75				
	VI	**236,16**	158,33	111,33							
1 364,99	I,IV	**56,41**	158,33	111,58	I	2,16					
	II	**25,16**	158,33	111,58	II						
	III		163,75	111,58	III						
	V	**201,08**	158,33	111,58	IV	26,58	2,16				
	VI	**237,33**	158,33	111,58							
1 367,99	I,IV	**57,00**	158,33	111,83	I	2,58					
	II	**25,66**	158,33	111,83	II						
	III		164,08	111,83	III						
	V	**202,25**	158,33	111,83	IV	27,08	2,58				
	VI	**238,58**	158,33	111,83							

* Zur LSt-Berechnung für privat versicherte Arbeitnehmer s. Beispiele **Vorbemerkung S. 4 f.**
** Basisvorsorgepauschale KV und PV *** Typisierter Arbeitgeberzuschuss

Lohn/ Gehalt in € bis	Steuerklasse	Lohn- steuer*	BVSP**	TAGZ***	Steuerklasse	Bemessungsgrundlage für Kirchensteuer und Solidaritätszuschlag					
						Freibeträge für ... Kinder					
						0,5	**1,0**	1,5	**2,0**	2,5	**3,0**
1 370,99	I,IV	**57,66**	158,33	112,00	I	3,00					
	II	**26,16**	158,33	112,00	II						
	III		164,50	112,00	III						
	V	**203,50**	158,33	112,00	IV	27,58	3,00				
	VI	**239,75**	158,33	112,00							
1 373,99	I,IV	**58,25**	158,33	112,25	I	3,41					
	II	**26,66**	158,33	112,25	II						
	III		164,83	112,25	III						
	V	**204,66**	158,33	112,25	IV	28,08	3,41				
	VI	**240,91**	158,33	112,25							
1 376,99	I,IV	**58,91**	158,33	112,50	I	3,83					
	II	**27,16**	158,33	112,50	II						
	III		165,16	112,50	III						
	V	**205,83**	158,33	112,50	IV	28,66	3,83				
	VI	**242,08**	158,33	112,50							
1 379,99	I,IV	**59,50**	158,33	112,75	I	4,25					
	II	**27,66**	158,33	112,75	II						
	III		165,58	112,75	III						
	V	**207,08**	158,33	112,75	IV	29,16	4,25				
	VI	**243,33**	158,33	112,75							
1 382,99	I,IV	**60,08**	158,33	113,00	I	4,58					
	II	**28,16**	158,33	113,00	II						
	III		165,91	113,00	III						
	V	**208,16**	158,33	113,00	IV	29,66	4,58				
	VI	**244,50**	158,33	113,00							
1 385,99	I,IV	**60,75**	158,33	113,25	I	5,00					
	II	**28,66**	158,33	113,25	II						
	III		166,25	113,25	III						
	V	**209,41**	158,33	113,25	IV	30,16	5,00				
	VI	**245,66**	158,33	113,25							
1 388,99	I,IV	**61,33**	158,33	113,50	I	5,50					
	II	**29,25**	158,33	113,50	II						
	III		166,66	113,50	III						
	V	**210,58**	158,33	113,50	IV	30,66	5,50				
	VI	**246,83**	158,33	113,50							
1 391,99	I,IV	**62,00**	158,33	113,75	I	5,91					
	II	**29,75**	158,33	113,75	II						
	III		167,00	113,75	III						
	V	**211,75**	158,33	113,75	IV	31,25	5,91				
	VI	**248,00**	158,33	113,75							
1 394,99	I,IV	**62,58**	158,33	114,00	I	6,33					
	II	**30,25**	158,33	114,00	II						
	III		167,33	114,00	III						
	V	**213,00**	158,33	114,00	IV	31,75	6,33				
	VI	**249,25**	158,33	114,00							
1 397,99	I,IV	**63,25**	158,33	114,25	I	6,75					
	II	**30,75**	158,33	114,25	II						
	III		167,75	114,25	III						
	V	**214,16**	158,33	114,25	IV	32,25	6,75				
	VI	**250,41**	158,33	114,25							
1 400,99	I,IV	**63,83**	158,33	114,50	I	7,16					
	II	**31,33**	158,33	114,50	II						
	III		168,08	114,50	III						
	V	**215,33**	158,33	114,50	IV	32,75	7,16				
	VI	**251,58**	158,33	114,50							
1 403,99	I,IV	**64,50**	158,33	114,75	I	7,58					
	II	**31,83**	158,33	114,75	II						
	III		168,41	114,75	III						
	V	**216,50**	158,33	114,75	IV	33,33	7,58				
	VI	**252,75**	158,33	114,75							

* Zur LSt-Berechnung für privat versicherte Arbeitnehmer s. Beispiele **Vorbemerkung S. 4 f.**
** Basisvorsorgepauschale KV und PV *** Typisierter Arbeitgeberzuschuss

Lohn/ Gehalt in € bis	Steuerklasse	Lohn-steuer*	BVSP**	TAGZ***	Steuerklasse	Bemessungsgrundlage für Kirchensteuer und Solidaritätszuschlag					
						Freibeträge für ... Kinder					
						0,5	**1,0**	1,5	**2,0**	2,5	**3,0**
1 406,99	I,IV	**65,16**	158,33	115,00	I	8,00					
	II	**32,33**	158,33	115,00	II						
	III		168,83	115,00	III						
	V	**217,66**	158,33	115,00	IV	33,83	8,00				
	VI	**253,91**	158,33	115,00							
1 409,99	I,IV	**65,75**	158,33	115,25	I	8,41					
	II	**32,91**	158,33	115,25	II						
	III		169,16	115,25	III						
	V	**218,91**	158,33	115,25	IV	34,41	8,41				
	VI	**255,16**	158,33	115,25							
1 412,99	I,IV	**66,41**	158,33	115,50	I	8,91					
	II	**33,41**	158,33	115,50	II						
	III		169,50	115,50	III						
	V	**220,08**	158,33	115,50	IV	34,91	8,91				
	VI	**256,33**	158,33	115,50							
1 415,99	I,IV	**67,08**	158,33	115,75	I	9,33					
	II	**33,91**	158,33	115,75	II						
	III		169,91	115,75	III						
	V	**221,25**	158,33	115,75	IV	35,50	9,33				
	VI	**257,50**	158,33	115,75							
1 418,99	I,IV	**67,66**	158,33	116,00	I	9,75					
	II	**34,50**	158,33	116,00	II						
	III		170,25	116,00	III						
	V	**222,41**	158,33	116,00	IV	36,00	9,75				
	VI	**258,66**	158,33	116,00							
1 421,99	I,IV	**68,33**	158,33	116,16	I	10,16					
	II	**35,00**	158,33	116,16	II						
	III		170,58	116,16	III						
	V	**223,58**	158,33	116,16	IV	36,58	10,16				
	VI	**259,83**	158,33	116,16							
1 424,99	I,IV	**69,00**	158,33	116,41	I	10,66					
	II	**35,58**	158,33	116,41	II						
	III		170,91	116,41	III						
	V	**224,75**	158,33	116,41	IV	37,08	10,66				
	VI	**261,08**	158,33	116,41							
1 427,99	I,IV	**69,66**	158,33	116,66	I	11,08					
	II	**36,08**	158,33	116,66	II						
	III		171,33	116,66	III						
	V	**226,00**	158,33	116,66	IV	37,66	11,08				
	VI	**262,25**	158,33	116,66							
1 430,99	I,IV	**70,25**	158,33	116,91	I	11,50					
	II	**36,66**	158,33	116,91	II						
	III		171,66	116,91	III						
	V	**227,16**	158,33	116,91	IV	38,16	11,50				
	VI	**263,41**	158,33	116,91							
1 433,99	I,IV	**70,91**	158,33	117,16	I	12,00					
	II	**37,16**	158,33	117,16	II						
	III		172,00	117,16	III						
	V	**228,33**	158,33	117,16	IV	38,75	12,00				
	VI	**264,58**	158,33	117,16							
1 436,99	I,IV	**71,58**	158,33	117,41	I	12,41					
	II	**37,75**	158,33	117,41	II						
	III		172,41	117,41	III						
	V	**229,58**	158,33	117,41	IV	39,33	12,41				
	VI	**265,83**	158,33	117,41							
1 439,99	I,IV	**72,25**	158,33	117,66	I	12,91					
	II	**38,25**	158,33	117,66	II						
	III		172,75	117,66	III						
	V	**230,66**	158,33	117,66	IV	39,83	12,91				
	VI	**267,00**	158,33	117,66							

* Zur LSt-Berechnung für privat versicherte Arbeitnehmer s. Beispiele **Vorbemerkung S. 4 f.**
** Basisvorsorgepauschale KV und PV *** Typisierter Arbeitgeberzuschuss

Lohn/ Gehalt in € bis	Steuerklasse	Lohn-steuer*	BVSP**	TAGZ***	Steuerklasse	0,5	**1,0**	1,5	**2,0**	2,5	**3,0**
						Bemessungsgrundlage für Kirchensteuer und Solidaritätszuschlag – Freibeträge für ... Kinder					
1442,99	I,IV	**72,91**	158,33	117,91	I	13,33					
	II	**38,83**	158,33	117,91	II						
	III		173,08	117,91	III						
	V	**231,91**	158,33	117,91	IV	40,41	13,33				
	VI	**268,16**	158,33	117,91							
1445,99	I,IV	**73,58**	158,33	118,16	I	13,83					
	II	**39,41**	158,33	118,16	II						
	III		173,50	118,16	III						
	V	**233,08**	158,33	118,16	IV	40,91	13,83				
	VI	**269,33**	158,33	118,16							
1448,99	I,IV	**74,25**	158,33	118,41	I	14,25					
	II	**39,91**	158,33	118,41	II						
	III		173,83	118,41	III						
	V	**234,25**	158,33	118,41	IV	41,50	14,25				
	VI	**270,50**	158,33	118,41							
1451,99	I,IV	**74,91**	158,33	118,66	I	14,75					
	II	**40,50**	158,33	118,66	II						
	III		174,16	118,66	III						
	V	**235,50**	158,33	118,66	IV	42,08	14,75				
	VI	**271,75**	158,33	118,66							
1454,99	I,IV	**75,58**	158,33	118,91	I	15,16					
	II	**41,08**	158,33	118,91	II						
	III		174,58	118,91	III						
	V	**236,66**	158,33	118,91	IV	42,66	15,16				
	VI	**272,91**	158,33	118,91							
1457,99	I,IV	**76,25**	158,33	119,16	I	15,66					
	II	**41,58**	158,33	119,16	II						
	III		174,91	119,16	III						
	V	**237,83**	158,33	119,16	IV	43,25	15,66				
	VI	**274,08**	158,33	119,16							
1460,99	I,IV	**76,83**	158,33	119,41	I	16,08					
	II	**42,16**	158,33	119,41	II						
	III		175,25	119,41	III						
	V	**239,00**	158,33	119,41	IV	43,75	16,08				
	VI	**275,25**	158,33	119,41							
1463,99	I,IV	**77,50**	158,33	119,66	I	16,58					
	II	**42,75**	158,33	119,66	II						
	III		175,66	119,66	III						
	V	**240,16**	158,33	119,66	IV	44,33	16,58				
	VI	**276,41**	158,33	119,66							
1466,99	I,IV	**78,25**	158,33	119,91	I	17,00					
	II	**43,33**	158,33	119,91	II						
	III		176,00	119,91	III						
	V	**241,41**	158,33	119,91	IV	44,91	17,00				
	VI	**277,66**	158,33	119,91							
1469,99	I,IV	**78,91**	158,33	120,16	I	17,50					
	II	**43,83**	158,33	120,16	II						
	III		176,33	120,16	III						
	V	**242,58**	158,33	120,16	IV	45,50	17,50				
	VI	**278,83**	158,33	120,16							
1472,99	I,IV	**79,58**	158,33	120,41	I	18,00					
	II	**44,41**	158,33	120,41	II						
	III		176,75	120,41	III						
	V	**243,75**	158,33	120,41	IV	46,08	18,00				
	VI	**280,00**	158,33	120,41							
1475,99	I,IV	**80,25**	158,33	120,58	I	18,50					
	II	**45,00**	158,33	120,58	II						
	III		177,08	120,58	III						
	V	**244,91**	158,33	120,58	IV	46,66	18,50				
	VI	**281,25**	158,33	120,58							

* Zur LSt-Berechnung für privat versicherte Arbeitnehmer s. Beispiele **Vorbemerkung S. 4 f.**
** Basisvorsorgepauschale KV und PV *** Typisierter Arbeitgeberzuschuss

Lohn/ Gehalt in € bis	Steuerklasse	Lohn- steuer*	BVSP**	TAGZ***	Steuerklasse	Bemessungsgrundlage für Kirchensteuer und Solidaritätszuschlag – Freibeträge für ... Kinder 0,5	1,0	1,5	2,0	2,5	3,0
1 478,99	I,IV	**80,91**	158,33	120,83	I	18,91					
	II	**45,58**	158,33	120,83	II						
	III		177,41	120,83	III						
	V	**246,08**	158,33	120,83	IV	47,16	18,91				
	VI	**282,33**	158,33	120,83							
1 481,99	I,IV	**81,58**	158,33	121,08	I	19,41					
	II	**46,16**	158,33	121,08	II						
	III		177,83	121,08	III						
	V	**247,33**	158,33	121,08	IV	47,75	19,41				
	VI	**283,58**	158,33	121,08							
1 484,99	I,IV	**82,25**	158,33	121,33	I	19,91					
	II	**46,75**	158,33	121,33	II						
	III		178,16	121,33	III						
	V	**248,50**	158,33	121,33	IV	48,33	19,91				
	VI	**284,75**	158,33	121,33							
1 487,99	I,IV	**82,91**	158,33	121,58	I	20,33					
	II	**47,33**	158,33	121,58	II						
	III		178,50	121,58	III						
	V	**249,66**	158,33	121,58	IV	48,91	20,33				
	VI	**285,91**	158,33	121,58							
1 490,99	I,IV	**83,66**	158,33	121,83	I	20,83					
	II	**47,91**	158,33	121,83	II						
	III		178,91	121,83	III						
	V	**250,83**	158,33	121,83	IV	49,58	20,83				
	VI	**287,16**	158,33	121,83							
1 493,99	I,IV	**84,33**	158,33	122,08	I	21,33					
	II	**48,50**	158,33	122,08	II						
	III		179,25	122,08	III						
	V	**252,08**	158,33	122,08	IV	50,16	21,33				
	VI	**288,33**	158,33	122,08							
1 496,99	I,IV	**85,00**	158,33	122,33	I	21,83					
	II	**49,08**	158,33	122,33	II						
	III		179,58	122,33	III						
	V	**253,25**	158,33	122,33	IV	50,75	21,83				
	VI	**289,50**	158,33	122,33							
1 499,99	I,IV	**85,66**	158,33	122,58	I	22,33					
	II	**49,66**	158,33	122,58	II						
	III		179,91	122,58	III						
	V	**254,41**	158,33	122,58	IV	51,33	22,33				
	VI	**290,66**	158,33	122,58							
1 502,99	I,IV	**86,33**	158,33	122,83	I	22,83					
	II	**50,25**	158,33	122,83	II						
	III		180,33	122,83	III						
	V	**255,58**	158,33	122,83	IV	51,91	22,83				
	VI	**291,83**	158,33	122,83							
1 505,99	I,IV	**87,00**	158,33	123,08	I	23,33					
	II	**50,83**	158,33	123,08	II						
	III		180,66	123,08	III						
	V	**256,75**	158,33	123,08	IV	52,50	23,33				
	VI	**293,00**	158,33	123,08							
1 508,99	I,IV	**87,75**	158,33	123,33	I	23,83					
	II	**51,41**	158,33	123,33	II						
	III		181,00	123,33	III						
	V	**258,00**	158,33	123,33	IV	53,08	23,83				
	VI	***294,25***	*158,33*	*123,33*							
1 511,99	I,IV	**88,41**	158,33	123,58	I	24,33					
	II	**52,00**	158,33	123,58	II						
	III		181,41	123,58	III						
	V	**259,16**	158,33	123,58	IV	53,66	24,33	0,33			
	VI	**295,41**	158,33	123,58							

* Zur LSt-Berechnung für privat versicherte Arbeitnehmer s. Beispiele **Vorbemerkung S. 4 f.**
** Basisvorsorgepauschale KV und PV *** Typisierter Arbeitgeberzuschuss

Lohn/ Gehalt in € bis	Steuerklasse	Lohn-steuer*	BVSP**	TAGZ***	Steuerklasse	Bemessungsgrundlage für Kirchensteuer und Solidaritätszuschlag					
						Freibeträge für ... Kinder					
						0,5	**1,0**	1,5	**2,0**	2,5	**3,0**
1514,99	I,IV	**89,08**	158,33	123,83	I	24,83					
	II	**52,58**	158,33	123,83	II						
	III		181,75	123,83	III						
	V	**260,33**	158,33	123,83	IV	54,33	24,83	0,75			
	VI	**296,58**	158,33	123,83							
1517,99	I,IV	**89,75**	158,33	124,08	I	25,33					
	II	**53,16**	158,33	124,08	II						
	III		182,08	124,08	III						
	V	**261,50**	158,33	124,08	IV	54,91	25,33	1,16			
	VI	**297,75**	158,33	124,08							
1520,99	I,IV	**90,41**	158,33	124,33	I	25,83					
	II	**53,75**	158,33	124,33	II	0,41					
	III		182,50	124,33	III						
	V	**262,66**	158,33	124,33	IV	55,50	25,83	1,50			
	VI	**298,91**	158,33	124,33							
1523,99	I,IV	**91,08**	158,33	124,58	I	26,33					
	II	**54,41**	158,33	124,58	II	0,83					
	III		182,83	124,58	III						
	V	**263,91**	158,33	124,58	IV	56,08	26,33	1,91			
	VI	**300,16**	158,33	124,58							
1526,99	I,IV	**91,83**	158,33	124,75	I	26,83					
	II	**55,00**	158,33	124,75	II	1,16					
	III		183,16	124,75	III						
	V	**265,08**	158,33	124,75	IV	56,75	26,83	2,33			
	VI	**301,33**	158,33	124,75							
1529,99	I,IV	**92,50**	158,33	125,00	I	27,33					
	II	**55,58**	158,33	125,00	II	1,58					
	III		183,58	125,00	III						
	V	**266,25**	158,33	125,00	IV	57,33	27,33	2,75			
	VI	**302,50**	158,33	125,00							
1532,99	I,IV	**93,16**	158,33	125,25	I	27,83					
	II	**56,25**	158,33	125,25	II	2,00					
	III		183,91	125,25	III						
	V	**267,41**	158,33	125,25	IV	57,91	27,83	3,16			
	VI	**303,75**	158,33	125,25							
1535,99	I,IV	**93,83**	158,33	125,50	I	28,33					
	II	**56,83**	158,33	125,50	II	2,41					
	III		184,25	125,50	III						
	V	**268,66**	158,33	125,50	IV	58,58	28,33	3,58			
	VI	**304,91**	158,33	125,50							
1538,99	I,IV	**94,50**	158,33	125,75	I	28,83					
	II	**57,41**	158,33	125,75	II	2,83					
	III		184,66	125,75	III						
	V	**269,83**	158,33	125,75	IV	59,16	28,83	4,00			
	VI	**306,08**	158,33	125,75							
1541,99	I,IV	**95,25**	158,33	126,00	I	29,33					
	II	**58,00**	158,33	126,00	II	3,25					
	III		185,00	126,00	III						
	V	**271,00**	158,33	126,00	IV	59,75	29,33	4,41			
	VI	**307,25**	158,33	126,00							
1544,99	I,IV	**95,91**	158,33	126,25	I	29,91					
	II	**58,66**	158,33	126,25	II	3,66					
	III		185,33	126,25	III						
	V	**272,16**	158,33	126,25	IV	60,41	29,91	4,83			
	VI	**308,41**	158,33	126,25							
1547,99	I,IV	**96,58**	158,33	126,50	I	30,41					
	II	**59,25**	158,33	126,50	II	4,08					
	III		185,75	126,50	III						
	V	**273,33**	158,33	126,50	IV	61,00	30,41	5,25			
	VI	**309,66**	158,33	126,50							

* Zur LSt-Berechnung für privat versicherte Arbeitnehmer s. Beispiele **Vorbemerkung S. 4 f.**
** Basisvorsorgepauschale KV und PV *** Typisierter Arbeitgeberzuschuss

Lohn/ Gehalt in € bis	Steuerklasse	Lohnsteuer*	BVSP**	TAGZ***	Steuerklasse	Bemessungsgrundlage für Kirchensteuer und Solidaritätszuschlag — Freibeträge für ... Kinder 0,5	**1,0**	1,5	**2,0**	2,5	**3,0**
1 550,99	I,IV	**97,33**	158,33	126,75	I	30,91					
	II	**59,91**	158,33	126,75	II	4,50					
	III		186,08	126,75	III						
	V	**274,58**	158,33	126,75	IV	61,66	30,91	5,66			
	VI	**310,83**	158,33	126,75							
1 553,99	I,IV	**98,00**	158,33	127,00	I	31,50					
	II	**60,50**	158,33	127,00	II	4,91					
	III		186,41	127,00	III						
	V	**275,75**	158,33	127,00	IV	62,25	31,50	6,08			
	VI	**312,00**	158,33	127,00							
1 556,99	I,IV	**98,66**	158,33	127,25	I	32,00					
	II	**61,08**	158,33	127,25	II	5,33					
	III		186,83	127,25	III						
	V	**276,91**	158,33	127,25	IV	62,91	32,00	6,50			
	VI	**313,16**	158,33	127,25							
1 559,99	I,IV	**99,33**	158,33	127,50	I	32,50					
	II	**61,75**	158,33	127,50	II	5,75					
	III		187,16	127,50	III						
	V	**278,08**	158,33	127,50	IV	63,50	32,50	6,91			
	VI	**314,33**	158,33	127,50							
1 562,99	I,IV	**100,08**	158,33	127,75	I	33,00					
	II	**62,41**	158,33	127,75	II	6,16					
	III		187,50	127,75	III						
	V	**279,25**	158,33	127,75	IV	64,16	33,00	7,33			
	VI	**315,58**	158,33	127,75							
1 565,99	I,IV	**100,75**	158,33	128,00	I	33,58					
	II	**63,00**	158,33	128,00	II	6,58					
	III		187,91	128,00	III						
	V	**280,50**	158,33	128,00	IV	64,83	33,58	7,75			
	VI	**316,75**	158,33	128,00							
1 568,99	I,IV	**101,41**	158,33	128,25	I	34,08					
	II	**63,66**	158,33	128,25	II	7,00					
	III		188,25	128,25	III						
	V	**281,66**	158,33	128,25	IV	65,41	34,08	8,25			
	VI	**317,91**	158,33	128,25							
1 571,99	I,IV	**102,08**	158,33	128,50	I	34,66					
	II	**64,25**	158,33	128,50	II	7,41					
	III		188,58	128,50	III						
	V	**282,83**	158,33	128,50	IV	66,08	34,66	8,66			
	VI	**319,08**	158,33	128,50							
1 574,99	I,IV	**102,83**	158,33	128,75	I	35,16					
	II	**64,91**	158,33	128,75	II	7,83					
	III		188,91	128,75	III						
	V	**284,08**	158,33	128,75	IV	66,75	35,16	9,08			
	VI	**320,33**	158,33	128,75							
1 577,99	I,IV	**103,50**	158,33	129,00	I	35,75					
	II	**65,50**	158,33	129,00	II	8,25					
	III		189,33	129,00	III						
	V	**285,16**	158,33	129,00	IV	67,33	35,75	9,50			
	VI	**321,50**	158,33	129,00							
1 580,99	I,IV	**104,16**	158,33	129,16	I	36,25					
	II	**66,16**	158,33	129,16	II	8,75					
	III		189,66	129,16	III						
	V	**286,41**	158,33	129,16	IV	68,00	36,25	10,00			
	VI	***322,66***	*158,33*	129,16							
1 583,99	I,IV	**104,91**	158,33	129,41	I	36,83					
	II	**66,83**	158,33	129,41	II	9,16					
	III		190,00	129,41	III						
	V	**287,58**	158,33	129,41	IV	68,66	36,83	10,41			
	VI	**323,83**	158,33	129,41							

* Zur LSt-Berechnung für privat versicherte Arbeitnehmer s. Beispiele **Vorbemerkung S. 4 f.**
** Basisvorsorgepauschale KV und PV *** Typisierter Arbeitgeberzuschuss

Lohn/ Gehalt in € bis	Steuerklasse	Lohn-steuer*	BVSP**	TAGZ***	Steuerklasse	Bemessungsgrundlage für Kirchensteuer und Solidaritätszuschlag – Freibeträge für ... Kinder 0,5	1,0	1,5	2,0	2,5	3,0
1586,99	I,IV	**105,58**	158,33	129,66	I	37,33					
	II	**67,41**	158,33	129,66	II	9,58					
	III		190,41	129,66	III						
	V	**288,75**	158,33	129,66	IV	69,25	37,33	10,83			
	VI	**325,00**	158,33	129,66							
1589,99	I,IV	**106,25**	158,33	129,91	I	37,91					
	II	**68,08**	158,33	129,91	II	10,08					
	III		190,75	129,91	III						
	V	**290,00**	158,33	129,91	IV	69,91	37,91	11,33			
	VI	**326,25**	158,33	129,91							
1592,99	I,IV	**107,00**	158,33	130,16	I	38,41					
	II	**68,75**	158,33	130,16	II	10,50					
	III		191,08	130,16	III						
	V	**291,16**	158,33	130,16	IV	70,58	38,41	11,75			
	VI	**327,41**	158,33	130,16							
1595,99	I,IV	**107,66**	158,33	130,41	I	39,00					
	II	**69,41**	158,33	130,41	II	10,91					
	III		191,50	130,41	III						
	V	**292,33**	158,33	130,41	IV	71,25	39,00	12,16			
	VI	**328,58**	158,33	130,41							
1598,99	I,IV	**108,33**	158,33	130,66	I	39,50					
	II	**70,00**	158,33	130,66	II	11,33					
	III		191,83	130,66	III						
	V	**293,50**	158,33	130,66	IV	71,91	39,50	12,66			
	VI	**329,75**	158,33	130,66							
1601,99	I,IV	**109,00**	158,33	130,91	I	40,08					
	II	**70,66**	158,33	130,91	II	11,83					
	III		192,16	130,91	III						
	V	**294,66**	158,33	130,91	IV	72,50	40,08	13,08			
	VI	**330,91**	158,33	130,91							
1604,99	I,IV	**109,75**	158,33	131,16	I	40,66					
	II	**71,33**	158,33	131,16	II	12,25					
	III		192,58	131,16	III						
	V	**295,91**	158,33	131,16	IV	73,16	40,66	13,58			
	VI	**332,16**	158,33	131,16							
1607,99	I,IV	**110,41**	158,33	131,41	I	41,25					
	II	**72,00**	158,33	131,41	II	12,75					
	III		192,91	131,41	III						
	V	**297,08**	158,33	131,41	IV	73,83	41,25	14,00			
	VI	**333,33**	158,33	131,41							
1610,99	I,IV	**111,16**	158,33	131,66	I	41,75					
	II	**72,66**	158,33	131,66	II	13,16					
	III		193,25	131,66	III						
	V	**298,25**	158,33	131,66	IV	74,50	41,75	14,50			
	VI	**334,50**	158,33	131,66							
1613,99	I,IV	**111,83**	158,33	131,91	I	42,33					
	II	**73,33**	158,33	131,91	II	13,66					
	III		193,66	131,91	III						
	V	**299,41**	158,33	131,91	IV	75,16	42,33	14,91			
	VI	**335,66**	158,33	131,91							
1616,99	I,IV	**112,50**	158,33	132,16	I	42,91					
	II	**74,00**	158,33	132,16	II	14,08					
	III		194,00	132,16	III						
	V	**300,58**	158,33	132,16	IV	75,83	42,91	15,41			
	VI	**336,83**	158,33	132,16							
1619,99	I,IV	**113,25**	158,33	132,41	I	43,50					
	II	**74,58**	158,33	132,41	II	14,50					
	III		194,33	132,41	III						
	V	**301,75**	158,33	132,41	IV	76,50	43,50	15,83			
	VI	**338,08**	158,33	132,41							

* Zur LSt-Berechnung für privat versicherte Arbeitnehmer s. Beispiele **Vorbemerkung S. 4 f.**
** Basisvorsorgepauschale KV und PV *** Typisierter Arbeitgeberzuschuss

Lohn/ Gehalt in € bis	Steuerklasse	Lohn-steuer*	BVSP**	TAGZ***	Steuerklasse	Bemessungsgrundlage für Kirchensteuer und Solidaritätszuschlag					
						Freibeträge für ... Kinder					
						0,5	**1,0**	1,5	**2,0**	2,5	**3,0**
1 622,99	I,IV	**113,91**	158,33	132,66	I	44,00					
	II	**75,25**	158,33	132,66	II	15,00					
	III		194,75	132,66	III						
	V	**303,00**	158,33	132,66	IV	77,16	44,00	16,33			
	VI	**339,25**	158,33	132,66							
1 625,99	I,IV	**114,58**	158,33	132,91	I	44,58					
	II	**76,00**	158,33	132,91	II	15,50					
	III		195,08	132,91	III						
	V	**304,16**	158,33	132,91	IV	77,83	44,58	16,75			
	VI	**340,41**	158,33	132,91							
1 628,99	I,IV	**115,33**	158,33	133,16	I	45,16					
	II	**76,66**	158,33	133,16	II	15,91					
	III		195,41	133,16	III						
	V	**305,33**	158,33	133,16	IV	78,50	45,16	17,25			
	VI	**341,58**	158,33	133,16							
1 631,99	I,IV	**116,00**	158,33	133,33	I	45,75					
	II	**77,33**	158,33	133,33	II	16,41					
	III		195,83	133,33	III						
	V	**306,58**	158,33	133,33	IV	79,25	45,75	17,75			
	VI	**342,83**	158,33	133,33							
1 634,99	I,IV	**116,66**	158,33	133,58	I	46,33					
	II	**77,91**	158,33	133,58	II	16,83					
	III		196,16	133,58	III						
	V	**307,66**	158,33	133,58	IV	79,83	46,33	18,16			
	VI	**344,00**	158,33	133,58							
1 637,99	I,IV	**117,41**	158,33	133,83	I	46,91					
	II	**78,66**	158,33	133,83	II	17,33					
	III		196,50	133,83	III						
	V	**308,91**	158,33	133,83	IV	80,58	46,91	18,66			
	VI	**345,16**	158,33	133,83							
1 640,99	I,IV	**118,08**	158,33	134,08	I	47,50					
	II	**79,33**	158,33	134,08	II	17,83					
	III		196,91	134,08	III						
	V	**310,08**	158,33	134,08	IV	81,25	47,50	19,16			
	VI	**346,33**	158,33	134,08							
1 643,99	I,IV	**118,83**	158,33	134,33	I	48,08					
	II	**80,00**	158,33	134,33	II	18,25					
	III		197,25	134,33	III						
	V	**311,25**	158,33	134,33	IV	81,91	48,08	19,66			
	VI	**347,50**	158,33	134,33							
1 646,99	I,IV	**119,50**	158,33	134,58	I	48,66					
	II	**80,66**	158,33	134,58	II	18,75					
	III		197,58	134,58	III						
	V	**312,50**	158,33	134,58	IV	82,58	48,66	20,08			
	VI	**348,75**	158,33	134,58							
1 649,99	I,IV	**120,25**	158,33	134,83	I	49,25					
	II	**81,33**	158,33	134,83	II	19,25					
	III		197,91	134,83	III						
	V	**313,66**	158,33	134,83	IV	83,25	49,25	20,58			
	VI	**349,91**	158,33	134,83							
1 652,99	I,IV	**120,91**	158,33	135,08	I	49,83					
	II	**82,00**	158,33	135,08	II	19,75					
	III		198,33	135,08	III						
	V	**314,83**	158,33	135,08	IV	83,91	49,83	21,08			
	VI	**351,08**	158,33	135,08							
1 655,99	I,IV	**121,58**	158,33	135,33	I	50,41					
	II	**82,66**	158,33	135,33	II	20,16					
	III		198,66	135,33	III						
	V	**316,00**	158,33	135,33	IV	84,58	50,41	21,58			
	VI	**352,25**	158,33	135,33							

* Zur LSt-Berechnung für privat versicherte Arbeitnehmer s. Beispiele **Vorbemerkung S. 4 f.**
** Basisvorsorgepauschale KV und PV *** Typisierter Arbeitgeberzuschuss

Lohn/ Gehalt in € bis	Steuerklasse	Lohn- steuer*	BVSP**	TAGZ***	Steuerklasse	Bemessungsgrundlage für Kirchensteuer und Solidaritätszuschlag					
						Freibeträge für ... Kinder					
						0,5	**1,0**	1,5	**2,0**	2,5	**3,0**
1 658,99	I,IV	**122,33**	158,33	135,58	I	51,00					
	II	**83,33**	158,33	135,58	II	20,66					
	III		199,00	135,58	III						
	V	**317,16**	158,33	135,58	IV	85,33	51,00	22,08			
	VI	**353,41**	158,33	135,58							
1 661,99	I,IV	**123,00**	158,33	135,83	I	51,58					
	II	**84,08**	158,33	135,83	II	21,16					
	III		199,41	135,83	III						
	V	**318,41**	158,33	135,83	IV	86,00	51,58	22,58			
	VI	**354,66**	158,33	135,83							
1 664,99	I,IV	**123,75**	158,33	136,08	I	52,16					
	II	**84,75**	158,33	136,08	II	21,66					
	III		199,75	136,08	III						
	V	**319,58**	158,33	136,08	IV	86,66	52,16	23,08			
	VI	**355,83**	158,33	136,08							
1 667,99	I,IV	**124,41**	158,33	136,33	I	52,75					
	II	**85,41**	158,33	136,33	II	22,16					
	III		200,08	136,33	III						
	V	**320,75**	158,33	136,33	IV	87,33	52,75	23,50			
	VI	**357,00**	158,33	136,33							
1 670,99	I,IV	**125,16**	158,33	136,58	I	53,41	0,16				
	II	**86,08**	158,33	136,58	II	22,66					
	III		200,50	136,58	III						
	V	**321,91**	158,33	136,58	IV	88,00	53,41	24,00	0,16		
	VI	**358,25**	158,33	136,58							
1 673,99	I,IV	**125,83**	158,33	136,83	I	54,00	0,50				
	II	**86,75**	158,33	136,83	II	23,08					
	III		200,83	136,83	III						
	V	**323,08**	158,33	136,83	IV	88,66	54,00	24,50	0,50		
	VI	**359,33**	158,33	136,83							
1 676,99	I,IV	**126,50**	158,33	137,08	I	54,58	0,91				
	II	**87,41**	158,33	137,08	II	23,58					
	III		201,16	137,08	III						
	V	**324,33**	158,33	137,08	IV	89,41	54,58	25,00	0,91		
	VI	**360,33**	158,33	137,08							
1 679,99	I,IV	**127,25**	158,33	137,33	I	55,16	1,33				
	II	**88,16**	158,33	137,33	II	24,08					
	III		201,58	137,33	III						
	V	**325,50**	158,33	137,33	IV	90,08	55,16	25,50	1,33		
	VI	**361,16**	158,33	137,33							
1 682,99	I,IV	**127,91**	158,33	137,58	I	55,75	1,75				
	II	**88,83**	158,33	137,58	II	24,58					
	III		201,91	137,58	III						
	V	**326,66**	158,33	137,58	IV	90,75	55,75	26,00	1,75		
	VI	**362,33**	158,33	137,58							
1 685,99	I,IV	**128,66**	158,33	137,75	I	56,41	2,16				
	II	**89,50**	158,33	137,75	II	25,08					
	III		202,25	137,75	III						
	V	**327,83**	158,33	137,75	IV	91,41	56,41	26,58	2,16		
	VI	**363,33**	158,33	137,75							
1 688,99	I,IV	**129,41**	158,33	138,00	I	57,00	2,50				
	II	**90,16**	158,33	138,00	II	25,58					
	III		202,66	138,00	III						
	V	**329,08**	158,33	138,00	IV	92,16	57,00	27,08	2,50		
	VI	**364,16**	158,33	138,00							
1 691,99	I,IV	**130,08**	158,33	138,25	I	57,58	2,91				
	II	**90,91**	158,33	138,25	II	26,16					
	III		203,00	138,25	III						
	V	**330,25**	158,33	138,25	IV	92,83	57,58	27,58	2,91		
	VI	**365,16**	158,33	138,25							

* Zur LSt-Berechnung für privat versicherte Arbeitnehmer s. Beispiele **Vorbemerkung S. 4f.**
** Basisvorsorgepauschale KV und PV *** Typisierter Arbeitgeberzuschuss

Lohn/ Gehalt in € bis	Steuerklasse	Lohn-steuer*	BVSP**	TAGZ***	Steuerklasse	Bemessungsgrundlage für Kirchensteuer und Solidaritätszuschlag					
						Freibeträge für ... Kinder					
						0,5	**1,0**	1,5	**2,0**	2,5	**3,0**
1 694,99	I,IV	**130,75**	158,33	138,50	I	58,25	3,33				
	II	**91,58**	158,33	138,50	II	26,58					
	III		203,33	138,50	III						
	V	**331,41**	158,33	138,50	IV	93,50	58,25	28,08	3,33		
	VI	**366,33**	158,33	138,50							
1 697,99	I,IV	**131,50**	158,33	138,75	I	58,83	3,75				
	II	**92,25**	158,33	138,75	II	27,16					
	III		203,75	138,75	III						
	V	**332,58**	158,33	138,75	IV	94,16	58,83	28,58	3,75		
	VI	**367,16**	158,33	138,75							
1 700,99	I,IV	**132,16**	158,33	139,00	I	59,41	4,16				
	II	**92,91**	158,33	139,00	II	27,66					
	III		204,08	139,00	III						
	V	**333,75**	158,33	139,00	IV	94,83	59,41	29,08	4,16		
	VI	**368,16**	158,33	139,00							
1 703,99	I,IV	**132,91**	158,33	139,25	I	60,08	4,58				
	II	**93,58**	158,33	139,25	II	28,16					
	III		204,41	139,25	III						
	V	**335,00**	158,33	139,25	IV	95,58	60,08	29,58	4,58		
	VI	**369,33**	158,33	139,25							
1 706,99	I,IV	**133,66**	158,33	139,50	I	60,66	5,00				
	II	**94,33**	158,33	139,50	II	28,66					
	III		204,83	139,50	III						
	V	**336,16**	158,33	139,50	IV	96,25	60,66	30,16	5,00		
	VI	**370,16**	158,33	139,50							
1 709,99	I,IV	**134,25**	158,58	139,75	I	61,25	5,41				
	II	**94,91**	158,58	139,75	II	29,16					
	III		205,16	139,75	III						
	V	**337,25**	158,58	139,75	IV	96,83	61,25	30,58	5,41		
	VI	**371,16**	158,58	139,75							
1 712,99	I,IV	**134,91**	158,83	140,00	I	61,83	5,75				
	II	**95,50**	158,83	140,00	II	29,58					
	III		205,50	140,00	III						
	V	**338,33**	158,83	140,00	IV	97,50	61,83	31,08	5,75		
	VI	**372,00**	158,83	140,00							
1 715,99	I,IV	**135,50**	159,08	140,25	I	62,41	6,16				
	II	**96,16**	159,08	140,25	II	30,08					
	III		205,91	140,25	III						
	V	**339,33**	159,08	140,25	IV	98,08	62,41	31,58	6,16		
	VI	**372,83**	159,08	140,25							
1 718,99	I,IV	**136,16**	159,41	140,50	I	62,91	6,50				
	II	**96,75**	159,41	140,50	II	30,50					
	III		206,25	140,50	III						
	V	**340,41**	159,41	140,50	IV	98,75	62,91	32,00	6,50		
	VI	**373,66**	159,41	140,50							
1 721,99	I,IV	**136,83**	159,66	140,75	I	63,50	6,91				
	II	**97,41**	159,66	140,75	II	31,00					
	III		206,58	140,75	III						
	V	**341,50**	159,66	140,75	IV	99,33	63,50	32,50	6,91		
	VI	**374,66**	159,66	140,75							
1 724,99	I,IV	**137,50**	159,91	141,00	I	64,08	7,33				
	II	**98,00**	159,91	141,00	II	31,50					
	III		206,91	141,00	III						
	V	**342,58**	159,91	141,00	IV	100,00	64,08	33,00	7,33		
	VI	**375,66**	159,91	141,00							
1 727,99	I,IV	**138,08**	160,25	141,25	I	64,66	7,66				
	II	**98,58**	160,25	141,25	II	31,91					
	III		207,33	141,25	III						
	V	**343,58**	160,25	141,25	IV	100,58	64,66	33,41	7,66		
	VI	**376,33**	160,25	141,25							

* Zur LSt-Berechnung für privat versicherte Arbeitnehmer s. Beispiele **Vorbemerkung S. 4 f.**
** Basisvorsorgepauschale KV und PV *** Typisierter Arbeitgeberzuschuss

Lohn/ Gehalt in € bis	Steuerklasse	Lohn-steuer*	BVSP**	TAGZ***	Steuerklasse	Bemessungsgrundlage für Kirchensteuer und Solidaritätszuschlag — Freibeträge für ... Kinder 0,5	**1,0**	1,5	**2,0**	2,5	**3,0**
1 730,99	I,IV	**138,75**	160,50	141,50	I	65,25	8,08				
	II	**99,25**	160,50	141,50	II	32,41					
	III		207,66	141,50	III						
	V	**344,66**	160,50	141,50	IV	101,16	65,25	33,91	8,08		
	VI	**377,33**	160,50	141,50							
1 733,99	I,IV	**139,41**	160,75	141,75	I	65,83	8,50				
	II	**99,83**	160,75	141,75	II	32,91					
	III		208,00	141,75	III						
	V	**345,75**	160,75	141,75	IV	101,83	65,83	34,41	8,50		
	VI	**378,16**	160,75	141,75							
1 736,99	I,IV	**140,00**	161,08	141,91	I	66,41	8,83				
	II	**100,50**	161,08	141,91	II	33,41					
	III		208,41	141,91	III						
	V	**346,83**	161,08	141,91	IV	102,41	66,41	34,91	8,83		
	VI	**379,16**	161,08	141,91							
1 739,99	I,IV	**140,66**	161,33	142,16	I	66,91	9,25				
	II	**101,08**	161,33	142,16	II	33,83					
	III		208,75	142,16	III						
	V	**347,91**	161,33	142,16	IV	103,08	66,91	35,41	9,25		
	VI	**379,83**	161,33	142,16							
1 742,99	I,IV	**141,33**	161,58	142,41	I	67,50	9,66				
	II	**101,75**	161,58	142,41	II	34,33					
	III		209,08	142,41	III						
	V	**349,00**	161,58	142,41	IV	103,66	67,50	35,83	9,66		
	VI	**380,83**	161,58	142,41							
1 745,99	I,IV	**142,00**	161,91	142,66	I	68,08	10,08				
	II	**102,33**	161,91	142,66	II	34,83					
	III		209,50	142,66	III						
	V	**350,00**	161,91	142,66	IV	104,33	68,08	36,33	10,08		
	VI	**381,66**	161,91	142,66							
1 748,99	I,IV	**142,58**	162,16	142,91	I	68,66	10,41				
	II	**103,00**	162,16	142,91	II	35,33					
	III		209,83	142,91	III						
	V	**351,08**	162,16	142,91	IV	104,91	68,66	36,83	10,41		
	VI	**382,50**	162,16	142,91							
1 751,99	I,IV	**143,25**	162,41	143,16	I	69,25	10,83				
	II	**103,58**	162,41	143,16	II	35,83					
	III		210,16	143,16	III						
	V	**352,16**	162,41	143,16	IV	105,58	69,25	37,33	10,83		
	VI	**383,50**	162,41	143,16							
1 754,99	I,IV	**143,91**	162,75	143,41	I	69,83	11,25				
	II	**104,25**	162,75	143,41	II	36,25					
	III		210,58	143,41	III						
	V	**353,25**	162,75	143,41	IV	106,16	69,83	37,83	11,25		
	VI	**384,33**	162,75	143,41							
1 757,99	I,IV	**144,50**	163,00	143,66	I	70,41	11,66				
	II	**104,83**	163,00	143,66	II	36,75					
	III		210,91	143,66	III						
	V	**354,25**	163,00	143,66	IV	106,83	70,41	38,33	11,66		
	VI	**385,16**	163,00	143,66							
1 760,99	I,IV	**145,16**	163,25	143,91	I	71,00	12,08				
	II	**105,50**	163,25	143,91	II	37,25					
	III		211,25	143,91	III						
	V	**355,41**	163,25	143,91	IV	107,41	71,00	38,83	12,08		
	VI	**386,16**	163,25	143,91							
1 763,99	I,IV	**145,83**	163,58	144,16	I	71,58	12,41				
	II	**106,08**	163,58	144,16	II	37,75					
	III		211,66	144,16	III						
	V	**356,41**	163,58	144,16	IV	108,08	71,58	39,33	12,41		
	VI	**387,00**	163,58	144,16							

* Zur LSt-Berechnung für privat versicherte Arbeitnehmer s. Beispiele **Vorbemerkung S. 4 f.**
** Basisvorsorgepauschale KV und PV *** Typisierter Arbeitgeberzuschuss

Lohn/ Gehalt in € bis	Steuerklasse	Lohn-steuer*	BVSP**	TAGZ***	Steuerklasse	Bemessungsgrundlage für Kirchensteuer und Solidaritätszuschlag					
						Freibeträge für ... Kinder					
						0,5	**1,0**	1,5	**2,0**	2,5	**3,0**
1 766,99	I,IV	**146,50**	163,83	144,41	I	72,25	12,83				
	II	**106,75**	163,83	144,41	II	38,25					
	III		212,00	144,41	III						
	V	**357,50**	163,83	144,41	IV	108,66	72,25	39,83	12,83		
	VI	**387,83**	163,83	144,41							
1 769,99	I,IV	**147,16**	164,16	144,66	I	72,83	13,25				
	II	**107,33**	164,16	144,66	II	38,75					
	III		212,33	144,66	III						
	V	**358,58**	164,16	144,66	IV	109,33	72,83	40,33	13,25		
	VI	**388,83**	164,16	144,66							
1 772,99	I,IV	**147,75**	164,41	144,91	I	73,41	13,66				
	II	**108,00**	164,41	144,91	II	39,25					
	III		212,75	144,91	III						
	V	**359,50**	164,41	144,91	IV	109,91	73,41	40,83	13,66		
	VI	**389,50**	164,41	144,91							
1 775,99	I,IV	**148,41**	164,66	145,16	I	74,00	14,08				
	II	**108,58**	164,66	145,16	II	39,75					
	III		213,08	145,16	III						
	V	**360,50**	164,66	145,16	IV	110,58	74,00	41,33	14,08		
	VI	**390,50**	164,66	145,16							
1 778,99	I,IV	**149,08**	165,00	145,41	I	74,58	14,50				
	II	**109,25**	165,00	145,41	II	40,25					
	III		213,41	145,41	III						
	V	**361,33**	165,00	145,41	IV	111,16	74,58	41,83	14,50		
	VI	**391,33**	165,00	145,41							
1 781,99	I,IV	**149,75**	165,25	145,66	I	75,16	14,91				
	II	**109,83**	165,25	145,66	II	40,75					
	III		213,83	145,66	III						
	V	**362,16**	165,25	145,66	IV	111,83	75,16	42,33	14,91		
	VI	**392,33**	165,25	145,66							
1 784,99	I,IV	**150,33**	165,50	145,91	I	75,75	15,33				
	II	**110,50**	165,50	145,91	II	41,25					
	III		214,16	145,91	III						
	V	**363,16**	165,50	145,91	IV	112,41	75,75	42,83	15,33		
	VI	**393,16**	165,50	145,91							
1 787,99	I,IV	**151,00**	165,83	146,16	I	76,41	15,75				
	II	**111,08**	165,83	146,16	II	41,75					
	III		214,50	146,16	III						
	V	**364,00**	165,83	146,16	IV	113,08	76,41	43,33	15,75		
	VI	**394,00**	165,83	146,16							
1 790,99	I,IV	**151,66**	166,08	146,33	I	77,00	16,16				
	II	**111,75**	166,08	146,33	II	42,25					
	III		214,91	146,33	III						
	V	**365,00**	166,08	146,33	IV	113,66	77,00	43,83	16,16		
	VI	**394,83**	166,08	146,33							
1 793,99	I,IV	**152,33**	166,33	146,58	I	77,58	16,58				
	II	**112,33**	166,33	146,58	II	42,75					
	III		215,25	146,58	III						
	V	**365,66**	166,33	146,58	IV	114,33	77,58	44,41	16,58		
	VI	**395,66**	166,33	146,58							
1 796,99	I,IV	**153,00**	166,66	146,83	I	78,16	17,00				
	II	**113,00**	166,66	146,83	II	43,25					
	III		215,58	146,83	III						
	V	**366,66**	166,66	146,83	IV	115,00	78,16	44,91	17,00		
	VI	**396,66**	166,66	146,83							
1 799,99	I,IV	**153,66**	166,91	147,08	I	78,83	17,41				
	II	**113,66**	166,91	147,08	II	43,83					
	III		215,91	147,08	III						
	V	**367,50**	166,91	147,08	IV	115,58	78,83	45,41	17,41		
	VI	**397,50**	166,91	147,08							

* Zur LSt-Berechnung für privat versicherte Arbeitnehmer s. Beispiele **Vorbemerkung S. 4 f.**
** Basisvorsorgepauschale KV und PV *** Typisierter Arbeitgeberzuschuss

Lohn/ Gehalt in € bis	Steuerklasse	Lohn-steuer*	BVSP**	TAGZ***	Steuerklasse	Bemessungsgrundlage für Kirchensteuer und Solidaritätszuschlag					
						Freibeträge für ... Kinder					
						0,5	**1,0**	1,5	**2,0**	2,5	**3,0**
1802,99	I,IV	**154,25**	167,16	147,33	I	79,41	17,83				
	II	**114,25**	167,16	147,33	II	44,33					
	III		216,33	147,33	III						
	V	**368,50**	167,16	147,33	IV	116,25	79,41	45,91	17,83		
	VI	**398,33**	167,16	147,33							
1805,99	I,IV	**154,91**	167,50	147,58	I	80,00	18,33				
	II	**114,91**	167,50	147,58	II	44,83					
	III		216,66	147,58	III						
	V	**369,33**	167,50	147,58	IV	116,83	80,00	46,41	18,33		
	VI	**399,16**	167,50	147,58							
1808,99	I,IV	**155,58**	167,75	147,83	I	80,66	18,75				
	II	**115,50**	167,75	147,83	II	45,33					
	III		217,00	147,83	III						
	V	**370,33**	167,75	147,83	IV	117,50	80,66	47,00	18,75		
	VI	**400,16**	167,75	147,83							
1811,99	I,IV	**156,25**	168,00	148,08	I	81,25	19,16				
	II	**116,16**	168,00	148,08	II	45,83					
	III		217,41	148,08	III						
	V	**371,00**	168,00	148,08	IV	118,16	81,25	47,50	19,16		
	VI	**401,00**	168,00	148,08							
1814,99	I,IV	**156,91**	168,33	148,33	I	81,83	19,58				
	II	**116,75**	168,33	148,33	II	46,33					
	III		217,75	148,33	III						
	V	**372,00**	168,33	148,33	IV	118,75	81,83	48,00	19,58		
	VI	**401,83**	168,33	148,33							
1817,99	I,IV	**157,58**	168,58	148,58	I	82,50	20,00				
	II	**117,41**	168,58	148,58	II	46,91					
	III		218,08	148,58	III						
	V	**372,83**	168,58	148,58	IV	119,41	82,50	48,50	20,00		
	VI	**402,66**	168,58	148,58							
1820,99	I,IV	**158,16**	168,83	148,83	I	83,08	20,50				
	II	**118,00**	168,83	148,83	II	47,41					
	III		218,50	148,83	III						
	V	**373,83**	168,83	148,83	IV	120,00	83,08	49,08	20,50		
	VI	**403,66**	168,83	148,83							
1823,99	I,IV	**158,83**	169,16	149,08	I	83,66	20,91				
	II	**118,66**	169,16	149,08	II	47,91					
	III		218,83	149,08	III						
	V	**374,83**	169,16	149,08	IV	120,66	83,66	49,58	20,91		
	VI	**404,50**	169,16	149,08							
1826,99	I,IV	**159,50**	169,41	149,33	I	84,33	21,33				
	II	**119,25**	169,41	149,33	II	48,41					
	III		219,16	149,33	III						
	V	**375,50**	169,41	149,33	IV	121,25	84,33	50,08	21,33		
	VI	**405,33**	169,41	149,33							
1829,99	I,IV	**160,16**	169,66	149,58	I	84,91	21,75				
	II	**119,91**	169,66	149,58	II	49,00					
	III		219,58	149,58	III						
	V	**376,50**	169,66	149,58	IV	121,91	84,91	50,66	21,75		
	VI	**406,16**	169,66	149,58							
1832,99	I,IV	**160,83**	170,00	149,83	I	85,50	22,25				
	II	**120,58**	170,00	149,83	II	49,50					
	III		219,91	149,83	III						
	V	**377,33**	170,00	149,83	IV	122,58	85,50	51,16	22,25		
	VI	**407,16**	170,00	149,83							
1835,99	I,IV	**161,50**	170,25	150,08	I	86,16	22,66				
	II	**121,16**	170,25	150,08	II	50,08					
	III		220,25	150,08	III						
	V	**378,33**	170,25	150,08	IV	123,16	86,16	51,75	22,66		
	VI	**408,00**	170,25	150,08							

* Zur LSt-Berechnung für privat versicherte Arbeitnehmer s. Beispiele **Vorbemerkung S. 4f.**
** Basisvorsorgepauschale KV und PV *** Typisierter Arbeitgeberzuschuss

Lohn/ Gehalt in € bis	Steuerklasse	Lohn-steuer*	BVSP**	TAGZ***	Steuerklasse	Bemessungsgrundlage für Kirchensteuer und Solidaritätszuschlag – Freibeträge für ... Kinder 0,5	1,0	1,5	2,0	2,5	3,0
1 838,99	I,IV	**162,08**	170,50	150,33	I	86,75	23,08				
	II	**121,83**	170,50	150,33	II	50,58					
	III		220,66	150,33	III						
	V	**379,00**	170,50	150,33	IV	123,83	86,75	52,25	23,08		
	VI	**408,83**	170,50	150,33							
1 841,99	I,IV	**162,75**	170,83	150,58	I	87,33	23,58				
	II	**122,50**	170,83	150,58	II	51,08					
	III		221,00	150,58	III						
	V	**380,00**	170,83	150,58	IV	124,41	87,33	52,83	23,58		
	VI	**409,66**	170,83	150,58							
1 844,99	I,IV	**163,41**	171,08	150,75	I	88,00	24,00				
	II	**123,08**	171,08	150,75	II	51,66					
	III		221,33	150,75	III						
	V	**380,83**	171,08	150,75	IV	125,08	88,00	53,33	24,00	0,08	
	VI	**410,66**	171,08	150,75							
1 847,99	I,IV	**164,08**	171,33	151,00	I	88,58	24,41				
	II	**123,75**	171,33	151,00	II	52,16					
	III		221,75	151,00	III						
	V	**381,66**	171,33	151,00	IV	125,75	88,58	53,83	24,41	0,50	
	VI	**411,50**	171,33	151,00							
1 850,99	I,IV	**164,75**	171,66	151,25	I	89,16	24,91				
	II	**124,33**	171,66	151,25	II	52,66					
	III		222,08	151,25	III						
	V	**382,66**	171,66	151,25	IV	126,33	89,16	54,41	24,91	0,83	
	VI	**412,33**	171,66	151,25							
1 853,99	I,IV	**165,41**	171,91	151,50	I	89,83	25,33				
	II	**125,00**	171,91	151,50	II	53,25	0,08				
	III		222,41	151,50	III						
	V	**383,50**	171,91	151,50	IV	127,00	89,83	55,00	25,33	1,16	
	VI	**413,33**	171,91	151,50							
1 856,99	I,IV	**166,08**	172,16	151,75	I	90,41	25,83				
	II	**125,58**	172,16	151,75	II	53,75	0,41				
	III		222,83	151,75	III						
	V	**384,33**	172,16	151,75	IV	127,58	90,41	55,50	25,83	1,50	
	VI	**414,00**	172,16	151,75							
1 859,99	I,IV	**166,75**	172,50	152,00	I	91,08	26,25				
	II	**126,25**	172,50	152,00	II	54,33	0,75				
	III		223,16	152,00	III						
	V	**385,33**	172,50	152,00	IV	128,25	91,08	56,08	26,25	1,91	
	VI	**415,00**	172,50	152,00							
1 862,99	I,IV	**167,33**	172,75	152,25	I	91,66	26,75				
	II	**126,91**	172,75	152,25	II	54,83	1,08				
	III		223,50	152,25	III						
	V	**386,16**	172,75	152,25	IV	128,91	91,66	56,58	26,75	2,25	
	VI	**415,83**	172,75	152,25							
1 865,99	I,IV	**168,00**	173,00	152,50	I	92,33	27,16				
	II	**127,50**	173,00	152,50	II	55,41	1,50				
	III	**0,16**	223,91	152,50	III						
	V	**387,00**	173,00	152,50	IV	129,58	92,33	57,16	27,16	2,66	
	VI	**416,83**	173,00	152,50							
1 868,99	I,IV	**168,66**	173,33	152,75	I	92,91	27,66				
	II	**128,16**	173,33	152,75	II	56,00	1,83				
	III	**0,50**	224,25	152,75	III						
	V	**387,83**	173,33	152,75	IV	130,16	92,91	57,66	27,66	3,00	
	VI	**417,66**	173,33	152,75							
1 871,99	I,IV	**169,33**	173,58	153,00	I	93,50	28,08				
	II	**128,83**	173,58	153,00	II	56,50	2,25				
	III	**0,83**	224,58	153,00	III						
	V	**388,66**	173,58	153,00	IV	130,83	93,50	58,25	28,08	3,33	
	VI	**418,66**	173,58	153,00							

* Zur LSt-Berechnung für privat versicherte Arbeitnehmer s. Beispiele **Vorbemerkung S. 4 f.**
** Basisvorsorgepauschale KV und PV *** Typisierter Arbeitgeberzuschuss

Lohn/ Gehalt in € bis	Steuerklasse	Lohn- steuer*	BVSP**	TAGZ***	Steuerklasse	Bemessungsgrundlage für Kirchensteuer und Solidaritätszuschlag – Freibeträge für ... Kinder 0,5	1,0	1,5	2,0	2,5	3,0
1 874,99	I,IV	**170,00**	173,83	153,25	I	94,16	28,58				
	II	**129,41**	173,83	153,25	II	57,08	2,58				
	III	**1,16**	224,91	153,25	III						
	V	**389,66**	173,83	153,25	IV	131,41	94,16	58,83	28,58	3,75	
	VI	**419,50**	173,83	153,25							
1 877,99	I,IV	**170,66**	174,16	153,50	I	94,75	29,00				
	II	**130,08**	174,16	153,50	II	57,58	2,91				
	III	**1,50**	225,33	153,50	III						
	V	**390,66**	174,16	153,50	IV	132,08	94,75	59,33	29,00	4,08	
	VI	**420,50**	174,16	153,50							
1 880,99	I,IV	**171,33**	174,41	153,75	I	95,33	29,50				
	II	**130,75**	174,41	153,75	II	58,16	3,33				
	III	**1,83**	225,66	153,75	III						
	V	**391,33**	174,41	153,75	IV	132,75	95,33	59,91	29,50	4,50	
	VI	**421,16**	174,41	153,75							
1 883,99	I,IV	**172,00**	174,66	154,00	I	96,00	29,91				
	II	**131,33**	174,66	154,00	II	58,75	3,66				
	III	**2,33**	226,00	154,00	III						
	V	**392,33**	174,66	154,00	IV	133,33	96,00	60,50	29,91	4,83	
	VI	**422,16**	174,66	154,00							
1 886,99	I,IV	**172,66**	175,00	154,25	I	96,58	30,41				
	II	**132,00**	175,00	154,25	II	59,25	4,08				
	III	**2,66**	226,41	154,25	III						
	V	**393,00**	175,00	154,25	IV	134,00	96,58	61,00	30,41	5,25	
	VI	**423,00**	175,00	154,25							
1 889,99	I,IV	**173,33**	175,25	154,50	I	97,25	30,91				
	II	**132,66**	175,25	154,50	II	59,83	4,41				
	III	**3,00**	226,75	154,50	III						
	V	**394,00**	175,25	154,50	IV	134,66	97,25	61,58	30,91	5,58	
	VI	**423,83**	175,25	154,50							
1 892,99	I,IV	**173,91**	175,50	154,75	I	97,83	31,33				
	II	**133,25**	175,50	154,75	II	60,41	4,83				
	III	**3,33**	227,08	154,75	III						
	V	**394,83**	175,50	154,75	IV	135,25	97,83	62,16	31,33	6,00	
	VI	**424,83**	175,50	154,75							
1 895,99	I,IV	**174,66**	175,83	154,91	I	98,50	31,83				
	II	**133,91**	175,83	154,91	II	60,91	5,16				
	III	**3,66**	227,50	154,91	III						
	V	**395,83**	175,83	154,91	IV	135,91	98,50	62,75	31,83	6,41	
	VI	**425,66**	175,83	154,91							
1 898,99	I,IV	**175,25**	176,08	155,16	I	99,08	32,33				
	II	**134,58**	176,08	155,16	II	61,50	5,58				
	III	**4,00**	227,83	155,16	III						
	V	**396,50**	176,08	155,16	IV	136,58	99,08	63,25	32,33	6,75	
	VI	**426,66**	176,08	155,16							
1 901,99	I,IV	**175,91**	176,33	155,41	I	99,75	32,75				
	II	**135,16**	176,33	155,41	II	62,08	5,91				
	III	**4,33**	228,16	155,41	III						
	V	**397,50**	176,33	155,41	IV	137,25	99,75	63,83	32,75	7,16	
	VI	**427,50**	176,33	155,41							
1 904,99	I,IV	**176,58**	176,66	155,66	I	100,33	33,25				
	II	**135,83**	176,66	155,66	II	62,66	6,33				
	III	**4,66**	228,58	155,66	III						
	V	**398,33**	176,66	155,66	IV	137,83	100,33	64,41	33,25	7,50	
	VI	**428,50**	176,66	155,66							
1 907,99	I,IV	**177,25**	176,91	155,91	I	101,00	33,75				
	II	**136,50**	176,91	155,91	II	63,25	6,75				
	III	**5,00**	228,91	155,91	III						
	V	**399,33**	176,91	155,91	IV	138,50	101,00	65,00	33,75	7,91	
	VI	**429,33**	176,91	155,91							

* Zur LSt-Berechnung für privat versicherte Arbeitnehmer s. Beispiele **Vorbemerkung S. 4 f.**
** Basisvorsorgepauschale KV und PV *** Typisierter Arbeitgeberzuschuss

Lohn/ Gehalt in € bis	Steuerklasse	Lohn- steuer*	BVSP**	TAGZ***	Steuerklasse	Bemessungsgrundlage für Kirchensteuer und Solidaritätszuschlag					
						Freibeträge für ... Kinder					
						0,5	**1,0**	1,5	**2,0**	2,5	**3,0**
1910,99	I,IV	**177,91**	177,16	156,16	I	101,58	34,25				
	II	**137,08**	177,16	156,16	II	63,75	7,08				
	III	**5,50**	229,25	156,16	III						
	V	**400,00**	177,16	156,16	IV	139,16	101,58	65,58	34,25	8,33	
	VI	**430,16**	177,16	156,16							
1913,99	I,IV	**178,58**	177,50	156,41	I	102,16	34,75				
	II	**137,75**	177,50	156,41	II	64,33	7,50				
	III	**5,83**	229,66	156,41	III						
	V	**401,00**	177,50	156,41	IV	139,75	102,16	66,16	34,75	8,75	
	VI	**431,16**	177,50	156,41							
1916,99	I,IV	**179,25**	177,75	156,66	I	102,83	35,16				
	II	**138,41**	177,75	156,66	II	64,91	7,83				
	III	**6,16**	230,00	156,66	III						
	V	**401,83**	177,75	156,66	IV	140,41	102,83	66,75	35,16	9,08	
	VI	**432,00**	177,75	156,66							
1919,99	I,IV	**179,91**	178,00	156,91	I	103,41	35,66				
	II	**139,08**	178,00	156,91	II	65,50	8,25				
	III	**6,50**	230,33	156,91	III						
	V	**402,83**	178,00	156,91	IV	141,08	103,41	67,33	35,66	9,50	
	VI	**433,00**	178,00	156,91							
1922,99	I,IV	**180,58**	178,33	157,16	I	104,08	36,16				
	II	**139,66**	178,33	157,16	II	66,08	8,66				
	III	**6,83**	230,75	157,16	III						
	V	**403,50**	178,33	157,16	IV	141,66	104,08	67,83	36,16	9,91	
	VI	**433,83**	178,33	157,16							
1925,99	I,IV	**181,25**	178,58	157,41	I	104,66	36,66				
	II	**140,33**	178,58	157,41	II	66,66	9,08				
	III	**7,16**	231,08	157,41	III						
	V	**404,50**	178,58	157,41	IV	142,33	104,66	68,50	36,66	10,25	
	VI	**434,66**	178,58	157,41							
1928,99	I,IV	**181,91**	178,83	157,66	I	105,33	37,16				
	II	**141,00**	178,83	157,66	II	67,25	9,41				
	III	**7,66**	231,41	157,66	III						
	V	**405,33**	178,83	157,66	IV	143,00	105,33	69,00	37,16	10,66	
	VI	**435,66**	178,83	157,66							
1931,99	I,IV	**182,58**	179,16	157,91	I	105,91	37,66				
	II	**141,58**	179,16	157,91	II	67,83	9,83				
	III	**8,00**	231,83	157,91	III						
	V	**406,33**	179,16	157,91	IV	143,66	105,91	69,66	37,66	11,08	
	VI	**436,50**	179,16	157,91							
1934,99	I,IV	**183,25**	179,41	158,16	I	106,58	38,16				
	II	**142,25**	179,41	158,16	II	68,33	10,25				
	III	**8,33**	232,16	158,16	III						
	V	**407,00**	179,41	158,16	IV	144,25	106,58	70,16	38,16	11,50	
	VI	**437,50**	179,41	158,16							
1937,99	I,IV	**183,91**	179,66	158,41	I	107,16	38,66				
	II	**142,91**	179,66	158,41	II	68,91	10,66				
	III	**8,66**	232,50	158,41	III						
	V	**408,00**	179,66	158,41	IV	144,91	107,16	70,83	38,66	11,91	
	VI	**438,33**	179,66	158,41							
1940,99	I,IV	**184,58**	180,00	158,66	I	107,83	39,08				
	II	**143,58**	180,00	158,66	II	69,50	11,00				
	III	**9,00**	232,91	158,66	III						
	V	**408,83**	180,00	158,66	IV	145,58	107,83	71,41	39,08	12,33	
	VI	**439,33**	180,00	158,66							
1943,99	I,IV	**185,25**	180,25	158,91	I	108,41	39,58				
	II	**144,16**	180,25	158,91	II	70,16	11,41				
	III	**9,33**	233,25	158,91	III						
	V	**409,83**	180,25	158,91	IV	146,25	108,41	72,00	39,58	12,66	
	VI	**440,16**	180,25	158,91							

* Zur LSt-Berechnung für privat versicherte Arbeitnehmer s. Beispiele **Vorbemerkung S. 4f.**
** Basisvorsorgepauschale KV und PV *** Typisierter Arbeitgeberzuschuss

Lohn/ Gehalt in € bis	Steuerklasse	Lohn- steuer*	BVSP**	TAGZ***	Steuerklasse	Bemessungsgrundlage für Kirchensteuer und Solidaritätszuschlag					
						Freibeträge für ... Kinder					
						0,5	**1,0**	1,5	**2,0**	2,5	**3,0**
1946,99	I,IV	**185,91**	180,58	159,16	I	109,08	40,08				
	II	**144,83**	180,58	159,16	II	70,66	11,83				
	III	**9,83**	233,58	159,16	III						
	V	**410,50**	180,58	159,16	IV	146,83	109,08	72,58	40,08	13,08	
	VI	**441,00**	180,58	159,16							
1949,99	I,IV	**186,58**	180,83	159,33	I	109,66	40,58				
	II	**145,50**	180,83	159,33	II	71,33	12,25				
	III	**10,16**	233,91	159,33	III						
	V	**411,50**	180,83	159,33	IV	147,50	109,66	73,16	40,58	13,50	
	VI	**442,00**	180,83	159,33							
1952,99	I,IV	**187,25**	181,08	159,58	I	110,33	41,08				
	II	**146,16**	181,08	159,58	II	71,91	12,66				
	III	**10,50**	234,33	159,58	III						
	V	**412,33**	181,08	159,58	IV	148,16	110,33	73,75	41,08	13,91	
	VI	**442,83**	181,08	159,58							
1955,99	I,IV	**187,91**	181,41	159,83	I	110,91	41,66				
	II	**146,75**	181,41	159,83	II	72,50	13,08				
	III	**10,83**	234,66	159,83	III						
	V	**413,33**	181,41	159,83	IV	148,83	110,91	74,33	41,66	14,33	
	VI	**443,66**	181,41	159,83							
1958,99	I,IV	**188,58**	181,66	160,08	I	111,58	42,16				
	II	**147,41**	181,66	160,08	II	73,08	13,41				
	III	**11,16**	235,00	160,08	III						
	V	**414,16**	181,66	160,08	IV	149,50	111,58	74,91	42,16	14,75	
	VI	**444,66**	181,66	160,08							
1961,99	I,IV	**189,25**	181,91	160,33	I	112,16	42,66				
	II	**148,08**	181,91	160,33	II	73,66	13,83				
	III	**11,66**	235,41	160,33	III						
	V	**415,16**	181,91	160,33	IV	150,08	112,16	75,58	42,66	15,16	
	VI	**445,50**	181,91	160,33							
1964,99	I,IV	**189,91**	182,25	160,58	I	112,83	43,16				
	II	**148,75**	182,25	160,58	II	74,25	14,25				
	III	**12,00**	235,75	160,58	III						
	V	**416,00**	182,25	160,58	IV	150,75	112,83	76,16	43,16	15,58	
	VI	**446,50**	182,25	160,58							
1967,99	I,IV	**190,58**	182,50	160,83	I	113,50	43,66				
	II	**149,41**	182,50	160,83	II	74,83	14,66				
	III	**12,33**	236,08	160,83	III						
	V	**417,00**	182,50	160,83	IV	151,41	113,50	76,75	43,66	16,00	
	VI	**447,33**	182,50	160,83							
1970,99	I,IV	**191,25**	182,75	161,08	I	114,08	44,16				
	II	**150,00**	182,75	161,08	II	75,41	15,08				
	III	**12,66**	236,50	161,08	III						
	V	**417,66**	182,75	161,08	IV	152,08	114,08	77,33	44,16	16,41	
	VI	**448,16**	182,75	161,08							
1973,99	I,IV	**191,91**	183,08	161,33	I	114,75	44,66				
	II	**150,66**	183,08	161,33	II	76,08	15,50				
	III	**13,00**	236,83	161,33	III						
	V	**418,50**	183,08	161,33	IV	152,75	114,75	77,91	44,66	16,83	
	VI	**449,33**	183,08	161,33							
1976,99	I,IV	**192,58**	183,33	161,58	I	115,33	45,16				
	II	**151,33**	183,33	161,58	II	76,66	15,91				
	III	**13,50**	237,16	161,58	III						
	V	**419,50**	183,33	161,58	IV	153,33	115,33	78,58	45,16	17,25	
	VI	**450,16**	183,33	161,58							
1979,99	I,IV	**193,25**	183,58	161,83	I	116,00	45,75				
	II	**152,00**	183,58	161,83	II	77,25	16,33				
	III	**13,83**	237,58	161,83	III						
	V	**420,33**	183,58	161,83	IV	154,00	116,00	79,16	45,75	17,66	
	VI	**451,00**	183,58	161,83							

* Zur LSt-Berechnung für privat versicherte Arbeitnehmer s. Beispiele **Vorbemerkung S. 4 f.**
** Basisvorsorgepauschale KV und PV *** Typisierter Arbeitgeberzuschuss

Lohn/ Gehalt in € bis	Steuerklasse	Lohn-steuer*	BVSP**	TAGZ***	Steuerklasse	Bemessungsgrundlage für Kirchensteuer und Solidaritätszuschlag					
						Freibeträge für ... Kinder					
						0,5	**1,0**	1,5	**2,0**	2,5	**3,0**
1982,99	I,IV	**193,91**	183,91	162,08	I	116,58	46,25				
	II	**152,58**	183,91	162,08	II	77,83	16,75				
	III	**14,16**	237,91	162,08	III						
	V	**421,33**	183,91	162,08	IV	154,66	116,58	79,75	46,25	18,08	
	VI	**452,00**	183,91	162,08							
1985,99	I,IV	**194,66**	184,16	162,33	I	117,25	46,75				
	II	**153,25**	184,16	162,33	II	78,50	17,25				
	III	**14,50**	238,25	162,33	III						
	V	**422,16**	184,16	162,33	IV	155,33	117,25	80,41	46,75	18,58	
	VI	**452,83**	184,16	162,33							
1988,99	I,IV	**195,33**	184,41	162,58	I	117,83	47,25				
	II	**153,91**	184,41	162,58	II	79,08	17,66				
	III	**15,00**	238,66	162,58	III						
	V	**423,16**	184,41	162,58	IV	156,00	117,83	81,00	47,25	19,00	
	VI	**453,83**	184,41	162,58							
1991,99	I,IV	**196,00**	184,75	162,83	I	118,50	47,83				
	II	**154,58**	184,75	162,83	II	79,66	18,08				
	III	**15,33**	239,00	162,83	III						
	V	**424,00**	184,75	162,83	IV	156,58	118,50	81,58	47,83	19,41	
	VI	**454,66**	184,75	162,83							
1994,99	I,IV	**196,66**	185,00	163,08	I	119,16	48,33				
	II	**155,25**	185,00	163,08	II	80,33	18,50				
	III	**15,66**	239,33	163,08	III						
	V	**424,83**	185,00	163,08	IV	157,25	119,16	82,25	48,33	19,83	
	VI	**455,66**	185,00	163,08							
1997,99	I,IV	**197,33**	185,25	163,33	I	119,75	48,83				
	II	**155,83**	185,25	163,33	II	80,91	18,91				
	III	**16,00**	239,75	163,33	III						
	V	**425,83**	185,25	163,33	IV	157,91	119,75	82,83	48,83	20,25	
	VI	**456,66**	185,25	163,33							
2000,99	I,IV	**198,00**	185,58	163,50	I	120,41	49,41				
	II	**156,50**	185,58	163,50	II	81,50	19,33				
	III	**16,50**	240,08	163,50	III						
	V	**426,66**	185,58	163,50	IV	158,58	120,41	83,41	49,41	20,75	
	VI	**457,50**	185,58	163,50							
2003,99	I,IV	**198,66**	185,83	163,75	I	121,00	49,91				
	II	**157,16**	185,83	163,75	II	82,16	19,75				
	III	**16,83**	240,41	163,75	III						
	V	**427,50**	185,83	163,75	IV	159,25	121,00	84,08	49,91	21,16	
	VI	**458,33**	185,83	163,75							
2006,99	I,IV	**199,33**	186,08	164,00	I	121,66	50,41				
	II	**157,83**	186,08	164,00	II	82,75	20,25				
	III	**17,16**	240,83	164,00	III						
	V	**428,50**	186,08	164,00	IV	159,91	121,66	84,66	50,41	21,58	
	VI	**459,33**	186,08	164,00							
2009,99	I,IV	**200,00**	186,41	164,25	I	122,33	51,00				
	II	**158,50**	186,41	164,25	II	83,33	20,66				
	III	**17,50**	241,16	164,25	III						
	V	**429,33**	186,41	164,25	IV	160,50	122,33	85,25	51,00	22,00	
	VI	**460,16**	186,41	164,25							
2012,99	I,IV	**200,66**	186,66	164,50	I	122,91	51,50				
	II	**159,16**	186,66	164,50	II	84,00	21,08				
	III	**18,00**	241,50	164,50	III						
	V	**430,16**	186,66	164,50	IV	161,16	122,91	85,91	51,50	22,50	
	VI	**461,16**	186,66	164,50							
2015,99	I,IV	**201,33**	186,91	164,75	I	123,58	52,00				
	II	**159,75**	186,91	164,75	II	84,58	21,50				
	III	**18,33**	241,91	164,75	III						
	V	**431,16**	186,91	164,75	IV	161,83	123,58	86,50	52,00	22,91	
	VI	**462,16**	186,91	164,75							

* Zur LSt-Berechnung für privat versicherte Arbeitnehmer s. Beispiele **Vorbemerkung S. 4 f.**
** Basisvorsorgepauschale KV und PV *** Typisierter Arbeitgeberzuschuss

Lohn/ Gehalt in € bis	Steuerklasse	**Lohn-steuer***	BVSP**	TAGZ***	Steuerklasse	Bemessungsgrundlage für Kirchensteuer und Solidaritätszuschlag – Freibeträge für ... Kinder 0,5	**1,0**	1,5	**2,0**	2,5	**3,0**
2018,99	I,IV	**202,08**	187,25	165,00	I	124,16	52,58				
	II	**160,41**	187,25	165,00	II	85,16	22,00				
	III	**18,66**	242,25	165,00	III						
	V	**432,00**	187,25	165,00	IV	162,50	124,16	87,16	52,58	23,41	
	VI	**463,00**	187,25	165,00							
2021,99	I,IV	**202,75**	187,50	165,25	I	124,83	53,08				
	II	**161,08**	187,50	165,25	II	85,83	22,41				
	III	**19,16**	242,58	165,25	III						
	V	**432,83**	187,50	165,25	IV	163,16	124,83	87,75	53,08	23,83	
	VI	**463,83**	187,50	165,25							
2024,99	I,IV	**203,41**	187,75	165,50	I	125,50	53,66	0,33			
	II	**161,75**	187,75	165,50	II	86,41	22,83				
	III	**19,50**	242,91	165,50	III						
	V	**433,83**	187,75	165,50	IV	163,83	125,50	88,33	53,66	24,25	0,33
	VI	**464,83**	187,75	165,50							
2027,99	I,IV	**204,08**	188,08	165,75	I	126,08	54,16	0,66			
	II	**162,41**	188,08	165,75	II	87,00	23,33				
	III	**19,83**	243,33	165,75	III						
	V	**434,66**	188,08	165,75	IV	164,50	126,08	89,00	54,16	24,75	0,66
	VI	**465,66**	188,08	165,75							
2030,99	I,IV	**204,75**	188,33	166,00	I	126,75	54,75	1,00			
	II	**163,08**	188,33	166,00	II	87,66	23,75				
	III	**20,16**	243,66	166,00	III						
	V	**435,66**	188,33	166,00	IV	165,16	126,75	89,58	54,75	25,16	1,00
	VI	**466,66**	188,33	166,00							
2033,99	I,IV	**205,41**	188,58	166,25	I	127,33	55,25	1,41			
	II	**163,75**	188,58	166,25	II	88,25	24,16				
	III	**20,66**	244,00	166,25	III						
	V	**436,50**	188,58	166,25	IV	165,75	127,33	90,16	55,25	25,58	1,41
	VI	**467,66**	188,58	166,25							
2036,99	I,IV	**206,08**	188,91	166,50	I	128,00	55,83	1,75			
	II	**164,41**	188,91	166,50	II	88,91	24,66				
	III	**21,00**	244,41	166,50	III						
	V	**437,33**	188,91	166,50	IV	166,41	128,00	90,83	55,83	26,08	1,75
	VI	**468,50**	188,91	166,50							
2039,99	I,IV	**206,75**	189,16	166,75	I	128,66	56,33	2,08			
	II	**165,00**	189,16	166,75	II	89,50	25,08				
	III	**21,50**	244,75	166,75	III						
	V	**438,33**	189,16	166,75	IV	167,08	128,66	91,41	56,33	26,50	2,08
	VI	**469,33**	189,16	166,75							
2042,99	I,IV	**207,50**	189,41	167,00	I	129,33	56,91	2,50			
	II	**165,66**	189,41	167,00	II	90,08	25,58				
	III	**21,83**	245,08	167,00	III						
	V	**439,16**	189,41	167,00	IV	167,75	129,33	92,08	56,91	27,00	2,50
	VI	**470,50**	189,41	167,00							
2045,99	I,IV	**208,16**	189,75	167,25	I	129,91	57,50	2,83			
	II	**166,33**	189,75	167,25	II	90,75	26,00				
	III	**22,16**	245,50	167,25	III						
	V	**440,16**	189,75	167,25	IV	168,41	129,91	92,66	57,50	27,41	2,83
	VI	**471,33**	189,75	167,25							
2048,99	I,IV	**208,83**	190,00	167,50	I	130,58	58,00	3,25			
	II	**167,00**	190,00	167,50	II	91,33	26,50				
	III	**22,50**	245,83	167,50	III						
	V	**441,00**	190,00	167,50	IV	169,08	130,58	93,25	58,00	27,91	3,25
	VI	**472,16**	190,00	167,50							
2051,99	I,IV	**209,50**	190,25	167,75	I	131,16	58,58	3,58			
	II	**167,66**	190,25	167,75	II	91,91	26,91				
	III	**23,00**	246,16	167,75	III						
	V	**441,83**	190,25	167,75	IV	169,75	131,16	93,91	58,58	28,33	3,58
	VI	**473,16**	190,25	167,75							

* Zur LSt-Berechnung für privat versicherte Arbeitnehmer s. Beispiele **Vorbemerkung S. 4 f.**
** Basisvorsorgepauschale KV und PV *** Typisierter Arbeitgeberzuschuss

Lohn/ Gehalt in € bis	Steuerklasse	Lohn- steuer*	BVSP**	TAGZ***	Steuerklasse	Bemessungsgrundlage für Kirchensteuer und Solidaritätszuschlag – Freibeträge für ... Kinder 0,5	1,0	1,5	2,0	2,5	3,0
2054,99	I,IV	**210,16**	190,58	167,91	I	131,83	59,16	4,00			
	II	**168,33**	190,58	167,91	II	92,58	27,41				
	III	**23,33**	246,58	167,91	III						
	V	**443,00**	190,58	167,91	IV	170,41	131,83	94,50	59,16	28,83	4,00
	VI	**474,16**	190,58	167,91							
2057,99	I,IV	**210,83**	190,83	168,16	I	132,50	59,66	4,33			
	II	**169,00**	190,83	168,16	II	93,16	27,83				
	III	**23,66**	246,91	168,16	III						
	V	**443,66**	190,83	168,16	IV	171,08	132,50	95,16	59,66	29,33	4,33
	VI	**475,00**	190,83	168,16							
2060,99	I,IV	**211,58**	191,08	168,41	I	133,08	60,25	4,75			
	II	**169,66**	191,08	168,41	II	93,83	28,33				
	III	**24,16**	247,25	168,41	III						
	V	**444,83**	191,08	168,41	IV	171,75	133,08	95,75	60,25	29,75	4,75
	VI	**475,83**	191,08	168,41							
2063,99	I,IV	**212,25**	191,41	168,66	I	133,75	60,83	5,08			
	II	**170,33**	191,41	168,66	II	94,41	28,75				
	III	**24,50**	247,66	168,66	III						
	V	**445,66**	191,41	168,66	IV	172,33	133,75	96,33	60,83	30,25	5,08
	VI	**477,00**	191,41	168,66							
2066,99	I,IV	**212,91**	191,66	168,91	I	134,41	61,41	5,50			
	II	**171,00**	191,66	168,91	II	95,08	29,25				
	III	**25,00**	248,00	168,91	III						
	V	**446,50**	191,66	168,91	IV	173,08	134,41	97,00	61,41	30,75	5,50
	VI	**477,83**	191,66	168,91							
2069,99	I,IV	**213,58**	191,91	169,16	I	135,00	61,91	5,83			
	II	**171,58**	191,91	169,16	II	95,66	29,66				
	III	**25,33**	248,33	169,16	III						
	V	**447,50**	191,91	169,16	IV	173,66	135,00	97,58	61,91	31,16	5,83
	VI	**478,66**	191,91	169,16							
2072,99	I,IV	**214,25**	192,25	169,41	I	135,66	62,50	6,25			
	II	**172,25**	192,25	169,41	II	96,25	30,16				
	III	**25,66**	248,75	169,41	III						
	V	**448,33**	192,25	169,41	IV	174,33	135,66	98,25	62,50	31,66	6,25
	VI	**479,83**	192,25	169,41							
2075,99	I,IV	**214,91**	192,50	169,66	I	136,33	63,08	6,58			
	II	**172,91**	192,50	169,66	II	96,91	30,66				
	III	**26,16**	249,08	169,66	III						
	V	**449,33**	192,50	169,66	IV	175,00	136,33	98,83	63,08	32,08	6,58
	VI	**480,66**	192,50	169,66							
2078,99	I,IV	**215,66**	192,75	169,91	I	137,00	63,66	7,00			
	II	**173,58**	192,75	169,91	II	97,50	31,08				
	III	**26,50**	249,41	169,91	III						
	V	**450,16**	192,75	169,91	IV	175,66	137,00	99,50	63,66	32,58	7,00
	VI	**481,50**	192,75	169,91							
2081,99	I,IV	**216,33**	193,08	170,16	I	137,58	64,16	7,41			
	II	**174,25**	193,08	170,16	II	98,16	31,58				
	III	**26,83**	249,83	170,16	III						
	V	**451,00**	193,08	170,16	IV	176,33	137,58	100,08	64,16	33,08	7,41
	VI	**482,66**	193,08	170,16							
2084,99	I,IV	**217,00**	193,33	170,41	I	138,25	64,75	7,75			
	II	**174,91**	193,33	170,41	II	98,75	32,08				
	III	**27,33**	250,00	170,41	III						
	V	**452,00**	193,33	170,41	IV	177,00	138,25	100,75	64,75	33,58	7,75
	VI	**483,50**	193,33	170,41							
2087,99	I,IV	**217,66**	193,58	170,66	I	138,91	65,33	8,16			
	II	**175,58**	193,58	170,66	II	99,33	32,50				
	III	**27,83**	250,00	170,66	III						
	V	**452,83**	193,58	170,66	IV	177,66	138,91	101,33	65,33	34,00	8,16
	VI	**484,33**	193,58	170,66							

* Zur LSt-Berechnung für privat versicherte Arbeitnehmer s. Beispiele **Vorbemerkung S. 4f.**
** Basisvorsorgepauschale KV und PV *** Typisierter Arbeitgeberzuschuss

Lohn/ Gehalt in € bis	Steuerklasse	Lohn-steuer*	BVSP**	TAGZ***	Steuerklasse	Bemessungsgrundlage für Kirchensteuer und Solidaritätszuschlag – Freibeträge für ... Kinder 0,5	**1,0**	1,5	**2,0**	2,5	**3,0**
2090,99	I,IV	**218,41**	193,91	170,91	I	139,50	65,91	8,58			
	II	**176,25**	193,91	170,91	II	100,00	33,00				
	III	**28,16**	250,00	170,91	III						
	V	**453,83**	193,91	170,91	IV	178,33	139,50	102,00	65,91	34,50	8,58
	VI	**485,33**	193,91	170,91							
2093,99	I,IV	**219,08**	194,16	171,16	I	140,16	66,50	8,91			
	II	**176,91**	194,16	171,16	II	100,58	33,50				
	III	**28,66**	250,00	171,16	III						
	V	**454,83**	194,16	171,16	IV	179,00	140,16	102,58	66,50	35,00	8,91
	VI	**486,33**	194,16	171,16							
2096,99	I,IV	**219,75**	194,41	171,41	I	140,83	67,08	9,33			
	II	**177,58**	194,41	171,41	II	101,25	34,00				
	III	**29,16**	250,00	171,41	III						
	V	**455,66**	194,41	171,41	IV	179,66	140,83	103,16	67,08	35,50	9,33
	VI	**487,16**	194,41	171,41							
2099,99	I,IV	**220,41**	194,75	171,66	I	141,41	67,66	9,75			
	II	**178,25**	194,75	171,66	II	101,83	34,41				
	III	**29,66**	250,00	171,66	III						
	V	**456,50**	194,75	171,66	IV	180,33	141,41	103,83	67,66	36,00	9,75
	VI	**488,16**	194,75	171,66							
2102,99	I,IV	**221,08**	195,00	171,91	I	142,08	68,25	10,16			
	II	**178,91**	195,00	171,91	II	102,50	34,91				
	III	**30,00**	250,00	171,91	III						
	V	**457,50**	195,00	171,91	IV	181,00	142,08	104,41	68,25	36,50	10,16
	VI	**489,16**	195,00	171,91							
2105,99	I,IV	**221,83**	195,25	172,08	I	142,75	68,83	10,50			
	II	**179,58**	195,25	172,08	II	103,08	35,41				
	III	**30,50**	250,00	172,08	III						
	V	**458,33**	195,25	172,08	IV	181,66	142,75	105,08	68,83	36,91	10,50
	VI	**490,00**	195,25	172,08							
2108,99	I,IV	**222,50**	195,58	172,33	I	143,41	69,41	10,91			
	II	**180,25**	195,58	172,33	II	103,75	35,91				
	III	**31,00**	250,00	172,33	III						
	V	**459,33**	195,58	172,33	IV	182,33	143,41	105,66	69,41	37,41	10,91
	VI	**491,00**	195,58	172,33							
2111,99	I,IV	**223,16**	195,83	172,58	I	144,00	70,00	11,33			
	II	**180,91**	195,83	172,58	II	104,33	36,41				
	III	**31,50**	250,00	172,58	III						
	V	**460,33**	195,83	172,58	IV	183,00	144,00	106,33	70,00	37,91	11,33
	VI	**491,83**	195,83	172,58							
2114,99	I,IV	**223,83**	196,08	172,83	I	144,66	70,58	11,75			
	II	**181,58**	196,08	172,83	II	105,00	36,91				
	III	**32,00**	250,00	172,83	III						
	V	**461,16**	196,08	172,83	IV	183,66	144,66	106,91	70,58	38,41	11,75
	VI	**493,00**	196,08	172,83							
2117,99	I,IV	**224,58**	196,41	173,08	I	145,33	71,16	12,16			
	II	**182,25**	196,41	173,08	II	105,58	37,33				
	III	**32,33**	250,00	173,08	III						
	V	**462,16**	196,41	173,08	IV	184,33	145,33	107,58	71,16	38,91	12,16
	VI	**493,83**	196,41	173,08							
2120,99	I,IV	**225,25**	196,66	173,33	I	146,00	71,75	12,58			
	II	**182,91**	196,66	173,33	II	106,25	37,83				
	III	**32,83**	250,00	173,33	III						
	V	**463,00**	196,66	173,33	IV	185,00	146,00	108,16	71,75	39,41	12,58
	VI	**494,83**	196,66	173,33							
2123,99	I,IV	**225,91**	197,00	173,58	I	146,58	72,33	12,91			
	II	**183,58**	197,00	173,58	II	106,83	38,33				
	III	**33,33**	250,00	173,58	III						
	V	**463,83**	197,00	173,58	IV	185,66	146,58	108,83	72,33	39,91	12,91
	VI	**495,66**	197,00	173,58							

* Zur LSt-Berechnung für privat versicherte Arbeitnehmer s. Beispiele **Vorbemerkung S. 4 f.**
** Basisvorsorgepauschale KV und PV *** Typisierter Arbeitgeberzuschuss

Lohn/ Gehalt in € bis	Steuerklasse	Lohn-steuer*	BVSP**	TAGZ***	Steuerklasse	Bemessungsgrundlage für Kirchensteuer und Solidaritätszuschlag – Freibeträge für ... Kinder 0,5	1,0	1,5	2,0	2,5	3,0
2126,99	I,IV	**226,58**	197,25	173,83	I	147,25	72,91	13,33			
	II	**184,25**	197,25	173,83	II	107,50	38,83				
	III	**33,83**	250,00	173,83	III						
	V	**464,83**	197,25	173,83	IV	186,33	147,25	109,41	72,91	40,41	13,33
	VI	**496,66**	197,25	173,83							
2129,99	I,IV	**227,33**	197,50	174,08	I	147,91	73,50	13,75			
	II	**184,91**	197,50	174,08	II	108,08	39,33				
	III	**34,33**	250,00	174,08	III						
	V	**465,83**	197,50	174,08	IV	187,00	147,91	110,08	73,50	40,91	13,75
	VI	**497,66**	197,50	174,08							
2132,99	I,IV	**228,00**	197,83	174,33	I	148,58	74,08	14,16			
	II	**185,58**	197,83	174,33	II	108,75	39,83				
	III	**34,66**	250,00	174,33	III						
	V	**466,66**	197,83	174,33	IV	187,66	148,58	110,66	74,08	41,41	14,16
	VI	**498,50**	197,83	174,33							
2135,99	I,IV	**228,66**	198,08	174,58	I	149,16	74,66	14,58			
	II	**186,25**	198,08	174,58	II	109,33	40,33				
	III	**35,16**	250,00	174,58	III						
	V	**467,66**	198,08	174,58	IV	188,33	149,16	111,33	74,66	41,91	14,58
	VI	**499,50**	198,08	174,58							
2138,99	I,IV	**229,41**	198,33	174,83	I	149,83	75,33	15,00			
	II	**186,91**	198,33	174,83	II	110,00	40,83				
	III	**35,66**	250,00	174,83	III						
	V	**468,66**	198,33	174,83	IV	189,00	149,83	111,91	75,33	42,41	15,00
	VI	**500,50**	198,33	174,83							
2141,99	I,IV	**230,08**	198,66	175,08	I	150,50	75,91	15,41			
	II	**187,58**	198,66	175,08	II	110,58	41,33				
	III	**36,16**	250,00	175,08	III						
	V	**469,50**	198,66	175,08	IV	189,66	150,50	112,58	75,91	42,91	15,41
	VI	**501,50**	198,66	175,08							
2144,99	I,IV	**230,75**	198,91	175,33	I	151,16	76,50	15,83			
	II	**188,25**	198,91	175,33	II	111,25	41,83				
	III	**36,66**	250,00	175,33	III						
	V	**470,33**	198,91	175,33	IV	190,33	151,16	113,25	76,50	43,50	15,83
	VI	**502,33**	198,91	175,33							
2147,99	I,IV	**231,41**	199,16	175,58	I	151,83	77,08	16,25			
	II	**188,91**	199,16	175,58	II	111,83	42,33				
	III	**37,16**	250,00	175,58	III						
	V	**471,33**	199,16	175,58	IV	191,00	151,83	113,83	77,08	44,00	16,25
	VI	**503,33**	199,16	175,58							
2150,99	I,IV	**232,16**	199,50	175,83	I	152,50	77,75	16,66			
	II	**189,58**	199,50	175,83	II	112,50	42,91				
	III	**37,66**	250,00	175,83	III						
	V	**472,33**	199,50	175,83	IV	191,66	152,50	114,50	77,75	44,50	16,66
	VI	**504,33**	199,50	175,83							
2153,99	I,IV	**232,83**	199,75	176,08	I	153,08	78,33	17,08			
	II	**190,25**	199,75	176,08	II	113,08	43,41				
	III	**38,00**	250,00	176,08	III						
	V	**473,16**	199,75	176,08	IV	192,33	153,08	115,08	78,33	45,00	17,08
	VI	**505,16**	199,75	176,08							
2156,99	I,IV	**233,50**	200,00	176,33	I	153,75	78,91	17,50			
	II	**190,91**	200,00	176,33	II	113,75	43,91				
	III	**38,50**	250,00	176,33	III						
	V	**474,16**	200,00	176,33	IV	193,00	153,75	115,75	78,91	45,50	17,50
	VI	**506,16**	200,00	176,33							
2159,99	I,IV	**234,16**	200,33	176,50	I	154,41	79,50	17,91			
	II	**191,58**	200,33	176,50	II	114,33	44,41				
	III	**39,00**	250,00	176,50	III						
	V	**475,00**	200,33	176,50	IV	193,66	154,41	116,33	79,50	46,00	17,91
	VI	**507,00**	200,33	176,50							

* Zur LSt-Berechnung für privat versicherte Arbeitnehmer s. Beispiele **Vorbemerkung S. 4 f.**
** Basisvorsorgepauschale KV und PV *** Typisierter Arbeitgeberzuschuss

Lohn/ Gehalt in € bis	Steuerklasse	Lohn-steuer*	BVSP**	TAGZ***	Steuerklasse	Bemessungsgrundlage für Kirchensteuer und Solidaritätszuschlag – Freibeträge für ... Kinder 0,5	1,0	1,5	2,0	2,5	3,0
2162,99	I,IV	**234,91**	200,58	176,75	I	155,08	80,16	18,41			
	II	**192,25**	200,58	176,75	II	115,00	44,91				
	III	**39,50**	250,00	176,75	III						
	V	**476,00**	200,58	176,75	IV	194,33	155,08	117,00	80,16	46,58	18,41
	VI	**508,16**	200,58	176,75							
2165,99	I,IV	**235,58**	200,83	177,00	I	155,66	80,75	18,83			
	II	**192,91**	200,83	177,00	II	115,66	45,41				
	III	**40,00**	250,00	177,00	III						
	V	**477,00**	200,83	177,00	IV	195,00	155,66	117,58	80,75	47,08	18,83
	VI	**509,16**	200,83	177,00							
2168,99	I,IV	**236,33**	201,16	177,25	I	156,33	81,33	19,25			
	II	**193,58**	201,16	177,25	II	116,25	45,91				
	III	**40,50**	250,00	177,25	III						
	V	**477,83**	201,16	177,25	IV	195,75	156,33	118,25	81,33	47,58	19,25
	VI	**510,00**	201,16	177,25							
2171,99	I,IV	**237,00**	201,41	177,50	I	157,00	82,00	19,66			
	II	**194,25**	201,41	177,50	II	116,91	46,50				
	III	**41,00**	250,00	177,50	III						
	V	**478,83**	201,41	177,50	IV	196,41	157,00	118,83	82,00	48,08	19,66
	VI	**511,00**	201,41	177,50							
2174,99	I,IV	**237,66**	201,66	177,75	I	157,66	82,58	20,08			
	II	**194,91**	201,66	177,75	II	117,50	47,00				
	III	**41,50**	250,00	177,75	III						
	V	**479,66**	201,66	177,75	IV	197,08	157,66	119,50	82,58	48,66	20,08
	VI	**511,83**	201,66	177,75							
2177,99	I,IV	**238,33**	202,00	178,00	I	158,33	83,16	20,58			
	II	**195,58**	202,00	178,00	II	118,16	47,50				
	III	**42,00**	250,00	178,00	III						
	V	**480,66**	202,00	178,00	IV	197,75	158,33	120,16	83,16	49,16	20,58
	VI	**513,00**	202,00	178,00							
2180,99	I,IV	**239,08**	202,25	178,25	I	159,00	83,83	21,00			
	II	**196,25**	202,25	178,25	II	118,75	48,08				
	III	**42,33**	250,00	178,25	III						
	V	**481,66**	202,25	178,25	IV	198,41	159,00	120,75	83,83	49,66	21,00
	VI	**513,83**	202,25	178,25							
2183,99	I,IV	**239,75**	202,50	178,50	I	159,58	84,41	21,41			
	II	**196,91**	202,50	178,50	II	119,41	48,58				
	III	**42,83**	250,00	178,50	III						
	V	**482,50**	202,50	178,50	IV	199,08	159,58	121,41	84,41	50,25	21,41
	VI	**514,83**	202,50	178,50							
2186,99	I,IV	**240,50**	202,83	178,75	I	160,25	85,00	21,83			
	II	**197,66**	202,83	178,75	II	120,08	49,08				
	III	**43,33**	250,00	178,75	III						
	V	**483,50**	202,83	178,75	IV	199,75	160,25	122,08	85,00	50,75	21,83
	VI	**515,83**	202,83	178,75							
2189,99	I,IV	**241,16**	203,08	179,00	I	160,91	85,66	22,33			
	II	**198,33**	203,08	179,00	II	120,66	49,58				
	III	**43,83**	250,00	179,00	III						
	V	**484,50**	203,08	179,00	IV	200,41	160,91	122,66	85,66	51,25	22,33
	VI	**516,83**	203,08	179,00							
2192,99	I,IV	**241,83**	203,33	179,25	I	161,58	86,25	22,75			
	II	**199,00**	203,33	179,25	II	121,33	50,16				
	III	**44,33**	250,00	179,25	III						
	V	**485,33**	203,33	179,25	IV	201,08	161,58	123,33	86,25	51,83	22,75
	VI	**517,83**	203,33	179,25							
2195,99	I,IV	**242,50**	203,66	179,50	I	162,25	86,83	23,16			
	II	**199,66**	203,66	179,50	II	121,91	50,66				
	III	**44,83**	250,00	179,50	III						
	V	**486,33**	203,66	179,50	IV	201,75	162,25	123,91	86,83	52,33	23,16
	VI	**518,66**	203,66	179,50							

* Zur LSt-Berechnung für privat versicherte Arbeitnehmer s. Beispiele **Vorbemerkung S. 4 f.**
** Basisvorsorgepauschale KV und PV *** Typisierter Arbeitgeberzuschuss

Lohn/ Gehalt in € bis	Steuerklasse	Lohn- steuer*	BVSP**	TAGZ***	Steuerklasse	Bemessungsgrundlage für Kirchensteuer und Solidaritätszuschlag					
						Freibeträge für ... Kinder					
						0,5	**1,0**	1,5	**2,0**	2,5	**3,0**
2198,99	I,IV	**243,25**	203,91	179,75	I	162,91	87,50	23,66			
	II	**200,33**	203,91	179,75	II	122,58	51,25				
	III	**45,33**	250,00	179,75	III						
	V	**487,33**	203,91	179,75	IV	202,50	162,91	124,58	87,50	52,91	23,66
	VI	**519,66**	203,91	179,75							
2201,99	I,IV	**243,91**	204,16	180,00	I	163,58	88,08	24,08			
	II	**201,00**	204,16	180,00	II	123,25	51,75				
	III	**45,83**	250,00	180,00	III						
	V	**488,16**	204,16	180,00	IV	203,08	163,58	125,16	88,08	53,41	24,08
	VI	**520,50**	204,16	180,00							
2204,99	I,IV	**244,66**	204,50	180,25	I	164,25	88,75	24,50			
	II	**201,66**	204,50	180,25	II	123,83	52,25				
	III	**46,33**	250,00	180,25	III						
	V	**489,16**	204,50	180,25	IV	203,83	164,25	125,83	88,75	54,00	24,50
	VI	**521,50**	204,50	180,25							
2207,99	I,IV	**245,33**	204,75	180,50	I	164,83	89,33	25,00			
	II	**202,33**	204,75	180,50	II	124,50	52,83				
	III	**46,83**	250,00	180,50	III						
	V	**490,16**	204,75	180,50	IV	204,50	164,83	126,50	89,33	54,50	25,00
	VI	**522,50**	204,75	180,50							
2210,99	I,IV	**246,00**	205,00	180,66	I	165,50	89,91	25,41			
	II	**203,00**	205,00	180,66	II	125,08	53,33	0,08			
	III	**47,33**	250,00	180,66	III						
	V	**491,00**	205,00	180,66	IV	205,16	165,50	127,08	89,91	55,08	25,41
	VI	**523,50**	205,00	180,66							
2213,99	I,IV	**246,75**	205,33	180,91	I	166,16	90,58	25,91			
	II	**203,75**	205,33	180,91	II	125,75	53,91	0,50			
	III	**47,83**	250,00	180,91	III						
	V	**492,00**	205,33	180,91	IV	205,83	166,16	127,75	90,58	55,58	25,91
	VI	**524,50**	205,33	180,91							
2216,99	I,IV	**247,41**	205,58	181,16	I	166,83	91,16	26,33			
	II	**204,41**	205,58	181,16	II	126,41	54,41	0,83			
	III	**48,33**	250,00	181,16	III	0,50					
	V	**492,83**	205,58	181,16	IV	206,50	166,83	128,41	91,16	56,16	26,33
	VI	**525,50**	205,58	181,16							
2219,99	I,IV	**248,16**	205,83	181,41	I	167,50	91,83	26,83			
	II	**205,08**	205,83	181,41	II	127,00	55,00	1,16			
	III	**48,83**	250,00	181,41	III	0,83					
	V	**494,00**	205,83	181,41	IV	207,25	167,50	129,08	91,83	56,75	26,83
	VI	**526,33**	205,83	181,41							
2222,99	I,IV	**248,83**	206,16	181,66	I	168,16	92,41	27,25			
	II	**205,75**	206,16	181,66	II	127,66	55,50	1,58			
	III	**49,33**	250,00	181,66	III	1,33					
	V	**494,83**	206,16	181,66	IV	207,91	168,16	129,66	92,41	57,25	27,25
	VI	**527,50**	206,16	181,66							
2225,99	I,IV	**249,58**	206,41	181,91	I	168,83	93,08	27,75			
	II	**206,41**	206,41	181,91	II	128,33	56,08	1,91			
	III	**49,83**	250,00	181,91	III	1,66					
	V	**495,83**	206,41	181,91	IV	208,58	168,83	130,33	93,08	57,83	27,75
	VI	**528,50**	206,41	181,91							
2228,99	I,IV	**250,25**	206,66	182,16	I	169,50	93,66	28,16			
	II	**207,08**	206,66	182,16	II	128,91	56,66	2,25			
	III	**50,33**	250,00	182,16	III	2,00					
	V	**496,66**	206,66	182,16	IV	209,25	169,50	130,91	93,66	58,33	28,16
	VI	**529,33**	206,66	182,16							
2231,99	I,IV	**250,91**	207,00	182,41	I	170,16	94,25	28,66			
	II	**207,75**	207,00	182,41	II	129,58	57,16	2,66			
	III	**50,83**	250,00	182,41	III	2,50					
	V	**497,66**	207,00	182,41	IV	209,91	170,16	131,58	94,25	58,91	28,66
	VI	**530,33**	207,00	182,41							

* Zur LSt-Berechnung für privat versicherte Arbeitnehmer s. Beispiele **Vorbemerkung S. 4 f.**
** Basisvorsorgepauschale KV und PV *** Typisierter Arbeitgeberzuschuss

Lohn/ Gehalt in € bis	Steuerklasse	**Lohn- steuer***	BVSP**	TAGZ***	Steuerklasse	Bemessungsgrundlage für Kirchensteuer und Solidaritätszuschlag					
						Freibeträge für ... Kinder					
						0,5	**1,0**	1,5	**2,0**	2,5	**3,0**
2234,99	I,IV	**251,66**	207,25	182,66	I	170,83	94,91	29,08			
	II	**208,41**	207,25	182,66	II	130,25	57,75	3,00			
	III	**51,33**	250,00	182,66	III	2,83					
	V	**498,66**	207,25	182,66	IV	210,58	170,83	132,25	94,91	59,50	29,08
	VI	**531,16**	207,25	182,66							
2237,99	I,IV	**252,33**	207,50	182,91	I	171,50	95,50	29,58			
	II	**209,16**	207,50	182,91	II	130,83	58,25	3,41			
	III	**51,83**	250,00	182,91	III	3,16					
	V	**499,50**	207,50	182,91	IV	211,25	171,50	132,83	95,50	60,00	29,58
	VI	**532,16**	207,50	182,91							
2240,99	I,IV	**253,00**	207,83	183,16	I	172,08	96,08	30,08			
	II	**209,83**	207,83	183,16	II	131,50	58,83	3,75			
	III	**52,33**	250,00	183,16	III	3,66					
	V	**500,50**	207,83	183,16	IV	212,00	172,08	133,50	96,08	60,58	30,08
	VI	**533,33**	207,83	183,16							
2243,99	I,IV	**253,75**	208,08	183,41	I	172,75	96,75	30,50			
	II	**210,50**	208,08	183,41	II	132,16	59,41	4,16			
	III	**52,83**	250,00	183,41	III	4,00					
	V	**501,50**	208,08	183,41	IV	212,66	172,75	134,16	96,75	61,16	30,50
	VI	**534,33**	208,08	183,41							
2246,99	I,IV	**254,41**	208,33	183,66	I	173,41	97,33	31,00			
	II	**211,16**	208,33	183,66	II	132,75	59,91	4,50			
	III	**53,33**	250,00	183,66	III	4,50					
	V	**502,50**	208,33	183,66	IV	213,33	173,41	134,75	97,33	61,75	31,00
	VI	**535,16**	208,33	183,66							
2249,99	I,IV	**255,16**	208,66	183,91	I	174,08	98,00	31,50			
	II	**211,83**	208,66	183,91	II	133,41	60,50	4,91			
	III	**53,83**	250,00	183,91	III	4,83					
	V	**503,33**	208,66	183,91	IV	214,00	174,08	135,41	98,00	62,25	31,50
	VI	**536,16**	208,66	183,91							
2252,99	I,IV	**255,83**	208,91	184,16	I	174,75	98,58	31,91			
	II	**212,50**	208,91	184,16	II	134,08	61,08	5,25			
	III	**54,33**	250,00	184,16	III	5,33					
	V	**504,33**	208,91	184,16	IV	214,66	174,75	136,08	98,58	62,83	31,91
	VI	**537,16**	208,91	184,16							
2255,99	I,IV	**256,58**	209,16	184,41	I	175,41	99,25	32,41			
	II	**213,25**	209,16	184,41	II	134,66	61,66	5,66			
	III	**54,83**	250,00	184,41	III	5,66					
	V	**505,33**	209,16	184,41	IV	215,41	175,41	136,75	99,25	63,41	32,41
	VI	**538,00**	209,16	184,41							
2258,99	I,IV	**257,25**	209,50	184,66	I	176,08	99,83	32,91			
	II	**213,91**	209,50	184,66	II	135,33	62,16	6,00			
	III	**55,33**	250,00	184,66	III	6,16					
	V	**506,33**	209,50	184,66	IV	216,08	176,08	137,33	99,83	64,00	32,91
	VI	**539,16**	209,50	184,66							
2261,99	I,IV	**258,00**	209,75	184,91	I	176,75	100,50	33,33			
	II	**214,58**	209,75	184,91	II	136,00	62,75	6,41			
	III	**55,83**	250,00	184,91	III	6,50					
	V	**507,16**	209,75	184,91	IV	216,75	176,75	138,00	100,50	64,58	33,33
	VI	**540,16**	209,75	184,91							
2264,99	I,IV	**258,66**	210,00	185,08	I	177,41	101,08	33,83			
	II	**215,25**	210,00	185,08	II	136,58	63,33	6,75			
	III	**56,33**	250,00	185,08	III	7,00					
	V	**508,16**	210,00	185,08	IV	217,41	177,41	138,66	101,08	65,08	33,83
	VI	**541,00**	210,00	185,08							
2267,99	I,IV	**259,41**	210,33	185,33	I	178,08	101,75	34,33			
	II	**216,00**	210,33	185,33	II	137,25	63,91	7,16			
	III	**57,00**	250,00	185,33	III	7,33					
	V	**509,00**	210,33	185,33	IV	218,08	178,08	139,25	101,75	65,66	34,33
	VI	**542,00**	210,33	185,33							

* Zur LSt-Berechnung für privat versicherte Arbeitnehmer s. Beispiele **Vorbemerkung S. 4f.**
** Basisvorsorgepauschale KV und PV *** Typisierter Arbeitgeberzuschuss

Lohn/ Gehalt in € bis	Steuerklasse	Lohn- steuer*	BVSP**	TAGZ***	Steuerklasse	Bemessungsgrundlage für Kirchensteuer und Solidaritätszuschlag – Freibeträge für ... Kinder 0,5	1,0	1,5	2,0	2,5	3,0
2 270,99	I,IV	**260,08**	210,58	185,58	I	178,75	102,33	34,83			
	II	**216,66**	210,58	185,58	II	137,91	64,50	7,58			
	III	**57,50**	250,00	185,58	III	7,66					
	V	**510,16**	210,58	185,58	IV	218,75	178,75	139,91	102,33	66,25	34,83
	VI	**543,00**	210,58	185,58							
2 273,99	I,IV	**260,75**	210,83	185,83	I	179,41	103,00	35,33			
	II	**217,33**	210,83	185,83	II	138,58	65,00	7,91			
	III	**58,00**	250,00	185,83	III	8,16					
	V	**511,00**	210,83	185,83	IV	219,50	179,41	140,58	103,00	66,83	35,33
	VI	**544,00**	210,83	185,83							
2 276,99	I,IV	**261,50**	211,16	186,08	I	180,08	103,58	35,75			
	II	**218,00**	211,16	186,08	II	139,16	65,58	8,33			
	III	**58,50**	250,00	186,08	III	8,50					
	V	**512,00**	211,16	186,08	IV	220,16	180,08	141,16	103,58	67,41	35,75
	VI	**544,83**	211,16	186,08							
2 279,99	I,IV	**262,16**	211,41	186,33	I	180,75	104,16	36,25			
	II	**218,66**	211,41	186,33	II	139,83	66,16	8,75			
	III	**59,00**	250,00	186,33	III	9,00					
	V	**512,83**	211,41	186,33	IV	220,83	180,75	141,83	104,16	68,00	36,25
	VI	**545,83**	211,41	186,33							
2 282,99	I,IV	**262,91**	211,66	186,58	I	181,41	104,83	36,75			
	II	**219,33**	211,66	186,58	II	140,50	66,75	9,08			
	III	**59,50**	250,00	186,58	III	9,33					
	V	**514,00**	211,66	186,58	IV	221,50	181,41	142,50	104,83	68,58	36,75
	VI	**547,00**	211,66	186,58							
2 285,99	I,IV	**263,58**	212,00	186,83	I	182,08	105,41	37,25			
	II	**220,08**	212,00	186,83	II	141,08	67,33	9,50			
	III	**60,00**	250,00	186,83	III	9,83					
	V	**515,00**	212,00	186,83	IV	222,25	182,08	143,16	105,41	69,16	37,25
	VI	**548,00**	212,00	186,83							
2 288,99	I,IV	**264,33**	212,25	187,08	I	182,75	106,08	37,75			
	II	**220,75**	212,25	187,08	II	141,75	67,91	9,91			
	III	**60,50**	250,00	187,08	III	10,16					
	V	**515,83**	212,25	187,08	IV	222,91	182,75	143,75	106,08	69,75	37,75
	VI	**549,00**	212,25	187,08							
2 291,99	I,IV	**265,00**	212,50	187,33	I	183,41	106,66	38,25			
	II	**221,41**	212,50	187,33	II	142,41	68,50	10,33			
	III	**61,00**	250,00	187,33	III	10,66					
	V	**516,83**	212,50	187,33	IV	223,58	183,41	144,41	106,66	70,33	38,25
	VI	**550,00**	212,50	187,33							
2 294,99	I,IV	**265,75**	212,83	187,58	I	184,08	107,33	38,75			
	II	**222,08**	212,83	187,58	II	143,00	69,08	10,75			
	III	**61,50**	250,00	187,58	III	11,00					
	V	**517,66**	212,83	187,58	IV	224,25	184,08	145,08	107,33	70,91	38,75
	VI	**550,83**	212,83	187,58							
2 297,99	I,IV	**266,41**	213,08	187,83	I	184,75	107,91	39,25			
	II	**222,83**	213,08	187,83	II	143,66	69,66	11,08			
	III	**62,16**	250,00	187,83	III	11,50					
	V	**518,83**	213,08	187,83	IV	225,00	184,75	145,75	107,91	71,50	39,25
	VI	**551,83**	213,08	187,83							
2 300,99	I,IV	**267,16**	213,41	188,08	I	185,41	108,58	39,75			
	II	**223,50**	213,41	188,08	II	144,33	70,25	11,50			
	III	**62,66**	250,00	188,08	III	12,00					
	V	**519,66**	213,41	188,08	IV	225,66	185,41	146,33	108,58	72,08	39,75
	VI	**552,83**	213,41	188,08							
2 303,99	I,IV	**267,83**	213,66	188,33	I	186,08	109,16	40,25			
	II	**224,16**	213,66	188,33	II	145,00	70,83	11,91			
	III	**63,16**	250,00	188,33	III	12,33					
	V	**520,66**	213,66	188,33	IV	226,33	186,08	147,00	109,16	72,66	40,25
	VI	**553,83**	213,66	188,33							

* Zur LSt-Berechnung für privat versicherte Arbeitnehmer s. Beispiele **Vorbemerkung S. 4 f.**
** Basisvorsorgepauschale KV und PV *** Typisierter Arbeitgeberzuschuss

Lohn/ Gehalt in € bis	Steuerklasse	**Lohn-steuer***	BVSP**	TAGZ***	Steuerklasse	Bemessungsgrundlage für Kirchensteuer und Solidaritätszuschlag					
						Freibeträge für ... Kinder					
						0,5	**1,0**	1,5	**2,0**	2,5	**3,0**
2306,99	I,IV	**268,58**	213,91	188,58	I	186,75	109,83	40,75			
	II	**224,83**	213,91	188,58	II	145,58	71,41	12,33			
	III	**63,66**	250,00	188,58	III	12,83					
	V	**521,50**	213,91	188,58	IV	227,00	186,75	147,66	109,83	73,25	40,75
	VI	**554,83**	213,91	188,58							
2309,99	I,IV	**269,25**	214,25	188,83	I	187,41	110,41	41,25			
	II	**225,58**	214,25	188,83	II	146,25	72,00	12,75			
	III	**64,16**	250,00	188,83	III	13,16					
	V	**522,50**	214,25	188,83	IV	227,75	187,41	148,33	110,41	73,91	41,25
	VI	**555,83**	214,25	188,83							
2312,99	I,IV	**270,00**	214,50	189,08	I	188,08	111,08	41,75			
	II	**226,25**	214,50	189,08	II	146,91	72,58	13,16			
	III	**64,66**	250,00	189,08	III	13,66					
	V	**523,66**	214,50	189,08	IV	228,41	188,08	148,91	111,08	74,50	41,75
	VI	**556,83**	214,50	189,08							
2315,99	I,IV	**270,66**	214,75	189,25	I	188,75	111,75	42,25			
	II	**226,91**	214,75	189,25	II	147,58	73,16	13,58			
	III	**65,16**	250,00	189,25	III	14,00					
	V	**524,50**	214,75	189,25	IV	229,08	188,75	149,58	111,75	75,08	42,25
	VI	**557,83**	214,75	189,25							
2318,99	I,IV	**271,41**	215,08	189,50	I	189,41	112,33	42,75			
	II	**227,58**	215,08	189,50	II	148,16	73,75	13,91			
	III	**65,83**	250,00	189,50	III	14,50					
	V	**525,50**	215,08	189,50	IV	229,75	189,41	150,25	112,33	75,66	42,75
	VI	**558,83**	215,08	189,50							
2321,99	I,IV	**272,16**	215,33	189,75	I	190,08	113,00	43,25			
	II	**228,33**	215,33	189,75	II	148,83	74,41	14,41			
	III	**66,33**	250,00	189,75	III	14,83					
	V	**526,50**	215,33	189,75	IV	230,50	190,08	150,91	113,00	76,25	43,25
	VI	**559,83**	215,33	189,75							
2324,99	I,IV	**272,83**	215,58	190,00	I	190,75	113,58	43,75			
	II	**229,00**	215,58	190,00	II	149,50	75,00	14,75			
	III	**66,83**	250,00	190,00	III	15,33					
	V	**527,33**	215,58	190,00	IV	231,16	190,75	151,58	113,58	76,83	43,75
	VI	**560,83**	215,58	190,00							
2327,99	I,IV	**273,58**	215,91	190,25	I	191,41	114,25	44,25			
	II	**229,66**	215,91	190,25	II	150,16	75,58	15,16			
	III	**67,33**	250,00	190,25	III	15,83					
	V	**528,33**	215,91	190,25	IV	231,83	191,41	152,16	114,25	77,50	44,25
	VI	**561,83**	215,91	190,25							
2330,99	I,IV	**274,25**	216,16	190,50	I	192,08	114,83	44,75			
	II	**230,33**	216,16	190,50	II	150,83	76,16	15,58			
	III	**67,83**	250,00	190,50	III	16,16					
	V	**529,33**	216,16	190,50	IV	232,58	192,08	152,83	114,83	78,08	44,75
	VI	**562,66**	216,16	190,50							
2333,99	I,IV	**275,00**	216,41	190,75	I	192,75	115,50	45,33			
	II	**231,08**	216,41	190,75	II	151,50	76,75	16,08			
	III	**68,50**	250,00	190,75	III	16,66					
	V	**530,33**	216,41	190,75	IV	233,25	192,75	153,50	115,50	78,66	45,33
	VI	**563,66**	216,41	190,75							
2336,99	I,IV	**275,66**	216,75	191,00	I	193,41	116,08	45,83			
	II	**231,75**	216,75	191,00	II	152,08	77,41	16,41			
	III	**69,00**	250,00	191,00	III	17,00					
	V	**531,33**	216,75	191,00	IV	233,91	193,41	154,16	116,08	79,25	45,83
	VI	**564,83**	216,75	191,00							
2339,99	I,IV	**276,41**	217,00	191,25	I	194,08	116,75	46,33			
	II	**232,41**	217,00	191,25	II	152,75	78,00	16,91			
	III	**69,50**	250,00	191,25	III	17,50					
	V	**532,33**	217,00	191,25	IV	234,66	194,08	154,83	116,75	79,91	46,33
	VI	**565,83**	217,00	191,25							

* Zur LSt-Berechnung für privat versicherte Arbeitnehmer s. Beispiele **Vorbemerkung S. 4f.**
** Basisvorsorgepauschale KV und PV *** Typisierter Arbeitgeberzuschuss

Lohn/ Gehalt in € bis	Steuerklasse	Lohn-steuer*	BVSP**	TAGZ***	Steuerklasse	Bemessungsgrundlage für Kirchensteuer und Solidaritätszuschlag – Freibeträge für ... Kinder 0,5	**1,0**	1,5	**2,0**	2,5	**3,0**
2342,99	I,IV	**277,08**	217,25	191,50	I	194,75	117,33	46,83			
	II	**233,16**	217,25	191,50	II	153,41	78,58	17,33			
	III	**70,00**	250,00	191,50	III	18,00					
	V	**533,16**	217,25	191,50	IV	235,33	194,75	155,41	117,33	80,50	46,83
	VI	**566,83**	217,25	191,50							
2345,99	I,IV	**277,83**	217,58	191,75	I	195,41	118,00	47,41			
	II	**233,83**	217,58	191,75	II	154,08	79,25	17,75			
	III	**70,66**	250,00	191,75	III	18,33					
	V	**534,16**	217,58	191,75	IV	236,00	195,41	156,08	118,00	81,16	47,41
	VI	**567,83**	217,58	191,75							
2348,99	I,IV	**278,50**	217,83	192,00	I	196,08	118,58	47,91			
	II	**234,50**	217,83	192,00	II	154,66	79,83	18,16			
	III	**71,16**	250,00	192,00	III	18,83					
	V	**535,33**	217,83	192,00	IV	236,66	196,08	156,75	118,58	81,75	47,91
	VI	**568,83**	217,83	192,00							
2351,99	I,IV	**279,25**	218,08	192,25	I	196,83	119,25	48,41			
	II	**235,25**	218,08	192,25	II	155,33	80,41	18,58			
	III	**71,66**	250,00	192,25	III	19,33					
	V	**536,16**	218,08	192,25	IV	237,41	196,83	157,41	119,25	82,33	48,41
	VI	**569,83**	218,08	192,25							
2354,99	I,IV	**280,00**	218,41	192,50	I	197,41	119,91	48,91			
	II	**235,91**	218,41	192,50	II	156,00	81,00	19,00			
	III	**72,16**	250,00	192,50	III	19,66					
	V	**537,16**	218,41	192,50	IV	238,08	197,41	158,08	119,91	82,91	48,91
	VI	**570,83**	218,41	192,50							
2357,99	I,IV	**280,66**	218,66	192,75	I	198,16	120,50	49,50			
	II	**236,58**	218,66	192,75	II	156,66	81,66	19,41			
	III	**72,66**	250,00	192,75	III	20,16					
	V	**538,16**	218,66	192,75	IV	238,83	198,16	158,75	120,50	83,58	49,50
	VI	**571,83**	218,66	192,75							
2360,99	I,IV	**281,41**	218,91	193,00	I	198,83	121,16	50,00			
	II	**237,33**	218,91	193,00	II	157,33	82,25	19,83			
	III	**73,33**	250,00	193,00	III	20,50					
	V	**539,00**	218,91	193,00	IV	239,50	198,83	159,33	121,16	84,16	50,00
	VI	**572,66**	218,91	193,00							
2363,99	I,IV	**282,08**	219,25	193,25	I	199,50	121,83	50,58			
	II	**238,00**	219,25	193,25	II	158,00	82,83	20,33			
	III	**73,83**	250,00	193,25	III	21,00					
	V	**540,00**	219,25	193,25	IV	240,16	199,50	160,00	121,83	84,83	50,58
	VI	**573,83**	219,25	193,25							
2366,99	I,IV	**282,83**	219,50	193,50	I	200,16	122,41	51,08			
	II	**238,66**	219,50	193,50	II	158,58	83,50	20,75			
	III	**74,33**	250,00	193,50	III	21,50					
	V	**541,16**	219,50	193,50	IV	240,83	200,16	160,66	122,41	85,41	51,08
	VI	**574,66**	219,50	193,50							
2369,99	I,IV	**283,58**	219,75	193,66	I	200,83	123,08	51,58			
	II	**239,41**	219,75	193,66	II	159,25	84,08	21,16			
	III	**75,00**	250,00	193,66	III	21,83					
	V	**542,16**	219,75	193,66	IV	241,58	200,83	161,33	123,08	86,00	51,58
	VI	**575,66**	219,75	193,66							
2372,99	I,IV	**284,25**	220,08	193,91	I	201,50	123,66	52,16			
	II	**240,08**	220,08	193,91	II	159,91	84,66	21,58			
	III	**75,50**	250,00	193,91	III	22,33					
	V	**543,00**	220,08	193,91	IV	242,25	201,50	162,00	123,66	86,66	52,16
	VI	**576,66**	220,08	193,91							
2375,99	I,IV	**285,00**	220,33	194,16	I	202,16	124,33	52,66			
	II	**240,75**	220,33	194,16	II	160,58	85,33	22,08			
	III	**76,00**	250,00	194,16	III	22,83					
	V	**544,00**	220,33	194,16	IV	243,00	202,16	162,66	124,33	87,25	52,66
	VI	**577,66**	220,33	194,16							

* Zur LSt-Berechnung für privat versicherte Arbeitnehmer s. Beispiele **Vorbemerkung S. 4 f.**
** Basisvorsorgepauschale KV und PV *** Typisierter Arbeitgeberzuschuss

Lohn/ Gehalt in € bis	Steuerklasse	Lohn-steuer*	BVSP**	TAGZ***	Steuerklasse	Bemessungsgrundlage für Kirchensteuer und Solidaritätszuschlag — Freibeträge für ... Kinder 0,5	1,0	1,5	2,0	2,5	3,0
2378,99	I,IV	**285,66**	220,58	194,41	I	202,83	124,91	53,25			
	II	**241,50**	220,58	194,41	II	161,25	85,91	22,50			
	III	**76,50**	250,00	194,41	III	23,16					
	V	**545,00**	220,58	194,41	IV	243,66	202,83	163,25	124,91	87,83	53,25
	VI	**578,83**	220,58	194,41							
2381,99	I,IV	**286,41**	220,91	194,66	I	203,58	125,58	53,75	0,41		
	II	**242,16**	220,91	194,66	II	161,91	86,58	22,91			
	III	**77,16**	250,00	194,66	III	23,66					
	V	**546,00**	220,91	194,66	IV	244,33	203,58	163,91	125,58	88,50	53,75
	VI	**579,83**	220,91	194,66							
2384,99	I,IV	**287,16**	221,16	194,91	I	204,25	126,25	54,33	0,75		
	II	**242,83**	221,16	194,91	II	162,50	87,16	23,41			
	III	**77,66**	250,00	194,91	III	24,16					
	V	**546,83**	221,16	194,91	IV	245,08	204,25	164,58	126,25	89,08	54,33
	VI	**580,83**	221,16	194,91							
2387,99	I,IV	**287,83**	221,41	195,16	I	204,91	126,83	54,83	1,08		
	II	**243,58**	221,41	195,16	II	163,16	87,75	23,83			
	III	**78,16**	250,00	195,16	III	24,66					
	V	**547,83**	221,41	195,16	IV	245,75	204,91	165,25	126,83	89,75	54,83
	VI	**581,83**	221,41	195,16							
2390,99	I,IV	**288,58**	221,75	195,41	I	205,58	127,50	55,41	1,50		
	II	**244,25**	221,75	195,41	II	163,83	88,41	24,25			
	III	**78,83**	250,00	195,41	III	25,00					
	V	**549,00**	221,75	195,41	IV	246,41	205,58	165,91	127,50	90,33	55,41
	VI	**582,83**	221,75	195,41							
2393,99	I,IV	**289,33**	222,00	195,66	I	206,25	128,16	55,91	1,83		
	II	**245,00**	222,00	195,66	II	164,50	89,00	24,75			
	III	**79,33**	250,00	195,66	III	25,50					
	V	**550,00**	222,00	195,66	IV	247,16	206,25	166,58	128,16	90,91	55,91
	VI	**583,83**	222,00	195,66							
2396,99	I,IV	**290,00**	222,25	195,91	I	206,91	128,75	56,50	2,16		
	II	**245,66**	222,25	195,91	II	165,16	89,58	25,16			
	III	**79,83**	250,00	195,91	III	26,00					
	V	**551,00**	222,25	195,91	IV	247,83	206,91	167,25	128,75	91,58	56,50
	VI	**584,83**	222,25	195,91							
2399,99	I,IV	**290,75**	222,58	196,16	I	207,58	129,41	57,00	2,58		
	II	**246,33**	222,58	196,16	II	165,83	90,25	25,66			
	III	**80,50**	250,00	196,16	III	26,33					
	V	**552,00**	222,58	196,16	IV	248,58	207,58	167,91	129,41	92,16	57,00
	VI	**585,83**	222,58	196,16							
2402,99	I,IV	**291,41**	222,83	196,41	I	208,25	130,08	57,58	2,91		
	II	**247,08**	222,83	196,41	II	166,50	90,83	26,08			
	III	**81,00**	250,00	196,41	III	26,83					
	V	**552,83**	222,83	196,41	IV	249,25	208,25	168,58	130,08	92,75	57,58
	VI	**586,83**	222,83	196,41							
2405,99	I,IV	**292,16**	223,08	196,66	I	209,00	130,66	58,16	3,33		
	II	**247,75**	223,08	196,66	II	167,16	91,50	26,58			
	III	**81,50**	250,00	196,66	III	27,33					
	V	**553,83**	223,08	196,66	IV	250,00	209,00	169,25	130,66	93,41	58,16
	VI	**588,00**	223,08	196,66							
2408,99	I,IV	**292,91**	223,41	196,91	I	209,66	131,33	58,66	3,66		
	II	**248,41**	223,41	196,91	II	167,75	92,08	27,00			
	III	**82,16**	250,00	196,91	III	27,66					
	V	**554,83**	223,41	196,91	IV	250,66	209,66	169,83	131,33	94,00	58,66
	VI	**588,83**	223,41	196,91							
2411,99	I,IV	**293,58**	223,66	197,16	I	210,33	132,00	59,25	4,08		
	II	**249,16**	223,66	197,16	II	168,50	92,66	27,50			
	III	**82,66**	250,00	197,16	III	28,16					
	V	**555,83**	223,66	197,16	IV	251,33	210,33	170,50	132,00	94,66	59,25
	VI	**590,00**	223,66	197,16							

* Zur LSt-Berechnung für privat versicherte Arbeitnehmer s. Beispiele **Vorbemerkung S. 4f.**
** Basisvorsorgepauschale KV und PV *** Typisierter Arbeitgeberzuschuss

Lohn/ Gehalt in € bis	Steuerklasse	Lohnsteuer*	BVSP**	TAGZ***	Steuerklasse	0,5	**1,0**	1,5	**2,0**	2,5	**3,0**
						Bemessungsgrundlage für Kirchensteuer und Solidaritätszuschlag – Freibeträge für ... Kinder					
2414,99	I,IV	**294,33**	223,91	197,41	I	211,00	132,58	59,83	4,41		
	II	**249,83**	223,91	197,41	II	169,08	93,33	27,91			
	III	**83,16**	250,00	197,41	III	28,66					
	V	**556,83**	223,91	197,41	IV	252,08	211,00	171,16	132,58	95,25	59,83
	VI	**591,00**	223,91	197,41							
2417,99	I,IV	**295,08**	224,25	197,66	I	211,66	133,25	60,33	4,83		
	II	**250,58**	224,25	197,66	II	169,75	93,91	28,41			
	III	**83,83**	250,00	197,66	III	29,16					
	V	**558,00**	224,25	197,66	IV	252,75	211,66	171,83	133,25	95,91	60,33
	VI	**592,00**	224,25	197,66							
2420,99	I,IV	**295,75**	224,50	197,91	I	212,33	133,91	60,91	5,16		
	II	**251,25**	224,50	197,91	II	170,41	94,50	28,83			
	III	**84,33**	250,00	197,91	III	29,66					
	V	**558,83**	224,50	197,91	IV	253,41	212,33	172,50	133,91	96,50	60,91
	VI	**593,00**	224,50	197,91							
2423,99	I,IV	**296,50**	224,75	198,08	I	213,08	134,50	61,50	5,58		
	II	**251,91**	224,75	198,08	II	171,08	95,16	29,33			
	III	**85,00**	250,00	198,08	III	30,00					
	V	**559,83**	224,75	198,08	IV	254,16	213,08	173,16	134,50	97,08	61,50
	VI	**594,00**	224,75	198,08							
2426,99	I,IV	**297,25**	225,08	198,33	I	213,75	135,16	62,08	5,91		
	II	**252,66**	225,08	198,33	II	171,75	95,75	29,75			
	III	**85,50**	250,00	198,33	III	30,50					
	V	**560,83**	225,08	198,33	IV	254,83	213,75	173,83	135,16	97,75	62,08
	VI	**595,00**	225,08	198,33							
2429,99	I,IV	**298,00**	225,33	198,58	I	214,41	135,83	62,58	6,33		
	II	**253,33**	225,33	198,58	II	172,41	96,41	30,25			
	III	**86,00**	250,00	198,58	III	31,00					
	V	**561,83**	225,33	198,58	IV	255,58	214,41	174,50	135,83	98,33	62,58
	VI	**596,00**	225,33	198,58							
2432,99	I,IV	**298,66**	225,58	198,83	I	215,08	136,50	63,16	6,66		
	II	**254,08**	225,58	198,83	II	173,08	97,00	30,75			
	III	**86,66**	250,00	198,83	III	31,50					
	V	**562,83**	225,58	198,83	IV	256,25	215,08	175,16	136,50	99,00	63,16
	VI	**597,00**	225,58	198,83							
2435,99	I,IV	**299,41**	225,91	199,08	I	215,75	137,08	63,75	7,08		
	II	**254,75**	225,91	199,08	II	173,75	97,66	31,16			
	III	**87,16**	250,00	199,08	III	31,83					
	V	**563,83**	225,91	199,08	IV	257,00	215,75	175,83	137,08	99,58	63,75
	VI	**598,00**	225,91	199,08							
2438,99	I,IV	**300,16**	226,16	199,33	I	216,50	137,75	64,33	7,50		
	II	**255,50**	226,16	199,33	II	174,41	98,25	31,66			
	III	**87,66**	250,00	199,33	III	32,33					
	V	**564,83**	226,16	199,33	IV	257,66	216,50	176,50	137,75	100,25	64,33
	VI	**599,16**	226,16	199,33							
2441,99	I,IV	**300,83**	226,41	199,58	I	217,16	138,41	64,91	7,83		
	II	**256,16**	226,41	199,58	II	175,08	98,91	32,16			
	III	**88,33**	250,00	199,58	III	32,83					
	V	**565,83**	226,41	199,58	IV	258,41	217,16	177,16	138,41	100,83	64,91
	VI	**600,16**	226,41	199,58							
2444,99	I,IV	**301,58**	226,75	199,83	I	217,83	139,00	65,50	8,25		
	II	**256,91**	226,75	199,83	II	175,75	99,50	32,66			
	III	**88,83**	250,00	199,83	III	33,33					
	V	**566,83**	226,75	199,83	IV	259,08	217,83	177,83	139,00	101,50	65,50
	VI	**601,16**	226,75	199,83							
2447,99	I,IV	**302,33**	227,00	200,08	I	218,50	139,66	66,00	8,66		
	II	**257,58**	227,00	200,08	II	176,41	100,16	33,08			
	III	**89,50**	250,00	200,08	III	33,83					
	V	**567,83**	227,00	200,08	IV	259,83	218,50	178,50	139,66	102,08	66,00
	VI	**602,16**	227,00	200,08							

* Zur LSt-Berechnung für privat versicherte Arbeitnehmer s. Beispiele **Vorbemerkung S. 4 f.**
** Basisvorsorgepauschale KV und PV *** Typisierter Arbeitgeberzuschuss

Lohn/ Gehalt in € bis	Steuerklasse	Lohn-steuer*	BVSP**	TAGZ***	Steuerklasse	Bemessungsgrundlage für Kirchensteuer und Solidaritätszuschlag – Freibeträge für ... Kinder 0,5	**1,0**	1,5	**2,0**	2,5	**3,0**
2450,99	I,IV	**303,08**	227,25	200,33	I	219,25	140,33	66,58	9,00		
	II	**258,33**	227,25	200,33	II	177,08	100,75	33,58			
	III	**90,00**	250,00	200,33	III	34,16					
	V	**568,83**	227,25	200,33	IV	260,50	219,25	179,16	140,33	102,75	66,58
	VI	**603,16**	227,25	200,33							
2453,99	I,IV	**303,75**	227,58	200,58	I	219,91	140,91	67,16	9,41		
	II	**259,00**	227,58	200,58	II	177,75	101,33	34,08			
	III	**90,66**	250,00	200,58	III	34,66					
	V	**569,83**	227,58	200,58	IV	261,16	219,91	179,83	140,91	103,33	67,16
	VI	**604,16**	227,58	200,58							
2456,99	I,IV	**304,50**	227,83	200,83	I	220,58	141,58	67,75	9,83		
	II	**259,66**	227,83	200,83	II	178,41	102,00	34,58			
	III	**91,16**	250,00	200,83	III	35,16					
	V	**570,83**	227,83	200,83	IV	261,91	220,58	180,50	141,58	104,00	67,75
	VI	**605,16**	227,83	200,83							
2459,99	I,IV	**305,25**	228,08	201,08	I	221,25	142,25	68,33	10,25		
	II	**260,41**	228,08	201,08	II	179,00	102,58	35,00			
	III	**91,66**	250,00	201,08	III	35,66					
	V	**571,83**	228,08	201,08	IV	262,58	221,25	181,16	142,25	104,58	68,33
	VI	**606,16**	228,08	201,08							
2462,99	I,IV	**305,91**	228,41	201,33	I	221,91	142,91	68,91	10,58		
	II	**261,08**	228,41	201,33	II	179,75	103,25	35,50			
	III	**92,33**	250,00	201,33	III	36,16					
	V	**572,83**	228,41	201,33	IV	263,33	221,91	181,83	142,91	105,16	68,91
	VI	**607,33**	228,41	201,33							
2465,99	I,IV	**306,66**	228,66	201,58	I	222,66	143,50	69,50	11,00		
	II	**261,83**	228,66	201,58	II	180,33	103,83	36,00			
	III	**92,83**	250,00	201,58	III	36,66					
	V	**573,83**	228,66	201,58	IV	264,00	222,66	182,50	143,50	105,83	69,50
	VI	**608,33**	228,66	201,58							
2468,99	I,IV	**307,41**	228,91	201,83	I	223,33	144,16	70,08	11,41		
	II	**262,50**	228,91	201,83	II	181,08	104,50	36,50			
	III	**93,50**	250,00	201,83	III	37,16					
	V	**574,83**	228,91	201,83	IV	264,75	223,33	183,16	144,16	106,41	70,08
	VI	**609,33**	228,91	201,83							
2471,99	I,IV	**308,16**	229,25	202,08	I	224,00	144,83	70,66	11,83		
	II	**263,25**	229,25	202,08	II	181,66	105,08	37,00			
	III	**94,00**	250,00	202,08	III	37,50					
	V	**575,83**	229,25	202,08	IV	265,41	224,00	183,83	144,83	107,08	70,66
	VI	**610,33**	229,25	202,08							
2474,99	I,IV	**308,83**	229,50	202,25	I	224,66	145,50	71,25	12,25		
	II	**263,91**	229,50	202,25	II	182,33	105,75	37,50			
	III	**94,66**	250,00	202,25	III	38,00					
	V	**576,83**	229,50	202,25	IV	266,16	224,66	184,50	145,50	107,66	71,25
	VI	**611,50**	229,50	202,25							
2477,99	I,IV	**309,58**	229,83	202,50	I	225,41	146,08	71,83	12,66		
	II	**264,66**	229,83	202,50	II	183,00	106,33	38,00			
	III	**95,16**	250,00	202,50	III	38,50					
	V	**577,83**	229,83	202,50	IV	266,83	225,41	185,16	146,08	108,33	71,83
	VI	**612,50**	229,83	202,50							
2480,99	I,IV	**310,33**	230,08	202,75	I	226,08	146,75	72,50	13,00		
	II	**265,33**	230,08	202,75	II	183,66	107,00	38,50			
	III	**95,83**	250,00	202,75	III	39,00					
	V	**578,83**	230,08	202,75	IV	267,58	226,08	185,83	146,75	108,91	72,50
	VI	**613,50**	230,08	202,75							
2483,99	I,IV	**311,08**	230,33	203,00	I	226,75	147,41	73,08	13,41		
	II	**266,08**	230,33	203,00	II	184,33	107,58	38,91			
	III	**96,33**	250,00	203,00	III	39,50					
	V	**579,83**	230,33	203,00	IV	268,25	226,75	186,50	147,41	109,58	73,08
	VI	**614,50**	230,33	203,00							

* Zur LSt-Berechnung für privat versicherte Arbeitnehmer s. Beispiele **Vorbemerkung S. 4f.**
** Basisvorsorgepauschale KV und PV *** Typisierter Arbeitgeberzuschuss

Lohn/ Gehalt in € bis	Steuerklasse	Lohn- steuer*	BVSP**	TAGZ***	Steuerklasse	Bemessungsgrundlage für Kirchensteuer und Solidaritätszuschlag – Freibeträge für ... Kinder 0,5	**1,0**	1,5	**2,0**	2,5	**3,0**
2 486,99	I,IV	**311,75**	230,66	203,25	I	227,41	148,08	73,66	13,83		
	II	**266,75**	230,66	203,25	II	185,00	108,25	39,50			
	III	**97,00**	250,00	203,25	III	40,00					
	V	**580,83**	230,66	203,25	IV	269,00	227,41	187,16	148,08	110,25	73,66
	VI	**615,50**	230,66	203,25							
2 489,99	I,IV	**312,50**	230,91	203,50	I	228,16	148,66	74,25	14,25		
	II	**267,50**	230,91	203,50	II	185,66	108,83	39,91			
	III	**97,50**	250,00	203,50	III	40,50					
	V	**581,83**	230,91	203,50	IV	269,66	228,16	187,83	148,66	110,83	74,25
	VI	**616,50**	230,91	203,50							
2 492,99	I,IV	**313,25**	231,16	203,75	I	228,83	149,33	74,83	14,66		
	II	**268,16**	231,16	203,75	II	186,33	109,50	40,50			
	III	**98,16**	250,00	203,75	III	41,00					
	V	**582,83**	231,16	203,75	IV	270,41	228,83	188,50	149,33	111,50	74,83
	VI	**617,66**	231,16	203,75							
2 495,99	I,IV	**314,00**	231,50	204,00	I	229,50	150,00	75,41	15,08		
	II	**268,91**	231,50	204,00	II	187,00	110,08	40,91			
	III	**98,66**	250,00	204,00	III	41,33					
	V	**584,00**	231,50	204,00	IV	271,08	229,50	189,16	150,00	112,08	75,41
	VI	**618,66**	231,50	204,00							
2 498,99	I,IV	**314,75**	231,75	204,25	I	230,25	150,66	76,00	15,50		
	II	**269,58**	231,75	204,25	II	187,75	110,75	41,50			
	III	**99,33**	250,00	204,25	III	41,83					
	V	**585,00**	231,75	204,25	IV	271,83	230,25	189,83	150,66	112,75	76,00
	VI	**619,66**	231,75	204,25							
2 501,99	I,IV	**315,41**	232,00	204,50	I	230,91	151,25	76,66	15,91		
	II	**270,33**	232,00	204,50	II	188,33	111,33	42,00			
	III	**99,83**	250,00	204,50	III	42,33					
	V	**586,00**	232,00	204,50	IV	272,58	230,91	190,50	151,25	113,33	76,66
	VI	**620,66**	232,00	204,50							
2 504,99	I,IV	**316,16**	232,33	204,75	I	231,58	151,91	77,25	16,33		
	II	**271,00**	232,33	204,75	II	189,08	112,00	42,50			
	III	**100,50**	250,00	204,75	III	42,83					
	V	**587,00**	232,33	204,75	IV	273,25	231,58	191,16	151,91	114,00	77,25
	VI	**621,83**	232,33	204,75							
2 507,99	I,IV	**316,91**	232,58	205,00	I	232,25	152,58	77,83	16,75		
	II	**271,75**	232,58	205,00	II	189,66	112,58	43,00			
	III	**101,00**	250,00	205,00	III	43,33					
	V	**588,00**	232,58	205,00	IV	274,00	232,25	191,83	152,58	114,58	77,83
	VI	**622,83**	232,58	205,00							
2 510,99	I,IV	**317,66**	232,83	205,25	I	233,00	153,25	78,41	17,16		
	II	**272,41**	232,83	205,25	II	190,41	113,25	43,50			
	III	**101,66**	250,00	205,25	III	43,83					
	V	**589,00**	232,83	205,25	IV	274,66	233,00	192,50	153,25	115,25	78,41
	VI	**623,83**	232,83	205,25							
2 513,99	I,IV	**318,33**	233,16	205,50	I	233,66	153,91	79,08	17,58		
	II	**273,16**	233,16	205,50	II	191,08	113,83	44,00			
	III	**102,16**	250,00	205,50	III	44,33					
	V	**590,00**	233,16	205,50	IV	275,41	233,66	193,16	153,91	115,83	79,08
	VI	**624,83**	233,16	205,50							
2 516,99	I,IV	**319,08**	233,41	205,75	I	234,33	154,58	79,66	18,08		
	II	**273,91**	233,41	205,75	II	191,75	114,50	44,50			
	III	**102,83**	250,00	205,75	III	44,83					
	V	**591,00**	233,41	205,75	IV	276,08	234,33	193,83	154,58	116,50	79,66
	VI	**625,83**	233,41	205,75							
2 519,99	I,IV	**319,83**	233,66	206,00	I	235,08	155,16	80,25	18,50		
	II	**274,58**	233,66	206,00	II	192,41	115,16	45,00			
	III	**103,33**	250,00	206,00	III	45,33					
	V	**592,00**	233,66	206,00	IV	276,83	235,08	194,50	155,16	117,08	80,25
	VI	**627,00**	233,66	206,00							

* Zur LSt-Berechnung für privat versicherte Arbeitnehmer s. Beispiele **Vorbemerkung S. 4 f.**
** Basisvorsorgepauschale KV und PV *** Typisierter Arbeitgeberzuschuss

Lohn/ Gehalt in € bis	Steuerklasse	Lohn-steuer*	BVSP**	TAGZ***	Steuerklasse	Bemessungsgrundlage für Kirchensteuer und Solidaritätszuschlag – Freibeträge für ... Kinder 0,5	**1,0**	1,5	**2,0**	2,5	**3,0**
2522,99	I,IV	**320,58**	234,00	206,25	I	235,75	155,83	80,91	18,91		
	II	**275,33**	234,00	206,25	II	193,08	115,75	45,58			
	III	**104,00**	250,00	206,25	III	45,83					
	V	**593,00**	234,00	206,25	IV	277,58	235,75	195,16	155,83	117,75	80,91
	VI	**627,83**	234,00	206,25							
2525,99	I,IV	**321,33**	234,25	206,50	I	236,41	156,50	81,50	19,33		
	II	**276,00**	234,25	206,50	II	193,75	116,41	46,08			
	III	**104,66**	250,00	206,50	III	46,33					
	V	**594,00**	234,25	206,50	IV	278,25	236,41	195,83	156,50	118,41	81,50
	VI	**629,00**	234,25	206,50							
2528,99	I,IV	**322,08**	234,50	206,66	I	237,16	157,16	82,08	19,75		
	II	**276,75**	234,50	206,66	II	194,41	117,00	46,58			
	III	**105,16**	250,00	206,66	III	46,83					
	V	**595,16**	234,50	206,66	IV	279,00	237,16	196,50	157,16	119,00	82,08
	VI	**630,00**	234,50	206,66							
2531,99	I,IV	**322,75**	234,83	206,91	I	237,83	157,83	82,75	20,16		
	II	**277,41**	234,83	206,91	II	195,08	117,66	47,08			
	III	**105,83**	250,00	206,91	III	47,33					
	V	**596,16**	234,83	206,91	IV	279,66	237,83	197,16	157,83	119,66	82,75
	VI	**631,00**	234,83	206,91							
2534,99	I,IV	**323,50**	235,08	207,16	I	238,50	158,50	83,33	20,66		
	II	**278,16**	235,08	207,16	II	195,75	118,33	47,66			
	III	**106,33**	250,00	207,16	III	47,83					
	V	**597,16**	235,08	207,16	IV	280,41	238,50	197,91	158,50	120,25	83,33
	VI	**632,16**	235,08	207,16							
2537,99	I,IV	**324,25**	235,33	207,41	I	239,25	159,08	83,91	21,08		
	II	**278,83**	235,33	207,41	II	196,41	118,91	48,16			
	III	**107,00**	250,00	207,41	III	48,33	0,50				
	V	**598,16**	235,33	207,41	IV	281,08	239,25	198,50	159,08	120,91	83,91
	VI	**633,16**	235,33	207,41							
2540,99	I,IV	**325,00**	235,66	207,66	I	239,91	159,75	84,58	21,50		
	II	**279,58**	235,66	207,66	II	197,08	119,58	48,66			
	III	**107,66**	250,00	207,66	III	48,83	0,83				
	V	**599,16**	235,66	207,66	IV	281,83	239,91	199,25	159,75	121,58	84,58
	VI	**634,16**	235,66	207,66							
2543,99	I,IV	**325,75**	235,91	207,91	I	240,58	160,41	85,16	21,91		
	II	**280,25**	235,91	207,91	II	197,75	120,16	49,16			
	III	**108,16**	250,00	207,91	III	49,33	1,16				
	V	**600,16**	235,91	207,91	IV	282,58	240,58	199,91	160,41	122,16	85,16
	VI	**635,33**	235,91	207,91							
2546,99	I,IV	**326,50**	236,16	208,16	I	241,33	161,08	85,75	22,41		
	II	**281,00**	236,16	208,16	II	198,41	120,83	49,75			
	III	**108,83**	250,00	208,16	III	49,83	1,66				
	V	**601,16**	236,16	208,16	IV	283,25	241,33	200,58	161,08	122,83	85,75
	VI	**636,33**	236,16	208,16							
2549,99	I,IV	**327,16**	236,50	208,41	I	242,00	161,75	86,41	22,83		
	II	**281,75**	236,50	208,41	II	199,08	121,41	50,25			
	III	**109,33**	250,00	208,41	III	50,33	2,00				
	V	**602,16**	236,50	208,41	IV	284,00	242,00	201,25	161,75	123,41	86,41
	VI	**637,33**	236,50	208,41							
2552,99	I,IV	**327,91**	236,75	208,66	I	242,66	162,41	87,00	23,25		
	II	**282,41**	236,75	208,66	II	199,83	122,08	50,83			
	III	**110,00**	250,00	208,66	III	50,83	2,33				
	V	**603,33**	236,75	208,66	IV	284,66	242,66	201,91	162,41	124,08	87,00
	VI	**638,50**	236,75	208,66							
2555,99	I,IV	**328,66**	237,00	208,91	I	243,41	163,00	87,58	23,75		
	II	**283,16**	237,00	208,91	II	200,50	122,75	51,33			
	III	**110,66**	250,00	208,91	III	51,33	2,83				
	V	**604,33**	237,00	208,91	IV	285,41	243,41	202,58	163,00	124,66	87,58
	VI	**639,50**	237,00	208,91							

* Zur LSt-Berechnung für privat versicherte Arbeitnehmer s. Beispiele **Vorbemerkung S. 4 f.**
** Basisvorsorgepauschale KV und PV *** Typisierter Arbeitgeberzuschuss

Lohn/ Gehalt in € bis	Steuerklasse	Lohn- steuer*	BVSP**	TAGZ***	Steuerklasse	Bemessungsgrundlage für Kirchensteuer und Solidaritätszuschlag – Freibeträge für ... Kinder 0,5	**1,0**	1,5	**2,0**	2,5	**3,0**
2558,99	I,IV	**329,41**	237,33	209,16	I	244,08	163,66	88,25	24,16		
	II	**283,91**	237,33	209,16	II	201,16	123,33	51,83			
	III	**111,16**	250,00	209,16	III	51,83	3,16				
	V	**605,33**	237,33	209,16	IV	286,16	244,08	203,25	163,66	125,33	88,25
	VI	**640,66**	237,33	209,16							
2561,99	I,IV	**330,16**	237,58	209,41	I	244,75	164,33	88,83	24,66		
	II	**284,58**	237,58	209,41	II	201,83	124,00	52,41			
	III	**111,83**	250,00	209,41	III	52,33	3,66				
	V	**606,33**	237,58	209,41	IV	286,83	244,75	203,91	164,33	126,00	88,83
	VI	**641,66**	237,58	209,41							
2564,99	I,IV	**330,91**	237,83	209,66	I	245,50	165,00	89,50	25,08		
	II	**285,33**	237,83	209,66	II	202,50	124,58	52,91			
	III	**112,50**	250,00	209,66	III	52,83	4,00				
	V	**607,33**	237,83	209,66	IV	287,58	245,50	204,66	165,00	126,58	89,50
	VI	**642,50**	237,83	209,66							
2567,99	I,IV	**331,66**	238,16	209,91	I	246,16	165,66	90,08	25,50		
	II	**286,00**	238,16	209,91	II	203,16	125,25	53,50	0,16		
	III	**113,00**	250,00	209,91	III	53,33	4,50				
	V	**608,33**	238,16	209,91	IV	288,25	246,16	205,33	165,66	127,25	90,08
	VI	**643,66**	238,16	209,91							
2570,99	I,IV	**332,41**	238,41	210,16	I	246,91	166,33	90,66	26,00		
	II	**286,75**	238,41	210,16	II	203,83	125,91	54,00	0,58		
	III	**113,66**	250,00	210,16	III	53,83	4,83				
	V	**609,50**	238,41	210,16	IV	289,00	246,91	206,00	166,33	127,91	90,66
	VI	**644,66**	238,41	210,16							
2573,99	I,IV	**333,08**	238,66	210,41	I	247,58	167,00	91,33	26,41		
	II	**287,50**	238,66	210,41	II	204,50	126,50	54,58	0,91		
	III	**114,33**	250,00	210,41	III	54,33	5,33				
	V	**610,50**	238,66	210,41	IV	289,75	247,58	206,66	167,00	128,50	91,33
	VI	**645,66**	238,66	210,41							
2576,99	I,IV	**333,83**	239,00	210,66	I	248,25	167,66	91,91	26,91		
	II	**288,16**	239,00	210,66	II	205,25	127,16	55,08	1,25		
	III	**114,83**	250,00	210,66	III	54,83	5,66				
	V	**611,50**	239,00	210,66	IV	290,41	248,25	207,33	167,66	129,16	91,91
	VI	**646,83**	239,00	210,66							
2579,99	I,IV	**334,58**	239,25	210,83	I	249,00	168,25	92,50	27,33		
	II	**288,91**	239,25	210,83	II	205,91	127,75	55,66	1,66		
	III	**115,50**	250,00	210,83	III	55,33	6,00				
	V	**612,50**	239,25	210,83	IV	291,16	249,00	208,00	168,25	129,83	92,50
	VI	**647,83**	239,25	210,83							
2582,99	I,IV	**335,33**	239,50	211,08	I	249,66	168,91	93,16	27,83		
	II	**289,66**	239,50	211,08	II	206,58	128,41	56,16	2,00		
	III	**116,16**	250,00	211,08	III	55,83	6,50				
	V	**613,50**	239,50	211,08	IV	291,91	249,66	208,66	168,91	130,41	93,16
	VI	**649,00**	239,50	211,08							
2585,99	I,IV	**336,08**	239,83	211,33	I	250,33	169,58	93,75	28,25		
	II	**290,33**	239,83	211,33	II	207,25	129,08	56,75	2,33		
	III	**116,66**	250,00	211,33	III	56,33	6,83				
	V	**614,50**	239,83	211,33	IV	292,58	250,33	209,33	169,58	131,08	93,75
	VI	**650,00**	239,83	211,33							
2588,99	I,IV	**336,83**	240,08	211,58	I	251,08	170,25	94,41	28,75		
	II	**291,08**	240,08	211,58	II	207,91	129,75	57,33	2,75		
	III	**117,33**	250,00	211,58	III	56,83	7,33				
	V	**615,66**	240,08	211,58	IV	293,33	251,08	210,08	170,25	131,75	94,41
	VI	**651,16**	240,08	211,58							
2591,99	I,IV	**337,58**	240,33	211,83	I	251,75	170,91	95,00	29,16		
	II	**291,75**	240,33	211,83	II	208,58	130,33	57,83	3,08		
	III	**118,00**	250,00	211,83	III	57,33	7,66				
	V	**616,66**	240,33	211,83	IV	294,08	251,75	210,75	170,91	132,33	95,00
	VI	**652,16**	240,33	211,83							

* Zur LSt-Berechnung für privat versicherte Arbeitnehmer s. Beispiele **Vorbemerkung S. 4f.**
** Basisvorsorgepauschale KV und PV *** Typisierter Arbeitgeberzuschuss

Lohn/ Gehalt in € bis	Steuerklasse	Lohn-steuer*	BVSP**	TAGZ***	Steuerklasse	Bemessungsgrundlage für Kirchensteuer und Solidaritätszuschlag – Freibeträge für ... Kinder 0,5	**1,0**	1,5	**2,0**	2,5	**3,0**
2594,99	I,IV	**338,33**	240,66	212,08	I	252,50	171,58	95,66	29,66		
	II	**292,50**	240,66	212,08	II	209,25	131,00	58,41	3,50		
	III	**118,50**	250,00	212,08	III	57,83	8,16				
	V	**617,66**	240,66	212,08	IV	294,75	252,50	211,41	171,58	133,00	95,66
	VI	**653,16**	240,66	212,08							
2597,99	I,IV	**339,08**	240,91	212,33	I	253,16	172,25	96,25	30,16		
	II	**293,25**	240,91	212,33	II	209,91	131,58	58,91	3,83		
	III	**119,16**	250,00	212,33	III	58,33	8,50				
	V	**618,66**	240,91	212,33	IV	295,50	253,16	212,08	172,25	133,66	96,25
	VI	**654,16**	240,91	212,33							
2600,99	I,IV	**339,83**	241,16	212,58	I	253,91	172,91	96,83	30,58		
	II	**293,91**	241,16	212,58	II	210,66	132,25	59,50	4,25		
	III	**119,83**	250,00	212,58	III	59,00	9,00				
	V	**619,83**	241,16	212,58	IV	296,25	253,91	212,75	172,91	134,25	96,83
	VI	**655,33**	241,16	212,58							
2603,99	I,IV	**340,50**	241,50	212,83	I	254,58	173,58	97,50	31,08		
	II	**294,66**	241,50	212,83	II	211,33	132,91	60,08	4,58		
	III	**120,33**	250,00	212,83	III	59,50	9,33				
	V	**620,83**	241,50	212,83	IV	296,91	254,58	213,41	173,58	134,91	97,50
	VI	**656,33**	241,50	212,83							
2606,99	I,IV	**341,25**	241,75	213,08	I	255,33	174,25	98,08	31,58		
	II	**295,41**	241,75	213,08	II	212,00	133,58	60,58	5,00		
	III	**121,00**	250,00	213,08	III	60,00	9,83				
	V	**621,66**	241,75	213,08	IV	297,66	255,33	214,16	174,25	135,58	98,08
	VI	**657,33**	241,75	213,08							
2609,99	I,IV	**342,00**	242,00	213,33	I	256,00	174,91	98,75	32,00		
	II	**296,08**	242,00	213,33	II	212,66	134,16	61,16	5,33		
	III	**121,66**	250,00	213,33	III	60,50	10,16				
	V	**622,83**	242,00	213,33	IV	298,41	256,00	214,83	174,91	136,16	98,75
	VI	**658,50**	242,00	213,33							
2612,99	I,IV	**342,75**	242,33	213,58	I	256,66	175,58	99,33	32,50		
	II	**296,83**	242,33	213,58	II	213,33	134,83	61,75	5,75		
	III	**122,33**	250,00	213,58	III	61,00	10,66				
	V	**623,83**	242,33	213,58	IV	299,08	256,66	215,50	175,58	136,83	99,33
	VI	**659,50**	242,33	213,58							
2615,99	I,IV	**343,50**	242,58	213,83	I	257,41	176,25	100,00	33,00		
	II	**297,58**	242,58	213,83	II	214,00	135,41	62,33	6,08		
	III	**122,83**	250,00	213,83	III	61,50	11,00				
	V	**624,83**	242,58	213,83	IV	299,83	257,41	216,16	176,25	137,50	100,00
	VI	**660,66**	242,58	213,83							
2618,99	I,IV	**344,25**	242,83	214,08	I	258,08	176,91	100,58	33,50		
	II	**298,33**	242,83	214,08	II	214,75	136,08	62,91	6,50		
	III	**123,50**	250,00	214,08	III	62,00	11,50				
	V	**625,83**	242,83	214,08	IV	300,58	258,08	216,91	176,91	138,08	100,58
	VI	**661,50**	242,83	214,08							
2621,99	I,IV	**345,00**	243,16	214,33	I	258,83	177,50	101,16	33,91		
	II	**299,00**	243,16	214,33	II	215,41	136,75	63,41	6,83		
	III	**124,16**	250,00	214,33	III	62,66	11,83				
	V	**626,83**	243,16	214,33	IV	301,25	258,83	217,58	177,50	138,75	101,16
	VI	**662,66**	243,16	214,33							
2624,99	I,IV	**345,75**	243,41	214,58	I	259,50	178,25	101,83	34,41		
	II	**299,75**	243,41	214,58	II	216,08	137,41	64,00	7,25		
	III	**124,83**	250,00	214,58	III	63,16	12,33				
	V	**628,00**	243,41	214,58	IV	302,00	259,50	218,25	178,25	139,41	101,83
	VI	**663,83**	243,41	214,58							
2627,99	I,IV	**346,50**	243,66	214,83	I	260,25	178,83	102,41	34,91		
	II	**300,41**	243,66	214,83	II	216,75	138,00	64,58	7,66		
	III	**125,33**	250,00	214,83	III	63,66	12,66				
	V	**629,00**	243,66	214,83	IV	302,75	260,25	218,91	178,83	140,00	102,41
	VI	**664,83**	243,66	214,83							

* Zur LSt-Berechnung für privat versicherte Arbeitnehmer s. Beispiele **Vorbemerkung S. 4f.**
** Basisvorsorgepauschale KV und PV *** Typisierter Arbeitgeberzuschuss

Lohn/ Gehalt in € bis	Steuerklasse	Lohnsteuer*	BVSP**	TAGZ***	Steuerklasse	Bemessungsgrundlage für Kirchensteuer und Solidaritätszuschlag – Freibeträge für ... Kinder 0,5	1,0	1,5	2,0	2,5	3,0
2630,99	I,IV	**347,25**	244,00	215,08	I	260,91	179,50	103,08	35,41		
	II	**301,16**	244,00	215,08	II	217,50	138,66	65,16	8,00		
	III	**126,00**	250,00	215,08	III	64,16	13,16				
	V	**630,16**	244,00	215,08	IV	303,50	260,91	219,58	179,50	140,66	103,08
	VI	**666,00**	244,00	215,08							
2633,99	I,IV	**348,00**	244,25	215,25	I	261,58	180,16	103,66	35,83		
	II	**301,91**	244,25	215,25	II	218,16	139,33	65,75	8,41		
	III	**126,66**	250,00	215,25	III	64,66	13,50				
	V	**631,16**	244,25	215,25	IV	304,16	261,58	220,33	180,16	141,33	103,66
	VI	**667,00**	244,25	215,25							
2636,99	I,IV	**348,75**	244,50	215,50	I	262,33	180,83	104,33	36,33		
	II	**302,66**	244,50	215,50	II	218,83	139,91	66,33	8,83		
	III	**127,33**	250,00	215,50	III	65,16	14,00				
	V	**632,16**	244,50	215,50	IV	304,91	262,33	221,00	180,83	142,00	104,33
	VI	**668,00**	244,50	215,50							
2639,99	I,IV	**349,50**	244,83	215,75	I	263,00	181,50	104,91	36,83		
	II	**303,33**	244,83	215,75	II	219,50	140,58	66,83	9,16		
	III	**127,83**	250,00	215,75	III	65,66	14,50				
	V	**633,16**	244,83	215,75	IV	305,66	263,00	221,66	181,50	142,58	104,91
	VI	**669,08**	244,83	215,75							
2642,99	I,IV	**350,25**	245,08	216,00	I	263,75	182,16	105,58	37,33		
	II	**304,08**	245,08	216,00	II	220,16	141,25	67,41	9,58		
	III	**128,50**	250,00	216,00	III	66,33	14,83				
	V	**634,33**	245,08	216,00	IV	306,41	263,75	222,33	182,16	143,25	105,58
	VI	**670,16**	245,08	216,00							
2645,99	I,IV	**351,00**	245,33	216,25	I	264,41	182,83	106,16	37,83		
	II	**304,83**	245,33	216,25	II	220,91	141,91	68,00	10,00		
	III	**129,16**	250,00	216,25	III	66,83	15,33				
	V	**635,33**	245,33	216,25	IV	307,08	264,41	223,00	182,83	143,91	106,16
	VI	**671,16**	245,33	216,25							
2648,99	I,IV	**351,75**	245,66	216,50	I	265,16	183,50	106,83	38,33		
	II	**305,58**	245,66	216,50	II	221,58	142,50	68,58	10,41		
	III	**129,83**	250,00	216,50	III	67,33	15,66				
	V	**636,50**	245,66	216,50	IV	307,83	265,16	223,75	183,50	144,58	106,83
	VI	**672,25**	245,66	216,50							
2651,99	I,IV	**352,50**	245,91	216,75	I	265,83	184,16	107,41	38,83		
	II	**306,25**	245,91	216,75	II	222,25	143,16	69,16	10,75		
	III	**130,50**	250,00	216,75	III	67,83	16,16				
	V	**637,50**	245,91	216,75	IV	308,58	265,83	224,41	184,16	145,16	107,41
	VI	**673,33**	245,91	216,75							
2654,99	I,IV	**353,25**	246,25	217,00	I	266,58	184,83	108,08	39,33		
	II	**307,00**	246,25	217,00	II	222,91	143,83	69,75	11,16		
	III	**131,16**	250,00	217,00	III	68,33	16,66				
	V	**638,33**	246,25	217,00	IV	309,33	266,58	225,08	184,83	145,83	108,08
	VI	**674,41**	246,25	217,00							
2657,99	I,IV	**354,00**	246,50	217,25	I	267,33	185,58	108,75	39,83		
	II	**307,75**	246,50	217,25	II	223,66	144,50	70,41	11,58		
	III	**131,66**	250,00	217,25	III	69,00	17,00				
	V	**639,50**	246,50	217,25	IV	310,00	267,33	225,83	185,58	146,50	108,75
	VI	**675,50**	246,50	217,25							
2660,99	I,IV	**354,75**	246,75	217,50	I	268,00	186,16	109,33	40,33		
	II	**308,50**	246,75	217,50	II	224,33	145,08	70,91	12,00		
	III	**132,33**	250,00	217,50	III	69,50	17,50				
	V	**640,50**	246,75	217,50	IV	310,75	268,00	226,50	186,16	147,16	109,33
	VI	**676,50**	246,75	217,50							
2663,99	I,IV	**355,50**	247,08	217,75	I	268,75	186,91	110,00	40,83		
	II	**309,16**	247,08	217,75	II	225,00	145,75	71,58	12,41		
	III	**133,00**	250,00	217,75	III	70,00	17,83				
	V	**641,66**	247,08	217,75	IV	311,50	268,75	227,16	186,91	147,83	110,00
	VI	**677,58**	247,08	217,75							

* Zur LSt-Berechnung für privat versicherte Arbeitnehmer s. Beispiele **Vorbemerkung S. 4 f.**
** Basisvorsorgepauschale KV und PV *** Typisierter Arbeitgeberzuschuss

Lohn/ Gehalt in € bis	Steuerklasse	Lohn-steuer*	BVSP**	TAGZ***	Steuerklasse	Bemessungsgrundlage für Kirchensteuer und Solidaritätszuschlag					
						Freibeträge für ... Kinder					
						0,5	**1,0**	1,5	**2,0**	2,5	**3,0**
2666,99	I,IV	**356,25**	247,33	218,00	I	269,41	187,50	110,58	41,33		
	II	**309,91**	247,33	218,00	II	225,66	146,41	72,16	12,83		
	III	**133,66**	250,00	218,00	III	70,50	18,33				
	V	**642,66**	247,33	218,00	IV	312,25	269,41	227,83	187,50	148,41	110,58
	VI	**678,66**	247,33	218,00							
2669,99	I,IV	**357,00**	247,58	218,25	I	270,16	188,25	111,25	41,83		
	II	**310,66**	247,58	218,25	II	226,41	147,08	72,75	13,25		
	III	**134,33**	250,00	218,25	III	71,00	18,83				
	V	**643,66**	247,58	218,25	IV	313,00	270,16	228,58	188,25	149,08	111,25
	VI	**679,75**	247,58	218,25							
2672,99	I,IV	**357,75**	247,91	218,50	I	270,83	188,83	111,83	42,33		
	II	**311,41**	247,91	218,50	II	227,08	147,66	73,33	13,66		
	III	**134,83**	250,00	218,50	III	71,66	19,16				
	V	**644,83**	247,91	218,50	IV	313,66	270,83	229,25	188,83	149,75	111,83
	VI	**680,83**	247,91	218,50							
2675,99	I,IV	**358,50**	248,16	218,75	I	271,58	189,58	112,50	42,83		
	II	**312,08**	248,16	218,75	II	227,75	148,33	73,91	14,08		
	III	**135,50**	250,00	218,75	III	72,16	19,66				
	V	**645,83**	248,16	218,75	IV	314,41	271,58	229,91	189,58	150,41	112,50
	VI	**681,91**	248,16	218,75							
2678,99	I,IV	**359,25**	248,41	219,00	I	272,25	190,25	113,08	43,33		
	II	**312,83**	248,41	219,00	II	228,41	149,00	74,50	14,41		
	III	**136,16**	250,00	219,00	III	72,66	20,16				
	V	**646,83**	248,41	219,00	IV	315,16	272,25	230,58	190,25	151,00	113,08
	VI	**682,91**	248,41	219,00							
2681,99	I,IV	**360,00**	248,75	219,25	I	273,00	190,91	113,75	43,91		
	II	**313,58**	248,75	219,25	II	229,16	149,66	75,08	14,91		
	III	**136,83**	250,00	219,25	III	73,33	20,50				
	V	**648,00**	248,75	219,25	IV	315,91	273,00	231,33	190,91	151,66	113,75
	VI	**684,00**	248,75	219,25							
2684,99	I,IV	**360,75**	249,00	219,41	I	273,66	191,58	114,33	44,41		
	II	**314,33**	249,00	219,41	II	229,83	150,25	75,66	15,25		
	III	**137,50**	250,00	219,41	III	73,83	21,00				
	V	**649,00**	249,00	219,41	IV	316,58	273,66	232,00	191,58	152,33	114,33
	VI	**685,08**	249,00	219,41							
2687,99	I,IV	**361,50**	249,25	219,66	I	274,41	192,25	115,00	44,91		
	II	**315,08**	249,25	219,66	II	230,50	150,91	76,33	15,75		
	III	**138,16**	250,00	219,66	III	74,33	21,50				
	V	**650,00**	249,25	219,66	IV	317,33	274,41	232,66	192,25	153,00	115,00
	VI	**686,16**	249,25	219,66							
2690,99	I,IV	**362,25**	249,58	219,91	I	275,08	192,91	115,58	45,41		
	II	**315,75**	249,58	219,91	II	231,25	151,58	76,91	16,08		
	III	**138,83**	250,00	219,91	III	74,83	21,83				
	V	**651,00**	249,58	219,91	IV	318,08	275,08	233,41	192,91	153,66	115,58
	VI	**687,25**	249,58	219,91							
2693,99	I,IV	**363,00**	249,83	220,16	I	275,83	193,58	116,25	45,91		
	II	**316,50**	249,83	220,16	II	231,91	152,25	77,50	16,58		
	III	**139,50**	250,00	220,16	III	75,50	22,33				
	V	**652,16**	249,83	220,16	IV	318,83	275,83	234,08	193,58	154,33	116,25
	VI	**688,33**	249,83	220,16							
2696,99	I,IV	**363,75**	250,08	220,41	I	276,58	194,25	116,83	46,41		
	II	**317,25**	250,08	220,41	II	232,58	152,91	78,08	17,00		
	III	**140,00**	250,08	220,41	III	76,00	22,66				
	V	**653,16**	250,08	220,41	IV	319,58	276,58	234,75	194,25	154,91	116,83
	VI	**689,33**	250,08	220,41							
2699,99	I,IV	**364,58**	250,41	220,66	I	277,25	194,91	117,50	47,00		
	II	**318,00**	250,41	220,66	II	233,33	153,58	78,75	17,41		
	III	**140,66**	250,41	220,66	III	76,50	23,16				
	V	**654,33**	250,41	220,66	IV	320,25	277,25	235,50	194,91	155,58	117,50
	VI	**690,41**	250,41	220,66							

* Zur LSt-Berechnung für privat versicherte Arbeitnehmer s. Beispiele **Vorbemerkung S. 4f.**
** Basisvorsorgepauschale KV und PV *** Typisierter Arbeitgeberzuschuss

Lohn/ Gehalt in € bis	Steuerklasse	Lohn-steuer*	BVSP**	TAGZ***	Steuerklasse	Bemessungsgrundlage für Kirchensteuer und Solidaritätszuschlag – Freibeträge für ... Kinder 0,5	**1,0**	1,5	**2,0**	2,5	**3,0**
2702,99	I,IV	**365,25**	250,66	220,91	I	278,00	195,58	118,16	47,50		
	II	**318,66**	250,66	220,91	II	234,00	154,16	79,33	17,83		
	III	**141,16**	250,66	220,91	III	77,00	23,50				
	V	**655,33**	250,66	220,91	IV	321,00	278,00	236,16	195,58	156,25	118,16
	VI	**691,50**	250,66	220,91							
2705,99	I,IV	**366,08**	250,91	221,16	I	278,66	196,25	118,75	48,00		
	II	**319,41**	250,91	221,16	II	234,66	154,83	79,91	18,25		
	III	**141,83**	250,91	221,16	III	77,50	24,00				
	V	**656,50**	250,91	221,16	IV	321,75	278,66	236,83	196,25	156,91	118,75
	VI	**692,58**	250,91	221,16							
2708,99	I,IV	**366,83**	251,25	221,41	I	279,41	196,91	119,41	48,50		
	II	**320,16**	251,25	221,41	II	235,33	155,50	80,58	18,66		
	III	**142,33**	251,25	221,41	III	78,00	24,33				
	V	**657,50**	251,25	221,41	IV	322,50	279,41	237,58	196,91	157,58	119,41
	VI	**693,58**	251,25	221,41							
2711,99	I,IV	**367,58**	251,50	221,66	I	280,16	197,58	120,00	49,08		
	II	**320,91**	251,50	221,66	II	236,08	156,16	81,16	19,08		
	III	**143,00**	251,50	221,66	III	78,50	24,66				
	V	**658,50**	251,50	221,66	IV	323,25	280,16	238,25	197,58	158,16	120,00
	VI	**694,66**	251,50	221,66							
2714,99	I,IV	**368,33**	251,75	221,91	I	280,83	198,25	120,66	49,58		
	II	**321,66**	251,75	221,91	II	236,75	156,83	81,75	19,50		
	III	**143,50**	251,75	221,91	III	79,00	25,16				
	V	**659,50**	251,75	221,91	IV	323,91	280,83	238,91	198,25	158,83	120,66
	VI	**695,75**	251,75	221,91							
2717,99	I,IV	**369,08**	252,08	222,16	I	281,58	199,00	121,33	50,16		
	II	**322,41**	252,08	222,16	II	237,41	157,41	82,41	20,00		
	III	**144,16**	252,08	222,16	III	79,50	25,50				
	V	**660,66**	252,08	222,16	IV	324,66	281,58	239,66	199,00	159,50	121,33
	VI	**696,83**	252,08	222,16							
2720,99	I,IV	**369,83**	252,33	222,41	I	282,25	199,58	121,91	50,66		
	II	**323,08**	252,33	222,41	II	238,16	158,08	83,00	20,41		
	III	**144,83**	252,33	222,41	III	80,00	26,00				
	V	**661,66**	252,33	222,41	IV	325,41	282,25	240,33	199,58	160,16	121,91
	VI	**697,91**	252,33	222,41							
2723,99	I,IV	**370,58**	252,58	222,66	I	283,00	200,33	122,58	51,16		
	II	**323,83**	252,58	222,66	II	238,83	158,75	83,58	20,83		
	III	**145,33**	252,58	222,66	III	80,50	26,33				
	V	**662,83**	252,58	222,66	IV	326,16	283,00	241,00	200,33	160,83	122,58
	VI	**699,00**	252,58	222,66							
2726,99	I,IV	**371,33**	252,91	222,91	I	283,66	201,00	123,16	51,75		
	II	**324,58**	252,91	222,91	II	239,50	159,41	84,25	21,25		
	III	**146,00**	252,91	222,91	III	81,00	26,83				
	V	**663,83**	252,91	222,91	IV	326,91	283,66	241,75	201,00	161,50	123,16
	VI	**700,00**	252,91	222,91							
2729,99	I,IV	**372,08**	253,16	223,16	I	284,41	201,66	123,83	52,25		
	II	**325,33**	253,16	223,16	II	240,25	160,08	84,83	21,75		
	III	**146,50**	253,16	223,16	III	81,50	27,16				
	V	**665,00**	253,16	223,16	IV	327,66	284,41	242,41	201,66	162,16	123,83
	VI	**701,08**	253,16	223,16							
2732,99	I,IV	**372,83**	253,41	223,41	I	285,16	202,33	124,41	52,83		
	II	**326,08**	253,41	223,41	II	240,91	160,75	85,41	22,16		
	III	**147,16**	253,41	223,41	III	82,00	27,66				
	V	**666,00**	253,41	223,41	IV	328,41	285,16	243,08	202,33	162,75	124,41
	VI	**702,16**	253,41	223,41							
2735,99	I,IV	**373,66**	253,75	223,66	I	285,83	203,00	125,08	53,33	0,08	
	II	**326,83**	253,75	223,66	II	241,66	161,41	86,08	22,58		
	III	**147,66**	253,75	223,66	III	82,50	28,00				
	V	**667,00**	253,75	223,66	IV	329,16	285,83	243,83	203,00	163,41	125,08
	VI	**703,25**	253,75	223,66							

* Zur LSt-Berechnung für privat versicherte Arbeitnehmer s. Beispiele **Vorbemerkung S. 4 f.**
** Basisvorsorgepauschale KV und PV *** Typisierter Arbeitgeberzuschuss

Lohn/ Gehalt in € bis	Steuerklasse	Lohn-steuer*	BVSP**	TAGZ***	Steuerklasse	Bemessungsgrundlage für Kirchensteuer und Solidaritätszuschlag					
						Freibeträge für ... Kinder					
						0,5	**1,0**	1,5	**2,0**	2,5	**3,0**
2738,99	I,IV	**374,41**	254,00	223,83	I	286,58	203,66	125,75	53,83	0,50	
	II	**327,50**	254,00	223,83	II	242,33	162,00	86,66	23,08		
	III	**148,33**	254,00	223,83	III	83,00	28,50				
	V	**668,00**	254,00	223,83	IV	329,83	286,58	244,50	203,66	164,08	125,75
	VI	**704,25**	254,00	223,83							
2741,99	I,IV	**375,16**	254,25	224,08	I	287,33	204,33	126,33	54,41	0,83	
	II	**328,25**	254,25	224,08	II	243,00	162,66	87,25	23,50		
	III	**149,00**	254,25	224,08	III	83,50	28,83				
	V	**669,08**	254,25	224,08	IV	330,58	287,33	245,25	204,33	164,75	126,33
	VI	**705,41**	254,25	224,08							
2744,99	I,IV	**375,91**	254,58	224,33	I	288,00	205,00	127,00	55,00	1,16	
	II	**329,00**	254,58	224,33	II	243,66	163,33	87,91	23,91		
	III	**149,50**	254,58	224,33	III	84,00	29,33				
	V	**670,16**	254,58	224,33	IV	331,33	288,00	245,91	205,00	165,41	127,00
	VI	**706,41**	254,58	224,33							
2747,99	I,IV	**376,66**	254,83	224,58	I	288,75	205,75	127,66	55,50	1,58	
	II	**329,75**	254,83	224,58	II	244,41	164,00	88,50	24,41		
	III	**150,16**	254,83	224,58	III	84,50	29,66				
	V	**671,25**	254,83	224,58	IV	332,08	288,75	246,58	205,75	166,08	127,66
	VI	**707,50**	254,83	224,58							
2750,99	I,IV	**377,41**	255,08	224,83	I	289,41	206,41	128,25	56,08	1,91	
	II	**330,50**	255,08	224,83	II	245,08	164,66	89,08	24,83		
	III	**150,66**	255,08	224,83	III	85,00	30,00				
	V	**672,33**	255,08	224,83	IV	332,83	289,41	247,33	206,41	166,75	128,25
	VI	**708,58**	255,08	224,83							
2753,99	I,IV	**378,16**	255,41	225,08	I	290,16	207,08	128,91	56,58	2,25	
	II	**331,25**	255,41	225,08	II	245,83	165,33	89,75	25,33		
	III	**151,33**	255,41	225,08	III	85,50	30,50				
	V	**673,41**	255,41	225,08	IV	333,58	290,16	248,00	207,08	167,41	128,91
	VI	**709,66**	255,41	225,08							
2756,99	I,IV	**378,91**	255,66	225,33	I	290,91	207,75	129,58	57,16	2,66	
	II	**332,00**	255,66	225,33	II	246,50	165,91	90,33	25,75		
	III	**152,00**	255,66	225,33	III	86,00	31,00				
	V	**674,41**	255,66	225,33	IV	334,33	290,91	248,66	207,75	168,00	129,58
	VI	**710,66**	255,66	225,33							
2759,99	I,IV	**379,75**	255,91	225,58	I	291,58	208,41	130,16	57,75	3,00	
	II	**332,75**	255,91	225,58	II	247,16	166,66	91,00	26,16		
	III	**152,50**	255,91	225,58	III	86,50	31,33				
	V	**675,50**	255,91	225,58	IV	335,08	291,58	249,41	208,41	168,66	130,16
	VI	**711,75**	255,91	225,58							
2762,99	I,IV	**380,50**	256,25	225,83	I	292,33	209,08	130,83	58,25	3,33	
	II	**333,41**	256,25	225,83	II	247,91	167,25	91,58	26,66		
	III	**153,16**	256,25	225,83	III	87,00	31,83				
	V	**676,58**	256,25	225,83	IV	335,75	292,33	250,08	209,08	169,33	130,83
	VI	**712,83**	256,25	225,83							
2765,99	I,IV	**381,25**	256,50	226,08	I	293,08	209,83	131,50	58,83	3,75	
	II	**334,16**	256,50	226,08	II	248,58	167,91	92,25	27,08		
	III	**153,66**	256,50	226,08	III	87,50	32,16				
	V	**677,66**	256,50	226,08	IV	336,50	293,08	250,83	209,83	170,00	131,50
	VI	**713,91**	256,50	226,08							
2768,99	I,IV	**382,00**	256,75	226,33	I	293,75	210,50	132,08	59,33	4,08	
	II	**334,91**	256,75	226,33	II	249,33	168,58	92,83	27,58		
	III	**154,33**	256,75	226,33	III	88,00	32,66				
	V	**678,66**	256,75	226,33	IV	337,25	293,75	251,50	210,50	170,66	132,08
	VI	**715,00**	256,75	226,33							
2771,99	I,IV	**382,75**	257,08	226,58	I	294,50	211,16	132,75	59,91	4,50	
	II	**335,66**	257,08	226,58	II	250,00	169,25	93,41	28,00		
	III	**155,00**	257,08	226,58	III	88,50	33,00				
	V	**679,75**	257,08	226,58	IV	338,00	294,50	252,25	211,16	171,33	132,75
	VI	**716,08**	257,08	226,58							

* Zur LSt-Berechnung für privat versicherte Arbeitnehmer s. Beispiele **Vorbemerkung S. 4f.**
** Basisvorsorgepauschale KV und PV *** Typisierter Arbeitgeberzuschuss

Lohn/ Gehalt in € bis	Steuerklasse	Lohn-steuer*	BVSP**	TAGZ***	Steuerklasse	Bemessungsgrundlage für Kirchensteuer und Solidaritätszuschlag – Freibeträge für ... Kinder 0,5	**1,0**	1,5	**2,0**	2,5	**3,0**
2774,99	I,IV	**383,50**	257,33	226,83	I	295,25	211,83	133,33	60,50	4,83	
	II	**336,41**	257,33	226,83	II	250,66	169,91	94,08	28,50		
	III	**155,50**	257,33	226,83	III	89,00	33,50				
	V	**680,83**	257,33	226,83	IV	338,75	295,25	252,91	211,83	172,00	133,33
	VI	**717,08**	257,33	226,83							
2777,99	I,IV	**384,33**	257,58	227,08	I	295,91	212,50	134,00	61,08	5,25	
	II	**337,16**	257,58	227,08	II	251,41	170,58	94,66	29,00		
	III	**156,16**	257,58	227,08	III	89,50	33,83				
	V	**681,91**	257,58	227,08	IV	339,50	295,91	253,58	212,50	172,66	134,00
	VI	**718,16**	257,58	227,08							
2780,99	I,IV	**385,08**	257,91	227,33	I	296,66	213,16	134,66	61,58	5,58	
	II	**337,91**	257,91	227,33	II	252,08	171,25	95,25	29,41		
	III	**156,66**	257,91	227,33	III	90,16	34,33				
	V	**683,00**	257,91	227,33	IV	340,25	296,66	254,33	213,16	173,33	134,66
	VI	**719,25**	257,91	227,33							
2783,99	I,IV	**385,83**	258,16	227,58	I	297,41	213,91	135,33	62,16	6,00	
	II	**338,66**	258,16	227,58	II	252,83	171,91	95,91	29,91		
	III	**157,33**	258,16	227,58	III	90,66	34,66				
	V	**684,08**	258,16	227,58	IV	341,00	297,41	255,00	213,91	174,00	135,33
	VI	**720,33**	258,16	227,58							
2786,99	I,IV	**386,58**	258,41	227,83	I	298,08	214,58	135,91	62,75	6,41	
	II	**339,41**	258,41	227,83	II	253,50	172,58	96,50	30,33		
	III	**158,00**	258,41	227,83	III	91,16	35,16				
	V	**685,08**	258,41	227,83	IV	341,75	298,08	255,75	214,58	174,66	135,91
	VI	**721,33**	258,41	227,83							
2789,99	I,IV	**387,33**	258,75	228,00	I	298,83	215,25	136,58	63,33	6,75	
	II	**340,16**	258,75	228,00	II	254,25	173,25	97,16	30,83		
	III	**158,50**	258,75	228,00	III	91,66	35,50				
	V	**686,16**	258,75	228,00	IV	342,50	298,83	256,41	215,25	175,33	136,58
	VI	**722,41**	258,75	228,00							
2792,99	I,IV	**388,08**	259,00	228,25	I	299,58	215,91	137,25	63,83	7,16	
	II	**340,83**	259,00	228,25	II	254,91	173,83	97,75	31,33		
	III	**159,16**	259,00	228,25	III	92,16	36,00				
	V	**687,25**	259,00	228,25	IV	343,25	299,58	257,08	215,91	175,91	137,25
	VI	**723,50**	259,00	228,25							
2795,99	I,IV	**388,91**	259,25	228,50	I	300,25	216,58	137,83	64,41	7,58	
	II	**341,66**	259,25	228,50	II	255,58	174,50	98,41	31,75		
	III	**159,83**	259,25	228,50	III	92,66	36,50				
	V	**688,33**	259,25	228,50	IV	344,00	300,25	257,83	216,58	176,58	137,83
	VI	**724,58**	259,25	228,50							
2798,99	I,IV	**389,66**	259,58	228,75	I	301,00	217,25	138,50	65,00	7,91	
	II	**342,33**	259,58	228,75	II	256,33	175,16	99,00	32,25		
	III	**160,33**	259,58	228,75	III	93,16	36,83				
	V	**689,41**	259,58	228,75	IV	344,75	301,00	258,50	217,25	177,25	138,50
	VI	**725,66**	259,58	228,75							
2801,99	I,IV	**390,41**	259,83	229,00	I	301,75	218,00	139,16	65,58	8,33	
	II	**343,08**	259,83	229,00	II	257,00	175,83	99,66	32,75		
	III	**161,00**	259,83	229,00	III	93,66	37,33				
	V	**690,50**	259,83	229,00	IV	345,50	301,75	259,25	218,00	177,91	139,16
	VI	**726,75**	259,83	229,00							
2804,99	I,IV	**391,16**	260,08	229,25	I	302,41	218,66	139,75	66,16	8,75	
	II	**343,83**	260,08	229,25	II	257,75	176,50	100,25	33,16		
	III	**161,66**	260,08	229,25	III	94,16	37,66				
	V	**691,50**	260,08	229,25	IV	346,16	302,41	259,91	218,66	178,58	139,75
	VI	**727,75**	260,08	229,25							
2807,99	I,IV	**392,00**	260,41	229,50	I	303,16	219,33	140,41	66,75	9,08	
	II	**344,58**	260,41	229,50	II	258,41	177,16	100,91	33,66		
	III	**162,16**	260,41	229,50	III	94,66	38,16				
	V	**692,58**	260,41	229,50	IV	347,00	303,16	260,66	219,33	179,25	140,41
	VI	**728,83**	260,41	229,50							

* Zur LSt-Berechnung für privat versicherte Arbeitnehmer s. Beispiele **Vorbemerkung S. 4f.**
** Basisvorsorgepauschale KV und PV *** Typisierter Arbeitgeberzuschuss

Lohn/ Gehalt in € bis	Steuerklasse	**Lohn-steuer***	BVSP**	TAGZ***	Steuerklasse	Bemessungsgrundlage für Kirchensteuer und Solidaritätszuschlag – Freibeträge für ... Kinder 0,5	**1,0**	1,5	**2,0**	2,5	**3,0**
2810,99	I,IV	**392,75**	260,66	229,75	I	303,91	220,00	141,08	67,33	9,50	
	II	**345,33**	260,66	229,75	II	259,16	177,83	101,50	34,16		
	III	**162,83**	260,66	229,75	III	95,33	38,50				
	V	**693,66**	260,66	229,75	IV	347,66	303,91	261,33	220,00	179,91	141,08
	VI	**729,91**	260,66	229,75							
2813,99	I,IV	**393,50**	260,91	230,00	I	304,66	220,75	141,75	67,91	9,91	
	II	**346,08**	260,91	230,00	II	259,83	178,50	102,08	34,66		
	III	**163,50**	260,91	230,00	III	95,83	39,00				
	V	**694,75**	260,91	230,00	IV	348,41	304,66	262,08	220,75	180,58	141,75
	VI	**731,00**	260,91	230,00							
2816,99	I,IV	**394,25**	261,25	230,25	I	305,33	221,41	142,33	68,50	10,25	
	II	**346,83**	261,25	230,25	II	260,50	179,16	102,75	35,08		
	III	**164,00**	261,25	230,25	III	96,33	39,50				
	V	**695,75**	261,25	230,25	IV	349,16	305,33	262,75	221,41	181,25	142,33
	VI	**732,08**	261,25	230,25							
2819,99	I,IV	**395,00**	261,50	230,50	I	306,08	222,08	143,00	69,08	10,66	
	II	**347,58**	261,50	230,50	II	261,25	179,83	103,33	35,58		
	III	**164,66**	261,50	230,50	III	96,83	39,83				
	V	**696,83**	261,50	230,50	IV	349,91	306,08	263,50	222,08	181,91	143,00
	VI	**733,16**	261,50	230,50							
2822,99	I,IV	**395,83**	261,75	230,75	I	306,83	222,75	143,66	69,66	11,08	
	II	**348,33**	261,75	230,75	II	261,91	180,50	104,00	36,08		
	III	**165,33**	261,75	230,75	III	97,33	40,33				
	V	**697,91**	261,75	230,75	IV	350,66	306,83	264,16	222,75	182,58	143,66
	VI	**734,16**	261,75	230,75							
2825,99	I,IV	**396,58**	262,08	231,00	I	307,58	223,50	144,33	70,25	11,50	
	II	**349,08**	262,08	231,00	II	262,66	181,16	104,58	36,58		
	III	**165,83**	262,08	231,00	III	97,83	40,66				
	V	**699,00**	262,08	231,00	IV	351,41	307,58	264,91	223,50	183,25	144,33
	VI	**735,25**	262,08	231,00							
2828,99	I,IV	**397,33**	262,33	231,25	I	308,25	224,16	144,91	70,83	11,91	
	II	**349,83**	262,33	231,25	II	263,33	181,83	105,25	37,08		
	III	**166,50**	262,33	231,25	III	98,50	41,16				
	V	**700,08**	262,33	231,25	IV	352,16	308,25	265,58	224,16	183,91	144,91
	VI	**736,33**	262,33	231,25							
2831,99	I,IV	**398,08**	262,66	231,50	I	309,00	224,83	145,58	71,41	12,33	
	II	**350,58**	262,66	231,50	II	264,08	182,50	105,83	37,58		
	III	**167,16**	262,66	231,50	III	99,00	41,66				
	V	**701,16**	262,66	231,50	IV	352,91	309,00	266,33	224,83	184,58	145,58
	VI	**737,41**	262,66	231,50							
2834,99	I,IV	**398,91**	262,91	231,75	I	309,75	225,50	146,25	72,00	12,66	
	II	**351,33**	262,91	231,75	II	264,75	183,16	106,50	38,08		
	III	**167,66**	262,91	231,75	III	99,50	42,00				
	V	**702,16**	262,91	231,75	IV	353,66	309,75	267,00	225,50	185,25	146,25
	VI	**738,41**	262,91	231,75							
2837,99	I,IV	**399,66**	263,16	232,00	I	310,50	226,25	146,91	72,58	13,08	
	II	**352,08**	263,16	232,00	II	265,50	183,83	107,08	38,58		
	III	**168,33**	263,16	232,00	III	100,00	42,50				
	V	**703,25**	263,16	232,00	IV	354,41	310,50	267,75	226,25	185,91	146,91
	VI	**739,50**	263,16	232,00							
2840,99	I,IV	**400,41**	263,50	232,25	I	311,16	226,91	147,50	73,16	13,50	
	II	**352,83**	263,50	232,25	II	266,16	184,50	107,75	39,08		
	III	**169,00**	263,50	232,25	III	100,50	43,00				
	V	**704,33**	263,50	232,25	IV	355,16	311,16	268,41	226,91	186,58	147,50
	VI	**740,58**	263,50	232,25							
2843,99	I,IV	**401,16**	263,75	232,41	I	311,91	227,58	148,16	73,75	13,91	
	II	**353,58**	263,75	232,41	II	266,91	185,16	108,33	39,58		
	III	**169,50**	263,75	232,41	III	101,00	43,33				
	V	**705,41**	263,75	232,41	IV	355,91	311,91	269,16	227,58	187,25	148,16
	VI	**741,66**	263,75	232,41							

* Zur LSt-Berechnung für privat versicherte Arbeitnehmer s. Beispiele **Vorbemerkung S. 4f.**
** Basisvorsorgepauschale KV und PV *** Typisierter Arbeitgeberzuschuss

Lohn/ Gehalt in € bis	Steuerklasse	Lohn- steuer*	BVSP**	TAGZ***	Steuerklasse	Bemessungsgrundlage für Kirchensteuer und Solidaritätszuschlag					
						Freibeträge für ... Kinder					
						0,5	**1,0**	1,5	**2,0**	2,5	**3,0**
2846,99	I,IV	**402,00**	264,00	232,66	I	312,66	228,25	148,83	74,33	14,33	
	II	**354,33**	264,00	232,66	II	267,58	185,83	109,00	40,08		
	III	**170,16**	264,00	232,66	III	101,66	43,83				
	V	**706,50**	264,00	232,66	IV	356,66	312,66	269,83	228,25	187,91	148,83
	VI	**742,75**	264,00	232,66							
2849,99	I,IV	**402,75**	264,33	232,91	I	313,41	229,00	149,50	74,91	14,75	
	II	**355,08**	264,33	232,91	II	268,33	186,50	109,58	40,58		
	III	**170,83**	264,33	232,91	III	102,16	44,33				
	V	**707,58**	264,33	232,91	IV	357,41	313,41	270,58	229,00	188,58	149,50
	VI	**743,83**	264,33	232,91							
2852,99	I,IV	**403,50**	264,58	233,16	I	314,08	229,66	150,08	75,58	15,16	
	II	**355,83**	264,58	233,16	II	269,00	187,16	110,25	41,08		
	III	**171,33**	264,58	233,16	III	102,66	44,66				
	V	**708,58**	264,58	233,16	IV	358,16	314,08	271,25	229,66	189,25	150,08
	VI	**744,83**	264,58	233,16							
2855,99	I,IV	**404,33**	264,83	233,41	I	314,83	230,33	150,75	76,16	15,58	
	II	**356,58**	264,83	233,41	II	269,75	187,83	110,83	41,58		
	III	**172,00**	264,83	233,41	III	103,16	45,16				
	V	**709,66**	264,83	233,41	IV	359,00	314,83	272,00	230,33	189,91	150,75
	VI	**745,91**	264,83	233,41							
2858,99	I,IV	**405,08**	265,16	233,66	I	315,58	231,00	151,41	76,75	16,00	
	II	**357,33**	265,16	233,66	II	270,41	188,50	111,50	42,08		
	III	**172,66**	265,16	233,66	III	103,66	45,50				
	V	**710,75**	265,16	233,66	IV	359,66	315,58	272,66	231,00	190,58	151,41
	VI	**747,00**	265,16	233,66							
2861,99	I,IV	**405,83**	265,41	233,91	I	316,33	231,75	152,08	77,33	16,41	
	II	**358,08**	265,41	233,91	II	271,16	189,16	112,08	42,58		
	III	**173,33**	265,41	233,91	III	104,33	46,00				
	V	**711,83**	265,41	233,91	IV	360,50	316,33	273,41	231,75	191,25	152,08
	VI	**748,08**	265,41	233,91							
2864,99	I,IV	**406,58**	265,66	234,16	I	317,08	232,41	152,75	77,91	16,83	
	II	**358,83**	265,66	234,16	II	271,83	189,83	112,75	43,08		
	III	**173,83**	265,66	234,16	III	104,83	46,50				
	V	**712,83**	265,66	234,16	IV	361,16	317,08	274,08	232,41	191,91	152,75
	VI	**749,16**	265,66	234,16							
2867,99	I,IV	**407,41**	266,00	234,41	I	317,75	233,08	153,41	78,58	17,25	
	II	**359,58**	266,00	234,41	II	272,58	190,50	113,41	43,58		
	III	**174,50**	266,00	234,41	III	105,33	46,83				
	V	**713,91**	266,00	234,41	IV	362,00	317,75	274,83	233,08	192,66	153,41
	VI	**750,25**	266,00	234,41							
2870,99	I,IV	**408,16**	266,25	234,66	I	318,50	233,83	154,00	79,16	17,66	
	II	**360,33**	266,25	234,66	II	273,33	191,16	114,00	44,08		
	III	**175,00**	266,25	234,66	III	105,83	47,33				
	V	**715,00**	266,25	234,66	IV	362,75	318,50	275,50	233,83	193,25	154,00
	VI	**751,25**	266,25	234,66							
2873,99	I,IV	**408,91**	266,50	234,91	I	319,25	234,50	154,66	79,75	18,16	
	II	**361,08**	266,50	234,91	II	274,00	191,83	114,66	44,58		
	III	**175,66**	266,50	234,91	III	106,50	47,83				
	V	**716,08**	266,50	234,91	IV	363,50	319,25	276,25	234,50	194,00	154,66
	VI	**752,33**	266,50	234,91							
2876,99	I,IV	**409,66**	266,83	235,16	I	320,00	235,16	155,33	80,41	18,58	
	II	**361,83**	266,83	235,16	II	274,75	192,50	115,25	45,16		
	III	**176,33**	266,83	235,16	III	107,00	48,33	0,33			
	V	**717,16**	266,83	235,16	IV	364,25	320,00	277,00	235,16	194,66	155,33
	VI	**753,41**	266,83	235,16							
2879,99	I,IV	**410,50**	267,08	235,41	I	320,75	235,91	156,00	81,00	19,00	
	II	**362,58**	267,08	235,41	II	275,41	193,16	115,91	45,66		
	III	**177,00**	267,08	235,41	III	107,50	48,66	0,83			
	V	**718,25**	267,08	235,41	IV	365,00	320,75	277,66	235,91	195,33	156,00
	VI	**754,50**	267,08	235,41							

* Zur LSt-Berechnung für privat versicherte Arbeitnehmer s. Beispiele **Vorbemerkung S. 4f.**
** Basisvorsorgepauschale KV und PV *** Typisierter Arbeitgeberzuschuss

Lohn/ Gehalt in € bis	Steuerklasse	**Lohn-steuer***	BVSP**	TAGZ***	Steuerklasse	Bemessungsgrundlage für Kirchensteuer und Solidaritätszuschlag					
						Freibeträge für ... Kinder					
						0,5	**1,0**	1,5	**2,0**	2,5	**3,0**
2882,99	I,IV	**411,25**	267,33	235,66	I	321,50	236,58	156,66	81,66	19,41	
	II	**363,41**	267,33	235,66	II	276,16	193,91	116,50	46,16		
	III	**177,50**	267,33	235,66	III	108,00	49,16	1,16			
	V	**719,33**	267,33	235,66	IV	365,75	321,50	278,41	236,58	196,00	156,66
	VI	**755,58**	267,33	235,66							
2885,99	I,IV	**412,08**	267,66	235,91	I	322,16	237,25	157,25	82,25	19,83	
	II	**364,16**	267,66	235,91	II	276,83	194,58	117,16	46,66		
	III	**178,16**	267,66	235,91	III	108,66	49,66	1,50			
	V	**720,33**	267,66	235,91	IV	366,50	322,16	279,08	237,25	196,66	157,25
	VI	**756,58**	267,66	235,91							
2888,99	I,IV	**412,83**	267,91	236,16	I	322,91	238,00	157,91	82,83	20,33	
	II	**364,91**	267,91	236,16	II	277,58	195,25	117,83	47,25		
	III	**178,83**	267,91	236,16	III	109,16	50,00	1,83			
	V	**721,41**	267,91	236,16	IV	367,25	322,91	279,83	238,00	197,33	157,91
	VI	**757,66**	267,91	236,16							
2891,99	I,IV	**413,58**	268,16	236,41	I	323,66	238,66	158,58	83,41	20,75	
	II	**365,66**	268,16	236,41	II	278,33	195,91	118,41	47,75		
	III	**179,33**	268,16	236,41	III	109,66	50,50	2,16			
	V	**722,50**	268,16	236,41	IV	368,00	323,66	280,58	238,66	198,00	158,58
	VI	**758,75**	268,16	236,41							
2894,99	I,IV	**414,41**	268,50	236,58	I	324,41	239,33	159,25	84,08	21,16	
	II	**366,41**	268,50	236,58	II	279,00	196,58	119,08	48,25		
	III	**180,00**	268,50	236,58	III	110,16	51,00	2,50			
	V	**723,58**	268,50	236,58	IV	368,75	324,41	281,25	239,33	198,66	159,25
	VI	**759,83**	268,50	236,58							
2897,99	I,IV	**415,16**	268,75	236,83	I	325,16	240,08	159,91	84,66	21,58	
	II	**367,16**	268,75	236,83	II	279,75	197,25	119,66	48,75		
	III	**180,66**	268,75	236,83	III	110,83	51,33	3,00			
	V	**724,66**	268,75	236,83	IV	369,50	325,16	282,00	240,08	199,33	159,91
	VI	**760,91**	268,75	236,83							
2900,99	I,IV	**415,91**	269,00	237,08	I	325,91	240,75	160,58	85,33	22,08	
	II	**367,91**	269,00	237,08	II	280,41	197,91	120,33	49,33		
	III	**181,16**	269,00	237,08	III	111,33	51,83	3,33			
	V	**725,75**	269,00	237,08	IV	370,33	325,91	282,66	240,75	200,08	160,58
	VI	**762,00**	269,00	237,08							
2903,99	I,IV	**416,75**	269,33	237,33	I	326,58	241,41	161,16	85,91	22,50	
	II	**368,66**	269,33	237,33	II	281,16	198,58	120,91	49,83		
	III	**181,83**	269,33	237,33	III	111,83	52,33	3,66			
	V	**726,75**	269,33	237,33	IV	371,08	326,58	283,41	241,41	200,66	161,16
	VI	**763,00**	269,33	237,33							
2906,99	I,IV	**417,50**	269,58	237,58	I	327,33	242,16	161,83	86,50	22,91	
	II	**369,41**	269,58	237,58	II	281,91	199,25	121,58	50,41		
	III	**182,50**	269,58	237,58	III	112,50	52,83	4,00			
	V	**727,83**	269,58	237,58	IV	371,83	327,33	284,16	242,16	201,41	161,83
	VI	**764,08**	269,58	237,58							
2909,99	I,IV	**418,25**	269,83	237,83	I	328,08	242,83	162,50	87,16	23,41	
	II	**370,16**	269,83	237,83	II	282,58	199,91	122,25	50,91		
	III	**183,16**	269,83	237,83	III	113,00	53,16	4,33			
	V	**728,91**	269,83	237,83	IV	372,58	328,08	284,83	242,83	202,08	162,50
	VI	**765,16**	269,83	237,83							
2912,99	I,IV	**419,08**	270,16	238,08	I	328,83	243,58	163,16	87,75	23,83	
	II	**370,91**	270,16	238,08	II	283,33	200,58	122,83	51,41		
	III	**183,66**	270,16	238,08	III	113,50	53,66	4,66			
	V	**730,00**	270,16	238,08	IV	373,33	328,83	285,58	243,58	202,75	163,16
	VI	**766,25**	270,16	238,08							
2915,99	I,IV	**419,83**	270,41	238,33	I	329,58	244,25	163,83	88,33	24,25	
	II	**371,66**	270,41	238,33	II	284,00	201,25	123,50	52,00		
	III	**184,33**	270,41	238,33	III	114,00	54,16	5,16			
	V	**731,00**	270,41	238,33	IV	374,08	329,58	286,25	244,25	203,41	163,83
	VI	**767,25**	270,41	238,33							

* Zur LSt-Berechnung für privat versicherte Arbeitnehmer s. Beispiele **Vorbemerkung S. 4f.**
** Basisvorsorgepauschale KV und PV *** Typisierter Arbeitgeberzuschuss

Lohn/ Gehalt in € bis	Steuerklasse	Lohnsteuer*	BVSP**	TAGZ***	Steuerklasse	Bemessungsgrundlage für Kirchensteuer und Solidaritätszuschlag – Freibeträge für ... Kinder 0,5	1,0	1,5	2,0	2,5	3,0
2918,99	I,IV	**420,66**	270,66	238,58	I	330,33	244,91	164,50	89,00	24,75	
	II	**372,50**	270,66	238,58	II	284,75	202,00	124,08	52,50		
	III	**185,00**	270,66	238,58	III	114,66	54,66	5,50			
	V	**732,08**	270,66	238,58	IV	374,83	330,33	287,00	244,91	204,08	164,50
	VI	**768,41**	270,66	238,58							
2921,99	I,IV	**421,41**	271,00	238,83	I	331,08	245,66	165,16	89,58	25,16	
	II	**373,25**	271,00	238,83	II	285,41	202,66	124,75	53,08		
	III	**185,50**	271,00	238,83	III	115,16	55,00	5,83			
	V	**733,16**	271,00	238,83	IV	375,58	331,08	287,75	245,66	204,75	165,16
	VI	**769,41**	271,00	238,83							
2924,99	I,IV	**422,16**	271,25	239,08	I	331,83	246,33	165,83	90,25	25,66	
	II	**374,00**	271,25	239,08	II	286,16	203,33	125,41	53,58	0,25	
	III	**186,16**	271,25	239,08	III	115,66	55,50	6,16			
	V	**734,25**	271,25	239,08	IV	376,41	331,83	288,41	246,33	205,41	165,83
	VI	**770,50**	271,25	239,08							
2927,99	I,IV	**423,00**	271,50	239,33	I	332,50	247,00	166,41	90,83	26,08	
	II	**374,75**	271,50	239,33	II	286,91	204,00	126,00	54,08	0,66	
	III	**186,83**	271,50	239,33	III	116,16	56,00	6,50			
	V	**735,33**	271,50	239,33	IV	377,16	332,50	289,16	247,00	206,08	166,41
	VI	**771,58**	271,50	239,33							
2930,99	I,IV	**423,75**	271,83	239,58	I	333,25	247,75	167,08	91,41	26,58	
	II	**375,50**	271,83	239,58	II	287,58	204,66	126,66	54,66	1,00	
	III	**187,50**	271,83	239,58	III	116,83	56,50	7,00			
	V	**736,41**	271,83	239,58	IV	377,91	333,25	289,91	247,75	206,83	167,08
	VI	**772,66**	271,83	239,58							
2933,99	I,IV	**424,50**	272,08	239,83	I	334,00	248,41	167,75	92,08	27,00	
	II	**376,25**	272,08	239,83	II	288,33	205,33	127,25	55,25	1,33	
	III	**188,00**	272,08	239,83	III	117,33	57,00	7,33			
	V	**737,41**	272,08	239,83	IV	378,66	334,00	290,58	248,41	207,50	167,75
	VI	**773,66**	272,08	239,83							
2936,99	I,IV	**425,33**	272,33	240,08	I	334,75	249,16	168,41	92,66	27,50	
	II	**377,00**	272,33	240,08	II	289,08	206,00	127,91	55,75	1,75	
	III	**188,66**	272,33	240,08	III	118,00	57,33	7,66			
	V	**738,50**	272,33	240,08	IV	379,41	334,75	291,33	249,16	208,16	168,41
	VI	**774,75**	272,33	240,08							
2939,99	I,IV	**426,08**	272,66	240,33	I	335,50	249,83	169,08	93,25	27,91	
	II	**377,75**	272,66	240,33	II	289,75	206,66	128,58	56,33	2,08	
	III	**189,16**	272,66	240,33	III	118,50	57,83	8,00			
	V	**739,58**	272,66	240,33	IV	380,16	335,50	292,00	249,83	208,83	169,08
	VI	**775,83**	272,66	240,33							
2942,99	I,IV	**426,91**	272,91	240,58	I	336,25	250,50	169,75	93,91	28,41	
	II	**378,58**	272,91	240,58	II	290,50	207,41	129,25	56,83	2,41	
	III	**189,83**	272,91	240,58	III	119,00	58,33	8,50			
	V	**740,66**	272,91	240,58	IV	380,91	336,25	292,75	250,50	209,50	169,75
	VI	**776,91**	272,91	240,58							
2945,99	I,IV	**427,66**	273,16	240,83	I	337,00	251,25	170,41	94,50	28,83	
	II	**379,33**	273,16	240,83	II	291,25	208,08	129,83	57,41	2,83	
	III	**190,50**	273,16	240,83	III	119,66	58,83	8,83			
	V	**741,66**	273,16	240,83	IV	381,66	337,00	293,50	251,25	210,16	170,41
	VI	**778,00**	273,16	240,83							
2948,99	I,IV	**428,41**	273,50	241,00	I	337,75	251,91	171,08	95,16	29,33	
	II	**380,08**	273,50	241,00	II	291,91	208,75	130,50	58,00	3,16	
	III	**191,16**	273,50	241,00	III	120,16	59,16	9,16			
	V	**742,75**	273,50	241,00	IV	382,50	337,75	294,25	251,91	210,91	171,08
	VI	**779,08**	273,50	241,00							
2951,99	I,IV	**429,25**	273,75	241,25	I	338,50	252,58	171,75	95,75	29,75	
	II	**380,83**	273,75	241,25	II	292,66	209,41	131,08	58,50	3,58	
	III	**191,66**	273,75	241,25	III	120,66	59,66	9,50			
	V	**743,83**	273,75	241,25	IV	383,25	338,50	294,91	252,58	211,58	171,75
	VI	**780,08**	273,75	241,25							

* Zur LSt-Berechnung für privat versicherte Arbeitnehmer s. Beispiele **Vorbemerkung S. 4 f.**
** Basisvorsorgepauschale KV und PV *** Typisierter Arbeitgeberzuschuss

Lohn/ Gehalt in € bis	Steuerklasse	**Lohn-steuer***	BVSP**	TAGZ***	Steuerklasse	Bemessungsgrundlage für Kirchensteuer und Solidaritätszuschlag – Freibeträge für ... Kinder 0,5	**1,0**	1,5	**2,0**	2,5	**3,0**
2954,99	I,IV	**430,00**	274,00	241,50	I	339,25	253,33	172,41	96,41	30,25	
	II	**381,58**	274,00	241,50	II	293,41	210,08	131,75	59,08	3,91	
	III	**192,33**	274,00	241,50	III	121,33	60,16	10,00			
	V	**744,91**	274,00	241,50	IV	384,00	339,25	295,66	253,33	212,25	172,41
	VI	**781,16**	274,00	241,50							
2957,99	I,IV	**430,83**	274,33	241,75	I	339,91	254,00	173,08	97,00	30,75	
	II	**382,33**	274,33	241,75	II	294,08	210,75	132,41	59,58	4,25	
	III	**193,00**	274,33	241,75	III	121,83	60,66	10,33			
	V	**746,00**	274,33	241,75	IV	384,75	339,91	296,33	254,00	212,91	173,08
	VI	**782,25**	274,33	241,75							
2960,99	I,IV	**431,58**	274,58	242,00	I	340,66	254,75	173,75	97,58	31,16	
	II	**383,16**	274,58	242,00	II	294,83	211,50	133,00	60,16	4,66	
	III	**193,50**	274,58	242,00	III	122,33	61,16	10,66			
	V	**747,08**	274,58	242,00	IV	385,50	340,66	297,08	254,75	213,58	173,75
	VI	**783,33**	274,58	242,00							
2963,99	I,IV	**432,33**	274,83	242,25	I	341,41	255,41	174,33	98,25	31,66	
	II	**383,91**	274,83	242,25	II	295,50	212,16	133,66	60,75	5,00	
	III	**194,16**	274,83	242,25	III	123,00	61,50	11,00			
	V	**748,08**	274,83	242,25	IV	386,25	341,41	297,83	255,41	214,25	174,33
	VI	**784,33**	274,83	242,25							
2966,99	I,IV	**433,16**	275,16	242,50	I	342,16	256,16	175,00	98,83	32,16	
	II	**384,66**	275,16	242,50	II	296,25	212,83	134,33	61,33	5,41	
	III	**194,83**	275,16	242,50	III	123,50	62,00	11,50			
	V	**749,16**	275,16	242,50	IV	387,08	342,16	298,58	256,16	215,00	175,00
	VI	**785,41**	275,16	242,50							
2969,99	I,IV	**433,91**	275,41	242,75	I	342,91	256,83	175,66	99,50	32,58	
	II	**385,41**	275,41	242,75	II	297,00	213,50	134,91	61,83	5,83	
	III	**195,50**	275,41	242,75	III	124,16	62,50	11,83			
	V	**750,25**	275,41	242,75	IV	387,83	342,91	299,25	256,83	215,66	175,66
	VI	**786,50**	275,41	242,75							
2972,99	I,IV	**434,75**	275,66	243,00	I	343,66	257,58	176,33	100,08	33,08	
	II	**386,16**	275,66	243,00	II	297,75	214,16	135,58	62,41	6,16	
	III	**196,00**	275,66	243,00	III	124,66	63,00	12,16			
	V	**751,33**	275,66	243,00	IV	388,58	343,66	300,00	257,58	216,33	176,33
	VI	**787,58**	275,66	243,00							
2975,99	I,IV	**435,50**	276,00	243,25	I	344,41	258,25	177,00	100,75	33,58	
	II	**386,91**	276,00	243,25	II	298,41	214,83	136,25	63,00	6,58	
	III	**196,66**	276,00	243,25	III	125,16	63,50	12,66			
	V	**752,41**	276,00	243,25	IV	389,33	344,41	300,75	258,25	217,00	177,00
	VI	**788,66**	276,00	243,25							
2978,99	I,IV	**436,33**	276,25	243,50	I	345,16	259,00	177,66	101,33	34,08	
	II	**387,75**	276,25	243,50	II	299,16	215,58	136,91	63,58	6,91	
	III	**197,33**	276,25	243,50	III	125,83	64,00	13,00			
	V	**753,50**	276,25	243,50	IV	390,16	345,16	301,41	259,00	217,75	177,66
	VI	**789,75**	276,25	243,50							
2981,99	I,IV	**437,08**	276,50	243,75	I	345,91	259,66	178,33	102,00	34,50	
	II	**388,50**	276,50	243,75	II	299,91	216,25	137,50	64,08	7,33	
	III	**198,00**	276,50	243,75	III	126,33	64,50	13,33			
	V	**754,50**	276,50	243,75	IV	390,91	345,91	302,16	259,66	218,41	178,33
	VI	**790,75**	276,50	243,75							
2984,99	I,IV	**437,91**	276,83	244,00	I	346,66	260,41	179,00	102,58	35,00	
	II	**389,25**	276,83	244,00	II	300,58	216,91	138,16	64,66	7,75	
	III	**198,50**	276,83	244,00	III	126,83	64,83	13,83			
	V	**755,58**	276,83	244,00	IV	391,66	346,66	302,91	260,41	219,08	179,00
	VI	**791,83**	276,83	244,00							
2987,99	I,IV	**438,66**	277,08	244,25	I	347,41	261,08	179,66	103,16	35,50	
	II	**390,00**	277,08	244,25	II	301,33	217,58	138,83	65,25	8,08	
	III	**199,16**	277,08	244,25	III	127,50	65,33	14,16			
	V	**756,66**	277,08	244,25	IV	392,41	347,41	303,58	261,08	219,75	179,66
	VI	**792,91**	277,08	244,25							

* Zur LSt-Berechnung für privat versicherte Arbeitnehmer s. Beispiele **Vorbemerkung S. 4f.**
** Basisvorsorgepauschale KV und PV *** Typisierter Arbeitgeberzuschuss

Lohn/ Gehalt in € bis	Steuerklasse	Lohn- steuer*	BVSP**	TAGZ***	Steuerklasse	Bemessungsgrundlage für Kirchensteuer und Solidaritätszuschlag					
						Freibeträge für ... Kinder					
						0,5	**1,0**	1,5	**2,0**	2,5	**3,0**
2990,99	I,IV	**439,50**	277,33	244,50	I	348,16	261,75	180,33	103,83	36,00	
	II	**390,75**	277,33	244,50	II	302,08	218,33	139,41	65,83	8,50	
	III	**199,83**	277,33	244,50	III	128,00	65,83	14,50			
	V	**757,75**	277,33	244,50	IV	393,16	348,16	304,33	261,75	220,41	180,33
	VI	**794,00**	277,33	244,50							
2993,99	I,IV	**440,25**	277,66	244,75	I	348,91	262,50	181,00	104,41	36,50	
	II	**391,50**	277,66	244,75	II	302,75	219,00	140,08	66,41	8,91	
	III	**200,33**	277,66	244,75	III	128,66	66,33	15,00			
	V	**758,75**	277,66	244,75	IV	393,91	348,91	305,08	262,50	221,08	181,00
	VI	**795,08**	277,66	244,75							
2996,99	I,IV	**441,08**	277,91	245,00	I	349,66	263,16	181,66	105,08	37,00	
	II	**392,33**	277,91	245,00	II	303,50	219,66	140,75	67,00	9,25	
	III	**201,00**	277,91	245,00	III	129,16	66,83	15,33			
	V	**759,83**	277,91	245,00	IV	394,75	349,66	305,83	263,16	221,83	181,66
	VI	**796,16**	277,91	245,00							
2999,99	I,IV	**441,83**	278,16	245,16	I	350,41	263,91	182,33	105,66	37,41	
	II	**393,08**	278,16	245,16	II	304,25	220,33	141,33	67,58	9,66	
	III	**201,66**	278,16	245,16	III	129,66	67,33	15,66			
	V	**760,91**	278,16	245,16	IV	395,50	350,41	306,50	263,91	222,50	182,33
	VI	**797,16**	278,16	245,16							
3002,99	I,IV	**442,66**	278,50	245,41	I	351,16	264,58	183,00	106,33	37,91	
	II	**393,83**	278,50	245,41	II	305,00	221,00	142,00	68,16	10,08	
	III	**202,33**	278,50	245,41	III	130,33	67,83	16,16			
	V	**762,00**	278,50	245,41	IV	396,25	351,16	307,25	264,58	223,16	183,00
	VI	**798,25**	278,50	245,41							
3005,99	I,IV	**443,41**	278,75	245,66	I	351,91	265,33	183,66	106,91	38,41	
	II	**394,58**	278,75	245,66	II	305,66	221,75	142,66	68,75	10,50	
	III	**202,83**	278,75	245,66	III	130,83	68,33	16,50			
	V	**763,08**	278,75	245,66	IV	397,00	351,91	308,00	265,33	223,83	183,66
	VI	**799,33**	278,75	245,66							
3008,99	I,IV	**444,25**	279,08	245,91	I	352,66	266,00	184,33	107,58	38,91	
	II	**395,41**	279,08	245,91	II	306,41	222,41	143,33	69,33	10,91	
	III	**203,50**	279,08	245,91	III	131,50	68,66	16,83			
	V	**764,16**	279,08	245,91	IV	397,83	352,66	308,75	266,00	224,58	184,33
	VI	**800,41**	279,08	245,91							
3011,99	I,IV	**445,00**	279,33	246,16	I	353,41	266,75	185,00	108,16	39,41	
	II	**396,16**	279,33	246,16	II	307,16	223,08	143,91	69,91	11,25	
	III	**204,16**	279,33	246,16	III	132,00	69,16	17,16			
	V	**765,16**	279,33	246,16	IV	398,58	353,41	309,41	266,75	225,25	185,00
	VI	**801,41**	279,33	246,16							
3014,99	I,IV	**445,83**	279,58	246,41	I	354,16	267,41	185,66	108,83	39,91	
	II	**396,91**	279,58	246,41	II	307,91	223,75	144,58	70,50	11,66	
	III	**204,83**	279,58	246,41	III	132,66	69,66	17,66			
	V	**766,25**	279,58	246,41	IV	399,33	354,16	310,16	267,41	225,91	185,66
	VI	**802,50**	279,58	246,41							
3017,99	I,IV	**446,58**	279,91	246,66	I	354,91	268,16	186,33	109,41	40,41	
	II	**397,66**	279,91	246,66	II	308,58	224,41	145,25	71,08	12,08	
	III	**205,33**	279,91	246,66	III	133,16	70,16	18,00			
	V	**767,33**	279,91	246,66	IV	400,08	354,91	310,91	268,16	226,58	186,33
	VI	**803,58**	279,91	246,66							
3020,99	I,IV	**447,41**	280,16	246,91	I	355,66	268,83	187,00	110,08	40,91	
	II	**398,50**	280,16	246,91	II	309,33	225,16	145,91	71,66	12,50	
	III	**206,00**	280,16	246,91	III	133,83	70,66	18,50			
	V	**768,41**	280,16	246,91	IV	400,91	355,66	311,66	268,83	227,33	187,00
	VI	**804,66**	280,16	246,91							
3023,99	I,IV	**448,16**	280,41	247,16	I	356,41	269,58	187,66	110,66	41,41	
	II	**399,25**	280,41	247,16	II	310,08	225,83	146,50	72,25	12,91	
	III	**206,66**	280,41	247,16	III	134,33	71,16	18,83			
	V	**769,50**	280,41	247,16	IV	401,66	356,41	312,33	269,58	228,00	187,66
	VI	**805,75**	280,41	247,16							

* Zur LSt-Berechnung für privat versicherte Arbeitnehmer s. Beispiele **Vorbemerkung S. 4f.**
** Basisvorsorgepauschale KV und PV *** Typisierter Arbeitgeberzuschuss

Lohn/ Gehalt in € bis	Steuerklasse	Lohn- steuer*	BVSP**	TAGZ***	Steuerklasse	Bemessungsgrundlage für Kirchensteuer und Solidaritätszuschlag – Freibeträge für ... Kinder 0,5	**1,0**	1,5	**2,0**	2,5	**3,0**
3026,99	I,IV	**449,00**	280,75	247,41	I	357,16	270,25	188,33	111,33	41,91	
	II	**400,00**	280,75	247,41	II	310,83	226,50	147,16	72,83	13,33	
	III	**207,33**	280,75	247,41	III	135,00	71,66	19,16			
	V	**770,58**	280,75	247,41	IV	402,41	357,16	313,08	270,25	228,66	188,33
	VI	**806,83**	280,75	247,41							
3029,99	I,IV	**449,75**	281,00	247,66	I	357,91	271,00	189,00	111,91	42,41	
	II	**400,75**	281,00	247,66	II	311,50	227,16	147,83	73,41	13,75	
	III	**207,83**	281,00	247,66	III	135,50	72,16	19,66			
	V	**771,58**	281,00	247,66	IV	403,16	357,91	313,83	271,00	229,41	189,00
	VI	**807,83**	281,00	247,66							
3032,99	I,IV	**450,58**	281,25	247,91	I	358,66	271,66	189,66	112,58	43,00	
	II	**401,58**	281,25	247,91	II	312,25	227,91	148,50	74,00	14,16	
	III	**208,50**	281,25	247,91	III	136,16	72,66	20,00			
	V	**772,66**	281,25	247,91	IV	404,00	358,66	314,58	271,66	230,08	189,66
	VI	**808,91**	281,25	247,91							
3035,99	I,IV	**451,33**	281,58	248,16	I	359,41	272,41	190,33	113,25	43,50	
	II	**402,33**	281,58	248,16	II	313,00	228,58	149,08	74,58	14,50	
	III	**209,16**	281,58	248,16	III	136,66	73,16	20,33			
	V	**773,75**	281,58	248,16	IV	404,75	359,41	315,25	272,41	230,75	190,33
	VI	**810,00**	281,58	248,16							
3038,99	I,IV	**452,16**	281,83	248,41	I	360,16	273,16	191,00	113,83	44,00	
	II	**403,08**	281,83	248,41	II	313,75	229,25	149,75	75,25	15,00	
	III	**209,83**	281,83	248,41	III	137,33	73,66	20,83			
	V	**774,83**	281,83	248,41	IV	405,50	360,16	316,00	273,16	231,50	191,00
	VI	**811,08**	281,83	248,41							
3041,99	I,IV	**452,91**	282,08	248,66	I	360,91	273,83	191,66	114,50	44,50	
	II	**403,83**	282,08	248,66	II	314,41	230,00	150,41	75,83	15,33	
	III	**210,33**	282,08	248,66	III	137,83	74,16	21,16			
	V	**775,83**	282,08	248,66	IV	406,33	360,91	316,75	273,83	232,16	191,66
	VI	**812,16**	282,08	248,66							
3044,99	I,IV	**453,75**	282,41	248,91	I	361,66	274,58	192,33	115,08	45,00	
	II	**404,66**	282,41	248,91	II	315,16	230,66	151,08	76,41	15,83	
	III	**211,00**	282,41	248,91	III	138,33	74,50	21,66			
	V	**776,91**	282,41	248,91	IV	407,08	361,66	317,50	274,58	232,83	192,33
	VI	**813,25**	282,41	248,91							
3047,99	I,IV	**454,50**	282,66	249,16	I	362,41	275,25	193,00	115,75	45,50	
	II	**405,41**	282,66	249,16	II	315,91	231,33	151,75	77,00	16,16	
	III	**211,66**	282,66	249,16	III	139,00	75,00	22,00			
	V	**778,00**	282,66	249,16	IV	407,83	362,41	318,25	275,25	233,50	193,00
	VI	**814,25**	282,66	249,16							
3050,99	I,IV	**455,33**	282,91	249,41	I	363,16	276,00	193,75	116,33	46,08	
	II	**406,16**	282,91	249,41	II	316,66	232,08	152,41	77,66	16,66	
	III	**212,33**	282,91	249,41	III	139,66	75,50	22,33			
	V	**779,08**	282,91	249,41	IV	408,66	363,16	319,00	276,00	234,25	193,75
	VI	**815,33**	282,91	249,41							
3053,99	I,IV	**456,08**	283,25	249,58	I	363,91	276,66	194,33	117,00	46,58	
	II	**407,00**	283,25	249,58	II	317,41	232,75	153,00	78,25	17,08	
	III	**212,83**	283,25	249,58	III	140,16	76,00	22,83			
	V	**780,16**	283,25	249,58	IV	409,41	363,91	319,66	276,66	234,91	194,33
	VI	**816,41**	283,25	249,58							
3056,99	I,IV	**456,91**	283,50	249,83	I	364,66	277,41	195,08	117,66	47,08	
	II	**407,75**	283,50	249,83	II	318,08	233,41	153,66	78,83	17,50	
	III	**213,50**	283,50	249,83	III	140,83	76,50	23,16			
	V	**781,25**	283,50	249,83	IV	410,16	364,66	320,41	277,41	235,58	195,08
	VI	**817,50**	283,50	249,83							
3059,99	I,IV	**457,66**	283,75	250,08	I	365,41	278,08	195,75	118,25	47,58	
	II	**408,50**	283,75	250,08	II	318,83	234,08	154,33	79,41	17,91	
	III	**214,16**	283,75	250,08	III	141,33	77,00	23,66			
	V	**782,25**	283,75	250,08	IV	410,91	365,41	321,16	278,08	236,33	195,75
	VI	**818,50**	283,75	250,08							

* Zur LSt-Berechnung für privat versicherte Arbeitnehmer s. Beispiele **Vorbemerkung S. 4 f.**
** Basisvorsorgepauschale KV und PV *** Typisierter Arbeitgeberzuschuss

Lohn/ Gehalt in € bis	Steuerklasse	Lohn-steuer*	BVSP**	TAGZ***	Steuerklasse	Bemessungsgrundlage für Kirchensteuer und Solidaritätszuschlag – Freibeträge für ... Kinder 0,5	1,0	1,5	2,0	2,5	3,0
3062,99	I,IV	**458,50**	284,08	250,33	I	366,16	278,83	196,41	118,91	48,16	
	II	**409,33**	284,08	250,33	II	319,58	234,83	155,00	80,08	18,33	
	III	**214,83**	284,08	250,33	III	142,00	77,50	24,00			
	V	**783,33**	284,08	250,33	IV	411,75	366,16	321,91	278,83	237,00	196,41
	VI	**819,58**	284,08	250,33							
3065,99	I,IV	**459,33**	284,33	250,58	I	366,91	279,50	197,08	119,50	48,66	
	II	**410,08**	284,33	250,58	II	320,33	235,50	155,58	80,66	18,75	
	III	**215,33**	284,33	250,58	III	142,50	78,00	24,50			
	V	**784,41**	284,33	250,58	IV	412,50	366,91	322,66	279,50	237,66	197,08
	VI	**820,66**	284,33	250,58							
3068,99	I,IV	**460,08**	284,58	250,83	I	367,75	280,25	197,75	120,16	49,16	
	II	**410,83**	284,58	250,83	II	321,08	236,16	156,25	81,25	19,16	
	III	**216,00**	284,58	250,83	III	143,16	78,50	24,83			
	V	**785,50**	284,58	250,83	IV	413,33	367,75	323,41	280,25	238,41	197,75
	VI	**821,75**	284,58	250,83							
3071,99	I,IV	**460,91**	284,91	251,08	I	368,50	281,00	198,41	120,75	49,66	
	II	**411,58**	284,91	251,08	II	321,75	236,91	156,91	81,91	19,58	
	III	**216,66**	284,91	251,08	III	143,66	79,00	25,16			
	V	**786,50**	284,91	251,08	IV	414,08	368,50	324,08	281,00	239,08	198,41
	VI	**822,83**	284,91	251,08							
3074,99	I,IV	**461,66**	285,16	251,33	I	369,25	281,66	199,08	121,41	50,25	
	II	**412,41**	285,16	251,33	II	322,50	237,58	157,58	82,50	20,08	
	III	**217,33**	285,16	251,33	III	144,33	79,50	25,66			
	V	**787,66**	285,16	251,33	IV	414,83	369,25	324,83	281,66	239,75	199,08
	VI	**823,91**	285,16	251,33							
3077,99	I,IV	**462,50**	285,41	251,58	I	370,00	282,41	199,75	122,08	50,75	
	II	**413,16**	285,41	251,58	II	323,25	238,25	158,25	83,08	20,50	
	III	**217,83**	285,41	251,58	III	144,83	80,00	26,00			
	V	**788,66**	285,41	251,58	IV	415,58	370,00	325,58	282,41	240,50	199,75
	VI	**824,91**	285,41	251,58							
3080,99	I,IV	**463,33**	285,75	251,83	I	370,75	283,16	200,41	122,66	51,33	
	II	**414,00**	285,75	251,83	II	324,00	239,00	158,91	83,75	20,91	
	III	**218,50**	285,75	251,83	III	145,50	80,50	26,50			
	V	**789,75**	285,75	251,83	IV	416,41	370,75	326,33	283,16	241,16	200,41
	VI	**826,00**	285,75	251,83							
3083,99	I,IV	**464,08**	286,00	252,08	I	371,50	283,83	201,08	123,33	51,83	
	II	**414,75**	286,00	252,08	II	324,75	239,66	159,50	84,33	21,33	
	III	**219,16**	286,00	252,08	III	146,00	81,00	26,83			
	V	**790,83**	286,00	252,08	IV	417,16	371,50	327,08	283,83	241,83	201,08
	VI	**827,08**	286,00	252,08							
3086,99	I,IV	**464,91**	286,25	252,33	I	372,25	284,58	201,83	123,91	52,33	
	II	**415,50**	286,25	252,33	II	325,50	240,33	160,16	85,00	21,83	
	III	**219,83**	286,25	252,33	III	146,66	81,50	27,33			
	V	**791,91**	286,25	252,33	IV	418,00	372,25	327,83	284,58	242,58	201,83
	VI	**828,16**	286,25	252,33							
3089,99	I,IV	**465,66**	286,58	252,58	I	373,00	285,25	202,50	124,58	52,91	
	II	**416,25**	286,58	252,58	II	326,16	241,08	160,83	85,58	22,25	
	III	**220,33**	286,58	252,58	III	147,33	82,00	27,66			
	V	**792,91**	286,58	252,58	IV	418,75	373,00	328,50	285,25	243,25	202,50
	VI	**829,16**	286,58	252,58							
3092,99	I,IV	**466,50**	286,83	252,83	I	373,75	286,00	203,16	125,25	53,41	0,16
	II	**417,08**	286,83	252,83	II	326,91	241,75	161,50	86,16	22,66	
	III	**221,00**	286,83	252,83	III	147,83	82,50	28,16			
	V	**794,00**	286,83	252,83	IV	419,50	373,75	329,25	286,00	243,91	203,16
	VI	**830,25**	286,83	252,83							
3095,99	I,IV	**467,33**	287,08	253,08	I	374,50	286,66	203,83	125,83	54,00	0,50
	II	**417,83**	287,08	253,08	II	327,66	242,41	162,16	86,75	23,16	
	III	**221,66**	287,08	253,08	III	148,50	83,00	28,50			
	V	**795,08**	287,08	253,08	IV	420,33	374,50	330,00	286,66	244,66	203,83
	VI	**831,33**	287,08	253,08							

* Zur LSt-Berechnung für privat versicherte Arbeitnehmer s. Beispiele **Vorbemerkung S. 4f.**
** Basisvorsorgepauschale KV und PV *** Typisierter Arbeitgeberzuschuss

Lohn/ Gehalt in € bis	Steuerklasse	Lohn-steuer*	BVSP**	TAGZ***	Steuerklasse	Bemessungsgrundlage für Kirchensteuer und Solidaritätszuschlag – Freibeträge für ... Kinder 0,5	1,0	1,5	2,0	2,5	3,0
3098,99	I,IV	**468,08**	287,41	253,33	I	375,33	287,41	204,50	126,50	54,50	0,91
	II	**418,66**	287,41	253,33	II	328,41	243,16	162,83	87,41	23,58	
	III	**222,33**	287,41	253,33	III	149,00	83,50	29,00			
	V	**796,16**	287,41	253,33	IV	421,08	375,33	330,75	287,41	245,33	204,50
	VI	**832,41**	287,41	253,33							
3101,99	I,IV	**468,91**	287,66	253,58	I	376,08	288,16	205,16	127,16	55,08	1,25
	II	**419,41**	287,66	253,58	II	329,16	243,83	163,50	88,00	24,00	
	III	**222,83**	287,66	253,58	III	149,66	84,00	29,33			
	V	**797,25**	287,66	253,58	IV	421,91	376,08	331,50	288,16	246,08	205,16
	VI	**833,50**	287,66	253,58							
3104,99	I,IV	**469,75**	287,91	253,83	I	376,83	288,83	205,83	127,75	55,58	1,58
	II	**420,16**	287,91	253,83	II	329,91	244,58	164,16	88,66	24,50	
	III	**223,50**	287,91	253,83	III	150,16	84,50	29,83			
	V	**798,33**	287,91	253,83	IV	422,66	376,83	332,25	288,83	246,75	205,83
	VI	**834,58**	287,91	253,83							
3107,99	I,IV	**470,50**	288,25	254,00	I	377,58	289,58	206,58	128,41	56,16	2,00
	II	**421,00**	288,25	254,00	II	330,66	245,25	164,83	89,25	24,91	
	III	**224,16**	288,25	254,00	III	150,83	85,16	30,16			
	V	**799,41**	288,25	254,00	IV	423,41	377,58	333,00	289,58	247,41	206,58
	VI	**835,66**	288,25	254,00							
3110,99	I,IV	**471,33**	288,50	254,25	I	378,33	290,33	207,25	129,08	56,75	2,33
	II	**421,75**	288,50	254,25	II	331,41	245,91	165,41	89,83	25,41	
	III	**224,83**	288,50	254,25	III	151,50	85,66	30,66			
	V	**800,41**	288,50	254,25	IV	424,25	378,33	333,75	290,33	248,16	207,25
	VI	**836,66**	288,50	254,25							
3113,99	I,IV	**472,16**	288,75	254,50	I	379,08	291,08	207,91	129,66	57,25	2,75
	II	**422,58**	288,75	254,50	II	332,16	246,66	166,08	90,50	25,83	
	III	**225,33**	288,75	254,50	III	152,00	86,16	31,00			
	V	**801,50**	288,75	254,50	IV	425,00	379,08	334,50	291,08	248,83	207,91
	VI	**837,75**	288,75	254,50							
3116,99	I,IV	**472,91**	289,08	254,75	I	379,83	291,75	208,58	130,33	57,83	3,08
	II	**423,33**	289,08	254,75	II	332,83	247,33	166,75	91,08	26,25	
	III	**226,00**	289,08	254,75	III	152,66	86,66	31,50			
	V	**802,58**	289,08	254,75	IV	425,75	379,83	335,16	291,75	249,58	208,58
	VI	**838,83**	289,08	254,75							
3119,99	I,IV	**473,75**	289,33	255,00	I	380,66	292,50	209,25	131,00	58,41	3,50
	II	**424,08**	289,33	255,00	II	333,58	248,08	167,41	91,75	26,75	
	III	**226,66**	289,33	255,00	III	153,33	87,16	31,83			
	V	**803,66**	289,33	255,00	IV	426,58	380,66	335,91	292,50	250,25	209,25
	VI	**839,91**	289,33	255,00							
3122,99	I,IV	**474,50**	289,58	255,25	I	381,41	293,16	209,91	131,58	58,91	3,83
	II	**424,91**	289,58	255,25	II	334,33	248,75	168,08	92,33	27,16	
	III	**227,33**	289,58	255,25	III	153,83	87,66	32,33			
	V	**804,66**	289,58	255,25	IV	427,33	381,41	336,66	293,16	250,91	209,91
	VI	**841,00**	289,58	255,25							
3125,99	I,IV	**475,33**	289,91	255,50	I	382,16	293,91	210,58	132,25	59,50	4,16
	II	**425,66**	289,91	255,50	II	335,08	249,41	168,75	93,00	27,66	
	III	**227,83**	289,91	255,50	III	154,50	88,16	32,66			
	V	**805,75**	289,91	255,50	IV	428,16	382,16	337,41	293,91	251,66	210,58
	VI	**842,08**	289,91	255,50							
3128,99	I,IV	**476,16**	290,16	255,75	I	382,91	294,66	211,25	132,83	60,00	4,58
	II	**426,41**	290,16	255,75	II	335,83	250,16	169,41	93,58	28,16	
	III	**228,50**	290,16	255,75	III	155,00	88,66	33,16			
	V	**806,83**	290,16	255,75	IV	428,91	382,91	338,16	294,66	252,33	211,25
	VI	**843,08**	290,16	255,75							
3131,99	I,IV	**477,00**	290,41	256,00	I	383,66	295,41	212,00	133,50	60,58	4,91
	II	**427,25**	290,41	256,00	II	336,58	250,83	170,08	94,16	28,58	
	III	**229,16**	290,41	256,00	III	155,66	89,16	33,50			
	V	**807,91**	290,41	256,00	IV	429,75	383,66	338,91	295,41	253,08	212,00
	VI	**844,16**	290,41	256,00							

* Zur LSt-Berechnung für privat versicherte Arbeitnehmer s. Beispiele **Vorbemerkung S. 4 f.**
** Basisvorsorgepauschale KV und PV *** Typisierter Arbeitgeberzuschuss

Lohn/ Gehalt in € bis	Steuerklasse	Lohn- steuer*	BVSP**	TAGZ***	Steuerklasse	Bemessungsgrundlage für Kirchensteuer und Solidaritätszuschlag					
						Freibeträge für ... Kinder					
						0,5	**1,0**	1,5	**2,0**	2,5	**3,0**
3134,99	I,IV	**477,75**	290,75	256,25	I	384,41	296,08	212,66	134,16	61,16	5,33
	II	**428,00**	290,75	256,25	II	337,33	251,58	170,66	94,83	29,08	
	III	**229,83**	290,75	256,25	III	156,33	89,66	34,00			
	V	**809,00**	290,75	256,25	IV	430,50	384,41	339,66	296,08	253,75	212,66
	VI	**845,25**	290,75	256,25							
3137,99	I,IV	**478,58**	291,00	256,50	I	385,25	296,83	213,33	134,83	61,75	5,75
	II	**428,83**	291,00	256,50	II	338,08	252,25	171,41	95,41	29,50	
	III	**230,50**	291,00	256,50	III	156,83	90,16	34,33			
	V	**810,08**	291,00	256,50	IV	431,25	385,25	340,41	296,83	254,50	213,33
	VI	**846,33**	291,00	256,50							
3140,99	I,IV	**479,33**	291,25	256,75	I	386,00	297,50	214,00	135,41	62,25	6,08
	II	**429,58**	291,25	256,75	II	338,83	252,91	172,00	96,00	30,00	
	III	**231,00**	291,25	256,75	III	157,50	90,66	34,83			
	V	**811,08**	291,25	256,75	IV	432,08	386,00	341,16	297,50	255,16	214,00
	VI	**847,33**	291,25	256,75							
3143,99	I,IV	**480,16**	291,58	257,00	I	386,75	298,25	214,75	136,08	62,83	6,50
	II	**430,41**	291,58	257,00	II	339,58	253,66	172,66	96,66	30,50	
	III	**231,66**	291,58	257,00	III	158,16	91,16	35,16			
	V	**812,16**	291,58	257,00	IV	432,83	386,75	341,91	298,25	255,83	214,75
	VI	**848,41**	291,58	257,00							
3146,99	I,IV	**481,00**	291,83	257,25	I	387,50	299,00	215,41	136,75	63,41	6,83
	II	**431,16**	291,83	257,25	II	340,25	254,33	173,33	97,25	30,91	
	III	**232,33**	291,83	257,25	III	158,66	91,66	35,66			
	V	**813,25**	291,83	257,25	IV	433,66	387,50	342,66	299,00	256,58	215,41
	VI	**849,50**	291,83	257,25							
3149,99	I,IV	**481,83**	292,08	257,50	I	388,33	299,75	216,08	137,33	64,00	7,25
	II	**431,91**	292,08	257,50	II	341,08	255,08	174,00	97,91	31,41	
	III	**233,00**	292,08	257,50	III	159,33	92,33	36,00			
	V	**814,33**	292,08	257,50	IV	434,41	388,33	343,41	299,75	257,25	216,08
	VI	**850,58**	292,08	257,50							
3152,99	I,IV	**482,58**	292,41	257,75	I	389,08	300,41	216,75	138,00	64,58	7,58
	II	**432,75**	292,41	257,75	II	341,75	255,75	174,66	98,50	31,83	
	III	**233,50**	292,41	257,75	III	159,83	92,83	36,50			
	V	**815,41**	292,41	257,75	IV	435,16	389,08	344,08	300,41	258,00	216,75
	VI	**851,66**	292,41	257,75							
3155,99	I,IV	**483,41**	292,66	258,00	I	389,83	301,16	217,41	138,66	65,16	8,00
	II	**433,50**	292,66	258,00	II	342,50	256,50	175,33	99,16	32,33	
	III	**234,16**	292,66	258,00	III	160,50	93,33	37,00			
	V	**816,50**	292,66	258,00	IV	436,00	389,83	344,91	301,16	258,66	217,41
	VI	**852,75**	292,66	258,00							
3158,99	I,IV	**484,25**	292,91	258,16	I	390,58	301,91	218,08	139,25	65,66	8,41
	II	**434,33**	292,91	258,16	II	343,25	257,16	176,00	99,75	32,83	
	III	**234,83**	292,91	258,16	III	161,16	93,83	37,33			
	V	**817,50**	292,91	258,16	IV	436,75	390,58	345,58	301,91	259,41	218,08
	VI	**853,75**	292,91	258,16							
3161,99	I,IV	**485,00**	293,25	258,41	I	391,33	302,58	218,83	139,91	66,25	8,83
	II	**435,08**	293,25	258,41	II	344,00	257,91	176,66	100,41	33,33	
	III	**235,50**	293,25	258,41	III	161,66	94,33	37,83			
	V	**818,58**	293,25	258,41	IV	437,58	391,33	346,33	302,58	260,08	218,83
	VI	**854,83**	293,25	258,41							
3164,99	I,IV	**485,83**	293,50	258,66	I	392,08	303,33	219,50	140,58	66,83	9,16
	II	**435,91**	293,50	258,66	II	344,75	258,58	177,33	101,00	33,75	
	III	**236,16**	293,50	258,66	III	162,33	94,83	38,16			
	V	**819,66**	293,50	258,66	IV	438,33	392,08	347,08	303,33	260,75	219,50
	VI	**855,91**	293,50	258,66							
3167,99	I,IV	**486,66**	293,75	258,91	I	392,91	304,08	220,16	141,25	67,41	9,58
	II	**436,66**	293,75	258,91	II	345,50	259,25	178,00	101,66	34,25	
	III	**236,83**	293,75	258,91	III	163,00	95,33	38,66			
	V	**820,75**	293,75	258,91	IV	439,16	392,91	347,83	304,08	261,50	220,16
	VI	**857,00**	293,75	258,91							

* Zur LSt-Berechnung für privat versicherte Arbeitnehmer s. Beispiele **Vorbemerkung S. 4f.**
** Basisvorsorgepauschale KV und PV *** Typisierter Arbeitgeberzuschuss

Lohn/ Gehalt in € bis	Steuerklasse	Lohn-steuer*	BVSP**	TAGZ***	Steuerklasse	Bemessungsgrundlage für Kirchensteuer und Solidaritätszuschlag – Freibeträge für ... Kinder 0,5	**1,0**	1,5	**2,0**	2,5	**3,0**
3170,99	I,IV	**487,41**	294,08	259,16	I	393,66	304,75	220,83	141,83	68,00	10,00
	II	**437,41**	294,08	259,16	II	346,25	260,00	178,66	102,25	34,75	
	III	**237,33**	294,08	259,16	III	163,50	95,83	39,16			
	V	**821,75**	294,08	259,16	IV	439,91	393,66	348,58	304,75	262,16	220,83
	VI	**858,08**	294,08	259,16							
3173,99	I,IV	**488,25**	294,33	259,41	I	394,41	305,50	221,58	142,50	68,58	10,41
	II	**438,25**	294,33	259,41	II	347,00	260,66	179,33	102,91	35,25	
	III	**238,00**	294,33	259,41	III	164,16	96,50	39,50			
	V	**822,83**	294,33	259,41	IV	440,75	394,41	349,33	305,50	262,91	221,58
	VI	**859,16**	294,33	259,41							
3176,99	I,IV	**489,08**	294,66	259,66	I	395,16	306,25	222,25	143,16	69,16	10,75
	II	**439,00**	294,66	259,66	II	347,75	261,41	180,00	103,50	35,75	
	III	**238,66**	294,66	259,66	III	164,83	97,00	40,00			
	V	**823,91**	294,66	259,66	IV	441,50	395,16	350,08	306,25	263,58	222,25
	VI	**860,16**	294,66	259,66							
3179,99	I,IV	**489,91**	294,91	259,91	I	396,00	307,00	222,91	143,83	69,75	11,16
	II	**439,83**	294,91	259,91	II	348,50	262,08	180,66	104,08	36,25	
	III	**239,33**	294,91	259,91	III	165,50	97,50	40,33			
	V	**825,00**	294,91	259,91	IV	442,33	396,00	350,83	307,00	264,33	222,91
	VI	**861,25**	294,91	259,91							
3182,99	I,IV	**490,66**	295,16	260,16	I	396,75	307,66	223,58	144,41	70,33	11,58
	II	**440,58**	295,16	260,16	II	349,25	262,83	181,33	104,75	36,66	
	III	**239,83**	295,16	260,16	III	166,00	98,00	40,83			
	V	**826,08**	295,16	260,16	IV	443,08	396,75	351,58	307,66	265,00	223,58
	VI	**862,33**	295,16	260,16							
3185,99	I,IV	**491,50**	295,50	260,41	I	397,50	308,41	224,33	145,08	70,91	12,00
	II	**441,41**	295,50	260,41	II	350,00	263,50	182,00	105,33	37,16	
	III	**240,50**	295,50	260,41	III	166,66	98,50	41,33			
	V	**827,16**	295,50	260,41	IV	443,91	397,50	352,33	308,41	265,75	224,33
	VI	**863,41**	295,50	260,41							
3188,99	I,IV	**492,33**	295,75	260,66	I	398,25	309,16	225,00	145,75	71,50	12,41
	II	**442,16**	295,75	260,66	II	350,75	264,25	182,66	106,00	37,66	
	III	**241,16**	295,75	260,66	III	167,16	99,00	41,66			
	V	**828,16**	295,75	260,66	IV	444,66	398,25	353,08	309,16	266,41	225,00
	VI	**864,41**	295,75	260,66							
3191,99	I,IV	**493,16**	296,00	260,91	I	399,08	309,91	225,66	146,41	72,08	12,83
	II	**443,00**	296,00	260,91	II	351,50	264,91	183,33	106,58	38,16	
	III	**241,83**	296,00	260,91	III	167,83	99,66	42,16			
	V	**829,25**	296,00	260,91	IV	445,50	399,08	353,83	309,91	267,16	225,66
	VI	**865,50**	296,00	260,91							
3194,99	I,IV	**493,91**	296,33	261,16	I	399,83	310,58	226,33	147,00	72,66	13,16
	II	**443,75**	296,33	261,16	II	352,25	265,66	184,00	107,25	38,66	
	III	**242,50**	296,33	261,16	III	168,50	100,16	42,50			
	V	**830,33**	296,33	261,16	IV	446,25	399,83	354,58	310,58	267,83	226,33
	VI	**866,58**	296,33	261,16							
3197,99	I,IV	**494,75**	296,58	261,41	I	400,58	311,33	227,08	147,66	73,33	13,58
	II	**444,58**	296,58	261,41	II	353,00	266,33	184,66	107,83	39,16	
	III	**243,00**	296,58	261,41	III	169,00	100,66	43,00			
	V	**831,41**	296,58	261,41	IV	447,08	400,58	355,33	311,33	268,58	227,08
	VI	**867,66**	296,58	261,41							
3200,99	I,IV	**495,58**	296,83	261,66	I	401,33	312,08	227,75	148,33	73,91	14,00
	II	**445,33**	296,83	261,66	II	353,75	267,08	185,33	108,50	39,66	
	III	**243,66**	296,83	261,66	III	169,66	101,16	43,50			
	V	**832,50**	296,83	261,66	IV	447,83	401,33	356,08	312,08	269,25	227,75
	VI	**868,75**	296,83	261,66							
3203,99	I,IV	**496,41**	297,16	261,91	I	402,16	312,83	228,41	149,00	74,50	14,41
	II	**446,16**	297,16	261,91	II	354,50	267,75	186,00	109,08	40,16	
	III	**244,33**	297,16	261,91	III	170,33	101,66	43,83			
	V	**833,58**	297,16	261,91	IV	448,66	402,16	356,83	312,83	270,00	228,41
	VI	**869,83**	297,16	261,91							

* Zur LSt-Berechnung für privat versicherte Arbeitnehmer s. Beispiele **Vorbemerkung S. 4f.**
** Basisvorsorgepauschale KV und PV *** Typisierter Arbeitgeberzuschuss

Lohn/ Gehalt in € bis	Steuerklasse	Lohn-steuer*	BVSP**	TAGZ***	Steuerklasse	Bemessungsgrundlage für Kirchensteuer und Solidaritätszuschlag: Freibeträge für ... Kinder 0,5	1,0	1,5	2,0	2,5	3,0
3206,99	I,IV	**497,16**	297,41	262,16	I	402,91	313,50	229,08	149,58	75,08	14,83
	II	**446,91**	297,41	262,16	II	355,25	268,50	186,66	109,75	40,66	
	III	**245,00**	297,41	262,16	III	171,00	102,33	44,33			
	V	**834,58**	297,41	262,16	IV	449,41	402,91	357,58	313,50	270,66	229,08
	VI	**870,83**	297,41	262,16							
3209,99	I,IV	**498,00**	297,66	262,41	I	403,66	314,25	229,83	150,25	75,66	15,25
	II	**447,75**	297,66	262,41	II	356,00	269,16	187,33	110,33	41,16	
	III	**245,66**	297,66	262,41	III	171,50	102,83	44,83			
	V	**835,66**	297,66	262,41	IV	450,25	403,66	358,33	314,25	271,41	229,83
	VI	**871,91**	297,66	262,41							
3212,99	I,IV	**498,83**	298,00	262,58	I	404,41	315,00	230,50	150,91	76,25	15,66
	II	**448,50**	298,00	262,58	II	356,75	269,91	188,00	111,00	41,66	
	III	**246,16**	298,00	262,58	III	172,16	103,33	45,16			
	V	**836,75**	298,00	262,58	IV	451,00	404,41	359,08	315,00	272,16	230,50
	VI	**873,00**	298,00	262,58							
3215,99	I,IV	**499,66**	298,25	262,83	I	405,25	315,75	231,16	151,58	76,91	16,08
	II	**449,33**	298,25	262,83	II	357,50	270,58	188,66	111,66	42,16	
	III	**246,83**	298,25	262,83	III	172,83	103,83	45,66			
	V	**837,83**	298,25	262,83	IV	451,83	405,25	359,83	315,75	272,83	231,16
	VI	**874,08**	298,25	262,83							
3218,99	I,IV	**500,50**	298,50	263,08	I	406,00	316,50	231,83	152,16	77,50	16,50
	II	**450,08**	298,50	263,08	II	358,25	271,33	189,33	112,25	42,66	
	III	**247,50**	298,50	263,08	III	173,33	104,33	46,16			
	V	**838,83**	298,50	263,08	IV	452,58	406,00	360,58	316,50	273,58	231,83
	VI	**875,16**	298,50	263,08							
3221,99	I,IV	**501,25**	298,83	263,33	I	406,75	317,25	232,58	152,83	78,08	16,91
	II	**450,91**	298,83	263,33	II	359,00	272,00	190,00	112,91	43,16	
	III	**248,16**	298,83	263,33	III	174,00	105,00	46,50			
	V	**839,91**	298,83	263,33	IV	453,41	406,75	361,41	317,25	274,25	232,58
	VI	**876,25**	298,83	263,33							
3224,99	I,IV	**502,08**	299,08	263,58	I	407,58	317,91	233,25	153,50	78,66	17,33
	II	**451,66**	299,08	263,58	II	359,75	272,75	190,66	113,50	43,66	
	III	**248,66**	299,08	263,58	III	174,50	105,50	47,00			
	V	**841,00**	299,08	263,58	IV	454,16	407,58	362,08	317,91	275,00	233,25
	VI	**877,25**	299,08	263,58							
3227,99	I,IV	**502,91**	299,33	263,83	I	408,33	318,66	233,91	154,16	79,33	17,83
	II	**452,50**	299,33	263,83	II	360,50	273,41	191,33	114,16	44,25	
	III	**249,33**	299,33	263,83	III	175,16	106,00	47,50			
	V	**842,08**	299,33	263,83	IV	455,00	408,33	362,91	318,66	275,66	233,91
	VI	**878,33**	299,33	263,83							
3230,99	I,IV	**503,75**	299,66	264,08	I	409,08	319,41	234,66	154,83	79,91	18,25
	II	**453,25**	299,66	264,08	II	361,25	274,16	192,00	114,75	44,75	
	III	**250,00**	299,66	264,08	III	175,83	106,50	47,83	0,16		
	V	**843,16**	299,66	264,08	IV	455,83	409,08	363,66	319,41	276,41	234,66
	VI	**879,41**	299,66	264,08							
3233,99	I,IV	**504,58**	299,91	264,33	I	409,91	320,16	235,33	155,50	80,50	18,66
	II	**454,08**	299,91	264,33	II	362,00	274,91	192,66	115,41	45,25	
	III	**250,66**	299,91	264,33	III	176,50	107,00	48,33	0,50		
	V	**844,25**	299,91	264,33	IV	456,58	409,91	364,41	320,16	277,16	235,33
	VI	**880,50**	299,91	264,33							
3236,99	I,IV	**505,33**	300,16	264,58	I	410,66	320,83	236,00	156,08	81,16	19,08
	II	**454,91**	300,16	264,58	II	362,75	275,58	193,33	116,00	45,75	
	III	**251,33**	300,16	264,58	III	177,00	107,66	48,83	0,83		
	V	**845,25**	300,16	264,58	IV	457,41	410,66	365,16	320,83	277,83	236,00
	VI	**881,50**	300,16	264,58							
3239,99	I,IV	**506,16**	300,50	264,83	I	411,41	321,58	236,75	156,75	81,75	19,50
	II	**455,66**	300,50	264,83	II	363,50	276,33	194,00	116,66	46,25	
	III	**252,00**	300,50	264,83	III	177,66	108,16	49,33	1,16		
	V	**846,33**	300,50	264,83	IV	458,16	411,41	365,91	321,58	278,58	236,75
	VI	**882,58**	300,50	264,83							

* Zur LSt-Berechnung für privat versicherte Arbeitnehmer s. Beispiele **Vorbemerkung S. 4f.**
** Basisvorsorgepauschale KV und PV *** Typisierter Arbeitgeberzuschuss

Lohn/ Gehalt in € bis	Steuerklasse	Lohn- steuer*	BVSP**	TAGZ***	Steuerklasse	Bemessungsgrundlage für Kirchensteuer und Solidaritätszuschlag					
						Freibeträge für ... Kinder					
						0,5	**1,0**	1,5	**2,0**	2,5	**3,0**
3242,99	I,IV	**507,00**	300,75	265,08	I	412,16	322,33	237,41	157,41	82,33	19,91
	II	**456,50**	300,75	265,08	II	364,25	277,00	194,66	117,25	46,75	
	III	**252,50**	300,75	265,08	III	178,33	108,66	49,66	1,50		
	V	**847,41**	300,75	265,08	IV	459,00	412,16	366,66	322,33	279,25	237,41
	VI	**883,66**	300,75	265,08							
3245,99	I,IV	**507,83**	301,00	265,33	I	413,00	323,08	238,08	158,08	83,00	20,41
	II	**457,25**	301,00	265,33	II	365,08	277,75	195,33	117,91	47,33	
	III	**253,16**	301,00	265,33	III	178,83	109,16	50,16	1,83		
	V	**848,50**	301,00	265,33	IV	459,83	413,00	367,41	323,08	280,00	238,08
	VI	**884,75**	301,00	265,33							
3248,99	I,IV	**508,66**	301,33	265,58	I	413,75	323,83	238,83	158,75	83,58	20,83
	II	**458,08**	301,33	265,58	II	365,75	278,41	196,00	118,58	47,83	
	III	**253,83**	301,33	265,58	III	179,50	109,83	50,66	2,33		
	V	**849,50**	301,33	265,58	IV	460,58	413,75	368,16	323,83	280,66	238,83
	VI	**885,83**	301,33	265,58							
3251,99	I,IV	**509,50**	301,58	265,83	I	414,58	324,58	239,50	159,41	84,16	21,25
	II	**458,91**	301,58	265,83	II	366,58	279,16	196,66	119,16	48,33	
	III	**254,50**	301,58	265,83	III	180,16	110,33	51,00	2,66		
	V	**850,66**	301,58	265,83	IV	461,41	414,58	368,91	324,58	281,41	239,50
	VI	**886,91**	301,58	265,83							
3254,99	I,IV	**510,25**	301,83	266,08	I	415,33	325,25	240,16	160,00	84,83	21,66
	II	**459,66**	301,83	266,08	II	367,33	279,83	197,33	119,83	48,91	
	III	**255,16**	301,83	266,08	III	180,66	110,83	51,50	3,00		
	V	**851,66**	301,83	266,08	IV	462,16	415,33	369,66	325,25	282,08	240,16
	VI	**887,91**	301,83	266,08							
3257,99	I,IV	**511,08**	302,16	266,33	I	416,08	326,00	240,91	160,66	85,41	22,16
	II	**460,50**	302,16	266,33	II	368,08	280,58	198,08	120,41	49,41	
	III	**255,66**	302,16	266,33	III	181,33	111,50	52,00	3,33		
	V	**852,75**	302,16	266,33	IV	463,00	416,08	370,41	326,00	282,83	240,91
	VI	**889,00**	302,16	266,33							
3260,99	I,IV	**511,91**	302,41	266,58	I	416,83	326,75	241,58	161,33	86,00	22,58
	II	**461,25**	302,41	266,58	II	368,83	281,33	198,75	121,08	49,91	
	III	**256,33**	302,41	266,58	III	182,00	112,00	52,33	3,66		
	V	**853,83**	302,41	266,58	IV	463,75	416,83	371,16	326,75	283,58	241,58
	VI	**890,08**	302,41	266,58							
3263,99	I,IV	**512,75**	302,66	266,75	I	417,66	327,50	242,25	162,00	86,66	23,00
	II	**462,08**	302,66	266,75	II	369,58	282,00	199,41	121,75	50,50	
	III	**257,00**	302,66	266,75	III	182,66	112,50	52,83	4,16		
	V	**854,91**	302,66	266,75	IV	464,58	417,66	372,00	327,50	284,25	242,25
	VI	**891,16**	302,66	266,75							
3266,99	I,IV	**513,58**	303,00	267,00	I	418,41	328,25	243,00	162,66	87,25	23,50
	II	**462,83**	303,00	267,00	II	370,33	282,75	200,08	122,33	51,00	
	III	**257,66**	303,00	267,00	III	183,16	113,00	53,33	4,50		
	V	**855,91**	303,00	267,00	IV	465,41	418,41	372,75	328,25	285,00	243,00
	VI	**892,16**	303,00	267,00							
3269,99	I,IV	**514,41**	303,25	267,25	I	419,25	329,00	243,66	163,33	87,91	23,91
	II	**463,66**	303,25	267,25	II	371,08	283,50	200,75	123,00	51,58	
	III	**258,33**	303,25	267,25	III	183,83	113,66	53,83	4,83		
	V	**857,00**	303,25	267,25	IV	466,16	419,25	373,50	329,00	285,75	243,66
	VI	**893,25**	303,25	267,25							
3272,99	I,IV	**515,16**	303,50	267,50	I	420,00	329,75	244,33	163,91	88,50	24,33
	II	**464,50**	303,50	267,50	II	371,83	284,16	201,41	123,58	52,08	
	III	**259,00**	303,50	267,50	III	184,50	114,16	54,16	5,16		
	V	**858,08**	303,50	267,50	IV	467,00	420,00	374,25	329,75	286,41	244,33
	VI	**894,33**	303,50	267,50							
3275,99	I,IV	**516,00**	303,83	267,75	I	420,75	330,50	245,08	164,58	89,08	24,83
	II	**465,25**	303,83	267,75	II	372,58	284,91	202,08	124,25	52,58	
	III	**259,66**	303,83	267,75	III	185,00	114,66	54,66	5,50		
	V	**859,16**	303,83	267,75	IV	467,83	420,75	375,00	330,50	287,16	245,08
	VI	**895,41**	303,83	267,75							

* Zur LSt-Berechnung für privat versicherte Arbeitnehmer s. Beispiele **Vorbemerkung S. 4 f.**
** Basisvorsorgepauschale KV und PV *** Typisierter Arbeitgeberzuschuss

Lohn/ Gehalt in € bis	Steuerklasse	Lohn- steuer*	BVSP**	TAGZ***	Steuerklasse	Bemessungsgrundlage für Kirchensteuer und Solidaritätszuschlag – Freibeträge für ... Kinder 0,5	1,0	1,5	2,0	2,5	3,0
3278,99	I,IV	**516,83**	304,08	268,00	I	421,58	331,16	245,75	165,25	89,75	25,25
	II	**466,08**	304,08	268,00	II	373,33	285,58	202,75	124,83	53,16	
	III	**260,16**	304,08	268,00	III	185,66	115,33	55,16	6,00		
	V	**860,25**	304,08	268,00	IV	468,58	421,58	375,75	331,16	287,83	245,75
	VI	**896,50**	304,08	268,00							
3281,99	I,IV	**517,66**	304,33	268,25	I	422,33	331,91	246,50	165,91	90,33	25,75
	II	**466,83**	304,33	268,25	II	374,16	286,33	203,41	125,50	53,66	0,33
	III	**260,83**	304,33	268,25	III	186,33	115,83	55,66	6,33		
	V	**861,33**	304,33	268,25	IV	469,41	422,33	376,50	331,91	288,58	246,50
	VI	**897,58**	304,33	268,25							
3284,99	I,IV	**518,50**	304,66	268,50	I	423,08	332,66	247,16	166,58	90,91	26,16
	II	**467,66**	304,66	268,50	II	374,91	287,00	204,08	126,16	54,25	0,66
	III	**261,50**	304,66	268,50	III	186,83	116,33	56,00	6,66		
	V	**862,33**	304,66	268,50	IV	470,16	423,08	377,25	332,66	289,33	247,16
	VI	**898,58**	304,66	268,50							
3287,99	I,IV	**519,33**	304,91	268,75	I	423,91	333,41	247,83	167,25	91,58	26,66
	II	**468,50**	304,91	268,75	II	375,66	287,75	204,83	126,75	54,75	1,08
	III	**262,16**	304,91	268,75	III	187,50	117,00	56,50	7,00		
	V	**863,41**	304,91	268,75	IV	471,00	423,91	378,08	333,41	290,00	247,83
	VI	**899,66**	304,91	268,75							
3290,99	I,IV	**520,16**	305,16	269,00	I	424,66	334,16	248,58	167,91	92,16	27,08
	II	**469,25**	305,16	269,00	II	376,41	288,50	205,50	127,41	55,33	1,41
	III	**262,83**	305,16	269,00	III	188,16	117,50	57,00	7,33		
	V	**864,50**	305,16	269,00	IV	471,83	424,66	378,83	334,16	290,75	248,58
	VI	**900,75**	305,16	269,00							
3293,99	I,IV	**521,00**	305,50	269,25	I	425,50	334,91	249,25	168,58	92,83	27,58
	II	**470,08**	305,50	269,25	II	377,16	289,16	206,16	128,08	55,83	1,75
	III	**263,33**	305,50	269,25	III	188,83	118,00	57,50	7,83		
	V	**865,58**	305,50	269,25	IV	472,58	425,50	379,58	334,91	291,50	249,25
	VI	**901,83**	305,50	269,25							
3296,99	I,IV	**521,75**	305,75	269,50	I	426,25	335,66	250,00	169,25	93,41	28,00
	II	**470,83**	305,75	269,50	II	377,91	289,91	206,83	128,66	56,41	2,16
	III	**264,00**	305,75	269,50	III	189,33	118,50	58,00	8,16		
	V	**866,58**	305,75	269,50	IV	473,41	426,25	380,33	335,66	292,16	250,00
	VI	**902,91**	305,75	269,50							
3299,99	I,IV	**522,66**	306,00	269,75	I	427,08	336,41	250,66	169,91	94,00	28,50
	II	**471,66**	306,00	269,75	II	378,66	290,66	207,50	129,33	57,00	2,50
	III	**264,66**	306,00	269,75	III	190,00	119,16	58,33	8,50		
	V	**867,66**	306,00	269,75	IV	474,25	427,08	381,08	336,41	292,91	250,66
	VI	**904,00**	306,00	269,75							
3302,99	I,IV	**523,41**	306,33	270,00	I	427,83	337,08	251,33	170,50	94,66	28,91
	II	**472,50**	306,33	270,00	II	379,41	291,33	208,16	130,00	57,50	2,91
	III	**265,33**	306,33	270,00	III	190,66	119,66	58,83	8,83		
	V	**868,75**	306,33	270,00	IV	475,00	427,83	381,83	337,08	293,58	251,33
	VI	**905,00**	306,33	270,00							
3305,99	I,IV	**524,25**	306,58	270,25	I	428,58	337,83	252,08	171,16	95,25	29,41
	II	**473,33**	306,58	270,25	II	380,25	292,08	208,91	130,58	58,08	3,25
	III	**266,00**	306,58	270,25	III	191,16	120,33	59,33	9,33		
	V	**869,83**	306,58	270,25	IV	475,83	428,58	382,66	337,83	294,33	252,08
	VI	**906,08**	306,58	270,25							
3308,99	I,IV	**525,08**	306,83	270,50	I	429,41	338,58	252,75	171,83	95,91	29,83
	II	**474,08**	306,83	270,50	II	381,00	292,83	209,58	131,25	58,58	3,58
	III	**266,50**	306,83	270,50	III	191,83	120,83	59,83	9,66		
	V	**870,91**	306,83	270,50	IV	476,58	429,41	383,41	338,58	295,08	252,75
	VI	**907,16**	306,83	270,50							
3311,99	I,IV	**525,91**	307,16	270,75	I	430,16	339,33	253,50	172,50	96,50	30,33
	II	**474,91**	307,16	270,75	II	381,75	293,50	210,25	131,91	59,16	4,00
	III	**267,33**	307,16	270,75	III	192,50	121,33	60,33	10,00		
	V	**872,00**	307,16	270,75	IV	477,41	430,16	384,16	339,33	295,83	253,50
	VI	**908,25**	307,16	270,75							

* Zur LSt-Berechnung für privat versicherte Arbeitnehmer s. Beispiele **Vorbemerkung S. 4f.**
** Basisvorsorgepauschale KV und PV *** Typisierter Arbeitgeberzuschuss

Lohn/ Gehalt in € bis	Steuerklasse	Lohn-steuer*	BVSP**	TAGZ***	Steuerklasse	Bemessungsgrundlage für Kirchensteuer und Solidaritätszuschlag					
						Freibeträge für ... Kinder					
						0,5	**1,0**	1,5	**2,0**	2,5	**3,0**
3314,99	I,IV	**526,75**	307,41	271,00	I	430,91	340,08	254,16	173,16	97,08	30,83
	II	**475,66**	307,41	271,00	II	382,50	294,25	210,91	132,50	59,75	4,33
	III	**267,83**	307,41	271,00	III	193,16	122,00	60,66	10,33		
	V	**873,00**	307,41	271,00	IV	478,25	430,91	384,91	340,08	296,50	254,16
	VI	**909,25**	307,41	271,00							
3317,99	I,IV	**527,58**	307,66	271,16	I	431,75	340,83	254,91	173,83	97,75	31,25
	II	**476,50**	307,66	271,16	II	383,25	295,00	211,58	133,16	60,33	4,75
	III	**268,50**	307,66	271,16	III	193,66	122,50	61,16	10,83		
	V	**874,08**	307,66	271,16	IV	479,08	431,75	385,66	340,83	297,25	254,91
	VI	**910,33**	307,66	271,16							
3320,99	I,IV	**528,41**	308,00	271,41	I	432,50	341,58	255,58	174,50	98,33	31,75
	II	**477,33**	308,00	271,41	II	384,00	295,66	212,25	133,83	60,83	5,08
	III	**269,16**	308,00	271,41	III	194,33	123,00	61,66	11,16		
	V	**875,16**	308,00	271,41	IV	479,83	432,50	386,41	341,58	298,00	255,58
	VI	**911,41**	308,00	271,41							
3323,99	I,IV	**529,25**	308,25	271,66	I	433,33	342,33	256,25	175,16	99,00	32,25
	II	**478,16**	308,25	271,66	II	384,83	296,41	213,00	134,41	61,41	5,50
	III	**269,83**	308,25	271,66	III	195,00	123,66	62,16	11,50		
	V	**876,25**	308,25	271,66	IV	480,66	433,33	387,25	342,33	298,66	256,25
	VI	**912,50**	308,25	271,66							
3326,99	I,IV	**530,08**	308,50	271,91	I	434,08	343,08	257,00	175,83	99,58	32,75
	II	**478,91**	308,50	271,91	II	385,58	297,16	213,66	135,08	62,00	5,91
	III	**270,50**	308,50	271,91	III	195,50	124,16	62,66	12,00		
	V	**877,33**	308,50	271,91	IV	481,50	434,08	388,00	343,08	299,41	257,00
	VI	**913,58**	308,50	271,91							
3329,99	I,IV	**530,91**	308,83	272,16	I	434,91	343,83	257,66	176,50	100,25	33,16
	II	**479,75**	308,83	272,16	II	386,33	297,83	214,33	135,75	62,58	6,25
	III	**271,00**	308,83	272,16	III	196,16	124,83	63,16	12,33		
	V	**878,41**	308,83	272,16	IV	482,25	434,91	388,75	343,83	300,16	257,66
	VI	**914,66**	308,83	272,16							
3332,99	I,IV	**531,75**	309,08	272,41	I	435,66	344,58	258,41	177,16	100,83	33,66
	II	**480,58**	309,08	272,41	II	387,08	298,58	215,00	136,41	63,08	6,66
	III	**271,66**	309,08	272,41	III	196,83	125,33	63,66	12,66		
	V	**879,50**	309,08	272,41	IV	483,08	435,66	389,50	344,58	300,91	258,41
	VI	**915,75**	309,08	272,41							
3335,99	I,IV	**532,58**	309,33	272,66	I	436,50	345,33	259,08	177,83	101,50	34,16
	II	**481,33**	309,33	272,66	II	387,83	299,33	215,66	137,00	63,66	7,00
	III	**272,33**	309,33	272,66	III	197,50	125,83	64,00	13,00		
	V	**880,50**	309,33	272,66	IV	483,91	436,50	390,25	345,33	301,58	259,08
	VI	**916,75**	309,33	272,66							
3338,99	I,IV	**533,41**	309,66	272,91	I	437,25	346,08	259,83	178,50	102,08	34,66
	II	**482,16**	309,66	272,91	II	388,66	300,08	216,41	137,66	64,25	7,41
	III	**273,00**	309,66	272,91	III	198,00	126,50	64,50	13,50		
	V	**881,58**	309,66	272,91	IV	484,75	437,25	391,08	346,08	302,33	259,83
	VI	**917,83**	309,66	272,91							
3341,99	I,IV	**534,25**	309,91	273,16	I	438,08	346,83	260,50	179,16	102,75	35,08
	II	**483,00**	309,91	273,16	II	389,41	300,75	217,08	138,25	64,83	7,83
	III	**273,66**	309,91	273,16	III	198,66	127,00	65,00	13,83		
	V	**882,66**	309,91	273,16	IV	485,50	438,08	391,83	346,83	303,08	260,50
	VI	**918,91**	309,91	273,16							
3344,99	I,IV	**535,08**	310,16	273,41	I	438,83	347,58	261,25	179,83	103,33	35,58
	II	**483,75**	310,16	273,41	II	390,16	301,50	217,75	138,91	65,41	8,16
	III	**274,33**	310,16	273,41	III	199,33	127,66	65,50	14,16		
	V	**883,75**	310,16	273,41	IV	486,33	438,83	392,58	347,58	303,75	261,25
	VI	**920,00**	310,16	273,41							
3347,99	I,IV	**535,91**	310,50	273,66	I	439,66	348,33	261,91	180,50	104,00	36,08
	II	**484,58**	310,50	273,66	II	390,91	302,25	218,41	139,58	66,00	8,58
	III	**275,00**	310,50	273,66	III	200,00	128,16	66,00	14,66		
	V	**884,75**	310,50	273,66	IV	487,16	439,66	393,33	348,33	304,50	261,91
	VI	**921,08**	310,50	273,66							

* Zur LSt-Berechnung für privat versicherte Arbeitnehmer s. Beispiele **Vorbemerkung S. 4 f.**
** Basisvorsorgepauschale KV und PV *** Typisierter Arbeitgeberzuschuss

Lohn/ Gehalt in € bis	Steuerklasse	Lohn-steuer*	BVSP**	TAGZ***	Steuerklasse	Bemessungsgrundlage für Kirchensteuer und Solidaritätszuschlag					
						Freibeträge für ... Kinder					
						0,5	**1,0**	1,5	**2,0**	2,5	**3,0**
3350,99	I,IV	**536,75**	310,75	273,91	I	440,41	349,08	262,66	181,16	104,58	36,58
	II	**485,41**	310,75	273,91	II	391,75	302,91	219,08	140,25	66,58	9,00
	III	**275,50**	310,75	273,91	III	200,50	128,66	66,50	15,00		
	V	**885,83**	310,75	273,91	IV	488,00	440,41	394,16	349,08	305,25	262,66
	VI	**922,16**	310,75	273,91							
3353,99	I,IV	**537,50**	311,08	274,16	I	441,16	349,83	263,33	181,83	105,16	37,08
	II	**486,16**	311,08	274,16	II	392,50	303,66	219,83	140,83	67,08	9,33
	III	**276,16**	311,08	274,16	III	201,16	129,33	66,83	15,33		
	V	**886,91**	311,08	274,16	IV	488,75	441,16	394,91	349,83	305,91	263,33
	VI	**923,16**	311,08	274,16							
3356,99	I,IV	**538,41**	311,33	274,41	I	442,00	350,58	264,08	182,50	105,83	37,58
	II	**487,00**	311,33	274,41	II	393,25	304,41	220,50	141,50	67,66	9,75
	III	**276,83**	311,33	274,41	III	201,83	129,83	67,33	15,83		
	V	**888,00**	311,33	274,41	IV	489,58	442,00	395,66	350,58	306,66	264,08
	VI	**924,25**	311,33	274,41							
3359,99	I,IV	**539,16**	311,58	274,66	I	442,75	351,33	264,75	183,16	106,41	38,08
	II	**487,83**	311,58	274,66	II	394,00	305,08	221,16	142,16	68,25	10,16
	III	**277,50**	311,58	274,66	III	202,33	130,50	67,83	16,16		
	V	**889,08**	311,58	274,66	IV	490,41	442,75	396,41	351,33	307,41	264,75
	VI	**925,33**	311,58	274,66							
3362,99	I,IV	**540,08**	311,91	274,91	I	443,58	352,08	265,50	183,83	107,08	38,58
	II	**488,66**	311,91	274,91	II	394,75	305,83	221,83	142,83	68,83	10,58
	III	**278,16**	311,91	274,91	III	203,00	131,00	68,33	16,50		
	V	**890,16**	311,91	274,91	IV	491,16	443,58	397,25	352,08	308,16	265,50
	VI	**926,41**	311,91	274,91							
3365,99	I,IV	**540,83**	312,16	275,16	I	444,33	352,83	266,16	184,50	107,66	39,00
	II	**489,41**	312,16	275,16	II	395,58	306,58	222,50	143,41	69,41	10,91
	III	**278,83**	312,16	275,16	III	203,66	131,66	68,83	17,00		
	V	**891,16**	312,16	275,16	IV	492,00	444,33	398,00	352,83	308,83	266,16
	VI	**927,41**	312,16	275,16							
3368,99	I,IV	**541,75**	312,41	275,33	I	445,16	353,58	266,91	185,16	108,33	39,50
	II	**490,25**	312,41	275,33	II	396,33	307,33	223,25	144,08	70,00	11,33
	III	**279,50**	312,41	275,33	III	204,33	132,16	69,33	17,33		
	V	**892,25**	312,41	275,33	IV	492,83	445,16	398,75	353,58	309,58	266,91
	VI	**928,50**	312,41	275,33							
3371,99	I,IV	**542,50**	312,75	275,58	I	445,91	354,33	267,58	185,83	108,91	40,00
	II	**491,08**	312,75	275,58	II	397,08	308,00	223,91	144,75	70,58	11,75
	III	**280,00**	312,75	275,58	III	204,83	132,83	69,83	17,66		
	V	**893,33**	312,75	275,58	IV	493,66	445,91	399,50	354,33	310,33	267,58
	VI	**929,58**	312,75	275,58							
3374,99	I,IV	**543,41**	313,00	275,83	I	446,75	355,08	268,33	186,50	109,58	40,50
	II	**491,91**	313,00	275,83	II	397,83	308,75	224,58	145,41	71,16	12,16
	III	**280,66**	313,00	275,83	III	205,50	133,33	70,33	18,16		
	V	**894,41**	313,00	275,83	IV	494,41	446,75	400,33	355,08	311,08	268,33
	VI	**930,66**	313,00	275,83							
3377,99	I,IV	**544,16**	313,25	276,08	I	447,50	355,83	269,00	187,16	110,25	41,00
	II	**492,66**	313,25	276,08	II	398,66	309,50	225,25	146,00	71,75	12,58
	III	**281,33**	313,25	276,08	III	206,16	133,83	70,83	18,50		
	V	**895,50**	313,25	276,08	IV	495,25	447,50	401,08	355,83	311,75	269,00
	VI	**931,75**	313,25	276,08							
3380,99	I,IV	**545,08**	313,58	276,33	I	448,33	356,58	269,75	187,83	110,83	41,58
	II	**493,50**	313,58	276,33	II	399,41	310,25	226,00	146,66	72,41	13,00
	III	**282,00**	313,58	276,33	III	206,83	134,50	71,33	19,00		
	V	**896,58**	313,58	276,33	IV	496,08	448,33	401,83	356,58	312,50	269,75
	VI	**932,83**	313,58	276,33							
3383,99	I,IV	**545,83**	313,83	276,58	I	449,08	357,33	270,41	188,50	111,50	42,08
	II	**494,33**	313,83	276,58	II	400,16	310,91	226,66	147,33	73,00	13,41
	III	**282,66**	313,83	276,58	III	207,33	135,00	71,66	19,33		
	V	**897,58**	313,83	276,58	IV	496,91	449,08	402,58	357,33	313,25	270,41
	VI	**933,83**	313,83	276,58							

* Zur LSt-Berechnung für privat versicherte Arbeitnehmer s. Beispiele **Vorbemerkung S. 4 f.**
** Basisvorsorgepauschale KV und PV *** Typisierter Arbeitgeberzuschuss

Lohn/ Gehalt in € bis	Steuerklasse	Lohn-steuer*	BVSP**	TAGZ***	Steuerklasse	Bemessungsgrundlage für Kirchensteuer und Solidaritätszuschlag – Freibeträge für ... Kinder 0,5	1,0	1,5	2,0	2,5	3,0
3386,99	I,IV	**546,75**	314,08	276,83	I	449,91	358,08	271,16	189,16	112,08	42,58
	II	**495,16**	314,08	276,83	II	400,91	311,66	227,33	148,00	73,58	13,83
	III	**283,33**	314,08	276,83	III	208,00	135,66	72,16	19,66		
	V	**898,66**	314,08	276,83	IV	497,75	449,91	403,41	358,08	314,00	271,16
	VI	**934,91**	314,08	276,83							
3389,99	I,IV	**547,58**	314,41	277,08	I	450,75	358,83	271,83	189,83	112,75	43,08
	II	**495,91**	314,41	277,08	II	401,75	312,41	228,08	148,58	74,16	14,25
	III	**284,00**	314,41	277,08	III	208,66	136,16	72,66	20,16		
	V	**899,75**	314,41	277,08	IV	498,50	450,75	404,16	358,83	314,75	271,83
	VI	**936,00**	314,41	277,08							
3392,99	I,IV	**548,41**	314,66	277,33	I	451,50	359,58	272,58	190,50	113,33	43,58
	II	**496,75**	314,66	277,33	II	402,50	313,16	228,75	149,25	74,75	14,66
	III	**284,66**	314,66	277,33	III	209,33	136,83	73,16	20,50		
	V	**900,83**	314,66	277,33	IV	499,33	451,50	404,91	359,58	315,41	272,58
	VI	**937,08**	314,66	277,33							
3395,99	I,IV	**549,25**	314,91	277,58	I	452,33	360,33	273,25	191,16	114,00	44,08
	II	**497,58**	314,91	277,58	II	403,25	313,83	229,41	149,91	75,33	15,00
	III	**285,16**	314,91	277,58	III	209,83	137,33	73,66	20,83		
	V	**901,83**	314,91	277,58	IV	500,16	452,33	405,66	360,33	316,16	273,25
	VI	**938,16**	314,91	277,58							
3398,99	I,IV	**550,08**	315,25	277,83	I	453,08	361,08	274,00	191,83	114,58	44,58
	II	**498,41**	315,25	277,83	II	404,08	314,58	230,08	150,58	76,00	15,50
	III	**285,83**	315,25	277,83	III	210,50	138,00	74,16	21,33		
	V	**902,91**	315,25	277,83	IV	501,00	453,08	406,50	361,08	316,91	274,00
	VI	**939,25**	315,25	277,83							
3401,99	I,IV	**550,91**	315,50	278,08	I	453,91	361,83	274,66	192,50	115,25	45,08
	II	**499,16**	315,50	278,08	II	404,83	315,33	230,83	151,16	76,58	15,91
	III	**286,50**	315,50	278,08	III	211,16	138,50	74,66	21,66		
	V	**904,00**	315,50	278,08	IV	501,75	453,91	407,25	361,83	317,66	274,66
	VI	**940,25**	315,50	278,08							
3404,99	I,IV	**551,75**	315,75	278,33	I	454,66	362,58	275,41	193,16	115,83	45,66
	II	**500,00**	315,75	278,33	II	405,58	316,08	231,50	151,83	77,16	16,33
	III	**287,16**	315,75	278,33	III	211,83	139,16	75,16	22,16		
	V	**905,08**	315,75	278,33	IV	502,58	454,66	408,00	362,58	318,41	275,41
	VI	**941,33**	315,75	278,33							
3407,99	I,IV	**552,58**	316,08	278,58	I	455,50	363,33	276,08	193,83	116,50	46,16
	II	**500,83**	316,08	278,58	II	406,33	316,83	232,16	152,50	77,75	16,75
	III	**287,83**	316,08	278,58	III	212,33	139,66	75,66	22,50		
	V	**906,16**	316,08	278,58	IV	503,41	455,50	408,75	363,33	319,08	276,08
	VI	**942,41**	316,08	278,58							
3410,99	I,IV	**553,41**	316,33	278,83	I	456,33	364,08	276,83	194,50	117,16	46,66
	II	**501,66**	316,33	278,83	II	407,16	317,58	232,91	153,16	78,33	17,16
	III	**288,50**	316,33	278,83	III	213,00	140,33	76,16	22,83		
	V	**907,25**	316,33	278,83	IV	504,25	456,33	409,58	364,08	319,83	276,83
	VI	**943,50**	316,33	278,83							
3413,99	I,IV	**554,25**	316,58	279,08	I	457,08	364,83	277,58	195,16	117,75	47,16
	II	**502,50**	316,58	279,08	II	407,91	318,25	233,58	153,83	79,00	17,58
	III	**289,00**	316,58	279,08	III	213,66	140,83	76,66	23,33		
	V	**908,25**	316,58	279,08	IV	505,00	457,08	410,33	364,83	320,58	277,58
	VI	**944,50**	316,58	279,08							
3416,99	I,IV	**555,08**	316,91	279,33	I	457,91	365,58	278,25	195,83	118,41	47,75
	II	**503,33**	316,91	279,33	II	408,66	319,00	234,25	154,50	79,58	18,00
	III	**289,83**	316,91	279,33	III	214,33	141,50	77,16	23,66		
	V	**909,33**	316,91	279,33	IV	505,83	457,91	411,16	365,58	321,33	278,25
	VI	**945,58**	316,91	279,33							
3419,99	I,IV	**555,91**	317,16	279,58	I	458,66	366,33	279,00	196,50	119,00	48,25
	II	**504,08**	317,16	279,58	II	409,41	319,75	234,91	155,08	80,16	18,41
	III	**290,33**	317,16	279,58	III	214,83	142,00	77,66	24,16		
	V	**910,41**	317,16	279,58	IV	506,66	458,66	411,91	366,33	322,08	279,00
	VI	**946,66**	317,16	279,58							

* Zur LSt-Berechnung für privat versicherte Arbeitnehmer s. Beispiele **Vorbemerkung S. 4f.**
** Basisvorsorgepauschale KV und PV *** Typisierter Arbeitgeberzuschuss

Lohn/ Gehalt in € bis	Steuerklasse	Lohn-steuer*	BVSP**	TAGZ***	Steuerklasse	Bemessungsgrundlage für Kirchensteuer und Solidaritätszuschlag – Freibeträge für ... Kinder 0,5	1,0	1,5	2,0	2,5	3,0
3422,99	I,IV	**556,75**	317,41	279,75	I	459,50	367,16	279,66	197,25	119,66	48,75
	II	**504,91**	317,41	279,75	II	410,25	320,50	235,66	155,75	80,83	18,83
	III	**291,00**	317,41	279,75	III	215,50	142,66	78,16	24,50		
	V	**911,50**	317,41	279,75	IV	507,50	459,50	412,66	367,16	322,83	279,66
	VI	**947,75**	317,41	279,75							
3425,99	I,IV	**557,58**	317,75	280,00	I	460,25	367,83	280,41	197,91	120,25	49,25
	II	**505,75**	317,75	280,00	II	411,00	321,16	236,33	156,41	81,41	19,25
	III	**291,66**	317,75	280,00	III	216,16	143,16	78,66	24,83		
	V	**912,50**	317,75	280,00	IV	508,33	460,25	413,41	367,83	323,50	280,41
	VI	**948,83**	317,75	280,00							
3428,99	I,IV	**558,41**	318,00	280,25	I	461,08	368,66	281,16	198,58	120,91	49,83
	II	**506,58**	318,00	280,25	II	411,83	321,91	237,08	157,08	82,00	19,75
	III	**292,33**	318,00	280,25	III	216,83	143,83	79,16	25,33		
	V	**913,66**	318,00	280,25	IV	509,16	461,08	414,25	368,66	324,25	281,16
	VI	**949,91**	318,00	280,25							
3431,99	I,IV	**559,25**	318,25	280,50	I	461,83	369,41	281,83	199,25	121,58	50,33
	II	**507,33**	318,25	280,50	II	412,58	322,66	237,75	157,75	82,66	20,16
	III	**293,00**	318,25	280,50	III	217,33	144,50	79,66	25,66		
	V	**914,66**	318,25	280,50	IV	509,91	461,83	415,00	369,41	325,00	281,83
	VI	**950,91**	318,25	280,50							
3434,99	I,IV	**560,16**	318,58	280,75	I	462,66	370,16	282,58	199,91	122,16	50,91
	II	**508,16**	318,58	280,75	II	413,33	323,41	238,41	158,41	83,25	20,58
	III	**293,66**	318,58	280,75	III	218,00	145,00	80,16	26,16		
	V	**915,75**	318,58	280,75	IV	510,75	462,66	415,83	370,16	325,75	282,58
	VI	**952,00**	318,58	280,75							
3437,99	I,IV	**561,00**	318,83	281,00	I	463,50	370,91	283,25	200,58	122,83	51,41
	II	**509,00**	318,83	281,00	II	414,08	324,16	239,08	159,00	83,83	21,00
	III	**294,16**	318,83	281,00	III	218,66	145,50	80,66	26,50		
	V	**916,83**	318,83	281,00	IV	511,58	463,50	416,58	370,91	326,50	283,25
	VI	**953,08**	318,83	281,00							
3440,99	I,IV	**561,83**	319,08	281,25	I	464,25	371,66	284,00	201,25	123,41	51,91
	II	**509,83**	319,08	281,25	II	414,91	324,91	239,83	159,66	84,50	21,50
	III	**295,00**	319,08	281,25	III	219,33	146,16	81,16	27,00		
	V	**917,91**	319,08	281,25	IV	512,41	464,25	417,33	371,66	327,25	284,00
	VI	**954,16**	319,08	281,25							
3443,99	I,IV	**562,66**	319,41	281,50	I	465,08	372,41	284,66	201,91	124,08	52,50
	II	**510,66**	319,41	281,50	II	415,66	325,58	240,50	160,33	85,08	21,91
	III	**295,50**	319,41	281,50	III	219,83	146,83	81,66	27,33		
	V	**918,91**	319,41	281,50	IV	513,25	465,08	418,08	372,41	327,91	284,66
	VI	**955,16**	319,41	281,50							
3446,99	I,IV	**563,50**	319,66	281,75	I	465,91	373,16	285,41	202,58	124,75	53,00
	II	**511,50**	319,66	281,75	II	416,50	326,33	241,25	161,00	85,66	22,33
	III	**296,16**	319,66	281,75	III	220,50	147,33	82,16	27,83		
	V	**920,00**	319,66	281,75	IV	514,08	465,91	418,91	373,16	328,66	285,41
	VI	**956,25**	319,66	281,75							
3449,99	I,IV	**564,33**	319,91	282,00	I	466,66	373,91	286,16	203,25	125,33	53,58
	II	**512,33**	319,91	282,00	II	417,25	327,08	241,91	161,66	86,33	22,75
	III	**296,83**	319,91	282,00	III	221,16	148,00	82,66	28,16		
	V	**921,08**	319,91	282,00	IV	514,91	466,66	419,66	373,91	329,41	286,16
	VI	**957,33**	319,91	282,00							
3452,99	I,IV	**565,16**	320,25	282,25	I	467,50	374,66	286,83	204,00	126,00	54,08
	II	**513,16**	320,25	282,25	II	418,00	327,83	242,58	162,33	86,91	23,25
	III	**297,50**	320,25	282,25	III	221,83	148,50	83,16	28,66		
	V	**922,16**	320,25	282,25	IV	515,75	467,50	420,50	374,66	330,16	286,83
	VI	**958,41**	320,25	282,25							
3455,99	I,IV	**566,00**	320,50	282,50	I	468,25	375,41	287,58	204,66	126,58	54,66
	II	**513,91**	320,50	282,50	II	418,75	328,58	243,33	162,91	87,50	23,66
	III	**298,16**	320,50	282,50	III	222,33	149,16	83,66	29,00		
	V	**923,25**	320,50	282,50	IV	516,50	468,25	421,25	375,41	330,91	287,58
	VI	**959,50**	320,50	282,50							

* Zur LSt-Berechnung für privat versicherte Arbeitnehmer s. Beispiele **Vorbemerkung S. 4 f.**
** Basisvorsorgepauschale KV und PV *** Typisierter Arbeitgeberzuschuss

Lohn/ Gehalt in € bis	Steuerklasse	Lohn-steuer*	BVSP**	TAGZ***	Steuerklasse	Bemessungsgrundlage für Kirchensteuer und Solidaritätszuschlag – Freibeträge für ... Kinder 0,5	1,0	1,5	2,0	2,5	3,0
3458,99	I,IV	**566,83**	320,75	282,75	I	469,08	376,25	288,33	205,33	127,25	55,16
	II	**514,75**	320,75	282,75	II	419,58	329,33	244,00	163,58	88,16	24,16
	III	**298,83**	320,75	282,75	III	223,00	149,83	84,16	29,50		
	V	**924,33**	320,75	282,75	IV	517,33	469,08	422,00	376,25	331,66	288,33
	VI	**960,58**	320,75	282,75							
3461,99	I,IV	**567,66**	321,08	283,00	I	469,83	377,00	289,00	206,00	127,91	55,75
	II	**515,58**	321,08	283,00	II	420,33	330,08	244,66	164,25	88,75	24,58
	III	**299,50**	321,08	283,00	III	223,66	150,33	84,66	29,83		
	V	**925,33**	321,08	283,00	IV	518,16	469,83	422,83	377,00	332,41	289,00
	VI	**961,58**	321,08	283,00							
3464,99	I,IV	**568,58**	321,33	283,25	I	470,66	377,75	289,75	206,66	128,50	56,25
	II	**516,41**	321,33	283,25	II	421,16	330,83	245,41	164,91	89,41	25,00
	III	**300,16**	321,33	283,25	III	224,33	151,00	85,16	30,33		
	V	**926,41**	321,33	283,25	IV	519,00	470,66	423,58	377,75	333,16	289,75
	VI	**962,66**	321,33	283,25							
3467,99	I,IV	**569,41**	321,58	283,50	I	471,50	378,50	290,41	207,33	129,16	56,83
	II	**517,25**	321,58	283,50	II	421,91	331,50	246,08	165,58	90,00	25,50
	III	**300,66**	321,58	283,50	III	224,83	151,50	85,66	30,66		
	V	**927,50**	321,58	283,50	IV	519,83	471,50	424,33	378,50	333,83	290,41
	VI	**963,75**	321,58	283,50							
3470,99	I,IV	**570,25**	321,91	283,75	I	472,33	379,25	291,16	208,00	129,83	57,41
	II	**518,08**	321,91	283,75	II	422,66	332,25	246,83	166,25	90,58	25,91
	III	**301,33**	321,91	283,75	III	225,50	152,16	86,16	31,16		
	V	**928,58**	321,91	283,75	IV	520,66	472,33	425,16	379,25	334,58	291,16
	VI	**964,83**	321,91	283,75							
3473,99	I,IV	**571,08**	322,16	283,91	I	473,08	380,00	291,91	208,66	130,41	57,91
	II	**518,83**	322,16	283,91	II	423,50	333,00	247,50	166,91	91,25	26,41
	III	**302,00**	322,16	283,91	III	226,16	152,66	86,66	31,50		
	V	**929,58**	322,16	283,91	IV	521,50	473,08	425,91	380,00	335,33	291,91
	VI	**965,91**	322,16	283,91							
3476,99	I,IV	**571,91**	322,41	284,16	I	473,91	380,83	292,66	209,41	131,08	58,50
	II	**519,75**	322,41	284,16	II	424,25	333,75	248,16	167,58	91,83	26,83
	III	**302,66**	322,41	284,16	III	226,83	153,33	87,16	32,00		
	V	**930,66**	322,41	284,16	IV	522,33	473,91	426,75	380,83	336,08	292,66
	VI	**967,00**	322,41	284,16							
3479,99	I,IV	**572,75**	322,75	284,41	I	474,66	381,58	293,33	210,08	131,75	59,00
	II	**520,50**	322,75	284,41	II	425,00	334,50	248,91	168,16	92,41	27,33
	III	**303,33**	322,75	284,41	III	227,33	154,00	87,66	32,33		
	V	**931,75**	322,75	284,41	IV	523,08	474,66	427,50	381,58	336,83	293,33
	VI	**968,00**	322,75	284,41							
3482,99	I,IV	**573,66**	323,00	284,66	I	475,50	382,33	294,08	210,75	132,33	59,58
	II	**521,33**	323,00	284,66	II	425,83	335,25	249,58	168,83	93,08	27,75
	III	**304,00**	323,00	284,66	III	228,00	154,50	88,16	32,83		
	V	**932,83**	323,00	284,66	IV	523,91	475,50	428,33	382,33	337,58	294,08
	VI	**969,08**	323,00	284,66							
3485,99	I,IV	**574,50**	323,25	284,91	I	476,33	383,08	294,75	211,41	133,00	60,16
	II	**522,16**	323,25	284,91	II	426,58	336,00	250,25	169,50	93,66	28,25
	III	**304,66**	323,25	284,91	III	228,66	155,16	88,66	33,16		
	V	**933,91**	323,25	284,91	IV	524,75	476,33	429,08	383,08	338,33	294,75
	VI	**970,16**	323,25	284,91							
3488,99	I,IV	**575,33**	323,58	285,16	I	477,08	383,83	295,50	212,08	133,66	60,75
	II	**523,00**	323,58	285,16	II	427,41	336,75	251,00	170,16	94,33	28,66
	III	**305,33**	323,58	285,16	III	229,33	155,83	89,33	33,66		
	V	**935,00**	323,58	285,16	IV	525,58	477,08	429,83	383,83	339,08	295,50
	VI	**971,25**	323,58	285,16							
3491,99	I,IV	**576,16**	323,83	285,41	I	477,91	384,58	296,25	212,75	134,25	61,25
	II	**523,83**	323,83	285,41	II	428,16	337,50	251,66	170,83	94,91	29,16
	III	**306,00**	323,83	285,41	III	230,00	156,33	89,83	34,00		
	V	**936,00**	323,83	285,41	IV	526,41	477,91	430,66	384,58	339,83	296,25
	VI	**972,25**	323,83	285,41							

* Zur LSt-Berechnung für privat versicherte Arbeitnehmer s. Beispiele **Vorbemerkung S. 4 f.**
** Basisvorsorgepauschale KV und PV *** Typisierter Arbeitgeberzuschuss

Lohn/ Gehalt in € bis	Steuerklasse	Lohn-steuer*	BVSP**	TAGZ***	Steuerklasse	Bemessungsgrundlage für Kirchensteuer und Solidaritätszuschlag – Freibeträge für ... Kinder 0,5	1,0	1,5	2,0	2,5	3,0
3494,99	I,IV	**577,00**	324,08	285,66	I	478,75	385,41	297,00	213,50	134,91	61,83
	II	**524,66**	324,08	285,66	II	429,00	338,25	252,41	171,50	95,58	29,58
	III	**306,66**	324,08	285,66	III	230,50	157,00	90,33	34,50		
	V	**937,08**	324,08	285,66	IV	527,25	478,75	431,41	385,41	340,58	297,00
	VI	**973,33**	324,08	285,66							
3497,99	I,IV	**577,83**	324,41	285,91	I	479,50	386,16	297,66	214,16	135,58	62,41
	II	**525,50**	324,41	285,91	II	429,75	338,91	253,08	172,16	96,16	30,08
	III	**307,16**	324,41	285,91	III	231,16	157,66	90,83	34,83		
	V	**938,16**	324,41	285,91	IV	528,08	479,50	432,25	386,16	341,25	297,66
	VI	**974,41**	324,41	285,91							
3500,99	I,IV	**578,75**	324,66	286,16	I	480,33	386,91	298,41	214,83	136,25	63,00
	II	**526,33**	324,66	286,16	II	430,50	339,66	253,83	172,83	96,75	30,58
	III	**307,83**	324,66	286,16	III	231,83	158,16	91,33	35,33		
	V	**939,25**	324,66	286,16	IV	528,91	480,33	433,00	386,91	342,08	298,41
	VI	**975,50**	324,66	286,16							
3503,99	I,IV	**579,58**	324,91	286,41	I	481,16	387,66	299,08	215,50	136,83	63,50
	II	**527,16**	324,91	286,41	II	431,33	340,41	254,50	173,50	97,41	31,00
	III	**308,50**	324,91	286,41	III	232,50	158,83	91,83	35,66		
	V	**940,33**	324,91	286,41	IV	529,75	481,16	433,75	387,66	342,75	299,08
	VI	**976,58**	324,91	286,41							
3506,99	I,IV	**580,41**	325,25	286,66	I	482,00	388,41	299,83	216,25	137,50	64,08
	II	**528,00**	325,25	286,66	II	432,08	341,16	255,16	174,16	98,00	31,50
	III	**309,16**	325,25	286,66	III	233,00	159,50	92,33	36,16		
	V	**941,41**	325,25	286,66	IV	530,58	482,00	434,58	388,41	343,50	299,83
	VI	**977,66**	325,25	286,66							
3509,99	I,IV	**581,25**	325,50	286,91	I	482,75	389,16	300,58	216,91	138,08	64,66
	II	**528,75**	325,50	286,91	II	432,91	341,91	255,91	174,83	98,66	32,00
	III	**309,83**	325,50	286,91	III	233,66	160,00	92,83	36,66		
	V	**942,41**	325,50	286,91	IV	531,41	482,75	435,33	389,16	344,25	300,58
	VI	**978,66**	325,50	286,91							
3512,99	I,IV	**582,08**	325,75	287,16	I	483,58	390,00	301,33	217,58	138,75	65,25
	II	**529,58**	325,75	287,16	II	433,66	342,66	256,58	175,50	99,25	32,41
	III	**310,50**	325,75	287,16	III	234,33	160,66	93,33	37,00		
	V	**943,50**	325,75	287,16	IV	532,25	483,58	436,16	390,00	345,00	301,33
	VI	**979,75**	325,75	287,16							
3515,99	I,IV	**582,91**	326,08	287,41	I	484,33	390,75	302,00	218,25	139,41	65,83
	II	**530,41**	326,08	287,41	II	434,41	343,41	257,33	176,08	99,91	32,91
	III	**311,16**	326,08	287,41	III	235,00	161,33	94,00	37,50		
	V	**944,58**	326,08	287,41	IV	533,08	484,33	436,91	390,75	345,75	302,00
	VI	**980,83**	326,08	287,41							
3518,99	I,IV	**583,83**	326,33	287,66	I	485,16	391,50	302,75	218,91	140,08	66,41
	II	**531,25**	326,33	287,66	II	435,25	344,16	258,00	176,83	100,50	33,41
	III	**311,83**	326,33	287,66	III	235,66	161,83	94,50	37,83		
	V	**945,66**	326,33	287,66	IV	533,91	485,16	437,75	391,50	346,50	302,75
	VI	**981,91**	326,33	287,66							
3521,99	I,IV	**584,66**	326,58	287,91	I	486,00	392,25	303,50	219,58	140,66	67,00
	II	**532,08**	326,58	287,91	II	436,00	344,91	258,75	177,41	101,08	33,83
	III	**312,50**	326,58	287,91	III	236,16	162,50	95,00	38,33		
	V	**946,66**	326,58	287,91	IV	534,66	486,00	438,50	392,25	347,25	303,50
	VI	**983,00**	326,58	287,91							
3524,99	I,IV	**585,50**	326,91	288,16	I	486,83	393,08	304,25	220,33	141,33	67,58
	II	**532,91**	326,91	288,16	II	436,83	345,66	259,41	178,08	101,75	34,33
	III	**313,16**	326,91	288,16	III	236,83	163,16	95,50	38,83		
	V	**947,75**	326,91	288,16	IV	535,58	486,83	439,33	393,08	348,00	304,25
	VI	**984,08**	326,91	288,16							
3527,99	I,IV	**586,33**	327,16	288,33	I	487,58	393,83	304,91	221,00	142,00	68,08
	II	**533,75**	327,16	288,33	II	437,58	346,41	260,08	178,75	102,33	34,83
	III	**313,83**	327,16	288,33	III	237,50	163,66	96,00	39,16		
	V	**948,83**	327,16	288,33	IV	536,33	487,58	440,08	393,83	348,75	304,91
	VI	**985,08**	327,16	288,33							

* Zur LSt-Berechnung für privat versicherte Arbeitnehmer s. Beispiele **Vorbemerkung S. 4 f.**
** Basisvorsorgepauschale KV und PV *** Typisierter Arbeitgeberzuschuss

Lohn/ Gehalt in € bis	Steuerklasse	Lohn-steuer*	BVSP**	TAGZ***	Steuerklasse	Bemessungsgrundlage für Kirchensteuer und Solidaritätszuschlag					
						Freibeträge für ... Kinder					
						0,5	**1,0**	1,5	**2,0**	2,5	**3,0**
3530,99	I,IV	**587,25**	327,50	288,58	I	488,41	394,58	305,66	221,66	142,66	68,75
	II	**534,58**	327,50	288,58	II	438,41	347,16	260,83	179,41	103,00	35,33
	III	**314,33**	327,50	288,58	III	238,16	164,33	96,50	39,66		
	V	**949,91**	327,50	288,58	IV	537,25	488,41	440,91	394,58	349,50	305,66
	VI	**986,16**	327,50	288,58							
3533,99	I,IV	**588,08**	327,75	288,83	I	489,25	395,33	306,41	222,33	143,25	69,25
	II	**535,41**	327,75	288,83	II	439,16	347,91	261,50	180,08	103,58	35,83
	III	**315,00**	327,75	288,83	III	238,66	164,83	97,00	40,00		
	V	**951,00**	327,75	288,83	IV	538,00	489,25	441,66	395,33	350,25	306,41
	VI	**987,25**	327,75	288,83							
3536,99	I,IV	**588,91**	328,00	289,08	I	490,08	396,16	307,16	223,08	143,91	69,91
	II	**536,25**	328,00	289,08	II	440,00	348,66	262,25	180,75	104,25	36,33
	III	**315,66**	328,00	289,08	III	239,33	165,50	97,66	40,50		
	V	**952,08**	328,00	289,08	IV	538,91	490,08	442,50	396,16	351,00	307,16
	VI	**988,33**	328,00	289,08							
3539,99	I,IV	**589,75**	328,33	289,33	I	490,83	396,91	307,83	223,75	144,58	70,41
	II	**537,08**	328,33	289,33	II	440,75	349,41	262,91	181,41	104,83	36,75
	III	**316,33**	328,33	289,33	III	240,00	166,16	98,16	41,00		
	V	**953,08**	328,33	289,33	IV	539,66	490,83	443,25	396,91	351,75	307,83
	VI	**989,33**	328,33	289,33							
3542,99	I,IV	**590,66**	328,58	289,58	I	491,66	397,66	308,58	224,41	145,25	71,08
	II	**537,91**	328,58	289,58	II	441,58	350,16	263,66	182,08	105,50	37,25
	III	**317,00**	328,58	289,58	III	240,66	166,66	98,66	41,33		
	V	**954,16**	328,58	289,58	IV	540,50	491,66	444,08	397,66	352,50	308,58
	VI	**990,41**	328,58	289,58							
3545,99	I,IV	**591,50**	328,83	289,83	I	492,50	398,41	309,33	225,16	145,83	71,66
	II	**538,75**	328,83	289,83	II	442,33	350,91	264,41	182,75	106,16	37,75
	III	**317,66**	328,83	289,83	III	241,33	167,33	99,16	41,83		
	V	**955,25**	328,83	289,83	IV	541,41	492,50	444,83	398,41	353,25	309,33
	VI	**991,50**	328,83	289,83							
3548,99	I,IV	**592,33**	329,16	290,08	I	493,33	399,16	310,00	225,83	146,50	72,25
	II	**539,58**	329,16	290,08	II	443,16	351,66	265,08	183,41	106,75	38,25
	III	**318,33**	329,16	290,08	III	242,00	168,00	99,66	42,16		
	V	**956,33**	329,16	290,08	IV	542,16	493,33	445,66	399,16	354,00	310,00
	VI	**992,58**	329,16	290,08							
3551,99	I,IV	**593,25**	329,41	290,33	I	494,16	400,00	310,75	226,50	147,16	72,83
	II	**540,41**	329,41	290,33	II	443,91	352,41	265,83	184,08	107,41	38,75
	III	**319,00**	329,41	290,33	III	242,50	168,66	100,16	42,66		
	V	**957,41**	329,41	290,33	IV	543,08	494,16	446,41	400,00	354,75	310,75
	VI	**993,66**	329,41	290,33							
3554,99	I,IV	**594,08**	329,66	290,58	I	494,91	400,75	311,50	227,16	147,83	73,41
	II	**541,25**	329,66	290,58	II	444,75	353,16	266,50	184,75	108,00	39,25
	III	**319,66**	329,66	290,58	III	243,16	169,16	100,83	43,16		
	V	**958,50**	329,66	290,58	IV	543,83	494,91	447,25	400,75	355,50	311,50
	VI	**994,75**	329,66	290,58							
3557,99	I,IV	**594,91**	330,00	290,83	I	495,75	401,50	312,25	227,91	148,50	74,00
	II	**542,08**	330,00	290,83	II	445,50	353,91	267,25	185,41	108,66	39,75
	III	**320,33**	330,00	290,83	III	243,83	169,83	101,33	43,50		
	V	**959,58**	330,00	290,83	IV	544,75	495,75	448,00	401,50	356,25	312,25
	VI	**995,83**	330,00	290,83							
3560,99	I,IV	**595,75**	330,25	291,08	I	496,58	402,33	313,00	228,58	149,08	74,58
	II	**542,91**	330,25	291,08	II	446,33	354,66	267,91	186,08	109,25	40,25
	III	**321,00**	330,25	291,08	III	244,50	170,50	101,83	44,00		
	V	**960,58**	330,25	291,08	IV	545,58	496,58	448,83	402,33	357,00	313,00
	VI	**996,83**	330,25	291,08							
3563,99	I,IV	**596,66**	330,50	291,33	I	497,41	403,08	313,66	229,25	149,75	75,25
	II	**543,75**	330,50	291,33	II	447,08	355,41	268,66	186,75	109,91	40,75
	III	**321,66**	330,50	291,33	III	245,16	171,00	102,33	44,50		
	V	**961,66**	330,50	291,33	IV	546,41	497,41	449,58	403,08	357,75	313,66
	VI	**997,91**	330,50	291,33							

* Zur LSt-Berechnung für privat versicherte Arbeitnehmer s. Beispiele **Vorbemerkung S. 4f.**
** Basisvorsorgepauschale KV und PV *** Typisierter Arbeitgeberzuschuss

Lohn/ Gehalt in € bis	Steuerklasse	Lohn-steuer*	BVSP**	TAGZ***	Steuerklasse	Bemessungsgrundlage für Kirchensteuer und Solidaritätszuschlag – Freibeträge für ... Kinder 0,5	1,0	1,5	2,0	2,5	3,0
3566,99	I,IV	**597,50**	330,83	291,58	I	498,16	403,83	314,41	229,91	150,41	75,83
	II	**544,58**	330,83	291,58	II	447,91	356,16	269,33	187,41	110,50	41,25
	III	**322,16**	330,83	291,58	III	245,66	171,66	102,83	44,83		
	V	**962,75**	330,83	291,58	IV	547,25	498,16	450,41	403,83	358,50	314,41
	VI	**999,00**	330,83	291,58							
3569,99	I,IV	**598,33**	331,08	291,83	I	499,00	404,66	315,16	230,66	151,08	76,41
	II	**545,41**	331,08	291,83	II	448,66	356,91	270,08	188,16	111,16	41,75
	III	**323,00**	331,08	291,83	III	246,33	172,33	103,50	45,33		
	V	**963,83**	331,08	291,83	IV	548,08	499,00	451,16	404,66	359,25	315,16
	VI	**1000,08**	331,08	291,83							
3572,99	I,IV	**599,16**	331,33	292,08	I	499,83	405,41	315,91	231,33	151,66	77,00
	II	**546,25**	331,33	292,08	II	449,50	357,66	270,75	188,75	111,75	42,25
	III	**323,50**	331,33	292,08	III	247,00	172,83	104,00	45,83		
	V	**964,83**	331,33	292,08	IV	548,91	499,83	452,00	405,41	360,00	315,91
	VI	**1001,16**	331,33	292,08							
3575,99	I,IV	**600,08**	331,66	292,33	I	500,66	406,16	316,66	232,00	152,33	77,58
	II	**547,08**	331,66	292,33	II	450,33	358,41	271,50	189,50	112,41	42,83
	III	**324,16**	331,66	292,33	III	247,66	173,50	104,50	46,16		
	V	**965,91**	331,66	292,33	IV	549,75	500,66	452,83	406,16	360,75	316,66
	VI	**1002,25**	331,66	292,33							
3578,99	I,IV	**600,91**	331,91	292,50	I	501,41	406,91	317,33	232,66	153,00	78,25
	II	**547,91**	331,91	292,50	II	451,08	359,16	272,16	190,08	113,00	43,33
	III	**324,83**	331,91	292,50	III	248,16	174,16	105,00	46,66		
	V	**967,00**	331,91	292,50	IV	550,58	501,41	453,58	406,91	361,50	317,33
	VI	**1003,25**	331,91	292,50							
3581,99	I,IV	**601,75**	332,16	292,75	I	502,25	407,75	318,08	233,41	153,66	78,83
	II	**548,75**	332,16	292,75	II	451,91	359,91	272,91	190,83	113,66	43,83
	III	**325,50**	332,16	292,75	III	248,83	174,66	105,66	47,16		
	V	**968,08**	332,16	292,75	IV	551,41	502,25	454,41	407,75	362,33	318,08
	VI	**1004,33**	332,16	292,75							
3584,99	I,IV	**602,58**	332,50	293,00	I	503,08	408,50	318,83	234,08	154,33	79,41
	II	**549,58**	332,50	293,00	II	452,66	360,66	273,58	191,50	114,25	44,33
	III	**326,16**	332,50	293,00	III	249,50	175,33	106,16	47,50		
	V	**969,16**	332,50	293,00	IV	552,25	503,08	455,16	408,50	363,00	318,83
	VI	**1005,41**	332,50	293,00							
3587,99	I,IV	**603,50**	332,75	293,25	I	503,91	409,25	319,58	234,83	154,91	80,08
	II	**550,41**	332,75	293,25	II	453,50	361,41	274,33	192,16	114,91	44,83
	III	**326,83**	332,75	293,25	III	250,16	176,00	106,66	48,00	0,16	
	V	**970,25**	332,75	293,25	IV	553,08	503,91	456,00	409,25	363,83	319,58
	VI	**1006,50**	332,75	293,25							
3590,99	I,IV	**604,33**	333,00	293,50	I	504,75	410,00	320,25	235,50	155,58	80,66
	II	**551,25**	333,00	293,50	II	454,25	362,16	275,00	192,83	115,50	45,33
	III	**327,50**	333,00	293,50	III	250,83	176,50	107,16	48,50	0,50	
	V	**971,25**	333,00	293,50	IV	553,91	504,75	456,75	410,00	364,58	320,25
	VI	**1007,50**	333,00	293,50							
3593,99	I,IV	**605,16**	333,33	293,75	I	505,58	410,83	321,00	236,16	156,25	81,25
	II	**552,08**	333,33	293,75	II	455,08	362,91	275,75	193,50	116,16	45,83
	III	**328,16**	333,33	293,75	III	251,50	177,16	107,66	48,83	1,00	
	V	**972,33**	333,33	293,75	IV	554,75	505,58	457,58	410,83	365,33	321,00
	VI	**1008,58**	333,33	293,75							
3596,99	I,IV	**606,08**	333,58	294,00	I	506,33	411,58	321,75	236,83	156,91	81,83
	II	**552,91**	333,58	294,00	II	455,83	363,66	276,41	194,16	116,75	46,41
	III	**328,83**	333,58	294,00	III	252,00	177,83	108,33	49,33	1,33	
	V	**973,41**	333,58	294,00	IV	555,58	506,33	458,33	411,58	366,08	321,75
	VI	**1009,66**	333,58	294,00							
3599,99	I,IV	**606,91**	333,83	294,25	I	507,16	412,41	322,50	237,58	157,58	82,50
	II	**553,83**	333,83	294,25	II	456,66	364,41	277,16	194,83	117,41	46,91
	III	**329,50**	333,83	294,25	III	252,66	178,33	108,83	49,83	1,66	
	V	**974,50**	333,83	294,25	IV	556,41	507,16	459,16	412,41	366,83	322,50
	VI	**1010,75**	333,83	294,25							

* Zur LSt-Berechnung für privat versicherte Arbeitnehmer s. Beispiele **Vorbemerkung S. 4f.**
** Basisvorsorgepauschale KV und PV *** Typisierter Arbeitgeberzuschuss

Lohn/ Gehalt in € bis	Steuerklasse	Lohn-steuer*	BVSP**	TAGZ***	Steuerklasse	Bemessungsgrundlage für Kirchensteuer und Solidaritätszuschlag					
						Freibeträge für ... Kinder					
						0,5	**1,0**	1,5	**2,0**	2,5	**3,0**
3602,99	I,IV	**607,75**	334,16	294,50	I	508,00	413,16	323,25	238,25	158,16	83,08
	II	**554,58**	334,16	294,50	II	457,41	365,16	277,91	195,50	118,08	47,41
	III	**330,16**	334,16	294,50	III	253,33	179,00	109,33	50,16	2,00	
	V	**975,50**	334,16	294,50	IV	557,25	508,00	459,91	413,16	367,58	323,25
	VI	**1011,83**	334,16	294,50							
3605,99	I,IV	**608,66**	334,41	294,75	I	508,83	413,91	324,00	238,91	158,83	83,75
	II	**555,50**	334,41	294,75	II	458,25	366,00	278,58	196,16	118,66	47,91
	III	**330,83**	334,41	294,75	III	254,00	179,66	110,00	50,66	2,33	
	V	**976,66**	334,41	294,75	IV	558,08	508,83	460,75	413,91	368,33	324,00
	VI	**1012,91**	334,41	294,75							
3608,99	I,IV	**609,50**	334,66	295,00	I	509,66	414,66	324,66	239,66	159,50	84,33
	II	**556,33**	334,66	295,00	II	459,00	366,66	279,33	196,83	119,33	48,50
	III	**331,50**	334,66	295,00	III	254,66	180,33	110,50	51,16	2,66	
	V	**977,66**	334,66	295,00	IV	558,91	509,66	461,58	414,66	369,08	324,66
	VI	**1013,91**	334,66	295,00							
3611,99	I,IV	**610,33**	335,00	295,25	I	510,50	415,50	325,41	240,33	160,16	84,91
	II	**557,16**	335,00	295,25	II	459,83	367,50	280,00	197,50	119,91	49,00
	III	**332,16**	335,00	295,25	III	255,16	180,83	111,00	51,66	3,00	
	V	**978,75**	335,00	295,25	IV	559,83	510,50	462,33	415,50	369,83	325,41
	VI	**1015,00**	335,00	295,25							
3614,99	I,IV	**611,25**	335,25	295,50	I	511,25	416,25	326,16	241,00	160,83	85,58
	II	**558,00**	335,25	295,50	II	460,66	368,25	280,75	198,16	120,58	49,50
	III	**332,66**	335,25	295,50	III	255,83	181,50	111,50	52,00	3,50	
	V	**979,83**	335,25	295,50	IV	560,66	511,25	463,16	416,25	370,58	326,16
	VI	**1016,08**	335,25	295,50							
3617,99	I,IV	**612,08**	335,50	295,75	I	512,08	417,08	326,91	241,75	161,50	86,16
	II	**558,83**	335,50	295,75	II	461,41	369,00	281,50	198,83	121,25	50,08
	III	**333,50**	335,50	295,75	III	256,50	182,16	112,16	52,50	3,83	
	V	**980,91**	335,50	295,75	IV	561,50	512,08	464,00	417,08	371,33	326,91
	VI	**1017,16**	335,50	295,75							
3620,99	I,IV	**612,91**	335,83	296,00	I	512,91	417,83	327,66	242,41	162,16	86,75
	II	**559,66**	335,83	296,00	II	462,25	369,75	282,16	199,50	121,83	50,58
	III	**334,00**	335,83	296,00	III	257,16	182,66	112,66	53,00	4,16	
	V	**981,91**	335,83	296,00	IV	562,33	512,91	464,75	417,83	372,08	327,66
	VI	**1018,16**	335,83	296,00							
3623,99	I,IV	**613,83**	336,08	296,25	I	513,75	418,58	328,41	243,16	162,83	87,41
	II	**560,50**	336,08	296,25	II	463,08	370,50	282,91	200,25	122,50	51,16
	III	**334,66**	336,08	296,25	III	257,83	183,33	113,16	53,50	4,50	
	V	**983,00**	336,08	296,25	IV	563,16	513,75	465,58	418,58	372,91	328,41
	VI	**1019,25**	336,08	296,25							
3626,99	I,IV	**614,66**	336,33	296,50	I	514,58	419,41	329,16	243,83	163,41	88,00
	II	**561,33**	336,33	296,50	II	463,83	371,25	283,58	200,91	123,08	51,66
	III	**335,33**	336,33	296,50	III	258,50	184,00	113,66	53,83	4,83	
	V	**984,08**	336,33	296,50	IV	564,00	514,58	466,33	419,41	373,66	329,16
	VI	**1020,33**	336,33	296,50							
3629,99	I,IV	**615,58**	336,66	296,75	I	515,41	420,16	329,91	244,50	164,08	88,58
	II	**562,16**	336,66	296,75	II	464,66	372,00	284,33	201,58	123,75	52,16
	III	**336,00**	336,66	296,75	III	259,16	184,66	114,33	54,33	5,33	
	V	**985,16**	336,66	296,75	IV	564,83	515,41	467,16	420,16	374,41	329,91
	VI	**1021,41**	336,66	296,75							
3632,99	I,IV	**616,41**	336,91	296,91	I	516,16	420,91	330,58	245,25	164,75	89,25
	II	**563,00**	336,91	296,91	II	465,41	372,75	285,00	202,25	124,33	52,75
	III	**336,66**	336,91	296,91	III	259,66	185,16	114,83	54,83	5,66	
	V	**986,25**	336,91	296,91	IV	565,66	516,16	467,91	420,91	375,16	330,58
	VI	**1022,50**	336,91	296,91							
3635,99	I,IV	**617,25**	337,16	297,16	I	517,00	421,75	331,33	245,91	165,41	89,83
	II	**563,91**	337,16	297,16	II	466,25	373,50	285,75	202,91	125,00	53,25
	III	**337,33**	337,16	297,16	III	260,33	185,83	115,33	55,33	6,00	
	V	**987,33**	337,16	297,16	IV	566,50	517,00	468,75	421,75	375,91	331,33
	VI	**1023,58**	337,16	297,16							

* Zur LSt-Berechnung für privat versicherte Arbeitnehmer s. Beispiele **Vorbemerkung S. 4 f.**
** Basisvorsorgepauschale KV und PV *** Typisierter Arbeitgeberzuschuss

Lohn/ Gehalt in € bis	Steuerklasse	Lohn-steuer*	BVSP**	TAGZ***	Steuerklasse	Bemessungsgrundlage für Kirchensteuer und Solidaritätszuschlag					
						Freibeträge für ... Kinder					
						0,5	**1,0**	1,5	**2,0**	2,5	**3,0**
3638,99	I,IV	**618,16**	337,50	297,41	I	517,83	422,50	332,08	246,58	166,08	90,41
	II	**564,75**	337,50	297,41	II	467,00	374,25	286,50	203,58	125,66	53,83
	III	**338,00**	337,50	297,41	III	261,00	186,33	116,00	55,66	6,33	
	V	**988,33**	337,50	297,41	IV	567,33	517,83	469,58	422,50	376,66	332,08
	VI	**1024,58**	337,50	297,41							
3641,99	I,IV	**619,00**	337,75	297,66	I	518,66	423,33	332,83	247,33	166,75	91,08
	II	**565,58**	337,75	297,66	II	467,83	375,08	287,16	204,25	126,25	54,33
	III	**338,66**	337,75	297,66	III	261,66	187,00	116,50	56,16	6,66	
	V	**989,41**	337,75	297,66	IV	568,25	518,66	470,33	423,33	377,41	332,83
	VI	**1025,66**	337,75	297,66							
3644,99	I,IV	**619,83**	338,00	297,91	I	519,50	424,08	333,58	248,00	167,41	91,66
	II	**566,41**	338,00	297,91	II	468,66	375,83	287,91	204,91	126,91	54,91
	III	**339,33**	338,00	297,91	III	262,33	187,66	117,00	56,66	7,16	
	V	**990,50**	338,00	297,91	IV	569,08	519,50	471,16	424,08	378,16	333,58
	VI	**1026,75**	338,00	297,91							
3647,99	I,IV	**620,75**	338,33	298,16	I	520,33	424,83	334,33	248,75	168,08	92,33
	II	**567,25**	338,33	298,16	II	469,41	376,58	288,66	205,66	127,58	55,41
	III	**340,00**	338,33	298,16	III	262,83	188,33	117,66	57,16	7,50	
	V	**991,58**	338,33	298,16	IV	569,91	520,33	472,00	424,83	379,00	334,33
	VI	**1027,83**	338,33	298,16							
3650,99	I,IV	**621,58**	338,58	298,41	I	521,16	425,66	335,08	249,41	168,66	92,91
	II	**568,08**	338,58	298,41	II	470,25	377,33	289,33	206,33	128,16	56,00
	III	**340,66**	338,58	298,41	III	263,50	188,83	118,16	57,50	7,83	
	V	**992,58**	338,58	298,41	IV	570,75	521,16	472,75	425,66	379,75	335,08
	VI	**1028,91**	338,58	298,41							
3653,99	I,IV	**622,50**	338,83	298,66	I	522,00	426,41	335,83	250,08	169,33	93,58
	II	**568,91**	338,83	298,66	II	471,08	378,08	290,08	207,00	128,83	56,50
	III	**341,33**	338,83	298,66	III	264,16	189,50	118,66	58,00	8,16	
	V	**993,66**	338,83	298,66	IV	571,58	522,00	473,58	426,41	380,50	335,83
	VI	**1030,00**	338,83	298,66							
3656,99	I,IV	**623,33**	339,16	298,91	I	522,75	427,16	336,50	250,83	170,00	94,16
	II	**569,75**	339,16	298,91	II	471,83	378,83	290,75	207,66	129,50	57,08
	III	**342,00**	339,16	298,91	III	264,83	190,16	119,33	58,50	8,66	
	V	**994,75**	339,16	298,91	IV	572,41	522,75	474,41	427,16	381,25	336,50
	VI	**1031,00**	339,16	298,91							
3659,99	I,IV	**624,16**	339,41	299,16	I	523,66	428,00	337,25	251,50	170,66	94,75
	II	**570,66**	339,41	299,16	II	472,66	379,58	291,50	208,33	130,08	57,66
	III	**342,66**	339,41	299,16	III	265,50	190,66	119,83	59,00	9,00	
	V	**995,83**	339,41	299,16	IV	573,33	523,66	475,16	428,00	382,00	337,25
	VI	**1032,08**	339,41	299,16							
3662,99	I,IV	**625,08**	339,66	299,41	I	524,41	428,75	338,00	252,25	171,33	95,41
	II	**571,50**	339,66	299,41	II	473,41	380,33	292,25	209,00	130,75	58,16
	III	**343,33**	339,66	299,41	III	266,00	191,33	120,33	59,50	9,33	
	V	**996,91**	339,66	299,41	IV	574,16	524,41	476,00	428,75	382,75	338,00
	VI	**1033,16**	339,66	299,41							
3665,99	I,IV	**625,91**	340,00	299,66	I	525,25	429,58	338,75	252,91	172,00	96,00
	II	**572,33**	340,00	299,66	II	474,25	381,16	293,00	209,66	131,41	58,75
	III	**344,00**	340,00	299,66	III	266,66	192,00	121,00	59,83	9,66	
	V	**998,00**	340,00	299,66	IV	575,00	525,25	476,83	429,58	383,58	338,75
	VI	**1034,25**	340,00	299,66							
3668,99	I,IV	**626,75**	340,25	299,91	I	526,08	430,33	339,50	253,58	172,66	96,66
	II	**573,16**	340,25	299,91	II	475,08	381,91	293,66	210,33	132,00	59,25
	III	**344,66**	340,25	299,91	III	267,33	192,66	121,50	60,33	10,16	
	V	**999,00**	340,25	299,91	IV	575,83	526,08	477,58	430,33	384,33	339,50
	VI	**1035,25**	340,25	299,91							
3671,99	I,IV	**627,66**	340,50	300,16	I	526,91	431,16	340,25	254,33	173,33	97,25
	II	**574,00**	340,50	300,16	II	475,91	382,66	294,41	211,08	132,66	59,83
	III	**345,33**	340,50	300,16	III	268,00	193,16	122,00	60,83	10,50	
	V	**1000,08**	340,50	300,16	IV	576,66	526,91	478,41	431,16	385,08	340,25
	VI	**1036,33**	340,50	300,16							

* Zur LSt-Berechnung für privat versicherte Arbeitnehmer s. Beispiele **Vorbemerkung S. 4 f.**
** Basisvorsorgepauschale KV und PV *** Typisierter Arbeitgeberzuschuss

Lohn/ Gehalt in € bis	Steuerklasse	Lohn- steuer*	BVSP**	TAGZ***	Steuerklasse	Bemessungsgrundlage für Kirchensteuer und Solidaritätszuschlag					
						Freibeträge für ... Kinder					
						0,5	**1,0**	1,5	**2,0**	2,5	**3,0**
3674,99	I,IV	**628,50**	340,83	300,41	I	527,75	431,91	341,00	255,00	174,00	97,83
	II	**574,83**	340,83	300,41	II	476,66	383,41	295,08	211,75	133,25	60,41
	III	**345,83**	340,83	300,41	III	268,66	193,83	122,66	61,33	10,83	
	V	**1001,16**	340,83	300,41	IV	577,50	527,75	479,25	431,91	385,83	341,00
	VI	**1037,41**	340,83	300,41							
3677,99	I,IV	**629,41**	341,08	300,66	I	528,58	432,66	341,75	255,75	174,66	98,50
	II	**575,75**	341,08	300,66	II	477,50	384,16	295,83	212,41	133,91	61,00
	III	**346,66**	341,08	300,66	III	269,33	194,50	123,16	61,83	11,16	
	V	**1002,25**	341,08	300,66	IV	578,41	528,58	480,00	432,66	386,58	341,75
	VI	**1038,50**	341,08	300,66							
3680,99	I,IV	**630,25**	341,33	300,91	I	529,41	433,50	342,50	256,41	175,33	99,08
	II	**576,58**	341,33	300,91	II	478,25	384,91	296,58	213,08	134,58	61,50
	III	**347,33**	341,33	300,91	III	270,00	195,16	123,83	62,33	11,66	
	V	**1003,33**	341,33	300,91	IV	579,25	529,41	480,83	433,50	387,33	342,50
	VI	**1039,58**	341,33	300,91							
3683,99	I,IV	**631,16**	341,66	301,16	I	530,25	434,25	343,25	257,16	176,00	99,75
	II	**577,41**	341,66	301,16	II	479,08	385,75	297,33	213,75	135,25	62,08
	III	**347,83**	341,66	301,16	III	270,50	195,66	124,33	62,66	12,00	
	V	**1004,41**	341,66	301,16	IV	580,08	530,25	481,66	434,25	388,16	343,25
	VI	**1040,66**	341,66	301,16							
3686,99	I,IV	**632,00**	341,91	301,33	I	531,08	435,08	344,00	257,83	176,58	100,33
	II	**578,25**	341,91	301,33	II	479,91	386,50	298,00	214,50	135,83	62,66
	III	**348,50**	341,91	301,33	III	271,16	196,33	124,83	63,16	12,33	
	V	**1005,41**	341,91	301,33	IV	580,91	531,08	482,41	435,08	388,91	344,00
	VI	**1041,66**	341,91	301,33							
3689,99	I,IV	**632,91**	342,16	301,58	I	531,91	435,83	344,75	258,58	177,33	101,00
	II	**579,08**	342,16	301,58	II	480,75	387,25	298,75	215,16	136,50	63,25
	III	**349,33**	342,16	301,58	III	271,83	197,00	125,50	63,66	12,83	
	V	**1006,50**	342,16	301,58	IV	581,75	531,91	483,25	435,83	389,66	344,75
	VI	**1042,75**	342,16	301,58							
3692,99	I,IV	**633,75**	342,50	301,83	I	532,75	436,66	345,50	259,25	177,91	101,58
	II	**579,91**	342,50	301,83	II	481,50	388,00	299,41	215,83	137,16	63,75
	III	**349,83**	342,50	301,83	III	272,50	197,50	126,00	64,16	13,16	
	V	**1007,58**	342,50	301,83	IV	582,58	532,75	484,08	436,66	390,41	345,50
	VI	**1043,83**	342,50	301,83							
3695,99	I,IV	**634,66**	342,75	302,08	I	533,58	437,41	346,25	260,00	178,58	102,25
	II	**580,83**	342,75	302,08	II	482,33	388,83	300,16	216,50	137,75	64,33
	III	**350,50**	342,75	302,08	III	273,16	198,16	126,50	64,66	13,50	
	V	**1008,66**	342,75	302,08	IV	583,50	533,58	484,91	437,41	391,25	346,25
	VI	**1044,91**	342,75	302,08							
3698,99	I,IV	**635,50**	343,00	302,33	I	534,41	438,16	347,00	260,66	179,25	102,83
	II	**581,66**	343,00	302,33	II	483,16	389,58	300,91	217,16	138,41	64,91
	III	**351,16**	343,00	302,33	III	273,83	198,83	127,16	65,00	13,83	
	V	**1009,66**	343,00	302,33	IV	584,33	534,41	485,66	438,16	392,00	347,00
	VI	**1046,00**	343,00	302,33							
3701,99	I,IV	**636,41**	343,33	302,58	I	535,25	439,00	347,75	261,33	179,91	103,50
	II	**582,50**	343,33	302,58	II	483,91	390,33	301,66	217,91	139,08	65,50
	III	**351,83**	343,33	302,58	III	274,50	199,50	127,66	65,50	14,33	
	V	**1010,75**	343,33	302,58	IV	585,16	535,25	486,50	439,00	392,75	347,75
	VI	**1047,08**	343,33	302,58							
3704,99	I,IV	**637,25**	343,58	302,83	I	536,00	439,75	348,41	262,08	180,58	104,08
	II	**583,33**	343,58	302,83	II	484,75	391,08	302,33	218,58	139,66	66,08
	III	**352,50**	343,58	302,83	III	275,00	200,00	128,33	66,00	14,66	
	V	**1011,83**	343,58	302,83	IV	586,00	536,00	487,33	439,75	393,50	348,41
	VI	**1048,08**	343,58	302,83							
3707,99	I,IV	**638,08**	343,91	303,08	I	536,91	440,58	349,25	262,75	181,25	104,75
	II	**584,16**	343,91	303,08	II	485,58	391,83	303,08	219,25	140,33	66,66
	III	**353,16**	343,91	303,08	III	275,66	200,66	128,83	66,50	15,00	
	V	**1012,91**	343,91	303,08	IV	586,91	536,91	488,08	440,58	394,25	349,25
	VI	**1049,16**	343,91	303,08							

* Zur LSt-Berechnung für privat versicherte Arbeitnehmer s. Beispiele **Vorbemerkung S. 4f.**
** Basisvorsorgepauschale KV und PV *** Typisierter Arbeitgeberzuschuss

Lohn/ Gehalt in € bis	Steuerklasse	Lohn-steuer*	BVSP**	TAGZ***	Steuerklasse	Bemessungsgrundlage für Kirchensteuer und Solidaritätszuschlag – Freibeträge für ... Kinder 0,5	1,0	1,5	2,0	2,5	3,0
3710,99	I,IV	**639,00**	344,16	303,33	I	537,66	441,33	349,91	263,50	181,91	105,33
	II	**585,08**	344,16	303,33	II	486,33	392,58	303,83	219,91	141,00	67,25
	III	**353,83**	344,16	303,33	III	276,33	201,33	129,33	67,00	15,50	
	V	**1014,00**	344,16	303,33	IV	587,75	537,66	488,91	441,33	395,00	349,91
	VI	**1050,25**	344,16	303,33							
3713,99	I,IV	**639,83**	344,41	303,58	I	538,58	442,16	350,75	264,16	182,58	106,00
	II	**585,91**	344,41	303,58	II	487,16	393,41	304,58	220,66	141,66	67,83
	III	**354,50**	344,41	303,58	III	277,00	202,00	130,00	67,50	15,83	
	V	**1015,08**	344,41	303,58	IV	588,58	538,58	489,75	442,16	395,83	350,75
	VI	**1051,33**	344,41	303,58							
3716,99	I,IV	**640,75**	344,75	303,83	I	539,33	442,91	351,41	264,91	183,25	106,58
	II	**586,75**	344,75	303,83	II	488,00	394,16	305,25	221,33	142,25	68,41
	III	**355,16**	344,75	303,83	III	277,66	202,50	130,50	68,00	16,16	
	V	**1016,08**	344,75	303,83	IV	589,41	539,33	490,50	442,91	396,58	351,41
	VI	**1052,33**	344,75	303,83							
3719,99	I,IV	**641,58**	345,00	304,08	I	540,25	443,75	352,25	265,58	183,91	107,25
	II	**587,58**	345,00	304,08	II	488,83	394,91	306,00	222,00	142,91	69,00
	III	**355,83**	345,00	304,08	III	278,33	203,16	131,16	68,50	16,66	
	V	**1017,16**	345,00	304,08	IV	590,33	540,25	491,33	443,75	397,33	352,25
	VI	**1053,41**	345,00	304,08							
3722,99	I,IV	**642,50**	345,25	304,33	I	541,00	444,50	352,91	266,33	184,58	107,83
	II	**588,41**	345,25	304,33	II	489,58	395,66	306,75	222,66	143,58	69,58
	III	**356,50**	345,25	304,33	III	278,83	203,83	131,66	68,83	17,00	
	V	**1018,25**	345,25	304,33	IV	591,16	541,00	492,16	444,50	398,08	352,91
	VI	**1054,50**	345,25	304,33							
3725,99	I,IV	**643,33**	345,58	304,58	I	541,91	445,33	353,75	267,00	185,25	108,50
	II	**589,33**	345,58	304,58	II	490,41	396,50	307,50	223,33	144,25	70,16
	III	**357,16**	345,58	304,58	III	279,50	204,33	132,33	69,50	17,50	
	V	**1019,33**	345,58	304,58	IV	592,00	541,91	493,00	445,33	398,91	353,75
	VI	**1055,58**	345,58	304,58							
3728,99	I,IV	**644,25**	345,83	304,83	I	542,66	446,08	354,41	267,75	185,91	109,08
	II	**590,16**	345,83	304,83	II	491,25	397,25	308,16	224,08	144,83	70,75
	III	**357,83**	345,83	304,83	III	280,16	205,00	132,83	69,83	17,83	
	V	**1020,41**	345,83	304,83	IV	592,83	542,66	493,75	446,08	399,66	354,41
	VI	**1056,66**	345,83	304,83							
3731,99	I,IV	**645,08**	346,08	305,08	I	543,58	446,91	355,25	268,41	186,58	109,75
	II	**591,00**	346,08	305,08	II	492,08	398,00	308,91	224,75	145,50	71,33
	III	**358,50**	346,08	305,08	III	280,83	205,66	133,50	70,33	18,16	
	V	**1021,50**	346,08	305,08	IV	593,75	543,58	494,58	446,91	400,41	355,25
	VI	**1057,75**	346,08	305,08							
3734,99	I,IV	**646,00**	346,41	305,33	I	544,33	447,66	355,91	269,16	187,25	110,33
	II	**591,83**	346,41	305,33	II	492,83	398,75	309,66	225,41	146,16	71,91
	III	**359,16**	346,41	305,33	III	281,50	206,16	134,00	70,83	18,50	
	V	**1022,50**	346,41	305,33	IV	594,58	544,33	495,41	447,66	401,16	355,91
	VI	**1058,75**	346,41	305,33							
3737,99	I,IV	**646,83**	346,66	305,50	I	545,25	448,50	356,75	269,83	187,91	111,00
	II	**592,75**	346,66	305,50	II	493,66	399,58	310,41	226,08	146,83	72,50
	III	**359,83**	346,66	305,50	III	282,16	206,83	134,66	71,33	19,00	
	V	**1023,58**	346,66	305,50	IV	595,41	545,25	496,25	448,50	402,00	356,75
	VI	**1059,83**	346,66	305,50							
3740,99	I,IV	**647,75**	346,91	305,75	I	546,00	449,25	357,41	270,58	188,58	111,58
	II	**593,58**	346,91	305,75	II	494,50	400,33	311,08	226,83	147,41	73,08
	III	**360,50**	346,91	305,75	III	282,83	207,50	135,16	71,83	19,33	
	V	**1024,66**	346,91	305,75	IV	596,25	546,00	497,00	449,25	402,75	357,41
	VI	**1060,91**	346,91	305,75							
3743,99	I,IV	**648,58**	347,25	306,00	I	546,91	450,08	358,25	271,25	189,25	112,25
	II	**594,41**	347,25	306,00	II	495,33	401,08	311,83	227,50	148,08	73,66
	III	**361,16**	347,25	306,00	III	283,33	208,16	135,66	72,33	19,83	
	V	**1025,75**	347,25	306,00	IV	597,16	546,91	497,83	450,08	403,50	358,25
	VI	**1062,00**	347,25	306,00							

* Zur LSt-Berechnung für privat versicherte Arbeitnehmer s. Beispiele **Vorbemerkung S. 4f.**
** Basisvorsorgepauschale KV und PV *** Typisierter Arbeitgeberzuschuss

Lohn/ Gehalt in € bis	Steuerklasse	Lohn-steuer*	BVSP**	TAGZ***	Steuerklasse	Bemessungsgrundlage für Kirchensteuer und Solidaritätszuschlag – Freibeträge für ... Kinder 0,5	1,0	1,5	2,0	2,5	3,0
3746,99	I,IV	**649,50**	347,50	306,25	I	547,66	450,83	359,00	272,00	189,91	112,83
	II	**595,25**	347,50	306,25	II	496,08	401,83	312,58	228,16	148,75	74,25
	III	**361,83**	347,50	306,25	III	284,00	208,66	136,33	72,83	20,16	
	V	**1026,75**	347,50	306,25	IV	598,00	547,66	498,66	450,83	404,33	359,00
	VI	**1063,00**	347,50	306,25							
3749,99	I,IV	**650,33**	347,75	306,50	I	548,58	451,66	359,75	272,75	190,66	113,50
	II	**596,16**	347,75	306,50	II	496,91	402,66	313,33	228,91	149,41	74,91
	III	**362,50**	347,75	306,50	III	284,66	209,33	137,00	73,33	20,50	
	V	**1027,83**	347,75	306,50	IV	598,83	548,58	499,50	451,66	405,08	359,75
	VI	**1064,16**	347,75	306,50							
3752,99	I,IV	**651,25**	348,08	306,75	I	549,41	452,41	360,50	273,41	191,25	114,08
	II	**597,00**	348,08	306,75	II	497,75	403,41	314,00	229,58	150,00	75,50
	III	**363,16**	348,08	306,75	III	285,33	210,00	137,50	73,83	21,00	
	V	**1028,91**	348,08	306,75	IV	599,66	549,41	500,33	452,41	405,83	360,50
	VI	**1065,16**	348,08	306,75							
3755,99	I,IV	**652,16**	348,33	307,00	I	550,25	453,25	361,25	274,16	192,00	114,75
	II	**597,83**	348,33	307,00	II	498,58	404,16	314,75	230,25	150,66	76,08
	III	**363,83**	348,33	307,00	III	286,00	210,66	138,00	74,33	21,33	
	V	**1030,00**	348,33	307,00	IV	600,58	550,25	501,16	453,25	406,66	361,25
	VI	**1066,25**	348,33	307,00							
3758,99	I,IV	**653,00**	348,58	307,25	I	551,08	454,08	362,00	274,83	192,66	115,33
	II	**598,66**	348,58	307,25	II	499,33	404,91	315,50	230,91	151,33	76,66
	III	**364,50**	348,58	307,25	III	286,66	211,16	138,66	74,83	21,83	
	V	**1031,08**	348,58	307,25	IV	601,41	551,08	501,91	454,08	407,41	362,00
	VI	**1067,33**	348,58	307,25							
3761,99	I,IV	**653,91**	348,91	307,50	I	551,91	454,83	362,75	275,58	193,33	116,00
	II	**599,58**	348,91	307,50	II	500,16	405,75	316,25	231,66	152,00	77,25
	III	**365,16**	348,91	307,50	III	287,33	211,83	139,33	75,33	22,16	
	V	**1032,16**	348,91	307,50	IV	602,25	551,91	502,75	454,83	408,16	362,75
	VI	**1068,41**	348,91	307,50							
3764,99	I,IV	**654,75**	349,16	307,75	I	552,75	455,66	363,50	276,25	194,00	116,58
	II	**600,41**	349,16	307,75	II	501,00	406,50	316,91	232,33	152,66	77,91
	III	**365,83**	349,16	307,75	III	288,00	212,50	139,83	75,83	22,50	
	V	**1033,16**	349,16	307,75	IV	603,08	552,75	503,58	455,66	408,91	363,50
	VI	**1069,41**	349,16	307,75							
3767,99	I,IV	**655,66**	349,41	308,00	I	553,58	456,41	364,25	277,00	194,66	117,25
	II	**601,33**	349,41	308,00	II	501,83	407,33	317,66	233,00	153,33	78,50
	III	**366,50**	349,41	308,00	III	288,50	213,16	140,33	76,33	23,00	
	V	**1034,25**	349,41	308,00	IV	604,00	553,58	504,41	456,41	409,75	364,25
	VI	**1070,50**	349,41	308,00							
3770,99	I,IV	**656,50**	349,75	308,25	I	554,41	457,25	365,00	277,75	195,33	117,91
	II	**602,16**	349,75	308,25	II	502,66	408,08	318,41	233,75	153,91	79,08
	III	**367,16**	349,75	308,25	III	289,16	213,83	141,00	76,83	23,33	
	V	**1035,33**	349,75	308,25	IV	604,83	554,41	505,25	457,25	410,50	365,00
	VI	**1071,58**	349,75	308,25							
3773,99	I,IV	**657,41**	350,00	308,50	I	555,25	458,08	365,75	278,41	196,00	118,50
	II	**603,00**	350,00	308,50	II	503,50	408,83	319,16	234,41	154,58	79,75
	III	**367,83**	350,00	308,50	III	289,83	214,33	141,66	77,33	23,83	
	V	**1036,41**	350,00	308,50	IV	605,75	555,25	506,00	458,08	411,25	365,75
	VI	**1072,66**	350,00	308,50							
3776,99	I,IV	**658,33**	350,25	308,75	I	556,08	458,83	366,50	279,16	196,66	119,16
	II	**603,91**	350,25	308,75	II	504,25	409,66	319,91	235,08	155,25	80,33
	III	**368,50**	350,25	308,75	III	290,50	215,00	142,16	77,66	24,16	
	V	**1037,50**	350,25	308,75	IV	606,58	556,08	506,83	458,83	412,08	366,50
	VI	**1073,75**	350,25	308,75							
3779,99	I,IV	**659,16**	350,58	309,00	I	556,91	459,66	367,25	279,83	197,33	119,75
	II	**604,75**	350,58	309,00	II	505,08	410,41	320,66	235,83	155,91	80,91
	III	**369,16**	350,58	309,00	III	291,16	215,66	142,83	78,16	24,66	
	V	**1038,50**	350,58	309,00	IV	607,41	556,91	507,66	459,66	412,83	367,25
	VI	**1074,83**	350,58	309,00							

* Zur LSt-Berechnung für privat versicherte Arbeitnehmer s. Beispiele **Vorbemerkung S. 4 f.**
** Basisvorsorgepauschale KV und PV *** Typisierter Arbeitgeberzuschuss

Lohn/ Gehalt in € bis	Steuerklasse	Lohn-steuer*	BVSP**	TAGZ***	Steuerklasse	Bemessungsgrundlage für Kirchensteuer und Solidaritätszuschlag – Freibeträge für ... Kinder 0,5	1,0	1,5	2,0	2,5	3,0
3782,99	I,IV	**660,08**	350,83	309,25	I	557,75	460,41	368,08	280,58	198,00	120,41
	II	**605,58**	350,83	309,25	II	505,91	411,16	321,33	236,50	156,58	81,58
	III	**369,83**	350,83	309,25	III	291,83	216,33	143,33	78,83	25,00	
	V	**1039,66**	350,83	309,25	IV	608,33	557,75	508,50	460,41	413,66	368,08
	VI	**1075,91**	350,83	309,25							
3785,99	I,IV	**660,91**	351,08	309,50	I	558,58	461,25	368,75	281,25	198,66	121,08
	II	**606,41**	351,08	309,50	II	506,75	411,91	322,08	237,16	157,16	82,16
	III	**370,50**	351,08	309,50	III	292,50	216,83	144,00	79,16	25,33	
	V	**1040,66**	351,08	309,50	IV	609,16	558,58	509,33	461,25	414,41	368,75
	VI	**1076,91**	351,08	309,50							
3788,99	I,IV	**661,83**	351,41	309,75	I	559,50	462,08	369,58	282,00	199,41	121,66
	II	**607,33**	351,41	309,75	II	507,58	412,75	322,83	237,91	157,83	82,75
	III	**371,16**	351,41	309,75	III	293,16	217,50	144,50	79,66	25,83	
	V	**1041,75**	351,41	309,75	IV	610,00	559,50	510,16	462,08	415,16	369,58
	VI	**1078,00**	351,41	309,75							
3791,99	I,IV	**662,66**	351,66	309,91	I	560,33	462,83	370,33	282,66	200,08	122,33
	II	**608,16**	351,66	309,91	II	508,33	413,50	323,58	238,58	158,50	83,33
	III	**371,83**	351,66	309,91	III	293,66	218,16	145,16	80,16	26,16	
	V	**1042,83**	351,66	309,91	IV	610,91	560,33	510,91	462,83	415,91	370,33
	VI	**1079,08**	351,66	309,91							
3794,99	I,IV	**663,58**	351,91	310,16	I	561,16	463,66	371,08	283,41	200,75	123,00
	II	**609,08**	351,91	310,16	II	509,16	414,33	324,33	239,25	159,16	84,00
	III	**372,50**	351,91	310,16	III	294,50	218,83	145,66	80,83	26,66	
	V	**1043,91**	351,91	310,16	IV	611,75	561,16	511,75	463,66	416,75	371,08
	VI	**1080,16**	351,91	310,16							
3797,99	I,IV	**664,50**	352,25	310,41	I	562,00	464,41	371,83	284,16	201,41	123,58
	II	**609,91**	352,25	310,41	II	510,00	415,08	325,08	240,00	159,83	84,58
	III	**373,16**	352,25	310,41	III	295,00	219,33	146,33	81,16	27,00	
	V	**1044,91**	352,25	310,41	IV	612,58	562,00	512,58	464,41	417,50	371,83
	VI	**1081,16**	352,25	310,41							
3800,99	I,IV	**665,33**	352,50	310,66	I	562,83	465,25	372,58	284,83	202,08	124,25
	II	**610,75**	352,50	310,66	II	510,83	415,83	325,75	240,66	160,50	85,25
	III	**373,83**	352,50	310,66	III	295,66	220,00	146,83	81,66	27,50	
	V	**1046,00**	352,50	310,66	IV	613,50	562,83	513,41	465,25	418,33	372,58
	VI	**1082,25**	352,50	310,66							
3803,99	I,IV	**666,25**	352,75	310,91	I	563,66	466,00	373,33	285,58	202,75	124,83
	II	**611,58**	352,75	310,91	II	511,66	416,58	326,50	241,33	161,08	85,83
	III	**374,50**	352,75	310,91	III	296,33	220,66	147,50	82,16	27,83	
	V	**1047,08**	352,75	310,91	IV	614,33	563,66	514,25	466,00	419,08	373,33
	VI	**1083,33**	352,75	310,91							
3806,99	I,IV	**667,16**	353,08	311,16	I	564,50	466,83	374,08	286,33	203,41	125,50
	II	**612,50**	353,08	311,16	II	512,50	417,41	327,25	242,08	161,75	86,41
	III	**375,16**	353,08	311,16	III	297,00	221,33	148,16	82,83	28,33	
	V	**1048,16**	353,08	311,16	IV	615,16	564,50	515,08	466,83	419,83	374,08
	VI	**1084,41**	353,08	311,16							
3809,99	I,IV	**668,00**	353,33	311,41	I	565,33	467,66	374,83	287,00	204,08	126,08
	II	**613,33**	353,33	311,41	II	513,25	418,16	328,00	242,75	162,41	87,08
	III	**375,83**	353,33	311,41	III	297,66	221,83	148,66	83,33	28,66	
	V	**1049,25**	353,33	311,41	IV	616,08	565,33	515,91	467,66	420,66	374,83
	VI	**1085,50**	353,33	311,41							
3812,99	I,IV	**668,91**	353,58	311,66	I	566,16	468,41	375,66	287,75	204,75	126,75
	II	**614,25**	353,58	311,66	II	514,08	419,00	328,75	243,41	163,08	87,66
	III	**376,50**	353,58	311,66	III	298,33	222,50	149,33	83,83	29,16	
	V	**1050,33**	353,58	311,66	IV	616,91	566,16	516,75	468,41	421,41	375,66
	VI	**1086,58**	353,58	311,66							
3815,99	I,IV	**669,75**	353,91	311,91	I	567,00	469,25	376,41	288,41	205,41	127,41
	II	**615,08**	353,91	311,91	II	514,91	419,75	329,50	244,16	163,75	88,25
	III	**377,16**	353,91	311,91	III	299,00	223,16	149,83	84,33	29,50	
	V	**1051,33**	353,91	311,91	IV	617,75	567,00	517,50	469,25	422,16	376,41
	VI	**1087,58**	353,91	311,91							

* Zur LSt-Berechnung für privat versicherte Arbeitnehmer s. Beispiele **Vorbemerkung S. 4 f.**
** Basisvorsorgepauschale KV und PV *** Typisierter Arbeitgeberzuschuss

Lohn/ Gehalt in € bis	Steuerklasse	**Lohn-steuer***	BVSP**	TAGZ***	Steuerklasse	Bemessungsgrundlage für Kirchensteuer und Solidaritätszuschlag					
						Freibeträge für ... Kinder					
						0,5	**1,0**	1,5	**2,0**	2,5	**3,0**
3818,99	I,IV	**670,66**	354,16	312,16	I	567,91	470,08	377,16	289,16	206,16	128,00
	II	**615,91**	354,16	312,16	II	515,75	420,50	330,25	244,83	164,41	88,91
	III	**377,83**	354,16	312,16	III	299,66	223,83	150,50	84,83	30,00	
	V	**1052,41**	354,16	312,16	IV	618,66	567,91	518,33	470,08	423,00	377,16
	VI	**1088,66**	354,16	312,16							
3821,99	I,IV	**671,50**	354,41	312,41	I	568,75	470,83	377,91	289,91	206,83	128,66
	II	**616,83**	354,41	312,41	II	516,58	421,33	330,91	245,50	165,08	89,50
	III	**378,50**	354,41	312,41	III	300,16	224,33	151,16	85,33	30,33	
	V	**1053,50**	354,41	312,41	IV	619,50	568,75	519,16	470,83	423,75	377,91
	VI	**1089,75**	354,41	312,41							
3824,99	I,IV	**672,41**	354,75	312,66	I	569,58	471,66	378,66	290,58	207,50	129,33
	II	**617,66**	354,75	312,66	II	517,41	422,08	331,66	246,25	165,75	90,16
	III	**379,16**	354,75	312,66	III	300,83	225,00	151,66	85,83	30,83	
	V	**1054,58**	354,75	312,66	IV	620,41	569,58	520,00	471,66	424,58	378,66
	VI	**1090,83**	354,75	312,66							
3827,99	I,IV	**673,33**	355,00	312,91	I	570,41	472,41	379,41	291,33	208,16	129,91
	II	**618,50**	355,00	312,91	II	518,25	422,83	332,41	246,91	166,33	90,75
	III	**379,83**	355,00	312,91	III	301,50	225,66	152,33	86,33	31,16	
	V	**1055,58**	355,00	312,91	IV	621,25	570,41	520,83	472,41	425,33	379,41
	VI	**1091,91**	355,00	312,91							
3830,99	I,IV	**674,25**	355,25	313,16	I	571,25	473,25	380,16	292,08	208,83	130,58
	II	**619,41**	355,25	313,16	II	519,08	423,66	333,16	247,66	167,00	91,33
	III	**380,50**	355,25	313,16	III	302,16	226,33	152,83	86,83	31,66	
	V	**1056,66**	355,25	313,16	IV	622,16	571,25	521,66	473,25	426,08	380,16
	VI	**1093,00**	355,25	313,16							
3833,99	I,IV	**675,08**	355,58	313,41	I	572,08	474,08	380,91	292,75	209,50	131,25
	II	**620,25**	355,58	313,41	II	519,83	424,41	333,91	248,33	167,66	92,00
	III	**381,16**	355,58	313,41	III	302,83	227,00	153,50	87,33	32,00	
	V	**1057,75**	355,58	313,41	IV	623,00	572,08	522,50	474,08	426,91	380,91
	VI	**1094,00**	355,58	313,41							
3836,99	I,IV	**676,00**	355,83	313,66	I	573,00	474,91	381,75	293,50	210,25	131,83
	II	**621,16**	355,83	313,66	II	520,75	425,25	334,66	249,00	168,33	92,58
	III	**381,83**	355,83	313,66	III	303,50	227,50	154,16	87,83	32,50	
	V	**1058,83**	355,83	313,66	IV	623,83	573,00	523,33	474,91	427,66	381,75
	VI	**1095,08**	355,83	313,66							
3839,99	I,IV	**676,83**	356,08	313,91	I	573,83	475,66	382,50	294,25	210,91	132,50
	II	**622,00**	356,08	313,91	II	521,50	426,00	335,41	249,75	169,00	93,16
	III	**382,50**	356,08	313,91	III	304,16	228,16	154,66	88,33	32,83	
	V	**1059,91**	356,08	313,91	IV	624,75	573,83	524,08	475,66	428,41	382,50
	VI	**1096,16**	356,08	313,91							
3842,99	I,IV	**677,75**	356,41	314,08	I	574,66	476,50	383,25	294,91	211,58	133,16
	II	**622,83**	356,41	314,08	II	522,33	426,75	336,16	250,41	169,66	93,83
	III	**383,16**	356,41	314,08	III	304,83	228,83	155,33	88,83	33,33	
	V	**1061,00**	356,41	314,08	IV	625,58	574,66	524,91	476,50	429,25	383,25
	VI	**1097,25**	356,41	314,08							
3845,99	I,IV	**678,66**	356,66	314,33	I	575,50	477,25	384,00	295,66	212,25	133,75
	II	**623,75**	356,66	314,33	II	523,16	427,58	336,91	251,16	170,33	94,41
	III	**383,83**	356,66	314,33	III	305,50	229,50	155,83	89,33	33,66	
	V	**1062,00**	356,66	314,33	IV	626,41	575,50	525,75	477,25	430,00	384,00
	VI	**1098,25**	356,66	314,33							
3848,99	I,IV	**679,50**	356,91	314,58	I	576,33	478,08	384,75	296,41	212,91	134,41
	II	**624,58**	356,91	314,58	II	524,00	428,33	337,66	251,83	171,00	95,08
	III	**384,50**	356,91	314,58	III	306,00	230,00	156,50	89,83	34,16	
	V	**1063,08**	356,91	314,58	IV	627,33	576,33	526,58	478,08	430,83	384,75
	VI	**1099,33**	356,91	314,58							
3851,99	I,IV	**680,41**	357,25	314,83	I	577,16	478,91	385,50	297,08	213,58	135,08
	II	**625,41**	357,25	314,83	II	524,83	429,08	338,33	252,50	171,66	95,66
	III	**385,16**	357,25	314,83	III	306,66	230,66	157,16	90,33	34,50	
	V	**1064,16**	357,25	314,83	IV	628,16	577,16	527,41	478,91	431,58	385,50
	VI	**1100,41**	357,25	314,83							

* Zur LSt-Berechnung für privat versicherte Arbeitnehmer s. Beispiele **Vorbemerkung S. 4 f.**
** Basisvorsorgepauschale KV und PV *** Typisierter Arbeitgeberzuschuss

Lohn/ Gehalt in € bis	Steuerklasse	Lohn-steuer*	BVSP**	TAGZ***	Steuerklasse	Bemessungsgrundlage für Kirchensteuer und Solidaritätszuschlag – Freibeträge für ... Kinder 0,5	**1,0**	1,5	**2,0**	2,5	**3,0**
3854,99	I,IV	**681,33**	357,50	315,08	I	578,08	479,75	386,33	297,83	214,33	135,66
	II	**626,33**	357,50	315,08	II	525,66	429,91	339,08	253,25	172,33	96,33
	III	**386,00**	357,50	315,08	III	307,33	231,33	157,66	91,00	35,00	
	V	**1065,25**	357,50	315,08	IV	629,08	578,08	528,25	479,75	432,41	386,33
	VI	**1101,50**	357,50	315,08							
3857,99	I,IV	**682,16**	357,75	315,33	I	578,91	480,50	387,08	298,58	215,00	136,33
	II	**627,16**	357,75	315,33	II	526,50	430,66	339,83	253,91	172,91	96,91
	III	**386,50**	357,75	315,33	III	308,00	232,00	158,33	91,50	35,33	
	V	**1066,33**	357,75	315,33	IV	629,91	578,91	529,08	480,50	433,16	387,08
	VI	**1102,58**	357,75	315,33							
3860,99	I,IV	**683,08**	358,08	315,58	I	579,75	481,33	387,83	299,25	215,66	137,00
	II	**628,08**	358,08	315,58	II	527,33	431,50	340,58	254,66	173,66	97,58
	III	**387,16**	358,08	315,58	III	308,66	232,50	159,00	92,00	35,83	
	V	**1067,41**	358,08	315,58	IV	630,83	579,75	529,91	481,33	434,00	387,83
	VI	**1103,66**	358,08	315,58							
3863,99	I,IV	**684,00**	358,33	315,83	I	580,58	482,08	388,58	300,00	216,33	137,58
	II	**628,91**	358,33	315,83	II	528,16	432,25	341,33	255,33	174,25	98,16
	III	**387,83**	358,33	315,83	III	309,33	233,16	159,50	92,50	36,16	
	V	**1068,41**	358,33	315,83	IV	631,66	580,58	530,75	482,08	434,75	388,58
	VI	**1104,66**	358,33	315,83							
3866,99	I,IV	**684,91**	358,58	316,08	I	581,41	482,91	389,33	300,75	217,00	138,25
	II	**629,83**	358,58	316,08	II	529,00	433,08	342,08	256,08	174,91	98,75
	III	**388,66**	358,58	316,08	III	310,00	233,83	160,16	93,00	36,66	
	V	**1069,50**	358,58	316,08	IV	632,58	581,41	531,58	482,91	435,58	389,33
	VI	**1105,75**	358,58	316,08							
3869,99	I,IV	**685,75**	358,91	316,33	I	582,25	483,75	390,16	301,41	217,75	138,91
	II	**630,66**	358,91	316,33	II	529,75	433,83	342,83	256,75	175,58	99,41
	III	**389,33**	358,91	316,33	III	310,66	234,50	160,83	93,50	37,16	
	V	**1070,58**	358,91	316,33	IV	633,41	582,25	532,41	483,75	436,33	390,16
	VI	**1106,83**	358,91	316,33							
3872,99	I,IV	**686,66**	359,16	316,58	I	583,16	484,58	390,91	302,16	218,41	139,58
	II	**631,58**	359,16	316,58	II	530,66	434,66	343,58	257,50	176,25	100,00
	III	**390,00**	359,16	316,58	III	311,33	235,16	161,33	94,00	37,50	
	V	**1071,66**	359,16	316,58	IV	634,25	583,16	533,25	484,58	437,08	390,91
	VI	**1107,91**	359,16	316,58							
3875,99	I,IV	**687,58**	359,41	316,83	I	584,00	485,33	391,66	302,91	219,08	140,16
	II	**632,41**	359,41	316,83	II	531,41	435,41	344,33	258,16	176,91	100,66
	III	**390,66**	359,41	316,83	III	312,00	235,66	162,00	94,50	38,00	
	V	**1072,66**	359,41	316,83	IV	635,16	584,00	534,08	485,33	437,91	391,66
	VI	**1109,00**	359,41	316,83							
3878,99	I,IV	**688,41**	359,75	317,08	I	584,83	486,16	392,41	303,66	219,75	140,83
	II	**633,25**	359,75	317,08	II	532,25	436,25	345,08	258,83	177,58	101,25
	III	**391,33**	359,75	317,08	III	312,66	236,33	162,66	95,16	38,33	
	V	**1073,75**	359,75	317,08	IV	636,00	584,83	534,91	486,16	438,66	392,41
	VI	**1110,08**	359,75	317,08							
3881,99	I,IV	**689,33**	360,00	317,33	I	585,66	487,00	393,16	304,33	220,41	141,50
	II	**634,16**	360,00	317,33	II	533,08	437,00	345,83	259,58	178,25	101,91
	III	**392,00**	360,00	317,33	III	313,16	237,00	163,16	95,66	38,83	
	V	**1074,83**	360,00	317,33	IV	636,91	585,66	535,75	487,00	439,50	393,16
	VI	**1111,08**	360,00	317,33							
3884,99	I,IV	**690,25**	360,33	317,58	I	586,58	487,83	394,00	305,08	221,16	142,16
	II	**635,00**	360,33	317,58	II	533,91	437,75	346,58	260,25	178,91	102,50
	III	**392,66**	360,33	317,58	III	313,83	237,66	163,83	96,16	39,33	
	V	**1075,91**	360,33	317,58	IV	637,75	586,58	536,58	487,83	440,25	394,00
	VI	**1112,16**	360,33	317,58							
3887,99	I,IV	**691,08**	360,58	317,83	I	587,41	488,58	394,75	305,83	221,83	142,75
	II	**635,91**	360,58	317,83	II	534,75	438,58	347,33	261,00	179,58	103,08
	III	**393,33**	360,58	317,83	III	314,50	238,16	164,50	96,66	39,66	
	V	**1077,00**	360,58	317,83	IV	638,66	587,41	537,41	488,58	441,08	394,75
	VI	**1113,25**	360,58	317,83							

* Zur LSt-Berechnung für privat versicherte Arbeitnehmer s. Beispiele **Vorbemerkung S. 4 f.**
** Basisvorsorgepauschale KV und PV *** Typisierter Arbeitgeberzuschuss

Lohn/ Gehalt in € bis	Steuerklasse	Lohn-steuer*	BVSP**	TAGZ***	Steuerklasse	Bemessungsgrundlage für Kirchensteuer und Solidaritätszuschlag – Freibeträge für ... Kinder 0,5	**1,0**	1,5	**2,0**	2,5	**3,0**
3890,99	I,IV	**692,00**	360,83	318,08	I	588,25	489,41	395,50	306,58	222,50	143,41
	II	**636,75**	360,83	318,08	II	535,58	439,33	348,08	261,66	180,25	103,75
	III	**394,00**	360,83	318,08	III	315,16	238,83	165,00	97,16	40,16	
	V	**1078,08**	360,83	318,08	IV	639,50	588,25	538,25	489,41	441,83	395,50
	VI	**1114,33**	360,83	318,08							
3893,99	I,IV	**692,91**	361,16	318,33	I	589,08	490,25	396,25	307,25	223,16	144,08
	II	**637,66**	361,16	318,33	II	536,41	440,16	348,83	262,41	180,91	104,33
	III	**394,66**	361,16	318,33	III	315,83	239,50	165,66	97,66	40,50	
	V	**1079,08**	361,16	318,33	IV	640,41	589,08	539,00	490,25	442,66	396,25
	VI	**1115,33**	361,16	318,33							
3896,99	I,IV	**693,83**	361,41	318,50	I	590,00	491,08	397,08	308,00	223,91	144,75
	II	**638,50**	361,41	318,50	II	537,25	440,91	349,58	263,08	181,58	105,00
	III	**395,33**	361,41	318,50	III	316,50	240,16	166,33	98,16	41,00	
	V	**1080,16**	361,41	318,50	IV	641,25	590,00	539,91	491,08	443,41	397,08
	VI	**1116,41**	361,41	318,50							
3899,99	I,IV	**694,66**	361,66	318,75	I	590,83	491,83	397,83	308,75	224,58	145,33
	II	**639,41**	361,66	318,75	II	538,08	441,75	350,33	263,83	182,25	105,58
	III	**396,00**	361,66	318,75	III	317,16	240,83	166,83	98,66	41,50	
	V	**1081,25**	361,66	318,75	IV	642,16	590,83	540,66	491,83	444,25	397,83
	VI	**1117,50**	361,66	318,75							
3902,99	I,IV	**695,58**	362,00	319,00	I	591,66	492,66	398,58	309,50	225,25	146,00
	II	**640,25**	362,00	319,00	II	538,91	442,50	351,08	264,50	182,91	106,25
	III	**396,66**	362,00	319,00	III	317,83	241,50	167,50	99,33	41,83	
	V	**1082,33**	362,00	319,00	IV	643,00	591,66	541,58	492,66	445,00	398,58
	VI	**1118,58**	362,00	319,00							
3905,99	I,IV	**696,50**	362,25	319,25	I	592,50	493,50	399,33	310,16	225,91	146,66
	II	**641,16**	362,25	319,25	II	539,75	443,33	351,83	265,25	183,58	106,83
	III	**397,33**	362,25	319,25	III	318,50	242,00	168,16	99,83	42,33	
	V	**1083,41**	362,25	319,25	IV	643,91	592,50	542,33	493,50	445,83	399,33
	VI	**1119,66**	362,25	319,25							
3908,99	I,IV	**697,41**	362,50	319,50	I	593,41	494,33	400,16	310,91	226,66	147,33
	II	**642,00**	362,50	319,50	II	540,58	444,08	352,58	265,91	184,25	107,50
	III	**398,00**	362,50	319,50	III	319,16	242,66	168,66	100,33	42,83	
	V	**1084,50**	362,50	319,50	IV	644,75	593,41	543,25	494,33	446,58	400,16
	VI	**1120,75**	362,50	319,50							
3911,99	I,IV	**698,25**	362,83	319,75	I	594,25	495,08	400,91	311,66	227,33	147,91
	II	**642,91**	362,83	319,75	II	541,41	444,91	353,33	266,66	184,91	108,08
	III	**398,66**	362,83	319,75	III	319,83	243,33	169,33	100,83	43,16	
	V	**1085,50**	362,83	319,75	IV	645,66	594,25	544,00	495,08	447,41	400,91
	VI	**1121,75**	362,83	319,75							
3914,99	I,IV	**699,16**	363,08	320,00	I	595,08	495,91	401,66	312,41	228,00	148,58
	II	**643,75**	363,08	320,00	II	542,25	445,66	354,08	267,33	185,58	108,75
	III	**399,33**	363,08	320,00	III	320,50	244,00	170,00	101,33	43,66	
	V	**1086,58**	363,08	320,00	IV	646,50	595,08	544,91	495,91	448,16	401,66
	VI	**1122,83**	363,08	320,00							
3917,99	I,IV	**700,08**	363,33	320,25	I	595,91	496,75	402,41	313,08	228,66	149,25
	II	**644,66**	363,33	320,25	II	543,08	446,50	354,83	268,08	186,25	109,33
	III	**400,00**	363,33	320,25	III	321,00	244,66	170,50	102,00	44,00	
	V	**1087,66**	363,33	320,25	IV	647,41	595,91	545,66	496,75	449,00	402,41
	VI	**1123,91**	363,33	320,25							
3920,99	I,IV	**701,00**	363,66	320,50	I	596,83	497,58	403,25	313,83	229,41	149,91
	II	**645,50**	363,66	320,50	II	543,91	447,25	355,58	268,75	186,91	110,00
	III	**400,66**	363,66	320,50	III	321,66	245,16	171,16	102,50	44,50	
	V	**1088,75**	363,66	320,50	IV	648,25	596,83	546,58	497,58	449,75	403,25
	VI	**1125,00**	363,66	320,50							
3923,99	I,IV	**701,83**	363,91	320,75	I	597,66	498,33	404,00	314,58	230,08	150,50
	II	**646,41**	363,91	320,75	II	544,75	448,08	356,33	269,50	187,58	110,58
	III	**401,33**	363,91	320,75	III	322,33	245,83	171,83	103,00	45,00	
	V	**1089,75**	363,91	320,75	IV	649,16	597,66	547,41	498,33	450,58	404,00
	VI	**1126,00**	363,91	320,75							

* Zur LSt-Berechnung für privat versicherte Arbeitnehmer s. Beispiele **Vorbemerkung S. 4 f.**

** Basisvorsorgepauschale KV und PV *** Typisierter Arbeitgeberzuschuss

Lohn/ Gehalt in € bis	Steuerklasse	Lohn- steuer*	BVSP**	TAGZ***	Steuerklasse	Bemessungsgrundlage für Kirchensteuer und Solidaritätszuschlag – Freibeträge für ... Kinder 0,5	**1,0**	1,5	**2,0**	2,5	**3,0**
3926,99	I,IV	**702,75**	364,16	321,00	I	598,50	499,16	404,75	315,33	230,75	151,16
	II	**647,25**	364,16	321,00	II	545,58	448,83	357,08	270,16	188,25	111,25
	III	**402,00**	364,16	321,00	III	323,00	246,50	172,33	103,50	45,33	
	V	**1090,83**	364,16	321,00	IV	650,00	598,50	548,25	499,16	451,33	404,75
	VI	**1127,16**	364,16	321,00							
3929,99	I,IV	**703,66**	364,50	321,25	I	599,33	500,00	405,50	316,00	231,50	151,83
	II	**648,16**	364,50	321,25	II	546,41	449,66	357,83	270,91	188,91	111,91
	III	**402,66**	364,50	321,25	III	323,66	247,16	173,00	104,00	45,83	
	V	**1091,91**	364,50	321,25	IV	650,91	599,33	549,08	500,00	452,16	405,50
	VI	**1128,16**	364,50	321,25							
3932,99	I,IV	**704,58**	364,75	321,50	I	600,25	500,83	406,33	316,75	232,16	152,50
	II	**649,00**	364,75	321,50	II	547,25	450,41	358,58	271,58	189,58	112,50
	III	**403,33**	364,75	321,50	III	324,33	247,66	173,66	104,66	46,33	
	V	**1093,00**	364,75	321,50	IV	651,75	600,25	549,91	500,83	452,91	406,33
	VI	**1129,25**	364,75	321,50							
3935,99	I,IV	**705,50**	365,00	321,75	I	601,08	501,58	407,08	317,50	232,83	153,08
	II	**649,91**	365,00	321,75	II	548,08	451,25	359,33	272,33	190,25	113,16
	III	**404,00**	365,00	321,75	III	325,00	248,33	174,16	105,16	46,66	
	V	**1094,08**	365,00	321,75	IV	652,66	601,08	550,75	501,58	453,75	407,08
	VI	**1130,33**	365,00	321,75							
3938,99	I,IV	**706,33**	365,33	322,00	I	601,91	502,41	407,91	318,25	233,58	153,75
	II	**650,75**	365,33	322,00	II	548,91	452,00	360,08	273,00	190,91	113,75
	III	**404,83**	365,33	322,00	III	325,66	249,00	174,83	105,66	47,16	
	V	**1095,16**	365,33	322,00	IV	653,50	601,91	551,58	502,41	454,58	407,91
	VI	**1131,41**	365,33	322,00							
3941,99	I,IV	**707,25**	365,58	322,25	I	602,75	503,25	408,66	319,00	234,25	154,41
	II	**651,66**	365,58	322,25	II	549,75	452,83	360,83	273,75	191,58	114,41
	III	**405,50**	365,58	322,25	III	326,33	249,66	175,50	106,16	47,66	
	V	**1096,16**	365,58	322,25	IV	654,41	602,75	552,41	503,25	455,33	408,66
	VI	**1132,41**	365,58	322,25							
3944,99	I,IV	**708,16**	365,83	322,50	I	603,66	504,08	409,41	319,75	234,91	155,08
	II	**652,50**	365,83	322,50	II	550,58	453,66	361,58	274,50	192,25	115,00
	III	**406,16**	365,83	322,50	III	327,00	250,33	176,00	106,83	48,00	0,33
	V	**1097,25**	365,83	322,50	IV	655,33	603,66	553,25	504,08	456,16	409,41
	VI	**1133,50**	365,83	322,50							
3947,99	I,IV	**709,08**	366,16	322,66	I	604,50	504,91	410,16	320,41	235,58	155,75
	II	**653,41**	366,16	322,66	II	551,41	454,41	362,33	275,16	192,91	115,66
	III	**406,83**	366,16	322,66	III	327,66	250,83	176,66	107,33	48,50	0,66
	V	**1098,33**	366,16	322,66	IV	656,16	604,50	554,08	504,91	456,91	410,16
	VI	**1134,58**	366,16	322,66							
3950,99	I,IV	**710,00**	366,41	322,91	I	605,41	505,75	411,00	321,16	236,33	156,41
	II	**654,25**	366,41	322,91	II	552,25	455,25	363,08	275,91	193,58	116,25
	III	**407,50**	366,41	322,91	III	328,33	251,50	177,33	107,83	49,00	1,00
	V	**1099,41**	366,41	322,91	IV	657,08	605,41	554,91	505,75	457,75	411,00
	VI	**1135,66**	366,41	322,91							
3953,99	I,IV	**710,83**	366,66	323,16	I	606,25	506,50	411,75	321,91	237,00	157,00
	II	**655,16**	366,66	323,16	II	553,08	456,00	363,83	276,58	194,25	116,91
	III	**408,16**	366,66	323,16	III	329,00	252,16	178,00	108,33	49,50	1,33
	V	**1100,41**	366,66	323,16	IV	657,91	606,25	555,75	506,50	458,50	411,75
	VI	**1136,75**	366,66	323,16							
3956,99	I,IV	**711,75**	367,00	323,41	I	607,08	507,33	412,50	322,66	237,66	157,66
	II	**656,08**	367,00	323,41	II	554,00	456,83	364,58	277,33	195,00	117,58
	III	**408,83**	367,00	323,41	III	329,66	252,83	178,50	109,00	49,83	1,66
	V	**1101,50**	367,00	323,41	IV	658,83	607,08	556,58	507,33	459,33	412,50
	VI	**1137,83**	367,00	323,41							
3959,99	I,IV	**712,66**	367,25	323,66	I	607,91	508,16	413,33	323,41	238,41	158,33
	II	**656,91**	367,25	323,66	II	554,75	457,58	365,33	278,00	195,66	118,16
	III	**409,50**	367,25	323,66	III	330,16	253,50	179,16	109,50	50,33	2,00
	V	**1102,58**	367,25	323,66	IV	659,66	607,91	557,41	508,16	460,08	413,33
	VI	**1138,83**	367,25	323,66							

* Zur LSt-Berechnung für privat versicherte Arbeitnehmer s. Beispiele **Vorbemerkung S. 4f.**
** Basisvorsorgepauschale KV und PV *** Typisierter Arbeitgeberzuschuss

Lohn/ Gehalt in € bis	Steuerklasse	Lohn- steuer*	BVSP**	TAGZ***	Steuerklasse	Bemessungsgrundlage für Kirchensteuer und Solidaritätszuschlag – Freibeträge für ... Kinder 0,5	**1,0**	1,5	**2,0**	2,5	**3,0**
3962,99	I,IV	**713,58**	367,50	323,91	I	608,83	509,00	414,08	324,08	239,08	159,00
	II	**657,83**	367,50	323,91	II	555,66	458,41	366,08	278,75	196,33	118,83
	III	**410,16**	367,50	323,91	III	331,00	254,16	179,83	110,00	50,83	2,50
	V	**1103,66**	367,50	323,91	IV	660,58	608,83	558,25	509,00	460,91	414,08
	VI	**1139,91**	367,50	323,91							
3965,99	I,IV	**714,50**	367,83	324,16	I	609,66	509,83	414,83	324,83	239,75	159,66
	II	**658,66**	367,83	324,16	II	556,50	459,16	366,83	279,41	197,00	119,41
	III	**410,83**	367,83	324,16	III	331,50	254,66	180,33	110,50	51,16	2,83
	V	**1104,75**	367,83	324,16	IV	661,41	609,66	559,08	509,83	461,66	414,83
	VI	**1141,00**	367,83	324,16							
3968,99	I,IV	**715,41**	368,08	324,41	I	610,50	510,66	415,66	325,58	240,50	160,33
	II	**659,58**	368,08	324,41	II	557,33	460,00	367,58	280,16	197,66	120,08
	III	**411,50**	368,08	324,41	III	332,16	255,33	181,00	111,16	51,66	3,16
	V	**1105,83**	368,08	324,41	IV	662,33	610,50	560,00	510,66	462,50	415,66
	VI	**1142,08**	368,08	324,41							
3971,99	I,IV	**716,25**	368,33	324,66	I	611,41	511,41	416,41	326,33	241,16	160,91
	II	**660,41**	368,33	324,66	II	558,16	460,75	368,33	280,91	198,33	120,66
	III	**412,16**	368,33	324,66	III	332,83	256,00	181,66	111,66	52,16	3,50
	V	**1106,83**	368,33	324,66	IV	663,25	611,41	560,83	511,41	463,33	416,41
	VI	**1143,08**	368,33	324,66							
3974,99	I,IV	**717,16**	368,66	324,91	I	612,25	512,25	417,16	327,08	241,91	161,58
	II	**661,33**	368,66	324,91	II	559,00	461,58	369,16	281,58	199,00	121,33
	III	**412,83**	368,66	324,91	III	333,50	256,66	182,16	112,16	52,66	3,83
	V	**1107,91**	368,66	324,91	IV	664,08	612,25	561,66	512,25	464,08	417,16
	VI	**1144,16**	368,66	324,91							
3977,99	I,IV	**718,08**	368,91	325,16	I	613,08	513,08	418,00	327,83	242,58	162,25
	II	**662,16**	368,91	325,16	II	559,83	462,41	369,91	282,33	199,66	122,00
	III	**413,50**	368,91	325,16	III	334,16	257,33	182,83	112,66	53,00	4,16
	V	**1109,00**	368,91	325,16	IV	665,00	613,08	562,50	513,08	464,91	418,00
	VI	**1145,25**	368,91	325,16							
3980,99	I,IV	**719,00**	369,16	325,41	I	614,00	513,91	418,75	328,58	243,25	162,91
	II	**663,08**	369,16	325,41	II	560,66	463,16	370,66	283,00	200,33	122,58
	III	**414,16**	369,16	325,41	III	334,83	258,00	183,50	113,33	53,50	4,66
	V	**1110,08**	369,16	325,41	IV	665,91	614,00	563,33	513,91	465,75	418,75
	VI	**1146,33**	369,16	325,41							
3983,99	I,IV	**719,91**	369,50	325,66	I	614,83	514,75	419,50	329,25	243,91	163,58
	II	**664,00**	369,50	325,66	II	561,50	464,00	371,41	283,75	201,00	123,25
	III	**414,83**	369,50	325,66	III	335,50	258,50	184,00	113,83	54,00	5,00
	V	**1111,16**	369,50	325,66	IV	666,75	614,83	564,16	514,75	466,50	419,50
	VI	**1147,41**	369,50	325,66							
3986,99	I,IV	**720,83**	369,75	325,91	I	615,75	515,58	420,33	330,00	244,66	164,25
	II	**664,83**	369,75	325,91	II	562,33	464,83	372,16	284,50	201,66	123,83
	III	**415,66**	369,75	325,91	III	336,16	259,16	184,66	114,33	54,50	5,33
	V	**1112,25**	369,75	325,91	IV	667,66	615,75	565,00	515,58	467,33	420,33
	VI	**1148,50**	369,75	325,91							
3989,99	I,IV	**721,75**	370,00	326,16	I	616,58	516,41	421,08	330,75	245,33	164,91
	II	**665,75**	370,00	326,16	II	563,25	465,58	372,91	285,16	202,41	124,50
	III	**416,33**	370,00	326,16	III	336,83	259,83	185,33	115,00	54,83	5,66
	V	**1113,33**	370,00	326,16	IV	668,58	616,58	565,91	516,41	468,16	421,08
	VI	**1149,58**	370,00	326,16							
3992,99	I,IV	**722,66**	370,33	326,41	I	617,41	517,16	421,91	331,50	246,08	165,58
	II	**666,66**	370,33	326,41	II	564,08	466,41	373,66	285,91	203,08	125,16
	III	**417,00**	370,33	326,41	III	337,50	260,50	186,00	115,50	55,33	6,00
	V	**1114,33**	370,33	326,41	IV	669,41	617,41	566,66	517,16	468,91	421,91
	VI	**1150,58**	370,33	326,41							
3995,99	I,IV	**723,58**	370,58	326,66	I	618,33	518,00	422,66	332,25	246,75	166,25
	II	**667,50**	370,58	326,66	II	564,91	467,25	374,50	286,66	203,75	125,75
	III	**417,66**	370,58	326,66	III	338,16	261,16	186,50	116,00	55,83	6,50
	V	**1115,41**	370,58	326,66	IV	670,33	618,33	567,58	518,00	469,75	422,66
	VI	**1151,66**	370,58	326,66							

* Zur LSt-Berechnung für privat versicherte Arbeitnehmer s. Beispiele **Vorbemerkung S. 4f.**

** Basisvorsorgepauschale KV und PV *** Typisierter Arbeitgeberzuschuss

Lohn/ Gehalt in € bis	Steuerklasse	Lohn-steuer*	BVSP**	TAGZ***	Steuerklasse	Bemessungsgrundlage für Kirchensteuer und Solidaritätszuschlag					
						Freibeträge für ... Kinder					
						0,5	**1,0**	1,5	**2,0**	2,5	**3,0**
3998,99	I,IV	**724,41**	370,83	326,91	I	619,16	518,83	423,41	333,00	247,41	166,83
	II	**668,41**	370,83	326,91	II	565,75	468,00	375,16	287,33	204,41	126,41
	III	**418,33**	370,83	326,91	III	338,83	261,83	187,16	116,66	56,33	6,83
	V	**1116,50**	370,83	326,91	IV	671,16	619,16	568,41	518,83	470,50	423,41
	VI	**1152,75**	370,83	326,91							
4001,99	I,IV	**725,33**	371,16	327,08	I	620,08	519,66	424,25	333,75	248,16	167,50
	II	**669,33**	371,16	327,08	II	566,58	468,83	376,00	288,08	205,08	127,08
	III	**419,00**	371,16	327,08	III	339,50	262,33	187,83	117,16	56,66	7,16
	V	**1117,58**	371,16	327,08	IV	672,08	620,08	569,25	519,66	471,33	424,25
	VI	**1153,83**	371,16	327,08							
4004,99	I,IV	**726,25**	371,41	327,33	I	620,91	520,50	425,00	334,50	248,83	168,16
	II	**670,16**	371,41	327,33	II	567,41	469,58	376,75	288,75	205,75	127,66
	III	**419,66**	371,41	327,33	III	340,16	263,00	188,33	117,66	57,16	7,50
	V	**1118,58**	371,41	327,33	IV	673,00	620,91	570,08	520,50	472,16	425,00
	VI	**1154,91**	371,41	327,33							
4007,99	I,IV	**727,16**	371,66	327,58	I	621,75	521,33	425,83	335,25	249,58	168,83
	II	**671,08**	371,66	327,58	II	568,25	470,41	377,50	289,50	206,41	128,33
	III	**420,33**	371,66	327,58	III	340,83	263,66	189,00	118,33	57,66	8,00
	V	**1119,66**	371,66	327,58	IV	673,83	621,75	570,91	521,33	472,91	425,83
	VI	**1156,00**	371,66	327,58							
4010,99	I,IV	**728,08**	372,00	327,83	I	622,66	522,16	426,58	335,91	250,25	169,50
	II	**671,91**	372,00	327,83	II	569,08	471,25	378,25	290,25	207,08	129,00
	III	**421,00**	372,00	327,83	III	341,50	264,33	189,66	118,83	58,16	8,33
	V	**1120,75**	372,00	327,83	IV	674,75	622,66	571,75	522,16	473,75	426,58
	VI	**1157,00**	372,00	327,83							
4013,99	I,IV	**729,00**	372,25	328,08	I	623,50	523,00	427,41	336,66	251,00	170,16
	II	**672,83**	372,25	328,08	II	570,00	472,00	379,00	290,91	207,83	129,58
	III	**421,66**	372,25	328,08	III	342,16	265,00	190,33	119,33	58,66	8,66
	V	**1121,83**	372,25	328,08	IV	675,66	623,50	572,66	523,00	474,58	427,41
	VI	**1158,08**	372,25	328,08							
4016,99	I,IV	**729,91**	372,50	328,33	I	624,33	523,83	428,16	337,41	251,66	170,83
	II	**673,75**	372,50	328,33	II	570,83	472,83	379,75	291,66	208,50	130,25
	III	**422,33**	372,50	328,33	III	342,83	265,50	190,83	120,00	59,00	9,00
	V	**1122,91**	372,50	328,33	IV	676,50	624,33	573,50	523,83	475,33	428,16
	VI	**1159,16**	372,50	328,33							
4019,99	I,IV	**730,83**	372,83	328,58	I	625,25	524,66	428,91	338,16	252,33	171,50
	II	**674,58**	372,83	328,58	II	571,66	473,66	380,58	292,41	209,16	130,91
	III	**423,16**	372,83	328,58	III	343,50	266,16	191,50	120,50	59,50	9,50
	V	**1124,00**	372,83	328,58	IV	677,41	625,25	574,33	524,66	476,16	428,91
	VI	**1160,25**	372,83	328,58							
4022,99	I,IV	**731,66**	373,08	328,83	I	626,08	525,41	429,75	338,91	253,08	172,16
	II	**675,50**	373,08	328,83	II	572,50	474,41	381,33	293,08	209,83	131,50
	III	**423,83**	373,08	328,83	III	344,16	266,83	192,16	121,00	60,00	9,83
	V	**1125,00**	373,08	328,83	IV	678,25	626,08	575,16	525,41	477,00	429,75
	VI	**1161,25**	373,08	328,83							
4025,99	I,IV	**732,66**	373,33	329,08	I	627,00	526,25	430,50	339,66	253,75	172,83
	II	**676,41**	373,33	329,08	II	573,33	475,25	382,08	293,83	210,50	132,16
	III	**424,50**	373,33	329,08	III	344,66	267,50	192,66	121,66	60,50	10,16
	V	**1126,08**	373,33	329,08	IV	679,16	627,00	576,00	526,25	477,75	430,50
	VI	**1162,33**	373,33	329,08							
4028,99	I,IV	**733,50**	373,66	329,33	I	627,83	527,08	431,25	340,41	254,50	173,41
	II	**677,25**	373,66	329,33	II	574,16	476,00	382,83	294,58	211,16	132,75
	III	**425,16**	373,66	329,33	III	345,33	268,16	193,33	122,16	61,00	10,50
	V	**1127,16**	373,66	329,33	IV	680,08	627,83	576,83	527,08	478,58	431,25
	VI	**1163,41**	373,66	329,33							
4031,99	I,IV	**734,41**	373,91	329,58	I	628,75	527,91	432,08	341,16	255,16	174,16
	II	**678,16**	373,91	329,58	II	575,08	476,83	383,58	295,25	211,91	133,41
	III	**425,83**	373,91	329,58	III	346,16	268,83	194,00	122,83	61,50	11,00
	V	**1128,25**	373,91	329,58	IV	681,00	628,75	577,75	527,91	479,41	432,08
	VI	**1164,50**	373,91	329,58							

* Zur LSt-Berechnung für privat versicherte Arbeitnehmer s. Beispiele **Vorbemerkung S. 4f.**
** Basisvorsorgepauschale KV und PV *** Typisierter Arbeitgeberzuschuss

Lohn/ Gehalt in € bis	Steuerklasse	Lohn-steuer*	BVSP**	TAGZ***	Steuerklasse	Bemessungsgrundlage für Kirchensteuer und Solidaritätszuschlag – Freibeträge für ... Kinder 0,5	**1,0**	1,5	**2,0**	2,5	**3,0**
4034,99	I,IV	**735,33**	374,16	329,83	I	629,58	528,75	432,83	341,91	255,83	174,75
	II	**679,08**	374,16	329,83	II	575,91	477,66	384,33	296,00	212,58	134,08
	III	**426,50**	374,16	329,83	III	346,66	269,50	194,66	123,33	61,83	11,33
	V	**1 129,33**	374,16	329,83	IV	681,83	629,58	578,58	528,75	480,16	432,83
	VI	**1 165,58**	374,16	329,83							
4037,99	I,IV	**736,25**	374,50	330,08	I	630,50	529,58	433,66	342,66	256,58	175,41
	II	**679,91**	374,50	330,08	II	576,75	478,50	385,16	296,75	213,25	134,75
	III	**427,16**	374,50	330,08	III	347,33	270,00	195,16	123,83	62,33	11,66
	V	**1 130,41**	374,50	330,08	IV	682,75	630,50	579,41	529,58	481,00	433,66
	VI	**1 166,66**	374,50	330,08							
4040,99	I,IV	**737,16**	374,75	330,33	I	631,33	530,41	434,41	343,41	257,25	176,08
	II	**680,83**	374,75	330,33	II	577,58	479,25	385,91	297,41	213,91	135,33
	III	**427,83**	374,75	330,33	III	348,00	270,66	195,83	124,50	62,83	12,00
	V	**1 131,41**	374,75	330,33	IV	683,66	631,33	580,25	530,41	481,83	434,41
	VI	**1 167,66**	374,75	330,33							
4043,99	I,IV	**738,08**	375,00	330,58	I	632,16	531,25	435,25	344,16	258,00	176,75
	II	**681,75**	375,00	330,58	II	578,41	480,08	386,66	298,16	214,58	136,00
	III	**428,50**	375,00	330,58	III	348,66	271,33	196,50	125,00	63,33	12,50
	V	**1 132,50**	375,00	330,58	IV	684,50	632,16	581,08	531,25	482,66	435,25
	VI	**1 168,75**	375,00	330,58							
4046,99	I,IV	**739,00**	375,33	330,83	I	633,08	532,08	436,00	344,91	258,66	177,41
	II	**682,58**	375,33	330,83	II	579,25	480,91	387,41	298,91	215,25	136,66
	III	**429,16**	375,33	330,83	III	349,33	272,00	197,00	125,50	63,83	12,83
	V	**1 133,58**	375,33	330,83	IV	685,41	633,08	581,91	532,08	483,41	436,00
	VI	**1 169,83**	375,33	330,83							
4049,99	I,IV	**739,91**	375,58	331,08	I	633,91	532,91	436,83	345,66	259,41	178,08
	II	**683,50**	375,58	331,08	II	580,16	481,66	388,16	299,58	216,00	137,25
	III	**429,83**	375,58	331,08	III	350,00	272,66	197,66	126,16	64,16	13,16
	V	**1 134,66**	375,58	331,08	IV	686,33	633,91	582,83	532,91	484,25	436,83
	VI	**1 170,91**	375,58	331,08							
4052,99	I,IV	**740,83**	375,83	331,25	I	634,83	533,75	437,58	346,33	260,08	178,75
	II	**684,41**	375,83	331,25	II	581,00	482,50	388,91	300,33	216,66	137,91
	III	**430,50**	375,83	331,25	III	350,66	273,33	198,33	126,66	64,66	13,66
	V	**1 135,66**	375,83	331,25	IV	687,16	634,83	583,66	533,75	485,00	437,58
	VI	**1 172,00**	375,83	331,25							
4055,99	I,IV	**741,75**	376,16	331,50	I	635,66	534,58	438,41	347,16	260,83	179,41
	II	**685,33**	376,16	331,50	II	581,83	483,33	389,75	301,08	217,33	138,58
	III	**431,33**	376,16	331,50	III	351,33	274,00	199,00	127,33	65,16	14,00
	V	**1 136,75**	376,16	331,50	IV	688,08	635,66	584,50	534,58	485,83	438,41
	VI	**1 173,08**	376,16	331,50							
4058,99	I,IV	**742,66**	376,41	331,75	I	636,58	535,41	439,16	347,83	261,50	180,08
	II	**686,16**	376,41	331,75	II	582,66	484,08	390,50	301,75	218,00	139,16
	III	**432,00**	376,41	331,75	III	352,00	274,50	199,50	127,83	65,66	14,33
	V	**1 137,83**	376,41	331,75	IV	689,00	636,58	585,33	535,41	486,66	439,16
	VI	**1 174,08**	376,41	331,75							
4061,99	I,IV	**743,58**	376,75	332,00	I	637,41	536,25	440,00	348,66	262,25	180,75
	II	**687,08**	376,75	332,00	II	583,50	484,91	391,25	302,50	218,75	139,83
	III	**432,66**	376,75	332,00	III	352,66	275,16	200,16	128,33	66,16	14,83
	V	**1 138,91**	376,75	332,00	IV	689,91	637,41	586,25	536,25	487,50	440,00
	VI	**1 175,16**	376,75	332,00							
4064,99	I,IV	**744,50**	377,00	332,25	I	638,33	537,08	440,75	349,33	262,91	181,41
	II	**687,91**	377,00	332,25	II	584,33	485,75	392,00	303,25	219,41	140,50
	III	**433,33**	377,00	332,25	III	353,33	275,83	200,83	129,00	66,66	15,16
	V	**1 140,00**	377,00	332,25	IV	690,75	638,33	587,08	537,08	488,25	440,75
	VI	**1 176,25**	377,00	332,25							
4067,99	I,IV	**745,41**	377,25	332,50	I	639,16	537,91	441,58	350,08	263,66	182,08
	II	**688,83**	377,25	332,50	II	585,25	486,58	392,83	304,00	220,08	141,16
	III	**434,00**	377,25	332,50	III	354,00	276,50	201,50	129,50	67,16	15,50
	V	**1 141,08**	377,25	332,50	IV	691,66	639,16	587,91	537,91	489,08	441,58
	VI	**1 177,33**	377,25	332,50							

* Zur LSt-Berechnung für privat versicherte Arbeitnehmer s. Beispiele **Vorbemerkung S. 4 f.**
** Basisvorsorgepauschale KV und PV *** Typisierter Arbeitgeberzuschuss

Lohn/ Gehalt in € bis	Steuerklasse	Lohnsteuer*	BVSP**	TAGZ***	Steuerklasse	Bemessungsgrundlage für Kirchensteuer und Solidaritätszuschlag – Freibeträge für ... Kinder 0,5	1,0	1,5	2,0	2,5	3,0
4070,99	I,IV	**746,33**	377,58	332,75	I	640,00	538,75	442,33	350,83	264,33	182,75
	II	**689,75**	377,58	332,75	II	586,08	487,33	393,58	304,66	220,75	141,75
	III	**434,66**	377,58	332,75	III	354,66	277,16	202,00	130,16	67,66	16,00
	V	**1142,08**	377,58	332,75	IV	692,58	640,00	588,75	538,75	489,91	442,33
	VI	**1178,33**	377,58	332,75							
4073,99	I,IV	**747,25**	377,83	333,00	I	640,91	539,58	443,08	351,58	265,08	183,41
	II	**690,66**	377,83	333,00	II	586,91	488,16	394,33	305,41	221,50	142,41
	III	**435,33**	377,83	333,00	III	355,33	277,83	202,66	130,66	68,00	16,33
	V	**1143,16**	377,83	333,00	IV	693,50	640,91	589,66	539,58	490,75	443,08
	VI	**1179,41**	377,83	333,00							
4076,99	I,IV	**748,16**	378,08	333,25	I	641,75	540,41	443,91	352,33	265,75	184,08
	II	**691,50**	378,08	333,25	II	587,75	489,00	395,08	306,16	222,16	143,08
	III	**436,00**	378,08	333,25	III	356,00	278,33	203,33	131,16	68,50	16,66
	V	**1144,25**	378,08	333,25	IV	694,33	641,75	590,50	540,41	491,50	443,91
	VI	**1180,50**	378,08	333,25							
4079,99	I,IV	**749,08**	378,41	333,50	I	642,66	541,25	444,66	353,08	266,50	184,75
	II	**692,41**	378,41	333,50	II	588,66	489,83	395,83	306,91	222,83	143,75
	III	**436,83**	378,41	333,50	III	356,66	279,00	204,00	131,83	69,00	17,16
	V	**1145,33**	378,41	333,50	IV	695,25	642,66	591,33	541,25	492,33	444,66
	VI	**1181,58**	378,41	333,50							
4082,99	I,IV	**750,00**	378,66	333,75	I	643,50	542,08	445,50	353,83	267,16	185,41
	II	**693,33**	378,66	333,75	II	589,50	490,58	396,66	307,58	223,50	144,33
	III	**437,50**	378,66	333,75	III	357,33	279,66	204,50	132,33	69,50	17,50
	V	**1146,41**	378,66	333,75	IV	696,16	643,50	592,16	542,08	493,16	445,50
	VI	**1182,66**	378,66	333,75							
4085,99	I,IV	**750,91**	378,91	334,00	I	644,41	542,91	446,25	354,58	267,91	186,08
	II	**694,25**	378,91	334,00	II	590,33	491,41	397,41	308,33	224,16	145,00
	III	**438,16**	378,91	334,00	III	358,00	280,33	205,16	133,00	70,00	17,83
	V	**1147,50**	378,91	334,00	IV	697,08	644,41	593,00	542,91	494,00	446,25
	VI	**1183,75**	378,91	334,00							
4088,99	I,IV	**751,83**	379,25	334,25	I	645,25	543,75	447,08	355,33	268,58	186,75
	II	**695,08**	379,25	334,25	II	591,16	492,25	398,16	309,08	224,91	145,66
	III	**438,83**	379,25	334,25	III	358,66	281,00	205,83	133,50	70,50	18,33
	V	**1148,50**	379,25	334,25	IV	697,91	645,25	593,91	543,75	494,75	447,08
	VI	**1184,75**	379,25	334,25							
4091,99	I,IV	**752,75**	379,50	334,50	I	646,16	544,58	447,83	356,08	269,33	187,41
	II	**696,00**	379,50	334,50	II	592,08	493,00	398,91	309,83	225,58	146,33
	III	**439,50**	379,50	334,50	III	359,33	281,66	206,33	134,16	71,00	18,66
	V	**1149,58**	379,50	334,50	IV	698,83	646,16	594,75	544,58	495,58	447,83
	VI	**1185,83**	379,50	334,50							
4094,99	I,IV	**753,66**	379,75	334,75	I	647,00	545,41	448,66	356,83	270,00	188,08
	II	**696,91**	379,75	334,75	II	592,91	493,83	399,75	310,50	226,25	146,91
	III	**440,16**	379,75	334,75	III	360,00	282,33	207,00	134,66	71,50	19,00
	V	**1150,66**	379,75	334,75	IV	699,75	647,00	595,58	545,41	496,41	448,66
	VI	**1186,91**	379,75	334,75							
4097,99	I,IV	**754,58**	380,08	335,00	I	647,91	546,25	449,50	357,66	270,75	188,75
	II	**697,83**	380,08	335,00	II	593,75	494,66	400,50	311,25	227,00	147,58
	III	**440,83**	380,08	335,00	III	360,66	282,83	207,66	135,33	72,00	19,50
	V	**1151,75**	380,08	335,00	IV	700,66	647,91	596,50	546,25	497,25	449,50
	VI	**1188,00**	380,08	335,00							
4100,99	I,IV	**755,50**	380,33	335,25	I	648,75	547,08	450,25	358,33	271,41	189,41
	II	**698,66**	380,33	335,25	II	594,58	495,50	401,25	312,00	227,66	148,25
	III	**441,50**	380,33	335,25	III	361,33	283,50	208,16	135,83	72,50	19,83
	V	**1152,75**	380,33	335,25	IV	701,50	648,75	597,33	547,08	498,00	450,25
	VI	**1189,00**	380,33	335,25							
4103,99	I,IV	**756,41**	380,58	335,50	I	649,66	547,91	451,08	359,16	272,16	190,08
	II	**699,58**	380,58	335,50	II	595,50	496,33	402,00	312,75	228,33	148,91
	III	**442,16**	380,58	335,50	III	362,00	284,16	208,83	136,50	73,00	20,33
	V	**1153,83**	380,58	335,50	IV	702,41	649,66	598,16	547,91	498,83	451,08
	VI	**1190,16**	380,58	335,50							

* Zur LSt-Berechnung für privat versicherte Arbeitnehmer s. Beispiele **Vorbemerkung S. 4 f.**
** Basisvorsorgepauschale KV und PV *** Typisierter Arbeitgeberzuschuss

Lohn/ Gehalt in € bis	Steuerklasse	**Lohn-steuer***	BVSP**	TAGZ***	Steuerklasse	Bemessungsgrundlage für Kirchensteuer und Solidaritätszuschlag – Freibeträge für ... Kinder 0,5	**1,0**	1,5	**2,0**	2,5	**3,0**
4106,99	I,IV	**757,33**	380,91	335,66	I	650,58	548,75	451,83	359,83	272,83	190,75
	II	**700,50**	380,91	335,66	II	596,33	497,08	402,83	313,41	229,00	149,50
	III	**443,00**	380,91	335,66	III	362,66	284,83	209,50	137,00	73,33	20,66
	V	**1154,91**	380,91	335,66	IV	703,33	650,58	599,00	548,75	499,66	451,83
	VI	**1191,16**	380,91	335,66							
4109,99	I,IV	**758,25**	381,16	335,91	I	651,41	549,58	452,66	360,66	273,58	191,41
	II	**701,41**	381,16	335,91	II	597,16	497,91	403,58	314,16	229,75	150,16
	III	**443,66**	381,16	335,91	III	363,33	285,50	210,16	137,66	73,83	21,00
	V	**1156,00**	381,16	335,91	IV	704,25	651,41	599,91	549,58	500,50	452,66
	VI	**1192,25**	381,16	335,91							
4112,99	I,IV	**759,16**	381,41	336,16	I	652,33	550,41	453,41	361,41	274,25	192,08
	II	**702,25**	381,41	336,16	II	598,00	498,75	404,33	314,91	230,41	150,83
	III	**444,33**	381,41	336,16	III	364,00	286,16	210,66	138,16	74,33	21,50
	V	**1157,08**	381,41	336,16	IV	705,08	652,33	600,75	550,41	501,25	453,41
	VI	**1193,33**	381,41	336,16							
4115,99	I,IV	**760,08**	381,75	336,41	I	653,16	551,25	454,25	362,16	275,00	192,75
	II	**703,16**	381,75	336,41	II	598,91	499,58	405,16	315,66	231,08	151,50
	III	**445,00**	381,75	336,41	III	364,66	286,83	211,33	138,83	74,83	21,83
	V	**1158,16**	381,75	336,41	IV	706,00	653,16	601,58	551,25	502,08	454,25
	VI	**1194,41**	381,75	336,41							
4118,99	I,IV	**761,00**	382,00	336,66	I	654,08	552,08	455,00	362,91	275,66	193,41
	II	**704,08**	382,00	336,66	II	599,75	500,33	405,91	316,33	231,75	152,08
	III	**445,66**	382,00	336,66	III	365,33	287,50	212,00	139,33	75,33	22,33
	V	**1159,16**	382,00	336,66	IV	706,91	654,08	602,41	552,08	502,91	455,00
	VI	**1195,41**	382,00	336,66							
4121,99	I,IV	**761,91**	382,25	336,91	I	654,91	552,91	455,83	363,66	276,41	194,16
	II	**705,00**	382,25	336,91	II	600,58	501,16	406,66	317,08	232,50	152,75
	III	**446,33**	382,25	336,91	III	366,00	288,00	212,66	140,00	75,83	22,66
	V	**1160,25**	382,25	336,91	IV	707,83	654,91	603,33	552,91	503,75	455,83
	VI	**1196,50**	382,25	336,91							
4124,99	I,IV	**762,83**	382,58	337,16	I	655,83	553,75	456,58	364,41	277,16	194,75
	II	**705,83**	382,58	337,16	II	601,50	502,00	407,41	317,83	233,16	153,41
	III	**447,00**	382,58	337,16	III	366,66	288,66	213,16	140,50	76,33	23,00
	V	**1161,33**	382,58	337,16	IV	708,66	655,83	604,16	553,75	504,58	456,58
	VI	**1197,58**	382,58	337,16							
4127,99	I,IV	**763,75**	382,83	337,41	I	656,75	554,58	457,41	365,16	277,83	195,50
	II	**706,75**	382,83	337,41	II	602,33	502,83	408,25	318,58	233,83	154,08
	III	**447,66**	382,83	337,41	III	367,33	289,33	213,83	141,16	76,83	23,50
	V	**1162,41**	382,83	337,41	IV	709,58	656,75	605,00	554,58	505,41	457,41
	VI	**1198,66**	382,83	337,41							
4130,99	I,IV	**764,66**	383,08	337,66	I	657,58	555,41	458,16	365,91	278,58	196,16
	II	**707,66**	383,08	337,66	II	603,16	503,58	409,00	319,33	234,58	154,75
	III	**448,33**	383,08	337,66	III	368,00	290,00	214,50	141,66	77,33	23,83
	V	**1163,41**	383,08	337,66	IV	710,50	657,58	605,91	555,41	506,16	458,16
	VI	**1199,75**	383,08	337,66							
4133,99	I,IV	**765,58**	383,41	337,91	I	658,50	556,25	459,00	366,66	279,25	196,83
	II	**708,58**	383,41	337,91	II	604,08	504,41	409,75	320,08	235,25	155,41
	III	**449,16**	383,41	337,91	III	368,66	290,66	215,16	142,33	77,83	24,33
	V	**1164,50**	383,41	337,91	IV	711,41	658,50	606,75	556,25	507,00	459,00
	VI	**1200,83**	383,41	337,91							
4136,99	I,IV	**766,50**	383,66	338,16	I	659,33	557,08	459,83	367,41	280,00	197,50
	II	**709,50**	383,66	338,16	II	604,91	505,25	410,58	320,75	235,91	156,00
	III	**449,83**	383,66	338,16	III	369,33	291,33	215,66	142,83	78,33	24,66
	V	**1165,58**	383,66	338,16	IV	712,33	659,33	607,58	557,08	507,83	459,83
	VI	**1201,83**	383,66	338,16							
4139,99	I,IV	**767,41**	383,91	338,41	I	660,25	557,91	460,58	368,16	280,75	198,16
	II	**710,41**	383,91	338,41	II	605,75	506,08	411,33	321,50	236,66	156,66
	III	**450,50**	383,91	338,41	III	370,00	292,00	216,33	143,50	78,83	25,16
	V	**1166,66**	383,91	338,41	IV	713,25	660,25	608,50	557,91	508,66	460,58
	VI	**1202,91**	383,91	338,41							

* Zur LSt-Berechnung für privat versicherte Arbeitnehmer s. Beispiele **Vorbemerkung S. 4 f.**
** Basisvorsorgepauschale KV und PV *** Typisierter Arbeitgeberzuschuss

Lohn/ Gehalt in € bis	Steuerklasse	Lohn- steuer*	BVSP**	TAGZ***	Steuerklasse	Bemessungsgrundlage für Kirchensteuer und Solidaritätszuschlag – Freibeträge für ... Kinder 0,5	**1,0**	1,5	**2,0**	2,5	**3,0**
4 142,99	I,IV	**768,33**	384,25	338,66	I	661,08	558,75	461,41	368,91	281,41	198,83
	II	**711,25**	384,25	338,66	II	606,58	506,91	412,08	322,25	237,33	157,33
	III	**451,16**	384,25	338,66	III	370,66	292,66	217,00	144,00	79,33	25,50
	V	**1 167,75**	384,25	338,66	IV	714,08	661,08	609,33	558,75	509,50	461,41
	VI	**1 204,00**	384,25	338,66							
4 145,99	I,IV	**769,33**	384,50	338,91	I	662,00	559,66	462,16	369,66	282,16	199,50
	II	**712,16**	384,50	338,91	II	607,50	507,75	412,91	323,00	238,00	158,00
	III	**451,83**	384,50	338,91	III	371,33	293,16	217,66	144,66	79,83	25,83
	V	**1 168,83**	384,50	338,91	IV	715,00	662,00	610,16	559,66	510,33	462,16
	VI	**1 205,08**	384,50	338,91							
4 148,99	I,IV	**770,16**	384,75	339,16	I	662,83	560,50	463,00	370,41	282,83	200,16
	II	**713,08**	384,75	339,16	II	608,33	508,50	413,66	323,75	238,66	158,66
	III	**452,50**	384,75	339,16	III	372,00	293,83	218,16	145,16	80,33	26,33
	V	**1 169,83**	384,75	339,16	IV	715,91	662,83	611,08	560,50	511,08	463,00
	VI	**1 206,08**	384,75	339,16							
4 151,99	I,IV	**771,16**	385,08	339,41	I	663,75	561,33	463,83	371,25	283,58	200,83
	II	**714,00**	385,08	339,41	II	609,25	509,33	414,41	324,50	239,41	159,33
	III	**453,16**	385,08	339,41	III	372,66	294,50	218,83	145,83	80,83	26,66
	V	**1 170,91**	385,08	339,41	IV	716,83	663,75	611,91	561,33	511,91	463,83
	VI	**1 207,16**	385,08	339,41							
4 154,99	I,IV	**772,08**	385,33	339,66	I	664,66	562,16	464,58	372,00	284,25	201,50
	II	**714,91**	385,33	339,66	II	610,08	510,16	415,25	325,16	240,08	159,91
	III	**454,00**	385,33	339,66	III	373,33	295,16	219,50	146,50	81,33	27,16
	V	**1 172,00**	385,33	339,66	IV	717,75	664,66	612,75	562,16	512,75	464,58
	VI	**1 208,25**	385,33	339,66							
4 157,99	I,IV	**773,00**	385,58	339,83	I	665,50	563,00	465,41	372,75	285,00	202,25
	II	**715,83**	385,58	339,83	II	610,91	511,00	416,00	325,91	240,83	160,58
	III	**454,66**	385,58	339,83	III	374,00	295,83	220,16	147,00	81,83	27,50
	V	**1 173,08**	385,58	339,83	IV	718,66	665,50	613,66	563,00	513,58	465,41
	VI	**1 209,33**	385,58	339,83							
4 160,99	I,IV	**773,91**	385,91	340,08	I	666,41	563,83	466,16	373,50	285,75	202,91
	II	**716,66**	385,91	340,08	II	611,75	511,83	416,75	326,66	241,50	161,25
	III	**455,33**	385,91	340,08	III	374,66	296,50	220,66	147,66	82,33	28,00
	V	**1 174,16**	385,91	340,08	IV	719,50	666,41	614,50	563,83	514,41	466,16
	VI	**1 210,41**	385,91	340,08							
4 163,99	I,IV	**774,83**	386,16	340,33	I	667,33	564,66	467,00	374,25	286,41	203,58
	II	**717,58**	386,16	340,33	II	612,66	512,66	417,58	327,41	242,16	161,91
	III	**456,00**	386,16	340,33	III	375,33	297,16	221,33	148,16	82,83	28,33
	V	**1 175,25**	386,16	340,33	IV	720,41	667,33	615,41	564,66	515,25	467,00
	VI	**1 211,50**	386,16	340,33							
4 166,99	I,IV	**775,75**	386,41	340,58	I	668,16	565,50	467,83	375,00	287,16	204,25
	II	**718,50**	386,41	340,58	II	613,50	513,41	418,33	328,16	242,91	162,58
	III	**456,66**	386,41	340,58	III	376,00	297,83	222,00	148,83	83,33	28,83
	V	**1 176,25**	386,41	340,58	IV	721,33	668,16	616,25	565,50	516,00	467,83
	VI	**1 212,50**	386,41	340,58							
4 169,99	I,IV	**776,66**	386,75	340,83	I	669,08	566,33	468,58	375,75	287,91	204,91
	II	**719,41**	386,75	340,83	II	614,41	514,25	419,08	328,91	243,58	163,25
	III	**457,33**	386,75	340,83	III	376,66	298,33	222,66	149,33	83,83	29,16
	V	**1 177,33**	386,75	340,83	IV	722,25	669,08	617,08	566,33	516,83	468,58
	VI	**1 213,58**	386,75	340,83							
4 172,99	I,IV	**777,58**	387,00	341,08	I	669,91	567,16	469,41	376,50	288,58	205,58
	II	**720,33**	387,00	341,08	II	615,25	515,08	419,91	329,58	244,25	163,83
	III	**458,00**	387,00	341,08	III	377,33	299,00	223,33	150,00	84,33	29,66
	V	**1 178,41**	387,00	341,08	IV	723,16	669,91	617,91	567,16	517,66	469,41
	VI	**1 214,66**	387,00	341,08							
4 175,99	I,IV	**778,58**	387,25	341,33	I	670,83	568,08	470,25	377,33	289,33	206,25
	II	**721,25**	387,25	341,33	II	616,08	515,91	420,66	330,33	245,00	164,50
	III	**458,83**	387,25	341,33	III	378,00	299,66	223,83	150,66	84,83	30,00
	V	**1 179,50**	387,25	341,33	IV	724,08	670,83	618,83	568,08	518,50	470,25
	VI	**1 215,75**	387,25	341,33							

* Zur LSt-Berechnung für privat versicherte Arbeitnehmer s. Beispiele **Vorbemerkung S. 4 f.**
** Basisvorsorgepauschale KV und PV *** Typisierter Arbeitgeberzuschuss

Lohn/ Gehalt in € bis	Steuerklasse	Lohn-steuer*	BVSP**	TAGZ***	Steuerklasse	Bemessungsgrundlage für Kirchensteuer und Solidaritätszuschlag – Freibeträge für ... Kinder 0,5	1,0	1,5	2,0	2,5	3,0
4178,99	I,IV	**779,50**	387,58	341,58	I	671,75	568,91	471,00	378,08	290,00	206,91
	II	**722,08**	387,58	341,58	II	617,00	516,75	421,41	331,08	245,66	165,16
	III	**459,50**	387,58	341,58	III	378,66	300,33	224,50	151,16	85,33	30,50
	V	**1180,50**	387,58	341,58	IV	725,00	671,75	619,66	568,91	519,33	471,00
	VI	**1216,83**	387,58	341,58							
4181,99	I,IV	**780,41**	387,83	341,83	I	672,58	569,75	471,83	378,83	290,75	207,66
	II	**723,00**	387,83	341,83	II	617,83	517,58	422,25	331,83	246,41	165,83
	III	**460,16**	387,83	341,83	III	379,33	301,00	225,16	151,83	85,83	30,83
	V	**1181,58**	387,83	341,83	IV	725,91	672,58	620,58	569,75	520,16	471,83
	VI	**1217,91**	387,83	341,83							
4184,99	I,IV	**781,33**	388,08	342,08	I	673,50	570,58	472,58	379,58	291,50	208,33
	II	**723,91**	388,08	342,08	II	618,66	518,41	423,00	332,58	247,08	166,50
	III	**460,83**	388,08	342,08	III	380,00	301,66	225,83	152,33	86,33	31,33
	V	**1182,66**	388,08	342,08	IV	726,75	673,50	621,41	570,58	521,00	472,58
	VI	**1218,91**	388,08	342,08							
4187,99	I,IV	**782,25**	388,41	342,33	I	674,41	571,41	473,41	380,33	292,16	209,00
	II	**724,83**	388,41	342,33	II	619,58	519,25	423,83	333,33	247,75	167,16
	III	**461,50**	388,41	342,33	III	380,66	302,33	226,50	153,00	87,00	31,66
	V	**1183,75**	388,41	342,33	IV	727,75	674,41	622,33	571,41	521,83	473,41
	VI	**1220,00**	388,41	342,33							
4190,99	I,IV	**783,16**	388,66	342,58	I	675,25	572,25	474,25	381,08	292,91	209,66
	II	**725,75**	388,66	342,58	II	620,41	520,00	424,58	334,08	248,50	167,83
	III	**462,16**	388,66	342,58	III	381,33	303,00	227,00	153,66	87,50	32,16
	V	**1184,83**	388,66	342,58	IV	728,58	675,25	623,16	572,25	522,66	474,25
	VI	**1221,08**	388,66	342,58							
4193,99	I,IV	**784,08**	388,91	342,83	I	676,16	573,16	475,00	381,83	293,66	210,33
	II	**726,66**	388,91	342,83	II	621,33	520,83	425,33	334,83	249,16	168,50
	III	**462,83**	388,91	342,83	III	382,00	303,66	227,66	154,16	88,00	32,50
	V	**1185,91**	388,91	342,83	IV	729,50	676,16	624,00	573,16	523,50	475,00
	VI	**1222,16**	388,91	342,83							
4196,99	I,IV	**785,00**	389,25	343,08	I	677,00	574,00	475,83	382,66	294,33	211,00
	II	**727,58**	389,25	343,08	II	622,16	521,66	426,16	335,50	249,83	169,16
	III	**463,50**	389,25	343,08	III	382,66	304,16	228,33	154,83	88,50	33,00
	V	**1186,91**	389,25	343,08	IV	730,41	677,00	624,91	574,00	524,25	475,83
	VI	**1223,16**	389,25	343,08							
4199,99	I,IV	**786,00**	389,50	343,33	I	677,91	574,83	476,66	383,41	295,08	211,75
	II	**728,50**	389,50	343,33	II	623,00	522,50	426,91	336,33	250,58	169,83
	III	**464,33**	389,50	343,33	III	383,33	305,00	229,00	155,50	89,00	33,33
	V	**1188,00**	389,50	343,33	IV	731,33	677,91	625,75	574,83	525,08	476,66
	VI	**1224,25**	389,50	343,33							
4202,99	I,IV	**786,91**	389,75	343,58	I	678,83	575,66	477,41	384,16	295,83	212,41
	II	**729,41**	389,75	343,58	II	623,91	523,33	427,75	337,00	251,25	170,41
	III	**465,00**	389,75	343,58	III	384,00	305,50	229,50	156,00	89,50	33,83
	V	**1189,08**	389,75	343,58	IV	732,25	678,83	626,58	575,66	525,91	477,41
	VI	**1225,33**	389,75	343,58							
4205,99	I,IV	**787,83**	390,08	343,83	I	679,75	576,50	478,25	384,91	296,50	213,08
	II	**730,33**	390,08	343,83	II	624,75	524,16	428,50	337,75	252,00	171,08
	III	**465,66**	390,08	343,83	III	384,66	306,16	230,16	156,66	90,00	34,16
	V	**1190,16**	390,08	343,83	IV	733,16	679,75	627,50	576,50	526,75	478,25
	VI	**1226,41**	390,08	343,83							
4208,99	I,IV	**788,75**	390,33	344,08	I	680,58	577,41	479,08	385,66	297,25	213,75
	II	**731,25**	390,33	344,08	II	625,66	525,00	429,33	338,50	252,66	171,75
	III	**466,33**	390,33	344,08	III	385,33	306,83	230,83	157,33	90,50	34,66
	V	**1191,25**	390,33	344,08	IV	734,08	680,58	628,41	577,41	527,58	479,08
	VI	**1227,50**	390,33	344,08							
4211,99	I,IV	**789,66**	390,58	344,25	I	681,50	578,25	479,83	386,50	298,00	214,41
	II	**732,08**	390,58	344,25	II	626,50	525,83	430,08	339,25	253,41	172,41
	III	**467,00**	390,58	344,25	III	386,00	307,50	231,50	157,83	91,00	35,00
	V	**1192,33**	390,58	344,25	IV	735,00	681,50	629,25	578,25	528,41	479,83
	VI	**1228,58**	390,58	344,25							

* Zur LSt-Berechnung für privat versicherte Arbeitnehmer s. Beispiele **Vorbemerkung S. 4f.**
** Basisvorsorgepauschale KV und PV *** Typisierter Arbeitgeberzuschuss

Lohn/ Gehalt in € bis	Steuerklasse	Lohnsteuer*	BVSP**	TAGZ***	Steuerklasse	Bemessungsgrundlage für Kirchensteuer und Solidaritätszuschlag					
						Freibeträge für ... Kinder					
						0,5	**1,0**	1,5	**2,0**	2,5	**3,0**
4214,99	I,IV	**790,66**	390,91	344,50	I	682,41	579,08	480,66	387,25	298,75	215,16
	II	**733,08**	390,91	344,50	II	627,41	526,66	430,91	340,00	254,08	173,08
	III	**467,66**	390,91	344,50	III	386,66	308,16	232,00	158,50	91,50	35,50
	V	**1193,41**	390,91	344,50	IV	735,91	682,41	630,08	579,08	529,25	480,66
	VI	**1229,66**	390,91	344,50							
4217,99	I,IV	**791,58**	391,16	344,75	I	683,25	579,91	481,50	388,00	299,41	215,83
	II	**733,91**	391,16	344,75	II	628,25	527,50	431,66	340,75	254,75	173,75
	III	**468,33**	391,16	344,75	III	387,33	308,83	232,66	159,00	92,00	35,83
	V	**1194,41**	391,16	344,75	IV	736,83	683,25	631,00	579,91	530,08	481,50
	VI	**1230,66**	391,16	344,75							
4220,99	I,IV	**792,50**	391,41	345,00	I	684,16	580,75	482,33	388,75	300,16	216,50
	II	**734,83**	391,41	345,00	II	629,16	528,33	432,41	341,50	255,50	174,41
	III	**469,16**	391,41	345,00	III	388,00	309,50	233,33	159,66	92,66	36,33
	V	**1195,50**	391,41	345,00	IV	737,75	684,16	631,83	580,75	530,91	482,33
	VI	**1231,75**	391,41	345,00							
4223,99	I,IV	**793,41**	391,75	345,25	I	685,08	581,58	483,08	389,50	300,91	217,16
	II	**735,75**	391,75	345,25	II	630,00	529,16	433,25	342,25	256,16	175,08
	III	**469,83**	391,75	345,25	III	388,66	310,16	234,00	160,33	93,16	36,83
	V	**1196,58**	391,75	345,25	IV	738,66	685,08	632,75	581,58	531,75	483,08
	VI	**1232,83**	391,75	345,25							
4226,99	I,IV	**794,41**	392,00	345,50	I	686,00	582,50	483,91	390,33	301,58	217,83
	II	**736,66**	392,00	345,50	II	630,83	530,00	434,00	343,00	256,91	175,75
	III	**470,50**	392,00	345,50	III	389,33	310,83	234,66	160,83	93,66	37,16
	V	**1197,66**	392,00	345,50	IV	739,58	686,00	633,58	582,50	532,58	483,91
	VI	**1233,91**	392,00	345,50							
4229,99	I,IV	**795,33**	392,25	345,75	I	686,83	583,33	484,75	391,08	302,33	218,50
	II	**737,58**	392,25	345,75	II	631,75	530,75	434,83	343,75	257,58	176,41
	III	**471,16**	392,25	345,75	III	390,00	311,33	235,16	161,50	94,16	37,66
	V	**1198,66**	392,25	345,75	IV	740,41	686,83	634,50	583,33	533,41	484,75
	VI	**1235,00**	392,25	345,75							
4232,99	I,IV	**796,25**	392,58	346,00	I	687,75	584,16	485,58	391,83	303,08	219,25
	II	**738,50**	392,58	346,00	II	632,58	531,66	435,58	344,50	258,33	177,08
	III	**471,83**	392,58	346,00	III	390,83	312,16	235,83	162,16	94,66	38,00
	V	**1199,75**	392,58	346,00	IV	741,41	687,75	635,33	584,16	534,25	485,58
	VI	**1236,08**	392,58	346,00							
4235,99	I,IV	**797,16**	392,83	346,25	I	688,66	585,00	486,33	392,58	303,75	219,91
	II	**739,41**	392,83	346,25	II	633,50	532,41	436,33	345,25	259,00	177,75
	III	**472,66**	392,83	346,25	III	391,50	312,66	236,50	162,66	95,16	38,50
	V	**1200,83**	392,83	346,25	IV	742,25	688,66	636,16	585,00	535,08	486,33
	VI	**1237,08**	392,83	346,25							
4238,99	I,IV	**798,16**	393,00	346,33	I	689,58	585,91	487,16	393,41	304,58	220,66
	II	**740,33**	393,00	346,33	II	634,41	533,33	437,16	346,00	259,75	178,41
	III	**473,33**	393,00	346,33	III	392,16	313,33	237,16	163,33	95,66	39,00
	V	**1201,91**	393,00	346,33	IV	743,25	689,58	637,08	585,91	535,91	487,16
	VI	**1238,25**	393,00	346,33							
4241,99	I,IV	**799,16**	393,00	346,33	I	690,58	586,83	488,08	394,25	305,33	221,41
	II	**741,41**	393,00	346,33	II	635,33	534,25	438,08	346,83	260,50	179,16
	III	**474,16**	393,00	346,33	III	392,83	314,16	237,83	164,00	96,33	39,50
	V	**1203,16**	393,00	346,33	IV	744,25	690,58	638,08	586,83	536,83	488,08
	VI	**1239,41**	393,00	346,33							
4244,99	I,IV	**800,25**	393,00	346,33	I	691,58	587,83	489,00	395,08	306,16	222,16
	II	**742,41**	393,00	346,33	II	636,33	535,16	438,91	347,66	261,33	179,91
	III	**474,83**	393,00	346,33	III	393,66	314,83	238,50	164,66	96,83	40,00
	V	**1204,33**	393,00	346,33	IV	745,25	691,58	639,08	587,83	537,75	489,00
	VI	**1240,58**	393,00	346,33							
4247,99	I,IV	**801,25**	393,00	346,33	I	692,58	588,75	489,91	396,00	307,00	222,91
	II	**743,41**	393,00	346,33	II	637,25	536,08	439,83	348,50	262,08	180,66
	III	**475,66**	393,00	346,33	III	394,33	315,66	239,33	165,50	97,50	40,33
	V	**1205,50**	393,00	346,33	IV	746,33	692,58	640,00	588,75	538,75	489,91
	VI	**1241,75**	393,00	346,33							

* Zur LSt-Berechnung für privat versicherte Arbeitnehmer s. Beispiele **Vorbemerkung S. 4 f.**
** Basisvorsorgepauschale KV und PV *** Typisierter Arbeitgeberzuschuss

Lohn/ Gehalt in € bis	Steuerklasse	**Lohn-steuer***	BVSP**	TAGZ***	Steuerklasse	Bemessungsgrundlage für Kirchensteuer und Solidaritätszuschlag – Freibeträge für ... Kinder 0,5	**1,0**	1,5	**2,0**	2,5	**3,0**
4 250,99	I,IV	**802,33**	393,00	346,33	I	693,58	589,75	490,83	396,83	307,83	223,66
	II	**744,41**	393,00	346,33	II	638,25	537,00	440,75	349,33	262,91	181,41
	III	**476,33**	393,00	346,33	III	395,16	316,33	240,00	166,16	98,00	40,83
	V	**1 206,75**	393,00	346,33	IV	747,33	693,58	641,00	589,75	539,66	490,83
	VI	**1 243,00**	393,00	346,33							
4 253,99	I,IV	**803,33**	393,00	346,33	I	694,50	590,66	491,66	397,66	308,58	224,41
	II	**745,41**	393,00	346,33	II	639,16	537,91	441,58	350,16	263,66	182,08
	III	**477,16**	393,00	346,33	III	395,83	317,00	240,66	166,66	98,66	41,33
	V	**1 207,83**	393,00	346,33	IV	748,33	694,50	641,91	590,66	540,50	491,66
	VI	**1 244,16**	393,00	346,33							
4 256,99	I,IV	**804,41**	393,00	346,33	I	695,50	591,58	492,58	398,50	309,41	225,16
	II	**746,41**	393,00	346,33	II	640,16	538,83	442,41	351,00	264,41	182,83
	III	**477,83**	393,00	346,33	III	396,66	317,66	241,33	167,50	99,16	41,83
	V	**1 209,08**	393,00	346,33	IV	749,33	695,50	642,91	591,58	541,50	492,58
	VI	**1 245,33**	393,00	346,33							
4 259,99	I,IV	**805,41**	393,00	346,33	I	696,50	592,50	493,50	399,41	310,25	226,00
	II	**747,50**	393,00	346,33	II	641,16	539,75	443,33	351,83	265,25	183,58
	III	**478,66**	393,00	346,33	III	397,33	318,50	242,00	168,16	99,83	42,33
	V	**1 210,25**	393,00	346,33	IV	750,33	696,50	643,91	592,50	542,41	493,50
	VI	**1 246,50**	393,00	346,33							
4 262,99	I,IV	**806,50**	393,00	346,33	I	697,50	593,50	494,41	400,25	311,00	226,75
	II	**748,50**	393,00	346,33	II	642,16	540,66	444,25	352,66	266,00	184,33
	III	**479,50**	393,00	346,33	III	398,16	319,16	242,83	168,83	100,33	42,83
	V	**1 211,41**	393,00	346,33	IV	751,33	697,50	644,91	593,50	543,33	494,41
	VI	**1 247,66**	393,00	346,33							
4 265,99	I,IV	**807,50**	393,00	346,33	I	698,50	594,41	495,33	401,08	311,83	227,50
	II	**749,50**	393,00	346,33	II	643,08	541,66	445,08	353,50	266,83	185,08
	III	**480,16**	393,00	346,33	III	398,83	320,00	243,50	169,50	101,00	43,33
	V	**1 212,66**	393,00	346,33	IV	752,41	698,50	645,83	594,41	544,25	495,33
	VI	**1 248,91**	393,00	346,33							
4 268,99	I,IV	**808,58**	393,00	346,33	I	699,50	595,41	496,25	402,00	312,66	228,25
	II	**750,50**	393,00	346,33	II	644,08	542,58	446,00	354,33	267,58	185,83
	III	**481,00**	393,00	346,33	III	399,66	320,66	244,16	170,16	101,66	43,83
	V	**1 213,83**	393,00	346,33	IV	753,41	699,50	646,83	595,41	545,16	496,25
	VI	**1 250,08**	393,00	346,33							
4 271,99	I,IV	**809,58**	393,00	346,33	I	700,50	596,33	497,08	402,83	313,50	229,00
	II	**751,58**	393,00	346,33	II	645,08	543,50	446,83	355,16	268,41	186,58
	III	**481,83**	393,00	346,33	III	400,33	321,33	244,83	170,83	102,16	44,33
	V	**1 215,00**	393,00	346,33	IV	754,41	700,50	647,83	596,33	546,08	497,08
	VI	**1 251,25**	393,00	346,33							
4 274,99	I,IV	**810,58**	393,00	346,33	I	701,50	597,25	498,00	403,66	314,25	229,75
	II	**752,58**	393,00	346,33	II	646,00	544,41	447,75	356,00	269,16	187,33
	III	**482,50**	393,00	346,33	III	401,16	322,16	245,66	171,50	102,83	44,83
	V	**1 216,16**	393,00	346,33	IV	755,41	701,50	648,75	597,25	547,00	498,00
	VI	**1 252,41**	393,00	346,33							
4 277,99	I,IV	**811,66**	393,00	346,33	I	702,50	598,25	498,91	404,50	315,08	230,58
	II	**753,58**	393,00	346,33	II	647,00	545,33	448,58	356,83	270,00	188,00
	III	**483,33**	393,00	346,33	III	401,83	322,83	246,33	172,16	103,33	45,33
	V	**1 217,33**	393,00	346,33	IV	756,50	702,50	649,75	598,25	547,91	498,91
	VI	**1 253,58**	393,00	346,33							
4 280,99	I,IV	**812,75**	393,00	346,33	I	703,50	599,16	499,83	405,41	315,91	231,33
	II	**754,58**	393,00	346,33	II	647,91	546,25	449,50	357,66	270,75	188,75
	III	**484,16**	393,00	346,33	III	402,66	323,50	247,00	172,83	104,00	45,83
	V	**1 218,58**	393,00	346,33	IV	757,50	703,50	650,75	599,16	548,91	499,83
	VI	**1 254,83**	393,00	346,33							
4 283,99	I,IV	**813,75**	393,00	346,33	I	704,50	600,16	500,75	406,25	316,66	232,08
	II	**755,58**	393,00	346,33	II	648,91	547,16	450,33	358,50	271,58	189,50
	III	**484,83**	393,00	346,33	III	403,33	324,33	247,66	173,50	104,50	46,33
	V	**1 219,75**	393,00	346,33	IV	758,50	704,50	651,66	600,16	549,83	500,75
	VI	**1 256,00**	393,00	346,33							

* Zur LSt-Berechnung für privat versicherte Arbeitnehmer s. Beispiele **Vorbemerkung S. 4 f.**
** Basisvorsorgepauschale KV und PV *** Typisierter Arbeitgeberzuschuss

Lohn/ Gehalt in € bis	Steuerklasse	Lohn-steuer*	BVSP**	TAGZ***	Steuerklasse	Bemessungsgrundlage für Kirchensteuer und Solidaritätszuschlag – Freibeträge für ... Kinder 0,5	**1,0**	1,5	**2,0**	2,5	**3,0**
4286,99	I,IV	**814,83**	393,00	346,33	I	705,50	601,08	501,66	407,08	317,50	232,83
	II	**756,66**	393,00	346,33	II	649,91	548,08	451,25	359,33	272,33	190,25
	III	**485,66**	393,00	346,33	III	404,16	325,00	248,33	174,33	105,16	46,83
	V	**1220,91**	393,00	346,33	IV	759,50	705,50	652,66	601,08	550,75	501,66
	VI	**1257,16**	393,00	346,33							
4289,99	I,IV	**815,83**	393,00	346,33	I	706,50	602,08	502,58	408,00	318,33	233,66
	II	**757,66**	393,00	346,33	II	650,91	549,08	452,16	360,16	273,16	191,00
	III	**486,50**	393,00	346,33	III	404,83	325,83	249,16	175,00	105,83	47,33
	V	**1222,08**	393,00	346,33	IV	760,58	706,50	653,66	602,08	551,66	502,58
	VI	**1258,41**	393,00	346,33							
4292,99	I,IV	**816,91**	393,00	346,33	I	707,50	603,00	503,41	408,83	319,16	234,41
	II	**758,66**	393,00	346,33	II	651,83	549,91	453,00	361,00	273,91	191,75
	III	**487,16**	393,00	346,33	III	405,50	326,50	249,83	175,66	106,33	47,66
	V	**1223,25**	393,00	346,33	IV	761,58	707,50	654,58	603,00	552,58	503,41
	VI	**1259,50**	393,00	346,33							
4295,99	I,IV	**817,91**	393,00	346,33	I	708,50	603,91	504,33	409,66	319,91	235,16
	II	**759,66**	393,00	346,33	II	652,83	550,91	453,91	361,83	274,66	192,50
	III	**488,00**	393,00	346,33	III	406,33	327,16	250,50	176,33	107,00	48,16
	V	**1224,50**	393,00	346,33	IV	762,58	708,50	655,58	603,91	553,50	504,33
	VI	**1260,75**	393,00	346,33							
4298,99	I,IV	**819,00**	393,00	346,33	I	709,50	604,91	505,25	410,58	320,75	235,91
	II	**760,75**	393,00	346,33	II	653,83	551,83	454,75	362,66	275,50	193,25
	III	**488,66**	393,00	346,33	III	407,16	327,83	251,16	177,00	107,50	48,66
	V	**1225,66**	393,00	346,33	IV	763,58	709,50	656,58	604,91	554,50	505,25
	VI	**1261,91**	393,00	346,33							
4301,99	I,IV	**820,00**	393,00	346,33	I	710,50	605,83	506,16	411,41	321,58	236,66
	II	**761,75**	393,00	346,33	II	654,75	552,75	455,66	363,50	276,25	194,00
	III	**489,50**	393,00	346,33	III	407,83	328,66	251,83	177,66	108,16	49,16
	V	**1226,83**	393,00	346,33	IV	764,66	710,50	657,58	605,83	555,41	506,16
	VI	**1263,08**	393,00	346,33							
4304,99	I,IV	**821,08**	393,00	346,33	I	711,50	606,83	507,08	412,25	322,41	237,50
	II	**762,75**	393,00	346,33	II	655,75	553,66	456,58	364,33	277,08	194,75
	III	**490,33**	393,00	346,33	III	408,66	329,33	252,66	178,33	108,66	49,66
	V	**1228,00**	393,00	346,33	IV	765,66	711,50	658,50	606,83	556,33	507,08
	VI	**1264,25**	393,00	346,33							
4307,99	I,IV	**822,16**	393,00	346,33	I	712,50	607,75	508,00	413,16	323,25	238,25
	II	**763,83**	393,00	346,33	II	656,75	554,58	457,41	365,16	277,91	195,50
	III	**491,00**	393,00	346,33	III	409,33	330,16	253,33	179,00	109,33	50,16
	V	**1229,25**	393,00	346,33	IV	766,66	712,50	659,50	607,75	557,25	508,00
	VI	**1265,50**	393,00	346,33							
4310,99	I,IV	**823,16**	393,00	346,33	I	713,50	608,75	508,91	414,00	324,08	239,00
	II	**764,83**	393,00	346,33	II	657,75	555,58	458,33	366,00	278,66	196,25
	III	**491,83**	393,00	346,33	III	410,16	330,83	254,00	179,66	110,00	50,66
	V	**1230,41**	393,00	346,33	IV	767,75	713,50	660,50	608,75	558,16	508,91
	VI	**1266,66**	393,00	346,33							
4313,99	I,IV	**824,25**	393,00	346,33	I	714,50	609,66	509,83	414,83	324,83	239,75
	II	**765,83**	393,00	346,33	II	658,66	556,50	459,16	366,83	279,41	197,00
	III	**492,66**	393,00	346,33	III	410,83	331,50	254,66	180,33	110,50	51,16
	V	**1231,58**	393,00	346,33	IV	768,75	714,50	661,41	609,66	559,08	509,83
	VI	**1267,83**	393,00	346,33							
4316,99	I,IV	**825,25**	393,00	346,33	I	715,50	610,66	510,66	415,75	325,66	240,58
	II	**766,83**	393,00	346,33	II	659,66	557,41	460,08	367,66	280,25	197,75
	III	**493,33**	393,00	346,33	III	411,66	332,33	255,50	181,00	111,16	51,66
	V	**1232,75**	393,00	346,33	IV	769,75	715,50	662,41	610,66	560,08	510,66
	VI	**1269,00**	393,00	346,33							
4319,99	I,IV	**826,33**	393,00	346,33	I	716,50	611,58	511,58	416,58	326,50	241,33
	II	**767,91**	393,00	346,33	II	660,66	558,33	461,00	368,50	281,00	198,50
	III	**494,16**	393,00	346,33	III	412,33	333,00	256,16	181,83	111,83	52,33
	V	**1233,91**	393,00	346,33	IV	770,75	716,50	663,41	611,58	561,00	511,58
	VI	**1270,16**	393,00	346,33							

* Zur LSt-Berechnung für privat versicherte Arbeitnehmer s. Beispiele **Vorbemerkung S. 4 f.**
** Basisvorsorgepauschale KV und PV *** Typisierter Arbeitgeberzuschuss

Lohn/ Gehalt in € bis	Steuerklasse	Lohnsteuer*	BVSP**	TAGZ***	Steuerklasse	Bemessungsgrundlage für Kirchensteuer und Solidaritätszuschlag – Freibeträge für ... Kinder 0,5	1,0	1,5	2,0	2,5	3,0
4 322,99	I,IV	**827,33**	393,00	346,33	I	717,50	612,58	512,50	417,50	327,33	242,08
	II	**768,91**	393,00	346,33	II	661,58	559,25	461,83	369,41	281,83	199,25
	III	**495,00**	393,00	346,33	III	413,16	333,83	256,83	182,50	112,33	52,83
	V	**1 235,16**	393,00	346,33	IV	771,83	717,50	664,41	612,58	561,91	512,50
	VI	**1 271,41**	393,00	346,33							
4 325,99	I,IV	**828,41**	393,00	346,33	I	718,50	613,50	513,41	418,33	328,16	242,91
	II	**769,91**	393,00	346,33	II	662,58	560,25	462,75	370,25	282,66	200,00
	III	**495,66**	393,00	346,33	III	413,83	334,50	257,66	183,16	113,00	53,33
	V	**1 236,33**	393,00	346,33	IV	772,83	718,50	665,41	613,50	562,83	513,41
	VI	**1 272,58**	393,00	346,33							
4 328,99	I,IV	**829,50**	393,00	346,33	I	719,50	614,50	514,33	419,16	329,00	243,66
	II	**771,00**	393,00	346,33	II	663,58	561,16	463,66	371,08	283,41	200,75
	III	**496,50**	393,00	346,33	III	414,66	335,16	258,33	183,83	113,66	53,83
	V	**1 237,50**	393,00	346,33	IV	773,91	719,50	666,33	614,50	563,83	514,33
	VI	**1 273,75**	393,00	346,33							
4 331,99	I,IV	**830,50**	393,00	346,33	I	720,50	615,41	515,25	420,00	329,75	244,41
	II	**772,00**	393,00	346,33	II	664,58	562,08	464,50	371,91	284,25	201,50
	III	**497,33**	393,00	346,33	III	415,33	336,00	259,00	184,50	114,16	54,33
	V	**1 238,66**	393,00	346,33	IV	774,91	720,50	667,33	615,41	564,75	515,25
	VI	**1 274,91**	393,00	346,33							
4 334,99	I,IV	**831,58**	393,00	346,33	I	721,50	616,33	516,16	420,91	330,58	245,16
	II	**773,00**	393,00	346,33	II	665,50	563,00	465,41	372,75	285,00	202,25
	III	**498,00**	393,00	346,33	III	416,16	336,66	259,66	185,16	114,83	54,83
	V	**1 239,83**	393,00	346,33	IV	775,91	721,50	668,33	616,33	565,66	516,16
	VI	**1 276,08**	393,00	346,33							
4 337,99	I,IV	**832,58**	393,00	346,33	I	722,50	617,33	517,08	421,75	331,41	246,00
	II	**774,00**	393,00	346,33	II	666,50	563,91	466,33	373,58	285,83	203,00
	III	**498,83**	393,00	346,33	III	416,83	337,33	260,33	185,83	115,50	55,33
	V	**1 241,08**	393,00	346,33	IV	776,91	722,50	669,33	617,33	566,58	517,08
	VI	**1 277,33**	393,00	346,33							
4 340,99	I,IV	**833,66**	393,00	346,33	I	723,50	618,33	518,00	422,66	332,25	246,75
	II	**775,08**	393,00	346,33	II	667,50	564,91	467,16	374,41	286,58	203,75
	III	**499,66**	393,00	346,33	III	417,66	338,16	261,16	186,50	116,00	55,83
	V	**1 242,25**	393,00	346,33	IV	778,00	723,50	670,25	618,33	567,50	518,00
	VI	**1 278,50**	393,00	346,33							
4 343,99	I,IV	**834,75**	393,00	346,33	I	724,50	619,25	518,91	423,50	333,08	247,50
	II	**776,08**	393,00	346,33	II	668,50	565,83	468,08	375,25	287,41	204,50
	III	**500,33**	393,00	346,33	III	418,33	338,83	261,83	187,16	116,66	56,33
	V	**1 243,41**	393,00	346,33	IV	779,00	724,50	671,25	619,25	568,50	518,91
	VI	**1 279,66**	393,00	346,33							
4 346,99	I,IV	**835,75**	393,00	346,33	I	725,50	620,25	519,83	424,41	333,91	248,33
	II	**777,16**	393,00	346,33	II	669,50	566,75	469,00	376,16	288,25	205,25
	III	**501,16**	393,00	346,33	III	419,16	339,66	262,50	187,83	117,33	56,83
	V	**1 244,58**	393,00	346,33	IV	780,08	725,50	672,25	620,25	569,41	519,83
	VI	**1 280,91**	393,00	346,33							
4 349,99	I,IV	**836,83**	393,00	346,33	I	726,58	621,16	520,75	425,25	334,75	249,08
	II	**778,16**	393,00	346,33	II	670,50	567,66	469,83	377,00	289,00	206,00
	III	**502,00**	393,00	346,33	III	419,83	340,33	263,16	188,66	117,83	57,33
	V	**1 245,83**	393,00	346,33	IV	781,08	726,58	673,25	621,16	570,33	520,75
	VI	**1 282,08**	393,00	346,33							
4 352,99	I,IV	**837,83**	393,00	346,33	I	727,50	622,16	521,66	426,08	335,50	249,83
	II	**779,16**	393,00	346,33	II	671,41	568,58	470,75	377,83	289,83	206,75
	III	**502,66**	393,00	346,33	III	420,66	341,00	264,00	189,33	118,50	57,83
	V	**1 247,00**	393,00	346,33	IV	782,08	727,50	674,25	622,16	571,25	521,66
	VI	**1 283,25**	393,00	346,33							
4 355,99	I,IV	**838,91**	393,00	346,33	I	728,58	623,08	522,58	427,00	336,33	250,58
	II	**780,16**	393,00	346,33	II	672,41	569,58	471,66	378,66	290,58	207,50
	III	**503,50**	393,00	346,33	III	421,50	341,83	264,66	190,00	119,16	58,33
	V	**1 248,16**	393,00	346,33	IV	783,08	728,58	675,16	623,08	572,25	522,58
	VI	**1 284,41**	393,00	346,33							

* Zur LSt-Berechnung für privat versicherte Arbeitnehmer s. Beispiele **Vorbemerkung S. 4 f.**
** Basisvorsorgepauschale KV und PV *** Typisierter Arbeitgeberzuschuss

Lohn/ Gehalt in € bis	Steuerklasse	Lohn-steuer*	BVSP**	TAGZ***	Steuerklasse	Bemessungsgrundlage für Kirchensteuer und Solidaritätszuschlag					
						Freibeträge für ... Kinder					
						0,5	**1,0**	1,5	**2,0**	2,5	**3,0**
4 358,99	I,IV	**840,00**	393,00	346,33	I	729,58	624,08	523,50	427,83	337,16	251,41
	II	**781,25**	393,00	346,33	II	673,41	570,50	472,50	379,50	291,41	208,25
	III	**504,33**	393,00	346,33	III	422,16	342,50	265,33	190,66	119,66	58,83
	V	**1 249,33**	393,00	346,33	IV	784,16	729,58	676,16	624,08	573,16	523,50
	VI	**1 285,58**	393,00	346,33							
4 361,99	I,IV	**841,08**	393,00	346,33	I	730,58	625,00	524,41	428,75	338,00	252,16
	II	**782,25**	393,00	346,33	II	674,41	571,41	473,41	380,33	292,16	209,00
	III	**505,00**	393,00	346,33	III	423,00	343,33	266,00	191,33	120,33	59,50
	V	**1 250,50**	393,00	346,33	IV	785,16	730,58	677,16	625,00	574,08	524,41
	VI	**1 286,83**	393,00	346,33							
4 364,99	I,IV	**842,08**	393,00	346,33	I	731,58	626,00	525,33	429,58	338,83	253,00
	II	**783,33**	393,00	346,33	II	675,41	572,41	474,33	381,16	293,00	209,75
	III	**505,83**	393,00	346,33	III	423,66	344,00	266,83	192,00	121,00	60,00
	V	**1 251,75**	393,00	346,33	IV	786,25	731,58	678,16	626,00	575,08	525,33
	VI	**1 288,00**	393,00	346,33							
4 367,99	I,IV	**843,16**	393,00	346,33	I	732,58	627,00	526,25	430,50	339,66	253,75
	II	**784,33**	393,00	346,33	II	676,33	573,33	475,25	382,08	293,83	210,50
	III	**506,66**	393,00	346,33	III	424,50	344,66	267,50	192,66	121,66	60,50
	V	**1 252,91**	393,00	346,33	IV	787,25	732,58	679,16	627,00	576,00	526,25
	VI	**1 289,16**	393,00	346,33							
4 370,99	I,IV	**844,16**	393,00	346,33	I	733,58	627,91	527,16	431,33	340,50	254,50
	II	**785,33**	393,00	346,33	II	677,33	574,25	476,08	382,91	294,58	211,25
	III	**507,33**	393,00	346,33	III	425,16	345,50	268,16	193,33	122,16	61,00
	V	**1 254,08**	393,00	346,33	IV	788,25	733,58	680,08	627,91	576,91	527,16
	VI	**1 290,33**	393,00	346,33							
4 373,99	I,IV	**845,25**	393,00	346,33	I	734,58	628,83	528,08	432,25	341,25	255,33
	II	**786,41**	393,00	346,33	II	678,33	575,16	477,00	383,75	295,41	212,00
	III	**508,16**	393,00	346,33	III	426,00	346,16	268,83	194,00	122,83	61,50
	V	**1 255,25**	393,00	346,33	IV	789,33	734,58	681,08	628,83	577,83	528,08
	VI	**1 291,50**	393,00	346,33							
4 376,99	I,IV	**846,33**	393,00	346,33	I	735,58	629,83	529,00	433,08	342,08	256,08
	II	**787,41**	393,00	346,33	II	679,33	576,16	477,91	384,58	296,16	212,75
	III	**509,00**	393,00	346,33	III	426,66	346,83	269,66	194,83	123,50	62,00
	V	**1 256,41**	393,00	346,33	IV	790,33	735,58	682,08	629,83	578,83	529,00
	VI	**1 292,75**	393,00	346,33							
4 379,99	I,IV	**847,41**	393,00	346,33	I	736,66	630,83	529,91	434,00	342,91	256,83
	II	**788,41**	393,00	346,33	II	680,33	577,08	478,75	385,41	297,00	213,50
	III	**509,66**	393,00	346,33	III	427,50	347,66	270,33	195,50	124,16	62,50
	V	**1 257,66**	393,00	346,33	IV	791,41	736,66	683,08	630,83	579,75	529,91
	VI	**1 293,91**	393,00	346,33							
4 382,99	I,IV	**848,41**	393,00	346,33	I	737,66	631,75	530,83	434,83	343,75	257,66
	II	**789,50**	393,00	346,33	II	681,25	578,00	479,66	386,25	297,83	214,25
	III	**510,50**	393,00	346,33	III	428,16	348,33	271,00	196,16	124,66	63,00
	V	**1 258,83**	393,00	346,33	IV	792,41	737,66	684,08	631,75	580,66	530,83
	VI	**1 295,08**	393,00	346,33							
4 385,99	I,IV	**849,50**	393,00	346,33	I	738,66	632,75	531,75	435,75	344,58	258,41
	II	**790,50**	393,00	346,33	II	682,25	579,00	480,58	387,16	298,58	215,08
	III	**511,33**	393,00	346,33	III	429,00	349,16	271,66	196,83	125,33	63,66
	V	**1 260,00**	393,00	346,33	IV	793,50	738,66	685,08	632,75	581,66	531,75
	VI	**1 296,25**	393,00	346,33							
4 388,99	I,IV	**850,58**	393,00	346,33	I	739,66	633,75	532,66	436,58	345,41	259,25
	II	**791,58**	393,00	346,33	II	683,25	579,91	481,50	388,00	299,41	215,83
	III	**512,00**	393,00	346,33	III	429,66	349,83	272,50	197,50	126,00	64,16
	V	**1 261,25**	393,00	346,33	IV	794,50	739,66	686,08	633,75	582,58	532,66
	VI	**1 297,50**	393,00	346,33							
4 391,99	I,IV	**851,58**	393,00	346,33	I	740,66	634,66	533,58	437,41	346,25	260,00
	II	**792,58**	393,00	346,33	II	684,25	580,83	482,33	388,83	300,25	216,58
	III	**512,83**	393,00	346,33	III	430,50	350,66	273,16	198,16	126,66	64,66
	V	**1 262,33**	393,00	346,33	IV	795,50	740,66	687,08	634,66	583,50	533,58
	VI	**1 298,66**	393,00	346,33							

* Zur LSt-Berechnung für privat versicherte Arbeitnehmer s. Beispiele **Vorbemerkung S. 4f.**
** Basisvorsorgepauschale KV und PV *** Typisierter Arbeitgeberzuschuss

Lohn/ Gehalt in € bis	Steuerklasse	Lohn-steuer*	BVSP**	TAGZ***	Steuerklasse	Bemessungsgrundlage für Kirchensteuer und Solidaritätszuschlag – Freibeträge für ... Kinder 0,5	**1,0**	1,5	**2,0**	2,5	**3,0**
4 394,99	I,IV	**852,66**	393,00	346,33	I	741,66	635,66	534,50	438,33	347,08	260,75
	II	**793,58**	393,00	346,33	II	685,25	581,75	483,25	389,66	301,00	217,33
	III	**513,66**	393,00	346,33	III	431,33	351,33	273,83	198,83	127,16	65,16
	V	**1 263,58**	393,00	346,33	IV	796,58	741,66	688,00	635,66	584,41	534,50
	VI	**1 299,83**	393,00	346,33							
4 397,99	I,IV	**853,75**	393,00	346,33	I	742,66	636,58	535,41	439,25	347,91	261,58
	II	**794,66**	393,00	346,33	II	686,25	582,75	484,16	390,50	301,83	218,08
	III	**514,50**	393,00	346,33	III	432,00	352,00	274,66	199,66	127,83	65,66
	V	**1 264,75**	393,00	346,33	IV	797,58	742,66	689,00	636,58	585,41	535,41
	VI	**1 301,00**	393,00	346,33							
4 400,99	I,IV	**854,83**	393,00	346,33	I	743,75	637,58	536,33	440,08	348,75	262,33
	II	**795,66**	393,00	346,33	II	687,25	583,66	485,08	391,41	302,66	218,83
	III	**515,16**	393,00	346,33	III	432,83	352,83	275,33	200,33	128,50	66,16
	V	**1 265,91**	393,00	346,33	IV	798,66	743,75	690,00	637,58	586,33	536,33
	VI	**1 302,16**	393,00	346,33							
4 403,99	I,IV	**855,83**	393,00	346,33	I	744,75	638,58	537,33	441,00	349,58	263,16
	II	**796,75**	393,00	346,33	II	688,25	584,58	486,00	392,25	303,41	219,58
	III	**516,00**	393,00	346,33	III	433,50	353,50	276,00	201,00	129,16	66,83
	V	**1 267,16**	393,00	346,33	IV	799,66	744,75	691,00	638,58	587,33	537,33
	VI	**1 303,41**	393,00	346,33							
4 406,99	I,IV	**856,91**	393,00	346,33	I	745,75	639,50	538,25	441,83	350,41	263,91
	II	**797,75**	393,00	346,33	II	689,25	585,58	486,83	393,08	304,25	220,33
	III	**516,83**	393,00	346,33	III	434,33	354,33	276,83	201,66	129,83	67,33
	V	**1 268,33**	393,00	346,33	IV	800,75	745,75	692,00	639,50	588,25	538,25
	VI	**1 304,58**	393,00	346,33							
4 409,99	I,IV	**858,00**	393,00	346,33	I	746,75	640,50	539,08	442,75	351,25	264,66
	II	**798,83**	393,00	346,33	II	690,16	586,50	487,75	393,91	305,08	221,08
	III	**517,50**	393,00	346,33	III	435,00	355,00	277,50	202,33	130,33	67,83
	V	**1 269,50**	393,00	346,33	IV	801,75	746,75	693,00	640,50	589,16	539,08
	VI	**1 305,75**	393,00	346,33							
4 412,99	I,IV	**859,00**	393,00	346,33	I	747,75	641,41	540,08	443,58	352,08	265,50
	II	**799,83**	393,00	346,33	II	691,16	587,41	488,66	394,75	305,83	221,83
	III	**518,33**	393,00	346,33	III	435,83	355,66	278,16	203,00	131,00	68,33
	V	**1 270,66**	393,00	346,33	IV	802,75	747,75	694,00	641,41	590,16	540,08
	VI	**1 306,91**	393,00	346,33							
4 415,99	I,IV	**860,08**	393,00	346,33	I	748,75	642,41	541,00	444,50	352,91	266,25
	II	**800,91**	393,00	346,33	II	692,16	588,41	489,58	395,66	306,66	222,66
	III	**519,16**	393,00	346,33	III	436,50	356,50	278,83	203,66	131,66	68,83
	V	**1 271,83**	393,00	346,33	IV	803,83	748,75	695,00	642,41	591,08	541,00
	VI	**1 308,08**	393,00	346,33							
4 418,99	I,IV	**861,16**	393,00	346,33	I	749,83	643,41	541,91	445,33	353,75	267,08
	II	**801,91**	393,00	346,33	II	693,16	589,33	490,41	396,50	307,50	223,41
	III	**519,83**	393,00	346,33	III	437,33	357,16	279,50	204,33	132,33	69,50
	V	**1 273,00**	393,00	346,33	IV	804,83	749,83	696,00	643,41	592,00	541,91
	VI	**1 309,33**	393,00	346,33							
4 421,99	I,IV	**862,25**	393,00	346,33	I	750,83	644,33	542,83	446,25	354,58	267,83
	II	**803,00**	393,00	346,33	II	694,16	590,33	491,33	397,33	308,33	224,16
	III	**520,66**	393,00	346,33	III	438,00	358,00	280,33	205,16	133,00	70,00
	V	**1 274,25**	393,00	346,33	IV	805,91	750,83	697,00	644,33	593,00	542,83
	VI	**1 310,50**	393,00	346,33							
4 424,99	I,IV	**863,33**	393,00	346,33	I	751,83	645,33	543,75	447,08	355,41	268,66
	II	**804,00**	393,00	346,33	II	695,16	591,25	492,25	398,25	309,08	224,91
	III	**521,50**	393,00	346,33	III	438,83	358,66	281,00	205,83	133,66	70,50
	V	**1 275,41**	393,00	346,33	IV	807,00	751,83	698,00	645,33	593,91	543,75
	VI	**1 311,66**	393,00	346,33							
4 427,99	I,IV	**864,33**	393,00	346,33	I	752,91	646,33	544,66	448,00	356,25	269,41
	II	**805,08**	393,00	346,33	II	696,16	592,16	493,16	399,08	309,91	225,66
	III	**522,16**	393,00	346,33	III	439,66	359,50	281,66	206,50	134,16	71,00
	V	**1 276,58**	393,00	346,33	IV	808,00	752,91	699,00	646,33	594,91	544,66
	VI	**1 312,83**	393,00	346,33							

* Zur LSt-Berechnung für privat versicherte Arbeitnehmer s. Beispiele **Vorbemerkung S. 4 f.**
** Basisvorsorgepauschale KV und PV *** Typisierter Arbeitgeberzuschuss

Lohn/ Gehalt in € bis	Steuerklasse	Lohn-steuer*	BVSP**	TAGZ***	Steuerklasse	Bemessungsgrundlage für Kirchensteuer und Solidaritätszuschlag – Freibeträge für ... Kinder 0,5	1,0	1,5	2,0	2,5	3,0
4430,99	I,IV	**865,41**	393,00	346,33	I	753,83	647,25	545,58	448,83	357,08	270,16
	II	**806,08**	393,00	346,33	II	697,16	593,08	494,08	399,91	310,75	226,41
	III	**523,00**	393,00	346,33	III	440,33	360,16	282,50	207,16	134,83	71,66
	V	**1 277,75**	393,00	346,33	IV	809,00	753,83	699,91	647,25	595,83	545,58
	VI	**1 314,00**	393,00	346,33							
4433,99	I,IV	**866,50**	393,00	346,33	I	754,91	648,25	546,50	449,75	357,91	271,00
	II	**807,08**	393,00	346,33	II	698,16	594,08	495,00	400,75	311,50	227,16
	III	**523,83**	393,00	346,33	III	441,16	360,83	283,16	207,83	135,50	72,16
	V	**1 278,91**	393,00	346,33	IV	810,08	754,91	700,91	648,25	596,75	546,50
	VI	**1 315,25**	393,00	346,33							
4436,99	I,IV	**867,58**	393,00	346,33	I	755,91	649,25	547,50	450,66	358,75	271,75
	II	**808,16**	393,00	346,33	II	699,16	595,00	495,83	401,66	312,33	228,00
	III	**524,66**	393,00	346,33	III	441,83	361,66	283,83	208,50	136,16	72,66
	V	**1 280,16**	393,00	346,33	IV	811,08	755,91	701,91	649,25	597,75	547,50
	VI	**1 316,41**	393,00	346,33							
4439,99	I,IV	**868,58**	393,00	346,33	I	756,91	650,16	548,41	451,50	359,58	272,58
	II	**809,16**	393,00	346,33	II	700,16	596,00	496,75	402,50	313,16	228,75
	III	**525,33**	393,00	346,33	III	442,66	362,33	284,66	209,33	136,83	73,16
	V	**1 281,33**	393,00	346,33	IV	812,16	756,91	702,91	650,16	598,66	548,41
	VI	**1 317,58**	393,00	346,33							
4442,99	I,IV	**869,66**	393,00	346,33	I	758,00	651,16	549,33	452,41	360,41	273,33
	II	**810,25**	393,00	346,33	II	701,16	596,91	497,66	403,33	314,00	229,50
	III	**526,16**	393,00	346,33	III	443,50	363,16	285,33	210,00	137,50	73,83
	V	**1 282,50**	393,00	346,33	IV	813,25	758,00	703,91	651,16	599,66	549,33
	VI	**1 318,75**	393,00	346,33							
4445,99	I,IV	**870,75**	393,00	346,33	I	759,00	652,16	550,25	453,25	361,25	274,16
	II	**811,33**	393,00	346,33	II	702,16	597,91	498,58	404,25	314,75	230,25
	III	**527,00**	393,00	346,33	III	444,16	363,83	286,00	210,66	138,16	74,33
	V	**1 283,75**	393,00	346,33	IV	814,25	759,00	705,00	652,16	600,58	550,25
	VI	**1 320,00**	393,00	346,33							
4448,99	I,IV	**871,83**	393,00	346,33	I	760,00	653,08	551,16	454,16	362,08	274,91
	II	**812,33**	393,00	346,33	II	703,08	598,83	499,50	405,08	315,58	231,00
	III	**527,66**	393,00	346,33	III	444,83	364,50	286,66	211,33	138,66	74,83
	V	**1 284,83**	393,00	346,33	IV	815,25	760,00	705,91	653,08	601,50	551,16
	VI	**1 321,16**	393,00	346,33							
4451,99	I,IV	**872,83**	393,00	346,33	I	761,00	654,08	552,08	455,00	362,91	275,75
	II	**813,33**	393,00	346,33	II	704,08	599,75	500,41	405,91	316,41	231,83
	III	**528,50**	393,00	346,33	III	445,66	365,33	287,50	212,00	139,33	75,33
	V	**1 286,08**	393,00	346,33	IV	816,33	761,00	706,91	654,08	602,50	552,08
	VI	**1 322,33**	393,00	346,33							
4454,99	I,IV	**873,91**	393,00	346,33	I	762,00	655,08	553,00	455,91	363,75	276,50
	II	**814,41**	393,00	346,33	II	705,08	600,75	501,25	406,75	317,25	232,58
	III	**529,33**	393,00	346,33	III	446,50	366,00	288,16	212,66	140,00	76,00
	V	**1 287,25**	393,00	346,33	IV	817,41	762,00	707,91	655,08	603,41	553,00
	VI	**1 323,50**	393,00	346,33							
4457,99	I,IV	**875,00**	393,00	346,33	I	763,08	656,08	554,00	456,83	364,58	277,33
	II	**815,50**	393,00	346,33	II	706,08	601,66	502,16	407,66	318,00	233,33
	III	**530,00**	393,00	346,33	III	447,16	366,83	288,83	213,33	140,66	76,50
	V	**1 288,41**	393,00	346,33	IV	818,41	763,08	708,91	656,08	604,41	554,00
	VI	**1 324,66**	393,00	346,33							
4460,99	I,IV	**876,08**	393,00	346,33	I	764,08	657,00	554,91	457,66	365,41	278,08
	II	**816,50**	393,00	346,33	II	707,08	602,66	503,08	408,50	318,83	234,08
	III	**530,83**	393,00	346,33	III	448,00	367,50	289,66	214,16	141,33	77,00
	V	**1 289,66**	393,00	346,33	IV	819,50	764,08	709,91	657,00	605,33	554,91
	VI	**1 325,91**	393,00	346,33							
4463,99	I,IV	**877,16**	393,00	346,33	I	765,08	658,00	555,83	458,58	366,25	278,91
	II	**817,58**	393,00	346,33	II	708,08	603,58	504,00	409,41	319,66	234,91
	III	**531,66**	393,00	346,33	III	448,66	368,33	290,33	214,83	142,00	77,50
	V	**1 290,83**	393,00	346,33	IV	820,50	765,08	710,91	658,00	606,33	555,83
	VI	**1 327,08**	393,00	346,33							

* Zur LSt-Berechnung für privat versicherte Arbeitnehmer s. Beispiele **Vorbemerkung S. 4 f.**
** Basisvorsorgepauschale KV und PV *** Typisierter Arbeitgeberzuschuss

Lohn/ Gehalt in € bis	Steuerklasse	Lohn-steuer*	BVSP**	TAGZ***	Steuerklasse	Bemessungsgrundlage für Kirchensteuer und Solidaritätszuschlag – Freibeträge für ... Kinder 0,5	1,0	1,5	2,0	2,5	3,0
4466,99	I,IV	**878,25**	393,00	346,33	I	766,16	659,00	556,75	459,50	367,16	279,66
	II	**818,58**	393,00	346,33	II	709,08	604,58	504,91	410,25	320,50	235,66
	III	**532,50**	393,00	346,33	III	449,50	369,00	291,00	215,50	142,66	78,16
	V	**1292,00**	393,00	346,33	IV	821,58	766,16	711,91	659,00	607,25	556,75
	VI	**1328,25**	393,00	346,33							
4469,99	I,IV	**879,25**	393,00	346,33	I	767,16	659,91	557,66	460,33	367,91	280,50
	II	**819,66**	393,00	346,33	II	710,08	605,50	505,83	411,08	321,25	236,41
	III	**533,16**	393,00	346,33	III	450,33	369,83	291,66	216,16	143,33	78,66
	V	**1293,16**	393,00	346,33	IV	822,58	767,16	712,91	659,91	608,16	557,66
	VI	**1329,41**	393,00	346,33							
4472,99	I,IV	**880,33**	393,00	346,33	I	768,16	660,91	558,58	461,25	368,75	281,25
	II	**820,66**	393,00	346,33	II	711,08	606,41	506,75	411,91	322,08	237,16
	III	**534,00**	393,00	346,33	III	451,00	370,50	292,50	216,83	144,00	79,16
	V	**1294,33**	393,00	346,33	IV	823,66	768,16	713,91	660,91	609,16	558,58
	VI	**1330,58**	393,00	346,33							
4475,99	I,IV	**881,41**	393,00	346,33	I	769,25	661,91	559,58	462,16	369,66	282,08
	II	**821,75**	393,00	346,33	II	712,08	607,41	507,66	412,83	322,91	237,91
	III	**534,83**	393,00	346,33	III	451,83	371,33	293,16	217,66	144,66	79,83
	V	**1295,58**	393,00	346,33	IV	824,66	769,25	714,91	661,91	610,08	559,58
	VI	**1331,83**	393,00	346,33							
4478,99	I,IV	**882,50**	393,00	346,33	I	770,25	662,91	560,50	463,00	370,50	282,83
	II	**822,75**	393,00	346,33	II	713,08	608,33	508,58	413,66	323,75	238,75
	III	**535,66**	393,00	346,33	III	452,50	372,00	293,83	218,33	145,33	80,33
	V	**1296,75**	393,00	346,33	IV	825,75	770,25	715,91	662,91	611,08	560,50
	VI	**1333,00**	393,00	346,33							
4481,99	I,IV	**883,58**	393,00	346,33	I	771,25	663,91	561,41	463,91	371,33	283,66
	II	**823,83**	393,00	346,33	II	714,08	609,33	509,50	414,58	324,58	239,50
	III	**536,33**	393,00	346,33	III	453,33	372,66	294,66	219,00	146,00	81,00
	V	**1297,91**	393,00	346,33	IV	826,83	771,25	717,00	663,91	612,00	561,41
	VI	**1334,16**	393,00	346,33							
4484,99	I,IV	**884,66**	393,00	346,33	I	772,33	664,83	562,33	464,83	372,16	284,50
	II	**824,91**	393,00	346,33	II	715,08	610,25	510,41	415,41	325,41	240,25
	III	**537,16**	393,00	346,33	III	454,16	373,50	295,33	219,66	146,66	81,50
	V	**1299,08**	393,00	346,33	IV	827,83	772,33	718,00	664,83	613,00	562,33
	VI	**1335,41**	393,00	346,33							
4487,99	I,IV	**885,75**	393,00	346,33	I	773,33	665,83	563,25	465,66	373,00	285,25
	II	**825,91**	393,00	346,33	II	716,08	611,25	511,25	416,25	326,16	241,00
	III	**538,00**	393,00	346,33	III	454,83	374,16	296,00	220,33	147,16	82,00
	V	**1300,25**	393,00	346,33	IV	828,91	773,33	718,91	665,83	613,91	563,25
	VI	**1336,50**	393,00	346,33							
4490,99	I,IV	**886,75**	393,00	346,33	I	774,33	666,83	564,25	466,58	373,83	286,08
	II	**827,00**	393,00	346,33	II	717,08	612,16	512,16	417,16	327,00	241,83
	III	**538,66**	393,00	346,33	III	455,66	375,00	296,83	221,00	147,83	82,50
	V	**1301,50**	393,00	346,33	IV	829,91	774,33	719,91	666,83	614,91	564,25
	VI	**1337,75**	393,00	346,33							
4493,99	I,IV	**887,83**	393,00	346,33	I	775,33	667,83	565,16	467,41	374,66	286,83
	II	**828,00**	393,00	346,33	II	718,08	613,16	513,08	418,00	327,83	242,58
	III	**539,50**	393,00	346,33	III	456,33	375,66	297,50	221,66	148,50	83,16
	V	**1302,66**	393,00	346,33	IV	831,00	775,33	721,00	667,83	615,83	565,16
	VI	**1338,91**	393,00	346,33							
4496,99	I,IV	**888,91**	393,00	346,33	I	776,41	668,75	566,08	468,33	375,50	287,66
	II	**829,08**	393,00	346,33	II	719,08	614,08	514,00	418,83	328,66	243,33
	III	**540,33**	393,00	346,33	III	457,16	376,50	298,16	222,50	149,16	83,66
	V	**1303,83**	393,00	346,33	IV	832,08	776,41	722,00	668,75	616,83	566,08
	VI	**1340,08**	393,00	346,33							
4499,99	I,IV	**890,00**	393,00	346,33	I	777,41	669,75	567,00	469,25	376,41	288,41
	II	**830,16**	393,00	346,33	II	720,16	615,08	514,91	419,75	329,50	244,16
	III	**541,16**	393,00	346,33	III	457,83	377,16	299,00	223,16	149,83	84,33
	V	**1305,00**	393,00	346,33	IV	833,08	777,41	723,00	669,75	617,75	567,00
	VI	**1341,25**	393,00	346,33							

* Zur LSt-Berechnung für privat versicherte Arbeitnehmer s. Beispiele **Vorbemerkung S. 4 f.**
** Basisvorsorgepauschale KV und PV *** Typisierter Arbeitgeberzuschuss

Lohn/ Gehalt in € bis	Steuerklasse	Lohn-steuer*	BVSP**	TAGZ***	Steuerklasse	Bemessungsgrundlage für Kirchensteuer und Solidaritätszuschlag – Freibeträge für ... Kinder 0,5	**1,0**	1,5	**2,0**	2,5	**3,0**
4502,99	I,IV	**891,08**	393,00	346,33	I	778,50	670,75	568,00	470,16	377,25	289,25
	II	**831,16**	393,00	346,33	II	721,16	616,00	515,83	420,58	330,33	244,91
	III	**541,83**	393,00	346,33	III	458,66	378,00	299,66	223,83	150,50	84,83
	V	**1306,25**	393,00	346,33	IV	834,16	778,50	724,00	670,75	618,75	568,00
	VI	**1342,50**	393,00	346,33							
4505,99	I,IV	**892,16**	393,00	346,33	I	779,50	671,75	568,91	471,00	378,08	290,08
	II	**832,25**	393,00	346,33	II	722,16	617,00	516,75	421,50	331,08	245,66
	III	**542,66**	393,00	346,33	III	459,50	378,66	300,33	224,50	151,16	85,33
	V	**1307,41**	393,00	346,33	IV	835,25	779,50	725,00	671,75	619,75	568,91
	VI	**1343,66**	393,00	346,33							
4508,99	I,IV	**893,25**	393,00	346,33	I	780,50	672,66	569,83	471,91	378,91	290,83
	II	**833,25**	393,00	346,33	II	723,16	617,91	517,66	422,33	331,91	246,41
	III	**543,50**	393,00	346,33	III	460,16	379,33	301,16	225,16	151,83	86,00
	V	**1308,58**	393,00	346,33	IV	836,25	780,50	726,00	672,66	620,66	569,83
	VI	**1344,83**	393,00	346,33							
4511,99	I,IV	**894,33**	393,00	346,33	I	781,50	673,66	570,75	472,83	379,75	291,66
	II	**834,33**	393,00	346,33	II	724,16	618,91	518,58	423,16	332,75	247,25
	III	**544,33**	393,00	346,33	III	461,00	380,16	301,83	226,00	152,50	86,50
	V	**1309,75**	393,00	346,33	IV	837,33	781,50	727,00	673,66	621,58	570,75
	VI	**1346,00**	393,00	346,33							
4514,99	I,IV	**895,41**	393,00	346,33	I	782,58	674,66	571,75	473,66	380,58	292,41
	II	**835,41**	393,00	346,33	II	725,16	619,83	519,50	424,08	333,58	248,00
	III	**545,00**	393,00	346,33	III	461,66	380,83	302,50	226,66	153,16	87,16
	V	**1310,91**	393,00	346,33	IV	838,33	782,58	728,00	674,66	622,58	571,75
	VI	**1347,16**	393,00	346,33							
4517,99	I,IV	**896,50**	393,00	346,33	I	783,58	675,66	572,66	474,58	381,41	293,25
	II	**836,41**	393,00	346,33	II	726,16	620,83	520,41	424,91	334,41	248,75
	III	**545,83**	393,00	346,33	III	462,50	381,66	303,33	227,33	153,83	87,66
	V	**1312,16**	393,00	346,33	IV	839,41	783,58	729,00	675,66	623,58	572,66
	VI	**1348,41**	393,00	346,33							
4520,99	I,IV	**897,58**	393,00	346,33	I	784,66	676,66	573,58	475,50	382,33	294,08
	II	**837,50**	393,00	346,33	II	727,16	621,75	521,33	425,83	335,25	249,58
	III	**546,66**	393,00	346,33	III	463,33	382,33	304,00	228,00	154,50	88,16
	V	**1313,33**	393,00	346,33	IV	840,50	784,66	730,00	676,66	624,50	573,58
	VI	**1349,58**	393,00	346,33							
4523,99	I,IV	**898,66**	393,00	346,33	I	785,66	677,66	574,58	476,41	383,16	294,83
	II	**838,58**	393,00	346,33	II	728,16	622,75	522,25	426,66	336,08	250,33
	III	**547,50**	393,00	346,33	III	464,00	383,16	304,66	228,66	155,16	88,83
	V	**1314,50**	393,00	346,33	IV	841,58	785,66	731,08	677,66	625,50	574,58
	VI	**1350,75**	393,00	346,33							
4526,99	I,IV	**899,66**	393,00	346,33	I	786,66	678,58	575,50	477,25	384,00	295,66
	II	**839,58**	393,00	346,33	II	729,16	623,66	523,16	427,50	336,83	251,08
	III	**548,16**	393,00	346,33	III	464,83	383,83	305,33	229,33	155,83	89,33
	V	**1315,66**	393,00	346,33	IV	842,58	786,66	732,00	678,58	626,41	575,50
	VI	**1351,91**	393,00	346,33							
4529,99	I,IV	**900,75**	393,00	346,33	I	787,75	679,58	576,41	478,16	384,83	296,41
	II	**840,66**	393,00	346,33	II	730,16	624,66	524,08	428,41	337,66	251,91
	III	**549,00**	393,00	346,33	III	465,50	384,66	306,16	230,16	156,50	89,83
	V	**1316,83**	393,00	346,33	IV	843,66	787,75	733,08	679,58	627,41	576,41
	VI	**1353,08**	393,00	346,33							
4532,99	I,IV	**901,83**	393,00	346,33	I	788,75	680,58	577,33	479,08	385,66	297,25
	II	**841,66**	393,00	346,33	II	731,16	625,58	525,00	429,25	338,50	252,66
	III	**549,83**	393,00	346,33	III	466,33	385,33	306,83	230,83	157,16	90,50
	V	**1318,08**	393,00	346,33	IV	844,66	788,75	734,08	680,58	628,33	577,33
	VI	**1354,33**	393,00	346,33							
4535,99	I,IV	**902,91**	393,00	346,33	I	789,83	681,58	578,33	479,91	386,50	298,08
	II	**842,75**	393,00	346,33	II	732,25	626,58	525,91	430,16	339,33	253,41
	III	**550,50**	393,00	346,33	III	467,16	386,16	307,50	231,50	157,83	91,00
	V	**1319,25**	393,00	346,33	IV	845,75	789,83	735,08	681,58	629,33	578,33
	VI	**1355,50**	393,00	346,33							

* Zur LSt-Berechnung für privat versicherte Arbeitnehmer s. Beispiele **Vorbemerkung S. 4 f.**
** Basisvorsorgepauschale KV und PV *** Typisierter Arbeitgeberzuschuss

Lohn/ Gehalt in € bis	Steuerklasse	Lohn- steuer*	BVSP**	TAGZ***	Steuerklasse	Bemessungsgrundlage für Kirchensteuer und Solidaritätszuschlag – Freibeträge für ... Kinder 0,5	1,0	1,5	2,0	2,5	3,0
4538,99	I,IV	**904,00**	393,00	346,33	I	790,83	682,58	579,25	480,83	387,41	298,83
	II	**843,83**	393,00	346,33	II	733,25	627,58	526,83	431,00	340,16	254,25
	III	**551,33**	393,00	346,33	III	467,83	386,83	308,33	232,16	158,50	91,66
	V	**1 320,41**	393,00	346,33	IV	846,83	790,83	736,08	682,58	630,33	579,25
	VI	**1 356,66**	393,00	346,33							
4541,99	I,IV	**905,08**	393,00	346,33	I	791,91	683,58	580,16	481,75	388,25	299,66
	II	**844,91**	393,00	346,33	II	734,25	628,50	527,75	431,91	341,00	255,00
	III	**552,16**	393,00	346,33	III	468,66	387,66	309,00	232,83	159,33	92,16
	V	**1 321,58**	393,00	346,33	IV	847,91	791,91	737,08	683,58	631,25	580,16
	VI	**1 357,91**	393,00	346,33							
4544,99	I,IV	**906,16**	393,00	346,33	I	792,91	684,58	581,16	482,66	389,08	300,50
	II	**845,91**	393,00	346,33	II	735,25	629,50	528,66	432,75	341,83	255,83
	III	**553,00**	393,00	346,33	III	469,33	388,33	309,66	233,66	160,00	92,83
	V	**1 322,83**	393,00	346,33	IV	848,91	792,91	738,08	684,58	632,25	581,16
	VI	**1 359,08**	393,00	346,33							
4547,99	I,IV	**907,25**	393,00	346,33	I	793,91	685,50	582,08	483,50	389,91	301,25
	II	**847,00**	393,00	346,33	II	736,25	630,41	529,58	433,66	342,66	256,58
	III	**553,66**	393,00	346,33	III	470,16	389,16	310,50	234,33	160,66	93,33
	V	**1 324,00**	393,00	346,33	IV	850,00	793,91	739,08	685,50	633,16	582,08
	VI	**1 360,25**	393,00	346,33							
4550,99	I,IV	**908,33**	393,00	346,33	I	795,00	686,50	583,00	484,41	390,75	302,08
	II	**848,00**	393,00	346,33	II	737,25	631,41	530,50	434,50	343,50	257,33
	III	**554,50**	393,00	346,33	III	471,00	389,83	311,16	235,00	161,33	94,00
	V	**1 325,16**	393,00	346,33	IV	851,00	795,00	740,16	686,50	634,16	583,00
	VI	**1 361,41**	393,00	346,33							
4553,99	I,IV	**909,41**	393,00	346,33	I	796,00	687,50	583,91	485,33	391,66	302,91
	II	**849,08**	393,00	346,33	II	738,25	632,41	531,41	435,41	344,33	258,16
	III	**555,33**	393,00	346,33	III	471,66	390,66	312,00	235,66	162,00	94,50
	V	**1 326,33**	393,00	346,33	IV	852,08	796,00	741,16	687,50	635,08	583,91
	VI	**1 362,58**	393,00	346,33							
4556,99	I,IV	**910,50**	393,00	346,33	I	797,08	688,50	584,91	486,25	392,50	303,66
	II	**850,16**	393,00	346,33	II	739,25	633,33	532,33	436,25	345,16	258,91
	III	**556,16**	393,00	346,33	III	472,50	391,33	312,66	236,50	162,66	95,16
	V	**1 327,50**	393,00	346,33	IV	853,16	797,08	742,16	688,50	636,08	584,91
	VI	**1 363,83**	393,00	346,33							
4559,99	I,IV	**911,58**	393,00	346,33	I	798,08	689,50	585,83	487,16	393,33	304,50
	II	**851,25**	393,00	346,33	II	740,33	634,33	533,25	437,16	345,91	259,66
	III	**557,00**	393,00	346,33	III	473,33	392,16	313,33	237,16	163,33	95,66
	V	**1 328,75**	393,00	346,33	IV	854,25	798,08	743,16	689,50	637,08	585,83
	VI	**1 365,00**	393,00	346,33							
4562,99	I,IV	**912,66**	393,00	346,33	I	799,16	690,50	586,83	488,00	394,16	305,33
	II	**852,25**	393,00	346,33	II	741,33	635,25	534,16	438,00	346,75	260,50
	III	**557,66**	393,00	346,33	III	474,00	392,83	314,16	237,83	164,00	96,33
	V	**1 329,91**	393,00	346,33	IV	855,33	799,16	744,16	690,50	638,00	586,83
	VI	**1 366,16**	393,00	346,33							
4565,99	I,IV	**913,75**	393,00	346,33	I	800,16	691,50	587,75	488,91	395,00	306,08
	II	**853,33**	393,00	346,33	II	742,33	636,25	535,08	438,91	347,58	261,25
	III	**558,50**	393,00	346,33	III	474,83	393,50	314,83	238,50	164,66	96,83
	V	**1 331,08**	393,00	346,33	IV	856,33	800,16	745,16	691,50	639,00	587,75
	VI	**1 367,33**	393,00	346,33							
4568,99	I,IV	**914,83**	393,00	346,33	I	801,16	692,50	588,66	489,83	395,91	306,91
	II	**854,41**	393,00	346,33	II	743,33	637,16	536,00	439,75	348,41	262,00
	III	**559,33**	393,00	346,33	III	475,50	394,33	315,50	239,16	165,33	97,50
	V	**1 332,25**	393,00	346,33	IV	857,41	801,16	746,25	692,50	639,91	588,66
	VI	**1 368,50**	393,00	346,33							
4571,99	I,IV	**915,91**	393,00	346,33	I	802,25	693,50	589,66	490,75	396,75	307,75
	II	**855,41**	393,00	346,33	II	744,33	638,16	536,91	440,66	349,25	262,83
	III	**560,00**	393,00	346,33	III	476,33	395,00	316,16	239,83	166,00	98,00
	V	**1 333,41**	393,00	346,33	IV	858,50	802,25	747,25	693,50	640,91	589,66
	VI	**1 369,75**	393,00	346,33							

* Zur LSt-Berechnung für privat versicherte Arbeitnehmer s. Beispiele **Vorbemerkung S. 4 f.**
** Basisvorsorgepauschale KV und PV *** Typisierter Arbeitgeberzuschuss

Lohn/ Gehalt in € bis	Steuerklasse	Lohnsteuer*	BVSP**	TAGZ***	Steuerklasse	Bemessungsgrundlage für Kirchensteuer und Solidaritätszuschlag – Freibeträge für ... Kinder 0,5	**1,0**	1,5	**2,0**	2,5	**3,0**
4574,99	I,IV	**917,00**	393,00	346,33	I	803,25	694,50	590,58	491,66	397,58	308,50
	II	**856,50**	393,00	346,33	II	745,33	639,16	537,83	441,50	350,08	263,58
	III	**560,83**	393,00	346,33	III	477,16	395,83	317,00	240,66	166,66	98,66
	V	**1334,66**	393,00	346,33	IV	859,50	803,25	748,25	694,50	641,91	590,58
	VI	**1370,91**	393,00	346,33							
4577,99	I,IV	**918,08**	393,00	346,33	I	804,33	695,41	591,50	492,50	398,50	309,33
	II	**857,58**	393,00	346,33	II	746,41	640,08	538,83	442,41	350,91	264,41
	III	**561,66**	393,00	346,33	III	477,83	396,50	317,66	241,33	167,33	99,16
	V	**1335,83**	393,00	346,33	IV	860,58	804,33	749,25	695,41	642,91	591,50
	VI	**1372,08**	393,00	346,33							
4580,99	I,IV	**919,16**	393,00	346,33	I	805,33	696,41	592,50	493,41	399,33	310,16
	II	**858,66**	393,00	346,33	II	747,41	641,08	539,75	443,25	351,75	265,16
	III	**562,50**	393,00	346,33	III	478,66	397,33	318,50	242,00	168,00	99,83
	V	**1337,00**	393,00	346,33	IV	861,66	805,33	750,33	696,41	643,83	592,50
	VI	**1373,25**	393,00	346,33							
4583,99	I,IV	**920,33**	393,00	346,33	I	806,41	697,41	593,41	494,33	400,16	311,00
	II	**859,75**	393,00	346,33	II	748,41	642,08	540,66	444,16	352,58	266,00
	III	**563,33**	393,00	346,33	III	479,50	398,00	319,16	242,66	168,83	100,33
	V	**1338,25**	393,00	346,33	IV	862,75	806,41	751,33	697,41	644,83	593,41
	VI	**1374,50**	393,00	346,33							
4586,99	I,IV	**921,33**	393,00	346,33	I	807,41	698,41	594,33	495,25	401,00	311,75
	II	**860,75**	393,00	346,33	II	749,41	643,00	541,58	445,00	353,41	266,75
	III	**564,00**	393,00	346,33	III	480,16	398,83	319,83	243,50	169,50	101,00
	V	**1339,33**	393,00	346,33	IV	863,75	807,41	752,33	698,41	645,75	594,33
	VI	**1375,66**	393,00	346,33							
4589,99	I,IV	**922,41**	393,00	346,33	I	808,50	699,41	595,33	496,16	401,91	312,58
	II	**861,83**	393,00	346,33	II	750,41	644,00	542,50	445,91	354,25	267,50
	III	**564,83**	393,00	346,33	III	481,00	399,50	320,66	244,16	170,16	101,50
	V	**1340,58**	393,00	346,33	IV	864,83	808,50	753,33	699,41	646,75	595,33
	VI	**1376,83**	393,00	346,33							
4592,99	I,IV	**923,50**	393,00	346,33	I	809,50	700,41	596,25	497,00	402,75	313,41
	II	**862,91**	393,00	346,33	II	751,50	645,00	543,41	446,75	355,08	268,33
	III	**565,66**	393,00	346,33	III	481,66	400,33	321,33	244,83	170,83	102,16
	V	**1341,75**	393,00	346,33	IV	865,91	809,50	754,33	700,41	647,75	596,25
	VI	**1378,00**	393,00	346,33							
4595,99	I,IV	**924,66**	393,00	346,33	I	810,58	701,41	597,25	497,91	403,58	314,25
	II	**864,00**	393,00	346,33	II	752,50	645,91	544,33	447,66	355,91	269,08
	III	**566,50**	393,00	346,33	III	482,50	401,00	322,00	245,50	171,50	102,66
	V	**1342,91**	393,00	346,33	IV	867,00	810,58	755,41	701,41	648,66	597,25
	VI	**1379,16**	393,00	346,33							
4598,99	I,IV	**925,75**	393,00	346,33	I	811,58	702,41	598,16	498,83	404,50	315,00
	II	**865,00**	393,00	346,33	II	753,50	646,91	545,25	448,58	356,75	269,91
	III	**567,16**	393,00	346,33	III	483,33	401,83	322,83	246,33	172,16	103,33
	V	**1344,16**	393,00	346,33	IV	868,08	811,58	756,41	702,41	649,66	598,16
	VI	**1380,41**	393,00	346,33							
4601,99	I,IV	**926,83**	393,00	346,33	I	812,66	703,41	599,16	499,75	405,33	315,83
	II	**866,08**	393,00	346,33	II	754,50	647,91	546,16	449,41	357,58	270,66
	III	**568,00**	393,00	346,33	III	484,00	402,50	323,50	247,00	172,83	104,00
	V	**1345,33**	393,00	346,33	IV	869,08	812,66	757,41	703,41	650,66	599,16
	VI	**1381,58**	393,00	346,33							
4604,99	I,IV	**927,91**	393,00	346,33	I	813,66	704,41	600,08	500,66	406,16	316,66
	II	**867,16**	393,00	346,33	II	755,50	648,83	547,08	450,33	358,41	271,50
	III	**568,83**	393,00	346,33	III	484,83	403,33	324,16	247,66	173,50	104,50
	V	**1346,50**	393,00	346,33	IV	870,16	813,66	758,41	704,41	651,58	600,08
	VI	**1382,75**	393,00	346,33							
4607,99	I,IV	**929,00**	393,00	346,33	I	814,75	705,41	601,00	501,58	407,00	317,41
	II	**868,25**	393,00	346,33	II	756,58	649,83	548,00	451,16	359,25	272,25
	III	**569,66**	393,00	346,33	III	485,50	404,00	325,00	248,33	174,16	105,16
	V	**1347,66**	393,00	346,33	IV	871,25	814,75	759,41	705,41	652,58	601,00
	VI	**1383,91**	393,00	346,33							

* Zur LSt-Berechnung für privat versicherte Arbeitnehmer s. Beispiele **Vorbemerkung S. 4f.**
** Basisvorsorgepauschale KV und PV *** Typisierter Arbeitgeberzuschuss

Lohn/ Gehalt in € bis	Steuerklasse	Lohn-steuer*	BVSP**	TAGZ***	Steuerklasse	Bemessungsgrundlage für Kirchensteuer und Solidaritätszuschlag – Freibeträge für ... Kinder 0,5	**1,0**	1,5	**2,0**	2,5	**3,0**
4610,99	I,IV	**930,08**	393,00	346,33	I	815,75	706,41	602,00	502,50	407,91	318,25
	II	**869,25**	393,00	346,33	II	757,58	650,83	549,00	452,08	360,08	273,08
	III	**570,33**	393,00	346,33	III	486,33	404,83	325,66	249,00	174,83	105,66
	V	**1 348,83**	393,00	346,33	IV	872,33	815,75	760,50	706,41	653,58	602,00
	VI	**1 385,08**	393,00	346,33							
4613,99	I,IV	**931,16**	393,00	346,33	I	816,83	707,41	602,91	503,41	408,75	319,08
	II	**870,33**	393,00	346,33	II	758,58	651,75	549,91	452,91	360,91	273,83
	III	**571,16**	393,00	346,33	III	487,16	405,50	326,33	249,66	175,50	106,33
	V	**1 350,00**	393,00	346,33	IV	873,41	816,83	761,50	707,41	654,58	602,91
	VI	**1 386,33**	393,00	346,33							
4616,99	I,IV	**932,25**	393,00	346,33	I	817,83	708,41	603,91	504,25	409,66	319,91
	II	**871,41**	393,00	346,33	II	759,66	652,75	550,83	453,83	361,75	274,66
	III	**572,00**	393,00	346,33	III	487,83	406,33	327,16	250,50	176,16	106,83
	V	**1 351,25**	393,00	346,33	IV	874,41	817,83	762,50	708,41	655,50	603,91
	VI	**1 387,50**	393,00	346,33							
4619,99	I,IV	**933,33**	393,00	346,33	I	818,91	709,41	604,83	505,16	410,50	320,75
	II	**872,50**	393,00	346,33	II	760,66	653,75	551,75	454,75	362,58	275,41
	III	**572,83**	393,00	346,33	III	488,66	407,00	327,83	251,16	177,00	107,50
	V	**1 352,41**	393,00	346,33	IV	875,50	818,91	763,58	709,41	656,50	604,83
	VI	**1 388,66**	393,00	346,33							
4622,99	I,IV	**934,41**	393,00	346,33	I	819,91	710,41	605,75	506,08	411,33	321,50
	II	**873,50**	393,00	346,33	II	761,66	654,66	552,66	455,58	363,41	276,25
	III	**573,66**	393,00	346,33	III	489,50	407,83	328,66	251,83	177,66	108,16
	V	**1 353,58**	393,00	346,33	IV	876,58	819,91	764,58	710,41	657,50	605,75
	VI	**1 389,83**	393,00	346,33							
4625,99	I,IV	**935,50**	393,00	346,33	I	821,00	711,41	606,75	507,00	412,16	322,33
	II	**874,58**	393,00	346,33	II	762,66	655,66	553,58	456,50	364,25	277,00
	III	**574,33**	393,00	346,33	III	490,16	408,50	329,33	252,50	178,33	108,66
	V	**1 354,75**	393,00	346,33	IV	877,66	821,00	765,58	711,41	658,41	606,75
	VI	**1 391,00**	393,00	346,33							
4628,99	I,IV	**936,58**	393,00	346,33	I	822,08	712,41	607,66	507,91	413,08	323,16
	II	**875,66**	393,00	346,33	II	763,66	656,66	554,58	457,33	365,08	277,83
	III	**575,16**	393,00	346,33	III	491,00	409,33	330,00	253,33	179,00	109,33
	V	**1 355,91**	393,00	346,33	IV	878,75	822,08	766,58	712,41	659,41	607,66
	VI	**1 392,25**	393,00	346,33							
4631,99	I,IV	**937,75**	393,00	346,33	I	823,08	713,41	608,66	508,83	413,91	324,00
	II	**876,75**	393,00	346,33	II	764,75	657,66	555,50	458,25	366,00	278,58
	III	**576,00**	393,00	346,33	III	491,83	410,00	330,83	254,00	179,66	110,00
	V	**1 357,16**	393,00	346,33	IV	879,83	823,08	767,66	713,41	660,41	608,66
	VI	**1 393,41**	393,00	346,33							
4634,99	I,IV	**938,83**	393,00	346,33	I	824,16	714,41	609,58	509,75	414,83	324,83
	II	**877,83**	393,00	346,33	II	765,75	658,58	556,41	459,16	366,83	279,41
	III	**576,83**	393,00	346,33	III	492,50	410,83	331,50	254,66	180,33	110,50
	V	**1 358,33**	393,00	346,33	IV	880,83	824,16	768,66	714,41	661,41	609,58
	VI	**1 394,58**	393,00	346,33							
4637,99	I,IV	**939,91**	393,00	346,33	I	825,16	715,41	610,58	510,66	415,66	325,58
	II	**878,91**	393,00	346,33	II	766,75	659,58	557,33	460,00	367,66	280,16
	III	**577,66**	393,00	346,33	III	493,33	411,50	332,33	255,33	181,00	111,16
	V	**1 359,50**	393,00	346,33	IV	881,91	825,16	769,66	715,41	662,41	610,58
	VI	**1 395,75**	393,00	346,33							
4640,99	I,IV	**941,00**	393,00	346,33	I	826,25	716,41	611,50	511,58	416,50	326,41
	II	**880,00**	393,00	346,33	II	767,83	660,58	558,25	460,91	368,50	281,00
	III	**578,33**	393,00	346,33	III	494,16	412,33	333,00	256,16	181,66	111,66
	V	**1 360,75**	393,00	346,33	IV	883,00	826,25	770,75	716,41	663,33	611,50
	VI	**1 397,00**	393,00	346,33							
4643,99	I,IV	**942,08**	393,00	346,33	I	827,25	717,41	612,50	512,41	417,41	327,25
	II	**881,00**	393,00	346,33	II	768,83	661,50	559,16	461,75	369,33	281,75
	III	**579,16**	393,00	346,33	III	494,83	413,00	333,66	256,83	182,33	112,33
	V	**1 361,83**	393,00	346,33	IV	884,08	827,25	771,75	717,41	664,33	612,50
	VI	**1 398,16**	393,00	346,33							

* Zur LSt-Berechnung für privat versicherte Arbeitnehmer s. Beispiele **Vorbemerkung S. 4f.**

** Basisvorsorgepauschale KV und PV *** Typisierter Arbeitgeberzuschuss

Lohn/ Gehalt in € bis	Steuerklasse	Lohn-steuer*	BVSP**	TAGZ***	Steuerklasse	Bemessungsgrundlage für Kirchensteuer und Solidaritätszuschlag – Freibeträge für ... Kinder 0,5	1,0	1,5	2,0	2,5	3,0
4646,99	I,IV	**943,16**	393,00	346,33	I	828,33	718,41	613,41	513,33	418,25	328,08
	II	**882,08**	393,00	346,33	II	769,83	662,50	560,16	462,66	370,16	282,58
	III	**580,00**	393,00	346,33	III	495,66	413,83	334,50	257,50	183,00	113,00
	V	**1363,08**	393,00	346,33	IV	885,16	828,33	772,75	718,41	665,33	613,41
	VI	**1399,33**	393,00	346,33							
4649,99	I,IV	**944,25**	393,00	346,33	I	829,41	719,41	614,41	514,25	419,08	328,91
	II	**883,16**	393,00	346,33	II	770,83	663,50	561,08	463,58	371,00	283,33
	III	**580,83**	393,00	346,33	III	496,50	414,50	335,16	258,16	183,66	113,50
	V	**1364,25**	393,00	346,33	IV	886,25	829,41	773,75	719,41	666,25	614,41
	VI	**1400,50**	393,00	346,33							
4652,99	I,IV	**945,41**	393,00	346,33	I	830,41	720,41	615,33	515,16	420,00	329,75
	II	**884,25**	393,00	346,33	II	771,91	664,50	562,00	464,50	371,83	284,16
	III	**581,50**	393,00	346,33	III	497,16	415,33	335,83	259,00	184,50	114,16
	V	**1365,41**	393,00	346,33	IV	887,33	830,41	774,83	720,41	667,25	615,33
	VI	**1401,66**	393,00	346,33							
4655,99	I,IV	**946,50**	393,00	346,33	I	831,50	721,41	616,33	516,08	420,83	330,50
	II	**885,33**	393,00	346,33	II	772,91	665,50	562,91	465,33	372,66	285,00
	III	**582,33**	393,00	346,33	III	498,00	416,00	336,66	259,66	185,16	114,83
	V	**1366,66**	393,00	346,33	IV	888,41	831,50	775,83	721,41	668,25	616,33
	VI	**1402,91**	393,00	346,33							
4658,99	I,IV	**947,58**	393,00	346,33	I	832,58	722,41	617,25	517,00	421,75	331,33
	II	**886,41**	393,00	346,33	II	774,00	666,50	563,91	466,25	373,50	285,75
	III	**583,16**	393,00	346,33	III	498,83	416,83	337,33	260,33	185,83	115,33
	V	**1367,83**	393,00	346,33	IV	889,41	832,58	776,91	722,41	669,25	617,25
	VI	**1404,08**	393,00	346,33							
4661,99	I,IV	**948,66**	393,00	346,33	I	833,58	723,41	618,25	517,91	422,58	332,16
	II	**887,41**	393,00	346,33	II	775,00	667,41	564,83	467,08	374,33	286,50
	III	**584,00**	393,00	346,33	III	499,50	417,66	338,16	261,00	186,50	116,00
	V	**1369,00**	393,00	346,33	IV	890,50	833,58	777,91	723,41	670,16	618,25
	VI	**1405,25**	393,00	346,33							
4664,99	I,IV	**949,75**	393,00	346,33	I	834,66	724,41	619,16	518,83	423,41	333,00
	II	**888,50**	393,00	346,33	II	776,00	668,41	565,75	468,00	375,16	287,33
	III	**584,83**	393,00	346,33	III	500,33	418,33	338,83	261,83	187,16	116,66
	V	**1370,16**	393,00	346,33	IV	891,58	834,66	778,91	724,41	671,16	619,16
	VI	**1406,41**	393,00	346,33							
4667,99	I,IV	**950,83**	393,00	346,33	I	835,66	725,41	620,16	519,75	424,33	333,83
	II	**889,58**	393,00	346,33	II	777,00	669,41	566,66	468,91	376,08	288,16
	III	**585,66**	393,00	346,33	III	501,16	419,16	339,50	262,50	187,83	117,16
	V	**1371,33**	393,00	346,33	IV	892,66	835,66	779,91	725,41	672,16	620,16
	VI	**1407,58**	393,00	346,33							
4670,99	I,IV	**952,00**	393,00	346,33	I	836,75	726,50	621,08	520,66	425,16	334,66
	II	**890,66**	393,00	346,33	II	778,08	670,41	567,58	469,83	376,91	288,91
	III	**586,33**	393,00	346,33	III	501,83	419,83	340,33	263,16	188,50	117,83
	V	**1372,58**	393,00	346,33	IV	893,75	836,75	781,00	726,50	673,16	621,08
	VI	**1408,83**	393,00	346,33							
4673,99	I,IV	**953,08**	393,00	346,33	I	837,83	727,50	622,08	521,58	426,08	335,50
	II	**891,75**	393,00	346,33	II	779,08	671,33	568,58	470,66	377,75	289,75
	III	**587,16**	393,00	346,33	III	502,66	420,66	341,00	263,83	189,16	118,50
	V	**1373,75**	393,00	346,33	IV	894,83	837,83	782,00	727,50	674,16	622,08
	VI	**1410,00**	393,00	346,33							
4676,99	I,IV	**954,16**	393,00	346,33	I	838,83	728,50	623,00	522,50	426,91	336,33
	II	**892,83**	393,00	346,33	II	780,16	672,33	569,50	471,58	378,58	290,58
	III	**588,00**	393,00	346,33	III	503,50	421,33	341,83	264,66	190,00	119,16
	V	**1374,91**	393,00	346,33	IV	895,91	838,83	783,08	728,50	675,16	623,00
	VI	**1411,16**	393,00	346,33							
4679,99	I,IV	**955,25**	393,00	346,33	I	839,91	729,50	624,00	523,41	427,83	337,08
	II	**893,91**	393,00	346,33	II	781,16	673,33	570,41	472,50	379,41	291,33
	III	**588,83**	393,00	346,33	III	504,16	422,16	342,50	265,33	190,66	119,66
	V	**1376,08**	393,00	346,33	IV	897,00	839,91	784,08	729,50	676,16	624,00
	VI	**1412,41**	393,00	346,33							

* Zur LSt-Berechnung für privat versicherte Arbeitnehmer s. Beispiele **Vorbemerkung S. 4f.**
** Basisvorsorgepauschale KV und PV *** Typisierter Arbeitgeberzuschuss

Lohn/ Gehalt in € bis	Steuerklasse	Lohn-steuer*	BVSP**	TAGZ***	Steuerklasse	Bemessungsgrundlage für Kirchensteuer und Solidaritätszuschlag					
						Freibeträge für ... Kinder					
						0,5	**1,0**	1,5	**2,0**	2,5	**3,0**
4682,99	I,IV	**956,33**	393,00	346,33	I	840,91	730,50	624,91	524,33	428,66	337,91
	II	**895,00**	393,00	346,33	II	782,16	674,33	571,33	473,33	380,25	292,16
	III	**589,50**	393,00	346,33	III	505,00	422,83	343,16	266,00	191,33	120,33
	V	**1377,25**	393,00	346,33	IV	898,00	840,91	785,08	730,50	677,08	624,91
	VI	**1413,50**	393,00	346,33							
4685,99	I,IV	**957,50**	393,00	346,33	I	842,00	731,50	625,91	525,25	429,50	338,75
	II	**896,08**	393,00	346,33	II	783,25	675,25	572,33	474,25	381,08	292,91
	III	**590,33**	393,00	346,33	III	505,83	423,66	344,00	266,66	192,00	121,00
	V	**1378,50**	393,00	346,33	IV	899,08	842,00	786,16	731,50	678,08	625,91
	VI	**1414,75**	393,00	346,33							
4688,99	I,IV	**958,58**	393,00	346,33	I	843,08	732,50	626,91	526,16	430,41	339,58
	II	**897,16**	393,00	346,33	II	784,25	676,25	573,25	475,16	382,00	293,75
	III	**591,16**	393,00	346,33	III	506,50	424,33	344,66	267,50	192,66	121,50
	V	**1379,66**	393,00	346,33	IV	900,16	843,08	787,16	732,50	679,08	626,91
	VI	**1415,91**	393,00	346,33							
4691,99	I,IV	**959,66**	393,00	346,33	I	844,16	733,50	627,83	527,08	431,25	340,41
	II	**898,25**	393,00	346,33	II	785,25	677,25	574,16	476,00	382,83	294,58
	III	**592,00**	393,00	346,33	III	507,33	425,16	345,33	268,16	193,33	122,16
	V	**1380,83**	393,00	346,33	IV	901,25	844,16	788,25	733,50	680,08	627,83
	VI	**1417,08**	393,00	346,33							
4694,99	I,IV	**960,75**	393,00	346,33	I	845,16	734,50	628,83	528,00	432,16	341,25
	II	**899,33**	393,00	346,33	II	786,33	678,25	575,16	476,91	383,66	295,33
	III	**592,83**	393,00	346,33	III	508,16	425,83	346,16	268,83	194,00	122,83
	V	**1382,00**	393,00	346,33	IV	902,41	845,16	789,25	734,50	681,08	628,83
	VI	**1418,25**	393,00	346,33							
4697,99	I,IV	**961,91**	393,00	346,33	I	846,25	735,58	629,75	528,91	433,00	342,08
	II	**900,41**	393,00	346,33	II	787,33	679,25	576,08	477,83	384,50	296,16
	III	**593,66**	393,00	346,33	III	508,83	426,66	346,83	269,50	194,66	123,50
	V	**1383,25**	393,00	346,33	IV	903,50	846,25	790,25	735,58	682,08	629,75
	VI	**1419,50**	393,00	346,33							
4700,99	I,IV	**963,00**	393,00	346,33	I	847,25	736,50	630,75	529,83	433,91	342,91
	II	**901,41**	393,00	346,33	II	788,33	680,25	577,00	478,66	385,33	296,91
	III	**594,33**	393,00	346,33	III	509,66	427,33	347,66	270,33	195,33	124,00
	V	**1384,41**	393,00	346,33	IV	904,50	847,25	791,33	736,50	683,00	630,75
	VI	**1420,66**	393,00	346,33							
4703,99	I,IV	**964,08**	393,00	346,33	I	848,33	737,58	631,66	530,75	434,75	343,66
	II	**902,50**	393,00	346,33	II	789,41	681,16	577,91	479,58	386,25	297,75
	III	**595,16**	393,00	346,33	III	510,50	428,16	348,33	271,00	196,16	124,66
	V	**1385,58**	393,00	346,33	IV	905,58	848,33	792,33	737,58	684,00	631,66
	VI	**1421,83**	393,00	346,33							
4706,99	I,IV	**965,16**	393,00	346,33	I	849,41	738,58	632,66	531,66	435,66	344,50
	II	**903,58**	393,00	346,33	II	790,41	682,16	578,91	480,50	387,08	298,58
	III	**596,00**	393,00	346,33	III	511,16	429,00	349,00	271,66	196,83	125,33
	V	**1386,75**	393,00	346,33	IV	906,66	849,41	793,41	738,58	685,00	632,66
	VI	**1423,00**	393,00	346,33							
4709,99	I,IV	**966,33**	393,00	346,33	I	850,50	739,58	633,66	532,58	436,50	345,33
	II	**904,66**	393,00	346,33	II	791,50	683,16	579,83	481,41	387,91	299,33
	III	**596,83**	393,00	346,33	III	512,00	429,66	349,83	272,50	197,50	126,00
	V	**1387,91**	393,00	346,33	IV	907,75	850,50	794,41	739,58	686,00	633,66
	VI	**1424,16**	393,00	346,33							
4712,99	I,IV	**967,41**	393,00	346,33	I	851,50	740,58	634,58	533,50	437,41	346,16
	II	**905,75**	393,00	346,33	II	792,50	684,16	580,75	482,33	388,75	300,16
	III	**597,66**	393,00	346,33	III	512,83	430,50	350,50	273,16	198,16	126,50
	V	**1389,16**	393,00	346,33	IV	908,83	851,50	795,41	740,58	687,00	634,58
	VI	**1425,41**	393,00	346,33							
4715,99	I,IV	**968,50**	393,00	346,33	I	852,58	741,58	635,58	534,50	438,25	347,00
	II	**906,91**	393,00	346,33	II	793,58	685,16	581,75	483,25	389,66	301,00
	III	**598,50**	393,00	346,33	III	513,66	431,16	351,33	273,83	198,83	127,16
	V	**1390,33**	393,00	346,33	IV	909,91	852,58	796,50	741,58	688,00	635,58
	VI	**1426,58**	393,00	346,33							

* Zur LSt-Berechnung für privat versicherte Arbeitnehmer s. Beispiele **Vorbemerkung S. 4 f.**
** Basisvorsorgepauschale KV und PV *** Typisierter Arbeitgeberzuschuss

Lohn/ Gehalt in € bis	Steuerklasse	Lohn-steuer*	BVSP**	TAGZ***	Steuerklasse	Bemessungsgrundlage für Kirchensteuer und Solidaritätszuschlag					
						Freibeträge für ... Kinder					
						0,5	**1,0**	1,5	**2,0**	2,5	**3,0**
4718,99	I,IV	**969,66**	393,00	346,33	I	853,66	742,66	636,58	535,41	439,16	347,83
	II	**908,00**	393,00	346,33	II	794,58	686,16	582,66	484,08	390,50	301,75
	III	**599,16**	393,00	346,33	III	514,33	432,00	352,00	274,50	199,50	127,83
	V	**1391,50**	393,00	346,33	IV	911,00	853,66	797,50	742,66	689,00	636,58
	VI	**1427,75**	393,00	346,33							
4721,99	I,IV	**970,75**	393,00	346,33	I	854,66	743,66	637,50	536,25	440,00	348,66
	II	**909,00**	393,00	346,33	II	795,58	687,16	583,58	485,00	391,33	302,58
	III	**600,00**	393,00	346,33	III	515,16	432,66	352,66	275,16	200,16	128,50
	V	**1392,66**	393,00	346,33	IV	912,08	854,66	798,58	743,66	689,91	637,50
	VI	**1428,91**	393,00	346,33							
4724,99	I,IV	**971,83**	393,00	346,33	I	855,75	744,66	638,50	537,25	440,91	349,50
	II	**910,08**	393,00	346,33	II	796,66	688,16	584,50	485,91	392,16	303,41
	III	**600,83**	393,00	346,33	III	515,83	433,50	353,50	276,00	200,83	129,00
	V	**1393,83**	393,00	346,33	IV	913,16	855,75	799,58	744,66	690,91	638,50
	VI	**1430,08**	393,00	346,33							
4727,99	I,IV	**972,91**	393,00	346,33	I	856,83	745,66	639,41	538,16	441,75	350,33
	II	**911,16**	393,00	346,33	II	797,66	689,08	585,50	486,75	393,00	304,16
	III	**601,66**	393,00	346,33	III	516,66	434,16	354,16	276,66	201,66	129,66
	V	**1395,08**	393,00	346,33	IV	914,25	856,83	800,66	745,66	691,91	639,41
	VI	**1431,33**	393,00	346,33							
4730,99	I,IV	**974,08**	393,00	346,33	I	857,91	746,66	640,41	539,08	442,66	351,16
	II	**912,25**	393,00	346,33	II	798,75	690,08	586,41	487,66	393,91	305,00
	III	**602,50**	393,00	346,33	III	517,50	435,00	355,00	277,33	202,33	130,33
	V	**1396,25**	393,00	346,33	IV	915,33	857,91	801,66	746,66	692,91	640,41
	VI	**1432,50**	393,00	346,33							
4733,99	I,IV	**975,16**	393,00	346,33	I	859,00	747,75	641,41	540,00	443,50	352,00
	II	**913,33**	393,00	346,33	II	799,75	691,08	587,41	488,58	394,75	305,83
	III	**603,16**	393,00	346,33	III	518,33	435,66	355,66	278,16	203,00	131,00
	V	**1397,41**	393,00	346,33	IV	916,41	859,00	802,75	747,75	693,91	641,41
	VI	**1433,66**	393,00	346,33							
4736,99	I,IV	**976,25**	393,00	346,33	I	860,00	748,75	642,33	540,91	444,41	352,83
	II	**914,50**	393,00	346,33	II	800,83	692,08	588,33	489,50	395,58	306,58
	III	**604,00**	393,00	346,33	III	519,00	436,50	356,50	278,83	203,66	131,66
	V	**1398,58**	393,00	346,33	IV	917,50	860,00	803,75	748,75	694,91	642,33
	VI	**1434,91**	393,00	346,33							
4739,99	I,IV	**977,33**	393,00	346,33	I	861,08	749,75	643,33	541,83	445,25	353,66
	II	**915,50**	393,00	346,33	II	801,83	693,08	589,25	490,41	396,41	307,41
	III	**604,83**	393,00	346,33	III	519,83	437,33	357,16	279,50	204,33	132,33
	V	**1399,75**	393,00	346,33	IV	918,58	861,08	804,75	749,75	695,91	643,33
	VI	**1436,00**	393,00	346,33							
4742,99	I,IV	**978,50**	393,00	346,33	I	862,16	750,75	644,25	542,75	446,16	354,50
	II	**916,58**	393,00	346,33	II	802,83	694,08	590,25	491,25	397,25	308,25
	III	**605,66**	393,00	346,33	III	520,66	438,00	357,83	280,16	205,00	132,83
	V	**1401,00**	393,00	346,33	IV	919,66	862,16	805,83	750,75	696,91	644,25
	VI	**1437,25**	393,00	346,33							
4745,99	I,IV	**979,58**	393,00	346,33	I	863,16	751,75	645,25	543,66	447,08	355,33
	II	**917,66**	393,00	346,33	II	803,91	695,08	591,16	492,16	398,16	309,00
	III	**606,50**	393,00	346,33	III	521,33	438,83	358,66	281,00	205,83	133,50
	V	**1402,16**	393,00	346,33	IV	920,75	863,16	806,83	751,75	697,91	645,25
	VI	**1438,41**	393,00	346,33							
4748,99	I,IV	**980,66**	393,00	346,33	I	864,25	752,75	646,25	544,58	447,91	356,16
	II	**918,75**	393,00	346,33	II	805,00	696,08	592,08	493,08	399,00	309,83
	III	**607,33**	393,00	346,33	III	522,16	439,50	359,33	281,66	206,50	134,16
	V	**1403,33**	393,00	346,33	IV	921,83	864,25	807,91	752,75	698,91	646,25
	VI	**1439,58**	393,00	346,33							
4751,99	I,IV	**981,83**	393,00	346,33	I	865,33	753,83	647,25	545,58	448,83	357,00
	II	**919,91**	393,00	346,33	II	806,00	697,08	593,08	494,00	399,83	310,66
	III	**608,16**	393,00	346,33	III	523,00	440,33	360,16	282,33	207,16	134,83
	V	**1404,50**	393,00	346,33	IV	923,00	865,33	809,00	753,83	699,91	647,25
	VI	**1440,83**	393,00	346,33							

* Zur LSt-Berechnung für privat versicherte Arbeitnehmer s. Beispiele **Vorbemerkung S. 4 f.**
** Basisvorsorgepauschale KV und PV *** Typisierter Arbeitgeberzuschuss

Lohn/ Gehalt in € bis	Steuerklasse	Lohn-steuer*	BVSP**	TAGZ***	Steuerklasse	Bemessungsgrundlage für Kirchensteuer und Solidaritätszuschlag – Freibeträge für ... Kinder 0,5	**1,0**	1,5	**2,0**	2,5	**3,0**
4754,99	I,IV	**982,91**	393,00	346,33	I	866,41	754,83	648,16	546,50	449,66	357,83
	II	**921,00**	393,00	346,33	II	807,08	698,08	594,00	494,91	400,75	311,50
	III	**608,83**	393,00	346,33	III	523,83	441,00	360,83	283,16	207,83	135,50
	V	**1405,75**	393,00	346,33	IV	924,08	866,41	810,00	754,83	700,91	648,16
	VI	**1442,00**	393,00	346,33							
4757,99	I,IV	**984,08**	393,00	346,33	I	867,50	755,83	649,16	547,41	450,58	358,66
	II	**922,08**	393,00	346,33	II	808,08	699,08	595,00	495,83	401,58	312,25
	III	**609,66**	393,00	346,33	III	524,50	441,83	361,66	283,83	208,50	136,16
	V	**1406,91**	393,00	346,33	IV	925,16	867,50	811,08	755,83	701,91	649,16
	VI	**1443,16**	393,00	346,33							
4760,99	I,IV	**985,16**	393,00	346,33	I	868,50	756,83	650,08	548,33	451,41	359,50
	II	**923,08**	393,00	346,33	II	809,08	700,00	595,91	496,66	402,41	313,08
	III	**610,50**	393,00	346,33	III	525,33	442,50	362,33	284,50	209,16	136,66
	V	**1408,08**	393,00	346,33	IV	926,25	868,50	812,08	756,83	702,83	650,08
	VI	**1444,33**	393,00	346,33							
4763,99	I,IV	**986,25**	393,00	346,33	I	869,58	757,91	651,08	549,25	452,33	360,33
	II	**924,25**	393,00	346,33	II	810,16	701,00	596,83	497,58	403,25	313,91
	III	**611,33**	393,00	346,33	III	526,00	443,33	363,00	285,16	209,83	137,33
	V	**1409,25**	393,00	346,33	IV	927,33	869,58	813,08	757,91	703,83	651,08
	VI	**1445,50**	393,00	346,33							
4766,99	I,IV	**987,33**	393,00	346,33	I	870,66	758,91	652,08	550,16	453,25	361,16
	II	**925,33**	393,00	346,33	II	811,25	702,08	597,83	498,50	404,16	314,75
	III	**612,16**	393,00	346,33	III	526,83	444,16	363,83	286,00	210,50	138,00
	V	**1410,41**	393,00	346,33	IV	928,41	870,66	814,16	758,91	704,83	652,08
	VI	**1446,75**	393,00	346,33							
4769,99	I,IV	**988,50**	393,00	346,33	I	871,75	759,91	653,08	551,08	454,08	362,00
	II	**926,41**	393,00	346,33	II	812,25	703,08	598,75	499,41	405,00	315,50
	III	**612,83**	393,00	346,33	III	527,66	444,83	364,50	286,66	211,33	138,66
	V	**1411,66**	393,00	346,33	IV	929,50	871,75	815,25	759,91	705,83	653,08
	VI	**1447,91**	393,00	346,33							
4772,99	I,IV	**989,58**	393,00	346,33	I	872,83	760,91	654,00	552,08	455,00	362,83
	II	**927,50**	393,00	346,33	II	813,33	704,08	599,75	500,33	405,83	316,33
	III	**613,66**	393,00	346,33	III	528,50	445,66	365,33	287,33	212,00	139,33
	V	**1412,83**	393,00	346,33	IV	930,58	872,83	816,25	760,91	706,91	654,00
	VI	**1449,08**	393,00	346,33							
4775,99	I,IV	**990,75**	393,00	346,33	I	873,91	762,00	655,00	553,00	455,83	363,66
	II	**928,58**	393,00	346,33	II	814,33	705,08	600,66	501,25	406,75	317,16
	III	**614,50**	393,00	346,33	III	529,16	446,33	366,00	288,16	212,66	140,00
	V	**1414,00**	393,00	346,33	IV	931,66	873,91	817,33	762,00	707,91	655,00
	VI	**1450,25**	393,00	346,33							
4778,99	I,IV	**991,83**	393,00	346,33	I	874,91	763,00	656,00	553,91	456,75	364,50
	II	**929,66**	393,00	346,33	II	815,33	706,00	601,58	502,08	407,58	317,91
	III	**615,33**	393,00	346,33	III	530,00	447,16	366,83	288,83	213,33	140,66
	V	**1415,16**	393,00	346,33	IV	932,75	874,91	818,33	763,00	708,83	656,00
	VI	**1451,41**	393,00	346,33							
4781,99	I,IV	**992,91**	393,00	346,33	I	876,00	764,00	656,91	554,83	457,58	365,33
	II	**930,75**	393,00	346,33	II	816,41	707,00	602,58	503,00	408,41	318,75
	III	**616,16**	393,00	346,33	III	530,83	448,00	367,50	289,50	214,00	141,33
	V	**1416,33**	393,00	346,33	IV	933,83	876,00	819,41	764,00	709,83	656,91
	VI	**1452,66**	393,00	346,33							
4784,99	I,IV	**994,08**	393,00	346,33	I	877,08	765,00	657,91	555,75	458,50	366,16
	II	**931,83**	393,00	346,33	II	817,50	708,00	603,50	503,91	409,33	319,58
	III	**617,00**	393,00	346,33	III	531,66	448,66	368,16	290,33	214,83	142,00
	V	**1417,58**	393,00	346,33	IV	934,91	877,08	820,41	765,00	710,83	657,91
	VI	**1453,83**	393,00	346,33							
4787,99	I,IV	**995,16**	393,00	346,33	I	878,16	766,08	658,91	556,66	459,41	367,08
	II	**932,91**	393,00	346,33	II	818,50	709,00	604,50	504,83	410,16	320,41
	III	**617,83**	393,00	346,33	III	532,33	449,50	369,00	291,00	215,50	142,66
	V	**1418,75**	393,00	346,33	IV	936,00	878,16	821,50	766,08	711,83	658,91
	VI	**1455,00**	393,00	346,33							

* Zur LSt-Berechnung für privat versicherte Arbeitnehmer s. Beispiele **Vorbemerkung S. 4f.**
** Basisvorsorgepauschale KV und PV *** Typisierter Arbeitgeberzuschuss

Lohn/ Gehalt in € bis	Steuerklasse	Lohn- steuer*	BVSP**	TAGZ***	Steuerklasse	Bemessungsgrundlage für Kirchensteuer und Solidaritätszuschlag – Freibeträge für ... Kinder 0,5	**1,0**	1,5	**2,0**	2,5	**3,0**
4790,99	I,IV	**996,25**	393,00	346,33	I	879,25	767,08	659,91	557,58	460,33	367,91
	II	**934,00**	393,00	346,33	II	819,58	710,00	605,41	505,75	411,00	321,25
	III	**618,66**	393,00	346,33	III	533,16	450,16	369,66	291,66	216,16	143,33
	V	**1419,91**	393,00	346,33	IV	937,16	879,25	822,50	767,08	712,83	659,91
	VI	**1456,16**	393,00	346,33							
4793,99	I,IV	**997,41**	393,00	346,33	I	880,33	768,08	660,83	558,58	461,16	368,75
	II	**935,16**	393,00	346,33	II	820,58	711,00	606,41	506,66	411,91	322,08
	III	**619,33**	393,00	346,33	III	534,00	451,00	370,50	292,50	216,83	143,83
	V	**1421,16**	393,00	346,33	IV	938,25	880,33	823,58	768,08	713,91	660,83
	VI	**1457,41**	393,00	346,33							
4796,99	I,IV	**998,50**	393,00	346,33	I	881,33	769,16	661,83	559,50	462,08	369,58
	II	**936,25**	393,00	346,33	II	821,66	712,08	607,33	507,58	412,75	322,83
	III	**620,16**	393,00	346,33	III	534,83	451,83	371,16	293,16	217,50	144,50
	V	**1422,33**	393,00	346,33	IV	939,33	881,33	824,66	769,16	714,91	661,83
	VI	**1458,58**	393,00	346,33							
4799,99	I,IV	**999,58**	393,00	346,33	I	882,41	770,16	662,83	560,41	462,91	370,41
	II	**937,33**	393,00	346,33	II	822,66	713,00	608,25	508,50	413,58	323,66
	III	**621,00**	393,00	346,33	III	535,50	452,50	372,00	293,83	218,16	145,16
	V	**1423,50**	393,00	346,33	IV	940,41	882,41	825,66	770,16	715,83	662,83
	VI	**1459,75**	393,00	346,33							
4802,99	I,IV	**1000,75**	393,00	346,33	I	883,50	771,16	663,83	561,33	463,83	371,25
	II	**938,41**	393,00	346,33	II	823,75	714,00	609,25	509,41	414,50	324,50
	III	**621,83**	393,00	346,33	III	536,33	453,16	372,66	294,50	218,83	145,83
	V	**1424,66**	393,00	346,33	IV	941,50	883,50	826,75	771,16	716,83	663,83
	VI	**1460,91**	393,00	346,33							
4805,99	I,IV	**1001,83**	393,00	346,33	I	884,58	772,25	664,75	562,25	464,75	372,08
	II	**939,50**	393,00	346,33	II	824,83	715,00	610,16	510,33	415,33	325,33
	III	**622,66**	393,00	346,33	III	537,00	454,00	373,33	295,33	219,66	146,50
	V	**1425,83**	393,00	346,33	IV	942,58	884,58	827,75	772,25	717,91	664,75
	VI	**1462,08**	393,00	346,33							
4808,99	I,IV	**1003,00**	393,00	346,33	I	885,66	773,25	665,75	563,25	465,58	372,91
	II	**940,58**	393,00	346,33	II	825,83	716,00	611,16	511,25	416,16	326,16
	III	**623,50**	393,00	346,33	III	537,83	454,83	374,16	296,00	220,33	147,16
	V	**1427,00**	393,00	346,33	IV	943,66	885,66	828,83	773,25	718,91	665,75
	VI	**1463,33**	393,00	346,33							
4811,99	I,IV	**1004,08**	393,00	346,33	I	886,75	774,25	666,75	564,16	466,50	373,75
	II	**941,66**	393,00	346,33	II	826,91	717,08	612,08	512,16	417,08	326,91
	III	**624,16**	393,00	346,33	III	538,66	455,50	374,83	296,66	221,00	147,83
	V	**1428,25**	393,00	346,33	IV	944,83	886,75	829,91	774,25	719,91	666,75
	VI	**1464,50**	393,00	346,33							
4814,99	I,IV	**1005,25**	393,00	346,33	I	887,83	775,33	667,75	565,08	467,41	374,66
	II	**942,83**	393,00	346,33	II	828,00	718,08	613,08	513,08	417,91	327,75
	III	**625,00**	393,00	346,33	III	539,50	456,33	375,66	297,50	221,66	148,50
	V	**1429,41**	393,00	346,33	IV	945,91	887,83	830,91	775,33	720,91	667,75
	VI	**1465,66**	393,00	346,33							
4817,99	I,IV	**1006,33**	393,00	346,33	I	888,83	776,33	668,66	566,00	468,25	375,41
	II	**943,83**	393,00	346,33	II	829,00	719,00	614,00	513,91	418,75	328,58
	III	**625,83**	393,00	346,33	III	540,16	457,00	376,33	298,16	222,33	149,16
	V	**1430,58**	393,00	346,33	IV	947,00	888,83	832,00	776,33	721,91	668,66
	VI	**1466,83**	393,00	346,33							
4820,99	I,IV	**1007,50**	393,00	346,33	I	889,91	777,33	669,66	566,91	469,16	376,33
	II	**945,00**	393,00	346,33	II	830,00	720,08	615,00	514,83	419,66	329,41
	III	**626,66**	393,00	346,33	III	541,00	457,83	377,16	298,83	223,16	149,83
	V	**1431,75**	393,00	346,33	IV	948,08	889,91	833,00	777,33	722,91	669,66
	VI	**1468,00**	393,00	346,33							
4823,99	I,IV	**1008,58**	393,00	346,33	I	891,00	778,33	670,66	567,91	470,08	377,16
	II	**946,08**	393,00	346,33	II	831,08	721,08	615,91	515,75	420,50	330,25
	III	**627,50**	393,00	346,33	III	541,83	458,66	377,83	299,66	223,83	150,50
	V	**1432,91**	393,00	346,33	IV	949,16	891,00	834,08	778,33	723,91	670,66
	VI	**1469,25**	393,00	346,33							

* Zur LSt-Berechnung für privat versicherte Arbeitnehmer s. Beispiele **Vorbemerkung S. 4f.**
** Basisvorsorgepauschale KV und PV *** Typisierter Arbeitgeberzuschuss

Lohn/ Gehalt in € bis	Steuerklasse	Lohn-steuer*	BVSP**	TAGZ***	Steuerklasse	Bemessungsgrundlage für Kirchensteuer und Solidaritätszuschlag – Freibeträge für ... Kinder 0,5	1,0	1,5	2,0	2,5	3,0
4826,99	I,IV	**1009,75**	393,00	346,33	I	892,08	779,41	671,66	568,83	470,91	378,00
	II	**947,16**	393,00	346,33	II	832,16	722,08	616,91	516,66	421,41	331,08
	III	**628,33**	393,00	346,33	III	542,66	459,33	378,66	300,33	224,50	151,16
	V	**1434,16**	393,00	346,33	IV	950,25	892,08	835,16	779,41	724,91	671,66
	VI	**1470,41**	393,00	346,33							
4829,99	I,IV	**1010,83**	393,00	346,33	I	893,16	780,41	672,66	569,75	471,83	378,83
	II	**948,25**	393,00	346,33	II	833,16	723,08	617,83	517,58	422,25	331,83
	III	**629,16**	393,00	346,33	III	543,33	460,16	379,33	301,00	225,16	151,83
	V	**1435,33**	393,00	346,33	IV	951,41	893,16	836,16	780,41	725,91	672,66
	VI	**1471,58**	393,00	346,33							
4832,99	I,IV	**1012,00**	393,00	346,33	I	894,25	781,50	673,66	570,75	472,75	379,66
	II	**949,41**	393,00	346,33	II	834,25	724,08	618,83	518,50	423,16	332,66
	III	**630,00**	393,00	346,33	III	544,16	461,00	380,16	301,83	225,83	152,50
	V	**1436,50**	393,00	346,33	IV	952,50	894,25	837,25	781,50	726,91	673,66
	VI	**1472,75**	393,00	346,33							
4835,99	I,IV	**1013,08**	393,00	346,33	I	895,33	782,50	674,58	571,66	473,66	380,58
	II	**950,50**	393,00	346,33	II	835,33	725,08	619,83	519,41	424,00	333,50
	III	**630,83**	393,00	346,33	III	545,00	461,66	380,83	302,50	226,66	153,16
	V	**1437,75**	393,00	346,33	IV	953,58	895,33	838,33	782,50	727,91	674,58
	VI	**1474,00**	393,00	346,33							
4838,99	I,IV	**1014,16**	393,00	346,33	I	896,41	783,50	675,58	572,58	474,50	381,33
	II	**951,58**	393,00	346,33	II	836,33	726,08	620,75	520,33	424,83	334,33
	III	**631,50**	393,00	346,33	III	545,66	462,50	381,50	303,16	227,33	153,83
	V	**1438,83**	393,00	346,33	IV	954,66	896,41	839,33	783,50	728,91	675,58
	VI	**1475,16**	393,00	346,33							
4841,99	I,IV	**1015,33**	393,00	346,33	I	897,50	784,58	676,58	573,50	475,41	382,25
	II	**952,66**	393,00	346,33	II	837,41	727,08	621,66	521,25	425,75	335,16
	III	**632,33**	393,00	346,33	III	546,50	463,16	382,33	303,83	228,00	154,50
	V	**1440,08**	393,00	346,33	IV	955,75	897,50	840,41	784,58	729,91	676,58
	VI	**1476,33**	393,00	346,33							
4844,99	I,IV	**1016,41**	393,00	346,33	I	898,58	785,58	677,58	574,50	476,33	383,08
	II	**953,75**	393,00	346,33	II	838,50	728,08	622,66	522,16	426,58	336,00
	III	**633,16**	393,00	346,33	III	547,33	464,00	383,00	304,66	228,66	155,16
	V	**1441,25**	393,00	346,33	IV	956,91	898,58	841,41	785,58	730,91	677,58
	VI	**1477,50**	393,00	346,33							
4847,99	I,IV	**1017,58**	393,00	346,33	I	899,66	786,58	678,58	575,41	477,16	383,91
	II	**954,83**	393,00	346,33	II	839,50	729,08	623,66	523,08	427,50	336,83
	III	**634,00**	393,00	346,33	III	548,16	464,66	383,83	305,33	229,33	155,83
	V	**1442,41**	393,00	346,33	IV	958,00	899,66	842,50	786,58	732,00	678,58
	VI	**1478,66**	393,00	346,33							
4850,99	I,IV	**1018,66**	393,00	346,33	I	900,75	787,66	679,50	576,33	478,08	384,75
	II	**956,00**	393,00	346,33	II	840,58	730,08	624,58	524,00	428,33	337,66
	III	**634,83**	393,00	346,33	III	549,00	465,50	384,50	306,00	230,00	156,50
	V	**1443,66**	393,00	346,33	IV	959,08	900,75	843,58	787,66	733,00	679,50
	VI	**1479,91**	393,00	346,33							
4853,99	I,IV	**1019,83**	393,00	346,33	I	901,83	788,66	680,50	577,33	479,00	385,66
	II	**957,08**	393,00	346,33	II	841,66	731,16	625,58	524,91	429,25	338,50
	III	**635,66**	393,00	346,33	III	549,66	466,33	385,33	306,83	230,83	157,16
	V	**1444,83**	393,00	346,33	IV	960,16	901,83	844,66	788,66	734,00	680,50
	VI	**1481,08**	393,00	346,33							
4856,99	I,IV	**1020,91**	393,00	346,33	I	902,83	789,66	681,50	578,25	479,83	386,50
	II	**958,16**	393,00	346,33	II	842,66	732,08	626,50	525,83	430,08	339,25
	III	**636,50**	393,00	346,33	III	550,50	467,00	386,00	307,50	231,50	157,83
	V	**1446,00**	393,00	346,33	IV	961,25	902,83	845,66	789,66	735,00	681,50
	VI	**1482,25**	393,00	346,33							
4859,99	I,IV	**1022,08**	393,00	346,33	I	903,91	790,75	682,50	579,16	480,75	387,33
	II	**959,25**	393,00	346,33	II	843,75	733,16	627,50	526,75	430,91	340,08
	III	**637,33**	393,00	346,33	III	551,33	467,83	386,83	308,16	232,16	158,50
	V	**1447,16**	393,00	346,33	IV	962,41	903,91	846,75	790,75	736,00	682,50
	VI	**1483,41**	393,00	346,33							

* Zur LSt-Berechnung für privat versicherte Arbeitnehmer s. Beispiele **Vorbemerkung S. 4f.**
** Basisvorsorgepauschale KV und PV *** Typisierter Arbeitgeberzuschuss

Lohn/ Gehalt in € bis	Steuerklasse	Lohn- steuer*	BVSP**	TAGZ***	Steuerklasse	Bemessungsgrundlage für Kirchensteuer und Solidaritätszuschlag					
						Freibeträge für ... Kinder					
						0,5	**1,0**	1,5	**2,0**	2,5	**3,0**
4862,99	I,IV	**1023,16**	393,00	346,33	I	905,00	791,75	683,50	580,08	481,66	388,16
	II	**960,33**	393,00	346,33	II	844,75	734,16	628,41	527,66	431,83	340,91
	III	**638,00**	393,00	346,33	III	552,16	468,66	387,50	309,00	232,83	159,16
	V	**1448,33**	393,00	346,33	IV	963,50	905,00	847,75	791,75	737,00	683,50
	VI	**1484,58**	393,00	346,33							
4865,99	I,IV	**1024,33**	393,00	346,33	I	906,08	792,83	684,50	581,08	482,58	389,00
	II	**961,50**	393,00	346,33	II	845,83	735,16	629,41	528,58	432,66	341,75
	III	**638,83**	393,00	346,33	III	552,83	469,33	388,33	309,66	233,50	159,83
	V	**1449,58**	393,00	346,33	IV	964,58	906,08	848,83	792,83	738,00	684,50
	VI	**1485,83**	393,00	346,33							
4868,99	I,IV	**1025,50**	393,00	346,33	I	907,16	793,83	685,50	582,00	483,50	389,91
	II	**962,58**	393,00	346,33	II	846,91	736,16	630,41	529,50	433,58	342,58
	III	**639,66**	393,00	346,33	III	553,66	470,16	389,00	310,50	234,33	160,50
	V	**1450,75**	393,00	346,33	IV	965,75	907,16	849,91	793,83	739,08	685,50
	VI	**1487,00**	393,00	346,33							
4871,99	I,IV	**1026,58**	393,00	346,33	I	908,25	794,91	686,50	582,91	484,33	390,75
	II	**963,66**	393,00	346,33	II	848,00	737,16	631,33	530,41	434,41	343,41
	III	**640,50**	393,00	346,33	III	554,50	470,83	389,83	311,16	235,00	161,33
	V	**1451,91**	393,00	346,33	IV	966,83	908,25	851,00	794,91	740,08	686,50
	VI	**1488,16**	393,00	346,33							
4874,99	I,IV	**1027,75**	393,00	346,33	I	909,33	795,91	687,41	583,91	485,25	391,58
	II	**964,83**	393,00	346,33	II	849,00	738,25	632,33	531,33	435,33	344,25
	III	**641,33**	393,00	346,33	III	555,33	471,66	390,50	311,83	235,66	162,00
	V	**1453,08**	393,00	346,33	IV	967,91	909,33	852,00	795,91	741,08	687,41
	VI	**1489,41**	393,00	346,33							
4877,99	I,IV	**1028,83**	393,00	346,33	I	910,41	796,91	688,41	584,83	486,16	392,41
	II	**965,83**	393,00	346,33	II	850,08	739,16	633,25	532,25	436,16	345,08
	III	**642,16**	393,00	346,33	III	556,00	472,33	391,33	312,50	236,33	162,50
	V	**1454,25**	393,00	346,33	IV	969,00	910,41	853,08	796,91	742,08	688,41
	VI	**1490,50**	393,00	346,33							
4880,99	I,IV	**1030,00**	393,00	346,33	I	911,50	798,00	689,41	585,75	487,08	393,25
	II	**967,00**	393,00	346,33	II	851,16	740,25	634,25	533,16	437,08	345,91
	III	**643,00**	393,00	346,33	III	556,83	473,16	392,00	313,33	237,00	163,33
	V	**1455,50**	393,00	346,33	IV	970,08	911,50	854,16	798,00	743,08	689,41
	VI	**1491,75**	393,00	346,33							
4883,99	I,IV	**1031,08**	393,00	346,33	I	912,58	799,00	690,41	586,75	488,00	394,16
	II	**968,08**	393,00	346,33	II	852,16	741,25	635,16	534,08	437,91	346,75
	III	**643,83**	393,00	346,33	III	557,66	474,00	392,83	314,00	237,66	164,00
	V	**1456,66**	393,00	346,33	IV	971,25	912,58	855,16	799,00	744,08	690,41
	VI	**1492,91**	393,00	346,33							
4886,99	I,IV	**1032,25**	393,00	346,33	I	913,66	800,08	691,41	587,66	488,83	395,00
	II	**969,16**	393,00	346,33	II	853,25	742,25	636,16	535,00	438,83	347,58
	III	**644,50**	393,00	346,33	III	558,50	474,66	393,50	314,66	238,50	164,66
	V	**1457,83**	393,00	346,33	IV	972,33	913,66	856,25	800,08	745,16	691,41
	VI	**1494,08**	393,00	346,33							
4889,99	I,IV	**1033,33**	393,00	346,33	I	914,75	801,16	692,41	588,58	489,75	395,83
	II	**970,33**	393,00	346,33	II	854,33	743,25	637,16	536,00	439,66	348,41
	III	**645,33**	393,00	346,33	III	559,16	475,50	394,33	315,50	239,16	165,33
	V	**1459,00**	393,00	346,33	IV	973,41	914,75	857,33	801,16	746,16	692,41
	VI	**1495,25**	393,00	346,33							
4892,99	I,IV	**1034,50**	393,00	346,33	I	915,83	802,16	693,41	589,58	490,66	396,66
	II	**971,41**	393,00	346,33	II	855,41	744,25	638,08	536,91	440,58	349,25
	III	**646,16**	393,00	346,33	III	560,00	476,33	395,00	316,16	239,83	166,00
	V	**1460,25**	393,00	346,33	IV	974,58	915,83	858,41	802,16	747,16	693,41
	VI	**1496,50**	393,00	346,33							
4895,99	I,IV	**1035,58**	393,00	346,33	I	916,91	803,16	694,33	590,50	491,58	397,50
	II	**972,50**	393,00	346,33	II	856,41	745,25	639,08	537,75	441,41	350,00
	III	**647,00**	393,00	346,33	III	560,83	477,00	395,83	317,00	240,50	166,66
	V	**1461,41**	393,00	346,33	IV	975,66	916,91	859,41	803,16	748,16	694,33
	VI	**1497,66**	393,00	346,33							

* Zur LSt-Berechnung für privat versicherte Arbeitnehmer s. Beispiele **Vorbemerkung S. 4 f.**
** Basisvorsorgepauschale KV und PV *** Typisierter Arbeitgeberzuschuss

Lohn/ Gehalt in € bis	Steuerklasse	Lohn-steuer*	BVSP**	TAGZ***	Steuerklasse	Bemessungsgrundlage für Kirchensteuer und Solidaritätszuschlag – Freibeträge für ... Kinder 0,5	1,0	1,5	2,0	2,5	3,0
4898,99	I,IV	**1036,75**	393,00	346,33	I	918,00	804,25	695,33	591,41	492,41	398,41
	II	**973,58**	393,00	346,33	II	857,50	746,33	640,00	538,75	442,33	350,83
	III	**647,83**	393,00	346,33	III	561,66	477,83	396,50	317,66	241,33	167,33
	V	**1462,58**	393,00	346,33	IV	976,75	918,00	860,50	804,25	749,16	695,33
	VI	**1498,83**	393,00	346,33							
4901,99	I,IV	**1037,91**	393,00	346,33	I	919,08	805,25	696,33	592,41	493,33	399,25
	II	**974,75**	393,00	346,33	II	858,58	747,33	641,00	539,66	443,16	351,66
	III	**648,66**	393,00	346,33	III	562,33	478,66	397,33	318,33	242,00	168,00
	V	**1463,75**	393,00	346,33	IV	977,91	919,08	861,58	805,25	750,16	696,33
	VI	**1500,00**	393,00	346,33							
4904,99	I,IV	**1039,00**	393,00	346,33	I	920,16	806,33	697,33	593,33	494,25	400,08
	II	**975,83**	393,00	346,33	II	859,66	748,33	642,00	540,58	444,08	352,50
	III	**649,50**	393,00	346,33	III	563,16	479,33	398,00	319,16	242,66	168,66
	V	**1464,91**	393,00	346,33	IV	979,00	920,16	862,66	806,33	751,25	697,33
	VI	**1501,16**	393,00	346,33							
4907,99	I,IV	**1040,16**	393,00	346,33	I	921,25	807,33	698,33	594,33	495,16	401,00
	II	**977,00**	393,00	346,33	II	860,66	749,33	643,00	541,50	445,00	353,33
	III	**650,33**	393,00	346,33	III	564,00	480,16	398,83	319,83	243,33	169,33
	V	**1466,16**	393,00	346,33	IV	980,08	921,25	863,75	807,33	752,25	698,33
	VI	**1502,41**	393,00	346,33							
4910,99	I,IV	**1041,33**	393,00	346,33	I	922,41	808,41	699,33	595,25	496,08	401,83
	II	**978,08**	393,00	346,33	II	861,75	750,41	643,91	542,41	445,83	354,16
	III	**651,16**	393,00	346,33	III	564,83	481,00	399,50	320,50	244,16	170,00
	V	**1467,33**	393,00	346,33	IV	981,25	922,41	864,75	808,41	753,25	699,33
	VI	**1503,58**	393,00	346,33							
4913,99	I,IV	**1042,41**	393,00	346,33	I	923,50	809,41	700,33	596,25	497,00	402,66
	II	**979,16**	393,00	346,33	II	862,83	751,41	644,91	543,33	446,75	355,00
	III	**652,00**	393,00	346,33	III	565,66	481,66	400,33	321,33	244,83	170,83
	V	**1468,50**	393,00	346,33	IV	982,33	923,50	865,83	809,41	754,33	700,33
	VI	**1504,75**	393,00	346,33							
4916,99	I,IV	**1043,50**	393,00	346,33	I	924,50	810,50	701,33	597,16	497,83	403,50
	II	**980,25**	393,00	346,33	II	863,83	752,41	645,83	544,25	447,58	355,83
	III	**652,66**	393,00	346,33	III	566,33	482,50	401,00	322,00	245,50	171,33
	V	**1469,66**	393,00	346,33	IV	983,41	924,50	866,91	810,50	755,25	701,33
	VI	**1505,91**	393,00	346,33							
4919,99	I,IV	**1044,66**	393,00	346,33	I	925,66	811,50	702,33	598,08	498,75	404,41
	II	**981,41**	393,00	346,33	II	864,91	753,41	646,83	545,16	448,50	356,66
	III	**653,50**	393,00	346,33	III	567,16	483,16	401,66	322,66	246,16	172,16
	V	**1470,83**	393,00	346,33	IV	984,50	925,66	867,91	811,50	756,33	702,33
	VI	**1507,08**	393,00	346,33							
4922,99	I,IV	**1045,83**	393,00	346,33	I	926,75	812,58	703,33	599,08	499,66	405,25
	II	**982,50**	393,00	346,33	II	866,00	754,41	647,83	546,08	449,33	357,50
	III	**654,33**	393,00	346,33	III	568,00	484,00	402,50	323,50	246,83	172,83
	V	**1472,08**	393,00	346,33	IV	985,66	926,75	869,00	812,58	757,33	703,33
	VI	**1508,33**	393,00	346,33							
4925,99	I,IV	**1047,00**	393,00	346,33	I	927,83	813,58	704,33	600,00	500,58	406,08
	II	**983,58**	393,00	346,33	II	867,08	755,50	648,75	547,08	450,25	358,33
	III	**655,16**	393,00	346,33	III	568,83	484,83	403,16	324,16	247,50	173,50
	V	**1473,25**	393,00	346,33	IV	986,75	927,83	870,08	813,58	758,33	704,33
	VI	**1509,50**	393,00	346,33							
4928,99	I,IV	**1048,08**	393,00	346,33	I	928,91	814,66	705,33	600,91	501,50	407,00
	II	**984,75**	393,00	346,33	II	868,16	756,50	649,75	548,00	451,16	359,16
	III	**656,00**	393,00	346,33	III	569,50	485,50	404,00	324,83	248,33	174,16
	V	**1474,41**	393,00	346,33	IV	987,91	928,91	871,16	814,66	759,41	705,33
	VI	**1510,66**	393,00	346,33							
4931,99	I,IV	**1049,25**	393,00	346,33	I	930,00	815,75	706,33	601,91	502,41	407,83
	II	**985,83**	393,00	346,33	II	869,25	757,50	650,75	548,91	452,00	360,08
	III	**656,83**	393,00	346,33	III	570,33	486,33	404,66	325,66	249,00	174,83
	V	**1475,58**	393,00	346,33	IV	989,00	930,00	872,25	815,75	760,41	706,33
	VI	**1511,91**	393,00	346,33							

* Zur LSt-Berechnung für privat versicherte Arbeitnehmer s. Beispiele **Vorbemerkung S. 4 f.**

** Basisvorsorgepauschale KV und PV *** Typisierter Arbeitgeberzuschuss

Lohn/ Gehalt in € bis	Steuerklasse	Lohn-steuer*	BVSP**	TAGZ***	Steuerklasse	Bemessungsgrundlage für Kirchensteuer und Solidaritätszuschlag – Freibeträge für ... Kinder 0,5	1,0	1,5	2,0	2,5	3,0
4934,99	I,IV	**1050,33**	393,00	346,33	I	931,08	816,75	707,33	602,83	503,33	408,66
	II	**986,91**	393,00	346,33	II	870,25	758,50	651,66	549,83	452,83	360,83
	III	**657,66**	393,00	346,33	III	571,16	487,16	405,50	326,33	249,66	175,50
	V	**1476,75**	393,00	346,33	IV	990,08	931,08	873,25	816,75	761,41	707,33
	VI	**1513,00**	393,00	346,33							
4937,99	I,IV	**1051,50**	393,00	346,33	I	932,16	817,75	708,33	603,83	504,25	409,58
	II	**988,08**	393,00	346,33	II	871,33	759,50	652,66	550,75	453,75	361,66
	III	**658,50**	393,00	346,33	III	572,00	487,83	406,16	327,16	250,33	176,16
	V	**1478,00**	393,00	346,33	IV	991,25	932,16	874,33	817,75	762,41	708,33
	VI	**1514,25**	393,00	346,33							
4940,99	I,IV	**1052,66**	393,00	346,33	I	933,25	818,83	709,33	604,75	505,08	410,41
	II	**989,16**	393,00	346,33	II	872,41	760,58	653,66	551,66	454,66	362,58
	III	**659,33**	393,00	346,33	III	572,83	488,66	407,00	327,83	251,16	176,83
	V	**1479,16**	393,00	346,33	IV	992,33	933,25	875,41	818,83	763,50	709,33
	VI	**1515,41**	393,00	346,33							
4943,99	I,IV	**1053,75**	393,00	346,33	I	934,33	819,91	710,33	605,75	506,00	411,25
	II	**990,33**	393,00	346,33	II	873,50	761,58	654,66	552,58	455,50	363,41
	III	**660,16**	393,00	346,33	III	573,50	489,50	407,83	328,50	251,83	177,50
	V	**1480,33**	393,00	346,33	IV	993,41	934,33	876,50	819,91	764,50	710,33
	VI	**1516,58**	393,00	346,33							
4946,99	I,IV	**1054,91**	393,00	346,33	I	935,50	820,91	711,33	606,66	506,91	412,16
	II	**991,41**	393,00	346,33	II	874,58	762,58	655,58	553,58	456,41	364,25
	III	**661,00**	393,00	346,33	III	574,33	490,16	408,50	329,33	252,50	178,16
	V	**1481,50**	393,00	346,33	IV	994,58	935,50	877,58	820,91	765,50	711,33
	VI	**1517,83**	393,00	346,33							
4949,99	I,IV	**1056,08**	393,00	346,33	I	936,58	822,00	712,33	607,66	507,83	413,00
	II	**992,50**	393,00	346,33	II	875,58	763,66	656,58	554,50	457,33	365,08
	III	**661,83**	393,00	346,33	III	575,16	491,00	409,33	330,00	253,16	179,00
	V	**1482,75**	393,00	346,33	IV	995,66	936,58	878,66	822,00	766,58	712,33
	VI	**1519,00**	393,00	346,33							
4952,99	I,IV	**1057,25**	393,00	346,33	I	937,66	823,00	713,33	608,58	508,75	413,91
	II	**993,66**	393,00	346,33	II	876,66	764,66	657,58	555,41	458,16	365,91
	III	**662,66**	393,00	346,33	III	576,00	491,83	410,00	330,83	254,00	179,66
	V	**1483,91**	393,00	346,33	IV	996,83	937,66	879,75	823,00	767,58	713,33
	VI	**1520,16**	393,00	346,33							
4955,99	I,IV	**1058,33**	393,00	346,33	I	938,75	824,08	714,33	609,50	509,66	414,75
	II	**994,75**	393,00	346,33	II	877,75	765,66	658,50	556,33	459,08	366,75
	III	**663,33**	393,00	346,33	III	576,66	492,50	410,66	331,50	254,66	180,33
	V	**1485,08**	393,00	346,33	IV	997,91	938,75	880,75	824,08	768,58	714,33
	VI	**1521,33**	393,00	346,33							
4958,99	I,IV	**1059,50**	393,00	346,33	I	939,83	825,08	715,33	610,50	510,58	415,58
	II	**995,83**	393,00	346,33	II	878,83	766,66	659,50	557,25	459,91	367,58
	III	**664,16**	393,00	346,33	III	577,50	493,33	411,50	332,16	255,33	181,00
	V	**1486,25**	393,00	346,33	IV	999,00	939,83	881,83	825,08	769,58	715,33
	VI	**1522,50**	393,00	346,33							
4961,99	I,IV	**1060,58**	393,00	346,33	I	940,91	826,16	716,33	611,41	511,50	416,50
	II	**997,00**	393,00	346,33	II	879,91	767,75	660,50	558,16	460,83	368,41
	III	**665,00**	393,00	346,33	III	578,33	494,00	412,16	332,83	256,00	181,66
	V	**1487,41**	393,00	346,33	IV	1000,16	940,91	882,91	826,16	770,66	716,33
	VI	**1523,75**	393,00	346,33							
4964,99	I,IV	**1061,75**	393,00	346,33	I	942,00	827,25	717,33	612,41	512,41	417,33
	II	**998,08**	393,00	346,33	II	881,00	768,75	661,50	559,16	461,75	369,25
	III	**665,83**	393,00	346,33	III	579,16	494,83	413,00	333,66	256,66	182,33
	V	**1488,66**	393,00	346,33	IV	1001,25	942,00	884,00	827,25	771,66	717,33
	VI	**1524,91**	393,00	346,33							
4967,99	I,IV	**1062,91**	393,00	346,33	I	943,08	828,25	718,33	613,33	513,33	418,16
	II	**999,25**	393,00	346,33	II	882,00	769,75	662,50	560,08	462,58	370,08
	III	**666,66**	393,00	346,33	III	580,00	495,66	413,83	334,33	257,50	183,00
	V	**1489,83**	393,00	346,33	IV	1002,41	943,08	885,08	828,25	772,66	718,33
	VI	**1526,08**	393,00	346,33							

* Zur LSt-Berechnung für privat versicherte Arbeitnehmer s. Beispiele **Vorbemerkung S. 4 f.**
** Basisvorsorgepauschale KV und PV *** Typisierter Arbeitgeberzuschuss

Lohn/ Gehalt in € bis	Steuerklasse	Lohn- steuer*	BVSP**	TAGZ***	Steuerklasse	Bemessungsgrundlage für Kirchensteuer und Solidaritätszuschlag – Freibeträge für ... Kinder 0,5	1,0	1,5	2,0	2,5	3,0
4970,99	I,IV	**1064,08**	393,00	346,33	I	944,25	829,33	719,33	614,33	514,25	419,08
	II	**1000,33**	393,00	346,33	II	883,08	770,83	663,41	561,00	463,50	370,91
	III	**667,50**	393,00	346,33	III	580,66	496,33	414,50	335,16	258,16	183,66
	V	**1491,00**	393,00	346,33	IV	1003,50	944,25	886,16	829,33	773,75	719,33
	VI	**1527,25**	393,00	346,33							
4973,99	I,IV	**1065,16**	393,00	346,33	I	945,33	830,33	720,33	615,25	515,08	419,91
	II	**1001,41**	393,00	346,33	II	884,16	771,83	664,41	561,91	464,41	371,75
	III	**668,33**	393,00	346,33	III	581,50	497,16	415,33	335,83	258,83	184,33
	V	**1492,16**	393,00	346,33	IV	1004,58	945,33	887,16	830,33	774,75	720,33
	VI	**1528,41**	393,00	346,33							
4976,99	I,IV	**1066,33**	393,00	346,33	I	946,41	831,41	721,33	616,25	516,00	420,75
	II	**1002,58**	393,00	346,33	II	885,25	772,83	665,41	562,83	465,25	372,58
	III	**669,16**	393,00	346,33	III	582,33	498,00	416,00	336,50	259,66	185,00
	V	**1493,33**	393,00	346,33	IV	1005,75	946,41	888,25	831,41	775,75	721,33
	VI	**1529,66**	393,00	346,33							
4979,99	I,IV	**1067,50**	393,00	346,33	I	947,50	832,50	722,33	617,16	516,91	421,66
	II	**1003,66**	393,00	346,33	II	886,33	773,91	666,33	563,83	466,16	373,50
	III	**670,00**	393,00	346,33	III	583,16	498,66	416,83	337,33	260,33	185,83
	V	**1494,58**	393,00	346,33	IV	1006,83	947,50	889,33	832,50	776,83	722,33
	VI	**1530,83**	393,00	346,33							
4982,99	I,IV	**1068,58**	393,00	346,33	I	948,58	833,50	723,33	618,16	517,83	422,50
	II	**1004,83**	393,00	346,33	II	887,41	774,91	667,33	564,75	467,08	374,33
	III	**670,83**	393,00	346,33	III	584,00	499,50	417,50	338,00	261,00	186,50
	V	**1495,75**	393,00	346,33	IV	1008,00	948,58	890,41	833,50	777,83	723,33
	VI	**1532,00**	393,00	346,33							
4985,99	I,IV	**1069,75**	393,00	346,33	I	949,66	834,58	724,41	619,08	518,75	423,41
	II	**1005,91**	393,00	346,33	II	888,50	775,91	668,33	565,66	467,91	375,16
	III	**671,66**	393,00	346,33	III	584,66	500,33	418,33	338,83	261,66	187,16
	V	**1496,91**	393,00	346,33	IV	1009,08	949,66	891,50	834,58	778,83	724,41
	VI	**1533,16**	393,00	346,33							
4988,99	I,IV	**1070,91**	393,00	346,33	I	950,83	835,66	725,41	620,08	519,75	424,25
	II	**1007,08**	393,00	346,33	II	889,58	777,00	669,33	566,58	468,83	376,00
	III	**672,50**	393,00	346,33	III	585,50	501,00	419,00	339,50	262,50	187,83
	V	**1498,16**	393,00	346,33	IV	1010,25	950,83	892,58	835,66	779,91	725,41
	VI	**1534,41**	393,00	346,33							
4991,99	I,IV	**1072,08**	393,00	346,33	I	951,91	836,66	726,41	621,08	520,66	425,16
	II	**1008,16**	393,00	346,33	II	890,66	778,00	670,33	567,58	469,75	376,83
	III	**673,33**	393,00	346,33	III	586,33	501,83	419,83	340,16	263,16	188,50
	V	**1499,33**	393,00	346,33	IV	1011,33	951,91	893,66	836,66	780,91	726,41
	VI	**1535,58**	393,00	346,33							
4994,99	I,IV	**1073,16**	393,00	346,33	I	953,00	837,75	727,41	622,00	521,50	426,00
	II	**1009,25**	393,00	346,33	II	891,66	779,00	671,25	568,50	470,58	377,66
	III	**674,16**	393,00	346,33	III	587,16	502,50	420,50	341,00	263,83	189,16
	V	**1500,50**	393,00	346,33	IV	1012,50	953,00	894,75	837,75	781,91	727,41
	VI	**1536,75**	393,00	346,33							
4997,99	I,IV	**1074,33**	393,00	346,33	I	954,08	838,75	728,41	622,91	522,41	426,83
	II	**1010,41**	393,00	346,33	II	892,75	780,08	672,25	569,41	471,50	378,50
	III	**675,00**	393,00	346,33	III	587,83	503,33	421,33	341,66	264,50	189,83
	V	**1501,66**	393,00	346,33	IV	1013,58	954,08	895,83	838,75	783,00	728,41
	VI	**1537,91**	393,00	346,33							
5000,99	I,IV	**1075,50**	393,00	346,33	I	955,16	839,83	729,41	623,91	523,33	427,75
	II	**1011,50**	393,00	346,33	II	893,83	781,08	673,25	570,33	472,41	379,33
	III	**675,66**	393,00	346,33	III	588,66	504,16	422,00	342,33	265,16	190,50
	V	**1502,83**	393,00	346,33	IV	1014,75	955,16	896,91	839,83	784,00	729,41
	VI	**1539,08**	393,00	346,33							
5003,99	I,IV	**1076,66**	393,00	346,33	I	956,33	840,91	730,41	624,91	524,25	428,58
	II	**1012,66**	393,00	346,33	II	894,91	782,08	674,25	571,33	473,33	380,25
	III	**676,50**	393,00	346,33	III	589,50	505,00	422,83	343,16	266,00	191,16
	V	**1504,00**	393,00	346,33	IV	1015,83	956,33	898,00	840,91	785,00	730,41
	VI	**1540,33**	393,00	346,33							

* Zur LSt-Berechnung für privat versicherte Arbeitnehmer s. Beispiele **Vorbemerkung S. 4f.**
** Basisvorsorgepauschale KV und PV *** Typisierter Arbeitgeberzuschuss

Lohn/ Gehalt in € bis	Steuerklasse	Lohn-steuer*	BVSP**	TAGZ***	Steuerklasse	Bemessungsgrundlage für Kirchensteuer und Solidaritätszuschlag – Freibeträge für ... Kinder 0,5	**1,0**	1,5	**2,0**	2,5	**3,0**
5006,99	I,IV	**1077,75**	393,00	346,33	I	957,41	841,91	731,41	625,83	525,16	429,50
	II	**1013,75**	393,00	346,33	II	896,00	783,16	675,25	572,25	474,16	381,08
	III	**677,33**	393,00	346,33	III	590,33	505,66	423,50	343,83	266,66	192,00
	V	**1505,25**	393,00	346,33	IV	1017,00	957,41	899,08	841,91	786,08	731,41
	VI	**1541,50**	393,00	346,33							
5009,99	I,IV	**1078,91**	393,00	346,33	I	958,50	843,00	732,41	626,83	526,08	430,33
	II	**1014,91**	393,00	346,33	II	897,08	784,16	676,25	573,16	475,08	381,91
	III	**678,16**	393,00	346,33	III	591,16	506,50	424,33	344,66	267,33	192,66
	V	**1506,41**	393,00	346,33	IV	1018,08	958,50	900,16	843,00	787,08	732,41
	VI	**1542,66**	393,00	346,33							
5012,99	I,IV	**1080,08**	393,00	346,33	I	959,58	844,00	733,41	627,75	527,00	431,25
	II	**1016,00**	393,00	346,33	II	898,16	785,16	677,16	574,08	476,00	382,75
	III	**679,00**	393,00	346,33	III	592,00	507,33	425,00	345,33	268,16	193,33
	V	**1507,58**	393,00	346,33	IV	1019,16	959,58	901,16	844,00	788,08	733,41
	VI	**1543,83**	393,00	346,33							
5015,99	I,IV	**1081,25**	393,00	346,33	I	960,66	845,08	734,41	628,75	527,91	432,08
	II	**1017,16**	393,00	346,33	II	899,25	786,25	678,16	575,08	476,83	383,58
	III	**679,83**	393,00	346,33	III	592,66	508,00	425,83	346,16	268,83	194,00
	V	**1508,75**	393,00	346,33	IV	1020,33	960,66	902,25	845,08	789,16	734,41
	VI	**1545,00**	393,00	346,33							
5018,99	I,IV	**1082,33**	393,00	346,33	I	961,83	846,16	735,50	629,66	528,83	433,00
	II	**1018,25**	393,00	346,33	II	900,33	787,25	679,16	576,00	477,75	384,41
	III	**680,66**	393,00	346,33	III	593,50	508,83	426,66	346,83	269,50	194,66
	V	**1509,91**	393,00	346,33	IV	1021,50	961,83	903,33	846,16	790,16	735,50
	VI	**1546,25**	393,00	346,33							
5021,99	I,IV	**1083,50**	393,00	346,33	I	962,91	847,25	736,50	630,66	529,75	433,83
	II	**1019,41**	393,00	346,33	II	901,41	788,33	680,16	576,91	478,66	385,33
	III	**681,50**	393,00	346,33	III	594,33	509,66	427,33	347,50	270,16	195,33
	V	**1511,16**	393,00	346,33	IV	1022,58	962,91	904,41	847,25	791,25	736,50
	VI	**1547,41**	393,00	346,33							
5024,99	I,IV	**1084,66**	393,00	346,33	I	964,00	848,25	737,50	631,66	530,75	434,75
	II	**1020,50**	393,00	346,33	II	902,50	789,33	681,16	577,91	479,58	386,16
	III	**682,33**	393,00	346,33	III	595,16	510,33	428,16	348,33	271,00	196,00
	V	**1512,33**	393,00	346,33	IV	1023,75	964,00	905,50	848,25	792,25	737,50
	VI	**1548,58**	393,00	346,33							
5027,99	I,IV	**1085,83**	393,00	346,33	I	965,08	849,33	738,50	632,58	531,66	435,58
	II	**1021,66**	393,00	346,33	II	903,58	790,41	682,16	578,83	480,41	387,00
	III	**683,16**	393,00	346,33	III	596,00	511,16	428,83	349,00	271,66	196,83
	V	**1513,50**	393,00	346,33	IV	1024,83	965,08	906,58	849,33	793,33	738,50
	VI	**1549,75**	393,00	346,33							
5030,99	I,IV	**1087,00**	393,00	346,33	I	966,25	850,41	739,50	633,58	532,58	436,50
	II	**1022,83**	393,00	346,33	II	904,66	791,41	683,16	579,75	481,33	387,83
	III	**684,00**	393,00	346,33	III	596,83	512,00	429,66	349,83	272,33	197,50
	V	**1514,75**	393,00	346,33	IV	1026,00	966,25	907,66	850,41	794,33	739,50
	VI	**1551,00**	393,00	346,33							
5033,99	I,IV	**1088,08**	393,00	346,33	I	967,33	851,41	740,50	634,50	533,41	437,33
	II	**1023,91**	393,00	346,33	II	905,66	792,41	684,08	580,66	482,25	388,66
	III	**684,83**	393,00	346,33	III	597,50	512,66	430,33	350,50	273,00	198,16
	V	**1515,83**	393,00	346,33	IV	1027,08	967,33	908,75	851,41	795,33	740,50
	VI	**1552,16**	393,00	346,33							
5036,99	I,IV	**1089,25**	393,00	346,33	I	968,41	852,50	741,50	635,50	534,41	438,16
	II	**1025,00**	393,00	346,33	II	906,75	793,50	685,08	581,66	483,16	389,58
	III	**685,66**	393,00	346,33	III	598,33	513,50	431,16	351,16	273,83	198,83
	V	**1517,08**	393,00	346,33	IV	1028,25	968,41	909,83	852,50	796,41	741,50
	VI	**1553,33**	393,00	346,33							
5039,99	I,IV	**1090,41**	393,00	346,33	I	969,50	853,58	742,58	636,50	535,33	439,08
	II	**1026,16**	393,00	346,33	II	907,83	794,50	686,08	582,58	484,00	390,41
	III	**686,50**	393,00	346,33	III	599,16	514,33	431,83	352,00	274,50	199,50
	V	**1518,25**	393,00	346,33	IV	1029,33	969,50	910,91	853,58	797,41	742,58
	VI	**1554,50**	393,00	346,33							

* Zur LSt-Berechnung für privat versicherte Arbeitnehmer s. Beispiele **Vorbemerkung S. 4 f.**
** Basisvorsorgepauschale KV und PV *** Typisierter Arbeitgeberzuschuss

Lohn/ Gehalt in € bis	Steuerklasse	Lohn-steuer*	BVSP**	TAGZ***	Steuerklasse	Bemessungsgrundlage für Kirchensteuer und Solidaritätszuschlag – Freibeträge für ... Kinder 0,5	**1,0**	1,5	**2,0**	2,5	**3,0**
5042,99	I,IV	**1091,58**	393,00	346,33	I	970,66	854,66	743,58	637,41	536,25	440,00
	II	**1027,33**	393,00	346,33	II	908,91	795,58	687,08	583,50	484,91	391,25
	III	**687,33**	393,00	346,33	III	600,00	515,00	432,66	352,66	275,16	200,16
	V	**1519,41**	393,00	346,33	IV	1030,50	970,66	912,00	854,66	798,50	743,58
	VI	**1555,66**	393,00	346,33							
5045,99	I,IV	**1092,75**	393,00	346,33	I	971,75	855,66	744,58	638,41	537,16	440,83
	II	**1028,41**	393,00	346,33	II	910,00	796,58	688,08	584,50	485,83	392,08
	III	**688,16**	393,00	346,33	III	600,83	515,83	433,33	353,50	275,83	200,83
	V	**1520,66**	393,00	346,33	IV	1031,66	971,75	913,08	855,66	799,50	744,58
	VI	**1556,91**	393,00	346,33							
5048,99	I,IV	**1093,91**	393,00	346,33	I	972,83	856,75	745,58	639,41	538,08	441,75
	II	**1029,58**	393,00	346,33	II	911,16	797,66	689,08	585,41	486,75	393,00
	III	**689,00**	393,00	346,33	III	601,50	516,66	434,16	354,16	276,66	201,50
	V	**1521,83**	393,00	346,33	IV	1032,75	972,83	914,16	856,75	800,58	745,58
	VI	**1558,08**	393,00	346,33							
5051,99	I,IV	**1095,00**	393,00	346,33	I	973,91	857,83	746,58	640,33	539,00	442,58
	II	**1030,66**	393,00	346,33	II	912,16	798,66	690,00	586,33	487,58	393,83
	III	**689,83**	393,00	346,33	III	602,33	517,50	435,00	354,83	277,33	202,16
	V	**1523,00**	393,00	346,33	IV	1033,83	973,91	915,25	857,83	801,58	746,58
	VI	**1559,25**	393,00	346,33							
5054,99	I,IV	**1096,16**	393,00	346,33	I	975,08	858,83	747,58	641,33	539,91	443,50
	II	**1031,83**	393,00	346,33	II	913,25	799,66	691,00	587,33	488,50	394,66
	III	**690,66**	393,00	346,33	III	603,16	518,16	435,66	355,66	278,00	203,00
	V	**1524,16**	393,00	346,33	IV	1035,00	975,08	916,33	858,83	802,66	747,58
	VI	**1560,41**	393,00	346,33							
5057,99	I,IV	**1097,33**	393,00	346,33	I	976,16	859,91	748,66	642,25	540,83	444,33
	II	**1032,91**	393,00	346,33	II	914,33	800,75	692,00	588,25	489,41	395,50
	III	**691,50**	393,00	346,33	III	604,00	519,00	436,50	356,33	278,83	203,66
	V	**1525,33**	393,00	346,33	IV	1036,16	976,16	917,41	859,91	803,66	748,66
	VI	**1561,58**	393,00	346,33							
5060,99	I,IV	**1098,50**	393,00	346,33	I	977,25	861,00	749,66	643,25	541,75	445,25
	II	**1034,08**	393,00	346,33	II	915,41	801,75	693,00	589,16	490,33	396,41
	III	**692,33**	393,00	346,33	III	604,83	519,83	437,16	357,16	279,50	204,33
	V	**1526,58**	393,00	346,33	IV	1037,25	977,25	918,50	861,00	804,75	749,66
	VI	**1562,83**	393,00	346,33							
5063,99	I,IV	**1099,66**	393,00	346,33	I	978,41	862,08	750,66	644,25	542,66	446,08
	II	**1035,16**	393,00	346,33	II	916,58	802,83	694,00	590,16	491,25	397,25
	III	**693,16**	393,00	346,33	III	605,66	520,50	438,00	357,83	280,16	205,00
	V	**1527,75**	393,00	346,33	IV	1038,41	978,41	919,58	862,08	805,75	750,66
	VI	**1564,00**	393,00	346,33							
5066,99	I,IV	**1100,83**	393,00	346,33	I	979,50	863,16	751,66	645,16	543,66	447,00
	II	**1036,33**	393,00	346,33	II	917,66	803,83	695,00	591,08	492,16	398,08
	III	**694,00**	393,00	346,33	III	606,50	521,33	438,66	358,66	281,00	205,66
	V	**1528,91**	393,00	346,33	IV	1039,58	979,50	920,75	863,16	806,83	751,66
	VI	**1565,16**	393,00	346,33							
5069,99	I,IV	**1102,00**	393,00	346,33	I	980,66	864,25	752,75	646,16	544,58	447,83
	II	**1037,50**	393,00	346,33	II	918,75	804,91	696,00	592,08	493,00	398,91
	III	**694,83**	393,00	346,33	III	607,16	522,16	439,50	359,33	281,66	206,33
	V	**1530,08**	393,00	346,33	IV	1040,66	980,66	921,83	864,25	807,83	752,75
	VI	**1566,41**	393,00	346,33							
5072,99	I,IV	**1103,08**	393,00	346,33	I	981,75	865,25	753,75	647,08	545,50	448,75
	II	**1038,58**	393,00	346,33	II	919,75	805,91	697,00	593,00	493,91	399,75
	III	**695,66**	393,00	346,33	III	608,00	522,83	440,16	360,00	282,33	207,00
	V	**1531,25**	393,00	346,33	IV	1041,83	981,75	922,83	865,25	808,83	753,75
	VI	**1567,50**	393,00	346,33							
5075,99	I,IV	**1104,25**	393,00	346,33	I	982,83	866,33	754,75	648,08	546,41	449,58
	II	**1039,75**	393,00	346,33	II	920,83	807,00	698,00	593,91	494,83	400,66
	III	**696,50**	393,00	346,33	III	608,83	523,66	441,00	360,83	283,00	207,83
	V	**1532,50**	393,00	346,33	IV	1042,91	982,83	924,00	866,33	809,91	754,75
	VI	**1568,75**	393,00	346,33							

* Zur LSt-Berechnung für privat versicherte Arbeitnehmer s. Beispiele **Vorbemerkung S. 4f.**
** Basisvorsorgepauschale KV und PV *** Typisierter Arbeitgeberzuschuss

Lohn/ Gehalt in € bis	Steuerklasse	Lohn-steuer*	BVSP**	TAGZ***	Steuerklasse	Bemessungsgrundlage für Kirchensteuer und Solidaritätszuschlag – Freibeträge für ... Kinder 0,5	1,0	1,5	2,0	2,5	3,0
5078,99	I,IV	**1105,41**	393,00	346,33	I	983,91	867,41	755,75	649,08	547,33	450,50
	II	**1040,83**	393,00	346,33	II	922,00	808,00	699,00	594,91	495,75	401,50
	III	**697,33**	393,00	346,33	III	609,66	524,50	441,83	361,50	283,83	208,50
	V	**1533,66**	393,00	346,33	IV	1044,08	983,91	925,08	867,41	811,00	755,75
	VI	**1569,91**	393,00	346,33							
5081,99	I,IV	**1106,58**	393,00	346,33	I	985,08	868,50	756,83	650,08	548,25	451,41
	II	**1042,00**	393,00	346,33	II	923,08	809,08	700,00	595,83	496,66	402,33
	III	**698,16**	393,00	346,33	III	610,50	525,16	442,50	362,33	284,50	209,16
	V	**1534,83**	393,00	346,33	IV	1045,25	985,08	926,16	868,50	812,00	756,83
	VI	**1571,08**	393,00	346,33							
5084,99	I,IV	**1107,75**	393,00	346,33	I	986,16	869,50	757,83	651,00	549,16	452,25
	II	**1043,16**	393,00	346,33	II	924,16	810,08	701,00	596,83	497,58	403,25
	III	**699,00**	393,00	346,33	III	611,16	526,00	443,33	363,00	285,16	209,83
	V	**1536,00**	393,00	346,33	IV	1046,33	986,16	927,25	869,50	813,08	757,83
	VI	**1572,25**	393,00	346,33							
5087,99	I,IV	**1108,91**	393,00	346,33	I	987,33	870,58	758,83	652,00	550,08	453,16
	II	**1044,25**	393,00	346,33	II	925,25	811,16	702,00	597,75	498,41	404,08
	III	**699,83**	393,00	346,33	III	612,00	526,83	444,00	363,66	285,83	210,50
	V	**1537,25**	393,00	346,33	IV	1047,50	987,33	928,33	870,58	814,08	758,83
	VI	**1573,50**	393,00	346,33							
5090,99	I,IV	**1110,08**	393,00	346,33	I	988,41	871,66	759,83	653,00	551,00	454,00
	II	**1045,41**	393,00	346,33	II	926,33	812,16	702,91	598,66	499,33	404,91
	III	**700,66**	393,00	346,33	III	612,83	527,66	444,83	364,50	286,66	211,16
	V	**1538,41**	393,00	346,33	IV	1048,58	988,41	929,41	871,66	815,08	759,83
	VI	**1574,66**	393,00	346,33							
5093,99	I,IV	**1111,25**	393,00	346,33	I	989,50	872,75	760,83	653,91	552,00	454,91
	II	**1046,50**	393,00	346,33	II	927,41	813,25	703,91	599,66	500,25	405,83
	III	**701,50**	393,00	346,33	III	613,66	528,33	445,50	365,16	287,33	212,00
	V	**1539,58**	393,00	346,33	IV	1049,75	989,50	930,50	872,75	816,16	760,83
	VI	**1575,83**	393,00	346,33							
5096,99	I,IV	**1112,41**	393,00	346,33	I	990,58	873,75	761,91	654,91	552,91	455,83
	II	**1047,66**	393,00	346,33	II	928,50	814,25	705,00	600,58	501,16	406,66
	III	**702,33**	393,00	346,33	III	614,50	529,16	446,33	366,00	288,00	212,66
	V	**1540,75**	393,00	346,33	IV	1050,91	990,58	931,58	873,75	817,25	761,91
	VI	**1577,00**	393,00	346,33							
5099,99	I,IV	**1113,58**	393,00	346,33	I	991,75	874,83	762,91	655,91	553,83	456,66
	II	**1048,83**	393,00	346,33	II	929,58	815,33	706,00	601,58	502,08	407,50
	III	**703,16**	393,00	346,33	III	615,33	530,00	447,16	366,66	288,83	213,33
	V	**1541,91**	393,00	346,33	IV	1052,00	991,75	932,66	874,83	818,25	762,91
	VI	**1578,16**	393,00	346,33							
5102,99	I,IV	**1114,75**	393,00	346,33	I	992,83	875,91	763,91	656,91	554,75	457,58
	II	**1049,91**	393,00	346,33	II	930,66	816,33	707,00	602,50	503,00	408,41
	III	**704,00**	393,00	346,33	III	616,16	530,83	447,83	367,50	289,50	214,00
	V	**1543,16**	393,00	346,33	IV	1053,16	992,83	933,75	875,91	819,33	763,91
	VI	**1579,41**	393,00	346,33							
5105,99	I,IV	**1115,91**	393,00	346,33	I	994,00	877,00	765,00	657,83	555,66	458,50
	II	**1051,08**	393,00	346,33	II	931,75	817,41	708,00	603,50	503,91	409,25
	III	**704,83**	393,00	346,33	III	617,00	531,50	448,66	368,16	290,16	214,66
	V	**1544,33**	393,00	346,33	IV	1054,33	994,00	934,91	877,00	820,33	765,00
	VI	**1580,58**	393,00	346,33							
5108,99	I,IV	**1117,08**	393,00	346,33	I	995,08	878,08	766,00	658,83	556,66	459,33
	II	**1052,25**	393,00	346,33	II	932,91	818,41	709,00	604,41	504,83	410,08
	III	**705,66**	393,00	346,33	III	617,66	532,33	449,33	369,00	291,00	215,33
	V	**1545,50**	393,00	346,33	IV	1055,50	995,08	936,00	878,08	821,41	766,00
	VI	**1581,75**	393,00	346,33							
5111,99	I,IV	**1118,16**	393,00	346,33	I	996,16	879,16	767,00	659,83	557,50	460,25
	II	**1053,33**	393,00	346,33	II	933,91	819,50	709,91	605,33	505,66	410,91
	III	**706,33**	393,00	346,33	III	618,50	533,00	450,16	369,66	291,66	216,00
	V	**1546,66**	393,00	346,33	IV	1056,58	996,16	937,08	879,16	822,41	767,00
	VI	**1582,91**	393,00	346,33							

* Zur LSt-Berechnung für privat versicherte Arbeitnehmer s. Beispiele **Vorbemerkung S. 4 f.**
** Basisvorsorgepauschale KV und PV *** Typisierter Arbeitgeberzuschuss

Lohn/ Gehalt in € bis	Steuerklasse	Lohn- steuer*	BVSP**	TAGZ***	Steuerklasse	Bemessungsgrundlage für Kirchensteuer und Solidaritätszuschlag – Freibeträge für ... Kinder 0,5	1,0	1,5	2,0	2,5	3,0
5114,99	I,IV	**1119,33**	393,00	346,33	I	997,33	880,16	768,00	660,75	558,50	461,08
	II	**1054,50**	393,00	346,33	II	935,00	820,50	710,91	606,33	506,58	411,83
	III	**707,16**	393,00	346,33	III	619,33	533,83	450,83	370,33	292,33	216,83
	V	**1547,83**	393,00	346,33	IV	1057,75	997,33	938,16	880,16	823,50	768,00
	VI	**1584,08**	393,00	346,33							
5117,99	I,IV	**1120,50**	393,00	346,33	I	998,41	881,25	769,08	661,75	559,41	462,00
	II	**1055,66**	393,00	346,33	II	936,16	821,58	711,91	607,25	507,50	412,66
	III	**708,00**	393,00	346,33	III	620,16	534,66	451,66	371,16	293,00	217,50
	V	**1549,08**	393,00	346,33	IV	1058,83	998,41	939,25	881,25	824,58	769,08
	VI	**1585,33**	393,00	346,33							
5120,99	I,IV	**1121,66**	393,00	346,33	I	999,58	882,33	770,08	662,75	560,33	462,91
	II	**1056,75**	393,00	346,33	II	937,25	822,66	713,00	608,25	508,41	413,58
	III	**708,83**	393,00	346,33	III	621,00	535,50	452,50	371,83	293,83	218,16
	V	**1550,25**	393,00	346,33	IV	1060,00	999,58	940,33	882,33	825,58	770,08
	VI	**1586,50**	393,00	346,33							
5123,99	I,IV	**1122,83**	393,00	346,33	I	1000,66	883,41	771,08	663,75	561,25	463,75
	II	**1057,91**	393,00	346,33	II	938,33	823,66	714,00	609,16	509,33	414,41
	III	**709,66**	393,00	346,33	III	621,83	536,16	453,16	372,66	294,50	218,83
	V	**1551,41**	393,00	346,33	IV	1061,16	1000,66	941,41	883,41	826,66	771,08
	VI	**1587,66**	393,00	346,33							
5126,99	I,IV	**1124,00**	393,00	346,33	I	1001,83	884,50	772,16	664,75	562,25	464,66
	II	**1059,08**	393,00	346,33	II	939,41	824,75	715,00	610,16	510,25	415,25
	III	**710,50**	393,00	346,33	III	622,50	537,00	454,00	373,33	295,16	219,50
	V	**1552,58**	393,00	346,33	IV	1062,33	1001,83	942,50	884,50	827,75	772,16
	VI	**1588,91**	393,00	346,33							
5129,99	I,IV	**1125,16**	393,00	346,33	I	1002,91	885,58	773,16	665,66	563,16	465,50
	II	**1060,16**	393,00	346,33	II	940,50	825,75	715,91	611,08	511,16	416,16
	III	**711,33**	393,00	346,33	III	623,33	537,83	454,66	374,16	296,00	220,33
	V	**1553,75**	393,00	346,33	IV	1063,41	1002,91	943,58	885,58	828,75	773,16
	VI	**1590,00**	393,00	346,33							
5132,99	I,IV	**1126,33**	393,00	346,33	I	1004,00	886,66	774,16	666,66	564,08	466,41
	II	**1061,33**	393,00	346,33	II	941,58	826,83	717,00	612,00	512,08	417,00
	III	**712,16**	393,00	346,33	III	624,16	538,66	455,50	374,83	296,66	221,00
	V	**1555,00**	393,00	346,33	IV	1064,58	1004,00	944,75	886,66	829,75	774,16
	VI	**1591,25**	393,00	346,33							
5135,99	I,IV	**1127,50**	393,00	346,33	I	1005,16	887,75	775,25	667,66	565,00	467,33
	II	**1062,50**	393,00	346,33	II	942,66	827,83	718,00	613,00	513,00	417,83
	III	**713,16**	393,00	346,33	III	625,00	539,33	456,33	375,66	297,33	221,66
	V	**1556,16**	393,00	346,33	IV	1065,75	1005,16	945,83	887,75	830,83	775,25
	VI	**1592,41**	393,00	346,33							
5138,99	I,IV	**1128,66**	393,00	346,33	I	1006,25	888,75	776,25	668,66	565,91	468,25
	II	**1063,58**	393,00	346,33	II	943,83	828,91	719,00	614,00	513,91	418,75
	III	**714,00**	393,00	346,33	III	625,83	540,16	457,00	376,33	298,16	222,33
	V	**1557,33**	393,00	346,33	IV	1066,83	1006,25	946,91	888,75	831,91	776,25
	VI	**1593,58**	393,00	346,33							
5141,99	I,IV	**1129,83**	393,00	346,33	I	1007,41	889,83	777,25	669,58	566,91	469,08
	II	**1064,75**	393,00	346,33	II	944,91	830,00	720,00	614,91	514,83	419,58
	III	**714,83**	393,00	346,33	III	626,66	541,00	457,83	377,16	298,83	223,00
	V	**1558,50**	393,00	346,33	IV	1068,00	1007,41	948,00	889,83	832,91	777,25
	VI	**1594,83**	393,00	346,33							
5144,99	I,IV	**1131,00**	393,00	346,33	I	1008,50	890,91	778,33	670,58	567,83	470,00
	II	**1065,91**	393,00	346,33	II	946,00	831,00	721,00	615,91	515,75	420,50
	III	**715,66**	393,00	346,33	III	627,50	541,83	458,50	377,83	299,50	223,83
	V	**1559,75**	393,00	346,33	IV	1069,16	1008,50	949,08	890,91	834,00	778,33
	VI	**1596,00**	393,00	346,33							
5147,99	I,IV	**1132,16**	393,00	346,33	I	1009,66	892,00	779,33	671,58	568,75	470,91
	II	**1067,08**	393,00	346,33	II	947,08	832,08	722,00	616,83	516,66	421,33
	III	**716,50**	393,00	346,33	III	628,33	542,50	459,33	378,50	300,33	224,50
	V	**1560,91**	393,00	346,33	IV	1070,33	1009,66	950,25	892,00	835,08	779,33
	VI	**1597,16**	393,00	346,33							

* Zur LSt-Berechnung für privat versicherte Arbeitnehmer s. Beispiele **Vorbemerkung S. 4 f.**
** Basisvorsorgepauschale KV und PV *** Typisierter Arbeitgeberzuschuss

Lohn/ Gehalt in € bis	Steuerklasse	Lohn- steuer*	BVSP**	TAGZ***	Steuerklasse	Bemessungsgrundlage für Kirchensteuer und Solidaritätszuschlag					
						Freibeträge für ... Kinder					
						0,5	**1,0**	1,5	**2,0**	2,5	**3,0**
5150,99	I,IV	**1133,33**	393,00	346,33	I	1010,75	893,08	780,33	672,58	569,66	471,75
	II	**1068,16**	393,00	346,33	II	948,16	833,08	723,00	617,75	517,50	422,16
	III	**717,16**	393,00	346,33	III	629,00	543,33	460,00	379,33	301,00	225,16
	V	**1562,08**	393,00	346,33	IV	1071,41	1010,75	951,33	893,08	836,08	780,33
	VI	**1598,33**	393,00	346,33							
5153,99	I,IV	**1134,50**	393,00	346,33	I	1011,83	894,16	781,41	673,58	570,66	472,66
	II	**1069,33**	393,00	346,33	II	949,25	834,16	724,00	618,75	518,41	423,08
	III	**718,00**	393,00	346,33	III	629,83	544,16	460,83	380,00	301,66	225,83
	V	**1563,25**	393,00	346,33	IV	1072,58	1011,83	952,41	894,16	837,16	781,41
	VI	**1599,50**	393,00	346,33							
5156,99	I,IV	**1135,66**	393,00	346,33	I	1013,00	895,25	782,41	674,50	571,58	473,58
	II	**1070,50**	393,00	346,33	II	950,41	835,25	725,00	619,75	519,33	423,91
	III	**718,83**	393,00	346,33	III	630,66	544,83	461,66	380,83	302,33	226,50
	V	**1564,41**	393,00	346,33	IV	1073,75	1013,00	953,50	895,25	838,25	782,41
	VI	**1600,75**	393,00	346,33							
5159,99	I,IV	**1136,83**	393,00	346,33	I	1014,08	896,33	783,41	675,50	572,50	474,41
	II	**1071,58**	393,00	346,33	II	951,50	836,25	726,00	620,66	520,25	424,83
	III	**719,66**	393,00	346,33	III	631,50	545,66	462,33	381,50	303,16	227,16
	V	**1565,66**	393,00	346,33	IV	1074,83	1014,08	954,58	896,33	839,25	783,41
	VI	**1601,91**	393,00	346,33							
5162,99	I,IV	**1138,00**	393,00	346,33	I	1015,25	897,41	784,50	676,50	573,50	475,33
	II	**1072,75**	393,00	346,33	II	952,58	837,33	727,00	621,66	521,16	425,66
	III	**720,66**	393,00	346,33	III	632,33	546,50	463,16	382,33	303,83	227,83
	V	**1566,83**	393,00	346,33	IV	1076,00	1015,25	955,75	897,41	840,33	784,50
	VI	**1603,08**	393,00	346,33							
5165,99	I,IV	**1139,16**	393,00	346,33	I	1016,41	898,50	785,50	677,50	574,41	476,25
	II	**1073,91**	393,00	346,33	II	953,66	838,41	728,00	622,58	522,08	426,58
	III	**721,50**	393,00	346,33	III	633,16	547,33	464,00	383,00	304,50	228,66
	V	**1568,00**	393,00	346,33	IV	1077,16	1016,41	956,83	898,50	841,41	785,50
	VI	**1604,25**	393,00	346,33							
5168,99	I,IV	**1140,33**	393,00	346,33	I	1017,50	899,50	786,50	678,50	575,33	477,08
	II	**1075,08**	393,00	346,33	II	954,75	839,41	729,00	623,58	523,00	427,41
	III	**722,33**	393,00	346,33	III	634,00	548,00	464,66	383,83	305,33	229,33
	V	**1569,16**	393,00	346,33	IV	1078,33	1017,50	957,91	899,50	842,41	786,50
	VI	**1605,41**	393,00	346,33							
5171,99	I,IV	**1141,50**	393,00	346,33	I	1018,58	900,58	787,58	679,41	576,25	478,00
	II	**1076,16**	393,00	346,33	II	955,83	840,50	730,00	624,50	523,91	428,25
	III	**723,16**	393,00	346,33	III	634,83	548,83	465,50	384,50	306,00	230,00
	V	**1570,33**	393,00	346,33	IV	1079,41	1018,58	959,00	900,58	843,50	787,58
	VI	**1606,66**	393,00	346,33							
5174,99	I,IV	**1142,66**	393,00	346,33	I	1019,75	901,66	788,58	680,41	577,25	478,91
	II	**1077,33**	393,00	346,33	II	957,00	841,58	731,08	625,50	524,83	429,16
	III	**724,00**	393,00	346,33	III	635,50	549,66	466,16	385,33	306,83	230,66
	V	**1571,58**	393,00	346,33	IV	1080,58	1019,75	960,08	901,66	844,50	788,58
	VI	**1607,83**	393,00	346,33							
5177,99	I,IV	**1143,91**	393,00	346,33	I	1020,83	902,75	789,66	681,41	578,16	479,83
	II	**1078,50**	393,00	346,33	II	958,08	842,58	732,08	626,41	525,75	430,00
	III	**724,83**	393,00	346,33	III	636,33	550,50	467,00	386,00	307,50	231,50
	V	**1572,75**	393,00	346,33	IV	1081,75	1020,83	961,25	902,75	845,58	789,66
	VI	**1609,00**	393,00	346,33							
5180,99	I,IV	**1145,08**	393,00	346,33	I	1022,00	903,83	790,66	682,41	579,08	480,75
	II	**1079,66**	393,00	346,33	II	959,16	843,66	733,08	627,41	526,66	430,91
	III	**725,66**	393,00	346,33	III	637,16	551,33	467,83	386,83	308,16	232,16
	V	**1573,91**	393,00	346,33	IV	1082,91	1022,00	962,33	903,83	846,66	790,66
	VI	**1610,16**	393,00	346,33							
5183,99	I,IV	**1146,25**	393,00	346,33	I	1023,16	905,00	791,75	683,41	580,08	481,58
	II	**1080,83**	393,00	346,33	II	960,33	844,75	734,08	628,41	527,58	431,75
	III	**726,50**	393,00	346,33	III	638,00	552,00	468,50	387,50	309,00	232,83
	V	**1575,16**	393,00	346,33	IV	1084,08	1023,16	963,41	905,00	847,75	791,75
	VI	**1611,41**	393,00	346,33							

* Zur LSt-Berechnung für privat versicherte Arbeitnehmer s. Beispiele **Vorbemerkung S. 4 f.**
** Basisvorsorgepauschale KV und PV *** Typisierter Arbeitgeberzuschuss

Lohn/ Gehalt in € bis	Steuerklasse	Lohn-steuer*	BVSP**	TAGZ***	Steuerklasse	Bemessungsgrundlage für Kirchensteuer und Solidaritätszuschlag					
						Freibeträge für ... Kinder					
						0,5	**1,0**	1,5	**2,0**	2,5	**3,0**
5186,99	I,IV	**1147,41**	393,00	346,33	I	1024,25	906,00	792,75	684,41	581,00	482,50
	II	**1081,91**	393,00	346,33	II	961,33	845,75	735,08	629,33	528,50	432,66
	III	**727,33**	393,00	346,33	III	638,83	552,83	469,33	388,16	309,66	233,50
	V	**1576,25**	393,00	346,33	IV	1085,16	1024,25	964,50	906,00	848,75	792,75
	VI	**1612,50**	393,00	346,33							
5189,99	I,IV	**1148,58**	393,00	346,33	I	1025,33	907,08	793,75	685,41	581,91	483,41
	II	**1083,08**	393,00	346,33	II	962,50	846,83	736,08	630,33	529,41	433,50
	III	**728,16**	393,00	346,33	III	639,66	553,66	470,00	389,00	310,33	234,16
	V	**1577,50**	393,00	346,33	IV	1086,33	1025,33	965,58	907,08	849,83	793,75
	VI	**1613,75**	393,00	346,33							
5192,99	I,IV	**1149,75**	393,00	346,33	I	1026,50	908,16	794,83	686,33	582,83	484,33
	II	**1084,25**	393,00	346,33	II	963,58	847,91	737,08	631,25	530,33	434,41
	III	**729,00**	393,00	346,33	III	640,50	554,33	470,83	389,66	311,00	234,83
	V	**1578,66**	393,00	346,33	IV	1087,50	1026,50	966,75	908,16	850,91	794,83
	VI	**1614,91**	393,00	346,33							
5195,99	I,IV	**1150,91**	393,00	346,33	I	1027,66	909,25	795,83	687,33	583,83	485,16
	II	**1085,41**	393,00	346,33	II	964,66	848,91	738,08	632,25	531,25	435,25
	III	**729,83**	393,00	346,33	III	641,33	555,16	471,66	390,50	311,83	235,66
	V	**1579,83**	393,00	346,33	IV	1088,66	1027,66	967,83	909,25	851,91	795,83
	VI	**1616,08**	393,00	346,33							
5198,99	I,IV	**1152,08**	393,00	346,33	I	1028,75	910,33	796,91	688,33	584,75	486,08
	II	**1086,58**	393,00	346,33	II	965,83	850,00	739,16	633,16	532,16	436,16
	III	**730,66**	393,00	346,33	III	642,00	556,00	472,33	391,16	312,50	236,33
	V	**1581,00**	393,00	346,33	IV	1089,83	1028,75	968,91	910,33	853,00	796,91
	VI	**1617,33**	393,00	346,33							
5201,99	I,IV	**1153,25**	393,00	346,33	I	1029,91	911,41	797,91	689,33	585,75	487,00
	II	**1087,66**	393,00	346,33	II	966,91	851,08	740,16	634,16	533,16	437,00
	III	**731,50**	393,00	346,33	III	642,83	556,83	473,16	392,00	313,16	237,00
	V	**1582,25**	393,00	346,33	IV	1091,00	1029,91	970,08	911,41	854,08	797,91
	VI	**1618,50**	393,00	346,33							
5204,99	I,IV	**1154,41**	393,00	346,33	I	1031,00	912,50	799,00	690,33	586,66	487,91
	II	**1088,83**	393,00	346,33	II	968,00	852,16	741,16	635,16	534,08	437,91
	III	**732,33**	393,00	346,33	III	643,66	557,50	473,83	392,66	314,00	237,66
	V	**1583,41**	393,00	346,33	IV	1092,16	1031,00	971,16	912,50	855,16	799,00
	VI	**1619,66**	393,00	346,33							
5207,99	I,IV	**1155,58**	393,00	346,33	I	1032,16	913,58	800,00	691,33	587,58	488,75
	II	**1090,00**	393,00	346,33	II	969,08	853,16	742,16	636,08	534,91	438,75
	III	**733,16**	393,00	346,33	III	644,50	558,33	474,66	393,50	314,66	238,33
	V	**1584,58**	393,00	346,33	IV	1093,25	1032,16	972,25	913,58	856,16	800,00
	VI	**1620,83**	393,00	346,33							
5210,99	I,IV	**1156,75**	393,00	346,33	I	1033,25	914,66	801,00	692,33	588,50	489,66
	II	**1091,16**	393,00	346,33	II	970,25	854,25	743,16	637,08	535,91	439,66
	III	**734,00**	393,00	346,33	III	645,33	559,16	475,50	394,16	315,50	239,16
	V	**1585,75**	393,00	346,33	IV	1094,41	1033,25	973,33	914,66	857,25	801,00
	VI	**1622,00**	393,00	346,33							
5213,99	I,IV	**1158,00**	393,00	346,33	I	1034,41	915,75	802,08	693,33	589,50	490,58
	II	**1092,33**	393,00	346,33	II	971,33	855,33	744,16	638,00	536,83	440,50
	III	**734,83**	393,00	346,33	III	646,16	560,00	476,16	395,00	316,16	239,83
	V	**1586,91**	393,00	346,33	IV	1095,58	1034,41	974,50	915,75	858,33	802,08
	VI	**1623,25**	393,00	346,33							
5216,99	I,IV	**1159,16**	393,00	346,33	I	1035,50	916,83	803,08	694,33	590,41	491,50
	II	**1093,41**	393,00	346,33	II	972,41	856,33	745,25	639,00	537,75	441,41
	III	**735,66**	393,00	346,33	III	647,00	560,83	477,00	395,66	316,83	240,50
	V	**1588,16**	393,00	346,33	IV	1096,75	1035,50	975,58	916,83	859,33	803,08
	VI	**1624,41**	393,00	346,33							
5219,99	I,IV	**1160,33**	393,00	346,33	I	1036,66	917,91	804,16	695,33	591,41	492,41
	II	**1094,58**	393,00	346,33	II	973,58	857,41	746,25	640,00	538,66	442,25
	III	**736,50**	393,00	346,33	III	647,83	561,50	477,83	396,50	317,66	241,16
	V	**1589,33**	393,00	346,33	IV	1097,91	1036,66	976,66	917,91	860,41	804,16
	VI	**1625,58**	393,00	346,33							

* Zur LSt-Berechnung für privat versicherte Arbeitnehmer s. Beispiele **Vorbemerkung S. 4 f.**
** Basisvorsorgepauschale KV und PV *** Typisierter Arbeitgeberzuschuss

Lohn/ Gehalt in € bis	Steuerklasse	Lohn- steuer*	BVSP**	TAGZ***	Steuerklasse	Bemessungsgrundlage für Kirchensteuer und Solidaritätszuschlag					
						Freibeträge für ... Kinder					
						0,5	**1,0**	1,5	**2,0**	2,5	**3,0**
5 222,99	I,IV	**1 161,50**	393,00	346,33	I	1 037,83	919,08	805,25	696,33	592,33	493,33
	II	**1 095,75**	393,00	346,33	II	974,66	858,50	747,25	640,91	539,58	443,16
	III	**737,33**	393,00	346,33	III	648,66	562,33	478,50	397,16	318,33	242,00
	V	**1 590,50**	393,00	346,33	IV	1 099,08	1 037,83	977,83	919,08	861,50	805,25
	VI	**1 626,75**	393,00	346,33							
5 225,99	I,IV	**1 162,66**	393,00	346,33	I	1 038,91	920,08	806,25	697,25	593,25	494,16
	II	**1 096,91**	393,00	346,33	II	975,75	859,50	748,25	641,91	540,50	444,00
	III	**738,16**	393,00	346,33	III	649,33	563,16	479,33	398,00	319,00	242,66
	V	**1 591,66**	393,00	346,33	IV	1 100,16	1 038,91	978,91	920,08	862,58	806,25
	VI	**1 627,91**	393,00	346,33							
5 228,99	I,IV	**1 163,83**	393,00	346,33	I	1 040,08	921,16	807,25	698,25	594,25	495,08
	II	**1 098,08**	393,00	346,33	II	976,83	860,58	749,25	642,91	541,41	444,91
	III	**739,00**	393,00	346,33	III	650,16	563,83	480,00	398,66	319,83	243,33
	V	**1 592,83**	393,00	346,33	IV	1 101,33	1 040,08	980,00	921,16	863,58	807,25
	VI	**1 629,16**	393,00	346,33							
5 231,99	I,IV	**1 165,00**	393,00	346,33	I	1 041,16	922,25	808,33	699,25	595,16	496,00
	II	**1 099,25**	393,00	346,33	II	978,00	861,66	750,33	643,83	542,33	445,75
	III	**739,83**	393,00	346,33	III	651,00	564,66	480,83	399,50	320,50	244,00
	V	**1 594,08**	393,00	346,33	IV	1 102,50	1 041,16	981,08	922,25	864,66	808,33
	VI	**1 630,33**	393,00	346,33							
5 234,99	I,IV	**1 166,25**	393,00	346,33	I	1 042,33	923,41	809,33	700,25	596,16	496,91
	II	**1 100,41**	393,00	346,33	II	979,08	862,75	751,33	644,83	543,25	446,66
	III	**740,66**	393,00	346,33	III	651,83	565,50	481,66	400,16	321,16	244,66
	V	**1 595,25**	393,00	346,33	IV	1 103,66	1 042,33	982,25	923,41	865,75	809,33
	VI	**1 631,50**	393,00	346,33							
5 237,99	I,IV	**1 167,41**	393,00	346,33	I	1 043,50	924,50	810,41	701,25	597,08	497,83
	II	**1 101,50**	393,00	346,33	II	980,16	863,83	752,33	645,83	544,16	447,50
	III	**741,50**	393,00	346,33	III	652,66	566,33	482,33	401,00	322,00	245,50
	V	**1 596,41**	393,00	346,33	IV	1 104,83	1 043,50	983,33	924,50	866,83	810,41
	VI	**1 632,66**	393,00	346,33							
5 240,99	I,IV	**1 168,58**	393,00	346,33	I	1 044,58	925,58	811,41	702,25	598,00	498,75
	II	**1 102,66**	393,00	346,33	II	981,33	864,83	753,33	646,75	545,16	448,41
	III	**742,33**	393,00	346,33	III	653,50	567,16	483,16	401,66	322,66	246,16
	V	**1 597,66**	393,00	346,33	IV	1 106,00	1 044,58	984,50	925,58	867,91	811,41
	VI	**1 633,91**	393,00	346,33							
5 243,99	I,IV	**1 169,75**	393,00	346,33	I	1 045,75	926,66	812,50	703,25	599,00	499,66
	II	**1 103,83**	393,00	346,33	II	982,41	865,91	754,41	647,75	546,08	449,33
	III	**743,16**	393,00	346,33	III	654,33	567,83	484,00	402,50	323,33	246,83
	V	**1 598,83**	393,00	346,33	IV	1 107,16	1 045,75	985,58	926,66	869,00	812,50
	VI	**1 635,08**	393,00	346,33							
5 246,99	I,IV	**1 170,91**	393,00	346,33	I	1 046,83	927,75	813,50	704,25	599,91	500,50
	II	**1 105,00**	393,00	346,33	II	983,50	867,00	755,41	648,66	547,00	450,16
	III	**744,16**	393,00	346,33	III	655,16	568,66	484,66	403,16	324,16	247,50
	V	**1 600,00**	393,00	346,33	IV	1 108,25	1 046,83	986,66	927,75	870,00	813,50
	VI	**1 636,25**	393,00	346,33							
5 249,99	I,IV	**1 172,08**	393,00	346,33	I	1 048,00	928,83	814,58	705,25	600,83	501,41
	II	**1 106,16**	393,00	346,33	II	984,66	868,08	756,41	649,66	547,91	451,08
	III	**745,00**	393,00	346,33	III	656,00	569,50	485,50	404,00	324,83	248,16
	V	**1 601,16**	393,00	346,33	IV	1 109,41	1 048,00	987,83	928,83	871,08	814,58
	VI	**1 637,41**	393,00	346,33							
5 252,99	I,IV	**1 173,33**	393,00	346,33	I	1 049,16	929,91	815,58	706,25	601,83	502,33
	II	**1 107,33**	393,00	346,33	II	985,75	869,08	757,41	650,66	548,83	451,91
	III	**745,83**	393,00	346,33	III	656,83	570,33	486,33	404,66	325,66	249,00
	V	**1 602,33**	393,00	346,33	IV	1 110,58	1 049,16	988,91	929,91	872,16	815,58
	VI	**1 638,58**	393,00	346,33							
5 255,99	I,IV	**1 174,50**	393,00	346,33	I	1 050,25	931,00	816,66	707,25	602,75	503,25
	II	**1 108,50**	393,00	346,33	II	986,83	870,16	758,41	651,66	549,75	452,83
	III	**746,66**	393,00	346,33	III	657,66	571,16	487,00	405,50	326,33	249,66
	V	**1 603,58**	393,00	346,33	IV	1 111,75	1 050,25	990,00	931,00	873,25	816,66
	VI	**1 639,83**	393,00	346,33							

* Zur LSt-Berechnung für privat versicherte Arbeitnehmer s. Beispiele **Vorbemerkung S. 4f.**
** Basisvorsorgepauschale KV und PV *** Typisierter Arbeitgeberzuschuss

Lohn/ Gehalt in € bis	Steuerklasse	Lohn-steuer*	BVSP**	TAGZ***	Steuerklasse	Bemessungsgrundlage für Kirchensteuer und Solidaritätszuschlag – Freibeträge für ... Kinder 0,5	1,0	1,5	2,0	2,5	3,0
5 258,99	I,IV	**1 175,66**	393,00	346,33	I	1 051,41	932,08	817,75	708,25	603,75	504,16
	II	**1 109,66**	393,00	346,33	II	988,00	871,25	759,50	652,58	550,66	453,66
	III	**747,50**	393,00	346,33	III	658,50	571,83	487,83	406,16	327,00	250,33
	V	**1 604,75**	393,00	346,33	IV	1 112,91	1 051,41	991,16	932,08	874,33	817,75
	VI	**1 641,00**	393,00	346,33							
5 261,99	I,IV	**1 176,83**	393,00	346,33	I	1 052,58	933,16	818,75	709,25	604,66	505,08
	II	**1 110,83**	393,00	346,33	II	989,08	872,33	760,50	653,58	551,66	454,58
	III	**748,33**	393,00	346,33	III	659,33	572,66	488,66	407,00	327,83	251,00
	V	**1 605,91**	393,00	346,33	IV	1 114,08	1 052,58	992,25	933,16	875,33	818,75
	VI	**1 642,16**	393,00	346,33							
5 264,99	I,IV	**1 178,00**	393,00	346,33	I	1 053,66	934,25	819,75	710,25	605,66	505,91
	II	**1 111,91**	393,00	346,33	II	990,16	873,41	761,50	654,58	552,50	455,41
	III	**749,16**	393,00	346,33	III	660,00	573,50	489,33	407,66	328,50	251,66
	V	**1 607,08**	393,00	346,33	IV	1 115,25	1 053,66	993,33	934,25	876,41	819,75
	VI	**1 643,33**	393,00	346,33							
5 267,99	I,IV	**1 179,25**	393,00	346,33	I	1 054,83	935,33	820,83	711,25	606,58	506,83
	II	**1 113,08**	393,00	346,33	II	991,33	874,41	762,50	655,50	553,50	456,33
	III	**750,00**	393,00	346,33	III	660,83	574,33	490,16	408,50	329,16	252,50
	V	**1 608,25**	393,00	346,33	IV	1 116,41	1 054,83	994,50	935,33	877,50	820,83
	VI	**1 644,50**	393,00	346,33							
5 270,99	I,IV	**1 180,41**	393,00	346,33	I	1 056,00	936,50	821,91	712,25	607,58	507,75
	II	**1 114,25**	393,00	346,33	II	992,41	875,50	763,58	656,50	554,41	457,25
	III	**750,83**	393,00	346,33	III	661,66	575,00	490,83	409,16	330,00	253,16
	V	**1 609,50**	393,00	346,33	IV	1 117,58	1 056,00	995,58	936,50	878,58	821,91
	VI	**1 645,75**	393,00	346,33							
5 273,99	I,IV	**1 181,58**	393,00	346,33	I	1 057,08	937,58	822,91	713,25	608,50	508,66
	II	**1 115,41**	393,00	346,33	II	993,58	876,58	764,58	657,50	555,33	458,08
	III	**751,66**	393,00	346,33	III	662,50	575,83	491,66	410,00	330,66	253,83
	V	**1 610,66**	393,00	346,33	IV	1 118,75	1 057,08	996,75	937,58	879,66	822,91
	VI	**1 646,91**	393,00	346,33							
5 276,99	I,IV	**1 182,75**	393,00	346,33	I	1 058,25	938,66	824,00	714,25	609,50	509,58
	II	**1 116,58**	393,00	346,33	II	994,66	877,66	765,58	658,50	556,25	459,00
	III	**752,50**	393,00	346,33	III	663,33	576,66	492,50	410,66	331,33	254,50
	V	**1 611,83**	393,00	346,33	IV	1 119,91	1 058,25	997,83	938,66	880,75	824,00
	VI	**1 648,08**	393,00	346,33							
5 279,99	I,IV	**1 184,00**	393,00	346,33	I	1 059,41	939,75	825,08	715,25	610,41	510,50
	II	**1 117,75**	393,00	346,33	II	995,83	878,75	766,66	659,41	557,25	459,91
	III	**753,33**	393,00	346,33	III	664,16	577,50	493,16	411,50	332,16	255,33
	V	**1 613,00**	393,00	346,33	IV	1 121,08	1 059,41	999,00	939,75	881,75	825,08
	VI	**1 649,25**	393,00	346,33							
5 282,99	I,IV	**1 185,16**	393,00	346,33	I	1 060,58	940,83	826,08	716,25	611,41	511,41
	II	**1 118,91**	393,00	346,33	II	996,91	879,83	767,66	660,41	558,16	460,75
	III	**754,16**	393,00	346,33	III	665,00	578,33	494,00	412,16	332,83	256,00
	V	**1 614,25**	393,00	346,33	IV	1 122,25	1 060,58	1 000,08	940,83	882,83	826,08
	VI	**1 650,50**	393,00	346,33							
5 285,99	I,IV	**1 186,33**	393,00	346,33	I	1 061,66	941,91	827,08	717,25	612,33	512,33
	II	**1 120,08**	393,00	346,33	II	998,00	880,83	768,66	661,41	559,08	461,66
	III	**755,00**	393,00	346,33	III	665,83	579,00	494,83	413,00	333,66	256,66
	V	**1 615,41**	393,00	346,33	IV	1 123,41	1 061,66	1 001,16	941,91	883,91	827,08
	VI	**1 651,66**	393,00	346,33							
5 288,99	I,IV	**1 187,50**	393,00	346,33	I	1 062,83	943,00	828,16	718,25	613,25	513,25
	II	**1 121,25**	393,00	346,33	II	999,16	881,91	769,66	662,41	560,00	462,58
	III	**755,83**	393,00	346,33	III	666,66	579,83	495,50	413,66	334,33	257,50
	V	**1 616,58**	393,00	346,33	IV	1 124,58	1 062,83	1 002,33	943,00	885,00	828,16
	VI	**1 652,83**	393,00	346,33							
5 291,99	I,IV	**1 188,66**	393,00	346,33	I	1 063,91	944,16	829,25	719,25	614,25	514,16
	II	**1 122,41**	393,00	346,33	II	1 000,25	883,00	770,75	663,33	560,91	463,41
	III	**756,66**	393,00	346,33	III	667,50	580,66	496,33	414,50	335,00	258,16
	V	**1 617,75**	393,00	346,33	IV	1 125,75	1 063,91	1 003,41	944,16	886,08	829,25
	VI	**1 654,00**	393,00	346,33							

* Zur LSt-Berechnung für privat versicherte Arbeitnehmer s. Beispiele **Vorbemerkung S. 4 f.**
** Basisvorsorgepauschale KV und PV *** Typisierter Arbeitgeberzuschuss

Lohn/ Gehalt in € bis	Steuerklasse	Lohn-steuer*	BVSP**	TAGZ***	Steuerklasse	Bemessungsgrundlage für Kirchensteuer und Solidaritätszuschlag – Freibeträge für ... Kinder 0,5	1,0	1,5	2,0	2,5	3,0
5 294,99	I,IV	**1 189,91**	393,00	346,33	I	1 065,08	945,25	830,25	720,25	615,16	515,08
	II	**1 123,58**	393,00	346,33	II	1 001,33	884,08	771,75	664,33	561,83	464,33
	III	**757,66**	393,00	346,33	III	668,33	581,50	497,16	415,16	335,83	258,83
	V	**1 618,91**	393,00	346,33	IV	1 126,91	1 065,08	1 004,58	945,25	887,16	830,25
	VI	**1 655,16**	393,00	346,33							
5 297,99	I,IV	**1 191,08**	393,00	346,33	I	1 066,25	946,33	831,33	721,25	616,16	516,00
	II	**1 124,75**	393,00	346,33	II	1 002,50	885,16	772,75	665,33	562,83	465,25
	III	**758,50**	393,00	346,33	III	669,16	582,33	497,83	416,00	336,50	259,50
	V	**1 620,16**	393,00	346,33	IV	1 128,08	1 066,25	1 005,66	946,33	888,25	831,33
	VI	**1 656,41**	393,00	346,33							
5 300,99	I,IV	**1 192,25**	393,00	346,33	I	1 067,41	947,41	832,41	722,33	617,16	516,91
	II	**1 125,91**	393,00	346,33	II	1 003,58	886,25	773,83	666,33	563,75	466,08
	III	**759,33**	393,00	346,33	III	670,00	583,16	498,66	416,66	337,33	260,33
	V	**1 621,33**	393,00	346,33	IV	1 129,25	1 067,41	1 006,83	947,41	889,33	832,41
	VI	**1 657,58**	393,00	346,33							
5 303,99	I,IV	**1 193,41**	393,00	346,33	I	1 068,50	948,50	833,41	723,25	618,08	517,83
	II	**1 127,08**	393,00	346,33	II	1 004,75	887,33	774,83	667,25	564,66	467,00
	III	**760,16**	393,00	346,33	III	670,66	583,83	499,33	417,50	338,00	261,00
	V	**1 622,50**	393,00	346,33	IV	1 130,33	1 068,50	1 007,91	948,50	890,33	833,41
	VI	**1 658,75**	393,00	346,33							
5 306,99	I,IV	**1 194,58**	393,00	346,33	I	1 069,66	949,58	834,50	724,25	619,00	518,75
	II	**1 128,25**	393,00	346,33	II	1 005,83	888,41	775,83	668,25	565,58	467,83
	III	**761,00**	393,00	346,33	III	671,50	584,66	500,16	418,16	338,66	261,66
	V	**1 623,66**	393,00	346,33	IV	1 131,50	1 069,66	1 009,00	949,58	891,41	834,50
	VI	**1 659,91**	393,00	346,33							
5 309,99	I,IV	**1 195,83**	393,00	346,33	I	1 070,83	950,66	835,50	725,33	620,00	519,66
	II	**1 129,41**	393,00	346,33	II	1 007,00	889,41	776,91	669,25	566,50	468,75
	III	**761,83**	393,00	346,33	III	672,33	585,50	501,00	419,00	339,50	262,33
	V	**1 624,83**	393,00	346,33	IV	1 132,75	1 070,83	1 010,16	950,66	892,50	835,50
	VI	**1 661,08**	393,00	346,33							
5 312,99	I,IV	**1 197,00**	393,00	346,33	I	1 072,00	951,83	836,58	726,33	621,00	520,58
	II	**1 130,58**	393,00	346,33	II	1 008,08	890,50	777,91	670,25	567,50	469,66
	III	**762,66**	393,00	346,33	III	673,16	586,33	501,83	419,66	340,16	263,00
	V	**1 626,08**	393,00	346,33	IV	1 133,91	1 072,00	1 011,25	951,83	893,58	836,58
	VI	**1 662,33**	393,00	346,33							
5 315,99	I,IV	**1 198,16**	393,00	346,33	I	1 073,08	952,91	837,66	727,33	621,91	521,50
	II	**1 131,75**	393,00	346,33	II	1 009,25	891,58	778,91	671,25	568,41	470,58
	III	**763,50**	393,00	346,33	III	674,00	587,00	502,50	420,50	340,83	263,83
	V	**1 627,25**	393,00	346,33	IV	1 135,08	1 073,08	1 012,41	952,91	894,66	837,66
	VI	**1 663,50**	393,00	346,33							
5 318,99	I,IV	**1 199,33**	393,00	346,33	I	1 074,25	954,00	838,75	728,33	622,91	522,41
	II	**1 132,91**	393,00	346,33	II	1 010,33	892,66	780,00	672,16	569,33	471,41
	III	**764,33**	393,00	346,33	III	674,83	587,83	503,33	421,16	341,66	264,50
	V	**1 628,41**	393,00	346,33	IV	1 136,25	1 074,25	1 013,50	954,00	895,75	838,75
	VI	**1 664,66**	393,00	346,33							
5 321,99	I,IV	**1 200,58**	393,00	346,33	I	1 075,41	955,16	839,75	729,33	623,83	523,33
	II	**1 134,08**	393,00	346,33	II	1 011,50	893,75	781,00	673,16	570,33	472,33
	III	**765,16**	393,00	346,33	III	675,66	588,66	504,16	422,00	342,33	265,16
	V	**1 629,58**	393,00	346,33	IV	1 137,41	1 075,41	1 014,66	955,16	896,83	839,75
	VI	**1 665,91**	393,00	346,33							
5 324,99	I,IV	**1 201,75**	393,00	346,33	I	1 076,50	956,16	840,83	730,33	624,83	524,16
	II	**1 135,25**	393,00	346,33	II	1 012,58	894,83	782,00	674,16	571,25	473,25
	III	**766,00**	393,00	346,33	III	676,50	589,50	504,83	422,83	343,16	265,83
	V	**1 630,75**	393,00	346,33	IV	1 138,58	1 076,50	1 015,75	956,16	897,91	840,83
	VI	**1 667,00**	393,00	346,33							
5 327,99	I,IV	**1 202,91**	393,00	346,33	I	1 077,66	957,33	841,83	731,33	625,75	525,08
	II	**1 136,41**	393,00	346,33	II	1 013,66	895,91	783,08	675,16	572,16	474,08
	III	**766,83**	393,00	346,33	III	677,33	590,33	505,66	423,50	343,83	266,66
	V	**1 632,00**	393,00	346,33	IV	1 139,75	1 077,66	1 016,91	957,33	899,00	841,83
	VI	**1 668,25**	393,00	346,33							

* Zur LSt-Berechnung für privat versicherte Arbeitnehmer s. Beispiele **Vorbemerkung S. 4 f.**
** Basisvorsorgepauschale KV und PV *** Typisierter Arbeitgeberzuschuss

Lohn/ Gehalt in € bis	Steuerklasse	Lohn-steuer*	BVSP**	TAGZ***	Steuerklasse	Bemessungsgrundlage für Kirchensteuer und Solidaritätszuschlag – Freibeträge für ... Kinder 0,5	**1,0**	1,5	**2,0**	2,5	**3,0**
5 330,99	I,IV	**1 204,08**	393,00	346,33	I	1 078,83	958,41	842,91	732,33	626,75	526,00
	II	**1 137,58**	393,00	346,33	II	1 014,83	897,00	784,08	676,16	573,08	475,00
	III	**767,83**	393,00	346,33	III	678,16	591,00	506,50	424,33	344,50	267,33
	V	**1 633,16**	393,00	346,33	IV	1 140,91	1 078,83	1 018,00	958,41	900,08	842,91
	VI	**1 669,41**	393,00	346,33							
5 333,99	I,IV	**1 205,25**	393,00	346,33	I	1 080,00	959,50	844,00	733,33	627,66	527,00
	II	**1 138,75**	393,00	346,33	II	1 015,91	898,08	785,16	677,08	574,08	475,91
	III	**768,66**	393,00	346,33	III	679,00	591,83	507,16	425,00	345,33	268,00
	V	**1 634,33**	393,00	346,33	IV	1 142,08	1 080,00	1 019,16	959,50	901,16	844,00
	VI	**1 670,58**	393,00	346,33							
5 336,99	I,IV	**1 206,50**	393,00	346,33	I	1 081,16	960,66	845,00	734,41	628,66	527,91
	II	**1 139,91**	393,00	346,33	II	1 017,08	899,16	786,16	678,08	575,00	476,83
	III	**769,50**	393,00	346,33	III	679,83	592,66	508,00	425,83	346,00	268,83
	V	**1 635,50**	393,00	346,33	IV	1 143,25	1 081,16	1 020,25	960,66	902,25	845,00
	VI	**1 671,83**	393,00	346,33							
5 339,99	I,IV	**1 207,66**	393,00	346,33	I	1 082,33	961,75	846,08	735,41	629,66	528,83
	II	**1 141,08**	393,00	346,33	II	1 018,16	900,25	787,16	679,08	575,91	477,66
	III	**770,33**	393,00	346,33	III	680,66	593,50	508,83	426,50	346,83	269,50
	V	**1 636,75**	393,00	346,33	IV	1 144,41	1 082,33	1 021,41	961,75	903,33	846,08
	VI	**1 673,00**	393,00	346,33							
5 342,99	I,IV	**1 208,83**	393,00	346,33	I	1 083,41	962,83	847,16	736,41	630,58	529,66
	II	**1 142,25**	393,00	346,33	II	1 019,33	901,25	788,25	680,08	576,83	478,58
	III	**771,16**	393,00	346,33	III	681,50	594,33	509,50	427,33	347,50	270,16
	V	**1 637,91**	393,00	346,33	IV	1 145,58	1 083,41	1 022,50	962,83	904,33	847,16
	VI	**1 674,16**	393,00	346,33							
5 345,99	I,IV	**1 210,00**	393,00	346,33	I	1 084,58	963,91	848,16	737,41	631,58	530,66
	II	**1 143,41**	393,00	346,33	II	1 020,41	902,41	789,25	681,08	577,83	479,50
	III	**772,00**	393,00	346,33	III	682,33	595,00	510,33	428,00	348,16	270,83
	V	**1 639,08**	393,00	346,33	IV	1 146,75	1 084,58	1 023,66	963,91	905,41	848,16
	VI	**1 675,33**	393,00	346,33							
5 348,99	I,IV	**1 211,16**	393,00	346,33	I	1 085,75	965,00	849,25	738,41	632,50	531,58
	II	**1 144,58**	393,00	346,33	II	1 021,58	903,50	790,25	682,08	578,75	480,33
	III	**772,83**	393,00	346,33	III	683,16	595,83	511,16	428,83	349,00	271,50
	V	**1 640,25**	393,00	346,33	IV	1 147,91	1 085,75	1 024,75	965,00	906,50	849,25
	VI	**1 676,50**	393,00	346,33							
5 351,99	I,IV	**1 212,41**	393,00	346,33	I	1 086,91	966,16	850,33	739,41	633,50	532,50
	II	**1 145,75**	393,00	346,33	II	1 022,66	904,58	791,33	683,08	579,66	481,25
	III	**773,66**	393,00	346,33	III	684,00	596,66	511,83	429,50	349,66	272,33
	V	**1 641,41**	393,00	346,33	IV	1 149,08	1 086,91	1 025,91	966,16	907,58	850,33
	VI	**1 677,75**	393,00	346,33							
5 354,99	I,IV	**1 213,58**	393,00	346,33	I	1 088,08	967,25	851,41	740,41	634,50	533,41
	II	**1 147,00**	393,00	346,33	II	1 023,83	905,66	792,33	684,00	580,66	482,16
	III	**774,50**	393,00	346,33	III	684,83	597,50	512,66	430,33	350,50	273,00
	V	**1 642,66**	393,00	346,33	IV	1 150,25	1 088,08	1 027,00	967,25	908,66	851,41
	VI	**1 678,91**	393,00	346,33							
5 357,99	I,IV	**1 214,75**	393,00	346,33	I	1 089,16	968,33	852,41	741,50	635,41	534,33
	II	**1 148,16**	393,00	346,33	II	1 025,00	906,75	793,41	685,00	581,58	483,08
	III	**775,33**	393,00	346,33	III	685,66	598,33	513,50	431,00	351,16	273,66
	V	**1 643,83**	393,00	346,33	IV	1 151,50	1 089,16	1 028,16	968,33	909,75	852,41
	VI	**1 680,08**	393,00	346,33							
5 360,99	I,IV	**1 216,00**	393,00	346,33	I	1 090,33	969,50	853,50	742,50	636,41	535,25
	II	**1 149,33**	393,00	346,33	II	1 026,08	907,83	794,41	686,00	582,50	484,00
	III	**776,16**	393,00	346,33	III	686,50	599,16	514,16	431,83	351,83	274,50
	V	**1 645,00**	393,00	346,33	IV	1 152,66	1 090,33	1 029,33	969,50	910,83	853,50
	VI	**1 681,25**	393,00	346,33							
5 363,99	I,IV	**1 217,08**	393,00	346,33	I	1 091,50	970,58	854,58	743,50	637,33	536,16
	II	**1 150,50**	393,00	346,33	II	1 027,16	908,83	795,41	687,00	583,41	484,83
	III	**777,16**	393,00	346,33	III	687,33	599,83	515,00	432,66	352,66	275,16
	V	**1 646,16**	393,00	346,33	IV	1 153,83	1 091,50	1 030,41	970,58	911,91	854,58
	VI	**1 682,41**	393,00	346,33							

* Zur LSt-Berechnung für privat versicherte Arbeitnehmer s. Beispiele **Vorbemerkung S. 4f.**
** Basisvorsorgepauschale KV und PV *** Typisierter Arbeitgeberzuschuss

Lohn/ Gehalt in € bis	Steuerklasse	Lohnsteuer*	BVSP**	TAGZ***	Steuerklasse	Bemessungsgrundlage für Kirchensteuer und Solidaritätszuschlag – Freibeträge für ... Kinder 0,5	**1,0**	1,5	**2,0**	2,5	**3,0**
5 366,99	I,IV	**1 218,33**	393,00	346,33	I	1 092,66	971,66	855,58	744,50	638,33	537,08
	II	**1 151,66**	393,00	346,33	II	1 028,33	909,91	796,50	688,00	584,41	485,75
	III	**778,00**	393,00	346,33	III	688,16	600,66	515,83	433,33	353,33	275,83
	V	**1 647,33**	393,00	346,33	IV	1 155,00	1 092,66	1 031,50	971,66	913,00	855,58
	VI	**1 683,66**	393,00	346,33							
5 369,99	I,IV	**1 219,50**	393,00	346,33	I	1 093,83	972,75	856,66	745,50	639,33	538,00
	II	**1 152,83**	393,00	346,33	II	1 029,50	911,00	797,50	689,00	585,33	486,66
	III	**778,83**	393,00	346,33	III	689,00	601,50	516,66	434,16	354,16	276,50
	V	**1 648,58**	393,00	346,33	IV	1 156,16	1 093,83	1 032,66	972,75	914,08	856,66
	VI	**1 684,83**	393,00	346,33							
5 372,99	I,IV	**1 220,66**	393,00	346,33	I	1 094,91	973,91	857,75	746,50	640,25	538,91
	II	**1 154,00**	393,00	346,33	II	1 030,58	912,08	798,58	690,00	586,33	487,58
	III	**779,66**	393,00	346,33	III	689,83	602,33	517,33	434,83	354,83	277,33
	V	**1 649,75**	393,00	346,33	IV	1 157,33	1 094,91	1 033,83	973,91	915,16	857,75
	VI	**1 686,00**	393,00	346,33							
5 375,99	I,IV	**1 221,91**	393,00	346,33	I	1 096,08	975,00	858,83	747,58	641,25	539,83
	II	**1 155,16**	393,00	346,33	II	1 031,75	913,25	799,58	691,00	587,25	488,50
	III	**780,50**	393,00	346,33	III	690,66	603,16	518,16	435,66	355,66	278,00
	V	**1 650,91**	393,00	346,33	IV	1 158,50	1 096,08	1 034,91	975,00	916,25	858,83
	VI	**1 687,16**	393,00	346,33							
5 378,99	I,IV	**1 223,08**	393,00	346,33	I	1 097,25	976,08	859,91	748,58	642,25	540,75
	II	**1 156,33**	393,00	346,33	II	1 032,83	914,33	800,66	692,00	588,16	489,33
	III	**781,33**	393,00	346,33	III	691,50	604,00	519,00	436,33	356,33	278,66
	V	**1 652,16**	393,00	346,33	IV	1 159,66	1 097,25	1 036,08	976,08	917,41	859,91
	VI	**1 688,41**	393,00	346,33							
5 381,99	I,IV	**1 224,25**	393,00	346,33	I	1 098,41	977,16	860,91	749,58	643,16	541,66
	II	**1 157,50**	393,00	346,33	II	1 034,00	915,33	801,66	692,91	589,08	490,25
	III	**782,16**	393,00	346,33	III	692,16	604,66	519,66	437,16	357,00	279,33
	V	**1 653,25**	393,00	346,33	IV	1 160,83	1 098,41	1 037,16	977,16	918,41	860,91
	VI	**1 689,50**	393,00	346,33							
5 384,99	I,IV	**1 225,41**	393,00	346,33	I	1 099,58	978,33	862,00	750,58	644,16	542,58
	II	**1 158,66**	393,00	346,33	II	1 035,08	916,41	802,75	693,91	590,08	491,16
	III	**783,00**	393,00	346,33	III	693,00	605,50	520,50	437,83	357,83	280,16
	V	**1 654,50**	393,00	346,33	IV	1 162,00	1 099,58	1 038,33	978,33	919,50	862,00
	VI	**1 690,75**	393,00	346,33							
5 387,99	I,IV	**1 226,58**	393,00	346,33	I	1 100,75	979,41	863,08	751,58	645,08	543,58
	II	**1 159,91**	393,00	346,33	II	1 036,25	917,50	803,75	694,91	591,00	492,08
	III	**783,83**	393,00	346,33	III	693,83	606,33	521,33	438,66	358,50	280,83
	V	**1 655,66**	393,00	346,33	IV	1 163,25	1 100,75	1 039,41	979,41	920,58	863,08
	VI	**1 691,91**	393,00	346,33							
5 390,99	I,IV	**1 227,83**	393,00	346,33	I	1 101,91	980,50	864,08	752,66	646,08	544,50
	II	**1 161,08**	393,00	346,33	II	1 037,41	918,66	804,83	695,91	592,00	493,00
	III	**784,66**	393,00	346,33	III	694,66	607,16	522,00	439,33	359,33	281,50
	V	**1 656,83**	393,00	346,33	IV	1 164,41	1 101,91	1 040,58	980,50	921,75	864,08
	VI	**1 693,08**	393,00	346,33							
5 393,99	I,IV	**1 229,00**	393,00	346,33	I	1 103,08	981,66	865,16	753,66	647,08	545,41
	II	**1 162,25**	393,00	346,33	II	1 038,50	919,75	805,83	696,91	592,91	493,83
	III	**785,66**	393,00	346,33	III	695,50	608,00	522,83	440,16	360,00	282,33
	V	**1 658,00**	393,00	346,33	IV	1 165,58	1 103,08	1 041,75	981,66	922,83	865,16
	VI	**1 694,33**	393,00	346,33							
5 396,99	I,IV	**1 230,16**	393,00	346,33	I	1 104,16	982,75	866,25	754,66	648,08	546,33
	II	**1 163,41**	393,00	346,33	II	1 039,66	920,83	806,91	697,91	593,91	494,75
	III	**786,50**	393,00	346,33	III	696,33	608,83	523,66	441,00	360,66	283,00
	V	**1 659,25**	393,00	346,33	IV	1 166,75	1 104,16	1 042,83	982,75	923,91	866,25
	VI	**1 695,50**	393,00	346,33							
5 399,99	I,IV	**1 231,33**	393,00	346,33	I	1 105,33	983,91	867,33	755,66	649,00	547,25
	II	**1 164,58**	393,00	346,33	II	1 040,83	921,91	807,91	698,91	594,83	495,66
	III	**787,33**	393,00	346,33	III	697,16	609,50	524,33	441,66	361,50	283,66
	V	**1 660,41**	393,00	346,33	IV	1 168,00	1 105,33	1 044,00	983,91	925,00	867,33
	VI	**1 696,66**	393,00	346,33							

* Zur LSt-Berechnung für privat versicherte Arbeitnehmer s. Beispiele **Vorbemerkung S. 4 f.**
** Basisvorsorgepauschale KV und PV *** Typisierter Arbeitgeberzuschuss

Lohn/ Gehalt in € bis	Steuerklasse	Lohn-steuer*	BVSP**	TAGZ***	Steuerklasse	Bemessungsgrundlage für Kirchensteuer und Solidaritätszuschlag – Freibeträge für … Kinder 0,5	**1,0**	1,5	**2,0**	2,5	**3,0**
5402,99 West	I,IV	**1232,50**	393,00	346,33	I	1106,50	985,00	868,33	756,66	650,00	548,16
	II	**1165,75**	393,00	346,33	II	1041,91	923,00	809,00	699,91	595,75	496,58
	III	**788,16**	393,00	346,33	III	698,00	610,33	525,16	442,50	362,16	284,50
	V	**1661,58**	393,00	346,33	IV	1169,08	1106,50	1045,08	985,00	926,08	868,33
	VI	**1697,83**	393,00	346,33							
5402,99 Ost	I,IV	**1232,58**	393,00	346,33	I	1106,58	985,08	868,50	756,83	650,08	548,25
	II	**1165,83**	393,00	346,33	II	1042,00	923,08	809,08	700,00	595,83	496,66
	III	**788,16**	393,00	346,33	III	698,16	610,50	525,16	442,50	362,33	284,50
	V	**1661,66**	393,00	346,33	IV	1169,25	1106,58	1045,25	985,08	926,16	868,50
	VI	**1697,91**	393,00	346,33							
5405,99 West	I,IV	**1233,66**	393,00	346,33	I	1107,66	986,08	869,41	757,75	650,91	549,08
	II	**1166,91**	393,00	346,33	II	1043,00	924,08	810,00	700,91	596,75	497,50
	III	**789,00**	393,00	346,33	III	698,83	611,16	526,00	443,16	363,00	285,16
	V	**1662,75**	393,00	346,33	IV	1170,33	1107,66	1046,25	986,08	927,16	869,41
	VI	**1699,00**	393,00	346,33							
5405,99 Ost	I,IV	**1233,91**	393,00	346,33	I	1107,83	986,25	869,58	757,91	651,08	549,25
	II	**1167,16**	393,00	346,33	II	1043,16	924,25	810,16	701,00	596,83	497,58
	III	**789,16**	393,00	346,33	III	699,00	611,33	526,00	443,33	363,00	285,16
	V	**1662,91**	393,00	346,33	IV	1170,50	1107,83	1046,41	986,25	927,33	869,58
	VI	**1699,16**	393,00	346,33							
5408,99 West	I,IV	**1234,91**	393,00	346,33	I	1108,83	987,16	870,50	758,75	651,91	550,00
	II	**1168,16**	393,00	346,33	II	1044,16	925,16	811,08	701,91	597,66	498,41
	III	**789,83**	393,00	346,33	III	699,66	612,00	526,83	444,00	363,66	285,83
	V	**1663,91**	393,00	346,33	IV	1171,50	1108,83	1047,41	987,16	928,25	870,50
	VI	**1700,25**	393,00	346,33							
5408,99 Ost	I,IV	**1235,16**	393,00	346,33	I	1109,08	987,41	870,75	759,00	652,16	550,25
	II	**1168,41**	393,00	346,33	II	1044,41	925,33	811,25	702,08	597,83	498,58
	III	**790,00**	393,00	346,33	III	699,83	612,16	526,83	444,16	363,83	286,00
	V	**1664,16**	393,00	346,33	IV	1171,75	1109,08	1047,66	987,41	928,50	870,75
	VI	**1700,50**	393,00	346,33							
5411,99 West	I,IV	**1236,08**	393,00	346,33	I	1110,00	988,33	871,58	759,75	652,91	551,00
	II	**1169,33**	393,00	346,33	II	1045,33	926,25	812,08	702,91	598,58	499,25
	III	**790,66**	393,00	346,33	III	700,50	612,83	527,50	444,83	364,50	286,66
	V	**1665,16**	393,00	346,33	IV	1172,66	1110,00	1048,50	988,33	929,33	871,58
	VI	**1701,41**	393,00	346,33							
5411,99 Ost	I,IV	**1236,41**	393,00	346,33	I	1110,33	988,58	871,83	760,08	653,16	551,25
	II	**1169,66**	393,00	346,33	II	1045,58	926,50	812,41	703,16	598,91	499,50
	III	**791,00**	393,00	346,33	III	700,66	613,00	527,66	445,00	364,66	286,83
	V	**1665,50**	393,00	346,33	IV	1173,00	1110,33	1048,83	988,58	929,58	871,83
	VI	**1701,75**	393,00	346,33							
5414,99 West	I,IV	**1237,25**	393,00	346,33	I	1111,16	989,41	872,66	760,83	653,91	551,91
	II	**1170,50**	393,00	346,33	II	1046,41	927,33	813,16	703,91	599,58	500,16
	III	**791,66**	393,00	346,33	III	701,33	613,66	528,33	445,50	365,16	287,33
	V	**1666,33**	393,00	346,33	IV	1173,83	1111,16	1049,66	989,41	930,41	872,66
	VI	**1702,58**	393,00	346,33							
5414,99 Ost	I,IV	**1237,66**	393,00	346,33	I	1111,50	989,83	873,00	761,16	654,16	552,16
	II	**1170,91**	393,00	346,33	II	1046,83	927,66	813,50	704,25	599,91	500,50
	III	**791,83**	393,00	346,33	III	701,66	613,83	528,50	445,83	365,33	287,50
	V	**1666,75**	393,00	346,33	IV	1174,25	1111,50	1050,08	989,83	930,75	873,00
	VI	**1703,00**	393,00	346,33							
5417,99 West	I,IV	**1238,50**	393,00	346,33	I	1112,33	990,58	873,75	761,83	654,83	552,83
	II	**1171,66**	393,00	346,33	II	1047,58	928,41	814,16	704,91	600,50	501,08
	III	**792,50**	393,00	346,33	III	702,16	614,50	529,16	446,33	366,00	288,00
	V	**1667,50**	393,00	346,33	IV	1175,08	1112,33	1050,83	990,58	931,50	873,75
	VI	**1703,75**	393,00	346,33							
5417,99 Ost	I,IV	**1238,91**	393,00	346,33	I	1112,75	991,00	874,16	762,25	655,25	553,16
	II	**1172,16**	393,00	346,33	II	1048,00	928,83	814,58	705,25	600,91	501,41
	III	**792,83**	393,00	346,33	III	702,50	614,66	529,33	446,50	366,16	288,33
	V	**1668,00**	393,00	346,33	IV	1175,50	1112,75	1051,25	991,00	931,91	874,16
	VI	**1704,25**	393,00	346,33							

* Zur LSt-Berechnung für privat versicherte Arbeitnehmer s. Beispiele **Vorbemerkung S. 4 f.**
** Basisvorsorgepauschale KV und PV *** Typisierter Arbeitgeberzuschuss

Lohn/ Gehalt in € bis	Steuerklasse	Lohn-steuer*	BVSP**	TAGZ***	Steuerklasse	Bemessungsgrundlage für Kirchensteuer und Solidaritätszuschlag – Freibeträge für ... Kinder 0,5	1,0	1,5	2,0	2,5	3,0
5420,99 West	I,IV	**1239,58**	393,00	346,33	I	1113,41	991,66	874,75	762,83	655,83	553,75
	II	**1172,83**	393,00	346,33	II	1048,66	929,50	815,25	705,83	601,50	502,00
	III	**793,33**	393,00	346,33	III	703,00	615,16	529,83	447,00	366,66	288,66
	V	**1668,66**	393,00	346,33	IV	1176,16	1113,41	1051,91	991,66	932,58	874,75
	VI	**1704,91**	393,00	346,33							
5420,99 Ost	I,IV	**1240,16**	393,00	346,33	I	1114,00	992,16	875,25	763,33	656,25	554,16
	II	**1173,41**	393,00	346,33	II	1049,25	930,00	815,75	706,33	601,91	502,41
	III	**793,66**	393,00	346,33	III	703,33	615,66	530,16	447,33	367,00	289,00
	V	**1669,25**	393,00	346,33	IV	1176,75	1114,00	1052,50	992,16	933,08	875,25
	VI	**1705,50**	393,00	346,33							
5423,99 West	I,IV	**1240,83**	393,00	346,33	I	1114,58	992,75	875,83	763,83	656,83	554,66
	II	**1174,00**	393,00	346,33	II	1049,83	930,58	816,25	706,91	602,41	502,91
	III	**794,16**	393,00	346,33	III	703,83	616,00	530,66	447,83	367,33	289,50
	V	**1669,83**	393,00	346,33	IV	1177,41	1114,58	1053,08	992,75	933,66	875,83
	VI	**1706,16**	393,00	346,33							
5423,99 Ost	I,IV	**1241,41**	393,00	346,33	I	1115,25	993,33	876,41	764,41	657,33	555,16
	II	**1174,66**	393,00	346,33	II	1050,41	931,16	816,83	707,41	602,91	503,41
	III	**794,50**	393,00	346,33	III	704,33	616,50	531,16	448,16	367,83	289,83
	V	**1670,50**	393,00	346,33	IV	1178,00	1115,25	1053,66	993,33	934,25	876,41
	VI	**1706,75**	393,00	346,33							
5426,99 West	I,IV	**1242,00**	393,00	346,33	I	1115,75	993,91	876,91	764,91	657,75	555,58
	II	**1175,25**	393,00	346,33	II	1051,00	931,66	817,33	707,91	603,41	503,83
	III	**795,00**	393,00	346,33	III	704,66	616,83	531,50	448,50	368,16	290,16
	V	**1671,08**	393,00	346,33	IV	1178,58	1115,75	1054,25	993,91	934,75	876,91
	VI	**1707,33**	393,00	346,33							
5426,99 Ost	I,IV	**1242,66**	393,00	346,33	I	1116,50	994,58	877,58	765,50	658,33	556,16
	II	**1175,91**	393,00	346,33	II	1051,66	932,33	817,91	708,50	603,91	504,33
	III	**795,50**	393,00	346,33	III	705,16	617,33	532,00	449,00	368,50	290,50
	V	**1671,75**	393,00	346,33	IV	1179,25	1116,50	1054,91	994,58	935,41	877,58
	VI	**1708,00**	393,00	346,33							
5429,99 West	I,IV	**1243,16**	393,00	346,33	I	1116,91	995,00	878,00	765,91	658,75	556,58
	II	**1176,41**	393,00	346,33	II	1052,16	932,75	818,33	708,91	604,33	504,75
	III	**795,83**	393,00	346,33	III	705,50	617,66	532,16	449,33	368,83	290,83
	V	**1672,25**	393,00	346,33	IV	1179,75	1116,91	1055,33	995,00	935,91	878,00
	VI	**1708,50**	393,00	346,33							
5429,99 Ost	I,IV	**1244,00**	393,00	346,33	I	1117,66	995,75	878,66	766,58	659,41	557,16
	II	**1177,16**	393,00	346,33	II	1052,83	933,50	819,08	709,50	604,91	505,33
	III	**796,33**	393,00	346,33	III	706,00	618,16	532,83	449,83	369,33	291,33
	V	**1673,00**	393,00	346,33	IV	1180,58	1117,66	1056,08	995,75	936,58	878,66
	VI	**1709,25**	393,00	346,33							
5432,99 West	I,IV	**1244,41**	393,00	346,33	I	1118,08	996,08	879,08	766,91	659,75	557,50
	II	**1177,58**	393,00	346,33	II	1053,25	933,91	819,41	709,91	605,33	505,66
	III	**796,66**	393,00	346,33	III	706,33	618,50	533,00	450,16	369,66	291,50
	V	**1673,41**	393,00	346,33	IV	1181,00	1118,08	1056,50	996,08	937,00	879,08
	VI	**1709,66**	393,00	346,33							
5432,99 Ost	I,IV	**1245,25**	393,00	346,33	I	1118,91	996,91	879,83	767,66	660,41	558,16
	II	**1178,41**	393,00	346,33	II	1054,08	934,66	820,16	710,58	606,00	506,25
	III	**797,33**	393,00	346,33	III	707,00	619,00	533,66	450,66	370,16	292,16
	V	**1674,25**	393,00	346,33	IV	1181,83	1118,91	1057,33	996,91	937,75	879,83
	VI	**1710,50**	393,00	346,33							
5435,99 West	I,IV	**1245,58**	393,00	346,33	I	1119,25	997,25	880,16	768,00	660,75	558,41
	II	**1178,83**	393,00	346,33	II	1054,41	935,00	820,50	710,91	606,25	506,58
	III	**797,50**	393,00	346,33	III	707,16	619,33	533,83	450,83	370,33	292,33
	V	**1674,66**	393,00	346,33	IV	1182,16	1119,25	1057,66	997,25	938,08	880,16
	VI	**1710,91**	393,00	346,33							
5435,99 Ost	I,IV	**1246,50**	393,00	346,33	I	1120,16	998,08	881,00	768,75	661,50	559,16
	II	**1179,66**	393,00	346,33	II	1055,33	935,83	821,25	711,66	607,00	507,25
	III	**798,16**	393,00	346,33	III	707,83	619,83	534,50	451,50	370,83	292,83
	V	**1675,50**	393,00	346,33	IV	1183,08	1120,16	1058,50	998,08	938,91	881,00
	VI	**1711,83**	393,00	346,33							

* Zur LSt-Berechnung für privat versicherte Arbeitnehmer s. Beispiele **Vorbemerkung S. 4 f.**
** Basisvorsorgepauschale KV und PV *** Typisierter Arbeitgeberzuschuss

Lohn/ Gehalt in € bis	Steuerklasse	**Lohn-steuer***	BVSP**	TAGZ***	Steuerklasse	Bemessungsgrundlage für Kirchensteuer und Solidaritätszuschlag					
						Freibeträge für ... Kinder					
						0,5	**1,0**	1,5	**2,0**	2,5	**3,0**
5438,99	I,IV	**1246,75**	393,00	346,33	I	1120,41	998,33	881,25	769,00	661,75	559,33
West	II	**1180,00**	393,00	346,33	II	1055,58	936,08	821,50	711,91	607,25	507,41
	III	**798,33**	393,00	346,33	III	708,00	620,00	534,66	451,66	371,16	293,00
	V	**1675,83**	393,00	346,33	IV	1183,33	1120,41	1058,83	998,33	939,16	881,25
	VI	**1712,08**	393,00	346,33							
5438,99	I,IV	**1247,75**	393,00	346,33	I	1121,41	999,33	882,08	769,83	662,50	560,16
Ost	II	**1181,00**	393,00	346,33	II	1056,50	937,00	822,41	712,75	608,00	508,16
	III	**799,16**	393,00	346,33	III	708,66	620,83	535,33	452,16	371,66	293,66
	V	**1676,83**	393,00	346,33	IV	1184,33	1121,41	1059,75	999,33	940,08	882,08
	VI	**1713,08**	393,00	346,33							
5441,99	I,IV	**1247,91**	393,00	346,33	I	1121,58	999,41	882,25	770,00	662,66	560,25
West	II	**1181,16**	393,00	346,33	II	1056,66	937,16	822,50	712,83	608,16	508,33
	III	**799,33**	393,00	346,33	III	708,83	620,83	535,33	452,33	371,83	293,66
	V	**1677,00**	393,00	346,33	IV	1184,50	1121,58	1059,91	999,41	940,25	882,25
	VI	**1713,25**	393,00	346,33							
5441,99	I,IV	**1249,00**	393,00	346,33	I	1122,66	1000,50	883,25	770,91	663,58	561,08
Ost	II	**1182,25**	393,00	346,33	II	1057,75	938,16	823,50	713,75	609,00	509,16
	III	**800,00**	393,00	346,33	III	709,66	621,66	536,16	453,00	372,50	294,33
	V	**1678,08**	393,00	346,33	IV	1185,58	1122,66	1060,91	1000,50	941,25	883,25
	VI	**1714,33**	393,00	346,33							
5444,99	I,IV	**1249,08**	393,00	346,33	I	1122,75	1000,58	883,33	771,00	663,66	561,16
West	II	**1182,33**	393,00	346,33	II	1057,83	938,25	823,58	713,91	609,08	509,25
	III	**800,16**	393,00	346,33	III	709,66	621,66	536,16	453,16	372,50	294,50
	V	**1678,16**	393,00	346,33	IV	1185,66	1122,75	1061,08	1000,58	941,33	883,33
	VI	**1714,41**	393,00	346,33							
5444,99	I,IV	**1250,25**	393,00	346,33	I	1123,91	1001,66	884,41	772,00	664,58	562,08
Ost	II	**1183,50**	393,00	346,33	II	1058,91	939,33	824,58	714,83	610,00	510,16
	III	**801,00**	393,00	346,33	III	710,50	622,50	537,00	453,83	373,33	295,16
	V	**1679,33**	393,00	346,33	IV	1186,83	1123,91	1062,16	1001,66	942,41	884,41
	VI	**1715,58**	393,00	346,33							
5447,99	I,IV	**1250,33**	393,00	346,33	I	1123,91	1001,66	884,41	772,08	664,66	562,16
West	II	**1183,50**	393,00	346,33	II	1059,00	939,33	824,66	714,91	610,08	510,16
	III	**801,00**	393,00	346,33	III	710,50	622,50	537,00	454,00	373,33	295,16
	V	**1679,33**	393,00	346,33	IV	1186,91	1123,91	1062,16	1001,66	942,41	884,41
	VI	**1715,58**	393,00	346,33							
5447,99	I,IV	**1251,50**	393,00	346,33	I	1125,16	1002,83	885,50	773,08	665,66	563,08
Ost	II	**1184,75**	393,00	346,33	II	1060,16	940,50	825,75	715,91	611,08	511,08
	III	**801,83**	393,00	346,33	III	711,33	623,33	537,83	454,66	374,00	295,83
	V	**1680,58**	393,00	346,33	IV	1188,08	1125,16	1063,41	1002,83	943,58	885,50
	VI	**1716,83**	393,00	346,33							
5450,99	I,IV	**1251,50**	393,00	346,33	I	1125,08	1002,83	885,50	773,08	665,58	563,08
West	II	**1184,66**	393,00	346,33	II	1060,08	940,41	825,66	715,91	611,00	511,08
	III	**801,83**	393,00	346,33	III	711,33	623,33	537,83	454,66	374,00	295,83
	V	**1680,58**	393,00	346,33	IV	1188,08	1125,08	1063,33	1002,83	943,58	885,50
	VI	**1716,83**	393,00	346,33							
5450,99	I,IV	**1252,75**	393,00	346,33	I	1126,33	1004,08	886,66	774,25	666,66	564,08
Ost	II	**1186,00**	393,00	346,33	II	1061,33	941,66	826,83	717,00	612,08	512,08
	III	**802,83**	393,00	346,33	III	712,16	624,16	538,66	455,50	374,83	296,66
	V	**1681,83**	393,00	346,33	IV	1189,33	1126,33	1064,58	1004,08	944,75	886,66
	VI	**1718,08**	393,00	346,33							
5453,99	I,IV	**1252,66**	393,00	346,33	I	1126,25	1003,91	886,58	774,08	666,58	564,00
West	II	**1185,91**	393,00	346,33	II	1061,25	941,50	826,75	716,91	612,00	512,00
	III	**802,66**	393,00	346,33	III	712,16	624,16	538,50	455,50	374,83	296,66
	V	**1681,75**	393,00	346,33	IV	1189,25	1126,25	1064,50	1003,91	944,66	886,58
	VI	**1718,00**	393,00	346,33							
5453,99	I,IV	**1254,08**	393,00	346,33	I	1127,58	1005,25	887,83	775,33	667,75	565,08
Ost	II	**1187,25**	393,00	346,33	II	1062,58	942,83	828,00	718,08	613,08	513,08
	III	**803,66**	393,00	346,33	III	713,16	625,00	539,50	456,33	375,66	297,50
	V	**1683,08**	393,00	346,33	IV	1190,58	1127,58	1065,83	1005,25	945,91	887,83
	VI	**1719,33**	393,00	346,33							

* Zur LSt-Berechnung für privat versicherte Arbeitnehmer s. Beispiele **Vorbemerkung S. 4f.**
** Basisvorsorgepauschale KV und PV *** Typisierter Arbeitgeberzuschuss

Lohn/ Gehalt in € bis	Steuerklasse	Lohn-steuer*	BVSP**	TAGZ***	Steuerklasse	Bemessungsgrundlage für Kirchensteuer und Solidaritätszuschlag – Freibeträge für ... Kinder 0,5	1,0	1,5	2,0	2,5	3,0
5 456,99	I,IV	**1 253,83**	393,00	346,33	I	1 127,41	1 005,08	887,66	775,16	667,58	565,00
West	II	**1 187,08**	393,00	346,33	II	1 062,41	942,66	827,83	717,91	612,91	512,91
	III	**803,50**	393,00	346,33	III	713,00	625,00	539,33	456,16	375,50	297,33
	V	**1 682,91**	393,00	346,33	IV	1 190,41	1 127,41	1 065,66	1 005,08	945,75	887,66
	VI	**1 719,16**	393,00	346,33							
5 456,99	I,IV	**1 255,33**	393,00	346,33	I	1 128,83	1 006,41	888,91	776,41	668,75	566,08
Ost	II	**1 188,50**	393,00	346,33	II	1 063,75	944,00	829,08	719,08	614,08	514,00
	III	**804,66**	393,00	346,33	III	714,00	626,00	540,33	457,16	376,50	298,16
	V	**1 684,33**	393,00	346,33	IV	1 191,91	1 128,83	1 067,00	1 006,41	947,08	888,91
	VI	**1 720,58**	393,00	346,33							
5 459,99	I,IV	**1 255,00**	393,00	346,33	I	1 128,58	1 006,16	888,66	776,16	668,58	565,91
West	II	**1 188,25**	393,00	346,33	II	1 063,50	943,66	828,83	718,91	613,91	513,83
	III	**804,33**	393,00	346,33	III	713,83	625,66	540,16	457,00	376,33	298,00
	V	**1 684,08**	393,00	346,33	IV	1 191,58	1 128,58	1 066,75	1 006,16	946,83	888,66
	VI	**1 720,33**	393,00	346,33							
5 459,99	I,IV	**1 256,58**	393,00	346,33	I	1 130,08	1 007,66	890,08	777,50	669,83	567,08
Ost	II	**1 189,75**	393,00	346,33	II	1 065,00	945,16	830,16	720,16	615,08	515,00
	III	**805,50**	393,00	346,33	III	714,83	626,83	541,16	458,00	377,16	299,00
	V	**1 685,58**	393,00	346,33	IV	1 193,16	1 130,08	1 068,25	1 007,66	948,25	890,08
	VI	**1 721,91**	393,00	346,33							
5 462,99	I,IV	**1 256,25**	393,00	346,33	I	1 129,75	1 007,33	889,75	777,16	669,50	566,83
West	II	**1 189,41**	393,00	346,33	II	1 064,66	944,83	829,91	719,91	614,83	514,75
	III	**805,16**	393,00	346,33	III	714,66	626,50	540,83	457,66	377,00	298,83
	V	**1 685,25**	393,00	346,33	IV	1 192,83	1 129,75	1 067,91	1 007,33	947,91	889,75
	VI	**1 721,50**	393,00	346,33							
5 462,99	I,IV	**1 257,83**	393,00	346,33	I	1 131,33	1 008,83	891,25	778,58	670,83	568,08
Ost	II	**1 191,08**	393,00	346,33	II	1 066,25	946,33	831,33	721,25	616,16	515,91
	III	**806,33**	393,00	346,33	III	715,83	627,66	542,00	458,83	378,00	299,66
	V	**1 686,91**	393,00	346,33	IV	1 194,41	1 131,33	1 069,50	1 008,83	949,41	891,25
	VI	**1 723,16**	393,00	346,33							
5 465,99	I,IV	**1 257,41**	393,00	346,33	I	1 130,91	1 008,41	890,83	778,25	670,50	567,75
West	II	**1 190,58**	393,00	346,33	II	1 065,83	945,91	830,91	720,91	615,83	515,66
	III	**806,16**	393,00	346,33	III	715,50	627,33	541,66	458,50	377,66	299,50
	V	**1 686,50**	393,00	346,33	IV	1 194,00	1 130,91	1 069,08	1 008,41	949,00	890,83
	VI	**1 722,75**	393,00	346,33							
5 465,99	I,IV	**1 259,08**	393,00	346,33	I	1 132,58	1 010,00	892,41	779,66	671,91	569,08
Ost	II	**1 192,33**	393,00	346,33	II	1 067,41	947,50	832,41	722,33	617,16	516,91
	III	**807,33**	393,00	346,33	III	716,66	628,50	542,83	459,50	378,83	300,50
	V	**1 688,16**	393,00	346,33	IV	1 195,66	1 132,58	1 070,66	1 010,00	950,58	892,41
	VI	**1 724,41**	393,00	346,33							
5 468,99	I,IV	**1 258,58**	393,00	346,33	I	1 132,08	1 009,58	891,91	779,25	671,50	568,66
West	II	**1 191,83**	393,00	346,33	II	1 067,00	947,00	832,00	721,91	616,75	516,58
	III	**807,00**	393,00	346,33	III	716,33	628,16	542,50	459,33	378,50	300,16
	V	**1 687,66**	393,00	346,33	IV	1 195,16	1 132,08	1 070,16	1 009,58	950,08	891,91
	VI	**1 723,91**	393,00	346,33							
5 468,99	I,IV	**1 260,33**	393,00	346,33	I	1 133,83	1 011,16	893,50	780,75	673,00	570,08
Ost	II	**1 193,58**	393,00	346,33	II	1 068,66	948,66	833,58	723,41	618,16	517,91
	III	**808,16**	393,00	346,33	III	717,50	629,33	543,66	460,33	379,66	301,33
	V	**1 689,41**	393,00	346,33	IV	1 196,91	1 133,83	1 071,91	1 011,16	951,75	893,50
	VI	**1 725,66**	393,00	346,33							
5 471,99	I,IV	**1 259,75**	393,00	346,33	I	1 133,25	1 010,66	893,00	780,25	672,50	569,66
West	II	**1 193,00**	393,00	346,33	II	1 068,08	948,08	833,08	722,91	617,75	517,50
	III	**807,83**	393,00	346,33	III	717,16	629,00	543,33	460,00	379,16	301,00
	V	**1 688,83**	393,00	346,33	IV	1 196,33	1 133,25	1 071,33	1 010,66	951,25	893,00
	VI	**1 725,08**	393,00	346,33							
5 471,99	I,IV	**1 261,58**	393,00	346,33	I	1 135,08	1 012,41	894,66	781,83	674,00	571,08
Ost	II	**1 194,83**	393,00	346,33	II	1 069,83	949,83	834,66	724,50	619,16	518,83
	III	**809,16**	393,00	346,33	III	718,50	630,16	544,50	461,16	380,33	302,00
	V	**1 690,66**	393,00	346,33	IV	1 198,16	1 135,08	1 073,08	1 012,41	952,91	894,66
	VI	**1 726,91**	393,00	346,33							

* Zur LSt-Berechnung für privat versicherte Arbeitnehmer s. Beispiele **Vorbemerkung S. 4f.**
** Basisvorsorgepauschale KV und PV *** Typisierter Arbeitgeberzuschuss

Lohn/ Gehalt in € bis	Steuerklasse	Lohn-steuer*	BVSP**	TAGZ***	Steuerklasse	Bemessungsgrundlage für Kirchensteuer und Solidaritätszuschlag – Freibeträge für ... Kinder 0,5	**1,0**	1,5	**2,0**	2,5	**3,0**
5474,99	I,IV	**1261,00**	393,00	346,33	I	1134,41	1011,83	894,08	781,33	673,50	570,58
West	II	**1194,16**	393,00	346,33	II	1069,25	949,25	834,08	723,91	618,66	518,41
	III	**808,66**	393,00	346,33	III	718,00	629,83	544,00	460,83	380,00	301,66
	V	**1690,00**	393,00	346,33	IV	1197,58	1134,41	1072,50	1011,83	952,33	894,08
	VI	**1726,25**	393,00	346,33							
5474,99	I,IV	**1262,83**	393,00	346,33	I	1136,33	1013,58	895,83	783,00	675,08	572,08
Ost	II	**1196,08**	393,00	346,33	II	1071,08	951,00	835,75	725,50	620,25	519,83
	III	**810,00**	393,00	346,33	III	719,33	631,16	545,33	462,00	381,16	302,83
	V	**1691,91**	393,00	346,33	IV	1199,41	1136,33	1074,33	1013,58	954,08	895,83
	VI	**1728,16**	393,00	346,33							
5477,99	I,IV	**1262,16**	393,00	346,33	I	1135,58	1012,91	895,16	782,33	674,50	571,50
West	II	**1195,41**	393,00	346,33	II	1070,41	950,33	835,16	724,91	619,66	519,33
	III	**809,50**	393,00	346,33	III	718,83	630,66	544,83	461,50	380,66	302,33
	V	**1691,25**	393,00	346,33	IV	1198,75	1135,58	1073,66	1012,91	953,41	895,16
	VI	**1727,50**	393,00	346,33							
5477,99	I,IV	**1264,08**	393,00	346,33	I	1137,58	1014,75	896,91	784,08	676,08	573,08
Ost	II	**1197,33**	393,00	346,33	II	1072,33	952,16	836,91	726,58	621,25	520,83
	III	**811,00**	393,00	346,33	III	720,16	632,00	546,16	462,83	382,00	303,50
	V	**1693,16**	393,00	346,33	IV	1200,66	1137,58	1075,58	1014,75	955,25	896,91
	VI	**1729,41**	393,00	346,33							
5480,99	I,IV	**1263,33**	393,00	346,33	I	1136,75	1014,00	896,25	783,33	675,41	572,41
West	II	**1196,50**	393,00	346,33	II	1071,50	951,41	836,16	725,91	620,58	520,16
	III	**810,50**	393,00	346,33	III	719,66	631,50	545,66	462,33	381,50	303,16
	V	**1692,41**	393,00	346,33	IV	1199,91	1136,75	1074,75	1014,00	954,50	896,25
	VI	**1728,66**	393,00	346,33							
5480,99	I,IV	**1265,41**	393,00	346,33	I	1138,83	1016,00	898,08	785,16	677,16	574,08
Ost	II	**1198,58**	393,00	346,33	II	1073,50	953,33	838,00	727,66	622,25	521,75
	III	**811,83**	393,00	346,33	III	721,16	632,83	547,00	463,66	382,83	304,33
	V	**1694,41**	393,00	346,33	IV	1202,00	1138,83	1076,75	1016,00	956,41	898,08
	VI	**1730,66**	393,00	346,33							
5483,99	I,IV	**1264,50**	393,00	346,33	I	1137,91	1015,16	897,33	784,41	676,41	573,41
West	II	**1197,75**	393,00	346,33	II	1072,66	952,50	837,25	726,91	621,58	521,08
	III	**811,33**	393,00	346,33	III	720,50	632,33	546,50	463,16	382,16	303,83
	V	**1693,58**	393,00	346,33	IV	1201,08	1137,91	1075,91	1015,16	955,58	897,33
	VI	**1729,83**	393,00	346,33							
5483,99	I,IV	**1266,66**	393,00	346,33	I	1140,00	1017,16	899,25	786,25	678,16	575,08
Ost	II	**1199,83**	393,00	346,33	II	1074,75	954,50	839,16	728,75	623,25	522,75
	III	**812,83**	393,00	346,33	III	722,00	633,66	547,83	464,50	383,50	305,16
	V	**1695,66**	393,00	346,33	IV	1203,25	1140,00	1078,00	1017,16	957,58	899,25
	VI	**1732,00**	393,00	346,33							
5486,99	I,IV	**1265,66**	393,00	346,33	I	1139,08	1016,25	898,41	785,41	677,41	574,33
West	II	**1198,91**	393,00	346,33	II	1073,83	953,58	838,33	727,91	622,50	522,00
	III	**812,16**	393,00	346,33	III	721,33	633,00	547,16	463,83	383,00	304,50
	V	**1694,75**	393,00	346,33	IV	1202,25	1139,08	1077,08	1016,25	956,75	898,41
	VI	**1731,00**	393,00	346,33							
5486,99	I,IV	**1267,91**	393,00	346,33	I	1141,25	1018,33	900,41	787,33	679,25	576,08
Ost	II	**1201,08**	393,00	346,33	II	1075,91	955,66	840,25	729,83	624,33	523,75
	III	**813,66**	393,00	346,33	III	722,83	634,50	548,66	465,33	384,33	305,83
	V	**1697,00**	393,00	346,33	IV	1204,50	1141,25	1079,25	1018,33	958,75	900,41
	VI	**1733,25**	393,00	346,33							
5489,99	I,IV	**1266,91**	393,00	346,33	I	1140,25	1017,41	899,50	786,50	678,41	575,25
West	II	**1200,08**	393,00	346,33	II	1075,00	954,66	839,33	729,00	623,50	522,91
	III	**813,00**	393,00	346,33	III	722,16	633,83	548,00	464,66	383,66	305,33
	V	**1695,91**	393,00	346,33	IV	1203,50	1140,25	1078,25	1017,41	957,83	899,50
	VI	**1732,16**	393,00	346,33							
5489,99	I,IV	**1269,16**	393,00	346,33	I	1142,50	1019,58	901,58	788,41	680,33	577,08
Ost	II	**1202,41**	393,00	346,33	II	1077,16	956,83	841,41	730,91	625,33	524,75
	III	**814,66**	393,00	346,33	III	723,83	635,50	549,50	466,16	385,16	306,66
	V	**1698,25**	393,00	346,33	IV	1205,75	1142,50	1080,41	1019,58	959,91	901,58
	VI	**1734,50**	393,00	346,33							

* Zur LSt-Berechnung für privat versicherte Arbeitnehmer s. Beispiele **Vorbemerkung S. 4 f.**
** Basisvorsorgepauschale KV und PV *** Typisierter Arbeitgeberzuschuss

Lohn/ Gehalt in € bis	Steuerklasse	Lohn-steuer*	BVSP**	TAGZ***	Steuerklasse	Bemessungsgrundlage für Kirchensteuer und Solidaritätszuschlag — Freibeträge für ... Kinder 0,5	1,0	1,5	2,0	2,5	3,0
5 492,99	I,IV	**1 268,08**	393,00	346,33	I	1 141,41	1 018,50	900,58	787,50	679,41	576,25
West	II	**1 201,33**	393,00	346,33	II	1 076,16	955,83	840,41	730,00	624,41	523,83
	III	**813,83**	393,00	346,33	III	723,00	634,66	548,83	465,33	384,50	306,00
	V	**1 697,16**	393,00	346,33	IV	1 204,66	1 141,41	1 079,41	1 018,50	958,91	900,58
	VI	**1 733,41**	393,00	346,33							
5 492,99	I,IV	**1 270,41**	393,00	346,33	I	1 143,75	1 020,75	902,66	789,58	681,33	578,08
Ost	II	**1 203,66**	393,00	346,33	II	1 078,41	958,00	842,50	732,00	626,33	525,66
	III	**815,50**	393,00	346,33	III	724,66	636,33	550,33	466,83	386,00	307,33
	V	**1 699,50**	393,00	346,33	IV	1 207,00	1 143,75	1 081,66	1 020,75	961,08	902,66
	VI	**1 735,75**	393,00	346,33							
5 495,99	I,IV	**1 269,25**	393,00	346,33	I	1 142,66	1 019,66	901,66	788,58	680,41	577,16
West	II	**1 202,50**	393,00	346,33	II	1 077,25	956,91	841,50	731,00	625,41	524,83
	III	**814,66**	393,00	346,33	III	723,83	635,50	549,66	466,16	385,16	306,66
	V	**1 698,33**	393,00	346,33	IV	1 205,83	1 142,66	1 080,50	1 019,66	960,00	901,66
	VI	**1 734,58**	393,00	346,33							
5 495,99	I,IV	**1 271,66**	393,00	346,33	I	1 145,00	1 022,00	903,83	790,66	682,41	579,08
Ost	II	**1 204,91**	393,00	346,33	II	1 079,58	959,16	843,66	733,08	627,41	526,66
	III	**816,50**	393,00	346,33	III	725,50	637,16	551,16	467,66	386,66	308,16
	V	**1 700,75**	393,00	346,33	IV	1 208,25	1 145,00	1 082,91	1 022,00	962,25	903,83
	VI	**1 737,00**	393,00	346,33							
5 498,99	I,IV	**1 270,41**	393,00	346,33	I	1 143,75	1 020,75	902,66	789,58	681,33	578,08
West	II	**1 203,66**	393,00	346,33	II	1 078,41	958,00	842,50	732,00	626,33	525,66
	III	**815,50**	393,00	346,33	III	724,66	636,33	550,33	466,83	386,00	307,33
	V	**1 699,50**	393,00	346,33	IV	1 207,00	1 143,75	1 081,66	1 020,75	961,08	902,66
	VI	**1 735,75**	393,00	346,33							
5 498,99	I,IV	**1 272,91**	393,00	346,33	I	1 146,25	1 023,16	905,00	791,75	683,41	580,08
Ost	II	**1 206,16**	393,00	346,33	II	1 080,83	960,33	844,75	734,08	628,41	527,66
	III	**817,33**	393,00	346,33	III	726,50	638,00	552,00	468,50	387,50	309,00
	V	**1 702,00**	393,00	346,33	IV	1 209,50	1 146,25	1 084,08	1 023,16	963,50	905,00
	VI	**1 738,25**	393,00	346,33							
5 501,99	I,IV	**1 271,58**	393,00	346,33	I	1 144,91	1 021,91	903,75	790,58	682,33	579,00
West	II	**1 204,83**	393,00	346,33	II	1 079,58	959,08	843,58	733,00	627,33	526,58
	III	**816,33**	393,00	346,33	III	725,50	637,16	551,16	467,66	386,66	308,16
	V	**1 700,66**	393,00	346,33	IV	1 208,16	1 144,91	1 082,83	1 021,91	962,25	903,75
	VI	**1 736,91**	393,00	346,33							
5 501,99	I,IV	**1 274,16**	393,00	346,33	I	1 147,50	1 024,33	906,16	792,83	684,50	581,08
Ost	II	**1 207,41**	393,00	346,33	II	1 082,08	961,50	845,91	735,16	629,41	528,58
	III	**818,33**	393,00	346,33	III	727,33	638,83	552,83	469,33	388,33	309,66
	V	**1 703,25**	393,00	346,33	IV	1 210,75	1 147,50	1 085,33	1 024,33	964,66	906,16
	VI	**1 739,50**	393,00	346,33							
5 504,99	I,IV	**1 272,83**	393,00	346,33	I	1 146,16	1 023,00	904,83	791,66	683,33	580,00
West	II	**1 206,00**	393,00	346,33	II	1 080,66	960,16	844,66	734,00	628,33	527,50
	III	**817,33**	393,00	346,33	III	726,33	638,00	552,00	468,50	387,50	308,83
	V	**1 701,83**	393,00	346,33	IV	1 209,41	1 146,16	1 084,00	1 023,00	963,33	904,83
	VI	**1 738,08**	393,00	346,33							
5 504,99	I,IV	**1 275,50**	393,00	346,33	I	1 148,75	1 025,58	907,33	793,91	685,58	582,08
Ost	II	**1 208,66**	393,00	346,33	II	1 083,25	962,66	847,00	736,25	630,50	529,58
	III	**819,16**	393,00	346,33	III	728,33	639,83	553,66	470,16	389,16	310,50
	V	**1 704,50**	393,00	346,33	IV	1 212,08	1 148,75	1 086,58	1 025,58	965,83	907,33
	VI	**1 740,75**	393,00	346,33							
5 507,99	I,IV	**1 274,00**	393,00	346,33	I	1 147,33	1 024,16	905,91	792,66	684,33	580,91
West	II	**1 207,25**	393,00	346,33	II	1 081,83	961,33	845,66	735,00	629,25	528,41
	III	**818,16**	393,00	346,33	III	727,16	638,83	552,83	469,16	388,16	309,50
	V	**1 703,08**	393,00	346,33	IV	1 210,58	1 147,33	1 085,08	1 024,16	964,41	905,91
	VI	**1 739,33**	393,00	346,33							
5 507,99	I,IV	**1 276,75**	393,00	346,33	I	1 150,00	1 026,75	908,41	795,08	686,58	583,08
Ost	II	**1 209,91**	393,00	346,33	II	1 084,50	963,83	848,16	737,33	631,50	530,58
	III	**820,16**	393,00	346,33	III	729,16	640,66	554,50	471,00	389,83	311,16
	V	**1 705,75**	393,00	346,33	IV	1 213,33	1 150,00	1 087,75	1 026,75	967,00	908,41
	VI	**1 742,00**	393,00	346,33							

* Zur LSt-Berechnung für privat versicherte Arbeitnehmer s. Beispiele **Vorbemerkung S. 4 f.**
** Basisvorsorgepauschale KV und PV *** Typisierter Arbeitgeberzuschuss

Lohn/ Gehalt in € bis	Steuerklasse	Lohn-steuer*	BVSP**	TAGZ***	Steuerklasse	Bemessungsgrundlage für Kirchensteuer und Solidaritätszuschlag – Freibeträge für ... Kinder 0,5	**1,0**	1,5	**2,0**	2,5	**3,0**
5510,99	I,IV	**1275,16**	393,00	346,33	I	1148,50	1025,33	907,00	793,75	685,33	581,83
West	II	**1208,41**	393,00	346,33	II	1083,00	962,41	846,75	736,00	630,25	529,41
	III	**819,00**	393,00	346,33	III	728,00	639,50	553,50	470,00	388,83	310,33
	V	**1704,25**	393,00	346,33	IV	1211,75	1148,50	1086,25	1025,33	965,58	907,00
	VI	**1740,50**	393,00	346,33							
5510,99	I,IV	**1278,00**	393,00	346,33	I	1151,25	1028,00	909,58	796,16	687,66	584,08
Ost	II	**1211,16**	393,00	346,33	II	1085,75	965,00	849,25	738,41	632,50	531,58
	III	**821,00**	393,00	346,33	III	730,00	641,50	555,50	471,83	390,66	312,00
	V	**1707,00**	393,00	346,33	IV	1214,58	1151,25	1089,00	1028,00	968,16	909,58
	VI	**1743,33**	393,00	346,33							
5513,99	I,IV	**1276,33**	393,00	346,33	I	1149,66	1026,41	908,08	794,75	686,33	582,83
West	II	**1209,58**	393,00	346,33	II	1084,16	963,50	847,83	737,08	631,16	530,33
	III	**819,83**	393,00	346,33	III	728,83	640,33	554,33	470,83	389,66	311,00
	V	**1705,41**	393,00	346,33	IV	1212,91	1149,66	1087,41	1026,41	966,66	908,08
	VI	**1741,66**	393,00	346,33							
5513,99	I,IV	**1279,25**	393,00	346,33	I	1152,50	1029,16	910,75	797,25	688,75	585,08
Ost	II	**1212,50**	393,00	346,33	II	1086,91	966,16	850,41	739,50	633,58	532,50
	III	**822,00**	393,00	346,33	III	731,00	642,33	556,33	472,66	391,50	312,83
	V	**1708,33**	393,00	346,33	IV	1215,83	1152,50	1090,25	1029,16	969,33	910,75
	VI	**1744,58**	393,00	346,33							
5516,99	I,IV	**1277,58**	393,00	346,33	I	1150,83	1027,58	909,25	795,83	687,33	583,75
West	II	**1210,75**	393,00	346,33	II	1085,33	964,66	848,91	738,08	632,16	531,25
	III	**820,66**	393,00	346,33	III	729,66	641,16	555,16	471,50	390,33	311,66
	V	**1706,58**	393,00	346,33	IV	1214,16	1150,83	1088,58	1027,58	967,75	909,25
	VI	**1742,91**	393,00	346,33							
5516,99	I,IV	**1280,50**	393,00	346,33	I	1153,75	1030,33	911,91	798,33	689,75	586,08
Ost	II	**1213,75**	393,00	346,33	II	1088,16	967,41	851,50	740,58	634,58	533,50
	III	**822,83**	393,00	346,33	III	731,83	643,16	557,16	473,50	392,33	313,50
	V	**1709,58**	393,00	346,33	IV	1217,08	1153,75	1091,41	1030,33	970,50	911,91
	VI	**1745,83**	393,00	346,33							
5519,99	I,IV	**1278,75**	393,00	346,33	I	1152,00	1028,66	910,25	796,83	688,25	584,66
West	II	**1211,91**	393,00	346,33	II	1086,41	965,75	849,91	739,08	633,08	532,08
	III	**821,66**	393,00	346,33	III	730,50	642,00	556,00	472,33	391,16	312,50
	V	**1707,75**	393,00	346,33	IV	1215,33	1152,00	1089,75	1028,66	968,83	910,25
	VI	**1744,00**	393,00	346,33							
5519,99	I,IV	**1281,75**	393,00	346,33	I	1155,00	1031,58	913,08	799,50	690,83	587,08
Ost	II	**1215,00**	393,00	346,33	II	1089,41	968,58	852,66	741,66	635,58	534,50
	III	**823,83**	393,00	346,33	III	732,66	644,16	558,00	474,33	393,00	314,33
	V	**1710,83**	393,00	346,33	IV	1218,33	1155,00	1092,66	1031,58	971,66	913,08
	VI	**1747,08**	393,00	346,33							
5522,99	I,IV	**1279,91**	393,00	346,33	I	1153,16	1029,83	911,33	797,83	689,25	585,66
West	II	**1213,16**	393,00	346,33	II	1087,58	966,83	851,00	740,08	634,08	533,08
	III	**822,50**	393,00	346,33	III	731,50	642,83	556,66	473,16	391,83	313,16
	V	**1709,00**	393,00	346,33	IV	1216,50	1153,16	1090,83	1029,83	969,91	911,33
	VI	**1745,25**	393,00	346,33							
5522,99	I,IV	**1283,00**	393,00	346,33	I	1156,25	1032,75	914,16	800,58	691,91	588,08
Ost	II	**1216,25**	393,00	346,33	II	1090,66	969,75	853,75	742,75	636,66	535,50
	III	**824,66**	393,00	346,33	III	733,66	645,00	558,83	475,16	393,83	315,16
	V	**1712,08**	393,00	346,33	IV	1219,58	1156,25	1093,91	1032,75	972,83	914,16
	VI	**1748,33**	393,00	346,33							
5525,99	I,IV	**1281,08**	393,00	346,33	I	1154,33	1030,91	912,41	798,91	690,25	586,58
West	II	**1214,33**	393,00	346,33	II	1088,75	967,91	852,00	741,08	635,08	534,00
	III	**823,33**	393,00	346,33	III	732,33	643,66	557,50	473,83	392,66	314,00
	V	**1710,16**	393,00	346,33	IV	1217,66	1154,33	1092,00	1030,91	971,08	912,41
	VI	**1746,41**	393,00	346,33							
5525,99	I,IV	**1284,25**	393,00	346,33	I	1157,50	1034,00	915,33	801,66	692,91	589,08
Ost	II	**1217,50**	393,00	346,33	II	1091,83	970,91	854,91	743,83	637,66	536,41
	III	**825,66**	393,00	346,33	III	734,50	645,83	559,66	475,83	394,66	315,83
	V	**1713,33**	393,00	346,33	IV	1220,83	1157,50	1095,08	1034,00	974,08	915,33
	VI	**1749,58**	393,00	346,33							

* Zur LSt-Berechnung für privat versicherte Arbeitnehmer s. Beispiele **Vorbemerkung S. 4 f.**
** Basisvorsorgepauschale KV und PV *** Typisierter Arbeitgeberzuschuss

Lohn/ Gehalt in € bis	Steuerklasse	Lohn- steuer*	BVSP**	TAGZ***	Steuerklasse	Bemessungsgrundlage für Kirchensteuer und Solidaritätszuschlag					
						Freibeträge für ... Kinder					
						0,5	**1,0**	1,5	**2,0**	2,5	**3,0**
5 528,99	I,IV	**1 282,25**	393,00	346,33	I	1 155,50	1 032,08	913,50	799,91	691,25	587,50
West	II	**1 215,50**	393,00	346,33	II	1 089,91	969,08	853,08	742,08	636,00	534,91
	III	**824,16**	393,00	346,33	III	733,16	644,50	558,33	474,66	393,33	314,66
	V	**1 711,33**	393,00	346,33	IV	1 218,83	1 155,50	1 093,16	1 032,08	972,16	913,50
	VI	**1 747,58**	393,00	346,33							
5 528,99	I,IV	**1 285,58**	393,00	346,33	I	1 158,75	1 035,16	916,50	802,75	694,00	590,16
Ost	II	**1 218,75**	393,00	346,33	II	1 093,08	972,08	856,00	744,91	638,66	537,41
	III	**826,50**	393,00	346,33	III	735,33	646,66	560,50	476,66	395,50	316,66
	V	**1 714,58**	393,00	346,33	IV	1 222,08	1 158,75	1 096,33	1 035,16	975,25	916,50
	VI	**1 750,83**	393,00	346,33							
5 531,99	I,IV	**1 283,50**	393,00	346,33	I	1 156,75	1 033,16	914,58	801,00	692,25	588,50
West	II	**1 216,66**	393,00	346,33	II	1 091,08	970,16	854,16	743,08	637,00	535,83
	III	**825,00**	393,00	346,33	III	734,00	645,33	559,16	475,33	394,16	315,33
	V	**1 712,50**	393,00	346,33	IV	1 220,08	1 156,75	1 094,33	1 033,16	973,33	914,58
	VI	**1 748,83**	393,00	346,33							
5 531,99	I,IV	**1 286,83**	393,00	346,33	I	1 160,00	1 036,33	917,66	803,91	695,08	591,16
Ost	II	**1 220,00**	393,00	346,33	II	1 094,33	973,25	857,16	746,00	639,75	538,41
	III	**827,50**	393,00	346,33	III	736,33	647,50	561,33	477,50	396,16	317,33
	V	**1 715,83**	393,00	346,33	IV	1 223,41	1 160,00	1 097,58	1 036,33	976,41	917,66
	VI	**1 752,08**	393,00	346,33							
5 534,99	I,IV	**1 284,66**	393,00	346,33	I	1 157,91	1 034,33	915,75	802,00	693,25	589,41
West	II	**1 217,91**	393,00	346,33	II	1 092,25	971,25	855,25	744,16	638,00	536,75
	III	**826,00**	393,00	346,33	III	734,83	646,16	560,00	476,16	394,83	316,16
	V	**1 713,75**	393,00	346,33	IV	1 221,25	1 157,91	1 095,50	1 034,33	974,41	915,75
	VI	**1 750,00**	393,00	346,33							
5 534,99	I,IV	**1 288,08**	393,00	346,33	I	1 161,25	1 037,58	918,83	805,00	696,08	592,16
Ost	II	**1 221,25**	393,00	346,33	II	1 095,50	974,41	858,25	747,08	640,75	539,41
	III	**828,33**	393,00	346,33	III	737,16	648,50	562,16	478,33	397,00	318,16
	V	**1 717,08**	393,00	346,33	IV	1 224,66	1 161,25	1 098,83	1 037,58	977,58	918,83
	VI	**1 753,41**	393,00	346,33							
5 537,99	I,IV	**1 285,83**	393,00	346,33	I	1 159,08	1 035,41	916,75	803,00	694,25	590,33
West	II	**1 219,08**	393,00	346,33	II	1 093,33	972,33	856,25	745,16	638,91	537,66
	III	**826,66**	393,00	346,33	III	735,66	646,83	560,66	476,83	395,66	316,83
	V	**1 714,91**	393,00	346,33	IV	1 222,41	1 159,08	1 096,58	1 035,41	975,50	916,75
	VI	**1 751,16**	393,00	346,33							
5 537,99	I,IV	**1 289,33**	393,00	346,33	I	1 162,50	1 038,75	920,00	806,08	697,16	593,16
Ost	II	**1 222,58**	393,00	346,33	II	1 096,75	975,58	859,41	748,16	641,75	540,41
	III	**829,33**	393,00	346,33	III	738,00	649,33	563,00	479,16	397,83	319,00
	V	**1 718,41**	393,00	346,33	IV	1 225,91	1 162,50	1 100,00	1 038,75	978,75	920,00
	VI	**1 754,66**	393,00	346,33							
5 540,99	I,IV	**1 287,00**	393,00	346,33	I	1 160,25	1 036,58	917,83	804,08	695,25	591,33
West	II	**1 220,25**	393,00	346,33	II	1 094,50	973,41	857,33	746,16	639,91	538,58
	III	**827,66**	393,00	346,33	III	736,50	647,66	561,50	477,66	396,33	317,50
	V	**1 716,08**	393,00	346,33	IV	1 223,58	1 160,25	1 097,75	1 036,58	976,58	917,83
	VI	**1 752,33**	393,00	346,33							
5 540,99	I,IV	**1 290,58**	393,00	346,33	I	1 163,75	1 040,00	921,16	807,16	698,25	594,16
Ost	II	**1 223,83**	393,00	346,33	II	1 098,00	976,83	860,50	749,25	642,83	541,33
	III	**830,16**	393,00	346,33	III	739,00	650,16	563,83	480,00	398,66	319,66
	V	**1 719,66**	393,00	346,33	IV	1 227,16	1 163,75	1 101,25	1 040,00	979,91	921,16
	VI	**1 755,91**	393,00	346,33							
5 543,99	I,IV	**1 288,16**	393,00	346,33	I	1 161,41	1 037,75	918,91	805,08	696,25	592,25
West	II	**1 221,41**	393,00	346,33	II	1 095,66	974,58	858,41	747,16	640,83	539,50
	III	**828,50**	393,00	346,33	III	737,33	648,50	562,33	478,50	397,16	318,33
	V	**1 717,25**	393,00	346,33	IV	1 224,75	1 161,41	1 098,91	1 037,75	977,75	918,91
	VI	**1 753,50**	393,00	346,33							
5 543,99	I,IV	**1 291,83**	393,00	346,33	I	1 165,00	1 041,16	922,25	808,33	699,25	595,16
Ost	II	**1 225,08**	393,00	346,33	II	1 099,25	978,00	861,66	750,33	643,83	542,33
	III	**831,16**	393,00	346,33	III	739,83	651,00	564,66	480,83	399,50	320,50
	V	**1 720,91**	393,00	346,33	IV	1 228,41	1 165,00	1 102,50	1 041,16	981,08	922,25
	VI	**1 757,16**	393,00	346,33							

* Zur LSt-Berechnung für privat versicherte Arbeitnehmer s. Beispiele **Vorbemerkung S. 4f.**
** Basisvorsorgepauschale KV und PV *** Typisierter Arbeitgeberzuschuss

Lohn/ Gehalt in € bis	Steuerklasse	Lohn-steuer*	BVSP**	TAGZ***	Steuerklasse	Bemessungsgrundlage für Kirchensteuer und Solidaritätszuschlag					
						Freibeträge für ... Kinder					
						0,5	**1,0**	1,5	**2,0**	2,5	**3,0**
5 546,99	I,IV	**1 289,41**	393,00	346,33	I	1 162,58	1 038,83	920,00	806,16	697,25	593,25
West	II	**1 222,58**	393,00	346,33	II	1 096,83	975,66	859,50	748,16	641,83	540,41
	III	**829,33**	393,00	346,33	III	738,16	649,33	563,00	479,16	397,83	319,00
	V	**1 718,41**	393,00	346,33	IV	1 226,00	1 162,58	1 100,08	1 038,83	978,83	920,00
	VI	**1 754,75**	393,00	346,33							
5 546,99	I,IV	**1 293,08**	393,00	346,33	I	1 166,25	1 042,41	923,41	809,41	700,33	596,16
Ost	II	**1 226,33**	393,00	346,33	II	1 100,41	979,16	862,83	751,33	644,91	543,33
	III	**832,00**	393,00	346,33	III	740,83	652,00	565,50	481,66	400,16	321,33
	V	**1 722,16**	393,00	346,33	IV	1 229,66	1 166,25	1 103,75	1 042,41	982,33	923,41
	VI	**1 758,41**	393,00	346,33							
5 549,99	I,IV	**1 290,58**	393,00	346,33	I	1 163,75	1 040,00	921,16	807,16	698,25	594,16
West	II	**1 223,83**	393,00	346,33	II	1 098,00	976,83	860,50	749,25	642,83	541,33
	III	**830,16**	393,00	346,33	III	739,00	650,16	563,83	480,00	398,66	319,66
	V	**1 719,66**	393,00	346,33	IV	1 227,16	1 163,75	1 101,25	1 040,00	979,91	921,16
	VI	**1 755,91**	393,00	346,33							
5 549,99	I,IV	**1 294,33**	393,00	346,33	I	1 167,58	1 043,58	924,58	810,50	701,41	597,16
Ost	II	**1 227,58**	393,00	346,33	II	1 101,66	980,33	863,91	752,41	645,91	544,33
	III	**833,00**	393,00	346,33	III	741,66	652,83	566,33	482,50	401,00	322,00
	V	**1 723,41**	393,00	346,33	IV	1 230,91	1 167,58	1 105,00	1 043,58	983,50	924,58
	VI	**1 759,66**	393,00	346,33							
5 552,99	I,IV	**1 291,75**	393,00	346,33	I	1 165,00	1 041,16	922,25	808,25	699,25	595,08
West	II	**1 225,00**	393,00	346,33	II	1 099,16	977,91	861,58	750,25	643,83	542,25
	III	**831,16**	393,00	346,33	III	739,83	651,00	564,66	480,83	399,33	320,50
	V	**1 720,83**	393,00	346,33	IV	1 228,33	1 165,00	1 102,41	1 041,16	981,08	922,25
	VI	**1 757,08**	393,00	346,33							
5 552,99	I,IV	**1 295,58**	393,00	346,33	I	1 168,83	1 044,83	925,75	811,66	702,41	598,16
Ost	II	**1 228,83**	393,00	346,33	II	1 102,91	981,50	865,08	753,50	646,91	545,33
	III	**833,83**	393,00	346,33	III	742,50	653,66	567,16	483,33	401,83	322,83
	V	**1 724,66**	393,00	346,33	IV	1 232,16	1 168,83	1 106,16	1 044,83	984,66	925,75
	VI	**1 760,91**	393,00	346,33							
5 555,99	I,IV	**1 293,00**	393,00	346,33	I	1 166,16	1 042,25	923,33	809,33	700,25	596,08
West	II	**1 226,16**	393,00	346,33	II	1 100,33	979,00	862,66	751,25	644,75	543,25
	III	**832,00**	393,00	346,33	III	740,66	651,83	565,50	481,50	400,16	321,16
	V	**1 722,00**	393,00	346,33	IV	1 229,58	1 166,16	1 103,58	1 042,25	982,16	923,33
	VI	**1 758,25**	393,00	346,33							
5 555,99	I,IV	**1 296,91**	393,00	346,33	I	1 170,08	1 046,00	926,91	812,75	703,50	599,25
Ost	II	**1 230,08**	393,00	346,33	II	1 104,16	982,66	866,16	754,58	648,00	546,25
	III	**834,83**	393,00	346,33	III	743,50	654,50	568,16	484,16	402,66	323,50
	V	**1 725,91**	393,00	346,33	IV	1 233,50	1 170,08	1 107,41	1 046,00	985,83	926,91
	VI	**1 762,16**	393,00	346,33							
5 558,99	I,IV	**1 294,08**	393,00	346,33	I	1 167,33	1 043,33	924,41	810,33	701,16	597,00
West	II	**1 227,33**	393,00	346,33	II	1 101,41	980,08	863,75	752,25	645,75	544,08
	III	**832,83**	393,00	346,33	III	741,50	652,66	566,33	482,33	400,83	321,83
	V	**1 723,16**	393,00	346,33	IV	1 230,66	1 167,33	1 104,75	1 043,33	983,25	924,41
	VI	**1 759,41**	393,00	346,33							
5 558,99	I,IV	**1 298,16**	393,00	346,33	I	1 171,33	1 047,25	928,08	813,83	704,58	600,25
Ost	II	**1 231,33**	393,00	346,33	II	1 105,33	983,91	867,33	755,66	649,00	547,25
	III	**835,66**	393,00	346,33	III	744,33	655,33	569,00	485,00	403,33	324,33
	V	**1 727,16**	393,00	346,33	IV	1 234,75	1 171,33	1 108,66	1 047,25	987,00	928,08
	VI	**1 763,50**	393,00	346,33							
5 561,99	I,IV	**1 295,33**	393,00	346,33	I	1 168,50	1 044,50	925,50	811,33	702,16	597,91
West	II	**1 228,50**	393,00	346,33	II	1 102,58	981,25	864,75	753,25	646,66	545,08
	III	**833,66**	393,00	346,33	III	742,33	653,50	567,00	483,16	401,66	322,66
	V	**1 724,33**	393,00	346,33	IV	1 231,91	1 168,50	1 105,91	1 044,50	984,33	925,50
	VI	**1 760,66**	393,00	346,33							
5 561,99	I,IV	**1 299,41**	393,00	346,33	I	1 172,58	1 048,41	929,25	815,00	705,66	601,25
Ost	II	**1 232,58**	393,00	346,33	II	1 106,58	985,08	868,50	756,83	650,08	548,25
	III	**836,66**	393,00	346,33	III	745,16	656,33	569,83	485,83	404,16	325,16
	V	**1 728,50**	393,00	346,33	IV	1 236,00	1 172,58	1 109,91	1 048,41	988,25	929,25
	VI	**1 764,75**	393,00	346,33							

* Zur LSt-Berechnung für privat versicherte Arbeitnehmer s. Beispiele **Vorbemerkung S. 4 f.**
** Basisvorsorgepauschale KV und PV *** Typisierter Arbeitgeberzuschuss

Lohn/ Gehalt in € bis	Steuerklasse	Lohn-steuer*	BVSP**	TAGZ***	Steuerklasse	Bemessungsgrundlage für Kirchensteuer und Solidaritätszuschlag					
						Freibeträge für ... Kinder					
						0,5	**1,0**	1,5	**2,0**	2,5	**3,0**
5 564,99	I,IV	**1 296,50**	393,00	346,33	I	1 169,66	1 045,66	926,58	812,41	703,16	598,91
West	II	**1 229,75**	393,00	346,33	II	1 103,75	982,33	865,83	754,33	647,66	546,00
	III	**834,50**	393,00	346,33	III	743,16	654,33	567,83	483,83	402,33	323,33
	V	**1 725,58**	393,00	346,33	IV	1 233,08	1 169,66	1 107,08	1 045,66	985,50	926,58
	VI	**1 761,83**	393,00	346,33							
5 564,99	I,IV	**1 300,66**	393,00	346,33	I	1 173,83	1 049,66	930,41	816,08	706,66	602,25
Ost	II	**1 233,91**	393,00	346,33	II	1 107,83	986,25	869,58	757,91	651,08	549,25
	III	**837,50**	393,00	346,33	III	746,16	657,16	570,66	486,66	405,00	325,83
	V	**1 729,75**	393,00	346,33	IV	1 237,25	1 173,83	1 111,08	1 049,66	989,41	930,41
	VI	**1 766,00**	393,00	346,33							
5 567,99	I,IV	**1 297,66**	393,00	346,33	I	1 170,83	1 046,83	927,66	813,50	704,16	599,83
West	II	**1 230,91**	393,00	346,33	II	1 104,91	983,41	866,91	755,33	648,66	546,91
	III	**835,50**	393,00	346,33	III	744,00	655,16	568,66	484,66	403,16	324,16
	V	**1 726,75**	393,00	346,33	IV	1 234,25	1 170,83	1 108,25	1 046,83	986,58	927,66
	VI	**1 763,00**	393,00	346,33							
5 567,99	I,IV	**1 301,91**	393,00	346,33	I	1 175,08	1 050,83	931,58	817,16	707,75	603,25
Ost	II	**1 235,16**	393,00	346,33	II	1 109,08	987,41	870,75	759,00	652,16	550,25
	III	**838,50**	393,00	346,33	III	747,00	658,00	571,50	487,33	405,83	326,66
	V	**1 731,00**	393,00	346,33	IV	1 238,50	1 175,08	1 112,33	1 050,83	990,58	931,58
	VI	**1 767,25**	393,00	346,33							
5 570,99	I,IV	**1 298,91**	393,00	346,33	I	1 172,08	1 047,91	928,75	814,50	705,16	600,83
West	II	**1 232,08**	393,00	346,33	II	1 106,08	984,58	868,00	756,33	649,66	547,83
	III	**836,33**	393,00	346,33	III	744,83	656,00	569,50	485,50	403,83	324,83
	V	**1 727,91**	393,00	346,33	IV	1 235,41	1 172,08	1 109,33	1 047,91	987,75	928,75
	VI	**1 764,16**	393,00	346,33							
5 570,99	I,IV	**1 303,16**	393,00	346,33	I	1 176,33	1 052,08	932,75	818,33	708,83	604,25
Ost	II	**1 236,41**	393,00	346,33	II	1 110,33	988,58	871,83	760,08	653,16	551,25
	III	**839,50**	393,00	346,33	III	748,00	658,83	572,33	488,16	406,66	327,50
	V	**1 732,25**	393,00	346,33	IV	1 239,75	1 176,33	1 113,58	1 052,08	991,75	932,75
	VI	**1 768,50**	393,00	346,33							
5 573,99	I,IV	**1 300,08**	393,00	346,33	I	1 173,25	1 049,08	929,83	815,58	706,16	601,75
West	II	**1 233,25**	393,00	346,33	II	1 107,25	985,66	869,08	757,33	650,58	548,75
	III	**837,16**	393,00	346,33	III	745,66	656,83	570,33	486,16	404,66	325,50
	V	**1 729,16**	393,00	346,33	IV	1 236,66	1 173,25	1 110,50	1 049,08	988,83	929,83
	VI	**1 765,41**	393,00	346,33							
5 573,99	I,IV	**1 304,41**	393,00	346,33	I	1 177,58	1 053,25	933,91	819,41	709,91	605,33
Ost	II	**1 237,66**	393,00	346,33	II	1 111,50	989,83	873,00	761,16	654,16	552,16
	III	**840,33**	393,00	346,33	III	748,83	659,83	573,16	489,00	407,33	328,16
	V	**1 733,50**	393,00	346,33	IV	1 241,00	1 177,58	1 114,83	1 053,25	993,00	933,91
	VI	**1 769,75**	393,00	346,33							
5 576,99	I,IV	**1 301,25**	393,00	346,33	I	1 174,41	1 050,16	930,91	816,58	707,16	602,66
West	II	**1 234,41**	393,00	346,33	II	1 108,41	986,75	870,08	758,33	651,58	549,66
	III	**838,00**	393,00	346,33	III	746,50	657,50	571,00	487,00	405,33	326,16
	V	**1 730,25**	393,00	346,33	IV	1 237,83	1 174,41	1 111,66	1 050,16	989,91	930,91
	VI	**1 766,50**	393,00	346,33							
5 576,99	I,IV	**1 305,66**	393,00	346,33	I	1 178,83	1 054,50	935,00	820,50	710,91	606,33
Ost	II	**1 238,91**	393,00	346,33	II	1 112,75	991,00	874,16	762,25	655,25	553,16
	III	**841,33**	393,00	346,33	III	749,66	660,66	574,00	489,83	408,16	329,00
	V	**1 734,75**	393,00	346,33	IV	1 242,25	1 178,83	1 116,08	1 054,50	994,16	935,00
	VI	**1 771,00**	393,00	346,33							
5 579,99	I,IV	**1 302,41**	393,00	346,33	I	1 175,58	1 051,33	932,00	817,58	708,16	603,66
West	II	**1 235,66**	393,00	346,33	II	1 109,58	987,91	871,16	759,41	652,50	550,58
	III	**838,83**	393,00	346,33	III	747,33	658,33	571,83	487,66	406,16	327,00
	V	**1 731,50**	393,00	346,33	IV	1 239,00	1 175,58	1 112,83	1 051,33	991,08	932,00
	VI	**1 767,75**	393,00	346,33							
5 579,99	I,IV	**1 307,00**	393,00	346,33	I	1 180,08	1 055,66	936,16	821,66	712,00	607,33
Ost	II	**1 240,16**	393,00	346,33	II	1 114,00	992,16	875,25	763,33	656,25	554,16
	III	**842,16**	393,00	346,33	III	750,66	661,50	574,83	490,66	409,00	329,83
	V	**1 736,00**	393,00	346,33	IV	1 243,58	1 180,08	1 117,33	1 055,66	995,33	936,16
	VI	**1 772,25**	393,00	346,33							

* Zur LSt-Berechnung für privat versicherte Arbeitnehmer s. Beispiele **Vorbemerkung S. 4 f.**
** Basisvorsorgepauschale KV und PV *** Typisierter Arbeitgeberzuschuss

Lohn/ Gehalt in € bis	Steuerklasse	Lohn- steuer*	BVSP**	TAGZ***	Steuerklasse	Bemessungsgrundlage für Kirchensteuer und Solidaritätszuschlag – Freibeträge für ... Kinder 0,5	1,0	1,5	2,0	2,5	3,0
5582,99 West	I,IV	**1303,58**	393,00	346,33	I	1176,75	1052,50	933,08	818,66	709,16	604,58
	II	**1236,83**	393,00	346,33	II	1110,75	989,00	872,25	760,41	653,50	551,58
	III	**839,66**	393,00	346,33	III	748,16	659,16	572,66	488,50	406,83	327,66
	V	**1732,66**	393,00	346,33	IV	1240,16	1176,75	1114,00	1052,50	992,16	933,08
	VI	**1768,91**	393,00	346,33							
5582,99 Ost	I,IV	**1308,25**	393,00	346,33	I	1181,41	1056,91	937,33	822,75	713,08	608,33
	II	**1241,41**	393,00	346,33	II	1115,25	993,33	876,41	764,41	657,33	555,16
	III	**843,16**	393,00	346,33	III	751,50	662,33	575,66	491,50	409,83	330,50
	V	**1737,25**	393,00	346,33	IV	1244,83	1181,41	1118,50	1056,91	996,50	937,33
	VI	**1773,50**	393,00	346,33							
5585,99 West	I,IV	**1304,83**	393,00	346,33	I	1177,91	1053,58	934,16	819,75	710,16	605,58
	II	**1238,00**	393,00	346,33	II	1111,83	990,16	873,33	761,41	654,50	552,50
	III	**840,66**	393,00	346,33	III	749,00	660,00	573,33	489,33	407,66	328,50
	V	**1733,83**	393,00	346,33	IV	1241,33	1177,91	1115,16	1053,58	993,25	934,16
	VI	**1770,08**	393,00	346,33							
5585,99 Ost	I,IV	**1309,50**	393,00	346,33	I	1182,66	1058,08	938,50	823,83	714,16	609,33
	II	**1242,66**	393,00	346,33	II	1116,50	994,58	877,58	765,50	658,33	556,16
	III	**844,00**	393,00	346,33	III	752,33	663,33	576,50	492,33	410,66	331,33
	V	**1738,50**	393,00	346,33	IV	1246,08	1182,66	1119,75	1058,08	997,66	938,50
	VI	**1774,83**	393,00	346,33							
5588,99 West	I,IV	**1306,00**	393,00	346,33	I	1179,16	1054,75	935,33	820,75	711,16	606,50
	II	**1239,16**	393,00	346,33	II	1113,00	991,25	874,41	762,50	655,50	553,41
	III	**841,50**	393,00	346,33	III	749,83	660,83	574,16	490,00	408,33	329,16
	V	**1735,00**	393,00	346,33	IV	1242,58	1179,16	1116,33	1054,75	994,41	935,33
	VI	**1771,33**	393,00	346,33							
5588,99 Ost	I,IV	**1310,75**	393,00	346,33	I	1183,91	1059,33	939,66	825,00	715,25	610,33
	II	**1244,00**	393,00	346,33	II	1117,66	995,75	878,66	766,58	659,41	557,16
	III	**845,00**	393,00	346,33	III	753,33	664,16	577,50	493,16	411,33	332,16
	V	**1739,83**	393,00	346,33	IV	1247,33	1183,91	1121,00	1059,33	998,91	939,66
	VI	**1776,08**	393,00	346,33							
5591,99 West	I,IV	**1307,16**	393,00	346,33	I	1180,33	1055,91	936,41	821,83	712,16	607,50
	II	**1240,41**	393,00	346,33	II	1114,16	992,33	875,50	763,50	656,41	554,33
	III	**842,33**	393,00	346,33	III	750,83	661,66	575,00	490,83	409,16	329,83
	V	**1736,25**	393,00	346,33	IV	1243,75	1180,33	1117,50	1055,91	995,50	936,41
	VI	**1772,50**	393,00	346,33							
5591,99 Ost	I,IV	**1312,00**	393,00	346,33	I	1185,16	1060,58	940,83	826,08	716,25	611,41
	II	**1245,25**	393,00	346,33	II	1118,91	996,91	879,83	767,66	660,41	558,16
	III	**845,83**	393,00	346,33	III	754,16	665,00	578,33	494,00	412,16	332,83
	V	**1741,08**	393,00	346,33	IV	1248,58	1185,16	1122,25	1060,58	1000,08	940,83
	VI	**1777,33**	393,00	346,33							
5594,99 West	I,IV	**1308,33**	393,00	346,33	I	1181,50	1057,08	937,50	822,91	713,16	608,41
	II	**1241,58**	393,00	346,33	II	1115,33	993,50	876,50	764,50	657,41	555,25
	III	**843,16**	393,00	346,33	III	751,66	662,50	575,83	491,66	409,83	330,66
	V	**1737,41**	393,00	346,33	IV	1244,91	1181,50	1118,66	1057,08	996,66	937,50
	VI	**1773,66**	393,00	346,33							
5594,99 Ost	I,IV	**1313,25**	393,00	346,33	I	1186,41	1061,75	942,00	827,25	717,33	612,41
	II	**1246,50**	393,00	346,33	II	1120,16	998,08	881,00	768,75	661,50	559,16
	III	**846,83**	393,00	346,33	III	755,16	665,83	579,16	494,83	413,00	333,66
	V	**1742,33**	393,00	346,33	IV	1249,83	1186,41	1123,50	1061,75	1001,25	942,00
	VI	**1778,58**	393,00	346,33							
5597,99 West	I,IV	**1309,50**	393,00	346,33	I	1182,66	1058,16	938,58	823,91	714,16	609,41
	II	**1242,75**	393,00	346,33	II	1116,50	994,58	877,58	765,50	658,41	556,16
	III	**844,00**	393,00	346,33	III	752,50	663,33	576,66	492,33	410,66	331,33
	V	**1738,58**	393,00	346,33	IV	1246,08	1182,66	1119,83	1058,16	997,75	938,58
	VI	**1774,83**	393,00	346,33							
5597,99 Ost	I,IV	**1314,50**	393,00	346,33	I	1187,66	1063,00	943,16	828,33	718,41	613,41
	II	**1247,75**	393,00	346,33	II	1121,41	999,33	882,08	769,83	662,50	560,16
	III	**847,66**	393,00	346,33	III	756,00	666,83	580,00	495,66	413,83	334,50
	V	**1743,58**	393,00	346,33	IV	1251,08	1187,66	1124,75	1063,00	1002,50	943,16
	VI	**1779,83**	393,00	346,33							

* Zur LSt-Berechnung für privat versicherte Arbeitnehmer s. Beispiele **Vorbemerkung S. 4f.**
** Basisvorsorgepauschale KV und PV *** Typisierter Arbeitgeberzuschuss

Lohn/ Gehalt in € bis	Steuerklasse	Lohnsteuer*	BVSP**	TAGZ***	Steuerklasse	Bemessungsgrundlage für Kirchensteuer und Solidaritätszuschlag – Freibeträge für ... Kinder 0,5	1,0	1,5	2,0	2,5	3,0
5 600,99 West	I,IV	**1 310,66**	393,00	346,33	I	1 183,83	1 059,33	939,66	824,91	715,16	610,33
	II	**1 243,91**	393,00	346,33	II	1 117,66	995,66	878,66	766,58	659,33	557,16
	III	**845,00**	393,00	346,33	III	753,33	664,16	577,50	493,16	411,33	332,16
	V	**1 739,75**	393,00	346,33	IV	1 247,25	1 183,83	1 121,00	1 059,33	998,83	939,66
	VI	**1 776,00**	393,00	346,33							
5 600,99 Ost	I,IV	**1 315,75**	393,00	346,33	I	1 188,91	1 064,16	944,33	829,41	719,50	614,41
	II	**1 249,00**	393,00	346,33	II	1 122,66	1 000,50	883,25	770,91	663,58	561,08
	III	**848,66**	393,00	346,33	III	756,83	667,66	580,83	496,50	414,66	335,16
	V	**1 744,83**	393,00	346,33	IV	1 252,33	1 188,91	1 126,00	1 064,16	1 003,66	944,33
	VI	**1 781,08**	393,00	346,33							
5 603,99 West	I,IV	**1 311,91**	393,00	346,33	I	1 185,08	1 060,41	940,75	826,00	716,16	611,33
	II	**1 245,08**	393,00	346,33	II	1 118,83	996,83	879,75	767,58	660,33	558,08
	III	**845,83**	393,00	346,33	III	754,16	665,00	578,16	494,00	412,16	332,83
	V	**1 740,91**	393,00	346,33	IV	1 248,50	1 185,08	1 122,16	1 060,41	1 000,00	940,75
	VI	**1 777,25**	393,00	346,33							
5 603,99 Ost	I,IV	**1 317,08**	393,00	346,33	I	1 190,16	1 065,41	945,50	830,58	720,58	615,50
	II	**1 250,25**	393,00	346,33	II	1 123,91	1 001,66	884,41	772,00	664,58	562,08
	III	**849,50**	393,00	346,33	III	757,83	668,50	581,66	497,33	415,33	336,00
	V	**1 746,08**	393,00	346,33	IV	1 253,58	1 190,16	1 127,16	1 065,41	1 004,83	945,50
	VI	**1 782,33**	393,00	346,33							
5 606,99 West	I,IV	**1 313,08**	393,00	346,33	I	1 186,25	1 061,58	941,83	827,08	717,16	612,25
	II	**1 246,33**	393,00	346,33	II	1 120,00	997,91	880,83	768,58	661,33	559,00
	III	**846,66**	393,00	346,33	III	755,00	665,83	579,00	494,66	412,83	333,50
	V	**1 742,16**	393,00	346,33	IV	1 249,66	1 186,25	1 123,33	1 061,58	1 001,08	941,83
	VI	**1 778,41**	393,00	346,33							
5 606,99 Ost	I,IV	**1 318,33**	393,00	346,33	I	1 191,50	1 066,58	946,66	831,66	721,58	616,50
	II	**1 251,50**	393,00	346,33	II	1 125,16	1 002,83	885,50	773,08	665,66	563,08
	III	**850,50**	393,00	346,33	III	758,66	669,33	582,50	498,16	416,16	336,66
	V	**1 747,33**	393,00	346,33	IV	1 254,91	1 191,50	1 128,41	1 066,58	1 006,00	946,66
	VI	**1 783,58**	393,00	346,33							
5 609,99 West	I,IV	**1 314,25**	393,00	346,33	I	1 187,41	1 062,75	943,00	828,08	718,16	613,25
	II	**1 247,50**	393,00	346,33	II	1 121,16	999,08	881,91	769,66	662,33	559,91
	III	**847,50**	393,00	346,33	III	755,83	666,66	579,83	495,50	413,66	334,33
	V	**1 743,33**	393,00	346,33	IV	1 250,83	1 187,41	1 124,50	1 062,75	1 002,25	943,00
	VI	**1 779,58**	393,00	346,33							
5 609,99 Ost	I,IV	**1 319,58**	393,00	346,33	I	1 192,75	1 067,83	947,83	832,83	722,66	617,50
	II	**1 252,75**	393,00	346,33	II	1 126,33	1 004,08	886,66	774,25	666,66	564,08
	III	**851,33**	393,00	346,33	III	759,66	670,16	583,33	499,00	417,00	337,50
	V	**1 748,58**	393,00	346,33	IV	1 256,16	1 192,75	1 129,66	1 067,83	1 007,25	947,83
	VI	**1 784,91**	393,00	346,33							
5 612,99 West	I,IV	**1 315,50**	393,00	346,33	I	1 188,66	1 063,91	944,08	829,16	719,25	614,16
	II	**1 248,66**	393,00	346,33	II	1 122,33	1 000,16	882,91	770,66	663,33	560,91
	III	**848,50**	393,00	346,33	III	756,66	667,50	580,66	496,33	414,50	335,00
	V	**1 744,50**	393,00	346,33	IV	1 252,08	1 188,66	1 125,66	1 063,91	1 003,33	944,08
	VI	**1 780,75**	393,00	346,33							
5 612,99 Ost	I,IV	**1 320,83**	393,00	346,33	I	1 194,00	1 069,08	949,00	833,91	723,75	618,50
	II	**1 254,08**	393,00	346,33	II	1 127,58	1 005,25	887,83	775,33	667,75	565,08
	III	**852,33**	393,00	346,33	III	760,50	671,16	584,16	499,83	417,83	338,33
	V	**1 749,91**	393,00	346,33	IV	1 257,41	1 194,00	1 130,91	1 069,08	1 008,41	949,00
	VI	**1 786,16**	393,00	346,33							
5 615,99 West	I,IV	**1 316,58**	393,00	346,33	I	1 189,75	1 065,00	945,16	830,16	720,16	615,08
	II	**1 249,83**	393,00	346,33	II	1 123,50	1 001,25	884,00	771,66	664,25	561,75
	III	**849,33**	393,00	346,33	III	757,50	668,16	581,33	497,00	415,16	335,66
	V	**1 745,66**	393,00	346,33	IV	1 253,16	1 189,75	1 126,75	1 065,00	1 004,41	945,16
	VI	**1 781,91**	393,00	346,33							
5 615,99 Ost	I,IV	**1 322,08**	393,00	346,33	I	1 195,25	1 070,25	950,16	835,00	724,83	619,58
	II	**1 255,33**	393,00	346,33	II	1 128,83	1 006,41	888,91	776,41	668,75	566,08
	III	**853,33**	393,00	346,33	III	761,33	672,00	585,00	500,66	418,66	339,00
	V	**1 751,16**	393,00	346,33	IV	1 258,66	1 195,25	1 132,16	1 070,25	1 009,58	950,16
	VI	**1 787,41**	393,00	346,33							

* Zur LSt-Berechnung für privat versicherte Arbeitnehmer s. Beispiele **Vorbemerkung S. 4 f.**
** Basisvorsorgepauschale KV und PV *** Typisierter Arbeitgeberzuschuss

Lohn/ Gehalt in € bis	Steuerklasse	Lohn-steuer*	BVSP**	TAGZ***	Steuerklasse	Bemessungsgrundlage für Kirchensteuer und Solidaritätszuschlag – Freibeträge für ... Kinder 0,5	1,0	1,5	2,0	2,5	3,0
5 618,99	I,IV	**1 317,83**	393,00	346,33	I	1 191,00	1 066,16	946,25	831,25	721,16	616,08
West	II	**1 251,00**	393,00	346,33	II	1 124,66	1 002,41	885,08	772,66	665,25	562,75
	III	**850,16**	393,00	346,33	III	758,33	669,00	582,16	497,83	415,83	336,50
	V	**1 746,83**	393,00	346,33	IV	1 254,41	1 191,00	1 127,91	1 066,16	1 005,58	946,25
	VI	**1 783,16**	393,00	346,33							
5 618,99	I,IV	**1 323,33**	393,00	346,33	I	1 196,50	1 071,50	951,33	836,16	725,91	620,58
Ost	II	**1 256,58**	393,00	346,33	II	1 130,08	1 007,66	890,08	777,50	669,83	567,08
	III	**854,16**	393,00	346,33	III	762,33	672,83	586,00	501,50	419,33	339,83
	V	**1 752,41**	393,00	346,33	IV	1 259,91	1 196,50	1 133,41	1 071,50	1 010,83	951,33
	VI	**1 788,66**	393,00	346,33							
5 621,99	I,IV	**1 319,00**	393,00	346,33	I	1 192,16	1 067,33	947,33	832,33	722,25	617,08
West	II	**1 252,25**	393,00	346,33	II	1 125,83	1 003,50	886,16	773,75	666,25	563,66
	III	**851,00**	393,00	346,33	III	759,16	669,83	583,00	498,66	416,66	337,16
	V	**1 748,08**	393,00	346,33	IV	1 255,58	1 192,16	1 129,16	1 067,33	1 006,66	947,33
	VI	**1 784,33**	393,00	346,33							
5 621,99	I,IV	**1 324,58**	393,00	346,33	I	1 197,75	1 072,66	952,50	837,25	727,00	621,58
Ost	II	**1 257,83**	393,00	346,33	II	1 131,33	1 008,83	891,25	778,58	670,83	568,08
	III	**855,16**	393,00	346,33	III	763,16	673,83	586,83	502,33	420,16	340,66
	V	**1 753,66**	393,00	346,33	IV	1 261,16	1 197,75	1 134,66	1 072,66	1 012,00	952,50
	VI	**1 789,91**	393,00	346,33							
5 624,99	I,IV	**1 320,16**	393,00	346,33	I	1 193,33	1 068,41	948,41	833,33	723,25	618,00
West	II	**1 253,41**	393,00	346,33	II	1 127,00	1 004,66	887,25	774,75	667,25	564,58
	III	**851,83**	393,00	346,33	III	760,00	670,66	583,83	499,33	417,33	337,83
	V	**1 749,25**	393,00	346,33	IV	1 256,75	1 193,33	1 130,33	1 068,41	1 007,83	948,41
	VI	**1 785,50**	393,00	346,33							
5 624,99	I,IV	**1 325,83**	393,00	346,33	I	1 199,00	1 073,91	953,66	838,41	728,00	622,58
Ost	II	**1 259,08**	393,00	346,33	II	1 132,58	1 010,00	892,41	779,66	671,91	569,08
	III	**856,00**	393,00	346,33	III	764,16	674,66	587,66	503,16	421,00	341,33
	V	**1 754,91**	393,00	346,33	IV	1 262,41	1 199,00	1 135,91	1 073,91	1 013,16	953,66
	VI	**1 791,16**	393,00	346,33							
5 627,99	I,IV	**1 321,41**	393,00	346,33	I	1 194,58	1 069,58	949,50	834,41	724,25	619,00
West	II	**1 254,58**	393,00	346,33	II	1 128,16	1 005,75	888,33	775,75	668,16	565,58
	III	**852,66**	393,00	346,33	III	760,83	671,50	584,66	500,16	418,16	338,66
	V	**1 750,41**	393,00	346,33	IV	1 258,00	1 194,58	1 131,50	1 069,58	1 008,91	949,50
	VI	**1 786,66**	393,00	346,33							
5 627,99	I,IV	**1 327,08**	393,00	346,33	I	1 200,25	1 075,16	954,83	839,50	729,08	623,66
Ost	II	**1 260,33**	393,00	346,33	II	1 133,83	1 011,16	893,50	780,75	673,00	570,08
	III	**857,00**	393,00	346,33	III	765,00	675,50	588,50	503,83	421,83	342,16
	V	**1 756,16**	393,00	346,33	IV	1 263,66	1 200,25	1 137,16	1 075,16	1 014,41	954,83
	VI	**1 792,41**	393,00	346,33							
5 630,99	I,IV	**1 322,58**	393,00	346,33	I	1 195,75	1 070,75	950,66	835,50	725,25	619,91
West	II	**1 255,83**	393,00	346,33	II	1 129,33	1 006,91	889,41	776,83	669,16	566,50
	III	**853,66**	393,00	346,33	III	761,66	672,33	585,33	501,00	419,00	339,33
	V	**1 751,66**	393,00	346,33	IV	1 259,16	1 195,75	1 132,66	1 070,75	1 010,08	950,66
	VI	**1 787,91**	393,00	346,33							
5 630,99	I,IV	**1 328,41**	393,00	346,33	I	1 201,58	1 076,33	956,00	840,66	730,16	624,66
Ost	II	**1 261,58**	393,00	346,33	II	1 135,08	1 012,41	894,66	781,83	674,00	571,08
	III	**857,83**	393,00	346,33	III	765,83	676,33	589,33	504,66	422,66	343,00
	V	**1 757,41**	393,00	346,33	IV	1 265,00	1 201,58	1 138,41	1 076,33	1 015,58	956,00
	VI	**1 793,66**	393,00	346,33							
5 633,99	I,IV	**1 323,75**	393,00	346,33	I	1 196,91	1 071,91	951,75	836,50	726,25	620,91
West	II	**1 257,00**	393,00	346,33	II	1 130,50	1 008,00	890,50	777,83	670,16	567,41
	III	**854,50**	393,00	346,33	III	762,66	673,16	586,16	501,66	419,66	340,16
	V	**1 752,83**	393,00	346,33	IV	1 260,33	1 196,91	1 133,83	1 071,91	1 011,16	951,75
	VI	**1 789,08**	393,00	346,33							
5 633,99	I,IV	**1 329,66**	393,00	346,33	I	1 202,83	1 077,58	957,16	841,75	731,25	625,66
Ost	II	**1 262,83**	393,00	346,33	II	1 136,33	1 013,58	895,83	783,00	675,08	572,08
	III	**858,83**	393,00	346,33	III	766,83	677,33	590,16	505,50	423,50	343,83
	V	**1 758,66**	393,00	346,33	IV	1 266,25	1 202,83	1 139,58	1 077,58	1 016,75	957,16
	VI	**1 795,00**	393,00	346,33							

* Zur LSt-Berechnung für privat versicherte Arbeitnehmer s. Beispiele **Vorbemerkung S. 4 f.**
** Basisvorsorgepauschale KV und PV *** Typisierter Arbeitgeberzuschuss

Lohn/ Gehalt in € bis	Steuerklasse	Lohn-steuer*	BVSP**	TAGZ***	Steuerklasse	Bemessungsgrundlage für Kirchensteuer und Solidaritätszuschlag – Freibeträge für ... Kinder 0,5	**1,0**	1,5	**2,0**	2,5	**3,0**
5636,99	I,IV	**1324,91**	393,00	346,33	I	1198,08	1073,00	952,83	837,58	727,25	621,83
West	II	**1258,16**	393,00	346,33	II	1131,66	1009,08	891,50	778,83	671,16	568,33
	III	**855,33**	393,00	346,33	III	763,50	674,00	587,00	502,50	420,50	340,83
	V	**1754,00**	393,00	346,33	IV	1261,50	1198,08	1134,91	1073,00	1012,33	952,83
	VI	**1790,25**	393,00	346,33							
5636,99	I,IV	**1330,91**	393,00	346,33	I	1204,08	1078,83	958,41	842,91	732,33	626,66
Ost	II	**1264,08**	393,00	346,33	II	1137,58	1014,75	896,91	784,08	676,08	573,08
	III	**859,66**	393,00	346,33	III	767,66	678,16	591,00	506,33	424,16	344,50
	V	**1760,00**	393,00	346,33	IV	1267,50	1204,08	1140,83	1078,83	1018,00	958,41
	VI	**1796,25**	393,00	346,33							
5639,99	I,IV	**1326,08**	393,00	346,33	I	1199,25	1074,16	953,91	838,58	728,25	622,83
West	II	**1259,33**	393,00	346,33	II	1132,83	1010,25	892,58	779,91	672,08	569,25
	III	**856,16**	393,00	346,33	III	764,33	674,83	587,83	503,33	421,16	341,66
	V	**1755,16**	393,00	346,33	IV	1262,66	1199,25	1136,16	1074,16	1013,41	953,91
	VI	**1791,41**	393,00	346,33							
5639,99	I,IV	**1332,16**	393,00	346,33	I	1205,33	1080,00	959,58	844,00	733,41	627,75
Ost	II	**1265,41**	393,00	346,33	II	1138,83	1016,00	898,08	785,16	677,16	574,08
	III	**860,66**	393,00	346,33	III	768,66	679,00	591,83	507,16	425,00	345,33
	V	**1761,25**	393,00	346,33	IV	1268,75	1205,33	1142,08	1080,00	1019,16	959,58
	VI	**1797,50**	393,00	346,33							
5642,99	I,IV	**1327,33**	393,00	346,33	I	1200,41	1075,33	955,00	839,66	729,25	623,75
West	II	**1260,50**	393,00	346,33	II	1134,00	1011,33	893,66	780,91	673,08	570,25
	III	**857,16**	393,00	346,33	III	765,16	675,66	588,66	504,00	422,00	342,33
	V	**1756,33**	393,00	346,33	IV	1263,91	1200,41	1137,33	1075,33	1014,58	955,00
	VI	**1792,58**	393,00	346,33							
5642,99	I,IV	**1333,41**	393,00	346,33	I	1206,58	1081,25	960,75	845,16	734,50	628,75
Ost	II	**1266,66**	393,00	346,33	II	1140,00	1017,16	899,25	786,25	678,16	575,08
	III	**861,66**	393,00	346,33	III	769,50	679,83	592,66	508,00	425,83	346,16
	V	**1762,50**	393,00	346,33	IV	1270,00	1206,58	1143,33	1081,25	1020,33	960,75
	VI	**1798,75**	393,00	346,33							
5645,99	I,IV	**1328,50**	393,00	346,33	I	1201,66	1076,50	956,16	840,75	730,25	624,75
West	II	**1261,66**	393,00	346,33	II	1135,16	1012,50	894,75	782,00	674,08	571,16
	III	**858,00**	393,00	346,33	III	766,00	676,50	589,50	504,83	422,66	343,00
	V	**1757,58**	393,00	346,33	IV	1265,08	1201,66	1138,50	1076,50	1015,66	956,16
	VI	**1793,83**	393,00	346,33							
5645,99	I,IV	**1334,66**	393,00	346,33	I	1207,83	1082,50	961,91	846,25	735,58	629,75
Ost	II	**1267,91**	393,00	346,33	II	1141,25	1018,33	900,41	787,33	679,25	576,08
	III	**862,50**	393,00	346,33	III	770,33	680,83	593,66	508,83	426,66	346,83
	V	**1763,75**	393,00	346,33	IV	1271,25	1207,83	1144,58	1082,50	1021,58	961,91
	VI	**1800,00**	393,00	346,33							
5648,99	I,IV	**1329,66**	393,00	346,33	I	1202,83	1077,58	957,25	841,83	731,25	625,75
West	II	**1262,91**	393,00	346,33	II	1136,33	1013,58	895,83	783,00	675,08	572,08
	III	**858,83**	393,00	346,33	III	766,83	677,33	590,16	505,66	423,50	343,83
	V	**1758,75**	393,00	346,33	IV	1266,25	1202,83	1139,66	1077,58	1016,83	957,25
	VI	**1795,00**	393,00	346,33							
5648,99	I,IV	**1335,91**	393,00	346,33	I	1209,08	1083,66	963,08	847,41	736,66	630,83
Ost	II	**1269,16**	393,00	346,33	II	1142,50	1019,58	901,58	788,41	680,33	577,08
	III	**863,50**	393,00	346,33	III	771,33	681,66	594,50	509,66	427,50	347,66
	V	**1765,00**	393,00	346,33	IV	1272,50	1209,08	1145,83	1083,66	1022,75	963,08
	VI	**1801,25**	393,00	346,33							
5651,99	I,IV	**1330,83**	393,00	346,33	I	1204,00	1078,75	958,33	842,83	732,33	626,66
West	II	**1264,08**	393,00	346,33	II	1137,50	1014,75	896,91	784,00	676,08	573,08
	III	**859,66**	393,00	346,33	III	767,66	678,16	591,00	506,33	424,16	344,50
	V	**1759,91**	393,00	346,33	IV	1267,41	1204,00	1140,83	1078,75	1017,91	958,33
	VI	**1796,16**	393,00	346,33							
5651,99	I,IV	**1337,16**	393,00	346,33	I	1210,33	1084,91	964,25	848,50	737,66	631,83
Ost	II	**1270,41**	393,00	346,33	II	1143,75	1020,75	902,66	789,58	681,33	578,08
	III	**864,33**	393,00	346,33	III	772,16	682,50	595,33	510,50	428,33	348,50
	V	**1766,25**	393,00	346,33	IV	1273,75	1210,33	1147,08	1084,91	1024,00	964,25
	VI	**1802,50**	393,00	346,33							

* Zur LSt-Berechnung für privat versicherte Arbeitnehmer s. Beispiele **Vorbemerkung S. 4 f.**
** Basisvorsorgepauschale KV und PV *** Typisierter Arbeitgeberzuschuss

Lohn/ Gehalt in € bis	Steuerklasse	Lohn-steuer*	BVSP**	TAGZ***	Steuerklasse	Bemessungsgrundlage für Kirchensteuer und Solidaritätszuschlag – Freibeträge für ... Kinder 0,5	**1,0**	1,5	**2,0**	2,5	**3,0**
5 654,99	I,IV	**1 332,00**	393,00	346,33	I	1 205,16	1 079,91	959,41	843,91	733,25	627,58
West	II	**1 265,25**	393,00	346,33	II	1 138,66	1 015,83	898,00	785,00	677,00	574,00
	III	**860,50**	393,00	346,33	III	768,50	679,00	591,83	507,16	425,00	345,16
	V	**1 761,08**	393,00	346,33	IV	1 268,58	1 205,16	1 142,00	1 079,91	1 019,00	959,41
	VI	**1 797,33**	393,00	346,33							
5 654,99	I,IV	**1 338,50**	393,00	346,33	I	1 211,58	1 086,16	965,41	849,66	738,75	632,83
Ost	II	**1 271,66**	393,00	346,33	II	1 145,00	1 022,00	903,83	790,66	682,41	579,08
	III	**865,33**	393,00	346,33	III	773,16	683,33	596,16	511,33	429,00	349,16
	V	**1 767,50**	393,00	346,33	IV	1 275,08	1 211,58	1 148,33	1 086,16	1 025,16	965,41
	VI	**1 803,75**	393,00	346,33							
5 657,99	I,IV	**1 333,25**	393,00	346,33	I	1 206,33	1 081,08	960,50	844,91	734,33	628,58
West	II	**1 266,41**	393,00	346,33	II	1 139,83	1 017,00	899,08	786,08	678,00	574,91
	III	**861,50**	393,00	346,33	III	769,33	679,66	592,66	508,00	425,66	346,00
	V	**1 762,25**	393,00	346,33	IV	1 269,83	1 206,33	1 143,16	1 081,08	1 020,16	960,50
	VI	**1 798,50**	393,00	346,33							
5 657,99	I,IV	**1 339,75**	393,00	346,33	I	1 212,91	1 087,33	966,58	850,75	739,83	633,91
Ost	II	**1 272,91**	393,00	346,33	II	1 146,25	1 023,16	905,00	791,75	683,41	580,08
	III	**866,16**	393,00	346,33	III	774,00	684,33	597,00	512,16	429,83	350,00
	V	**1 768,75**	393,00	346,33	IV	1 276,33	1 212,91	1 149,58	1 087,33	1 026,33	966,58
	VI	**1 805,00**	393,00	346,33							
5 660,99	I,IV	**1 334,41**	393,00	346,33	I	1 207,58	1 082,16	961,66	846,00	735,33	629,58
West	II	**1 267,58**	393,00	346,33	II	1 141,00	1 018,08	900,16	787,08	679,00	575,83
	III	**862,33**	393,00	346,33	III	770,16	680,50	593,33	508,66	426,50	346,66
	V	**1 763,50**	393,00	346,33	IV	1 271,00	1 207,58	1 144,33	1 082,16	1 021,33	961,66
	VI	**1 799,75**	393,00	346,33							
5 660,99	I,IV	**1 341,00**	393,00	346,33	I	1 214,16	1 088,58	967,75	851,91	740,91	634,91
Ost	II	**1 274,16**	393,00	346,33	II	1 147,50	1 024,33	906,16	792,83	684,50	581,08
	III	**867,16**	393,00	346,33	III	775,00	685,16	597,83	513,00	430,66	350,83
	V	**1 770,00**	393,00	346,33	IV	1 277,58	1 214,16	1 150,83	1 088,58	1 027,58	967,75
	VI	**1 806,33**	393,00	346,33							
5 663,99	I,IV	**1 335,58**	393,00	346,33	I	1 208,75	1 083,33	962,75	847,08	736,33	630,50
West	II	**1 268,83**	393,00	346,33	II	1 142,16	1 019,25	901,25	788,16	680,00	576,83
	III	**863,16**	393,00	346,33	III	771,00	681,33	594,16	509,50	427,16	347,50
	V	**1 764,66**	393,00	346,33	IV	1 272,16	1 208,75	1 145,50	1 083,33	1 022,41	962,75
	VI	**1 800,91**	393,00	346,33							
5 663,99	I,IV	**1 342,25**	393,00	346,33	I	1 215,41	1 089,83	968,91	853,00	742,00	635,91
Ost	II	**1 275,50**	393,00	346,33	II	1 148,75	1 025,58	907,33	793,91	685,58	582,08
	III	**868,16**	393,00	346,33	III	775,83	686,00	598,66	513,83	431,50	351,50
	V	**1 771,33**	393,00	346,33	IV	1 278,83	1 215,41	1 152,08	1 089,83	1 028,75	968,91
	VI	**1 807,58**	393,00	346,33							
5 666,99	I,IV	**1 336,75**	393,00	346,33	I	1 209,91	1 084,50	963,83	848,16	737,33	631,50
West	II	**1 270,00**	393,00	346,33	II	1 143,33	1 020,33	902,33	789,16	681,00	577,75
	III	**864,00**	393,00	346,33	III	772,00	682,16	595,00	510,33	428,00	348,16
	V	**1 765,83**	393,00	346,33	IV	1 273,33	1 209,91	1 146,66	1 084,50	1 023,58	963,83
	VI	**1 802,08**	393,00	346,33							
5 666,99	I,IV	**1 343,50**	393,00	346,33	I	1 216,66	1 091,00	970,08	854,16	743,08	637,00
Ost	II	**1 276,75**	393,00	346,33	II	1 150,00	1 026,75	908,41	795,08	686,58	583,08
	III	**869,00**	393,00	346,33	III	776,66	687,00	599,50	514,66	432,33	352,33
	V	**1 772,58**	393,00	346,33	IV	1 280,08	1 216,66	1 153,33	1 091,00	1 030,00	970,08
	VI	**1 808,83**	393,00	346,33							
5 669,99	I,IV	**1 338,00**	393,00	346,33	I	1 211,16	1 085,66	965,00	849,16	738,33	632,50
West	II	**1 271,16**	393,00	346,33	II	1 144,50	1 021,50	903,41	790,25	682,00	578,66
	III	**865,00**	393,00	346,33	III	772,83	683,00	595,83	511,00	428,66	348,83
	V	**1 767,00**	393,00	346,33	IV	1 274,58	1 211,16	1 147,83	1 085,66	1 024,66	965,00
	VI	**1 803,25**	393,00	346,33							
5 669,99	I,IV	**1 344,75**	393,00	346,33	I	1 217,91	1 092,25	971,33	855,25	744,16	638,00
Ost	II	**1 278,00**	393,00	346,33	II	1 151,25	1 028,00	909,58	796,16	687,66	584,08
	III	**870,00**	393,00	346,33	III	777,66	687,83	600,50	515,50	433,16	353,16
	V	**1 773,83**	393,00	346,33	IV	1 281,33	1 217,91	1 154,58	1 092,25	1 031,16	971,33
	VI	**1 810,08**	393,00	346,33							

* Zur LSt-Berechnung für privat versicherte Arbeitnehmer s. Beispiele **Vorbemerkung S. 4f.**
** Basisvorsorgepauschale KV und PV *** Typisierter Arbeitgeberzuschuss

Lohn/ Gehalt in € bis	Steuerklasse	Lohn- steuer*	BVSP**	TAGZ***	Steuerklasse	Bemessungsgrundlage für Kirchensteuer und Solidaritätszuschlag					
						Freibeträge für ... Kinder					
						0,5	**1,0**	1,5	**2,0**	2,5	**3,0**
5672,99	I,IV	**1339,16**	393,00	346,33	I	1212,33	1086,83	966,08	850,25	739,41	633,41
West	II	**1272,41**	393,00	346,33	II	1145,75	1022,66	904,50	791,25	683,00	579,66
	III	**865,83**	393,00	346,33	III	773,66	683,83	596,66	511,83	429,50	349,66
	V	**1768,25**	393,00	346,33	IV	1275,75	1212,33	1149,00	1086,83	1025,83	966,08
	VI	**1804,50**	393,00	346,33							
5672,99	I,IV	**1346,00**	393,00	346,33	I	1219,16	1093,50	972,50	856,41	745,25	639,00
Ost	II	**1279,25**	393,00	346,33	II	1152,50	1029,16	910,75	797,25	688,75	585,08
	III	**870,83**	393,00	346,33	III	778,50	688,66	601,33	516,33	433,83	353,83
	V	**1775,08**	393,00	346,33	IV	1282,58	1219,16	1155,83	1093,50	1032,33	972,50
	VI	**1811,33**	393,00	346,33							
5675,99	I,IV	**1340,33**	393,00	346,33	I	1213,50	1087,91	967,16	851,25	740,33	634,41
West	II	**1273,50**	393,00	346,33	II	1146,83	1023,75	905,50	792,25	683,91	580,58
	III	**866,66**	393,00	346,33	III	774,50	684,66	597,50	512,66	430,33	350,33
	V	**1769,41**	393,00	346,33	IV	1276,91	1213,50	1150,16	1087,91	1026,91	967,16
	VI	**1805,66**	393,00	346,33							
5675,99	I,IV	**1347,25**	393,00	346,33	I	1220,41	1094,75	973,66	857,50	746,33	640,08
Ost	II	**1280,50**	393,00	346,33	II	1153,75	1030,33	911,91	798,33	689,75	586,08
	III	**871,83**	393,00	346,33	III	779,50	689,50	602,16	517,16	434,66	354,66
	V	**1776,33**	393,00	346,33	IV	1283,83	1220,41	1157,08	1094,75	1033,58	973,66
	VI	**1812,58**	393,00	346,33							
5678,99	I,IV	**1341,50**	393,00	346,33	I	1214,66	1089,08	968,25	852,33	741,41	635,33
West	II	**1274,75**	393,00	346,33	II	1148,00	1024,83	906,58	793,33	684,91	581,50
	III	**867,50**	393,00	346,33	III	775,33	685,50	598,16	513,33	431,00	351,16
	V	**1770,58**	393,00	346,33	IV	1278,08	1214,66	1151,33	1089,08	1028,08	968,25
	VI	**1806,83**	393,00	346,33							
5678,99	I,IV	**1348,58**	393,00	346,33	I	1221,66	1095,91	974,83	858,66	747,41	641,08
Ost	II	**1281,75**	393,00	346,33	II	1155,00	1031,58	913,08	799,50	690,83	587,08
	III	**872,66**	393,00	346,33	III	780,33	690,50	603,00	518,00	435,50	355,50
	V	**1777,58**	393,00	346,33	IV	1285,08	1221,66	1158,33	1095,91	1034,75	974,83
	VI	**1813,83**	393,00	346,33							
5681,99	I,IV	**1342,66**	393,00	346,33	I	1215,83	1090,25	969,33	853,41	742,41	636,33
West	II	**1275,91**	393,00	346,33	II	1149,25	1026,00	907,66	794,33	685,91	582,41
	III	**868,50**	393,00	346,33	III	776,16	686,33	599,00	514,16	431,83	351,83
	V	**1771,75**	393,00	346,33	IV	1279,25	1215,83	1152,58	1090,25	1029,16	969,33
	VI	**1808,00**	393,00	346,33							
5681,99	I,IV	**1349,83**	393,00	346,33	I	1223,00	1097,16	976,00	859,75	748,50	642,16
Ost	II	**1283,00**	393,00	346,33	II	1156,25	1032,75	914,16	800,58	691,91	588,08
	III	**873,66**	393,00	346,33	III	781,33	691,33	603,83	518,83	436,33	356,16
	V	**1778,83**	393,00	346,33	IV	1286,41	1223,00	1159,58	1097,16	1036,00	976,00
	VI	**1815,08**	393,00	346,33							
5684,99	I,IV	**1343,91**	393,00	346,33	I	1217,08	1091,41	970,50	854,50	743,41	637,25
West	II	**1277,08**	393,00	346,33	II	1150,41	1027,16	908,83	795,41	686,91	583,41
	III	**869,33**	393,00	346,33	III	777,00	687,16	599,83	515,00	432,50	352,66
	V	**1772,91**	393,00	346,33	IV	1280,50	1217,08	1153,75	1091,41	1030,33	970,50
	VI	**1809,16**	393,00	346,33							
5684,99	I,IV	**1351,08**	393,00	346,33	I	1224,25	1098,41	977,16	860,91	749,58	643,16
Ost	II	**1284,25**	393,00	346,33	II	1157,50	1034,00	915,33	801,66	692,91	589,08
	III	**874,66**	393,00	346,33	III	782,16	692,16	604,66	519,66	437,16	357,00
	V	**1780,08**	393,00	346,33	IV	1287,66	1224,25	1160,83	1098,41	1037,16	977,16
	VI	**1816,41**	393,00	346,33							
5687,99	I,IV	**1345,08**	393,00	346,33	I	1218,25	1092,58	971,58	855,58	744,41	638,25
West	II	**1278,33**	393,00	346,33	II	1151,58	1028,25	909,91	796,41	687,91	584,33
	III	**870,16**	393,00	346,33	III	777,83	688,00	600,66	515,83	433,33	353,33
	V	**1774,16**	393,00	346,33	IV	1281,66	1218,25	1154,91	1092,58	1031,50	971,58
	VI	**1810,41**	393,00	346,33							
5687,99	I,IV	**1352,33**	393,00	346,33	I	1225,50	1099,66	978,33	862,08	750,66	644,16
Ost	II	**1285,58**	393,00	346,33	II	1158,75	1035,16	916,50	802,75	694,00	590,16
	III	**875,50**	393,00	346,33	III	783,00	693,16	605,50	520,50	438,00	357,83
	V	**1781,41**	393,00	346,33	IV	1288,91	1225,50	1162,08	1099,66	1038,41	978,33
	VI	**1817,66**	393,00	346,33							

* Zur LSt-Berechnung für privat versicherte Arbeitnehmer s. Beispiele **Vorbemerkung S. 4f.**
** Basisvorsorgepauschale KV und PV *** Typisierter Arbeitgeberzuschuss

Lohn/ Gehalt in € bis	Steuerklasse	Lohn-steuer*	BVSP**	TAGZ***	Steuerklasse	Bemessungsgrundlage für Kirchensteuer und Solidaritätszuschlag – Freibeträge für ... Kinder 0,5	**1,0**	1,5	**2,0**	2,5	**3,0**
5 690,99	I,IV	**1 346,25**	393,00	346,33	I	1 219,41	1 093,75	972,66	856,58	745,50	639,25
West	II	**1 279,50**	393,00	346,33	II	1 152,75	1 029,41	911,00	797,50	688,91	585,33
	III	**871,16**	393,00	346,33	III	778,66	688,83	601,50	516,50	434,00	354,00
	V	**1 775,33**	393,00	346,33	IV	1 282,83	1 219,41	1 156,08	1 093,75	1 032,58	972,66
	VI	**1 811,58**	393,00	346,33							
5 690,99	I,IV	**1 353,58**	393,00	346,33	I	1 226,75	1 100,83	979,58	863,16	751,75	645,25
Ost	II	**1 286,83**	393,00	346,33	II	1 160,00	1 036,33	917,66	803,91	695,08	591,16
	III	**876,50**	393,00	346,33	III	784,00	694,00	606,50	521,33	438,66	358,66
	V	**1 782,66**	393,00	346,33	IV	1 290,16	1 226,75	1 163,33	1 100,83	1 039,58	979,58
	VI	**1 818,91**	393,00	346,33							
5 693,99	I,IV	**1 347,41**	393,00	346,33	I	1 220,58	1 094,83	973,75	857,66	746,41	640,16
West	II	**1 280,66**	393,00	346,33	II	1 153,91	1 030,50	912,00	798,50	689,91	586,25
	III	**871,83**	393,00	346,33	III	779,50	689,66	602,16	517,33	434,83	354,83
	V	**1 776,50**	393,00	346,33	IV	1 284,00	1 220,58	1 157,25	1 094,83	1 033,66	973,75
	VI	**1 812,75**	393,00	346,33							
5 693,99	I,IV	**1 354,83**	393,00	346,33	I	1 228,00	1 102,08	980,75	864,33	752,83	646,25
Ost	II	**1 288,08**	393,00	346,33	II	1 161,25	1 037,58	918,83	805,00	696,08	592,16
	III	**877,33**	393,00	346,33	III	784,83	694,83	607,33	522,16	439,50	359,33
	V	**1 783,91**	393,00	346,33	IV	1 291,41	1 228,00	1 164,58	1 102,08	1 040,83	980,75
	VI	**1 820,16**	393,00	346,33							
5 696,99	I,IV	**1 348,58**	393,00	346,33	I	1 221,75	1 096,00	974,91	858,75	747,50	641,16
West	II	**1 281,83**	393,00	346,33	II	1 155,08	1 031,66	913,08	799,50	690,91	587,16
	III	**872,83**	393,00	346,33	III	780,33	690,50	603,00	518,00	435,50	355,50
	V	**1 777,66**	393,00	346,33	IV	1 285,16	1 221,75	1 158,41	1 096,00	1 034,83	974,91
	VI	**1 813,91**	393,00	346,33							
5 696,99	I,IV	**1 356,08**	393,00	346,33	I	1 229,25	1 103,33	981,91	865,41	753,91	647,33
Ost	II	**1 289,33**	393,00	346,33	II	1 162,50	1 038,75	920,00	806,08	697,16	593,16
	III	**878,33**	393,00	346,33	III	785,83	695,66	608,16	523,00	440,33	360,16
	V	**1 785,16**	393,00	346,33	IV	1 292,66	1 229,25	1 165,83	1 103,33	1 042,00	981,91
	VI	**1 821,41**	393,00	346,33							
5 699,99	I,IV	**1 349,83**	393,00	346,33	I	1 223,00	1 097,16	976,00	859,75	748,50	642,16
West	II	**1 283,00**	393,00	346,33	II	1 156,25	1 032,75	914,16	800,58	691,91	588,08
	III	**873,66**	393,00	346,33	III	781,33	691,33	603,83	518,83	436,33	356,16
	V	**1 778,83**	393,00	346,33	IV	1 286,41	1 223,00	1 159,58	1 097,16	1 036,00	976,00
	VI	**1 815,08**	393,00	346,33							
5 699,99	I,IV	**1 357,33**	393,00	346,33	I	1 230,50	1 104,58	983,08	866,58	755,00	648,33
Ost	II	**1 290,58**	393,00	346,33	II	1 163,75	1 040,00	921,16	807,16	698,25	594,16
	III	**879,33**	393,00	346,33	III	786,66	696,66	609,00	523,83	441,16	361,00
	V	**1 786,41**	393,00	346,33	IV	1 293,91	1 230,50	1 167,16	1 104,58	1 043,16	983,08
	VI	**1 822,66**	393,00	346,33							
5 702,99	I,IV	**1 351,00**	393,00	346,33	I	1 224,16	1 098,33	977,08	860,83	749,50	643,08
West	II	**1 284,25**	393,00	346,33	II	1 157,41	1 033,91	915,33	801,58	692,83	589,08
	III	**874,50**	393,00	346,33	III	782,16	692,16	604,66	519,66	437,00	357,00
	V	**1 780,08**	393,00	346,33	IV	1 287,58	1 224,16	1 160,75	1 098,33	1 037,08	977,08
	VI	**1 816,33**	393,00	346,33							
5 702,99	I,IV	**1 358,58**	393,00	346,33	I	1 231,75	1 105,75	984,25	867,66	756,08	649,33
Ost	II	**1 291,83**	393,00	346,33	II	1 165,00	1 041,16	922,25	808,33	699,25	595,16
	III	**880,16**	393,00	346,33	III	787,66	697,50	609,83	524,66	442,00	361,66
	V	**1 787,66**	393,00	346,33	IV	1 295,16	1 231,75	1 168,41	1 105,75	1 044,41	984,25
	VI	**1 823,91**	393,00	346,33							
5 705,99	I,IV	**1 352,16**	393,00	346,33	I	1 225,33	1 099,50	978,25	861,91	750,50	644,08
West	II	**1 285,41**	393,00	346,33	II	1 158,66	1 035,00	916,41	802,66	693,83	590,00
	III	**875,50**	393,00	346,33	III	783,00	693,00	605,50	520,50	437,83	357,66
	V	**1 781,25**	393,00	346,33	IV	1 288,75	1 225,33	1 162,00	1 099,50	1 038,25	978,25
	VI	**1 817,50**	393,00	346,33							
5 705,99	I,IV	**1 359,91**	393,00	346,33	I	1 233,08	1 107,00	985,41	868,83	757,16	650,41
Ost	II	**1 293,08**	393,00	346,33	II	1 166,25	1 042,41	923,41	809,41	700,33	596,16
	III	**881,16**	393,00	346,33	III	788,50	698,33	610,66	525,50	442,83	362,50
	V	**1 788,91**	393,00	346,33	IV	1 296,50	1 233,08	1 169,66	1 107,00	1 045,58	985,41
	VI	**1 825,16**	393,00	346,33							

* Zur LSt-Berechnung für privat versicherte Arbeitnehmer s. Beispiele **Vorbemerkung S. 4 f.**
** Basisvorsorgepauschale KV und PV *** Typisierter Arbeitgeberzuschuss

Lohn/ Gehalt in € bis	Steuerklasse	Lohn-steuer*	BVSP**	TAGZ***	Steuerklasse	Bemessungsgrundlage für Kirchensteuer und Solidaritätszuschlag – Freibeträge für ... Kinder 0,5	1,0	1,5	2,0	2,5	3,0
5 708,99	I,IV	**1 353,33**	393,00	346,33	I	1 226,50	1 100,66	979,33	863,00	751,58	645,08
West	II	**1 286,58**	393,00	346,33	II	1 159,83	1 036,16	917,50	803,66	694,83	591,00
	III	**876,33**	393,00	346,33	III	783,83	693,83	606,33	521,16	438,66	358,50
	V	**1 782,41**	393,00	346,33	IV	1 289,91	1 226,50	1 163,16	1 100,66	1 039,41	979,33
	VI	**1 818,66**	393,00	346,33							
5 708,99	I,IV	**1 361,16**	393,00	346,33	I	1 234,33	1 108,25	986,66	870,00	758,25	651,41
Ost	II	**1 294,33**	393,00	346,33	II	1 167,58	1 043,58	924,58	810,50	701,41	597,16
	III	**882,00**	393,00	346,33	III	789,50	699,33	611,50	526,33	443,66	363,33
	V	**1 790,16**	393,00	346,33	IV	1 297,75	1 234,33	1 170,91	1 108,25	1 046,83	986,66
	VI	**1 826,50**	393,00	346,33							
5 711,99	I,IV	**1 354,58**	393,00	346,33	I	1 227,75	1 101,83	980,50	864,08	752,58	646,00
West	II	**1 287,75**	393,00	346,33	II	1 161,00	1 037,33	918,58	804,75	695,83	591,91
	III	**877,16**	393,00	346,33	III	784,66	694,66	607,16	522,00	439,33	359,16
	V	**1 783,58**	393,00	346,33	IV	1 291,16	1 227,75	1 164,33	1 101,83	1 040,50	980,50
	VI	**1 819,91**	393,00	346,33							
5 711,99	I,IV	**1 362,41**	393,00	346,33	I	1 235,58	1 109,50	987,83	871,08	759,33	652,50
Ost	II	**1 295,58**	393,00	346,33	II	1 168,83	1 044,83	925,75	811,66	702,41	598,16
	III	**883,00**	393,00	346,33	III	790,33	700,16	612,50	527,16	444,33	364,16
	V	**1 791,50**	393,00	346,33	IV	1 299,00	1 235,58	1 172,16	1 109,50	1 048,00	987,83
	VI	**1 827,75**	393,00	346,33							
5 714,99	I,IV	**1 355,75**	393,00	346,33	I	1 228,91	1 102,91	981,58	865,08	753,58	647,00
West	II	**1 288,91**	393,00	346,33	II	1 162,16	1 038,41	919,58	805,75	696,83	592,83
	III	**878,00**	393,00	346,33	III	785,50	695,50	607,83	522,83	440,16	360,00
	V	**1 784,75**	393,00	346,33	IV	1 292,33	1 228,91	1 165,50	1 102,91	1 041,66	981,58
	VI	**1 821,00**	393,00	346,33							
5 714,99	I,IV	**1 363,66**	393,00	346,33	I	1 236,83	1 110,75	989,00	872,25	760,41	653,50
Ost	II	**1 296,91**	393,00	346,33	II	1 170,08	1 046,00	926,91	812,75	703,50	599,25
	III	**883,83**	393,00	346,33	III	791,16	701,00	613,33	528,00	445,16	364,83
	V	**1 792,75**	393,00	346,33	IV	1 300,25	1 236,83	1 173,41	1 110,75	1 049,25	989,00
	VI	**1 829,00**	393,00	346,33							
5 717,99	I,IV	**1 356,91**	393,00	346,33	I	1 230,08	1 104,08	982,66	866,16	754,58	647,91
West	II	**1 290,16**	393,00	346,33	II	1 163,33	1 039,58	920,75	806,83	697,83	593,83
	III	**879,00**	393,00	346,33	III	786,33	696,33	608,66	523,50	440,83	360,66
	V	**1 786,00**	393,00	346,33	IV	1 293,50	1 230,08	1 166,66	1 104,08	1 042,75	982,66
	VI	**1 822,25**	393,00	346,33							
5 717,99	I,IV	**1 364,91**	393,00	346,33	I	1 238,08	1 111,91	990,16	873,41	761,50	654,58
Ost	II	**1 298,16**	393,00	346,33	II	1 171,33	1 047,25	928,08	813,83	704,58	600,25
	III	**884,83**	393,00	346,33	III	792,16	702,00	614,16	528,83	446,00	365,66
	V	**1 794,00**	393,00	346,33	IV	1 301,50	1 238,08	1 174,66	1 111,91	1 050,41	990,16
	VI	**1 830,25**	393,00	346,33							
5 720,99	I,IV	**1 358,08**	393,00	346,33	I	1 231,25	1 105,25	983,75	867,25	755,58	648,91
West	II	**1 291,33**	393,00	346,33	II	1 164,50	1 040,66	921,83	807,83	698,83	594,75
	III	**879,83**	393,00	346,33	III	787,33	697,16	609,50	524,33	441,66	361,50
	V	**1 787,16**	393,00	346,33	IV	1 294,66	1 231,25	1 167,83	1 105,25	1 043,91	983,75
	VI	**1 823,41**	393,00	346,33							
5 720,99	I,IV	**1 366,16**	393,00	346,33	I	1 239,33	1 113,16	991,41	874,50	762,58	655,58
Ost	II	**1 299,41**	393,00	346,33	II	1 172,58	1 048,41	929,25	815,00	705,66	601,25
	III	**885,83**	393,00	346,33	III	793,00	702,83	615,00	529,66	446,83	366,50
	V	**1 795,25**	393,00	346,33	IV	1 302,75	1 239,33	1 175,91	1 113,16	1 051,66	991,41
	VI	**1 831,50**	393,00	346,33							
5 723,99	I,IV	**1 359,25**	393,00	346,33	I	1 232,41	1 106,41	984,91	868,33	756,66	649,91
West	II	**1 292,50**	393,00	346,33	II	1 165,66	1 041,83	922,91	808,91	699,83	595,66
	III	**880,66**	393,00	346,33	III	788,16	698,00	610,33	525,16	442,50	362,16
	V	**1 788,33**	393,00	346,33	IV	1 295,83	1 232,41	1 169,08	1 106,41	1 045,08	984,91
	VI	**1 824,58**	393,00	346,33							
5 723,99	I,IV	**1 367,41**	393,00	346,33	I	1 240,58	1 114,41	992,58	875,66	763,66	656,66
Ost	II	**1 300,66**	393,00	346,33	II	1 173,83	1 049,66	930,41	816,08	706,66	602,25
	III	**886,66**	393,00	346,33	III	794,00	703,66	615,83	530,50	447,66	367,16
	V	**1 796,50**	393,00	346,33	IV	1 304,00	1 240,58	1 177,16	1 114,41	1 052,83	992,58
	VI	**1 832,75**	393,00	346,33							

* Zur LSt-Berechnung für privat versicherte Arbeitnehmer s. Beispiele **Vorbemerkung S. 4f.**
** Basisvorsorgepauschale KV und PV *** Typisierter Arbeitgeberzuschuss

Lohn/ Gehalt in € bis	Steuerklasse	Lohn-steuer*	BVSP**	TAGZ***	Steuerklasse	Bemessungsgrundlage für Kirchensteuer und Solidaritätszuschlag – Freibeträge für ... Kinder 0,5	**1,0**	1,5	**2,0**	2,5	**3,0**
5 726,99	I,IV	**1 360,50**	393,00	346,33	I	1 233,66	1 107,58	986,00	869,33	757,66	650,91
West	II	**1 293,66**	393,00	346,33	II	1 166,91	1 043,00	924,00	809,91	700,83	596,66
	III	**881,50**	393,00	346,33	III	789,00	698,83	611,16	526,00	443,16	362,83
	V	**1 789,50**	393,00	346,33	IV	1 297,08	1 233,66	1 170,25	1 107,58	1 046,16	986,00
	VI	**1 825,83**	393,00	346,33							
5 726,99	I,IV	**1 368,66**	393,00	346,33	I	1 241,83	1 115,66	993,75	876,75	764,75	657,66
Ost	II	**1 301,91**	393,00	346,33	II	1 175,08	1 050,83	931,58	817,16	707,75	603,25
	III	**887,66**	393,00	346,33	III	794,83	704,50	616,66	531,33	448,50	368,00
	V	**1 797,75**	393,00	346,33	IV	1 305,25	1 241,83	1 178,41	1 115,66	1 054,08	993,75
	VI	**1 834,00**	393,00	346,33							
5 729,99	I,IV	**1 361,66**	393,00	346,33	I	1 234,83	1 108,75	987,16	870,41	758,66	651,83
West	II	**1 294,91**	393,00	346,33	II	1 168,08	1 044,08	925,08	811,00	701,83	597,58
	III	**882,50**	393,00	346,33	III	789,83	699,66	612,00	526,66	444,00	363,66
	V	**1 790,75**	393,00	346,33	IV	1 298,25	1 234,83	1 171,41	1 108,75	1 047,33	987,16
	VI	**1 827,00**	393,00	346,33							
5 729,99	I,IV	**1 370,00**	393,00	346,33	I	1 243,08	1 116,91	994,91	877,91	765,83	658,66
Ost	II	**1 303,16**	393,00	346,33	II	1 176,33	1 052,08	932,75	818,33	708,83	604,25
	III	**888,50**	393,00	346,33	III	795,83	705,50	617,66	532,16	449,33	368,83
	V	**1 799,00**	393,00	346,33	IV	1 306,58	1 243,08	1 179,66	1 116,91	1 055,33	994,91
	VI	**1 835,25**	393,00	346,33							
5 732,99	I,IV	**1 362,83**	393,00	346,33	I	1 236,00	1 109,91	988,25	871,50	759,66	652,83
West	II	**1 296,08**	393,00	346,33	II	1 169,25	1 045,25	926,16	812,00	702,83	598,50
	III	**883,33**	393,00	346,33	III	790,66	700,50	612,66	527,50	444,66	364,33
	V	**1 791,91**	393,00	346,33	IV	1 299,41	1 236,00	1 172,58	1 109,91	1 048,41	988,25
	VI	**1 828,16**	393,00	346,33							
5 732,99	I,IV	**1 371,25**	393,00	346,33	I	1 244,41	1 118,08	996,08	879,08	766,91	659,75
Ost	II	**1 304,41**	393,00	346,33	II	1 177,58	1 053,25	933,91	819,41	709,91	605,33
	III	**889,50**	393,00	346,33	III	796,66	706,33	618,50	533,00	450,16	369,66
	V	**1 800,25**	393,00	346,33	IV	1 307,83	1 244,41	1 181,00	1 118,08	1 056,50	996,08
	VI	**1 836,50**	393,00	346,33							
5 735,99	I,IV	**1 364,00**	393,00	346,33	I	1 237,16	1 111,08	989,33	872,58	760,75	653,83
West	II	**1 297,25**	393,00	346,33	II	1 170,41	1 046,33	927,25	813,08	703,83	599,50
	III	**884,16**	393,00	346,33	III	791,50	701,33	613,50	528,33	445,50	365,16
	V	**1 793,08**	393,00	346,33	IV	1 300,58	1 237,16	1 173,75	1 111,08	1 049,58	989,33
	VI	**1 829,33**	393,00	346,33							
5 735,99	I,IV	**1 372,50**	393,00	346,33	I	1 245,66	1 119,33	997,33	880,16	768,00	660,75
Ost	II	**1 305,66**	393,00	346,33	II	1 178,83	1 054,50	935,00	820,50	710,91	606,33
	III	**890,50**	393,00	346,33	III	797,66	707,16	619,33	533,83	450,83	370,33
	V	**1 801,50**	393,00	346,33	IV	1 309,08	1 245,66	1 182,25	1 119,33	1 057,75	997,33
	VI	**1 837,83**	393,00	346,33							
5 738,99	I,IV	**1 365,16**	393,00	346,33	I	1 238,33	1 112,25	990,41	873,66	761,75	654,75
West	II	**1 298,41**	393,00	346,33	II	1 171,58	1 047,50	928,33	814,08	704,83	600,41
	III	**885,00**	393,00	346,33	III	792,33	702,16	614,33	529,00	446,16	365,83
	V	**1 794,25**	393,00	346,33	IV	1 301,75	1 238,33	1 174,91	1 112,25	1 050,75	990,41
	VI	**1 830,50**	393,00	346,33							
5 738,99	I,IV	**1 373,75**	393,00	346,33	I	1 246,91	1 120,58	998,50	881,33	769,08	661,83
Ost	II	**1 307,00**	393,00	346,33	II	1 180,08	1 055,66	936,16	821,66	712,00	607,33
	III	**891,33**	393,00	346,33	III	798,50	708,16	620,16	534,66	451,66	371,16
	V	**1 802,83**	393,00	346,33	IV	1 310,33	1 246,91	1 183,50	1 120,58	1 058,91	998,50
	VI	**1 839,08**	393,00	346,33							
5 741,99	I,IV	**1 366,41**	393,00	346,33	I	1 239,58	1 113,41	991,58	874,66	762,75	655,75
West	II	**1 299,58**	393,00	346,33	II	1 172,75	1 048,66	929,41	815,16	705,83	601,41
	III	**886,00**	393,00	346,33	III	793,16	703,00	615,16	529,83	447,00	366,50
	V	**1 795,41**	393,00	346,33	IV	1 303,00	1 239,58	1 176,16	1 113,41	1 051,83	991,58
	VI	**1 831,75**	393,00	346,33							
5 741,99	I,IV	**1 375,00**	393,00	346,33	I	1 248,16	1 121,83	999,66	882,50	770,16	662,83
Ost	II	**1 308,25**	393,00	346,33	II	1 181,41	1 056,91	937,33	822,75	713,08	608,33
	III	**892,33**	393,00	346,33	III	799,50	709,00	621,00	535,50	452,50	372,00
	V	**1 804,08**	393,00	346,33	IV	1 311,58	1 248,16	1 184,75	1 121,83	1 060,16	999,66
	VI	**1 840,33**	393,00	346,33							

* Zur LSt-Berechnung für privat versicherte Arbeitnehmer s. Beispiele **Vorbemerkung S. 4f.**
** Basisvorsorgepauschale KV und PV *** Typisierter Arbeitgeberzuschuss

Lohn/ Gehalt in € bis	Steuerklasse	Lohn-steuer*	BVSP**	TAGZ***	Steuerklasse	Bemessungsgrundlage für Kirchensteuer und Solidaritätszuschlag – Freibeträge für ... Kinder 0,5	**1,0**	1,5	**2,0**	2,5	**3,0**
5 744,99 West	I,IV	**1 367,58**	393,00	346,33	I	1 240,75	1 114,58	992,66	875,75	763,83	656,75
	II	**1 300,83**	393,00	346,33	II	1 174,00	1 049,75	930,50	816,16	706,83	602,33
	III	**886,83**	393,00	346,33	III	794,00	703,83	616,00	530,66	447,66	367,33
	V	**1 796,66**	393,00	346,33	IV	1 304,16	1 240,75	1 177,33	1 114,58	1 053,00	992,66
	VI	**1 832,91**	393,00	346,33							
5 744,99 Ost	I,IV	**1 376,25**	393,00	346,33	I	1 249,41	1 123,08	1 000,91	883,58	771,33	663,91
	II	**1 309,50**	393,00	346,33	II	1 182,66	1 058,08	938,50	823,83	714,16	609,33
	III	**893,33**	393,00	346,33	III	800,33	709,83	621,83	536,33	453,33	372,66
	V	**1 805,33**	393,00	346,33	IV	1 312,83	1 249,41	1 186,00	1 123,08	1 061,33	1 000,91
	VI	**1 841,58**	393,00	346,33							
5 747,99 West	I,IV	**1 368,75**	393,00	346,33	I	1 241,91	1 115,75	993,83	876,83	764,83	657,75
	II	**1 302,00**	393,00	346,33	II	1 175,16	1 050,91	931,58	817,25	707,83	603,33
	III	**887,66**	393,00	346,33	III	795,00	704,66	616,83	531,33	448,50	368,00
	V	**1 797,83**	393,00	346,33	IV	1 305,33	1 241,91	1 178,50	1 115,75	1 054,16	993,83
	VI	**1 834,08**	393,00	346,33							
5 747,99 Ost	I,IV	**1 377,50**	393,00	346,33	I	1 250,66	1 124,33	1 002,08	884,75	772,41	664,91
	II	**1 310,75**	393,00	346,33	II	1 183,91	1 059,33	939,66	825,00	715,25	610,33
	III	**894,16**	393,00	346,33	III	801,16	710,83	622,83	537,16	454,16	373,50
	V	**1 806,58**	393,00	346,33	IV	1 314,08	1 250,66	1 187,25	1 124,33	1 062,58	1 002,08
	VI	**1 842,83**	393,00	346,33							
5 750,99 West	I,IV	**1 370,00**	393,00	346,33	I	1 243,08	1 116,91	994,91	877,91	765,83	658,66
	II	**1 303,16**	393,00	346,33	II	1 176,33	1 052,08	932,75	818,33	708,83	604,25
	III	**888,50**	393,00	346,33	III	795,83	705,50	617,66	532,16	449,33	368,83
	V	**1 799,00**	393,00	346,33	IV	1 306,58	1 243,08	1 179,66	1 116,91	1 055,33	994,91
	VI	**1 835,25**	393,00	346,33							
5 750,99 Ost	I,IV	**1 378,75**	393,00	346,33	I	1 251,91	1 125,58	1 003,25	885,91	773,50	666,00
	II	**1 312,00**	393,00	346,33	II	1 185,16	1 060,58	940,83	826,08	716,25	611,41
	III	**895,16**	393,00	346,33	III	802,16	711,66	623,66	538,00	455,00	374,33
	V	**1 807,83**	393,00	346,33	IV	1 315,33	1 251,91	1 188,50	1 125,58	1 063,75	1 003,25
	VI	**1 844,08**	393,00	346,33							
5 753,99 West	I,IV	**1 371,08**	393,00	346,33	I	1 244,25	1 118,00	996,00	879,00	766,83	659,66
	II	**1 304,33**	393,00	346,33	II	1 177,50	1 053,16	933,75	819,33	709,83	605,16
	III	**889,50**	393,00	346,33	III	796,66	706,33	618,33	533,00	450,00	369,50
	V	**1 800,16**	393,00	346,33	IV	1 307,66	1 244,25	1 180,83	1 118,00	1 056,41	996,00
	VI	**1 836,41**	393,00	346,33							
5 753,99 Ost	I,IV	**1 380,08**	393,00	346,33	I	1 253,16	1 126,75	1 004,41	887,08	774,58	667,00
	II	**1 313,25**	393,00	346,33	II	1 186,41	1 061,75	942,00	827,25	717,33	612,41
	III	**896,00**	393,00	346,33	III	803,00	712,50	624,50	538,83	455,83	375,16
	V	**1 809,08**	393,00	346,33	IV	1 316,58	1 253,16	1 189,75	1 126,75	1 065,00	1 004,41
	VI	**1 845,33**	393,00	346,33							
5 756,99 West	I,IV	**1 372,33**	393,00	346,33	I	1 245,50	1 119,16	997,16	880,08	767,91	660,66
	II	**1 305,50**	393,00	346,33	II	1 178,66	1 054,33	934,91	820,33	710,83	606,16
	III	**890,33**	393,00	346,33	III	797,50	707,16	619,16	533,83	450,83	370,33
	V	**1 801,33**	393,00	346,33	IV	1 308,91	1 245,50	1 182,08	1 119,16	1 057,58	997,16
	VI	**1 837,66**	393,00	346,33							
5 756,99 Ost	I,IV	**1 381,33**	393,00	346,33	I	1 254,50	1 128,00	1 005,66	888,16	775,66	668,08
	II	**1 314,50**	393,00	346,33	II	1 187,66	1 063,00	943,16	828,33	718,41	613,41
	III	**897,00**	393,00	346,33	III	804,00	713,50	625,33	539,66	456,66	375,83
	V	**1 810,33**	393,00	346,33	IV	1 317,91	1 254,50	1 191,08	1 128,00	1 066,25	1 005,66
	VI	**1 846,58**	393,00	346,33							
5 759,99 West	I,IV	**1 373,50**	393,00	346,33	I	1 246,66	1 120,33	998,25	881,08	768,91	661,58
	II	**1 306,75**	393,00	346,33	II	1 179,91	1 055,50	936,00	821,41	711,83	607,08
	III	**891,16**	393,00	346,33	III	798,33	708,00	620,00	534,50	451,50	371,00
	V	**1 802,58**	393,00	346,33	IV	1 310,08	1 246,66	1 183,25	1 120,33	1 058,66	998,25
	VI	**1 838,83**	393,00	346,33							
5 759,99 Ost	I,IV	**1 382,58**	393,00	346,33	I	1 255,75	1 129,25	1 006,83	889,33	776,75	669,16
	II	**1 315,75**	393,00	346,33	II	1 188,91	1 064,16	944,33	829,41	719,50	614,41
	III	**898,00**	393,00	346,33	III	804,83	714,33	626,16	540,50	457,33	376,66
	V	**1 811,58**	393,00	346,33	IV	1 319,16	1 255,75	1 192,33	1 129,25	1 067,41	1 006,83
	VI	**1 847,91**	393,00	346,33							

* Zur LSt-Berechnung für privat versicherte Arbeitnehmer s. Beispiele **Vorbemerkung S. 4 f.**
** Basisvorsorgepauschale KV und PV *** Typisierter Arbeitgeberzuschuss

Lohn/ Gehalt in € bis	Steuerklasse	Lohn-steuer*	BVSP**	TAGZ***	Steuerklasse	Bemessungsgrundlage für Kirchensteuer und Solidaritätszuschlag					
						Freibeträge für ... Kinder					
						0,5	**1,0**	1,5	**2,0**	2,5	**3,0**
5762,99 West	I,IV	**1374,66**	393,00	346,33	I	1247,83	1121,50	999,41	882,16	769,91	662,58
	II	**1307,91**	393,00	346,33	II	1181,08	1056,58	937,08	822,50	712,83	608,08
	III	**892,16**	393,00	346,33	III	799,16	708,83	620,83	535,33	452,33	371,83
	V	**1803,75**	393,00	346,33	IV	1311,25	1247,83	1184,41	1121,50	1059,83	999,41
	VI	**1840,00**	393,00	346,33							
5762,99 Ost	I,IV	**1383,83**	393,00	346,33	I	1257,00	1130,50	1008,00	890,50	777,83	670,16
	II	**1317,08**	393,00	346,33	II	1190,16	1065,41	945,50	830,58	720,58	615,50
	III	**898,83**	393,00	346,33	III	805,83	715,16	627,00	541,33	458,16	377,50
	V	**1812,91**	393,00	346,33	IV	1320,41	1257,00	1193,58	1130,50	1068,66	1008,00
	VI	**1849,16**	393,00	346,33							
5765,99 West	I,IV	**1375,91**	393,00	346,33	I	1249,00	1122,66	1000,50	883,25	771,00	663,58
	II	**1309,08**	393,00	346,33	II	1182,25	1057,75	938,16	823,50	713,83	609,08
	III	**893,00**	393,00	346,33	III	800,16	709,66	621,66	536,16	453,16	372,50
	V	**1804,91**	393,00	346,33	IV	1312,41	1249,00	1185,58	1122,66	1061,00	1000,50
	VI	**1841,16**	393,00	346,33							
5765,99 Ost	I,IV	**1385,08**	393,00	346,33	I	1258,25	1131,75	1009,25	891,58	778,91	671,25
	II	**1318,33**	393,00	346,33	II	1191,50	1066,58	946,66	831,66	721,58	616,50
	III	**899,83**	393,00	346,33	III	806,66	716,16	628,00	542,16	459,00	378,33
	V	**1814,16**	393,00	346,33	IV	1321,66	1258,25	1194,83	1131,75	1069,83	1009,25
	VI	**1850,41**	393,00	346,33							
5768,99 West	I,IV	**1377,08**	393,00	346,33	I	1250,25	1123,83	1001,66	884,33	772,00	664,58
	II	**1310,25**	393,00	346,33	II	1183,41	1058,91	939,25	824,58	714,83	610,00
	III	**893,83**	393,00	346,33	III	801,00	710,50	622,50	537,00	453,83	373,33
	V	**1806,16**	393,00	346,33	IV	1313,66	1250,25	1186,83	1123,83	1062,16	1001,66
	VI	**1842,41**	393,00	346,33							
5768,99 Ost	I,IV	**1386,33**	393,00	346,33	I	1259,50	1133,00	1010,41	892,75	780,08	672,25
	II	**1319,58**	393,00	346,33	II	1192,75	1067,83	947,83	832,83	722,66	617,50
	III	**900,66**	393,00	346,33	III	807,66	717,00	628,83	543,16	459,83	379,00
	V	**1815,41**	393,00	346,33	IV	1322,91	1259,50	1196,08	1133,00	1071,08	1010,41
	VI	**1851,66**	393,00	346,33							
5771,99 West	I,IV	**1378,25**	393,00	346,33	I	1251,41	1125,00	1002,75	885,41	773,00	665,50
	II	**1311,41**	393,00	346,33	II	1184,58	1060,00	940,33	825,58	715,83	610,91
	III	**894,66**	393,00	346,33	III	801,83	711,33	623,16	537,66	454,66	374,00
	V	**1807,25**	393,00	346,33	IV	1314,83	1251,41	1188,00	1125,00	1063,25	1002,75
	VI	**1843,50**	393,00	346,33							
5771,99 Ost	I,IV	**1387,58**	393,00	346,33	I	1260,75	1134,25	1011,58	893,91	781,16	673,33
	II	**1320,83**	393,00	346,33	II	1194,00	1069,08	949,00	833,91	723,75	618,50
	III	**901,66**	393,00	346,33	III	808,50	717,83	629,66	544,00	460,66	379,83
	V	**1816,66**	393,00	346,33	IV	1324,16	1260,75	1197,33	1134,25	1072,33	1011,58
	VI	**1852,91**	393,00	346,33							
5774,99 West	I,IV	**1379,41**	393,00	346,33	I	1252,58	1126,16	1003,83	886,50	774,00	666,50
	II	**1312,66**	393,00	346,33	II	1185,83	1061,16	941,41	826,66	716,83	611,91
	III	**895,66**	393,00	346,33	III	802,66	712,16	624,00	538,50	455,33	374,66
	V	**1808,50**	393,00	346,33	IV	1316,00	1252,58	1189,16	1126,16	1064,41	1003,83
	VI	**1844,75**	393,00	346,33							
5774,99 Ost	I,IV	**1388,83**	393,00	346,33	I	1262,00	1135,50	1012,83	895,08	782,25	674,33
	II	**1322,08**	393,00	346,33	II	1195,25	1070,25	950,16	835,00	724,83	619,58
	III	**902,66**	393,00	346,33	III	809,50	718,83	630,50	544,83	461,50	380,66
	V	**1817,91**	393,00	346,33	IV	1325,41	1262,00	1198,58	1135,50	1073,50	1012,83
	VI	**1854,16**	393,00	346,33							
5777,99 West	I,IV	**1380,58**	393,00	346,33	I	1253,75	1127,33	1005,00	887,58	775,08	667,50
	II	**1313,83**	393,00	346,33	II	1187,00	1062,33	942,50	827,75	717,83	612,83
	III	**896,50**	393,00	346,33	III	803,50	713,00	624,83	539,33	456,16	375,50
	V	**1809,66**	393,00	346,33	IV	1317,16	1253,75	1190,33	1127,33	1065,50	1005,00
	VI	**1845,91**	393,00	346,33							
5777,99 Ost	I,IV	**1390,08**	393,00	346,33	I	1263,25	1136,75	1014,00	896,16	783,33	675,41
	II	**1323,33**	393,00	346,33	II	1196,50	1071,50	951,33	836,16	725,91	620,58
	III	**903,50**	393,00	346,33	III	810,33	719,66	631,33	545,66	462,33	381,50
	V	**1819,16**	393,00	346,33	IV	1326,66	1263,25	1199,83	1136,75	1074,75	1014,00
	VI	**1855,41**	393,00	346,33							

* Zur LSt-Berechnung für privat versicherte Arbeitnehmer s. Beispiele **Vorbemerkung S. 4f.**
** Basisvorsorgepauschale KV und PV *** Typisierter Arbeitgeberzuschuss

Lohn/ Gehalt in € bis	Steuerklasse	Lohnsteuer*	BVSP**	TAGZ***	Steuerklasse	Bemessungsgrundlage für Kirchensteuer und Solidaritätszuschlag – Freibeträge für ... Kinder 0,5	1,0	1,5	2,0	2,5	3,0
5 780,99	I,IV	**1 381,83**	393,00	346,33	I	1 254,91	1 128,50	1 006,08	888,66	776,08	668,50
West	II	**1 315,00**	393,00	346,33	II	1 188,16	1 063,41	943,66	828,75	718,83	613,83
	III	**897,33**	393,00	346,33	III	804,33	713,83	625,66	540,00	456,83	376,16
	V	**1 810,83**	393,00	346,33	IV	1 318,33	1 254,91	1 191,50	1 128,50	1 066,66	1 006,08
	VI	**1 847,08**	393,00	346,33							
5 780,99	I,IV	**1 391,41**	393,00	346,33	I	1 264,58	1 138,00	1 015,16	897,33	784,41	676,41
Ost	II	**1 324,58**	393,00	346,33	II	1 197,75	1 072,66	952,50	837,25	727,00	621,58
	III	**904,50**	393,00	346,33	III	811,33	720,50	632,33	546,50	463,16	382,16
	V	**1 820,41**	393,00	346,33	IV	1 328,00	1 264,58	1 201,08	1 138,00	1 075,91	1 015,16
	VI	**1 856,66**	393,00	346,33							
5 783,99	I,IV	**1 383,00**	393,00	346,33	I	1 256,16	1 129,66	1 007,25	889,75	777,16	669,50
West	II	**1 316,16**	393,00	346,33	II	1 189,33	1 064,58	944,75	829,83	719,83	614,75
	III	**898,16**	393,00	346,33	III	805,16	714,66	626,50	540,83	457,66	377,00
	V	**1 812,00**	393,00	346,33	IV	1 319,58	1 256,16	1 192,75	1 129,66	1 067,83	1 007,25
	VI	**1 848,33**	393,00	346,33							
5 783,99	I,IV	**1 392,66**	393,00	346,33	I	1 265,83	1 139,16	1 016,41	898,50	785,50	677,50
Ost	II	**1 325,83**	393,00	346,33	II	1 199,00	1 073,91	953,66	838,41	728,00	622,58
	III	**905,50**	393,00	346,33	III	812,16	721,50	633,16	547,33	464,00	383,00
	V	**1 821,66**	393,00	346,33	IV	1 329,25	1 265,83	1 202,41	1 139,16	1 077,16	1 016,41
	VI	**1 858,00**	393,00	346,33							
5 786,99	I,IV	**1 384,16**	393,00	346,33	I	1 257,33	1 130,83	1 008,33	890,75	778,16	670,50
West	II	**1 317,41**	393,00	346,33	II	1 190,58	1 065,75	945,83	830,91	720,83	615,75
	III	**899,16**	393,00	346,33	III	806,00	715,50	627,33	541,66	458,50	377,66
	V	**1 813,25**	393,00	346,33	IV	1 320,75	1 257,33	1 193,91	1 130,83	1 069,00	1 008,33
	VI	**1 849,50**	393,00	346,33							
5 786,99	I,IV	**1 393,91**	393,00	346,33	I	1 267,08	1 140,41	1 017,58	899,66	786,58	678,58
Ost	II	**1 327,08**	393,00	346,33	II	1 200,25	1 075,16	954,83	839,50	729,08	623,66
	III	**906,33**	393,00	346,33	III	813,16	722,33	634,00	548,16	464,66	383,83
	V	**1 823,00**	393,00	346,33	IV	1 330,50	1 267,08	1 203,66	1 140,41	1 078,41	1 017,58
	VI	**1 859,25**	393,00	346,33							
5 789,99	I,IV	**1 385,33**	393,00	346,33	I	1 258,50	1 132,00	1 009,41	891,83	779,16	671,41
West	II	**1 318,58**	393,00	346,33	II	1 191,66	1 066,83	946,91	831,91	721,83	616,66
	III	**900,00**	393,00	346,33	III	807,00	716,33	628,16	542,50	459,16	378,50
	V	**1 814,41**	393,00	346,33	IV	1 321,91	1 258,50	1 195,08	1 132,00	1 070,08	1 009,41
	VI	**1 850,66**	393,00	346,33							
5 789,99	I,IV	**1 395,16**	393,00	346,33	I	1 268,33	1 141,66	1 018,75	900,75	787,75	679,58
Ost	II	**1 328,41**	393,00	346,33	II	1 201,58	1 076,33	956,00	840,66	730,16	624,66
	III	**907,33**	393,00	346,33	III	814,00	723,16	634,83	549,00	465,50	384,66
	V	**1 824,25**	393,00	346,33	IV	1 331,75	1 268,33	1 204,91	1 141,66	1 079,58	1 018,75
	VI	**1 860,50**	393,00	346,33							
5 792,99	I,IV	**1 386,50**	393,00	346,33	I	1 259,66	1 133,16	1 010,58	892,91	780,16	672,41
West	II	**1 319,75**	393,00	346,33	II	1 192,91	1 068,00	948,00	832,91	722,83	617,66
	III	**900,83**	393,00	346,33	III	807,83	717,16	629,00	543,16	460,00	379,16
	V	**1 815,58**	393,00	346,33	IV	1 323,08	1 259,66	1 196,25	1 133,16	1 071,25	1 010,58
	VI	**1 851,83**	393,00	346,33							
5 792,99	I,IV	**1 396,41**	393,00	346,33	I	1 269,58	1 142,91	1 020,00	901,91	788,83	680,66
Ost	II	**1 329,66**	393,00	346,33	II	1 202,83	1 077,58	957,16	841,75	731,25	625,66
	III	**908,33**	393,00	346,33	III	815,00	724,16	635,66	549,83	466,33	385,33
	V	**1 825,50**	393,00	346,33	IV	1 333,00	1 269,58	1 206,16	1 142,91	1 080,83	1 020,00
	VI	**1 861,75**	393,00	346,33							
5 795,99	I,IV	**1 387,66**	393,00	346,33	I	1 260,83	1 134,33	1 011,66	894,00	781,25	673,41
West	II	**1 320,91**	393,00	346,33	II	1 194,08	1 069,16	949,08	834,00	723,83	618,58
	III	**901,83**	393,00	346,33	III	808,66	718,00	629,83	544,00	460,66	380,00
	V	**1 816,75**	393,00	346,33	IV	1 324,25	1 260,83	1 197,41	1 134,33	1 072,41	1 011,66
	VI	**1 853,00**	393,00	346,33							
5 795,99	I,IV	**1 397,66**	393,00	346,33	I	1 270,83	1 144,16	1 021,16	903,08	789,91	681,66
Ost	II	**1 330,91**	393,00	346,33	II	1 204,08	1 078,83	958,41	842,91	732,33	626,66
	III	**909,16**	393,00	346,33	III	815,83	725,00	636,66	550,66	467,16	386,16
	V	**1 826,75**	393,00	346,33	IV	1 334,25	1 270,83	1 207,41	1 144,16	1 082,08	1 021,16
	VI	**1 863,00**	393,00	346,33							

* Zur LSt-Berechnung für privat versicherte Arbeitnehmer s. Beispiele **Vorbemerkung S. 4 f.**
** Basisvorsorgepauschale KV und PV *** Typisierter Arbeitgeberzuschuss

Lohn/ Gehalt in € bis	Steuerklasse	Lohn- steuer*	BVSP**	TAGZ***	Steuerklasse	Bemessungsgrundlage für Kirchensteuer und Solidaritätszuschlag					
						Freibeträge für ... Kinder					
						0,5	**1,0**	1,5	**2,0**	2,5	**3,0**
5 798,99	I,IV	**1 388,91**	393,00	346,33	I	1 262,08	1 135,50	1 012,83	895,08	782,25	674,41
West	II	**1 322,08**	393,00	346,33	II	1 195,25	1 070,33	950,25	835,08	724,83	619,58
	III	**902,66**	393,00	346,33	III	809,50	718,83	630,50	544,83	461,50	380,66
	V	**1 817,91**	393,00	346,33	IV	1 325,50	1 262,08	1 198,66	1 135,50	1 073,58	1 012,83
	VI	**1 854,25**	393,00	346,33							
5 798,99	I,IV	**1 398,91**	393,00	346,33	I	1 272,08	1 145,41	1 022,33	904,25	791,00	682,75
Ost	II	**1 332,16**	393,00	346,33	II	1 205,33	1 080,00	959,58	844,00	733,41	627,75
	III	**910,16**	393,00	346,33	III	816,83	725,83	637,50	551,50	468,00	387,00
	V	**1 828,00**	393,00	346,33	IV	1 335,50	1 272,08	1 208,66	1 145,41	1 083,25	1 022,33
	VI	**1 864,25**	393,00	346,33							
5 801,99	I,IV	**1 390,08**	393,00	346,33	I	1 263,25	1 136,66	1 013,91	896,16	783,33	675,41
West	II	**1 323,33**	393,00	346,33	II	1 196,50	1 071,41	951,33	836,16	725,83	620,50
	III	**903,50**	393,00	346,33	III	810,33	719,66	631,33	545,66	462,33	381,50
	V	**1 819,16**	393,00	346,33	IV	1 326,66	1 263,25	1 199,83	1 136,66	1 074,66	1 013,91
	VI	**1 855,41**	393,00	346,33							
5 801,99	I,IV	**1 400,16**	393,00	346,33	I	1 273,33	1 146,66	1 023,58	905,41	792,08	683,83
Ost	II	**1 333,41**	393,00	346,33	II	1 206,58	1 081,25	960,75	845,16	734,50	628,75
	III	**911,00**	393,00	346,33	III	817,66	726,83	638,33	552,33	468,83	387,83
	V	**1 829,25**	393,00	346,33	IV	1 336,75	1 273,33	1 209,91	1 146,66	1 084,50	1 023,58
	VI	**1 865,50**	393,00	346,33							
5 804,99	I,IV	**1 391,25**	393,00	346,33	I	1 264,41	1 137,83	1 015,08	897,25	784,33	676,33
West	II	**1 324,50**	393,00	346,33	II	1 197,66	1 072,58	952,41	837,16	726,91	621,50
	III	**904,50**	393,00	346,33	III	811,16	720,50	632,16	546,33	463,00	382,16
	V	**1 820,33**	393,00	346,33	IV	1 327,83	1 264,41	1 201,00	1 137,83	1 075,83	1 015,08
	VI	**1 856,58**	393,00	346,33							
5 804,99	I,IV	**1 401,50**	393,00	346,33	I	1 274,58	1 147,91	1 024,75	906,50	793,25	684,83
Ost	II	**1 334,66**	393,00	346,33	II	1 207,83	1 082,50	961,91	846,25	735,58	629,75
	III	**912,00**	393,00	346,33	III	818,66	727,66	639,16	553,16	469,66	388,50
	V	**1 830,50**	393,00	346,33	IV	1 338,08	1 274,58	1 211,16	1 147,91	1 085,75	1 024,75
	VI	**1 866,75**	393,00	346,33							
5 807,99	I,IV	**1 392,50**	393,00	346,33	I	1 265,66	1 139,00	1 016,25	898,33	785,33	677,33
West	II	**1 325,66**	393,00	346,33	II	1 198,83	1 073,75	953,50	838,25	727,91	622,50
	III	**905,33**	393,00	346,33	III	812,16	721,33	633,00	547,16	463,83	383,00
	V	**1 821,50**	393,00	346,33	IV	1 329,08	1 265,66	1 202,16	1 139,00	1 077,00	1 016,25
	VI	**1 857,75**	393,00	346,33							
5 807,99	I,IV	**1 402,75**	393,00	346,33	I	1 275,91	1 149,16	1 026,00	907,66	794,33	685,91
Ost	II	**1 335,91**	393,00	346,33	II	1 209,08	1 083,66	963,08	847,41	736,66	630,83
	III	**913,00**	393,00	346,33	III	819,50	728,50	640,00	554,00	470,50	389,33
	V	**1 831,75**	393,00	346,33	IV	1 339,33	1 275,91	1 212,50	1 149,16	1 086,91	1 026,00
	VI	**1 868,00**	393,00	346,33							
5 810,99	I,IV	**1 393,58**	393,00	346,33	I	1 266,75	1 140,16	1 017,33	899,41	786,41	678,33
West	II	**1 326,83**	393,00	346,33	II	1 200,00	1 074,83	954,58	839,25	728,83	623,41
	III	**906,16**	393,00	346,33	III	812,83	722,16	633,83	548,00	464,50	383,66
	V	**1 822,66**	393,00	346,33	IV	1 330,16	1 266,75	1 203,33	1 140,16	1 078,16	1 017,33
	VI	**1 858,91**	393,00	346,33							
5 810,99	I,IV	**1 404,00**	393,00	346,33	I	1 277,16	1 150,41	1 027,16	908,83	795,41	687,00
Ost	II	**1 337,16**	393,00	346,33	II	1 210,33	1 084,91	964,25	848,50	737,66	631,83
	III	**913,83**	393,00	346,33	III	820,50	729,50	641,00	554,83	471,33	390,16
	V	**1 833,00**	393,00	346,33	IV	1 340,58	1 277,16	1 213,75	1 150,41	1 088,16	1 027,16
	VI	**1 869,33**	393,00	346,33							
5 813,99	I,IV	**1 394,83**	393,00	346,33	I	1 268,00	1 141,33	1 018,41	900,50	787,41	679,33
West	II	**1 328,00**	393,00	346,33	II	1 201,16	1 076,00	955,75	840,33	729,91	624,33
	III	**907,00**	393,00	346,33	III	813,83	723,00	634,66	548,66	465,33	384,33
	V	**1 823,83**	393,00	346,33	IV	1 331,41	1 268,00	1 204,58	1 141,33	1 079,25	1 018,41
	VI	**1 860,16**	393,00	346,33							
5 813,99	I,IV	**1 405,25**	393,00	346,33	I	1 278,41	1 151,66	1 028,33	910,00	796,50	688,00
Ost	II	**1 338,50**	393,00	346,33	II	1 211,58	1 086,16	965,41	849,66	738,75	632,83
	III	**914,83**	393,00	346,33	III	821,33	730,33	641,83	555,66	472,16	391,00
	V	**1 834,33**	393,00	346,33	IV	1 341,83	1 278,41	1 215,00	1 151,66	1 089,41	1 028,33
	VI	**1 870,58**	393,00	346,33							

* Zur LSt-Berechnung für privat versicherte Arbeitnehmer s. Beispiele **Vorbemerkung S. 4 f.**
** Basisvorsorgepauschale KV und PV *** Typisierter Arbeitgeberzuschuss

Lohn/ Gehalt in € bis	Steuerklasse	Lohn-steuer*	BVSP**	TAGZ***	Steuerklasse	Bemessungsgrundlage für Kirchensteuer und Solidaritätszuschlag – Freibeträge für ... Kinder 0,5	**1,0**	1,5	**2,0**	2,5	**3,0**
5816,99	I,IV	**1396,00**	393,00	346,33	I	1269,16	1142,50	1019,58	901,58	788,41	680,33
West	II	**1329,25**	393,00	346,33	II	1202,41	1077,16	956,83	841,41	730,91	625,33
	III	**908,00**	393,00	346,33	III	814,66	723,83	635,50	549,50	466,16	385,16
	V	**1825,08**	393,00	346,33	IV	1332,58	1269,16	1205,75	1142,50	1080,41	1019,58
	VI	**1861,33**	393,00	346,33							
5816,99	I,IV	**1406,50**	393,00	346,33	I	1279,66	1152,91	1029,58	911,16	797,66	689,08
Ost	II	**1339,75**	393,00	346,33	II	1212,91	1087,33	966,58	850,75	739,83	633,91
	III	**915,83**	393,00	346,33	III	822,33	731,16	642,66	556,50	472,83	391,66
	V	**1835,58**	393,00	346,33	IV	1343,08	1279,66	1216,25	1152,91	1090,66	1029,58
	VI	**1871,83**	393,00	346,33							
5819,99	I,IV	**1397,16**	393,00	346,33	I	1270,33	1143,66	1020,66	902,66	789,50	681,25
West	II	**1330,41**	393,00	346,33	II	1203,58	1078,33	957,91	842,41	731,91	626,33
	III	**908,83**	393,00	346,33	III	815,50	724,66	636,16	550,33	466,83	385,83
	V	**1826,25**	393,00	346,33	IV	1333,75	1270,33	1206,91	1143,66	1081,58	1020,66
	VI	**1862,50**	393,00	346,33							
5819,99	I,IV	**1407,75**	393,00	346,33	I	1280,91	1154,16	1030,75	912,25	798,75	690,08
Ost	II	**1341,00**	393,00	346,33	II	1214,16	1088,58	967,75	851,91	740,91	634,91
	III	**916,66**	393,00	346,33	III	823,16	732,16	643,50	557,33	473,66	392,50
	V	**1836,83**	393,00	346,33	IV	1344,33	1280,91	1217,50	1154,16	1091,83	1030,75
	VI	**1873,08**	393,00	346,33							
5822,99	I,IV	**1398,41**	393,00	346,33	I	1271,58	1144,91	1021,83	903,75	790,50	682,25
West	II	**1331,58**	393,00	346,33	II	1204,75	1079,50	959,00	843,50	732,91	627,25
	III	**909,66**	393,00	346,33	III	816,33	725,50	637,00	551,16	467,66	386,66
	V	**1827,41**	393,00	346,33	IV	1335,00	1271,58	1208,08	1144,91	1082,75	1021,83
	VI	**1863,66**	393,00	346,33							
5822,99	I,IV	**1409,00**	393,00	346,33	I	1282,16	1155,41	1032,00	913,41	799,83	691,16
Ost	II	**1342,25**	393,00	346,33	II	1215,41	1089,83	968,91	853,00	742,00	635,91
	III	**917,66**	393,00	346,33	III	824,16	733,00	644,33	558,16	474,50	393,33
	V	**1838,08**	393,00	346,33	IV	1345,58	1282,16	1218,75	1155,41	1093,08	1032,00
	VI	**1874,33**	393,00	346,33							
5825,99	I,IV	**1399,58**	393,00	346,33	I	1272,75	1146,08	1023,00	904,83	791,58	683,25
West	II	**1332,83**	393,00	346,33	II	1205,91	1080,66	960,16	844,58	733,91	628,25
	III	**910,66**	393,00	346,33	III	817,16	726,33	637,83	551,83	468,33	387,33
	V	**1828,66**	393,00	346,33	IV	1336,16	1272,75	1209,33	1146,08	1083,91	1023,00
	VI	**1864,91**	393,00	346,33							
5825,99	I,IV	**1410,25**	393,00	346,33	I	1283,41	1156,66	1033,16	914,58	800,91	692,25
Ost	II	**1343,50**	393,00	346,33	II	1216,66	1091,00	970,08	854,16	743,08	637,00
	III	**918,66**	393,00	346,33	III	825,00	733,83	645,33	559,00	475,33	394,16
	V	**1839,33**	393,00	346,33	IV	1346,83	1283,41	1220,00	1156,66	1094,33	1033,16
	VI	**1875,58**	393,00	346,33							
5828,99	I,IV	**1400,75**	393,00	346,33	I	1273,91	1147,16	1024,08	905,83	792,58	684,25
West	II	**1333,91**	393,00	346,33	II	1207,08	1081,75	961,25	845,58	734,91	629,16
	III	**911,50**	393,00	346,33	III	818,16	727,16	638,66	552,66	469,16	388,16
	V	**1829,75**	393,00	346,33	IV	1337,33	1273,91	1210,50	1147,16	1085,00	1024,08
	VI	**1866,08**	393,00	346,33							
5828,99	I,IV	**1411,58**	393,00	346,33	I	1284,66	1157,91	1034,33	915,75	802,08	693,25
Ost	II	**1344,75**	393,00	346,33	II	1217,91	1092,25	971,33	855,25	744,16	638,00
	III	**919,50**	393,00	346,33	III	826,00	734,83	646,16	560,00	476,16	394,83
	V	**1840,58**	393,00	346,33	IV	1348,08	1284,66	1221,25	1157,91	1095,50	1034,33
	VI	**1876,83**	393,00	346,33							
5831,99	I,IV	**1401,91**	393,00	346,33	I	1275,08	1148,41	1025,16	906,91	793,58	685,25
West	II	**1335,16**	393,00	346,33	II	1208,33	1082,91	962,33	846,66	735,91	630,16
	III	**912,33**	393,00	346,33	III	819,00	728,00	639,50	553,50	470,00	388,83
	V	**1831,00**	393,00	346,33	IV	1338,50	1275,08	1211,66	1148,41	1086,16	1025,16
	VI	**1867,25**	393,00	346,33							
5831,99	I,IV	**1412,83**	393,00	346,33	I	1286,00	1159,16	1035,58	916,91	803,16	694,33
Ost	II	**1346,00**	393,00	346,33	II	1219,16	1093,50	972,50	856,41	745,25	639,00
	III	**920,50**	393,00	346,33	III	826,83	735,66	647,00	560,83	477,00	395,66
	V	**1841,83**	393,00	346,33	IV	1349,41	1286,00	1222,58	1159,16	1096,75	1035,58
	VI	**1878,08**	393,00	346,33							

* Zur LSt-Berechnung für privat versicherte Arbeitnehmer s. Beispiele **Vorbemerkung S. 4f.**
** Basisvorsorgepauschale KV und PV *** Typisierter Arbeitgeberzuschuss

Lohn/ Gehalt in € bis	Steuerklasse	Lohn-steuer*	BVSP**	TAGZ***	Steuerklasse	Bemessungsgrundlage für Kirchensteuer und Solidaritätszuschlag					
						Freibeträge für ... Kinder					
						0,5	**1,0**	1,5	**2,0**	2,5	**3,0**
5834,99	I,IV	**1403,08**	393,00	346,33	I	1276,25	1149,58	1026,33	908,00	794,66	686,25
West	II	**1336,33**	393,00	346,33	II	1209,50	1084,08	963,41	847,75	736,91	631,08
	III	**913,33**	393,00	346,33	III	819,83	728,83	640,33	554,33	470,66	389,66
	V	**1832,16**	393,00	346,33	IV	1339,66	1276,25	1212,83	1149,58	1087,33	1026,33
	VI	**1868,41**	393,00	346,33							
5834,99	I,IV	**1414,08**	393,00	346,33	I	1287,25	1160,41	1036,75	918,08	804,25	695,41
Ost	II	**1347,25**	393,00	346,33	II	1220,41	1094,75	973,66	857,50	746,33	640,08
	III	**921,50**	393,00	346,33	III	827,83	736,50	647,83	561,66	477,83	396,50
	V	**1843,08**	393,00	346,33	IV	1350,66	1287,25	1223,83	1160,41	1098,00	1036,75
	VI	**1879,41**	393,00	346,33							
5837,99	I,IV	**1404,33**	393,00	346,33	I	1277,41	1150,75	1027,50	909,08	795,66	687,25
West	II	**1337,50**	393,00	346,33	II	1210,66	1085,25	964,50	848,75	738,00	632,08
	III	**914,16**	393,00	346,33	III	820,66	729,66	641,16	555,16	471,50	390,33
	V	**1833,33**	393,00	346,33	IV	1340,91	1277,41	1214,00	1150,75	1088,50	1027,50
	VI	**1869,58**	393,00	346,33							
5837,99	I,IV	**1415,33**	393,00	346,33	I	1288,50	1161,66	1038,00	919,16	805,33	696,41
Ost	II	**1348,58**	393,00	346,33	II	1221,66	1095,91	974,83	858,66	747,41	641,08
	III	**922,33**	393,00	346,33	III	828,66	737,50	648,66	562,50	478,66	397,33
	V	**1844,41**	393,00	346,33	IV	1351,91	1288,50	1225,08	1161,66	1099,25	1038,00
	VI	**1880,66**	393,00	346,33							
5840,99	I,IV	**1405,50**	393,00	346,33	I	1278,66	1151,91	1028,58	910,16	796,75	688,25
West	II	**1338,66**	393,00	346,33	II	1211,83	1086,41	965,66	849,83	739,00	633,08
	III	**915,00**	393,00	346,33	III	821,50	730,50	642,00	555,83	472,33	391,16
	V	**1834,58**	393,00	346,33	IV	1342,08	1278,66	1215,25	1151,91	1089,66	1028,58
	VI	**1870,83**	393,00	346,33							
5840,99	I,IV	**1416,58**	393,00	346,33	I	1289,75	1162,91	1039,16	920,33	806,50	697,50
Ost	II	**1349,83**	393,00	346,33	II	1223,00	1097,16	976,00	859,75	748,50	642,16
	III	**923,33**	393,00	346,33	III	829,66	738,33	649,66	563,33	479,50	398,16
	V	**1845,66**	393,00	346,33	IV	1353,16	1289,75	1226,33	1162,91	1100,41	1039,16
	VI	**1881,91**	393,00	346,33							
5843,99	I,IV	**1406,66**	393,00	346,33	I	1279,83	1153,08	1029,75	911,25	797,75	689,25
West	II	**1339,91**	393,00	346,33	II	1213,08	1087,50	966,75	850,91	740,00	634,00
	III	**916,00**	393,00	346,33	III	822,50	731,33	642,83	556,66	473,00	391,83
	V	**1835,75**	393,00	346,33	IV	1343,25	1279,83	1216,41	1153,08	1090,83	1029,75
	VI	**1872,00**	393,00	346,33							
5843,99	I,IV	**1417,83**	393,00	346,33	I	1291,00	1164,16	1040,41	921,50	807,58	698,58
Ost	II	**1351,08**	393,00	346,33	II	1224,25	1098,41	977,16	860,91	749,58	643,16
	III	**924,33**	393,00	346,33	III	830,50	739,33	650,50	564,16	480,33	398,83
	V	**1846,91**	393,00	346,33	IV	1354,41	1291,00	1227,58	1164,16	1101,66	1040,41
	VI	**1883,16**	393,00	346,33							
5846,99	I,IV	**1407,83**	393,00	346,33	I	1281,00	1154,25	1030,83	912,41	798,83	690,16
West	II	**1341,08**	393,00	346,33	II	1214,25	1088,66	967,83	852,00	741,00	635,00
	III	**916,83**	393,00	346,33	III	823,33	732,16	643,66	557,50	473,83	392,66
	V	**1836,91**	393,00	346,33	IV	1344,41	1281,00	1217,58	1154,25	1091,91	1030,83
	VI	**1873,16**	393,00	346,33							
5846,99	I,IV	**1419,08**	393,00	346,33	I	1292,25	1165,41	1041,58	922,66	808,66	699,66
Ost	II	**1352,33**	393,00	346,33	II	1225,50	1099,66	978,33	862,08	750,66	644,16
	III	**925,16**	393,00	346,33	III	831,50	740,16	651,33	565,00	481,16	399,66
	V	**1848,16**	393,00	346,33	IV	1355,66	1292,25	1228,83	1165,41	1102,91	1041,58
	VI	**1884,41**	393,00	346,33							
5849,99	I,IV	**1409,00**	393,00	346,33	I	1282,16	1155,41	1032,00	913,41	799,83	691,16
West	II	**1342,25**	393,00	346,33	II	1215,41	1089,83	968,91	853,00	742,00	635,91
	III	**917,66**	393,00	346,33	III	824,16	733,00	644,33	558,16	474,50	393,33
	V	**1838,08**	393,00	346,33	IV	1345,58	1282,16	1218,75	1155,41	1093,08	1032,00
	VI	**1874,33**	393,00	346,33							
5849,99	I,IV	**1420,33**	393,00	346,33	I	1293,50	1166,66	1042,83	923,83	809,83	700,66
Ost	II	**1353,58**	393,00	346,33	II	1226,75	1100,83	979,58	863,16	751,75	645,25
	III	**926,16**	393,00	346,33	III	832,33	741,00	652,16	565,83	482,00	400,50
	V	**1849,41**	393,00	346,33	IV	1356,91	1293,50	1230,08	1166,66	1104,16	1042,83
	VI	**1885,66**	393,00	346,33							

* Zur LSt-Berechnung für privat versicherte Arbeitnehmer s. Beispiele **Vorbemerkung S. 4f.**
** Basisvorsorgepauschale KV und PV *** Typisierter Arbeitgeberzuschuss

Lohn/ Gehalt in € bis	Steuerklasse	Lohn-steuer*	BVSP**	TAGZ***	Steuerklasse	Bemessungsgrundlage für Kirchensteuer und Solidaritätszuschlag – Freibeträge für ... Kinder 0,5	1,0	1,5	2,0	2,5	3,0
5 852,99	I,IV	**1 410,25**	393,00	346,33	I	1 283,33	1 156,58	1 033,08	914,50	800,91	692,16
West	II	**1 343,41**	393,00	346,33	II	1 216,58	1 091,00	970,08	854,08	743,00	636,91
	III	**918,50**	393,00	346,33	III	825,00	733,83	645,16	559,00	475,33	394,00
	V	**1 839,25**	393,00	346,33	IV	1 346,83	1 283,33	1 219,91	1 156,58	1 094,25	1 033,08
	VI	**1 875,50**	393,00	346,33							
5 852,99	I,IV	**1 421,58**	393,00	346,33	I	1 294,75	1 168,00	1 044,00	925,00	810,91	701,75
Ost	II	**1 354,83**	393,00	346,33	II	1 228,00	1 102,08	980,75	864,33	752,83	646,25
	III	**927,00**	393,00	346,33	III	833,33	742,00	653,00	566,66	482,66	401,33
	V	**1 850,66**	393,00	346,33	IV	1 358,16	1 294,75	1 231,33	1 168,00	1 105,33	1 044,00
	VI	**1 886,91**	393,00	346,33							
5 855,99	I,IV	**1 411,41**	393,00	346,33	I	1 284,58	1 157,83	1 034,25	915,58	801,91	693,16
West	II	**1 344,58**	393,00	346,33	II	1 217,75	1 092,16	971,16	855,16	744,08	637,91
	III	**919,50**	393,00	346,33	III	825,83	734,66	646,00	559,83	476,16	394,83
	V	**1 840,50**	393,00	346,33	IV	1 348,00	1 284,58	1 221,16	1 157,83	1 095,41	1 034,25
	VI	**1 876,75**	393,00	346,33							
5 855,99	I,IV	**1 422,91**	393,00	346,33	I	1 296,08	1 169,25	1 045,25	926,16	812,00	702,83
Ost	II	**1 356,08**	393,00	346,33	II	1 229,25	1 103,33	981,91	865,41	753,91	647,33
	III	**928,00**	393,00	346,33	III	834,16	742,83	654,00	567,50	483,50	402,00
	V	**1 851,91**	393,00	346,33	IV	1 359,50	1 296,08	1 232,58	1 169,25	1 106,58	1 045,25
	VI	**1 888,16**	393,00	346,33							
5 858,99	I,IV	**1 412,58**	393,00	346,33	I	1 285,75	1 159,00	1 035,33	916,66	803,00	694,16
West	II	**1 345,83**	393,00	346,33	II	1 219,00	1 093,25	972,25	856,16	745,08	638,83
	III	**920,33**	393,00	346,33	III	826,66	735,50	646,83	560,66	476,83	395,50
	V	**1 841,66**	393,00	346,33	IV	1 349,16	1 285,75	1 222,33	1 159,00	1 096,58	1 035,33
	VI	**1 877,91**	393,00	346,33							
5 858,99	I,IV	**1 424,16**	393,00	346,33	I	1 297,33	1 170,50	1 046,41	927,33	813,08	703,83
Ost	II	**1 357,33**	393,00	346,33	II	1 230,50	1 104,58	983,08	866,58	755,00	648,33
	III	**929,00**	393,00	346,33	III	835,16	743,66	654,83	568,33	484,33	402,83
	V	**1 853,16**	393,00	346,33	IV	1 360,75	1 297,33	1 233,91	1 170,50	1 107,83	1 046,41
	VI	**1 889,50**	393,00	346,33							
5 861,99	I,IV	**1 413,75**	393,00	346,33	I	1 286,91	1 160,16	1 036,50	917,83	804,00	695,16
West	II	**1 347,00**	393,00	346,33	II	1 220,16	1 094,41	973,41	857,25	746,08	639,83
	III	**921,16**	393,00	346,33	III	827,50	736,33	647,66	561,50	477,66	396,33
	V	**1 842,83**	393,00	346,33	IV	1 350,33	1 286,91	1 223,50	1 160,16	1 097,75	1 036,50
	VI	**1 879,08**	393,00	346,33							
5 861,99	I,IV	**1 425,41**	393,00	346,33	I	1 298,58	1 171,75	1 047,66	928,50	814,25	704,91
Ost	II	**1 358,58**	393,00	346,33	II	1 231,75	1 105,75	984,25	867,66	756,08	649,33
	III	**929,83**	393,00	346,33	III	836,00	744,66	655,66	569,16	485,16	403,66
	V	**1 854,50**	393,00	346,33	IV	1 362,00	1 298,58	1 235,16	1 171,75	1 109,08	1 047,66
	VI	**1 890,75**	393,00	346,33							
5 864,99	I,IV	**1 415,00**	393,00	346,33	I	1 288,16	1 161,33	1 037,66	918,91	805,08	696,16
West	II	**1 348,16**	393,00	346,33	II	1 221,33	1 095,58	974,50	858,33	747,08	640,83
	III	**922,16**	393,00	346,33	III	828,50	737,16	648,50	562,16	478,50	397,00
	V	**1 844,00**	393,00	346,33	IV	1 351,58	1 288,16	1 224,75	1 161,33	1 098,91	1 037,66
	VI	**1 880,25**	393,00	346,33							
5 864,99	I,IV	**1 426,66**	393,00	346,33	I	1 299,83	1 173,00	1 048,83	929,58	815,33	706,00
Ost	II	**1 359,91**	393,00	346,33	II	1 233,08	1 107,00	985,41	868,83	757,16	650,41
	III	**930,83**	393,00	346,33	III	837,00	745,50	656,50	570,00	486,00	404,50
	V	**1 855,75**	393,00	346,33	IV	1 363,25	1 299,83	1 236,41	1 173,00	1 110,33	1 048,83
	VI	**1 892,00**	393,00	346,33							
5 867,99	I,IV	**1 416,16**	393,00	346,33	I	1 289,25	1 162,50	1 038,75	919,91	806,08	697,16
West	II	**1 349,33**	393,00	346,33	II	1 222,50	1 096,75	975,58	859,33	748,08	641,75
	III	**923,00**	393,00	346,33	III	829,33	738,00	649,33	563,00	479,16	397,83
	V	**1 845,16**	393,00	346,33	IV	1 352,66	1 289,25	1 225,83	1 162,50	1 100,00	1 038,75
	VI	**1 881,41**	393,00	346,33							
5 867,99	I,IV	**1 427,91**	393,00	346,33	I	1 301,08	1 174,25	1 050,08	930,75	816,41	707,08
Ost	II	**1 361,16**	393,00	346,33	II	1 234,33	1 108,25	986,66	870,00	758,25	651,41
	III	**931,83**	393,00	346,33	III	837,83	746,50	657,50	570,83	486,83	405,33
	V	**1 857,00**	393,00	346,33	IV	1 364,50	1 301,08	1 237,66	1 174,25	1 111,50	1 050,08
	VI	**1 893,25**	393,00	346,33							

* Zur LSt-Berechnung für privat versicherte Arbeitnehmer s. Beispiele **Vorbemerkung S. 4 f.**
** Basisvorsorgepauschale KV und PV *** Typisierter Arbeitgeberzuschuss

Lohn/ Gehalt in € bis	Steuerklasse	Lohn-steuer*	BVSP**	TAGZ***	Steuerklasse	Bemessungsgrundlage für Kirchensteuer und Solidaritätszuschlag – Freibeträge für ... Kinder 0,5	1,0	1,5	2,0	2,5	3,0
5 870,99	I,IV	**1 417,33**	393,00	346,33	I	1 290,50	1 163,66	1 039,91	921,00	807,08	698,16
West	II	**1 350,50**	393,00	346,33	II	1 223,66	1 097,91	976,66	860,41	749,08	642,75
	III	**923,83**	393,00	346,33	III	830,16	739,00	650,16	563,83	480,00	398,66
	V	**1 846,41**	393,00	346,33	IV	1 353,91	1 290,50	1 227,08	1 163,66	1 101,16	1 039,91
	VI	**1 882,66**	393,00	346,33							
5 870,99	I,IV	**1 429,16**	393,00	346,33	I	1 302,33	1 175,50	1 051,25	931,91	817,58	708,08
Ost	II	**1 362,41**	393,00	346,33	II	1 235,58	1 109,50	987,83	871,08	759,33	652,50
	III	**932,83**	393,00	346,33	III	838,83	747,33	658,33	571,83	487,66	406,00
	V	**1 858,25**	393,00	346,33	IV	1 365,75	1 302,33	1 238,91	1 175,50	1 112,75	1 051,25
	VI	**1 894,50**	393,00	346,33							
5 873,99	I,IV	**1 418,50**	393,00	346,33	I	1 291,66	1 164,83	1 041,00	922,16	808,16	699,16
West	II	**1 351,75**	393,00	346,33	II	1 224,91	1 099,08	977,83	861,50	750,16	643,66
	III	**924,83**	393,00	346,33	III	831,00	739,83	651,00	564,66	480,66	399,33
	V	**1 847,58**	393,00	346,33	IV	1 355,08	1 291,66	1 228,25	1 164,83	1 102,33	1 041,00
	VI	**1 883,83**	393,00	346,33							
5 873,99	I,IV	**1 430,41**	393,00	346,33	I	1 303,58	1 176,75	1 052,50	933,08	818,66	709,16
Ost	II	**1 363,66**	393,00	346,33	II	1 236,83	1 110,75	989,00	872,25	760,41	653,50
	III	**933,66**	393,00	346,33	III	839,66	748,16	659,16	572,66	488,50	406,83
	V	**1 859,50**	393,00	346,33	IV	1 367,00	1 303,58	1 240,16	1 176,75	1 114,00	1 052,50
	VI	**1 895,75**	393,00	346,33							
5 876,99	I,IV	**1 419,66**	393,00	346,33	I	1 292,83	1 166,08	1 042,16	923,25	809,16	700,16
West	II	**1 352,91**	393,00	346,33	II	1 226,08	1 100,25	978,91	862,58	751,16	644,66
	III	**925,66**	393,00	346,33	III	831,83	740,66	651,83	565,33	481,50	400,16
	V	**1 848,75**	393,00	346,33	IV	1 356,25	1 292,83	1 229,41	1 166,08	1 103,50	1 042,16
	VI	**1 885,00**	393,00	346,33							
5 876,99	I,IV	**1 431,66**	393,00	346,33	I	1 304,83	1 178,00	1 053,66	934,25	819,75	710,25
Ost	II	**1 364,91**	393,00	346,33	II	1 238,08	1 111,91	990,16	873,41	761,50	654,58
	III	**934,66**	393,00	346,33	III	840,66	749,16	660,00	573,50	489,33	407,66
	V	**1 860,75**	393,00	346,33	IV	1 368,25	1 304,83	1 241,41	1 178,00	1 115,25	1 053,66
	VI	**1 897,00**	393,00	346,33							
5 879,99	I,IV	**1 420,91**	393,00	346,33	I	1 294,08	1 167,25	1 043,33	924,33	810,25	701,16
West	II	**1 354,08**	393,00	346,33	II	1 227,25	1 101,33	980,00	863,66	752,16	645,66
	III	**926,50**	393,00	346,33	III	832,83	741,50	652,66	566,16	482,33	400,83
	V	**1 849,91**	393,00	346,33	IV	1 357,50	1 294,08	1 230,66	1 167,25	1 104,66	1 043,33
	VI	**1 886,16**	393,00	346,33							
5 879,99	I,IV	**1 433,00**	393,00	346,33	I	1 306,08	1 179,25	1 054,91	935,41	820,91	711,33
Ost	II	**1 366,16**	393,00	346,33	II	1 239,33	1 113,16	991,41	874,50	762,58	655,58
	III	**935,66**	393,00	346,33	III	841,50	750,00	661,00	574,33	490,16	408,50
	V	**1 862,00**	393,00	346,33	IV	1 369,58	1 306,08	1 242,66	1 179,25	1 116,50	1 054,91
	VI	**1 898,25**	393,00	346,33							
5 882,99	I,IV	**1 422,08**	393,00	346,33	I	1 295,25	1 168,41	1 044,41	925,41	811,33	702,16
West	II	**1 355,33**	393,00	346,33	II	1 228,41	1 102,50	981,16	864,75	753,25	646,66
	III	**927,50**	393,00	346,33	III	833,66	742,33	653,50	567,00	483,00	401,66
	V	**1 851,16**	393,00	346,33	IV	1 358,66	1 295,25	1 231,83	1 168,41	1 105,83	1 044,41
	VI	**1 887,41**	393,00	346,33							
5 882,99	I,IV	**1 434,25**	393,00	346,33	I	1 307,41	1 180,58	1 056,08	936,58	822,00	712,33
Ost	II	**1 367,41**	393,00	346,33	II	1 240,58	1 114,41	992,58	875,66	763,66	656,66
	III	**936,50**	393,00	346,33	III	842,50	750,83	661,83	575,16	491,00	409,33
	V	**1 863,25**	393,00	346,33	IV	1 370,83	1 307,41	1 244,00	1 180,58	1 117,66	1 056,08
	VI	**1 899,50**	393,00	346,33							
5 885,99	I,IV	**1 423,25**	393,00	346,33	I	1 296,41	1 169,58	1 045,58	926,50	812,33	703,16
West	II	**1 356,50**	393,00	346,33	II	1 229,66	1 103,66	982,25	865,75	754,25	647,58
	III	**928,33**	393,00	346,33	III	834,50	743,16	654,16	567,83	483,83	402,33
	V	**1 852,33**	393,00	346,33	IV	1 359,83	1 296,41	1 233,00	1 169,58	1 107,00	1 045,58
	VI	**1 888,58**	393,00	346,33							
5 885,99	I,IV	**1 435,50**	393,00	346,33	I	1 308,66	1 181,83	1 057,33	937,75	823,16	713,41
Ost	II	**1 368,66**	393,00	346,33	II	1 241,83	1 115,66	993,75	876,75	764,75	657,66
	III	**937,50**	393,00	346,33	III	843,33	751,83	662,66	576,00	491,83	410,00
	V	**1 864,50**	393,00	346,33	IV	1 372,08	1 308,66	1 245,25	1 181,83	1 118,91	1 057,33
	VI	**1 900,83**	393,00	346,33							

* Zur LSt-Berechnung für privat versicherte Arbeitnehmer s. Beispiele **Vorbemerkung S. 4 f.**
** Basisvorsorgepauschale KV und PV *** Typisierter Arbeitgeberzuschuss

Lohn/ Gehalt in € bis	Steuerklasse	Lohnsteuer*	BVSP**	TAGZ***	Steuerklasse	Bemessungsgrundlage für Kirchensteuer und Solidaritätszuschlag – Freibeträge für ... Kinder 0,5	1,0	1,5	2,0	2,5	3,0
5 888,99 West	I,IV	**1 424,41**	393,00	346,33	I	1 297,58	1 170,75	1 046,66	927,58	813,33	704,08
	II	**1 357,66**	393,00	346,33	II	1 230,83	1 104,83	983,33	866,83	755,25	648,58
	III	**929,16**	393,00	346,33	III	835,33	744,00	655,00	568,50	484,50	403,00
	V	**1 853,50**	393,00	346,33	IV	1 361,00	1 297,58	1 234,16	1 170,75	1 108,08	1 046,66
	VI	**1 889,75**	393,00	346,33							
5 888,99 Ost	I,IV	**1 436,75**	393,00	346,33	I	1 309,91	1 183,08	1 058,50	938,91	824,25	714,50
	II	**1 370,00**	393,00	346,33	II	1 243,08	1 116,91	994,91	877,91	765,83	658,66
	III	**938,50**	393,00	346,33	III	844,33	752,66	663,50	576,83	492,66	410,83
	V	**1 865,83**	393,00	346,33	IV	1 373,33	1 309,91	1 246,50	1 183,08	1 120,16	1 058,50
	VI	**1 902,08**	393,00	346,33							
5 891,99 West	I,IV	**1 425,58**	393,00	346,33	I	1 298,75	1 171,91	1 047,83	928,66	814,41	705,08
	II	**1 358,83**	393,00	346,33	II	1 232,00	1 106,00	984,50	867,91	756,25	649,50
	III	**930,00**	393,00	346,33	III	836,16	744,83	655,83	569,33	485,33	403,83
	V	**1 854,66**	393,00	346,33	IV	1 362,16	1 298,75	1 235,33	1 171,91	1 109,25	1 047,83
	VI	**1 890,91**	393,00	346,33							
5 891,99 Ost	I,IV	**1 438,00**	393,00	346,33	I	1 311,16	1 184,33	1 059,75	940,08	825,33	715,58
	II	**1 371,25**	393,00	346,33	II	1 244,41	1 118,08	996,08	879,08	766,91	659,75
	III	**939,33**	393,00	346,33	III	845,33	753,66	664,50	577,66	493,50	411,66
	V	**1 867,08**	393,00	346,33	IV	1 374,58	1 311,16	1 247,75	1 184,33	1 121,41	1 059,75
	VI	**1 903,33**	393,00	346,33							
5 894,99 West	I,IV	**1 426,83**	393,00	346,33	I	1 300,00	1 173,16	1 049,00	929,75	815,50	706,08
	II	**1 360,00**	393,00	346,33	II	1 233,16	1 107,16	985,58	869,00	757,25	650,50
	III	**931,00**	393,00	346,33	III	837,00	745,66	656,66	570,16	486,16	404,50
	V	**1 855,83**	393,00	346,33	IV	1 363,41	1 300,00	1 236,58	1 173,16	1 110,41	1 049,00
	VI	**1 892,08**	393,00	346,33							
5 894,99 Ost	I,IV	**1 439,25**	393,00	346,33	I	1 312,41	1 185,58	1 060,91	941,25	826,50	716,66
	II	**1 372,50**	393,00	346,33	II	1 245,66	1 119,33	997,33	880,16	768,00	660,75
	III	**940,33**	393,00	346,33	III	846,16	754,50	665,33	578,50	494,33	412,50
	V	**1 868,33**	393,00	346,33	IV	1 375,83	1 312,41	1 249,00	1 185,58	1 122,66	1 060,91
	VI	**1 904,58**	393,00	346,33							
5 897,99 West	I,IV	**1 428,00**	393,00	346,33	I	1 301,16	1 174,33	1 050,08	930,83	816,50	707,08
	II	**1 361,25**	393,00	346,33	II	1 234,33	1 108,33	986,66	870,00	758,33	651,50
	III	**931,83**	393,00	346,33	III	838,00	746,50	657,50	571,00	486,83	405,33
	V	**1 857,08**	393,00	346,33	IV	1 364,58	1 301,16	1 237,75	1 174,33	1 111,58	1 050,08
	VI	**1 893,33**	393,00	346,33							
5 897,99 Ost	I,IV	**1 440,50**	393,00	346,33	I	1 313,66	1 186,83	1 062,16	942,41	827,58	717,66
	II	**1 373,75**	393,00	346,33	II	1 246,91	1 120,58	998,50	881,33	769,08	661,83
	III	**941,33**	393,00	346,33	III	847,16	755,33	666,16	579,33	495,16	413,33
	V	**1 869,58**	393,00	346,33	IV	1 377,08	1 313,66	1 250,25	1 186,83	1 123,91	1 062,16
	VI	**1 905,83**	393,00	346,33							
5 900,99 West	I,IV	**1 429,16**	393,00	346,33	I	1 302,33	1 175,50	1 051,25	931,91	817,58	708,08
	II	**1 362,41**	393,00	346,33	II	1 235,58	1 109,50	987,83	871,08	759,33	652,50
	III	**932,83**	393,00	346,33	III	838,83	747,33	658,33	571,83	487,66	406,00
	V	**1 858,25**	393,00	346,33	IV	1 365,75	1 302,33	1 238,91	1 175,50	1 112,75	1 051,25
	VI	**1 894,50**	393,00	346,33							
5 900,99 Ost	I,IV	**1 441,75**	393,00	346,33	I	1 314,91	1 188,08	1 063,41	943,58	828,66	718,75
	II	**1 375,00**	393,00	346,33	II	1 248,16	1 121,83	999,66	882,50	770,16	662,83
	III	**942,16**	393,00	346,33	III	848,00	756,33	667,00	580,16	496,00	414,00
	V	**1 870,83**	393,00	346,33	IV	1 378,33	1 314,91	1 251,50	1 188,08	1 125,16	1 063,41
	VI	**1 907,08**	393,00	346,33							
5 903,99 West	I,IV	**1 430,33**	393,00	346,33	I	1 303,50	1 176,66	1 052,41	933,00	818,58	709,08
	II	**1 363,58**	393,00	346,33	II	1 236,75	1 110,66	988,91	872,16	760,33	653,41
	III	**933,66**	393,00	346,33	III	839,66	748,16	659,16	572,50	488,50	406,83
	V	**1 859,41**	393,00	346,33	IV	1 366,91	1 303,50	1 240,08	1 176,66	1 113,91	1 052,41
	VI	**1 895,66**	393,00	346,33							
5 903,99 Ost	I,IV	**1 443,08**	393,00	346,33	I	1 316,16	1 189,33	1 064,58	944,75	829,83	719,83
	II	**1 376,25**	393,00	346,33	II	1 249,41	1 123,08	1 000,91	883,58	771,33	663,91
	III	**943,16**	393,00	346,33	III	849,00	757,16	667,83	581,16	496,83	414,83
	V	**1 872,08**	393,00	346,33	IV	1 379,58	1 316,16	1 252,75	1 189,33	1 126,33	1 064,58
	VI	**1 908,33**	393,00	346,33							

* Zur LSt-Berechnung für privat versicherte Arbeitnehmer s. Beispiele **Vorbemerkung S. 4f.**
** Basisvorsorgepauschale KV und PV *** Typisierter Arbeitgeberzuschuss

Lohn/ Gehalt in € bis	Steuerklasse	Lohn-steuer*	BVSP**	TAGZ***	Steuerklasse	Bemessungsgrundlage für Kirchensteuer und Solidaritätszuschlag – Freibeträge für ... Kinder 0,5	**1,0**	1,5	**2,0**	2,5	**3,0**
5 906,99	I,IV	**1 431,50**	393,00	346,33	I	1 304,66	1 177,83	1 053,50	934,08	819,66	710,08
West	II	**1 364,75**	393,00	346,33	II	1 237,91	1 111,75	990,00	873,25	761,33	654,41
	III	**934,50**	393,00	346,33	III	840,50	749,00	660,00	573,33	489,16	407,50
	V	**1 860,58**	393,00	346,33	IV	1 368,08	1 304,66	1 241,25	1 177,83	1 115,08	1 053,50
	VI	**1 896,83**	393,00	346,33							
5 906,99	I,IV	**1 444,33**	393,00	346,33	I	1 317,50	1 190,58	1 065,83	945,91	830,91	720,91
Ost	II	**1 377,50**	393,00	346,33	II	1 250,66	1 124,33	1 002,08	884,75	772,41	664,91
	III	**944,16**	393,00	346,33	III	849,83	758,16	668,83	582,00	497,50	415,66
	V	**1 873,33**	393,00	346,33	IV	1 380,91	1 317,50	1 254,08	1 190,58	1 127,58	1 065,83
	VI	**1 909,58**	393,00	346,33							
5 909,99	I,IV	**1 432,75**	393,00	346,33	I	1 305,91	1 179,00	1 054,66	935,16	820,66	711,08
West	II	**1 365,91**	393,00	346,33	II	1 239,08	1 112,91	991,16	874,33	762,33	655,41
	III	**935,50**	393,00	346,33	III	841,33	749,83	660,83	574,16	490,00	408,33
	V	**1 861,75**	393,00	346,33	IV	1 369,33	1 305,91	1 242,41	1 179,00	1 116,25	1 054,66
	VI	**1 898,00**	393,00	346,33							
5 909,99	I,IV	**1 445,58**	393,00	346,33	I	1 318,75	1 191,91	1 067,00	947,08	832,08	722,00
Ost	II	**1 378,75**	393,00	346,33	II	1 251,91	1 125,58	1 003,25	885,91	773,50	666,00
	III	**945,00**	393,00	346,33	III	850,83	759,00	669,66	582,83	498,33	416,50
	V	**1 874,58**	393,00	346,33	IV	1 382,16	1 318,75	1 255,33	1 191,91	1 128,83	1 067,00
	VI	**1 910,91**	393,00	346,33							
5 912,99	I,IV	**1 433,91**	393,00	346,33	I	1 307,08	1 180,25	1 055,83	936,33	821,75	712,08
West	II	**1 367,16**	393,00	346,33	II	1 240,25	1 114,08	992,25	875,33	763,41	656,33
	III	**936,33**	393,00	346,33	III	842,33	750,66	661,66	575,00	490,83	409,16
	V	**1 863,00**	393,00	346,33	IV	1 370,50	1 307,08	1 243,66	1 180,25	1 117,41	1 055,83
	VI	**1 899,25**	393,00	346,33							
5 912,99	I,IV	**1 446,83**	393,00	346,33	I	1 320,00	1 193,16	1 068,25	948,25	833,16	723,00
Ost	II	**1 380,08**	393,00	346,33	II	1 253,16	1 126,75	1 004,41	887,08	774,58	667,00
	III	**946,00**	393,00	346,33	III	851,66	759,83	670,50	583,66	499,16	417,33
	V	**1 875,91**	393,00	346,33	IV	1 383,41	1 320,00	1 256,58	1 193,16	1 130,08	1 068,25
	VI	**1 912,16**	393,00	346,33							
5 915,99	I,IV	**1 435,08**	393,00	346,33	I	1 308,25	1 181,41	1 056,91	937,41	822,75	713,08
West	II	**1 368,33**	393,00	346,33	II	1 241,50	1 115,25	993,41	876,41	764,41	657,33
	III	**937,16**	393,00	346,33	III	843,16	751,50	662,50	575,83	491,50	409,83
	V	**1 864,16**	393,00	346,33	IV	1 371,66	1 308,25	1 244,83	1 181,41	1 118,58	1 056,91
	VI	**1 900,41**	393,00	346,33							
5 915,99	I,IV	**1 448,08**	393,00	346,33	I	1 321,25	1 194,41	1 069,50	949,41	834,33	724,08
Ost	II	**1 381,33**	393,00	346,33	II	1 254,50	1 128,00	1 005,66	888,16	775,66	668,08
	III	**947,00**	393,00	346,33	III	852,66	760,83	671,33	584,50	500,00	418,00
	V	**1 877,16**	393,00	346,33	IV	1 384,66	1 321,25	1 257,83	1 194,41	1 131,33	1 069,50
	VI	**1 913,41**	393,00	346,33							
5 918,99	I,IV	**1 436,25**	393,00	346,33	I	1 309,41	1 182,58	1 058,08	938,50	823,83	714,08
West	II	**1 369,50**	393,00	346,33	II	1 242,66	1 116,41	994,50	877,50	765,41	658,33
	III	**938,16**	393,00	346,33	III	844,00	752,33	663,33	576,50	492,33	410,66
	V	**1 865,33**	393,00	346,33	IV	1 372,83	1 309,41	1 246,00	1 182,58	1 119,75	1 058,08
	VI	**1 901,58**	393,00	346,33							
5 918,99	I,IV	**1 449,33**	393,00	346,33	I	1 322,50	1 195,66	1 070,66	950,58	835,41	725,16
Ost	II	**1 382,58**	393,00	346,33	II	1 255,75	1 129,25	1 006,83	889,33	776,75	669,16
	III	**947,83**	393,00	346,33	III	853,50	761,66	672,33	585,33	500,83	418,83
	V	**1 878,41**	393,00	346,33	IV	1 385,91	1 322,50	1 259,08	1 195,66	1 132,58	1 070,66
	VI	**1 914,66**	393,00	346,33							
5 921,99	I,IV	**1 437,50**	393,00	346,33	I	1 310,66	1 183,83	1 059,25	939,58	824,91	715,08
West	II	**1 370,66**	393,00	346,33	II	1 243,83	1 117,58	995,66	878,58	766,50	659,33
	III	**939,00**	393,00	346,33	III	844,83	753,33	664,00	577,33	493,16	411,33
	V	**1 866,50**	393,00	346,33	IV	1 374,08	1 310,66	1 247,25	1 183,83	1 120,91	1 059,25
	VI	**1 902,83**	393,00	346,33							
5 921,99	I,IV	**1 450,58**	393,00	346,33	I	1 323,75	1 196,91	1 071,91	951,75	836,50	726,25
Ost	II	**1 383,83**	393,00	346,33	II	1 257,00	1 130,50	1 008,00	890,50	777,83	670,16
	III	**948,83**	393,00	346,33	III	854,50	762,66	673,16	586,16	501,66	419,66
	V	**1 879,66**	393,00	346,33	IV	1 387,16	1 323,75	1 260,33	1 196,91	1 133,83	1 071,91
	VI	**1 915,91**	393,00	346,33							

* Zur LSt-Berechnung für privat versicherte Arbeitnehmer s. Beispiele **Vorbemerkung S. 4 f.**

** Basisvorsorgepauschale KV und PV *** Typisierter Arbeitgeberzuschuss

Lohn/ Gehalt in € bis	Steuerklasse	Lohn-steuer*	BVSP**	TAGZ***	Steuerklasse	Bemessungsgrundlage für Kirchensteuer und Solidaritätszuschlag – Freibeträge für ... Kinder 0,5	1,0	1,5	2,0	2,5	3,0
5 924,99 West	I,IV	**1 438,66**	393,00	346,33	I	1 311,83	1 185,00	1 060,41	940,66	825,91	716,16
	II	**1 371,91**	393,00	346,33	II	1 245,08	1 118,75	996,75	879,66	767,50	660,33
	III	**939,83**	393,00	346,33	III	845,83	754,16	664,83	578,16	493,83	412,16
	V	**1 867,75**	393,00	346,33	IV	1 375,25	1 311,83	1 248,41	1 185,00	1 122,08	1 060,41
	VI	**1 904,00**	393,00	346,33							
5 924,99 Ost	I,IV	**1 451,83**	393,00	346,33	I	1 325,00	1 198,16	1 073,08	952,91	837,66	727,33
	II	**1 385,08**	393,00	346,33	II	1 258,25	1 131,75	1 009,25	891,58	778,91	671,25
	III	**949,83**	393,00	346,33	III	855,50	763,50	674,00	587,00	502,50	420,50
	V	**1 880,91**	393,00	346,33	IV	1 388,41	1 325,00	1 261,58	1 198,16	1 135,08	1 073,08
	VI	**1 917,16**	393,00	346,33							
5 927,99 West	I,IV	**1 439,83**	393,00	346,33	I	1 313,00	1 186,16	1 061,50	941,75	827,00	717,08
	II	**1 373,08**	393,00	346,33	II	1 246,16	1 119,91	997,83	880,75	768,50	661,25
	III	**940,66**	393,00	346,33	III	846,66	754,83	665,66	579,00	494,66	412,83
	V	**1 868,91**	393,00	346,33	IV	1 376,41	1 313,00	1 249,58	1 186,16	1 123,16	1 061,50
	VI	**1 905,16**	393,00	346,33							
5 927,99 Ost	I,IV	**1 453,08**	393,00	346,33	I	1 326,25	1 199,41	1 074,33	954,08	838,75	728,41
	II	**1 386,33**	393,00	346,33	II	1 259,50	1 133,00	1 010,41	892,75	780,08	672,25
	III	**950,83**	393,00	346,33	III	856,33	764,33	675,00	587,83	503,33	421,33
	V	**1 882,16**	393,00	346,33	IV	1 389,66	1 326,25	1 262,83	1 199,41	1 136,33	1 074,33
	VI	**1 918,41**	393,00	346,33							
5 930,99 West	I,IV	**1 441,00**	393,00	346,33	I	1 314,16	1 187,33	1 062,66	942,83	828,00	718,08
	II	**1 374,25**	393,00	346,33	II	1 247,41	1 121,08	999,00	881,75	769,58	662,25
	III	**941,66**	393,00	346,33	III	847,50	755,83	666,50	579,66	495,50	413,50
	V	**1 870,08**	393,00	346,33	IV	1 377,58	1 314,16	1 250,75	1 187,33	1 124,41	1 062,66
	VI	**1 906,33**	393,00	346,33							
5 930,99 Ost	I,IV	**1 454,41**	393,00	346,33	I	1 327,58	1 200,66	1 075,58	955,25	839,91	729,50
	II	**1 387,58**	393,00	346,33	II	1 260,75	1 134,25	1 011,58	893,91	781,16	673,33
	III	**951,66**	393,00	346,33	III	857,33	765,33	675,83	588,83	504,16	422,16
	V	**1 883,41**	393,00	346,33	IV	1 391,00	1 327,58	1 264,08	1 200,66	1 137,58	1 075,58
	VI	**1 919,66**	393,00	346,33							
5 933,99 West	I,IV	**1 442,16**	393,00	346,33	I	1 315,33	1 188,50	1 063,75	944,00	829,08	719,08
	II	**1 375,41**	393,00	346,33	II	1 248,58	1 122,25	1 000,08	882,83	770,58	663,25
	III	**942,50**	393,00	346,33	III	848,33	756,66	667,33	580,50	496,16	414,33
	V	**1 871,25**	393,00	346,33	IV	1 378,75	1 315,33	1 251,91	1 188,50	1 125,58	1 063,75
	VI	**1 907,50**	393,00	346,33							
5 933,99 Ost	I,IV	**1 455,66**	393,00	346,33	I	1 328,83	1 202,00	1 076,75	956,41	841,00	730,50
	II	**1 388,83**	393,00	346,33	II	1 262,00	1 135,50	1 012,83	895,08	782,25	674,33
	III	**952,66**	393,00	346,33	III	858,16	766,16	676,66	589,66	505,00	422,83
	V	**1 884,66**	393,00	346,33	IV	1 392,25	1 328,83	1 265,41	1 202,00	1 138,83	1 076,75
	VI	**1 921,00**	393,00	346,33							
5 936,99 West	I,IV	**1 443,41**	393,00	346,33	I	1 316,58	1 189,75	1 064,91	945,08	830,16	720,16
	II	**1 376,58**	393,00	346,33	II	1 249,75	1 123,41	1 001,25	883,91	771,58	664,16
	III	**943,50**	393,00	346,33	III	849,16	757,50	668,16	581,33	497,00	415,16
	V	**1 872,41**	393,00	346,33	IV	1 380,00	1 316,58	1 253,16	1 189,75	1 126,75	1 064,91
	VI	**1 908,75**	393,00	346,33							
5 936,99 Ost	I,IV	**1 456,91**	393,00	346,33	I	1 330,08	1 203,25	1 078,00	957,58	842,16	731,58
	II	**1 390,08**	393,00	346,33	II	1 263,25	1 136,75	1 014,00	896,16	783,33	675,41
	III	**953,66**	393,00	346,33	III	859,16	767,16	677,50	590,50	505,83	423,66
	V	**1 886,00**	393,00	346,33	IV	1 393,50	1 330,08	1 266,66	1 203,25	1 140,00	1 078,00
	VI	**1 922,25**	393,00	346,33							
5 939,99 West	I,IV	**1 444,58**	393,00	346,33	I	1 317,75	1 190,91	1 066,08	946,16	831,16	721,16
	II	**1 377,83**	393,00	346,33	II	1 251,00	1 124,58	1 002,33	885,00	772,66	665,16
	III	**944,33**	393,00	346,33	III	850,00	758,33	669,00	582,16	497,83	415,83
	V	**1 873,66**	393,00	346,33	IV	1 381,16	1 317,75	1 254,33	1 190,91	1 127,91	1 066,08
	VI	**1 909,91**	393,00	346,33							
5 939,99 Ost	I,IV	**1 458,16**	393,00	346,33	I	1 331,33	1 204,50	1 079,25	958,75	843,25	732,66
	II	**1 391,41**	393,00	346,33	II	1 264,58	1 138,00	1 015,16	897,33	784,41	676,41
	III	**954,50**	393,00	346,33	III	860,00	768,00	678,50	591,33	506,66	424,50
	V	**1 887,25**	393,00	346,33	IV	1 394,75	1 331,33	1 267,91	1 204,50	1 141,25	1 079,25
	VI	**1 923,50**	393,00	346,33							

* Zur LSt-Berechnung für privat versicherte Arbeitnehmer s. Beispiele **Vorbemerkung S. 4 f.**
** Basisvorsorgepauschale KV und PV *** Typisierter Arbeitgeberzuschuss

Lohn/ Gehalt in € bis	Steuerklasse	Lohn-steuer*	BVSP**	TAGZ***	Steuerklasse	Bemessungsgrundlage für Kirchensteuer und Solidaritätszuschlag – Freibeträge für ... Kinder 0,5	**1,0**	1,5	**2,0**	2,5	**3,0**
5942,99 West	I,IV	**1445,75**	393,00	346,33	I	1318,91	1192,08	1067,25	947,25	832,25	722,16
	II	**1379,00**	393,00	346,33	II	1252,16	1125,75	1003,41	886,08	773,66	666,16
	III	**945,16**	393,00	346,33	III	851,00	759,16	669,83	583,00	498,50	416,66
	V	**1874,83**	393,00	346,33	IV	1382,33	1318,91	1255,50	1192,08	1129,08	1067,25
	VI	**1911,08**	393,00	346,33							
5942,99 Ost	I,IV	**1459,41**	393,00	346,33	I	1332,58	1205,75	1080,41	959,91	844,41	733,75
	II	**1392,66**	393,00	346,33	II	1265,83	1139,16	1016,41	898,50	785,50	677,50
	III	**955,50**	393,00	346,33	III	861,00	768,83	679,33	592,16	507,50	425,33
	V	**1888,50**	393,00	346,33	IV	1396,00	1332,58	1269,16	1205,75	1142,50	1080,41
	VI	**1924,75**	393,00	346,33							
5945,99 West	I,IV	**1446,91**	393,00	346,33	I	1320,08	1193,25	1068,33	948,33	833,25	723,16
	II	**1380,16**	393,00	346,33	II	1253,33	1126,91	1004,58	887,16	774,66	667,16
	III	**946,16**	393,00	346,33	III	851,83	760,00	670,66	583,66	499,33	417,33
	V	**1876,00**	393,00	346,33	IV	1383,50	1320,08	1256,66	1193,25	1130,16	1068,33
	VI	**1912,25**	393,00	346,33							
5945,99 Ost	I,IV	**1460,66**	393,00	346,33	I	1333,83	1207,00	1081,66	961,08	845,50	734,83
	II	**1393,91**	393,00	346,33	II	1267,08	1140,41	1017,58	899,66	786,58	678,58
	III	**956,50**	393,00	346,33	III	861,83	769,83	680,16	593,00	508,33	426,16
	V	**1889,75**	393,00	346,33	IV	1397,25	1333,83	1270,41	1207,00	1143,75	1081,66
	VI	**1926,00**	393,00	346,33							
5948,99 West	I,IV	**1448,08**	393,00	346,33	I	1321,25	1194,41	1069,50	949,41	834,33	724,16
	II	**1381,33**	393,00	346,33	II	1254,50	1128,08	1005,66	888,25	775,66	668,08
	III	**947,00**	393,00	346,33	III	852,66	760,83	671,50	584,50	500,16	418,16
	V	**1877,16**	393,00	346,33	IV	1384,66	1321,25	1257,83	1194,41	1131,33	1069,50
	VI	**1913,41**	393,00	346,33							
5948,99 Ost	I,IV	**1461,91**	393,00	346,33	I	1335,08	1208,25	1082,91	962,25	846,66	735,91
	II	**1395,16**	393,00	346,33	II	1268,33	1141,66	1018,75	900,75	787,75	679,58
	III	**957,33**	393,00	346,33	III	862,83	770,66	681,00	593,83	509,16	426,83
	V	**1891,00**	393,00	346,33	IV	1398,50	1335,08	1271,66	1208,25	1145,00	1082,91
	VI	**1927,25**	393,00	346,33							
5951,99 West	I,IV	**1449,33**	393,00	346,33	I	1322,50	1195,66	1070,66	950,58	835,41	725,16
	II	**1382,50**	393,00	346,33	II	1255,66	1129,25	1006,83	889,33	776,75	669,08
	III	**947,83**	393,00	346,33	III	853,50	761,66	672,33	585,33	500,83	418,83
	V	**1878,33**	393,00	346,33	IV	1385,91	1322,50	1259,08	1195,66	1132,50	1070,66
	VI	**1914,66**	393,00	346,33							
5951,99 Ost	I,IV	**1463,16**	393,00	346,33	I	1336,33	1209,50	1084,08	963,50	847,75	737,00
	II	**1396,41**	393,00	346,33	II	1269,58	1142,91	1020,00	901,91	788,83	680,66
	III	**958,33**	393,00	346,33	III	863,83	771,66	682,00	594,66	510,00	427,66
	V	**1892,25**	393,00	346,33	IV	1399,75	1336,33	1272,91	1209,50	1146,25	1084,08
	VI	**1928,50**	393,00	346,33							
5954,99 West	I,IV	**1450,50**	393,00	346,33	I	1323,66	1196,83	1071,83	951,66	836,41	726,16
	II	**1383,75**	393,00	346,33	II	1256,91	1130,41	1007,91	890,41	777,75	670,08
	III	**948,83**	393,00	346,33	III	854,50	762,50	673,16	586,16	501,66	419,66
	V	**1879,58**	393,00	346,33	IV	1387,08	1323,66	1260,25	1196,83	1133,75	1071,83
	VI	**1915,83**	393,00	346,33							
5954,99 Ost	I,IV	**1464,50**	393,00	346,33	I	1337,58	1210,75	1085,33	964,66	848,91	738,08
	II	**1397,66**	393,00	346,33	II	1270,83	1144,16	1021,16	903,08	789,91	681,66
	III	**959,33**	393,00	346,33	III	864,66	772,50	682,83	595,66	510,83	428,50
	V	**1893,50**	393,00	346,33	IV	1401,08	1337,58	1274,16	1210,75	1147,50	1085,33
	VI	**1929,75**	393,00	346,33							
5957,99 West	I,IV	**1451,66**	393,00	346,33	I	1324,83	1198,00	1072,91	952,75	837,50	727,16
	II	**1384,91**	393,00	346,33	II	1258,08	1131,58	1009,08	891,41	778,83	671,08
	III	**949,66**	393,00	346,33	III	855,33	763,33	674,00	587,00	502,50	420,33
	V	**1880,75**	393,00	346,33	IV	1388,25	1324,83	1261,41	1198,00	1134,91	1072,91
	VI	**1917,00**	393,00	346,33							
5957,99 Ost	I,IV	**1465,75**	393,00	346,33	I	1338,91	1212,08	1086,58	965,83	850,00	739,16
	II	**1398,91**	393,00	346,33	II	1272,08	1145,41	1022,33	904,25	791,00	682,75
	III	**960,33**	393,00	346,33	III	865,66	773,50	683,66	596,50	511,66	429,33
	V	**1894,75**	393,00	346,33	IV	1402,33	1338,91	1275,50	1212,08	1148,75	1086,58
	VI	**1931,00**	393,00	346,33							

* Zur LSt-Berechnung für privat versicherte Arbeitnehmer s. Beispiele **Vorbemerkung S. 4f.**
** Basisvorsorgepauschale KV und PV *** Typisierter Arbeitgeberzuschuss

Lohn/ Gehalt in € bis	Steuerklasse	Lohnsteuer*	BVSP**	TAGZ***	Steuerklasse	Bemessungsgrundlage für Kirchensteuer und Solidaritätszuschlag – Freibeträge für ... Kinder 0,5	1,0	1,5	2,0	2,5	3,0
5 960,99 West	I,IV	**1 452,91**	393,00	346,33	I	1 326,00	1 199,16	1 074,08	953,83	838,58	728,16
	II	**1 386,08**	393,00	346,33	II	1 259,25	1 132,75	1 010,16	892,50	779,83	672,08
	III	**950,66**	393,00	346,33	III	856,16	764,33	674,83	587,83	503,16	421,16
	V	**1 881,91**	393,00	346,33	IV	1 389,41	1 326,00	1 262,58	1 199,16	1 136,08	1 074,08
	VI	**1 918,16**	393,00	346,33							
5 960,99 Ost	I,IV	**1 467,00**	393,00	346,33	I	1 340,16	1 213,33	1 087,75	967,00	851,16	740,25
	II	**1 400,16**	393,00	346,33	II	1 273,33	1 146,66	1 023,58	905,41	792,08	683,83
	III	**961,16**	393,00	346,33	III	866,50	774,33	684,50	597,33	512,50	430,16
	V	**1 896,00**	393,00	346,33	IV	1 403,58	1 340,16	1 276,75	1 213,33	1 150,00	1 087,75
	VI	**1 932,33**	393,00	346,33							
5 963,99 West	I,IV	**1 454,08**	393,00	346,33	I	1 327,25	1 200,41	1 075,25	955,00	839,58	729,16
	II	**1 387,25**	393,00	346,33	II	1 260,41	1 133,91	1 011,33	893,58	780,83	673,08
	III	**951,50**	393,00	346,33	III	857,00	765,16	675,66	588,50	504,00	421,83
	V	**1 883,16**	393,00	346,33	IV	1 390,66	1 327,25	1 263,83	1 200,41	1 137,25	1 075,25
	VI	**1 919,41**	393,00	346,33							
5 963,99 Ost	I,IV	**1 468,25**	393,00	346,33	I	1 341,41	1 214,58	1 089,00	968,16	852,25	741,33
	II	**1 401,50**	393,00	346,33	II	1 274,58	1 147,91	1 024,75	906,50	793,25	684,83
	III	**962,16**	393,00	346,33	III	867,50	775,16	685,50	598,16	513,33	431,00
	V	**1 897,33**	393,00	346,33	IV	1 404,83	1 341,41	1 278,00	1 214,58	1 151,25	1 089,00
	VI	**1 933,58**	393,00	346,33							
5 966,99 West	I,IV	**1 455,25**	393,00	346,33	I	1 328,41	1 201,58	1 076,33	956,00	840,66	730,16
	II	**1 388,41**	393,00	346,33	II	1 261,58	1 135,08	1 012,41	894,66	781,83	674,00
	III	**952,33**	393,00	346,33	III	857,83	765,83	676,33	589,33	504,66	422,66
	V	**1 884,25**	393,00	346,33	IV	1 391,83	1 328,41	1 265,00	1 201,58	1 138,41	1 076,33
	VI	**1 920,50**	393,00	346,33							
5 966,99 Ost	I,IV	**1 469,50**	393,00	346,33	I	1 342,66	1 215,83	1 090,25	969,33	853,41	742,33
	II	**1 402,75**	393,00	346,33	II	1 275,91	1 149,16	1 026,00	907,66	794,33	685,91
	III	**963,16**	393,00	346,33	III	868,33	776,16	686,33	599,00	514,16	431,66
	V	**1 898,58**	393,00	346,33	IV	1 406,08	1 342,66	1 279,25	1 215,83	1 152,50	1 090,25
	VI	**1 934,83**	393,00	346,33							
5 969,99 West	I,IV	**1 456,41**	393,00	346,33	I	1 329,58	1 202,75	1 077,50	957,16	841,66	731,16
	II	**1 389,66**	393,00	346,33	II	1 262,83	1 136,25	1 013,50	895,75	782,91	675,00
	III	**953,16**	393,00	346,33	III	858,83	766,83	677,16	590,16	505,50	423,33
	V	**1 885,50**	393,00	346,33	IV	1 393,00	1 329,58	1 266,16	1 202,75	1 139,58	1 077,50
	VI	**1 921,75**	393,00	346,33							
5 969,99 Ost	I,IV	**1 470,75**	393,00	346,33	I	1 343,91	1 217,08	1 091,41	970,50	854,50	743,41
	II	**1 404,00**	393,00	346,33	II	1 277,16	1 150,41	1 027,16	908,83	795,41	687,00
	III	**964,16**	393,00	346,33	III	869,33	777,00	687,16	599,83	515,00	432,50
	V	**1 899,83**	393,00	346,33	IV	1 407,33	1 343,91	1 280,50	1 217,08	1 153,75	1 091,41
	VI	**1 936,08**	393,00	346,33							
5 972,99 West	I,IV	**1 457,58**	393,00	346,33	I	1 330,75	1 203,91	1 078,66	958,25	842,75	732,25
	II	**1 390,83**	393,00	346,33	II	1 264,00	1 137,41	1 014,66	896,83	783,91	676,00
	III	**954,16**	393,00	346,33	III	859,66	767,66	678,00	591,00	506,33	424,16
	V	**1 886,66**	393,00	346,33	IV	1 394,16	1 330,75	1 267,33	1 203,91	1 140,75	1 078,66
	VI	**1 922,91**	393,00	346,33							
5 972,99 Ost	I,IV	**1 472,00**	393,00	346,33	I	1 345,16	1 218,33	1 092,66	971,66	855,66	744,50
	II	**1 405,25**	393,00	346,33	II	1 278,41	1 151,66	1 028,33	910,00	796,50	688,00
	III	**965,00**	393,00	346,33	III	870,33	778,00	688,16	600,66	515,83	433,33
	V	**1 901,08**	393,00	346,33	IV	1 408,58	1 345,16	1 281,75	1 218,33	1 155,00	1 092,66
	VI	**1 937,33**	393,00	346,33							
5 975,99 West	I,IV	**1 458,83**	393,00	346,33	I	1 331,91	1 205,08	1 079,83	959,33	843,83	733,25
	II	**1 392,00**	393,00	346,33	II	1 265,16	1 138,58	1 015,75	897,91	785,00	677,00
	III	**955,00**	393,00	346,33	III	860,50	768,50	678,83	591,66	507,16	424,83
	V	**1 887,83**	393,00	346,33	IV	1 395,33	1 331,91	1 268,50	1 205,08	1 141,91	1 079,83
	VI	**1 924,08**	393,00	346,33							
5 975,99 Ost	I,IV	**1 473,25**	393,00	346,33	I	1 346,41	1 219,58	1 093,91	972,83	856,75	745,58
	II	**1 406,50**	393,00	346,33	II	1 279,66	1 152,91	1 029,58	911,16	797,66	689,08
	III	**966,00**	393,00	346,33	III	871,16	778,83	689,00	601,50	516,66	434,16
	V	**1 902,33**	393,00	346,33	IV	1 409,83	1 346,41	1 283,00	1 219,58	1 156,25	1 093,91
	VI	**1 938,58**	393,00	346,33							

* Zur LSt-Berechnung für privat versicherte Arbeitnehmer s. Beispiele **Vorbemerkung S. 4 f.**
** Basisvorsorgepauschale KV und PV *** Typisierter Arbeitgeberzuschuss

Lohn/ Gehalt in € bis	Steuerklasse	**Lohn-steuer***	BVSP**	TAGZ***	Steuerklasse	Bemessungsgrundlage für Kirchensteuer und Solidaritätszuschlag					
						Freibeträge für ... Kinder					
						0,5	**1,0**	1,5	**2,0**	2,5	**3,0**
5 978,99	I,IV	**1 460,00**	393,00	346,33	I	1 333,16	1 206,33	1 081,00	960,50	844,91	734,25
West	II	**1 393,16**	393,00	346,33	II	1 266,33	1 139,75	1 016,91	899,00	786,00	678,00
	III	**956,00**	393,00	346,33	III	861,33	769,33	679,66	592,50	507,83	425,66
	V	**1 889,00**	393,00	346,33	IV	1 396,58	1 333,16	1 269,75	1 206,33	1 143,08	1 081,00
	VI	**1 925,33**	393,00	346,33							
5 978,99	I,IV	**1 474,58**	393,00	346,33	I	1 347,66	1 220,83	1 095,08	974,08	857,91	746,66
Ost	II	**1 407,75**	393,00	346,33	II	1 280,91	1 154,16	1 030,75	912,25	798,75	690,08
	III	**967,00**	393,00	346,33	III	872,16	779,83	689,83	602,50	517,50	435,00
	V	**1 903,58**	393,00	346,33	IV	1 411,08	1 347,66	1 284,25	1 220,83	1 157,50	1 095,08
	VI	**1 939,83**	393,00	346,33							
5 981,99	I,IV	**1 461,16**	393,00	346,33	I	1 334,33	1 207,50	1 082,16	961,58	845,91	735,25
West	II	**1 394,41**	393,00	346,33	II	1 267,58	1 140,91	1 018,00	900,08	787,08	678,91
	III	**956,83**	393,00	346,33	III	862,33	770,16	680,50	593,33	508,66	426,50
	V	**1 890,25**	393,00	346,33	IV	1 397,75	1 334,33	1 270,91	1 207,50	1 144,25	1 082,16
	VI	**1 926,50**	393,00	346,33							
5 981,99	I,IV	**1 475,83**	393,00	346,33	I	1 349,00	1 222,08	1 096,33	975,25	859,00	747,75
Ost	II	**1 409,00**	393,00	346,33	II	1 282,16	1 155,41	1 032,00	913,41	799,83	691,16
	III	**967,83**	393,00	346,33	III	873,00	780,66	690,66	603,33	518,33	435,83
	V	**1 904,83**	393,00	346,33	IV	1 412,41	1 349,00	1 285,58	1 222,08	1 158,75	1 096,33
	VI	**1 941,08**	393,00	346,33							
5 984,99	I,IV	**1 462,33**	393,00	346,33	I	1 335,50	1 208,66	1 083,25	962,66	847,00	736,25
West	II	**1 395,58**	393,00	346,33	II	1 268,66	1 142,08	1 019,16	901,16	788,08	679,91
	III	**957,66**	393,00	346,33	III	863,16	771,00	681,33	594,16	509,50	427,16
	V	**1 891,41**	393,00	346,33	IV	1 398,91	1 335,50	1 272,08	1 208,66	1 145,41	1 083,25
	VI	**1 927,66**	393,00	346,33							
5 984,99	I,IV	**1 477,08**	393,00	346,33	I	1 350,25	1 223,41	1 097,58	976,41	860,16	748,83
Ost	II	**1 410,25**	393,00	346,33	II	1 283,41	1 156,66	1 033,16	914,58	800,91	692,25
	III	**968,83**	393,00	346,33	III	874,00	781,50	691,66	604,16	519,16	436,66
	V	**1 906,08**	393,00	346,33	IV	1 413,66	1 350,25	1 286,83	1 223,41	1 160,00	1 097,58
	VI	**1 942,41**	393,00	346,33							
5 987,99	I,IV	**1 463,50**	393,00	346,33	I	1 336,66	1 209,83	1 084,41	963,75	848,00	737,25
West	II	**1 396,75**	393,00	346,33	II	1 269,91	1 143,25	1 020,25	902,25	789,08	680,91
	III	**958,66**	393,00	346,33	III	864,00	771,83	682,16	595,00	510,16	428,00
	V	**1 892,58**	393,00	346,33	IV	1 400,08	1 336,66	1 273,25	1 209,83	1 146,58	1 084,41
	VI	**1 928,83**	393,00	346,33							
5 987,99	I,IV	**1 478,33**	393,00	346,33	I	1 351,50	1 224,66	1 098,83	977,58	861,25	749,91
Ost	II	**1 411,58**	393,00	346,33	II	1 284,66	1 157,91	1 034,33	915,75	802,08	693,25
	III	**969,83**	393,00	346,33	III	874,83	782,50	692,50	605,00	520,00	437,33
	V	**1 907,41**	393,00	346,33	IV	1 414,91	1 351,50	1 288,08	1 224,66	1 161,25	1 098,83
	VI	**1 943,66**	393,00	346,33							
5 990,99	I,IV	**1 464,66**	393,00	346,33	I	1 337,83	1 211,00	1 085,58	964,83	849,08	738,25
West	II	**1 397,91**	393,00	346,33	II	1 271,08	1 144,41	1 021,41	903,33	790,16	681,91
	III	**959,50**	393,00	346,33	III	864,83	772,66	683,00	595,83	511,00	428,66
	V	**1 893,75**	393,00	346,33	IV	1 401,25	1 337,83	1 274,41	1 211,00	1 147,75	1 085,58
	VI	**1 930,00**	393,00	346,33							
5 990,99	I,IV	**1 479,58**	393,00	346,33	I	1 352,75	1 225,91	1 100,00	978,75	862,41	751,00
Ost	II	**1 412,83**	393,00	346,33	II	1 286,00	1 159,16	1 035,58	916,91	803,16	694,33
	III	**970,83**	393,00	346,33	III	875,83	783,33	693,33	605,83	520,83	438,16
	V	**1 908,66**	393,00	346,33	IV	1 416,16	1 352,75	1 289,33	1 225,91	1 162,50	1 100,00
	VI	**1 944,91**	393,00	346,33							
5 993,99	I,IV	**1 465,91**	393,00	346,33	I	1 339,08	1 212,25	1 086,75	966,00	850,16	739,25
West	II	**1 399,08**	393,00	346,33	II	1 272,25	1 145,58	1 022,50	904,41	791,16	682,91
	III	**960,50**	393,00	346,33	III	865,83	773,50	683,83	596,66	511,83	429,50
	V	**1 894,91**	393,00	346,33	IV	1 402,50	1 339,08	1 275,66	1 212,25	1 148,91	1 086,75
	VI	**1 931,25**	393,00	346,33							
5 993,99	I,IV	**1 480,83**	393,00	346,33	I	1 354,00	1 227,16	1 101,25	979,91	863,58	752,08
Ost	II	**1 414,08**	393,00	346,33	II	1 287,25	1 160,41	1 036,75	918,08	804,25	695,41
	III	**971,66**	393,00	346,33	III	876,83	784,33	694,33	606,66	521,66	439,0
	V	**1 909,91**	393,00	346,33	IV	1 417,41	1 354,00	1 290,58	1 227,16	1 163,75	1 101,25
	VI	**1 946,16**	393,00	346,33							

* Zur LSt-Berechnung für privat versicherte Arbeitnehmer s. Beispiele **Vorbemerkung S. 4f.**
** Basisvorsorgepauschale KV und PV *** Typisierter Arbeitgeberzuschuss

Lohn/ Gehalt in € bis	Steuerklasse	Lohn-steuer*	BVSP**	TAGZ***	Steuerklasse	Bemessungsgrundlage für Kirchensteuer und Solidaritätszuschlag – Freibeträge für ... Kinder 0,5	**1,0**	1,5	**2,0**	2,5	**3,0**
5996,99	I,IV	**1467,08**	393,00	346,33	I	1340,25	1213,41	1087,83	967,08	851,25	740,33
West	II	**1400,33**	393,00	346,33	II	1273,50	1146,75	1023,66	905,50	792,25	683,91
	III	**961,33**	393,00	346,33	III	866,66	774,50	684,66	597,33	512,50	430,16
	V	**1896,16**	393,00	346,33	IV	1403,66	1340,25	1276,83	1213,41	1150,08	1087,83
	VI	**1932,41**	393,00	346,33							
5996,99	I,IV	**1482,08**	393,00	346,33	I	1355,25	1228,41	1102,50	981,08	864,66	753,16
Ost	II	**1415,33**	393,00	346,33	II	1288,50	1161,66	1038,00	919,16	805,33	696,41
	III	**972,66**	393,00	346,33	III	877,66	785,16	695,16	607,50	522,50	439,83
	V	**1911,16**	393,00	346,33	IV	1418,66	1355,25	1291,83	1228,41	1165,00	1102,50
	VI	**1947,41**	393,00	346,33							
5999,99	I,IV	**1468,25**	393,00	346,33	I	1341,41	1214,58	1089,00	968,16	852,25	741,33
West	II	**1401,50**	393,00	346,33	II	1274,66	1148,00	1024,83	906,58	793,25	684,91
	III	**962,16**	393,00	346,33	III	867,50	775,33	685,50	598,16	513,33	431,00
	V	**1897,33**	393,00	346,33	IV	1404,83	1341,41	1278,00	1214,58	1151,33	1089,00
	VI	**1933,58**	393,00	346,33							
5999,99	I,IV	**1483,33**	393,00	346,33	I	1356,50	1229,66	1103,75	982,33	865,83	754,25
Ost	II	**1416,58**	393,00	346,33	II	1289,75	1162,91	1039,16	920,33	806,50	697,50
	III	**973,66**	393,00	346,33	III	878,66	786,16	696,00	608,50	523,33	440,66
	V	**1912,41**	393,00	346,33	IV	1419,91	1356,50	1293,08	1229,66	1166,25	1103,75
	VI	**1948,66**	393,00	346,33							
6002,99	I,IV	**1469,50**	393,00	346,33	I	1342,66	1215,75	1090,16	969,33	853,33	742,33
West	II	**1402,66**	393,00	346,33	II	1275,83	1149,16	1025,91	907,66	794,33	685,91
	III	**963,16**	393,00	346,33	III	868,33	776,16	686,33	599,00	514,16	431,66
	V	**1898,50**	393,00	346,33	IV	1406,08	1342,66	1279,16	1215,75	1152,50	1090,16
	VI	**1934,75**	393,00	346,33							
6002,99	I,IV	**1484,58**	393,00	346,33	I	1357,75	1230,91	1105,00	983,50	866,91	755,33
Ost	II	**1417,83**	393,00	346,33	II	1291,00	1164,16	1040,41	921,50	807,58	698,58
	III	**974,66**	393,00	346,33	III	879,50	787,00	696,83	609,33	524,16	441,50
	V	**1913,66**	393,00	346,33	IV	1421,16	1357,75	1294,33	1230,91	1167,58	1105,00
	VI	**1949,91**	393,00	346,33							
6005,99	I,IV	**1470,58**	393,00	346,33	I	1343,75	1216,91	1091,33	970,41	854,41	743,33
West	II	**1403,83**	393,00	346,33	II	1277,00	1150,25	1027,00	908,66	795,33	686,83
	III	**964,00**	393,00	346,33	III	869,16	777,00	687,16	599,83	514,83	432,50
	V	**1899,66**	393,00	346,33	IV	1407,16	1343,75	1280,33	1216,91	1153,58	1091,33
	VI	**1935,91**	393,00	346,33							
6005,99	I,IV	**1485,91**	393,00	346,33	I	1359,08	1232,16	1106,16	984,66	868,08	756,41
Ost	II	**1419,08**	393,00	346,33	II	1292,25	1165,41	1041,58	922,66	808,66	699,66
	III	**975,50**	393,00	346,33	III	880,50	787,83	697,83	610,16	525,00	442,16
	V	**1914,91**	393,00	346,33	IV	1422,50	1359,08	1295,58	1232,16	1168,83	1106,16
	VI	**1951,16**	393,00	346,33							
6008,99	I,IV	**1471,83**	393,00	346,33	I	1345,00	1218,16	1092,50	971,50	855,41	744,33
West	II	**1405,00**	393,00	346,33	II	1278,16	1151,50	1028,16	909,75	796,33	687,83
	III	**964,83**	393,00	346,33	III	870,16	777,83	688,00	600,50	515,66	433,16
	V	**1900,83**	393,00	346,33	IV	1408,41	1345,00	1281,58	1218,16	1154,83	1092,50
	VI	**1937,16**	393,00	346,33							
6008,99	I,IV	**1487,16**	393,00	346,33	I	1360,33	1233,50	1107,41	985,83	869,25	757,50
Ost	II	**1420,33**	393,00	346,33	II	1293,50	1166,66	1042,83	923,83	809,83	700,66
	III	**976,50**	393,00	346,33	III	881,50	788,83	698,66	611,00	525,83	443,00
	V	**1916,16**	393,00	346,33	IV	1423,75	1360,33	1296,91	1233,50	1170,08	1107,41
	VI	**1952,50**	393,00	346,33							
6011,99	I,IV	**1473,00**	393,00	346,33	I	1346,16	1219,33	1093,58	972,58	856,50	745,33
West	II	**1406,25**	393,00	346,33	II	1279,41	1152,66	1029,33	910,83	797,41	688,83
	III	**965,83**	393,00	346,33	III	871,00	778,66	688,83	601,33	516,50	434,00
	V	**1902,08**	393,00	346,33	IV	1409,58	1346,16	1282,75	1219,33	1156,00	1093,58
	VI	**1938,33**	393,00	346,33							
6011,99	I,IV	**1488,41**	393,00	346,33	I	1361,58	1234,75	1108,66	987,00	870,33	758,58
Ost	II	**1421,58**	393,00	346,33	II	1294,75	1168,00	1044,00	925,00	810,91	701,75
	III	**977,50**	393,00	346,33	III	882,33	789,66	699,50	611,83	526,66	443,83
	V	**1917,50**	393,00	346,33	IV	1425,00	1361,58	1298,16	1234,75	1171,33	1108,66
	VI	**1953,75**	393,00	346,33							

* Zur LSt-Berechnung für privat versicherte Arbeitnehmer s. Beispiele **Vorbemerkung S. 4 f.**
** Basisvorsorgepauschale KV und PV *** Typisierter Arbeitgeberzuschuss

Lohn/ Gehalt in € bis	Steuerklasse	Lohn-steuer*	BVSP**	TAGZ***	Steuerklasse	Bemessungsgrundlage für Kirchensteuer und Solidaritätszuschlag – Freibeträge für ... Kinder 0,5	1,0	1,5	2,0	2,5	3,0
6014,99 West	I,IV	**1474,16**	393,00	346,33	I	1347,33	1220,50	1094,75	973,75	857,58	746,41
	II	**1407,41**	393,00	346,33	II	1280,58	1153,83	1030,41	912,00	798,41	689,83
	III	**966,66**	393,00	346,33	III	871,83	779,50	689,66	602,16	517,16	434,66
	V	**1903,25**	393,00	346,33	IV	1410,75	1347,33	1283,91	1220,50	1157,16	1094,75
	VI	**1939,50**	393,00	346,33							
6014,99 Ost	I,IV	**1489,66**	393,00	346,33	I	1362,83	1236,00	1109,91	988,25	871,50	759,66
	II	**1422,91**	393,00	346,33	II	1296,08	1169,25	1045,25	926,16	812,00	702,83
	III	**978,33**	393,00	346,33	III	883,33	790,66	700,50	612,66	527,50	444,66
	V	**1918,75**	393,00	346,33	IV	1426,25	1362,83	1299,41	1236,00	1172,58	1109,91
	VI	**1955,00**	393,00	346,33							
6017,99 West	I,IV	**1475,41**	393,00	346,33	I	1348,58	1221,66	1095,91	974,83	858,66	747,41
	II	**1408,58**	393,00	346,33	II	1281,75	1155,00	1031,58	913,08	799,50	690,83
	III	**967,50**	393,00	346,33	III	872,66	780,33	690,50	603,00	518,00	435,50
	V	**1904,41**	393,00	346,33	IV	1412,00	1348,58	1285,08	1221,66	1158,33	1095,91
	VI	**1940,66**	393,00	346,33							
6017,99 Ost	I,IV	**1490,91**	393,00	346,33	I	1364,08	1237,25	1111,08	989,41	872,58	760,75
	II	**1424,16**	393,00	346,33	II	1297,33	1170,50	1046,41	927,33	813,08	703,83
	III	**979,33**	393,00	346,33	III	884,16	791,50	701,33	613,50	528,33	445,50
	V	**1920,00**	393,00	346,33	IV	1427,50	1364,08	1300,66	1237,25	1173,83	1111,08
	VI	**1956,25**	393,00	346,33							
6020,99 West	I,IV	**1476,58**	393,00	346,33	I	1349,75	1222,91	1097,08	975,91	859,75	748,41
	II	**1409,83**	393,00	346,33	II	1282,91	1156,16	1032,66	914,16	800,50	691,83
	III	**968,50**	393,00	346,33	III	873,66	781,16	691,33	603,83	518,83	436,33
	V	**1905,66**	393,00	346,33	IV	1413,16	1349,75	1286,33	1222,91	1159,50	1097,08
	VI	**1941,91**	393,00	346,33							
6020,99 Ost	I,IV	**1492,16**	393,00	346,33	I	1365,33	1238,50	1112,33	990,58	873,75	761,83
	II	**1425,41**	393,00	346,33	II	1298,58	1171,75	1047,66	928,50	814,25	704,91
	III	**980,33**	393,00	346,33	III	885,16	792,50	702,16	614,50	529,16	446,33
	V	**1921,25**	393,00	346,33	IV	1428,75	1365,33	1301,91	1238,50	1175,08	1112,33
	VI	**1957,50**	393,00	346,33							
6023,99 West	I,IV	**1477,75**	393,00	346,33	I	1350,91	1224,08	1098,25	977,00	860,75	749,41
	II	**1410,91**	393,00	346,33	II	1284,08	1157,33	1033,83	915,16	801,50	692,75
	III	**969,33**	393,00	346,33	III	874,50	782,00	692,16	604,66	519,66	437,00
	V	**1906,75**	393,00	346,33	IV	1414,33	1350,91	1287,50	1224,08	1160,66	1098,25
	VI	**1943,08**	393,00	346,33							
6023,99 Ost	I,IV	**1493,41**	393,00	346,33	I	1366,58	1239,75	1113,58	991,75	874,91	762,91
	II	**1426,66**	393,00	346,33	II	1299,83	1173,00	1048,83	929,58	815,33	706,00
	III	**981,33**	393,00	346,33	III	886,16	793,33	703,16	615,33	530,00	447,16
	V	**1922,50**	393,00	346,33	IV	1430,00	1366,58	1303,16	1239,75	1176,33	1113,58
	VI	**1958,75**	393,00	346,33							
6026,99 West	I,IV	**1478,91**	393,00	346,33	I	1352,08	1225,25	1099,41	978,16	861,83	750,41
	II	**1412,16**	393,00	346,33	II	1285,33	1158,50	1034,91	916,25	802,58	693,75
	III	**970,33**	393,00	346,33	III	875,33	783,00	693,00	605,50	520,33	437,83
	V	**1908,00**	393,00	346,33	IV	1415,50	1352,08	1288,66	1225,25	1161,83	1099,41
	VI	**1944,25**	393,00	346,33							
6026,99 Ost	I,IV	**1494,66**	393,00	346,33	I	1367,83	1241,00	1114,83	993,00	876,00	764,00
	II	**1427,91**	393,00	346,33	II	1301,08	1174,25	1050,08	930,75	816,41	707,08
	III	**982,16**	393,00	346,33	III	887,00	794,33	704,00	616,16	530,83	448,00
	V	**1923,75**	393,00	346,33	IV	1431,25	1367,83	1304,41	1241,00	1177,58	1114,83
	VI	**1960,00**	393,00	346,33							
6029,99 West	I,IV	**1480,08**	393,00	346,33	I	1353,25	1226,41	1100,58	979,25	862,91	751,50
	II	**1413,33**	393,00	346,33	II	1286,50	1159,66	1036,08	917,41	803,58	694,75
	III	**971,16**	393,00	346,33	III	876,33	783,83	693,83	606,16	521,16	438,50
	V	**1909,16**	393,00	346,33	IV	1416,66	1353,25	1289,83	1226,41	1163,08	1100,58
	VI	**1945,41**	393,00	346,33							
6029,99 Ost	I,IV	**1496,00**	393,00	346,33	I	1369,08	1242,25	1116,08	994,16	877,16	765,08
	II	**1429,16**	393,00	346,33	II	1302,33	1175,50	1051,25	931,91	817,58	708,08
	III	**983,16**	393,00	346,33	III	888,00	795,16	704,83	617,00	531,66	448,66
	V	**1925,00**	393,00	346,33	IV	1432,58	1369,08	1305,66	1242,25	1178,83	1116,08
	VI	**1961,25**	393,00	346,33							

* Zur LSt-Berechnung für privat versicherte Arbeitnehmer s. Beispiele **Vorbemerkung S. 4f.**
** Basisvorsorgepauschale KV und PV *** Typisierter Arbeitgeberzuschuss

Lohn/ Gehalt in € bis	Steuerklasse	Lohn-steuer*	BVSP**	TAGZ***	Steuerklasse	Bemessungsgrundlage für Kirchensteuer und Solidaritätszuschlag – Freibeträge für ... Kinder 0,5	1,0	1,5	2,0	2,5	3,0
6032,99 West	I,IV	**1481,33**	393,00	346,33	I	1354,41	1227,58	1101,75	980,33	864,00	752,50
	II	**1414,50**	393,00	346,33	II	1287,66	1160,91	1037,25	918,50	804,66	695,75
	III	**972,16**	393,00	346,33	III	877,16	784,66	694,66	607,00	522,00	439,33
	V	**1910,33**	393,00	346,33	IV	1417,91	1354,41	1291,00	1227,58	1164,25	1101,75
	VI	**1946,58**	393,00	346,33							
6032,99 Ost	I,IV	**1497,25**	393,00	346,33	I	1370,41	1243,58	1117,33	995,33	878,33	766,25
	II	**1430,41**	393,00	346,33	II	1303,58	1176,75	1052,50	933,08	818,66	709,16
	III	**984,16**	393,00	346,33	III	888,83	796,16	705,83	617,83	532,50	449,50
	V	**1926,25**	393,00	346,33	IV	1433,83	1370,41	1307,00	1243,58	1180,08	1117,33
	VI	**1962,50**	393,00	346,33							
6035,99 West	I,IV	**1482,50**	393,00	346,33	I	1355,66	1228,83	1102,83	981,50	865,00	753,50
	II	**1415,66**	393,00	346,33	II	1288,83	1162,08	1038,33	919,58	805,66	696,75
	III	**973,00**	393,00	346,33	III	878,00	785,50	695,50	607,83	522,66	440,16
	V	**1911,58**	393,00	346,33	IV	1419,08	1355,66	1292,25	1228,83	1165,41	1102,83
	VI	**1947,83**	393,00	346,33							
6035,99 Ost	I,IV	**1498,50**	393,00	346,33	I	1371,66	1244,83	1118,50	996,50	879,41	767,33
	II	**1431,66**	393,00	346,33	II	1304,83	1178,00	1053,66	934,25	819,75	710,25
	III	**985,16**	393,00	346,33	III	889,83	797,00	706,66	618,66	533,33	450,33
	V	**1927,50**	393,00	346,33	IV	1435,08	1371,66	1308,25	1244,83	1181,41	1118,50
	VI	**1963,83**	393,00	346,33							
6038,99 West	I,IV	**1483,66**	393,00	346,33	I	1356,83	1230,00	1104,00	982,58	866,08	754,50
	II	**1416,91**	393,00	346,33	II	1290,08	1163,25	1039,50	920,66	806,75	697,75
	III	**973,83**	393,00	346,33	III	878,83	786,33	696,33	608,66	523,50	440,83
	V	**1912,75**	393,00	346,33	IV	1420,25	1356,83	1293,41	1230,00	1166,58	1104,00
	VI	**1949,00**	393,00	346,33							
6038,99 Ost	I,IV	**1499,75**	393,00	346,33	I	1372,91	1246,08	1119,75	997,66	880,58	768,41
	II	**1433,00**	393,00	346,33	II	1306,08	1179,25	1054,91	935,41	820,91	711,33
	III	**986,00**	393,00	346,33	III	890,83	797,83	707,50	619,66	534,16	451,16
	V	**1928,83**	393,00	346,33	IV	1436,33	1372,91	1309,50	1246,08	1182,66	1119,75
	VI	**1965,08**	393,00	346,33							
6041,99 West	I,IV	**1484,83**	393,00	346,33	I	1358,00	1231,16	1105,16	983,75	867,16	755,58
	II	**1418,08**	393,00	346,33	II	1291,25	1164,41	1040,58	921,75	807,83	698,75
	III	**974,83**	393,00	346,33	III	879,83	787,16	697,16	609,50	524,33	441,66
	V	**1913,91**	393,00	346,33	IV	1421,41	1358,00	1294,58	1231,16	1167,75	1105,16
	VI	**1950,16**	393,00	346,33							
6041,99 Ost	I,IV	**1501,00**	393,00	346,33	I	1374,16	1247,33	1121,00	998,91	881,75	769,50
	II	**1434,25**	393,00	346,33	II	1307,41	1180,58	1056,08	936,58	822,00	712,33
	III	**987,00**	393,00	346,33	III	891,66	798,83	708,33	620,50	535,00	452,00
	V	**1930,08**	393,00	346,33	IV	1437,58	1374,16	1310,75	1247,33	1183,91	1121,00
	VI	**1966,33**	393,00	346,33							
6044,99 West	I,IV	**1486,00**	393,00	346,33	I	1359,16	1232,33	1106,33	984,83	868,25	756,58
	II	**1419,25**	393,00	346,33	II	1292,41	1165,58	1041,75	922,83	808,83	699,75
	III	**975,66**	393,00	346,33	III	880,66	788,00	697,83	610,16	525,00	442,33
	V	**1915,08**	393,00	346,33	IV	1422,58	1359,16	1295,75	1232,33	1168,91	1106,33
	VI	**1951,33**	393,00	346,33							
6044,99 Ost	I,IV	**1502,25**	393,00	346,33	I	1375,41	1248,58	1122,25	1000,08	882,83	770,58
	II	**1435,50**	393,00	346,33	II	1308,66	1181,83	1057,33	937,75	823,16	713,41
	III	**988,00**	393,00	346,33	III	892,66	799,66	709,33	621,33	535,83	452,83
	V	**1931,33**	393,00	346,33	IV	1438,83	1375,41	1312,00	1248,58	1185,16	1122,25
	VI	**1967,58**	393,00	346,33							
6047,99 West	I,IV	**1487,25**	393,00	346,33	I	1360,33	1233,50	1107,50	985,91	869,25	757,58
	II	**1420,41**	393,00	346,33	II	1293,58	1166,75	1042,83	923,91	809,83	700,75
	III	**976,50**	393,00	346,33	III	881,50	788,83	698,66	611,00	525,83	443,16
	V	**1916,25**	393,00	346,33	IV	1423,83	1360,33	1296,91	1233,50	1170,16	1107,50
	VI	**1952,50**	393,00	346,33							
6047,99 Ost	I,IV	**1503,50**	393,00	346,33	I	1376,66	1249,83	1123,50	1001,25	884,00	771,66
	II	**1436,75**	393,00	346,33	II	1309,91	1183,08	1058,50	938,91	824,25	714,50
	III	**989,00**	393,00	346,33	III	893,50	800,66	710,16	622,16	536,66	453,66
	V	**1932,58**	393,00	346,33	IV	1440,08	1376,66	1313,25	1249,83	1186,41	1123,50
	VI	**1968,83**	393,00	346,33							

* Zur LSt-Berechnung für privat versicherte Arbeitnehmer s. Beispiele **Vorbemerkung S. 4f.**
** Basisvorsorgepauschale KV und PV *** Typisierter Arbeitgeberzuschuss

Lohn/ Gehalt in € bis	Steuerklasse	Lohn-steuer*	BVSP**	TAGZ***	Steuerklasse	Bemessungsgrundlage für Kirchensteuer und Solidaritätszuschlag – Freibeträge für ... Kinder 0,5	**1,0**	1,5	**2,0**	2,5	**3,0**
6050,99 West	I,IV	**1488,41**	393,00	346,33	I	1361,58	1234,75	1108,66	987,00	870,33	758,58
	II	**1421,58**	393,00	346,33	II	1294,75	1168,00	1044,00	925,00	810,91	701,75
	III	**977,50**	393,00	346,33	III	882,33	789,66	699,50	611,83	526,66	443,83
	V	**1917,50**	393,00	346,33	IV	1425,00	1361,58	1298,16	1234,75	1171,33	1108,66
	VI	**1953,75**	393,00	346,33							
6050,99 Ost	I,IV	**1504,75**	393,00	346,33	I	1377,91	1251,08	1124,75	1002,50	885,16	772,75
	II	**1438,00**	393,00	346,33	II	1311,16	1184,33	1059,75	940,08	825,33	715,58
	III	**990,00**	393,00	346,33	III	894,50	801,50	711,00	623,00	537,50	454,33
	V	**1933,83**	393,00	346,33	IV	1441,33	1377,91	1314,50	1251,08	1187,66	1124,75
	VI	**1970,08**	393,00	346,33							
6053,99 West	I,IV	**1489,58**	393,00	346,33	I	1362,75	1235,91	1109,83	988,16	871,41	759,66
	II	**1422,83**	393,00	346,33	II	1296,00	1169,16	1045,16	926,08	811,91	702,75
	III	**978,33**	393,00	346,33	III	883,16	790,66	700,33	612,66	527,50	444,66
	V	**1918,66**	393,00	346,33	IV	1426,16	1362,75	1299,33	1235,91	1172,50	1109,83
	VI	**1954,91**	393,00	346,33							
6053,99 Ost	I,IV	**1506,08**	393,00	346,33	I	1379,16	1252,33	1126,00	1003,66	886,25	773,83
	II	**1439,25**	393,00	346,33	II	1312,41	1185,58	1060,91	941,25	826,50	716,66
	III	**990,83**	393,00	346,33	III	895,50	802,50	712,00	623,83	538,33	455,16
	V	**1935,08**	393,00	346,33	IV	1442,58	1379,16	1315,75	1252,33	1188,91	1126,00
	VI	**1971,33**	393,00	346,33							
6056,99 West	I,IV	**1490,75**	393,00	346,33	I	1363,91	1237,08	1111,00	989,25	872,50	760,66
	II	**1424,00**	393,00	346,33	II	1297,16	1170,33	1046,25	927,16	813,00	703,75
	III	**979,33**	393,00	346,33	III	884,16	791,50	701,16	613,50	528,16	445,33
	V	**1919,83**	393,00	346,33	IV	1427,33	1363,91	1300,50	1237,08	1173,66	1111,00
	VI	**1956,08**	393,00	346,33							
6056,99 Ost	I,IV	**1507,33**	393,00	346,33	I	1380,50	1253,58	1127,16	1004,83	887,41	774,91
	II	**1440,50**	393,00	346,33	II	1313,66	1186,83	1062,16	942,41	827,58	717,66
	III	**991,83**	393,00	346,33	III	896,33	803,33	712,83	624,83	539,16	456,00
	V	**1936,33**	393,00	346,33	IV	1443,91	1380,50	1317,08	1253,58	1190,16	1127,16
	VI	**1972,58**	393,00	346,33							
6059,99 West	I,IV	**1492,00**	393,00	346,33	I	1365,16	1238,33	1112,16	990,41	873,58	761,66
	II	**1425,16**	393,00	346,33	II	1298,33	1171,50	1047,41	928,25	814,08	704,75
	III	**980,16**	393,00	346,33	III	885,00	792,33	702,00	614,33	529,00	446,16
	V	**1921,00**	393,00	346,33	IV	1428,58	1365,16	1301,75	1238,33	1174,91	1112,16
	VI	**1957,25**	393,00	346,33							
6059,99 Ost	I,IV	**1508,58**	393,00	346,33	I	1381,75	1254,91	1128,41	1006,00	888,58	776,00
	II	**1441,75**	393,00	346,33	II	1314,91	1188,08	1063,41	943,58	828,66	718,75
	III	**992,83**	393,00	346,33	III	897,33	804,33	713,66	625,66	540,00	456,83
	V	**1937,58**	393,00	346,33	IV	1445,16	1381,75	1318,33	1254,91	1191,50	1128,41
	VI	**1973,91**	393,00	346,33							
6062,99 West	I,IV	**1493,16**	393,00	346,33	I	1366,25	1239,41	1113,25	991,50	874,58	762,66
	II	**1426,33**	393,00	346,33	II	1299,50	1172,66	1048,50	929,33	815,08	705,75
	III	**981,00**	393,00	346,33	III	885,83	793,16	702,83	615,16	529,83	447,00
	V	**1922,16**	393,00	346,33	IV	1429,66	1366,25	1302,83	1239,41	1176,00	1113,25
	VI	**1958,41**	393,00	346,33							
6062,99 Ost	I,IV	**1509,83**	393,00	346,33	I	1383,00	1256,16	1129,66	1007,25	889,75	777,16
	II	**1443,08**	393,00	346,33	II	1316,16	1189,33	1064,58	944,75	829,83	719,83
	III	**993,83**	393,00	346,33	III	898,16	805,16	714,66	626,50	540,83	457,66
	V	**1938,91**	393,00	346,33	IV	1446,41	1383,00	1319,58	1256,16	1192,75	1129,66
	VI	**1975,16**	393,00	346,33							
6065,99 West	I,IV	**1494,33**	393,00	346,33	I	1367,50	1240,66	1114,41	992,58	875,66	763,66
	II	**1427,50**	393,00	346,33	II	1300,66	1173,83	1049,66	930,41	816,08	706,75
	III	**982,00**	393,00	346,33	III	886,83	794,00	703,66	616,00	530,50	447,66
	V	**1923,41**	393,00	346,33	IV	1430,91	1367,50	1304,08	1240,66	1177,25	1114,41
	VI	**1959,66**	393,00	346,33							
6065,99 Ost	I,IV	**1511,08**	393,00	346,33	I	1384,25	1257,41	1130,91	1008,41	890,83	778,25
	II	**1444,33**	393,00	346,33	II	1317,50	1190,58	1065,83	945,91	830,91	720,91
	III	**994,66**	393,00	346,33	III	899,16	806,16	715,50	627,33	541,66	458,50
	V	**1940,16**	393,00	346,33	IV	1447,66	1384,25	1320,83	1257,41	1194,00	1130,91
	VI	**1976,41**	393,00	346,33							

* Zur LSt-Berechnung für privat versicherte Arbeitnehmer s. Beispiele **Vorbemerkung S. 4 f.**
** Basisvorsorgepauschale KV und PV *** Typisierter Arbeitgeberzuschuss

Lohn/ Gehalt in € bis	Steuerklasse	Lohn- steuer*	BVSP**	TAGZ***	Steuerklasse	Bemessungsgrundlage für Kirchensteuer und Solidaritätszuschlag – Freibeträge für ... Kinder 0,5	**1,0**	1,5	**2,0**	2,5	**3,0**
6068,99	I,IV	**1495,50**	393,00	346,33	I	1368,66	1241,83	1115,58	993,75	876,75	764,75
West	II	**1428,75**	393,00	346,33	II	1301,91	1175,08	1050,83	931,50	817,16	707,75
	III	**982,83**	393,00	346,33	III	887,66	794,83	704,50	616,66	531,33	448,50
	V	**1924,58**	393,00	346,33	IV	1432,08	1368,66	1305,25	1241,83	1178,41	1115,58
	VI	**1960,83**	393,00	346,33							
6068,99	I,IV	**1512,33**	393,00	346,33	I	1385,50	1258,66	1132,16	1009,58	892,00	779,33
Ost	II	**1445,58**	393,00	346,33	II	1318,75	1191,91	1067,00	947,08	832,08	722,00
	III	**995,66**	393,00	346,33	III	900,16	807,00	716,33	628,16	542,50	459,33
	V	**1941,41**	393,00	346,33	IV	1448,91	1385,50	1322,08	1258,66	1195,25	1132,16
	VI	**1977,66**	393,00	346,33							
6071,99	I,IV	**1496,66**	393,00	346,33	I	1369,83	1243,00	1116,75	994,83	877,83	765,75
West	II	**1429,91**	393,00	346,33	II	1303,08	1176,25	1052,00	932,58	818,25	708,75
	III	**983,83**	393,00	346,33	III	888,50	795,66	705,33	617,50	532,16	449,16
	V	**1925,75**	393,00	346,33	IV	1433,25	1369,83	1306,41	1243,00	1179,58	1116,75
	VI	**1962,00**	393,00	346,33							
6071,99	I,IV	**1513,58**	393,00	346,33	I	1386,75	1259,91	1133,41	1010,83	893,16	780,41
Ost	II	**1446,83**	393,00	346,33	II	1320,00	1193,16	1068,25	948,25	833,16	723,00
	III	**996,66**	393,00	346,33	III	901,00	808,00	717,33	629,16	543,33	460,16
	V	**1942,66**	393,00	346,33	IV	1450,16	1386,75	1323,33	1259,91	1196,50	1133,41
	VI	**1978,91**	393,00	346,33							
6074,99	I,IV	**1497,91**	393,00	346,33	I	1371,08	1244,16	1117,91	996,00	878,91	766,75
West	II	**1431,08**	393,00	346,33	II	1304,25	1177,41	1053,08	933,75	819,25	709,75
	III	**984,66**	393,00	346,33	III	889,33	796,66	706,16	618,33	533,00	450,00
	V	**1926,91**	393,00	346,33	IV	1434,50	1371,08	1307,66	1244,16	1180,75	1117,91
	VI	**1963,16**	393,00	346,33							
6074,99	I,IV	**1514,83**	393,00	346,33	I	1388,00	1261,16	1134,66	1012,00	894,25	781,50
Ost	II	**1448,08**	393,00	346,33	II	1321,25	1194,41	1069,50	949,41	834,33	724,08
	III	**997,66**	393,00	346,33	III	902,00	808,83	718,16	630,00	544,16	461,00
	V	**1943,91**	393,00	346,33	IV	1451,41	1388,00	1324,58	1261,16	1197,75	1134,66
	VI	**1980,16**	393,00	346,33							
6077,99	I,IV	**1499,08**	393,00	346,33	I	1372,25	1245,41	1119,08	997,08	880,00	767,83
West	II	**1432,33**	393,00	346,33	II	1305,41	1178,58	1054,25	934,83	820,33	710,75
	III	**985,66**	393,00	346,33	III	890,33	797,50	707,00	619,16	533,66	450,83
	V	**1928,16**	393,00	346,33	IV	1435,66	1372,25	1308,83	1245,41	1182,00	1119,08
	VI	**1964,41**	393,00	346,33							
6077,99	I,IV	**1516,08**	393,00	346,33	I	1389,25	1262,41	1135,91	1013,16	895,41	782,58
Ost	II	**1449,33**	393,00	346,33	II	1322,50	1195,66	1070,66	950,58	835,41	725,16
	III	**998,50**	393,00	346,33	III	903,00	809,83	719,00	630,83	545,00	461,66
	V	**1945,16**	393,00	346,33	IV	1452,66	1389,25	1325,83	1262,41	1199,00	1135,91
	VI	**1981,41**	393,00	346,33							
6080,99	I,IV	**1500,25**	393,00	346,33	I	1373,41	1246,58	1120,25	998,16	881,08	768,83
West	II	**1433,50**	393,00	346,33	II	1306,66	1179,83	1055,41	935,91	821,33	711,75
	III	**986,50**	393,00	346,33	III	891,16	798,33	707,83	620,00	534,50	451,50
	V	**1929,33**	393,00	346,33	IV	1436,83	1373,41	1310,00	1246,58	1183,16	1120,25
	VI	**1965,58**	393,00	346,33							
6080,99	I,IV	**1517,41**	393,00	346,33	I	1390,58	1263,66	1137,16	1014,41	896,58	783,66
Ost	II	**1450,58**	393,00	346,33	II	1323,75	1196,91	1071,91	951,75	836,50	726,25
	III	**999,50**	393,00	346,33	III	903,83	810,66	720,00	631,66	545,83	462,50
	V	**1946,41**	393,00	346,33	IV	1454,00	1390,58	1327,08	1263,66	1200,25	1137,16
	VI	**1982,66**	393,00	346,33							
6083,99	I,IV	**1501,41**	393,00	346,33	I	1374,58	1247,75	1121,41	999,33	882,08	769,83
West	II	**1434,66**	393,00	346,33	II	1307,83	1181,00	1056,50	937,00	822,41	712,75
	III	**987,33**	393,00	346,33	III	892,00	799,16	708,66	620,83	535,33	452,16
	V	**1930,50**	393,00	346,33	IV	1438,00	1374,58	1311,16	1247,75	1184,33	1121,41
	VI	**1966,75**	393,00	346,33							
6083,99	I,IV	**1518,66**	393,00	346,33	I	1391,83	1265,00	1138,41	1015,58	897,75	784,83
Ost	II	**1451,83**	393,00	346,33	II	1325,00	1198,16	1073,08	952,91	837,66	727,33
	III	**1000,50**	393,00	346,33	III	904,83	811,66	720,83	632,50	546,66	463,33
	V	**1947,66**	393,00	346,33	IV	1455,25	1391,83	1328,41	1265,00	1201,58	1138,41
	VI	**1984,00**	393,00	346,33							

* Zur LSt-Berechnung für privat versicherte Arbeitnehmer s. Beispiele **Vorbemerkung S. 4 f.**
** Basisvorsorgepauschale KV und PV *** Typisierter Arbeitgeberzuschuss

Lohn/ Gehalt in € bis	Steuerklasse	Lohn-steuer*	BVSP**	TAGZ***	Steuerklasse	Bemessungsgrundlage für Kirchensteuer und Solidaritätszuschlag					
						Freibeträge für ... Kinder					
						0,5	**1,0**	1,5	**2,0**	2,5	**3,0**
6086,99	I,IV	**1 502,58**	393,00	346,33	I	1 375,75	1 248,91	1 122,58	1 000,41	883,16	770,83
West	II	**1 435,83**	393,00	346,33	II	1 309,00	1 182,16	1 057,66	938,08	823,41	713,75
	III	**988,33**	393,00	346,33	III	892,83	800,00	709,50	621,50	536,00	453,00
	V	**1 931,66**	393,00	346,33	IV	1 439,16	1 375,75	1 312,33	1 248,91	1 185,50	1 122,58
	VI	**1 967,91**	393,00	346,33							
6086,99	I,IV	**1 519,91**	393,00	346,33	I	1 393,08	1 266,25	1 139,58	1 016,75	898,83	785,91
Ost	II	**1 453,08**	393,00	346,33	II	1 326,25	1 199,41	1 074,33	954,08	838,75	728,41
	III	**1 001,50**	393,00	346,33	III	905,66	812,50	721,66	633,33	547,50	464,16
	V	**1 949,00**	393,00	346,33	IV	1 456,50	1 393,08	1 329,66	1 266,25	1 202,83	1 139,58
	VI	**1 985,25**	393,00	346,33							
6089,99	I,IV	**1 503,83**	393,00	346,33	I	1 377,00	1 250,08	1 123,75	1 001,50	884,25	771,91
West	II	**1 437,00**	393,00	346,33	II	1 310,16	1 183,33	1 058,83	939,16	824,50	714,75
	III	**989,16**	393,00	346,33	III	893,83	800,83	710,33	622,33	536,83	453,83
	V	**1 932,83**	393,00	346,33	IV	1 440,41	1 377,00	1 313,58	1 250,08	1 186,66	1 123,75
	VI	**1 969,08**	393,00	346,33							
6089,99	I,IV	**1 521,16**	393,00	346,33	I	1 394,33	1 267,50	1 140,83	1 018,00	900,00	787,00
Ost	II	**1 454,41**	393,00	346,33	II	1 327,58	1 200,66	1 075,58	955,25	839,91	729,50
	III	**1 002,50**	393,00	346,33	III	906,66	813,33	722,66	634,33	548,33	465,00
	V	**1 950,25**	393,00	346,33	IV	1 457,75	1 394,33	1 330,91	1 267,50	1 204,08	1 140,83
	VI	**1 986,50**	393,00	346,33							
6092,99	I,IV	**1 505,00**	393,00	346,33	I	1 378,16	1 251,33	1 124,91	1 002,66	885,33	772,91
West	II	**1 438,25**	393,00	346,33	II	1 311,33	1 184,50	1 059,91	940,25	825,58	715,75
	III	**990,00**	393,00	346,33	III	894,66	801,66	711,16	623,16	537,66	454,50
	V	**1 934,08**	393,00	346,33	IV	1 441,58	1 378,16	1 314,75	1 251,33	1 187,91	1 124,91
	VI	**1 970,33**	393,00	346,33							
6092,99	I,IV	**1 522,41**	393,00	346,33	I	1 395,58	1 268,75	1 142,08	1 019,16	901,16	788,08
Ost	II	**1 455,66**	393,00	346,33	II	1 328,83	1 202,00	1 076,75	956,41	841,00	730,50
	III	**1 003,33**	393,00	346,33	III	907,66	814,33	723,50	635,16	549,16	465,83
	V	**1 951,50**	393,00	346,33	IV	1 459,00	1 395,58	1 332,16	1 268,75	1 205,33	1 142,08
	VI	**1 987,75**	393,00	346,33							
6095,99	I,IV	**1 506,16**	393,00	346,33	I	1 379,33	1 252,50	1 126,08	1 003,75	886,41	774,00
West	II	**1 439,41**	393,00	346,33	II	1 312,58	1 185,75	1 061,08	941,33	826,58	716,75
	III	**991,00**	393,00	346,33	III	895,50	802,50	712,00	624,00	538,50	455,33
	V	**1 935,25**	393,00	346,33	IV	1 442,75	1 379,33	1 315,91	1 252,50	1 189,08	1 126,08
	VI	**1 971,50**	393,00	346,33							
6095,99	I,IV	**1 523,66**	393,00	346,33	I	1 396,83	1 270,00	1 143,33	1 020,33	902,33	789,16
Ost	II	**1 456,91**	393,00	346,33	II	1 330,08	1 203,25	1 078,00	957,58	842,16	731,58
	III	**1 004,33**	393,00	346,33	III	908,50	815,16	724,33	636,00	550,16	466,66
	V	**1 952,75**	393,00	346,33	IV	1 460,25	1 396,83	1 333,41	1 270,00	1 206,58	1 143,33
	VI	**1 989,00**	393,00	346,33							
6098,99	I,IV	**1 507,33**	393,00	346,33	I	1 380,50	1 253,66	1 127,25	1 004,91	887,50	775,00
West	II	**1 440,58**	393,00	346,33	II	1 313,75	1 186,91	1 062,25	942,50	827,66	717,75
	III	**991,83**	393,00	346,33	III	896,50	803,50	712,83	624,83	539,16	456,16
	V	**1 936,41**	393,00	346,33	IV	1 443,91	1 380,50	1 317,08	1 253,66	1 190,25	1 127,25
	VI	**1 972,66**	393,00	346,33							
6098,99	I,IV	**1 524,91**	393,00	346,33	I	1 398,08	1 271,25	1 144,58	1 021,58	903,50	790,25
Ost	II	**1 458,16**	393,00	346,33	II	1 331,33	1 204,50	1 079,25	958,75	843,25	732,66
	III	**1 005,33**	393,00	346,33	III	909,50	816,16	725,33	636,83	551,00	467,50
	V	**1 954,00**	393,00	346,33	IV	1 461,50	1 398,08	1 334,66	1 271,25	1 207,83	1 144,58
	VI	**1 990,25**	393,00	346,33							
6101,99	I,IV	**1 508,50**	393,00	346,33	I	1 381,66	1 254,83	1 128,41	1 006,00	888,50	776,00
West	II	**1 441,75**	393,00	346,33	II	1 314,91	1 188,08	1 063,33	943,58	828,66	718,75
	III	**992,83**	393,00	346,33	III	897,33	804,33	713,66	625,66	540,00	456,83
	V	**1 937,58**	393,00	346,33	IV	1 445,08	1 381,66	1 318,25	1 254,83	1 191,41	1 128,41
	VI	**1 973,83**	393,00	346,33							
6101,99	I,IV	**1 526,16**	393,00	346,33	I	1 399,33	1 272,50	1 145,83	1 022,75	904,58	791,41
Ost	II	**1 459,41**	393,00	346,33	II	1 332,58	1 205,75	1 080,41	959,91	844,41	733,75
	III	**1 006,33**	393,00	346,33	III	910,50	817,00	726,16	637,66	551,83	468,33
	V	**1 955,25**	393,00	346,33	IV	1 462,75	1 399,33	1 335,91	1 272,50	1 209,08	1 145,83
	VI	**1 991,50**	393,00	346,33							

* Zur LSt-Berechnung für privat versicherte Arbeitnehmer s. Beispiele **Vorbemerkung S. 4 f.**
** Basisvorsorgepauschale KV und PV *** Typisierter Arbeitgeberzuschuss

Lohn/ Gehalt in € bis	Steuerklasse	**Lohn-steuer***	BVSP**	TAGZ***	Steuerklasse	Bemessungsgrundlage für Kirchensteuer und Solidaritätszuschlag – Freibeträge für ... Kinder 0,5	**1,0**	1,5	**2,0**	2,5	**3,0**
6104,99 West	I,IV	**1509,75**	393,00	346,33	I	1382,91	1256,00	1129,58	1007,16	889,58	777,00
	II	**1442,91**	393,00	346,33	II	1316,08	1189,25	1064,50	944,66	829,75	719,75
	III	**993,66**	393,00	346,33	III	898,16	805,16	714,50	626,50	540,83	457,66
	V	**1938,75**	393,00	346,33	IV	1446,33	1382,91	1319,41	1256,00	1192,58	1129,58
	VI	**1975,00**	393,00	346,33							
6104,99 Ost	I,IV	**1527,50**	393,00	346,33	I	1400,58	1273,75	1147,08	1024,00	905,75	792,50
	II	**1460,66**	393,00	346,33	II	1333,83	1207,00	1081,66	961,08	845,50	734,83
	III	**1007,16**	393,00	346,33	III	911,33	818,00	727,00	638,66	552,66	469,16
	V	**1956,50**	393,00	346,33	IV	1464,08	1400,58	1337,16	1273,75	1210,33	1147,08
	VI	**1992,75**	393,00	346,33							
6107,99 West	I,IV	**1510,91**	393,00	346,33	I	1384,08	1257,25	1130,75	1008,25	890,66	778,08
	II	**1444,16**	393,00	346,33	II	1317,25	1190,41	1065,66	945,75	830,75	720,75
	III	**994,66**	393,00	346,33	III	899,00	806,00	715,33	627,33	541,66	458,33
	V	**1940,00**	393,00	346,33	IV	1447,50	1384,08	1320,66	1257,25	1193,83	1130,75
	VI	**1976,25**	393,00	346,33							
6107,99 Ost	I,IV	**1528,75**	393,00	346,33	I	1401,91	1275,08	1148,33	1025,16	906,91	793,58
	II	**1461,91**	393,00	346,33	II	1335,08	1208,25	1082,91	962,25	846,66	735,91
	III	**1008,16**	393,00	346,33	III	912,33	818,83	728,00	639,50	553,50	469,83
	V	**1957,75**	393,00	346,33	IV	1465,33	1401,91	1338,50	1275,08	1211,58	1148,33
	VI	**1994,00**	393,00	346,33							
6110,99 West	I,IV	**1512,08**	393,00	346,33	I	1385,25	1258,41	1131,91	1009,41	891,75	779,08
	II	**1445,33**	393,00	346,33	II	1318,50	1191,66	1066,75	946,83	831,83	721,75
	III	**995,50**	393,00	346,33	III	900,00	806,83	716,16	628,00	542,33	459,16
	V	**1941,16**	393,00	346,33	IV	1448,66	1385,25	1321,83	1258,41	1195,00	1131,91
	VI	**1977,41**	393,00	346,33							
6110,99 Ost	I,IV	**1530,00**	393,00	346,33	I	1403,16	1276,33	1149,58	1026,33	908,08	794,66
	II	**1463,16**	393,00	346,33	II	1336,33	1209,50	1084,08	963,50	847,75	737,00
	III	**1009,16**	393,00	346,33	III	913,33	819,83	728,83	640,33	554,33	470,66
	V	**1959,00**	393,00	346,33	IV	1466,58	1403,16	1339,75	1276,33	1212,91	1149,58
	VI	**1995,33**	393,00	346,33							
6113,99 West	I,IV	**1513,25**	393,00	346,33	I	1386,41	1259,58	1133,08	1010,50	892,83	780,16
	II	**1446,50**	393,00	346,33	II	1319,66	1192,83	1067,91	947,91	832,91	722,75
	III	**996,50**	393,00	346,33	III	900,83	807,66	717,00	628,83	543,16	460,00
	V	**1942,33**	393,00	346,33	IV	1449,83	1386,41	1323,00	1259,58	1196,16	1133,08
	VI	**1978,58**	393,00	346,33							
6113,99 Ost	I,IV	**1531,25**	393,00	346,33	I	1404,41	1277,58	1150,83	1027,58	909,25	795,83
	II	**1464,50**	393,00	346,33	II	1337,58	1210,75	1085,33	964,66	848,91	738,08
	III	**1010,16**	393,00	346,33	III	914,16	820,66	729,66	641,16	555,16	471,50
	V	**1960,33**	393,00	346,33	IV	1467,83	1404,41	1341,00	1277,58	1214,16	1150,83
	VI	**1996,58**	393,00	346,33							
6116,99 West	I,IV	**1514,50**	393,00	346,33	I	1387,66	1260,83	1134,25	1011,66	893,91	781,16
	II	**1447,66**	393,00	346,33	II	1320,83	1194,00	1069,08	949,08	833,91	723,75
	III	**997,33**	393,00	346,33	III	901,66	808,66	718,00	629,66	544,00	460,66
	V	**1943,50**	393,00	346,33	IV	1451,08	1387,66	1324,25	1260,83	1197,41	1134,25
	VI	**1979,83**	393,00	346,33							
6116,99 Ost	I,IV	**1532,50**	393,00	346,33	I	1405,66	1278,83	1152,08	1028,75	910,33	796,91
	II	**1465,75**	393,00	346,33	II	1338,91	1212,08	1086,58	965,83	850,00	739,16
	III	**1011,16**	393,00	346,33	III	915,16	821,66	730,66	642,00	556,00	472,33
	V	**1961,58**	393,00	346,33	IV	1469,08	1405,66	1342,25	1278,83	1215,41	1152,08
	VI	**1997,83**	393,00	346,33							
6119,99 West	I,IV	**1515,66**	393,00	346,33	I	1388,83	1262,00	1135,41	1012,75	895,00	782,16
	II	**1448,91**	393,00	346,33	II	1322,08	1195,16	1070,25	950,16	835,00	724,83
	III	**998,16**	393,00	346,33	III	902,66	809,50	718,83	630,50	544,83	461,50
	V	**1944,75**	393,00	346,33	IV	1452,25	1388,83	1325,41	1262,00	1198,58	1135,41
	VI	**1981,00**	393,00	346,33							
6119,99 Ost	I,IV	**1533,75**	393,00	346,33	I	1406,91	1280,08	1153,33	1030,00	911,50	798,00
	II	**1467,00**	393,00	346,33	II	1340,16	1213,33	1087,75	967,00	851,16	740,25
	III	**1012,00**	393,00	346,33	III	916,16	822,50	731,50	643,00	556,83	473,16
	V	**1962,83**	393,00	346,33	IV	1470,33	1406,91	1343,50	1280,08	1216,66	1153,33
	VI	**1999,08**	393,00	346,33							

* Zur LSt-Berechnung für privat versicherte Arbeitnehmer s. Beispiele **Vorbemerkung S. 4 f.**
** Basisvorsorgepauschale KV und PV *** Typisierter Arbeitgeberzuschuss

Lohn/ Gehalt in € bis	Steuerklasse	Lohn- steuer*	BVSP**	TAGZ***	Steuerklasse	Bemessungsgrundlage für Kirchensteuer und Solidaritätszuschlag — Freibeträge für ... Kinder 0,5	1,0	1,5	2,0	2,5	3,0
6122,99	I,IV	**1516,83**	393,00	346,33	I	1390,00	1263,16	1136,58	1013,83	896,08	783,25
West	II	**1450,08**	393,00	346,33	II	1323,16	1196,33	1071,33	951,25	836,00	725,75
	III	**999,16**	393,00	346,33	III	903,50	810,33	719,50	631,33	545,50	462,16
	V	**1945,91**	393,00	346,33	IV	1453,41	1390,00	1326,58	1263,16	1199,75	1136,58
	VI	**1982,16**	393,00	346,33							
6122,99	I,IV	**1535,00**	393,00	346,33	I	1408,16	1281,33	1154,58	1031,16	912,66	799,08
Ost	II	**1468,25**	393,00	346,33	II	1341,41	1214,58	1089,00	968,16	852,25	741,33
	III	**1013,00**	393,00	346,33	III	917,00	823,50	732,33	643,83	557,66	474,00
	V	**1964,08**	393,00	346,33	IV	1471,58	1408,16	1344,75	1281,33	1217,91	1154,58
	VI	**2000,33**	393,00	346,33							
6125,99	I,IV	**1518,00**	393,00	346,33	I	1391,16	1264,33	1137,75	1015,00	897,16	784,25
West	II	**1451,25**	393,00	346,33	II	1324,41	1197,58	1072,50	952,33	837,08	726,75
	III	**1000,00**	393,00	346,33	III	904,33	811,16	720,33	632,16	546,33	463,00
	V	**1947,08**	393,00	346,33	IV	1454,58	1391,16	1327,75	1264,33	1200,91	1137,75
	VI	**1983,33**	393,00	346,33							
6125,99	I,IV	**1536,25**	393,00	346,33	I	1409,41	1282,58	1155,83	1032,33	913,83	800,16
Ost	II	**1469,50**	393,00	346,33	II	1342,66	1215,83	1090,25	969,33	853,41	742,33
	III	**1014,00**	393,00	346,33	III	918,00	824,33	733,33	644,66	558,50	474,83
	V	**1965,33**	393,00	346,33	IV	1472,83	1409,41	1346,00	1282,58	1219,16	1155,83
	VI	**2001,58**	393,00	346,33							
6128,99	I,IV	**1519,16**	393,00	346,33	I	1392,33	1265,50	1138,91	1016,08	898,25	785,25
West	II	**1452,41**	393,00	346,33	II	1325,58	1198,75	1073,66	953,41	838,16	727,83
	III	**1001,00**	393,00	346,33	III	905,16	812,00	721,16	633,00	547,16	463,66
	V	**1948,25**	393,00	346,33	IV	1455,75	1392,33	1328,91	1265,50	1202,08	1138,91
	VI	**1984,50**	393,00	346,33							
6128,99	I,IV	**1537,58**	393,00	346,33	I	1410,66	1283,83	1157,08	1033,58	915,00	801,33
Ost	II	**1470,75**	393,00	346,33	II	1343,91	1217,08	1091,41	970,50	854,50	743,41
	III	**1015,00**	393,00	346,33	III	918,83	825,33	734,16	645,50	559,33	475,66
	V	**1966,58**	393,00	346,33	IV	1474,08	1410,66	1347,25	1283,83	1220,41	1157,08
	VI	**2002,83**	393,00	346,33							
6131,99	I,IV	**1520,41**	393,00	346,33	I	1393,58	1266,75	1140,08	1017,25	899,33	786,33
West	II	**1453,58**	393,00	346,33	II	1326,75	1199,91	1074,83	954,50	839,25	728,83
	III	**1001,83**	393,00	346,33	III	906,16	812,83	722,00	633,66	547,83	464,50
	V	**1949,41**	393,00	346,33	IV	1457,00	1393,58	1330,16	1266,75	1203,33	1140,08
	VI	**1985,75**	393,00	346,33							
6131,99	I,IV	**1538,83**	393,00	346,33	I	1412,00	1285,08	1158,33	1034,75	916,16	802,41
Ost	II	**1472,00**	393,00	346,33	II	1345,16	1218,33	1092,66	971,66	855,66	744,50
	III	**1016,00**	393,00	346,33	III	919,83	826,16	735,16	646,33	560,16	476,50
	V	**1967,83**	393,00	346,33	IV	1475,41	1412,00	1348,58	1285,08	1221,66	1158,33
	VI	**2004,08**	393,00	346,33							
6134,99	I,IV	**1521,58**	393,00	346,33	I	1394,75	1267,91	1141,25	1018,33	900,41	787,33
West	II	**1454,83**	393,00	346,33	II	1328,00	1201,08	1075,91	955,66	840,25	729,83
	III	**1002,66**	393,00	346,33	III	907,00	813,66	722,83	634,50	548,66	465,33
	V	**1950,66**	393,00	346,33	IV	1458,16	1394,75	1331,33	1267,91	1204,50	1141,25
	VI	**1986,91**	393,00	346,33							
6134,99	I,IV	**1540,08**	393,00	346,33	I	1413,25	1286,41	1159,58	1036,00	917,25	803,50
Ost	II	**1473,25**	393,00	346,33	II	1346,41	1219,58	1093,91	972,83	856,75	745,58
	III	**1016,83**	393,00	346,33	III	920,83	827,16	736,00	647,33	561,00	477,33
	V	**1969,08**	393,00	346,33	IV	1476,66	1413,25	1349,83	1286,41	1223,00	1159,58
	VI	**2005,41**	393,00	346,33							
6137,99	I,IV	**1522,75**	393,00	346,33	I	1395,91	1269,08	1142,50	1019,50	901,50	788,41
West	II	**1456,00**	393,00	346,33	II	1329,16	1202,33	1077,08	956,75	841,33	730,83
	III	**1003,66**	393,00	346,33	III	907,83	814,66	723,83	635,33	549,50	466,00
	V	**1951,83**	393,00	346,33	IV	1459,33	1395,91	1332,50	1269,08	1205,66	1142,50
	VI	**1988,08**	393,00	346,33							
6137,99	I,IV	**1541,33**	393,00	346,33	I	1414,50	1287,66	1160,83	1037,16	918,41	804,66
Ost	II	**1474,58**	393,00	346,33	II	1347,66	1220,83	1095,08	974,08	857,91	746,66
	III	**1017,83**	393,00	346,33	III	921,66	828,00	736,83	648,16	561,83	478,16
	V	**1970,41**	393,00	346,33	IV	1477,91	1414,50	1351,08	1287,66	1224,25	1160,83
	VI	**2006,66**	393,00	346,33							

* Zur LSt-Berechnung für privat versicherte Arbeitnehmer s. Beispiele **Vorbemerkung S. 4f.**
** Basisvorsorgepauschale KV und PV *** Typisierter Arbeitgeberzuschuss

Lohn/ Gehalt in € bis	Steuerklasse	Lohn-steuer*	BVSP**	TAGZ***	Steuerklasse	Bemessungsgrundlage für Kirchensteuer und Solidaritätszuschlag					
						Freibeträge für ... Kinder					
						0,5	**1,0**	1,5	**2,0**	2,5	**3,0**
6140,99	I,IV	**1523,91**	393,00	346,33	I	1397,08	1270,25	1143,58	1020,58	902,50	789,41
West	II	**1457,16**	393,00	346,33	II	1330,33	1203,50	1078,25	957,83	842,33	731,83
	III	**1004,50**	393,00	346,33	III	908,83	815,50	724,66	636,16	550,33	466,83
	V	**1953,00**	393,00	346,33	IV	1460,50	1397,08	1333,66	1270,25	1206,83	1143,58
	VI	**1989,25**	393,00	346,33							
6140,99	I,IV	**1542,58**	393,00	346,33	I	1415,75	1288,91	1162,08	1038,41	919,58	805,75
Ost	II	**1475,83**	393,00	346,33	II	1349,00	1222,08	1096,33	975,25	859,00	747,75
	III	**1018,83**	393,00	346,33	III	922,66	829,00	737,83	649,00	562,66	479,00
	V	**1971,66**	393,00	346,33	IV	1479,16	1415,75	1352,33	1288,91	1225,50	1162,08
	VI	**2007,91**	393,00	346,33							
6143,99	I,IV	**1525,08**	393,00	346,33	I	1398,25	1271,41	1144,75	1021,75	903,58	790,41
West	II	**1458,33**	393,00	346,33	II	1331,50	1204,66	1079,41	958,91	843,41	732,83
	III	**1005,50**	393,00	346,33	III	909,66	816,33	725,50	637,00	551,00	467,66
	V	**1954,16**	393,00	346,33	IV	1461,66	1398,25	1334,83	1271,41	1208,00	1144,75
	VI	**1990,41**	393,00	346,33							
6143,99	I,IV	**1543,83**	393,00	346,33	I	1417,00	1290,16	1163,33	1039,58	920,75	806,83
Ost	II	**1477,08**	393,00	346,33	II	1350,25	1223,41	1097,58	976,41	860,16	748,83
	III	**1019,83**	393,00	346,33	III	923,66	829,83	738,66	649,83	563,50	479,66
	V	**1972,91**	393,00	346,33	IV	1480,41	1417,00	1353,58	1290,16	1226,75	1163,33
	VI	**2009,16**	393,00	346,33							
6146,99	I,IV	**1526,33**	393,00	346,33	I	1399,50	1272,66	1145,91	1022,83	904,66	791,50
West	II	**1459,50**	393,00	346,33	II	1332,66	1205,83	1080,50	960,00	844,50	733,83
	III	**1006,33**	393,00	346,33	III	910,50	817,16	726,33	637,83	551,83	468,33
	V	**1955,33**	393,00	346,33	IV	1462,91	1399,50	1336,08	1272,66	1209,16	1145,91
	VI	**1991,66**	393,00	346,33							
6146,99	I,IV	**1545,08**	393,00	346,33	I	1418,25	1291,41	1164,58	1040,83	921,91	807,91
Ost	II	**1478,33**	393,00	346,33	II	1351,50	1224,66	1098,83	977,58	861,25	749,91
	III	**1020,83**	393,00	346,33	III	924,50	830,83	739,50	650,83	564,50	480,50
	V	**1974,16**	393,00	346,33	IV	1481,66	1418,25	1354,83	1291,41	1228,00	1164,58
	VI	**2010,41**	393,00	346,33							
6149,99	I,IV	**1527,50**	393,00	346,33	I	1400,66	1273,83	1147,16	1024,00	905,75	792,50
West	II	**1460,75**	393,00	346,33	II	1333,91	1207,00	1081,66	961,16	845,50	734,83
	III	**1007,33**	393,00	346,33	III	911,50	818,00	727,16	638,66	552,66	469,16
	V	**1956,58**	393,00	346,33	IV	1464,08	1400,66	1337,25	1273,83	1210,41	1147,16
	VI	**1992,83**	393,00	346,33							
6149,99	I,IV	**1546,33**	393,00	346,33	I	1419,50	1292,66	1165,83	1042,00	923,08	809,08
Ost	II	**1479,58**	393,00	346,33	II	1352,75	1225,91	1100,00	978,75	862,41	751,00
	III	**1021,66**	393,00	346,33	III	925,50	831,66	740,50	651,66	565,33	481,33
	V	**1975,41**	393,00	346,33	IV	1482,91	1419,50	1356,08	1292,66	1229,25	1165,83
	VI	**2011,66**	393,00	346,33							
6152,99	I,IV	**1528,66**	393,00	346,33	I	1401,83	1275,00	1148,33	1025,16	906,91	793,58
West	II	**1461,91**	393,00	346,33	II	1335,08	1208,25	1082,83	962,25	846,58	735,91
	III	**1008,16**	393,00	346,33	III	912,33	818,83	728,00	639,50	553,50	469,83
	V	**1957,75**	393,00	346,33	IV	1465,25	1401,83	1338,41	1275,00	1211,58	1148,33
	VI	**1994,00**	393,00	346,33							
6152,99	I,IV	**1547,58**	393,00	346,33	I	1420,75	1293,91	1167,16	1043,16	924,25	810,16
Ost	II	**1480,83**	393,00	346,33	II	1354,00	1227,16	1101,25	979,91	863,58	752,08
	III	**1022,66**	393,00	346,33	III	926,50	832,66	741,33	652,50	566,16	482,16
	V	**1976,66**	393,00	346,33	IV	1484,16	1420,75	1357,33	1293,91	1230,50	1167,16
	VI	**2012,91**	393,00	346,33							
6155,99	I,IV	**1529,91**	393,00	346,33	I	1403,00	1276,16	1149,50	1026,25	908,00	794,58
West	II	**1463,08**	393,00	346,33	II	1336,25	1209,41	1084,00	963,33	847,66	736,91
	III	**1009,16**	393,00	346,33	III	913,16	819,83	728,83	640,33	554,33	470,66
	V	**1958,91**	393,00	346,33	IV	1466,41	1403,00	1339,58	1276,16	1212,75	1149,50
	VI	**1995,16**	393,00	346,33							
6155,99	I,IV	**1548,91**	393,00	346,33	I	1422,08	1295,16	1168,41	1044,41	925,33	811,25
Ost	II	**1482,08**	393,00	346,33	II	1355,25	1228,41	1102,50	981,08	864,66	753,16
	III	**1023,66**	393,00	346,33	III	927,33	833,66	742,16	653,33	567,00	483,00
	V	**1977,91**	393,00	346,33	IV	1485,50	1422,08	1358,58	1295,16	1231,75	1168,41
	VI	**2014,16**	393,00	346,33							

* Zur LSt-Berechnung für privat versicherte Arbeitnehmer s. Beispiele **Vorbemerkung S. 4 f.**
** Basisvorsorgepauschale KV und PV *** Typisierter Arbeitgeberzuschuss

Lohn/ Gehalt in € bis	Steuerklasse	Lohn-steuer*	BVSP**	TAGZ***	Steuerklasse	Bemessungsgrundlage für Kirchensteuer und Solidaritätszuschlag – Freibeträge für ... Kinder 0,5	**1,0**	1,5	**2,0**	2,5	**3,0**
6158,99	I,IV	**1531,08**	393,00	346,33	I	1404,25	1277,41	1150,66	1027,41	909,08	795,66
West	II	**1464,25**	393,00	346,33	II	1337,41	1210,58	1085,16	964,50	848,75	737,91
	III	**1010,00**	393,00	346,33	III	914,16	820,66	729,66	641,16	555,00	471,50
	V	**1960,16**	393,00	346,33	IV	1467,66	1404,25	1340,83	1277,41	1214,00	1150,66
	VI	**1996,41**	393,00	346,33							
6158,99	I,IV	**1550,16**	393,00	346,33	I	1423,33	1296,50	1169,66	1045,58	926,50	812,41
Ost	II	**1483,33**	393,00	346,33	II	1356,50	1229,66	1103,75	982,33	865,83	754,25
	III	**1024,66**	393,00	346,33	III	928,33	834,50	743,16	654,16	567,83	483,83
	V	**1979,16**	393,00	346,33	IV	1486,75	1423,33	1359,91	1296,50	1233,08	1169,66
	VI	**2015,50**	393,00	346,33							
6161,99	I,IV	**1532,25**	393,00	346,33	I	1405,41	1278,58	1151,83	1028,50	910,08	796,66
West	II	**1465,41**	393,00	346,33	II	1338,58	1211,75	1086,25	965,58	849,75	738,91
	III	**1010,83**	393,00	346,33	III	915,00	821,50	730,50	641,83	555,83	472,16
	V	**1961,25**	393,00	346,33	IV	1468,83	1405,41	1342,00	1278,58	1215,08	1151,83
	VI	**1997,50**	393,00	346,33							
6161,99	I,IV	**1551,41**	393,00	346,33	I	1424,58	1297,75	1170,91	1046,83	927,66	813,50
Ost	II	**1484,58**	393,00	346,33	II	1357,75	1230,91	1105,00	983,50	866,91	755,33
	III	**1025,66**	393,00	346,33	III	929,33	835,50	744,00	655,16	568,66	484,66
	V	**1980,50**	393,00	346,33	IV	1488,00	1424,58	1361,16	1297,75	1234,33	1170,91
	VI	**2016,75**	393,00	346,33							
6164,99	I,IV	**1533,41**	393,00	346,33	I	1406,58	1279,75	1153,00	1029,66	911,16	797,66
West	II	**1466,66**	393,00	346,33	II	1339,83	1212,91	1087,41	966,66	850,83	739,91
	III	**1011,83**	393,00	346,33	III	915,83	822,33	731,33	642,66	556,66	473,00
	V	**1962,50**	393,00	346,33	IV	1470,00	1406,58	1343,16	1279,75	1216,33	1153,00
	VI	**1998,75**	393,00	346,33							
6164,99	I,IV	**1552,66**	393,00	346,33	I	1425,83	1299,00	1172,16	1048,00	928,83	814,58
Ost	II	**1485,91**	393,00	346,33	II	1359,08	1232,16	1106,16	984,66	868,08	756,41
	III	**1026,50**	393,00	346,33	III	930,16	836,33	745,00	656,00	569,50	485,50
	V	**1981,75**	393,00	346,33	IV	1489,25	1425,83	1362,41	1299,00	1235,58	1172,16
	VI	**2018,00**	393,00	346,33							
6167,99	I,IV	**1534,58**	393,00	346,33	I	1407,75	1280,91	1154,16	1030,75	912,25	798,75
West	II	**1467,83**	393,00	346,33	II	1341,00	1214,16	1088,58	967,75	851,91	740,91
	III	**1012,66**	393,00	346,33	III	916,66	823,16	732,16	643,50	557,33	473,66
	V	**1963,66**	393,00	346,33	IV	1471,16	1407,75	1344,33	1280,91	1217,50	1154,16
	VI	**1999,91**	393,00	346,33							
6167,99	I,IV	**1553,91**	393,00	346,33	I	1427,08	1300,25	1173,41	1049,25	930,00	815,75
Ost	II	**1487,16**	393,00	346,33	II	1360,33	1233,50	1107,41	985,83	869,25	757,50
	III	**1027,50**	393,00	346,33	III	931,16	837,33	745,83	656,83	570,33	486,33
	V	**1983,00**	393,00	346,33	IV	1490,50	1427,08	1363,66	1300,25	1236,83	1173,41
	VI	**2019,25**	393,00	346,33							
6170,99	I,IV	**1535,83**	393,00	346,33	I	1408,91	1282,08	1155,33	1031,91	913,33	799,75
West	II	**1469,00**	393,00	346,33	II	1342,16	1215,33	1089,75	968,91	852,91	741,91
	III	**1013,66**	393,00	346,33	III	917,66	824,00	733,00	644,33	558,16	474,50
	V	**1964,83**	393,00	346,33	IV	1472,33	1408,91	1345,50	1282,08	1218,66	1155,33
	VI	**2001,08**	393,00	346,33							
6170,99	I,IV	**1555,16**	393,00	346,33	I	1428,33	1301,50	1174,66	1050,41	931,16	816,83
Ost	II	**1488,41**	393,00	346,33	II	1361,58	1234,75	1108,66	987,00	870,33	758,58
	III	**1028,50**	393,00	346,33	III	932,16	838,16	746,66	657,66	571,16	487,16
	V	**1984,25**	393,00	346,33	IV	1491,75	1428,33	1364,91	1301,50	1238,08	1174,66
	VI	**2020,50**	393,00	346,33							
6173,99	I,IV	**1537,00**	393,00	346,33	I	1410,16	1283,33	1156,50	1033,00	914,50	800,83
West	II	**1470,16**	393,00	346,33	II	1343,33	1216,50	1090,91	970,00	854,00	743,00
	III	**1014,50**	393,00	346,33	III	918,50	824,83	733,83	645,16	559,00	475,33
	V	**1966,00**	393,00	346,33	IV	1473,58	1410,16	1346,75	1283,33	1219,91	1156,50
	VI	**2002,33**	393,00	346,33							
6173,99	I,IV	**1556,41**	393,00	346,33	I	1429,58	1302,75	1175,91	1051,66	932,33	817,91
Ost	II	**1489,66**	393,00	346,33	II	1362,83	1236,00	1109,91	988,25	871,50	759,66
	III	**1029,50**	393,00	346,33	III	933,00	839,16	747,66	658,66	572,00	488,00
	V	**1985,50**	393,00	346,33	IV	1493,00	1429,58	1366,16	1302,75	1239,33	1175,91
	VI	**2021,75**	393,00	346,33							

* Zur LSt-Berechnung für privat versicherte Arbeitnehmer s. Beispiele **Vorbemerkung S. 4 f.**
** Basisvorsorgepauschale KV und PV *** Typisierter Arbeitgeberzuschuss

Lohn/ Gehalt in € bis	Steuerklasse	Lohn-steuer*	BVSP**	TAGZ***	Steuerklasse	0,5	1,0	1,5	2,0	2,5	3,0
						Bemessungsgrundlage für Kirchensteuer und Solidaritätszuschlag – Freibeträge für ... Kinder					
6176,99 West	I,IV	**1538,16**	393,00	346,33	I	1411,33	1284,50	1157,75	1034,16	915,58	801,83
	II	**1471,41**	393,00	346,33	II	1344,58	1217,75	1092,08	971,08	855,08	744,00
	III	**1015,50**	393,00	346,33	III	919,33	825,83	734,66	646,00	559,83	476,00
	V	**1967,25**	393,00	346,33	IV	1474,75	1411,33	1347,91	1284,50	1221,08	1157,75
	VI	**2003,50**	393,00	346,33							
6176,99 Ost	I,IV	**1557,66**	393,00	346,33	I	1430,83	1304,00	1177,16	1052,83	933,50	819,08
	II	**1490,91**	393,00	346,33	II	1364,08	1237,25	1111,08	989,41	872,58	760,75
	III	**1030,50**	393,00	346,33	III	934,00	840,00	748,50	659,50	572,83	488,83
	V	**1986,75**	393,00	346,33	IV	1494,25	1430,83	1367,41	1304,00	1240,58	1177,16
	VI	**2023,00**	393,00	346,33							
6179,99 West	I,IV	**1539,33**	393,00	346,33	I	1412,50	1285,66	1158,83	1035,25	916,58	802,83
	II	**1472,58**	393,00	346,33	II	1345,66	1218,83	1093,16	972,16	856,08	745,00
	III	**1016,33**	393,00	346,33	III	920,33	826,66	735,50	646,83	560,50	476,83
	V	**1968,41**	393,00	346,33	IV	1475,91	1412,50	1349,08	1285,66	1222,25	1158,83
	VI	**2004,66**	393,00	346,33							
6179,99 Ost	I,IV	**1559,00**	393,00	346,33	I	1432,08	1305,25	1178,41	1054,08	934,66	820,16
	II	**1492,16**	393,00	346,33	II	1365,33	1238,50	1112,33	990,58	873,75	761,83
	III	**1031,50**	393,00	346,33	III	935,00	841,00	749,33	660,33	573,66	489,66
	V	**1988,00**	393,00	346,33	IV	1495,58	1432,08	1368,66	1305,25	1241,83	1178,41
	VI	**2024,25**	393,00	346,33							
6182,99 West	I,IV	**1540,50**	393,00	346,33	I	1413,66	1286,83	1160,08	1036,41	917,66	803,91
	II	**1473,75**	393,00	346,33	II	1346,91	1220,08	1094,33	973,33	857,16	746,00
	III	**1017,33**	393,00	346,33	III	921,16	827,50	736,33	647,66	561,33	477,66
	V	**1969,58**	393,00	346,33	IV	1477,08	1413,66	1350,25	1286,83	1223,41	1160,08
	VI	**2005,83**	393,00	346,33							
6182,99 Ost	I,IV	**1560,25**	393,00	346,33	I	1433,41	1306,58	1179,66	1055,33	935,83	821,25
	II	**1493,41**	393,00	346,33	II	1366,58	1239,75	1113,58	991,75	874,91	762,91
	III	**1032,33**	393,00	346,33	III	935,83	841,83	750,33	661,16	574,66	490,50
	V	**1989,25**	393,00	346,33	IV	1496,83	1433,41	1370,00	1306,58	1243,08	1179,66
	VI	**2025,50**	393,00	346,33							
6185,99 West	I,IV	**1541,66**	393,00	346,33	I	1414,83	1288,00	1161,25	1037,58	918,75	805,00
	II	**1474,91**	393,00	346,33	II	1348,08	1221,25	1095,50	974,41	858,25	747,00
	III	**1018,16**	393,00	346,33	III	922,00	828,33	737,16	648,50	562,16	478,33
	V	**1970,75**	393,00	346,33	IV	1478,25	1414,83	1351,41	1288,00	1224,58	1161,25
	VI	**2007,00**	393,00	346,33							
6185,99 Ost	I,IV	**1561,50**	393,00	346,33	I	1434,66	1307,83	1181,00	1056,50	937,00	822,41
	II	**1494,66**	393,00	346,33	II	1367,83	1241,00	1114,83	993,00	876,00	764,00
	III	**1033,33**	393,00	346,33	III	936,83	842,83	751,16	662,16	575,50	491,33
	V	**1990,50**	393,00	346,33	IV	1498,08	1434,66	1371,25	1307,83	1244,41	1181,00
	VI	**2026,83**	393,00	346,33							
6188,99 West	I,IV	**1542,91**	393,00	346,33	I	1416,08	1289,25	1162,41	1038,66	919,91	806,00
	II	**1476,08**	393,00	346,33	II	1349,25	1222,41	1096,66	975,50	859,33	748,00
	III	**1019,16**	393,00	346,33	III	923,00	829,16	738,00	649,33	563,00	479,16
	V	**1971,91**	393,00	346,33	IV	1479,50	1416,08	1352,66	1289,25	1225,83	1162,41
	VI	**2008,25**	393,00	346,33							
6188,99 Ost	I,IV	**1562,75**	393,00	346,33	I	1435,91	1309,08	1182,25	1057,75	938,16	823,50
	II	**1496,00**	393,00	346,33	II	1369,08	1242,25	1116,08	994,16	877,16	765,08
	III	**1034,33**	393,00	346,33	III	937,83	843,66	752,16	663,00	576,33	492,00
	V	**1991,83**	393,00	346,33	IV	1499,33	1435,91	1372,50	1309,08	1245,66	1182,25
	VI	**2028,08**	393,00	346,33							
6191,99 West	I,IV	**1544,08**	393,00	346,33	I	1417,25	1290,41	1163,58	1039,83	921,00	807,08
	II	**1477,33**	393,00	346,33	II	1350,50	1223,66	1097,83	976,66	860,41	749,08
	III	**1020,00**	393,00	346,33	III	923,83	830,16	738,83	650,16	563,83	480,00
	V	**1973,16**	393,00	346,33	IV	1480,66	1417,25	1353,83	1290,41	1227,00	1163,58
	VI	**2009,41**	393,00	346,33							
6191,99 Ost	I,IV	**1564,00**	393,00	346,33	I	1437,16	1310,33	1183,50	1058,91	939,33	824,58
	II	**1497,25**	393,00	346,33	II	1370,41	1243,58	1117,33	995,33	878,33	766,25
	III	**1035,33**	393,00	346,33	III	938,66	844,66	753,00	663,83	577,16	492,83
	V	**1993,08**	393,00	346,33	IV	1500,58	1437,16	1373,75	1310,33	1246,91	1183,50
	VI	**2029,33**	393,00	346,33							

* Zur LSt-Berechnung für privat versicherte Arbeitnehmer s. Beispiele **Vorbemerkung S. 4f.**
** Basisvorsorgepauschale KV und PV *** Typisierter Arbeitgeberzuschuss

Lohn/ Gehalt in € bis	Steuerklasse	Lohn-steuer*	BVSP**	TAGZ***	Steuerklasse	Bemessungsgrundlage für Kirchensteuer und Solidaritätszuschlag – Freibeträge für ... Kinder 0,5	**1,0**	1,5	**2,0**	2,5	**3,0**
6194,99	I,IV	**1545,25**	393,00	346,33	I	1418,41	1291,58	1164,75	1041,00	922,08	808,08
West	II	**1478,50**	393,00	346,33	II	1351,66	1224,83	1099,00	977,75	861,41	750,08
	III	**1021,00**	393,00	346,33	III	924,66	831,00	739,66	650,83	564,50	480,66
	V	**1974,33**	393,00	346,33	IV	1481,83	1418,41	1355,00	1291,58	1228,16	1164,75
	VI	**2010,58**	393,00	346,33							
6194,99	I,IV	**1565,25**	393,00	346,33	I	1438,41	1311,58	1184,75	1060,16	940,50	825,75
Ost	II	**1498,50**	393,00	346,33	II	1371,66	1244,83	1118,50	996,50	879,41	767,33
	III	**1036,33**	393,00	346,33	III	939,66	845,50	753,83	664,66	578,00	493,66
	V	**1994,33**	393,00	346,33	IV	1501,83	1438,41	1375,00	1311,58	1248,16	1184,75
	VI	**2030,58**	393,00	346,33							
6197,99	I,IV	**1546,50**	393,00	346,33	I	1419,66	1292,75	1166,00	1042,08	923,16	809,16
West	II	**1479,66**	393,00	346,33	II	1352,83	1226,00	1100,16	978,83	862,50	751,08
	III	**1021,83**	393,00	346,33	III	925,66	831,83	740,50	651,66	565,33	481,50
	V	**1975,50**	393,00	346,33	IV	1483,08	1419,66	1356,16	1292,75	1229,33	1166,00
	VI	**2011,75**	393,00	346,33							
6197,99	I,IV	**1566,50**	393,00	346,33	I	1439,66	1312,83	1186,00	1061,33	941,66	826,83
Ost	II	**1499,75**	393,00	346,33	II	1372,91	1246,08	1119,75	997,66	880,58	768,41
	III	**1037,33**	393,00	346,33	III	940,66	846,50	754,83	665,66	578,83	494,50
	V	**1995,58**	393,00	346,33	IV	1503,08	1439,66	1376,25	1312,83	1249,41	1186,00
	VI	**2031,83**	393,00	346,33							
6200,99	I,IV	**1547,66**	393,00	346,33	I	1420,83	1294,00	1167,16	1043,25	924,25	810,16
West	II	**1480,91**	393,00	346,33	II	1354,00	1227,16	1101,33	980,00	863,58	752,16
	III	**1022,83**	393,00	346,33	III	926,50	832,66	741,33	652,50	566,16	482,16
	V	**1976,75**	393,00	346,33	IV	1484,25	1420,83	1357,41	1294,00	1230,58	1167,16
	VI	**2013,00**	393,00	346,33							
6200,99	I,IV	**1567,75**	393,00	346,33	I	1440,91	1314,08	1187,25	1062,58	942,83	828,00
Ost	II	**1501,00**	393,00	346,33	II	1374,16	1247,33	1121,00	998,91	881,75	769,50
	III	**1038,16**	393,00	346,33	III	941,66	847,33	755,66	666,50	579,66	495,33
	V	**1996,83**	393,00	346,33	IV	1504,33	1440,91	1377,50	1314,08	1250,66	1187,25
	VI	**2033,08**	393,00	346,33							
6203,99	I,IV	**1548,91**	393,00	346,33	I	1422,08	1295,25	1168,41	1044,41	925,41	811,33
West	II	**1482,16**	393,00	346,33	II	1355,33	1228,41	1102,50	981,16	864,75	753,25
	III	**1023,66**	393,00	346,33	III	927,50	833,66	742,33	653,50	567,00	483,00
	V	**1978,00**	393,00	346,33	IV	1485,50	1422,08	1358,66	1295,25	1231,83	1168,41
	VI	**2014,25**	393,00	346,33							
6203,99	I,IV	**1569,08**	393,00	346,33	I	1442,16	1315,33	1188,50	1063,75	944,00	829,08
Ost	II	**1502,25**	393,00	346,33	II	1375,41	1248,58	1122,25	1000,08	882,83	770,58
	III	**1039,16**	393,00	346,33	III	942,50	848,33	756,66	667,33	580,50	496,16
	V	**1998,08**	393,00	346,33	IV	1505,58	1442,16	1378,75	1315,33	1251,91	1188,50
	VI	**2034,33**	393,00	346,33							
6206,99	I,IV	**1550,16**	393,00	346,33	I	1423,33	1296,50	1169,66	1045,66	926,58	812,41
West	II	**1483,41**	393,00	346,33	II	1356,58	1229,75	1103,75	982,33	865,83	754,33
	III	**1024,66**	393,00	346,33	III	928,33	834,50	743,16	654,33	567,83	483,83
	V	**1979,25**	393,00	346,33	IV	1486,75	1423,33	1359,91	1296,50	1233,08	1169,66
	VI	**2015,50**	393,00	346,33							
6206,99	I,IV	**1570,33**	393,00	346,33	I	1443,50	1316,58	1189,75	1065,00	945,16	830,16
Ost	II	**1503,50**	393,00	346,33	II	1376,66	1249,83	1123,50	1001,25	884,00	771,66
	III	**1040,16**	393,00	346,33	III	943,50	849,33	757,50	668,16	581,33	497,00
	V	**1999,33**	393,00	346,33	IV	1506,91	1443,50	1380,08	1316,58	1253,16	1189,75
	VI	**2035,58**	393,00	346,33							
6209,99	I,IV	**1551,41**	393,00	346,33	I	1424,58	1297,75	1170,91	1046,83	927,75	813,50
West	II	**1484,66**	393,00	346,33	II	1357,83	1231,00	1105,00	983,50	867,00	755,41
	III	**1025,66**	393,00	346,33	III	929,33	835,50	744,16	655,16	568,66	484,66
	V	**1980,50**	393,00	346,33	IV	1488,00	1424,58	1361,16	1297,75	1234,33	1170,91
	VI	**2016,75**	393,00	346,33							
6209,99	I,IV	**1571,58**	393,00	346,33	I	1444,75	1317,91	1191,08	1066,25	946,33	831,33
Ost	II	**1504,75**	393,00	346,33	II	1377,91	1251,08	1124,75	1002,50	885,16	772,75
	III	**1041,16**	393,00	346,33	III	944,50	850,16	758,33	669,00	582,16	497,83
	V	**2000,58**	393,00	346,33	IV	1508,16	1444,75	1381,33	1317,91	1254,50	1191,08
	VI	**2036,91**	393,00	346,33							

* Zur LSt-Berechnung für privat versicherte Arbeitnehmer s. Beispiele **Vorbemerkung S. 4f.**
** Basisvorsorgepauschale KV und PV *** Typisierter Arbeitgeberzuschuss

Lohn/ Gehalt in € bis	Steuerklasse	Lohn- steuer*	BVSP**	TAGZ***	Steuerklasse	Bemessungsgrundlage für Kirchensteuer und Solidaritätszuschlag – Freibeträge für ... Kinder 0,5	**1,0**	1,5	**2,0**	2,5	**3,0**
6212,99 West	I,IV	**1552,66**	393,00	346,33	I	1425,83	1299,00	1172,16	1048,08	928,91	814,66
	II	**1485,91**	393,00	346,33	II	1359,08	1232,25	1106,25	984,66	868,08	756,50
	III	**1026,66**	393,00	346,33	III	930,33	836,33	745,00	656,00	569,50	485,50
	V	**1981,75**	393,00	346,33	IV	1489,25	1425,83	1362,41	1299,00	1235,58	1172,16
	VI	**2018,00**	393,00	346,33							
6212,99 Ost	I,IV	**1572,83**	393,00	346,33	I	1446,00	1319,16	1192,33	1067,41	947,50	832,41
	II	**1506,08**	393,00	346,33	II	1379,16	1252,33	1126,00	1003,66	886,25	773,83
	III	**1042,16**	393,00	346,33	III	945,33	851,16	759,33	670,00	583,16	498,66
	V	**2001,91**	393,00	346,33	IV	1509,41	1446,00	1382,58	1319,16	1255,75	1192,33
	VI	**2038,16**	393,00	346,33							
6215,99 West	I,IV	**1553,91**	393,00	346,33	I	1427,08	1300,25	1173,41	1049,25	930,08	815,75
	II	**1487,16**	393,00	346,33	II	1360,33	1233,50	1107,41	985,91	869,25	757,58
	III	**1027,66**	393,00	346,33	III	931,16	837,33	745,83	656,83	570,33	486,33
	V	**1983,00**	393,00	346,33	IV	1490,50	1427,08	1363,66	1300,25	1236,83	1173,41
	VI	**2019,25**	393,00	346,33							
6215,99 Ost	I,IV	**1574,08**	393,00	346,33	I	1447,25	1320,41	1193,58	1068,66	948,66	833,58
	II	**1507,33**	393,00	346,33	II	1380,50	1253,58	1127,16	1004,83	887,41	774,91
	III	**1043,16**	393,00	346,33	III	946,33	852,00	760,16	670,83	584,00	499,50
	V	**2003,16**	393,00	346,33	IV	1510,66	1447,25	1383,83	1320,41	1257,00	1193,58
	VI	**2039,41**	393,00	346,33							
6218,99 West	I,IV	**1555,25**	393,00	346,33	I	1428,41	1301,50	1174,66	1050,50	931,16	816,83
	II	**1488,41**	393,00	346,33	II	1361,58	1234,75	1108,66	987,08	870,41	758,66
	III	**1028,50**	393,00	346,33	III	932,16	838,16	746,83	657,83	571,16	487,16
	V	**1984,25**	393,00	346,33	IV	1491,83	1428,41	1364,91	1301,50	1238,08	1174,66
	VI	**2020,50**	393,00	346,33							
6218,99 Ost	I,IV	**1575,33**	393,00	346,33	I	1448,50	1321,66	1194,83	1069,83	949,83	834,66
	II	**1508,58**	393,00	346,33	II	1381,75	1254,91	1128,41	1006,00	888,58	776,00
	III	**1044,00**	393,00	346,33	III	947,33	853,00	761,16	671,66	584,83	500,33
	V	**2004,41**	393,00	346,33	IV	1511,91	1448,50	1385,08	1321,66	1258,25	1194,83
	VI	**2040,66**	393,00	346,33							
6221,99 West	I,IV	**1556,50**	393,00	346,33	I	1429,66	1302,83	1176,00	1051,66	932,33	818,00
	II	**1489,66**	393,00	346,33	II	1362,83	1236,00	1109,91	988,25	871,50	759,75
	III	**1029,50**	393,00	346,33	III	933,16	839,16	747,66	658,66	572,16	488,00
	V	**1985,50**	393,00	346,33	IV	1493,08	1429,66	1366,25	1302,83	1239,41	1176,00
	VI	**2021,83**	393,00	346,33							
6221,99 Ost	I,IV	**1576,58**	393,00	346,33	I	1449,75	1322,91	1196,08	1071,08	951,00	835,75
	II	**1509,83**	393,00	346,33	II	1383,00	1256,16	1129,66	1007,25	889,75	777,16
	III	**1045,00**	393,00	346,33	III	948,16	853,83	762,00	672,66	585,66	501,16
	V	**2005,66**	393,00	346,33	IV	1513,16	1449,75	1386,33	1322,91	1259,50	1196,08
	VI	**2041,91**	393,00	346,33							
6224,99 West	I,IV	**1557,75**	393,00	346,33	I	1430,91	1304,08	1177,25	1052,91	933,50	819,08
	II	**1490,91**	393,00	346,33	II	1364,08	1237,25	1111,16	989,41	872,66	760,83
	III	**1030,50**	393,00	346,33	III	934,00	840,00	748,50	659,50	573,00	488,83
	V	**1986,83**	393,00	346,33	IV	1494,33	1430,91	1367,50	1304,08	1240,66	1177,25
	VI	**2023,08**	393,00	346,33							
6224,99 Ost	I,IV	**1577,83**	393,00	346,33	I	1451,00	1324,16	1197,33	1072,33	952,16	836,91
	II	**1511,08**	393,00	346,33	II	1384,25	1257,41	1130,91	1008,41	890,83	778,25
	III	**1046,00**	393,00	346,33	III	949,16	854,83	762,83	673,50	586,50	502,00
	V	**2006,91**	393,00	346,33	IV	1514,41	1451,00	1387,58	1324,16	1260,75	1197,33
	VI	**2043,16**	393,00	346,33							
6227,99 West	I,IV	**1559,00**	393,00	346,33	I	1432,16	1305,33	1178,50	1054,08	934,66	820,16
	II	**1492,25**	393,00	346,33	II	1365,41	1238,50	1112,41	990,58	873,75	761,91
	III	**1031,50**	393,00	346,33	III	935,00	841,00	749,50	660,33	573,83	489,66
	V	**1988,08**	393,00	346,33	IV	1495,58	1432,16	1368,75	1305,33	1241,91	1178,50
	VI	**2024,33**	393,00	346,33							
6227,99 Ost	I,IV	**1579,08**	393,00	346,33	I	1452,25	1325,41	1198,58	1073,50	953,33	838,00
	II	**1512,33**	393,00	346,33	II	1385,50	1258,66	1132,16	1009,58	892,00	779,33
	III	**1047,00**	393,00	346,33	III	950,16	855,66	763,83	674,33	587,33	502,83
	V	**2008,16**	393,00	346,33	IV	1515,66	1452,25	1388,83	1325,41	1262,00	1198,58
	VI	**2044,41**	393,00	346,33							

* Zur LSt-Berechnung für privat versicherte Arbeitnehmer s. Beispiele **Vorbemerkung S. 4 f.**
** Basisvorsorgepauschale KV und PV *** Typisierter Arbeitgeberzuschuss

Lohn/ Gehalt in € bis	Steuerklasse	Lohn-steuer*	BVSP**	TAGZ***	Steuerklasse	Bemessungsgrundlage für Kirchensteuer und Solidaritätszuschlag – Freibeträge für ... Kinder 0,5	**1,0**	1,5	**2,0**	2,5	**3,0**
6230,99	I,IV	**1560,25**	393,00	346,33	I	1433,41	1306,58	1179,75	1055,33	935,83	821,33
West	II	**1493,50**	393,00	346,33	II	1366,66	1239,83	1113,58	991,83	874,91	763,00
	III	**1032,50**	393,00	346,33	III	936,00	842,00	750,33	661,33	574,66	490,50
	V	**1989,33**	393,00	346,33	IV	1496,83	1433,41	1370,00	1306,58	1243,16	1179,75
	VI	**2025,58**	393,00	346,33							
6230,99	I,IV	**1580,41**	393,00	346,33	I	1453,58	1326,66	1199,83	1074,75	954,50	839,16
Ost	II	**1513,58**	393,00	346,33	II	1386,75	1259,91	1133,41	1010,83	893,16	780,41
	III	**1048,00**	393,00	346,33	III	951,00	856,66	764,66	675,16	588,16	503,66
	V	**2009,41**	393,00	346,33	IV	1517,00	1453,58	1390,08	1326,66	1263,25	1199,83
	VI	**2045,66**	393,00	346,33							
6233,99	I,IV	**1561,50**	393,00	346,33	I	1434,66	1307,83	1181,00	1056,50	937,00	822,41
West	II	**1494,75**	393,00	346,33	II	1367,91	1241,08	1114,83	993,00	876,08	764,08
	III	**1033,50**	393,00	346,33	III	936,83	842,83	751,33	662,16	575,50	491,33
	V	**1990,58**	393,00	346,33	IV	1498,08	1434,66	1371,25	1307,83	1244,41	1181,00
	VI	**2026,83**	393,00	346,33							
6233,99	I,IV	**1581,66**	393,00	346,33	I	1454,83	1328,00	1201,08	1075,91	955,66	840,25
Ost	II	**1514,83**	393,00	346,33	II	1388,00	1261,16	1134,66	1012,00	894,25	781,50
	III	**1049,00**	393,00	346,33	III	952,00	857,50	765,66	676,16	589,00	504,50
	V	**2010,66**	393,00	346,33	IV	1518,25	1454,83	1391,41	1328,00	1264,58	1201,08
	VI	**2047,00**	393,00	346,33							
6236,99	I,IV	**1562,75**	393,00	346,33	I	1435,91	1309,08	1182,25	1057,75	938,16	823,50
West	II	**1496,00**	393,00	346,33	II	1369,16	1242,33	1116,08	994,16	877,16	765,16
	III	**1034,33**	393,00	346,33	III	937,83	843,83	752,16	663,00	576,33	492,16
	V	**1991,83**	393,00	346,33	IV	1499,33	1435,91	1372,50	1309,08	1245,66	1182,25
	VI	**2028,08**	393,00	346,33							
6236,99	I,IV	**1582,91**	393,00	346,33	I	1456,08	1329,25	1202,41	1077,16	956,83	841,41
Ost	II	**1516,08**	393,00	346,33	II	1389,25	1262,41	1135,91	1013,16	895,41	782,58
	III	**1049,83**	393,00	346,33	III	953,00	858,50	766,50	677,00	589,83	505,33
	V	**2012,00**	393,00	346,33	IV	1519,50	1456,08	1392,66	1329,25	1265,83	1202,41
	VI	**2048,25**	393,00	346,33							
6239,99	I,IV	**1564,00**	393,00	346,33	I	1437,16	1310,33	1183,50	1059,00	939,33	824,66
West	II	**1497,25**	393,00	346,33	II	1370,41	1243,58	1117,33	995,33	878,33	766,25
	III	**1035,33**	393,00	346,33	III	938,83	844,66	753,00	663,83	577,16	493,00
	V	**1993,08**	393,00	346,33	IV	1500,58	1437,16	1373,75	1310,33	1246,91	1183,50
	VI	**2029,33**	393,00	346,33							
6239,99	I,IV	**1584,16**	393,00	346,33	I	1457,33	1330,50	1203,66	1078,41	958,00	842,50
Ost	II	**1517,41**	393,00	346,33	II	1390,58	1263,66	1137,16	1014,41	896,58	783,66
	III	**1050,83**	393,00	346,33	III	954,00	859,50	767,33	677,83	590,83	506,16
	V	**2013,25**	393,00	346,33	IV	1520,75	1457,33	1393,91	1330,50	1267,08	1203,66
	VI	**2049,50**	393,00	346,33							
6242,99	I,IV	**1565,33**	393,00	346,33	I	1438,41	1311,58	1184,75	1060,16	940,50	825,75
West	II	**1498,50**	393,00	346,33	II	1371,66	1244,83	1118,58	996,58	879,50	767,33
	III	**1036,33**	393,00	346,33	III	939,66	845,66	754,00	664,83	578,00	493,83
	V	**1994,33**	393,00	346,33	IV	1501,91	1438,41	1375,00	1311,58	1248,16	1184,75
	VI	**2030,58**	393,00	346,33							
6242,99	I,IV	**1585,41**	393,00	346,33	I	1458,58	1331,75	1204,91	1079,58	959,16	843,66
Ost	II	**1518,66**	393,00	346,33	II	1391,83	1265,00	1138,41	1015,58	897,75	784,83
	III	**1051,83**	393,00	346,33	III	954,83	860,33	768,33	678,66	591,66	507,00
	V	**2014,50**	393,00	346,33	IV	1522,00	1458,58	1395,16	1331,75	1268,33	1204,91
	VI	**2050,75**	393,00	346,33							
6245,99	I,IV	**1566,58**	393,00	346,33	I	1439,75	1312,91	1186,00	1061,41	941,66	826,83
West	II	**1499,75**	393,00	346,33	II	1372,91	1246,08	1119,83	997,75	880,58	768,41
	III	**1037,33**	393,00	346,33	III	940,66	846,50	754,83	665,66	578,83	494,66
	V	**1995,58**	393,00	346,33	IV	1503,16	1439,75	1376,33	1312,91	1249,41	1186,00
	VI	**2031,91**	393,00	346,33							
6245,99	I,IV	**1586,66**	393,00	346,33	I	1459,83	1333,00	1206,16	1080,83	960,33	844,75
Ost	II	**1519,91**	393,00	346,33	II	1393,08	1266,25	1139,58	1016,75	898,83	785,91
	III	**1052,83**	393,00	346,33	III	955,83	861,33	769,16	679,66	592,50	507,83
	V	**2015,75**	393,00	346,33	IV	1523,25	1459,83	1396,41	1333,00	1269,58	1206,16
	VI	**2052,00**	393,00	346,33							

* Zur LSt-Berechnung für privat versicherte Arbeitnehmer s. Beispiele **Vorbemerkung S. 4f.**
** Basisvorsorgepauschale KV und PV *** Typisierter Arbeitgeberzuschuss

Lohn/ Gehalt in € bis	Steuerklasse	Lohn-steuer*	BVSP**	TAGZ***	Steuerklasse	Bemessungsgrundlage für Kirchensteuer und Solidaritätszuschlag – Freibeträge für ... Kinder 0,5	**1,0**	1,5	**2,0**	2,5	**3,0**
6248,99 West	I,IV	**1567,83**	393,00	346,33	I	1441,00	1314,16	1187,33	1062,58	942,83	828,00
	II	**1501,00**	393,00	346,33	II	1374,16	1247,33	1121,00	998,91	881,75	769,50
	III	**1038,33**	393,00	346,33	III	941,66	847,50	755,83	666,50	579,66	495,50
	V	**1996,91**	393,00	346,33	IV	1504,41	1441,00	1377,58	1314,16	1250,75	1187,33
	VI	**2033,16**	393,00	346,33							
6248,99 Ost	I,IV	**1587,91**	393,00	346,33	I	1461,08	1334,25	1207,41	1082,08	961,50	845,91
	II	**1521,16**	393,00	346,33	II	1394,33	1267,50	1140,83	1018,00	900,00	787,00
	III	**1053,83**	393,00	346,33	III	956,83	862,16	770,16	680,50	593,33	508,66
	V	**2017,00**	393,00	346,33	IV	1524,50	1461,08	1397,66	1334,25	1270,83	1207,41
	VI	**2053,25**	393,00	346,33							
6251,99 West	I,IV	**1569,08**	393,00	346,33	I	1442,25	1315,41	1188,58	1063,83	944,00	829,08
	II	**1502,33**	393,00	346,33	II	1375,41	1248,58	1122,25	1000,08	882,91	770,58
	III	**1039,33**	393,00	346,33	III	942,66	848,33	756,66	667,33	580,50	496,16
	V	**1998,16**	393,00	346,33	IV	1505,66	1442,25	1378,83	1315,41	1252,00	1188,58
	VI	**2034,41**	393,00	346,33							
6251,99 Ost	I,IV	**1589,16**	393,00	346,33	I	1462,33	1335,50	1208,66	1083,25	962,66	847,00
	II	**1522,41**	393,00	346,33	II	1395,58	1268,75	1142,08	1019,16	901,16	788,08
	III	**1054,83**	393,00	346,33	III	957,66	863,16	771,00	681,33	594,16	509,50
	V	**2018,25**	393,00	346,33	IV	1525,75	1462,33	1398,91	1335,50	1272,08	1208,66
	VI	**2054,50**	393,00	346,33							
6254,99 West	I,IV	**1570,33**	393,00	346,33	I	1443,50	1316,66	1189,83	1065,00	945,16	830,25
	II	**1503,58**	393,00	346,33	II	1376,75	1249,91	1123,50	1001,33	884,00	771,66
	III	**1040,16**	393,00	346,33	III	943,50	849,33	757,50	668,33	581,50	497,00
	V	**1999,41**	393,00	346,33	IV	1506,91	1443,50	1380,08	1316,66	1253,25	1189,83
	VI	**2035,66**	393,00	346,33							
6254,99 Ost	I,IV	**1590,50**	393,00	346,33	I	1463,58	1336,75	1209,91	1084,50	963,83	848,16
	II	**1523,66**	393,00	346,33	II	1396,83	1270,00	1143,33	1020,33	902,33	789,16
	III	**1055,83**	393,00	346,33	III	958,66	864,00	772,00	682,16	595,00	510,33
	V	**2019,50**	393,00	346,33	IV	1527,08	1463,58	1400,16	1336,75	1273,33	1209,91
	VI	**2055,75**	393,00	346,33							
6257,99 West	I,IV	**1571,58**	393,00	346,33	I	1444,75	1317,91	1191,08	1066,25	946,33	831,33
	II	**1504,83**	393,00	346,33	II	1378,00	1251,16	1124,75	1002,50	885,16	772,75
	III	**1041,16**	393,00	346,33	III	944,50	850,16	758,50	669,16	582,33	497,83
	V	**2000,66**	393,00	346,33	IV	1508,16	1444,75	1381,33	1317,91	1254,50	1191,08
	VI	**2036,91**	393,00	346,33							
6257,99 Ost	I,IV	**1591,75**	393,00	346,33	I	1464,91	1338,08	1211,16	1085,75	965,00	849,25
	II	**1524,91**	393,00	346,33	II	1398,08	1271,25	1144,58	1021,58	903,50	790,25
	III	**1056,66**	393,00	346,33	III	959,66	865,00	772,83	683,16	595,83	511,16
	V	**2020,75**	393,00	346,33	IV	1528,33	1464,91	1401,50	1338,08	1274,58	1211,16
	VI	**2057,00**	393,00	346,33							
6260,99 West	I,IV	**1572,83**	393,00	346,33	I	1446,00	1319,16	1192,33	1067,50	947,50	832,50
	II	**1506,08**	393,00	346,33	II	1379,25	1252,41	1126,00	1003,66	886,33	773,91
	III	**1042,16**	393,00	346,33	III	945,50	851,16	759,33	670,00	583,16	498,66
	V	**2001,91**	393,00	346,33	IV	1509,41	1446,00	1382,58	1319,16	1255,75	1192,33
	VI	**2038,16**	393,00	346,33							
6260,99 Ost	I,IV	**1593,00**	393,00	346,33	I	1466,16	1339,33	1212,50	1086,91	966,16	850,41
	II	**1526,16**	393,00	346,33	II	1399,33	1272,50	1145,83	1022,75	904,58	791,41
	III	**1057,66**	393,00	346,33	III	960,66	866,00	773,66	684,00	596,66	512,00
	V	**2022,00**	393,00	346,33	IV	1529,58	1466,16	1402,75	1339,33	1275,91	1212,50
	VI	**2058,33**	393,00	346,33							
6263,99 West	I,IV	**1574,08**	393,00	346,33	I	1447,25	1320,41	1193,58	1068,66	948,66	833,58
	II	**1507,33**	393,00	346,33	II	1380,50	1253,66	1127,25	1004,91	887,41	775,00
	III	**1043,16**	393,00	346,33	III	946,33	852,00	760,16	670,83	584,00	499,50
	V	**2003,16**	393,00	346,33	IV	1510,66	1447,25	1383,83	1320,41	1257,00	1193,58
	VI	**2039,41**	393,00	346,33							
6263,99 Ost	I,IV	**1594,25**	393,00	346,33	I	1467,41	1340,58	1213,75	1088,16	967,41	851,50
	II	**1527,50**	393,00	346,33	II	1400,58	1273,75	1147,08	1024,00	905,75	792,50
	III	**1058,66**	393,00	346,33	III	961,50	866,83	774,66	684,83	597,50	512,83
	V	**2023,33**	393,00	346,33	IV	1530,83	1467,41	1404,00	1340,58	1277,16	1213,75
	VI	**2059,58**	393,00	346,33							

* Zur LSt-Berechnung für privat versicherte Arbeitnehmer s. Beispiele **Vorbemerkung S. 4f.**
** Basisvorsorgepauschale KV und PV *** Typisierter Arbeitgeberzuschuss

Lohn/ Gehalt in € bis	Steuerklasse	Lohnsteuer*	BVSP**	TAGZ***	Steuerklasse	Bemessungsgrundlage für Kirchensteuer und Solidaritätszuschlag – Freibeträge für ... Kinder 0,5	1,0	1,5	2,0	2,5	3,0
6266,99 West	I,IV	**1575,41**	393,00	346,33	I	1448,50	1321,66	1194,83	1069,91	949,83	834,66
	II	**1508,58**	393,00	346,33	II	1381,75	1254,91	1128,50	1006,08	888,58	776,08
	III	**1044,16**	393,00	346,33	III	947,33	853,00	761,16	671,83	584,83	500,33
	V	**2004,41**	393,00	346,33	IV	1511,91	1448,50	1385,08	1321,66	1258,25	1194,83
	VI	**2040,66**	393,00	346,33							
6266,99 Ost	I,IV	**1595,50**	393,00	346,33	I	1468,66	1341,83	1215,00	1089,41	968,58	852,66
	II	**1528,75**	393,00	346,33	II	1401,91	1275,08	1148,33	1025,16	906,91	793,58
	III	**1059,66**	393,00	346,33	III	962,50	867,83	775,50	685,83	598,50	513,66
	V	**2024,58**	393,00	346,33	IV	1532,08	1468,66	1405,25	1341,83	1278,41	1215,00
	VI	**2060,83**	393,00	346,33							
6269,99 West	I,IV	**1576,66**	393,00	346,33	I	1449,83	1322,91	1196,08	1071,08	951,00	835,83
	II	**1509,83**	393,00	346,33	II	1383,00	1256,16	1129,75	1007,25	889,75	777,16
	III	**1045,16**	393,00	346,33	III	948,33	854,00	762,00	672,66	585,66	501,16
	V	**2005,66**	393,00	346,33	IV	1513,25	1449,83	1386,41	1322,91	1259,50	1196,08
	VI	**2041,91**	393,00	346,33							
6269,99 Ost	I,IV	**1596,75**	393,00	346,33	I	1469,91	1343,08	1216,25	1090,66	969,75	853,75
	II	**1530,00**	393,00	346,33	II	1403,16	1276,33	1149,58	1026,33	908,08	794,66
	III	**1060,66**	393,00	346,33	III	963,50	868,66	776,50	686,66	599,33	514,50
	V	**2025,83**	393,00	346,33	IV	1533,33	1469,91	1406,50	1343,08	1279,66	1216,25
	VI	**2062,08**	393,00	346,33							
6272,99 West	I,IV	**1577,91**	393,00	346,33	I	1451,08	1324,25	1197,41	1072,33	952,16	836,91
	II	**1511,08**	393,00	346,33	II	1384,25	1257,41	1130,91	1008,41	890,91	778,25
	III	**1046,00**	393,00	346,33	III	949,16	854,83	763,00	673,50	586,50	502,00
	V	**2006,91**	393,00	346,33	IV	1514,50	1451,08	1387,66	1324,25	1260,83	1197,41
	VI	**2043,25**	393,00	346,33							
6272,99 Ost	I,IV	**1598,00**	393,00	346,33	I	1471,16	1344,33	1217,50	1091,83	970,91	854,91
	II	**1531,25**	393,00	346,33	II	1404,41	1277,58	1150,83	1027,58	909,25	795,83
	III	**1061,66**	393,00	346,33	III	964,33	869,66	777,33	687,50	600,16	515,33
	V	**2027,08**	393,00	346,33	IV	1534,58	1471,16	1407,75	1344,33	1280,91	1217,50
	VI	**2063,33**	393,00	346,33							
6275,99 West	I,IV	**1579,16**	393,00	346,33	I	1452,33	1325,50	1198,66	1073,58	953,33	838,08
	II	**1512,41**	393,00	346,33	II	1385,50	1258,66	1132,16	1009,66	892,00	779,33
	III	**1047,00**	393,00	346,33	III	950,16	855,83	763,83	674,33	587,33	502,83
	V	**2008,25**	393,00	346,33	IV	1515,75	1452,33	1388,91	1325,50	1262,08	1198,66
	VI	**2044,50**	393,00	346,33							
6275,99 Ost	I,IV	**1599,25**	393,00	346,33	I	1472,41	1345,58	1218,75	1093,08	972,08	856,00
	II	**1532,50**	393,00	346,33	II	1405,66	1278,83	1152,08	1028,75	910,33	796,91
	III	**1062,66**	393,00	346,33	III	965,33	870,50	778,16	688,33	601,00	516,00
	V	**2028,33**	393,00	346,33	IV	1535,83	1472,41	1409,00	1345,58	1282,16	1218,75
	VI	**2064,58**	393,00	346,33							
6278,99 West	I,IV	**1580,41**	393,00	346,33	I	1453,58	1326,75	1199,91	1074,75	954,50	839,16
	II	**1513,66**	393,00	346,33	II	1386,83	1259,91	1133,41	1010,83	893,16	780,41
	III	**1048,00**	393,00	346,33	III	951,16	856,66	764,83	675,33	588,16	503,66
	V	**2009,50**	393,00	346,33	IV	1517,00	1453,58	1390,16	1326,75	1263,33	1199,91
	VI	**2045,75**	393,00	346,33							
6278,99 Ost	I,IV	**1600,58**	393,00	346,33	I	1473,66	1346,83	1220,00	1094,33	973,25	857,16
	II	**1533,75**	393,00	346,33	II	1406,91	1280,08	1153,33	1030,00	911,50	798,00
	III	**1063,66**	393,00	346,33	III	966,33	871,50	779,16	689,33	601,83	516,83
	V	**2029,58**	393,00	346,33	IV	1537,08	1473,66	1410,25	1346,83	1283,41	1220,00
	VI	**2065,83**	393,00	346,33							
6281,99 West	I,IV	**1581,66**	393,00	346,33	I	1454,83	1328,00	1201,16	1076,00	955,66	840,33
	II	**1514,91**	393,00	346,33	II	1388,08	1261,25	1134,66	1012,00	894,33	781,50
	III	**1049,00**	393,00	346,33	III	952,00	857,66	765,66	676,16	589,16	504,50
	V	**2010,75**	393,00	346,33	IV	1518,25	1454,83	1391,41	1328,00	1264,58	1201,16
	VI	**2047,00**	393,00	346,33							
6281,99 Ost	I,IV	**1601,83**	393,00	346,33	I	1475,00	1348,08	1221,25	1095,50	974,41	858,25
	II	**1535,00**	393,00	346,33	II	1408,16	1281,33	1154,58	1031,16	912,66	799,08
	III	**1064,50**	393,00	346,33	III	967,33	872,50	780,00	690,16	602,66	517,66
	V	**2030,83**	393,00	346,33	IV	1538,41	1475,00	1411,58	1348,08	1284,66	1221,25
	VI	**2067,08**	393,00	346,33							

* Zur LSt-Berechnung für privat versicherte Arbeitnehmer s. Beispiele **Vorbemerkung S. 4 f.**
** Basisvorsorgepauschale KV und PV *** Typisierter Arbeitgeberzuschuss

Lohn/ Gehalt in € bis	Steuerklasse	Lohnsteuer*	BVSP**	TAGZ***	Steuerklasse	Bemessungsgrundlage für Kirchensteuer und Solidaritätszuschlag – Freibeträge für ... Kinder 0,5	1,0	1,5	2,0	2,5	3,0
6284,99 West	I,IV	**1582,91**	393,00	346,33	I	1456,08	1329,25	1202,41	1077,25	956,83	841,41
	II	**1516,16**	393,00	346,33	II	1389,33	1262,50	1135,91	1013,25	895,50	782,66
	III	**1050,00**	393,00	346,33	III	953,00	858,50	766,50	677,00	590,00	505,33
	V	**2012,00**	393,00	346,33	IV	1519,50	1456,08	1392,66	1329,25	1265,83	1202,41
	VI	**2048,25**	393,00	346,33							
6284,99 Ost	I,IV	**1603,08**	393,00	346,33	I	1476,25	1349,41	1222,58	1096,75	975,58	859,41
	II	**1536,25**	393,00	346,33	II	1409,41	1282,58	1155,83	1032,33	913,83	800,16
	III	**1065,50**	393,00	346,33	III	968,16	873,33	781,00	691,00	603,50	518,50
	V	**2032,08**	393,00	346,33	IV	1539,66	1476,25	1412,83	1349,41	1286,00	1222,58
	VI	**2068,41**	393,00	346,33							
6287,99 West	I,IV	**1584,16**	393,00	346,33	I	1457,33	1330,50	1203,66	1078,41	958,00	842,58
	II	**1517,41**	393,00	346,33	II	1390,58	1263,75	1137,16	1014,41	896,58	783,75
	III	**1051,00**	393,00	346,33	III	954,00	859,50	767,50	677,83	590,83	506,16
	V	**2013,25**	393,00	346,33	IV	1520,75	1457,33	1393,91	1330,50	1267,08	1203,66
	VI	**2049,50**	393,00	346,33							
6287,99 Ost	I,IV	**1604,33**	393,00	346,33	I	1477,50	1350,66	1223,83	1098,00	976,83	860,50
	II	**1537,58**	393,00	346,33	II	1410,66	1283,83	1157,08	1033,58	915,00	801,33
	III	**1066,50**	393,00	346,33	III	969,16	874,33	781,83	691,83	604,50	519,33
	V	**2033,41**	393,00	346,33	IV	1540,91	1477,50	1414,08	1350,66	1287,25	1223,83
	VI	**2069,66**	393,00	346,33							
6290,99 West	I,IV	**1585,41**	393,00	346,33	I	1458,58	1331,75	1204,91	1079,66	959,16	843,66
	II	**1518,66**	393,00	346,33	II	1391,83	1265,00	1138,41	1015,58	897,75	784,83
	III	**1052,00**	393,00	346,33	III	955,00	860,33	768,33	678,83	591,66	507,00
	V	**2014,50**	393,00	346,33	IV	1522,00	1458,58	1395,16	1331,75	1268,33	1204,91
	VI	**2050,75**	393,00	346,33							
6290,99 Ost	I,IV	**1605,58**	393,00	346,33	I	1478,75	1351,91	1225,08	1099,25	978,00	861,66
	II	**1538,83**	393,00	346,33	II	1412,00	1285,08	1158,33	1034,75	916,16	802,41
	III	**1067,50**	393,00	346,33	III	970,16	875,16	782,83	692,83	605,33	520,16
	V	**2034,66**	393,00	346,33	IV	1542,16	1478,75	1415,33	1351,91	1288,50	1225,08
	VI	**2070,91**	393,00	346,33							
6293,99 West	I,IV	**1586,75**	393,00	346,33	I	1459,91	1333,00	1206,16	1080,83	960,33	844,75
	II	**1519,91**	393,00	346,33	II	1393,08	1266,25	1139,66	1016,83	898,91	785,91
	III	**1052,83**	393,00	346,33	III	955,83	861,33	769,33	679,66	592,50	507,83
	V	**2015,75**	393,00	346,33	IV	1523,33	1459,91	1396,41	1333,00	1269,58	1206,16
	VI	**2052,00**	393,00	346,33							
6293,99 Ost	I,IV	**1606,83**	393,00	346,33	I	1480,00	1353,16	1226,33	1100,41	979,16	862,83
	II	**1540,08**	393,00	346,33	II	1413,25	1286,41	1159,58	1036,00	917,25	803,50
	III	**1068,50**	393,00	346,33	III	971,16	876,16	783,66	693,66	606,16	521,00
	V	**2035,91**	393,00	346,33	IV	1543,41	1480,00	1416,58	1353,16	1289,75	1226,33
	VI	**2072,16**	393,00	346,33							
6296,99 West	I,IV	**1588,00**	393,00	346,33	I	1461,16	1334,33	1207,41	1082,08	961,50	845,91
	II	**1521,16**	393,00	346,33	II	1394,33	1267,50	1140,91	1018,00	900,08	787,00
	III	**1053,83**	393,00	346,33	III	956,83	862,33	770,16	680,50	593,33	508,66
	V	**2017,00**	393,00	346,33	IV	1524,58	1461,16	1397,75	1334,33	1270,91	1207,41
	VI	**2053,33**	393,00	346,33							
6296,99 Ost	I,IV	**1608,08**	393,00	346,33	I	1481,25	1354,41	1227,58	1101,66	980,33	863,91
	II	**1541,33**	393,00	346,33	II	1414,50	1287,66	1160,83	1037,16	918,41	804,66
	III	**1069,50**	393,00	346,33	III	972,00	877,00	784,66	694,50	607,00	521,83
	V	**2037,16**	393,00	346,33	IV	1544,66	1481,25	1417,83	1354,41	1291,00	1227,58
	VI	**2073,41**	393,00	346,33							
6299,99 West	I,IV	**1589,25**	393,00	346,33	I	1462,41	1335,58	1208,75	1083,33	962,75	847,00
	II	**1522,41**	393,00	346,33	II	1395,58	1268,75	1142,16	1019,16	901,16	788,08
	III	**1054,83**	393,00	346,33	III	957,83	863,16	771,00	681,33	594,16	509,50
	V	**2018,33**	393,00	346,33	IV	1525,83	1462,41	1399,00	1335,58	1272,16	1208,75
	VI	**2054,58**	393,00	346,33							
6299,99 Ost	I,IV	**1609,33**	393,00	346,33	I	1482,50	1355,66	1228,83	1102,91	981,50	865,08
	II	**1542,58**	393,00	346,33	II	1415,75	1288,91	1162,08	1038,41	919,58	805,75
	III	**1070,50**	393,00	346,33	III	973,00	878,00	785,50	695,50	607,83	522,66
	V	**2038,41**	393,00	346,33	IV	1545,91	1482,50	1419,08	1355,66	1292,25	1228,83
	VI	**2074,66**	393,00	346,33							

* Zur LSt-Berechnung für privat versicherte Arbeitnehmer s. Beispiele **Vorbemerkung S. 4f.**
** Basisvorsorgepauschale KV und PV *** Typisierter Arbeitgeberzuschuss

Lohn/ Gehalt in € bis	Steuerklasse	Lohn- steuer*	BVSP**	TAGZ***	Steuerklasse	Bemessungsgrundlage für Kirchensteuer und Solidaritätszuschlag Freibeträge für ... Kinder 0,5	1,0	1,5	2,0	2,5	3,0
6302,99	I,IV	**1590,50**	393,00	346,33	I	1463,66	1336,83	1210,00	1084,50	963,91	848,16
West	II	**1523,75**	393,00	346,33	II	1396,91	1270,00	1143,41	1020,41	902,33	789,25
	III	**1055,83**	393,00	346,33	III	958,66	864,16	772,00	682,33	595,00	510,33
	V	**2019,58**	393,00	346,33	IV	1527,08	1463,66	1400,25	1336,83	1273,41	1210,00
	VI	**2055,83**	393,00	346,33							
6302,99	I,IV	**1610,58**	393,00	346,33	I	1483,75	1356,91	1230,08	1104,16	982,66	866,16
Ost	II	**1543,83**	393,00	346,33	II	1417,00	1290,16	1163,33	1039,58	920,75	806,83
	III	**1071,50**	393,00	346,33	III	974,00	879,00	786,33	696,33	608,66	523,50
	V	**2039,66**	393,00	346,33	IV	1547,16	1483,75	1420,33	1356,91	1293,50	1230,08
	VI	**2075,91**	393,00	346,33							
6305,99	I,IV	**1591,75**	393,00	346,33	I	1464,91	1338,08	1211,25	1085,75	965,08	849,25
West	II	**1525,00**	393,00	346,33	II	1398,16	1271,33	1144,66	1021,58	903,50	790,33
	III	**1056,83**	393,00	346,33	III	959,66	865,00	772,83	683,16	596,00	511,16
	V	**2020,83**	393,00	346,33	IV	1528,33	1464,91	1401,50	1338,08	1274,66	1211,25
	VI	**2057,08**	393,00	346,33							
6305,99	I,IV	**1611,91**	393,00	346,33	I	1485,08	1358,16	1231,33	1105,33	983,91	867,33
Ost	II	**1545,08**	393,00	346,33	II	1418,25	1291,41	1164,58	1040,83	921,91	807,91
	III	**1072,33**	393,00	346,33	III	974,83	879,83	787,33	697,16	609,50	524,33
	V	**2040,91**	393,00	346,33	IV	1548,50	1485,08	1421,58	1358,16	1294,75	1231,33
	VI	**2077,16**	393,00	346,33							
6308,99	I,IV	**1593,00**	393,00	346,33	I	1466,16	1339,33	1212,50	1087,00	966,25	850,41
West	II	**1526,25**	393,00	346,33	II	1399,41	1272,58	1145,91	1022,83	904,66	791,41
	III	**1057,83**	393,00	346,33	III	960,66	866,00	773,83	684,00	596,83	512,00
	V	**2022,08**	393,00	346,33	IV	1529,58	1466,16	1402,75	1339,33	1275,91	1212,50
	VI	**2058,33**	393,00	346,33							
6308,99	I,IV	**1613,16**	393,00	346,33	I	1486,33	1359,50	1232,58	1106,58	985,08	868,50
Ost	II	**1546,33**	393,00	346,33	II	1419,50	1292,66	1165,83	1042,00	923,08	809,08
	III	**1073,33**	393,00	346,33	III	975,83	880,83	788,16	698,16	610,50	525,16
	V	**2042,16**	393,00	346,33	IV	1549,75	1486,33	1422,91	1359,50	1296,08	1232,58
	VI	**2078,50**	393,00	346,33							
6311,99	I,IV	**1594,25**	393,00	346,33	I	1467,41	1340,58	1213,75	1088,25	967,41	851,50
West	II	**1527,50**	393,00	346,33	II	1400,66	1273,83	1147,16	1024,00	905,75	792,50
	III	**1058,83**	393,00	346,33	III	961,66	866,83	774,66	685,00	597,66	512,83
	V	**2023,33**	393,00	346,33	IV	1530,83	1467,41	1404,00	1340,58	1277,16	1213,75
	VI	**2059,58**	393,00	346,33							
6311,99	I,IV	**1614,41**	393,00	346,33	I	1487,58	1360,75	1233,91	1107,83	986,25	869,58
Ost	II	**1547,58**	393,00	346,33	II	1420,75	1293,91	1167,16	1043,16	924,25	810,16
	III	**1074,33**	393,00	346,33	III	976,83	881,66	789,16	699,00	611,33	526,00
	V	**2043,50**	393,00	346,33	IV	1551,00	1487,58	1424,16	1360,75	1297,33	1233,91
	VI	**2079,75**	393,00	346,33							
6314,99	I,IV	**1595,50**	393,00	346,33	I	1468,66	1341,83	1215,00	1089,41	968,58	852,66
West	II	**1528,75**	393,00	346,33	II	1401,91	1275,08	1148,41	1025,16	906,91	793,58
	III	**1059,66**	393,00	346,33	III	962,50	867,83	775,50	685,83	598,50	513,66
	V	**2024,58**	393,00	346,33	IV	1532,08	1468,66	1405,25	1341,83	1278,41	1215,00
	VI	**2060,83**	393,00	346,33							
6314,99	I,IV	**1615,66**	393,00	346,33	I	1488,83	1362,00	1235,16	1109,08	987,41	870,75
Ost	II	**1548,91**	393,00	346,33	II	1422,08	1295,16	1168,41	1044,41	925,33	811,25
	III	**1075,33**	393,00	346,33	III	977,83	882,66	790,00	699,83	612,16	526,83
	V	**2044,75**	393,00	346,33	IV	1552,25	1488,83	1425,41	1362,00	1298,58	1235,16
	VI	**2081,00**	393,00	346,33							
6317,99	I,IV	**1596,83**	393,00	346,33	I	1469,91	1343,08	1216,25	1090,66	969,75	853,83
West	II	**1530,00**	393,00	346,33	II	1403,16	1276,33	1149,66	1026,41	908,08	794,75
	III	**1060,66**	393,00	346,33	III	963,50	868,83	776,50	686,66	599,33	514,50
	V	**2025,83**	393,00	346,33	IV	1533,41	1469,91	1406,50	1343,08	1279,66	1216,25
	VI	**2062,08**	393,00	346,33							
6317,99	I,IV	**1616,91**	393,00	346,33	I	1490,08	1363,25	1236,41	1110,33	988,58	871,83
Ost	II	**1550,16**	393,00	346,33	II	1423,33	1296,50	1169,66	1045,58	926,50	812,41
	III	**1076,33**	393,00	346,33	III	978,66	883,66	791,00	700,66	613,00	527,66
	V	**2046,00**	393,00	346,33	IV	1553,50	1490,08	1426,66	1363,25	1299,83	1236,41
	VI	**2082,25**	393,00	346,33							

* Zur LSt-Berechnung für privat versicherte Arbeitnehmer s. Beispiele **Vorbemerkung S. 4f.**
** Basisvorsorgepauschale KV und PV *** Typisierter Arbeitgeberzuschuss

Lohn/ Gehalt in € bis	Steuerklasse	Lohn- steuer*	BVSP**	TAGZ***	Steuerklasse	Bemessungsgrundlage für Kirchensteuer und Solidaritätszuschlag					
						Freibeträge für ... Kinder					
						0,5	**1,0**	1,5	**2,0**	2,5	**3,0**
6 320,99	I,IV	**1 598,08**	393,00	346,33	I	1 471,25	1 344,41	1 217,50	1 091,91	970,91	854,91
West	II	**1 531,25**	393,00	346,33	II	1 404,41	1 277,58	1 150,91	1 027,58	909,25	795,83
	III	**1 061,66**	393,00	346,33	III	964,50	869,66	777,33	687,50	600,16	515,33
	V	**2 027,08**	393,00	346,33	IV	1 534,66	1 471,25	1 407,83	1 344,41	1 280,91	1 217,50
	VI	**2 063,41**	393,00	346,33							
6 320,99	I,IV	**1 618,16**	393,00	346,33	I	1 491,33	1 364,50	1 237,66	1 111,50	989,83	873,00
Ost	II	**1 551,41**	393,00	346,33	II	1 424,58	1 297,75	1 170,91	1 046,83	927,66	813,50
	III	**1 077,33**	393,00	346,33	III	979,66	884,50	791,83	701,66	613,83	528,50
	V	**2 047,25**	393,00	346,33	IV	1 554,75	1 491,33	1 427,91	1 364,50	1 301,08	1 237,66
	VI	**2 083,50**	393,00	346,33							
6 323,99	I,IV	**1 599,33**	393,00	346,33	I	1 472,50	1 345,66	1 218,83	1 093,08	972,08	856,08
West	II	**1 532,50**	393,00	346,33	II	1 405,66	1 278,83	1 152,16	1 028,83	910,41	796,91
	III	**1 062,66**	393,00	346,33	III	965,33	870,66	778,33	688,50	601,00	516,16
	V	**2 028,41**	393,00	346,33	IV	1 535,91	1 472,50	1 409,08	1 345,66	1 282,25	1 218,83
	VI	**2 064,66**	393,00	346,33							
6 323,99	I,IV	**1 619,41**	393,00	346,33	I	1 492,58	1 365,75	1 238,91	1 112,75	991,00	874,16
Ost	II	**1 552,66**	393,00	346,33	II	1 425,83	1 299,00	1 172,16	1 048,00	928,83	814,58
	III	**1 078,33**	393,00	346,33	III	980,66	885,50	792,83	702,50	614,66	529,33
	V	**2 048,50**	393,00	346,33	IV	1 556,00	1 492,58	1 429,16	1 365,75	1 302,33	1 238,91
	VI	**2 084,75**	393,00	346,33							
6 326,99	I,IV	**1 600,58**	393,00	346,33	I	1 473,75	1 346,91	1 220,08	1 094,33	973,33	857,16
West	II	**1 533,83**	393,00	346,33	II	1 406,91	1 280,08	1 153,41	1 030,00	911,58	798,00
	III	**1 063,66**	393,00	346,33	III	966,33	871,50	779,16	689,33	601,83	517,00
	V	**2 029,66**	393,00	346,33	IV	1 537,16	1 473,75	1 410,33	1 346,91	1 283,50	1 220,08
	VI	**2 065,91**	393,00	346,33							
6 326,99	I,IV	**1 620,66**	393,00	346,33	I	1 493,83	1 367,00	1 240,16	1 114,00	992,16	875,25
Ost	II	**1 553,91**	393,00	346,33	II	1 427,08	1 300,25	1 173,41	1 049,25	930,00	815,75
	III	**1 079,33**	393,00	346,33	III	981,66	886,33	793,66	703,33	615,66	530,16
	V	**2 049,75**	393,00	346,33	IV	1 557,25	1 493,83	1 430,41	1 367,00	1 303,58	1 240,16
	VI	**2 086,00**	393,00	346,33							
6 329,99	I,IV	**1 601,83**	393,00	346,33	I	1 475,00	1 348,16	1 221,33	1 095,58	974,50	858,33
West	II	**1 535,08**	393,00	346,33	II	1 408,25	1 281,41	1 154,66	1 031,16	912,66	799,16
	III	**1 064,66**	393,00	346,33	III	967,33	872,50	780,16	690,16	602,83	517,83
	V	**2 030,91**	393,00	346,33	IV	1 538,41	1 475,00	1 411,58	1 348,16	1 284,75	1 221,33
	VI	**2 067,16**	393,00	346,33							
6 329,99	I,IV	**1 622,00**	393,00	346,33	I	1 495,08	1 368,25	1 241,41	1 115,25	993,33	876,41
Ost	II	**1 555,16**	393,00	346,33	II	1 428,33	1 301,50	1 174,66	1 050,41	931,16	816,83
	III	**1 080,33**	393,00	346,33	III	982,50	887,33	794,50	704,33	616,50	531,16
	V	**2 051,00**	393,00	346,33	IV	1 558,58	1 495,08	1 431,66	1 368,25	1 304,83	1 241,41
	VI	**2 087,25**	393,00	346,33							
6 332,99	I,IV	**1 603,08**	393,00	346,33	I	1 476,25	1 349,41	1 222,58	1 096,83	975,66	859,41
West	II	**1 536,33**	393,00	346,33	II	1 409,50	1 282,66	1 155,91	1 032,41	913,83	800,25
	III	**1 065,66**	393,00	346,33	III	968,33	873,33	781,00	691,00	603,66	518,66
	V	**2 032,16**	393,00	346,33	IV	1 539,66	1 476,25	1 412,83	1 349,41	1 286,00	1 222,58
	VI	**2 068,41**	393,00	346,33							
6 332,99	I,IV	**1 623,25**	393,00	346,33	I	1 496,41	1 369,58	1 242,66	1 116,50	994,58	877,58
Ost	II	**1 556,41**	393,00	346,33	II	1 429,58	1 302,75	1 175,91	1 051,66	932,33	817,91
	III	**1 081,16**	393,00	346,33	III	983,50	888,33	795,50	705,16	617,33	532,00
	V	**2 052,25**	393,00	346,33	IV	1 559,83	1 496,41	1 433,00	1 369,58	1 306,08	1 242,66
	VI	**2 088,50**	393,00	346,33							
6 335,99	I,IV	**1 604,33**	393,00	346,33	I	1 477,50	1 350,66	1 223,83	1 098,00	976,83	860,58
West	II	**1 537,58**	393,00	346,33	II	1 410,75	1 283,91	1 157,16	1 033,58	915,00	801,33
	III	**1 066,50**	393,00	346,33	III	969,16	874,33	782,00	692,00	604,50	519,50
	V	**2 033,41**	393,00	346,33	IV	1 540,91	1 477,50	1 414,08	1 350,66	1 287,25	1 223,83
	VI	**2 069,66**	393,00	346,33							
6 335,99	I,IV	**1 624,50**	393,00	346,33	I	1 497,66	1 370,83	1 244,00	1 117,66	995,75	878,66
Ost	II	**1 557,66**	393,00	346,33	II	1 430,83	1 304,00	1 177,16	1 052,83	933,50	819,08
	III	**1 082,16**	393,00	346,33	III	984,50	889,16	796,33	706,00	618,16	532,83
	V	**2 053,50**	393,00	346,33	IV	1 561,08	1 497,66	1 434,25	1 370,83	1 307,41	1 244,00
	VI	**2 089,83**	393,00	346,33							

* Zur LSt-Berechnung für privat versicherte Arbeitnehmer s. Beispiele **Vorbemerkung S. 4 f.**
** Basisvorsorgepauschale KV und PV *** Typisierter Arbeitgeberzuschuss

Lohn/ Gehalt in € bis	Steuerklasse	Lohn-steuer*	BVSP**	TAGZ***	Steuerklasse	Bemessungsgrundlage für Kirchensteuer und Solidaritätszuschlag – Freibeträge für ... Kinder 0,5	1,0	1,5	2,0	2,5	3,0
6338,99 West	I,IV	**1605,58**	393,00	346,33	I	1478,75	1351,91	1225,08	1099,25	978,00	861,66
	II	**1538,83**	393,00	346,33	II	1412,00	1285,16	1158,41	1034,83	916,16	802,41
	III	**1067,50**	393,00	346,33	III	970,16	875,33	782,83	692,83	605,33	520,33
	V	**2034,66**	393,00	346,33	IV	1542,16	1478,75	1415,33	1351,91	1288,50	1225,08
	VI	**2070,91**	393,00	346,33							
6338,99 Ost	I,IV	**1625,75**	393,00	346,33	I	1498,91	1372,08	1245,25	1118,91	996,91	879,83
	II	**1559,00**	393,00	346,33	II	1432,08	1305,25	1178,41	1054,08	934,66	820,16
	III	**1083,16**	393,00	346,33	III	985,50	890,16	797,33	707,00	619,00	533,66
	V	**2054,83**	393,00	346,33	IV	1562,33	1498,91	1435,50	1372,08	1308,66	1245,25
	VI	**2091,08**	393,00	346,33							
6341,99 West	I,IV	**1606,91**	393,00	346,33	I	1480,00	1353,16	1226,33	1100,50	979,16	862,83
	II	**1540,08**	393,00	346,33	II	1413,25	1286,41	1159,66	1036,00	917,33	803,58
	III	**1068,50**	393,00	346,33	III	971,16	876,16	783,66	693,66	606,16	521,16
	V	**2035,91**	393,00	346,33	IV	1543,41	1480,00	1416,58	1353,16	1289,75	1226,33
	VI	**2072,16**	393,00	346,33							
6341,99 Ost	I,IV	**1627,00**	393,00	346,33	I	1500,16	1373,33	1246,50	1120,16	998,08	881,00
	II	**1560,25**	393,00	346,33	II	1433,41	1306,58	1179,66	1055,33	935,83	821,25
	III	**1084,16**	393,00	346,33	III	986,33	891,00	798,16	707,83	619,83	534,50
	V	**2056,08**	393,00	346,33	IV	1563,58	1500,16	1436,75	1373,33	1309,91	1246,50
	VI	**2092,33**	393,00	346,33							
6344,99 West	I,IV	**1608,16**	393,00	346,33	I	1481,33	1354,41	1227,58	1101,75	980,33	864,00
	II	**1541,33**	393,00	346,33	II	1414,50	1287,66	1160,91	1037,25	918,50	804,66
	III	**1069,50**	393,00	346,33	III	972,16	877,16	784,66	694,66	607,00	522,00
	V	**2037,16**	393,00	346,33	IV	1544,75	1481,33	1417,91	1354,41	1291,00	1227,58
	VI	**2073,41**	393,00	346,33							
6344,99 Ost	I,IV	**1628,25**	393,00	346,33	I	1501,41	1374,58	1247,75	1121,41	999,33	882,08
	II	**1561,50**	393,00	346,33	II	1434,66	1307,83	1181,00	1056,50	937,00	822,41
	III	**1085,16**	393,00	346,33	III	987,33	892,00	799,16	708,66	620,83	535,33
	V	**2057,33**	393,00	346,33	IV	1564,83	1501,41	1438,00	1374,58	1311,16	1247,75
	VI	**2093,58**	393,00	346,33							
6347,99 West	I,IV	**1609,41**	393,00	346,33	I	1482,58	1355,75	1228,91	1102,91	981,58	865,08
	II	**1542,58**	393,00	346,33	II	1415,75	1288,91	1162,16	1038,41	919,58	805,75
	III	**1070,50**	393,00	346,33	III	973,00	878,00	785,50	695,50	607,83	522,83
	V	**2038,41**	393,00	346,33	IV	1546,00	1482,58	1419,16	1355,75	1292,33	1228,91
	VI	**2074,75**	393,00	346,33							
6347,99 Ost	I,IV	**1629,50**	393,00	346,33	I	1502,66	1375,83	1249,00	1122,66	1000,50	883,25
	II	**1562,75**	393,00	346,33	II	1435,91	1309,08	1182,25	1057,75	938,16	823,50
	III	**1086,16**	393,00	346,33	III	988,33	893,00	800,00	709,66	621,66	536,16
	V	**2058,58**	393,00	346,33	IV	1566,08	1502,66	1439,25	1375,83	1312,41	1249,00
	VI	**2094,83**	393,00	346,33							
6350,99 West	I,IV	**1610,66**	393,00	346,33	I	1483,83	1357,00	1230,16	1104,16	982,75	866,25
	II	**1543,91**	393,00	346,33	II	1417,00	1290,16	1163,41	1039,58	920,75	806,83
	III	**1071,50**	393,00	346,33	III	974,00	879,00	786,50	696,33	608,83	523,66
	V	**2039,75**	393,00	346,33	IV	1547,25	1483,83	1420,41	1357,00	1293,58	1230,16
	VI	**2076,00**	393,00	346,33							
6350,99 Ost	I,IV	**1630,75**	393,00	346,33	I	1503,91	1377,08	1250,25	1123,91	1001,66	884,41
	II	**1564,00**	393,00	346,33	II	1437,16	1310,33	1183,50	1058,91	939,33	824,58
	III	**1087,16**	393,00	346,33	III	989,33	893,83	801,00	710,50	622,50	537,00
	V	**2059,83**	393,00	346,33	IV	1567,33	1503,91	1440,50	1377,08	1313,66	1250,25
	VI	**2096,08**	393,00	346,33							
6353,99 West	I,IV	**1611,91**	393,00	346,33	I	1485,08	1358,25	1231,41	1105,41	983,91	867,33
	II	**1545,16**	393,00	346,33	II	1418,33	1291,41	1164,66	1040,83	921,91	808,00
	III	**1072,50**	393,00	346,33	III	975,00	880,00	787,33	697,33	609,66	524,50
	V	**2041,00**	393,00	346,33	IV	1548,50	1485,08	1421,66	1358,25	1294,83	1231,41
	VI	**2077,25**	393,00	346,33							
6353,99 Ost	I,IV	**1632,08**	393,00	346,33	I	1505,16	1378,33	1251,50	1125,16	1002,83	885,50
	II	**1565,25**	393,00	346,33	II	1438,41	1311,58	1184,75	1060,16	940,50	825,75
	III	**1088,16**	393,00	346,33	III	990,16	894,83	801,83	711,33	623,33	537,83
	V	**2061,08**	393,00	346,33	IV	1568,58	1505,16	1441,75	1378,33	1314,91	1251,50
	VI	**2097,33**	393,00	346,33							

* Zur LSt-Berechnung für privat versicherte Arbeitnehmer s. Beispiele **Vorbemerkung S. 4f.**
** Basisvorsorgepauschale KV und PV *** Typisierter Arbeitgeberzuschuss

Lohn/ Gehalt in € bis	Steuerklasse	Lohn-steuer*	BVSP**	TAGZ***	Steuerklasse	Bemessungsgrundlage für Kirchensteuer und Solidaritätszuschlag – Freibeträge für ... Kinder 0,5	**1,0**	1,5	**2,0**	2,5	**3,0**
6 356,99 West	I,IV	**1 613,16**	393,00	346,33	I	1 486,33	1 359,50	1 232,66	1 106,66	985,08	868,50
	II	**1 546,41**	393,00	346,33	II	1 419,58	1 292,75	1 165,91	1 042,00	923,08	809,08
	III	**1 073,50**	393,00	346,33	III	976,00	880,83	788,33	698,16	610,50	525,33
	V	**2 042,25**	393,00	346,33	IV	1 549,75	1 486,33	1 422,91	1 359,50	1 296,08	1 232,66
	VI	**2 078,50**	393,00	346,33							
6 356,99 Ost	I,IV	**1 633,33**	393,00	346,33	I	1 506,50	1 379,58	1 252,75	1 126,33	1 004,08	886,66
	II	**1 566,50**	393,00	346,33	II	1 439,66	1 312,83	1 186,00	1 061,33	941,66	826,83
	III	**1 089,16**	393,00	346,33	III	991,16	895,66	802,83	712,16	624,16	538,66
	V	**2 062,33**	393,00	346,33	IV	1 569,91	1 506,50	1 443,08	1 379,58	1 316,16	1 252,75
	VI	**2 098,58**	393,00	346,33							
6 359,99 West	I,IV	**1 614,41**	393,00	346,33	I	1 487,58	1 360,75	1 233,91	1 107,83	986,25	869,66
	II	**1 547,66**	393,00	346,33	II	1 420,83	1 294,00	1 167,16	1 043,25	924,25	810,16
	III	**1 074,50**	393,00	346,33	III	976,83	881,83	789,16	699,00	611,33	526,16
	V	**2 043,50**	393,00	346,33	IV	1 551,00	1 487,58	1 424,16	1 360,75	1 297,33	1 233,91
	VI	**2 079,75**	393,00	346,33							
6 359,99 Ost	I,IV	**1 634,58**	393,00	346,33	I	1 507,75	1 380,91	1 254,08	1 127,58	1 005,25	887,83
	II	**1 567,75**	393,00	346,33	II	1 440,91	1 314,08	1 187,25	1 062,58	942,83	828,00
	III	**1 090,16**	393,00	346,33	III	992,16	896,66	803,66	713,16	625,00	539,50
	V	**2 063,58**	393,00	346,33	IV	1 571,16	1 507,75	1 444,33	1 380,91	1 317,50	1 254,08
	VI	**2 099,91**	393,00	346,33							
6 362,99 West	I,IV	**1 615,66**	393,00	346,33	I	1 488,83	1 362,00	1 235,16	1 109,08	987,50	870,75
	II	**1 548,91**	393,00	346,33	II	1 422,08	1 295,25	1 168,41	1 044,41	925,41	811,33
	III	**1 075,33**	393,00	346,33	III	977,83	882,66	790,00	699,83	612,16	527,00
	V	**2 044,75**	393,00	346,33	IV	1 552,25	1 488,83	1 425,41	1 362,00	1 298,58	1 235,16
	VI	**2 081,00**	393,00	346,33							
6 362,99 Ost	I,IV	**1 635,83**	393,00	346,33	I	1 509,00	1 382,16	1 255,33	1 128,83	1 006,41	888,91
	II	**1 569,08**	393,00	346,33	II	1 442,16	1 315,33	1 188,50	1 063,75	944,00	829,08
	III	**1 091,16**	393,00	346,33	III	993,16	897,66	804,66	714,00	626,00	540,33
	V	**2 064,91**	393,00	346,33	IV	1 572,41	1 509,00	1 445,58	1 382,16	1 318,75	1 255,33
	VI	**2 101,16**	393,00	346,33							
6 365,99 West	I,IV	**1 616,91**	393,00	346,33	I	1 490,08	1 363,25	1 236,41	1 110,33	988,66	871,91
	II	**1 550,16**	393,00	346,33	II	1 423,33	1 296,50	1 169,66	1 045,66	926,58	812,41
	III	**1 076,33**	393,00	346,33	III	978,83	883,66	791,00	700,83	613,00	527,83
	V	**2 046,00**	393,00	346,33	IV	1 553,50	1 490,08	1 426,66	1 363,25	1 299,83	1 236,41
	VI	**2 082,25**	393,00	346,33							
6 365,99 Ost	I,IV	**1 637,08**	393,00	346,33	I	1 510,25	1 383,41	1 256,58	1 130,08	1 007,66	890,08
	II	**1 570,33**	393,00	346,33	II	1 443,50	1 316,58	1 189,75	1 065,00	945,16	830,16
	III	**1 092,00**	393,00	346,33	III	994,00	898,50	805,50	714,83	626,83	541,16
	V	**2 066,16**	393,00	346,33	IV	1 573,66	1 510,25	1 446,83	1 383,41	1 320,00	1 256,58
	VI	**2 102,41**	393,00	346,33							
6 368,99 West	I,IV	**1 618,25**	393,00	346,33	I	1 491,41	1 364,50	1 237,66	1 111,58	989,83	873,00
	II	**1 551,41**	393,00	346,33	II	1 424,58	1 297,75	1 170,91	1 046,83	927,75	813,50
	III	**1 077,33**	393,00	346,33	III	979,66	884,66	791,83	701,66	613,83	528,66
	V	**2 047,25**	393,00	346,33	IV	1 554,83	1 491,41	1 427,91	1 364,50	1 301,08	1 237,66
	VI	**2 083,50**	393,00	346,33							
6 368,99 Ost	I,IV	**1 638,33**	393,00	346,33	I	1 511,50	1 384,66	1 257,83	1 131,33	1 008,83	891,25
	II	**1 571,58**	393,00	346,33	II	1 444,75	1 317,91	1 191,08	1 066,25	946,33	831,33
	III	**1 093,00**	393,00	346,33	III	995,00	899,50	806,33	715,83	627,66	542,00
	V	**2 067,41**	393,00	346,33	IV	1 574,91	1 511,50	1 448,08	1 384,66	1 321,25	1 257,83
	VI	**2 103,66**	393,00	346,33							
6 371,99 West	I,IV	**1 619,50**	393,00	346,33	I	1 492,66	1 365,83	1 238,91	1 112,83	991,00	874,16
	II	**1 552,66**	393,00	346,33	II	1 425,83	1 299,00	1 172,16	1 048,08	928,91	814,66
	III	**1 078,33**	393,00	346,33	III	980,66	885,50	792,83	702,50	614,83	529,50
	V	**2 048,50**	393,00	346,33	IV	1 556,08	1 492,66	1 429,25	1 365,83	1 302,41	1 238,91
	VI	**2 084,83**	393,00	346,33							
6 371,99 Ost	I,IV	**1 639,58**	393,00	346,33	I	1 512,75	1 385,91	1 259,08	1 132,58	1 010,00	892,41
	II	**1 572,83**	393,00	346,33	II	1 446,00	1 319,16	1 192,33	1 067,41	947,50	832,41
	III	**1 094,00**	393,00	346,33	III	996,00	900,50	807,33	716,66	628,50	542,83
	V	**2 068,66**	393,00	346,33	IV	1 576,16	1 512,75	1 449,33	1 385,91	1 322,50	1 259,08
	VI	**2 104,91**	393,00	346,33							

* Zur LSt-Berechnung für privat versicherte Arbeitnehmer s. Beispiele **Vorbemerkung S. 4f.**
** Basisvorsorgepauschale KV und PV *** Typisierter Arbeitgeberzuschuss

Lohn/ Gehalt in € bis	Steuerklasse	Lohn- steuer*	BVSP**	TAGZ***	Steuerklasse	Bemessungsgrundlage für Kirchensteuer und Solidaritätszuschlag – Freibeträge für ... Kinder 0,5	**1,0**	1,5	**2,0**	2,5	**3,0**
6 374,99 West	I,IV	**1 620,75**	393,00	346,33	I	1 493,91	1 367,08	1 240,25	1 114,00	992,16	875,33
	II	**1 553,91**	393,00	346,33	II	1 427,08	1 300,25	1 173,41	1 049,25	930,08	815,75
	III	**1 079,33**	393,00	346,33	III	981,66	886,50	793,66	703,50	615,66	530,33
	V	**2 049,83**	393,00	346,33	IV	1 557,33	1 493,91	1 430,50	1 367,08	1 303,66	1 240,25
	VI	**2 086,08**	393,00	346,33							
6 374,99 Ost	I,IV	**1 640,83**	393,00	346,33	I	1 514,00	1 387,16	1 260,33	1 133,83	1 011,16	893,50
	II	**1 574,08**	393,00	346,33	II	1 447,25	1 320,41	1 193,58	1 068,66	948,66	833,58
	III	**1 095,00**	393,00	346,33	III	997,00	901,33	808,16	717,50	629,33	543,66
	V	**2 069,91**	393,00	346,33	IV	1 577,41	1 514,00	1 450,58	1 387,16	1 323,75	1 260,33
	VI	**2 106,16**	393,00	346,33							
6 377,99 West	I,IV	**1 622,00**	393,00	346,33	I	1 495,16	1 368,33	1 241,50	1 115,25	993,41	876,41
	II	**1 555,25**	393,00	346,33	II	1 428,41	1 301,50	1 174,66	1 050,50	931,16	816,83
	III	**1 080,33**	393,00	346,33	III	982,66	887,33	794,66	704,33	616,50	531,16
	V	**2 051,08**	393,00	346,33	IV	1 558,58	1 495,16	1 431,75	1 368,33	1 304,91	1 241,50
	VI	**2 087,33**	393,00	346,33							
6 377,99 Ost	I,IV	**1 642,08**	393,00	346,33	I	1 515,25	1 388,41	1 261,58	1 135,08	1 012,41	894,66
	II	**1 575,33**	393,00	346,33	II	1 448,50	1 321,66	1 194,83	1 069,83	949,83	834,66
	III	**1 096,00**	393,00	346,33	III	998,00	902,33	809,16	718,50	630,16	544,50
	V	**2 071,16**	393,00	346,33	IV	1 578,66	1 515,25	1 451,83	1 388,41	1 325,00	1 261,58
	VI	**2 107,41**	393,00	346,33							
6 380,99 West	I,IV	**1 623,25**	393,00	346,33	I	1 496,41	1 369,58	1 242,75	1 116,50	994,58	877,58
	II	**1 556,50**	393,00	346,33	II	1 429,66	1 302,83	1 176,00	1 051,66	932,33	818,00
	III	**1 081,33**	393,00	346,33	III	983,50	888,33	795,50	705,16	617,33	532,00
	V	**2 052,33**	393,00	346,33	IV	1 559,83	1 496,41	1 433,00	1 369,58	1 306,16	1 242,75
	VI	**2 088,58**	393,00	346,33							
6 380,99 Ost	I,IV	**1 643,41**	393,00	346,33	I	1 516,58	1 389,66	1 262,83	1 136,33	1 013,58	895,83
	II	**1 576,58**	393,00	346,33	II	1 449,75	1 322,91	1 196,08	1 071,08	951,00	835,75
	III	**1 097,00**	393,00	346,33	III	998,83	903,16	810,00	719,33	631,16	545,33
	V	**2 072,41**	393,00	346,33	IV	1 580,00	1 516,58	1 453,08	1 389,66	1 326,25	1 262,83
	VI	**2 108,66**	393,00	346,33							
6 383,99 West	I,IV	**1 624,50**	393,00	346,33	I	1 497,66	1 370,83	1 244,00	1 117,75	995,75	878,75
	II	**1 557,75**	393,00	346,33	II	1 430,91	1 304,08	1 177,25	1 052,91	933,50	819,08
	III	**1 082,33**	393,00	346,33	III	984,50	889,33	796,50	706,16	618,16	532,83
	V	**2 053,58**	393,00	346,33	IV	1 561,08	1 497,66	1 434,25	1 370,83	1 307,41	1 244,00
	VI	**2 089,83**	393,00	346,33							
6 383,99 Ost	I,IV	**1 644,66**	393,00	346,33	I	1 517,83	1 391,00	1 264,08	1 137,58	1 014,75	896,91
	II	**1 577,83**	393,00	346,33	II	1 451,00	1 324,16	1 197,33	1 072,33	952,16	836,91
	III	**1 098,00**	393,00	346,33	III	999,83	904,16	811,00	720,16	632,00	546,16
	V	**2 073,66**	393,00	346,33	IV	1 581,25	1 517,83	1 454,41	1 391,00	1 327,58	1 264,08
	VI	**2 110,00**	393,00	346,33							
6 386,99 West	I,IV	**1 625,75**	393,00	346,33	I	1 498,91	1 372,08	1 245,25	1 119,00	996,91	879,83
	II	**1 559,00**	393,00	346,33	II	1 432,16	1 305,33	1 178,50	1 054,08	934,66	820,16
	III	**1 083,33**	393,00	346,33	III	985,50	890,16	797,33	707,00	619,00	533,66
	V	**2 054,83**	393,00	346,33	IV	1 562,33	1 498,91	1 435,50	1 372,08	1 308,66	1 245,25
	VI	**2 091,08**	393,00	346,33							
6 386,99 Ost	I,IV	**1 645,91**	393,00	346,33	I	1 519,08	1 392,25	1 265,41	1 138,83	1 016,00	898,08
	II	**1 579,08**	393,00	346,33	II	1 452,25	1 325,41	1 198,58	1 073,50	953,33	838,00
	III	**1 099,00**	393,00	346,33	III	1 000,83	905,16	811,83	721,16	632,83	547,00
	V	**2 075,00**	393,00	346,33	IV	1 582,50	1 519,08	1 455,66	1 392,25	1 328,83	1 265,41
	VI	**2 111,25**	393,00	346,33							
6 389,99 West	I,IV	**1 627,00**	393,00	346,33	I	1 500,16	1 373,33	1 246,50	1 120,25	998,16	881,00
	II	**1 560,25**	393,00	346,33	II	1 433,41	1 306,58	1 179,75	1 055,33	935,83	821,33
	III	**1 084,33**	393,00	346,33	III	986,50	891,16	798,33	707,83	620,00	534,50
	V	**2 056,08**	393,00	346,33	IV	1 563,58	1 500,16	1 436,75	1 373,33	1 309,91	1 246,50
	VI	**2 092,33**	393,00	346,33							
6 389,99 Ost	I,IV	**1 647,16**	393,00	346,33	I	1 520,33	1 393,50	1 266,66	1 140,00	1 017,16	899,25
	II	**1 580,41**	393,00	346,33	II	1 453,58	1 326,66	1 199,83	1 074,75	954,50	839,16
	III	**1 100,00**	393,00	346,33	III	1 001,83	906,00	812,83	722,00	633,66	547,83
	V	**2 076,25**	393,00	346,33	IV	1 583,75	1 520,33	1 456,91	1 393,50	1 330,08	1 266,66
	VI	**2 112,50**	393,00	346,33							

* Zur LSt-Berechnung für privat versicherte Arbeitnehmer s. Beispiele **Vorbemerkung S. 4f.**
** Basisvorsorgepauschale KV und PV *** Typisierter Arbeitgeberzuschuss

Lohn/ Gehalt in € bis	Steuerklasse	Lohn-steuer*	BVSP**	TAGZ***	Steuerklasse	Bemessungsgrundlage für Kirchensteuer und Solidaritätszuschlag – Freibeträge für ... Kinder 0,5	1,0	1,5	2,0	2,5	3,0
6 392,99	I,IV	**1 628,33**	393,00	346,33	I	1 501,41	1 374,58	1 247,75	1 121,41	999,33	882,16
West	II	**1 561,50**	393,00	346,33	II	1 434,66	1 307,83	1 181,00	1 056,50	937,00	822,41
	III	**1 085,16**	393,00	346,33	III	987,33	892,00	799,16	708,83	620,83	535,33
	V	**2 057,33**	393,00	346,33	IV	1 564,91	1 501,41	1 438,00	1 374,58	1 311,16	1 247,75
	VI	**2 093,58**	393,00	346,33							
6 392,99	I,IV	**1 648,41**	393,00	346,33	I	1 521,58	1 394,75	1 267,91	1 141,25	1 018,33	900,41
Ost	II	**1 581,66**	393,00	346,33	II	1 454,83	1 328,00	1 201,08	1 075,91	955,66	840,25
	III	**1 101,00**	393,00	346,33	III	1 002,66	907,00	813,66	722,83	634,50	548,66
	V	**2 077,50**	393,00	346,33	IV	1 585,00	1 521,58	1 458,16	1 394,75	1 331,33	1 267,91
	VI	**2 113,75**	393,00	346,33							
6 395,99	I,IV	**1 629,58**	393,00	346,33	I	1 502,75	1 375,91	1 249,00	1 122,66	1 000,50	883,25
West	II	**1 562,75**	393,00	346,33	II	1 435,91	1 309,08	1 182,25	1 057,75	938,16	823,50
	III	**1 086,16**	393,00	346,33	III	988,33	893,00	800,16	709,66	621,66	536,16
	V	**2 058,58**	393,00	346,33	IV	1 566,16	1 502,75	1 439,33	1 375,91	1 312,41	1 249,00
	VI	**2 094,91**	393,00	346,33							
6 395,99	I,IV	**1 649,66**	393,00	346,33	I	1 522,83	1 396,00	1 269,16	1 142,50	1 019,58	901,58
Ost	II	**1 582,91**	393,00	346,33	II	1 456,08	1 329,25	1 202,41	1 077,16	956,83	841,41
	III	**1 102,00**	393,00	346,33	III	1 003,66	908,00	814,66	723,83	635,50	549,50
	V	**2 078,75**	393,00	346,33	IV	1 586,25	1 522,83	1 459,41	1 396,00	1 332,58	1 269,16
	VI	**2 115,00**	393,00	346,33							
6 398,99	I,IV	**1 630,83**	393,00	346,33	I	1 504,00	1 377,16	1 250,33	1 123,91	1 001,66	884,41
West	II	**1 564,00**	393,00	346,33	II	1 437,16	1 310,33	1 183,50	1 059,00	939,33	824,66
	III	**1 087,16**	393,00	346,33	III	989,33	894,00	801,00	710,50	622,50	537,00
	V	**2 059,91**	393,00	346,33	IV	1 567,41	1 504,00	1 440,58	1 377,16	1 313,75	1 250,33
	VI	**2 096,16**	393,00	346,33							
6 398,99	I,IV	**1 650,91**	393,00	346,33	I	1 524,08	1 397,25	1 270,41	1 143,75	1 020,75	902,66
Ost	II	**1 584,16**	393,00	346,33	II	1 457,33	1 330,50	1 203,66	1 078,41	958,00	842,50
	III	**1 103,00**	393,00	346,33	III	1 004,66	908,83	815,50	724,66	636,33	550,33
	V	**2 080,00**	393,00	346,33	IV	1 587,50	1 524,08	1 460,66	1 397,25	1 333,83	1 270,41
	VI	**2 116,25**	393,00	346,33							
6 401,99	I,IV	**1 632,08**	393,00	346,33	I	1 505,25	1 378,41	1 251,58	1 125,16	1 002,91	885,58
West	II	**1 565,33**	393,00	346,33	II	1 438,41	1 311,58	1 184,75	1 060,16	940,50	825,75
	III	**1 088,16**	393,00	346,33	III	990,33	894,83	801,83	711,33	623,33	537,83
	V	**2 061,16**	393,00	346,33	IV	1 568,66	1 505,25	1 441,83	1 378,41	1 315,00	1 251,58
	VI	**2 097,41**	393,00	346,33							
6 401,99	I,IV	**1 652,16**	393,00	346,33	I	1 525,33	1 398,50	1 271,66	1 145,00	1 022,00	903,83
Ost	II	**1 585,41**	393,00	346,33	II	1 458,58	1 331,75	1 204,91	1 079,58	959,16	843,66
	III	**1 104,00**	393,00	346,33	III	1 005,66	909,83	816,50	725,50	637,16	551,16
	V	**2 081,25**	393,00	346,33	IV	1 588,75	1 525,33	1 461,91	1 398,50	1 335,08	1 271,66
	VI	**2 117,50**	393,00	346,33							
6 404,99	I,IV	**1 633,33**	393,00	346,33	I	1 506,50	1 379,66	1 252,83	1 126,41	1 004,08	886,66
West	II	**1 566,58**	393,00	346,33	II	1 439,75	1 312,91	1 186,00	1 061,41	941,66	826,83
	III	**1 089,16**	393,00	346,33	III	991,33	895,83	802,83	712,33	624,16	538,66
	V	**2 062,41**	393,00	346,33	IV	1 569,91	1 506,50	1 443,08	1 379,66	1 316,25	1 252,83
	VI	**2 098,66**	393,00	346,33							
6 404,99	I,IV	**1 653,50**	393,00	346,33	I	1 526,58	1 399,75	1 272,91	1 146,25	1 023,16	905,00
Ost	II	**1 586,66**	393,00	346,33	II	1 459,83	1 333,00	1 206,16	1 080,83	960,33	844,75
	III	**1 104,83**	393,00	346,33	III	1 006,66	910,83	817,33	726,50	638,00	552,00
	V	**2 082,50**	393,00	346,33	IV	1 590,08	1 526,58	1 463,16	1 399,75	1 336,33	1 272,91
	VI	**2 118,75**	393,00	346,33							
6 407,99	I,IV	**1 634,58**	393,00	346,33	I	1 507,75	1 380,91	1 254,08	1 127,66	1 005,25	887,83
West	II	**1 567,83**	393,00	346,33	II	1 441,00	1 314,16	1 187,33	1 062,58	942,83	828,00
	III	**1 090,16**	393,00	346,33	III	992,16	896,66	803,66	713,16	625,16	539,50
	V	**2 063,66**	393,00	346,33	IV	1 571,16	1 507,75	1 444,33	1 380,91	1 317,50	1 254,08
	VI	**2 099,91**	393,00	346,33							
6 407,99	I,IV	**1 654,75**	393,00	346,33	I	1 527,91	1 401,08	1 274,16	1 147,50	1 024,33	906,16
Ost	II	**1 587,91**	393,00	346,33	II	1 461,08	1 334,25	1 207,41	1 082,08	961,50	845,91
	III	**1 105,83**	393,00	346,33	III	1 007,50	911,66	818,33	727,33	638,83	552,83
	V	**2 083,75**	393,00	346,33	IV	1 591,33	1 527,91	1 464,50	1 401,08	1 337,58	1 274,16
	VI	**2 120,00**	393,00	346,33							

* Zur LSt-Berechnung für privat versicherte Arbeitnehmer s. Beispiele **Vorbemerkung S. 4f.**
** Basisvorsorgepauschale KV und PV *** Typisierter Arbeitgeberzuschuss

Sachverzeichnis

Stand: Januar 2016

Die fett gedruckte Ziffer nach dem Stichwort bezeichnet die Nummer innerhalb der Sammlung, die nachfolgende magere Ziffer den Paragraphen bzw. Artikel. Die in Klammer gesetzten Zahlen verweisen auf die Nummern innerhalb der Vorschrift. Der Zusatz „F" verweist auf eine Fußnote.

Sachverzeichnis

Für handschriftliche Notizen

Für handschriftliche Notizen

Für handschriftliche Notizen

Für handschriftliche Notizen

Für handschriftliche Notizen

Für handschriftliche Notizen

Für handschriftliche Notizen

Für handschriftliche Notizen

Für handschriftliche Notizen

Für handschriftliche Notizen

Für handschriftliche Notizen

Für handschriftliche Notizen